ION EUROPÉENNE
cap Nord
mer de Barents
Mourmansk
mer Blanche
Arkhangelsk
Dvina septentrionale
Petchora
limite conventionnelle de l'Asie
70° N
70° E
60° N
60° E
50° N
50° E
20° E
30° E
40° E
FINLANDE
golfe de Botnie
Petrozavodsk
lac Onega
lac Ladoga
Turku
Helsinki
Saint-Pétersbourg
Vologda
Rybinsk
Iaroslav
Volga
Tver
Moscou
Berezniki
Perm
Ekaterinbourg
Tcheliabinsk
Viatka
Ijevsk
Oufa
FÉDÉRATION DE RUSSIE
Kazan
Kama
Nijni-Novgorod
Simbirsk
Samara
Orenbourg
Oural
Stockholm
Tallinn
ESTONIE
Tartou
lac Peïpous
mer Baltique
Riga
LETTONIE
Liepaja
Daugavpils
Vitebsk
Smolensk
Toula
Penza
Klaïpeda
LITUANIE
Vilnius
Kaliningrad
RUSSIE
Gdańsk
Minsk
Moghilev
Tambov
Saratov
BIÉLORUSSIE
Voronej
Don
Vistule
POLOGNE
Poznań
Varsovie
Brest
Łódź
Lublin
Wrocław
Katowice
Cracovie
UKRAINE
Kiev (Kyïv)
Kharkiv
Louhansk
Volgograd
Astrakhan
Lviv
Vinnytsia
Dniepr
Donetsk
Dniestr
Dnipropetrovsk
Rostov-sur-le-Don
Marioupol
SLOVAQUIE
Košice
Bratislava
Bălţi
Prout
MOLDAVIE
Chişinău
Iaşi
Debrecen
Budapest
Cluj-Napoca
HONGRIE
Odessa
mer d'Azov
Krasnodar
Stavropol
mer Caspienne
Makhatchkala
Groznyï
ROUMANIE
Timişoara
Braşov
Galaţi
Osijek
Novi Sad
Belgrade
Bucarest
Constanţa
mer Noire
Tbilissi
Bakou
Erevan
SERBIE
Craiova
Danube
Niš
Varna
Sofia
Bourgas
BULGARIE
Plovdiv
Kosovo
Skopje
Bosphore
Istanbul
Üsküdar
Ankara
Tirana
MACÉDOINE
Thessalonique
Dardanelles
Brousse
TURQUIE
ASIE
ALBANIE
Lárissa
GRÈCE
mer Égée
Izmir
Adana
Euphrate
Tigre
Patras
Athènes
Bagdad
Rhodes
CHYPRE
Nicosie
Beyrouth
Damas
Héraklion
Crète
méditerranée

# Planches, schémas et tableaux

## art et culture



## civilisation



## histoire



## géographie



## sciences naturelles



## sciences et techniques



Dépôt légal éditeur : 06/2016 - Collection n° 11 - Édition 01 - 42/6781/8 - ISBN : 978-2-01-395105-0

# Dictionnaire
# HACHETTE

*Directrice du département Dictionnaires* Cécile Labro
*Directrice éditoriale* Claire Inizan
*Rédacteur en chef* Jean-Pierre Mével, Bénédicte Gaillard
*Responsables de projet* Véronique Chape, avec la collaboration de Bénédicte Gaillard ; Jean-Benoit Ormal-Grenon pour la présente édition
*Assistés de* Caroline Gundelach, Cécile Roger et Sabine Visbecq
*Rédacteurs* Sabine Delacherie, Véronique Duchemin, Alain Fillion, Bénédicte Gaillard, Louis Girard, Nathalie Lanckriet, Elsa Tardif pour les mots de langue.
Hubert Lucot pour les articles encyclopédiques et les noms propres, avec la collaboration de Jean Alouf, Bénédicte Gaillard et Roger Roy (sciences)
*Correctrices* Patricia Abbou, Sylvia Bonafos, Élisabeth Bonvarlet, Sylvie Hudelot, Françoise Maréchal, Élisabeth Thebaud
*Couverture* Mélissa Chalot
*Maquette intérieure* Dominique Dubois et Didier Pujos
*Iconographie* Ann Bourdais et Anne Pekny
*Dessins* Éric Alibert, Gaëtan du Chatenet, Jean Chevalier, Bernard Duhem, Dominique Petter, Rémi Picard, Étienne Van den Driesschen (faune et flore), Raoul Cuadrado (anatomie et divers)
*Illustrations scientifiques et techniques* Fractale, Domino, Jean-Luc Maniouloux, Gilles Poing
*Cartographie* Pascal Thomas
*Informatique éditoriale* Luc Audrain
*Composition* Compos Juliot (*corpus et mots nouveaux*) ; Nord Compo (*annexes*)
*Direction technique* Dominique Escartin, Olivier Rouyer

**ANNEXES**

**LE FRANÇAIS AU QUOTIDIEN**

*Rédaction et révision* Bénédicte Gaillard

*Nous remercions tout particulièrement* M. Romain Muller *pour le « mémento grammatical ».*
*Les renseignements sur la nouvelle orthographe proviennent du portail* www.orthographe-recommandee.info.

**MÉMENTO ENCYCLOPÉDIQUE**

*Rédaction* Antoine Auger (histoire, institutions) ; Paul Fauvergue, André Sarnette (mathématiques) ; Jean-Pierre Devalance (physique-chimie) ; Louis Girard (sciences de la Vie).
*Illustrations* Rémi Picard

# Préface

Et si vous deviez séjourner dans une île déserte, quel livre aimeriez-vous emporter dans vos bagages ? Question embarrassante, et qui mérite réflexion. Pourtant, pour ma part, c'est sans hésiter que je choisirais un dictionnaire et, si possible, un dictionnaire encyclopédique comme on sait les faire de nos jours.

Se plonger dans un répertoire de milliers de mots sagement rangés dans l'ordre alphabétique peut en effet avoir des conséquences inattendues. On croit seulement acquérir des connaissances plus précises sur un mot particulier, et c'est une véritable aventure qui commence.

Tout part, bien sûr, du désir de connaître certains points de détail sur l'orthographe, la prononciation ou les diverses acceptions d'un mot, mais voilà que peut soudain vous prendre l'irrésistible envie de voyager aux vingt-six coins de l'alphabet, car un mot en suggère un autre, qui à son tour vous emmènera ailleurs. Chaque étape apporte de nouvelles interrogations et éveille le désir de résoudre l'énigme qui surgit derrière un autre mot inconnu. Et c'est comme un petit miracle qui s'opère alors car, en feuilletant les pages du dictionnaire, on se trouve transporté dans la peau d'un détective, et d'un détective heureux puisque, au bout du compte, le mystère sera éclairci.

Mais il y a plus. Alors que le classement alphabétique peut être accusé de tous les péchés du monde et en particulier de disperser parfois très loin les uns des autres des mots et des concepts qui auraient tout intérêt à rester groupés, on peut aussi lui trouver des vertus insoupçonnées. Supposons, par exemple, que vous vouliez vous assurer que la forme vieillie *gent* est bien un substantif féminin, c'est justement le hasard de l'ordre alphabétique qui, dans la même page, vous permettra peut-être de tomber sur *gentilé* dont vous vous êtes toujours demandé - sans jamais prendre la peine d'aller vérifier - s'il correspondait au nom que l'on donne aux membres d'une même famille, ou plutôt à celui qui désigne les habitants d'un même lieu. Apprendre que c'est la seconde solution qui est la bonne est comme un cadeau venu du ciel. Trouver *calvados* (avec un c minuscule) tout près de *Calvados* (avec une capitale) permet de remarquer par ailleurs la distinction qui se manifeste graphiquement entre l'eau-de-vie (avec un c) et la région où on la produit (avec un C), et cela donnera peut-être l'envie de voir s'il en est de même pour la ville de *Bordeaux* et le *bordeaux*, pour la *Bourgogne* et le *bourgogne*, pour le village de *Roquefort-sur-Soulzon* et le *roquefort*. Il faut tout de même avouer que la consultation d'un dictionnaire comme le *Dictionnaire Hachette* peut combler cette frustration.

Est-ce un signe des temps ? Les jeunes et les moins jeunes montrent tous un désir croissant de mieux connaître et de mieux comprendre l'univers qui nous entoure, d'en savoir un peu plus sur le *cancer* et ses traitements de plus en plus performants, sur notre *galaxie* qui compte plus de 100 milliards d'étoiles, sur le *génome* humain, ou encore sur des personnages aussi divers que Jean *Gabin*, *Galilée*, Georges *Gershwin*, Indira *Gandhi* ou l'ange *Gabriel*... Ouvrez le dictionnaire à n'importe quelle page, et le monde entier s'offre généreusement à vous.

Finalement, le grand charme de ce dictionnaire, c'est qu'on y trouve tout... et même ce qu'on n'y cherchait pas.

Henriette Walter

# Note de l'éditeur

Ouvrage de référence indispensable au quotidien pour maîtriser la langue et comprendre le monde qui nous entoure, le ***Dictionnaire Hachette*** est l'héritier d'une longue tradition commencée avec le *Littré*. Cette nouvelle édition a été mise à jour et s'est étoffée de plusieurs centaines de mots.

Le ***Dictionnaire Hachette*** répertorie plus de **58 000 mots de la langue** (verbes, noms, adjectifs, adverbes, etc.) et plus de **25 000 noms propres** qui couvrent le champ le plus large possible : personnages et lieux de tous les pays et de tous les temps, institutions, titres d'œuvres marquantes de la littérature, des beaux-arts, du cinéma, etc. Dans un souci de maniabilité, tous ces articles se suivent dans l'ordre alphabétique, sans que soient séparés les mots de la langue et les noms propres : le lecteur trouvera ainsi la définition du mot « bouddhisme » immédiatement après l'article consacré au « **Bouddha** », et les deux développements viendront se compléter et s'épauler. Pour faciliter visuellement leur repérage, les noms propres sont signalés en bleu.
La langue française est décrite avec clarté et précision : les sens sont numérotés, les locutions sont présentées par ordre alphabétique, la prononciation (quand elle présente une difficulté), l'étymologie, les variantes orthographiques et les dérivés du terme-souche viennent en fin d'article. Les vocabulaires de spécialité sont indiqués clairement (ANAT : anatomie ; DR : droit ; PHYS : physique ; INFORM : informatique, etc.), de même que les niveaux de langue (**fam** : familier, **litt** : littéraire, etc.) ou l'appartenance à un secteur particulier de la francophonie (**Afrique**, **Belgique**, **Canada**, **Suisse**). Le lecteur curieux pourra approfondir sa recherche en lisant les développements encyclopédiques consacrés aux objets du savoir (en philosophie, histoire, biologie, physique, etc.), repérables immédiatement par leur bandeau de couleur beige.

Plus de **3 000 images** viennent appuyer la définition des mots : portraits de personnages, photographies de sites naturels et de monuments, dessins d'animaux et de végétaux, planches d'anatomie, cartes de géographie, schémas décrivant le fonctionnement d'appareils ou représentant un processus.

En complément au dictionnaire alphabétique, le ***Dictionnaire Hachette*** propose plus de 100 pages d'annexes ; l'ouvrage débute avec la liste des Mots nouveaux du français vivant, renouvelée chaque année : elle sert d'observatoire des néologismes et de banc d'essai préalable à leur introduction dans le corps du dictionnaire et dans la langue.
En fin d'ouvrage, un **mémento encyclopédique** présente les repères culturels indispensables qui font l'objet du « socle commun de compétences » de l'Éducation nationale :
- les pages du **français au quotidien** permettent au lecteur de suivre l'évolution de la langue et de s'exprimer correctement en toute circonstance.

La nouvelle orthographe présente les règles des *Rectifications de l'orthographe*, qui tendent à supprimer certaines anomalies, exceptions ou irrégularités de la langue française. Les nouvelles graphies issues des Rectifications sont également indiquées dans la nomenclature à titre de variantes.

Un mémento de grammaire rappelle les règles essentielles du français, mises en contexte avec de nombreux exemples. Les principaux éléments du grec et du latin sont accompagnés de leur signification et d'exemples de mots qu'ils servent à former ; un recueil de maximes et proverbes permettra au lecteur de retrouver une expression et d'en comprendre le sens ; enfin, des tableaux de conjugaison viennent clore cette partie.
- le **mémento encyclopédique** comprend également un atlas de toutes les régions du monde, les chronologies des dates-clés de l'histoire de France et de l'histoire du monde, un aperçu des institutions et symboles de la France et de l'Union européenne, un aide-mémoire sur les sciences (mathématiques, physique, chimie, sciences de la Vie) avec les notions essentielles de chaque domaine ; la liste des membres et lauréats des grandes institutions de la connaissance (prix Nobel, médaille Fields, Académie française), et les drapeaux des États du monde.

Volontairement didactique, le ***Dictionnaire Hachette*** constitue une somme la plus complète possible en un seul volume de nos connaissances sur le passé et le présent de notre monde. Il devrait apporter une aide précieuse à toutes celles et ceux qui désirent apprendre, vérifier une information ou trouver simplement la réponse à une question.

# Sommaire

# Présentation du dictionnaire

Premier ou dernier mot de la page 1

Entrée **nom propre**, en bleu 2

L'entrée **mot de la langue**, en noir, comprend :
– la **définition** de ses différents sens, séparés par des chiffres arabes 3
– sa ou ses **catégories grammaticales**, séparées par des lettres capitales 4
– un numéro de **conjugaison** s'il s'agit d'un verbe 5
– des **exemples** 6
– l'indication de **domaines de spécialité** 7
– des **locutions** 8

Les rubriques de fin d'article fournissent des informations complémentaires sur l'entrée
– **Prononciation** difficile 9
– **Variantes** orthographiques 10
– **Étymologie** 11
– **Mots dérivés** de l'entrée 12

**Développements encyclopédiques** 13
L'essentiel des grands thèmes de la culture générale y est abordé

1146 **Ohio** 1 — **OISE 60**

composés de plusieurs tuniques s'enveloppant les unes dans les autres. **2** Bulbe de l'oignon. *Pleurer en épluchant des oignons.* **3** Bulbe de diverses plantes, liliacées notam. *Oignons de tulipe.* **4** Induration douloureuse qui se développe surtout près des orteils. **5** Montre de gilet à verre bombé. **LOC** ***Aux petits oignons :*** très bien. PHO 9 [ɔɲɔ̃] ETY Du lat. VAR **ognon**

**oignonade** *nf* Mets à base d'oignons. VAR 10 **ognonade**

**oignonière** *nf* Terrain semé d'oignons. VAR **ognonière**

**oïl** *av* **LOC** ***Langue d'oïl :*** 11 parlée en France au Moyen Âge au nord de la Loire (par oppos. à *langue d'oc*). PHO [ɔjl] ETY Forme anc. de *oui*.

**oindre** *vt* 56 5 **1** Enduire d'une substance grasse. **2** RELIG CATHOL Frotter avec les saintes huiles. ETY Du lat.

**oint, ointe** *n* RELIG Personne consacrée par l'onction sacramentelle. **LOC** ***L'oint du Seigneur :*** 8 Jésus-Christ. PHO [wɛ̃, wɛ̃t]

**Oïrotes** peuple mongol de l'Altaï. VAR **Oïrates** DER **oïrote** ou **oïrate** *a*

**Oisans** 2 r. des Alpes du Dauphiné, au S.-E. de Grenoble, drainée par la Romanche. Hydroélectricité.

**Oise** riv. de France (302 km), qui conflue avec la Seine (r. dr.) à Conflans-Sainte-Honorine ; née en Belgique près de Chimay, elle arrose Compiègne, Creil, Pontoise. Navigable, elle est unie de nombr. canaux aux rég. du Nord et de l'E

**oie** cendrée

**Oise** dép. français (60) ; 5 857 km 766 441 hab. ; 130,8 hab./km² ; ch.-l. *Beauv* ch.-l. d'arr. *Clermont, Compiègne* et *Senlis*. V. Pi die (Rég.). DER **oisien, enne** *a, n*

**oiseau** *nm* **1** 3 Vertébré ovipare, couvert plumes, ayant deux pattes et deux ailes, à tête munie d'un bec et généralement adapté vol. *Chant, cri, gazouillis, sifflement des oiseaux.* *gration des o* 6 *La classe des oiseaux.* **2** f péjor Individu. *En voilà un drôle d'oiseau ! Ois de malheur, de mauvais augure.* **3** TECH Chev de couvreur. **LOC** ***Être comme l'oiseau sur branche :*** 7 être dans une situation incertaine, p caire. — litt ***L'oiseau de Jupiter :*** l'aigle. — ***L'oiseau de Minerve :*** la chouette. — ***L'oiseau s envolé :*** la personne que l'on venait chercher déjà partie. — plaisant, souvent iron ***Ois rare :*** personne douée de qualités exceptionn les. PHO [wazo] ETY Du lat.

ENC 13 Comme les mammifères, les oiseaux sont méothermes et leur cœur comporte quatre cavités sont apparus au jurassique, dans une lignée de re les qui a donné également les dinosaures et les cro diliens. Deux sous-classes sont représent actuellement : les *ratites*, sans bréchet et inaptes vol, et les *carinates*, dont le bréchet supporte les m cles nécessaires au vol. Ceux-ci, les plus nom comprennent de nombr. ordres, entre autres : péle niformes, ansériformes, falconiformes, strigiforn columbiformes, galliformes et passériformes.

**Oiseau de feu (l')** ballet de Stravir (1910), chorégr. de Fokine.

**Oiseau de paradis (l')** constellat de l'hémisphère austral ; n. scientif. : *Apus, Apo*

**oiseau-lyre** *nm* Ménure. PLUR oiseaux-lyre

**oiseau-mouche** *nm* Colibri. PLUR oise mouches.

**oiseau-trompette** *nm* Agami. PLUR seaux-trompettes.

**Oiseaux (les)** comédie d'Aristoph (414 av. J.-C.).

**oisif, ive** *a, n* **A** Inactif, désœuvré, sans occupation. **B** *n* 4 Personne qui n'exerce aucune profession, dont tout le temps est libre. DER **oisivement** *av* – **oisiveté** *nf*

**oisillon** *nm* Petit oiseau ; jeune oiseau.

**oison** *nm* Jeune oie.

**Oissel** com. industr. de la Seine-Maritime (arr. de Rouen), sur la Seine ; 11 053 hab. DER 12 **osselien, enne** *a, n*

**Oïstrakh** David Fedorovitch (Odessa, 1908 – Amsterdam, 1974), violoniste russe.

**OIT** Sigle de *Organisation internationale du travail.*

**Ōita** port du Japon (Kyūshū) ; 398 100 hab. ; ch.-l. du ken du m. nom. Industries.

**Ojibwas** Amérindiens de la région des Grands Lacs (É.-U. et Canada), de langue algonquienne ; 90 000 personnes. VAR **Chippewas** DER **ojibwa** ou **chippewa** *a*

3 146 000 hab. ; ca plaines, au sol rich coton ; élevage bo tries. – Vendue par la rég. fut une ré Cinq Nations de 1 l'Union en 1907.

**Oklahoma** l'Oklahoma ; 962 6 triel (pétrole).

**okoumé** *nm* dont le bois rose et rie et dans la fabri Mot d'une langue du

**okra** *nm* Autre n

**OKW** sigle pour commandement en 1938 à 1945.

**Ōkyo** Maruy 1795), peintre japo

# Abréviations grammaticales

| | |
|---|---|
| a | adjectif |
| art | article |
| aux | auxiliaire |
| av | adverbe |
| card | cardinal |
| conj | conjonction |
| coord | coordination |
| défect | défectif |
| dém | démonstratif |
| exclam | exclamatif |
| impers | impersonnel |
| indéf | indéfini |
| interj | interjection |
| interr | interrogatif |
| inv | invariable |
| loc | locution |
| n | nom |
| nf | nom féminin |
| nm | nom masculin |
| num | numéral |
| onomat | onomatopée |
| ord | ordinal |
| part | partitif |
| pl | pluriel |
| poss | possessif |
| pp | participe passé |
| ppr | participe présent |
| pr | pronom |
| prép | préposition |
| réfl | réfléchi |
| rel | relatif |
| sg | singulier |
| sub | subordination |
| v | verbe |
| vi | verbe intransitif |
| vpr | verbe pronominal |
| vt | verbe transitif |
| vti | verbe transitif indirect |

# Marques d'usage

Dans le dictionnaire, certains mots, sens ou expressions sont marqués par une abréviation telle que *fam, anc*, etc. Cette abréviation est une marque d'usage, c'est-à-dire une indication sur l'emploi de ces termes. En effet, tous les mots ne sont pas neutres : ils peuvent être « marqués » dans le temps (un mot qui devient rare), dans l'espace (un mot propre à une région), être propres à un groupe social (comme l'argot) ou à une situation de communication (*à plus !* ne s'emploie qu'avec une personne qui nous est familière). Ce dernier type d'emploi est également appelé niveau de langue. La liste suivante indique les différentes marques d'usage utilisées dans le *Dictionnaire Hachette*.

| | |
|---|---|
| **abus** | abusivement |
| **anal** | analogie |
| **anc** | ancien |
| **ant** | antonyme |
| **arg** | argot |
| **cour** | courant |
| **dial** | dialectal |
| **didac** | didactique |
| **ellipt** | elliptiquement |
| **enfant n** | enfantin |
| **fam** | familier |
| **fig** | figuré |
| **inj** | injurieux |
| **iron** | ironique |
| **litt** | littéraire |
| **méton** | métonymie |
| **mod** | moderne |
| **péjor** | péjoratif |
| **plaisant** | plaisant |
| **poét** | poétique |
| **pop** | populaire |
| **raciste** | raciste |
| **rég** | régional |
| **vieilli** | vieilli |
| **vulg** | vulgaire |
| **vx** | vieux |

**ancien (anc)** signale une réalité aujourd'hui disparue. Le bouffon désignait autrefois un personnage de théâtre. Dans son emploi actuel, il n'a plus ce sens.

**argotique (arg)** qui n'est employé et compris que par un groupe social restreint : *bahut* (argot scolaire). Un passage de l'argot à la langue familière s'opère souvent.

**didactique (didac)** qui n'est employé que dans un contexte savant : *anfractuosité* pour *cavité*.

**familier (fam)** qui est employé dans une communication libre, entre personnes proches, sans contraintes hiérarchiques : *bagnole* pour *voiture*.

**injurieux (inj)** dont l'emploi implique un désir de blesser, d'insulter : *ordure*.

**ironique (iron)** qui est employé par moquerie ou pour montrer le côté dérisoire de quelque chose : *sacro-saint*. Un terme ironique est souvent employé avec un sens contraire à sa véritable signification : *Les joies du métier* (pour parler des inconvénients du métier).

**littéraire (litt)** qui est employé dans un texte répondant à certaines exigences esthétiques : *fortune* pour *chance*. On parle également de registre soutenu.

**péjoratif (péj)** qui est employé par mépris, pour dévaloriser ce dont on parle : *cliché* pour *idée, expression toute faite*. Certains emplois péjoratifs sont également injurieux.

**plaisant** qui est employé de façon humoristique, parfois avec une légère pointe d'ironie : *illustrissime, taquiner la muse*.

**poétique (poét)** qui rappelle, par son pouvoir évocateur, le langage poétique : *azur* pour *ciel*.

**populaire (pop)** qui est employé par les couches sociales les moins instruites et peu utilisé par la bourgeoisie cultivée, sauf par effet de style : *raquer* pour *payer*, *caoua* pour *café*.

**raciste** qui est employé par hostilité à l'égard de certains peuples : *youpin* pour *juif*. Les termes racistes sont également injurieux.

**régional (région)** dont l'emploi est limité à une ou plusieurs régions de France : *aiguail* dans le Midi pour *rosée*.

**vieilli** dont l'emploi, bien que généralement compris, tend à sortir de l'usage : *bigle* pour *strabique*.

**vulgaire (vulg)** qui renvoie à une réalité frappée de tabou : *putain* pour *prostituée*. Le caractère grossier des termes vulgaires en proscrit l'usage en public.

**vieux (vx)** qui ne s'emploie plus sauf par effet de style ou dans certaines régions : *en gésine* pour *sur le point d'accoucher*.

# Abréviations

abb. **abbaye**
abbat. **abbatial(e)**
abrév. **abréviation**
absol. **absolument**
abusiv. **abusivement**
acad. **académie**
Acad. fr. **Académie française**
Acad. des sc. **Académie des sciences**
accus. **accusatif, ive**
acoust. **acoustique**
adj. **adjectif, ive, adjectival, adjectivement**
adject. **adjectivement**
admin. **administration, administratif, administrativement**
adv. **adverbe, adverbial(e), adverbialement**
aéron. **aéronautique**
affl. **affluent**
a. fr. **ancien français**
afr. **africain(e)**
Afr. subsah. **Afrique subsaharienne**
aggl. **agglomération**
aggl. urb. **agglomération urbaine**
agric. **agriculture, agricole**
agroalim. **agro-alimentaire**
alch. **alchimie**
alg. **algèbre**
alim. **alimentaire, alimentation**
all. **allemand(e)**
allus. **allusion**
Alpes-Hte-Prov. **Alpes-de-Haute-Provence**
Alpes-Mar. **Alpes-Maritimes**
alphab. **alphabétique, alphabétiquement**
alt. **altitude**
altér. **altération**
amér. **américain(e)**
anal. **analogie, analogue**
anat. **anatomie, anatomique**
anc. **ancien, ienne, anciennement**
angl. **anglais(e)**
anthrop. **anthropologie, anthropologique**
Antilles fr. **Antilles françaises**
antiphr. **antiphrase**
Antiq. **Antiquité**
antiq. égyp. **antiquité égyptienne**
antiq. gr. **antiquité grecque**
antiq. rom, **antiquité romaine**
apic. **apiculture**
appos. **apposition**
apr. **après**
apr. J.-C. **après Jésus-Christ**
ar. **arabe**
arbor. **arboriculture**
arch. **archaïque**
archéol. **archéologie, archéologique**
archi. **architecture**
arg. **argot, argotique**
arith. **arithmétique**
armur. **armureries**
arpent. **arpentage**
arr. **arrondissement**
art culin. **art culinaire**
artill. **artillerie**
Arts déc. **Arts décoratifs**
asiat. **asiatique**
Atlant. **Atlantique**
atom. **atomique**
attract. **attraction, attractif, ive**
auj. **aujourd'hui**
auto. **automobile**
auton. **autonome**
autref. **autrefois**
autrich. **autrichien, ienne**
auxil. **auxiliaire**
av. **avant**
avic. **aviculture**
av. J.-C. **avant Jésus-Christ**
avr. **avril**
bactér. **bactériologie**
baln. **balnéaire**
baron. **baronnie**
B.-du-Rh. **Bouches-du-Rhône**
bibl. **bibliographie, bibliographique**
bijout. **bijouterie**
biochim. **biochimie**
biogr. **biographie, biographique**
biol. **biologie, biologique**
bioméd. **biomédical(e)**
blas. **blason**
bot. **botanique**
bouch. **boucherie**
brit. **britannique**
Bx-A. **Beaux-Arts**
c.-à-d. **c'est-à-dire**
cal. **calorie**
calligr. **calligraphie**
cant. **canton**
cap. **capitale**
card. **cardinal(e)**
carr. **carrière**
carross. **carrosserie**
cath. **cathédrale**
cathol. **catholique**
celt. **celtique**
centr. **central(e)**
céram. **céramique**
cert. **certain(e), certainement**
cf. **confer, se reporter à**
chancel. **chancelier, chancellerie**
chap. **chapelle**
Char.-Mar. **Charente-Maritime**
chât. **château**
ch. de f. **chemin de fer**
chim. **chimie, chimique**
chin. **chinois(e)**
chir. **chirurgie, chirurgical(e)**
ch.-l. **chef-lieu**
ch.-l. de cant. **chef-lieu de canton**
chorégr. **chorégraphie, chorégraphique**
chrét. **chrétien, ienne**
chron. **chronologie, chronologique**
Cie **compagnie**
ciné **cinéma**
circonsc. **circonscription**
class. **classique**
clim. **climatique**
climat. **climatologie**
coeff. **coefficient**
col. **colonne**
coll. **collection**
collab. **collaboration, collaborateur, trice**
collect. **collectif, ive**
collectiv. **collectivement**
com. **commune, communal(e)**
comm. **commerce, commercial(e)**
comp. **comparaison**
comp(l). **complément, complétif, ive**
compta. **comptabilité**
confl. **confluent, confluence**
conj. **conjonction, conjonctif, ive**
conjug. **conjugaison**
const. **constant(e)**
constit. **constitutionnel(le), constitutionnellement**
constr. **construction**
contemp. **contemporain(e)**
contract. **contraction**
conurb. **conurbation**
coord. **coordination**
cordon. **cordonnerie**
corr. **correct(e)**
corrél. **corrélatif, ive**
corrupt. **corruption**
cosmol. **cosmologie, cosmologique**
cost. **costume**
cour. **courant(e), couramment**
cout. **couture**
crois. **croisement**
cryptogr. **cryptographie**
ctr. **contraire**
cuis. **cuisine**
cult. **culture, culturel(le)**
d.d.p. **différence de potentiel**
déb. **début**
déc. **décembre**
déf. **défini(e)**
défect. **défectif, ive**
déform. **déformation**
dém. **démonstratif, ive, démocratie, démocratique**
dénigr. **dénigrement**
dep. **depuis**
dép. **département**
dér. **dérivé(e)**
dét. **déterminatif, ive**
dial. **dialecte, dialectal(e)**
didact. **didactique**
dimin. **diminutif, ive**
diplom. **diplomatie, diplomatique**
dir. **direct(e)**
distill. **distillerie**
distr. **district**
div. **divers(e), diversité**
dj. **donjon**
dout. **douteux, euse**
dr. **droit(e), droit, docteur**
dr. admin. **droit administratif**
dr. anc. **droit ancien**
dr. civ. **droit civil**
dr. coutum. **droit coutumier**
dr. ecclés. **droit ecclésiastique**
dr. féodal, **droit féodal**
dr. forest. **droit forestier**
dr. marit. **droit maritime**
dr. romain **droit romain**
dyn. **dynastie**
E. **est**
ébénist. **ébénisterie**
éc. **école**
ecclés. **ecclésiastique**
écol. **écologie**
écon. **économie, économique**
écon. dom. **économie domestique**
éd. **édition, éditeur**
égl. **église**
égypt. **égyptien, ienne**
élect. **élection**
électr. **électricité, électrique**
électroacoust. **électroacoustique**
électrochim. **électrochimie, électrochimique**
électroméca(n). **électromécanique**
électrométall. **électrométallurgie**
électron. **électronique**
ellipt. **elliptique, elliptiquement**
embryol. **embryologie**
empl. **emploi, employé(e)**
empr. **emprunt**
encycl. **encyclopédie, encyclopédique**
enseig. **enseignement**
env. **environ**
environn. **environnement**
épigr. **épigraphie**
équat. **équatorial(e)**
équit. **équitation**
erpét. **erpétologie**
escr. **escrime**
esp. **espagnol(e), espace**
estim. **estimation**
etc. **et cætera**
ethn. **ethnographie, ethnologie**
étym, **étymologie, étymologique**
étymol. **étymologiquement**
É.-U. **États-Unis**
euph. **euphémisme, euphémique**
Eure-et-L. **Eure-et-Loir**

ex. **exemple**
exag. **exagération**
exclam. **exclamation, exclamatif, ive**
export. **exportation**
expr. **expressif, ive, expression**
ext. **extérieur(e)**
ext. extens. **extensif, ive, extension**
f. **féminin**
F (sans point), **franc français**
fabr. **fabrique, fabrication**
fac. **facultatif, ive**
fam. **famille, familier, ière**
fauc. **fauconnerie**
fbg **faubourg**
féd. **fédération, fédéral(e), fédératif, ive**
fém. **féminin(e)**
f.é.m. **force électromotrice**
féod. **féodalité, féodal(e)**
ferrug. **ferrugineux, euse**
fév. **février**
fig. **figure, figuratif, ive, figuré(e)**
filat. **filature**
fin. **finances, financier, ière**
finn. **finnois(e)**
fisc. **fiscalité, fiscal(e)**
fl. **fleuve**
flam. **flamand(e)**
flamb. **flamboyant(e)**
fluv. **fluvial(e)**
forest. **forestier, ière**
fortif. **fortification, fortifié(e)**
fr. franç. **français(e)**
France rég. **France régionale**
fréquent. **fréquentatif, ive**
frq. **francique**
funér. **funéraire**
fut. **futur**
g. **gauche**
gal **général**
gaul. **gaulois(e)**
G.-B. **Grande-Bretagne**
gd, gde **grand, grande**
généal. **généalogie, généalogique**
génét. **génétique**
géod. **géodésie, géodésique**
géogr. **géographie, géographique**
géol. **géologie, géologique**
géom. **géométrie, géométrique**
géomorphol. **géomorphologie**
géoph. **géophysique**
germ. **germanique**
gest. **gestion**
gl. **général**
goth. **gothique**
gouv. **gouvernement, gouvernemental(e),gouvernorat**
gr. **grec, grecque**
gram. **grammaire, grammatical(e)**
grav. **gravure**
Guad. **Guadeloupe**
gymn. **gymnastique**
gynécol. **gynécologie, gynécologique**
h (sans point) **heure**
ha (sans point) **hectare**
hab. **habitant**
hébr. **hébreu**
héral. **héraldique**
hist. **histoire, historique**
histol. **histologie**
holl. **hollandais(e)**
hom. **homonyme, homonymie**
horl. **horlogerie**
hortic. **horticulture**
ht, hts **haut, hauts**
hte, htes **haute, hautes**
Ht-Rhin **Haut-Rhin**
Hte-Gar. **Haute-Garonne**
Hte-L. **Haute-Loire**
Hte-Marne **Haute-Marne**
Hte-Sa. **Haute-Saône**
Hte-Sav. **Haute-Savoie**
Hte-Vienne **Haute-Vienne**
Htes-Pyr **Hautes-Pyrénées**
Hts-de-Seine **Hauts-de-Seine**
hum. **humain(e)**
hydraul. **hydraulique**
hydroél. **hydroélectricité, hydroélectrique**
hydrogr. **hydrographie, hydrographique**
hyg. **hygiène**
hyper. **hyperbole**
ibid. **ibidem**
ichtyol. **ichtyologie**
iconogr. **iconographie, iconographique**
id. **idem**
Ille-et-Vil. **Ille-et-Vilaine**
imp. **impérial(e)**
imparf. **imparfait**
impér. **impératif, ive**
impers. **impersonnel(le)**
import. **important(e), importance, importation**
impr. **impropre, improprement**
imprim. **imprimerie**
incert. **incertain(e)**
incon. **inconnu(e)**
incorr. **incorrection, incorrect(e)**
ind. **indirect(e)**
indéf. **indéfini(e)**
indép. **indépendant(e), indépendance**
indic. **indicatif**
indir. **indirect(e)**
industr. **industrie, industriel(le), industrialisation**
inf. **infinitif, ive**
infér. **inférieur(e)**
infl. **influence, inflexion**
inform. **informatique**
inj. injur. **injurieux, ieuse**
instr. **instrument, instrumental(e)**
int. **interne, intérieur(e)**
intel. **intellectuel(le)**
interj. **interjection, interjectif, ive**
intern. **international(e)**
interrog. **interrogation, interrogatif, ive**
intr. **intransitif, ive**
inus. **inusité(e)**
inv. **invariable**
iron. **ironie, ironique, ironiquement**
irr. **irrégulier, ière**
ital. **italien, ienne**
janv. **janvier**
jap. **japonais(e)**
jard. **jardinage**
J.-C. **Jésus-Christ**
joaill. **joaillerie**
juil. **juillet**
jurid. **juridique**
jurispr. **jurisprudence**
l. **lettre**
l (sans point) **litre**
lat. **latin(e)**
latit. **latitude**
L.-Atl. **Loire-Atlantique**
législ. **législation, législatif, ive**
libr. **librairie**
ling. **linguistique**
litt. **littéraire**
littér. **littérature**
littéral. **littéralement**
lig. **liturgie, liturgique**
loc. **locution**
local. **localité**
log. **logique, logarithme**
Loir-et-Ch. **Loir-et-Cher**
long. **longueur**
longit. **longitude**
Lot-et-Gar. **Lot-et-Garonne**
m. **masculin, mot, même, mort**
m (sans point) **mètre**
M (sans point) **million**
mach. **machine**
Madag. **Madagascar**
magnét. **magnétisme, magnétique**
Maine-et-L. **Maine-et-Loire**
manuf. **manufacture, manufacturé(e)**
mar. **marine**
marit. **maritime**
Mart. **Martinique**
masc. **masculin**
mat. **matériel, matériau**
math. **mathématiques**
mauv. part. **mauvaise part (en)**
max. **maximum**
méca(n) **mécanique**
méd. **médecine, médical(e)**
médiév. **médiéval(e)**
Médit. **Méditerranée**
médit. **méditerranéen, éenne**
méd. lég. **médecin légiste**
méd. vét. **médecin vétérinaire**
mégalit. **mégalithique**
mention. **mentionné(e)**
mérid. **méridional(e)**
mét. **métier**
métall, **métallurgie, métallurgique, métallique**
métaph. **métaphore, métaphorique**
météo. **météorologie, météorologique**
méton. **métonymie**
métr. **métrique**
métrol. **métrologie**
métropol. **métropolitain(e)**
Meurthe-et-M. **Meurthe-et-Moselle**
Mgr **Monseigneur**
microb. **microbiologie**
mil. **milieu**
milit. **militaire**
mill. **millénaire**
minér. **minéral(e), minéralogique**
mobil. **mobilier**
mod. **moderne**
mon. **monument**
monn. **monnaie**
morphol. **morphologie, morphologique**
moy. **moyen, yenne**
mus. **musique**
music. **musical(e)**
musulm. **musulman(e)**
myth. **mythologie, mythologique**
N. **nord**
n. **nom**
nat. **national(e), nationalité**
navig **navigation**
N. B. **nota bene**
N.-D. **Notre-Dame**
N.-E. **nord-est**
néerl. **néerlandais(e)**
nég. **négatif, ive, négation, négativement**
néol. **néologisme**
n. f. **nom féminin**
n. f. pl. **nom féminin pluriel**
n. m. **nom masculin**
n. m. pl. **nom masculin pluriel**
N.-O. **nord-ouest**
nombr. **nombreux, euse**
nomi. **nominal(e)**
norm. **normand(e)**
norv, **norvégien, ienne**
notam. **notamment**
nouv. **nouveau, nouvelle**
Nouv.-Cal. **Nouvelle-Calédonie**
Nouv.-Zél. **Nouvelle-Zélande**
nov. **novembre**
n. pr. **nom propre**
nucl. **nucléaire**
num. **numéral, numismatique**
O. **ouest**
obs. **observation**
obstétr. **obstétrique**
occid. **occidental(e)**
occult. **occultisme**
océanogr. **océanographie, océanographique**
oc. Indien **océan Indien**

| | |
|---|---|
| oct. | octobre |
| œnol. | œnologie |
| off. | officiel(le), officiellement |
| onomat. | onomatopée |
| oppos. | opposition |
| opt. | optique |
| ord. | ordinal(e) |
| ordin. | ordinaire |
| orfèvr. | orfèvrerie |
| orient. | oriental(e) |
| orig. | origine |
| ornith. | ornithologie |
| orthogr. | orthographe, orthographique |
| orthop. | orthopédie, orthopédique |
| ouv. | ouvrage |
| **P**. Nobel | prix Nobel |
| paléogr. | paléographie |
| paléont. | paléontologie |
| papet. | papeterie |
| paron. | paronyme |
| part. | participe |
| partic. | particule, particulier, ière, particulièrement |
| Pas-de-Cal. | Pas-de-Calais |
| pass. | passif, ive |
| pathol. | pathologie, pathologique |
| pâtiss. | pâtisserie |
| pdt | président |
| p.-ê. | peut-être |
| pédag. | pédagogie, pédagogique |
| pédol. | pédologie |
| peint. | peinture |
| péj. péjor. | péjoratif, ive |
| pers. | personne, personnel(le) |
| P. et Ch. | Ponts et Chaussées |
| pétrochim. | pétrochimie, pétrochimique |
| pétrog. | pétrographie |
| pharm. | pharmacie, pharmaceutique |
| philo. | philosophie, philosophique |
| philol. | philologie |
| phon. | phonétique, phonétiquement |
| photo. | photographie, photographique |
| phys. | physique |
| physiol. | physiologie, physiologique |
| phys. nucl. | physique nucléaire |
| pisc. | pisciculture |
| pl. | pluriel, planche |
| plaisant. | plaisanterie |
| plur. | pluriel |
| plus. | plusieurs |
| poét. | poétique |
| polit. | politique |
| Polynésie fr. | Polynésie française |
| pop. | populaire, population |
| portug. | portugais(e) |
| poss. | possessif, ive |
| possess. | possession |
| post. | postérieur(e) |
| posth. | posthume |
| pp. | participe passé |
| ppr. | participe présent |
| prat. | pratique |
| préc. phréced. | précédent(e), précédemment |
| préf. | préfecture, préfixe |
| préhist. | préhistoire, préhistorique |
| prem. | premier, ière, premièrement |
| prép. | prépositif, ive, préposition |
| prés. | présent, président, présidence |
| princ. | principal(e), principalement |
| priv. | privatif |
| probabl. | probable, probablement |
| procéd. | procédure |
| prod. | produit, production |
| pron. | pronom, pronominal(e) |
| prononc. | prononciation, prononcer |
| propos. | proposition |
| propr. | propre, proprement |
| prosod. | prosodie |
| protohist. | protohistoire, protohistorique |
| prov. | proverbe, proverbial(e), province, provenance |
| provenç. | provençal(e) |
| psychan. | psychanalyse, psychanalyste |
| psychiat. | psychiatrie, psychiatrique, psychiatre |
| psycho. | psychologie, psychologique, psychologue |
| Puy-de-D. | Puy-de-Dôme |
| Pyr. | Pyrénées |
| Pyr.-Atl. | Pyrénées-Atlantiques |
| Pyr.-Orient. | Pyrénées-Orientales |
| pyrot. | pyrotechnie, pyrotechnique |
| **q**q | quelque(s) |
| qqch | quelque chose |
| qqn | quelqu'un |
| **r**ac. | racine |
| rad. | radical |
| radiodif. | radiodiffusion |
| radioélectr. | radioélectrique, radioélectricité |
| radioph. | radiophonie, radiophonique |
| radiotél. | radiotélévision |
| raff. | raffinerie, raffinage |
| RDA | République démocratique allemande |
| RDP | République démocratique et populaire |
| r. dr. | rive droite |
| récipr. | réciproque |
| réfl. | réfléchi |
| Rég. | Région (l'une des 22 Régions françaises) |
| rég. | région, régional(e) |
| rel. | reliure |
| relat. | relatif, ive |
| relig. | religion, religieux, ieuse |
| rem. | remarque |
| Renaiss. | Renaissance |
| Rép. | République |
| rép. auton. | république autonome |
| rép. dém. | république démocratique |
| rép. féd. | république fédérale, république fédérée |
| rép. pop. | république populaire |
| RFA | République fédérale d'Allemagne |
| r. g. | rive gauche |
| Rhén. | Rhénanie |
| Rhén.-du.N.-Westphalie | Rhénanie-du-Nord-Westphalie |
| rhét. | rhétorique |
| riv. | rivière |
| rom. | romain(e) |
| roy. | royaume |
| R.-U. | Royaume-Uni |
| **S**. | sud |
| s.-affl. | sous-affluent |
| Saint-Pierre-et-M. | Saint-Pierre-et-Miquelon |
| sanit. | sanitaire |
| sanscr. | sanscrit |
| Saône-et-L. | Saône-et-Loire |
| sc. | science |
| scand. | scandinave |
| scientif. | scientifique |
| sc. nat. | sciences naturelles |
| scol. | scolaire |
| scolast. | scolastique |
| s. comp(l). | sans complément (sans le complément attendu) |
| sculpt. | sculpture |
| S. E. | Son Excellence |
| S.-E. | sud-est |
| Seine-et-M. | Seine-et-Marne |
| Seine-Mar. | Seine-Maritime |
| Seine-St-Denis | Seine-Saint-Denis |
| s.-ent. | sous-entendu |
| sept. | septembre |
| septent. | septentrional(e) |
| séric. | sériciculture |
| serv. | service |
| sidér. | sidérurgie, sidérurgique |
| signif. | signifiant |
| simpl. | simplement |
| sing. | singulier |
| S.-O. | sud-ouest |
| soc. | socialiste |
| sociol. | sociologie, sociologique |
| sov. soviét. | soviétique |
| spécial. | spécialement |
| s.-préf. | sous-préfecture |
| S. S. | Sa Sainteté |
| st, ste | saint, sainte |
| stat. | station |
| statist. | statistique |
| sté | société |
| subj. | subjonctif |
| subst. | substantif, substantivé |
| suff. | suffixe |
| suiv. | suivant(e) |
| sup. | supérieur(e) |
| superf. | superficie |
| superl. | superlatif |
| syll. | syllabe |
| sylvic. | sylviculture |
| symb. | symbole |
| syn. | synonyme |
| synopt. | synoptique |
| synt. | syntaxe, syntaxique |
| **t**. | terme |
| t (sans point), | tonne |
| tabl. | tableau |
| tann. | tannerie |
| Tarn-et-G. | Tarn-et-Garonne |
| tech. | technique, technologie, technologique |
| teint. | teinturerie |
| télécomm. | télécommunications |
| télégr. | télégramme, télégraphe |
| téléph. | téléphone |
| term. | terminaison |
| territ. | territoire |
| text. | textile |
| théât. | théâtre |
| théol. | théologie, théologique |
| thérap. | thérapeutique |
| therm. | thermal(e), thermique |
| topogr. | topographie, topographique |
| tourist. | touristique |
| tr. | transitif |
| trad. | traduit(e), traduction |
| tram. | tramway |
| trans. | transitif, ive |
| transp. | transports |
| trav. publ. | travaux publics |
| trigo. | trigonométrie |
| triv. | trivial |
| typo. | typographie, typographique |
| **u**niv. | université |
| urb. | urbain(e) |
| urban. | urbanisme |
| URSS | Union des républiques socialistes soviétiques |
| us. | usité, usuel(le) |
| **v**. | verbe, vers, ville |
| V. | voir |
| var. | variante |
| V.-de-Marne | Val-de-Marne |
| V.-d'Oise | Val-d'Oise |
| v. imp. | verbe impersonnel |
| v. intr. | verbe intransitif |
| v. pron. | verbe pronominal |
| v. tr. | verbe transitif |
| vén. | vénerie |
| verb. | verbal, ale |
| verr. | verrerie |
| versif. | versification |
| vest. | vestiges |
| vétér. | vétérinaire |
| virol. | virologie |
| vitic. | viticulture |
| vol. | volume |
| vulg. | vulgaire, vulgairement |
| vx | vieux |
| **W**allis-et-F. | Wallis-et-Futuna |
| wil. | wilaya |
| **Z** | numéro atomique |
| zool. | zoologie, zoologique |
| zootech. | zootechnie |

# Spécialités

| | |
|---|---|
| ADMIN | Administration |
| AERON | Aéronautique |
| AGRIC | Agriculture |
| ALG | Algèbre |
| ALPIN | Alpinisme |
| AMEUB | Ameublement |
| ANAT | Anatomie |
| ANTHROP. | Anthropologie |
| ANTIQ | Antiquité |
| ANTIQ GR | Antiquité grecque |
| ANTIQ ROM | Antiquité romaine |
| APIC | Apiculture |
| ARBOR | Arboriculture |
| ARCHEOL | Archéologie |
| ARCHI | Architecture |
| ARCHI ANTIQ | Architecture antique |
| ARITH | Arithmétique |
| ARM | Armement |
| ART | Art |
| ARTILL | Artillerie |
| ARTS GRAPH | Arts graphiques |
| ASTRO | Astronomie |
| ASTROL | Astrologie |
| AUDIOV | Audiovisuel |
| AUTO | Automobile |
| AVIAT | Aviation |
| BIOCHIM | Biochimie |
| BIOL | Biologie |
| BOT | Botanique |
| Bx-A | Beaux-Arts |
| CHASSE | Chasse |
| CH de F | Chemin de fer |
| CHIM | Chimie |
| CHIR | Chirurgie |
| CHOREGR | Chorégraphie |
| CHRET | Chrétien(ne) |
| CINE | Cinéma |
| COMM | Commerce |
| COMPTA | Comptabilité |
| CONJUG | Conjugaison |
| CONSTR | Construction |
| COUT | Couture |
| CUIS | Cuisine |
| CYCLISME | Cyclisme |
| DR | Droit |
| DR ADMIN | Droit administratif |
| DR ANC | Droit ancien |
| DR CANON | Droit canon |
| DR COMM | Droit commercial |
| DR FEOD | Droit féodal |
| DR INTERN | Droit international |
| DR MARIT | Droit maritime |
| DR PUBL | Droit public |
| DR ROM | Droit romain |
| ECOL | Écologie |
| ECON | Économie |
| EDITION | Édition |
| ELECT | Électricité |
| ELECTROACOUST | Électroacoustique |
| ELECTROCHIM | Électrochimie |
| ELECTRON | Électronique |
| ELEV | Élevage |
| EMBRYOL | Embryologie |
| ENTOM | Entomologie |
| EQUIT | Équitation |
| ESP | Espace |
| ETHNOL | Ethnologie |
| FEOD | Féodalité |
| FIN | Finance |
| FISC | Fiscalité |
| FOREST | Foresterie |
| FORTIF | Fortification |
| GENET | Génétique |
| GEOGR | Géographie |
| GEOL | Géologie |
| GEOM | Géométrie |
| GEOMORPH | Géomorphologie |
| GEOPH | Géophysique |
| GEST | Gestion |
| GOLF | Golf |
| GRAM | Grammaire |
| GRAM GR | Grammaire grecque |
| GYM | Gymnastique |
| HIST | Histoire |
| HISTOL | Histologie |
| HORL | Horlogerie |
| HORTIC | Horticulture |
| HYDROL | Hydrologie |
| ICHTYOL | Ichtyologie |
| IMPRIM | Imprimerie |
| INDUSTR | Industrie |
| INFORM | Informatique |
| ISLAM | Islam |
| JEU | Jeu |
| LEGISL | Législation |
| LING | Linguistique |
| LITTER | Littérature |
| LITURG | Liturgie |
| LITURG CATHOL | Liturgie catholique |
| LOG | Logique |
| MAR | Marine |
| MAR ANC | Marine ancienne |
| MATH | Mathématique |
| MECA | Mécanique |
| MED | Médecine |
| MED BIOL | Médecine biologique |
| MED VET | Médecine vétérinaire |
| METALL | Métallurgie |
| METEO | Météorologie |
| METR ANC | Métrique ancienne |
| METROL | Métrologie |
| MICROB | Microbiologie |
| MILIT | Militaire |
| MINER | Minéralogie |
| MINES | Mines |
| MUS | Musique |
| MYTH | Mythologie |
| NEUROL | neurologie |
| NUCL | Industrie nucléaire |
| OBSTETR | Obstétrique |
| OCEANOGR | Océanographie |
| ŒNOL | Œnologie |
| OPT | Optique |
| ORNITH | Ornithologie |
| PALEONT | Paléontologie |
| PECHE | Pêche |
| PEDAG | Pédagogie |
| PEDOL | Pédologie |
| PEINT | Peinture |
| PETROCHIM | Pétrochimie |
| PETROG | Pétrographie |
| PHARM | Pharmacie |
| PHILO | Philosophie |
| PHILO ANC | Philosophie ancienne |
| PHON | Phonétique |
| PHOTO | Photographie |
| PHYS | Physique |
| PHYSIOL | Physiologie |
| PHYS NUCL | Physique nucléaire |
| POET | Poétique |
| POLIT | Politique |
| PREHIST | Préhistoire |
| PRESSE | Presse |
| PROTOHIST | Protohistoire |
| PSYCHAN | Psychanalyse |
| PSYCHIAT | Psychiatrie |
| PSYCHO | Psychologie |
| PSYCHOPATHOL | Psychopathologie |
| PUB | Publicité |
| RADIOELECTR | Radioélectricité |
| RELIG | Religion |
| RELIG CATHOL | Religion catholique |
| RELIG CHRET | Religion chrétienne |
| RHET | Rhétorique |
| SC NAT | Sciences naturelles |
| SCULPT | Sculpture |
| SOCIOL | Sociologie |
| SPECT | Spectacle |
| SPORT | Sport |
| STATIS | Statistique |
| SYLVIC | Sylviculture |
| TECH | Technique |
| TELECOM | Télécommunications |
| TENNIS | Tennis |
| TEXT | Textile |
| THEAT | Théâtre |
| THEOL | Théologie |
| TOPOGR | Topographie |
| TRANSP | Transport |
| TRAV PUBL | Travaux publics |
| TRIGO | Trigonométrie |
| TURF | Turf |
| TYPO | Typographie |
| URBAN | Urbanisme |
| VERSIF | Versification |
| VETER | Vétérinaire |
| VITIC | Viticulture |
| ZOOL | Zoologie |

# Alphabet phonétique et signes diacritiques

## SIGNES DIACRITIQUES

- á hongrois, tchèque et slovaque [a *long*]
- ä allemand [e] finnois et suédois [ɛ], slovaque [*entre* a *et* ɛ]
- ă bulgare, roumain [ø]
- â portugais [*proche de* ɔ̃]
- å danois [ɔ], norvégien et suédois [ø]
- ą polonais [ɔ̃]
- ć polonais [tʃ], serbo-croate [t *mouillé*]
- č bulgare, polonais, serbo-croate, tchèque et slovaque [tʃ]
- ç albanais et turc [tʃ]
- d' tchèque et slovaque [di]
- đ serbo-croate [di]
- ẽ portugais [e *nasal*]
- ë albanais [ø]
- ě tchèque [iɛ]
- ę polonais [ɛ̃]
- ğ turc [g, j]
- ı turc [*entre* i *et* e]
- í hongrois et slovaque [i *long*]
- î roumain [*entre* i *et* y]
- ł polonais [y]
- ń polonais [ɲ]
- ñ espagnol [ɲ]
- ň tchèque et slovaque [ɲ]
- ó polonais [u], hongrois et tchèque [o]
- ö allemand, finois, hongrois, norvégien, suédois et turc [ø]
- ő hongrois [ø *long*]
- ø danois et norvégien [ø]
- õ portugais [ɔ̃]
- ř tchèque et slovaque [ʀʒ, ʀʃ]
- ś polonais [ʃ *mouillé*]
- š bulgare, polonais, serbo-croate, tchèque et slovaque [ʃ]
- ş roumain et turc [ʃ]
- ť tchèque et slovaque [t *mouillé*]
- ţ roumain [ts]
- ü allemand, hongrois et turc [y]
- ú hongrois, tchèque et slovaque [u *long*]
- ű hongrois [y *long*]
- ý tchèque et slovaque [i *long*]
- ź polonais [ʒ *mouillé*]
- ż polonais [ʒ]
- ž bulgare, polonais, serbo-croate, tchèque et slovaque [ʒ]
- ¯ sur une voyelle, indique une voyelle longue

## ALPHABET PHONÉTIQUE INTERNATIONAL

### Consonnes

| | | |
|---|---|---|
| b | *de* bal | [bal] |
| d | *de* dent | [dɑ̃] |
| f | *de* foire | [fwaʀ] |
| g | *de* gomme | [gɔm] |
| k | *de* clé | [kle] |
| l | *de* lien | [ljɛ̃] |
| m | *de* mer | [mɛʀ] |
| n | *de* nage | [naʒ] |
| ɲ | *de* gnon | [ɲɔ̃] |
| ŋ | *de* dancing | [dɑ̃nsiŋ] |
| p | *de* port | [pɔʀ] |
| ʀ | *de* rire | [ʀiʀ] |
| s | *de* sang | [sɑ̃] |
| ʃ | *de* chien | [ʃjɛ̃] |
| t | *de* train | [tʀɛ̃] |
| v | *de* voile | [vwal] |
| x | *de* jota | [xɔta] (esp.) |
| | *de* khamsin | [xamsin] (ar.) |
| | *de* buch | [bux] (all.) |
| z | *de* zèbre | [zɛbʀ] |
| ʒ | *de* jeune | [ʒœn] |

### Voyelles

| | | |
|---|---|---|
| a | *de* patte | [pat] |
| ɑ | *de* pâte | [pɑt] |
| ɑ̃ | *de* clan | [klɑ̃] |
| e | *de* dé | [de] |
| ɛ | *de* belle | [bɛl] |
| ɛ̃ | *de* lin | [lɛ̃] |
| ə | *de* demain | [dəmɛ̃] |
| i | *de* gris | [gʀi] |
| o | *de* gros | [gro] |
| ɔ | *de* corps | [kɔʀ] |
| ɔ̃ | *de* long | [lɔ̃] |
| œ | *de* leur | [lœʀ] |
| œ̃ | *de* brun | [bʀœ̃] |
| ø | *de* deux | [dø] |
| u | *de* fou | [fu] |
| y | *de* pur | [pyʀ] |

### Semi-voyelles ou semi-consonnes

| | | |
|---|---|---|
| j | *de* fille | [fij] |
| ɥ | *de* huit | [ɥit] |
| w | *de* oui | [wi] |

ʼ indique l'absence de liaison, ex. : *un haricot* [œ̃ʼaʀiko]

### Classification des consonnes

| | sourde | sonore | nasale |
|---|---|---|---|
| BILABIALE | p | b | m |
| LABIODENTALE | f | v | |
| DENTALE | t | d | n |
| ALVÉOLAIRE | s | z | |
| PRÉPALATALE | ʃ | ʒ | |
| PALATALE | | | ɲ |
| VÉLAIRE | k | g | ŋ |
| UVULAIRE | | ʀ | |
| LATÉRALE | | l | |

# Les mots nouveaux du français vivant

La langue française est vivante : les mots vont, viennent, entrent dans l'usage ou en sortent, au gré des besoins, parfois des modes. Certains ne font qu'une brève apparition, tandis que d'autres s'imposent d'emblée et durablement. Est mot nouveau tout mot qui n'est enregistré dans aucun dictionnaire général, mais que nous avons trouvé utilisé dans les médias. Il peut s'agir de mots qui acquièrent brusquement une visibilité particulière du fait d'un évènement qui a marqué l'actualité. Il peut s'agir aussi d'objets nouveaux ou de notions nouvelles correspondant à des domaines scientifiques ou techniques en pleine évolution, comme l'informatique, la télématique, la génétique, etc. Dans ces domaines, nombreux sont les mots empruntés directement à l'anglo-américain, et qui n'ont pas d'équivalent français ou un équivalent inusité. Il peut s'agir enfin de nouveaux sens issus d'emplois métaphoriques, d'extensions de signification, de détournements poétiques. Tous ces mots, ces emplois, ces locutions méritent d'être repérés, répertoriés et définis en attendant d'être lexicalisés. Nous en décrivons ici environ 220. Certains seront vite lexicalisés, c'est-à-dire intégrés dans notre dictionnaire à leur ordre alphabétique. D'autres ne le seront pas : leur passage dans la langue aura été éphémère.

* Les mots précédés d'un astérisque ont déjà une entrée dans le dictionnaire : il s'agit donc ici d'un sens nouveau ou d'une locution nouvelle.

**aérothermie** *nf* Récupération des calories contenues dans l'air extérieur pour les restituer dans un système de chauffage au moyen d'une pompe à chaleur. DER **aérothermique** *a*

**agrégateur** *nm* INFORM Logiciel affichant sur une même page tous les nouveaux contenus des sources documentaires consultées.

**AGV** *nf* CH DE F Sigle de *automotrice à grande vitesse*, formule associant la rame articulée du TGV et la motorisation répartie sur chaque voiture.

**alfalfa** *nm* Variété de luzerne riche en vitamines et en sels minéraux, utilisée en diététique.

**2 algologie** *nf* Étude scientifique des douleurs, de leurs effets sur l'organisme et de leur traitement. DER **algologique** *a* – **algologue** *n*

**amnésiant, ante** *a* Qui provoque une amnésie. *Des toxines paralysantes et amnésiantes.*

**antivaccinal, ale** *a, n* Qui s'oppose à la vaccination contre une maladie. PLUR antivaccinaux. VAR **antivaccinaliste**

**archifaux, fausse** *a* fam Qui ne correspond pas du tout à la réalité, à la vérité. *Tout ce qu'il dit est faux et archifaux.*

**asap** *av* Dès que possible. PHO [azap] ETY Acronyme de l'anglais *as soon as possible.*

**ASVP** *n* Sigle de *agent de surveillance de la voie publique.*

**autopublication** *nf* Publication par qqn de ses propres écrits. *L'autopublication se développe grâce à Internet.*

**babassu** *nm* Palmier d'Amérique dont les fruits, semblables à de petites noix de coco formant de grosses grappes, fournissent une huile utilisée pour la production de biocarburants.

***bassin** *nm* LOC *Bassin de vie* : la plus petite zone territoriale dans laquelle un habitant a accès aux équipements et aux services de première nécessité (santé, commerce, enseignement, transports...).

**battle** *nm* Défi d'improvisation que se lancent des rappeurs, des slameurs, etc. PHO [batœl] ETY Mot angl. « bataille ».

**benfluorex** *nm* PHARM Molécule toxique qui a été utilisée dans les médicaments servant au traitement du diabète.

**beurgeois, oise** *a, n* Se dit d'une personne issue de l'immigration maghrébine (beur), qui s'est intégrée dans les couches aisées de la société française. *Les beurgeois du showbiz.* DER **beurgeoisie** *nf*

**bigorexie** *nf* Dépendance au sport, notamment dans le but de développer sa masse musculaire. ETY De l'angl. *big*, « grand », et du grec *orexis*, « appétit, désir ». DER **bigorexique** *a, n*

**biobanque** *nf* BIOL Organisme qui recueille et conserve des cellules vivantes ou des microorganismes afin de les étudier.

***biologie** *nf* LOC *Biologie synthétique* ou *de synthèse* : création de systèmes biologiques nouveaux ou modification de systèmes biologiques existants à des fins utilitaires.

***bionique** *a* fig Qui participe à la fois de la biologie et de la cybernétique, fabriqué, artificiel. *Une beauté bionique.*

***bloqueur** *nm* LOC *Bloqueur (de publicité)* : logiciel qui empêche l'affichage de publicités intrusives lors de la navigation sur Internet.

**bore-out** *nm* Épuisement psychologique provoqué par l'ennui au travail. PHO [bɔʀaut] ETY Mot angl. de *bore* « ennuyer ».

**camion-restaurant** *nm* Véhicule équipé pour préparer et offrir à la vente des plats cuisinés de qualité. *Le camion-restaurant situé près du théâtre propose des plats de cuisine traditionnelle.* PLUR camions-restaurants.

**catchup TV** *nf* Syn. de *télévision de rattrapage.* PHO [katʃœptivi] ETY Mots angl. VAR **catch-up TV**

**CCE** *nf* Sigle de *contribution climat énergie* ; prélèvement fiscal sur les produits contribuant à l'augmentation des gaz à effet de serre, appelé aussi *taxe carbone.*

**chabin, ine** *a* Antilles Métis à la peau claire, aux cheveux crépus blonds ou roux.

**chilienne** *nf* Chaise longue de jardin.

**chirashi** *nm* Plat japonais composé de riz vinaigré recouvert de poisson cru. ETY Mot jap. VAR **shirashi**

**christianophobie** *nf* Intolérance et hostilité à l'égard des chrétiens. *Un réalisateur accusé de christianophobie.* DER **christianophobe** *a, n*

***cigarette** *nf* LOC *Cigarette électronique* : dispositif électronique en forme de cigarette qui produit une vapeur pouvant contenir ou non de la nicotine et des arômes. *Pour réduire les effets nocifs du tabac sur sa santé, il s'est mis à la cigarette électronique.*

***cocktail** *nm* LOC *Effet cocktail* : conséquences, généralement néfastes, pour l'organisme ou l'environnement du mélange de différentes substances chimiques.

**complotiste** *n, a* Qui défend, soutient une théorie du complot.

**coofficiel, elle** *a* Se dit d'une langue qui partage avec une autre le statut de langue officielle. *Le catalan a un statut coofficiel en Catalogne.*

***coupeur** *nm* LOC *Coupeur de route* : malfaiteur se livrant au brigandage sur les routes, plus spécialement en Afrique.

**crowdfunding** *nm* Synonyme (déconseillé) de financement participatif. PHO [krodfundiŋ] ETY Mot angl.

**CRPC** *nf* DR Sigle de *comparution sur reconnaissance préalable de culpabilité*, procédure appelée aussi *plaider-coupable.*

**cyberharcèlement** *nm* Harcèlement via les réseaux sociaux, les blogs. *Le cyberharcèlement est une forme de violence très répandue en milieu scolaire.*

**cybermilitant, ante** *n* Personne qui utilise Internet pour faire avancer la cause politique, les idées qu'il défend. *Les cybermilitants sont très actifs dans les réseaux sociaux.*

**cybersécurité** *nf* Sécurité informatique assurant la protection des données qui transitent par Internet.

**déconsommation** *nf* ECON Baisse de la consommation.

**déconstructeur** *nm* Entreprise spécialisée dans la déconstruction des avions, des bateaux, etc.

***déjuger** *vt* Juger négativement, déconsidérer. *Le ministre s'est vu déjugé par le Président.*

**délégiférer** *vi* 14 Rendre la législation moins complexe en supprimant certaines lois.

**démineur, euse** *n* fig Personne qui prend des mesures pour éviter une situation tendue.

**démocratisme** *nm* POLIT Tendance à exalter la démocratie de façon excessive.

***déréférencement** *nm* Suppression du référencement d'informations sur Internet. *Le moteur de recherche refuse l'idée d'une taxe pour le partage des revenus publicitaires et menace la presse française de déréférencement.*

***design** *nm* LOC *Design sensoriel* : prise en compte, lors de la création d'un objet, de ses qualités visuelles (couleurs, matières, formes) mais aussi tactiles, odorantes ou sonores, voire cinématiques.

**designer** *vt* 1 BX-A Créer un objet de design. *Un élégant verre-bouteille designé par Starck.* PHO [dizajne]

**désimlocker** *vt* 1 Débloquer un téléphone portable pour qu'il soit utilisable auprès d'un autre fournisseur. DER **désimlockage** *nm*

**désobéisseur, euse** *a, n* Qui refuse de se soumettre à une loi au nom de principes supérieurs. *Des enseignants désobéisseurs.*

**diabésité** *nf* MED Émergence d'obésité due au diabète. *Ce fléau mondial qu'est la diabésité.* ETY Mot valise formé à partir de « diabète » et « obésité ».

**djeun** *n* fam Jeune. *Un langage de djeuns.* VAR **djeune**

**dress-code** *nm* Synonyme de *code vestimentaire.* ETY Mot angl.

**2 drive** *nm* Service qui permet à un client de prendre livraison de sa commande sans entrer dans le point de vente. PHO [dʀajv] ETY De l'angl. *to drive*, « conduire ».

**droit-de-l'hommisme** *nm* péj Invocation, jugée excessive, des droits de l'homme pour défendre des idées politiques, sociales ou économiques. *Un droit-de-l'hommisme bien pensant.* DER **droit-de-l'hommiste** *n, a*

**dulse** *nf* Algue rouge comestible, riche en protéines, en vitamines et en oligoéléments, consommée fraîche ou séchée.

**ECM** *nm* MED Sigle de *état de conscience minimale* ; état d'une personne ayant subi des dommages cérébraux sévères et qui montre des signes intermittents d'appréhension de l'environnement.

**écoblanchiment** *nm* Procédé de communication au sein d'une entreprise visant à se donner une image écoresponsable malgré ses activités polluantes. *Sanctionner les annonceurs pratiquant l'écoblanchiment.*

**écocontribution** *nf* Contribution financière des consommateurs ou des producteurs visant à compenser l'impact écologique d'un produit.

**écolabelliser** *vt* ① Attribuer un écolabel à un produit. DER **écolabellisation** *nf*

**écomatériau** *nm* Matériau préservant l'environnement. *Le bois, écomatériau par excellence.*

***économie** *nf* LOC ***Économie collaborative*** : forme d'économie reposant sur la mutualisation et le partage de biens, de services. *Le covoiturage est une forme d'économie collaborative.*

**écosubvention** *nf* Subvention accordée pour financer un projet répondant à la préservation de l'environnement. *Bénéficier d'une écosubvention pour des travaux d'économie d'énergie.*

**écotechnologie** *nf* Technologie destinée à produire, stocker ou distribuer les énergies renouvelables ou celles visant à réduire la consommation d'énergie.

**e-déchet** *nm* Déchet provenant d'appareils électriques ou électroniques. *Le recyclage des e-déchets.* PHO [ideʃe]

**EPM** *nm* Sigle de *établissement pénitentiaire pour mineurs*, structure créée en 2007, devant combiner la détention et l'éducation.

**e-réputation** *nf* Réputation, image d'une personne morale ou physique véhiculée par les traces numériques laissées sur Internet à son sujet. ETY Mot valise formé à partir de e-, « électronique » et « réputation ».

***espace** *nm* LOC ***Espace public numérique*** : structure mise en place par une collectivité territoriale offrant aux usagers un accès au réseau Internet et des formations aux technologies de l'information et de la communication.

**ETBE** *nm* Sigle de *éthyl-tertio-butyle-éther*, éthanol issu de canne à sucre, de betterave ou de céréales (bioéthanol), utilisé comme carburant.

**éteignoir** *nm* Cendrier de rue disposé à l'entrée d'établissements publics.

**featuring** *nm* Fait pour un artiste, notamment de rap ou de R'n'B, de participer à une chanson ou à un album d'un autre artiste. PHO [fitʒəʀiŋ] ETY De l'anglais *to feature*, « figurer ».

**féminicide** *nm* Meurtre d'une femme. *Le féminicide est une circonstance aggravante dans certains pays d'Amérique latine lorsqu'il est commis par un conjoint ou ex-conjoint.*

**fibrer** *vt* ① Équiper un lieu avec la fibre optique. *Les zones très denses seront fibrées en priorité.*

***fil** *nm* Ensemble des discussions se rapportant à un même thème sur un forum. *Créer un nouveau fil.*

**fintech** *nf* Société utilisant les nouvelles technologies pour proposer des services bancaires et financiers innovants. *Une fintech spécialisée dans le financement participatif.* ETY Mot-valise formé à partir de *finance* et de *technologie*.

**fixie** *nm* Vélo de piste au pignon solidaire de la roue arrière, dépourvu de vitesses et de freins. ETY De l'angl. *fixed gear*, « pignon fixe ».

**follower** *n* Personne qui s'abonne au microblog d'une autre personne afin d'en suivre les messages en temps réel. PHO [fɔlɔwœʀ] ETY Mot angl., « suiveur ».

**frontisation** *nf* Tendance à se rapprocher des idées défendues par le Front national. *Un quotidien qui consacre un dossier sur la frontisation de l'opinion publique.*

**fundraising** *nm* Levée de fonds pour un organisme, une entreprise. PHO [fœndʀeziŋ] ETY Mot angl.

***g** TECH G : abréviation de *génération*. *Un téléphone 4G. La pilule 3G.*

**géoréférencer** *vt* ⑫ Référencer très précisément un objet, un lieu. *Une base de données archéologiques informatisée et géoréférencée.*

**gif** *nm* INFORM Format d'image numérique qui permet de faire des séquences d'animation sur des pages web ou dans des courriels. PHO [ʒif] ETY Acronyme de l'angl. *graphics interchange format*, « format graphique d'échange ».

**gratuiciel** *nm* Logiciel mis gratuitement à la disposition du public par son auteur. SYN freeware. VAR **graticiel**

**gyropode** *nm* Petit véhicule à moteur électrique, à une place, muni de deux roues parallèles, d'une plateforme sur laquelle on se tient debout et d'un manche de conduite et de maintien.

**haut-couturier** *nm* Créateur de haute couture, grand couturier. PLUR hauts-couturiers.

**hipster** *n* Personne jeune qui cherche à se singulariser par ses tenues vestimentaires, son aspect physique et ses goûts culturels. ETY Mot angl. de *hip*, « à la mode ».

**holophonie** *nf* Système permettant d'entendre un concert de manière identique quel que soit l'endroit de la salle où on se trouve.

***hors sol** *a* fig, péj Coupé de la réalité. *Une politique hors sol.*

**hotspot** *nm* Point d'accès à Internet sans fil. PHO [ˈɔtspɔt] ETY Mot angl. de *hot*, « chaud » et *spot* « point ».

**hyperconnecté, ée** *a, n* **A** *a* Qui jouit de puissantes connexions à Internet. *Créer un espace hyperconnecté.* **B** *a, n* Qui est constamment connecté à Internet. *L'hyperconnecté est dans une logique d'instantanéité.*

**hypersexualisation** *nf* **1** Place prépondérante accordée à la sexualité, notam. dans les médias et la publicité. **2** Phénomène encourageant le développement précoce de la sexualité chez les enfants et les jeunes adolescents.

**infobésité** *nf* plais, fam Surabondance d'information jugée excessive par rapport aux besoins réels. SYN surinformation. ETY Mot valise formé à partir de « information » et « obésité ».

**intergouvernementalisme** *nm* POLIT Conception de l'Europe fondée sur le rôle prépondérant des gouvernements.

**intraçable** *a* Qu'on ne peut suivre, tracer. *Un sous-marin atomique intraçable.*

**jatropha** *nm* Arbuste tropical (euphorbiacée) dont les fruits donnent une huile utilisée pour produire des agrocarburants.

***jungle** *av* fam Camp où vivent des migrants, des réfugiés. *La jungle de Calais.*

***juste** *av* fam Tout simplement, tout à fait. *Cette situation, c'est juste insupportable !*

**kamishibaï** *nm* Théâtre d'images d'origine japonaise consistant en la lecture d'un texte, d'un conte pendant le défilement de planches illustrées dans un castelet. ETY Mot jap.

***lâcher** *vt* Dire avec amertume, colère. *« Je n'aurais pas cru ça de toi », lâcha-t-elle.*

**liker** *v* ① **A** *vi* fam Cliquer sur l'icône prévue à cet effet pour signaler que l'on apprécie un contenu publié sur Internet (marque, article de journal, vidéo...). **B** *vt* fam Avoir du goût pour, apprécier. *Je like trop cette chanson.* (PHO) [lajke] (ETY) De l'angl. *to like*, « aimer ».

**liposucer** *vt* ⑫ fam Opérer une liposuccion. *Elle s'est fait refaire le nez, liposucer les hanches.*

**lucrativité** *nf* Caractère lucratif. *La lucrativité devient le principal moteur de la société.*

**ludopathie** *nf* PSYCHO Addiction aux jeux de hasard. (DER) **ludopathe** *n*

***lunette** *nf* **LOC** fig ***Lunettes roses*** : fait de voir tout avec optimisme en occultant les difficultés. *Seuls ceux qui portent des lunettes roses peuvent affirmer que tout va bien en ce moment.*

**machinima** *nm* Film d'animation en 3D tourné à l'intérieur d'un monde virtuel ou d'un jeu vidéo et diffusé habituellement sur le Web. (ETY) De « machine », « animation » et « cinéma ».

***maison** *nf* **LOC** ***Maison de naissance*** : établissement non médicalisé où est assuré le suivi global d'une femme enceinte et de sa famille pendant la grossesse, la naissance et les premières semaines de la vie du bébé.

**mapping** *nm* Représentation sur un plan des éléments d'un univers géographique. (PHO) [mapiŋ] (ETY) Mot angl.

**massothérapie** *nf* Thérapie utilisant essentiellement des massages.

**m-commerce** *nm* Commerce électronique pratiqué à partir d'un téléphone portable ou d'un terminal mobile. (ETY) Mot valise formé à partir de *m-*, « mobile » et « commerce ».

**médiatraining** *nm* Apprentissage de la maîtrise de soi face aux médias. (ETY) De l'angl. (VAR) **media training**

***même** *av* **LOC** fam ***Même pas*** : suivi d'un nom, indique que l'on exclut l'hypothèse envisagée. *Il crée dans tous les domaines, même pas peur.*

**métagénomique** *nf* BIOL Séquençage des génomes de tous les microorganismes vivant au sein d'une niche écologique.

**métamatériau** *nm* TECH Matériau qui n'existe pas dans la nature, créé par bricolage chimique, physique ou mécanique pour assurer une fonction particulière.

**métavers** *nm* Univers fictif créé par un logiciel reproduisant plus ou moins l'univers réel. *Les avatars qui évoluent dans un métavers.* (ETY) De l'angl. *meta-universe*, « méta-univers ».

**mingong** *n* En Chine, travailleur issu de l'exode rural. *Le désespoir des mingongs fait craindre des troubles sociaux.*

**mook** *nm* Revue à la pagination proche de celle d'un livre. (PHO) [muk] (ETY) Mot valise formé à partir de « magazine » et de l'angl. *book*, « livre ».

***mouillé, ée** *a* **LOC** fam, plais ***40 kg tout mouillé*** : pesant à peine 40 kg.

**nano** *nf* fam Nanotechnologie et/ou nanoscience. *Le marché des nanos est évalué à 100 milliards d'euros.*

**nanoproduit** *nm* Produit manufacturé issu des nanotechnologies.

**négativer** *vi* ① Avoir une attitude négative, pessimiste, faire preuve de négativisme, par oppos. à *positiver*.

**néonaticide** *nm* Meurtre d'un nouveau-né, généralement par sa mère.

**neurocognition** *nf* PSYCHO Étude des rapports entre la cognition et le système nerveux.

***noircir** *vt* Transformer des fonds d'origine légale en argent liquide destiné à financer des opérations criminelles. (DER) **noircissement** *nm*

**nomophobie** *nf* Angoisse ressentie lorsque l'on se trouve sans téléphone portable. (ETY) Abrév. de l'angl. *no mobile phone phobia*, « phobie de l'absence de portable ». (DER) **nomophobe** *a, n*

***nuage** *nm* **LOC** INFORM ***Nuage de mots-clés*** : ensemble des mots-clés d'un site Internet représentés avec une taille proportionnelle à leur fréquence d'emploi.

**obésogène** *a* MED Qui rend obèse. *Un régime obésogène.*

**parlementarisation** *nf* POLIT Fait de donner davantage de pouvoir au Parlement, aux parlementaires.

***participatif** *a* **LOC** ***Financement participatif*** : collecte de dons par le biais des réseaux sociaux pour financer un projet. SYN crowdfunding.

***passif, ive** *a* Se dit d'un immeuble isolé et ventilé de manière à pouvoir se passer de chauffage, celui-ci provenant de la chaleur corporelle des occupants et de l'éclairage.

**patrimonialisation** *nf* Inclusion dans un patrimoine. *La patrimonialisation d'un terroir.*

**peshmerga** *nm* Soldat de la force armée du gouvernement régional kurde. (ETY) Mot kurde, « qui est au devant de la mort ».

**pétouille** *nf* Petit défaut qu'il reste à corriger avant la finalisation d'un travail.

**phablette** *nf* Petite tablette ayant les fonctionnalités d'un smartphone.

**photoprotection** *nf* Protection contre les rayons ultraviolets. *Un vêtement anti-UV à bonne photoprotection.*

***ping-pong** *nm* fig, fam Échange rapide, va-et-vient d'éléments opposés. *Le ping-pong entre le PS et la droite.*

**pinotage** *nm* Cépage rouge, issu du pinot noir et du cinsault, cultivé en Afrique du Sud.

**pinoter** *vi* ① ŒNOL Exprimer le caractère du cépage pinot, en parlant d'un vin.

**plastination** *nf* Procédé de conservation des cadavres figés dans une pose déterminée en remplaçant les liquides organiques par une résine durcissante. (DER) **plastiner** *vt* ①

**PNL** *nf* Sigle de *programmation neurolinguistique*, méthode de développement personnel se fondant sur les acquis cognitifs, émotionnels et comportementaux de la personne.

***poisson-pilote** *nm* **1** SPORT Cycliste qui protège un autre coureur pour lui permettre d'amorcer son sprint final dans les meilleures conditions. **2** fig, péj Personne qui permet à une autre d'assouvir ses ambitions. *Les poissons-pilotes du Premier ministre.*

**postbac** *a inv* Qui se fait après l'obtention du baccalauréat. *Les formations postbac proposées par une grande école.*

**prédatoire** *a* Fondé sur la prédation. *L'opposition entre développement prédatoire et développement durable.*

**présentisme** *nm* PHILO Manière d'envisager la réalité, l'histoire, dominée par des considérations liées au présent. (DER) **présentiste** *a, n*

**progéria** *nf* Maladie génétique rarissime se manifestant par un vieillissement accéléré.

**psychosexuel, elle** *a* PSYCHO Qui a trait à la fois à la vie psychique et à la sexualité. *Fantasmes du développement psychosexuel.*

***puits** *nm* **LOC** ***Puits canadien*** : système de ventilation et de chauffage constitué de tuyaux enfoncés dans le sol et fondé sur les échanges thermiques entre le sol profond et la surface.

**push up** *nm inv* Sous-vêtement (soutien-gorge, panty) rembourré, destiné à galber une partie du corps. (PHO) [puʃœp] (ETY) Mot angl.

**quarterback** *nm* SPORT Au football américain, poste occupé par le meneur de l'attaque derrière la ligne offensive. (PHO) [kwartœrbak] (ETY) Mot angl. de *quarter*, « quart » et *back* « arrière ».

***quotient** *nm* **LOC** PSYCHO ***Quotient émotionnel*** : indice, déterminé par un test de personnalité, servant à évaluer la manière dont un sujet sait gérer ses émotions, réagir au stress.

**recentralisation** *nf* POLIT Rendre certaines prérogatives au pouvoir central aux dépens des régions, processus inverse de la décentralisation.

***redresseur, euse** *n* Personne qui redresse une entreprise en difficulté.

**reiki** *nm* Thérapie non conventionnelle, d'origine japonaise, fondée sur la transmission d'énergie par apposition des mains. ETY Mot jap.

***reprofilage** *nm* ECON Synonyme de *restructuration*

***retour** *nm* **LOC** ***Faire un retour sur qqch*:** donner à une personne ses impressions, ses réactions sur ce qu'elle a produit. *Je vous ferai un retour sur votre compte rendu de la réunion dans le courant de la semaine.*

**retwitter** *vt* ① Faire circuler sur le réseau Twitter un tweet que l'on a reçu. PHO [rətwite]

***revenir** *vi* **LOC** ***Revenir vers qqn*:** prendre à nouveau contact avec lui.

**RSAiste** *n* Personne qui perçoit le RSA.

***sable** *nm* **LOC** ***Sable bitumineux*:** mélange de pétrole de sable et d'eau présent dans le sous-sol.

***salle** *nf* **LOC** ***Salle de consommation*** ou ***salle de shoot*:** établissement public où les toxicomanes peuvent se faire des injections dans de bonnes conditions d'hygiène et sous surveillance médicale.

***scanner** *vt* **fig** Examiner avec une grande attention. *Un roman qui scanne le milieu des analystes bancaires.*

**sciatalgie** *nf* MED Douleur localisée sur le trajet du nerf sciatique.

**sécuritarisme** *nm* Idéologie sécuritaire, obsession sécuritaire.

**séquestreur, euse** *n* Personne qui en séquestre une ou plusieurs autres. *Arrestation du séquestreur incestueux.*

**shizo** *nm* Plante aromatique d'origine asiatique (lamiacée), dégageant une odeur d'anis, de mélisse et de cannelle, utilisée en cuisine comme légume ou comme aromate.

**slowfood** *nm* Mouvement prônant une alimentation saine et variée qui privilégie les produits du terroir et de saison. PHO [slofud] ETY Mot angl. de *slow*, « lent » et *food*, « nourriture », par opp. à « fastfood ».

**snowkite** *nm* Pratique du ski tracté par un cerf-volant en forme de parachute ascensionnel. PHO [snokajt] ETY Mot angl.

**storytelling** *nm* Technique de marketing consistant à faire la promotion d'une idée, d'un produit sous forme d'histoire racontée. ETY Mot angl. de *story*, « histoire » et *telling*, « raconter ».

**supralégal, ale** *a* Se dit d'indemnités supérieures à ce que prévoit la législation. **PLUR** supralégaux.

**suprématiste** *a, n* POLIT Aux États-Unis, se dit de groupes convaincus de la suprématie de la race blanche.

**surirradiation** *nf* MED Dose excessive de rayons ionisants administrée à qqn. DER **surirradié, ée** *a, n*

**survivaliste** *a, n* Qui vise à survivre dans un environnement hostile. *Des survivalistes qui se préparent à l'Apocalypse.*

**swag** *nm* **fam** Comportement, façon d'être dénotant une certaine autorité naturelle. *Ce n'est pas parce qu'on suit la mode qu'on a le swag.* PHO [swag] ETY Mot angl.

***systémique** *a* PSYCHO Se dit d'une thérapie qui étudie le malade au sein de sa situation conjugale ou familiale.

***tableau** *nm* **LOC fig** ***Tableau noir*:** description sinistre d'une situation donnée. *Dresser un tableau noir des résultats d'une entreprise.*

**tendanceur, euse** *n* Personne chargée de suivre et d'anticiper les attentes des consommateurs, les tendances, les modes. **SYN** trendsetter.

***testimonial** *nm* Promotion d'un produit sous la forme du témoignage d'une personnalité qui en vante les mérites. **PLUR** testimoniaux.

**toxicogénomique** *nf, a* BIOL Observation in vitro à l'échelle du génome des réactions d'une cellule à une molécule pour déterminer son éventuelle toxicité. **SYN** toxicologie cellulaire.

**trendsetter** *n* Syn. de *tendanceur*. PHO [tʀɛndsetœʀ] ETY Mot angl.

**tricoche** *nf* **fam** **1** Fait, pour un policier, de communiquer des informations secrètes en échange d'avantages divers. **2** Activité rémunérée exercée par un policier en dehors de son service.

**triple play** *nm* Abonnement comprenant l'accès à Internet, le téléphone et la télévision.

***troll** *nm* Personne qui multiplie les polémiques dans les discussions sur Internet dans le seul but de pourrir le débat.

**troller** *vi* ① Participer à une discussion sur Internet en tant que troll, intervenir intempestivement dans un forum. *Éviter de répondre aux provocations d'une personne qui trolle.*

**tropézienne** *nf* Sandale spartiate basse ne dépassant pas le haut du talon. *Des tropéziennes aux lanières multicolores.*

**tui na** *nm* Technique chinoise de massage traditionnel, fondée sur la mobilisation des courants énergétiques. ETY Du chinois *tui*, « pousser », et *na*, « saisir ».

**twitto** *n* Utilisateur du réseau Twitter. *Le pseudonyme d'un twitto.*

**ubériser** *vt* ① Concurrencer un secteur économique traditionnel en proposant des services à moindre coût via Internet. *Une plateforme qui ubérise les auto-écoles.* ETY D'un n. pr. DER **ubérisation** *nf*

**ultimate** *nm* Sport de plage qui se joue avec un frisbee, opposant deux équipes de sept joueurs. PHO [yltimet] ETY Mot angl.

**vélopartage** *nm* Système de mise à disposition de vélos en libre-service.

**vertébrer** *vt* ① Organiser solidement, charpenter. *Il n'a pas su vertébrer son discours.*

**visioguichet** *nm* Ordinateur équipé d'une caméra et d'un scanner permettant une visioconférence avec un agent d'une administration, d'un organisme.

***vote** *nm* **LOC** ***Vote d'adhésion*:** élection dont le résultat manifeste un fort soutien au pouvoir en place, par oppos. au *vote-sanction.*

***vrac** *nm* **LOC fam** ***En vrac*:** dérangé, troublé. *J'ai les intestins en vrac aujourd'hui.*

**wahoo** *nm* Gros poisson téléostéen perciforme (scombridé) des mers chaudes et tempérées, à la chair très estimée.

**watture** *nf* Voiture électrique. ETY Mot-valise formé à partir de « watt » et « voiture ».

**webinaire** *nm* Séminaire multimédia et interactif, qui est accessible en ligne sur Internet.

**webisode** *nm* Programme télé ou jeu conçu pour être découpé en courtes séquences, accessible par téléchargement sur le web. *Un documentaire de 40 webisodes.* ETY Mot-valise formé à partir de « web » et « épisode ».

**websérie** *nf* Série fictionnelle diffusée sur Internet.

**woofing** *nm* Échange de travaux bénévoles dans des fermes, le plus souvent biologiques, contre le gîte et le couvert. ETY De l'acronyme WWOOF *(World-Wide Opportunities on Organic Farms).*

**zadiste** *n* Personne qui milite pour la protection d'une zone à défendre (ZAD).

**zipper** *vt* ① INFORM Compresser. *Zipper plusieurs fichiers en un seul.*

***zonage** *nm* Découpage du territoire en différentes zones géographiques en vue d'échelonner les vacances scolaires.

# A a

**a** *nm* **1** Première lettre (a, A) et première voyelle de l'alphabet notant les sons [a] ou a antérieur (ex. *passage*), [ɑ] ou a postérieur (ex. *pas, hâler*), [ɑ̃] ou a nasal (ex. *blanc*). *Un e dans l'a (æ.)* **2** PHYS A : symbole de l'ampère. – a : symbole de atto-. **LOC** ***De A à Z :*** du début à la fin. — ***Prouver par A plus B :*** de manière irréfutable.

**Å** PHYS Symbole de l'angström.

**à** *prép* **A** Introduit un complément circonstanciel exprimant : **1** La direction, la destination. *Un voyage à Madrid.* **2** La position. *Il vit à La Rochelle.* **3** La localisation corporelle. *Avoir mal à un œil.* **4** Le chemin parcouru. *Aller de Strasbourg à Brest.* **5** Le moment. *Il sort à midi.* **6** L'éloignement dans le futur. *Renvoi à huitaine.* **7** L'intervalle. *La semaine du 2 au 8 janvier.* **8** Le destinataire. *Lettre ouverte au président de la République.* **9** L'appartenance. *La voiture est à mon père.* **10** La manière. *Marcher à grands pas.* **11** L'instrument, le moyen. *Écrire à la machine.* **12** Le rapport distributif. *La vente au numéro.* **13** Le prix. *Une babiole à cinq francs.* **14** L'évaluation. *Cela prendra de cinq à sept jours.* **B** Introduit : **1** L'objet indirect d'un verbe ou d'un nom issu d'un v. tr. indir. *Consentir à parler. Le renoncement à un avantage.* **2** Le complément de certains adjectifs. *Conforme à la loi.*

**a-** Préfixe tiré du grec, dit « a privatif », exprimant le manque, la suppression (ex. *amoral*). (VAR) **an-** devant une voyelle ou un h muet (ex. *anaérobie, anharmonique*).

**aa** *nm* GEOL Coulée de lave scoriacée, à surface rugueuse encore peu altérée. (ETY) Mot polynésien.

**Aa** fl. de France (80 km) qui baigne Saint-Omer et se jette dans la mer du Nord.

**Aachen** → **Aix-la-Chapelle.**

**Aalst** → **Alost.**

**Aalto** Alvar (Kuortane, 1898 – Helsinki, 1976), architecte et designer finlandais.

**Aalto** palais Finlandia à Helsinki (1971)

**Aar** princ. riv. de Suisse (295 km), affl. du Rhin (r. g.) ; naît dans le *massif de l'Aar* (Alpes bernoises). Centrales hydroélectriques.

**Aarau** v. de Suisse, sur l'Aar ; 16 400 hab. ; ch.-l. du canton d'Argovie. Industries.

**Aargau** → **Argovie.**

**Aaron** personnage biblique ; frère de Moïse et premier grand prêtre d'Israël.

**abaca** *nm* Fibre textile (chanvre de Manille) tirée d'un bananier ; ce bananier.

**abacost** *nm* **Afrique** Veste d'homme boutonnée jusqu'au cou, qui se porte sans cravate. (PHO) [abakost] (ETY) Abrév. de *à bas le costume*.

**Abadan** v. et port d'Iran dans une île du Chatt al-Arab, sur le golfe Persique ; 300 000 hab. Puissante raff. de pétrole.

**Abadie** Paul (Paris, 1812 – Chatou, 1884), architecte français : Sacré-Cœur de Montmartre, à Paris (1876).

**Abailard** → **Abélard.**

**abaissant, ante** *a* Qui abaisse moralement. SYN dégradant.

**abaisse** *nf* CUIS Pâte amincie au rouleau à pâtisserie.

**abaisse-langue** *nm* Palette servant à abaisser la langue pour examiner la gorge. PLUR abaisse-langues.

**abaisser** *vt* ① **1** Faire descendre à un niveau inférieur. *Abaisser un store. La plage s'abaisse en pente douce.* **2** Diminuer la hauteur de qqch. *Abaisser un mur.* **3** Diminuer une grandeur, une quantité. *Abaisser les prix.* SYN réduire. **4** Avilir, humilier. *S'abaisser à des compromissions.* SYN dégrader. **LOC** MATH ***Abaisser le degré d'une équation :*** ramener sa résolution à celle d'une équation de degré moindre. — CUIS ***Abaisser une pâte :*** l'amincir au rouleau. — MATH ***Abaisser une perpendiculaire :*** tracer une perpendiculaire à une droite, à un plan. (DER) **abaissable** *a* – **abaissement** *nm*

**abaisseur** *nm* ANAT Muscle dont la fonction est d'abaisser la ou les parties qu'il fait mouvoir.

**abajoue** *nf* Extension de la joue chez certains mammifères (singes, hamsters), qui leur sert de réserve à aliments.

**Abakan** v. de Russie, en Sibérie, au confl. de l'*Abakan* (512 km) et de l'Ienisseï ; 170 000 hab. ; ch.-l. de la rég. auton. de Khakassie. Minerai de fer.

**abalone** *nm* ZOOL Ormeau. (ETY) Mot angl.

**abandon** *nm* **1** Fait, action d'abandonner. *Abandon du domicile conjugal.* **2** SPORT Action d'abandonner, dans une compétition, une épreuve. **3** État de la chose, de l'être abandonné. *Mourir dans l'abandon.* **4** Fait de s'abandonner. *Elle m'a raconté sa vie dans un moment d'abandon.* **LOC** ***À l'abandon :*** dans un état négligé. (ETY) De l'a. fr. *mettre à bandon*, « au pouvoir de ».

**abandonnataire** *n* DR Personne qui bénéficie d'un abandon de biens.

**abandonnateur, trice** *n* DR Personne qui abandonne ses biens.

**abandonner** *v* ① **A** *vt* **1** Renoncer à qqch. *Abandonner un projet.* **2** Ne pas conserver, délaisser qqch. *Abandonner sa voiture sur la voie publique.* **3** Se séparer volontairement de qqn envers qui on a des obligations, avec qui on est lié. *Abandonner sa famille.* **B** *vi* SPORT Renoncer à poursuivre une compétition. **C** *vpr* **1** Se livrer à une émotion, un sentiment. *S'abandonner à la douleur.* **2** Se confier. *Dans l'intimité, il s'abandonne volontiers.*

**abandonnique** *a, n* PSYCHIAT Qui souffre d'une profonde angoisse de se voir abandonné par ses proches.

**abaque** *nm* **1** MATH Graphique qui donne, par simple lecture, la valeur approchée d'une fonction pour divers valeurs et paramètres. **2** Boulier compteur. **3** ARCHI Tablette couronnant le chapiteau d'une colonne. (ETY) Du lat.

**abasourdir** *vt* ③ **1** Étourdir par un grand bruit. **2** **fig** Frapper de stupeur. *Voilà une nouvelle qui m'abasourdit.* (PHO) [abazuRdiR] (ETY) De l'arg. *basourdir*, « tuer ». (DER) **abasourdissant, ante** *a* – **abasourdissement** *nm*

**abâtardir** *vt* ③ Faire dégénérer. *Le climat tempéré a abâtardi cette plante tropicale.* (DER) **abâtardissement** *nm*

**abatis** *nm* **Canada** Syn. de *abattis*.

**abat-jour** *nm* **1** ARCHI Baie disposée pour diriger la lumière dans une direction déterminée. **2** Réflecteur qui rabat la lumière. PLUR abat-jours ou abat-jour.

**abats** *nm pl* Sous-produits comestibles des animaux de boucherie.

**abat-son** *nm* Ensemble de lames obliques placées dans les fenêtres d'un clocher pour renvoyer au sol le son des cloches. PLUR abat-sons.

**abattage** *nm* **1** Action de faire tomber ce qui est dressé. *Abattage des arbres.* **2** MIN Action de détacher le minerai du front de taille. **3** Mise à mort d'un animal de boucherie. **4** Action de mettre à terre, de coucher. *Abattage en carène d'un navire.* **5** Service dont la qualité médiocre est due à une trop grande vitesse d'exécution. *Une justice d'abattage.* **LOC** ***Avoir de l'abattage :*** du brio, de la vivacité.

**abattant** *nm* Partie d'un meuble qui se lève ou s'abaisse.

**abattée** *nf* 1 MAR Changement de cap d'un voilier qui s'écarte du lit du vent. 2 AVIAT Piqué brusque à la suite d'une perte de vitesse.

**abattement** *nm* 1 Affaiblissement des forces physiques ou morales. *Un profond abattement.* SYN accablement. ANT vigueur. 2 FISC Partie des revenus imposables exonérée d'impôt.

**abatteur** *nm* Spécialiste de l'abattage des animaux de boucherie.

**abattis** *nm* **A** Canada Terrain déboisé où demeurent des souches. SYN abatis. **B** *nm pl* 1 Abats de volaille. 2 fam Membres. *Numérote tes abattis !*

**abattoir** *nm* Établissement où se fait l'abattage des animaux de boucherie.

**abattre** *v* (61) **A** *vt* 1 Mettre à bas, faire tomber ce qui est dressé. *Abattre un mur.* 2 Tuer un animal. *Abattre un bœuf.* 3 Tuer qqn avec une arme à feu. 4 Déprimer, affaiblir qqn. *Cette maladie l'a abattu.* **B** *vpr* Tomber brutalement. *L'appareil s'est abattu peu après le décollage.* LOC ***Abattre de la besogne :*** faire beaucoup de travail en peu de temps. — ***Abattre son jeu :*** étaler d'un seul coup toutes ses cartes ; fig montrer clairement ses intentions. (ETY) Du lat.

**abattu, ue** *a* Déprimé, affaibli.

**abat-vent** *nm* Dispositif placé au-dessus de l'orifice d'une cheminée pour améliorer le tirage. PLUR abat-vents.

**Abbadides** dynastie arabe qui régna à Séville au XI^e s. (DER) **abbadide** *a*

**Abbado Claudio** (Milan, 1933 – Bologne, 2014), chef d'orchestre italien, successivement directeur de la Scala de Milan, de l'opéra de Vienne et de l'orchestre philarmonique de Berlin.

**Abbas** (v. 565 – v. 653), oncle et disciple de Mahomet ; ancêtre éponyme des Abbassides.

**Abbas Ier le Grand** (?, 1571 – Māzandarān, 1629), chah de Perse (1587-1629), de la dynastie des Séfévides. Il agrandit ses États.

**Abbas Ferhat** (Chahna, près de Taher, 1899 – Alger, 1985), homme politique algérien. Il présida le gouv. provisoire de la Rép. algérienne (1958-1961).

**Abbas Mahmoud,** dit **Abou Mazen** (Safed, 1935), homme politique palestinien. Premier ministre en 2003, il est élu Président de l'Autorité palestinienne en 2005 et réélu en 2009.

**Abbas Hilmi Ier** (Djedda, 1813 – près du Caire, 1854), vice-roi d'Égypte. Il succéda à son oncle Ibrahim en 1848 et freina les réformes. — **Abbas Hilmi II** (Alexandrie, 1874 – Genève, 1944), khédive d'Égypte (1892-1914), déposé par les Britanniques.

**Abbassides** dynastie de trente-sept califes arabes, descendants de Abbas, oncle de Mahomet ; ils se substituèrent aux Omeyyades en 750 et firent de Bagdad le centre d'une civilisation brillante. Ils furent chassés par les Mongols (prise de Bagdad en 1258). (DER) **abbasside** *a*

**abbatial, ale** *a, nf* **A** *a* De l'abbaye ; de l'abbé ou de l'abbesse. PLUR abbatiaux. **B** *nf* Église d'une abbaye. (PHO) [abasjal]

**abbaye** *nf* 1 Communauté d'hommes ou de femmes placée sous l'autorité d'un abbé ou d'une abbesse ; ensemble des bâtiments de cette communauté. 2 Suisse Société de tireurs ; fête de cette société. (PHO) [abei]

**Abbaye (prison de l')** anc. prison abbatiale de Saint-Germain-des-Prés ; théâtre des massacres de septembre 1792. Démolie en 1854.

**Abbe Ernst** (Eisenach, 1840 – Iéna, 1905), physicien allemand (travaux d'optique).

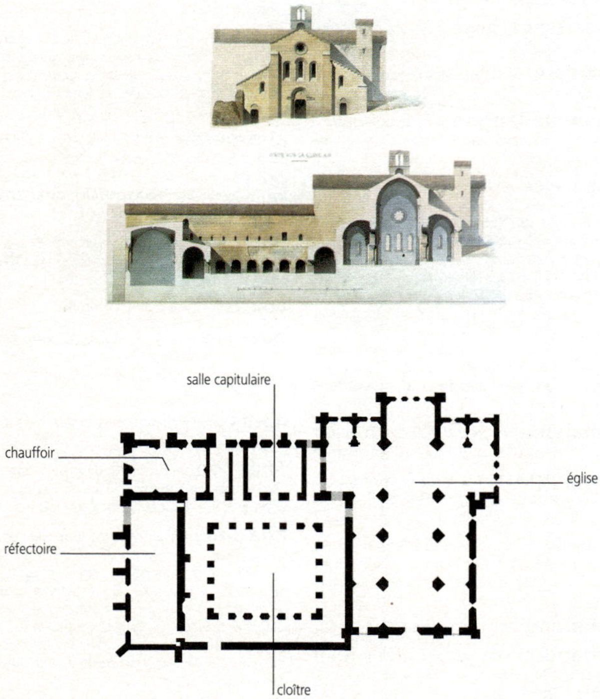


**abbaye** de Silvacane

**abbé** *nm* 1 Supérieur d'une abbaye. 2 Prêtre séculier. *L'abbé X, curé de Saint-Antoine.* 3 Afrique Prêtre d'origine africaine (par oppos. à *père*).

**abbesse** *nf* Supérieure d'une abbaye.

**Abbeville** ch.-l. d'arr. de la Somme et anc. cap. du comté de Ponthieu, sur la Somme ; 24 500 hab. – Égl. des XV^e et XVI^e s. Musée archéologique. (DER) **abbevillois, oise** *a, n*

**abbevillien, enne** *nm, a* PREHIST Faciès ancien du paléolithique infér., caractérisé par des silex irrégulièrement taillés sur les deux faces (bifaces). SYN chelléen.

**Abbott sir John Joseph Caldwell** (Saint-André-d'Argenteuil, Québec, 1821 – Montréal, 1893), homme politique canadien, premier Canadien de naissance qui fut Premier ministre (1891-1892).

**Abbott Berenice** (Springfield, Ohio, 1898 – Monson, Maine, 1991), photographe américaine ; elle a fait connaître l'œuvre d'Atget.

**Abbott Tony** (Londres, 1957), homme politique australien ; Prem. ministre (libéral) de 2013 à 2015.

**abc** *nm inv* Principes élémentaires. *L'abc du métier.* (PHO) [abese]

**ABC** Sigle de *American Broadcasting Company,* reseau amér. de radio-télévision créé en 1943.

**abcéder (s')** *vpr* (14) MED Se transformer en abcès.

**abcès** *nm* Collection de pus dans une cavité formée aux dépens des tissus environnants. LOC ***Abcès chaud :*** accompagné d'une inflammation aiguë. — ***Abcès de fixation :*** abcès provoqué en vue de localiser une infection générale ; fig point où on laisse se cristalliser un phénomène mauvais pour éviter son extension. — ***Abcès froid :*** qui se forme lentement, sans réaction inflammatoire. — ***Crever*** ou ***vider l'abcès :*** faire éclater une situation de crise latente. (PHO) [apse]

**Abd al-Aziz ibn-il-Hassan** (Marrakech, v. 1880 – Tanger, 1943), sultan du Maroc (1894-1908), détrôné par son frère Hafiz.

**Abdallah** (La Mecque, v. 545 – Médine, v. 570), père de Mahomet. (VAR) **Abdullah**

**Abd Allah Ier** (La Mecque, 1882 – Jérusalem, 1951), roi de Jordanie. Émir de Transjordanie (1921), il fut nommé roi avec l'appui des Brit. en 1946. Il prit le titre de roi de Jordanie (1949) et annexa la Cisjordanie (1950). Il mourut assassiné. — **Abd Allah II** (Amman, 1962), petit-fils du précédent. En 1999, il a succédé à Hussein Ier, son père, décédé.

**Abdallah ben Abdel Aziz Al-Saoud** (Riyad, 1924 – id., 2015), roi de l'Arabie Saoudite depuis la mort de son demi-frère Fahd en 2005. Il dirigeait le pays de facto depuis 1995.

**Abd Allah ibn Yasin** (XI^e siècle), fondateur de la dynastie des Almoravides.

**Abd al-Malik** (?, v. 646 – ?, 705), cinquième calife omeyyade de Damas (685-705). Il conquit La Mecque, l'Irak et l'Afrique du Nord jusqu'à Carthage.

**Abd al-Mumin** (?, v. 1100 – Salé, 1163), premier calife de la dynastie des Almohades. Il détrôna les Almoravides au Maroc.

**Abd al-Rahman** émir arabe d'Espagne vaincu et tué en 732 près de Poitiers par Charles Martel.

**Abd al-Rahman III** (891 – 961), calife omeyyade de Cordoue, de 912 à sa mort.

**Abd al-Rahman** (?, v. 1785 – Meknès, 1859), sultan du Maroc (1822-1859). Allié d'Abd el-Kader, il fut vaincu par Bugeaud à la bataille de l'Isly (1844).

**Abdalwadides** dynastie berbère de Tlemcen (XIII^e – XVI^e s.). (DER) **abdalwadide** *a*

**Abd el-Kader** (près de Mascara, v. 1808 – Damas, 1883), émir d'Algérie. Il mena la guerre sainte contre les Français, qui reconnurent son autorité sur les deux tiers de l'Algérie (traités de 1834 et 1837). Il reprit la lutte en 1839. Sa défaite devant le duc d'Aumale (1843) l'obligea à fuir (Maroc) puis à se rendre (1847). Il fut interné à Amboise et se retira en 1855 à Damas.

**Abd el-Krim** (Adjir, 1882 – Le Caire, 1963), chef nationaliste marocain. De 1919 à 1926, date de sa reddition à la France, il mena la guerre contre Espagnols et Français (guerres du Rif). Déporté à la Réunion, il s'échappa lors de son transfert en France (1947).

**Abdère** v. grecque de l'anc. Thrace, sur la mer Égée ; patrie des philosophes Démocrite, Anaxarque, Protagoras.

**Abdias** le quatrième des douze petits prophètes juifs. VAR **Obadya**

**abdiquer** *vt* 1 **1** Abandonner le pouvoir souverain. **2** Renoncer à. *Abdiquer tous ses droits.* ETY Du lat. *abdicare*. DER **abdication** *nf*

**abdomen** *nm* **1** ANAT Partie inférieure du tronc, limitée en haut par le diaphragme, en bas par le petit bassin, et qui contient la majeure partie de l'appareil digestif, le foie, la rate et une partie de l'appareil génito-urinaire. SYN ventre. **2** ZOOL Partie postérieure du corps des arthropodes. PHO [abdɔmɛn] ETY Mot lat. ▶ pl. **homme**

**abdominal, ale** *a, n* **A** *a* De l'abdomen. PLUR abdominaux. **B** *nmpl* Muscles abdominaux.

**abdos** *nmpl* **1** fam Muscles abdominaux. **2** Gymnastique abdominale. *Faire des abdos.*

**Abdu Muhammad** (Mahallab al-Nasr, 1849 – Alexandrie, 1905), écrivain égyptien. Mufti d'Égypte, il proposa une interprétation moderne de l'islam. VAR **Abduh**

**abducteur** *a, nm* ANAT Se dit des muscles qui effectuent le mouvement d'abduction.

**abduction** *nf* **1** PHYSIOL Mouvement par lequel un membre s'écarte du plan de symétrie du corps. ANT adduction. **2** LOG Raisonnement qui remonte des conclusions aux hypothèses. DER **abductif, ive** *a*

**Abdülaziz** (?, 1830 – Istanbul, 1876), sultan ottoman (1861-1876). Ses réformes mécontentèrent Jeunes-Turcs et Vieux-Turcs. Il fut trouvé mort cinq jours après son abdication.

**Abdulcassis** (Cordoue, ? – ?, 1013), auteur arabe d'un traité de médecine.

**Abdülhamid Ier** (Istanbul, 1725 – id., 1789), sultan ottoman (1774-1789). Il s'opposa à l'expansionnisme russe, mais fut vaincu (1774). — **Abdülhamid II** (Istanbul, 1842 – id., 1918), sultan (1876-1909). Il perdit la Roumanie, la Serbie, la Tunisie et la Bulgarie.

**Abdullah** → **Abdallah.**

**Abdülmecid** (Istanbul, 1823 – id., 1861), sultan ottoman (1839-1861) qui s'allia aux Français et aux Brit. contre les Russes (guerre de Crimée, notam.).

**Abdul Rahman Teng-Ku** (Alor Setar, 1903 – Kuala Lumpur, 1990), homme d'État malais, fils du sultan de Kedah, Premier ministre de la féd. de Malaisie de 1957 (indépendance) à 1970.

**Abdul Razak** (Pekan, État de Pahang, 1922 – Londres, 1976), homme politique malais, successeur d'Abdul Rahman (1970-1976).

**Abe Shinzo** (Nagato, 1954), homme politique japonais. Prem. ministre de 2006 à 2007 et depuis 2012 (Parti libéral-démocrate).

**abécédaire** *nm* vieilli Livre dans lequel les enfants apprennent à lire.

**Abéché** v. du Tchad ; 71 000 hab. ; ch.-l. de la préf. d'Ouaddaï. Centre agricole ; artisanat.

**abeille** *nf* Insecte hyménoptère vivant en société et produisant le miel. LOC *Abeille charpentière* : autre nom du *xylocope*. ETY Du provenç.

ENC La principale espèce sociale est l'abeille mellifique ou domestique. La société des abeilles comprend plusieurs castes : la reine (20 mm), dont l'unique fonction est de pondre ; les mâles (faux-bourdons), qui naissent d'ovules non fécondés, assurent l'insémination de la reine au cours de son vol nuptial ; les ouvrières, dont l'abdomen est terminé par un aiguillon venimeux (ainsi que la reine), construisent de nouvelles alvéoles, nettoient la ruche, contrôlent l'entrée d'intrus et collectent pollen et nectar pour en faire le miel.

**Abe Kōbō** (Tōkyō, 1924 – id., 1993), romancier japonais : *la Femme des sables* (1962), *l'Homme-boîte* (1973). Théâtre : *les Amis* (1967).

**Abel** personnage biblique, second fils d'Adam et d'Ève ; il fut tué par son frère Caïn (jaloux de voir Dieu préférer le sacrifice d'Abel au sien).

**Abel Karl Friedrich** (Cöthen, 1723 – Londres, 1787), compositeur allemand, élève de J.-S. Bach.

**Abel Niels Henrik** (île de Finnøy, 1802 – Arendal, 1829), mathématicien norvégien. Travaux sur les équations algébriques, les fonctions elliptiques, les intégrales. – Créé en 2002 par la Norvège, le *prix Abel* récompense un mathématicien confirmé. Le premier lauréat, en 2003, fut Jean-Pierre Serre.

**Abd el-Kader**

**N. H. Abel**

**Abélard Pierre** (Le Pallet, 1079 – près de Chalon-sur-Saône, 1142), philosophe et théologien français. Amant d'Héloïse, nièce du chanoine Fulbert, il fut émasculé par des gens à la solde de Fulbert. Il enseigna à Paris la théologie et la logique ; ses doctrines furent condamnées par les conciles de Soissons (1121) et de Sens (1140). Il tenta d'introduire dans la scolastique la dialectique aristotélicienne. VAR **Abailard**

**abélia** *nm* Arbuste ornemental (caprifoliacée) à petites fleurs roses en forme d'entonnoirs. ETY D'un n. pr. VAR **abélie** *nf*

**abélien, enne** *a* MATH Se dit d'un ensemble qui est muni d'une loi de composition interne commutative.

**Abellio Georges Soulès, dit Raymond** (Toulouse, 1907 – Nice, 1986), homme politique et écrivain français : *Les yeux d'Ézéchiel sont ouverts* (1952).

**Abénaquis** peuple d'Amérique du N. qui occupait le nord-est des É.-U. Ce groupe nomade (env. 28 000 individus v. 1600), fut décimé par les maladies transmises par les Européens. Fin XVIIe s., certains des survivants s'établirent au Québec. DER **abénaquis, ise** *a*

**Abencérages** (en ar. *Banū Sarrāj*), famille maure du royaume de Grenade (XVe s.), dont les rivalités à demi légendaires avec les Zégris ont inspiré à Chateaubriand *les Aventures du dernier Abencérage* (1826).

**Abeokouta** v. du Nigeria, sur l'Ogun ; cap. de l'État d'Ogun ; 593 000 hab. Industries alim., bois, caoutchouc.

**aber** *nm* Petite ria en Bretagne. PHO [abɛʀ]

**Abercrombie Lascelles** (Ashton-upon-Mersey, 1881 – Londres, 1938), écrivain anglais : poésies néoromantiques, drames, essais.

**Abercromby sir Ralph** (Menstry, comté de Clackmannan, 1734 – Aboukir, 1801), général anglais, vainqueur des Français à Aboukir, où il trouva la mort.

**Aberdeen** v. et port d'Écosse, sur la mer du Nord ; 220 000 hab. Recherche pétrolière offshore. – Université fondée en 1494.

**Aberdeen George Hamilton Gordon (comte d')** (Édimbourg, 1784 – Londres, 1860), homme politique britannique, Premier ministre de 1852 à 1855.

**aberdeen-angus** *n inv* Bovin dépourvu de cornes, d'une race originaire d'Écosse, appréciée pour sa viande. SYN angus. PHO [abɛʀdinɑ̃gys]

**aberrance** *nf* STATIS Écart important par rapport à une valeur moyenne.

**aberrant, ante** *a* **1** Qui s'écarte du type habituel, normal. **2** Contraire au bon sens.

**aberration** *nf* **1** ASTRO, PHYS Déformation provoquée par des paramètres secondaires. **2** MED Anomalie d'ordre anatomique, physiologique ou psychique. *Aberration du goût.* **3** Écart de l'imagination, erreur de jugement. *Un moment d'aberration.* **4** Idée, façon d'agir contraire à la raison, au bon sens. LOC ***Aberration chromosomique*** : anomalie relative à la constitution ou au nombre des chromosomes, qui peut être à l'origine de diverses maladies telles que la *trisomie 21* (mongolisme). — ***Aberration de la lumière*** : phénomène dû au mouvement de la Terre, qui se traduit, lors de l'observation d'un astre, par un écart par rapport à sa direction réelle. ETY Du lat. *aberratio*, « éloignement ».

**Aber-Wrach (l')** fl. côtier (34 km) et estuaire (aber) au N. du Finistère (pays de Léon). VAR **Aber-Vrac'h**

**abêtir** *vt* 3 Rendre bête, stupide. *Activité monotone qui abêtit. Elle s'abêtit, à lire ces inepties !* DER **abêtissant, ante** *a* – **abêtissement** *nm*

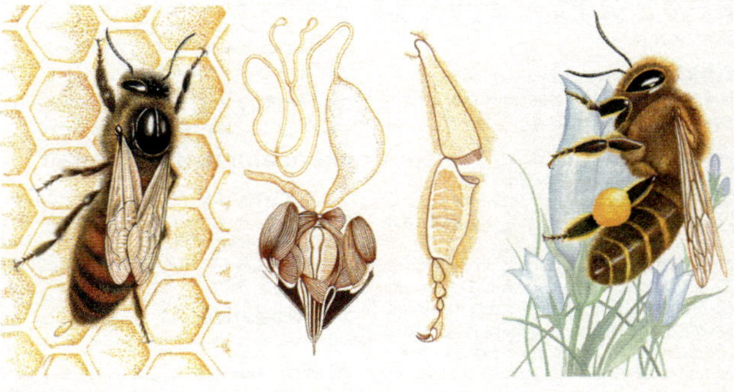

**abeille** de g. à dr., reine en train de pondre, appareil venimeux, patte postérieure avec sa corbeille à pollen et ouvrière butinant

**abhorrer** *vt* ① litt Avoir en horreur. *Abhorrer le mensonge.* SYN exécrer, haïr. ANT adorer.

**Abia** deuxième roi de Juda (914-911 av. J.-C.).

**Abidjan** port de la Côte d'Ivoire, sur la lagune Ébrié, reliée au golfe de Guinée par le canal de Vridi ; ch.-l. du dép. du m. nom ; 2,3 millions d'hab. (aggl.). Centrales therm. ; raff. de pétrole ; traitement du cacao et du café. – Capitale du pays jusqu'en 1983. – L'exode rural a grossi les faubourgs de Treichville et Adjamé. DER **abidjanais, aise** *a, n*

Abidjan

**abiétacée** *nf* BOT anc Syn. de *pinacée.*

**Abilene** v. des É.-U. (Texas) ; 106 600 hab. Pétrole.

**abîme** *nm* **1** Gouffre très profond. **2** fig, litt Séparation profonde. *Un abîme les sépare.* **3** fig Ruine, grand malheur. *Courir à l'abîme.* LOC Bx-A, LITTER *En abîme* ou *en abyme :* dans une œuvre, se dit d'un élément particulier renvoyant à la totalité de l'œuvre. ETY Du lat. VAR **abime**

**abîmer** *v* ① **A** *vt* Endommager qqch. *Abîmer ses affaires. Ses chaussures sont tout abîmées.* **B** *vpr* **1** litt S'engloutir. *Le navire s'abîma dans les flots.* **2** Se gâter, se détériorer. *Ces fruits se sont abîmés à la chaleur.* VAR **abimer**

**ab intestat** *av* DR En l'absence de testament. PHO [abɛ̃tɛsta] ETY Mots lat.

**abiotique** *a* BIOL Impropre à la vie. *Milieu abiotique.*

**Abitibi** rég. du Québec, bordée à l'O. par le *lac Abitibi* (915 km²), séparant le Québec et l'Ontario. DER **abitibien, enne** *a, n*

**Abitibi-Témiscamingue** rég. admin. du Québec, à la frontière de l'Ontario ; 152 000 hab. Région forestière, agric. et minière (or, cuivre) colonisée au déb. du XX<sup>e</sup> s. DER **témiscabitibien, enne** *a, n*

**abject, ecte** *a* Qui suscite le mépris, la répulsion. *Mensonge abject.* SYN ignoble, immonde. ETY Du lat. DER **abjectement** *av* – **abjection** *nf*

**abjurer** *vt* ① **1** Renier publiquement par un acte solennel une religion. *Abjurer le protestantisme.* **2** Renoncer à. *Il a abjuré toute fierté.* DER **abjuration** *nf*

**Abkhazes** peuple caucasien, adepte de l'islam sunnite, qui vit en Abkhazie, mais aussi en Russie, en Turquie et au Moyen-Orient.

**Abkhazie** rép. auton. de Géorgie, sur la mer Noire ; 8 665 km² ; 533 800 hab. ; cap. *Soukhoumi.* Pop. : Abkhazes, 20 % ; Géorgiens, 45 % ; Russes, 15 %. Thé, vergers, vins. DER **abkhaze** *a, n*

**Histoire** Anc. Colchide, la région est colonisée par les Grecs, puis par les Romains. En 1864, elle passe de la Turquie à la Russie, ce qui provoque l'exode de la moitié de la population. En 1920, elle est rattachée à la Géorgie. Depuis 1989, la minorité musulmane (Abkhazes) réclame son rattachement à la Russie. Les séparatistes prennent les armes en 1992 et en 2008. À chaque fois, l'armée russe intervient dans le conflit.

**1 ablatif** *nm* LING Cas de la déclinaison latine exprimant le point de départ, l'origine, la séparation, l'éloignement.

**2 ablatif, ive** *a* Se dit d'un matériau de revêtement destiné à protéger un engin de l'ablation lorsque celui-ci effectue sa rentrée dans l'atmosphère terrestre.

**ablation** *nf* **1** CHIR Résection d'un membre, d'un organe, d'un tissu, d'une tumeur. **2** ESP Destruction d'un matériau, accompagnée d'une forte absorption de chaleur. **3** GEOMORPH Perte de matériaux d'un relief soumis à l'érosion ; perte de substance subie par un glacier. ETY Du lat.

**-able** Suffixe, du lat. *-abilis,* « qui peut être » (ex. *faisable, mangeable*). (V. aussi *-ible.*)

**able** *nm* Petit poisson d'eau douce, voisin de l'ablette.

**ablégat** *nm* Délégué du pape.

**ableret** *nm* Filet de pêche carré. VAR **ablier**

**ablette** *nf* Petit poisson (cyprinidé) à la nageoire anale allongée, aux écailles argentées, vivant dans les eaux douces d'Europe. ETY Du lat. *albulus,* « blanchâtre ».

**ablution** *nf* **A** Toilette purificatrice rituelle, prescrite par de nombreuses religions. **B** *nfpl* Vin et eau versés sur les doigts du prêtre après la communion. LOC litt *Faire ses ablutions :* se laver.

**abnégation** *nf* Renoncement, sacrifice volontaire de soi.

**Abner** général de Saül, puis de David, assassiné par Joab.

**aboi** *nm* VEN Aboiement. LOC *Aux abois :* se dit d'une bête cernée par les chiens qui aboient ; fig se dit d'une personne dans une situation désespérée.

**aboiement** *nm* Cri du chien.

**abolir** *vt* ③ **1** Réduire à néant. *Abolir les distances.* **2** DR Faire cesser la validité d'un usage, d'une loi. *Alexandre II a aboli le servage en Russie.* ETY Du lat. DER **abolition** *nf*

**abolitionnisme** *nm* Doctrine prônant l'abolition de l'esclavage ou de la peine de mort. DER **abolitionniste** *a, n*

**abomasum** *nm* ZOOL Syn. de *caillette.* PHO [abɔmazɔm] ETY Du lat. *omasum,* « tripes de bœuf ».

**Abomey** v. du Bénin ; 50 150 hab. ; ch.-l. de la prov. de *Zou.* – Anc. cap. d'un royaume du m. nom (XVII<sup>e</sup>-XX<sup>e</sup> s.), dit aussi *Dahomey,* fondé par les Fon.

**abominable** *a* **1** Qui inspire l'abomination, l'horreur. *Un meurtre abominable.* **2** Très désagréable. *De la pluie, du brouillard, bref, un temps abominable.* DER **abominablement** *av*

**abomination** *nf* **1** litt Caractère de ce qui inspire l'horreur, le dégoût. **2** Ce qui inspire l'horreur, le dégoût. *C'est une véritable abomination !* LOC *L'abomination de la désolation :* dans la Bible, le comble du sacrilège.

**abominer** *vt* ① litt Avoir en horreur. *J'abomine l'hypocrisie.* SYN détester, exécrer. ETY Du lat.

**abondamment** → **abondant.**

**1 abondance** *nf* **1** Grande quantité. *Abondance de biens ne nuit pas.* **2** Profusion de biens matériels ; richesse. *Vivre dans l'abondance. Société d'abondance.* LOC litt *Parler d'abondance :* en improvisant avec brio.

**2 abondance** *nm* Fromage savoyard AOC, variété de gruyère. ETY D'un n. pr.

**Abondance** ch.-l. de cant. de la Haute-Savoie (arr. de Thonon-les-Bains) ; 1 294 hab. Lieu d'origine d'une race bovine. – Anc. abbatiale, XIII<sup>e</sup> s., avec fresques du XV<sup>e</sup> s.

**abondant, ante** *a* Qui abonde, qui est en grande quantité. *Nourriture abondante.* DER **abondamment** *av*

**abondement** *nm* DR Somme versée en complément par une entreprise à ses salariés ou par un organisme à une entreprise.

**abonder** *v* ① **A** *vi* **1** Être en très grande quantité. *Les fruits abondent cet été.* SYN foisonner. **2** Avoir, produire en très grande quantité. *Une région qui abonde en gibier.* SYN regorger. **B** *vt* Rendre abondant, alimenter. *Des fonds abondés par des legs divers.* LOC *Abonder dans le sens de qqn :* soutenir la même opinion que lui et la justifier par des arguments supplémentaires. ETY Du lat. *abundare,* « déborder ».

**abonné, ée** *a, n* Qui bénéficie d'un abonnement. *Nos abonnés sont priés de régler par chèque.* LOC fam *Être aux abonnés absents :* être indisponible.

**abonnement** *nm* Convention qu'un client passe avec un fournisseur pour bénéficier d'un service régulier. *Carte d'abonnement SNCF. Résilier son abonnement.*

**abonner** *vt* ① Prendre un abonnement. *Il s'est abonné à cette revue.* ETY De *borne.*

**abonnir** *vt* ③ Rendre meilleur. *Les caves fraîches abonnissent le vin.*

**abord** *nm* **A** litt Action d'aborder un rivage, d'arriver dans un lieu. **B** *nmpl* Alentours. *La forêt se trouve aux abords de la ville.* LOC *Au premier abord, de prime abord :* à première vue. — *Dès l'abord :* dès la rencontre d'une personne. *Dès l'abord, il me fit bonne impression.* — *D'un abord facile :* se dit d'une personne qui fait bon accueil, avenante. — MAR *En abord :* à bord d'un navire, sur le côté.

**abordable** *a* **1** Où l'on peut aborder, accessible. **2** Que l'on peut aborder, avenant. **3** Se dit d'un prix raisonnable.

**abordage** *nm* **1** Action d'aborder. **2** Action de prendre d'assaut un navire. *À l'abordage !* **3** Collision accidentelle de deux navires.

**aborder** *v* ① **A** *vt* **1** Accoster un navire pour lui donner l'assaut. *Corsaire qui aborde un navire.* **2** Heurter un navire accidentellement. *Navires qui se sont abordés.* **3** Arriver à un endroit par où l'on va passer. *Aborder un virage.* **4** Approcher de qqn pour lui parler. SYN accoster. **B** *vi* Toucher le rivage (navires, embarcations). *Le vent nous empêche d'aborder.* LOC *Aborder un sujet :* commencer à en parler.

**aborigène** *a, n* Se dit des premiers habitants d'une contrée (par oppos. à ceux qui sont venus s'y établir). *Les aborigènes d'Australie.* ETY Du lat. *origo,* « origine ».

ENC Les aborigènes d'Australie (250 000 personnes env., dont plusieurs milliers de métis) ont une origine encore mal définie. Jusqu'à une époque récente, ils vivaient presque uniquement de la chasse, de la pêche et de la cueillette. Ils ont auj. des droits sur leurs terres ancestrales et sur la turquoise qu'elles recèlent. Ils ont obtenu le droit de vote en 1967.

**aborner** *vt* ① Délimiter un terrain par des bornes. DER **abornement** *nm*

**abortif, ive** *a, nm* **A** Qui fait avorter. *Un abortif.* **B** *a* Qui n'atteint pas le terme normal de son évolution. *Forme abortive.*

**aboucher** *v* ① **A** *vt* Appliquer un tube à un autre par leur extrémité. **B** *vpr* Entrer en relation avec qqn. *Il s'est abouché avec un grossiste.* DER **abouchement** *nm*

**Abou Dhabi** → **Abu Dhabi.**

**Aboukir** village d'Égypte, sur une presqu'île. – La flotte française de Brueys y fut anéantie par Nelson (1798) ; sur terre, Bonaparte écrasa les Turcs (1799). Les Brit. reprirent Aboukir en 1801.

**abouler** *v* ① **A** *vt* fam Donner, remettre. *Aboule le fric vite fait !* **B** *vpr* fam Arriver.

**aboulie** *nf* PSYCHIAT Trouble mental, diminution de la volonté. [DER] **aboulique** *a, n*

**Abou Nouwas** (al-Ahwāz, v. 762 – Bagdad, v. 813), poète abbasside. Ses *Khamriyyat* chantent le vin *(kham)* et les plaisirs.

**Abou Simbel** → **Abu Simbel.**

**about** *nm* Extrémité par laquelle une pièce d'assemblage se joint à une autre. [PHO] [abu]

**About Edmond** (Dieuze, 1828 – Paris, 1885), auteur français de romans populaires : *Le Roi des montagnes* (1857), *l'Homme à l'oreille cassée* (1861), etc. Acad. fr. (1884).

**À bout de souffle** film de J.-L. Godard (1959) avec J.-P. Belmondo et l'Américaine Jean Seberg (1938 – 1979).

**abouter** *vt* [1] TECH Joindre par le bout. [DER] **aboutement** *nm*

**abouti, ie** *a* Qui a été mené à bien, réussi. *Une œuvre aboutie.*

**aboutir** *v* [3] **A** *vti* **1** Arriver en bout de parcours à un lieu. *Ce chemin aboutit à la maison.* **2** fig Avoir pour résultat. *Raisonnement qui aboutit à une absurdité.* **B** *vi* Arriver à bonne fin, réussir. *Ses démarches ont abouti.* [DER] **aboutissement** *nm*

**aboutissants** → **tenants.**

**aboyer** *vi* [23] **1** Crier (chien). **2** fig Invectiver. *Homme qui aboie plus qu'il ne mord.* [PHO] [abwaje]

**aboyeur, euse** *n* **1** Chien qui aboie. **2** fig Personne qui crie beaucoup. **3** Personne dont le métier exige qu'elle parle en criant.

**abracadabra** *interj* Mot qui passait pour être doté d'un pouvoir magique.

**abracadabrant, ante** *a* Invraisemblable. *Histoires abracadabrantes.* [VAR] **abracadabrantesque** fam

**Abragam Anatole** (Griva, Lettonie, 1914), physicien français d'origine russe. Il a étudié le magnétisme du noyau atomique.

**Abraham (plaines d')** plateau à l'O. de Québec. – Le 13 sept. 1759, les Anglais vainquirent les Français de Montcalm, qui fut tué.

**Abraham** (XIX$^{e}$ s. av. J.-C.), personnage biblique ; premier patriarche des Hébreux et « père des croyants » juifs, chrétiens et musulmans. Selon la Genèse, Dieu le conduit d'Ur, en Chaldée, jusqu'au pays de Canaan et lui promet un fils, Isaac, de sa femme Sara, jusque-là stérile. Sara ayant engendré Isaac, Dieu réclame à Abraham le sacrifice de ce fils, mais son obéissance lui suffit. Son autre fils, Ismaël, était né d'une esclave, Agar, répudiée à la naissance d'Isaac. [DER] **abrahamique** *a*

**Abraham Karl** (Brême, 1877 – Berlin, 1925), psychanalyste allemand. Il a divulgué le freudisme en Allemagne.

**Abrahams Peter** (Johannesburg, 1919), romancier sud-africain d'expression anglaise. Ses œuvres *Je ne suis pas un homme libre*, 1954 et *Une couronne pour Udomo*, 1956 traitent de l'injustice en Afrique et aux Antilles.

**Abramovitz** → **Mendele Mocher Sefarim.**

**Abrantès Laure Saint-Martin Permon (duchesse d')** (Montpellier, 1784 – Paris, 1838), épouse du général Junot, duc d'Abrantès. Auteur de *Mémoires* (1831-1835).

**abraser** *vt* [1] TECH User par abrasion. [ETY] Du lat. *abradere,* « enlever en grattant ».

**abrasif, ive** *a, nm* Qui use par frottement.

**abrasion** *nf* **1** TECH Usure par frottement. **2** GEOL Érosion par l'eau ou par la glace.

**abraxas** *nm* Lépidoptère géométridé dont les chenilles s'attaquent aux groseilliers. **LOC** GENET *Type abraxas* : mode de détermination du sexe dans lequel le mâle contient la paire d'hétérochromosomes semblables, alors que la femelle est hétérogamétique. [PHO] [abraksas]

**abréaction** *nf* PSYCHAN Extériorisation émotionnelle par laquelle un sujet se libère de l'affect resté lié à un traumatisme. [DER] **abréagir** *vi* [3]

**abrégé** *nm* **1** Discours, écrit réduit à l'essentiel. *L'abrégé d'un récit.* **2** Petit ouvrage exposant succinctement une science, une technique. SYN mémento. **LOC** *En abrégé* : en peu de mots, sommairement. *Noter en abrégé.*

**abréger** *vt* [15] Rendre plus court en durée, en substance. *Abréger une attente fastidieuse. Abréger un article trop long.* SYN écourter, résumer. ANT allonger. [ETY] Du lat. *brevis,* « bref ». [DER] **abrègement** ou **abrégement** *nm*

**abreuver** *v* [1] **A** *vt* **1** Faire boire un animal ou fam une personne. *Abreuver son cheval. Abreuver qqn de vin.* **2** fig Imbiber. *Arroser une plante en abreuvant la terre.* **B** *vpr* Boire. *Vaches qui s'abreuvent au ruisseau.* **LOC** *Abreuver qqn d'injures* : l'accabler d'injures. [ETY] Du lat.

**abreuvoir** *nm* **1** Lieu conçu pour faire boire les animaux ; auge destinée à cet usage. **2** Canada fam Distributeur d'eau fraîche dans les lieux publics.

**abréviatif, ive** *a* Qu'on utilise pour abréger. *Formule abréviative. Point abréviatif.* [DER] **abréviativement** *av*

**abréviation** *nf* Retranchement de lettres dans un mot, de mots dans une phrase ; mot, groupe de mots abrégés. *Aucune abréviation ne doit figurer dans un acte juridique.*

**abri** *nm* Lieu de protection, de refuge contre les intempéries ou le danger. *Un abri contre la pluie. Abri antiatomique.* **LOC** *Abri fiscal* : secteur où l'investissement financier est encouragé par des abattements d'impôts. — *À l'abri de* : protégé contre. *La maison est à l'abri du vent.* [ETY] De l'a. fr. *abrier,* « mettre à couvert ».

**abribus** *nm* Édicule servant d'abri et comportant des panneaux publicitaires, à l'emplacement d'un arrêt d'autobus. SYN (recommandé) aubette. [ETY] Nom déposé.

**abricot** *nm* Fruit de l'abricotier, d'une saveur parfumée, de couleur jaune rosé. [ETY] De l'ar.

**abricotier** *nm* Arbre fruitier (rosacée) à fleurs roses originaire d'Arménie ou de Chine.

**abricotier**

**abri-sous-roche** *nm* Cavité naturelle à la base d'une falaise ayant servi de gîte aux hommes préhistoriques. PLUR abris-sous-roche.

**abrité, ée** *a* Qui est à l'abri des intempéries, du risque, etc.

**abriter** *vt* [1] **1** Mettre à l'abri, protéger par un abri. *Abriter de sa main la flamme d'une allumette. Garage qui abrite une voiture. S'abriter sous un arbre.* **2** Servir d'habitation à. *Cette maison abrite de nombreux locataires.* **LOC** *S'abriter derrière qqn* : se retrancher derrière sa responsabilité.

**abroger** *vt* [13] DR Rendre légalement nul. *Abroger une loi.* ANT promulguer. [DER] **abrogatif, ive** ou **abrogatoire** *a* – **abrogation** *nf* – **abrogeable** *a*

**abrupt, upte** *a, nm* **A** *a* **1** Escarpé, à pic. *Falaises abruptes.* **2** fig Rude, direct. *Manières abruptes.* **B** *nm* Pente abrupte, à-pic. [DER] **abruptement** *av*

**abruti, ie** *a, n* fam Personne privée d'intelligence. *Un parfait abruti.*

**abrutir** *vt* [3] Rendre stupide, hébété. *Abrutir d'un flot de paroles. S'abrutir de travail.* SYN abêtir. [DER] **abrutissant, ante** *a* – **abrutissement** *nm*

**Abruzzes** massif calcaire de l'Apennin central (Italie) ; culmine au Gran Sasso d'Italia (2 912 m).

**Abruzzes** région admin. d'Italie et de l'Union européenne, sur la mer Adriatique, formée des prov. de L'Aquila, Chieti, Pescara et Teramo ; 10 794 km$^2$ ; 1 257 990 hab. ; cap. *L'Aquila.* [DER] **abruzzais, aise** *a, n*

**ABS** *nm* AUTO Système antiblocage. [ETY] Sigle de l'all. *Antiblockiersystem.*

**Absalon** (X$^{e}$ s. av. J.-C.), personnage biblique, fils de David, qui se révolta contre son père. Arrêté dans sa fuite par sa longue chevelure qui le retint suspendu aux branches d'un arbre, il fut tué par Joab, neveu de David.

**Absalon ! Absalon !** roman de William Faulkner (1936).

**abscisse** *nf* MATH Nombre qui permet de définir la position d'un point. (On la représente par le symbole x.) *Dans le cas d'un espace vectoriel à deux ou trois dimensions, l'abscisse est la première des coordonnées cartésiennes.* [ETY] Du lat. *linea abscissa,* « ligne coupée ». ▶ illustr. **coordonnée**

**abscons, onse** *a* litt Obscur, difficile à comprendre. *Un auteur à la pensée absconse.* SYN hermétique. [PHO] [apskɔ̃]

**absence** *nf* **1** Fait de ne pas être en un lieu donné. *Absence à une séance de travail.* ANT présence. **2** DR Situation d'une personne dont la disparition prolongée a rendu l'existence incertaine. **3** Fait d'être éloigné d'une autre personne. *L'absence de sa femme lui pèse.* **4** Inexistence, manque. *Absence de goût.* **5** Défaillance de la mémoire, de l'attention.

**absent, ente** *a, n* **A** Qui n'est pas dans un lieu. *Je serai absent de chez moi. Les absents ont toujours tort.* **B** *a* **1** Qui manque. *L'inspiration est absente de cette œuvre.* **2** Distrait. *Vous lui parlez, il est absent.* [ETY] Du lat.

**absentéisme** *nm* Fait d'être souvent absent de son lieu de travail, d'études. *Taux d'absentéisme.* [DER] **absentéiste** *a, n*

**absenter (s')** *vpr* [1] S'éloigner momentanément. *Je m'absenterai de Paris quelques jours.*

**abside** *nf* Extrémité d'une église, arrondie ou polygonale, derrière le chœur. [ETY] Du lat. [DER] **absidal** ou **absidial, ales, aux** *a*

**absidiole** *nf* Chacune des petites chapelles attenantes à l'abside.

**absinthe** *nf* **1** Plante (composée) à l'odeur forte, à la saveur amère et aromatique. **2** Liqueur extraite de cette plante. *La fabrication et la vente de l'absinthe sont interdites en France.* [ETY] Du gr.

**absinthisme** *nm* Intoxication par l'absinthe.

**absolu, ue** *a, nm* **A** *a* **1** Qui est sans limite. *Je suis dans l'incertitude absolue.* **2** Total ; entier. *Impossibilité absolue.* **3** CHIM Exempt de tout mélange. *Alcool absolu.* **4** fig Intransigeant. *Un caractère absolu.* **5** Considéré en soi, indépendamment de toute référence à autre chose. *La vérité absolue existe-t-*

*elle ?* ANT relatif. **B** *nm* Ce qui existe en dehors de toute relation. **LOC** GRAM ***Emploi absolu d'un verbe transitif*** : sans complément d'objet — ***Pouvoir absolu*** : pouvoir politique que rien ne borne. — MATH ***Valeur absolue d'un nombre réel*** : sa valeur indépendamment de son signe algébrique. — PHYS ***Zéro absolu*** : origine de l'échelle thermodynamique des températures exprimées en kelvins, soit 0 K (qui correspond à – 273,15 °C). ETY Du lat. DER **absoluité** *nf*

**absolument** *av* **1** Sans limite, sans contrôle. *Il dispose absolument de tout dans la maison.* **2** Totalement, entièrement. *Je suis absolument décidé.* **3** fam Oui. *En êtes-vous convaincu ? Absolument !* **4** Sans faute, de toute nécessité. *Je dois absolument aller à ce rendez-vous.*

**absolution** *nf* RELIG CATHOL Pardon accordé au nom de Dieu par le confesseur au pécheur repentant. **LOC** DR ***Acte d'absolution*** : qui constate que le fait pour lequel l'accusé est poursuivi ne justifie pas une sanction pénale.

**absolutisme** *nm* Exercice sans contrôle du pouvoir politique ; doctrine des partisans d'un tel pouvoir. DER **absolutiste** *a, n*

**absolutoire** *a* DR Qui porte absolution. *Jugement absolutoire.*

**absorbant, ante** *a* **1** Qui absorbe. *Les poils absorbants des racines.* **2** fig Qui occupe entièrement l'attention. *Tâche absorbante.*

**absorber** *v* ① **A** *vt* **1** Laisser pénétrer et retenir un fluide, un rayonnement, de l'énergie. *Tissu qui absorbe l'eau.* **2** Ingérer qqch. *Il absorbe une énorme quantité de nourriture.* **3** fig Consommer entièrement. *Ces travaux ont absorbé tous les crédits.* **4** fig Captiver, occuper totalement qqn. *Ses multiples activités l'absorbent entièrement.* **5** Annexer une entreprise en devenant détentrice de la majeure partie de son capital. **B** *vpr* Être totalement occupé. *Il s'absorbe dans l'étude.* ETY Du lat. *absorbere*, « engloutir ».

**absorbeur** *nm* Dispositif servant à absorber un gaz, un rayonnement, etc.

**absorptiométrie** *nf* Technique d'analyse radiologique fondée sur l'absorption d'un rayonnement. DER **absorptiométrique** *a*

**absorption** *nf* **1** Action d'absorber. *L'absorption des eaux de ruissellement par le calcaire.* **2** Action d'ingérer. *Une absorption massive de médicaments.* **3** fig Fait pour une société d'en absorber une autre.

**absoudre** *vt* ⑮ **1** RELIG Accorder la rémission des péchés à. **2** DR Décharger un coupable de l'accusation, en vertu d'un acte d'absolution. ETY Du lat. DER **absout** ou **absous, oute** *a*

**absoute** *nf* RELIG CATHOL anc Dernière prière du prêtre dans le rite des funérailles à l'église. *L'absoute a pris le nom de « dernier adieu » dans le rituel issu du concile Vatican II.*

**abstème** *a, n* didac Qui ne boit pas de vin, qui a horreur du vin.

**Abstemius** **Lorenzo Bevilacqua,** dit (Macerata, ? – ?), littérateur italien du XV^e s. ; auteur de *Fables latines*.

**abstenir (s')** *vpr* ㊱ **1** Se garder de faire qqch. *S'abstenir de répondre.* **2** Ne pas agir. *Dans le doute, abstiens-toi.* **3** Ne pas prendre part à un scrutin. **4** Se priver volontairement de qqch. *S'abstenir de cigarettes.* ETY Du lat. *abstinere*, « tenir éloigné ».

**abstention** *nf* **1** Action de s'abstenir. **2** Fait de ne pas participer à un scrutin. *Bulletins blancs, bulletins nuls et abstentions.*

**abstentionnisme** *nm* POLIT Attitude de ceux qui ne prennent pas part à un scrutin, ou refusent d'y participer. DER **abstentionniste** *a, n*

**abstinence** *nf* **1** Fait de se priver de certains aliments, de certaines activités, pour des motifs religieux ou médicaux. **2** Continence sexuelle. DER **abstinent, ente** *a, n*

**abstract** *nm* Résumé d'article ou d'ouvrage scientifique ou technique. ETY Mot angl.

**abstraction** *nf* **1** Opération par laquelle l'esprit isole dans un objet une qualité particulière pour la considérer à part. **2** Idée abstraite. *Raisonner sur des abstractions.* **LOC** ***Faire abstraction de*** : ne pas tenir compte de.

**Abstraction-Création** association artistique fondée à Paris en 1931, dissoute en 1936, réunissant 400 artistes abstraits (Arp, Herbin, Kupka, Gleizes).

**Abstraction lyrique** mouvement pictural d'art abstrait né en France en 1948 (Hartung, Schneider, Soulages, Riopelle, Mathieu).

**abstraire** *v* ㊽ **A** *vt* Isoler par abstraction qqch. **B** *vpr* Isoler son esprit en se plongeant dans la réflexion, la méditation. ETY Du lat. *abstrahere*, « enlever ».

**abstrait, aite** *a, nm* **A** *a* **1** Considéré par abstraction. *Notion abstraite.* ANT concret. **2** Qui s'applique à des relations, et non à des objets du monde. **3** Bx-A Se dit d'un artiste qui ne cherche pas à représenter le réel. SYN non-figuratif. **B** *nm* **1** Ce qui est abstrait. **2** Bx-A Peintre, sculpteur abstrait. DER **abstraitement** *av*

ENC *L'art abstrait*, né au début du XX^e s., ne cherche pas à reproduire la réalité, mais à s'en affranchir, à s'en abstraire. En peinture, on distingue deux grandes tendances. L'une, émotionnelle, souvent *tachiste* ou *gestuelle* (Abstraction lyrique), mêle conscient et inconscient : Kandinsky (avant 1920), Hartung, *Action painting*. L'autre, *géométrique*, traite avec neutralité la forme et la couleur : Kandinsky (après 1920), Mondrian, Malevitch, Vasarely. L'orphisme de Delaunay tient de ces deux catégories.

**abstrus, use** *a* litt Que l'on a du mal à comprendre. SYN abscons, hermétique, obscur. ANT clair.

**absurde** *a, nm* **A** *a* Qui est contre le sens commun, la logique. *Une conduite absurde.* **B** *nm* **1** Absurdité. *Tomber dans l'absurde.* **2** PHILO Notion qui fait référence à l'abîme infranchissable qui existe entre l'homme et le monde. **LOC** ***Démonstration par l'absurde*** : qui établit la vérité d'une proposition en montrant que son contraire ne peut être vrai. ETY Du lat. *absurdus*, « discordant ». DER **absurdement** *av* – **absurdité** *nf*

ENC Le théâtre de l'absurde est une forme théâtrale dans laquelle la communication entre les personnages est désincarnée. Il est représenté en partic. par Beckett, Tardieu, Ionesco, Adamov, Pinter, Albee.

**Abu al-Abbas Abd Allah** dit **le Sanguinaire** (m. à al-Anbār, 754) , premier calife abbasside (750-754).

**Abū al-Feizi** (Āgra, 1547 – ?, 1595), poète indien de langue persane, traducteur du *Mahābhārata* et auteur d'un diwan de 18 000 vers.

**Abu Bakr** (La Mecque, 573 – Médine, 634), beau-père et successeur de Mahomet en 632. Il amorça la conquête islamique.

**Abu Dhabi** un des Émirats arabes unis, sur le golfe Persique ; 73 548 km$^2$ ; 928 360 hab. ; v. princ. et cap. de la féd. *Abu Dhabi* : 500 000 hab. Import. gisements de pétrole. Forte croissance écon., revenu par habitant élevé. VAR **Abou Dhabi** DER **aboudhabien, enne** *a, n*

**Abu Hanifa** (Kūfa, v. 696 – Bagdad, 767), théologien commentateur du Coran.

**Abuja** cap. féd. du Nigeria, à 550 km de Lagos (ancienne cap.) ; 378 680 d'hab. (aggl.).

**abus** *nm* **1** Action d'abuser de qqch ; mauvais usage ou usage excessif. *L'abus des somnifères.* **2** Mauvais usage d'un privilège, d'un droit ; injustice. *Abus d'autorité.* **LOC** ***Abus de biens sociaux*** : fait pour un dirigeant de société ou pour un actionnaire d'utiliser pour son compte personnel les biens ou les profits de la société. — ***Abus de confiance*** : commis par quiconque profite, à des fins délictueuses, de la confiance accordée par un tiers. — ***Abus de droit*** : commis par le titulaire d'un droit. — fam ***Il y a de l'abus*** : cela n'est plus admissible.

**abuser** *v* ① **A** *vti* Faire un usage excessif de qqch. *Il ne faut pas abuser des bonnes choses.* **B** *vti, vt* Faire subir à qqn des violences sexuelles. *Un jeune garçon abusé par son oncle.* **C** *vt* litt Tromper qqn. *Il fut facile d'abuser ce naïf.* **LOC** ***Si je ne m'abuse*** : si je ne me trompe pas.

**abuseur** *nm* Celui qui fait subir à autrui des violences sexuelles, violeur.

**abusif, ive** *a* **1** Qui constitue un abus. **2** Qui abuse de sa position légale ou affective. *Mère abusive.* DER **abusivement** *av*

**Abu Simbel** site archéol. d'Égypte. – Les deux temples creusés sous Ramsès II (v. 1250 av. J.-C.) dans la falaise qui domine le Nil (r. g.) ont été découpés et remontés à un niveau supérieur (1963-1968) quand on construisit le barrage d'Assouan. VAR **Abou Simbel**

**Abu Simbel** temple de Ramsès II

**abutilon** *nm* Arbuste ornemental (malvacée) à fleurs en clochettes jaunes, blanches, mauves ou rouges. ETY De l'ar.

**Abwehr** (mot all., « défense »), service de renseignements de l'état-major allemand de 1925 à 1944.

**Abydos** (auj. *Madfounah*), anc. ville sainte d'Égypte (culte d'Osiris), à 70 km au N.-O. de Thèbes. Temples funéraires de Séthi I^er et de Ramsès II ; les *tables d'Abydos*, mentionnent des noms de pharaons jusqu'à la XVIII^e dynastie.

**abyme** → **abîme.**

**Abymes (Les)** ch.-l. de cant. de la Guadeloupe (arr. de Pointe-à-Pitre) ; 62 809 hab.

**abyssal, ale** *a* **1** Des abysses. **2** fig, fam Très profond, gigantesque. *Une bêtise abyssale.* PLUR abyssaux.

**abysse** *nm* Fosse océanique. ETY Du gr.

**abyssin** *nm* Chat de race à la robe fauve, aux larges oreilles pointues.

**Abyssinie** anc. nom de la rég. correspondant auj. à l'Éthiopie. DER **abyssin, ine** ou **abyssinien, ienne** *a, n*

**abzyme** *nf* BIOL Anticorps à pouvoir catalytique. ETY De *enzyme*.

**Ac** CHIM Symbole de l'actinium.

**acabit** *nm* **LOC** péjor ***De cet acabit, du même acabit*** : de ce genre, du même genre. PHO [akabi] ETY Du provenç. *acabir*, « obtenir ».

**acacia** *nm* **1** Robinier. **2** BOT Arbre ou arbrisseau, souvent épineux (mimosacée), dont plusieurs espèces sont cultivées pour leurs fleurs.

**académicien, enne** *n* Membre d'une académie, spécial., de l'Académie française.

**académie** *nf* **1** Société réunissant des savants, des artistes, des hommes de lettres. **2** École où l'on s'exerce à la pratique d'un art. *Académie de peinture, de musique.* **3** Circonscription universitaire. *L'académie de Paris.* **4** Dessin, peinture, exécuté d'après le modèle nu et qui n'entre pas dans une composition.

**Académie** école philosophique créée au IVe s. av. J.-C. à Athènes par Platon, qui enseignait dans l'*Académia* (jardin d'Akadêmos, héros mythique). La *Nouvelle Académie* d'Arcésilas (v. 316 – v. 240 av. J.-C.) combattit le stoïcisme.

**Académie d'agriculture** fondée en 1761 *(Société royale d'agriculture)*, académie proprement dite dep. 1915. Présidée par le ministre de l'Agriculture, elle comprend 9 sections et 72 membres.

**Académie des beaux-arts** fondée en 1795 par la Convention pour succéder aux Académies royales de peinture, de sculpture et d'architecture créées par Louis XIV ; elle comprend 6 sections : peinture (12 membres), sculpture (8), architecture (9), gravure (4), musique (7), section des membres libres (10 critiques d'art). V. Institut de France.

**Académie des inscriptions et belles-lettres** fondée par Colbert en 1663 et qui dep. 1701 comprend 40 membres. Ses travaux portent sur les langues anciennes et modernes, l'archéologie, l'histoire, l'épigraphie et la numismatique. V. Institut de France.

**Académie des sciences** fondée par Colbert en 1666. Elle comprend auj. 11 sections (de 6 membres) regroupées en 2 divisions : sciences math. et phys. ; sciences chim. et naturelles. Dep. 1955, elle dirige un *Comité consultatif du langage scientifique*. V. Institut de France.

**Académie des sciences morales et politiques** créée par la Convention nationale en 1795 Elle comprend 6 sections (de 6 membres) : philosophie ; morale et sociologie ; droit public et jurisprudence ; économie politique, statistiques et finances ; histoire et géographie ; section générale. V. Institut de France.

**Académie française** société de gens de lettres érigée en académie par Richelieu en 1634, pour conserver et perfectionner la langue franç. en rédigeant un dictionnaire ; la prem. éd. parut en 1694 ; une 9e éd. est en cours de publication dep. 1981. Les 40 membres, les « Immortels », sont choisis (à vie) par cooptation. V. Institut de France.

**Académie Goncourt** fondée en 1896, à la mort d'Edmond de Goncourt, dont c'était le vœu testamentaire. Elle rassemble 10 écrivains, choisis (à vie) par cooptation, qui chaque année décernent le *prix Goncourt* à une nouveauté (généralement un roman).

**Académie nationale de médecine** fondée en 1820 pour conseiller au gouv. les mesures relatives à l'hygiène publique. Elle comprend 8 sections et 130 membres.

**Académie royale de langue et de littérature françaises** institution belge créée à Bruxelles en 1920. Elle compte 40 membres, dont 10 étrangers.

**acanthe**

**académique** *a* **1** D'une académie. *Inspection académique.* **2** Conventionnel et compassé (en parlant d'une œuvre d'art). **3 Belgique, Suisse, Canada** Syn. de *universitaire.*

**académiquement** *av* De manière académique, conventionnelle.

**académisme** *nm* Attachement rigoureux aux traditions et aux règles académiques.

**acadianisme** *nm* Mot, locution ou tournure propre au français d'Acadie.

**Acadie** région du Canada colonisée au XVIIe s. par des Français et qui devint une colonie anglaise en 1713. Appelée alors Nouvelle-Écosse, elle conserva son caractère français et catholique jusqu'à l'arrivée de nombreux colons anglais à Halifax en 1749. Expulsés entre 1755 et 1762, les Acadiens (français) furent dispersés dans les colonies américaines. (V. cajun.) Auj., les 250 000 Acadiens du Nouveau-Brunswick (détaché de la Nouvelle-Écosse en 1784) représentent 35 % de la pop. ; ceux de l'Île-du-Prince-Édouard (détachée en 1873) et de la Nouvelle-Écosse, 6 %. DER **acadien, enne** *a, n*

**acadien** *nm* Parler francophone d'Acadie.

**acajou** *nm* **1** Bois dur, de teinte brun rougeâtre, utilisé en ébénisterie pour sa texture finement striée et le poli qu'il est susceptible d'acquérir. **2** Arbre d'Afrique et d'Amérique tropicales qui donne ce bois. ETY Du tupi.

**acalculie** *nf* MED Dans certaines aphasies, perte de la capacité de calculer.

**acalèphe** *nm* ZOOL Cnidaire faisant partie d'une classe comprenant la plupart des grandes méduses sans voile.

**acalorique** *a* **didac** Qui n'apporte pas de calories. *Aliment acalorique.*

**acanthacée** *nf* BOT Plante ornementale dont le type est l'acanthe.

**acanthaire** *nm* ZOOL Protozoaire actinopode, marin et planctonique.

**acanthaster** *nf* Grande étoile de mer (jusqu'à 50 cm), à épines venimeuses, qui se nourrit de madrépores dans les récifs coralliens de l'océan Pacifique.

**acanthe** *nf* Plante gamopétale méditerranéenne ornementale à feuilles longues et découpées, à fleurs hermaphrodites en épis. **LOC** ***Feuille d'acanthe*** : ornement d'architecture imité de cette plante. ETY Du gr. *acantha,* « épine ».

**acanthocéphale** *nm* Ver parasite de l'intestin des vertébrés dont l'avant du corps forme une trompe munie de crochets.

**acanthocyte** *nm* MED Globule rouge du sang apparaissant, à l'examen microscopique, comme hérissé d'épines.

**acanthocytose** *nf* Maladie caractérisée par la présence d'acanthocytes.

**acanthoptérygien** *nm, am* Poisson téléostéen à nageoires épineuses.

**acanthose** *nf* MED Affectation cutanée caractérisée par l'épaississement de la couche de Malpighi.

**a cappella** *av* MUS *Chanter a cappella,* sans accompagnement instrumental.

**Acapulco de Juárez** v. et port du Mexique, sur le Pacifique ; 592 180 hab. Stat. baln. célèbre.

**acara** → **acra.**

**acare** *nm* Sarcopte de la gale. ETY Du gr. *akari,* « ciron ».

**acariâtre** *a* De caractère aigre et querelleur. *Une femme acariâtre.* SYN bougon, grincheux, hargneux. ANT doux, paisible, sociable. ETY De saint *Acaire,* qui passait pour guérir la folie.

**acaricide** *a, nm* Qui détruit les acariens.

**Acarie** Barbe Avrillot (Mme) → **Marie de l'Incarnation.**

**acarien** *nm* Petit arachnide dont il existe de nombreuses espèces parasites (tiques, aoûtats, etc.). *Certains acariens sont responsables d'allergies à la poussière.*

**acariose** *nf* Maladie causée par les acariens.

**acarologie** *nf* Étude scientifique des acariens. DER **acarologique** *a*

**acatalepsie** *nf* PHILO Impossibilité d'atteindre la certitude, selon la doctrine philosophique des sceptiques grecs. DER **acataleptique** *a, n*

**acaule** *a* BOT Sans tige apparente.

**accabler** *vt* ① **1** Faire supporter par qqn une chose fatigante, pénible. *La chaleur nous accablait.*

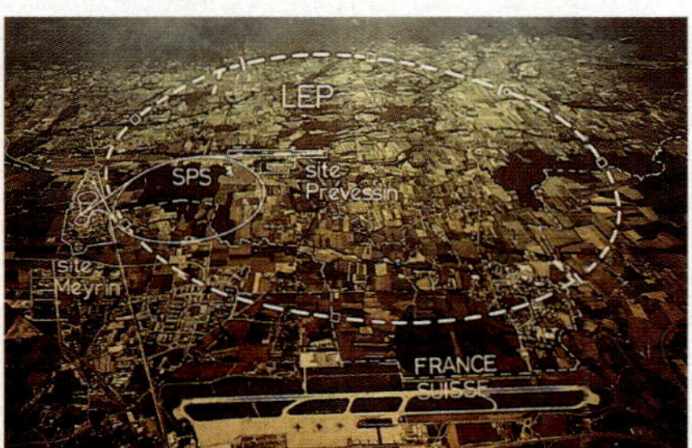


LEP (Large Electron-Positron Collider) Grand Collisionneur Electrons-Positions (50 GeV Faisceau, 27 km de circonférence) construit en souterrain entre la France et la Suisse

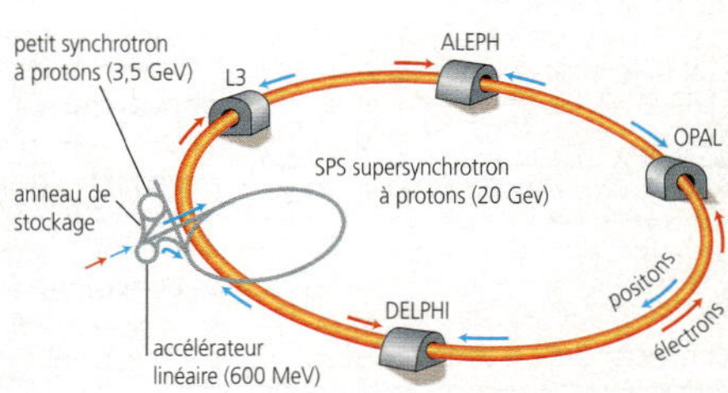


les paquets d'électrons et de positons sont pré-accélérés par une série d'accélérateurs plus petits, puis injectés dans l'anneau de stockage ; quatre paquets d'électrons et quatre paquets de positons circulent en sens opposés dans l'anneau ; ils entrent en collision dans les quatre détecteurs géants : ALEPH, DELPHI, L3 et OPAL

**accélérateur** de particules

*Accabler une personne de mépris.* **2** Surcharger de. *Accabler qqn de louanges.* DER **accablant, ante** *a* – **accablement** *nm*

**accalmie** *nf* **1** Calme momentané dans une tempête, un orage, une averse. SYN éclaircie, embellie. **2** Moment de calme qui suit l'agitation, l'activité. SYN répit.

**accaparer** *vt* 1 **1** ECON Acquérir ou conserver en grande quantité une marchandise pour faire monter son prix. *Les négociants qui accaparaient le blé faisaient monter le prix du pain.* **2** Prendre, conserver pour son usage exclusif. *Accaparer les bons morceaux. Accaparer l'attention.* **3** Occuper qqn, le retenir exclusivement. ETY De l'ital. *accaparrare*, « acheter en donnant des arrhes ». DER **accaparant, ante** *a* – **accaparement** *nm* – **accapareur, euse** *n*

**accastillage** *nm* Partie du gréement d'un voilier nécessaire à la manœuvre des voiles, des cordages, des chaînes. *Les poulies, les taquets, les manilles font partie de l'accastillage.* DER **accastiller** *vt* 1

**accédant, ante** *n* Personne qui est en train d'acquérir une propriété, un logement.

**accéder** *vti* 14 **1** Pouvoir entrer dans. *On accède à la cuisine par un couloir.* **2** fig Parvenir à une situation. *Accéder à de hautes responsabilités.* **3** fig Consentir à, donner une suite favorable. *Accéder aux désirs de qqn.*

**accélérando** *av* MUS En pressant progressivement le tempo. VAR **accelerando**

**accélérateur, trice** *a, nm* **A** *a* Qui accélère, qui donne une vitesse plus grande. *Force accélératrice.* **B** *nm* **1** Pédale qui commande l'admission du mélange combustible dans un moteur d'automobile. **2** CHIM Substance qui rend plus rapide une réaction. **3** ESP Syn. (recommandé) de *booster*. LOC PHYS NUCL ***Accélérateur de particules*** : dispositif servant à étudier les structures de l'atome par la manipulation contrôlée des particules.

ENC Un accélérateur de particules communique à des particules électriquement chargées une grande énergie cinétique et les dirige sur une cible (matière solide, liquide ou gazeuse) pour en briser les noyaux atomiques, soit en vue d'étudier leur structure, soit en vue de créer d'autres particules. On accélère les particules soit par un champ électrique seul *(accélérateur linéaire)*, soit en associant à celui-ci un champ magnétique qui courbe la trajectoire de la particule, spiralée *(cyclotron* ou *synchrocyclotron)*, ou circulaire *(bêtatron, synchrotron à électrons* ou *à protons)*. V. collisionneur. ▶ illustr. p. 7

**accélération** *nf* **1** Augmentation de vitesse. *L'accélération du train.* **2** Augmentation de la rapidité d'une action. *L'accélération des travaux.* **3** MECA Quotient d'une variation de vitesse par l'intervalle de temps correspondant.

ENC Quand un mobile se déplace sur une droite, l'accélération est positive si la vitesse augmente, négative si elle diminue. *L'accélération totale* est la différence $v - v_0$ des vitesses aux temps t et $t_0$. *L'accélération moyenne* est le quotient $(v - v_0) / (t - t_0)$. L'*accélération de la pesanteur* est la valeur, en un lieu déterminé, de l'accélération que subit un corps abandonné à lui-même dans le vide sous l'effet de son poids : 9,81 $m/s^2$ à Paris, 9,78 $m/s^2$ à l'équateur, 9,83 $m/s^2$ aux pôles.

**accéléré, ée** *a, nm* **A** *a* Qui a subi une accélération. **B** *nm* CINE Procédé donnant l'illusion de mouvements plus rapides, réalisé soit à la prise de vues, soit à la projection.

**accélérer** *v* 14 **A** *vt* **1** Augmenter la rapidité de. *Accélérer la marche.* **2** fig Faire évoluer plus rapidement. *Accélérer une décision.* SYN hâter. **B** *vi* Agir sur l'accélérateur d'une automobile pour augmenter sa vitesse. **C** *vpr* Augmenter de vitesse. *Mouvement qui s'accélère.* ETY Du lat.

**accéléromètre** *nm* Appareil servant à mesurer l'accélération.

**accent** *nm* **1** Accroissement de l'intensité d'un son, de la parole. *En français, la dernière syllabe du mot porte l'accent.* **2** MUS Accroissement de l'intensité sonore sur un temps de la mesure ; signe qui note cet accroissement. **3** Signe graphique qui précise la valeur d'une lettre (*é accent aigu* : [e] ; *è accent grave, ê accent circonflexe* : [ɛ]). **4** Modification expressive de la voix. *Parler avec l'accent de la passion.* **5** Prononciation particulière d'une langue. *L'accent du Midi.* **6** fig Trait caractéristique. *Un vin aux accents d'acacia.* LOC ***Mettre l'accent sur*** : souligner l'importance de.

**accenteur** *nm* Oiseau passériforme, au bec fin et au plumage terne.

**accentué, ée** *a* **1** Qui porte un accent. *Syllabe accentuée.* **2** fig Marqué. *Des rides accentuées.*

**accentuel, elle** *a* PHON De l'accent.

**accentuer** *vt* 1 **1** Accroître l'intensité de la voix en prononçant un son, un groupe de sons. **2** Mettre un accent sur une lettre. **3** fig Rendre plus perceptible ; renforcer. *Cet incident ne peut qu'accentuer leur désaccord. Infirmité qui s'accentue avec l'âge.* ETY Du lat. *accentuare*, « déclamer ». DER **accentuation** *nf*

**acceptable** *a* **1** Qui peut être accepté, admissible. *Une offre acceptable.* **2** LING Se dit d'une phrase que les locuteurs natifs tiennent pour normale. DER **acceptabilité** *nf*

**acceptant, ante** *a, n* DR Se dit d'une personne dont le consentement valide un contrat.

**accepter** *vt* 1 **1** Prendre, recevoir volontairement ce qui est proposé. *Accepter une invitation.* ANT refuser. **2** DR S'engager à payer une traite à l'échéance. **3** Supporter. *Accepter son sort avec résignation.* SYN endurer. **4** Admettre comme l'un des siens. *Ses beaux-parents l'ont accepté.* **5** Consentir à. *Il acceptera volontiers que vous l'accompagniez.* DER **acceptation** *nf*

**accepteur** *nm* **1** DR Celui qui accepte une traite. **2** CHIM Structure chimique (atome, ion, molécule) susceptible de fixer un ou plusieurs électrons.

**acception** *nf* Sens d'un mot. *Ce mot a plusieurs acceptions.* LOC ***Sans acception de personne*** : sans préférence envers qqn.

**accès** *nm* **1** Voie pour se rendre dans, passage vers un lieu. *Accès interdit.* **2** Possibilité d'accéder. *Village d'un accès difficile. Accès à une profession.* **3** Manifestation d'un phénomène pathologique ou émotionnel. *Accès de fièvre.* SYN crise. **4** INFORM Possibilité d'atteindre l'emplacement d'une information dans une mémoire. PHO [aksɛ] ETY Du lat.

**accessible** *a* **1** Que l'on peut atteindre. *Une crique accessible seulement par mer.* **2** Que l'on peut comprendre. *Livre accessible au profane.* **3** Que l'on peut approcher, rencontrer. *Il n'est accessible que sur rendez-vous.* **4** Qui se laisse toucher par un sentiment, une émotion. DER **accessibilité** *nf*

**accession** *nf* Action d'accéder à. *Accession à une fonction.*

**accessit** *nm* Distinction attribuée à un élève qui, sans avoir obtenu un prix, s'en est approché. PHO [aksesit]

**accessoire** *a, nm* **A** *a* Subordonné à ce qui est essentiel. *Clause accessoire.* SYN annexe, secondaire, subsidiaire. **B** *nm* **1** Ce qui est accessoire. *Examinons d'abord le principal, l'accessoire ensuite.* **2** Pièce qui ne fait pas partie intégrante d'un ensemble mécanique. *Des accessoires d'automobile.* **3** Petit objet conçu pour un usage précis, déterminé, dans l'exercice d'une activité particulière ou d'une profession. **4** Objet, élément mobile du décor, du costume, dans un spectacle. **5** Élément ajouté à la tenue vestimentaire (gants, sac, ceinture, etc.). ETY Du lat. *accedere*, « joindre ». DER **accessoirement** *av*

**accessoiriser** *v* 1 Assortir des accessoires à une tenue vestimentaire. DER **accessoirisation** *nf*

**accessoiriste** *n* Professionnel du spectacle qui s'occupe des accessoires.

**Acciaiuoli** riche famille florentine, originaire de Brescia (XIII$^{e}$ – XV$^{e}$ siècle). — **Niccolo** (Montegufoni, 1310 – Naples, 1365), acquit des fiefs en Grèce. — **Ranieri** (m. en 1394), duc d'Athènes en 1394, conquit le S. de la Grèce.

**accident** *nm* **1** Simple péripétie, épisode sans réelle importance. *Son échec n'était qu'un accident de parcours.* **2** PHILO Ce qui n'est pas inhérent à l'être, à la substance. *L'essence et l'accident.* **3** MUS Signe d'altération (dièse, bémol, bécarre) placé devant une note. **4** Évènement imprévu, survenant brusquement, qui entraîne des dommages matériels ou corporels. *Accident du travail.* **5** MED Affection qui survient brutalement. *Accident cardiaque.* LOC ***Accident de terrain*** : dénivellation. PHO [aksidɑ̃]

**accidenté, ée** *a, n* **A** *a* Qui présente des creux et des bosses, inégal. *Terrain accidenté.* **B** *a, n* Qui a subi un accident. *Voiture accidentée. Une accidentée du travail.*

**accidentel, elle** *a* Fortuit, qui arrive par accident. *Mort accidentelle.* DER **accidentellement** *av*

**accidenter** *vt* 1 litt Rendre inégal. *Des dépôts sédimentaires ont accidenté la région.*

**accidentogène** *a* Susceptible de provoquer des accidents. *Carrefour accidentogène.*

**accidentologie** *nf* Étude scientifique des accidents. DER **accidentologique** *a* – **accidentologue** *n*

**accipitriforme** *nm* Syn. de *falconiforme*. ETY Du lat. *accipiter*, « oiseau de proie ».

**accises** *nfpl* Impôts indirects sur les alcools, le tabac, les carburants. ETY Du néerl.

**acclamation** *nf* Cri collectif en faveur de quelqu'un. *Acclamations à la fin d'un concert.* LOC ***Vote par acclamation*** : sans scrutin, dans l'enthousiasme collectif.

**acclamer** *vt* 1 Saluer par des acclamations. *Acclamer un orateur.* ANT conspuer, huer.

**acclimater** *vt* 1 **1** Habituer une plante ou un animal à des conditions d'environnement, de climat, différentes de celles de son milieu d'origine. **2** fig Accoutumer qqn à de nouvelles conditions d'existence. DER **acclimatable** *a* – **acclimatation** *nf* ou **acclimatement** *nm*

**accointances** *nfpl* péjor Fréquentation, relations familières. *Avoir des accointances avec des individus peu recommandables.*

**accolade** *nf* **1** Action de mettre les bras autour du cou ou sur les épaules de qqn pour l'accueillir ou l'honorer. **2** Signe typographique ({ ou }) utilisé pour réunir plusieurs lignes ou plusieurs colonnes. **3** ARCHI Arc surbaissé en forme d'accolade horizontale.

**accoler** *vt* 1 **1** Réunir côte à côte, joindre étroitement. *Accoler les lentilles d'un instrument d'optique.* **2** Unir par une accolade. *Accoler les portées d'une partition.* ETY De *col*, « cou ». DER **accolement** *nm*

**accommodant, ante** *a* D'humeur facile ; complaisant. *Une personne très accommodante.*

**accommodat** *nm* BIOL Ensemble des variations phénotypiques (donc non transmissibles) dues à la vie dans un milieu inhabituel, présenté par un animal, une plante.

**accommodation** *nf* **1** Action d'accommoder ou de s'accommoder. **2** MED Variation de la courbure du cristallin qui permet la vision nette à des distances différentes.

**accommodement** *nm* Arrangement, accord à l'amiable. *Refuser tout accommodement.*

**accommoder** *v* ① **A** *vt* **1** Préparer des aliments. *Accommoder un gigot à l'ail.* **2** Adapter à. *Accommoder sa vie aux circonstances.* **B** *vpr* Se faire à, s'habituer à. *S'accommoder des changements.*

**accompagnant, ante** *n* Personne qui accompagne qqn, l'aide, le soutient moralement.

**accompagnateur, trice** *n* **1** MUS Musicien qui assure l'accompagnement instrumental. **2** Personne qui accompagne, guide ou dirige un groupe.

**accompagnement** *nm* **1** Action d'accompagner. *Mesures d'accompagnement budgétaire. Accompagnement d'un mourant.* **2** Ce qui accompagne. *Le vin rouge est un accompagnement pour le fromage.* **3** MUS Soutien de la mélodie d'une voix ou d'un instrument par l'harmonie qu'on exécute sur un instrument secondaire ; partition écrite pour assurer ce soutien.

**accompagner** *v* ① **A** *vt* **1** Aller quelque part avec qqn. *Il l'accompagne à la gare.* **2** Joindre, ajouter qqch à qqch. *Il accompagna ces paroles d'un sourire.* **3** Faire en sorte qu'une décision politique ou économique soit suivie et soutenue. **4** Aider, suivre, soutenir moralement qqn dans une circonstance difficile. *Accompagner un mourant.* **5** MUS Soutenir le chant, un instrument, par un accompagnement. *Accompagner un chanteur à la guitare. S'accompagner au piano.* **B** *vpr* Advenir en même temps que. *Les migraines s'accompagnent souvent de nausées.* ETY De l'a. fr. *compain*, « avec qui on partage le pain ».

**accompli, ie** *a, nm* **A** *a* **1** Qui est parfait en son genre. *Un cavalier accompli.* **2** Entièrement achevé. *Une affaire accomplie.* **3** Révolu. *Il a dix-huit ans accomplis.* **B** *nm* LING Syn. de *perfectif.* **LOC** ***Fait accompli*** : sur lequel il n'y a plus à revenir.

**accomplir** *v* ③ **A** *vt* **1** Réaliser entièrement ; mener à son terme. *Accomplir son temps de service.* SYN effectuer. **2** Exécuter ce qui était prévu. *Accomplir un projet.* **B** *vpr* **1** Se réaliser, avoir lieu. *Leurs vœux se sont accomplis.* **2** S'épanouir pleinement en faisant qqch. *S'accomplir dans l'enseignement.* ETY De l'a. fr. *complir*, « achever ». DER **accomplissement** *nm*

**accon** *nm* MAR Bateau à fond plat servant au chargement et au déchargement des navires. SYN allège. VAR **acon**

**acconage** *nm* Chargement ou déchargement des navires au moyen d'accons. VAR **aconage** DER **acconier** ou **aconier** *nm*

**accord** *nm* **1** Entente entre des personnes. *Vivre en bon accord avec qqn.* **2** Convention, arrangement. *Signer un accord commercial.* **3** Concordance de choses, d'idées entre elles. *Accord de couleurs.* **4** Assentiment, approbation. *Il faut l'accord préalable de l'administration.* **5** MUS Combinaison d'au moins trois notes jouées simultanément. *Accord parfait.* **6** MUS Réglage d'un instrument de musique à un ton donné. *Faire l'accord à l'aide d'un diapason.* **7** PHYS Réglage de deux mouvements vibratoires sur la même fréquence. **8** GRAM Concordance entre les marques de genre, de nombre ou de personne de deux ou plusieurs mots liés syntaxiquement. **LOC** ***Mettre ses actes en accord avec ses convictions*** : en conformité avec elles. — ***Être d'accord, tomber d'accord*** : être du même avis. — ***D'un commun accord*** : selon une décision prise en commun.

**accordailles** *nfpl* VX Fiançailles.

**accord-cadre** *nm* Accord servant de modèle à des accords entre partenaires sociaux. PLUR accords-cadres.

**accordéon** *nm* Instrument de musique portatif à soufflet et à anches métalliques, muni de touches. **LOC** ***En accordéon*** : qui forme de nombreux plis. *Pantalon en accordéon.* ETY De l'all. DER **accordéoniste** *n* ▶ pl. musique

**accorder** *v* ① **A** *vt* **1** Faire concorder une idée, une chose avec une autre. *Comment accorder le goût de la liberté avec les contraintes de la vie sociale ?* **2** Octroyer, concéder. *Accorder une autorisation.* **3** MUS Régler un instrument de musique à un ton donné, le faire sonner juste. **4** GRAM Faire correspondre les marques de genre, de nombre ou de personne de deux ou plusieurs mots liés syntaxiquement. **B** *vpr* **1** S'entendre. *Ils s'accordent pour le blâmer.* **2** Être assorti à qqch. *Ces couleurs s'accordent parfaitement.* **3** S'octroyer. *S'accorder un moment de répit.* **4** GRAM Prendre les marques du genre et du nombre du nom. *L'adjectif s'accorde en genre et en nombre avec le nom.*

**accordeur, euse** *n* Personne qui accorde certains instruments de musique.

**accordoir** *nm* Clé carrée pour régler les cordes d'instruments de musique (pianos, etc.).

**1 accore** *nm* MAR Pièce de bois qui étaie un navire en construction. ETY Du néerl. *score*, « étai ».

**2 accore** *a, nf* **A** *a* MAR Se dit d'une côte dépourvue d'estran, plongeant à pic en eau profonde. **B** *nf* Importante rupture de pente du fond marin. ETY Du néerl. *schore*, « escarpé ».

**accort, orte** *a* litt Avenant, gracieux. *Une serveuse accorte.* ETY De l'ital. *accorto*, « adroit ».

**accoster** *vt* ① **1** Aborder qqn pour lui parler. *Un inconnu m'a accosté dans la rue.* **2** Se ranger le long d'un quai, d'un autre bateau, d'un engin spatial. *Navire qui accoste une jetée.* DER **accostage** *nm*

**accotement** *nm* Espace aménagé, sur le côté d'une route, entre la chaussée et le fossé. *Ranger sa voiture sur l'accotement.*

**accoter** *v* ① **A** *vt* Faire prendre appui à qqch contre. *Accoter une échelle à un mur.* **B** *vpr* S'appuyer contre. *S'accoter à la cheminée.* ETY Du lat. *cubitus*, « coude ».

**accotoir** *nm* Partie d'un siège qui sert à s'accoter.

**accouchée** *nf* Femme qui vient d'accoucher.

**accouchement** *nm* Action de mettre au monde un enfant. *Elle a eu des contractions longtemps avant son accouchement.* **LOC** ***Accouchement sans douleur***, ou ***dirigé***, ou ***psychoprophylactique*** : au cours duquel les douleurs du travail sont réduites, grâce à une préparation physique et psychologique de la mère au cours de la grossesse.

**accoucher** *v* ① **A** *vti* **1** Mettre au monde. *Accoucher d'une fille. Elle accouchera bientôt.* **2** fig Produire avec effort un travail intellectuel. *Accoucher d'un projet.* **3** fam Parler. *Alors, tu accouches ?* **B** *vt* Aider une femme à mettre un enfant au monde. *C'est le médecin qui l'a accouchée.*

**accoucheur, euse** *n* Médecin spécialiste des accouchements.

**accouder (s')** *vpr* ① S'appuyer sur un coude ou les deux. *S'accouder au balcon.*

**accoudoir** *nm* Appui pour s'accouder.

**accouplement** *nm* **1** Action, fait d'accoupler. **2** Acte sexuel entre le mâle et la femelle d'une espèce animale. **3** TECH Dispositif destiné à rendre solidaires deux pièces, deux machines.

**accoupler** *v* ① **A** *vt* **1** Réunir par couple des animaux pour la reproduction. **2** Réunir par paire des animaux. **3** fig Réunir deux choses différentes. *Accoupler des couleurs.* **4** TECH Rendre solidaire une pièce, une machine d'une autre. **B** *vpr* S'unir sexuellement (animaux).

**accourir** *vi* ㉖ Venir en courant, en hâte. *Les brancardiers ont accouru et emporté le blessé. Je suis accouru, et me voilà.*

**accoutrer** *vt* ① Habiller qqn de façon étrange ou grotesque. SYN affubler. ETY Du lat. *acconsuturare*, « coudre ensemble ». DER **accoutrement** *nm*

**accoutumance** *nf* **1** Fait de s'accoutumer, de s'habituer. **2** MED Phénomène métabolique se traduisant par la nécessité d'augmenter les doses absorbées d'une substance ou d'une drogue pour en obtenir l'effet habituel.

**accoutumé, ée** *a* Ordinaire, habituel. *Se promener à l'heure accoutumée.* **LOC** ***Comme à l'accoutumée*** : comme d'habitude.

**accoutumer** *v* ① **A** *vt* Faire prendre une habitude à qqn, un animal. *Accoutumer un chien à la propreté.* **B** *vpr* S'habituer à. *S'accoutumer au froid.*

**accouvage** *nm* ELEV Technique pour faire éclore des œufs en couveuse artificielle.

**Accoyer Bernard** (Lyon, 1945), président de l'Assemblée nationale de 2007 à 2012.

**Accra** cap. et port du Ghana, sur le golfe de Guinée ; 2,5 millions d'hab. (agglo). Le port exporte cacao, manganèse et or. – Université. Évêché. DER **accréen, enne** *a, n*

**accréditer** *v* ① **A** *vt* **1** Faire reconnaître officiellement la qualité de qqn. *Accréditer un ambassadeur.* **2** Rendre plausible une nouvelle. **B** *vpr* Devenir plausible, se répandre. **LOC** ***Être accrédité auprès d'une banque*** : y avoir un crédit. DER **accréditation** *nf*

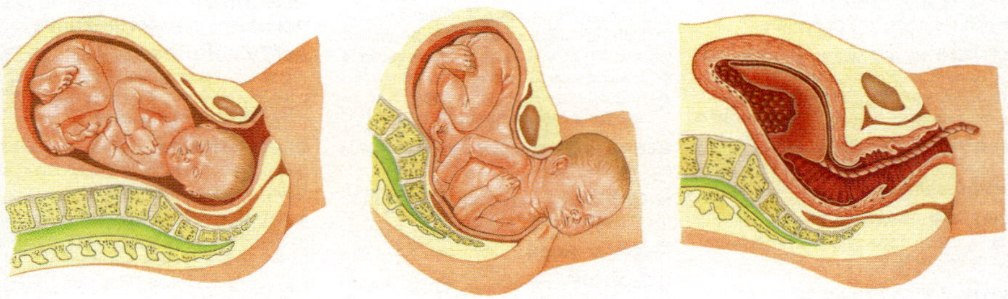

**accouchement** de g. à dr., présentation par la tête, phase d'expulsion et délivrance (le placenta se décolle)

**accréditeur, euse** *n* Personne qui accrédite qqn, en donnant sa garantie.

**accréditif, ive** *a, nm* **A** *a* Qui accrédite. **B** *nm* Document qui permet au client d'une banque de bénéficier d'un crédit dans une autre banque ; ce crédit lui-même.

**accrescent, ente** *a* BOT Se dit des parties de la fleur qui s'accroissent durant la maturation du fruit.

**accrétion** *nf* didac Processus d'augmentation de masse par agglomération d'éléments. *Accrétion de nuages.* **LOC** GEOL ***Accrétion océanique*** **:** formation de croûte océanique par le volcanisme de l'axe des dorsales.

**accro** *a, n* fam **1** Dépendant d'une drogue. **2** Passionné par qqch. *Les accros de la planche à voile.*

**accrobranche** → **acrobranche.**

**accroc** *nm* **1** Déchirure faite en s'accrochant. *Elle a un accroc à son manteau.* **2** fig Difficulté imprévue. *Tout s'est déroulé sans accroc.* [PHO] [akʀo]

**accrochage** *nm* **1** Action d'accrocher. *L'accrochage d'un wagon.* **2** Accident matériel sans gravité entre deux véhicules. **3** MILIT Engagement de courte durée. **4** ELECTRON Perturbation dans une amplification. **5** Bx-A Exposition de peintures ou de photos. **6** fam Querelle, dispute.

**accroche** *nf* Message principal sur lequel porte une publicité.

**accroche-cœur** *nm* Boucle de cheveux en forme de crochet plaquée sur la tempe ou le front. PLUR accroche-cœurs.

**accroche-plat** *nm* Support servant à accrocher un plat décoratif au mur. PLUR accroche-plats.

**accrocher** *v* [1] **A** *vt* **1** Suspendre à un crochet. *Accrocher un miroir au mur.* **2** Retenir au moyen d'un objet crochu. *Il a accroché ma veste avec son hameçon.* **3** Heurter un véhicule avec un autre. *Accrocher l'aile d'une voiture.* **4** MILIT Obliger au combat des ennemis. **5** fig Aborder et retenir qqn. *Une fois qu'il vous a accroché, il ne vous lâche plus.* **B** *vi* fam **1** Avoir un bon contact avec qqn. **2** Être attentif, intéressé par qqch. *Accrocher en maths.* **C** *vpr* **1** Être retenu ou suspendu par un crochet. *Ce fusil s'accroche au-dessus de la cheminée.* **2** Se cramponner. *Monter à un arbre en s'accrochant aux branches.* **3** fig Faire preuve de ténacité. *Il s'accroche pour réussir.* **4** fig, fam Importuner qqn en le retenant avec insistance. **LOC** fam ***Pouvoir se l'accrocher*** **:** devoir se passer de qqch. — ***S'accrocher avec qqn*** **:** se quereller avec lui. [ETY] De *croc.*

**accrocheur, euse** *a* **1** Qui retient l'attention. *Un slogan accrocheur.* **2** Tenace, obstiné. *Un représentant accrocheur.*

**accroire** *vt* (Usité seulement à l'inf.) **LOC** litt ***En faire accroire à qqn*** **:** l'abuser, le tromper.

**accroissement** *nm* **1** Fait d'augmenter. *L'accroissement des connaissances.* **2** Action de croître, de pousser. *L'accroissement d'une tige.* SYN croissance, développement. **3** MATH Différence entre deux valeurs successives d'une variable.

**accroître** *v* [72] **A** *vt* Augmenter, rendre plus grand. *Accroître sa fortune.* SYN agrandir, développer. ANT réduire, amoindrir. **B** *vpr* Aller en augmentant. *Sa détresse s'est accrue.* SYN grandir. [VAR] **accroitre**

**accroupir (s')** *vpr* [3] S'asseoir sur ses talons, sans que les genoux touchent le sol. [DER] **accroupissement** *nm*

**accru, ue** *a, nm* **A** *a* Plus important. *Avec sa promotion, il a une responsabilité accrue.* **B** *nm* BOT Rejeton d'une racine.

**accrue** *nf* GEOGR **1** Augmentation de la surface d'un terrain par un dépôt d'alluvions, après une crue. **2** Terrain gagné par une forêt qui croît hors de ses limites.

**accu** *nm* fam Accumulateur.

**accueil** *nm* Façon de recevoir qqn. *Un accueil glacial, enthousiaste.* **LOC** ***Centre d'accueil*** **:** qui prend en charge à l'arrivée des touristes, des migrants, etc.

**accueillant, ante** *a* Qui fait bon accueil. *Un homme chaleureux et accueillant.*

**accueillir** *vt* [27] **1** Recevoir qqn. *Il nous a fort mal accueillis.* **2** Recevoir. *Accueillir une nouvelle avec étonnement.*

**acculement** *nm* Chez le cheval, résistance à se porter en avant, caractérisée par le report du poids sur l'arrière-main.

**acculer** *vt* [1] **1** Pousser dans un endroit où il est impossible de reculer. *Acculer l'ennemi à la mer.* **2** fig Contraindre à. *Crise politique qui accule un ministre à la démission.*

**acculturation** *nf* SOCIOL Ensemble des phénomènes résultant du contact direct et continu entre des groupes d'individus de cultures différentes. [DER] **acculturer** *vt* [1]

**accumulateur** *nm* Générateur électrochimique qui accumule l'énergie électrique et la restitue sous forme de courant. SYN accu.
▶ illustr. **pile**

**accumulation** *nf* **1** Action d'accumuler. *Une accumulation d'erreurs.* **2** GEOL Entassement de matériaux détritiques en milieu continental. **LOC** ***Chauffage par accumulation*** **:** qui restitue au moment voulu la chaleur emmagasinée.

**accumuler** *v* [1] **A** *vt* Mettre ensemble en grande quantité. *Accumuler des provisions pour l'hiver.* SYN amasser, entasser. **B** *vpr* Concourir à former une grande quantité avec d'autres choses de même nature. *Dossiers qui s'accumulent.*

**accusateur, trice** *a, n* **A** *a* Qui fait peser un soupçon, qui tend à prouver une responsabilité. *Une lettre accusatrice.* **B** *n* Personne qui accuse en justice.

**accusatif** *nm* LING Cas de déclinaison qui sert à exprimer principalement l'objet direct.

**accusation** *nf* **1** Imputation d'un défaut, d'un vice. *Accusation d'inconduite.* **2** DR Action en justice, plainte par laquelle on porte devant la justice pénale la connaissance d'une infraction pour en obtenir la répression. **3** Le ministère public près un tribunal criminel. **LOC** ***Acte d'accusation*** **:** dressé par le procureur, et exposant les infractions imputées à la personne traduite devant la cour d'assises.

**accusatoire** *a* Qui a rapport à une accusation ou la motive.

**accusé, ée** *n* **1** Personne à qui l'on impute une infraction aux lois. **2** DR Personne qui fait l'objet d'un arrêt de renvoi devant la cour d'assises, rendu par la chambre d'accusation. **LOC** ***Accusé de réception*** **:** document signé par le destinataire d'une lettre, d'un colis pour en attester la livraison.

**accuser** *vt* [1] **1** Présenter comme coupable qqn. *On m'accuse sans preuve. Il s'accuse des pires méfaits.* **2** Dénoncer qqn à la justice. *Accuser quelqu'un d'un meurtre.* **3** Faire ressortir, accentuer. *L'âge a accusé leurs différences.* **4** Révéler par ses apparences. *Cet homme accuse son âge.* **5** Manifester une réaction à une douleur, une émotion. *Boxeur qui accuse un coup.* **6** Tenir qqn pour coupable de qqch. *Tu m'accuses de négligence.* **LOC** fam ***Accuser le coup*** **:** montrer son inquiétude. [ETY] Du lat.

**ace** *nm* Au tennis, service imparable. [PHO] [ɛs] [ETY] Mot angl., « as ».

**-acée** Élément servant en botanique à marquer l'appartenance à une famille.

**Aceh** → **Atjeh.**

**acéphale** *a* didac Qui est sans tête. *Les moules sont des mollusques acéphales.*

**acéracée** *nf* Plante dicotylédone dialypétale telle que les érables.

**acerbe** *a* Caustique, blessant. *Son ton acerbe l'irrita.* SYN acrimonieux, mordant, sarcastique. [ETY] Du lat. *acerbus,* « triste ». [DER] **acerbité** *nf*

**acéré, ée** *a* **1** Tranchant ou pointu. *Un couteau acéré.* **2** fig, litt Blessant, caustique. *Décrire quelqu'un d'une plume acérée.*

**acérer** *vt* [14] Rendre pointu ou tranchant. *Acérer une hache.*

**acériculture** *nf* Canada Exploitation d'une érablière en vue de la production de sirop, de sucre, etc. [DER] **acéricole** *a* – **acériculteur, trice** *n*

**acescence** *nf* didac État d'un liquide qui devient aigre. *L'acescence des boissons fermentées.* [DER] **acescent, ente** *a*

**acét(o)-** Préfixe, du lat. *acetum,* « vinaigre ».

**acétabulaire** *nf* BOT Algue verte unicellulaire de grande taille, ayant la forme d'une ombrelle, utilisée dans les études cytologiques.

**acetabulum** *nm* ANAT Syn. de *cavité cotyloïde.* [PHO] [asetabylɔm]

**acétal** *nm* CHIM Composé organique résultant de la combinaison d'une molécule d'aldéhyde, ou de cétone, et de deux molécules d'alcool, dont le type est l'acétal ordinaire, de formule $CH_3\text{-}CH\ (OC_2H_5)_2$.

**acétaldéhyde** *nm* CHIM Aldéhyde éthylique, de formule $CH_3\text{-}CHO$, utilisé comme intermédiaire industriel dans la préparation des dérivés acétiques. SYN éthanal.

**acétamide** *nm* CHIM Monoamide primaire de l'acide acétique.

**acétate** *nm* CHIM Sel ou ester de l'acide acétique. *Les acétates de vinyle et de cellulose servent de point de départ à la fabrication de nombreuses matières plastiques.*

**acétifier** *vt* [2] CHIM Transformer l'alcool éthylique en acide acétique. [DER] **acétification** *nf*

**acétique** *a* **LOC** CHIM ***Acide acétique*** **:** composé organique à fonction acide, de formule $CH_3\text{-}COOH$. [ETY] Du lat. *acetum,* « vinaigre ».

[ENC] L'acide acétique ($CH_3\text{-}COOH$) est le type traditionnel des composés organiques à fonction acide. Il résulte de l'oxydation de l'alcool éthylique en présence de bactéries *Acetobacter* ou *Mycoderma aceti* (préparation du vinaigre). L'industrie en prépare de grandes quantités à partir de l'acétaldéhyde ou de l'acétylène. L'acide pur est utilisé comme réactif et dans de nombreuses industries. Ses sels et esters, les acétates, sont importants. L'anhydride acétique est utilisé dans l'industrie des matières plastiques.

**acétobacter** *nm inv* MICROB Bactérie responsable de la fermentation acétique. [PHO] [asetobaktɛʀ]

**acétone** *nf* CHIM Liquide incolore ($CH_3\text{-}CO\text{-}CH_3$), très volatil, d'odeur éthérée, le représentant le plus simple de la famille des cétones.

**acétonémie** *nf* MED Présence d'acétone et de corps cétoniques dans le sang. [DER] **acétonémique** *a*

**acétonurie** *nf* MED Présence d'acétone dans les urines. [DER] **acétonurique** *a*

**acétylcellulose** *nf* CHIM Composé solide résultant de l'estérification des fonctions alcooliques de la cellulose par l'acide acétique et ses dérivés. [VAR] **acétocellulose**

**acétylcholine** *nf* PHYSIOL Médiateur chimique (ester acétique de la choline) transmettant l'influx nerveux. [PHO] [asetilkɔlin]

**acétylcoenzyme A** *nf* BIOL Forme activée de l'acide acétique qui constitue le point de départ de plusieurs processus métaboliques (biosynthèse des acides gras, formation des corps cétoniques, etc.).

**acétyle** *nm* CHIM Radical de formule $CH_3\text{-}CO\text{-}$, dérivant de l'acide acétique.

**acétylène** *nm* CHIM Hydrocarbure de formule $C_2H_2$ ou H–C≡C–H. DER **acétylénique** *a*

ENC L'acétylène est le premier terme de la série des alcynes. C'est un gaz incolore, un peu plus léger que l'air, peu soluble dans l'eau, mais très soluble dans l'acétone. Il se solidifie à – 85°C sous la pression atmosphérique, sans passer par l'état liquide. Sa combustion dégage une grande quantité de chaleur (3 000 °C), d'où son usage dans le chalumeau oxyacétylénique, pour le découpage ou la soudure des métaux. Les réactions d'addition sur la triple liaison carbone-carbone permettent de nombr. synthèses : *solvants chlorés, matières plastiques vinyliques, caoutchoucs et fibres synthétiques (nylon, orlon, etc.).*

**acétylsalicylique** *a* LOC CHIM ***Acide acétylsalicylique :*** aspirine.

**Achab** (m. à Ramoth, 853 av. J.-C.), roi d'Israël (874-853 av. J.-C.) ; époux de Jézabel.

**Achaïe** rég. de l'anc. Grèce, au N. du Péloponnèse ; auj. *nome d'Achaïe* (3 209 km²; 297 300 hab. ; ch.-l. *Patras*). V. Morée.

**achaine → akène.**

**achalandé, ée** *a* **1** VX Qui a une nombreuse clientèle. **2** (Emploi critiqué.) Qui offre un grand choix de marchandises. *Une épicerie bien achalandée.*

**achalander** *vt* ① (Emploi critiqué.) Approvisionner en marchandises. DER **achalandage** *nm*

**achaler** *vt* ① Canada, fam Contrarier, incommoder qqn, être source d'ennuis. *Ça l'achale d'avoir à répondre au téléphone.* DER **achalant, ante** *a, n*

**Achantis → Ashantis.**

**Achard Marcel-Augustin Ferréol,** dit **Marcel** (Sainte-Foy-lès-Lyon, 1899 – Paris, 1974), auteur français de comédies : *Jean de la Lune* (1929), *Patate* (1956). Acad. fr. (1959).

**achards** *nm pl* Condiment fait de légumes et de fruits macérés dans du vinaigre.

**acharné, ée** *a* Qui manifeste de l'acharnement. *Une dispute acharnée.*

**acharnement** *nm* Ardeur opiniâtre. *Se défendre avec acharnement.* LOC MED ***Acharnement thérapeutique :*** fait de maintenir en vie par des moyens techniques sophistiqués un agonisant dont l'état est irréversible.

**acharner (s')** *vpr* ① **1** Continuer à exercer des violences sur un être animé. *Le lion s'acharne sur sa proie.* **2** S'attacher avec opiniâtreté, avec excès à. *Il s'acharne à passer ce concours très difficile.* SYN s'obstiner.

**achat** *nm* **1** Action d'acheter. *Faire ses achats dans les grands magasins.* **2** Ce qui est acheté. *Ranger ses achats.* SYN acquisition, emplette. LOC ECON ***Pouvoir d'achat :*** ce que représentent les revenus individuels d'une catégorie ou d'une classe sociale à un moment déterminé en potentiel d'acquisition de biens ou de services.

**achatine** *nf* Mollusque gastéropode pulmoné, vivant en Afrique tropicale humide et dont une espèce s'est répandue dans d'autres régions du monde au climat similaire. PHO [akatin]

**Achaz** (v. 736 – v. 716 av. J.-C.), roi impie du royaume de Juda. Malgré Isaïe, il rechercha l'alliance du roi d'Assyrie Téglath-Phalasar III.

**ache** *nf* Nom cour. de diverses ombellifères. LOC ***Ache odorante :*** céleri.

**Acheampong Ignatius Kutu** (Koumassi, 1931 – Accra, 1979), militaire et homme politique ghanéen. Président du Ghana (1972), il fut renversé (1978) puis exécuté.

**acheb** *nm* Au Sahara, végétation éphémère qui apparaît après une averse.

**Achebe Chinua** (Ogidi, 1930 – Boston, 2013), romancier nigérian de langue anglaise : *Le monde s'effondre* (1958), *les Termitières de la savane* (1987).

**Achéenne (ligue)** fédération qui comprenait 12 cités du nord du Péloponnèse aux $V^e$-$IV^e$ s. av. J.-C. Reconstituée, elle conquit Athènes en 229. Elle ne put résister aux Romains (défaite de Leucopetra, 146 av. J.-C.).

**Achéens** peuple indo-européen qui envahit la Grèce v. 1600 av. J.-C. et s'installa en Argolide, dans le Péloponnèse. Ils s'étendirent jusqu'en Crète et en Asie Mineure, mais succombèrent à l'invasion dorienne ($XII^e$ s. av. J.-C.). V. Doriens. DER **achéen, enne** *a*

**Achéménides** dynastie perse issue d'un personnage légendaire, Achéménès. Elle fonda un immense empire (550 à 330 av. J.-C.) à l'art hautement développé (palais de Suse et de Persépolis). DER **achéménide** *a*

jeune prince de la dynastie des **Achéménides**, lapis-lazuli – musée d'archéologie, Téhéran

**acheminer** *v* ① **A** *vt* Faire avancer, diriger vers un lieu, un but. *Acheminer du courrier.* **B** *vpr* Se diriger vers un lieu. DER **acheminement** *nm*

**Achères** com. des Yvelines (arr. de Saint-Germain-en-Laye) ; 18 942 hab. Import. station d'épuration des eaux de la Seine. DER **achérois, oise** *a, n*

**Achernar** étoile bleue de l'Éridan (magnitude visuelle apparente 0,5).

**Achéron** fleuve des Enfers, dans la mythologie grecque. L'âme des morts le franchissait sur la barque de Charon.

**achète** *nm* ZOOL Ver annélide au corps dépourvu de soies dont le type est la sangsue. SYN hirudinée. PHO [akɛt]

**acheter** *vt* ⑱ **1** Acquérir à prix d'argent. *Acheter du pain, des livres.* **2** fig Obtenir qqch au prix d'efforts. *Acheter chèrement une victoire.* **3** S'assurer de la complicité de qqn, le corrompre à prix d'argent. *Acheter un témoin compromettant.* DER **achetable** *a*

**acheteur, euse** *n* **1** Personne qui achète, client. **2** Personne chargée des achats pour le compte d'une entreprise commerciale.

**acheuléen, enne** *a, nm* PREHIST Se dit de la partie du paléolithique inférieur caractérisée par l'apparition de la taille au percuteur tendre et la production de bifaces.

**achevé, ée** *a* Accompli, parfait dans son genre. *Un modèle achevé de toutes les vertus.*

**achever** *vt* ⑯ **1** Mener à bonne fin, terminer ce qui est commencé. *Achever son travail. L'année s'achève dans la joie.* ANT commencer. **2** Tuer un être animé alors qu'il est affaibli ou blessé. **3** fig Ôter tout courage à qqn. ETY De l'a. fr. *chef,* « bout, fin ». DER **achèvement** *nm*

**Achgabat** (anc. *Achkhabad*), cap. du Turkménistan ; 600 000 hab. (aggl.). – Université. DER **achgabatais, aise** *a, n*

**achigan** *nm* Canada Poisson d'eau douce du nord de l'Amérique, comestible.

**Achille** héros grec, fils de Thétis et roi des Myrmidons ; personnage princ. de l'*Iliade*. Lors du siège de Troie, il tua Hector pour venger la mort de son ami Patrocle. Pâris le tua d'une flèche au talon, seul endroit vulnérable de son corps.

**achillée** *nf* BOT Composée, autrefois employée comme hémostatique. SYN millefeuille. PHO [akile] ETY Du lat.

**achiral, ale** *a* CHIM Se dit d'une molécule qui n'est pas douée de chiralité. PLUR achiraux.

**achondrite** *nf* GEOL Météorite dont la constitution rappelle celle des roches lunaires.

**achondroplasie** *nf* MED Maladie héréditaire et congénitale caractérisée par un défaut de croissance des membres en longueur. PHO [akɔ̃dʀɔplazi] DER **achondroplase** *a, n* – **achondroplasique** *a*

**achoppement** *nm* LOC ***Pierre d'achoppement :*** difficulté, obstacle.

**achopper** *vi* ① **1** VX Heurter du pied un obstacle, trébucher. **2** fig Être arrêté par une difficulté. *Il achoppe toujours sur ce mot.*

**Achoura** fête musulmane de l'expiation, importante dans l'islam chiite.

**achromatine** *nf* HISTOL Portion du noyau de la cellule vivante qui ne fixe pas les colorants.

**achromatique** *a* **1** OPT Qualifie un système optique dont on a corrigé les aberrations chromatiques. **2** BIOL Se dit d'une substance cellulaire qui ne prend pas les colorants.

**achromatisme** *nm* OPT Propriété d'un système optique achromatique.

**achromatopsie** *nf* MED Trouble de la vision qui consiste à ne pas distinguer les couleurs.

**achronique** *a* didac En dehors du temps, de la durée.

**aciculaire** *a* SC NAT Qui est en forme d'aiguille. VAR **aciculé, ée**

**acidalie** *nf* Phalène des bois dont la chenille vit sur le thym, l'achillée. ETY Du lat. *Acidalia,* surnom de Vénus.

**acide** *a, nm* **A** *a* **1** De saveur aigre, piquante. *Ces oranges sont acides.* **2** CHIM Qui a les propriétés des acides. **3** GEOL Se dit d'une roche à forte teneur en silice. **4** fig Se dit de paroles désagréables ou blessantes. **5** Se dit de pluies, neiges, brouillards chargés d'ions sulfuriques et nitriques d'origine industrielle. **B** *nm* **1** Composé hydrogéné de saveur piquante, qui fait virer au rouge la teinture de tournesol, réagit sur les bases et attaque les métaux. **2** fam LSD (acide lysergique diéthylamide). LOC CHIM ***Acide fumant :*** dont les vapeurs forment un brouillard au contact de la vapeur d'eau.

ENC Les propriétés que possèdent tous les acides proviennent de leur capacité de fournir un (ou plusieurs) proton $H^+$ (noyau de l'atome d'hydrogène) à une base qui l'accepte. L'acidité d'une solution aqueuse, qui dépend de sa concentration en *ions $H^+$ hydratés* $H_3O^+$ (oxonium), est mesurée par son pH (potentiel hydrogène). L'eau a un pH égal à 7. Une solution dont le pH est infér. à 7 est dite acide ; une solution basique aura un pH sup. à 7. Les solutions acides agissent sur les solutions basiques en donnant un sel, de l'eau et un dégagement de chaleur.

**acidifier** *vt* ② Transformer en acide, rendre acide. DER **acidifiable** *a* – **acidifiant** *a, nm* – **acidification** *nf*

**acidimétrie** *nf* Mesure du titre d'une solution acide. [DER] **acidimètre** *nm* – **acidimétrique** *a*

**acidité** *nf* **1** Saveur acide. **2** **fig** Nature de ce qui est acide. *L'acidité d'une remarque.*

**acid jazz** *nm* Style musical obtenu par sampling, mélange de jazz, de soul et de funk, apparu vers 1990.

**acidobasique** *a* PHYSIOL Se dit du rapport équilibré entre les acides et les bases à l'intérieur de notre organisme, qui se manifeste par le pH sanguin.

**acidocétose** *nf* MED Acidose avec présence de corps cétoniques, complication du diabète sucré.

**acidophile** *a* HISTOL Se dit des constituants cellulaires qui fixent les colorants acides.

**acidose** *nf* MED Diminution du pH du plasma, entraînant une rupture de l'équilibre acidobasique de celui-ci.

**acidulé, ée** *a* Acide au goût, aigrelet. *Bonbons acidulés.*

**aciduler** *vt* [1] Rendre légèrement acide.

**acier** *nm* Alliage de fer et de carbone contenant moins de 2 % de carbone. **LOC** ***D'acier*** : qui évoque l'acier par sa dureté, sa résistance. *Nerfs d'acier.*

[ENC] Pour l'industrie, les aciers sont les plus importants des alliages fer-carbone. On réserve le nom d'acier aux alliages fer-carbone auxquels on a ajouté une petite quantité d'éléments, métalliques (manganèse, molybdène) ou non (silicium, azote), qui améliorent leurs propriétés mécaniques, magnétiques ou chimiques (résistance à la corrosion). Lorsque le pourcentage de ces éléments est important, on parle d'*aciers alliés* (ex. : les *aciers inoxydables*). Leur teneur en carbone (0,35 à 2 %) modifie leurs propriétés : aciers doux, durs, extradurs ; les aciers *spéciaux* contiennent des éléments supplémentaires. – La préparation de l'acier se fait par affinage de la fonte en deux étapes : oxydation du carbone, du silicium et du manganèse contenus dans la fonte ; réduction destinée à diminuer la teneur en oxyde.

**Acier (pacte d')** conclu à Berlin, le 22 mai 1939, entre l'Italie et l'Allemagne.

**aciérer** *vt* [14] Recouvrir d'une couche d'acier une surface métallique. [DER] **aciérage** *nm*

**aciérie** *nf* Usine qui produit de l'acier. [DER] **aciériste** *n*

**acinétien** *nm* Infusoire dépourvu de cils à l'état adulte mais munis de tentacules porteurs de ventouses. [ETY] Du gr. *akinetos*, « immobile ».

**acinétobacter** *nm* Bactérie gram négatif responsable d'infections graves.

**acineux, euse** *a* **LOC** ANAT ***Glande acineuse*** : dont les éléments, en cul-de-sac, sont groupés autour d'un canal.

**acinus** *nm* ANAT Élément d'une glande acineuse. PLUR acinus ou acini.

**Acireale** port d'Italie (Sicile) ; 47 890 hab. – Stat. therm. Ensemble architectural baroque.

**Acis** berger sicilien aimé de la nymphe Galatée, écrasé avec elle sous un rocher par le cyclope Polyphème.

**aclinique** *a* GEOPH Se dit d'un lieu où l'inclinaison du champ magnétique terrestre est nulle.

**acmé** *nm* **1** MED Période d'une maladie où les symptômes sont les plus aigus. **2** **litt** Point de plus haut développement. *L'acmé d'une civilisation.* [ETY] Mot gr.

**acné** *nf* Affection de la peau due à un dysfonctionnement des glandes sébacées ou pilosébacées, et se traduisant par une éruption de petites pustules sur le visage et la partie supérieure du thorax. [ETY] Du gr. « efflorescence ». [DER] **acnéique** *a, n*

**acœlomate** *nm* ZOOL Animal dépourvu de cœlome. ANT cœlomate. [PHO] [aselɔmat]

**Açoka** (v. 273 – v. 237 av. J.-C.), empereur de la dynastie Maurya qui, le premier, unifia l'Inde. Converti au bouddhisme, il l'imposa à son empire, qui se disloqua après lui. [VAR] **Asoka**

**acolytat** *nm* RELIG Autrefois, le plus élevé des quatre ordres mineurs.

**acolyte** *nm* **1** RELIG Clerc exerçant le ministère de l'acolytat (il assiste le prêtre à l'autel). **2** **péjor** Compère, complice. *Je n'aime pas beaucoup le voir rôder par ici avec son acolyte.*

**acompte** *nm* Paiement partiel à valoir sur le montant d'une somme due. *Acompte provisionnel.*

**acon, aconage** → **accon, acconage.**

**Aconcagua** volcan éteint des Andes, en Argentine (6 959 m).

**aconit** *nm* Plante vénéneuse (renonculacée) à feuilles alternes découpées et à fleurs zygomorphes bleues, violettes ou jaunes en grappes. [PHO] [akɔnit]

**aconitine** *nf* BIOCHIM Alcaloïde très toxique, utilisé pour ses propriétés thérapeutiques (antinévralgique, antispasmodique).

**a contrario** *a, av* Se dit d'un raisonnement qui, partant d'une opposition dans les hypothè-

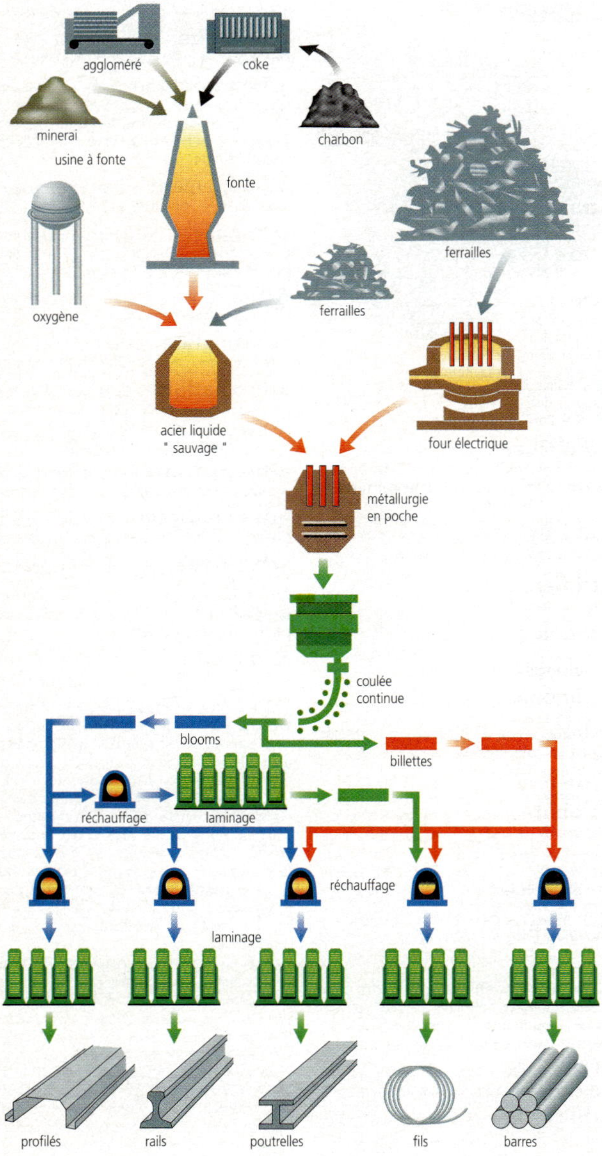


**acier**

ses, conclut à une opposition dans les conséquences.

**acoquiner (s')** *vpr* ① **péjor** Se lier avec qqn. *S'acoquiner avec des escrocs.* DER **acoquinement** *nm*

**acore** *nf* Plante aquatique (aracée) appelée aussi *roseau aromatique.*

**Açores (les)** archipel de l'Atlantique N., portugais dep. le XVe s. ; 9 îles ; 2 314 km² ; 253 500 hab. ; v. princ. *Ponta Delgada*, dans l'île de São Miguel. Tourisme. ▷ METEO *Anticyclone des Açores* : région de hautes pressions régissant la trajectoire des perturbations atlantiques sur l'Europe. DER **açoréen, enne** *a, n*

**à-côté** *nm* **1** Ce qui est secondaire, par rapport à l'essentiel. *Ceci n'est qu'un à-côté du problème.* **2** Gain d'appoint. *Je me fais des à-côtés en travaillant le soir.*

**acotylédone** *a* BOT Se dit d'une graine à embryon peu différencié.

**à-coup** *nm* Secousse, discontinuité dans un mouvement. *Des à-coups au départ du train.* **LOC** *Par à-coups* : sans régularité. *Travailler par à-coups.*

**acouphène** *nm* MED Sensation auditive (bourdonnement, sifflement, etc.) qui n'est pas provoquée par une excitation extérieure.

**acousticien, enne** *n* Spécialiste d'acoustique.

**acoustique** *a, nf* **A** *a* Relatif au son, à sa propagation. *Phénomène acoustique.* **B** *nf* **1** Branche de la physique qui étudie les vibrations sonores. **2** Capacité d'un lieu à laisser entendre les vibrations sonores. *Cette salle a une mauvaise acoustique.* ETY Du gr.

**Acquaviva** illustre famille napolitaine. — **Claudio** (Naples, 1543 – Rome, 1615), général des jésuites. Il obtint d'Henri IV le retour de l'ordre en France. Œuvre princ. : *Ratio atque institutio studiorum* (1598). VAR **Aquaviva**

**acquéreur** *nm* Personne qui acquiert un bien.

**acquérir** *vt* ㉟ **1** Devenir possesseur de. *Acquérir une terre.* **2** Arriver à avoir. *J'ai acquis la certitude qu'il ment.*

**acquêt** *nm* DR Bien acquis à titre onéreux pendant le mariage et tombant en communauté en raison du régime matrimonial des époux (par oppos. à *biens propres*).

**acquiescer** *vti* ⑫ **1** Donner son consentement. *Il a acquiescé à ma demande.* **2** DR Renoncer à faire appel d'une sentence. PHO [akjese] ETY Du lat. *acquiescere*, « avoir confiance ». DER **acquiescement** *nm*

**acquis, ise** *a, nm* **A** *a* **1** Dont on est devenu possesseur. *Bien mal acquis ne profite jamais.* **2** Dévoué à qqn, à une cause. *Vous pouvez considérer que mon soutien vous est acquis.* **3** MED, BIOL Qui n'est ni congénital ni héréditaire. *Les caractères acquis sont intransmissibles.* **B** *nm* **1** Connaissances acquises. *Votre acquis vous permettra de trouver facilement du travail.* **2** Droit, avantage acquis. *Défendre les acquis sociaux.*

**acquisitif, ive** *a* DR Qui permet d'acquérir ; qui équivaut à une acquisition.

l'**Aconcagua**

**acquisition** *nf* **1** Action d'acquérir. *L'acquisition d'une maison.* **2** Chose acquise. *Montre-moi ta nouvelle acquisition.*

**acquit** *nm* Quittance, décharge. *L'acquit doit être signé, daté et motivé en toutes lettres.* **LOC** *Par acquit de conscience* : pour ne pas avoir de doute ou de regret. — *Pour acquit* : formule servant à acquitter une facture.

**acquit-à-caution** *nm* Bulletin permettant de faire circuler des marchandises avant d'avoir acquitté les droits de douane ou les impôts auxquels elles sont soumises. PLUR acquits-à-caution.

**acquitté, ée** *n* Personne qui a été acquittée.

**acquittement** *nm* **1** Action d'acquitter, de s'acquitter. **2** DR Renvoi d'un accusé déclaré non coupable par un tribunal.

**acquitter** *v* ① **A** *vt* **1** Payer ce qui est dû. *Acquitter des droits de douane.* **2** COMPTA Inscrire sur une facture, un chèque les mots « pour acquit », suivis de la signature, en reconnaissance du paiement. **3** Libérer qqn d'une dette ou d'un engagement. *Il ne pouvait pas payer, je l'ai acquitté.* **4** Déclarer non coupable un accusé. **B** *vpr* **1** Se libérer d'une obligation pécuniaire. *Je me suis acquitté de mes dettes.* **2 fig** Exécuter ce à quoi on est tenu. *S'acquitter d'une tâche.*

**acra** *nm* CUIS Beignet salé de légumes ou de poisson. VAR **acara**

**acre** *nf* Ancienne mesure de superficie agraire qui valait environ 50 ares.

**âcre** *a* **1** Piquant et irritant au goût, à l'odorat. *L'odeur âcre prend à la gorge.* **2 fig, litt** Amer et blessant, moralement douloureux. *L'âcre souvenir des échecs passés.* DER **âcreté** *nf*

**Acre** État de l'O. du Brésil, aux frontières du Pérou et de la Bolivie (qui le céda en 1903) ; 152 589 km² ; 385 000 hab. ; cap. *Rio Branco.* Caoutchouc.

**Acre** v. et port de pêche d'Israël, près du mont Carmel ; 36 400 hab. – Phénicienne, grecque, puis arabe, la v. fut prise par les croisés au XIIe s. (Saint-Jean-d'Acre, cap. des possessions chrétiennes en Terre sainte) et reprise par les Sarrasins en 1291. VAR **Akko**

**acridien** *nm* Insecte orthoptère appelé communément criquet.

**acridologie** *nf* Étude des acridiens, de la lutte antiacridienne. DER **acridologique** *a* – **acridologue** *n*

**acrimonie** *nf* **litt** Mécontentement, amertume qui s'exprime par des paroles blessantes. *Parler avec acrimonie.* DER **acrimonieusement** *av* – **acrimonieux, euse** *a*

**acro-** Préfixe, du grec *akros*, « élevé ».

**acrobate** *n* **A 1** Artiste qui exécute des exercices de gymnastique, des tours de force et d'adresse. *Les acrobates d'un cirque.* **2 fig** Personne qui fait preuve d'une très grande habileté. **B** *nm* Petit marsupial grimpeur et planeur d'Australie. ETY Du gr. « qui marche sur la pointe des pieds ».

**acrobatie** *nf* **1** Exercice qu'exécute un acrobate ; technique de l'acrobate. *Numéro d'acrobatie.* **2 fig** Adresse, virtuosité, ingéniosité parfois jugées excessives. *Des acrobaties comptables.* **LOC** *Acrobatie aérienne* : exercice de virtuosité exécuté en avion (tonneau, vrille, chandelle, looping, etc.). PHO [akʀɔbasi] DER **acrobatique** *a* – **acrobatiquement** *av*

**acrobranche** *nm* Parcours sportif en forêt, évolution d'arbre en arbre, en suivant un itinéraire équipé et sécurisé. ETY Nom déposé, de *acrobate* ou de *accrocher*. VAR **accrobranche**

**acrocéphalie** *nf* MED Malformation crânienne, entraînant une déformation en hauteur et un aplatissement latéral de la tête.

**acroclinium** *nm* Plante d'ornement (composée) à capitules à cœur jaune. PHO [akʀɔklinjɔm] VAR **acroclinie** *nf*

**acrocyanose** *nf* MED Cyanose des extrémités.

**acroléine** *nf* CHIM Aldéhyde de formule $CH_2$=CH–CHO se formant en petites quantités dans la pyrolyse des corps gras.

**acromégalie** *nf* MED Hypertrophie des extrémités et de la face, affection d'origine hypophysaire frappant l'adulte.

**acromion** *nm* ANAT Apophyse de l'omoplate s'articulant avec l'extrémité de la clavicule.

**acronyme** *nm* Sigle que l'on prononce comme un mot ordinaire, sans l'épeler. *Unesco* [ynesko] *est un acronyme.* ETY De l'angl. DER **acronymie** *nf*

**acropole** *nf* Partie la plus élevée des cités grecques de l'Antiquité, comportant une citadelle et des lieux de culte.

**Acropole d'Athènes (l')** colline qui domine Athènes. Fortifiée dès la préhistoire, elle fut ruinée par les Perses (480 av. J.-C.). Renonçant à toute fonction milit., elle reçut, au cours de la 2e moitié du Ve s. av. J.-C., deux temples : le Parthénon et l'Érechthéion, et une entrée, les Propylées. ▶ illustr. p. 14

**acrosome** *nm* BIOL Organite sécrété par l'appareil de Golgi, situé à la partie antérieure du spermatozoïde.

**acrosport** *nm* Discipline mêlant la gymnastique, l'acrobatie et la chorégraphie.

**acrostiche** *nm* Petit poème où les lettres initiales de chaque vers, prises dans l'ordre des vers eux-mêmes, composent le nom d'une personne, une devise, une sentence.

**acrotère** *nm* ARCHI **1** Piédestal placé au sommet ou aux extrémités d'un fronton pour recevoir une statue, un ornement ; cet ornement. **2** Couronnement placé à la périphérie d'une toiture-terrasse. ETY Du gr.

**Acrux** étoile bleue de la Croix du Sud.

**acrylique** *a, n* **A** *a* CHIM Se dit d'un acide de formule $CH_2$=CH–COOH, composé synthétique obtenu par oxydation de l'acroléine. **B** *nm* **1** Fibre textile préparée avec de la résine acrylique. *Un vêtement en acrylique.* **2** BX-A Œuvre exécutée avec de la peinture acrylique. **C** *nf* Peinture très adhésive, très stable et très résistante, résultant d'une émulsion de pigments colorés dans une résine acrylique. **LOC** *Résine acrylique* : obtenue par polymérisation de l'acrylonitrile et servant à la préparation de fibres textiles, de peintures.

**acrylonitrile** *nm* Nitrile acrylique $CH_2$=CH–C≡N.

**actant** *nm* LING **1** Agent. **2** Protagoniste de l'action, dans l'analyse structurale du récit. DER **actanciel, elle** *a*

**Acta sanctorum** *(Actes des saints)*, recueil contenant la vie de tous les saints. Commencé au XVIIe s. par le Néerlandais H. Rosweyde, continué par le Belge J. Bolland.

**1 acte** *nm* **A 1** Ce qui est fait par une personne. *Acte volontaire, instinctif.* **2** DR Manifestation de volonté ayant des conséquences juridiques. **3** DR Pièce écrite qui constate légalement un fait. *Acte d'état civil. Acte d'accusation.* **B** *nmpl* Recueil des comptes rendus des séances d'une assemblée, d'une société savante. **LOC** *Acte médical* : consultation, visite, intervention, pratiquée par un médecin ou une personne appartenant à une profession médicale. — DR *Acte unilatéral* : exprimant la manifestation d'une seule volonté (donation, testament), par opposition à l'*acte bilatéral*, exprimant un accord des volontés (convention, contrat). — *Dont acte* : le présent acte constate légalement le fait (formule finale d'un acte juridique). — ***Faire acte de :*** agir de telle manière. *Faire acte d'autorité.* — ***Faire acte de présence :*** se montrer dans un lieu où l'on a l'obligation d'être présent sans réellement participer aux activités qui s'y tiennent. — ***Passer à l'acte :*** réaliser un désir, une pulsion longtemps contenus. — ***Prendre acte :*** faire constater un fait juridiquement, dans les formes légales ; prendre bonne note de qqch. ETY Du lat.

**2 acte** *nm* **1** Chacune des divisions principales d'une pièce de théâtre. *Tragédie en cinq actes.* **2** **fig** Phase, moment d'une action à péripéties.

**actée** *nf* BOT Petite plante vivace (renonculacée) des bois humides. ETY Du lat.

**Actéon** dans la mythologie grecque, jeune chasseur de Thèbes métamorphosé en cerf par Artémis (qu'il avait surprise nue au bain), puis dévoré par ses propres chiens.

**acter** *vt* 1 Faire passer dans les faits, valider. *Voter pour acter les décisions prises.*

**Actes des Apôtres** livre du Nouveau Testament, rédigé en grec. Attribué à saint Luc, il retrace les débuts du christianisme de l'Ascension du Christ à la captivité de saint Paul.

**acteur, trice** *n* **1** Comédien, personne qui joue un rôle dans une pièce de théâtre, un film. **2** **fig** Personne qui prend une part active à un évènement, à un processus social ou économique.

**ACTH** *nf* PHYSIOL Syn. de *corticostimuline.* ETY Sigle de l'angl. *Adreno-Cortico-Trophic-Hormone.*

**actif, ive** *a, n* **A** *a* **1** Qui agit, qui a la propriété d'agir. *Principe actif d'une substance.* **2** CHIM Se dit de certains adsorbants, de certains catalyseurs auxquels une préparation particulière confère la propriété de réagir très vivement. *Charbon actif.* **3** Qui aime agir ; vif dans l'action, diligent. SYN dynamique, travailleur. **4** HIST Se disait des citoyens qui jouissaient du droit de vote. **B** *nm* **1** Ensemble des biens constituant un patrimoine. *L'actif d'une société.* **2** Tout élément pouvant donner lieu à une opération boursière (créance, devise, matière première, etc.). **3** Ingrédient d'un cosmétique, qui exerce une action. **4** GRAM Voix active. **5** Personne faisant partie de la population active. **C** *nf* Partie de l'armée comprenant les militaires effectuant un service actif, sous les drapeaux. *Officier d'active* (par oppos. à *de réserve*). **LOC** COMPTA ***Actif du bilan d'une entreprise :*** indique l'emploi des fonds (terrains, immeubles, stocks, sommes en banque ou en caisse). ANT passif. — DR ***Dettes actives :*** sommes dont on est créditeur (par oppos. aux *dettes passives* : sommes dont on est débiteur). — ***Être à l'actif de qqn :*** jouer en sa faveur. — ADMIN ***Service actif :*** qui compte pour la retraite. — GRAM ***Verbe à la voix active :*** dont le sujet est l'agent de l'action. DER **activement** *av*

**actin(o)-** Préfixe, du grec *aktis,* « rayon ».

**acting out** *nm inv* PSYCHAN Durant la cure, manifestation de l'inconscient par un passage à l'acte. PHO [aktiŋaut] ETY Mots angl.

**actinide** *nm* CHIM Chacun des éléments qui suit l'actinium (de numéro atomique Z = 89) dans la classification périodique des éléments.

**actinidia** *nm* BOT Plante grimpante dont le fruit est le kiwi.

**actinie** *nf* ZOOL Cnidaire hexacoralliaire, nommé cour. *anémone de mer*, polype vivant isolé, fixé sur les rochers.

**actinie** abritant dans ses tentacules un poisson-clown

**actinique** *a* Qualifie un rayonnement qui exerce une action chimique sur certains corps.

**actinistien** *nm* Crossoptérygien, tel que le cœlacanthe.

**actinite** *nf* MED Coup de soleil.

**actinium** *nm* **1** Élément radioactif (Ac), de numéro atomique Z = 89, et de masse atomique 227. **2** Métal (Ac) dont les propriétés sont proches de celles du lanthane. PHO [aktinjɔm]

**actinologie** *nf* Science des propriétés biologiques ou curatives des radiations. DER **actinologique** *a*

**actinométrie** *nf* PHYS Mesure de l'énergie transportée par un rayonnement. DER **actinométrique** *a*

**actinomorphe** *a* BOT Se dit d'une fleur à pièces rayonnées. ANT zygomorphe.

**actinomycète** *nf* Bactérie à cellules filamenteuses pouvant provoquer des affections et des allergies et servant à fabriquer des antibiotiques.

**actinomycose** *nf* MED VET Maladie des animaux, transmissible à l'homme.

**actinopode** *nm* ZOOL Protozoaire émettant de fins pseudopodes rayonnants.

**actinoptérygien** *nm* ICHTYOL Poisson dont les nageoires sont soutenues par quelques rayons bien ossifiés.

ENC Les actinoptérygiens regroupent la plus grande partie des poissons osseux, avec les chondrostéens, les holostéens et les téléostéens.

**actinote** *nf* MINER Variété d'amphibole, de couleur verte.

**1 action** *nf* **1** Ce que fait une personne qui réalise une volonté, une pulsion. *Action irréfléchie.* **2** Fait d'agir par oppos. à la pensée, à la parole. *La réflexion doit précéder l'action.* **3** Affrontement, lutte. *L'action a été chaude.* **4** Opération, fait dû à un agent quelconque et qui occasionne une transformation, produit un effet donné. *L'action chimique d'un acide.* **5** MECA Ce qu'exerce une force agissant sur un corps. **6** DR Poursuite en justice. *Intenter une action judiciaire.* **7** Déroulement des évènements qui forment la trame d'une fiction. *L'action d'un roman, d'une pièce de théâtre.* SYN intrigue. **8** Bx-A Syn. de *performance.* **9** **Suisse** Vente en promotion. **LOC** DR ***Action civile :*** action d'un particulier pour obtenir la reconnaissance d'un droit ou la réparation d'un préjudice subi. — ***Action de groupe*** ou ***action collective :*** procédure permettant d'intenter une action en justice au nom d'une collectivité ayant subi un même préjudice. — DR ***Action publique :*** action du ministère public en matière de crime ou de délit. — CHIM ***Loi d'action de masse :*** qui rend compte

**Acropole d'Athènes** maquette – musée de l'Agora, Athènes

quantitativement du déplacement de l'équilibre dans une réaction chimique réversible. — ***Mettre en action*** : faire opérer, mettre en œuvre. — ***Roman, film d'action*** : dont l'intérêt tient plus au déroulement des évènements racontés qu'à la description d'une situation ou à l'étude psychologique des personnages. ETY Du lat.

**2 action** *nf* Titre négociable émis par une société, qui confère à son détenteur la propriété d'une fraction du capital de ladite société.

**Action (l')** (ou *Essai d'une critique de la vie et d'une science de la pratique*) œuvre de Maurice Blondel (1893).

**Action catholique** ensemble de mouvements laïques qui contribuent à l'apostolat de l'Église cathol. ; la JOC (Jeunesse ouvrière chrétienne), fondée en 1924, est le plus ancien.

**Action française (l')** mouvement nationaliste et monarchiste, créé en 1899 et dominé de 1900 à 1944 par Ch. Maurras. Celui-ci fonda, avec L. Daudet et J. Bainville, un quotidien du m. nom (1908-1944). Sa condamnation par l'Église (1926 et 1928) fut levée en 1939 par Pie XII ; il est interdit par les autorités françaises depuis 1944.

**actionnaire** *n* Personne qui possède des actions émises par une société.

**actionnariat** *nm* **1** Ensemble des actionnaires. **2** Fait d'être actionnaire. *Actionnariat des salariés.* DER **actionnarial, ale, aux** *a*

**actionner** *vt* ① **1** DR Poursuivre en justice. **2** Mettre en mouvement, faire fonctionner une machine, un mécanisme. *C'est la vapeur qui actionne cette turbine.*

**actionneur** *nm* TECH Dispositif de commande d'un mouvement.

**actionnisme** *nm* BX-A Mouvement artistique autrichien, subversif et provocateur, apparu dans les années 1960.

**Action painting** mouvement d'art abstrait (« peinture gestuelle ») apparu à New York vers 1945 (Kline, De Kooning et surtout Pollock).

**Action painting** *Sentiers ondulés*, Jackson Pollock, 1947 – galerie d'Art moderne, Rome

**Actium** v. anc. de la Grèce, à l'entrée du golfe d'Ambracie. Victoire navale d'Octavien sur Antoine et Cléopâtre (31 av. J.-C.).

**activateur, trice** *a, nm* didac Se dit d'un produit qui augmente l'activité de qqch. *Activateur de croissance.*

**activation** *nf* **1** Action d'activer qqch. **2** PHYS NUCL Action de communiquer à une substance des propriétés radioactives. **3** PHYSIOL Passage de l'état de repos à celui de grande activité d'un lymphocyte par suite de la présence d'un antigène.

**active, activement** → **actif.**

**activer** *v* ① **A** *vt* **1** Augmenter l'activité, rendre plus rapide. *Activer des travaux.* **2** Rendre plus vif, plus intense. *Activer un feu.* **3** CHIM Accélérer une réaction par l'adjonction d'un corps étranger ou par un apport d'énergie (lumière, chaleur, etc.). **4** INFORM Mettre en action en cliquant. *Activer une fonction, un menu.* **B** *vpr* S'affairer. *Le cuisinier s'active devant ses fourneaux.*

**activisme** *nm* **1** Attitude qui privilégie l'action par rapport à la théorie, à la réflexion. **2** Doctrine qui prône le recours à l'action violente pour faire triompher une idée politique. DER **activiste** *a, n*

**activité** *nf* **1** Puissance, faculté d'agir. *L'activité d'un remède.* **2** Vivacité, diligence dans l'action. *Déployer une grande activité.* **3** Ensemble d'actions humaines visant un but déterminé. *L'activité industrielle d'une région.* **4** Occupation. *Ses multiples activités ne lui laissent aucun loisir.* **5** Exercice d'une fonction, d'un emploi. *Militaire en activité.* LOC PHYS ***Activité optique*** : propriété d'un corps transparent de faire tourner le plan de polarisation d'un faisceau lumineux polarisé de façon rectiligne. — ASTRO ***Activité solaire*** : ensemble des phénomènes liés aux perturbations du champ magnétique solaire.

**actomyosine** *nf* BIOCHIM Protéine qui permet la contraction musculaire.

**Actors' Studio** école d'art dramatique fondée à New York en 1947 par Cheryl Crawford, Elia Kazan (né en 1909) et Robert Lewis (1909-1997), et dirigée par Lee Strasberg (1901-1982). Utilisant la méthode psychotechnique de Stanislavski, elle a formé Marlon Brando Paul Newman, Marilyn Monroe, Montgomery Clift, Faye Dunaway.

**actu** *nf* fam Informations concernant l'actualité.

**actuaire** *n* Spécialiste chargé de la partie mathématique des opérations financières ou d'assurances (statistiques, tarifs, etc.). ETY De l'angl.

**actualisation** *nf* **1** Action d'actualiser. *Actualisation des connaissances.* **2** ECON Opération qui consiste à calculer quelle valeur représente aujourd'hui un capital qui ne sera disponible que dans plusieurs années (ce calcul s'effectue en fonction d'un *taux d'actualisation* que l'on détermine en tenant compte notam. de la dépréciation monétaire et du taux d'intérêt). **3** PHILO Passage de la virtualité à la réalité.

**actualiser** *vt* ① **1** Donner un caractère actuel à. *Actualiser un ouvrage de référence.* **2** ECON Procéder à l'actualisation d'un capital. **3** PHILO Passer de la virtualité à la réalité.

**actualisme** *nm* GEOL Théorie qui explique l'évolution géologique par les phénomènes actuellement observables, ce qui exclut les explications par des cataclysmes planétaires (catastrophisme).

**actualité** *nf* **A 1** Nature de ce qui est actuel, de ce qui concerne les hommes d'aujourd'hui. *Sujet d'une actualité brûlante.* **2** Ensemble des évènements qui se déroulent au moment où l'on parle ou qui se sont déroulés dans un passé très proche. *Revue qui présente l'actualité hebdomadaire.* **3** PHILO Nature de ce qui est actuel, en acte. **B** *nfpl* Informations sur les évènements récents. *Écouter les actualités à la radio.*

**actuariat** *nm* Domaine d'exercice d'un actuaire.

**actuariel, elle** *a* Relatif au calcul effectué par un actuaire. *Calculs actuariels.* LOC ***Taux actuariel*** : taux de rendement d'un capital dont les intérêts et le remboursement sont versés de façon échelonnée dans le temps.

**actuel, elle** *a* **1** Qui existe au moment où l'on parle. *L'état actuel de la recherche. À l'heure actuelle.* **2** Qui concerne les contemporains. *Ce roman reste très actuel.* ANT démodé, désuet. **3** PHILO Qui est en acte. *Volonté actuelle.* ANT potentiel, virtuel. **4** THEOL Se dit d'un péché constitué par un acte personnel (par oppos. à *péché originel*). ETY Du lat. *actualis*, « agissant ».

**actuellement** *av* **1** À l'heure actuelle, au moment présent. **2** PHILO En acte, réellement.

**acuité** *nf* **1** Qualité de ce qui est aigu. *L'acuité d'un son. L'acuité d'une douleur.* **2** Pouvoir de discrimination d'un organe des sens. *Acuité visuelle.* **3** Grande perspicacité. *Acuité d'esprit.*

**aculéate** *nm* ENTOM Hyménoptère dont l'extrémité postérieure de l'abdomen est munie d'un aiguillon (abeilles, guêpes, fourmis).

**acuminé, ée** *a* BOT Qui se termine en pointe effilée.

**acupressing** *nm* Méthode thérapeutique qui, dérivée de l'acupuncture, remplace les aiguilles par une pression des doigts du manipulateur. VAR **acupression** ou **acupressure** *nf*

**acupuncture** *nf* Procédé médical employé par les Chinois depuis la plus haute Antiquité, et qui, selon leur conception du yin et du yang, consiste traditionnellement à piquer, avec des aiguilles de métal et à une profondeur rigoureusement déterminée pour chaque cas, certains points de la surface du corps répartis le long de méridiens. PHO [akypɔ̃ktyʀ] ETY Du lat. *acus*, « aiguille », et *punctura*, « piqûre ». VAR **acuponcture** DER **acupuncteur** ou **acuponcteur, trice** *n*

**acutangle** *a* LOC GEOM ***Triangle acutangle*** : dont les trois angles sont aigus.

**Açvin** nom de dieux jumeaux védiques.

**acyclique** *a* **1** didac Se dit d'un phénomène qui n'est pas soumis à un cycle. **2** CHIM Se dit d'un composé dont la formule développée est une chaîne ouverte. **3** BOT Se dit d'une fleur dont les pièces sont insérées en spirale. **4** ELECTR Se dit d'une génératrice dans laquelle l'induction demeure constante en grandeur et en direction par rapport aux conducteurs induits.

**acyle** *nm* CHIM Radical monovalent R–CO–.

**adage** *nm* Sentence, maxime populaire. *Un vieil adage.*

**adagio** *av, nm* **A** *av* MUS Selon un tempo lent. **B** *nm* Morceau joué dans ce tempo. *Un adagio de Bach.* PHO [adadʒjo]

**Adalbéron** (en basse Lorraine, v. 920 – Reims, 989), archevêque de Reims (969 à 988) ; il fit élire roi Hugues Capet (987).

**Adalgise** (m. en 788), prince lombard, vaincu par Charlemagne, son beau-frère (774).

**Adam (pic d')** montagne sacrée de Ceylan ; 2 241 m. – Pèlerinage bouddhique.

**Adam** nom attribué par la Bible (V. Genèse) au premier homme, issu, selon elle, de l'argile et animé par Dieu. Il fut chassé avec Ève, sa compagne, du Paradis terrestre pour avoir osé manger le fruit de l'arbre de la science du bien et du mal. Père de Caïn, d'Abel, de Seth et de plusieurs autres enfants. ▷ LITTER *Jeu d'Adam* (XIIe s.) le plus anc. drame écrit en français (dialecte normand, env. 1 000 vers).

**Adam** dit **le Roi** → **Adenet.**

**Adam Lambert Sigisbert** (Nancy, 1700 – Paris, 1759), sculpteur et ornemaniste français d'inspiration baroque.

**Adam Robert** (Kirkcaldy, Écosse, 1728 – Londres, 1792), architecte et décorateur écossais. Lui et ses trois frères donnèrent leur nom à un style néo-classique.

**Adam** Adolphe Charles (Paris, 1803 – id., 1856), compositeur français : ouvrages lyriques (*le Postillon de Longjumeau*, 1836), ballets (*Giselle*, 1841), *Minuit chrétien*.

**adamantin, ine** *a* **1** litt Qui a la dureté et l'éclat du diamant. SYN diamantin. **2** BIOL Se dit des cellules qui sécrètent l'émail des dents.

**Adamawa** plateau granitique d'Afrique occidentale (Cameroun et Nigeria). (VAR) **Adamaoua**

**Adam de la Halle** dit aussi Adam le Bossu (Arras, v. 1240 – Naples [?], v. 1285), trouvère français. Auteur du *Jeu de la feuillée* et du *Jeu de Robin et Marion*.

**Adamello** massif montagneux des Alpes ital. (Trentin) ; nombreux glaciers.

**Adami** Valerio (Bologne, 1935), peintre figuratif italien d'expression symboliste.

**adamite** *nm* HIST Membre d'une secte gnostique du IIe s., qui, voulant imiter Adam au Paradis terrestre, refusait tout vêtement.

**adamois** → **Isle-Adam.**

**Adamov** Arthur Adamian, dit (Kislovodsk, 1908 – Paris, 1970), dramaturge français. Son théâtre de l'absurde (*l'Invasion*, 1950 ; *le Ping-Pong*, 1955) l'a mené au brechtisme : *Paolo Paoli* (1958), *le Printemps 71* (1961).

**Adams** Samuel (Boston, 1722 – id., 1803), homme politique américain, l'un des artisans de l'indépendance des États-Unis. — **John** (Baintree, aujourd'hui Quincy, 1735 – id., 1826), cousin du préc., deuxième président des États-Unis d'Amérique (1797-1801). — **John Quincy** (Baintree, 1767 – Washington, 1848), fils du préc., président des États-Unis (1825-1829). Il lutta contre l'esclavage.

**Adams** John Couch (Lidcot, 1819 – Londres, 1892), astronome anglais. Il calcula, en même temps que Le Verrier, la position de Neptune.

**Adams** Henry Brooks (Boston, 1838 – Washington, 1918), essayiste américain : *Démocratie* (1880), *le Mont Saint-Michel et Chartres* (1904).

**Adams** Ansel (San Francisco, 1902 – Monterey, 1984), photographe américain, spécialiste du paysage.

**Adams** John (Worcester, Massachusetts, 1947), compositeur américain : *Nixon in China* (1987).

**Adan** → **Aden.**

**Adana** v. du S. de la Turquie ; 1,2 million d'hab. (aggl.) ; ch.-l. de l'il du m. nom. Industrie text. Centre comm. – Université.

**adaptateur, trice** *n* **A** Personne qui adapte une œuvre littéraire. **B** *nm* TECH Organe qui permet à un appareil de fonctionner dans des conditions particulières d'utilisation.

**adaptatif, ive** *a* didac Qui réalise une adaptation. *Les mécanismes adaptatifs d'un animal.*

**adaptation** *nf* **1** Action d'adapter ou de s'adapter. **2** Transposition d'une œuvre littéraire à la scène ou à l'écran.

**adapter** *v* (1) **A** *vt* **1** Rendre une chose solidaire d'une autre, appliquer en ajustant. *Adapter un manche à un outil.* **2** Harmoniser, rendre conforme à. *Adapter sa conduite aux circonstances.* **3** Procéder à l'adaptation d'une œuvre littéraire. **4** Rendre un dispositif, des mesures, etc. aptes à assurer leurs fonctions dans des conditions particulières ou nouvelles. *Adapter un programme d'équipement à une région.* **B** *vpr* **1** S'acclimater, s'habituer. *Nouvelles habitudes auxquelles il faut s'adapter.* **2** Pouvoir être appliqué à, rendu solidaire de. *Objectifs qui s'adaptent au boîtier d'un appareil photo.* (DER) **adaptabilité** *nf* – **adaptable** *a*

**Adda** riv. de l'Italie du N. (313 km), affl. du Pô (r. g.) ; née dans les Alpes, elle traverse le lac de Côme.

**Addams** Jane (Cedarville, Illinois, 1860 – Chicago, 1935), sociologue américaine, féministe et pacifiste. P. Nobel de la paix 1931 avec N. M. Butler.

**addax** *nm* Antilope du Sahara, aux longues cornes spiralées.

**addenda** *nm* Addition à la fin d'un ouvrage. PLUR addendas ou addenda. (PHO) [adēda]

**addictif, ive** *a, nm* **A** *a* De l'addiction. *Conduite addictive.* **B** *nm* Substance provoquant l'addiction.

**addiction** *nf* MED Assuétude, dépendance à une drogue, toxicomanie. (ETY) Mot angl. (DER) **addict** *n*

**addictologie** *nf* Étude scientifique de l'addiction. (DER) **addictologique** *a* – **addictologue** *n*

**Addis-Abeba** cap. de l'Éthiopie, située à 2 500 m d'alt. ; 2,9 millions d'hab. (aggl.). Industries. La v. est reliée au port de Djibouti par voie ferrée. – Fondée en 1887 par Ménélik II, elle devint le siège de l'OUA en 1963, quand les États indépendants d'Afrique eurent adopté la *Charte d'Addis-Abeba*. (VAR) **Addis-Ababa**

**Addison** Joseph (Milston, 1672 – Londres, 1719), écrivain anglais ; fondateur, en 1711, avec Richard Steele, du journal *The Spectator* ; auteur de la tragédie *Caton* (1713).

**Addison** Thomas (Long Berton, 1793 – Brighton, 1860), médecin anglais. ▷ MED La *maladie d'Addison* est due à une destruction des corticosurrénales.

**additif, ive** *a, nm* **A** *a* Qui s'additionne, s'ajoute. *Feuillets additifs joints à un rapport.* **B** *nm* **1** Texte ajouté à un autre. *Ce décret comporte un additif.* **2** Substance ajoutée à une autre pour en modifier les propriétés. *Additif mélangé à l'essence.*

**addition** *nf* **1** Opération, notée +, par laquelle on ajoute des quantités arithmétiques ou algébriques les unes aux autres, et dont le résultat est une somme. **2** MATH Loi de composition interne, associative et commutative, définie sur un ensemble E (qui est un groupe) et notée par le signe +. **3** Total des sommes dues, au restaurant, au café ; feuillet sur lequel est mentionné ce total. **4** Fait, action d'ajouter une chose à une autre. *L'addition d'une clause à un contrat.* **5** CHIM Réaction au cours de laquelle une molécule se fixe sur une molécule organique présentant une liaison insaturée.

**additionnel, elle** *a* Qui est ajouté. *Les pièces additionnelles d'un dossier.*

**additionner** *vt* (1) **1** Effectuer une addition. **2** Ajouter en mêlant. *Eau additionnée de miel.*

**additionneur** *nm* INFORM Ensemble des circuits capables, dans un ordinateur, d'effectuer des additions.

**additivé, ée** *a* Se dit d'un carburant contenant un additif destiné à éviter l'encrassement des injecteurs et des carburateurs.

**adducteur** *a, nm* **1** ANAT Qualifie les muscles qui effectuent un mouvement d'adduction. *L'adducteur du pouce.* ANT abducteur. **2** Qui amène des eaux dérivées. *Canal adducteur.*

**adduction** *nf* **1** ANAT Mouvement qui rapproche du plan de symétrie du corps un membre ou un segment de membre. ANT abduction. **2** Action de conduire des eaux d'un point à un autre.

**adduit** *nm* CHIM Produit résultant d'une réaction d'addition.

**Adélaïde** v. d'Australie, capitale de l'État d'Australie-Méridionale, sur la baie Saint-Vincent ; 1,1 million d'hab. (aggl.). Centre comm. ; raff. de pétrole ; port à *Port Adélaïde*.

**Adélaïde (sainte)** (château d'Orb, v. 931 – Seltz, 999), impératrice allemande. Elle épousa l'empereur Otton Ier en 951, après la mort de son premier mari, Lothaire II.

**Adélie (terre)** région française de l'Antarctique, à 2 500 km de la Tasmanie ; 388 500 km². – Cette terre, découverte par Dumont d'Urville en 1840, française depuis 1924, n'est occupée que par des équipes scientifiques.

**terre Adélie** capture d'un manchot

**adén(o)-** Préfixe, du grec *adên*, « glande ».

**Aden** port de commerce de la rép. du Yémen, sur le *golfe d'Aden* (mer Rouge) ; 300 000 hab. Raff. de pétrole. – Colonie britannique de 1839 à 1962, la rég. d'Aden fut membre de la Fédération de l'Arabie du Sud (1963) puis de la Rép. dém. et pop. du Yémen (1967). (VAR) **Adan** (DER) **adénite** *a, n*

**Aden Arabie** essai de Paul Nizan (1931).

**Adenauer** Konrad (Cologne, 1876 – Rhöndorf, 1967), homme politique allemand. Cofondateur du parti chrétien-démocrate, chancelier de la RFA de 1949 à 1963, il fut un partisan résolu de l'Europe des Six et de la réconciliation avec la France.

**Adenet** dit le Roi (XIIIe s.), trouvère français originaire du Brabant : *Berthe au grand pied*, *les Enfances Ogier*. (VAR) **Adam**

**adénine** *nf* BIOCHIM Une des quatre bases puriques fondamentales constituant des acides nucléiques (ADN et ARN).

**adénite** *nf* MED Inflammation des ganglions lymphatiques.

**adénocarcinome** *nm* MED Tumeur maligne d'une glande.

**adénogramme** *nm* MED Examen au microscope des cellules d'une glande.

**adénoïde** *a* MED Du tissu ganglionnaire. LOC *Végétations adénoïdes* : hypertrophie du tissu constituant l'amygdale pharyngée.

**adénome** *nm* MED Tumeur développée aux dépens d'une glande.

**adénopathie** *nf* MED Toute affection des ganglions lymphatiques.

**adénosine** *nf* BIOCHIM Nucléoside constitué par une molécule d'un pentose (ribose ou désoxyribose) et une molécule d'adénine.

**adénosine-phosphate** *nf* BIOCHIM Nucléotide formé d'adénosine et d'acide phosphorique. *Adénosine-monophosphate* (AMP), *diphosphate* (ADP), *triphosphate* (ATP). PLUR adénosines-phosphates.

**adénovirus** *nm* Virus à acide désoxyribonucléique et à symétrie cubique, ayant des affinités pour les tissus lymphoïdes. (DER) **adénoviral, ale** *a*

**adent** *nm* Mortaise ou tenon permettant de réaliser l'assemblage de deux pièces de bois.

**adepte** *n* **1** Personne qui pratique une religion, adhère à une doctrine philosophique. *Les adeptes du bouddhisme.* **2** Personne qui pratique une activité quelconque. *Les adeptes du vélo.*

**adéquat, ate** *a* Bien adapté à son usage, à son emploi. *Pour faire ce travail, choisissez les outils* *adéquats.* [PHO] [adekwa, at] [DER] **adéquatement** *av*

**adéquation** *nf* Fait d'être adéquat. *Adéquation du mot à l'idée.*

**Ader Clément** (Muret, 1841 – Toulouse, 1925), ingénieur français. Il construisit une machine volante propulsée, qu'il baptisa « avion », avec laquelle il réussit le premier vol d'un plus lourd que l'air (1890).

K. Adenauer

C. Ader

**Adherbal** (IIIᵉ s. av. J.-C.), général carthaginois. Il vainquit les Romains sur mer à Drepanum (Sicile), en 249 av. J.-C.

**Adherbal** roi de Numidie (118-112 av. J.-C.), vaincu et tué par son cousin Jugurtha.

**adhérence** *nf* **1** Fait, pour une chose, d'adhérer à une autre. *Cette colle permet une bonne adhérence des surfaces.* **2** MED Réunion de deux surfaces anatomiques normalement séparées. **3** MECA Force de frottement qui s'oppose au glissement.

**adhérent, ente** *a, n* **A** *a* Qui adhère. **B** *n* Personne qui adhère à une organisation. **LOC** BOT ***Ovaire adhérent*** ou ***ovaire infère*** : ovaire soudé par ses côtés aux enveloppes florales.

**adhérer** *vti* [14] **1** Être joint étroitement à la surface de qqch. *L'écorce de cet arbre adhère fortement au bois.* **2** fig Approuver une idée. *Je suis loin d'adhérer à vos thèses.* **3** Être membre d'une organisation. *Adhérer à un parti.*

**adhésif, ive** *a, nm* **A** *a* Qui adhère. *Bande adhésive.* **B** *nm* Tissu, papier collant. [DER] **adhésivité** *nf*

**adhésion** *nf* **1** Consentement, approbation. *Il a donné son adhésion au projet.* ANT refus. **2** Action d'adhérer à une organisation. **3** PHYS Force maintenant joints l'un à l'autre deux corps en contact par leurs surfaces.

**ad hoc** *a* **1** Qui convient à un usage déterminé, à une situation précise. **2** Qui ne convient qu'à un cas de figure sans pouvoir être généralisé. [ETY] Mots lat., « pour cela ».

**ad hominem** *a* Dirigé contre la personne même de l'adversaire. *Argument ad hominem.* [PHO] [adɔminɛm] [ETY] Mots lat., « vers l'homme ».

**adiabatique** *a, nf* PHYS Ne s'accompagnant d'aucun échange de chaleur avec le milieu extérieur. *Transformation adiabatique.* **LOC** ***Courbe adiabatique*** ou *nf* ***une adiabatique*** : représentant les variations de la pression en fonction du volume au cours d'une transformation adiabatique.

**adiabatisme** *nm* PHYS État d'un système qui ne reçoit ni ne transmet aucune chaleur.

**adiante** *nm* Fougère ornementale (polypodiacée) appelée aussi *cheveu-de-Vénus.* [ETY] Du gr.

**adieu** *interj, nm* **A** *interj* Terme de politesse par lequel on prend congé de qqn qu'on ne doit pas revoir de longtemps, ou qu'on ne doit jamais revoir. **B** *nm* Séparation d'avec quelqu'un. *Un adieu déchirant.* **LOC** ***Faire ses adieux*** : prendre congé de qqn qu'on ne doit pas revoir.

**Adieu aux armes (l')** roman d'Hemingway (1929). ▷ CINE Films de : Frank Borzage (*l'Adieu au drapeau,* 1932) ; Charles Vidor en 1957.

**à Dieu va !** *interj* À la grâce de Dieu ! [PHO] [adjøva(t)] [VAR] **à Dieu vat !**

**Adige** fl. de l'Italie du N. (410 km) ; né au Tyrol, il se jette dans l'Adriatique.

**Adige (Haut-)** → **Trentin-Haut-Adige.**

**adipeux, euse** *a* **1** ANAT Qui est de nature graisseuse, qui contient de la graisse. *Tissu adipeux.* **2** Gras, obèse. *Un homme adipeux.* [ETY] Du lat. *adipis,* « graisse ».

**adipocyte** *nm* BIOL Cellule qui stocke les lipides et qui constitue le tissu graisseux.

**adipogène** *a* PHYSIOL Qui favorise la production de graisses dans l'organisme.

**adipolyse** *nf* Syn. de *lipolyse.*

**adipose** *nf* MED Syn. rare d'*obésité.*

**adiposité** *nf* Accumulation localisée de graisses dans le tissu cellulaire.

**adiposogénital, ale** *a* **LOC** MED ***Syndrome adiposogénital*** : syndrome d'origine hypophysaire associant une obésité et une dystrophie génitale.

**Adirondacks (monts)** massif des Appalaches au N. de New York.

**adivasi** *n* En Inde, membre d'une ethnie aborigène.

**adjacent, ente** *a* **1** Situé auprès de, contigu. *Les rues adjacentes.* **2** Se dit d'angles qui ont le même sommet, un côté commun, et sont situés de part et d'autre de ce côté commun.

**Adjani Isabelle** (Paris, 1955), actrice de cinéma française : *l'Histoire d'Adèle H.* (1975), *Camille Claudel* (1988).

Isabelle Adjani

**Adjarie** rép. auton. de Géorgie, sur la mer Noire ; 3 000 km² ; 386 000 hab. ; cap. *Batoumi.*

**Adjars** peuple caucasien, adepte de l'islam sunnite, qui vit principalement en Adjarie.

**adjectif, ive** *nm, a* GRAM **A** *nm* Mot variable qui peut être adjoint à un substantif, qu'il qualifie ou détermine. *Adjectif qualificatif épithète, attribut. Adjectifs déterminatifs : démonstratif, possessif, numéral, indéfini, relatif, interrogatif ou exclamatif.* **B** *a* Qui a valeur d'adjectif, est employé comme adjectif. *Forme adjective.* SYN adjectival. [ETY] Du lat. [DER] **adjectival, ale, aux** *a* – **adjectivement** *av*

**adjectiver** *vt* [1] Donner la fonction d'adjectif à. *Adjectiver un participe passé.*

**Adjer** → **Ajjer.**

**adjoindre** *vt* [56] **1** Associer une personne à une autre comme auxiliaire. *Il s'est adjoint un collaborateur.* **2** Ajouter une chose à une autre.

**adjoint, ointe** *a, n* Associé comme auxiliaire. *La secrétaire adjointe est très compétente. Le directeur et son adjoint.* **LOC** ***Adjoint au maire*** : conseiller municipal qui peut remplacer le maire en l'absence de celui-ci. — ***Adjoint de sécurité*** : auxiliaire de police recruté dans le cadre des emplois-jeunes.

**adjonction** *nf* **1** Action d'adjoindre. *L'adjonction d'un carburateur supplémentaire.* **2** Ce qui est adjoint. *Adjonctions dans la nouvelle édition d'un ouvrage.*

**adjudant** *n* Sous-officier de grade intermédiaire entre celui de sergent-chef ou de maréchal des logis-chef et celui d'adjudant-chef. [ETY] De l'esp. *ayudar,* « aider ». [VAR] **adjudante** *nf*

**adjudant-chef** *n* Militaire du grade le plus élevé dans la hiérarchie des sous-officiers. PLUR adjudants-chefs. [VAR] **adjudante-chef** *nf*

**adjudicataire** *n* DR Personne en faveur de qui a été prononcée une adjudication.

**adjudicateur, trice** *n* DR Personne physique ou morale qui met en adjudication.

**adjudication** *nf* Attribution par autorité de justice d'un bien vendu aux enchères.

**adjuger** *vt* [13] **1** Attribuer par adjudication. *Adjugé, vendu !* **2** Attribuer qqch à qqn. *Il s'est adjugé les meilleurs morceaux.*

**adjurer** *vt* [1] Prier qqn instamment, conjurer qqn de faire qqch. *Je vous adjure de dire la vérité, de ne pas partir.* SYN supplier. [DER] **adjuration** *nf*

**adjuvant, ante** *nm, a* **A** *nm* **1** MED Médicament qui renforce l'action du médicament principal. **2** TECH, CHIM Corps qui facilite une réaction, une imprégnation (teinture, impression). **3** CONSTR Produit qui améliore les caractéristiques du béton. **B** *a, nm* Qui renforce l'action de qqch. *Une substance adjuvante.*

**Adler Victor** (Prague, 1852 – Vienne, 1918), homme politique autrichien ; l'un des fondateurs du parti social-démocrate et dirigeant de la IIᵉ Internationale.

**Adler Alfred** (Vienne, 1870 – Aberdeen, 1937), médecin et psychanalyste autrichien. Donnant la primauté au sentiment d'infériorité dans les névroses, il se sépara en 1911 de Freud.

**ad libitum** *av* À volonté, au gré de chacun. ABREV *ad lib.* [PHO] [adlibitɔm] [ETY] Mots lat.

**ad litem** *a* DR Qui se rapporte à un procès donné. [ETY] Mots lat.

**ADM** *nfpl* Sigle de *armes de destruction massive* (armes nucléaires, chimiques et biologiques).

**Admète** l'un des Argonautes ; roi de Phères en Thessalie, époux d'Alceste.

**admettre** *vt* [60] **1** Recevoir qqn après agrément. *Admettre un nouvel adhérent. Admettre un candidat à un examen.* **2** Accepter pour valable, pour vrai. *J'ai admis ses raisons, cette hypothèse.* **3** Donner une suite favorable à ce qui est demandé. *Admettre une requête.* **4** Comporter, souffrir. *Cette règle admet des exceptions.* **5** Permettre, tenir pour acceptable. *Je n'admets pas qu'on se comporte de cette façon.* **6** Laisser entrer dans un lieu, une enceinte close.

**administrateur, trice** *n* Personne chargée d'administrer des biens. **LOC** ***Administrateur de société*** : membre du conseil d'administration d'une société anonyme, nommé par l'assemblée générale. — ***Administrateur judiciaire*** : nommé par autorité de justice dans le cadre du redressement judiciaire d'une société.

**administratif, ive** *a, n* **A** *a* De l'administration, relatif à l'administration. **B** *n* Personne occupant une fonction dans une administration. [DER] **administrativement** *av*

**administration** *nf* **1** Action d'administrer ; gestion. *Administration des biens d'un mineur.* **2** Autorité chargée d'une partie de la direction des affaires publiques. *Administration centrale, départementale, municipale. L'administration des Finances.* **3** Action d'administrer. *Administration des sacrements.* **LOC** ***Conseil d'administration*** : qui gère une société anonyme. — ***L'administration publique*** ou ***l'Administration*** : la direction des affaires publiques.

**administré, ée** *n, a* **A** *n* Personne dépendant d'une administration particulière. *Le maire sera regretté de ses administrés.* **B** *a* FIN Se dit d'un taux d'intérêt fixé par l'Administration (livret A des caisses d'épargne par ex.).

**administrer** *vt* ① **1** Gérer. *Administrer des biens.* **2** Diriger au moyen d'une administration. *Administrer un pays.* **3** Donner, faire prendre par qqn. *Administrer des preuves. Administrer un médicament à un malade.* **4** RELIG Donner à qqn le sacrement des malades (autref. extrême-onction). **LOC** ***Administrer les sacrements*** : les conférer. — ***Administrer une correction à qqn*** : le battre, le maltraiter physiquement. (DER) **administrable** *a*

**admirable** *a* Qui mérite, suscite l'admiration. *Un spectacle admirable.* (DER) **admirablement** *av*

**admirateur, trice** *n* Personne qui admire qqn, qqch. *Bouquet envoyé à une actrice par un admirateur.*

**admiratif, ive** *a* Qui exprime l'admiration. (DER) **admirativement** *av*

**admiration** *nf* Sentiment que fait éprouver ce qui est beau, ce qui est grand. *Être en admiration devant le paysage.*

**admirer** *vt* ① Considérer avec approbation, enthousiasme. *Admirer un tableau.* (ETY) Du lat.

**admis, ise** *a, n* Accepté dans un groupe, reçu à un examen.

**admissible** *a* **1** Qu'on peut admettre. **2** Reçu à la première partie éliminatoire d'un examen ou d'un concours. (DER) **admissibilité** *nf*

**admission** *nf* **1** Fait d'admettre, d'être admis. **2** Fait d'être reçu définitivement à un examen, à un concours. **3** TECH Entrée des gaz dans le cylindre d'un moteur à explosion (premier temps d'un cycle). **LOC** FIN ***Admission à la cote*** : inscription d'une valeur négociable sur le marché des agents de change.

**admittance** *nf* ELECTR Quotient (exprimé en siemens) de l'intensité efficace du courant qui parcourt un dipôle par la tension efficace aux bornes de celui-ci. ANT impédance.

**admonester** *vt* ① litt Faire une remontrance à, réprimander, blâmer. (DER) **admonestation** *nf*

**admonition** *nf* vx Avertissement, réprimande. (ETY) Du lat.

**ADN** *nm* BIOL Acide désoxyribonucléique.

**adné, ée** *a* **LOC** BOT ***Organe adné*** : très étroitement collé ou soudé à un autre organe.

**ado** *n* fam Adolescent, ente.

**adobe** *nm* Brique séchée au soleil.

**adolescence** *nf* Âge compris entre la puberté et l'âge adulte.

**adolescent, ente** *n, a* **A** *n* Jeune garçon, jeune fille dans l'adolescence. **B** *a* De l'adolescence. *La sexualité adolescente.* (ETY) Du lat.

**Adolphe** roman épistolaire de B. Constant (1816, écrit probablement en 1806-1807).

**Adolphe de Nassau** (?, 1248 ou 1255 – ?, 1298), empereur germanique (1292-1298), défait et tué par Albert de Habsbourg.

**Adolphe-Frédéric** (Gottorp, 1710 – Stockholm, 1771), roi de Suède (1751-1771). Il ne put mettre fin aux factions des Bonnets et des Chapeaux.

**Adonaï** (mot hébr. : « mon seigneur »), un des noms bibliques de Dieu.

**adonis** *n* **A** *nm* **1** Jeune homme particulièrement beau. **2** Petit papillon diurne dont le mâle est bleu vif. **B** *nf* Petite plante herbacée (renonculacée) aux fleurs jaunes ou rouges. (PHO) [adɔnis] (ETY) Du n. pr.

**Adonis** astéroïde découvert en 1936, dont le diamètre ne dépasse pas 3 km. Du fait de son orbite très excentrique, il est susceptible de s'approcher très près de la Terre (à 3 000 000 km).

**Adonis** dans la mythologie grecque, jeune chasseur de Byblos (Phénicie), aimé d'Aphrodite pour sa beauté ; fêté lors des *Adonies.*

**adonner (s')** *vpr* ① **1** Se livrer à une activité, une pratique. *S'adonner à la boisson.* **2** Canada S'entendre avec qqn, s'harmoniser avec qqch.

**adopter** *vt* ① **1** Prendre pour fils ou pour fille, dans les formes prescrites par la loi. *Adopter un enfant.* **2** Choisir, admettre une idée. *J'ai adopté cette opinion.* **3** Approuver une proposition, en parlant d'une assemblée délibérante. *L'Assemblée a adopté ce projet de loi.* (ETY) Du lat. (DER) **adoptable** *a, n* – **adoptant, ante** *a, n* – **adopté, é** *a, n*

**adoptif, ive** *a* **1** Qui a été adopté. *Fils adoptif.* **2** Qui a adopté. *Mère adoptive.*

**adoption** *nf* **1** Action de prendre légalement pour fils ou pour fille. **2** Action d'adopter, de donner son approbation. *Adoption d'un projet de loi.* **LOC** ***Adoption plénière*** : qui assimile l'adopté à un enfant légitime. — ***Adoption simple*** : qui attribue l'autorité parentale à l'adoptant, mais laisse subsister les liens de l'adopté avec sa famille d'origine. — ***D'adoption*** : qu'on reconnaît pour sien. *Patrie d'adoption.*

**adorable** *a* Qui plaît extrêmement pour sa beauté, sa gentillesse. *Une femme adorable.* SYN délicieux, charmant. (DER) **adorablement** *av*

**adorateur, trice** *n* **1** Personne qui adore, rend un culte à une divinité. *Les adorateurs d'idoles des religions animistes.* **2** Personne éprise avec passion. *Elle a de nombreux adorateurs.*

**adoration** *nf* **1** Culte rendu à une divinité. **2** Passion, attachement extrême. *Il est en adoration devant elle.*

**adorer** *vt* ① **1** Rendre un culte à une divinité. **2** Aimer qqn avec passion. **3** Aimer beaucoup qqch. *Adorer la musique.*

**Adorno Theodor Wiesengrund** (Francfort-sur-le-Main, 1903 – Viège, 1969), philosophe, sociologue et musicologue allemand, cofondateur de l'école de Francfort (1923).

**ados** *nm* AGRIC Terre qu'on élève en talus le long d'un mur, pour y cultiver des primeurs.

**adosser** *vt* ① **1** Faire prendre appui à, avec le dos, la face postérieure. *Adosser une maison contre un rocher. S'adosser à un mur.* **2** Appuyer, conforter. *Un prêt adossé à un salaire élevé.* (DER) **adossement** *nm*

**Adoua** v. d'Éthiopie et anc. cap. du Tigré ; 13 820 hab. – Victoire décisive de Ménélik II sur les Italiens (1896).

**adouber** *vt* ① **1** HIST Au Moyen Âge, armer chevalier un bachelier. **2** fig Reconnaître, distinguer, accepter. *Proposition adoubée par l'Administration.* **3** Aux échecs, aux dames, jouer une pièce à l'essai. (ETY) Du frq. *dubban,* « frapper ». (DER) **adoubement** *nm*

**adoucir** *v* ③ **A** *vt* **1** Rendre plus doux. *Le sucre adoucira ces fruits. Ce savon adoucit la peau.* **2** TECH Procéder à l'adoucissage ou à l'adoucissement de. *Adoucir une glace à l'émeri. Adoucir une eau trop calcaire.* **3** fig Atténuer, tempérer. *Adoucir un mal, un ennui.* **B** *vpr* Devenir plus doux. *Le temps s'adoucit. Son humeur s'adoucit.*

**adoucissage** *nm* TECH **1** Polissage d'une surface (pierre, métal, verre). **2** Atténuation de la vivacité des teintes (peintures, teintures).

**adoucissant, ante** *a, nm* **1** Qui adoucit la peau, calme les irritations. *Pommade adoucissante.* **2** Qui assouplit le linge lors du lavage. *Un produit adoucissant. Un adoucissant.*

**adoucissement** *nm* **1** Action d'adoucir ; fait de s'adoucir. *L'adoucissement de la température.* **2** fig Atténuation, soulagement. *Adoucissement d'une peine.* **3** TECH Réduction de la teneur en sels de calcium d'une eau.

**adoucisseur** *nm* Appareil pour adoucir l'eau.

**Adoula Cyrille** (Léopoldville, 1921 – Lausanne, 1978), homme politique congolais, Premier ministre du Congo-Kinshasa (1961-1964).

**Adour** fl. français des Pyrénées occid. (335 km) qui se jette dans l'Atlantique.

**ADP** *nf* Adénosine-diphosphate.

**ad patres** *av* **LOC** ***Envoyer ad patres*** : tuer. (PHO) [adpatʀɛs] (ETY) Mots lat., « vers les ancêtres ».

**adragante** *nf* Matière gommeuse produite par plusieurs astragales.

**Adrar** plateau désertique du N.-O. de la Mauritanie. Oasis ; v. princ. *Atar.*

**Adrar** oasis saharienne d'Algérie (Touat) ; ch.-l. de la wilaya du m. nom ; 28 500 hab.

**Adrar des Ifoghas** massif montagneux du Mali. (VAR) **Adrar des Iforas**

**Adraste** roi d'Argos ; un des sept chefs ligués contre Étéocle, roi de Thèbes.

**adrénaline** *nf* BIOCHIM Hormone du groupe des catécholamines sécrétée par la médullosurrénale. **LOC** fam ***Poussée d'adrénaline*** : accès d'excitation ou de colère. (ETY) De *rénal.*

ENC Son action permet à l'organisme de s'adapter à des agressions extérieures. Elle accélère le rythme cardiaque, contracte les vaisseaux, augmente la tension artérielle, provoque la libération de sucre par le foie, contracte les musculatures intestinale et bronchique. L'adrénaline est également le médiateur chimique des synapses du système sympathique.

**adrénergique** *a, nm* **A** *a* BIOCHIM Propre à la libération d'adrénaline ; qui agit grâce à l'adrénaline. **B** *a, nm* Syn. de *sympathomimétique.*

**adrénolytique** *a, nm* Syn. de *sympatholytique.*

**adressage** *nm* INFORM Action d'adresser une mémoire.

**1 adresse** *nf* **1** Habileté dans les gestes. *Jongler avec adresse.* SYN dextérité. ANT maladresse. **2** Habileté à obtenir un résultat. (ETY) De l'a. fr. *adrece,* « bonne direction ».

**2 adresse** *nf* **1** Indication du domicile d'une personne. *Inscrire une adresse sur une enveloppe.* **2** Lieu du domicile. *Je n'habite plus à cette adresse.* **3** didac Dans un classement, mot ou formule sous lesquels se trouve une information. **4** INFORM Numéro d'ordre dans une mémoire, permettant d'identifier une information et d'y accéder. **LOC** ***À l'adresse de qqn*** : à l'intention de, destiné à. — INFORM ***Adresse IP (Internet Protocol)*** : numéro constitué de quatre nombres entre 1 et 255, séparés par des points, permettant d'identifier un appareil (ordinateur, smartphone) connecté à un réseau informatique.

**adresser** *v* ① **A** *vt* **1** Dire, exprimer qqch à l'intention de qqn. *Adresser des remerciements à qqn. Je ne lui adresse plus la parole.* **2** Envoyer, faire

**adoubement** *Histoire du Saint-Graal,* miniature du XVIe s. – BN

parvenir à qqn. *Vous pouvez lui adresser cette lettre chez ses parents.* **3** Envoyer une personne à une autre. **4** INFORM Fournir à une mémoire une adresse afin d'accéder à son contenu (donnée, information). **B** *vpr* **1** Parler à qqn. *Il s'adressa au peuple.* **2** Être destiné à. *Cette question s'adresse à toi ?* **3** Aller trouver, avoir recours à. *Il faut vous adresser au gardien.*

**adret** *nm* Versant d'une montagne exposé au soleil. ANT ubac. ETY Du provenç.

**Adrets François de Beaumont (baron des)** (château de la Frette, Dauphiné, 1513 – id., 1587), militaire français. Passé à la Réforme (1562), puis revenu au cathol. (1567), il illustra l'horreur des guerres de Religion.

**Adria** v. d'Italie (Vénétie) ; 24 500 hab. – Anc. port, elle est auj. à 20 km de la mer Adriatique, qui lui doit son nom.

**Adriá Ferran** (L'Hospitalet de Llobregat, près de Barcelone, 1962), chef cuisinier catalan.

**Adriatique (mer)** mer formée par la Méditerranée entre les péninsules italienne et balkanique ; 835 km de long ; 180 km de largeur moyenne ; 131 500 km$^2$. DER **adriatique** *a*

**Adrien → Hadrien.**

**Adrien** nom de six papes. — **Adrien Ier** pape (772-795), appela Charlemagne en Italie contre les Lombards. — **Adrien IV Nicolas Breakspear** (Hertfordshire, v. 1100 – Anagni, 1159) le seul pape (1154-1159) d'origine anglaise. Sa lutte contre Frédéric Barberousse marqua le début de la querelle des Investitures. — **Adrien VI Adriaan Floriszoon** dernier pape (1522-1523) non italien avant Jean-Paul II.

**adroit, oite** *a* **1** Qui a de l'adresse. *Être adroit de ses mains.* **2** Qui est fait avec adresse, habileté. *Un compliment adroit.* SYN habile, ingénieux. DER **adroitement** *av*

**Adrumète → Hadrumète.**

**ADSL** *nm* TELECOM Norme à très haut débit d'informations numérisées, utilisée par les modems. ETY Sigle de l'angl. *asymmetrical digital subscriber line.*

**adsorber** *vt* 1 PHYS, CHIM Fixer des ions libres, des atomes ou des molécules à la surface d'une substance. ANT désorption. DER **adsorbant, ante** *a* – **adsorption** *nf*

**adstrat** *nm* LING Ensemble de faits concordants apparaissant dans des langues génétiquement distinctes mais en contact géographique ou politique.

**Adula** massif des Alpes suisses (3 402 mètres au Rheinwaldhorn).

**adulaire** *nf* GEOL Variété d'orthose à reflets argentés. SYN pierre de lune ETY De l'ital.

**aduler** *vt* 1 Multiplier les éloges, les louanges, à l'adresse de qqn. *Vedette adulée du public* . DER **adulateur, trice** *n* – **adulation** *nf*

**adulescent, ente** *a, n* Jeune adulte au comportement régressif.

**adulte** *a, n* **A** *a* Arrivé au terme de sa croissance. *Chat adulte. Plante adulte.* **B** *n* Personne adulte. LOC ***L'âge adulte :*** qui succède à l'adolescence. ETY Du lat. *adolescere,* « grandir ».

**1 adultère** *a, n* Qui a, qui a eu des rapports sexuels avec qqn d'autre que son conjoint. ETY Du lat. *adulter.*

**2 adultère** *nm* Fait, pour une personne mariée, d'avoir des rapports sexuels avec qqn d'autre que son conjoint. ETY Du lat. *adulterium.*

**adultérer** *vt* 14 vieilli Frelater, falsifier. ETY Du lat. DER **adultération** *nf*

**adultérin, ine** *a* **1** Né d'un adultère. **2** Qui se rapporte à l'adultère. *Relations adultérines.*

**adultisme** *nm* Caractère adulte du comportement.

**advection** *nf* METEO Déplacement horizontal d'une masse d'air.

**advenir** *vi* 38 (N'est utilisé qu'à l'infinitif et à la 3e pers. du sing.) Arriver, se produire. *Quoi qu'il advienne.* LOC ***Advienne que pourra :*** peu importent les conséquences.

**adventice** *a* **1** AGRIC Qui pousse sans avoir été semé. *Plantes adventices.* **2** fig, litt Annexe, subsidiaire. *Une remarque adventice a perturbé la réunion.* LOC PHILO ***Idées adventices :*** qui viennent des sens, par opposition aux *idées innées.* ETY Du lat. *adventicius,* « qui s'ajoute ».

**adventif, ive** *a* BOT Se dit des racines et des bourgeons qui croissent hors de leur place normale de développement. LOC GEOL ***Cône adventif :*** qui se forme sur la pente du cône initial d'un volcan.

**adventiste** *n, a* Membre d'un mouvement chrétien d'origine américaine qui attend comme imminente une seconde venue du Christ sur terre.

**adverbe** *nm* GRAM Mot invariable qu'on joint à un verbe, à un adjectif, à un autre adverbe, à une phrase pour en compléter ou en modifier le sens (par ex. : il lit *couramment ;* une maison *trop* petite). DER **adverbial, ale, aux** *a* – **adverbialement** *av*

**adversaire** *n* Personne à laquelle on est opposé, contre qui on lutte. *Battre un adversaire.* ANT allié. ETY Du lat.

**adversatif, ive** *a* GRAM Qui marque l'opposition. *Conjonction adversative.*

**adverse** *a* Contraire, opposé. *La partie adverse dans un procès.*

**adversité** *nf* Sort contraire ; situation de celui qui le subit. *Lutter contre l'adversité.* SYN infortune.

**ad vitam æternam** *av* fam Pour toujours, indéfiniment. PHO [advitameteʀnam] ETY Mots lat.

**Ady Endre** (Emindszent, 1877 – Budapest, 1919), poète hongrois : *Sang et or.*

**Adygués** peuple caucasien, adepte de l'islam sunnite. Ils vivent notamment dans la république des Adyguéens (au sein de la rép. féd. de Russie) qui comprend aussi des Tcherkesses ; 7 600 km$^2$ ; 450 000 hab ; cap. *Maïkop.* Beaucoup ont émigré au Moyen-Orient après 1820.

**adynamie** *nf* MED Atonie musculaire.

**1 aède** *nm* Dans la Grèce antique, poète qui chantait ses propres œuvres, psalmodiées au son de la lyre. ETY Du gr.

**2 aède** *nm* Moustique des régions chaudes, vecteur de la fièvre jaune et de la dengue.

**AEF** Sigle de *Afrique-Équatoriale française.*

**Ægates** groupe d'îles à l'O. de la Sicile. – Victoire navale des Romains sur les Carthaginois (241 av. J.-C.). VAR **Égades** ou **Égates**

**ægopodium** *nm* Ombellifère d'Europe à souche rampante, appelée aussi herbe aux goutteux. PHO [egopɔdjum] ETY Du gr. *aigos,* « chèvre ». VAR **égopodium**

**ægosome** *nm* Coléoptère longicorne (cérambycidé). PHO [egozom] VAR **égosome**

**Ægos-Potamos** (auj. *Indjelimen*), rivière de Thrace à l'embouchure de laquelle le Spartiate Lysandre défit la flotte athénienne (405 av. J.-C.). VAR **Aigos-Potamos**

**ægyrine** *nm* Pyroxène monoclinique caractéristique des roches alcalines. PHO [eʒirin] VAR **égyrine**

**AELE** Sigle de *Association européenne de libre-échange.* V. Europe.

**æpyornis** *nm* ZOOL Ratite géant, ayant l'aspect d'une énorme autruche, qui habita Madagascar du pléistocène au Moyen Âge. PHO [epjɔʀnis] ETY Du gr. *aipus,* « haut » et *ornis,* « oiseau ». VAR **épyornis**

**aér(o)-** Préfixe, du grec *aêr,* « air », indiquant un rapport soit avec l'air et l'atmosphère, soit avec la navigation aérienne.

**aérage** *nm* Ventilation des chantiers d'une mine.

**aérateur** *nm* Appareil qui sert à renouveler l'air d'un local.

**aération → aérer.**

**aéraulique** *nf, a* Science qui étudie la circulation de l'air dans les conduits.

**aéré, ée** *a* Où l'air circule librement. *Local bien aéré.*

**aérer** *v* 14 **A** *vt* **1** Renouveler l'air de, faire entrer de l'air dans un local clos. *Aérer une chambre.* **2** Mettre à l'air. *Aérer un matelas.* **3** fig Rendre moins dense. *Aérer la présentation d'une page.* **B** *vpr* Respirer, prendre l'air. *Je vais faire un tour pour m'aérer un peu.* DER **aération** *nf*

**aérien, enne** *a, nm* **A** *a* **1** De l'air ; qui appartient à l'air, à l'atmosphère. *Couches aériennes.* **2** fig Léger comme l'air, vaporeux. *Créature aérienne.* **3** Dont l'air est le milieu vital. *Animaux aériens.* **4** Relatif au transport par air, à l'aviation. *Navigation aérienne. Attaque aérienne.* **5** Suspendu au-dessus du sol. *Câble aérien.* **B** *nm* **1** ELECTR Conducteur suspendu. **2** Antenne d'un appareil de radio, de télévision, d'un radar. LOC BOT ***Racines aériennes :*** qui se développent hors du sol.

**aérifère** *a* BIOL Qui conduit l'air nécessaire à la respiration des êtres vivants.

**aérium** *nm* Établissement de cure pour les convalescents ou les sujets fragiles. PHO [aeʀjɔm]

**aérobic** *nm* Gymnastique empruntant des mouvements issus des exercices d'échauffement des danseurs et se pratiquant sur une musique à rythme très soutenu. ETY Mot amér.

**aérobie** *a, nf* **A** *a* didac Qui nécessite de l'oxygène. *Sport aérobie. Moteur aérobie. Bactéries aérobies.* **B** *nf* MED Apport d'oxygène lors d'une activité physique. ANT anaérobie.

**aérobiologie** *nf* Étude des particules biologiques (pollens, spores, acariens, etc.) présentes dans l'air. DER **aérobiologique** *a* – **aérobiologiste** *n*

**aérobiose** *nf* BIOL Ensemble des conditions de vie en air libre. ANT anaérobiose.

**aéroclub** *nm* Club dont les membres pratiquent en amateurs les activités aéronautiques (pilotage, vol à voile, parachutisme, aéromodélisme). PLUR aéroclubs. VAR **aéro-club**

**aérocolie** *nf* MED Accumulation de gaz dans le côlon.

**aérocondenseur** *nm* TECH Appareil destiné à refroidir un gaz ou un liquide par convection.

**aérodigestif, ive** *a* LOC ***Voies aérodigestives :*** œsophage et trachée-artère.

**aérodrome** *nm* Terrain aménagé pour le décollage et l'atterrissage des avions, et pourvu des installations nécessaires à leur maintenance.

**aérodynamique** *nf, a* **A** *nf* Science des phénomènes physiques liés au déplacement des corps solides dans l'atmosphère. **B** *a* **1** Relatif à cette science. **2** Se dit des engins carénés de façon à opposer à l'air une résistance minimale. DER **aérodynamicien, enne** *n* – **aérodynamisme** *nm*

**aérodyne** *nm* AERON Tout engin plus lourd que l'air et capable de voler (avion, planeur, hélicoptère, etc.).

**aérofrein** *nm* Dispositif de freinage utilisant la résistance que l'air oppose à l'avancement.

**aérogare** *nf* **1** Ensemble des installations d'un aéroport destinées aux voyageurs et au fret. **2** Gare assurant la desserte d'un aéroport.

**aérogastrie** *nf* MED Trouble dû à l'accumulation d'air dans l'estomac.

**aérogel** *nm* TECH Matériau dur, poreux, très léger, obtenu en séchant un gel sans détruire sa structure.

**aérogénérateur** *nm* Syn. de *éolienne*.

**aéroglisseur** *nm* Véhicule dont la sustentation est assurée par un coussin d'air.

**aérogramme** *nm* Feuille pliée pour former une enveloppe préencollée, préaffranchie et prête à l'expédition par avion.

**aérographe** *nm* ARTS GRAPH Instrument servant à pulvériser des couleurs liquides.

**aérolithe** *nf* Météorite pierreuse. VAR **aérolite**

**aérologie** *nf* didac Étude des caractéristiques physiques et chimiques de la troposphère et de la stratosphère. DER **aérologique** *a*

**aéromobile** *a* MILIT Qui utilise l'espace aérien. *Une opération aéromobile.* DER **aéromobilité** *nf*

**aéromodélisme** *nm* Technique de la construction et de l'utilisation des modèles réduits d'avions. DER **aéromodéliste** *n*

**aéromonas** *nm* Bactérie largement répandue dans l'eau et le sol. ETY Du gr. *monas*, « unité ».

**aéronaute** *n* Personne embarquée à bord d'un aérostat.

**aéronautique** *a, nf* **A** *a* Relatif à la navigation aérienne. **B** *nf* Science de la navigation aérienne ; technique de la construction des aéronefs.

**aéronaval, ale** *a* Qui relève à la fois de l'aviation et de la marine. PLUR aéronavals.

**Aéronavale (l')** en France, l'ensemble des forces aériennes de la Marine nationale.

**aéronef** *nm* Tout appareil capable de voler (avions, hélicoptères, aérostats, etc.).

**aéronomie** *nf* didac Science de la haute atmosphère.

**aérophagie** *nf* MED Déglutition d'une certaine quantité d'air qui pénètre dans l'estomac et provoque des douleurs.

**aéroplane** *nm* vieilli Avion.

**aéroport** *nm* **1** Ensemble d'installations (pistes, tour de commande, aérogare, gare de fret, etc.) aménagées pour le trafic aérien. **2** Organisme régional chargé de la gestion et du contrôle des installations de l'aviation civile. DER **aéroportuaire** *a*

**aéroporté, ée** *a* MILIT Qualifie les troupes transportées par voie aérienne et parachutées sur l'objectif.

**aéropostal, ale** *a* Relatif à la poste aérienne. PLUR aéropostaux.

**aéroréfrigérant, ante** *a, nm* INDUSTR Se dit d'un dispositif dans lequel l'eau est refroidie par l'air atmosphérique.

**aérosol** *nm* **1** Dispersion dans un gaz de particules microscopiques. **2** Système permettant la vaporisation de ces particules.

**aérospatial, ale** *a, nf* **A** *a* Qui relève à la fois de l'aéronautique et de l'astronautique. **B** *nf* Construction d'engins aérospatiaux. PLUR aérospatiaux.

**aérostat** *nm* Appareil qui se maintient en l'air au moyen d'un gaz plus léger que l'air. *Les ballons, les dirigeables sont des aérostats.*

**aérostation** *nf* Conception et manœuvre des aérostats.

**aérostatique** *a, nf* **A** *a* Relatif aux aérostats. **B** *nf* Science qui traite de l'équilibre des fluides élastiques.

**aérostier** *nm* Pilote d'un aérostat.

**aéroterrestre** *a* MILIT Qui réunit des forces aériennes et terrestres.

**aérotrain** *nm* Véhicule à sustentation par coussin d'air. ETY Nom déposé.

**aérotransporté, ée** *a* MILIT Se dit de troupes transportées par voie aérienne et déposées au sol par atterrissage de l'appareil.

**aéroville** *nf* GEOGR Ville qui se développe autour d'un aéroport, en relation avec les fonctions de ce dernier.

**æschne** *nf* ENTOM Libellule de grande taille, au vol puissant. PHO [aeskn] ▶ illustr. **libellule**

**æthuse** *nf* BOT Ombellifère vénéneuse, appelée aussi *petite ciguë, faux persil.* PHO [etyz] ETY Du lat. VAR **éthuse**

**Aetius** (prov. de Mésie, v. 390 – ?, 454), général romain. Maître de l'Empire (433), il combattit les Barbares et contribua à la défaite d'Attila aux champs Catalauniques (451). Valentinien III le fit assassiner.

**Afars** ethnie peuplant la plaine des Danakils et formant une minorité dans la rép. de Djibouti. Ils parlent une langue couchitique. VAR **Danakils** DER **afar, are** *a*

**affable** *a* Qui accueille les autres avec amabilité, douceur. SYN aimable, courtois. ETY Du lat. *affabilis*, « à qui l'on peut parler ». DER **affabilité** *nf* – **affablement** *av*

**affabuler** *v* ① **A** *vt* Composer la trame d'une œuvre de fiction. **B** *vi* Syn. de *fabuler*. DER **affabulation** *nf* – **affabulateur, trice** *a, n*

**affacturage** *nm* Gestion des créances d'une entreprise, effectuée par une société spécialisée. SYN (déconseillé) factoring.

**affadir** *vt* ③ Rendre fade, insipide. *Affadir une sauce.* DER **affadissant, ante** *a* – **affadissement** *nm*

**affaiblir** *v* ③ **A** *vt* Diminuer la force physique ou morale de, rendre faible. *La maladie l'a affaibli.* ANT fortifier. **B** *vpr* **1** Devenir faible. *Ma vue s'affaiblit.* **2** fig Perdre de sa force d'expression. *Le sens de ce mot s'est affaibli.* DER **affaibli, ie** *a* – **affaiblissant, ante** *a* – **affaiblissement** *nm*

**affaire** *nf* **A 1** Ce qui concerne l'intérêt personnel de qqn. *C'est mon affaire, je m'en occupe.* **2** Ensemble de circonstances où des intérêts divers sont en jeu. *Une scandaleuse affaire de pots-de-vin.* **3** Ensemble de difficultés avec lesquelles une personne est aux prises ; tracas, ennui. *Il s'est attiré une vilaine affaire.* **4** Ensemble de faits dont la justice a à s'occuper. *Plaider une affaire.* **5** Ensemble de faits délictueux ou criminels sur lesquels la police est chargée d'enquêter. **6** Conflit international, militaire ou diplomatique. *L'affaire de Suez.* **7** Entreprise industrielle ou commerciale. *L'affaire a été reprise par une société étrangère.* **8** Transaction, marché. *Il a fait une bonne affaire.* **B** *nfpl* **1** Objets personnels, vêtements. *Il ne retrouve jamais ses affaires.* **2** Intérêts pécuniaires d'une personne. *Il est au courant de mes affaires.* **3** Opérations financières, commerciales. *Chiffre d'affaires. Homme, femme d'affaires.* **4** Tout ce qui concerne l'administration et le gouvernement des choses publiques. *Les affaires de l'État. Affaires maritimes.* LOC ***Affaire de*** : qui concerne. *Affaire d'honneur.* — ***Avoir affaire à qqn*** : lui parler, traiter ou négocier avec lui. — fam ***Faire l'affaire*** : convenir. — ***Faire son affaire de qqch*** : s'en charger. — ***Faire toute une affaire de qqch*** : y attacher trop d'importance. — ***Tirer qqn d'affaire*** : lui épargner une difficulté, le sauver d'un danger.

**affairer (s')** *vpr* ① S'empresser, se montrer actif dans l'exécution d'une tâche. DER **affairé, ée** *a* – **affairement** *nm*

**affairisme** *nm* Préoccupation exclusive de faire des affaires, de gagner de l'argent. DER **affairiste** *nm*

**affaisser** *v* ① **A** *vt* Faire plier sous un poids, abaisser le niveau de. **B** *vpr* **1** Plier, baisser de niveau sous l'effet d'un poids, d'une pression. *Le mur de soutènement s'est affaissé sous la poussée des terres.* **2** Tomber lourdement, sans forces. *Sous le choc il s'est affaissé.* DER **affaissement** *nm*

**affaler** *v* ① **A** *vt* MAR Laisser tomber, faire descendre rapidement. *Affaler la grand-voile.* **B** *vpr* Se laisser tomber. *S'affaler sur son lit.* ETY Du néerl. DER **affalement** *nm*

**affamé, ée** *a* **1** Qui a une très grande faim. *Loup affamé.* **2** fig Avide de. *Être affamé de gloire.*

**affamer** *vt* ① Causer la faim en privant de nourriture. *Affamer la population d'une ville investie.* DER **affameur, euse** *n*

**affect** *nm* **1** PSYCHO État affectif. **2** PSYCHAN État affectif considéré en tant qu'un des deux registres de la pulsion, l'autre étant la représentation. PHO [afɛkt]

**1 affectation** *nf* **1** Faux-semblant, imitation. *Affectation de vertu.* **2** Manque de naturel, de simplicité. *Il parle avec affectation.* SYN afféterie.

**2 affectation** *nf* **1** Destination à un usage. *Affectation d'une somme à telle dépense.* **2** Désignation à un poste, une fonction. *L'affectation d'un militaire.*

**affecté, ée** *a* Qui manque de naturel, de simplicité. *Manières affectées.*

**1 affecter** *vt* ① **1** Feindre. *Affecter la modestie.* **2** Prendre une forme, une apparence. ETY Du lat. *affectare*, « rechercher ».

**2 affecter** *vt* ① **1** Destiner qqch à un usage. *Affecter un véhicule au transport des denrées.* **2** Donner une affectation à qqn. *On a affecté ce fonctionnaire à Roubaix.* ETY De l'a. fr. *afaitier*, « façonner ».

**3 affecter** *v* ① **A** *vt* **1** Mettre dans une certaine disposition ; influer, agir sur l'esprit, les sens. *Ces sons affectent désagréablement l'oreille.* **2** Causer une impression pénible, de la peine. **3** MATH Munir de, adjoindre à, afin d'obtenir une variation. *Affecter un nombre d'un coefficient.* **B** *vpr* S'affliger, souffrir moralement de. ETY Du lat. *affectus*, « disposition, état ».

**affectif, ive** *a* PSYCHO Relatif au plaisir, à la douleur, aux émotions. *États affectifs.* DER **affectivement** *av*

**affection** *nf* **1** Sentiment d'attachement pour qqn. SYN inclination, tendresse. ANT aversion, haine. **2** PSYCHO État affectif. **3** MED État morbide, maladie. *Affection cutanée.*

**affectionné, ée** *a* Dévoué, attaché par l'affection. (S'emploie à la fin d'une lettre.)

**affectionner** *vt* ① **1** Avoir de l'affection pour. SYN aimer, chérir. **2** Avoir un goût marqué pour qqch.

**affectivement** → **affectif.**

**affectivité** *nf* PSYCHO Ensemble des phénomènes affectifs.

**affectueux, euse** *a* Qui manifeste de l'affection. DER **affectueusement** *av*

**1 afférent, ente** *a* **1** DR Qui revient à chacun dans un partage. *Part afférente.* **2** Qui se rapporte à. *Rémunération afférente à un emploi.* ETY Du lat. *affert*, « cela contribue ».

**2 afférent, ente** *a* ANAT Se dit d'un vaisseau sanguin, lymphatique, d'un nerf, etc., qui arrive à un organe. ANT efférent. ETY Du lat.

**affermer** *vt* ① Donner ou prendre à ferme ou à bail. *Affermer une terre.* DER **affermage** *nm*

**affermir** *v* ③ **A** *vt* **1** Rendre ferme, stable, solide. *Affermir une muraille.* **2** Rendre plus fort, plus assuré. *Affermir son pouvoir.* ANT affaiblir, ébranler. **B** *vpr* Devenir plus ferme. DER **affermissement** *nm*

**affèterie** *nf* litt Recherche prétentieuse, affectation dans le comportement, le style. VAR **afféterie**

**affichage** *nm* **1** Action d'afficher. *Affichage électoral. Panneaux d'affichage.* **2** TECH Présentation de données sur un écran de visualisation.

**affiche** *nf* **1** Feuille comportant un texte, une représentation graphique que l'on placarde pour informer le public. *Affiche publicitaire.* **2** Programme d'un spectacle défini par les personnalités qui y participent. DER **affichette** *nf*

**afficher** *v* ① **A** *vt* **1** Publier, annoncer au moyen d'affiches; apposer une affiche. *Afficher un avis officiel.* **2** fig Montrer ostensiblement, faire étalage de. *Il affiche un air satisfait.* **3** TECH Visualiser par affichage. **B** *vpr* Se montrer avec ostentation. *Elle s'affiche avec son dernier amant.* DER **affichable** *a*

**afficheur** *nm* **1** Personne qui pose des affiches. **2** Entreprise qui assure la pose et la conservation d'affiches sur des emplacements réservés. **3** INFORM Dispositif d'affichage.

**affichiste** *n* Artiste qui conçoit des affiches.

**affichothèque** *nf* Collection d'affiches.

**affidavit** *nm* DR Certificat par lequel un porteur étranger de titres émis dans un pays obtient l'exonération des taxes qui frappent les autochtones. PHO [afidavit] ETY Du lat. *affidare*, « attester ».

**affidé, ée** *a, nm* litt Espion, agent à tout faire. ETY De l'ital.

**affilé, ée** *a* LOC *Avoir la langue bien affilée*: être médisant ou caustique.

**affilée (d')** *av* À la suite, sans discontinuer. *Dormir dix heures d'affilée.*

**affiler** *vt* ① Donner du fil à, aiguiser. *Affiler un rasoir.* DER **affilage** *nm*

**affilier** *v* ② **A** *vt* Faire entrer une organisation dans un groupement. *Affilier un club sportif à une fédération.* **B** *vpr* Adhérer à une organisation. DER **affiliation** *nf* – **affilié, ée** *a, n*

**affin, ine** *a* didac Qui présente des affinités. LOC MATH *Géométrie affine*: qui étudie les transformations par affinité.

**affiner** *v* ① **A** *vt* **1** Purifier, enlever les éléments étrangers mêlés à une substance. *Affiner de l'or.* **2** fig Rendre plus fin, plus subtil, plus précis. *Affiner le goût.* **B** *vpr* **1** Devenir plus fin, plus délié. **2** fig Devenir plus précis, plus approprié à la situation. LOC *Affiner des fromages*: leur faire achever leur maturation. DER **affinage** *nm* – **affinement** *nm* – **affineur, euse** *n*

**affinitaire** *a* **1** Qui est fondé sur des affinités. **2** COMM Se dit de cartes de paiement destinées à un certain type de clientèle (pratiquants d'un sport, tranches d'âge, etc.).

**affinité** *nf* **1** Attirance, sympathie due à une conformité de caractères, de goûts. *Avoir des affinités avec qqn.* ANT antipathie. **2** Analogie, accord entre des choses; rapport d'harmonie. **3** CHIM Tendance qu'ont les corps de nature différente à réagir les uns sur les autres. LOC GEOM *Transformation par affinité*: transformation plane qui fait correspondre à un point de coordonnées (x, y) un point (x, ky) où k est un nombre réel constant. ETY Du lat. *affinitas*, « voisinage ».

**affiquet** *nm* Petit bijou qu'on fixe à une robe, à la coiffure. ETY De l'a. fr. *affique*, « agrafe ».

**affirmatif, ive** *a* **1** Qui exprime l'affirmation. *Geste affirmatif. Proposition affirmative.* **2** Qui affirme. *C'est un homme trop sûr de lui et trop affirmatif.* LOC *Répondre par l'affirmative*: répondre « oui » à une proposition. DER **affirmativement** *av*

**affirmation** *nf* **1** Action d'affirmer, chose affirmée. *Ton affirmation est bien catégorique !* **2** Fait de se manifester nettement, avec autorité. *L'affirmation de soi.*

**affirmer** *vt* ① **1** Soutenir qu'une chose est vraie. *Vous pouvez me croire, je vous l'affirme.* **2** Manifester nettement. *Affirmer son autorité. Ses progrès s'affirment tous les jours.* ETY Du lat.

**1 affixe** *nm* GRAM Élément de composition qui s'ajoute au début (préfixe), dans le corps (infixe) ou à la fin (suffixe) d'un mot pour en modifier le sens. ETY Du lat. *affigere*, « attacher ». DER **affixal, ale, aux** *a* – **affixé, ée** *a*

**2 affixe** *nf* MATH Nombre complexe représentant la position d'un point dans un plan.

**affleurement** *nm* **1** Action d'affleurer; état de ce qui affleure. **2** GEOMORPH Partie d'une couche géologique qui apparaît en surface.

**affleurer** *v* ① **A** *vt* **1** TECH Mettre au même niveau deux pièces contiguës. **2** Arriver au niveau de. *L'eau affleure le quai.* **B** *vi* Être au niveau de la surface de l'eau, du sol. *Veine de minerai qui affleure.*

**afflictif, ive** *a* LOC DR *Peines afflictives et infamantes*: détention, réclusion criminelle.

**affliction** *nf* litt Peine morale, douleur profonde. SYN chagrin.

**affligeant, ante** *a* **1** Qui cause de l'affliction. *Une nouvelle affligeante.* **2** Désolant par sa médiocrité. *Un roman affligeant.*

**affliger** *v* ⑬ **A** *vt* **1** Causer de l'affliction à. *Cette nouvelle l'a affligé.* **2** litt Faire endurer de grandes souffrances à. *Une grave épidémie afflige actuellement ce pays.* **B** *vpr* Ressentir de l'affliction. ETY Du lat. *affligere*, « frapper ».

**affluence** *nf* Rassemblement d'un grand nombre de personnes arrivant en même temps dans un lieu. *Les heures d'affluence.*

**affluent** *nm* Cours d'eau qui se jette dans un autre. *La Marne est un affluent de la Seine.*

**affluer** *vi* ① **1** Couler en abondance vers. *Sous l'effet de l'émotion, le sang lui afflua au visage.* **2** Arriver en abondance, en nombre. *Les clients affluent.* ETY Du lat. *affluere*, « couler vers ».

**afflux** *nm* **1** Fait d'affluer. *Afflux sanguin.* **2** Arrivée d'un grand nombre de personnes. *L'afflux des voyageurs dans les gares.* PHO [afly]

**affolant, ante** *a* **1** Qui affole, provoque une émotion violente. **2** fam Angoissant, alarmant.

**affolement** *nm* **1** Action de s'affoler; état d'une personne affolée. SYN panique. **2** État de l'aiguille d'une boussole affolée.

**affoler** *v* ① **A** *vt* **1** Rendre comme fou, égarer. *Cette nouvelle nous a affolés.* **2** Faire subir à une aiguille de compas des variations brusques et irrégulières. **B** *vpr* Se troubler profondément, perdre la tête.

**affouage** *nm* Droit de prendre du bois de chauffage dans une forêt. ETY De l'a. verbe *affouer*, « donner du chauffage ».

**affouillement** *nm* Enlèvement localisé de matériau meuble par un courant ou un remous de l'eau. DER **affouiller** *vt* ①

**affourager** *vt* ⑬ Approvisionner le bétail en fourrage. DER **affouragement** *nm*

**affourcher** *vi* ① MAR Mouiller sur deux ancres dont les lignes sont disposées en V.

**affranchi, ie** *a, n* **A** *a* **1** Libéré de la servitude, de l'esclavage. **2** Qui s'est libéré de traditions, de façons de penser intellectuellement contraignantes. **3** Dont le port est payé. *Une lettre mal affranchie.* **B** *n* **1** ANTIQ Esclave affranchi. **2** Personne qui vit en marge des lois, de la morale sociale.

**affranchir** *vt* ③ **1** Rendre libre, indépendant. *Affranchir un esclave.* **2** Délivrer, libérer d'une gêne, d'une contrainte. *Sa cordialité m'avait affranchi de toute timidité.* **3** fam Renseigner, mettre au courant. **4** Payer le port d'un envoi postal. DER **affranchissement** *nm*

**Affre Denis Auguste** (Saint-Rome-de-Tarn, 1793 – Paris, 1848), archevêque de Paris en 1840; tué lors de l'insurrection parisienne de juin 1848, alors qu'il prêchait l'apaisement.

**affres** *nfpl* litt Angoisse, tourment. *Les affres de la mort. Les affres du doute.* ETY De l'a. provenç. *afre*, « horreur ».

**affréter** *vt* ⑭ Louer un véhicule (car, avion, navire, etc.). DER **affrètement** *nm* – **affréteur** *nm*

**affreux, euse** *a* **1** Qui suscite la répulsion, l'effroi. *Un spectacle affreux.* **2** Désagréable, pénible. *Il fait un temps affreux.* DER **affreusement** *av*

**affriander** *vt* ① vx Allécher, attirer.

**affrioler** *vt* ① Attirer, séduire; exciter le désir. ETY Du moy. fr. *frioler*, « griller d'envie ». DER **affriolant, ante** *a*

**affriquée** *af, nf* PHON Se dit d'une consonne composite dont la prononciation commence par une occlusive et se prolonge par la fricative qui a le même point d'articulation. *[ts] et [dz] sont des affriquées.* ETY Du lat. *affricare*, « frotter contre ».

**affront** *nm* Avanie, insulte publique. *Subir un affront.*

**affronter** *v* ① **A** *vt* Aller avec courage audevant d'un ennemi, d'un danger. *Boxeur qui affronte son adversaire pour le titre.* **B** *vpr* Combattre l'un contre l'autre. *Les deux opinions s'affrontent.* LOC CHIR *Affronter les lèvres d'une plaie*: les réunir. DER **affrontement** *nm*

**affubler** *v* ① **A** *vt* Habiller avec un vêtement bizarre ou ridicule. SYN accoutrer. **B** *vpr* S'habiller de façon ridicule. ETY Du lat. *fibula*, « agrafe ».

**affusion** *nf* MED Sorte de douche utilisée en hydrothérapie.

**affût** *nm* **1** ARTILL Bâti qui sert à supporter et à mouvoir une pièce d'artillerie. **2** Guet derrière un couvert pour tirer le gibier au passage. *Tirer un lièvre à l'affût.* LOC *Être à l'affût de*: épier, attendre pour saisir l'occasion. VAR **affut**

**affûté, ée** *a* fig, fam Se dit d'un sportif bien entraîné, d'un acteur ou d'un musicien parfaitement préparé. VAR **affuté, ée**

**affûter** *vt* ① **1** Aiguiser un outil, le rendre tranchant. **2** fig Rendre plus précis, plus efficace. *Affûter ses arguments.* VAR **affuter** DER **affûtage** ou **affutage** *nm*

**affûteur, euse** *n* **A** Spécialiste de l'affûtage des outils. **B** *nf* Machine servant à l'affûtage d'outils. VAR **affuteur, euse**

**affûtiaux** *nmpl* fam, vx Petits objets sans valeur dont on se pare. VAR **affutiaux**

**afghan, ane** *a* LOC *Lévrier afghan*: longiligne, au poil long et souple.

**afghani** *nm* Unité monétaire de l'Afghānistān.

**Afghānistān** État d'Asie entre l'Iran, le Turkménistan, l'Ouzbékistan, le Tadjikistan, la Chine et le Pākistān; 647 500 km²; 31,3 millions d'hab.; cap. *Kaboul.* Nature de l'État: rép. islamique. Pop.: Pachtouns (38 %), Tadjiks (25 %), etc. Langues off.: dari et pachtou. Monnaie: afghani. Relig.: islam sunnite et chiite. DER **afghan, ane** *a, n*

**Géographie** La chaîne centrale de ce pays montagneux, l'Hindou Kouch, est coupée de profondes vallées. La steppe domine, adaptée à un climat continental sec, froid en hiver, chaud et aride en été. L'agric. emploie 60 % des actifs.

La culture du pavot s'est développée. La prod. artisanale de tapis est réputée. Le gaz naturel est la prem. ressource commerciale.

**Histoire** LES ORIGINES Le pays a toujours été exposé aux invasions. Intégré à l'Empire perse (VIe-IVe s. av. J.-C.), conquis par Alexandre, partie du royaume de Bactriane, il a été islamisé à partir du VIIIe s. Les Mongols le ravagèrent aux XIIIe s. et XIVe s. En 1747, Ahmed Chāh Durrāni fonde le premier royaume afghan. Au XIXe s., les Afghans luttent contre les Brit. et acquièrent leur indépendance en 1921.

LA RÉPUBLIQUE AFGHANE En 1973, un coup d'État instaure la république. En avril 1978 s'installe un régime prosoviétique. En sept. 1979, le président Taraki est renversé et tué. L'armée sov. intervient (déc.) ; la résistance de la pop. rurale a pour base le Pākistān. La guerre fait un million de morts. Plusieurs millions de personnes s'exilent. Les Soviétiques retirent leurs troupes en 1988 ; divisée, la résistance constitue un gouv. prov. en 1989. En 1992, une coalition de moudjahidin tadjiks, dirigés par le commandant Massoud, institue une rép. islamique. Après une âpre guerre civile, les talibans s'emparent de Kaboul en 1996 et contrôlent le pays sauf le nord-est où se maintiennent les forces de l'Alliance du Nord commandées par Massoud qui est assassiné le 9 sept. 2001. Après les attentats du 11 sept., les États-Unis, à la poursuite de Ben Laden, interviennent et le régime taliban s'effondre rapidement. Les forces armées occidentales restent sur place. Le Pachtoun Hamid Karzaï est élu prés. de la République en 2004. La démocratie se met en place, mais l'insécurité règne toujours et les talibans s'infiltrent à nouveau. En 2009, Karzaï est réélu dans un climat de corruption et d'insécurité grandissantes. Les résultats très contestés de l'élection de 2014 font d'Ashraf Ghani le nouveau prés. Son adversaire, Abdullah Abdullah, devient chef de l'exécutif. L'OTAN met fin à son engagement en déc. 2014.

**aficionado** *n* **1** Personne passionnée par les courses de taureaux. **2** fig Passionné(e) d'une activité, d'un spectacle, d'un auteur. PHO [afisjɔnado] ETY Mot esp. VAR **aficionada** *nf*

**afin de** *prép*, **afin que** *conj* Marquent l'intention, le but. *On écrème le lait afin de faire le beurre. Viens tôt afin que je puisse te voir.*

**Aflaq Michel** (Damas, 1909 – Paris, 1989), homme politique syrien, fondateur du Baas (1953). VAR **Aflak**

**aflatoxine** *nf* BIOL Toxine produite par des champignons proliférant sur des graines conservées en atmosphère chaude et humide.

**AFNOR** acronyme pour *Association française de normalisation* (créée en 1928) ; l'association coordonne les activités des scientifiques, des professionnels et des pouvoirs publics.

**afocal, ale** *a* OPT Dont les foyers sont situés à l'infini. PLUR afocaux.

**à-fonds** *nm pl* **Suisse** Nettoyages de printemps.

**a fortiori** *av* À plus forte raison. PHO [afɔrsjɔri] ETY Mots lat.

**AFP** sigle de l'*Agence France-Presse*.

**africain → Afrique.**

**africain-américain, aine** *a, n* Se dit des Noirs des États-Unis. PLUR africains-américains.

**africaniser** *vt* ① Remplacer les structures économiques, politiques, les cadres, etc. par des moyens proprement africains, un personnel africain. DER **africanisation** *nf*

**africanisme** *nm* **1** LING Tournure, terme propres au français parlé en Afrique. **2** Étude des langues et des cultures africaines.

**africaniste** *n* Spécialiste des cultures, des langues africaines.

**African National Congress (ANC)** (« Congrès national africain »), organisation politique sud-africaine, créée en 1912 pour faire reconnaître les droits des Noirs. Elle fut interdite de 1960 à 1991 et son leader, N. Mandela, emprisonné (1962-1990). Depuis 1994, l'ANC exerce le pouvoir.

**African Queen (The)** film de John Huston, avec H. Bogart et K. Hepburn.

**afrikaans** *nm* Variété de néerlandais, langue officielle en Afrique du Sud.

**Afrikakorps** troupes all. commandées par Rommel, qui combattirent en Libye, en Égypte et en Tunisie de 1941 à 1943.

**afrikander** *a, n* Relatif aux habitants de l'Afrique du Sud d'origine néerlandaise, parlant l'afrikaans. PHO [afrikɑ̃dɛr] ETY Du néerl. *afrikaans*, « africain ». VAR **afrikaner** [afrikanɛr]

**Afrique (province d')** province romaine constituée après la destruction de Carthage (146 av. J.-C.) dans la partie orientale du Maghreb actuel. Administrée par Rome puis, de 533 à la conquête arabe (VIIe s.), par Byzance.

**Afrique** troisième continent par la superficie ; 30 500 000 km² ; 1,136 milliard d'hab. ; relié à l'Asie par l'isthme de Suez et séparé de l'Europe par le détroit de Gibraltar, il s'étend entre le 37e degré de latitude nord et le 35e degré de latitude sud. DER **africain, aine** *a, n*

**Géologie** L'Afrique est un continent massif au littoral peu découpé. De ce bloc se sont détachés l'Amérique du Sud, l'Australie, l'Antarctique et le Dekkan. Le socle précambrien affleure sur de très vastes étendues, dont une grande partie n'a pas été recouverte par les mers depuis le début de l'ère primaire. Au miocène, la Rift Valley s'ouvre depuis la mer Morte jusqu'au Mozambique et abrite les Grands Lacs, tandis que s'érigent le Kilimandjaro (Tanzanie) et le mont Kenya (Kenya). Au quaternaire, les épisodes pluvieux et secs contribuent à former les grands déserts. Le continent est surtout constitué de plaines et de plateaux plus ou moins élevés. Les étroites plaines côtières sont le plus souvent rectilignes.

**Hydrographie** Long de 6 671 km, le Nil naît de la convergence de plusieurs cours d'eau venus des régions équatoriales et tropicales. Le Congo, deuxième fleuve mondial par son débit après l'Amazone, draine un très vaste bassin de 3 800 000 km². Le Niger prend sa source dans le Fouta-Djalon, en Guinée ; il se dirige vers le nord et effectue une grande boucle pour se jeter dans le golfe de Guinée, au Nigeria. Le Zambèze prend sa source sur les plateaux de Zambie, franchit les célèbres chutes Victoria et aboutit à l'océan Indien. Les barrages bouleversent les écosystèmes et les sociétés traditionnelles.

**Climat** Les grandes zones climatiques se répartissent en bandes parallèles de part et d'autre de l'équateur. Les anticyclones tropicaux des Açores, du Sahara et d'Arabie marquent le climat de l'hémisphère Nord ; ceux de l'Atlantique Sud, du Kalahari et du sud de l'océan Indien marquent le climat de l'hémisphère Sud. Les vents anticycloniques, les alizés, soufflent vers le nord-ouest dans l'hémisphère Sud et vers le sud-ouest dans l'hémisphère Nord. La zone équatoriale est soumise aux pluies ; la saison sèche, lors des solstices, est brève. Quand on s'éloigne de l'équateur, la durée de la saison sèche s'allonge. Dans la zone tropicale humide, deux courtes saisons sèches coupent la longue saison des pluies. Au-delà de cette zone, une saison humide, appelée « hivernage » en Afrique de l'Ouest, succède à une saison sèche. Les pays bordant le Sahara ont vu s'accroître la sècheresse. V. Sahel.

**Population** Si les bords des lacs est-africains ont livré les plus anciens restes d'hominidés, les conditions naturelles et surtout historiques ont nui au peuplement de l'Afrique ; ainsi, la traite des esclaves a sévi du VIIIe s. (surtout à partir du XVIe s.) au XIXe s. Depuis le milieu du XXe s., l'Afrique a connu une puissante croissance démographique, mais la densité moyenne s'élève à 37 hab./km², contre 77 en Asie et 68 en Europe. La population africaine se divise en deux grands groupes. Le groupe noir, qui domine largement, se compose de plusieurs branches. Répandu du Soudan au sud du continent, il comprend une multitude de peuples et d'ethnies que l'on classe suivant leurs langues. Le groupe blanc est limité à l'Afrique du Nord : Berbères et Égyptiens se sont mêlés aux Arabes. D'origine austronésienne, la population malgache a reçu des apports africains, arabes et européens. Les Éthiopiens constituent un groupe intermédiaire entre l'Afrique noire et l'Afrique blanche. Les religions offrent aussi une extrême variété : aux multiples croyances de l'Afrique ancestrale se sont superposés l'islam et le christianisme.

**Langues** On classe les multiples langues d'Afrique dans quatres familles : afro-asiatique (Nord et Est), khoisan (extrême Sud), nilo-saharienne (Centre-Est) et congo-kordofanienne (Ouest, Centre et Sud). L'Afrique subsaharienne compte moins de 50 États mais de 1 200 à 1 500 langues. Deux États seulement possèdent une langue propre : le Rwanda et le Burundi. Le bilinguisme, voire trilinguisme, est une nécessité pour la plupart des Africains. On compte une cinquantaine de langues véhiculaires. En outre, on divise l'Afrique en zones francophone, anglophone, lusophone, mais l'usage réel du français, de l'anglais ou du portugais concerne rarement plus de 10 % de la population de tel ou tel État.

**Agriculture** Les régions subsahéliennes produisent des tubercules (manioc, igname, taro) et des céréales (sorgho, mil et petit mil), dont le cycle végétatif correspond à la saison des pluies. Plante amérindienne (comme le maïs, la pomme de terre et l'arachide), le manioc est devenu la princ. source de calories pour les Africains. Les principales plantes d'exportation, introduites par les Européens, sont l'arachide et le coton. L'instrument le plus employé demeure la houe ; un labour profond ferait remonter la matière infertile. L'élevage est traditionnellement pratiqué dans le Sahel et en Afrique de l'Est. La sédentarisation des pasteurs s'accélère. Les produits de la pêche représentent moins de 5 % des prises mondiales.

**Industrie** L'industrialisation demeure peu avancée et les voies de communication sont souvent insuffisantes. Au cours des années 80 et 90, une régression économique a presque partout entraîné une baisse du niveau de vie. Les recettes sont majoritairement constituées par la vente de matières premières comme à l'époque coloniale : cuivre, diamants, bauxite, uranium, or, argent, fer, autres métaux rares. Le continent africain produit 9,5 % du pétrole mondial et 2,4 % du gaz (Algérie). L'Afrique du Sud demeure la plus grande puissance industrielle (près de 70 % de l'énergie électrique du continent, 45 % de la production minière et 40 % de la production industrielle). L'industrie constitue 20 % du produit intérieur brut (PIB) des États du Maghreb et de l'Égypte, 45 % en Afrique du Sud, mais seulement 7,9 % au Mali et 4,1 % au Niger. Le tourisme se développe surtout en Égypte, en Tunisie, au Maroc, au Kenya et en Tanzanie.

**Histoire** LES ORIGINES Les paléontologues voient généralement dans l'Afrique intertropicale la souche du peuplement de la planète. Entre 20000 et 10000 av. J.-C., l'aridité a divisé le continent en zones refuges (étendues d'eau et vallées, notamment) et en zones abandonnées : déserts, forêts vierges. Vers 8000 av. J.-C., les pluies reprennent : la forêt se développe, mais l'homme la connaît mieux. Les crues interdisent à l'homme les vallées (mais la pêche reprend). Toutefois, la vallée de la Bénoué constitue un corridor entre le fleuve Niger et le lac Tchad. Cette région (élargie) est le site originel des « Proto-Bantous ». Autour des points d'eau importants de la rive gauche du Nil se rassemblent des groupes humains, dont certains, v. 6000 av. J.-C., domestiquent des animaux.

L'humidité décroît : le Sahara redevient moins hospitalier ; les fleuves, moins alimentés, sont plus contrôlables ; l'homme domestique des plantes et des animaux. Dans la vallée du Nil se développe la brillante culture de Nagada, à l'origine de l'organisation pharaonique de la Haute-Égypte. Émerge une culture éthiopienne qui débouche sur la culture d'Axoum. Le travail des métaux commence vers 1000 av. J.-C. Célèbre culture du fer, Nok (dans le Nigeria) a laissé une abondante statuaire en terre cuite. En Afrique du Nord, les cultures berbères sont bien développées quand les Phéniciens fondent Carthage au IXe s. av. J.-C. La côte E. de l'Afrique participe à l'effervescence commerciale dans l'océan Indien. L'apparition massive du dromadaire dans le Sahara occidental accroît les échanges transsahariens. L'axe nilotique est, comme celui de la mer Rouge, essentiel pour l'Égypte, qui prélève en Nubie or, granit (pour les obélisques) et main-d'œuvre militaire.

LE Ier MILLÉNAIRE APR. J.-C. En Afrique du N.-E., l'axe nilotique et la mer Rouge servent de vecteurs à la christianisation (qui s'étend également vers l'Afrique du Nord). Les migrations (probables) des Proto-Bantous entre l'Atlantique et l'océan Indien répandent l'agriculture et la métallurgie du fer. Un fait est établi : à la fin du Ier millénaire apr. J.-C., les Bantous occupent tout le centre et le sud du continent, et les villages sédentaires se multiplient. Plus au nord, Nok poursuit jusque vers le milieu du millénaire sa production culturelle ; la région d'Ife constitue un relais commercial entre le Nord et la côte. Dans le delta intérieur du Niger (au Mali), des vestiges d'une occupation humaine remontent au début du Ier millénaire. L'Afrique subsaharienne est considérée, dès le Ve s. av. J.-C., comme la « terre de l'or ». Des pouvoirs forts (dits « royautés ») s'imposent : Ife, Ghana, Gao. – L'islam gagne le nord du continent aux VIIe et VIIIe s. (V. Maghreb) et développe les échanges avec les pays subsahariens. Peu à peu apparaissent des comptoirs musulmans à Mogadiscio et à Kilwa (sur la côte de la Tanzanie actuelle).

**DU XIe AU XVe S.** Au XIe s., les Almoravides du Maroc unissent les terres encore musulmanes d'Espagne au Sahel. Le XIVe s. est un siècle de développement pour nombre de cultures africaines. Le Mali musulman diversifie son commerce avec le Nord. De nombreuses régions se dotent de monnaies. Le royaume du Kongo est politiquement et socialement structuré. Au Katanga circulent des croisettes de cuivre. Le royaume du Zimbabwe atteint son apogée. L'encerclement maritime du continent par les Portugais, puis par leurs rivaux européens, crée, à partir du XVIe s., de nouveaux réseaux. Naissent alors des pouvoirs côtiers, rivaux heureux des pouvoirs de l'intérieur du pays.

**LA TRAITE DES ESCLAVES** Entre le VIIIe et le XVIe s., le monde musulman s'est livré à la traite des esclaves : plusieurs millions de personnes ont été déportées dans le N. et l'E. de l'Afrique, et vers l'Asie. Les masques de bois auraient été créés comme emblèmes du refus de l'islamisation et la surnatalité aurait visé à compenser les captures. Commencée dès la fin du XVe s. par les Portugais, la recherche d'esclaves par les Européens s'est considérablement intensifiée au XVIe s., et surtout au XVIIIe s., quand se développa la mise en valeur de l'Amérique ; la traite européenne a enlevé environ 20 millions d'hommes à l'Afrique. Le développement économique, prometteur au XIVe s., a été profondément affecté ; le repli sur elles-mêmes des sociétés africaines a entravé le développement culturel ; à l'inverse, des plantes américaines furent adoptées.

**LES XVIIIe ET XIXe SIÈCLES** Les confréries musulmanes antiesclavagistes et antieuropéennes bouleversent l'Afrique occidentale. Les Peuls convertis propagent l'islam. Ousmane dan Fodio (1757 – 1817) établit autour d'une capitale sainte, Sokoto, un véritable empire. Citons aussi Al Hadj Omar, au Sénégal et au Mali, durant la première moitié du XIXe s. – À Madagascar, à partir de la fin du XVIIIe s., la monarchie merina unifie la majeure partie de l'île. En Afrique australe, Chaka fonde une « nation » zouloue (1812-1818). En Afrique occidentale, Samory Touré, avec l'aide des Dioulas musulmans, unifie, entre 1875 et 1898, un territoire s'étendant de la haute vallée du Niger à la Côte d'Ivoire et à l'ouest du Burkina Faso.

**LE PARTAGE DE L'AFRIQUE** La colonisation du continent a abouti au découpage de l'Afrique (conférence de Berlin, 1884-1885) ; un même peuple s'est trouvé scindé en deux ou trois par des frontières. Jusqu'en 1914, se produisent l'occupation militaire des territoires reconnus à chaque pays européen, l'installation d'administrations, une exploitation désordonnée des ressources, l'implantation de missions chrétiennes. Après 1918, on assiste à l'exploitation plus rationnelle des ressources. Après la Seconde Guerre mondiale, la pression de l'ONU et de l'URSS, longtemps considérée par certains anticolonialistes comme un modèle, la conférence de Bandung (1955), le développement des mouvements indépendantistes conduisent les colonisateurs à construire équipements routiers, voies ferrées, quelques barrages, quelques usines métallurgiques. L'Afrique du Sud occupe une place à part.

**L'INDÉPENDANCE** Après 1945 sont nés, au Kenya, au Sénégal, en Côte d'Ivoire, dans le Congo belge et en Rhodésie du Sud, notamment, des mouvements nationalistes qui ont utilisé les moyens européens : enseignement, presse, système de partis ou de syndicats. La décolonisation fut progressive à partir de 1956 dans les possessions britanniques, rapide dans l'Afrique française (les États de la Communauté créée par la Constitution de 1958 devinrent indépendants en 1960), brutale pour le Congo belge (1960), confuse pour l'Empire portugais, qui acquit l'indépendance en 1974. À cause de leur statut d'États souverains sanctionné par leur admission à l'ONU, à des dates échelonnées entre 1960 et 1975, et pour le Zimbabwe en 1980, les anciens pays colonisés doivent faire face à de graves problèmes : les frontières héritées du colonialisme, la poussée démographique, la situation sanitaire (sida notam.), l'organisation de l'État, les désordres budgétaires, la chute des cours des matières premières. Depuis la fin des années 1980, on a assisté à une certaine démocratisation politique et à une libéralisation économique conjointes, conséquences de l'effondrement de l'URSS et de la crise budgétaire des États africains.

▶ carte p. 23

## Afrique du Nord

région d'Afrique plus souvent appelée *Maghreb*. (DER) **nord-africain, aine** *a, n*

## Afrique du Sud (république d')

État fédéral d'Afrique australe, situé à l'extrémité S. du continent, bordé par l'océan Atlantique et l'océan Indien ; 1 221 037 km² ; 53 700 000 hab. ; croissance démographique : 1 % ; cap. administrative *Pretoria* ; cap. législative *Le Cap*. Nature de l'État : république de type présidentiel et pluraliste. Langues off. : afrikaans, anglais, ndebele, sotho, swazi, tsonga, tswana, venda, xhosa, zoulou. Monnaie : rand. (DER) **sud-africain, aine** *a, n*

**Géographie** L'Afrique du Sud est une immense cuvette centrale entourée de régions côtières élevées. À l'est, le Drakensberg est une véritable montagne. Au sud-ouest, le rebord perd de son importance. Face à la mer, le plateau intérieur tombe brutalement. Entre ce « Grand Escarpement » et la mer, les régions marginales s'étalent en demi-cercle. Les principaux cours d'eau sont l'Orange (2 250 km), le Limpopo (1 600 km) et le Vaal (1 200 km). Le climat, de

type tropical à saison sèche, est chaud et humide dans le Kwazulu-Natal et méditerranéen dans la région du Cap. – La population est composée de Noirs (76,1 %), de Blancs (12,8 %), de métis (8,5 %) et d'Asiatiques (2,6 %). La communauté noire comprend presque exclusivement des Bantous : Zoulous (env. 22 % de la pop. sud-africaine), Sothos (env. 20 %), Xhosas (18 %), Tswanas (7 %), etc. Les chrétiens sont majoritaires (66,4 %) et pour la plupart protestants. Les adeptes des religions traditionnelles forment env. le quart de la pop. Le taux d'urbanisation est de 48,8 %. Le Cap, Johannesburg, Durban et Pretoria comptent plus d'un million d'hab.

**Économie** Pays le plus développé d'Afrique, possédant de bonnes infrastructures et des ports modernes, l'Afrique du Sud approvisionne l'Europe, les États-Unis et le Japon en or, chrome, manganèse, charbon, platine, uranium, antimoine, titane, diamants. Une industrie diversifiée s'est développée dans les grandes rég. minières : Transvaal (Pretoria-Witwatersrand), KwaZulu-Natal (Durban) et les métropoles du S. (Le Cap et Port Elizabeth). À l'élevage important, aux céréales et à la vigne s'ajoute une prod. croissante de fruits et légumes exportés. Cependant, les conséquences économiques et sociales de l'apartheid, notamment la trop faible qualification des Noirs (50 % d'analphabètes), conjuguées aux effets des sanctions économiques internationales de 1985 à 1992, ont provoqué une crise durable à partir de 1996. La croissance est revenue puis s'est ralentie.

**Histoire** **LES ORIGINES** Les premiers habitants étaient les Sans (Boschimans ou *Bushmen*) et les Khoïs (Hottentots). La grande migration des Bantous semble avoir atteint la région vers 1500. En 1487, le navigateur portugais Bartolomeu Dias découvrit le cap de Bonne-Espérance. En 1497, Vasco de Gama le franchit. En 1652, la Compagnie néerlandaise des Indes orientales (VOC) fonda le premier établissement, escale vers l'Asie. En 1657, neuf *free burghers* (citoyens libres) établirent des fermes. Ils furent rejoints par d'autres Européens. Les colons importèrent des esclaves noirs, puis des Malgaches et des Asiatiques. En 1760, des *boers* (en néerl. « paysans »), pour se libérer de la VOC et pour pratiquer l'élevage extensif, franchirent le fl. Orange. Cette migration s'appelle le *Trek*. Ils affrontèrent les Khoïs (1659-1660 et 1672-1677) puis les Sans, qu'ils massacrèrent de 1770 à 1810. En 1794, la VOC se déclara en banqueroute.

**LA COLONISATION BRITANNIQUE** En 1795, les Brit. occupèrent Le Cap. Le traité de Paris (1814) accorda le territ. à la G.-B., qui abolit l'esclavage (1833), ce qui révolta les Boers. De 1834 à 1839, le *Grand Trek* mena ceux-ci aux futurs Transvaal et Natal. Les Boers vainquirent les Xhosas, dits alors Cafres (huit guerres entre 1779 et 1853), les Zoulous, écrasés à Blood River en 1838, puis les Sothos (1846-1868). Les Brit. annexèrent en 1843 le Natal, où ils vainquirent les Zoulous (1873-1879). En 1899, Paul Krüger, président du Transvaal, déclencha la guerre des Boers contre les Brit. En mai 1902, les Boers se rendirent, perdant le Transvaal et l'État libre d'Orange, qui, avec le Natal et Le Cap, formèrent en 1910 l'Union sud-africaine, dotée d'un gouvernement et d'un parlement. Dès 1911, les lois racistes se succédèrent et la résistance des Africains fut précoce (création en 1912 de l'ANC). En 1931, l'Union obtint son indép.

**L'INDÉPENDANCE (1931) ET L'APARTHEID (1948-1991)** En 1948, l'apartheid fut érigé en système. L'ANC organisa en 1950 une grève générale et en 1952 une campagne de défiance qui alerta l'ONU, impuissante. En 1954, le gouv. décida de créer des bantoustans. En 1960, le Premier ministre H. F. Verwoerd fit instaurer par référendum la république, qui sortit du Commonwealth. En 1962, on arrêta Nelson Mandela, leader de l'ANC, condamné en 1964 à la détention à vie. En 1976, une manifestation d'écoliers, à Soweto, entraîna une tuerie ; l'ONU vota l'embargo sur les ventes d'armes à l'Afrique du Sud. Succédant au Premier ministre B. J. Vorsters (1966-1978), P. W. Botha fit approuver en 1983 une nouvelle constitution donnant le pouvoir au président, qu'il devint (1984). En 1985, le boycott international lamina l'économie du pays. En 1989, F. De Klerk succéda à Botha. Naguère partisan de l'apartheid, il fit libérer des leaders noirs dès 1989 et rencontra Mandela, libéré en 1990. En 1991, l'apartheid fut supprimé.

**LE POUVOIR NOIR** En 1992, un référendum approuva un projet de réforme constitutionnelle. Dès 1985, des affrontements avaient opposé l'ANC et l'*Inkatha Freedom Party* (IFP), parti nationaliste zoulou, mais les prem. élections multiraciales se déroulèrent dans le calme en avril 1994. L'ANC les remporta. La communauté internationale leva les dernières sanctions. En mai, Mandela devint président de la Rép. et choisit comme vice-président De Klerk, mais celui-ci démissionna en 1995. En 1996, une nouvelle constitution fut adoptée, qui entra en vigueur en 1999. Cette même année, Mandela se retira de la vie politique et son dauphin, Thabo Mbeki, fut élu président. Il mène une politique libérale : privatisations, réduction des déficits publics. Grâce à un bilan écon. positif, il est réélu en 2004. Mais il perd les élections à la tête de l'ANC en 2007 face à son rival Jacob Zuma, qui est élu président de la République en 2009 et réélu en 2014.

**Afrique-Équatoriale française (AEF)** gouvernement général qui, de 1910 à 1958, groupa quatre territ. : Tchad, Oubangui-Chari, Moyen-Congo, Gabon ; cap. *Brazzaville.*

**Afrique fantôme (l')** ouvrage de M. Leiris (1934).

**Afrique noire** partie de l'Afrique mieux nommée *Afrique subsaharienne.*

**Afrique-Occidentale française (AOF)** gouvernement général qui, de 1895 à 1958, groupa en fédération huit territ. français : Sénégal, Guinée, Côte-d'Ivoire, Dahomey, Soudan, Haute-Volta, Niger, Mauritanie ; cap. *Dakar.*

**Afrique-Orientale allemande** colonie all. de 1891 à 1919, correspondant au Tanganyika, au Rwanda et à l'Urundi. En 1919, elle fut répartie entre la G.-B. et la Belgique.

**Afrique-Orientale britannique** anc. possessions brit. d'Afrique orient. : Kenya, Ouganda, Tanganyika et Zanzibar.

**Afrique-Orientale italienne** nom donné aux anc. territ. ital. de l'Érythrée, de l'Éthiopie, de la Somalie (1936). L'Italie les perdit pendant la Seconde Guerre mondiale.

**Afrique-Orientale portugaise** nom donné aux anc. possessions portugaises constituant l'actuel Mozambique.

**afro** *a inv* LOC *Coiffure afro* : coupe gonflante de cheveux crépus ou frisés.

**afro-américain, aine** *a, n* Se dit des Noirs américains. SYN africain-américain.

**afro-asiatique** *a, nm* **A** *a* Qui concerne à la fois l'Afrique et l'Asie. **B** *a, nm* LING Syn. de *chamito-sémitique.*

**afro-beat** *nm* Syn. de *afro-rock.* (PHO) [afrobit]

**afro-brésilien, enne** *a, n* Se dit des Noirs du Brésil.

**afro-centrisme** *nm* Mouvement qui met en avant les valeurs liées à l'Afrique. (DER) **afro-centriste** *a, n*

**afro-cubain, aine** *a, n* Se dit des Noirs de Cuba. *Musique afro-cubaine.*

**afro-rock** *nm* Courant musical d'Afrique noire, issu de la rencontre entre le rock, le jazz et les musiques traditionnelles africaines. SYN afro-beat.

**aftershave** *nm* Syn. de *après-rasage.* (PHO) [aftœʀʃɛv] (ETY) Mot angl.

**Afton** rég. des É.-U. (Iowa). ▷ GEOL *Interglaciaire d'Afton* (ou *Aftonien*) : première période interglaciaire de l'Amérique du Nord.

**Ag** CHIM Symbole de l'argent.

**AG** *nf* Assemblée générale. (PHO) [aʒe]

**agace** *nf* rég Pie. (VAR) **agasse**

**agacer** *vt* ⑫ **1** Énerver et impatienter. *Tu nous agaces, avec tes hésitations !* **2** Taquiner en provoquant. **3** Produire une sensation d'irritation sur. *Une saveur un peu acide qui agace les dents.* (DER) **agaçant, ante** *a* – **agacement** *nm*

**agaceries** *nfpl* litt Manières coquettes et provocantes d'une femme qui cherche à séduire.

**Agadir** v. et port du Sud marocain, sur l'Atlantique ; 991 800 hab. ; ch.-l. de prov. – En 1960, un tremblement de terre détruisit la ville, auj. reconstruite. – *Incident d'Agadir* : le 1er juil. 1911, le gouvernement all. envoya une canonnière devant cette ville pour protester contre l'entrée des troupes françaises à Fès et à Meknès ; une partie du Congo français fut cédée aux All., qui n'intervinrent pas au Maroc.

**Aga Khan** → **Agha Khan.**

**agalactie** *nf* MED Absence de lactation après l'accouchement. (ETY) Du gr. (VAR) **agalaxie**

**Agam Yaacov Gipstein, dit Yaacov** (Rishon Le Ziyyon, 1928), artiste israélien, représentant de l'art cinétique.

**agame** *nm* ZOOL Reptile saurien insectivore, commun en Afrique.

**agame** mâle en livrée nuptiale

**Agamemnon** fils d'Atrée, roi légendaire d'Argos et de Mycènes, chef des Grecs devant Troie. Il sacrifia sa fille Iphigénie pour obtenir des vents favorables à la flotte grecque bloquée à Aulis. Sa femme, Clytemnestre, et l'amant de celle-ci, Égisthe, l'assassinèrent à son retour à Argos. V. Oreste et Électre.

masque funéraire en or dit d'**Agamemnon**, Mycènes

**agamète** *nf* Cellule reproductrice asexuée.

**agami** *nm* ORNITH Gros oiseau noir des forêts sud-américaines, que son cri a fait surnommer *oiseau-trompette.* (ETY) Mot caraïbe.

**agamidé** *nm* ZOOL Saurien des régions chaudes de l'Ancien Monde, tel que le dragon volant, l'uromastix.

**agamie** *nf* BIOL Reproduction sans fécondation, asexuée.

**agammaglobulinémie** *nf* MED Diminution marquée ou absence de gammaglobulines dans le plasma sanguin.

**Aga Muhammad** (1742 – 1797), fondateur de la dynastie des Qādjārs, qui régna en Perse jusqu'en 1925.

**agapanthe** *nf* Plante ornementale (liliacée), à belles fleurs blanches ou bleues. ETY Du gr. *agapan*, « aimer ».

**agape** *nf* **A** HIST Repas en commun des premiers chrétiens. **B** *nfpl* Banquet entre amis. ETY Du gr. *agapê*, « amour ».

**Agapet** nom de deux papes. — **Agapet II** pape (946-955) encouragea l'œuvre monastique d'Odon de Cluny.

**Agar** esclave d'Abraham, mère d'Ismaël.

**agar-agar** *nm* CHIM Substance mucilagineuse extraite de certaines algues, utilisée en bactériologie comme milieu de culture et dans l'industrie comme produit d'encollage. SYN gélose. PLUR agars-agars. ETY Mot malais.

**agaric** *nm* Autre nom du *champignon de couche*. LOC *Agaric champêtre* : autre nom du *rosé-des-prés*. ▶ pl. champignons

**agaricacée** *nf* Champignon basidiomycète à lamelles, comestible ou vénéneux, tel que l'agaric, les amanites, les cortinaires, etc.

**agaricale** *nf* BOT Champignon basidiomycète tel que l'agaric.

**agasse** → **agace.**

**Agassiz** Louis (Motier, cant. de Fribourg, 1807 – Cambridge, É.-U., 1873), naturaliste suisse. Il étudia les poissons fossiles et la glaciologie.

**agate** *nf* **1** Minéral formé de silice déposée en couches concentriques diversement colorées, utilisé dans l'industrie à cause de sa dureté et dont la calcédoine est une variété. **2** Bille faite d'agate, ou de verre imitant l'agate.

**Agathocle** (Thermae, Sicile, v. 361 – Syracuse, 289 av. J.-C.), tyran de Syracuse. Il lutta contre les Carthaginois.

**Agathon (saint)** pape (678-681). Il fit condamner l'hérésie des monothélites (680).

**agave** *nm* BOT Plante grasse (amaryllidacée), originaire du Mexique, à haute hampe florale, dont les feuilles fournissent une fibre textile, le *sisal*, et la sève fermentée une boisson alcoolisée, le *pulque*.

**agave**

**Agde** ch.-l. de cant. de l'Hérault (arr. de Béziers) ; 24 457 hab. (*Agathois*). Industrie vitic. Tourisme au *cap d'Agde*. – Phocéenne, puis romaine, la v. fut un grand port avant son ensablement.

**age** *nm* AGRIC Pièce longitudinale de la charrue supportant le soc. ETY Du frq.

**Age** Agenore Incrocci, dit (Brescia, 1919 – Rome, 2005), scénariste italien de comédies caustiques : *le Pigeon* (1958), *les Monstres* (1963).

**âge** *nm* **1** Période écoulée depuis la naissance, le début de l'existence. *Il est mort à l'âge de 80 ans. L'âge d'une roche.* **2** Les années écoulées, la vieillesse. *Votre myopie s'atténuera avec l'âge.* **3** Période de la vie d'un être humain. *Bas âge, âge mûr.* **4** Grande période de l'histoire ou de la préhistoire. *Âge de pierre.* LOC *Âge d'or* : époque de prospérité, particulièrement favorable ; au Québec, l'âge de la retraite. — DR *Âge légal* : fixé par la loi pour l'exercice de certains droits civils ou politiques. — PSYCHO *Âge mental* : niveau d'aptitude mentale d'un individu, comparé au niveau d'aptitude mentale de l'ensemble des individus d'un âge civil donné. — *D'un certain âge* : qui n'est plus jeune. — *Entre deux âges* : ni jeune ni vieux. — *Être d'âge à, en âge de* : être à l'âge convenable pour. *Être d'âge à se marier.* — *Le quatrième âge* : l'extrême vieillesse, la sénescence. — *Le troisième âge* : l'âge de la retraite, la vieillesse.

**âgé, ée** *a* **1** Vieux. *Il est plus âgé que moi.* **2** Qui a tel âge. *Un homme âgé de trente ans.*

**Âge d'or (l')** film surréaliste français de L. Buñuel (1930), scénario en collab. avec S. Dali.

**Agee** James (Knoxville, 1909 – New York, 1955), écrivain américain : poèmes en vers (*Permettez-moi de voyager*, 1934), romans psychologiques, scénarios (*African Queen*).

**Agen** ch.-l. du dép. de Lot-et-Garonne, sur la Garonne ; 35 260 hab. Marché de primeurs. Industries. – Évêché. Cath. St-Caprais (XII^e^ et XIII^e^ s.) ; musées. DER **agenais, aise** *a, n*

**Agenais** région d'Agen. Anc. pays de France réuni définitivement à la Couronne en 1472. VAR **Agenois**

**agence** *nf* **1** Établissement commercial qui propose un ensemble de services, ou se charge d'effectuer pour le compte de ses clients certaines opérations. *Agence de voyages. Agence immobilière.* **2** Succursale d'une société de crédit. **3** Nom de certains organismes publics. *Agence nationale pour l'emploi (ANPE).* LOC *Agence de notation* : entreprise ou institution chargée d'évaluer sur le plan financier les collectivités, les entreprises, les banques. — *Agence de presse* : qui centralise les nouvelles, les dépêches, et les transmet à ses abonnés, à la presse. ETY De l'ital.

**Agence intergouvernementale de la Francophonie** nom porté par l'Organisation internationale de la Francophonie de 1995 à 2005.

**Agence France-Presse (AFP)** agence de presse française fondée à la Libération, en sept. 1944.

**Agence nationale pour l'emploi (ANPE)** établissement public créé en 1967 pour aider les demandeurs d'emploi. En 2009, l'ANPE fusionne avec l'UNEDIC pour former Pôle emploi.

**agencer** *vt* (12) Disposer, arranger les éléments d'un tout d'une manière cohérente, régulière. *Appartement bien agencé.* DER **agencement** *nm*

**Agence spatiale européenne (ASE)** institution intergouvernementale créée en 1975. Siège : Paris. Sigle anglo-saxon : *ESA*.

**agencier, ère** *n* Journaliste travaillant dans une agence de presse.

**agenda** *nm* **1** Carnet sur lequel on note, jour par jour, les choses que l'on veut faire. *Notez l'heure de notre rendez-vous sur votre agenda.* **2** fig Emploi du temps. *Un agenda chargé.* PHO [aʒɛ̃da] ETY Mot lat., « choses à faire ».

**agénésie** *nf* MED **1** Arrêt partiel du développement d'un organe ou d'un membre pendant la vie intra-utérine, entraînant ultérieurement une atrophie. **2** Impossibilité d'engendrer par impuissance sexuelle, stérilité, etc.

**agenouiller (s')** *vpr* (1) Se mettre à genoux. DER **agenouillement** *nm*

**agent** *nm* **1** Celui qui agit. **2** GRAM Personne ou chose qui, dans la réalité extralinguistique, effectue l'action ou est dans l'état exprimé par le verbe. *Dans « les feuilles tombent en automne » et « cet enfant s'ennuie », « feuilles » et « enfant » sont agents.* **3** Ce qui accomplit une action, produit un effet déterminé. *Agents atmosphériques. Agent thérapeutique.* **4** Personne chargée d'agir pour le compte d'une autre, ou pour le compte d'une administration ou d'une société dont elle représente les intérêts. *Agent d'assurances.* **5** Employé d'une société, d'une administration. *Agent de police.* LOC *Agent d'affaires* : professionnel qui gère les affaires d'autrui. — *Agent d'ambiance* : personne chargée d'assister les usagers d'un lieu public (gares par ex.). — Canada *Agent de bord* : personne affectée au service des passagers d'un avion. — *Agent de change* : officier ministériel qui détient le monopole des négociations des effets publics, des obligations et des actions de sociétés. — Canada *Agent de la paix* : agent de police — *Agent de recherches* : détective privé. — ECON *Agent économique* : individu ou organisme constituant, du point de vue économique, un centre de décision et d'action élémentaire (entreprise non financière, ménage, administration, institution financière). — TECH *Agent mouillant* : produit qui permet à un liquide de mieux recouvrir ou imprégner une surface. — *Agent secret* : appartenant à un service de renseignements, espion. — *Agent transmissible non conventionnel (ATNC)* : autre nom du prion. — *Complément d'agent* : complément d'un verbe à la voix passive, désignant la personne ou la chose effectuant l'action. *Dans « la pomme est mangée par Jean », « Jean » est complément d'agent.*

**agératum** *nm* Composacée ornementale à fleurs bleu cendré. VAR **agérate**

**Agésilas II** (?, v. 444 – Cyrène, v. 360 av. J.-C.), roi de Sparte de 398 à sa mort. Vainqueur des Perses en Asie Mineure, des Thébains et des Athéniens coalisés à Coronée (394). Battu à Mantinée (362) par Épaminondas.

**Aggée** un des douze petits prophètes juifs. (VI^e^ s. av. J.-C.). VAR **Haggaï**

**aggiornamento** *nm* **1** Rénovation permanente de l'Église face aux besoins du monde actuel. **2** Adaptation à l'évolution du monde, au progrès. PHO [adʒjɔʀnamento] ETY Mot ital., « mise à jour ».

**agglo** *nm* fam Aggloméré (matériau).

**agglomérat** *nm* **1** GEOL Agrégat naturel de minéraux. **2** Ensemble disparate de personnes ou de choses.

**agglomération** *nf* **1** didac Action d'agglomérer, fait de s'agglomérer. **2** Ensemble d'habitations. *La vitesse est limitée dans les agglomérations.* **3** Ensemble constitué par une ville et sa banlieue.

**aggloméré** *nm* **1** Combustible formé de poussières de charbon réunies par un liant. **2** CONSTR Matériau obtenu par mélange de matières inertes que réunit un liant. **3** Bois reconstitué, fait de copeaux agrégés sous pression au moyen d'une colle. *Panneau d'aggloméré.*

**agglomérer** *v* (14) **A** *vt* Faire une masse dense, compacte, de divers éléments. *Le vent agglomère les grains de sable.* **B** *vpr* Se rassembler en une masse compacte. SYN agglutiner, agréger.

**agglutinant, ante** *a* Propre à agglutiner, à coller ensemble. LOC LING *Langues agglutinantes* : langues exprimant différents rapports grammaticaux par l'accumulation après le radical d'affixes distincts.

**agglutination** *nf* Action d'agglutiner ; fait de s'agglutiner. LOC BIOL *Réaction d'agglutination :* réaction antigène-anticorps provoquant l'agglutination des cellules.

**agglutiner** *v* ① **A** *vt* Coller ensemble, assembler de manière à former une masse compacte. SYN agglomérer. **B** *vpr* S'assembler. *La foule s'agglutinait devant l'entrée du stade.* ETY Du lat. DER **agglutinable** *a*

**agglutinine** *nf* BIOL Anticorps responsable de la réaction d'agglutination.

**agglutinogène** *nm* BIOL Antigène porté par certaines cellules qui peuvent ainsi être agglutinées en présence de l'agglutinine correspondante.

**aggravée** *nf* MED VET Inflammation douloureuse de la patte, chez le chien. ETY De l'a. adj. *agravé*, « endolori par le gravier ».

**aggraver** *v* ① **A** *vt* Rendre plus grave, plus pénible, plus douloureux. *Aggraver sa faute.* ANT atténuer. **B** *vpr* Devenir plus grave, empirer. *Le mal s'aggrave de jour en jour.* DER **aggravant, ante** *a* – **aggravation** *nf*

**agha** *nm* HIST **1** Officier supérieur de la cour des anciens sultans turcs. **2** En Algérie, chef supérieur au caïd.

**Agha Khan** imam des ismaéliens d'une obédience (nizarite) répandue en Inde et au Pākistān. — **Agha Khan IV** (Genève, 1936), est l'imam actuel. VAR **Aga Khan**

**Aghlabides** (800-909), dynastie musulmane vassale des Abbassides ; fondée par Ibrahim ibn al-Aghlab, elle régna sur l'Ifriqiyya (Tunisie et Est algérien) avec pour cap. *Kairouan.* Elle fut détrônée par les Fatimides. DER **aghlabide** *a*

**agile** *a* **1** Dont les mouvements sont rapides, aisés. *Une démarche souple et agile.* **2** fig Qui est vif intellectuellement. *Un esprit agile.* DER **agilement** *av* – **agilité** *nf*

**agio** *nm* FIN Ensemble des taux de retenue (intérêt, commission, change) sur un escompte. ETY De l'ital.

**a giorno** *av, a* Comme à la lumière du jour. *Salle éclairée a giorno.* PHO [adʒjɔʀno] ETY Mots ital.

**agioter** *vi* ① FIN Spéculer frauduleusement sur les fonds publics, les changes, les valeurs mobilières. DER **agiotage** *nm* – **agioteur, euse** *n*

**agir** *v* ③ **A** *vi* **1** Faire qqch, accomplir une action. **2** Se conduire, se comporter d'une certaine façon. *Il a bien agi envers moi.* **3** Exercer une action, opérer un effet. *Il faut laisser agir le médicament.* **4** DR Exercer une action en justice. *Agir au criminel, au civil.* **B** *vpr impers* **1** Être question de. *De quoi s'agit-il ? C'est de vous qu'il s'agit.* **2** Falloir, importer. *Il s'agit non seulement de trouver la bonne méthode, mais encore de l'appliquer.* LOC *Agir auprès de qqn :* intervenir, faire des démarches auprès de lui pour obtenir qqch. *Il agit auprès du ministre pour les intérêts de son département.*

**Agis** nom de quatre rois de Sparte. — **Agis IV** (roi de 244 à 241 av. J.-C.), tenta de vaines réformes.

**âgisme** *nm* Attitude de discrimination s'exerçant envers les personnes âgées.

**agissant, ante** *a* Qui agit avec efficacité, actif.

**agissements** *nm pl* Façons d'agir, procédés condamnables. *Les agissements d'un suspect.*

**agitateur, trice** *n* **A** Personne qui suscite ou entretient des troubles politiques ou sociaux. **B** *nm* Instrument servant à remuer des mélanges liquides.

**agitation** *nf* **1** État de ce qui est parcouru de mouvements irréguliers. *L'agitation de la mer.* **2** État d'une personne que des émotions diverses bouleversent. *Calmer l'agitation d'un anxieux.* **3** Mécontentement politique ou social, qui se traduit par des revendications, des troubles.

**agitato** *av* MUS De manière vive. PHO [aʒitato] ETY Mot ital.

**agité, ée** *a, n* **A** *a* En proie à l'agitation. *Mer agitée.* **B** *n* Personne très nerveuse, qui s'agite beaucoup.

**agiter** *v* ① **A** *vt* **1** Remuer, secouer par des mouvements irréguliers. *Les vagues agitent le bateau.* **2** fig Causer du trouble à. *Les passions qui nous agitent.* **3** fig Examiner, débattre. *Agiter des idées.* **B** *vpr* **1** Remuer, aller et venir. *Un malade ne doit pas s'agiter.* **2** fam S'affairer. *Il s'agite beaucoup, mais il n'est pas très efficace.*

**agit-prop** *nf* Activité militante pratiquée par certains groupes révolutionnaires. PHO [aʒitpʀɔp] ETY Abrév. de *agitation-propagande.*

**aglobulie** *nf* MED Diminution du nombre des globules rouges du sang.

**aglosse** *nf* ZOOL Lépidoptère nocturne (pyralidé) aux ailes grises et noires dont la chenille, appelée *teigne de la graisse*, se nourrit, en fait, de débris végétaux. VAR **aglossa** *nm*

**aglyphe** *a* ZOOL Se dit des serpents non venimeux à dents lisses.

**Agnadel** com. d'Italie (Lombardie) où Louis XII battit les Vénitiens (1509).

**Agnan** → **Aignan.**

**agnat** *nm* DR Parent par les mâles. ANT cognat. PHO [agna] DER **agnation** *nf* – **agnatique** *a*

**agnathe** *nm* ZOOL Vertébré très primitif, dépourvu de mâchoires, comme la lamproie. PHO [agnat]

**agneau** *nm* **1** Petit de la brebis. **2** Viande d'agneau. *Gigot d'agneau.* **3** Fourrure d'agneau. LOC *Agneau de lait :* agneau nourri de lait, à la chair blanche et tendre. — *Agneau mystique :* nom donné à Jésus-Christ, qui s'immola pour racheter le péché du monde et sauver l'humanité. — *Agneau pascal :* agneau que les Juifs immolaient et mangeaient chaque année, lors de la Pâque, pour commémorer la traversée de la mer Rouge sous la conduite de Moïse.

**Agneau mystique (l'Adoration de l')** retable à volets de Jan Van Eyck exécuté pour la cath. St-Bavon de Gand (1432).

**Agnel (col d')** col (2 700 m) des Alpes françaises (Htes-Alpes), à la frontière italienne.

**agnelée** *nf* Portée de la brebis.

**agneler** *vi* ⑰ ou ⑲ Mettre bas, en parlant de la brebis. DER **agnelage** *nm*

**agnelet** *nm* Petit agneau.

**agnelin** *nm* Peau d'agneau mégissée avec sa laine.

**agneline** *nf* Laine d'agneau, courte et frisée, qui provient de la première tonte.

**agnelle** *nf* Agneau femelle. VAR **agnèle**

**Agnelli** famille d'industriels et d'hommes d'affaires italiens. — **Giovanni** (Villar Perosa, 1866 – Turin, 1945) fonda en 1899 la Fiat (automobiles). — **Giovanni** (Turin, 1921 – id., 2003), son petit-fils, dirigea le groupe Fiat de 1963 à 1995.

**Agnès de France** (1171 – 1220), princesse capétienne. Elle épousa les empereurs byzantins Alexis II (1180) et Andronic Ier (1183), assassin du premier.

**Agnès de Méran** (m. à Poissy, 1201), reine de France, troisième épouse de Philippe Auguste (1196), répudiée en 1200.

**Agnès Sorel** (?, v. 1422 – Anneville, Normandie, 1450), favorite du roi Charles VII, sur qui elle eut une grande influence ; surnommée *la Dame de Beauté*, car le roi lui avait donné la seigneurie de Beauté-sur-Marne.

**Agni** dieu du Feu dans la myth. védique.

**Agnis** population de Côte d'Ivoire et du Ghana, de langue kwa.

**Agnon** Samuel Joseph Tchatchkes, dit (Buczacz, Galicie, 1888 – Gedera, au S. de Tel-Aviv, 1970), écrivain israélien de langues yiddish et hébraïque. P. Nobel de littérature 1966 avec N. Sachs.

**agnosie** *nf* MED Trouble de la reconnaissance des objets dû à une perturbation des fonctions cérébrales supérieures. *Agnosie auditive, visuelle.* PHO [agnɔzi] DER **agnosique** *a, n*

**agnosticisme** *nm* Doctrine tenant pour vaine toute métaphysique et déclarant que l'absolu est inconnaissable pour l'esprit humain. PHO [agnɔstisism] DER **agnostique** *a, n*

**agnus-castus** *nm inv* BOT Gattilier. ETY Mot lat.

**agnus Dei** *nm inv* **1** Médaillon en cire bénit, représentant un agneau. **2** Prière de la messe, entre le Pater et la communion. PHO [agnysdei] ETY Mots lat., « agneau de Dieu », nom donné à Jésus-Christ.

**-agogie, -agogue** Suffixes, du gr. *agôgos*, « qui conduit ».

**agonie** *nf* **1** Période de transition entre la vie et la mort, caractérisée par un ralentissement circulatoire et une altération de la conscience. **2** fig Déclin final. *L'agonie de la royauté.*

**agonir** *vt* ③ LOC *Agonir qqn d'injures :* l'accabler d'injures.

**agoniser** *vi* ① **1** Être à l'agonie. **2** fig Décliner, toucher à sa fin. DER **agonisante, ante** *a, n*

**agoniste** *a, nm* **1** Se dit d'un muscle qui exerce l'action principale dans un mouvement donné. ANT antagoniste. **2** Se dit d'une substance qui renforce les effets d'une autre substance.

**agora** *nf* **1** Place publique et marché des anciennes villes grecques. **2** Espace commerçant et piétonnier dans une ville nouvelle. **3** Émission de télévision rassemblant des participants autour d'un thème.

**agoraphobie** *nf* MED Crainte pathologique des espaces ouverts, des places publiques. DER **agoraphobe** *a, n*

**Agoult** Marie de Flavigny (comtesse d') (Francfort-sur-le-Main, 1805 – Paris, 1876), femme de lettres française (sous le nom de Daniel Stern). Elle eut trois enfants de Liszt ; Cosima épousa Wagner.

**Agout** riv. de France (180 km), affl. du Tarn (r. g.) ; naît dans les monts de l'Espinouse.

**agouti** *nm* Rongeur nocturne de la taille d'un lièvre, répandu du Mexique à l'Argentine.

**agouti**

**Āgra** v. du N. de l'Inde (Uttar Pradesh), sur la Yamunā ; 899 000 hab. Centre industriel. – Cap. de l'anc. Empire moghol. ▶ illustr. p. 28

**agrafe** *nf* **1** Crochet qu'on passe dans un anneau pour fermer un vêtement. **2** Fil de métal recourbé permettant de réunir des papiers ou d'autres objets. *Des agrafes de bureau.* **3** Languette de métal souple sur le capuchon d'un stylo. **4** CHIR Petite lame de métal servant à joindre les bords d'une plaie. **5** CONSTR Accessoire, en forme de crampon ou de pince à ressort, servant à réunir des éléments de construction. **6** ARCHI Ornement, placé à la tête d'un arc, unissant plusieurs parties architecturales.

**agrafer** *vt* ① **1** Fixer à l'aide d'agrafes. **2** fam Arrêter, retenir qqn. *Les flics l'ont agrafé pour excès de vitesse.* DER **agrafage** *nm*

**agrafeuse** *nf* Machine à agrafer.

**agrainer** *vt* ① Répandre du grain pour nourrir le gibier. DER **agrainage** *nm*

**agraire** *a* **1** Des champs, des terres. *Mesure agraire.* **2** Qui concerne le sol, les intérêts de ceux qui le cultivent ou qui le possèdent. *Parti agraire.* LOC ***Réforme agraire*** : organisant la distribution des terres dans un sens égalitaire. ETY Du lat. *agrarius,* de *ager,* « champ ».

**agrammatical, ale** *a* LING Qui ne répond pas aux critères grammaticaux. *Phrase agrammaticale.* PLUR agrammaticaux. DER **agrammaticalité** *nf*

**agrammatisme** *nm* MED Réduction du langage à une série d'énoncés unitaires non liés, observée au cours de certaines aphasies. ETY Du gr. *grammata,* « lettres ». DER **agrammatique** *a*

**agrandir** *v* ③ **A** *vt* **1** Rendre plus grand. *Agrandir une photographie.* **2** Faire paraître plus grand. *Ces glaces agrandissent la pièce.* **3** fig Élever, ennoblir. *La générosité agrandit celui qui l'exerce.* **B** *vpr* **1** Devenir plus grand. *Ce supermarché s'est encore agrandi.* **2** fam Agrandir son logement ou en trouver un plus grand. *Ils voudraient s'agrandir.*

**agrandissement** *nm* **1** Action d'agrandir. **2** PHOTO Opération qui permet d'obtenir une épreuve plus grande que le négatif original ; l'épreuve ainsi obtenue.

**agrandisseur** *nm* Appareil qui permet d'agrandir des photographies.

**agranulocytose** *nf* MED Diminution importante des leucocytes granuleux du sang.

**agraphie** *nf* MED Impossibilité de s'exprimer par l'écriture.

**agrarien, enne** *n, a* **A** *n* HIST Défenseur des lois agraires, du partage du sol entre les cultivateurs. **B** *a* Se dit des partis politiques qui défendent les propriétaires fonciers.

**Āgra** le Tādj Mahall, XVII^e s.

**agréable** *a* **1** Qui agrée, qui plaît à qqn. *Il me serait agréable de vous rencontrer.* **2** Plaisant pour les sens. *Physionomie agréable.* **3** Sympathique, avenant. *Un homme fort agréable.* DER **agréablement** *av*

**agréage** *nm* DR Vérification que des marchandises périssables n'ont pas subi de dommage pendant leur transport.

**Ágreda** María Coronel, dite Marie d' (Ágreda, 1602 – id., 1665), mystique espagnole de l'ordre des Cordelières.

**agréé, ée** *a* Reconnu conforme à certains règlements. *Traitement agréé.*

**agréer** *v* ⑪ **A** *vt* Accepter. *Agréer une demande. Veuillez agréer mes salutations distinguées.* **B** *vti* Être au gré, à la convenance de. *Cela ne m'agrée pas du tout.*

**agrégat** *nm* **1** Assemblage de diverses parties qui forment masse. *Un agrégat de gneiss.* **2** PHYS Amas de matière constitué d'atomes et ayant des dimensions de l'ordre du nanomètre. **3** STATIS Grandeur caractéristique de la comptabilité nationale (production intérieure brute, consommation, etc.). **4** TRAV PUBL Ensemble des éléments inertes, tels que sables et gravillons, qui entrent dans la fabrication du béton. LOC ECON ***Agrégat monétaire*** : chacune des composantes de la masse monétaire (billets, dépôts, sicav, etc.).

**agrégatif, ive** *n* Étudiant qui prépare l'agrégation.

**agrégation** *nf* **1** Réunion de parties homogènes qui forment un tout. **2** TRAV PUBL Matériau, à base de sable ou de débris de pierres, utilisé comme revêtement routier. **3** Concours assurant le recrutement de professeurs de lycée et d'université. *Agrégation de lettres modernes.*

**agrégé, ée** *n* Personne reçue à l'agrégation.

**agréger** *vt* ⑮ **1** Réunir des solides. **2** fig Admettre, incorporer dans un groupe, une société. ETY Du lat.

**agrément** *nm* **1** Approbation, consentement qui vient d'une autorité. *L'agrément d'une convention collective par le ministre du Travail.* **2** Qualité qui rend qqn, qqch agréable. *Une physionomie pleine d'agrément.* **3** MUS Trait, ornement d'une phrase musicale. LOC FISC ***Agrément fiscal*** : allègement fiscal accordé à une entreprise. — ***Voyage d'agrément*** : de détente, par oppos. à *voyage d'affaires.*

**agrémenter** *vt* ① Ajouter des ornements ; donner de l'agrément à. *Agrémenter un exposé de citations.*

**agrès** *nm pl* **1** MAR Gréement. **2** Appareils de gymnastique (trapèze, barre fixe, anneaux, etc.). ETY Du scand. *greida,* « équiper ».

**agresser** *vt* ① **1** Attaquer de façon brutale, physiquement ou moralement. **2** Être nuisible pour. *Le soleil agresse la peau.*

**agresseur** *nm* **1** Celui qui attaque le premier. **2** DR INTERN État qui en attaque un autre. **3** Personne qui attaque brusquement qqn.

**agressif, ive** *a* **1** Qui a le caractère d'une agression. *Des paroles agressives.* **2** Provocant. *Un maquillage agressif.* **3** Qui recherche le conflit, l'affrontement. *Un État belliqueux et agressif.* **4** PSYCHO Qui traduit l'agressivité. DER **agressivement** *av* – **agressivité** *nf*

**agression** *nf* **1** Attaque brusque et violente. *Passant victime d'une agression.* **2** DR INTERN Attaque militaire d'un État par un autre. **3** PSYCHO Tout acte de caractère hostile envers autrui. **4** Atteinte à l'intégrité physique ou psychique des personnes, par des agents nuisibles. *Le bruit dans les villes constitue une agression permanente.*

**agreste** *a* litt Champêtre, rustique.

**Agricola** Cnaeus Julius (Forum Julii, auj. Fréjus, 40 –?, 93), général romain. De 77 à 84, il soumit et gouverna la Grande-Bretagne. Son gendre, Tacite, écrivit sa biographie.

**Agricola** Martin (Schwiebus, 1486 – Magdebourg, 1556), compositeur all., dans la lignée de Josquin Des Prés.

**Agricola** Georg Bauer, dit (Glauchau, 1491 – Chemnitz, 1555), médecin et naturaliste, minéralogiste allemand, spécialiste des minerais : *De re metallica* (posth., 1556).

**Agricola** Mikael (Pernaja, v. 1510 – Kuolemajärvi, 1557), écrivain finnois. Évêque de Turku, il répandit le luthéranisme dans son pays et publia le premier livre en finnois.

**agriculture** *nf* Travail de la terre, exploitation du milieu naturel permettant la production des végétaux et des animaux nécessaires à l'homme. LOC ***Agriculture raisonnée*** : mode de fonctionnement d'une exploitation agricole conciliant respect de l'environnement et rentabilité économique. ETY Du lat. *agricultura.* DER **agriculteur, trice** *n* – **agricole** *a*

**agriculture (De l')** traité de Varron (I^er s. av. J.-C.).

**agriffer (s')** *vpr* ① S'accrocher avec les griffes, en parlant d'un animal.

**Agrigente** (en ital. *Agrigento ; Girgenti* av. 1927), v. d'Italie (Sicile) ; 59 000 hab. ; ch.-l. de la prov. du m. nom. Industries. – Ruines des temples grecs (VI^e-V^e s. av. J.-C.) de Junon, Jupiter, Hercule, etc.

**Agrigente** ruines du temple de Junon, V^e s. av. J.-C.

**agrile** *nm* Petit coléoptère buprestidé à reflets métalliques, dont les larves sont très nuisibles (fruitiers). ETY Du lat. *ager,* « champ ».

**agrion** *nm* Insecte odonate (demoiselle) voisin des libellules.

**agripaume** *nf* BOT Syn. de *cardiaque.*

**Agrippa** Marcus Vipsanius (63 – 12 av. J.-C.), général romain. Il joua un rôle décisif dans les batailles de Nauloque (36) et d'Actium (31), et épousa la fille d'Octavien. (V. Auguste).

**agripper** *v* ① **A** *vt* Saisir avec force en s'accrochant. *Il m'a agrippé par le revers de ma veste.* **B** *vpr* S'accrocher avec force. *S'agripper à une branche.* DER **agrippement** *nm*

**Agrippine l'Aînée** (?, vers 14 avant J.-C. – île de Pandateria, 33 après J.-C.), fille d'Agrippa et de Julie, petite-fille d'Auguste, épouse de Germanicus et mère de Caligula. — **Agrippine la Jeune** (16 – 59), fille d'Agrippine l'Aînée ; elle épousa Domitius Ahenobarbus (dont elle eut Néron), puis l'empereur Claude. Néron, devenu empereur, la fit assassiner.

**agritourisme** → **agrotourisme.**

**agro-** Préfixe, du gr. *agros,* « champ ».

**agroalimentaire** *a, nm* Ensemble des activités de transformation des produits agricoles (culture, élevage, pêche) destinés à l'alimentation.

**agrobiologie** *nf* Ensemble des techniques agricoles qui ne font pas appel à l'industrie chimique et se fondent sur le respect des processus naturels. DER **agrobiologique** *a* – **agrobiologiste** *n*

**agrobusiness** *nm* Ensemble des activités liées à l'agriculture et à l'agroalimentaire.

**agrocarburant** *nm* Syn. de *biocarburant.*

**agrochimie** *nf* Chimie appliquée à l'agriculture. DER **agrochimique** *a* – **agrochimiste** *n*

**agroclimatologie** *nf* Climatologie appliquée à l'agriculture.

**agroécologie** *nf* Ensemble des pratiques culturales qui prennent en compte la préservation de l'environnement. DER **agroécologique** *a*

**agroenvironnemental, ale** *a* Qui concerne l'agriculture et l'environnement. PLUR agroenvironnementaux.

**agroforesterie** *nf* Technique qui combine l'agriculture et l'exploitation forestière. DER **agroforestier, ère** *a*

**agro-industrie** *nf* Ensemble des industries dont l'agriculture est le fournisseur ou le client. DER **agro-industriel, elle** *a*

**agrologie** *nf* Étude des sols en vue de leur exploitation agricole. DER **agrologique** *a*

**agronomie** *nf* Ensemble des connaissances théoriques et pratiques relatives à l'agriculture. DER **agronome** *nm* – **agronomique** *a*

**agropastoral, ale** *a* Qui pratique à la fois l'agriculture et l'élevage. PLUR agropastoraux.

**agrostide** *nf* BOT Plante fourragère vivace (graminée), très commune dans les prairies naturelles. VAR **agrostis**

**agrotis** *nm* ZOOL Noctuelle (lépidoptère). VAR **agrotide** *nf*

**agrotourisme** *nm* Tourisme en milieu rural. VAR **agritourisme**

**agrume** *nm* Nom donné aux citrons, oranges, mandarines, clémentines, pamplemousses. ETY De l'ital.

**aguardiente** *nf* Eau-de-vie, en Espagne, au Portugal et en Amérique latine. PHO [agwaʀdjɛ̃t] ETY Mot esp.

**Aguascalientes** v. du Mexique, au N.-O. de Mexico ; cap. de l'État du m. nom ; 932 400 hab. Métall. Stat. climatique.

**aguerrir** *vt* ③ Accoutumer à des choses pénibles. *Les épreuves l'ont aguerri. S'aguerrir contre la fatigue.* DER **aguerrissement** *nm*

**Aguesseau** Henri François d' (Limoges, 1668 – Paris, 1751), magistrat français, chancelier de 1717 à 1750 (avec des interruptions dues à la disgrâce). Il réforma la législation.

**aguets (aux)** *av* LOC ***Être aux aguets :*** guetter, être sur ses gardes. ETY De l'a. fr. *agait,* « guet ».

**agueusie** *nf* MED Perte du sens du goût.

**aguiche** *nf* PUB Syn. de *teaser.*

**Agrippine l'Aînée** marbre, I^er s. apr. J.-C. – musée du Louvre

**aguicher** *vt* ① Exciter par des manières provocantes. DER **aguichage** *nm* – **aguichant, ante** *a* – **aguicheur, euse** *a, n*

**Agulhon** Maurice (Uzès, 1926 – Brignoles, 2014), historien français (XIX^e et XX^e s.).

**ah !** *interj* **1** Exprime une vive émotion morale ou physique. *Ah ! quel bonheur ! Ah ! que je souffre !* **2** Renforce une négation, une affirmation. *Ah ! ça, non ! Ah ! je l'avais bien dit !* **3** Redoublée, exprime la raillerie, l'ironie. *Ah ! ah ! je vous y prends.*

**Ah** Symbole de l'ampère-heure.

**Ahaggar** → **Hoggar.**

**ahan** *nm* litt, vx Effort physique pénible ; gémissement, plainte qui l'accompagne. PHO [aɑ̃]

**ahaner** *vi* ① litt Respirer bruyamment pendant un effort. PHO [aane]

**Ahasvérus** personnage légendaire popularisé au XVII^e s. sous l'aspect du Juif errant.

**Ahidjo** Ahmadou (Garoua, 1924 – Dakar, 1989), homme politique camerounais ; président de la République de 1960 à 1982.

**Ahmadinejad** Mahmoud (Garmsar, 1956), prés. de la République d'Iran de 2005 à 2013.

**Ahmadou** (m. en 1898), souverain de Ségou (dans le Mali actuel), vaincu par les troupes fr. d'Archinard en 1890.

**Ahmedābād** v. de l'Inde, anc. cap. du Gujerāt ; 6,4 millions d'hab. (aggl.). Industr. textiles.

**Ahmet III** (1673 – 1736), sultan ottoman (1703-1730). Allié de Charles XII, il fut vaincu par le prince Eugène (perdant une partie de la Serbie et de la Valachie) puis par la Perse, ce qui provoqua en 1730 la révolte des janissaires.

**Ahmôsis** roi d'Égypte (XVI^e s. avant J.-C.) qui chassa les Hyksos et affirma la primauté de Thèbes. VAR **Ahmès I^er**

**Ahriman** divinité mazdéenne, principe du Mal. Il s'oppose à Ahura Mazdâ.

**Ahtisaari** Martti (Vyborg, 1937), homme politique finlandais ; président de la rép. (1994-2000), médiateur dans des conflits internationaux. Prix Nobel de la paix 2008.

**Ahura Mazdâ** divinité suprême dans la religion mazdéenne des anciens Perses (v. VIII^e s. av. J.-C.). Principe du Bien, il s'oppose à Ahriman. VAR **Ormazd, Ormuzd**

**ahuri, ie** *a, n* Frappé de stupeur, hébété.

**ahurir** *vt* ③ Étourdir, rendre stupéfait. DER **ahurissant, ante** *a* – **ahurissement** *nm*

**Ahvenanmaa** (en suédois *Åland*), archipel finlandais de la mer Baltique, à l'entrée du golfe de Botnie : 6 554 îles et îlots ; 1 527 km$^2$ ; 28 400 hab. Suédois jusqu'en 1921.

**Ahwāz** ville du sud de l'Iran ; 1,1 million d'hab. (aggl.) ; cap. du Khūzistān. Centre comm. (pétrole).

**aï** *nm* ZOOL Mammifère xénarthre arboricole, végétarien, vivant dans la forêt brésilienne. SYN paresseux tridactyle. ETY Mot tupi.

**Aicha** (La Mecque, v. 614 – Médine, v. 678), fille d'Abu Bakr et femme préférée de Mahomet. Elle s'opposa à la nomination d'Ali ibn Abi Talib comme calife (656). VAR **Aichah**

**Aichinger** Ilse (Vienne, 1921), femme de lettres autrich. : *Discours sous la potence* (1952).

**Aïda** opéra en 4 actes, mus. de Verdi, sur un livret d'Antoine Ghislanzoni (1871).

**aidant, ante** *n* **1** Personne qui assure l'aide à domicile d'une personne dépendante (malade, vieillard, handicapé). **2** Personne qui porte secours à une personne en difficulté ou en danger. *Des aidants pour les sans-papiers.*

**aide** *n* **A** *nf* **1** Action d'aider qqn. **2** Secours ou subside accordé aux personnes démunies. *Aide sociale.* **B** *nf pl* **1** EQUIT Moyens employés par le cavalier pour agir sur son cheval. *Aides naturelles (assiette, jambes, rênes). Aides artificielles (cravache, éperons, mors, etc.).* **2** HIST Impôts perçus sous l'Ancien Régime par les rois de France. **C** *n* Personne qui en aide une autre dans une fonction, un travail, et lui est subordonnée. LOC ECON ***Aide au développement :*** transfert de ressources (prêts, investissements, dons) entre deux pays. — ***Aide de camp :*** officier attaché à un chef militaire. — ***Aide judiciaire :*** destinée à faciliter l'accès à la justice aux personnes qui ne peuvent faire face aux frais d'un procès. — ***Aide ménagère :*** personne envoyée par un bureau d'aide sociale pour subvenir à l'entretien à domicile de personnes âgées. — ***À l'aide ! :*** au secours ! — ***À l'aide de :*** grâce à, au moyen de. *Arracher un clou à l'aide de tenailles.*

**aidé, ée** *a* Qui bénéficie d'une aide publique. *Emplois aidés.* LOC fam ***Ne pas être aidé :*** être peu intelligent ou bien pas très beau.

**aide-éducateur, trice** *n* Personne recrutée pour apporter une aide à l'équipe pédagogique d'un collège ou d'un lycée. PLUR aides-éducateurs.

**Aïd el-Kebir** (arabe, « la grande fête »), une des trois grandes cérémonies de l'année musulmane, commémorant le sacrifice d'Abraham ; chaque famille sacrifie un mouton ce jour-là (« fête du Mouton »). VAR **Aïd-el-Adha**

**Aïd el-Seghir** (arabe, « la petite fête »), fête musulmane qui marque la fin du ramadan. VAR **Aïd-el-Fitr**

**aide-mémoire** *nm* Résumé des éléments essentiels sur un sujet déterminé, un programme d'examen. PLUR aide-mémoires ou aide-mémoire.

**aider** *v* ① **A** *vt* Faciliter les actions, les entreprises de qqn ; assister qqn. **B** *vti* Faciliter, contribuer à. *Un séjour à la montagne aidera à son rétablissement.* **C** *vpr* Se servir de, utiliser. *Marcher en s'aidant d'une canne.* ETY Du lat.

**Aide sociale** nom que porte depuis 1953 l'ensemble des organismes nommés auparavant *Assistance publique.* Chacun des *bureaux d'aide sociale* (BAS) a pour prés. le maire de la commune.

**aide-soignant, ante** *n* Auxiliaire de santé qui donne les soins courants aux malades. PLUR aides-soignants.

**aïe !** *interj* Exclamation de douleur, de désagrément. PHO [aj]

**AIEA** Sigle de *Agence internationale de l'énergie atomique,* organisme créé en 1957 au sein de l'ONU. L'organisme et son prés. Mohamed El-Baradei ont reçu le prix Nobel de la paix (2005).

**aïeul, aïeule** *n* Grand-père, grand-mère. PLUR aïeuls, aïeules. PHO [ajœl]

**aïeux** *nm pl* litt Ancêtres. PHO [ajø]

**aigle** *n* **A** *nm* **1** Oiseau rapace de l'ordre des falconiformes, de grande envergure (2,50 m pour l'aigle royal), au bec et aux pattes robustes. *L'aigle royal. L'aigle impérial.* **2** Pupitre d'église en forme d'aigle aux ailes déployées. **B** *nf* **1** Femelle de l'aigle. **2** Emblème héraldique figurant un aigle. **3** Enseigne militaire en forme d'aigle. *Les aigles romaines.* LOC ***Avoir un œil d'aigle :*** une vue perçante. — fam ***Ce n'est pas un aigle :*** ce n'est pas une personne très intelligente, d'une grande valeur. — IMPRIM ***Grand aigle :*** très grand format de papier (75 × 106 cm). ▶ illustr. p. 30

**Aigle (l')** constellation de l'hémisphère boréal dont l'étoile principale est Altaïr.

**Aigle (L')** ch.-l. de cant. de l'Orne, sur la Risle (arr. de Mortagne-au-Perche) ; 8 160 hab. Industries. – Égl. St-Jean, XII^e-XV^e s. ; chât. XVII^e s. DER **aiglon, onne** *a, n*

**aiglefin** → **églefin.**

**Aigles (le pays des)** l'Albanie.

**aiglon, onne** *n* Petit de l'aigle.

**Aiglon (l')** surnom donné à Napoléon II, fils de Napoléon Ier, dit l'Aigle. ▷ LITTER *L'Aiglon* : drame en vers d'Edmond Rostand (1900).

**Aignan (saint)** (Vienne, Dauphiné, 358 – ?, 453), évêque d'Orléans (391), dont il organisa la résistance contre Attila (451). VAR **Agnan**

**Aigoual** massif des Cévennes (1 567 m).

**Aigos-Potamos** → **Ægos-Potamos.**

**aigre** *a, nm* **A** *a* **1** Qui a une acidité désagréable au goût. *Fruit aigre.* **2** Perçant, criard en parlant d'un son. **3** Froid et vif. *Une bise aigre.* **4** **fig** Revêche, acrimonieux. *Parler d'un ton aigre.* SYN acerbe. **5** Qui s'est corrompu, acidifié. *Vin aigre.* **B** *nm* Goût, odeur aigre. **LOC** ***Tourner à l'aigre*** : s'envenimer. ETY Du lat. DER **aigrement** *av*

**aigre-doux, -douce** *a* **1** Dont la saveur est à la fois douce et aigre. *Fruits aigres-doux.* **2** **fig** Dont l'aigreur perce sous une apparente douceur. PLUR aigres-doux, douces.

**1 aigrefin** *nm* Individu sans scrupule, escroc.

**2 aigrefin** → **églefin.**

**aigrelet, ette** *a* Légèrement aigre.

**aigremoine** *nf* Plante herbacée (rosacée) à fleurs jaunes en grappes.

**aigrette** *nf* **1** Héron blanc dont la tête est pourvue de longues plumes. **2** Faisceau de plumes qui couronne la tête de certains oiseaux. *Aigrette d'un paon.* **3** Ornement qui rappelle l'aigrette des oiseaux. *Aigrette d'une coiffure militaire. Aigrette de perles.* **4** BOT Touffe de soies fines qui couronnent certaines graines et certains fruits. **5** PHYS Effet lumineux prenant naissance à l'extrémité d'un conducteur porté à un potentiel élevé. ETY Du provenç. *aigreta*, « héron ».

**aigreur** *nf* Caractère de ce qui est aigre. *Aigreur d'un vin. Répondre avec aigreur.* **LOC** ***Aigreurs d'estomac*** : régurgitations acides après les repas.

**aigri, ie** *a* Que les épreuves de la vie ont rendu amer et irritable.

**aigrir** *v* ③ **A** *vt* **1** Rendre aigre. *La chaleur aigrit le lait. Ce vin s'aigrit.* **2** **fig** Rendre aigre, amer. *Tant d'échecs l'ont aigri.* **B** *vi* Devenir aigre, tourner à l'aigre. DER **aigrissement** *nm*

**aigu, uë** *a, nm* **A** *a* **1** Terminé en pointe ou en tranchant. *Des crocs aigus. Un fer aigu.* **2** D'une fréquence élevée, haut dans l'échelle tonale. *Une voix aiguë.* ANT grave. **3** Vif, intense. *Une douleur aiguë.* **4** Pénétrant, subtil. *Une intelligence aiguë.* **B** *nm* Registre aigu. *Aller du grave à l'aigu.* **LOC** GEOM ***Angle aigu*** : inférieur à 90 degrés. — MED ***Maladie aiguë*** : survenant brusquement et évoluant rapidement, par oppos. à *chronique.* PHO [egy] VAR **aigu, üe**

**aiguail** *nm* **rég** Rosée matinale. PHO [egɥaj]

**aigue-marine** *nf* MINER Béryl bleu-vert. PLUR aigues-marines.

**aigle** royal

**ailes** de haut en bas et de g. à dr., pigeon, exocet, chauve-souris, col-vert, dragon volant, coléoptère et papillon

**Aigues-Mortes** ch.-l. de cant. du Gard (arr. de Nîmes) ; 6 012 hab. Prod. de sel. Tourisme. – Saint Louis (qui s'y embarqua pour l'Égypte et pour Tunis) fit relier la ville à la mer par un chenal. Celui-ci s'envasa aux XVe-XVIe s. et le port déclina. DER **aigues-mortais, aise** *a, n*

**aiguière** *nf* **anc** Vase à eau doté d'une anse et d'un bec.

**aiguillage** *nm* **1** CH DE F Appareil reliant deux ou plusieurs voies de chemin de fer et permettant à un convoi de passer de l'une à l'autre. **2** Manœuvre de cet appareil. *Poste d'aiguillage.* **3** **fig** Orientation d'une personne dans une direction. **LOC** ***Erreur d'aiguillage*** : mauvaise orientation.

**aiguillat** *nm* ZOOL Squale portant deux aiguillons sur les nageoires dorsales, long d'environ un mètre, commun dans les mers d'Europe. PHO [egɥija] ETY Du provenç.

**aiguille** *nf* **1** Fine tige de métal, pointue à un bout et percée à l'autre d'un chas où l'on passe le fil. *Enfiler une aiguille.* **2** Fine tige métallique creuse, terminée en pointe, utilisée pour les injections et les ponctions. *Aiguille de seringue.* **3** Tige qui se déplace devant le cadran d'un appareil de mesure et qui sert d'index. *Aiguilles d'une montre. Aiguille aimantée d'une boussole.* **4** Sommet très aigu d'un massif montagneux. *L'aiguille du Dru, à l'est du mont Blanc.* **5** Partie d'un monument se terminant en pointe très aiguë, flèche d'un clocher, d'une tour. **6** CONSTR Tige boulonnée reliant deux éléments de charpente. **7** TRAV PUBL Pièce travaillant à la traction et servant à la suspension des tabliers de pont. SYN suspente. **8** CH DE F Élément de rail mobile. **9** Feuille étroite et pointue d'un conifère. *Aiguilles de sapin.* **LOC** ***Aiguille à tricoter*** : tige longue et mince utilisée pour tricoter. — ***Aiguille de mer*** : nom donné à divers poissons marins à corps allongé, dont l'orphie. — ***Chercher une aiguille dans une botte de foin*** : chercher une chose difficile à trouver parmi beaucoup d'autres. — ***De fil en aiguille*** : en passant progressivement d'une chose à une autre. PHO [egɥij] ETY Du bas lat.

**Aiguille (mont)** piton calcaire qui se dresse au sud de Grenoble. – En 1492, Charles VIII ordonna à Antoine de Ville de l'escalader.

**aiguillée** *nf* Longueur de fil sur laquelle une aiguille est enfilée.

**aiguiller** *vt* ① **1** Diriger un train sur une voie par la manœuvre de l'aiguillage. **2** **fig** Orienter qqn dans une direction, vers un but. *Il a aiguillé son fils vers les études scientifiques.*

**Aiguilles (cap des)** pointe la plus méridionale de l'Afrique, à l'est du cap de Bonne-Espérance.

**Aiguilles-Rouges** massif des Alpes franç., au N. du massif du Mont-Blanc ; 2 960 m.

**aiguillette** *nf* **1** **anc** Cordon ferré aux deux bouts servant à fermer un vêtement. **2** Ornement militaire au bout duquel sont suspendus des ferrets. **3** Tranche mince et longue de la poitrine de certaines volailles. *Aiguillettes de canard.* **4** Partie du romsteck. **5** Orphie. **LOC** ***Nouer l'aiguillette*** : rendre impuissant par maléfice.

**aiguilleur** *nm* CH DE F Employé chargé de manœuvrer les aiguillages. **LOC** ***Aiguilleur du ciel*** : contrôleur de la navigation aérienne.

**aiguillon** *nm* **1** Long bâton terminé par une pointe de fer utilisé pour piquer les bœufs. **2** **fig** Ce qui stimule, incite à l'action. *L'appât du gain est un aiguillon.* **3** Dard de certains insectes hyménoptères (guêpes, abeilles, etc.). **4** BOT Épine.

**Aiguillon (baie de l')** baie de la côte atlantique en face de l'île de Ré.

**Aiguillon Marie-Madeleine de Vignerot (duchesse d')** (Glénay, 1604 – Paris, 1675), nièce de Richelieu. Elle aida Vincent de Paul.

**Aiguillon Emmanuel Armand de Vignerot (duc d')** (Paris, 1720 – id., 1788), homme politique français qui appuya l'action de Maupeou.

**aiguillonner** *vt* ① **1** Piquer un bœuf avec l'aiguillon. **2** **fig** Stimuler. *Aiguillonner un enfant pour le faire travailler.*

**aiguise-crayon** *nm* **Canada** Taille-crayon. PLUR aiguise-crayons.

**aiguiser** *vt* ① **1** Rendre tranchant, pointu. *Aiguiser le fil d'un rasoir.* **2** **fig** Rendre plus vif. *Aiguiser l'appétit.* **3** **fig** Rendre plus aigu, plus fin. *Lectures qui aiguisent l'intelligence.* DER **aiguisage** ou **aiguisement** *nm*

**aiguisoir** *nm* Outil à aiguiser.

**aïkido** *nm* Art martial japonais, sport de combat à mains nues utilisant principalement les clés aux articulations.

**aïkidoka** *n* Personne pratiquant l'aikido.

**ail** *nm* Plante vivace monocotylédone (liliacée) dont les bulbes, à l'odeur forte et au goût âcre, sont employés comme condiment. PLUR ails ou aulx. PHO [aj]

**ailante** *nm* Arbre d'ornement (simarubacée), aux feuilles composées pennées.

**aile** *nf* **1** Partie du corps des oiseaux, des insectes et des chauves-souris, qui leur sert à voler. **2** Morceau d'une volaille, d'un gibier à plume, constitué par la chair du membre antérieur. **3** Plan de sustentation d'un avion. **4** Chacun des châssis entoilés d'un moulin à vent qui, en tournant, fait mouvoir la meule. **5** ARCHI Partie latérale d'un édifice. *Les ailes d'un château.* **6** MIL Chacune des parties latérales de la ligne formée par une troupe rangée en bataille. **7** Au football, au rugby, etc., partie extrême, sur les côtés du terrain, de la ligne d'attaque. **8** fig Partie d'un groupe, d'une formation politique. *L'aile gauche d'un syndicat.* **9** AUTO Élément de carrosserie recouvrant une roue. **10** Chacune des parties latérales inférieures du nez. **11** BOT Chacun des deux pétales latéraux de la corolle des papilionacées. **12** TECH Partie d'un profilé métallique, perpendiculaire à l'âme. **LOC** ***Aile libre*** : autre nom du deltaplane, engin utilisé pour le vol libre. — ***Avoir des ailes*** : aller vite ; se sentir léger. — fam ***Avoir un coup dans l'aile*** : être en mauvaise posture ou être ivre. — ***Donner des ailes*** : faire avancer plus vite, inspirer de l'enthousiasme. — ***Être sous l'aile de qqn*** : sous sa protection. — ***Mur en aile*** : mur de soutènement en retour. — ***Voler de ses propres ailes*** : agir sans le secours d'autrui, être autonome. ETY Du lat.

**ailé, ée** *a* **1** Pourvu d'ailes. **2** BOT Se dit des organes d'une plante pourvus d'une membrane analogue à une aile.

**aileron** *nm* **1** Extrémité de l'aile d'un oiseau. **2** Nageoire d'un requin. **3** AVIAT Volet mobile, à incidence variable, situé sur le bord de fuite de l'aile. **4** Élément aérodynamique d'une voiture. **5** MAR Quille latérale ou prolongement de la quille servant de plan de dérive. **6** ANAT Nom donné à certains replis et expansions ligamentaires ou aponévrotiques. *Aileron du sacrum.*

**ailette** *nf* **1** Lame métallique adaptée à un projectile d'artillerie pour augmenter la précision du tir. **2** Saillie adaptée à un radiateur, un cylindre de moteur, pour augmenter la surface radiante. **3** Petite branche proéminente de certains mécanismes. *Écrou à ailettes.*

**Ailette (l')** riv. de France (63 km), affl. de l'Oise (r. g.). – Sur ses rives, combats de 1915 à 1918. VAR **la Lette**

**Ailey** Alvin (Rogers, Texas, 1931 – New York, 1989), danseur et chorégraphe américain, fondateur de l'*Alvin Ailey Dance Theater* qui prône la culture négro-américaine.

**ailier, ère** *n* Au football, au rugby, etc., avant dont la place est à l'aile de l'équipe.

**aillade** *nf* **1** Sauce à l'ail. **2** Croûton de pain grillé, frotté d'ail et arrosé d'huile d'olive.

**Aillaud** Émile (Mexico, 1902 – Paris, 1988), architecte français, spécialiste des logements sociaux. — **Gilles** (Paris, 1928 – id., 2005), fils du préc., peintre français d'« animaux en cage ».

**ailler** *vt* ① Garnir, frotter d'ail. *Ailler un gigot.*

**ailleurs** *av, nm* **A** *av* En un autre lieu. *Aller ailleurs.* **B** *nm* litt Lieu étranger, lointain. *Un ailleurs mythique.* **LOC** ***Être ailleurs*** : rêver, penser à autre chose. — ***Par ailleurs*** : d'un autre côté, d'autre part. *Il est séduisant mais par ailleurs bien sot.* PHO [ajœʀ]

**ailloli** → **aïoli.**

**Ailly** Pierre d' (Compiègne, 1350 – Avignon, 1420), théologien et cardinal français, champion du gallicanisme.

**aimable** *a* Affable, courtois. *Vous êtes bien aimable de m'aider. Un mot aimable.* DER **aimablement** *av*

**1 aimant** *nm* Corps attirant le fer ou l'acier. **LOC** MINER ***Aimant naturel*** : magnétite. ETY Du lat. *adamas*, « diamant ».

**2 aimant, ante** *a* Enclin à l'affection, à la tendresse.

**aimanter** *vt* ① Communiquer des propriétés magnétiques à un corps. DER **aimantation** *nf*

**aïmara** *nm* Gros poisson carnivore des fleuves de la Guyane.

**aimer** *vt* ① **A** *vt* **1** Éprouver de l'affection, de l'attachement, de l'amitié pour qqn. *Aimer ses amis, sa famille.* **2** Éprouver de l'amour, de la passion pour qqn. *Il aime passionnément sa maîtresse.* **3** Avoir un penchant, du goût pour qqch. *Aimer les voyages, le luxe.* **4** Prendre plaisir à, trouver agréable. *J'aime travailler.* **B** *vpr* Éprouver un mutuel attachement, amoureux ou amical. **LOC** ***Aimer mieux*** : préférer. *Il aime mieux la pipe que le cigare.* ETY Du lat.

**Aimeri de Narbonne** → **Aymeri.**

**Ain** rivière de France (205 km), affluent du Rhône (r. dr.) ; naît dans le Jura.

**Ain** département franç. (01) ; 5 756 km² ; 619 497 hab. ; 107,6 hab./km² ; ch.-l. *Bourg-en-Bresse* ; ch.-l. d'arr. *Belley, Gex* et *Nantua.* V. Rhône-Alpes.

**aine** *nf* Partie du corps comprise entre le bas-ventre et le haut de la cuisse. *Le pli de l'aine.*

**aîné, ée** *a, n* **A** *a* Né le premier parmi les enfants d'une famille. *Fils aîné.* **B** *n* **1** Frère, sœur aînée. **2** Personne plus âgée qu'une autre. *Il est mon aîné de cinq ans.* **3** Personne du troisième âge, retraité. SYN ancien. VAR **ainé, ée**

**aînesse** *nf* **LOC** DR anc ***Droit d'aînesse*** : droit de primogéniture, privilégiant l'aîné des enfants mâles dans une succession. VAR **ainesse**

**Aïn-Hanech** site préhist. (villafranchien) d'Algérie, proche de Sétif.

**aïnou** *nm* Langue paléosibérienne parlée par les Aïnous.

**Aïnous** minorité ethnique (env. 25 000 individus) des îles Sakhaline et Kouriles (Russie), Hokkaidō (Japon) ; derniers survivants des populations paléosibériennes. DER **aïnou, oue** *a*

**AINS** *nm* Famille de médicaments anti-inflammatoires mais non dérivés de la cortisone, et dont fait partie l'aspirine. ETY Abrév. de *anti-inflammatoire non stéroïdien.*

**ainsi** *av* **1** De cette façon. *Il a raison d'agir ainsi.* **2** De même, de la même façon. *Comme un coup de tonnerre, ainsi a éclaté la nouvelle.* **LOC** ***Ainsi de suite*** : en continuant de la même manière. — ***Ainsi donc*** : par conséquent. *Ainsi donc, vous leur donnez tort.* — ***Ainsi que*** : et, de même que ; comme. *Elle viendra dîner lundi ainsi que jeudi. Ainsi que vous me l'avez demandé, je vous écris.* — ***Ainsi soit-il*** : expression d'un souhait, à la fin d'une prière. — ***Pour ainsi dire*** : formule atténuant la phrase qu'elle accompagne. *Elle lui a pour ainsi dire interdit de partir.*

**Ainsi parlait Zarathoustra** poème philosophique de Nietzsche (1883-1885).

**Ainsworth** William Harrison (Manchester, 1805 – Reigate, 1882), romancier populaire anglais : *Jack Sheppard* (1839).

**aïoli** *nm* **1** Mayonnaise à l'ail. **2** Plat de morue et de légumes servi avec l'aïoli. PHO [ajɔli] ETY Mot provenç. VAR **ailloli**

**1 air** *nm* **1** Mélange gazeux qui constitue l'atmosphère terrestre et que de nombreux êtres vivants respirent. *Aspirer une bouffée d'air.* **2** Ce fluide quand il est en mouvement. *Quand toutes les fenêtres sont ouvertes, cela fait de l'air.* **3** Espace que ce fluide emplit autour de la Terre. *Une fumée monte dans l'air.* **4** Aviation, aéronautique. *Hôtesse*

*de l'air.* **5** fig Ambiance, atmosphère. *Aimer changer d'air.* **LOC** ***Air comprimé :*** diminué de volume par compression. — ***Air liquide :*** air à l'état liquide, de couleur bleue. — ***À l'air libre, en plein air, au grand air :*** à l'extérieur, en un lieu où l'air circule. — ***En l'air :*** vers le haut. *Regarder, tirer en l'air.* — fam ***Envoyer, ficher, flanquer qqch en l'air :*** s'en débarrasser. — ***Être dans l'air :*** être en préparation. — ***Être dans l'air du temps :*** être à la mode, commencer à se répandre, à se diffuser. — ***Être libre comme l'air :*** pouvoir agir sans contrainte. — ***Il y a de la bagarre, de l'électricité, de l'orage dans l'air :*** l'atmosphère est tendue. — fam ***Jouer la fille de l'air :*** fuir. — ***Mettre qqch en l'air :*** sens dessus dessous, en désordre. — fam ***Ne pas manquer d'air :*** avoir de l'audace, de l'impudence — ***Parler en l'air :*** sans réfléchir. — ***Paroles, promesses en l'air :*** sans fondement. — ***Prendre l'air :*** aller se promener ; s'envoler, en parlant d'un avion. — très fam ***S'envoyer en l'air :*** prendre du plaisir sexuellement. — ***Une tête en l'air :*** une personne distraite. — ***Vivre de l'air du temps :*** sans ressources. ETY Du gr.

ENC *L'air atmosphérique* contient (en volume) 78 % d'azote, 21 % d'oxygène, 0,9 % d'argon, 0,03 % d'anhydride carbonique, d'autres gaz en quantités plus faibles (néon, hélium, krypton, hydrogène, ozone et xénon) et, en quantités très variables suivant les lieux, de la vapeur d'eau, de l'ammoniac, du dioxyde de soufre, des oxydes d'azote et autres gaz polluants, des poussières et des micro-organismes. L'air est peu soluble dans l'eau (30 $cm^3$ par litre à 0 °C). Sa masse volumique, à 0 °C et sous la pression atmosphérique, est égale à 1,3 gramme par litre. L'air est un comburant, car il contient de l'oxygène. Il est indispensable à la respiration des êtres vivants aérobies. L'azote de l'air est utilisé par les bactéries.

**2 air** *nm* Apparence qu'une personne a en général. *Avoir un drôle d'air, l'air comme il faut.* **LOC** ***Avoir l'air :*** sembler, paraître. *Ils ont l'air contents. Il a l'air d'être au courant.* (N.B. Si le sujet est un nom de chose, l'attribut s'accorde avec le sujet : *cette statue a l'air ancienne.* Si le sujet est un nom de personne, l'attribut s'accorde soit avec le sujet, soit avec « air ». *Grand-mère a l'air heureux* ou *heureuse.*) — ***N'avoir l'air de rien :*** paraître à tort sans importance, sans valeur, sans difficulté. — ***Prendre de grands airs :*** affecter des manières de grand seigneur. — ***Un air de famille :*** une ressemblance due à des liens de parenté.

**3 air** *nm* **1** Suite de notes formant une mélodie ; chanson. *Les airs célèbres des opéras de Verdi.* **2** Mélodie jouée par un instrument seul. ETY De l'ital.

**Aïr** massif montagneux du Sahara mérid., au Niger (1 944 m). Richesses minérales (uranium).

**airain** *nm* vx Bronze. **LOC** ***D'airain :*** dur, impitoyable. *Un cœur d'airain.* ETY Du lat.

**airbag** *nm* Syn. déconseillé de *coussin gonflable.* ETY Mot angl., nom déposé.

**Airbus** Nom commercial d'un type d'avion capable de transporter un grand nombre de passagers, construit, depuis 1972, par un groupement de plusieurs pays, dont la France.
▶ illustr. **avion**

**aire** *nf* **1** Terrain plat où l'on bat le grain. **2** Terrain aménagé pour certaines activités. *Aire de stationnement. Aire d'atterrissage.* **3** Nid de certains oiseaux de proie, établi sur une surface plane. **4** GEOM Superficie d'une figure géométrique. **5** Étendue géographique où vivent certaines espèces animales ou végétales, où l'on constate certains phénomènes. *Aire de répartition du blé. Aire culturelle.* **6** PHYSIOL Zone du corps ayant une importance fonctionnelle particulière. *Aire cutanée, striée.* **LOC** MAR ***Aire de vent :*** la trente-deuxième partie de l'horizon, sur la rose des vents. SYN rhumb. — BOT ***Aire germinative :*** portion du germe où se développe l'embryon. — GEOL ***Aires continentales :*** plates-formes d'un continent, où se sont déposées des couches sédimentaires. — PHYSIOL ***Aires corticales :*** surfaces du cortex cérébral correspondant à une fonction déterminée.

**Aire** riv. de Lorraine (120 km), affl. de l'Aisne (r. g.) ; naît dans le plateau du Barrois.

**airedale** *nm* Chien terrier anglais de grande taille, à poil dur. PHO [ɛʀdal]

**airelle** *nf* Arbrisseau portant des baies comestibles rouges ou d'un noir bleuté ; ces baies.

**airer** *vi* ① Faire son aire (oiseaux de proie).

**Aire-sur-l'Adour** ch.-l. de cant. des Landes ; 6 700 hab. – Cath. Saint-Jean (XIV^e^ s.). DER **aturin, ine** *a, n*

**Aire-sur-la-Lys** ch.-l. de cant. du Pas-de-Calais ; 10 200 hab. – Collégiale (XV^e^ s.). DER **airois, oise** *a, n*

**Air et de l'Espace (musée de l')** musée créé en 1919 et installé en 1975 dans l'aéroport du Bourget.

**Air France** compagnie de navigation aérienne, fondée en 1933, nationalisée en 1945, partiellement privatisée en 1998.

**air-miss** *nm inv* AERON Situation de deux avions en vol, trop rapprochés selon la règlementation. ETY Mot angl.

**Airy sir George Biddell** (Alnwick, 1801 – Londres, 1892), astronome anglais, auteur de la première théorie complète de l'arc-en-ciel.

**ais** *nm* TECH Planchette de bois, de carton ou de métal servant au cours des travaux de reliure. PHO [ɛ] ETY Du lat.

**aisance** *nf* **1** État de fortune qui permet une vie agréable. *Vivre dans l'aisance.* **2** Facilité, grâce naturelle dans la manière d'être. *Agir, parler avec aisance.* **LOC** ***Lieux d'aisances :*** cabinets. ETY Du lat.

**aise** *nf, a* **A** *nf* **1** État d'une personne qui n'est pas gênée. *Être à l'aise dans un vêtement. Se sentir à l'aise.* **2** litt Joie, contentement. *Pousser un soupir d'aise.* **B** *a* litt Content, joyeux. *Je suis bien aise de vous voir.* **LOC** ***Aimer ses aises :*** apprécier son confort personnel. — ***À votre aise ! :*** comme il vous plaira ! — ***En prendre à son aise avec qqch :*** ne pas s'en soucier. — ***Être mal à l'aise :*** être gêné. — ***Mettre qqn à l'aise, à son aise :*** lui procurer une impression de bien-être, de confiance. — ***Parler à son aise de qqch :*** en parler de manière détachée. — ***Prendre ses aises :*** s'installer sans se soucier d'autrui.

**aisé, ée** *a* **1** Facile, qui se fait sans peine. *Un travail aisé.* **2** Qui vit dans l'aisance. *Des bourgeois aisés.* DER **aisément** *av*

**Aisne** riv. de France (270 km), affl. de l'Oise (r. g.) ; naît dans l'Argonne. Canalisée sur 117 km, elle est reliée au canal des Ardennes.

**Aisne** dép. franç. (02) ; 7 378 $km^2$ ; 540 067 hab. ; 73,2 hab./$km^2$ ; ch.-l. *Laon* ; ch.-l. d'arr. *Château-Thierry, Saint-Quentin, Soissons* et *Vervins.* V. Picardie. DER **axonais, aise** *a, n*

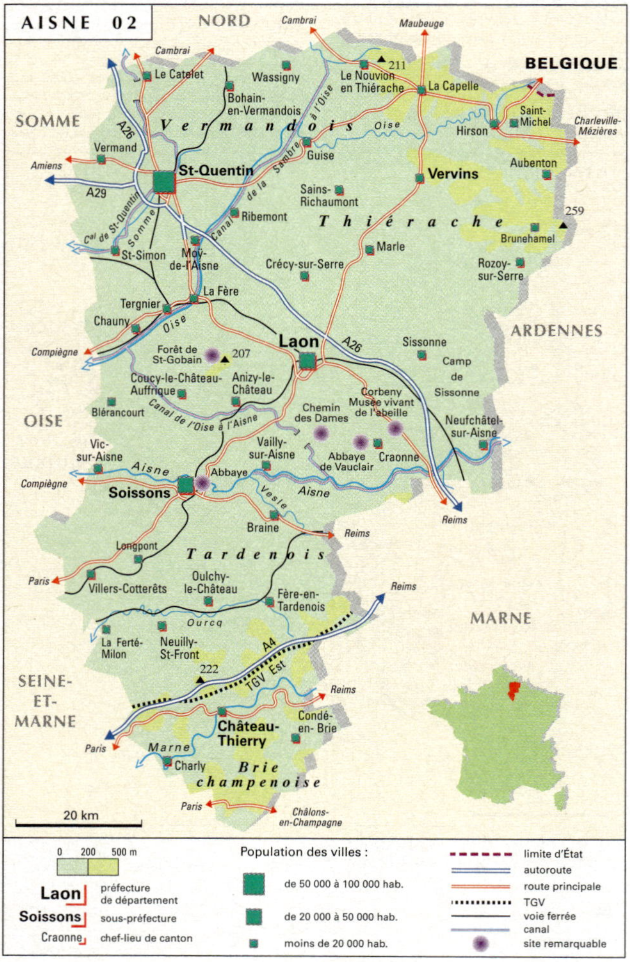

**Aisne (batailles de l')** nom de quatre batailles livrées pendant la guerre de 1914-1918 (Chemin des Dames en 1917).

**aisseau** *nm* Planchette utilisée pour la couverture des toits. (ETY) De *ais*.

**aisselle** *nf* **1** Région située au-dessous de la jonction du bras avec le tronc, riche en glandes sudoripares. **2** BOT Région de la tige située immédiatement au-dessus de l'insertion d'une feuille.

**AIT** *nm* MED Sigle de *accident ischémique transitoire*, accident vasculaire dont les symptômes cliniques durent moins d'une heure.

**Aït Ahmed Hocine** (Aïn-el-Hamman, 1926 – Lausanne, 2015), homme politique algérien d'origine kabyle, l'un des chefs historiques du FLN. Revenu d'exil, il créa le Front des forces socialistes.

**aïto** *nm* Arbre de Polynésie, à bois dur, voisin du casuarina.

**aîtres** → **êtres.**

**Aix (île d')** île de l'Atlantique, à 6 km de la côte française, commune (*Île-d'Aix* ; arr. de Rochefort) de la Char.-Mar. ; 186 hab. Stat. baln. – En 1815, Napoléon Ier, réfugié dans l'île, se rendit aux Anglais à bord du *Bellerophon*. – Musée napoléonien.

**Aix-en-Provence** ch.-l. d'arr. des B.-du-Rh. ; 145 160 hab. Centre culturel (université, festival de musique) et industriel. – Fondée par les Romains en 123 av. J.-C. – Archevêché d'Aix et d'Arles. Cath. St-Sauveur (XIIIe-XIV[e] s.). Bibliothèque Méjanes ; musée Granet. (DER) **aixois, oise** *a, n*

**Aix-la-Chapelle** (en all. *Aachen*), v. d'Allemagne (Rhén.-du-N.-Westphalie), près des frontières belge et néerl. ; 239 000 hab. Stat. therm. – Chapelle palatine carolingienne (796-814) à partir de laquelle fut édifiée une cath. gothique (XIIIe-XV[e] s.). – Cette anc. cité romaine (*Aquæ Grani*) fut la résidence préférée de Charlemagne et le lieu de couronnement des empereurs germaniques. En 1668, le traité d'Aix-la-Chapelle mit fin à la guerre de Hollande (ou guerre de Dévolution) ; la France obtint de l'Espagne une partie de la Flandre (Lille, notam.). En 1748, un autre traité mit fin à la guerre de la Succession d'Autriche. En 1818, le *congrès d'Aix-la-Chapelle* réunit les puissances de la Sainte-Alliance.

**Aix-les-Bains** ch.-l. de cant. de la Savoie (arr. de Chambéry), sur la rive E. du lac du Bourget ; 30 182 hab. Stat. therm. Industries. – Ruines romaines. (DER) **aixois, oise** *a, n*

**Ajaccio** ch.-l. de la Région Corse et du dép. de la Corse-du-Sud, sur la côte O. de l'île, au fond du *golfe d'Ajaccio* ; 68 265 hab. Aéroport (Campo dell'Oro). Port de comm., tourisme, industries. – Évêché. Maison natale de Napoléon. Musée. (DER) **ajaccien, enne** *a, n*

**Ajaccio** le port de pêche

**Ajantā** site archéol. de l'Inde, au N.-O. du Dekkan. Des sanctuaires bouddhiques creusés dans une falaise contiennent des sculptures et des peintures murales (IIe s. av. J.-C.-VII[e] s. apr. J.-C.) qui illustrent la vie du Bouddha.

**Ajar Émile** pseudonyme de Romain Gary pour certains romans.

**Ajax** nom de deux héros grecs de la guerre de Troie. L'un, fils d'Oïlée, roi de Locride, fut englouti dans la mer par Poséidon. L'autre, fils de Télamon, roi de Salamine, devint fou parce qu'on avait donné à Ulysse les armes d'Achille mort ; il massacra le bétail des Grecs et se suicida.

**ajiste** *a, n* Qui concerne le mouvement des Auberges de la Jeunesse (AJ) ; qui en fait partie.

**Ajjer** confédération de Touaregs vivant dans la région du *tassili des Ajjer*, vaste plateau du Sahara algérien au N.-E. du Hoggar. Explorés par Henri Lhote (1903-1991) à partir de 1956, les abris-sous-roche du tassili ont livré des peintures polychromes et des gravures rupestres (env. 3500 av. J.-C.). (VAR) **Adjer**

**Ajjer** fresque représentant une mère allaitant, v. 3500 av. J.-C.

**Ajmer** ville du N.-O. de l'Inde (Rājasthān) ; 542 000 hab. Centre comm. – Ville très ancienne ; pèlerinage (mosquée célèbre).

**ajointer** *vt* ① TECH Joindre bout à bout.

**ajonc** *nm* Arbrisseau épineux (papilionacée), à fleurs jaunes, poussant en terrain sec. (PHO) [aʒɔ̃]

**ajoupa** *nm* **Antilles** Petite hutte de feuillage.

**ajour** *nm* **1** Petite ouverture par où passe le jour. *Les ajours d'un clocher.* **2** Espace vide dans une broderie, une dentelle.

**ajourer** *vt* ① Orner de jours. *Ajourer un drap.*

**ajourner** *vt* ① **1** Renvoyer à une date ultérieure. *Ajourner un procès.* **2** Obliger un candidat, un conscrit à se représenter à l'examen, au conseil de révision. (DER) **ajourné, ée** *a, n* – **ajournement** *nm*

**ajout** *nm* Élément ajouté à un ensemble.

**ajoute** *nf* **Belgique, Afrique** Ajout, addition faite à un texte.

**ajouter** *v* ① **A** *vt* **1** Mettre en plus. *Ajouter quelques fleurs à un bouquet.* **2** Dire en plus. *Il sortit sans ajouter un mot.* **B** *vti* Augmenter qqch. *En parler ne ferait qu'ajouter au malaise.* **C** *vpr* Se joindre, s'additionner. **LOC** litt *Ajouter foi à qqch* : y croire.

**Ajantā**

**ajustage** *nm* TECH Assemblage de pièces effectué avec précision.

**ajustement** *nm* **1** Action d'ajuster ; fait d'être ajusté. *L'ajustement d'un corsage.* **2** **fig** Adaptation. *L'ajustement de l'offre et de la demande.*

**ajuster** *vt* ① **1** Réaliser l'adaptation exacte d'une chose à une autre, joindre à. *Ajuster un piston à un cylindre.* **2** Rendre juste, mettre à une dimension donnée. *Ajuster la longueur d'un vêtement.* **3** Viser. *Tireur qui ajuste la cible.* **4** **fig** Mettre en accord, adapter. **5** Arranger avec soin, mettre en ordre. *Elle ajusta les plis de son châle.* **LOC** ***Ajuster son coup*** : préparer, combiner les choses au mieux. (DER) **ajustable** *a*

**ajusteur, euse** *n* Ouvrier spécialisé dans les travaux d'ajustage.

**ajutage** *nm* TECH Dispositif servant à régler l'écoulement d'un fluide.

**Akaba (golfe d')** golfe de la mer Rouge, séparant le Sinaï et l'Arabie. (VAR) **Aqaba**

**Akaba** port de Jordanie, au N. du golfe du même nom, en face du port israélien d'Elath ; 89 000 hab. (VAR) **Aqaba**

**Akademgorodok** v. de Russie (Sibérie), près de Novossibirsk ; 35 000 hab. Créée en 1959 pour favoriser la recherche scientifique.

**Akakia** (m. v. 1551), nom (grec) du médecin de François Ier (Martin Sans-Malice).

**akan** *nm* Langue kwa parlée au Ghana et en Côte d'Ivoire.

**Akans** population du Ghana, de langue nigéro-congolaise (groupe kwa, sous-groupe akan) ; 8 millions de personnes ; ville princ. : Kumasi. (DER) **akan** *a*

**Akbar Mohammed** (Umarkot, 1542 – Āgra, 1605), empereur moghol de l'Inde. Il conquit le Bengale (1576).

**akène** *nm* BOT Fruit sec qui ne contient qu'une seule graine et ne s'ouvre pas à maturité (la *noisette*, par ex.). (ETY) Du gr. *khainein*, « s'ouvrir ». (VAR) **achaine**

**Akerman Chantal** (Bruxelles, 1950 – Paris, 2015), cinéaste belge : *Jeanne Dielman* (1975).

**Akhenaton, Akhnaton** → **Aménophis IV.**

**Akhisar** v. de Turquie (Anatolie occidentale) ; 109 000 hab. Fabrication de tapis. – Une des sept Églises de l'Apocalypse.

**Akhmatova Anna Andreïevna Gorenko,** dite (Odessa, 1889 – Domodedovo, 1966), poétesse russe, adepte de l'« acméisme », qui prône la clarté et l'harmonie.

**Akhtal (Al-)** (?, v. 640 – ?, v. 710), poète arabe, d'origine chrétienne, attaché à la cour des Omeyyades de Damas. Ses diatribes visaient le poète Djarīr.

**Akihito** (Tokyo, 1933), empereur du Japon depuis 1989.

**Akihito**

**Akinari Ueda** (Ōsaka, 1734 – Kyōto, 1809), écrivain japonais, auteur de récits fantastiques : *Contes de pluie et de lune* (1776).

**akinésie** *nf* MED Impossibilité, distincte de la paralysie, d'effectuer certains mouvements.

**Akita** v. du Japon (Honshū) ; 330 000 hab. ; ch.-l. du ken du m. nom. Industries.

**Akkad (pays d')** rég. de Mésopotamie qui devint le centre d'un vaste royaume sémitique fondé par Sargon l'Ancien (III^e millénaire av. J.-C.), englobant le pays de Sumer et la Babylonie. Ébranlé par les révoltes de Babylone, il s'effondra lors de l'invasion des Goutis. DER **akkadien, enne** *a, n*

**akkadien** *nm* Langue sémitique considérée comme la plus ancienne.

**Ak Metchet** → **Kyzyl-Orda.**

**Akosombo** barrage du Ghana, sur la Volta, au N. d'Accra ; sa retenue forme un des plus grands lacs artificiels du monde (lac Volta).

**Akron** v. des É.-U. (Ohio), au S. du lac Érié ; 199 000 hab. Grand centre du caoutchouc.

**Aktobe** (anc. *Aktioubinsk*), ville du Kazakhstan ; chef-lieu de la province du même nom ; 231 000 habitants. Industries.

**Akureyri** port du N. de l'Islande ; 17 500 hab.

**Akutagawa Ryūnosuke** (Tōkyō, 1892 – id., 1927), auteur japonais de contes fantastiques : *Rashōmon* (« la Porte de l'enfer », 1915). Il se suicida.

**akvavit** → **aquavit.**

**al** Symbole d'*année de lumière.*

**Al** CHIM Symbole de l'aluminium.

**Alabama** État du S.-E. des É.-U., sur le golfe du Mexique ; 133 667 km² ; 4 780 000 hab., dont un tiers de Noirs ; cap. *Montgomery.* L'État doit son nom au fleuve (507 km) qui le parcourt. Autref., maïs et coton ; auj., minerai de fer, charbon, pétrole. – État de l'Union en 1819, il fit sécession en 1861.

**alabastrite** *nf* Variété de gypse, très blanche, utilisée en sculpture. ETY Du gr.

**Alaca Höyük** site archéol. d'Anatolie, à 200 km env. à l'E. d'Ankara. Vestiges des civilisations hatti et hittite.

**Alacoque** → **Marguerite-Marie Alacoque.**

**alacrité** *nf* litt Enjouement, gaieté.

**Aladin,** dit **le Vieux de la montagne** chef de la secte chiite des Assassins (Haschischins) ou Ismaéliens, au XIII^e s.

**Aladin** (*ou la Lampe merveilleuse*) conte des *Mille et Une Nuits.* Aladin (un jeune Chinois malicieux) triomphe d'un magicien qui lui disputait une lampe aux pouvoirs extraordinaires.

**Alagnon** riv. de France, affl. de l'Allier (r. g.) ; 80 km ; naît au Plomb du Cantal.

**Alagoas** État agricole du N.-E. du Brésil ; 27 731 km² ; 3 115 000 hab. ; ch.-l. *Maceió.*

**Alain Émile Chartier,** dit (Mortagne-au-Perche, 1868 – Le Vésinet, 1951), philosophe français : *Système des beaux-arts* (1920) ; nombreux *Propos.*

**Alain-Fournier Henri Alban Fournier,** dit (La Chapelle-d'Angillon, 1886 – Les Éparges, 1914), romancier français, mort au front, auteur du *Grand Meaulnes* (1913) roman autobiographique et fiction poétique.

**Alains** peuple nomade originaire de Scythie, soumis et dispersé par les Huns au IV^e s.

**alaire** *a* didac Qui se rapporte aux ailes d'oiseaux, d'avions. *Surface alaire.*

**alaise** *nf* **1** Toile, souvent imperméable, qui protège le matelas. **2** Planche ajoutée à un panneau pour lui donner la dimension voulue. ETY De l'a. fr. *laise,* « bande de toile ». VAR **alèse**

**Alamans** confédération de peuples germaniques installés sur la r. dr. du Rhin au III^e s. Battus et soumis par Clovis à Tolbiac (496).

**alambic** *nm* Appareil de distillation composé d'une chaudière à laquelle est relié un tube. ETY De l'ar.

**alambic**

**alambiqué, ée** *a* Complexe, confus, maniéré. *Style alambiqué.*

**Alamein (Al-)** village d'Égypte sur la Méditerranée, à 100 km à l'O. d'Alexandrie. – Montgomery y remporta sur Rommel une bataille de chars (23 oct.-3 nov. 1942).

**Alamo** fort du Texas pris par les Mexicains en mars 1836. Davy Crockett y fut tué.

**alandier** *nm* Four circulaire pour la cuisson des poteries. PHO [alɑ̃dje]

**alanguir** *v* 3 **A** *vt* Affaiblir, rendre languissant. *La maladie l'a alangui.* **B** *vpr* Perdre de son énergie, être dans un état de langueur. *S'alanguir au soleil.* DER **alanguissement** *nm*

**alanine** *nf* BIOCHIM Acide aminé aliphatique présent dans toutes les protéines.

**Alaouites** dynastie marocaine qui règne sur le Maroc depuis 1660. VAR **Alawite** DER **alaouite** ou **alawite** *a*

**Alaouites** → **Ansariyyah.**

**Alarcón y Ariza Pedro Antonio de** (Guadix, 1833 – Valdemoro, 1891), journaliste et romancier espagnol. Sa nouvelle picaresque *le Tricorne* (1874) a été popularisée par le ballet-pantomime de M. de Falla (1919).

**À la recherche du temps perdu** cycle romanesque de Marcel Proust : *Du côté de chez Swann* (1913) comprenant notam. *Un amour de Swann* ; *À l'ombre des jeunes filles en fleurs* (1918) ; *le Côté de Guermantes I* et *II* (1922) ; *Sodome et Gomorrhe I* et *II* (1922) ; *la Prisonnière* (posth., 1923) ; *Albertine disparue* parfois nommée, *la Fugitive* (posth., 1925) ; *le Temps retrouvé* (posth., 1927). Un autre classement réunit *la Prisonnière* et la version courte d'*Albertine disparue* (posth., 1987) dans un *Sodome et Gomorrhe III.*

**Alaric I^er** (delta du Danube, vers 370 – Cosenza, 410), roi des Wisigoths. Il envahit la Thrace, la Grèce et saccagea Rome (410). — **Alaric II** roi des Wisigoths (484-507), tué par Clovis à Vouillé.

**alarme** *nf* **1** Signal, cri pour annoncer un danger. *Donner l'alarme.* **2** Dispositif destiné à prévenir d'un danger, à signaler une aggression. *Sirène d'alarme.* **3** Frayeur subite devant une chose alarmante. *Ce n'était qu'une fausse alarme, la fièvre est tombée.* LOC ***Alarme sociale :*** dispositif négocié entre les syndicats et la direction de l'entreprise afin de renforcer la place de la négociation comme mode de prévention et de résolution des conflits. — ***Signal d'alarme :*** dispositif installé dans un train pour demander l'arrêt en cas de danger. ETY De l'ital. *all'arme,* « aux armes ».

**Alain-Fournier**

**alarmer** *v* 1 **A** *vt* Inquiéter par l'annonce d'un danger. **B** *vpr* S'effrayer. DER **alarmant, ante** *a*

**alarmisme** *nm* Tendance à répandre des bruits alarmants. DER **alarmiste** *a, n*

**Alaska** État des É.-U., situé à l'extrémité N.-O. de l'Amérique ; 1 518 775 km² ; 710 000 hab. ; cap. *Juneau* ; v. princ. *Anchorage.* Cette presqu'île comprend au N. la chaîne de Brooks (2 816 m), au centre la vallée du Yukon, au S. la chaîne de l'Alaska (6 887 m au mont McKinley). La pop. vit sur la côte S., où le climat est plus doux. Grandes ressources minières : or, argent, cuivre, houille et, surtout, pétrole et gaz. – En 1867, les É.-U. achetèrent aux Russes l'Alaska, qui entra dans l'Union en 1958. DER **alaskien, enne** *a, n*

**alaterne** *nm* Nom d'une espèce de nerprun.

**Alaungpaya** (m. en 1760), roi de Birmanie (1752-1760). Il fonda Rangoon.

**Álava** prov. basque d'Espagne ; 3 047 km² ; 321 000 hab. ; ch.-l. *Vitoria.*

**Alawites** → **Alaouites et Ansariyyah.**

**Albacete** ville d'Espagne (Castille-la-Manche) ; 172 000 hab. ; ch.-l. de la prov. du m. nom. Marché agricole. Coutellerie.

**albacore** *nm* Thon à nageoires jaunes.

**Albain (mont)** montagne de l'Italie ancienne (Latium), point culminant (949 m) des *monts Albains.*

**Alba-Iulia** v. de Roumanie (Transylvanie) ; 68 000 hab. ; ch.-l. de district. Industr. alim. – Cath. goth. (XIII^e s.).

**albanais** *nm* Langue indo-européenne parlée en Albanie.

**Albani** famille romaine à laquelle appartiennent le pape Clément XI et le cardinal Alessandro Albani (1692-1779), collectionneur d'antiquités.

**Albanie** État du S.-O. de la péninsule balkanique ; 28 748 km² ; 2 800 000 hab. ; cap. *Tirana.* Nature de l'État : démocratie parlementaire. Pop. : Albanais (90 %), Grecs (8 %). Langue off. : albanais. Monnaie : lek. Relig. : islam (70 %), christianisme (orthodoxe et catholique). DER **albanais, aise** *a, n*
**Géographie** Se succèdent d'E. en O. : des massifs montagneux au climat continental, des collines argileuses fertiles et une plaine côtière au climat méditerranéen. La croissance démographique atteint près de 2 % par an. Collectivisée à partir de 1945, l'économie est largement agraire, caractérisée jusqu'en 1990 par l'autarcie et l'immobilisme. La situation s'est encore dégradée, puis la croissance est apparue (8 % en 1994), mais la misère continue de régner.
**Histoire** L'Albanie, qui fit partie de la province romaine d'Illyrie, a connu la domination byzantine puis celle de la Serbie. Conquise par les Ottomans au XV^e s., islamisée, elle s'est révoltée inlassablement. Affranchie des Turcs en 1912, elle ne fut vraiment indépendante qu'en 1919. Président de la Rép. en 1925, Ahmed Zogu devint roi en 1928 sous le nom de Zog I^er. L'Italie envahit et conquit l'Albanie en avril 1939. Enver Hodja, communiste, organisa la résistance et exerça le pouvoir jusqu'à sa mort (1985) ; Ramiz Alia lui succéda. Pays « stalinien » (env. 100 000 victimes), l'Albanie a rompu ses relations avec l'URSS en 1961, puis avec la Chine postmaoïste en 1978. En 1990, le gouvernement autorise l'exil de plusieurs milliers d'Albanais. Les élections de mars 1991 sont remportées par le Parti du travail, communiste, rebaptisé socialiste en

mai. En 1992, Sali Berisha, chef de l'opposition victorieuse aux législatives, devient président. En 1997, la faillite de sociétés d'investissements qui avaient capté l'épargne populaire déclenche des émeutes. Le Parti socialiste remporte les élections avec Fatos Nano qui devient Prem. ministre. Mais en 2005, l'anc. prés. Berisha remporte les législatives. Bamir Topi, soutenu par le parti au pouvoir, est élu président de la Rép. en 2007. Bujar Nishani (conservateur) lui succède en 2012. Après les législatives de 2013, les socialistes reviennent au pouvoir.

**albanophone** *a, n* Qui parle albanais.

**Albany** v. des É.-U., sur l'Hudson, cap. de l'État de New York ; 871 000 hab. (aggl.). Constr. électriques ; industrie chimique.

**Albarracín** v. d'Espagne (Aragon), au pied de la *sierra de Albarracín* ; 1 130 hab. – Elle fut la cap. d'un royaume arabe.

**albâtre** *nm* Variété de gypse blanc, utilisée pour sculpter de petits objets. **LOC** ***Albâtre calcaire*** : variété de calcite, veinée et colorée. — ***D'albâtre*** : d'une blancheur éclatante.

**albatros** *nm* Grand oiseau (procellariiforme), des mers australes et du Pacifique Nord, muni d'un bec robuste et de très longues ailes. *L'albatros hurleur a la plus grande envergure connue chez les oiseaux (3,60 m).* PHO [albatʀos]

**Albe** Fernando Álvarez de Tolède (duc d') (Piedrahita, 1507 – Lisbonne, 1582), général espagnol. Gouverneur des Pays-Bas (1567-1573), il écrasa la révolte des « gueux », puis celle du Portugal (1582).

**albédo** *nm* PHYS, ASTRO Grandeur qui caractérise la proportion d'énergie lumineuse renvoyée par un corps éclairé.

**Albee** Edward (Washington, 1928), dramaturge américain proche du théâtre de l'absurde : *Qui a peur de Virginia Woolf ?* (1962).

**Albe la Longue** anc. v. du Latium, rivale de Rome, enjeu du combat légendaire des Horaces et des Curiaces, détruite par Tullus Hostilius en 665 av. J.-C.

**Albéniz** Isaac (Camprodón, 1860 – Cambo-les-Bains, 1909), pianiste et compositeur espagnol : *Rapsodie espagnole* (1898), *Iberia* (pièces pour piano, 1905-1908).

**Albères** (monts) montagnes des Pyrénées orient., qui dominent la Méditerranée.

**Alberoni** Giulio (près de Plaisance, 1664 – Plaisance, 1752), cardinal italien, Premier ministre d'Espagne de 1716 à 1719.

**Albers** Josef (Bottrop, Westphalie, 1888 – New Haven, 1976), peintre américain d'origine allemande. Professeur au Bauhaus (1925-1933), il émigra aux É.-U., où il fut le maître de l'abstraction géométrique.

**Albert** ch.-l. de cant. de la Somme, sur l'Ancre ; 10 008 hab. Industr. aéronautiques. DER **albertin, ine** *a, n*

**Albert** (canal) canal belge (129 km) qui relie l'Escaut à la Meuse entre Anvers et Liège.

**Albert** (lac) lac d'Afrique entre la Rép. dém. du Congo et l'Ouganda, traversé par le Nil ; 4 500 km².

**Albert le Grand** (saint) (Lauingen, v. 1193 – Cologne, 1280), dominicain. Docteur de l'Église, il professa à Paris et à Cologne, commentant les œuvres d'Aristote. Maître de saint Thomas d'Aquin.

**Autriche**

**Albert Ier de Habsbourg** (?, vers 1248 – Brugg, Argovie, 1308), duc d'Autriche (1282-1308) et empereur germanique (1298-1308). — **Albert V de Habsbourg** (?, 1397 – Neszmély, Hongrie, 1439), duc d'Autriche (1404-1439) et empereur germanique (Albert II) en 1438. Il lutta contre les Turcs.

**Albert le Pieux** (Wiener Neustadt, 1559 – Bruxelles, 1621), archiduc d'Autriche. Cardinal-archevêque de Tolède (1584), vice-roi du Portugal (1583-1596), il fut autorisé à renoncer à l'état ecclésiastique ; il épousa la fille de Philippe II (1599) et gouverna les Pays-Bas.

**Albert** (Vienne, 1817 – Arco, 1895), archiduc et général autrichien ; vainqueur des Italiens à Custozza (1866).

**Belgique**

**Albert Ier** (Bruxelles, 1875 – Marche-les-Dames, 1934), roi des Belges (1909-1934). Son courage pendant la guerre de 1914-1918 lui valut le surnom de *Roi-Chevalier*. Il se tua en escaladant des rochers près de Namur. — **Albert II** (Bruxelles, 1934), roi des Belges de 1993 à 2013. Petit-fils du préc., il épousa en 1959 Paola Ruffo di Calabria. En 2013, il abdique au profit de son fils Philippe.

**Grande-Bretagne**

**Albert** (Thuringe, 1819 – Windsor, 1861), prince de Saxe-Cobourg-Gotha et prince consort de Grande-Bretagne en 1857. Il avait épousé en 1840 la reine Victoria.

**Monaco**

**Albert Ier** Honoré Charles Grimaldi (prince de Monaco sous le nom d'*Albert Ier*) (Paris, 1848 – id., 1922), savant et océanographe. — **Albert II** Albert Grimaldi (Monaco, 1958), prince de Monaco en 2005.

**Prusse**

**Albert Ier de Ballenstädt** (Ballenstädt, Prusse, v. 1100 – Stendal, 1170), premier margrave de Brandebourg (1134-1170), dit *Albert l'Ours* à cause de son intrépidité.

**Albert de Brandebourg** (Ansbach, 1490 – Tapiau, 1568), premier duc de Prusse (1525-1568). Il embrassa le luthéranisme et sécularisa les terres de l'ordre Teutonique, dont il était le grand maître, pour en faire un duché vassal de la Pologne (1525).

≪≪≫≫

**Alberta** prov. de l'O. du Canada qui fait partie de la Prairie ; 661 388 km² ; 3 650 000 hab., dont 60 000 francophones ; cap. *Edmonton*. Céréaliculture. Pétrole, gaz naturel. DER **albertain, aine** *a, n*

**Albert-Birot** Pierre (Chalonnes-sur-Loire, 1876 – Paris, 1967), poète français dada : *Ma morte* (1931), *Grabinoulor* (1933).

**Alberti** Leon Battista (Gênes, 1404 – Rome, 1472), peintre, sculpteur et architecte italien, auteur de traités. Façade du palais Rucellai (Florence) et temple des Malatesta (Rimini).

**Alberti** Rafael (Puerto de Santa María, 1902 – id., 1999), poète espagnol, surréaliste, puis communiste (1930) : *Sur les anges* (1928), *Mépris et Merveille* (1974).

**Albertina** anc. palais archiducal de Vienne (Autriche) qui abrite env. un million de dessins. Le fonds de la collection provient (1822) du duc Albert de Saxe-Teschen.

**Albertville** ch.-l. d'arr. de la Savoie, sur l'*Arly* ; 19 713 hab. Industrie métall. – J.O. d'hiver 1992. DER **albertvillois, oise** *a, n*

**Albi** ch.-l. du dép. du Tarn, sur le Tarn ; 51 181 hab. Verreries. Industries. – Archevêché. Cath. gothique en brique (XIIIe-XVe s.) ; musée Toulouse-Lautrec dans l'anc. palais archiépiscopal. DER **albigeois, oise** *a, n*

**albigeois, oise** *a, n* HIST Se dit des membres d'une secte chrétienne fondée au XIIe s., en France occitane (région d'Albi et de Toulouse, Languedoc).

ENC Les albigeois, ou cathares, niaient la divinité du Christ et rejetaient la hiérarchie ecclésiastique (alors corrompue). Cette secte était dirigée par les *purs* (d'où le nom, d'orig. gr., de *cathares*), qui pouvaient accéder au dieu du Bien, notam. en renonçant à la chair, laquelle promet au Mal. Après l'assassinat de Pierre de Castelnau, un légat pontifical, en 1208, le pape Innocent III décréta en 1209 la croisade contre les albigeois. Dirigée par Simon de Montfort, puis par son fils Amaury (1218), elle se termina par le bûcher de Montségur (1244). La France en profita pour annexer le Languedoc (1229).

**Albigeois** anc. pays du Languedoc, réuni à la Couronne en partie en 1271, en partie en 1519.

Albert Ier

Albert II

**albinisme** *nm* MED Absence héréditaire de pigmentation de la peau, des cheveux, des poils et de l'iris.

**Albinoni** Tomaso (Venise, 1671 – id., 1750), compositeur italien : opéras, sonates, concertos. L'*Adagio d'Albinoni* est un pastiche composé dans les années 1950.

**albinos** *a, n* Atteint d'albinisme. *Lapin albinos.* ETY Du lat. *albus,* « blanc ».

**Albion** nom ayant servi aux Anciens pour désigner l'Angleterre, par allusion à la blancheur (lat. *albus,* « blanc ») de ses falaises.

**Albion (plateau d')** plateau calcaire de la France (Préalpes du S.), à l'E. du mont Ventoux. Base militaire (missiles).

**albite** *nf* MINER Feldspath blanc opaque, silicate double d'aluminium et de sodium, fréquent dans certaines roches éruptives.

**Albizzi** famille florentine rivale des Médicis et des Alberti (XIVe-XV[e] s.).

**albizzia** *nm* Arbre (mimosacée) des régions chaudes, parfois cultivé comme ornemental.

**Alboïn** (m. en 572), roi des Lombards (561-572). Il fonda un État ayant pour cap. Pavie.

**Ålborg** v. et port de comm. du Danemark, sur le Limfjord ; 155 660 hab. ; ch.-l. de comté. Industries. – Musée d'art moderne.

**Albornoz** Gil Álvarez Carrillo de (Cuenca, v. 1310 – Viterbe, 1367), archevêque de Tolède qui restaura l'autorité papale sur Rome et les provinces pontificales (1360).

**Albrechtsberger** Johann Georg (Klosterneuburg, 1736 – Vienne, 1809), compositeur autrichien dont le jeune Beethoven suivit les leçons.

**Albret** duché de Gascogne, réuni en 1607 à la Couronne par Henri IV, qui était le fils de Jeanne d'Albret.

**Albufera** lagune côtière d'Espagne, au S. de Valence. – Suchet, qui y vainquit les Brit. (1812), fut fait duc d'Albufera.

**albuginée, ée** *a, nf* ANAT **A** *a* Blanc nacré. *Tissu albuginé.* **B** *nf* Membrane du testicule.

**albugo** *nm* MED Tache blanche de la cornée.

**album** *nm* **1** Cahier, recueil personnel destiné à recevoir des cartes postales, des photos, des timbres, des collections diverses. **2** Livre de grand format illustré. **3** Disque. PHO [albɔm]

**albumen** *nm* **1** BOT Tissu nourricier des angiospermes, servant à l'élaboration de la graine. **2** Blanc de l'œuf. PHO [albymɛn] ETY Mot lat.

**albumine** *nf* BIOCHIM Protéine simple, contenue dans le sérum, soluble dans l'eau. DER **albumineux, euse** *a*

**albuminé, ée** *a* BOT Se dit d'une graine dont la maturation est terminée avant la disparition totale de l'albumen.

**albuminémie** *nf* MED Concentration sérique en albumine.

**albuminoïde** *a, nm* Qui est de la même nature que l'albumine.

**albuminurie** *nf* MED Syn. anc. de *protéinurie.* DER **albuminurique** *a, n*

**Albuquerque** v. des É.-U. (Nouv.-Mexique), sur le rio Grande ; 384 700 hab. Centre de recherche atomique.

**Albuquerque** Alfonso de (près de Lisbonne, 1453 – Goa, 1515), navigateur portugais. Il assit la puissance portug. aux Indes, dont il devint vice-roi en 1508.

**alcade** *nm* **1** anc Juge, en Espagne. **2** Maire, en Espagne.

**Alcade de Zalaméa (l')** comédies dramatiques en 3 actes et en vers de Lope de Vega (1600) et de Calderón (1636).

**Alcalá de Henares** v. d'Espagne (communauté de Madrid) ; 142 860 hab. – Université. Nombr. égl. et couvents.

**Alcalá Zamora** Niceto (Priego, 1877 – Buenos Aires, 1949), homme polit. espagnol. Président de la Rép. (1931-1936), il fut démis et s'exila.

**alcali** *nm* **1** Ammoniaque. **2** CHIM Oxyde ou hydroxyde des métaux alcalins. ETY De l'ar.

**alcalimètre** *nm* Appareil servant à doser les substances alcalines.

**alcalimétrie** *nf* CHIM Mesure de la concentration d'une solution alcaline. DER **alcalimétrique** *a*

**alcalin, ine** *a* CHIM Qui possède des propriétés basiques. LOC ***Métaux alcalins :*** métaux groupés dans la première colonne de la classification périodique des éléments, caractérisés par leur tendance à s'ioniser. DER **alcalinité** *nf*

**alcaliniser** *vt* ① Rendre alcalin.

**alcalinoterreux, euse** *a* LOC CHIM ***Métaux alcalinoterreux :*** métaux groupés dans la deuxième colonne de la classification périodique des éléments (calcium, strontium, baryum et radium).

**alcaloïde** *nm* BIOCHIM Nom générique de diverses substances organiques d'origine végétale (caféine, nicotine, morphine, etc.) comportant une ou plusieurs fonctions amine, à caractère nettement basique.

**alcalose** *nf* MED Augmentation pathologique du pH du plasma sanguin.

**Alcamène** (Ve s. av. J.-C.), sculpteur grec, élève de Phidias.

**alcane** *nm* CHIM Hydrocarbure saturé de formule $C_nH_{2n+2}$ (méthane, éthane, propane, butane, etc.). SYN paraffine.

**alcantara** *nm* Matériau non tissé servant à recouvrir les canapés, les sièges de voiture. ETY Nom déposé.

**Alcántara** v. d'Espagne (Estrémadure), sur le Tage ; 2 290 hab. – *Ordre d'Alcántara :* ordre fondé en 1156 pour combattre les Maures.

**alcaptone** *nf* BIOCHIM Produit de dégradation incomplète d'acides aminés aromatiques (phénylalanine et tyrosine).

**alcaptonurie** *nf* MED Anomalie enzymatique héréditaire caractérisée par la présence d'alcaptone dans les urines.

**alcarazas** *nm* Vase de terre poreuse dans lequel l'eau se rafraîchit par évaporation. ETY Mot esp.

**Alcatel-Lucent** société française spécialisée dans les télécommunications.

**Alcatraz** île des É.-U., dans la baie de San Francisco. – Anc. prison fédérale.

**alcazar** *nm* **1** Palais fortifié de l'époque des rois maures, en Espagne. **2** Établissement public (cafés, salles de spectacle) décoré dans le style mauresque. ETY De l'ar.

**Alcée** (Mytilène, Lesbos, VIIe s. av. J.-C.), poète grec inspirateur d'Horace.

**alcène** *nm* Hydrocarbure possédant une double liaison entre deux atomes de carbone, de formule $C_nH_{2n}$ (ex. : éthylène). SYN oléfine.

**Alceste** femme d'Admète, roi de Phères en Thessalie. Ayant accepté de mourir pour sauver la vie de son époux, elle fut délivrée des Enfers par Héraclès.

**Alceste** principal personnage du *Misanthrope* de Molière (1666). Franc et bourru, il conteste les conventions sociales.

**alchémille** *nf* Rosacée ornementale, à propriétés astringentes. PHO [alkemij]

**alchimie** *nf* **1** Science occulte du Moyen Âge issue d'une tradition ésotérique qui cherchait à établir des correspondances entre le monde matériel et le monde spirituel, et à découvrir la pierre philosophale. **2** fig Ensemble mystérieux de phénomènes qui réagissent entre eux. DER **alchimique** *a* – **alchimiste** *nm*

**Alcibiade** (Athènes, v. 450 – Melissa, v. 404 av. J.-C.), général et homme politique athénien, pupille de Périclès et élève de Socrate. Il entraîna les Athéniens dans l'expédition désastreuse de Sicile (415). Inculpé de sacrilège, il s'exila à Sparte. Revenu à Athènes (407), il dut s'exiler en Phrygie, où il fut assassiné.

**alcidé** *nm* ORNITH Oiseau marin et plongeur (pingouin, guillemot), aux ailes développées et aux pattes situées très en arrière du corps. ETY Du lat. *alca,* « pingouin ».

**Alcinoos** personnage de l'*Odyssée.* Roi des Phéaciens, père de Nausicaa, il donna l'hospitalité à Ulysse naufragé.

**Alcman** (Sardes, Lydie, VIIe s. av. J.-C.), poète lyrique grec.

**Alcmène** femme d'Amphitryon, aimée de Zeus, dont elle eut Héraclès.

**Alcméonides** puissante famille athénienne (Clisthène, Périclès et Alcibiade).

**Alcobaça** v. du Portugal (Estrémadure) ; 5 150 hab. – Tombeaux de Pierre Ier et d'Inès de Castro (la « Reine morte »).

**Alcoforado** Mariana (Beja, 1640 – id., 1723), religieuse portugaise, longtemps considérée comme l'auteur des *Lettres portugaises* adressées au comte de Chamilly et qui seraient l'œuvre de Guilleragues.

**alcool** *nm* **1** Liquide incolore, volatil, produit par la distillation de jus sucrés fermentés de betterave, de raisin, de céréales, etc. SYN éthanol. **2** Boisson spiritueuse à fort titre en éthanol obtenue par la distillation de produits de fermentation. *Alcool de poire, de prune.* **3** Toute boisson alcoolisée. *Il ne boit jamais d'alcool.* **4** CHIM Nom générique des composés organiques possédant un ou plusieurs groupements hydroxyles de formule OH. LOC ***Alcool à brûler :*** alcool additionné de méthanol, toxique, utilisé comme combustible ou produit nettoyant. — ***Alcool dénaturé :*** alcool, rendu impropre à la consommation, dont l'usage est réservé à l'industrie. — ***Alcools blancs :*** eaux-de-vie, incolores, de fruits à noyau. PHO [alkɔl] ETY Mot ar., « antimoine pulvérisé ».

ENC Les alcools sont caractérisés par la fixation d'un groupement hydroxyle OH sur un carbone saturé. Ils dérivent des hydrocarbures, un atome d'hydrogène étant remplacé par le groupement OH ; par ex., le méthanol ($CH_3$-OH) provient du méthane ($CH_4$). Les *polyalcools,* possèdent plusieurs groupements OH ; ainsi le glycérol, ou glycérine, possède trois groupements OH : c'est un *triol.* Les alcools sont liquides à la température ordinaire ; leur masse volumique est comprise entre 0,80 et 0,84. Ils sont miscibles à l'eau. Les acides réagissent avec les alcools en donnant des esters et de l'eau ; cette réaction, appelée estérification, est réversible, l'*hydrolyse* des es-

l'**alcazar** de Ségovie, XIVe-XV[e] s.

ters fournissant des alcools. L'*oxydation* des alcools fournit des aldéhydes et des cétones. Leur *déshydratation* conduit aux alcènes. L'industrie utilise les alcools comme solvants et comme intermédiaires dans les synthèses organiques. Ils possèdent une grande importance en biochimie : élaboration des membranes cellulaires et des graisses (à partir du glycérol et d'acides gras à longue chaîne), formation des vitamines et des hormones. – Appelé couramment *alcool*, l'alcool éthylique, ou éthanol, de formule $CH_3$-$CH_2OH$, s'obtient par fermentation alcoolique naturelle des sucres ; il entre dans de nombr. boissons. Sous la pression atmosphérique, l'alcool bout à 78,30 °C ; il se solidifie à – 117 °C. Sa masse volumique est égale à 0,806 (à 0 °C). Le degré d'un alcool (c'est-à-dire la quantité d'alcool contenue dans un liquide) se mesure en déterminant sa température d'ébullition (ébullioscopie) ou à l'aide d'un alcoomètre (appareil gradué). L'alcool est utilisé en médecine comme antiseptique.

**alcoolat** *nm* PHARM Préparation obtenue par distillation de l'alcool sur des substances aromatiques (eau de Cologne, par ex.).

**alcoolature** *nf* PHARM Médicament obtenu par l'action dissolvante de l'alcool sur une plante.

**alcoolémie** *nf* Taux d'alcool dans le sang.

**alcoolier** *nm* Industriel fabriquant des boissons alcooliques.

**alcoolification** *nf* CHIM Transformation en alcool par fermentation.

**alcoolique** *a, n* **A** *a* **1** Relatif à l'alcool. *Fermentation alcoolique.* **2** Qui est à base d'alcool. *Boisson alcoolique.* **3** Qui a rapport à l'alcoolisme. *Cirrhose alcoolique.* **B** *a, n* Atteint d'alcoolisme.

**alcoolisation** *nf* **1** Transformation en alcool. **2** Addition d'alcool à un liquide. **3** Intoxication progressive par absorption d'alcool.

**alcoolisé, ée** *a* **1** Qui contient de l'alcool. *Une boisson alcoolisée.* **2** Qui a consommé de l'alcool, qui est sous l'emprise de l'alcool. *Un conducteur alcoolisé.*

**alcooliser** *v* ① **A** *vt* Mêler de l'alcool à d'autres liquides. **B** *vpr* Consommer trop d'alcool ; devenir alcoolique. DER **alcoolisable** *a*

**alcoolisme** *nm* Toxicomanie à l'alcool. **LOC** ***Alcoolisme aigu :*** dû à l'absorption, en peu de temps, d'une importante quantité d'alcool et qui se manifeste par une certaine euphorie avec anomalies du comportement et de la coordination, et, dans les cas graves, stupeur puis coma, pouvant entraîner la mort (par oppos. à *alcoolisme chronique*).

**alcoolo** *a, n* fam Alcoolique.

**alcoolodépendance** *nf* MED Dépendance à l'alcool, alcoolisme. DER **alcoolodépendant, ante** *a, n*

**alcoologie** *nf* MED Discipline médico-sociale ayant pour objet l'alcoolisme. DER **alcoologique** *a* – **alcoologue** *n*

**alcoolopathie** *nf* MED Pathologie liée à l'alcoolisme.

**Alcools** recueil poétique d'Apollinaire (1913) : *la Chanson du mal-aimé, Zone, le Pont Mirabeau,* etc.

**alcoomètre** *nm* Aréomètre mesurant la teneur des liquides en alcool.

**alcoométrie** *nf* Mesure de la teneur en alcool des vins, des liquides alcoolisés.

**alcootest** *nm* Appareil portatif servant au dépistage de l'alcool dans l'air expiré. ETY Nom déposé. VAR **alcotest**

**alcôve** *nf* Renfoncement pratiqué dans une chambre pour y placer un lit. **LOC** ***Les secrets de l'alcôve :*** de la vie intime d'un couple.

**alcoyle** *nm* CHIM Syn. d'*alkyle.* PHO [alkɔil]

**Alcuin** Albinus Flaccus (Eboracum, auj. York, v. 735 – Tours, 804), religieux et érudit anglo-saxon. Il dirigea l'école du palais de Charlemagne à Aix-la-Chapelle, puis à Tours.

**alcyne** *nm* CHIM Hydrocarbure possédant une triple liaison entre deux atomes de carbone, de formule $C_nH_{2n-2}$.

**alcyon** *nm* **1** MYTH Oiseau de mer fabuleux dont la rencontre passait chez les Anciens pour un heureux présage. **2** ZOOL Octocoralliaire formant des colonies de polypes allongés.

**ALD** *nf* MED Sigle de *affection de longue durée*, désignant une maladie chronique.

**aldactone** *nf* MED Substance antagoniste de l'aldostérone.

**Aldébaran** étoile géante rouge du Taureau (magnitude visuelle 0,9).

**aldéhyde** *nm* CHIM Nom générique des composés organiques possédant le groupement fonctionnel –CHO. DER **aldéhydique** *a*

**al dente** *av* Se dit d'un aliment cuit légèrement croquant (pâtes, légumes). PHO [aldente] ETY Mots ital., « à la dent ».

**aldin, ine** *a* **LOC** IMPR ***Caractères aldins*** ou ***italiques :*** caractères d'imprimerie conçus par Alde Manuce, imprimeur vénitien.

**Aldington** Richard (Portsmouth, 1892 – Sury-en-Vaux, Cher, 1962), poète anglais, créateur de l'« imagisme » (*Images de guerre,* 1919).

**Aldobrandini** famille florentine. — **Hippolyte** fils du juriste Sylvestre (1499 – 1558), devint le pape Clément VIII en 1592.

**aldol** *nm* CHIM Composé organique possédant à la fois une fonction aldéhyde et une fonction alcool.

**aldose** *nf* CHIM Ose à fonction aldéhydique.

**aldostérone** *nf* BIOCHIM Hormone corticosurrénale réglant les mouvements du sodium et du potassium au niveau rénal.

**Aldrich** Robert (Cranston, Rhode Island, 1918 – Los Angeles, 1983), cinéaste américain : *Vera Cruz* (1954), *Attaque* (1956), *les Douze Salopards* (1967).

**Aldrin** Edwin (Montclair, New Jersey, 1930), astronaute américain qui, quelques minutes après Armstrong, posa le pied sur la Lune (21 juil. 1969).

**ale** *nf* Bière anglaise fabriquée avec du malt peu torréfié. PHO [ɛl]

**aléa** *nm* Risque, tournure hasardeuse que peuvent prendre les évènements. ETY Du lat. *alea*, « dés ».

**aléatoire** *a* **1** Dont la réussite est conditionnée par le hasard. *Un placement aléatoire.* **2** MATH Qui dépend du hasard, soumis aux lois des probabilités. *Variable, fonction aléatoire.* **LOC** MUS ***Musique aléatoire :*** dont la conception ou l'exécution relève partiellement de la liberté laissée à l'interprète. DER **aléatoirement** *av*

**Alechinsky** Pierre (Bruxelles, 1927), peintre, graveur et poète belge, membre du groupe Cobra.

Pierre Alechinsky

**Alecsandri** Vasile (Băcau, 1821 – Mirceşti, 1890), écrivain et homme politique roumain : *Ballades et Chants populaires* (1866 et 1875).

**Alegría** Ciro (Sartimbamba, 1909 – Lima, 1967), écrivain et homme politique péruvien : *le Serpent d'or* (1935).

**Aleijadinho** Antonio Francisco Lisbôa, dit l' (Ouro Preto, v. 1738 – id., 1814), sculpteur et architecte brésilien, de l'école baroque.

**Aleixandre y Merlo** Vicente (Séville, 1898 – Madrid, 1984), poète espagnol : *la Destruction ou l'Amour* (1935), *l'Ombre du Paradis* (1944). P. Nobel de littérature 1977.

**Alekan** Henri (Paris, 1909 – id., 2001), chef opérateur français : *la Bataille du rail* (1946), *la Belle et la Bête* (id.), *les Ailes du désir* (1987).

**Alemán** Mateo (Séville, 1547 – Mexique, 1614), écrivain espagnol : *Guzmán de Alfarache* (1599 et 1603), roman picaresque imité par Lesage (1732).

**alémanique** *a, nm* **A** *a* Propre à la Suisse de langue allemande. **B** *nm* Haut allemand parlé notam. en Suisse alémanique.

**Alembert** Jean Le Rond d' (Paris, 1717 – id., 1783), philosophe, écrivain et mathématicien français. Collaborateur de l'*Encyclopédie*, il rédigea le *Discours préliminaire* (1751) et divers articles, notam. de mathématiques. Acad. fr. (1754).

d'Alembert

**ALENA** acronyme pour *Accord de libre-échange nord-américain* (NAFTA), entré en vigueur le 1er janv. 1994. Il supprime les barrières douanières entre le Canada, les États-Unis et le Mexique.

**Alencar** José Martiniano de (Mecejana, Ceará, 1829 – Rio de Janeiro, 1877), écrivain et homme politique brésilien : *O guarani,* roman (1857).

**Alençon** ch.-l. du dép. de l'Orne, sur la Sarthe ; 29 698 hab. Dentelles dites *au point d'Alençon.* – Musée. – Le duché d'Alençon fut rattaché à la Couronne en 1549. DER **alençonnais, aise** *a, n*

**alêne** *nf* Poinçon d'acier utilisé pour percer le cuir.

**alénois** *am* **LOC** ***Cresson alénois :*** V. cresson.

**Alentejo** région du Portugal et de l'Union européenne, au S. du Tage ; 26 930 km², 558 500 hab. ; cap. *Evora.*

**alentour** *av* Tout autour, dans les environs. *Rôder alentour.* **LOC** ***D'alentour :*** des environs.

**alentours** *nm pl* Lieux environnants. *Les alentours de la ville.*

**aléoute** *nm* Langue proche de l'inuktitut parlée en Alaska.

**Aléoutiennes** (îles) longue chaîne d'îles volcaniques, dans le S. de la mer de Béring, reliant la presqu'île de l'Alaska au Kamtchatka ; env. 15 000 hab. Possessions des É.-U. depuis 1867. DER **aléoute** *a, n*

**Alep** v. de Syrie ; 2,5 millions d'hab. (aggl.) ; ch.-l. de la prov. du m. nom. Centre commercial. – Cap. de l'État d'Alep de 1920 à

1924. – Citadelle (XIIe s.), mosquées anciennes. [DER] **aleppin, ine** *a, n*

**aleph** *nm* **1** Première lettre (א) de l'alphabet hébreu. **2** MATH Symbole utilisé pour noter la puissance des ensembles infinis. [PHO] [alɛf]

**alépine** *nf* Étoffe de soie et de laine. [ETY] D'*Alep*, n. pr.

**Aléria** com. de la Haute-Corse (arr. de Corte) ; 2 230 hab. – Site archéol. (vest. phéniciens, romains). [DER] **alériais, aise** *a, n*

**alérion** *nm* HERALD Figure stylisée d'aigle.

**1 alerte** *a* Vif, agile. *Un vieillard encore alerte.*

**2 alerte** *nf* **1** Signal qui avertit d'un danger imminent et appelle à la vigilance. *Donner l'alerte. Alerte à la bombe.* **2** Menace soudaine d'un danger. **3** Option d'un site Internet que l'on active pour être prévenu par courriel quand le site a trouvé une réponse à la requête formulée. **LOC** ***En état d'alerte*** : prêt à intervenir.

**alerter** *vt* [1] **1** Avertir d'un danger. *Alerter les pompiers.* **2** Attirer l'attention de. *Alerter l'opinion.*

**Alès** (*Alais* av. 1926), ch.-l. d'arr. du Gard, sur le *gardon d'Alès* ; 42 389 hab. Industries. – Grand centre protestant où fut signée la *paix d'Alais*, qui mit fin à la dernière guerre de Religion (1629). [DER] **alésien, enne** *a, n*

**alésage** *nm* **1** TECH Usinage de la paroi intérieure d'une pièce de révolution, destiné à lui donner ses dimensions définitives. **2** AUTO Diamètre d'un cylindre de moteur. [DER] **aléser** *vt* [14]

**alèse** → **alaise.**

**aléseur** *nm* Ouvrier spécialiste de l'alésage.

**aléseuse** *nf* Machine à aléser.

**Alésia** citadelle gauloise. Dernier retranchement de Vercingétorix devant César et lieu de sa reddition en 52 av. J.-C. On la situe près d'Alise-Sainte-Reine (Côte-d'Or).

**alésoir** *nm* Outil, appareil servant à aléser.

**Alessi** Galeazzo (Pérouse, v. 1512 – id., 1572), architecte italien, à Gênes.

**À l'est d'Éden** roman de Steinbeck (1952). ▷ CINE Film de E. Kazan (1955) qui lança James Dean.

**Aletsch** le plus grand glacier d'Europe, au S. de la Jungfrau, dans les Alpes suisses ; 25 km de long ; 167 km$^2$.

**aleurite** *nf* BOT Arbre (euphorbiacée) dont une espèce, le bancoulier des Moluques, donne une noix dont l'amande contient une huile purgative. [ETY] Du gr. *aleuron*, « farine ».

**aleurode** *nm* Insecte voisin des pucerons, parasite de diverses plantes.

**aleurone** *nf* BOT Protéine de réserve des graines.

**alévi, ie** *n, a* Membre d'une communauté confessionnelle de Turquie, issue du chiisme, favorable à la laïcité de l'État. (Estimés entre 15 et 20 millions, les alévis se sont implantés en Anatolie aux XIIIe-XIVe s.). [DER] **alévisme** *nm*

**alevin** *nm* **1** Jeune poisson destiné à peupler les étangs et les rivières. **2** Poisson nouveau-né, n'ayant pas résorbé sa vésicule vitelline. [PHO] [alvɛ̃]

**aleviner** *vt* [1] Peupler avec des alevins. [DER] **alevinage** *nm*

**alevinier** *nm* Étang où l'on élève des alevins. [VAR] **alevinière** *nf*

**Alexander** Franz (Budapest, 1891 – New York, 1964), psychanalyste américain, pionnier de la psychanalyse aux É.-U.

**Alexander of Tunis** Harold George (comte) (Londres, 1891 – id., 1969), maréchal brit. qui s'illustra en Méditerranée pendant la Seconde Guerre mondiale.

**alexandra** *nm* Cocktail à base de cognac additionné de crème.

**Alexandra Feodorovna** (Darmstadt, 1872 – Ekaterinbourg, 1918), impératrice de Russie (1894), née Alix de Hesse. Elle subit l'influence de Raspoutine. Elle fut assassinée par les bolcheviks.

**Alexandre** nom de huit papes. — **Alexandre Ier (saint)** pape de 105 à 115 ; martyr. — **Alexandre III** Rolando Bandinelli (Sienne, ? – Civita Castellana, 1181), pape de 1159 à 1181, adversaire de Frédéric Barberousse. — **Alexandre VI** Rodrigo Borgia (Játiva, 1431 – Rome, 1503), pape de 1492 à 1503, à la vie scandaleuse. Vanezza Catanei lui donna César et Lucrèce Borgia. Il statua sur les colonies de l'Espagne et du Portugal. Il excommunia Savonarole. — **Alexandre VII** Fabio Chigi (Sienne, 1599 – Rome, 1667), pape de 1655 à 1667. Hostile au jansénisme, il mit *les Provinciales* de Pascal à l'Index (1657).

**Antiquité**

**Alexandre le Grand** (Pella, 356 – Babylone, 323 av. J.-C.), roi de Macédoine, fils de Philippe II et d'Olympias. Éduqué par Aristote, roi à vingt ans (336), il est maître de la Grèce un an plus tard. Vainqueur de Darius III sur les bords du Granique (334), puis à Issos (333), il entre en Syrie, soumet la Phénicie (siège et prise de Tyr en 332) et conquiert quasi pacifiquement l'Égypte, où il fonde Alexandrie (332-331). Il écrase l'armée de Darius III près d'Arbèles (331), au-delà du Tigre, et occupe Babylone, Suse, Persépolis, qu'il aurait incendiée. Il s'empare de la Bactriane et de la Sogdiane (329), créant de nombreuses villes-comptoirs appelées *Alexandrie*. Ayant franchi l'Indus et vaincu le roi indien Pôros (326), il doit, devant le mécontentement de son armée épuisée, regagner Suse, où il prend pour seconde épouse Statira, fille de Darius III (324). Il meurt de maladie à Babylone. Son empire, auquel il avait su donner une forte impulsion économique et culturelle, fut partagé entre ses lieutenants : l'ère hellénistique était née.

**Alexandre le Grand** réplique antique d'une sculpture de Lysippe – musée du Louvre

**Alexandre** nom de deux rois de Syrie.

**Grèce**

**Alexandre Ier** (Tatoi, 1893 – Athènes, 1920), roi de Grèce (1917-1920) après l'abdication de son père Constantin Ier.

**Pologne**

**Alexandre Ier Jagellon** (1461 – 1506), grand-duc de Lituanie en 1492, roi de Pologne en 1501.

**Russie**

**Alexandre Nevski** (1220 – Gorodets, 1263), grand-duc de Novgorod, puis grand-prince de Vladimir. Il battit les Suédois (1240) sur les bords de la Neva (d'où son nom), puis les chevaliers Porte-Glaive (1242) ; l'Église orthodoxe le canonisa (1547). ▷ CINE Film d'Eisenstein (1938).

**Alexandre Ier** (Saint-Pétersbourg, 1777 – Taganrog, 1825 [?]), empereur de Russie (1801-1825). Vaincu par Napoléon Ier à Austerlitz, à Eylau et à Friedland, il signa la paix de Tilsit (1807). Les hostilités reprirent en 1812 (campagne de Russie). Mystique, il disparut en 1825. — **Alexandre II** (Moscou, 1818 – Saint-Pétersbourg, 1881), empereur de 1855 à 1881. Il signa le traité de Paris qui terminait la guerre de Crimée (1856), affranchit les serfs (1861) et lutta contre l'Empire ottoman (1876-1878). Il fut victime d'un attentat nihiliste. — **Alexandre III** (Saint-Pétersbourg, 1845 – Livadia, 1894), empereur de 1881 à 1894, tenant de l'absolutisme. Il se rapprocha de la France (1892).

**Alexandre Ier** de Russie

**Serbie et Yougoslavie**

**Alexandre Ier Obrenović** (Belgrade, 1876 – id., 1903), roi de Serbie (1889-1903), assassiné par des officiers serbes.

**Alexandre Ier Karadjordjević** (Cetinje, 1888 – Marseille, 1934), roi de Yougoslavie (1921-1934), assassiné à Marseille, en même temps que Barthou, par des Croates.

≪≪≫≫

**Alexandre Jannée** grand prêtre des Juifs et leur roi de 103 à 76 av. J.-C.

**Alexandre Sévère** → **Sévère Alexandre.**

**Alexandrette** → **Iskenderun.**

**Alexandrie** (en italien *Alessandria*), v. d'Italie (Piémont), sur le Tanaro, ch.-l. de la prov. du m. nom. 93 800 hab.. Industries.

**Alexandrie (école d')** l'ensemble des savants réunis par les Ptolémées à Alexandrie, puis, à partir du début du IIIe s., les philosophes néo-platoniciens, Plotin, Porphyre, Jamblique, Proclus tentèrent de concilier le platonisme et les doctrines religieuses orientales. L'école disparut au VIe siècle. [DER] **alexandrin, ine** *a, n*

**Alexandrie** v. et port princ. d'Égypte, à l'O. du delta du Nil ; 4,6 millions d'hab. (aggl.) ; ch.-l. du gouv. du m. nom. Grand centre commercial et industriel. – Fondée en 332-331 av. J.-C. par Alexandre le Grand, la ville devint le plus brillant centre de l'hellénisme, possédant deux ports (signalés par un phare connu comme l'une des Sept Merveilles du monde et dont les vestiges ont été mis au jour en 1995), de nombreux temples, un musée et une bibliothèque riche d'env. 700 000 vol., qui brûla lors de la révolte de la ville contre César (48-47 av. J.-C., *guerre d'Alexandrie*). Elle fut occupée par les Perses (616), les Arabes (642), les Turcs (1517), prise par Bonaparte (1798), par les Anglais (1882) et menacée par Rommel (1942). [DER] **alexandrin, ine** *a, n*

**1 alexandrin, ine** *a* Relatif à la littérature hellénistique qui s'épanouit à Alexandrie à partir du IVe s. av. J.-C.
[ENC] La littérature grecque alexandrine fut princ. représentée par les historiens Diodore de Sicile, Denys d'Halicarnasse, Plutarque, Appien ; les géographes

Strabon, Pausanias, Ptolémée ; les poètes Théocrite, Callimaque, Apollonios de Rhodes.

**2 alexandrin** *nm* Vers de 12 syllabes. ETY Du *Roman d'Alexandre,* poème en vers du XIII^e^ s.

**alexandrinisme** *nm* Doctrine de l'école d'Alexandrie.

**alexandrite** *nf* Variété de chrysobéryl qui passe du vert foncé à la lumière solaire au rouge à la lumière artificielle.

**alexandrium** *nm* Microalgue toxique dont la présence dans les huîtres en interdit la commercialisation. PHO [aleksɑ̃dʀijɔm]

**alexie** *nf* MED Perte de la faculté de lire. SYN cécité verbale.

**Alexis (saint)** (Moscou, 1293 – id., 1378), métropolite de Moscou, régent de Moscovie de 1359 à 1362.

**Alexis I^er^ Comnène** (Constantinople, 1048 – id., 1118), empereur d'Orient en 1081. Il releva l'Empire. — **Alexis III Ange** (mort en 1210), empereur d'Orient de 1195 à 1203. Il renversa et fit assassiner son frère Isaac II, accrut les désordres et fut détrôné par son gendre Théodore I^er^ Lascaris. — **Alexis IV Ange** (vers 1182 – Constantinople, 1204), empereur d'Orient en 1203. Fils aîné d'Isaac II, il périt étranglé. — **Alexis V Doukas** surnommé **Murzuphle** (« dont les sourcils se rejoignent »), empereur d'Orient (1203-1204). Les croisés l'assassinèrent après avoir pris Constantinople.

**Alexis Mikhaïlovitch** (1629 – 1676), tsar de Russie (1645-1676), père de Pierre le Grand.

**Alexis Petrovitch** (Moscou, 1690 – id. en prison, 1718), prince russe, fils de Pierre le Grand, qui le fit torturer à mort.

**alezan, ane** *a, nm* **A** *a* De couleur fauve, en parlant de la robe d'un cheval, d'un mulet. **B** *nm* Cheval de robe alezane. ETY De l'ar.

Alexandrie

**alfa** *nm* Plante herbacée (graminée), cultivée en Afrique du Nord, dont on fait de la pâte à papier. ETY Mot ar. DER **alfatier, ère** *a*

**Alfieri Vittorio** (Asti, 1749 – Florence, 1803), poète italien, auteur de tragédies classiques : *Antigone* (1776), *Saül* (1782), *Agamemnon* (1783), et d'un traité : *De la tyrannie* (1779).

**Alföld** grande plaine de Hongrie, entre le Danube et la Roumanie.

**Alfortville** ch.-l. de cant. du Val-de-Marne, dans la banlieue de Paris ; 44 633 hab. Centrale gazière. DER **alfortvillais, aise** *a, n*

**Alfred le Grand (saint)** (Wantage, Berkshire, v. 849 – ?, 899), roi des Anglo-Saxons (878-899) qui reprit l'Angleterre aux Scandinaves (prise de Londres, 886). Poèmes : *Chronique anglo-saxonne, les Consolations de la philosophie* (v. 897), *Histoire universelle du roi Alfred.*

**Alfrink Bernhard** (Nijkerk, 1900 – Utrecht, 1987), cardinal néerlandais. Il joua un grand rôle au concile Vatican II.

**Alfvén Hannes** (Norrköping, 1908 – Stockholm, 1995), physicien suédois. P. Nobel de physique 1970 avec L. Néel. ▷ ASTRO, PHYS *Ondes d'Alfvén* : ondes de très basses fréquences qui se propagent dans un plasma en présence d'un champ magnétique.

**algal** → **algue.**

**algarade** *nf* Querelle, brusque altercation avec qqn. ETY De l'ar.

**Algarde Alessandro Algardi, dit l'** (Bologne, 1595 – Rome, 1654), sculpteur italien baroque, proche du Bernin.

**Algarve** région du Portugal et de l'Union européenne, au S. du pays ; 4 960 km², 450 500 hab. ; cap. *Faro.*

**algazelle** *nf* Nom d'une espèce d'oryx.

**algèbre** *nf* Partie des mathématiques qui traite des propriétés des quantités et de leurs relations au moyen de chiffres, lettres et symboles, dans le but de généraliser les problèmes. LOC ***Algèbre homologique*** : qui consiste à associer des groupes à des objets mathématiques, de façon à obtenir des invariants des objets mathématiques étudiés. ETY De l'ar. *al-djabr,* « réduction ». DER **algébriste** *n*

ENC À l'origine, l'algèbre consistait uniquement à résoudre les équations algébriques *(algèbre scolaire).* Née au XX^e^ s., l'*algèbre moderne* étudie des *structures d'ensembles* (nombres, vecteurs, matrices, tenseurs, etc.) et des opérations (addition, multiplication, etc.) pouvant relier les éléments qui leur appartiennent. L'*algèbre linéaire,* introduite au XVII^e^ s. par les travaux de Fermat et de Descartes, sert toutes les branches des mathématiques et de la physique, étudie les *espaces vectoriels* (ex. : l'ensemble des vecteurs dans le plan), les *structures d'algèbre,* le *calcul matriciel* et les *déterminants.* De nouvelles branches rejoignent souvent la géométrie, la topologie et l'analyse.

**algébrique** *a* Qui appartient à l'algèbre. *Calcul algébrique.* LOC ***Structure algébrique*** : ensemble muni de lois de composition internes et externes. DER **algébriquement** *av*

**Alger** (en ar. *el-Djezaïr*), cap. de l'Algérie, port import. sur la Méditerranée ; ch.-l. de la wilaya du m. nom ; 6,5 millions d'hab. (aggl.). – Les Français prirent la v. en 1830. Les Amér. y débarquèrent en 1942 ; le Comité français de libération nationale, créé en 1943, devint en 1944 le Gouvernement provisoire de la République française. De 1954 à 1962, elle fut le théâtre de violences entre l'armée française et le FLN (bataille d'Alger, 1957), d'attentats de l'OAS et de putschs (13 mai 1958, avril 1961). – Mosquées, maisons turques, nombr. musées, casbah pittoresque. DER **algérois, oise** *a, n*

Alger

**Algérie** (République algérienne démocratique et populaire), État d'Afrique du Nord, baigné au N. par la mer Méditerranée, situé entre le Maroc, à l'ouest, et la Tunisie, à l'est ; 2 381 741 km² ; 39 100 000 hab. ; croissance démographique : 1,9 % ; cap. *Alger.* Nature de l'État : rép. présidentielle. Langue off. : arabe (mais 20 % de la pop. parle le berbère, ou tamazight, reconnu en 2002 comme langue nationale). Monnaie : dinar. Relig. (d'État) : islam. DER **algérien, enne** *a, n*

**Géographie** Trois domaines se succèdent du N. au S. Les montagnes méditerranéennes de

LES CONQUÊTES D'ALEXANDRE

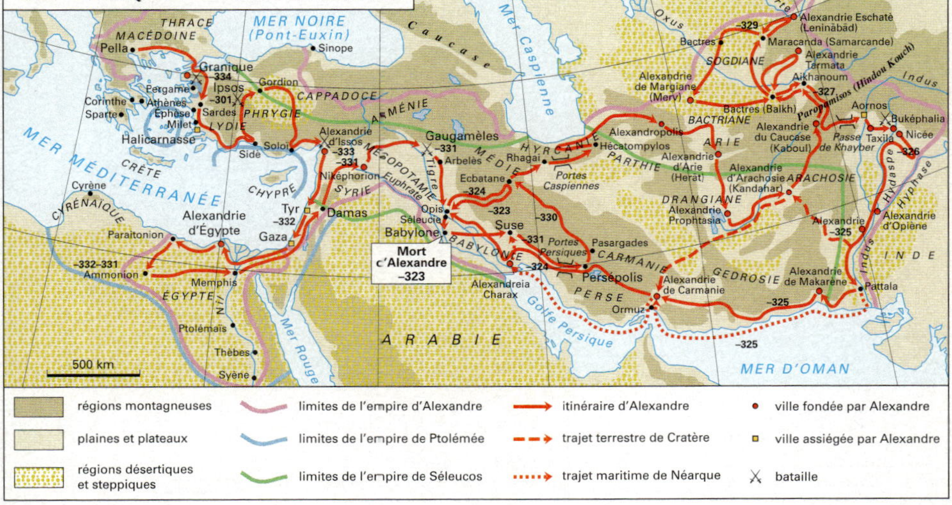

l'Atlas tellien (2 308 m au Djurdjura) alimentent de rares cours d'eau ; les plaines côtières comptent les plus fortes concentrations humaines du pays. Ensuite, les hautes plaines semi-arides, ponctuées de chotts, ont une végétation steppique. L'Atlas saharien et les Aurès séparent les hautes plaines et le Sahara, qui en Algérie s'étend sur 2 000 000 de km$^2$. Le climat méditerranéen touche les zones côtières et devient aride à partir des hautes plaines. Les cours d'eau ont peu d'importance. La pop. se concentre dans le N. Depuis l'indépendance, la pop. a triplé (moins de 30 ans : 70 %) et l'urbanisation est passée de 30 % à 73 %.

**Économie** L'agriculture a été désorganisée par la collectivisation (1971) et par la privatisation (dep. 1990) : rendements très faibles des prod. vivrières (blé, orge, élevage), recul des cultures d'export. (vigne, agrumes). Il faut importer la nourriture. Les principales richesses que le pays peut exporter restent le gaz et le pétrole. Le développement des industries lourdes s'est révélé très coûteux. L'industrie manque de diversité et les investissements étrangers se font rares.

**Histoire** LES ORIGINES Des Berbères occupaient le pays quand Carthage commença à exercer son influence, au IX$^e$ s. av. J.-C. Au III$^e$ s. av. J.-C., des royaumes berbères apparurent. Le roi de Numidie, Masinissa, s'allia, contre Carthage, à Rome, qui, ayant vaincu Carthage (146 av. J.-C.) se dirigea vers l'ouest. Le roi de Numidie, Jugurtha, lui opposa une farouche résistance jusqu'en 105 av. J.-C. En 42 apr. J.-C., Rome fit du territoire la Maurétanie Césarienne. Au III$^e$ s., celle-ci devint un foyer du christianisme ; le donatisme manifesta la résistance berbère à l'autorité romaine, alors que saint Augustin, évêque d'Hippone (Annaba) de 395 à 430, combattit toutes les hérésies. Passant le détroit de Gibraltar en 429, les Vandales établirent leur domination jusqu'à ce que le Byzantin Bélisaire les vainque en 534.

LES ARABES ET L'ISLAM En 647, une première vague arabe assaillit le pays ; une seconde, à partir de 669, le conquit et l'islamisa. Sous le califat de Cordoue, divers royaumes berbères se formèrent au VIII$^e$ s. À la domination arabe, les Berbères répondirent en développant le kharidjisme. Au XI$^e$ s., les Hilaliens, venus d'Égypte, morcelèrent le pays. Au XIII$^e$ s., les Abdalwadides de Tlemcen étendirent leur royaume sur la majeure partie du pays jusqu'au XVI$^e$ s. Pour résister aux Espagnols, les villes du littoral firent appel à des pirates turcs. Ainsi, dès 1492, les frères Barberousse fondèrent la régence d'Alger qui domina le pays à partir de 1587. Vassale de l'Empire ottoman, elle a pour chef un dey (à partir de 1671) et sa piraterie sévit en mer Méditerranée. Le dey ayant, lors d'une entrevue, donné un coup de chasse-mouches au consul de France, celle-ci s'empara d'Alger le 5 juillet 1830 et organisa une conquête systématique.

LA COLONISATION L'émir Abd el-Kader anima la résistance à la France (1832-1837 puis 1839-1847), vaincu par le général Bugeaud. La France créa routes, voies ferrées, villes, confisqua des terres, repoussa des populations dans les montagnes. En 1881, elle instaura le régime de l'indigénat. Dans les années 1920, trois formes de résistance se dessinèrent : les oulémas se réclamant de l'islam et de la langue arabe ; les élites francophones demandant une démocratie ; Messali Hadj fonde en 1924 l'Étoile nord-africaine, qui devient, en 1937, le Parti populaire algérien (PPA). De 1939 à 1945, de nombreux Algériens combattirent pour la France ; Alger fut le siège du gouv. provisoire de la République française en 1944. En mai 1945, un soulèvement, dû notam. au PPA, fut écrasé dans l'Est (Sétif, etc.).

LA GUERRE D'ALGÉRIE Le 1$^{er}$ nov. 1954, le Comité révolutionnaire pour l'unité et l'action (CRUA) déclencha l'insurrection, puis forma le Front de libération nationale (FLN) et l'Armée de libération nationale (ALN). La répression fut brutale, notam. à Alger (« bataille d'Alger » : janv.-mars 1957). Craignant l'abandon de l'Algérie, les Européens se soulevèrent le 13 mai 1958, ce qui porta au pouvoir, en France, le général de Gaulle. Celui-ci proclama en sept. 1959 le « droit à l'autodétermination » du peuple algérien. Les Européens dressèrent des barricades (fin janv. 1960). En avril 1961, les soldats du contingent firent échouer le putsch du général Salan. Les putschistes créèrent l'Organisation de l'armée secrète (OAS), dont le terrorisme frappa l'Algérie et la France. Le 18 mars 1962, des accords de paix

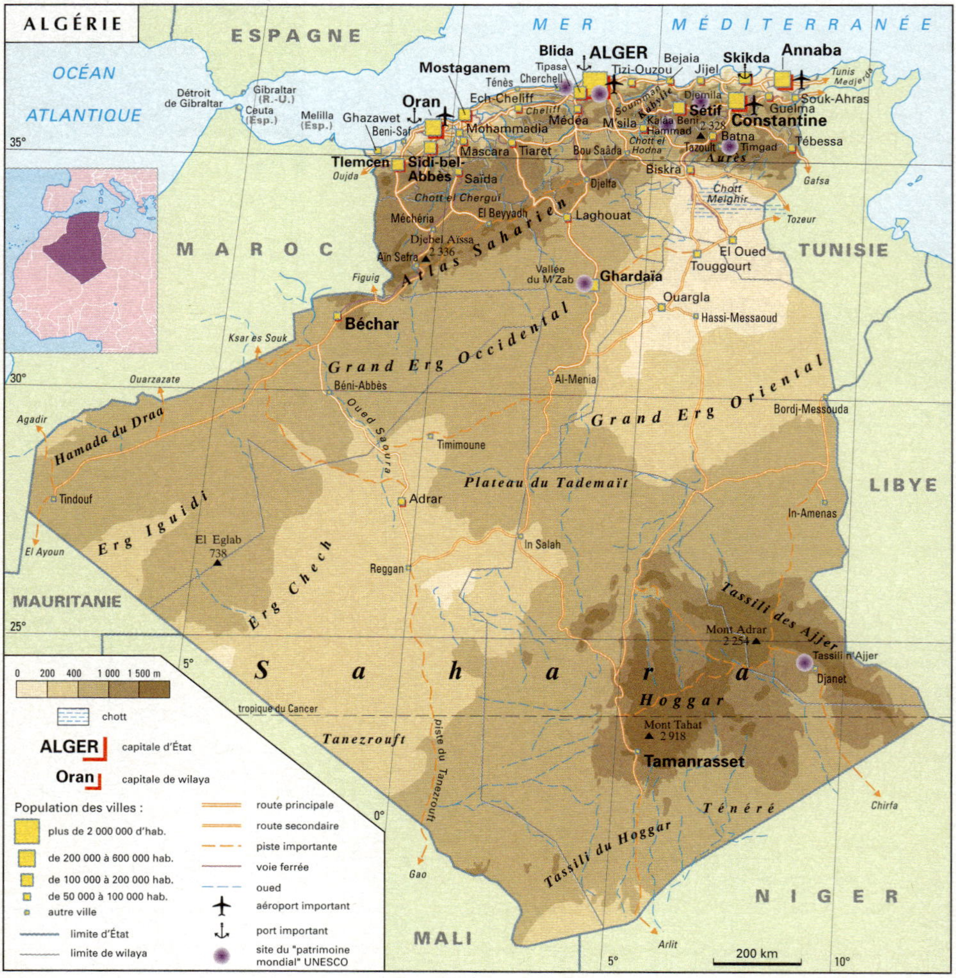

furent signés à Évian et le peuple français les approuva par référendum (8 avril). Le 1er juillet, les Algériens se prononcèrent par référendum pour l'indépendance, proclamée le 5. Les Européens quittèrent l'Algérie.

**L'INDÉPENDANCE** Soutenu par l'ALN de Boumediene, Ben Bella s'imposa en sept. et devint président de la Rép. quand un référendum approuva la Constitution (sept. 1963). La contestation kabyle dura jusqu'à l'accord du 16 juin 1965. Le 19 juin, Boumediene renversa Ben Bella. La Charte de 1976 confirma l'Algérie comme État socialiste et islamique. À la mort de Boumediene (1978), le FLN désigna Chadli Bendjedid, élu président en 1979, réélu en 1984 et 1988. En 1989, une nouvelle Constitution consacra le « multipartisme ». Le Front islamique du salut (FIS) remporta les municipales de juin 1990. En 1991, les princ. dirigeants islamistes furent emprisonnés, mais en vain : depuis, le terrorisme islamiste torture le pays. Au premier tour des législatives de décembre 1991, le FIS obtint 47 % des voix ; Chadli démissionna, l'armée annula les élections et institua un Haut Comité d'État (HCE), que dirigea Mohammed Boudiaf, revenu d'exil (janv. 1992). Celui-ci fut assassiné en juin 1992.

**LA GUERRE CIVILE** En 1994, l'armée place au pouvoir le général Liamine Zéroual, élu prés. en 1995. En 1996, un référendum interdit le FIS. Zéroual crée le Rassemblement national démocratique (RND) qui remporte les législatives de 1997. En 1999, Abdelaziz Bouteflika, anc. ministre de Boumediene, est élu prés. Son référendum sur la « concorde civile » est massivement approuvé, mais terrorisme et désordres économiques se poursuivent tandis que, en Kabylie, des émeutes expriment l'exaspération de la population (2001). Après 2002, l'embellie économique et le recul de la violence islamiste amorcent une certaine normalisation. Bouteflika est réélu en 2004, en 2009 et, malgré la précarité de sa santé, en 2014. En 2011, des manifestations populaires contraignent le gouv. à lever l'état d'urgence en vigueur dep. 19 ans. Quelques réformes ont eu lieu, mais ces mouvements de protestation n'auront pas apporté de grands changements.

**Algésiras** v. et port d'Espagne (Andalousie), sur le détroit de Gibraltar ; 115 000 hab. – La *conférence d'Algésiras* (1906), qui réunit treize pays, ouvrit le Maroc à la France et à l'Espagne.

**algicide** *a, nm* Se dit d'un produit qui détruit les algues.

**algide** *a* MED Qui fait éprouver une sensation de froid intense. *La fièvre algide du paludisme.* DER **algidité** *nf*

**-algie, -algique, algo-** Éléments, du gr. *algos*, « douleur ».

**algie** *nf* MED Douleur. DER **algique** *a*

**alginate** *nm* Sel de l'acide alginique, utilisé notam. dans la dentisterie et l'industrie des colles.

**algine** *nf* Matière mucilagineuse extraite de certaines algues marines.

**alginique** *a* LOC ***Acide alginique*** : dont le sel se trouve dans certaines algues.

**algoculture** *nf* Culture des algues. DER **algoculteur, trice** *n*

**algodystrophie** *nf* MED Syndrome associant douleur et gonflement diffus de la peau et des doigts.

**algol** *nm* Langage de programmation utilisé en calcul scientifique, et facilitant l'écriture des algorithmes. ETY De l'angl. *algorithmic language*.

**Algol** Étoile de Persée dont la magnitude est variable de 2,2 à 3,5 de façon périodique, prototype des étoiles binaires à éclipse.

**algologie** *nm* BOT Étude scientifique des algues. SYN phycologie. DER **algologique** *a* – **algologue** *n*

**algonkien, enne** *nm, a* GEOL Étage le plus récent du précambrien. SYN protérozoïque.

**algonquin** *nm* LING Famille des langues parlées par les Algonquins. VAR **algonkin**

**Algonquins** peuple autochtone d'Amérique du N. d'abord installé sur la côte est et allié des Français. Les 5 900 Algonquins du Québec se sont établis dans les rég. de l'Outaouais (Maniwaki) et de l'Abitibi-Témiscamingue. VAR **Algonkins** DER **algonquin** ou **algonkin, ine** *a*

**algorithme** *nm* MATH Méthode de résolution d'un problème utilisant un nombre fini d'applications d'une règle. ETY De *Al-Khouaresmi*, mathématicien ar. du Xe s.

**algorithmique** *a, nf* **A** *a* Qui fait appel aux algorithmes. *Musique algorithmique.* **B** *nf* INFORM Science des algorithmes.

**algothérapie** *nf* Traitement à base d'algues. DER **algothérapeute** *n*

**Algren Nelson** (Detroit, 1909 – Sag Harbor, État de New York, 1981), romancier américain : *l'Homme au bras d'or* (1949), *le Désert du néon*, nouvelles (1947-1960).

**algue** *nf* BOT Végétal inférieur essentiellement aquatique, presque toujours pourvu de chlorophylle. DER **algal, ale, aux** *a*

ENC Le groupe, important, des algues comprend aussi bien des êtres unicellulaires que des formes aux thalles géants et très ramifiés. On distingue trois grands embranchements : les algues rouges (ou rhodophycées), vertes (ou chlorophycées) et brunes (ou phéophycées). Les « algues bleues » sont classées dans les bactéries (sous le nom de cyanobactéries). L'association d'une algue et d'un champignon constitue un lichen. On utilise les algues comme engrais et comme amendement ; on en extrait des mucilages (agar-agar, par ex.). Leur prod. industrielle est possible pour l'alimentation humaine et animale (chlorelles, notamment).

**Alhambra** palais et forteresse des rois maures à Grenade (XIIIe-XIV[e] s.) : cour des Lions, jardins du Generalife, résidence d'été.

les palais de l'**Alhambra** et les jardins du Generalife

**Alhazen** → **Hazin.**

**Ali (ibn Abi Talib)** (La Mecque, v. 600 – Kufa, 661), quatrième calife musulman, époux (622) de Fatima, fille du Prophète. Élu calife en 656, déposé par Mu'awiyah Ier en 659, il fut assassiné. Les chiites lui attribuèrent un pouvoir semi-divin. Il eut deux fils : Hassan et Husayn.

**Ali Cassius Clay,** devenu **Muhammad** (Louisville, 1942), boxeur américain (poids lourds) qui domina la boxe de 1964 à 1978.

**alias** *av, nm* **A** *av* Autrement appelé. *François Marie Arouet, alias Voltaire.* **B** *nm* **1** Fausse identité ou pseudonyme. *Utiliser plusieurs alias.* **2** INFORM Icône qui permet d'accéder directement à une application sans passer par un menu. PHO [aljas] ETY Mot lat., « autrement ».

**Ali Baba** héros d'un conte des *Mille et Une Nuits*. Il découvre le trésor des 40 voleurs caché dans une caverne en prononçant la formule magique : « Sésame, ouvre-toi ».

**Ali Bey** (en Abkhazie, 1728 – Le Caire, 1773), bey d'Égypte en 1757. Chef des mamelouks, il se libéra de la suzeraineté ottomane, mais fut renversé par ses troupes.

**alibi** *nm* **1** DR Moyen de défense qui consiste à invoquer le fait qu'on se trouvait ailleurs qu'à l'endroit où un délit a été commis. **2** fig Ce qui permet de se disculper, de s'excuser. ETY Mot lat., « ailleurs ».

**aliboufier** *nm* BOT Styrax.

**alicament** *nm* Aliment conseillé pour ses vertus thérapeutiques. DER **alicamenteux, euse** *a*

**alicante** *nm* Vin liquoreux de la région d'Alicante, en Espagne. LOC ***Alicante Bouschet*** : cépage teinturier rouge du midi de la France.

**Alicante** v. d'Espagne, sur la Méditerranée ; 332 000 hab. ; ch.-l. de prov. (Valence). Industries. DER **alicantin, ine** *a, n*

**Alice au pays des merveilles** récit de Lewis Carroll (1865) : une petite fille voyage dans les contrées du « nonsense ».

**Alice Springs** ville située au centre de l'Australie (Territ. du Nord) ; 28 700 hab.

**alidade** *nf* TOPOGR Règle biseautée comportant un viseur, qui sert à tracer sur une planchette la direction visée.

**alien** *n* Être venu d'ailleurs, extra-terrestre. PHO [aljen] ETY Mot angl.

**aliénable** *a* DR Qui peut être aliéné. *Un bien aliénable.* ANT inaliénable. DER **aliénabilité** *nf*

**aliénant, ante** *a* Qui prive de liberté, soumet à des contraintes.

**aliénataire** *n* DR Personne qui bénéficie de l'aliénation d'un bien.

**aliénateur, trice** *n* DR Personne qui aliène un bien.

**aliénation** *nf* **1** DR Action de céder un bien, un droit. *Aliénation d'un usufruit.* **2** PHILO Selon Marx, asservissement de l'être humain, dû à des contraintes économiques, politiques et sociales, et qui conduit à la dépossession de soi, de ses

**algues** de g. à dr., laminaire, sargasse, ulve et fucus

facultés, de sa liberté. **LOC** vx *Aliénation mentale :* trouble mental, démence, folie.

**aliéné, ée** *a, n* vx Malade mental.

**aliéner** *v* [14] **A** *vt* **1** DR Céder ou vendre qqch. *Aliéner une terre.* **2** PHILO Engendrer l'aliénation. **B** *vpr* Perdre. *S'aliéner la sympathie de qqn.*

**aliéniste** *n* vx Psychiatre.

**Aliénor d'Aquitaine** (Nieul-sur-l'Autise, 1122 – Fontevrault, 1204), héritière du duché d'Aquitaine. Elle épousa le roi de France Louis VII (1137), qui la répudia (1152), puis le futur roi d'Angleterre Henri Plantagenêt, lui apportant la Guyenne, la Gascogne et le Poitou.

gisant d'**Aliénor d'Aquitaine** pierre peinte XIII$^e$ s. – abbaye de Fontevraud

**alifère** *a* ZOOL Qui porte des ailes.

**aliforme** *a* didac Qui a la forme d'une aile.

**Alîgarh** v. du N. de l'Inde (Uttar Pradesh) ; 872 000 hab. Industries.

**Alighieri** → **Dante.**

**alignement** *nm* **1** Action d'aligner ; disposition sur une ligne droite. **2** AUTO Réglage des roues avant destiné à éviter qu'elles s'écartent lorsque le véhicule roule. **3** ARCHEOL Rangée de menhirs implantés en lignes parallèles. *Alignements de Carnac.* **4** MAR Droite passant par deux amers séparés par une certaine distance. **5** fig Fait de s'aligner. *Alignement d'une politique.* **LOC** DR *Alignement général :* fixation par l'Administration des limites des voies publiques par rapport aux riverains ; ligne ainsi fixée. — ECON *Alignement monétaire :* fixation d'un nouveau cours des changes entre deux ou plusieurs monnaies en fonction de leur pouvoir d'achat.

**aligner** *v* [1] **A** *vt* **1** Disposer, ranger sur une même ligne droite. *Aligner les poteaux d'une clôture.* **2** Prononcer ou inscrire à la suite. *Aligner des chiffres.* **3** très fam Désigner comme coupable, dénoncer, critiquer, vaincre. **4** TELECOM Accorder plusieurs circuits sur une même fréquence. **B** *vpr* **1** Se mettre sur la même ligne. *Les élèves s'alignent dans la cour.* **2** fig Se conformer à la ligne politique d'un parti. **3** fam Se présenter au départ d'une compétition. **LOC** *Aligner une monnaie :* en déterminer officiellement la valeur par rapport à une monnaie étrangère.

**aligot** *nm* Purée de pommes de terre à la tomme fraîche, spécialité aveyronnaise.

**aligoté** *nm* Cépage blanc de Bourgogne.

**Ali Khān** Liaqat (Pendjab, 1895 – Rawalpindi, 1951), homme politique pakistanais, Premier ministre de 1947 à son assassinat.

**aliment** *nm* **A 1** Toute substance qui sert à la nutrition des êtres vivants. *Consommer des aliments.* **2** fig Ce qui entretient, nourrit. *Des aliments pour l'esprit.* **B** *nm pl* DR Frais de subsistance et d'entretien d'une personne dans le besoin. [ETY] Du lat.

**alimentaire** *a* **1** Propre à servir d'aliment. *Denrées alimentaires.* **2** Relatif à l'alimentation. *Régime alimentaire.* **3** Se dit d'un travail dont l'unique intérêt est d'assurer une rémunération. **LOC** DR *Pension alimentaire :* versée à une personne pour assurer sa subsistance.

**alimentation** *nf* **1** Action, manière de fournir ou de prendre de la nourriture. *Surveiller son alimentation.* **2** Approvisionnement. *L'alimentation en eau d'une ville.* **3** TECH Approvisionnement des machines en fluides (eau, carburant, etc.) ou en énergie nécessaire à leur fonctionnement.

**alimenter** *vt* [1] **1** Nourrir, fournir les aliments nécessaires à. *Alimenter un enfant. Il s'alimente tout seul.* **2** Approvisionner. *Alimenter une ville en eau.* **3** fig Donner matière à, entretenir. *Incidents qui alimentent une discorde.*

**alinéa** *nm* Commencement en retrait de la première ligne d'un texte, d'un paragraphe ; passage d'un texte compris entre deux de ces lignes en retrait. [ETY] Du lat. *a linea*, « à la ligne ».

**alios** *nm* PEDOL Grès à ciment organique et minéral de couleur brun rougeâtre, apparaissant en profondeur, dans les sols sableux. [DER] **aliotique** *a*

**Ali Pacha de Tebelen** (Tebelen, v. 1744 – près de Ioánnina, 1822), pacha de Ioánnina. Il s'empara de l'Albanie et du N. de la Grèce (1809-1810), mais les forces ottomanes l'acculèrent dans Ioánnina (1820-1822) et le tuèrent.

**Ali Pacha** Mehmet Emin (Istanbul, 1815 – Bebek, 1871), homme politique turc. Ministre réformateur, il rétablit la suzeraineté ottomane sur l'Égypte (1869).

**aliphatique** *a* CHIM Se dit des corps gras à chaîne ouverte.

**aliquante** *af* **LOC** MATH *Partie aliquante d'un nombre :* qui n'est pas contenue un nombre exact de fois dans un nombre. ANT aliquote.

**aliquote** *af* **LOC** MATH *Partie aliquote d'un nombre :* contenue un nombre entier de fois dans ce nombre. ANT aliquante.

**Aliscamps (les)** → **Alyscamps.**

**alise** *nf* Fruit rouge foncé, acidulé, de l'alisier. [ETY] Du gaul.

**Alise-Sainte-Reine** → **Alésia.**

**alisier** *nm* Arbre (rosacée), à feuilles non divisées, à fleurs blanches, dont l'*alise* est le fruit.

**alisier**

**Alisjahbana** Sutan Takdir (Natal, Sumatra, 1908 – Djakarta, 1994), écrivain et philosophe indonésien. Son œuvre poétique (*Nuages dispersés*, 1935) et romanesque marque la naissance de la littérature indonésienne.

**alismatacée** *nf* BOT Plante monocotylédone aquatique, telle que le plantain d'eau, la sagittaire, etc.

**alisme** *nm* Plantain d'eau.

**aliter** *v* [1] **A** *vt* Faire garder le lit à qqn. **B** *vpr* Se mettre au lit par suite d'une maladie. [DER] **alitement** *nm*

**alizari** *nm* Racine de la garance. [ETY] De l'ar.

**alizarine** *nf* CHIM Matière colorante rouge, tirée autrefois de la racine de la garance, produite synthétiquement maintenant.

**alizé** *a, nm* Vent régulier soufflant toute l'année dans la zone intertropicale (du N.-E. au S.-O. dans l'hémisphère N., du S.-E. au N.-O. dans l'hémisphère S.). [ETY] De l'esp.

**Alkan** Charles Valentin Morhange, dit (Paris, 1813 – id., 1888), pianiste et compositeur français.

**alkékenge** *nf* BOT Plante ornementale (solanacée) dont les baies sont enfermées dans une enveloppe rouge orangé, évoquant une lanterne vénitienne. SYN amour-en-cage, physalis. [PHO] [alkekɑ̃ʒ] [ETY] De l'ar.

**Alkmaar** v. des Pays-Bas (Hollande-Septentrionale) ; 94 000 hab. Marché de fromages. Industries. – Monastères gothiques.

**alkylation** *nf* CHIM Introduction d'un alkyle dans une molécule organique.

**alkyle** *nm* CHIM Radical acyclique obtenu par enlèvement d'un atome d'hydrogène à un alcane. SYN alcoyle.

**all(o)-** Préfixe, du gr. *allos*, « autre ».

**Allah** nom (« le Dieu ») donné à Dieu par les musulmans.

**Allahābad** v. sainte de l'Inde (Uttar Pradesh), au confl. du Gange et de la Yamunā ; 1,2 million d'hab. (aggl.). Industr. chim.

**Allais** Alphonse (Honfleur, 1854 – Paris, 1905), humoriste français : *À se tordre* (1891), *Vive la vie* (1892).

**Allais** Maurice (Paris, 1911 – Saint-Cloud, 2010), économiste français. P. Nobel d'économie 1988.

**Allais** Émile (Megève, 1912 – Sallanches, 2012), skieur français, champion du monde ; inventeur d'une méthode de ski.

**allaiter** *vt* [1] Nourrir de lait, de son lait un nouveau-né, un petit. [DER] **allaitant, ante** *a* – **allaitement** *nm*

**Allal al-Fasi** (Fès, 1906 – Bucarest, 1974), homme politique marocain et écrivain de langue arabe. Il fonda le parti de l'Istiqlal (1937) et anima la résistance au protectorat français.

**allamanda** *nf* Arbuste (apocynacée) ornemental, à grandes fleurs jaunes.

**allant, ante** *nm, a* **A** *nm* Vivacité dans l'action, entrain. *Avoir de l'allant.* **B** *a* litt Plein d'entrain, actif. *Elle est encore très allante pour son âge.*

**allantoïde** *nf* EMBRYOL Organe fœtal qui ne subsiste que pendant les deux premiers mois de la gestation chez les primates, mais qui, chez les sauropsidés, constitue l'appareil respiratoire de l'embryon. [DER] **allantoïdien, enne** *a*

**allantoïne** *nf* BIOCHIM Substance résultant de l'élimination des bases puriques chez les mammifères (sauf les primates) et certains reptiles.

**Allauch** ch.-l. de cant. des Bouches-du-Rhône (arr. de Marseille) ; 19 775 hab. Prod. pharm. Bauxite. [DER] **allaudien, enne** *a, n*

**allécher** *vt* [14] Attirer en éveillant les sens ou l'esprit, par l'espérance de quelque plaisir. SYN appâter, séduire. [DER] **alléchant, ante** *a*

ALLEMAGNE
DANEMARK
MER BALTIQUE
MER DU NORD
POLOGNE
PAYS-BAS
BELGIQUE
LUXEMBOURG
FRANCE
SUISSE
AUTRICHE
RÉPUBLIQUE TCHÈQUE
SCHLESWIG-HOLSTEIN
MECKLEMBOURG-POMÉRANIE ANTÉRIEURE
HAMBOURG
BRÊME
BASSE-SAXE
SAXE-ANHALT
BRANDEBOURG
RHÉNANIE DU NORD-WESTPHALIE
HESSE
THURINGE
SAXE
RHÉNANIE-PALATINAT
SARRE
BADE-WURTEMBERG
BAVIÈRE
BERLIN
Hambourg
Brême
Hanovre
Kiel
Lübeck
Rostock
Schwerin
Magdebourg
Potsdam
Düsseldorf
Cologne
Bonn
Wiesbaden
Mayence
Francfort-sur-le-Main
Erfurt
Dresde
Leipzig
Stuttgart
Munich
Sarrebruck
Nuremberg
Mannheim
Karlsruhe
Augsbourg
Dortmund
Essen
Duisburg
Bochum
Wuppertal
Gelsenkirchen
Bielefeld
Münster
Brunswick
Halle
Chemnitz
Aix-la-Chapelle
Mönchen-gladbach
Île des musées
Châteaux et parcs de Potsdam et de Berlin
Ville hanséatique
Cathédrale et église
Mines de Rammelsberg et ville de Goslar
Royaume des jardins de Dessau-Wörlitz
Forteresse de Wartburg
Monuments historiques
Abbaye de Lorsch
Site fossil fère de Messel
Résidence de Würzburg
Monastère de Maulbronn
Île monastique de Reichenau
Église de Wies
Châteaux de Brühl
Cathédrale
Forêt Noire
Forêt de Thuringe
Forêt de Bohême
Jura Souabe
Alpes
Harz
Lusace
Rhin
Elbe
Danube
Main
Weser
Oder
Neisse
Moselle
Brocken 1 142
Feldberg 1 493
Zugspitze 2 963
Watzmann 2 713
Vogelsberg 772
Lac de Constance
Lac Müritz
Rugen
Usedom
Sylt
Fehmarn
Helgoland
Îles de la Frise septentrionale
Îles de la Frise orientale
Cap Arkona
Baie de Kiel
Baie du Mecklembourg
Golfe de Poméranie
Baie d'Helgoland
Mittellandkanal
Canal Main-Danube
Strasbourg
Prague
Vienne
Salzbourg
Innsbruck
Berne
Mulhouse
Metz
Liège
Amsterdam
Utrecht
Groningue
Szczecin
Poznan
Wroclaw
52°
48°
8°
12°
50 km
0 200 500 1 000 m
BERLIN capitale fédérale
Munich capitale de Land
Population des villes :
plus de 1 000 000 d'hab.
de 500 000 à 1 000 000 d'hab.
de 200 000 à 500 000 hab.
de 100 000 à 200 000 hab.
autre ville
limite d'État
limite de Land
autoroute
route principale
voie ferrée
canal
port important
aéroport important
site du "patrimoine mondial" UNESCO

**allée** *nf* **1** Chemin de parc, de forêt, de jardin. **2** Dans une ville, avenue plantée d'arbres. **3** Couloir, passage. LOC *Allée couverte :* dolmens disposés en couloir. — *Allées et venues :* déplacements dans un sens et dans l'autre. — fam *Les allées du pouvoir :* les cercles qui participent à l'exercice du gouvernement.

**allégation** *nf* **1** Citation d'une autorité. **2** Ce que l'on affirme. *Justifiez vos allégations.*

**allège** *nf* **1** MAR Chaland servant au chargement et au déchargement des navires. **2** ARCHI Mur d'appui d'une fenêtre.

**allégé, ée** *a, nm* Se dit d'un produit alimentaire qui contient peu ou pas de matières grasses ou de sucre par rapport au produit habituel. *Beurre allégé. Confiture allégée.*

**allégeance** *nf* **1** HIST Fidélité de l'homme lige envers son suzerain. **2** fig Manifestation de soutien, voire de soumission.

**alléger** *vt* [15] **1** Rendre plus léger, diminuer le poids de. ANT alourdir. **2** Rendre moins pénible. *Alléger une douleur.* [ETY] Du lat. *levis,* « léger ». [DER] **allègement** ou **allégement** *nm*

**Alleghany** riv. des É.-U. ; s'unit, à Pittsburgh, à la Monongahela pour former l'Ohio.

**Alleghany (monts)** rebord du plateau appalachien, qui s'étend de la Pennsylvanie à la Virginie-Occidentale.

**allégorie** *nf* LITTER Description, récit, qui, pour exprimer une idée générale ou abstraite, recourt à une suite de métaphores. [DER] **allégorique** *a* – **allégoriquement** *av*

**allègre** *a* Vif, plein d'entrain. [DER] **allègrement** ou **allégrement** *av*

**allégresse** *nf* Joie très vive.

**Allégret Marc** (Bâle, 1900 – Paris, 1973), cinéaste français : *Voyage au Congo* (1927), *Entrée des artistes* (1938). — **Yves** (Paris, 1907 – id., 1987), frère du préc., cinéaste français : *Dédé d'Anvers* (1948), *Manèges* (1950).

**allégretto** *av, nm* **A** *av* MUS D'un mouvement un peu moins vif qu'allegro. **B** *nm* Morceau joué dans ce tempo. [PHO] [alegreto] [ETY] Mot ital. [VAR] **allegretto**

**Allegri Gregorio** (Rome, 1582 – id., 1652), compositeur italien : *Miserere* (1621).

**allégro** *av, nm* **A** *av* MUS D'un mouvement vif et rapide. **B** *nm* Morceau joué dans ce tempo. [PHO] [alegro] [ETY] Mot ital., « vif ». [VAR] **allegro**

**alléguer** *vt* [14] **1** Citer une autorité pour se défendre, se justifier. **2** Mettre en avant comme justification, comme excuse. *Alléguer de bonnes raisons.* SYN prétexter.

**alleingang** *nm* POLIT En Suisse, politique d'isolement se manifestant en partic. par le refus de rejoindre les organisations internationales. [PHO] [alajngɑ̃g] [ETY] Mot all.

**allèle** *nm* GENET Chacune des diverses formes d'un même gène. [ETY] Du gr. *allêlon,* « l'un l'autre ». [DER] **allélique** *a*

**allélomorphe** *a* BIOL Se dit d'un gène qui se présente sous diverses formes.

**alléluia** *nm* **1** Mot exprimant l'allégresse des fidèles, ajouté par l'Église à des prières ou à des psaumes. **2** Verset précédé et suivi par ce mot, chanté avant l'évangile. **3** BOT Oxalis. [PHO] [aleluja] [ETY] De l'hébreu *hallelou Yah,* « louez l'Éternel ».

**Allemagne** (république fédérale d'), pays d'Europe centrale bordé au N. par la mer du Nord, la Baltique et le Danemark, à l'E. par la Pologne, la Rép. tchèque, au S. par l'Autriche, la Suisse et la France, à l'O. par le Luxembourg, la Belgique et les Pays-Bas ; 356 758 km$^2$ ; 80 600 000 hab. ; cap. *Berlin.* Nature de l'État : rép. fédérale. Langue off. : allemand. Monnaie : euro. Relig. : protestantisme et catholicisme. [DER] **allemand, ande** *a, n*

**Géographie** L'Allemagne du N. fait partie de la grande plaine d'Europe septentrionale, drainée par l'Ems, la Weser et l'Elbe. Son climat est à tendance océanique ; partout ailleurs règne un climat continental. Le centre est une succession de vieux massifs (Massif schisteux rhénan, Harz, Thuringe), coupée de vallées (Moselle, Rhin, Main) et de bassins. Le Sud est constitué des Préalpes, ordonnées autour du Danube et de ses affluents de rive droite (Isar, Inn). Le peuplement est dense sur tout le territoire. L'Allemagne a été divisée, de 1949 à 1990, en deux États indépendants : à l'O., la république fédérale d'Allemagne (RFA), correspondant aux zones d'occupation anglaise, américaine et française ; à l'E., la République démocratique allemande (RDA), correspondant à la zone soviétique.

**Économie** Après les ravages provoqués par la guerre de 1939-1945, qui entraîna des pertes humaines considérables, la RFA opéra un redressement rapide (« miracle allemand ») et devint la prem. puissance écon. d'Europe. L'agric. (bassins du Centre) ne couvre pas les besoins d'une pop. urbanisée à 80 %. L'industrie all., née des gisements de houille et de fer, n'est plus dominée par la sidérurgie, mais par les industries de pointe (électronique, inform.), la chimie et l'auto. Entre 1970 et 1989, le PNB a triplé. Elle a intégré 8 millions de réfugiés venus des territoires annexés par l'URSS et la Pologne, puis 3 à 4 millions d'Allemands de l'Est, mais depuis 1990 elle doit développer l'anc. RDA, moderniser son agric. et reconvertir son industrie. 2006 est marqué par une reprise de la croissance.

**Histoire** Rome a fixé ses frontières sur le Rhin et le Danube. La dernière vague d'invasions germaniques (406) fit s'écrouler l'Empire. La plupart des pays germaniques se fondirent dans l'État franc, puis carolingien, et se christianisèrent. En 843, un royaume de Germanie fut créé, de la Meuse à l'Oder. Les ducs de Saxe s'emparèrent de la Couronne. Otton I$^{er}$, couronné à Rome en 962, fonda le Saint Empire romain germanique. Le principe de l'élection impériale et le conflit avec la papauté provoquèrent l'émiettement de l'Allemagne en principautés féodales. Les Habsbourg (Autriche) furent empereurs de 1440 à 1806.

**LES TEMPS MODERNES** Au XVI$^e$ s., la Réforme protestante souleva les princes et les paysans contre Charles Quint et brisa l'unité du pays. Au XVII$^e$ s., la lutte des États du N., protestants, contre ceux du S., catholiques, suscita la guerre de Trente Ans qui ruina et acheva de morceler l'Allemagne (traité de Westphalie, 1648). En 1701, l'Électeur de Brandebourg prit le titre de « roi en Prusse ». L'ascension de cette maison se poursuivit avec Frédéric II (1740-1786). Bonaparte ramena, en 1803, le nombre des États de 350 à 39 et abolit l'empire (1806). Les traités de Vienne (1815) créèrent une Confédération germanique de 39 États sous la prés. de l'Autriche.

**DE L'EMPIRE ALLEMAND AU III$^e$ REICH** Victorieuse de l'Autriche à Sadowa (1866) puis de la France (1871), la Prusse proclama l'Empire allemand, perdit la Première Guerre mondiale ; l'empereur Guillaume II abdiqua (9 nov. 1918) et la république fut proclamée. Le traité de Versailles (28 juin 1919) démembra l'Allemagne et lui enleva ses colonies. De 1919 à 1923, la république de Weimar fut troublée (soulèvement de Spartakus). Elle subit l'inflation, la crise économique de 1929 et le président Hindenburg nomma Hitler chancelier le 30 janv. 1933. Celui-ci fonda le III$^e$ Reich et instaura un régime de terreur fondé notam. sur le racisme (persécution des Juifs, des Tsiganes). Il réoccupa la Rhénanie (1936), annexa l'Autriche (Anschluss, mars 1938) et une partie de la Tchécoslovaquie (affaire des Sudètes) après les accords de Munich (sept. 1938), puis la Bohême (mars 1939) ; le 1$^{er}$ sept. 1939, il envahit la Pologne, ce qui déclencha la Seconde Guerre mondiale (1939-1945). L'Allemagne, vaincue, capitula le 8 mai 1945 ; divisée en quatre zones d'occupation (amér., franç., brit., soviét.), elle perdit ses territoires à l'est de l'Oder-Neisse. En 1949, elle fut partagée en deux États.

**LA RFA** La république fédérale d'Allemagne (RFA), fondée le 23 mai 1949 (248 580 km$^2$), avait Bonn pour cap. Les chrétiens-démocrates, seuls au pouvoir de 1949 à 1966 (K. Adenauer, puis L. Erhard) ou dans un gouv. de coalition (K. G. Kiesinger, 1966-1969, H. Kohl depuis 1982), ont dû compter avec le parti social-démocrate (les chanceliers W. Brandt, 1969-1974, puis H. Schmidt, 1974-1982). Membre de l'OTAN depuis 1955, de la CÉE depuis 1957, la RFA reconnut la RDA en 1972.

**LA RDA** La république démocratique populaire, fondée le 23 mai 1949 (108 178 km$^2$), avait Berlin-Est pour capitale. Par le traité de 1955, la RDA se dégagea de l'admin. militaire soviétique. Elle était unie à l'URSS (adhésion au pacte de Varsovie, 1955 ; traité d'amitié avec l'URSS, 1964). La construction du mur de Berlin, en 1961, arrêta les nombreux départs vers la RFA. Membre de l'ONU et du Comecon, elle fut la deuxième puissance socialiste. Elle eut pour dirigeants W. Pieck (1949-1960), W. Ulbricht (1960-1973), W. Stoph (1973-1976), E. Honecker (1976-1989) et E. Krenz (1989-1990).

**L'ALLEMAGNE RÉUNIFIÉE** En 1989, l'exode massif d'Allemands de l'Est vers la RFA (via la Hongrie, notam.) et des manifestations sans précédent à Leipzig et à Berlin-Est provoquèrent, avec l'accord de Gorbatchev, l'ouverture des frontières et la destruction du mur de Berlin (nov. 1989). En mars 1990, en RDA, des élections libres portèrent au pouvoir un gouvernement dominé par les chrétiens-démocrates. En sept. (traité de Moscou), les anc. Alliés rendirent sa souveraineté à l'Allemagne et déclarèrent intangible la frontière Oder-Neisse (ce que confirma le traité germano-polonais de 1991). L'Allemagne fut réunifiée le 3 oct. 1990 et Kohl remporta les législatives de déc. Il accorda la parité aux deux deutsche Marks, ce qui entama les finances all. Bientôt, l'aggravation du chômage en ex-RDA et l'afflux de réfugiés de l'Est coïncidèrent avec une violente montée de la xénophobie. En mai 1994, H. Kohl remporta les législatives, la croissance s'atténua (moins de 2 % en 1997) et le chômage progressa. Le social-démocrate (de tendance libérale) Gerhard Schröder remporta les législatives de 1998, mais dut faire entrer les Verts dans son gouv. La coalition est reconduite aux législatives de 2002. Lors de la crise irakienne de 2002-2003, le chancelier Schröder adopte une position pacifiste et se range aux côtés de la France, contre les É.-U. et la G.-B. La timide victoire de l'opposition CDU-CSU aux législatives de 2005 amène au pouvoir Angela Merkel qui forme un gouv. de coalition avec le SPD. Elle est réélue en 2009 et en 2013.

**Allemagne (De l')** essai de Mme de Staël (1810).

**allemand, ande** *n* **A** *nm* Langue indo-européenne du groupe germanique occidental, parlée en Allemagne, en Autriche, en Belgique, en Suisse. **B** *nf* Air à quatre temps ; danse sur cet air.

**Allemane Jean** (Sauveterre, Haute-Garonne, 1843 – Herblay, Val-d'Oise, 1935), socialiste français. Communard, il créa en 1890 un groupe révolutionnaire dit *allemaniste.*

**Allen** Allen Stewart Konigsberg, dit **Woody** (New York, 1935), acteur, cinéaste et écrivain américain : *Prends l'oseille et tire-toi* (1969), *Annie Hall* (1977), *Manhattan* (1979), *la Rose pourpre du Caire* (1985), *Harry dans tous ses états* (1997), *Match Point* (2005).

**Allenby sir Edmund** (Brackenhurst, Nottinghamshire, 1861 – id., 1936), maréchal brit. qui écrasa les Turcs à Megiddo (1918).

**Allende Salvador** (Valparaíso, 1908 – Santiago, 1973), président de la république du Chili (1970-1973). Socialiste, il applique le programme de l'Union populaire (qui comprenait les communistes). Il mourut, les armes à la main, lors de la prise du palais présidentiel par une junte militaire.

**allène** *nm* CHIM Hydrocarbure de formule $C_3H_4$. SYN propadiène.

**1 aller** *v* 9 **A** *vi* **1** Se mouvoir dans une direction. *Nous allons de Rome à Paris. Aller au théâtre.* **2** À l'impératif, renforce une affirmation, marque la surprise, l'indignation, etc. *Allez, courage ! Allons, laisse-moi tranquille !* **3** Indique un état, un fonctionnement. *Aller bien, mal. Comment allez-vous ?* **4** S'adapter à, être en harmonie avec. *Cette robe vous allait bien. Le jaune et le violet ne vont pas ensemble.* **5** Suivi d'un gérondif ou d'un participe présent marquant la continuité ou la progression de l'action. *La tristesse ira en s'atténuant.* **6** JEU Miser, risquer. *J'y vais de 100 francs. Y aller de ses économies.* **B** *v aux* **1** Au présent ou à l'imparfait, suivi d'un infinitif, marque un futur proche, dans le passé ou dans l'avenir. *Il va mourir. On allait rire.* **2** À tous les temps, suivi d'un infinitif : se disposer à, se trouver dans la situation de. *Vous n'iriez pas lui dire cela.* **3** En tournure négative, suivi d'un infinitif, indique une mise en garde. *N'allez pas croire que...* LOC ***Aller et venir*** : se mouvoir dans une direction, puis en sens inverse. — ***Aller loin*** : réussir. — ***Aller trop loin*** : exagérer. — ***Allons donc !*** : marque l'incrédulité, le doute. — ***Se laisser aller à*** : s'abandonner à. — ***S'en aller*** : partir, disparaître ; litt mourir. — fam ***Y aller fort*** : exagérer. ETY Du lat.

**2 aller** *nm* **1** Action d'aller ; parcours effectué pour se rendre dans un lieu précis. **2** Billet de transport valable pour un seul voyage. LOC ***Au pis aller*** : dans le cas le plus défavorable.

**Aller** riv. d'Allemagne du N. (256 km), affl. de la Weser (rive droite).

**allergène** *nm, a* MED Se dit d'une substance qui peut déterminer l'allergie.

**allergénique** *a* MED Qui peut déclencher une réaction allergique.

**allergie** *nf* **1** MED Réaction anormale et inadaptée lors de la rencontre de l'organisme avec une substance allergène avec laquelle il a déjà été en contact. *Allergie à la poussière.* **2** fig Aversion, antipathie. *Il a développé une allergie au piano.* ETY Du gr. *allos* « autre », et *ergon*, « effet ». DER **allergique** *a, n*

ENC Les réactions allergiques peuvent être violentes et généralisées (V. anaphylaxie). Le plus souvent, elles ont une expression focale : respiratoire (asthme, coryza ou rhume des foins), cutanée (urticaire, eczéma, érythème noueux), rhumatismale, oculaire, vasculaire (vascularites allergiques). Les allergènes sont très variés : antibiotiques, détersifs, teintures, solvants, cosmétiques, ciment, pollen, poussière.

**allergisant, ante** *a, nm* MED Susceptible de provoquer une allergie.

**allergologie** *nf* Étude de l'allergie, de ses manifestations morbides, de leur traitement. DER **allergologique** *a* – **allergologue** *n*

**aller-retour** *nm* **1** Parcours effectué dans les deux sens. **2** Billet de transport valable pour ce parcours. **3** fam Paire de gifles. PLUR allers-retours.

**alleu** *nm* FEOD Terre possédée en toute propriété, libre de toute redevance. SYN franc-alleu. ETY Du frq.

**alleutier** *nm* FEOD Propriétaire d'un alleu.

**Allia** (auj. *Fosso di Marcigliana*), riv. de l'anc. Italie, affl. du Tibre (r. g.). – Victoire des Gaulois sur les Romains (390 av. J.-C.).

**Woody Allen**

**alliacé, ée** *a* Qui est propre à l'ail. *Une odeur alliacée.*

**alliage** *nm* METALL Corps obtenu par incorporation d'éléments d'apport, métalliques ou non, à un métal de base, et qui présente les caractéristiques de l'état métallique.

**alliaire** *nf* Crucifère à fleurs blanches et à odeur alliacée.

**alliance** *nf* **1** Pacte entre plusieurs partis ou puissances. *Alliance militaire.* **2** THEOL Pacte entre Dieu et le peuple hébreu, renouvelé et étendu à la descendance spirituelle d'Abraham. *Arche d'alliance.* **3** Accord, entente. **4** Union par mariage. **5** Anneau de mariage porté à l'annulaire. **6** LEGISL Lien civil entre les époux et leurs parents.

**Alliance (Quadruple-)** traité entre la France, l'Angleterre, les Provinces-Unies et l'Autriche, contre l'Espagne (1718). – Nom donné à la Sainte-Alliance après le 20 novembre 1815.

**Alliance (Sainte-)** pacte conclu en 1815, après Waterloo, entre les souverains d'Autriche, de Prusse et de Russie, pour réprimer les mouvements libéraux en Europe.

**Alliance (Triple-)** traité entre l'Angleterre, la Suède et les Provinces-Unies, dirigé contre Louis XIV (1668). – Alliance de 1717 entre les Provinces-Unies, l'Angleterre et la France, élargie en 1718. V. Alliance (Quadruple-).

**Alliance (Triple-)** pacte défensif entre l'Allemagne, l'Autriche et l'Italie, contre la France et la Russie (1882). VAR **Triplice**

**Alliance française** association française, créée en 1883 pour développer la connaissance de la langue et de la culture françaises.

**allicine** *nf* Principal composant de l'ail, odorant et antibactérien.

**allié, ée** *a, n* **A** **1** Uni par un traité d'alliance. *Peuples alliés.* **2** Uni par un mariage. *Les parents et les alliés.* **B** *a* METALL Se dit d'un métal dans la composition duquel entrent des éléments d'addition. **C** *n* Celui qui secourt, qui apporte son aide.

**allier** *v* 2 **A** *vt* **1** Unir par une alliance. *L'attrait du pouvoir a allié ces deux partis opposés.* **2** Combiner des métaux. *Allier l'or avec l'argent.* **3** fig Unir des éléments différents. *Allier la clémence à la justice.* **B** *vpr* Contracter une alliance. *S'allier contre des ennemis.* ETY Du lat. *alligare*, « lier ».

**Allier** riv. du Massif central (410 km), affl. de la Loire (r. g.) ; naît dans le Gévaudan (Lozère) ; confluent près de Nevers, au *Bec-d'Allier*.

**Allier** dép. franç. (03) ; 7 381 km² ; 343 431 hab. ; 46,6 hab./km² ; ch.-l. *Moulins* ; ch.-l. d'arr. *Montluçon* et *Vichy*. V. Auvergne.

**Alliés (les)** les pays opposés à la France impériale en 1814 et 1815 (notam. Autriche, Russie, Angleterre, Prusse). Leurs troupes occupèrent la France après Waterloo.

**Alliés (les)** les pays opposés à l'Allemagne lors des Première et Seconde Guerres mondiales (notam. France, Royaume-Uni, États-Unis).

**alligator** *nm* Crocodilien au museau court dont une espèce habite la Chine et l'autre l'Amérique. ETY De l'esp. *el lagarto*, « le lézard ».

▶ illustr. **crocodiliens**

**alligatoridé** *nm* ZOOL Crocodilien tel que l'alligator et le caïman.

**Allio René** (Marseille, 1924 – Paris, 1995), metteur en scène de théâtre et cinéaste français : *la Vieille Dame indigne* (1965).

**allitération** *nf* RHET Répétition d'une consonne ou d'un groupe de consonnes dans une phrase, un vers. *« Aboli bibelot d'inanité sonore » est une allitération de Mallarmé.*

**allô !** *interj* Mot conventionnellement utilisé au début d'une communication téléphonique. ETY De l'anglo-amér. *hallo, hello.* VAR **allo**

**Allobroges** peuple celte de la Gaule qui habitait le Dauphiné et la Savoie actuels.

**allocataire** *n* Personne qui bénéficie d'une allocation prévue par la loi.

**allocation** *nf* **1** Action d'allouer. *Allocation d'un prêt.* **2** Somme allouée par un organisme. *Allocations de chômage.* LOC INFORM ***Allocation dynamique*** : attribution à un programme en cours d'exécution des zones de mémoire qui serviront

à l'exécuter. — ***Allocations familiales*:** sommes versées au chef de famille par des caisses alimentées par les cotisations des employeurs et des travailleurs indépendants, destinées à la vie de famille. ETY Du lat.

**allochtone** *a, n* **A** Se dit de populations étrangères installées dans un pays, par oppos. à *autochtone*. **B** *a* GEOL Se dit de formations géologiques résultant d'un transport. *Sédiments allochtones.* PHO [alokton]

**allocs** *nfpl* fam Allocations familiales.

**allocutaire** *n* LING Celui, celle à qui s'adresse un énoncé, par oppos. à *locuteur*.

**allocution** *nf* Bref discours.

**allodial, ale** *a* D'un alleu. PLUR allodiaux.

**allogamie** *nf* BIOL Mode de reproduction où la fécondation a lieu entre deux gamètes provenant d'individus différents ou entre deux fleurs de la même plante.

**allogène** *a* **1** Se dit de populations mêlées récemment à la population du pays. ANT Indigène **2** GEOL Se dit des éléments de roches qui ne se sont pas formés dans la roche où ils se trouvent. ETY Du gr. *allogenês,* « d'une autre origine ».

**allogreffe** *nf* Syn. de *homogreffe*.

**allométrie** *nf* BIOL Croissance d'un organe plus forte ou plus faible que celle d'un autre organe ou de l'ensemble de l'organisme.

**allonge** *nf* **1** Rallonge. **2** SPORT Longueur des bras chez un boxeur. **3** MILIT Portée d'un avion, d'un missile.

**allongé, ée** *a* Dont la longueur l'emporte sur les autres dimensions. *Un visage allongé.*

**allongement** *nm* **1** Action d'allonger. *Allongement des jours.* ANT raccourcissement. **2** AVIAT Rapport du carré de l'envergure d'une aile à sa surface.

**allonger** *v* 13 **A** *vt* **1** Augmenter la longueur ou la durée de. *Allonger un texte.* **2** Faire paraître plus long. *Cette robe allonge ta silhouette.* **3** Étendre, déployer un membre. *Allonger le bras.* **4** Diluer avec un liquide. *Allonger une sauce, une boisson.* **B** *vi* Devenir plus long. *Les jours allongent.* **C** *vpr* **1** Devenir plus long. *La séance s'allonge interminablement.* **2** S'étendre. *S'allonger dans l'herbe.* LOC ***Allonger le pas*:** se presser. — fam ***Allonger un coup à qqn*:** le frapper.

**allopathie** *nf* MED Médecine classique, qui emploie des médicaments tendant à contrarier les symptômes et les phénomènes morbides. ANT homéopathie ETY Du gr. *allos,* « autre » et *pathos,* « maladie », calqué sur *homéopathie.* DER **allopathe** *n* – **allopathique** *a*

**allophone** *n, a* Au Canada, immigré récent de langue maternelle autre que l'anglais ou le français.

**allophtalmie** *nf* MED Anomalie de la coloration de l'iris d'un même œil ou différence de coloration des deux yeux chez un même individu (yeux vairons).

**allosaure** *nm* Dinosaurien carnivore du jurassique, dont la longueur atteignait 10 m.

**allosome** *nm* BIOL Chacun des deux chromosomes liés à la différenciation sexuelle que l'on représente par X ou Y. SYN hétérochromosome. ANT autosome.

**allotir** *vt* 3 DR Répartir un bien en lots lors d'un partage ou d'une vente.

**allotropie** *nf* CHIM Existence de plusieurs états sous lesquels peut se présenter un corps. DER **allotropique** *a*

**allouer** *vt* 1 Attribuer, accorder de l'argent, du temps.

**allumage** *nm* **1** TECH Inflammation du mélange combustible dans les moteurs à explosion ; système produisant cette inflammation. *Retard à l'allumage.* **2** Action d'allumer, fait de s'allumer. *L'allumage de ce four est délicat.*

**allumé, ée** *a, n* **1** fam Qui est un peu fou. **2** Passionné par qqch. *Des allumés de la photo.*

**allume-cigare** *nm* Dans une voiture, dispositif à résistance électrique servant à allumer les cigares, les cigarettes. PLUR allume-cigares.

**allume-feu** *nm* Préparation servant à allumer le feu. PLUR allume-feux.

**allume-gaz** *nm inv* Petit appareil pour allumer le gaz d'une cuisinière.

**allumer** *v* 1 **A** *vt* **1** Mettre le feu. *Allumer un cigare.* **2** Enflammer afin d'éclairer. *Allumer une bougie.* **3** Mettre en route un appareil électrique. *Allumer une lampe électrique, un radiateur.* **4** Faire de la lumière. *Allumer dans le salon.* **5** litt Faire naître. *Allumer la colère de qqn.* **6** fam Provoquer le désir de qqn. **7** fam Critiquer violemment. **B** *vpr* **1** Devenir lumineux. *Les vitrines s'allumèrent.* **2** Devenir brillant. *Son regard s'alluma.* ETY Du lat.

**allumette** *nf* **1** Bâtonnet combustible dont une extrémité est enduite d'un corps inflammable par frottement, et qui sert à mettre le feu. **2** Gâteau feuilleté de forme allongée. LOC ***Allumettes suédoises*:** de sûreté.

**allumeur** *nm* **1** Dispositif destiné à mettre le feu à une charge explosive. **2** Système d'allumage d'un moteur à explosion. LOC anc ***Allumeur de réverbères*:** personne chargée d'allumer et d'éteindre les appareils d'éclairage public au gaz.

**allumeuse** *nf* fam, péjor Femme qui aime provoquer le désir, qui aguiche.

**allure** *nf* **1** Vitesse. *Marcher à vive allure.* **2** Aspect, apparence. *La discussion prit l'allure d'une querelle.* **3** MAR Orientation d'un navire à voiles par rapport à la direction du vent. LOC ***Avoir de l'allure*:** de la prestance, de l'élégance.

**alluré, ée** *a* Qui a de l'élégance, de l'allure.

**allusif, ive** *a* Qui tient d'une allusion ; qui renvoie à une allusion. *Une plaisanterie allusive.* DER **allusivement** *av*

**allusion** *nf* Évocation non explicite d'une personne ou d'une chose. ETY Du lat.

**alluvial, ale** *a* Produit par des alluvions. PLUR alluviaux.

**alluvion** *nf* **1** Dépôt détritique charrié par les eaux. *Alluvions glaciaires. Alluvions fluviales.* **2** DR Accroissement de terrain résultant de l'alluvionnement. ETY Du lat. *alluvio,* « inondation ». DER **alluvionnaire** *a*

**alluvionner** *vi* 1 Déposer des alluvions. DER **alluvionnement** *nm*

**allyle** *a* CHIM Qualifie le radical monovalent $CH_2$=CH-$CH_2$-, aromatique et entrant dans plusieurs esters. ETY Du lat. *allium,* « ail ». DER **allylique** *a*

**Alma** riv. du S. de la Crimée. – Victoire des Français et des Brit. sur les Russes (1854).

**Alma-Ata** → **Almaty.**

**Almageste (l')** traité d'astronomie de Ptolémée (140 apr. J.-C.), nom donné par les Arabes à partir du grec *megistos* (« le plus grand »).

**Almagro** Diego de (Almagro, province de Tolède, 1475 – Cuzco, 1538), conquistador espagnol, compagnon, au Pérou, de Pizarro, qui le fit étrangler. — **Almagro** Diego (Panamá, 1518 – Cuzco, 1542), fils du préc. Il tua Pizarro, dont le successeur le fit décapiter.

**alma mater** *nf* litt L'université. PHO [almamater] ETY Mots lat., « mère nourricière ».

**almanach** *nm* Calendrier, souvent illustré, contenant des renseignements notam. d'ordre astronomique, religieux, historique, pratique, etc. PHO [almana] ETY De l'ar.

**almandin** *nm* MINER Grenat alumino-ferreux, appelé aussi *escarboucle*.

**Almansa** ville d'Espagne (prov. d'Albacete) ; 20 380 hab. – La victoire de Berwick sur les Anglais assura à Philippe V le trône d'Espagne (1707).

**Almaty** (*Viernyï* de 1854 à 1921 ; *Alma-Ata* de 1921 à 1993), ville du Kazakhstan (ancienne capitale, remplacée par *Astana* en 1997) au N. du lac Issyk-Koul ; 1,2 million d'hab. (aggl.). Centre industriel. – Cathédrale orthodoxe du XVIIIe s. Université. DER **almatais, aise** *a, n*

**almée** *nf* litt Danseuse et chanteuse d'Orient. ETY De l'ar. *'âlima,* « savante ».

**Almeida** Francisco de (Lisbonne, v. 1450 – près du cap de Bonne-Espérance, 1510), conquistador portugais et premier vice-roi des Indes en 1505.

**Almeida Garrett** João Baptista da Silva Leitão de (Porto, 1799 – Lisbonne, 1854), poète (*Camões*, 1825) et dramaturge romantique portugais : *Un auto de Gil Vicente* (1838).

**Almelo** v. des Pays-Bas (Overijssel) ; 62 130 hab. Industrie textile.

**Almería** v. et port du S. de l'Espagne (Andalousie), sur la Méditerranée ; 161 560 hab. ; ch.-l. de la prov. du m. nom. – Forteresse mauresque (VIIIe-Xe s.).

**Almodóvar** Pedro (Ciudad Real, 1950), cinéaste espagnol : *Femmes au bord de la crise de nerfs* (1987), *Talons aiguilles* (1991), *Tout sur ma mère* (1999).

Pedro Almodóvar

**Almohades** dynastie musulmane berbère (1147-1269) qui détrôna les Almoravides. À l'origine, le réformateur musulman Ibn Tumart réunit des « unitariens » (c.-à-d. qui ont foi en l'unicité de Dieu, nom francisé en Almohades) et pourfendit les mœurs des Almoravides. Il conquit des villes par ruse. Après sa mort (1130), son disciple Abd al-Mumin prit Marrakech (1147) et fonda la dynastie des Almohades, qui domina l'Espagne musulmane et le Maghreb, mais cet empire se disloqua progressivement. DER **almohade** *a*

**Almonte** Juan Nepomuceno (Valladolid, 1804 – Paris, 1869), général mexicain, partisan de Maximilien.

**Almoravides** dynastie musulmane berbère, fondée par Abd Allah ibn Yasin, qui régna sur le Maroc et sur une partie de l'Algérie et de l'Espagne de 1055 à 1147. Son pouvoir s'étendit aussi plus au sud : elle conquit les princ. villes de l'empire du Ghana (Aoudaghost en 1054, Koumbi-Saleh en 1076). V. Almohades. DER **almoravide** *a*

**Almquist Carl Jonas Love** (Stockholm, 1793 – Brême, 1866), écrivain suédois. *Le Livre de l'églantine* (1832-1835) regroupe son œuvre, romantique, mystique, réaliste.

**aloès** *nm* **1** Plante des pays chauds, à feuilles charnues (liliacée). **2** Suc résineux amer, tiré de l'aloès, purgatif énergique. DER **aloétique** *a*

**aloé véra** *nm inv* Variété d'aloès utilisé en cuisine, en pharmacie et en cosmétique. VAR **aloe vera**

**alogique** *a* didac Étranger à la logique.

**aloi** *nm* Titre légal pour l'or et l'argent. LOC ***De bon, de mauvais aloi*** : de bon, de mauvais goût.

**Along (baie d')** baie du Golfe du Tonkin, au N.-E. de Haiphong.

**baie d'Along**

**alopécie** *nf* Chute partielle ou totale des cheveux ou des poils. DER **alopécique** *a, n*

**alors** *av* **1** Dans ce temps-là, à ce moment-là. *Nous étions heureux alors. Nous pourrons alors réaliser nos projets.* **2** Dans ce cas-là. *S'il venait à mourir, alors elle hériterait.* **3** fam Ponctue une exclamation de joie, d'indignation, de surprise. *Chic alors ! Non mais alors ?* LOC ***Alors que*** : marque le temps et l'opposition. *Il partit alors que le jour se levait. Vous jouez alors qu'il faudrait travailler.* — ***D'alors*** : cette époque-là. *C'étaient les mœurs d'alors.* — ***Jusqu'alors*** : jusqu'à ce moment-là. *Jusqu'alors, il avait été prudent.*

**alose** *nf* Poisson marin des régions tempérées (clupéiforme), de grande taille (jusqu'à 80 cm), à chair fine, qui, au printemps, remonte les fleuves pour frayer.

**Alost** (en néerl. *Aalst*) v. de Belgique (Flandre-Orientale), sur la Dendre ; 78 940 hab. Industries. – Monuments des XIII-XV[e] s.

**alouate** *nm* ZOOL Autre nom du *hurleur*.

**À l'ouest rien de nouveau** roman de É.-M. Remarque (1929), témoignage pacifiste sur la Première Guerre mondiale. ▷ CINE Film de L. Milestone (1895 – 1980), 1930.

**alouette** *nf* Oiseau passériforme, au bec robuste, au plumage terne, habitant les champs et les steppes.

**alourdir** *vt* ③ Rendre plus lourd. DER **alourdissement** *nm*

**aloyau** *nm* Quartier de bœuf situé le long des reins et comprenant notam. le filet. PHO [alwajo] ETY Probabl. de l'a. fr. *aloe*, « alouette », ce morceau étant jadis cuisiné de la même manière que les alouettes.

**alpaga** *nm* **1** ZOOL Lama domestique (camélidé) dont on exploite la laine. **2** Étoffe de laine légère et brillante faite avec la laine de ce lama. ETY Mot quechua.

**alpage** *nm* **1** Pâturage de haute montagne. **2** Temps passé par les troupeaux dans l'alpage.

**alpagiste** *n* Éleveur qui envoie des troupeaux en alpage.

**alpaguer** *vt* ① fam Arrêter, appréhender. ETY De *alpaga*, « manteau ».

**alpax** *nm* METALL Alliage léger d'aluminium (87 %) et de silicium (13 %), utilisé en fonderie.

**alpe** *nf* Alpage. PHO [alp]

**Alpe-d'Huez (l')** station de sports d'hiver (com. d'Huez, Isère), dans l'Oisans.

**Alpes** princ. chaîne de montagnes d'Europe, formant un arc de cercle S.-N. (env. 1 500 km de long et 200 km dans sa largeur maximale), de la Médit. à Vienne (Autriche) ; 4 808 m au mont Blanc. DER **alpin, ine** *a, n*
**Géologie** Un plissement tertiaire soulève une chaîne hercynienne. Cinq sortes de relief apparaissent, d'E. en O. : les Préalpes calcaires, au-dessous de 3 000 m ; les Alpes du N., dépassant 4 000 m ; les vallées longitudinales, entre les Préalpes et les Alpes ; les massifs centraux, les plus élevés ; une zone plissée sédimentaire. Le climat, froid, varie suivant l'alt. Les Alpes sont un véritable château d'eau (Rhin, Rhône, Pô).
**Géographie** Lieu de passage entre l'Europe du N. et du S., les Alpes ont un peuplement anc. et relativement dense. Depuis le XIXe s., l'hydroél., les voies ferrées, les tunnels ont bouleversé la vie alpine : élevage intensif, bovin au N., ovin au S. ; électrochim. et électrométall. ; stations de sports d'hiver.

**Alpes (Hautes-)** dép. franç. (05) ; 5 520 km$^2$ ; 130 752 hab. ; 23,7 hab./km$^2$ ; ch.-l. *Gap* ; ch.-l. d'arr. *Briançon*. V. Provence-Alpes-Côte d'Azur (Rég.). DER **haut-alpin, ine** *a, n*

**Alpes australiennes** partie mérid. de la Cordillère australienne.

**Alpes-de-Haute-Provence** dép. franç. (04) ; 6 944 km$^2$ ; 159 681 hab ; 23 hab./km$^2$ ; ch.-l. *Digne-les-Bains* ; ch.-l. d'arr. *Barcelonnette*, *Castellane* et *Forcalquier*. Autrefois Basses-Alpes. V. Provence-Alpes-Côte d'Azur (Rég.). DER **bas-alpin, ine** *a, n*
▶ illustr. p. 48

**Alpes dolomitiques** → **Dolomites.**

**Alpes-Maritimes** dép. franç. (06) ; 4 294 km$^2$ ; 1 087 863 hab. ; 253,3 hab./km$^2$ ; ch.-l. *Nice* ; ch.-l. d'arr. *Grasse*. V. Provence-Alpes-Côte d'Azur (Rég.). ▶ illustr. p. 49

**alpestre** *a* **1** Des Alpes. *Paysages alpestres.* **2** BOT Se dit de plantes vivant autour de 1 000 m d'altitude.

**alpha** *nm* Première lettre (A, α) de l'alphabet grec. LOC ***L'alpha et l'oméga*** : le commencement et la fin. — PHYS ***Particule alpha*** SYMB (α) : noyau d'hélium émis lors de certaines réactions nucléaires. SYN hélion. — ***Rayonnement alpha*** : constitué de particules alpha. — MED ***Rythme alpha*** : rythme normal de base de l'électro-encéphalogramme d'un adulte éveillé, au repos, les yeux fermés.

**alphabet** *nm* **1** Ensemble des lettres servant à transcrire les sons d'une langue. *Alphabet latin, cyrillique.* **2** Livre de lecture élémentaire. SYN abécédaire, syllabaire. PHO [alfabɛ] ETY Du nom des lettres grecques *alpha* et *bêta*. ▶ illustr. p. 50

**alphabétique** *a* Établi selon l'ordre de l'alphabet. *Index alphabétique.* DER **alphabétiquement** *av*

**alphabétiser** *vt* ① Enseigner l'écriture et la lecture. DER **alphabétisation** *nf* – **alphabétisé, ée** *n*

**alphabloquant, ante** *a, nm* MED Se dit des médicaments antihypertenseurs, qui bloquent les récepteurs adrénergiques.

**Alphand Jean-Charles** (Grenoble 1817 – Paris 1891), ingénieur français, chargé par Haussmann (1854) de créer à Paris des espaces verts : bois de Boulogne, bois de Vincennes, parc Monceau, Buttes-Chaumont, etc.

**alphanumérique** *a* INFORM Qui comprend ou qui utilise des lettres et des chiffres. *Clavier alphanumérique.*

**alpharécepteur** *nm* PHYSIOL Récepteur du système adrénergique dont dépendent les

effets de la stimulation sympathique (vasoconstriction et hypertension artérielle).

**Alphée** fl. du Péloponnèse, divinisé par les anciens Grecs.

**Aragon**

**Alphonse Ier le Batailleur** (v. 1073 – 1134), roi d'Aragon et de Navarre (1104-1134), combattit les Maures. — **Alphonse II le Chaste** (1152 – Perpignan, 1196), roi d'Aragon (1164-1196), comte de Provence (1166-1196). — **Alphonse III le Bienfaisant** (1264 – Barcelone, 1291), roi d'Aragon et de Sicile (1283-1291). — **Alphonse IV le Débonnaire** (1299 – Barcelone, 1336), roi d'Aragon (1327-1336). — **Alphonse V le Magnanime** (1396 – Naples, 1458), roi d'Aragon (1416-1458) et de Sicile à partir de 1442.

**Asturies, Castille, Espagne**

**Alphonse Ier le Catholique** (693 – 757), roi des Asturies (739-757). Il prit aux Maures une partie de la Galice et du Léon. — **Alphonse III le Grand** (vers 838 – Zamora, 910), roi des Asturies (866-910). Il conquit le Lon. — **Alphonse VI** (vers 1042 – 1109), roi de Léon (1065-1109) et de Castille (1072-1109). Il enleva Tolède aux Maures (1085). — **Alphonse VIII le Noble** (1155 – Ávila, 1214), roi de Castille (1158-1214). Il vainquit les Maures à Las Navas de Tolosa (1212). — **Alphonse X le Sage** (Tolède, 1221 – Séville, 1284), roi de Castille et de Léon (1252-1284), empereur germanique (1257-1272). Il fit dresser les tables astronomiques dites *tables Alphonsines*, et composa 420 cantiques à la Vierge. — **Alphonse XI le Justicier** (1311 – 1350), roi de Castille et de Léon (1312-1350), père de Pierre le Cruel et d'Henri II le magnifique. — **Alphonse XII** (Madrid, 1857 – id., 1885), roi d'Espagne (1874-1885). — **Alphonse XIII** (Madrid, 1886 – Rome, 1941), roi d'Espagne (1886-1931). Il dut s'exiler.

**Portugal**

**Alphonse Ier Henriques** (Guimarães, vers 1110 – Coïmbre, 1185), roi du Portugal de 1139 à 1185. Il fonda le royaume de Portugal. — **Alphonse V l'Africain** (Sintra, 1432 – id., 1481), roi du Portugal de 1438 à 1481. Il lutta contre les Maures au Maroc.

≪≪≫≫

**Alphonse-Marie de Liguori (saint)** (Marianella, 1696 – Nocera, 1787), évêque de Naples. Docteur de l'Église.

**Alpilles** chaînon des Alpes de Provence, entre la Durance, le Rhône et la Crau.

**alpin, ine** *a* **1** Des Alpes. **2** Des hautes montagnes du même type que les Alpes. *Un relief alpin.* **3** Relatif au plissement d'âge tertiaire ayant engendré les Alpes. **4** Qui concerne l'alpinisme. *Club alpin.* **5** Se dit d'une race de chèvres originaire des Alpes. **LOC** ***Chasseurs alpins*** : soldats des formations opérant en montagne.

**alpinia** *nm* Plante tropicale (zingibéracée), aux belles fleurs, au rhizome aromatique.

**alpinisme** *nm* Pratique sportive des ascensions en montagne. (DÉR) **alpiniste** *n*

**alpiste** *nm* Plante herbacée (graminée), dont le grain est utilisé pour nourrir les oiseaux. SYN millet long, blé des Canaries.

**Alpujarras** rég. montagneuse espagnole, au S. de la sierra Nevada où les Maures se réfugièrent après la prise de Grenade (1492).

**Al-Qaida** organisation terroriste internationale d'obédience islamiste ; elle aurait été fondée par O. Ben Laden et serait responsable des attentats perpétrés contre les É.-U. le 11 sept. 2001.

**ALPES-DE-HAUTE-PROVENCE 04**

**alsace** *nm* Vin d'Alsace, le plus souvent blanc.

**Alsace** région historique de France. Au IVe s., les Alamans s'en emparent. Clovis les vainc à Tolbiac en 496. Après le traité de Verdun (843), la rég. revient finalement à la Germanie (870). Dès le XIIe s., elle connaît une prospérité écon., puis culturelle. La guerre de Trente Ans la dévaste et elle est réunie à la France (1648). En 1871, elle devient allemande, redevient franç. (1919-1940), puis all. et enfin (1945) française.

**Alsace** ancienne Région française et de l'UE, formée des dép. du Bas-Rhin et du Haut-Rhin, intégrée en 2016 à la Rég. Alsace-Champagne-Ardenne-Lorraine. (DÉR) **alsacien, enne** *a, n* **Géographie** À l'E., le grand fossé du Rhin et de l'Ill, au climat semi-continental, groupe l'essentiel de la pop. (75 % de citadins). À l'O. s'élèvent les Vosges, humides et forestières (1 424 m au ballon de Guebwiller), peuplées dans les vallées. Traversée par le principal couloir de circulation de l'UE, l'Alsace est prospère : vignoble, polyculture de la plaine, élevage laitier et sylviculture des Vosges ; l'industrie (Strasbourg, Mulhouse) dispose d'une électricité abondante (barrages du Rhin et centrale nucléaire de Fessenheim) et offre une gamme variée. Strasbourg est le siège d'import. organisations européennes.

**Alsace (ballon d')** sommet des Vosges (1 250 m), au nord de Belfort.

**Alsace (grand canal d')** canal latéral au Rhin, de Bâle à Strasbourg. Hydroélectricité.

**Alsace-Champagne-Ardenne-Lorraine** Région française et de l'UE née de la fusion en 2016 des Régions Alsace, Champagne-Ardenne et Lorraine ; 57 433 km² ; 5 552 000 hab. ; cap. *Strasbourg.*

**Alsace-Lorraine** nom donné de 1871 à 1918 aux rég. de l'Est cédées par la France à l'Allemagne, qui en fit un Reichsland.

**alsacien** *nm* Ensemble de dialectes germaniques parlés en Alsace.

**alstroemeria** *nm* Plante vivace (amaryllidacée) ornementale, appelée aussi *lis des Incas.* (ÉTY) D'un n. pr.

**Altaï** chaîne de montagnes de l'Asie centrale (4 506 m au mont Bieloukha), formant en partie la frontière entre la Russie et la Mongolie, puis la Chine. – *Territoire de l'Altaï* (Russie), au N. du Kazakhstan ; 261 700 km² ; 2 400 000 hab. ; ch.-l. *Barnaoul.* (DÉR) **altaïque** *a, n*

**altaïque** *a, nm* LING Syn de *turco-mongol.*

**Altamira** grottes préhistoriques d'Espagne (prov. de Santander) ; célèbres peintures du magdalénien (12000 à 9000 av. J.-C. env.).

**Altamira** bison, peinture polychrome, détail du plafond

**Altdorf** v. de Suisse, dans la vallée de la Reuss ; 8 900 hab. ; ch.-l. du cant. d'Uri. Industries.

**Altdorfer Albrecht** (Altdorf, v. 1480 – Ratisbonne, 1538), peintre et graveur allemand. Il accorda une large place au paysage.

**Altenbourg** v. d'Allemagne (distr. de Leipzig) ; 33 000 hab. Industries.

**alter-** Préfixe, du lat. *alter, autre,* exprimant une opposition alternative.

**altération** *nf* **1** Modification dans l'état d'une chose. **2** MUS Signe qui modifie le son de la note devant laquelle il est placé. **3** DR Falsification. *Altération de signatures, d'actes.* **4** GEOL Modification d'une roche due à des phénomènes physiques, chimiques ou biologiques. [ETY] Du lat.

**altercation** *nf* Dispute, échange de propos violents entre des personnes. SYN querelle. [ETY] Du lat. *altercatio,* « débat ».

**alterconsommateur, trice** *n* Consommateur altermondialiste.

**alter ego** *nm inv* Personne de confiance ; ami inséparable. [PHO] [altɛʀego] [ETY] Mots lat., « autre moi-même ».

**altérer** *vt* [14] **1** Provoquer la modification, le changement de. *Altérer une note. Cette épreuve a altéré sa santé.* **2** Dénaturer, falsifier. *Altérer la vérité.* **3** Exciter la soif de. ANT désaltérer. [ETY] Du lat. [DER] **altérabilité** *nf* – **altérable** *a* – **altérant, ante** *a*

**altérite** *nf* GEOL Syn. de *régolite.* [ETY] De *altérer.*

**altérité** *nf* PHILO Caractère de ce qui est autre. [ETY] Du lat. *alter,* « autre ».

**altermondialisme** *nm* Courant d'opinion qui s'oppose à la mondialisation libérale, prône une mondialisation alternative, plus humaine et plus soucieuse de l'environnement. [VAR] **altermondialisation** *nf* [DER] **altermondialiste** ou fam **alter** *a, n*

**alternance** *nf* **1** Action d'alterner ; état de ce qui est alterné. *Alternance des formes, des couleurs.* **2** ELECTR Demi-période d'un courant alternatif. **3** Succession au pouvoir de partis politiquement opposés, dans une démocratie. **LOC** AGRIC ***Alternance des cultures*** : leur rotation sur un même champ. — BOT ***Alternance des feuilles*** ou ***des fleurs*** : leur disposition régulière à des hauteurs différentes de part et d'autre de la tige. — LING ***Alternance vocalique*** : modification du vocalisme d'une racine ou d'un radical. — PÉDAG ***Formation en alternance*** : qui fait alterner des périodes d'enseignement théorique et des périodes de pratique en entreprise.

**alternant** → **alterner.**

**alternat** *nm* didac Succession régulière.

**alternateur** *nm* ELECTR Générateur de courant alternatif.

[ENC] Un alternateur est une machine tournante convertissant l'énergie mécanique en électricité. Il comprend une partie fixe, le *stator* (électro-aimant), et une partie mobile, le *rotor* (bobine). Il fonctionne selon la loi de Lenz : un courant électrique apparaît dans une bobine lorsqu'on la fait tourner dans un champ magnétique.

**alternatif, ive** *a* **1** Qualifie des choses, des phénomènes qui se succèdent tour à tour. *Des périodes alternatives de chaleur et de froid.* **2** abusiv Qui propose un choix, une solution de remplacement ou qui en résulte. **3** Qui propose une solution à ceux qui refusent la société moderne dans ses aspects uniformisants et productivistes. *La presse alternative.* **LOC** ELECTR ***Courant alternatif*** : courant périodique dont l'intensité reprend au bout d'une demi-période la même valeur, changée de signe. [ETY] Du lat. [DER] **alternativement** *av*

**alternative** *nf* **A 1** Situation dans laquelle on ne peut choisir qu'entre deux solutions possibles. *Il se trouve devant une cruelle alternative.* **2** abusiv Solution de remplacement. *La voiture électrique constitue une alternative d'avenir.* **3** Cérémonie d'investiture solennelle d'un torero. **4** LOG Système de deux propositions dont une seule est vraie. **B** *nf pl* Succession d'états qui se répètent. *Des alternatives de richesse et de pauvreté.*

**alterne** *a* **LOC** BOT ***Feuilles alternes*** : insérées sur une tige, à raison d'une seule par nœud.

**alterné, ée** *a* Qui alterne. *Chants alternés.* **LOC** MATH ***Série alternée*** : dont les termes consécutifs sont de signes contraires.

**alterner** *v* [1] **A** *vi* Se succéder à tour de rôle. **B** *vt* Faire se succéder régulièrement. *Alterner les cultures.* [ETY] Du lat. [DER] **alternant, ante** *a*

**alternodémarreur** *nm* AUTO Système qui coupe le moteur d'une voiture lorsque celle-ci est arrêtée et le relance automatiquement quand le conducteur relâche la pédale de frein.

**altesse** *nf* **1** Titre donné aux princes et aux princesses. **2** Personne qui porte ce titre. [ETY] De l'ital. *altezza,* de *alto,* « haut ».

**althéa** *nf* BOT Nom scientifique des guimauves, de la rose trémière, de l'hibiscus. [PHO] [altea] [ETY] Du gr. [VAR] **althæa**

**Althusser Louis** (Birmandreis, Algérie, 1918 – Le Mesnil-Saint-Denis, Yvelines, 1990), philosophe français, théoricien du marxisme.

**altier, ère** *a* Qui a ou qui marque de l'orgueil, de la fierté. *Démarche altière.* [ETY] De l'ital.

**altimètre** *nm* Appareil mesurant les altitudes.

**altimétrie** *nf* Ensemble des procédés de détermination des altitudes d'un tracé routier, par oppos. à *planimétrie.*

**altiport** *nm* Aérodrome de montagne.

**altise** *nf* Coléoptère sauteur (chrysomélidé), parasite des plantes potagères. [ETY] Du gr. *haltikos,* « sauteur ».

**altiste** *n* Musicien, musicienne qui joue de l'alto.

**altitude** *nf* **1** Élévation verticale d'un lieu par rapport au niveau de la mer. *Cette montagne a trois mille mètres d'altitude.* **2** Grande élévation verticale. *La fusée prend de l'altitude.* [ETY] Du lat.

**Altkirch** ch.-l. d'arr. du Haut-Rhin, sur l'Ill ; 5 947 hab. [DER] **altkirchois, oise** *a, n*

**Altman Robert** (Kansas City, 1925 – Los Angeles, 2006), cinéaste américain : *MASH* (1970), *Nashville* (1975), *Short Cuts* (1994), *Gosford Park* (2001).

**alto** *nm* MUS **1** La plus grave des voix de femme et la plus aiguë des voix d'homme. (On dit aussi *haute-contre* pour les hommes et *contralto* pour les femmes.) **2** Instrument à cordes frottées, un peu plus grand que le violon et s'accordant une quinte au-dessous. **3** Instrument à vent à embouchure et à pistons, de la famille des saxhorns, intermédiaire entre le bugle et le baryton. **LOC** ***Saxophone alto*** ou ***alto*** : instrument à vent en mi bémol, intermédiaire entre le ténor et le soprano. [ETY] De l'ital. *alto,* « haut ».

**altocumulus** *nm* METEO Nuage dont l'altitude moyenne est 3 000 m, blanc ou gris, formant des bancs ou des nappes d'aspect pommelé. [PHO] [altokymylys] [ETY] Du lat. *altus,* « haut », et *cumulus,* « amas ».

**altoséquanais** → **Hauts-de-Seine.**

**altostratus** *nm* METEO Nuage dont l'altitude moyenne est 3 500 m, formant une couche grisâtre, parfois légèrement bleutée, d'aspect uniforme ou strié. [PHO] [altostʀatys] [ETY] Du lat. *altus,* « haut », et *stratus,* « étendu ».

## ALPHABETS NON LATINS

### HÉBREU

| caractère [forme finale entre crochets] | nom de la lettre | translittération usuelle |
|---|---|---|
| א | *aleph* | ’ |
| בּ ב | *bet* | b, v |
| ג | *guimel* | g |
| ד | *dalet* | d |
| ה | *hé* | h |
| ו | *vav* | v |
| ז | *zayin* | z |
| ח | *ḥet* | ḥ |
| ט | *tet* | t |
| י | *yod* | y |
| כּ כ [ךּ ך] | *kaf, khaf* | k, kh |
| ל | *lamed* | l |
| מ [ם] | *mem* | m |
| נ [ן] | *noun* | n |
| ס | *samekh* | s |
| ע | *ayin* | ‘ |
| פּ פ [ףּ ף] | *pé, fé* | p, f |
| צ [ץ] | *tsadé* | ts |
| ק | *qof* | q |
| ר | *rech* | r |
| שׁ שׂ | *chin, sin* | ch, s |
| ת | *tav* | t |

### CYRILLIQUE

| majuscule | minuscule | nom de la lettre | translittération usuelle |
|---|---|---|---|
| А | а | *a* | a |
| Б | б | *bé* | b |
| В | в | *vé* | v |
| Г | г | *gué* | g |
| Д | д | *dé* | d |
| Е | е | *ié* | é, ié |
| Ё | ё | *io* | io |
| Ж | ж | *jé* | j |
| З | з | *zé* | z |
| И | и | *i* | i long |
| Й | й | *ï* | i bref |
| К | к | *ka* | k |
| Л | л | *èl* | l |
| М | м | *èm* | m |
| Н | н | *èn* | n |
| О | о | *o* | o |
| П | п | *pé* | p |
| Р | р | *èr* | r |
| С | с | *ès* | s |
| Т | т | *té* | t |
| У | у | *ou* | ou |
| Ф | ф | *èf* | f |
| Х | х | *kha* | kh |
| Ц | ц | *tsé* | ts |
| Ч | ч | *tché* | tch |
| Ш | ш | *cha* | ch |
| Щ | щ | *chtcha* | chtch |
| Ъ | ъ | | [*signe dur*] |
| Ы | ы | *y* | i dur |
| Э | э | *è* | è |
| Ь | ь | | [*signe mou*] |
| Ю | ю | *iou* | iou |
| Я | я | *ia* | ia |

### ARABE

| caractère | nom de la lettre | translittération usuelle | valeur approximative |
|---|---|---|---|
| ء | *hamza* | ’ | attaque vocalique |
| ا | *ālif* | ā | a long |
| ب | *bā’* | b | b |
| ت | *tā’* | t | t |
| ث | *ṯā’* | ṯ | th angl. (*thin*) |
| ج | *ğīm* | ğ | j ou dj |
| ح | *ḥā’* | ḥ | h laryngal |
| خ | *ḫā’* | ḫ | ch all., j esp. |
| د | *dāl* | d | d |
| ذ | *ḏāl* | ḏ | th angl. (*this*) |
| ر | *rā’* | r | r roulé |
| ز | *zāy* | z | z |
| س | *sīn* | s | s |
| ش | *šīn* | š | ch |
| ص | *ṣād* | ṣ | s emphatique |
| ض | *ḍād* | ḍ | d emphatique |
| ط | *ṭā’* | ṭ | t emphatique |
| ظ | *ẓā’* | ẓ | z emphatique |
| ع | *‘ayn* | ‘ | laryngale |
| غ | *ġayn* | ġ | r grasseyé |
| ف | *fā’* | f | f |
| ق | *qāf* | q | k laryngal |
| ك | *kāf* | k | k |
| ل | *lām* | l | l |
| م | *mīm* | m | m |
| ن | *nūn* | n | n |
| ه | *hā’* | h | h expiré |
| و | *wāw* | u, w | ou long |
| ي | *yā’* | i, y | i long |

### GREC

| majuscule | minuscule | nom de la lettre | translittération usuelle |
|---|---|---|---|
| Α | α | *alpha* | a |
| Β | β, ϐ | *bêta* | b |
| Γ | γ | *gamma* | g |
| Δ | δ | *delta* | d |
| Ε | ε | *epsilon* | e |
| Ζ | ζ | *zêta* | z |
| Η | η | *êta* | ê |
| Θ | θ, ϑ | *thêta* | th |
| Ι | ι | *iota* | i |
| Κ | κ | *kappa* | k |
| Λ | λ | *lambda* | l |
| Μ | μ | *mu* | m |
| Ν | ν | *nu* | n |
| Ξ | ξ | *ksi* | x |
| Ο | ο | *omicron* | o |
| Π | π, ϖ | *pi* | p |
| Ρ | ρ | *rhô* | r *ou* rh |
| Σ | σ ς | *sigma* | s |
| Τ | τ | *tau* | t |
| Υ, ϒ | υ | *upsilon* | u *ou* y |
| Φ | φ, ϕ | *phi* | ph *ou* f |
| Χ | χ | *khi* | kh *ou* ch |
| Ψ | ψ | *psi* | ps |
| Ω | ω | *oméga* | o |

**altruisme** *nm* **1** Propension à aimer et à aider son prochain. ANT égoïsme. **2** PHILO Doctrine posant comme but de la moralité l'intérêt pour autrui. DER **altruiste** *a, n*

**altuglas** *nm* Matière synthétique translucide parfois colorée, très résistante. PHO [altyglas] ETY Nom déposé.

**Altunshan** chaîne montagneuse séparant le Tibet du Xinjiang ; culmine à 7 723 m. VAR **Altyn-tagh**

**alu** *nm* fam Aluminium.

**alucite** *nf* ZOOL Lépidoptère (tinéidé), dont la chenille (teigne des céréales) endommage les grains de blé.

**aluminate** *nm* CHIM Nom générique des sels où l'alumine joue le rôle d'anhydride d'acide.

**alumine** *nf* CHIM, MINER Oxyde d'aluminium, $Al_2O_3$. DER **alumineux, euse** *a*

ENC On extrait l'alumine de la bauxite (alumine hydratée mêlée d'oxyde de fer). L'alumine anhydre, colorée par des oxydes métalliques, constitue les rubis et les saphirs.

**aluminer** *vt* ① **1** Combiner avec l'alumine. **2** Couvrir d'aluminium.

**aluminier** *nm* **1** Industriel de l'aluminium. **2** Professionnel du bâtiment qui met en œuvre des structures en aluminium.

**aluminium** *nm* **1** Élément métallique de numéro atomique Z = 13, de masse atomique 26,98 et de symbole Al, le plus abondant de la croûte terrestre. **2** Métal (Al) de densité 2,7, qui fond à 660 °C et bout à 2 467 °C, entrant dans la composition d'alliages légers.

ENC L'aluminium est le métal le plus abondant sur la Terre (7,5 % de la masse terrestre). Peu dense, de masse volumique 2,7 g/cm³ à 20 °C, aux propriétés mécaniques médiocres, il présente cependant une conductibilité électrique et thermique très élevée. Plastique et ductile, il se transforme en feuilles très minces (utilisées pour l'emballage) ou en fils. Très réducteur, il présente une grande affinité pour l'oxygène, mais il est inaltérable à l'air car une pellicule protectrice d'alumine se forme sur sa surface. Il se prépare par électrolyse de l'alumine.

**aluminothermie** *nf* TECH Procédé utilisant la chaleur dégagée par l'oxydation de l'aluminium pour la réduction d'oxydes (préparation du chrome, du manganèse, etc.).

**alun** *nm* CHIM Nom générique des sels isomorphes, de formule générale $MM'(SO_4)_2$, $12H_2O$, où M est un métal alcalin ou l'ammonium et M' un métal trivalent. *On utilise les aluns en photographie, en teinture et en médecine.* PHO [alœ̃]

**aluner** *vt* Traiter par l'alun du tissu, du papier, etc. DER **alunage** *nm*

**alunir** *vi* ③ Prendre contact avec le sol de la Lune. DER **alunissage** *nm*

**alunite** *nf* Sulfate basique d'aluminium et de potassium.

**Alvarado Pedro de** (Badajoz, 1485 – Guadalajara, Mexique, 1541), conquistador espagnol. Il aida Cortés à s'emparer du Mexique et conquit le Guatemala.

**Alvarez Bravo Manuel** (Mexico, 1902 – id., 2002), photographe mexicain (surréaliste, selon A. Breton), lié aux artistes révolutionnaires Rivera et Orozco.

**Alvaro Corrado** (San Luca, Calabre, 1895 – Rome, 1956), journaliste, poète, essayiste et dramaturge italien : *Gens d'Aspromonte* (1930).

**Alvear Carlos María de** (San Ángel, Uruguay, 1789 – Washington, 1852), général argentin. Il œuvra à l'indépendance argentine.

**alvéolaire** *a* **1** ANAT Des alvéoles. **2** PHON Se dit d'un son articulé au niveau des alvéoles des dents d'en haut. *[z] est une fricative alvéolaire.*

**alvéole** *nm, nf* **1** Petite cellule de cire construite par les abeilles pour y élever les larves et y déposer miel et pollen. **2** GEOL Cavité dans une roche homogène. **3** ELECTR Pièce conductrice recevant une broche de contact. **4** Petite cavité. LOC ANAT *Alvéole dentaire* : cavité des maxillaires où se logent les racines des dents. — *Alvéole pulmonaire* : cavité située à l'extrémité d'une bronchiole, au niveau de laquelle s'effectuent les échanges gazeux avec le sang. ETY Du lat.

**alvéolé, ée** *a* Qui est creusé d'alvéoles.

**alvéolite** *nf* MED Inflammation des alvéoles pulmonaires ou dentaires.

**alya** *nf* Émigration en Israël d'un juif ou d'un groupe de juifs. ETY Mot hébreu, « montée ». VAR **alyah**

**Alyscamps (les)** voie bordée de tombeaux gallo-romains, aux portes d'Arles. VAR **les Aliscamps**

**alysse** *nf* Plante (crucifère) ornementale, à fleurs en grappes, jaunes ou blanches. ETY Du gr. VAR **alysson**

**alyte** *nm* Crapaud commun en Europe, dit *crapaud accoucheur*, parce que le mâle porte, sur ses membres postérieurs, le chapelet d'œufs pondus par la femelle, jusqu'à leur éclosion. ETY Du gr. *alutos*, « qu'on ne peut délier ».

**Alzheimer Aloïs** (Marktbreit, auj. All., 1864 – Breslau, 1917), psychiatre allemand. ▷ MED La *maladie d'Alzheimer*, ou *alzheimer nm*, est une atrophie dégénérative cérébrale entraînant la démence et touchant surtout les personnes âgées (démence sénile).

**Alzon Emmanuel Daudé d'** (Le Vigan, 1810 – Nîmes, 1880), prêtre français, fondateur des Augustins de l'Assomption (1850).

**a.m.** *av* Avant midi. PHO [aem] ou [eem] ETY Abrév. angl., du lat. *ante meridiem.*

**Am** CHIM Symbole de l'américium.

**amabilité** *nf* Caractère d'une personne aimable ; manifestation de ce caractère.

**Amadei Giovanni Antonio** (Milan ou Pavie, v. 1447 – Milan, 1522), sculpteur et architecte italien, maître d'œuvre de la chartreuse de Pavie de 1490 à 1498. VAR **Amadeo**

**amadine** *nf* Petit passereau africain, à gorge rouge, souvent élevé comme oiseau de cage. ETY Du gr.

**Amadis de Gaule** roman de chevalerie espagnol du début du XIVᵉ s. : Oriane repousse Amadis, qui se retire désespéré (d'où son surnom de *Beau Ténébreux*) dans un ermitage.

**Amado Jorge** (Pirangi, 1912 – Salvador, 2001), romancier brésilien qui décrit la misère du peuple : *Cacao* (1933), *Terre violente* (1942), *les Bergers de la nuit* (1964), *Tiéta d'Agreste* (1977).

**amadou** *nm* Combustible spongieux qu'on tire de l'amadouvier. ETY Du provenç. *amadou*, « amoureux, qui s'enflamme vite ».

**amadouer** *vt* ① Apaiser une personne, employer avec elle des manières douces et adroites, pour en obtenir qqch.

**amadouvier** *nm* BOT Champignon coriace (polyporacée) parasite du chêne et du hêtre, non comestible.

**amaigrir** *vt* ③ **1** Rendre maigre. **2** CONSTR Diminuer l'épaisseur d'une pièce de bois, de fer, etc. DER **amaigrissant, ante** *a* – **amaigrissement** *nm*

**Amal** mouvement politico-militaire de la communauté chiite du Liban, créé en 1975.

**Amalaric** (vers 501 – Barcelone, 531), roi des Wisigoths de 507 à 531. Il épousa la fille de Clovis, Clotilde.

**Amalasonte** (?, 498 – Bolsena, 535), fille de Théodoric le Grand, roi des Ostrogoths, régente à partir de 526.

**Amalécites** peuple nomade du Néguev, contre qui luttèrent Moïse, puis Saül et David.

**Amalfi** v. et port d'Italie (Campanie), sur le golfe de Salerne ; 6 050 hab. – Archevêché. Ville importante aux XIᵉ et XIIᵉ s. DER **amalfitain, aine** *a, n*

**amalgamation** *nf* **1** CHIM Mélange ou combinaison d'un métal avec le mercure. **2** Extraction de l'or ou de l'argent de leur gangue au moyen du mercure.

**amalgame** *nm* **1** CHIM Alliage du mercure avec un autre métal. **2** MED Mélange métallique (souvent mercure et argent) servant à l'obturation des dents. **3** fig Mélange d'éléments qui ne s'accordent pas nécessairement. **4** MILIT Fusion dans un même corps d'unités d'orig. différentes. **5** POLIT Procédé consistant à assimiler injustement un adversaire à un groupe pour le déconsidérer. ETY Du lat. des alchimistes, d'orig. ar.

**amalgamer** *v* ① **A** *vt* **1** CHIM Faire un amalgame. **2** fig Mélanger, rapprocher ce qui ne va guère ensemble. **B** *vpr* Se mêler. *Des idées disparates s'amalgament dans son esprit.*

**Amalric Arnauld** (m. en 1225), abbé de Cîteaux. Il prêcha la croisade contre les albigeois.

**Amalthée** dans la myth. grecque, chèvre qui allaita Zeus et dont une corne, brisée par le dieu enfant, devint la *corne d'abondance.*

**aman** *nm* Chez les musulmans, fait d'accorder la vie sauve à un ennemi vaincu, un rebelle. PHO [aman] ETY Mot ar., « protection, sécurité ».

**amandaie** *nf* Plantation d'amandiers.

**amande** *nf* **1** Fruit de l'amandier, riche en huile. *Amande douce, amère.* **2** Toute graine contenue dans un noyau. LOC *Amande lissée, glacée, pralinée* : dragée faite avec une amande. — Bx-A *Amande mystique* : auréole en forme d'amande autour des images de la Vierge ou du Christ (mandorle). — *En amande* : allongé en forme d'amande. ETY Du lat.

**amandier** *nm* Arbre fruitier (rosacée), dont les fleurs, blanc rosé, apparaissent avant les feuilles, et dont le fruit est l'amande.

**amandier**

**amandine** *nf* **1** Tartelette aux amandes. **2** Variété de pomme de terre à chair ferme.

**amanite** *nf* BOT Champignon basidiomycète comportant des lamelles rayonnantes sous le chapeau et, le plus souvent, un anneau à mi-hauteur du pied et une volve à la base du pied. Certaines espèces sont comestibles *(oronge, golmotte)*, d'autres vénéneuses *(amanite tue-mouche* ou *fausse oronge, amanite panthère)*, d'autres mortelles *(amanite phalloïde)*. ▶ pl. champignons

**amant, ante** *n* **A** vx Celui, celle qui éprouve pour une personne de l'autre sexe un amour partagé. **B** *nm* Homme qui a des relations sexuelles avec une femme qui n'est pas son épouse. **C** *n pl* Deux personnes entretenant une relation sexuelle et affective. ETY De l'a. v. *amer*, « aimer ».

**Amant de lady Chatterley (l')** roman de D. H. Lawrence (1928) qui provoqua un énorme scandale.

**Amants de Teruel (les)** légende espagnole du XIIIe s., adaptée au théâtre par Tirso de Molina (1635).

**amap** *nf* Formule de vente directe de paniers de produits issus de l'agriculture biologique que le fournisseur livre périodiquement au client. ETY Acronyme de *association pour le maintien d'une agriculture paysanne*.

**Amapá** territoire de l'extrême N. du Brésil ; 140 276 $km^2$ ; 234 000 hab. ; cap. *Macapá* (138 000 hab.). Mines de fer et de manganèse.

**Amar (cirque)** cirque créé, vers 1920, par Ahmed Amar, originaire de Constantine. Ses fils dirigèrent ce cirque jusqu'en 1973.

**Amarah (Al-)** v. d'Irak, sur le cours infér. du Tigre ; 104 000 hab. Commerce agricole.

**amarantacée** *nf* BOT Plante dicotylédone telle que l'amarante.

**amarante** *n, a inv* **A** *nf* **1** Plante annuelle ornementale dont une espèce est cultivée pour ses fleurs pourpres, une autre pour son feuillage coloré. **2** TECH Colorant de produits alimentaires. **B** *nm* **1** Arbre de la Guyane (acajou de Cayenne) dont le bois, violet, est utilisé en ébénisterie. **2** Petit oiseau passériforme au plumage amarante vivant en Afrique tropicale. **C** *a inv* De la couleur rouge des fleurs d'amarante.

**Amarapura** v. sainte de Birmanie, sur l'Irrawaddy ; 8 000 hab. Cap. du XVIIIe s. à 1856.

**Amarāvatī** v. du S.-E. de l'Inde (Āndhra Pradesh) ; 434 000 hab. Cap. du royaume des Āndhra. – Stupa monumental (Ier s. av. J.-C.-IIIe s. apr. J.-C.).

**amareyeur** *nm* Ouvrier chargé de l'entretien des parcs à huîtres. ETY De *marée*.

**amaril, ile** *a* MED Qui a rapport à la fièvre jaune. ETY De l'esp. *amarillo*, « jaune ».

**amariner** *vt* 1 MAR Habituer à la mer. *S'amariner au bout de deux jours de mer.*

**Amarnah (Tell al-)** (anc. *Akhetaton*), site archéol. égyptien à 300 km env. au S. du Caire, où furent découvertes les archives d'Aménophis IV Akhenaton. DER **amarnien, enne** *a*

**amarre** *nf* Cordage pour retenir un navire.

**amarrer** *vt* 1 **1** Attacher, fixer avec une amarre. *Amarrer un navire dans le port.* **2** Assujettir un objet avec un cordage quelconque. *Amarrer des colis.* ETY Du néerl. DER **amarrage** *nm*

**amaryllidacée** *nf* Monocotylédone telle que le perce-neige, la jonquille, etc.

**amaryllis** *nf* BOT Monocotylédone, bulbeuse et vivace, dont une espèce, odorante, a de grandes fleurs colorées. PHO [amaRilis]

**amas** *nm* **1** Masse formée par une quantité de choses semblables ou diverses. *Amas de papiers.* **2** GEOL Dépôt de matières enveloppées, en totalité ou en partie, par des matières d'un genre différent. LOC ASTRO ***Amas d'étoiles*** : groupement plus ou moins serré d'étoiles physiquement liées, de même âge et de même origine. — ***Amas galactiques*** : situés au voisinage du plan de la Galaxie et contenant surtout des étoiles jeunes. — ***Amas globulaires*** : de forme sphérique et contenant surtout des étoiles de très grande densité.

**amasser** *v* 1 **A** *vt* **1** Faire un amas, une masse ; réunir en grande quantité. *Amasser des matériaux.* **2** Thésauriser. **B** *vpr* S'entasser, s'accumuler. *Le courrier s'amasse sur son bureau.*

**amateur, trice** *n* **1** Personne qui aime, qui a du goût pour qqch. *Un amateur d'opéra.* **2** Personne qui pratique un art, une science, un sport sans en faire sa profession. *Photographe amateur.* **3** péjor Personne qui ne fait pas sérieusement son travail. *Travailler en amateur.* ETY Du lat. VAR **amateure** *nf*

**amateurisme** *nm* **1** Statut de celui qui pratique un art, une science, un sport en amateur. **2** péjor Caractère d'une personne qui effectue une tâche avec négligence, de façon non professionnelle.

**Amathonte** anc. v. de Chypre où était célébré le culte d'Aphrodite et d'Adonis.

**Amati** famille de luthiers italiens de Crémone. — **Niccolo** (Crémone, 1596 – id., 1684), fut le maître de Stradivarius.

**Amaury Ier** (?, 1135 – Jérusalem, 1174), roi de Jérusalem (1163-1174) ; il lutta contre Saladin. — **Amaury II** de Lusignan (?, vers 1144 – Acre, 1205), roi de Chypre (1194-1205) et de Jérusalem (1197-1205).

**amazigh, ighe** *a, n* Syn. de *berbère*.

**amazighité** *nf* Reconnaissance de la culture et de l'identité berbères.

**Amazonas** vaste État forestier du N.-O. du Brésil ; 1 564 445 $km^2$ ; 1 837 000 hab. ; cap. *Manaus*.

**Amazonas** territoire du Venezuela ; 175 750 $km^2$ ; 70 800 hab. ; cap. *Puerto Ayacucho* (28 200 hab.).

**1 amazone** *nf* **1** Cavalière. **2** Longue jupe très ample portée par une femme pour monter en amazone. **3** fam Prostituée qui racole en voiture. LOC ***Monter en amazone*** : les deux jambes du même côté d'une selle. ETY Du n. des *Amazones*.

**2 amazone** *nm, nf* Perroquet vert (psittacidé) d'Amérique du S. ETY Du n. pr.

amazone

**Amazone** fl. d'Amérique du S. (6 280 km), le plus puissant du monde (débit : entre 70 000 et 212 000 $m^3/s$) ; naît dans les Andes du Pérou, traverse l'État brésilien d'Amazonas et se jette dans l'Atlantique par un vaste estuaire. DER **amazonien, enne** *a*

Amazone

**Amazones** dans la myth. gr., peuple des rives de la mer Noire composé exclusivement de femmes guerrières ; elles affrontèrent les héros grecs. Selon la légende, elles se brûlaient le sein droit (d'où leur nom gr. de « sans sein »), pour mieux tirer à l'arc, et tuaient les enfants mâles. On pense que les guerriers scythes (chevelus) inspirèrent ce mythe. V. Antiope.

**Amazonie** vaste plaine de l'Amérique du Sud (4 500 000 $km^2$) drainée par l'Amazone et ses affl. Limitée par le plateau des Guyanes, le plateau brésilien et les Andes, elle est située sous l'équateur : climat chaud et humide, forêt dense inhospitalière. Les richesses du sous-sol que le Brésil veut exploiter, la construction de la Transamazonienne (5 000 km), le déboisement, la disparition progressive des Amérindiens inquiètent sur l'avenir de la région. DER **amazonien, enne** *a, n*

**amazonite** *nf* Variété de feldspath.

**ambages** *nfpl* LOC ***Parler sans ambages*** : sans détours, franchement.

**Ambartsoumian** Viktor (Tiflis, 1908 – Biourakan, 1996), astrophysicien arménien, spécialiste de la formation des étoiles.

**ambassade** *nf* **1** Mission, députation envoyée pour représenter un souverain, un pays ; mission diplomatique permanente auprès d'un gouvernement étranger. **2** Personnel attaché à cette mission. **3** Fonction d'un ambassadeur. **4** Résidence, bureaux d'un ambassadeur et du personnel d'ambassade. **5** Démarche faite par un tiers. *Il a envoyé son cousin en ambassade auprès de son père.* ETY Du lat. *ambactia*, « service », d'orig. gaul.

**ambassadeur, drice** *n* **A** Personne ayant le caractère et le titre de représentant d'un État auprès d'un autre État. **B** *nf* Épouse d'un ambassadeur. **C** *n* Personne chargée d'une mission. LOC ***Ambassadeur du tri*** : jeune employé(e) dans une déchetterie ou par une municipalité pour contrôler le tri sélectif des déchets et conseiller les usagers. ETY De l'ital.

**Ambato** v. de l'Équateur, au S. de Quito, à 2 600 m d'alt. ; 114 490 hab. ; ch.-l. de prov.

**Amberg** v. d'Allemagne (Bavière), sur la Vils ; 43 350 hab. – Défaite de Jourdan par l'archiduc Charles (1796).

**Ambérieu-en-Bugey** ch.-l. de canton de l'Ain (arr. de Belley) ; 13 804 hab. Centre ferroviaire. DER **ambarrois, oise** *a, n*

**Ambert** ch.-l. d'arr. du Puy-de-Dôme, sur la Dore ; 7 264 hab. Papeteries ; fromages (fourme). DER **ambertois, oise** *a, n*

**Ambès (bec d')** pointe au confl. de la Garonne et de la Dordogne.

**ambi-** Préfixe, du lat. *ambo*, « les deux ».

**ambiance** *nf* **1** Milieu physique dans lequel se trouvent des êtres vivants. *Ambiance sonore.* **2** Milieu intellectuel et moral où sont placés des individus. **3** fam Gaieté, entrain. *Il y avait beaucoup d'ambiance.* LOC ***Lumière d'ambiance, musique d'ambiance*** : douces et diffuses.

**ambiancer** *vt* 12 Mettre de l'ambiance, de l'animation qq part. DER **ambianceur, euse** *nf*

**ambiant, ante** *a* Qui entoure, qui environne. *Air ambiant.* ETY Du lat.

**ambidextre** *a* Qui se sert des deux mains avec une égale facilité.

**ambigu, uë** *a* **1** Difficile à interpréter. *Réponse ambiguë.* SYN équivoque. **2** Qui participe de qualités différentes. *Caractère ambigu.* ETY Du lat. VAR **ambigu, üe** DER **ambiguïté** ou **ambigüité** *nf* – **ambigument** *av*

**ambiophonie** *nf* AUDIOV Technique consistant à répartir les enceintes acoustiques en avant et en arrière des auditeurs pour améliorer leur perception de sons préalablement enregistrés. [ETY] Du lat.

**Ambiorix** roi des Éburons en Gaule Belgique, révolté contre César, qui le battit (54 av. J.-C.).

**ambitieux, euse** *a, n* **A** Qui a de l'ambition. **B** *a* Qui dénote de l'ambition. *Un projet ambitieux.* [DER] **ambitieusement** *av*

**ambition** *nf* **1** Désir d'atteindre la gloire, le pouvoir, la réussite sociale. **2** Aspiration, volonté marquée. *L'ambition de se rendre utile.* [ETY] Du lat.

**ambitionner** *vt* [1] Briguer, poursuivre par ambition. *Il ambitionnait de monter en grade.*

**ambivalence** *nf* **1** PSYCHO Existence simultanée de deux sentiments opposés à propos de la même représentation mentale. **2** Caractère de ce qui présente une dualité de valeurs, de sens, d'aspects. [DER] **ambivalent, ente** *a*

**amble** *nm* Allure, naturelle ou acquise, de certains quadrupèdes qui se meuvent en déplaçant simultanément les deux membres d'un même côté. *Le cheval va l'amble.* [ETY] Du lat. *ambulare*, « se promener ».

**ambler** *vi* [1] Aller l'amble.

**ambly-** Élément, du gr. *amblus*, « émoussé, obtus ».

**amblyopie** *nf* MED Faiblesse de la vue. [DER] **amblyope** *a*

**amblyrhynque** *nm* ZOOL Saurien des îles Galápagos, appelé aussi *iguane marin*, végétarien, long de 1 m env., portant de la tête à la queue une crête dentée.

**amblystome** *nm* ZOOL Amphibien urodèle du Mexique, ressemblant aux salamandres communes et dont la larve est l'axolotl.

**Amboine** ch.-l. de la prov. des Moluques (Indonésie), sur l'île du m. n. ; 209 000 hab. – Princ. centre néerlandais en Insulinde (XVII<sup>e</sup>s.).

**Amboise** ch.-l. de cant. d'Indre-et-Loire (arr. de Tours), sur la Loire ; 11 457 hab. – Chât. gothique et Renaiss. ; égl. XIII<sup>e</sup> s. – *Conjuration d'Amboise* : complot fomenté (1560), en vain, par Condé et les protestants pour soustraire François II à l'influence des Guise. – *L'édit d'Amboise* (1563) garantit aux protestants l'exercice de leur culte. [DER] **amboisien, enne** *a, n*

**Amboise Georges d'** (Chaumont-sur-Loire, 1460 – Lyon, 1510), cardinal français, ministre de Louis XII à partir de 1498.

**ambon** *nm* ARCHI Tribune élevée dans le chœur, ou à la séparation de la nef et du chœur, dans certaines églises anciennes. [ETY] Du gr. *ambôn*, « protubérance ».

**Ambracie** v. de l'anc. Épire (Grèce), sur le *golfe d'Ambracie* (auj. d'Arta). V. Actium.

**ambre** *a inv, nm* **A** *a inv* Jaune orangé. **B** *nm* Nom donné à diverses substances aromatiques ou résineuses. **LOC** *Ambre blanc* : syn. de *spermaceti*. — *Ambre gris* : concrétion qui se forme dans l'appareil digestif du cachalot, utilisée en parfumerie. — *Ambre jaune* : résine fossile de conifères du tertiaire, utilisée en bijouterie. [ETY] De l'ar.

**ambré, ée** *a* **1** Qui a le parfum de l'ambre gris. **2** Qui a la couleur de l'ambre jaune.

**ambrette** *nf* Plante malvacée qui fournit le musc végétal employé en parfumerie.

**Ambroise (saint)** (Trèves, 339 – Milan, 397), évêque de Milan, Père et docteur de l'Église. Il contribua à la conversion de saint Augustin, qu'il baptisa en 387.

**ambroisie** *nf* **1** MYTH Nourriture des dieux de l'Olympe, qui rendait immortel. **2** BOT Plante aromatique, composée aux fleurs jaunâtres, au pollen très allergisant.

**Ambrosienne (bibliothèque)** bibliothèque fondée à Milan en 1602 par le cardinal Frédéric Borromée, qui la nomma ainsi en l'honneur de saint Ambroise.

**ambulacre** *nm* ZOOL Fin tube situé sur la face inférieure du corps des échinodermes et qui, terminé par une ventouse, sert à leur locomotion. [DER] **ambulacraire** *a*

**ambulance** *nf* **1** anc Installation sommaire mobile de premiers soins aux blessés des champs de bataille. **2** Véhicule affecté au transport des malades, des blessés.

**ambulancier, ère** *n, a* **A** *n* Personne qui conduit une ambulance. **B** *a* Qui concerne les ambulances. *Service ambulancier.*

**ambulant, ante** *a, nm* **A** *a* Qui se déplace, va de lieu en lieu. *Marchand, hôpital ambulant.* **B** *nm* Marchand ambulant. [ETY] Du lat.

**ambulatoire** *a, nm* **A** *a* ZOOL Se dit des organes propres à la locomotion, particulièrement chez les animaux dépourvus de pattes véritables. **B** *a, nm* MED Se dit d'un traitement qui peut être pratiqué sans hospitalisation. [ETY] Du lat. *ambulatorius*, « mobile ».

**âme** *nf* **1** Dans une doctrine spiritualiste, principe essentiel de la vie, qui, uni au corps, constitue l'être vivant. *Le corps et l'âme.* **2** Principe directeur, organe essentiel d'un groupe. *L'âme d'une nation, d'un peuple.* **3** Être vivant. *Un bourg de 900 âmes.* **4** Dans une doctrine spiritualiste, principe immortel subsistant après la mort. *Prier pour l'âme de qqn.* **5** Principe des facultés morales, sentimentales, intellectuelles ; siège de la pensée et des passions. *En mon âme et conscience.* **6** Élément essentiel, central d'une chose, d'un instrument. *L'âme d'un violon, d'un câble.* **LOC** *L'âme damnée de qqn* : celui qui l'incite à faire le mal. — *Âme sœur* : personne qui semble prédestinée à s'entendre avec une autre personne dans une relation quasi fraternelle. — *Bonne âme* : personne compatissante et, par antiphrase, personne malveillante. — *Rendre l'âme* : mourir. [ETY] Du lat.

**Amédée** nom de plusieurs comtes et ducs de Savoie.

**amélanchier** *nm* Arbuste des montagnes (rosacée), à petites feuilles dentées. [ETY] Du gaul.

**améliorant, ante** *a* AGRIC Se dit des plantes qui, cultivées sur un sol dégradé ou appauvri, lui rendent sa fertilité.

**améliorer** *v* [1] Rendre meilleur, perfectionner. *Améliorer le rendement d'un sol par des engrais. Le temps s'améliore.* ANT empirer. [ETY] De l'a. fr. *meillor*, « meilleur ». [DER] **améliorable** *a* – **amélioration** *nf*

**amen** *interj* Mot qui termine la plupart des prières juives et chrétiennes. **LOC** fam *Dire amen à* : approuver, consentir à. [PHO] [amen] [ETY] Mot hébreu.

**aménagement** *nm* **1** Action d'aménager ; résultat de cette action. *Aménagement d'une école.* **2** Assouplissement apporté dans l'application d'un règlement. *Aménagements fiscaux.* **LOC** *Aménagement d'une forêt* : réglementation de son exploitation. — ECON *Aménagement du territoire* : mise en valeur du territoire national en fonction de ses ressources.

**aménager** *vt* [13] **1** Rendre plus confortable. *Aménager un appartement.* **2** Organiser en vue d'une utilisation ou de contraintes précises. *Aménager des horaires.* **3** SYLVIC Règlementer la coupe, l'exploitation d'une forêt. [ETY] De *ménage*. [DER] **aménageable** *a*

**aménageur, euse** *n* Personne qui s'occupe de l'aménagement du territoire ou d'aménagement urbain.

**aménagiste** *n* Spécialiste d'aménagement forestier.

**amende** *nf* **1** Peine pécuniaire imposée en cas d'infraction à une loi, à un règlement. **2** JEU Pénalité imposée. **LOC** *Faire amende honorable* : présenter des excuses.

**amendement** *nm* **1** AGRIC Amélioration des caractères physiques d'un sol cultivé à l'aide de substances calcaires ou humiques notam. ; cette substance elle-même. **2** LEGISL Modification apportée à une proposition de texte légal par les membres d'une assemblée législative.

**amender** *v* [1] **A** *vt* **1** AGRIC Améliorer. *Amender une terre avec de la craie.* **2** LEGISL Apporter des modifications à un texte légal. **B** *vpr* Se corriger. *Pécheur qui s'est amendé.* [ETY] Du lat. [DER] **amendable** *a*

**amène** *a* litt Agréable, courtois, aimable.

**amenée** *nf* TECH Action d'amener. *Canal d'amenée.*

**Amenemhat** nom de quatre pharaons de la XII<sup>e</sup> dynastie (XX<sup>e</sup> – XVIII<sup>e</sup>s. av. J.-C.).

**amener** *v* [16] **A** *vt* **1** Mener, conduire qqn quelque part ou auprès d'une personne. *Quel bon vent vous amène ?* **2** Occasionner. *Un malheur en amène un autre.* **3** Convaincre, entraîner à. *Amener qqn à une opinion.* **4** Faire venir avec préparation préalable. *Amener une conclusion.* **5** JEU Faire tel ou tel point d'un coup de dés. *Amener deux as et un six.* **6** MAR Faire descendre. *Amener une voile.* **B** *vpr* fam Venir.

**aménité** *nf* **A** litt Amabilité, charme. **B** *nf pl* Propos aigres. *Échanger des aménités.*

**Aménophis** nom porté par quatre pharaons de la XVIII<sup>e</sup> dynastie. — **Aménophis I<sup>er</sup>** (vers 1558-vers 1530 avant J.-C.), continua l'œuvre de son père, Ahmosis. — **Aménophis III** (vers 1408-vers 1372), fit élever les deux colosses de Memnon et conçut ou construisit de nombreux temples (Louksor, Éléphantine, el-Kab). — **Aménophis IV Akhenaton** (vers 1372-1354), époux de Néfertiti, instaura, contre les prêtres d'Ammon, une religion monothéiste fondée sur le culte d'Aton, divinité solaire. Il transporta sa capitale de Thèbes à Akhetaton (aujourd'hui *Tell al-Amarnah*) et libéra l'art égyptien de sa rigidité (art *amarnien*). Les Hittites lui ravirent la Syrie et la Palestine. [VAR] **Akhnaton**

**Aménophis IV Akhenaton,** XVIII<sup>e</sup> dyn., sculpture du site de Karnak – musée de Louxor

**aménorrhée** *nf* MED Absence des règles. [ETY] Du gr. *mên*, « mois », et *rhein*, « couler ».

**amensalisme** *nm* BOT Inhibition de la croissance d'une espèce végétale par une autre. [ETY] Du lat. *mensa*, « nourriture ».

**amentifère** *a* BOT Qui porte des inflorescences en chatons.

**amenuiser** *v* ① **A** *vt* Rendre plus menu, amincir. **B** *vpr* Devenir plus menu, moins nombreux, moins fort ; diminuer. DER **amenuisement** *nm*

**1 amer, ère** *a, nm* **A** *a* **1** Qui a une saveur âpre, désagréable. **2** fig Pénible, douloureux. *Chagrin amer.* **3** Dur, mordant. *Critique amère.* **B** *nm* Liqueur apéritive à base de plantes amères. PHO [amɛʀ] ETY Du lat.

**2 amer** *nm* MAR Tout point des côtes très visible (clocher, balise, etc.), porté sur une carte, servant de repère pour la navigation. PHO [amɛʀ] ETY Du néerl. *merk,* « limite ».

**amérasien, enne** *a, n* Se dit d'un métis d'Américain et d'Asiatique.

**amèrement** *av* Avec amertume. *Regretter amèrement.*

**américain, aine** *a, n* **A 1** De l'Amérique. **2** Des États-Unis d'Amérique. *Parler l'anglais avec l'accent américain.* **B** *nm* Anglais parlé aux États-Unis. SYN anglo-américain.

**américaniser** *vt* ① Donner ou adopter un caractère américain. DER **américanisation** *nf*

**américanisme** *nm* **1** Ensemble des traits de civilisation propres aux États-Unis. **2** Tournure de phrase de langue anglaise propre aux Américains.

**américaniste** *n* Personne qui étudie le continent américain, ses mœurs, ses langues, son histoire.

**America's Cup** coupe remise en 1851 par la reine Victoria au voilier américain *America,* vainqueur d'une course autour de l'île de Wight. Depuis, le New York Yacht Club organise tous les 4 ans une épreuve de voile récompensée par cette coupe.

**américium** *nm* CHIM Élément radioactif artificiel de la famille des actinides, de numéro atomique Z = 95, de masse atomique 243 (symbole Am).

**Americ Vespuce** → **Vespucci.**

**amérindianisme** *nm* Mot emprunté à une langue amérindienne.

**amérindien** *nm* Toute langue parlée par les autochtones d'Amérique.

**Amérindiens** ensemble des populations qui peuplaient l'Amérique avant l'arrivée des Européens. (On excepte de ces populations les Inuits.) De nombr. noms les ont désignés : Indiens, Sauvages, Peaux-Rouges. Comme « Indien » suscitait un rapprochement avec les hab. de l'Inde (car les premiers découvreurs avaient confondu l'Amérique et les Indes), il faut dire « Amérindien ». DER **amérindien, enne** *a*

**Amérique** deuxième continent (42 millions de km²) ; 691 millions d'hab. ;

AMÉRIQUE CENTRALE
MEXIQUE
Yucatán
Hondo
Meseta de Chiapas
GUATEMALA
BELIZE
HONDURAS
SALVADOR
NICARAGUA
COSTA RICA
PANAMÁ
COLOMBIE
JAMAÏQUE
MER DES CARAÏBES
(MER DES ANTILLES)
OCÉAN PACIFIQUE
GUATEMALA
TEGUCIGALPA
SAN SALVADOR
MANAGUA
SAN JOSÉ
PANAMÁ
KINGSTON
BELMOPAN
Belize
Corozal
Orange Walk
Ambergris Cay
Réseau de réserves du récif de la barrière du Belize
Turneffe
Stann Creek
Parc national de Tikal
Flores
Lac Petén Itzá
Montagnes Mayas
Punta Gorda
Lac d'Izabal
Puerto Barrios
Motagua
Parc archéologique de Quiriguá
Copán Vestiges Mayas
Zacapa
Cobán
Quezaltenango
Mazatenango
Antigua Guatemala
4 220
San José
Ahuachapán
Santa Ana
Joya de Ceren
2 849
Zacatecoluca
San Miguel
La Unión
Choluteca
Chinandega
León
Ruines de León Viejo
Golfe du Honduras
Puerto Cortés
San Pedro Sula
El Progreso
Tela
La Ceiba
Îles de la Baie
Danlí
Juticalpa
Patuca
Réserve de la biosphère de Río Plátano
Lac Caratasca
Mosquitia
Coco
Cap Gracias á Dios
Côte des Mosquitos
Bonanza
Prinzapolca
Río Grande
2 438
2 890
Jinotega
Matagalpa
Estelí
Lac de Managua
Tipitapa
Masaya
Granada
Lac de Nicaragua
Ometepe
Rama
Bluefields
Maïz (Nicaragua)
San Juan
Liberia
Zone de conservation de Guanacaste
Presqu'île de Nicoya
Puntarenas
Alajuela
Heredia
3 432
Turrialba
Cartago
Chirripó 3 820
Limón
Puerto Cortés
Péninsule de Osa
Parc national La Amistad
Bocas del Toro
Golfe des Mosquitos
Sierra de Tabasará
David
Puerto Armuelles
Golfe de Chiriquí
Coiba
Santiago
Penonomé
Chitré
Las Tablas
Péninsule d'Azuero
1 400
Pointe Mariato
Canal de Panamá
Lac Gatún
Balboa
Colón
Fortifications de Portobelo et San Lorenzo
El Porvenir
Les Perles
La Palma
Golfe de Panamá
Golfe de Darién
Parc national du Darién
Atrato
Swan (Honduras)
Georgetown
Cayman (R.-U.)
Providencia (Colombie)
San André (Colombie)
Montego Bay
986
Spanish Town
2 256
Pic de la Montagne Bleue
15°
10°
90°
85°
80°
200 km
0 200 500 1 000 2 000 m
marais
MANAGUA capitale d'État
Population des villes :
plus de 500 000 hab.
de 100 000 à 500 000 hab.
de 50 000 à 100 000 hab.
de 20 000 à 50 000 hab.
autre ville
limite d'État
route principale
route secondaire
voie ferrée
canal
aéroport important
port important
site du "patrimoine mondial" UNESCO

AMÉRIQUE DU SUD
MER DES CARAÏBES
Antilles
Martinique (Fr.)
STE-LUCIE
ST-VINCENT
Grenadines
GRENADE
LA BARBADE
Aruba
(P.-B.)
Curaçao
Bonaire
Sa. Nevada de Sta Marta
5 800
Maracaibo
CARACAS
PORT OF SPAIN
TRINITÉ-ET-TOBAGO
Golfe de Darién
Canal de Panamá
VENEZUELA
Orénoque
Llanos
PANAMÁ
Golfe de Panamá
Medellín
Cali
BOGOTÁ
COLOMBIE
GEORGETOWN
PARAMARIBO
Cayenne
Mont Roraima
2 810
GUYANA
SURINAME
Guyane (Fr.)
Massif des Guyanes
Branco
Rio Negro
OCÉAN ATLANTIQUE
QUITO
ÉQUATEUR
6 310
Chimborazo
Guayaquil
Putumayo
Japurá
Manaus
Amazone
Marajó
Belém
équateur
Iquitos
Marañon
Javari
Juruá
Purus
Madeira
Tapajós
Xingu
Tocantins
Araguaia
Parnaíba
Amazonie
Fortaleza
Cap São Roque
Plateau de Borborema
Recife
São Francisco
Cordillère des Andes
Ucayali
Huascarán
6 768
LIMA
PÉROU
Guaporé
BRÉSIL
Salvador
Plateau du Mato Grosso
Pantanal
BRASÍLIA
Plateau du Brésil
Lac Titicaca
Ancohuma
6 550
LA PAZ
BOLIVIE
Plateau de Bolivie
OCÉAN
Chaco
Paraguay
Belo Horizonte
Pico de Bandeira
2 890
Serra da Mantiqueira
Paraná
PARAGUAY
Désert d'Atacama
tropique du Capricorne
Pilcomayo
Bermejo
ASUNCIÓN
Rio de Janeiro
São Paulo
Curitiba
San Félix
San Ambrosio
(Chili)
PACIFIQUE
Gran Chaco
6 880
Ojos del Salado
Salado
Grandes Salines
Uruguay
Pôrto Alegre
1 000 km
Aconcagua
6 959
SANTIAGO
Col de la Cumbre
Îles Juan Fernández
(Chili)
Pampa
URUGUAY
MONTEVIDEO
Rio de La Plata
BUENOS AIRES
CHILI
ARGENTINE
Colorado
Negro
Sala y Gómez
(Chili)
Île de Pâques
500 km
Tronador
3 460
Chiloé
Patagonie
Archipel de los Chonos
Golfe de San Jorge
OCÉAN ATLANTIQUE
Fitz Roy
3 375
Wellington
Falkland (R.-U.)
Port Stanley
(Malouines)
Détroit de Magellan
Terre de feu
Géorgie du Sud (R.-U.)
Cap Horn
Passage de Drake
0 200 500 1 000 2 000 m
marais
LIMA capitale d'État
Population des villes :
plus de 5 000 000 hab.
de 1 000 000 à 5 000 000 hab.
de 100 000 à 1 000 000 hab.
moins de 100 000 hab.
limite d'État
10°
0°
20°
30°
40°
50°
110°
100°
90°
80°
70°
60°

15 000 km de l'océan Arctique (71° 2' de latit. N.) aux mers australes (57° 5' de latit. S.) ; baigné à l'O. par le Pacifique, à l'E. par l'Atlantique. Deux masses triangulaires (*Amérique du Nord* et *Amérique du Sud*) sont reliées par un isthme (*Amérique centrale*). DER **américain, aine** *a, n*
**Géographie physique** À l'O. du continent se dresse une puissante cordillère volcanique : Rocheuses au N. (6 187 m au mont McKinley), Andes au S. (6 959 m à l'Aconcagua). À l'E. s'étendent des plateaux cristallins aplanis et de vieux massifs : bouclier canadien, Appalaches, massif des Guyanes, bouclier brésilien, plateau de Patagonie. De vastes plaines sont drainées par de grands fleuves surtout tributaires de l'Atlantique : Mississippi, Amazone, Paraná. On distingue trois types climatiques : froid du Grand Nord et de la Terre de Feu, climat tempéré du Canada méridional, des États-Unis et du sud de l'Amérique latine, tropical du Sud-Est brésilien au Mexique. Autre opposition : les influences atlantiques pénètrent le continent alors que les chaînes de l'O. limitent celles du Pacifique à un étroit littoral.
**Géographie humaine** Les pop. amérindiennes ont été décimées ou submergées par les immigrants européens qui ont aussi introduit des Noirs africains. On distingue une Amérique anglo-saxonne au Canada et aux États-Unis (Britanniques dominants et autres minorités d'Europe du N.) et une Amérique latine où Espagnols et Portugais furent majoritaires. Depuis les années 1950, celle-ci est la plus peuplée. Partout, l'urbanisation est forte.
**Économie** L'Amérique anglo-saxonne est puissante, alors que les États latins sont sous-développés. Cela est dû à la colonisation (développement autonome dans le N., dépendance vis-à-vis de la métropole dans le S.) et à l'absence de réformes agraires après l'indép. des colonies esp. et portug. (immenses domaines consacrés aux cult. du café, de la canne à sucre, du coton, et à l'élevage extensif). L'Amérique latine demeure sous la dépendance écon. des É.-U., auj. concurrencés par l'Europe et le Japon.
**Histoire** Jusqu'au XVe s., se développèrent de nombreuses civilisations précolombiennes. Christophe Colomb, qui débarqua dans les Bahamas en 1492, ouvrit le continent aux Européens. Les conquistadores (Cortés au Mexique, Pizarro au Pérou, etc.) forgèrent un empire espagnol en Amérique centrale et dans les Andes. Le traité de Tordesillas assura le partage de l'Amérique latine, en 1494, entre les Portug. (Brésil) et les Esp. L'exploitation minière (or, argent) fut très tôt développée. Le N. du continent, colonisé plus tardivement (XVIe et XVIIe s.) et par paliers, devint le domaine des Anglais ; les Français perdirent la Nouvelle-France (Canada) en 1763. L'accession à l'indép. des colonies anglaises (É.-U.) en 1783 encouragea les révoltes en Amérique latine. San Martin libéra les régions andines (1816-1821), Iturbide le Mexique (1821), Sucre et Bolívar les autres colonies esp. (1819-1825). Le Brésil se déclara indépendant en 1822. En 1825, à l'exception du Canada, dominion brit. jusqu'en 1931, tous les États actuels étaient libres. En 1948, à Bogotá, fut créée une organisation panaméricaine (OEA), dominée par les É.-U., qui sont intervenus souvent dans les États (Guatemala, 1954 ; rép. Dominicaine, 1965 ; Chili, 1973 ; Salvador, 1981 ; Grenade, 1983 ; Panamá, 1990 ; Haïti, 1994).

**Amérique centrale** partie étroite de l'Amérique, qui prolonge vers le sud le subcontinent qu'est l'Amérique du Nord. Elle comprend du N. au S. et d'O. en E. : le Guatemala, le Belize, le Salvador, le Honduras, le Nicaragua, le Costa Rica, Panamá. On lui rattache les Antilles. DER **centraméricain, aine** *a, n* ▶ carte p. 55

**Amérique du Nord** subcontinent (prolongé vers le sud-est par l'Amérique centrale) comprenant le Canada, les États-Unis (Amérique anglo-saxonne) et le Mexique. (V. ALENA). DER **nord-américain, aine** *a, n* ▶ carte p. 54

**Amérique du Nord (Acte de l')** loi, votée le 29 mars 1867 par le Parlement britannique, qui créa la Confédération canadienne : Nouveau-Brunswick, Nouvelle-Écosse, Haut-Canada (Ontario) et Bas-Canada (Québec).

**Amérique du Sud** subcontinent comprenant du N. au S. : à l'ouest, les États andins (Colombie, Équateur, Pérou, Bolivie, Chili) ; au centre et à l'est, le Venezuela, les Guyanes, le Brésil, le Paraguay, l'Uruguay, l'Argentine. V. Mercosur. DER **sud-américain, aine** *a, n*

**Amérique latine** partie sud du continent américain où l'on parle une langue latine (l'espagnol le plus souvent) : Argentine, Bolivie, Brésil (langue portugaise), Chili, Colombie, Costa Rica, Cuba, Équateur, Guatemala, Haïti (langue française), Honduras, Mexique, Nicaragua, rép. Dominicaine, Panamá, Paraguay, Pérou, Salvador, Uruguay, Venezuela. DER **latino-américain, aine** *a, n*

**amerloque** *n* fam, péjor Américain des États-Unis.

**amerrir** *vi* ③ Se poser sur un plan d'eau. *Hydravion qui amerrit.* DER **amerrissage** *nm*

**Amers (lacs)** lacs marécageux que le canal de Suez traverse dans leurs parties sud.

**Amersfoort** v. des Pays-Bas (Utrecht), sur l'*Eem* ; 93 520 hab. Industries.

**amertume** *nf* **1** Goût amer. *L'amertume de la gentiane.* **2** fig Aigreur, mélancolie due à un sentiment de mécontentement, de déception. *Il remarqua avec amertume qu'on ne l'avait pas remercié.*

**Âmes mortes (les)** roman de Gogol en 2 parties (I, 1842 ; II, inachevée, 1852).

**améthyste** *nf* MINER Variété violette de quartz hyalin, utilisée en joaillerie. ETY Du gr. *amethystus*, « qui combat l'ivresse ».

**amétropie** *nf* MED Trouble de la réfraction dû à une mauvaise mise au point de l'image sur la rétine. DER **amétrope** *a, n*

**ameublement** *nm* Ensemble du mobilier d'une pièce, d'une maison.

**ameublir** *vt* ③ **1** AGRIC Rendre une terre plus meuble, plus légère. **2** DR Faire entrer un immeuble dans la communauté légale des époux. DER **ameublissement** *nm*

**ameuter** *vt* ① **1** VEN Rallier les chiens en meute. **2** Attrouper des personnes dans l'intention de susciter des réactions hostiles. *Ses cris ont ameuté tout le voisinage.* **3** Alerter. *Cet article a ameuté l'opinion publique.* ETY De *meute*.

**Amhara** région de l'O. de l'Éthiopie, correspondant à l'anc. Abyssinie. Les *Amharas*, population de langue *amharique* (sémitique) (près de 20 millions de personnes), ont créé une civilisation rurale dans des temps reculés.

**amharique** *nm* Langue sémitique parlée par les Amharas, langue officielle de l'Éthiopie.

**Amherst Jeffrey (baron)** (Sevenoaks, Kent, 1717 – id., 1797), maréchal brit. Il vainquit les Français au Canada (1758-1760).

**ami, ie** *n, a* **A** *n* **1** Personne à laquelle on est lié par une affection réciproque. *Une amie d'enfance.* SYN camarade. **2** Personne bien disposée, animée de bonnes intentions. *Venir en ami.* ANT ennemi. **B** *a* Allié, favorable. *Des pays amis.* ANT ennemi. LOC ***Petit ami, petite amie :*** ami(e) de cœur, amant, maîtresse. ETY Du lat.

**amiable** *a* Qui se fait de gré à gré. *Vente amiable.* LOC ***À l'amiable :*** par voie de conciliation. — MATH ***Nombres amiables :*** dont chacun est égal à la somme des parties aliquotes de l'autre (par ex. 284 et 220). — ***Procédure amiable :*** sans instruction judiciaire. DER **amiablement** *av*

**amiante** *nm* CHIM Silicate de calcium et de magnésium résistant au feu et aux acides, qui se présente sous forme de filaments peu adhérents entre eux. *Les fines aiguilles d'amiante sont cancérigènes.* ETY Du gr.

**amianté, ée** *a, n* **A** Se dit de quelqu'un qui a été contaminé par l'amiante. **B** *a* TECH Se dit d'un revêtement qui contient de l'amiante.

**amiantifère** *a* Qui contient de l'amiante.

**amibe** *nf* Protozoaire rhizopode vivant en mer, en eau douce ou dans l'intestin des vertébrés, qui se déplace en émettant des pseudopodes. *Parmi les six espèces d'amibes qui parasitent l'homme, une seule est pathogène.* ETY Du gr. *ameibein*, « changer ».

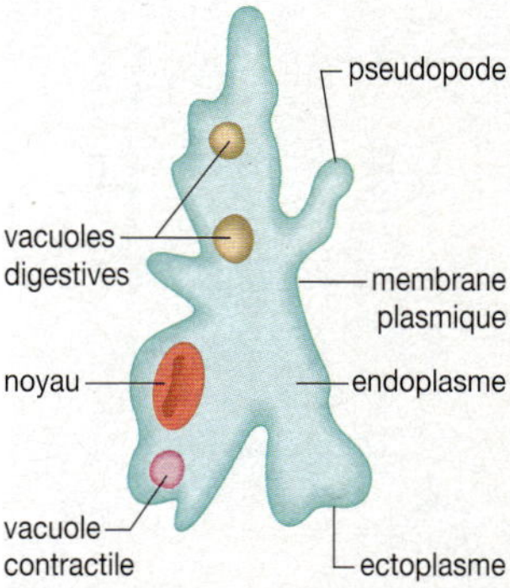


**structure d'une amibe**

**amibiase** *nf* MED Parasitose du gros intestin qui peut provoquer une diarrhée et des lésions hépatiques.

**amibien, enne** *a* **1** Dû aux amibes. *Dysenterie amibienne.* **2** Qui est spécifique des amibes.

**amiboïde** *a* **1** Qui ressemble aux amibes. **2** Qui émet des pseudopodes (leucocytes polynucléaires, etc.).

**amical, ale** *a* Qui est inspiré par l'amitié. PLUR amicaux. DER **amicalement** *av*

**amicale** *nf* Association professionnelle ou privée, regroupant des personnes ayant une même activité. *L'amicale des pêcheurs à la ligne.*

**amict** *nm* Linge bénit, que le prêtre catholique se place sur le cou et les épaules avant de passer l'aube. PHO [amikt]

**amide** *nm* CHIM Composé organique dérivant de l'ammoniac ou des amines par substitution d'un ou plusieurs radicaux R–CO– à un ou plusieurs atomes d'hydrogène.

**amidon** *nm* Substance de réserve végétale, de nature glucidique, dont les granules broyés avec de l'eau chaude fournissent un empois. ETY Du lat. d'orig. gr. DER **amidonnier, ère** *a*

**amidonner** *vt* ① Empeser à l'amidon. DER **amidonnage** *nm*

**amidonnerie** *nf* Industrie de l'amidon. DER **amidonnier** *nm*

**Ami du peuple (l')** journal révolutionnaire rédigé par Marat et publié de 1789 à 1793.

**Amiel Henri-Frédéric** (Genève, 1821 – id., 1881), écrivain suisse de langue française. Universitaire, il tint de 1839 à sa mort un *Journal intime* (partiellement publié dès 1882-1884, en totalité depuis 1976) dont l'introspection fait toute la valeur.

**Amiénois** partie de l'anc. province de Picardie réunie à la Couronne en 1185.

**Amiens** ch.-l. du dép. de la Somme, sur la Somme ; 135 900 hab. (env. 175 000 hab. dans l'aggl.). Centre agricole et industriel. – Évêché. Université. La cath. d'Amiens, chef-d'œuvre goth. du XIIIe s., est la plus vaste égl. de France. Musée. – La *paix d'Amiens* (1802), entre la France et la G.-B., mit fin à la deuxième coalition. – Le *congrès d'Amiens* (1906) et sa *charte* ont consacré l'essor révolutionnaire du syndicalisme franç. (CGT). DER **amiénois, oise** *a, n*

**Amiens** la cathédrale

**Amilcar Barca** → **Hamilcar.**

**Amilly** ch.-l. de cant. du Loiret (arr. de Montargis) ; 12 930 hab. – Industries.

**amincir** *vt* ③ **1** Rendre, devenir plus mince. *Amincir une tôle. Filet d'eau qui s'amincit.* **2** Faire paraître plus mince. *Cette robe l'amincit.* DER **amincissant, ante** *a* – **amincissement** *nm*

**Amin Dada** Idi (Koboko, 1925 – Djeddah, 2003), homme politique ougandais. Il renversa le président Obote en 1971. Dictateur sanguinaire, il fut renversé en 1979.

**amine** *nf* CHIM Nom générique des composés organiques possédant le groupement R–CO–N (R'R"), R' et R" pouvant être l'atome d'hydrogène H.

**aminé, ée** *a* Se dit de substances comportant des amines. **LOC** BIOCHIM ***Acide aminé :*** acide organique possédant une ou plusieurs fonctions amine. SYN aminoacide.

ENC Les acides aminés sont les constituants essentiels des protéines. Il y a vingt acides aminés naturels dont dix sont indispensables dans l'alimentation humaine, les autres pouvant être synthétisés par l'organisme.

**a minima** *a, av* **1** DR Se dit d'un appel interjeté par le ministère public quand il estime trop faible la peine appliquée. **2** fig Se dit d'une position minimale ou minimaliste. *Se comprendre a minima.* ETY Du lat. jurid.

**aminoacide** *nm* Syn. de *acide aminé.*

**aminoplaste** *nm* CHIM Résine synthétique thermodurcissable utilisée pour fabriquer des colles, des vernis, etc.

**aminoside** *nm* BIOCHIM Antibiotique enrayant la croissance bactérienne en agissant sur la synthèse protéique au niveau des ribosomes.

**amiral, ale** *n, a* **A** *n* Officier général de la marine militaire. **B** *nf* vx Femme d'un amiral. **C** *a* Se dit du bateau sur lequel se trouve l'amiral. PLUR amiraux. ETY De l'ar. *amir,* « chef ».

**amirauté** *nf* **1** État et office d'amiral ; résidence, services et bureaux de l'amiral. **2** Corps des amiraux, formant l'état-major de la marine militaire.

**Amirauté (îles de l')** archipel de la Mélanésie, dépendance de la Papouasie-Nouvelle-Guinée (au S.-O.) ; 28 000 hab. – Occupé par les Japonais de 1942 à 1944.

**Amis sir Kingsley** (Londres, 1922 – id., 1995), romancier et poète anglais, l'un des « Jeunes Gens en colère » : *Jim la Chance* (1954).

**Amis de la Terre** association internationale de protection de l'homme et de l'environnement.

**amish** *a, n* Se dit d'un groupe mennonite américain (Pennsylvanie) remarquable par son refus de la civilisation actuelle.

**amitié** *nf* **1** Affection mutuelle liant deux personnes. **2** Témoignage d'affection bienveillante. *Je lui transmettrai vos amitiés.* ANT inimitié. **LOC** ***Amitié particulière :*** relation de caractère homosexuel. ETY Du lat.

**amitieux, euse** *a* Belgique, fam Gentil, affectueux. PHO [amisjø, øz]

**amitose** *nf* BIOL Division cellulaire sans mitose.

**amixie** *nf* Impossibilité de croisement entre deux espèces ou deux races.

**AMM** *nf* Certificat administratif indispensable pour la commercialisation de tout nouveau médicament. ETY Sigle de *autorisation de mise sur le marché.*

**amma** *nm* Massage traditionnel japonais qui se pratique le patient étant assis. ETY Mot jap., « calmer avec les mains ».

**Amman** cap. de la Jordanie ; 1,2 million d'hab. Raffinerie de pétrole. DER **ammanien, enne** *a, n*

**Ammien Marcellin** (Antioche, v. 330 – ?, v. 400), historien latin.

**ammocète** *nf* Larve de lamproie.

**ammodyte** *nf* Grande vipère des Balkans et du Proche-Orient. ETY Du gr.

**Ammon** fils de Loth, frère de Moab ; ancêtre éponyme des Ammonites.

**1 ammoniac** *nm* Gaz de formule $NH_3$, incolore et d'odeur suffocante, extrêmement soluble dans l'eau. ETY Du nom du temple d'*Ammon.*

**2 ammoniac, aque** *a* **LOC** ***Sel ammoniac :*** chlorure d'ammonium.

**ammoniacal, ale** *a* Qui est constitué par l'ammoniac, qui en contient. *Urine ammoniacale.* PLUR ammoniacaux.

**ammoniaque** *nf* Solution aqueuse de l'ammoniac. SYN alcali volatil.

**ammonite** *nf* PALEONT Mollusque céphalopode fossile, à coquille spiralée dans un plan, abondant pendant le secondaire.

**Ammonites** peuple sémite issu d'Ammon (Bible), qui s'installa sur la r. dr. du Jourdain à partir du XIVe s. av. J.-C. Les Hébreux le soumirent à la fin du VIIIe s. av. J.-C.

**ammonium** *nm* CHIM Radical de formule $NH_4$, dont les propriétés sont analogues à celles des métaux alcalins. PHO [amɔnjɔm]

**ammophile** *nf* Insecte hyménoptère voisin des sphex, qui chasse les chenilles et les paralyse pour nourrir ses larves.

**amnésie** *nf* Diminution ou perte totale de la mémoire. ETY Du gr. *amnêsia,* « oubli ». DER **amnésique** *a, n*

**Amnesty International** association internationale (secrétariat général à Londres) fondée en mai 1961 pour lutter contre la répression politique dans le monde. P. Nobel de la paix 1977.

**Amnesty International**

**amniocentèse** *nf* MED Prélèvement, aux fins d'analyse, de liquide amniotique, réalisé par ponction transabdominale. PHO [amnjosɛ̃tɛz]

**amnios** *nm* BIOL Annexe embryonnaire la plus interne chez les vertébrés supérieurs, qui constitue une poche emplie de liquide dans lequel baigne le fœtus. PHO [amnjos] ETY Du gr.

**amnioscopie** *nf* MED Observation, par le col utérin, du liquide amniotique à travers la membrane placentaire.

**amniote** *nm* ZOOL Vertébré dont les annexes embryonnaires comportent un amnios (reptiles, oiseaux, mammifères).

**amniotique** *a* Qui appartient à l'amnios. *Le liquide amniotique protège et hydrate le fœtus.*

**amnistie** *nf* Acte du pouvoir législatif qui annule des condamnations et leurs conséquences pénales. *Amnistie fiscale.* ETY Du gr. *amnêstia,* « oubli ».

**amnistier** *vt* ② Accorder une amnistie à. DER **amnistiable** *a* – **amnistié, ée** *a, n*

**Amnon** (v. 1000 av. J.-C.), fils aîné du roi David, tué par son frère Absalon.

**amocher** *vt* ① fam Abîmer, défigurer, blesser. *Se faire amocher dans une bagarre.* ETY De *moche.*

**amodier** *vt* ② DR Louer un bien contre une redevance contractuelle payée par l'*amodiateur,* la personne qui loue, à l'*amodiataire.* ETY Du lat. *modius,* « boisseau ». DER **amodiation** *nf*

**amoindrir** *vt* ③ Diminuer, rendre moindre. *La fatigue amoindrit ses capacités. Ses revenus se sont considérablement amoindris.* DER **amoindrissement** *nm*

**amok** *nm* Crise de folie homicide dont sont parfois frappés certains opiomanes malais. ETY Mot malais.

**amollir** *vt* ③ **1** Rendre, devenir mou. *La cire s'est amollie à la chaleur.* **2** fig Rendre, devenir plus faible, enlever de la force. *De nombreuses pressions amollirent ses résolutions.* DER **amollissant, ante** *a* – **amollissement** *nm*

**amome** *nm* Herbe (zingibéracée) vivace, aromatique, des régions tropicales, dont la graine est la maniguette.

**Amon** dieu principal de Thèbes, que les prêtres égyptiens identifièrent à Rê et les Grecs à Zeus.

**amonceler** *vt* ⑰ ou ⑲ **1** Entasser, mettre en monceau. *Le courrier s'amoncelle.* **2** fig Réunir, accumuler. *Amonceler des preuves.* DER **amoncèlement** ou **amoncellement** *nm*

**Amon-Rê** → **Rê.**

**amont** *nm, a inv* **A** *nm* **1** Partie d'un cours d'eau comprise entre sa source et un point donné. ANT aval. **2** fig Partie d'un processus, d'une activité qui se situe avant le point considéré. **B** *a inv* Se dit du ski qui se trouve vers le haut de la piste. **LOC** ***En amont de*** : du côté d'où vient le courant par rapport à un point donné. — ***Vent d'amont*** : venant de l'intérieur des terres. ETY De *mont*.

**amoral, ale** *a* Qui ignore les principes de la morale. ANT moral. PLUR amoraux. DER **amoralité** *nf*

**amorçage** *nm* **1** Action d'amorcer. **2** ELECTR Phénomène transitoire précédant l'établissement du régime permanent dans une génératrice dont le courant est fourni par l'induit. **3** INFORM Pour un ordinateur, fait de s'amorcer et de charger son système d'exploitation.

**amorce** *nf* **1** Appât jeté dans l'eau ou disposé autour d'un piège pour attirer le poisson, le gibier. **2** Capsule à poudre fulminante servant à mettre à feu une charge de poudre, d'explosif. **3** Pastille de fulminate collée entre deux papiers, servant de jeu pour les enfants. *Pistolet à amorces.* **4** Ébauche d'un ouvrage. *L'amorce d'une rue.* **5** INFORM Programme nécessaire à la mise en marche d'un ordinateur, et exécuté à chaque utilisation de celui-ci. ETY De l'a. fr. *amordre*, « mordre ».

**amorcer** *vt* ⑫ **1** PECHE Garnir d'une amorce. *Amorcer un hameçon.* **2** Attirer en jetant une amorce. *Amorcer les poissons.* SYN appâter. **3** Munir d'une amorce une charge de poudre, d'explosif. **4** Déclencher une machine, le fonctionnement de qqch. *Amorcer une pompe.* **5** Ébaucher un ouvrage.

**amoroso** *av* MUS Exprime la tendresse. ETY Mot ital., « amoureusement ».

**amorphe** *a* **1** Qualifie une personne sans caractère, sans énergie. SYN inconsistant. **2** CHIM Qui n'a pas le caractère cristallin. ETY Du gr. *amorphos*, « sans forme ».

**Amorrites** peuple sémitique qui nomadisait dans le pays d'Amourrou (Hte-Syrie) ; établi en Mésopotamie v. 1830 av. J.-C., il forma un royaume dont Babylone fut la capitale et Hammourabi le chef le plus prestigieux. VAR **Amorrhéens** DER **amorrite** ou **ammorhéen, enne** *a*

**amorti** *nm* SPORT **1** Au tennis, au tennis de table, action de frapper la balle de façon qu'elle ne rebondisse que faiblement et presque verticalement. **2** Au football, fait d'arrêter le ballon en accompagnant du pied ou du genou son mouvement sur sa trajectoire.

**amortie** *nf* SPORT Balle résultant d'un amorti.

**amortir** *vt* ③ **1** Diminuer la force, l'intensité de. *Amortir un choc, un bruit.* SYN affaiblir. **2** FIN Échelonner une dépense sur une certaine durée. *Amortir une dette.* **3** Rentabiliser l'achat d'un bien par son utilisation. *Amortir une automobile.* ETY Du lat. *mortis*, « mort ». DER **amortissable** *a*

**amortissement** *nm* **1** Atténuation, réduction de l'intensité. *Amortissement d'un choc.* **2** PHYS Réduction progressive de l'amplitude d'un mouvement oscillatoire, d'une onde. **3** FIN Action d'amortir. *Amortissement d'un emprunt.* **4** FISC Déduction comptable compensant la perte subie du fait de l'immobilisation ou de la dépréciation de certains éléments d'un actif. **5** ARCHI Ornement placé au faîte d'un édifice.

**amortisseur** *nm* Dispositif permettant de réduire l'amplitude des oscillations engendrées lors d'un choc brutal. *Les amortisseurs d'une automobile.*

**Amos** (VIII^e s. av. J.-C.), un des douze petits prophètes juifs.

**amosite** *nf* Amphibole qui fournit une variété d'amiante très polluante, naguère utilisée en construction (isolation, calorifugeage).

**Amou-Daria** (anc. *Oxus*), fl. d'Asie (2 600 km) né dans le Pamir et qui se jette dans la mer d'Aral.

**amouillante** *af* ELEV Se dit d'une vache qui va vêler.

**amour** *nm* **1** Sentiment d'affection passionnée, attirance affective et sexuelle d'un être humain pour un autre. *Aimer d'amour.* **2** La personne aimée. *Mon amour.* **3** Représentation allégorique du dieu Amour. *Des amours joliment sculptés.* **4** Vif sentiment d'affection que ressentent les uns pour les autres les membres d'une même famille. *Amour maternel, fraternel.* **5** Sentiment de profond attachement à un idéal moral, philosophique, religieux impliquant don de soi et renoncement à l'intérêt individuel. *L'amour du prochain.* **6** Goût, enthousiasme pour qqch. *L'amour de la musique.* **LOC** ***Faire l'amour*** : avoir des rapports sexuels. — ***Pour l'amour de Dieu*** : formule de supplication. — ***Vous êtes un amour*** : vous êtes très aimable, charmant(e).

**Amour** (*Heilongjiang*), fleuve (4 354 km), formé par la réunion de l'*Argoun* et de la *Chilka*, qui sert de frontière entre la Russie et la Chine du N.-E. ; se jette dans la mer d'Okhotsk.

**Amour (djebel)** massif de l'Atlas saharien, en Algérie méridionale.

**Amour** dieu identifié avec l'Éros grec, amant de Psyché, et avec le Cupidon latin.

**amouracher (s')** *vpr* ① **péjor** S'éprendre soudainement de qqn.

**Amour des trois oranges (l')** fable théâtrale de Carlo Gozzi (1761). ▷ MUS Opéra de Prokofiev créé à Chicago en 1921.

**amour-en-cage** *nm* Syn. de *alkékenge*. PLUR amours-en-cage.

**1 amourette** *nf* Aventure sentimentale sans conséquence. ETY Dimin. de *amour*.

**2 amourette** *nf* **rég** Graminée à épillets mobiles, également appelée brize. **LOC** ***Bois d'amourette*** : bois d'un arbre du genre acacia (mimosacée), employé en ébénisterie. ETY Du lat. *amarusta*, « camomille ».

**amourettes** *nf pl* CUIS Moelle épinière des animaux de boucherie.

**amoureux, euse** *a, n* **A** *a* Propre à l'amour, qui dénote de l'amour. *Sentiments, regards amoureux.* **B** *a, n* Qui éprouve de l'amour. *Ne la taquine pas, elle est amoureuse.* DER **amoureusement** *av*

**Amour fou (l')** récit d'André Breton (1937).

**amour-propre** *nm* Sentiment très vif qu'une personne a de sa propre valeur, dont elle veut garantir l'image aux yeux d'autrui. PLUR amours-propres.

**Amours (les)** recueil de vers de Ronsard divisé en 2 parties et 4 livres : *Premier Livre des Amours* (1552-1553), la *Continuation des Amours* (1555), les *Sonnets pour Hélène* (2 livres, 1578).

**Amours jaunes (les)** recueil poétique de Tristan Corbière (1873).

**Amour sorcier (l')** ballet en un acte, livret de Gregorio Martinez Sierra (1881 – 1947) et mus. de Manuel de Falla.

**amovible** *a* **1** DR Qui peut être déplacé, muté. *Fonctionnaire amovible.* ANT inamovible. **2** Qui peut être démonté, enlevé. *Pièce amovible d'un mécanisme.* ANT fixe, inamovible. ETY Du lat. DER **amovibilité** *nf*

**amoxicilline** *nf* Antibiotique semi-synthétique, à fort pouvoir bactéricide.

**Amoy** → **Xiamen.**

**1 AMP** *nm* BIOCHIM Sigle de *adénosine-monophosphate*.

**2 AMP** *nf* Syn. de *assistance médicale à la procréation*. SYN PMA.

**AMPc** *nm* BIOCHIM Molécule présente dans la membrane cellulaire qui, servant de médiateur intracellulaire, joue le rôle de second messager hormonal. ETY Sigle de *adénosine monophosphate cyclique*.

**ampélidacée** *nf* BOT Plante dicotylédone dialypétale, telle que la vigne et des arbustes grimpant à l'aide de vrilles. SYN vitacée.

**ampélographie** *nf* Science qui étudie la vigne, les différents cépages. ETY Du gr. *ampelos*, « vigne ». DER **ampélographe** *n* – **ampélographique** *a*

**ampélopsis** *nm* BOT Vigne vierge. PHO [ɑ̃pelɔpsis]

**ampérage** *nm* Intensité d'un courant électrique.

**ampère** *nm* ELECTR Unité du système international (symb. A) d'intensité d'un courant qui, maintenu dans deux conducteurs parallèles, rectilignes de longueur infinie, de section circulaire négligeable et placés à une distance de 1 mètre l'un de l'autre dans le vide produirait entre ces conducteurs une force égale à $2 \times 10^{-7}$ newtons par mètre de longueur. ETY Du n. pr.

**Ampère** André Marie (Lyon, 1775 – Marseille, 1836), physicien et mathématicien français. Il étudia l'action des courants électriques sur les aimants et l'action mutuelle des courants, créant ainsi l'électrodynamique. DER **ampérien, enne** *a*

André Marie Ampère

**ampère-étalon** *nm* Électrodynamomètre utilisé pour la vérification des ampèremètres. PLUR ampères-étalons.

**ampère-heure** *nm* Quantité d'électricité transportée en 1 heure par un courant de 1 ampère (symbole Ah). PLUR ampères-heures

**ampèremètre** *nm* Appareil de mesure de l'intensité d'un courant.

**amphétamine** *nf* MED Excitant du système nerveux central, classé parmi les toxiques, qui accroît les capacités physiques et psychiques de l'individu, mais entraîne accoutumance, assuétude et dépendance. *Les amphétamines sont souvent employées dans le dopage.*

**amphétaminique** *a, nm* Se dit d'une substance apparentée aux amphétamines.

**amphi-** Préfixe, du gr. *amphi*, « autour de, des deux côtés ».

**amphi** *nm* **fam** Amphithéâtre (salle de cours).

**amphibie** *a, n* **A** Qui vit dans l'air et dans l'eau. *Les phoques sont amphibies.* **B** *a* Qui peut se déplacer sur terre et dans l'eau. *Véhicule amphibie.*

**amphibien** *nm* ZOOL Vertébré tétrapode poïkilotherme, à peau nue, généralement ovipare. SYN anc batracien.

ENC Les amphibiens forment une classe divisée en trois ordres : les anoures, les urodèles et les apodes. Les larves, ou têtards, ont des branchies et sont aquatiques, tandis que les adultes sont pulmonés.

**amphibole** *nf* MINER Minéral composé de silicates de fer, calcium et magnésium, généralement de couleur sombre, contenu dans les roches éruptives et métamorphiques.

**amphibolite** *nf* PETROG Roche constituée presque entièrement d'amphiboles.

**amphibologie** *nf* GRAM Construction qui donne un double sens à une phrase. *« J'ai volé une pomme à ma sœur qui n'est pas bonne » est une amphibologie.* DER **amphibologique** *a*

**amphictyonie** *nf* HIST Assemblée de délégués des cités grecques de l'Antiquité. DER **amphictyon** *nm* – **amphictyonique** *a*

**amphigouri** *nm* litt Discours, écrit confus et obscur. DER **amphigourique** *a*

**amphimixie** *nf* BIOL Fusion des noyaux des gamètes mâles et femelles lors de la fécondation.

**amphineure** *nm* ZOOL Ancien nom donné aux mollusques primitifs rangés maintenant parmi les aplacophores et les polyplacophores.

**Amphion** fils de Zeus et d'Antiope, époux de Niobé. Il bâtit les murailles de Thèbes, dont les pierres s'entassèrent d'elles-mêmes au son d'une lyre.

**amphioxus** *nm* ZOOL Invertébré marin céphalocordé dont le squelette interne se compose d'une corde dorsale et qui possède une tache oculaire, insensible à la lumière. PHO [ɑ̃fjɔksys] ETY Du gr. *oxus,* « pointu ».

**amphiphile** *a* CHIM Se dit de molécules dont une partie est soluble dans l'eau, l'autre étant insoluble. DER **amphiphilie** *nf*

**amphipode** *nm* ZOOL Petit crustacé d'eau douce ou d'eau de mer, tel que les puces de mer, les gammares, etc.

**Amphipolis** anc. v. de Macédoine ; colonie d'Athènes enlevée par Philippe II aux Grecs en 357 av. J.-C. Auj. *Neokhóri.*

**amphiprion** *nm* ICHTYOL Poisson téléostéen à rayures oranges et blanches, qui vit dans les récifs de l'Asie du S.-E. SYN poisson-clown.

**amphisbène** *nm* ZOOL Reptile apode (squamate) des régions tropicales, semblable à un gros ver de terre.

**amphithéâtre** *nm* **1** ANTIQ ROM Vaste édifice à gradins, de forme ronde ou elliptique, destiné principalement aux combats de gladiateurs et aux jeux publics. **2** Salle de cours, garnie de gradins. LOC GEOL ***Amphithéâtre morainique*** : bassin limité par la moraine frontale d'un glacier qui s'est retiré. ETY Du lat. d'orig. gr.

**amphithéâtre** romain (30 000 places), El Djem, Tunisie

**Amphitrite** déesse des Mers, épouse de Poséidon et mère de Triton.

**amphitryon** *nm* plaisant Maître d'une maison où l'on dîne, celui qui donne à dîner. ETY De l'*Amphitryon* de Molière.

**Amphitryon** roi de Tirynthe, fils d'Alcée. Uni à Alcmène sans être autorisé à consommer le mariage, il fut trompé par Zeus qui séduisit celle-ci en prenant ses traits. ▷ LITTER Comédie de Plaute (IIIe-IIe s. av. J.-C.), de Molière (1668), etc.

**amphogène** *a* BIOL Produisant des individus appartenant aux deux sexes. *Espèce amphogène.*

**amphore** *nf* ANTIQ Vase ovoïde en terre cuite, à deux anses servant à transporter des grains ou des liquides.

**amphore** ionienne – BN

**amphotère** *a* CHIM Qui possède à la fois des propriétés acides et basiques.

**ampicilline** *nf* PHARM Antibiotique à très large spectre.

**ample** *a* **1** Vaste, large. *Un vêtement ample.* ANT ajusté. **2** Important, abondant. *Une ample provision de souvenirs.* LOC ***Jusqu'à plus ample informé*** : avant d'avoir recueilli plus d'informations. ETY Du lat. DER **amplement** *av*

**amplectif, ive** *a* BOT Qualifie tout organe qui en enveloppe complètement un autre.

**ampleur** *nf* **1** Caractère de ce qui est ample, vaste. *Cette manche a trop d'ampleur.* **2** Importance, étendue. *On mesure l'ampleur de la crise.*

**ampli** *nm* fam Amplificateur.

**ampliatif, ive** *a* DR Qui complète un acte précédent.

**ampliation** *nf* DR Copie authentique de l'original d'un acte notarié ou administratif.

**amplificateur** *nm* ELECTRON Appareil qui amplifie un signal dont l'amplitude est trop faible pour qu'on puisse l'utiliser directement.

**amplification** *nf* **1** ELECTRON Action d'amplifier un signal. **2** péjor Exagération oratoire. LOC ***Amplification génétique*** : technique permettant de multiplier un gène, même s'il n'existe qu'en quantité infime.

**amplifier** *vt* ② Augmenter la quantité, le volume, l'étendue, l'importance de. *Amplifier le son. Le recul des valeurs à la Bourse s'amplifie.*

**ampliforme** *a* Se dit d'un sous-vêtement qui amplifie les formes.

**amplitude** *nf* **1** Écart entre deux valeurs extrêmes. *Amplitude de la marée.* **2** Élongation maximale d'un mouvement oscillatoire. **3** ASTRO Arc de l'horizon compris entre le point où un astre se lève ou se couche et les directions de l'est et de l'ouest. **4** GEOPH Magnitude.

**ampli-tuner** *nm* Élément d'une chaîne haute-fidélité regroupant un amplificateur et un tuner. PLUR amplis-tuners.

**ampoule** *nf* **1** Petit tube de verre, terminé en pointe et soudé, contenant un liquide ; son contenu. **2** MED Petit gonflement de l'épiderme, rempli de sérosité, consécutif à un frottement ou à une brûlure. *Une ampoule au pied.* SYN phlyctène. **3** Enveloppe de verre enfermant le filament des lampes à incandescence. ETY Du lat. *ampulla,* « petit flacon ».

**Ampoule (la Sainte)** vase contenant l'huile qui oignait les rois de France lors de leur sacre à Reims.

**ampoulé, ée** *a* Emphatique, pompeux. *Un discours ampoulé.*

**ampullaire** *nf* ZOOL Gastéropode d'eau douce voisin des paludines.

**amputation** *nf* CHIR Ablation d'un membre ou d'un segment de membre.

**amputé, ée** *a, n* Personne qui a subi une amputation.

**amputer** *vt* ① **1** Pratiquer l'amputation de. *Amputer un membre.* **2** fig Retrancher excessivement. *Amputer un texte, des crédits.* ETY Du lat. *amputare,* « tailler ».

**Amr ibn il-As** (La Mecque, v. 580 – Fustāt, v. 663-664), membre de la tribu des Qurayshites, compagnon de Mahomet (629). Nommé chef militaire par Abu Bakr, il conquit l'Égypte et la gouverna jusqu'à sa mort.

**Amri** roi d'Israël (v. 884-874 av. J.-C.). Son fils Achab lui succéda. VAR **Omri**

**Amritsar** ville de l'Inde (Pendjab) ; 1,2 million d'hab. (aggl.). Centre commercial (laine, coton). – Cité sainte des sikhs, dont le Temple d'or fut élevé du XVIe au XVIIIe s.

**Amsterdam** cap. et puissant port de comm. des Pays-Bas (dont la cap. admin. est *La Haye*). v. sillonnée de canaux, à l'embouchure de *l'Amstel* ; 1,1 million d'hab. (aggl.) Centre industr., tourist. et d'affaires, taille de diamants ; raff. de pétrole. – Musées : Rijksmuseum (Rembrandt, notam.), Stedelijkmuseum (Van Gogh). DER **amstellodamien, enne** ou **amstellodamois, oise** ou **amsterdamais, aise** *a, n*

**Histoire** Dès le XVe s., elle fut le princ. centre comm. de la Hollande. En 1568, elle fit partie des Provinces-Unies. Au XVIIe s., sa prospérité s'accrut par la création de la Compagnie des Indes orientales et de la Banque d'Amsterdam. Le traité d'Amsterdam (1997) complète le traité de Maastricht. V. Europe.

**Amsterdam**

**amuïr (s')** *vpr* ③ PHON Devenir muet, ne plus se prononcer. DER **amuïssement** *nm*

**amulette** *nf* Porte-bonheur que l'on garde sur soi.

**Amundsen Roald** (Børge, Østfold, 1872 – dans l'Arctique, 1928), explorateur norvégien. Le prem., il atteignit le pôle Sud (14 déc. 1911). Il disparut en portant secours à Nobile.

**amure** *nf* MAR **1** anc Cordage maintenant au vent le coin inférieur d'une voile. **2** Coin inférieur avant d'une voile triangulaire. LOC ***Courir bâbord, tribord amures*** : en recevant le vent par bâbord, par tribord. — ***Point d'amure*** : coin de la voile portant l'amure. ETY Du provenç. *amurar,* « fixer au mur, à la muraille du navire ».

**amurer** *vt* ① Fixer par le point d'amure.

**amusant** → **amuser.**

**amuse-gueule** *nm* **fam** Petit hors-d'œuvre servi avec l'apéritif. PLUR amuse-gueules (VAR) **amuse-bouche**

**amusement** *nm* Ce qui amuse. *Les cartes sont pour lui un amusement.* SYN distraction.

**amuser** *vt* ① **1** Distraire, divertir. *Ses plaisanteries m'ont bien amusé. Les enfants s'amusent.* **2** Tromper au moyen d'habiles diversions. *Il amuse l'auditoire pour gagner du temps.* **LOC** ***Ne vous amusez pas à*** : ne vous avisez pas de — ***S'amuser de*** : se moquer de. (ETY) De l'a. fr. *muser.* (DER) **amusant, ante** *a* – **amuseur, euse** *n*

**amusette** *nf* Distraction à laquelle on n'attache pas d'importance.

**Amy** Gilbert (Paris, 1936), compositeur et chef d'orchestre français : musique sérielle.

**amygdale** *nf* **1** Formation lymphoïde située dans la gorge. **2** Petite structure cérébrale qui joue un rôle dans la régulation des émotions. (PHO) [amidal] (ETY) Du lat. *amygdala*, « amande », d'orig. gr. (DER) **amygdalien, enne** *a*

**amygdalectomie** *nf* CHIR Ablation des amygdales.

**amygdalite** *nf* MED Inflammation des amygdales.

**amyl(o)-** Élément, du lat. *amylum*, « amidon ».

**amylacé, ée** *a* CHIM Qui contient de l'amidon.

**amylase** *nf* BIOCHIM Enzyme d'origine salivaire et pancréatique, qui scinde l'amidon et le glycogène en dextrines et maltose, au cours de la digestion intestinale.

**amyle** *nm* CHIM Radical monovalent $C_5H_{11}$, caractéristique d'un groupe de composés. (ETY) Du lat. *amylum*, « amidon ». (DER) **amylique** *a*

**amylobacter** *nm* BIOL Bacille anaérobie qui transforme la cellulose, les sucres en acide butyrique.

**amyloïde** *a, nf* Se dit d'une substance qui infiltre le tissu conjonctif au cours de l'amylose.

**amylomyce** *nm* BOT Champignon (mucoracée) utilisé pour la fabrication de l'alcool de grain, qui transforme en maltose l'amidon des grains cuits.

**amyloplaste** *nm* BOT Plaste synthétisant de l'amidon dans les organes végétaux non soumis à la lumière. *Les amyloplastes des tubercules de pommes de terre.*

**amylose** *nf* MED Maladie grave caractérisée par l'infiltration dans les différents tissus d'une glycoprotéine mal connue. (VAR) **amyloïdose**

**Amyntas** nom de plusieurs rois de Macédoine, dont **Amyntas III** (v. 389 – v. 369 av. J.-C.), père de Philippe II.

**Amyot** Jacques (Melun, 1513 – Auxerre, 1593), humaniste français, évêque d'Auxerre (1570). Ses traductions du grec (Plutarque notam.) ont forgé la langue classique.

**amyotrophie** *nf* MED Atrophie musculaire. (DER) **amyotrophique** *a*

**an-** → **a-**

**an** *nm* **1** Période correspondant à la durée d'une révolution de la Terre autour du Soleil ; année. *Il a cinquante ans.* **2** Période allant du 1<sup>er</sup> janvier au 31 décembre, dans le calendrier grégorien. *L'an prochain, l'an dernier. L'an 1280.* **LOC** ***Bon an, mal an*** : compensation faite des bonnes et des mauvaises années. — ***Le jour de l'an*** : le 1er janvier.

**ana-** Préfixe, du gr. *ana*, « de bas en haut ».

**ana** *nm* **litt** Recueil de pensées, d'anecdotes, de bons mots. PLUR anas ou ana.

**anabaptisme** *nm* Mouvement protestant qui réserve le sacrement du baptême aux adultes. *L'anabaptisme est issu de la Réforme (XVI*e *s.).* (PHO) [anabatism] (DER) **anabaptiste** *n, a*

**Anabase** poème en 10 chants et deux « chansons », de Saint-John Perse (1924).

**Anabase (l')** œuvre autobiographique de Xénophon (IVe s. av. J.-C.) : les Dix Mille, mercenaires grecs de Cyrus le Jeune, sont contraints à une « remontée depuis le rivage » (gr. *anabasis*).

**anableps** *nm* Poisson des mangroves d'Amérique tropicale, dont les yeux divisés en deux parties lui permettent de voir dans l'air et dans l'eau. SYN quatre-yeux. (PHO) [anableps]

**anabolisant, ante** *a, nm* **A** *a* Qui favorise l'anabolisme. **B** *nm* Stéroïde de synthèse qui entraîne une augmentation de l'anabolisme protidique. *Sportif dopé aux anabolisants.*

**anabolisme** *nm* BIOL Ensemble des réactions de synthèse s'effectuant dans un organisme vivant. (ETY) Du gr. *anabolê*, « accroissement ». (DER) **anabolique** *a*

**anabolite** *nf* BIOL Substance résultant de l'anabolisme.

**anacarde** *nm* BOT Fruit de l'anacardier. SYN noix de cajou.

**anacardiacée** *nf* Plante dicotylédone dialypétale dont la famille comprend le térébinthe, et des arbres à suc résineux (anacardier, manguier, pistachier, etc. SYN anc térébinthacée.

**anacardier** *nm* Arbuste tropical (térébinthacée) dont une espèce est cultivée pour l'amande de son fruit, la noix de cajou.

**anacardier**

**anachorète** *nm* **1** Ascète qui vit seul, retiré du monde. ANT cénobite. **2** Personne qui vit par goût dans la solitude. (PHO) [anakɔʀɛt] (ETY) Du gr. *anachôrêtês*, « qui se retire ».

**anachronisme** *nm* **1** Attribution à une époque d'usages, de notions, de pratiques qu'elle n'a pas connus. **2** Usage suranné, désuet. (PHO) [anakʀɔnism] (DER) **anachronique** *a*

**Anaclet (saint)** (Ier s.), pape de 76 à 88, martyr. (VAR) **Clet**

**anacoluthe** *nf* RHET Rupture dans la construction d'une phrase. *« Vous, ministre de paix [...], Le sang, à votre gré, coule trop lentement »* est une anacoluthe de Racine. (ETY) Du lat. d'orig. gr. *anacoluthon*, « absence de suite ».

**anaconda** *nm* ZOOL Serpent des marais et des fleuves d'Amérique tropicale (boïdé), qui peut atteindre dix mètres. SYN eunecte.

**Anacréon** (Téos, Ionie, v. 570 av. J.-C.), poète lyrique grec. Il célébra les plaisirs de la vie dans des odes bachiques, dont il reste des fragments (1554). (DER) **anacréontique** *a*

**anacroisés** *nm pl* Mots croisés dont les mots sont présentés dans l'ordre alphabétique de leurs lettres. (ETY) Nom déposé.

**anacrouse** *nf* MUS Notes qui dans certains morceaux précèdent le premier temps fort de la première mesure.

**anacyclique** *nm* Mot ou phrase lisible aussi bien de gauche à droite que de droite à gauche (par ex. *noël, annoté*).

**anadipsie** *nf* MED Syn. de *polydipsie.*

**anadrome** *a* ZOOL Se dit d'un poisson tel que le saumon qui vit en mer et va se reproduire dans les fleuves. SYN potamotoque. ANT catadrome.

**Anadyr** fl. de Sibérie (1 145 km) ; naît dans les monts du m. nom et se jette dans la mer de Béring, par le *golfe d'Anadyr.*

**anaérobie** *a* **didac** Qui peut vivre, fonctionner en l'absence d'oxygène. *Bactéries anaérobies. Moteur anaérobie.* ANT aérobie.

**anaérobiose** *nf* BIOL Ensemble des conditions nécessaires au développement des organismes anaérobies. ANT aérobiose.

**anagallis** *nf* Plante annuelle (primulacée) ornementale à fleurs colorées. SYN mouron rouge. (ETY) Du gr.

**anagène** *a* BIOL Se dit de la phase de croissance active d'un tissu.

**anaglyphe** *nm* **1** ANTIQ Ouvrage sculpté ou ciselé en relief. **2** PHOTO Procédé stéréoscopique donnant une impression de relief.

**anaglyptique** *a, nf* Se dit de l'impression en relief à l'usage des aveugles.

**Anagni** v. d'Italie (Latium) ; 18 470 hab. – Le pape Boniface VIII y fut agressé par Nogaret (*Attentat d'Agnani*), envoyé de Philippe IV le Bel, et libéré par les hab.

**anagogie** *nf* Interprétation dans le sens anagogique. (ETY) Du gr. *anagôgê*, « élévation ».

**anagogique** *a* **LOC** ***Sens anagogique*** : un des sens spirituels des textes bibliques, qui a rapport à l'achèvement céleste de la vie surnaturelle.

**anagramme** *nf* Mot obtenu par transposition des lettres d'un autre mot (ex. : *chien, niche, chine*). (DER) **anagrammatique** *a*

**Anaheim** ville des É.-U. (Californie) ; 266 400 hab. – Parc de Disneyland.

**Anáhuac** l'un des noms précolombiens du Mexique. – Auj. plateau des environs de Mexico.

**anal, ale** *a* De l'anus, relatif à l'anus. PLUR anaux. **LOC** PSYCHAN ***Stade anal*** : syn. de *sadique-anal.*

**analectes** *nm pl* Recueil de morceaux choisis d'un auteur.

**analgésie** *nf* MED Abolition de la sensibilité douloureuse. (ETY) Du gr.

**analgésique** *a, nm* Qui diminue ou supprime la douleur.

**analité** *nf* PSYCHAN Organisation psychique liée au stade sadique-anal.

**anallergique** *a* MED Qui ne provoque pas d'allergie.

**analogie** *nf* **1** Rapport de ressemblance établi par l'intelligence ou l'imagination entre deux ou plusieurs objets. *L'analogie entre l'homme et le singe.* **2** LING Principe selon lequel certaines formes subissent l'influence assimilatrice d'autres formes que l'esprit leur associe (par ex. : *« vous disez »* – barbarisme, – sur le modèle de *« vous lisez »*).

**analogique** *a* **1** Fondé sur l'analogie. *Dictionnaire analogique.* **2** TECH Qui est représenté par la variation continue d'une certaine valeur par oppos. à *numérique. Signal analogique.* (DER) **analogiquement** *av*

**analogue** *a, nm* **A** *a* Qui présente une analogie. SYN ressemblant. ANT opposé. **B** *nm* Être ou objet analogue à un autre. SYN équivalent.

**analphabétisme** *nm* Fait de ne savoir ni lire ni écrire. SYN illettrisme DER **analphabète** *a, n*

**analysant, ante** *n* PSYCHAN Personne qui est en analyse.

**analyse** *nf* **1** Décomposition d'un tout en ses parties. ANT synthèse. **2** Étude détaillée de nos sentiments, des mobiles profonds de nos actes. *Roman d'analyse.* **3** Étude des idées essentielles constitutives d'une œuvre artistique ou littéraire. *Analyse d'une pièce de théâtre.* **4** GRAM Décomposition d'une phrase en propositions *(analyse logique)*, d'une proposition en mots *(analyse grammaticale)*, dont on établit la nature et la fonction. **5** CHIM Détermination de la composition d'une substance. **6** MED Examen biologique permettant d'établir ou de préciser un diagnostic. *Analyse de sang.* **7** AUDIOV Décomposition d'une image en lignes et points. **8** MATH Partie des mathématiques comprenant le calcul infinitésimal, ainsi que ses applications. **9** PSYCHAN Traitement psychanalytique. **10** INFORM Ensemble des opérations qui interviennent avant la programmation. LOC MATH ***Analyse combinatoire*** : qui fait appel aux notions de combinaisons, d'arrangements et de permutations. — MATH ***Analyse harmonique*** : décomposition d'une fonction harmonique en fonctions sinusoïdales. — PHYS ***Analyse spectrale*** : détermination de la structure d'un composé à partir de son spectre d'émission ou d'absorption. — MATH ***Analyse vectorielle*** ou ***tensorielle*** : théorie des transformations infinitésimales des vecteurs ou des tenseurs. ETY Du gr. *analusis*, « décomposition ».

**analyser** *vt* 1 Procéder à l'analyse de. DER **analysable** *a*

**analyseur** *nm* **1** Appareil permettant de faire une analyse (air, eau, etc.). **2** PHYS Système optique permettant de définir l'état de polarisation d'un faisceau lumineux. LOC ELECTRON ***Analyseur d'images*** : tube électronique qui transforme une image en signaux électriques.

**analyste** *n* **1** Spécialiste de l'analyse chimique, mathématique, financière. **2** INFORM Personne chargée des opérations de diagnostic et d'analyse. **3** Psychanalyste.

**analyste-programmeur** *nm* INFORM Spécialiste de l'analyse et de la programmation. PLUR analystes-programmeurs.

**analytique** *a, nf* **A** *a* Qui contient une analyse, procède par analyse. *Table analytique des matières.* ANT synthétique. **B** *nf* PHILO Chez Aristote, logique du certain ; chez Kant, critique de l'entendement. LOC MATH ***Géométrie analytique*** : appliquant le calcul algébrique à la géométrie. — LING ***Langue analytique*** : qui utilise peu de formes liées et exprime les rapports syntaxiques par des mots distincts, par oppos. aux *langues synthétiques*. DER **analytiquement** *av*

**anamnèse** *nf* **1** didac Rappel de faits passés, dans une intention explicative. **2** LITURG Prière de la messe qui suit l'élévation et qui rappelle la passion, la résurrection et l'ascension du Christ. **3** MED Ensemble des renseignements fournis par le malade sur l'histoire de sa maladie. ETY Du gr. DER **anamnestique** *a*

**anamniote** *nm* ZOOL Vertébré dont les annexes embryonnaires ne comportent pas d'amnios.

**anamorphose** *nf* **1** PHYS Image d'un objet déformé par certains dispositifs optiques. **2** PEINT Représentation volontairement déformée d'un sujet, dont le véritable aspect ne peut être découvert par le spectateur que sous un certain angle. **3** CINE Procédé optique consistant à rendre, à la projection, des proportions normales à l'image comprimée à la prise de vues. **4** MATH Transformation géométrique des figures où les coordonnées sont multipliées par deux constantes différentes. ETY Du gr. *anamorphoun*, « transformer ».

***anamorphose*** *au Rubens*, école italienne, XVII^e s. – musée des Beaux-Arts, Rouen

**ananas** *nm* Plante originaire de l'Amérique tropicale (broméliacée) ; fruit comestible de cette plante. PHO [anana(s)] ETY Mot tupi.

**ananas**

**anapeste** *nm* Pied d'un vers grec ou latin composé de deux syllabes brèves et d'une longue.

**anaphase** *nf* BIOL Troisième étape de la mitose.

**anaphore** *nf* **1** RHET Répétition d'un mot ou de plusieurs mots au début de phrases successives, pour insister sur une idée, produire un effet de symétrie. **2** LING Fonction assurée par les anaphoriques.

**anaphorique** *a, nm* **A** *a* RHET Qui concerne ou comporte une anaphore. **B** *nm* LING Mot qui renvoie à un mot apparu dans une phrase antérieure (par ex pr. démonstratifs).

**anaphrodisiaque** *a, nm* Qui diminue les désirs sexuels.

**anaphrodisie** *nf* Diminution ou absence de désirs sexuels.

**anaphylaxie** *nf* MED Réaction souvent violente d'un organisme à une substance à laquelle il a déjà été sensibilisé lors d'un contact antérieur. ETY Du gr. *phulaxis*, « protection ». DER **anaphylactique** *a*

**anaplasie** *nf* MED Perte anormale de certains caractères cellulaires, sans retour à l'état de cellule primitive. DER **anaplasique** *a*

**anaplastie** *nf* CHIR Réparation d'une partie mutilée par autogreffe.

**anar** *n* fam Anarchiste.

**anarchie** *nf* **1** État de désordre et de confusion qu'entraîne la faiblesse de l'autorité politique. **2** Désordre, confusion. *Entreprise en pleine anarchie.* **3** Anarchisme. ETY Du gr. *anarkhia*, « absence de chef ».

ENC L'anarchie (préférer ce terme à *anarchisme*), en tant que doctrine, date du XIX^e s. Ses théoriciens furent des Russes (M. A. Bakounine, P. A. Kropotkine), des Allemands (M. Stirner) et des Français (Proudhon, É. Reclus). Les anarchistes sont les ennemis radicaux de toute hiérarchie, de tout État ; passée l'époque de l'attentat terroriste (nihilistes russes), ils prônent la spontanéité des masses dans l'organisation du travail (Russie de 1917, guerre d'Espagne, voire Mai 1968 en France) et seule une partie d'entre eux (militants de l'anarchosyndicalisme, né à la fin du XIX^e s.) se déclara favorable à l'action syndicale.

**anarchique** *a* **1** Marqué par l'anarchie. **2** De l'anarchisme. DER **anarchiquement** *av*

**anarchisant, ante** *a* Qui a des tendances anarchistes.

**anarchisme** *nm* Doctrine politique qui prône la suppression de l'État. DER **anarchiste** *a, n*

**anarchosyndicalisme** *nm* Mouvement qui introduit dans le syndicalisme la conception anarchiste de l'antiétatisme. PHO [anaʀkosɛ̃dikalism] DER **anarchosyndicaliste** *a, n*

**anasarque** *nf* Œdème généralisé.

**Anasazis** Amérindien du S.-O. des É.-U. dont la culture est attestée de l'an 100 à 1 700.

**Anastase le Sinaïte (saint)** (VII^e s.), abbé du Sinaï, puis patriarche d'Antioche ; adversaire des monophysites.

**anastigmatique** *a* Qui est exempt d'astigmatisme. *Une lentille anastigmatique.* PHO [anastigmatik] VAR **anastigmate**

**anastomose** *nf* ANAT, MED Communication naturelle ou pratiquée chirurgicalement entre deux conduits de même nature ou entre deux nerfs. ETY Du gr. *anastômosis*, « embouchure ».

**anastomoser** *v* 1 **A** *vt* CHIR Créer une anastomose. **B** *vpr* **1** ANAT Se joindre, se réunir. **2** BOT Se réunir en réseau, en parlant de nervures.

**anastrophe** *nf* GRAM Renversement de l'ordre habituel des mots dans la phrase. *« D'amour mourir me font, belle marquise, vos beaux yeux » est une anastrophe de Molière.*

**anastylose** *nf* ARCHI Reconstruction d'un monument détruit, essentiellement à partir d'éléments d'origine recueillis sur place. ETY Du gr.

**anatexie** *nf* GEOL Fusion de roches donnant naissance à un magma. ETY Du gr.

**anatexite** *nf* GEOL Roche résultant d'une anatexie (migmatites, basaltes).

**anathème** *nm* **1** RELIG Dans les Églises catholique et orthodoxe, sentence d'excommunication. **2** Réprobation, blâme solennel. **3** Personne qui est l'objet d'un anathème.

**anatidé** *nm* ORNITH Oiseau ansériforme tels le cygne, l'oie et le canard.

**anatife** *nm* ZOOL Crustacé cirripède marin à carapace formée de cinq plaques calcaires, qui se fixe sur les objets flottants grâce à un pédoncule.

**anatocisme** *nm* FIN Opération consistant à réunir les intérêts au capital pour former un nouveau capital portant intérêt. ETY Du gr. *tokos*, « intérêt ».

**Anatolie** (du gr. *anatolê*, « lever du soleil »), nom donné par les Byzantins à l'Asie Mineure ; auj. Turquie d'Asie. DER **anatolien, enne** *a, n*

**anatomie** *nf* **1** Science qui étudie la structure et les rapports dans l'espace des différents organes et tissus chez les êtres organisés. **2** Structure générale d'un organisme. **3** fam Aspect extérieur du corps. *Exhiber une piètre anatomie.* LOC ***Anatomie pathologique*** : étude des lésions provoquées par les maladies et les traumatismes dans les tissus et les viscères. SYN anatomopathologie. — ***Pièce d'anatomie*** : corps, partie d'un corps disséqué ou sa reproduction. ETY Du lat. d'orig. gr.

*anatomia*, « dissection ». (DER) **anatomiste** *n* ▶ pl. **homme**

**anatomique** *a* **1** Qui relève de l'anatomie. *Planche anatomique.* **2** Spécialement adapté au corps humain. *Siège anatomique.* (DER) **anatomiquement** *av*

**anatomopathologie** *nf* Anatomie pathologique. (DER) **anatomopathologique** *a* – **anatomopathologiste** *n*

**anatoxine** *nf* BIOL Toxine ayant perdu son pouvoir pathogène mais gardant ses propriétés immunisantes.

**Anaxagore** (Clazomènes, auj. Urla, Turquie, v. 500 – Lampsaque, auj. Lapseki, Turquie, v. 428 av. J.-C.), philosophe et mathématicien grec. Le prem., il fit de l'intelligence le principe ordonnateur de toutes choses.

**Anaximandre** (Milet, v. 610 – id., v. 547 av. J.-C.), philosophe grec de l'école ionienne. Il fut l'un des premiers à placer à l'origine de l'Univers un principe qu'il appela l'*infini.*

**Anaximène** (Milet, v. 550 – ?, v. 480 av. J.-C.), philosophe grec de l'école ionienne. Pour lui, l'air est le principe de toutes choses.

**ANC** Sigle de *African National Congress.*

**Ancenis** ch.-l. d'arr. de la Loire-Atlant., sur la Loire ; 7 010 hab. – Le *traité d'Ancenis* (1468), entre Louis XI et François II, duc de Bretagne, prépara l'union de la Bretagne à la France. (DER) **ancenien, enne** *a, n*

**ancêtre** *n* **A** *n* **1** Personne de qui l'on descend, ascendant plus éloigné que les grands-parents. **2** Initiateur lointain. **B** *n pl* Ensemble des hommes qui vécurent avant nous. SYN précurseur. (ETY) Du lat. *antecessor*, « éclaireur ». (DER) **ancestral, ale, aux** *a*

**anche** *nf* MUS Languette placée dans le bec de certains instruments à vent et qui, par vibration, produit les sons. (ETY) Du germ. *ankja*, « embouchure ».

**Anchise** prince troyen amant d'Aphrodite, dont il eut un fils, Énée.

**anchois** *nm* Poisson téléostéen clupéiforme, de petite taille (15 à 20 cm) et dont la gueule est fendue au-delà des yeux. (ETY) De l'esp.

**Anchorage** v. princ. d'Alaska (É.-U.), sur le golfe du m. nom ; 226 300 hab. Port de pêche et de comm. Aéroport.

**anchoyade** *nf* CUIS Purée d'anchois liée à l'huile d'olive. (VAR) **anchoïade**

**ancien, enne** *a, n* **A** *a* **1** Qui existe depuis longtemps. *Coutume ancienne.* **2** Qui a de l'ancienneté dans un emploi, une fonction, un grade. **3** Qui a cessé d'être. *Un ancien juge aujourd'hui à la retraite.* **4** Qui n'existe plus depuis longtemps. *Les anciens Grecs.* **B** *nm* **1** Prédécesseur dans un métier, un service, une école, etc. *Demander l'avis d'un ancien.* **2** Style d'une ancienne époque. *Il préfère l'ancien au moderne.* **C** *n* **1** Personne âgée. *Les anciens du village.* **2** Afrique Homme respecté pour son âge et sa sagesse, ayant un rang prééminent dans une communauté. **D** *nm pl* Peuples de l'antiquité. LOC *À l'ancienne :* comme autrefois. (ETY) Du lat. *anteanus*, sur *ante*, « avant ».

**anatife**

**Ancien Monde** l'ensemble des terres connues depuis la plus haute antiquité (Europe, Asie, Afrique), par oppos. au Nouveau Monde (l'Amérique).

**anciennement** *av* Dans les temps anciens, autrefois.

**ancienneté** *nf* **1** Caractère de ce qui est ancien. **2** Temps passé dans l'exercice d'une fonction, d'un grade. *Avancement à l'ancienneté.*

**Ancien Régime (l')** l'ensemble des institutions qui régissaient la France avant la Révolution de 1789.

**Anciens (Conseil des)** assemblée composée de 250 membres qui, sous le Directoire, formait avec le Conseil des Cinq-Cents le corps législatif.

**Anciens et Modernes (querelle des)** querelle littéraire déclenchée en France par Ch. Perrault, qui, à partir de 1687, affirma la supériorité des Modernes sur les auteurs antiques. La Fontaine, Racine, La Bruyère, Boileau prirent le parti opposé.

**Ancien Testament** nom donné par les chrétiens aux livres de la Bible hébraïque qu'ils jugent inspirés par Dieu ; les Évangiles, les Actes des Apôtres, les Épîtres et l'Apocalypse constituent le Nouveau Testament.

**ancillaire** *a* LOC litt *Amours ancillaires :* entre le maître et la servante. (PHO) [ɑ̃silɛʀ] (ETY) Du lat. *ancilla*, servante.

**ancolie** *nf* Plante ornementale (renonculacée) dont les pétales se terminent en éperon. (ETY) Du lat. *aquilegus*, « qui recueille l'eau ».

**Ancône** port d'Italie, sur l'Adriatique ; 105 580 hab. ; ch.-l. de la Région des Marches. – Archevêché. Cath. romano-byzantine (XIe-XIII[e] s.) ; arc de Trajan. (DER) **anconitain, aine** *a, n*

**ancrage** *nm* **1** vx MAR Mouillage. **2** TECH Fixation, attache à un point fixe. **3** fig Fixation, enracinement de qqch.

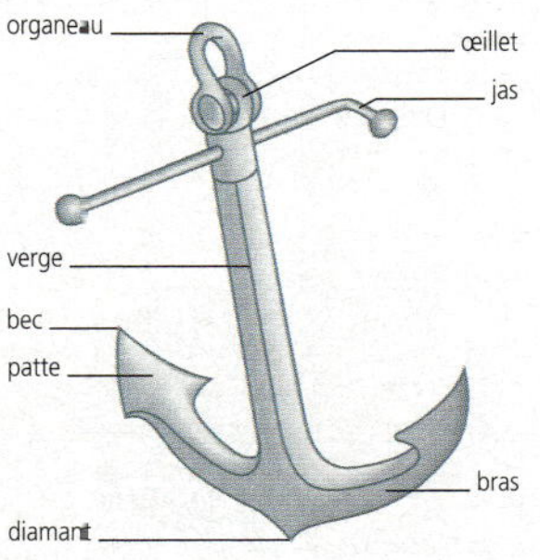


**ancre**

**ancre** *nf* **1** Instrument de métal qui, fixé au bout d'un câble ou d'une chaîne, accroche le navire au fond de l'eau. **2** HORL Pièce servant à régler l'échappement. **3** CONSTR Pièce métallique reliant deux éléments de construction pour éviter qu'ils ne s'écartent l'un de l'autre. LOC fam *Lever l'ancre :* partir. (ETY) Du lat.

**Ancre** → **Concini.**

**ancrer** *vt* ① **1** vx Immobiliser un navire au moyen de l'ancre. **2** TECH Fixer au moyen d'un dispositif d'ancrage. **3** fig Fixer, établir solidement. *Ancrer une idée dans l'esprit de qqn.*

**Ancus Martius** quatrième roi légendaire de Rome (v. 640 – v. 616 av. J.-C.). Il étendit le territoire romain jusqu'à la mer et créa le port d'Ostie.

**ancyle** *nm* Mollusque d'eau douce ressemblant à une petite patelle. (ETY) Du gr. *ankulos*, « recourbé ».

**Ancyre** → **Ankara.**

**andain** *nm* Ligne formée par les céréales que le faucheur ou la machine coupe et rejette sur le côté. (ETY) Du lat. *ambitus*, « bord ».

**Andalousie** communauté autonome de l'extrême S. de l'Espagne et région de l'U.E., formée des provinces d'Almería, Cadix, Cordoue, Grenade, Huelva, Jaén, Málaga, Séville ; 87 268 km² ; 7 100 060 hab. Cap. : *Séville.* – Le Guadalquivir coule entre la sierra Morena et la cordillère Bétique. Agricole, la rég. comprend des villes prestigieuses peu industrialisées, et attire les touristes. – Du VIIIe au XIIIe s., les Maures firent de cette rég. le centre d'une civilisation raffinée. (V. Cordoue et Grenade.) (DER) **andalou, ouse** *a, n*

**Andaman et Nicobar (îles)** territ. de l'Union indienne dans le golfe du Bengale, au S. de la Birmanie, formé par les archipels d'Adaman (6 648 km²) et de Nicobar : 8 293 km² ; 277 000 hab. ; ch.-l. *Port Blair* (50 000 hab.). (DER) **andamanais, aise** *a, n*

**andante** *av, nm* MUS D'un mouvement modéré ; morceau joué dans ce mouvement. (PHO) [ɑ̃dɑ̃t] ou [andante] (ETY) Mot ital., « allant ».

**andantino** *av, nm* MUS D'un mouvement moins modéré que celui de l'andante ; morceau joué dans ce mouvement. (PHO) [ɑ̃dɑ̃tino] ou [andantino]

**Andécaves** peuple de l'ancienne Gaule qui occupait l'Anjou actuel. (VAR) **Andes**

**Andelys (Les)** ch.-l. d'arr. de l'Eure, sur la Seine ; 8 580 hab. Verreries. – Ruines du Château-Gaillard, construit en 1197 par Richard Cœur de Lion. Philippe II Auguste le prit (1204) et conquit la Normandie. (DER) **andelisien, enne** *a, n*

**Anderlecht** v. de Belgique, dans la banlieue O. de Bruxelles ; 94 760 hab. Industries. – Maison d'Érasme.

**Anders** Wladyslaw (Blonie, 1892 – Londres, 1970), général polonais. Il commanda les armées polonaises reconstituées en U.R.S.S. et qui combattirent en Italie (1943-1945).

**Andersch** Alfred (Munich, 1914 – Berzona, 1980), écrivain suisse d'origine all. Communiste, il fut interné à Dachau (1933). Pendant la guerre, il déserta. Récits : *Zanzibar* (1957), *la Rouge* (1960), *Efraïm* (1967).

**Andersen** Hans Christian (Odense, 1805 – Copenhague, 1875), écrivain danois. Il écrivit des romans et des pièces de théâtre. Ses *Contes* (1835-1872) inspirés de légendes populaires, le rendirent célèbre dans le monde entier.

Hans Christian Andersen

**Anderson** Sherwood (Camden, Ohio, 1876 – Colón, Panamá, 1941), écrivain américain ; ses romans et nouvelles (*Winesburg-en-Ohio*, 1919) influencèrent Faulkner et Hemingway.

**Anderson** Carl David (New York, 1905 – San Marino, Californie, 1991), physicien américain qui découvrit (1932) le positon. P. Nobel de physique 1936.

**Anderson** Lindsay (Bangalore, 1923 – Saint-Saud-Lacoussière, Dordogne, 1994), cinéaste britannique du « free cinema » : *le Prix d'un homme* (1963), *If* (1968).

**Anderson** Philip Warren (Indianapolis, 1923), physicien américain. Il étudia la superfluidité et les supraconducteurs. P. Nobel 1977 avec N. F. Mott et J. H. Van Vleck.

**Andes** (cordillère des) chaîne de montagnes d'Amérique du Sud, bordant toute la côte Pacifique ; 8 000 km de long ; 6 959 m à l'Aconcagua. – Caractérisent les Andes un volcanisme actif et de hauts plateaux où se localise la pop. Les immenses ressources minières sont difficilement exploitables. Les pays andins (Chili, Colombie, Pérou, Venezuela, Bolivie, Équateur) ont signé en 1969 l'accord de Carthagène (« Pacte andin »). DER **andin, ine** *a, n*

**Andes** lac Titicaca, Bolivie

**Andes** → **Andécaves.**

**andésine** *nf* MINER Variété de feldspath tricyclique, élément important des roches éruptives. ETY De *Andes*.

**andésite** *nf* Lave grise ou noire, à fort pourcentage d'andésine. DER **andésitique** *a*

**Āndhra** dynastie indienne bouddhiste qui régna sur le S.-E. de l'Inde du Ier s. av. J.-C. au IIIe s. apr. J.-C.

**Āndhra Pradesh** État du S.-E. de l'Inde ; 275 000 km$^2$ ; 85 millions d'hab. ; cap. *Hyderābād*. La pop., dravidienne, parle le télougou. Rég. agricole.

**Ando** Tadao (Osaka, 1941), architecte japonais, créateur de formes stylisées. Prix Pritzker 1995.

**Andong** ville et port de Chine (Liaoning), en Mandchourie ; 545 180 hab. (aggl. 2 574 020 hab.). Chantiers navals ; métallurgie. VAR **Antoung, Dandong**

**Andorre** (principauté d') (*Valls d'Andorra*), pays situé sur le versant S. des Pyrénées orient. ; 468 km$^2$ ; 100 000 hab. ; cap. *Andorre-la-Vieille*. Langue off. : catalan. Monnaie : euro. Ressources dues au tourisme et à un régime fiscal privilégié. – Au XIIIe s., le pays devint vassal des comtes de Foix et des évêques d'Urgel (Espagne) ; auj., le président de la Rép. française est coprince d'Andorre avec l'évêque d'Urgel. DER **andorran, ane** *a, n*

**Andorre-la-Vieille** cap. d'Andorre ; 21 721 hab. DER **andorran, ane** *a, n*

**andosol** *nm* PEDOL Sol fertile issu de cendres volcaniques et riche en matières organiques.

**andouille** *nf* **1** Charcuterie cuite, consommée froide, constituée d'un boyau de porc farci de tripes et de chair du même animal. **2** fam Individu niais, maladroit.

**andouiller** *nm* Ramification des bois des cervidés.

**andouillette** *nf* Petite andouille que l'on consomme grillée, chaude.

**Andrade** Olegario (Concepción, prov. d'Entre Ríos, 1841 – Buenos Aires, 1882), poète romantique argentin : *Prométhée* (1877).

**Andrade** Mario Paul de Morais, dit Mario de (São Paulo, 1893 – id., 1945), écrivain brésilien, adepte du « modernisme » : *Macounaïma* (1928).

**Andrássy** Gyula (comte) (Kassa, 1823 – Volosca, 1890), homme polit. hongrois. Il fut président du Conseil hongrois, puis, après 1871, ministre des Affaires étrangères de la monarchie bicéphale.

**André** (saint) un des douze apôtres, frère de saint Pierre, supplicié sur une croix en forme de X (croix de Saint-André).

**André II** (1175 – 1235), roi de Hongrie (1205-1235). Il participa à la 5e croisade.

**André** Alfred Bessette, dit frère (Saint-Grégoire-d'Iberville, Québec, 1845 – Montréal, 1937), religieux québécois qui, en 1904, a construit l'oratoire Saint-Joseph, au sommet du mont Royal (Montréal).

**André** Maurice (Alès, 1933 – Bayonne, 2012), musicien français, trompette soliste de renommée internationale.

**Andrea da Firenze** Andrea di Bonaiuto, dit (actif de 1343 à 1377), peintre florentin : fresques de Santa Maria Novella (Florence).

**Andrea del Castagno** Andrea di Bartolo di Bargilla, dit (Corella, v. 1423 – Florence, 1457), peintre italien : fresques de style sévère (monastère de Sant'Apollonia).

**Andrea del Sarto** Andrea Angeli ou Andrea d'Agnolo di Francesco, dit (Florence, 1486 – id., 1530), peintre italien qui annonce le maniérisme.

**Andreas-Salomé** Élisabeth Salomé, Mme Friedrich Carl Andreas, dite Lou (Saint-Pétersbourg, 1861 – Göttingen, 1937), écrivain allemand d'origine russe, amie de Rilke et de Nietzsche, « le poète de la psychanalyse » (selon Freud).

**André-Deshays** Claudie → **Haigneré.**

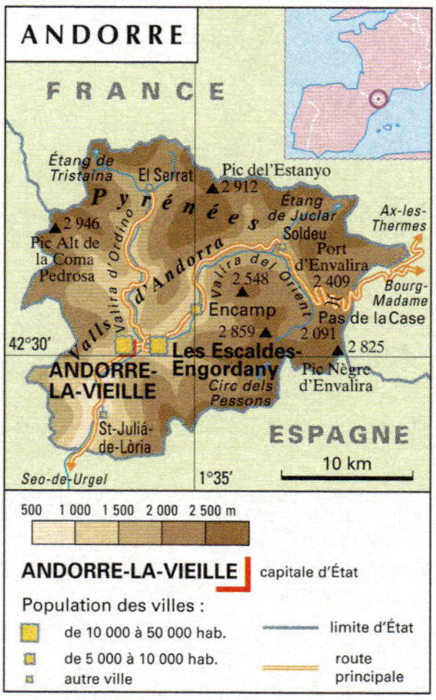


**Andreïev** Leonid Nikolaïevitch (Orel, 1871 – Mustamäggi, 1919), écrivain russe : pièces de théâtre symbolistes.

**Andreotti** Giulio (Rome, 1919), homme politique italien. Membre influent de la démocratie-chrétienne, vingt fois ministre dep. 1947, six fois Premier ministre entre 1972 et 1992.

**Andrésy** ch.-l. de cant. des Yvelines (arr. de Saint-Germain-en-Laye) ; 12 374 hab. Égl. (XIIIe-XVIe s.). DER **andrésien, enne** *a, n*

**Andreu** Paul (Bordeaux, 1938), architecte français : aéroport de Roissy, opéra de Pékin.

**Andrews** Thomas (Belfast, 1813 – id., 1885), physicien irlandais qui découvrit le *point de température critique* (1869).

**Andria** v. d'Italie (Pouilles) ; 87 190 hab. Vins ; huileries. – Cath. (crypte du Xe s.).

**Andrić** Ivo (Dolać, près de Travnik, Bosnie, 1892 – Belgrade, 1975), écrivain serbe de Bosnie : *le Pont sur la Drina* (1945). P. Nobel 1961.

**Andrieu** Jean-François d' (Paris, 1682 – id., 1738), compositeur français d'orgue et de clavecin. VAR **Dandrieu**

**andrinople** *nf* Étoffe de coton rouge. ETY Du n. pr.

**Andrinople** v. de Turquie. (V. Edirne.) – Traité russo-turc de 1829, reconnaissant l'indépendance de la Grèce.

**andro-** Élément, du gr. *andros*, « homme ».

**androcée** *nm* BOT Partie mâle de la fleur des phanérogames, constituée par les étamines.

**androcéphale** *a* Qui a une tête d'homme.

**Androclès** (Ier s.), esclave romain qui, livré aux fauves dans l'arène, fut épargné par un lion qu'il avait jadis soigné. ▷ LITTER Comédie de G. B. Shaw (1913).

**androgène** *a, nm* **A** *a* BIOL Qui provoque l'apparition de caractères secondaires sexuels mâles. **B** *nm* Hormone mâle. DER **androgénique** *a*

ENC Les hormones androgènes sont des hormones stéroïdes sécrétées par les testicules et, pour les deux sexes, par les corticosurrénales. Placées sous le contrôle du lobe antérieur de l'hypophyse (ACTH), elles déterminent l'augmentation des masses musculaires et des os.

**androgenèse** *nf* **1** BIOCHIM Formation des androgènes. **2** BIOL Reproduction à partir des seuls chromosomes du père. DER **androgénétique** *a*

**androgénothérapie** *nf* MED Traitement de l'andropause par l'administration d'androgènes.

**androgyne** *a, n* **1** Qui tient des deux sexes ; hermaphrodite. **2** BOT Syn. de *monoïque*. ETY Du gr. DER **androgynie** *nf*

**androïde** *nm* Automate à figure humaine.

**andrologie** *nf* MED Étude de l'anatomie, de la physiologie et de la pathologie de l'appareil génital masculin. DER **andrologique** *a* – **andrologue** *n*

**Andromaque** dans la myth. gr., épouse d'Hector et mère d'Astyanax, tués lors de la chute de Troie ; elle fut donnée comme esclave à Pyrrhus, dont elle eut un enfant (Molosse), mais il épousa Hermione, qui, jalouse d'Andromaque, s'enfuit avec Oreste. ▷ LITTER Tragédies d'Euripide (v. 426 av. J.-C.) et de Racine (1667), qui a modifié les faits.

**andromède** *nf* Bruyère arbustive (éricacée) cultivée comme ornementale. ETY Du n. pr.

**Andromède** galaxie spirale, la plus importante des galaxies proches de la nôtre.

**Andromède** dans la myth. gr., fille du roi d'Éthiopie Céphée. Livrée à un monstre marin sur ordre de Poséidon, elle fut délivrée par Persée, qui l'épousa.

**Andronic Ier Comnène** (vers 1120 – Constantinople, 1185), empereur byzantin (1183-1185). Il fit étrangler Alexis II pour régner et fut mis à mort par Isaac II Ange. — **Andronic III Paléologue** (Constantinople, 1295 – id., 1341), empereur de 1328 à 1341, petit-fils d'Andronic II, qu'il détrôna. — **Andronic IV Paléologue** (vers 1348 – 1385), empereur de 1376 à 1379. Il détrôna son père Jean V.

**andropause** *nf* MED Chez l'homme, ensemble des manifestations organiques et psychiques survenant entre 50 et 70 ans, notam. une diminution des activités génitales.

**andropogon** *nm* Graminée vivace, très grande, des régions chaudes et tempérées. ETY Du gr. *pôgôn*, « barbe ».

**Andropov Iouri Vladimirovitch** (Nagoutskoïe, près de Stavropol, Russie, 1914 – Moscou, 1984), homme politique soviétique. À la tête du K.G.B. de 1967 à 1982, il succéda à Leonid Brejnev (nov. 1982) comme secrétaire général du PCUS.

**androsace** *nf* Petite plante vivace (primulacée) qui vit en montagne et que l'on peut cultiver dans les rocailles.

**androstérone** *nf* BIOCHIM Hormone sexuelle, dérivée de la testostérone, et jouant un rôle au cours du développement de la puberté chez l'homme.

**Androuet Du Cerceau** famille d'architectes français. — **Jacques Ier** (v. 1510 – v. 1585), construisit le château de Charleval (détruit). — **Baptiste** (v. 1544 – 1590), fils aîné du préc., poursuivit à Paris la construction du Louvre et commença le Pont-Neuf.

**Andrzejewski Jerzy** (Varsovie, 1909 – id., 1983), écrivain polonais : *Cendre et diamant* (1947).

**Andújar** v. d'Espagne (Andalousie), sur le Guadalquivir ; 35 480 hab. Traitement de l'uranium. – Pont romain.

**âne** *nm* **1** Mammifère domestique (équidé), plus petit que le cheval, dont la tête très puissante est munie de longues oreilles. *L'âne brait.* **2** fig Homme sot, borné et ignorant. LOC ***Le coup de pied de l'âne*** : la basse vengeance d'un lâche sur un adversaire affaibli. — ***Pont aux ânes*** : difficulté qui n'arrête que les ignorants. ETY Du lat.

**anéantir** *vt* ③ **1** Réduire à néant qqch, faire disparaître. *La grêle a anéanti la récolte. Son espoir s'est anéanti.* **2** fig Plonger qqn dans un état d'abattement. *La nouvelle l'a anéanti.* SYN accabler. DER **anéantissement** *nm*

**anecdote** *nf* Bref récit d'un fait curieux, parfois historique, révélateur d'un détail significatif. DER **anecdotique** *a*

**Âne d'or (l')** (ou *les Métamorphoses*), récit romanesque d'Apulée qui renferme l'hist. de Psyché et de Cupidon.

**anémie** *nf* **1** MED Diminution du nombre des globules rouges ou de la concentration sanguine en hémoglobine. **2** fig Affaiblissement. *L'anémie de l'économie.* ETY Du gr. *anaimia*, « manque de sang ».

**anémier** *vt* ② Rendre anémique. DER **anémiant, ante** *a*

**anémique** *a, n* **A** Qui est atteint d'anémie. **B** *a* fig Sans vigueur, sans goût. *Vin anémique.*

**anémo-** Élément, du gr. *anemos*, « vent ».

**anémochore** *a* BOT Dont les semences sont disséminées par le vent. *Le pissenlit est anémochore.* PHO [anemokɔʀ]

**anémomètre** *nm* Appareil servant à mesurer la vitesse du vent ou d'un écoulement d'air. DER **anémométrie** *nf* – **anémométrique** *a*

**anémone** *nf* Plante herbacée (renonculacée) dont plusieurs espèces sont cultivées pour leurs fleurs de couleurs vives. LOC ZOOL ***Anémone de mer*** : actinie.

**anémone**

**anémophile** *a* BOT Dont le pollen est disséminé par le vent. DER **anémophilie** *nf*

**anencéphalie** *nf* MED Monstruosité caractérisée par l'absence d'encéphale. DER **anencéphale** *a, n*

**anergie** *nf* MED Disparition de la faculté de réaction contre un antigène à l'égard duquel l'organisme était immunisé. DER **anergique** *a*

**anergisant, ante** *a* Qui entraîne une anergie.

**ânerie** *nf* Acte ou propos stupide. SYN sottise.

**anéroïde** *a* LOC PHYS ***Baromètre anéroïde*** : dont l'organe sensible est constitué d'une capsule vide qui se déforme sous l'effet de la pression atmosphérique.

**ânesse** *nf* Femelle de l'âne.

**ânesse** et son ânon

**anesthésiant, ante** *a, nm* Syn. de *anesthésique*.

**anesthésie** *nf* MED Disparition plus ou moins complète de la sensibilité superficielle ou profonde. ETY Du gr. *anaisthesos*, « insensible ».

ENC En chirurgie, où l'anesthésie forme avec la réanimation une seule discipline, l'*anesthésie-réanimation*, on distingue : l'*anesthésie générale*, qui atteint l'organisme entier, avec perte de conscience (narcose) ; l'*anesthésie locale, régionale* ou *locorégionale*, qui ne touche qu'un territoire limité, sans perte de conscience. La *rachianesthésie* et l'*anesthésie péridurale* font partie de cette dernière catégorie. Citons aussi l'électroanesthésie, l'hypnose et l'acupuncture (courante en Chine).

**anesthésier** *vt* ② Rendre momentanément insensible à la douleur au moyen d'un anesthésique. SYN insensibiliser.

**anesthésiologie** *nf* MED Branche de la science médicale comprenant l'anesthésie et la réanimation. DER **anesthésiologique** *a* – **anesthésiologiste** *n*

**anesthésique** *a, nm* **A** *a* De l'anesthésie. *Veiller à la sécurité anesthésique.* **B** *a, nm* Se dit d'une substance qui détermine l'anesthésie. SYN anesthésiant.

**anesthésiste** *n* Médecin spécialiste qui dirige l'anesthésie au cours d'une intervention chirurgicale.

**Anet** ch.-l. de cant. d'Eure-et-Loir (arr. de Dreux) ; 2 813 hab. – Château bâti par Philibert Delorme pour Diane de Poitiers ; l'aile gauche, la chapelle et le portail subsistent. DER **anetais, aise** *a, n*

**aneth** *nm* BOT Ombellifère aromatique communément appelée *fenouil*. PHO [anɛt]

**Aneto (pic d')** point culminant (3 404 m) des Pyrénées, en Espagne, dans le massif de la Maladetta. VAR **Néthou**

**anévrisme** *nm* MED **1** Dilatation localisée d'une artère. **2** Dilatation d'une paroi du cœur. LOC ***Anévrisme artério-veineux*** : communication permanente d'une artère et d'une veine. — ***Rupture d'anévrisme*** : éclatement de la poche d'un anévrisme, qui entraîne presque toujours la mort. ETY Du gr. DER **anévrismal, ale, aux** *a*

**anfractuosité** *nf* didac Cavité sinueuse et profonde. *Les anfractuosités de la montagne.* ETY Du lat. *anfractuosus*, « tortueux ».

**Angara** riv. de Sibérie (1 826 km), affl. de l'Ienisseï (r. dr.) ; émissaire du lac Baïkal. Import. centrales hydroélectriques.

**angarie** *nf* DR MARIT Réquisition par un État belligérant d'un navire neutre qui se trouve dans ses eaux territoriales. ETY Du gr. *aggareia*, « corvée ».

**Angarsk** v. de Russie, sur l'Angara ; 256 000 hab. Raffinerie de pétrole.

**ange** *nm* **1** RELIG Créature spirituelle, servant d'intermédiaire entre les hommes et Dieu. **2** fig Personne dotée de toutes les qualités. *Cette femme est un ange de bonté.* LOC ***Ange de mer*** : poisson chondrichthyen intermédiaire entre la raie et le requin. — ***Ange gardien*** : qui protège chaque être humain, dans la religion catholique ; personne qui agit en tant que protecteur, bienfaiteur d'une autre ; garde du corps. — ***Être aux anges*** : ravi. — fam ***Un ange passe*** : se dit quand un long silence s'établit dans la conversation. ETY Du gr. *aggelos*, « messager ».

**Ange** dynastie d'empereurs byzantins qui succéda aux Comnène en 1185. Après la prise de Constantinople par les croisés (1204), les Ange se réfugièrent en Thessalie et en Épire, qu'ils perdirent au début du XIVe s.

**Ange bleu (l')** film de J. von Sternberg (1930) d'après le roman *le Professeur Unrat* (1905) de Heinrich Mann, avec Marlène Dietrich et Emil Jannings (1884 – 1950).

**angéite** *nf* MED Inflammation d'un vaisseau. SYN vascularité.

**Angèle Merici (sainte)** (Desenzano, 1474 – Brescia, 1540), religieuse italienne qui fonda l'ordre des Ursulines.

**angeleno** → **Los Angeles.**

**Angelico Guido** ou **Guidolino di Pietro,** dit **il Beato et Fra** (en relig. *Fra Giovanni da Fiesole*) (Vicchio, v. 1400 – Rome, 1455), dominicain et peintre italien. Ses œuvres savantes et naïves témoignent de sa ferveur mystique : fresques du couvent de San Marco (Florence). ► illustr. p. 66

**1 angélique** *a* **1** Qui est propre à l'ange. **2** fig Digne d'un ange. *Douceur angélique.* SYN séraphique. DER **angéliquement** *av*

**2 angélique** *nf* **1** Plante ombellifère odoriférante dont les racines ont des propriétés stimulantes. **2** Tige ou pétiole confits de cette plante.

**Angélique (Mère)** → **Arnauld.**

**angéliser** *vt* ① Attribuer à qqn, à un groupe, un caractère positif, sympathique ; encenser.

**angélisme** *nm* Attitude idéaliste, candide.

**Angelopoulos Theodoros,** dit **Theo** (Athènes, 1936 – id. 2012), cinéaste grec : *le Voyage des comédiens* (1975), *Paysage dans le brouillard* (1988), *l'Éternité et un jour* (1998).

**angelot** *nm* Petit ange.

**angélus** *nm* **1** Prière en l'honneur de la Vierge, récitée le matin, à midi et le soir, et qui commence par le mot latin *angelus.* **2** Son de cloche annonçant cette prière. PHO [ɑ̃ʒelys]

**Angélus (l')** peinture de J.-F. Millet (1859, musée d'Orsay).

**Angennes** Julie d' → **Montausier.**

**Angers** ch.-l. du dép. de Maine-et-Loire, sur la Maine ; 151 689 hab. Marché (MIN). Industries. Presse. Centre univ. – Évêché. Anc. cap. de l'Anjou ; chât. du roi René (XIII$^e$ et XV$^e$ s.) qui abrite le musée de la Tapisserie (comprenant l'*Apocalypse*). DER **angevin, ine** *a, n*

**Angers** le château du roi René

**angevin** → **Angers, Anjou.**

**angi(o)-** Élément, du gr. *aggeion,* « capsule, vaisseau ».

**angiectasie** *nf* MED Dilatation permanente d'un vaisseau.

**Angilbert** (?, v. 740 – Saint-Riquier, 814), abbé laïc de Saint-Riquier, duc de Ponthieu, gendre de Charlemagne. VAR **Engilbert**

**angine** *nf* MED Inflammation aiguë du pharynx et des amygdales. LOC *Angine de poitrine :* syndrome douloureux, de siège thoracique, provoqué par l'effort et témoignant d'une insuffisance coronarienne. SYN angor. ETY Du lat.

**angiocardiographie** *nf* MED Radiographie du cœur, des vaisseaux cardiaques et pulmonaires, après injection d'un produit de contraste.

**angiogenèse** *nf* PHYSIOL Processus de formation des vaisseaux sanguins.

**angiographie** *nf* MED Radiographie des vaisseaux après injection d'un produit de contraste.

**angiologie** *nf* MED Étude des vaisseaux sanguins et lymphatiques. DER **angiologue** *n*

**angiomatose** *nf* MED Maladie générale caractérisée par l'existence d'angiomes multiples. *Angiomatose hémorragique familiale* (maladie de Rendu-Osler).

**angiome** *nm* MED Malformation des vaisseaux sanguins ou lymphatiques.

**angiopathie** *nf* MED Affection des vaisseaux.

**angioplastie** *nf* CHIR Modification correctrice et réparatrice du calibre des vaisseaux, essentiellement les artères.

**angiospasme** *nm* MED Spasme d'un vaisseau sanguin.

**angiosperme** *a, nf* BOT **A** *a* Dont les ovules sont protégés par un ovaire complètement clos qui, à maturité, donnera le fruit contenant la graine. **B** *nf* Spermatophyte, tel que les plantes angiospermes, dont le sous-embranchement se divise en monocotylédones et dicotylédones.

**angiotensine** *nf* PHYSIOL Polypeptide circulant, hypertenseur et vasoconstricteur.

**Angkor** site archéologique du Cambodge occidental, anc. cap. de l'Empire khmer fondée au IX$^e$ s. par le roi Yaçovarman, abandonnée et reconstruite à plusieurs reprises. La cité actuelle, *Angkor Thom*, dont l'état de dégradation est inquiétant, comprend plusieurs « temples-montagnes », centres des cités antérieures, dont le temple du Bayon (déb. XIII$^e$ s.). Le temple d'Angkor Vat, situé au S. de la ville, dont il ne fait pas partie, fut édifié par Sûryavarman II (XII$^e$ s.) pour servir de mausolée ; il représente le sommet de l'art khmer. DER **angkorien, enne** *a*

**Fra Angelico** *Déposition* (v. 1430-1445) – monastère San Marco, Florence

temple d'**Angkor** Vat, XII$^e$ s.

**anglais, aise** *a, n* **A** *nm* Langue indo-européenne du groupe germanique parlée en Grande-Bretagne, aux États-Unis, dans le Commonwealth. **B** *nf* Écriture cursive dont les lettres sont penchées à droite. **C** *nfpl* Longues boucles de cheveux en spirale. LOC CUIS *À l'anglaise :* cuit à la vapeur. — *Clé anglaise :* clé de mécanicien à mâchoires mobiles. ETY De *Angles,* n. pr.

**anglaiser** *vt* ① VETER Couper à un cheval les muscles abaisseurs de la queue pour que celle-ci prenne une position presque horizontale.

**angle** *nm* **1** Saillie ou renfoncement que forment deux surfaces ou deux lignes qui se coupent. *L'angle d'un mur.* **2** GEOM Figure formée par deux demi-droites de même origine, mesurée en degrés, en grades ou en radians. **3** fig Point de vue. *Voir les choses sous un certain angle.* LOC GEOM *Angle aigu :* dont la mesure est comprise entre 0° et 90.° — AVIAT *Angle d'attaque :* angle formé par le plan de la voilure et la direction de l'écoulement de l'air. — *Angle dièdre :* figure formée par deux demi-plans qui se coupent. — OPT *Angle d'incidence, de réflexion, de réfraction :* angle formé par le rayon incident, réfléchi, réfracté, avec la normale à la surface. — *Angle droit :* dont les côtés sont perpendiculaires. — ANTHROP *Angle facial :* formé par la droite joignant la partie moyenne du front à la base du nez et la droite passant par la conque de l'oreille et la base du nez. — ASTRO *Angle horaire d'un astre :* angle formé par le méridien du lieu d'observation et le méridien origine passant par le zénith de ce lieu. — *Angle mort :* partie du champ de vision qui se trouve masquée par un obstacle. — *Angle obtus :* dont la mesure est comprise entre 90° et 180°. — *Angle plat :* dont les côtés sont portés par une même droite. — *Angles adjacents :* angles qui ont le même sommet et un côté commun. — *Angles alternes-internes :* formés par deux droites parallèles coupées par une troisième, situés de part et d'autre de cette troisième droite et à l'intérieur de l'angle formé par les deux premières. — *Angles alternes-externes :* situés de part et d'autre de cette troisième droite en dehors des deux parallèles. — *Angles complémentaires :* dont la somme des mesures est égale à 90°. — *Angle solide :* portion d'espace située dans un cône. — *Angles supplémentaires :* dont la somme des mesures est égale à 180°. — *Angle trièdre :* figure formée par trois plans qui ont un point commun ETY Du lat.

ENC La mesure des angles plans s'exprime en *degrés,* en *grades* ou en *radians.* Un angle plat vaut 180 degrés, 200 grades ou π radians. Les angles solides se mesurent en *stéradians.*

**Anglebert** Jean-Henri d' (Paris, 1628 – id., 1691), compositeur français : pièces de clavecin.

**Angles** peuple du N. de la Germanie (Schleswig) qui envahit la G.-B. au VIe s. et qui a donné son nom à l'Angleterre.

**Anglesey** île de G.-B., située en mer d'Irlande, au N. du pays de Galles ; 715 km$^2$ ; 60 000 hab. ; ch.-l. *Llangefni*.

**anglet** *nm* ARCHI Canal à angle droit qui sépare les bossages.

**Anglet** ch.-l. de cant. des Pyr.-Atlant. (arr. de Bayonne) ; 39 432 hab. Constr. aéronautiques. Stat. balnéaire. DER **angloys, oyse** *a, n*

**Angleterre** (en angl. *England*), partie centrale et méridionale de la G.-B., limitée au N. par l'Écosse et à l'O. par le pays de Galles ; 131 760 km$^2$ ; 53 000 000 hab. ; cap. *Londres*. V.Grande-Bretagne. DER **anglais, aise** *a, n*

**Angleterre (bataille d')** ensemble des combats aériens que se livrèrent, au-dessus de l'Angleterre, G.-B. et Allemagne, du 13 août à octobre 1940.

**anglicanisme** *nm* Ensemble des rites et des institutions propres à l'Église anglicane. DER **anglican, ane** *a, n*

ENC L'anglicanisme fut institué par Henri VIII d'Angleterre (1533), quand le pape Clément VII refusa d'annuler son mariage avec Catherine d'Aragon. En 1534, il édicta l'acte de Suprématie. La liturgie anglicane fut préparée par Cranmer (*Prayer Book* 1549). L'anglicanisme occupe une position « intermédiaire » entre le catholicisme et le protestantisme : les saints sont fêtés, l'Église est structurée selon une hiérarchie.

**anglicisation** *nf* LING Processus par lequel la langue anglaise a tendance à s'imposer comme langue hégémonique.

**angliciser** *vt* 1 Donner un aspect, un caractère anglais.

**anglicisme** *nm* **1** Façon de parler, locution propre à la langue anglaise. **2** LING Emprunt à l'anglais.

**angliciste** *n* Spécialiste de la civilisation et de la langue anglaises.

**anglo-américain, aine** *a, n* **A** Américain d'origine anglo-saxonne. **B** *nm* LING Anglais parlé aux États-Unis.

**anglomane** *n* Personne qui, par admiration pour l'Angleterre, en imite les mœurs sans discernement. DER **anglomanie** *nf*

**anglo-normand** *nm* Dialecte de langue d'oïl parlé anciennement des deux côtés de la Manche.

**Anglo-Normandes (îles)** (en angl. *Channel Islands*), archipel brit. de la Manche, à l'O. du Cotentin, dépendant directement de la Couronne britannique : Jersey, Guernesey, Aurigny, Sercq (les îles Chausey sont franç.) ; 195 km$^2$ ; 200 000 habitants. DER **anglo-normand, ande** *a, n*

**anglophile** *a, n* Favorable aux Anglais. DER **anglophilie** *nf*

**anglophobe** *a, n* Hostile aux Anglais. DER **anglophobie** *nf*

**anglophone** *a, n* Qui parle anglais.

**Anglo-Saxons** les peuples germaniques (Angles, Jutes, Saxons) qui envahirent et colonisèrent la Grande-Bretagne aux Ve et VIe s. Aujourd'hui, le Royaume-Uni et ses anc. colonies (notam. États-Unis, Canada, Australie, Nouvelle-Zélande) constituent le monde anglo-saxon. DER **anglo-saxon, onne**

**Angmagssalik** local. princ. de la côte orient. du Groenland ; 2 800 hab.

**angoisse** *nf* **1** Sentiment d'appréhension, de profonde inquiétude. SYN anxiété. **2** MED Sentiment d'anxiété, qui s'accompagne de symptômes physiques (tachycardie, gêne respiratoire, transpiration, etc.). **3** PHILO Inquiétude métaphysique, pour les existentialistes. ETY Du lat. *angustia*, « lieu resserré ».

**angoisser** *v* 1 **A** *vt* Oppresser **B** *vi, vpr* Éprouver de l'angoisse. DER **angoissant, ante** *a* – **angoissé, ée** *a, n*

**Angola** (rép. d'), État du S.-O. de l'Afrique, limité au N. par les deux Congo, à l'E. par la Zambie, au S. par la Namibie et à l'O. par l'océan Atlantique ; 1 246 700 km$^2$ ; 20,9 millions d'hab. ; croissance démographique : 3,2 % par an ; cap. *Luanda*. Nature de l'État : rép. présidentielle pluraliste. Langue off. : portugais. Monnaie : kwanza. Princ. ethnies : Ovimbundus (37 %), Mbundus (23 %), Kongos (13,2 %). Relig. : catholicisme (70 %), protestantisme (20 %), relig. traditionnelles (10 %). DER **angolais, aise** *a, n*

**Géographie** La plaine côtière de l'O., peu fertile, devient aride au S. (désert du Namib). Elle s'élève jusqu'au plateau de Bihé dont le centre excède 2 000 m. Vers l'est, l'altitude décroît (plateau de Lunda). Le climat tropical subit des variations dues au courant froid de Benguela sur la côte et aux différences d'altitude à l'intérieur. La savane est plus ou moins arborée. La pop. se concentre dans le Centre-Ouest, château d'eau du pays, et sur le littoral nord. Elle a des taux de natalité et de mortalité très élevés (4,4 % et 1,2 %).

**Économie** Seules 2,8 % des terres sont cultivables. Les prairies (23,3 %) permettent l'élevage de 3 millions de bovins et de 1,5 million de chèvres. La pêche fournit 80 000 t de poisson. La production alimentaire correspond à 60 % de la production dans les années 1980. Le bois constitue une richesse. L'hydroélectricité est

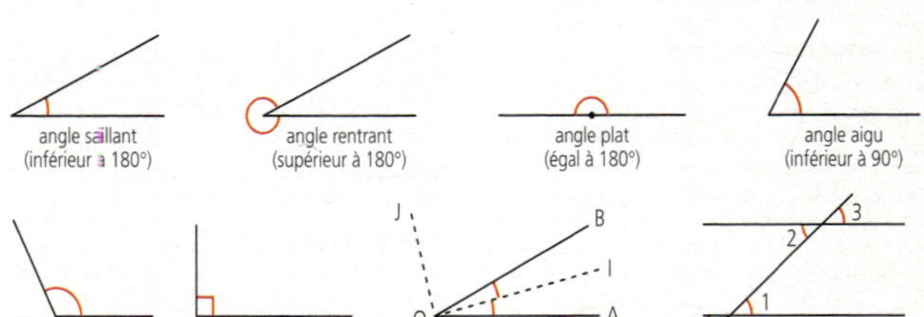


angle saillant (inférieur à 180°) — angle rentrant (supérieur à 180°) — angle plat (égal à 180°) — angle aigu (inférieur à 90°) — angle obtus (supérieur à 90°) — angle droit (égal à 90°) — OI et OJ sont les bissectrices (respectivement intérieure et extérieure) de l'angle AOB — les angles 1 et 2 (alternes-internes) sont égaux, de même que 2 et 3 (opposés par le sommet) et que 3 et 4 (alternes-externes)

**angle**

abondante. La guerre civile et la collectivisation ont ruiné l'économie. La croissance a repris en 1994. La production de pétrole (près de la moitié du PNB) et de gaz, ainsi que l'extraction de diamants (naguère détournés par l'UNITA) constituent des atouts.

**Histoire** Le royaume du Kongo s'étendait sur la rép. dém. du Congo actuelle et sur le nord de l'Angola, où son roi, le *mani Kongo*, siégeait à Mbanza. En 1491, des religieux portugais vinrent à sa cour et le convertirent au christianisme. Sous le règne d'Alfonso I$^{er}$ (1506-1543), les conversions devinrent massives et les Portugais imposèrent leur domination. En 1622, ils vainquirent le royaume du Ndongo, qui poursuivit sa résistance menée par une femme de sang royal, A-Nzinga ; vaincue en 1648, elle se replia à l'intérieur, où les Portugais ne purent pénétrer. **LA COLONIE PORTUGAISE** En 1665, ils vainquirent et tuèrent le mani Kongo, Antonio I$^{er}$, révolté, et constituèrent la colonie d'Angola (« pays du ngola »). En 1704, ils brûlèrent une jeune femme, Kimpa Vita, qui avait mobilisé des milliers de rebelles. Ayant perdu le Brésil (1822), ils se lancèrent dans l'exploration (1836) puis la conquête (1852) de l'intérieur. Ils livrèrent une guerre contre le royaume ovimbundu (1890-1904), affrontèrent les Lundas (1894-1926), les populations du Sud (1895-1915). En 1954, Agostinho Neto et Mario de Andrade fondèrent le Mouvement populaire de libération de l'Angola (MPLA). En 1955, l'Angola devint une province portugaise d'outre-mer. **L'INDÉPENDANCE** La « révolution des œillets » (1974), à Lisbonne, mena le pays à l'indépendance, proclamée le 11 nov. 1975, alors que le MPLA, soutenu par l'URSS. et renforcé par 4 000 Cubains, affrontait l'Union nationale pour l'indépendance totale de l'Angola (UNITA). En 1976, le MPLA l'emporta, car les É.-U. avaient retiré leur soutien à l'UNITA. L'Afrique du Sud continua d'aider celle-ci. En 1979, José Eduardo dos Santos succéda à A. Neto, décédé. En 1988, Cuba et l'Afrique du Sud renoncèrent à participer à la lutte. En 1990, J. E. dos Santos décréta le multipartisme et négocia avec l'UNITA, qui ne tint jamais ses engagements, jusqu'à ce que la mort de son leader Jonas Savimbi (avr. 2002) mette fin à la guerre civile. Depuis, la situation écon. s'est améliorée et dos Santos est réélu une troisième fois à la tête du pays en 2012. ▶ carte p. 67

**angon** *nm* **1** anc Javelot muni de deux crochets utilisé par les Francs. **2** Crochet pour la pêche aux crustacés.

**angor** *nm* MED Syn. d'*angine de poitrine*. (ETY) Mot lat., « oppression ».

**angora** *a inv, nm* **A** *a inv* **1** Se dit de variétés de chats, de lapins, de cobayes et de chèvres au poil long et soyeux. **2** Fait de poils de chèvre ou de lapin angora. **B** *nm* Étoffe, laine angora. *Tricot en angora.* (ETY) De la v. d'*Angora*, auj. Ankara, en Turquie.

**Angoulême** ch.-l. du dép. de la Charente, sur la Charente ; 44 219 hab. Industries. – Évêché. Cath. St-Pierre (XII$^e$ s., restaurée au XIX$^e$ s.). Festival annuel de la bande dessinée. (DER) **angoumoisin, ine** *a, n*

**Angoulême** Louis Antoine de Bourbon (duc d') (Versailles, 1775 – Göritz, Autriche, aujourd'hui Gorizia, Italie, 1844), fils aîné de Charles X. Il commanda l'expédition d'Espagne (1823) et renonça au trône en 1830. — **Marie-Thérèse de Bourbon** (Versailles, 1778 – Frohsdorf, 1851), fille de Louis XVI ; épouse du préc.. Elle soutint les ultraroyalistes sous la monarchie de Juillet.

**Angoumois** anc. rég. de France dont la cap. était Angoulême, réunie à la Couronne en 1515. (VAR) **comté d'Angoulême**

**angræcum** *nm* Orchidée épiphyte originaire de Madagascar, cultivée en serre chaude. (PHO) [ɑ̃grekɔm] (VAR) **angrécum**

**angström** *nm* PHYS Unité non légale de longueur d'onde (Å), valant un dix-millionième de millimètre (symbole Å). (PHO) [ɑ̃gstrœm] (ETY) Du n. pr. (VAR) **angstrœm**

**Ångström** Anders Jonas (Lödgö, 1814 – Uppsala, 1874), physicien suédois, auteur de travaux sur le spectre solaire.

**Anguier** François (Eu, 1604 – Paris, 1669), sculpteur français. — **Michel** (Eu, 1614 – Paris, 1686), frère du préc., sculpteur français ; il collabora à la décoration du château de Vaux-le-Vicomte et du Louvre.

**anguiforme** *a* didac Qui a la forme d'un serpent.

**Anguilla** île des Petites Antilles, État associé au Commonwealth ; 91 km$^2$ ; 13 000 hab. ; cap. *La Vallée*. Tourisme.

**anguille** *nf* Poisson téléostéen d'eau douce se reproduisant en mer, de forme très effilée, à peau visqueuse. **LOC** ***Anguille de mer :*** congre. — ***Il y a anguille sous roche :*** qqch qui se prépare et qu'on nous cache. (ETY) Du lat.

**anguille**

**anguillère** *nf* Vivier où l'on conserve les anguilles. (PHO) [ɑ̃gijɛr]

**anguillule** *nf* ZOOL Petit ver némathelminthe filiforme qui parasite l'homme, les animaux ou les végétaux. (PHO) [ɑ̃gilyl]

**angulaire** *a* Qui forme un ou plusieurs angles. **LOC** ***Pierre angulaire :*** qui est à l'angle d'un édifice ; fig fondement, base.

**anguleux, euse** *a* **1** Qui a des angles vifs. *Un visage anguleux.* **2** fig Rude. *Esprit anguleux.*

**angus** *n* Syn. de *aberdeen-angus*.

**angusture** *nf* BOT, PHARM Écorce fébrifuge d'un arbuste (rutacée) d'Amérique du S. (ETY) De *Angostura*, v. du Venezuela. (VAR) **angustura**

**Anhalt** anc. duché de Saxe, intégré à l'Empire allemand en 1918. V. Saxe-Anhalt.

**anharmonique** *a* **LOC** GEOM ***Rapport anharmonique*** : rapport de quatre points A, B, C et D pris sur un axe : $\frac{AC}{AD}:\frac{BC}{BD}$. SYN birapport.

**anhidrose** *nf* MED Diminution ou abolition de la sécrétion sudorale. (DER) **anhidrotique** *a*

**anhinga** *nm* ORNITH Oiseau pélécaniforme au long cou souple des pays tropicaux, voisin du cormoran. SYN oiseau-serpent.

**anhiste** *a* Se dit d'une structure biologique non cellulaire.

**anhistorique** *a* Dépourvu de références historiques.

**Anhui** prov. de l'E. de la Chine, à l'O. de Shanghai ; ch.-l. *Hefei* ; 139 900 km$^2$ ; 59 500 000 hab. Riche région céréalière et minière.

**anhydre** *a* CHIM Qui ne contient pas de molécule d'eau.

**anhydride** *nm* CHIM Oxyde résultant de l'élimination d'une molécule d'eau d'un oxacide, par ex. l'anhydride sulfurique, $SO_3$.

**anhydrite** *nf* MINER Sulfate de calcium anhydre orthorhombique $CaSO_4$ formant en général des cristaux blanchâtres enchevêtrés possédant la dureté et l'aspect du marbre.

**Ani** anc. v. d'Arménie, auj. ruinée, sur l'Arpa, affl. de l'Araxe (Turquie).

**Anicet (saint)** pape de 155 à 166 et martyr.

**Anicet-Bourgeois** Auguste (Paris, 1806 – id., 1871), auteur français de 200 mélodrames.

**anicroche** *nf* Léger obstacle, contretemps. (ETY) De l'a. fr., désigna d'abord une arme courbée en bec de cane.

**Anie (pic d')** principal sommet (2 504 m) des Pyrénées-Atlantiques.

**ânier, ère** *n* Conducteur d'ânes.

**aniline** *nf* Amine aromatique ($C_6H_5$–$NH_2$).

**anilisme** *nm* MED Intoxication par l'aniline.

**animadversion** *nf* litt Blâme, réprobation. (ETY) Du lat.

**1 animal** *nm* **1** Être vivant doué de sensibilité et de mouvement, par opposition aux végétaux. **2** Être vivant animé, privé du langage, de la faculté de raisonner, par opposition à l'homme. **3** fig Personne stupide ou grossière. PLUR animaux. (ETY) Du lat. *anima*, « souffle vital ».

**2 animal, ale** *a* **1** Propre à l'animal. *Règne animal.* **2** Propre aux animaux, par opposition à *humain*. *L'instinct animal.* **3** Propre à ce qui chez l'homme relève du physique, de l'instinct. *Désir animal.* PLUR animaux. **LOC** ***Chaleur animale :*** chaleur produite par les animaux à sang chaud dits *homéothermes*. (ETY) Du lat.

**animalcule** *nm* vx Animal microscopique.

**animalerie** *nf* **1** Local annexe d'un laboratoire où l'on garde les animaux réservés aux expériences. **2** Magasin qui vend des animaux de compagnie.

**animalier, ère** *a, n* **A** *a* Relatif aux animaux. *Psychologie animalière.* **B** *n* **1** Peintre ou sculpteur d'animaux. **2** Personne chargée de l'animalerie. **LOC** ***Parc animalier :*** où les animaux évoluent librement.

**animalité** *nf* Ensemble des caractères, des facultés propres à l'animal.

**animat** *nm* Robot dont le fonctionnement s'inspire du comportement animal.

**animateur, trice** *n* **1** Personne qui anime. **2** Personne responsable des activités d'un centre culturel, de loisirs. **3** Personne qui présente un spectacle, une émission de radio ou de télévision, etc. **4** CINE Technicien spécialiste des dessins animés.

**animation** *nf* **1** Caractère de ce qui vit, est en mouvement. SYN activité. *L'animation de la rue.* **2** Action d'un animateur au sein d'un groupe, d'une institution, lors d'un débat, d'une manifestation médiatique, etc. **3** CINE Procédé permettant d'obtenir des images animées à partir de dessins, d'objets.

**animé, ée** *a* **1** Qui est mobile. *Un être animé.* **2** Où il y a de la vie, du mouvement. *Un quartier animé.* **3** Vif et enflammé. *Un débat animé.* **4** LING Se dit d'un nom désignant un être vivant.

**animelles** *nf pl* CUIS Apprêt de testicules (de bélier le plus souvent). (ETY) De l'ital.

**animer** *v* (1) **A** *vt* **1** Communiquer la vie, rendre vivant. *L'âme anime le corps.* **2** Donner l'apparence de la vie à une œuvre d'art. *Animer une toile en quelques coups de pinceau.* **3** Donner de l'animation à. *Animer un débat.* **4** Encourager, exciter. **5** Être l'élément moteur d'une organisation, d'une entreprise. *Animer un parti.* **6** Aviver, enflammer. *L'exercice anime le teint.* **B** *vpr* Se mettre à vivre, à bouger. *La maison s'anime vers 8 heures.* (ETY) Du lat.

**animisme** *nm* Croyance attribuant aux choses une âme, une conscience. (ETY) Du lat. *anima*, « âme ». (DER) **animiste** *a, n*

**animosité** *nf* **1** Volonté de nuire à qqn, malveillance. **2** Violence dans une discussion. (ETY) Du lat.

**Animuccia** Giovanni (Florence, v. 1500 – Rome, 1571), compositeur italien : *Madrigali spirituali*.

**anion** *nm* CHIM Ion possédant une ou plusieurs charges électriques négatives. ANT cation.

**anis** *nm* Plante (ombellifère) dont les différentes espèces sont cultivées pour leurs propriétés aromatiques et médicinales. **LOC** ***Anis étoilé*** : fruit d'un arbrisseau cultivé en Chine et au Viêt-nam (magnoliacée) servant à la fabrication de l'anisette et qui a des propriétés médicinales. PHO [ani] ou [anis] ETY Du gr.

**anisaki** *nm* Nématode dont la larve parasite les poissons, qui peuvent contaminer l'homme quand ils sont mangés crus. ETY Mot japonais.

**anisé, ée** *a, n* Se dit d'un apéritif parfumé à l'anis.

**anisette** *nf* Liqueur ou apéritif à l'anis.

**aniso-** Élément, du gr. *anisos*, « inégal ».

**anisogamie** *nf* BIOL Mode de reproduction sexuée caractérisé par l'existence de deux gamètes aux morphologies différentes.

**anisomère** *a* Formé de parties inégales.

**anisométropie** *nf* MED Inégalité de l'acuité visuelle des deux yeux.

**anisotrope** *a* PHYS Dont les propriétés varient selon la direction considérée. ANT isotrope. DER **anisotropie** *nf*

**anjou** *nm* Vin d'Anjou.

**Anjou** anc. prov. et rég. de l'O. de la France (auj. dans la Rég. Pays de la Loire) ; v. princ. *Angers*. – La douceur du climat favorise les cult. dans les nombr. vallées. Vignobles réputés. – La rég. appartint au XII^e s. aux Plantagenêts, mais Philippe Auguste la conquit (1203). Érigée en duché en 1360, elle fut réunie à la Couronne en 1481. DER **angevin, ine** *a, n*

**Anjou (maison d')** nom de trois dynasties françaises. La première, fondée en 878, régna sur l'Angleterre (les Plantagenêts en sont issus) et sur Jérusalem (1131) ; la deuxième conquit Naples en 1266, régna sur la Hongrie, la Pologne et l'empire latin de Constantinople ; la troisième sur l'Anjou, le Maine et la Provence jusqu'en 1481.

**Anjouan** île de l'archipel des Comores ; 424 km$^2$ ; 197 000 hab. Ch.-l. *Moutsamoudou* (14 000 hab.). – En 1997, Anjouan s'est révolté contre la rép. féd. des Comores et a demandé par référendum (1998) son indépendance. VAR **Ndzouani** DER **anjouanais, aise** *a, n*

**Ankara** (anc. *Ancyre* ou *Angora*), cap. de la Turquie (depuis 1924), dans l'Anatolie centrale ; 3,6 millions d'hab. (aggl.). Industries. – Musée des Civilisations anatoliennes. DER **ankarien, enne** ou **ankarois, oise** ou **ankariote** *a, n*

**Ankara** mausolée d'Atatürk

**ankylosaure** *nm* Dinosaure herbivore à corps cuirassé, qui vivait au crétacé.

**ankylose** *nf* Diminution de la mobilité d'une articulation. ETY Du gr.

**ankyloser** *v* ① **A** *vt* Causer l'ankylose. **B** *vpr* **1** Être frappé d'ankylose. **2** Perdre de sa capacité à se mouvoir, par manque d'activité.

**ankylostome** *nm* ZOOL Petit nématode (1 cm), parasite intestinal de l'homme, dont la larve vit dans le sol.

**ankylostomiase** *nf* MED Anémie grave, fréquente en milieu chaud et humide (pays tropicaux, mines), provoquée par l'ankylostome.

**an Mil** → **Mille (an).**

**Annaba** (anc. *Bône*), ville et port d'Algérie ; 228 390 hab. ; ch.-l. de wilaya. Complexe sidérurgique d'*A. Hadjar*. DER **annabien, enne** *a, n*

**Anna Ivanovna** (Moscou, 1693 – Saint-Pétersbourg, 1740), impératrice de Russie (1730-1740), nièce de Pierre le Grand.

**Anna Karénine** roman de Tolstoï (1876-1877). ▷ CINE Nomb. films, notam. de : Edmund Goulding en 1927 et de Clarence Brown en 1935, les deux avec Greta Garbo.

**annal, ale** *a* DR Valable un an seulement. *Possession annale.* PLUR annaux.

**annales** *nfpl* **1** Ouvrage qui rapporte les évènements année par année. **2** Titre de périodiques consacrés aux domaines littéraire ou scientifique. **3** Histoire. *Son nom restera dans les annales.* **4** Ouvrage qui rassemble chaque année les sujets d'examens de l'année passée. *Les annales du bac.*

**Annales** ouvrage de Tacite composé v. 115-117 et consacré à la période comprise entre la mort d'Auguste (14 ap. J.-C.) et celle de Néron (69). Nous conservons 11 des 16 livres.

**Annales d'histoire économique et sociale** revue fondée en 1929 par Lucien Febvre et Marc Bloch, qui, refusant l'histoire évènementielle, voulaient utiliser les acquis des autres sciences humaines.

**annaliste** *n* didac Auteur d'annales.

**Annam** partie centrale du Viêt-nam entre le Tonkin et la Cochinchine (v. princ. Huê, Da Nang). DER **annamite** *a, n*

**Annan** Kofi (Kumasi, 1938), homme politique ghanéen, secrétaire général de l'ONU de 1997 à 2006. P. Nobel de la paix en 2001 (avec l'ONU).

**Annapolis** v. des États-Unis, capitale de l'État du Maryland ; 33 180 hab.

**Annapūrnā** sommet de l'Himalaya (8 078 m). Une mission franç. dirigée par Maurice Herzog le vainquit en 1950.

**annate** *nf* anc Redevance versée au Saint-Siège par les nouveaux titulaires d'un bénéfice ecclés., équivalant à une année de revenus.

**Annaud** Jean-Jacques (Juvisy-sur-Orge, 1943), cinéaste français : *la Guerre du feu* (1981), *le Nom de la rose* (1986), *l'Amant* (1992).

**Anne (sainte)** épouse de saint Joachim et mère de la Vierge Marie.

**Anne d'Autriche** (Valladolid, 1601 – Paris, 1666), reine de France. Fille de Philippe III d'Espagne, elle épousa Louis XIII (1615). Guidée par Mazarin, qu'elle épousa probabl., elle exerça la régence (1643-1661) pendant la minorité de son fils Louis XIV.

**Anne d'Autriche**

**Anne Boleyn** (?, v. 1507 – Londres, 1536), reine d'Angleterre. Deuxième épouse d'Henri VIII (1533), elle fut accusée d'adultère et décapitée. Mère d'Élisabeth I^re.

**Anne de Bretagne** (Nantes, 1477 – Blois, 1514), reine de France. Duchesse de Bretagne à la mort de son père François II (1488), elle épousa Charles VIII (1491), puis Louis XII (1499), préparant ainsi l'annexion du duché par la France (1532).

**Anne de Bretagne**

**Anne de Clèves** (?, 1515 – Chelsea, 1557), reine d'Angleterre, quatrième épouse d'Henri VIII, répudiée immédiatement (1540) après son mariage.

**Anne de France** (?, 1460 – Chantelle, 1522), fille aînée de Louis XI. Avec son époux Pierre de Beaujeu, elle exerça la régence (1483-1491) pendant la minorité de son frère Charles VIII. VAR **Anne de Beaujeu**

**Anne Stuart** (Londres, 1665 – id., 1714), reine d'Angleterre et d'Irlande (1702-1714). Fille de Jacques II, elle signa en 1707 l'Acte d'union des États d'Angleterre et d'Écosse.

**anneau** *nm* **A 1** Cercle de matière dure qui sert à attacher, à suspendre. *Les anneaux d'un rideau.* **2** Ce qui affecte une forme circulaire. *Les anneaux du serpent.* **3** BOT Bague membraneuse, reste du voile partiel, autour du pied de certains champignons. **4** ZOOL Syn. de *métamère*. **5** ALG Ensemble muni de deux lois de composition interne : une loi de groupe commutatif ou abélien, et une loi associative et distributive par rapport à la première. **B** *nmpl* Agrès de gymnastique composés de deux anneaux de métal suspendus chacun à une corde. **LOC** ***Anneau nuptial*** : alliance — GEOM ***Anneau sphérique*** : volume engendré par un segment circulaire tournant autour d'une lentille en contact avec la plaque. — OPT ***Anneaux de Newton*** : franges lumineuses obtenues en éclairant la lame d'air comprise entre une plaque de verre parfaitement plane et la surface sphérique d'une lentille en contact avec la plaque. — ASTRO ***Anneaux de Saturne*** : couronnes concentriques constituées de blocs de glace qui ceinturent la planète Saturne. — PHYS NUCL ***Anneaux de stockage*** : réservoirs de particules permettant de produire des collisions entre particules.

**Annecy** ch.-l. du dép. de la Hte-Savoie, sur le *lac d'Annecy* ; 52 890 hab. Tourisme. Industries. – Évêché. Palais de l'Isle (XV^e s.) ; château de Menthon (XVI^e s.). DER **annécien, enne** *a, n*

**Annecy-le-Vieux** ch.-l. de cant. de la Hte-Savoie (arr. d'Annecy) ; 20 647 hab. Fromageries. Ingénierie.

**année** *nf* **1** ASTRO Durée d'une révolution de la Terre autour du Soleil. **2** Période de douze mois comptant 365 ou 366 jours (*année bissextile*), commençant le 1^er janvier et finissant le 31 décembre. *Année civile.* **3** Chacune de ces périodes, datée. *L'année 1950. Il entre dans sa quatrième année.* **4** Période consacrée à certaines activités, d'une durée inférieure à douze mois. *L'année scolaire, judiciaire* **LOC** ***Année de lumière.*** V. année-lumière. — ***Année sidérale*** : durée de la révolution sidérale de la Terre par rapport aux étoiles fixes (365,2564 jours). — ***Année tropique*** : durée entre deux passages successifs au point vernal (365,2422 jours, du fait de la précession). ETY Du lat.

**Année dernière à Marienbad (l')** film d'A. Resnais (1961), sur un scénario d'A. Robbe-Grillet.

**année-lumière** *nf* **1** Unité de longueur (symbole al) égale à la distance parcourue par la lumière en un an, soit env. 9 461 milliards de km. (On dit aussi *année de lumière*.) **2** fig, fam Distance considérable. PLUR années-lumières.

**annelé, ée** *a* **1** BIOL Composé d'anneaux distincts. *Vaisseaux annelés du bois.* **2** ARCHI Décoré d'anneaux. *Colonne annelée.* ETY De *anel*, anc. forme de *anneau*.

**anneler** *vt* ⑰ ou ⑲ Passer un anneau dans le groin d'un cochon, dans le mufle d'un taureau, etc.

**annelet** *nm* **1** Petit anneau. **2** ARCHI Petit filet ornant les chapiteaux doriques.

**annélide** *nm* ZOOL Invertébré cœlomate dont l'embranchement est divisé en trois classes : polychètes, oligochètes et hirudinées ou achètes.

**Annemasse** ch.-l. de cant. de la Hte-Savoie (arr. de Saint-Julien-en-Genevois) ; 29 162 hab. Industries. DER **annemassien, enne** *a, n*

**Annenski** Innokenti Fedorovitch (Omsk, 1856 – Saint-Pétersbourg, 1909), écrivain russe : poèmes, tragédies mythologiques.

**annexe** *a, nf* **A** *a* Se dit de ce qui est uni à la chose principale et en dépend. *Des documents annexes.* **B** *nf* **1** Chose annexe. *Les annexes d'un dossier.* **2** Bâtiment annexe. **3** Canot qu'un bateau traîne en remorque. LOC ANAT ***Annexes de l'œil :*** paupières, cils. — ***Annexes de l'utérus :*** trompes, ovaires. — BIOL ***Annexes embryonnaires :*** allantoïde, amnios, chorion et placenta ; sac vitellin des poissons. ETY Du lat. *annectere*, « attacher à ».

**annexer** *v* ① **A** *vt* **1** Joindre, rattacher une chose secondaire à la chose principale. *Annexer une procuration à un acte.* **2** Réunir à son territoire, rendre un État dépendant d'un autre. **B** *vpr* fam S'approprier. *Il s'est annexé les bons morceaux.* DER **annexion** *nf*

**annexionniste** *a, n* Qui est partisan du rattachement par annexion des petits États aux grands États voisins. DER **annexionnisme** *nm*

**annexite** *nf* MED Inflammation des annexes de l'utérus (trompes, ovaires).

**Annibal** → **Hannibal.**

**annihilation** *nf* **1** Action d'annihiler. SYN anéantissement. **2** PHYS NUCL Transformation de la masse d'une particule en énergie par désintégration totale.

**annihiler** *vt* ① **1** Réduire à rien, rendre nul. *Annihiler les efforts de qqn.* **2** Réduire à néant la volonté de qqn. *Le chagrin l'annihile.* SYN anéantir. PHO [aniile] ETY Du lat. *nihil*, « rien ».

**anniversaire** *a, nm* **A** *a* Qui rappelle le souvenir d'un évènement antérieur arrivé à pareille date. *Cérémonie anniversaire de la proclamation de la République.* **B** *nm* Jour anniversaire, en partic. rappelant la naissance de qqn ; fête, célébration de ce jour. ETY Du lat.

**Annonay** ch.-l. de cant. de l'Ardèche (arr. de Tournon-sur-Rhône) ; 17 522 hab. Industries. DER **annonéen, enne** *a, n*

**annonce** *nf* **1** Avis par lequel on informe le public. *Passer, publier une annonce.* **2** JEU Déclaration par chaque joueur du contrat qu'il s'engage à remplir, des atouts ou des combinaisons qu'il possède. **3** Ce qui annonce qqch. *Le retour des hirondelles est l'annonce du printemps.* LOC ***Effet d'annonce :*** retentissement dans l'opinion publique de l'annonce d'une décision politique. — ***Petite annonce :*** passée par un particulier ou une société à propos d'un bien, d'un emploi, etc.

**Annonce faite à Marie (l')** drame en 4 actes de P. Claudel (1912).

**annoncer** *v* ⑫ **A** *vt* **1** Faire savoir, donner connaissance de qqch. *Annoncer une victoire, une fête.* **2** Faire connaître par avance, prédire. *Les astronomes ont annoncé le retour de cette comète.* **3** Être l'indice de, présager. *Nuages qui annoncent un orage.* **4** Signaler. *La cloche annonce la fin des cours.* **5** Dire le nom d'un visiteur qui désire être reçu. **B** *vpr* **1** Se manifester par des signes précurseurs. *Son génie s'annonça de bonne heure.* **2** Se présenter favorablement ou défavorablement. *L'affaire s'annonce délicate.* ETY Du lat.

**annonceur, euse** *n* **1** Personne, entreprise qui fait passer des annonces publicitaires. **2** Canada À la radio et à la télévision, personne qui annonce les émissions.

**annonciateur, trice** *a* Qui annonce, qui présage. *Des signes annonciateurs d'une tempête.*

**annonciation** *nf* Œuvre artistique représentant l'Annonciation.

**Annonciation (l')** annonce faite à la Vierge Marie par l'ange Gabriel qui lui apprit qu'elle mettrait au monde le Sauveur. L'Église fête cet évènement le 25 mars. ▶ illustr. **Greco**

**annoncier, ère** *n* Personne chargée de la rédaction et de la mise en pages des annonces.

**annotation** *nf* Remarque explicative ou critique accompagnant un texte.

**annoter** *vt* ① Ajouter à un texte des notes critiques ou explicatives. ETY Du lat. DER **annotateur, trice** *n*

**annuaire** *nm* Recueil annuel donnant divers renseignements. *Annuaire du téléphone, des avocats.* ETY Du lat. *annuus*, « annuel ».

**annualiser** *vt* ① **1** Faire qu'une chose, un évènement se produise tous les ans. **2** Établir qqch en prenant l'année comme référence. DER **annualisation** *nf*

**annuel, elle** *a* **1** Qui dure un an. *Contrat annuel.* **2** Qui revient tous les ans. *Fête annuelle.* LOC AGRIC ***Plantes annuelles :*** qui ne vivent qu'une année (par oppos. à *plantes vivaces*). ETY Du lat. *annualis*. DER **annualité** *nf* – **annuellement** *av*

**annuité** *nf* **1** Somme que l'on paie chaque année en vue d'amortir un emprunt en un temps déterminé. **2** Équivalence d'une année de service, dans le calcul des pensions.

**annulable** *a* DR Se dit d'un acte qui comporte un vice susceptible d'entraîner son annulation. DER **annulabilité** *nf*

**1 annulaire** *a* En forme d'anneau. LOC ASTRO ***Éclipse annulaire du Soleil :*** ne laissant apparaître que le tour du disque solaire qui se profile en anneau autour de la Lune.

**2 annulaire** *nm* Quatrième doigt de la main, celui qui porte l'anneau du mariage.

**annulatif, ive** *a* DR Qui annule.

**annuler** *v* ① **A** *vt* **1** DR Rendre nul qqch, frapper de nullité. *Annuler un verdict.* ANT valider. **2** Supprimer, rendre de valeur nulle. *Annuler une commande.* **B** *vpr* Devenir nul, se neutraliser en s'opposant. ETY Du lat. DER **annulation** *nf*

**annus horribilis** *nf* fam Période particulièrement pénible.

**anoblir** *vt* ③ Faire noble, conférer un titre de noblesse à. DER **anoblissement** *nm*

**anode** *nf* PHYS Électrode reliée au pôle positif d'un générateur électrique lors d'une électrolyse, et siège d'une réaction d'oxydation. ETY Du gr. *anodos*, « chemin vers le haut ». DER **anodique** *a*

**anodin, ine** *a* **1** Sans importance, inoffensif. *Une grippe anodine. Des propos anodins.* SYN bénin. **2** Insignifiant, sans intérêt. ETY Du gr. *anôdunos*, « qui calme la douleur ».

**anodisation** *nf* TECH Procédé de protection des pièces en aluminium par oxydation anodique. DER **anodiser** *vt* ①

**anodonte** *nm* ZOOL Mollusque lamellibranche d'eau douce à charnière sans dents. ETY Du gr.

**anodontie** *nf* Absence de dents. PHO [anɔdɔ̃sti]

**anolis** *nm* Petit saurien arboricole, voisin des iguanes, courant aux Antilles. VAR **anoli**

**anomala** *nm* Scarabée dont une espèce est nuisible à la vigne.

**anomalie** *nf* Bizarrerie, particularité qui rend une chose différente de ce qu'elle devrait être normalement ; écart par rapport à une règle. *Relever des anomalies dans un compte.* ETY Du gr. DER **anomal, ale, aux** *a*

**anomalistique** *a* LOC ***Révolution anomalistique :*** mouvement d'une planète entre deux passages successifs au périhélie.

**anomalure** *nm* Rongeur des forêts d'Afrique, voisin de l'écureuil, mais muni d'une membrane qui lui permet de planer sur de courtes distances.

**1 anomie** *nf* SOCIOL Absence ou désintégration des normes sociales. ETY Du gr. *anomia*, « désordre ». DER **anomique** *a*

**2 anomie** *nf* Mollusque bivalve à coquille rose nacrée, à allure de petite huître.

**anomoure** *nm* Crustacé décapode marcheur à abdomen plus ou moins réduit, souvent asymétrique, tel le pagure.

**ânon** *nm* Petit de l'âne.

**anonacée** *nf* BOT Plante dicotylédone dont la famille comprend des arbres tropicaux.

**anone** *nf* Arbre tropical (anonacée) fournissant des fruits comestibles parfumés ; fruit de cet arbre (corossol, pomme-cannelle, cœur de bœuf). ETY De l'esp. ▶ pl. **fruits exotiques**

**ânonner** *v* ① Parler, réciter avec peine, en balbutiant, en hésitant. *Enfant qui ânonne la table de multiplication.* ETY De *ânon*. DER **ânonnement** *nm*

**anonyme** *a, n* **A** *a* **1** Dont on ignore le nom. *Donneur anonyme.* **2** Dont on ignore l'auteur. *Lettre anonyme.* **3** fig Sans personnalité, froid. **B** *n* Personne anonyme. LOC DR ***Société anonyme :*** société commerciale par actions dans laquelle la responsabilité des associés est limitée au montant de l'apport. ETY Du gr. *anônumos*, « sans nom ». DER **anonymat** *nm* – **anonymement** *av*

**anonymiser** *vt* ① Rendre anonyme. *Une enquête sur le dopage fondée sur un groupe anonymisé de sportifs.* DER **anonymisation** *nf*

**anophèle** *nm* Moustique dont la femelle transmet le paludisme, ainsi que la filariose lymphatique et certaines encéphalites à virus.

**anoploure** *nm* Insecte tel que le pou des mammifères.

**anorak** *nm* Veste de sport imperméable à capuchon. ETY Mot esquimau.

**anorchidie** *nf* MED Absence congénitale de l'un ou des deux testicules. PHO [anɔRkidi] VAR **anorchie** [anɔRki]

**anorexie** *nf* MED Absence, perte de l'appétit. LOC ***Anorexie mentale :*** chez le nourrisson et la jeune fille, syndrome d'origine psychologique, caractérisé par le refus de s'alimenter. ETY Du gr. *orexis*, « appétit ». DER **anorexique** *a, n*

**anorexigène** *a, nm* MED Qui coupe l'appétit.

**anorganique** *a* MED Qui ne semble pas lié à une lésion organique.

**anorgasmie** *nf* Absence d'orgasme. DER **anorgasmique** *a*

**anormal, ale** *a* Qui semble contraire aux règles, aux usages ou à la raison. *Un froid anormal pour la saison.* ANT normal. PLUR anormaux. ETY Du lat. DER **anormalement** *av* – **anormalité** *nf*

**anosmie** *nf* MED Perte totale ou partielle de l'odorat. DER **anosmique** *a, n*

**Anou** dieu du Ciel dans la myth. sumérienne.

**Anouilh** Jean (Bordeaux, 1910 – Lausanne, 1987), dramaturge français : *le Voyageur sans bagages* (1937), *Antigone* (1944), *Pauvre Bitos* (1956).

Jean Anouilh

**anoure** *a, nm* ZOOL **A** *a* Dépourvu de queue. **B** *nm* Amphibien dépourvu de queue au stade adulte, tels le crapaud et la grenouille.

**À nous la liberté** film de René Clair (1931), qui influença *les Temps modernes* de Chaplin.

**anovulation** *nf* MED Absence d'ovulation. DER **anovulatoire** *a*

**anoxémie** *nf* MED Diminution de la quantité d'oxygène dans le sang. DER **anoxémique** *a, n*

**anoxie** *nf* MED Diminution de la quantité d'oxygène dans les tissus, conséquence de l'anoxémie. DER **anoxique** *a, n*

**ANPE** sigle de *Agence nationale pour l'emploi.*

**Anquetil** Jacques (Mont-Saint-Aignan, 1934 – Rouen, 1987), coureur cycliste français, vainqueur du Tour de France en 1957 et de 1961 à 1964.

**Ansariyyah** hab. du djebel al-Ansariyyah et des villes de Lattaquié, Homs et Hama (Syrie). Ils constituent une secte chiite, fondée par Ibn Nusayr (IXe s.). Ils jouent un rôle de premier plan dans la Syrie d'aujourd'hui. (V. Assad.) VAR **Alaouites** ou **Alawites, Nusayris**

**Anschluss** (all. « rattachement »), intégration écon. et, surtout, polit. (mars 1938) de l'Autriche à l'Allemagne nazie.

**anse** *nf* **1** Partie saillante et souvent recourbée par laquelle on saisit certains objets. *L'anse d'un panier.* **2** GEOGR Petite baie. **3** ANAT Courbure que décrit un vaisseau, un rameau nerveux, un organe. *Anse vasculaire.* **LOC** GEOM ***Anse de panier*** : courbe formée d'un nombre impair d'arcs de cercle de rayons différents, pouvant se raccorder. — ***Faire danser l'anse du panier*** : en parlant des employés de maison, majorer le prix des achats au détriment des employeurs. ETY Du lat.

**ansé, ée** *a* Surmonté d'une anse. **LOC** ***Croix ansée*** : symbole de vie éternelle chez les anciens Égyptiens.

**Anselme** (saint) (Aoste, 1033 – Canterbury, 1109), théologien. Abbé en Normandie, puis archevêque de Canterbury ; il chercha à interpréter rationnellement la foi chrétienne : *Monologium, Proslogium, Cur Deus homo.*

**Anselme** Pierre Guibours, dit le Père (Paris, 1625 – id., 1694), historien français, augustin déchaussé, généalogiste de la Maison de France.

**Anselme de Laon** (Laon, v. 1050 – id., 1117), théologien français, maître de Guillaume de Champeaux et d'Abélard.

**ansériforme** *nm* ZOOL Oiseau palmipède dont le bec est garni intérieurement de lamelles cornées, tels l'oie, le cygne, le canard.

**Ansermet** Ernest (Vevey, 1883 – Genève, 1969), chef d'orchestre suisse.

**Anshan** ville du nord-est de la Chine (Liaoning), en Mandchourie ; 1,6 million d'hab. Le plus grand centre sidér. chinois. VAR **Anchan**

**antabuse** *a* Se dit de l'effet physiologique de certains médicaments utilisés dans les cures de désintoxication alcoolique.

**antagoniser** *vt* ① Mettre des personnes en antagonisme, les unes contre les autres.

**antagonisme** *nm* Opposition de deux forces ; rivalité hostile. *L'antagonisme entre deux peuples.* ETY Du gr. *anta*, « face-à-face », et du rad. de *agonia*, « lutte ». DER **antagonique** *a*

**antagoniste** *a, n* **A** *a* **1** Opposé, hostile. *Factions antagonistes.* **2** ANAT Se dit de muscles dont les actions sont opposées. **3** PHARM Se dit d'une substance qui annule les effets d'une autre substance **B** *n* Adversaire. *Les deux antagonistes en vinrent aux coups.* **LOC** MECA ***Couple antagoniste*** : dont les forces s'exercent en sens contraire du couple produisant le mouvement.

**Antakya** → **Antioche.**

**Antalcidas** (mort v. 368 av. J.-C.), général spartiate. Pour donner à Sparte l'hégémonie sur la Grèce, il céda des cités grecques d'Asie Mineure à la Perse. VAR **Antalkidas**

**antalgie** *nf* Suppression de la douleur au moyen d'antalgiques. ETY Du gr. *algos*, « douleur ».

**antalgique** *a, nm* MED Se dit d'un produit qui atténue la douleur.

**Antalya** (anc. *Adalia*), ville et port de Turquie, sur la Méditerranée (*golfe d'Antalya*) ; 261 110 hab. Pêche. Tourisme.

**antan (d')** *a* litt D'autrefois. ETY Du lat. *anteannum*, « l'année précédente ».

**Antananarivo** (anc. *Tananarive*), capitale de Madagascar, sur le plateau de l'Imérina, à une alt. qui varie (selon les quartiers de la v.) entre 1 245 et 1 470 m ; 2 millions d'hab. (aggl.). Centre admin., culturel et comm. encore peu industrialisé. – Archevêché. DER **tananarivien, enne** *a, n*

Antananarivo

**Antar** (ibn Shaddad al-Absi) (fin VIe s. – déb. VIIe s.), poète et guerrier arabe. Esclave, il se libéra. Ses exploits guerriers et sa passion pour sa bien-aimée Ablah ont inspiré *le Roman d'Antar*, dont une partie serait son œuvre. VAR **Antara**

**antarctique** *a* Relatif au pôle Sud et aux régions polaires australes. ETY Du gr. *antarktikos*, « à l'opposé de l'ours, de la (Grande) Ourse ».

**Antarctique** un des continents ; 14 millions de km² à l'intérieur du cercle polaire austral (66° 33 ′ de latit. S.). Entouré par l'océan Antarctique, il est formé de montagnes et de bassins recouverts d'un inlandsis (épaisseur de la glace : entre 2 et 4 km) et culmine au mont Vinson (5 140 m). Des vents violents accentuent la rigueur du climat ; température moyenne : – 50 °C. Flore et faune sont rares.
**Histoire** Le continent fut atteint au XVIIIe s. ; en 1911, le Norvégien Amundsen parvint au pôle. Plusieurs pays y possèdent des terres ou y ont installé des stations scientifiques (Australie, France, Royaume-Uni, Norvège, Nouvelle-Zélande, Argentine, Chili, URSS, É.-U., Afrique du Sud, Belgique, Japon) ; en 1959, ils signèrent un traité, étendu à une quarantaine de pays en 1988 ; dep. 1991, il interdit pendant 50 ans toute exploitation, de façon à protéger l'environnement. ▶ carte p. 72

**Antarctique** (océan) océan entourant le continent Antarctique au S. des océans Atlant., Indien et Pacifique. Fosses de plus de 5 000 m. VAR **océan Austral**

**Antarès** système de deux étoiles du Scorpion associant une supergéante rouge et une étoile bleue.

**anté-** Élément, du latin *ante*, « avant ».

**antebois** *nm* TECH Baguette de bois fixée sur le plancher pour empêcher les meubles de heurter le mur. VAR **antibois**

**antécambrien, enne** *a, nm* GEOL Syn. de *précambrien.*

**antécédence** *nf* **1** État de ce qui est antécédent. **2** ASTRO Marche apparemment rétrograde (d'E. en O.) d'une planète. **3** Phénomène par lequel un élément géologique se maintient malgré des phases tectoniques ultérieures.

**antécédent, ente** *a, nm* **A** *a* Qui précède dans le temps. SYN antérieur. ANT postérieur. **B** *nm* **1** Chacun des actes, des faits du passé d'une personne, en rapport avec son existence actuelle. *Avoir de fâcheux antécédents.* **2** MATH, LOG Premier terme d'un rapport par opposition au second terme, appelé *conséquent.* **3** TECH Tâche qui précède une autre tâche. *Méthode des antécédents.* **4** GRAM Mot qui précède et que remplace un pronom, un relatif. **5** MED Phénomène morbide qui a précédé une maladie et peut contribuer à l'expliquer. ETY Du lat. *antecedere*, « précéder ».

**Antéchrist** selon l'Apocalypse, faux messie qui, peu avant la fin du monde, répandra la terreur sur la terre avant d'être vaincu par le Christ revenu.

**antécime** *nf* ALPIN Sommet secondaire d'une montagne, dernière étape avant l'assaut du sommet.

**antédiluvien, enne** *a* **1** Antérieur au Déluge. **2** fig Très ancien, démodé.

**Antée** géant, fils de Gaia et de Poséidon. Comme il retrouvait ses forces dès qu'il touchait le sol, Héraklès le souleva de terre et l'étouffa.

**antéfixe** *nf* ARCHI Sculpture ornementale, le plus souvent de terre cuite, décorant le bord d'un toit.

**antéhypophyse** *nf* Lobe antérieur de l'hypophyse sécrétant les hormones qui contrôlent les glandes endocrines périphériques.

**antéislamique** *a* Antérieur à l'islam. *Poésie antéislamique.*

**antenais, aise** *a* Se dit des agneaux et agnelles nés l'année précédente. ETY De *antan.*

**anténatal, ale** *a* MED Qui précède la naissance. *Diagnostic anténatal.* PLUR anténataux.

**antennaire** *a* ZOOL Relatif aux antennes des insectes.

**antennate** *nm* ZOOL Arthropode pourvu d'antennes tel que les crustacés, les myriapodes et les insectes.

**antenne** *nf* **1** MAR Longue vergue oblique soutenant une voile triangulaire. **2** ZOOL Appendice sensoriel mobile, situé sur la tête de la plupart des arthropodes, notam. des antennates. **3** RADIOELECTR Dispositif capable de transformer un signal radioélectrique en ondes électromagnétiques et inversement. **4** Service dépendant d'un organisme principal. *Antenne de police.* **LOC** MILIT ***Antenne chirurgicale*** : poste chirurgical mobile avancé. — ***Antenne-râteau*** : antenne de télévision en forme de râteau (par opposition à *antenne parabolique*). — ***Antenne-relais*** : antenne servant de relais hertzien pour la téléphonie cellulaire.

— *Avoir des antennes :* avoir de l'intuition. — *Passer sur (à) l'antenne :* dans une émission de radio ou de télévision. ETY Du lat.

**antennes** satellites dans une station de radio

**antenniste** *n* Professionnel qui pose des antennes de télévision.

**Anténor** (VI^e s. av. J.-C.), sculpteur grec ; auteur d'une koré découverte sur l'Acropole.

**antépénultième** *a, nf* Se dit de la syllabe qui précède l'avant-dernière syllabe.

**antéposer** *vt* ① LING Placer devant. *Dans « un grand homme », « grand » est un adj. antéposé.*

**antérieur, eure** *a* **1** Qui précède dans le temps. *Les évènements antérieurs.* ANT ultérieur. **2** Situé en avant. *La partie antérieure d'une maison.* ANT postérieur. LOC GRAM *Passé antérieur, futur antérieur :* exprimant l'antériorité d'une action par rapport à une autre. — PHON *Voyelles antérieures :* voyelles dont le point d'articulation se situe dans la partie avant de la cavité buccale, dites aussi palatales (ex. [a], [ɛ], [e], [i]). DER **antérieurement** *av* – **antériorité** *nf*

**antérograde** *a* Se dit d'une amnésie portant sur des faits qui ont suivi un évènement pris comme repère.

**antéropostérieur, eure** *a* Qui est orienté d'avant en arrière.

**anth(o)-, -anthe** Éléments, du gr. *anthos*, « fleur ».

**anthélie** *nf* ASTRO Tache lumineuse qui apparaît à l'opposé du Soleil dans certaines conditions météorologiques, du fait de cristaux de glace en suspension dans l'air.

**anthelminthique** *a, nm* PHARM Syn. de *vermifuge*.

**Anthémios de Tralles** (Tralles, Lydie, ? – Constantinople, v. 534), architecte et mathématicien byzantin. Il commença la basilique Ste-Sophie de Constantinople, achevée en 537.

**anthémis** *nf* BOT Genre de composées, souvent ornementales, auquel appartiennent les camomilles. PHO [ɑ̃temis]

**anthère** *nf* BOT Terminaison renflée de l'étamine, qui contient le pollen.

**anthéridie** *nf* BOT Organe producteur d'anthérozoïdes chez les bryophytes (mousses) et les ptéridophytes (fougères).

**anthérozoïde** *nm* Gamète mâle flagellé.

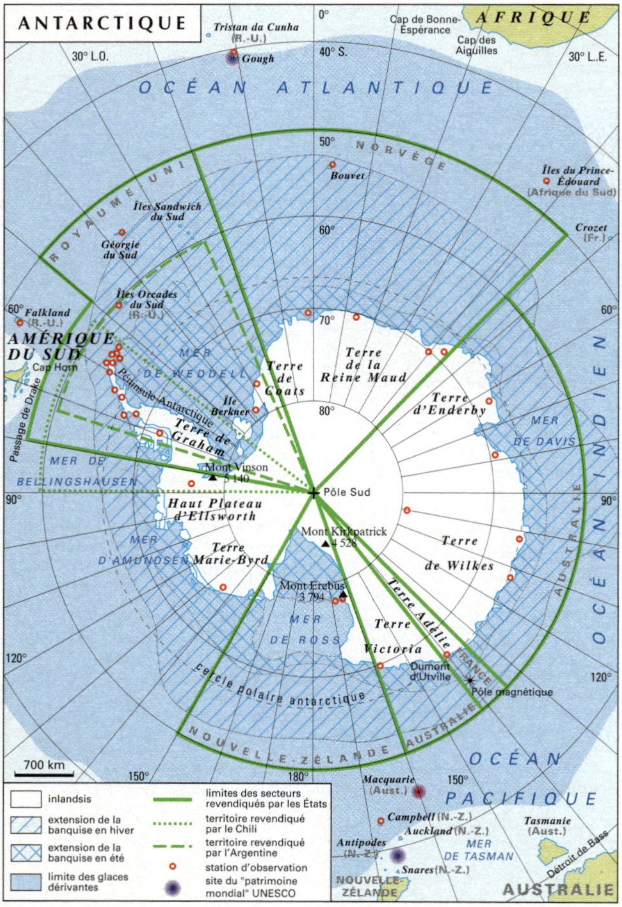


**anthèse** *nf* BOT Ensemble des phénomènes qui accompagnent l'épanouissement des fleurs.

**anthocyane** *nf* BIOCHIM Pigment responsable des couleurs rouges ou bleues des fleurs ou d'autres éléments végétaux (feuilles rouille en automne).

**anthologie** *nf* Recueil de pièces choisies d'œuvres littéraires ou musicales. ETY Du gr. *anthos*, « fleur » et *legein*, « choisir ». DER **anthologique** *a*

**anthozoaire** *nm* ZOOL Invertébré (cnidaire) dont la superclasse comprend les octocoralliaires et les hexacoralliaires.

**anthracite** *nm, a inv* **A** *nm* Charbon à combustion lente, qui brûle sans flamme en dégageant une vive chaleur. **B** *a inv* Gris foncé.

**anthracnose** *nf* BOT Maladie cryptogamique de diverses plantes cultivées (groseilles, haricots, vigne).

**anthracose** *nf* MED Infiltration des poumons par de la poussière de charbon inhalée.

**anthrax** *nm* MED **1** Affection constituée par la réunion de plusieurs furoncles contigus. **2** Autre nom de la maladie du charbon.

**anthrène** *nm* Petit coléoptère dont la larve endommage les fourrures. ETY Du gr.

**-anthrope, -anthropie, -anthropique, anthrop(o)-** Éléments, du gr. *anthrôpos*, « homme ».

**anthropique** *a* didac Fait par l'homme, dû à l'homme. *Érosion anthropique.*

**anthropisation** *nf* didac Emprise de l'homme sur un milieu. *L'anthropisation de la planète.* DER **anthropiser** *vt* ①

**anthropobiologie** *nf* Anthropologie fondée sur des données biologiques recueillies au niveau du gène, du tissu ou de l'organisme entier. DER **anthropobiologique** *a* – **anthropobiologiste** *n*

**anthropocène** *nm* GEOL Période, commencée au début du XIX^e siècle, qui a vu l'homme influer sur le visage de la Terre.

**anthropocentrisme** *nm* Doctrine, attitude, qui fait de l'homme le centre et la fin de tout. DER **anthropocentrique** *a*

**anthropogenèse** *nf* didac Étude de l'origine et de l'évolution de l'homme. VAR **anthropogénie** DER **anthropogénétique** *a*

**anthropoïde** *a, nm* **A** *a* Qui ressemble à l'homme, en parlant d'un animal. *Singe anthropoïde.* **B** *nm pl* ZOOL Sous-ordre de primates comprenant les singes et les hominidés.

**anthropologie** *nf* **1** Étude de l'espèce humaine et des groupes humains. **2** Étude des cultures des différentes collectivités humaines : institutions, structures familiales, croyances, technologies. DER **anthropologique** *a* – **anthropologue** *n*

**anthropométrie** *nf* Ensemble des procédés de mensuration des diverses parties du corps humain. LOC *Anthropométrie judiciaire :* appliquée à l'identification des délinquants. DER **anthropométrique** *a*

**anthropomorphe** *a* **1** didac Qui a la forme, l'apparence humaine. **2** ZOOL Se dit des grands singes tels que le gorille, le chimpanzé, l'orang-outan, qui sont les plus proches de l'homme.

**anthropomorphisme** *nm* Tendance à attribuer aux êtres et aux choses des comportements ou des caractères humains. DER **anthropomorphique** *a*

**anthroponymie** *nf* Étude de l'origine des noms de personnes. DER **anthroponyme** *nm*

**anthropophage** *a, n* Se dit d'une personne ou d'un peuple qui mange de la chair humaine. DER **anthropophagie** *nf*

**anthropopithèque** *nm* Animal hypothétique dont on faisait autrefois un intermédiaire entre le singe et l'homme.

**anthroposophie** *nf* Doctrine ésotérique de R. Steiner, visant au syncrétisme entre les mystiques chrétiennes et orientales.

**anthropozoïque** *a* didac Qualifie l'ère quaternaire durant laquelle l'homme est apparu.

**anthropozoonose** *nf* Maladie transmissible commune à l'animal et à l'homme.

**anthurium** *nm* Plante ornementale (aracée) à spathe étalée, blanche ou rouge.

**anthurus** *nm* Champignon basidiomycète en forme d'étoile à 5 ou 6 branches, de couleur rouge vif avec des taches noirâtres, ayant une odeur forte.

**anti-** Élément, du gr., « contre », indiquant une idée d'hostilité (ex.*antimonarchique, antiprotectionniste*), de protection (ex. *antiallergique, antisudoral*) ou d'opposition (ex. *antimatière, antipsychiatrie*).

**antiacarien, enne** *a, nm* Se dit d'un produit destiné à lutter contre les acariens.

**antiacide** *a, nm* PHARM Qui neutralise l'acidité gastrique.

**antiacnéique** *a, nm* PHARM Qui agit contre l'acné.

**antiacridien, enne** *a, nm* Qui concerne la lutte contre les criquets.

**antiadhésif, ive** *a, nm* Se dit d'un revêtement qui empêche l'adhérence.

**antiaérien, enne** *a* MILIT Qui combat les attaques aériennes, protège de leurs effets. *Défense antiaérienne.*

**antiâge** *a* Qui s'oppose au vieillissement de la peau.

**antiagrégant** *nm Antiagrégant plaquettaire* : médicament qui s'oppose à la formation de caillots en empêchant les plaquettes de s'agglutiner.

**antialcoolique** *a* Qui lutte contre l'alcoolisme. *Ligue antialcoolique.*

**antiallergique** *a, nm* Se dit d'un médicament qui inhibe les réactions allergiques.

**antiamaril, ile** *a* Qui agit contre la fièvre jaune.

**antiaméricanisme** *nm* Hostilité envers les États-Unis.

**antiandrogène** *a, nm* Qui s'oppose à l'action des androgènes, bridant ainsi les pulsions sexuelles.

**antianémique** *a, nm* PHARM Qui combat l'anémie.

**antiangineux** *nm* Médicament destiné à prévenir ou à traiter l'angine de poitrine. VAR **antiangoreux**

**antiangiogenèse** *nf* MED Approche thérapeutique consistant à bloquer la vascularisation des cellules cancéreuses. DER **antiangiogénique** *a*

**antiapartheid** *a* Qui est contre l'apartheid. PHO [ɑ̃tiapaʀtɛd]

**antiar** *nm* BOT Latex d'une urticacée, contenant un poison utilisé autref. par les Malais.

**antiarche** *nm* PALEONT Poisson placoderme d'eau douce du primaire, cuirassé et possédant des appendices pectoraux articulés.

**antiarthrosique** *a, nm* Qui agit contre l'arthrose.

**antiarythmique** *a, nm* PHARM Qui régularise le rythme cardiaque (bêtabloquant, inhibiteur calcique, etc.).

**antiasthénique** *a, nm* PHARM Qui combat l'asthénie.

**antiasthmatique** *a, nm* PHARM Destiné à combattre l'asthme.

**Anti-Atlas** massif du S.-O. du Maroc.

**antiatomique** *a* Qui s'oppose aux rayonnements nucléaires. *Abri antiatomique.*

**antiautoritaire** *a* Hostile à toute forme d'autorité.

**antibactérien, enne** *a, nm* Qui détruit les bactéries.

**Antibes** port et ch.-l. de cant. des Alpes-Mar. (arr. de Grasse) ; 76 925 hab.. Stat. baln. Cult. fruitières et florales ; parfumerie. – Fondé par les Grecs (*Antipolis*). Chât. Grimaldi (musée d'art contemporain). DER **antibois, oise** *a, n*

**antibiogramme** *nm* MED Résultat du test de sensibilité d'un germe microbien à divers antibiotiques en vue de sélectionner l'antibiotique le plus efficace.

**antibiorésistance** *nf* MED Résistance d'une bactérie aux antibiotiques. DER **antibiorésistant, ante** *a*

**antibiothérapie** *nf* MED Traitement par les antibiotiques.

**antibiotique** *a, nm* MED Se dit d'une substance qui détruit les bactéries (bactéricide) ou s'oppose à leur multiplication (bactériostatique). ETY Du gr. *biôtikos*, « ce qui concerne la vie ».

ENC La pénicilline a été découverte par Fleming en 1929 et produite industriellement à partir de 1941. Depuis, de nombr. antibiotiques différents sont fabriqués à partir de micro-organismes ou par synthèse. Ils permettent de guérir un grand nombre de maladies bactériennes, mais des bactéries résistantes sont apparues. Les antibiotiques n'ont pas d'action sur les virus.

**antiblocage** *a* Se dit d'un système de régulation du freinage destiné à éviter qu'une roue ne se bloque.

**antibois → antebois.**

**antibrouillage** *a* TECH Se dit d'un dispositif destiné à réduire le brouillage d'une émission.

**antibrouillard** *a, nm* Se dit des dispositifs optiques favorisant l'efficacité d'un faisceau lumineux dans le brouillard. *Des projecteurs antibrouillards.*

**antibruit** *a* Qui empêche la propagation du bruit.

**anticalcaire** *a* Qui élimine le calcaire.

**anticalcique** *a, nm* PHARM Se dit d'un médicament traitant l'hypertension.

**anticancéreux, euse** *a, nm* Se dit d'une substance ou d'une action destinée à combattre le cancer.

**anticapitaliste** *a* Hostile au capitalisme.

**antichambre** *nf* **1** Pièce qui précède une chambre ou un appartement. **2** Pièce qui sert de salle d'attente. **LOC** ***Courir les antichambres*** : aller chez des personnes influentes solliciter une faveur. — péjor ***Faire antichambre*** : attendre avant d'être reçu. ETY De l'ital. *anticamera*, « chambre de devant ».

**antichar** *a, nm* MILIT Se dit d'un engin ou d'un dispositif qui sert à la lutte contre les chars de combat. *Mines antichars.*

**antichoc** *a* Qui protège contre les chocs.

**anticholestérol** *a, nm* PHARM Se dit d'une substance qui combat l'excès de cholestérol.

**anticholinergique** *a, nm* PHARM Se dit d'une substance qui s'oppose à l'action de l'acétylcholine.

**antichrèse** *nf* DR Contrat par lequel un débiteur remet à son créancier, qui en percevra les revenus, un immeuble en garantie de sa dette. PHO [ɑ̃tikʀɛz]

**anticipation** *nf* **1** Action d'anticiper, de faire par avance. *Régler son loyer par anticipation.* **2** Capacité à prévoir ce qui va se passer pour y répondre le mieux possible. **3** DR Empiètement sur les droits, les biens d'autrui. *Attaquer en justice contre une anticipation.* **4** MUS Accord comprenant une ou plusieurs notes de l'accord qui suit. **5** RHET Figure par laquelle on réfute d'avance une objection possible. **LOC** ***Roman, récit d'anticipation*** : qui décrit un futur imaginaire.

**anticipatoire** *a* Qui anticipe.

**anticipé, ée** *a* Fait à l'avance, avant la date fixée. *Son arrivée anticipée a modifié mes plans.* ANT différé, retardé.

**anticiper** *v* 1 **A** *vt* Faire avant échéance. *Anticiper un paiement.* **B** *vti* Considérer un évènement futur comme s'il s'était produit. *Anticiper sur l'avenir.* ETY Du lat.

**anticléricalisme** *nm* Attitude politique qui s'oppose au clergé, à son influence sociale et politique. DER **anticlérical, ale, aux** *a, n*

**anticlinal, ale** *a, nm* GEOL Se dit d'un pli dont la convexité est tournée vers le haut. ANT synclinal. PLUR anticlinaux. ETY Du gr. *antiklinein*, « pencher en sens contraire ».

**anticoagulant, ante** *a, nm* MED Qui s'oppose à la coagulation du sang, partic. dans le traitement des thromboses.

**anticodon** *nm* GENET Séquence de trois nucléotides dans la molécule de transfert, qui sont complémentaires du codon.

**anticolonialisme** *nm* Opposition au colonialisme. DER **anticolonialiste** *a, n*

**anticommercial, ale** *a* Contraire aux règles du commerce, de la concurrence. PLUR anticommerciaux.

**anticommunisme** *nm* Opposition au communisme. DER **anticommuniste** *a, n*

**anticonceptionnel, elle** *a* Qui prévient la conception, évite la grossesse. *Pilules anticonceptionnelles.* SYN contraceptif.

**anticoncurrentiel, elle** *a* Qui s'oppose au libre jeu de la concurrence.

**anticonformisme** *nm* Opposition au conformisme. DER **anticonformiste** *a, n*

**anticonjoncturel, elle** *a* Qui vise à modifier une conjoncture économique défavorable.

**anticonstitutionnel, elle** *a* Contraire à la Constitution. DER **anticonstitutionnellement** *av*

**anticonvulsivant, ante** *a, nm* MED Qui agit contre les convulsions.

**anticorps** *nm* MED Protéine sérique synthétisée par les cellules lymphoïdes en réponse à une substance étrangère appelée *antigène.* SYN immunoglobuline.

ENC Chaque anticorps est spécifique de l'antigène correspondant, auquel il peut s'adapter pour l'éliminer. Il existe cinq groupes d'anticorps, dits aussi immunoglobulines : Ig G (les plus importants, dits gammaglobulines), Ig M, Ig A, Ig E, Ig D. On distingue les anticorps dits *naturels* (agglutinines des groupes sanguins A, B, O) et les anticorps *immuns*, les plus fréquents, sécrétés après un contact avec l'antigène (infection, vaccin). On obtient artificiellement, par clonage, les *anticorps monoclonaux*, dirigés contre un seul antigène, qui ont de multiples applications potentielles médicales (thérapeutiques et diagnostiques).

**Anticosti (île d')** île du Canada (Québec), dans le golfe du Saint-Laurent ; 8 400 km$^2$ ; 260 hab. Pêcheries.

**anticrise** *a* ECON Qui s'oppose aux effets de la crise économique.

**anticryptogamique** *a* Qui détruit les champignons parasites. SYN fongicide.

**anticyclique** *a* Qui s'oppose aux effets défavorables des cycles économiques.

**anticyclone** *nm* METEO Centre de hautes pressions atmosphériques (par oppos. à *dépression*). DER **anticyclonal, ale, aux** ou **anticyclonique** *a* ▶ illustr. **météorologie**

**antidater** *vt* ① Indiquer sur un document une date antérieure à la date réelle. ANT postdater.

**antidémarrage** *a, nm* Se dit d'un type d'antivol empêchant le démarrage du véhicule.

**antidémocratique** *a* Qui est opposé à la démocratie.

**antidépresseur** *am, nm* MED Se dit d'un produit capable d'améliorer l'état dépressif.

**antidérapant, ante** *a* TECH Qui réduit les risques de dérapage.

**antidétonant, ante** *a, nm* Se dit d'un additif permettant d'augmenter la compression dans le cylindre d'un moteur à explosion.

**antidiabétique** *a, nm* PHARM Qui agit contre le diabète.

**antidiarrhéique** *a, nm* PHARM Qui combat la diarrhée.

**antidiphtérique** *a* MED Qui combat, prévient la diphtérie. *Vaccin antidiphtérique.*

**antidiscriminatoire** *a* Qui s'oppose à toute discrimination.

**antidiurétique** *a, nm* MED Se dit d'une substance qui diminue l'élimination urinaire.

**antidopage** *a* Qui s'oppose au dopage. VAR **antidoping**

**antidote** *nm* **1** MED Substance qui s'oppose aux effets d'un poison ou d'un médicament. **2** fig Ce qui atténue une peine, une souffrance morale. *La lecture est un antidote contre l'ennui.* ETY Du lat. d'orig. gr. *antidotum*, « donné contre ».

**antidouleur** *a, nm* Qui combat la douleur physique ; antalgique.

**antidreyfusard, arde** *a, n* HIST Hostile à Dreyfus, à la révision de son procès.

**antiéconomique** *a* Contraire aux lois de l'économie.

**antiémétique** *a, nm* MED Qui prévient ou arrête le vomissement. VAR **antiémétisant, ante**

**antienne** *nf* **1** LITURG Verset que l'officiant chante avant un psaume ou un cantique et que l'on répète ensuite tout entier. **2** fig, litt Discours répétitif et lassant, rengaine. PHO [ɑ̃tjɛn]

**antiépileptique** *a, nm* PHARM Destiné à prévenir les crises d'épilepsie.

**antiesclavagiste** *a, n* Qui est opposé à l'esclavage.

**antiétatisme** *nm* POLIT Système opposé à l'étatisme. DER **antiétatique** *a*

**antifascisme** *nm* Hostilité au fascisme. PHO [ɑ̃tifaʃism] DER **antifasciste** *a, n*

**Antifer (cap d')** promontoire au S.-O. d'Étretat. Avant-port pétrolier du Havre.

**antiferment** *nm* Substance empêchant la fermentation.

**antifiscal, ale** *a* Hostile aux impôts, à la fiscalité. PLUR antifiscaux.

**antifolique** *a, nm* MED Se dit d'une substance inhibant la synthèse des acides nucléiques, utilisée comme antipaludéen et anticancéreux.

**antifongique** *a, nm* MED Se dit d'une substance qui agit contre les mycoses. SYN antimycosique. ETY Du lat. *fongus*, « champignon ».

**antifriction** *a* TECH Se dit d'un alliage à base d'antimoine, utilisé pour réduire le frottement de pièces qui tournent.

**anti-g** *a inv* Qui permet de supporter des accélérations plusieurs fois égales à celle de la pesanteur. ETY De *g*, symbole de l'accélération de la pesanteur.

**antigang** *a* Qui lutte contre les gangs.

**antigel** *nm, a* Se dit d'un produit qui empêche ou qui retarde la congélation.

**antigène** *nm* BIOL, MED Substance organique étrangère capable d'induire, lors de son introduction dans un organisme animal, la formation d'anticorps spécifiques. DER **antigénique** *a*

**antigénémie** *nf* MED Présence d'un antigène dans le sang.

**antigivrant, ante** *a, nm* Qui empêche de givrer. VAR **antigivre**

**antiglisse** *a inv* Qui évite de glisser.

**Antigone** dans la myth. gr., fille de Jocaste et d'Œdipe ; elle fut condamnée par Créon à être enterrée vivante pour avoir donné une sépulture à son frère Polynice, tué devant Thèbes. Son fiancé, Hémon, fils de Créon, se poignarda. ▷ LITTER Tragédies de : Sophocle (441 av. J.-C.), Alfieri (1738), Anouilh (1944).

**Antigonos** roi des Juifs (40 à 37 av. J.-C.), dernier des Maccabées.

**Antigonos Monophthalmos** (« le Borgne ») (v. 384 – Ipsos, 301 av. J.-C.), l'un des généraux d'Alexandre le Grand. Il se proclama roi d'Asie (307) mais fut vaincu et tué par d'autres généraux d'Alexandre à Ipsos. — **Antigonos Ier Gonatas** (Gonnoi, Thessalie, vers 320 – 239 avant J.-C.), petit-fils du préc., roi de Macédoine de 276 à 239.

**antigouvernemental, ale** *a* Qui s'oppose au gouvernement en place. PLUR antigouvernementaux.

**antigrippal, ale** *a, nm* Qui protège ou agit contre l'infection grippale. PLUR antigrippaux.

**Antigua et Barbuda** État membre du Commonwealth, formé de trois îles des Petites Antilles : Antigua (280 km²), Barbuda et Redonda (162 km²) ; 68 000 hab. ; cap. *Saint John's*. Monnaie : dollar des Caraïbes de l'Est. Tourisme. ▶ carte **Antilles**

**antiguerre** *a, n inv* Qui s'oppose au déclenchement d'une guerre, pacifiste.

**antihéros** *nm* Héros d'une fiction ne présentant pas les caractéristiques du héros conventionnel.

**antiherpétique** *a, nm* MED Se dit d'un médicament qui combat l'herpès.

**antihistaminique** *a, nm* BIOL, MED Se dit d'une substance naturelle ou synthétique se comportant comme un antagoniste de l'histamine et ayant une action calmante.

**antihormonal, ale** *a, nm* MED Qui bloque la production des hormones sexuelles. PLUR antihormonaux.

**antihormone** *nf* MED Substance qui s'oppose à l'action de certaines hormones.

**antihygiénique** *a* Contraire à l'hygiène.

**antihypertenseur** *nm* PHARM Médicament qui agit contre l'hypertension (bêtabloquant, vasodilatateur, etc.).

**antiimpérialiste** *a, n* Hostile à l'impérialisme. PLUR anti-impérialistes.

**antiinfectieux, euse** *a, nm* MED Qui combat l'infection. PLUR anti-infectieux.

**antiinflammatoire** *a, nm* MED Qui combat l'inflammation. PLUR anti-inflammatoires.

**antiinflationniste** *a* Qui permet de lutter contre l'inflation. PLUR anti-inflationnistes.

**antijeu** *nm* SPORT Fait de ne pas se conformer à la règle ou à l'esprit du jeu.

**Antikomintern (pacte)** pacte conclu en 1936 entre l'Allemagne hitlérienne et le Japon, puis l'Italie en 1937.

**Anti-Liban** chaîne de montagnes de Syrie, à laquelle se rattache le massif de l'Hermon.

**antilibéral, ale** *a, n* Qui est hostile au libéralisme. PLUR antilibéraux.

**antillanisme** *nm* Terme propre au français parlé aux Antilles.

**Antilles** archipel d'Amérique centrale, en forme d'arc, isolant de l'océan Atlantique la mer des Antilles. Il se divise en *Bahamas, Grandes Antilles* (Cuba, Haïti et rép. Dominicaine, Porto Rico, Jamaïque) et *Petites Antilles* (îles du Vent et îles Sous-le-Vent) ; 236 500 km$^2$ ; 42 000 000 d'hab. DER **antillais, aise** *a, n* **Géographie** L'archipel, montagneux et d'orig. volcanique, jouit d'un climat tropical atténué par les influences océaniques. La population comprend des Blancs, mais surtout des Noirs et des métis, dont le niveau de vie est bas ; le taux de natalité est élevé. La cult. de la canne à sucre et la production de rhum sont les activités princ. avec le tabac, le café, les bananes. L'industr. est peu développée, le tourisme est en expansion. **Histoire** Découvertes par Christophe Colomb (qui aborda dans les Lucayes lors du premier voyage), colonisées par les Européens, les îles devinrent un centre de la traite des Noirs (XVIIIe s.). La plupart d'entre elles ont acquis leur indépendance ; quelques-unes dépendent de la France (V. Antilles françaises), de la G.-B. (Anguilla, les îles Caïmans, Turks et Caicos, Bermudes, îles Vierges britanniques et Montserrat), des Pays-Bas (V. Antilles néerlandaises) et des États-Unis (Porto Rico et les îles Vierges américaines).

**Antilles (mer des)** (ou *mer des Caraïbes*), mer de l'Atlant. comprise entre l'Amérique centrale, la Colombie, le Venezuela et les Antilles.

**Antilles françaises** ensemble des possessions françaises dans l'archipel des Petites Antilles (îles du Vent) : la Guadeloupe et la Martinique, et leurs dépendances, ainsi qu'une partie de l'île Saint-Martin. DER **antillais, aise** *a, n*

**Antilles néerlandaises** ensemble des possessions néerlandaises dans l'archipel des Petites Antilles : îles Sous-le-Vent situées au large du Venezuela (Curaçao et Bonaire), îles du Vent situées au N. de la Guadeloupe (Saba, Saint-Eustache et une partie de Saint-Martin) ; 993 km$^2$ ; 238 000 hab. ; chef-lieu *Willemstad* (Curaçao). DER **antillais, aise** *a, n*

**antilook** *a* fam Qui se démarque du look habituel, du style en vogue. PHO [ɑ̃tiluk]

**antilope** *nf* Mammifère ruminant bovidé aux allures vives, des déserts ou des steppes d'Afrique ou d'Asie, tels le gnou, l'algazelle, etc.

**antimatière** *nf* PHYS NUCL Ensemble d'antiparticules.

**antiménopause** *a* MED Qui combat les manifestations de la ménopause.

**antimicrobien, enne** *a, nm* Qui agit contre les microbes.

**antimigraineux** *nm* PHARM Médicament qui agit contre la migraine.

**antimilitarisme** *nm* Opinion, doctrine de ceux qui sont hostiles à l'esprit ou aux institutions militaires. DER **antimilitariste** *a, n*

**antimissile** *a* MILIT Qui neutralise les missiles ennemis.

**antimite** *a, nm* Se dit d'une substance qui éloigne et détruit les mites.

**antimitotique** *a, nm* MED Se dit de tout médicament qui entrave la prolifération des cellules tumorales malignes en bloquant la mitose.

**antimoine** *nm* **1** CHIM Élément de numéro atomique Z = 51 et de masse atomique M = 121,75, (Sb). **2** Semi-métal (Sb) de densité 6,7, qui fond à 630,7 °C et bout à 1 950 °C.

**antimondialisme** *nm* POLIT Hostilité à la mondialisation. VAR **antimondialisation** *nf* DER **antimondialiste** *a, n*

**antimonide** *nm* MINER Se dit d'un minéral renfermant de l'antimoine.

**antimoussant, ante** *a, nm* TECH Qui empêche la formation de mousse.

**antimycosique** *a, nm* MED Antifongique.

**Antin Louis Antoine de Pardaillan de Gondrin (duc d')** (Paris, 1665 – id., 1736), fils légitime de la marquise de Montespan, surintendant des Bâtiments du roi.

**antinataliste** *a* Qui cherche à limiter la natalité.

**antinational, ale** *a* Contraire à l'intérêt national. PLUR antinationaux.

**antinauséeux, euse** *a, nm* Qui agit contre les nausées.

**antinazi, ie** *a, n* Hostile au nazisme.

**antineutron** *nm* Antiparticule du neutron, de même masse et de spin opposé.

**antinévralgique** *a, nm* Qui est destiné à remédier aux névralgies.

**antinomie** *nf* **1** Contradiction entre deux systèmes, deux concepts. SYN opposition. **2** DR Contradiction entre deux lois ou deux principes juridiques dans leur application pratique. **3** PHILO Chez Kant, contradiction inévitable, résultant des lois mêmes de la raison pure, entre deux propositions pouvant être chacune rationnellement démontrée. DER **antinomique** *a*

**Antinoüs** jeune Grec célèbre par sa beauté, favori de l'empereur Hadrien.

**antinoyau** *nm* PHYS NUCL Noyau atomique constitué d'antiparticules.

**antinucléaire** *a, n* Hostile à l'utilisation de l'énergie nucléaire.

**Antioche (pertuis d')** détroit entre l'île d'Oléron et l'île de Ré.

**Antioche** (auj. *Antakya*), v. de Turquie, sur l'Oronte ; 91 550 hab. ; ch.-l. d'il. Stat. estivale ; centre comm. – Fondée par Séleucos Ier Nikatôr vers 300 av. J.-C., elle devint la cap. des Séleucides et la plus import. cité de l'Orient hellénistique. Annexée à l'Empire romain en 64 av. J.-C., elle fut ensuite un centre de la chrétienté. Les Perses sassanides s'en emparèrent en 540. Elle fut une principauté franque de 1098 à 1268.

**Antioche (école d')** (IIIe au Ve s.), école théologique : Lucien d'Antioche, Diodore de Tarse, saint Jean Chrysostome.

**Antiochos** nom de quatre rois de Commagène (Ier s. av. J.-C. – Ier s. apr. J.-C.).

**Antiochos III Mégas** (« le Grand ») (242 – 187 avant J.-C.), roi séleucide de Syrie en 223. Il fut vaincu par les Romains en 191 et en 189. — **Antiochos XIII** , roi de Syrie (69), détrôné par Pompée (64 avant J.-C.).

**antiœdémateux, euse** *a, nm* MED Qui empêche la formation d'œdèmes.

**Antiope** nom de deux héroïnes dans la myth. gr. : reine des Amazones, fille d'Arès ; Thésée l'enleva et l'épousa – fille de Nyctée, roi de Thèbes ; alors qu'elle dormait, Zeus, adoptant la forme d'un satyre, lui fit des jumeaux.

**antiostéoporotique** *a, nm* MED Qui combat l'ostéoporose.

**antioxydant, ante** *a, nm* Se dit d'un produit qui combat l'oxydation.

**antipaludéen, enne** *a, nm* Se dit d'un produit préventif ou curatif contre le paludisme. VAR **antipaludique**

**antipape** *nm* HIST Usurpateur de la papauté au préjudice d'un pape légitime.

**antiparasitaire** *a, nm* PHARM Qui combat les parasitoses.

**antiparasite** *a, nm* TECH Qualifie les dispositifs destinés à réduire la production de parasites, notam. dans les récepteurs radio.

**antiparasiter** *vt* ① Pourvoir d'un dispositif antiparasite.

**antiparkinsonien, enne** *a, nm* PHARM Qui agit contre la maladie de Parkinson.

**antiparlementarisme** *nm* Opposition au régime parlementaire. DER **antiparlementaire** *a, n*

**antiparticule** *nf* PHYS NUCL Particule dont la masse est la même que celle de la particule qui lui est homologue, mais dont la charge électrique est de signe contraire. *Le positon est l'antiparticule de l'électron.*

**antipathie** *nf* Sentiment d'aversion à l'égard de qqn. *Son arrogance suscite l'antipathie.* ANT sympathie. ETY Du lat. d'orig. gr. DER **antipathique** *a*

**antipatinage** *nm* Système qui empêche le patinage des roues d'une voiture.

**Antipatros** (v. 397 – 319 av. J.-C.), général macédonien. Il gouverna la Macédoine pendant l'expédition d'Alexandre le Grand et lui succéda (333 av. J.-C.). Il vainquit la révolte des Athéniens et de leurs alliés (322 av. J.-C.). VAR **Antipater**

**antipelliculaire** *a* Qui agit contre la formation des pellicules.

**antipersonnel** *a* MILIT Se dit d'une arme visant le personnel ennemi.

**antiperspirant, ante** *a, nm* Se dit d'un produit qui régule la transpiration. VAR **antitranspirant, ante**

**antiphrase** *nf* RHET Figure de style qui consiste à employer un mot, une phrase, dans un sens contraire à sa véritable signification. ETY Du lat.

**antipode** *nm* **A** GEOGR Lieu de la Terre diamétralement opposé à un autre. *L'Uruguay, antipode de la Corée.* **B** *nm pl* fig Contrée lointaine et indéterminée. *Voyager aux antipodes.* **LOC** ***À l'antipode, aux antipodes :*** à l'opposé, complètement différent. ETY Du lat. d'orig. gr. DER **antipodal, ale, aux** *a*

**antipodiste** *n* Acrobate qui exécute un numéro d'équilibre avec les pieds en étant couché sur le dos.

**antipoison** *a, nm* Qui agit contre le poison.

**antipollution** *a* Propre à combattre la pollution.

**antiprotéase** *nf* BIOCHIM Molécule qui inhibe l'action des enzymes nécessaires à la fabrication de virus.

**antiprotectionnisme** *nm* ECON Doctrine opposée au protectionnisme. DER **antiprotectionniste** *a, nm*

**antiproton** *nm* PHYS NUCL Antiparticule du proton, de même masse, mais de charge négative, stable dans le vide, mais d'une durée de vie brève dans la matière.

**antiprurigineux, euse** *a, nm* PHARM Qui combat les démangeaisons.

**antipsoriasique** *a, nm* PHARM Qui combat le psoriasis.

**antipsychiatrie** *nf* Mouvement apparu dans les années 1960 en réaction contre la psychiatrie traditionnelle, rendant la société responsable des troubles mentaux de certains individus et s'opposant à leur internement.

**antipsychotique** *a, nm* Utilisé pour combattre les psychoses.

**antipyrétique** *a, nm* MED Syn. de *fébrifuge.*

**antiquaille** *nf* fam, péjor Objet ancien de peu de valeur. SYN vieillerie.

**antiquaire** *n* Personne qui vend des objets anciens.

**antiquark** *nm* Antiparticule d'un quark.

**antique** *a, n* **A** *a* **1** Très ancien. *Une antique demeure.* **2** Vieux et démodé. *Un costume antique.* **3** Qui date de l'Antiquité. **B** *nm* Ensemble des œuvres d'art qui nous viennent des Anciens. **C** *nf* litt Objet d'art de l'Antiquité. *Une curieuse antique.* ETY Du lat.

**antiquité** *nf* **A** **1** Grande ancienneté. *Maison vénérable par son antiquité.* **2** Époque très reculée. *Usage qui remonte à la plus haute antiquité.* **3** plaisant Vieille chose démodée. *Sa voiture est une antiquité.* **B** *nfpl* **1** Monuments des civilisations de l'Antiquité. *Les antiquités précolombiennes.* **2** Objets d'art anciens. *Magasin d'antiquités.* ETY Du lat.

**Antiquité (l')** époque de l'histoire pendant laquelle se sont développées les plus anciennes civilisations, notam. égyptienne, grecque et latine. En Europe, la fin de l'Antiquité est conventionnellement fixée à la chute de l'Empire romain d'Occident face aux Barbares (476). Le Moyen Âge commence alors.

**antirabique** *a* MED Qui combat la rage. *Vaccin antirabique.*

**antiracisme** *nm* Opposition au racisme. DER **antiraciste** *a, n*

**antiredéposant** *nm* Composant de lessive qui empêche les salissures de se redéposer.

**antireflet** *a* Qui évite la formation des reflets.

**antireflux** *a, nm* PHARM Qui agit contre les reflux gastro-œsophagiens.

**antirèglementaire** *a* Qui est contraire au règlement. VAR **antiréglementaire**

**antirejet** *a* MED Qui s'oppose au rejet d'une greffe.

**antireligieux, euse** *a* Hostile à la religion.

**antirépublicain, aine** *a* Hostile à la république.

**antiretour** *a* TECH Qualifie un dispositif qui interdit la circulation d'un fluide en sens contraire du sens normal. *Clapet antiretour.*

**antirétroviral, ale** *a, nm* PHARM Se dit d'une substance qui s'oppose à l'action des rétrovirus, utilisée dans le traitement du sida. PLUR antirétroviraux. ABREV Abrév. cour. ARV.

**antiride** *a, nm* Qui prévient la formation des rides ou les atténue.

**antirouille** *a, nm* Qui préserve de la rouille ou qui l'enlève.

**antiroulis** *a* TECH Qui diminue ou supprime le roulis sur un bateau, un véhicule terrestre, un avion.

**antiscabieux, euse** *a, nm* Qui agit contre la gale.

**antiscientifique** *a* Contraire à l'esprit scientifique.

**antiscorbutique** *a, nm* MED Qui prévient ou guérit le scorbut.

**antiséborrhéique** *a, nm* Qui combat l'excès de sécrétion séborrhéique.

**antisèche** *nf* fam Notes de cours qu'un élève dissimule pour frauder lors d'un examen.

**antisécrétoire** *a, nm* PHARM Se dit d'une substance qui s'oppose aux sécrétions gastriques.

**antiségrégationniste** *a, n* Qui est opposé à la ségrégation raciale.

**antisémitisme** *nm* Racisme à l'égard des juifs. DER **antisémite** *n, a*

**antisens** *a, nm* PHARM Qui agit en bloquant l'action des gènes indésirables.

**antisepsie** *nf* MED Ensemble des méthodes de destruction des bactéries.

**antiseptique** *a, nm* Qui détruit les bactéries et empêche leur prolifération. ETY Du gr. *sêpsis*, « putréfaction ».

**antisexiste** *a* Opposé au sexisme.

**antisionisme** *nm* Hostilité à l'existence de l'État d'Israël. DER **antisioniste** *a, n*

**antisismique** *a* Qui résiste aux séismes.

**antislash** *nm* INFORM Caractère typographique en forme de barre oblique inversée, servant à séparer des éléments.

**antisocial, ale** *a* **1** Contraire aux lois de la société, à l'ordre social. **2** Qui va à l'encontre des besoins, des intérêts des travailleurs. **3** Qui s'oppose aux normes morales d'un groupe social donné. PLUR antisociaux.

**antisolaire** *a* Qui protège du soleil.

**antispasmodique** *a, nm* MED Qui combat les spasmes.

**antisportif, ive** *a* Contraire à l'esprit sportif.

**antistatique** *a, nm* Qui réduit, annule l'électricité statique. *Un chiffon antistatique.*

**Antisthène** (Athènes, v. 444 –?, 365 av. J.-C.), philosophe grec, disciple de Socrate. Il fonda l'école cynique.

**antistress** *a* Qui s'oppose au stress.

**antistrophe** *nf* METR ANC Seconde strophe des stances lyriques grecques, de même structure que la première et lui répondant. ETY Du gr. *antistrophê*, « retournement ».

**antisubversif, ive** *a* Qui combat la subversion.

**antisudoral, ale** *a, nm* MED Se dit d'un produit qui combat la transpiration excessive. PLUR antisudoraux.

**antisyndical, ale** *a* Hostile aux syndicats. PLUR antisyndicaux.

**antisystème** *a* POLIT Hostile au système en place.

**antitabac** *a inv* Hostile à l'usage du tabac.

**Anti-Taurus** massif de Turquie, au N.-E. du Taurus ; 3 014 m au Berit Dag.

**antiterroriste** *a* Qui lutte contre le terrorisme.

**antitétanique** *a* MED Qui prévient le tétanos. *Sérum, vaccin antitétanique.*

**antithermique** *a, nm* Syn. de *fébrifuge*.

**antithèse** *nf* **1** Rapprochement de deux termes opposés, souvent abstraits, afin de les mettre en valeur l'un par l'autre. **2** Chose, idée opposée à une autre. *L'anarchie est l'antithèse de la dictature.* **3** PHILO Deuxième temps du raisonnement dialectique, opposé à la thèse et dépassé avec elle dans l'opération de synthèse. ETY Du gr.

**antithétique** *a* Qui forme antithèse. *Arguments antithétiques.*

**antithrombine** *nf* MED Substance qui inactive la thrombine. VAR **antithrombique**

**antithrombotique** *a, nm* MED Destiné à combattre la thrombose.

**antithyroïdien, enne** *a, nm* MED Destiné à combattre l'hyperthyroïdie.

**antitout** *a inv, n inv* fam Qui fait de l'opposition systématique.

**antitoxine** *nf* MED Anticorps qui neutralise les toxines sécrétées par certaines bactéries.

**antitoxique** *a, nm* PHARM Qui agit contre les toxines.

**antitranspirant** → **antiperspirant.**

**antitrust** *a* Opposé à la naissance ou au développement des trusts. PHO [ɑ̃titʀœst]

**antituberculeux, euse** *a* MED Propre à dépister, à combattre la tuberculose.

**antitumoral, ale** *a, nm* MED Syn. de *anticancéreux*. PLUR antitumoraux.

**antitussif, ive** *a, nm* MED Se dit d'un médicament qui calme ou supprime la toux.

**antiulcéreux, euse** *a, nm* Se dit d'un produit qui combat les ulcères gastriques.

**anti-UV** *a inv* Destiné à protéger contre les effets nocifs des rayons ultraviolets.

**antivariolique** *a inv* Qui agit contre la variole.

**antivénérien, enne** *a* MED Propre à dépister, à combattre les maladies vénériennes.

**antivenimeux, euse** *a* Qui prévient, combat les effets d'un venin.

**antiviral, ale** *a, nm* MED Se dit d'une substance utilisée pour lutter contre la pénétration ou le développement de virus dans l'organisme. PLUR antiviraux.

**antivirus** *nm* Logiciel qui détecte et détruit les virus informatiques.

**antivitamine** *nf* BIOCHIM Substance naturelle ou synthétique qui entre en compétition dans l'organisme avec une vitamine, en contrariant son action sans en posséder les effets.

**antivol** *nm* Dispositif de sécurité destiné à empêcher le vol.

**Antofagasta** port du nord du Chili ; 204 580 hab. ; ch.-l. de la rég. du m. nom. Exportation de nitrates, de cuivre ; fonderies.

**Antoine (saint)** (Qeman, Haute-Égypte, 251 – Qolzum, 356), anachorète de la Thébaïde. Pendant son séjour dans le désert, il subit des visions et des tentations.

**Antoine de Padoue (saint)** (près de Lisbonne, 1195 – Arcella, près de Padoue, 1231), franciscain portugais. Il prêcha en France et en Italie. Docteur de l'Église.

**Antoine Marie Zaccaria (saint)** (Crémone, v. 1502 – id., 1539), religieux italien. Il fonda en 1530 la congrégation des *clercs réguliers de Saint-Paul*, appelés aussi *barnabites*.

**Antoine Marc** (en lat. *Marcus Antonius*) (v. 83 – Alexandrie, 30 av. J.-C.), général romain. Lieutenant de César, il forma après la mort de celui-ci le second triumvirat avec Octave (le futur Auguste) et Lépide (43 av. J.-C.). Vainqueur de Brutus et Cassius à Philippes, il obtint l'Orient. Il s'éprit de Cléopâtre VII, reine d'Égypte, délaissant Rome et son épouse, Octavie, sœur d'Octave ; ce dernier le vainquit à Actium (31 av. J.-C.) ; assiégé dans Alexandrie, il s'y donna la mort. DER **antonien, enne** *a, n*

Marc Antoine

**Antoine Jacques Denis** (Paris, 1733 – id., 1801), architecte français : hôtel des Monnaies de Paris.

**Antoine André** (Limoges, 1858 – Le Pouliguen, 1943), acteur, metteur en scène, fondateur du Théâtre-Libre (1887) et cinéaste.

**Antoine et Cléopâtre** drame en 5 actes de Shakespeare (v. 1606).

**Antonello da Messina** Antonio di Salvatore, dit (Messine, v. 1430 – id., 1479), peintre italien, propagateur en Italie du procédé flamand de la peinture à l'huile.

**Antonescu** Ion (Pitești, 1882 – Jilava, 1946), maréchal roumain. Dictateur de 1940 à 1944, il s'allia à l'Allemagne et fut exécuté.

**Antonin** (saint) (Florence, 1389 – id., 1459), dominicain, archevêque de Florence (1445) ; auteur d'une *Somme de théologie morale*.

**Antonin le Pieux** Titus Aurelius Fulvius Antoninus Pius, dit (Lanuvium, auj. Lanuvio, 86 – Lorium, 161), fils adoptif d'Hadrien, empereur romain de 138 à 161.

**Antonins (les)** nom donné aux sept empereurs romains qui se succédèrent de 96 à 192 : Nerva, Trajan, Hadrien, Antonin le Pieux, Marc Aurèle (associé à Lucius Verus) et Commode.

**Antonioni** Michelangelo (Ferrare, 1912 – Rome, 2007), cinéaste italien : *le Cri* (1957), *l'Avventura* (1959), *le Désert rouge* (1964), *Blow up* (1966).

**Antonioni** *la Nuit*, 1961, avec J. Moreau et M. Mastroianni

**Antonmarchi** François (Morsiglia, 1780 – Cuba, 1838), médecin, à Sainte-Hélène, de Napoléon Ier, dont il moula le masque mortuaire. VAR **Antommarchi**

**antonomase** *nf* RHET Emploi d'un nom commun ou d'une périphrase à la place d'un nom propre ou inversement : *« Un Néron » est une antonomase pour « un tyran cruel ».*

**Antony** ch.-l. d'arr. des Hauts-de-Seine ; 61 265 hab. – Résidence universitaire. DER **antonien, enne** *a, n*

**antonyme** *nm* Mot dont le sens est opposé à celui d'un autre. *Grand est l'antonyme de petit.* ANT synonyme. ETY Du gr. *onoma*, « nom ». DER **antonymie** *nf* – **antonymique** *a*

**antral, ale** *a* De l'antre pylorique. *Gastrite antrale.* PLUR antraux.

**antre** *nm* **1** Cavité naturelle, souterraine, servant de repaire à un fauve. **2** Habitation d'une personne un peu sauvage, qui s'entoure de mystère. **3** ANAT Cavité naturelle de certains organes du corps humain.

**antrustion** *nm* HIST Guerrier faisant partie de la suite d'un roi, chez les Francs. ETY De l'anc. haut all.

**Antsirabé** v. de Madagascar, sur l'Imérina ; 78 940 hab. Station thermale.

**Antsiranana** anc. *Diégo-Suarez*, port de Madagascar, à l'extrémité N. de l'île ; 100 000 hab. ; ch.-l. de province. Port militaire.

**Antunes** Antonio Lobo (Lisbonne, 1942), romancier portugais : *le Cul de Judas* (1979), *le Retour des caravelles* (1988).

**Anubis** dieu égyptien des Morts, au corps d'homme et à la tête de chacal.

**Anuradhapura** site archéologique situé au nord-est du Sri Lanka. Considérée comme la capitale politique et religieuse (bouddhique) de Ceylan pendant près de 1 300 ans, la ville sainte fut abandonnée en 993 à la suite d'invasions. Longtemps ensevelis sous la végétation, les palais et les monastères sont auj. dégagés.

**anurie** *nf* MED Absence d'urine dans la vessie, due le plus souvent à l'arrêt de la sécrétion rénale.

**anus** *nm* Extrémité distale du tube digestif par où sortent les excréments, constituée, chez les mammifères, par deux sphincters qui en assurent la fermeture. LOC MED *Anus artificiel :* établi chirurgicalement et débouchant sur la paroi abdominale. PHO [anys] ETY Mot lat., « anneau ».

**Anvers** (prov. d') prov. du N. de la Belgique ; 2 861 km² ; 1 582 790 hab. ; ch.-l. *Anvers*. Elle s'étend sur la plaine sableuse de Campine. Vouée à l'élevage et aux cult. maraîchères à l'O., elle est industrialisée à l'E.

**Anvers** (en néerl. *Antwerpen*), v. et port de Belgique, sur l'Escaut, à 88 km de la mer du Nord ; 486 580 hab. (aggl.) ; ch.-l. de la prov. du m. nom. Le port, relié par canaux à Liège (canal Albert) et au Rhin, est le 3e port européen et un grand centre industriel. – Cath. Notre-Dame (goth.), la plus grande de Belgique. Nombr. musées ; maison de Rubens. Parc zoologique. DER **anversois, oise** *a, n*

**Anvers** le vieux port

**anxiété** *nf* Grande inquiétude. SYN angoisse. ANT quiétude. ETY Du lat.

**anxieux, euse** *a, n* **A** *a* **1** Qui exprime l'anxiété. *Un regard anxieux.* **2** Qui s'accompagne d'anxiété. *Une attente anxieuse.* **3** Qui éprouve de l'anxiété. *L'incertitude la rend anxieuse.* **B** *n* Personne anxieuse. DER **anxieusement** *av*

**anxiodépressif, ive** *a* Qui combine l'anxiété et la dépression.

**anxiogène** *a* didac Qui provoque l'anxiété.

**anxiolytique** *a, nm* MED Se dit d'une substance destinée à combattre l'anxiété.

**Anubis** tombeau d'Horemheb (XIVe s. av. J.-C.) – Vallée des Rois, Égypte

**Anzengruber** Ludwig (Vienne, 1839 – id., 1889), écrivain autrichien, auteur de drames, de farces et de romans populaires.

**Anzin** com. du Nord, banlieue de Valenciennes ; 14 052 hab. DER **anzinois, oise** *a, n*

**Anzio** (anc. *Antium*), port d'Italie (Latium), sur la mer Tyrrhénienne ; 27 090 hab. Industr. alim. Stat. baln. – Débarquement allié en 1944.

**AOC** *nf* Abrév. de *appellation d'origine contrôlée.*

**A-OF** Sigle de *Afrique-Occidentale française.*

**AOL Time Warner** groupe de communication américain constitué en 2001 de la fusion d'*American On line*, fournisseur d'accès à Internet et de *Time Warner*, leader mondial des médias.

**AOP** *nf* Abrév. de *appellation d'origine protégée.*

**aoriste** *nm* GRAM Temps de la conjugaison grecque indiquant un passé indéterminé.

**aorte** *nf* Artère principale de l'organisme par laquelle le sang, chargé d'oxygène et expulsé du ventricule gauche, gagne les artères viscérales et celles des membres. ETY Du gr. DER **aortique** *a*

**aortite** *nf* Inflammation de la paroi aortique.

**aortographie** *nf* MED Radiographie de l'aorte après injection d'un produit de contraste.

**Aoste** ville d'Italie, sur la Doire Baltée ; 37 680 hab. ; ch.-l. de la rég. auton. du Val d'Aoste. Élevage. Centre sidérurgique et touristique. – Mon. romains et médiévaux.

**Aouad** Toufic Youssef (Bhersaf, 1911 – Beyrouth, 1989), romancier libanais : *le Pain* (1939), *les Moulins de Beyrouth* (1973).

**Aoudh** contrée du N. de l'Inde (Uttar Pradesh), incorporée dans les royaumes indo-grecs, l'empire des Kushāna, puis des Gupta. VAR **Oudh**

**août** *nm* Huitième mois de l'année, comprenant trente et un jours. *La mi-août, le 15 août.* PHO [u(t)] ETY Du lat. *augustus*, « mois d'Auguste ». VAR **aout**

**août 1789** (nuit du 4) nuit au cours de laquelle la Constituante vota l'abrogation des derniers privilèges de la noblesse et du clergé.

**août 1792** (journée du 10) journée au cours de laquelle les révolutionnaires parisiens et les fédérés marseillais occupèrent l'Hôtel de Ville puis, massacrant les gardes suisses, prirent le chât. des Tuileries. Le roi se plaça sous la protection de l'Assemblée législative, qui suspendit ses pouvoirs.

**aoûtat** *nm* Acarien, qui se multiplie surtout en été et dont la piqûre provoque des démangeaisons douloureuses. PHO [auta] VAR **aoutat**

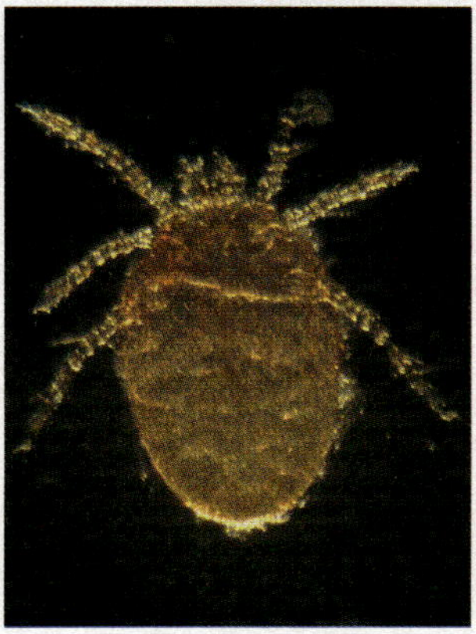

**aoûtat** larve grossie 150 fois

**aoûtement** *nm* **1** ARBOR Lignification des rameaux à la fin de l'été. **2** Maturation des fruits par la chaleur. VAR **aoutement** DER **aoûter** ou **aouter** *vi* ①

**aoûtien, enne** *n* fam Personne qui prend ses vacances au mois d'août. VAR **aoutien, enne**

**Aozou (bande d')** extrémité nord du Tchad, occupée par la Libye de 1972 à 1994.

**APA** *nf* Abrév. de *allocation personnalisée d'autonomie*, destinée à une personne âgée qui ne peut plus assurer seule sa vie quotidienne.

**Apaches** Indiens de l'Amérique du Nord. Ils vivent auj. dans des réserves du S.-O. des États-Unis. DER **apache** *a*

**apagogie** *nf* LOG Raisonnement par l'absurde.

**apaiser** *vt* ① **1** Ramener qqn au calme. *Apaiser une foule.* **2** Rendre qqch moins violent, moins agité ; adoucir. *Apaiser une rancœur, une douleur. La mer s'apaise.* ETY De *a-* et *paix*. DER **apaisant, ante** *a* – **apaisement** *nm*

**apanage** *nm* **1** HIST Portion du domaine royal attribuée par le roi à ses fils puînés et à leur descendance mâle. **2** fig Ce qui est le propre de. *La raison est l'apanage de l'homme.* SYN privilège. ETY De l'a. v. *apaner*, « donner du pain, doter ».

**aparté** *nm* **1** Ce qu'un acteur dit à part soi et qui est censé n'être entendu que par les spectateurs. **2** Bref entretien particulier dans une réunion. *Cessez vos apartés et mêlez-vous à la conversation. Il l'a pris en aparté.* ETY De l'ital. *a parte*, « à l'écart ».

**apartheid** *nm* Ségrégation raciale institutionnalisée, qui fut pratiquée systématiquement en Afrique du Sud jusqu'en 1991. PHO [apaʀtɛd] ETY Mot afrikaans, « séparation ».

manifestation contre l'**apartheid,** en Afrique du Sud en mai 1990

**apathie** *nf* **1** PHILO Chez les stoïciens, indifférence du sage à tout mobile sensible. **2** Caractère d'une personne indifférente à l'émotion ou aux désirs. *On ne peut le tirer de son apathie.* SYN indolence. ETY Du gr. DER **apathique** *a* – **apathiquement** *av*

**apatite** *nf* MINER Phosphate de calcium naturel renfermant du chlore ou du fluor, très répandu dans les roches éruptives.

**apatride** *n, a* **1** Personne sans patrie. **2** Personne sans nationalité. DER **apatridie** *nf*

**Apchéron (presqu'île d')** en Azerbaïdjan, s'avançant dans la mer Caspienne. Gisements de pétrole (Bakou).

**APD** *nf* Journée d'information destinée aux jeunes, instaurée après la suppression de la conscription. ETY Abrév. de journée d'*appel de préparation à la défense*.

**Apeldoorn** ville résidentielle des Pays-Bas (Gueldre) ; 146 340 hab. Industries.

**Apelle** (IVe s. av. J.-C.), célèbre portraitiste grec de la cour d'Alexandre le Grand. Aucune de ses œuvres ne nous est parvenue.

**Apennin (l')** chaîne de montagnes qui s'étend du N. au S. de l'Italie, sur 1 300 kilomètres env. ; 2 912 mètres au Gran Sasso (Abruzzes). VAR **les Apennins**

**aperception** *nf* PHILO, PSYCHO Perception claire, par oppos. à perception inconsciente.

**apercevoir** *v* ⑤ **A** *vt* **1** Discerner, distinguer. *J'aperçois une barque à l'horizon.* **2** Voir brièvement. *Je l'ai aperçu hier.* **3** fig Saisir par la pensée. *J'aperçois ses raisons.* **B** *vpr* Remarquer, prendre conscience de. *Il s'est aperçu du piège qu'on lui tendait.* ETY Du lat. *percipere*, « saisir par les sens ».

**aperçu** *nm* **1** Coup d'œil rapide ; première vue sur une question, un objet. *Nous n'avons eu qu'un aperçu du pays.* **2** Exposé sommaire.

**Aperghis Georges** (Athènes, 1945), compositeur grec installé en France, initiateur du « théâtre musical » : *Pandæmonium* (1973).

**apériodique** *a* PHYS Se dit d'un appareil de mesure tendant sans oscillation vers sa position d'équilibre.

**apériteur** *nm* DR En cas d'assurance multiple, celui des assureurs qui a qualité pour représenter le groupe.

**apéritif, ive** *a, nm* **A** *a* Qui ouvre l'appétit. *Médicament apéritif.* **B** *nm* Boisson qui se sert avant les repas. ETY Du lat. *aperire*, « ouvrir ».

**apéro** *nm* fam Apéritif.

**aperture** *nf* PHON Ouverture du canal bucal pendant l'émission phonique.

**apesanteur** *nf* ESP Absence de pesanteur.

**apétale** *a, nf* BOT Se dit d'une plante dicotylédone dépourvue de corolle, tels le chêne, le gui, l'oseille, etc.

**à-peu-près** *nm inv* Chose vague, imprécise, incomplète.

**apeurer** *vt* ① Effaroucher, effrayer.

**apex** *nm* **1** ANAT Extrémité d'un organe. Sa pointe. **2** ASTRO Point de l'espace vers lequel le système solaire semble se diriger.

**aphaniptère** *nm* ENTOM Syn. de *siphonaptère*.

**aphasie** *nf* MED Altération du langage ou de sa compréhension, consécutive à une lésion cérébrale, sans atteinte fonctionnelle de la langue ni du pharynx. ETY Du gr. DER **aphasique** *a, n*

**aphélie** *nm* ASTRO Point de l'orbite d'une planète ou d'une comète le plus éloigné du Soleil. ANT périhélie. ETY Du gr. *hêlios*, « soleil ».

**aphérèse** *nf* LING Chute d'un son, d'une syllabe au début d'un mot. *Bus est une aphérèse pour autobus.* ETY Du lat d'orig. gr *aphæresis*, « action d'enlever ».

**aphidien** *nm* Insecte homoptère tel que le puceron.

**aphone** *a* Qui n'émet pas, ou plus, de son. ETY Du gr.

**aphonie** *nf* MED Perte de la voix par atteinte de l'appareil vocal.

**aphorisme** *nm* Proposition concise résumant un point essentiel d'une théorie, d'une morale. *Les aphorismes d'Hippocrate.* SYN sentence. ETY Du gr. *aphorismos*, « définition ». DER **aphoristique** *a*

**aphrodisiaque** *a, nm* Se dit d'une substance qui stimule les désirs sexuels. ETY Du n. propre *Aphrodite*.

**aphrodisie** *nf* MED Exagération des désirs sexuels.

**Aphrodite** déesse de l'Amour et de la Beauté dans la myth. gr. (Vénus dans la myth. lat.). Elle déchaîne les passions des humains (ainsi que son fils Éros).

**Aphrodite** accroupie, marbre, Ier s. av. J.-C., école d'Alexandrie – musée de Rhodes

**aphte** *nm* MED Petite ulcération de la muqueuse buccale, linguale ou pharyngienne. PHO [aft] ETY Du gr. *aptein*, « brûler ».

**aphteux, euse** *a* **1** MED Accompagné d'aphtes. **2** VETER Atteint de la fièvre aphteuse. LOC ***Fièvre aphteuse*** : maladie éruptive d'origine virale, très contagieuse, qui atteint surtout le bétail, parfois transmissible à l'homme.

**aphtose** *nf* Maladie grave caractérisée par des aphtes buccaux, cutanés et génitaux.

**aphylle** *a, nf* BOT Se dit d'une plante dépourvue de feuilles.

**aphysie** *nf* Syn. de *lièvre de mer*.

**api-** Préfixe, du lat. *apis*, « abeille ».

**api (d')** LOC ***Pomme d'api*** : petite pomme ferme et sucrée, dont une face est rouge vif. ETY D'*Appius*, qui les aurait introduites à Rome.

**Apia** cap. et port des Samoa occid. ; 40 000 hab.

**à-pic** *nm* Pente abrupte. PLUR à-pics.

**apical, ale** *a* **1** ANAT Relatif à l'apex d'un organe. **2** PHON Se dit d'un son prononcé avec la pointe de la langue appuyée contre les dents, les alvéoles ou la voûte du palais (ex. [t, d]). PLUR apicaux.

**Apicius** (Ier s. av. J.-C.), auteur latin de traités gastronomiques.

**apicole** *a* Qui a rapport à l'apiculture. ETY Du lat. *apex, apicis*, « sommet ».

**apiculture** *nf* Art d'élever les abeilles en vue de récolter le miel et la cire. DER **apiculteur, trice** *n*

**Apis** dieu égyptien, adoré sous la forme d'un taureau ; incarnation successive du dieu Ptah et d'Osiris (*Osiris-Apis*, dieu des Morts).

**apitoyer** *v* ㉓ **A** *vt* Toucher de pitié. *Le récit de tous ses malheurs m'a apitoyé.* SYN émouvoir. **B** *vpr* Éprouver de la pitié. *Il ne mérite pas qu'on s'apitoie sur son sort.* DER **apitoiement** *nm*

**apivore** *a* Qui se nourrit d'abeilles.

**APL** *nm* Sigle de *aide personnalisée au logement*, prestation destinée à réduire les dépenses de logement en allégeant la charge du prêt pour les accédants à la propriété et la charge du loyer pour les locataires.

**aplacophore** *nm* ZOOL Mollusque primitif marin au corps allongé, dont le manteau sécrète des spicules calcaires.

**aplanir** *vt* ③ **1** Rendre plan, uni. *Aplanir un terrain.* SYN niveler, égaliser. **2** fig Diminuer l'importance de qqch de gênant, faire disparaître. *Aplanir les difficultés, les obstacles.* (DER) **aplanissement** *nm*

**aplasie** *nf* MED Arrêt du développement d'un tissu ou d'un organe après la naissance. *Aplasie médullaire.* (ETY) Du gr. *plasis,* « façon, modelage ». (DER) **aplasique** *a*

**aplat** *nm* **1** TECH Surface sans aucun dégradé ni blanc pur. **2** Bx-A Teinte plate, unie et soutenue sur toute sa surface.

**aplatir** *v* ③ **A** *vt* **1** Rendre plat. *Aplatir les coutures d'une robe.* **2** SPORT Au rugby, poser le ballon dans l'en-but adverse. **B** *vpr* **1** Plaquer son corps. *Ils s'aplatissent contre le mur.* **2** fig Agir servilement. *S'aplatir devant son chef.* **3** fam Tomber brutalement. (DER) **aplatissement** *nm*

**aplatissage** *nm* **1** TECH Action d'aplatir pour obtenir une plaque. **2** AGRIC Action d'aplatir le grain.

**aplite** *nf* Roche granitique à grain fin, formant des filons.

**aplomb** *nm* **A** **1** Direction verticale indiquée par le fil à plomb. *Prendre les aplombs d'un édifice.* **2** Position d'équilibre du corps. *Il a pu, en s'appuyant sur moi, reprendre son aplomb.* **3** fig Grande assurance. **4** péjor Audace excessive, effronterie. SYN fam culot, toupet. **B** *nm pl* Positions des membres de l'animal par rapport au sol. LOC ***D'aplomb*:** exactement vertical, en bonne santé.

**aplomber** *vt* ① Canada Mettre qqch d'aplomb, le caler.

**apnée** *nf* MED Arrêt des mouvements respiratoires. *Plongée sous-marine en apnée.* LOC MED ***Apnée du sommeil*:** syndrome se manifestant par des arrêts de la respiration pendant le sommeil. (ETY) Du gr.

**apnéique** *a, n* Relatif à l'apnée du sommeil ; qui y est sujet.

**apnéiste** *n* Plongeur en apnée.

**apo-** Préf., du gr. *apo,* « au loin, à l'écart ».

**Apo (mont)** volcan, point culminant des Philippines, dans le S. de l'île Mindanao ; 2 599 m.

**apocalypse** *nf* **1** Texte des religions juive et chrétienne prophétisant la fin du monde. **2** Fin du monde. **3** Destruction brutale et importante. (ETY) Du gr. *apocalupsis,* « révélation ».

**Apocalypse** le dernier livre du Nouveau Testament, écrit v. 95 et traditionnellement attribué à Saint Jean l'Évangéliste, qui décrit les sept visions de l'apôtre sur la fin du monde et annonce la victoire du Christ et de l'Église.

**Apocalypse (tenture de l')** tapisserie (1,07 × 5,5 m) du château du roi René, à Angers. Le lissier Nicolas Bataille l'exécuta entre 1377 et, semble-t-il, 1380. Il subsiste 69 scènes (sur 90 ou 105).

**Apis** stèle du serapeum de Memphis, v. X^e s. av. J.-C. – musée du Louvre

**apocalyptique** *a* **1** Relatif à une apocalypse, spécial. à l'Apocalypse. **2** Qui fait penser à la fin du monde.

**a poco** *av* MUS Insensiblement.

**apocope** *nf* LING Chute d'un ou de plusieurs sons, d'une ou de plusieurs syllabes à la fin d'un mot. *Auto est une apocope pour automobile.*

**apocrine** *nf* Glande exocrine dont seul le sommet des cellules est rempli de sécrétions et est expulsé.

**apocryphe** *a, nm* **1** Dont l'authenticité n'est pas établie, dont l'origine est douteuse. *Des peintures apocryphes.* **2** Se dit des textes bibliques non canoniques.

**apocynacée** *nf* BOT Plante dicotylédone gamopétale, dont certains genres fournissent du latex, d'autres des produits officinaux (pervenche, laurier-rose, etc.).

**apode** *a, nm* **A** *a* **1** didac Dépourvu de pied. *Vase apode.* **2** ZOOL Dépourvu de membres pairs. **B** *nm* **1** ZOOL Amphibien dépourvu de pattes tel que la cécilie. **2** Poisson téléostéen tel que l'anguille.

**apodictique** *a* PHILO Incontestable ; nécessaire (par oppos. à *problématique*).

**apodiforme** *nm* Oiseau de petite taille, très bon voilier, tels le martinet et les colibris.

**apodose** *nf* GRAM Proposition principale précédée d'une subordonnée conditionnelle, ou *protase.* (ETY) Du gr. *apodosis,* « restitution ».

**apogamie** *nf* BIOL Mode de reproduction non sexuée, dans lequel le développement se fait à partir d'une seule cellule végétative.

**apogée** *nm* **1** ASTRO Point où un corps céleste se trouve à sa plus grande distance de la Terre. ANT périgée. **2** fig Point le plus élevé où l'on puisse parvenir. *Il est à l'apogée de sa gloire.* SYN sommet. (ETY) Du gr. *apogaion,* « point éloigné de la Terre ».

**apolipoprotéine** *nf* Protéine participant aux mécanismes de transport des graisses.

**apolitique** *a* Qui se situe en dehors de la lutte politique. *Association apolitique.* (DER) **apolitisme** *nm*

**Apollinaire** Wilhelm Apollinaris de Kostrowitzky dit **Guillaume** (Rome, 1880 – Paris, 1918), poète français d'origine italienne et polonaise. Dans ses poésies (*Alcools,* 1913 ; *Calligrammes,* 1918), ses récits (*le Poète assassiné*), ses chroniques (*le Flâneur des deux rives*), il associe le modernisme à un lyrisme traditionnel. Il fut aussi le théoricien du mouvement cubiste (*les Peintres cubistes,* 1913). (DER) **apollinarien, enne** *a*

polyptyque de l'**Apocalypse** *la Femme montée sur la Bête,* Jacobello Alberegno, XIV^e s. – galerie de l'Académie, Venise

**Guillaume Apollinaire**

**apollinien, enne** *a* PHILO Caractérisé par l'ordre, la mesure (par opposition à *dionysiaque*), chez Nietzsche.

**Apollo** astéroïde, découvert en 1932, dont l'orbite excentrique passe près de la Terre.

**Apollo (programme)** programme spatial (1968-1972) qui permit aux Américains de déposer le premier homme sur la Lune (1969). ▶ illustr. **lune**

**Apollodore de Damas** dit **le Damascène** (Damas, v. 60 –?, 129), architecte grec : monuments du forum de Trajan à Rome.

**apollon** *nm* **1** fam Homme harmonieux dans ses proportions, très beau. **2** ENTOM Lépidoptère diurne des montagnes d'Europe et d'Asie. (ETY) Du n. pr.

**Apollon** dieu grec du Jour, fils de Zeus et de Léto, personnification du Soleil, symbole de la lumière civilisatrice, protecteur des arts et des lettres. (VAR) **Phébus** (DER) **apollinien, enne** *a*

***Apollon*** *de Piombino,* bronze, V^e s. av. J.-C. – musée du Louvre

**Apollonia** anc. v. de l'Illyrie, auj. *Poiani* (Albanie), fondée en 588 av. J.-C. ; foyer intellectuel gréco-romain.

**Apollonios de Perga** (Perga, v. 262 –?, v. 180 av. J.-C.), géomètre grec de l'école d'Alexandrie : *Traité des sections coniques.*

**Apollonios de Rhodes** (Alexandrie, v. 295 –?, v. 230 av. J.-C.), poète épique (*les Argonautiques*) et grammairien grec.

**Apollonios de Tyane** (Tyane, ? – Éphèse, 97 apr. J.-C.), philosophe néo-pythagoricien d'Asie Mineure.

**apologétique** *a, nf* **A** *a* **1** didac Qui contient une apologie. **2** Qui fait l'apologie de la religion. **B** *nf* THEOL Partie de la théologie qui a pour objet de défendre le christianisme.

**apologie** *nf* **1** Paroles ou écrits destinés à justifier ou à défendre. *Faire l'apologie d'une idée.* **2** Éloge que l'on fait de. *Il a fait l'apologie de la ver-*

tu. SYN panégyrique. ANT critique. ETY Du gr. *apologia,* « défense, plaidoirie ».

**Apologie de Socrate** œuvres de Platon (399 av. J.-C.) et de Xénophon.

**apologiste** *n* 1 didac Personne qui fait une apologie. 2 Défenseur des dogmes de la religion chrétienne.

**apologue** *nm* Petit récit allégorique exposant une vérité morale.

**apomixie** *nf* BOT Reproduction sans fécondation chez certains végétaux.

**aponévrose** *nf* ANAT Membrane fibreuse qui enveloppe les muscles en les séparant les uns des autres. DER **aponévrotique** *a*

**apophonie** *nf* GRAM Modification du vocalisme d'une racine ou d'un radical dans une conjugaison, une déclinaison (par ex. : il *fait,* futur *fera*).

**apophtegme** *nm* didac Maxime mémorable d'un personnage éminent. PHO [apɔftɛgm]

**apophyse** *nf* ANAT Partie saillante des os qui permet leur articulation ou la fixation des muscles. DER **apophysaire** *a*

**apoplexie** *nf* MED Perte brusque de la connaissance et de la mobilité volontaire, due le plus souvent à une hémorragie cérébrale. ETY Du gr. *apoplêssein,* « renverser ». DER **apoplectique** *a, n*

**apoptose** *nf* BIOL Destruction physiologique des cellules, normale ou pathologique.

**aporie** *nf* LOG Difficulté logique sans issue.

**aposporie** *nf* BIOL Développement sans méiose préalable d'un embryon à partir d'une spore.

**apostasie** *nf* 1 RELIG Abandon public d'une religion au profit d'une autre. 2 Renonciation d'un religieux à ses vœux. 3 fig, litt Reniement. DER **apostasier** *vi* 2

**apostat** *nm* Celui qui a fait acte d'apostasier. *Julien l'Apostat.*

**a posteriori** *av* LOG En remontant des effets aux causes, des données de l'expérience aux lois. ANT a priori. ETY Du lat., « en partant de ce qui vient après ». VAR **à postériori**

**apostille** *nf* didac Annotation ou recommandation en marge d'un écrit. ETY Du lat. *post illa,* « après ces choses ».

**apostolat** *nm* 1 Ministère d'un apôtre. 2 Propagation de la foi. 3 fig Zèle à propager une doctrine, une cause. SYN prosélytisme. 4 Tâche, travail exigeant, abnégation et générosité.

**apostolique** *a* 1 Qui vient des apôtres. *La Sainte Église catholique, apostolique et romaine.* 2 Qui émane du Saint-Siège, relève de lui. *Nonce apostolique.* DER **apostoliquement** *av*

**1 apostrophe** *nf* 1 RHET Figure de rhétorique par laquelle on s'adresse directement aux personnes ou aux choses personnifiées. *« Ô cendres d'un époux ! ô Troyens ! ô mon père ! » sont des apostrophes de Racine.* 2 GRAM Mot au moyen duquel on s'adresse directement à une personne ou à une chose personnifiée (par ex. : « poète » dans *« Poète, prends ton luth »* de Musset). 3 Trait mortifiant lancé à qqn. *Essuyer une apostrophe.* ETY Du gr.

**2 apostrophe** *nf* Signe (') qui marque l'élision d'une voyelle. *S'il le faut, j'irai.* ETY Du gr.

**apostropher** *vt* 1 Interpeller qqn brutalement et sans égards.

**apothécie** *nf* BOT Carpophore très évasé de certains champignons ascomycètes.

**apothème** *nm* GEOM 1 Perpendiculaire abaissée du centre d'un polygone régulier sur un de ses côtés. 2 Perpendiculaire abaissée du sommet d'une pyramide régulière sur l'un des côtés de la base.

**apothéose** *nf* 1 ANTIQ GR, ROM Déification des empereurs romains après leur mort. 2 Honneur extraordinaire rendu à qqn, triomphe. 3 Partie finale la plus brillante de qqch. LOC *En apothéose :* triomphalement. ETY Du lat d'orig. gr.

**apothicaire** *nm* vx Pharmacien. LOC péjor *Comptes d'apothicaire :* très compliqués ou fortement majorés. ETY Du gr. *apothêkê,* « boutique ».

**apôtre** *nm* 1 Chacun des douze disciples de Jésus-Christ, qu'il choisit pour prêcher l'Évangile (Pierre et André son frère, Jacques le Majeur et son frère Jean l'Évangéliste, Philippe, Barthélemy, Matthieu, Thomas, Jacques le Mineur, Simon, Jude, encore appelé Thaddée, et Judas, remplacé par Mathias après sa mort ; aux douze, on associe d'ordinaire Paul, l'Apôtre des gentils). 2 fig Ardent propagateur de qqch. *Se faire l'apôtre d'une cause.* LOC péjor *Faire le bon apôtre :* contrefaire l'homme de bien. ETY Du gr. *apostolos,* « envoyé ».

**apotropaïque** *a* didac Qui vise à détourner de soi les forces du mal (objet, formule, signe). ETY Du gr.

**Appalaches** massif hercynien de l'E. des É.-U., entre le Saint-Laurent et l'Alabama, s'étendant sur 2 000 kilomètres ; 2 038 mètres au mont Mitchell.

**appalachien, enne** *a* LOC GEOL *Relief appalachien :* issu de l'aplanissement d'une structure plissée et soumis, à la suite d'un soulèvement, à l'érosion qui dégage les roches dures.

**apparaître** *vi* 73 1 Devenir visible, se montrer brusquement. *Une voile apparaît à l'horizon.* 2 Se manifester par une apparition. *Hamlet vit apparaître le spectre de son père.* 3 fig Se montrer, se découvrir. *Votre hypocrisie apparaît au grand jour.* SYN se révéler. 4 Sembler. *L'obscurité lui apparaissait terrifiante.* LOC *Apparaître comme :* se présenter à l'esprit sous un certain aspect. — *Il apparaît que :* il résulte de ces faits que, il est clair que. ETY Du lat. VAR **apparaitre**

**apparat** *nm* Majesté pompeuse, faste solennel. *Tenue d'apparat.* LOC *Apparat critique :* ensemble des notes et des variantes figurant dans l'édition critique d'un texte. ETY Du lat. *apparatus,* « préparatifs ».

**apparatchik** *nm* Membre de l'appareil d'un parti, d'un syndicat. ETY Mot russe.

**apparaux** *nm pl* 1 MAR Appareils nécessaires à l'équipement et aux manœuvres d'un navire. 2 GYM Appareils de culture physique.

**appareil** *nm* 1 Ensemble de pièces, d'organes mécaniques destinés à un usage particulier. *Appareil photographique.* SYN machine, instrument. 2 Téléphone. 3 Avion. *L'appareil va décoller.* 4 Instrument de contention qui maintient un membre cassé, une partie du corps déformée. 5 Ensemble d'éléments, d'organes administratifs qui participent à une même fonction. *Appareil d'État.* 6 ARCHI Disposition des pierres dans un ouvrage de maçonnerie. *Édifice en grand appareil.* 7 ANAT Ensemble d'organes qui remplissent une fonction dans le corps. *Appareil digestif.* 8 vx, litt Apparence, apprêt. *En pompeux appareil.* LOC *Appareil critique :* syn. de *apparat critique.* — *Appareil dentaire :* prothèse dentaire. — *Appareil psychique :* le psychisme considéré du point de vue de son fonctionnement. — *Être dans son plus simple appareil :* être nu. ETY Du lat. *apparare,* « préparer ».

**1 appareillage** *nm* 1 MAR Action d'appareiller ; manœuvres faites au moment de quitter le port, le mouillage. 2 TECH Action d'appareiller des pierres ; disposition qui en résulte.

**2 appareillage** *nm* TECH Ensemble d'appareils, de dispositifs. *Appareillage électrique.*

**appareillement** *nm* Action d'appareiller des animaux domestiques.

**1 appareiller** *v* 1 **A** *vt* 1 MED Mettre en place une prothèse. *Appareiller un sourd.* 2 TECH Tailler des pierres en vue de leur pose. **B** *vi* MAR Quitter le mouillage. *La flotte a appareillé.* ETY De *appareil.* DER **appareillable** *a*

**2 appareiller** *vt* 1 1 Mettre ensemble, réunir des choses pareilles, assortir. 2 Accoupler des animaux pour la reproduction. ETY De *pareil.*

**apparemment** *av* Selon les apparences, vraisemblablement. ANT effectivement. PHO [aparamɑ̃]

**apparence** *nf* 1 Aspect extérieur d'une chose ou d'une personne ; façon dont elle se présente à notre vue. *L'immeuble a belle apparence.* SYN aspect, tournure. 2 Ce qu'une chose semble être, par oppos. à ce qu'elle est réellement. *Il ne faut pas se fier aux apparences.* SYN façade. 3 PHILO Phénomène (par oppos. à *noumène*). LOC *En apparence :* extérieurement, d'après ce que l'on voit. ETY Du lat.

**apparent, ente** *a* 1 Qui est bien visible, qui apparaît clairement. *Un détail apparent.* 2 Qui n'est pas tel qu'il paraît être. *La grandeur apparente du Soleil.* LOC ASTRO *Hauteur apparente d'un astre :* angle que fait avec l'horizon le rayon visuel aboutissant à cet astre. — *Mouvement apparent :* mouvement que paraît avoir un corps lorsque l'observateur est lui-même en mouvement. — PHYS *Poids apparent d'un corps dans un fluide :* différence entre le poids réel et la poussée d'Archimède.

**apparentement** *nm* 1 Fait de s'apparenter. 2 POLIT Alliance électorale qui permet que les voix d'une liste soient reportées sur l'autre, dans certains systèmes de représentation proportionnelle.

**apparenter (s')** *vpr* 1 1 S'allier par un mariage. 2 fig S'unir par communauté d'idées, d'intérêts. 3 fig Avoir une ressemblance avec. *Le style de cet auteur s'apparente à celui de Proust.* DER **apparenté, ée** *a*

**apparier** *vt* 2 1 Assortir par paire. *Apparier des gants.* 2 Accoupler un mâle et une femelle. *Apparier des pigeons.* DER **appariement** *nm*

**appariteur** *nm* Huissier d'une université.

**apparition** *nf* 1 Action d'apparaître. 2 Manifestation visible d'un être surnaturel. *Apparitions de la Vierge à Lourdes.* LOC *Ne faire qu'une apparition :* ne rester qu'un instant.

**apparoir** → **appert (il).**

**appartement** *nm* Ensemble de pièces faisant partie d'un immeuble collectif, constituant une habitation indépendante. LOC *Vente par appartements :* liquidation d'une entreprise dont on vend séparément les différentes parties. ETY De l'ital. *appartare,* « séparer ».

**appartenance** *nf* Fait d'appartenir. *L'appartenance à un syndicat.*

**appartenir** *v* 36 **A** *vti* 1 Être la propriété de qqn en vertu d'un droit, d'une autorité. *Cette maison-là m'appartient.* 2 Être propre à. *La gaieté appartient à l'enfance.* 3 Faire partie de. *Appartenir à une administration.* **B** *v impers* Être du ressort de. *Il ne m'appartient pas de choisir.* **C** *vpr* Ne dépendre que de soi-même. *Depuis qu'elle a des enfants, elle ne s'appartient plus.* ETY Du lat. *adpertinere,* « être attenant ».

**appas** *nm pl* litt 1 Ce qui séduit, charme. *Les appas de la gloire.* 2 Formes épanouies du corps féminin qui éveillent le désir. VAR **appâts**

**appassionato** *av* MUS Avec passion. ETY Mot ital.

**appât** *nm* 1 Pâture employée pour attirer les animaux qu'on veut prendre. SYN amorce. 2 fig Ce qui attire, exerce une attraction sur qqn. *L'appât du gain.* ETY De l'anc. franç. *past,* « nourriture ».

**appâter** *vt* 1 Attirer avec un appât.

**appauvrir** *v* ③ **A** *vt* Rendre pauvre. **B** *vpr* Perdre de sa richesse, de sa valeur. (DER) **appauvrissement** *nm*

**appeau** *nm* **1** Instrument imitant le cri d'un oiseau. **2** Oiseau ou simulacre employé pour attirer d'autres oiseaux. (ETY) Var. de *appel*, en a. fr.

**appel** *nm* **1** Action d'appeler par la voix, par un geste. *J'ai entendu votre appel.* **2** Action d'appeler nommément quelqu'un pour s'assurer de sa présence. *Faire l'appel des écoliers.* **3** Action d'appeler au moyen d'un signal des hommes à s'assembler. *Battre, sonner l'appel.* **4** Action de convoquer des militaires. *Appel des réservistes, du contingent.* **5** Invitation, incitation. *Appel à la révolte.* **6** DR Voie de recours ordinaire par laquelle une partie qui n'a pas obtenu satisfaction devant le juge au premier degré soumet le jugement à une juridiction au second degré (cour d'appel), pour en obtenir la réformation. **LOC** TECH ***Appel d'air*** : courant d'air qui facilite la combustion d'un foyer ; fig force qui entraîne, attire, impulse. — FIN ***Appel de fonds*** : demande de nouveaux fonds aux actionnaires, aux copropriétaires, etc. — ADMIN ***Appel d'offres*** : procédure administrative mettant en concurrence divers fournisseurs avant conclusion d'un marché public. — SPORT ***Prendre son appel*** : prendre son élan en appuyant sur le sol le pied qui va assurer la projection du corps. — COMM ***Produit d'appel*** : destiné à attirer la clientèle par son prix avantageux.

**Appel** Karel (Amsterdam, 1921 – Zurich, 2006), peintre néerlandais, membre du groupe Cobra.

**appelant, ante** *a, n* **A** *a* DR Qui fait appel d'un jugement. **B** *nm* Oiseau servant d'appeau. **C** *n* Personne qui fait un appel téléphonique.

**appelé, ée** *a, n* **A** *a* **1** Nommé. *Simon appelé ensuite Pierre par Jésus.* **2** Dans l'obligation de, destiné à. *Il sera appelé à vendre sa maison. Il est appelé à une brillante carrière.* **B** *n* **1** Jeune personne appelée pour son rendez-vous citoyen. **2** RELIG Personne vouée au service de Dieu.

**appeler** *v* ⑲ **A** *vt* **1** Se servir de la voix pour faire venir. *Appeler au secours.* **2** Inviter qqn à venir, le demander. *Appeler les pompiers.* **3** Téléphoner. *Je vous appellerai demain.* **4** Rendre nécessaire, exiger. *Le crime appelle la sévérité des lois.* SYN impliquer. **5** Nommer, donner un nom. *Ceux qu'on appelait les Justes.* **B** *vpr* Avoir pour nom. *Comment t'appelles-tu ?* **LOC** DR ***Appeler d'un jugement*** : déférer un jugement à la censure d'une juridiction supérieure. — ***Appeler qqn sous les drapeaux*** : l'incorporer dans l'armée. — ***En appeler à*** : invoquer. (ETY) Du lat. *appellare*, « s'adresser à qqn ».

**Appelfeld** Aharon (Jagova, Roumanie, 1932), écrivain israélien : *Histoire d'une vie* (2004).

**appellatif, ive** *a, nm* LING Se dit d'un type de mots pouvant servir à interpeller l'interlocuteur. *Madame, citoyen sont des appellatifs.*

**appellation** *nf* Action, façon d'appeler une chose. *Appellation injurieuse.* **LOC** COMM ***Appellation d'origine contrôlée (AOC)*** : garantissant l'origine de vins et de produits agroalimentaires. — ***Appellation d'origine protégée (AOP)*** : garantissant la qualité et l'origine d'un produit à l'échelle de l'Union européenne.

**appendice** *nm* **1** Partie qui est le prolongement d'une autre. SYN extrémité. **2** Supplément à un ouvrage, comportant des pièces justificatives, des notes, etc. **LOC** ANAT ***Appendice caudal*** : queue. — ***Appendice vermiculaire*** : diverticule de la portion terminale du cæcum. (ETY) Du lat.

**appendicectomie** *nf* CHIR Ablation de l'appendice vermiculaire.

**appendicite** *nf* MED Inflammation aiguë ou chronique de l'appendice vermiculaire.

**appendiculaire** *a, nm* **A** *a* Qui constitue un appendice, qui s'y rapporte. *Prolongement appendiculaire.* **B** *nm* ZOOL Tunicier pélagique ayant un très long appendice caudal.

**appentis** *nm* ARCHI **1** Toit d'un seul versant, appuyé contre un mur du côté supérieur et supporté par des piliers. **2** Petite construction s'appuyant contre un bâtiment. (PHO) [apɑ̃ti]

**appenzell** *nm* Variété de gruyère suisse, au goût fruité.

**Appenzell** v. du N.-E. de la Suisse ; 4 900 hab. ; ch.-l. du demi-cant. des Rhodes-Intérieures (relig. protestante), qui forme avec le demi-cant. des Rhodes-Extérieures (relig. cathol.) *le canton d'Appenzell.*

**appert (il)** *vi* **LOC** DR ***Il appert de*** : il résulte de. — ***Il appert que*** : il est évident que. (ETY) D'un anc. v. *apparoir*, « être apparent, évident », du lat. *apparere*, « apparaître ».

**Appert** Nicolas (Châlons-en-Champagne, 1749 – Massy, 1841), industriel français ; inventeur de l'appertisation.

**appertisation** *nf* TECH Procédé de conservation des aliments consistant en une stérilisation par la chaleur dans un récipient clos. (ETY) Du n. de son inventeur, N. *Appert.* (DER) **appertisé, ée** *a*

**appesantir** *v* ③ **A** *vt* **1** Rendre plus pesant. **2** Rendre moins léger, moins actif. *L'âge appesantit sa démarche, son esprit.* SYN alourdir. **B** *vpr* S'attarder, insister sur. *S'appesantir sur un sujet.* (DER) **appesantissement** *nm*

**appétence** *nf* litt Inclination qui pousse quelqu'un à satisfaire un désir, un besoin (notam. alimentaire). ANT inappétence.

**appétissant, ante** *a* **1** Qui excite l'appétit. *Gâteau appétissant.* **2** fig, fam Qui éveille le désir, séduit. *Femme appétissante.*

**appétit** *nm* **A 1** Besoin, plaisir de manger. *Avoir un gros appétit.* **2** Désir impérieux de qqch. *Appétit d'honneurs.* **B** *nm pl* Inclination qui a pour objet la satisfaction d'un besoin organique. *Appétits sexuels.* (ETY) Du lat. *appetitus*, « désir ».

**Appien** (IIᵉ s. apr. J.-C.), historien grec d'Alexandrie : *Histoire romaine.*

**Appienne (voie)** (en lat. *via Appia*) route amorcée en 312 av. J.-C. par le censeur Appius Claudius et qui, terminée par Auguste, allait de Rome à Brindisi par Capoue.

**applaudimètre** *nm* Appareil censé mesurer le succès d'un spectacle à l'intensité des applaudissements.

**applaudir** *v* ③ **A** *vi, vt* Approuver, saluer en battant des mains. **B** *vti* Approuver sans réserve. *Applaudir à une proposition.* **C** *vpr* Se féliciter de. *Il s'applaudit de la décision qu'il a prise.*

**applaudissements** *nm pl* Battements répétés des mains l'une contre l'autre en signe d'enthousiasme. *Une tempête d'applaudissements.*

**Apple** société américaine fondée en 1976. Elle donna une forte impulsion au développement de la micro-informatique.

**Appleton** sir Edward Victor (Bradford, 1892 – Édimbourg, 1965), physicien anglais : travaux sur l'ionosphère. Prix Nobel 1947.

**applet** *nf* INFORM Application de taille réduite, exécutant une fonction élémentaire, et que l'on peut télécharger sur son ordinateur. SYN appliquette, microprogramme. (PHO) [aplɛt] (ETY) Mot angl.

**applicable** *a* Qui doit ou qui peut être appliqué. *La loi est applicable à tous.* (DER) **applicabilité** *nf*

**applicateur** *am, nm* Qui permet d'appliquer un produit sur une surface.

**applicatif, ive** *a* INFORM Qui concerne une application informatique. *Module applicatif.*

**application** *nf* **1** Action d'appliquer une chose sur une autre. *L'application d'une couche de peinture sur un mur.* **2** fig Emploi de qqch à une destination particulière. *Application d'une somme d'argent à une dépense.* **3** Mise en pratique. *Mettre une théorie en application.* **4** Attention, soin. *Mettre toute son application à faire un travail.* **5** MATH Correspondance qui, à chaque élément d'un ensemble, associe un élément, et un seul, d'un autre ensemble. SYN fonction. **6** INFORM Programme conçu en vue d'une utilisation précise (traitement de texte, jeu, agenda, etc.). ABREV appli.

**applique** *nf* **1** Pièce, accessoire que l'on ajoute à un objet, généralement pour l'orner. *Des appliques de dentelles.* **2** Appareil d'éclairage qui se fixe au mur.

**appliqué, ée** *a* **1** Studieux, attentif. *Élève appliqué.* **2** Qui recherche les applications possibles d'une discipline. *Mathématiques, informatique appliquées.*

**appliquer** *v* ① **A** *vt* **1** Mettre une chose au contact d'une autre, de façon qu'elle la recouvre, y adhère ou y laisse son empreinte. *Appliquer des couleurs sur une toile.* **2** fig Employer une chose à tel usage. **3** Réaliser, mettre en pratique. *Appliquer un conseil.* **B** *vpr* **1** fig S'adapter, être applicable à. *La règle s'applique à tous.* **2** Mettre tout son soin à faire qqch. *Il écrit en s'appliquant.*

**appliquette** *nf* Syn. de *applet.*

**appoggiature** *nf* MUS Note brève d'agrément qui précède une des notes réelles de la mélodie ou de l'accord. (PHO) [apo(d)ʒjatyʀ] (ETY) De l'ital., « appui ».

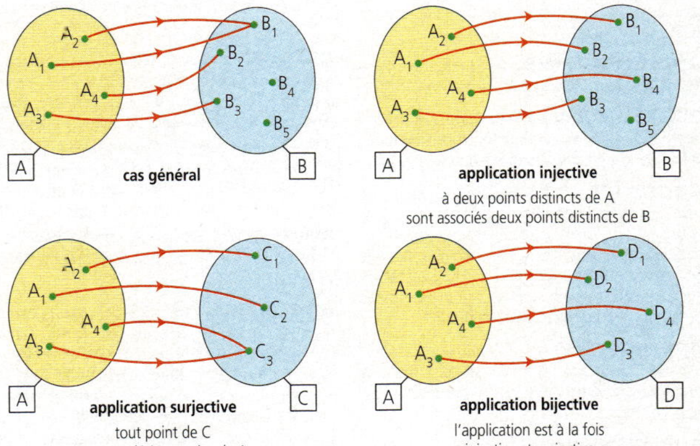


**cas général**

**application injective**
à deux points distincts de A sont associés deux points distincts de B

**application surjective**
tout point de C est associé à un point de A

**application bijective**
l'application est à la fois injective et surjective

**application**

**appoint** *nm* **1** Complément exact en menue monnaie d'une somme que l'on doit. *Faire l'appoint.* **2** COMM Somme qui fait le solde d'un compte. **3** fig Ce qui s'ajoute à une chose pour la compléter. *Salaire d'appoint.* **4** Secours, appui.

**appointé** *nm* Suisse Soldat de première classe.

**appointements** *nm pl* Rétribution attachée à un emploi, à un travail régulier.

**appointer** *vt* ① Rétribuer.

**appointir** *vt* ③ **1** Tailler en pointe. **2** Réunir, à l'aide de pointes, deux pièces de cuir, d'étoffe.

**Appomattox** village des É.-U. (Virginie) où la capitulation du général Lee, en 1865, mit fin à la guerre de Sécession.

**appontement** *nm* Construction flottante ou sur pilotis qui permet l'accostage des bateaux.

**apponter** *vi* ① Se poser sur la plate-forme d'un porte-aéronefs en parlant d'un avion, d'un hélicoptère. DER **appontage** *nm*

**Apponyi Albert (comte)** (Vienne, 1846 – Genève, 1933), homme politique hongrois, qui représenta la Hongrie à la Conférence de la paix (1919-1920).

**apport** *nm* **1** Action d'apporter. *Apport d'engrais à un sol.* **2** DR Biens apportés dans la communauté par les époux, par un associé dans une société commerciale. **3** fig Ce qui est apporté, contribution. *L'apport de la science à la technique.*

**apporter** *vt* ① **1** Porter qqch à qqn, là où il est. *Apportez-moi ce livre.* **2** Porter avec soi en venant dans un lieu. *Apporter ses outils.* **3** Fournir pour sa part. *Apporter des capitaux.* **4** Donner, procurer. *Apporter de bonnes nouvelles.* **5** Employer, mettre. *Apporter tous ses soins à une affaire.* **6** Causer, produire. *L'électricité a apporté de grands changements.*

**apporteur, euse** *n* DR Personne qui fournit un apport de capitaux.

**apposer** *vt* ① Appliquer, mettre qqch sur. *Apposer une affiche.* LOC DR ***Apposer les scellés :*** appliquer un sceau sur une chose pour en interdire l'usage. — DR ***Apposer une clause à un contrat :*** l'y insérer.

**apposition** *nf* **1** Action d'apposer. **2** GRAM Mot ou groupe de mots qui, placé à côté d'un nom ou d'un pronom, lui donne une qualification sans l'intermédiaire d'un verbe (ex. *Paris, capitale de la France*).

**appréciable** *a* **1** Qui peut être apprécié, dont on peut donner une estimation. *Un préjudice appréciable.* **2** Important, digne d'estime. *Qualité, revenus appréciables.*

**appréciatif, ive** *a* DR Qui marque l'appréciation. *État appréciatif des biens.* SYN estimatif.

**appréciation** *nf* **1** Estimation, évaluation. *Appréciation d'un immeuble.* **2** Jugement, opinion. **3** Fait de s'apprécier, augmentation de valeur.

**apprécier** *v* ② **A** *vt* **1** Estimer, évaluer le prix, la valeur d'une chose. *Le juge a apprécié le montant de l'indemnité.* **2** Évaluer approximativement une grandeur. *Apprécier une distance.* **3** Avoir de l'estime pour. *Ils s'apprécient beaucoup.* **B** *vpr* Prendre de la valeur. *Le franc s'est apprécié.* ETY Du lat. DER **appréciateur, trice** *n*

**appréhender** *vt* ① **1** Prendre, arrêter. *Appréhender un criminel.* **2** litt Saisir par l'esprit. **3** Craindre par avance, redouter. *J'appréhende sa colère.* ETY Du lat.

**appréhension** *nf* **1** Crainte, anxiété vague. **2** litt Action de saisir par l'esprit. **3** PHILO Opération intellectuelle simple et immédiate qui s'applique à un objet.

**apprenant, ante** *n* Personne qui apprend.

**apprendre** *vt* 52 **1** Acquérir des connaissances sur, étudier. *Apprendre l'histoire.* **2** Se mettre dans la mémoire. *Apprendre une leçon par cœur.* **3** Acquérir les connaissances nécessaires pour. *Apprendre à lire.* **4** Être informé de. *J'apprends votre arrivée.* **5** Donner la connaissance de, enseigner qqch à qqn. *Apprendre la grammaire à un élève. Il lui apprend à conduire.* **6** Annoncer, faire savoir. *Apprendre une bonne nouvelle à qqn.*

**apprenti, ie** *n* **1** Personne qui apprend un métier. *Apprentie d'une couturière. Apprenti maçon.* **2** Personne qui est malhabile. LOC ***Apprenti sorcier :*** celui qui provoque des évènements graves qu'il ne peut plus maîtriser.

**Apprenti sorcier (l')** scherzo symphonique de P. Dukas (1897) inspiré à l'auteur par une ballade de Goethe.

**apprentissage** *nm* **1** Acquisition par l'homme ou par l'animal d'un comportement nouveau. **2** Acquisition d'une formation professionnelle. *Apprentissage en usine.* **3** Première expérience. *L'apprentissage de la vie.* LOC DR ***Contrat d'apprentissage :*** par lequel un employeur s'engage à donner une formation professionnelle spécifique à un apprenti. — ***Faire l'apprentissage de qqch :*** s'y exercer, s'y initier.

**apprêt** *nm* **A 1** TECH Manière de préparer les étoffes, les peaux pour leur donner l'aspect marchand ; la préparation elle-même. *Donner un apprêt à un tissu.* **2** TECH Matière utilisée à cet effet (colle, gomme, enduit). **3** CONSTR Matériau dont on enduit un support avant de le peindre, pour obtenir un aspect mieux fini. **4** fig Recherche, affectation du style, des manières. **B** *nm pl* vieilli Préparatifs. *Les apprêts d'un festin.*

**apprêtage** *nm* TECH Action de donner un apprêt, particulièrement aux étoffes.

**apprêté, ée** *a* Qui est peu naturel, affecté.

**apprêter** *v* ① **A** *vt* **1** Préparer, mettre en état. *Apprêter ses valises.* **2** TECH Donner l'apprêt. *Apprêter un cuir.* **B** *vpr* **1** Se préparer à. *S'apprêter à partir.* **2** Se parer, s'habiller. *S'apprêter pour le bal.*

**apprivoiser** *v* ① **A** *vt* **1** Rendre un animal moins farouche, plus familier. **2** fig Rendre qqn plus sociable, plus doux. **B** *vpr* Devenir moins farouche, plus sociable. ETY Du lat., *privatus*, « privé ». DER **apprivoisable** *a* – **apprivoisement** *nm*

**approbation** *nf* **1** Agrément, consentement que l'on donne. *Cette mesure a reçu l'approbation de l'Administration.* **2** Jugement favorable, marque d'estime. *Mériter l'approbation générale.* DER **approbateur, trice** *a, n* – **approbatif, ive** *a*

**approchant, ante** *a* Qui se rapproche de, qui est comparable à qqch. *N'avez-vous rien d'approchant ?*

**approche** *nf* **A 1** Action de s'approcher ; mouvement par lequel on se dirige vers. *À notre approche, il prit la fuite.* **2** AVIAT Dernière phase d'un vol avant l'atterrissage. **3** Manière d'aborder une question. *L'approche politique d'un problème.* **4** Arrivée, venue de qqch. *À l'approche de la vieillesse.* **B** *nf pl* Ce qui est à proximité d'un lieu ; les parages.

**approché, ée** *a* Approximatif. LOC MATH ***Valeur approchée :*** valeur calculée, proche de la valeur réelle.

**approcher** *v* ① **A** *vt* **1** Mettre près, avancer qqch auprès de. *Approcher une table du mur. Approcher une chaise.* **2** Venir près de qqn. *Ne m'approchez pas !* **3** fig Avoir libre accès auprès de qqn. *Approcher des stars.* **B** *vti, vpr* **1** Venir près de, s'avancer auprès de. *Approchez, mes enfants ! Le bus s'approche de nous.* **2** fig Être près de. *Approcher du but. L'hiver approche.* ETY Du lat *prope*, « près ». DER **approchable** *a*

**approfondi, ie** *a* Minutieux.

**approfondir** *vt* ③ **1** Rendre plus profond, creuser. *Approfondir un trou.* **2** fig Pénétrer plus avant dans la connaissance de qqch. *Approfondir une question.* DER **approfondissement** *nm*

**approprié, ée** *a* Qui convient. *Trouver les mots appropriés.* ANT impropre.

**approprier (s')** *vpr* ② S'emparer de, s'attribuer. *S'approprier les biens, les idées d'autrui.* DER **appropriation** *nf*

**approuver** *vt* ① **1** Donner son consentement à qqch. *Approuver un mariage.* **2** Juger louable, digne d'estime. *J'approuve sa décision.* SYN agréer. DER **approuvable** *a*

**approvisionner** *v* ① **A** *vt* Fournir en provisions selon les besoins. *Approvisionner un magasin d'alimentation.* **B** *vpr* Se fournir en provisions. *Je m'approvisionne au marché.* LOC ***Approvisionner un compte bancaire :*** y verser de l'argent. DER **approvisionnement** *nm* – **approvisionneur, euse** *n*

**approximatif, ive** *a* **1** Déterminé, fixé par approximation. *Chiffre approximatif.* **2** Peu rigoureux, qui manque de précision. *Caractère approximatif d'un raisonnement.* DER **approximativement** *av*

**approximation** *nf* Estimation, évaluation peu rigoureuse. ANT précision. LOC MATH ***Calcul par approximations successives :*** méthode consistant à partir d'une première valeur approchée pour en calculer une deuxième plus exacte et ainsi de suite. ETY Du lat. *approximare*, « approcher ».

**appui** *nm* **1** Ce qui sert de soutien, de support. *Les appuis d'un mur.* **2** Assistance matérielle, aide. *Comptez sur mon appui.* LOC ***À l'appui de :*** pour appuyer une déclaration, une affirmation. — MILIT ***Appui aérien :*** ensemble des aides apportées par l'aviation aux forces de surface. — ***Appui d'une fenêtre, barre d'appui :*** partie sur laquelle on peut s'accouder.

**appui-bras** *nm* Support permettant de reposer l'avant-bras. PLUR appuis-bras. VAR **appuie-bras** *nm*

**appui-tête** *nm* **1** Dispositif sur le dossier d'un siège qui sert à maintenir la tête. **2** Pièce d'étoffe brodée qui sert de protection à un fauteuil à l'endroit où l'on pose sa tête. PLUR appuis-tête. VAR **appuie-tête** *nm*

**appuyé, ée** *a* Qui insiste. *Regard appuyé.*

**appuyer** *v* 22 **A** *vt* **1** Soutenir qqch par un appui. *Appuyer une muraille par des piliers. Appuyer une échelle contre un mur, à un mur.* **2** fig Fonder, rendre plus solide. *Appuyer son raisonnement sur des faits.* **3** Aider, soutenir. *Appuyer une demande.* **B** *vti* **1** Exercer une pression sur. *Appuyer sur l'accélérateur.* **2** Accentuer fortement de manière à mettre en valeur. *Appuyer sur une syllabe.* **3** fig Insister avec force sur. *Appuyer sur un argument.* **C** *vpr* **1** Se servir de qqch comme d'un appui, s'en aider. *S'appuyer sur une canne.* **2** fig Se servir de qqn, de qqch comme d'un soutien. *Je m'appuie sur des réalités.* **3** fam Accomplir une tâche désagréable. LOC ***Appuyer sur la droite, sur la gauche :*** se porter sur la droite, sur la gauche.

**apraxie** *nf* MED Perte de la mémoire des gestes. ETY Du gr. *praxis*, « action ». DER **apraxique** *a, n*

**âpre** *a* **1** Qui produit une sensation désagréable par sa rudesse. *Un froid âpre. Un goût âpre.* **2** fig Rude, violent. *Une discussion âpre.* LOC ***Âpre au gain :*** avide. ETY Du lat. DER **âprement** *av* – **âpreté** *nf*

**après** *prép, conj, av* **A** *prép* **1** Marque la postériorité dans le temps. *Après le coucher du soleil. Ils sont partis les uns après les autres.* **2** Marque la postériorité dans l'espace. *La chambre est après l'entrée.* **3** Indique une succession dans un rang, dans un ordre. *Le seul maître après Dieu.* **4** Exprime l'aspiration, la tendance vers ou contre qqn, qqch. *Demander après qqn. Courir après la gloire.* **B** *conj* *Après que* (+ indic.) marque la postériorité. *Après qu'il a* *parlé, tout le monde se tait.* (N.B. L'emploi du subjonctif est critiqué.) **C** *av* **1** Marque un rapport de temps. *Trois ans après. Bien après. Après, qu'arriva-t-il ?* **2** Marque un rapport d'espace, de rang, d'ordre. *Je suis après lui dans la liste.* ANT avant. **LOC** ***Après quoi :*** ensuite, après cela. *Écoute ton frère, après quoi tu parleras.* — ***Après tout :*** tout bien considéré. — ***Être après qqn :*** le suivre constamment, le harceler.

**après-demain** *av* Dans deux jours, ou le second jour après aujourd'hui.

**après-guerre** *nm, nf* Période qui suit une guerre. PLUR après-guerres.

**après-midi** *nm, nf* Période de temps comprise entre midi et le soir. PLUR après-midis ou après-midi.

**après-midi d'un faune (Prélude à l')** composition pour orch. symphonique de Debussy (1894) d'après le poème de Mallarmé *l'Après-midi d'un faune* (1876).

**après-rasage** *a, nm* Se dit d'une lotion, d'une crème destinée à adoucir la peau après le rasage. PLUR après-rasages.

**après-shampoing** *nm* Produit cosmétique appliqué sur les cheveux après lavage pour les traiter ou les embellir. PLUR après-shampoings. VAR **après-shampooing**

**après-ski** *nm* Chaussure à tige montante, que l'on met aux sports d'hiver quand on ne skie pas. PLUR après-skis ou après-ski.

**après-soleil** *nm* Produit cosmétique que l'on applique après l'exposition au soleil. PLUR après-soleils ou après-soleil.

**après-vente** *a* **LOC** ***Service après-vente :*** services de dépannage, d'entretien, etc., assurés à un client après l'achat d'un appareil.

**âpreté** → **âpre.**

**a priori** *av, a, nm inv* **A** *av* **1** LOG, PHILO D'après des principes antérieurs à l'expérience. *Connaître a priori.* **2** À première vue. *A priori je ne peux rien décider.* **B** *a* Qui n'est pas fondé sur l'expérience. *Un raisonnement a priori.* **C** *nm inv* Position de principe, préjugé. ETY Mots lat. VAR **apriori** DER **apriorique** *a*

**apriorisme** *nm* Caractère de ce qui est un a priori. DER **aprioriste** *a, n*

**à-propos** *nm inv* Présence d'esprit, sens de la repartie. *Avoir de l'à-propos. Manquer d'à-propos.*

**APS** *nm* Standard de pellicule photographique destiné à remplacer le 24 x 36. ETY Abrév. de l'angl. *Advanced Photo System.*

**apsara** *nf* RELIG Nymphe des eaux de la mythologie hindoue, représentée en musicienne ou en danseuse.

**apside** *nf* ASTRO Chacun des deux points situés aux extrémités du grand axe de l'orbite d'une planète. ETY Du gr. *apsis,* « voûte ».

**Apt** ch.-l. d'arr. du Vaucluse, dans le *bassin d'Apt ;* 12 700 hab. Industr. alim. – Égl. Sainte-Anne, anc. cath. (XII^e^ s.). DER **aptésien, enne** ou **aptois, oise** *a, n*

**apte** *a* Propre à, qui réunit les conditions requises pour. *Apte à un emploi.* ETY Du lat.

**aptère** *a* **1** ZOOL Dépourvu d'ailes. **2** ARCHI Se dit d'un temple sans colonnades sur les faces latérales. **LOC** SCULP ***La Victoire aptère :*** statue de la Victoire représentée sans ailes pour qu'elle ne s'envole pas d'Athènes.

**aptérygote** *nm* Insecte dépourvu d'ailes et à développement sans métamorphose, tels le collembole, le thysanoure.

**aptéryx** *nm* ORNITH Syn. de *kiwi.*

**aptitude** *nf* **1** Don naturel ou compétence acquise. **2** DR Capacité légale. *Aptitude à succéder.*

**Apulée** Lucius Apuleius (Madaure, en Numidie, auj. ruines près de Mdawruch, en Algérie, v. 125 – Carthage, v. 180), philosophe et écrivain latin, auteur de *l'Âne d'or.*

**Apulie** rég. de l'ancienne Italie. (V. Pouilles.) DER **apulien, enne** *a, n*

**apurer** *vt* 1 COMPTA Vérifier un compte, s'assurer qu'il est en règle. DER **apurement** *nm*

**apyrène** *a* Se dit d'un raisin sans pépins. ETY Du gr.

**apyrétique** *a* MED Sans accès de fièvre.

**Aqaba** → **Akaba.**

**aqua-** Préfixe, du lat., « eau ». PHO [akwa] VAR **aqui-** [akɥi]

**aquaculture** *nf* Ensemble des techniques d'élevage et de culture des animaux et des végétaux aquatiques. VAR **aquiculture** DER **aquacole** ou **aquicole** *a* – **aquaculteur, trice** ou **aquiculteur, trice** *n*

**aquafortiste** *n* Graveur à l'eau-forte.

**aquagym** *nf* Gymnastique pratiquée dans l'eau. SYN gymnastique aquatique.

**aquamanile** *nm* Aiguière servant à se laver les mains, en usage au Moyen Âge.

**aquaplanage** *nm* Perte d'adhérence des roues d'un véhicule sur un sol mouillé. VAR **aquaplaning**

**aquaplane** *nm* Planche reliée à un canot à moteur par des cordes grâce à laquelle on glisse sur l'eau ; sport pratiqué avec cette planche.

**aquarelle** *nf* Peinture exécutée sur papier avec des couleurs délayées dans l'eau, transparentes. DER **aquarelliste** *n*

**aquarellé, ée** *a* Rehaussé à l'aquarelle. *Une gravure aquarellée.*

**aquariologie** *nf* Étude de la vie des poissons en aquarium et de leur présentation au public. DER **aquariologique** *a* – **aquariologue** *n*

**aquariophilie** *nf* Élevage de poissons d'ornement en aquarium. DER **aquariophile** *n*

**aquarium** *nm* **1** Bassin ou bocal à parois transparentes où l'on élève des animaux et des plantes aquatiques. **2** Muséum abritant des animaux aquatiques vivants. PHO [akwaʀjɔm] ETY Mot lat., « réservoir ».

**aquatinte** *nf* Gravure à l'eau-forte imitant le lavis, l'aquarelle. DER **aquatintiste** *n*

**aquatique** *a* Qui vit dans l'eau ou au bord de l'eau. *Plantes aquatiques.*

**aquavit** *nf* Eau-de-vie des pays scandinaves. PHO [akwavit] VAR **akvavit**

**aquazole** *nm* Carburant constitué d'une émulsion de gazole et d'eau, permettant de réduire les rejets polluants. ETY Nom déposé.

**aqueduc** *nm* Canal souterrain ou aérien destiné à conduire l'eau d'un lieu à un autre. ETY Du lat. *aqua,* « eau » et *ductus,* « conduite ».

**aqueux, euse** *a* **1** Qui ressemble à de l'eau, qui est de la nature de l'eau. **2** Qui contient de l'eau. *Fruits aqueux.* DER **aquosité** *nf*

**à quia** *av* **LOC** vieilli ***Mettre quelqu'un à quia :*** le réduire à ne plus savoir que répondre. PHO [akɥija] ETY Du lat. *quia,* « parce que ».

**aquifère** *a, nm* **A** *a* Qui contient de l'eau. *Couche aquifère.* **B** *nm* Nappe d'eau souterraine.

**Aquila (L')** v. d'Italie ; 71 000 hab. ; ch.-l. de la Rég. des Abruzzes. – Archevêché.

**Aquilée** port d'Italie (Vénétie) sur l'Adriatique ; 3 500 hab. – Port import. dans l'Antiquité, la ville fut détruite par Attila (452).

**aquilin** *am* Fin et courbé en bec d'aigle. *Nez aquilin, profil aquilin.*

**aquilon** *nm* poét Vent du nord, froid et violent.

**Aquin** Louis-Claude d' (Paris, 1694 – id., 1772), organiste français (pièces pour orgue, œuvres vocales). VAR **Daquin**

**Aquitain (bassin)** vaste dépression sédimentaire entre le Massif armoricain et le Massif central, les Pyrénées et l'océan Atlantique. – Le bassin, drainé par la Garonne, jouit d'un climat océanique. (V. Aquitaine [Région] et Midi-Pyrénées.) VAR **Aquitaine**

**Aquitaine** région historique de France correspondant au bassin Aquitain. Prov. romaine, le « Pays des eaux » passa aux Wisigoths (V^e^ s.), que Clovis vainquit à Vouillé (507), intégrant le territoire au royaume franc. Royaume vassal de l'Empire carolingien, elle devint, à la fin du IX^e^ s., un duché qui devint anglais quand Aliénor d'Aquitaine épousa (1152) le futur Henri II d'Angleterre (1154). Nommée alors *Guyenne,* elle fut disputée par la France et l'Angleterre jusqu'en 1453 (bataille de Castillon, dans le dép. actuel de la Gironde). DER **aquitain, aine** *a, n*

**Aquitaine** ancienne Région française et région de l'UE, formée des dép. de la Gironde, de la Dordogne, du Lot-et-Garonne, des Landes et des Pyr.-Atl., intégrée en 2016 à la Rég. Aquitaine-Limousin-Poitou-Charentes. DER **aquitain, aine** *a, n*

**Géographie** Bordée au S. par les Pyrénées, limitée au N.-E. par les plateaux calcaires du Périgord, l'Aquitaine s'ouvre sur l'Atlantique (étés méditerranéens, hivers océaniques). Population et villes se concentrent dans les grandes vallées. L'installation d'Italiens, d'Espagnols et de rapatriés d'Algérie a compensé un exode important. L'agriculture, qui a pour fleuron le vignoble du Bordelais, s'est orientée vers le maïs, les fruits et légumes, l'élevage de qualité. Les industries traitent le pin des Landes (premier massif forestier d'Europe). Les ressources minérales (gaz de Lacq, notam.) sont en voie d'épuisement. Auj. se développent des activités de pointe : chimie, aérospatiale, biotechnologies. Le tourisme est florissant.

**Aquitaine-Limousin-Poitou-Charentes** Région française et de l'UE née de la fusion en 2016 des Régions Aquitaine, Limousin et Poitou-Charentes ; 84 061 km^2^ ; 5 844 000 hab. ; cap. *Bordeaux.*

**aquoibonisme** *nm* fam Fatalisme. *L'aquoibonisme de certains économistes.* VAR **à-quoi-bonisme** DER **aquoiboniste** ou **à-quoi-boniste** *a, n*

**Ar** CHIM Symbole de l'argon.

**ara** *nm* Grand perroquet d'Amérique du Sud (psittacidé), à la queue longue et au plumage coloré. ETY Mot tupi.

**ara**

**arabe** *a, n* **A** D'Arabie ; des peuples du pourtour méditerranéen, qui parlent l'arabe. *L'écriture arabe.* **B** *nm* Langue sémitique du groupe méridional. **LOC** ***Arabe dialectal :*** langue différente selon les régions (Maghreb, Syrie, Égypte). — ***Arabe littéral*** ou ***classique :*** langue du Coran et de la littérature médiévale. — ***Cheval arabe :*** cheval de petite taille, originaire de l'Arabie. — ***Chiffres arabes :*** chiffres de la numération usuelle (par opposition à *chiffres romains*).

**arabe (Ligue)** organisme constitué le 22 mars 1945 par l'Égypte, la Syrie, le Liban, l'Irak, la Transjordanie (auj. *Jordanie*), l'Arabie Saoudite et le Yémen, rejoints par la Libye (1953), le Soudan (1956), la Tunisie et le Maroc (1958), l'Algérie (1962), puis le Koweït, Bahreïn, Oman, le Qatar, les Émirats arabes unis, la Mauritanie, la Somalie, l'OLP, Djibouti et les Comores.

**Arabes** peuple dont la langue est l'arabe. – Le lien linguistique unit fortement le peuple arabe (plus de 200 millions de personnes), formé de populations anthropologiquement différentes, qui occupent une vaste zone, de l'Irak au Maroc, englobant quelques minorités musulmanes non arabophones telles que Kurdes et Berbères. L'origine des Arabes reste obscure.
**Les débuts** Au IIe millénaire, des éléments nomades auraient effectué une importante migration vers l'intérieur de la péninsule Arabique, où, au cours des siècles, se formèrent deux royaumes : sabéen au sud, nabatéen au nord. Chaque groupe avait ses dieux et ses pierres sacrées (bétyles), mais, bien avant Muhammad (Mahomet), émergeait la notion d'un dieu supérieur créateur : Allah. Muhammad commença la prédication de l'islam vers 610. Toutes les tribus se rallièrent à Muhammad quand il conquit La Mecque en 630. Le calife Abu Bakr (632-634), successeur du Prophète, compléta l'unification en prenant l'Oman, le Bahreïn, le Yémen et l'Hadramaout.
**L'apogée** Hors d'Arabie, les califes Umar (634-644) et Uthman (644-656) et la dynastie des Umayyades (Omeyyades) portèrent les limites du monde musulman de l'Indus à l'Espagne : la Syrie, la Mésopotamie, la Perse, l'Égypte, l'Afrique du Nord, l'Espagne, l'Arménie, le Caucase, le Sind furent annexés. Le « miracle arabe » véhicula vers l'Occident les connaissances scientifiques et techniques de l'Orient, développa les échanges commerciaux et l'urbanisation. Aux Umayyades succédèrent les Abbassides (750), qui transférèrent de Damas à Bagdad le siège du califat (762). La science, la littérature, les arts atteinrent des sommets, dont l'Occident profita à partir des croisades.
**Les transformations** Peu à peu, Bagdad relâcha son contrôle et l'Empire arabe se désagrégea. Les pays arabes, qui conservèrent en commun la langue et la religion, subirent la domination politique des Turcs, Seldjoukides (XIe-XIVe s.) puis Ottomans jusqu'au XXe s. Le contact avec les pays européens engendra la Mahda (Renaissance). La richesse pétrolière, longtemps au profit de compagnies étrangères, a métamorphosé l'Arabie Saoudite, les émirats du Golfe et la Libye. V. islam.

**arabesque** *nf* **1** Ornement formé de combinaisons irrégulières de fleurs, de fruits, de lignes, etc. **2** Ligne sinueuse, irrégulière. **3** CHORÉGR Figure de danse classique dans laquelle le corps, incliné en avant, porte sur une seule jambe.

**arabette** *nf* Petite crucifère apparentée au colza dont le génome fait l'objet de recherches.

**arabica** *nm* Caféier d'Arabie, le plus cultivé dans le monde ; café issu de ce caféier.

**Arabie** péninsule, à l'extrémité S.-O. de l'Asie, située entre la mer Rouge, la mer d'Oman et le golfe Persique ; 3 000 000 km² ; env. 68 millions d'hab. – Les conquêtes romaine (IIe s.) et perse (VIe s.) ne lui donnèrent pas l'unité que lui apporta l'islam à partir du VIIe s. Auj. les États arabiques sont : l'Arabie Saoudite, la rép. du Yémen, Oman, le Qatar, le Koweït, Bahreïn, les Émirats arabes unis. Le pétrole constitue auj. la grande ressource de la péninsule, qui abrite par ailleurs les princ. lieux saints de l'islam. DER **arabe** *a, n*

**Arabie du Sud (fédération de l')** fédération formée par les Brit. de 1959 à 1963 à partir du territ. d'Aden et des sultanats voisins. Devenue, en 1967, la rép. dém. et pop. du Yémen (Yémen du Sud), elle fait partie de la rép. du Yémen depuis 1990.

**Arabie Heureuse** nom donné au S.-O. de la péninsule arabique (royaume de Saba, auj. une partie du Yémen) où un bourrelet montagneux jouit d'un climat tempéré.

**Arabie Pétrée** plateau pierreux et désertique situé au centre de l'Arabie.

**Arabie Saoudite** royaume recouvrant les deux tiers de la péninsule d'Arabie ; env. 2 150 000 km² ; 31,6 millions d'hab. ; cap. *Riyad* ; v. saintes: La Mecque, Médine. Nature de l'État : monarchie. Langue off. : arabe. Mon-

**araignées** de g. à dr., argiope, saltique, lycose et thomise

naie : riyal. Religion : islam (sunnite, petite minorité chiite). (DER) **saoudien, enne** *a, n*
**Géographie** Un plateau, en pente douce vers le golfe Persique, domine la mer Rouge d'un bourrelet montagneux. Le désert est omniprésent, mais le pétrole (premier pays exportateur, près du quart des réserves mondiales) et le gaz ont révolutionné le pays : urbanisation (81 % de la pop.), infrastructures, raffinage et pétrochimie (à Jubail et Yanbu), périmètres irrigués par forages (céréales, légumes, fourrage).
**Histoire** Abd al-Aziz ibn Saoud groupa les rég. conquises sur les Turcs et donna son nom au pays (1932). Son fils, Saoud, lui succéda (1953). Depuis, la branche de Saoud a conservé la couronne (ses frères et demi-frères se succèdent sur le trône) et s'est attribué peu à peu les postes clés du pouvoir, en écartant les autres branches de la famille. L'Arabie Saoudite doit son prestige dans le monde arabe à la garde des lieux saints de l'islam et aux subsides qu'elle distribue. L'Arabie devient membre de l'OMC en déc. 2005. Les quelques timides réformes engagées à partir de 2011 n'empêchent pas le royaume d'être l'un des pays au monde qui respectent le moins les droits de l'homme.
▶ carte **Arabie**

**Arabi Pacha** → **Urabi Pacha.**

**arabique** *a* D'Arabie. *La péninsule arabique.*

**Arabique (désert)** désert montagneux qui, en Égypte, longe le golfe de Suez et le nord-est de la mer Rouge.

**Arabique (golfe)** → **Rouge (mer)**

**arabisant, ante** *n* Spécialiste de la langue, de la civilisation arabe.

**arabiser** *vt* ① Rendre arabe, faire adopter la langue arabe. (DER) **arabisation** *nf*

**arabisme** *nm* **1** Nationalisme arabe. **2** Tournure propre à la langue arabe.

**arabité** *nf* Spécificité culturelle arabe.

**arable** *a* Qui peut être retourné par la charrue ; cultivable. *Terre arable.* (ETY) Du lat.

**arabo-andalou, ouse** *a* Se dit d'un genre musical du Maghreb, apporté d'Espagne, genre appelé aussi *malouf.*

**arabo-islamique** *a* Qui concerne à la fois l'islam et le monde arabe.

**Arabo-Persique (golfe)** → **Persique (golfe)**

**arabophone** *a, n* Qui parle l'arabe.

**Aracajú** port du Brésil, cap. de l'État de Sergipe ; 633 000 hab.

**aracée** *nf* BOT Monocotylédone herbacée ou ligneuse, croissant principalement dans les régions tropicales (arum, philodendron, etc.).

**arachide** *nf* Plante annuelle des pays chauds, originaire du Brésil (papilionacée), cultivée pour ses graines (cacahuètes) dont on extrait une huile. (ETY) Du gr. *arakos,* « pois chiche ».

**arachidonique** *a* LOC *Acide arachidonique :* acide présent dans certains tissus animaux et qui joue un rôle métabolique important.

**arachnéen, enne** *a* **1** Relatif à l'araignée. **2** litt Fin, léger comme une toile d'araignée. *Dentelle arachnéenne.* (PHO) [arakneẽ, ɛn]

**arachnide** *nm* ZOOL Arthropode possédant un céphalothorax, quatre paires de pattes et une paire de chélicères, tel que les araignées, les scorpions. (PHO) [aʀaknid] (ETY) Du gr.

**arachnoïde** *nf* ANAT Membrane intermédiaire entre la pie-mère et la dure-mère, les trois formant les méninges.

**arachnologie** *nf* Étude des araignées.

**Arad** v. de Roumanie, près de la Hongrie, sur le Mureş (r. dr.) ; 148 000 hab. ; ch.-l. de district.

**Arafat Yasir** ou **Yasser** (Jérusalem, 1929 – Clamart, 2004), homme politique palestinien, président (à partir de 1969) de l'Organisation pour la libération de la Palestine (OLP). Après l'accord israélo-palestinien (accord d'Oslo) de 1993, il a été élu président de l'Autorité palestinienne (1996). Prix Nobel de la paix 1994 avec Y. Rabin et S. Peres.

**Y. Arafat**

**F. Arago**

**Arago François** (Estagel, Roussillon, 1786 – Paris, 1853), physicien et astronome français, ministre de la Guerre et de la Marine en 1848.

**Aragon** communauté autonome du N.-E. de l'Espagne et région de l'UE, formée des provinces de Huesca, Teruel, Saragosse. 47 669 km² ; 1 332 000 hab. ; cap. *Saragosse.* Le nord du pays est occupé par les Pyrénées (3 404 m au pic d'Aneto). Au centre s'étend la vallée de l'Èbre (agricole), que domine le N. de la chaîne Ibérique (fer, soufre, lignite). Climat continental ; hydroél. abondante. (DER) **aragonais, aise** *a, n*
**Histoire** Au XIe s., l'Aragon devint un petit royaume indép. qui, résistant aux Almohades, puis aux Almoravides, annexa la vallée de l'Èbre, la Catalogne, la rég. de Valence, les Baléares, le versant français des Pyrénées, la Sicile (1282), la Sardaigne (1325). Le mariage de Ferdinand d'Aragon avec Isabelle de Castille (1469) prépara la réunion des deux royaumes.

**arachide**

**Aragon Jeanne d'** (Naples, v. 1500 – ?, 1577), princesse de la famille royale d'Aragon, épouse d'Ascanio Colonna. Sa beauté inspira poètes et artistes (Raphaël, notam.).

**Aragon Louis** (Paris, 1897 – id, 1982), écrivain français. D'abord dadaïste, puis surréaliste : *le Paysan de Paris* (1926), il adopta une écriture traditionnelle peu après son adhésion au Parti communiste (1927). Romans : *les Cloches de Bâle* (1934), *les Beaux Quartiers* (1936), *la Semaine sainte* (1958), *Blanche ou l'Oubli* (1967). Poésie : *le Crève-Cœur* (1941), *le Fou d'Elsa* (1963). Résistant, il dirigea *les Lettres françaises* de 1953 à leur disparition (1972).

**Louis Aragon**

**aragonite** *nf* MINER Forme cristalline du carbonate de calcium, formant des prismes ou des aiguilles.

**araignée** *nf* **1** Arachnide qui tisse, au moyen de filières abdominales, des toiles, pièges à insectes. *Les araignées constituent l'ordre des aranéides.* **2** Crochet métallique à plusieurs pointes. **3** Appareil qui retient les détritus à la partie supérieure d'une descente d'eaux pluviales. **4** Muscle du bœuf, enveloppé par une membrane dont les fibres figurent une toile d'araignée. *Un bifteck dans l'araignée.* LOC ***Araignée d'eau :*** syn. de *vélie.* — ***Araignée de mer :*** crabe à la carapace épineuse. — ***Araignée rouge :*** minuscule acarien parasite des plantes (vigne, fleurs). — fam ***Avoir une araignée au plafond :*** avoir l'esprit dérangé. (ETY) Du lat.

**araire** *nm* Charrue simple sans avant-train.

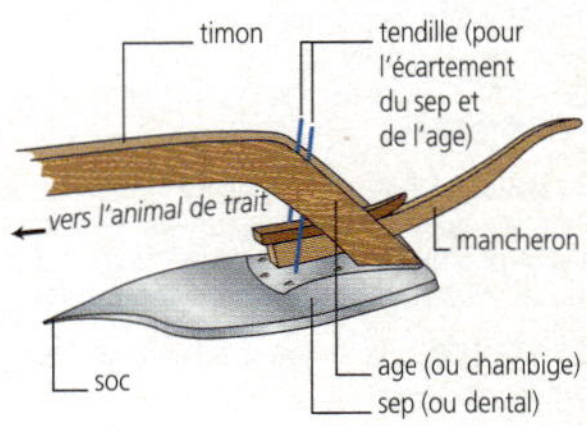


**araire**

**arak** *nm* Liqueur alcoolique obtenue par distillation de mélasse de divers fruits ou grains fermentés. (ETY) De l'ar. (VAR) **arac, arack**

**Aral (mer d')** mer intérieure bordée par l'Ouzbékistan et le Kazakhstan, à l'E. de la mer Caspienne, alimentée par le Syr-Daria et l'Amou-Daria. Sa superficie (35 000 km², autrefois 64 000 km²) diminue et sa salinité augmente à cause des alluvions et des ponctions destinées à l'irrigation. ▶ illustr. p. 86

**araldite** *nf* Matière plastique, résine époxy utilisée comme isolant et comme colle. (ETY) Nom déposé.

**aralia** *nm* Plante ornementale originaire du Japon, aux grandes feuilles vertes palmées.

**araliacée** *nf* BOT Plante dicotylédone dialypétale dont la famille comprend l'aralia, le ginseng et le lierre. SYN hédéracée.

**araméen** *nm* Langue sémitique ancienne. (ETY) De l'hébr. *Aram*, « Syrie ».

**Araméens** anc. tribus sémitiques nomades de la Mésopotamie du Nord, qui, au XIIIe s. av. J.-C., formèrent en Syrie et au Liban de petits États, ennemis des Hébreux. Les Araméens furent asservis par l'Assyrie au VIIIe s. av. J.-C. Leur dissémination diffusa leur langue qui fut celle des Palestiniens au temps du Christ. (DER) **araméen, enne** *a*

**aramide** *nm* CHIM Polyamide aromatique dont les fibres, à la très grande résistance mécanique, sont employées dans l'aérospatiale.

**Aramis** l'un des *Trois Mousquetaires*.

**aramon** *nm* Cépage noir très commun du Languedoc. (ETY) Du n. d'une ville du Gard.

**Aran (val d')** vallée espagnole des Pyrénées centrales, où naît la Garonne.

**Aranda Pedro Pablo Abarca y Bolea (comte d')** (Huesca, 1719 – Épila, 1798), homme politique espagnol qui expulsa les jésuites.

**aranéide** *nm* ZOOL Arachnide dont l'ordre comprend toutes les araignées.

**Aranjuez** v. d'Espagne (prov. de Madrid), sur le Tage ; 35 620 hab. – Palais royal (1561, modifié au XVIIIe s.). Jardins et fontaines célèbres. – *Insurrection d'Aranjuez* (1808) : soulèvement qui aboutit à l'abdication de Charles IV et provoqua l'intervention française.

**Arany János** (Nagyszalonta, 1817 – Budapest, 1882), poète épique hongrois : *Toldi* (1847), *le Soir de Toldi* (1854), *l'Amour de Toldi* (1879).

**Arapahos** Algonquins qui vivent aux É.-U., dans le Midwest ; 7 000 personnes.

**arapaïma** *nm* ZOOL Syn. de *paiche*. (ETY) Mot amérindien.

**arapède** *nm* rég En Provence, nom de la *patelle*.

**Ararat (mont)** volcan éteint d'Arménie, le plus haut sommet de la Turquie orientale (5 165 m) ; l'arche de Noé s'y serait immobilisée. (VAR) **Agridag**

**araser** *vt* ① **1** CONSTR Mettre de niveau un mur, un terrain. **2** TECH Réduire une pièce d'assemblage à ses dimensions exactes. **3** GEOL Aplanir un relief par usure. (DER) **arasement** *nm*

**aratoire** *a* Qui concerne le labourage, l'agriculture. *Instruments aratoires.*

**Araucanie** anc. nom de la partie méridionale du Chili. (DER) **araucan, ane** *a, n*

**Araucans** → **Mapuches.**

**araucaria** *nm* BOT Grand conifère subtropical, dont certaines espèces ornementales sont cultivées en France. (ETY) De *Araucanie*.

**Aravalli (monts)** chaîne montagneuse du N.-O. de l'Inde ; culmine à 1 722 m.

**mer d'Aral**

**Aravis (chaîne des)** chaîne calcaire des Alpes, dans le massif des Bornes ; franchie par le *col des Aravis* (1 498 m).

**Arawaks** Amérindiens chassés des Antilles par les Indiens Caraïbes ; auj., surtout établis dans le delta de l'Orénoque et le bassin de l'Amazone. (DER) **arawak** *a*

**Araxe** riv. d'Asie (994 km), affl. de la Koura (r. dr.) en Azerbaïdjan ; née en Turquie orient., elle sépare la Turquie, puis l'Iran, de l'Arménie, puis de l'Azerbaïdjan. (VAR) **Araks** ou **Aras**

**arbalète** *nf* **1** Arme de trait, arc puissant monté sur un fût et bandé à l'aide d'un mécanisme. **2** MAR anc Instrument servant à mesurer la hauteur d'un astre au-dessus de l'horizon.

**arbalétrier** *nm* **1** anc Soldat armé de l'arbalète. **2** CONSTR Poutre inclinée soutenant les pannes et la couverture d'un toit.

**Arbèles** (auj. *Erbil*, Irak), v. d'Assyrie ; victoire d'Alexandre sur Darios III, roi des Perses (331 av. J.-C.). (VAR) **Arbelles**

**Arbil** → **Erbil.**

**arbitrage** *nm* **1** Règlement d'un différend par un arbitre. *Soumettre un litige à l'arbitrage d'un tiers.* **2** FIN Opération boursière de vente et d'achat simultanés, qui permet de réaliser un profit fondé sur la différence de cotes. **3** SPORT Action d'arbitrer. *Un arbitrage contesté.*

**arbitragiste** *n* FIN Spécialiste de l'arbitrage.

**arbitraire** *a, nm* **A** *a* **1** Qui est laissé à la libre volonté de chacun, qui ne relève d'aucune règle. *Choix arbitraire.* **2** Qui dépend uniquement de la volonté, du caprice de qqn. *Pouvoir arbitraire.* **B** *nm* Autorité que ne borne aucune règle. **LOC** MATH ***Quantité, fonction arbitraire :*** dont on choisit, sans règle précise, la valeur numérique, la forme ou la nature. (DER) **arbitrairement** *av*

**arbitral, ale** *a* **1** Relatif à un arbitre, à un arbitrage. **2** Rendu par un arbitre. *Jugement arbitral.* **3** Composé d'arbitres. *Tribunal arbitral.* PLUR arbitraux. (DER) **arbitralement** *av*

**arbitre** *n* **1** Personne choisie d'un commun accord par les parties intéressées pour régler le différend qui les oppose. **2** Personne ou groupe possédant une influence suffisante pour intervenir dans un conflit. *Se poser en arbitre dans un conflit international.* **3** SPORT Personne qui veille à la régularité d'une compétition sportive. *Arbitre d'un match de rugby.* **LOC** ***Être l'arbitre des élégances :*** avoir le goût particulièrement sûr en matière d'habillement, de mode. (ETY) Du lat.

**araucaria**

**arbitrer** *vt* ① Régler en qualité d'arbitre. *Arbitrer un combat.* **LOC** FIN ***Arbitrer des valeurs :*** procéder à leur arbitrage en Bourse.

**Arbogast** (v. 340 – 394), chef franc. Il aurait fait étrangler l'empereur Valentinien II, qu'il servait, pour introniser le rhéteur gaulois Eugène. Vaincu par Théodose à Aquilée, il se tua.

**arbois** *nm* Vin du Jura.

**Arbois** ch.-l. de cant. du Jura (arr. de Lons-le-Saunier), sur la Cuisance ; 4 118 hab. Vins. (DER) **arboisien, enne** *a, n*

**arboré, ée** *a* Planté d'arbres.

**arborer** *vt* ① **1** Élever, hisser. *Arborer un drapeau, un étendard.* **2** Porter sur soi de manière ostentatoire. *Arborer une décoration.* **3** Montrer, afficher. *Arborer un franc sourire. Arborer ses opinions politiques.* (ETY) Du lat. *arbor*, « arbre ».

**arborescence** *nf* **1** didac État d'un végétal, d'un objet dont la forme rappelle celle d'un arbre. **2** MATH Arbre dont un des sommets est relié à tous les autres par un seul chemin. **3** INFORM Structure de données, de programmes, etc., en forme d'arbre, de graphe. (DER) **arborescent, ente** *a*

**arborétum** *nm* Parc botanique planté de nombreuses espèces d'arbres. (PHO) [aʀbɔʀetɔm] (VAR) **arboretum**

**arboricole** *a* **1** Qui vit dans les arbres. *L'écureuil, rongeur arboricole.* **2** Qui a trait à l'arboriculture.

**arboriculture** *nf* Culture des arbres. *Arboriculture fruitière.* (DER) **arboriculteur, trice** *n*

**arborisation** *nf* PHYS, MINER Cristallisation offrant l'apparence d'une plante ramifiée. *Arborisation du givre sur les vitres.*

**arborisé, ée** *a* Qui présente des arborisations.

**arbouse** *nf* Fruit de l'arbousier, comestible.

**arbousier** *nm* Arbre à feuillage décoratif (éricacée), à fruits rouges, qui pousse dans le bassin méditerranéen.

**arbousier**

**arbovirose** *nf* Maladie infectieuse due à un arbovirus.

**arbovirus** *nm* BIOL Virus transmis aux vertébrés par des arthropodes (moustique, tique, etc.). (ETY) De l'angl. *arthropod borne virus*.

**arbre** *nm* **1** Végétal ligneux de grande taille, dont la tige, simple à la base, ne se ramifie qu'à partir d'une certaine hauteur. **2** TECH Axe en-

cime
feuillage
fructification (sept.-oct.)
floraison
fruit à
maturité
(oct.-nov.)
bourgeon
branche cassée
(source de danger
pour l'arbre)
branches
écorce
tronc
bois
cœur
écorce
coupe transversale
du tronc
lignes
de croissance
pétiole (court)
racines / poils absorbants
gland
cupule
chêne pédonculé

traîné par un moteur et transmettant un mouvement de rotation. *Arbre de transmission.* **3** MATH Graphe orienté, sans cycle et convexe. **LOC** ***Arbre de Judée***: arbre (césalpiniacée) des régions méditerranéennes, aux belles fleurs roses. — ARBOR ***Arbre franc***: né de la graine d'un arbre venu déjà par culture. — ***Arbre de Noël***: sapin ou autre conifère garni de jouets et de guirlandes, au moment de Noël. — ***Arbre généalogique***: figure en forme d'arbre dont les rameaux partant d'une souche commune représentent la filiation des membres d'une famille. — ***Arbres de la liberté***: qui furent plantés en France pendant les périodes révolutionnaires comme symboles de la liberté renaissante. ETY Du lat.

**Arbre de Jessé** arbre généalogique de Jésus-Christ (dans l'iconographie religieuse).

**arbre-de-Noël** *nm* Ensemble des branchements à la tête d'un puits de pétrole. PLUR arbres-de-Noël.

**arbrisseau** *nm* Petit arbre (moins de 3 m) au tronc ramifié dès la base. *Les ajoncs sont des arbrisseaux.*

**Arbus Diane** (New York, 1923 – id., 1971), photographe américaine des populations déshéritées.

**arbuscule** *nm* didac Organe en forme de petit arbre.

**arbuste** *nm* Arbre de petite taille (moins de 8 m). *Le caféier, le cacaoyer sont des arbustes.*

**arbustif, ive** *a* didac **1** Relatif aux arbustes. **2** Renfermant des arbustes. *Savane arbustive.*

**Arbuthnot John** (Arbuthnot, Kincardineshire, 1667 – Londres, 1735), médecin écossais, auteur satirique de *l'Histoire de John Bull* (1712) qui personnifie le peuple anglais.

**arc** *nm* **1** Arme constituée d'une pièce longue et mince en matière souple, courbée par une corde tendue entre ses extrémités et servant à lancer des flèches. *Bander un arc. Le tir à l'arc.* **2** Objet naturel ou façonné qui a la forme de cette arme. **3** ANAT Forme courbe que présentent certains organes, certains tissus. *Arc pleural.* **4** ARCHI Courbure que présente une voûte. **5** GEOM Portion de courbe comprise entre deux points de cette courbe (extrémités). **LOC** TRIGO ***Arc cosinus, arc sinus, arc tangente***: fonctions inverses des fonctions cosinus, sinus et tangente. — MAR, AVIAT ***Arc de grand cercle***: le plus court chemin sur la sphère terrestre d'un point à un autre. SYN orthodromie. — ***Arc de triomphe***: portique monumental consacrant le souvenir d'un personnage ou d'un évènement glorieux. — PHYS ***Arc électrique***: étincelle jaillissant dans un gaz, lorsqu'on sépare deux électrodes de potentiel différent après les avoir mises en contact. ETY Du lat.

**Arc (l')** riv. des Alpes franç. (150 km), affl. de l'Isère (r. g.) ; forme la vallée de la Maurienne. Nombreuses centrales hydroélectriques.

**Arcachon** ch.-l. de cant. de la Gironde (arr. de Bordeaux), sur la *baie d'Arcachon* ; 11 454 hab. Stat. baln. Ostréiculture, conserveries. DER **arcachonnais, aise** *a, n*

**arcade** *nf* **1** ARCHI Ouverture en forme d'arc dans sa partie supérieure. *Percer une arcade dans un mur.* **2** ANAT Partie du corps en forme d'arc. *Arcade sourcilière.* **3** Suisse Local commercial. **LOC** ***Jeu d'arcade***: jeu vidéo installé dans un lieu public (*salle d'arcade*). ETY De l'ital.

**Arcadie** contrée montagneuse de l'anc. Grèce, dans le Péloponnèse, célèbre pour le bonheur qui y régnait. – Auj. *nome d'Arcadie*: 4 419 km$^2$ ; 103 800 hab. ; ch.-l. *Tripolis.* DER **arcadien, enne** *a, n*

**Arcadius** (v. 377 – 408), fils aîné de Théodose I$^{er}$ ; empereur d'Orient de 395 à 408.

**Arcand Denys** (Deschambault, Québec, 1941), cinéaste canadien : *le Déclin de l'empire américain* (1986), *Jésus de Montréal* (1989).

**arcane** *nm* **A** ALCHIM Opération mystérieuse des alchimistes. **B** *nm pl* Secret, mystère. *Les arcanes de l'histoire.* ETY Du lat. *arcanum*, « secret ».

**arcature** *nf* ARCHI Série décorative de petites arcades, ouvertes ou aveugles.

**arc-boutant** *nm* ARCHI Maçonnerie montée en forme d'arc qui sert de soutien extérieur à un mur ou à une voûte. PLUR arcs-boutants. VAR **arcboutant**

**arc-bouter** *v* ① **A** *vt* Soutenir, consolider au moyen d'un arc-boutant. *Arc-bouter une voûte.* **B** *vpr* S'appuyer solidement sur qqch pour exercer un effort. VAR **arcbouter**

**arc de triomphe de l'Étoile** monument de Paris érigé (1806-1836) au centre de la place Charles-de-Gaulle (anc. place de l'Étoile) et dans l'axe des Champs-Élysées. Il est orné de 4 groupes sculptés (notam. *la Marseillaise* de Rude). Il abrite, dep. 1920, la tombe du Soldat inconnu de la guerre de 1914-1918.

**arc de triomphe du Carrousel** monument de Percier et Fontaine érigé à Paris (1806) dans les jardins du Louvre. Il est surmonté d'un quadrige, sculpté par Bosio.

**arc-doubleau** *nm* ARCHI Syn. de *doubleau*. PLUR arcs-doubleaux. VAR **arcdoubleau**

**arceau** *nm* **1** ARCHI Partie cintrée d'une voûte, d'une ouverture. **2** Objet en forme d'arc. **3** MED Arc métallique servant à maintenir le drap à distance d'une partie du corps du malade.

**Arcelor-Mittal** leader mondial de l'acier, né du rachat en 2006 du groupe européen Arcelor par le groupe indien Mittal.

**arc-en-ciel** *nm* Arc lumineux se formant dans le ciel, par réfraction sur un écran de gouttes de pluie, et présentant les sept couleurs du spectre (violet, indigo, bleu, vert, jaune, orangé et rouge). PLUR arcs-en-ciel.

**Arc-et-Senans** com. du Doubs (arr. de Besançon) ; 1 364 hab. – Salines royales construites par Ledoux de 1775 à 1779.

**arch** *nm* En Algérie, comité représentatif d'un village kabyle. ETY Mot berbère.

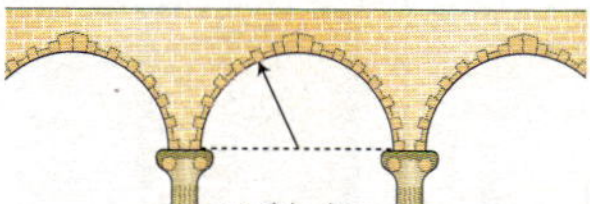

arc plein cintre

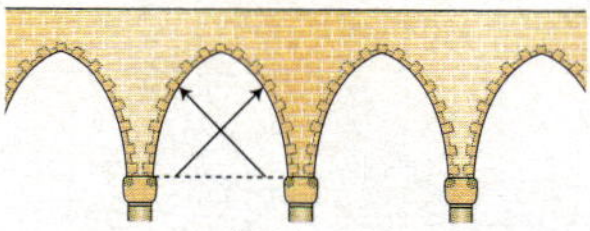

arc brisé (en ogive)

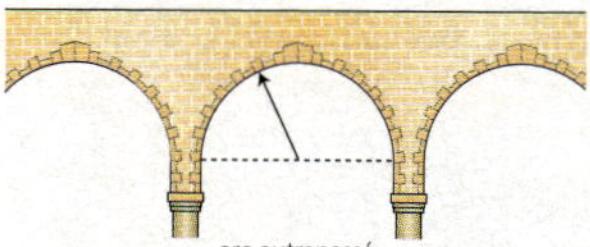

arc outrepassé

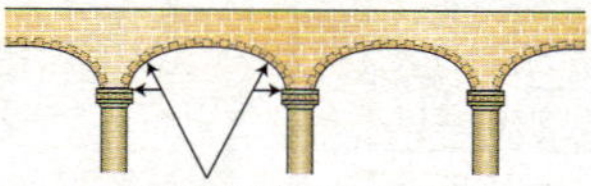

arc surbaissé (ou arc en panier)

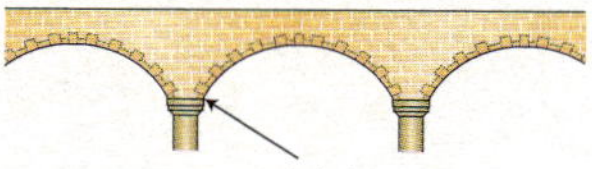

arc abaissé

**arc**

**archaïque** *a* **1** Qui est ancien, qui n'est plus en usage ; démodé. ANT moderne. **2** BX-A Antérieur à l'âge classique. *Statues archaïques des îles grecques.* **3** PSYCHO Qui concerne le moi profond. PHO [arkaik]

**archaïsant, ante** *a* Qui fait usage d'archaïsmes. *Auteur archaïsant.*

**archaïsme** *nm* **1** Mot, expression qui n'est plus en usage. **2** Caractère de ce qui est archaïque. **3** Imitation des auteurs ou des artistes anciens. ETY Du gr. *arkhaios*, « ancien ».

**archange** *nm* Ange du deuxième chœur de la troisième hiérarchie angélique. *Les archanges Gabriel, Michel et Raphaël.* PHO [arkɑ̃ʒ] DER **archangélique** *a*

**1 arche** *nf* ARCHI Voûte en arc soutenant le tablier d'un pont. ETY Du lat.

**2 arche** *nf* ZOOL Mollusque lamellibranche à coquille épaisse et côtelée. ETY Du lat.

**Arche (la Grande)** monument situé sur le parvis de la Défense, conçu par l'architecte danois J. O. von Spreckelsen (1929-1987) et inauguré en 1989. ▶ illustr. **Défense**

**arche d'alliance** coffre de bois imputrescible dans lequel les Hébreux conservaient les Tables de la loi. VAR **arche sainte**

**arche de Noé** selon la Genèse, vaste bateau que Noé construisit, sur l'ordre de Dieu, en prévision du Déluge, pour sauver sa famille et un couple de chaque espèce animale. L'Arche se serait immobilisée sur le mont Ararat. VAR **Arche**

**archée** *nf* Bactérie pouvant vivre dans des conditions extrêmes et qui n'aurait pas évolué depuis plus d'un milliard d'années. SYN archéobactérie.

**archéen, enne** *a, nm* GEOL Relatif à la période de l'histoire de la Terre comprise entre 4 et 2,5 milliards d'années. PHO [arkeɛ̃, ɛn]

**archégone** *nm* BOT Organe produisant un gamète femelle, l'oosphère, chez les bryophytes et les ptéridophytes. PHO [arkegɔn] ETY Du gr. *arkhê*, « principe » et *gonos*, « semence ».

**Archélaos** roi de Macédoine de 413 à 399 av. J.-C. Il donna asile à Euripide exilé.

**Archélaos** ethnarque de Judée de 4 av. J.-C. à 6 apr. J.-C. Fils d'Hérode le Grand, il fut révoqué puis exilé en Gaule par Auguste.

**archelle** *nf* Belgique Étagère munie de crochets pour suspendre les récipients à anse.

**archéo-** Préfixe, du gr. *arkhaios*, « ancien ». PHO [arkeo]

**archéobactérie** *nf* Syn. de *archée*.

**archéologie** *nf* Science qui étudie les vestiges matériels des civilisations du passé pour en reconstituer l'environnement, les techniques, l'économie et la société. DER **archéologique** *a* – **archéologue** *n*

**archéomagnétisme** *nm* Étude des variations du géomagnétisme au cours des temps géologiques.

**archéométrie** *nf* ARCHEOL Branche de l'archéologie qui utilise des méthodes de mesure.

**archéoptéryx** *nm* PALEONT Oiseau fossile du jurassique présentant certains caractères des reptiles, qui est le plus ancien genre d'oiseau connu.

**archéornithe** *nm* Oiseau fossile, aux caractères reptiliens, tel que l'archéoptéryx.

**archéozoologie** *nf* Étude des restes animaux découverts lors de fouilles archéologiques pour retracer les évolutions faunistiques.

**archer** *nm* Tireur à l'arc.

**archerie** *nf* **1** Art du tir à l'arc. **2** SPORT Équipement du tireur à l'arc.

**archet** *nm* **1** Baguette flexible, entre les extrémités de laquelle sont tendus des crins, et qui sert à mettre en vibration les cordes de certains instruments de musique (violon, violoncelle, etc.). **2** TECH Arc dont on se sert dans certains métiers pour imprimer à une pièce un mouvement de rotation. **3** ZOOL Appareil sonore des sauterelles. ▶ illustr. **musique**

**archèterie** *nf* Fabrication et commerce des archets. (DER) **archetier, ère** *n*

**archétype** *nm* **1** didac Modèle idéal ou dominant, prototype, étalon. **2** PHILO Selon Platon, modèle idéal, intelligible et éternel de toute chose sensible. **3** PSYCHAN Chez Jung, chacun des grands thèmes de l'inconscient collectif. (PHO) [aʀketip] (DER) **archétypal, ale, aux** ou **archétypique** *a*

**archevêché** *nm* **1** Étendue de la juridiction d'un archevêque. **2** Résidence d'un archevêque.

**archevêque** *nm* Prélat placé à la tête d'une province ecclésiastique comprenant plusieurs diocèses.

**archi-** Élément, du gr. *arkhi*, servant à marquer le degré supérieur.

**archiconfrérie** *nf* Groupe de confréries religieuses.

**archicube** *n* fam Ancien élève de l'École normale supérieure.

**Archidamos** nom de cinq rois de Sparte (VII$^{e}$-III$^{e}$ s. av. J.-C.) de la dynastie des Eurypontides (ou Proclides). — **Archidamos II** son règne fut marqué par le début de la guerre du Péloponnèse.

**archidiacre** *nm* RELIG CATHOL Dignitaire ecclésiastique ayant pouvoir de visiter les curés d'un diocèse.

**archidiocèse** *nm* Province ecclésiastique placée sous la responsabilité d'un archevêque. (DER) **archidiocésain, aine** *a*

**archiduc, archiduchesse** *n* Titre porté par les princes et princesses de la maison impériale d'Autriche.

**-archie, -arque** Éléments, du gr. *arkhein*, « commander ».

**archiépiscopal, ale** *a* Relatif à l'archevêque. *Palais archiépiscopal.* PLUR archiépiscopaux.

**archiépiscopat** *nm* Dignité, fonction d'archevêque.

**Archiloque** (Paros, v. 712 – ?, v. 664 av. J.-C.), poète lyrique grec (élégies, poèmes satiriques) ; il aurait inventé le vers iambique.

**archiluth** *nm* Luth à long manche, comme le théorbe.

**archimandrite** *nm* **1** anc Supérieur d'un monastère orthodoxe. **2** mod Titre honorifique de certains dignitaires des Églises catholique et orthodoxe d'Orient.

**Archimède** (Syracuse, 287 – id., 212 av. J.-C.), le plus célèbre savant de l'Antiquité. Il inventa le levier, la vis sans fin (dite *vis d'Archimède*), les roues dentées. Il détermina (dans son bain, dit-on, d'où il s'élança dans la rue en criant *Eurêka !* : « J'ai trouvé ! ») la poussée qu'un fluide environnant imprime à un solide (*principe d'Archimède*). Ses machines tinrent en échec, de 215 à 212 av. J.-C., le consul Marcellus, qui assiégeait Syracuse. Un soldat romain le tua par erreur. V. aussi sphère et du cylindre (De la). (DER) **archimédien, enne** *a*

**Archinard** Louis (Le Havre, 1850 – Villiers-le-Bel, 1932), général français. Il conquit le Soudan (le Mali actuel) de 1890 à 1893.

**archipel** *nm* Groupe d'îles.

**Archipel du Goulag (l')** essai de Soljenitsyne sur l'univers concentrationnaire soviétique (1973-1976).

**Archipenko** Alexander (Kiev, 1887 – New York, 1964), sculpteur américain, cubiste.

**archiphonème** *nm* LING Phonème qui rassemble l'ensemble des caractères distinctifs communs à deux phonèmes dont l'opposition est neutralisée dans certaines positions.

**archiprêtre** *nm* **1** anc Prêtre investi par l'évêque d'un droit de surveillance sur les autres prêtres. **2** Titre honorifique conféré à un curé.

**architecte** *n* **1** Personne possédant un diplôme validé par l'État, agréée par l'ordre des architectes, et apte à dresser les plans d'un édifice et à en diriger la construction. **2** fig Personne qui conçoit, élabore un ensemble structuré. (ETY) Du lat. *architectus*, « ouvrier ».

**architectonique** *a, nf* **A** *a* Qui a rapport aux procédés techniques de l'architecture. **B** *nf* Ensemble des règles de la construction.

**architecture** *nf* **1** Art de construire des édifices selon des proportions et des règles déterminées. *Architecture religieuse, civile et militaire.* **2** Disposition, ordonnance, style d'un bâtiment. *Architecture baroque.* **3** Organisation d'un système informatique. **4** fig Structure, organisation. (DER) **architectural, ale, aux** *a*

**architecture (De l')** traité de Vitruve ; c'est le seul ouvrage de l'Antiquité sur ce sujet.

**architecturer** *vt* ① Donner une structure, une ordonnance régulière à.

**architeuthis** *nm* ZOOL Calmar gigantesque (5 m de long avec des bras de 10 m).

**architrave** *nf* ARCHI Partie inférieure de l'entablement reposant directement sur les chapiteaux des colonnes. (ETY) Mot ital., « maîtresse poutre ».

**archiver** *vt* ① Classer un document dans les archives. (DER) **archivable** *a* – **archivage** *nm*

**archives** *nfpl* **1** Documents anciens concernant une famille, une entreprise, un lieu, un édifice, un État. **2** Lieu où sont conservés ces documents. *Les Archives nationales.* (ETY) Du gr. *arkheion*, « ce qui est ancien ».

**Archives nationales** institution créée le 25 juin 1794 pour conserver les archives de la France. Dep. 1808, elles occupent l'hôtel de Soubise (Paris 3$^{e}$).

**archiviste** *n* Personne chargée de la conservation des archives. **LOC** ***Archiviste paléographe*** : diplômé de l'École nationale des chartes.

**archivistique** *nf, a* Science des archives, savoir-faire de l'archiviste.

**archivolte** *nf* ARCHI Bandeau mouluré qui décore le cintre d'un arc.

**archonte** *nm* ANTIQ GR Magistrat chargé de gouverner les cités grecques. (PHO) [aʀkɔ̃t]

**Archytas de Tarente** (Tarente, v. 430 – ?, v. 360 av. J.-C.), savant grec, philosophe pythagoricien. Il aurait inventé la poulie et la vis.

**Arcimboldo** *Vertumnus*, 1590 – Skoklosters Slott, Suède

**Arcimboldo** Giuseppe (Milan, v. 1527 – Prague, 1593), peintre italien ; auteur de portraits fantastiques constitués par un assemblage d'objets. (VAR) **Arcimboldi**

**Arcis-sur-Aube** commune de l'Aube (arr. de Troyes) ; 2 954 hab. – Napoléon I$^{er}$ y

**archéoptéryx**

**Archimède** éprouvant la notion de poids volumique – *De architectura*, Vitruve, coll. privée

fut mis en difficulté par les Autrichiens (20 mars 1814). DER **arcisien, enne** *a, n*

**Arcoat** mot celtique (« pays des bois ») désignant, en Bretagne, les terres, par oppos. à l'*Armor* (« pays de la mer »). VAR **Argoat**

**Arcole** bourg d'Italie (prov. de Vérone), sur l'Alpone ; 6 300 hab. – Bonaparte enleva le pont aux Autrichiens le 15 nov. 1796.

**arçon** *nm* **1** Pièce arquée constituant l'armature d'une selle. **2** Rameau de vigne que l'on courbe pour le faire fructifier. ETY Du lat. *arcus*, « arc ».

**arc-rampant** *nm* **1** ARCHI Arc reposant sur des supports de hauteur inégale. **2** CONSTR Arc métallique soutenant une rampe. PLUR arcs-rampants.

**Arcs (Les)** complexe de sports d'hiver de Savoie (1 600, 1 800 et 2 000 m d'alt.).

**arctique** *a* Qui est situé dans les régions polaires du Nord (par oppos. à *antarctique*).

**Arctique (océan)** ensemble des mers limitées par les côtes septent. de l'Asie, de l'Europe, de l'Amérique, et par le cercle polaire arctique, recouvertes en grande partie par la banquise. VAR **océan Glacial Arctique**

**Arctique** vaste région, à l'intérieur du cercle polaire (66° 33′ de latit. N.), formée par les franges septent. de l'Amérique, de l'Europe et de l'Asie (N. de l'Alaska et du Canada, îles du N. du Canada, N. du Groenland et de la Norvège, Spitzberg, N. de la Sibérie, archipels François-Joseph, de la Nouvelle-Zemble, de la Terre du Nord, de la Nouvelle-Sibérie). – Le climat est extrême (– 28 °C en hiver au Groenland), les vents violents. La végétation est pauvre (bouleaux, lichens), ainsi que la faune. Les groupes humains (Lapons, Samoyèdes, Esquimaux) se sédentarisent.

**Histoire** Les terres de Barents, Davis, Hudson furent explorées au XVI^e s. En 1728, Béring découvrit le détroit qui porte son nom ; Amundsen le franchit en 1906. L'Américain Peary atteignit en 1909 le pôle.

**Arcturus** étoile géante rouge de la constellation du Bouvier.

**Arcueil** ch.-l. de canton du Val-de-Marne (arr. de L'Haÿ-les-Roses), dans la banlieue sud de Paris ; 19 900 hab. Industries de pointe. – Aqueduc (XVII^e et XIX^e s.). – *L'école d'Arcueil* groupa vers 1920 les musiciens Éric Satie, Henri Cliquet-Pleyel, Roger Désormière, Maxime Jacob et Henri Sauguet. DER **arcueillais, aise** *a, n*

**arcure** *nf* ARBOR Courbure des rameaux ou des branches qui provoque des accumulations de sève et favorise la fructification.

**Arcy-sur-Cure** commune de l'Yonne (arr. d'Auxerre) ; 500 hab. – Grottes du paléolithique (gravures magdaléniennes). DER **arcyat, ate** *a, n*

**-ard, -arde** Suffixe d'adj. et de noms, à valeur péjor. ou vulgaire (ex. *vantard, trouillard*).

**Ardachêr I^er** roi de Perse (v. 226-v. 240), fondateur de la dynastie des Sassanides. VAR **Ardachir** ou **Ardeschir**

**Ardèche** riv. de France (120 km), affl. du Rhône (r. dr.) ; naît dans les Cévennes ; confl. au N. de Pont-Saint-Esprit.

**Ardèche** dép. franç. (07) 5 523 km$^2$ 320 379 hab. 58 hab./km$^2$ ; ch.-l. *Privas* ; ch.-l. d'arr. *Largentière* et *Tournon-sur-Rhône*. V. Rhône-Alpes. DER **ardéchois, oise** *a, n*

**ardéiforme** *nm* ORNITH Syn. de *ciconiiforme*.

**ardemment** *av* Avec ardeur. *Aimer, désirer ardemment.* PHO [aRdamɑ̃]

**Arden John** (Barnsley, Yorkshire, 1930 – 2012), architecte et dramaturge anglais : *la Danse du sergent Musgrave* (1959), *Soldat, soldat* (1967).

**Arden de Feversham (la Lamentable et Véridique Tragédie d')** drame réaliste en 5 actes (1592) dû à un auteur anglais inconnu.

**Ardenne (l')** massif hercynien qui s'étend sur 10 000 km$^2$ dans le N.-E. de la France, en Belgique et au Luxembourg. La pénéplaine boisée est creusée de profondes vallées (Meuse, Chiers) où se sont installées des villes industr. – En mai 1940, les blindés de von Kleist y percèrent le front français. En déc. 1944, la contre-offensive de von Rundstedt y fut stoppée par les Américains. VAR **les Ardennes**

**Ardennes** dép. franç. (08) ; 5 229 km$^2$ ; 280 907 hab. ; 53,7 hab./km$^2$ ; ch.-l. *Charleville-Mézières* ; ch.-l. d'arr. *Rethel* et *Sedan*. V. Champagne-Ardenne. DER **ardennais, aise** *a, n* ▶ carte p. 92

**ardent, ente** *a* **1** Qui est en feu, qui brûle. **2** Dont la chaleur est très vive. **3** Qui cause une sensation de brûlure. *Une soif ardente.* **4** fig Plein d'ardeur, enthousiaste, fougueux. *Un tempérament ardent.* **5** fig Vif, violent. *Un amour ardent.* LOC ***Chambre ardente*** : cour de justice où comparaissaient, sous l'Ancien Régime, les accusés passibles de la peine du feu. — ***Mal des ardents*** : nom donné au Moyen Âge à l'ergotisme.

**Ardents (bal des)** bal masqué (1393) au cours duquel les maillots enduits de poix de Charles VI et de 5 jeunes gens s'enflammèrent accidentellement.

**ardeur** *nf* **1** Chaleur vive. **2** fig Vivacité, entrain. *Travailler avec ardeur.* ANT indolence.

**ardillon** *nm* **1** Pointe de métal servant à arrêter dans la boucle la courroie qu'on y passe. **2** Partie de l'hameçon qui s'oppose à son décrochage. ETY Du frq.

**ardoise** *nf* **1** Schiste à grain fin, habituellement gris foncé, qui se clive en minces plaques régulières utilisées pour les toitures. **2** Tablette d'ardoise, de carton ou de matière plastique sur laquelle on écrit ou dessine. **3** fam Total des sommes dues pour des marchandises achetées à crédit. *Avoir une ardoise chez un commerçant.*

**ardoisé, ée** *a* **1** Couleur d'ardoise. **2** Recouvert d'ardoise ou d'un matériau l'imitant.

**ardoisier, ère** *a, nm* **A** *a* Relatif à l'ardoise. *Un sol ardoisier.* **B** *nm* **1** Personne qui travaille à l'exploitation de l'ardoise. **2** Belgique Couvreur.

**ardoisière** *nf* Carrière d'ardoise.

**ardu, ue** *a* Difficile à résoudre, à mener à bien. *Question ardue. Entreprise ardue.* ANT aisé.

**are** *nm* Unité de surface pour les mesures de terrains, valant 100 m$^2$ (symbole a). ETY Du lat. *area*, « aire ».

**À rebours** roman de Huysmans (1884).

**arec** *nm* Palmier d'Asie, dont le fruit *(noix d'arec)* fournit un cachou. VAR **aréquier**

**aréique** *a* GEOGR Se dit d'une région privée d'écoulement régulier des eaux. DER **aréisme** *nm*

**areligieux, euse** *a* Qui n'adhère à aucune religion.

**aréna** *nm* Canada Patinoire couverte, principalement destinée à la pratique du hockey.

**arénacé, ée** *a* GEOL Qui a la consistance du sable.

**Arenas Reinaldo** (La Havane, 1943 – New York, 1990), écrivain cubain. Émigré aux États-Unis dep. 1980, il s'est suicidé : *le Palais des très blanches mouffettes* (1975), *la Colline de l'ange* (1987).

**Arenberg** famille de Flandre qui compta des princes de l'Empire et des grands d'Espagne. — **Auguste** (comte de La Marck, prince d'Arenberg) (Bruxelles, 1753 – id., 1833), député de la noblesse aux états généraux, ami de Mirabeau, il émigra en 1793.

**Arendt Hannah** (Hanovre, 1906 – New York, 1975), philosophe américaine d'origine all. : *les Origines du totalitarisme* (1951).

**arène** *nf* **A 1** anc Partie sablée d'un amphithéâtre où avaient lieu les combats de gladiateurs. **2** GEOL Sable grossier dû à la décomposition de roches cristallines. **B** *nfpl* **1** Ancien amphithéâtre romain. *Les arènes de Lutèce.* **2** Amphithéâtre où se déroulent des courses de taureaux. **LOC** ***Entrer, descendre dans l'arène :*** s'engager dans un combat politique, idéologique. ETY Du lat. *arena*, « sable ».

**arénicole** *a, nf* ZOOL **A** *a* Qui vit dans le sable. **B** *nf* Annélide polychète vivant dans le sable des plages.

**arénisation** *nf* GEOL Évolution d'une roche cristalline qui se transforme en arène.

**aréole** *nf* **1** ANAT Cercle coloré qui entoure le mamelon du sein. **2** MED Zone rougeâtre qui entoure un point enflammé. **3** MED Petite cavité. DER **aréolaire** *a*

**aréomètre** *nm* PHYS Instrument qui permet de déterminer la densité d'un liquide.

**aréopage** *nm* litt Assemblée de savants, de personnes compétentes.

**Aréopage** dans la Grèce antique, le tribunal athénien chargé de punir l'impiété, les vols et les crimes.

**aréquier → arec.**

**Arequipa** v. du S. du Pérou ; 545 170 hab. Fondée par Pizarro en 1536.

**Arès** dieu grec de la Guerre, fils de Zeus et de Héra (Mars pour les Romains).

**Aret (pic d')** sommet des Htes-Pyr., au S. de la vallée d'Aure ; 2 940 m.

**arête** *nf* **1** Os long et mince des poissons. **2** fig Ligne formée par la rencontre de deux plans. *L'arête du nez.* **3** GEOGR Ligne qui sépare les deux versants d'une chaîne de montagnes. **4** ARCHI Angle saillant que forment deux plans. *Arête d'un toit.* **5** GEOM Ligne d'intersection de deux plans, de deux surfaces. *Les six arêtes d'un tétraèdre.* ETY Du lat.

**Arétin Pietro Aretino, dit l'** (Arezzo, 1492 – Venise, 1556), auteur italien de poèmes satiriques, de comédies, de pamphlets et de *Ragionamenti* (1534), roman de mœurs licencieux et humoristique.

**Areva** groupe industriel français spécialisé dans le domaine de l'énergie nucléaire.

**Arezzo** ville d'Italie (Toscane), sur l'Arno ; 91 540 hab. ; ch.-l. de la prov. du m. nom. – Égl. San Francesco (fresques de Piero della Francesca : *La légende de la Croix* ) ; maison de Pétrarque. DER **arétin, ine** *a, n*

**argan** *nm* Fruit oléagineux de l'arganier, utilisé en partic. en cosmétologie.

**Argan** personnage princ. du *Malade imaginaire* (1673) de Molière.

**arganeraie** *nf* Plantation d'arganiers.

**arganier** *nm* Arbuste (sapotacée) du sud marocain, au fruit oléagineux. ETY De l'ar.

**argas** *nm* ZOOL Acarien parasite épidermique d'oiseaux et de mammifères, dont il suce le sang et auxquels il peut transmettre des maladies infectieuses. PHO [argas] ETY Du mot grec.

**Argelès-Gazost** ch.-l. d'arr. des Htes-Pyr. ; 3 419 hab. Station thermale. DER **argelésien, enne** *a, n*

**Argelès-sur-Mer** ch.-l. de cant. des Pyr.-Orientales (arr. de Céret) ; 9 069 hab. Vin doux. DER **argelésien, enne** *a, n*

**argémone** *nf* BOT Plante herbacée (papavéracée) à feuilles épineuses et à grandes fleurs jaunes ou blanches.

**Argenlieu Georges Thierry d'** (Brest, 1889 – Carmel du Relecq-Kerhuon, 1964), religieux carme déchaux (en relig., R.P. Louis de la Trinité), amiral français, haut-commissaire en Indochine (1945-1947).

**Argenson de Voyer d'** famille française originaire de Touraine. — **Marc René** (Venise, 1652 – Paris, 1721), garde des Sceaux de 1718 à 1720. Acad. franç. (1718). — **René Louis** (Paris, 1694 – id., 1757), secrétaire d'État aux Affaires étrangères (1744-1747), auteur de *Mémoires*. — **Marc Pierre** (Paris, 1696 – id., 1764), secrétaire d'État à la Guerre (1743-1757). L'*Encyclopédie* lui fut dédiée.

**argent** *nm* **1** Élément métallique de numéro atomique Z = 47, de masse atomique 107,87 (symbole Ag). **2** Métal (Ag), précieux, blanc, brillant, peu altérable, de densité 10,5, qui fond à 962 °C. *L'argent est utilisé en photographie (halogénures), en thérapeutique (argent colloïdal), en électricité, etc. Mine d'argent. Couverts en argent.* **3** Monnaie faite avec ce métal. **4** Toute espèce de monnaie : billets de banque, pièces. *Gagner beaucoup d'argent.* **5** HERALD Un des métaux employés en gravure, représenté par le blanc uni. **LOC** ***En avoir pour son argent :*** être bien servi pour la dépense faite ; fig être bien récompensé de sa peine. — ***L'argent n'a pas d'odeur :*** peu importe la provenance de l'argent. ETY Du lat.

**Argent (l')** roman de Zola (1891). ▷ CINE Film de M. L'Herbier (1928).

**Argent (l')** pamphlet de Péguy (1913) contre le « parti intellectuel », les socialistes (Jaurès) et les pacifistes.

**Argent (l')** film de Robert Bresson (1983), d'après une nouvelle de Tolstoï.

**argentan** *nm* Alliage de cuivre, de nickel et de zinc, employé en orfèvrerie et en électricité.

**Argentan** ch.-l. d'arr. de l'Orne, sur l'Orne ; 14 500 hab. DER **argentanais, aise** *a, n*

**argenté, ée** *a* **1** Recouvert d'argent. **2** fig Qui ressemble à de l'argent, qui en a la couleur. *Gris argenté.* **3** fam Qui a de l'argent, qui est riche.

**argenter** *vt* 1 **1** Couvrir d'une couche d'argent. **2** fig Donner l'éclat de l'argent. DER **argentage** *nm*

**argenterie** *nf* Vaisselle, ustensiles en argent ou en métal argenté.

**Argenteuil** ch.-l. d'arr. du V.-d'Oise, sur la Seine ; 108 400 hab. ; industries. – Berceau de l'impressionisme. – L'abbaye (VIIe s.) accueillit Héloïse au XIIe siècle. DER **argenteuillais, aise** *a, n*

**argentier** *nm* **1** HIST Surintendant des Finances royales. **2** Meuble contenant l'argenterie. LOC fam *Le grand argentier* : le ministre des Finances. ETY Du lat. *argentarium*, « banquier ».

**Argentière** station de sports d'hiver de Haute-Savoie (com. de Chamonix-Mont-Blanc).

**Argentière (col de)** → **Larche (col de).**

**argentifère** *a* MINER Qui contient de l'argent.

**argentin, ine** *a* Qui a le même son clair que l'argent. *Une voix argentine.*

**Argentina** Antonia Mercé-Luque dite la (Buenos Aires, 1890 – Bayonne, 1936), danseuse et chorégraphe espagnole, créatrice de l'*Amour sorcier* (1925).

**Argentine (rép.)** État fédéral d'Amérique du Sud, bordé par l'Atlant., s'étirant sur 3 700 kilomètres de la frontière bolivienne au cap Horn ; 2 796 427 km$^2$ ; 42,4 millions d'hab. ; cap. *Buenos Aires.* Nature de l'État : rép. fédérale. Langue off. : espagnol. Monnaie : peso argentin. Relig. : catholicisme. DER **argentin, ine** *a, n*

**Géographie** Adossée aux Andes, l'Argentine est formée de plateaux et de plaines qui s'abaissent vers l'Atlantique. Le climat est subtropical au N. (Gran Chaco), tempéré au centre et froid au S. (Patagonie). Les pays fertiles et tempérés : bassin du Paraná, Río de la Plata et Pampa concentrent la population, qui, citadine à plus de 90 %, compte 85 % de descendants d'Européens (Espagnols et Italiens surtout).

**Économie** Grande puissance agricole, l'Argentine exporte du blé, du soja, de la viande, du cuir et de la laine. Indépendante énergétiquement (pétrole et gaz du piémont andin, essor de l'hydroélectr.), elle développe son industrie et le tourisme. Ses princ. partenaires sont les États-Unis, l'UE et les États latino-américains. Une grave crise écon. et financière (hyperinflation) s'est installée dans les années 1980. La libéralisation, voulue par le FMI, a aboli le péronisme en 1991. En 1995, l'économie entière était privatisée. De 2003 à 2011, le pays a connu une forte croissance écon., mais il est entré en récession dep. 2014.

**Histoire** Un petit nombre de tribus indiennes peuplait l'Argentine avant la conquête espagnole. En 1516, l'Esp. Díaz de Solís découvrit le Río de la Plata. Buenos Aires, fondée en 1536, fut détruite par les Indiens et reconstruite en 1580 : son territ. releva de la vice-royauté du Pérou jusqu'en 1776 (création de la vice-royauté du Río de la Plata). Quand Napoléon occupa l'Espagne, une révolte éclata en 1810. Grâce à San Martín, le territ. argentin fut libéré (1816). Le XIXe s. fut marqué par les guerres civiles entre les libre-échangistes de Buenos Aires, partisans du centralisme politique, et les éleveurs (*gauchos*), protectionnistes et fédéralistes. Le dictateur Rosas (1829-1852) fonda un régime fédéral. Les présidents Mitre et Sarmiento (1862-1874) soumirent brutalement les *gauchos*. La forte immigration accéléra le développement, mais la crise écon. mondiale ouvrit une ère de coups d'État militaires (1930). J. D. Perón instaura une dictature nationaliste et populaire (1946) ; renversé par l'armée (1955), il revint en 1973. À sa mort (1974), sa troisième épouse, Isabelita, lui succéda. En 1976, le général Videla instaura une sanglante dictature. En 1982, après l'échec de la campagne des Malouines (îles Falkland), la démocratie fut rétablie, mais Raúl Alfonsín, prés. de la République de 1983 à 1989, fut contrôlé par l'armée. En 1989, le péroniste Carlos Menem emporta l'élection présidentielle. Sa politique de rigueur enraya l'inflation et il fut réélu en 1995. Dénonçant la rigueur et la corruption, l'opposition de centre gauche a remporté les élections législatives de 1997 et son candidat, Fernando de la Rua, a remporté la présidentielle de 1999. Celui-ci n'a remis en cause ni la politique d'austérité, ni le libéralisme de son prédécesseur. En 2001, des émeutes provoquées par la faillite écon. et fin. et par la crise sociale font démissionner F. de la Rua. L'incertitude politique et l'agitation sociale prévalent jusqu'à l'élection en mai 2003 de Nestor Kirchner, péroniste de centre gauche, qui bénéficie d'un certain soutien populaire pour engager des réformes. Son ép. Cristina Kirchner est élue prés. en 2007 et réélue en 2011. En 2015, Mauricio Macri (conservateur) remporte l'élection prés. face au candidat péroniste.

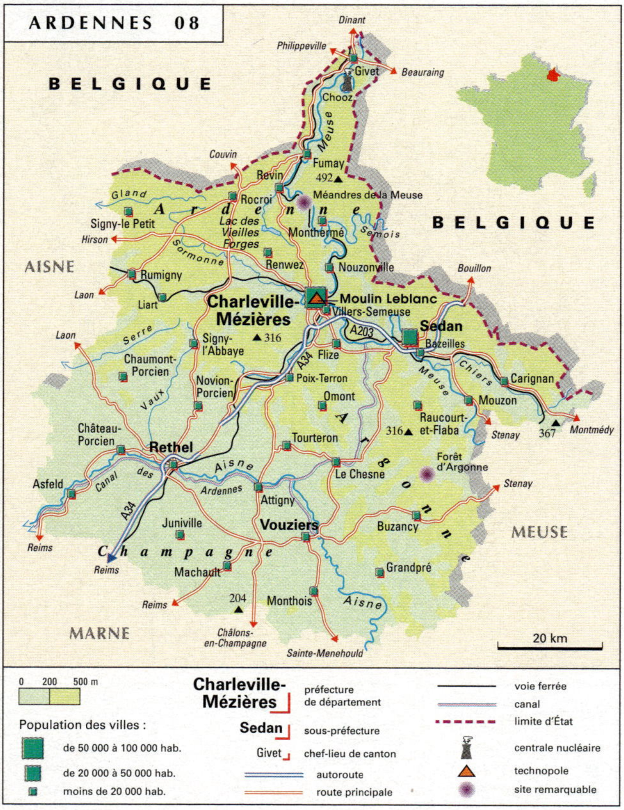


**argentique** *a, nm* **A** *a* Se dit des composés à base d'argent, utilisés notamment en photographie. **B** *a, nm* Se dit des techniques classiques de photographie, par oppos. au *numérique.*

**argenture** *nf* **1** Couche d'argent appliquée sur un objet. **2** Action d'argenter.

**Argerich** Martha (Buenos Aires, 1941), pianiste argentine.

**Arghezi** Ion N. Theodorescu, dit Tudor (Bucarest, 1880 – id., 1967), poète roumain : *Mots assortis* (1927).

**argile** *nf* **1** Roche terreuse, appelée également glaise, donnant une pâte plastique imperméable et qui, façonnée et cuite, donne des poteries, des tuiles, etc. **2** MINER Groupe de silicates d'alumine hydratée. ETY Du lat. DER **argileux, euse** *a*

**arginine** *nf* BIOCHIM Acide aminé, constituant de nombreuses protéines, qui joue un rôle important dans la contraction musculaire.

**Arginuses** groupe d'îles turques de la mer Égée, au S.-E. de Lesbos. – Victoire navale des Athéniens sur les Spartiates (406 av. J.-C.).

**argiope** *nf* Araignée voisine des épeires, qui constituent avec elle la famille des *argiopidés.* ETY Du gr. *argos*, « brillant », et *-ope.*

**Argoat** → **Arcoat.**

**Argolide** rég. de Grèce, au N.-E. du Péloponnèse. – Nome du m. nom : 2 214 km$^2$ ; 105 700 hab. ; ch.-l. *Nauplie.* – Du XVIe au XIIe s. av. J.-C., la civilisation mycénienne (Mycènes, Argos, Tirynthe) s'y développa.

**argon** *nm* CHIM **1** Élément de numéro atomique Z = 18 et de masse atomique 39,94 (symbole Ar). **2** Gaz inerte (Ar), incolore et inodore, qui constitue env. un centième de l'atmosphère.

**argonaute** *nm* ZOOL Mollusque céphalopode octopode, dont la femelle fabrique une nacelle calcaire pour abriter sa ponte.

**Argonautes (les)** dans la myth. gr., navigateurs (Héraclès, Orphée, Castor, Pollux, etc.) qui, commandés par Jason, atteignent sur l'*Argo* la Colchide, pour conquérir la Toison d'or.

**Argonautes du Pacifique occidental (les)** œuvre de Malinovski (1922).

**Argonautiques** épopée d'Apollonios de Rhodes qui raconte, notam., l'amour tragique de Médée pour l'Argonaute Jason.

**Argonne** rég. de collines boisées, entre les riv. Aisne et Aire. – Victoire de Dumouriez à Valmy (20 sept. 1792). En 1914 et en 1918, la rég. connut des combats violents. (DER) **argonnais, aise** *a, n*

**Argos** → **Argus.**

**Argos** ville de Grèce (Péloponnèse) ; 20 700 hab. – Ancienne capitale de l'Argolide. Pyrrhos II, qui l'assiégeait, y fut tué (272 av. J.-C.).

**argot** *nm* **1** Langage des malfaiteurs, du milieu. **2** Langage particulier à un groupe social ou professionnel. *L'argot des écoles, des sportifs.* (DER) **argotique** *a*

**argotier** *nm* **1** Personne qui pratique un argot. **2** Spécialiste de l'argot.

**argotisme** *nm* LING Mot, expression appartenant à l'argot.

**argotologie** *nf* didac Étude des argots.

**argousier** *nm* BOT Hippophaé.

**argousin** *nm* **1** anc Bas officier des galères. **2** péjor, vieilli Agent de police. (ETY) Du portug. *algoz*, « bourreau ».

**Argovie** (en all. *Aargau*), cant. du N. de la Suisse, traversé par l'Aar ; 1 404 km$^2$ ; 550 900 hab. ; ch.-l. *Aarau.* (DER) **argovien, enne** *a, n*

**arguer** *v* (1) **A** *vt* litt Tirer un argument, une conclusion de qqch. *Que voulez-vous arguer de ce fait ?* **B** *vti* Prétexter qqch, en tirer un argument. *Il arguait de sa situation de famille pour obtenir un passe-droit.* **LOC** DR ***Arguer un acte de faux*** : soutenir qu'il est faux. (PHO) [argɥe] (VAR) **argüer**

**argument** *nm* **1** Raisonnement tendant à établir une preuve, à fonder une opinion. *Un argument contestable.* **2** Résumé succinct du sujet d'un ouvrage littéraire, dramatique. **3** MATH Variable dont la valeur permet de définir celle d'une fonction. *x est l'argument de la fonction sin x.* **4** INFORM Syn. de *paramètre*. **LOC** MATH ***Argument d'un nombre complexe*** : angle formé par l'axe réel et le vecteur qui représente ce nombre complexe. — ***Tirer argument de qqch*** : utiliser comme preuve, prétexter qqch.

**argumentaire** *nm, a* **A** *nm* **1** Ensemble d'arguments à l'appui d'une opinion. **2** Liste des arguments de vente. **B** *a* Qui concerne une argumentation. *Stratégie argumentaire.*

**argumentatif, ive** *a* Qui vise à l'argumentation. *Un récit argumentatif.*

**argumentation** *nf* **1** Fait, art d'argumenter. **2** Ensemble des arguments tendant à la même conclusion.

**argumenter** *v* (1) **A** *vi* Faire usage d'arguments. *Argumenter contre un adversaire.* **B** *vt* Justifier qqch par des arguments. *Une plaidoirie solidement argumentée.*

**argus** *nm* **1** Publication qui fournit des renseignements spécialisés. *L'argus de l'automobile.* **2** ZOOL Paon des forêts du Sud-Est asiatique. (PHO) [argys] (ETY) Du n. pr.

**Argus** prince d'Argos, personnage fabuleux qui avait cent yeux, dont cinquante demeuraient toujours ouverts. (VAR) **Argos**

**argonaute** femelle avec sa nacelle de ponte

**Argus de la presse** entreprise, fondée en 1879, qui expédie à ses abonnés les articles de journaux qui les citent.

**argutie** *nf* Raisonnement subtil et vainement minutieux. (PHO) [argysi] (ETY) Du lat.

**Argyll** Archibald Campbell (comte d') (v. 1607 – Édimbourg, 1661), seigneur écossais, chef du parti presbytérien. Il se soumit à Cromwell. Décapité lors de la Restauration.

**argyrisme** *nm* MED Intoxication chronique par certains sels d'argent, qui se traduit par une coloration ardoisée des téguments.

**argyronète** *nf* ZOOL Araignée qui tisse dans l'eau, entre les plantes, une sorte de cloche où, après avoir stocké de l'air, elle se tient à l'affût. (ETY) Du gr. *arguros*, « argent », et *neîn*, « filer ».

**arhat** *n* Dans le bouddhisme, disciple parvenu à une vision intérieure.

**Århus** port du Danemark (Jutland), sur la *baie d'Århus* ; 264 130 hab. ; ch.-l. du comté du m. nom. Industries. Université.

**1 aria** *nf* **1** Air, mélodie, accompagné par un ou plusieurs instruments. **2** Dans un opéra, partie chantée par un soliste. (ETY) Mot ital.

**2 aria** *nm* litt Souci, tracas, embarras. (ETY) De l'a. verbe *harier*, « harceler ».

**Ariane** dans la myth. gr., fille de Minos et de Pasiphaé, sœur de Phèdre ; par amour, elle donna à Thésée le fil qui lui permit de sortir du La-

byrinthe après avoir tué le Minotaure. Elle s'enfuit avec Thésée, qui l'abandonna sur l'île déserte de Naxos (où Bacchus vint la consoler).

**Ariane** fusée construite en France par l'Agence spatiale européenne et lancée, depuis 1979, à Kourou (Guyane française).
▶ illustr. **lanceur**

**arianisme** *nm* RELIG Hérésie chrétienne d'Arius qui, niant l'unité et l'identité de substance du Fils avec le Père, ne reconnaissait que partiellement la nature divine de Jésus-Christ, infirmant ainsi le mystère de la Trinité. DER **arien, enne** *a, n*

**Arias Sánchez Oscar** (Heredia, près de San José, 1941), homme politique du Costa Rica, prés. de la République de 1986 à 1990 et de 2006 à 2010. P. Nobel de la paix 1987.

**Arica** v. et port du N. du Chili ; 158 420 hab. Exportation de nitrates et d'argent. Oléoduc.

**Arich (El-)** port d'Égypte, au N. du Sinaï ; ch.-l. de gouvernorat ; 137 900 hab. – En 1800, la France s'y engagea à évacuer l'Égypte.

**aride** *a* **1** Sec. *Climat aride.* **2** Stérile, sans végétation. *Un plateau aride.* ANT fertile. **3 fig** Dépourvu de tendresse, de sensibilité. *Un cœur aride.* **4 fig** Privé d'attrait, difficile. *Une lecture aride.* ETY Du lat. DER **aridité** *nf*

**aridification** *nf* GEOGR Évolution d'une région vers l'aridité, la sècheresse.

**Ariège** riv. de France (170 km), affl. de la Garonne (r. dr.) ; naît dans les Pyr.-Orient.

**Ariège** dép. français (09) ; 4 890 km$^2$ ; 152 684 hab. ; 31,2 hab./km$^2$ ; ch.-l. *Foix* ; ch.-l. d'arr. *Pamiers* et *Saint-Girons*. V. Midi-Pyrénées. DER **ariégeois, oise** *a, n*

**Ariel** l'un des principaux satellites d'Uranus, découvert en 1851.

**arien** → **arianisme, Arius.**

**Ariès Philippe** (Blois, 1914 – Toulouse, 1984), historien français : *l'Enfant et la vie familiale sous l'Ancien Régime* (1960), *Images de l'homme devant la mort* (1983).

**ariette** *nf* MUS Petite mélodie, air de style léger, aimable ou tendre.

**arille** *nm* BOT Tégument entourant la graine de certaines plantes (cotonnier, passiflore, etc.). PHO [arij]

**Arimathie** anc. v. de Judée (auj. *Rantis*, en Israël) ; patrie de Joseph, à qui Pilate permit d'ensevelir Jésus-Christ.

**arion** *nm* ZOOL Mollusque gastéropode pulmoné très commun en France (limace rouge).

**arioso** *nm* MUS Air de chant, intermédiaire entre l'aria et le récitatif. PLUR ariosos ou ariosi. ETY Mot ital., de *aria*, « air ».

**Arioste Ludovico Ariosto, dit l'** (Reggio d'Émilie, 1474 – Ferrare, 1533), poète italien. Auteur de *Poésies lyriques latines* (1493-1503), de comédies, de *Satires* (1517-1525), il a laissé un chef-d'œuvre : *Orlando furioso* (*Roland furieux*, 1516-1532), sorte de parodie héroïcomique de l'épopée chevaleresque.
▶ illustr. **Dante Alighieri**

**Arioviste** chef germain des Suèves. Il envahit la Gaule, mais César le repoussa (58 av. J.-C.).

**Aristagoras** (m. en Thrace en 497 av. J.-C.), tyran de Milet. Il souleva l'Ionie contre Darios I$^{er}$, suscitant la première guerre médique.

**Aristarque de Samos** (Samos, 310 –?, 230 av. J.-C.), astronome grec. Il aurait eu, le premier, l'intuition que la Terre tourne sur elle-même et autour du Soleil, et aurait calculé les distances Terre-Lune et Terre-Soleil.

**Aristarque de Samothrace** (v. 215 – 140 av. J.-C.), grammairien grec, commentateur sévère d'Homère, d'Hésiode et de Pindare.

**Aristide** (v. 540 – v. 467 av. J.-C.), homme polit. athénien, surnommé *le Juste*. Combattu par Thémistocle, il fut frappé d'ostracisme (482 av. J.-C.) ; rappelé d'exil, il combattit à Salamine (480 av. J.-C.).

**Aristide Jean-Bertrand** (Port-Salut, 1953), homme politique haïtien. Premier président de la Rép. élu démocratiquement (1990), renversé (1991), il fut rétabli en 1994, par les États-Unis, jusqu'à la fin de son mandat (1996). Il est réélu en nov. 2000, mais en mars 2004 il est chassé du pouvoir par un soulèvement armé.

**Aristippe de Cyrène** (Cyrène, IV$^e$ s. av. J.-C.), philosophe grec, disciple de Socrate. Il fonda l'école cyrénaïque.

**Aristobule** nom de deux rois Asmonéens de Judée (v. 104 av. J.-C. et 67 à 63 av. J.-C.).

**aristocrate** *n* Membre de l'aristocratie.

**aristocratie** *nf* **1** Forme de gouvernement dans laquelle le pouvoir souverain, en général héréditaire, est détenu par un petit nombre de personnes. **2** Classe qui détient le pouvoir, dans un tel système politique. SYN noblesse. **3** Ensemble de ceux qui constituent l'élite dans un domaine quelconque. PHO [aristɔkrasi] ETY Du gr. *aristos*, « le meilleur » et *kratos*, « pouvoir ».

**aristocratique** *a* **1** De l'aristocratie. **2 fig** Raffiné, digne d'un aristocrate. **3** Gouverné par l'aristocratie.

**aristoloche** *nf* BOT Plante grimpante, apétale, dont le calice est en forme de cornet.

**Aristophane** (Athènes, v. 445 –?, v. 380 av. J.-C.), poète comique grec, le plus grand de l'Antiquité. Il aurait écrit quarante-quatre pièces (mais onze seulement nous sont parvenues), violentes satires contre Cléon, le démagogue athénien (*les Cavaliers*, 424), Socrate (*les Nuées*, 423), le militarisme (*la Paix*, 421 ; *Lysistrata*, 411), Euripide (*les Grenouilles*, 405), les utopies politiques (*les Oiseaux*, 414 ; *l'Assemblée des femmes*, 392). DER **aristophanesque** *a*

**Aristote** (Stagire, Macédoine, 384 – Chalcis, 322 av. J.-C.), philosophe grec. Fils du médecin Nicomaque, disciple de Platon, précepteur d'Alexandre le Grand, puis fondateur du Lycée, ou école péripatéticienne. Ses cours (transcrits par ses disciples) couvrent tout le savoir : la *Logique (Organon)*, la *Physique* (traités de sciences naturelles, de météorologie, d'astronomie, etc.), la *Métaphysique*, l'*Éthique à Nicomaque*, la *Politique*, la *Rhétorique*, la *Poétique*. Les Arabes Avicenne et Averroès le révélèrent à l'Occident et Thomas d'Aquin tenta de concilier la Révélation chrétienne et l'aristotélisme, lequel devint un dogme négatif.

**aristotélisme** *nm* PHILO Doctrine, système d'Aristote. DER **aristotélicien, enne** *a, n*

**arithmétique** *nf, a* **A** *nf* Partie des mathématiques consacrée à l'étude des nombres entiers et des nombres rationnels. **B** *a* **1** Qui repose sur les nombres. **2** Qui concerne l'arithmétique et ses règles. ETY Du gr. *arithmos*, « nombre ». DER **arithméticien, enne** *n* – **arithmétiquement** *av*

**arithmomancie** *nf* didac Divination par les nombres.

**Arius** (Libye, v. 256 – Constantinople, 336), prêtre hérésiarque, fondateur de l'arianisme. DER **arien, enne** *a, n*

**Arizona** État du sud-ouest des États-Unis, à la frontière du Mexique ; 295 023 km$^2$ ; 6 392 000 hab. ; cap. *Phoenix*. – Le plateau du Colorado (Grand Canyon) occupe le N. Le climat est partout aride. – L'irrigation permet les cultures et l'élevage. Le sous-sol est riche : cuivre, zinc et plomb. – L'Arizona passa du Mexique aux É.-U. en 1848. Territ. fédéral en 1863, il entra en 1912 dans l'Union.

**Arkansas** État du centre-sud des É.-U. ; 137 539 km$^2$ ; 2 916 000 hab. ; cap. *Little Rock*. – Drainé par l'*Arkansas* (2 333 km), affl. du bas

ARIÈGE 09

Mississippi, l'État est surtout un pays de plaine. – Les cultures progressent. Bauxite, pétrole, gaz naturel ont créé une forte industrie. – Cédé aux É.-U. par la France en 1803, territ. fédéral en 1819, l'Arkansas entra dans l'Union en 1836.

**Arkhangelsk** port de Russie, sur la mer Blanche ; 408 000 hab. ; ch.-l. de la prov. du m. nom. Constr. navales, industrie du bois.

**Arland Marcel** (Varennes-sur-Amance, 1899 – Saint-Sauveur-sur-École, 1986), écrivain français. Acad. fr. (1968).

**Arlberg** col des Alpes (1 802 m). Le *tunnel de l'Arlberg* (10 239 m), ouvert en 1884, relie la Suisse et l'Autriche (Vorarlberg).

**arlequin, ine** *n* Personne qui porte un habit d'arlequin. ETY De *Hellequin*, nom d'un diable.

**Arlequin** personnage de la *commedia dell'arte* : pantalon collant et jaquette faits de morceaux différents, masque, bonnet à queue de lapin, bâton. Il inspira Marivaux et Goldoni.

**arlequinade** *nf* **1** Bouffonnerie d'Arlequin. **2** Pièce de théâtre où figure le personnage d'Arlequin.

**Arles** ch.-l. d'arr. des B.-du-Rh., sur le Rhône ; 53 785 hab. Com. la plus vaste de France (758 km²). Centre agric. Industries. Tourisme. Festival de la photographie. – Arènes (déb. IIe s.), théâtre antique (Ier s., en grande partie ruiné), tombeaux des Alyscamps (V. ce nom). – Cloître (XIIIe-XIVe s.) et égl. romane St-Trophime (XIe-XVe s.). Musées. DER **arlésien, enne** *a, n*

**Arlésienne (l')** conte (1866) et mélodrame (1872) de A. Daudet. Sans cesse évoquée, l'Arlésienne ne paraît jamais. ▷ MUS Bizet écrivit la musique de scène.

**Arletty Léonie Bathiat,** dite (Courbevoie, 1898 – Paris, 1992), actrice française : *Hôtel du Nord* (1938), *les Visiteurs du soir* (1942), *les Enfants du paradis* (1945).

Arletty

**Arlington** v. des É.-U. (Virginie), séparée de Washington par le Potomac ; 208 000 hab. – *Cimetière national*, contenant les corps de glorieux soldats et de J. F. Kennedy.

**Arlon** v. de Belgique, sur la Semois ; 28 600 hab. ; ch.-l. de la prov. de Luxembourg. Tourisme. – Victoires de Jourdan sur les Autrich. (en 1793 et en 1794). DER **arlonais, aise** *a, n*

**armada** *nf* **1** Flotte importante. **2** Grande quantité. *Une armada de journalistes.*

**Armada (l'Invincible)** flotte de cent trente navires lancée par Philippe II d'Espagne contre l'Angleterre, en 1588, pour détrôner Élisabeth Ire. Ce fut un désastre.

**Armagh** ville d'Irlande du Nord (Ulster) ; 14 700 hab. ; métropole religieuse de l'île.

**armagnac** *nm* Eau-de-vie de raisin fabriquée en Armagnac.

**Armagnac** anc. comté de France (Gers), réuni définitivement à la Couronne en 1607.

**Armagnacs (parti des)** faction qui s'opposa, durant la guerre de Cent Ans, à la faction des Bourguignons, alliés aux Angl., jusqu'au traité d'Arras (1435). Un de ses chefs était Bernard VII d'Armagnac.

**armailli** *nm* Suisse Pâtre de la région de Fribourg (Gruyère).

**Arman Armand Fernandez,** dit (Nice, 1928 – New York, 2005), artiste français, naturalisé américain, auteur d'« accumulations ».

**Armançon** riv. de France, affl. de l'Yonne (r. dr.) ; 174 km.

**Armani Giorgio** (Plaisance, 1934), créateur de mode italien.

**armateur** *nm* Personne qui équipe et exploite un navire de commerce ou de pêche.

**armature** *nf* **1** CONSTR Ensemble d'éléments destinés à accroître la rigidité d'un ouvrage ou d'un matériau. **2** CONSTR Ensemble des éléments incorporés au béton armé pour accroître sa résistance. **3** fig Ce qui constitue l'élément essentiel, le soutien. *L'armature d'une société.* **4** ELECTR Pièce conductrice d'un électroaimant ou d'un condensateur. **5** MUS Ensemble des altérations (dièses et bémols) placées à la clef et indiquant la tonalité du morceau. SYN armure. ETY Du lat. *armatura,* « armure ».

**armaturier** *nm* Professionnel qui construit des armatures métalliques qui seront incorporées au béton pour en accroître la résistance.

**Armavir** v. de Russie, au pied du Caucase ; 168 000 hab. Centre ferroviaire.

**arme** *nf* **A 1** Instrument qui sert à attaquer ou à se défendre. *Arme offensive, défensive.* **2** fig Ce qui sert à combattre un adversaire. *La calomnie est une arme redoutable.* **3** Chacune des grandes divisions de l'armée correspondant à une activité spécialisée. *L'arme blindée.* **B** *nf pl* **1** La carrière militaire. **2** Armoiries. LOC ***Arme à feu*** : tels un fusil, une mitraillette, un pistolet, un révolver, etc. — ***Arme blanche*** : tels un sabre, une baïonnette, un couteau, etc. — ***Être sous les armes*** : être soldat. — ***Faire ses premières armes*** : faire ses débuts. — fam ***Passer l'arme à gauche*** : mourir. — ***Passer qqn par les armes*** : le fusiller. ETY Du lat.

**armé, ée** *a, nm* **A** *a* **1** Muni d'une arme. *Être armé d'un bâton. Vol à main armée.* **2** Pourvu d'une armature. *Béton armé.* **B** *nm* Position d'une arme prête à tirer.

**armée** *nf* **1** Ensemble des forces militaires d'un État. *L'armée française.* **2** Grande unité réunissant plusieurs corps. **3** fig Grand nombre de personnes. *Une armée de fidèles.*

**Armée (musée de l')** créé en 1905, à l'intérieur de l'hôtel des Invalides, à Paris.

**Armée du Salut** association protestante internationale d'origine méthodiste, fondée à Londres, en 1864, par William Booth. Organisée comme une armée (uniforme, grades, etc.), elle prêche l'Évangile et prête secours aux indigents.

**Armée rouge des ouvriers et des paysans** armée fondée dans la Russie révolutionnaire par Lénine en 1918. Trotski l'organisa et remporta la guerre civile.

**armement** *nm* **1** Action d'armer. *L'armement des recrues.* **2** Ensemble des armes dont est muni qqn, qqch. **3** Action d'armer un navire. **4** ELECTR Ensemble des éléments qui supportent les conducteurs d'une ligne aérienne.

**Armenia** v. de Colombie, à l'O. de Bogotá ; 273 000 hab. ; ch.-l. de dép. Culture du café.

**Arménie** rég. montagneuse d'Asie occid., partagée entre la Turquie, l'État d'Arménie, l'Iran et la Géorgie. C'est une zone sismique (le tremblement de terre de 1988 a fait plusieurs dizaines de milliers de morts) et une terre d'invasion ; elle maintint rarement son indép. Au XIe s., une partie de la population dut s'exiler et fonda le royaume de Petite Arménie (Cilicie). Au XVIe s., les Perses et les Turcs se partagèrent l'Arménie ; en 1827, les Russes occupèrent la rég. d'Erevan. Les populations soumises aux Turcs, chrétiennes, subirent des massacres (1895-1896) et un génocide (1915-1916). L'émigration arménienne fut importante dès le XVIIe s. DER **arménien, enne** *a, n*

**Arménie** (*Hayastan,* en arménien), république d'Arménie, État d'Asie occidentale ; 29 800 km² ; 3,1 millions d'hab. ; cap. *Erevan.* Langue off. : arménien. Monnaie : dram. Pop. : Arméniens (93,2 %), Azeris (3,1 %) et Russes (2,1 %). Relig. : christianisme (église arménienne). DER **arménien, enne** *a, n*
**Économie** Son essor économique récent est lié à l'aménagement hydroél. du lac Sevan, qui permet l'irrigation : vin, coton, tabac. Le sous-sol est riche : cuivre, plomb, bauxite, manganèse, marbre. Industries de transformation ; tourisme.
**Histoire** L'Arménie russe fut une rép. indépendante de 1918 à 1920, puis les Sov. la reconquirent. Quand l'URSS s'ébranla, des violences opposèrent Arméniens et Azeris au sujet du Haut-Karabakh dès 1988. L'armée sov. s'interposa. En 1990, L. Ter-Petrossian fut élu prés. de la République. En 1991, un référendum approuva l'indépendance de l'Arménie, qui devint membre de la Communauté des États indépendants. En 1992, elle a été admise à l'ONU et au FMI. En mai 1994, elle a signé un cessez-le-feu avec l'Azerbaïdjan. En juil. 1995, une nouvelle Constitution a instauré un régime présidentiel fort. En 1996, Ter-Petrossian est réélu prés., mais on lui reproche son manque de fermeté à l'égard de l'Azerbaïdjan et il démissionne en 1998. Robert Kotcharian lui succède. Il fait entrer le pays dans le Conseil de l'Europe en 2001 et est réélu en 2003. Son dauphin, Serge Sarkissian, est élu président de la Rép. en 2008 et réélu en 2013. ▶ carte **Caucase**

**arménien** *nm* Langue indo-européenne parlée dans le Caucase.

**Armentières** ch.-l. de cant. du Nord (arr. de Lille), sur la Lys ; 25 786 hab. Industries. DER **armentiérois, oise** *a, n*

**armer** *v* ① **A** *vt* **1** Pourvoir d'armes. *Armer une nation.* **2** Garnir d'une armature. *Armer du béton.* **3** Mettre un mécanisme en état de fonctionnement. *Armer un fusil, un appareil photo.* **4** Équiper un navire de tout ce qui lui est nécessaire pour naviguer. **5** fig Munir qqn de qqch. **B** *vpr* **1** Se munir d'armes. *S'armer jusqu'aux dents.* **2** fig Se munir de qqch. *Armez-vous de patience.* LOC ***Armer qqn contre qqch*** : lui donner des moyens de défense contre qqch. ETY Du lat.

**armet** *n, m* Casque fermé en usage aux XVe et XVIe s. ETY De l'esp.

**armillaire** *nf* BOT Champignon basidiomycète à lamelles, couleur de miel, qui pousse en touffes dans les forêts. PHO [ARMILER]

**arminianisme** *nm* RELIG Doctrine de Jacobus Arminius. DER **arminien, enne** *a, n*

**Arminius** chef des Germains Chérusques ; il vainquit Varus (9 apr. J.-C.) et fut battu par Germanicus (16 apr. J.-C.). VAR **Hermann**

**Arminius Hermann Armenszoon,** dit **Jacobus** (Oudewater, 1560 – Leyde, 1609), théologien protestant hollandais. Il contesta la double prédestination calviniste.

**armistice** *nm* Suspension des hostilités après accord entre les belligérants. ETY Du lat. *arma,* « armes » et *sistere,* « arrêter ».

**Armitage Karole** (Madison, 1954), danseuse et chorégraphe américaine.

**armoire** *nf* Meuble haut destiné au rangement, fermé par une ou plusieurs portes. LOC fam ***Armoire à glace*** : personne de forte carrure.

**armoiries** *nf pl* Emblèmes qui distinguent une famille, une collectivité.

**armoise** *nf* Plante aromatique (composée), aux nombreuses espèces (absinthe, genépi, etc.).

**Armor** nom celtique des côtes de Bretagne (« pays de la mer »), par oppos. à l'*Arcoat* (« pays des bois »). VAR **Arvor**

**armorial, ale** *a, nm* **A** *a* Relatif aux armoiries. **B** *nm* Recueil d'armoiries. PLUR armoriaux.

**armoricain (Massif)** massif de l'O. de la France (Bretagne, Basse-Normandie, Pays de la Loire), pénéplaine rajeunie à l'ère tertiaire (384 m aux monts d'Arrée, 417 m au mont des Avaloirs et au signal d'Écouves).

**armorier** *vt* ② Orner d'armoiries.

**Armorique** anc. nom de la Bretagne. DER **armoricain, aine** *a, n*

**Armstrong Louis** (La Nouvelle-Orléans, 1900 – New York, 1971), trompettiste et chanteur de jazz américain; il porta le style Nouvelle-Orléans à son sommet.

Louis Armstrong

**Armstrong Neil** (Wapakoneta, Ohio, 1930 – Columbus, 2012), cosmonaute américain, le premier homme qui posa le pied sur la Lune (21 juil. 1969), suivi d'Edwin Aldrin.

**Neil Armstrong** (à g.), Edwin Aldrin et Michael Collins, en juillet 1969

**Armstrong Lance** (Dallas, 1971), coureur cycliste américain, sept fois vainqueur du Tour de France (1999-2005). En 2012, il est déchu de ses titres pour dopage.

**armure** *nf* **1** anc Ensemble des pièces métalliques que revêtait l'homme d'armes pour se protéger. **2** Défenses naturelles de quelques animaux. **3** fig Ce qui protège. *Le mépris est une armure.* **4** TECH Entrecroisement de la chaîne et de la trame d'un tissu. **5** MUS Syn. de *armature.*

**armurerie** *nf* **1** Technique de la fabrication des armes. **2** Boutique, atelier d'un armurier.

**armurier, ière** *n* Personne qui fabrique ou vend des armes.

**ARN** *nm* BIOCHIM Sigle de *acide ribonucléique.*

**arnaque** *nf* fam Escroquerie, tromperie.

**arnaquer** *vt* ① fam **1** Escroquer, duper. **2** Arrêter, prendre. *Se faire arnaquer.* DER **arnaqueur, euse** *n*

**Arnaud de Brescia** (Brescia, v. 1090 – Rome, 1155), moine italien. Disciple d'Abélard, il souleva Rome (1145) pour restaurer le christianisme primitif. Excommunié (1148), il fut mis à mort.

**Arnauld** nom d'une famille française janséniste. — **Antoine** (Paris, 1560 – id., 1619), membre du parlement de Paris, restaura l'abbaye de Port-Royal; il eut vingt enfants, notam.: — **Jacqueline Marie Angélique** (en religion *mère Angélique*) (Paris, 1591 – id., 1661), abbesse de Port-Royal, où elle introduisit le jansénisme. — **Arnauld Antoine** dit **le Grand Arnauld** (Paris, 1612 – Bruxelles, 1694), théologien, défenseur du jansénisme contre les jésuites, auteur (avec Lancelot) de la *Grammaire générale et raisonnée* (1660) et (avec Nicole) de la *Logique de Port-Royal* (1662).

**Arndt Ernst Moritz** (île de Rügen, 1769 – Bonn, 1860), poète et historien allemand qui exalta le patriotisme allemand contre Napoléon I^er^.

**Arne Thomas** (Londres, 1710 – id., 1778), compositeur anglais; auteur d'opéras et du chant patriotique *Rule Britannia.*

**Arnhem** ville des Pays-Bas, sur le Rhin; 128 110 hab.; ch.-l. de la prov. de Gueldre. Industries. Musée d'art moderne (Kröller Muller). – La *bataille d'Arnhem* (17-27 sept. 1944), que livra Montgomery, fut un échec.

**arnica** *nf* Composée dont le genre comprend des espèces ornementales et médicinales.

**Arnim Ludwig Joachim,** dit **Achim von** (Berlin, 1781 – Wiepersdorf, 1831), écrivain allemand. Il mêla le romantique au fantastique. Auteur de romans, de nouvelles (*Isabelle d'Égypte*, 1812), de drames et du *Cor merveilleux de l'enfant* (1806-1808), recueil de poésies lyriques populaires, réunies avec Cl. Brentano. — **Élisabeth Brentano** son épouse, dite **Bettina von Arnim** (Francfort-sur-le-Main, 1785 – Berlin, 1859), femme de lettres, fut la correspondante de Goethe et de Beethoven.

**Arno** fl. d'Italie (241 km); naît dans les Apennins; se jette dans la Médit. au N. de Livourne; crues: inondation de Florence en 1966.

**Arnold Matthew** (Laleham, Middlesex, 1822 – Liverpool, 1888), écrivain anglais: poèmes, critique sociale et littéraire.

**Arnold de Winkelried** (m. à Sempach, 1386), paysan suisse du cant. d'Unterwald, héros de la victoire de Sempach.

**Arnolfo di Cambio** (Colle di Val d'Elsa, v. 1240 – Florence, 1302), architecte et sculpteur florentin. On lui attribue le Palazzo Vecchio de Florence.

**Arnoul (saint)** (?, v. 580 –?, v. 640), évêque laïc de Metz; grand-père de Pépin de Herstal, et donc ancêtre des Carolingiens. VAR **Arnulf**

**Arnoul** (v. 850 – Ratisbonne, 899), roi carolingien de Germanie (887-899), empereur d'Occident (896-899). VAR **Arnulf**

**Arnouville** (anc. *Arnouville-lès-Gonesse*), com. du Val-d'Oise; 13 656 hab. – Château du XVIII^e^ s.

**arobase** *nf* Signe @ du clavier du micro-ordinateur, utilisé dans les adresses électroniques. ETY De l'esp. VAR **arobas**

**arolle** *nm* Autre nom du cembro. VAR **arole**

**aromate** *nm* Substance odoriférante d'origine végétale.

**aromathérapie** *nf* Thérapie utilisant des essences végétales. DER **aromathérapique** *a* – **aromathérapeute** *n*

**aromaticien, enne** *n* didac Spécialiste des arômes artificiels et des additifs.

**aromatique** *a, nf* **A** *a* Qui dégage un parfum. *Des herbes aromatiques.* **B** *nf* Étude scientifique des arômes alimentaires. LOC CHIM ***Série aromatique:*** ensemble des composés cycliques formés à partir du benzène et de ses dérivés. DER **aromaticité** *nf*

**aromatisation** *nf* **1** Action d'aromatiser un aliment. **2** CHIM Transformation d'un composé organique en composé aromatique.

**aromatiser** *vt* ① Parfumer avec une substance aromatique. DER **aromatisant, ante** *a, nm*

**arôme** *nm* Odeur agréable qui se dégage de certaines substances. *L'arôme d'un café, d'un vin.* VAR **arome**

**Aron Raymond** (Paris, 1905 – id, 1983), philosophe et sociologue français. Il critiqua l'interprétation marxiste de l'histoire: *l'Opium des intellectuels* (1955), *Démocratie et totalitarisme* (1965).

**aronde** *nf* vx Hirondelle. LOC TECH ***Assemblage à (en) queue d'aronde:*** en forme de queue d'hirondelle.

**Arouet** nom de famille de Voltaire.

**aroumain** *nm* Parler roumain en usage au sud de la Yougoslavie et au nord de la Grèce.

**Arp Jean** ou **Hans** (Strasbourg, 1886 – Locarno, 1966), sculpteur, peintre et poète français. Ses sculptures, non figuratives, visent la pureté. Il fut dadaïste et surréaliste.

**Árpád** (m. en 907), prince hongrois, ancêtre de la dynastie des Árpád (ou Arpadiens) qui régna jusqu'en 1301.

**Arpajon** ch.-l. de cant. de l'Essonne (arr. de Palaiseau), sur l'Orge; 10 712 hab. Cult. maraîchères (haricot). – Halles du XVII^e^ s. DER **arpajonnais, aise** *a, n*

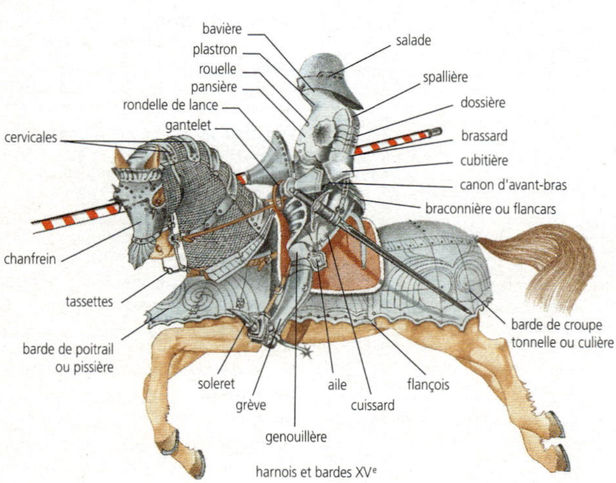


**armure**

**arpège** *nm* MUS Exécution successive de toutes les notes d'un accord. [ETY] De l'ital. *arpeggio*, « jeu de harpe ». [DER] **arpéger** *vt* [15]

**arpent** *nm* Ancienne mesure agraire, qui valait entre 20 et 50 ares.

**arpenter** *vt* [1] **1** Mesurer la superficie d'un terrain. **2** Parcourir à grands pas. *Arpenter les couloirs.* [DER] **arpentage** *nm*

**arpenteur** *nm* Spécialiste du relèvement des terrains et du calcul des surfaces.

**arpenteuse** *nf* Chenille de certaines phalènes qui, pour se déplacer, replie son corps, donnant ainsi l'impression de mesurer le chemin parcouru.

**arpète** *n* **fam, vieilli** Jeune apprenti(e). [VAR] **arpette**

**arpion** *nm* **fam** Pied. [ETY] Du provenç. « griffe ».

**arqué, ée** *a* Courbé en arc.

**arquebuse** *nf* **anc** Arme à feu portative (XV$^e$-XVI$^e$ s.), dont la mise à feu se faisait au moyen d'une mèche ou d'une roue dentée raclant une pierre à fusil. [ETY] Du néerl.

**arquebusier** *nm* **anc** Soldat armé d'une arquebuse.

**arquer** *v* [1] **A** *vt* Courber en arc. **B** *vi* **1** Devenir courbe. *Poutre qui arque.* **2** **fam** Marcher.

**Arques** com. du Pas-de-Cal. (cant. de Saint-Omer-sud) ; 9 331 hab. Industries. [DER] **arquois, oise** *a, n*

**Arques-la-Bataille** com. de la Seine-Marit. (arr. de Dieppe), sur *l'Arques* (fl. de 6 km dont l'estuaire forme le port de Dieppe) ; 2 535 hab. – Victoire d'Henri IV sur le duc de Mayenne (1589). [DER] **arquais, aise** *a, n*

**Arrabal** Fernando (Melilla, Maroc, 1932), écrivain et cinéaste espagnol d'expression française. Son théâtre « panique » allie dérision, violence et onirisme : *le Grand Cérémonial* (1965), *Viva la muerte* (1971).

**arrachage** *nm* AGRIC Action d'arracher une plante, une racine.

**arrache** *nf* **LOC fam** *À l'arrache* : de façon rapide, spontanée, précipitée. [VAR] **à l'arraché**

**arraché** *nm* SPORT Mouvement consistant à porter un haltère du sol au-dessus de la tête, à bout de bras et en un seul temps. **LOC** *À l'arraché* : au prix d'un violent effort.

**arrache-clou** *nm* Instrument pour arracher les clous. **PLUR** arrache-clous.

**arrachement** *nm* **1** Action d'arracher. **2** **fig** Douleur morale intense due à une séparation, à un sacrifice. **3** ARCHI Ensemble de pierres en saillie, qui servent de liaison avec un second mur.

**arrache-pied (d')** *av* Avec acharnement. [VAR] **arrachepied (d')**

**arracher** *v* [1] **A** *vt* **1** Déraciner une plante. **2** Détacher avec effort. *Arracher une dent.* **3** Ôter de force à une personne, à une bête, ce qu'elle retient. *Arracher qqch des mains de qqn.* **4** **fig** Soustraire. *Arracher qqn à la misère.* **5** Obtenir

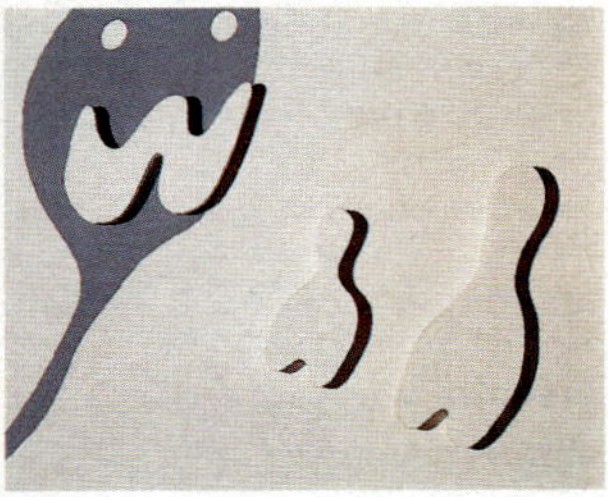

**Arp** *Tête, moustache, bouteille*, 1929, bois peint avec éléments de reliefs – MNAM

difficilement. *Arracher une promesse.* **B** *vpr* **1** Se séparer à regret, se détacher avec effort de. *S'arracher du lit.* **2** Se disputer qqch. *On s'arrache son dernier livre.* **3** **fig** Se disputer la compagnie de qqn. *On se l'arrache.* **4** **fam** S'en aller. **5** **fam** Faire un effort exceptionnel. **LOC** *S'arracher les yeux* : se disputer violemment. [ETY] Du lat. *radix*, « racine ».

**arrache-racine** *nm* Instrument pour arracher racines et tubercules. **PLUR** arrache-racines.

**arracheur, euse** *n* **A** Personne qui arrache. **B** *nf* Machine qui arrache les plantes, les tubercules.

**arrachis** *nm* TECH **1** Arrachage des arbres. **2** Plant arraché.

**arrachoir** *nm* AGRIC Outil qui sert à arracher.

**arraisonner** *vt* [1] **LOC** *Arraisonner un navire* : l'arrêter en mer et contrôler son équipage, sa cargaison, etc. [DER] **arraisonnement** *nm*

**arrangeant, ante** *a* Disposé à la conciliation.

**arrangement** *nm* **1** Action d'arranger ; état de ce qui est arrangé. *L'arrangement d'une salle, d'une coiffure.* **2** MUS Adaptation d'une œuvre à d'autres instruments que ceux pour lesquels elle a été écrite. **3** Conciliation, convention amiable. **4** PHYS Disposition des atomes dans un réseau cristallin. **LOC** MATH *Arrangement de n éléments pris p à p* : tout assemblage de p de ces éléments dans un ordre de succession déterminé.

**arranger** *v* [13] **A** *vt* **1** Placer dans l'ordre qui convient. *Arranger des bibelots.* **2** Régler à l'amiable. *Arranger un conflit.* **3** Convenir à qqn. *Cela m'arrange.* **4** Remettre en état. **5** **fam** Abîmer, maltraiter. *Il s'est fait arranger.* **B** *vpr* **1** Être remis en état, aller mieux. *Tout finit par s'arranger.* **2** S'accorder à l'amiable. **3** Faire en sorte de. *Arrange-toi pour venir.* **4** S'accommoder de. *Il s'arrange de la situation.* [DER] **arrangeable** *a*

**arrangeur, euse** *n* Personne qui adapte une œuvre musicale.

**Arras** ch.-l. du dép. du Pas-de-Calais, sur la Scarpe ; 43 663 hab. Industries. – Anc. cap. des Atrébates, possession des comtes de Flandre jusqu'au XII$^e$ s., cap. de l'Artois, la v. fut au Moyen Âge un centre de la tapisserie. Elle appartint à la France en 1659. Trois traités y furent signés : en 1414, entre Charles VI et Jean sans Peur ; en 1435, entre Charles VII et Philippe le Bon ; en 1482, entre Louis XI et Maximilien d'Autriche. – Remparts romains. Évêché. Cath. (XVIII$^e$ s.). Musée des Bx-A. Hôtel de ville (XVI$^e$ s.). [DER] **arrageois, oise** *a, n*

**Arrau** Claudio (Chillan, 1903 – Mürzzuschlag, 1991), pianiste chilien, célèbre pour ses interprétations du répertoire romantique.

**Arrée (monts d')** chaîne de collines granitiques, dans le Finistère ; 384 m au signal de Toussaines (point culminant de la Bretagne). – Centrale nucléaire à Brennilis.

**arrérager** *vi* [13] DR Se trouver en retard de paiement.

**arrérages** *nm pl* Termes échus d'une rente, d'une pension.

**arrestation** *nf* Action de se saisir d'une personne pour l'emprisonner ou la garder à vue ; état d'une personne arrêtée.

**arrêt** *nm* **A** **1** Action d'arrêter ; fait de s'arrêter. *Attendre l'arrêt complet du train pour descendre.* **2** Pièce qui sert à arrêter, à bloquer. *Arrêt de porte.* **3** Endroit où s'arrête un véhicule de transports en commun. *Un arrêt d'autobus.* **4** **Canada** Signal routier ordonnant l'arrêt absolu à un croisement. **SYN** stop. **5** Décision d'une juridiction supérieure. *Arrêt d'une cour d'appel.* **6** Action d'arrêter qqn. *Mandat d'arrêt.* **B** *nm pl* Sanction prise contre un officier ou un sous-officier. *Mettre qqn aux arrêts.* **LOC** *Sans arrêt* : continuellement.

**1 arrêté** *nm* Décision écrite d'une autorité administrative. *Un arrêté préfectoral.*

**2 arrêté, ée** *a* **1** Décidé, définitif. *C'est une chose arrêtée.* **2** Qu'on ne peut fléchir. *Une volonté bien arrêtée.*

**arrête-bœuf** *nm* BOT Papilionacée épineuse à fleurs roses ou blanches. **SYN** bugrane. **PLUR** arrête-bœufs ou arrête-bœuf.

**arrêter** *v* [1] **A** *vt* **1** Empêcher d'avancer. *Arrêter un passant, une voiture.* **2** Empêcher d'agir. *Le moindre obstacle l'arrête.* **3** Interrompre un processus. *Arrêter une hémorragie.* **4** Appréhender qqn. *Arrêter un bandit.* **5** Déterminer par choix. *Arrêter une date.* **6** **fig** Tenir fixé. *Arrêter sa pensée, ses regards sur.* **B** *vi* **1** Cesser d'avancer. **2** Cesser d'agir ou de parler. *Il n'arrête jamais.* **C** *vpr* **1** Cesser d'aller ou d'agir. *Le train s'arrête à Lyon. S'arrêter de peindre.* **2** Cesser de fonctionner. *La pendule s'est arrêtée.* **3** Fixer son attention sur. *S'arrêter à l'essentiel.* [ETY] Du lat.

**arrêtiste** *nm* DR Juriste qui commente les arrêts, les décisions des Cours.

**arrêtoir** *nm* TECH Saillie, cliquet qui bloque le mouvement d'un mécanisme.

**Arrhenius** Svante (Wijk, près d'Uppsala, 1859 – Stockholm, 1927), chimiste et physicien suédois. En 1887 il a défini les acides (donneurs d'un proton $H^+$) et les bases (donneurs d'ions $OH^-$). P. Nobel de chimie 1903.

**arrhénotoque** *a* BIOL Qualifie le type de parthénogenèse ne donnant que des mâles. [ETY] Du gr. *arrên*, « mâle », et *tokos*, « enfantement ».

**arrhes** *nf pl* Somme donnée comme gage ou dédit de l'exécution d'un contrat.

**Arrien** Flavius Arrianus (Nicomédie, Bithynie, auj. Izmit, Turquie, v. 105 – id., v. 180), historien et philosophe grec ; rédacteur des *Entretiens* et du *Manuel* d'Épictète.

**arriération** *nf* **LOC** PSYCHO *Arriération mentale* : faiblesse intellectuelle par rapport à la normalité pour l'âge.

**1 arrière** *av* Derrière, du côté opposé à devant ; à l'opposé de la direction dans laquelle on va. **LOC** *En arrière* : dans une direction opposée à celle qui est devant soi ; derrière. — *En arrière de* : derrière et à une certaine distance de. [ETY] Du lat. *ad*, « vers » et *retro*, « en arrière ».

**2 arrière** *nm, a inv* **A** *nm* **1** Partie postérieure d'une chose. *L'arrière d'une voiture, d'un navire.* **ANT** avant. **2** MILIT Territoire, population d'un pays en guerre, qui se trouve en arrière du front. *Blessé évacué sur l'arrière.* **3** SPORT Joueur placé à l'arrière d'une équipe pour défendre les approches du but. **B** *nm pl* **1** MILIT Zone située derrière le front, où se trouvent les réserves et où l'on peut se replier. **2** **fig** Ce qui permet de mener une action efficace. *Protéger ses arrières.* **C** *a inv* Qui est à l'arrière. *Les roues arrière d'une voiture.*

**1 arriéré** *nm* **1** Dette non payée à la date échue. *Régler un arriéré.* **2** Ce qui est en retard. *Un arriéré de travail.*

**2 arriéré, ée** *a, n* **A** *a* **1** Qui reste dû. *Une dette arriérée.* **2** **péjor** Qui appartient à un passé révolu. *Des idées arriérées.* **B** *a, n* Retardé dans son développement mental. *Un arriéré mental.*

**arrière-ban** *nm* HIST Sous le régime féodal, levée de l'ensemble des combattants ; cet ensemble de combattants. **PLUR** arrière-bans.

**arrière-bouche** *nf* ANAT Pharynx. **PLUR** arrière-bouches.

**arrière-boutique** *nf* Pièce située à l'arrière d'une boutique. **PLUR** arrière-boutiques.

**arrière-cour** *nf* **1** Cour située à l'arrière d'un bâtiment. **2** **fig** Ensemble de pays sous la dépendance d'un autre. **PLUR** arrière-cours.

**arrière-cuisine** *nf* Petit local situé derrière une cuisine. PLUR arrière-cuisines.

**arrière-faix** *nm inv* Syn. de *délivre.*

**arrière-garde** *nf* Partie d'une armée en mouvement chargée de protéger les arrières. PLUR arrière-gardes. **LOC** ***D'arrière-garde*** : dépassé dans le domaine intellectuel, politique, etc.

**arrière-gorge** *nf* Partie supérieure du pharynx. PLUR arrière-gorges.

**arrière-goût** *nm* **1** Goût que laisse dans la bouche l'absorption de certains aliments, de certaines boissons. *Un arrière-goût de framboise.* **2 fig** Impression laissée par un évènement. *Un arrière-goût de tristesse.* PLUR arrière-goûts. [VAR] **arrière-gout**

**arrière-grand-mère** *nf* Mère du grand-père ou de la grand-mère. PLUR arrière-grands-mères.

**arrière-grand-oncle** *nm* Frère de l'un des arrière-grands-parents. PLUR arrière-grands-oncles.

**arrière-grand-père** *nm* Père du grand-père ou de la grand-mère. PLUR arrière-grands-pères.

**arrière-grands-parents** *nm pl* L'arrière-grand-père et l'arrière-grand-mère.

**arrière-grand-tante** *nf* Sœur de l'un des arrière-grands-parents. PLUR arrière-grands-tantes.

**arrière-main** *nf* Partie postérieure du cheval. PLUR arrière-mains.

**arrière-monde** *nm* Monde qui serait au-delà du visible, du connaissable. PLUR arrière-mondes.

**arrière-neveu** *nm*, **arrière-nièce** *nf* Syn. de *petit-neveu, petite-nièce.* PLUR arrière-neveux, arrière-nièces.

**arrière-pays** *nm inv* **1** Partie d'un pays située en retrait de la zone côtière. **2 Afrique** Ensemble du pays, par oppos. à la capitale.

**arrière-pensée** *nf* Pensée, intention dissimulée, et différente de celle qu'on exprime. PLUR arrière-pensées.

**arrière-petite-fille** *nf* Fille d'un petit-fils ou d'une petite-fille. PLUR arrière-petites-filles.

**arrière-petite-nièce** *nf* Fille d'un petit-neveu ou d'une petite-nièce. PLUR arrière-petites-nièces.

**arrière-petit-fils** *nm* Fils d'un petit-fils ou d'une petite-fille. PLUR arrière-petits-fils.

**arrière-petit-neveu** *nm* Fils d'un petit-neveu ou d'une petite-nièce. PLUR arrière-petits-neveux.

**arrière-petits-enfants** *nm pl* Enfants d'un petit-fils ou d'une petite-fille.

**arrière-plan** *nm* Plan d'une perspective le plus éloigné du spectateur. PLUR arrière-plans. **LOC** ***À l'arrière-plan*** : à l'écart, dans une position peu en vue.

**arrière-saison** *nf* Automne ou fin de l'automne. PLUR arrière-saisons.

**arrière-salle** *nf* Salle qui est derrière une autre. PLUR arrière-salles.

**arrière-train** *nm* **1** L'arrière du tronc et les membres postérieurs d'un animal. **2 fam** Fesses d'une personne. **3** Partie postérieure d'un véhicule à quatre roues. PLUR arrière-trains.

**arrimer** *vt* [1] Répartir et fixer le chargement d'un navire, d'un avion, etc. *Arrimer des bagages sur le toit d'une voiture.* [DER] **arrimage** *nm* – **arrimeur, euse** *n*

**arrivage** *nm* Arrivée de marchandises sur le lieu où elles seront vendues ; ces marchandises elles-mêmes. *Un arrivage de bananes.*

**arrivant, ante** *n* Celui, celle qui vient d'arriver. *Les premiers arrivants.*

**arrivé, ée** *a, n* **A** *a* Qui a réussi socialement. *Un artiste arrivé.* **B** *n* Personne qui est arrivée qqpart. *Les nouveaux arrivés.*

**arrivée** *nf* **1** Action d'arriver. **2** Lieu où l'on arrive. *Je t'attendrai à l'arrivée.* **3** Moment où arrive qqch ou qqn. *Attendre l'arrivée du courrier.* **4** TECH Endroit par où un fluide débouche d'une canalisation. *Arrivée d'eau.*

**Arrivée d'un train en gare de La Ciotat (l')** bref film de Louis Lumière (1895), l'un des tout premiers films.

**arriver** *v* [1] **A** *vi* **1** Parvenir en un lieu, au lieu prévu. *Arriver à Lyon. Arriver à cinq heures.* **2** Approcher, venir. *L'orage arrive.* **3 fig** S'élever socialement, réussir. *Voilà un jeune homme qui veut arriver.* **4** Survenir, se produire. *Dites-moi comment c'est arrivé.* **B** *vti* Parvenir à qqch, à faire qqch. *Arriver à s'endormir.* **LOC** ***Arriver à bon port*** : parvenir heureusement au terme de son voyage. — ***Arriver à ses fins*** : obtenir ce qu'on voulait, réussir ce qu'on avait projeté. — ***En arriver à*** : en venir à faire qqch. — ***Il arrive que*** : il se peut que, il se produit parfois. — ***Quoi qu'il arrive*** : de toute façon, quels que soient les évènements. [ETY] Du lat. *arripare*, « toucher la rive ».

**arriviste** *n, a* Personne qui vise à la réussite sociale ou politique, sans scrupules sur le choix des moyens. [DER] **arrivisme** *nm*

**arroche** *nf* BOT Plante herbacée (chénopodiacée) très commune, dont les feuilles sont comestibles à la manière des épinards.

**arrogance** *nf* Orgueil, morgue ; manières hautaines et méprisantes. *Parler avec arrogance.* ANT humilité.

**arrogant, ante** *a* Qui montre, qui marque de l'arrogance. *Une attitude arrogante.* [DER] **arrogamment** *av*

**arroger (s')** *vpr* [13] S'attribuer illégitimement un droit, un pouvoir. *Les fonctions qu'il s'est arrogées.* [ETY] Du lat. *rogare*, « demander ».

**arroi** *nm* vx Équipage, appareil. **LOC** ***En bon, en mauvais arroi*** : en ordre, en désordre.

**Arromanches-les-Bains** com. du Calvados (arr. de Bayeux), sur la Manche ; 616 hab. Stat. baln. – Le 6 juin 1944, les Alliés y débarquèrent et construisirent un port de guerre. – Musée du Débarquement.

**arrondi, ie** *a, nm* **A** *a* De forme ronde. *Des contours arrondis.* **B** *nm* **1** Partie arrondie de qqch. **2** Total arrondi, somme arrondie, approximation. **C** *a, nf* Se dit des voyelles qui se prononcent en avançant et en arrondissant les lèvres (ex. [u] ).

**arrondir** *vt* [3] **1** Prendre une forme ronde. *Son visage s'est arrondi.* **2 fig** Augmenter. *Sa fortune s'est arrondie.* **3 fig** Supprimer les fractions pour faire un chiffre rond. **LOC** ***Arrondir les angles*** : atténuer les différends entre personnes. — MAR ***Arrondir un cap*** : passer au large en le contournant.

**arrondissage** *nm* TECH Opération qui consiste à arrondir. *Arrondissage d'une lime.*

**arrondissement** *nm* **1** En France, division territoriale administrative des départements (sous-préfecture) et de certaines grandes villes. *Les vingt arrondissements de Paris.* **2** Action d'arrondir une somme, un total.

**arrosable, arrosage** → **arroser.**

**arrosé, ée** *a* **1** Qui reçoit la pluie. **2** Irrigué. **3** Accompagné de boissons alcoolisées. *Repas bien arrosé.* **4 fam** Qui a été soudoyé.

**arrosement** *nm* GEOGR Le fait d'arroser une région.

**arroser** *vt* [1] **1** Humecter en répandant de l'eau ou un autre liquide. *Arroser son jardin.* **2** Faire circuler de l'eau dans, irriguer. **3** Couler à travers (fleuve). **4 fam** Célébrer en buvant. *Arroser sa promotion.* **5** Bombarder violemment. **6** Émettre sur un certain secteur (radio, télévision). **7 fam** Donner de l'argent à qqn pour obtenir de lui une faveur. **LOC fam** ***Se faire arroser*** : recevoir une pluie violente. [ETY] Du lat. *ros, roris*, « rosée ». [DER] **arrosable** *a* – **arrosage** *nm*

**arroseur, euse** *n* **A** Personne qui arrose. **B** *nm* Appareil utilisé pour l'arrosage. **C** *nf* Véhicule qui sert au nettoyage des voies publiques. **LOC fam** ***L'arroseur arrosé*** : personne qui se retrouve victime de ses propres agissements.

**Arroseur arrosé (l')** film de Louis Lumière (1895). Cette « vue comique » est probablement le prem. film qui narre une histoire.

**arrosoir** *nm* Récipient muni d'une anse, d'un bec et d'une extrémité amovible, criblée de trous, qui sert à arroser.

**arrow-root** *nm* Fécule très légère extraite du rhizome de diverses plantes tropicales. PLUR arrow-roots. [PHO] [aʀoʀut] [ETY] Mots angl. de *arrow*, « flèche » et *root*, « racine ».

**arroyo** *nm* Canal naturel ou artificiel reliant des cours d'eau en Amérique tropicale, en Extrême-Orient. [ETY] Mot esp.

**Arroyo** Eduardo (Madrid, 1937), peintre espagnol de l'école appartenant à la nouvelle figuration. Il manie humour et dérision.

**ars** *nm* Ligne de contact du cheval entre la poitrine et le membre antérieur. [PHO] [aʀ] [ETY] Du lat.

**Ars (curé d')** → **Jean-Marie Vianney (saint).**

**Arsace** fondateur (v. 255 av. J.-C.) de l'empire des Parthes, sur lequel régnèrent les *Arsacides* jusqu'en 224 (?) apr. J.-C.

**Ars antiqua** période de la mus. occid. qui va de la fin du XIe s. (déb. de la polyphonie) à la seconde décennie du XIVe s. *(Ars nova).*

**arsenal** *nm* **1** Lieu où se fabriquent, se conservent ou se réparent les navires de guerre. **2** Dépôt d'armes et de munitions. **3 anc** Fabrique d'armes. **4** Grande quantité d'armes. **5 fig** Ensemble de moyens d'action. *L'arsenal des lois.* PLUR arsenaux. [ETY] De l'ital. d'orig. ar.

**Arsenal (bibliothèque de l')** bibliothèque de Paris aménagée en 1797 dans l'habitation du grand maître de l'Artillerie, construite sous Henri IV.

**Arsène Lupin** héros d'une série de romans policiers de M. Leblanc inaugurée en 1907.

**arséniate** *nm* CHIM Sel de l'acide arsénique.

**arsenic** *nm* **1** Anhydride arsénieux, poison violent, appelé aussi *mort-aux-rats.* **2** CHIM Élément, de numéro atomique Z = 33, de masse atomique M = 74,92 (symbole As). **3** CHIM Corps simple (As) de densité 5,7, qui se sublime à 613 °C, utilisé pour durcir les métaux et doper les semiconducteurs. [ETY] Du lat. [DER] **arsenical, ale, aux** ou **arsénié, ée** *a*

**Arsenic et vieilles dentelles** film de Frank Capra (1944), avec Cary Grant.

**arsénicisme** *nm* MED Intoxication chronique par l'arsenic et ses sels.

**arsénieux, euse** *a* CHIM Qualifie l'anhydride $As_2O_3$ et l'acide qui en est dérivé.

**arsénique** *a* CHIM Qualifie l'anhydride $As_2O_5$ et l'acide qui en est dérivé.

**arsénite** *nf* CHIM Sel de l'acide arsénieux.

**arséniure** *nm* CHIM Composé de l'arsenic avec un corps simple.

**arsin** *am* **LOC** SYLVIC ***Bois arsin*** : que le feu a endommagé. [ETY] De l'a. fr. *ardre*, « brûler ».

**arsine** *nf* CHIM Composé basique dérivé de l'hydrure d'arsenic $AsH_3$.

**Arsinoé** nom de quatre princesses égyptiennes de la famille des Ptolémées.

**Ars nova** mots par lesquels on désigne : **1** le style polyphonique qui s'élabora en France de 1320 env. à 1377 (mort de Guillaume de Machaut) ; **2** le traité de Philippe de Vitry (1291-1361) ; **3** les formes musicales de l'Italie au XIVe s. (madrigal, notam.).

**Arsonval** Arsène d' (La Borie, 1851 – id., 1940), médecin et physicien français.

**arsouille** *nm, nf* **fam** Voyou, mauvais sujet.

**Ars-sur-Formans** com. de l'Ain (arr. de Bourg-en-Bresse) ; 1 412 hab. – Tombe du curé d'Ars. (V. Jean-Marie Vianney [saint].)

**art** *nm* **1** Activité humaine qui aboutit à la création d'œuvres de caractère esthétique. *Histoire de l'art. Œuvre d'art.* **2** Chacun des domaines dans lesquels les facultés créatrices de l'homme peuvent exprimer un idéal esthétique. *L'art pictural. L'art sacré, religieux.* **3** Ensemble d'œuvres caractéristiques d'une époque, d'un pays, d'un style. *L'art antique. L'art africain.* **4** Ensemble de connaissances, de techniques nécessaires pour maîtriser une pratique donnée. *L'art du trait. L'art militaire, médical.* **5** Ce qui est l'œuvre de l'homme, ce qui est artificiel. *L'art gâte parfois la nature.* **6** Manière de faire qqch, talent. *L'art de plaire.* **LOC** ***Art appliqué, art décoratif*** ou ***art déco*** : qui a pour fin la décoration, l'embellissement des objets utilitaires. — ***Art corporel*** : syn. de *body-art.* — ***Arts libéraux*** : nom donné autrefois aux activités jugées nobles, exercées par les hommes libres (peinture, sculpture, etc.), par oppos. aux *arts mécaniques* (maçonnerie, tissage, etc.) exercés par des esclaves ou des artisans. — ***Arts ménagers*** : qui se rapportent à l'entretien d'une maison. — ***Art numérique*** : pratique artistique fondée sur le numérique (informatique, photo, vidéo, son...). — ***Arts de la rue*** : ensemble des activités des bateleurs. — ***Dans les règles de l'art*** : en se conformant aux principes qui régissent l'activité exercée ; le mieux possible. — ***Le septième art*** : le cinéma. — ***Le huitième art*** : la télévision, la vidéo. — ***Le neuvième art*** : la bande dessinée. ETY Du lat. *ars, artis,* « science, savoir ».

**Arta** → **Ambracie.**

**Artaban** nom de cinq Arsacides. (V. Arsace.)

**Artaban** personnage d'un roman de La Calprenède (*Cléopâtre,* 12 vol., 1647 à 1658), au comportement altier (« fier comme Artaban »).

**Artagnan** Charles de Batz (comte d') (?, v. 1611 – Maastricht, 1673), gentilhomme gascon ; capitaine des mousquetaires, il arrêta Fouquet (1661) ; il fut tué au siège de Maastricht. – Héros du roman *les Trois Mousquetaires* d'A. Dumas père.

**Artaud** Antonin (Marseille, 1896 – Ivry-sur-Seine, 1948), écrivain, comédien et homme de théâtre français. Surréaliste de 1924 à 1926, il prôna sur scène le « théâtre de la cruauté ». Interné dans des hôpitaux psychiatriques à partir de 1937 (notam. à Rodez, 1943-1945 : *Lettres de Rodez*). Œuvres princ. : *l'Ombilic des limbes* (1925), *le Pèse-Nerfs* (1925), *le Théâtre et son double* (1938), *Van Gogh, le suicidé de la société* (1947).

**Artaxerxès** nom de trois rois de Perse (Ve et IVe s. av. J.-C.).

**Art d'aimer (l')** poème en trois chants d'Ovide (déb. du Ier s. apr. J.-C.).

**art déco** forme d'art divulguée par l'Exposition internationale des arts décoratifs et industriels (Paris, 1925) : S. Delaunay, P. Colin, É. Ruhlmann, R. Lalique, Erté.

**Art de la fugue (l')** composition didactique de J.-S. Bach (1745-1750, inachevée).

**Art d'être grand-père (l')** recueil de poèmes de V. Hugo (1877) composé à l'intention de ses petits-enfants, Georges et Jeanne.

**Arte** (sigle de *Association relative à la télévision européenne*) chaîne de télévision franco-allemande à vocation culturelle, créée en 1992.

**artéfact** *nm* **1 didac** Phénomène artificiel apparaissant lors d'une expérience scientifique. **2** PREHIST Tout objet ayant servi à une activité humaine. PHO [aRtefakt] ETY Mot angl., du lat. *artis factum,* « fait de l'art ». VAR **artefact**

**artémia** *nf* ZOOL Genre de petits crustacés branchiopodes des eaux saumâtres présentant un polymorphisme en rapport avec la salinité du milieu aquatique et dont l'élevage, très simple à partir des œufs, permet l'utilisation comme aliment vivant pour un aquarium. ETY Mot lat.

**Artémis** divinité gr., fille de Zeus et de Léto, sœur jumelle d'Apollon ; déesse de la Chasse assimilée à Diane par les Romains.

**Artémise II** (IVe siècle avant J.-C.), reine d'Halicarnasse ; elle fit élever à Mausole, son frère-époux, un tombeau, le Mausolée.

**artémisinine** *nf* PHARM Médicament antipaludéen d'origine végétale.

**Artémision** cap au N. de l'île d'Eubée, où la flotte de Xerxès Ier affronta les Grecs, sans parvenir à les vaincre, en 480 av. J.-C.

**Arte povera** (en fr. *Art pauvre*) tendance de l'art contemporain recourant à des matériaux inhabituels tels que la terre, la graisse, etc.

**artère** *nf* **1** ANAT Vaisseau sanguin conduisant le sang du cœur vers les différents organes et tissus. **2 fig** Grande voie de circulation. *Les artères d'une ville.* ETY Du lat. d'orig. gr.

**artéri(o)-** Élément, du lat. *arteria,* « artère ».

**artériel, elle** *a* Qui appartient aux artères ; relatif aux artères. *Pression, tension artérielle.*

**artériographie** *nf* MED Radiographie des artères après injection d'un produit de contraste.

**artériole** *nf* ANAT Petite artère.

**artériopathie** *nf* MED Nom générique des maladies artérielles.

**artériosclérose** *nf* MED Nom générique des divers types de sclérose des artères. DER **artérioscléreux, euse** *a, n*

**artérioveineux, euse** *a* MED Qui concerne les systèmes artériel et veineux.

**artérite** *nf* Altération de la paroi artérielle. DER **artéritique** *a, n*

**artésien, enne** *a* D'Artois. **LOC** ***Puits artésien*** : duquel l'eau jaillit sous l'effet de la pression de la nappe souterraine.

**Artevelde** Jacob Van (Gand, vers 1290 – id., 1345), riche drapier et échevin de Gand. Il souleva sa ville contre le comte de Flandre (1337) et périt dans une émeute. — **Filips** (Gand, 1340 – Rozebeke, 1382), fils du préc., chef des bourgeois de Gand, Bruges et Ypres, révoltés contre le comte de Flandre (1379) ; il fut tué à la bataille de Rozebeke.

**Arthaud** Florence (Boulogne-Billancourt, 1957 – Villa Castelli, Argentine, 2015), première femme victorieuse dans une course transocéanique (*Route du rhum,* 1990).

**arthr(o)-** Élément, du gr. *arthron,* « articulation ».

**arthralgie** *nf* MED Douleur articulaire. DER **arthralgique** *a, n*

**arthrite** *nf* MED Inflammation des articulations, d'origine bactérienne ou rhumatismale. ETY Du lat. d'orig. gr. DER **arthritique** *a, n*

**Antonin Artaud**

**arthritisme** *nm* MED Disposition de l'organisme à l'arthrite.

**arthrodèse** *nf* CHIR Intervention destinée à bloquer définitivement une articulation.

**arthrographie** *nf* MED Examen radiologique d'une articulation après injection d'un produit de contraste.

**arthropathie** *nf* MED Affection articulaire.

**arthroplastie** *nf* CHIR Intervention au niveau d'une articulation.

**arthropode** *nm* ZOOL Invertébré cœlomate caractérisé par des appendices articulés (insectes, crustacés, etc.).
ENC L'embranchement des arthropodes (80 % des espèces animales) se divise en trois sous-embranchements : les proarthropodes, tous fossiles (trilobites du primaire) ; les antennates (crustacés, myriapodes et insectes) ; les chélicérates, qui correspondent presque exclusivement aux arachnides (araignées, scorpions, acariens, etc.).

**arthroscopie** *nf* MED Endoscopie de l'intérieur d'une articulation.

**arthrose** *nf* Affection chronique dégénérative des articulations. DER **arthrosique** *a, n*

**Arthur** roi celte, semi-légendaire, du S. de l'Écosse (fin Ve – déb. VIe s.), qui, entouré des chevaliers de la Table ronde, est le héros des romans en vers regroupés sous le nom de *roman breton* (XIIe-XIIIe s.). (V. roman breton.) VAR **Artus** DER **arthurien, enne** *a*

**Arthur Ier** (Nantes, 1187 – Rouen, 1203), comte de Bretagne, fils posthume de Geoffroi II d'Anjou. Prétendant à la couronne d'Angleterre à la mort de son oncle Richard Cœur de Lion (1199), il fut probablement assassiné par Jean sans Terre. — **Arthur III** (près de Vannes, 1393 – Nantes, 1458), comte de Richemont, connétable de France (1424), compagnon de Jeanne d'Arc, duc de Bretagne (1457-1458).

**Arthur** Chester Alan (Fairfield, Vermont, 1829 – New York, 1886), président républicain des É.-U. (1881-1885).

**Arthus-Bertrand** Yann (Paris, 1946), photographe français (*la Terre vue du ciel,* 1994).

**artichaut** *nm* **1** BOT Légume (composée) dont on consomme la base des bractées du capitule (*feuilles d'artichaut*) et son réceptacle (*fond d'artichaut*). **2** Capitule comestible de cette plante. *Artichaut à la vinaigrette.* **3** Pièce de ferronnerie hérissée de pointes, qui garnit une clôture pour empêcher de l'escalader. ETY De l'ar.

**artichaut**

**artichiculteur, trice** *n* Maraîcher spécialisé dans l'artichaut.

**article** *nm* **1** Chaque partie d'une loi, d'une convention, etc., qui établit une disposition. *Article du Code pénal.* **2** Partie distincte d'un compte, d'une facture, d'un inventaire. *Porter une somme à* *l'article des recettes.* **3** Texte formant un tout distinct dans un journal, un dictionnaire. *Un article de presse.* **4** Sujet sur lequel porte un écrit ; question. *Il est très strict sur l'article de l'honneur.* **5** Marchandise vendue dans un magasin. **6** GRAM Mot précédant un nom qu'il détermine et dont il indique le genre et le nombre. *« Le » est un article défini.* **7** INFORM Élément d'information contenu dans un fichier. **8** ZOOL Pièce simple et mobile située entre deux articulations chez les arthropodes. **9** BOT Partie comprise entre deux discontinuités de structures nettes, entre deux nœuds. **LOC** ***À l'article de la mort :*** au dernier moment de la vie. — ***Article de foi :*** point de dogme religieux. — ***Faire l'article :*** vanter un produit. ETY Du lat. *articulus,* « articulation ».

**articulaire** *a* ANAT Relatif aux articulations du squelette. *Rhumatisme articulaire.*

**articulateur** *nm* PHON Organe qui participe à l'émission des sons de la parole.

**articulation** *nf* **1** Mode de jonction de pièces osseuses entre elles ; ensemble des éléments de jonction des os. *L'articulation du fémur avec le bassin.* **2** Assemblage de deux pièces permettant leur mouvement relatif. **3** Organisation des parties d'un texte, d'un discours, d'un ensemble quelconque concourant à sa compréhension, à son fonctionnement. **4** PHON Mouvement des organes de la parole pour l'émission des sons ; manière de prononcer les sons d'une langue. **5** DR Énumération de faits, article par article. ETY Du lat. ▶ illustr. **os**

**articulatoire** *a* PHON Qui se rapporte à l'articulation.

**articulé, ée** *a* **1** Qui s'articule, est joint par une articulation. *Membres articulés.* **2** Prononcé distinctement. *Phrase bien articulée.*

**articuler** *v* ① **A** *vt* **1** Joindre une pièce mécanique à une autre par un dispositif qui permet le mouvement. **2 fig** Organiser logiquement les éléments d'un ensemble. **3** Prononcer distinctement. *Le R grasseyé s'articule avec la luette.* **4** DR Énoncer article par article. **B** *vpr* **1** Être joint par une articulation. **2 fig** Se rattacher à un ensemble complexe. ETY Du lat.

**articulet** *nm* Petit article de journal.

**artifice** *nm* **litt** Moyen peu naturel, visant à faire illusion. *Les artifices d'une coquette.* **LOC** ***Feu d'artifice :*** spectacle obtenu en mettant le feu à des pièces d'artifice et autres dispositifs pyrotechniques ; **fig** discours, œuvre où les traits d'esprit se succèdent de façon continue. — ***Pièce d'artifice :*** combinaison de corps très inflammables dont la combustion donne des flammes colorées. ETY Du lat. *artificium,* « art ».

**artificialiser** *vt* ① GEOGR Modifier le milieu naturel pour améliorer la production agricole. DER **artificialisation** *nf*

**artificiel, elle** *a* **1** Qui est le produit de l'activité humaine (par oppos. à *naturel*). *Des fleurs artificielles.* **2 fig** Qui manque de naturel. *Style artificiel.* **3** TECH Qualifie des matières obtenues à partir de produits naturels (par oppos. à *synthétique*). *Textile artificiel.* ETY Du lat. *artificialis,* « conforme à l'art ». DER **artificialité** *nf* – **artificiellement** *av*

**artificier** *nm* Celui qui confectionne des pièces d'artifice ou les met en œuvre.

**artificieux, euse** *a* Qui est empreint d'artifice, de ruse. DER **artificieusement** *av*

**Artigas** José (Montevideo, 1764 – Asunción, 1850), général uruguayen. Il battit les Esp. en 1811 et forma le premier gouv. uruguayen en 1815. Vaincu en 1820 par les Argentins et les Brésiliens, il se réfugia au Paraguay.

**artillerie** *nf* **1** MILIT Matériel de guerre comprenant les bouches à feu, leurs munitions et les engins servant à leur transport. **2** Ensemble du personnel servant ces armes. **LOC fig, fam** ***L'artillerie lourde :*** les grands moyens, les arguments percutants. ETY De l'a. fr.

**artilleur** *nm* Militaire de l'artillerie.

**artimon** *nm* MAR Mât arrière d'un navire ayant deux mâts ou plus ; voile portée par ce mât. ETY Du lat.

**Artin** Emil (Vienne, 1898 – Hambourg, 1962), mathématicien allemand fondateur, avec Emmy Noether, de l'algèbre moderne.

**artiodactyle** *nm* ZOOL Mammifère ongulé dont chaque membre se termine par un nombre pair de doigts, tels les suidés et les ruminants.

**artisan, ane** *n* **1** Personne qui exerce pour son propre compte un art mécanique ou un métier manuel. **2 fig** Auteur, cause de qqch. *Il est l'artisan de sa fortune.* ETY De l'ital.

**artisanal, ale** *a* Qui a rapport à l'artisan, à l'artisanat. PLUR artisanaux. DER **artisanalement** *av*

**artisanat** *nm* **1** Profession d'artisan. **2** Ensemble des artisans. **3** Technique, production de l'artisan.

**artison** *nm* Nom donné à divers insectes qui attaquent les bois, les étoffes, les peaux. ETY Du provenç.

**artiste** *n, a* **A** *n* **1** Personne qui pratique un art, créateur dans le domaine des arts. **2** Interprète d'œuvres musicales, théâtrales, cinématographiques, etc. **3 péjor** Personne fantaisiste, bohème. **B** *a* Qui a du goût pour les arts, pour la beauté. ETY De l'ital.

**artistement** *av* Avec goût, habileté. *Studio artistement aménagé.*

**artistique** *a* **1** Relatif aux arts. *Activités artistiques.* **2** Fait, présenté avec art. *Une décoration artistique.* DER **artistiquement** *av*

**Art moderne** (musée national d') musée créé en 1937 dans l'aile dr. du palais de Tokyo, à Paris (16$^{e}$) et dont on transféra le fonds en 1977 au CNAC Georges-Pompidou. L'aile g. du palais de Tokyo abrite dep. 1961 le *musée d'Art moderne de la ville de Paris.*

**art nouveau** mouvement d'art décoratif (v. 1860 – v. 1910) caractérisé par des lignes sinueuses. On l'appelle *modern style* dans les pays anglo-saxons, *Jugendstil* et *Secession* dans le monde germanique, *stile liberty* en Italie et *modernismo* en Espagne. En France, on parle aussi de *style nouille, métro* ou *1900.* Princ. représentants : Philip Webb (architecte anglais, 1831 – 1915), Arthur Mackmurdo (architecte anglais, 1851 – 1942), V. Horta, R. Mackintosh, H. Van de Velde, A. Gaudí, S. White, L. Comfort Tiffany, H. Guimard, Auguste et Antonin Daum (verriers lorrains, 1853 – 1909 et 1864 – 1930), É. Gallé, R. Lalique, L. Majorelle.

**artocarpus** *nm* BOT Arbre (moracée) dont une espèce tropicale, l'arbre à pain, donne un fruit comestible, très riche en amidon. PHO [artɔkarpys] VAR **artocarpe**

**Artois** anc. prov. de France, qui correspond auj. au dép. du Pas-de-Calais ; cap. *Arras.* – C'est un pays de cult. et d'élevage (bovins). L'industr. s'est développée au N.-E., sur le bassin houiller. – Conquis en 1640 par Louis XIII, l'Artois fut définitivement reconnu à la France par la paix des Pyrénées (1659).

**Artois** Charles-Philippe (comte d') → **Charles X, roi de France.**

**artothèque** *nf* Organisation qui prête des œuvres d'art.

**Art poétique** œuvre en vers de Boileau (1674) qui définit l'idéal littéraire classique.

**art pour l'art** (théorie de l') théorie littéraire selon laquelle l'art ne doit viser aucun but, ne délivrer aucun message. En 1804, Benjamin Constant créa cette expression, qui inspira Th. Gautier dans *Émaux et camées* (1852).

**Arts africains et océaniens** (musée national des) ancien musée des Colonies (1931), puis de la France d'Outre-Mer (1961), à Paris, porte Dorée.

**Arts décoratifs** (musée des) installé depuis 1905 au Louvre dans le pavillon de Marsan : meubles et objets de décor intérieur appartenant à toutes les époques.

**Arts et Traditions populaires** (musée national des) installé en 1969 au bois de Boulogne à Paris.

**art-thérapie** *nf* PSYCHO Thérapie passant par l'expression artistique. PLUR arts-thérapies. DER **art-thérapeute** *n*

**Artus** → **Arthur.**

**arty** *a inv* **fam** Qui a des prétentions artistiques, qui se veut d'avant-garde. ETY Mot angl.

**Aruba** île des Petites Antilles, face aux côtes du Venezuela, dans les Antilles néerl., autonome dep. 1986 ; 193 km$^{2}$ ; 60 274 hab. ; cap. *Oranjestad.* Raff. de pétrole. Tourisme.

**arum** *nm* Plante herbacée (aracée) aux feuilles lancéolées, aux fleurs en épi entourées d'une bractée en cornet, la spathe. PHO [arɔm]

**arum**

**Arunachal Pradesh** État du N.-E. de l'Inde ; 83 578 km$^{2}$ ; 858 390 hab. ; cap. *Itanagar.*

**Arundel** (marbres d') tables chronologiques (de la fondation d'Athènes à 354 av. J.-C.) découvertes en 1624 dans l'île de Paros.

**aruspice** *nm* ANTIQ ROM Devin qui interprétait la volonté des dieux, en partic. d'après l'examen des entrailles des animaux immolés. VAR **haruspice**

**ARV** → **antirétroviral.**

**arva** *nm* Petit émetteur-récepteur qui permet de localiser une personne ensevelie sous la neige. ETY Sigle de *appareil de recherche de victime en avalanche ;* nom déposé.

**Arve** riv. torrentielle de Hte-Savoie (100 km) ; traverse Chamonix ; rejoint le Rhône (r. g.).

**Arvernes** peuple de la Gaule qui occupait l'Auvergne actuelle. La défaite de leur chef Vercingétorix mit fin à leur indépendance.

**Arvers** Alexis Félix (Paris, 1806 – id., 1850), poète et dramaturge français, célèbre par un sonnet de *Mes Heures perdues* (1831) : *« Mon âme a son secret, ma vie a son mystère. »*

**Arvor** → **Armor.**

**aryanisation** *nf* HIST Sous le régime nazi, spoliation des biens appartenant à des Juifs au profit d'« Aryens ». DER **aryaniser** *vt* ①

**aryen, enne** *a* De race supérieure car supposée sans mélange, selon l'idéologie nazie.

**Aryens** peuples de langue et d'origine indo-européennes qui s'établirent en Iran et au N. de l'Inde entre 2000 et 1000 av. J.-C. DER **aryen, enne** *a*

**aryle** *a* CHIM Qualifie les radicaux qui dérivent d'un hydrocarbure aromatique.

**arythmie** *nf* MED Irrégularité du rythme cardiaque ou respiratoire.

**Arzew** port d'Algérie, sur le *golfe d'Arzew ;* 66 7000 hab. Terminal pétrolier et gazier. Raff. du pétrole et liquéfaction du gaz. VAR **Arziw**

**As** Symbole de l'arsenic.

**as** *nm* **1** Carte à jouer, face de dé ou moitié de domino portant un seul symbole, un seul point. *As de pique. As de cœur.* **2** fam Personne qui excelle dans une activité. *Un as du volant.* **3** ANTIQ Unité monétaire chez les Romains. **4** Au tiercé et au loto, le numéro un. **LOC** fam ***Être fichu comme l'as de pique :*** être très négligé dans sa tenue. — fam ***Être plein aux as :*** avoir beaucoup d'argent. — fam ***Passer à l'as :*** être escamoté, disparaître. PHO [ɑs] ETY Mot lat.

**Asa** roi de Juda de 908 à 867 av. J.-C..

**Asad** → **Assad.**

**Asahikawa** v. du Japon, dans l'île de Hokkaidō ; 363 630 hab. Industries.

**Asam Cosmas Damian** (Benediktbeuern, 1686 – Weltenburg, 1739), architecte et fresquiste baroque allemand. — **Egid Quirin** (Tegernsee, 1692 – Mannheim, 1750), frère du préc., architecte, sculpteur et stucateur. Les deux frères élevèrent et décorèrent l'église St-Jean-Népomucène de Munich.

**asana** *nf* Posture de yoga. ETY Mot sanscrit.

**Asarhaddon** roi d'Assyrie de 680 à 669 av. J.-C. Il soumit l'Égypte en 671. Son fils Assurbanipal lui succéda. VAR **Assarhaddon**

**asbestose** *nf* MED Maladie due à l'accumulation de poussières d'amiante dans les poumons.

**Ascagne** fils d'Énée et de Créüse, fondateur légendaire d'Albe la Longue, ancêtre prétendu de la *gens Julia*, donc de Jules César. VAR **Iule**

**Ascalon** anc. cité et port de Palestine, entre Jaffa et Gaza (auj. dans l'État d'Israël). Théâtre de combats pendant les croisades, elle fut anéantie par Saladin. VAR **Ashkelon**

**Ascanienne (maison)** dynastie allemande divisée en deux branches, qui régna sur le Brandebourg de 1134 à 1319, sur la Saxe jusqu'en 1423, sur le Lauenburg jusqu'en 1689 et sur l'Anhalt jusqu'en 1918.

**ascaridiase** *nf* MED Troubles dus à la présence d'ascaris dans l'intestin. VAR **ascaridiose**

**ascaris** *nm* ZOOL Nématode parasite de l'intestin grêle des mammifères, de l'homme et du cheval en particulier. PHO [askaʀis]

**ascendance** *nf* **1** Ensemble des ancêtres directs d'un individu, d'une lignée. *Ascendance paternelle, maternelle.* ANT descendance. **2** ASTRO Marche ascendante d'un astre à l'horizon. **3** Courant aérien, dirigé de bas en haut, dans l'atmosphère.

**1 ascendant** *nm* **A 1** ASTROL Point de l'écliptique qui se lève à l'horizon au moment de la naissance de quelqu'un. *Avoir la planète Mars à l'ascendant.* **2** fig Influence dominante sur la volonté de qqn. *Avoir de l'ascendant sur qqn.* **B** *nm pl* Parents dont on descend.

**2 ascendant, ante** *a* **1** Qui va en montant. *Mouvement ascendant.* **2** ASTRO Qui s'élève au-dessus de l'horizon. ETY Du lat.

**ascendeur** *nm* ALPIN Syn. de *autobloqueur.*

**ascenseur** *nm* **1** Appareil à déplacement vertical, servant au transport des personnes. **2** INFORM Dispositif d'un logiciel permettant de se déplacer rapidement à l'intérieur d'un fichier. **LOC** fig ***Ascenseur social :*** moyen de s'élever dans la société. — fam ***Renvoyer l'ascenseur :*** rendre la pareille à qqn qui vous a rendu service.

**ascension** *nf* **1** Action de gravir une montagne. **2** Action de s'élever dans les airs au moyen d'un aérostat. **3** fig Élévation vers la réussite sociale. **LOC** ASTRO ***Ascension droite d'un astre :*** une des deux coordonnées équatoriales d'un astre, l'angle entre le cercle horaire qui passe par le point vernal et celui qui passe par l'astre considéré. — THEOL ***L'Ascension :*** montée au ciel miraculeuse du Christ quarante jours après sa résurrection ; jour où l'Église célèbre ce mystère. ETY Du lat.

**Ascension (île de l')** île brit. de l'Atlant. Sud ; 88 km$^2$ ; 1 100 hab. ; ch.-l. *Georgetown.* – Découverte en 1501, le jour de l'Ascension.

**ascensionnel, elle** *a* Qui tend à monter, à faire monter. *Mouvement ascensionnel.*

**ascensionniste** *n* litt Syn. d'*alpiniste.*

**ascensoriste** *nm* Entreprise qui assure la fabrication, l'installation et la maintenance d'ascenseurs.

**ascèse** *nf* **1** Ensemble d'exercices de mortification visant à une libération spirituelle. **2** Façon de vivre, qui exclut toute compromission, tout excès. ETY Du gr. *askêsis,* « exercice ».

**ascète** *n* **1** Personne qui se consacre aux exercices de piété, à la méditation et aux mortifications. **2** Personne qui mène une vie particulièrement austère. *Vivre en ascète.* DER **ascétique** *a* – **ascétisme** *nm*

**Aschaffenburg** v. et port fluvial d'Allemagne (Bavière), sur le Main ; 59 650 hab. – Château XVII$^e$-XIX$^e$ s.

**ascidie** *nf* **1** BOT Appendice creux terminant les feuilles de certaines plantes carnivores tel le népenthès. **2** Animal marin (tunicier) dont le corps, en forme d'outre, est recouvert d'une tunique. ETY Du gr. *askidion,* « petite outre ».

**ascidie** rouge

**ASCII** *nm inv* INFORM Code standardisé de représentation des caractères alphanumériques. PHO [aski] ETY Acronyme pour *American Standard Code for Information Interchange.*

**ascite** *nf* MED Épanchement de sérosité dans la cavité péritonéale. ETY Du gr. *askos,* « outre ». DER **ascitique** *a, n*

**asclépiadacée** *nf* BOT Plante dicotylédone gamopétale telle que l'asclépiade.

**asclépiade** *nf* Plante ornementale à fleurs roses parfumées groupées en ombelles, appelée aussi dompte-venin.

**Asclépiade** (Prusa, Bithynie, auj. Brousse, Turquie, v. 124 – ?, 40 av. J.-C.), médecin grec. Établi à Rome, il fonda l'école méthodique, hostile aux idées d'Hippocrate.

**Asclépiades** famille de médecins grecs qui prétendaient descendre d'Asclépios.

**Asclépios** dieu grec de la Médecine, nommé Esculape par les Romains. Son princ. sanctuaire était à Épidaure.

**Ascoli Piceno** v. d'Italie (Marches), sur le Tronto ; 54 190 hab. ; ch.-l. de la prov. du m. nom. Filature de la soie.

**ascomycète** *nm* BOT Champignon, caractérisé par des spores formées à l'intérieur d'asques, tel que les morilles, les pézizes, les truffes, les levures et certaines moisissures.

**ascophyllum** *nm* Algue brune très commune, voisine du fucus. PHO [askofilɔm]

**ascorbique** *a* **LOC** BIOCHIM ***Acide ascorbique :*** vitamine C, antiscorbutique.

**ascospore** *nf* BOT Spore prenant naissance dans un asque. ETY Du gr. *askos,* « outre ».

**Ascot** localité de G.-B. (Berkshire), près de Londres ; 12 500 hab. Hippodrome.

**Asdrubal** → **Hasdrubal.**

**-ase** Élément, tiré de *diastase,* désignant certaines enzymes.

**ASEAN** acronyme pour *Association of South East Asian Nations,* « Association des nations de l'Asie du Sud-Est ».

**aselle** *nm* ZOOL Petit crustacé (isopode) d'eau douce. ETY Du lat. *asellus,* « petit âne ».

**asémantique** *a* LING Se dit d'un énoncé qui n'a pas de sens mais qui peut néanmoins être grammatical.

**asepsie** *nf* MED **1** Absence de tout germe microbien. **2** Ensemble des procédés utilisés pour éviter toute infection microbienne.

**aseptique** *a* Exempt de tout microbe.

**aseptisé, ée** *a* **1** Rendu aseptique. **2** fig Impersonnel, sans originalité. *Un discours aseptisé.*

**aseptiser** *vt* 1 MED Rendre aseptique. DER **aseptisation** *nf*

**Aser** huitième fils de Jacob, chef de l'une des douze tribus d'Israël.

**Ases** divinités des mythologies germanique et scandinave.

**asexué, ée** *a* Privé de sexe.

**asexuel, elle** *a, n* PSYCHO Se dit de qqn qui n'éprouve aucun désir sexuel et assume complètement cette conduite. DER **asexualité** *nf*

**Ashantis** population occupant le centre du Ghana. Ils parlent une langue du groupe kwa, sous-groupe akan. Ils fondèrent un puissant royaume, la *Confédération ashanti* (XVII$^e$-XIX$^e$ s.), qui sut exploiter ses mines d'or ; cap. *Kumasi.* Les Brit. annexèrent la Confédération ashanti (1901), puis le reste du Ghana (1902). VAR **Achantis** DER **ashanti** ou **achanti, ie** *a*

**Ashbery John** (Rochester, 1927), poète américain et critique d'art.

**Ashdod** port de l'État d'Israël, sur la Médit., au S. de Tel-Aviv ; 65 740 hab. – Site de l'anc. *Asdod,* ville du pays des Philistins.

**Ashikaga** famille de shōguns japonais du XIV$^e$ au XVI$^e$ s. Elle fut fondée par A. Takauji en 1338.

**Ashkelon** → **Ascalon.**

**ashkénaze** *n, a* Membre d'une communauté juive d'Europe centrale ou orientale. V. séfarades. (PHO) [aʃkenaz]

ENC Les communautés ashkénazes (d'un mot signif. « allemand » dans les écrits rabbiniques au Moyen Âge) constituaient une part notable de la population de l'Europe centrale et orientale, regroupées dans les ghettos urbains et les shtetels ruraux. Leur langue était le yiddish (dit aussi judéo-allemand), communément parlé jusqu'à la Seconde Guerre mondiale mais aujourd'hui en fort recul du fait de l'Holocauste et de l'émigration vers Israël et les États-Unis.

**ashram** *nm* En Inde, lieu où vit une communauté groupée autour d'un maître spirituel. (PHO) [aʃʀam] (ETY) Mot sanskrit.

**Ashtart** déesse phénicienne de la Fécondité. (V. Ishtar.) (VAR) **Astarté**

**Ashton** William Mallandaine, sir Frederick (Guayaquil, 1904 – Eye, Suffolk, 1988), danseur et chorégraphe britannique.

**Ashton** Catherine (Upholland, 1956), femme politique britannique. Elle est nommée haut représentant de l'UE aux affaires étr. en 2009.

**asiago** *nm* Fromage italien à pâte dure, au lait de vache.

**asiate** *n, a* **péjor** Personne originaire d'Asie.

**Asie** partie du monde qui forme avec l'Europe le plus grand continent (l'Eurasie), la plus vaste (44 000 000 de km²) et la plus peuplée (plus de 4 milliards d'hab.). Située en grande partie dans l'hémisphère N., elle s'étend sur 160° de longit. Séparée de l'Amérique par le détroit de Béring, de l'Afrique par la mer Rouge, de l'Europe, par les monts de l'Oural, elle comprend les archipels malais, de l'Indonésie, des Philippines, du Japon. L'Asie est bordée au N. par l'Arctique, à l'E. et au S.-E. par le Pacifique, au S. par l'océan Indien, où l'étroite mer de Timor la sépare du continent australien. (DER) **asiatique** *a, n*

**Géographie** L'Asie est découpée au S. en vastes péninsules (Arabie, Inde, Indochine) et barrée au centre par de hautes chaînes : Himalaya (Everest, 8 846 m) et ses annexes (Elbourz, Zagros, Caucase, Tianshan, Altaï, Saïan). Jalonnées de plateaux et de bassins intérieurs (Anatolie, plateau iranien, Tibet, Dzoungarie, Tarim), ces chaînes font place au N. à une dépression (mers d'Aral et Caspienne), à la plaine de Sibérie occidentale et aux plateaux massifs de Sibérie centrale. L'E. appartient à la ceinture de feu volcanique du Pacifique : chaînes d'Extrême-Orient et arcs insulaires du Japon, des Philippines et d'Indonésie. L'éventail de climats et de végétations est large, de la toundra arctique au N. aux forêts tropicales de l'Asie des moussons, en passant par le milieu continental (taïga sibérienne), steppique (Kazakhstan) et désertique (Gobi). Les montagnes alimentent de grands fleuves : Ob-Irtych, Ienisseï, Lena, Amour, Huanghe, Yangzijiang, Mékong, Gange, Indus, etc. En Asie des moussons, les régions rizicoles portent les plus fortes concentrations humaines de la planète (près de 90 % de la pop. asiatique) ; ailleurs, l'occupation est discontinue et les densités moyennes sont faibles. L'agric., sauf au Japon, demeure la princ. activité : blé, riz, soja ; thé et caoutchouc, exportés. Le sous-sol contient d'immenses richesses, inégalement exploitées. La croissance dém. « galopante » (1,6 milliard d'Asiatiques en 1958, 4 auj.) est un facteur négatif, plus encore que les structures sociales archaïques de nombr. pays.

**Langues** Les langues parlées en Asie se rattachent à de nombr. familles : indo-européenne (persan, kurde, hindi, bengali, etc.), ouralienne,

altaïque (turc, mongol, etc.), afro-asiatique (arabe, hébreu), dravidienne (tamoul, etc.), sino-tibétaine (chinois, tibétain, birman, etc.), austronésienne (malais, etc.), austro-asiatique (khmer, vietnamien, etc.). Le japonais et le coréen sont des isolats.

**Asie centrale** partie de l'Asie (anc. Turkestan) qui, entre la mer Caspienne et la Mongolie, comprend le Kazakhstan, le Kirghizstan, l'Ouzbékistan, le Tadjikistan, le Turkménistan, ainsi que le Xinjiang (Chine). DER **centrasiatique** *a, n*

**Asie du Sud-Est** partie de l'Asie des moussons composée des États suivants : Viêtnam, Laos, Cambodge, Thaïlande, Birmanie, Malaisie, Singapour, Indonésie, Brunei et Philippines. ▶ carte p. 104

**Asie Mineure** nom donné par les spécialistes de l'Antiquité à l'actuelle Turquie d'Asie.

**asile** *nm* **1** Lieu inviolable où l'on est à l'abri des persécutions, des dangers. *Les églises furent longtemps des asiles.* **2** litt Demeure, habitation. **3** vieilli Établissement où l'on recueillait les indigents, les vieillards. **4** vieilli Hôpital psychiatrique. LOC *Droit d'asile :* immunité accordée aux ressortissants étrangers, poursuivis dans leur pays pour des motifs politiques, qui évitent ainsi l'extradition. ETY Du lat d'orig. gr. DER **asilaire** *a*

**Asimov** Isaac (Petrovitchi, 1920 – New York, 1992), écrivain et biochimiste américain, célèbre pour ses romans de science-fiction.

**asilisme** *nm* Syndrome déterminé par une hospitalisation prolongée en milieu asilaire.

**asinien, enne** *a* ZOOL Propre à l'âne.

**asismique** *a* GEOL Se dit d'une zone sans activité sismique.

**Asir** prov. du S.-O. de l'Arabie Saoudite ; 80 000 km² ; 682 000 hab. ; ch.-l. *Abha.*

**Askia Mohammed** empereur *(askia)* du Songhay (dans le Mali actuel) qui régna de 1492 à 1528. La dynastie des Askia s'éteignit quand le Maroc conquit le Songhay (1591).

**Asmara** cap. de l'Érythrée ; 390 000 hab. (aggl.). Industries. – Aéroport.

**Asmodée** personnage biblique (livre de Tobie), démon de l'amour impur.

**Asmonéens** dynastie sacerdotale et royale de Judée, qui prit le pouvoir après le soulèvement des Maccabées (134-37 av. J.-C.).

**Asnières-sur-Seine** ch.-l. de cant. des Hauts-de-Seine (arr. de Nanterre) ; 83 044 hab. DER **asniérois, oise** *a, n*

**asocial, ale** *a, n* Qui n'est pas adapté à la vie en société. PLUR asociaux. DER **asocialité** *nf*

**Asoka** → **Açoka.**

**asparagiculteur, trice** *n* Cultivateur spécialisé dans les asperges.

**asparagine** *nf* BIOCHIM Amide de l'acide aspartique présent dans les pousses d'asperges.

**asparagus** *nm* BOT Variété d'asperge (liliacée) dont le feuillage ornemental est utilisé dans la confection de bouquets. PHO [aspaʀagys] ETY Mot lat., « asperge ».

**aspartam** *nm* Édulcorant de synthèse résultant de la combinaison d'acide aspartique et de phénylalanine.

**aspartique** *a* LOC BIOCHIM *Acide aspartique :* acide aminé présent dans toutes les protéines.

**Aspasie** (Vᵉ s. av. J.-C.), Grecque qui vécut à Athènes auprès de Périclès. Sa maison fut un brillant foyer intellectuel.

**aspe** *nm* Poisson (cyprinidé) d'eau douce, carnassier, originaire d'Europe centrale.

**Aspe (vallée d')** vallée des Pyr.-Atl., formée par le *gave d'Aspe.*

**aspect** *nm* **1** Manière dont une personne ou une chose s'offre à la vue. *Maison à l'aspect misérable.* **2** Point de vue sous lequel on peut considérer qqch. *Examiner une chose sous tous ses aspects.* **3** LING Façon d'envisager l'action exprimée par le verbe dans son déroulement temporel. *Aspect imperfectif, perfectif. Aspect itératif, inchoatif.* **4** ASTROL Situations respectives des astres par rapport à leur influence sur la destinée des hommes. PHO [aspɛ] ETY Du lat. *aspicere,* « regarder ».

**aspectuel, elle** *a* LING Qui concerne l'aspect.

**asperge** *nf* **1** Plante potagère (liliacée), aux pousses comestibles (turions). **2** fig, fam Personne grande et mince. ETY Du lat.

asperge

**asperger** *vt* ⑬ Arroser légèrement ; projeter sur. ETY Du lat. *aspergere,* « répandre ».

**aspergeraie** *nf* Plantation d'asperges.

**aspergillus** *nm* BOT Champignon ascomycète, moisissure qui se développe sur les substances en décomposition (confitures, sirop, etc.). PHO [aspɛʀʒilys]

**aspérité** *nf* **1** vx Rudesse, rugosité d'une surface. **2** Petite saillie qui rend une surface inégale, rude.

**asperme** *a* BOT Qui ne produit pas de graines.

**aspermie** *nf* **1** BOT Absence de graines. **2** MED Absence de sperme.

**asperseur** *nm* Système d'arrosage rotatif. SYN sprinkler.

**aspersion** *nf* **1** Action d'asperger. **2** LITURG Rite de purification par l'eau bénite.

**aspersoir** *nm* **1** LITURG Goupillon servant à asperger d'eau bénite. **2** Pomme d'arrosoir.

**aspérule** *nf* BOT Plante herbacée (rubiacée) des sols rocailleux. ETY Du lat. *asper,* « rude ».

**asphalte** *nm* **1** Roche sédimentaire, calcaire, imprégnée naturellement de bitume. **2** TRAV PUBL Revêtement pour les chaussées préparé avec cette roche. ETY Du gr. DER **asphaltique** *a*

**asphalter** *vt* ① Étendre de l'asphalte sur. DER **asphaltage** *nm*

**asphodèle** *nm* Plante herbacée (liliacée) à fleurs blanches.

**asphyxiant, ante** *a* **1** Qui asphyxie. **2** fig Se dit d'une atmosphère moralement étouffante.

**asphyxie** *nf* **1** Défaut d'oxygénation du sang et arrêt consécutif des battements du cœur, pouvant entraîner la mort. **2** fig Oppression, contrainte. **3** fig Diminution, arrêt de l'activité économique. *L'asphyxie d'une région.* ETY Du gr. *asphuxia,* « arrêt du pouls ».

**asphyxier** *v* ② **A** *vt* Causer l'asphyxie de. **B** *vpr* Mourir volontairement ou accidentellement par asphyxie.

**1 aspic** *nm* Vipère brun-rouge au venin très toxique, fréquente dans le sud de la France. ETY Du lat.

**2 aspic** *nm* Nom courant de la lavande spic. ETY Du provenç. *espic,* « épi ».

**3 aspic** *nm* Plat froid de viande, de poisson moulé dans une gelée. *Aspic de poulet.* ETY De *aspic* 1.

**aspidistra** *nm* Plante d'appartement (liliacée) originaire du Japon, aux larges feuilles vert sombre.

**aspirant, ante** *a, n* **A** *a* Qui aspire. **B** *n* Personne qui aspire à obtenir une place, un titre. **C** *nm* **1** MILIT Grade attribué aux élèves officiers avant leur promotion au grade de sous-lieutenant. **2** MAR Élève officier de marine.

**aspirateur** *nm* **1** Appareil aspirant qui sert à dépoussiérer. *Passer l'aspirateur.* **2** CHIR Instrument destiné à pratiquer l'aspiration de liquides, de gaz.

**aspiration** *nf* **1** Action d'aspirer. **2** PHON Mouvement expiratoire guttural. **3** fig Élan, mouvement de l'âme vers un idéal. *L'aspiration au bonheur.*

**aspiratoire** *a* Qui aspire. *Mouvement aspiratoire.*

**aspirer** *v* ① **A** *vt* **1** Attirer un fluide en créant un vide partiel. **2** Attirer l'air dans ses poumons. *Aspirer lentement.* **3** PHON Prononcer en expulsant de l'air au fond du gosier. *Aspirer une consonne.* **B** *vti* fig Désirer fortement, ambitionner. *Aspirer aux honneurs, au repos.* ETY Du lat.

**aspirine** *nf* Acide acétylsalicylique, utilisé comme analgésique, pour lutter contre la fièvre, comme anti-inflammatoire, etc. ETY Nom déposé.

**aspiro-batteur** *nm* Aspirateur pour les moquettes. PLUR aspiro-batteurs.

**asplénium** *nm* BOT Fougère ornementale aux feuilles entières ou divisées d'un beau vert clair. [PHO] [asplenjɔm] [ETY] Du gr. *splên*, « rate ».

**Aspromonte** massif d'Italie (Calabre) ; 1 956 m au Montalto. Garibaldi y fut vaincu et fait prisonnier par les Piémontais (1862).

**asque** *nm* BOT Cellule reproductrice, caractéristique des champignons ascomycètes, à l'intérieur de laquelle se forment les spores.

**Asquith Herbert Henry** (Morley, Yorkshire, 1852 – Londres, 1928), 1er comte d'Oxford et Asquith, Premier ministre brit. (1908-1916), libéral, qui fit adopter le Home Rule (1914). — **Anthony** (Londres, 1902 – id., 1968), fils du préc., cinéaste britannique : *Pygmalion* (1938), *le Chemin des étoiles* (1945).

**ASS** *nf* Sigle de *allocation spécifique de solidarité*, versée aux chômeurs ayant épuisé leurs droits à l'assurance-chômage.

**Assad (lac)** lac créé par un barrage sur l'Euphrate, dans le N. de la Syrie. [VAR] **Asad**

**Assad Hafez el-** (Lattaquié, 1928 – Damas, 2000), homme politique syrien appartenant à la secte chiite des Alaouites. (V. Ansariyyah.) Général en chef en 1966, il prend le pouvoir en 1970 ; élu président de la République en 1971, il est réélu de 1978 à 1999. — **Bachar el-** (Damas, 1966), fils du préc., succède à son père comme président de la République (2000). Malgré la dictature qu'il instaure, il est réélu en 2007 et 2014. [VAR] **Asad**

**assagir** *vt* [3] Rendre, devenir sage. *S'assagir avec l'âge.* [DER] **assagissement** *nm*

**assai** *av* MUS Très. *Presto assai.* [PHO] [asaj] [ETY] Mot ital.

**assaillir** *vt* [28] **1** Attaquer vivement à l'improviste. *Assaillir un camp militaire. Être assailli par les moustiques.* **2** fig Harceler. *Assaillir qqn de questions.* [ETY] Du lat. *assilire*, « sauter sur ». [DER] **assaillant, ante** *a, n*

**assainir** *vt* [3] Rendre sain ou plus sain. *Assainir une maison. Assainir les finances publiques.* [DER] **assainissement** *nm*

**assainisseur** *nm* Appareil ou produit qui combat les odeurs désagréables.

**assaisonnement** *nm* CUIS **1** Action, manière d'assaisonner. **2** Ce qui sert à relever le goût.

**assaisonner** *vt* [1] **1** Accommoder des aliments avec des ingrédients propres à en relever le goût. *Assaisonner une salade.* **2** fig Rendre plus vif, agrémenter. *Assaisonner ses écrits de traits d'esprit.* **3** fam Maltraiter, réprimander qqn. *Il s'est fait assaisonner par sa mère.*

**Assam** État de l'Inde, de part et d'autre du Brahmapoutre ; 78 523 km² ; 31 206 000 hab. ; cap. *Dispur.* Région très humide ; thé, riz, jute. Pétrole. [DER] **assamais, aise** *a, n*

**assamais** *nm* Langue indo-aryenne, officielle en Assam.

**assamela** *nm* Bois d'Afrique tropicale, jaune à brun clair, utilisé en menuiserie.

**Assarhaddon** → **Asarhaddon.**

**Assas Louis (chevalier d')** (Le Vigan, 1733 – Westphalie, 1760), officier français tué alors qu'il donnait l'alarme.

**assassin, ine** *nm, a* **A** *nm* **1** Personne qui attente à la vie d'autrui avec préméditation. *Tomber sous les coups d'un assassin.* **2** Celui qui provoque la mort de qqn par négligence ou incompétence. **B** *a* **1** litt Qui tue. *Une main assassine.* **2** fig Qui blesse ; qui provoque. *Une remarque assassine.*

**assassinat** *nm* Homicide volontaire commis avec préméditation, guet-apens. *Commettre un assassinat.* [ETY] De l'ital.

**assassiner** *vt* [1] Tuer avec préméditation.

**Assassins** (« fumeurs de haschisch »), musulmans ismaéliens disciples de Hassan ibn al-Sabbah. Ils fondèrent une dynastie (XIIe s.), anéantie en 1256 par les Mongols. [VAR] **Haschichins**

**assaut** *nm* **1** Attaque pour emporter de force une position. *Monter à l'assaut.* **2** fig Attaque violente. *Les assauts de la tempête.* **3** SPORT Combat opposant deux escrimeurs. **LOC** ***Faire assaut de :*** rivaliser de. [ETY] Du lat. *saltus*, « saut ».

**Assebroek** (en fr. *Assebrouck*), v. de Belgique (Flandre-Occid.), sur le canal de Bruges à Gand ; 19 500 hab. Industrie textile.

**assécher** *vt* [14] Mettre à sec. *Assécher un marais.* [DER] **assèchement** *nm*

**ASSEDIC** acronyme pour *Association pour l'emploi dans l'industrie et le commerce.* Organisme paritaire patronat-syndicats, créé en déc. 1958, pour indemniser les chômeurs. Les ASSEDIC sont intégrées à Pôle Emploi en 2008.

**assemblage** *nm* **1** Action d'assembler. **2** Réunion de choses diverses qui forment un tout. **3** Bx-A Œuvre d'art contemporain composée de matériaux, d'objets divers mis ensemble. **4** TECH Dispositif, procédé destiné à relier entre elles plusieurs pièces. *Assemblage à tenon et mortaise.* **5** Mélange dans la cuve de différents vins d'un même cru. **6** Produit agroalimentaire obtenu par mélange de produits de provenances différentes (cafés, thés, tabacs, huiles, etc.).

**assemblée** *nf* **1** Réunion de plusieurs personnes en un même lieu. **2** Corps délibérant. *Convoquer, dissoudre, présider une assemblée.*

**Révolution française**

**Assemblée nationale constituante** nom que prirent les États généraux le 9 juillet 1789. Comprenant 1 200 députés, la Constituante siégea jusqu'au 30 septembre 1791. Elle abolit la féodalité, proclama la souveraineté nationale, la séparation des pouvoirs, l'égalité des citoyens devant la loi, organisa la France en départements, vota la Constitution civile du clergé. [VAR] **Constituante**

**Assemblée législative** assemblée qui succéda à la Constituante, avec des membres nouveaux (745), et qui siégea du 1er octobre 1791 au 21 septembre 1792. Le pouvoir fut exercé par des modérés, les Feuillants (264 élus), et par les Girondins (136). La Législative suspendit les pouvoirs de Louis XVI le 13 août 1792 et ne réprima pas les massacres de Septembre (2-6 septembre). La Convention lui succéda.

**Révolution de 1848**

**Assemblée constituante** composée de 880 membres élus le 23 avril 1848 conformément à la volonté du Gouvernement provisoire. Elle siégea du 4 mai 1848 au 27 mai 1849. Elle réprima les journées de Juin et organisa l'élection du président de la Rép. le 10 déc. 1848 (Louis Napoléon Bonaparte).

**Assemblée législative** composée de 750 membres élus le 13 mai 1849 ; 250 seulement étaient républicains. Elle siégea du 28 mai 1849 au 2 déc. 1851 (coup d'État de Louis Napoléon Bonaparte).

**IIIe, IVe et Ve Républiques**

**Assemblée nationale** composée de 650 membres élus le 8 février 1871 (après l'armistice du 28 janvier accordé par Bismarck), en majorité monarchistes bien que la république ait été proclamée le 4 septembre 1870. Elle siégea à Bordeaux (8 fév.) puis à Versailles (20 mars) et affronta la Commune de Paris, que l'armée « versaillaise » écrasa du 22 au 28 mai. Le 10 mai, l'Assemblée avait signé avec l'Allemagne le traité de Francfort-sur-le-Main. Thiers, chef du pouvoir exécutif depuis fév. 1871 (président de la Rép. le 31 août) se prononça en faveur de la république le 13 nov. 1872 et dut démissionner le 24 mai 1873. Mac-Mahon le remplaça comme chef (monarchiste) de l'État, mais le 30 janvier 1875 l'amendement Wallon lui accorda le titre de président de la République, de sorte que celle-ci fut reconnue telle par les lois des 24-25 février et 16 juillet et que l'Assemblée vota sa dissolution le 31 déc. 1875. La Chambre des députés lui succéda.

**Assemblée constituante** composée de 579 membres (dont PCF 151, SFIO 146, MRP 150, droite presque absente) élus le 21 oct. 1945. Siégeant du 6 nov. 1945 au 2 juin 1946, elle soumit un projet de Constitution au référendum, qui le repoussa (53 % de non), le 5 mai 1946. La deuxième Assemblée constituante, élue le 2 juin 1946, siégea du 11 juin au 5 octobre 1946. Elle fit adopter par référendum (13 oct. 1946) la Constitution de la IVe République.

**Assemblée nationale** dans la Constitution de la Ve République (en vigueur depuis 1958), comme dans celle de la IVe République (1946-1958), assemblée élue au suffrage universel qui exerce le pouvoir législatif avec le Sénat, tous deux formant le Parlement. En cas de désaccord entre l'Assemblée (parfois couramment appelée « la Chambre ») et le Sénat sur une loi, l'Assemblée tranche. Elle peut seule renverser le gouvernement.

≪≪≫≫

**assembler** *v* [1] **A** *vt* **1** Mettre ensemble, réunir. *Assembler des mots pour former une phrase.* **2** Réunir par convocation. *Assembler le conseil.* **3** Joindre des pièces pour en former un tout. *Assembler les feuillets d'un volume.* **B** *vpr* Se réunir. *Qui se ressemble s'assemble.* [ETY] Du lat.

**assembleur, euse** *n* **A** *n* Personne qui assemble. **B** *nf* Machine qui assemble les feuilles imprimées. **C** *nm* INFORM **1** Programme qui permet de traduire un langage symbolique en langage machine en supprimant la phase de compilation. **2** Fabricant de matériel informatique qui ne fait qu'assembler des pièces détachées.

**Assen** v. des Pays-Bas ; 63 900 hab. ; ch.-l. de la Drenthe. Métallurgie.

**asséner** *vt* [4] Porter, donner un coup violent. *Asséner un coup de matraque.* [ETY] Du lat. *assignare*, « attribuer ». [VAR] **assener** *vt* [16]

**assentiment** *nm* Adhésion, consentement donné à une proposition, à un acte. *Donner son assentiment à un mariage.* [ETY] Du lat. *assentire*, « sentir, penser de même ».

**asseoir** *vt* [41] **1** Mettre en appui sur ses fesses, sur un siège. *Asseoir un enfant sur ses genoux. S'asseoir à table.* **2** Établir solidement. *Asseoir une maison sur ses fondations.* **3** fig Fonder sur des bases solides ; affermir. *Asseoir sa réputation.* [PHO] [aswaʀ] [ETY] Du lat. [VAR] **assoir**

**assermenté, ée** *a* **1** Qui a prêté serment. *Témoin assermenté.* **2** HIST Se dit d'un prêtre ayant prêté serment à la Constitution civile du clergé en 1790 (par oppos. à *prêtre insermenté*).

**assermenter** *vt* [1] DR Faire prêter serment à. [DER] **assermentation** *nf*

**assertion** *nf* Proposition que l'on avance comme vraie, affirmation. [ETY] Du lat. *asserere*, « affirmer, prétendre ». [DER] **assertif, ive** *a*

**assertorique** *a* **LOC** PHILO ***Jugement assertorique :*** chez Kant, jugement vrai mais non nécessaire.

**asservir** *vt* [3] **1** Rendre esclave, assujettir. *Asservir une nation.* ANT affranchir. **2** Soumettre. *S'asservir à la règle.* **3** TECH Réaliser un asservissement. [DER] **asservissant, ante** *a*

**asservissement** *nm* **1** Action d'asservir ; état de ce qui est asservi. *Asservissement aux usages, à la mode.* **2** TECH Réaction de régulation d'un organe ou d'un système sur les circuits de commande ; dispositif utilisant une telle réaction.

**asservisseur** *nm* TECH Organe qui réalise un asservissement.

**assesseur** *nm* **1** DR Magistrat adjoint à un juge principal pour l'aider dans ses fonctions ou le suppléer en son absence. **2** Personne qui en seconde une autre dans ses fonctions. [ETY] Du lat. *assessor,* « celui qui est assis auprès de qqn ».

**assez** *av* **1** Autant qu'il faut, suffisamment. *Dormir assez. Assez de sel.* **2** Passablement, moyennement. *Elle est assez jolie. Courir assez vite.* **LOC** ***Assez peu*** : pas beaucoup. — ***C'est assez, c'en est assez, assez !*** : ça suffit. — fam ***En avoir assez*** : ne plus pouvoir supporter, être excédé.

**assidu, ue** *a* **1** Qui se trouve constamment, régulièrement auprès de qqn ou dans quelque lieu. *Un visiteur assidu du musée. Élève assidu au cours.* **2** Qui s'applique avec persévérance. *Assidu au travail.* **3** Constant. *Des soins assidus.* [ETY] Du lat. *assidere,* « être assis auprès ». [DER] **assidûment** ou **assidument** *av*

**assiduité** *nf* **A** Qualité de qqn qui est assidu. *Assiduité d'un bon élève.* **B** *nf pl* péjor Empressement auprès d'une femme.

**assiéger** *vt* [15] **1** MILIT Mettre le siège devant une place, une forteresse. **2** Se précipiter sur, s'amasser devant. *La foule assiège les guichets.* **3** fig Poursuivre, obséder. [DER] **assiégeant, ante** *a, n* – **assiégé, ée** *a, n*

**assiette** *nf* **1** Pièce de vaisselle servant à contenir les aliments ; son contenu. *Manger une assiette de soupe.* **2** Situation d'équilibre d'un objet. *Corriger l'assiette d'un véhicule.* **3** Position, équilibre du cavalier sur son cheval. **LOC** ***Assiette anglaise*** : plat composé de viandes froides, de charcuteries. — FIN ***L'assiette de l'impôt*** : sa répartition, sa base de calcul. — fam ***Ne pas être dans son assiette*** : se sentir mal. [ETY] Du lat. *assedere,* « asseoir ».

**assiettée** *nf* Contenu d'une assiette.

**assignat** *nm* Papier-monnaie émis pendant la Révolution française, garanti par la vente des biens nationaux.

**assignation** *nf* **1** Action d'affecter un fonds au paiement d'une dette, d'une rente. **2** DR Citation à comparaître en justice à un jour déterminé. **LOC** DR ***Assignation à résidence*** : obligation pour qqn de résider dans un lieu déterminé.

**assigner** *vt* [1] **1** Attribuer qqch à qqn. *Assigner une mission à une personne de confiance.* **2** Fixer, déterminer. *Assigner une date de livraison.* **3** Affecter un fonds à un paiement d'une dette, d'une rente, etc. **4** DR Sommer à comparaître devant un tribunal. [ETY] Du lat. [DER] **assignable** *a*

**assimilable → assimiler.**

**assimilateur, trice** *a* BIOL, PHYSIOL Qui assimile, qui permet l'assimilation. *La chlorophylle est un pigment assimilateur.*

**assimilation** *nf* **1** Fait de considérer deux ou plusieurs choses comme semblables. **2** BIOL Action d'assimiler. **3** Fait d'acquérir des connaissances, de les comprendre. **4** Fait de devenir semblable sur le plan social et culturel. *L'assimilation des immigrés.* **5** PHON Phénomène par lequel un phonème adopte un ou plusieurs traits distinctifs du phonème avec lequel il est en contact. **LOC** BOT ***Assimilation chlorophyllienne*** : photosynthèse.

**assimilé, ée** *n* **1** Militaire ou membre d'un service civil dont la situation est assimilée à celle des membres des unités de combat. **2** Personne qui remplit la même fonction qu'une autre sans en avoir le titre.

**assimiler** *v* [1] **A** *vt* **1** Présenter, considérer comme semblable. *Assimiler un cas à un autre.* **2** BIOL En parlant d'un organisme vivant, prendre des molécules, organiques ou minérales, dans le milieu où il vit. *Assimiler du glucose.* **3** Intégrer une personne dans un groupe social. *Assimiler les immigrés.* **4** Acquérir, comprendre. *Assimiler une théorie.* **B** *vpr* **1** PHYSIOL S'intégrer aux structures cellulaires d'un organisme. *Les graisses animales s'assimilent difficilement.* **2** Devenir semblable aux membres d'un groupe social, d'une nation. *Les immigrants cherchent à s'assimiler dans leur nouveau pays.* [ETY] Du lat. *similis,* « semblable ». [DER] **assimilable** *a*

**Assiniboine** riv. du Canada (960 km), qui se jette dans la rivière Rouge à Winnipeg.

**Assiniboins** Sioux de l'O. du Canada (groupe linguistique des Dakotas), vivant auj. dans des réserves, au Canada (Alberta) et aux États-Unis (Montana).

**Assiout** v. de Moyenne-Égypte, sur le Nil ; 257 000 hab. ; ch.-l. du gouvernorat du m. nom. Grand barrage sur le Nil. [VAR] **Assiut**

**assis, ise** *a* **1** Qui est sur son séant. *J'ai voyagé assis sur un strapontin.* **2** fig Solidement établi. *Une réputation bien assise.* **LOC** ***Place assise*** : où l'on peut s'asseoir.

**assise** *nf* **1** CONSTR Rang de pierres, de briques qu'on pose horizontalement pour construire un mur. **2** Partie d'un siège sur laquelle on s'assoit. **3** fig Base, fondement. *Les assises d'une politique.*

**Assise** v. d'Italie (Ombrie), dans la prov. de Pérouse ; 24 440 hab. – Basilique St-François, aux deux églises superposées (1228-1253), que décorèrent à fresque Cimabue, Giotto (*Vie de saint François*), P. Lorenzetti.

**Assise** vue sur la cathédrale Saint-Rufin

**assises** *nf pl* **1** Session que tiennent les magistrats pour juger les crimes. **2** Réunion d'un groupe, d'une association, etc. *Tenir ses assises une fois par an.*

**assistanat** *nm* **1** Fonction d'assistant, princ. dans l'enseignement supérieur, dans les métiers du cinéma et du théâtre. **2** Fait d'être assisté, pris en charge.

**assistance** *nf* **1** Assemblée, auditoire. *Séduire l'assistance par son discours.* **2** Aide apportée à qqn. *Demander, porter assistance à un ami.* **3** DR Fait d'être secondé par un magistrat, un officier public. *Se prévaloir du droit d'assistance.* **4** TECH Dispositif capable d'amplifier un effort manuel et de le transmettre à un mécanisme. **LOC** ***Assistance publique*** : administration qui gère les établissements hospitaliers et l'aide sociale. — ***Société d'assistance*** : société qui assure à ses clients en déplacement loin de leur domicile certains services comme le dépannage, les soins médicaux, le rapatriement.

**Assistance publique** ensemble des mesures et organismes qui venaient en aide aux nécessiteux. Les premières lois furent adoptées en 1793, l'Assistance publique de Paris fut créée en 1849, la III$^{e}$ République l'organisa réellement. En 1935, les assurances sociales obligatoires et, en 1945, la Sécurité sociale ne firent pas disparaître l'Assistance publique, devenue en 1953 l'*Aide sociale*.

**Assistance publique de Paris** établissement public créé en 1849 pour organiser les soins médicaux de la population et aider les nécessiteux (notam. les orphelins).

**assistant, ante** *n* **A** **1** Personne présente en un lieu. *Les assistants applaudirent l'orateur.* **2** Celui ou celle qui seconde qqn. *Le premier assistant du metteur en scène.* **3** Personne chargée des travaux pratiques dans l'enseignement supérieur. **B** *nm* Logiciel interactif spécialisé dans l'exécution d'une tâche. **LOC** ***Assistante maternelle*** : nourrice. — ***Assistant numérique*** ou ***personnel*** : appareil portatif cumulant des fonctions bureautiques et de télécommunications. — ***Assistant(e) social(e)*** : personne dont le rôle est d'apporter une aide aux individus et aux familles dans le cadre des lois sociales.

**assisté, ée** *a, n* **A** *a* **1** Qui bénéficie d'une assistance publique, médicale, judiciaire. **2** TECH Muni d'un dispositif d'assistance. *Direction assistée.* **B** *n* Personne assistée.

**assister** *v* [1] **A** *vti* Être présent. *Assister à un mariage, à une inauguration.* **B** *vt* **1** Aider, seconder qqn. **2** TECH Équiper d'un dispositif d'assistance. [ETY] Du lat. *assistere,* « se tenir auprès ».

**Associated Press** agence américaine de presse, dérivant de la *Harbour Press Association*, fondée à New York en 1848.

**associatif, ive** *a, n* **A** *a* **1** Relatif à une association. *La vie associative.* **2** Se dit d'une organisation à but non lucratif, défendant des intérêts divers. **B** *n* Membre d'une organisation associative. **LOC** MATH ***Loi associative*** : loi de composition interne k telle que, quels que soient les éléments a, b et c d'un ensemble E, (akb)kc = ak(bkc).

**association** *nf* **1** Union de personnes dans un intérêt commun. *Association à but non lucratif.* **2** Action d'associer des choses. *Une association de couleurs inattendue.* **3** ASTRO Groupe diffus d'étoiles très jeunes ou en formation au sein de la matière interstellaire.

**Association des nations de l'Asie du Sud-Est** (sigle anglo-saxon : ASEAN), association de nations du Sud-Est asiatique siégeant à Bangkok, créée en 1967 par les Philippines, l'Indonésie, Singapour, la Thaïlande et la Malaisie, non communistes. Les ont rejoints le Brunei (1984), le Viêt-nam (1995), la Birmanie et le Laos (1997), le Cambodge (1999). L'ASEAN souhaite créer une zone de libre-échange.

**associationnisme** *nm* PHILO Doctrine selon laquelle tous les phénomènes psychologiques résultent d'associations d'idées automatiques. [DER] **associationniste** *a, n*

**associé, ée** *n* Personne liée avec une autre dans une entreprise commune.

**associer** *v* [2] **A** *vt* **1** Unir, joindre des choses. **2** Réunir des personnes dans une entreprise commune. **3** Faire participer qqn à. *Il l'a associé à son affaire.* **B** *vpr* **1** Former une association. **2** Aller ensemble. *Ces couleurs s'associent parfaitement.* **3** Adhérer, participer à. *S'associer à la peine de qqn.* [ETY] Du lat. *socius,* « compagnon ».

**assoiffé, ée** *a* **1** Qui a soif. **2** fig Avide. *Être assoiffé d'honneurs.*

**assoiffer** *vt* [1] Donner soif à. *La chaleur nous a assoiffés.*

**assolement** *nm* AGRIC Alternance des cultures sur un terrain donné.

**assoler** *vt* [1] AGRIC Faire un assolement.

**assombrir** *vt* ③ **1** Rendre, devenir sombre. *Ces couleurs assombrissent la pièce. L'horizon s'est assombri.* ANT éclairer. **2** Attrister. *Les soucis l'ont assombri.* **3** Rendre triste, prendre une expression triste. *Son visage s'assombrit.* DER **assombrissement** *nm*

**assommant, ante** *a* fam Accablant, ennuyeux.

**assommer** *vt* ① **1** Tuer en donnant un coup sur la tête. *Assommer un bœuf avec un merlin.* **2** Faire perdre connaissance par des coups sur la tête. **3** Accabler. *Cette chaleur m'assomme.* **4** Ennuyer. *Vous m'assommez avec vos histoires.* ETY De l'a. fr. *somme,* « sommeil ».

**assommeur** *nm* Celui qui est chargé d'abattre les animaux en les assommant.

**assommoir** *nm* vx Cabaret où l'on sert de l'alcool. LOC ***Coup d'assommoir*** : évènement qui stupéfie ; prix exorbitant.

**Assommoir (l')** roman de Zola (1877). ▷ CINE *Gervaise,* film de René Clément (1955) avec Maria Schell (1926 – 2005).

**Assomption** *nf* RELIG CATHOL Élévation au ciel de la Vierge Marie, célébrée par l'Église le 15 août ; jour où l'Église célèbre ce miracle. ETY Du lat. *assumere,* « enlever ».

**assomptionniste** *nm* Religieux appartenant à la congrégation des *Pères augustins de l'Assomption,* fondée en 1850 à Nîmes.

**assonance** *nf* Répétition du même son (voyelle) dans la dernière syllabe accentuée de deux vers. ETY Du lat.

**assonancé, ée** *a* didac Qui présente une assonance. *Des vers assonancés.*

**assonant, ante** *a* Qui forme une assonance. *Plage et sable sont assonants.*

**assorti, ie** *a* **1** Adapté, en harmonie avec. *Une cravate et une pochette assorties. Un couple bien assorti.* **2** Pourvu de marchandises. *Une épicerie bien assortie.*

**assortiment** *nm* **1** Harmonie de plusieurs choses unies en un tout. *Assortiment de couleurs.* **2** Assemblage de choses allant ensemble. *Un assortiment de vaisselle.* **3** COMM Collection de marchandises de même sorte, mais de qualité et de prix différents.

**assortir** *v* ③ **A** *vt* **1** Mettre ensemble des choses, des personnes qui conviennent les unes avec les autres. *Assortir des couleurs.* **2** vieilli Approvisionner. *Assortir un magasin.* **B** *vpr* **1** Aller ensemble, convenir. *Des vêtements qui s'assortissent.* **2** S'accompagner. *Son discours s'assortit de nombreux exemples.*

**Assouan** (anc. *Syène*), v. de Haute-Égypte, sur le Nil ; 181 000 hab. ; ch.-l. du gouvernorat du m. nom. – Le barrage, construit de 1960 à 1971, a créé le *lac Nasser.*

**Assouan** felouques sur le lac Nasser

**Assouci** Charles Coypeau, dit **Dassoucy** ou **d'** (Paris, 1605 – id., 1677), poète et musicien burlesque français. VAR **Assoucy**

**assoupi, ie** *a* **1** À demi endormi. **2** fig Atténué, apaisé.

**assoupir** *v* ③ **A** *vt* **1** Provoquer l'engourdissement qui précède le sommeil. *Les vapeurs du vin l'assoupissent.* **2** fig Calmer, atténuer. *Assoupir une douleur.* **B** *vpr* Commencer à s'endormir. ETY Du lat. DER **assoupissement** *nm*

**assouplir** *vt* ③ **1** Rendre, devenir souple. *Assouplir un cuir.* **2** fig Rendre, devenir conciliant. *Son caractère s'est assoupli.*

**assouplissement** *nm* **1** Action d'assouplir ; fait de s'assouplir. *Mouvements d'assouplissement.* **2** Correctif apporté à ce qui est trop strict. *L'assouplissement d'une règle.*

**assouplisseur** *nm* Produit introduit dans la lessive, ou ajouté à l'eau de rinçage, destiné à rendre le linge plus doux. VAR **assouplissant**

**Assour** → **Assur.**

**Assourbanipal** → **Assurbanipal.**

**assourdir** *v* ③ **A** *vt* **1** Causer une surdité passagère à qqn. *Le bruit du canon l'avait assourdi.* **2** Rendre moins sonore. *Moquette qui assourdit les pas.* **3** fig Diminuer la force, atténuer l'éclat d'une couleur. *Assourdir un rouge en y mêlant du vert.* **B** *vpr* PHON Perdre son caractère sonore, en parlant d'une consonne. *En français, le [b] s'assourdit devant une consonne sourde* (par ex. dans *absolu,* prononcé [apsɔly]) DER **assourdissant, ante** *a* – **assourdissement** *nm*

**assouvir** *vt* ③ **1** Rassasier. *Assouvir sa faim.* **2** fig Satisfaire. *Assouvir ses désirs, sa passion.* ETY Du lat. *sopire,* « endormir ». DER **assouvissement** *nm*

**Assuérus** personnage biblique, roi de Perse, qui aurait épousé Esther.

**assuétude** *nf* MED **1** Tolérance de l'organisme à une drogue qui y est introduite de façon habituelle. **2** Dépendance psychique et physique d'un toxicomane vis-à-vis de son toxique. SYN addiction. ETY Du lat. *assuetudo,* « habitude ».

**assujetti, ie** *a, n* Personne que la loi soumet au paiement d'un impôt ou d'une taxe, ou à l'affiliation à un organisme.

**assujettir** *vt* ③ **1** litt Asservir, ranger sous sa domination. *Assujettir un peuple.* **2** Ôter toute liberté à. *Cette tâche l'assujettit entièrement.* **3** Fixer solidement, immobiliser qqch. *Assujettir un chargement sur un camion.* **4** Soumettre à. DER **assujettissant, ante** *a* – **assujettissement** *nm*

**assumer** *v* ① **A** *vt* Prendre sur soi la charge, les conséquences de. *Assumer une responsabilité.* **B** *vpr* Assumer sa condition (psychique, sociale, morale, etc.). ETY Du lat.

**Assur** (auj. *Qalat Chergat,* en Irak), v. anc. et cap. primitive de l'Assyrie, sur le Tigre (IIIe millénaire av. J.-C.). – Vaste champ de vestiges. VAR **Assour**

**Assur** nom du Dieu suprême des Assyriens.

**assurable** *a* Susceptible d'être couvert par une assurance. *Risque assurable.*

**assurage** *nm* ALPIN Action d'assurer ; ensemble des techniques qui permettent d'assurer.

**assurance** *nf* **1** litt Sérénité. *Partez en toute assurance.* **2** mod Comportement confiant et ferme. *Perdre son assurance.* **3** Gage ou garanties qui rassurent. *Agréez l'assurance de ma considération.* **4** Contrat passé entre une personne et une société (compagnie d'assurances) qui la garantit contre des risques éventuels. *Contracter une assurance.* **5** La compagnie qui assure. *Se renseigner auprès des assurances.* LOC ***Assurances sociales*** : ensemble des assurances, le plus souvent obligatoires, qui garantissent les travailleurs contre divers risques (accidents du travail, maladie, invalidité, décès).

**assurance-crédit** *nf* Assurance qui garantit un créancier contre le risque d'insolvabilité de son débiteur. PLUR assurances-crédits.

**assurance-vie** *nf* Contrat d'assurance qui garantit le versement d'un capital ou d'une rente au conjoint ou à l'ayant droit d'une personne décédée ou à l'assuré. PLUR assurances-vie.

**assurantiel, elle** *a* Qui concerne les assurances, les compagnies d'assurances. VAR **assuranciel**

**Assurbanipal** roi d'Assyrie (669-631 av. J.-C.). Il conquit l'Égypte, la Chaldée, l'Élam. Assimilé à Sardanapale par les auteurs grecs. VAR **Assourbanipal**

**Assurbanipal** sur son char, bas-relief, VIIe s. av. J.-C. – musée du Louvre

**assuré, ée** *a, n* **A** *a* **1** Hardi, sans crainte. *Un air assuré.* **2** Certain, inévitable, infaillible. *Succès assuré.* **3** Garanti par un contrat d'assurance. **B** *n* **1** Personne qui est garantie par un contrat d'assurance. **2** Personne qui verse des cotisations à un organisme d'assurances. *Un assuré social.*

**assurément** *av* Certainement, sûrement.

**assurer** *v* ① **A** *vt* **1** Donner pour certain. *Je vous assure que...* **2** Garantir, autoriser à croire. *Son effort nous assure de sa réussite.* **3** Protéger par un dispositif de sûreté. *Assurer ses frontières.* **4** Rendre sûr, garantir. **5** Rendre stable. *Assurer un mur.* **6** ALPIN Donner une position, une prise sûre à. *Assurer son pied, sa main.* **7** Garantir la sécurité de. *Assurer un camarade de cordée.* **8** Garantir le fonctionnement, la réalisation de. *L'interne assure la garde.* **9** Garantir un droit. **10** Garantir ou faire garantir d'un risque par contrat. *Assurer un véhicule.* **11** fig Rendre résolu. *Assurer sa contenance.* **B** *vpr* **1** Vérifier, contrôler. *Assurez-vous que la porte est fermée. Assure-toi de sa bonne volonté.* **2** Affermir sa position. *S'assurer en selle.* **3** Prendre des mesures de défense contre. **4** Contracter une assurance couvrant tel ou tel risque. *S'assurer contre l'incendie.* **5** Utiliser les moyens nécessaires pour contraindre qqn à agir, se rendre maître de qqch. *La police s'est assurée du malfaiteur par la force.* **C** *vi* fam Être à la hauteur de sa tâche. *Elle n'a plus vingt ans, mais elle assure.* LOC fam ***Assurer le coup*** : gérer au mieux une situation. ETY Du lat. *securus,* « exempt de souci ».

**assureur** *n* Personne qui garantit contre un risque par contrat. VAR **assureure** *nf*

**Assy** localité de la com. de Passy (Hte-Savoie) ; 1 134 hab. – Égl. N.-D.-de-Toute-Grâce (1950, décorée par F. Léger, H. Matisse, etc.).

**Assyrie** empire mésopotamien qui s'illustra du XVIIIe au VIIe s. av. J.-C. DER **assyrien, enne** *a, n*

**Histoire** LES ORIGINES Soumis à Sumer, puis à Akkad, les Assyriens fondèrent Assur au IIIe millénaire av. J.-C. Ils constituèrent au XVIIIe s. av. J.-C. un premier empire (royaume de Shamshi-Adad Ier), conquis par Babylone. Au XIIe s. av. J.-C., Téglath-Phalasar Ier (leur roi de 1112 à 1074 av. J.-C.) vainquit les Araméens. Téglath-

Phalasar III (746-727 av. J.-C.) annexa la Syrie et exerça son contrôle sur Babylone.
**LES SARGONIDES** Sous les successeurs de Sargon II (722-705 av. J.-C.), l'Assyrie s'étendit sur toute l'Asie occidentale, de la Perse à la Méditerranée, et jusqu'à Thèbes en Égypte, soumise par Assurbanipal (669-631 av. J.-C.). Ses grandes villes furent Assur, Ninive, Nimroud et Dour-Sharroukîn (auj. *Khursabad*, v. d'Irak), nouvelle cap. des Sargonides. L'empire déclina puis s'écroula définitivement, quand les Mèdes et les Babyloniens, coalisés, prirent Ninive (612 avant J.-C.).
**Beaux-Arts** L'art assyrien se distingue par ses énormes monuments en brique et sa sculpture massive. Il glorifie la guerre et la chasse.

**assyrien, enne** *a, n* **1** D'Assyrie. **2** Se dit de chrétiens nestoriens d'Irak.

**assyriologie** *nf* Étude de la civilisation assyrienne. DER **assyriologue** *n*

**astaciculture** *nf* Élevage des écrevisses. DER **astacicole** *a* – **astaciculteur, trice** *n*

**Astaire** Frederick E. Austerlitz, dit Fred (Omaha, Nebraska, 1899 – Los Angeles, 1987), danseur, chanteur et acteur américain, vedette (notam. avec Ginger Rogers) de nombr. comédies musicales : *Top Hat* (1935), *Ziegfeld Follies* (1946), *Tous en scène* (1953).

Cyd Charisse et **Fred Astaire** dans *Tous en scène*, 1953

**Astana** (*Tselinograd* de 1961 à 1993, puis *Akmola* de 1993 à 1998), cap. du Kazakhstan ; 300 000 hab. DER **astanais, aise** *a, n*

**Astarté** → **Ashtart.**

**astasie** *nf* MED Trouble caractérisé par l'impossibilité de rester debout.

**astate** *nm* CHIM Élément radioactif appartenant à la famille des halogènes, de numéro atomique Z = 85, de masse atomique 210 (symbole At). ETY Du gr. *astatos*, « instable ».

**aster** *nm* **1** BOT Genre de composée ornementale, à petites fleurs en forme d'étoiles. **2** BIOL Figure constituée par un centrosome et des filaments rayonnants. *Les asters apparaissent lors des divisions cellulaires, sauf chez les végétaux chlorophylliens.* PHO [astɛʀ] ETY Mot gr., « étoile ».

**astéracée** *nf* BOT Angiosperme (plus de 20 000 espèces) dont la famille comprend notam. le tournesol et la laitue. SYN composée.

**astéride** *nm* ZOOL Échinoderme dont le corps est soit pentagonal, soit en forme d'étoile, généralement à cinq branches.

**astérie** *nf* ZOOL Échinoderme appartenant à la sous-classe des astérides ; étoile de mer.

**astérisque** *nm* Signe typographique ([*]) indiquant le plus souvent un renvoi ou annonçant une note.

**Astérix et Obélix** héros d'une bande dessinée créée par Goscinny (scénario) et Uderzo (graphisme) en 1959 dans le journal *Pilote*.

**Astérix**

**astéroïde** *nm* Petit corps du système solaire.
ENC Les astéroïdes sont des corps célestes pouvant atteindre 940 km de diamètre (Cérès) qui gravitent autour du Soleil, principalement entre Mars et Jupiter (il en existe plus de 30 000). Lorsque l'un d'entre eux pénètre dans l'atmosphère terrestre, c'est un météore ; le débris retrouvé au sol est une météorite.

**astérosismologie** *nf* Étude des oscillations des astres afin de déterminer leur structure interne.

**asthénie** *nf* MED Fatigue générale. ETY Du gr. *sthenos*, « force ». DER **asthénique** *a, n*

**asthénosphère** *nf* GEOPH Couche interne du globe située, en dessous de la lithosphère, jusqu'au manteau et sur laquelle se déplacent les plaques rigides.

**asthme** *nm* Maladie caractérisée par des crises de dyspnée paroxystique, avec blocage de la respiration en inspiration et hypersécrétion bronchique. PHO [asm] ETY Du gr. *asthma*, « respiration difficile ». DER **asthmatique** *a, n*

**asthmologie** *nf* Partie de la médecine qui étudie l'asthme. DER **asthmologue** *n*

**asti** *nm* Vin blanc mousseux du Piémont.

**astérie**

**Asti** ville d'Italie (Piémont), sur le Tanaro ; 76 950 hab. – Cath. goth. (1309-1354).

**asticot** *nm* **1** Larve de diverses mouches, notam. la mouche dorée servant d'appât pour la pêche. **2** fam, péjor Bonhomme.

**asticoter** *vt* 1 fam Tracasser. ETY De l'all. *dass dich Gott...*, « que Dieu te... ».

**astigmate** *a, n* MED Atteint d'astigmatisme.

**astigmatisme** *nm* **1** MED Défaut de courbure des milieux réfringents de l'œil, rendant impossible la convergence en un seul point des rayons passant par un même point. **2** OPT Défaut d'un instrument d'optique qui ne donne pas d'un point une image ponctuelle. ETY Du gr. *stigma*, « point ». DER **astigmatique** *a*

**astilbe** *nf* Plante ornementale (saxifragacée), à fleurs roses, rouges ou blanches. ETY Du gr. *stilbos*, « brillant ».

**astiquer** *vt* 1 Frotter pour faire reluire. DER **astiquage** *nm*

**Astley** Philip (Newcastle, 1742 – Paris, 1814), entrepreneur anglais de spectacles auquel on attribue la création du cirque.

**Aston** Francis William (Harborne, 1877 – Londres, 1945), physicien anglais. Il a construit un spectrographe de masse et découvert de nombreux isotopes. P. Nobel de chimie 1922.

**astragale** *nm* **1** BOT Genre de papilionacée, dont certaines espèces produisent la gomme adragante. **2** ANAT Os du tarse articulé en haut avec les os de la jambe, en bas avec le calcanéum et le scaphoïde. **3** ARCHI Moulure qui sépare le fût d'une colonne de son chapiteau.

**astrakan** *nm* Peau d'agneau nouveau-né à laine frisée, fort recherchée comme fourrure. ETY Du n. pr.

**Astrakhan** v. et port de pêche de Russie, dans le delta de la Volga, sur la mer Caspienne ; 519 000 hab. ; ch.-l. de la prov. du m. nom. Raff. de pétrole, constr. navales, industr. alim. (caviar), tanneries (karakul).

**astral, ale** *a* Relatif aux astres. *Signe astral.* PLUR astraux. LOC ***Corps astral*** : en occultisme, principe intermédiaire entre l'âme et le corps.

**astre** *nm* **A 1** Corps céleste. *Le mouvement des astres.* **2** fig Destin. *Être né sous un astre favorable.* **B** *nmpl* Corps célestes, considérés par rapport à leur influence sur les hommes et leur destinée. *Consulter les astres.* LOC ***Beau comme un astre*** : très beau. ETY Du gr.

**Astrée (l')** roman pastoral d'Honoré d'Urfé en 5 parties (1607-1628).

**astreignant, ante** *a* Qui astreint ; qui constitue une contrainte. *Travail astreignant.*

**astreindre** *v* 55 **A** *vt* Obliger, soumettre, assujettir. *Astreindre à des travaux pénibles.* **B** *vpr* S'imposer qqch comme discipline. *Elle s'astreignait à une gymnastique quotidienne.* ETY Du lat. *astringere*, « serrer ».

**astreinte** *nf* **1** DR Moyen de contraindre un débiteur récalcitrant, qui consiste à lui faire payer une certaine somme par jour de retard. **2** Contrainte, obligation. **3** Dans certaines professions (hôpitaux, gendarmerie), obligation d'être disponible à certaines heures pour les cas d'urgence.

**Astrid Bernadotte** (Stockholm, 1905 – Küssnacht, Suisse, 1935), princesse suédoise, reine des Belges, épouse de Léopold III ; morte dans un accident d'automobile.

**astrild** *nm* Petit oiseau tropical, vivement coloré, souvent élevé comme oiseau de cage.

**astringent, ente** *a, nm* Qui resserre les tissus vivants. *Lotion astringente.* DER **astringence** *nf*

**astro-** Élément. ETY Du gr. *astron*, « astre ».

**astroblème** *nm* GEOL Trace laissée à la surface d'une planète par la chute d'une météorite.

**astrocyte** *nm* Cellule de la névroglie, en contact d'une part avec les neurones, d'autre part avec les cellules de la paroi des vaisseaux sanguins. DER **astrocytaire** *a*

**astrocytome** *nm* Tumeur bénigne du système nerveux.

**astrolabe** *nm* ASTRO **1** anc Instrument astronomique qui sert à déterminer la hauteur apparente des astres et à calculer les latitudes. **2** Instrument qui permet de déterminer la latitude d'un lieu en observant le passage apparent des étoiles sous une hauteur et à une heure données.

**astrologie** *nf* Étude de l'influence, réelle ou supposée, des astres sur le comportement de l'homme et des groupes sociaux, ainsi que sur leur destinée. DER **astrologique** *a* – **astrologue** *n* ► illustr. **zodiaque**

**astrométrie** *nf* Branche de l'astronomie qui étudie la position des astres telle qu'elle est déterminée par des mesures d'angles. DER **astrométrique** *a* – **astrométriste** *n*

**astronaute** *n* Spationaute.

**astronautique** *nf* Ensemble des sciences et des techniques qui permettent à des engins propulsés de sortir de l'atmosphère terrestre.

**astronef** *nm* Syn. de *véhicule spatial*.

**astronomie** *nf* Étude scientifique des astres, de la structure de l'Univers et de son évolution. DER **astronome** *n*

ENC Née dans l'Antiquité des besoins de l'agriculture, en Mésopotamie, en Égypte et en Chine, l'astronomie est devenue une science grâce aux Grecs avec Aristote (IV$^e$ s. av. J.-C.), Hipparque (II$^e$ s. av. J.-C.) et Ptolémée (140 apr. J.-C.). Jusqu'à la fin du XVII$^e$ s., elle étudie uniquement le système solaire : Copernic, Tycho Brahe, Kepler et surtout Newton, qui publia en 1687 la loi de l'attraction universelle. Au XVIII$^e$ s., les plus brillants mathématiciens participent à l'essor de l'astrométrie et au développement de la mécanique céleste, tandis que le progrès des télescopes permet d'atteindre le domaine stellaire. Au XIX$^e$ s., les astronomes commencent à expliquer la nature des astres en utilisant l'analyse spectrale (V. spectroscopie), créant ainsi l'astrophysique. Au XX$^e$ s., l'astronomie s'appuie sur la mécanique quantique et la relativité, les progrès de l'électronique et des techniques spatiales reculent les limites de l'Univers observable et reconstituent son histoire depuis le big bang.
De nouvelles disciplines sont nées au XX$^e$ s. La *radioastronomie* examine avec tout un réseau de grands radiotélescopes terrestres les ondes radioélectriques qui parviennent sur la Terre. On lui doit la découverte des pulsars et des quasars, et du rayonnement thermique universel (2,7 kelvins). Les rayonnements dont les longueurs d'onde sont comprises entre quelques millimètres et 300 µm sont l'apanage de l'*astronomie millimétrique*, ceux compris entre 300 µm et 800 nanomètres relèvent de l'*astronomie infrarouge*. Le télescope spatial Hubble observe dans le visible depuis 1990 avec une finesse inégalée car il s'affranchit de la turbulence atmosphérique, mais il a connu plusieurs accidents. L'*astronomie ultraviolette* étudie les rayonnements compris entre 4 000 nm et 10 nm. L'*astronomie X* explore les sites les plus chauds : couronnes stellaires, etc. L'*astronomie gamma* s'intéresse aux puissants transferts d'énergie : explosions de supernovas, étoiles à neutrons, trous noirs. V. aussi étoile, galaxie, quasar, Soleil, Univers.

**astronomique** *a* **1** De l'astronomie. **2** fig Exagéré, démesuré. *Des sommes astronomiques.* DER **astronomiquement** *av*

**astroparticule** *nf* PHYS Particule élémentaire, présente à l'état libre dans l'espace, étudiée en astrophysique.

**astrophysique** *nf, a* Partie de l'astronomie qui étudie la nature physique des astres. DER **astrophysicien, enne** *n*

**astroport** *nm* Site de lancement de fusées spatiales.

**astuce** *nf* **1** vieilli Ruse pour tromper. *Les astuces du diable.* **2** Esprit d'ingéniosité. *Il a montré beaucoup d'astuce.* **3** Procédé ingénieux. **4** Trait d'esprit, jeu de mots. ETY Du lat.

**astucieux, euse** *a* **1** D'une finesse rusée. *Diplomate astucieux.* **2** Plein d'ingéniosité. **3** Qui dénote de l'astuce. *Physionomie éveillée et astucieuse.* DER **astucieusement** *av*

**Asturias Miguel Ángel** (Guatemala, 1899 – Madrid, 1974), écrivain guatémaltèque : *Légendes du Guatemala* (1930), *Monsieur le Président* (1946), *le Pape vert* (1959). P. Nobel 1967.

**Asturies** communauté autonome du N.-O. de l'Espagne et région de l'Union européenne ; 10 565 km$^2$ ; 1 128 370 hab. ; cap. *Oviedo*. – La rég., montagneuse, au climat océanique est riche : élevage, pêche, houille (2/3 de la production nat.), fer, forte industrie. – Rome conquit le pays (v. 22 av. J.-C.). Les Arabes s'y installèrent dès 711, mais Pélage fondit un royaume montagnard (v. 717), qui, grossi de la Galice et du León eut pour cap. León (v. 914). Depuis 1388, l'héritier du trône d'Espagne est nommé *prince des Asturies*. DER **asturien, enne** *a, n*

**Astyage** dernier roi des Mèdes (de 584 à 550 av. J.-C.).

**Astyanax** fils d'Hector et d'Andromaque.

**Asunción** cap. du Paraguay, sur le Paraguay, fondée en 1536 ; 1,9 million d'hab. (aggl.). Port fluvial import. Industries.

**Asuras** divinités de la myth. hindoue, souvent considérées comme démoniaques.

**asymétrie** *nf* Absence de symétrie.

**asymétrique** *a* **1** Non symétrique. *Visage asymétrique.* **2** POLIT Se dit d'un conflit opposant une armée régulière et une force non conventionnelle (groupe terroriste, guérilla, mafia).

**asymptomatique** *a* MED Qui ne présente pas de signes cliniques.

**asymptote** *nf* GEOM Droite, courbe dont la distance à une courbe tend vers zéro quand cette droite ou cette courbe s'éloigne vers l'infini. *Droite asymptote à une courbe. Courbe asymptote à une parabole.* ETY Du gr. *sumptôsis*, « rencontre ». DER **asymptotique** *a*

**asynchrone** *a* didac Qui n'est pas synchrone. LCC ELECTR ***Moteur asynchrone*** : moteur à courant alternatif dont le rotor tourne à une vitesse inférieure à celle du champ magnétique qui l'entraîne (par oppos. à *moteur synchrone*).

**asyndète** *nf* GRAM Suppression des mots de liaison entre les termes d'une ou de plusieurs phrases, qui donne au discours plus de vigueur. *« À la vie à la mort » est une asyndète.* ETY Du gr.

**asystole** *nf* Arrêt de toute activité électrique du cœur, qui reste en diastole.

**At** CHIM Symbole de l'astate.

**Atacama** région désertique du N. du Chili, côté Pacifique. Gisements d'or, de cuivre, de pétrole, de nitrates. – Prov. du Chili du m. nom : 78 268 km$^2$ ; 195 220 hab. ; ch.-l. *Copiapó* (79 500 hab.). – L'Atacama bolivien, cédé en 1884 au Chili, forme auj. la prov. d'Antofagasta.

**Atahualpa** (?, 1500 – Cajamarca, 1533), dernier empereur inca (1525-1533). Il fut étranglé sur l'ordre de Pizarro.

**Atala** roman de Chateaubriand (1801).

**Atalante** héroïne grecque célèbre pour sa rapidité à la course ; elle épousa Hippomène, qui parvint à la vaincre.

**Atalante (l')** film de Jean Vigo (1933-1934), avec Michel Simon.

**ataraxie** *nf* PHILO Quiétude de l'esprit que rien ne peut troubler, absence de douleur morale dans les philosophies épicurienne et stoïcienne. ETY Du gr. DER **ataraxique** *a*

**Atatürk** → **Kemal (Mustafa).**

**atavisme** *nm* **1** BIOL Réapparition, chez un descendant, d'un caractère des ascendants, qui peut avoir été latent pendant plusieurs générations. **2** Ensemble des caractères héréditaires. ETY Du lat. *atavus*, « ancêtre ». DER **atavique** *a*

**ataxie** *nf* MED Incoordination des mouvements avec conservation de la force musculaire, due à une atteinte du système nerveux. ETY Du gr. *ataxia*, « désordre ». DER **ataxique** *a, n*

**ATD Quart-Monde** Sigle pour *Aide à toute détresse*, association créée en 1957 par le père Wresinski (1917 – 1988), œuvrant pour les plus démunis.

**atèle** *nm* Singe d'Amérique du Sud (platyrhinien), aux membres très longs, aux mains à pouce réduit, à la queue préhensile. SYN singe-araignée. ETY Du gr. *atelês*, « incomplet ».

**atèle**

**atelier** *nm* **1** Local où travaille une personne exerçant une activité manuelle. *Atelier de menuisier, d'orfèvre.* **2** Groupe de travail, séminaire. *Atelier d'écriture.* **3** Subdivision d'une usine, d'une fabrique, où s'exécute un type déterminé de travail. **4** Local où travaillent un ou plusieurs artistes plasticiens. *L'atelier d'un sculpteur.* **5** Ensemble des élèves travaillant sous la conduite d'un maître. **6** Compagnie de francs-maçons de la même loge ; lieu où ils s'assemblent. ETY Du lat. *astulla*, « éclat de bois ».

**Ateliers nationaux** institués le 27 fév. 1848 par Louis Blanc (membre du gouv. provisoire) pour donner du travail aux chômeurs. Le 21 juin, on ferma ce « gouffre à millions », ce qui provoqua les « journées de Juin ».

**atellane** *nf pl* ANTIQ ROM Comédie bouffonne, outrancière, qui préfigure la comédie italienne. ETY De *Atella*, v. de Campanie.

**atémi** *nm* SPORT Dans les arts martiaux japonais, coup porté sur un point vital.

**a tempera** → **tempera.**

**a tempo** *av* MUS En reprenant le mouvement initial. ETY Mots ital., « à temps ».

**atemporel, elle** *a* didac Qui n'a pas de rapport avec le temps.

**ATER** *n* Acronyme de *attaché temporaire d'enseignement et de recherche*, étudiant en fin de thèse ou postdoctorant qui poursuit sa recherche tout en assurant un enseignement.

**atermoiements** *nm pl* Action d'atermoyer, d'hésiter et de remettre à plus tard. *Décision prise après bien des atermoiements.* PHO [atɛʀmwamɑ̃]

**atermoyer** *vi* ㉓ Chercher des délais, remettre à plus tard une décision. *Nous ne pouvons plus atermoyer, prenons une décision.*

**Atget Eugène** (Libourne, 1857 – Paris, 1927), photographe français du vieux Paris.

**Ath** (en néerl. *Aat*), ch.-l. d'arr. de Belgique (Hainaut), sur la Dendre ; 24 040 hab. Industries.

**Athabasca** riv. (1 200 km) du Canada occid. ; naît dans les Rocheuses et se jette dans le *lac Athabasca* (au S.-E. du Grand Lac de l'Esclave). Gisements de sable bitumineux. (VAR) **Athabaska**

**Athalie** fille d'Achab et de Jézabel, reine de Juda de 841 env. à 835 av. J.-C. ; épouse de Joram. Elle extermina la race de David, sauf son petit-fils Joas, qui fut mis sur le trône par le grand prêtre Joad et la fit périr.

**Athalie** tragédie en 5 actes de Racine (1691), sa dernière pièce, avec chœurs de Jean-Baptiste Moreau (1656 – 1733).

**Athanagild** roi des Wisigoths d'Espagne (v. 554-567), père de Brunehaut.

**Athanase (saint)** (Alexandrie, vers 295 – id., 373), docteur de l'Église, patriarche d'Alexandrie en 328. Il combattit l'arianisme.

**athanor** *nm* Fourneau à combustion lente des alchimistes. (ETY) De l'ar. *al tannur*, « le fourneau ».

**Athaulf** roi des Wisigoths (410-415). Il succéda à Alaric I$^{er}$.

**athée** *a, n* Qui ne croit pas en Dieu, qui en nie l'existence. (ETY) Du gr. *theos*, « dieu ». (DER) **athéisme** *nm*

**Athéna** déesse grecque de la Sagesse, des Sciences et des Arts, assimilée par les Romains à Minerve. Sortie armée du cerveau de Zeus, c'est une guerrière. Athènes porte son nom.

**Athéna** bronze (détail), IV$^{e}$ s. av. J.-C. – Musée archéologique, Le Pirée

**Athenäeum** revue litt. allemande publiée à Berlin de 1798 à 1800 (6 numéros) par les frères von Schlegel. Elle forgea le prem. romantisme allemand. Schelling y collabora.

**Athênagoras** (*Tsaraplana*, auj. *Vassilikón*, Grèce, 1886 – Istanbul, 1972), prélat grec orthodoxe. Évêque de Corfou (1923), patriarche de Constantinople en 1948, il rapprocha les Églises orthodoxe et catholique romaine.

**athénée** *nm* **Belgique** Établissement secondaire d'enseignement public.

**Athénée** (Naucratis, Égypte, II$^{e}$-III$^{e}$ s. apr. J.-C.), rhéteur grec : *Banquet des sophistes.*

**Athènes** (en gr. mod. *Athinai*), cap. de la Grèce et du nome d'Attique ; 3,2 millions d'hab. (aggl.). Centre politique, administratif, elle rassemble, avec sa région, les trois quarts du potentiel industriel du pays. Université. Archevêché. Tourisme très important. La v. fut le siège des premiers jeux Olympiques (1896) et organisera les jeux Olympiques d'été en 2004. – Acropole, avec les restes du Parthénon, de l'Érechthéion et des Propylées. Nombreux musées, dont le Musée national d'archéologie. (DER) **athénien, enne** *a, n*
**Histoire** Gouvernée d'abord par les Eupatrides, Athènes connut les réformes législatives de Dracon (v. 621 av. J.-C.), de Solon (594 av. J.-C.), la tyrannie modérée de Pisistrate (561 à 528 av. J.-C.), puis les institutions démocratiques de Clisthène (à partir de 508 av. J.-C.). Ses victoires (Marathon, Salamine) dans les guerres médiques, la formation de la Ligue maritime de Délos (477 av. J.-C.), qu'elle domine, inaugurent l'empire maritime d'Athènes, qui atteint son apogée au V$^{e}$ s. av. J.-C., le « siècle de Périclès », grâce à Phidias, Eschyle, Sophocle, Euripide, Aristophane, Socrate. Avec la guerre du Péloponnèse (431-404 av. J.-C.), Athènes perd sa suprématie politique au profit de Sparte, mais la culture athénienne brille avec Thucydide, Xénophon, Platon, Aristote, Démosthène, Praxitèle, etc. Athènes ne se relèvera pas de sa défaite devant Philippe de Macédoine (Chéronée, 338 av. J.-C.). Elle subit les dominations romaine (86 av. J.-C.), byzantine, puis turque (1456-1822). Elle devient cap. de la Grèce indépendante en 1834.

**Athènes** le quartier de la Plaka au pied de l'Acropole

**athèque** *nm* ZOOL Chélonien dépourvu de cuirasse cornée, dont le seul représentant actuel est la tortue-luth.

**athermique** *a* PHYS Qui n'est le siège d'aucun échange de chaleur. *Pare-brise athermique.*

**athérome** *nm* MED Lésion de la tunique interne des artères, constituée par des dépôts lipidiques. (DER) **athéromateux, euse** *a, n*

**athérosclérose** *nf* MED Sclérose artérielle secondaire à l'athérome. (DER) **athéroscléreux, euse** *a*

**Athis-Mons** ch.-l. de cant. de l'Essonne (arr. de Palaiseau), au S. d'Orly ; 31 018 hab. Industries. (DER) **athégien, enne** *a, n*

**athlète** *n* **1** ANTIQ Celui qui concourait dans les jeux gymniques solennels de la Grèce et de Rome. **2** Personne qui s'adonne à l'athlétisme. **3** Homme fort, bien bâti. (ETY) Du gr. *athlon*, « combat ».

**athlétique** *a* **1** Relatif à l'athlétisme. *Sports athlétiques.* **2** Propre à l'athlète. *Force athlétique.*

**athlétisme** *nm* Ensemble des exercices physiques qui forment aujourd'hui l'un des sports individuels de compétition officiellement reconnus (lancers, courses, sauts). *Les épreuves d'athlétisme des jeux Olympiques.* ▶ illustr. **sport**

**Athos (mont)** montagne de la Grèce (2 033 m), en Macédoine, à la pointe de la presqu'île la plus orientale de Chalcidique. Le *territoire du mont Athos*, qui jouit d'une autonomie administrative depuis 1926, abrite vingt monastères fondés à partir du X$^{e}$ s. Les 1 700 moines font de ce centre religieux le plus grand de l'Église orthodoxe. Il est interdit aux femmes et aux enfants. (DER) **athonite** *a*

**mont Athos** le monastère de Xéropotamos, v. X$^{e}$ s.

**Athos** l'un des Trois Mousquetaires.

**athrepsie** *nf* MED Dénutrition importante du nourrisson, associée à une diarrhée chronique.

**athymie** *nf* MED Trouble de l'humeur, fréquent dans la schizophrénie, qui se traduit par l'absence de toute extériorisation affective.

**atiéké** *nm* **Afrique** Purée de manioc fermenté. (VAR) **attiéké**

**Atjeh** province montagneuse d'Indonésie (N. de Sumatra), peuplée par les Atjehs, agriculteurs et pêcheurs ; 55 390 km$^2$ ; 4 millions d'hab. – Le *sultanat d'Atjeh*, prospère du XVII$^{e}$ au XIX$^{e}$, résista trente ans à la conquête néerlandaise. Auj. la région développe un séparatisme durement réprimé. (VAR) **Aceh** (DER) **atjehnais, aise** *a, n*

**Atlan Jean-Michel** (Constantine, 1913 – Paris, 1960), peintre français : figures abstraites cernées de noir.

**Atlanta** ville des États-Unis, capitale de la Géorgie ; 4,3 millions d'hab. (aggl.). Industries. – Centre des confédérés pendant la guerre de Sécession, la ville fut prise et incendiée par Sherman (1864). Les JO y furent organisés en 1996.

**atlante** *nm* ARCHI Statue qui soutient un entablement, figurant un homme robuste chargé d'un fardeau. (ETY) Du gr. *Atlas.*

**Atlantic City** v. des É.-U. (New Jersey), sur l'Atlantique ; 290 400 hab. (aggl.). Station balnéaire.

**Atlantide** île fabuleuse que les Grecs situaient dans l'océan Atlantique, où elle se serait engloutie.

**athlétisme** Marie-José Pérec lors des JO d'Atlanta, 1996

**atlantique** *a* **1** De l'océan Atlantique ; relatif à l'océan Atlantique. *Littoral atlantique.* **2** Relatif au pacte Atlantique entre les pays de l'OTAN. *Politique, alliance atlantique.* **LOC** ***Les provinces atlantiques*** **:** au Canada, Terre-Neuve et les Provinces maritimes.

**Atlantique (océan)** deuxième océan après le Pacifique (env. 106 000 000 km$^2$). Il s'étend entre l'Europe et l'Afrique, à l'E. et les Amériques, à l'O. Il est bordé au N. par l'océan Arctique, au S. par l'océan Antarctique. Des cuvettes (9 219 m dans la fosse de Porto Rico) sont séparées par une chaîne de montagnes, la dorsale médio-atlantique, dont les émergences forment les îles Açores, Sainte-Hélène, Asunción. Courants froids (Canaries, Labrador, Groenland) et chauds (Brésil, Guinée et, surtout, Gulf Stream) influent sur les climats côtiers.

**Atlantique (mur de l')** série de fortifications édifiées par les Allemands entre 1941 et 1944 sur les côtes françaises de l'Atlantique pour empêcher les Alliés de débarquer.

**atlantisme** *nm* Opinion, doctrine des partisans du pacte Atlantique. DER **atlantiste** *a, n*

**atlas** *nm* **1** ANAT Première vertèbre cervicale, qui supporte la tête. **2** Recueil de cartes géographiques ou astronomiques. **3** Recueil de planches, de tableaux. *Atlas botanique.* ETY Du n. pr.

**Atlas** système montagneux de l'Afrique du Nord, s'étendant du S.-O. du Maroc au N.-E. de la Tunisie. Le *Haut Atlas*, au Maroc (4 165 m au djebel Toubkal), est flanqué au N. du *Moyen Atlas*, au S. de l'*Anti-Atlas*. En Algérie l'*Atlas tellien* est séparé de l'*Atlas saharien* par de hauts plateaux. Ces chaînes se joignent au cap Bon (Tunisie).

**Atlas** géant, fils du Titan Japet et de Clymène. Zeus, pour le punir d'avoir participé à la guerre des Géants contre les dieux, le chargea de porter la voûte céleste sur ses épaules.

**atm** PHYS Symbole de l'atmosphère normale (unité de pression).

**atmosphère** *nf* **1** Enveloppe gazeuse qui entoure le globe terrestre ou une autre planète. *L'atmosphère de Mars, de Vénus.* **2** Air que l'on respire. **3** **fig** Milieu, ambiance morale et intellectuelle. *Une atmosphère de corruption et d'intrigues.* **4** CHIM Couche de fluide libre qui entoure un corps isolé. *Atmosphère oxydante, réductrice.* **LOC** METROL ***Atmosphère normale*** **:** unité de pression atmosphérique correspondant à 1 atm = 1,013.10$^5$ pascals. — ***Atmosphère stellaire*** **:** zone qui entoure la surface d'une étoile et que traversent les rayonnements d'origine thermonucléaire émis par celle-ci. ETY Du gr. *atmos,* « vapeur », et *sphaira,* « sphère ».

ENC L'atmosphère est constituée par un mélange de gaz et de particules solides d'origines terrestre et cosmique. La *troposphère,* comprise entre le sol et une altitude de 7 km (– 50 °C) aux pôles et 16 km (– 56 °C) à l'équateur, représente 90 % de la masse de l'atmosphère (100 % de la vapeur d'eau atmosphérique) ; elle est le siège de phénomènes météorologiques (V. météorologie et nuage). La *stratosphère* (ou *ozonosphère*), où la température moyenne est de 0 °C, s'étend jusqu'à 50 km d'altitude ; des vents violents peuvent atteindre 350 km/h ; le rayonnement solaire y transforme une partie de l'oxygène ($O_2$) en ozone ($O_3$). Dans la *mésosphère* (jusqu'à 80 km d'altitude), la température décroît jusqu'à – 90 °C. Dans la *thermosphère,* la température a une grande variation diurne et croît avec l'altitude (jusqu'à plusieurs centaines de degrés). Dans la mésosphère et la thermosphère, des couches ionisées *(ionosphère)* jouent un rôle électromagnétique important. Au-delà de 1 000 km, l'atmosphère est inexistante : c'est l'*exosphère.*

**atmosphérique** *a* De l'atmosphère ; qui se rapporte à l'atmosphère. *Pression atmosphérique.* **LOC** ***Moteur atmosphérique*** **:** qui fonctionne à la pression ambiante, sans surpression ni alimentation forcée.

**ATNC** *nm* Sigle de *agent transmissible non conventionnel,* autre nom du *prion.*

**atoca** *nm* Canada Canneberge. ETY D'une langue indienne.

**atoll** *nm* Île corallienne en forme d'anneau, entourant un lagon. ETY Mot des îles Maldives.

**atoll** des îles Maldives

**atome** *nm* **1** CHIM Plus petite quantité d'un corps simple (de 0,1 à 1 millionième de millimètre) qui puisse entrer dans une combinaison. **2** PHYS Système de particules dont les plus légères forment un « cortège » autour du noyau. **3** L'énergie atomique et ses applications. **4** **fig** Quantité minuscule. *Il n'a pas un atome de bon sens.* **LOC** PHILO ***Atomes crochus*** **:** dans le système de Démocrite et d'Épicure, atomes qui peuvent s'accrocher les uns aux autres de façon à former les corps, la matière. — ***Avoir des atomes crochus*** **:** avoir des affinités. ETY Du gr. *atomos,* « insécable ». ▶ illustr. p. 112

ENC L'atome, « essence de toutes choses », ne fut dans l'Antiquité qu'un concept philosophique. La première théorie atomique a été élaborée par Lavoisier, Proust, Dalton et Gay-Lussac entre 1789 et 1815. Mendeleïev la perfectionna (classification périodique des éléments en 1868), puis Einstein (équivalence masse-énergie en 1900), Planck (théorie des quanta en 1905), Rutherford (découverte du noyau en 1911), Bohr et Sommerfeld (modèles de l'atome en 1913 et 1915), de Broglie (bases de la mécanique ondulatoire en 1923), Chadwick (découverte du neutron en 1932). Ces travaux aboutirent notam. à la divergence du premier réacteur nucléaire en 1942 et à l'explosion de la première bombe atomique en 1945. Bohr, développant les idées de Thomson et de Rutherford, a élaboré un modèle (l'*atome de Bohr*) : autour d'un *noyau* central, chargé positivement, des *électrons,* chargés négativement, sont en mouvement. Ensuite, on supposa que les orbites décrites par l'électron pouvaient être elliptiques *(atome de Sommerfeld)* puis que l'électron tournait sur lui-même (1925), dans un sens ou dans l'autre (spin égal à + 1/2 ou – 1/2). Le modèle actuel de l'atome repose sur la mécanique ondulatoire, dont Louis de Broglie a formulé les lois. Un atome est défini par son nombre de masse *A,* qui indique le nombre de nucléons, et par son nombre de charge *Z,* qui indique le nombre de nucléons chargés positivement, ou *protons* (les autres nucléons, dont le nombre est *A – Z,* sont des neutrons). V. élément, noyau, particule, plasma, neutron, neutrino, quark.

**atomicité** *nf* CHIM Nombre d'atomes d'une molécule. *La molécule d'eau $H_2O$ a une atomicité égale à 3.*

**atomique** *a* **1** PHYS, CHIM Qui a trait à l'atome, qui le caractérise. *Noyau atomique. Théorie*

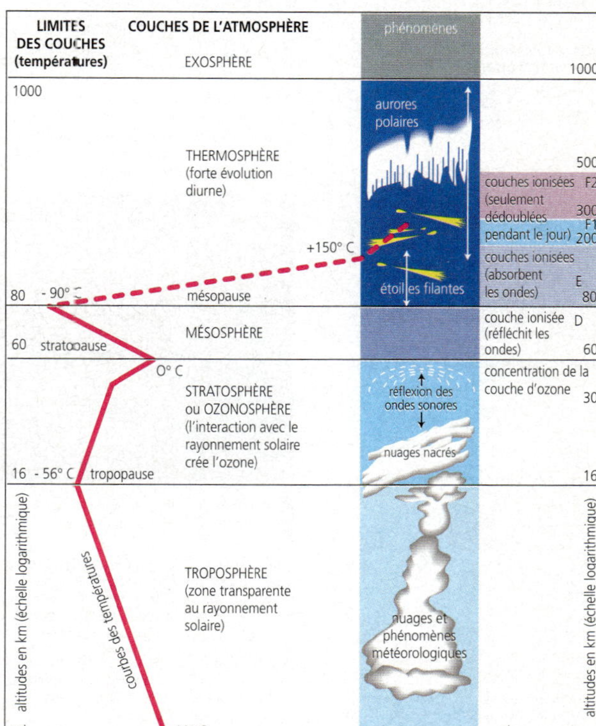


**atmosphère**

*atomique*. **2** Relatif au noyau de l'atome, aux réactions nucléaires. *Énergie atomique*, produite par la fission du noyau de l'atome. **LOC** ***Chaleur atomique*** : produit de la masse atomique par la chaleur massique à l'état solide. — ***Masse atomique*** : nombre mesurant la masse de moles d'atomes d'un élément ou d'un isotope de celui-ci, dans une échelle dont la base est la masse de l'isotope de masse 12 du carbone. — ***Nombre*** ou ***numéro atomique*** : nombre de protons ou d'électrons d'un élément, permettant de le classer dans le tableau périodique des éléments. — ***Poids atomique*** : poids, en un lieu déterminé, d'une masse d'élément égale à sa masse atomique. — ***Volume atomique*** : quotient du volume molaire par le nombre de moles d'atomes de la mole.

**atomiser** *vt* ① **1** Réduire un corps en particules extrêmement fines. **2** Détruire au moyen d'armes atomiques. *Hiroshima et ses habitants furent atomisés en 1945.* **3** fig Morceler à l'extrême, détruire la cohésion de. *La vie moderne atomise les groupes sociaux traditionnels.* DER **atomisation** *nf* – **atomisé, ée** *a, n*

**atomiseur** *nm* Appareil qui permet de pulvériser très finement un liquide.

**atomisme** *nm* PHILO Doctrine philosophique des Anciens (Leucippe, Démocrite, Épicure, Lucrèce) selon laquelle la matière est constituée d'atomes juxtaposés indivisibles.

**atomiste** *n, a* **1** Partisan de l'atomisme. **2** Spécialiste de la physique atomique.

**Aton** dieu solaire égyptien auquel Aménophis IV Akhenaton (v. 1372-1354 av. J.-C.) voua un culte, annonçant le monothéisme.

**atonal, ale** *a* MUS Qui n'obéit pas aux règles du système tonal de l'harmonie classique. *Les musiques dodécaphonique et sérielle sont atonales.* PLUR atonals. DER **atonalité** *nf*

**modèle de l'atome de lithium proposé en 1913 par Niels Bohr**

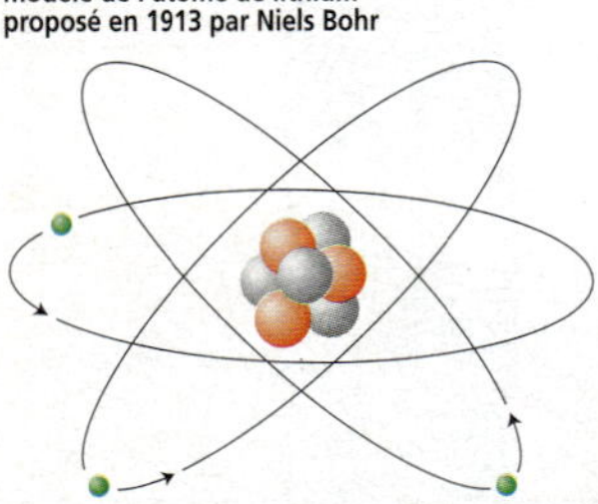

les électrons (en vert) orbitent autour d'un noyau constitué de protons (en rouge) et de neutrons (en gris)

**nuage électronique de l'atome d'hydrogène**

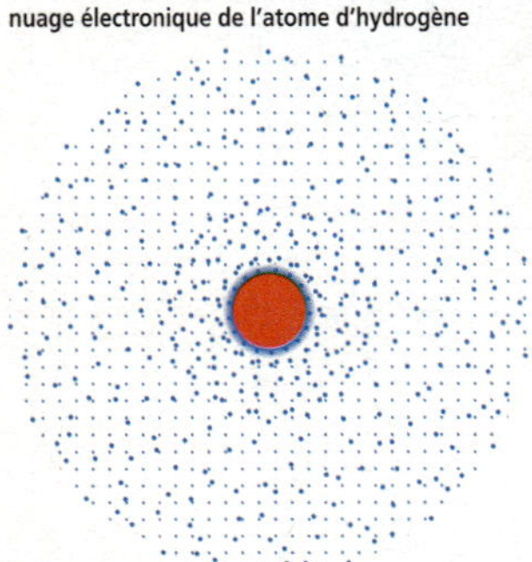

selon les théories quantiques actuelles, on ne peut attribuer aux électrons des trajectoires bien définies mais seulement des probabilités de présence :
- le proton est en rouge
- les présences de l'électron en bleu

**atome**

**atonalisme** *nm* Musique atonale.

**atone** *a* **1** MED Qui manque de tonicité. *Muscle atone.* **2** Sans expression, sans vie, en parlant du regard ou de la voix. *Des yeux atones.* **3** LING Dépourvu d'accent tonique. *Syllabe, voyelle atone.* ETY Du gr.

**atonie** *nf* **1** MED Faiblesse des tissus d'un organe. *Atonie musculaire.* **2** fig Inertie morale ou intellectuelle. DER **atonique** *a*

**atopie** *nf* MED Prédisposition congénitale aux allergies. DER **atopique** *a*

**atours** *nmpl* Éléments de la parure féminine (vêtements, linge, bijoux). *Revêtir ses plus beaux atours.* ETY De l'a. fr. *atourner*, « parer ».

**atout** *nm* **1** Dans les jeux de cartes, couleur qui l'emporte sur les autres au cours d'une partie ; carte de cette couleur. *Ne pas avoir d'atout. Jouer un atout.* **2** Moyen de réussir. *Avoir tous les atouts dans son jeu.*

**atoxique** *a* MED Qui n'est pas toxique.

**ATP** *nf* BIOCHIM Sigle de *adénosine-triphosphate*.

**ATPase** *nf* BIOCHIM Enzyme qui scinde l'adénosine-triphosphate (ATP) en adénosine-diphosphate (ADP) avec libération d'une grande quantité d'énergie utilisable par la cellule. ETY Sigle de *adénosine-triphosphatase*.

**atrabilaire** *a, n* litt Coléreux. ETY Du lat. *atra*, « noire », et *bilis*, « bile ».

**atrazine** *nf* Herbicide puissant utilisé comme désherbant du maïs.

**âtre** *nm* litt Foyer d'une cheminée ; la cheminée même. ETY Du gr. *ostrakon*, « carreau de brique ».

**Atrébates** peuple de la Gaule Belgique dont la capitale était *Nemetacum* (auj. Arras).

**Atrée** roi légendaire de Mycènes, fils de Pélops et d'Hippodamie. Il haïssait son frère Thyeste.

**atrésie** *nf* MED Occlusion partielle ou totale d'un conduit, d'une ouverture anatomique.

**atriau** *nm* Suisse Crépinette ronde.

**Atrides** nom des descendants d'Atrée, notam. Agamemnon et Ménélas.

**atrium** *nm* **1** ANTIQ Pièce centrale de la maison romaine, dont le toit ouvert permettait de recueillir l'eau de pluie. **2** ARCHI Espace vitré occupant une très grande hauteur dans un hôtel, un centre commercial. PHO [atʀijɔm]

**atrium** de la maison de Neptune et Amphitrite à Herculanum

**atroce** *a* **1** D'une cruauté horrible. *Vengeance atroce.* **2** Insupportable. *Une douleur atroce.* **3** Extrêmement désagréable, pénible. *Un hiver atroce. Être d'une atroce prétention.* **4** fam Très laid. *Un visage atroce.* ETY Du lat. DER **atrocement** *av*

**atrocité** *nf* **1** Caractère de ce qui est atroce. *Crime d'une atrocité révoltante.* **2** Action atroce. *Commettre des atrocités.* **3** Propos calomnieux. *On raconte sur lui des atrocités.*

**atrophie** *nf* **1** MED Diminution du volume ou du poids d'un tissu, d'un organe. **2** fig Affaiblissement d'une faculté, d'un sentiment, etc. ETY Du gr. DER **atrophique** *a, n*

**atrophier** *vt* ② **1** Diminuer ou faire disparaître par l'atrophie. *La suppression de l'influx nerveux atrophie les membres.* **2** fig Empêcher de se développer, intellectuellement ou moralement. *Intelligence qui s'atrophie.* DER **atrophiant, ante** *a*

**atropine** *nf* BIOCHIM Alcaloïde, extrait de la belladone, de la jusquiame et du datura, aux propriétés vagolytiques, utilisé surtout comme antispasmodique et dilatateur de la pupille. ETY Du lat. *atropa*, « belladone ».

**atropinique** *a, nm* Se dit d'un médicament qui agit comme l'atropine, contre les spasmes et la diarrhée.

**Atropos** l'une des trois Moires, celle qui coupait le fil de la vie.

**ATT** sigle de *American Telephone and Telegraph*, société américaine qui a dominé le secteur des télécommunications depuis sa fondation (1885) et qui possède une branche informatique.

**attabler (s')** *vpr* ① S'asseoir à table.

**ATTAC** Acronyme pour *association pour la taxation des transactions pour l'aide aux citoyens*, association internationale créée en 1998, pour la réduction des inégalités économiques et sociales.

**attachant, ante** *a* Qui inspire un intérêt mêlé de bienveillance. *Un enfant attachant.*

**attache** *nf* **A 1** Ce qui sert à attacher. *Attache métallique.* **2** ANAT Endroit où s'insère un muscle, un ligament. **B** *nfpl* Poignets et chevilles. *Avoir des attaches fines.* **LOC** ***Être, tenir à l'attache*** : dans une étroite dépendance. — MAR ***Port d'attache d'un navire*** : celui où il a été inscrit sur les documents de douane établissant sa nationalité.

**attaché, ée** *n* **1** Fonctionnaire diplomatique ou ministériel. *Attaché d'ambassade, de cabinet. Attaché commercial.* **2** Personne appartenant à un service. *Attaché de direction.* **LOC** ***Attaché(e) de presse*** : personne chargée des relations avec les médias, d'une entreprise, d'une personnalité.

**attaché-case** *nm* Mallette plate qui sert de porte-documents. PLUR attachés-cases. PHO [ataʃekɛz] ETY Mot angl.

**attachement** *nm* **1** Sentiment d'affection durable. **2** Grande application. *Attachement à l'étude.* **3** GEST Relevé quotidien des travaux effectués par une entreprise, notam. de travaux publics.

**attacher** *v* ① **A** *vt* **1** Joindre, fixer à une chose à l'aide d'un lien. *Attacher un chien à sa niche avec une chaîne.* **2** Joindre, tenir serré. *Attachez vos ceintures !* **3** fig Lier qqn par devoir, sentiment, intérêt. *Une vieille amitié nous attache à lui.* **B** *vi* fam Rester collé au fond d'un récipient, en parlant d'aliments. *La viande a attaché.* **C** *vpr* **1** S'accrocher de manière à adhérer. *Le lierre s'attache aux arbres.* **2** S'appliquer à, s'intéresser fortement à. *S'attacher à ses devoirs. Historien qui s'attache à ressusciter le passé.* **3** Suivre avec obstination. **4** Se consacrer à ; se dévouer à. *Elle s'est attachée à lui.* **LOC** ***Attacher du prix, de l'importance à qqch*** : y tenir, le considérer comme précieux, important. ETY De l'a. fr. *tache*, « agrafe ».

**attagène** *nm* Petit coléoptère voisin du dermeste dont la larve ronge les fourrures, les matelas, les tapis. ETY Du gr.

**Attale Ier Sôter** roi de Pergame de 241 à 197 avant J.-C., allié des Romains contre Philippe V de Macédoine. — **Attale II Philadelphe** roi de 159 à 138 avant J.-C., adversaire de Prousias II (roi de Bithynie). — **Attale III Philométôr** roi de 138 à 133 avant J.-C. ; il légua son royaume aux Romains.

**attaquant, ante** *n* **A 1** Personne qui engage une attaque. **2** Joueur de la ligne d'attaque dans certains sports d'équipe. ANT défenseur. **B** *nm* ECON Syn. (recommandé) de *raider*.

**attaque** *nf* **1** Action d'attaquer. *Une vigoureuse attaque.* **2** Acte de violence agressive. **3** fig Critique âpre. *Les attaques d'un journal satirique* *contre un homme politique.* **4** Retour d'une affection périodique, accès. *Attaque de goutte, d'épilepsie. Il a eu une attaque* (d'apoplexie). **5** MUS Manière de commencer l'exécution d'un développement musical joué ou chanté, ou d'émettre une note sur un instrument. **LOC** fam ***Être d'attaque*** : être en forme. — SPORT ***Ligne d'attaque***, et, ***attaque*** (au football, au rugby, etc.) : ensemble des joueurs qui attaquent.

**attaquer** *v* [1] **A** *vt* **1** Agir avec violence contre autrui, engager le combat contre. **2** Critiquer âprement. *L'opposition attaque le gouvernement.* **3** Tâcher de renverser, de détruire. *Attaquer un préjugé.* **4** Ronger, détériorer. *Les termites attaquent le bois.* **5** Commencer d'exécuter. *L'orchestre attaqua une valse.* **6** fig, fam Entamer un plat. *Attaquer une dinde farcie.* **7** Affecter. *Maladie qui attaque surtout les enfants.* **8** DR Intenter une action judiciaire contre. *Attaquer qqn en justice.* **9** CHIM Donner naissance à une réaction, partic. en parlant de l'action d'un liquide ou d'un gaz sur un solide. *Acide qui attaque le cuivre.* **B** *vpr* **1** Engager une attaque contre. *S'attaquer à plus fort que soi.* **2** Entreprendre qqch de difficile. *Acteur qui s'attaque à un rôle difficile.* **3** Détériorer. *Maladie qui s'attaque au bétail.* [ETY] De l'ital. *attaccare*, « commencer ». [DER] **attaquable** *a*

**Attār Farid al-Din** (dans le Khorāsān, v. 1120 ? – v. 1200), poète persan mystique. Dans *le Colloque des oiseaux*, des oiseaux parcourent le monde à la recherche d'Allah, mais celui-ci est en eux-mêmes.

**attardé, ée** *a* **1** Qui est en retard. *Un passant attardé.* **2** Personne en retard dans son évolution physiologique ou intellectuelle. *Enfant attardé.*

**attarder (s')** *vpr* [1] Se mettre en retard. *S'attarder devant les vitrines des magasins.*

**atteindre** *v* [55] **A** *vt* **1** Toucher de loin avec un projectile. *Atteindre une cible.* **2** Parvenir à. *Atteindre une ville. Atteindre sa majorité.* **3** Porter atteinte à, léser. *Ses calomnies ne sauraient m'atteindre.* **B** *vti* Parvenir avec effort à. *Atteindre au sublime.* [ETY] Du lat. *tangere*, « toucher ».

**atteinte** *nf* Effet nuisible, dommage, préjudice. *Vigne exposée aux atteintes de la gelée. Les premières atteintes d'une maladie.* **LOC** ***Hors d'atteinte*** : impossible à atteindre. — ***Porter atteinte à qqn*** : lui nuire.

**attelage** *nm* **1** Action d'atteler ; manière d'atteler. **2** Ensemble d'animaux attelés. **3** fig Ensemble de personnes chargées d'une tâche. **4** TECH Dispositif servant à accrocher les wagons de chemin de fer. **5** ESP Amarrage d'un engin spatial à un autre destiné à le propulser ; dispositif qui sert à cette opération.

**atteler** *v* [17] ou [19] **A** *vt* **1** Attacher des animaux de trait à une charrue, à une voiture. **2** Attacher un véhicule à un autre destiné à le traîner. *Atteler un wagon, une remorque.* **B** *vpr* fig Entreprendre qqch de long ou de difficile, s'y appliquer avec ardeur. *S'atteler à un travail.* [ETY] Du lat.

**attelle** *nf* **1** Pièce du collier d'un cheval à laquelle les traits sont attachés. **2** Plaque rigide qui maintient immobile un membre fracturé.

**attenant, ante** *a* Contigu, qui touche à. *Son jardin est attenant au mien.* SYN adjacent.

**attendre** *v* [6] **A** *vt* **1** Rester en place pour la venue de qqn ou de qqch. *Attendre un ami. Attendre l'autobus. J'attends qu'il vienne.* **2** Différer d'agir jusqu'à un terme fixé. *Attendre le beau temps pour partir.* **3** Être prêt, préparé. *Le repas nous attend.* **4** Être prévu ou prévisible ; menacer. *De graves ennuis vous attendent.* **B** *vpr* Compter sur, se tenir assuré de. *Je m'attends à le voir d'un moment à l'autre. Je m'attends qu'il vienne* (ou : *à ce qu'il vienne*). **LOC** fam ***Attendre après qqch*** : en avoir besoin. — ***Attendre un heureux évènement*** ou Belgique ***Attendre famille*** : être enceinte. — ***En attendant*** : jusqu'à tel moment ; en tout cas. — ***En attendant que*** : jusqu'à ce que. — ***Ne rien perdre pour attendre*** : avoir plus tard le châtiment qu'on mérite. — ***On peut s'attendre à ce que...*** : il est fort possible que... — ***S'attendre à tout*** : estimer que tout, même le pire, peut arriver. [ETY] Du lat. *attendere*, « faire attention ».

**attendrir** *v* [3] **A** *vt* **1** Rendre tendre. *Attendrir un bifteck.* **2** Émouvoir, exciter la sensibilité de. *Ses larmes m'ont attendri.* **B** *vpr* Être ému, ressentir de la pitié. [DER] **attendrissement** *nm*

**attendrissant, ante** *a* Qui émeut, éveille l'attendrissement. *Une attendrissante héroïne de mélodrame.*

**attendrisseur** *nm* Appareil utilisé en boucherie pour attendrir la viande.

**attendu, ue** *a, nm, prép, conj* **A** *a* Espéré, escompté. *Le triomphe tant attendu.* **B** *nm pl* DR Alinéas exposant les motifs d'un jugement (qui commencent tous par : *attendu que*). **C** *prép* En raison de, étant donné. *Attendu les évènements...* **D** *conj* Vu que. *Attendu que l'accusé déclare...*

**attentat** *nm* Entreprise criminelle contre une personne ou contre ses biens, contre une institution. *Attentat contre les libertés publiques.* **LOC** DR ***Attentat à la pudeur*** ou ***aux mœurs*** : agression de caractère sexuel.

**attentatoire** *a* litt Qui porte atteinte à. *Mesure attentatoire à la liberté de la presse.*

**attente** *nf* **1** Fait d'attendre. *L'attente d'une naissance.* **2** Temps pendant lequel on attend. *Une heure d'attente.* **3** Espérance, prévision. *Répondre à l'attente de qqn.* **LOC** ***File d'attente*** : file formée par des gens qui attendent, queue. — ARCHI ***Pierres d'attente*** : pierres en saillie destinées à former une liaison avec une construction ultérieure. — ***Salle d'attente, salon d'attente*** : pièce où l'on attend. — Bx-A ***Table d'attente*** : surface où rien n'est encore peint, sculpté ou gravé.

**attenter** *vi* [1] Commettre un attentat sur. *Attenter à la vie de qqn, à la sûreté de l'État.* [ETY] Du lat. *attentare*, « essayer avec audace ».

**attentif, ive** *a* Qui montre de l'attention. *Un écolier attentif. Oreille attentive au moindre bruit.* [DER] **attentivement** *av*

**attention** *nf, interj* **A** **1** Tension de l'esprit qui s'applique à quelque objet. *Réveiller, fixer, concentrer l'attention.* **2** Marque de prévenance. *Une attention délicate.* **B** *nf pl* Égards, ménagements. *Il est plein d'attentions pour sa mère.* **C** *interj* Incite à prendre garde. *Attention !* **LOC** ***À l'attention de*** : en tête d'une lettre, désigne le destinataire de celle-ci. — ***Faire attention à*** : prendre garde à. *Faire attention aux virages. Fais attention à ce que tu écris.* [ETY] Du lat.

**attentionné, ée** *a* Qui est plein d'attentions, de prévenances.

**attentionnel, elle** *a* PSYCHO De l'attention. *Troubles attentionnels.*

**attentisme** *nm* Politique d'attente, de temporisation. [DER] **attentiste** *a, n*

**atténuant, ante** *a* Propre à atténuer. *Il joue mal dans le film, mais il a des circonstances atténuantes !*

**atténuateur** *nm* TECH Dispositif permettant de régler l'intensité d'un courant électrique, d'atténuer un phénomène physique.

**atténuation** *nf* **1** Diminution de la force, de la gravité. *Atténuation d'une douleur.* **2** ELECTR Diminution d'une grandeur. **3** TELECOM Rapport entre l'intensité ou la tension à l'arrivée et au départ d'une ligne, mesurées en bels. **LOC** DR ***Atténuation d'une peine*** : par application des circonstances atténuantes.

**atténuer** *vt* [1] Rendre moins fort, moins grave. *Atténuer le bruit, une souffrance.* [ETY] Du lat. *tenuis*, « mince ».

**atterrages** *nm pl* MAR Parages de la terre.

**atterrer** *vt* [1] Accabler, abattre, consterner. *Cette défaite nous a atterrés.* [ETY] De l'a. fr. *aterrer*, « jeter à terre ». [DER] **atterrant, ante** *a*

**atterrir** *vi* [3] **1** MAR Reconnaître la terre en arrivant du large. **2** Se poser sur le sol. *Avion qui atterrit.* **3** fam Tomber brutalement. *Le cavalier désarçonné atterrit dans un fossé.* [DER] **atterrissage** *nm*

**atterrissement** *nm* GEOL Dépôt de matières terreuses que la mer ou les fleuves forment sur leurs bords.

**atterrisseur** *nm* **1** Train d'atterrissage. **2** Engin spatial qui permet à un robot d'atterrir sur un corps céleste.

**attestation** *nf* **1** Acte d'attester. **2** Certificat, témoignage par écrit confirmant la vérité, l'authenticité d'une chose.

**attesté, ée** *a* LING Qui est connu par un exemple daté. *Mot attesté.*

**attester** *vt* [1] **1** Affirmer, certifier la vérité d'une chose. *Il a attesté que cela s'était passé ainsi.* **2** Servir de preuve à. *Des efforts qui attestent la bonne volonté.* **3** litt Prendre à témoin. *J'en atteste le ciel.* [ETY] Du lat. *testis*, « témoin ».

**atticisme** *nm* litt Délicatesse de langage, finesse de goût propres aux anciens Athéniens ; élégance et pureté du style.

**Atticus** (Rome, 109 – ?, 32 av. J.-C.), chevalier romain, connu par les lettres de Cicéron.

**attiédir** *vt* [3] **1** Rendre tiède ce qui est chaud ou froid. *La brise attiédit l'atmosphère.* **2** fig Affaiblir un sentiment. *Le temps a attiédi leur amour.* [DER] **attiédissement** *nm*

**attiéké** → **atiéké.**

**attier** *nm* Arbre (anonacée) dont le fruit est la pomme-cannelle.

**attifer** *vt* [1] fam Orner, parer qqn d'une façon excessive ou bizarre. *Qui vous a ainsi attifée ? S'attifer à la mode d'autrefois.*

**attiger** *vi* [13] pop Exagérer.

**Attigny** ch.-l. de cant. des Ardennes, sur l'Aisne ; 1 221 hab. – Résidence des rois francs. Louis le Pieux y fit pénitence publique (822).

**Attikameks** peuple autochtone d'Amérique du N. que décimèrent les maladies et les affrontements avec les Iroquois. Auj., plus de 3 000 vivent au Québec.

**Attila** (v. 395 – 453), chef unique des Huns en 445. Il envahit et ravagea les empires d'Orient et d'Occident. Il évita Lutèce, défendue par sainte Geneviève. Aetius, Théodoric Ier et Mérovée le vainquirent aux champs Catalauniques, près de Troyes (451). En 452, il dévasta l'Italie du N. Le pape lui versa un tribut et il se retira en Pannonie (auj. Hongrie).

**attique** *a, nm* **A** *a* **1** Qui provient d'Athènes ou de l'ancienne Attique. **2** Propre aux anciens Athéniens. *Dialecte attique.* **B** *nm* ARCHI Partie supérieure d'un édifice, qui dissimule le toit.

**Attique** péninsule de la Grèce, située entre le golfe d'Égine et la mer Égée ; région grecque et de l'Union européenne ; 3 808 km$^2$ ; 3 522 760 hab. ; cap. *Athènes.* La région correspond au grand Athènes et au grand Pirée, 1er port du pays.

**attirail** *nm* **1** Équipement compliqué. *Attirail d'un pêcheur à la ligne.* **2** Bagage encombrant ou inutile.

**attirance** *nf* Force qui attire moralement, affectivement. *Éprouver de l'attirance pour la haute montagne.* SYN attrait. ANT répulsion.

**attirer** *v* [1] **A** *vt* **1** Faire venir à soi. *L'aimant attire le fer.* **2** Inciter à venir. *Le miel attire les mouches.* **3** Provoquer l'intérêt, l'attention. *Jeune femme qui attire les regards.* **4** Éveiller un sentiment de sympathie, d'amour chez qqn. **B** *vpr* Encourir, être l'objet de. *Par sa conduite, il s'est attiré nos reproches.* (DER) **attirable** *a* – **attirant, ante** *a*

**Attis** divinité phrygienne, jeune berger aimé de Cybèle ; son culte fut apporté d'Orient en Occident avec celui de Cybèle. (VAR) **Atys**

**attiser** *vt* 1 **1** Aviver le feu. **2** fig, litt Exciter, aviver un sentiment. *Attiser la discorde, la jalousie.* (ETY) Du lat. *titio*, « tison ». (DER) **attisement** *nm*

**attitré, ée** *a* **1** Chargé nommément, par un titre, d'une fonction ou d'un office. *Représentant attitré d'une puissance étrangère.* **2** Réservé, préféré. *Marchand attitré.*

**attitude** *nf* **1** Manière de tenir son corps. *Une attitude penchée, cambrée, raide, décidée.* **2** CHOREGR Figure d'équilibre sur une seule jambe, l'autre se repliant en arrière. **3** Conduite que l'on adopte en des circonstances déterminées. *Attitude hostile à l'égard d'un projet.* **4** fam Manière de se comporter en face de tel problème de société (souvent en appos. apr. le n.). (ETY) De l'ital.

**attitudinal, ale** *a* PSYCHO Relatif à l'attitude de quelqu'un. PLUR attitudinaux.

**Attlee Clement (comte)** (Londres, 1883 – id., 1967), homme politique brit. Premier ministre travailliste de 1945 à 1951, il procéda à des nationalisations et à la décolonisation.

**atto-** PHYS Élément (symbole a) qui, placé devant le nom d'une unité, indique que celle-ci est divisée par un milliard de milliards ($10^{18}$).

**attorney** *nm* **1** En Grande-Bretagne, auxiliaire de justice qui remplit pour le compte d'un client les fonctions de mandataire, d'avoué. **2** Aux États-Unis, auxiliaire de justice cumulant les fonctions d'avoué, d'avocat et de notaire. **LOC** ***Attorney général*** : en Grande-Bretagne, officier de la Couronne chargé des poursuites criminelles au nom de celle-ci ; aux États-Unis, fonction correspondant à celle de ministre de la Justice. (PHO) [atɔʀne] (ETY) Mot angl.

**attouchement** *nm* Action de toucher avec la main. *Les rois de France passaient pour guérir les écrouelles par attouchement.*

**attracteur** *nm* **1** didac Elément attractif. **2** MATH Partie de l'espace (courbe ou surface) représentatif du comportement d'un système dynamique vers laquelle tend la trajectoire du point qui caractérise l'évolution de ce système. **LOC** ***Attracteur étrange*** : objet fractal caractérisé par une dimension non entière.

**attractif, ive** *a* **1** Qui a la propriété d'attirer. **2** fam Qui exerce une attraction, une séduction. *Des prix attractifs.* (DER) **attractivité** *nf*

**attraction** *nf* **1** Action d'attirer ; effet produit par ce qui attire. *L'attraction du fer par l'aimant.* **2** Attirance. *Ressentir l'attraction de l'inconnu.* **3** Élément d'un spectacle, d'une exposition, destiné à attirer le public. *Parc d'attractions.* **4** fam Objet de curiosité. *Il est l'attraction de la soirée.* **LOC** PHYS ***Attraction électrostatique*** : force d'attraction entre charges électriques de signes contraires. — ***Attraction magnétique*** : force d'attraction entre les pôles d'aimants de noms contraires ; force exercée par un aimant sur certains objets. — ***Attraction terrestre*** : force d'attraction exercée par la Terre, et qui se manifeste par la pesanteur. (ETY) Du lat.

**attraire** *vt* 58 DR Citer qqn en justice.

**attrait** *nm* litt Ce qui attire, plaît. *L'attrait de la gloire.* (ETY) De l'a. fr.

**attrapade** *nf* fam Réprimande ; querelle.

**attrape** *nf* **A** Tromperie, tour plaisant. **B** *nf pl* Objets destinés à mystifier. *Farces et attrapes.*

**attrape-mouche** *nm* **1** Plante (droséracée) qui emprisonne les insectes dans ses fleurs ou ses feuilles, et les digère. **2** Piège à mouches. SYN dionée. PLUR attrape-mouches.

**attrape-nigaud** *nm* Ruse grossière. PLUR attrape-nigauds. (VAR) **attrape-couillon** très fam

**attraper** *vt* 1 **1** Prendre à une trappe, à un piège. *Attraper un oiseau avec de la glu.* **2** Atteindre et saisir. *Attraper un papillon.* **3** Surprendre. *Je l'ai attrapé à me voler.* **4** Duper. *C'est un filou qui m'a attrapé.* **5** Mystifier, faire une attrape, par plaisanterie. **6** Obtenir par hasard. *Attraper le meilleur lot.* **7** fam Recevoir de manière imprévue. *Attraper un rhume.* **8** fig, fam Saisir et reproduire avec exactitude ; maîtriser un savoir-faire. *Attraper la manière d'un peintre. Il a bien attrapé le tour de main.* **9** fam Réprimander vivement. *Se faire attraper par son patron.* **LOC** fam ***Être attrapé*** : éprouver un mécompte, une déception. (ETY) De *a-*, et *trappe*.

**attrapetout** *a inv* Dont l'extension est suffisamment large pour convenir à de multiples situations. *Un programme attrapetout.*

**attrayant, ante** *a* Qui exerce de l'attrait. *Un programme attrayant.*

**attribuer** *v* 1 **A** *vt* **1** Conférer, concéder. *Attribuer une place à quelqu'un.* **2** Supposer des qualités ou des défauts chez qqn. *On lui attribue du courage.* **3** Considérer comme cause ou comme auteur de qqch. *Attribuer un incendie à la malveillance. Ce tableau fut longtemps attribué à Raphaël.* **B** *vpr* S'adjuger, revendiquer sans y avoir droit. *Il s'attribue tout le mérite de cet ouvrage collectif.* (ETY) Du lat. *tribuere*, « accorder en partage ». (DER) **attribuable** *a*

**attribut** *nm* **1** Caractère particulier d'un être, d'une chose. **2** PHILO Caractère essentiel d'une substance. **3** LOG Ce qu'on affirme ou ce qu'on nie du sujet dans une proposition. SYN prédicat. **4** GRAM Mot exprimant une qualité, une manière d'être, attribuée à un nom par l'intermédiaire d'un verbe attributif comme *être, sembler, paraître, trouver, nommer*, etc. **5** Emblème, signe distinctif d'une fonction, d'un personnage allégorique. *Le sceptre et la couronne sont les attributs de la royauté.*

**attributaire** *n* DR Personne qui a bénéficié d'une attribution.

**attributif, ive** *a* **1** DR Qui attribue. *Arrêt attributif.* **2** LOG Qui indique un attribut. **LOC** GRAM ***Verbe attributif*** : qui relie l'attribut au mot auquel il se rapporte.

**attribution** *nf* **A** Action d'attribuer. *Attribution de crédits.* **B** *nf pl* **1** Droits et devoirs attachés à certaines charges. **2** Limites de compétence. *Les attributions d'un ministre, d'un tribunal.* **LOC** GRAM ***Complément d'attribution*** : autre dénomination du complément d'objet indirect ou second (ex. : *à l'enfant* dans « donner un livre à l'enfant »). — ***Entrer dans les attributions de...*** : être du ressort, de la compétence de...

**attrister** *vt* 1 Rendre triste, affliger. (DER) **attristant, ante** *a*

**attrition** *nf* **1** MED Écorchure par frottement ; violente contusion. **2** THEOL Regret d'avoir offensé Dieu, causé par la crainte du châtiment. **3** ECON Usure, amenuisement progressif. *Taux d'attrition de la vente d'un produit.* **4** MILIT Écrasement méthodique de l'adversaire, de ses ressources humaines et matérielles. (ETY) Du lat. *attritio*, « action de broyer ».

**attroupement** *nm* **1** Action de s'attrouper, de se rassembler. **2** Groupe de personnes attroupées. *Disperser un attroupement.*

**attrouper** *vt* 1 Assembler en troupe tumultueuse. *L'accident attroupa plus de cent personnes.*

**Atwood George** (Londres, 1746 – id., 1807), physicien anglais. *La machine d'Atwood* mesure le déplacement vertical des masses.

**Atwood Margaret** (Ottawa, 1939), romancière canadienne de langue anglaise. *Le Tueur aveugle* (2000).

**atype** *nm* Araignée (mygale) qui vit dans un tube de soie enfoncé profondément dans le sol.

**atypique** *a* Différent du type courant, normal. (DER) **atypisme** *nm*

**Atyrau** (anc. *Gouriev*), ville et port du Kazakhstan, sur la Caspienne, à l'embouchure de l'Oural ; 145 000 habitants. Centre pétrolier.

**Atys** → **Attis.**

**au** *art* Forme contractée de l'article défini, mise pour *à le* et qui ne s'emploie que devant les mots commençant par une consonne ou un *h* aspiré.

**Au** CHIM Symbole de l'or.

**aubade** *nf* Concert donné à l'aube sous les fenêtres de qqn pour l'honorer. ETY Du provenç.

**Aubagne** ch.-l. de cant. des Bouches-du-Rhône (arr. et aggl. de Marseille) ; 45 800 hab. DER **aubagnais, aise** *an*

**aubain** *nm* HIST Étranger qui n'était pas naturalisé dans son pays de résidence. ETY Du lat. *alibi,* « ailleurs ».

**aubaine** *nf* **1** DR anc Droit en vertu duquel les biens formant la succession d'un étranger mort en France devenaient la propriété du seigneur ou du roi. **2** Avantage inespéré. ETY De *aubain.*

**Aubanel** Théodore (Avignon, 1829 – id., 1886), poète et éditeur français de langue provençale, qui participa à la création du félibrige (1854), avec F. Mistral notam.

**1 aube** *nf* **1** Premières lueurs de l'aurore ; moment où le ciel blanchit à l'est. *À l'aube, dès l'aube.* **2** fig Débuts, naissance. *L'aube de l'humanité.* ETY Du lat. *alba,* « blanche ».

**2 aube** *nf* LITURG Ample tunique de toile blanche. ETY Du lat.

**3 aube** *nf* Palette solidaire d'une roue, qui reçoit la pression d'un fluide ou qui exerce une pression sur celui-ci. *Turbine à aubes.* ETY P.-ê. du lat. *alapa,* « soufflet ».

**Aube** riv. de France (248 km), affl. de la Seine (r. dr.) ; naît sur le plateau de Langres.

**Aube** département franç. (10) ; 6 002 km$^2$ ; 306 581 hab. ; 51,1 hab./km$^2$ ; ch.-l. *Troyes ;* ch.-l. d'arr. *Bar-sur-Aube* et *Nogent-sur-Seine.* V. Champagne-Ardenne. DER **aubois, oise** *a, n*

**Aubenas** ch.-l. de cant. de l'Ardèche (arr. de Privas), sur un plateau dominant l'Ardèche ; 12 600 hab. Industries. DER **albenassien, enne** *a, n*

**aubépine** *nf* Arbrisseau épineux (rosacée), à fleurs blanches, donnant des fruits rouges.

**Auber** Daniel François Esprit (Caen, 1782 – Paris, 1871), compositeur français d'opéras et d'opéras-comiques : *la Muette de Portici* (1828), *Fra Diavolo* (1830).

**aubère** *a, nm* Se dit d'un cheval dont la robe est un mélange de poils blancs et alezans. ETY De l'ar. par l'esp.

**auberge** *nf* **1** vieilli Hôtel de campagne, simple et sans luxe. **2** Restaurant dont le décor évoque une auberge. LOC *Auberge espagnole :* lieu où l'on trouve ce qu'on y apporte. — fam *Ne pas être sorti de l'auberge :* les difficultés promettent d'être considérables. ETY Du provenç. DER **aubergiste** *n*

**Aubergenville** ch.-l. de cant. des Yvelines (arr. de Mantes-la-Jolie) ; 11 700 hab. – Constr. automobile (Renault). DER **aubergenvillois, oise** *a, n*

**Auberges de la Jeunesse** centres d'accueil pour la jeunesse créés en Allemagne en 1909 puis en France (1929), devenus internationaux en 1932.

**aubergine** *nf, a inv* **A** *nf* Plante potagère (solanacée), originaire de l'Inde ; fruit comestible de cette plante, de forme oblongue ou ronde, de couleur violette ou blanche. **B** *a inv* Couleur violet-cramoisi. ETY Du persan.

**aubergiste** → **auberge.**

**Aubert** Jean (m. à Paris en 1741), architecte français, élève de J. Hardouin-Mansart.

**Aubert de Gaspé** Philippe (Saint-Jean-Port-Joli, 1786 – Québec, 1871), écrivain québécois : *les Anciens Canadiens* (roman, 1862)

**Aubervilliers** ch.-l. de cant. de la Seine-Saint-Denis (arr. de Bobigny) ; 78 100 hab. Industries. DER **albertivillarien, enne** *a, n*

**aubette** *nf* rég Petite construction légère sur la voie publique, servant d'abri (kiosque à journaux, arrêt d'autocar, etc.).

**aubier** *nm* BOT Partie ligneuse du tronc et des branches d'un arbre, tendre et blanchâtre, située entre le cœur du bois et l'écorce, correspondant aux couches les plus récemment formées.

**Aubignac** François Hédelin (abbé d') (Paris, 1604 – Nemours, 1676), critique français (règle des trois unités, 1657).

**Aubigné** Théodore Agrippa d' (Pons, Charente-Mar., 1552 – Genève, 1630), écrivain français. Calviniste dévoué à Henri IV, il dut s'exiler à la mort du roi. Auteur d'un poème satirique et lyrique, *les Tragiques* (1616) et d'une *Histoire universelle* (1620).

Agrippa d'Aubigné

**aubin** *n* Allure défectueuse d'un cheval qui galope avec les jambes de devant et trotte avec celles de derrière (ou inversement). ETY De l'angl.

**Aubisque (col d')** col (1 704 m) des Pyr.-Atl., reliant le val d'Ossau au val d'Azun.

**Au bord de l'eau** grand classique de la littérature populaire chinoise, dont nous possédons deux éditions du XVII$^e$ s. Les premiers auteurs auraient écrit vers 1400 une partie de cette monumentale histoire de brigands.

**aubrac** *n* Race de bovins rustiques du sud du Massif central, à robe fauve.

**Aubrac (monts d')** plateau du S. du Massif central ; 1 471 m au signal de Mailhebiau.

**Aubrais (Les)** écart de la com. de Fleury-les-Aubrais, à 3 km d'Orléans. Centre ferrov.

**aubrietia** *nf* BOT Crucifère gazonnante à fleurs roses ou violettes, très souvent cultivée pour l'ornement. PHO [obrijesja] VAR **aubriète**

**Aubriot** Hugues (m. v. 1391), prévôt de Paris de 1364 à 1381 ; il fit construire la Bastille, le pont Saint-Michel, le pont au Change.

**Aubry** Martine (Paris, 1950), femme politique française ; 1$^{re}$ secrétaire du PS de 2008 à 2012.

**auburn** *a* Brun-roux, en parlant des cheveux. PHO obœRn] ETY Mot angl.

**Aubusson** ch.-l. d'arr. de la Creuse, sur la Creuse ; 3 900 hab. Mat. électr. – École nationale des arts décoratifs, fondée en 1884. Ateliers de tapisserie (XVI$^e$ s.), transformés en manufacture royale par Colbert (1665). DER **aubussonnais, aise** *a, n*

**Aucassin et Nicolette** chantefable d'un auteur anonyme du XIII$^e$ s.

aubergine

**Auch** ch.-l. du dép. du Gers, sur le Gers ; 23 200 hab. Industr. alim., cycles. – Cathédrale XV$^e$-XVII$^e$ s. DER **auscitain, aine** *a, n*

**Auchel** ch.-l. de canton du Pas-de-Calais (arr. de Béthune) ; 10 900 hab. Industries. DER **auchellois, oise** *a, n*

**Auckland** archipel volcanique inhabité, au S.-O. de la Nouvelle-Zélande.

**Auckland** principal port de la Nouvelle-Zélande (île du Nord) ; ch.-l. de district ; 1,6 million d'hab. (aggl.). Industries.

**aucuba** *nm* BOT Arbrisseau ornemental (cornacée) à feuilles luisantes d'un vert panaché de jaune, coriaces et persistantes. ETY Du jap.

**aucun, une** *pr, a* **A** *pr* Nul, pas un seul, personne. *J'ai écrit à plusieurs, aucun ne m'a répondu.* **B** *a* **1** litt Quelque. *Je doute qu'aucun homme le fasse.* **2** Nul, nulle, pas un, pas une. *Il n'a aucun défaut. Sans aucune hésitation.* (N.B. *Aucun*, adj., s'emploie toujours au sing. sauf devant un nom qui n'est utilisé qu'au plur., ou dont le plur. n'a pas le même sens que le sing. *Aucuns frais. Aucunes représailles.*) LOC litt ***D'aucuns :*** quelques-uns, certains. ETY Du lat. *aliquis,* « quelqu'un », et *unus,* « un ».

**aucunement** *av* Nullement, en aucune façon. *Je ne lui en veux aucunement.*

**audace** *nf* **1** Tendance à oser des actions hardies, en dépit des dangers ou des obstacles. **2** Innovation qui brave les habitudes. *Les audaces de la mode.* **3** péjor Impudence. ETY Du lat.

**audacieux, euse** *a, n* **A** Qui a de l'audace. *Un homme audacieux. La fortune sourit aux audacieux.* **B** *a* Qui dénote de l'audace. *Projet audacieux.* DER **audacieusement** *av*

**Aude** fl. de France (223 km) ; naît dans le massif du Carlitte (Pyr.-Orient.), arrose Carcassonne et se jette dans la Méditerranée.

**Aude** dép. franç. (11) ; 6 232 km$^2$ ; 364 877 hab. ; 58,4 hab./km$^2$ ; ch.-l. *Carcassonne ;* ch.-l. d'arr. *Limoux* et *Narbonne.* V. Languedoc-Roussillon. DER **audois, oise** *a, n*

▶ carte p. 116

**Aude (la belle)** dans plus. chansons de geste, sœur d'Olivier, fiancée à Roland ; elle meurt de chagrin.

**au-deçà** *av* De ce côté-ci (par oppos. à *au-delà*).

**au-dedans, au-dehors** → **dedans, dehors.**

**au-delà** *av, nm inv* **A** *av* Plus loin. **B** *nm inv* L'autre monde, après la mort.

**Au-delà du principe de plaisir** essai de Freud (1920) sur la *pulsion de mort.*

**Auden** Wystan Hugh (York, 1907 – Vienne, 1973), poète américain d'or. anglaise : *la Danse de mort* (1933), *l'Âge de l'angoisse* (1948).

**Audenarde** (en néerl. *Oudenaarde*), com. de Belgique (Flandre-Orientale), sur l'Escaut ; ch.-l. d'arr. ; 31 000 hab. Industries. – Victoire du Prince Eugène et de Marlborough sur le duc de Vendôme (1708).

**au-dessous, au-dessus** → **dessous, dessus.**

**Au-dessous du volcan** roman de Malcolm Lowry (1947). ▷ CINE Film de John Huston (1984), avec Albert Finney (né en 1936).

**Au-dessus de la mêlée** recueil d'articles de Romain Rolland (1915) qui prônent l'amitié entre les peuples allemand et français.

**au-devant** → **devant.**

**Audiard** Michel (Paris, 1920 – Dourdan, 1985), scénariste et dialoguiste français. — **Jacques** (Paris, 1952), fils du préc. Réalisateur français : *Un prophète* (2009).

**Audiberti** **Jacques** (Antibes, 1899 – Paris, 1965), écrivain français, poète, romancier (*Abraxas* 1938) et dramaturge (*Le mal court*, 1947 ; *l'Effet Glapion*, 1959).

**audible** *a* Susceptible d'être entendu. ANT inaudible. ETY Du lat. DER **audibilité** *nf*

**audience** *nf* **1** Intérêt que suscite auprès d'un public une œuvre, une pensée, etc. *Avoir l'audience des intellectuels.* **2** Partie du public touchée par un média. **3** Entretien accordé par un personnage de haut rang. *Demander audience à un ministre.* **4** Ceux qui écoutent ; auditoire. *Audience passionnée par un conférencier.* **5** Séance de tribunal. *Une audience publique, à huis clos, solennelle.* ETY Du lat.

**audiencement** *nm* DR Programmation des affaires entre les différentes cours d'un tribunal. DER **audiencer** *vt* ⑫

**audiencier, ère** *a, n* Qui est chargé du service des audiences des tribunaux.

**Audierne (baie d')** baie du Finistère, entre les pointes du Raz et de Penmarch.

**Audierne** port de pêche sur le Goyen, près de la baie d'Audierne (arr. de Quimper) ; 2 372 hab. DER **audiernais, aise** *a, n*

**Audiffret-Pasquier** **Gaston (duc d')** (Paris, 1823 – id., 1905), homme polit. français, un des chefs du parti orléaniste. Acad. fr.

**audimat** *nm* Mesure de l'audience des émissions de télévision. PHO [odimat] ETY Nom déposé. DER **audimatique** *a*

**audimètre** *nm* AUDIOV Appareil placé sur un récepteur qui renseigne sur l'audience auprès d'un échantillon de téléspectateurs.

**audimétrie** *nf* AUDIOV Mesure des taux d'audience. DER **audimétrique** *a*

**audimutité** *nf* MED Mutité congénitale chez un sujet entendant.

**Audincourt** ch.-l. de cant. du Doubs sur le Doubs ; 15 039 hab. Industries. – Égl. moderne (1949) : vitraux de Léger, Le Moal, Bazaine. DER **audincourtois, oise** *a, n*

**audio-** Élément, du lat. *audire*, « entendre ».

**audio** *a* Qui concerne l'enregistrement et la reproduction du son (par oppos. à *vidéo*).

**audioblog** *nm* Site web personnel, ouvert et interactif, constitué de fichiers musicaux.

**audioconférence** *nf* Téléconférence ne transmettant que les paroles.

**audiofréquence** *nf* PHYS Fréquence audible (comprise entre 20 et 20 000 Hz env.). SYN basse fréquence, fréquence acoustique.

**audiogramme** *nm* **1** Disque ou cassette audio (par oppos. à *vidéogramme*). **2** Courbe des valeurs des seuils d'audition en fonction de la fréquence du son.

**audioguide** *nm* Dispositif mis à la disposition des visiteurs d'un musée, d'une exposition, diffusant un commentaire enregistré sur les objets présentés. ETY Nom déposé.

**audioguider** *vt* ① Expliquer, commenter au moyen d'un audioguide. DER **audioguidage** *nm*

**audiologie** *nf* Étude de l'audition, des troubles de l'audition. DER **audiologique** *a* – **audiologue** *n*

**audiomètre** *nm* Appareil qui sert à mesurer l'acuité auditive.

**audiométrie** *nf* Étude de l'acuité auditive. DER **audiométrique** *a*

**audionumérique** *a, nm* TECH Se dit des techniques de production et de reproduction du son faisant appel à l'informatique pour le numériser. *Disque audionumérique.*

**audio-oral, ale** *a* Qui concerne l'écoute et la parole. *Une méthode d'enseignement audio-orale.* PLUR audio-oraux.

**audiophone** *nm* Petit appareil acoustique qui amplifie le son, utilisé par les malentendants.

**audioprothèse** *nf* Appareillage destiné à compenser une diminution de l'ouïe.

**audioprothésiste** *n* Praticien qui délivre les prothèses auditives.

**audiotypiste** *n* Dactylo qui travaille avec une machine à dicter et des écouteurs.

**audiovisuel, elle** *a, nm* Se dit de l'ensemble des techniques de communication qui font appel à la sensibilité visuelle et auditive. LOC ***Institut national de l'audiovisuel.*** V. INA.

**audit** *nm* **1** Opération destinée à contrôler la bonne gestion et la sauvegarde du patrimoine financier d'une entreprise et l'application correcte des décisions prises. **2** Personne qui a pour fonction d'effectuer de telles opérations. SYN auditeur. PHO [odit] ETY De l'angl. *internal auditor.*

**auditer** *vt* ① Soumettre à un audit.

**auditeur, trice** *n* **A 1** Personne qui écoute. *Les auditeurs d'une station radiophonique.* **2** Nom de divers fonctionnaires. *Auditeur à la Cour des comptes.* **B** *nm* Audit. LOC ***Auditeur libre :*** étudiant qui assiste à des cours sans l'obligation d'être soumis à l'examen.

**auditif, ive** *a* Propre à l'ouïe, à ses organes. *Conduit auditif, nerf auditif.*

**audition** *nf* **1** Perception des sons par l'oreille. **2** Écoute. *Une audition radiophonique. Audition des témoins.* **3** Essai que passe un artiste en vue d'un engagement. LOC ***Seuil d'audition :*** intensité minimale d'un son, à fréquence donnée, produisant une sensation auditive. ETY Du lat.

**auditionner** *v* ① **A** *vi* Présenter un échantillon de son répertoire, en parlant d'un artiste. **B** *vt* Faire passer une audition à un artiste avant de l'engager.

**auditoire** *nm* **1** Ensemble des auditeurs. SYN audience. **2 Belgique, Afrique** Salle de cours d'une université.

**auditorat** *nm* **1** Charge d'auditeur. *L'auditorat de la Cour des comptes.* **2** Ensemble des auditeurs d'une émission de radio ou de télévision.

**auditorium** *nm* Salle équipée pour l'écoute, l'enregistrement, la reproduction d'œuvres sonores. PHO [oditɔʀjɔm] ETY Mot lat.

**audomarois → Saint-Omer.**

**audonien → Saint-Ouen.**

**Audovère** (m. v. 580), première femme de Chilpéric Ier, qui la fit étrangler.

**Audran** famille de peintres et graveurs français dont les plus célèbres furent **Gérard II** (Lyon, 1640 – Paris, 1703), et son neveu **Claude III** (Lyon, 1657 – Paris, 1734), qui eurent Watteau pour aide.

**Audubon** **John James** (Les Cayes, Saint-Domingue, 1785 – New York, 1851), naturaliste et peintre amér., d'orig. fr. (oiseaux).

**Audumla** vache sacrée qui, dans la myth. scandinave, allaita le géant Ymer.

**Auer** **Karl, baron von Welsbach** (Vienne, 1858 – Welsbach, 1929), chimiste autrichien. *Bec Auer* : manchon de lampe à gaz.

**Auerstedt** bourg de Saxe où Davout battit les Prussiens le 14 oct. 1806, jour où Napoléon remportait la bataille d'Iéna.

**Aufklärung** (mot all., littéral. : *montée des lumières*), courant d'idées qui, au XVIIIe s., en Allemagne (en France, on parle de « philosophie des Lumières »), se fonda sur la raison et sur les faits (en bannissant les dogmes religieux, monarchiques, etc.) pour « éclairer » les hommes. Princ. représentants : le poète et romancier Wieland, les philosophes Wolff et Mendelssohn, Lichtenberg, auteur d'aphorismes célèbres, et surtout Lessing.

**auge** *nf* **1** Bassin de pierre, de bois ou de métal servant à donner à boire ou à manger aux animaux. **2** Récipient utilisé par les maçons pour délayer le ciment ou le plâtre. LOC GEOGR *Auge*

*glaciaire :* vallée, d'origine glaciaire, à fond large et aux parois raides. ETY Du lat. *alveus,* « cavité ».

**Auge** rég. du bocage normand, entre la vallée de la Touques et celle de la Dives (dite *vallée d'Auge*). Élevage bovin ; produits laitiers : camembert, livarot, pont-l'évêque ; cidre. DER **augeron, onne** *a, n*

**Auger Pierre Victor** (Paris, 1899 – id., 1993), physicien français. ▷ PHYS *Effet Auger* (1925) : émission d'électrons sous l'action d'un rayonnement incident (photons X).

**Augereau Pierre François Charles** (Paris, 1757 – La Houssaye, 1816), général français. Il participa au coup d'État du 18 fructidor (4 sept. 1797), devint maréchal et duc de Castiglione en 1804. Louis XVIII le fit pair de France.

**auget** *nm* **1** Petite auge où l'on met la nourriture des oiseaux. **2** Petite auge fixée à la circonférence d'une roue hydraulique.

**Augias** roi d'Élide, l'un des Argonautes. Héraclès nettoya ses écuries en y faisant passer le fleuve Alphée.

**Augier Émile** (Valence, 1820 – Croissy-sur-Seine, 1889), auteur dramatique français : *le Gendre de M. Poirier* (1854). Acad. fr. (1857).

**augite** *nf* MINER Pyroxène noir responsable de la teinte sombre des basaltes. ETY Du gr.

**augment** *nm* LING Adjonction de l'élément *e-* au commencement d'une forme verbale, à certains temps du passé, dans les langues indo-européennes, telles que le grec et le sanscrit.

**augmentatif, ive** *a, nm* LING Se dit d'une forme grammaticale, préfixe ou suffixe, renforçant le sens d'un mot.

**augmentation** *nf* **1** Action, fait d'augmenter. *Augmentation de volume, de poids, de durée.* **2** Majoration d'appointements. *Obtenir une augmentation.*

**augmenté, ée** *a* Qui a subi une augmentation. LOC MUS ***Intervalle augmenté :*** qui comporte un demi-ton chromatique de plus que l'intervalle juste ou majeur correspondant.

**augmenter** *v* ① **A** *vt* **1** Rendre plus grand, plus considérable. *Augmenter le son, la longueur, les prix, la surface, les intérêts.* **2** Majorer les appointements de. *Augmenter les ouvriers, les fonctionnaires.* **B** *vi* Devenir plus grand, croître en volume, en quantité, en prix, etc. *La vie ne cesse d'augmenter. Augmenter de volume.* ETY Du lat. *augere,* « accroître ». DER **augmentable** *a*

**Augsbourg** v. d'Allemagne (Bavière), sur le Lech ; 245 960 hab. Industries. – Colonie romaine, puis ville impériale. – Cath. XI$^e$-XV$^e$ s. ; hôtel de ville XVII$^e$ s. – La *Confession d'Augsbourg,*profession de foi luthérienne rédigée par Melanchthon, fut présentée à la diète impériale d'Augsbourg convoquée par Charles Quint (1530). – La *paix d'Augsbourg,* signée en 1555 entre catholiques et luthériens, donne à chaque prince de l'Empire allemand la possibilité d'imposer sa religion dans son État. – La *ligue d'Augsbourg,* formée en 1686 par l'Angleterre, l'Espagne, les principautés all., les Provinces-Unies, la Suède, fut vaincue par Louis XIV (1697 : traités de Ryswick).

**augure** *nm* **1** ANTIQ ROM Devin qui tirait présage de manifestations de la nature (orages, comportement des oiseaux, etc.) et de signes observés lors des sacrifices. **2** Présage tiré par les augures. **3** Ce qui semble présager l'avenir. *J'en accepte l'augure.* LOC ***Oiseau de bon, de mauvais augure :*** personne qui annonce, par sa présence ou ses propos, de bonnes, de mauvaises nouvelles. ETY Du lat. DER **augural, ale, aux** *a*

**augurer** *vt* ① Tirer de l'observation de certains signes des conjectures sur l'avenir. *Je n'augure rien de bon de tout cela.*

**Augusta** v. des É.-U. (Géorgie), sur la Savannah ; 368 300 hab. (aggl.). Industrie chim.

**Augusta** capitale du Maine (É.-U.) ; 21 300 hab.

**1 auguste** *a, nm* **A** *a* Vénérable et solennel. *Une auguste assemblée.* **B** *nm* HIST Titre porté par les empereurs romains. *Le premier auguste fut Octave.* ETY Du lat. *augur,* « consacré par les augures ».

**2 auguste** *nm* Type de clown au maquillage bariolé. *L'auguste et le clown blanc.* ETY De *Auguste,* n. pr.

**Auguste Caius Julius Caesar Octavianus Augustus** (Rome, 63 av. J.-C. – Nola, 14 apr. J.-C.), empereur romain. Petit-neveu et fils adoptif de César, connu d'abord sous les noms d'Octave ou d'Octavien. À la mort de César, il forma, avec Antoine et Lépide, le second triumvirat. Maître de l'Empire romain après la déposition de Lépide et sa victoire sur Antoine à Actium (31 av. J.-C.), il fut élevé en 28 av. J.-C. à la dignité militaire d'*imperator,* puis le Sénat le fit en 27 av. J.-C. *augustus* (vénérable). Il perdit la Germanie (massacre des légions de Varus en 9 apr. J.-C.), mais annexa les régions correspondant auj. à la Bavière, à l'Autriche et à la Bulgarie. Virgile, Horace, Ovide, Tite-Live illustrèrent son règne *(siècle d'Auguste).* Son beau-fils Tibère lui succéda. DER **augustéen, enne** *a*

**Auguste** camée de la Croix de Lothar, de Otto II, XI$^e$ s. – trésor de la cath. d'Aix-la-Chapelle

**Auguste I$^{er}$** (Freiberg, 1526 – Dresde, 1586), électeur de Saxe (1553-1586), calviniste puis luthérien. — **Auguste II** (Dresde, 1670 – Varsovie, 1733), électeur de Saxe en 1694, roi de Pologne (1697-1704, puis 1710-1733), détrôné (1704-1710) par Charles XII de Suède au profit de Stanislas Leczinsky. — **Auguste III** (Dresde, 1696 – id., 1763), roi de Pologne (1733-1763), fils du préc. ; sa fille Marie-Josèphe de Saxe, belle-fille de Louis XV, fut la mère de Louis XVI, Louis XVIII, Charles X.

**augustin, ine** *n* Religieux, religieuse qui suit la règle dite de saint Augustin.

**Augustin (saint)** (Tagaste, auj. Souk-Ahras, 354 – Hippone, auj. Annaba, 430), évêque africain, docteur et Père de l'Église. Fils d'un païen et d'une chrétienne (sainte Monique), il enseigna la rhétorique à Carthage, Rome et Milan, où saint Ambroise le convertit au christianisme en 386. De retour en Afrique (388), prêtre (391), évêque d'Hippone (395), il lutta contre les hérétiques (manichéens, donatistes, pélagiens) et écrivit : *les Confessions* (391-400), récit de sa conversion ; *De la Trinité* (399-422) ; *la Cité de Dieu* (413-424), synthèse de sa théologie ; *Rétractations* (426-427), etc. Il a fait des idées platoniciennes les idées de la sagesse de Dieu. « Docteur de la grâce », il influença Luther, Calvin, Jansénius (l'*Augustinus*), Descartes, Malebranche. DER **augustinien, enne** *a*

**Augustin de Canterbury (saint)** (m. v. 604), moine romain qui entreprit l'évangélisation de l'Angleterre (vers 596). Premier évêque de Canterbury.

**augustinisme** *nm* Doctrine de saint Augustin. DER **augustinien, enne** *a*

**Augustinus (l')** traité théologique de Jansénius (1640, posth.), sur la grâce selon saint Augustin. (V. jansénisme.)

**Augustule** → **Romulus Augustule.**

**aujourd'hui** *av, nm* **A** *av* **1** Au jour où l'on est. *Il arrive aujourd'hui.* **2** Au temps où nous sommes, à notre époque. **B** *nm* L'époque actuelle. *Le monde d'aujourd'hui.* ETY De *au, jour, de* et *hui,* du lat. *hodie,* « en ce jour ».

**aula** *nf* **1** Chez les Romains, cour d'entrée d'une maison. **2** Suisse Grande salle de réception.

**aulacode** *nm* Rongeur d'Afrique tropicale, d'assez grande taille, recherché comme gibier (appelé localement à tort *agouti*).

**Aulerques** peuple de Gaule, établi dans la région du Mans et d'Évreux.

**aulique** *a* HIST *Conseil aulique :* tribunal suprême dans l'ancien Empire germanique.

**Aulis** (auj. *Vathy*), port de l'anc. Béotie, où, selon *l'Iliade*, les Grecs s'embarquèrent pour Troie. Iphigénie y fut sacrifiée.

**aulnaie** *nf* Lieu planté d'aulnes. PHO [one] VAR **aunaie**

**Aulnay** com. de la Char.-Mar. (arr. de Saint-Jean-d'Angély) ; 1 507 hab. – Égl. St-Pierre (roman saintongeais, déb. XII$^e$ s.). DER **aulnaisien, enne** *a, n*

**Aulnay-sous-Bois** ch.-l. de cant. de la Seine-Saint-Denis (arr. du Raincy) ; 82 130 hab. Industries. DER **aulnaisien, enne** *a, n*

**aulne** *nm* Arbre des terrains humides (bétulacée). *Aulne glutineux.* PHO [on] ETY Du lat. VAR **aune**

**aulne**

**Aulne** fl. de Bretagne (140 km) qui se jette dans la rade de Brest.

**Aulnoy Marie Catherine Le Jumel de Barneville (comtesse d')** (Barneville-la-Bertrand, v. 1650 – Paris, 1705), écrivain français : *les Fées à la mode* (contes, 1697).

saint **Augustin**

**aulofée** *nf* MAR Mouvement d'un voilier dont l'axe se rapproche du lit du vent. ANT abattée. ETY De *au lof.* VAR **auloffée**

**Aulu-Gelle** Aulus Gellius (Rome, v. 130 – id., v. 180), érudit latin. Ses *Nuits attiques* fourmillent de renseignements sur l'Antiquité.

**aulx** *nmpl* Plur. de *ail.* PHO [o]

**Aumale** Charles de Lorraine (duc d') (?, 1555 – Bruxelles, 1631), un des chefs de la Ligue. Il défendit en vain Paris contre Henri IV.

**Aumale** Henri Eugène Philippe d'Orléans (duc d') (Paris, 1822 – Zucco, Sicile, 1897), général et historien franç., quatrième fils de Louis-Philippe. Il enleva la smala d'Abd el-Kader (1843). Il s'exila (1848-1871 et 1886-1889). Il légua son domaine de Chantilly à l'Institut. Acad. fr. (1871).

**aumône** *nf* **1** Ce qu'on donne aux pauvres par charité. *Faire, demander l'aumône.* SYN obole. **2** fig Faveur parcimonieuse. *L'aumône d'un sourire.* ETY Du gr. *eleêmosunê,* « compassion ».

**aumônerie** *nf* **1** Charge d'aumônier. **2** Service administratif qui regroupe les aumôniers. *L'aumônerie des prisons.* **3** Logement d'un aumônier.

**aumônier** *nm* Ecclésiastique qui exerce son ministère auprès d'une collectivité donnée. *Aumônier d'un lycée.*

**aumônière** *nf* anc Petite bourse qu'on attache à la ceinture.

**aunaie** → **aulnaie.**

**1 aune** *nf* Ancienne mesure de longueur valant 1,188 m. LOC *Être à l'aune de qqch* : prendre cette chose comme point de référence. ETY Du frq. *alina,* « avant-bras ».

**2 aune** → **aulne.**

**Aung San** (Natmauk, 1915 – Rangoon, 1947), homme politique birman. Préparant l'indépendance du pays, il favorisa l'invasion de celui-ci par le Japon (1941), qu'il combattit en 1945. En 1947, il négocia avec la G.-B. mais fut assassiné. — **Aung San Suu Kyi** (Rangoon, 1945), fille du préc., femme politique birmane. Elle fonda en 1988 la Ligue nationale pour la démocratie, qui remporta les élections de 1990 mais ne put gouverner. Aung San Suu Kyi fut détenue en résidence surveillée pendant plus de onze ans. Elle est élue députée en 2012. Prix Nobel de la paix 1991.

Aung San Suu Kyi

**Aunis** anc. prov. de France, sur les dép. actuels de la Char.-Mar. et des Deux-Sèvres ; cap. *La Rochelle.* – Incluse dans l'Aquitaine, elle fut réunie définitivement à la France en 1373. DER **aunisien, enne** *a, n*

**auparavant** *av* Avant, antérieurement.

**auprès** *av* litt Dans le voisinage, non loin. *La mer est proche, il habite auprès.*

**auprès de** *prép* **1** Dans la proximité de. *Être assis auprès de qqn ou de qqch.* **2** fig Par comparaison avec. *Auprès de votre complaisance, la sienne est peu de chose.* **3** litt Aux yeux de, de l'avis de. *Il passe pour érudit auprès des ignorants.*

**auquel** → **lequel.**

**aura** *nf* **1** MED Sensation vague, précédant une crise d'épilepsie ou d'asthme. **2** Corps immatériel qui, selon les occultistes, entourerait certaines substances. **3** fig Influence mystérieuse qui semble émaner d'une personne. *Une aura de sensibilité.* ETY Mot lat., « souffle ».

**Aurangābād** ville de l'Inde (Mahārāshtra) ; 1,2 million d'hab. (aggl.) – Grottes décorées de scènes bouddhiques (Ve-VIIe s.).

**Aurangzeb** (?, 1618 – Aurangābād, 1707), dernier grand empereur moghol de l'Inde (1658-1707).

**Auray** ch.-l. de cant. du Morbihan (arr. de Lorient) ; 12 555 hab. – Victoire de Jean de Montfort sur Charles de Blois, qui y fut tué, tandis que Du Guesclin était fait prisonnier (1364). DER **alréen, enne** *a, n*

**Aure (vallée d')** vallée des Htes-Pyr., drainée par la *Neste d'Aure,* affl. de la Garonne (r. dr.).

**Aurélia** (ou *le Rêve et la Vie*), récit de Nerval, inachevé (posth., 1855).

**aurélie** *nf* Grande méduse acalèphe des mers d'Europe.

**Aurélien** Lucius Domitius Aurelianus (Sirmium, auj. Sremska Mitrovica, Serbie, v. 212 – Cénophrurion, Thrace, 275), empereur romain de 270 à 275. Il vainquit les Goths, les Alamans et Zénobie, reine de Palmyre, restaura l'unité romaine, entoura Rome du *mur d'Aurélien.*

**Aurélienne (voie)** (en lat. *via Aurelia*), route qui reliait la Rome antique à Pise, Gênes, Arles.

**Aurelle de Paladines** Louis Jean-Baptiste d' (Le Malzieu, 1804 – Versailles, 1877), général français. Il battit les Bavarois à Coulmiers (1870), dégageant ainsi Orléans.

**Aurenche** Jean (Pierrelatte, 1903 – Bandol, 1992), scénariste français. En collaboration avec le dialoguiste Pierre Bost (1901 – 1975), il écrivit : *le Diable au corps* (1947), *Jeux interdits* (1952), *le Rouge et le Noir* (1954).

**auréole** *nf* **1** Couronne lumineuse dont les peintres entourent symboliquement la tête du Christ, de la Vierge et des saints. **2** fig Prestige, gloire. *Parer qqn d'une auréole.* **3** Couronne apparaissant autour de certains corps célestes ; halo. **4** Trace circulaire laissée par une tache qu'on a nettoyée. ETY Du lat. *aureola (corona),* « (couronne) d'or ».

**auréoler** *vt* ① **1** Parer d'une auréole. **2** fig Glorifier.

**auréomycine** *nf* Antibiotique du groupe des tétracyclines.

**Aurès (les)** massif montagneux de l'Atlas saharien ; 2 328 m au djebel Chelia ; habité par des populations berbères. Il fut le site d'âpres combats pendant la guerre d'Algérie.

**Auric** Georges (Lodève, 1899 – Paris, 1983), compositeur français ; cofondateur du groupe des Six (1918).

**auriculaire** *a, nm* **A** *a* **1** Qui se rapporte à une oreille. **2** ANAT Qui se rapporte à une oreillette du cœur. **B** *nm* Le plus petit doigt de la main. LOC *Témoin auriculaire* : qui rapporte ce qu'il a entendu.

**auricule** *nf* ANAT Appendice surmontant chacune des oreillettes du cœur. ETY Du lat. *auricula,* « oreille ».

**auriculothérapie** *nf* Méthode thérapeutique reposant sur l'idée que le pavillon de l'oreille constitue une image du fœtus et qu'en stimulant ses différents points par des aiguilles on agit sur les parties du corps qu'ils représentent.

**auriculoventriculaire** *a* ANAT Qui appartient à la fois à l'oreillette et au ventricule du cœur. *Orifice et sillon auriculoventriculaires.*

**aurifère** *a* MINER Qui contient de l'or. *Terrains, cours d'eau aurifères.*

**aurifier** *vt* ② MED Obturer une dent par un bloc d'or. ETY Du lat. DER **aurification** *nf*

**aurige** *nm* ANTIQ Conducteur de char. ETY Du lat. *auriga,* « cocher ».

**Aurige de Delphes** statue en bronze (déb. Ve s. av. J.-C.) trouvée à Delphes.

l'*Aurige de Delphes,* bronze, 478 av. J.-C.

**aurignacien, enne** *nm, a* PREHIST Faciès culturel de la première moitié du paléolithique supérieur, caractérisé par une industrie lithique composée de lames à retouches écailleuses, de burins, de lamelles finement retouchées et d'un bel outillage osseux. *La culture aurignacienne marque les débuts de l'art figuratif.* ETY De *Aurignac* (Hte-Garonne).

**Aurigny** (en angl. *Alderney*), la plus septent. des îles Anglo-Normandes ; 8 km² ; 2 400 hab. ; ch.-l. *Sainte-Anne.* Tourisme.

**Aurillac** ch.-l. du dép. du Cantal, sur la Jordanne, dans le *bassin d'Aurillac* ; 29 924 hab. Marché de bestiaux. Industries. DER **aurillacois, oise** *a, n*

**Auriol** Vincent (Revel, 1884 – Paris, 1966), homme politique français, socialiste, premier président de la IVe Rép. (1947-1953).

**aurique** *a* LOC MAR *Voile aurique* : voile de forme trapézoïdale enverguée sur une corne. ETY Du néerl.

**Aurobindo** Sri (Calcutta, 1872 – Pondichéry, 1950), philosophe indien : *la Vie divine, la Synthèse des yogas.*

**aurochs** *nm* Bovidé brun, sauvage, de grande taille (1,80 m au garrot), dont l'espèce a disparu au XVIIe siècle. PHO [ɔʀɔk] ETY De l'all.

**aurore** *nf* **1** Crépuscule du matin, lumière rosée qui précède le lever du soleil. **2** fig Origine, début. *L'aurore de la vie.* LOC *Aurore polaire (boréale* ou *australe)* : phénomène lumineux observable dans les régions polaires, provoqué par un flot d'électrons solaires atteignant la haute atmosphère. — fam *Aux aurores* : très tôt le matin. DER **auroral, ale, aux** *a*

**Aurore (l')** journal républicain-socialiste (1897-1914) qui publia (1898) le manifeste de Zola *J'accuse.* En 1944, un quotidien conservateur reprit ce titre et fusionna avec *le Figaro* en 1984.

**Aurore (l')** film américain de Murnau (1927), d'apr. une nouvelle de l'Allemand Hermann Sudermann (1857 – 1928).

**Auroux (lois)** lois votées en 1982, qui édictent les droits nouveaux des travailleurs.

**Auschwitz** (en polonais *Oświęcim*), v. de Pologne ; 45 000 hab. – Les nazis y implantèrent un grand camp d'extermination, sur 45 km², où périrent env. 1 million de Juifs et de Polonais entre 1940 et 1945.

**auscitain** → **Auch.**

**ausculter** *vt* ① Écouter, directement ou à l'aide d'un stéthoscope, les bruits qui se produisent dans certaines parties internes du corps, en vue d'un diagnostic. *Ausculter un malade.* ETY Du lat. DER **auscultation** *nf* – **auscultatoire** *a*

**Ausone** (en lat. *Decimus Magnus Ausonius*) (Burdigala, auj. Bordeaux, v. 310 – id., v. 394), poète et grammairien latin : *Idylles.*

**auspices** *nm pl* ANTIQ ROM Signes où l'augure voyait un présage. **LOC** litt ***Sous d'heureux, de funestes auspices :*** dans des circonstances qui présagent le succès ou l'échec. — ***Sous les auspices de qqn :*** sous sa protection, son patronage. ETY Du lat. *avis*, « oiseau », et *spicere*, « examiner ».

**aussi** *av, conj* **A** *av* **1** Également, de même. *Son père le gâte, sa mère aussi.* **2** Devant un adj. ou un adv. dans une comparaison, exprime l'égalité. *Cette moto est aussi rapide qu'une voiture. Ma nièce est aussi belle que gracieuse.* **B** *conj* C'est pourquoi, en conséquence. *Il travaille, aussi réussit-il.* **LOC** ***Aussi bien :*** après tout, d'ailleurs. — ***Aussi bien que :*** de même que. ETY Du lat. *aliud*, « autre chose », et *sic*, « ainsi ».

**aussière** *nf* MAR Fort cordage, utilisé pour l'amarrage et le remorquage des navires. ETY Du lat. VAR **haussière**

**aussitôt** *av* Dans le même moment. *Il est entré et aussitôt il s'est dirigé vers moi.* **LOC** ***Aussitôt que :*** dès que.

**Austen** Jane (Steventon, Hampshire, 1775 – Winchester, 1817), écrivain anglais : *Orgueil et Préjugé* (1813), *Emma* (1815), *Persuasion* (posth., 1818).

**austénite** *nf* METALL Constituant des aciers, solution solide de carbone dans le fer γ. ETY D'un n. pr. DER **austénitique** *a*

**Auster** Paul (Newark, 1947), écrivain et cinéaste américain. Son œuvre explore notamment sous forme d'enquêtes policières (*Trilogie new-yorkaise : la Cité de verre ; Revenants ; la Chambre dérobée*, 1985-1986) les thèmes du hasard, de la mémoire et de la dépossession.

Paul Auster

**austère** *a* **1** Se dit de qqn qui présente dans son attitude ou son caractère un penchant pour la gravité, la sévérité morale, la rigueur puritaine. **2** Se dit de qqch qui est dénué d'agréments ou de fantaisie. *Un intérieur austère.* SYN sévère. ETY Du lat.

**austérité** *nf* **A** Caractère de ce qui est austère. **B** *nf pl* Mortifications du corps et de l'esprit. **LOC** ***Politique d'austérité :*** destinée à faire baisser les prix par une baisse de la demande.

**Austerlitz** (en tchèque *Slavkov*), bourg de Moravie où Napoléon Ier battit les Autrichiens et les Russes le 2 déc. 1805 (*bataille des Trois Empereurs*) ; le « soleil d'Austerlitz » brillait.

**Austin** cap. du Texas (É.-U.), sur le Colorado ; 1,7 million d'hab. (aggl.). Centre industr. et cult.

**Austin** John Langshaw (Lancaster, 1911 – Oxford, 1960), philosophe et logicien anglais, théoricien de la communication : *How to do Things with Words* (posth., 1962 ; trad. fr. : *Quand dire, c'est faire*).

**austral, ale** *a* Qui se trouve dans l'hémisphère Sud. ANT boréal. PLUR australs ou austraux. **LOC** ***Terres australes :*** voisines du pôle Sud. ETY Du lat. *auster*, « vent du sud ». ▶ carte ciel

**Austral** (océan) → **Antarctique (océan).**

**Australasie** ensemble géogr. formé par l'Australie, la Tasmanie, la Nouvelle-Zélande et la Nouvelle-Guinée. DER **australasiatique** *a*

**Australes et Antarctiques françaises** (terres) territ. franç. d'outre-mer comprenant les îles Crozet, les îles Kerguelen, la terre Adélie (388 500 km²), l'île de la Nouvelle-Amsterdam, l'île de Saint-Paul et les îles Éparses, dans le canal du Mozambique ; en tout, 440 000 km² ; 200 hab. (observatoires).

**Australie** (*Commonwealth of Australia*), État fédéral d'Océanie, membre du Commonwealth, formant lui-même un Commonwealth (continent australien, Tasmanie, territ. extérieurs), situé dans l'hémisphère Sud, entre l'océan Indien à l'ouest et l'océan Pacifique à l'est ; 7 682 300 km² ; 23,1 millions d'hab. ; cap. *Canberra.* Nature de l'État : rép. fédérale. Langue off. : angl. Monnaie : dollar australien. Relig. : protestants (37 %), catholiques (26 %). DER **australien, enne** *a, n*

**Géographie** L'Australie comporte : à l'O., un vaste plateau ; au centre, des plaines ; à l'E., la Cordillère australienne (2 230 m). Le climat tropical sec domine dû à l'importance des déserts (Gibson, Victoria) et au « bush », formation semi-aride buissonnante. Le peuplement se concentre : dans les bordures S.-E. et E., au climat océanique et tropical ; autour de Perth et d'Adélaïde, au climat méditerranéen. Les Blancs d'orig. europ. constituent 95 % de la pop., les aborigènes sont 350 000, l'immigration asiatique progresse. Le taux d'urbanisation approche 90 %.

**Économie** Prod. import. de céréales (blé, orge) et de moutons (1er troupeau mondial), l'Australie a de très import. ressources min. : charbon, pétrole, gaz, fer, bauxite, or, uranium, argent, zinc, cuivre. Exportatrice de matières premières, elle importe 75 % des biens d'équipement et produits manufacturés. Le tourisme est la 2e source de recettes extérieures après la laine.

**Histoire** Découvert par les Holl., le continent fut colonisé par les Angl. après le voyage de Cook (1770). De 1787 à 1840, la Nouvelle-Galles du Sud, première colonie, accueillit les bagnards. Le pays, prospère grâce au mouton et à l'or (1851), se constitua (1901) en une fédération de six États autonomes (plus le Territoire fédéral de Canberra) auxquels s'ajoutèrent le S.-E. (1906-1975) et le N.-E. (1921-1975) de la Nouvelle-Guinée, et le Territ. antarctique australien. Au cours des deux guerres mondiales, le pays fournit une aide import. aux Alliés. Libéraux et travaillistes alternent au pouvoir, détenu par les travaillistes (1983-1996, 2007-2013) et par les libéraux (1996-2007 et dep. 2013). En 1999, par référendum, la pop. a refusé que l'Australie devienne une république. ▶ carte p. 120

**Australie-Méridionale** État de l'Australie ; 984 000 km² ; 1 600 000 hab. ; cap. *Adélaïde.* Désert bordé par les monts Flinders et les monts Musgrave.

**Australie-Occidentale** État de l'Australie ; 2 525 500 km² ; 2 400 000 hab. ; cap. *Perth.* Vaste pénéplaine avec deux déserts.

**australopithèque** *nm* PALEONT Hominidé fossile découvert en Afrique australe et orientale et dont les restes connus les plus anciens remontent à 3,5, voire à 5 millions d'années. ETY Du lat. *australis*, « méridional », et du gr. *pithêkos*, « singe ».

**Austrasie** royaume orient. de la Gaule mérovingienne (s'oppose à la Neustrie), berceau de la dynastie carolingienne ; cap. *Metz.* DER **austrasien, enne** *a, n*

**austro-hongrois** → **Autriche-Hongrie.**

**austronésien, enne** *a, nm* Se dit d'une famille de langues parlées de Madagascar à la Nouvelle-Zélande et qui comprend notam. l'indonésien et le polynésien.

**austro-prussienne** (guerre) fomentée en 1866 par la Prusse (Bismarck), à laquelle s'allia l'Italie, contre l'Autriche, alliée aux princ. États allemands. Provoquée, celle-ci déclencha les hostilités le 14 juin. L'envahissant le 28 juin, le Prussien Moltke l'emporta à Sadowa le 3 juil. et la Prusse domina l'Allemagne ; l'Italie, malgré ses défaites, se libéra de l'Autriche et obtint la Vénétie.

**autan** *nm* Vent de secteur Sud-Est, dans le midi de la France.

**autant** *av* **1** Le même nombre de. *Autant de femmes que d'hommes.* **2** Marque l'égalité entre deux idées exprimées par un verbe ou un adjectif. *Il travaille autant qu'il s'amuse. Bizarre autant qu'étrange !* **3** La même quantité, le même degré, la même intensité. *J'en voudrais deux fois autant.* **4** Ce dont on parle, pris individuellement. *Tous ses serments sont autant de mensonges.* **LOC** ***Autant..., autant :*** pour comparer les degrés et les opposer à la fois. — ***Autant que possible :*** dans la mesure du possible. — ***D'autant :*** à proportion. — ***Pour autant :*** malgré cela. — ***Pour autant que :*** dans la mesure où. ETY Du lat. *alterum*, « autre », et *tantum*, « tant ».

**Autant-Lara** Claude (Luzarches, Val-d'Oise, 1901 – Antibes, 2000), cinéaste français : *Douce* (1943), *le Diable au corps* (1946), *le Rouge et le Noir* (1954), *la Traversée de Paris* (1956).

**autarcie** *nf* Système économique d'un État, d'une région qui peut suffire à tous ses besoins et vit seulement de ses propres ressources. ETY Du gr. DER **autarcique** *a*

**autel** *nm* **1** ANTIQ Table destinée aux sacrifices. **2** Dans les rites chrétiens, table consacrée sur laquelle se célèbre la messe.

**Auteuil** ancien village de la banlieue ouest parisienne, rattaché à Paris en 1860.

**Auteuil** Daniel (Alger, 1950), acteur français : *Manon des sources* (1986).

**auteur** *n* **1** Personne qui est la cause première de qqch. *L'auteur de l'Univers.* **2** DR Personne de qui on tient un droit ou une propriété. **3** Personne qui a fait un ouvrage de littérature, de science ou d'art. **4** Personne qui a pour métier d'écrire, de composer. VAR **auteure** *nf*

**auteur-compositeur** *n* Personne qui écrit le texte et compose la musique de chansons. PLUR auteurs-compositeurs. VAR **auteure-compositrice** ou **auteure-compositeure** *nf*

**auteurisme** *nm* Attitude qui privilégie le cinéma d'auteur. *Un auteurisme aveugle.* DER **auteuriste** *a, n*

**authenticité** → **authentique.**

**authentifier** *vt* ② Certifier authentique, conforme, certain. *Authentifier un tableau.* DER **authentification** *nf*

**authentique** *a* **1** DR Se dit d'un acte dressé dans les formes exigées par la loi et qui fait preuve jusqu'à inscription en faux. **2** Se dit d'une œuvre qui émane effectivement de l'auteur auquel on l'attribue. *Un authentique Vermeer.* ANT faux. **3** Dont la vérité ou l'exactitude ne peut être contestée. *La version authentique des faits.* ANT imaginaire, fantaisiste. **4** Qui émane de la nature profonde d'une personne. *Des sentiments authentiques.* ANT affecté, artificiel. ETY Du gr. DER **authenticité** *nf* – **authentiquement** *av*

**authentiquer** *vt* ① DR Authentifier. *Authentiquer un acte.*

**Authie** fl. côtier du N. de la France (100 km) qui se jette dans la Manche.

AUSTRALIE
PAPOUASIE-NOUVELLE-GUINÉE
Nouvelle-Calédonie (Fr.)
TERRITOIRE DES ÎLES DE LA MER DE CORAIL
OCÉAN PACIFIQUE
MER DE CORAIL
MER DE TASMAN
MER D'ARAFURA
MER DE TIMOR
OCÉAN INDIEN
Golfe de Carpentarie
Golfe Joseph Bonaparte
Grande Baie australienne
tropique du Capricorne
Détroit de Torres
Cap York
Weipa
Tropiques humides de Queensland
Cooktown
Cairns
Récifs de la Grande Barrière
Townsville
Mackay
Rockhampton
Cap Sandy
Île Fraser
Bundaberg
Brisbane
Gold Coast
Grafton
Forêts tempérées et subtropicales
Îles Lord Howe
Newcastle
Sydney
Wollongong
CANBERRA
TERRITOIRE DE LA CAPITALE AUSTRALIENNE
Mont Kosciusko
2 230
Melbourne
Bairnsdale
Geelong
Ballarat
Détroit de Bass
TASMANIE
Launceston
Hobart
Burnie
Mont Ossa
1 618
Queenstown
Zone de nature sauvage de Tasmanie
Cordillère australienne
QUEENSLAND
Grand Bassin artésien
Hughenden
Charleville
Cunnamulla
Bourke
Cloncurry
Mount Isa
Flinders
Gilbert
Mitchell
Riversleigh
Plateau Barkly
NOUVELLE-GALLES DU SUD
Région des Montagnes Bleues
Région des lacs Willandra
Orange
Macquarie
Murrumbidgee
Lachlan
Darling
Murray
Warrego
Balonne
Wagga-Wagga
Albury Wodonga
VICTORIA
Broken Hill
Naracoorte
Port-Pirie
Adélaïde
Kangaroo
Port Lincoln
Whyalla
Port Augusta
Woomera
AUSTRALIE MÉRIDIONALE
Lac Eyre
Oodnadatta
Cooper
Désert de Simpson
Alice Springs
Tennant Creek
Monts MacDonnell
1 510
Mont Ziel
Parc national d'Uluru-Kata Tjuta
Ayers Rock
867
Monts Musgrave
1 440
Tarcoola
Eucla
TERRITOIRE DU NORD
Darwin
Melville
Bathurst
Parc de Kakadu
Cap Arnhem
Katherine
Roper
Daly Waters
Daly
Victoria
Lac Argyle
Sturt Creek
Désert Tanami
Wyndham
Ord
Mont Hann
776
Plateau de Kimberley
Halls Creek
Fitzroy
Derby
Broome
Grand Désert de sable
Désert de Gibson
AUSTRALIE-OCCIDENTALE
Grand Désert Victoria
Laverton
Kalgoorlie
Norseman
Esperance
Albany
De Grey
Port Hedland
Roebourne
Mont Bruce
1 227
Ashburton
Gascoyne
Murchison
Meekatharra
Carnarvon
Baie Shark
Geraldton
Perth
Fremantle
Bunbury
Augusta
Cap Leeuwin
10°
20°
30°
40°
110°
120°
130°
140°
150°
160°
500 km
0
200
500
1 000
2 000 m
marécage salé
récifs
CANBERRA capitale fédérale
Sydney capitale d'État fédéré ou de territoire
Population des villes :
plus de 3 000 000 d'hab.
de 1 500 000 à 3 000 000 d'hab.
de 500 000 à 1 500 000 hab.
de 100 000 à 500 000 hab.
moins de 100 000 hab.
limite d'État fédéré et de territoire
route principale
voie ferrée
port important
aéroport important
site du "patrimoine mondial" UNESCO

**authigène** *a* GEOL Se dit des constituants d'une roche formés sur place.

**autisme** *nm* PSYCHIAT Repliement pathologique sur soi-même, accompagné de perte de contact avec la réalité extérieure. *Autisme infantile.* [ETY] Du gr. [DER] **autiste** *a, n* – **autistique** *a*

**auto-** Élément, du gr. *autos,* « soi-même ».

**auto** *nf* fam Automobile.

**autoaccusation** *nf* Fait de s'accuser soi-même à tort d'actes ou d'intentions répréhensibles. [DER] **autoaccusateur, trice** *a* – **s'autoaccuser** *vpr* [1]

**autoadaptation** *nf* didac Aptitude d'un système à s'adapter à une situation nouvelle. [DER] **autoadaptatif, ive** *a*

**autoadhésif, ive** *a* Syn. de *autocollant. Des vignettes autoadhésives.*

**autoallumage** *nm* Inflammation du carburant en l'absence d'étincelle à la bougie, dans les moteurs à explosion.

**autoanalyse** *nf* Méthode psychanalytique consistant à s'analyser soi-même. [DER] **autoanalyser (s')** *vpr*

**autoanticorps** *nm* BIOL Anticorps produit par un organisme contre un ou plusieurs de ses constituants, les autoantigènes.

**autoantigène** *nm* Antigène présent dans les cellules d'un individu, et pouvant être la cible d'un autoanticorps.

**autoassurance** *nf* **1** Système permettant à l'alpiniste de s'assurer lors de courses en solitaire. **2** ECON Fait pour une entreprise de s'assurer elle-même grâce à un organisme spécial. [DER] **s'autoassurer** *vpr* [1]

**autobilan** *nm* AUTO Contrôle technique que doit subir périodiquement une automobile.

**autobiographie** *nf* Biographie d'une personne écrite par elle-même. SYN mémoires. [DER] **autobiographe** *n* – **autobiographique** *a*

**autobloqueur** *nm* ALPIN Accessoire servant à escalader et à descendre les passages verticaux. SYN ascendeur. [VAR] **autobloquant**

**autobronzant, ante** *a, nm* Se dit d'un cosmétique produisant un bronzage sans soleil.

**autobus** *nm* Véhicule automobile destiné aux transports en commun urbains. ABREV bus.

**autocar** *nm* Véhicule automobile destiné au transport collectif interurbain ou de tourisme. ABREV car [ETY] De l'angl. *car,* « voiture ».

**autocaravane** *nf* Véhicule automobile habitable aménagé pour le camping. SYN (déconseillé) camping-car.

**autocariste** *n* Entrepreneur de transports en autocar.

**autocassable** *a* Se dit d'une ampoule dont les extrémités se cassent par simple pression.

**autocatalyse** *nf* Réaction dans laquelle l'un des produits formés sert de catalyseur.

**autocélébration** *nf* Célébration de soi-même, de ses actions. [DER] **autocélébrer** *vt* [1]

**autocensurer (s')** *vpr* [1] Pratiquer une censure préventive sur soi-même, sur ses propres œuvres. [DER] **autocensure** *nf*

**autocentré, ée** *a* ECON Centré sur la production et les besoins intérieurs.

**autocéphale** *a* Se dit d'une église, d'un évêque hiérarchiquement indépendant.

**autochenille** *nf* Véhicule tout terrain muni de chenilles.

**autochrome** *a, nf* PHOTO **A** *a* Qui reproduit les couleurs par synthèse des trois couleurs fondamentales. **B** *nf* Plaque photographique ainsi obtenue. [PHO] [otokrom]

**autochtone** *a, n* **A** Se dit des populations originaires des pays qu'elles habitent. SYN aborigène, indigène. ANT allogène, allochtone. **B** *a* GEOL Se dit de formations géologiques qui n'ont pas subi de transport. *Gisement autochtone.* [PHO] [otokton] [ETY] Du gr. *khthôn,* « terre ».

**autocitation** *nf* Fait pour un auteur de se citer lui-même.

**autoclavage** *nm* Traitement d'un produit dans un autoclave.

**autoclave** *nm* TECH Récipient hermétique à l'intérieur duquel est maintenue une forte pression, pour cuire, stériliser des substances diverses (aliments, milieux de culture, pâte à papier).

**autocollant, ante** *a, nm* **A** *a* Qui peut être collé par simple pression. *Enveloppe autocollante.* SYN autoadhésif. **B** *nm* Vignette autocollante.

**autocommutateur** *nm* TELECOM Commutateur automatique.

**autoconcurrence** *nf* Concurrence qu'une entreprise se fait à elle-même en commercialisant des produits identiques ou proches.

**autocongratuler (s')** *vpr* [1] fam Se féliciter des bons résultats de son action. [DER] **autocongratulation** *nf*

**autoconsommation** *nf* Consommation des produits par leur producteur.

**autoconstruire** *vt* [69] Construire soi-même sa maison par ses propres moyens. [DER] **autoconstruction** *nf*

**autocontrôle** *nm* **1** Contrôle exercé sur soi-même. **2** Contrôle exercé par une société sur son capital par l'intermédiaire de filiales. [DER] **s'autocontrôler** *vpr* [1]

**autocopie** *nf* TECH Procédé de reproduction utilisant du papier qui reproduit un tracé par pression ; copie ainsi obtenue. [DER] **autocopiant, ante** *a*

**autocorrection** *nf* Correction de ses propres erreurs. [DER] **autocorrectif, ive** *a*

**autocouchette** *a inv* Se dit d'un train qui transporte des voyageurs en couchette ainsi que leur voiture. [VAR] **autos-couchettes**

**autocrate** *nm* **1** Souverain dont le pouvoir n'est limité par aucun contrôle. **2** HIST Titre officiel des tsars à partir de Pierre le Grand. **3** Personne autoritaire, tyrannique. [ETY] Du gr. *autokratês,* « qui gouverne par lui-même ».

**autocratie** *nf* Système politique dans lequel le monarque possède une autorité absolue. [PHO] [otokrasi] [DER] **autocratique** *a* – **autocratisme** *nm*

**autocritique** *nf* Critique de soi-même, de ses comportements, de son attitude politique. [DER] **s'autocritiquer** *vpr* [1]

**autocross** *nm* Course automobile pratiquée sur piste de terre battue.

**autocuiseur** *nm* Autoclave de ménage pour la cuisson rapide des aliments.

**autodafé** *nm* **1** HIST Cérémonie au cours de laquelle le pouvoir séculier faisait exécuter les jugements prononcés par l'Inquisition ; supplice du feu. **2** Destruction par le feu. *Faire un autodafé de ses papiers de famille.* [ETY] Du portug. *auto da fe,* « acte de foi ».

**autodéfense** *nf* **1** Défense assurée par ses propres moyens par un individu, une collectivité, etc. **2** PHYSIOL Réaction spontanée d'un organisme contre un agent pathogène.

**autodéfinir (s')** *vpr* [3] PSYCHO Donner de soi-même telle ou telle définition. [DER] **autodéfinition** *nf*

**autodénigrement** *nm* Comportement défaitiste.

**autodérision** *nf* Dérision tournée vers soi-même. [DER] **autodérisoire** *a*

**autodésigner (s')** *vpr* [1] S'autoproclamer. [DER] **autodésignation** *nf*

**autodestruction** *nf* Destruction physique ou morale de soi-même. [DER] **autodestructeur, trice** *a* – **autodestructible** *a* – **s'autodétruire** *vpr* [69]

**autodétermination** *nf* Fait, pour un peuple, de déterminer par lui-même son statut international, politique et administratif. [DER] **s'autodéterminer** *vpr* [1]

**autodictée** *nf* Exercice consistant à écrire un texte appris par cœur.

**autodidacte** *a, n* Qui s'est instruit seul, sans maître. [ETY] Du gr. *didaskein,* « instruire ».

**autodirecteur** *nm* MILIT Dispositif permettant à un missile de se guider lui-même à partir d'un signal émis par sa cible.

**autodiscipline** *nf* Maintien de la discipline sans intervention extérieure.

**autodissoudre (s')** *vpr* [75] Se dissoudre spontanément, s'agissant d'une organisation. [DER] **autodissolution** *nf*

**autoécole** *nf* Entreprise qui dispense des cours de conduite automobile en vue de l'obtention du permis de conduire. [VAR] **auto-école**

**autoédition** *nf* Édition d'une œuvre par son auteur. [DER] **autoéditer** *vt* [1]

**autoentrepreneur, euse** *n* ECON Statut simplifié permettant d'exercer une petite activité professionnelle indépendante. [DER] **autoentreprise** *nf*

**autoentretenir (s')** *vpr* [36] Se maintenir sans apport extérieur, s'agissant d'un phénomène.

**autoépuration** *nf* Propriété des eaux d'éliminer elles-mêmes une partie de leurs bactéries pathogènes.

**autoérotisme** *nm* Érotisme qui trouve son origine dans le sujet lui-même, sans partenaire. [DER] **autoérotique** *a*

**autoévaluation** *nf* Évaluation de soi-même. [DER] **s'autoévaluer** *vpr* [1]

**autofécondation** *nf* Syn. de *autogamie.*

**autofiction** *nf* LITTER Œuvre de fiction nourrie de la biographie de son auteur. [DER] **autofictionnel, elle** *a*

**autofinancer (s')** *vpr* [12] GEST Financer les investissements d'une entreprise par prélèvement sur ses ressources. [DER] **autofinançable** *a* – **autofinancement** *nm*

**autoflagellation** *nf* fam Autocritique exagérée. [DER] **s'autoflageller** *vpr* [1]

**autofocus** *a, nm* PHOTO **A** *a* Se dit d'un système de mise au point automatique, équipant un appareil photographique, une caméra, etc. **B** *nm* Appareil équipé de ce système. [PHO] [otofɔkys] [ETY] De l'angl. *auto-* et *(to) focus,* « mettre au point ».

**autoformation** *nf* Formation sans professeur, en particulier grâce à un logiciel spécial.

**autogamie** *nf* **1** BIOL Mode de reproduction dans lequel la fécondation s'effectue à partir de deux gamètes formés dans la même cellule. SYN autofécondation. **2** BOT Mode de reproduction s'effectuant, dans une fleur hermaphrodite, par fécondation de ses ovules par son propre pollen. SYN autopollinisation. [DER] **autogame** *a*

**autogène** *a* TECH Se dit d'une soudure de pièces métalliques de même nature sans apport d'un métal étranger.

**autogestion** *nf* Gestion d'une entreprise par son personnel lui-même. [DER] **autogéré, ée** *a* – **s'autogérer** *vpr* [14] – **autogestionnaire** *a*

**autogire** *nm* AERON Aéronef dont la sustentation est assurée par une voilure tournante et la propulsion par une hélice à axe horizontal.

**autographe** *a, nm* **A** *a* Écrit de la propre main de l'auteur. *Testament autographe.* **B** *nm* Signature ou document autographe d'une personne célèbre.

**autographie** *nf* TECH Procédé de report pour l'impression lithographique ; épreuve obtenue par ce procédé.

**autogreffe** *nf* CHIR Greffe sur un sujet de tissus prélevés sur lui-même. SYN autoplastie.

**autoguidage** *nm* TECH Système qui permet à un engin de se diriger automatiquement. DER **autoguidé, ée** *a*

**autohypnose** *nf* Fait de se plonger soi-même en état hypnotique, technique psychique utilisée en partic. par certains sportifs.

**auto-immunisation** *nf* MED Production par l'organisme d'autoanticorps réagissant sur un ou plusieurs de ses propres constituants, ou autoantigènes. PLUR auto-immunisations.

**auto-immunité** *nf* MED Caractère des individus chez lesquels se sont formés des autoanticorps. PLUR auto-immunités. DER **auto-immun, une** *a*

**auto-induction** *nf* ELECTR Création d'une force électromotrice dans un circuit, par variation de son flux propre. SYN (déconseillé) self-induction. PLUR auto-inductions.

**auto-injecteur** *nm* Instrument servant à s'injecter un médicament. PLUR auto-injecteurs.

**auto-intoxication** *nf* MED Intoxication due à une mauvaise élimination des toxines de l'organisme. PLUR auto-intoxications.

**auto-ironie** *nf* Ironie que qqn exerce contre lui-même. PLUR auto-ironies.

**autolimitation** *nf* Limitation volontaire de sa consommation.

**autologue** *a* MED Se dit d'une greffe pratiquée avec un greffon prélevé sur le sujet.

**autolyse** *nf* **1** BIOL Destruction d'un tissu par ses propres enzymes. *Lors de la métamorphose, la queue du têtard se détache à la suite d'une autolyse.* **2** PSYCHIAT Syn. de *suicide*. DER **autolytique** *a*

**automassage** *nm* Massage pratiqué sur soi-même.

**automate** *nm* **1** Appareil présentant l'aspect d'un être animé et capable d'en imiter les gestes. **2** fig Personne dénuée d'initiative, de réflexion. **3** TECH Appareil équipé de dispositifs qui permettent l'exécution de certaines tâches sans intervention humaine. ETY Du gr. *automatos*, « qui se meut de soi-même ».

**automaticien, enne** *n* Spécialiste d'automatique ou d'automatisation.

**automaticité** *nf* didac Caractère de ce qui se fait automatiquement ou sans l'intervention de la volonté. *L'automaticité d'un mécanisme.*

**automation** *nf* Automatisation.

**automatique** *a, n* **A** *a* **1** Qualifie les mouvements du corps humain exécutés sans l'intervention de la volonté, de la conscience. **2** Se dit d'un dispositif qui exécute de lui-même certaines opérations. **3** fig Qui s'accomplit lorsque certaines conditions sont remplies. *Une mise à la retraite automatique.* **B** *nm* **1** Pistolet automatique. **2** Système de liaison téléphonique automatique. **C** *nf* Science et technique de l'automatisation. DER **automatiquement** *av*

**automatiser** *vt* ① Rendre automatique le fonctionnement de qqch afin de réduire ou supprimer l'intervention humaine dans les processus de production industrielle et de traitement de l'information. *Automatiser la gestion des stocks.* DER **automatisation** *nf*

**automatisme** *nm* **1** PHYSIOL Accomplissement des mouvements sans participation de la volonté. *L'automatisme cardiaque.* **2** fig Comportement qui échappe à la volonté ou à la conscience réfléchie. *Fumer est chez lui un automatisme.* **3** TECH Dispositif dont le fonctionnement ne nécessite pas l'intervention de l'homme.

**automédication** *nf* MED Prise de médicaments sans avis médical. DER **s'automédiquer** *vpr* ①

**automesure** *nf* MED Mesure de la pression artérielle, par soi-même, à son domicile.

**automitrailleuse** *nf* MILIT Véhicule automobile blindé puissamment armé.

**automne** *nm* Saison qui succède à l'été et précède l'hiver, entre l'équinoxe (21, 22 ou 23 septembre) et le solstice (21 ou 22 décembre). LOC litt ***L'automne de la vie :*** l'âge qui précède la vieillesse. ETY Du lat. DER **automnal, ale, aux** *a*

**automobile** *nf, a* **A** *nf* Véhicule à moteur assurant le transport terrestre d'un nombre limité de personnes. SYN voiture. **B** *a* De l'automobile. *Industrie, sport automobile.* ABREV auto.

**automobilisme** *nm* Sport pratiqué avec des automobiles.

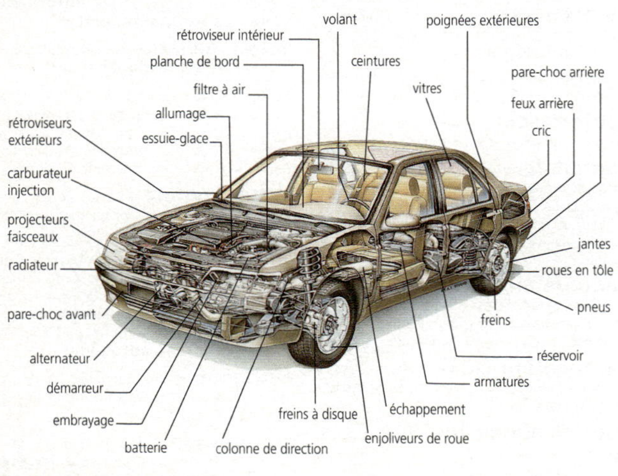


**automobile**

**automobiliste** *n* Personne qui conduit une automobile.

**automoteur, trice** *a, n* **A** *a* Se dit d'un véhicule équipé d'un moteur qui lui permet de se déplacer. **B** *nm* Péniche à moteur. **C** *nf* CH DE F Voiture propulsée par un moteur.

**automutilation** *nf* **1** MED Mutilation sur soi-même, volontaire ou résultant d'un trouble mental. **2** ZOOL Amputation réflexe de certains animaux pour échapper à un danger. SYN autotomie. DER **automutiler (s')** *vpr* ①

**autonettoyant, ante** *a* Qui se nettoie automatiquement, sans intervention manuelle. *Four autonettoyant.*

**autonome** *a* **1** Se dit d'un groupe, d'une collectivité ou d'un territoire qui, à l'intérieur d'une structure plus vaste, s'administre librement. *Un syndicat autonome.* **2** Qui fonde son comportement sur des règles choisies librement. **3** Qui fait preuve d'indépendance, qui se passe de l'aide d'autrui. ETY Du gr. *autonomos*, « qui se régit par ses propres lois ».

**autonomie** *nf* **1** Indépendance dont jouissent les pays autonomes. **2** Liberté, indépendance morale ou intellectuelle. **3** Distance que peut parcourir ou temps pendant lequel peut fonctionner sans ravitaillement un véhicule.

**autonomiser** *vt* ① Doter d'une certaine autonomie. DER **autonomisation** *nf*

**autonomisme** *nm* Doctrine, mouvement politique des partisans de l'autonomie d'un pays, d'une province. DER **autonomiste** *n, a*

**autonyme** *nm, a* LING Se dit d'un mot ou d'un signe qui renvoie à lui-même, dans un énoncé (par ex. l'emploi de *venir* dans « venir est un verbe »). DER **autonymie** *nf*

**autopalpation** *nf* MED Geste de la femme qui se palpe les seins pour déceler une grosseur tumorale.

**autopartage** *nm* Système permettant à des abonnés de louer une voiture pour une très courte période.

**autophagie** *nf* BIOL Survie d'un être vivant aux dépens de sa propre substance.

**autoplastie** *nf* Syn. de *autogreffe*.

**autopollinisation** *nf* BOT Pollinisation d'une fleur par elle-même.

**autopompe** *nf* Véhicule automobile comportant une pompe actionnée par le moteur du véhicule.

**autopont** *nm* TRANSP Toboggan routier reliant deux voies à grande circulation.

**autoportant, ante** *a* Se dit d'un mur ou d'une dalle qui supporte son propre poids.

**autoporteur, euse** *a* TECH Se dit de la carrosserie d'un véhicule (automobile, scooter) formant un tout avec le châssis.

**autoportrait** *nm* Portrait d'un artiste exécuté par lui-même.

**autoprescription** *nf* MED Syn. de *automédication*. DER **s'autoprescrire** *vpr* (67)

**autoproclamer (s')** *vpr* ① Déclarer de sa propre autorité que l'on accède à un poste, une fonction. DER **autoproclamation** *nf*

**autoproduction** *nf* ECON Production d'un bien par le consommateur lui-même, en dehors des circuits habituels. DER **autoproduire** *vt* (69)

**autopromotion** *nf* Fait de se faire connaître par ses propres moyens auprès d'un vaste public.

**autopropulsion** *nf* TECH Propulsion d'un mobile par un dispositif automatique monté à son bord. DER **autopropulsé, ée** *a*

**autopsie** *nf* Dissection d'un cadavre et inspection de ses différents organes en vue d'un examen scientifique ou médico-légal. ETY Du gr.

autopsia, « action de voir de ses propres yeux ». DER
**autopsier** *vt* 2 – **autopsique** *a*

**autopunition** *nf* PSYCHO Conduite morbide d'un sujet qui combat un sentiment de culpabilité en s'infligeant une punition réelle ou symbolique. DER **autopunitif, ive** *a*

**autoradio** *nf, nm* Poste de radio pour automobile.

**autoradiographie** *nf* Radiographie obtenue en mettant une plaque photographique au contact d'un objet imprégné de substances radioactives.

**autorail** *nm* Automotrice à moteur diésel.

**autoréférence** *nf* LING Propriété d'un énoncé qui ne renvoie qu'à lui-même.

**autoréglage** *nm* TECH Propriété d'un système capable de rétablir son fonctionnement normal sans intervention extérieure en cas de perturbation.

**autorégulation** *nf* didac Régulation d'une fonction, d'un processus, sans intervention extérieure. DER **autorégulateur, trice** *a* – **s'autoréguler** *vpr* 1

**autoreverse** *nm* Dispositif qui permet d'écouter sans interruption les deux pistes d'une cassette. PHO [otorivers] ETY Mot angl.

**autorisation** *nf* **1** Action d'autoriser ; permission. **2** Permis délivré par une autorité.

**autorisé, ée** *a* **1** Pourvu d'une autorisation. **2** Permis. *Entrée autorisée.* **3** Qui fait autorité. *Un jugement autorisé.*

**autoriser** *v* 1 **A** *vt* **1** Accorder à qqn la permission de faire qqch. *Sa mère ne l'a pas autorisé à sortir.* **2** Permettre. *J'ai autorisé cette démarche.* **3** Fournir un motif, un prétexte pour faire qqch. **B** *vpr* litt Prendre qqch comme référence, comme justification, pour. *Il s'autorise de votre exemple pour agir ainsi.* ETY Du lat. *auctor,* « garant ».

**autoritaire** *a* **1** Qui veut toujours imposer son autorité. SYN tyrannique. **2** Fondé sur l'autorité. *Régime autoritaire.* DER **autoritairement** *av*

**autoritarisme** *nm* **1** Caractère arbitraire, autoritaire, du pouvoir politique, administratif, etc. **2** Tendance de qqn à abuser de son autorité. DER **autoritariste** *a, n*

**autorité** *nf* **A 1** Pouvoir de commander, d'obliger à quelque chose. *L'autorité des lois.* **2** Gouvernement, administration publique chargés de faire respecter la loi. *Force restera à l'autorité.* **3** Crédit, influence, ascendant. *Avoir de l'autorité sur ses élèves.* **B** *nf pl* Personnes qui exercent l'autorité. LOC ***Autorité de justice*** : pouvoir des juges. — ***D'autorité, de sa propre autorité*** : en vertu du seul pouvoir qu'on s'attribue. — ***Faire autorité*** : faire loi, servir de règle en la matière. ETY Du lat.

**autoroute** *nf* Voie routière comportant deux chaussées à sens unique sans carrefour à niveau, conçue pour la circulation rapide et à grand débit. LOC ***Autoroute ferroviaire*** : transport de camions sur des plates-formes ferroviaires, par ferroutage. — ***Autoroute maritime*** : itinéraire maritime équipé de radars et pourvu de moyens de surveillance et de sauvetage. DER **autoroutier, ère** *a*

**autosaisir (s')** *vpr* 3 Se saisir d'une affaire de sa propre autorité.

**autosatisfaction** *nf* Satisfaction de soi-même, contentement de sa propre façon de penser, d'agir. DER **autosatisfait, aite** *a*

**autoscopie** *nf* **1** PSYCHOPATHOL Représentation hallucinatoire de sa propre image. **2** PEDAG Procédé consistant à filmer une personne pour lui permettre d'étudier son comportement.

**autosome** *nm* BIOL Chromosome ne jouant aucun rôle dans la détermination du sexe. ANT allosome, hétérochromosome. DER **autosomique** *a*

**autostart** *nm* Véhicule doté de bras métalliques derrière lesquels prennent place les concurrents d'une course de trot.

**autostop** *nm* Pratique consistant à arrêter un véhicule au moyen d'un signe pour être transporté gratuitement. *Faire de l'autostop.* SYN fam stop. VAR **auto-stop** DER **autostoppeur, euse** ou **auto-stoppeur, euse** *n*

**autosubsistance** *nf* ECON Fait de couvrir ses besoins par sa propre production.

**autosuffisance** *nf* Autonomie de ressources ou de moyens qui dispense une personne ou un pays d'une aide extérieure. DER **autosuffisant, ante** *a*

**autosuggestion** *nf* Suggestion exercée sur soi-même. PHO [otosygʒestjɔ̃]

**autotensiomètre** *nm* Appareil servant à prendre soi-même sa tension artérielle.

**autotest** *nm* **1** Produit de parapharmacie destiné à se tester soi-même (alcoolémie, grossesse, diabète, etc.). **2** Test pratiqué sur soi-même pour évaluer ses compétences, avant un examen, une embauche. DER **s'autotester** *vpr* 1

**autothérapie** *nf* PSYCHO Thérapie qui ne recourt à aucune intervention extérieure. DER **autothérapique** *a*

**autotomie** *nf* ZOOL Automutilation.

**autotour** *nm* Circuit touristique comprenant entre autres la location d'une voiture.

**autotracté, ée** *a* Se dit d'un engin qui comporte son propre système de traction.

**autotransformateur** *nm* ELECTR Transformateur dont les enroulements présentent une partie commune.

**autotransfusion** *nf* MED Transfusion sur un individu de son propre sang préalablement prélevé.

**autotrophe** *a* BIOL Capable d'assimiler tel ou tel élément sous une forme minérale. *Les végétaux sont autotrophes et les animaux hétérotrophes.*

**1 autour** *av, prép* **A** *av* Dans l'espace environnant. *Un jardin avec des murs autour.* SYN alentour. **B** *prép* **1** Dans l'espace qui fait le tour de. *La Terre tourne autour du Soleil.* **2** Aux environs de, dans l'entourage de. *Autour de l'église.* **3** Environ. *Avoir autour de quarante ans.* ETY De *au,* et *tour.*

**2 autour** *nm* Oiseau de proie diurne (falconiforme), dont une seule espèce, l'*autour des palombes,* vit en Europe. ETY Du lat. *accipiter,* épervier ».

**autourserie** *nf* Élevage des autours.

**autovaccin** *nm* MED Vaccin obtenu après culture du germe prélevé sur le sujet atteint.

**autre** *a, prindéf, nm* **A** *a* **1** Différent, dissemblable. *Montrez-moi un autre modèle.* **2** Second par la ressemblance, la conformité. *Un autre moi-même.* **3** Opposé, dans un groupe de deux. *L'autre rive.* **B** *prindéf* **1** Renvoie au substantif qui précède. *J'ai vu un film, mon frère un autre.* **2** Avec *personne* sous-entendu, au sing. ou au plur. *D'autres pardonneraient, pas moi.* **3** Pour désigner deux individus, deux groupes opposés. *L'un dit blanc, l'autre dit noir.* **C** *nm* PHILO Toute conscience, par oppos. au sujet. LOC ***À d'autres !*** : je ne crois pas ces sornettes. — ***Autre part*** : ailleurs, dans un autre lieu. — ***D'autre part*** : d'un autre côté, en outre. — ***En avoir vu d'autres*** : avoir vu des choses plus extraordinaires, plus pénibles. — ***Entre autres*** : notamment. — ***L'autre jour*** : l'un de ces derniers jours. — ***Les uns les autres*** : réciproquement. — ***L'un dans l'autre*** : en compensant une chose avec une autre. — ***N'en faire jamais d'autres*** : commettre toujours les mêmes sottises. — ***Ni l'un ni l'autre*** : aucun des deux. — fam ***Nous autres, vous autres*** : de notre (votre) côté, quant à nous (à vous). — Suisse ***Sans autre*** : simplement, directement. — ***Un autre jour*** : plus tard.

**autrefois** *av* Dans un temps plus ou moins lointain ; jadis.

**autrement** *av* **1** D'une autre façon. *Tiens-toi autrement !* **2** Sans quoi, sinon. *Reposez-vous, autrement vous serez malade.* **3** À un plus haut degré. *Une affaire autrement importante.*

**Autriche** (*Republik Österreich*), État fédéral d'Europe centrale, limité par l'Allemagne, la Suisse, le Liechtenstein, la Hongrie, l'Italie et la Slovénie ; 83 853 km$^2$ ; 8,6 millions d'hab. ; cap. *Vienne*. Nature de l'État : rép. fédérale. Langue off. : allemand. Monnaie : euro. Religion : catholicisme. DER **autrichien, enne** *a, n*
**Géographie** Les Alpes orientales, humides, boisées et herbagères, couvrent les trois quarts du pays (Grossglockner, 3 797 m). Les grandes vallées, les plaines et collines de l'Autriche danubienne, au climat continental plus sec et ensoleillé, concentrent la pop. L'agric. et la sylviculture sont actives. Le tissu industriel varié s'appuie sur un excellent réseau de communications et une hydroélectricité abondante. Le tourisme montagnard et culturel est important.
**Histoire** LES ORIGINES Rome divisa le pays en trois prov. que, plus tard, les Barbares saccagèrent. En 796, Charlemagne constitua l'*Ostwark* (« marche de l'Est ») après sa victoire sur les Avars. En 976, la marche fut attribuée à la famille de Babenberg, qui s'éteignit en 1246. Ses possessions (Autriche, Styrie, Carinthie) revinrent au roi de Bohême, Ottokar II, puis à Rodolphe de Habsbourg, empereur en 1273.
L'AUTRICHE DES HABSBOURG Empereurs du Saint Empire de 1438 à 1806, les Habsbourg furent rois de Bohême et de Hongrie (1526-1918). Ils affrontèrent l'Empire ottoman (Vienne fut assiégée par les Turcs, pour la dernière fois, en 1683), s'opposèrent à la Réforme et furent souvent les ennemis de la France. Napoléon I$^{er}$ contraignit François II à renoncer au titre d'empereur romain germanique (1806). Les territ. enlevés par Napoléon furent rétrocédés (Congrès de Vienne 1814-1815) à l'Autriche, qui gagna la Bohême, la Hongrie, la Galicie, le N. de l'Italie, la Croatie, la Slavonie ; l'empereur d'Autriche présidait la Confédération germanique. En 1859, l'Autriche perdit la Lombardie. En 1866, la victoire de la Prusse à Sadowa marqua la fin de la présence autrich. en Allemagne et en Italie. En 1867, elle constitua une monarchie dualiste (Autriche-Hongrie) sous un seul souverain : François-Joseph, qui, en 1908, annexa la Bosnie et l'Herzégovine. L'attentat de *Sarajevo* l'amena à déclarer la guerre à la Serbie (déclenchement de la Première Guerre mondiale).
LA RÉPUBLIQUE D'AUTRICHE Vaincu, Charles I$^{er}$ (1916-1918) abdiqua ; la république fut proclamée (12 nov. 1918). Déchirée (écrasement des socialistes en 1927), l'Autriche fut menacée par l'Allemagne nazie (assassinat du chancelier Dollfuss en juill. 1934), qui l'annexa (*Anschluss*, mars 1938). Occupée par les quatre Alliés jusqu'en 1955, elle devint alors un pays neutre. Les socialistes, au pouvoir de 1971 à 1983, firent de l'Autriche un modèle d'équité sociale. À partir de 1983, ils formèrent avec les libéraux une coalition, dont l'audience s'amenuisa, au profit de l'extrême droite. L'Autriche est entrée dans l'Union européenne, en 1995 puis a adopté l'euro. Les élections de 1999 virent une forte progression de l'extrême droite à laquelle s'allia le conservateur W. Schüssel, ce qui provoqua de vives réactions en Europe. Les élections de 2002 voient un net recul de l'extrême droite et les sociaux-démocrates reprennent le pouvoir avec Alfred Gusenbauer (en 2006) puis Werner Faymann (en 2008, réélu en 2013). ▶ carte p. 123

**Autriche (Basse)** Land d'Autriche ; 19 170 km$^2$ ; 1 480 900 hab. ; cap. *Sankt Pölten.*

**Autriche (Haute)** Land d'Autriche ; 11 978 km$^2$ ; 1 340 070 hab. ; cap. *Linz.*

**Autriche-Hongrie** nom donné de 1867 à 1918 à la double monarchie (*bicéphale*) comprenant l'empire d'Autriche (Autriche, Bohême, Moravie, Galicie, Bucovine, Slovénie, Dalmatie, Trentin, Gorizia) et le royaume de Hongrie (Hongrie, Slovaquie, Transylvanie, Banat, Croatie, Slavonie), la Bosnie-Herzégovine, annexée en 1908, étant possession commune. Elle avait un seul souverain : l'empereur d'Autriche. Couronné roi à Budapest, l'empereur d'Autriche détenait le pouvoir exécutif en Hongrie. La défaite de 1918 eut pour conséquence le démembrement de l'Autriche-Hongrie. DER **austro-hongrois, oise** *a, n*

**autruche** *nf* Ratite struthioniforme, le plus grand des oiseaux actuels (2,50 m de haut), incapable de voler mais très bon coureur (40 km/h), qui vit en bandes dans les savanes africaines et qu'on élève pour ses plumes et pour sa chair. LOC *Estomac d'autruche* : capable de digérer n'importe quoi. — fam *Faire l'autruche* : refuser de voir la réalité en face. ETY Du gr.

autruche

**autrui** *pr indéf inv* Les autres, le prochain. *Le bien d'autrui.*

**Autun** ch.-l. d'arr. de la Saône-et-Loire, sur l'Arroux ; 15 200 hab. Industries. – Évêché. Cath. romane St-Lazare (XII$^e$ et XV$^e$ s.) dont le tympan du Jugement dernier fut sculpté par Gislebert. DER **autunois, oise** *a, n*

**autunite** *nf* Phosphate de calcium et d'uranium hydraté, de couleur jaune, minerai d'uranium.

**Autunois** rég. boisée du Massif central, autour d'Autun.

**auvent** *nm* Abri au-dessus d'une porte.

**auvergnat** *nm* Dialecte d'oc de l'Auvergne.

**Auvergne** Ancienne province du centre de la France. – Peuplée dès le paléolithique, elle résista aux Romains avec Vercingétorix (échec de César à Gergovie). Conquise par Clovis en 507, elle fit partie du duché d'Aquitaine et devint un comté en 979. En 1155, elle fut divisée. Ces fiefs revinrent à la Couronne entre 1531 et 1693. DER **auvergnat, ate** *a, n*

**Auvergne** ancienne Région française et de l'UE, formée des dép. de l'Allier, du Cantal, de la Haute-Loire et du Puy-de-Dôme, intégrée en 2016 à la Rég. Auvergne-Rhône-Alpes. DER **auvergnat, ate** *a, n*
**Géographie** Plus de 60 % du territoire auvergnat est situé au cœur du Massif central (1 885 m au puy de Sancy). Humides et rudes en hiver, auj. faiblement peuplés, les hauts plateaux, souvent surmontés de massifs volcaniques (chaîne des Puys, mont Dore, Cantal, Velay), sont couverts de forêts et de pâturages. Ils s'opposent aux plaines, vallées et bassins, qui concentrent la pop. Château d'eau, la région alimente les bassins de la Loire et de la Garonne. La pop. émigre depuis le XIX$^e$ s. Le secteur primaire reste important (plus de 10 % des actifs) : élevage laitier, fromages ; ressources en bois, eaux minérales (Vichy, Volvic). Industries : pneus (Michelin), équipements auto., coutellerie de Thiers. Le tourisme est actif.

**Auvergne-Rhône-Alpes** Région française et de l'UE née de la fusion en 2016 des Régions Auvergne et Rhône-Alpes ; 69 711 km$^2$ ; 7 758 000 hab. ; cap. *Lyon.*

**Auvers-sur-Oise** ch.-l. de cant. du Val-d'Oise (arr. de Pontoise) ; 7 000 hab. – Y séjournèrent Corot, Daubigny, Cézanne, Pissarro et Van Gogh, qui, soigné par le docteur Gachet, s'y suicida. DER **auversois, oise** *a, n*

**aux** *art* Forme contractée de l'article défini.

**Auxerre** ch.-l. du dép. de l'Yonne, sur l'Yonne ; 36 900 hab. Comm. des vins. Industries. – Cath. XII$^e$-XVI$^e$ s. Abbat. St-Germain (clocher XII$^e$ s.). DER **auxerrois, oise** *a, n*

**Auxerrois** rég. de plateaux calcaires en basse Bourgogne, autour d'Auxerre.

**auxèse** *nf* BOT Augmentation de taille des cellules d'un végétal, entraînant l'accroissement de celui-ci. VAR **auxésis**

**auxiliaire** *a, n* **1** Qui aide, qui seconde. *Machine auxiliaire. Un auxiliaire précieux.* **2** GRAM Se dit des formes verbales (*être et avoir*) qui servent à former les temps composés des verbes. **3** Se dit d'une personne recrutée provisoirement par l'Administration. *Fonctionnaire auxiliaire.* ANT titulaire. LOC *Auxiliaire de justice* : personne (avocat, secrétaire, greffier, huissier, etc.) qui contribue au fonctionnement de la justice. — *Auxiliaire médical* : soignant non médecin. — *Auxiliaire de vie sociale* : personne habilitée à s'occuper à leur domicile de personnes dépendantes pour le ménage, les courses, les sorties. ETY Du lat.

**auxiliariat** *nm* Fonction d'auxiliaire dans l'Administration.

**auxine** *nf* BOT Acide β-indolyl-acétique, hormone végétale ayant des effets très variés sur les plantes, le principal étant l'*auxèse*.

**Auxois** rég. de basse Bourgogne (Côte-d'Or), autour de Semur.

**auxotrophe** *a* BIOL Se dit d'un organisme qui, pour croître, a besoin d'un ou plusieurs macro-éléments dans son alimentation. ETY Du gr.

**auxquels, auxquelles → lequel.**

**avachir (s')** *vpr* ③ **1** Se déformer. *Vêtement qui s'avachit.* **2** Se laisser aller. *S'avachir sur un lit.* ETY Du frq. *vaikjan*, « amollir ». DER **avachissement** *nm*

**1 aval** *nm* **1** DR Engagement pris par un tiers de payer un effet de commerce au cas où le débiteur principal serait défaillant. *Bon pour aval.* **2** fig Caution. *Donner son aval à un projet.* PLUR avals. ETY De l'ar. *hâwâlâh*, « mandat ».

**2 aval** *nm, a inv* **A** *nm* **1** Côté vers lequel coule un cours d'eau. **2** Côté situé vers le bas d'une pente. **3** fig Partie d'un processus, d'une activité qui se situe après le point considéré. PLUR avals. **B** *a inv* Se dit du ski qui se trouve vers le bas de la pente. ANT amont. LOC *En aval de* : au-delà de, en descendant le courant. ETY De *val.*

**avalanche** *nf* **1** Glissement d'une masse considérable de neige mêlée de terre, de pierres, etc., le long des pentes d'une montagne. **2** fig Grande quantité de. *Une avalanche d'injures.* ETY Du savoyard *lavantse*, avec infl. de *aval 2*. DER **avalancheux, euse** *a*

**avaler** *vt* ① **1** Faire descendre par le gosier dans le tube digestif. *Avaler un bouillon, un œuf.* **2** fig Lire avidement. *Avaler un roman policier.* **3** fig Croire naïvement. *Avaler des sornettes.* ETY De *aval 2*.

**avaleur** *nm* LOC *Avaleur de sabres* : bateleur qui s'introduit une lame dans le gosier.

**avaliser** *vt* ① **1** FIN Donner son aval à. *Avaliser un effet.* **2** fig Cautionner.

**Avallon** ch.-l. d'arr. de l'Yonne, sur le Cousin ; 7 400 hab. – Collégiale St-Lazare (XI$^e$-XII$^e$ s.). DER **avalonnais, aise** *a, n*

**avaloir** *nm* **1** TRAV PUBL Orifice le long d'un trottoir servant à l'évacuation des eaux pluviales vers le réseau d'assainissement. **2** Élément tronconique d'une cheminée, par où s'échappent les gaz et fumées de combustion.

**à-valoir** *nm inv* Règlement partiel d'une somme.

**Avaloirs (mont ou signal des)** un des points culminants du Massif armoricain (417 m), dans la Mayenne.

**Avalokiteçvara** bodhisattva vénéré comme figure de la compassion.

**Avalon** presqu'île de l'est de Terre-Neuve (Canada) où se situe le ch.-l. de l'île, *Saint John's.*

**Avalos Fernando Francisco de** (Naples, 1490 – Milan, 1525), général espagnol ; il contribua à la défaite française de Pavie.

**avance** *nf* **A 1** Progression. *Freiner l'avance de ces troupes.* **2** Espace parcouru avant qqn. *Deux longueurs d'avance.* **3** Temps gagné sur qqn, qqch. *Avoir deux jours d'avance.* ANT retard. **4** Somme d'argent donnée ou reçue à titre d'acompte. *Solliciter une avance sur son salaire.* **B** *nf pl* **1** Somme investie dans un capital. *Récupérer ses avances.* **2** Premières démarches, premières offres pour nouer ou renouer les relations. *Répondre aux avances de qqn.* **LOC** ***À l'avance, d'avance, par avance*** : de façon anticipée, avant le moment fixé. — TECH ***Avance à l'allumage*** : dispositif permettant de régler l'instant de l'allumage, dans un moteur à explosion. — FIN ***Avance en compte courant*** : crédit ou découvert accordé sur un compte bancaire courant. — ***En avance*** : avant le moment prévu.

**avancé, ée** *a* **1** Qui se situe en avant. *Sentinelle avancée.* **2** Précoce. *Le blé est très avancé cette année.* **3** D'avant-garde. *Des idées avancées.* **4** Arrivé à un certain degré de perfection. *Une civilisation avancée.* **5** Dont une grande partie est écoulée, ou qui touche à son terme. *Âge avancé. Son manuscrit est très avancé.* **6** Proche de la décomposition. *Viande avancée.*

**avancée** *nf* **1** Ce qui est en avant, ce qui fait saillie. **2 fig** Fait d'avancer, progression, progrès. *Des avancées sociales.* **3** PECHE Partie terminale de la ligne.

**avancement** *nm* **1** Progrès, développement. *L'avancement des sciences.* SYN évolution. **2** Promotion. *Avancement au choix, à l'ancienneté.* **LOC** DR ***Avancement d'hoirie*** : don fait par anticipation à un héritier.

**avancer** *v* [12] **A** *vi* **1** Aller en avant. *Il recule au lieu d'avancer.* **2** Faire des progrès vers un terme. *Ce travail avance lentement.* **3** Obtenir de l'avancement, une promotion. **4** Indiquer une heure plus avancée que l'heure réelle, en parlant d'une montre. ANT retarder. **5** Faire saillie, dépasser de l'alignement. **B** *vt* **1** Porter en avant. *Avancer un fauteuil.* **2** Faire progresser. *Avancer son travail.* **3** Payer par anticipation. *Avancer mille francs sur une facture.* **4** Prêter. *Avancer de l'argent à un ami.* **5** Faire advenir plus tôt que prévu. *La chaleur avance la végétation.* **6** Mettre en avant. *Ce journaliste n'avance rien qui ne soit dûment prouvé.* **C** *vpr* **1** Se porter en avant, progresser. **2** S'écouler, en parlant du temps. *L'après-midi s'avance et nous sommes loin de conclure.* **3 fig** S'engager trop avant dans ses propos ou ses démarches. *Vous vous avanceriez jusqu'à dire que...* [ETY] Du lat.

**avanie** *nf* litt Vexation, affront public.

**1 avant** *av, prép* **A** *av* **1** Marque l'antériorité. *Lisez avant, vous répondrez ensuite.* **2** Marque une priorité dans la succession spatiale. *Avant, il y a un carrefour et après, une église.* **3** Marque un éloignement du point de départ, un progrès. *N'allez pas trop avant dans le bois. Pénétrer fort avant dans la connaissance.* **B** *prép* **1** Marque l'antériorité. *Avant l'orage, il faisait très chaud.* **2** Marque la priorité, l'ordre dans une succession spatiale. *La boulangerie est juste avant le feu rouge.* **3** Marque la hiérarchie, la préférence. *À l'atout, le valet est avant le neuf. Mettre Napoléon avant César.* **LOC** ***Avant de*** (avec l'inf.), ***avant que*** (avec le subj.) : antérieurement au fait de. — ***En avant*** : devant soi. — ***En avant de*** : avant. — ***Mettre en avant qqch*** : l'alléguer. — ***Mettre en avant qqn*** : se retrancher derrière son autorité. — ***Se mettre en avant*** : se faire valoir. [ETY] Du lat. *ab*, « du côté de », et *ante*, « devant ».

**2 avant** *nm, a inv* **A** *nm* **1** Partie antérieure d'un véhicule, d'un navire, etc. *La montée se fait par l'avant.* **2** MILIT Front des combats. *Les soldats de l'avant.* **3** SPORT Joueur placé devant tous les autres. **B** *a inv* Placé à l'avant. *La portière avant droite.* **LOC** ***Aller de l'avant*** : progresser vivement ; fig, s'engager résolument dans une affaire.

**avantage** *nm* **1** Ce dont on peut tirer parti pour un profit, un succès ; supériorité. **2** JEU Au tennis, point marqué par un joueur lorsque la marque est à quarante partout. **3** Profit. *Tirer avantage d'une situation.* **LOC** ***Avantages en nature*** : élément du revenu d'un salarié qu'il ne reçoit pas sous forme d'argent (logement, voiture de fonction, etc.). — ***Avoir avantage à*** : gagner à. — ***Avoir, prendre l'avantage*** : gagner.

**avantager** *vt* [13] Donner un avantage, favoriser.

**avantageux, euse** *a* **1** Qui procure des avantages. *Prix avantageux.* **2** Flatteur. *Avoir une opinion avantageuse de qqn.* **3** litt Vain, présomptueux. *Prendre un air avantageux.* [DER] **avantageusement** *av*

**avant-bassin** *nm* Partie d'un port en avant du bassin. PLUR avant-bassins.

**avant-bec** *nm* ARCHI Partie amont d'une pile de pont PLUR avant-becs.

**avant-bras** *nm inv* Segment du membre supérieur compris entre le coude et le poignet.

**avant-centre** *nm* SPORT Dans les sports d'équipe, joueur qui occupe la partie centrale de la ligne des avants. PLUR avant(s)-centres.

**avant-contrat** *nm* DR Contrat provisoire, signé dans la perspective d'un contrat ferme. PLUR avant-contrats.

**avant-corps** *nm inv* ARCHI Corps de bâtiment en saillie sur la façade.

**avant-coureur** *a* Précurseur. *Les signes avant-coureurs de la maladie.* PLUR avant-coureurs.

**avant-dernier, ère** *a, n* Qui est situé avant le dernier. *L'avant-dernière page.* PLUR avant-derniers.

**avant-garde** *nf* **1** MILIT Ensemble des éléments de reconnaissance et de protection qu'une troupe détache en avant d'elle. PLUR avant-gardes. **2** Bx-A Mouvement littéraire, artistique innovateur, en rupture avec les traditions. **LOC** fig ***À l'avant-garde de*** : au premier rang de, à la pointe de. — ***D'avant-garde*** : qui est ou prétend être à la tête des innovations, du progrès, dans telle ou telle discipline littéraire, artistique.

**avant-gardisme** *nm* Fait d'être de l'avant-garde. [DER] **avant-gardiste** *a, n*

**avant-goût** *nm* Impression, sensation qu'on a par avance. PLUR avant-goûts. [VAR] **avant-gout**

**avant-guerre** *nm, nf* Période qui a précédé la guerre et, spécial., l'une des deux guerres mondiales. PLUR avant-guerres.

**avant-hier** *av* Dans le jour qui a précédé la veille. [PHO] [avɑ̃tjɛr]

**avant-main** *nm* Partie antérieure du cheval. ANT arrière-main. PLUR avant-mains.

**avant-métré** *nm* CONSTR Devis estimatif sommaire d'un ouvrage. PLUR avant-métrés.

**avant-midi** *nm, nf* Canada, Belgique Matin, matinée. PLUR avant-midis ou avant-midi.

**avant-plan** *nm* Belgique Premier plan. PLUR avant-plans.

**avant-port** *nm* Partie d'un port ouverte sur la mer. PLUR avant-ports.

**avant-poste** *nm* MILIT Poste avancé. PLUR avant-postes.

**avant-première** *nf* Spectacle donné à l'intention des critiques avant la première représentation publique. PLUR avant-premières.

**avant-projet** *nm* Étude préliminaire d'un projet. PLUR avant-projets.

**avant-propos** *nm inv* Préface écrite par l'auteur.

**avant-saison** *nf* Période qui précède la saison sportive. PLUR avant-saisons.

**avant-scène** *nf* **1** Partie de la scène comprise entre le rideau et la rampe. **2** Loge placée sur chaque côté de la scène. PLUR avant-scènes.

**avant-soirée** *nf* Tranche horaire précédant le journal télévisé. PLUR avant-soirées.

**avant-texte** *nm* Ensemble de textes rédigés par un écrivain en vue de la réalisation d'une œuvre. PLUR avant-textes.

**avant-toit** *nm* ARCHI Portion de toit en saillie. PLUR avant-toits.

**avant-train** *nm* Jambes de devant et poitrail d'un quadrupède. ANT arrière-train. PLUR avant-trains.

**avant-veille** *nf* Jour qui précède la veille. PLUR avant-veilles.

**avare** *a, n* **1** Qui a la passion de l'argent et l'accumule sans vouloir l'utiliser. ANT prodigue. **2 fig** Peu prodigue. *Être avare de son temps.* [ETY] Du lat.

**Avare (l')** comédie en prose de Molière (1668) inspirée de Plaute (*Aulularia*, « la Marmite »). V. Harpagon.

**avarice** *nf* Amour excessif de l'argent pour lui-même.

**avaricieux, euse** *a, n* litt Se dit de qqn qui est d'une parcimonie mesquine.

**avarie** *nf* **1** Dommage causé à un navire ou à sa cargaison. **2 fig, litt** Dommage, détérioration subie par un objet. [ETY] De l'ar.

**avarié, ée** *a* **1** Qui a éprouvé une avarie. *Navire, fret avarié.* **2** Détérioré, gâté. *Viande avariée.*

**avarier** *vt* [2] Endommager, abîmer. *La pluie a avarié les récoltes.*

**Avars** peuple mongol, parent des Huns, qui envahit l'Autriche et l'Italie et fut arrêté par Charlemagne (791-799).

**Avars** peuple caucasien, adepte de l'islam sunnite, qui vit principalement au Daghestan et en Azerbaïdjan ; 700 000 personnes.

**avatar** *nm* **A 1** Incarnation de Vishnu, ou d'un autre dieu, dans le brahmanisme. **2 fig** Transformation, métamorphose. **3** INFORM Double virtuel conçu et contrôlé par un joueur sur un univers en ligne. **B** *nm pl* Tracas, malheur. [ETY] Du sanskr. *avatāra*, « descente ».

**AVC** *nm* Sigle de *accident vasculaire cérébral.*

**Ave** *nm inv* Prière à la Vierge commençant par *Ave. Dire des Ave.* [PHO] [ave] [ETY] Mot lat., « salut ». [VAR] **Ave Maria**

**avec** *prép, av* **A** *prép* **1** En compagnie de. *Voyager avec un ami.* **2** À l'égard de. *Comment se comporte-t-il avec ses enfants ?* **3** Contre. *Se battre avec qqn.* **4** S'agissant de. *Avec lui, il n'y a rien à faire.* **5** Conformément à, selon. *Penser avec Descartes que les animaux sont des machines. Avec vous, seul le travail compte.* **6** Pour marquer une relation entre individus. *Être ami, d'accord, en opposition, dans les pires termes, etc., avec qqn.* **7** À l'aide de, grâce à. *Manger avec une fourchette.* **8** En même temps que. *Un vent violent s'est levé avec le soleil.* **9** En plus de. *Et avec cela, que désirez-vous ?* **10** En ayant pris, emporté. *Il sort avec un parapluie.* **11** Pour exprimer une relation circonstancielle. *Parler avec élégance (manière).* **B** *av* fam Avec cela. *Il a acheté un crayon, il dessine avec.* **LOC** ***D'avec*** : pour marquer l'idée de séparation. *Divorcer d'avec...* [ETY] Du lat. pop *apud-hoc*, « auprès de cela ».

**Avedon Richard** (New York, 1923 – San Antonio, 2004), photographe américain. Photographe de mode inventif et sophistiqué, il s'est imposé comme un maître du portrait.

**aveline** *nf* Fruit de l'avelinier, grosse noisette à cupule violacée. [ETY] Du lat. *nux abellana,* « noix d'Abella ».

**avelinier** *nm* Variété de noisetier dont le fruit est l'aveline.

**Avellino** ville d'Italie (Campanie) ; 56 120 hab. ; ch.-l. de la prov. du m. nom.

**Avempace Ibn Badjdja,** dit (Saragone, v. 1050 – Fès, 1138), philosophe arabe. Selon lui, la raison humaine peut accéder à Dieu. Il servit les Almoravides.

**aven** *nm* Gouffre naturel creusé par les eaux d'infiltration dans les régions calcaires. [PHO] [aven]

**1 avenant, ante** *a* Qui a bon air, affable. *Visage avenant. Manières avenantes.* [ETY] Ppr. de l'a. v. *avenir,* « convenir ».

**2 avenant** *nm* DR Addition, modification à un contrat en cours. *Avenant à un marché.* [ETY] Ppr. subst. de l'a. v. *avenir,* « revenir à (qqn) ».

**3 avenant (à l')** *av* À proportion, en conformité. **LOC** ***À l'avenant de :*** en conformité avec.

**Avenarius Richard** (Paris, 1843 – Zurich, 1896), philosophe allemand. Sa doctrine, l'empirio-criticisme est un idéalisme qui réunit l'empirisme de Hume et le criticisme de Kant.

**avènement** *nm* **1** THEOL Venue du Messie. **2** Accession à la souveraineté. *L'avènement de Louis II.* **3** fig Fait d'arriver. *L'avènement d'une ère nouvelle.*

**avenir** *nm* **1** Temps à venir, évènements futurs. *Prévoir l'avenir.* **2** Situation de qqn dans le futur. *Assurer, compromettre l'avenir de ses enfants.* **3** Postérité. *Écrire pour l'avenir.* **LOC** ***À l'avenir :*** désormais. — ***D'avenir :*** dont on peut espérer la réussite. *Un sportif d'avenir.* [ETY] Ellipse de *le temps à venir.*

**Avenir (l')** journal fondé par La Mennais (16 oct. 1830-15 nov. 1831).

**Avent** *nm* Temps consacré par les Églises chrétiennes à se préparer à la fête de Noël (*avènement* de Jésus), comprenant les quatre dimanches qui précèdent celle-ci. [ETY] Du lat. *adventus,* « arrivée (de J.-C.) ».

**Aventin (mont)** une des sept collines de Rome, où se retira la plèbe révoltée contre les patriciens en 494 av. J.-C.

**aventure** *nf* **1** Évènement imprévu, extraordinaire. **2** Intrigue amoureuse. *Avoir eu de nombreuses aventures.* **3** Entreprise risquée. *Il y a un siècle, c'était une aventure de traverser l'Afrique.* **LOC** ***D'aventure, par aventure :*** par hasard. [ETY] Du lat. *adventura,* « ce qui adviendra ».

**aventurer** *vt* [1] Risquer, hasarder. *Aventurer sa fortune. S'aventurer en pays inconnu.* [DER] **aventuré, ée** *a*

**aventureux, euse** *a* **1** Qui aime le risque. *Esprit aventureux.* **2** Qui comporte des risques. *Projet aventureux.* **3** Plein d'aventures. *Vie aventureuse.* [DER] **aventureusement** *av*

**aventurier, ère** *n* **1** Personne qui cherche les aventures. *De courageux aventuriers.* **2** Personne qui vit d'intrigues.

**aventurine** *nf* Variété de quartz brun rougeâtre dans la masse duquel sont disséminées des paillettes de mica.

**aventurisme** *nm* Tendance à prendre des mesures aventureuses. [DER] **aventuriste** *a, n*

**avenu, e** *a* DR *Nul(le) et non avenu(e) :* considéré(e) comme inexistant(e), sans valeur.

**avenue** *nf* **1** Voie d'accès. *Les avenues du pouvoir.* **2** Voie ou rue large. *L'avenue des Champs-Élysées.*

**Avenzoar** (en ar. *Abū Marwān ibn Zahr*) (Peñaflor, près de Séville, vers 1090 – Séville, 1162), philosophe et médecin arabe, maître et ami d'Averroès.

**Avercamp Hendrik** (Amsterdam, 1585 – Kampen, 1634), paysagiste hollandais.

**avéré, ée** *a* Reconnu pour certain. *C'est un fait avéré.*

**avérer (s')** *vpr* [14] **1** Se révéler. **2** Se manifester comme. *Cette manœuvre s'est avérée utile.* **LOC** ***Il s'avère que :*** il apparaît que. [ETY] De l'a. fr. *voir,* « vrai ».

**Averescu Alexandru** (Ismaïl, 1859 – Bucarest, 1938), maréchal et homme polit. roumain, chef du gouv. (1920-1921 et 1926).

**Averne (lac d')** lac de Campanie que les Romains considéraient comme l'entrée des enfers.

**Averroès** (en ar. *'Abū-l-Walīd Muhammad ibn Ruchd*) (Cordoue, 1126 – Marrakech, 1198), philosophe et médecin arabe ; commentateur d'Aristote. L'*averroïsme* (éternité de la matière et de « l'intellect actif », intermédiaire entre Dieu et les hommes) fut condamné par l'Église en 1240 et par l'islam, mais son influence fut immense. [DER] **averroïste** *a, n*

**avers** *nm* Face d'une pièce, d'une médaille, opposée au revers. [PHO] [avɛʀ]

**averse** *nf* **1** Pluie soudaine et abondante de courte durée. **2** fig Grande quantité de. *Une averse d'insultes.* [ETY] De *(pleuvoir) à (la) verse.*

**aversion** *nf* Violente antipathie, répugnance. *Avoir de l'aversion pour ou contre qqch ou qqn. Prendre qqn en aversion.* [ETY] Du lat. *avertere,* « détourner ».

**averti, ie** *a* **1** Informé, sur ses gardes. *Tenez-vous pour averti.* **2** Expérimenté, compétent. *Un critique averti.*

**avertir** *vt* [3] Appeler l'attention de qqn sur. *Je l'avais pourtant averti du danger.* [ETY] Du lat. *advertere,* « tourner vers ».

**avertissement** *nm* **1** Appel à l'attention. SYN recommandation. **2** Note placée en tête d'un ouvrage, en général écrite par l'éditeur, pour prévenir, mettre en garde le lecteur. **3** Remontrance avant la sanction. SYN observation. **4** FISC Invitation à payer envoyée par le contrôleur des Contributions.

**avertisseur, euse** *nm, a* **A** *nm* Dispositif sonore qui avertit. *Avertisseur d'incendie, de voiture.* **B** *a* Qui avertit. *Signal avertisseur.*

affiche d'un dessin animé de **Tex Avery**

**Avery Fred,** dit **Tex** (Taylor, Texas, 1907 – Burbank, Californie, 1980), réalisateur américain de dessins animés (Betty Boop, Bugs Bunny le lièvre, Droopy le chien).

**Avesta** ensemble des livres sacrés des anc. Perses, qui, postérieurs aux *Gatha*, réformèrent le zoroastrisme. V. Zoroastre.

**avestique** *nm* Iranien ancien, langue de l'Avesta.

**aveu** *nm* **1** DR FEOD Déclaration constatant l'engagement du vassal envers son seigneur. **2** Action de reconnaître qu'on a fait ou dit quelque chose. *L'aveu d'une erreur, d'un crime. Passer aux aveux.* ANT dénégation. **3** DR Déclaration reconnaissant un fait ou un droit allégué par la partie adverse. LOC ***Aveu extrajudiciaire*** : fait hors de la présence du juge. — ***Aveu judiciaire*** : fait en justice. — ***De l'aveu de*** : selon le témoignage de, au dire de. — ***Homme sans aveu*** : vagabond sans feu ni lieu. PHO [avø]

**aveuglant, ante** *a* **1** Éblouissant. **2 fig** Qu'on ne peut nier. *Vérité aveuglante.* SYN flagrant.

**aveugle** *a, n* **A** *a* **1** Privé du sens de la vue. *Devenir aveugle.* **2 fig** Manquant de clairvoyance et de discernement. *La passion le rend aveugle.* **3** Qui ne souffre pas l'examen ou la discussion, en parlant de sentiments. *Une foi, une obéissance, une soumission aveugle.* **B** *n* Personne aveugle, non-voyant. LOC ***Essai en aveugle*** : sans que le sujet d'un test ait connaissance de certaines informations. — ***Essai en double aveugle*** : le sujet et l'expérimentateur ignorant certaines informations. — ARCHI ***Fenêtre aveugle*** : fausse fenêtre ou fenêtre obturée. — JEU ***Jouer en aveugle*** : sans voir l'échiquier. — ARCHI ***Pièce aveugle*** : sans fenêtre. — ANAT ***Point aveugle*** : débouché du nerf optique sur la rétine, dépourvu de cellules visuelles.

**aveuglement** *nm* Manque de discernement.

**aveuglément** *av* Sans réflexion, sans examen. *Croire, obéir aveuglément.*

**aveugle-né, née** *a, n* Qui est aveugle de naissance. PLUR aveugles-nés.

**aveugler** *v* ① **A** *vt* **1** Rendre aveugle. **2** Gêner momentanément la vue. *L'éclat du soleil m'aveugle.* SYN éblouir. **3 fig** Priver de la faculté de discernement. *La vanité l'aveugle.* SYN égarer. **B** *vpr* Se faire illusion, se cacher volontairement la vérité. *S'aveugler sur ses défauts.*

**aveuglette (à l')** *av* **1** Sans voir. **2 fig** Au hasard.

**aveulir** *vt* ③ litt Rendre veule. DER **aveulissement** *nm*

**Aveyron** riv. de France (250 km), affl. du Tarn (r. dr.) ; naît dans le causse de Séverac et se jette dans le Tarn en aval de Montauban.

**Aveyron** dép. franç. (12) ; 8 735 km² ; 277 740 hab. ; 31,8 hab./km² ; ch.-l. *Rodez* ; ch.-l. d'arr. *Millau* et *Villefranche-de-Rouergue*. V. Midi-Pyrénées. DER **aveyronnais, aise** *a, n*

**aviaire** *a* didac Relatif aux oiseaux, à la volaille. *Peste aviaire.* ETY Du lat. *avis*, « oiseau ».

**aviateur, trice** *n* Pilote ou membre de l'équipage d'un avion.

**aviation** *nf* **1** Locomotion dans l'atmosphère à l'aide d'appareils plus lourds que l'air. **2** Ensemble des moyens permettant la navigation aérienne. **3** Tout ce qui se rapporte aux avions, à leur utilisation et au personnel qui les met en œuvre.

**Avicébron Salomon ibn Gabirol** ou **Gebirol** (Málaga, v. 1020 – Valence, v. 1058), philosophe et poète juif néo-platonicien : *Fons vitae* commente la Loi de Moïse.

**Avicenne** (en ar. *Ibn Sīnā*) (Afchana, près de Boukhara, 980 – Hamadhan, 1037), philosophe et médecin arabe. Son *Canon de la médecine* et son encyclopédie philosophique (*Kitāb al-Chifa*, « le Livre de la guérison ») eurent une influence immense.

**aviculture** *nf* Élevage des oiseaux, de la volaille. DER **avicole** *a* – **aviculteur, trice** *n*

**avide** *a* **1** Qui désire ardemment se procurer qqch. *Avide de gloire, de richesse.* **2** Cupide. *Un héritier avide.* **3** CHIM Qui se combine facilement avec un autre corps. ETY Du lat. DER **avidement** *av* – **avidité** *nf*

**avifaune** *nf* ECOL Ensemble des oiseaux d'un biotope.

**Avignon** v. de France, ch.-l. du dép. du Vaucluse, sur le Rhône ; 92 200 hab. – Siège de la papauté de 1309 à 1378 (sept papes) ; acheté en 1348 par Clément VI à la comtesse de Provence ; réuni à la France en 1791. – Pont St-Bénezet, appelé « pont d'Avignon » (XIIe s.), rompu au XVIIe s. ; cath. romane N.-D.-des-Doms. Égl. St-Didier (XIVe s.). Palais des Papes (XIVe s.) ; musées. DER **avignonnais, aise** *a, n*

**Avignon** pont Saint-Bénézet, Petit Palais, cathédrale Notre-Dame-des-Doms, palais des Papes

**Avignon (festival d')** festival annuel (juillet) d'art dramatique créé (1947) par Jean Vilar. D'abord réservé à la troupe du TNP, il accueillit à partir de 1966 d'autres compagnies puis se doubla d'un festival « off ».

**Ávila** v. d'Espagne (Castille et Léon), à 1 121 m d'alt. ; 58 400 hab. ; ch.-l. de la prov. du m. nom. Industr. méca. – Enceinte fortifiée

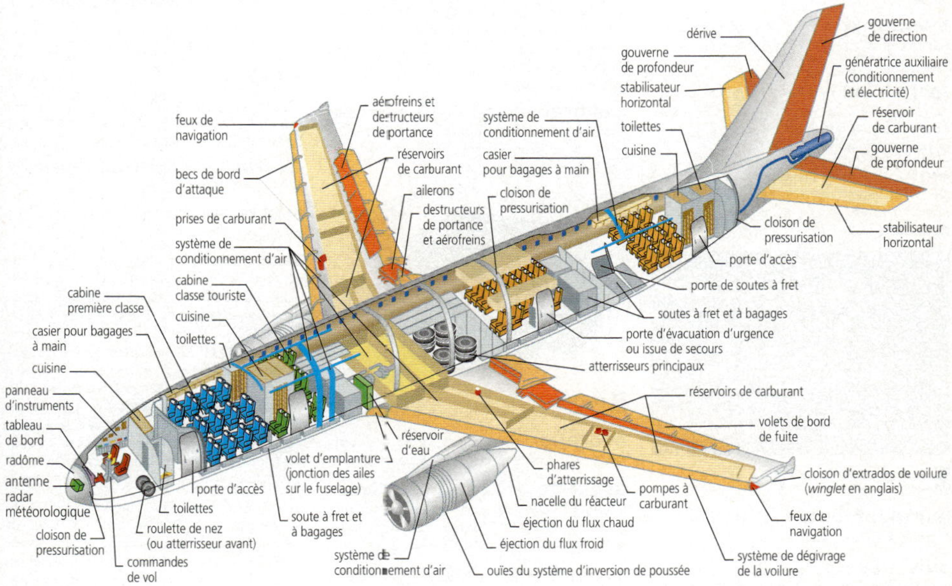


**caractéristiques générales :**
l'Airbus A 300-600R est un avion moyen-long-courrier, équipé de réacteurs double flux

| | | | |
|---|---|---|---|
| poussée au décollage | 2 x 27 t | masse maximale au décollage | 170,5 t |
| longueur | 53,85 m | rayon d'action | 8 050 km |
| envergure | 44,84 m | équipe de conduite | 2 pilotes |
| altitude de croisière | 12 000 m (soit 39 000 pieds) | passagers | de 267 à 345 suivant la version |
| vitesse de croisière | 880 km/h | | |

**avion**

(XII$^{e}$ s.) ; cath. (XII$^{e}$-XIII$^{e}$ s.) ; églises romanes. V. Thérèse d'Avila.

**Avilés** port d'Espagne (Asturies) ; 88 000 hab. Grand centre sidérurgique.

**avilir** *v* ③ Rendre méprisable. *S'avilir par des bassesses.* SYN déconsidérer. DER **avilissant, ante** *a* – **avilissement** *nm*

**aviné, ée** *a* Ivre ; qui dénote l'ivresse. *Démarche avinée.*

**aviner** *vt* ① Imbiber de vin un récipient neuf.

**avion** *nm* Aéronef plus lourd que l'air, équipé d'une voilure fixe et d'un ou de plusieurs moteurs qui lui permettent de voler. ETY Nom de l'appareil inventé par Ader, du lat. *avis,* « oiseau ». ▶ illustr. p. 127

**Avion** ch.-l. de cant. du Pas-de-Calais (arr. d'Arras) ; 18 298 hab.

**avion-cargo** *nm* Avion aménagé pour le transport des marchandises. PLUR avions-cargos.

**avion-citerne** *nm* Avion rempli de carburant destiné à ravitailler d'autres avions en vol. PLUR avions-citernes.

**avion-école** *nm* Avion utilisé pour la formation des pilotes. PLUR avions-écoles.

**avionique** *nf* AVIAT Ensemble des équipements de guidage, de pilotage et de navigation qui fonctionnent avec un matériel informatique ou électronique ; technique de conception et de réalisation de ces équipements.

**avionnerie** *nf* Canada Usine de construction aéronautique.

**avionnette** *nf* Petit avion.

**avionneur** *nm* Constructeur d'avions.

**avion-radar** *nm* Avion équipé d'un système awacs. PLUR avions-radars.

**avion-suicide** *nm* Kamikaze. PLUR avions-suicides.

**avion-taxi** *nm* Petit avion pouvant transporter des voyageurs à la demande. PLUR avions-taxis.

**avipelvien** *nm* PALEONT Reptile dinosaurien herbivore, à bec corné, dont le bassin avait une structure semblable à celui des oiseaux, et qui vécut du trias au crétacé.

**aviron** *nm* **1** MAR Rame. **2** Rame à long manche utilisée pour les embarcations légères. **3** Sport du canotage. *Une équipe d'aviron.* ETY De l'a. fr. *viron,* « tour ».

**aviron**

**avirulent, ente** *a* BIOL Dépourvu de virulence. *Bactéries avirulentes.*

**avis** *nm* **1** Opinion, point de vue. *Donner un, son avis. Être d'avis de* (+ inf.), *que* (+ subj.). **2** Conseil. *Un avis charitable, paternel, amical.* **3** Annonce d'un évènement, d'un fait qu'on porte à la connaissance de qqn, du public. *Avis de décès. Avis d'imposition.* LOC ***Avis au lecteur :*** courte préface de l'auteur ou de l'éditeur. — ***Être d'avis de*** ou ***que :*** croire, estimer, penser que. ETY Du lat. *(mihi est) visum,* « il m'a semblé bon ».

**avisé, ée** *a* Prudent, qui agit avec à-propos. *Un conseiller avisé.*

**1 aviser** *vt* ① Informer par un avis. *On m'a avisé que...* SYN avertir. ETY De *avis.*

**2 aviser** *v* ① **A** *vt* litt Apercevoir. *Aviser un ami dans la foule.* **B** *vi* Prendre une décision. *Il est temps d'aviser.* **C** *vpr* **1** Se rendre compte brusquement de, avoir soudainement l'idée de. *S'aviser de l'arrivée de qqn.* **2** Être assez audacieux pour. *Ne vous avisez pas de me tromper.* ETY De *viser.*

**aviseur** *nm* Informateur, indicateur, dans le langage des douanes.

**aviso** *nm* MAR Bâtiment de guerre rapide utilisé autref. pour assurer des liaisons et auj. pour escorter d'autres navires ou pour lutter contre les sous-marins. ETY De l'esp. *(barca de) aviso,* « bateau d'avis ».

**avitailler** *vt* ① Pourvoir de vivres, de munitions, de carburant un navire, un avion, etc. DER **avitailleur** *nm*

**avitaminose** *nf* MED Affection provoquée par la carence en une ou plusieurs vitamines.

**aviver** *vt* ① **1** Rendre plus vif. *Aviver le feu.* SYN attiser. **2** Donner de l'éclat, rendre brillant. *Aviver une couleur, le teint. Aviver le marbre, les métaux.* **3** fig Exciter, irriter. *Aviver une querelle, une jalousie.* **4** CHIR Mettre les parties saines d'une plaie à vif. DER **avivage** ou **avivement** *nm*

**Aviz** famille qui régna sur le Portugal de 1385 (Jean I$^{er}$) à 1580, quand Philippe II d'Espagne devint roi du Portugal. Elle est originaire d'Aviz, v. de l'Alentejo.

**avocaillon** *nm* péjor, fam Avocat sans talent ou sans clientèle.

**1 avocat, ate** *n* **1** Personne qui fait profession de défendre des causes en justice et de donner des conseils juridiques. *Consulter un avocat.* **2** Personne qui prend fait et cause pour une personne, une idée. *Se faire l'avocat d'une cause perdue.* LOC ***Avocat commis d'office :*** désigné. — ***Avocat-conseil :*** avocat dont le rôle se limite au conseil juridique. — RELIG ***Avocat du diable :*** celui qui, dans un procès en canonisation, est chargé de soulever les objections ; fig personne qui soulève, afin de mieux répondre à une question, des objections systématiques. — ***Avocat général :*** magistrat du parquet, représentant du ministère public. ETY Du lat.

**2 avocat** *nm* Fruit de l'avocatier, piriforme, à la peau verte, dont la pulpe comestible, onctueuse à maturité, est très riche en vitamines. ETY D'un mot caraïbe *aouicate.*

**avocat**

**avocatier** *nm* Lauracée originaire d'Amérique du Sud, cultivée dans tous les pays chauds.

**avocette** *nf* Oiseau échassier (charadriiforme) à long bec recourbé vers le haut et plumage noir et blanc. *L'avocette européenne habite les marais côtiers.* ETY De l'ital. ▶ illustr. **becs**

**avodiré** *nm* Arbre d'Afrique ; bois de cet arbre, brun clair, moiré, utilisé en ébénisterie.

**Avogadro** Amedeo di Quaregna e Ceretto (comte) (Turin, 1776 – id., 1856), chimiste italien. ▷ PHYS, CHIM *Nombre d'Avogadro* (1811) : nombre d'entités (atomes, électrons, ions, etc.) égal à $6{,}022098.10^{23}$ $mol^{-1}$ contenues dans une mole.

**avoine** *nf* Graminée à panicule dont une espèce est cultivée comme céréale pour la nourriture des chevaux et des volailles. LOC ***Folle avoine :*** graminée sauvage, nuisible aux cultures. ETY Du lat. ▶ illustr. **céréales**

**Avoine** com. d'Indre-et-Loire (arr. de Chinon) ; 1 778 hab. Centr. nucléaire « de Chinon ».

**avoinée** *nf* fam Correction, raclée.

**1 avoir** *v* ⑧ **A** *vt* **1** Posséder. *Avoir une voiture, la télévision.* **2** Entrer en possession de, obtenir. *Il a eu le téléphone. Avoir un emploi de comptable.* **3** Bénéficier de. *Avoir beau temps.* **4** Être dans une relation de parenté avec. *Il a une femme et deux enfants.* **5** Pour exprimer divers rapports entre personnes. *Avoir beaucoup d'amis. Avoir du monde à déjeuner.* **6** Posséder sexuellement. **7** fig, fam Duper, l'emporter sur. *Tu nous as bien eus.* **8** Toucher, attraper. *Avoir son train au vol.* **9** Éprouver une sensation de. *Avoir chaud, faim, froid, sommeil.* **10** Ressentir. *Avoir de la peine, du souci.* **11** Porter sur soi. *Avoir ses papiers.* **12** Être âgé de. *Avoir quarante ans.* **13** Pour caractériser une particularité. *Il a les yeux bleus, la parole embarrassée.* **14** Manifester, faire, prononcer. *Avoir un sourire de connivence. Avoir un beau geste. Avoir un mot malheureux.* **B** Verbe auxiliaire des formes composées actives de tous les verbes transitifs et de la plupart des verbes intransitifs. *J'ai écrit, j'ai eu, j'ai été.* LOC ***Avoir à :*** exprimant l'obligation. — ***Avoir beau*** (+ inf.) **:** faire qqch en vain. — fam ***Avoir les moyens, avoir de quoi :*** être riche. — ***Avoir quelque chose :*** ne pas se trouver bien ; mal fonctionner. — fam ***En avoir à, après, contre qqn :*** lui manifester de l'hostilité. — ***Il n'y a qu'à :*** il suffit de. — ***Il n'y en a que pour lui :*** il est le seul objet d'attention. — ***Il y a :*** il existe. — ***Il y a cinq minutes :*** cela fait cinq minutes. — ***N'avoir qu'à :*** avoir simplement à. — ***Qu'est-ce qu'il y a ? :*** qu'est-ce qui se passe ? ETY Du lat.

**2 avoir** *nm* **1** Biens, possession. *Un petit avoir.* **2** FIN Somme due à une personne, susceptible d'être déduite du montant de la prochaine demande de paiement qui lui sera adressée. LOC ***Avoir fiscal :*** syn. de *crédit d'impôt.*

**avoisiner** *vt* ① **1** Être à proximité de. **2** fig Ressembler à. DER **avoisinant, ante** *a*

**Avon** com. de Seine-et-Marne (arr. de Fontainebleau) ; 14 030 hab. – Égl. XII$^{e}$-XV$^{e}$ s.

**Avon** comté du S.-O. de l'Angleterre ; 1 346 km$^{2}$ ; 942 000 hab. ; ch.-l. *Bristol.*

**Avord** commune du Cher (arr. de Bourges) ; 2 334 hab. Camp militaire.

**Avoriaz** station de sports d'hiver de la com. de Morzine (Haute-Savoie).

**avorté, ée** *a* Qui a avorté, échoué. *Tentative avortée.*

**avortement** *nm* **1** MED, VETER Expulsion du produit de la conception avant qu'il soit viable. **2** Interruption provoquée de la grossesse. **3** BOT Non-développement d'un organe. **4** fig Insuccès, échec.

ENC Depuis 1974, l'avortement médical (par aspiration ou curetage) est pratiqué légalement en France pendant les trois premiers mois de la grossesse (interruption volontaire de grossesse : IVG). Un avortement thérapeutique ou interruption médicale de grossesse (IMG), justifié par une maladie grave du fœtus ou de la mère, peut être décidé ultérieurement.

**avorter** *v* ① **A** *vi* **1** Effectuer, subir un avortement. **2** BOT Ne pas parvenir à sa pleine maturité, en parlant de fruits, de fleurs. **3** fig Ne pas aboutir, ne pas avoir le succès prévu, en parlant de plans, d'entreprises. *Révolution qui avorte.* SYN échouer. **B** *vt* Provoquer un avortement chez une femme. ETY Du lat.

**avorteur, euse** *n* Personne qui provoque l'interruption de grossesse illégalement.

**avorton** *nm* péjor Individu difforme et chétif.

**avouable** *a* Qu'on peut avouer sans en avoir honte. *Motifs avouables.*

**avoué** *nm* Officier ministériel (autref., *procureur*). (Maintenus *près les cours d'appel* par la loi du 31 décembre 1971, les *avoués près les tribunaux de grande instance* ont vu leur profession fusionnée avec la profession d'avocat.)

**avouer** *v* ① **A** *vt* **1** Reconnaître, approuver, ratifier. *Principes que la morale peut avouer.* ANT désavouer. **2** Confesser, reconnaître. *Avouer ses erreurs.* **3** Faire des aveux. *Le prévenu a avoué.* **B** *vpr* Se reconnaître coupable, fautif, etc. ETY Du lat.

**Avranches** ch.-l. d'arr. de la Manche, près de l'estuaire de la Sée ; 8 738 hab. – Les Amér. y enfoncèrent les défenses allemandes le 31 juillet 1944. DER **avranchinais, aise** ou **avranchin, ine** *a, n*

**avril** *nm* **1** Quatrième mois de l'année, comprenant trente jours. **2** poét Printemps. *Voici renaître l'avril.* LOC ***Poisson d'avril*** : plaisanterie, farce faite traditionnellement le 1$^{er}$ avril.

**avulsion** *nf* Action d'arracher, d'extraire. *L'avulsion d'une dent.* PHO [avylsjɔ̃] ETY Du lat.

**avunculaire** *a* Qui se rapporte à l'oncle ou à la tante. PHO [avɔ̃kylɛʀ] ETY Du lat. *avunculus*, « oncle ».

**avunculat** *nm* ETHNOL Régime de certaines sociétés matrilinéaires dans lesquelles l'oncle maternel est prédominant par rapport au père. PHO [avɔ̃kyla]

**Avvakoum** (Grigorovo, v. 1620 – Poustozersk, 1682), archiprêtre et écrivain russe. Il a créé le mouvement des « vieux croyants » (*raskolniki*) : *Vie* (1672-1673). Mort sur le bûcher.

**Avventura (l')** film d'Antonioni (1960), avec Gabriele Ferzetti (né en 1925) et Monica Vitti (née en 1931).

**awacs** *nm inv* Système de surveillance électronique installé à bord d'avions spéciaux ; avion ainsi équipé. PHO [awaks] ETY Acronyme pour l'amér. *Airborne Warning and Control System*, « système d'alerte et de contrôle aéroporté ».

**Awami (ligue)** parti nationaliste bengali fondé en 1949 au Pākistān-Oriental par Abdul Hamid Khān Bhashani (1883 ou 1889 – 1976), H. S. Suhrawardi et Mujibur Rahman, qui la dirigea de 1966 à 1975.

**awélé** *nm* Jeu africain consistant à déplacer des jetons (graines) sur un support de 12 cases.

**axe** *nm* **1** Droite autour de laquelle un corps tourne. **2** TECH Pièce cylindrique autour de laquelle tourne un corps. *Axe d'une roue.* **3** MATH Droite qui sert de référence. *Axe des abscisses.* **4** Ligne centrale. *L'axe d'une rue.* **5** Voie de communication. *Les grands axes routiers.* **6** BOT Toute partie d'un végétal qui supporte des organes appendiculaires (tige, rameau, etc.). **7** Ligne directrice d'un projet, d'un plan. *Les grands axes de la réforme foncière.* LOC ANAT ***Axe cérébrospinal*** : ensemble formé par l'encéphale et la moelle épinière. SYN névraxe. — ***Axe de symétrie*** : droite telle qu'à tout point d'une figure correspond son symétrique. — MINER ***Axe d'ordre*** n ***d'un cristal*** : axe tel que les arêtes du cristal se recouvrent après une rotation de $2\pi/n$. — ***Axe du monde*** : qui relie les deux pôles de la Terre. ETY Du lat. *axis*, « essieu ».

**Axe (l')** alliance formée en 1936 par l'Allemagne et l'Italie, que rejoignirent le Japon, la Roumanie, la Bulgarie et la Hongrie.

**axel** *nm* SPORT En patinage artistique, saut accompagné d'un tour et demi sur soi-même. ETY De *Axel Polsen*, patineur suédois.

**axénique** *a* BIOL Se dit d'un être vivant élevé en laboratoire en dehors de tout contact microbien et de tout germe.

**axer** *vt* ① **1** Diriger selon un axe. **2** fig Orienter selon telle direction. *Axer sa vie sur un idéal.*

**axial, ale** *a* Qui se rapporte à un axe. PLUR axiaux. LOC ***Éclairage axial*** : au moyen de lampadaires suspendus dans l'axe d'une voie publique.

**axile** *a* BOT Se dit d'un mode de placentation dans lequel les graines sont groupées autour de l'axe de l'ovaire.

**axillaire** *a* **1** ANAT Relatif à l'aisselle. *Creux axillaire.* **2** BOT Se dit d'un bourgeon né à l'aisselle d'une feuille. PHO [aksilɛʀ] ETY Du lat.

**axiologie** *nf* PHILO Théorie des valeurs morales, recherche sur leur nature et la hiérarchie à établir entre elles. ETY Du gr. *axios*, « qui vaut ». DER **axiologique** *a*

**axiomatique** *a, nf* didac **A** *a* **1** Qui tient de l'axiome. *Vérité axiomatique.* **2** Qui raisonne sur des symboles, indépendamment de leur contenu. *Logique axiomatique.* SYN formel. **B** *nf* Branche de la logique qui recherche et organise en système l'ensemble des axiomes d'une science.

**axiomatisation** *nf* Formulation d'un ensemble d'axiomes formant un système cohérent susceptible de constituer la base d'une théorie. DER **axiomatiser** *vt*

**axiome** *nm* **1** Proposition générale reçue et acceptée comme vraie sans démonstration. **2** Principe posé a priori. *L'axiome selon lequel il n'y a plus de saison.* ETY Du gr. *axioun*, « juger ».

**axis** *nm* ANAT Seconde vertèbre cervicale.

**Ax-les-Thermes** ch.-l. de cant. de l'Ariège (arr. de Foix), sur l'Ariège ; 1 464 hab. Stat. therm. ; sports d'hiver.

**axolotl** *nm* ZOOL Larve de l'amblystome qui peut acquérir la maturité sexuelle et se reproduire sans passer par le stade adulte. PHO [aksɔlɔtl] ETY Mot aztèque. ▶ illustr. **branchie**

**axonais** → **Aisne.**

**axone** *nm* ANAT Prolongement cylindrique et allongé du neurone qui conduit l'influx nerveux vers une synapse. SYN cylindraxe.

**axonométrie** *nf* TECH Représentation d'un volume en perspective à partir de trois axes faisant entre eux un angle de 120 degrés, qui conserve les distances entre les points situés sur les droites parallèles aux axes de référence. DER **axonométrique** *a*

**Axoum** v. d'Éthiopie, dans le N. du Tigré ; 50 000 hab. – La ville aurait été fondée au X$^e$ s. av. J.-C. par la reine de Saba (venue du Yémen). Au 1$^{er}$ s. av. J.-C., un royaume se constitua. Au IV$^e$ s. apr. J.-C., son souverain, Ezana, se convertit au christianisme. L'empire d'Axoum domina la Nubie. À partir du VII$^e$ s., les Arabes le menacèrent. Le royaume s'effondra au X$^e$ siècle. – D'importantes ruines demeurent. VAR **Aksoum**

**Ayacucho** v. minière du Pérou, au S.-E. de Lima ; 162 000 hab ; ch.-l. de la prov. du m. nom. – En 1824, la victoire du général Sucre sur les Espagnols assura l'indép. de l'Amérique du Sud.

**ayant cause** *n* DR Personne à laquelle les droits d'une autre personne ont été transmis. PLUR ayants cause.

**ayant droit** *n* Personne qui a droit, ou qui est intéressée à qqch. PLUR ayants droit.

**ayatollah** *nm* **1** Dignitaire musulman chiite. **2** fig, fam Personnage tout-puissant exerçant une autorité tyrannique et rétrograde. PHO [ajatɔla] ETY Mot ar., « verset de Dieu ».

**Aydin** (anc. *Tralles*), v. de Turquie, au S.-E. d'Izmir ; 160 000 hab ; ch.-l. de l'il du m. nom.

**aye-aye** *nm* Lémurien malgache en voie de disparition, de la taille d'un chat, au pelage argenté, ayant une queue touffue et des doigts très minces. PLUR ayes-ayes. ETY Onomat.

**Ayers Rock** montagne sacrée (867 m) des aborigènes, qui la nomment *Uluru*, au centre (désertique) de l'Australie.

**Ayeyarwady** → **Irrawaddy.**

**Ayler Albert** (Cleveland, 1936 – New York, 1970), saxophoniste américain (free jazz).

**Aylesbury** v. de G.-B. ; 70 000 hab. ; ch.-l. de comté. – Le futur Louis XVIII y résida.

**aymará** *nm* Langue parlée en Bolivie et au Pérou par près de trois millions de locuteurs.

**Aymarás** indiens du Pérou et de Bolivie, fondateurs de Tiahuanaco, près du lac Titicaca ; ils subirent la conquête inca, puis espagnole (XVI$^e$ s.). DER **aymara** *a*

**Aymé Marcel** (Joigny, 1902 – Paris, 1967), écrivain français : romans (*la Jument verte*, 1941 ; *Travelingue*, 1941 ; *Uranus*, 1948), nouvelles (*le Passe-Muraille*, 1943), pièces de théâtre, contes (*Contes du chat perché*, 1934-1958).

**Aymeri de Narbonne** poème (4 708 vers) du début du XIII$^e$ s. Aymeri est le petit-fils de Garin de Monglane. VAR **Aimeri de Narbonne**

**Aymon (les Quatre fils)** personnages légendaires de la chanson de geste *Renaud de Montauban* (XII$^e$ s.).

**Ayodhya** local. de l'Inde (Uttar Pradesh) où la tradition hindouiste fait naître Rama. En 1992, les nationalistes hindous y détruisirent une mosquée du XVI$^e$ s.

**Ayoub Khan Muhammad** (Abbottābād, 1907 – Islāmābād, 1974), maréchal et homme politique pakistanais ; président de la République de 1958 à 1969.

**Ayr** port d'Écosse, sur le canal du Nord ; 49 520 hab.

**Ayrault Jean-Marc** (Maulévrier, 1950), homme politique français. Premier ministre (PS) de 2012 à 2014.

**ayurveda** *nm* Médecine traditionnelle hindoue, fondée sur les combinaisons des trois énergies vitales (l'air, le feu et l'eau). ETY Du sanskrit *veda*, « science » et *ayur*, « vie ». DER **ayurvédique** *a*

**Ayuthia** v. de Thaïlande, au N. de Bangkok ; 60 510 hab. – Ruines de l'anc. cap. des Thaïs (colossal bouddha en bronze).

**Ayyubides** dynastie musulmane fondée par Salah ad-Din ibn Yusuf ibn Ayyūb (Saladin) en 1171 et qui, après les Fatimides, gouverna l'Égypte, la Syrie et le Yémen. Les Mamelouks la renversèrent en 1250 (Égypte) et en 1260 (Syrie). DER **ayyubide** *a*

**azalée** *nf* Arbuste ornemental (éricacée) cultivé pour ses fleurs. ETY Du gr. *azaleos*, « sec ».

**azalée**

**Azaña y Díaz Manuel** (Alcalá de Henares, 1880 – Montauban, 1940), homme polit. espagnol, président du Conseil (1931-1933 ; fév. 1936), puis président de la Rép. de mai 1936 à la victoire de Franco (1939).

**Azarias** roi de Juda de 781 à 740 av. J.-C. Son fils Joathan lui succéda. VAR **Ozias**

**Azay-le-Rideau** ch.-l. de cant. d'Indre-et-Loire, sur l'Indre ; 3 116 hab. – Chât. bâti de 1518 à 1529. DER **ridellois, oise** *a, n*

**Azay-le-Rideau** façade du château

**Azeglio Massimo Taparelli, marquis d'** (Turin, 1798 – id., 1866), littérateur italien. *Les Derniers Événements de Romagne* (1846) prônent l'unité italienne.

**azéotrope** *nm* CHIM Mélange de liquides caractérisé, comme un corps pur, par une température d'ébullition constante sous une pression donnée. ETY Du gr. *zein*, « bouillir ». DER **azéotropique** *a*

**Azerbaïdjan** (*Azarbaijchan Respublikasy*), État d'Asie occidentale, en Transcaucasie, s'ouvrant à l'E. sur la mer Caspienne ; 86 600 km$^2$ ; 8 600 000 hab. ; cap. *Bakou.* Nature de l'État : rép. parlementaire. Pop. : Azéris (80 %), Russes (4,7 %), Arméniens (3,6 %). Langue off. : azéri. Relig. : islam chiite. DER **azerbaïdjanais, aise** ou **azéri, ie** *a*
**Géographie** Des bassins drainés par la Koura occupent le centre et le S. À l'O. et au N. s'étendent les chaînes du Grand et du Petit Caucase. Le climat est aride. L'irrigation permet cult. (coton, tabac, céréales) et élevage. L'industrie utilise les ressources du sous-sol (pétrole, gaz, fer, cuivre, alunite).
**Histoire** Cette anc. province de l'empire perse fut cédée à la Russie en 1828. Rép. indép. en 1918, elle devint une rép. socialiste soviétique en 1920. En 1988, les Arméniens (chrétiens) habitant le Haut-Karabakh réclamèrent leur rattachement à la rép. soviétique d'Arménie. En janv. 1990, des pogroms antiarméniens obligèrent l'armée sov. à intervenir contre les musulmans d'Azerbaïdjan (Azéris). L'indépendance fut proclamée par le Parlement, le 30 août 1991. Le pays entra dans la CEI. Le président Moutalibov, ex-premier secrétaire du PC, démissionna en 1992 et fut remplacé par le nationaliste Aboulfaz Elchibey. Celui-ci a été renversé et l'ex-communiste Gueïdar Aliev a été élu président en 1993. En 1994, un cessez-le-feu a été signé avec l'Arménie, sans mettre fin au conflit. En 1995, une nouvelle Constitution a renforcé les pouvoirs présidentiels. En 1998, Aliev a été réélu. En 2003, son fils Ilham est élu président et est confirmé dans son pouvoir lors des législatives de 2005. Mais ces scrutins sont entachés de fraude. ▶ carte **Caucase**

**Azerbaïdjan-Occidental** prov. de l'Iran ; 35 391 km$^2$ ; 1 900 000 hab. ; ch.-l. *Ourmia.*

**Azerbaïdjan-Oriental** prov. de l'Iran ; 73 683 km$^2$ ; 4 100 000 hab. ; ch.-l. *Tabrīz.*

**azéri** *nm* Langue turque de l'Azerbaïdjan.

**Azéris** peuple d'Azerbaïdjan et des provinces frontalières iraniennes, de religion islamique (chiite) et de langue turque. DER **azéri, ie** *a*

**azerolier** *nm* Variété d'aubépine, à fleurs blanches ou roses, des régions méditerranéennes. DER **azerole** *nf*

**azerty** *a inv* Se dit du clavier dactylographique utilisé en France (par oppos. à « qwerty », anglo-saxon).

**Azhar (Al-)** mosquée et université du Caire, édifiée par les Fātimides en 970 (reconstruite au XIV$^e$ s.).

**azilien, enne** *a, nm* PREHIST Se dit d'un ensemble industriel de l'épipaléolithique, postérieur au magdalénien final dont il dérive. ETY Du *Mas d'Azil*, n. pr.

**azimut** *nm* ASTRO Angle compris entre le plan vertical passant par l'axe de visée et le plan du méridien de l'observateur. *Azimut d'un astre.* **LOC** fam ***Dans tous les azimuts, tous azimuts :*** dans toutes les directions en même temps. — MILIT ***Défense tous azimuts :*** efficace dans toutes les directions. PHO [azimyt] ETY De l'ar. *al-samt*, « le droit chemin ». DER **azimutal, ale, aux** *a*

**azimuté, ée** *a* fam Fou, déboussolé.

**Azincourt** com. du Pas-de-Calais (arr. d'Arras) ; 273 hab. – Henri V d'Angleterre y vainquit l'armée française le 25 oct. 1415.

**Aznar José Maria** (Madrid, 1953), homme politique espagnol, prés. du Parti populaire (1990), Premier ministre de 1996 à 2004.

**Aznavour Shandour Varenagh Aznavourian, dit Charles** (Paris, 1924), chanteur, auteur-compositeur et acteur de cinéma français.

**azobé** *nm* Arbre d'Afrique au bois marron, très dur et très lourd, utilisé en charpente et en travaux publics.

**azoïque** *a* Se dit d'un composé utilisé comme colorant alimentaire.

**azonal, ale** *a* PEDOL Se dit d'un sol dont la constitution n'est pas liée à une zone climatique du globe mais à des conditions locales. PLUR azonaux.

**azoospermie** *nf* MED Absence de spermatozoïdes dans le sperme. PHO [azɔɔspɛʀmi]

**Azorín José Martínez Ruiz, dit** (Monóvar, prov. d'Alicante, 1874 – Madrid, 1967), écrivain espagnol : *Sur la route de Don Quichotte* (1903), *Confessions d'un petit philosophe* (1904).

**azote** *nm* **1** Élément de numéro atomique Z = 7, de masse atomique 14,0067 (symbole N). *L'azote est un des principaux éléments constitutifs de la matière vivante.* **2** Gaz ($N_2$ : *diazote*), incolore et inodore, peu réactif et peu soluble dans l'eau, qui bout à –196 °C et se solidifie à –210 °C. *L'azote constitue 78 % environ du volume de l'atmosphère terrestre.* ETY De *a-*, et gr. *zôê*, « vie ».
▶ illustr. **cycles naturels**
ENC Les végétaux supérieurs absorbent les nitrates du sol et incorporent l'azote, en particulier dans leurs protéines. Les animaux consomment ces végétaux et incorporent ainsi l'azote. Des microorganismes qui putréfient leurs cadavres libèrent les produits ammoniacaux qui seront transformés en nitrates réutilisables par les végétaux supérieurs.

**azoté, ée** *a* Qui contient de l'azote.

**azotémie** *nf* MED Taux des produits d'excrétion azotés dans le sang.

**azotobacter** *nm* MICROB Genre d'azotobactériale, aérobie. PHO [azɔtɔbaktɛʀ]

**azotobactériale** *nf* MICROB Mycobactérie fixant dans certaines conditions l'azote atmosphérique.

**azoturie** *nf* MED Élimination, parfois excessive, des composés azotés par l'urine.

**Azov (mer d')** petite mer au N.-E. de la Crimée, s'ouvrant sur la mer Noire par le détroit de Kertch. Port principal : *Rostov-sur-le-Don.*

**Azraël** Dans l'islam, archange de la Mort.

**AZT** *nm, nf* MED Médicament antiviral utilisé dans le traitement du sida. ETY Sigle de *azidothymidine*. Nom déposé.

**Aztèques** peuple amérindien qui appartenait, dans le N. du Mexique, au groupe des Chichimèques. Il s'installa vers 1325 en territoire toltèque et fonda Tenochtitlán (cité bâtie sur l'eau et site actuel de Mexico). En 200 ans, il soumit (imparfaitement) tous les peuples d'Amérique centrale. Sa civilisation reposait sur une culture en partie héritée des Toltèques (architecture, motifs de la sculpture) et une organisation politico-économique très évoluée. La religion polythéiste impliquait des sacrifices humains. Cortés sut rallier les peuples soumis. Il fit tuer Cuauhtémoc, le dernier de ses souverains, en 1525. DER **aztèque** *a*

art **aztèque** vase en terre cuite polychrome ; Templo Mayor, Mexico

**Azuela Mariano** (Lagos de Moreno, 1873 – Mexico, 1952), médecin et écrivain naturaliste mexicain : *Ceux d'en bas* (1916), *le Malheur* (1923).

**azuléjo** *nm* Carreau de faïence émaillée, d'abord bleu, d'origine arabo-persane, employé en Espagne et au Portugal. PHO [azulɛʀo] ETY Mot esp., de *azul*, « bleu ». VAR **azulejo**

**azuléjo** bassin et escalier du palais de la Fronteira de Lisbonne

**azur** *nm* **1** Ancien nom du lapis-lazuli ou *pierre d'azur.* **2** TECH Verre coloré en bleu par une poudre d'oxyde de cobalt. **3** litt Couleur bleu clair limpide. **4** poét Ciel. **5** HERALD Couleur bleue, représentée en gravure par des hachures horizontales. ETY Du persan.

**azurage** *nm* TECH **1** Passage du linge blanc, au cours du rinçage, dans une solution bleue (azurant), pour accentuer l'effet de blancheur. **2** Opération destinée à masquer la teinte grisâtre d'une pâte à papier. DER **azurer** *vt* ① – **azurant** *nm*

**azuré, ée** *a* litt Bleu clair.

**azuréen** *a* De la Côte d'Azur.

**azurite** *nf* MINER Carbonate de cuivre hydraté naturel de couleur bleue.

**azygos** *a inv, nf* ANAT Se dit de chacune des deux veines asymétriques qui drainent la paroi du corps et font communiquer entre elles les veines caves supérieure et inférieure. PHO [azigos] ETY Du gr. *azugos*, « non accouplé ».

**azyme** *a, nm* Se dit d'un pain qui est sans levain. **LOC** ***Pain azyme :*** pain cuit sans levain que mangent les juifs à l'époque de la Pâque ; dans l'Église catholique latine, pain dont on fait les hosties. ETY Du gr.

**Azymes (fête des)** autre nom de la Pâque juive, pendant laquelle les fidèles mangent uniquement du pain azyme.

# B b

**b** *nm* Deuxième lettre (b, B) et première consonne de l'alphabet, notant l'occlusive bilabiale sonore [b] ; B : symbole du bore ; symbole du bel ; b : symbole du barn.

**ba** *nm* Dans la religion égyptienne, principe constitutif de la personnalité, représenté par un oiseau à tête humaine. (ETY) Mot égypt.

**Ba** CHIM Symbole du baryum.

**B.A.** *nf* fam Bonne action. *Faire une B.A.* (PHO) [bea]

**Baade Walter** (Schröttinghausen, 1893 – Göttingen, 1960), astronome américain d'origine all. Il est l'auteur de la distinction entre les étoiles de type I et II.

**Baader Andreas** (Munich, 1943 – dans la prison de Stammheim, 1977), terroriste allemand, chef de la « Fraction armée rouge » *(Rote Armee Fraktion)*, créée en 1968.

**Baal** nom donné, dans les langues sémitiques occidentales, au dieu de la Fertilité et de l'Orage.

**Baalbek** v. du Liban située dans la plaine de la Bekaa ; 18 000 hab. Temples rom. de Jupiter, de Bacchus et de Vénus. – Phénicienne, elle fut colonisée par Rome au I^er^ s. av. J.-C. Elle connut son apogée au II^e^ s. apr. J.-C. (VAR) **Balbek**

**Baalbek** les Six colonnes, dites de Jupiter

**Baas** parti panarabe fondé en 1952. Il est au pouvoir en Syrie dep. 1963 et l'a été en Irak de 1968 à 2003. (VAR) **Bàth** (DER) **baasiste** *a, n*

**Bāb Sayyid Alī Muhammad,** dit **le** (Chirāz, 1819 – Tabrīz, 1850), chef religieux persan fondateur du babisme ; il se proclama « Bāb » en 1844, c'est-à-dire « porte (de la Vérité) ».

**1 baba** *a inv* fam Stupéfait. *En rester baba.* (ETY) De *ébahi*.

**2 baba** *nm* Gâteau spongieux préparé avec une pâte levée qu'on imbibe de sirop et de rhum. (ETY) Mot polonais.

**b.a.-ba** *nm inv* Connaissances élémentaires, rudiments. (PHO) [beaba]

**baba cool** *n* Personne qui, après le déclin du mouvement hippie dans les années 1970, en perpétue le style et les idéaux. PLUR babas cool. (PHO) [babakul] (ETY) De l'hindi *bābā*, « papa », et de l'angl. *cool*, « calme ». (VAR) **baba**

**Bab al-Mandab** (la « porte des Pleurs ») détroit qui unit la mer Rouge au golfe d'Aden.

**Babar** jeune éléphant vêtu en garçonnet, héros d'une série d'albums de Jean de Brunhoff (1899 – 1937), puis de son fils Laurent (né en 1926).

**Babbage Charles** (Teignmouth, 1792 – Londres, 1871), mathématicien anglais, auteur d'une des prem. machines à calculer.

**Babel** nom hébreu de Babylone. – *Tour de Babel* : dans la Bible, tour que les descendants de Noé voulurent élever pour atteindre le ciel ; Dieu fit échec à l'entreprise en introduisant la diversité des langues ; *par ext.* lieu où règne la confusion

**Babel Isaac Emmanouilovitch** (Odessa, 1894 – ?, 1941), écrivain soviétique : *Cavalerie rouge* (1926), *Contes d'Odessa* (1928), *Maria* (1935). Staline le fit exécuter.

**babélisme** *nm* litt Confusion des langues rendant la communication impossible.

**Bāber Zāhir al-Dīn Muhammad** (?, 1483 – Āgra, 1530), descendant de Tamerlan, fondateur de l'Empire moghol de l'Inde. (VAR) **Bābur**

**Babeuf François Noël,** dit **Gracchus** (Saint-Quentin, 1760 – Vendôme, 1797), révolutionnaire français. Chef de la « conjuration des Égaux » (1796), contre le Directoire, il fut dénoncé et exécuté. (V. babouvisme.)

**babeurre** *nm* Liquide séreux, aigrelet, qui reste après le barattage du beurre.

**babiche** *nf* Canada Lanière de peau traitée à la manière amérindienne.

**babil** *nm* **1** Abondance de paroles futiles. SYN caquet. **2** Bavardage léger des enfants.

**Babilée Jean Gutmann,** dit **Jean** (Paris, 1923 – id., 2014), danseur et chorégraphe français néoclassique.

**babillage** *nm* **1** Action de babiller. **2** PSYCHO Émission par le nourrisson de sons plus ou moins articulés.

**babillard, arde** *a, n* **A** *a* Bavard. **B** *nf* fam Lettre, missive. **C** *nm* Canada Tableau d'affichage.

**babiller** *vi* (1) Bavarder beaucoup, futilement. (ETY) D'une onomat.

**babines** *nf pl* Lèvres pendantes de certains animaux. LOC fam ***Se lécher, se pourlécher les babines*** : se passer la langue sur les lèvres en signe de gourmandise satisfaite ; fig se réjouir à la pensée d'une chose agréable.

**Babinski Joseph** (Paris, 1857 – id., 1932), neurologue français d'origine polonaise. ▷ MED *Signe de Babinski* : altération du réflexe cutané plantaire.

**babiole** *nf* **1** Petit objet sans grande valeur. **2** fig Fait sans importance. SYN bagatelle.

**babiroussa** *nm* Mammifère suidé des Célèbes, à poils rares, dont les canines forment quatre défenses recourbées.

**babisme** *nm* Doctrine du Bāb, issue de l'islam chiite. *Le babisme fut supplanté par le bahaïsme.*

**Babits Mihály** (Szekszárd, 1883 – Budapest, 1941), écrivain hongrois. On lui doit notamment des poèmes (*le Livre de Jonas*, 1938), des romans (*le Fils de Virgil Timár*, 1921) et une *Histoire de la littérature européenne* (1934).

**1 bâbord** *nm* MAR Côté gauche d'un navire en regardant la proue (par oppos. à *tribord*). (ETY) Du néerl.

**2 bâbord** *nm* MAR Matelot de la bordée de bâbord. (ETY) Du néerl.

**bâbordais** *nm* MAR Matelot de la bordée de bâbord.

**Babors (chaîne des)** partie de l'Atlas du Tell, culminant à 2 004 m d'altitude.

**babouche** *nf* Chaussure orientale sans quartier ni talon. (ETY) De l'ar.

**babouchka** *nf* Grand-mère russe.

**babouin** *nm* Singe cercopithécidé cynocéphale africain.

**babouins**

**babouvisme** *nm* Doctrine de Gracchus Babeuf, aspirant à un système proche du communisme. DER **babouviste** *a, n*

**baby** *nm* Demi-dose de whisky. PHO [bebi]

**baby-blues** *nm inv* PSYCHO État dépressif qui peut apparaître en fin de grossesse et après l'accouchement. PHO [bebibluz] ETY Mots angl. VAR **babyblues**

**baby-boom** *nm* Augmentation importante et brusque du taux de natalité. PLUR baby-booms. PHO [babibum] ETY De l'angl. *baby,* « bébé », et *boom,* « explosion ». VAR **babyboom** ou **babyboum** DER **baby-boomer, babyboomer** ou **babyboumeur, euse** *n*

**baby-foot** *nm* Jeu pratiqué sur une table représentant un terrain de football où on actionne des figurines fixées sur des tringles. PLUR baby-foots ou baby-foot. PHO [babifut] ETY De l'angl. VAR **babyfoot**

**Babylone** anc. v. de Mésopotamie, sur l'Euphrate, à 160 km au S.-E. de Bagdad. Dominée par Akkad, puis par les Amorrites (XIX$^e$ s. av. J.-C.), elle devint leur cap. sous Hammourabi. Ravagée par les Hittites au XVI$^e$ s. av. J.-C., elle fut dominée par les Kassites, par les Élamites, et par les Assyriens (VIII$^e$-VII$^e$ s. av. J.-C.). Nabopolassar fonda l'Empire néo-babylonien (626 av. J.-C.). Sous le règne de son fils Nabuchodonosor II, elle comprenait une double enceinte fortifiée jalonnée de tours, la célèbre porte d'Ishtar, des palais pourvus de toits en terrasses (les fameux *Jardins suspendus*), la colossale ziggourat Étemenanki, les temples du dieu Mardouk. Elle devint perse en 539 av. J.-C. Alexandre le Grand l'annexa en 331 av. J.-C. et y mourut. Au I$^{er}$ s. av. J.-C., le géographe grec Strabon trouva le site désert. DER **babylonien, enne** *a, n*

**Babylone** porte d'Ishtar

**Babylone (Captivité de)** déportation de nombreux juifs à Babylone par Nabuchodonosor II en 586 av. J.-C. En 538, le Perse Cyrus II autorisa leur rapatriement, mais la plupart restèrent en Babylonie.

**Babylonie** royaume dont Babylone était la capitale. DER **babylonien, enne** *a, n*

**babylonien** *nm* Langue anc. dérivant de l'akkadien utilisée jusqu'à l'ère chrétienne.

**baby-sitter** *n* Personne rémunérée pour garder des enfants à domicile. PLUR baby-sitters. PHO [bebisitœʀ] ETY De l'angl. *baby,* « bébé », et *to sit,* « s'asseoir ». VAR **babysitter** DER **baby-sitting** ou **babysitting** *nm*

**1 bac** *nm* **1** Bateau à fond plat servant à faire traverser un bras d'eau ou un lac. **2** Récipient destiné à des usages variés. *Bac à glace d'un réfrigérateur. Bac à douche.* **3** Meuble servant à présenter des disques ou des livres à la clientèle. **4** Belgique Porte-bouteilles. ETY Du lat.

**2 bac** *nm* fam Baccalauréat.

**Bacall** Betty Joan Perske dite Lauren (New York, 1924 – id., 2014), actrice américaine. Elle tourne avec H. Bogart *le Port de l'angoisse* (1944), *le Grand Sommeil* (1946), *Key Largo* (1948).

**bacantes** → **bacchantes.**

**Bacău** v. de Roumanie (Moldavie); 169 500 hab. ; ch.-l. du district. du m. nom.

**baccalauréat** *nm* **1** Premier grade universitaire français. **2** Examen qui donne ce grade, à la fin des études secondaires. **3** Canada Grade correspondant à la licence française. ETY Du lat. *bacca laurea,* « baie de laurier ».

**baccara** *nm* Jeu de hasard qui se joue avec un ou plusieurs jeux de 52 cartes, entre un banquier et des joueurs *(pontes).*

**baccarat** *nm* Cristal de la manufacture de Baccarat.

**Baccarat** ch.-l. de canton de Meurthe-et-Moselle (arr. de Lunéville), sur la Meurthe ; 4 595 hab. Cristallerie fondée au XVIII$^e$ s. DER **bachanois, oise** *a, n*

**bacchanale** *nf* **A 1** Tableau ou bas-relief représentant les bacchanales. **2** litt Désordre, débauche tapageuse. **B** *nf pl* ANTIQ ROM Fêtes religieuses dédiées à Bacchus. PHO [bakanal]

**bacchante** *nf* ANTIQ Femme participant au culte de Bacchus. PHO [bakɑ̃t]

**bacchantes** *nf pl* fam Moustaches. PHO [bakɑ̃t] ETY De l'all. *Backen,* « joues ». VAR **bacantes**

**Bacchelli** Riccardo (Bologne, 1891 – Monza, 1985), écrivain italien : *le Moulin sur le Pô* (1938-1941).

**Bacchus** dieu du Vin chez les Romains. V. Dionysos. DER **bachique** *a*

**Bach** nom d'une dynastie de musiciens allemands issue de Hans Bach (vers 1520). — **Johann Sebastian** (en fr. *Jean-Sébastien*) (Eisenach, 1685 – Leipzig, 1750), compositeur, organiste, claveciniste, violoniste et professeur de musique à la Thomasschule de Leipzig (1723). Il aborda tous les genres à l'exception de l'opéra : *Clavecin* (ou mieux *Clavier*) *bien tempéré* (1722-1744), six *Concertos brandebourgeois* (1721), *Passion selon saint Jean* (1722), *Passion selon saint Matthieu* (1729), *Messe en si mineur* (1732-1737-1749), *l'Art de la fugue* (inachevé). Il composa également de nombreuses cantates, œuvres concertantes et pour orgue. Il accomplit le plus important travail de synthèse de l'histoire de la musique. Il eut vingt enfants : sept de sa cousine Maria Barbara (1684-1720), qu'il épousa en 1707, et treize de la chanteuse Anna Magdalena (1701-1760), qu'il épousa en 1720. — **Wilhelm Friedemann** (Weimar, 1710 – Berlin, 1784), compositeur, claveciniste et organiste, fils du préc. : sonates, concertos. — **Carl Philipp Emanuel** (Weimar, 1714 – Hambourg, 1788), compositeur, frère du préc., claveciniste, précurseur de la musique romantique. — **Johann Christoph Friedrich** (Leipzig, 1732 – Bückeburg, 1795), compositeur, frère du préc. : oratorios, cantates. — **Johann Christian** (en fr. *Jean-Chrétien*) (Leipzig, 1735 – Londres, 1782), compositeur, frère du préc. : nombreux opéras, 44 symphonies, 37 concertos, mus. de chambre.

**J. S. Bach**

**Bach** Alexander (baron von) (Loosdorf, 1813 – Schönberg, 1893), homme politique autrichien, ministre de l'Intérieur de 1849 à 1859. Il créa un système répressif.

**Bachaumont** Louis Petit de (Paris, 1690 – id., 1771), écrivain français : *Mémoires secrets pour servir à l'histoire de la république des lettres.*

**Bachchar ibn Burd** (Bassorah, v. 714 – id., 783), poète arabe d'origine persane. Il chanta l'amour sensuel.

**bâche** *nf* **1** Forte toile qui protège des intempéries. **2** HORTIC Châssis vitré qui protège les plantes. **3** TECH Réservoir d'eau alimentant une chaudière. ETY Du gaul.

**Bachelard** Gaston (Bar-sur-Aube, 1884 – Paris, 1962), philosophe français. Épistémologue : *le Nouvel Esprit scientifique* (1934), il a utilisé les acquis du freudisme : *Psychanalyse du feu* (1938), *l'Eau et les Rêves* (1942).

**Bachelet** Michelle (Santiago, 1951), femme politique chilienne (socialiste) ; prés. de la République (2005-2010 et dep. 2013).

**bachelier, ère** *n* **1** HIST Au Moyen Âge, jeune homme aspirant à devenir chevalier. **2** Personne qui a obtenu le baccalauréat.

**Bachelier** Nicolas (Toulouse [?], v. 1487 – id., 1556), architecte et sculpteur français.

**bachelor** *nm* Diplôme de l'enseignement supérieur comportant une dimension internationale délivré par des écoles de commerce.

**bâcher** *vt* ① Couvrir d'une bâche. DER **bâchage** *nm*

**bachi-bouzouk** *nm* HIST Soldat irrégulier enrôlé autref. en Turquie. PLUR bachi-bouzouks. ETY Mot turc, « mauvaise tête ».

**bachique** *a* litt Qui a rapport à Bacchus ou au vin, à l'ivresse. *Fête bachique.*

**Bachkirie** rép. auton. de Russie, dans le S. de l'Oural ; 143 600 km² ; 4 000 000 hab. ; cap. *Oufa.* Minerais. – Les *Bachkirs,* d'origine mongole, furent soumis par Ivan le Terrible. VAR **Bachkortostan** DER **bachkir, ire** *a, n*

**Bachmann** Ingeborg (Klagenfurt, 1926 – Rome, 1973), poète autrichien influencé par Heidegger : *le Délai* (1953), *Malina* (1971).

**1 bachot** *nm* Petit bac.

**2 bachot** *nm* fam Baccalauréat.

**bachoter** *vi* ① fam Préparer le baccalauréat, un examen, par un travail intensif faisant appel surtout à la mémoire. DER **bachotage** *nm*

**Baciccio** Giovanni Battista Gaulli, dit Il (Gênes, 1639 – Rome, 1709), peintre italien baroque. VAR **Baciccia**

**bacillaire** *a, n* **A** *a* Relatif aux bacilles. *Infection bacillaire.* **B** *n* Tuberculeux contagieux.

**bacille** *nm* Bactérie en forme de bâtonnet. LOC *Bacille virgule* : agent du choléra. PHO [basil] ETY Du lat. *bacillum,* « bâtonnet ».

**bacilliforme** *a* En forme de bacille.

**bacillose** *nf* MED Toute maladie causée par des bacilles.

**backgammon** *nm* Jeu de dés équivalent du trictrac. PHO [bakgamɔn] ETY Mot angl.

**background** *nm* Expérience, ensemble de connaissances constituant une référence. PHO [bakgʀaund] ETY Mot angl. « arrière-plan ».

**Backhuysen** Ludolf (Emden, 1631 – Amsterdam, 1708), peintre hollandais (marines).

**backoffice** *nm* Dans une banque, secteur chargé de la gestion des opérations effectuées en salle de marché. SYN postmarché. ETY Mot angl.

**backroom** *nm* Arrière-salle d'une discothèque ou d'un bar, destinée à la consommation sexuelle. PHO [bakʀum] ETY Mot angl.

**backstage** *nm* Ce qui se passe en coulisses d'un défilé de mode, d'une photo de presse, etc. PHO [bakstɛʒ] ETY Mot angl.

**bâcle** *nf* Traverse assurant la fermeture d'une porte, d'une fenêtre.

**bâcler** *vt* [1] fam Faire un travail à la hâte et sans application. [ETY] Du lat. [DER] **bâclage** *nm*

**Bacolod** v. et port des Philippines ; 364 180 hab. ; ch.-l. de la prov. du Negros Occidental. Pêche.

**bacon** *nm* Lard fumé. [PHO] [bekɔn] [ETY] Du frq.

**Bacon Roger** (Ilchester, Somerset, 1214 – Oxford, 1294), moine franciscain ; théologien et savant anglais, surnommé *le Docteur admirable*. Précurseur de la science expérimentale, il critiqua la scolastique. [DER] **baconien, enne** *a, n*

**Bacon Francis (baron Verulam)** (Londres, 1561 – id., 1626), homme politique, savant et philosophe anglais ; chancelier d'Angleterre sous Jacques Ier. Adversaire de la scolastique, partisan de la méthode expérimentale et de l'induction : *Novum Organum* (1620), *Essais de politique et de morale* (1597, 1612 et 1624). [DER] **baconien, enne** *a, n*

**F. Bacon** (baron Verulam)

**Bacon Francis** (Dublin, 1909 – Madrid, 1992), peintre brit., auteur d'hallucinations isolées dans l'espace.

**Francis Bacon** *Portrait de George Dyer dans un miroir*, 1968 – coll. Thyssen-Bornemisza, Lugano

**bactéricide** *a* Qui tue les bactéries.

**bactérie** *nf* Être vivant unicellulaire, procaryote et le plus souvent dépourvu de chlorophylle. [ETY] Du gr. *baktêria*, « bâton ». [DER] **bactérien, enne** *a*

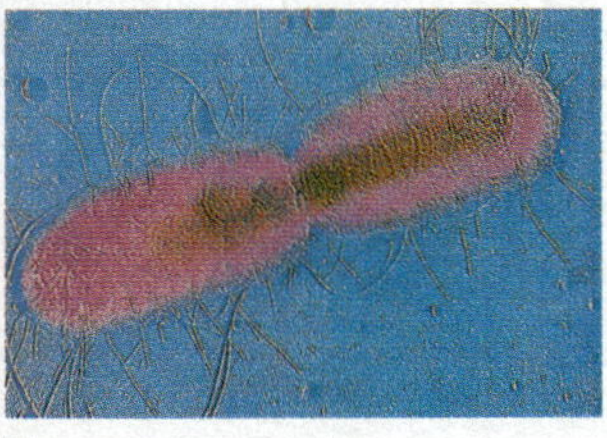

**bactérie** colibacille en fin de division

[ENC] Les bactéries ont une petite taille de l'ordre du micromètre et une paroi externe, rigide, de nature glucidique. Elles possèdent un seul chromosome, plus ou moins replié sur lui-même dans le cytoplasme, sans aucune membrane autour. L'envahissement d'un milieu favorable se fait par une division très rapide (toutes les trente minutes) des individus, qui ont donc une reproduction asexuée (végétative). Toutefois, on a observé des phénomènes sexuels : certaines bactéries se conjuguent et échangent des fragments d'ADN. Les bactéries pratiquent tous les types de nutrition : – *autotrophie*, grâce à la photosynthèse ou à la chimiosynthèse ; – *saprophytisme* : bactéries de la putréfaction ; – *parasitisme* : bactéries pathogènes qui agissent sur l'hôte soit directement, soit par la sécrétion de toxines ou encore de ces deux façons. Les bactéries ont de vastes champs d'utilisation en biotechnologie (notamment fermentation bactérienne et manipulations génétiques).

**bactériocine** *nf* BIOL Substance excrétée par certaines bactéries et inhibant la croissance d'autres bactéries.

**bactériologie** *nf* Étude des bactéries et des infections bactériennes. [DER] **bactériologique** *a* – **bactériologiste** *n*

**bactériophage** *nm* MICROB Virus parasite de certaines bactéries. SYN phage.

**bactériose** *nf* Maladie des plantes due à une bactérie.

**bactériostatique** *a, nm* Qui bloque la multiplication bactérienne. *Antibiotique bactériostatique.*

**Bactriane** anc. contrée de l'Asie centrale, au N. de l'Iran et de l'Afghānistān actuels ; cap. *Bactres* (auj. *Balkh*, en Afghānistān). Perse (VIe-IVe s. av. J.-C.), soumise par Alexandre le Grand (329-327), intégrée à l'Empire séleucide, elle devint un royaume (fondé par Diodote v. 250) dont la civilisation gréco-bouddhique brilla sous Démétrios Ier (188-175). [DER] **bactrien, enne** *a, n*

**bacula** *nm* CONSTR Lattis de bois que l'on cloue au-dessous des solives et que l'on recouvre d'un enduit de plâtre qui constitue le plafond. [ETY] Du lat. *baculum*, « bâton ».

**badaboum** *interj* Onomatopée évoquant une chute qui se répète.

**Badajoz** v. d'Espagne (Estrémadure), sur le Guadiana ; 126 780 hab. ; ch.-l. de la prov. du m. nom. Text., céramique. – Cité rom., cap. d'un royaume musulman (XIe-XIIIe s.).

**Badalona** v. et port d'Espagne (Catalogne), sur la Médit. ; 227 740 hab. Industries.

**Bada Shanren Zhu Da,** dit (1625-1705), peintre individualiste chinois de l'époque Qing. [VAR] **Pa-ta Chan-jen**

**badaud, aude** *n, a* (Rare au fém.) Se dit d'une personne flâneuse dont la curiosité est éveillée par le moindre spectacle de la rue. [ETY] Du prov. *badar*, « béer ».

**Bade** (en all. *Baden*), un des anc. États allemands, grand-duché de 1806 à 1918, uni en 1951 au Wurtemberg dans le Land de Bade-Wurtemberg. [DER] **badois, oise** *a, n*

**badèche** *nf* Poisson voisin du mérou qui vit en Méditerranée et dans l'Atlantique tropical.

**Baden-Baden** v. d'All. (Bade-Wurtemberg) ; 49 260 hab. Station thermale.

**Baden-Powell Robert Stephenson Smith (1er baron)** (Londres, 1857 – Nyeri, Kenya, 1941), général brit., fondateur du scoutisme (1907).

**bader** *vi* [1] rég En Provence, faire le badaud, flâner, regarder, rêvasser.

**baderne** *nf* fam Homme âgé et tatillon, aux idées rétrogrades.

**Bade-Wurtemberg** Land d'Allemagne et région de l'UE, formé en 1951 par la réunion du pays de Bade et des Länder de Wurtemberg-Bade et de Wurtemberg-Hohenzollern ; 35 750 km$^2$ ; 9 350 000 hab. ; cap. *Stuttgart*. Le fossé rhénan et la Forêt-Noire occupent l'O. et le centre ; le bassin de Souabe et Franconie et le Jura souabe s'étendent à l'E. et au S.-E. Agriculture intensive, puissante industrie, potentiel touristique.

**badge** *nm* **1** Insigne scout. **2** Insigne porté sur un vêtement à des fins publicitaires ou pour indiquer son appartenance à un groupe. **3** TECH Dosimètre porté par le personnel d'une installation nucléaire. **4** Document d'identité magnétique ou perforé. [ETY] Mot angl.

**badger** *vi* [13] Introduire un badge dans une machine à des fins d'identification. [DER] **badgeuse** *nf*

**Bad Godesberg** v. d'Allemagne, auj. réunie à Bonn. Stat. therm. – En 1938, entrevue Chamberlain-Hitler sur l'affaire des Sudètes.

**badiane** *nf* BOT Plante dicotylédone, arbuste (magnoliacée) dont le fruit, l'*anis étoilé*, est aromatique. [ETY] Du persan.

**badigeon** *nm* **1** Peinture grossière à base de lait de chaux. **2** MED Liquide médicamenteux dont on enduit une partie malade. [PHO] [badiʒɔ̃]

**badigeonner** *vt* [1] Enduire de badigeon. [DER] **badigeonnage** *nm*

**badigeonneur, euse** *n* fam, péjor Peintre sans talent.

**badigoinces** *nfpl* pop Lèvres.

**badin, ine** *a* Enjoué, plaisant. [ETY] Du prov. *badau*, « niais ».

**badine** *nf* Baguette mince et souple.

**badiner** *vi* [1] Plaisanter, parler de manière enjouée et légère. **LOC** ***Ne pas badiner avec qqch*** : le prendre au sérieux, y attacher de l'importance. [DER] **badinage** *nm*

**badinerie** *nf* litt Ce qu'on dit, ce qu'on fait en badinant.

**Badinguet** sobriquet attribué à Napoléon III, évoquant son évasion du fort de Ham sous les vêtements du maçon Badinguet (1846).

**Badinter Robert** (Paris, 1928), avocat français. Garde des Sceaux de 1981 à 1986, il fit abolir la peine de mort.

**Badius Josse Bade,** dit **Jocodus** (Asse, près de Bruxelles, 1462 – Paris, vers 1537), imprimeur installé à Paris v. 1500.

**badlands** *nfpl* GEOGR Terrains argileux ravinés fréquents dans les zones de climat subdésertique ou méditerranéen. [PHO] [badlɑ̃ds] [ETY] De l'angl. *bad*, « mauvais », et *land*, « terre ».

**badminton** *nm* Jeu qui se joue avec un volant que l'on envoie par-dessus un filet à l'aide de raquettes. [PHO] [badmintɔn] [ETY] Mot angl.

**Badoglio Pietro** (Grazzano Monferrato, 1871 – id., 1956), maréchal italien. Gouverneur de Libye (1928-1933), vice-roi d'Éthiopie (1938), il devint chef du gouv. après la chute de Mussolini (1943) et rangea l'Italie aux côtés des Alliés.

**Baduila** → **Totila.**

**Baedeker Karl** (Essen, 1801 – Coblence, 1859), libraire allemand, éditeur de guides pour touristes.

**Baekeland Leo Hendrik** (près de Gand, 1863 – New York, 1944), chimiste américain d'origine belge. En 1909, il synthétisa la bakélite.

**baffe** *nf* fam Gifle.

**Baffin (île de)** la plus vaste (env. 470 000 km$^2$) et la plus orient. des îles de l'archipel Arctique canadien, séparée du Groenland par la *mer* ou *baie de Baffin*.

**Baffin** William (Londres, 1584 – Ormuz, 1622), navigateur angl. Il découvrit en 1616 la terre qui porte auj. son nom.

**baffle** *nm* **1** AUDIOV Écran acoustique rigide sur lequel sont fixés un ou plusieurs haut-parleurs. **2** Enceinte acoustique. ETY De l'angl.

**bafouer** *vt* 1 Traiter avec mépris, d'une manière outrageante. SYN ridiculiser.

**bafouille** *nf* fam Lettre.

**bafouiller** *vi, vt* 1 S'exprimer d'une manière embarrassée et incohérente. DER **bafouillage** *nm* – **bafouilleur, euse** *n*

**bâfrer** *vi* 1 fam, péjor Manger avec avidité et excès. DER **bâfreur, euse** *n*

**bagad** *nm* Formation musicale traditionnelle bretonne. PLUR bagads ou bagadou.

**bagage** *nm* **1** Ce que l'on transporte avec soi en déplacement, dans une valise, un sac, etc. **2** fig Ensemble des connaissances acquises. *Avoir un sérieux bagage scientifique.* LOC ***Partir avec armes et bagages*:** en emportant tout ce qui peut être emporté. — ***Plier bagage*:** partir. ETY De l'angl. *bag,* « sac ».

**bagagiste** *nm* **1** Préposé aux bagages dans un hôtel, une gare, etc. **2** Industriel du bagage.

**Bagandas** → **Gandas.**

**bagarre** *nf* **1** Rixe. *Une bagarre de rue.* **2** fig, fam Conflit. *Une bagarre politique.*

**bagarrer** *v* 1 **A** *vpr* fam Se battre. *Gamins qui se bagarrent.* **B** *vi* fam, vieilli Lutter. *Il a bagarré dur pour avoir son poste.* DER **bagarreur** *n, a*

**bagasse** *nf* Résidu végétal (tige de canne à sucre, de l'indigo, marc de raisin ou d'olive, etc.) dont on extrait divers produits. ETY De l'esp.

**bagatelle** *nf* **1** Objet de peu de prix, sans utilité. SYN babiole. **2** fig Chose futile et sans importance. *S'occuper à des bagatelles.* **3** fam Amourette, plaisir physique. **4** Somme d'argent très peu élevée. LOC ***Coûter la bagatelle de...*:** coûter très cher. ETY De l'ital. *bagatella,* « tour de bateleur ».

**Bagatelle** château situé en bordure du bois de Boulogne par F.-J. Bélanger (1779).

**Bagaudes** nom donné aux paysans gaulois révoltés (IIIe s.-Ve s.).

**Bagdad** cap. de l'Irak, sur le Tigre ; 5,9 millions d'hab. (aggl.). Centre comm., industr. et culturel. – La ville, dont le calife abbasside Al-Mansur fit sa cap. en 762, connut une splendeur dont il ne reste que divers bâtiments tardifs (XIIe-XIVe s). Harun ar-Rachid y réunit au VIIIe s. les plus grands savants, arabes et non arabes. – *Pacte de Bagdad:* pacte politico-militaire conclu en 1955 par l'Irak, la Turquie, le Pākistān, puis l'Iran (oct. 1955) ; après le retrait de l'Irak (1959), il a fait place au CENTO (Central Treaty Organization), dissous en 1979. DER **bagdadien, enne** ou **bagdadi, ie** *a, n*

**bagel** *nm* Petit pain en forme d'anneau, à la mie très ferme. PHO [begəl] ETY Mot angl. VAR **baguel**

**baggy** *nm* Pantalon en toile, très ample, à la mode chez les adolescents. PHO [bagi] ETY Mot angl., « bouffant ».

**bagnard** *nm* Forçat.

**bagne** *nm* **1** Lieu où étaient détenus les condamnés aux travaux forcés **2** fig Travail astreignant. ETY De l'ital. *bagno,* « bain ».

**Bagnères-de-Bigorre** ch.-l. d'arr. des Htes-Pyr., sur l'Adour ; 8 717 hab. Station thermale. DER **bagnérais, aise** *a, n*

**Bagnères-de-Luchon** ch.-l. de cant. de la Hte-Garonne (arr. de Saint-Gaudens) ; 2 771 hab. Stat. therm. ; sports d'hiver à *Superbagnères.* DER **luchonais, aise** *a, n*

**bagnes** *nm* Variété de gruyère du Valais.

**Bagneux** ch.-l. de cant. des Hauts-de-Seine (arr. d'Antony) ; 38 799 hab. Industries. DER **balnéolais, aise** *a, n*

**bagnole** *nf* fam Automobile.

**Bagnoles-de-l'Orne** com. de l'Orne (arr. d'Alençon) ; 2 523 hab. Stat. thermale. DER **bagnolais, aise** *a, n*

**Bagnolet** ch.-l. de cant. de la Seine-Saint-Denis (arr. de Bobigny) ; 34 167 hab. Industries. DER **bagnoletais, aise** *a, n*

**Bagnols-sur-Cèze** ch.-l. de cant. du Gard (arr. de Nîmes) ; 18 538 hab. Industries. DER **bagnolais, aise** *a, n*

**bagou** *nm* fam Grande facilité à se servir de la parole pour amuser, faire illusion, duper. *Avoir du bagou.* ETY De l'a. fr. *bagouler,* « parler à tort et à travers ». VAR **bagout**

**Bagration** Piotr Ivanovitch (prince) (Kizliar, Caucase, 1765 – Sima, gouv. de Vladimir, 1812), général russe, mortellement blessé à la bataille de la Moskova.

**Bagritski** Eduard Gueorguievitch Dzioubine, dit (Odessa, 1895 – Moscou, 1930), poète soviétique : *Vainqueurs* (1932).

**baguage** → **baguer 1.**

**bague** *nf* **1** Anneau que l'on porte au doigt. **2** Anneau que l'on met à la patte de certains animaux pour les reconnaître. **3** Objet ayant la forme d'un anneau. **4** ARCHI Moulure de colonne en forme d'anneau. **5** ELECTR Anneau conducteur en laiton ou en bronze fixé sur l'arbre d'une machine. **6** TECH Pièce creuse à paroi cylindrique. **7** Anneau qui sert à fixer un objectif ou un filtre sur un appareil photo, une caméra. ETY Du néerl.

**baguel** → **bagel.**

**baguenaude** *nf* **1** BOT Fruit du baguenaudier, ayant la forme d'une vessie quadrangulaire. **2** pop Promenade, flânerie. ETY Du languedocien.

**baguenauder** *vi, vpr* 1 fam Flâner.

**baguenaudier** *nm* Arbrisseau (papilionacée) à fleurs jaunes en grappes et à feuillage ornemental.

**1 baguer** *vt* 1 **1** Garnir d'une bague la patte d'un oiseau pour pouvoir l'identifier, le suivre. **2** ARBOR Inciser annulairement l'écorce d'un arbre pour arrêter la sève. DER **baguage** *nm*

**2 baguer** *vt* 1 COUT Faufiler deux épaisseurs de tissu, les plis d'un vêtement. ETY De l'a. fr. « attacher ».

Bagdad

**baguette** *nf* **1** Bâton mince et flexible. **2** Chacun des deux bâtonnets utilisés en Extrême-Orient pour prendre des aliments. **3** Pain de 250 g, de forme allongée. **4** ARCHI Petite moulure ronde, unie ou ornée. **5** TECH Moulure de menuiserie. LOC ***Baguette de soudure*:** tige utilisée comme métal d'apport pour le soudage. — ***Baguette magique*:** attribut des magiciens et des fées, utilisé pour les enchantements. — ***D'un coup de baguette magique*:** de manière miraculeuse. — ***Mener qqn à la baguette*:** d'une manière impérieuse et brutale. ETY De l'ital.

**baguier** *nm* **1** Écrin, coffret où l'on range des bagues, des bijoux. **2** Jeu d'anneaux utilisés par les bijoutiers pour mesurer le diamètre d'un doigt.

**Baguirmi** anc. royaume (XVIe-XIXe s.) situé dans le Tchad actuel. Islamisé au XVIIe s., trafiquant d'esclaves, il accepta le protectorat fr. en 1897.

**bah !** *interj* Marque l'indifférence, le dédain, l'insouciance.

**Bahā Allāh** Mīrzā Hussein 'Alī, dit (Téhéran, 1817 – Acre, 1892), fondateur du bahaïsme.

**bahaïsme** *nm* Religion issue de l'islam chiite, fondée par Bahā Allāh, dérivée du babisme, qui prêche l'amour entre les peuples, au-delà de leurs croyances et de leurs races. DER **bahaï** *a, n*

**Bahamas** (anc. *Lucayes*), État membre du Commonwealth, au S.-E. de la Floride, formé de 700 îles ou îlots ; 13 950 km$^2$ ; 400 000 hab. ; cap. *Nassau,* dans l'île de *New Providence.* Monnaie : dollar des Bahamas. Population : d'orig. africaine (85,1 %), européenne (14,8 %). Langue off. : anglais. Religion : protestantisme (56 %). Tourisme. – Colonie anglaise en 1783, l'archipel est indépendant depuis 1973. DER **bahamien, enne** *a, n*
▶ carte **Amérique du Nord**

**Bahia** État du N.-E. du Brésil ; 561 026 km$^2$ ; 11 396 000 hab. ; cap. *Salvador* (ou *Bahia*). Coton, cacao. Pétrole. DER **bahianais, aise** *a, n*

**Bahía Blanca** port d'Argentine (prov. de Buenos Aires), près de la baie du m. nom ; 214 370 hab. Industr. alimentaire et textile.

**Bahr al-Abiad et Bahr al-Azrak** (*Nil Blanc Nil Bleu*), rivière dont la réunion, à Khartoum, forme le Nil.

**Bahr al-Ghazalet et Bahr al-Djebel** rivières du Soudan dont la réunion forme le Bahr al-Abiad (*Nil Blanc*).

**Bahreïn** archipel et émirat du golfe Persique, relié à l'Arabie Saoudite par un pont de 30 km ; 692 km$^2$ ; 1 300 000 hab. ; accroissement démographique : 2 % par an ; cap. *Manama,* dans l'île de Bahreïn. Monnaie : dinar bahreïni. Relig. : islam (chiites 71 % ; sunnites 29 %). Gaz et pétrole ont suscité l'importante fonction financière et l'industrie. – Gouverné à partir de 1783 par la dynastie Khalifah, l'émirat devint protectorat brit. en 1820 ; il est indépendant depuis 1971. En 2011, des manifestations populaires tentant de chasser le roi sont réprimées par la violence. DER **bahreïni, ie** ou **bahreïnien, enne** *a, n* ▶ carte **Arabie**

**baht** *nm* Unité monétaire de la Thaïlande.

**bahut** *nm* **1** Meuble massif servant au rangement. **2** fam Taxi, camion. **3** arg Lycée, collège, école. PHO [bay]

**bai, baie** *a* ZOOL Se dit d'un cheval à la robe rouge-brun, à la queue et à la crinière noires. *Une jument baie.* ETY Du lat. *badius,* « brun ».

**Baia Mare** v. du N.-O. de la Roumanie ; 139 870 hab. ; ch.-l. de la rég. de Maramureş. Centre minier et industriel.

**1 baie** *nf* BOT Fruit indéhiscent, très charnu, à pépins. ETY Du lat.

**2 baie** *nf* **1** Partie rentrante d'une côte occupée par la mer. *La baie d'Audierne.* **2** Golfe. *La baie d'Hudson.* ETY Du lat.

**3 baie** *nf* **1** Large ouverture pratiquée dans un mur, servant de porte ou de fenêtre. **2** ELECTRON Châssis métallique qui reçoit des appareillages. ETY De l'a. fr. *baer,* « béer ».

**Baie-Comeau** v. et port du Canada (Québec), sur l'estuaire du Saint-Laurent (r. g.) ; 26 700 hab. DER **baie-comien, enne** *a, n*

**Baie-Mahault** ch.-l. de cant. de la Guadeloupe (arr. de Basse-Terre), sur la *baie Mahault ;* 23 389 hab.

**Baïf** Lazare de (près de La Flèche, 1496 – Paris, 1547), diplomate et humaniste français. — **Jean Antoine** (Venise, 1532 – Paris, 1589), fils naturel du préc., l'un des poètes de la Pléiade (*Amours, Jeux, Passe-temps*).

**baignade** *nf* **1** Action de prendre un bain. **2** Lieu où l'on prend ce bain.

**baigner** *v* ① **A** *vt* **1** Faire prendre un bain à, laver. *Baigner un enfant. Se baigner dans la mer.* **2** fig Toucher (mer, fleuves). *La Manche baigne le Cotentin.* **3** Mouiller, arroser. *Les pleurs baignent son visage.* **B** *vi* **1** Être entièrement plongé dans un liquide. *Cornichons qui baignent dans le vinaigre.* **2** fig Être entouré, imprégné. *La rue baignait dans la lumière du petit jour.* LOC fam ***Ça baigne (dans l'huile), tout baigne :*** tout va pour le mieux. ETY Du lat.

**baigneur, euse** *n* **A** Personne qui se baigne. *La plage est envahie par les baigneurs.* **B** *nm* Poupée nue représentant un bébé.

**baignoire** *nf* **1** Grande cuve servant à prendre des bains. **2** Loge de théâtre, au rez-de-chaussée. **3** MAR Partie supérieure du kiosque d'un sous-marin.

**Baïkal** lac profond (1 620 m) de Sibérie orient. ; 31 500 km$^2$ ; longueur 636 km, largeur moyenne 48 km. Ses eaux s'évacuent par le fleuve *Angara.*

**Baïkonour** au Kazakhstan, princ. base spatiale de l'ex-URSS.

**bail** *nm* DR Contrat par lequel une personne, propriétaire d'un bien, meuble ou immeuble, en cède la jouissance à une autre, moyennant un prix convenu, et pour une durée déterminée. *Bail commercial. Bail à cheptel.* PLUR baux. [bo] LOC fam ***Ça fait un bail*** : longtemps. PHO [baj] ETY De *bailler,* « donner ».

**Bailén** ville d'Espagne (Andalousie) ; 15 830 hab. – Capitulation du général français Dupont de l'Étang en 1808. VAR **Baylén**

**Baillairgé** famille de sculpteurs et architectes québécois d'origine française (XVIIIe et XIXe s.). VAR **Baillargé**

**baille** *nf* **1** MAR Baquet. **2** fig Mauvaise embarcation. **3** arg Mer, eau. *Tomber à la baille.* **4** arg École navale.

**bailler** *vt* ① LOC litt ***La bailler belle à qqn :*** vouloir le tromper. ETY Du lat. *bajulare,* « porter ».

**bâiller** *vi* ① **1** Faire, en ouvrant largement la bouche, une inspiration profonde suivie d'une expiration prolongée. *Bâiller de fatigue, d'ennui.* **2** fig Être entrouvert, mal joint. *Porte qui bâille.* ETY Du lat. *batare,* « avoir la bouche ouverte ». DER **bâillement** *nm*

**Bailleul** ch.-l. de cant. du Nord (arr. de Dunkerque) ; 14 146 hab. DER **bailleulois, oise** *a, n*

**bailleur, bailleresse** *n* DR Personne qui cède un bien à bail (par oppos. à *preneur*). LOC ***Bailleur de fonds :*** celui qui fournit les capitaux à une entreprise.

**bailli** *nm* **1** HIST En France, au Moyen Âge, officier remplissant des fonctions judiciaires, militaires et financières au nom du roi. **2** Titre donné à certains magistrats en Italie, en Suisse et dans des régions d'Allemagne. ETY De l'a. fr. *baillir,* « administrer ».

**bailliage** *nm* HIST **1** Partie du territoire soumise à l'autorité du bailli. **2** Tribunal du bailli. PHO [bajaʒ]

**bâillon** *nm* **1** Morceau d'étoffe qu'on met dans ou devant la bouche de qqn pour l'empêcher de parler. **2** fig Entrave à l'expression de la pensée. *Mettre un bâillon à la presse.* ETY De *bâiller.*

**bâillonner** *vt* ① **1** Mettre un bâillon à qqn. **2** fig Forcer au silence. *Bâillonner les journaux.* DER **bâillonnement** *nm*

**Baillot** Pierre (Passy, 1771 – Paris, 1842), violoniste et compositeur français.

**Bailly** Jacques Ier (Graçay, 1629 – Paris, 1679), peintre miniaturiste et aquafortiste français. — **Nicolas** (Paris, 1659 – id., 1736), fils du préc., auteur du premier catalogue des collections royales de tableaux. — **Jacques II** (Paris, 1700 – id., 1768), fils et successeur de Nicolas Bailly. — **Jean Sylvain** (Paris, 1736 – id., 1793), fils de Jacques II Bailly, écrivain, astronome et homme politique. Président du tiers état, lors des États généraux, maire de Paris (juil. 1789-juil. 1791), il fut guillotiné.

**Bailly** François Anatole (Orléans, 1833 – id., 1911), philologue et helléniste français ; auteur d'un *Dictionnaire grec-français* (1894).

**Bailyn** Bernard (Hartford, 1922), historien américain : travaux sur la Nouvelle-Angleterre au XVIIIe s.

**bain** *nm* **A 1** Immersion plus ou moins prolongée du corps ou d'une partie du corps dans un liquide ou une substance additionnée d'eau. *Prendre un bain de mer, de boue, de cendres. Bain bouillonnant, moussant.* **2** fig Ce à quoi on est mêlé. *Être dans le bain. Bain de foule.* **3** Liquide dans lequel on se baigne. *Préparer un bain.* **4** Baignoire. *Remplir le bain.* **5** TECH Solution dans laquelle on plonge un objet. *Bain d'électrolyse.* **6** MED Solution antiseptique avec laquelle on se nettoie. *Bain de bouche.* **B** *nm pl* **1** Établissement public où l'on peut prendre des bains. *Bains maures.* **2** Station thermale. LOC ***Bain linguistique :*** apprentissage d'une langue étrangère par immersion dans un milieu où elle est en usage. — fam ***Envoyer qqn aux bains :*** l'éconduire. — fam ***Jeter le bébé avec l'eau du bain :*** se débarrasser d'un problème de manière disproportionnée. ETY Du lat.

**bain-marie** *nm* Eau bouillante dans laquelle on plonge un récipient contenant des substances à faire chauffer lentement ; récipient contenant ce bain. PLUR bains-marie. ETY De *Marie-la-Juive,* alchimiste légendaire.

**Bainville** Jacques (Vincennes, 1879 – Paris, 1936), historien français : *Histoire de France* (1924), *Napoléon* (1931) ; membre de l'Action française. Acad. fr. (1935).

**baïonnette** *nf* **1** Lame métallique pointue qui s'adapte au canon d'un fusil. *Charger à la baïonnette.* **2** TECH Mode de fixation rappelant celui de la baïonnette. *Douille baïonnette.* ETY De *Bayonne.*

**Baïram** *nm* Nom turc de deux fêtes musulmanes : le Grand Baïram (Aïd el-Kébir, ou fête du mouton) et le Petit Baïram (Aïd el-Séghir, ou fin du Ramadan).

**Baird** John Logie (Helensburgh, Écosse, 1888 – Bexhill, Angleterre, 1946), ingénieur écossais, l'un des inventeurs de la télévision (démonstration en 1926).

**Bairiki** capitale du Kiribati, située sur l'atoll de Tarawa ; 25 390 hab.

**baisable** *a* vulg Qui peut provoquer le désir sexuel.

**baise** *nf* **1** Belgique Petit baiser, bisou. **2** vulg Rapport sexuel.

**Baïse (la)** riv. de France (190 km), affl. de la Garonne (r. g.) ; formée par la *Grande* et la *Petite Baïse,* nées sur le plateau de Lannemezan.

**baise-en-ville** *nm inv* fam Petit sac contenant des affaires pour passer la nuit hors de chez soi.

**baisemain** *nm* Hommage consistant à saluer une femme ou un souverain en lui baisant la main.

**baisement** *nm* RELIG Action de baiser qqch en signe d'humilité et de vénération.

**1 baiser** *vt* ① **1** Poser les lèvres sur. *Baiser le sol.* SYN embrasser. **2** vulg Avoir des relations sexuelles. **3** fam Tromper. SYN posséder. ETY Du lat.

**2 baiser** *nm* Action de poser ses lèvres sur.

**Baiser (le)** marbre de Rodin (1886, musée Rodin, Paris).

**baisodrome** *nm* fam Endroit réservé aux ébats sexuels.

**baisoter** *vt* ① fam Donner de nombreux petits baisers à.

**baisse** *nf* Action de baisser. LOC ***Jouer à la baisse :*** spéculer sur le recul des valeurs en Bourse.

**baisser** *v* ① **A** *vt* **1** Mettre plus bas, diminuer la hauteur de ; faire aller plus bas. *Baisser un store.* **2** Diminuer la valeur, l'intensité de qqch. *Baisser le son, les prix.* **B** *vi* **1** Aller en diminuant de niveau. *La mer baisse.* **2** Aller en diminuant d'intensité, de qualité. *La lumière baisse. Sa vue baisse.* **3** fig Perdre ses forces. *Ce vieillard baisse de jour en jour.* **4** Diminuer de prix, de valeur. *Les légumes baissent.* **C** *vpr* S'incliner. *Se baisser pour passer sous une voûte.* LOC ***Baisser les bras :*** s'avouer vaincu. — ***Baisser les yeux :*** regarder vers le bas. — ***Baisser pavillon :*** amener son pavillon pour montrer qu'on se rend à l'ennemi ou pour saluer un autre navire. ETY Du lat.

**baissier, ère** *a, n* **A** *a* Relatif à la baisse des cours. *Tendance baissière.* **B** *n* Spéculateur qui joue à la baisse.

**Bajazet Ier** (en turc *Bāyazīd*) (?, 1347 – Akşehir, 1403), sultan ottoman (1389). Il agrandit l'empire et battit les chrétiens à Nicopolis (1396). Tamerlan le captura en 1402. — **Bajazet II** (?, vers 1447 – près de Demotika, 1512), sultan ottoman de 1481 à 1512.

**Bajazet** tragédie en 5 actes et en vers de Racine (1672).

**Ba Jin** Li Feigan, dit (prov. du Sichuan, 1905 – Shangai, 2005), romancier chinois. Il a décrit la vie sociale en Chine au début du XXe s. *Famille* (1931), *Printemps* (1938), *Automne* (1940), *Nuit glacée* (1978). VAR **Pa Kin**

**Bajocasses** Gaulois installés dans la rég. d'Augustodurum (auj. *Bayeux*).

**bajocien, enne** *a, nm* GEOL Se dit de l'étage inférieur du jurassique moyen, où domine l'oolithe. ETY Du nom lat. de *Bayeux.*

**bajoue** *nf* **1** Joue, chez certains animaux. **2** fam Joue pendante, chez l'homme.

**bajoyer** *nm* TECH Chacun des massifs de maçonnerie qui constituent les parois latérales d'une écluse. PHO [baʒwaje] ETY De *bajoue.*

**bakchich** *nm* fam Pourboire, gratification. ETY Mot persan.

**bakélite** *nf* Matière plastique obtenue par traitement du formol par le phénol. ETY Nom déposé.

**Bakema** Jacob Berend (Groningue, 1914 – Rotterdam, 1981), architecte et urbaniste néerl., fidèle aux principes du groupe De Stijl.

**Baker** sir Samuel White (Londres, 1821 – Sandford Orleigh, Devon, 1893), explorateur britannique de l'Afrique centrale.

**Baker** Joséphine (Saint Louis, 1906 – Paris, 1975), artiste de music-hall française d'origine américaine.

Joséphine Baker

**Baker** Chesney H., dit Chet (Yale, 1929 – Amsterdam, 1988), trompettiste de jazz américain, également compositeur et chanteur.

**Baki** Mahmud Abdül, dit (Istanbul, 1526 – id., 1600), poète turc.

**Bakin** Takizawa Kai, dit Kyokutei (Edo, 1767 – id., 1848), romancier japonais : *Histoire des huit chiens de Satomi* (1814-1841).

**baklava** *nm* Gâteau feuilleté très sucré, au miel et aux amandes. ETY Mot turc.

**Bakony** (monts) collines boisées de l'O. de la Hongrie. Vignobles, bauxite.

**Bakongos** → **Kongos.**

**Bakou** cap. et port d'Azerbaïdjan, sur la mer Caspienne ; 1,9 million d'hab. Grand centre pétrolier et industriel.

**Bakou** (Second-) rég. pétrolifère située entre l'Oural et la Volga.

**Bakounine** Mikhaïl Alexandrovitch (près de Tver, 1814 – Berne, 1876), révolutionnaire russe. Membre de la Ire Internationale, il s'opposa à Karl Marx : *De la coopération* (1869), *l'État et l'Anarchie* (1873).

**Bakst** Lev Samoïlevitch Rosenberg, dit Léon (Saint-Pétersbourg, 1866 – Paris, 1924), peintre et décorateur russe. Il travailla pour les Ballets russes de S. Diaghilev (1909-1921).

**bakufu** *nm* HIST Au Japon, gouvernement du shogun. PHO [bakufu] ETY Mot jap.

**bal** *nm* Réunion consacrée à la danse ; lieu où se tient cette réunion. *Donner un bal.* PLUR bals. **LOC** ***Ouvrir le bal :*** inciter les autres à prendre exemple sur soi. ETY De l'a. fr. *baller,* « danser ».

**balader** *vt* 1 **fam** 1 Promener. *Se balader dans les bois.* 2 Faire marcher qqn, le mener en bateau. **LOC** ***Envoyer balader :*** éconduire. DER **balade** *nf*

**baladeur, euse** *n, a* **A fam** Qui se balade, aime se balader. **B** *nm* Lecteur de cassettes ou de disques compacts, portatif, et relié à un casque d'écoute. SYN (déconseillé) walkman. **C** *nf* Lampe électrique munie d'un long fil souple qui permet de la déplacer. **LOC** AUTO ***Train baladeur :*** organe d'une boîte de vitesses qui permet d'obtenir plusieurs rapports par déplacement des pignons.

**baladin** *nm* vx 1 Danseur de théâtre. 2 Comédien ambulant.

**baladiyat** *nm* Division administrative en Libye. PHO [baladija]

**baladodiffuser** *vt* 1 Syn. (recommandé) de *podcaster.* DER **baladodiffusable** *a* – **baladodiffuseur, euse** *n* – **baladodiffusion** *nf*

**balafon** *nm* Instrument à percussion de l'Afrique occidentale, proche du xylophone. DER **balafoniste** *n*

**balafrer** *vt* 1 Blesser en faisant une longue entaille au visage. ETY De l'a. fr. *leffre,* « lèvre ». DER **balafre** *nf* – **balafré, ée** *a, n*

**Balagne (la)** région située dans le Nord de la Haute-Corse.

**Balaguer** Víctor (Barcelone, 1824 – Madrid, 1901), écrivain et homme politique catalan : *Histoire de Catalogne* (1863).

**Balaguer** Joaquim (Navarette, 1907 – Saint-Domingue, 2002), homme politique dominicain. Conseiller de Trujillo, à qui il succède en 1960, il s'exile en 1962. Président de la Rép. dominicaine de 1966 à 1974 et de 1986 à 1996.

**balai** *nm* 1 Ustensile de ménage destiné au nettoyage du sol, composé d'une brosse ou d'un faisceau de tiges (végétales ou de matière plastique) et d'un manche. *Balai de crin.* 2 Dernier train, métro, autobus de la journée. 3 ELECTR Organe qui, par frottement, transmet ou recueille le courant électrique sur la partie tournante d'une machine. 4 CHASSE Extrémité de la queue des chiens ou des oiseaux de fauconnerie. 5 Année d'âge. *Avoir soixante balais.* **LOC** ***Balai de sorcière :*** maladie cryptogamique des arbres. — ***Balais d'essuie-glaces :*** raclettes mécaniques servant à nettoyer le pare-brise d'une automobile. — **fam** ***Coup de balai :*** licenciement. — **fam** ***Du balai ! :*** faites place ! — ***Voiture balai :*** véhicule qui recueille les coureurs cyclistes qui ont abandonné. ETY Mot breton, « genêt ».

**balai-brosse** *nm* Brosse dure à frotter le sol montée sur un manche à balai. PLUR balais-brosses.

**balais** *am* **LOC** ***Rubis balais :*** Rubis d'un rouge violacé ou d'un rose intense. ETY De l'ar.

**balaise** → **balèze.**

**Balaïtous** (mont) pic des Htes-Pyr. (3 144 m), à la frontière espagnole.

**Balakirev** Mili Alexeïevitch (Nijni-Novgorod, 1837 – Saint-Pétersbourg, 1910), compositeur russe, fondateur du « groupe des Cinq ».

**Balaklava** port d'Ukraine, sur la mer Noire ; 10 000 hab. – Le 25 oct. 1854, lord Cardigan y arrêta les Russes.

**balalaïka** *nf* Petit luth à caisse triangulaire, à trois cordes, employé dans la musique russe.

**balance** *nf* 1 Instrument qui sert à peser. *Balance romaine, de Roberval, électronique.* 2 Équilibre. *La balance des forces, des pouvoirs.* 3 Symbole de la justice, avec deux plateaux simplement fixés à un fléau. 4 ASTROL Signe du zodiaque. 5 TECH Dispositif permettant d'équilibrer la diffusion du son entre les deux voies d'une chaîne stéréophonique. 6 COMPTA Document faisant apparaître le solde d'un compte par la différence entre les crédits et les débits ; bilan économique d'un pays. *Balance commerciale.* 7 Filet rond et creux qui sert à pêcher les petits crustacés. 8 **arg** Délateur, mouchard. **LOC** AERON ***Balance aérodynamique :*** dispositif pour mesurer les efforts auxquels est soumise une maquette dans une soufflerie. — ***Faire entrer en balance :*** en ligne de compte. — ***Faire pencher la balance du côté de... :*** faire prévaloir... — ***Mettre en balance :*** comparer. — ***Rester en balance :*** dans l'indécision. ETY Du lat. *bis,* « deux fois », et *lanx,* « plateau ».

**Balance (la)** constellation zodiacale de l'hémisphère austral ; n. scientif. : *Libra, Librae.* – Signe du zodiaque (24 sept. - 23 oct.).

**balancé, ée** *a* Équilibré, harmonieux. *Une déclaration balancée.* **LOC fam** ***Bien balancé :*** se dit d'une personne bien bâtie.

**balancelle** *nf* 1 Banc de jardin sur lequel on peut se balancer. 2 MAR Embarcation pointue aux deux extrémités, à un seul mât. 3 Élément muni d'un crochet, d'un convoyeur de manutention.

**balancement** *nm* 1 Mouvement d'oscillation d'un corps qui s'incline alternativement d'un côté et de l'autre de son centre d'équilibre. 2 **fig** Disposition équilibrée des parties d'une période, d'un tableau, etc.

**balancer** *v* 12 **A** *vt* 1 Mouvoir, agiter par balancement. *Balancer les bras.* 2 Compenser. *Son gain balance ses pertes.* 3 **fam** Jeter qqch. *Balancer un vieux fauteuil.* 4 **fam** Rejeter qqn. 5 **fam** Dénoncer qqn. **B** *vi* Être en suspens, hésiter. *Balancer entre l'espoir et la crainte.* **C** *vpr* 1 S'incliner alternativement d'un côté et de l'autre. *Fleurs qui se balancent au gré du vent.* 2 **fig, litt** S'équilibrer,

**balance**

balance de Roberval

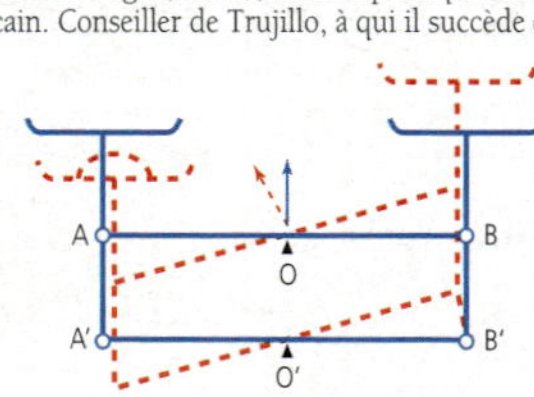


le fléau AB et le contre-fléau A'B' forment un parallélogramme articulé mobile autour des couteaux O et O' ; quand il se déforme sous la charge, A A' et B B' restent verticaux

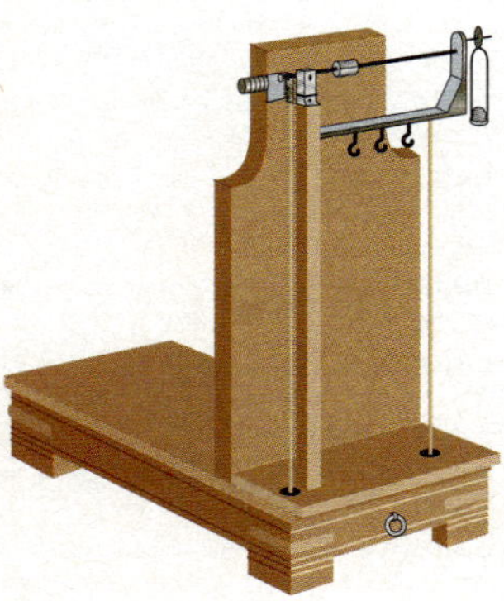

balance romaine

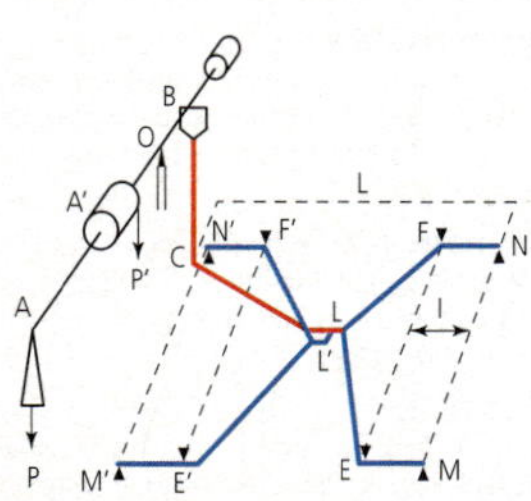


la charge est disposée en L ; L' et C s'abaissent et le levier AB bascule autour de O ; on déplace alors en A' un curseur de poids constant P' et on lit la graduation sur AO

se compenser. *Ici, le bien et le mal se balancent.* **3** Utiliser une balançoire. **LOC** ARCHI ***Balancer un escalier*** : réaliser un bon équilibre entre le nombre de marches, leur hauteur, leur largeur et leur position. — fam ***S'en balancer*** : s'en moquer éperdument.

**Balanchine** Gueorgui Melitonovitch Balanchivadze, dit George (Saint-Pétersbourg, 1904 – New York, 1983), danseur et chorégraphe américain d'origine russe. Il travailla à Paris, pour les Ballets russes, et, à partir de 1934, à New York. (DER) **balanchinien, enne** *a*

**balancier** *nm* **1** Pièce oscillante qui sert à régler le mouvement d'une horloge ou d'une montre. **2** Longue perche utilisée par les funambules pour se maintenir en équilibre. **3** Flotteur placé sur le côté d'une embarcation pour en assurer la stabilité. *Pirogue à balancier.* **4** anc Machine utilisée pour la frappe des monnaies et des médailles. **5** ENTOM Organe propre aux diptères, qui sert à diriger et à régulariser leur vol.

**balancine** *nf* MAR Cordage qui soutient l'extrémité d'un espar et lui donne son inclinaison. *Balancine de tangon, de bôme.*

**balançoire** *nf* **1** Longue pièce (de bois, de métal, etc.) posée en équilibre sur un point d'appui et sur laquelle se balancent deux personnes assises aux extrémités. **2** Siège suspendu au bout de deux cordes et sur lequel on se balance. SYN escarpolette.

**Balandier** Georges (Aillevillers, Hte-Saône, 1920), sociologue français : travaux sur l'Afrique subsaharienne.

**balane** *nf* Crustacé cirripède commun qui vit fixé sur un support dur dans une carapace pyramidale qu'il sécrète, composée de plusieurs plaques calcaires. (ETY) Du gr. *balanos,* « gland ».

**balanin** *nm* Charançon (curculionidé) dont la larve se développe dans les noisettes, les châtaignes.

**balanite** *nf* MED Inflammation de la muqueuse du gland.

**balanoglosse** *nm* Ver des plages, de la classe des entéropneustes.

**balaou** *nm* Poisson de forme allongée qui vit au large des côtes européennes.

**Balard** Antoine Jérôme (Montpellier, 1802 – Paris, 1876), chimiste français qui découvrit le brome (1826).

**balata** *nm* Arbre dicotylédone produisant un latex ; ce latex, utilisé pour la fabrication de matériaux isolants.

**Balaton** lac de l'O. de la Hongrie ; 596 km$^2$. Eaux riches en soude. Stations balnéaires.

**balayage** *nm* **1** Action de balayer. **2** ELECTRON Déplacement du faisceau électronique sur la surface d'un tube cathodique (écran de télévision, oscilloscope). **3** INFORM Lecture séquentielle des informations se trouvant sur un support. **4** En coiffure, décoloration de fines mèches réparties dans toute la chevelure.

**balayer** *vt* (21) **1** Nettoyer avec un balai ; enlever avec un balai. *Balayer une chambre.* **2** Parcourir un espace. *Projecteur qui balaie le ciel nocturne.* **3** fig Écarter, repousser qqch. *Le vent a balayé les nuages. Balayer une objection.* **LOC** fam ***Balayer devant sa porte*** : régler ses propres affaires avant de critiquer autrui.

**balayette** *nf* Petit balai.

**balayeur, euse** *n* **A** Personne chargée de balayer la voie publique. **B** *nf* Véhicule automobile pour nettoyer la voie publique.

**balayures** *nfpl* Ce qu'on enlève en balayant.

**Balbastre** Claude (Dijon, 1727 – Paris, 1799), compositeur, organiste et claveciniste français : *Noëls* pour clavier.

**Balbek** → **Baalbek.**

**Balbo** Cesare (comte de Vinadio) (Turin, 1789 – id., 1853), homme politique et historien italien, l'un des initiateurs du Risorgimento.

**Balbo** Italo (Ferrare, 1896 – près de Tobrouk, 1940), maréchal de l'Air italien, un des fondateurs du régime fasciste ; tué par erreur par la DCA italienne.

**balboa** *nm* Unité monétaire du Panamá.

**Balboa** Vasco Núñez de (Jerez, 1475 – Acla, Panamá, 1517), navigateur espagnol. Il découvrit en 1513 le Pacifique en franchissant l'isthme de Darién, en Amérique centrale.

**Balbuena** Bernardo de (Valdepeñas, 1568 – Porto Rico, 1627), prélat espagnol, auteur de *Bernard ou la Victoire de Roncevaux,* épopée.

**balbutiement** *nm* **A** Action de balbutier ; paroles balbutiées. **B** *nmpl* fig Commencements incertains. *Les balbutiements de l'Europe.*

**balbutier** *v* (2) **A** *vi* Articuler des mots avec hésitation, bredouiller. **B** *vt* Exprimer confusément. *Balbutier des excuses.* (PHO) [balbysje] (ETY) Du lat. *balbus,* « bègue ». (DER) **balbutiant, ante** *a*

**balbuzard** *nm* ZOOL Oiseau de proie diurne falconiforme, piscivore, d'environ 160 cm d'envergure. (ETY) De l'angl. *bald buzzard,* « buzard chauve ».

**balbynien** → **Bobigny.**

**balcon** *nm* **1** Terrasse entourée d'une balustrade, suspendue en encorbellement sur la façade d'un édifice, et accessible par une ou plusieurs baies. **2** Balustrade de cette terrasse. *Être accoudé au balcon.* **3** Galerie (à l'origine circulaire) d'une salle de spectacle. **4** MAR Plate-forme ouverte à l'arrière d'un navire. **5** Balustrade avant ou arrière d'un bateau de plaisance. (ETY) De l'ital.

**balconnet** *nm* Soutien-gorge à armature laissant le dessus de la poitrine découvert.

**balconnière** *nf* Jardinière de balcon.

**baldaquin** *nm* **1** Ouvrage de tapisserie posé ou suspendu au-dessus d'un trône, d'un lit, etc. **2** ARCHI Ouvrage qui, soutenu par des colonnes, surmonte l'autel dans une église. (ETY) De l'ital. *baldacchino,* « étoffe de soie de Bagdad ».

**Balder** divinité de la myth. scandinave, fils d'Odin et de Frigg ; dieu de la Lumière et de la Joie. (VAR) **Baldr**

**Baldini** Antonio (Rome, 1889 – id., 1962), romancier italien vériste : *la Vieille du bal Bullier* (1934), *Michelaccio* (1941).

**Baldovinetti** Alessio (Florence, v. 1425 – id., 1499), peintre italien, fresquiste.

**Baldung Grien** Hans Baldung, dit (Gmünd, v. 1484 – Strasbourg, 1545), peintre et graveur allemand, élève de Dürer : *la Beauté et la Mort* (Vienne), *Deux sorcières* (Francfort).

**Baldwin** Stanley (1$^{er}$ comte) (Bewdley, Worcestershire, 1867 – Stourport, 1947), homme polit. britannique. Premier ministre conservateur : 1923, 1924-1929, 1935-1937.

**Baldwin** James (New York, 1924 – Saint-Paul-de-Vence, 1987), écrivain américain, porte-parole des Noirs américains : *les Élus du Seigneur* (1957).

**Bâle** (en all. *Basel*), v. de Suisse, sur le Rhin ; 175 420 hab. ; ch.-l. du demi-cant. de Bâle-Ville. Port fluvial, centre industriel et financier. – Musée des beaux-arts. Aéroport de Mulhouse-Bâle à Mulhouse. Université. – *Le concile de Bâle-Ferrare-Florence* (1431-1449) affirma la suprématie du concile sur le pape avant de se rétracter à Ferrare puis à Florence. – *Traités de Bâle* : signés en 1795 par la France avec la Prusse (5 avril) et avec l'Espagne (22 juil.). (DER) **bâlois, oise** *a, n*

**Baléares** archipel de la Médit. au large de Valence, communauté autonome de l'Espagne depuis 1983 et région de l'UE ; îles princ. : Majorque, Minorque, Ibiza, Formentera et Cabrera ; 5 014 km$^2$ ; 767 900 hab. ; cap. *Palma de Majorque.* Tourisme. – L'archipel, conquis en 1229 sur les Normands par Jacques I$^{er}$ d'Aragon, fut indép. (1276-1343), puis revint à l'Aragon. (DER) **baléare** *a, n*

**Bâle-Campagne** demi-canton du N.-O. de la Suisse, séparé de Bâle-Ville en 1833 ; 428 km$^2$ ; 261 400 hab. ; ch.-l. *Liestal.*

**baleine** *nf* **1** Mammifère marin mysticète comptant parmi les plus gros animaux (jusqu'à 24 m de longueur et plus de 100 tonnes). **2** Nom donné à des cétacés mysticètes proches des baleines, tels que le mégaptère et le baleinoptère. **3** Tige flexible, en métal ou de matière plastique, utilisée pour tendre du tissu. *Baleines de parapluie.* **LOC** ***Blanc de baleine*** : partie solide de l'huile que l'on extrait notam. des sinus du cachalot et qui entre dans la fabrication de certains cosmétiques. — fam ***Rire comme une baleine*** : en ouvrant toute grande la bouche. (ETY) Du lat.

**Baleine (la)** constellation des hémisphères austral et boréal ; n. scientif. : *Cetus, Ceti.*

**baleiné, ée** *a* Se dit d'un objet garni de baleines. *Corset baleiné.*

**baleineau** *nm* Petit de la baleine.

**baleinier, ère** *a, n* **A** *a* Relatif aux baleines, à leur chasse. **B** *nm* Navire équipé et armé spécialement pour la chasse à la baleine. **C** *nf* **1** Petit canot à bord de tous les bâtiments de commerce et de guerre. **2** Embarcation légère et pointue aux deux bouts.

**baleine** et le squelette de son crâne

**baleinoptère** *nm* ZOOL Mammifère cétacé mysticète voisin de la baleine, dont il se distingue par son aileron dorsal, ses fanons plus courts et les sillons longitudinaux de sa gorge. SYN rorqual. *Le baleinoptère bleu atteint 33 mètres et peut peser 140 tonnes.* VAR **balénoptère**

**Balenciaga** Cristobal (Guetaria, Esp. 1895 – Valence, id., 1972), couturier espagnol qui ouvrit une grande maison de couture à Paris en 1937.

**Bâle-Ville** demi-canton du N.-O. de la Suisse ; 37 km$^2$ ; 194 300 hab. ; ch.-l. *Bâle.*

**balèvre** *nf* **1** ARCHI Saillie d'une pierre sur une autre, près d'un joint, dans un mur ou dans une voûte. **2** CONSTR Excroissance en béton à l'emplacement des joints du coffrage. ETY Du lat. *bis,* « deux », et *lèvre.*

**balèze** *a, n* **fam 1** Qui a une carrure imposante. **2 fig** Très instruit dans un domaine particulier. *C'est un(e) balèze en chimie.* ETY Du prov. *balès,* « homme grotesque ». VAR **balaise**

**Balfour** Arthur James (1er comte) (Whittingehame, Écosse, 1848 – Woking, Surrey, 1930), homme politique brit. Premier ministre conservateur (1902-1906), ministre des Affaires étrangères (1917-1919), il est l'auteur de la *déclaration Balfour* (1917), qui promettait un foyer juif en Palestine.

**Bali** île d'Indonésie, séparée de Java par le *détroit de Bali ;* 5 561 km$^2$ ; 2 649 000 hab. ; cap. *Denpasar.* Rizières en terrasses. Tourisme. – Dès le VIIIe s., l'influence de l'Inde à Bali est notable. Au XVIe s., l'île devint le centre de la culture indo-javanaise (musique, danses, théâtre de marionnettes). DER **balinais, aise** *a, n*

rizières à **Bali**

**Balikesir** v. de l'O. de la Turquie ; 149 990 hab. ; ch.-l. de l'il du m. n. Industrie.

**Balikpapan** v. d'Indonésie (prov. de Kalimantan) ; 280 680 hab. Raff. de pétrole.

**Balilla** Giovanni Battista Perasso, dit (Gênes, 1729 – 1781), patriote génois contre les Autrichiens (1746). Son nom fut donné en 1926 à une organisation paramilitaire fasciste de jeunes.

**Balint** Michael (Budapest, 1896 – Londres, 1970), psychanalyste britannique d'origine hongroise, fondateur de la psychanalyse de groupe.

**1 balise** *nf* **1** Marque très apparente destinée à faciliter la navigation maritime ou aérienne. **2** Appareil émettant des signaux optiques ou radioélectriques pour guider les navires ou les avions. **3** Signal qui matérialise le tracé d'une route. **4** INFORM Marque accolée à certains éléments d'un document multimédia, permettant au logiciel exploitant ce document de les repérer. ETY Du portug.

**2 balise** *nf* Fruit du balisier, dont la graine fournit un colorant pourpre.

**baliser** *v* ① **A** *vt* **1** Munir de balises, marquer par des balises. *Baliser un terrain d'atterrissage.* **2 fig** Marquer, jalonner, ponctuer. *Baliser un processus électoral.* **B** *vi* **fam** Avoir peur. DER **balisage** *nm* – **baliseur, euse** *n*

**balisier** *nm* Monocotylédone originaire d'Amérique tropicale, à larges feuilles ornementales et à belles fleurs complexes jaunes ou rouges. SYN canna. ETY D'un mot des Caraïbes.

**balisier**

**1 baliste** *nf* HIST Catapulte utilisée de l'Antiquité au Moyen Âge. ETY Du gr. *ballein,* « lancer ».

**2 baliste** *nm* Poisson téléostéen des massifs coralliens pourvu de deux ou trois aiguillons.

**balistique** *a, nf* **A** *a* Relatif au mouvement des projectiles. *Vol balistique d'un avion.* **B** *nf* Science du mouvement des corps lancés dans l'espace, en partic. des projectiles lancés par les armes à feu. LOC ***Engin, missile balistique :*** fonctionnant sous l'effet de la gravitation seule. — AVIAT ***Vol balistique d'un avion :*** phase du vol au cours de laquelle les effets de la pesanteur sont annulés. ▶ illustr. **tir**

**balivage** *nm* Choix et marquage des baliveaux.

**baliveau** *nm* SYLVIC Jeune arbre réservé, lors de la coupe d'un taillis.

**balivernes** *nfpl* Propos frivoles ; sornettes.

**Balkan (mont)** chaîne montagneuse de Bulgarie (2 376 m au pic Botev), dirigée E.-O.

**balkanisation** *nf* **1** Fractionnement arbitraire d'un pays en unités autonomes. **2 fig** Éclatement d'une institution, d'un organisme, nuisant à son efficacité. DER **balkaniser** *vt* ①

**Balkans (péninsule des)** la plus orient. des trois grandes péninsules médit. de l'Europe, qui englobe l'ex-Yougoslavie, l'Albanie, la Bulgarie, la Grèce et la Turquie d'Europe. C'est une rég. de montagnes que séparent des bassins d'effondrement (Sofia, Thrace) et quelques plaines fluviales. Des riv. torrentielles caractérisent l'hydrographie. Les côtes relèvent d'un climat médit. ; l'intérieur, d'un climat continental. L'écon. est peu développée ; de nombr. hab. ont émigré vers l'Europe occidentale. DER **balkanique** *a*
**Histoire** Placée sur la route des invasions, la péninsule a des pop. très diverses, mais à dominante slave. Son histoire se confond avec celle de la Grèce, de Rome et de Byzance jusqu'à la conquête des Turcs (XIVe-XVe s.), dont la domination fut rejetée au XIXe s., au prix de plusieurs guerres (V. Orient [question d']). La première des *guerres balkaniques* (1912-1913) opposa la Serbie, la Bulgarie, la Grèce, le Monténégro à la Turquie, vaincue. La seconde (1913) vit la défaite de la Bulgarie face à la Serbie et la Grèce, aidées par la Roumanie et la Turquie. Les traités de paix morcelèrent les possessions ottomanes d'Europe en États indépendants. La dislocation de la Yougoslavie (1991) a exacerbé les nationalismes (guerres de Croatie, de Bosnie et du Kosovo).

**Balkhach** lac du Kazakhstan ; 17 000 km$^2$.

**Balla** Giacomo (Turin, 1871 – Rome, 1958), peintre futuriste italien.

**Giacomo Balla** *Vitesse d'une automobile-lumière,* 1912 – musée d'Art moderne, Stockholm

**ballade** *nf* **1** Au Moyen Âge, chanson qui accompagnait certaines danses. **2** Poème français, composé de trois strophes, terminées par un refrain, et clos par un envoi. *Les ballades de Villon.* **3** Poème de forme libre, comportant souvent un refrain, sur un sujet familier ou fantastique. *Goethe et Thomas Moore ont écrit des ballades.* **4** MUS Une des principales formes de la polyphonie franco-allemande des XIVe et XVe s. **5** Pièce vocale ou instrumentale de forme libre, typique de la musique romantique. *Les ballades de Chopin.* ETY Du bas lat. *ballare,* « danser ».

**Ballade des pendus** (ou *Épitaphe*), poème de Villon (1462), qui fait parler les suppliciés du gibet de Montfaucon : « Frères humains qui après nous vivez... ».

**Balladur** Édouard (Smyrne, 1929), homme politique français (RPR), ministre de l'Économie (1986-1988), Premier ministre (1993-1995).

**Ballanche** Pierre Simon (Lyon, 1776 – Paris, 1847), écrivain français : *Essais de palingénésie sociale* (1827-1829). Acad. fr. (1842).

**ballant, ante** *a, nm* **A** *a* Qui se balance nonchalamment. *Avoir les bras ballants.* **B** *nm* **1** Mouvement de balancement. *Ballant d'un véhicule mal chargé.* **2** Partie d'un cordage qui oscille. *Ballant d'une drisse.*

**Ballard** famille d'imprimeurs de musique parisiens. Ils eurent le monopole de l'édition musicale de 1552 à la Révolution.

**ballast** *nm* **1** MAR **anc** Lest de gravier assurant la stabilité d'une embarcation. **2** Compartiment étanche d'un navire en acier servant à l'équilibrer ou à contenir des liquides. **3** Réservoir de plongée d'un sous-marin. **4** Lit de pierres sur lequel reposent les traverses d'un chemin de fer.

**ballaster** *vt* ① **1** MAR Équilibrer un navire en vidant ou en remplissant ses ballasts. **2** Répandre du ballast sur une voie de chemin de fer. DER **ballastage** *nm*

**ballastière** *nf* Carrière d'où l'on extrait le ballast.

**1 balle** *nf* **1** Petite sphère de matière élastique qui sert dans certains jeux. *Balle de tennis.* **2** Projectile métallique des armes à feu portatives. *Balle de fusil, de mitrailleuse.* LOC ***Enfant de la balle :*** personne élevée dans les métiers du spectacle et qui en connaît toutes les finesses. — ***Faire des balles :*** jouer pour s'entraîner, sans compter les points. — ***La balle est dans votre camp :*** c'est à vous de parler ou d'agir. — ***Renvoyer la balle*** : répliquer avec vivacité. — ***Saisir la balle au bond*** : profiter d'une occasion favorable au bon moment. — ***Se renvoyer la balle*** : rejeter une responsabilité sur qqn et réciproquement. ETY De l'ital.

**2 balle** *nf* **A 1** Gros paquet de marchandises, souvent enveloppé et lié de cordes. *Une balle de coton.* **2** Assemblage de paille ou de foin, comprimé et lié à la machine, de forme cylindrique ou parallélépipédique. **B** *nfpl* fam Francs. *T'as pas cent balles ?* ETY Du frq. *balla*, « boule ».

**3 balle** *nf* Ensemble des enveloppes des grains des graminées, séparées de ces derniers au battage. ETY Du gaul.

**balle-molle** *nf* Canada Syn. de *softball.* PLUR balles-molles.

**ballerine** *nf* **1** Danseuse de profession qui fait partie d'un ballet. **2** Chaussure légère de femme, sans talon.

**Balleroy** ch.-l. de cant. du Calvados (arr. de Bayeux) ; 981 hab. – Château construit par F. Mansart de 1626 à 1636 (style Louis XIII).

**Ballesteros** Severiano (Pedreña, Cantabrie, 1957 – id., 2011), golfeur espagnol, considéré comme l'un des meilleurs de tous les temps.

**ballet** *nm* **1** Danse exécutée par plusieurs personnes, qui comporte le plus souvent une part de pantomime, avec un accompagnement de musique et quelquefois de texte parlé. **2** Musique qui accompagne cette danse. **3** Troupe de danseurs et de danseuses. **4** fig Mouvements incessants, allées et venues lors d'une négociation. *Ballet diplomatique.* ETY De l'ital. *ballo*, « bal ».

ENC Succédant aux divertissements dansés du Moyen Âge et de la Renaissance, qui n'obéissaient à aucune codification, le ballet de cour reçoit en Italie, dans la deuxième moitié du XV^e s., ses prem. règles techniques. Mais il faudra attendre le siècle de Louis XIV pour voir Lully briller avec ses ballets de cour puis ses comédies-ballets écrites en collab. avec Molière. Campra (*l'Europe galante*, 1697) crée l'opéra-ballet, genre que Rameau portera à son apogée (*les Indes galantes*, 1735). Au cours du XVIII^e s., Noverre puis l'Italien Vigano illustrent le ballet d'action, ouvrant ainsi la voie au grand ballet romantique dont les canons se fixent, en 1832, avec *la Sylphide*, incarnée par Maria Taglioni. *Giselle* d'Adolphe Adam, en 1841, et *Coppélia* de Léo Delibes, en 1870, constituent l'apogée de la chorégraphie romantique. En Russie, *Casse-Noisette* en 1892, et *le Lac des cygnes* en 1895, sont le fruit d'une collaboration entre Tchaïkovski et le chorégraphe français Marius Petipa. À partir de 1909, les Ballets russes de Diaghilev font du ballet un spectacle coloré, aux moyens d'expression très directs. Le XX^e s. voit l'internationalisation du monde de la danse, avec S. Lifar, G. Balanchine, J. Robbins, M. Cunningham, M. Graham, R. Noureïev, M. Béjart.

**balletomane** *n* Amateur de ballets.

**Ballets russes** compagnie de ballets que Diaghilev fonda en 1909 à Saint-Pétersbourg et dont il assuma la direction jusqu'à sa mort (1929). Fokine, Nijinski, Massine, Nijinska, Balanchine en furent les chorégraphes. De nombr. œuvres furent créées à Paris.

**Ballin** Claude (Paris, 1615 – id., 1678), orfèvre français. — **Ballin** Claude II (1661 – 1754), neveu du préc., cisela la couronne du sacre de Louis XV.

**1 ballon** *nm* **1** Grosse balle gonflée d'air dont on se sert pour jouer. *Ballon de rugby, de basket.* **2** Vessie gonflée d'un gaz plus léger que l'air, qui sert de jouet aux enfants. **3** Syn. de *montgolfière.* **4** CHIM Vase de verre sphérique utilisé dans les laboratoires. **5** Verre à boire de forme hémisphérique ; son contenu. *Un ballon de beaujolais.* **6** Vessie, bouteille, réservoir. *Ballon d'eau chaude.* **7** Bulle de bande dessinée. **8** fam prison. LOC ***Ballon d'essai*** : expérience qui tient lieu de sondage d'opinion. ETY De l'ital. *palla*, « balle ».

**2 ballon** *nm* Montagne au sommet arrondi, dans les Vosges. ETY De l'all.

**ballonnement** *nm* Gonflement de l'abdomen dû à l'accumulation de gaz intestinaux.

**ballonner** *vt* ① **1** Gonfler comme un ballon. **2** Produire le ballonnement.

**ballonnet** *nm* Petit ballon.

**ballon-sonde** *nm* Ballon équipé d'appareils de mesure pour explorer la haute atmosphère. PLUR ballons-sondes.

**ballot** *nm* **1** Petite balle, petit paquet de marchandises. **2** fig, fam Niais, sot.

**ballote** *nf* Labiée à fleurs roses dégageant une odeur fétide, très commune sur les décombres, chemins, etc. ETY Du gr.

**ballotin** *nm* Boîte cartonnée servant d'emballage, en confiserie.

**ballottage** *nm* POLIT Dans un système électoral majoritaire, situation d'un candidat arrivé en tête d'un scrutin, mais qui n'a pas obtenu le nombre de voix nécessaire pour être élu au premier tour. VAR **ballotage**

**ballotter** *v* ① **A** *vi* Aller d'un côté et de l'autre, balancer. **B** *vt* **1** Agiter en secouant. *Les secousses du train ballottent les voyageurs.* **2** fig Passer d'un sentiment à un autre, être indécis. *Être ballotté entre la joie et le désespoir.* ETY De l'a. fr. *ballote*, « petite balle ». VAR **balloter** DER **ballottement** ou **ballotement** *nm*

**ballottine** *nf* Petite pièce de viande désossée, roulée et farcie, ficelée pour la cuisson.

**Ballot y Farriols** Buenaventura Carles (Barcelone, 1798 – id., 1862), économiste et écrivain espagnol d'expression catalane : *Ode à la patrie* (1833).

**ball-trap** *nm* Appareil à ressort lançant des disques d'argile sur lesquels on s'exerce au tir ; sport pratiqué avec cet appareil. PLUR ball-traps. PHO [baltrap] ETY Mot angl. VAR **balltrap**

**Ballu** Théodore (Paris, 1817 – id., 1885), architecte français : égl. de la Trinité à Paris.

**balluchon** *nm* fam Petit paquet. VAR **baluchon**

**Balmat** Jacques (Chamonix, 1762 – vallée de Sixt, 1834), guide français qui, le premier, atteignit le sommet du mont Blanc (1786).

**Balme (col de)** col de Haute-Savoie (2 202 m), reliant la vallée de l'Arve à celle du Rhône suisse.

**Balmer** Johann Jakob (Lausen, 1825 – Bâle, 1898), physicien suisse. Il donna la *formule*, dite *de Balmer*, du spectre de l'hydrogène.

**Balmoral** résidence d'été des souverains brit., au N. de l'Écosse. – Château du XIX^e s.

**balnéaire** *a* Qui concerne les bains de mer. *Saison, station balnéaire.*

**balnéo** *nf* Baignoire munie d'un système de brassage de l'eau par jets d'eau ou projection d'air.

**balnéothérapie** *nf* Cure médicale par les bains.

**bâlois** → **Bâle.**

**Baloubas** ethnie du Kasaï et du Shaba, (Rép. dém. du Congo) ; 3 millions de personnes. Ils parlent une langue bantoue. VAR **Balubas, Lubas** DER **balouba** ou **baluba** *a*

**1 balourd** *nm* MECA Défaut d'équilibrage d'une pièce tournant autour de son axe.

**2 balourd, ourde** *a, n* Se dit d'une personne sans finesse, sans délicatesse. ETY De l'ital.

**balourdise** *nf* **1** Chose faite ou dite niaisement, sans finesse. **2** Caractère d'un balourd.

**Baloutchistan** → **Béloutchistan.**

**balsa** *nm* Arbre d'Amérique tropicale (bombacacée) ; bois de cet arbre, très peu dense mais résistant, utilisé comme isolant phonique, dans la réalisation de maquettes, etc.

**balsamier** *nm* Arbuste épineux d'Afrique et d'Amérique tropicales fournissant des baumes.

**balsamine** *nf* Plante dicotylédone à la tige translucide et aux fleurs zygomorphes brillamment colorées, dont les fruits, à maturité, éclatent et projettent leurs graines dès qu'on les touche. SYN impatiente.

**balsamique** *a, nm* Se dit d'un produit qui contient un baume, agit comme un baume. *Un médicament balsamique.* ETY Du lat.

**Balsamo** → **Cagliostro.**

**Baltard** Victor (Paris, 1805 – id., 1874), architecte français. Il fut l'un des premiers à utiliser les ossatures métalliques : Halles centrales (1854) et église Saint-Augustin (1868) à Paris.

**balte** *a, nm* Se dit du groupe de langues indo-européennes formé par l'estonien, le letton et le lituanien. VAR **baltique**

**Baltes (pays)** les trois pays qui bordent la Baltique orient. (Estonie, Lettonie, Lituanie). DER **balte** *a, n*

**Balthasar** Hans Urs von (Lucerne, 1905 – Bâle, 1988), théologien catholique suisse d'expression allemande : *la Dramaturgie divine* (1973-1983).

**balthazar** *nm* Bouteille de vin d'une contenance de seize bouteilles, soit 12 l.

**Balthazar** l'un des trois Rois mages venus d'Orient pour adorer l'enfant Jésus à sa naissance, et que la tradition fait venir d'Afrique noire.

**Balthazar** (VI^e s. av. J.-C.), régent de Babylone, fils de Nabonide. Il fut tué quand Cyrus prit Babylone (539 av. J.-C.).

**Balthus** Balthasar Klossowski de Rola, dit (Paris, 1908 – Rossinière, Suisse,

2001), peintre français : scènes intimistes aux fillettes troubles.

**Baltimore** v. des É.-U. (Maryland), dans la baie de Chesapeake ; 2 200 000 hab. (aggl.). Grand port comm. Constr. navales ; industries.

**Baltique (mer)** mer intérieure de l'Atlant., bordant la Suède, la Finlande, l'Estonie, la Lettonie, la Lituanie, la Russie, la Pologne, l'Allemagne, le Danemark. Elle communique avec la mer du N. et forme au N. le golfe de Botnie.

**baltringue** *n* fam Incapable, nul.

**Baltrusaïtis Jurgis** (Lituanie, 1903 – Paris, 1988), historien d'art français d'origine lituanienne, spécialiste de l'art roman.

**Balubas** → **Baloubas.**

**baluchitère** *nm* PALEONT Mammifère fossile de l'oligocène d'Asie, voisin du rhinocéros, le plus grand mammifère terrestre connu (10 mètres, 20 tonnes).

**baluchon** → **balluchon.**

**Balue Jean** (Angles-sur-l'Anglin, v. 1421 – Ripatransone, près d'Ancône, 1491), prélat français, ministre de Louis XI, qui l'emprisonna (1469-1480) à cause de ses relations avec Charles le Téméraire.

**balustrade** *nf* **1** ARCHI Mur plein ou ajouré qui se termine à hauteur d'appui. **2** Clôture ajourée à hauteur d'appui.

**balustre** *nm* **1** Petit pilier renflé. **2** Compas pour tracer des cercles de petit diamètre.

**Balzac Jean-Louis Guez (seigneur de)** (Angoulême, v. 1595 – id., 1654), essayiste français : *Lettres* (1624-1654), *le Prince* (1631), *le Socrate chrétien* (1652).

**Balzac Honoré de** (Tours, 1799 – Paris, 1850), écrivain français. D'abord clerc de notaire, puis d'avoué, il écrit des romans d'aventures. Après des tentatives malheureuses dans le domaine de l'édition et de l'imprimerie, il publie *le Dernier Chouan,* (1829, prem. éd. des *Chouans*), *la Physiologie du mariage* (1830), *la Peau de chagrin* (1831), qui ont du succès. La quasi-totalité des ses nombr. romans et nouvelles forme un ensemble qu'il a appelé, en 1841, *la Comédie humaine* (dont certains personnages réapparaissent dans des dizaines de romans) et qu'il a découpé en *Scènes de la vie privée* (*Gobseck, la Femme de trente ans*), *de province* (*Eugénie Grandet, le Lys dans la vallée, Illusions perdues*), *parisienne* (*le Père Goriot, César Birotteau, la Cousine Bette, le Cousin Pons*), *politique* (*Un épisode sous la Terreur*), *militaire* (*les Chouans*), *de campagne* (*le Médecin de campagne*), en *Études philosophiques* (*Louis Lambert, Séraphita*) et *analytiques* (*Petites Misères de la vie conjugale*). Il a également écrit les *Contes drolatiques,* une abondante correspondance (*Lettres à l'Étrangère,* adressées à la comtesse polonaise Hanska, qu'il épousa en 1850) et quelques pièces de théâtre (*Vautrin, la Marâtre,* etc.). DER **balzacien, enne** *a, n*

H. de Balzac

**balzane** *nf* ZOOL Tache blanche circulaire pouvant s'étendre du sabot au dessous du genou d'un cheval gris, bai ou alezan.

**Bam** v. et oasis du sud-est de l'Iran, détruite en déc. 2003 par un séisme qui a fait près de 50 000 victimes.

**Bamako** cap. du Mali, sur le Niger ; 1 400 000 hab. (aggl.). Reliée à Kayes et à Dakar par voie ferrée. Centre comm. et industriel. DER **bamakois, oise** *a, n*

**bambara** *nm* Langue du groupe mandé, une des langues d'Afrique noire les plus parlées.

**Bambaras** ethnie d'Afrique occid. appartenant au groupe des Mandingues, vivant princ. au Mali. DER **bambara** *a*

**Bamberg** v. d'Allemagne (Bavière), sur la Regnitz ; 69 590 hab. Industries. – Cath. goth. (XIII$^{e}$ s., belles statues en pierre).

**bambin** *nm* fam Petit enfant. ETY De l'ital.

**Bamboccio** → **Van Laar.**

**bambochade** *nf* Tableau représentant une scène populaire ou grotesque.

**bambocher** *vi* ① fam, vieilli Faire la noce. ETY De l'ital. *bamboccio,* « pantin ». DER **bambochenf** *nf* – **bambocheur, euse** *a*

**Balthus** *la Chambre,* 1952-1954 – coll.part.

**bambou** *nm* **1** Graminée arborescente de grande taille (jusqu'à 40 m) des forêts tropicales, et qui sert à faire des clôtures, des meubles légers, etc. *Les pousses du bambou et ses graines sont comestibles.* **2** Canne faite avec cet arbuste. LOC fam ***Coup de bambou :*** grande fatigue soudaine ; fig note excessive à régler (dans un hôtel, par ex.). ETY Du malais par le portug.

bambou

**bamboula** *nf* fam, vieilli *Faire la bamboula :* faire la fête, la noce. ETY Mot bantou, « tam-tam ».

**bambouseraie** *nf* Plantation de bambous.

**Bamilékés** ethnie du S.-O. du Cameroun, de langue bantoue. Belle statuaire. DER **bamiléké** *a*

art des **Bamilékés** : sculpture en terre recouverte d'un assemblage de perles enfilées

**Bāmiyān** v. d'Afghānistān ; 40 000 hab. ; ch.-l. de la prov. du m. nom. – Centre comm. import. (I$^{er}$-VII$^{e}$ s.), sur une route caravanière. – À proximité, deux immenses statues rupestres du Bouddha ont été détruites par les talibans en 2001.

**Bamums** ethnie du Cameroun, de langue bantoue. Leur art est proche de celui des Bamilékés. VAR **Bamoums** DER **bamoum** *a*

**1 ban** *nm* **A 1** HIST Dans le droit féodal, proclamation solennelle émanant d'une autorité. **2** HIST Mandement par lequel un seigneur convoquait ses vassaux, voire tout le corps de la noblesse, général. pour aller à la guerre. **3** HIST Règlement seigneurial permettant au suzerain de vendre sa récolte avant ses vassaux. **4** Arrêté municipal annonçant l'ouverture des vendanges, le début de la moisson. **5** Sonnerie de trompette, roulement de tambour précédant et clôturant une proclamation, une cérémonie militaire. *Ouvrir et fermer le ban.* **6** Applaudissements rythmés. **7** DR anc Exil, bannissement. **B** *nm pl* Publication à la mairie, à l'église d'une promesse de mariage. LOC ***Condamné en rupture de ban :*** qui quitte le lieu qui lui avait été assigné pour résidence après l'expiration de sa peine. — ***Être en rupture de ban :*** rompre un contrat, changer de statut. — ***Le ban et l'arrière-ban :*** tout le monde. — ***Mettre***

*qqn au ban de la société :* le condamner au mépris public. (ETY) Du frq.

**2 ban** *nm* HIST Chez les anciens Slaves du Sud, haut dignitaire, gouverneur d'une province. (ETY) Mot croate.

**Banach Stefan** (Cracovie, 1892 – Lvov, 1945), mathématicien polonais : travaux de topologie.

**banal, ale** *a* **A** HIST Dont l'usage était imposé aux vassaux d'un seigneur moyennant une redevance. *Four banal. Des moulins banaux.* PLUR banaux. **B** Commun, sans originalité. *Un incident assez banal.* PLUR banals. (DER) **banalement** *av*

**banaliser** *vt* ① **1** Rendre banal, dépouiller de son originalité ou de son caractère exceptionnel. **2** Supprimer toute marque distinctive d'un véhicule de police. **3** CH DE F Aménager une voie ferrée de manière à faire circuler les trains indifféremment dans les deux sens sur cette voie. (DER) **banalisant, ante** *a* – **banalisation** *nf*

**banalité** *nf* **1** DR FEOD Obligation faite aux vassaux d'utiliser le moulin, le four banal moyennant redevance. **2** Caractère de ce qui est banal, commun. **3** Propos, idée banals.

**banane** *nf* **1** Fruit comestible du bananier, à pulpe très riche en amidon se transformant en sucres au cours de la maturation. **2** Mèche de cheveux en rouleau avançant au-dessus du front. **3** Pochette fixée à la taille. **4** fam Interjection méprisante adressée à qqn. LOC fam ***Peau de banane :*** procédé déloyal. (ETY) D'un mot africain.

**bananeraie** *nf* Lieu planté de bananiers.

**bananier, ère** *nm, a* **A** *nm* **1** Monocotylédone géante (musacée) à très grandes feuilles, originaire d'Asie, cultivée dans toutes les régions chaudes pour ses fruits (bananes) groupés en énormes grappes (régimes). *Une espèce de bananiers fournit l'abaca.* **2** Navire équipé pour le transport des bananes. **B** *a* Qui concerne les bananes. *Port bananier.* LOC ***République bananière :*** où les lobbies économiques régissent le pouvoir en place.

**bananier**

**banat** *nm* Province gouvernée par un ban.

**Banat** rég. du S.-E. de l'Europe, colonisée au XVIIIe s. par l'Autriche, partagée en 1920 entre la Hongrie, la Roumanie et la Yougoslavie.

**ban bao** *nm inv* Petit pain fourré cuit à la vapeur (cuisine chinoise).

**banc** *nm* **1** Long siège sur lequel plusieurs personnes peuvent prendre place côte à côte. *Les bancs de l'école.* **2** Canada Tabouret. **3** Couche naturelle, consistante, plus ou moins régulière et horizontale, de matières minérales superposées. *Banc de sable, de calcaire, de grès.* **4** Plateau sous-marin. *Le banc de Terre-Neuve.* **5** Amas régulier. *Banc de brouillard.* **6** Réunion de poissons qui se déplacent ensemble. *Banc de harengs.* **7** TECH Établi. *Banc de tourneur.* LOC MAR ***Banc de nage :*** sur lequel se placent les rameurs d'une embarcation. — Canada ***Banc de neige :*** amoncellement de neige dû au vent ou à un travail de déneigement. — TECH ***Banc d'essai :*** appareillage qui permet de procéder aux essais d'un matériel ; fig ce par quoi on évalue les capacités de qqn. — ***Banc de touche :*** banc où se tiennent les remplaçants d'une équipe lors d'un match. (PHO) [bɑ̃] (ETY) Du germ.

**bancable** *a* Se dit d'un effet de commerce remplissant les conditions nécessaires pour être escompté par la Banque de France. (VAR) **banquable**

**bancaire** *a* Qui se rapporte à la banque.

**bancal, ale** *a, nm* **A** *a* **1** Dont les jambes, les pattes ou les pieds ne sont pas d'aplomb. *Meuble bancal.* **2** fig Mal construit, mal équilibré. *Phrase bancale.* **B** *nm* Sabre à la lame recourbée. PLUR bancals.

**bancariser** *vt* ① FIN Équiper une région, une population d'un réseau bancaire. (DER) **bancarisation** *nf*

**bancassurance** *nf* Opération d'assurance pratiquée par une banque.

**banche** *nf* **1** GEOL Banc de marne très argileuse. **2** CONSTR Coffrage amovible, qui permet de couler du béton sur une certaine hauteur.

**bancher** *vt* ① CONSTR Couler du béton à l'aide de banches.

**1 banco** *nm, interj* **A** *nm* Épreuve difficile, défi à réaliser. **B** *interj* fam D'accord ! LOC ***Faire banco :*** tenir seul l'enjeu contre la banque, au baccara notamment.

**2 banco** *nm* Afrique Sorte de pisé servant de matériau de construction.

**bancoulier** *nm* Grand arbre d'Asie du sud-est cultivé pour son fruit oléagineux. (ETY) De *Bengkulu*, ville de Sumatra.

**bancroche** *a, n* vx, fam Bancal.

**Bancroft George** (Worcester, Massachusetts, 1800 – Washington, 1891), historien (*Histoire des États-Unis* 1834-1876) et homme politique américain abolitionniste.

**banc-titre** *nm* AUDIOV Tout ce qui est filmé, image par image, au moyen d'une caméra fixe : générique, sous-titres, etc. PLUR bancs-titres.

**Banda** archipel indonésien des Moluques, baigné par la *mer de Banda*.

**Banda Hastings Kamuzu** (Kasungu, 1906 – Johannesburg, 1997), homme politique du Malawi. Premier ministre (1964), président de la Rép. (1966-1994).

**bandage** *nm* **1** Application d'un lien, d'une bande ou de tout autre appareil servant à maintenir un pansement ou une partie du corps lésée ; cet appareil lui-même. **2** Bande de métal ou de caoutchouc entourant la jante d'une roue.

**bandagiste** *n* Personne qui fabrique ou qui vend des bandages.

**bandana** *nm* Petit carré de coton imprimé, servant de foulard. (ETY) Du hindi.

**bandant** *a* fam Intéressant, excitant, désirable.

**Bandar** port de l'Inde (Āndhra Pradesh) ; 138 530 hab. Anc. comptoirs coloniaux.

**Bandar Abbas** port d'Iran sur le détroit d'Ormuz ; 255 000 hab.

**Bandaranaike Salomon West Ridgeway Dias** (Colombo, 1899 – id., 1959), homme politique cinghalais, Premier ministre de Ceylan de 1957 à son assassinat. — **Sirimavo Ratwatte Dias** (Ratnapura, 1916 – Colombo, 2000), femme politique sri lankaise, épouse du préc., Premier ministre de 1960 à 1965, de 1970 à 1977 et de 1994 à 2000, nommée par sa fille, Chandrika Kumaratunga (présidente de la Rép.)

**Bandar Seri Begawan** (anc. *Brunei*), capitale du sultanat de Brunei, 65 000 hab..

**1 bande** *nf* **A** *nf* **1** Morceau d'étoffe, de papier, de cuir, etc., beaucoup plus long que large. *Bande de velours. Bande à pansements.* **2** Chacun des quatre côtés intérieurs d'un billard. **3** Canada Clôture à hauteur d'appui qui entoure une patinoire ; chacune des sections composant cette clôture. **4** Partie allongée et bien délimitée d'une chose. *Bandes d'une chaussée. Bande de terre.* **5** Ruban en matière plastique servant à enregistrer des informations. *Bande sonore d'un film. Bande magnétique.* **6** HERALD Pièce posée diagonalement de l'angle dextre du chef à l'angle senestre de la pointe de l'écu. **B** *nf pl* Rayures d'un tissu. LOC PHYS ***Bandes d'absorption :*** bandes sombres dans certaines régions d'un spectre, dues à l'absorption de certaines radiations par un gaz ou un liquide. — ***Bande d'arrêt d'urgence (BAU) :*** bas-côté matérialisé d'une autoroute, destiné au stationnement en cas d'incident. — TELECOM ***Bande (de fréquences) :*** intervalle des fréquences comprises entre deux valeurs limites. — PHOTO ***Bande de lecture :*** tirage par contact, légèrement agrandi, présenté en bande. — ***Bande dessinée :*** suite d'images dessinées racontant une histoire. — ***Bande lombarde :*** dans l'art roman, sorte de frise sur une façade servant de renfort et d'élément décoratif. — ***Bande passante :*** intervalle de fréquences à l'intérieur duquel l'amplification d'un signal est acceptable. — TELECOM ***Bande publique :*** syn. (recommandé) de *citizen band*. — ***Par la bande :*** indirectement. — PHYS ***Spectre de bandes :*** spectre optique formé d'un ensemble de bandes lumineuses. (ETY) Du frq.

**2 bande** *nf* **1** Groupe de personnes ayant les mêmes desseins. **2** LEGISL Communauté d'Amérindiens, plus petite que la nation, constituée conformément à la loi canadienne et vivant sur un territoire déterminé. **3** Groupe d'animaux se déplaçant ensemble. SYN troupeau. LOC ***Faire bande à part :*** rester à l'écart d'un groupe. (ETY) De l'ital.

**3 bande** *nf* MAR Inclinaison permanente d'un navire autour de son axe longitudinal. *Donner de la bande.* (ETY) Du provenç.

**bandé, ée** *a* **1** Recouvert d'un bandeau. *Avoir les yeux bandés.* **2** Protégé par une bande, un bandage. **3** HERALD Qui est couvert de bandes en nombre pair.

**bande-annonce** *nf* AUDIOV Sélection d'extraits d'un film pour la publicité. PLUR bandes-annonces.

**bandeau** *nm* **1** Bande qui couvre les yeux, ou le front. **2** PRESSE Surtitre placé sur la première page d'un journal. **3** ARCHI Ornement en saillie qui marque les différents étages d'un édifice. **4** INFORM Lors de la consultation d'un site Internet, partie de l'écran portant une publicité. SYN bannière.

**Bande des Quatre** groupe de dirigeants chinois conduit par Jiang Qing, veuve de Mao Zedong, que les successeurs de Mao décédé (1976) accusèrent de vouloir prendre le pouvoir. Arrêtés (1976), ils furent condamnés à mort (1980), peine commuée en détention perpétuelle.

**Bandeira Manuel** (Recife, 1886 – Rio de Janeiro, 1968), poète brésilien de la vie quotidienne.

**bandelette** *nf* **1** Bande très longue et très mince. *Momie enveloppée de bandelettes.* **2** ARCHI Moulure étroite et plate.

**Bandello Matteo** (Castelnuovo, 1485 – Bassens, près de Bordeaux, 1561), écrivain italien. Prêtre et soldat, il écrivit plus de 200 poèmes et 214 nouvelles (dont *Roméo et Juliette*).

**bander** *v* ① **A** *vt* **1** Serrer au moyen d'une bande. *Bander une plaie.* **2** Recouvrir d'un bandeau. *Bander les yeux de qqn.* **3** Tendre avec effort. *Bander un arc, un ressort.* **4** fig Concentrer. *Bander sa volonté, ses forces.* **B** *vi* **1** vulg Être en érection. **2** fam Être très intéressé, très motivé par qqch.

**Bandera (la)** roman d'aventures de Mac Orlan (1931). ▷ CINE Film de J. Duvivier (1935), avec J. Gabin et Annabella.

**Bangkok** Wat Phra Keo, temple du bouddha d'Émeraude, XVIII$^e$-XX$^e$ s.

**banderille** *nf* Petite lance, ornée de rubans, que les toreros plantent sur le garrot du taureau pour l'exciter, pendant la corrida.

**banderillero** *nm* Torero qui pose les banderilles. VAR **bandérilléro**

**banderolage** *nm* Protection de qqch par un ruban plastique adhésif.

**banderole** *nf* **1** Étendard long et mince ; longue bande d'étoffe qui sert à décorer. **2** Grande bande de tissu qui porte une inscription. *Les banderoles des manifestants.* ETY De l'ital.

**bande-son** *nf* Partie d'un film cinématographique réservée à l'enregistrement du son. PLUR bandes-son.

**bande-vidéo** *nf* Support magnétique servant à enregistrer des sons et des images. PLUR bandes-vidéo.

**Bandiagara** localité du Mali (25 600 hab.) et plateau limité par des falaises auxquelles sont accrochés les villages dogons.

**bandicoot** *nm* Mammifère marsupial (pérámélidé) d'Australie dont la taille va de celle d'un rat à celle d'un blaireau et qui possède un véritable placenta. PHO [bɑ̃dikut] ETY Mot indien.

**Bandinelli** Baccio (Florence, 1493 – id., 1560), sculpteur italien.

**bandit** *nm* **1** vieilli Malfaiteur dangereux ; hors-la-loi. *Mandrin, Cartouche, célèbres bandits.* SYN brigand. **2** péjor Homme sans scrupules. LOC fam *Bandit manchot* : jeu de hasard autorisé dans certains casinos. ETY De l'ital.

**banditisme** *nm* Ensemble des actions criminelles les plus répréhensibles.

**Bandjermasin** v. d'Indonésie (île de Bornéo) ; 625 000 hab. ; ch.-l. de la prov. de Kalimantan mérid. Port pétrolier.

**bandol** *nm* Vin AOC de la région de Bandol.

**Bandol** com. du Var (arr. de Toulon) ; 7 800 hab. Station balnéaire. DER **bandolais, aise** *a, n*

**bandonéon** *nm* Instrument à air, proche de l'accordéon, utilisé dans les orchestres de tango. ETY Du n. de l'inventeur *H. Band* et de *accordéon.* DER **bandonéoniste** *n*

**bandothèque** *nf* INFORM Pièce où sont archivées les bandes magnétiques ; ensemble de ces bandes.

**bandoulière** *nf* Bande de cuir ou d'étoffe fixée à un objet, qui permet de le porter en gardant les mains libres. LOC *En bandoulière* : sur l'épaule, en travers du corps.

**Bandung** ville d'Indonésie ; 4 100 000 hab. (aggl.) ; ch.-l. de la prov. de Java occidentale. Industries. Caoutchouc. – La conférence afro-asiatique qui s'y tint (avril 1955) condamna le colonialisme. VAR **Bandoeng**

**Banff** ville du Canada (Alberta), dans les Rocheuses ; 7 600 hab. – Parc national.

**bang** *nm, interj* **A** *nm* Bruit violent provoqué par un avion lorsqu'il franchit le mur du son. **B** *interj* Imite le bruit d'une détonation. PHO [bɑ̃g]

**Bangalore** v. de l'Inde, cap. de l'État de Karnātaka ; 6 500 000 hab. (aggl.). Industries.

**Bangka** île d'Indonésie, séparée de Sumatra par le *détroit de Bangka* ; 520 000 hab. Étain. VAR **Banka**

**Bangkok** (en thaï *Krung Thep*), port et cap. de la Thaïlande, sur le Ménam ; 8,5 millions d'hab. (aggl.). Cité royale fondée en 1772, quadrillée de canaux. Centre admin., culturel, industriel et comm. Tourisme. – Palais royal (XVIII$^e$ s.) ; nombr. temples bouddhiques (XIX$^e$ s.). DER **bangkokien, enne** *a, n*

**Bangladesh** État d'Asie, au N.-E. du subcontinent indien ; 148 393 km$^2$ ; 160,4 millions d'hab. ; cap. *Dhākā.* Nature de l'État : rép. de type présidentiel. Langue off. dep. 1988 : bengali. Monnaie : taka. Relig. : islam (sunnites 83,3 %), hindouisme (16,3 %). DER **bangladais, aise** ou **bangladeshi, ie** *a, n*

**Géographie** Une vaste plaine submersible (cyclones et crues tragiques) correspond à la moitié orientale du delta du Gange et du Brahmapoutre, limitée à l'E. par les chaînes prébirmanes. Le climat de mousson, chaud, provoque de fortes pluies de mai à octobre, (2 000 mm en moyenne par an). La pop., rurale à plus de 75 %, enregistre un accroissement naturel de 2 % par an. La riziculture occupe le 4$^e$ rang mondial. Les cultures d'exportation sont le jute et le thé. Le gaz naturel est de bonne qualité. L'industrie est l'avenir du pays : textile, suivi de l'agroalimentaire. L'investissement provient des envois des émigrés (princ. au Moyen-Orient). Le Bangladesh fait partie des pays les moins avancés.

**Histoire** Partie orientale du Pākistān jusqu'en 1971, le Bangladesh a proclamé le 26 mars 1971 son indépendance, devenue effective le 16 déc. à la suite de la guerre indo-pakistanaise. Cofondateur de la ligue Awami, Mujibur Rahman, héros de l'indépendance, Premier ministre, puis président de la Rép., fut renversé le 15 août 1975 par un coup d'État militaire, et exécuté. Les coups d'État se sont alors succédé jusqu'en 1990. À l'issue des premières élections libres (1991), le Parti national bengalais (BNP), dirigé par Khaleda Zia, veuve de l'ancien prés. Ziaur Rahman assassiné en 1981, gouverna jusqu'aux élections de 1996, remportées par la ligue Awami : Hassina

Wajed, fille de M. Rahman, devint Prem. ministre. En 2001, Khaledia Zia redevient Prem. ministre. Les violentes tensions de 2006 ont amené le prés. Ahmed Iajuddin à se proclamer chef du gouv. intérimaire. En 2007, de graves inondations et un cyclone ont ravagé le pays. H. Wajed remporte les élections de 2008. Abdul Hamid (ligue Awami) est élu prés. de la République en 2014.

**Bangouélo** lac marécageux de Zambie, au S. du lac Tanganyika ; env. 5 000 km². VAR **Bangweulu**

**Bangui** cap. de la Rép. centrafricaine, sur le bas Oubangui ; 1 million d'hab. (aggl.). DER **banguissois, oise** *a, n*

la cathédrale de **Bangui**

**banian** *nm* Figuier de l'Inde (moracée) dont les racines aériennes pendent et rejoignent le sol formant de nouveaux troncs. ETY Mot indien.

**banian**

**Bani Sadr** Abol Hassan (Hamadhan, 1933), homme politique iranien. Élu président de la Rép. en févr. 1980, il fut destitué en juin 1981.

**Banja Luka** v. de Bosnie-Herzégovine ; 151 000 hab. Lignite, métall. – Mosquée (XVIᵉ s.) ; forteresse turque.

**banjo** *nm* Instrument à cordes pincées ayant pour table une peau tendue. PHO [bɑ̃dʒo] DER **banjoïste** *n*

**Banjul** (anc. *Bathurst*), cap. de la Gambie, port sur l'Atlant. ; 524 000 hab. (aggl.). DER **banjulais, aise** *a, n*

**bankable** *a* fam Se dit d'un artiste, d'un acteur reconnu comme une valeur sûre.

**Ban Ki-moon** (Eumseong, 1944), homme politique sud-coréen, secrétaire général de l'ONU depuis 2007.

**Banks (îles de)** îles du N. de Vanuatu.

**Banks (île de)** île du Canada (territ. du N.-O.), en Arctique occidental.

**Banks** sir Joseph (Londres, 1743 – Isleworth, 1820), explorateur angl. Il accompagna Cook.

**banlieue** *nf* Ensemble des agglomérations autour d'une grande ville.

**banlieusard, arde** *n* Habitant de la banlieue d'une grande ville.

**Banna** Hasan al- (Mahmoudieh, 1906 – Le Caire, 1949), réformateur égyptien, fondateur du mouvement des *Frères musulmans* (1928).

**banne** *nf* **1** Grande malle en osier. **2** Auvent en toile qui protège des intempéries la devanture d'une boutique. ETY Du lat.

**banneret** *nm* HIST Seigneur qui arborait une bannière.

**banneton** *nm* Petit panier sans anse, garni de toile, où l'on fait lever la pâte à pain.

**bannette** *nf* Petite corbeille.

**banni, ie** *a, n* Se dit d'une personne exilée ou expulsée de sa patrie.

**bannière** *nf* **1** HIST Enseigne ou drapeau autour duquel les vassaux sont rassemblés par le ban. **2** Étendard d'une confrérie, d'une société. *La bannière d'un orphéon.* **3** INFORM Syn. de *bandeau*. **LOC** fam *C'est la croix et la bannière :* c'est une entreprise compliquée, laborieuse, difficile. — *Se ranger sous une bannière :* se rallier à un parti, combattre dans ses rangs. ETY Du germ.

**bannir** *vt* ③ **1** Condamner qqn à quitter son pays ou son lieu de résidence. **2** fig Chasser, exclure. *Bannissez toute crainte.* ETY Du frq. DER **bannissement** *nm*

**Bannockburn** v. de G.-B. (Écosse) ; 7 000 hab – Robert Bruce y vainquit les Anglais (24 juin 1314) ; l'Écosse était indép.

**banon** *nm* Petit fromage des Alpes du Sud, enveloppé dans une feuille de châtaignier.

**banquable** → **bancable.**

**banque** *nf* **1** Entreprise publique ou privée qui se consacre au commerce de l'argent et des titres fiduciaires. **2** Secteur économique constitué par ces entreprises. **3** Somme que l'un des joueurs tient devant lui pour payer les gagnants, à certains jeux de hasard. **4** Canada Tirelire. **5** Établissement médical qui recueille et conserve du sang, certains organes, pour les transfusions ou les greffes. *Banque du sang, d'organes.* **LOC** *Banque centrale :* qui, dans un pays, assure l'émission de la monnaie et contrôle son volume. — *Banque à distance :* banque qui opère en ligne grâce à Internet. — INFORM *Banque de données :* ensemble d'informations stockées et organisées par thème. — *Faire sauter la banque :* gagner tout l'argent mis en jeu. ETY De l'ital. *banca*, « banc ».

**Banque centrale européenne (BCE)** banque créée en 1998 pour mettre en œuvre la politique monétaire des États qui ont adopté l'euro, en accord avec les banques centrales de ces États.

**Banque de France** institution financière créée en 1800 qui émet les billets de banque français. En 1806, Napoléon dota d'un *gouverneur* cette société qui demeura privée jusqu'en 1945. Depuis le 1ᵉʳ janvier 1999, certains de ses pouvoirs sont exercés par la Banque centrale européenne.

**Banque européenne pour la reconstruction et le développement (BERD)** institution financière créée en 1990 pour favoriser le développement des pays naguère communistes.

**Banque mondiale** nom courant d'institutions financières dépendant de l'ONU, dont la première fut créée en 1946 (Banque internationale pour la reconstruction et le développement BIRD). Depuis le 1ᵉʳ janvier 1999, certains de ses pouvoirs sont exercés par la Banque centrale européenne.

**banquer** *vi* ① fam Payer.

**banqueroute** *nf* **1** Faillite due à l'imprudence ou à la fraude. **2** fig Effondrement, échec. *La banqueroute d'une idéologie.* ETY De l'ital. *banca rotta*, « banc rompu » (après une faillite).

**banquet** *nm* Festin, repas solennel, avec de nombreux convives. ETY De l'ital. « petit banc ».

**Banquet (le)** dialogues sur l'amour de Platon (v. 384 av. J.-C.) et de Xénophon (v. 365 av. J.-C.).

**banqueter** *vi* ⑱ ou ⑳ **1** Participer à un banquet. **2** fam Faire bonne chère.

**Banquets (campagne des)** de juil. 1847 à la révolution de fév. 1848, succession de banquets organisés par les opposants à la monarchie de Juillet.

**banquette** *nf* **1** Banc, siège rembourré. *Banquette arrière d'une automobile.* **2** Replat artificiel étroit pour lutter contre l'érosion du sol ; remblai de terre servant de parapet le long d'un ravin. **3** ARCHI Banc de pierre dans une embrasure. **4** Petit chemin de circulation le long d'une route, d'une voie ferrée, d'un canal. **5** TRANSP Large bourrelet isolant une partie de la chaussée placée en site propre. **LOC** *Banquette de tir :* dans une fortification, marche permettant d'accéder à un emplacement de tir.

**banquier, ère** *n* **1** Personne qui dirige une banque. **2** JEU Personne qui tient la banque.

**banquise** *nf* Très vaste banc de glaces permanentes, formé par la congélation des eaux marines au large des côtes polaires. ETY De l'a. nordique *pakki*, « paquet », et *iss*, « glace ».

**banquise** près de l'île de Disko, au Groenland

**Banská Bystrica** ville de Slovaquie ; 79 400 hab. ; ch.-l. de la Slovaquie-Centrale. Centre métallurgique.

**Banting** sir Frederick Grant (Alliston, Ontario, 1891 – Musgrave Harbor, Terre-Neuve, 1941), médecin canadien. J. J. R. Macleod et lui découvrirent l'insuline et reçurent le prix Nobel de médecine 1923.

**bantou** *nm* Famille de langues africaines parlées par les Bantous.

**Bantous** ensemble de populations africaines vivant au sud de l'équateur. Les langues bantoues (plusieurs centaines) se rattachent à l'ensemble des langues nigéro-congolaises du groupe Bénoué-Congo. On pense que lors du dessèchement du Sahara, au néolithique, les proto-Bantous migrèrent vers le Sud (jusqu'au Cap, atteint vers 1500) et vers l'Est, répandant l'agriculture sédentaire et le travail du fer. VAR **Bantu** DER **bantou, oue** ou **bantu** *a*

**bantoustan** *nm* HIST En Afrique du Sud, sous le régime de l'apartheid, territoire attribué, sur une base ethnolinguistique, à l'un des peuples bantous de l'État, auxquels fut refusée, jusqu'en 1994, la citoyenneté sud-africaine.

**Banu Hilal** → **Hilaliens.**

**Banville** Théodore de (Moulins, 1823 – Paris, 1891), poète français, précurseur des parnassiens : *Odes funambulesques* (1857).

**banyuls** *nm* Vin doux naturel AOC du Roussillon. PHO [banjyls]

**Banyuls-sur-Mer** commune des Pyr.-Orient. (arr. de Céret) ; 4 700 hab. Port de pêche. Vins. Centre océanographique. Station balnéaire. DER **banyulenc, encque** *a, n*

**Banzer Suarez** Hugo (Santa Cruz, 1926 – La Paz, 2002), général et homme politique bolivien, président de la Rép. désigné par l'armée (1971-1978), puis élu démocratiquement (1997).

**baobab** *nm* Arbre (bombacacée) au tronc mesurant jusqu'à 10 m de diamètre, des régions tropicales. ETY De l'ar.

baobab

**Bao-Dai** (Huê, 1913 – Paris, 1997), empereur d'Annam (1925) sous protectorat français. En 1945, il proclama (11 mars) l'indépendance du Viêt-nam, puis, à la demande du Viêt-minh, abdiqua (25 août). Il reprit son titre impérial en 1948 et forma en 1949 le gouvernement d'un État associé à la France. En 1955, Ngô Dinh Diêm abolit la monarchie.

**Baoding** v. de Chine (Hebei) ; 1 million d'hab. (aggl.). Centre agricole. École militaire.

**Baotou** v. de Chine (Mongolie-Intérieure), sur le Huanghe ; 1 900 000 hab. Sidérurgie.

**baoulé** *nm* Langue kwa parlée en Côte d'Ivoire, servant de langue véhiculaire.

**Baoulés** ethnie de la Côte d'Ivoire. Art : statuettes et masques (bois), bijoux (or), poids miniatures. DER **baoulé, ée** *a*

**Bapaume** ch.-l. de canton du Pas-de-Calais (arr. d'Arras) ; 4 331 hab. – Faidherbe y vainquit les Prussiens (1871). DER **bapalmois, oise** *a, n*

**baptême** *nm* **1** Sacrement chrétien, le premier des sept sacrements de l'Église catholique. *Le baptême se confère par immersion complète dans l'eau ou par simple ablution sur le front.* **2** Cérémonie qui consiste à bénir qqch en lui donnant un nom. *Baptême d'un navire.* **LOC** ***Acte de baptême :*** extrait du registre paroissial certifiant qu'une personne a été baptisée. — ***Baptême de l'air :*** premier vol en avion. — ***Baptême du feu :*** débuts d'un militaire au combat. — ***Nom de baptême :*** prénom conféré lors du baptême. PHO [batem] ETY Du gr. *baptizein,* « immerger ».

**baptiser** *vt* ① **1** Conférer le baptême à. **2** fig Donner un nom, un sobriquet à. **3** fig, fam Maculer un objet neuf ou uni. *Baptiser une nappe.* **LOC** fam ***Baptiser son vin :*** le couper d'eau. DER **baptisé, ée** *a, n*

**baptismal, ale** *a* Relatif au baptême. *Fonts baptismaux.* PLUR baptismaux.

**baptisme** *nm* Doctrine religieuse selon laquelle le baptême doit être administré aux adultes et non aux enfants, par immersion complète. DER **baptiste** *a, n*

**baptistaire** *a* Relatif au baptême. *Registre baptistaire.*

**baptistère** *nm* **1** Édifice religieux destiné à l'administration du baptême. **2** Chapelle d'une église où se trouvent les fonts baptismaux.

**baquet** *nm* **1** Petit cuvier en bois. **2** Siège de voiture emboîtant le dos.

**1 bar** *nm* **1** Débit de boissons où le client consomme au comptoir. **2** Le comptoir lui-même. **3** Petit meuble contenant des bouteilles de boisson. **LOC** Suisse ***Bar à café :*** café qui ne vend pas de boissons alcoolisées. — Suisse ***Bar à talons :*** petite cordonnerie à service rapide. — ***Bar à vins :*** café où l'on peut déguster au verre des vins choisis par le patron. — ***Bar montant :*** café où se pratique la prostitution. ETY Mot angl.

**2 bar** *nm* PHYS Unité de pression égale à $10^5$ pascals. *La pression atmosphérique normale vaut 1 bar.* ETY Du gr. *baros,* « pesanteur ».

**3 bar** *nm* Poisson perciforme marin de l'Atlantique et de la Méditerranée, carnivore très vorace, à chair estimée. SYN loup. ETY Du néerl.

**Bar (comté, puis duché de)** rég. de France située dans les dép. de la Meuse et de la Hte-Marne, érigée en comté v. 959. En 1301, une partie releva du roi de France (*Barrois mouvant*) et fut réunie en 1480 au *Barrois non mouvant* (duché en 1354) par René II de Lorraine ; cap. *Bar-le-Duc.* VAR **Barrois**

**Bar (Confédération de)** union formée en 1768 par les patriotes polonais contre la Russie, victorieuse (1772).

**Bara Joseph** (Palaiseau, 1779 – près de Cholet, 1793), jeune tambour dans l'armée républicaine ; il périt héroïquement dans une embuscade vendéenne.

**Barabbas** agitateur politique condamné à mort, gracié par Pilate, à la place de Jésus, sous la pression de la foule. VAR **Barrabas**

**Bārābudur** monument bouddhique composé d'un ensemble de stupas, élevé dans l'île de Java, près de Jogjakarta, vers le milieu du IXe s. VAR **Borobudur**

**Baracaldo** v. d'Espagne (Biscaye), dans la banlieue de Bilbao ; 117 420 hab. Grand centre minier (fer) et métallurgique ; chantiers navals.

**Baradée Jacques** (m. à Édesse, 578), moine syrien, adepte du monophysisme. Il est à l'origine de l'Église jacobite.

**baragouiner** *v* ① **A** *vt* fam Parler une langue incorrectement. *Il baragouine l'espagnol.* **B** *vi* péjor Parler une langue inintelligible. PHO [baragwine] ETY P.-ê. du breton *bara,* « pain », et *gwin,* « vin ». DER **baragouin** *nm* – **baragouinage** *nm* – **baragouineur, euse** *n*

**Barak Ehoud** (Natanya, 1942), général et homme politique israélien. Élu Premier ministre (travailliste) en mai 1999, il ne put constituer une majorité solide et appliquer les accords de paix conclus avec les Palestiniens. Il recourut à des élections anticipées en 2001 et dut céder la place à A. Sharon.

**baraka** *nf* fam Chance qui semble due à une protection surnaturelle. *Avoir la baraka.*

**baraque** *nf* **1** Construction légère et temporaire. *Baraque d'un chasseur de canards.* **2** fam Maison mal bâtie, mal agencée ou mal tenue. **LOC**

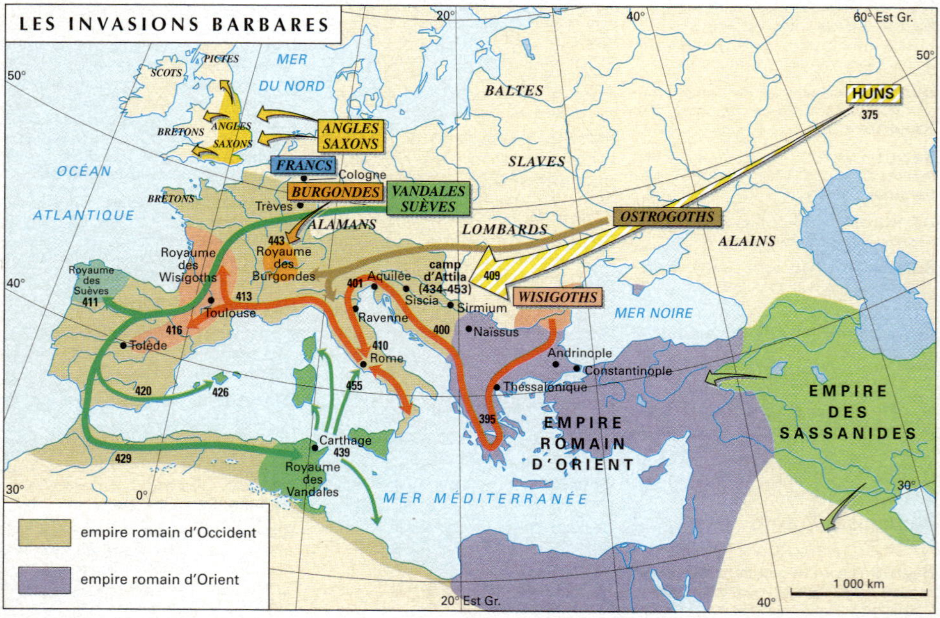

LES INVASIONS BARBARES

*Casser la baraque :* faire échouer des projets ; avoir un succès retentissant. ETY De l'esp. *barraca,* « hutte ».

**baraqué, ée** *a* fam Se dit d'une personne robuste, à forte carrure.

**baraquement** *nm* Ensemble de baraques, servant notam. de logement provisoire à des soldats ou à des travailleurs.

**baraquer** *vi* ① S'accroupir, en parlant du dromadaire, du chameau.

**baraterie** *nf* DR MARIT Fraude commise au préjudice des armateurs, des assureurs ou des expéditeurs de marchandises. ETY De l'a. fr. *barater,* tromper.

**baratiner** *v* ① fam **A** *vi* Parler beaucoup, tenir des propos sans intérêt. **B** *vt* Essayer de séduire par un flot de paroles. ETY Du provenç. DER **baratin** *nm* – **baratineur, euse** *a, n*

**baratte** *nf* Récipient clos dans lequel on bat la crème pour en extraire le beurre ; machine à baratter.

**baratter** *vt* ① **1** Agiter de la crème dans une baratte pour en faire du beurre. **2** Brasser qqch. ETY Du scand. *barâtta,* « combat ». DER **barattage** *nm*

**barbacane** *nf* **1** anc Ouvrage de fortification avancé, protégeant une porte ou un pont, et percé de meurtrières. **2** Meurtrière étroite. **3** ARCHI Ouverture pratiquée dans un mur de soutènement pour faciliter l'écoulement des eaux.

**Barbade (la)** île et État des Petites Antilles ; 431 km$^2$ ; 300 000 hab. ; cap. *Bridgetown.* Langue off. : anglais. Monnaie : dollar de Barbade. Relig. : protestantisme (67,1 %), catholicisme (4,2 %). Sucre, rhum. Tourisme. – Cette colonie brit. devint indép. en 1966. DER **barbadien, enne** *a, n* ▶ carte **Antilles**

**barbant, ante** *a* fam Ennuyeux, fastidieux.

**barbaque** *nf* fam Viande de qualité inférieure, ou très dure.

**Barbara** Monique Serf, dite (Paris, 1930 – Neuilly-sur-Seine, 1997), auteur-compositrice et chanteuse française.

**barbare** *a, n* **A 1** ANTIQ Étranger, chez les Grecs et les Romains. **2** Qui n'est pas civilisé. **B** *a* **1** Cruel, féroce. *Un crime barbare.* **2** Grossier, qui choque le goût. *Quelle musique barbare !* **3** Incorrect. *Un mot barbare.*

**Barbares (les)** nom donné par les Grecs à tous les peuples non grecs et par Rome aux peuples d'origine slave, germanique ou asiatique. Ceux-ci envahirent l'Empire romain aux IV$^e$ et V$^e$ siècles.

**barbaresque** *a* Relatif à la Barbarie ; de Barbarie. *Pirates barbaresques.*

**barbarie** *nf* **1** État d'un peuple qui n'est pas civilisé. *Les ténèbres de la barbarie.* **2** Cruauté, inhumanité. *Exercer sa barbarie sur les vaincus.*

**Barbarie** nom donné jusqu'au début du XIX$^e$ s. au Maghreb occidental, peuplé de Berbères.

**barbarisme** *nm* Emploi d'un mot inventé, déformé, ou impropre. (Ex. *confusionné* pour *confus, recouvrir la vue* pour *recouvrer la vue.*)

**Barbaroux** Charles Jean-Marie (Marseille, 1767 – Bordeaux, 1794), conventionnel rallié aux Girondins. Il fut guillotiné.

**1 barbe** *nf* **A 1** Poils du menton et des joues. *Porter la barbe.* **2** Touffe de poils sous le menton de certains animaux. *Barbe d'un bouc.* **B** *nfpl* **1** Acicules qui terminent les glumes de certaines graminées. *Les barbes d'un épi de blé.* **2** Filaments ramifiés à angles droits, que portent les tuyaux des plumes d'oiseaux. **3** TECH Bavures ou aspérités d'une pièce brute. LOC *Barbe à papa :* confiserie faite de sucre chaud étiré en filaments enroulés autour d'un bâtonnet. — ***Faire qqch à la barbe de qqn :*** en sa présence et sans qu'il s'en aperçoive. — fam ***La barbe ! Quelle barbe !*** : quel ennui ! — ***Parler dans sa barbe*** : marmonner. — ***Rire dans sa barbe*** : se moquer sans le laisser paraître. — fam ***Une vieille barbe*** : un homme âgé, aux idées désuètes. ETY Du lat.

**2 barbe** *nm, a* Se dit d'un cheval originaire des pays d'Afrique du Nord.

**Barbe (sainte)** (m. en Nicomédie, v. 235), vierge et martyre légendaire.

**barbeau** *nm* **1** Poisson téléostéen d'eau douce (cyprinidé) pouvant atteindre 90 cm de long, qui possède quatre barbillons. **2** fam Souteneur.

**Barbe-Bleue (la)** conte en prose de Perrault (1697).

**barbecue** *nm* Appareil comportant un foyer à charbon de bois surmonté d'une grille, et utilisé pour la cuisson en plein air. PHO [baʀbəkju] ou [baʀbəky] ETY Mot angl.

**barbe-de-capucin** *nf* **1** Chicorée sauvage comestible, blanchie en cave. **2** Lichen fruticuleux ressemblant à une barbe accrochée à une branche. PLUR barbes-de-capucin.

**barbelé, ée** *a, nmpl* **A** *a* Garni de pointes ou de dents. *Flèche barbelée.* **B** *nmpl* Fils de fer barbelés. *Entourer un pâturage de barbelés.*

**barber** *vt* ① pop Ennuyer. *Ce travail me barbe.*

**Barber** Samuel (West Chester, Pennsylvanie, 1910 – New York, 1981), compositeur américain.

**Barberini** famille romaine, originaire de Barberino, près de Florence. – Au XVII$^e$ s., Maffeo fut pape sous le nom d'Urbain VIII.

**Barberousse** → **Frédéric I$^{er}$ Barberousse.**

**Barberousse** nom donné par les Européens à deux frères : **'Arūdj** (1473 – 1518) et, surtout, **Khayr al-Dīn** (?, 1475 – Constantinople, 1546), pirates turcs qui régnèrent sur Alger. Khayr al-Dīn s'allia aux Français contre Charles Quint (1543).

**Barberousse (opération)** nom de code que Hitler, par allusion aux conquêtes de l'empereur germanique Frédéric I$^{er}$, donna à l'invasion de l'URSS (juin 1941).

**Barbès** Armand (Pointe-à-Pitre, 1809 – La Haye, 1870), homme politique franç. Emprisonné (1839-1848), il fut député d'extrême gauche. Il tenta, le 15 mai 1848, de former un gouv. insurrectionnel. Emprisonné de nouveau, il fut gracié en 1854.

**barbet** *nm* Chien d'arrêt, griffon à poils longs (55 à 60 cm au garrot). LOC fam ***Crotté comme un barbet :*** sali par les intempéries.

**barbette** *nf* **1** Guimpe montante de religieuse. **2** Plate-forme en terre, sur laquelle on installe une batterie d'artillerie. **3** MAR Batterie établie sur le pont.

**Barbey d'Aurevilly** Jules (Saint-Sauveur-le-Vicomte, 1808 – Paris, 1889), auteur français de romans et de nouvelles (*les Diaboliques* 1874), catholique traditionaliste, polémiste virulent, dandy.

Barbey d'Aurevilly

**Barbezieux** Louis Le Tellier (marquis de) (Paris, 1668 – Versailles, 1701), fils et successeur de Louvois (1691).

**barbiche** *nf* Petite barbe à la pointe du menton.

**barbichette** *nf* fam Petite barbiche. LOC fam ***Se tenir par la barbichette :*** se faire chanter mutuellement.

**barbier** *nm* **1** Personne dont la profession est de tailler ou de raser la barbe. **2** Nom cour. de poissons communs dans la Méditerranée dont les nageoires ressemblent à des lames de rasoir.

**Barbier de Séville (le)** (ou *la Précaution inutile*), comédie en 4 actes et en prose de Beaumarchais (1775) : le comte Almaviva, aidé de son anc. valet Figaro devenu barbier, parvient à épouser Rosine. ▷ MUS Opéra bouffe en 2 actes de Rossini (livret de Sterbini, 1816).

**barbille** *nf* Filament, bavure qui reste au flan d'une monnaie.

**barbillon** *nm* **A 1** Filament tactile de la bouche de certains poissons. **2** ICHTYOL Petit barbeau. **B** *nmpl* Replis membraneux sous la langue du cheval et du bœuf.

**barbiturique** *nm, a* Se dit d'un médicament utilisé comme hypnotique, sédatif, anesthésique ou anticonvulsif. ETY De l'all. *Barbitursaüre,* créé par Bayer.

**barbiturisme** *nm* Intoxication par les barbituriques.

**Barbizon** com. de Seine-et-Marne (arr. de Melun) ; 1 490 hab. – *École de Barbizon :* groupe d'artistes (Th. Rousseau, Corot, Millet, Dupré, Daubigny, Harpignies, Diaz, Troyon), entre 1830 et 1860. DER **barbizonnais, aise** *a, n*

**barbon** *nm* vx ou plaisant Vieillard désagréable ou ennuyeux.

**barboter** *v* ① **A** *vi* **1** Remuer l'eau en nageant. *Les canards barbotent dans la mare.* **2** CHIM Passer à travers un liquide, en parlant d'un gaz, d'une vapeur. **B** *vt* fam Voler. *On m'a barboté ma montre.* DER **barbotage** *nm*

**barboteuse** *nf* Vêtement pour enfants, d'une seule pièce, fermé entre les jambes et laissant celles-ci nues.

**barbotin** *nm* **1** MAR Couronne en métal sur laquelle viennent s'engrener les maillons de la chaîne à virer. **2** Roue motrice des chenilles de tracteurs et de chars de combat. ETY D'un n. pr.

**barbotine** *nf* **1** Pâte fluide utilisée en céramique pour confectionner par coulage des pièces ou des motifs de porcelaine tendre. **2** Canada Friandise rafraîchissante faite de glace pilée sucrée.

**barbouiller** *vt* ① **1** Salir, tacher grossièrement. *Enfant qui barbouille ses cahiers de taches d'encre.* **2** Peindre grossièrement. **3** Faire des écritures ; écrire beaucoup. LOC fam ***Barbouiller le cœur, l'estomac :*** donner des nausées. DER **barbouillage** *nm* – **barbouillis** *nm*

**barbouilleur, euse** *n* Peintre médiocre.

**barbouze** *nm, nf* péjor, fam Agent plus ou moins officiel d'un service de renseignements. DER **barbouzard, arde** *a* fam

**barbu, ue** *a, nm* **A** *a* Qui a de la barbe, qui porte la barbe. *Jeune homme barbu. Menton barbu, joues barbues.* **B** *nm* **1** Homme qui porte la barbe. **2** fam Musulman fondamentaliste.

**Barbuda** → **Antigua.**

**barbue** *nf* Poisson de mer plat voisin du turbot, qui atteint 80 cm de long.

**barbule** *nf* Chacun des filaments recourbés qui assurent l'accrochage des barbes d'une plume d'oiseau les unes aux autres.

**Barbusse** Henri (Asnières, 1873 – Moscou, 1935), écrivain français. *Le Feu* (1916) dénonce l'horreur de la guerre de 1914-1918. Il célébra la Russie soviétique.

**barcarolle** *nf* **1** Chanson cadencée des gondoliers de Venise. **2** MUS Pièce, souvent instrumentale, au rythme ternaire, s'inspirant du chant des gondoliers vénitiens. *La Barcarolle pour piano de Chopin.* VAR **barcarole**

**barcasse** *nf* Grosse barque méditerranéenne à fond plat, servant au transbordement des passagers et des marchandises.

**Barcelo** Miquel (Felanitx, Majorque, 1957), peintre esp., grandes toiles matiéristes.

**Barcelone** v. d'Espagne, port import. sur la Médit. ; 5 millions d'hab. (aggl.) ; cap. de la communauté auton. de Catalogne ; ch.-l. de la prov. du m. n. Grand centre industriel. – Cath. goth. Ste-Eulalie (XIVe-XIXe s.), égl. Santa María del Mar (XIVe s.) et de la Sagrada Familia, de Gaudí (1884, inachevée). Jeux Olympiques de 1992. – De juillet 1936 au 25 janv. 1939, la v. fut un centre de la résistance républicaine aux troupes franquistes. DER **barcelonais, aise** *a, n*

**Barcelone** la colonne Christophe-Colomb et le téléphérique

**Barcelonnette** ch.-l. d'arr. des Alpes-de-Hte-Provence, sur l'Ubaye ; 2 917 hab. Sports d'hiver. – Au XIXe s., centre d'émigration vers le Mexique. DER **barcelonnette** *a, n*

**Barclay de Tolly** Mikhaïl Bogdanovitch (prince) (Luhde-Grosshoff, Livonie, 1761 – Insterburg, Prusse-Orient., 1818), maréchal russe d'orig. écossaise. Il combattit Napoléon.

**Barclays** banque anglaise créée en 1736, auj. la plus import. de G.-B.

**bard** *nm* Civière pour le transport des matériaux. PHO [baR]

**barda** *nm* **1** arg Équipement individuel du soldat. **2** fam Bagage encombrant. ETY De l'ar.

**bardage** *nm* **1** Transport des matériaux sur un chantier. **2** CONSTR Ensemble d'éléments protégeant un ouvrage d'art.

**bardane** *nf* Plante dicotylédone (composée) très fréquente sur les terrains incultes, les décombres, etc., dont le capitule rose a des bractées crochues.

**1 barde** *nm* **1** Poète celte qui célébrait les héros en musique. *Les bardes formaient en Gaule et en Irlande de véritables confréries.* **2** Poète national, épique et lyrique. ETY Du gaul.

**2 barde** *nf* **1** anc Armure faite de lames métalliques protégeant les chevaux de guerre. **2** Tranche mince de lard dont on enveloppe certaines viandes à rôtir. ETY De l'ar.

**1 bardeau** *nm* **1** Planchette mince et courte utilisée pour le revêtement des façades et des toits. **2** Latte de bois posée sur des solives pour recevoir un carrelage.

**2 bardeau** → **bardot.**

**Bardeen** John (Madison, 1908 – Boston, 1991), physicien américain ; invention en 1947 du transistor, p. Nobel de physique en 1956 avec W. H. Brattain et W. Shockley (travaux sur les semiconducteurs), et en 1972 avec L. N. Cooper et J. R. Schrieffer (travaux sur la supraconductivité).

**Bardem** Juan Antonio (Madrid, 1922 – id., 2002), cinéaste espagnol : *Mort d'un cycliste* (1955).

**1 barder** *vt* ① **1** Revêtir d'une armure. *Le chevalier était bardé de fer.* **2** Garnir de bardes. *Barder une volaille.* LOC *Être bardé de* : couvert, pourvu de. *Être bardé de décorations, de préjugés.*

**2 barder** *v imp* ① fam Tourner mal, se gâter, devenir violent. *Ça va barder, ça barde.*

**bardis** *nm* MAR Cloison longitudinale empêchant un chargement en vrac de se déplacer sous l'effet du roulis.

**Bardiya** → **Smerdis.**

**Bardo (Le)** v. de Tunisie, dans la banlieue de Tunis ; 65 660 hab. – Anc. palais des beys de Tunis ; en 1881, le *traité du Bardo* établit le protectorat franç. – Musée archéologique.

**bardolino** *nm* Vin rouge italien de la région de Brescia. ETY D'un n. pr.

**bardot** *nm* Hybride issu d'un cheval et d'une ânesse. VAR **bardeau**

**Bardot** Brigitte (Paris, 1934), actrice française : *Et Dieu créa la femme* (1956), *le Mépris* (1963).

**Brigitte Bardot**

**barefoot** *nm* SPORT Discipline semblable au ski nautique, mais pratiquée pieds nus, sans skis. PHO [bɛRfut] ETY Mot angl.

**Barèges** com. des Htes-Pyr. ; 235 hab. Station therm. et de sports d'hiver.

**Bareilly** ville de l'Inde (Uttar Pradesh) ; 583 000 hab. Industr. textile.

**barème** *nm* Répertoire de données chiffrées. ETY Du n. d'un mathématicien fr. du XVIIe s.

**Barenboïm** Daniel (Buenos Aires, 1942), pianiste et chef d'orchestre israélien, directeur musical de l'Orchestre de Paris (1975-1989), de l'Orchestre symphonique de Chicago (1991-2006) et de la Scala de Milan depuis 2011.

**Barentin** com. de la Seine-Mar. (arr. de Rouen) ; 12 400 hab. Industries. – Nombr. statues en plein air (Rodin, Bourdelle, etc.). DER **barentinois, oise** *a, n*

**Barents (mer de)** mer de l'océan Arctique, bordant le Spitzberg, la Nouvelle-Zemble et le nord de l'Europe. Pêche importante.

**Barents** Willem (île de Terschelling, v. 1550 – Nouvelle-Zemble, 1597), marin et explorateur néerl., découvrit la Nouvelle-Zemble (1594) et le Spitzberg (1596). VAR **Barentzs**

**Barère de Vieuzac** Bertrand (Tarbes, 1755 – id., 1841), conventionnel français, membre du Comité de salut public, qui abandonna Robespierre le 9 Thermidor.

**baresthésie** *nf* MED Sensibilité corporelle aux différences de poids et de pression. DER **baresthésique** *a*

**Barfleur (pointe de)** cap du Cotentin (N.-E.). Phare de *Gatteville.* – En 1066, Guillaume le Conquérant partit du port de Barfleur, très import. à l'époque. V. aussi Hougue (La).

**1 barge** *nf* ORNITH Oiseau charadriiforme des marais, aux pattes et au bec très longs. VAR **berge**

**2 barge** *nf* MAR Embarcation à fond plat et à faible tirant d'eau. *Barge de débarquement.*

**3 barge** *a, n* fam Barjo, fou.

**Bargello (le)** palais du podestat de Florence (XIIIe- XIVe s.), puis du *bargello* (chef de la police) ; musée nat. de sculpture depuis 1865.

**barguigner** *vi* ① LOC vieilli *Sans barguigner* : sans hésiter. ETY Du frq.

**Bar-Hillel (Yehoshua)** (Vienne, 1915 – Jérusalem, 1975), logicien israélien d'origine polonaise. Membre du cercle de Vienne.

**Bari** (anc. *Barium*), port d'Italie, sur l'Adriatique ; 368 900 hab. ; ch.-l. des Pouilles. Industries. – Archevêché. Université. – Basilique St-Nicolas (XIe et XIIe s.).

**barigoule** *nf* LOC *Artichaut à la barigoule* : farci de lard et de jambon hachés, puis braisé. ETY Du provenç.

**baril** *nm* **1** Petit tonneau de bois. *Un baril de poudre, d'anchois.* **2** Unité de mesure du pétrole (1 baril : 0,159 $m^3$). PHO [baRil] ETY Du lat.

**barillet** *nm* **1** vieilli Petit baril. **2** ANAT Cavité derrière le tambour de l'oreille. **3** Dispositif mécanique de forme cylindrique. *Barillet d'un révolver.* PHO [baRijɛ]

**barioler** *vt* ① Couvrir de diverses couleurs mal assorties. *Des vêtements bariolés.* ETY De *barrer*, et de l'a. fr. *rioler*, « rayer ». DER **bariolage** *nm*

**Barjavel** René (Nyons, 1911 – Paris, 1985), auteur français de romans de science-fiction.

**barjo** *a, n* fam Cinglé, toqué. ETY Verlan de *jobard.* VAR **barjot**

**barkhane** *nf* Dune en forme de croissant, d'une dizaine de mètres de haut, qui progresse rapidement sur le substrat rocheux.

**Barkla** Charles Glover (Widnes, Lancashire, 1877 – Édimbourg, 1944), physicien anglais (travaux sur les rayons X). P. Nobel 1917.

**Bar-Kokheba** Simon Ben Koseva, dit (m. à Béthar, 135 apr. J.-C.), patriote juif, chef de la révolte contre Hadrien (132-135).

**Barlach** Ernst (Wedel, 1870 – Rostock, 1938), sculpteur, graveur et dramaturge expressionniste allemand.

**Bar-le-Duc** ch.-l. du dép. de la Meuse, sur l'Ornain ; 16 801 hab. Industries. – Égl. du XIVe-XVe s., qui renferme *le Transi*, dû au sculpteur Ligier Richier. – Anc. cap. du duché de Bar. DER **barisien, enne** ou **barrois, oise** *a, n*

**Barletta** port d'Italie (Pouilles), sur l'Adriatique ; 83 720 hab. Stat. baln. – Statue en bronze (5 m) d'un empereur du IVe s.

**barlong, longue** *a* Qui est plus long d'un côté que de l'autre.

**barlotière** *nf* ARCHI Traverse de fer qui sert, dans les vitraux, à consolider les plombs.

**Barlow** Joel (Redding, Connecticut, 1754 – Żarnowiec, près de Cracovie, 1812), diplomate et poète américain : *la Colombiade* (1787-1807).

**Barlow** Peter (Norwich, 1776 – Woolwich, 1862), physicien et mathématicien anglais. La *roue de Barlow* (1828) fut le prem. moteur électrique.

**barmaid** *nf* Serveuse d'un bar. PLUR barmaids. (PHO) [barmɛd] (ETY) Mot angl.

**barman** *nm* Serveur d'un bar. PLUR barmans ou barmen. (PHO) [barman] (ETY) Mot angl.

**barmitsva** *nf inv* Dans le judaïsme, célébration de la majorité religieuse des garçons (treize ans). (ETY) Mot hébr., « fils des commandements ».

**barn** *nm* PHYS NUCL Unité de mesure (symbole b) de la section efficace d'un noyau atomique. (ETY) Mot angl.

**Barnabé (saint)** (Ier s.), disciple de saint Paul ; il évangélisa avec lui la Syrie et la Grèce. Il mourut lapidé.

**barnabite** *nm* Membre d'une congrégation religieuse fondée en 1530, à Milan, par Antoine Marie Zaccaria, et installée en 1538 dans l'égl. St-Barnabé.

**Barnaoul** v. industrielle de Russie (Sibérie mérid.), sur l'Ob ; 606 000 hab.

**Barnard Edward Emerson** (Nashville, 1857 – Williams Bay, Wisconsin, 1923), astronome américain. Il étudia systématiquement la Voie lactée.

**Barnard Christian** (Beaufort West, Le Cap, 1922 – Paphos, Chypre, 2001), médecin et chirurgien sud-africain. Il réalisa en 1967, au Cap, la première greffe d'un cœur humain.

**Barnave Antoine** (Grenoble, 1761 – Paris, 1793), homme politique français. Brillant orateur à la Constituante, défenseur d'une monarchie constitutionnelle, il fut guillotiné.

**Barnes Albert** (Merion, Pennsylvanie, 1872 – Philadelphie, 1951), écrivain américain ; créateur de la *Fondation Barnes* ; très importante collection d'art moderne (en partic. impressionnistes) et d'art africain.

**Barnes Djuna** (Cornwall, New York, 1892 – New York, 1982), romancière américaine de la « lost generation » : *le Bois de la nuit* (1936).

**Barnes Julian** (Leicester, 1946), romancier anglais : *le Perroquet de Flaubert* (1985).

**Barnet Boris** (Moscou, 1902 – Riga, 1965), cinéaste soviétique : *la Jeune Fille au carton à chapeaux* (1927), *Okraina* (1933), *Un été prodigieux* (1951).

**Barney Matthew** (San Francisco, 1967), artiste américain. Il s'exprime par la photographie, le film, la sculpture, les installations.

**Barnsley** v. d'Angleterre ; 217 300 hab. ; ch.-l. du comté de South Yorkshire.

**barnum** *nm* **1** Petit kiosque ne diffusant que la presse du soir. **2** Tente ou abri utilisé par les forains sur les marchés. **3** fig Agitation désordonnée, cirque. (PHO) [barnɔm] (ETY) Du n. pr.

**Barnum Phineas Taylor** (Bethel, Connecticut, 1810 – Bridgeport, 1891), entrepreneur de spectacles américain qui dirigea notam., à partir de 1871, un célèbre cirque.

**baro-** Élément, du gr. *baros*, « pesanteur ».

**Baroccio Federico Fiori,** dit (Urbino, v. 1528 – id., 1612), peintre italien influencé par le Corrège. (VAR) **Barocci**

**barocentrique** *a* LOC GEOM ***Courbe barocentrique :*** formée par les intersections des verticales sur un plan méridien.

**Baroda** → **Vadodara.**

**barodet** *nm* Recueil des programmes électoraux des parlementaires publié par l'Assemblée au début de chaque législature. (ETY) D'un n. pr.

**barographe** *nm* PHYS Baromètre enregistreur.

**Baroja Pío** (Saint-Sébastien, 1872 – Madrid, 1956), romancier réaliste espagnol : *Mémoires d'un homme d'action* (1913-1935, 20 vol.).

**barolo** *nm* Vin rouge italien, très réputé.

**baromètre** *nm* **1** Appareil servant à mesurer la pression atmosphérique. **2** fig Ce qui sert à mesurer, à estimer. *Les sondages d'opinion sont le baromètre de l'opinion publique.* LOC ***Baromètre à mercure :*** qui équilibre la pression atmosphérique par le poids d'une colonne de mercure dont on mesure la hauteur. — ***Baromètre anéroïde :*** comportant un dispositif élastique qui se déforme selon les variations de la pression.

**barométrie** *nf* PHYS Mesure de la pression atmosphérique. (DER) **barométrique** *a*

**baron, onne** *n* **A** FEOD Titre nobiliaire immédiatement inférieur à celui de vicomte. **B** *nm* **1** Grand seigneur du royaume. **2** fig Personnage important dans le monde de la politique, de la finance, etc. **3** fam Compère d'un camelot, d'un bonneteur, d'un tricheur. **4** Pièce d'agneau ou de mouton comportant la selle et les deux gigots. (ETY) Du frq., « homme libre ».

**Baron Michel Boyron,** dit (Paris, 1653 – id., 1729), acteur (chez Molière) et auteur comique français : *l'Homme à bonnes fortunes* (1686).

**baronnet** *nm* Titre de noblesse propre à l'Angleterre, institué par Jacques Ier en 1611.

**baronnie** *nf* **1** FEOD Terre seigneuriale donnant le titre de baron. **2** fig Pouvoir important dans un domaine quelconque, fief.

**Baronnies (les)** massif calcaire des Préalpes du S. (Drôme) ; 1 759 m au Laup Duffre.

**baroque** *a, nm* **A** *a* **1** D'une irrégularité qui étonne, qui choque, bizarre, étrange, incompréhensible. *Une idée baroque.* **2** Bx-A Se dit d'un style exubérant (XVIIe s.-XVIIIe s.). **3** Qui présente, à d'autres époques, en art et en littérature, les mêmes caractères que le baroque. **B** *nm* Style baroque. (DER) **baroquement** *av*

ENC Le style baroque se forma en réaction contre l'idéal classique de la Renaissance ; il est également lié à la naissance de la Contre-Réforme qui, pour s'opposer au protestantisme, veut émouvoir l'âme. L'art baroque est donc un art de mouvement. Il commence à se développer en Italie (V. Bernin).
Par analogie, la critique littéraire du XXe s. qualifie de *baroque* le maniérisme des XVIe-XVIIe s. ; citons : en Espagne, Gongora ; en Italie, Marino.
En musique sont dits baroques la quasi-totalité des musiciens européens entre 1580 et 1760, dont Telemann, Vivaldi, J.-S. Bach.

**baroqueux, euse** *n* Musicien qui prône l'interprétation des œuvres baroques avec des instruments anciens.

**baroquisant, ante** *a* Marqué par le baroque, qui tend vers le baroque.

**baroquisme** *nm* Caractère d'une œuvre baroque.

**barorécepteur** *nm* MED Organe sensible à des variations de pression.

**baroréflexe** *nm* MED Réflexe déclenché par la stimulation d'une zone du corps sensible aux variations de pression.

**baroscope** *nm* PHYS Balance démontrant l'application du principe d'Archimède aux gaz.

**barotraumatisme** *nm* MED Ensemble de troubles graves provoqués (partic. chez un plongeur sous-marin) par une variation trop forte et trop rapide de la pression. (DER) **barotraumatique** *a*

**baroud** *nm* fam Bataille, bagarre, échauffourée. LOC ***Baroud d'honneur :*** ultime combat livré pour sauver l'honneur. (PHO) [barud]

**baroudeur, euse** *n* fam Personne qui aime le baroud, l'aventure ; risque-tout.

**barouf** *nm* fam Grand bruit, tapage.

**barque** *nf* Petit bateau non ponté. LOC ***Conduire, mener sa barque :*** conduire, de telle ou telle manière, une entreprise.

**barquette** *nf* **1** Tartelette en forme de barque. **2** Petit récipient utilisé pour le conditionnement de fruits ou d'aliments délicats.

**Barquisimeto** ville du Venezuela ; 1 million d'hab. (aggl.) ; cap. de l'État de Lara. Centre agric. : café, cacao.

**Barr (corpuscule de)** BIOL Chromatine très colorée, qui manifeste la présence de deux chromosomes X et qui permet de déterminer le sexe génétique.

**Barrabas** → **Barabbas.**

**barracuda** *nm* Poisson perciforme marin atteignant 2 m, rapide et très vorace.

**barrage** *nm* **1** Ce qui barre une voie ; action de barrer une voie. *Barrage d'une route à l'aide de chevaux de frise.* **2** Ouvrage disposé en travers d'un cours d'eau pour créer une retenue ou exhausser le niveau amont. LOC GEOL ***Lac de barrage :*** lac résultant de la présence d'un obstacle (moraine, éboulis, etc.) qui empêche l'écoulement des eaux. — SPORT ***Match de barrage*** ou ***barrage :*** épreuve servant à départager des concurrents ou des équipes à égalité ou qui cherchent à se qualifier pour la phase finale d'une compétition. — ***Tir de barrage :*** tir d'artillerie destiné à interdire un accès ; fig action énergique destinée à faire échouer les manœuvres de l'adversaire.

ENC Un *barrage-poids* a une largeur équivalente à sa hauteur ; il résiste à la pression de l'eau par sa propre masse. Un *barrage-voûte* reporte la poussée de l'eau sur les flancs de la vallée. Un *barrage à contreforts* comporte un voile d'étanchéité soutenu par des piliers.

**barragiste** *n* SPORT Concurrent ou équipe qui doit disputer un match de barrage.

**Barranquilla** princ. port de Colombie, à l'embouchure du Magdalena ; 1,9 million d'hab. (aggl.) ; ch.-l. de dép. Centre industriel.

**Barraqué Jean** (Paris, 1928 – id., 1973), compositeur français sériel : *Chant après chant* 1966, *le Temps restitué* 1968.

**Barras Paul (vicomte de)** (Fox-Amphoux, Provence, 1755 – Chaillot, 1829), homme politique français. Conventionnel, il œuvra à la chute de Robespierre. Membre du Directoire, il démissionna après le 18 Brumaire.

**Barraud Henry** (Bordeaux, 1900 – Saint-Maurice, Val-de-Marne, 1997), compositeur français néoclassique.

**Barrault Jean-Louis** (Le Vésinet, 1910 – Paris, 1994), acteur français de cinéma (*les Enfants du paradis*, 1944) et de théâtre, codirecteur de la troupe Renaud-Barrault.

Jean-Louis Barrault

**barre** *nf* **1** Pièce longue et rigide, de bois, de métal, etc. *Barre de fer. Barre d'appui.* **2** Lingot. **3** Traverse horizontale fixant la hauteur que le sauteur doit franchir. **4** Tringle fixée au mur, servant aux exercices des danseurs ; ensemble de ces exercices. **5** fig Niveau, limite, seuil. *Candidat qui n'atteint pas la barre des 5 %.* **6** Trait de plume ou de crayon pour biffer ou souligner quelque chose. **7** MAR Levier fixé à la mèche du gouvernail et permettant de l'orienter. **8** GEOGR Accumulation d'alluvions fluviales en forme d'arête sur le fond marin, parallèlement à la côte, au large de vastes estuaires, là où le courant fluvial est annulé par la mer. **9** Zone de hautes vagues qui viennent se briser en avant de certaines côtes. **10** Ligne de crête dans une structure sédimentaire plissée qui a été érodée. **11** HERALD Pièce disposée diagonalement de l'angle senestre du chef à l'angle dextre de la pointe de l'écu. **12** Emplacement réservé dans les salles d'audience judiciaire aux dépositions des témoins, parfois aux plaidoiries, et qui est généralement marqué par une barre. *Témoin appelé à la barre.* **13** Immeuble d'habitation construit en longueur. **14** INFORM Bande graphique interactive affichée à l'écran. *Barre d'outils.* **15** Espace entre les dents labiales et les dents jugales de la mâchoire inférieure des ruminants, solipèdes, lagomorphes, etc. **LOC** ***Barre à mine :*** barre métallique qui sert de levier ou d'outil de perforation. — TECH ***Barre d'attelage :*** dispositif qui relie deux véhicules. — MUS ***Barre de mesure :*** signe de notation qui divise la portée en mesures égales. — SPORT ***Barre fixe, barres asymétriques, barres parallèles :*** agrès de gymnastique. — fam ***Coup de barre :*** brusque sensation de fatigue ; prix trop élevé de qqch. — ***Être à la barre, tenir la barre :*** diriger. — ***Mettre la barre très haut :*** se fixer un objectif ambitieux. [ETY] Du lat.

**Barre** Raymond (Saint-Denis, la Réunion, 1924 – Paris, 2007), économiste et homme politique français. Premier ministre centriste de 1976 à 1981, maire de Lyon de 1995 à 2001.

**barré, ée** *a, nm* **A** *a* **1** Se dit d'une voie où la circulation est interdite. **2** Se dit d'une dent dont la configuration des racines rend l'extraction difficile. **3** fam Qui est en dehors de la réalité, excentrique, bizarre. *Il incarne un personnage un peu barré.* **B** *nm* MUS Fait d'appuyer simultanément avec l'index sur plusieurs cordes d'un instrument. **LOC** fam ***Être mal barré :*** être mal engagé (action), avoir mal commencé son action (qqn).

**barreau** *nm* **1** Barre de bois, de fer qui sert d'assemblage, de clôture, etc. *Les barreaux d'une chaise, d'une grille.* **2** Emplacement garni de bancs, réservé aux avocats dans les salles d'audience judiciaire. **3** fig Profession d'avocat. *Se destiner au barreau.* **4** Corps, ordre des avocats d'un lieu déterminé. *Le barreau de Paris.* **5** TRANSP Voie de communication secondaire reliant deux grands axes. **LOC** fam ***Barreau de chaise :*** très gros cigare.

**Barreiro** v. du Portugal, sur le Tage, en face de Lisbonne ; 55 000 hab. Industries.

**barrer** *v* [1] **A** *vt* **1** Clore au moyen d'une barre. *Barrer une porte.* **2** Canada Fermer à clef. **3** Obstruer, interrompre par un obstacle. *Barrer une route.* **4** Tirer un trait de plume sur, rayer. *Barrer un mot.* **5** MAR Tenir la barre d'un bateau de plaisance. **B** *vpr* fam S'en aller, se sauver.

**Barrès** Maurice (Charmes, 1862 – Paris, 1923), écrivain français. Après avoir exalté le « culte du moi » (*Sous l'œil des Barbares,* 1888), il célébra les valeurs nationalistes : *les Déracinés* (1897), *la Colline inspirée* (1913). Acad. fr. (1906). [DER] **barrésien, enne** *a, n*

**Barré-Sinoussi** Françoise (Paris, 1947), virologue française (travaux sur le virus du sida). P. Nobel de médecine 2008 avec L. Montagnier.

**1 barrette** *nf* Bonnet carré des ecclésiastiques. [ETY] De l'ital. *baretta,* « béret ».

**2 barrette** *nf* **1** Petite barre. **2** Petite barre formant un bijou, une broche. **3** Insigne d'une décoration. **4** Petite pince pour tenir les cheveux. **5** INFORM Composant électronique destiné à augmenter la mémoire d'un ordinateur. [ETY] Du lat.

**barreur, euse** *n* MAR Personne qui barre.

**barricade** *nf* Retranchement élevé hâtivement avec des moyens de fortune pour barrer un passage, une rue et se mettre à couvert, notam. pendant une insurrection. **LOC** ***Ne pas être du même côté de la barricade :*** avoir des opinions ou des intérêts opposés. [ETY] De l'a. fr. *barriquer,* « rouler des barriques ».

**barricader** *v* [1] **A** *vt* **1** Obstruer une voie de communication par des barricades. **2** Fermer solidement. *Barricader un portail.* **B** *vpr* S'enfermer.

**Barricades (journées des)** nom donné à plus. soulèvements du peuple parisien. **1.** Contre la venue, interdite par Henri III, du duc de Guise (12 mai 1588). Les *barriquades* étaient formées de barriques pleines de terre. **2.** Contre la reine Anne d'Autriche qui avait fait emprisonner Broussel. La Fronde débutait. **3.** Durant la Libération, à partir du 19 août 1944, des Parisiens élevèrent des barricades contre l'occupant.

**Barrie** sir James Matthew (Kirriemuir, 1860 – Londres, 1937), écrivain écossais, créateur du personnage de Peter Pan.

**barrière** *nf* **1** Élément de clôture mobile. **2** Obstacle naturel important. *La barrière des Pyrénées entre la France et l'Espagne.* **3** fig Ce qui fait obstacle, empêche de circuler. *Les barrières douanières face au libre-échange.* **LOC** ***Barrière de dégel :*** interdiction faite aux véhicules lourds d'emprunter certaines routes pendant la période du dégel. — BIOL ***Barrière des espèces :*** impossibilité génétique pour des individus d'espèces différentes de se reproduire entre eux. — ESP ***Barrière thermique :*** limite à partir de laquelle l'échauffement dû au frottement de l'atmosphère détruit les structures d'un engin.

**Barrière (Grande)** chaîne corallienne bordant la côte N.-E. de l'Australie, sur 2 400 km.

la **Grande Barrière**

**barriérer** *vt* [14] TRANSP Établir des barrières de protection sur la voie publique lors de grands rassemblements de foule. [DER] **barriérage** *nm*

**barrique** *nf* Tonneau contenant 200 à 250 litres ; son contenu.

**barrir** *vi* [3] Crier, en parlant de l'éléphant, du rhinocéros. [DER] **barrissement** *nm*

**Barrois → Bar (comté de).**

**Barroso → Durão Barroso.**

**barrot** *nm* MAR Poutre transversale supportant le pont d'un navire.

**Barrot** Odilon (Villefort, Lozère, 1791 – Bougival, 1873), avocat et homme politique français. Il organisa la *campagne des Banquets* (1848) qui contribua à la chute de Louis-Philippe.

**Barrow** Isaac (Londres, 1630 – id., 1677), mathématicien anglais ; maître de Newton.

**Barrow-in-Furness** port de G.-B. (Cumbria), sur la mer d'Irlande ; 71 900 hab. – Abb. bénédictine du XII$^e$ s.

**Barry** Jeanne Bécu (comtesse du) (Vaucouleurs, 1743 – Paris, 1793), favorite de Louis XV, guillotinée sous la Terreur.

**Barry Lyndon** film brit. de S. Kubrick (1975), d'après le roman de Thackeray.

**barsac** *nm* Vin liquoreux du Bordelais. [ETY] D'un n. pr.

**Bar-sur-Aube** ch.-l. d'arr. de l'Aube ; 5 559 hab. – Églises St-Pierre (fin XII$^e$ s.) et St-Maclou (XII$^e$-XIV$^e$ s.). [DER] **baralbin, ine** *a, n*

**Bart** Jean (Dunkerque, 1650 – id., 1702), corsaire français. Il combattit les Angl. et les Holl. et fut anobli (1694).

**Bartabas** Clément Marty, dit (Courbevoie, 1957), chorégraphe français de spectacles équestres.

**Bartas** Guillaume de Salluste (seigneur du) (Montfort, près d'Auch, 1544 – Condom, 1590), poète protestant français : *la Semaine ou la Création du monde* (1578-1584).

**bartavelle** *nf* Perdrix des Alpes, voisine de la perdrix rouge.

**Barth** Heinrich (Hambourg, 1821 – Berlin, 1865), géographe allemand ; explorateur de l'Afrique centrale (1850-1855).

**Barth** Karl (Bâle, 1886 – id., 1968), théologien protestant suisse : *Dogmatique* (1930-1967).

**Barthélemy (saint)** (I$^{er}$ s.), l'un des douze apôtres du Christ.

**Barthélemy** Jean-Jacques (abbé) (Cassis, 1716 – Paris, 1795), écrivain français : *Voyage du jeune Anacharsis en Grèce* (1788).

**Barthélemy** François (marquis de) (Aubagne, 1747 – Paris, 1830), homme politique français, membre du Directoire (1797).

**Barthélemy** René (Nangis, 1889 – Antibes, 1954), physicien français qui mit au point, en France, la télévision (1935).

**Barthélemy-Saint-Hilaire** Jules (Paris, 1805 – id., 1895), érudit et homme politique français. Il traduisit Aristote.

**Barthes** Roland (Cherbourg, 1915 – Paris, 1980), critique et sémioticien français : *le Degré zéro de l'écriture* (1953), *Mythologies* (1957), *Système de la mode* (1967), *la Chambre claire* (1980). [DER] **barthésien, enne** *a*

**Roland Barthes**

**Bartholdi** Frédéric Auguste (Colmar, 1834 – Paris, 1904), sculpteur français : *le Lion de Belfort* (1880), *la Liberté éclairant le monde* (armature métallique d'Eiffel, 1886, New York).

**Barthou** Louis (Oloron-Sainte-Marie, 1862 – Marseille, 1934), homme politique français, assassiné en même temps que le roi Alexandre I$^{er}$ de Yougoslavie. Acad. fr. (1918).

**Bartók** Béla (Nagyszentmiklós, auj. en Roumanie, 1881 – New York, 1945), compositeur hongrois. Son art puise dans le folklore national : *le Mandarin merveilleux* (1919), *Musique pour cordes, percussion et célesta* (1936), *Concerto pour orchestre* (1943).

**Béla Bartók**

**Bartoli** Cecilia (Rome, 1966), cantatrice italienne, mezzo-soprano.

**Bartolomeo** Baccio della Porta, dit Fra (Florence, 1472 – id., 1517), peintre italien ; disciple de Savonarole, puis dominicain.

**Bartolone** Claude (Tunis, 1951), président de l'Assemblée nationale dep. 2012 (PS).

**Baruch** (VII$^e$ s. av. J.-C.), scribe hébreu à qui auraient été dictées les prophéties de son maître le prophète Jérémie. Son *Livre de Baruch,* en annexe aux *Lamentations de Jérémie,* est l'un des livres deutérocanoniques de la Bible.

**bary-** Élément, du gr. *barus,* « lourd ».

**barycentre** *nm* MATH Point G d'un espace affine tel que, si n points $M_i$ sont affectés de coefficients $a_i$ dont la somme n'est pas nulle, $\sum_n^1 (a_i \overrightarrow{GM_i}) = \vec{0}$. DER **barycentrique** *a*

**Barychnikov Mikhaïl Nikolaïevitch** (Riga, 1948), danseur et chorégraphe américain d'orig. soviétique.

**Barye Antoine Louis** (Paris, 1795 – id., 1875), sculpteur animalier et aquarelliste français.

**baryon** *nm* PHYS NUCL Hadron lourd constitué de trois quarks. *La famille des baryons comprend les nucléons et les hypérons.* DER **baryonique** *a*

**barysphère** *nf* GEOL Syn. de *nifé*.

**baryte** *nf* CHIM Hydroxyde de baryum ($Ba[OH]_2$), utilisé en radiologie pour opacifier le tube digestif.

**baryté, ée** *a* Qui contient de la baryte.

**barytine** *nf* MINER Sulfate de baryum naturel ($BaSO_4$), très dense, transparent.

**baryton** *nm* **1** GRAM GR Accent grave remplaçant l'accent aigu sur la dernière syllabe d'un mot ; mot qui porte cet accent. **2** MUS Voix intermédiaire entre le ténor et la basse ; chanteur qui a cette voix.

**barytose** *nf* MED Maladie pulmonaire professionnelle due à l'inhalation de poussières de sulfate de baryum.

**baryum** *nm* CHIM **1** Élément alcalino-terreux, de numéro atomique Z = 56 et de masse atomique M = 137,34 (symbole Ba). **2** Métal (Ba) blanc et mou, de densité 3,74, qui fond à 714 °C et bout à 1 640 °C. PHO [barjɔm]

**Bārzānī Mustafā al-** (Bārzān, 1903 – Rochester, É.-U., 1979), nationaliste kurde d'Irak.

**barzoï** *nm* Lévrier russe à poils longs.

**1 bas, basse** *a, nm, av* **A** *a* **1** Qui est au-dessous d'une hauteur moyenne ou normale. *Porte basse.* **2** Qui est au-dessous d'un degré pris comme terme d'une comparaison. *À cette heure-ci, la mer est basse. Parler à voix basse.* **3** Se dit d'une voix grave. *Ce morceau est trop bas pour ma voix.* ANT haut, aigu. **4** Dont la valeur matérielle est moindre. *Pratiquer des prix bas.* **5** D'un rang considéré comme inférieur dans la hiérarchie sociale. *Le bas peuple.* **6** Inférieur, subalterne. *Besognes de basse police.* **7** Vil, moralement méprisable. *Une basse jalousie.* **8** Qui appartient à une époque relativement récente. *Le bas latin, le bas allemand.* **B** *nm* Partie inférieure. *Le bas de la montagne. Le bas de la page.* **C** *av* **1** À une faible hauteur. *Voler bas. Le coup est parti de plus bas.* **2** En baissant la voix. *Parlez plus bas.* **3** Plus loin. *Voyez dix lignes plus bas.* LOC ***À bas !*** : marque le mépris et la révolte. *À bas la tyrannie !* — MED ***À bas bruit*** : qui ne présente pas de signes cliniques apparents. — ***Avoir la tête basse*** : être honteux. — ***Avoir des hauts et des bas*** : de bons et de moins bons moments. — ***Avoir la tête basse*** : être honteux. — ***Avoir la vue basse*** : être myope. — ***Ce bas monde*** : ce monde où nous vivons. — fam ***Bas de plafond*** : limité intellectuellement. — ***Chapeau bas*** : en témoignant du respect. — ***Ciel bas*** : couvert, avec des nuages peu élevés. — ***En bas*** : dans le lieu qui est en dessous. *Il habite en bas.* — ***En bas âge*** : très jeune. — ***En bas de, au bas de*** : au pied de. *La rivière coule en bas du jardin.* — ***Être très bas*** : près de mourir. — ***Faire main basse sur*** : dérober, piller. — ***Mettre bas*** : mettre des petits au monde, en parlant des mammifères. — ***Mettre bas les armes, la veste*** : déposer les armes ; enlever sa veste.

**2 bas** *nm* **1** Vêtement très ajusté, tricoté ou tissé, qui sert à couvrir le pied et la jambe. *Des bas de soie.* **2** Canada Chaussette. LOC ***Bas de laine*** : économies d'un petit épargnant.

**basal, ale** *a* didac Qui est à la base de qqch. PLUR basaux. LOC ***Métabolisme basal*** : quantité d'énergie exprimée en calories utilisée par un organisme au repos.

**bas-alpin** → **Alpes-de-Haute-Provence.**

**basalte** *nm* Roche éruptive compacte, très dure, formée d'un agrégat de petits cristaux de feldspath, de pyroxène et d'olivine noyés dans un verre noir. ETY Du lat. DER **basaltique** *a*

**basane** *nf* **A** Cuir très souple obtenu à partir d'une peau de mouton tannée, employé en sellerie, en maroquinerie, en reliure. **B** *nfpl* Bandes de cuir souple protégeant l'entrejambe et le fond d'une culotte de cheval contre l'usure due au frottement de la selle.

**basané, ée** *a* Hâlé, bruni. *Teint basané.*

**bas-bleu** *nm* péjor, vieilli Femme pédante. PLUR bas-bleus. ETY De l'angl. *Blue stocking*, surnom d'un brillant causeur.

**Baschi Matteo di** (m. en 1552), religieux italien, fondateur en 1528 de l'ordre des Capucins. VAR **Basci**

**bascophone** *a, n* Qui parle basque. SYN euskarophone.

**bas-côté** *nm* **1** ARCHI Galerie ou nef latérale d'une église. **2** Accotement d'une route entre la chaussée et le fossé. PLUR bas-côtés.

**bascule** *nf* **1** Pièce de bois ou de métal, qui peut osciller librement autour de son axe. **2** Balançoire faite d'une seule pièce en équilibre. **3** Machine à peser les lourdes charges. **4** ARCHI Porte-à-faux d'escaliers ou de balcons formant saillie. **5** ELECTRON Circuit qui peut occuper deux états différents. ETY De l'a. fr. *baculer*, « frapper le derrière ».

**basculer** *v* ① **A** *vi* **1** Imprimer un mouvement de bascule à. *Faire basculer une poutre.* **2** Décrire un mouvement de bascule, tomber. *Le camion a basculé dans le ravin.* **3** fig Passer d'un état à un autre. *Basculer dans la folie, dans l'opposition.* **B** *vt* **1** Imprimer un mouvement de bascule à. *Basculer un fardeau.* **2** fig Faire passer de manière irréversible à un autre état. *Basculer son compte en euros.* DER **basculant, ante** *a* – **basculement** *nm*

**basculeur** *nm* TECH Appareil servant à faire basculer un objet.

**bas-de-casse** *nm inv* TYPO Partie inférieure de la casse d'imprimerie, où sont les caractères des lettres minuscules ; ces lettres.

**base** *nf* **1** Partie inférieure d'un corps, sur laquelle il repose. *La base d'une colonne.* **2** fig Ensemble des militants d'un parti politique, d'un syndicat (par oppos. aux *dirigeants*). **3** Principal ingrédient d'un mélange. *Un produit à base de chlore.* **4** fig Principe, donnée fondamentale. *Les bases d'un système.* **5** ANAT Extrémité la plus large d'un organe. **6** BIOCHIM Chacun des cinq constituants des nucléotides (adénine, cytosine, guanine, thymine et uracile) qui se succèdent le long des molécules d'ADN ou d'ARN. **7** CHIM Substance capable de fixer les protons (ions $H^+$) contenus dans les acides. **8** ELECTRON Dans un transistor, couche qui sépare l'émetteur et le collecteur. **9** GEOM Face particulière de certains volumes ; côté particulier de certaines figures. **10** TELECOM Socle d'un téléphone sans fil sur lequel on pose le combiné pour le recharger. **11** Zone où sont rassemblés les équipements et les services nécessaires à une action offensive ou défensive. **12** Crème qui s'applique sur le visage avant le maquillage. LOC INFORM ***Base de données*** : ensemble de données structurées accessibles par requête. — ESP ***Base de lancement*** : lieu où sont réunies les installations nécessaires à la préparation, au lancement, au contrôle en vol et au guidage d'engins spatiaux. — MATH ***Base de numération*** : nombre de chiffres ou de symboles utilisés dans un système de numération. — INFORM ***Base de temps*** : générateur de signaux réglant le cycle de fonctionnement d'un calculateur. — ***Base d'imposition*** : éléments sur lesquels repose le calcul d'un impôt. — MATH ***Base d'un système de logarithmes*** : nombre tel que si y = $\log_a x$ (logarithme à base *a* de x) on a x = $a^y$. — ***De base*** : fondamental, de référence. ETY Du gr.

**baseball** *nm* Sport opposant deux équipes de neuf joueurs, cour. pratiqué aux États-Unis. PHO [bɛzbol] ETY Mot amér. VAR **base-ball** DER **baseballeur** ou **base-balleur, euse** *n*

**Basedow Karl von** (Dessau, 1799 – Merseburg, 1854), médecin allemand. ▷ MED *Maladie de Basedow* : hyperfonctionnement thyroïdien avec goitre et exophtalmie.

**basejump** *nm* Parachutisme pratiqué à partir d'une falaise, d'un pont, etc. PHO [bezdʒœmp] ETY Mots angl. VAR **base-jump**

**Baselitz George Kern,** dit **George** (Deutschbaselitz, Saxe 1938), peintre, graveur et sculpteur allemand, expressionniste.

**baselle** *nf* Plante tropicale dont on consomme les feuilles comme celles des épinards. ETY D'une langue indienne.

**Bas-Empire** la dernière phase de l'histoire de l'Empire romain (IIIe-Ve s.).

**baser** *v* ① **A** *vt* **1** Prendre ou donner pour base. *Baser sa conduite sur l'exemple d'un grand homme.* **2** Installer qqpart son siège social, sa résidence principale, etc. **3** MILIT Établir une unité dans une base militaire. **B** *vpr* S'appuyer, se fonder. *Se baser sur une probabilité.*

**base-vie** *nf* Site aménagé pour accueillir du personnel scientifique ou technique dans des lieux déserts ou hostiles. On dit aussi *base de vie*. PLUR bases-vie.

**BASF** sigle de *Badische Anilin und Soda Fabrik*, société chimique allemande créée en 1865.

**bas-fond** *nm* **A 1** Terrain plus bas que ceux qui l'entourent. *Les bas-fonds sont souvent marécageux.* **2** Endroit peu profond dans un cours d'eau, un lac, une mer. ANT haut-fond. PLUR bas-fonds. **B** *nmpl* fig Couches les plus misérables et les plus dépravées d'une société, d'une population.

**Bas-Fonds (les)** drame en 4 actes de Gorki (1902). ▷ CINE Films de : Jean Renoir (1936), avec Jean Gabin et Louis Jouvet, et d'A. Kurosawa (1957).

**bashing** *nm* Campagne de dénigrement menée par les médias à l'encontre d'une personnalité. PHO [baʃiŋ] ETY Mot angl. « raclée ».

**Bashō Matsuo Munefusa,** dit (Ueno, 1644 – Ōsaka, 1694), poète, peintre et moine bouddhiste japonais qui porta le haïku à sa perfection (*Recueil de sept opuscules de l'école de Bashō*, anthologie parue en 1774).

**Bashung Alain** (Paris, 1947 – id., 2009), auteur-compositeur et chanteur français.

**basic** *nm* INFORM Langage de programmation. ETY Acronyme de l'angl. *Beginner's All purpose Symbolic Instruction Code*, « code d'instructions symboliques à usage universel destiné aux débutants ».

**basicité** *nf* CHIM Caractère basique.

**baside** *nf* BOT Cellule sporifère, en forme de massue, caractéristique des basidiomycètes.

**basidiomycète** *nm* BOT Champignon dont la classe se caractérise par la possession de basides et comprend la majorité des champignons communs et certains parasites des végétaux.

**Basie William Bill,** dit **Count** (Red Bank, New Jersey, 1904 – Hollywood, 1984), pianiste, compositeur et chef d'orchestre américain de jazz, l'un des maîtres du « swing ».

**Basildon** v. d'Angleterre (comté d'Essex), à l'E. de Londres ; 157 500 hab.

**Basile le Grand (saint)** (Césarée de Cappadoce, 329 – id., 379), Père et docteur de l'Église, évêque de Césarée (370). Il combattit l'arianisme. Son néo-platonisme a marqué l'Église byzantine.

**Basile Ier le Macédonien** (Andrinople, v. 812 – ?, 886), empereur byzantin (867-886), instigateur des Basiliques. — **Basile II le Bulgaroctone** (« tueur de Bulgares ») (957 – 1025), empereur (963-1025), porta l'Empire à son apogée.

**basileus** *nm* HIST Titre du roi de Perse dans l'Antiquité, jusqu'à la conquête arabe, puis de l'empereur byzantin. PHO [baziløs]

**1 basilic** *nm* **1** ZOOL Saurien arboricole d'Amérique tropicale à crête dorsale très développée. **2** MYTH Serpent fabuleux dont le regard passait pour être mortel. ETY Du gr. *basiliskos*, « petit roi ».

**2 basilic** *nm* Plante aromatique (labiée), employée comme condiment. ETY Du gr. *basilikon*, « royal ».

**basilical, ale** *a* ARCHI Propre à une basilique, à son plan. PLUR basilicaux.

**Basilicate** région admin. d'Italie mérid. et région de l'UE, formée des prov. de Potenza et de Matera ; 9 992 km$^2$ ; 660 220 hab. ; capitale *Potenza*.

**basilique** *nf* **1** ANTIQ Édifice rectangulaire aux vastes proportions, souvent terminé par un hémicycle à l'une de ses extrémités, qui servait de tribunal, de bourse de commerce, de lieu de négoce et de promenade. **2** Église chrétienne construite sur le plan des basiliques. **3** Chacune des quatre grandes églises papales de la ville de Rome. *La basilique Saint-Pierre de Rome.* **4** Titre concédé par le pape à certaines grandes églises hors Rome. ETY Du gr. *basilikê*, « royale ».

**Basiliques (les)** recueil des lois de l'Empire byzantin, en 60 livres, entrepris sous Basile Ier et publié en 887 par son fils Léon VI.

**basin** *nm* Tissu de lin et de coton. ETY De l'ital.

**Basin Thomas** (Caudebec, 1412 – Utrecht, 1491), prélat français, historiographe de Charles VII et de Louis XI.

**1 basique** *a* CHIM Qui possède les caractères de la fonction base, qui peut fixer des ions $H^+$ en solution. *Sel basique, oxyde basique.* LOC GEOL ***Roche basique*** : roche éruptive contenant peu de silice.

**2 basique** *a, nm* **A** *a* **1** Fondamental, élémentaire, de base. *Français basique.* **2** Réduit au minimum, rudimentaire. *Équipement basique.* **B** *nm* Vêtement présent dans toute garde-robe. DER **basiquement** *av*

**basisme** *nm* Dans un parti, un syndicat, fait de s'appuyer sur les militants de la base. DER **basiste** *a, n*

**bas-jointé, ée** *a* LOC ***Cheval bas-jointé*** : Dont le paturon est très incliné vers l'horizontale.

**basket** *nf* Chaussure de sport à lacet, montante et antidérapante. LOC fam ***Être bien dans ses baskets*** : être décontracté, confiant. PHO [basket]

**basket-ball** *nm* Sport opposant deux équipes de cinq joueurs et consistant à faire pénétrer un ballon dans le panier de l'équipe adverse. PLUR basket-balls. PHO [basketbol] ETY Mot amér., « balle au panier ». VAR **basketball** ou **basket** DER **basketteur, euse** *n* ▶ pl **sport**

**BASM** *nf* Sigle de *bombe à sous-munitions*.

**basmati** *nm* Variété de riz à grains longs, cultivé dans le nord de l'Inde.

**basocellulaire** *a* MED Se dit d'un cancer de la peau se manifestant par une légère ulcération, surtout au niveau des mains et du visage.

**basoche** *nf* **1** HIST Association des clercs du parlement, au Moyen Âge. **2** vieilli, fam, péjor Ensemble des gens de justice et de loi. DER **basochien, enne** *a, n*

**basommatophore** *nm* ZOOL Mollusque gastéropode pulmoné aquatique dont les yeux ne sont pas pédonculés, tel que la limnée, la planorbe, par opposition au stylommatophore. ETY Du gr. *basis*, « base », et *omma*, « œil ».

**basophilie** *nf* BIOCHIM Affinité pour les colorants basiques. DER **basophile** *a*

**Basov Nikolaï Guennadievitch** (Ousman, près de Voronej, 1922 - 2001), physicien russe, à l'origine du laser. P. Nobel 1964.

**basquaise** *nf* **1** Du Pays basque. **2** Cuit avec du jambon de Bayonne, du piment doux et des tomates. *Poulet à la basquaise.*

**basque** *nm* Langue non indo-européenne que parlent les Basques. ETY Du lat.

**basque (Pays)** rég. des Pyrénées occid., divisée entre l'Espagne et la France. Le *Pays basque espagnol*, 7 261 km$^2$, 2 191 100 hab., cap. *Vitoria*, communauté autonome depuis 1979, est une région de l'UE, comprenant les prov. de Guipúzcoa, d'Álava, de Biscaye et une partie de la Navarre. Le *Pays basque français* occupe une partie du dép. des Pyrénées-Atlantiques. DER **basque** *a, n*

**Géographie** Très montagneux, le Pays basque a une agric. assez développée et, en Espagne, une industr. forte grâce au sous-sol (plomb, zinc, fer). Les ports sont import. : Bayonne, Bilbao. Le tourisme est florissant.

**Histoire** Le pays perdit son unité vers le XIe s. Les frontières actuelles furent fixées en 1659 (traité des Pyrénées). En 1936, les prov. basques esp. formèrent un État auton. (Euzkadi), supprimé par les franquistes. Fondé en 1959, l'ETA (*Euzkadi ta Askatasuna* : « le Pays basque et sa liberté ») a mené après 1968 des actions violentes. Une organisation terroriste (Iparretarak) est apparue en France vers 1980.

**basques** *nfpl* Pans de vêtement qui partent de la taille. *Redingote à longues basques.* LOC fam ***Être pendu aux basques de qqn*** : ne pas le quitter ; l'importuner. ETY De l'ital. *basta*, « troussis ».

**Basquiat Jean-Michel** (New York, 1960 – id., 1988), peintre américain d'origine antillaise. De ses débuts de tagueur, il garde un primitivisme exacerbé et un style qui l'apparente au pop-art.

**basquine** *nf* Jupe ample, à plis et richement brodée, des femmes basques. ETY De l'esp.

**Basra** → **Bassorah.**

**basket-ball** Shaquille O'Neal

**bas-relief** *nm* Sculpture faisant peu saillie par rapport au bloc qui lui sert de support. PLUR bas-reliefs.

**Bas-Rhin** → **Rhin (Bas-).**

**Bass (détroit de)** détroit qui sépare l'Australie de la Tasmanie (200 km de large).

**Bassæ** site archéologique grec (Arcadie) : vestiges d'un temple d'Apollon construit en 420-417 av. J.-C. par Ictinos.

**Bas-Saint-Laurent** rég. admin. du Québec, à l'O. de la Gaspésie ; 216 050 hab. V. princ. : Rimouski.

**Bassani Giovanni Battista** (Padoue, v. 1657 – Bergame, 1716), compositeur et organiste italien : oratorios, cantates.

**Bassani Giorgio** (Bologne, 1916 – Rome, 2000), poète, essayiste et romancier italien : *le Jardin des Finzi-Contini* (1962).

**Bassano Jacopo da Ponte,** dit (Bassano, vers 1510 – id., 1592), peintre italien. Son réalisme utilise des effets lumineux. — **Francesco** (Bassano, 1549 – Venise, 1592) et **Leandro** (Bassano, 1557 – Venise, 1622), ses fils, reprirent ses thèmes pastoraux.

**Bassari (monts)** contreforts du Fouta-Djalon, dans le S.-E. du Sénégal ; alt. 581 m.

**1 basse** *nf* MUS **A 1** Partie la plus grave d'un morceau. **2** Chanteur capable de chanter ces parties. *Chaliapine fut une célèbre basse.* **3** Instrument de musique (à vent ou à cordes) correspondant à la voix de basse. **4** En jazz, la contrebasse ; en musique rock, la guitare basse. **B** *nfpl* Grosses cordes de certains instruments. LOC ***Basse chantante*** : syn. de *basse-taille.* — ***Basse continue*** : basse notée indépendamment du chant, qui servait, dans la musique ancienne, de support aux accords des différentes voix, et qui donna naissance à la *basse chiffrée*, ancêtre de la notation musicale moderne. — ***Voix de basse*** : voix apte à chanter les parties basses. ETY De l'ital.

**2 basse** *nf* MAR Fond rocheux suffisamment profond pour ne jamais découvrir, mais où la mer brise aux grandes marées. ETY De *bas*.

**Basse-Autriche** → **Autriche.**

**basse-cour** *nf* Cour, loges et petits bâtiments d'une exploitation rurale, où l'on élève la volaille et les lapins ; ensemble de ces animaux. PLUR basses-cours. VAR **bassecour**

**basse-fosse** *nf* Cachot souterrain des anciens châteaux forts. PLUR basses-fosses.

**Bassein** v. de Birmanie, ch.-l. de la province d'Irrawaddy ; 144 090 hab. Teck ; riz.

**bassement** *av* D'une manière vile.

**Basse-Normandie** → **Normandie (Basse-).**

**bassesse** *nf* **1** Dégradation morale, absence de fierté. *Bassesse de sentiments.* **2** Action vile.

**basset** *nm* Chien aux pattes très courtes, le plus souvent torses.

**basse-taille** *nf* MUS Voix de basse chantante, située entre le baryton et la basse ; chanteur qui possède cette voix. PLUR basses-tailles. VAR **bassetaille**

**Basseterre** cap. de Saint-Kitts-et-Nevis ; 15 000 hab. DER **basseterrien, enne** *a, n*

**Basse-Terre** ch.-l. du dép. de la Guadeloupe, sur la côte O. de l'*île de Basse-Terre* (842 km$^2$) ; 12 410 habitants (aggl.). – Évêché de Basse-Terre et de Pointe-à-Pitre. DER **basse-terrien, enne** *a, n*

**bassier, ère** *n* Pêcheur qui exerce son activité à pied, à marée basse.

**Bassigny** rég. d'élevage de la haute Meuse, qui se prolonge dans les dép. de la Hte-Marne et des Vosges.

**bassin** *nm* **1** Grand plat creux, généralement rond ou ovale. *Bassin de bronze, de porcelaine.* **2** Pièce d'eau aménagée, dans un parc ou un jardin. **3** MAR Plan d'eau d'un port, bordé de quais. *Bassin ouvert.* SYN darse. **4** Zone géographique concernée par une activité économique. *Bassin d'emploi. Bassin d'audience d'un média.* **5** Territoire dont les eaux de ruissellement vont se concentrer dans une mer, un océan, un fleuve ou un lac. **6** ANAT Structure osseuse en forme de ceinture, qui constitue la base du tronc, et où s'attachent les membres inférieurs, chez les mammifères supérieurs et chez l'homme. **7** Région dont le sous-sol contient un vaste gisement de minerais. *Bassin houiller, minier.* LOC ***Bassin d'effondrement*** : zone affaissée d'un socle, limitée par des failles. SYN fossé, limagne. — ***Bassin de radoub*** : cale sèche. — ***Bassin sédimentaire*** : région en cuvette d'un socle où la sédimentation s'est effectuée en couches continues et relativement régulières, ce qui les fait affleurer en auréoles concentriques. — ***Petit bassin*** : partie inférieure du bassin, étroite, au niveau de laquelle se trouvent le rectum et les organes génito-urinaires. ETY Du lat. *baccinus*, « qui forme récipient ».

**bassine** *nf* Grande cuvette servant à divers usages domestiques ; son contenu. *Une bassine d'eau.*

**bassiner** *vt* ① **1** anc Chauffer avec une bassinoire. **2** Humecter, arroser légèrement. **3** fam Lasser, ennuyer.

**bassinet** *nm* **1** vx Petite bassine, petit bassin. **2** HIST Calotte de fer placée sous le casque, au Moyen Âge ; casque du XIV^e s., arrondi, à visière mobile. **3** ANAT Cavité située dans le hile rénal où se collectent les urines venant des calices. LOC fam ***Cracher au bassinet*** : contribuer à une dépense, en général à contrecœur.

**bassinoire** *nf* anc Bassin de métal muni d'un manche et d'un couvercle percé de trous, rempli de braises, que l'on passait dans un lit pour le chauffer.

**Bassin rouge** rég. de la Chine centrale (Sichuan), traversée par le Yangzijiang. Des grès rouges la recouvrent. Riche région agricole très peuplée.

**bassin-versant** *nm* GEOGR Ensemble des pentes du bassin d'un cours d'eau. PLUR bassins-versants.

**bassiste** *nm* Musicien qui joue du violoncelle (musique classique), de la contrebasse (jazz), de la guitare basse (rock).

**Bassompierre François de** (Haroué, Lorraine, 1579 – Provins, 1646), maréchal et diplomate français, emprisonné par Richelieu à la Bastille (1631-1643), auteur d'un *Journal de ma vie* (posth., 1665).

**basson** *nm* **1** MUS Instrument à vent, en bois et à anche double, la basse de la famille des bois. **2** Syn. de *bassoniste*. ▶ pl. **musique**

**bassoniste** *n* Musicien joueur de basson.

**Bassorah** princ. port d'Irak, sur le Chatt al-Arab ; ch.-l. du gouvernorat du m. nom. ; 600 000 hab. Industries. VAR **Basra**

**basta !** *interj* fam Marque l'irritation ou la lassitude. *Basta ! Laisse tomber.* ETY De l'ital. VAR litt **baste !**

**bastaing** *nm* CONSTR Madrier, planche en résineux. PHO [bastɛ̃] ETY De *bâtir*. VAR **basting**

**bastaque** *nf* MAR Hauban mobile qui retient le mât, depuis la hanche arrière, du côté du vent. ETY Du néerl. VAR **bastague**

**Bastet** déesse chatte de l'ancienne Égypte, vénérée à Bubastis.

**Bastia** ch.-l. du dép. de la Hte-Corse, au N.-E. de l'île ; 44 273 hab. Port de comm. Aéroport (*Poretta*). – Industries. Tourisme. – Citadelle (XV^e s.), égl. (XVII^e-XVIII^e s.). DER **bastiais, aise** *a, n*

**Bastiat Frédéric** (Bayonne, 1801 – Rome, 1850), économiste français, adepte du libéralisme.

**bastide** *nf* **1** HIST Au Moyen Âge, ouvrage de fortification ; ville fortifiée de fondation seigneuriale, royale ou abbatiale. **2** En Provence, maison de campagne. ETY Du provenç. *bastida*, « bâtie ».

**bastidon** *nm* Petite bastide, maisonnette.

**Bastié Maryse** (Limoges, 1898 – Lyon, 1952), aviatrice française : nombr. records ; traversée en solitaire de l'Atlantique Sud (1936).

**bastille** *nf* **1** Au Moyen Âge, ouvrage de fortification détaché en avant d'une enceinte ou faisant corps avec elle. **2** litt Symbole du pouvoir arbitraire en référence à la Bastille, ancienne prison d'État parisienne. ETY Altér. de *bastide*.

la **Bastille** lors des combats de 1789 et le plan du château

**Bastille (la)** château fort (1370-1382), à Paris, sur la place de la Bastille actuelle et au début de la rue Saint-Antoine. Richelieu transforma en prison d'État la Bastille, qui symbolisa l'arbitraire royal. Pendant les états généraux de 1789, quand le tiers état et le roi s'affrontèrent, les émeutiers parisiens prirent d'assaut la Bastille, le 14 juillet 1789. La démolition fut achevée en 1790. En ce qui concerne la *colonne de la Bastille*, V. Juillet (colonne de).

**basting** → **bastaing.**

**bastingage** *nm* MAR Garde-corps. ETY Du provenç. *bastingo*, « toile bâtie, matelassée ».

**bastion** *nm* **1** MILIT Ouvrage fortifié formant saillie. **2** fig Solide point de résistance. *Un pays bastion de l'intolérance.* ETY De *bastille*.

**Bastogne** ville de Belgique (Luxembourg) ; 11 390 hab. Industr. alim. – En déc. 1944, les Américains y résistèrent à l'encerclement all.

**baston** *nm, nf* **1** pop Bagarre. **2** MAR fam Très gros temps.

**bastonnade** *nf* Coups de bâton. *La bastonnade joue un grand rôle dans certaines farces de Molière.* ETY De l'ital.

**bastonner** *v* ① **A** *vt* Infliger une bastonnade à qq. **B** *vi* MAR fam Faire un temps de tempête. **C** *vpr* très fam Se bagarrer, se battre.

**bastos** *nf* fam Balle d'arme à feu. ETY Du n. d'une marque de cigarettes.

**bastringue** *nm* **1** fam Tapage, vacarme. **2** fam Chose quelconque. SYN machin, truc.

**Basutoland** → **Lesotho.**

**bas-ventre** *nm* Partie inférieure du ventre. PLUR bas-ventres.

**bât** *nm* Harnachement des bêtes de somme pour le transport des fardeaux. *Un bât de mulet.* LOC ***C'est là que le bât blesse*** : voilà le point sensible, la cause de préoccupation. ETY Du gr.

**Bata Tomáš** (Zlín, 1876 – Otrokovice, 1932), industriel tchèque. Fondateur d'une manufacture de chaussures à Zlín, puis dans le monde, il appliqua la gestion participative.

**bataclan** *nm* fam Attirail embarrassant. LOC ***Et tout le bataclan*** : et tout le reste. ETY Onomat.

**bataille** *nf* **1** Combat général entre deux armées, deux flottes, deux forces aériennes. **2** Combat violent. *Bataille de chats. Bataille d'idées.* **3** Jeu de cartes très simple qui se joue à deux. LOC ***En bataille*** : en désordre. — ***Ordre de bataille*** : liste et implantation des unités constituant une armée qui livre bataille. — ***Troupes en bataille*** : déployées pour le combat. ETY Du lat. *battalia*, « escrime ».

**Bataille Nicolas** (fin XIV^e s.), tapissier français : *l'Apocalypse* (Angers).

**Bataille Henry** (Nîmes, 1872 – Rueil-Malmaison, 1922), auteur dramatique français : *la Lépreuse* (1897), *Maman Colibri* (1904).

**Bataille Georges** (Billom, Puy-de-Dôme, 1897 – Orléans, 1962), écrivain français. Il définit l'expérience de l'érotisme et de la mort : *Histoire de l'œil* (1928), *Madame Edwarda* (1937), *la Somme athéologique* (1943-1944), *la Part maudite* (1949), *le Bleu du ciel* (1957).

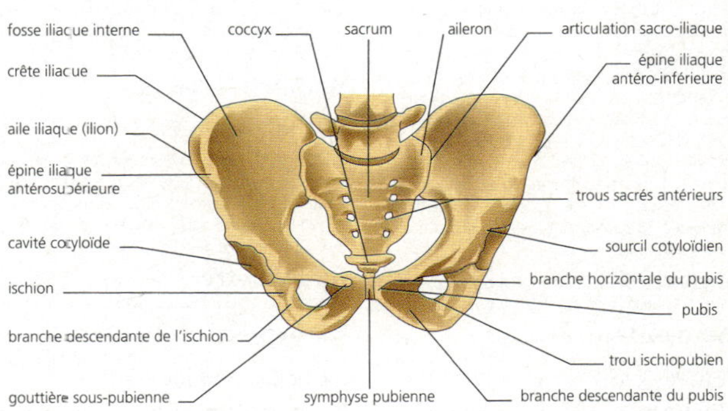


**bassin**

**Bataille de San Romano (la)** composition d'Uccello exécutée v. 1456 sur 3 panneaux (auj., aux Offices, à la National Gallery et au Louvre).

**Bataille du rail (la)** film de R. Clément (1945).

**batailler** *vi* ① **1** Discuter avec chaleur, avec âpreté. **2** fam Mener une lutte incessante. *Batailler pour faire fortune.* DER **batailleur, euse** *a*

**bataillon** *nm* **1** Subdivision d'un régiment d'infanterie, groupant plusieurs compagnies. **2** fig, fam Troupe nombreuse et peu disciplinée. LOC fam ***Inconnu au bataillon*** : complètement inconnu. ETY De l'ital.

**Bataks** population de Sumatra, célèbre pour son architecture en bois et son art du tissage ; 4 millions de personnes (musulmanes et chrétiennes). DER **batak** *a*

**Batalha** ville du Portugal (Estrémadure) ; 7 000 hab. – Monastère dominicain (XIV$^e$-XVI$^e$ s.), chef-d'œuvre gothique.

**bâtard, arde** *a, n* **A 1** Se dit d'un enfant illégitime. **2** Qui n'est pas d'une variété, d'une race pure. *Lévrier bâtard.* **B** *a* **1** fig Qui est le résultat d'un mélange de genres. *Architecture d'un style bâtard.* **2** péjor Qui tient le milieu entre deux autres choses. *Cette affaire s'est terminée par une solution bâtarde.* **C** *nm* Pain court. **D** *nf* Écriture intermédiaire entre l'anglaise et la ronde.

**batardeau** *nm* TRAV PUB Ensemble de cloisons destinées à retenir ou à détourner les eaux afin de pouvoir exécuter certains travaux au sec. ETY De l'a. fr. *bastart*, « digue ».

**bâtardise** *nf* État de celui qui est bâtard. *La bâtardise est signalée sur les anciennes armoiries par une brisure particulière.*

**batave** *a, n* fam Des Pays-Bas.

**batave (République)** république créée par la Convention en mai 1795. En 1806, Napoléon I$^{er}$ la transforma en royaume de Hollande.

**Bataves** ancien peuple germanique établi à l'embouchure du Rhin.

**batavia** *nf* BOT Variété de laitue.

**Batavia** → **Djarkata.**

**batayole** *nf* MAR Montant en fer servant de garde-corps ou de support de bastingage. ETY De l'ital.

**bat' d'Af** *nm pl* Abrév. de *bataillons d'Afrique*, anciens bataillons disciplinaires formés de jeunes délinquants.

**bateau** *nm, a* **A** *nm* **1** Nom générique des engins conçus pour naviguer. *Bateau à voile, à moteur.* **2** MAR Embarcation de faible tonnage (par oppos. à *navire*). **3** DR Engin de rivière (par oppos. à *navire*, engin de mer). **4** Abaissement de la bordure d'un trottoir devant une porte cochère. *Le stationnement est interdit le long d'un bateau.* **5** Plaisanterie, supercherie. *Monter un bateau à qqn.* **B** *a inv* fam Banal, rebattu. *Des plaisanteries bateau.* LOC ***Être du même bateau*** : de la même coterie, du même bord. — fam ***Mener quelqu'un en bateau*** : lui en faire accroire. ETY De l'a. angl. *bât.*

**bateau-citerne** *nm* Bateau aménagé pour le transport des liquides. PLUR bateaux-citernes.

**bateau-feu** *nm* Bateau fixe ou ponton portant un phare pour signaler un haut-fond dangereux. PLUR bateaux-feux.

**Bateau ivre (le)** poème de Rimbaud, écrit en sept. 1871 et publié en 1883.

**bateau-lavoir** *nm* anc Ponton installé au bord d'un cours d'eau pour laver le linge. PLUR bateaux-lavoirs.

**Bateau-Lavoir (le)** ancien immeuble de Montmartre où vécurent, au début du XX$^e$ siècle, Picasso, Juan Gris, Max Jacob, etc. Détruit par un incendie en 1970.

**bateau-mouche** *nm* Bateau de promenade sur la Seine à Paris. PLUR bateaux-mouches.

**bateau-pilote** *nm* Bateau qui assure un service de pilotage pour les navires. PLUR bateaux-pilotes.

**bateau-pompe** *nm* Bateau pourvu de pompes à incendie. PLUR bateaux-pompes.

**batée** *nf* Récipient pour le lavage des sables aurifères.

**Batékés** ethnie des deux républiques du Congo, de langue bantoue. VAR **Tékés**

**batelage** *nm* **1** Action de bateler **2** Salaire du batelier.

**bateler** *vt* ⑰ ou ⑲ Charger et transporter par bateau.

**bateleur, euse** *n* vieilli Personne qui, en plein air, amuse le public par des tours d'adresse, de passe-passe, mêlés de pitreries.

**batelier, ère** *n* Personne dont le métier est de conduire les bateaux sur les cours d'eau. SYN marinier.

**batellerie** *nf* Ensemble des bateaux assurant le transport fluvial ; industrie relative à ces transports.

**bâter** *vt* ① Munir d'un bât une bête de somme. LOC ***Âne bâté*** : homme très ignorant.

**Bateson Gregory** (Cambridge, G.-B., 1904 – San Francisco, 1980), anthropologue américain qui appliqua à la psychiatrie les concepts de la théorie de la communication.

**bat-flanc** *nm* **1** Planche de séparation entre deux chevaux dans une écurie. **2** Lit de planches dans une prison, une caserne, etc. PLUR bat-flancs ou bat-flanc.

**Bath** v. d'Angleterre, sur l'*Avon* ; 79 900 hab. Centre cult. (festival de musique).

**Bàth** → **Baas.**

**Bathilde (sainte)** (635 – Chelles, 680), reine des Francs. Épouse de Clovis II, régente du royaume pendant la minorité de Clotaire III.

**batholite** *nm* GEOL Affleurement granitique massif, contenant souvent des enclaves sédimentaires de même nature que les terrains sédimentaires avoisinants.

**bathonien, enne** *a, nm* GEOL Se dit de l'étage supérieur du jurassique moyen. ETY Du n. pr. *Bath.*

**Báthory** ancienne famille princière de Transylvanie. — **Élisabeth** dite **la Goule** (v. 1560-1614), aurait fait, un jour, égorger 80 jeunes paysannes pour se baigner dans leur sang. Arrêtée en 1610. VAR **Báthori**

**Bathurst** → **Banjul.**

**bathy-** Élément, du gr. *bathus*, « profond ».

**bathyal, ale** *a* OCEANOGR Se dit des fonds océaniques compris entre 300 et 3 000 m de profondeur, et correspondant à peu près au talus continental et aux fonds en pente douce qui lui font suite. PLUR bathyaux. PHO [batjal, o]

**bathymètre** *nm* Gravimètre utilisé pour mesurer les profondeurs marines.

**bathymétrie** *nf* Mesure, par échosondage, de la profondeur des océans, des lacs. DER **bathymétrique** *a*

**bathypélagique** *nm* OCEANOGR Se dit des eaux libres océaniques de la zone bathyale.

**bathyscaphe** *nm* Appareil autonome pour l'exploration des grandes profondeurs marines. ETY Du gr. *scaphê*, « barque ».

**bathysphère** *nf* Sphère d'acier suspendue à un câble porteur, pour l'exploration des grandes profondeurs marines.

**1 bâti, ie** *a* **1** Constitué, construit de telle ou telle manière. *Une maison mal bâtie.* **2** Sur quoi on a édifié un bâtiment. *Terrain bâti.* **3** fig Proportionné. *Il est bien (mal) bâti.*

**2 bâti** *nm* **1** Cadre d'une porte ou d'une croisée. *Bâti dormant.* **2** Support sur lequel sont fixées les pièces d'une machine. **3** Assemblage provisoire des pièces d'un vêtement avant couture.

**batifoler** *vi* ① fam Jouer en manifestant de la joie ou en s'amusant à des futilités. ETY De l'ital. *battifolle*, « boulevard où l'on s'amuse ». DER **batifolage** *nm* – **batifoleur, euse** *n*

**Batignolles (les)** hameau, puis com. (1830), incorporé à Paris en 1860 (XVII$^e$ arr.).

**batik** *nm* Procédé de décoration consistant à masquer certaines zones d'un tissu avec de la cire pour empêcher leur imprégnation par la teinture ; tissu obtenu par ce procédé. ETY Mot javanais.

**bâtiment** *nm* **1** Construction destinée à l'habitation. *Corps de bâtiment.* **2** Ensemble des corps de métiers qui concourent à la construction. **3** Bateau ou navire de grand tonnage.

**bâtir** *vt* ③ **1** Construire, édifier. *Bâtir une maison.* **2** fig Établir, fonder. *Bâtir sa fortune.* **3** Assembler à grands points les parties d'un vêtement. *Bâtir un chemisier.* ETY Du frq. *bastjan*, « assembler avec de l'écorce ». DER **bâtissable** *a*

**bâtisse** *nf* Grand bâtiment sans caractère.

**bâtisseur, euse** *n* **1** Personne qui fait construire de nombreux bâtiments. *Louis XIV fut un grand bâtisseur.* **2** fig Fondateur. *Lyautey, bâtisseur d'empires.*

**Batista y Zaldívar Fulgencio** (Banes, 1901 – Marbella, Espagne, 1973), militaire et homme politique cubain. Président de la Rép. (1940-1944), dictateur après un coup d'État (1952), il fut renversé par F. Castro (1959).

**batiste** *nf* Toile de lin d'un tissu très fin et serré.

**Batleïtouse** → **Balaïtous.**

**Batman** (« homme chauve-souris »), personnage de bande dessinée, inventé par Bob Kane (1916 – 1998) en 1939.

**Batna** ville d'Algérie, au nord de l'Aurès ; 184 830 hab. ; ch.-l. de la wilaya.

**bâton** *nm* **1** Morceau de bois long et mince, souvent fait d'une branche d'arbre. **2** Objet en forme de bâtonnet. *Un bâton de colle.* **3** Trait, barre que fait un enfant qui apprend à écrire, à compter. **4** fam Un million de centimes. LOC ***Bâton de maréchal*** : insigne de la dignité de maréchal de France ; fig summum de la réussite. — ***Bâton de pluie*** : instrument à percussion constitué d'un tube creux contenant des petits cailloux qui s'entrechoquent quand on l'agite. — ***Bâton de vieillesse*** : personne qui assiste une personne âgée. — ***Bâton du diable*** : nom cour. d'un phasme. — ***Mettre des bâtons dans les roues*** : créer des difficultés. — ***Parler à bâtons rompus*** : en changeant fréquemment de sujet. — ***Prendre son bâton de pèlerin*** : aller en divers lieux pour promouvoir une idée. ETY Du lat. *bastare*, « porter ».

**bâtonnage** *nm* Remise en suspension des lies effectuée périodiquement lors de l'élevage de certains vins blancs.

**bâtonnat** *nm* Fonction d'un bâtonnier de l'ordre des avocats ; durée de sa fonction.

**bâtonner** *vt* ① Frapper à coups de bâton.

**bâtonnet** *nm* **1** Petit bâton. **2** ANAT Cellules nerveuses photoréceptrices de la rétine, responsables de la vision scotopique et de la vision en noir et blanc.

**bâtonnier, ère** *n* Représentant de l'ordre des avocats d'un barreau, élu tous les deux ans par ses confrères et présidant le conseil de l'ordre.

**Baton Rouge** v. des É.-U., cap. de la Louisiane, sur le bas Mississippi ; 538 000 hab. (aggl.). Pétrochimie.

**Batoumi** v. de Géorgie ; 132 000 hab. ; cap. de la rép. auton. d'Adjarie. Port pétrolier sur la mer Noire. (VAR) **Batoum**

**batracien** *nm* vieilli Syn. de *amphibien*.

**battage** *nm* **1** Action de battre. *Battage des tapis.* **2** fig, fam Publicité tapageuse et excessive. **3** AGRIC Séparation des graines de certaines plantes de leur épi ou de leur tige. **4** METALL Martelage des lames d'or pour les réduire en feuilles très minces. **5** TRAV PUBL Enfoncement de pieux dans un terrain peu résistant.

**Battambang** v. du Cambodge, à l'O. du Tonlé Sap ; 60 000 hab. Chef-lieu de prov.

**battance** *nf* AGRIC Dégradation par la pluie de la structure ou de la porosité d'un sol.

**Battani (al-)** (Harran, 858 – près de Sammara, Irak, 929), astronome arabe. Il améliora, grace à la trigonométrie, les méthodes géométriques de Ptolémée (saisons, équinoxes, inclinaison de l'écliptique). Il a laissé un traité d'astronomie le *Zidj*.

**1 battant, ante** *a* Qui bat. LOC ***Pluie battante :*** abondante et violente. — ***Porte battante :*** qui se referme d'elle-même. — ***Tambour battant :*** avec célérité et autorité.

**2 battant** *nm* **1** Marteau intérieur d'une cloche. **2** Vantail d'une porte ou d'une fenêtre. **3** MAR Dimension horizontale d'un pavillon, qui bat au vent (par oppos. à *guindant*).

**3 battant, ante** *n* Personne énergique, qui aime à combattre.

**batte** *nf* **1** TECH Action de battre l'or ou l'argent pour le réduire en feuilles très minces. **2** Maillet de bois plat, à long manche. **3** Sabre de bois de certains personnages de comédie (Arlequin notam.). **4** SPORT Bâton à bout renflé qui sert à renvoyer la balle au base-ball, au cricket.

**battement** *nm* **1** Choc, bruit que produit ce qui bat ; mouvement de ce qui bat. *Battement d'ailes.* **2** PHYS Oscillation d'amplitude due à l'interférence de deux ondes de fréquences voisines. *Le phénomène de battement est utilisé en radio pour obtenir la moyenne fréquence.* **3** Pulsation du cœur et des vaisseaux sanguins. **4** Intervalle de temps, délai. *Une heure de battement entre deux séances.* **5** Pièce contre laquelle s'applique le battant d'une porte ; pièce d'arrêt pour les persiennes.

**Battenberg** Alexandre de (Vérone, 1857 – Graz, 1893), premier prince de Bulgarie (1879-1887). Il abdiqua.

**batterie** *nf* **1** MILIT Subdivision d'un groupe d'artillerie ; matériel composant l'armement de cette unité. **2** Ensemble d'objets du même type se complétant dans leur usage. *Batterie de cuisine.* **3** didac Série ordonnée de questions, de tests, etc. **4** ELECTR Ensemble de piles, d'accumulateurs, de condensateurs associés en série ou en parallèle. *Batterie d'une voiture.* **5** MUS Nom collectif des instruments de percussion dans l'orchestre. **6** Formule rythmique, ponctuant la vie militaire, exécutée sur le tambour. **7** Figure musicale formée d'accords brisés ou arpégés, répétée pendant plusieurs temps ou plusieurs mesures. **8** Méthode d'élevage industriel en cages (poules) ou en box (veaux). LOC ***Changer ses batteries :*** modifier ses projets. — MILIT ***Mettre en batterie :*** disposer pour le tir. — ***Recharger ses batteries :*** reprendre des forces.

**batteur, euse** *n* **A 1** Personne qui effectue le battage des céréales, des métaux. **2** Musicien qui joue de la batterie dans un orchestre. **3** Au base-ball, au cricket, joueur qui renvoie, avec une batte, la balle envoyée par le lanceur. **B** *nm* **1** Instrument ménager pour battre les œufs, la crème, etc. **2** Dans une batteuse, pièce cylindrique tournant à très grande vitesse, garnie de battes qui frappent les épis pour en détacher les grains.

**batteuse** *nf* **1** Machine transformant les métaux en feuilles par martelage. **2** Machine servant à séparer les grains de la balle et de la paille.

**Batthyány** Lajos (Presbourg, 1806 – Pest, 1849), homme polit. hongrois. Président du Conseil en 1848, il fut fusillé après l'échec de la révolution hongroise.

**battiture** *nf* Parcelle d'oxyde qui s'échappe pendant le cinglage ou le forgeage d'un métal. (ETY) De *battre*.

**battle-dress** *nminv* MILIT Tenue de combat à veste courte. (PHO) [batəldʀɛs] (ETY) Mot angl.

**battoir** *nm* **1** Instrument qui sert à battre le linge. **2** fig, fam Main grosse et large.

**battre** v61 **A** *vt* **1** Donner des coups à, frapper un être vivant. **2** Vaincre, avoir le dessus sur qqn, un groupe. *Il a battu tous les candidats.* **3** Donner des coups sur qqch avec un instrument. *Battre le fer sur l'enclume.* **4** Remuer, mêler en frappant à petits coups. *Battre des œufs en neige.* **5** Parcourir en tous sens. *Battre la région pour retrouver un criminel.* **B** *vpr* Combattre, lutter. *Se battre pour obtenir une augmentation de salaire.* **C** *vi* **1** Être animé de mouvements répétés. *Cœur qui bat.* **2** Agiter une partie du corps de façon répétée. *Battre des paupières.* LOC ***Battre de l'aile :*** aller mal, être instable. — ***Battre en retraite :*** céder, se retirer. — ***Battre froid à qqn :*** être inamical avec lui. — ***Battre la campagne :*** laisser errer son imagination ; déraisonner, divaguer. — ***Battre la mesure :*** indiquer la cadence, le rythme. — ***Battre la semelle :*** frapper le sol avec chaque pied alternativement ; attendre qqn. — ***Battre le fer quand il est chaud :*** profiter sans tarder de l'occasion qui se présente. — ***Battre le pavé :*** le fouler en marchant ; fig errer. — ***Battre le rappel :*** appeler les gens pour les rassembler. — MAR ***Battre pavillon :*** arborer au mât un pavillon de nationalité. — ***Battre son plein :*** être en pleine activité. (ETY) Du lat.

**battu, ue** *a* **1** Défait, vaincu. *Armée, équipe battue.* **2** Qui a reçu des coups. *Un chien battu.* **3** Foulé, tassé. *Terre battue.* **4** fig Fatigué. *Avoir une mine battue.* LOC CHOREGR ***Pas, jeté battu :*** accompagné de battements des jambes. — ***Suivre les sentiers battus :*** agir comme tout le monde, sans originalité.

**battue** *nf* Action de battre le terrain pour en faire sortir le gibier et le rabattre vers les chasseurs, pour rechercher qqn.

**batture** *nf* Canada Portion du littoral découverte à marée basse.

**Bātū khān** (v. 1204 – 1255), petit-fils de Gengis khān. Khān de la Horde d'Or (1241-1245), il conquit la Russie, l'Ukraine et la Pologne.

**Baty** Gaston (Pélussin, Loire, 1885 – id., 1952), directeur de théâtre et metteur en scène français.

**Batz (île de)** île de la Manche et com. du Finistère (*Île-de-Batz ;* arr. de Morlaix). (DER) **batzien, enne** *a, n*

**bau** *nm* MAR La plus grande largeur d'un navire. PLUR baux. (ETY) Du frq.

**BAU** *nf* Abrév. de *bande d'arrêt d'urgence.* (PHO) [beay]

**Bauchant** André (Château-Renault, 1873 – Montoire, 1958), peintre français naïf.

**Baucher** François (Versailles, 1796 – Paris, 1873), écuyer français. Auteur d'une méthode d'équitation, toujours appliquée.

**baud** *nm* TELECOM Unité de vitesse de modulation en télégraphie et en téléinformatique.

**Baudelaire** Charles (Paris, 1821 – id., 1867), poète français. Partagé entre « l'horreur et l'extase de la vie », entre le péché et la pureté, il annonce le symbolisme. La publication, en 1857, des *Fleurs du mal* (son unique recueil de vers) lui valut un procès. Il a écrit des chroniques littéraires et artistiques (*Curiosités esthétiques*, *l'Art romantique*, posth., 1868), des poèmes en prose (*le Spleen de Paris,* posth., 1869), des journaux intimes (*Fusées,* 1851 ; *Mon cœur mis à nu,* 1862-1864). Ses traductions de Poe sont des chefs-d'œuvre. (DER) **baudelairien, enne** *a, n*

Charles Baudelaire

**Baudelocque** Jean-Louis (Heilly, Picardie, 1745 – Paris, 1810), obstétricien français.

**baudet** *nm* **1** Âne reproducteur. **2** fam Âne. LOC ***Être chargé comme un baudet :*** très chargé. (ETY) De l'a. fr. *baud,* « lascif ».

**Baudin** Alphonse (Nantua, 1811 – Paris, 1851), homme politique français tué sur une barricade lors du coup d'État du 2 Décembre.

**Baudot** Anatole de (Sarrebourg, 1834 – Paris, 1915), architecte français, l'un des premiers qui employa le ciment armé.

**Baudot** Émile (Magneux, Haute-Marne, 1845 – Sceaux, 1903), inventeur français du prem. appareil télégraphique imprimant (1874).

**Baudouin Ier** (Valenciennes, 1171 – en Orient, vers 1206), empereur latin d'Orient (1204-1205), l'un des chefs de la 4e croisade. — **Baudouin II Porphyrogénète** (1217 – 1273), empereur latin d'Orient (1240-1261).

**Baudouin IV** dit le Roi lépreux (1160 – 1185), roi de Jérusalem de 1174 à 1185 ; il vainquit par deux fois Saladin.

**Baudouin Ier** (Bruxelles, 1930 – Motril, Espagne, 1993), roi des Belges de 1951 à 1993. Il épousa en 1960 Fabiola de Mora y Aragón.

**Baudouin de Courtenay** Jan Ignacy (Radzymin, 1845 – Varsovie, 1929), linguiste polonais précurseur de la phonologie.

**Baudricourt** Robert de capitaine de Vaucouleurs. Il fit escorter Jeanne d'Arc quand elle alla trouver Charles VII à Chinon (1429).

**baudrier** *nm* **1** Bande de cuir ou d'étoffe qui se porte en écharpe et qui soutient une arme, un tambour. **2** Harnais d'alpiniste ou de spéléologue. (ETY) P.-ê. du germ.

**Baudrillard** Jean (Reims, 1929 – Paris, 2007), sociologue et philosophe français : *le Système des objets* (1968), *l'Échange symbolique et la Mort* (1976), *De la séduction* (1980).

**baudroie** *nf* Poisson téléostéen marin qui attire les petits poissons en agitant un lambeau membraneux de sa nageoire dorsale. SYN lotte de mer. (ETY) Du provenç.

baudroie

**baudruche** *nf* **1** Membrane très mince faite avec les intestins du bœuf ou du mouton. **2** anc Ballon fait avec cette membrane. **3** fig Homme sans caractère, sans volonté.

**Bauer** Bruno (Eisenberg, 1809 – Rixdorf, près de Berlin, 1882), philosophe allemand, chef de file des *jeunes hégéliens* (V. Hegel).

**bauge** *nf* **1** Lieu fangeux où gîte le sanglier. SYN souille. **2** fig Habitation sale et mal tenue. **3** Mortier de terre grasse mêlée de paille. SYN torchis. ETY Du gaul. *balcos,* « fort ».

**Bauges (les)** massif des Préalpes, en Savoie, entre les cluses d'Annecy et de Chambéry ; culmine à 1 704 m. Réserve naturelle. Élevage.

**Bauhaus** (*Staatliches Bauhaus,* « maison d'État du bâtiment »), centre d'enseignement esthétique et tech. fondé en 1919 à Weimar par W. Gropius, transféré à Dessau (1925) puis à Berlin (1932), fermé par les nazis en 1933. Ses membres (Moholy-Nagy, Mies van der Rohe, Gropius, etc.) se réfugièrent en Suisse et, surtout, aux États-Unis.

affiche pour une exposition du **Bauhaus**, par J. Schmidt

**bauhinia** *nm* Arbuste tropical (césalpiniacée), à grandes fleurs. ETY D'un n. pr.

**Baule-Escoublac (La)** ch.-l. de cant. de la L.-Atl. (arr. de Saint-Nazaire) ; 15 831 hab. Station balnéaire. DER **baulois, oise** *a, n*

**Baulieu** Étienne-Émile (Strasbourg, 1926), médecin et endocrinologue français. Il a mis au point la pilule abortive RU 486.

**baume** *nm* **1** Substance résineuse et odorante qui coule de certains végétaux. **2** anc Médicament aromatique à usage externe. **3** fig Apaisement, consolation. *Mettre du baume au cœur.* ETY Du gr.

**Baumé** Antoine (Senlis, 1728 – Paris, 1804), pharmacien et chimiste français ; inventeur de *l'aréomètre Baumé.*

**Baumgarten** Alexander Gottlieb (Berlin, 1714 – Francfort-sur-l'Oder, 1762), philosophe allemand. Le prem., il nomma « esthétique » la connaissance du beau.

**bauquière** *nf* MAR Ceinture longitudinale intérieure d'un navire, reliant les couples et supportant les baux.

**Baur** Harry (Paris, 1880 – id., 1943), acteur de théâtre et de cinéma français : *Poil de carotte* (1932), *les Misérables* (1934), *Volpone* (1940).
▶ illustr. **Tourneur**

**Bausch** Pina (Solingen, 1940 – Wuppertal, 2009), chorégraphe allemande, de tendance expressionniste.

**Bautzen** v. d'Allemagne (Saxe), sur la Sprée ; 49 340 hab. – Victoire de Napoléon sur les Russes et les Prussiens (1813).

**baux** → **bail et bau.**

**Baux-de-Provence (Les)** com. des B.-du-Rh. (arr. d'Arles) ; 434 hab. – Maisons de la Renaiss. ; église romane ; donjon du XIIIe s. DER **baussenque** *a, n*

Les Baux-de-Provence

**bauxite** *nf* Minerai renfermant surtout de l'alumine hydratée, mêlée d'oxydes de fer et de silicium, dont on extrait l'aluminium. ETY Du n. des Baux-de-Provence.

**bavard, arde** *a, n* **1** Qui parle beaucoup, qui aime parler. **2** Qui commet des indiscrétions.

**bavarder** *vi* ① **1** Parler avec excès. **2** Parler familièrement avec qqn. **3** Divulguer ce qu'on devrait taire. ETY De *bave.* DER **bavardage** *nm*

**bavardoir** *nm* Canada Syn. de *chatroom.*

**bavarois** *nm* Entremets froid à base de crème anglaise et de gélatine, diversement parfumé. VAR **bavaroise** *nf*

**bavasser** *vi* ① fam Bavarder, médire.

**bave** *nf* **1** Salive visqueuse qui s'échappe de la bouche d'une personne, ou de la gueule d'un animal. **2** Sécrétion gluante de certains mollusques. *Bave d'escargot.* ETY Du lat. pop. *bava,* « boue ».

**baver** *vi* ① **1** Laisser couler de la bave. **2** fig, fam Éprouver vivement qqch et le montrer. *Baver d'admiration, d'envie.* **3** Faire des bavures. LOC vieilli ***Baver sur qqn*** : le salir de calomnies. — fam ***En baver*** : passer par de rudes épreuves.

**bavette** *nf* **1** Partie supérieure d'un tablier. **2** En boucherie, morceau situé au-dessous de l'aloyau. LOC fam ***Tailler une bavette*** : bavarder.

**baveux, euse** *a, n* **A** *a* **1** Qui bave. **2** Qui présente des bavures. **B** *a, n* Canada fam Se dit d'une personne arrogante, méprisante. LOC ***Omelette baveuse*** : peu cuite et molle.

**Bavière** (en all. *Bayern*), Land du S.-E. de l'All. et région de l'UE ; 70 547 km² ; 11 026 490 hab. ; cap. *Munich.* Limitée au S. par les Préalpes calcaires et au N.-E. par des massifs anciens, la Bavière est traversée d'O. en E. par le Danube. Agriculture, tourisme et industrie sont ses princ. ressources. – Occupée par les Celtes, puis par les Romains, la rég. fit partie (788) de l'État carolingien, puis passa aux Wittelsbach (1180-1918). Allié à Napoléon Ier, Maximilien IV reçut le titre de roi de Bavière (1806) et agrandit son État, qui entra en 1871 dans l'Empire allemand, contre le désir de Louis II. Après 1919, la Bavière vit naître le nazisme. DER **bavarois, oise** *a, n*

**bavocher** *vi* ① Imprimer de façon peu nette.

**Pina Bausch** *Palermo, Palermo,* 1991

**bavoir** *nm* Pièce de tissu destinée à protéger des salissures la poitrine des bébés.

**bavolet** *nm* anc Étoffe ornant par-derrière une coiffure de femme.

**bavure** *nf* **1** Trace des joints du moule sur un objet moulé. **2** Trace d'encre ou de couleur débordant d'un trait peu net. **3** Action militaire, policière, comportant des incidents regrettables. LOC fam ***Sans bavures*** : irréprochable.

**1 bayadère** *nf* En Inde, danseuse sacrée. ETY Du portug.

**2 bayadère** *a inv* Se dit d'un tissu à rayures multicolores.

**Bayard (col)** col (1 248 m) des Alpes du Dauphiné, entre le Drac et la Durance.

**Bayard** Pierre Terrail (seigneur de) (Pontcharra, 1476 – Romagnano Sesia, 1524), gentilhomme français. Il servit Charles VIII, Louis XII et François Ier, et fut surnommé *le Chevalier sans peur et sans reproche.*

**Bayard** Hippolyte (Breteuil, 1801 – Nemours, 1887), photographe français qui réalisa, en 1839, les premiers positifs sur papier.

**Baye** Nathalie (Mainneville, 1948), actrice française : *La Gifle* (1974), *La Balance* (1983).

**bayer** *vi* ② LOC ***Bayer aux corneilles*** : regarder en l'air niaisement. ETY De l'a. fr. *béer.*

**Bayer** société allemande de produits chimiques et pharmacologiques, créée en 1863.

**Bayer** Johann (Rain, Bavière, 1572 – Augsbourg, 1625), astronome allemand, auteur du premier atlas céleste.

**Bayeux** ch.-l. d'arr. du Calvados, sur l'Aure ; 14 961 hab. – Évêché de Bayeux et de Lisieux. Cath. goth. (XIIIe s.). Broderie attribuée à la reine Mathilde, dite *tapisserie de Bayeux,* bande de 70 m représentant la conquête de l'Angleterre par les Normands. – Première v. de France libérée par les Alliés (8 juin 1944). DER **bayeusain, aine** ou **bajocasse** *a, n*

**Bayle** Pierre (Le Carla, Ariège, 1647 – Rotterdam, 1706), philosophe français. Les *Pensées sur la comète* (1694) et son *Dictionnaire historique et critique* (1695-1697) influencèrent les philosophes des Lumières.

**Baylén** → **Bailén.**

**Bayon (le)** temple khmer (fin XIIe-début XIIIe s.) du site d'Angkor.

**Bayonne** ch.-l. d'arr. des Pyr.-Atl., sur l'Adour, port à 6 km de l'Atlant. ; 45 636 hab. (120 000 hab. dans l'aggl.). Industries. – Évêché. Cath. Ste-Marie (XIIIe-XIVe s.). Remparts de Vauban. Musées. – Lors de l'*entrevue de Bayonne* (1808), Charles IV d'Espagne abdiqua en faveur de Napoléon Ier. DER **bayonnais, aise** *a, n*

**bayou** *nm* Partie de méandre recoupée et occupée par un lac, ou bras mort d'un delta, en Louisiane. ETY De l'amérindien.

**bayoud** *nm* Maladie des palmiers provoquée par un champignon parasite.

**Bayreuth** v. d'All. (Bavière), sur le Main ; 72 330 hab. Porcelaines. – Louis II de Bavière y fit construire un théâtre (1876) pour représenter les œuvres de Wagner ; festival annuel.

**Bayrou** François (Bordères, 1951), homme politique français, prés. de l'UDF puis du MoDem, qu'il a fondé en 2007.

**bazadaise** *nf* Race bovine du Sud-Ouest, réputée pour la production de viande.

**Bazaine** François Achille (Versailles, 1811 – Madrid, 1888), maréchal de France (1864). Il dirigea l'expédition du Mexique (1863). Bloqué dans Metz, il capitula (27 oct. 1870) ; sa condamnation à mort, en 1873, fut commuée en détention ; il s'évada (1874).

**Bazaine** Jean (Paris, 1904 – Clamart, 2001), peintre français abstrait.

**bazar** *nm* **1** Marché public, en Orient. **2** Magasin où l'on vend toutes sortes d'objets. **3** fig, fam Lieu en désordre. **4** fam Objets en désordre. ETY Du persan *bâzâr*, « souk ».

**Bazard** Armand ou Saint-Amand (Paris, 1791 – Courtry, 1832), socialiste français, fondateur de la Charbonnerie ; saint-simonien.

**bazarder** *vt* 1 fam Se défaire à bas prix de, jeter.

**bazari** *nm* En Orient, commerçant d'un bazar.

**Bazille** Frédéric (Montpellier, 1841 – Beaune-la-Rolande, 1870), peintre français pré-impressionniste (*la Robe rose*, 1864).

**Bazin** René (Angers, 1853 – Paris, 1932), romancier français, catholique traditionaliste : *les Oberlé* (1901). Acad. fr. (1903).

**Bazin** Jean-Pierre Hervé-Bazin, dit Hervé (Angers, 1911 – id., 1996), romancier français, petit-neveu de René Bazin : *Vipère au poing* (1948), *Qui j'ose aimer* (1956).

**bazooka** *nm* MILIT Lance-roquette antichar portatif. PHO [bazuka] ETY Mot amér.

**BBC** Sigle de *British Broadcasting Corporation*. Service officiel de radiodiffusion et de télévision britannique.

**BCBG** *a* fam Abrév. de *bon chic bon genre*. *Une allure très BCBG.*

**BCE** Sigle de *Banque centrale européenne*.

**BCG** *nm* Sigle du vaccin antituberculeux *bilié de Calmette et Guérin*. ETY Nom déposé.

**BD** *nf* Abrév. fam. de *bande dessinée*. VAR **bédé** *nf*

**Be** CHIM Symbole du béryllium.

**beach-volley** *nm* Variété de volley-ball opposant deux équipes de deux joueurs. SYN volley-ball de plage. PHO [bitʃvɔlɛ] ETY Mot angl.

**Beachy Head** promontoire de la côte S. de G.-B. près de l'île de Wight. – Tourville vainquit sur mer les Anglo-Holl. (1690).

**beagle** *nm* Chien basset à pattes droites. PHO [bigl] ETY Mot angl. ▶ pl. chiens

**Beagle (canal)** détroit au S. de la Terre de Feu, entre l'Atlantique et le Pacifique.

**Beamon** Robert dit Bob (Jamaica, État de New York, 1946), athlète amér., recordman mondial du saut en longueur de 1968 à 1991.

**béant, ante** *a* Largement ouvert. DER **béance** *nf*

**Beardsley** Aubrey Vincent (Brighton, 1872 – Menton, 1898), peintre, dessinateur, illustrateur et affichiste anglais.

**Béarn** anc. prov. franç., auj. dans les Pyr.-Atl. La vicomté de Béarn, créée v. 820, rattachée à l'Aquitaine, passa aux maisons de Foix (1290), d'Albret (1484) et de Bourbon (1548) ; elle fut réunie à la couronne en 1620. Elle eut pour cap. *Pau* (1464). DER **béarnais, aise** *a, n*

**béarnaise** *nf* Sauce relevée à base de vinaigre, d'herbes aromatiques, de beurre et d'œufs.

**beat** *nm* En jazz, rock, etc., pulsation rythmique. PHO [bit] ETY Mot angl., « battement ».

**béat, ate** *a* **1** Bienheureux, tranquille. *Mener une vie béate.* **2** Satisfait de soi-même et un peu niais. *Une mine béate.* ETY Du lat. *beatus*, « heureux ». DER **béatement** *av*

**beat generation** mouvement littéraire et phénomène social né aux É.-U. dans les années 1950, illustré notam. par J. Kerouac, A. Ginsberg et W. Burroughs. Les adeptes du mouvement, les *beatniks*, préfiguraient les *hippies*.

**béatifier** *vt* 2 RELIG CATHOL Mettre au rang des bienheureux une personne décédée. DER **béatification** *nf*

**béatifique** *a* Qui procure la béatitude. LOC THEOL *Vision béatifique* : bonheur des élus jouissant au paradis de la vision de Dieu.

**béatilles** *nfpl* CUIS Menus abats (rognons, crêtes de coq, etc.). ETY De *béat*.

**béatitude** *nf* **1** État de plénitude heureuse, de grand bonheur. **2** RELIG Bonheur parfait de l'élu au ciel. LOC RELIG ***Les Béatitudes*** : les huit sentences du Christ, commençant par le mot *beati* (« bienheureux »), qui ouvrent le Sermon sur la Montagne et détaillent les voies d'accès au royaume des cieux.

**Beatles (Les)** groupe anglais de musique pop, fondé en 1962 à Liverpool et dissous en 1970 à Londres. Il comprenait *George Harrison* (Liverpool, 1943 – Los Angeles, 2001), guitare solo, *John Lennon* (Liverpool, 1940 – New York, 1980), guitare et chant, *Paul McCartney* (Liverpool, 1942), guitare basse et chant, et Richard Starkey, dit *Ringo Starr* (Liverpool, 1940), batterie.

Les Beatles

**beatnik** *n, a* Aux États-Unis, adepte de la « beat generation », mouvement prenant le contre-pied du mode de vie américain traditionnel. PHO [bitnik] ETY Mot amér.

**Beaton** Cecil (Londres, 1904 – Salisbury, 1980), photographe de mode anglais et portraitiste mondain.

**Béatrice Portinari** (Florence, v. 1265 – id., v. 1290), jeune Florentine immortalisée par Dante dans *la Divine Comédie*.

**Beatrix Ire** (chât. de Soestdijk, 1938), reine des Pays-Bas, fille aînée de Juliana Ire, à qui elle succéda le 30 avril 1980. Elle abdique en 2013 au profit de son fils Willem-Alexander.

**Beatty** (David, 1er comte) (Dublin, 1871 – Londres, 1936), amiral brit. Il s'illustra à la bataille du Jutland (1916) et commanda la flotte anglaise de la mer du Nord (1916-1918).

**Beatty** Henry Warren Beatty, dit Warren (Richmond, Virginie, 1937), acteur américain : *Bonnie and Clyde* (1967). Il réalisa *Reds* (1981) et *Dick Tracy* (1990).

**1 beau, bel, belle** *a* (La forme *bel* s'emploie devant les noms masculins singuliers commençant par une voyelle ou un h muet.) **1** Qui suscite un plaisir esthétique, qui plaît par l'harmonie de ses formes, de ses couleurs, de ses sons. *Un beau château. Un bel homme.* ANT laid. **2** Qui plaît, qui satisfait intellectuellement. *Une belle œuvre, un beau talent.* **3** Qui mérite l'estime. *Un beau geste.* **4** Distingué, raffiné. *De belles manières.* **5** Clair, ensoleillé. *Une belle journée. Il fait beau.* **6** Qui est satisfaisant, réussi. *Un beau match.* **7** Qui est grand, important, considérable. *Une belle entorse.* LOC ***Au beau milieu*** : juste au milieu. — ***Avoir beau*** (+ inf.) : s'efforcer vainement de. *J'ai beau lui expliquer, il ne comprend pas.* — ***Avoir la partie belle*** : disposer de tous les éléments favorables. — ***Bel et bien*** : réellement, incontestablement. — ***De belles promesses*** : auxquelles on ne doit pas se fier. — ***De plus belle*** : encore plus. — fam ***En faire de belles*** : faire de grosses sottises. — ***Il ferait beau voir*** : il serait étrange de voir. — ***Il y a beau temps que*** : il y a longtemps que. — fam ***Le beau monde, le beau linge*** : la haute société. — ***Se faire beau*** : s'habiller avec soin. — ***Un beau jour, un beau matin*** : un jour, un matin. ETY Du lat.

**2 beau, belle** *n* **A** *nm* Ce qui est beau, ce qui suscite un plaisir esthétique, un sentiment d'admiration. *Avoir l'amour du beau.* **B** *nf* Belle femme. *Il courtise les belles.* LOC ***Faire le beau*** : parader ; en parlant d'un animal, se tenir en équilibre sur ses pattes de derrière. — ***Jouer, faire la belle*** : la partie décisive quand deux adversaires ont gagné chacun une manche. — ***(Se) faire la belle*** : s'évader. — ***Un vieux beau*** : un homme âgé qui cherche à séduire.

**Beaubourg** → **Pompidou.**

**Beaucaire** ch.-l. de cant. du Gard (arr. de Nîmes) ; 16 183 hab. Aménagement hydroél. sur le Rhône. – Chât. XIIIe-XIVe s. – Foires import. au Moyen Âge. DER **beaucairois, oise** *a, n*

**Beauce** rég. fertile du Bassin parisien, entre Châteaudun, Chartres et Étampes : céréales, betterave. – Le S.-O. s'appelle *Petite Beauce*. DER **beauceron, onne** *a, n*

**Beauce** région du Québec, dans la région admin. de Chaudière-Appalaches, qui doit son nom à la rég. franç. d'où vinrent les colons. DER **beauceron, onne** *a, n*

**Beauchamp** Charles Louis ou Pierre (Versailles, 1636 – Paris, 1719), danseur et chorégraphe français. Maître à danser de Louis XIV, il servit Molière et Lully.

tapisserie de **Bayeux** (détail) : l'armée anglaise lors de la bataille de Hastings, commandée par le roi Harold II, XIe s. – centre Guillaume-le-Conquérant, Bayeux

**beaucoup** *av* **1** Une grande quantité, un grand nombre de. *Il a beaucoup d'argent.* **2** Un grand nombre de personnes, de choses. *Beaucoup l'ont cru. Je lui dois beaucoup.* **3** En grande quantité, bien. *Il a beaucoup bu. Il va beaucoup mieux.* **LOC** *De beaucoup* : nettement. *De beaucoup préférable.*

**Beau Danube bleu (le)** valse pour orchestre de Johann Strauss fils (1867).

**Beau de Rochas** Alphonse (Digne, 1815 – id., 1893), ingénieur français, inventeur d'un cycle thermodynamique qui est à la base du fonctionnement du moteur à quatre temps.

**beauf** *nm* fam **1** Beau-frère. **2** péjor Français moyen intolérant et borné.

**beau-fils** *nm* **1** Fils que la personne que l'on a épousée a eu d'un précédent mariage. **2** Gendre. PLUR beaux-fils.

**beaufort** *nm* Fromage AOC de Savoie, voisin du comté. ETY Du n. de la localité.

**Beaufort** ch.-l. de cant. de la Savoie (arr. d'Albertville), sur le *Doron*, dans le *massif de Beaufort* ; 2 307 hab. DER **beaufortain, aine** *a, n*

**Beaufort (mer de)** mer située au N. de l'Alaska et du Canada, dans l'océan Arctique.

**Beaufort** François de Bourbon-Vendôme (duc de) (Paris, 1616 – Candie, auj. Héraklion, 1669), petit-fils d'Henri IV, un des chefs de la Fronde des princes, dit le *roi des Halles*.

**Beaufort** sir Francis (Nevar, 1774 – ?, 1857), amiral anglais. Son échelle météorologique (1806) associe à la vitesse du vent un état de la mer, coté de 0 (calme) à 12 (ouragan).

**beau-frère** *nm* **1** Frère du conjoint. **2** Mari d'une sœur ou d'une belle-sœur. PLUR beaux-frères.

**Beaugency** ch.-l. de cant. du Loiret (arr. d'Orléans) ; 7 968 hab. – Donjon du XI$^{e}$ s. ; chât. (XV$^{e}$ s.). DER **balgencien, enne** *a, n*

**Beauharnais** Alexandre (vicomte de) (Fort-Royal, Martinique, 1760 – Paris, 1794), général français ; fils d'un gouverneur de la Martinique, il fut le premier époux de la future impératrice Joséphine. Commandant de l'armée du Rhin, il démissionna en août 1793. Il fut guillotiné. — **Eugène** (Paris, 1781 – Munich, 1824) dit le prince Eugène, fils d'Alexandre et de Joséphine de Beauharnais ; vice-roi d'Italie (1805-1814). Sa sœur fut la reine Hortense.

**beaujolais** *nm* Vin du Beaujolais.

**Beaujolais** rég. de la bordure orient. du Massif central, entre la Loire et la Saône. Aux *monts du Beaujolais* (1 012 m au mont Saint-Rigaud), succède la *côte*, pays de vignobles (beaujolais). DER **beaujolais, aise** *a, n*

**Beaujon** Nicolas (Bordeaux, 1718 – Paris, 1786), financier français. Il fonda en 1784, près de Paris, un hospice (auj. *hôpital Beaujon*).

**Beaulieu-sur-Mer** com. des Alpes-Maritimes (arr. de Nice), sur la Côte d'Azur ; 3 770 hab. Station balnéaire. DER **berlugan, ane** *a, n*

**Beaumarchais** Pierre Augustin Caron de (Paris, 1732 – id., 1799), écrivain français. Successivement horloger, professeur de musique, financier, politicien, agent d'affaires, il a triomphé au théâtre : *le Barbier de Séville* (1775), *le Mariage de Figaro* (1784), *la Mère coupable* (1792), satires sociales et politiques.

**Beaumont** port des É.-U. (Texas) ; 391 900 hab. (aggl.). Pétrochimie.

**Beaumont** Francis (Grace-Dieu, Leicestershire, 1584 – Londres, 1616), dramaturge anglais : nombr. pièces avec J. Fletcher.

**Beaumont** Christophe de (La Roque, Dordogne, 1703 – Paris, 1781), archevêque de Paris, adversaire des jansénistes et des philosophes.

**Beaumont** Élie de → **Élie de Beaumont.**

**Beaune** ch.-l. d'arr. de la Côte-d'Or, au N. de la *côte de Beaune* qui contient certains des crus bourguignons les plus réputés ; 23 272 hab. Industr. liée à la viticulture ; vente annuelle des vins des Hospices. – Hôtel-Dieu (goth. flamand) construit par le chancelier N. Rolin de 1443 à 1451. DER **beaunois, oise** *a, n*

**Beaune** Hôtel-Dieu, cour intérieure, XV$^{e}$ s.

**Beauneveu** André (Valenciennes, v. 1330 – Bourges, v. 1410), artiste français. Il sculpta des gisants : *Philippe VI, Charles V.* Miniaturiste, il réalisa le *Psautier de Jean de Berry*.

**beau-parent** *nm* **A** *nm pl* Les deux parents du conjoint (pour l'autre conjoint). **B** *nm* Dans une famille recomposée, celui ou celle qui s'est remarié au père ou à la mère de l'enfant. PLUR beaux-parents.

**beau-père** *nm* **1** Père du conjoint. **2** Mari de la mère pour les enfants nés d'un premier mariage. PLUR beaux-pères.

**Beauperthuy** Louis Daniel (en Guadeloupe, 1807 – en Guyane brit., 1871), médecin français. En 1854, il découvre que la fièvre jaune est inoculée à l'homme par un moustique, la ségomye.

**beaupré** *nm* MAR Mât oblique ou horizontal, à l'avant d'un navire. ETY Du néerl.

**Beausoleil** ch.-l. de cant. des Alpes-Mar. (arr. de Nice), sur la Médit. ; 14 363 hab. Tourisme. DER **beausoleillois, oise** *a, n*

**beauté** *nf* **A 1** Qualité de ce qui suscite un sentiment d'admiration, un plaisir esthétique. *La beauté d'une fleur.* **2** Qualité d'une personne qui est belle. **3** PHYS NUCL Nombre quantique caractéristique du cinquième quark. **B** *nf pl* Éléments de la beauté, parties belles d'une chose. *Les beautés de l'art grec.* **LOC** *De toute beauté* : très beau. — *En beauté* : avec éclat, avec grande allure. *Finir en beauté.* — *Être en beauté* : être plus beau, belle plus qu'à l'accoutumée. — *La beauté du diable* : l'éclat de la jeunesse. — *Produits de beauté* : produits destinés à embellir le visage et la peau. — fam *Se faire, se refaire une beauté* : se faire beau, belle, spécial. en se maquillant. — *Une beauté* : une femme très belle.

**Beauté (château de)** anc. résidence royale construite par Charles V, près de Nogent-sur-Marne, et donnée par Charles VII à Agnès Sorel (dite alors Dame de Beauté).

**Beaumarchais**

**Beauvais** ch.-l. du dép. de l'Oise, sur le Thérain ; 55 899 hab. Industries. – La Manufacture de tapisserie, fondée par Colbert, a été transférée en 1936 à Paris (Gobelins). – Évêché. Cath. St-Pierre inachevée (XIII$^{e}$-XIV$^{e}$ s.). Musée. DER **beauvaisien, enne** ou **beauvaisin, ine** *a, n*

**Beauvaisis** anc. pays du Bassin parisien, autour de sa cap., *Beauvais*.

**Beauvillier** Paul de (duc de Saint-Aignan) (Saint-Aignan, 1648 – Vaucresson, 1714), précepteur des enfants de Louis XIV, auteur de *Mémoires*.

**Beauvoir** Simone de (Paris, 1908 – id., 1986), écrivain français, liée à Sartre : *le Deuxième Sexe* (essai, 1949), *les Mandarins* (roman, 1954), *Mémoires* (3 vol., 1958-1963). ▶ illustr. **Sartre**

**beaux-arts** *nm pl* **1** Ensemble des arts plastiques : peinture, sculpture, architecture, gravure, etc. **2** Ensemble des arts en général.

**beaux-arts (École nationale supérieure des)** école d'enseignement supérieur (rue Bonaparte, Paris 6$^{e}$) créée en 1806, qui enseigne les arts plastiques (l'architecture jusqu'en 1968).

**beaux-enfants** *nm pl* Dans une famille recomposée, les enfants par rapport au nouveau conjoint de leur père ou de leur mère.

**bébé** *nm* **1** Enfant en bas âge, nourrisson. **2** fig Personne d'un caractère infantile. *C'est un vrai bébé.* **3** fam Très jeune animal. *Des bébés phoques.* **4** fam Problème embarrassant. *Refiler le bébé à qqn.* **LOC** fam *Jeter le bébé avec l'eau du bain* : refuser globalement une idée sans tenir compte de ses implications positives. ETY De l'angl. *baby*.

**bébé-éprouvette** *nm* Enfant issu d'une fécondation in vitro. PLUR bébés-éprouvette ou bébés-éprouvettes.

**Bebel** August (Cologne, 1840 – Passugg, Suisse, 1913), homme politique allemand, un des fondateurs du parti social-démocrate.

**bébé-médicament** *nm* Enfant conçu, après avoir été sélectionné génétiquement, pour sauver, par le biais d'un don de tissus ou de cellules, un frère ou une sœur aîné(e) souffrant d'une maladie grave. PLUR bébés-médicaments.

**bébête** *a, nf* **A** *a* fam Niais. **B** *nf* fam Petite bête, insecte, microbe.

**be-bop** *nm* **1** Style de jazz né au début des années 1940. **2** Danse sur un rythme rapide. PLUR be-bops. PHO [bibɔp] ETY Onomat. amér. VAR **bop**

**bec** *nm* **1** Partie cornée et saillante, composée de deux mandibules, qui tient lieu de bouche aux oiseaux. **2** fam Bouche. *La cigarette au bec.* **3** Canada fam Baiser, bisou. **4** Partie pointue ou saillante de certains objets, de certains outils. *Le bec d'une plume.* **5** ARCHI Masse de pierre formant saillie aux extrémités des piles d'un pont. **6** GEOGR Pointe de terre au confluent de deux rivières ou à l'embouchure d'un fleuve. **7** MUS Embouchure de certains instruments à anche. *Bec d'une clarinette.* **LOC** CHIM *Bec Bunsen* : brûleur à gaz utilisé dans les laboratoires. — *Bec de gaz* : appareil d'éclairage public qui fonctionnait au gaz. — *Bec et ongles* : avec acharnement. *Se défendre bec et ongles.* — *Donner un coup de bec* : lancer un trait piquant. — fam *Fermer son bec* : se taire. — fam *Rester le bec dans l'eau* : être laissé dans l'incertitude par des promesses trompeuses. ETY Du gaul.

**bécane** *nf* fam **1** Bicyclette, vélomoteur ou moto. **2** Appareil, machine.

**bécard** *nm* Saumon mâle dont la mâchoire inférieure prend, en période de frai, la forme d'un crochet. ETY De *bec*.

**bécarre** *nm* Signe de notation musicale (♮) que l'on place devant une note et qui annule l'effet d'un dièse ou d'un bémol. (ETY) De l'ital. *b quadro,* « b carré ».

**bécasse** *nf* **1** Oiseau charadriiforme migrateur, échassier à long bec. **2** fig, fam Femme peu intelligente. **LOC** ***Bécasse de mer*** *:* petit poisson méditerranéen au museau très allongé.

**bécasse** des bois

**bécasseau** *nm* **1** Petit oiseau migrateur charadriiforme. **2** Petit de la bécasse.

**bécassine** *nf* **1** Oiseau migrateur charadriiforme des marais au très long bec. **2** fig Jeune fille sotte et naïve.

**Bécassine** héroïne d'une bande dessinée (publiée dans *la Semaine de Suzette* de 1905 à 1950). Dessinateur princ. Porphyre Pinchon (1871 – 1953).

**Bécaud** François Silly dit Gilbert (Toulon, 1927 – Paris, 2001), compositeur et chanteur français : *Mes mains, Nathalie.*

**Beccafumi** Domenico (Valdibiena, près de Sienne, v. 1486 – Sienne, 1551), peintre italien maniériste.

**Beccaria** Cesare Bonesana (marquis de) (Milan, 1738 – id., 1794), juriste italien. Son traité *Des délits et des peines* (1764) contribua à adoucir le droit pénal en Europe.

**bec-croisé** *nm* Oiseau passériforme dont les mandibules se croisent, vivant dans les forêts de conifères. PLUR becs-croisés.

**bec-d'âne** → **bédane.**

**bec-de-cane** *nm* Serrure sans fermeture par clé, ne comportant qu'un pêne demi-tour ; poignée recourbée d'une telle serrure. PLUR becs-de-cane.

**bec-de-corail** *nm* Petit passereau d'Afrique tropicale, à bec rouge, souvent élevé comme oiseau de cage. PLUR becs-de-corail.

**bec-de-corbin** *nm* **1** TECH Outil recourbé pour faire des rainures. **2** Petite pince pour travailler les métaux. PLUR becs-de-corbin.

**bec-de-lièvre** *nm* Malformation congénitale de la face se présentant le plus souvent sous la forme d'une fissure verticale de la lèvre supérieure. PLUR becs-de-lièvre.

**bec-de-perroquet** *nm* MED Ostéophyte en forme de crochet apparaissant au niveau des vertèbres dans certains rhumatismes chroniques. PLUR becs-de-perroquet.

**Bécassine**

**bec-en-ciseaux** *nm* Oiseau lariforme noir et blanc dont le bec, orangé à la base, a la partie inférieure bien plus longue que la supérieure. PLUR becs-en-ciseaux

**bec-en-sabot** *nm* Oiseau ciconiiforme d'Afrique orientale ayant un gros bec de forme caractéristique. PLUR becs-en-sabot.

**becfigue** *nm* Petit oiseau passériforme et migrateur tel que le pipit, le gobe-mouches, etc. (ETY) De l'ital. *beccafico,* « pique-figue ».

**bec-fin** *nm* Oiseau passériforme au bec très effilé tel que la fauvette, le rouge-gorge, etc. PLUR becs-fins. (VAR) **becfin**

**béchamel** *nf* CUIS Sauce blanche faite de beurre, de farine et de lait. (ETY) Du n. du marquis de *Béchameil,* maître d'hôtel de Louis XIV.

**Béchar** (anc. *Colomb-Béchar*), v. d'Algérie, au N.-O. du Sahara ; 108 380 hab ; ch.-l. de la wilaya du m. nom. Centre commercial.

**bêche** *nf* Outil de jardinage constitué d'un fer plat, large et tranchant, et d'un manche.

**bêche-de-mer** *n* **A** *nm* LING Syn. de *bichlamar.* **B** *nf* Holothurie comestible. PLUR bêches-de-mer.

**Bec-Hellouin (Le)** com. de l'Eure (arr. de Bernay) ; 406 hab. – Abb. bénédictine fondée au début du XI$^{e}$ s.

**1 bêcher** *vt* ① Couper et retourner la terre avec une bêche. (ETY) Du lat. (DER) **bêchage** *nm*

**2 bêcher** *vi* ① fam Avoir à l'égard d'autrui une attitude distante et hautaine. (ETY) De *bec.* (DER) **bêcheur, euse** *n*

**becher** *nm* CHIM Récipient cylindrique à bord arrondi. (PHO) [beʃɛr] (ETY) Du n. pr.

**Becher** Johann Joachim (Spire, 1635 – Londres, 1682), alchimiste allemand. Il découvrit l'éthylène (1669).

**becs**

**Bechet** Sidney (La Nouvelle-Orléans, 1897 – Garches, 1959), clarinettiste, saxophoniste (soprano) et chef d'orchestre de jazz américain (style Nouvelle-Orléans).

Sydney Bechet

**Bechterev** Vladimir Mikhaïlovitch (près de Viatka, 1857 – Leningrad, 1927), psychologue russe, continuateur de Pavlov : *la Psychologie objective* (1913).

**Beck** Béatrix (Villars-sur-Ollon, 1914 – Saint-Clair-sur-Epte, 2008), écrivaine française d'origine belge : *Léon Morin, prêtre* (1952).

**Beckenbauer** Franz (Munich, 1945), footballeur puis entraîneur allemand.

**Becker** Jacques (Paris, 1906 – id., 1960), cinéaste français : *Goupi Mains rouges* (1943), *Casque d'or* (1952), *Touchez pas au grisbi* (1954).

**Becker** Gary Stanley (Pottsville, 1930 – Chicago, 2014), économiste américain. P. Nobel 1992.

**Becket** → **Thomas Becket.**

**Beckett** Samuel (Dublin, 1906 – Paris, 1989), écrivain irlandais d'expression française et anglaise : *Murphy* (1947), *Molloy* (1951), *Malone meurt* (1951), *l'Image* (1988). Théâtre : *En attendant Godot* (1952), *Oh ! les beaux jours* (1963). P. Nobel 1969. DER **beckettien, enne** *a*

Samuel Beckett

**Beckford** William (dans le Wiltshire, v. 1760 – Bath, 1844), écrivain anglais : *Vathek, conte arabe* (1782), *Azemia* (1797).

**Beckham** David (Leytonstone, près de Londres, 1975), joueur de football anglais.

**Beckmann** Max (Leipzig, 1884 – New York, 1950), peintre expressionniste allemand.

**bécot** *nm* fam Petit baiser. ETY De *bec.*

**bécoter** *vt* 1 fam Donner des bécots.

**Becque** Henry François (Paris, 1837 – id., 1899), auteur dramatique français, naturaliste : *les Corbeaux* (1882), *la Parisienne* (1885).

**becquée** *nf* Quantité de nourriture qu'un oiseau prend dans son bec pour nourrir ses petits. *Donner la becquée.* VAR **béquée**

**Bécquer** Gustavo Adolfo (Séville, 1836 – Madrid, 1870), poète espagnol romantique : *Rimes* (1860).

**becquerel** *nm* Unité d'activité radioactive correspondant à une désintégration par seconde (symbole Bq). ETY Du n. pr.

**Becquerel** Antoine César (Châtillon-sur-Loing, Loiret, 1788 – Paris, 1878), physicien français ; pionnier de la piézoélectricité ; inventeur de la pile photovoltaïque. — **Alexandre Edmond** (Paris, 1820 – id., 1891), fils du préc., étudia le spectre ultraviolet solaire, les gaz à haute température, etc. — **Antoine Henri** (Paris, 1852 – Le Croisic, 1908), fils du préc., étudia la phosphorescence et découvrit ainsi la radioactivité de l'uranium. Prix Nobel 1903 avec P. et M. Curie.

**becquet** *nm* **1** Petit bec. **2** TYPO Feuillet additif ou rectificatif collé sur une épreuve. **3** Élément de carrosserie placé à l'avant ou à l'arrière d'une automobile, et destiné à améliorer l'aérodynamisme. VAR **béquet**

**becquetance** *nf* fam Nourriture. VAR **bectance**

**becqueter** *v* 18 ou 20 **A** *vt* Piquer à coups de bec. *Les oiseaux ont becqueté ces fruits.* **B** *vi* fam Manger. VAR **bèqueter** 18 ou 20 ou **becter** 1

**bedaine** *nf* fam Panse, gros ventre. ETY De l'a. fr. *boudine,* « nombril ».

**bédane** *nm* Ciseau en acier plus épais que large. ETY De *bec,* et a. fr. *ane,* « canard ». VAR **bec-d'âne**

**Bedaux** Charles (Paris, 1888 – Miami, 1944), ingénieur français. Ouvrier, il minuta son rendement (en *points-minute* ou *bedaux*).

**Beddoes** Thomas Lowell (Clifton, 1803 – Bâle, 1849), poète anglais : *Livre des plaisanteries de la mort* (v. 1825-1830).

**Bède (saint)** dit **le Vénérable** (près de Wearmouth, 673 – Jarrow, 735), bénédictin anglo-saxon : *Histoire ecclésiastique des Angles* (731). Docteur de l'Église en 1899.

**bédé** → **BD.**

**bedeau** *nm* Laïc employé au service d'une église. ETY Du frq.

**bédégar** *nm* BOT Galle chevelue des églantiers et des rosiers produite par la larve d'un hyménoptère. ETY De l'arabo-persan. ▶ illustr. galle

**bédéiste** *n* Auteur de bandes dessinées. VAR **bédéaste** *n*

**bédéphile** *n* Amateur de bandes dessinées.

**bédéthèque** *nf* Collection de bandes dessinées.

**Bedford** v. de G.-B. ; 83 000 hab ; ch.-l. du comté de Bedfordshire. Industries.

**Bedford** Jean de Lancastre (duc de) (?, 1389 – Rouen, 1435), régent d'Angleterre, à la mort de son frère Henri V (1422).

**Bédier** Joseph (Paris, 1864 – Le Grand-Serre, Drôme, 1938), médiéviste français : adaptation de *Tristan et Iseult* (1900), *les Légendes épiques* (1908-1913). Acad. fr. (1920).

**Bednorz** Johannes Georg (Neuenkirchen, Allemagne, 1950), physicien allemand : travaux sur les supraconducteurs à haute température. P. Nobel 1987 avec K. A. Müller.

**bedon** *nm* fam Ventre rebondi.

**bedonner** *vi* 1 fam Prendre du ventre. DER **bedonnant, ante** *a*

**Bédouins** population nomade originaire de l'Arabie et vivant dans les régions désertiques du Moyen-Orient et d'Afrique du Nord. DER **bédouin, ine** *a*

**Bédriac** (en lat. *Betriacum*), v. de l'anc. Italie, à l'E. de Crémone. En 69, Vitellius vainquit Othon et fut vaincu par l'armée de Vespasien.

**bée** *af* LOC *Bouche bée :* bouche ouverte, béante d'étonnement, d'admiration.

**Beecham** sir Thomas (Liverpool, 1879 – Londres, 1961), chef d'orchestre anglais.

**Beecher-Stowe** Harriet Elizabeth **Beecher, Mrs. Stowe,** dite **Mrs.** (Litchfield, Connecticut, 1811 – Hartford, Connecticut, 1896), romancière américaine : *La Case de l'oncle Tom* (1852).

**beeper** *nm* TELECOM Syn. de *pager.* PHO [bipœr] ETY Mot angl.

**béer** *vi* 11 litt **1** Être grand ouvert. **2** Avoir la bouche grande ouverte. *Béer de surprise.*

**Beernaert** Auguste (Ostende, 1829 – Lucerne, 1912), homme politique belge. Président du Conseil de 1884 à 1894. P. Nobel de la paix 1909.

**Beersheba** v. d'Israël, au bord du Néguev ; 197 300 hab. ; ch.-l. de distr. Centre commercial. VAR **Beer-Shev'a**

**Beethoven** Ludwig van (Bonn, 1770 – Vienne, 1827), compositeur allemand. Son œuvre utilise d'abord les formes classiques héritées de Haydn puis évolue vers un préromantisme. Il porta à leur sommet la symphonie, la sonate et le quatuor. Parmi ses nombr. œuvres, citons : 2 messes, l'opéra *Fidelio,* 9 symphonies, 5 concertos pour piano, un pour violon, des sonates pour piano (32), pour violon (10) et pour violoncelle (5), 7 trios avec piano, 5 à cordes, 16 quatuors à cordes, 2 quintettes, un septuor, l'*Hymne à la joie* et de nombr. Lieder. À ses difficultés matérielles et morales s'ajouta la surdité à partir de 1800. DER **beethovenien, enne** *a*

Beethoven

A.H. Becquerel

**beffroi** *nm* **1** Tour mobile en bois dont on se servait au Moyen Âge pour s'emparer des places fortes. **2** Tour de guet élevée dans l'enceinte d'une ville. **3** Tour, clocher d'une église. ETY Du moy. haut all.

**bégayer** *v* 21 **A** *vi* Souffrir de troubles de la parole, d'origine psychomotrice, se manifestant par l'impossibilité de prononcer une syllabe ou une voyelle sans la répéter, et par un débit ralenti des mots. **B** *vt* Exprimer maladroitement, bredouiller. *Bégayer des excuses.* DER **bégaiement** *nm* – **bégayant, ante** *a* – **bégayeur, euse** *n, a*

**Begin** Menahem (Brest-Litovsk, Biélorussie, 1913 – Tel-Aviv, 1992), homme politique israélien. Dirigeant de la droite sioniste. Premier ministre de 1977 à 1983, il conclut la paix avec l'Égypte (1979), mais envahit le Liban en 1982. P. Nobel de la paix 1978 avec A. el-Sadate.

Menahem Begin

**Bègles** ch.-l. de cant. de la Gironde (arr. de Bordeaux, banlieue S.) ; 25 683 hab. Industries.

**Bego (mont)** massif des Alpes-Maritimes ; 2 873 m. Gravures rupestres.

**bégonia** *nm* Plante dicotylédone originaire d'Amérique tropicale, cultivée pour ses fleurs blanches ou de couleurs vives. ETY D'un n. pr.

**bégu, uë** *a* Se dit d'un cheval dont les incisives indiquent un âge inférieur à celui qu'il a réellement. VAR **bégu, üe**

**bègue** *a, n* Qui bégaie. ETY De l'a. fr.

**bégueter** *vi* ⑱ Crier, en parlant de la chèvre. (PHO) [begete] ou [begəte] (DER) **béguètement** *nm*

**bégueule** *nf, a* Femme qui manifeste une pruderie exagérée, ridicule. (DER) **bégueulerie** *nf*

**béguin** *nm* **1** Coiffe portée par les béguines. **2** anc Bonnet pour les enfants. **3** fig, fam Passion passagère ; personne qui en est l'objet. *Il a le béguin pour elle.*

**béguinage** *nm* Communauté de béguines.

**béguine** *nf* Aux Pays-Bas et en Belgique, religieuse vivant en communauté sans prononcer de vœux perpétuels. (ETY) Du néerl. *beggaert,* « moine mendiant ».

**bégum** *nf* Titre honorifique donné aux princesses indiennes. (PHO) [begɔm] (ETY) De l'hindi *beg,* « seigneur ».

**Behaim** Martin (Nuremberg, 1459 – Lisbonne, 1507), navigateur allemand au service du Portugal, auteur d'un globe terrestre (1492).

**Behan** Brendan (Dublin, 1923 – id., 1964), dramaturge irlandais : *le Client du matin* (1945).

**Béhanzin** (?, v. 1844 – Alger, 1906), dernier roi du Dahomey (1889-1894). Vaincu par les Français, il fut déporté.

**béhaviorisme** *nm* PSYCHO Doctrine, élaborée par J. B. Watson, qui propose de substituer une psychologie du comportement à une psychologie introspective. (ETY) De l'angl. *behaviour,* « comportement ». (VAR) **behaviourisme** (DER) **béhavioriste** ou **behaviouriste** *na*

**Béhistoun** site du Kurdistān iranien où se trouve un bas-relief dont les inscriptions ont permis de déchiffrer l'écriture cunéiforme.

**Behrens** Peter (Hambourg, 1868 – Berlin, 1940), architecte allemand, pionnier du design industriel.

**Behring** → **Béring.**

**Behring** Emil von (Hansdorf, Prusse, 1854 – Marburg, 1917), médecin allemand. Il découvrit l'antitoxine de la diphtérie. Il reçut le premier prix Nobel de médecine (1901).

**Beida (El-)** v. de l'O. de la Libye ; ch.-l. de la prov. du m. nom ; 60 000 hab.

**Beiderbecke** Leon Bismarck, dit Bix (Davenport, Iowa, 1903 – New York, 1931), cornettiste de jazz américain.

**beige** *a, nm* Brun très clair.

**beigeasse** *a* Qui tire sur le beige. (VAR) **beigeâtre**

**1 beigne** *nf* fam Gifle.

**2 beigne** *nm* Canada Pâtisserie en forme d'anneau, faite de pâte sucrée frite.

**beignet** *nm* Pâte frite, seule ou enveloppant un petit morceau de fruit, de viande, etc. *Beignets aux pommes.* (ETY) De l'a. fr. *buyne,* « bosse ».

**Beijing** → **Pékin.**

**Beira** anc. prov. du Portugal central, entre le Douro et le Tage.

**Beira** port du Mozambique ; ch.-l. de prov. ; 113 800 hab. Industries. Oléoduc vers le Zimbabwe.

**Béja** v. du N. de la Tunisie ; 47 000 hab. – Enceinte byzantine.

**Bejaia** (anc. *Bougie*), v. d'Algérie, sur le *golfe de Bejaia* ; 120 100 hab. Port pétrolier. Raffinerie.

**Béjart** famille de comédiens de la troupe de Molière. — **Madeleine** (Paris, 1618 – id., 1672) jouait surtout les soubrettes. — **Armande** (?, vers 1642 – Paris, 1700), sœur cadette (ou fille) de la préc., épousa Molière en 1662.

**Béjart** Maurice Berger, dit (Marseille, 1927 – Lausanne, 2007), danseur, chorégraphe et metteur en scène français ; directeur du Ballet du XXᵉ siècle, à Bruxelles (1960-1987), puis du Béjart Ballet Lausanne.

**Maurice Béjart** lors des répétitions du ballet *les Maîtres de l'Europe*

**béjaune** *nm* **1** FAUC Oiseau jeune et non dressé. **2** fig, vx Jeune homme sot et niais.

**Bekaa** haute plaine du Liban, entre les chaînes du Liban et l'Anti-Liban.

**béké** *n* Créole martiniquais ou guadeloupéen. (ETY) Mot créole.

**Békéscsaba** ville du S.-E. de la Hongrie ; 71 000 hab. ; ch.-l. de comté. Industries.

**Bektāchi** ordre de derviches qui mêlaient à l'islam (chiite) des éléments chrétiens. Ils furent aumôniers des janissaires. (VAR) **Bektaşi**

**1 bel** → **beau 1.**

**2 bel** *nm* PHYS Unité sans dimension (symbole B) utilisée pour exprimer la comparaison de deux grandeurs, en général deux puissances, le nombre de bels étant égal au logarithme décimal de leur rapport. (ETY) D'un n. pr.

**bélandre** *nf* Bateau à fond plat, qui navigue sur les rades, les rivières et les canaux. (ETY) Du néerl.

**Béla** nom de quatre rois de Hongrie (dynastie des Árpád), qui régnèrent du XIᵉ au XIIIᵉ s.

**Bel Ami** roman de Maupassant (1885).

**Bélanger** François Joseph (Paris, 1744 – id., 1818), architecte français : château de Bagatelle (1779).

**Belarus** → **Biélorussie.**

**Belau** → **Palau.**

**bel canto** *nm* Technique du chant dans la tradition lyrique italienne. (PHO) [bɛlkɑ̃to] (ETY) Mots ital., « beau chant ».

**Belém** (anc. *Pará*), cap. de l'État de Pará (Brésil) ; 2,1 millions d'hab. (agglo.) Grand port sur l'Amazone. Université.

**Belém** fbg O. de Lisbonne (Portugal). – Monastère hiéronymite (XVIᵉ s.).

**bélemnite** *nf* PALEONT Mollusque céphalopode fossile du secondaire, à la coquille fuselée, avec un rostre en cigare.

**bêler** *vi* ① **1** Crier, en parlant du mouton, de la chèvre. **2** fig, fam Chanter ou s'exprimer sur un ton mal assuré ou plaintif. (ETY) Du lat. (DER) **bêlant, ante** *a* – **bêlement** *nm*

**belette** *nf* Petit carnivore (mustélidé) brun, au ventre blanc. (ETY) De *belle.*

**Belfast** cap. et port princ. de l'Irlande du Nord ; 277 000 hab. ; ch.-l. de comté. Industries. Les protestants (« loyalistes ») constituent 70 % de la pop.

**Belfort** ch.-l. du Territ. de Belfort, sur la Savoureuse ; 51 891 hab. Industries. – Évêché de Belfort-Montbéliard. – Située entre les Vosges et le Jura (*trouée de Belfort* ou *porte de Bourgogne*), la v. soutint plusieurs sièges. La résistance de Denfert-Rochereau (1870) fut commémorée par le *Lion de Belfort,* statue de Bartholdi (1875-1880). (DER) **belfortain, aine** *a, n*

**Belfort (Territoire de)** dép. franç. (90) ; 610 km² ; 144 659 hab. ; 237,1 hab./km² ; ch.-l. *Belfort.* V. Franche-Comté (Rég.). – Le territoire, formé en 1871 avec la partie du Ht-Rhin restée française, a reçu en 1922 le statut de département. (DER) **belfortain, aine** *a, n*

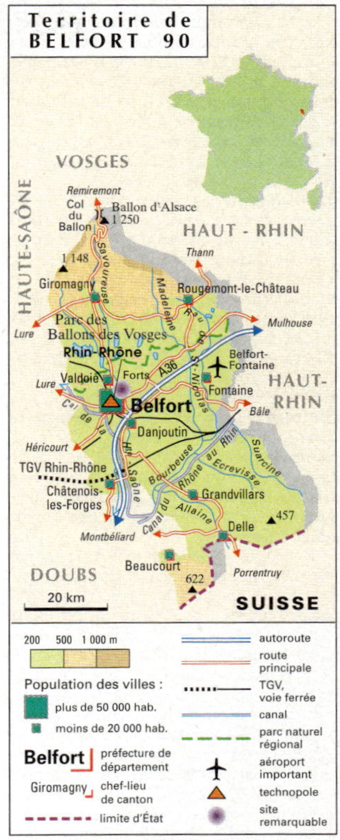


**belgicisme** *nm* Tournure propre au français parlé en Belgique.

**Belgiojoso** Cristina Trivulzio (princesse de) (Milan, 1808 – id., 1871), femme de lettres italienne réfugiée en France après 1831 à cause de son opposition à l'occupation autrichienne. Elle a été l'égérie de F. Liszt.

**belette**

**Belgique (royaume de)** État fédéral d'Europe occid., sur la mer du Nord, entre les Pays-Bas, l'Allemagne, le Luxembourg et la France ; 30 528 $km^2$ ; 11,2 millions d'hab. ; cap. *Bruxelles*. Nature de l'État : monarchie parlementaire. Langues off. : néerlandais, français, allemand. Unité monétaire : euro. Relig. : cathol. (95,9 %). DER **belge** *a, n*

**Géographie** Le relief, modéré, s'élève du N.-O. au S.-E. Aux plaines de Flandre et de Campine succèdent les bas plateaux limoneux du Hainaut et du Brabant. Le climat océanique, plus rude au S.-E., favorise une abondante hydrographie, organisée sur la Meuse et l'Escaut. La densité moyenne est élevée (334,11 hab. au $km^2$) ; la pop., citadine à 96,9 %, se partage entre Flamands (54,2 % de la pop.) de langue néerlandaise, et Wallons, francophones (34,1 %).

**Économie** Hautement développée, l'écon. repose surtout sur le tertiaire : 70 % du PNB et des actifs. L'agric., est intensive (2,5 % de la main-d'œuvre) : élevage bovin et porcin ; céréales, plantes sarclées, fourrages, horticulture. Les rég. houillères et sidérurgiques du sillon de Sambre et Meuse sont en crise ; 60 % de l'énergie provient du nucléaire. L'industrie est diversifiée. La Belgique est l'un des premiers exportateurs mondiaux par hab. ; elle dispose du réseau de communications le plus dense du monde.

**Histoire** DE LA GAULE BELGIQUE À L'INDÉPENDANCE Le pays, peuplé par des Celtes et des Germains, fut conquis par César (57-51 av. J.-C.) et englobé dans la Gaule Belgique, qu'envahirent les Francs aux Ve et VIe s. Scindé lors du traité de Verdun (843), l'O. relevant de la France, le pays se morcela en seigneuries. Aux XIVe et XVe s., les ducs de Bourgogne regroupèrent tous ces territ. qui formèrent, avec la Hollande, les Pays-Bas bourguignons, riches par leur comm. et artisanat. Ceux-ci passèrent, en 1477, par le mariage de Marie de Bourgogne avec Maximilien d'Autriche, sous la domination des Habsbourg. Les prov. du N., calvinistes, acquirent leur indép. après de dures luttes (1579 : Provinces-Unies), alors que le S., cathol., appartient aux Habsbourg d'Espagne puis (1714) aux Habsbourg d'Autriche. La polit. centralisatrice de Joseph II provoqua une révolte ; la proclamation des États belgiques unis (janv. 1790) entraîna l'intervention de l'Autriche puis de la France, qui annexa le pays en 1795. La réunion, en 1815, des prov. belges aux Pays-Bas se défit en 1830.

LA BELGIQUE INDÉPENDANTE (DEPUIS 1830) Léopold de Saxe-Cobourg fut le premier roi de la monarchie constitutionnelle créée en 1831. Léopold II (1865-1909) légua en 1908 le Congo, sa propriété personnelle, à la Belgique, qui connut un essor écon. remarquable. Cathol. et libéraux alternèrent au pouvoir jusqu'en 1914. Malgré sa neutralité, proclamée en 1831, le royaume fut occupé par les All. en 1914-1918 et de 1940 à 1944. À Albert Ier (1909-1934) avait succédé son fils Léopold III, qui, en 1951, abdiqua en faveur de son fils, Baudouin Ier. La Belgique fut intégrée dans le Benelux (1948), la CECA (1951), l'Union européenne (1957). Le gouvernement conduit par les sociaux-chrétiens et les socialistes, en alternance ou en collaboration, a dû résoudre l'antagonisme entre Flamands et Wallons. En janv. 1989, un statut fédéral consacra l'existence de trois communautés linguistiques (flamande, française et allemande) et de trois Régions autonomes : Flandres, Wallonie et Bruxelles- capitale. La Communauté française de Belgique comprend les deux dernières Régions. En 1993, une réforme constitutionnelle transforma le pays en État fédéral aux pouvoirs décentralisés. Cette même année, Albert II succéda à son frère Baudoin Ier. Les législatives de juin 2007 provoquent une grave crise politique entre Wallons et Flamands. Guy Verhofstadt, Premier ministre dep. 1999, forme un gouvernement provisoire en déc. 2007. Yves Leterme lui succède en mars 2008 à la tête d'un gouvernement de coalition. Après plus de 500 jours de crise gouvernementale, Elio Di Rupo, socialiste wallon, est nommé à la tête d'un gouv. de coalition en déc. 2011. En 2013, Albert II abdique en faveur de son fils Philippe. À l'issue des législatives de 2014, Charles Michel (droite) forme un nouveau gouvernement de coalition. ▶ tableau p. 162

**Belgorod → Bielgorod.**

**Belgrade** (en serbe *Beograd*), cap. de la rép. de Serbie et de la rép. féd. de Yougoslavie, au confl. du Danube et de la Save ; 1,2 million d'hab. (aggl.). Port fluvial. Centre comm., industr. et culturel. DER **belgradois, oise** *a, n*

**Belgrand Manuel** (1770 – 1820), général argentin. Capitaine dans les milices argentines qui chassèrent les Anglais de Buenos Aires (1806), il fut général dans les armées paraguayenne et péruvienne qui vainquirent les Espagnols à Tucuman en 1812. Il contribua avec San Martin à la victoire sur les Espagnols en Argentine.

**Belgrand Eugène** (Ervy, Aube, 1810 – Paris, 1878), ingénieur français, créateur des égouts de Paris.

**Bélial** un des noms donnés à l'esprit du mal dans la Bible hébraïque.

**bélier** *nm* **1** Mouton non castré. **2** HIST Poutre de bois armée à son extrémité d'une masse métallique figurant la tête d'un bélier, qui servait à renverser les murailles. **LOC** ***Bélier hydraulique*** : appareil élévateur d'eau qui utilise le phénomène du coup de bélier. — ***Coup de bélier*** : choc produit sur les parois d'une conduite par la dissipation de l'énergie cinétique d'un liquide dont l'écoulement est brusquement interrompu. ETY Du néerl. *belhamel*, « mouton à clochettes ».

**Bélier (le)** constellation zodiacale de l'hémisphère boréal. – Signe du zodiaque (21 mars-20 avril) ; n. scientif. : *Aries, Arietis*.

**bélière** *nf* **1** Anneau qui tient le battant d'une cloche. **2** Clochette du bélier qui marche en tête du troupeau.

**Belin Édouard** (Vesoul, 1876 – Territet, Suisse, 1963), inventeur français de la phototélégraphie (bélinographe).

**bélinographe** *nm* Appareil permettant la transmission d'images à distance. ETY Du n. pr.

**Bélisaire** (Illyrie, v. 500 – Constantinople, 565), général byzantin. Sa loyauté sauva Justinien lors de la sédition Nika (532). Il reconquit l'Afrique sur les Vandales (533-534), puis le S. de l'Italie sur les Ostrogoths (535-540). Mais les Goths prirent Rome (546-548). La jalousie de Justinien le contraignit à la retraite (et, selon une légende, à la mendicité).

**bélître** *nm* VX Homme de rien, coquin. VAR **bélitre**

**Belize** (*Honduras brit.* jusqu'en 1973), État de l'Amérique centrale, membre du Commonwealth, bordé par l'Atlant. ; 23 670 $km^2$ ; 300 000 hab. Cap. *Belmopan*. Langue off. : angl. Monnaie : dollar. Relig. : cathol., protestantisme. – Des hauteurs couvertes de forêts dominent les terres côtières, marécageuses. Ressources : agriculture, exploitation forestière. – Occupé par les Angl. au XVIIe s., colonie en 1862, le pays devint indépendant en 1981. DER **bélizéen, enne** *a, n* ▶ carte **Amérique centrale**

**Belize** port du Belize, cap. jusqu'en 1970 ; 78 000 hab. DER **bélizéen, enne** *a, n*

**Bell Alexander Graham** (Édimbourg, 1847 – près de Baddeck, Nouvelle-Écosse, 1922), ingénieur américain d'origine brit. Après des travaux d'acoustique médicale (oreille artificielle pour sourds), il fit breveter en 1876 un premier téléphone dont la paternité a été reconnue en 2002 à Antonio Meucci.

A. G. Bell

**Bellac** ch.-l. d'arr. de la Hte-Vienne ; 4 580 hab. – Égl. à deux nefs (XIIe et XIVe s.). DER **bellachon, onne** *a, n*

**belladone** *nf* Plante annuelle (solanacée), à fleurs pourpres, à baies noires, qui contient divers alcaloïdes très toxiques dont l'atropine. ETY De l'ital. *bella donna*, « belle dame ».

belladone

**Bellange Jacques** (?, v. 1575 – Nancy, 1616), peintre et graveur lorrain.

**bellâtre** *nm* Homme d'une beauté fade et prétentieuse.

**Bellatrix** étoile d'Orion (magnitude apparente 1,7).

**Bellay Guillaume du** (Glatigny, Sarthe, 1491 – Saint-Symphorien-de-Lay, Rhône, 1543), général et diplomate français. — **Jean du** (Souday, 1492 – Rome, 1560), frère du préc., évêque de Paris ; cardinal, humaniste. — **Joachim du** (Liré, 1522 – Paris, 1560), poète français, cousin des préc., auteur du manifeste de la Pléiade (*Défense et illustration de la langue française* 1549). Ses sonnets mélancoliques sont sublimes : *l'Olive* (1549), *les Regrets* (1558), *les Antiquités de Rome* (1558).

**belle → beau.**

**Belleau Rémy** (Nogent-le-Rotrou, 1528 – Paris, 1577), poète français, membre de la Pléiade : *la Bergerie* (1565).

**Belle au bois dormant (la)** conte en prose de Perrault (1697). ▷ MUS Ballet de Tchaïkovski (1889, chorégr. de M. Petipa). ▷ CINE Dessin animé de long métrage de W. Disney (1959).

**Bellechose Henri** (Brabant, v. 1380 – Dijon, v. 1440), peintre et enlumineur brabançon, de style gothique franco-flamand.

**belle-dame** *nf* **1** Belladone ; arroche. **2** Grand papillon cosmopolite migrateur du genre vanesse. PLUR belles-dames.

**belle-de-fontenay** *nf* Variété de pomme de terre à chair ferme. PLUR belles-de-fontenay.

**belle-de-jour** *nf* Liseron dont la fleur se ferme au coucher du soleil. PLUR belles-de-jour.

**belle-de-nuit** *nf* **1** Mirabilis. **2** fig Prostituée. PLUR belles-de-nuit.

**belle-doche** *nf* fam Belle-mère. PLUR belles-doches.

BELGIQUE ET LUXEMBOURG
MER DU NORD
PAYS-BAS
ALLEMAGNE
FRANCE
BELGIQUE
LUXEMBOURG
Ostende
Bruges
Gand
Anvers
Malines
Louvain
BRUXELLES
Anderlecht
Alost
Courtrai
Roulers
Ypres
Mouscron
Tournai
Mons
La Louvière
Charleroi
Namur
Liège
Verviers
Hasselt
Genk
St-Nicolas
Turnhout
Lierre
Mol
Tongres
St-Trond
Tirlemont
Wavre
Nivelles
Waterloo
Huy
Dinant
Spa
Eupen
Malmédy
Bastogne
Neufchâteau
Arlon
St-Hubert
Bouillon
Chimay
Philippeville
Marche-en-Famenne
Diekirch
Ettelbruck
Esch-sur-Alzette
Differdange
Dudelange
Echternach
Grevenmacher
Remich
Vianden
Wiltz
Clervaux
Mersch
Schengen
FLANDRE OCCIDENTALE
FLANDRE ORIENTALE
ANVERS
LIMBOURG
BRABANT FLAMAND
BRUXELLES-CAPITALE
BRABANT WALLON
HAINAUT
NAMUR
LIÈGE
LUXEMBOURG
Campine
Plaine de Flandre
Hesbaye
Condroz
Famenne
Fagne
Plateau de l'Ardenne
Ösling
Gutland
Escaut
Lys
Meuse
Sambre
Ourthe
Semois
Moselle
Canal Albert
Canal de Bruges
Canal du Centre
Escaut occidental
Canal Juliana
Hautes Fagnes
Botrange 694
50 km
Sites du "patrimoine mondial" UNESCO :
1 La Grand-Place,
Les habitations majeures de l'architecte Victor Horta
Les Beffrois de 25 villes de Flandre et de 6 villes de Wallonie sont classés patrimoine mondial de l'UNESCO
Béguinages flamands et centre historique
Cathédrale
Minières néolithiques de Spiennes
Canal du Centre : les quatre ascenseurs et leur site
Population des villes :
1 million d'hab.
de 100 000 à 250 000 hab.
de 50 000 à 100 000 hab.
de 20 000 à 50 000 hab.
autre ville
autoroute
route
voie ferrée
canal de gabarit européen
canal
aéroport important
port important
site du "patrimoine mondial" UNESCO
0 100 200 500 m
BRUXELLES capitale d'État
Bruges capitale de région
limite d'État
limite des entités fédérées
limite de région
région flamande
région bruxelloise
région wallonne

**Belledonne (massif de)** chaîne des Alpes (Isère), à l'E. du Grésivaudan ; 2 981 m.

**Belle du seigneur** roman d'Albert Cohen (1968).

**Belle Époque (la)** les années qui entourent 1900, où la prospérité (des riches) et la paix régnaient. Cette expression s'est employée rétrospectivement quand la Première Guerre mondiale fit apparaître son caractère éphémère.

**Belle et la Bête (la)** conte de J.-M. Leprince de Beaumont, inclus dans *le Magasin des enfants* (1758). ▷ CINE Film de Cocteau (1945, en collab. avec R. Clément), avec Josette Day (1914-1978) et Jean Marais.

**belle-famille** *nf* Famille du conjoint. PLUR belles-familles.

**belle-fille** *nf* **1** Fille née d'un premier mariage de la personne que l'on a épousée. **2** Bru, épouse d'un fils. PLUR belles-filles.

**Bellegambe** Jean (Douai, v. 1470 – id., 1534), peintre flamand, auteur de nombreux retables dans le style de Matsys.

**Bellegarde-sur-Valserine** ch.-l. de cant. de l'Ain (arr. de Nantua), au confl. du Rhône et de la *Valserine* ; 10 846 hab. Électrométallurgie. Barrage de Génissiat. DER **bellegardien, enne** *a, n*

**Belle-Île** île de l'Atlant. (Morbihan), (ch.-l. Le Palais), formant un canton ; 90 km² ; 4 489 hab. Tourisme. DER **bellilois, oise** *a, n*

**Belle Isle (détroit de)** bras de mer entre Terre-Neuve et le Labrador.

**bellement** *av* vx, litt **1** De belle manière. **2** Doucement, avec modération.

**belle-mère** *nf* **1** Mère du conjoint. **2** Seconde épouse du père, pour les enfants du premier mariage. PLUR belles-mères.

**Belle Province (la)** surnom donné au Québec.

**Bellérophon** héros mythologique. Il dompta Pégase, tua la Chimère et vainquit les Amazones.

**belles-lettres** *nfpl* vieilli Ensemble constitué par la grammaire, l'éloquence, la poésie, l'histoire, la littérature.

**belle-sœur** *nf* **1** Sœur du conjoint. **2** Épouse d'un frère ou d'un beau-frère. PLUR belles-sœurs.

**Belleville** anc. com. de la Seine, annexée à Paris en 1860 (XIX^e^ et XX^e^ arr.). – *Le programme (républicain) de Belleville* : édicté par Gambetta en mai 1869, il devint celui du parti radical.

**Belleville-sur-Loire** com. du Cher (arr. de Bourges) ; 1 088 hab. – Centrale nucléaire.

**Belley** ch.-l. d'arr. de l'Ain ; 8 004 hab. Industries. – Anc. cap. du Bugey. – Évêché. Cath. en partie du XV^e^ s. DER **belleysan, ane** *a, n*

**bellicisme** *nm* Amour de la guerre. ANT pacifisme. DER **belliciste** *n, a*

**bellifontain** → **Fontainebleau.**

**belligérant, ante** *a, nm* **A** *a* Se dit d'un État qui est en guerre. **B** *nm* DR Se dit d'un combattant régulier dans une armée en guerre.

| ÉPOQUE | ARCHITECTURE | PEINTURE | SCULPTURE ET ARTS DÉCORATIFS |
|---|---|---|---|
| X^e^-XII^e^ siècle | égl. carolingienne St -Jean-l'évangéliste à Liège<br>Liège : collégiale St-Barthélemy<br>Nivelles : collégiale Ste-Gertrude<br>Tournai : cath. Notre-Dame<br>Château des comtes de Gand | peintures murales et enluminures : Bible de Stavelot | Ateliers mosans : dinanderie, orfèvrerie liturgique, fonts baptismaux de métal<br><br>sculpture sur bois : *sedes sapientiae* Vierges en majesté |
| XIII^e^ - XV^e^ siècle | chœur de la cath. de Tournai<br>Bruxelles : collégiales des Sts-Michel-et-Gudule<br><br>*gothique brabançon :*<br>Notre-Dame de Hal (XIV^e^ s.), St-Pierre de Louvain<br>halles aux draps d'Ypres, Bruges et Louvain<br>hôtels de ville de Bruges, Bruxelles, Louvain et Audernarde<br>beffrois de Bruges, Ypres, Bruxelles<br>béguinages | Broederlam, Malouel<br><br>*primitifs flamands :*<br>J. Van Eyck<br>Maître de Flémalle (R. Campin)<br><br>*Écoles de Bruxelles :*<br>R. Van der Weyden, Th. Bouts, H. Van der Goes<br><br>*École de Bruges :*<br>P. Christus, H. Memling, G. David | sculptures de jubés flamboyants, retables de bois sculptés, stalles<br><br>C. Sluter<br><br>*tapisserie :*<br>Tournai , Bruxelles (fin XV^e^ s.) |
| XVI^e^ siècle | palais des Princes-Évêques de Liège<br><br>Grand-Place d'Anvers<br><br>Cornelis Floris de Vriendt : hôtel de ville d'Anvers | *Renaissance flamande :*<br>J. Bosch,<br>Q. Matsys,<br>J. Patinir,<br>B. Van Orley,<br>P. Bruegel le Vieux,<br>J. Mone,<br>J. Dubroeucq | tapisseries de Bruxelles :<br>*David et Bethsabée,*<br>*chasses de Maximilien* |
| XVII^e^ siècle | Coebergher :<br>basilique de Montaigu<br><br>églises baroques :<br>St-Charles-Borromée d'Anvers,<br>St-Michel de Louvain,<br>St-Loup de Namur<br><br>maisons des corporations de la Grand-Place de Bruxelles (fin XVII^e^ et XVIII^e^) | P. P. Rubens<br>Paul et Corneille de Vos<br>J. Jordaens<br>A. Van Dyck<br>David Teniers le Jeune<br>P. Bruegel (dit Br. d'Enfer)<br>J. Bruegel (dit Br. de Velours) | *art décoratif des églises :*<br>stalles, chaires, jubés, statues, tapisseries d'Audenarde<br>F. et J. Duquesnoy (baroque italianisant)<br><br>*sculpture*<br>L. Faydherbe, J. Delcour (statues de la Vierge à Liège)<br>Famille des Verbruggen : confessionnaux et chaires |
| XVIII^e^ siècle | *archi. néo-classique :*<br>Place royale et palais de la Nation de Ch. de Lorraine, à Bruxelles | P. J. Verhaegen | J. Bergé : fontaine de la place du Grand-Sablon à Bruxelles, chaires rococo<br>apogée de l'industrie de la dentelle |
| XIX^e^ siècle | *archi. éclectique :*<br>néo-gothique, néo-Renaissance, etc. | H. de Braekeleer<br>J. Ensor<br>F. Rops | C. Meunier<br>Ch. Fraikin |
| XX^e^ siècle | *Art nouveau :*<br>V. Horta, P. Hankar et H. Van de Velde<br><br>H. Van de Velde : musée Kröller-Müller à Otterloo (Pays-Bas) | Rik Wouters<br>C. Permeke<br>L. Spilliaert<br>A. Delvaux<br>R. Magritte<br><br>Cobra : P. Alechinsky | Rik Wouters<br>P. Bury<br>V. Servranckx |

art de la **Belgique**

**C** *nm pl* Les États en guerre. ETY Du lat. *belligerare*, « faire la guerre ». DER **belligérance** *nf*

**Bellini Iacopo** (Venise, vers 1400 – id., vers 1470), peintre vénitien. — **Gentile** (Venise, vers 1429 – id., 1507), fils du préc., portraitiste et peintre officiel de la République. — **Giovanni** dit **Giambellino** (Venise, vers 1430 – id., 1516), frère du préc. ; s'attacha plus part. à l'effet tonal et à l'unité chromatique (*Transfiguration*, 1480-1485 ; Naples) ; l'influence de son atelier fut immense.

**Bellini Vincenzo** (Catane, 1801 – Puteaux, 1835), compositeur italien d'opéras : *Norma* (1831), *la Somnambule* (1831), *les Puritains* (1835).

**Bellinzona** v. de Suisse ; ch.-l. de cant. du Tessin ; 18 000 hab. – Mon. médiévaux.

**belliqueux, euse** *a* **1** Qui aime la guerre, qui incite à la guerre. *Nation belliqueuse.* ANT pacifique. **2** Qui aime engager des polémiques, agressif. *Tempérament belliqueux.* ANT paisible.

**Bellmer Hans** (Katowice, 1902 – Paris, 1975), peintre et illustrateur français d'origine allemande, de tendance fantastique et érotique.

**Bello Andrés** (Caracas, 1781 – Santiago, 1865), juriste, philosophe, poète et grammairien vénézuélien, collab. de Bolívar.

**Belloc George Hilaire Peter** (La Celle-Saint-Cloud, 1870 – Guildford, Surrey, 1953), écrivain anglais, de tendance satirique.

**Bellone** déesse romaine de la Guerre.

**Bellonte Maurice** (Méru, 1896 – Paris, 1984), aviateur français : avec D. Costes, prem. vol Paris-New York sans escale (1930).

**Belloto** → **Canaletto.**

**Bellovaques** peuple de la Gaule Belgique ; Beauvais lui doit son nom.

**Bellow Saul** (Lachine, 1915 – Brookline, Mass., 2005), romancier américain : *les Aventures d'Augie March* (1953), *le Faiseur de pluie* (1959), *le Don de Humboldt* (1975). P. Nobel en 1976.

**belluaire** *nm* ANTIQ ROM Gladiateur qui combattait des bêtes féroces. SYN bestiaire.

**Belluno** v. d'Italie (Vénétie), sur la Piave ; 36 500 hab. ; ch.-l. de la prov. du même nom.

**Belmondo Jean-Paul** (Neuilly-sur-Seine, 1933), acteur de cinéma français : *À bout de souffle* (1959), *Pierrot le Fou* (1965), *Itinéraire d'un enfant gâté* (1988). Il est venu tardivement au théâtre. ▶ illustr. **Godard**

**Belmopan** cap. du Belize ; 14 000 hab.

**Belo Horizonte** v. du Brésil, cap. de l'État de Minas Gerais ; 5,8 millions d'hab. (aggl.). Grand centre industriel et culturel.

**belon** *nf* Huître à coquille plate et ronde. ETY De *Belon*, riv. de Bretagne.

**Belon Pierre** (Cérans-Foulletourte, Sarthe, 1517 – Paris, 1564), naturaliste et médecin français.

**belote** *nf* Jeu qui se joue avec 32 cartes. **LOC** *Belote et rebelote* : réunion dans une même main de la dame et du roi d'atout. ETY D'un n. pr.

**Béloutchistan** rég. montagneuse s'étendant sur le S.-E. de l'Iran et le S.-O. du Pākistān, peuplée par les Baloutches, pasteurs nomades. VAR **Baloutchistan** DER **béloutche** ou **baloutche** *a, n*

**bel paese** *nm inv* Fromage de vache italien, à pâte molle et à croûte lavée. PHO [belpaeze] ETY Mots ital., « beau pays ».

**Belphégor** (« le Seigneur du mont Phégor »), divinité moabite à laquelle on rendait un culte licencieux. Dans le *Livre des Nombres*, *Baal-Péor* suscite la colère divine.

**Belsunce de Castelmoron Henri François-Xavier de** (La Force, Périgord, 1670 – Marseille, 1755), évêque de Marseille. Il se dévoua pendant la peste de 1720-1721.

**Belt (Grand-** et **Petit-)** noms de deux détroits : entre les îles danoises de Sjælland et de Fionie ; entre l'île de Fionie et le Jylland. Ils font communiquer la mer du Nord et la Baltique.

**Beltrami Eugenio** (Crémone, 1835 – Rome, 1900), mathématicien italien.

**béluga** *nm* **1** Cétacé odontocète des mers arctiques sans nageoire dorsale, appelé aussi *baleine blanche*. **2** Grand esturgeon blanc. **3** Caviar de cet esturgeon à gros grains de couleur grise, très estimé. PHO [beluga] ETY Du russe *bielyi*, « blanc ». VAR **bélouga**

**belvédère** *nm* **1** ARCHI Petit pavillon construit au sommet d'un édifice, d'où l'on peut contempler le paysage. **2** Lieu élevé offrant une vue dégagée. ETY De l'ital.

**Belvédère (le)** pavillon de la Cité du Vatican bâti à la fin du XVe s. et agrandi sous Jules II par Bramante. Il renferme des sculptures antiques : *Laocoon*, *Apollon* et *Torse* dits « du Belvédère ».

**Belzébuth** nom, dans le Nouveau Testament, du dieu philistin Baal Zebub (le « dieu des mouches »), c.-à-d. le diable. VAR **Belzébul**

**Bełżec** v. du S.-O. de la Pologne près de laquelle les nazis installèrent un camp d'extermination.

**bemba** *nm* Langue bantoue parlée en Zambie. PHO [bemba]

**Bembas** population de langue bantoue du N.-E. de la Zambie ; 3 millions de personnes. DER **bemba** *a*

**Bembo Pietro** (Venise, 1470 – Rome, 1547), cardinal et écrivain italien : poésies ; *Proses sur la langue vulgaire* prônant l'usage du toscan.

**bémol** *nm* **1** Signe d'altération musicale (♭) que l'on place devant une note qui doit être baissée d'un demi-ton. **2** fig, fam Fait d'atténuer la violence de sa pensée ou de ses paroles. *Mettre un bémol à ses critiques.* ETY De l'ital. *b molle*, « b rond ».

**bémoliser** *vt* ① **1** MUS Marquer d'un ou plusieurs bémols. **2** fig, fam Mettre un bémol, atténuer ses propos.

**Ben Benjamin Vautier,** dit (Naples, 1935), artiste suisse : *Mots en blanc sur fond noir.*

**Ben Ali Zine el-Abidine** (Hammam-Sousse, 1936), homme politique tunisien. Ministre de l'Intérieur et Premier ministre, il succède en 1987 au président Bourguiba, déposé pour « incapacité ». Il est élu prés. de la République en 1989, puis réélu 4 fois. En janv. 2011, des manifestations populaires le contraignent à abandonner son poste et à fuir le pays.

**bénard** *nm* fam Pantalon.

**bénarde** *nf* Serrure à clé non forée s'ouvrant des deux côtés de la porte. ETY De *Bernard*, « pauvre homme ».

**Bénarès** (auj. *Vārānasi*), v. sainte de l'Inde (Uttar Pradesh), sur le Gange ; 1,4 million d'hab. (aggl.). Universités. – Nombreux temples hindouistes.

pèlerins hindouistes au bord du Gange à **Bénarès**

**Benavente y Martinez Jacinto** (Madrid, 1866 – id., 1954), dramaturge espagnol. P. Nobel en 1922.

**Ben Barka al-Mahdi** (Rabat, 1920 – disparu à Paris en 1965), homme politique marocain. En exil à Paris, il fut enlevé en oct. 1965 par les services secrets marocains et probablement assassiné.

**Ben Bella Ahmed** (Marnia, près de Tlemcen, 1916 – Alger, 2012), homme politique algérien. L'un des chefs du FLN, il fut emprisonné en France de 1956 à 1962. En sept. 1962, l'armée de Boumediene lui donna le pouvoir et il devint

**Gentile Bellini** *le Miracle de la Croix-Sainte*, 1496-1497 – musée de l'Académie, Venise

président de la Rép. (sept. 1963). En juin 1965, H. Boumediene le renversa et l'emprisonna. Libéré en 1980, il s'exila jusqu'en 1990.

**benchmark** *nm* GEST Procédure d'évaluation des performances par rapport à un modèle reconnu, s'inscrivant dans une recherche d'excellence. PHO [bɛnʃmaʀk] ETY Mot angl. VAR **benchmarking**

**Benda** Julien (Paris, 1867 – Fontenay-aux-Roses, 1956), écrivain français : *La Trahison des clercs* (1927).

**Bender** → **Tighina.**

**bendir** *nm* Grand tambour d'Afrique du Nord. PHO [bɛndiʀ]

**Bene** Carmelo (Campi Salentina, Pouilles, 1937 – Rome, 2002), acteur et metteur en scène italien, adepte de l'outrance.

**Benedetti Michelangeli** Arturo (Brescia, 1920 – Lugano, 1995), pianiste italien.

**Benedetto da Maiano** → **Giuliano da Maiano.**

**bénédicité** *nm* Prière dite avant le repas, qui commence par le mot lat. *benedicite.* ETY Du lat., « bénissez ».

**bénédictin, ine** *n, a* **A** *n* Religieux, religieuse de l'ordre de saint Benoît de Nursie. **B** *a* Relatif à l'ordre bénédictin. LOC ***Travail de bénédictin :*** travail long, exigeant une application minutieuse.

ENC L'ordre bénédictin, fondé au VIe s. par saint Benoît de Nursie (abbaye du Mont-Cassin, vers 529), est le plus ancien ordre monastique d'Occident. À partir du XIe s., il se diversifia : clunisiens, camaldules, chartreux, etc. En 1098, avec la création de Cîteaux naissait l'ordre des Cisterciens, dont le théologien le plus célèbre fut saint Bernard.

**bénédictine** *nf* Liqueur jaune préparée par macération de plantes dans l'alcool. ETY Nom déposé.

**bénédiction** *nf* **1** Action de bénir. **2** RELIG Grâce et faveur du ciel. LOC ***C'est une bénédiction :*** un évènement heureux, qui arrive à propos.

**bénef** *nm* fam Bénéfice.

**bénéfice** *nm* **1** Avantage tiré d'une situation. *Gracié au bénéfice du doute.* **2** Au Moyen Âge, concession de terre faite à un vassal par son seigneur. **3** DR Droit accordé par la loi. **4** Gain financier constitué par l'excédent des recettes sur les dépenses. *Bénéfices industriels et commerciaux.* SYN profit. ANT perte. LOC DR ***Bénéfice de division :*** permettant à la caution non engagée solidairement d'exiger du créancier qu'il divise ses poursuites entre les cautions solvables. — ***Bénéfice d'inventaire :*** mode d'acceptation d'une succession permettant à l'héritier de n'être tenu des dettes héréditaires que sur les biens de la succession. — ***Bénéfice ecclésiastique :*** concession de biens-fonds ou de revenus attachée aux fonctions ecclésiastiques. — ***Sous bénéfice d'inventaire :*** sous réserve de vérification. ETY Du lat. *bene,* « bien », et *facere,* « faire ».

**bénéficiaire** *n, a* **A** Personne qui tire un avantage de qqch. **B** Qui a rapport au bénéfice, qui produit un bénéfice. LOC ***Tiers bénéficiaire*** ou ***bénéficiaire :*** personne à l'ordre de qui est établi un chèque, un billet à ordre, une traite.

**1 bénéficier** *nm* HIST Celui qui avait un bénéfice ecclésiastique.

**2 bénéficier** *vti* ② Tirer un avantage, un profit de qqch. SYN profiter. *Il a bénéficié de la situation de son père.*

**bénéfique** *a* Dont l'action, l'influence est favorable.

**Benelux** union douanière formée en 1944 (effective en 1948) entre la Belgique, les Pays-Bas (*Nederland*) et le Luxembourg.

**Beneš** Edvard (Kožlany, Bohême du Sud, 1884 – Sezimovo-Ústí, 1948), homme politique tchécoslovaque. Président de la Rép. de 1935 à 1938 et de 1945 à 1948, il se démit (fév. 1948) face aux communistes.

**benêt** *n, am* Niais, sot. *Un grand benêt.* ETY De *benoît.*

**Bénévent** (en ital. *Benevento*), v. d'Italie (Campanie) ; 62 219 hab. – Industries. – Archevêché. – Arc de triomphe de Trajan (115 apr. J.-C.). – Pyrrhos II y fut vaincu par les Romains en 275 av. J.-C.

**bénévolat** *nm* Tâche accomplie, service rendu à titre bénévole.

**bénévole** *a, n* **A** Qui fait qqch sans y être obligé et gratuitement. *Une infirmière bénévole.* **B** *a* Qui est fait sans obligation, à titre gratuit. *Un service bénévole.* ETY Du lat. *benevolus,* « bienveillant ». DER **bénévolement** *av*

**Bénezet (saint)** (XIIe s.) berger qui aurait construit, sur ordre céleste, le pont d'Avignon.

**Bengale** région, située au N.-E. du subcontinent indien, qui correspond au vaste delta engendré par le Gange et le Brahmapoutre, et aux collines sous-himalayennes. Le climat (forte humidité) et la langue bengali renforcent l'unité de cette région, mais, en 1947, lors de la partition de l'Empire brit. des Indes, le Bengale-Oriental, peuplé de musulmans, a constitué le Pākistān oriental, devenu en 1971 le Bangladesh, tandis que l'O., autour de Calcutta, à majorité hindouiste, restait à l'Inde. Le Bengale (env. 200 000 000 d'hab.) est l'une des rég. les plus densément peuplées du monde (culture du riz et du jute). DER **bengali, ie** *a, n*

**Bengale (golfe du)** partie de l'océan Indien entre l'Inde, le Bangladesh et la Birmanie.

**bengali** *nm* **1** Langue du Bengale, du Bangladesh. **2** Passériforme au plumage coloré, originaire d'Asie ou d'Afrique tropicale.

**Benghazi** (anc. *Bérénice*), port et 2e v. de Libye (Cyrénaïque) ; 1,1 million d'hab. (aggl.) ; ch.-l. de la prov. du m nom. Industr. alim. – Combats entre les forces de l'Axe et les Brit. (1941-1942) ; fief des opposants au régime de Khadafi en 2011.

**Ben Gourion** David Grün, dit (Płońsk, Pologne, 1886 – Tel-Aviv, 1973), homme politique israélien. Il a participé à la création de l'État d'Israël (proclamé en 1948). Chef du gouv. de 1948 à 1953 et de 1955 à 1963.

Ben Gourion

Benoît XVI

**Benguela** port d'Angola ; 42 000 hab. – *Courant du Benguela :* courant marin froid venu du S., qui longe l'Angola, le Congo et le Gabon.

**Ben Hur** roman historique de L. Wallace (1880). ▷ CINE Films de : Fred Niblo en 1926 ; W. Wyler, en 1959, avec Charlton Heston.

**bénichon** *nm* Suisse Dans le canton de Fribourg, fête populaire à l'occasion de la descente de l'alpage. ETY De *bénissons.*

**Beni Mellal** v. du Maroc ; 95 000 hab. ; ch.-l. de la prov. du même nom. Centre comm.

**bénin, igne** *a* **1** Qui est sans gravité. *Accident bénin.* **2** Se dit d'une tumeur qui ne donne pas de métastases, par oppos. à *tumeur maligne.* ETY Du lat. DER **bénignement** *av* – **bénignité** *nf*

**Bénin** anc. royaume d'Afrique occid., à l'O. du delta du Niger, dont le territoire est auj. partagé entre la rép. du Bénin, le Nigeria et le Togo. Son apogée se situe au XVIIe s. En 1897, les Brit. imposèrent leur protectorat à l'*oba* (roi). – L'art du Bénin est un art de cour : ivoires (salières, cuillers, trompes, masques), bronzes à la cire perdue. DER **béninois, oise** *a, n*

**Bénin (république populaire du)** (rép. du *Dahomey* de 1960 à 1975), État d'Afrique occid., sur le golfe du Bénin ; 112 620 km$^2$ ; 9,4 millions d'hab. Cap. *Porto-Novo.* Nature de l'État : rép. unitaire. Langue off. : français. Monnaie : franc CFA. Ethnies princ. : Fons, Adjas, Baribas, Yoroubas. Relig. : trad. (42 %), cathol. (26,9 %), islam (21,6 %), protest. (9,5 %). DER **béninois, oise** *a, n*

**Géographie** Étiré entre les bassins du Niger et de la Volta, le Bénin est un pays au relief monotone. Au S. s'étendent des plaines fertiles et forestières, à pop. très dense. Au centre et au N., les plateaux (massif de l'Atakora) connaissent un climat tropical plus sec (savane) au peuplement clairsemé. La population, rurale à 56 %, a un accroissement annuel de 2,9 %. Les cultures vivrières (igname, manioc, maïs) et commerciales (coton, café, cacao, palmier à huile) restent la base. Le Bénin exporte un peu de pétrole. Il appartient aux pays les moins avancés.

**Histoire** Dès le XVIe s., le littoral du royaume du Dahomey (dit aussi d'Abomey) devint le lieu privilégié de la traite des Noirs. La France, dont les comptoirs étaient tombés au début du XVIIIe s., reconquit le pays après une lutte contre le roi Béhanzin en 1894. En 1899, le pays entra dans l'AOF. Indépendant en 1960, il fut dirigé à partir de 1972 par le commandant Mathieu Kérékou qui mena une politique se réclamant du marxisme. L'opposition accéda au gouv. en 1990 avec Nicéphore Soglo, élu président de la Rép. en 1991. Mais l'échec de sa politique ramena Kérékou au pouvoir en 1996. Yayi Boni qui prônait le changement fut élu prés. en 2006 et réélu en 2011 malgré des élections contestées.

**Bénin (golfe du)** partie du golfe de Guinée, à l'O. du delta du Niger.

**Benin City** v. du S. du Nigeria, cap. de l'État de *Bendel* et de l'anc. royaume du Bénin ; 1,1 million d'hab. (aggl.).

**Bénioff (plan de)** *nm* GEOL Plan incliné où se localisent les foyers des séismes et qui correspondrait à l'angle de subduction d'une plaque sous une autre.

**béni-oui-oui** *nm inv* fam Approbateur empressé de toute initiative d'un pouvoir établi. PHO [beniwiwi] ETY De l'ar. *beni,* « fils de », et redoublement de *oui.*

**bénir** *vt* ③ **1** En parlant de Dieu, répandre sa grâce, sa bénédiction sur. **2** Appeler la protection, la bénédiction divine sur. *Le prêtre a béni les fidèles.* **3** Consacrer au culte divin. *Bénir une chapelle.* **4** Louer, rendre grâce avec reconnaissance à. *Bénir la mémoire de qqn.* **5** Se féliciter, se réjouir de. *Je bénis cette occasion de vous rencontrer.* ETY Du lat. *benedicere,* « louer ».

**Beni-Souef** v. de la Haute-Égypte, sur le Nil ; 211 000 hab. ; ch.-l. de la prov. du même nom. – Temple d'Osiris et nécropole.

**bénit, ite** *a* Qui a reçu une bénédiction liturgique. *Pain bénit, eau bénite.*

**bénitier** *nm* **1** Bassin ou vase destiné à contenir de l'eau bénite. **2** Tridacne géant dont la coquille a souvent servi de bénitier. LOC fam ***Grenouille de bénitier :*** bigote. — fam ***Se démener comme un diable dans un bénitier :*** faire tous ses efforts pour sortir d'une situation difficile.

**benjamin, ine** *n* **1** Le plus jeune membre d'une famille, d'un groupe. **2** Jeune sportif de 12, 13 ans. ETY Du n. pr.

**Benjamin** personnage biblique ; douzième et dernier fils de Jacob et deuxième fils de Rachel, à l'origine de l'une des douze tribus d'Israël.

**Benoît de Nursie** l'abbé Giovanni offre le codex à saint Benoît, enluminure, Xe s. – abbaye du mont Cassin

**Benjamin** Walter (Berlin, 1892 – Port-Bou, 1940), philosophe allemand de l'école de Francfort : *l'Œuvre d'art à l'époque de sa reproduction mécanisée* (1936), *Mythe et Violence* (posth., 1955), *Poésie et Révolution* (posth., 1961). Il se suicida pour échapper aux nazis.

**Ben Jelloun** Tahar (Fès, 1944), écrivain marocain de langue française : *Moha le fou, Moha le sage* (1978), *la Nuit sacrée* (1987).

**benji** *nm* Saut dans le vide, les pieds accrochés à un élastique. PHO [benʒi] ETY De l'amér.

**benjoin** *nm* Résine de différents arbres d'Asie tropicale, utilisée en parfumerie et en pharmacie. PHO [bɛ̃ʒwɛ̃] ETY De l'ar.

**Ben Jonson** → **Jonson.**

**Ben Khedda** Youssef (Berrouaghia, 1920 – Alger, 2003), homme politique algérien, président du Gouv. provisoire de la Rép. algérienne, renversé par Ben Bella (sept. 1962).

**Ben Laden** Oussama (Riyad, 1957 – Abbottabad, Pakistan, 2011), djihadiste d'orig. saoudienne, leader d'Al-Qaida. Il est tué lors d'une attaque menée par un commando américain.

**Benn** Gottfried (Mansfeld, Prusse, 1886 – Berlin, 1956), poète expressionniste allemand.

**benne** *nf* **1** Caisson pour la manutention des matériaux en vrac ; son contenu. **2** Cabine de téléphérique. **3** Caisse d'une grue, qui s'ouvre pour prendre des matériaux.

**Bennett** James Gordon (New Mill, Écosse, 1795 – New York, 1872), journaliste américain ; fondateur du *New York Herald Tribune*. — **James Gordon** (New York, 1841 – Beaulieu, 1918), fils du préc., se passionne pour l'automobile (coupe Gordon-Bennett) et l'aviation.

**Bennett** Richard Bedford (Hopewell, Nouveau-Brunswick, 1870 – Micklehan, Surrey, 1947), homme politique canadien ; Premier ministre conservateur de 1930 à 1935.

**Ben Nevis** point culminant (1 343 m) de la G.-B., en Écosse.

**Bennigsen** Levin Leontievitch (Brunswick, 1745 – Banteln, Hanovre, 1826), général russe. Vaincu par Napoléon à Eylau (1807), il l'emporta à Leipzig (1813).

**Bénodet** com. du Finistère, sur l'Atlant., à l'embouchure de l'Odet ; 3 417 hab. Stat. balnéaire. DER **bénodétois, oise** *a, n*

**benoît, oîte** *a* Qui affecte une mine doucereuse. ETY De *bénir*. VAR **benoit, oite** DER **benoîtement** ou **benoitement** *av*

**Benoît de Nursie** (saint) (Nursie, Pérouse, v. 480 – Mont-Cassin, v. 547), fondateur de l'ordre bénédictin dont il établit la règle au mont Cassin.

**Benoît d'Aniane** (saint) (v. 750 – 821), bénédictin ; il fonda l'abbaye d'Aniane (Hérault) et codifia la règle de son ordre en 817.

**Benoît** nom de quinze papes et de trois antipapes. — **Benoît IX** Théophylacte (1020 – 1055), pape de 1032 à 1045 (puis en 1047-1048), aux mœurs déréglées. — **Benoît X** Jean Mincius antipape de 1058 à 1059. — **Benoît XI** Nicolo Boccasini (près de Trévise, 1240 – Rome, 1304), démêlés avec Philippe le Bel. — **Benoît XII** Jacques Fournier (Saverdun, ? – Avignon, 1342), troisième pape d'Avignon (1334-1342). — **Benoît XIII** Pedro Martínez de Luna (Illueca, v. 1394 – Peñíscola, 1423), antipape de 1394 à 1423 (bien que déposé en 1417). — **Benoît XIII** Vincenzo Maria Orsini (Gravina, 1649 – Rome, 1730), pape de 1724 à 1730. — **Benoît XIV** Prospero Lambertini (Bologne, 1675 – Rome, 1758), pape de 1740 à 1758. — **Benoît XV** Giacomo della Chiesa (Gênes, 1854 – Rome, 1922), pape de 1914 à 1922. Il promulgua le code du droit canonique de 1917. — **Benoît XVI** Josef Ratzinger (Marktl-am-Inn, 1927), élu pape en 2005. Il démissionne en 2013.

**Benoit** Pierre (Albi, 1886 – Ciboure, 1962), romancier français : *Kœnigsmark* (1918), *l'Atlantide* (1919). Acad. fr. en 1931.

**Benoît de Sainte-Maure** (XIIe s.), chroniqueur anglo-normand : *Chronique des ducs de Normandie*, commencée par Wace ; *le Roman de Troie*.

**benoîte** *nf* Plante herbacée (rosacée) à fleurs jaunes, dont la tige et la racine ont des propriétés toniques et astringentes. VAR **benoite**

**Bénoué (la)** riv. d'Afrique occid. (1 400 km), affl. du Niger (r. g.). Née au Cameroun, elle s'écoule au Nigeria.

**Bénoué-Congo (langues)** groupe de langues nigéro-congolaises comprenant notam. les langues bantoues.

**Benserade** Isaac de (Paris, v. 1613 – Gentilly, 1691), poète français ; le sonnet de *Job* (1648) l'opposa à Voiture (sonnet d'*Uranie*). Acad. fr. (1674).

**Bentham** Jeremy (Londres, 1748 – id., 1832), philosophe et jurisconsulte anglais. Sa morale utilitariste caractérise le libéralisme du XIXe s.

**benthos** *nm* BIOL Ensemble des organismes vivant sur les fonds marins ou d'eau douce, par oppos. à *necton* et *plancton*. PHO [bɛ̃tos] DER **benthique** *a*

**Bentivoglio** famille italienne qui régna sur Bologne au XVe s.

**bento** *nm* Au Japon, boîte contenant un repas. PHO [bento]

**bentonite** *nf* TECH Argile très hydrophile, utilisée dans l'industrie et dans les forages. ETY D'un n. pr.

**Benveniste** Émile (Alep, 1902 – Paris, 1976), linguiste français, spécialiste des langues indo-européennes : *Problèmes de linguistique générale* (1974).

**Benvenuto Cellini** → **Cellini.**

**Benxi** v. de la Chine du N.-E. (prov. de Liaoning) ; 1 412 120 hab. (aggl.). Houille, sidérurgie.

**Ben Yehuda** Eliezer Perelman, dit Eliezer (Louchki, Lituanie, 1858 – Jérusalem, 1922), écrivain hébreu. Son *Grand dictionnaire de la langue hébraïque* a permis l'émergence de l'hébreu moderne.

**Benz** Carl (Karlsruhe, 1844 – Ladenburg, Bade-Wurtemberg, 1929), ingénieur allemand qui fit breveter en 1886 un tricycle muni d'un moteur à 4 temps.

**benzène** *nm* CHIM Liquide incolore extrait des goudrons de houille. PHO [bɛ̃zɛn] ETY Du lat. bot. *benzoe*, « benjoin ». DER **benzénique** *a*

ENC Hydrocarbure cyclique de formule brute $C_6H_6$. C'est un solvant organique, insoluble dans l'eau, inflammable, utilisé comme matière première pour synthétiser de nombr. composés organiques.

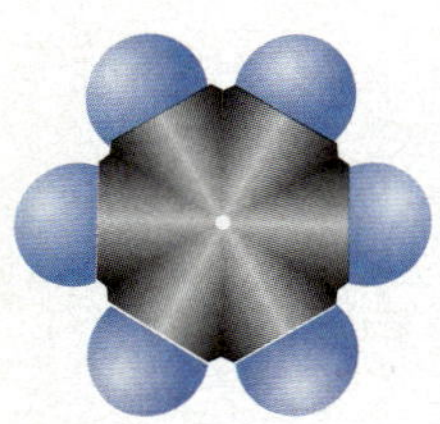

modèle compact de la molécule de benzène ; chacun des 6 atomes d'hydrogène (en bleu) est lié par une liaison de covalence à un atome de carbone (en noir)

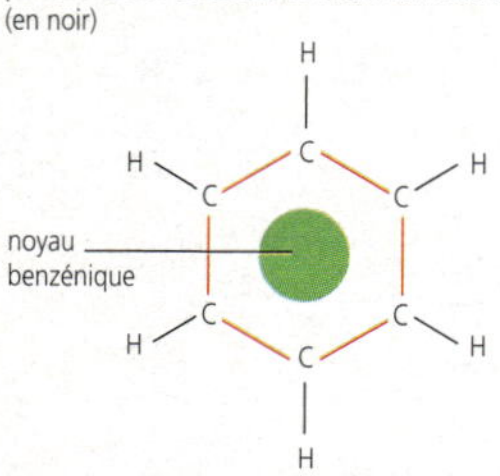


formule développée du benzène ; chacun des 6 atomes de carbone possède un électron célibataire : ces 6 électrons, délocalisés, forment un nuage d'électrons, dit « noyau benzénique » (en vert), caractéristique de la série aromatique

**benzène**

**benzine** *nf* Mélange d'hydrocarbures provenant de la rectification du benzol.

**benzoate** *nm* CHIM Sel ou ester de l'acide benzoïque.

**benzodiazépine** *nf* PHARM Composé cyclique chimique utilisé comme tranquillisant.

**benzoïque** *a* **LOC** CHIM *Acide benzoïque :* acide aromatique ($C_6H_5COOH$) dont certains esters sont utilisés en parfumerie.

**benzol** *nm* CHIM Carburant composé de benzène, de toluène et de xylène.

**benzolisme** *nm* MED Intoxication par le benzol et ses dérivés (toluène, xylène, etc.).

**benzopyrène** *nm* Hydrocarbure cancérigène présent dans les goudrons de tabac.

**benzylcellulose** *nf* CHIM Éther benzylique de la cellulose utilisé comme vernis.

**benzyle** *nm* CHIM Radical toluène $C_6H_5–CH_2–$. DER **benzylique** *a*

**Béotie** région de la Grèce anc., au N. de l'Attique, qui avait Thèbes pour capitale. DER **béotien, enne** *a, n*

**béotien, enne** *a, n* Lourd d'esprit, ignorant. **LOC** *Ligue béotienne :* confédération de petites cités de la Béotie qui, dirigées par Thèbes, s'allia aux Perses durant les guerres médiques et fut vaincue à Platées (479 av. J.-C.). PHO [beosjɛ̃, ɛn]

**Beowulf** héros scandinave d'un poème anglo-saxon du VIIe s. (manuscrit du Xe s.).

**BEP** *nm* Brevet d'études professionnelles.

**BEPC** *nm* Brevet d'études du premier cycle.

**béquille** *nf* **1** Tige surmontée d'une traverse sur laquelle s'appuie un infirme pour marcher. **2** fig Appui, soutien. **3** Poignée de serrure. **4** Pièce destinée à soutenir, à étayer. *Béquille d'une bicyclette.* ETY De *béquillon*, « petit bec ».

**béquiller** *vt* ① Étayer à l'aide de béquilles. *Béquiller un navire.*

**ber** *nm* MAR Charpente en forme de berceau qui sert à soutenir un bateau hors de l'eau. SYN berceau. PHO [bɛʀ] ETY Du lat. d'orig. gaul.

**Bérain** Jean Ier, dit Jean le Vieux (Saint-Mihiel, 1639 – Paris, 1711), peintre et dessinateur français au service de Louis XIV.

**Béranger** Pierre Jean de (Paris, 1780 – id., 1857), chansonnier français, qui, notam., répandit la légende napoléonienne : *le Vieux Drapeau*, *le Vieux Sergent*.

**Bérard** Christian (Paris, 1902 – id., 1949), peintre français, auteur de décors et de costumes pour le théâtre.

**Berbera** port de Somalie, sur le golfe d'Aden ; 70 000 hab.

**berbère** *a, n* **A** *a* Relatif aux Berbères. **B** *nm* Langue de la famille chamito-sémitique, parlée par les Berbères et comprenant de nombreuses formes dialectales. (En 2002, elle est reconnue langue nationale en Algérie, au côté de l'arabe.)

**Berbères** habitants de l'Afrique du Nord depuis la préhistoire, qui parlent différents dialectes berbères (appartenant à la famille afro-asiatique). Ils sont actuellement répartis au Maroc (plaine du Sous, Anti-Atlas, Haut Atlas, Moyen Atlas, Rif), en Algérie (Kabylie, Mzab, Aurès, Sahara), au S. de la Tunisie et en Libye ; en outre, le Mali et le Niger comptent des Touareg. Certaines pop. adoptèrent le judaïsme, d'autres le christianisme ; après la conquête arabe (fin du VIIe s.), la plupart se convertirent à l'islam.

**berbéridacée** *nf* BOT Dicotylédone des régions tempérées, telle que l'épine-vinette et le mahonia.

**berbéris** *nm* Épine-vinette. ETY Du gr.

**berbérisme** *nm* Mouvement d'affirmation de l'identité berbère. DER **berbériste** *a, n*

**berbérophone** *a, n* De langue berbère.

**Berberova** Nina Nikolaïevna (Saint-Pétersbourg, 1901 – Philadelphie, 1993), écrivain américain d'orig. russe : *l'Accompagnatrice* (1934), *le Roseau révolté* (1958).

**bercail** *nm* **LOC** *Ramener une brebis au bercail :* ramener un hérétique au sein de l'Église ; ramener qqn à sa famille. — *Rentrer au bercail :* rentrer chez soi. ETY Du lat. *verbicalis*, « bergerie ».

**berçante** *nf* Canada Fauteuil ou chaise à bascule. SYN berceuse.

**berce** *nf* Grande ombellifère aux inflorescences blanches des lieux incultes humides, envahissante et toxique. ETY De l'all.

**berceau** *nm* **1** Petit lit de bébé que l'on peut généralement faire se balancer. **2** fig Lieu où une personne est née, où une chose a commencé. *Florence a été le berceau de la peinture moderne.* **3** ARTILL Partie cintrée d'un affût de canon. **4** HORTIC Charmille ou treillage en voûte couvert de plantes grimpantes. **5** MAR Syn. de *ber*. **LOC** *Dès le berceau :* dès la plus tendre enfance. — ARCHI *Voûte en berceau :* en plein cintre. ETY De *ber*.

voûte en **berceau** : cloître Saint-Trophime (Arles), XIIe s. - XIVe s.

**bercelonnette** *nf* Berceau suspendu et mobile.

**bercer** *vt* ⑫ **1** Balancer un enfant dans son berceau ou en le portant dans les bras. **2** Balancer mollement. *La mer berce les navires.* **3** fig Apaiser, endormir. *Bercer sa douleur.* **4** fig Tromper, amuser par de fausses espérances. *Bercer qqn de vaines promesses.* **LOC** *Se bercer d'illusions :* se leurrer. ETY De l'a. fr. *berz*, « berceau ». DER **bercement** *nm* – **berceur, euse** *a*

**berceuse** *nf* **1** Chanson destinée à endormir les enfants. **2** Pièce souvent instrumentale, au rythme lent et de caractère doux. **3** Siège dans lequel on peut se balancer.

**Berchet** Giovanni (Milan, 1783 – Turin, 1851), poète italien romantique.

**Berchtesgaden** v. d'Allemagne (Bavière), 8 050 hab. – Sur un des sommets entourant la v., Hitler fit édifier son « Nid d'aigle ».

**Berck** v. du Pas-de-Calais (arr. de Montreuil-sur-Mer), sur la Manche ; 15 783 hab. – *Berck-Plage :* stat. clim. et médicale. DER **berckois, oise** *a, n*

**Bercy** com. annexée à Paris en 1860 (XIIe arr.), sur la Seine (r. dr.). Anc. grands entrepôts à vin réaménagés, ainsi que le quartier. Siège du Min. de l'Économie et des Finances.

**BERD** → **Banque européenne pour la reconstruction et le développement.**

**Berdiaeff** Nicolas (Kiev, 1874 – Clamart, 1948), essayiste russe, marxiste devenu chrétien.

**Bérégovoy** Pierre (Déville-lès-Rouen, 1925 – Nevers, 1993), homme polit. socialiste français ; ministre de l'Économie et des Finances (1984-1986 et 1988-1992), Premier ministre (1992-1993).

**Bérenger Ier** (assassiné à Vérone, 924), roi d'Italie de 888 à 924, petit-fils de Louis le Pieux, empereur d'Occident en 915. — **Bérenger II** (mort à Bamberg, 966), neveu du préc., roi d'Italie (950-961), détrôné par Otton Ier le Grand.

**Bérenger de Tours** (Tours, v. 1000 – id., 1088), théologien français ; son rejet du dogme de la transsubstantiation fut condamné.

**Bérengère** (1181 – 1244), régente, puis reine de Castille, elle abdiqua en faveur de son fils Ferdinand III.

**Bérénice** → **Benghazi.**

**Bérénice** nom de plusieurs princesses égyptiennes de la famille des Ptolémées.

**Bérénice** (v. 28 – 79), fille d'Hérode Agrippa Ier, roi de Judée. L'empereur Titus renonça à l'épouser.

**Bérénice** tragédie en 5 actes et en vers de Racine (1670).

**Berenson** Bernard (près de Vilnious, Lituanie, 1865 – Florence, 1959), collectionneur et écrivain d'art américain. Il étudia surtout la peinture italienne de la Renaissance.

**béret** *nm* Coiffure en étoffe, ronde et plate. ETY Du béarnais.

**bérézina** *nf* fam Déroute, désastre, catastrophe. ETY Du n. pr.

**Berezina (la)** riv. de Biélorussie (587 km), affl. du Dniepr (r. dr.). Franchie dans des conditions désastreuses par l'armée française, lors de la retraite de Russie (nov. 1812), grâce à l'héroïsme des pontonniers du général Éblé.

**Berezniki** v. de Russie, dans l'Oural ; 150 700 hab. Potasse, industr. chim.

**Berg** anc. duché d'Allemagne, sur la r. dr. du Rhin (cap. *Düsseldorf*), prussien en 1815.

**Berg** Alban (Vienne, 1885 – id., 1935), compositeur autrichien. Ayant rejeté la tonalité en 1909, il écrivit un opéra (*Wozzeck*, 1925), le *Kammerkonzert* (1923-1925), *Lulu* (1928-1935, opéra inachevé), un concerto pour violon : *À la mémoire d'un ange* (1935).

**Berg** Paul (New York, 1926), biochimiste américain : travaux sur l'ADN. Prix Nobel de chimie en 1980 avec W. Gilbert et F. Sanger.

**bergamasque** *nf* Danse et air de danse du XVIIIe s., empruntés aux paysans de la province de Bergame.

**Bergame** ville du nord de l'Italie (Lombardie) ; 118 700 hab. ; ch.-l. de la prov. du même nom. Industries. – Égl. XIIe-XIVe s. DER **bergamasque** *a, n*

**bergamote** *nf* **1** Variété de poire fondante. **2** Variété d'agrume dont on tire une essence utilisée en parfumerie et en confiserie. **3** Bonbon à la bergamote. ETY De l'ital. *bergamotta*, du turc.

**bergamotier** *nm* Arbre fruitier de la famille de l'oranger qui produit la bergamote.

**1 berge** *nf* Bord d'un cours d'eau. ETY Du gaul.

**2 berge** *nf* fam An, année. *Il a quarante berges.* ETY Mot tzigane.

**3 berge** → **barge.**

**Bergen** grand port de Norvège, sur l'Atlant. ; 272 500 hab. ; ch.-l. de comté. Pêche. Import. gisement de pétrole. Industries. – Université.

**Bergen-Belsen** camp d'extermination nazi, établi en 1943 près de Celle (Hanovre).

**bergénia** *nm* Plante vivace, voisine de la saxifrage, originaire de Sibérie. ETY D'un n. pr.

**Bergen op Zoom** v. des Pays-Bas (Brabant-Septentrional), sur l'Escaut ; 65 300 hab.

**berger, ère** *n* **A 1** Personne qui garde les moutons. **2** fig Chef, guide. **B** *nm* Chien de berger. *Un berger allemand.* **LOC** ***Réponse du berger à la bergère*** : réplique qui met fin à une discussion. ETY Du lat. ▶ pl. **chiens**

**Berger (gouffre)** gouffre du Vercors, profond de 1 140 m.

**Berger** Laurent (Guérande, 1968), syndicaliste français. Secrétaire gén. de la CFDT en 2012.

**bergerac** *nm* Vin rouge AOC du Sud-Ouest.

**Bergerac** ch.-l. d'arr. de la Dordogne, sur la Dordogne ; 29 002 hab. Vin, truffes, foie gras. – Musée du tabac. DER **bergeracois, oise** *a, n*

**bergère** *nf* Fauteuil large et profond, garni d'un épais coussin.

**bergerie** *nf* **1** Lieu où l'on parque les moutons. **2** LITTER Petit poème pastoral. **LOC** ***Enfermer le loup dans la bergerie*** : introduire un élément dangereux dans un endroit où l'on a précisément lieu de craindre sa présence.

**Bergeron** André (Suarce, Territ. de Belfort, 1922 – Belfort, 2014), syndicaliste français ; secrétaire général de la CGT-FO de 1963 à 1989.

**bergeronnette** *nf* Oiseau passériforme à longue queue qui vit au bord de l'eau. SYN hochequeue, lavandière.

**bergeronnette** grise

**Bergers d'Arcadie (les)** peinture de Poussin (v. 1638) ; autre version (v. 1629).

**Bergius** Friedrich (Goldschmieden, 1884 – Buenos Aires, 1949), chimiste allemand : travaux sur les hydrocarbures. P. Nobel (1931).

**Bergman** Torbern (Katrineberg, 1735 – Medevi, 1784), savant suédois ; il a isolé le nickel et le tungstène.

**Bergman** Ingrid (Stockholm, 1915 – Londres, 1982), actrice suédoise : *Casablanca* (1942), *les Enchaînés* (1946), *Stromboli* (1949), *Sonate d'automne* (1978). ▶ illustr. **Rossellini**

**Bergman** Ingmar (Uppsala, 1918 – Faro, Suède, 2007), cinéaste et metteur en scène suédois : *Jeux d'été* (1950), *le Septième Sceau* (1957), *le Silence* (1963), *Cris et Chuchotements* (1972), *Sonate d'automne* (1978), *Fanny et Alexandre* (1982).

**Ingmar Bergman** *la Flûte enchantée*, 1975

**Bergslag (le)** rég. industr. et minière de la Suède centrale.

**Bergson** Henri (Paris, 1859 – id., 1941), philosophe spiritualiste français : *Essai sur les données immédiates de la conscience* (1889), *Matière et Mémoire* (1896), *le Rire* (1900), *l'Évolution créatrice* (1907), *l'Énergie spirituelle* (1919), *les Deux Sources de la morale et de la religion* (1932). Acad. fr. (1914). P. Nobel de littérature (1927). DER **bergsonien, enne** *a, n* ▶ illustr. p. 168

**Bergues** ch.-l. de cant. du Nord ; 4 006 hab. – Enceinte fortifiée (XVIIe s.).

**Beria** Lavrenti Pavlovitch (Merkheouli, Géorgie, 1899 – Moscou, 1953), homme politique soviétique. Chef de la police secrète, ministre de l'Intérieur (1942-1946), maréchal en 1945 ; l'un des trois dirigeants sov. après la mort de Staline ; exécuté en déc. 1953.

**béribéri** *nm* Maladie due à une carence en vitamine B1. ETY Du cinghalais *béri*, « faiblesse ».

**bérimbau** *nm* Instrument brésilien, à une corde, frappée.

**Béring (mer de)** mer du Pacifique, au N. des îles Aléoutiennes, entre le Kamtchatka et l'Alaska. VAR **Behring**

**Béring (détroit de)** détroit reliant l'Arctique au Pacifique entre l'Asie et l'Amérique, découvert v. 1725 par Vitus Béring (Horsens, Jylland, 1681 – île d'Avatcha, auj. île Béring, 1741), navigateur danois au service du tsar. VAR **Behring**

**Berio** Luciano (Oneglia, 1925 – Rome, 2003), compositeur italien. Il mêle la mus. électronique à la voix et aux instruments : *Sinfonia*, *Laborintus II* : (1965) ; opéras : *la Vera Storia* (1982), *Outis* (1999).

**berk** *interj* Exprime le dégoût. VAR **beurk**

**Berkeley** v. des É.-U. (Californie) ; 117 000 hab. – Université réputée.

**Berkeley** George (près de Kilkenny, Irlande, 1685 – Oxford, 1753), théologien et philosophe irlandais ; évêque anglican. Il ramène la réalité à la perception que nous en avons : « l'Être, c'est l'être perçu », imposé à l'esprit humain par la volonté divine : *Dialogues entre Hylas et Philonoüs* (1713).

**berkélium** *nm* CHIM Élément radioactif artificiel, de numéro atomique Z = 97, de masse atomique 247 (symbole Bk). PHO [bɛʀkeljɔm] ETY Du n. pr.

**Berkshire** comté de G.-B., à l'O. de Londres ; 1 256 km² ; 863 000 hab. ; ch.-l. *Reading*.

**Berlage** Hendrik Petrus (Amsterdam, 1856 – La Haye, 1934), architecte néerlandais : Bourse d'Amsterdam (1897-1903).

**Berlanga** Luis Garcia (Valence, 1921 – Madrid, 2010), cinéaste espagnol : *Bienvenue Mr. Marshall* (1952), *le Bourreau* (1963), *Paris-Tombouctou* (1999).

**Berlaymont** quartier de Bruxelles où siègent les institutions européennes.

**berlèse** *nm* Appareil en forme d'entonnoir utilisé en écologie pour étudier la microfaune des sols. ETY Du n. de son inventeur.

**Berliet** Marius (Lyon, 1866 – Cannes, 1949), industriel français qui créa en 1894, à Lyon, une société de production de camions.

**Berlin** capitale de l'Allemagne, sur la Spree, Land d'Allemagne et région de l'UE ; 884 km² ; 3,4 millions d'hab. (aggl.). Avant 1990, la ville était divisée en : *Berlin-Ouest*, Land de RFA, isolé en RDA (480 km² ; 2 millions d'hab.) et *Berlin-Est*, cap. de la RDA (404 km² ; 1 200 000 hab.). Décidé en 1991, le transfert du gouvernement de Bonn à Berlin s'est effectué en 1999. Grand centre industriel, tertiaire, universitaire et culturel, la ville est l'objet d'importants réaménagements urbains. DER **berlinois, oise** *a, n*
**Monuments** Le chât. de Charlottenburg, édifice baroque du XVIIIe s., seul château des

Hohenzollern qui subsiste, abrite un musée. La cathédrale Sainte-Edwige (XVIII^e s.), l'église Sainte-Marie, l'opéra ont échappé aux destructions de 1944-1945 (quartier du Linden-Forum). La Museumsinsel (l'île des musées) groupe plusieurs musées. Citons aussi ceux de Dahlem : célèbres collections de peinture, sculpture, estampes, etc. Après 1945 se développe une architecture audacieuse : Universités. Nombreux théâtres.
**Histoire** Fondée vers 1230, la v. devint cap. du Brandebourg (1486), de la Prusse (1701), de l'Allemagne (1871-1945). Son essor date du XVIII^e s. Après sa chute face à l'Armée rouge (mai 1945), elle fut divisée en quatre secteurs d'occupation, jusqu'en 1949 ; Berlin-Est correspondit alors au secteur sov. Un pont aérien ravitailla Berlin-Ouest soumis à un blocus par les Sov. (1948-1949). En 1961, la RDA édifia le mur de Berlin pour arrêter l'émigration de ses ressortissants. Il fut détruit à partir de nov. 1989, permettant la libre circulation dans une ville réunifiée et redevenue capitale en 1991. Les troupes alliées se sont retirées de la ville en 1994.

**Berlin** manifestation devant le mur, 1989

**Berlin (conférence de)** conférence internationale réunie par Bismarck de nov. 1884 à fév. 1885 pour étudier divers problèmes relatifs à l'Afrique et fixer les règles de l'occupation coloniale. De nombreux historiens ont vu dans cette clause subsidiaire le « partage de l'Afrique ».

**Berlin (congrès de)** conférence qui, en juil. 1878, plaça les Balkans sous l'influence russe. V. Orient (question d').

**Berlin Israel Baline,** dit **Irving** (Temoun, Sibérie, 1888 – New York, 1989), compositeur américain d'orig. russe : mus. de films.

**Berlin Isaiah** (Riga, 1919 – Oxford, 1989), philosophe britannique, adversaire du déterminisme historique : *Karl Marx* (1939).

**Berlin Alexanderplatz** roman en 9 livres d'Alfred Döblin. ▷ CINE *Sur le pavé de Berlin,* film de Phil Jutzi (1894 – 1945), en 1931. ▷ TELE Feuilleton de Fassbinder (1980).

**berline** *nf* **1** Voiture hippomobile à quatre roues, recouverte d'une capote, et garnie de glaces. **2** Automobile à quatre portes. **3** Wagonnet assurant le transport des minerais. ETY De *Berlin.*

**Berliner Ensemble** compagnie théâtrale fondée par Bertolt Brecht et Helene Weigel en 1949 à Berlin-Est.

**berlingot** *nm* **1** Bonbon en forme de tétraèdre. **2** Emballage commercial de même forme. PHO [bɛʀlɛ̃go] ETY De l'it. *berlingozzo,* « gâteau ».

**Berlinguer Enrico** (Sassari, 1922 – Padoue, 1984), secrétaire général du parti communiste italien de 1972 à sa mort. Il proposa en vain le « compromis historique » à la démocratie chrétienne.

**Berlioz Hector** (La Côte-Saint-André, Isère, 1803 – Paris, 1869), compositeur français. Son œuvre romantique a marqué l'orchestration moderne. Opéras : *Benvenuto Cellini* (1838) ; *la Damnation de Faust* (1828-1846) ; *les Troyens* (1855-1858). Mus. religieuse : *Requiem* (1837), *Te Deum* (1855). Mus. symphonique : *Symphonie fantastique* (1830), *Harold en Italie* (1834), *Roméo et Juliette* (1839), *Carnaval romain* (1844).

**H. Bergson**

**H. Berlioz**

**berlue** *nf* LOC fam *Avoir la berlue* : voir qqch qui n'existe pas, être la proie d'une illusion. ETY De *belluer,* « éblouir ».

**Berlusconi Silvio** (Milan, 1936), homme d'affaires et homme politique italien de droite, président du Conseil d'avril à déc. 1994, de 2001 à 2006 et de 2008 à 2011.

**berme** *nf* **1** Chemin entre le pied d'un rempart et le fossé. **2** Chemin entre une levée de terre et le bord d'un canal ou d'un fossé. ETY Du néerl.

**Bermejo (río)** riv. du Chaco argentin, affluent (r. dr.) du Paraná ; 1 500 km.

**bermuda** *nm* Short long, descendant jusqu'au genou. ETY Mot amér., du n. des îles *Bermudes.*

**Bermudes** archipel brit. de l'Atlantique, au N.-E. des Antilles, jouissant dep. 1968 d'autonomie interne ; 53 km$^2$ ; 58 000 hab. ; cap. *Hamilton,* dans l'île Main Island. Tourisme important. DER **bermudien, enne** *a, n*

**Bermudes (triangle des)** zone de l'Atlantique, près des Bermudes, où se produiraient des phénomènes étranges.

**bernacle** *nf* **1** Oie sauvage des régions nordiques. **2** Anatife. ETY De l'irlandais. VAR **bernache**

**Bernadette Soubirous (sainte)** (Lourdes, 1844 – Nevers, 1879), paysanne française qui eut des visions de la Vierge dans une grotte de Lourdes (1858), lieu depuis d'un pèlerinage célèbre. Canonisée en 1933.

**Bernadotte Charles Jean-Baptiste** (Pau, 1763 – Stockholm, 1844), maréchal de France, roi de Suède de 1818 à 1844 sous le nom de Charles XIV ou Charles-Jean. Il se distingua dans les guerres de la Révolution et de l'Empire. En 1810, il devint l'héritier du trône de Suède. En 1812, il engagea sa nouvelle patrie contre Napoléon. Les souverains actuels sont de sa descendance.

**Bernanos Georges** (Paris, 1888 – Neuilly-sur-Seine, 1948), écrivain catholique français, auteur de romans (*Sous le soleil de Satan,* 1926 ; *le Journal d'un curé de campagne,* 1936 ; *Monsieur Ouine,* 1946) ; de pamphlets (*la Grande Peur des bien-pensants,* 1931 ; *les Grands Cimetières sous la lune,* 1938), d'un scénario de film, *Dialogues des carmélites* (posth., 1949), adapté pour le théâtre en 1952.

**Georges Bernanos**

**Bernard** (?, 797 – Aix-la-Chapelle, 818), petit-fils de Charlemagne ; roi d'Italie de 813 à 817, il se révolta contre Louis I^er le Pieux, qui le fit aveugler ; il mourut de ce supplice.

**Bernard Samuel** (Sancerre, 1651 – Paris, 1739), financier français qui renfloua le trésor royal sous Louis XIV et Louis XV.

**Bernard Claude** (Saint-Julien, Rhône, 1813 – Paris, 1878), médecin français : nombr. découvertes de physiologie. *Introduction à l'étude de la médecine expérimentale* (1865) : à l'observation objective succède une hypothèse inventive scrupuleusement soumise à l'expérimentation. Acad. des sc. (1854). Acad. fr. (1868).

**Claude Bernard**

**Bernard Paul,** dit **Tristan** (Besançon, 1866 – Paris, 1947), auteur français de comédies : *L'anglais tel qu'on le parle* (1899).

**Bernard Émile** (Lille, 1868 – Paris, 1941), peintre français. Il élabora le synthétisme avec Gauguin, à Pont-Aven (1888).

**Bernard Jean** (Paris, 1907 – id., 2006), hématologiste et écrivain français. Acad. fr. (1975).

**Bernard Alain** (Aubagne, 1983), nageur français. Médaille d'or aux JO de Pékin (2008).

**Bernard de Clairvaux (saint)** (Fontaine, près de Dijon, 1090 – Clairvaux, 1153), moine de Cîteaux, fondateur de l'abbaye de Clairvaux, docteur de l'Église. Il fit condamner Abélard au concile de Sens (1140), prêcha à Vézelay et à Spire la 2^e croisade (1146-1147) et fonda de nombr. monastères.

**Bernard de Menthon (saint)** (Menthon, près d'Annecy, v. 923 – id., v. 1009), archidiacre d'Aoste, fondateur des hospices du Grand et du Petit-Saint-Bernard.

**Bernard de Saxe-Weimar** → **Saxe-Weimar.**

**Bernard de Ventadour** (XII^e s.), troubadour limousin : *Chansons* pour la cour d'Éléonore d'Aquitaine.

**bernardin, ine** *n* Religieux, religieuse cisterciens qui obéissent à une règle issue de la réforme de saint Bernard de Clairvaux.

**Bernardin de Saint-Pierre Jacques Henri** (Le Havre, 1737 – Éragny-sur-Oise, 1814), écrivain français, disciple de Rousseau : *Voyage à l'île de France* (1773), *Paul et Virginie* (1787 ; idylle ayant pour cadre l'île de France, auj. île Maurice).

**Bernardin de Sienne (saint)** (Massa Marittima, près de Sienne, 1380 – Aquila, 1444), franciscain et écrivain mystique italien.

**bernard-l'ermite** *nm inv* ZOOL Pagure. ETY De *ermite,* car ce crustacé se loge dans une coquille vide. VAR **bernard-l'hermite**

**Bernay** ch.-l. d'arr. de l'Eure ; 10 857 hab. – Deux égl. du XV^e s. Anc. égl. abbat. (XI^e s.). DER **bernayen, enne** *a, n*

**1 berne** *nf* vx Brimade consistant à faire sauter qqn en l'air et à le rattraper sur une couverture tenue par plusieurs personnes.

**2 berne** *nf* LOC fam *En berne* : en mauvais état, en détresse. *Avoir le moral en berne.* — *Pavillon, drapeau en berne* : hissé à mi-mât ou non déployé, en signe de deuil.

**Berne** cap. de la Suisse, sur l'Aar ; 300 000 hab. (aggl.). Centre industr., culturel et tourist. Cath. goth. (XV^e-XVI^e s.) ; hôtel de ville (XV^e s.) ; tour de l'Horloge ; musée des Bx-A. ; fondation Paul-Klee. – La v. passa à la Réforme en 1528 et devint cap. fédérale en 1848. – *Canton de Berne* : 6 049 km$^2$ ; 947 100 hab. ; ch.-l. *Berne.* Le Jura francophone s'en est détaché en 1974. DER **bernois, oise** *a, n*

**berner** *vt* ① fig Tromper et ridiculiser. *Ce faussaire a berné les marchands de tableaux.* ETY De l'a. fr., « vanner le blé ».

**Bernhard** Thomas (Heerlen, Pays-Bas, 1931 – Gmunden, Autriche, 1989), écrivain autrichien : poète (*Sur terre et en enfer*, 1957), romancier (*Gel*, 1963 ; *les Maîtres anciens*, 1988), dramaturge (*le Faiseur de théâtre*, 1985).

**Bernhardt** Rosine Bernard, dite Sarah (Paris, 1844 – id., 1923), actrice et directrice de théâtre française. Princ. rôles : *Phèdre, la Dame aux camélias, l'Aiglon*.

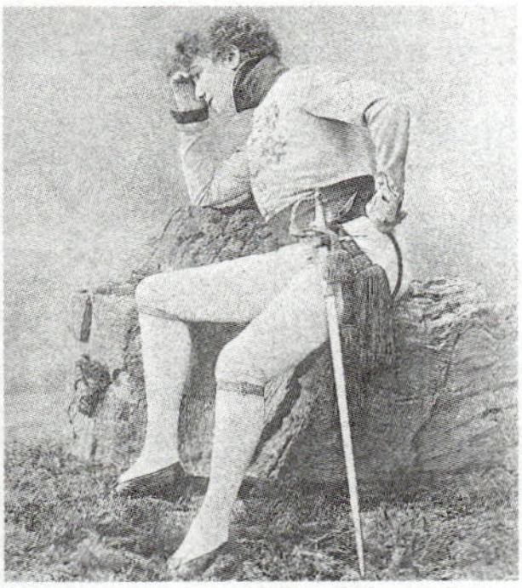

**Sarah Bernhardt** dans *l'Aiglon* d'Edmond Rostand

**Berni** Francesco (Lamporecchio, 1497 - Florence, 1535), poète italien.

**Bernier** Nicolas (Mantes-la-Jolie, 1664 – Paris, 1734), compositeur français : motets.

**Bernier** Étienne (Daon, Anjou, 1762 – Paris, 1806), prélat français, chouan rallié à Bonaparte, l'un des négociateurs du Concordat.

**Bernin** Giovanni Lorenzo Bernini, dit le Bernin ou le Cavalier Bernin (Naples, 1598 – Rome, 1680), peintre, sculpteur et architecte italien ; maître du baroque monumental. Il travailla beaucoup à Rome : fontaines des places Barberini et Navona, double colonnade de la place St-Pierre, colonnes torsadées du baldaquin de la basilique Saint-Pierre, etc.

**Bernina (la)** massif des Alpes suisses (Grisons) culminant au Piz Bernina (4 052 m). Le *col de la Bernina* (2 327 m) relie la Suisse à l'Italie.

**1 bernique** *nf* Nom cour. de la patelle. ETY Du breton. VAR **bernicle**

**2 bernique** *interj* fam, vieilli Marque un espoir déçu. *J'espérais le trouver, mais bernique !*

**Berne**

**Bernis** François Joachim de Pierre de (Saint-Marcel-en-Vivarais, 1715 – Rome, 1794), cardinal français, poète et diplomate. Il a laissé des *Mémoires*. Acad. fr. en 1744.

**bernois, oise** → **Berne.**

**Bernoulli** famille de savants, originaire d'Anvers, qui s'exila à Bâle à la fin du XVI^e s. — **Jacques I^er** (Bâle, 1654 – id., 1705), poursuivit les travaux de Leibniz (calculs différentiel et intégral), ainsi que son frère **Jean I^er** (Bâle, 1667 – id., 1748), avec qui il se brouilla, et ses neveux **Nicolas I^er** (Bâle, 1687 – id., 1759) **Nicolas II** (Groningue, 1695 – Saint-Pétersbourg, 1726) et **Daniel** (Groningue, 1700 – Bâle, 1782) qui étendit son domaine à la physique et fonda l'hydrodynamique.

**Bernstein** Eduard (Berlin, 1850 – id., 1932), homme politique allemand. Social-démocrate, il critiqua le marxisme.

**Bernstein** Henry (Paris, 1876 – id., 1953), auteur dramatique français : *le Bercail* (1905), *la Rafale* (1905), *Elvire* (1940).

**Bernstein** Leonard (Lawrence, Massachusetts, 1918 – New York, 1990), compositeur et chef d'orchestre américain : *West Side Story* (1957).

**Béroalde de Verville** François (Paris, 1556 – Tours, 1629), écrivain français : *Le Moyen de parvenir* (1610-1620).

**Béroul** trouvère anglo-normand du XII^e s., auteur du *Roman de Tristan*, long poème en vers octosyllabiques, adapté en 1900 par J. Bédier.

**Berque** Jacques (Molière, Algérie, 1910 – Saint-Julien-en-Born, Landes, 1995), orientaliste français, spécialiste du monde arabe et de l'islam.

**Berr** Henri (Lunéville, 1863 – Paris, 1954), historien français, philosophe de l'histoire, il créa la *Revue de synthèse historique* (1900).

**Berre-l'Étang** ch.-l. de cant. des B.-du-Rh. (arr. d'Aix-en-Provence) ; 13 415 hab. Chaudronnerie. – Les rives de *l'étang de Berre*, relié à la Médit. par l'étang de Caronte, constituent un gigantesque complexe pétrolier. (V. Fos et Lavéra.)

**Berri** Claude (Paris, 1934 – id., 2009), cinéaste français : *le Vieil Homme et l'Enfant* (1966), *Jean de Florette* (1985), *Lucie Aubrac* (1997).

**Berruguete** Pedro (Paredes de Nava, v. 1450 – Madrid, v. 1504), peintre espagnol. — **Alonso** (Paredes de Nava, v. 1490 – Tolède, 1561), fils du préc., peintre et sculpteur baroque.

**berruyer** → **Bourges.**

**Berry** anc. prov. de France qui couvrait le sud et le sud-est de l'actuelle Région Centre ; cap. *Bourges*. Elle fut réunie à la France en 1434. DER **berrichon, onne** *a, n*

**Berry** Jean de France (duc de) (Vincennes, 1340 – Paris, 1416), prince capétien, fils du roi de France Jean le Bon. Il fit exécuter les *Très Riches Heures du duc de Berry*.

**le Bernin** *l'Extase de sainte Thérèse* (1644-1646) – Santa Maria della Victoria, Rome

les ducs de **Berry** et de Bourgogne accueillent à Paris, en 1386, leur neveu Louis II, roi de Sicile, enluminure des Chroniques de Froissart, XV^e s. – BN

**Berry** Charles Ferdinand de Bourbon (Versailles, 1778 – Paris, 1820), second fils de Charles X. Il fut assassiné par un ouvrier. — **Marie-Caroline de Bourbon-Sicile** (Palerme, 1798 – Brünnsee, Autriche, 1870), duchesse de Berry (1798 – 1870), épouse du préc., tenta, en 1832, de soulever la Vendée contre Louis-Philippe, au profit de son fils, le comte de Chambord.

**Berry** Jules Paufichet, dit Jules (Poitiers, 1883 - Paris, 1951), acteur français de cinéma : *le Crime de M. Lange* (1939) ; *les Visiteurs du soir* (1942).

**Berry** Charles Edward Anderson, dit Chuck (Saint-Louis, Missouri, 1926), guitariste, chanteur et compositeur américain de rock and roll.

**Berryer** Pierre Antoine (Paris, 1790 – Angerville-la-Rivière, Loiret, 1868), avocat français, un des chefs légitimistes. Acad. fr. (1852).

**bersaglier** *nm* Soldat de l'infanterie légère, dans l'armée italienne. PLUR bersagliers ou bersaglieri. ETY De l'ital.

**Bert** Paul (Auxerre, 1833 – Hanoi, 1886), physiologiste et homme politique français ; ministre de l'Instruction publique (1881-1882), gouverneur de l'Annam et du Tonkin (1886).

**Bertaut** Jean (Donnay, Normandie, 1552 – Sées, 1611), poète français, disciple de Ronsard.

**Bertelsmann** maison d'édition allemande créée en 1835.

**Bertha (la grosse)** nom de canons à très longue portée dont les Allemands se servirent pour bombarder Paris en 1918.

**berthe** *nf* anc **1** Large col d'une robe, formant pèlerine. **2** Récipient métallique à anses utilisé pour transporter le lait. ETY D'un n. pr.

**Berthe** (m. à Choisy-au-Bac, 783), dite *Berthe au grand pied*, épouse de Pépin le Bref, mère de Charlemagne. VAR **Bertrade**

**Berthelot** Marcellin (Paris, 1827 – id., 1907), chimiste français. Autodidacte, il réalisa des synthèses organiques et fonda la thermochimie. Acad. fr. (1901). Il repose au Panthéon.

**Berthier** Louis Alexandre (Versailles, 1753 – Bamberg, Bavière, 1815), maréchal français, major général de la Grande Armée (1805-1814) ; rallié à Louis XVIII en 1814.

**Berthollet** (comte Claude) (Talloires, Haute-Savoie, 1748 – Arcueil, 1822), chimiste français, inventeur de l'eau de Javel.

**Bertillon** Adolphe (Paris, 1821 – Neuilly-sur-Seine, 1883), médecin français : statistiques sur la démographie et l'anthropologie. —

**Alphonse** (Paris, 1853 – id., 1914), criminologue français, fils du préc. Il créa le *bertillonnage*.

**bertillonnage** *nm* Méthode d'identification des criminels fondée sur des mesures anthropométriques. ETY De *Alphonse Bertillon*.

**Bertin** Jean (Druyes, Yonne, 1917 – Neuilly-sur-Seine, 1975), ingénieur français, inventeur de l'aérotrain.

**Bertolucci** Bernardo (Parme, 1941), cinéaste italien : *Prima della Rivoluzione* (1964), *le Dernier Tango à Paris* ( 1972).

**Berton** Jean-Baptiste Breton, dit (Euilly, Ardennes, 1769 – Poitiers, 1822), général français. Il tenta de soulever la garnison de Saumur et fut exécuté.

**Bertran de Born** (?, v. 1140 – abb. de Dalon, Dordogne, v. 1215), troubadour périgourdin : *sirventès* (poèmes satiriques et moraux).

**Bertrand** Henri Gratien (comte) (Châteauroux, 1773 – id., 1844), général français. Il suivit Napoléon en exil.

**Bertrand** Louis, dit Aloysius (Ceva, Piémont, 1807 – Paris, 1841), poète français : *Gaspard de la nuit, fantaisies à la manière de Rembrandt et de Callot* en prose (posth., 1842).

**Bertrand** Joseph (Paris, 1822 – id., 1900), mathématicien français ; Acad. des sc. (1856). — **Marcel** (Paris, 1847 – id., 1907), fils du préc., géologue, il étudia notamment l'orogenèse alpine.

**Bérulle** Pierre de (chât. de Sérilly, près de Troyes, 1575 – Paris, 1629), cardinal français, fondateur de la congrégation de l'Oratoire (1611), introducteur du Carmel en France (avec Marie de l'Incarnation).

**Berwick** James Stuart (duc de Fitz-James et de) (Moulins, 1670 – Philippsburg, 1734), fils naturel de Jacques II d'Angleterre. Maréchal de France (1706), il vainquit les Anglais en Espagne (1707).

**béryl** *nm* Pierre précieuse de couleur variable : bleu ciel (aigue-marine), verte (émeraude), jaune (héliodore), rose ou incolore (silicate d'aluminium et de béryllium). ETY Du gr.

**béryllium** *nm* CHIM Élément métallique de numéro atomique Z = 4, de masse atomique 9,012 (symbole Be) ; métal toxique utilisé dans des alliages et dans le nucléaire. PHO [beʀiljɔm]

**béryx** *nm* Autre nom de l'empereur, poisson abyssal.

**Berzé-la-Ville** com. de Saône-et-Loire (arr. de Mâcon) ; 600 hab. – Chapelle clunisienne (fresques XIIe s.). DER **berzéen, enne** *a, n*

**Berzelius** Jöns Jacob (baron) (près de Linköping, 1779 – Stockholm, 1848), chimiste suédois. Il a inventé la notation chimique et élaboré les notions d'allotropie, d'isomérie et de polymérie.

**berzingue (à toute, à tout)** *av* fam Au maximum, à fond.

**Bès** génie mythologique égyptien du Plaisir et des Arts, nain difforme qui protège les femmes en couches et les nouveau-nés.

**besace** *nf* Sac à deux poches, avec une ouverture au milieu. ETY Du lat. *bisaccia*, « double sac ».

**besaiguë** *nf* TECH Outil de charpentier dont une extrémité est un ciseau plat, l'autre un bédane. PHO [bɔzegy] VAR **besaigüe**

**Besancenot** Olivier (Levallois-Perret, 1974), homme politique français ; porte-parole de la LCR (2002-2009) et membre fondateur du NPA.

**Besançon** ch.-l. du dép. du Doubs, sur le Doubs ; 121 000 hab. ; 176 000 hab. dans l'aggl. Industries. Centre horloger. – Université. Archevêché. – Cath. St-Jean (romane et goth.). Citadelle de Vauban. Édifices des XVIe et XVIIIe s. Théâtre de Ledoux (1778). Musées. – Cap. des Séquanes, conquise par Condé sur les Espagnols (1674), rattachée à la France en 1678 (paix de Nimègue). DER **bisontin, ine** *a, n*

**Besançon** et un méandre du Doubs

**besant** *nm* **1** Monnaie d'or ou d'argent frappée à Byzance. **2** HERALD Pièce ronde d'or ou d'argent posée sur couleur. **3** ARCHI Ornement en forme de pièce de monnaie sur un bandeau.

**Bescherelle** Louis Nicolas (Paris, 1802 – id., 1883), grammairien français, auteur, avec son frère **Henri** (Paris, 1804 – id., 1852), d'un *Dictionnaire national* (1843).

**bésef** *av* LOC fam *Pas bésef* : pas beaucoup. ETY De l'ar. VAR **bézef**

**bésicles** *nf pl* vx, plaisant Lunettes. ETY De *béryl*. VAR **besicles**

**bésigue** *nm* Jeu qui se joue avec plusieurs jeux de trente-deux cartes.

**Beskides (monts)** massif de Pologne et de Slovaquie, au N. des Carpates.

**Beskra** → **Biskra.**

**besogne** *nf* Ouvrage, travail à effectuer. *Faire de la belle besogne.* LOC *Aller vite en besogne* : travailler avec rapidité ; fig être expéditif. ETY Anc. fém. de *besoin*.

**besogner** *vi* ① Faire un travail rebutant.

**besogneux, euse** *a, n* **1** Qui vit dans la gêne. **2** Qui fait un travail rebutant et peu rétribué.

**besoin** *nm* **A 1** Sensation qui porte les êtres vivants à certains actes qui leur sont ou leur paraissent nécessaires. *Manger, boire, dormir sont des besoins organiques.* **2** Dénuement, manque du nécessaire. *Être dans le besoin.* **3** ECON État de privation susceptible de donner lieu à une activité de production et d'échange. **4** ECON Manque de ressources. *Besoin de trésorerie.* **B** *nm pl* Ce qui est indispensable à l'existence quotidienne. *Subvenir aux besoins de sa famille.* LOC ***Au besoin*** : en cas de nécessité. *Au besoin n'hésitez pas à téléphoner.* — ***Avoir besoin de*** (+ inf.), ***avoir besoin que*** (+ subj.) : ressentir la nécessité de, que. *Ils ont besoin qu'on les aide.* — ***Avoir besoin de qqch, de qqn*** : ressentir comme nécessaire qqch, la présence ou l'aide de qqn. — fam ***Faire ses besoins*** : uriner, déféquer. — litt ***Il est besoin que*** : il est nécessaire que. *Est-il besoin que je vienne ?* — ***Si besoin est*** : si c'est nécessaire. ETY Du frq.

**Bessarabie** rég. de Moldavie et d'Ukraine, au N.-O. de la mer Noire, entre le Prout et le Dniestr. – Russe en 1878, roumaine de 1920 à 1940 et de 1941 à 1944, la Bessarabie est revenue à l'URSS au traité de Paris de 1947. Ce traité a été dénoncé par la Roumanie en 1991.

**Bessarion** Jean (Trébizonde, v. 1400 – Ravenne, 1472), cardinal et humaniste byzantin. Il tenta de réconcilier les Églises grecque et romaine au concile de Bâle-Ferrare-Florence (1431-1445).

**Besse-et-Saint-Anastaise** (anc. *Besse-en-Chandesse*), ch.-l. de canton du Puy-de-Dôme (arr. d'Issoire) ; 1 600 hab. Sports d'hiver à *Superbesse*. – Égl. à nef (XIIe s.). DER **bessard, arde** ou **bessois, oise** *a, n*

**Bessel** Friedrich (Minden, 1784 – Königsberg, 1846), astronome allemand, fondateur de l'observatoire de Königsberg, où il mesura une distance stellaire (1838).

**Bessemer** sir Henry (Charlton, 1813 – Londres, 1898), ingénieur anglais. ▷ Le *convertisseur Bessemer* transforme la fonte en acier.

**Bessières** Jean-Baptiste (Prayssac, Lot, 1768 – Rippach, Saxe, 1813), maréchal de France (1804), duc d'Istrie (1809), commandant de la cavalerie de l'armée (1813).

**Bessin (le)** petit pays de Normandie, autour de Bayeux. Élevage bovin.

**besson, onne** *n* dial Jumeau, jumelle. ETY Du lat. *bis*, « deux fois ».

**Besson** Benno (Yverdon, 1922 – Berlin 2006), metteur en scène de théâtre suisse, influencé par Brecht.

**Besson** Luc (Paris, 1959), cinéaste français : *le Grand Bleu* (1988), *le Cinquième Élément* (1997).

**1 bestiaire** *nm* ANTIQ ROM Celui qui combattait dans le cirque contre les bêtes féroces.

**2 bestiaire** *nm* **1** Traité didactique du Moyen Âge décrivant des animaux réels ou légendaires. **2** Ensemble des représentations d'animaux d'une époque, d'un pays. *Le bestiaire roman.* **3** Recueil, traité sur les animaux, généralement illustré.

**bestial, ale** *a* Qui tient de la bête, qui ravale l'être humain au niveau de la bête. *Instinct bestial.* PLUR bestiaux ETY Du lat. DER **bestialement** *av*

**bestialité** *nf* **1** État de qqn qui a les instincts grossiers de la bête. **2** vieilli Rapports sexuels entre un être humain et un animal.

**bestiaux** *nm pl* Ensemble des troupeaux d'une exploitation agricole.

**bestiole** *nf* Petite bête, insecte.

**best-of** *nm inv* fam Anthologie, florilège, compilation, morceaux choisis. PHO [bɛstɔf] ETY Mot angl., « le meilleur de ».

**best-sellarisation** *nf* Orientation de l'activité éditoriale vers la production de best-sellers.

**best-seller** *nm* **1** Livre à succès. **2** Grand succès commercial. PLUR best-sellers. PHO [bɛstsɛlœʀ] ETY Mot angl., « le mieux vendu ».

**1 bêta** *nm, a inv* Deuxième lettre (B ; β, initial ; ϐ) de l'alphabet grec. LOC PHYSIOL ***Onde bêta, rythme bêta*** : observés sur l'électroencéphalogramme normal d'un adulte au repos, les yeux fermés. — PHYS NUCL ***Rayons bêta*** : rayonnement constitué d'électrons émis par les corps radioactifs. ETY Mot grec.

**2 bêta, asse** *n, a* fam Sot, niais. ETY De *bête*.

**bêtabloquant, ante** *a, nm* MED Se dit d'un médicament antihypertenseur qui bloque les bêtarécepteurs du système sympathique.

**bêtacarotène** *nm* BIOCHIM Provitamine A.

**bétail** *nm* Ensemble des animaux de pâture, dans une exploitation agricole.

**bétaillère** *nf* Camion utilisé pour transporter le bétail.

**bétaïne** *nf* Alcaloïde découvert dans la racine de la betterave. ETY Du lat. *beta*, « betterave ».

**bêtalactamine** *nf* Famille d'antibiotiques qui comprend la pénicilline et les céphalosporines.

**bêtamimétique** *a, nm* Se dit d'une substance qui reproduit les effets des récepteurs bêta du système sympathique.

**Betancourt** Rómulo (Guatire, Miranda, 1908 – New York, 1981), homme politique vénézuélien ; président de la Rép. (1959-1964).

**bêtarécepteur** *nm* Récepteur du système adrénergique dont dépendent les effets inhibiteurs du système sympathique (vasodilatation, hypotension artérielle).

**bêtastimulant, ante** *a, nm* Se dit d'une substance qui stimule les bêtarécepteurs, utilisée en partic. dans le traitement de l'asthme.

**bêtatron** *nm* PHYS NUCL Accélérateur d'électrons non linéaire.

**bête** *nf, a* **A** *nf* **1** Tout être animé, à l'exception de l'être humain. *Bête à cornes.* **2** Être humain qui se livre à ses instincts. **3** fam Personne, comédien qui se donne à fond. *Une bête de scène.* **B** *nf pl* Le bétail. *Mener les bêtes aux champs.* **C** *a* Stupide, sot. *Bête et méchant. Une histoire bête.* **LOC** ***Bête à bon Dieu*** : coccinelle. — fam ***Bête à concours*** : étudiant qui travaille beaucoup et passe brillamment les concours. — ***C'est sa bête noire*** : se dit de qqn, qqch qui inspire de l'aversion. — ***Chercher la petite bête*** : faire preuve d'une minutie tatillonne. — fam ***Comme une bête*** : énormément. — ***Regarder qqn comme une bête curieuse*** : avec une curiosité déplaisante. — ***Reprendre du poil de la bête*** : reprendre des forces, se ressaisir. — fam ***Se servir, se payer sur la bête*** : sans intermédiaire et en abusant de sa position de force. — ***Une bonne, brave bête*** : une personne gentille mais plutôt niaise.

**bétel** *nm* **1** Plante grimpante de l'Inde (pipéracée). **2** Masticatoire stimulant utilisé dans les régions tropicales, préparé avec des feuilles de bétel et de tabac, de la noix d'arec et de la chaux.

**Bételgeuse** étoile supergéante rouge d'Orion (magnitude visuelle apparente 0,8).

**bêtement** *av* D'une manière stupide. **LOC** ***Tout bêtement*** : tout simplement.

**Bétés** population de l'O. de la Côte d'Ivoire ; 3 millions de personnes. Ils parlent une langue kwa. DER **bété, ée** *a*

**Béthanie** (auj. *El-Azariyeh*), v. de Palestine, à 2 km de Jérusalem, où habitaient Lazare et ses deux sœurs Marthe et Marie.

**Bethe Hans Albrecht** (Strasbourg, 1906 – Ithaca, 2005), physicien et astronome américain d'origine all. P. Nobel de physique (1967). – *Cycle de Bethe* ou *cycle du carbone* : au sein des étoiles, fusion de noyaux d'hydrogène en noyaux d'hélium par l'intermédiaire du carbone.

**Béthencourt Jean de** (Grainville-la-Teinturière, pays de Caux, v. 1360 – ?, 1425), navigateur normand. Il fonda une colonie européenne (1404) aux Canaries.

**Bethléem** (en arabe *Bayt Lahm*), v. de Cisjordanie, au S. de Jérusalem ; 75 000 hab. – Patrie de David et, selon les Évangiles, lieu où naquit le Christ. – Basilique à cinq nefs (IVe s.), remaniée aux VIe s. et XIIe s.

**Bethlehem** ville des É.-U. (Pennsylvanie) ; 71 400 hab. Centre sidérurgique.

**Bethlen Gabriel** ou **Gábor** (Illye, 1580 – Alba-Iulia, 1629), prince de Transylvanie en 1613 et roi de Hongrie de 1620 à 1621.

**Bethmann-Hollweg Theobald von** (Hohenfinow, Brandebourg, 1856 – id., 1921), chancelier de l'Empire allemand de 1909 à 1917.

**Bethsabée** épouse d'Urie, enlevée par le roi David qui fit périr son mari, l'épousa et eut d'elle quatre fils, dont Salomon. ▷ ART *Bethsabée* : peinture de Rembrandt (1654).

**Béthune** ch.-l. d'arr. du Pas-de-Calais ; 27 808 hab. Centre comm. et industriel. – Beffroi du XIVe s. DER **béthunois, oise** *a, n*

**Beti Alexandre Bidiyi Awala,** dit **Mongo** (Mbalmayo, 1932 – Douala, 2001), romancier camerounais : *le Pauvre Christ de Bomba* (1956), *Guillaume Ismaël Dzewatama* (2 vol., 1983-1984).

**bêtifier** *vi* ② Dire, faire des bêtises, des niaiseries. DER **bêtifiant, ante** *a*

**Bétique** anc. prov. romaine d'Espagne (Andalousie actuelle), arrosée par le *Bétis* (auj. le Guadalquivir). – La *cordillère Bétique* s'étend de Gibraltar au cap de la Nao ; 3 478 m au Mulhacén, dans la sierra Nevada.

**bêtise** *nf* **1** Défaut d'intelligence, de jugement ; stupidité. *Il est d'une rare bêtise.* **2** Action ou propos bête. *Faire, dire des bêtises.* **3** Action imprudente ou dangereuse. *Ses bêtises lui ont coûté la vie.* **4** Action, propos, chose sans importance, insignifiants. *Se fâcher pour une bêtise.* **LOC** ***Bêtise de Cambrai*** : berlingot à la menthe. ETY De bête.

**bêtisier** *nm* Recueil de bêtises. SYN sottisier.

**bétoine** *nf* Plante (labiée), à fleurs mauves poussant dans les lieux herbeux. ETY Du lat.

**bétoire** *nf* GEOL Gouffre où se perdent, en terrain calcaire, certains cours d'eau.

**béton** *nm* Matériau de construction constitué d'un mélange de gravier, de sable, de ciment et d'eau. **LOC** ***Béton armé*** : coulé autour d'armatures en acier qui augmentent sa résistance. — ***Béton précontraint*** : dont les armatures sont mises en tension pour permettre au béton de travailler uniquement à la compression. — fam ***C'est du béton, en béton*** ou ***béton*** : c'est très solide, très sûr, infaillible. *Un dossier béton.* — SPORT ***Jouer le béton*** : bétonner. ETY Du lat. *bitumen*, « bitume ».

**bétonné, ée** *a* fig, fam Sans nuance, rigide. *Une argumentation bétonnée.*

**bétonner** *v* ① **A** *vt* **1** Construire, recouvrir avec du béton. **2** Construire des édifices sans caractère et en trop grande quantité. **3** fig, fam Rendre inattaquable. *Bétonner un dossier.* **B** *vi* **1** SPORT Au football, grouper les joueurs d'une équipe devant ses buts pour parer à toute action adverse. **2** fig, fam Faire de l'obstruction systématique. DER **bétonnage** *nm*

**bétonneur, euse** *a, n* fam, péjor Personne (entrepreneur, administrateur) qui bétonne abusivement un lieu.

**bétonnier, ère** *a* Relatif au béton, à la construction en béton. *Un quartier bétonnier.*

**bétonnière** *nf* CONSTR Machine servant à préparer le béton. VAR **bétonneuse**

**bétonnisation** *nf* Construction abusive d'immeubles. *La bétonnisation du littoral.* VAR **bétonisation**

**Betsiléo** partie du plateau central de Madagascar, au S.-E. de l'île, où vivent les *Betsiléos.* Rég. très riche : riz, élevage, mines.

**Betsimisarakas** population de Madagascar, établie sur la côte est.

**bette** *nf* Plante comestible voisine de la betterave, aux feuilles amples, aux côtes épaisses et tendres. SYN poirée. VAR **blette**

**Bettelheim Bruno** (Vienne, 1903 – Silver Spring, 1990), psychanalyste américain d'orig. autrich. Il étudia notamment l'autisme (*la Forteresse vide*, 1967).

**betterave** *nf* Plante bisannuelle (chénopodiacée) cultivée pour sa racine charnue. **LOC** ***Betterave fourragère*** : dont la racine sert d'aliment pour le bétail. — ***Betterave rouge*** : variété potagère. — ***Betterave sucrière*** : dont la racine, très riche en saccharose, sert à la fabrication du sucre. DER **betteravier, ère** *a, nm* ▶ illustr. **sucre**

**Betti Ugo** (Camerino, Marches, 1892 – Rome, 1953), auteur dramatique italien : *l'Île aux chèvres* (1950).

**Bettignies Louise de** (Saint-Amand-les-Eaux 1880 – en prison à Cologne, 1918), agent de renseignements des Alliés dans le N. de la France occupé, arrêtée en 1915.

**bétulacée** *nf* BOT Arbre ou arbuste à fleurs en chatons et à feuilles caduques, tel que le bouleau, l'aulne, le charme, le noisetier, etc.

**bétyle** *nm* Pierre sacrée adorée en Syrie et en Phénicie, puis par les Romains. ETY Du gr.

**Beudant François** (Paris, 1787 – id., 1850), minéralogiste français.

**beuglant** *nm* fam, vx Café-concert populaire, vers 1900.

**beuglante** *nf* fam Chanson chantée d'une voix assourdissante. **LOC** ***Pousser une beuglante*** : faire des remontrances bruyantes à qqn.

**beugler** *v* ① **A** *vi* **1** Mugir, en parlant des bovins. **2** fam Crier, chanter très fort ; faire entendre un son puissant et désagréable. *Haut-parleur qui beugle.* **B** *vt* Hurler qqch. ETY Du lat. *buculus*, « jeune bœuf ». DER **beuglement** *nm*

**beur, beure** *n, a* fam Personne jeune née en France de parents maghrébins immigrés. PHO [bœʀ] ETY Verlan, avec altération du mot *arabe*.

**beurette** *nf* fam Jeune fille beur.

**beurk** → **berk.**

**beurre** *nm* **1** Substance alimentaire onctueuse obtenue en battant la crème du lait. *Beurre doux, beurre salé.* **2** Substance grasse extraite de divers végétaux. *Beurre de cacao.* **3** Préparation onctueuse à base de beurre et d'un autre ingrédient majoritaire. *Beurre de crevettes.* **LOC** ***Assiette au beurre*** : source de profits. — ***Beurre blanc*** : sauce faite d'une réduction dans du beurre de vinaigre et d'échalote. — ***Beurre d'anchois*** : filets d'anchois pilés avec du beurre. — ***Beurre frais*** : couleur jaune clair. *Des gants beurre frais.* — ***Beurre noir*** : sauce obtenue en faisant fondre et noircir du beurre. — fam ***Compter pour du beurre*** : ne pas être pris en compte. — fam ***Faire son beurre*** : s'enrichir. — ***Le beurre et l'argent du beurre*** : deux avantages incompatibles. — ***Mettre du beurre dans les épinards*** : améliorer sa situation matérielle. — ***Œil au beurre noir*** : noirci par un coup. — Canada fam ***Passer dans le beurre*** : passer à côté, en frappant, en donnant un coup. ETY Du lat.

**1 beurré, ée** *a* **1** Couvert de beurre. *Une tartine beurrée.* **2** fam Ivre.

**2 beurré** *nm* Variété de poire à chair fondante.

**beurrée** *nf* vieilli Tranche de pain beurrée.

**beurrer** *vt* ① Recouvrir de beurre. *Beurrer des tartines.*

**beurrerie** *nf* Industrie du beurre.

**beurrier** *nm* Récipient destiné à conserver ou à servir le beurre.

**beuverie** *nf* Réunion où l'on boit trop.

**Beuvray (mont)** sommet du Morvan (821 m), site de Bibracte.

**Beuvron (le)** riv. de Sologne (125 km), affl. de la Loire (r. g.).

**Beuys Josef** (Clèves, 1921 – Düsseldorf, 1986), artiste allemand. Il utilisa des matériaux non traditionnels (graisse, feutre, etc.).

**Bevan Aneurin** (Tredegar, Monmouthshire, 1897 – Asheridge Farm, Chesham, 1960), homme politique brit. ; leader de l'aile gauche du parti travailliste.

**bévatron** *nm* PHYS Accélérateur communiquant à des protons une très grande énergie.

**Beveland** anc. îles des Pays-Bas, à l'embouchure de l'Escaut, rattachées au continent en 1960.

**Beveridge lord William Henry** (Rangpur, Bengale, 1879 – Oxford, 1963), économiste britannique, député libéral. – Le *plan Beveridge* (1942) a révolutionné la sécurité sociale en Grande-Bretagne.

**Beverley** ville d'Angleterre ; 109 500 hab. ; ch.-l. de comté. Collégiale (XIII$^e$-XV$^e$ s.).

**Beverly Hills** quartier résidentiel du N.-E. de Los Angeles.

**bévue** *nf* Erreur grossière, commise par ignorance, inadvertance ou faute de jugement. (ETY) Du préf. péj. *bé-* et *vue*.

**bey** *nm* HIST Titre porté par de hauts dignitaires dans l'Empire ottoman ou par les vassaux du sultan. (PHO) [bɛ] (ETY) Mot turc. (DER) **beylical, ale, aux** *a*

**Beyle** Henri nom véritable de Stendhal. Il a servi à forger le mot *beylisme*.

**beylicat** *nm* Pouvoir exercé par un bey ; territoire où s'exerce ce pouvoir.

**beylisme** *nm* LITTER Attitude qui évoque celle des héros de Stendhal, énergiques et passionnés. (PHO) [belism] (ETY) De *H. Beyle*.

**Beyrouth** cap. du Liban et port sur la Médit. ; 1,8 million d'hab. (aggl.). Centre culturel. Universités. – La guerre civile qui opposa les chrétiens aux musulmans et aux Palestiniens (1975-1976), les bombardements de l'armée israélienne (1982 et 2006), la guerre civile (1983-1990) ont dévasté la ville. (DER) **beyrouthin, ine** *a, n*

Beyrouth

**Bèze** Théodore de (Vézelay, 1519 – Genève, 1605), écrivain et théologien protestant, disciple de Calvin : *Histoire ecclésiastique des Églises réformées du royaume de France* (1580) ; *Vie de Calvin* ; *Abraham sacrifiant* (drame sacré, 1550).

**bézef** → **bésef.**

**Béziers** ch.-l. d'arr. de l'Hérault, sur l'Orb et le canal du Midi ; 74 028 hab. Vins. Industries. – Égl. St-Nazaire, anc. cath. (XII$^e$-XIV$^e$ s.). – La v. fut dévastée (1209) pendant la guerre des Albigeois. (DER) **biterrois, oise** *a, n*

**Bezons** ch.-l. de cant. du Val-d'Oise (arr. d'Argenteuil), sur la Seine ; 27 965 hab. Industries. (DER) **bezonnais, aise** *a, n*

**Bézout** Étienne (Nemours, 1730 – Les Basses-Loges, 1783), mathématicien français : *Théorie générale des équations algébriques* (1779).

**Bh** Symbole du bohrium.

**Bhāgalpur** v. de l'Inde (Bihār), sur le Gange ; 280 000 hab. Textiles (soie).

**Bhagavad-Gītā** (« le Chant du Bienheureux »), poème sanskrit anonyme (écrit entre le III$^e$ s. av. J.-C. et le III$^e$ s. apr. J.-C.), inséré dans le *Mahābhārata*.

**Bhāgavata-Purāna** texte sanskrit (VI$^e$, X$^e$ ou XII$^e$ s. apr. J.-C.), l'un des Purāna, qui narre notam. les amours de Krishna.

**Bharat** nom indien de l'Inde.

**bharatanatyam** *nm* Danse sacrée des temples de l'Inde du Sud.

**Bhartrihari** (VII$^e$ s.), poète et grammairien indien de langue sanskrite.

**Bhashani** Maulana Abdul Hamid Khan (Tangari, 1883 ou 1889 – Dacca, 1976), homme politique bengali, co-fondateur de la ligue Awami.

**Bhatgaon** v. du Népal, à l'E. de Katmandou ; 85 000 hab. Centre religieux. (VAR) **Bhadgaon** ou **Bhadgaun**

**Bhatpara** v. de l'Inde (Bengale-Occidental) ; 304 000 hab. Textiles.

**Bhavnagar** port de l'Inde (Gujerāt), sur le golfe de Cambay ; 420 000 hab.

**bhikkhu** *nm* Moine mendiant bouddhiste.

**Bhopāl** v. de l'Inde, cap. du Madhya Pradesh ; 1 604 000 hab. (aggl.). – En 1984, les fuites d'une usine de pesticides ont tué 6 495 personnes.

**Bhoutan** (*Druk-Yul*), État d'Asie, sur le versant S. de l'Himalaya ; 47 000 km$^2$ ; 900 000 hab. Cap. *Thimphu*. Langue : tibétain. Nature de l'État : monarchie. Langue : tibétain. Monnaie : ngultrum. Relig. : bouddhisme et hindouisme. – La pop. (Bhoutanais, 50,2 % ; Népalais, 35 % ; Sharchops, 14,8 %) se concentre dans les vallées, cultivant riz, maïs, fruits (climat très humide). (DER) **bhoutanais, aise** *a, n*

**Histoire** Le pays doit son nom aux Bhotias, d'origine tibétaine, qui le conquirent au XVII$^e$ s. En 1865, il passa sous le contrôle de la G.-B. (uniquement pour la polit. étrangère à partir de 1910). En 1949, l'Inde succéda à la G.-B. En 1973, les frontières avec l'Inde furent officialisées. De 1991 à 1999, une grande tension a régné entre le Népal et le Bhoutan. ▶ carte **Inde**

**Bhubaneswar** ville de l'Inde, capitale de l'État d'Orissa ; 420 000 habitants. Temples.

**Bhumibol** (Cambridge, Mass., 1927), roi de Thaïlande dep. 1946.

**Bhutto** Zulfikar Ali (Larkana, 1928 – Rawalpindi, 1979), homme politique pakistanais. Président de la République (1971-1973), puis Premier ministre (1973), renversé (1977), jugé (1978) et exécuté. — **Bhutto** Benazir (Larkana, 1953 – Rawalpindi, 2007), femme politique pakistanaise, fille du préc. Premier ministre (1988-1990 et 1993-1996), elle fut accusée de corruption et s'exila à la suite de sa deuxième destitution. Elle fut victime d'un attentat alors qu'elle était rentrée au Pakistan pour se présenter aux élections législatives.

**Bi** CHIM Symbole du bismuth.

**bi-, bis-** Éléments, du lat. *bis*, signifiant deux fois, double (ex. : *bicolore, biscuit*).

**bi** *a, n inv* fam Bisexuel. *Les associations gays, lesbiennes, bi et trans.*

**Biafra (république du)** nom pris par la partie S.-E. du Nigeria, en sécession de 1967 à 1970. Cette riche région minière, peuplée surtout d'Ibos, fut réduite après une dure guerre. (DER) **biafrais, aise** *a, n*

**biais** *nm* **1** Ligne oblique. **2** COUT Diagonale, par rapport au sens des fils d'un tissu. *Tailler dans le biais.* **3** fig Moyen détourné et ingénieux. *Chercher un biais pour engager la conversation.* LOC ***De biais, en biais*** : de côté. *Jeter des regards en biais.*

**biaiser** *v* ① **A** *vi* **1** Être, aller de biais. **2** fig User de détours. *Répondre sans biaiser.* **B** *vt* Fausser intentionnellement. *Biaiser des résultats.*

**Bialik** Haïm Nahman (Rady, Ukraine, 1873 – Vienne, 1934), poète d'expression hébraïque et yiddish, aux thèmes sionistes : *le Rouleau de feu* (1905).

**Białystok** ville de Pologne orientale ; 275 000 habitants ; ch.-l. de la voïévodie du m. nom. Industries.

**Biarritz** ch.-l. de cant. des Pyr.-Atl. (arr. de Bayonne) ; 27 398 hab. Aéroport. Station lancée par Napoléon III. (DER) **biarrot, ote** *a, n*

**biathlon** *nm* SPORT Épreuve combinant le ski de fond et le tir. (DER) **biathlète** *n*

**biaural, ale** *a* Qui concerne les deux oreilles. PLUR biauraux (VAR) **binaural, ale, aux**

**bib** *nm* Sac en plastique sous vide contenu dans un carton rigide, servant à conditionner du vin. (ETY) Acronyme de *bag in box*, « sac en boîte ». Nom déposé.

**bibace** *nf* Fruit du bibacier, jaune, à pulpe blanche, à gros noyau.

**bibacier** *nm* Arbre fruitier fournissant la bibace, appelé aussi néflier du Japon.

**bibande** *a, nm* Se dit d'un téléphone mobile qui fonctionne sur deux bandes de fréquence.

**Bibans (chaîne des)** dans l'Atlas tellien (Algérie) ; 1 735 m. Défilé des Portes de fer.

**bibelot** *nm* Petit objet de décoration.

**Biber** Heinrich Ignaz Franz (Wartenberg, Bohême, 1644 – Salzbourg, 1704), violoniste et compositeur autrichien.

**biberon** *nm* Petite bouteille graduée, munie d'une tétine, avec laquelle on fait boire un nouveau-né. (ETY) Du lat. *bibere*, « boire ».

**biberonner** *v* ① **A** *vt* fam **1** Donner le biberon à un bébé, un petit animal. **2** fig Élever, former, éduquer. *Des adolescents biberonnés à l'informatique.* **B** *vi* fam Boire beaucoup d'alcool et souvent.

**1 bibi** *nm* fam, vieilli Petit chapeau de femme. (ETY) onomat.

**2 bibi** *pr* fam Moi. *Et l'addition, c'est pour bibi !*

**bibine** *nf* fam Mauvaise boisson ; bière.

**bibite** *nf* Canada fam Insecte ; petite bête.

**bible** *nf* **1** Livre contenant les textes de la Bible. **2** Ouvrage fondamental d'une doctrine ou que l'on consulte souvent. LOC ***Papier bible*** : très mince et opaque. (ETY) Du gr. *biblos*, « livre ».

**Bible (la)** (gr. *ta biblia*, « les livres »), recueil de livres dont le nombre varie suivant les religions juive et chrétienne, qui considèrent que Dieu a inspiré leur rédaction. Aux III$^e$ et II$^e$ s. av. J.-C., des docteurs juifs d'Alexandrie (les Septante) établirent la version grecque de la Bible juive (d'où viennent les noms Bible, Genèse, etc.). Au V$^e$ s. apr. J.-C., saint Jérôme traduisit en latin la Bible juive (V. Vulgate). Le recueil *juif palestinien* (38 livres) comprend 3 parties. **1.** La Loi (la Torah) : les 5 livres du Pentateuque sont la Genèse, l'Exode, le Lévitique, les Nombres et le Deutéronome. **2.** Prophètes (21 livres) : a) les Prophètes antérieurs sont les 6 livres historiques (XII$^e$-VI$^e$ s. av. J.-C.) : Josué, Juges, Samuel (1 et 2), Rois (1 et 2) ; b) les Prophètes postérieurs sont les 15 recueils des 3 grands (Isaïe, Jérémie, Ézéchiel) et des 12 petits prophètes ; le *Livre de Daniel* n'en fait pas partie. **3.** Hagiographes (12 livres) : 4 livres historiques (Esdras, Néhémie, Chroniques 1 et 2), 3 livres poétiques (Psaumes, Lamentations, Cantique des Cantiques), 3 livres sapientiaux (Job, Proverbes, Ecclésiaste), 2 récits en prose (Ruth, Esther). Le recueil *juif alexandrin* (51 livres) comprend, en plus des livres ci-dessus : a) Judith, Tobie, Maccabées (1 et 2), la Sagesse, l'Ecclésiastique, Baruch ; b) 6 livres apocryphes : Esdras (3 et 4), Maccabées (3 et 4), les Odes et les Psaumes dits de Salomon. Le recueil *chrétien* (72 livres) comprend les ouvrages du recueil *juif alexandrin* (sauf les 6 apocryphes), soit l'Ancien Testament, et les 27 livres du *Nouveau Testament* (4 Évangiles, Actes des Apôtres, 14 Épîtres du recueil paulinien, 7 Épîtres dites *catholiques*, l'Apocalypse). (DER) **biblique** *a*

**Bible de l'humanité (la)** ouvrage philosophique de Michelet (1864).

**biblio-** Élément, du gr. *biblion*, « livre ».

**bibliobus** *nm inv* Véhicule servant de bibliothèque publique itinérante.

**bibliographie** *nf* **1** Science du livre. **2** Liste des écrits d'un auteur ou se rapportant à un sujet. **3** Liste des ouvrages cités ou utilisés dans un livre, une étude. (DER) **bibliographe** *n* – **bibliographique** *a*

**bibliographier** *vt* ② Écrire la bibliographie d'un sujet.

**bibliologie** *nf* Ensemble des disciplines et des activités concernant le livre et la lecture.

**bibliomanie** *nf* Passion des livres rares et précieux.

**bibliométrie** *nf* Statistique appliquée à la bibliographie. DER **bibliométrique** *a*

**bibliophile** *n* Personne qui aime les livres précieux et rares. DER **bibliophilie** *nf* – **bibliophilique** *a*

**bibliothécaire** *n* Personne responsable du fonctionnement d'une bibliothèque.

**bibliothéconomie** *nf* didac Organisation et gestion de bibliothèque ; discipline qui s'y consacre. DER **bibliothéconomique** *a*

**bibliothèque** *nf* **1** Meuble ou assemblage de planches, de tablettes, permettant de ranger des livres. **2** Salle ou édifice où sont conservés des livres, mis à la disposition du public. **3** Collection de livres.

**Bibliothèque nationale de France** (BNF) établissement public issu de la fusion, en 1994, de la Bibliothèque nationale et de la Bibliothèque de France François-Mitterrand. Ancienne bibliothèque royale dont l'origine remonte à Charles V, la Bibliothèque nationale, sise rue de Richelieu, à Paris (2ᵉ), conserve les départements spécialisés (manuscrits, estampes, médailles, cartes, plans, etc.). Le site « François-Mitterrand », situé quai François-Mauriac, à Paris (13ᵉ), gère le dépôt légal, tous les livres imprimés, l'audiovisuel, l'informatique, le réseau international.

**biblique** → **bible.**

**bibliste** *n* Spécialiste de l'étude de la Bible.

**Bibracte** v. de la Gaule, cap. des Éduens, sur le mont Beuvray (Nièvre).

**bic** *nm* fam Crayon à bille de la marque de ce nom. ETY Nom déposé.

**bicamérisme** *nm* POLIT Système fondé sur un parlement composé de deux chambres. ETY Du lat. *camera*, « chambre ». VAR **bicaméralisme** DER **bicaméral, ale, aux** *a*

**bicarbonate** *nm* CHIM Sel de l'acide carbonique qui contient un atome d'hydrogène acide. *Bicarbonate de soude.* DER **bicarbonaté, ée** *a*

**bicarburation** *nf* TECH Système permettant l'emploi alternatif de deux carburants.

**bicentenaire** *a, nm* **A** *a* Âgé de deux cents ans. *Un arbre bicentenaire.* **B** *nm* Deuxième centenaire. *Le bicentenaire de la Révolution française.*

**bicéphale** *a* À deux têtes. *Aigle bicéphale.*

**bicéphalisme** *nm* Caractère bicéphale d'un pouvoir.

**biceps** *nm* Nom de deux muscles fléchisseurs (du bras et de la cuisse) dont l'extrémité supérieure est divisée en deux portions. PHO [biseps] ETY Mot lat., « qui a deux têtes ». DER **bicipital, ale, aux** *a*

**Bichat** Marie François Xavier (Thoirette, Jura, 1771 – Paris, 1802), médecin français, fondateur de l'anatomie générale. – Un hôpital parisien porte son nom.

**biche** *nf* **1** Femelle du cerf. **2** fig, fam Terme d'affection adressée à une jeune fille, à une femme. *Ma biche.* LOC *Ventre de biche :* couleur d'un blanc roussâtre. ETY Du lat.

Bichat

**bicher** *vi* ① fam, vieilli Être heureux, satisfait. LOC *Ça biche :* ça va bien.

**bichette** *nf* Terme d'affection. *Ma bichette.* ETY Dimin. de *biche*.

**bichique** *nm* Alevin de gobie, très apprécié à la Réunion.

**Bichkek** (*Frounzé* de 1925 à 1991), cap. du Kirghizstan ; 690 000 hab. Industries. DER **bichkékois, oise** *a, n*

**bichlamar** *nm* Pidgin des îles du Pacifique Sud, langue off. du Vanuatu. SYN bêche-de-mer.

**bichon, onne** *n* Petit chien d'agrément à poil long.

**bichonner** *vt* ① **1** Parer avec soin, avec coquetterie. **2** fig Traiter avec de grands soins. *Elle le bichonne, son petit mari !*

**bichromate** *nm* CHIM Sel de l'acide bichromique $Cr_2O_7H_2$.

**bichromie** *nf* TECH Impression en deux couleurs.

**Bickford** William (Bickington, 1774 – Camborne 1834), inventeur anglais du *cordeau Bickford*, qui met à feu un explosif à distance.

**bicolore** *a* Qui est de deux couleurs.

**biconcave** *a* Qui présente deux faces concaves opposées. *Verres biconcaves.*

**biconvexe** *a* Qui présente deux faces convexes opposées. *Lentille biconvexe.*

**bicoque** *nf* fam Maison peu solide, inconfortable. ETY De l'ital. *bicocca*, « petit château ».

**bicorne** *a, nm* **A** *a* Qui a deux cornes. **B** *nm* Chapeau à deux pointes. *Bicorne de polytechnicien.*

**bicorps** *a, nm* AUTO Se dit d'un véhicule dont la carrosserie comporte deux compartiments (moteur et habitacle).

**bicourant** *a* TECH Qui fonctionne avec deux types de courant électrique.

**bicross** *nm inv* **1** Bicyclette tout-terrain à pneus épais, sans garde-boue. **2** Sport pratiqué avec cette bicyclette. ETY Nom déposé.

**biculturalisme** *nm* Coexistence dans un même pays de deux cultures nationales. *Le biculturalisme belge.* DER **biculturel, elle** *a*

**bicuspide** *a* BOT Qui présente deux pointes. LOC ANAT *Valvule bicuspide :* formée de deux valves. DER **bicuspidie** *nf*

**bicycle** *nm* anc Vélocipède à deux roues de taille différente.

**bicyclette** *nf* Cycle à deux roues, dont la roue avant est directrice et dont la roue arrière est mise en mouvement par un pédalier. *Aller, monter, rouler à bicyclette.*

**bidasse** *nm* fam Soldat. ETY D'un n. pr.

**Bidassoa (la)** fl. des Pyr.-Atl. (61 km) ; se jette dans le golfe de Gascogne ; sert de frontière entre la France et l'Espagne, sur 12 km. – Dans l'île des Faisans (au début de son estuaire) fut signée la paix des Pyrénées (1659).

**Bidault** Georges (Moulins, 1899 – Cambo-les-Bains, 1983), homme polit. français ; président du Conseil national de la Résistance ; plus. fois ministre des Affaires étrangères et président du Conseil sous la IVᵉ Rép. Il combattit la polit. algérienne de De Gaulle.

**bide** *nm* fam **1** Ventre. *Avoir du bide.* **2** Manque de succès, échec. *Avec son tour de chant, elle a fait un bide.* **3** pop Mensonge, comédie. *Sa maladie, c'est du bide.* ETY De *bidon*.

**bidens** *nm* Plante ornementale (astéracée) à petites fleurs jaunes, originaire du Mexique. PHO [bidɛ̃s] ETY Mot lat., « à deux dents ».

**bidet** *nm* **1** Petit cheval de selle trapu et résistant. **2** péjor Cheval. **3** Cuvette sur pied de forme oblongue, utilisée pour la toilette intime. ETY De l'a. fr. *bider*, « trotter ».

**bidimensionnel, elle** *a* À deux dimensions.

**bidirectionnel, elle** *a* Qui fonctionne dans deux directions.

**bidoche** *nf* fam, péjor Viande.

**bidon** *nm, a inv* **A** *nm* **1** Récipient portatif destiné à contenir un liquide. *Bidon d'huile.* **2** fam Ventre. *Il a pris du bidon.* **B** *a inv* fam Faux, truqué. *Une histoire bidon.* LOC *Du bidon :* qqch de faux. *Sa réussite, c'est du bidon.* ETY Du scand. *bida*, « vase ».

**1 bidonner** *vt* ① fam Falsifier, truquer. *Bidonner un reportage.* DER **bidonnage** *nm* – **bidonneur, euse** *n*

**2 bidonner (se)** *vpr* ① fam Rire, bien s'amuser. DER **bidonnant, ante** *a*

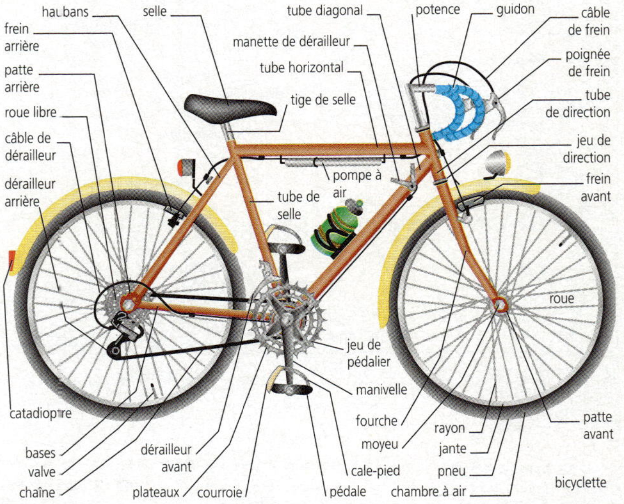


bicyclette

**bidonville** *nm* Agglomération d'habitations précaires, construites en matériaux de récupération, et qui se trouvent à la périphérie de certaines villes.

**bidouiller** *vt* ① fam Bricoler. *Bidouiller son ordinateur.* ETY De *bidule.* DER **bidouillage** *nm* ou **bidouille** *nf* – **bidouilleur, euse** *n*

**Bidpay** → **Pilpay.**

**bidule** *nm* fam Chose, objet quelconque. ETY Arg. milit., « désordre ».

**Biedermeier (style)** style d'ameublement répandu en Allemagne (1814-1848) ; il tire son nom d'un bourgeois mythique.

**bief** *nm* **1** Canal conduisant l'eau sur la roue d'un moulin. **2** Espace entre deux écluses sur une rivière ou sur un canal. PHO [bjɛf]

**Bielefeld** ville d'Allemagne (Rhénanie-du-Nord-Westphalie) ; 315 096 hab. Industries.

**Bielgorod** v. de Russie, proche de la frontière de l'Ukraine ; 320 000 hab. ; ch.-l. de la province du même nom, sur le Donets, au nord de Kharkov. Métallurgie. VAR **Belgorod**

**Bielinski Vissarion Grigorievitch** (Sveaborg, sur le golfe de Finlande, 1811 – Saint-Pétersbourg, 1848), fondateur de la critique littéraire en Russie : *Aperçu de la littérature russe* ( 1847). VAR **Belinski**

**Biella** v. d'Italie (Piémont) ; 53 570 hab. Grand centre lainier. – Cath. gothique.

**bielle** *nf* MECA Pièce de certains mécanismes destinée à transmettre un mouvement. LOC *Couler une bielle* : faire fondre accidentellement une partie de la tête de bielle d'un moteur à explosion. DER **biellette** *nf*

**biélorusse** *nm* Langue slave de Biélorussie.

**Biélorussie** (*Respublika Belarus,* anc. *Russie blanche*), État d'Europe qui fut, jusqu'en 1991, l'une des rép. fédérées de l'URSS, à la frontière de la Pologne ; 207 600 km$^2$ ; 9,6 millions d'hab. Cap. *Minsk.* Nature de l'État : régime présidentiel. Langue off. : biélorusse. Monnaie : rouble biélorusse. Pop. : Biélorusses (77,8 %), Russes (13,3 %), Polonais (4,2 %). Relig. : christianisme (orthodoxes et catholiques). DER **biélorusse** ou **bélorusse** *a, n*
**Géographie** La Biélorussie est une vaste plaine, dont le tiers est couvert par des forêts, lacs et marais. L'agric. est essentielle : élevage bovin et porcin ; lin, pomme de terre, betterave à sucre, tabac. L'industrie est diversifiée. Le marasme écon. de la Russie, princ. partenaire, se répercute sur la Biélorussie.
**Histoire** La Pologne et la Russie se disputèrent le pays dès le XVI$^e$ s. La frontière actuelle a été fixée en 1945, au bénéfice de l'URSS. Les Biélorusses ont été marqués par la culture polonaise et le catholicisme. En 1990, la Biélorussie a proclamé sa souveraineté, puis son indépendance en 1991 ; elle est alors entrée dans la CEI. Élu à la tête de l'État, Alexandre Loukachenko a, en 1996, signé un traité d'union avec la Russie et fait adopter par référendums une Constitution renforçant ses pouvoirs présidentiels et lui donnant la possibilité de rester président à vie (2004). Il est réélu en 2006 et en 2010 mais ces scrutins sont entachés de fraudes. La Biélorussie siège à l'ONU depuis 1945.

**Bielsko-Biała** v. de Pologne, en Haute-Silésie ; 174 820 hab. ; ch.-l. de la voïévodie du même nom. Industries.

**Biely Boris Nicolaïevitch Bougaïev,** dit **Andreï** (Moscou, 1880 – id., 1934), poète russe ; promoteur du symbolisme (*les Arabesques* 1911) et auteur de romans, notam. de *Pétersbourg* (1913) qui annonce Joyce et Kafka. VAR **Bielyï**

**1 bien** *av, a inv* **A** *av* **1** De manière satisfaisante. *Je dors bien.* **2** De manière raisonnable, juste, honnête. *Il a fort bien agi.* **3** De manière plaisante, agréable. *Un compliment bien tourné.* **4** De manière habile. *Bien joué !* **5** Beaucoup de. *Il a manqué bien des occasions. Je vous souhaite bien du plaisir.* **6** Très, tout à fait. *Il y en a bien trop.* **7** Beaucoup, vraiment. *J'espère bien vous revoir.* **8** Au moins. *Il y a bien deux ans que je ne l'ai pas vu.* **9** Volontiers. *Je vous dirais bien de rester.* **B** *a inv* **1** Bon, satisfaisant, agréable. *Tout est bien qui finit bien.* **2** En bonne santé, à l'aise. *Se sentir bien.* **3** Convenable, d'un point de vue moral. *Ce n'est pas bien de mentir.* **4** Beau. *Ils sont encore bien pour leur âge.* **5** Qui est plein de qualités. *C'est un garçon bien.* LOC *Bien que (+ subj.)* : encore que, quoique. *Bien que d'aspect chétif, il a de la résistance. Il veut sortir bien qu'il pleuve.* — *Eh bien ?* : marque d'interrogation. *Eh bien, qu'en penses-tu ?* — *Eh bien !* : marque de surprise, d'indignation. *Eh bien ! je ne l'aurais pas cru !* — *Eh bien, soit !* : marque d'acquiescement. — *Être bien avec qqn* : être en bons termes avec lui. — *Faire bien* : faire bon effet. ETY Du lat. *bene.*

**2 bien** *nm* **A** **1** Ce qui est bon, avantageux, profitable. *Buvez un peu, cela vous fera du bien.* **2** Ce que l'on possède. *Hériter des biens paternels.* **3** Ce qui est conforme au devoir moral, ce qui est juste, louable. *Rendre le bien pour le mal.* **B** *nm pl* ECON Chose pouvant faire l'objet d'un droit et représentant une valeur économique. *Biens de consommation, d'équipement.* LOC DR *Biens corporels* : ce qui a une existence matérielle, comme les objets, les animaux, la terre. — DR *Biens incorporels* : choses qui représentent une valeur pécuniaire, comme le nom commercial, les droits de créance. — HIST *Biens nationaux* : ensemble des biens confisqués (clergé, émigrés, suspects) par l'État pendant la Révolution et qui furent rachetés à bas prix par des membres de la bourgeoisie. — *Dire du bien de qqch, de qqn* : en parler en termes élogieux. — *En tout bien tout honneur* : sans arrière-pensée, sans mauvaise intention. — *Homme de bien* : vertueux et charitable. — PHILO *Le souverain bien* : Dieu.

**bien-aimé, ée** *a, n* **A** *a* Qui est tendrement aimé, particulièrement chéri. **B** *n* litt Personne dont on est amoureux. *Ma bien-aimée.* PLUR bien-aimés.

**bien-cuit** *nm* Canada fam Réception (anniversaire, départ à la retraite) au cours de laquelle on se moque gentiment de l'invité d'honneur. PLUR bien-cuits.

**bien-dire** *nm sing* litt Manière de parler élégante et distinguée.

**biénergie** *nf* TECH Système de chauffage utilisant alternativement deux types d'énergie.

**bien-être** *nm sing* **1** État agréable du corps et de l'esprit. *Une sensation de bien-être total.* **2** Situation matérielle confortable. *Il jouit d'un bien-être suffisant.* LOC Canada *Bien-être social* : organisme public qui apporte une aide économique directe aux personnes dans le besoin.

**bienfaisance** *nf* Action de faire du bien aux autres ; le bien que l'on fait dans un intérêt social. *Établissement de bienfaisance.*

**bienfaisant, ante** *a* Qui fait du bien, qui a une influence salutaire. *Un remède bienfaisant.* PHO [bjɛ̃fəzɑ̃, ɑ̃t]

**bienfait** *nm* **1** vieilli Bien que l'on fait, service rendu à qqn. **2** Action bienfaisante, avantage, utilité. *Les bienfaits de la science.* ETY Du lat.

**bienfaiteur, trice** *n* Personne qui fait du bien. *Un bienfaiteur de l'humanité.*

**bien-fondé** *nm* **1** DR Conformité d'une demande, d'un acte, à la justice et au droit. **2** fig Conformité à la raison. *Le bien-fondé d'une opinion.* PLUR bien-fondés.

**bien-fonds** *nm* DR Bien immeuble. PLUR bien-fonds ou biens-fonds.

**bienheureux, euse** *a, n* **A** *a* litt Très heureux. **B** *n* Dans l'Église catholique, personne qui a été béatifiée.

**bien-jugé** *nm* DR Décision judiciaire conforme au droit. PLUR bien-jugés.

**biennal, ale** *a, n* **A** *a* **1** Qui dure deux ans. *Charge biennale.* **2** Qui a lieu tous les deux ans. *Foire biennale.* PLUR biennaux. **B** *nf* Manifestation artistique, culturelle, qui a lieu tous les deux ans.

**Bienne** (en all. *Biel*), v. de Suisse (cant. de Berne), à l'extrémité N. du *lac de Bienne* (42 km$^2$) qui est relié au lac de Neuchâtel par la Thièle ; 62 700 hab. Industries.

**bien-pensant, ante** *a, n* Attaché(e) à des valeurs traditionnelles. PLUR bien-pensants. DER **bien-pensance** *nf*

**Bien public (ligue du)** constituée par la noblesse contre Louis XI, qui la vainquit à Montlhéry (1465).

**bienséant, ante** *a* Qui est en conformité avec les usages. DER **bienséance** *nf*

**bientôt** *av* **1** Dans peu de temps. *Ils reviendront bientôt.* **2** Rapidement. *Ce fut bientôt fait.* LOC ***À bientôt*** : formule utilisée pour prendre congé de qqn que l'on compte revoir peu après.

**bientraitance** *nf* Traitements décents réservés à un enfant, un handicapé, etc. DER **bientraitant, ante** *a, n*

**bienveillant, ante** *a* Qui a, qui marque une disposition favorable à l'égard de qqn. ETY De *bien*, et a. ppr. de *vouloir*. DER **bienveillance** *nf*

**bienvenir** *vi* ⑨ LOC litt ***Se faire bienvenir*** : se faire accueillir favorablement.

**bienvenu, ue** *a, n, interj* **A** *a* Qui arrive à propos. *Une explication bienvenue.* **B** *n* Personne qui est accueillie avec plaisir. *Soyez les bienvenues.* **C** *interj* Canada fam Formule de politesse répondant à merci.

**bienvenue** *nf* S'emploie dans des formules d'accueil pour saluer l'arrivée de qqn.

**Bienvenüe Fulgence** (Uzel, 1852 – Paris, 1936), ingénieur en chef de la Ville de Paris (1891), créateur du métropolitain.

**Bierce Ambrose** (Horse Cave Creek, Ohio, 1842 – Mexique, 1914), auteur américain de nouvelles mêlant fantastique et humour noir.

**1 bière** *nf* Boisson alcoolisée fermentée, à base d'orge germée, et parfumée avec des fleurs de houblon. LOC ***Bière à la pression*** : tirée directement du tonneau grâce à la pression des gaz qu'elle dégage. — fam ***C'est de la petite bière*** : une affaire sans importance. ETY Du néerl. *bier*, « boisson ».

**2 bière** *nf* Cercueil. *Mise en bière.* ETY Du frq. *bera*, « civière ».

**biergol** *nm* ESP Propergol constitué de deux ergols. SYN diergol.

**Biermer (maladie de)** *nf* MED Anémie, décrite par l'Allemand Anton Biermer (1827-1892), due à une carence en vitamine $B_{12}$.

**Bièvre (la)** riv. d'Île-de-France (40 km), affl. de la Seine, dans laquelle elle se jette à Paris.

**biface** *nm* Outil du paléolithique, obtenu à partir d'une pierre taillée sur les deux faces.

**bifacial, ale** *a* PLUR bifaciaux. LOC BOT ***Feuille bifaciale*** : dont les deux faces ont la même structure. — PREHIST ***Retouche bifaciale*** : sur les deux faces d'un outil.

**biffe** *nf* fam Infanterie. ETY De l'a. fr. *biffe*, « étoffe rayée ».

**biffer** *vt* ① Rayer, barrer ce qui est écrit. ETY De l'a. fr. *biffe*, « étoffe rayée ». DER **biffage** *nm*

**biffeton** → **bifton.**

**biffin** *nm* fam **1** Chiffonnier. **2** Fantassin.

**biffure** *nf* **1** Action de biffer. **2** Trait par lequel on biffe.

**bifide** *a* SC NAT Se dit d'un organe fendu longitudinalement. *La langue bifide des serpents.*

**bifidus** *nm inv* Bactérie entrant dans la préparation de certains produits laitiers. PHO [bifidys]

**bifilaire** *a* didac Constitué par deux fils.

**biflèche** *a* Qui a deux flèches articulées à l'essieu, en parlant de certains affûts de canon.

**bifocal, ale** *a* OPT Qui a deux distances focales différentes. PLUR bifocaux.

**bifteck** *nm* Tranche de bœuf grillée, à griller. LOC fam ***Défendre son bifteck*** : défendre ses intérêts. — ***Gagner son bifteck*** : gagner de quoi vivre. ETY De l'angl. *beefsteak*, « tranche de bœuf ».

**bifton** *nm* fam Billet de banque. VAR **biffeton**

**bifurcation** *nf* **1** Endroit où une voie se divise en deux parties, de directions différentes. **2** fig Changement de direction, d'orientation.

**bifurquer** *vi* ① **1** Se diviser en deux parties. *Le chemin bifurque.* **2** Changer de direction à un croisement. *Bifurquer à droite.* **3** fig Prendre une orientation différente. ETY Du lat. *bifurcus*, « fourchu ».

**bigame** *a, n* Qui est marié à deux personnes à la fois. ETY Du lat. DER **bigamie** *nf*

**bigarade** *nf* Orange amère. ETY Du provenç.

**bigaradier** *nm* Oranger produisant des bigarades.

**bigarré, ée** *a* **1** Qui a des couleurs, des dessins variés. *Une étoffe bigarrée.* **2** fig Disparate. *Une foule bigarrée.* ETY De l'a. adj. *garre*, « bicolore ».

**bigarreau** *nm* Cerise rouge, rose ou blanche à chair ferme et sucrée.

**bigarrer** *vt* ① **1** Assembler des couleurs qui tranchent. **2** fig Produire un ensemble disparate. DER **bigarrure** *nf*

**big band** *nm* Grand orchestre de jazz. PHO [bigbɑ̃d] ETY Mot amér.

**big-bang** *nm* **1** ASTRO Évènement originel qui aurait provoqué l'émission de protons et de neutrons à une température très élevée et qui serait à l'origine de la formation de l'Univers, il y a env. 15 milliards d'années. **2** fig Bouleversement considérable d'une situation, d'une institution. PLUR big-bangs. PHO [bigbɑ̃g] ETY Mots angl.

**Big Brother** (angl. « Grand Frère »), personnage créé par Orwell dans *1984*, chef de l'État totalitaire que le livre décrit.

**big data** *nm inv* Ensemble volumineux de données informatiques produites en temps réel et en continu, provenant de sources hétérogènes. ETY Mots angl. « données volumineuses ».

**bigle** *a, n* vieilli Atteint de strabisme.

**bigler** *v* ① **A** *vi* fam Loucher. **B** *vt* fam Regarder avec convoitise ou avec étonnement.

**bigleux, euse** *a, n* fam **1** Qui louche. **2** Qui ne voit pas bien.

**bignole** *nf* fam Concierge.

**bignone** *nf* BOT Arbrisseau grimpant ornemental (bignoniacée) à grosses fleurs orangées en trompette. PHO [biɲɔn] ETY D'un n. pr. VAR **bignonia** *nm*

**bignoniacée** *nf* BOT Dicotylédone gamopétale telle que le catalpa ou la bignone.

**bigophone** *nm* fam Téléphone. DER **bigophoner** *vt* ①

**bigorne** *nf* Petite enclume d'orfèvre à deux pointes. ETY Du lat. *bicornis*, « à deux cornes ».

**bigorneau** *nm* Petit gastéropode marin comestible à coquille en spirale.

**bigorner** *v* ① **A** *vt* **1** Forger sur la bigorne. **2** Endommager. **B** *vpr* Se battre.

**Bigorre (la)** anc. comté (Htes-Pyr.) ; cap. *Tarbes.* DER **bigourdan, ane** *a, n*

**1 bigot, ote** *n, a* péjor Qui fait preuve d'une dévotion étroite et pointilleuse. ETY De l'a. angl. *bî God*, « par Dieu ». DER **bigoterie** *nf* ou **bigotisme** *nm*

**2 bigot** *nm* TECH Pioche à deux dents. ETY Du provenç.

**bigouden, ène** *n, a* De la région de Pont-l'Abbé (Finistère). ETY Mot breton.

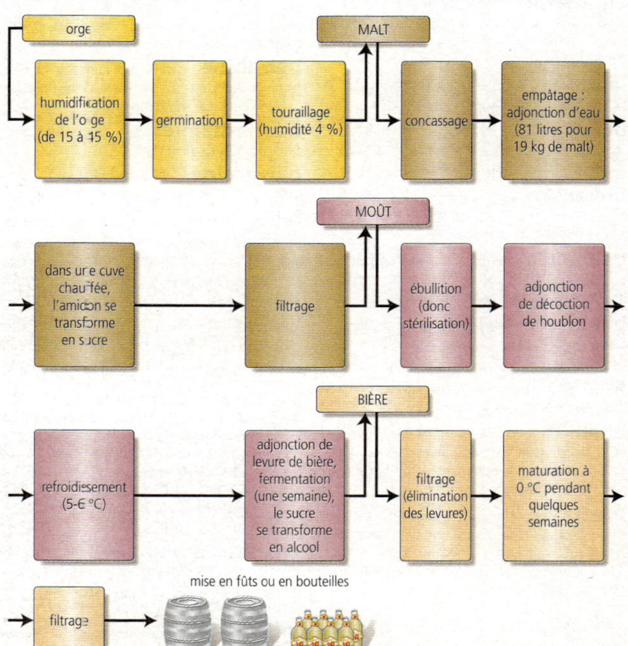


les étapes de la fabrication de la **bière**

**bigoudi** *nm* Rouleau, cylindre utilisé pour friser les cheveux.

**bigre !** *interj* fam Marque l'étonnement.

**bigrement** *av* fam Très, beaucoup. *C'est bigrement haut !*

**bigue** *nf* TECH Appareil de levage pour charges importantes, constitué par un bâti dont l'extrémité supérieure porte une poulie ou un palan.

**biguine** *nf* Danse d'origine antillaise. ETY Mot antillais.

**Bihac** v. de Bosnie-Herzégovine, constituant une enclave musulmane dans le N.-O. du pays (zone peuplée de Croates) ; 45 807 hab.

**Bihār** État du N.-E. de l'Inde, à cheval sur la plaine du Gange et le plateau du Dekkan ; 173 900 km$^2$ ; 86 338 850 hab. ; cap. *Patnā.*

**bihebdomadaire** *a* Qui a lieu, qui paraît deux fois par semaine.

**bihoreau** *nm* Héron au plumage gris, noir et blanc, de mœurs crépusculaires.

**Bihzād Kamāl al-Dīn** (Harāt, v. 1460 – Khorāsān, v. 1507), miniaturiste persan.

**Biisk** ville de Russie, en Sibérie méridionale ; 226 000 hab. Industries alimentaires.

**bijectif, ive** *a* LOC MATH ***Application bijective*** : dans laquelle tout élément de l'ensemble d'arrivée est l'image d'au moins un élément de l'ensemble de départ (application surjective) et dans laquelle deux éléments distincts de l'ensemble de départ ont deux images distinctes dans l'ensemble d'arrivée (application injective). ▶ illustr. **application**

**bijection** *nf* MATH Application bijective.

**bijou** *nm* **1** Petit objet de parure, associant généralement un métal à une autre matière, noble ou non. *Un bijou en or.* **2** fig Chose très jolie, fabriquée avec grand soin. *Cette voiture de sport est un vrai bijou !* PLUR bijoux. ETY Du breton *bizou,* « anneau ».

**bijouterie** *nf* **1** Fabrication, commerce des bijoux. **2** Les bijoux, en tant qu'objets d'industrie, de commerce. **3** Magasin où l'on vend des bijoux.

**bijoutier, ère** *n* **1** Fabricant de bijoux. **2** Personne qui tient un magasin de bijoux.

**bikini** *nm* Costume de bain pour femme, composé d'un slip et d'un soutien-gorge de dimensions réduites. ETY Nom déposé, du n. pr.

**Bikini** atoll du Pacifique, au N.-O. des îles Marshall. – Théâtre d'expériences nucléaires américaines entre 1946 et 1958.

**bilabiale** *af, nf* PHON Se dit d'une consonne dont l'articulation met en jeu le mouvement des deux lèvres. *P, b sont des bilabiales.*

**bilabié, ée** *a* BOT Se dit d'une corolle gamopétale divisée en deux lèvres, comme celle de la sauge.

**Bilal Enki** (Belgrade, 1951), auteur de bandes dessinées, d'origine serbe.

**bilame** *nf* Interrupteur utilisé dans les thermostats, constitué par deux lames de coefficients de dilatation différents et qui fonctionne sous l'effet des variations de température.

**bilan** *nm* **1** FIN Document qui précise l'actif et le passif d'une entreprise à une date donnée. **2** fig Résultats positifs ou négatifs d'une action, d'une situation. *Faire le bilan de qqch.* LOC ***Bilan carbone*** : méthode qui permet de mesurer les émissions de gaz carbonique produites par n'importe quelle activité. — ***Bilan de compétences*** : examen des savoirs, aptitudes et motivations de qqn, afin d'orienter la suite de sa carrière. — ***Bilan de santé*** : ensemble d'examens permettant d'apprécier l'état de santé d'une personne. SYN check-up. — ***Bilan social*** : document qui rend compte des conditions de salaire et de travail dans une entreprise. — PHYS ***Bilan thermique*** : calcul des différentes puissances calorifiques fournies et reçues par une machine. — ***Dépôt de bilan*** : déclaration, au tribunal de commerce, de cessation de paiements. ETY De l'ital. *bilancio,* « balance ». DER **bilantiel, elle** *a*

**bilatéral, ale** *a* **1** Qui a deux côtés, se rapporte à deux côtés. *Stationnement bilatéral.* **2** Qui lie deux parties. *Traité bilatéral.* PLUR bilatéraux. DER **bilatéralement** *av* – **bilatéralité** *nf*

**bilatéralisme** *nm* Système fondé sur la conclusion d'accords bilatéraux.

**Bilbao** port d'Espagne, sur l'estuaire du Nervión ; 383 790 hab. ; ch.-l. de la prov. basque de Biscaye. Centre industriel. – Musée. Fondation Guggenheim. – Ce centre de la résistance républicaine fut pris en juin 1937 par les franquistes.

**bilboquet** *nm* Jeu formé d'une boule percée d'un trou et reliée par une ficelle à un manche pointu qu'il faut faire pénétrer dans le trou de la boule lancée en l'air. ETY De *bille,* et *bouque,* « boule ».

**bile** *nf* Liquide jaune sécrété par le foie, stocké par la vésicule biliaire et excrété dans le duodénum pendant la digestion. LOC fam ***Se faire de la bile*** : s'inquiéter. ETY Du lat. DER **biliaire** *a*

**biler (se)** *vpr* 1 fam S'inquiéter.

**bileux, euse** *a* fam Qui s'inquiète facilement, de tempérament anxieux.

**bilharzie** *nf* Ver trématode vivant en parasite dans les vaisseaux des reins, de la vessie, du foie, de l'intestin, etc., et provoquant des hémorragies. ETY D'un n. pr.

**bilharziose** *nf* MED Maladie parasitaire provoquée par des bilharzies, fréquente en Afrique et en Asie tropicales. SYN schistosomiase.

**bilieux, euse** *a* **1** Qui résulte de l'abondance de bile. *Maladies bilieuses.* **2** fig Coléreux. **3** fig D'un tempérament inquiet, anxieux.

**biligenèse** *nf* PHYSIOL Synthèse des sels et des pigments biliaires.

**bilingue** *a, n* **A** *a* **1** Écrit en deux langues différentes. *Un dictionnaire bilingue.* **2** Où l'on parle deux langues. *Pays bilingue.* **B** *a, n* Qui parle deux langues. *Une secrétaire bilingue.* DER **bilinguisme** [bilɛ̃gwism] *nm*

**bilirubine** *nf* BIOCHIM Pigment biliaire, jaune rougeâtre, provenant de la dégradation de l'hémoglobine des hématies.

**bilirubinémie** *nf* MED Concentration sérique en bilirubine.

**biliverdine** *nf* Pigment biliaire vert noirâtre qui se forme par oxydation de la bilirubine.

**bill** *nm* Proposition de loi soumise au vote du Parlement anglais. ETY Mot angl.

**Bill Max** (Winterthur, 1908 – Berlin, 1994), architecte, peintre et sculpteur suisse ; maître de l'abstraction géométrique.

**billard** *nm* **1** Jeu qui se joue avec des billes d'ivoire ou de plastique, que l'on frappe avec une queue, sur une table couverte d'un tapis de drap vert. **2** Table rectangulaire, recouverte d'un tapis de drap vert, sur laquelle on joue au billard. **3** Salle où l'on joue au billard. LOC ***Billard américain, chinois, japonais, russe*** : jeux où l'on cherche à placer des boules dans des cases ou des trous. — ***Billard électrique*** : syn. de *flipper.* — fam ***C'est du billard*** : c'est très facile. — fam ***Passer sur le billard*** : subir une opération chirurgicale. ETY De *bille.*

**Billaud-Varenne Jean Nicolas** (La Rochelle, 1756 – Port-au-Prince, 1819), conventionnel français, allié puis adversaire de Robespierre. Déporté en Guyane (1795-1816).

**billbergia** *nf* BOT Broméliacée ornementale d'appartement aux fleurs roses.

**1 bille** *nf* **1** Boule pour jouer au billard. **2** Petite boule de pierre, de verre, d'acier, d'argile, avec laquelle jouent les enfants. **3** fam Tête, figure. *Une bille de clown.* **4** fam Imbécile. LOC fam ***Bille en tête*** : avec audace, carrément, sans hésitation. — fam ***Reprendre ses billes*** : se retirer d'une affaire. — fam ***Toucher sa bille*** : être très compétent. ETY Du frq. *bikkil,* « dé ».

**2 bille** *nf* Pièce de bois de la grosseur du tronc, destinée à être équarrie et débitée. ETY Du lat.

**billet** *nm* **1** Lettre très courte. **2** Engagement écrit de payer une somme d'argent. *Négocier un billet.* **3** Papier-monnaie. *Un billet de cent francs.* **4** Petit papier imprimé établissant un droit d'entrée, d'accès. *Un billet de théâtre. Billet de train.* **5** Courte chronique journalistique, humoristique ou satirique. LOC FIN ***Billet à ordre*** : effet de commerce par lequel on s'engage à payer une somme d'argent à une personne ou à son ordre. — ***Billet de loterie*** : bulletin portant un numéro permettant de participer au tirage d'une loterie. — FIN ***Billet de trésorerie*** : titre à court terme émis par des entreprises sur le marché des capitaux. — ***Billet doux, galant*** : lettre d'amour. — fam ***Billet vert*** : dollar. — fam ***Je vous donne, fiche mon billet que*** : je vous garantis que. ETY De *bulle.*

**Billetdoux François** (Paris, 1927 – id., 1991), auteur dramatique français : *Va donc chez Törpe* (1961).

**billette** *nf* **1** Bois de chauffage scié et fendu. **2** TECH Petite barre d'acier laminé. **3** ARCHI Ornement fait de sections de tore disposées en série.

**billetterie** *nf* **1** Lieu où l'on vend des billets. **2** Conception, émission et délivrance des billets de transport. **3** Distributeur automatique de billets de banque, de titres de transport.

**billettiste** *n* **1** Journaliste qui tient un billet dans un média. **2** Employé d'une agence qui vend des billets de voyage ou de spectacle.

**billevesée** *nf* litt Chose, propos frivole. PHO [bilvəze]

**billion** *nm* Mille milliards ($10^{12}$) ; autrefois et encore aux USA, un milliard. PHO [biljɔ̃]

**billon** *nm* **1** AGRIC Talus formé le long d'un sillon par la charrue. **2** anc Nom de certains alliages de cuivre. *Monnaie de billon.*

**billonnage** *nm* AGRIC Action de faire des billons dans un terrain.

**billot** *nm* **1** Bloc de bois posé verticalement et qui présente une surface plane à sa partie supérieure. *Couper du bois sur un billot.* **2** Pièce de bois sur laquelle le condamné à la décapitation posait la tête.

**bilobé, ée** *a* didac Qui a deux lobes.

**biloculaire** *a* ANAT Se dit d'une cavité naturelle divisée en deux. *Estomac biloculaire.*

**biloquer** *vtr* 1 AGRIC Faire un labour très profond avant l'hiver. ETY De *biner.*

**bimane** *a, n* didac Qui a deux mains. *L'homme est un animal bimane.*

**bimbeloterie** *nf* **1** Fabrication, commerce de bibelots. **2** Ensemble de bibelots. DER **bimbelotier, ère** *n*

**bimbo** *nf* fam Jeune fille à la mode, préoccupée de son apparence, aux formes avantageuses. PHO [bimbo] ETY Mot amér., de l'esp.

**bimensuel, elle** *a, nm* Qui a lieu, qui paraît deux fois par mois.

**bimestre** *nm* didac Durée de deux mois.

**bimestriel, elle** *a, nm* Qui a lieu, qui paraît tous les deux mois.

**bimétallique** *a* **1** ECON Qui a rapport au bimétallisme. **2** Composé de deux métaux.

**bimétallisme** *nm* ECON Système monétaire à double étalon, or et argent. DER **bimétalliste** *a, n*

**bimillénaire** *a, nm* **A** *a* Qui a deux mille ans. **B** *nm* Deux millième anniversaire.

**bimoteur** *a, nm* Se dit d'un avion muni de deux moteurs.

**binaire** *a, n* **A 1** CHIM Composé de deux éléments. *L'eau ($H_2O$) est un composé binaire.* **2** fig Simpliste, manichéen. *Une argumentation binaire.* **B** *nm* Numération binaire. **C** *nf* ASTRO Étoile double. **LOC** MILIT ***Arme binaire*** : arme chimique dont les composants ne sont toxiques que lorsqu'ils sont réunis. — MATH ***Numération binaire*** : numération à base deux, utilisant uniquement les chiffres 0 et 1. — MUS ***Rythme binaire*** : à deux temps. (ETY) Du lat.

**binational, ale** *a, n* Qui possède une double nationalité. PLUR binationaux. (DER) **binationalité** *nf*

**binaural → biaural.**

**Binche** v. de Belgique (Hainaut) ; 34 200 hab. – Célèbre carnaval. – Fortif. (XII^e s.) ; collégiale XII^e s. (DER) **binchois, oise** *a, n*

**Binchois Gilles** (Mons, v. 1400 – Soignies, Hainaut, 1460), compositeur franco-flamand (chansons et œuvres religieuses).

**biner** *v* ① **A** *vt* AGRIC Ameublir et désherber la terre, avec une binette. SYN sarcler. **B** *vi* LITURG Célébrer deux messes le même jour. (ETY) Du lat. *binare*, « refaire ». (DER) **binage** *nm*

**Binet Alfred** (Nice, 1857 – Paris, 1911), médecin français. ▷ PSYCHO *Test de Binet-Simon* : le prem. test d'intelligence (1905).

**Binet Christian** (Tulle, 1947), bédéiste français : *les Bidochon*.

**1 binette** *nf* Petite pioche à manche court et fer large et plat. (ETY) De *biner*.

**2 binette** *nf* fam, vieilli Visage, tête. *Tu en fais une drôle de binette !* (ETY) De *bobinette, trombinette*.

**bineuse** *nf* Machine agricole servant à effectuer les binages.

**Binford Lewis** (Norfolk, 1931 – Kirksville, Missouri, 2011), préhistorien américain, fondateur de l'ethnoarchéologie.

**bingo** *nm, interj* **A** *nm* Canada Jeu de hasard, sorte de loto. **B** *interj* fam Indique qu'on a réussi. (PHO) [biŋgo] (ETY) Mot amér.

**biniou** *nm* **1** Cornemuse bretonne. **2** fam Instrument. (ETY) Mot breton.

**Binoche Juliette** (Paris, 1964), actrice française : *Les Amants du Pont-Neuf* (1992).

**binoclard, arde** *a, n* fam Qui porte des lunettes.

**binocle** *nm* **A** Lorgnon qui s'adaptait sur le nez. **B** *nm pl* fam Lunettes.

**binoculaire** *a, nm* **A** *a* **1** Relatif aux deux yeux. **2** OPT Muni de deux oculaires. *Loupe binoculaire.* **B** *nm* Microscope binoculaire.

**binom** *nm* BIOL Ensemble de deux noms, générique et spécifique, servant à désigner les espèces dans la nomenclature scientifique. (DER) **binomal, ale** *a*

**binôme** *nm* **1** MATH Expression algébrique composée de la somme ou de la différence de deux monômes. **2** fig Ensemble de deux personnes, de deux éléments. *Travailler en binôme.* **3** fam Dans les grandes écoles, camarade de chambre, de travail. **LOC** ***Binôme de Newton*** : formule donnant la n^ième puissance d'un binôme. (ETY) Du lat. *binomium*, « qui a deux noms ».

**binomial, ale** *a* D'un binôme. PLUR binomiaux. **LOC** MATH ***Loi binomiale*** : loi de probabilité se référant au binôme de Newton.

**bin's** *nm* fam Affaire confuse, désordre. (PHO) [bins] (VAR) **binz**

**bintje** *nf* Variété de pomme de terre à chair peu ferme. (PHO) [bintʃ] (ETY) Mot néerl.

**bio-** Élément, du gr. *bios*, « vie ».

**bio** *a, nm* **A** *a* Biologique, naturel, sans pesticide ni engrais chimique. *Du pain bio. Des produits bio* ou *bios*. **B** *nm* Secteur économique constitué par les produits bios.

**bioaccumulation** *nf* BIOL Accumulation d'un polluant dans un organisme. *La bioaccumulation du mercure par les saumons.*

**bioacoustique** *nf, a* Étude des sons émis par les animaux. (DER) **bioacousticien, enne** *a, n*

**bioactif, ive** *a* BIOL Qui est doué d'une activité biologique. *Molécules bioactives.*

**bioastronomie** *nf* Branche de l'astronomie qui étudie la présence éventuelle d'organismes vivants dans l'espace. (DER) **bioastronome** *n* – **bioastronomique** *a*

**biobibliographie** *nf* Ouvrage regroupant la biographie et la bibliographie d'un auteur. (DER) **biobibliographique** *a*

**biocapteur** *nm* Capteur employé pour des phénomènes biologiques.

**biocarburant** *nm* Carburant de substitution d'origine végétale. Syn. de *agrocarburant*.

**biocatalyse** *nf* BIOCHIM Catalyse due à un biocatalyseur.

**biocatalyseur** *nm* BIOCHIM Composé chimique synthétisé par un être vivant et utilisé pour catalyser une réaction de son métabolisme. *Les enzymes sont des biocatalyseurs.*

**biocénologie** *nf* Étude des biocénoses.

**biocénose** *nf* BIOL Ensemble d'êtres vivants en équilibre biologique. (DER) **biocénotique** *a*

**biochimie** *nf* Science qui étudie les propriétés chimiques des êtres vivants. (DER) **biochimiste** *n*

ENC La biochimie rassemble toutes les connaissances sur les constituants chimiques des organismes et sur les réactions chimiques dont ils sont le siège. On distingue la *biochimie analytique et structurale*, proche de la chimie organique ; la *biochimie moléculaire* ; la *biochimie quantique* ou *électronique*, proche de la biophysique, qui étudie notam. les problèmes énergétiques ; la *biochimie physiologique* ou *fonctionnelle*, qui étudie le métabolisme, la biosynthèse, les enzymes *(enzymologie)*, les hormones *(endocrinologie)*, etc. ; la *biochimie médicale*, qui traite essentiellement la pathologie. Tout ce qui a trait à la génétique, à l'immunologie, etc., bref à la vie, relève de la biochimie.

**biochimique** *a* **1** De la biochimie. *Réaction biochimique.* **2** Qui concerne les armes biologiques et chimiques. *Protection biochimique.*

**biocide** *a, nm* Qui détruit les êtres vivants, en partic. les micro-organismes.

**bioclimat** *nm* Ensemble des éléments climatiques d'une région qui ont un effet sur la flore et la faune. (DER) **bioclimatique** *a*

**bioclimatologie** *nf* BIOL Science qui étudie les effets des climats sur les êtres vivants. (DER) **bioclimatologique** *a*

**Bioco** (anc. *Fernando Poo* ou *Pó*), île volcanique de la Guinée équatoriale, près de la côte africaine, au fond du golfe de Guinée ; 2 017 km² ; env. 100 000 hab. ; ch.-l. *Malabo*. – Les Portugais l'occupèrent en 1470. (VAR) **Bioko**

**biocombustible** *nm* Combustible issu de produits d'origine végétale ou animale.

**biocompatible** *a* Compatible sur le plan biologique. (DER) **biocompatibilité** *nf*

**bioconversion** *nf* BIOL Transformation d'une forme d'énergie ou d'une substance en une autre grâce à l'intervention de microorganismes.

**biodéchet** *nm* Déchet fermentescible et donc biodégradable.

**biodégradation** *nf* CHIM Processus selon lequel des composés chimiques sont détruits par des organismes vivants. (DER) **biodégrader** *vt* ① – **biodégradabilité** *nf* – **biodégradable** *a*

**biodesign** *nm* Tendance du design qui se préoccupe de l'adaptation des objets au corps humain. (PHO) [bjodizajn]

**biodiésel** *nm* Biocarburant obtenu à partir d'huile végétale (colza, soja, etc.) et de méthanol.

**biodisponibilité** *nf* Efficacité biologique d'un produit chimique sur l'organisme.

**biodiversité** *nf* Diversité génétique des espèces d'êtres vivants ; nombre de ces espèces.

**biodynamie** *nf* Technique de culture de la vigne fondée sur le respect des processus naturels. (DER) **biodynamique** *a*

**bioélectricité** *nf* Ensemble des phénomènes cellulaires mettant en jeu des différences de potentiel électrique entre deux milieux aux concentrations ioniques différentes. (DER) **bioélectrique** *a*

**bioélectronique** *nf, a* Science qui associe l'électronique et la biologie.

**bioélément** *nm* BIOCHIM Élément chimique constitutif de la matière vivante.

**bioénergétique** *a* Dont les êtres vivants tirent de l'énergie.

**bioénergie** *nf* didac **1** Énergie renouvelable tirée de la biomasse. **2** PSYCHOL Ensemble de l'énergie somatique et mentale sur lequel s'appuient certaines méthodes à visée thérapeutique.

**bioéquitable** *a* Qui respecte à la fois l'éthique et la protection de l'environnement.

**bioéquivalent, ente** *a* PHARM Se dit de substances dont l'effet thérapeutique est identique. (DER) **bioéquivalence** *nf*

**bioéthanol** *nm* TECH Biocarburant obtenu à partir de blé, de maïs, de canne à sucre, etc.

**bioéthique** *a, nf* Ensemble des préceptes moraux qui doivent présider aux pratiques médicales et biologiques concernant l'être humain. (DER) **bioéthicien, enne** *n*

ENC Apparu en 1982-1983, le mot *bioéthique* désigne l'étude des préceptes moraux qui doivent ou devraient accompagner toute pratique médicale, toute intervention biologique sur l'être humain depuis sa conception. Des commissions se réunissent régulièrement pour étudier des cas concrets que l'on peut grouper dans les rubriques suivantes : euthanasie et renoncement thérapeutique ; fécondation artificielle, notam. *in vitro*, production d'embryons, utilisation de ceux-ci ; génie génétique ; essais sur l'homme (chirurgicaux et pharmacologiques).

**biofilm** *nm* BIOL Ensemble de bactéries agglomérées qui colonisent un milieu. *La plaque dentaire est constituée par un biofilm.*

**biogaz** *nm* Gaz combustible produit par la fermentation de déchets organiques.

**biogène** *a* **1** BIOL Qui engendre ou permet la vie. **2** GEOL Qualifie les sédiments formés à partir de restes d'êtres vivants

**biogenèse** *nf* BIOL Théorie selon laquelle tout être vivant vient d'un autre être qui lui a donné naissance. (DER) **biogénétique** *a*

**biogénétique** *nf, a* Génétique appliquée à la biologie.

**biogéochimie** *nf* Chimie de la biosphère. (DER) **biogéochimique** *a* – **biogéochimiste** *n*

**biogéographie** *nf* Science qui étudie la répartition géographique des espèces vivantes. (DER) **biogéographe** *a, n* – **biogéographique** *a*

**biogéoscience** *nf* Discipline visant à déterminer les interactions entre l'activité biologique et les processus géologiques.

**biographe** *n* Auteur d'une biographie.

**biographie** *nf* Histoire de la vie d'un individu. (DER) **biographique** *a*

**bio-indicateur, trice** *a, nm* ECOL Se dit d'un organisme vivant utilisé pour déceler une pollution. SYN biomarqueur. PLUR bio-indicateurs.

**bio-industrie** *nf* Application des biotechnologies à l'industrie agroalimentaire, pharmaceutique, etc. PLUR bio-industries. DER **bio-industriel, elle** *a*

**bio-informatique** *nf, a* Traitement informatique des données issues de la recherche en biologie. PLUR bio-informatiques. DER **bio-informaticien, enne** *n*

**bio-ingénierie** *nf* Discipline visant à appliquer les sciences de l'ingénieur à la biologie.

**bio-invasion** *nf* ECOL Domination d'un écosystème par une plante. PLUR bio-invasions.

**biologie** *nf* Science de la vie, des êtres vivants. LOC ***Biologie moléculaire*** : étude des phénomènes biologiques à l'échelle de la molécule.
ENC La biologie (de plus en plus souvent nommée *sciences de la vie* ou *biosciences*) traite de toutes les manifestations de l'état vivant, depuis la réaction biochimique jusqu'à la vie en société. Chaque aspect de la vie a donné naissance à une branche particulière de la biologie : biochimie, cytologie, histologie, physiologie, etc., ainsi que botanique, zoologie, génétique, immunologie, etc., qui ont leurs buts et leurs techniques propres mais coopèrent entre elles.

**biologique** *a* **1** Relatif à la biologie. **2** Propre aux êtres vivants. *La reproduction est une fonction biologique.* **3** Obtenu sans engrais chimiques ni pesticides. *Agriculture biologique.* **4** MILIT Se dit d'armes utilisant des bactéries, des virus. **5** Se dit des parents ayant fourni les gamètes dont l'enfant est issu ; se dit de l'enfant lui-même (par oppos. à *adoptif*). DER **biologiquement** *av*

**biologisant, ante** *a* PHILO Qui privilégie les explications tirées de la biologie.

**biologisme** *nm* PHILO Tendance à privilégier les causes biologiques pour expliquer les phénomènes historiques ou psychologiques.

**biologiste** *n* **1** Spécialiste de biologie. **2** Professionnel qui met en œuvre les techniques de la biologie au service de la médecine.

**bioluminescence** *nf* BIOL Émission de lumière par certains êtres vivants. DER **bioluminescent, ente** *a*

**biomagnétisme** *nm* Sensibilité des êtres vivants aux champs magnétiques. DER **biomagnétique** *a*

**biomarqueur** *nm* Bio-indicateur.

**biomasse** *nf* BIOL Masse de l'ensemble des organismes vivant dans un biotope délimité.

**biomatériau** *nm* MED Matériau toléré par l'organisme humain, sans effet secondaire. *La chirurgie plastique utilise des biomatériaux.*

**biome** *nm* BIOL Ensemble écologique présentant une grande uniformité sur une vaste surface.

**biomécanique** *nf, a* Application des lois de la mécanique à la biologie, à la médecine, au sport. DER **biomécanicien, enne** *n*

**biomédecine** *nf* Domaine comprenant l'assistance médicale à la procréation, le diagnostic prénatal et les prélèvements d'organes, de tissus, de cellules.

**biomédical, ale** *a* Qui concerne la biologie et la médecine. PLUR biomédicaux.

**biométéorologie** *nf* Étude de l'influence des saisons, des climats, etc., sur les êtres vivants. DER **biométéorologique** *a*

**biométrie** *nf* **1** BIOL Partie de la biologie qui étudie les phénomènes de la vie par les méthodes statistiques. **2** Technique qui traduit en données numériques des caractéristiques physiques à des fins d'identification. DER **biométrique** *a* – **biométricien, enne** *n*

**biomimétisme** *nm* Mimétisme existant entre un processus chimique ou physique et un processus biologique. *Le velcro a été créé par biomimétisme.* DER **biomimétique** *a*

**biomolécule** *nf* BIOL Molécule de la matière vivante. DER **biomoléculaire** *a*

**biomorphique** *a* Se dit d'une œuvre d'art dont les formes évoquent le monde organique. DER **biomorphisme** *nm*

**bionique** *nf, a* BIOL Science qui étudie les phénomènes et les mécanismes biologiques en vue de leurs applications industrielles.

**biopersistant, ante** *a, nf* MED Se dit de substances qui persistent au sein de l'organisme et peuvent réagir avec les tissus. DER **biopersistance** *nf*

**biopesticide** *nm* AGRIC Micro-organisme utilisé pour lutter contre les insectes nuisibles.

**biophysique** *nf, a* BIOL Science biologique qui applique les méthodes de la physique à la biologie. DER **biophysicien, enne** *n*

**biopic** *nm* Film dont le sujet est la biographie d'un personnage célèbre ; genre cinématographique représenté par ce type de film. ETY Acronyme de l'angl. *biographic picture.*

**biopiratage** *nm* ECON Appropriation abusive, par le biais de brevets, des ressources biologiques propres à certains pays riches en biodiversité. VAR **biopiraterie** *nf*

**bioplastique** *nm* Matière plastique d'origine végétale et biodégradable.

**biopolymère** *nm* Polymère d'origine biologique, en partic. végétale.

**bioprocédé** *nm* INDUSTR Procédé utilisé en biotechnologie ou dans la bio-industrie.

**biopsie** *nf* MED Prélèvement d'un fragment de tissu sur un être vivant, aux fins d'examen.

**biopuce** *nf* BIOL Composant électronique servant à identifier certains paramètres génétiques. SYN puce à ADN ou puce à protéines.

**bioréacteur** *nm* CHIM Réacteur chimique intervenant dans des processus biologiques.

**biorythme** *nm* Rythme biologique.

**biosciences** *nfpl* Ensemble des sciences concernant la vie.

**biosécurité** *nf* Prévention des risques liés aux biotechnologies.

**biosignature** *nf* BIOL Traces que laisse un organisme vivant et qui permettent de l'identifier. *Des biosignatures moléculaires conservées sous terre.*

**biosphère** *nf* Partie de l'écorce terrestre et de l'atmosphère où il existe une vie organique.

**biostasie** *nf* GEOL Période au cours de laquelle une région échappe à l'érosion suite à l'établissement d'une forêt, de cultures denses, etc. ANT rhexistasie. ETY Du gr. *stasis*, « fixité ».

**biostatistique** *nf, a* Statistique appliquée à la biologie. DER **biostatisticien, enne** *n*

**biosurveillance** *nf* ECOL Surveillance de la qualité de l'environnement grâce à des organismes vivants.

**biosynthèse** *nf* BIOCHIM Synthèse de composés organiques par un organisme vivant.

**Biot** com. des Alpes-Mar. (arr. de Grasse) ; 10 300 hab. – Vx village ; verreries d'art ; musée Fernand-Léger. DER **biotois, oise** *a, n*

**Biot** Jean-Baptiste (Paris, 1774 – id., 1862), physicien français. Il découvrit la polarisation rotatoire de la lumière. Acad. fr. (1856).

**biotech** *nf* Entreprise du secteur de la biotechnologie. *Des biotechs cotées en Bourse.*

**biotechnologie** *nf* Ensemble des procédés et des techniques utilisant des processus biologiques dans l'industrie alimentaire et pharmaceutique ainsi qu'en agriculture. VAR **biotechnique** DER **biotechnicien, enne** *n* – **biotechnologique** ou **biotechnique** *a*
ENC Les quatre grands domaines de la biotechnologie sont : 1. les *fermentations* : fabrication de vin, de pain, de fromage, mais aussi d'antibiotiques, d'éthanol, etc., traitement des déchets, etc. ; 2. le *génie enzymatique* (en liaison avec le domaine 1) ; 3. le *génie génétique*, qui modifie le patrimoine génétique des cellules (bactériennes, notam.) pour les rendre aptes à certaines fonctions ; 4. le *clonage*.

**bioterrorisme** *nm* Terrorisme utilisant des armes biologiques. DER **bioterroriste** *a, n*

**biothèque** *nf* Stock d'échantillons et de données biologiques à des fins de recherche.

**biothérapie** *nf* Traitement médical avec de nouvelles molécules issues des biotechnologies.

**biotique** *a* BIOL Qui permet le développement d'êtres vivants. *Un milieu biotique.*

**biotite** *nf* MINER Mica brun foncé ou noir, abondant dans les roches éruptives et métamorphiques. ETY D'un n. pr.

**biotope** *nm* BIOL Aire géographique où des facteurs écologiques à peu près constants permettent le développement d'une espèce.

**biotraitement** *nm* Traitement des effluents par un lit bactérien ou des boues activées.

**biotype** *nm* BIOL Ensemble de caractères permettant une classification des êtres humains ; groupe d'individus possédant ces caractères.

**biotypologie** *nf* ANTHROP Étude des types morphologiques humains. DER **biotypologique** *a*

**biovigilance** *nf* AGRIC Surveillance des plantes transgéniques au sein d'un milieu biologique. SYN biosurveillance.

**Bioy Casares** Adolfo (Buenos Aires, 1914 – id., 1999), auteur argentin de récits fantastiques : *l'Invention de Morel* (1940).

**bioxyde** *nm* CHIM Dioxyde. PHO [bjɔksid]

**bip** *nm* **1** Signal sonore, bref et répété, émis par certains appareils. **2** Appareil émettant ce signal. ETY Onomat. VAR **bip-bip**

**bipale** *a* Qui a deux pales.

**biparti, ie** *a* **1** Divisé en deux parties. **2** Composé par l'union de deux partis politiques. ETY Du lat. VAR **bipartite**

**bipartisme** *nm* Régime politique où deux partis gouvernent, ensemble ou tour à tour. DER **bipartisan, ane** *a*

**bipartition** *nm* Division en deux parties.

**bipède** *a, nm* **A** *a* Qui marche sur deux pieds. *Un animal bipède.* **B** *nm* Ensemble de deux jambes chez un cheval. *Bipède antérieur, postérieur.* ETY Du lat. *bipes*, « à deux pieds ». DER **bipédie** *nf*

**1 bipenne** *a* **1** ZOOL Qui a deux ailes. **2** BOT Se dit d'une feuille composée pennée aux folioles divisées. VAR **bipenné, ée**

**2 bipenne** *nf* ARCHEOL Hache de pierre polie à deux tranchants.

**biper** *vt* ① Appeler qqn au moyen d'un bip.

**biphasé, ée** *a, nm* ELECTR Se dit d'un système formé de deux courants monophasés, déphasés d'un quart de période.

**biplace** *a, nm* Qui possède deux places.

**biplan** *nm* Avion aux ailes formées de deux plans superposés.

**bipolaire** *a* **1** didac Qui a deux pôles. **2** fig Qui a deux pôles, deux centres d'attraction. *Système politique bipolaire.* **3** PSYCHIAT Syn. de *maniaco-dépressif.* LOC MATH ***Système de coordonnées bipolaires*** : dans lequel la position d'un point dans un plan est définie par ses distances à deux points fixes. DER **bipolarité** *nf* ou **bipolarisme** *nm*

**bipolarisation** *nf* POLIT Tendance des courants politiques à se rassembler en deux blocs.

**bipoutre** *a* AVIAT Se dit d'un avion dont l'arrière est constitué de deux éléments qui supportent l'empennage de queue.

**bippeur** *nm* TECH Appareil émettant à intervalles rapprochés et réguliers des signaux sonores de faible intensité.

**bique** *nf* fam Chèvre. **LOC** fam, péjor ***Vieille bique*** : vieille femme désagréable. (ETY) De *biche*.

**biquet, ette** *n* fam **1** Petit de la chèvre. **2** Terme d'affection. *Mon biquet.*

**biquotidien, enne** *a* Qui a lieu deux fois par jour.

**Birague** René de (Milan, v. 1507 – Paris, 1583), prélat milanais au service de la France ; un des instigateurs de la Saint-Barthélemy.

**birapport** *nm* Rapport anharmonique.

**birbe** *nm* **LOC** fam ***Un vieux birbe*** : un vieil homme ennuyeux. (ETY) De l'ital.

**bircher** *nm* Suisse Muesli.

**Bird** sigle de *Banque internationale pour la reconstruction et le développement.* Institution fondée en 1946, appartenant à la Banque mondiale.

**biréacteur** *nm* Avion à deux réacteurs.

**biréfringent, ente** *a* PHYS Se dit d'un cristal qui produit une double réfraction. (DER) **biréfringence** *nf*

**birème** *nf* Galère à deux rangs de rames.

**Bir Hakeim** localité de Libye où les forces de la France libre du général Kœnig vainquirent celles de Rommel (27 mai-11 juin 1942).

**biribi** *nm* fam Compagnie disciplinaire.

**Birkenau** (en pol. *Brzezinka*), local. de Pologne, proche d'Auschwitz ; un des plus grands camps d'extermination nazis.

**Birkhoff** George David (Overisel, Michigan, 1884 – Cambridge, Mass., 1944), mathématicien américain. Équations différentielles.

**birman** *nm* Langue du groupe tibéto-birman parlée en Birmanie.

**Birmanie** (en birman, *Myanmar*), le plus occidental des États de l'Asie du S.-E., entre l'Inde et le Bangladesh à l'O., la Chine au N., le Laos et la Thaïlande à l'E. ; 676 550 km$^2$ ; 52,1 millions d'hab. ; accroissement naturel : 1,9 % par an ; cap. *Naypyidaw.* Nature de l'État : structure fédérale. Langue off. : birman. Monnaie : kyat. Pop. : Birmans (68,1 %), importantes minorités ethniques. Religions : bouddhisme (89,1 %), christianisme (3,8 %) et islam (3,8 %). (DER) **birman, ane** *a, n*
**Géographie** La dépression centrale, densément peuplée (Birmans d'origine mongolo-tibétaine), est drainée par l'Irrawaddy, navigable sur 1 600 km, qui se termine par un puissant delta. Le plateau Shan, à l'E., et le pourtour montagneux du pays sont des régions forestières difficiles à pénétrer, où vivent de nombr. minorités, souvent en rébellion : Karens, Shans, Kachins, Shins, Môns. Le climat tropical de mousson se dégrade au N. et en altitude. La population est rurale à près de 69 %.
**Économie** Le riz est suivi de loin par le sésame et l'on exploite le teck. La culture du pavot, dans le Triangle d'or, donne lieu à un important trafic d'héroïne. Le sous-sol est riche : gaz naturel, mines de rubis, de jade et de saphirs. Le pays connaît une forte croissance économique, grâce au dynamisme des exportations de gaz et à la levée des sanctions internationales. La Birmanie fait partie des pays relativement pauvres.
**Histoire** De multiples petits royaumes (Pyu, Môn, Pagan) se disputèrent au cours des siècles la plaine centrale. Les Brit., au cours de trois guerres, conquirent le pays, qu'ils annexèrent à l'empire des Indes (1886). Ils en firent une colonie séparée en 1937, reconquise après l'occupation japonaise (1942-1945). En 1947, Aung San tenta de négocier l'indépendance avec la G.-B., mais il fut assassiné. U Nu, l'un des artisans de l'indépendance en 1948 et Premier ministre (bouddhiste et neutraliste) fut renversé en 1962 par le général Ne Win, qui imposa un socialisme national catastrophique et dut démissionner en 1988, mais les militaires maintinrent un régime répressif. La junte garda le pouvoir malgré la victoire de l'opposition (LND) menée par Aung San Suu Kyi en 1990. En 1997, la Birmanie a été admise dans l'ASEAN. Les manifestations de moines bouddhistes et de la population de 2007 ont été sévèrement réprimées. En 2010, les premières élections organisées dep. 20 ans restent entièrement cadenassées par la junte. En 2011, la junte cède le pouvoir aux civils, mais reste très présente dans les prises de décision. La victoire du LND aux législatives partielles de 2012 comme aux législatives de 2015 est écrasante.

**Birmingham** v. de G.-B., ch.-l. des Midlands de l'Ouest ; 2,3 millions d'hab. (aggl.). Grand centre industriel dès le XVIII$^e$ s.

**Birmingham** v. des États-Unis (Alabama), au S. des Appalaches ; 212 200 hab.

**Birobidjan** v. de Russie, au N.-E. de la Chine, sur le Transsibérien ; 74 800 hab. ; ch.-l. de la prov. autonome des Juifs, dite aussi *Birobidjan* (210 000 hab.).

**Biron** Armand de Gontaut (baron de) (?, 1524 – Épernay, 1592), maréchal de France ; il servit Henri III et Henri IV. — **Charles (duc de Biron)** (?, 1562 – Paris, 1602), maréchal de France, fils du préc., conspira par deux fois contre Henri IV et fut décapité. — **Armand Louis** (Paris, 1747 – id., 1793), combattit les Vendéens et fut guillotiné.

**biroute** *nf* AVIAT fam Manche à air.

**birr** *nm* Unité monétaire de l'Éthiopie.

**Biruni** Abu-r-Rayhan Al- (Kaāth, Khaārezm, 973 – Ghazni, Afghānistān, 1048), savant arabe, géographe, historien, mathématicien et astronome correspondant d'Avicenne.

**1 bis, bise** *a* Gris tirant sur le brun. *Du pain bis. Une toile bise.* (PHO) [bi, bize]

**2 bis** *av, a inv, interj, nm* **A** *av* Indique qu'un numéro d'une série est répété. *Habiter le 9 bis, rue Saint-Jacques.* **B** *a inv* Qui double qqch. *Un itinéraire bis.* **C** *interj, nm* Cri par lequel on demande à un artiste, un orchestre, etc., de répéter ce qu'il vient de jouer. (PHO) [bis] (ETY) Du lat.

**bisaïeul, eule** *n* litt Arrière-grand-père, arrière-grand-mère. (PHO) [bizajœl]

**bisannuel, elle** *a* **1** didac Qui a lieu tous les deux ans. **2** BOT Se dit d'une plante dont le cycle évolutif dure deux ans.

**bisbille** *nf* fam Petite querelle pour des motifs futiles. *Être en bisbille avec qqn.* PHO [bizbij] ETY De l'ital. *bisbiglio,* « murmure ».

**biscaïen** *nm* **1** Gros mousquet. **2** Petit boulet de fonte. ETY D'un n. pr.

**Biscarrosse** com. des Landes, au N. de l'*étang de Biscarrosse* ; 14 400 hab. Base milit. Stat. balnéaire. DER **biscarrossais, aise** *a, n*

**Biscaye** (en esp. *Vizcaya*), une des prov. basques d'Espagne ; 2 217 $km^2$ ; 1 184 040 hab. ; ch.-l. *Bilbao.* Mines de fer. – Rattachée à la Castille en 1379, elle garda jusqu'à la fin du XIXe s. le bénéfice des *fueros*, garantissant les libertés locales. La Biscaye fut républicaine (bombardement de Guernica en 1937). DER **biscaïen, enne** *a, n*

**Bischheim** ch.-l. de cant. du Bas-Rhin ; 17 600 hab. DER **bischheimois, oise** *a, n*

**Bischwiller** ch.-l. de cant. du Bas-Rhin ; 12 900 hab. DER **bischwillerois, oise** *a, n*

**biscôme** *nm* Suisse Sorte de pain d'épices plat, souvent orné d'une image.

**biscornu, ue** *a* **1** Qui a une forme irrégulière. **2** fig, fam Surprenant, extravagant. *Une idée biscornue.*

**biscoteau** *nm* fam Biceps. VAR **biscoto**

**biscotte** *nf* Tranche de pain de mie recuite au four industriellement. ETY De l'ital.

**biscotterie** *nf* Industrie de la biscotte.

**biscuit** *nm* **1** Galette de farine de blé, qui peut se conserver longtemps. *Biscuit de soldat.* **2** Gâteau sec. *Une boîte de petits biscuits.* **3** Pâtisserie à pâte légère. *Biscuit de Savoie.* **4** Porcelaine non émaillée, qui a subi deux cuissons ; ouvrage fait de cette porcelaine. LOC fam ***S'embarquer sans biscuit*** : partir en voyage sans provisions, entreprendre une affaire avec imprévoyance. ETY De *bis*, et *cuit*.

**biscuiter** *vt* ① TECH Chauffer une pièce de poterie au four pour la durcir en biscuit.

**biscuiterie** *nf* Industrie et commerce des biscuits ; fabrique de biscuits, de gâteaux.

**biscuitier** *nm* Industriel de la biscuiterie.

**1 bise** *nf* Vent de nord à nord-est, sec et froid. ETY Du frq.

**2 bise** *nf* fam Baiser. LOC ***Faire la bise*** : donner un baiser.

**biseau** *nm* **1** Bord, extrémité, coupé en biais, en oblique. *Une glace taillée en biseau.* **2** Outil à tranchant en biseau. **3** MUS Partie terminale d'un tuyau d'orgue. ETY Du lat. *bis,* « deux ».

**biseauter** *vt* ① Tailler en biseau. LOC ***Biseauter des cartes*** : leur faire une marque en biais, pour pouvoir les reconnaître et tricher. DER **biseautage** *nm*

**1 biser** *vt* ① fam Donner une bise à.

**2 biser** *vi* ① AGRIC Devenir bis, en parlant des grains.

**biset** *nm* Pigeon sauvage au plumage gris bleuté avec des reflets verts et violets.

**bisexualité** *nf* **1** BIOL État des organismes bisexués. **2** PSYCHAN Caractère bisexuel des tendances psychiques.

**bisexué, ée** *a* BIOL Qui possède des organes sexuels mâles et femelles.

**bisexuel, elle** *a* **1** Qui concerne les deux sexes chez l'être humain. **2** Qui est à la fois hétérosexuel et homosexuel.

**Biskra** v. d'Algérie, au S. des Aurès, dans une grande oasis ; 205 600 hab. Tourisme.

**Bismarck (archipel)** îles rattachées à la Papouasie-Nouvelle-Guinée (au S.-E.) ; 400 000 hab. ; v. princ. *Rabaul* (île de la Nouvelle-Bretagne). – Colonie allemande de 1885 à 1914, sous tutelle australienne de 1921 à 1975. – Haut lieu de l'art. *Nouvelle-Bretagne* : grands masques en écorce. *Nouvelle-Irlande* : « malanggans » (mâts de bois sculptés), masques et « uli » (petites figurines ou grandes effigies).

**Bismarck Otto (prince von)** (Schönhausen, près de Potsdam, 1815 – Friedrichsruh, 1898), homme politique prussien. Président du Conseil en 1863, il réorganisa les finances et l'armée, annexa les duchés danois (1864) et, grâce à la victoire de Sadowa (1866), élimina l'influence autrichienne et domina la Confédération de l'Allemagne du Nord. La victoire sur la France (1870-1871) acheva l'unité all. Chancelier de l'Empire allemand proclamé à Versailles en 1871, il réduisit les particularismes, fit voter d'import. mesures sociales en réponse à l'agitation socialiste, instaura un protectionnisme écon. et fit acquérir à l'Empire ses premières colonies. En 1890, le nouvel empereur (1888), Guillaume II, exigea sa démission. DER **bismarckien, enne** *a*

**bismuth** *nm* **1** Élément de numéro atomique Z = 83 et de masse atomique 208,98 (symbole Bi). **2** Métal (Bi), de densité 9,8, qui fond à 271 °C, utilisé dans l'industrie et en médecine. PHO [bismyt] ETY De l'all.

**bison** *nm* Grand bovidé sauvage, bossu, à collier laineux. ETY Mot lat. d'orig. germ.

**bison** d'Amérique

**bisontin** → **Besançon.**

**bisou** *nm* fam Baiser. VAR **bizou**

**bisphénol** *nm* CHIM Diphénol employé pour la fabrication de résines phénoliques et époxydiques, et réputé toxique.

**bisque** *nf* Potage fait d'un coulis de crustacés ou de volaille. *Bisque d'écrevisses.*

**bisquer** *vi* ① fam Éprouver du dépit. *Faire bisquer qqn.*

**Bissau** cap. et port de la Guinée-Bissau ; 492 000 hab. DER **bissalien, enne** *a, n*

**Bissau**

**bissau-guinéen** → **Guinée-Bissau.**

**bisse** *nm* Suisse Dans le Valais, canal d'irrigation descendant de la montagne.

**bissecteur, trice** *a, nf* GEOM **A** *a* Qui divise en deux parties égales. **B** *nf* Demi-droite qui divise un angle en deux parties égales. ETY Du lat. *secare,* « couper ».

**bissection** *nf* GEOM Division géométrique en deux parties égales.

**bissel** *nm* TECH Essieu porteur d'une locomotive, pouvant pivoter autour d'un axe vertical. ETY D'un n. pr.

**bisser** *vt* ① **1** Solliciter un artiste par des applaudissements, des acclamations, pour qu'il rejoue un morceau de musique, redonne une tirade, etc. **2** Jouer une deuxième fois. *Bisser un morceau.* ETY De *bis* 2.

**bissexte** *nm* didac Jour ajouté au mois de février quand l'année est bissextile.

**bissextile** *af* Se dit de l'année de 366 jours, où le mois de février comporte 29 jours et qui revient tous les quatre ans.

**Bissière Roger** (Villeréal, Lot, 1888 – Marminiac, 1964), peintre français abstrait : « paysagées » (vitraux, notamment).

**bistorte** *nf* BOT Plante herbacée (polygonacée), à fleurs roses et à rhizome replié en S.

**bistouille** *nf* fam Café mélangé d'eau-de-vie.

**bistouri** *nm* Instrument de chirurgie composé d'une lame tranchante fixe ou mobile sur un manche.

**bistourner** *vt* ① **1** Tourner, courber un objet pour le déformer. **2** Tourner les cordons qui aboutissent aux testicules d'un animal, pour le castrer. DER **bistournage** *nm*

**bistre** *nm, a inv* Couleur intermédiaire entre le brun et le jaune rouille. DER **bistrer** *vt* ①

**bistrot** *nm* **1** fam Café, petit bar. **2** vieilli Bistrotier. LOC ***Style bistrot*** : se dit de mobilier, de vaisselle rappelant ceux des bistrots du début du XXe siècle. VAR **bistro**

**bistrotier, ère** *n, a* **A** *n* fam Personne qui tient un bistrot. **B** *a* Qui concerne les bistrots. *Un plat traditionnel de la cuisine bistrotière.*

**bisulfate** *nm* CHIM Sulfate acide dérivant de l'acide sulfurique.

**bisulfite** *nm* CHIM Sulfite acide dérivant de l'acide sulfureux.

**bisulfure** *nm* CHIM Sulfure acide dérivant de l'acide sulfhydrique $SH_2$.

**bit** *nm* INFORM Unité de la numération binaire (0 ou 1). PHO [bit] ETY Mot angl., de *binary digit,* « chiffre binaire ».

**BIT** → **Organisation internationale du travail.**

**Bitche** ch.-l. de cant. de la Moselle ; 5 400 hab. – Place forte qui résista en 1793 et en 1870-1871. DER **bitchois, oise** *a, n*

**bitcoin** *nm* Monnaie virtuelle cryptée utilisée sur Internet. PHO [bitkɔjn] ETY Mot angl. de *bit,* « unité de numération binaire » et *coin,* « pièce de monnaie ».

**bite** → **bitte 2.**

**bitension** *a inv* Se dit d'un appareil électrique pouvant fonctionner sous deux tensions.

**biter** *vt* ① fam Comprendre.

**biterrois** → **Béziers.**

**Bithynie** anc. roy. du N.-O. de l'Asie Mineure, légué à Rome par Nicomède III (75 av. J.-C.). Villes princ. : *Nicée, Nicomédie.* DER **bithynien, enne** *a, n*

**Bitola** v. de Macédoine à la frontière grecque ; 81 000 hab. – Combats (1916-1918) entre Français et Bulgares près de la v., alors nommée *Monastir.* VAR **Bitolj**

**bitoniau** *nm* fam Petit objet, petite pièce mécanique qu'on ne peut ou ne veut nommer.

**bitord** *nm* MAR Petit cordage composé de plusieurs fils de caret tordus ensemble.

**bitos** *nm* fam Chapeau. PHO [bitos]

**1 bitte** *nf* MAR **1** Pièce fixée sur le pont d'un navire qui sert à tourner les aussières. **2** Borne d'amarrage placée sur un quai. ETY Du scand. *biti,* « poutre ».

**2 bitte** *nf* vulg Pénis. ETY De l'a. scand. *bita,* « mordre ». VAR **bite**

**bitter** *nm* Boisson alcoolisée ou non, au goût amer. PHO [bitɛʀ] ETY Mot néerl., « amer ».

**bitume** *nm* **1** GEOL Roche sédimentaire noirâtre qui, mélangée à du calcaire concassé, fournit l'asphalte artificiel. **2** PETROCHIM Résidu de distillation du fioul, ayant la même utilisation que le bitume naturel. **3** Revêtement des chaussées et des trottoirs. ETY Du lat. DER **bitumineux** ou **bitumeux, euse** *a*

**bitumer** *vt* ① Revêtir de bitume. DER **bitumage** *nm*

**biturbine** *a* Qui possède deux turbines (avion, hélicoptère).

**biture** *nf* fam Ivresse, cuite. *Prendre une biture.* **LOC** fam *À toute biture :* très vite. VAR **bitture**

**biturer (se)** *vpr* ① fam S'enivrer. VAR **bitturer (se)**

**Bituriges** peuple de la Gaule qui occupait l'Aquitaine (cap. Burdigala, auj. *Bordeaux*) et le Berry (cap. Avaricum, auj. *Bourges*).

**biunivoque** *a* **LOC** MATH *Correspondance biunivoque :* telle qu'à un élément d'un premier ensemble correspond un seul élément d'un second ensemble et réciproquement.

**bivalent, ente** *a* **1** CHIM Qui possède la valence 2. **2** Qui a deux fonctions, deux rôles. DER **bivalence** *nf*

**bivalve** *a, nm* ZOOL Se dit d'un mollusque dont la coquille est constituée de deux valves, tel que l'huître, la moule.

**biveau** *nm* TECH Équerre à branches mobiles, employée par les tailleurs de pierres, les fondeurs de caractères. ETY De l'a. fr. *baïf,* « béant ».

**bivitellin, ine** *a* **LOC** BIOL *Jumeaux bivitellins :* provenant de la fécondation de deux ovules différents. SYN faux jumeaux.

**bivouac** *nm* Campement temporaire en plein air. ETY Du suisse all. *Biwacht,* « patrouille supplémentaire de nuit ». DER **bivouaquer** *vi* ①

**biwa** *nf* Luth japonais, à manche très court, monté de quatre cordes. PHO [biwa] ETY Mot jap.

**Biya** Paul (Mvomékoa, 1933), homme d'État camerounais. Chef de l'État, 1982, élu président de la Rép. en 1984, réélu depuis.

**bizarde** *af* ZOOL Se dit d'une tête de cervidé aux bois mal formés.

**bizarre** *a, nm* **A** *a* **1** Étrange, singulier et surprenant. *Un accoutrement bizarre.* **2** Se dit de qqn qui n'est pas dans son état habituel. **B** *nm* Ce qui est étrange. *Avoir un goût marqué pour le bizarre.* ETY De l'ital. *bizzaro,* « capricieux ». DER **bizarrement** *av* – **bizarrerie** *nf*

**bizarroïde** *a* fam Insolite, étrange.

**Bizerte** port de Tunisie, près du *lac de Bizerte*, relié à la Médit. par un canal ; 94 510 hab. – Base navale française de sa création (1882) à 1963.

**Bizet** Georges (Paris, 1838 – Bougival, 1875), compositeur français. Opéras : *les Pêcheurs de perles* (1863), *la Jolie Fille de Perth* (1866), *Carmen* (1875) ; *L'Arlésienne* (1872).

**bizness** → **business.**

**bizou** → **bisou.**

**bizut** *nm* **1** Élève de première année dans une classe préparatoire aux grandes écoles. **2** Soldat nouvellement arrivé. PHO [bizy] VAR **bizuth**

**bizuter** *vt* ① Faire subir des brimades initiatiques à un bizut. DER **bizutage** *nm* – **bizuteur, euse** *n*

**Björk** Björk Gudmundsdottir, dite (Reykjavik, 1965), auteur-compositeur, chanteuse et actrice islandaise.

**Bjørnson** Bjørnstjerne (Kvikne, 1832 – Paris, 1910), écrivain norvégien. *Au-delà des forces humaines* (1883 et 1895). P. Nobel (1903).

**Bk** CHIM Symbole du berkélium.

**BK** MED Abrev. de *bacille de Koch.*

**blabla** *nm* fam Verbiage, bavardage oiseux. VAR **blablabla**

**black** *n, a* fam Personne de peau noire. ETY Mot angl.

**black-bass** *nm inv* Poisson téléostéen carnivore d'eau douce, originaire d'Amérique du Nord. ETY Mot angl., « perche noire ».

**blackbouler** *vt* ① **1** vieilli Faire échouer lors d'une élection. **2** fam Refuser à un examen. ETY De l'angl. *to blackball,* « rejeter ». DER **blackboulage** *nm*

**Blackburn** v. de G.-B. (Lancashire) ; 132 800 hab. Centre textile.

**Blackett** Patrick Maynard (Londres, 1897 – id., 1974), physicien angl. : travaux sur les rayons cosmiques. P. Nobel (1948).

**black-jack** *nm* Jeu de cartes américain. PHO [blakdʒak] ETY Mot américain, « valet noir ». VAR **blackjack**

**blacklister** *vt* ① Inscrire qqn sur une liste noire, en partic. dans le domaine des médias, l'exclure, le mettre à l'index.

**Black Muslims** (angl., « musulmans noirs »), groupe fondé v. 1930 par des Noirs américains. Le mouvement se radicalisa sous la conduite de Malcolm X (assassiné en 1965).

**black-out** *nm inv* Suppression de toute lumière extérieure, pour éviter qu'un objectif soit repéré par l'ennemi. **LOC** *Faire le black-out sur :* garder le secret à propos de. PHO [blakaut] ETY De l'angl. VAR **blackout**

**Black Panthers** (angl., « panthères noires »), groupe fondé en 1966 par des Noirs américains revendiquant le « pouvoir noir ».

**Blackpool** port de G.-B. (Lancashire) sur la mer d'Irlande ; 144 500 hab. Stat. balnéaire.

**Black Power** (angl., « pouvoir noir »), revendication de certains groupes politiques de Noirs américains. Dans les années 1970, ces groupes furent durement réprimés.

**black-rot** *nm* AGRIC Maladie de la vigne due à un champignon pyrénomycète. PLUR black-rots. PHO [blakʀɔt] ETY Mot angl.

**blafard, arde** *a* D'une couleur pâle, terne. *Teint blafard.* ETY Du moyen all.

**blaff** *nm* Aux Antilles, ragoût de poisson, très épicé.

**Blagnac** com. de la Hte-Gar. (arr. et aggl. de Toulouse) ; 20 586 hab. Aéroport. Constr. aéron. Électronique. – Égl. (XIV$^e$-XV$^e$ s.). DER **blagnacais, aise** *a, n*

**Blagovechtchensk** v. de Russie, dans l'Extrême-Orient ; 250 000 hab. Métallurgie.

**1 blague** *nf* Petit sac, pochette pour le tabac. ETY Du néerl. *blag,* « enveloppe ».

**Bismarck**

**G. Bizet**

**2 blague** *nf* **1** fig, fam Histoire inventée pour tromper qqn. *Raconter des blagues.* **2** fam Plaisanterie, farce. **3** fam Bêtise, erreur. *Faire des blagues.* **LOC** fam *Sans blague ! :* interjection employée à l'annonce d'une chose qui paraît incroyable.

**blaguer** *v* ① fam **A** *vi* Dire des blagues, des plaisanteries, des mensonges. **B** *vt* Se moquer de qqn sans méchanceté. *Ils n'arrêtent pas de le blaguer.* DER **blagueur, euse** *a, n*

**blair** *nm* fam Nez. ETY De *blaireau,* par allus. à son museau allongé.

**Blair** Anthony Charles Lynton, dit Tony (Edinburgh, 1953), homme politique britannique ; leader du Parti travailliste, auquel il imprime une tendance libérale ; Premier ministre de 1997 à 2007. DER **blairiste** *a, n*

**Tony Blair**

**blaireau** *nm* **1** Mammifère carnivore (mustélidé) plantigrade, à la fourrure épaisse, grisbrun sur le dos, noire sur le ventre et des bandes blanches sur la tête. **2** Pinceau fabriqué avec le poil de cet animal. **3** Gros pinceau pour se savonner la barbe avant de se raser. **4** fam Individu peu recommandable, très antipathique. ETY De l'a. fr. *bler,* « tacheté ».

**blaireau** d'Eurasie

**blairer** *vt* ① **LOC** fam *Ne pas pouvoir blairer qqn :* éprouver de l'antipathie envers lui.

**Blais** Marie-Claire (Québec, 1939), romancière, poète et dramaturge québécoise : *Une saison dans la vie d'Emmanuel* (1964).

**Blake** Robert (Bridgwater, Somerset, 1599 – Plymouth, 1657), amiral anglais. Il servit sous Cromwell.

**Blake** William (Londres, 1757 – id., 1827), poète, peintre et graveur anglais ; visionnaire, romantique et présymboliste : *Chants d'innocence* (1789), *Milton* (1804).

**William Blake** *Newton*, 1795 – Tate Gallery, Londres

**blâme** *nm* 1 Jugement défavorable. ANT louange. 2 Réprimande officielle des sanctions scolaires, administratives, etc. *Un blâme du conseil de discipline.*

**blâmer** *vt* ① 1 Désapprouver, condamner. *Blâmer l'attitude de qqn.* 2 Réprimander ; infliger un blâme officiel. (ETY) Du lat. (DER) **blâmable** *a*

**1 blanc, blanche** *a* 1 Qui est de la couleur commune à la neige, à la craie, au lait, etc. *Le lis est une fleur blanche.* 2 D'une couleur pâle qui se rapproche du blanc. *Avoir la peau blanche, les cheveux blancs.* 3 De couleur claire, par oppos. à d'autres choses de même espèce mais de couleur foncée. *Du vin blanc et du vin rouge.* 4 Vierge, non écrit. *Papier blanc. Bulletin blanc.* 5 fig Innocent. *Sortir d'une accusation blanc comme neige.* 6 COMM Se dit des appareils équipant la cuisine (réfrigérateur, lave-vaisselle). LOC *Être blanc :* être pâle, avoir mauvaise mine. — *Examen blanc :* que l'on passe dans les mêmes conditions que l'épreuve officielle, pour s'y préparer. (ETY) Du frq. *blank*, « brillant ».

**2 blanc, blanche** *n* A 1 *nm* Couleur blanche. 2 Matière blanche employée pour blanchir une surface. *Blanc de titane.* 3 Espace vierge, sans inscriptions, dans une page manuscrite ou imprimée. *Laisser un blanc.* 4 Partie blanche de certaines choses. *Un blanc de poulet.* 5 Moment de silence dans une conversation, un discours, etc. 6 Linge de maison. *Une exposition de blanc.* 7 Syn. de oïdium. *Blanc du rosier.* 8 Vin blanc. B *n* Homme, femme de peau blanche. LOC CHIM *À blanc :* de manière à rendre blanc. *Métal chauffé à blanc.* — *Blanc d'argent :* carbonate de plomb (céruse). — *Blanc de baleine :* partie solide de l'huile extraite des sinus du cachalot et utilisée en cosmétique. — *Blanc de blanc :* vin blanc issu uniquement de cépages blancs. — *Blanc d'œuf :* albumen. — *Être en blanc :* habillé de vêtements blancs. — *Le blanc de l'œil :* la cornée. — *(Se) regarder dans le blanc des yeux :* bien en face. — *Un blanc cassé :* avec des nuances d'une autre couleur.

**Blanc (cap)** cap de Mauritanie, près de Nouadhibou.

**Blanc (cap)** cap de Tunisie, au N. de Bizerte.

**Blanc (mont)** point culminant de l'Europe (4 808 m), en Haute-Savoie, atteint pour la prem. fois en 1786, par le guide J. Balmat et le docteur Paccard. – Le *massif du Mont-Blanc* est traversé par un tunnel routier (11,6 km) reliant la vallée de Chamonix au val d'Aoste. En mars 1999, un incendie y a tué 40 personnes et entraîné sa fermeture jusqu'en 2002.

le **mont Blanc**

**Blanc (Le)** ch.-l. d'arr. de l'Indre ; 7 341 hab. Vest. gallo-rom. ; chât. (XIIe s.) ; égl. (XIIe-XVe s). (DER) **blancois, oise** *a, n*

**Blanc Louis** (Madrid, 1811 – Cannes, 1882), journaliste et révolutionnaire socialiste français. Membre du Gouvernement provisoire (fév. 1848), il fit créer des *ateliers nationaux*, qui échouèrent. Exilé à Londres (juin 1848-1870), il fut élu à l'Assemblée nationale en 1870.

**blanc-bec** *nm* péjor Jeune homme sans expérience. PLUR blancs-becs.

**blanc-bleu** *a* fam Irréprochable. PLUR blancs-bleus.

**blanc-étoc** *nm* SYLVIC Coupe à blanc, dans laquelle on abat tout. PLUR blancs-étocs. (PHO) [blɑ̃ketɔk] (VAR) **blanc-estoc** [blɑ̃kestɔk]

**blanchaille** *nf* Menu poisson blanc, souvent employé comme appât.

**Blanchar Pierre Blanchard, dit Pierre** (Philippeville, auj. Skikda, 1892 – Paris, 1963), acteur français de cinéma : *Crime et Châtiment* (1935), *la Symphonie pastorale* (1946).

**Blanchard Jacques** (Paris, 1600 – id., 1638), peintre français : sujets religieux, nus sensuels ; surnommé *le Titien français.*

**Blanchard Jean-Pierre** (Les Andelys, 1753 – Paris, 1809), aéronaute français. Il traversa la Manche en ballon (1785) et expérimenta le parachute avec des animaux. — **Sophie** (près de La Rochelle, 1778 – Paris, 1819), son épouse, périt dans l'explosion d'un ballon.

**Blanchard Raoul** (Orléans, 1877 – Paris, 1965), géographe français. Spécialiste des Alpes et de géographie urbaine (*Grenoble*, 1911)

**Blanchart (raz)** passage entre le cap de la Hague (Cotentin) et l'île d'Aurigny.

**blanchâtre** *a* D'une couleur tirant sur le blanc.

**blanche** *nf* 1 MUS Note qui vaut la moitié d'une ronde ou deux noires. 2 Eau-de-vie non colorée. 3 Bière à base de froment. 4 fam Héroïne ou cocaïne.

**Blanche (mer)** mer formée par une partie de la mer de Barents, dans l'océan Arctique.

**Blanche (vallée)** glacier du massif du Mont-Blanc.

**Blanche de Bourgogne** (?, v. 1296 – Maubuisson, 1326), épouse du futur Charles IV le Bel, qui la répudia en 1322.

**Blanche de Castille** (Palencia, Vieille-Castille, 1188 – Maubuisson, 1252), reine de France, épouse de Louis VIII. Elle exerça le pouvoir pendant la minorité de son fils Louis IX (1226-1234) et lors de la 7e croisade (1248-1252).

**Blanche de Castille** détail d'une enluminure du XIVe s. – BN

**Blanche-Neige** personnage d'un conte des frères Grimm. ▷ CINE *Blanche-Neige et les sept nains* (1938) : prem. dessin animé de long métrage de Walt Disney.

**blanchet** *nm* IMPRIM Dans une machine offset, manchon de caoutchouc qui entoure le cylindre dit *de blanchet* et transfère les éléments à imprimer sur le papier.

**blancheur** *nf* 1 Couleur blanche ; qualité de ce qui est blanc. *La blancheur de la neige.* 2 fig Candeur, innocence. *La blancheur d'une âme pure.*

**blanchiment** *nm* 1 Action de blanchir. *Blanchiment d'un mur.* 2 TECH Action de décolorer pour faire devenir blanc. *Blanchiment de la pâte à papier.* 3 fig Action de blanchir de l'argent.

**blanchir** *v* ③ A *vt* 1 Rendre blanc. *Blanchir de la laine.* 2 Couvrir d'une couleur blanche. *La gelée blanchit les prés. Blanchir un mur.* 3 Cuire quelques minutes dans l'eau bouillante. *Blanchir des légumes.* 4 Rendre propre. *Blanchir le linge.* 5 fig Disculper. *Blanchir un accusé. Se blanchir d'une accusation.* 6 fig Dissimuler la provenance d'argent gagné de façon illicite. B *vi* Devenir blanc. *Ses cheveux ont blanchi.* LOC *Blanchir sous le harnais :* passer sa vie dans un emploi jusqu'à un âge avancé. (DER) **blanchissement** *nm*

**blanchissage** *nm* 1 Action de blanchir le linge, de le rendre propre ; résultat de cette action. 2 TECH Raffinage du sucre.

**blanchissant, ante** *a* 1 litt Qui devient blanc. 2 Qui fait devenir blanc. *Une lessive contenant des agents blanchissants.*

**blanchisserie** *nf* 1 Lieu où l'on blanchit le tissu, la cire, etc. 2 Entreprise spécialisée dans le blanchissage. *Une blanchisserie-teinturerie.*

**blanchisseur, euse** *n* Personne qui blanchit le linge.

**blanchon** *nm* Canada Petit du phoque.

**Blanchot Maurice** (Quain, Saône-et-Loire, 1907 – dans les Yvelines, 2003), écrivain français. Romans et récits : *Thomas l'obscur* (1941). Essais : *l'Espace littéraire* (1955)

**blanc-manger** *nm* CUIS Gelée faite avec du lait, du sucre, des amandes et de la gélatine. PLUR blancs-mangers.

**Blanc-Mesnil (Le)** ch.-l. de cant. de la Seine-Saint-Denis (arr. du Raincy) ; 51 735 hab. Industries. (DER) **blancmesnilois, oise** *a, n*

**Blanc-Nez (cap)** cap du Pas-de-Calais constitué par des falaises crayeuses.

**Blanco Serge** (Caracas, 1958), rugbyman français. Meilleur marqueur d'essais de l'équipe de France avec laquelle il remporte 6 fois le tournoi des Cinq Nations de 1981 à 1989.

**blanc-seing** *nm* Papier vierge signé, que peut remplir à sa convenance la personne à qui il est remis. PLUR blancs-seings. (PHO) [blɑ̃sɛ̃] (ETY) De *blanc*, et *seing*, « signe ».

**blandices** *nfpl* litt Flatteries.

**Blandine (sainte)** (m. à Lyon, 177), esclave chrétienne martyrisée. Sainte patronne de Lyon.

**Blanquefort** ch.-l. de cant. de la Gironde (arr. de Bordeaux) ; 15 508 hab. Viticulture. – Château. (DER) **blanquefortais, aise** *a, n*

**1 blanquette** *nf* Cépage blanc ; vin blanc mousseux issu de ce cépage. *La blanquette de Limoux.* (ETY) Du provenç.

**2 blanquette** *nf* Ragoût de viande blanche à la sauce blanche. *Blanquette de veau.* (ETY) Dimin. de *blanc*.

**Blanqui Louis Auguste** (Puget-Théniers, 1805 – Paris, 1881), homme politique et théoricien socialiste français. Il désirait qu'un coup d'État instaure une dictature ouvrière. Il fut emprisonné plusieurs fois. (DER) **blanquiste** *a, n*

**Blantyre** v. du Malawi, ch.-l. de la rég. du Sud ; 660 000 hab. Centre industr. et comm.

**blaps** *nm inv* Coléoptère noir des lieux sombres et humides. (PHO) [blaps]

**Blasco Ibañez Vicente** (Valence, 1867 – Menton, 1928), romancier espagnol : *Arènes sanglantes* (1908).

**blase** *nm* fam 1 Nom propre. 2 Nez. (VAR) **blaze**

**blasé, ée** *a* Dégoûté de tout, rendu indifférent, insensible, par l'expérience ou la satiété.

**blatte** germanique

**blaser** *vt* [1] **1** Émousser les sens. *L'abus de l'alcool lui a blasé le goût.* **2** fig Rendre, devenir incapable d'émotions, de sentiments par l'abus. *Les excès l'ont blasé.* [ETY] Du néerl. *blasen*, « gonfler ».

**Blasis** Carlo (Naples, 1795 – Cernobbio, près de Côme, 1878), danseur et chorégraphe italien : *Manuel complet de la danse* (1830).

**blason** *nm* **1** Ensemble des pièces qui constituent un écu héraldique. **2** Science des armoiries, héraldique.

**blasonner** *vt* [1] Déchiffrer, expliquer des armoiries.

**blasphématoire** *a* Qui contient un blasphème. *Des propos blasphématoires.*

**blasphème** *nm* **1** Parole qui outrage la divinité, qui insulte la religion. **2** Paroles injurieuses. [ETY] Du lat. *blasphemia*, « parole impie ».

**blasphémer** *v* [14] **A** *vt* Outrager par des blasphèmes. *Blasphémer le nom de Dieu.* **B** *vi* Proférer des blasphèmes, des imprécations. [DER] **blasphémateur, trice** *n*

**blast** *nm* Effet de souffle produit par une explosion. [ETY] Mot angl.

**-blaste, blasto-** Éléments, du gr. *blastos*, « germe ».

**blastocœle** *nm* ZOOL Cavité emplie de liquide, qui apparaît au cours de la formation de la blastula. [PHO] [blastɔsel]

**blastoderme** *nm* BIOL Membrane de l'œuf des mammifères, constituée de deux feuillets et qui donne naissance à l'embryon.

**blastogenèse** *nf* ZOOL Formation de la blastula à partir de l'œuf.

**blastoïde** *nm* Échinoderme fossile du primaire pourvu d'un pédoncule.

**blastome** *nm* MED Tumeur maligne atteignant le plus souvent le système nerveux central.

**blastomère** *nm* BIOL Cellule provenant de la segmentation de l'œuf lors de la formation de la blastula.

**blastomycète** *nm* BOT Champignon microscopique se reproduisant par bourgeonnement, tel que les levures, le muguet, etc.

**blastomycose** *nf* Maladie due à un blastomycète.

**blastophage** *nm* Très petit hyménoptère qui assure la pollinisation des fleurs de figuier.

**blastula** *nf* BIOL Sphère creuse constituée par les blastomères accolés, au stade final de la segmentation de l'œuf.

**blatérer** *vi* [14] Crier, en parlant du chameau ou du dromadaire. [ETY] Du lat.

**blatte** *nf* Insecte dictyoptère nocturne au corps ovale aplati, vivant notam. dans les lieux où se trouvent des détritus. [ETY] Du lat.

**Blaue Reiter (Der)** (*le Cavalier bleu*), groupe d'artistes constitué à Munich, en 1910-1911, par W. Kandinsky, Fr. Marc et A. Macke.

**Der Blaue Reiter** *la Joueuse de luth*, August Macke, 1910 – MNAM

**Blavet (le)** fl. de Bretagne (140 km) ; naît dans les Côtes-d'Armor ; se jette dans l'Atlant., formant avec le Scorff la rade de Lorient.

**Blavet** Michel (Besançon, 1700 – Paris, 1768), flûtiste et compositeur français.

**Blaye** ch.-l. d'arr. de la Gironde, sur la Gironde ; 4 666 hab. Vins. – Citadelle de Vauban. [DER] **blayais, aise** *a, n*

**blaze → blase.**

**blazer** *nm* Veste légère, le plus souvent bleue. [ETY] Mot angl. de *to blaze*, « flamboyer ».

**blé** *nm* **1** Plante graminée dont le grain fournit une farine avec laquelle on fait le pain. *Blé tendre, blé dur.* **2** Le grain de cette plante. **3** fam Argent. LOC Canada *Blé d'Inde :* maïs. — *Blé noir :* sarrasin. — *Manger son blé en herbe :* dépenser son capital sans attendre qu'il ait rapporté. [ETY] Du frq. ou du gaul.

épi de **blé**

**bled** *nm* **1** Pays, région de l'intérieur, en Afrique du Nord. **2** Pour un beur, pays d'origine de sa famille. **3** fam, péjor Endroit, village isolé. [PHO] [blɛd] [ETY] Mot ar.

**Blé en herbe (le)** roman de Colette (1923). ▷ CINE Film de Claude Autant-Lara (1954), avec Edwige Feuillère.

**blême** *a* **1** Pâle, livide, en parlant du visage. *Blême de fatigue.* **2** Terne, blafard. *Une lueur blême.*

**blêmir** *vi* [3] Devenir blême. *Blêmir de colère.* [ETY] Du frq. [DER] **blêmissement** *nm*

**blende** *nf* MINER Minerai sulfuré de zinc. [PHO] [blɛ̃d] [ETY] Mot all.

**blended** *nm* Whisky résultant d'un mélange d'alcool de grain et d'alcool pur malt. [PHO] [blɛdɛd] [ETY] Mot angl.

**blender** *nm* Appareil ménager servant à battre, broyer, mélanger des aliments. [PHO] [blɛndœʀ] [ETY] Mot angl.

**blennie** *nf* Poisson téléostéen côtier, à corps allongé souvent couvert de mucus. [ETY] Du lat.

**blennorragie** *nf* MED Maladie vénérienne due au gonocoque, caractérisée par une inflammation des organes génitaux et un écoulement purulent. [ETY] Du gr. *blenna*, « mucus ». [DER] **blennorragique** *a*

**blépharite** *nf* MED Inflammation des paupières. [ETY] Du gr.

**blépharoplastie** *nf* Opération de chirurgie esthétique, lifting des paupières.

**Blériot** Louis (Cambrai, 1872 – Paris, 1936), aviateur et constructeur d'avions français. Il réalisa la première traversée de la Manche à bord d'un monoplan (1909).

**Louis Blériot** arrivant à Douvres le 25 juillet 1909 – *le Petit Journal*

**bléser** *vi* [14] didac Substituer les consonnes sifflantes aux consonnes chuintantes, en parlant (*seval* pour *cheval*, *zerbe* pour *gerbe*). [ETY] Du lat. *blæsus*, « bègue ». [DER] **blèsement** *nm* ou **blésité** *nf*

**blésois → Blois.**

**blessé, ée** *a, n* **A** *a* **1** Qui a reçu une blessure. *Un soldat blessé.* **2** fig Qui a été offensé. *Blessé dans son honneur.* **B** *n* Personne blessée.

**blesser** *vt* [1] **1** Donner un coup qui fait une plaie, une fracture. *Blesser d'un coup de révolver. Se blesser avec un couteau.* **2** Provoquer une blessure. *Ses chaussures neuves la blessent.* **3** Causer une impression désagréable à la vue, à l'ouïe. *Une fausse note qui blesse l'oreille.* **4** fig Choquer, froisser, outrager. *Son orgueil en fut blessé.* **5** litt Enfreindre. *Blesser les convenances.* **6** Causer un tort, un préjudice à. *Blesser l'honneur de qqn.* [ETY] Du frq. [DER] **blessant, ante** *a*

**blessure** *nf* **1** Lésion comportant une plaie. **2** fig Atteinte morale. *Une blessure d'amour-propre.*

**blet, blette** *a* Se dit des fruits trop mûrs, dont la chair est ramollie. [PHO] [blɛ,blɛt] [ETY] Du frq.

**blette → bette.**

**blettir** *vi* [3] Devenir blet. [DER] **blettissement** *nm*

**1 bleu, bleue** *a* **1** Qui est d'une couleur analogue à celle d'un ciel sans nuages. **2** D'une couleur tirant sur le bleu, en parlant de la peau. *Avoir les mains bleues de froid.* LOC *Enfant bleu :* atteint de la maladie bleue. — *Maladie bleue :* état pathologique dû à des malformations du cœur et des gros vaisseaux, avec une coloration bleue des téguments. — *Sang bleu :* noble. — CUIS *Un steak bleu :* à peine cuit. — *Zone bleue :* à stationnement règlementé. [ETY] Du frq.

**2 bleu** *nm* **1** Couleur bleue. *Le bleu du ciel.* **2** Matière colorante bleue. *Bleu de cobalt, d'outremer.* **3** fam Recrue nouvellement incorporée. **4** Meurtrissure ayant déterminé un épanchement sanguin sous-cutané. *Se faire un bleu à la cuisse.* **5** Fromage à moisissure bleue. *Bleu des Causses, Bleu d'Auvergne, Bleu de Gex, Bleu de Sassenage.* **6** Vêtement de travail, en grosse toile bleue. **LOC** fam ***Avoir des bleus à l'âme*** : être amer ou déprimé. — ***Bleu de méthylène*** : antiseptique de couleur bleue. — CUIS ***Cuire un poisson au bleu*** : le jeter vivant dans de l'eau bouillante. — fam, péjor ***Gros bleu*** : vin rouge de mauvaise qualité. — fam ***N'y voir que du bleu*** : ne s'apercevoir de rien, n'y rien comprendre. — ***Passer au bleu*** : escamoter.

**3 bleu, bleue** *n* Membre de l'équipe de France de football, de basket-ball, etc.

**Bleu** (fleuve) → **Yangzijiang.**

**bleuâtre** *a* Qui tire sur le bleu.

**bleuet** *nm* **1** Centaurée bleue, plante naguère très courante dans les blés. **2** Canada Arbrisseau (éricacée) apparenté à la myrtille, qui produit des baies bleues comestibles ; fruit de cet arbrisseau. (VAR) **bluet**

**bleuet**

**bleuetière** *nf* Canada Plantation de bleuets.

**bleuir** *vt* ③ Rendre, devenir bleu. (DER) **bleuissement** *nm*

**Bleuler** Eugen (Zollikon, près de Zurich, 1857 – id., 1939), psychiatre suisse ; il fonda le concept de schizophrénie (1911).

**Bleus (les)** les soldats républicains (habillés en bleu), par oppos. aux Blancs (royalistes, au drapeau blanc), pendant les guerres de Vendée.

**bleusaille** *nf* fam Conscrit ; l'ensemble des jeunes recrues.

**Bleus et les Verts (les)** dans l'Empire byzantin (VI$^e$-VII$^e$ s.), les représentants de l'aristocratie et ceux du peuple.

**Bleustein-Blanchet** Marcel (Enghien-les-Bains, 1906 – Paris, 1996), publicitaire français. Créateur de Publicis en 1927.

**bleuté, ée** *a* Teinté de bleu.

**bliaud** *nm* HIST Blouse ample portée au Moyen Âge. (VAR) **bliaut**

**Blida** (auj. *El-Boulaïda*), v. d'Algérie, ch.-l. de wil., au pied de l'Atlas de Blida ; 132 270 hab.

**Blier** Bernard (Buenos Aires, 1916 – Paris, 1989), comédien français : *Quai des Orfèvres* (1947). — **Bertrand** (Paris, 1939), fils du préc., cinéaste : *les Valseuses* (1972).

**Blin** Roger (Neuilly-sur-Seine, 1907 – Paris, 1984), metteur en scène et acteur français : *En attendant Godot* (1953), *les Paravents* (1965).

**blindage** *nm* **1** CONSTR Action de blinder ; ouvrage qui sert à consolider les parois d'une tranchée, d'un tunnel. **2** Revêtement métallique qui protège un navire, un véhicule, une porte. **3** Gaine métallique qui empêche un circuit, un câble, de subir l'action de champs électriques et magnétiques, ou de rayonner.

**blinde (à toute)** *av* fam Très vite.

**blindé, ée** *a, nm* **A** *a* **1** Qui est blindé. *Train blindé.* **2** MILIT Équipé de véhicules blindés. *Division blindée.* **3** fig, fam Endurci. **4** fam Ivre. **B** *nm* MILIT Véhicule muni d'un blindage. **LOC** MILIT ***Les blindés*** : unités utilisant ces véhicules.

**blinder** *vt* ① **1** CONSTR Consolider les parois d'une tranchée, d'un tunnel, par un coffrage, afin de réduire les risques d'éboulement. **2** Protéger la coque d'un navire, les structures d'un véhicule, le panneau d'une porte, etc., à l'aide d'un revêtement métallique épais. **3** fig, fam Endurcir. *Ces échecs l'ont blindé.* (ETY) De l'all. *blenden*, « aveugler ».

**Blind River** v. du Canada (Ontario), près du lac Huron ; 2 500 hab.

**bling-bling** *a inv, n inv* **A** *a inv* Qui évoque l'étalage de la richesse, clinquant, tapageur. **B** *nm inv* Étalage ostentatoire de sa richesse, de sa chance, de sa réussite.

**blini** *nm* Crêpe salée épaisse, de petit diamètre. (ETY) Mot russe.

**blinquer** *vi* ① Belgique fam Briller, étinceler.

**blister** *nm* Coque de plastique transparent collée sur un carton, servant d'emballage pour des articles de petit format. (PHO) [blistɛʀ] (ETY) Mot angl.

**blitz** *nm* Partie d'échecs de durée très courte. (ETY) Mot all., « éclair ».

**Blitz (le)** nom donné aux raids aériens menés par les Allemands contre l'Angleterre pendant la Seconde Guerre mondiale.

**blitzkrieg** *nm* Guerre éclair, conflit dans lequel on mise sur la rapidité d'action. (PHO) [blitzkʀig] (ETY) Mot all.

**Blixen** Karen Dinesen (baronne) (Rungsted, 1885 – id., 1962), romancière danoise : *la Ferme africaine* (1937).

**blizzard** *nm* GEOGR Vent du grand Nord, très froid, chargé de neige. (ETY) Mot amér.

**bloc** *nm* **1** Masse, gros morceau d'une matière pesante et dure. *Des blocs de pierre.* **2** Carnet de feuilles de papier détachables. **3** fig Assemblage d'éléments homogènes. **4** Ensemble de bâtiments, d'équipements. *Bloc d'immeubles.* **5** Union politique, coalition. **6** fam Prison. **7** MED Ralentissement ou blocage de la transmission de l'influx nerveux, en partic. au niveau du cœur. **LOC** ***À bloc*** : au maximum, à fond. *Serrer un frein à bloc.* — SPORT ***Bloc de départ*** : syn. (off. recommandé) de *starting-block*. — ***Bloc opératoire*** : ensemble d'équipements servant aux opérations chirurgicales. — ***En bloc*** : en gros, en totalité. *Il a refusé en bloc mes propositions.* — ***Faire bloc*** : s'unir étroitement. (ETY) Du néerl. *bloc*, « tronc abattu ».

**blocage** *nm* **1** Action de bloquer. *Le blocage des freins.* **2** ECON Mesure prise pour assurer une stabilisation des prix. **3** ESP Protection d'une structure soumise à un échauffement aérodynamique, par injection d'hélium ou d'hydrogène dans la couche limite. **4** CONSTR Débris de pierres, de briques pour remplir les vides entre deux murs. **5** PSYCHO Inhibition psychologique, incapacité de surmonter une difficulté.

**bloc-cuisine** *nm* Ensemble d'éléments d'équipement de cuisine assortis et adaptables les uns aux autres. PLUR blocs-cuisines.

**bloc-cylindres** *nm* AUTO Ensemble des cylindres d'un moteur. PLUR blocs-cylindres.

**Bloc des gauches** groupement constitué en juin 1899 par des radicaux et des socialistes, et dirigé par Waldeck-Rousseau. Il remporta les élections de 1902, mais les socialistes quittèrent le gouv. en 1904.

**bloc-diagramme** *nm* Représentation d'un espace en perspective et en coupe. PLUR blocs-diagrammes.

**bloc-évier** *nm* Élément de cuisine comportant, en un bloc préfabriqué, cuve et paillasse. PLUR blocs-éviers.

**Bloch** Oscar (Le Thillot, Vosges, 1877 – Paris, 1937), linguiste français ; auteur, avec W. von Wartburg, d'un *Dictionnaire étymologique de la langue française* (1932).

**Bloch** Jean, dit Jean-Richard (Paris, 1884 – id., 1947), écrivain français. Fondateur, avec R. Rolland, de la revue *Europe* (1922).

**Bloch** Ernst (Ludwigshafen, Allemagne, 1885 – Tübingen, 1977), philosophe allemand, marxiste : *le Principe espérance* (1954-1959).

**Bloch** Marc (Lyon, 1886 – près de Trévoux, 1944), historien français fondateur en 1929, avec L. Febvre, de la revue *Annales d'histoire économique et sociale*, *Les Rois thaumaturges* (1924). Résistant, il fut fusillé par les nazis.

**blockbuster** *nm* **1** Film à grand succès. **2** Médicament vedette assurant des profits records. (PHO) [blɔkbœstœʀ] (ETY) Mot angl.

**blockhaus** *nm* Réduit fortifié. (PHO) [blɔkos] (ETY) De l'all. *Block*, « poutre », et *Haus*, « maison ».

**bloc-moteur** *nm* AUTO Ensemble formé par le moteur, l'embrayage et la boîte de vitesses. PLUR blocs-moteurs.

**Bloc national** coalition de partis du centre et de la droite qui gouverna en France de 1919 à 1924. (V. Cartel des gauches).

**bloc-notes** *nm* Carnet de feuilles détachables, pour prendre des notes. PLUR blocs-notes.

**bloc-porte** *nm* Ensemble préfabriqué comprenant la porte et les huisseries renforcées. PLUR blocs-portes.

**bloc-système** *nm* CH DE F Système de signalisation destiné à éviter les collisions entre des trains qui circulent sur une même voie. PLUR blocs-systèmes. (ETY) De l'angl.

**blocus** *nm* **1** Dispositif militaire en vue d'isoler par un siège une place forte, un port, un pays. **2** Mesures visant à l'isolement d'un pays sur le plan économique. **3** Belgique fam Période de bachotage intense avant un examen. (ETY) Du néerl.

**Blocus continental** ensemble des mesures prises par Napoléon I$^{er}$ en 1806 et 1807 pour interdire les ports du continent à la G.-B. et la ruiner. Napoléon dut faire de nouv. conquêtes, ce qui le perdit.

**Bloemaert** Abraham (Gorinchem, 1564 – Utrecht, 1651), peintre néerlandais établi à Utrecht à l'âge de 30 ans.

**Bloembergen** Nicolaas (Dordrecht, 1920), physicien américain d'origine néerlandaise : travaux sur la résonance magnétique nucléaire. P. Nobel 1981.

**Bloemfontein** v. d'Afrique du Sud, cap. de l'État libre d'Orange située à 1 392 m d'altitude ; 300 000 hab.

**blog** *nm* Site web qui a la forme d'un journal personnel, ouvert et interactif, pourvu de liens hypertextes. (VAR) **blogue** (DER) **bloguer** *v* ① – **blogueur, euse** *n*

**blogosphère** *nf* Ensemble des blogs, de ceux qui les créent, de ceux qui s'y connectent.

**Blois** ch.-l. du dép. de Loir-et-Cher, sur la Loire ; 48 108 hab. Industries. – Château (XIII$^e$ et XIV$^e$ s., remanié du XV$^e$ au XVII$^e$ s.) avec façade int. (dite façade François-I$^{er}$) à escalier à jour ; évêché ; cath. St-Louis (XVII^e^ s.) ; hôtel de ville (XVIII^e^ s.). – Les états généraux de 1588 furent marqués par l'assassinat du duc de Guise. DER **blésois, oise** *a, n*

château de **Blois** : aile François-I^er^ vue de la cour intérieure

**Blok** Alexandre Alexandrovitch (Saint-Pétersbourg, 1880 – id., 1921), poète russe, symboliste (*Vers à la belle dame,* 1904) et chantre de la révolution (*les Douze,* 1918).

**blond, blonde** *a, n* **A** *a* **1** Qui est d'une couleur proche du jaune, entre le doré et le châtain clair. *Des cheveux blonds.* **2** De couleur jaune pâle. *De la bière blonde.* **B** *n* Personne dont les cheveux sont blonds. **C** *nf* Canada fam Petite amie, concubine, épouse. **D** *nm* Couleur blonde. **LOC** *Blond vénitien* ou *blond ardent* : lumineux, tirant sur le roux. ETY P.-ê. du germ. DER **blondeur** *nf*

**blondasse** *a, n* péjor D'un blond fade.

**Blondel** François (Ribemont, 1618 – Paris, 1686), architecte français : porte St-Denis à Paris (1672) ; *Cours d'architecture* (1675-1683).

**Blondel** Jacques François (Rouen, 1705 – Paris, 1774), architecte français : plans d'aménagement de Metz et de Strasbourg ; *Cours d'architecture civile* (1771-1777).

**Blondel** Maurice (Dijon, 1861 – Aix-en-Provence, 1949), philosophe français, à la foi catholique : *l'Action* (1893), *la Pensée* (1935).

**Blondel de Nesle** (XII^e^ s.), trouvère picard, p.-ê. ami de Richard Cœur de Lion.

**Blondin** Antoine (Paris, 1922 – id., 1991), écrivain français. *l'Europe buissonnière* (1949), *Un singe en hiver* (1959) ; chroniques du Tour de France.

**blondinet, ette** *n* Enfant blond.

**blondir** *vi* 3 Devenir blond. **LOC** CUIS *Faire blondir* : faire revenir jusqu'à coloration.

**bloody-mary** *nm inv* Cocktail composé de vodka et de jus de tomate. PHO [blœdimeri] ETY Mots angl., « Marie la sanglante ». VAR **bloodymary**

**bloom** *nm* METALL Lingot d'acier de section rectangulaire. PHO [blum] ETY Mot angl.

**bloomer** *nm* Culotte courte et bouffante serrée sur les cuisses. PHO [blumœʀ] ETY D'un n. pr.

**Bloomfield** Robert (Honington, Suffolk, 1766 – Shefford, Bedfordshire, 1823), cordonnier et poète anglais : *le Garçon de ferme* (1800), contes, comédie pastorale.

**Bloomfield** Leonard (Chicago, 1887 – Newhaven, 1949), linguiste américain ; chef de l'école distributionnelle : *le Langage* (1933).

**bloquer** *vt* 1 **1** Mettre en bloc. *Il a bloqué ses jours de congé pour partir en vacances.* **2** Fermer par un blocus. **3** Empêcher de bouger. *Bloquer un écrou.* **4** fig Empêcher, interdire toute variation. *Bloquer les salaires.* **5** Empêcher l'utilisation de. *Bloquer un compte en banque.* **6** Obstruer. *La route est bloquée par la neige.* **7** Belgique fam Potasser. **LOC** SPORT *Bloquer le ballon* : l'arrêter net. — *Bloquer un coup* : en boxe, empêcher qu'il atteigne le point visé. DER **bloquant, ante** *a*

**blottir (se)** *vpr* 3 Se ramasser sur soi-même. *Se blottir dans son lit.*

**blouse** *nf* **1** Vêtement de travail fait de grosse toile. *Blouse de droguiste, d'écolier.* **2** Corsage de femme en tissu léger.

**1 blouser** *vi* 1 Avoir une ampleur donnée par des fronces à la taille. *Faire blouser un chemisier.* ETY De *blouse.* DER **blousant, ante** *a*

**2 blouser** *vt* 1 **1** Au billard, envoyer la bille de son adversaire dans une blouse, un trou. **2** fig, fam Tromper, duper. ETY De *blouse,* « trou » au coin des anciens billards.

**blouson** *nm* Veste courte qui blouse. *Un blouson de cuir.*

**Blow** John (Dans le Nottinghamshire, 1649 – Londres, 1708), organiste et compositeur anglais, maître de Purcell : *Vénus et Adonis* (v. 1682), *Begin the Song* (1684).

**Bloy** Léon (Périgueux, 1846 – Bourg-la-Reine, 1917), romancier et polémiste catholique français : *Le Désespéré* (1887), *Journal* (1892-1917).

**Blücher** Gebhard Leberecht (prince Blücher von Wahlstatt) (Rostock, 1742 – Krieblowitz, 1819), maréchal prussien. Son arrivée à Waterloo fut décisive.

**bluegrass** *nm* Musique populaire originaire du Kentucky. PHO [blugʀas]

**blue-jean** *nm* Pantalon de grosse toile, généralement de couleur bleue, à coutures apparentes. ABREV jean ou jeans. PLUR blue-jeans. PHO [bludʒin] ETY Mot amér., « coutil bleu ». VAR **blue-jeans** [bludʒins] ou **bluejean**

**Blue Mountains** massif de la Cordillère australienne, à l'O. de Sydney. Tourisme.

**blues** *nm* **1** Chant populaire des Noirs américains, né au début du XX^e^ s. **2** MUS Séquence harmonique de douze mesures caractérisant ce chant. **3** fig, fam Mélancolie, cafard. *Avoir le blues.* PHO [bluz] ETY De l'amér.

**bluesman** *nm* Chanteur de blues. PHO [bluzman] ETY Mot angl.

**bluet** → **bleuet.**

**bluetooth** *nm* Technologie sans fil permettant à des appareils électroniques d'échanger des données sur une courte distance. PHO [blutus]

**bluette** *nf* vieilli Petit ouvrage sans prétention. ETY De l'a. fr. *belue,* « étincelle ».

**bluff** *nm* **1** Dans une partie de cartes, attitude destinée à tromper l'adversaire. **2** Parole, action dont le but est de faire illusion en impressionnant. PHO [blœf] ETY Mot amér.

**bluffant, ante** *a* fam Très étonnant.

**bluffer** *v* 1 **A** *vt* fam Tromper. **B** *vi* Se vanter, faire du bluff. DER **bluffeur, euse** *n, a*

**Blum** Léon (Paris, 1872 – Jouy-en-Josas, 1950), homme politique et écrivain français. Chef de la SFIO après le congrès de Tours (1920), il présida deux gouv. du Front populaire (1936-1937 et 1938). Les Allemands le déportèrent en 1943. De déc. 1946 à janv. 1947, il fut président du Conseil. ▶ illustr. p. 187

**Blumenbach** Johann Friedrich (Gotha, 1752 – Göttingen, 1840), anthropologue allemand. Il classa les hommes en cinq races : blanche, jaune, noire, rouge et malaise.

**Blunt** Anthony (Bournemouth, 1907 – Londres, 1983), historien d'art britannique : travaux sur le classicisme français.

**blu-ray** *nm* Format de disque numérique permettant le stockage de vidéo en haute définition. ETY Nom déposé.

**blush** *nm* Fard à joues que l'on applique avec un pinceau spécial. PHO [blœʃ] ETY Mot angl.

**bluter** *vt* 1 Séparer la farine du son par tamisage. ETY Du moyen haut all. DER **blutage** *nm*

**bluterie** *nf* TECH Machine à bluter.

**blutoir** *nm* Tamis à bluter.

**BMX** *nm* **1** Vélo de cross à petites roues. (Nom déposé). **2** Sport pratiqué avec ce vélo. SYN bicross. ETY De l'angl. *bicycle motocross.*

**BNP** sigle de la *Banque Nationale de Paris,* banque française résultant de la fusion de deux banques en 1966, privatisée en 1993.

**boa** *nm* **1** Grand serpent non venimeux d'Amérique du Sud qui tue ses proies en les étouffant dans ses anneaux. **2** Parure de plumes ou de fourrure portée autour du cou. ETY Mot lat.

boa

**Boabdil** (n. déformé de *'Abū 'Abdallah*) (m. au Maroc apr. 1492), dernier roi maure de Grenade, sous le nom de Muhammad XI (1482-1483, puis 1486-1492), chassé d'Espagne par Ferdinand et Isabelle en 1492.

**Boadicée** (m. en 61 apr. J.-C.), reine des Icéniens (G.-B. actuelle). Vaincue par les Romains, elle s'empoisonna. VAR **Boudicca**

**Boas** Franz (Minden, Westphalie, 1858 – New York, 1942), ethnologue américain d'origine allemande, spécialiste des Inuits et des Kwakiutls (Colombie britannique).

**boat people** *n inv* Réfugié qui quitte son pays sur un bateau de fortune. PHO [botpipœl] ETY Mots angl., « gens des bateaux ».

**Boa Vista** v. du Brésil, cap. du territoire de Roraima ; 278 000 hab.

**bob** *nm* Chapeau en tissu souple, en forme de cloche, dont le bord peut être relevé. ETY Mot angl., dimin. de *Robert.*

**Bobadilla** Francisco de (m. en 1502), gouverneur espagnol des Indes occid. Il succéda à Ch. Colomb, accusé de ménager les indigènes (1499). Il mourut en mer.

**bobard** *nm* fam Histoire fantaisiste ; propos mensonger. *Raconter des bobards.* ETY De l'a. fr. *bobeau,* « mensonge ».

**Bobbio** Norberto (Turin, 1909 – id. 2004), philosophe italien, penseur de la démocratie et du droit.

**bobèche** *nf* Disque de verre ou de métal adapté sur un chandelier pour recevoir les gouttes de bougie fondue.

**Bobèche** Mandelard, dit (Paris, 1791 – ?, apr. 1840), pitre de théâtre.

**Bobet** Louis, dit Louison (Saint-Méen-le-Grand, 1925 – Biarritz, 1983), cycliste français, vainqueur du Tour de France (1953-55).

**bobet, ette** *a, n* Suisse fam Sot, simplet.

**bobeur, euse** *n* SPORT Personne qui pratique le bobsleigh.

**Bobigny** ch.-l. du dép. de la Seine-Saint-Denis ; 48 873 hab. Industries. DER **balbynien, enne** *a, n*

**bobinage** *nm* **1** Action d'enrouler sur une bobine. **2** ELECTR Ensemble des fils enroulés, dans une machine, un transformateur.

**bobine** *nf* **1** Cylindre à rebords qui sert à enrouler du fil, un film, etc. **2** ELECTR Enroulement de fil conducteur. **3** AUTO Appareil qui produit le courant alimentant les bougies. **4** fam, fig Tête, figure. *Faire une drôle de bobine.*

**bobineau** *nm* **1** TECH Bobine où s'enroule le fil dans un métier à filer. **2** IMPRIM Reste d'une bobine de papier inutilisé à la fin d'une opération sur rotative. **3** AUDIOV Rouleau supportant un film ou une bande vidéo. VAR **bobinot**

**bobiner** *vt* ① Mettre en bobine. DER **bobineur, euse** *n*

**bobinette** *nf* anc Pièce de bois qui servait à fermer une porte.

**bobineuse** *nf* TECH Machine pour bobiner du fil, du câble, etc. VAR **bobinoir** *nm*

**1 bobo** *nm* fam **1** Douleur physique. *Avoir bobo.* **2** Blessure bénigne. ETY Onomat.

**2 bobo** *a, n* Se dit d'un type social jeune et aisé tout en étant anticonformiste et attaché à la qualité de la vie. ETY Abrév. de *bourgeois bohème.*

**Bobo-Dioulasso** v. du Burkina Faso ; 450 000 hab. ; ch.-l. de prov. Centre agricole.

**boboïser** *vt* ① Transformer un lieu du fait d'un afflux de bobos. DER **boboïsation** *nf*

**bobologie** *nf* fam Médecine des troubles bénins, voire imaginaires.

**bobonne** *nf* fam, péjor Épouse. *Il est venu avec bobonne.* ETY De *bonne.*

**Bobos** ensemble de populations du Burkina Faso parlant des langues nigéro-congolaises des groupes gur et mandé. DER **bobo** *a*

**Bobrouïsk** v. de Biélorussie, sur la Berezina ; 223 000 hab. Industr. alim. et du bois.

**bobsleigh** *nm* Traîneau à plusieurs places, qui peut glisser très vite sur des pistes de glace. ABREV bob. PHO [bɔbslɛg] ETY Mot angl.

**bobsleigh**

**bobtail** *nm* Chien de berger gris et blanc, à poils longs. PHO [bɔbtɛl]

**bobun** *nm* Plat vietnamien constitué d'un mélange de nouilles, de légumes verts et de viande. PHO [bobun]

**bocage** *nm* Pays de prairies et de cultures coupées de haies vives et de bois. ETY Dérivé normand de *bosc.* DER **bocager, ère** *a*

**bocain, aine** *an* Du Bocage normand ou du Bocage vendéen.

**bocal** *nm* Récipient en verre ou en grès à large goulot. PLUR bocaux. ETY Du gr.

**bocard** *nm* TECH Broyeur à minerais.

**bocarder** *vt* ① TECH Passer au bocard. DER **bocardage** *nm*

**Boccace** Giovanni Boccaccio, dit (Florence ou Certaldo, 1313 – Certaldo, 1375), écrivain italien. Il a fondé la prose italienne dans cent nouvelles, groupées en dix journées : le *Décaméron* (1348-1353), tableau des mœurs (souvent licencieuses) de son époque.

**Boccador** Domenico Bernarbei, dit Domenico da Cortona ou le (Cortone, ? – Paris, v. 1549), architecte italien : plans du chât. de Chambord.

**Boccanegra** Simone premier doge de Gênes en 1339.

**Boccherini** Luigi (Lucques, 1743 – Madrid, 1805), compositeur et violoncelliste italien.

**Bocchus** (IIe s. av. J.-C.), roi de Maurétanie, beau-père de Jugurtha, qu'il livra à Sylla (105 av. J.-C.).

**Boccioni** Umberto (Reggio di Calabria, 1882 – Sorte, près de Vérone, 1916), peintre et sculpteur futuriste italien.

**boche** *nm, a* fam, péjor, vieilli Allemand. ETY De l'arg. all.

**Bochimans** → **Boschimans.**

**Bochum** v. d'Allemagne (Rhén.-du-N.-Westphalie) ; 381 220 hab. Centre industriel.

**bock** *nm* Verre à bière, d'un quart de litre environ. LOC ***Bock à injections*** : récipient muni d'un tube terminé par une canule, utilisé pour les lavements, les injections. ETY De l'all.

**Böcklin** Arnold (Bâle, 1827 – Fiesole, 1901), peintre symboliste suisse : *l'Île des morts* (1880).

**Bocuse** Paul (Collonges, 1926), chef cuisinier français.

**Bode** Johann Elert (Hambourg, 1747 – Berlin, 1826), astronome allemand. – ASTRO *Loi de Bode-Titius* : la distance d'une planète au Soleil $d = 0,4 + (0,3.2^{n-1})$, *d* étant exprimée en unités astronomiques et *n* étant le rang de la planète ; la relation est exacte de $n = 0$ (Mercure) jusqu'à $n = 7$ (Uranus).

**bodéga** *nf* Dans les pays hispaniques, exploitation viticole. ETY Mot esp. VAR **bodega**

**Bodel** Jean → **Jean Bodel.**

**Bodhgayā** local. de l'Inde (Bihār) où Çākyamuni médita au pied de l'*arbre de l'éveil* pendant sept semaines et y devint Bouddha.

**bodhi** *nf* Dans le bouddhisme, éveil obtenu par la méditation, et qui fait accéder au rang de bouddha. ETY Mot sanskrit.

**Bodhidharma** (VIe s.), moine bouddhiste indien qui répandit en Chine le bouddhisme *chan* (devenu *zen* au Japon).

**bodhisattva** *nm* Dans le bouddhisme, personne avancée dans la perfection, qui n'a pas encore atteint l'état de bouddha et qui aide les autres vers la sagesse. ETY Mot sanskrit.

**Bodin** Jean (Angers, 1530 – Laon, 1596), philosophe français. Son traité *les Six Livres de la République* (1576) vante la monarchie absolue.

**Bodléienne (bibliothèque)** bibliothèque fondée à Oxford en 1602 par sir Thomas Bodley (1545 – 1613) à partir d'un fonds anc.

**Bodmer** Johann Jakob (Greifensee, 1698 – Zurich, 1783), écrivain et critique suisse qui publia une partie des *Nibelungen* (1757).

**Bodoni** Giambattista (Saluces, 1740 – Parme, 1813), imprimeur italien.

**body** *nm* Sous-vêtement féminin ajusté, d'une seule pièce, fermé entre les jambes. ETY Mot angl., « corps ».

**body-art** *nm* Forme d'art contemporain, dans laquelle l'œuvre a pour support le corps même de l'artiste. SYN art corporel. ETY Mot angl.

**bodyboard** *nm* Planche de surf sur laquelle on glisse allongé ; sport pratiqué avec cette planche. PHO [bɔdibɔrd] ETY Mot angl.

**bodybuilding** *nm* Syn. de *culturisme.* PHO [bɔdibɥildiŋ] ETY Mot angl., « construction du corps ». DER **bodybuilder** ou **bodybuildeur, euse** *n*

**Boèce** (Rome, v. 480 – près de Pavie, v. 524), philosophe et homme politique latin. Ministre de Théodoric, il fut jeté en prison, où il écrivit un dialogue : *De la consolation de la philosophie.* Il mourut sous la torture.

**Boegner** Marc (Épinal, 1881 – Paris, 1970), pasteur français ; président du Conseil œcuménique des Églises (1948-1954). Acad. fr. (1962).

**Boehm** Theobald (Munich, 1794 – id., 1881), flûtiste bavarois ; simplifia le doigté de la flûte et de la clarinette.

**Boehme** Jakob (Altseidenberg, près de Görlitz, 1575 – Görlitz, 1624), philosophe mystique allemand. Il soutient que tout provient de Dieu, les contraires notam. : *l'Aurore à son lever* (1612), *Mysterium Magnum* (1623). VAR **Böhme**

**Boeing** société aéronautique américaine fondée en 1916 ; nom commercial des avions de transport de passagers produits par cette société.

**Boëly** Alexandre (Versailles, 1785 – Paris, 1858), compositeur français.

**Boerhaave** Herman (Voorhout, 1668 – Leyde, 1738), médecin néerlandais. Il établit une classification des phanérogames.

**Boers** (mot néerl. : « paysans »), nom donné aux colons (néerl. en majorité, et protestants français émigrés après la révocation de l'édit de Nantes) qui s'installèrent après 1652 dans la rég. du Cap. Fuyant l'occupation brit., ils fondèrent les États d'Orange et du Transvaal (1836-1852), dépossédèrent les Noirs et affrontèrent les Brit. (*guerre des Boers,* 1899-1902). PHO [buʀ] DER **boer** *a*

**boësse** *nf* TECH Brosse métallique avec laquelle le ciseleur ébarbe son ouvrage. PHO [bwɛs]

**boëte** *nf* PECHE Appât. ETY Du breton *boued,* « nourriture ». VAR **boëtte** ou **boitte**

**Boétie** Étienne de La → **La Boétie.**

**bœuf** *nm, a inv* **A** *nm* **1** Mammifère ruminant de grande taille (bovidé), dont le taureau et la vache domestique constituent l'espèce. **2** Taureau castré. **3** Chair de cet animal. *Un filet de bœuf.* **4** MUS fam Ensemble des morceaux improvisés par des musiciens de jazz. *Faire un bœuf.* PLUR bœufs. **B** *a inv* fam Énorme, considérable. *Un effet bœuf.* LOC ***Avoir un bœuf sur la langue*** : se taire obstinément. — ***Le bœuf gras*** : promené en pompe par les bouchers en période de carnaval, dans certaines régions. PHO [bœf], au plur. [bø] ETY Du lat.

**Bœuf sur le toit (le)** pantomime-ballet de Darius Milhaud (1919) sur un scénario de Cocteau.

**bof !** *interj* Exprime le mépris, l'indifférence. ETY Onomat.

**Boff** Leonardo (Concordia, 1938), théologien catholique brésilien, initiateur de la « théologie de la libération ».

**Boffrand** Germain (Nantes, 1667 – Paris, 1754), architecte et décorateur français : château de Lunéville (1702-1706), hôtels parisiens.

**Bofill** Ricardo (Barcelone, 1939), architecte espagnol d'inspiration néoclassique : ensemble *Antigone* (Montpellier).

**Ricardo Bofill** le quartier Antigone à Montpellier

**Bogarde** Derek Van den Bogaerde, dit Dirk (Hampstead, Angleterre, 1920 – Londres, 1999), acteur de cinéma britannique : *The Servant* (1963), *Mort à Venise* (1971).

**Bogart** Humphrey De Forest (New York, 1899 – Hollywood, 1957), acteur de cinéma américain : *le Faucon maltais* (1942), *Casablanca* (1942), *African Queen* (1952). V. Bacall (Lauren).

**L. Blum**

**H. Bogart**

**Boğazkale** site archéol. de Turquie, près d'Ankara : ruines de Hattousa, cap. de l'Empire hittite. VAR **Boğazköy**

**Bogdan** nom de plusieurs princes de Moldavie. — **Bogdan I^er** (1359 – 1365), s'émancipa des Hongrois en 1359 et fonda la principauté de Moldavie. — **Bogdan III le Borgne** (1504 – 1517), lutta contre les Polonais et les Ottomans auxquels il dut se soumettre. — **Bogdan IV** (1568 – 1572), fut renversé par le tsar Ivan le Terrible.

**boghead** *nm* GEOL Houille form. essentiellement d'algues micros., noyées dans une gelée humique et bitumineuse. PHO [bɔgɛd] ETY D'un n. pr.

**boghei** *nm* anc Petit cabriolet découvert. SYN boguet, buggy. PHO [bɔgɛ] ETY De l'angl.

**bogie** *nm* CH DE F Chariot à plusieurs essieux permettant à un wagon ou une locomotive de s'articuler. ETY De l'angl. VAR **boggie** [bɔgi]

**bogolan** *nm* Afrique Teinture utilisée pour teindre les pagnes ; étoffe teinte avec cette matière.

**bogomile** *n, a* Membre d'une secte néomanichéenne apparue en Bulgarie au X^e s., dont la doctrine influença celle des cathares du Languedoc au XII^e s. ETY Mot bulgare, de *bog*, « Dieu », et *mile*, « qui aime ».

**bœuf** charolais (derrière, vache de Holstein)

**Bogomoletz** Alexandre Alexandrovitch (Kiev, 1881 – id., 1946), biologiste soviétique. Son sérum aurait consolidé les tissus au niveau des plaies et fractures. VAR **Bogomolets**

**Bogor** (anc. *Buitenzorg*), v. d'Indonésie (île de Java) ; 950 000 hab. Jardin botanique.

**Bogotá** cap. de la Colombie, dans les Andes, à 2 600 m d'alt. ; 8,3 millions d'hab. (aggl.). Centre fin., industr., culturel. – La v., fondée en 1538 par les Espagnols, sur le site de Bacatá, foyer des Indiens Chibchas, fut la cap. de la Nouvelle-Grenade (1549-1819). – Université, musée de l'or. DER **bogotanais, aise** *a, n*

**Bogotá**

**1 bogue** *nf* Enveloppe épineuse de la châtaigne. ETY Mot breton.

**2 bogue** *nm* **1** INFORM Erreur de programmation se manifestant par des anomalies de fonctionnement. **2 fig, fam** Grave dysfonctionnement. *Un bogue social.* SYN (déconseillé) bug. ETY De l'angl. *bug*, « cafard ». DER **bogué, ée** *a*

**3 bogue** *nm* Poisson (sparidé) de la Méditerranée et du golfe de Gascogne, à la chair appréciée. ETY Du provenç.

**boguet** *nm* **1** Syn. de *boghei*. **2 Suisse** Cyclomoteur.

**Bohai** (anc. *Petchili*), vaste golfe de la mer Jaune, au N. de la péninsule du Shandong, dans lequel se jette le Huanghe.

**bohème** *n, a* **A** Se dit d'une personne marginale, vivant au jour le jour. *Une vie de bohème.* **B** *nf* Ensemble des gens qui mènent une vie irrégulière et désordonnée. ETY De *Bohême*, n. pr.

**Bohême** (en tchèque *Čechy*), partie occid. de la Rép. tchèque, où se trouve la cap., *Prague*. Elle forme un quadrilatère bordé par des massifs hercyniens rajeunis. Au N.-O., le lignite des monts Métallifères est à l'origine d'une import. industr. diversifiée. Le plateau intérieur est drainé, au N.-E., par l'Elbe. À l'O., le bassin de Plzeň est très industrialisé. Le climat est continental. DER **bohémien, enne** *a, n*
**Histoire** La Bohême, peuplée par les Slaves tchèques évangélisés au IX^e s., forma un duché, électorat d'Empire en 1114, puis un royaume héréditaire (1198). La réforme religieuse de Jan Hus (XV^e s.) entraîna une grave crise polit. Les Habsbourg d'Autriche, rois de Bohême de 1526 à 1918 luttèrent contre le protestantisme et germanisèrent le pays, qui perdit toute autonomie (XVI^e-XVII^e s.). Le traité de Saint-Germain-en-Laye (1919) engloba la Bohême dans le nouvel État tchécoslovaque.

**Bohème (la)** opéra en 4 actes de Puccini (1896), d'après les *Scènes de la vie de bohème*, roman (1847) et pièce (1851) de H. Murger.

**bohémien, enne** *n, a* **1** Membre de tribus nomades qu'on croyait originaires de la Bohême. **2 péjor** Vagabond.

**Bohémond I^er** (?, v. 1050 – Canossa, 1111), un des chefs de la 1^re croisade. Il fonda la principauté d'Antioche, dont il s'était emparé en 1098. La dynastie des Bohémond s'éteignit en 1287.

**Böhm** Karl (Graz, 1894 – Salzbourg, 1981), chef d'orchestre autrichien, spécialiste de Mozart, Wagner et Strauss.

**Böhme** → **Boehme.**

**Bohr** Niels (Copenhague, 1885 – id., 1962), physicien danois ; il appliqua la théorie quantique à l'atome, dont il conçut un modèle planétaire. Prix Nobel 1922. ▶ illustr. p. 189 — **Aage** (Copenhague, 1922 – id., 2009), fils du préc., reçut le prix Nobel de physique 1975 (avec B. Mottelson et J. Rainwater) pour ses travaux sur le noyau de l'atome.

**Bohringer** Richard (Moulins, 1942), acteur français : *le Grand Chemin* (1988).

**bohrium** *nm* CHIM Élément radioactif artificiel, de numéro atomique Z = 107, de masse atomique 264 (symbole Bh). ETY Du n. pr.

**Boiardo** Matteo Maria (Scandiano, v. 1441 – Reggio nell'Emilia, 1494), poète italien : *Roland amoureux* (1476-1492).

**boïdé** *nm* ZOOL Reptile dont la famille comprend les boas, les pythons et autres grands serpents constricteurs. ETY De *boa*.

**Boieldieu** François Adrien (Rouen, 1775 – Jarcy, Seine-et-Oise, 1834), compositeur français d'opéras-comiques : *la Dame blanche* (1825).

**Boïens** peuple celtique qui, entre le V^e et le I^er s. av. J.-C., partit de Bohême, à laquelle ils donnèrent leur nom, jusqu'en Italie du N. et en Gaule (Gascogne). VAR **Boïes**

**Boileau** Nicolas, dit Boileau-Despréaux (Paris, 1636 – id., 1711), écrivain français. Ses *Satires* (1660 à 1711), ses *Épîtres* (1669 à 1695) et surtout son *Art poétique* (1674) font de lui le théoricien du classicisme. Il prit, contre Perrault, le parti des Anciens. Acad. fr. (1684).

**bois** de cervidés : à g., de haut en bas, élan, renne – au centre, cerf élaphe – à dr., de haut en bas, chevreuil et daim

**1 boire** *vt* (70) **1** Avaler un liquide. *Boire un verre.* **2** Prendre de l'alcool. *Il a l'habitude de boire.* **3** Absorber, s'imprégner de. *La terre boit l'eau.* LOC *À boire et à manger* : du bon et du mauvais. — *Boire du petit lait* : écouter avec plaisir des flatteries. — fam *Boire la tasse* : avaler de l'eau en nageant, en tombant à l'eau. — *Boire les paroles de qqn* : l'écouter avec avidité. ETY Du lat.

**2 boire** *nm* Ce que l'on boit. LOC *En perdre le boire et le manger* : être entièrement occupé par qqch.

**bois** *nm* **A 1** Espace couvert d'arbres. *Un bois de chênes.* **2** Substance solide et fibreuse qui compose les racines, la tige et les branches des arbres. *Faire un feu de bois.* **3** Objet en bois. *Le bois d'une raquette de tennis.* **B** *nm pl* **1** La forêt. **2** MUS Famille d'instruments en bois. **3** Os pairs ramifiés de la tête des cervidés mâles. LOC BOT *Bois de cœur* : bois central, résistant, d'un arbre (par oppos. à *aubier*). — Canada *Bois franc* ou *bois dur* : bois des arbres à feuilles caduques et à texture serrée, comme l'érable, le bouleau, le chêne. — Canada *Bois mou* : bois tendre des résineux et de certains arbres à feuilles caduques comme le peuplier et le tremble. — *Être du bois dont on fait les flûtes* : tout accepter. — *Faire feu de tout bois* : utiliser toutes les opportunités. — *Homme des bois* : individu fruste. — *Ne pas être de bois* : ne pas être insensible. ETY Mot d'orig. germ. ▶ pl. p. 187

**Boischaut** rég. du S. du Berry.

**Bois-Colombes** ch.-l. de cant. des Hauts-de-Seine (arr. de Nanterre) ; 28 349 hab. DER **bois-colombien, enne** *a, n*

**Bois-d'Arcy** com. des Yvelines (arr. de Versailles) ; 13 841 hab. – Centre national de la cinématographie (service des archives du film). DER **arcisien, enne** *a, n*

**boisé, ée** *a, nm* **A** *a* **1** Planté d'arbres. **2** Se dit d'un vin qui a séjourné en fûts. **B** *nm* **1** Goût boisé. **2** Canada Petit espace couvert d'arbres.

**Boise City** v. des É.-U., cap. de l'Idaho ; 205 671 hab. Centre admin. et économique.

**boisement** *nm* Action de planter des arbres sur un terrain ; ces plantations d'arbres.

**boiser** *vt* (1) **1** CONSTR Garnir d'une boiserie. **2** MINES Procéder au soutènement à l'aide d'étais en bois. **3** Planter d'arbres. DER **boisage** *nm*

**boiserie** *nf* Revêtement d'un mur au moyen d'un ouvrage en menuiserie ; cet ouvrage.

**boiseur** *nm* MINES Ouvrier chargé du boisage.

**Boisguilbert** Pierre de (Rouen, 1646 – id., 1714), économiste français, précurseur du libéralisme.

**Bois-le-Duc** (en néerl. *'s-Hertogenbosch*), v. et port des Pays-Bas, au confl. de l'Aa et de la Dommel, affl. de la Meuse ; 89 600 hab. ; ch.-l. du Brabant-Septentrional. Industries. – Cath. goth.

**Boismortier** Joseph Bodin de (Thionville, 1689 – Paris, 1755), compositeur franç. auteur de remarquables œuvres pour flûte.

**Boisrobert** François Le Métel (seigneur de) (Caen, 1592 – Paris, 1662), poète français. Il contribua à la création de l'Académie française.

**boisseau** *nm* **1** anc Mesure de capacité pour les grains (env. 13 l). **2** CONSTR Élément préfabriqué, à emboîtement, pour les conduits de fumée ou de ventilation. **3** TECH Axe creux d'un robinet qu'on tourne avec une clé de serrage. LOC *Mettre qqch sous le boisseau* : cacher la vérité.

**boissellerie** *nf* Fabrication et commerce de boisseaux et d'ustensiles ménagers en bois.

**Boissière** Jean-Baptiste (Valognes, 1806 – Paris, 1885), lexicographe français : *Dictionnaire analogique de la langue française* (1862).

**boisson** *nf* **1** Tout liquide que l'on peut boire. **2** Boisson alcoolisée. *Débit de boissons.* **3** fig Alcoolisme. *S'adonner à la boisson.* LOC *Être pris de boisson* : ivre. ETY Du lat.

**Boissy d'Anglas** François (comte de) (Saint-Jean-Chambre, Ardèche, 1756 – Paris, 1826), homme politique français. Président de la Convention après Thermidor, il se rallia à l'Empire puis à Louis XVIII.

**Boissy-Saint-Léger** ch.-l. de cant. du Val-de-Marne (arr. de Créteil) ; 16 482 hab. Centre résidentiel. DER **boisséen, enne** *a, n*

**Boiste** Claude (Paris, 1765 – Ivry-sur-Seine, 1824), lexicographe français : *Dictionnaire universel de la langue française* (1800).

**boîte** *nf* **1** Récipient rigide, généralement à couvercle ; son contenu. *Boîte à bijoux.* **2** fam École, lieu de travail. *Boîte à bac.* LOC AUTO *Boîte à gants* : casier, souvent muni d'une porte, situé près du tableau de bord. — fam *Boîte à malice* : ruses dont une personne dispose. — *Boîte à musique* : coffret contenant un mécanisme qui reproduit une mélodie. — *Boîte à rythmes* : instrument électronique produisant de la musique programmée sur ordinateur. — *Boîte aux (à) lettres* : réceptacle installé dans la rue ou dans une poste, destiné à recevoir le courrier à acheminer ; boîte où le préposé dépose le courrier ; fig personne qui transmet des messages parfois clandestins. — TECH *Boîte à vent* : caisson qui reçoit l'air d'alimentation des tuyères d'un haut-fourneau. — ANAT *Boîte crânienne* : cavité osseuse renfermant l'encéphale. — TECH *Boîte de dérivation, de jonction* : à l'intérieur de laquelle on raccorde des conducteurs électriques. — *Boîte de nuit* : établissement nocturne où l'on danse et où l'on peut boire. — *Boîte de vitesses* : organe qui sert à modifier le rapport entre la vitesse du moteur et celle des roues motrices. — AERON *Boîte noire* : appareil enregistreur placé à l'abri des chocs, qui permet de reconstituer les circonstances d'un accident d'avion. — *Boîte postale (BP)* : boîte aux lettres d'un particulier située dans un bureau de poste. — *Boîte vocale* : service de messagerie téléphonique, offrant les mêmes prestations qu'un répondeur-enregistreur. — fam *Mettre en boîte* : se moquer de. ETY Du lat. VAR **boite**

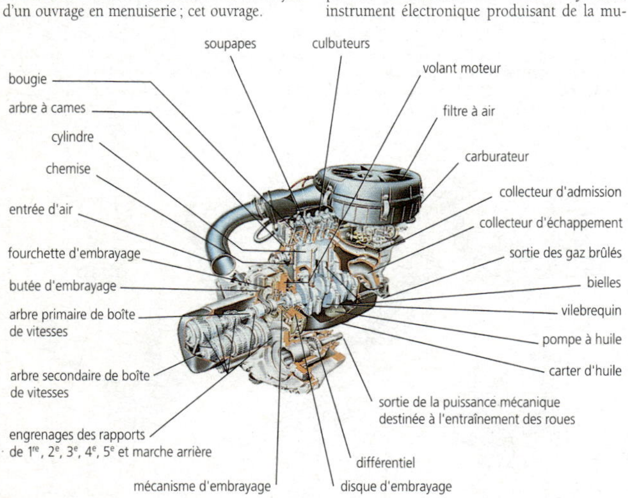

**boîte** de vitesses

**boîte-boisson** *nf* Boîte de métal contenant de la bière, du jus de fruit, etc. SYN canette. PLUR boîtes-boissons. VAR **boite-boisson**

**boitement** *nm* Syn. de *boiterie*.

**boiter** *vi* (1) **1** Incliner le corps plus d'un côté que de l'autre en marchant. *Boiter du pied droit.* **2** fig Être défectueux, en parlant d'un raisonnement, d'un plan. **3** Qui n'a pas le nombre régulier de pieds, en parlant d'un vers. DER **boiteux, euse** *a, n*

**boiterie** *nf* Claudication.

**boîtier** *nm* **1** Coffret compartimenté. **2** Compartiment d'un objet renfermant son mécanisme. *Boîtier de montre, d'appareil photo.* VAR **boitier**

**boitiller** *vi* (1) Boiter légèrement. DER **boitillement** *nm*

**Boito** Arrigo (Padoue, 1842 – Milan, 1918), compositeur (*Mefistofele*, 1868) et écrivain italien, auteur des livrets d'*Otello* et de *Falstaff* pour Verdi.

**boitte** → **boëte.**

**Bojer** Johan (Orkanger, près de Trondheim, 1872 – Oslo, 1959), écrivain naturaliste norvégien : *Gens de la côte* (1929).

**Bo Juyi** (Xinzheng, 772 – Luoyang, 846), poète réaliste chinois.

**Bokassa** Jean Bedel (Bobangui, Zaïre, 1921 – Bangui, Centrafrique, 1996), homme politique centrafricain. Président de la Rép. en 1966 (à la suite d'un coup d'État) ; il fit de son pays en 1976 un empire et devint Bokassa Ier. Il fut renversé en 1979, condamné à mort en 1987 et libéré en 1993.

**Boksburg** v. d'Afrique du Sud (Transvaal) ; 350 000 hab. Mines d'or, houillères.

**1 bol** *nm* Petit récipient hémisphérique, destiné à contenir des liquides ; son contenu. *Un bol à punch. Un bol de lait.* LOC fam *Avoir du bol* : de la chance. — *En avoir ras le bol* : en avoir assez. — fig *Prendre un (bon) bol d'air* : sortir au grand air. ETY De l'angl.

**2 bol** *nm* LOC MED *Bol alimentaire* : masse que forme, au moment d'être avalé, un aliment mastiqué. ETY Du gr. *bôlos*, « motte ».

**Bolbec** ch.-l. de cant. de la Seine-Mar. (arr. du Havre), dans le pays de Caux ; 11 789 hab. DER **bolbécais, aise** *a, n*

**bolchevik** *n* **1** HIST Membre de la faction majoritaire dirigée par Lénine dans la scission du Parti ouvrier social-démocrate de Russie, en 1903, opposé aux *mencheviks*. **2** péjor Communiste. PHO [bɔlʃevik] ou [bɔlʃəvik] ETY Mot russe, de *bolchetsvo*, « majorité ». VAR **bolchevique** ou **bolchévique**

**bolchevisme** *nm* 1 HIST Ensemble des positions idéologiques et des pratiques révolutionnaires des bolcheviks. **2** péjor Communisme russe. (VAR) **bolchévisme** (DER) **bolcheviste** ou **bolchéviste** *n*

**Bolchoï** théâtre de Moscou construit en 1824, détruit par un incendie (1853), puis reconstruit en 1856 par Alberto Cavos. Il est célèbre par ses ballets et sa troupe d'opéra.

**Boldini** Giovanni (Ferrare, 1842 – Paris, 1931), portraitiste italien célèbre à Paris.

**boldo** *nm* BOT Arbre du Chili dont la feuille contient un alcaloïde aux propriétés thérapeutiques. (ETY) Mot esp.

**bolduc** *nm* Lien de couleur, plat, utilisé pour ficeler des paquets. (ETY) De *Bois-le-Duc.*

**bolée** *nf* **1** Contenu d'un bol. **2** Petit bol destiné à recevoir du cidre.

**boléro** *nm* **1** Danse espagnole de rythme ternaire ; air de cette danse **2** MUS Composition au schéma rythmique invariable. **3** Veste sans manches, courte et ouverte. (ETY) De l'esp. *bola,* « boule ».

**Boléro** composition orchestrale de Ravel (1928) sur un thème unique de 16 mesures.

**Boleslas** (en polonais *Boleslaw*), nom de cinq ducs et rois de Pologne (le premier fut duc de Pologne en 992, roi en 1025).

**bolet** *nm* Champignon basidiomycète dont le dessous du chapeau est garni de tubes accolés, comestible ou toxique suivant l'espèce. (ETY) Du lat. ▶ pl. champignons

**bolide** *nm* **1** Grosse météorite qui produit une trace fortement lumineuse en traversant les hautes couches de l'atmosphère. **2** Véhicule allant à grande vitesse. (ETY) Du gr. *bolis,* « sonde, jet ».

**bolier** *nm* Grand filet de pêche utilisé le long des côtes. (ETY) De l'anc. provenç. (VAR) **boulier**

**Bolingbroke** Henry Saint John (vicomte) (Battersea, Surrey, 1678 – id., 1751), homme politique et écrivain anglais. Leader des tories, il signa la paix d'Utrecht (1713) et fut exilé en France (1715-1723).

**bolivar** *nm* **1** Unité monétaire du Venezuela. **2** anc Large chapeau haut de forme. (ETY) D'un n. pr.

**Bolívar** Simón (Caracas, 1783 – Santa Marta, Colombie, 1830), général et homme politique sud-américain. Principal protagoniste des guerres d'Indépendance des colonies espagnoles d'Amérique du Sud, il essuya des échecs (1811-1814), mais après la victoire de Bayacá (1819), il fit proclamer la rép. de Grande-Colombie (Nouvelle-Grenade, Venezuela et, en 1822, Équateur) puis libéra les États actuels de Colombie, de Bolivie et du Pérou. Il voulut unifier l'Amérique latine, mais en vain, et se retira en 1826.

Niels Bohr

S. Bolívar

**boliviano** *nm* Monnaie de la Bolivie.

**Bolivie** (république de) (*República Boliviana*), État d'Amérique du Sud, entouré par le Brésil, le Pérou, le Chili, l'Argentine et le Paraguay ; 1 098 580 km$^2$ ; 10,3 millions d'hab. ; cap. gouv. *La Paz* ; cap. admin. *Sucre.* Nature de l'État : rép. de type présid. Langues off. : espagnol et quechua. Monnaie : boliviano. Pop. : Indiens (Aymaras sur les hauts plateaux, Quechuas dans les vallées), métis (30 %) et d'origine européenne. Relig. : cathol. (DER) **bolivien, enne** *a, n*

**Géographie** À l'O., la Bolivie andine, au climat tropical d'altitude, comporte un haut plateau (4 000 m) parsemé de lacs. À l'E., les bas pays chauds et humides (70 % du territoire et 20 % de la population) appartiennent aux bassins de l'Amazone et du Paraguay. La pop., citadine à 57,9 %, est en croissance rapide.
**Écon** L'agriculture occupe la moitié de la pop. active : maïs, canne à sucre, pomme de terre, café, coton et la coca (dont la contrebande constituerait la princ. ressource du pays). Gaz naturel, étain, zinc et argent représentent plus de 75 % des exportations légales. L'austérité préconisée par le FMI a permis de maîtriser l'inflation, mais a renforcé l'agitation sociale.
**Histoire** Le Haut-Pérou précolombien (qui comprenait la Bolivie actuelle) fut surtout peuplé par les Aymaras (civilisation de Tiahuanaco, X$^e$-XIII$^e$ s.). Il fit partie de l'Empire inca jusqu'à la conquête espagnole (1538). Les mines d'argent du Potosí furent exploitées dès 1545 ; le travail forcé y provoqua la mort de milliers d'Amérindiens. Après de nombr. soulèvements, Bolívar et Sucre, son lieutenant, fondèrent la rép. en 1825. Dès lors, l'histoire bolivienne est jalonnée par les coups d'État, les massacres de paysans et de mineurs par l'armée, les guerres perdues : la façade maritime fut cédée au Chili (guerre du Pacifique, 1879-1894), le Chaco au Paraguay (1935). Après le gouv. civil de V. Paz Estenssoro (1952-1964), les dictatures militaires se sont succédé. Le mouvement de guérilla fondé par « Che » Guevara (tué en 1967) fut anéanti. En 1982 le pouvoir a été rendu aux civils, mais le malaise écon. et social a subsisté. En 1997, le général Hugo Banzer (dictateur de 1971 à 1978) devient prés. de la Rép. Il démissionne en 2001. Différents prés. se succèdent alors (Gonzalo Sanchez de Lozada, Carlos Mesa, Eduardo Rodriguez), aucun d'eux ne pouvant faire face à l'agitation du pays. Les élections organisées en déc. 2005 portent au pouvoir l'Indien Evo Morales (socialiste), partisan d'une réforme agraire radicale et de la nationalisation des ressources naturelles du pays. Il est réélu en 2009 et en 2014.

**Böll** Heinrich (Cologne, 1917 – Bornheim, 1985), écrivain allemand, peintre critique de l'Allemagne d'après-guerre : *Portrait de groupe avec dame* (1971), *l'Honneur perdu de Katharina Blum* (1974). P. Nobel 1972. ▶ illustr. p. 191

**bollard** *nm* MAR Grosse masse cylindrique coudée, qui sert à amarrer les navires.

**Bollée** Amédée (Le Mans, 1844 – Paris, 1917), constructeur français d'automobiles (à vapeur). Ses fils, **Léon** (Le Mans, 1870 – Neuilly-sur-Seine, 1913) et **Amédée** (Le Mans, 1872 – id., 1926), poursuivirent son œuvre.

**Bollène** ch.-l. de cant. du Vaucluse (arr. d'Avignon) ; 14 376 hab. Centr. hydroél. (DER) **bollénois, oise** *a, n*

**Bollywood** ensemble de studios du cinéma hindi, situés à Bombay, spécialisés dans le film populaire. (DER) **bollywoodien, enne** *a*

**Bologne** v. d'Italie ; 384 200 hab. ; ch.-l. de l'Émilie-Romagne. Centre industriel. – Archevêché. – Très anc. université (XII$^e$ s.) ; foyer artistique (les Carrache, le Dominiquin, etc). Mon. du Moyen Âge et de la Renaissance (portiques). – En 1516, le pape Léon X et François I$^{er}$ y donnèrent un statut durable à l'Église de France. (DER) **bolonais, aise** *a, n*

**bolomètre** *nm* PHYS Appareil qui mesure l'énergie totale des rayonnements peu intenses.

**Bolt** Usain (Trelawny, 1986), athlète jamaïcain (sprint). Médaillé d'or six fois (Pékin, trois fois ; Londres, trois fois), il détient trois records du monde de vitesse (100 m, 200 m et 4 × 100 m).

**Boltanski** Christian (Paris, 1944), artiste français. Il recrée son enfance à l'aide d'objets.

**Bolton** v. de G.-B. (Greater Manchester) ; 264 000 hab. Centre textile.

**Boltzmann** Ludwig (Vienne, 1844 – Duino, près de Trieste, 1906), physicien autrichien ; pionnier de la thermodynamique. ▷ PHYS *Constante de Boltzmann (k)* : quotient de la constante des gaz parfaits par le nombre d'Avogadro ; $k = 1{,}38066.10^{-23}$ joule par kelvin.

**Bolyai** János (Kolozsvár, 1802 – Marosvásárhely, 1860), mathématicien hongrois, auteur d'une géométrie non euclidienne.

**Bolzano** (en all. *Bozen*), v. d'Italie (Haut-Adige) ; 102 830 hab. ; ch.-l. de la prov. du m. nom. Industries. Tourisme. – Mon. médiévaux.

**Bolzano** Bernhard (Prague, 1781 – id., 1848), logicien et mathématicien tchèque d'origine italienne. Il influença Husserl.

**bombacacée** *nf* BOT Plante dicotylédone dont la famille comprend des arbres gigantesques, tels que le baobab ou le kapokier.

**bombage → bomber 1.**

**bombance** *nf* Bonne chère en abondance, ripaille. ETY De l'a. fr. *bobance,* « faste ».

**Bombard** Alain (Paris, 1924 – Toulon, 2005), médecin français, spécialiste de la survie en mer : *Naufragé volontaire* (1954).

**bombarde** *nf* **1** HIST Pièce d'artillerie à boulets de pierre ($XIV^e$-$XV^e$ s.). **2** MUS Instrument à vent à anche double, ancêtre du hautbois. ETY Du lat. *bombus,* « bruit sourd ».

**bombarder** *vt*① **1** Procéder à un bombardement. *Bombarder une ville.* **2** Lancer des projectiles en grand nombre sur. *Bombarder de cailloux.* **3** fig, fam Harceler. *Il me bombarde de coups de téléphone.* **4** PHYS Diriger un faisceau de particules sur une cible matérielle, en vue de produire des rayonnements ou de propager des réactions nucléaires. **5** fig, fam Nommer dans la précipitation. *On l'a bombardé ambassadeur.* DER **bombardement** *nm*

**bombardier** *nm* **1** Avion de bombardement. **2** Insecte coléoptère projetant une sécrétion caustique sur l'agresseur.

**Bombardier** Joseph-Armand (Valcourt, 1908 – Sherbrooke, 1964), industriel québecois. Il mit au point la motoneige.

**bombardon** *nm* MUS Instrument à vent en cuivre, très grave (basse et contrebasse), à tube conique et à piston en usage dans les fanfares.

**Bombay** (auj. *Mumbai*), deuxième ville et premier port de l'Inde ; cap. du Mahārāshtra, sur la côte O. du Dekkan ; 18,2 millions d'hab. La riche communauté parsie et les Brit. en firent un grand centre écon. DER **bombayïte** *a, n*

Bombay

**1 bombe** *nf* LOC fam *Faire la bombe :* manger, boire, se réjouir. ETY De *bombance.*

**2 bombe** *nf* **1** Projectile ou engin explosif. *Une bombe à retardement.* **2** GEOL Projection volcanique solidifiée. **3** Récipient dans lequel un liquide destiné à être pulvérisé est maintenu sous pression. *Bombe de laque.* **4** EQUIT Casquette de cavalier. LOC *Bombe calorimétrique :* appareil qui mesure les quantités de chaleur accompagnant les réactions chimiques. — *Bombe glacée :* glace moulée. — fam *Faire l'effet d'une bombe :* répandre la stupéfaction. ETY De l'ital.

**bombé, ée** *a* Convexe. *Un front bombé.*

**Bombelli** Raffaele (Borgo Panigale, en Émilie, 1526 – Bologne, 1572), mathématicien italien. Son *Algebra* étudie les racines imaginaires de $x^3$.

**bombement** *nm* Convexité, renflement. *Le bombement d'une route.*

**1 bomber** *v*① **A** *vt* **1** Rendre convexe. *Bomber une tôle.* **2** Écrire, dessiner avec une peinture en bombe. **B** *vi* **1** Devenir convexe. **2** fam Aller très vite. *Bomber sur l'autoroute.* LOC *Bomber le torse :* prendre un air avantageux. DER **bombage** *nm*

**2 bomber** *nm* Blouson bouffant en textile synthétique satiné. PHO [bɔmbœr] ETY Mot angl. VAR **bombeur**

**bombeur, euse** *n* Personne qui bombe des inscriptions, des dessins.

**bombinette** *nf* fam Petite bombe.

**bomblette** *nf* MILIT Mine antipersonnel larguée d'un avion.

**Bombois** Camille (Venarey-les-Laumes, 1883 – Paris, 1970), peintre naïf français.

**bombonne → bonbonne.**

**bombyx** *nm* Papillon nocturne. *La chenille du bombyx du mûrier est le ver à soie.*

**bombyx** du mûrier aux trois stades de son développement : chrysalide dans son cocon, chenille, papillon

**bôme** *nf* MAR Espar horizontal sur lequel est enverguée une voile aurique, au tiers ou triangulaire. ETY Du néerl. *boom,* « arbre ».

**1 bon, bonne** *a, av, interj* **A** *a* **1** Qui a les qualités propres à sa destination, qui est utile. *Avoir de bons yeux. Donner de bons conseils.* **2** Qui a acquis un certain degré de perfection dans un travail, un métier, une science. *Un bon nageur.* **3** Juste, correct. *Écrire en bon français.* **4** Qui convient à. *Un médicament bon pour le foie.* **5** Conforme aux règles morales ou sociales. *Un jeune homme de bonne famille.* SYN droit, honnête. **6** Qui possède une valeur intellectuelle ou artistique. *Un bon livre.* **7** Agréable. *Souhaiter la bonne année.* **8** De disposition agréable ; bienveillant, poli. *Être de bonne humeur.* **9** Qui montre de la bonté. *Un homme bon.* **10** Très important. *Cela fait un bon moment qu'il est parti.* **11** Fort, violent. *Il a pris une bonne correction.* **B** *av* De saveur, de parfum, de température agréable. *Sentir bon. Il fait bon.* **C** *interj* **1** Marque la satisfaction. **2** Marque la surprise, la déception. *Allons bon !* **3** Marque le mécontentement, la restriction ironique. *Bon, voilà autre chose !* LOC fam *À la bonne :* en sympathie. *Elle m'a à la bonne.* — *À quoi bon ? :* dans quel intérêt ? — *Bon pied, bon œil :* en parfaite santé. — *C'est bon ! :* assez ! — *Elle est bien bonne ! :* elle est très drôle, en parlant d'une histoire ; c'est déplaisant, surprenant, en parlant d'un évènement. — fam *En avoir de bonnes :* exagérer. — fam *Être bon pour :* ne pas pouvoir échapper à. — *Il fait bon* (+ inf.) : il est agréable de. *Il fait bon vivre à La Rochelle.* — *Pour de bon ou* litt *tout de bon :* réellement. *Se fâcher pour de bon.* — *Un bon mot :* spirituel, amusant. ETY Du lat.

**2 bon** *nm* **1** Ce qui est juste, honnête. **2** Ce qui est avantageux, important, intéressant. *Avoir du bon.* **3** Personne qui a de la bonté. *Les bons et les méchants.* **4** Document permettant à qqn de toucher de l'argent, de recevoir un objet, une marchandise, etc. *Un bon d'achat.* LOC *Bon à tirer :* autorisation d'imprimer donnée par l'auteur ou l'éditeur à l'imprimeur. — *Bon d'échange* ou *bon :* titre permettant d'obtenir des prestations ou des services payés d'avance ou non, notam. dans les hôtels et les restaurants. — *Bon du Trésor :* obligation émise par le ministère des Finances représentant un emprunt à court ou moyen terme.

**Bon** (cap) cap au N.-E. de la Tunisie (gouvernorat de Nabeul) ; région très fertile.

**bonace** *nf* MAR Calme plat. ETY Du provenç.

**Bonald** Louis (vicomte de) (Millau, 1754 – id., 1840), philosophe et homme politique français, catholique, monarchiste : *Théorie du pouvoir politique et religieux* (1796).

**Bonampak** ville maya de l'État du Chiapas, au Mexique. Le temple ($VII^e$-$IX^e$ s.) recèle des peintures murales aux couleurs vives.

**Bonaparte** (à l'origine *Buonaparte*), famille française originaire d'Italie et établie en Corse au $XVI^e$ siècle — **Charles Marie** (Ajaccio, 1746 – Montpellier, 1785), avocat corse, époux de **Maria Letizia Ramolino** (Ajaccio, 1750 – Rome, 1836), qui fut sous l'Empire *Madame Mère.* De cette union, huit enfants survécurent. — **Joseph** (Corte, 1768 – Florence, 1844), roi de Naples de 1806 à 1808, roi d'Espagne de 1808 à 1813. — **Napoléon** (V. Napoléon $I^{er}$). — **Lucien** (Ajaccio, 1775 – Viterbe, 1840), président du Conseil des Cinq-Cents, joua un rôle décisif lors du coup d'État du 18 Brumaire. Il fut prince de Canino. — **Maria-Anna** dite Élisa (Ajaccio, 1777 – Trieste, 1820), fut grande-duchesse de Toscane. — **Louis** (Ajaccio, 1778 – Livourne, 1846), époux d'Hortense de Beauharnais, roi de Hollande de 1806 à 1810, père de Louis Napoléon (V. Napoléon III). — **Marie-Paulette** dite Pauline (Ajaccio, 1780 – Palerme, 1825), veuve du général Leclerc en 1802, épouse du prince Borghèse en 1803, duchesse de Guastalla en 1806. — **Marie-Annonciade** dite Caroline (Ajaccio, 1782 – Florence, 1839), épouse de Murat, roi de Naples de 1808 à 1815. — **Jérôme** (Ajaccio, 1784 – Villegenis, dans la banlieue parisienne, 1860), roi de Westphalie de 1807 à 1813 ; fait maréchal de France en 1850.

**Bonaparte** Marie (princesse Georges de Grèce et de Danemark) (Saint-Cloud, 1882 – id., 1962), psychanalyste française, cofondatrice de la Société psychanalytique de Paris (1926) : *la Sexualité de la femme* (1951).

**bonapartisme** *nm* **1** Attachement au régime impérial fondé par Napoléon Bonaparte et à sa dynastie. **2** fig Régime autoritaire et plébiscitaire. DER **bonapartiste** *a, n*

**bon à rien** *n* Incapable, nul. PLUR bons à rien.

**bonasse** *a* Bon jusqu'à la niaiserie ; simple et sans malice. ETY De l'ital.

**Bonaventure** Giovanni Fidanza (saint) (Bagnoregio, Ombrie, vers 1221 – Lyon, 1274), théologien italien et docteur de l'Église, d'inspiration augustinienne et mystique, surnommé le Docteur séraphique : *le Chemin de l'âme vers Dieu* (1259).

**bonbon** *nm* **1** Petite friandise sucrée. **2** Belgique Biscuit.

**bonbonne** *nf* Grosse bouteille servant à garder et à transporter de l'huile, des acides, etc. VAR **bombonne**

**bonbonnière** *nf* **1** Boîte à bonbons. **2** fig Petit appartement arrangé avec recherche.

**Bonchamp** Charles (marquis de) (Juvardeil, Anjou, 1760 – Saint-Florent-le-Vieil, 1793), chef vendéen. Mortellement blessé, il fit gracier 4 000 prisonniers républicains.

**bon-chrétien** *nm* Grosse poire jaune à chair fondante et parfumée. PLUR bons-chrétiens. ETY Du gr. *pankhrêston,* « fruit utile à tout ».

**bond** *nm* **1** Saut brusque. *Faire un bond.* **2** fig Évolution soudaine, progrès important. *Les bonds de la science.* LOC ***Faire faux bond :*** manquer à une promesse, décevoir une attente.

**Bond** James héros d'une série de romans d'espionnage dus à l'écrivain anglais Ian Lancaster Fleming (1908-1964). ▷ CINE Dep. 1962, *Bond 007* a été interprété notam. par Sean Connery, Roger Moore (né en 1928), Pierce Brosnan (né en 1953), Daniel Craig (né en 1968).

**Bond** Edward (Londres, 1934), dramaturge britannique, influencé par Brecht : *Bingo* (1974), *l'Enfant dramatique* (essai, 1995).

**bondage** *nm* Pratique sexuelle sadomasochiste dans laquelle l'un des partenaires est attaché. PHO [bɔ̃dedʒ] ETY De l'angl.

**bonde** *nf* **1** Ouverture par laquelle s'écoule l'eau d'un étang, d'un réservoir ; pièce qui obture cet orifice. *Hausser, lâcher la bonde.* **2** Trou fait à un tonneau pour le remplir et le vider ; le bouchon en bois qui sert à le boucher. **3** Fromage de chèvre du Poitou. ETY Du gaul.

**bondé, ée** *a* Comble. *Autobus bondé.*

**bondelle** *nf* Suisse Corégone du lac de Neuchâtel, à la chair estimée. ETY Du gaul.

**bondérisation** *nf* TECH Protection des métaux contre la rouille par un traitement à base de phosphates. ETY De l'angl. *bond,* « lien ». DER **bondériser** *vt* ①

**bondieuserie** *nf* fam, péjor **1** Dévotion outrée. **2** Objet de piété de mauvais goût.

**bondir** *vi* ③ **1** Faire des bonds, sauter. **2** S'élancer. *Bondir au secours de qqn.* **3** fig Tressaillir. *Mon cœur bondit de joie.* LOC ***Cela me fait bondir :*** me scandalise. ETY Du lat. *bombire,* « résonner ». DER **bondissement** *nm*

**bondon** *nm* Tampon de bois qui bouche la bonde d'un tonneau.

**bondrée** *nf* Oiseau falconiforme, de la couleur d'une buse, qui se nourrit parfois de guêpes, d'abeilles, mais surtout de vers, de chenilles, de lézards, etc. ETY Du breton.

**Bondy** ch.-l. de cant. de la Seine-Saint-Denis (arr. de Bobigny), sur le canal de l'Ourcq ; 53 200 hab. DER **bondynois, oise** *a, n*

**Bondy** Luc (Zurich, 1948 – id., 2015), metteur en scène suisse de théâtre et d'opéras : *Tosca* (2009).

**Bône** → **Annaba.**

**bonellie** *nf* ZOOL Animal vermiforme marin, au remarquable dimorphisme sexuel (mâles nains).

**bon enfant** *a inv* Bienveillant, aimable, débonnaire. *Un sourire bon enfant.*

**1 bongo** *nm* Instrument de percussion d'origine cubaine, composé de deux petits tambours juxtaposés. ETY Mot esp.

**2 bongo** *nm* Antilope rousse striée de blanc des forêts équatoriales d'Afrique. ETY Mot esp.

**Bongo** Omar (Lewai, région de Franceville, 1935 – Barcelone, 2009), homme politique gabonais ; président de la Rép. (1967-2009).

H. Böll

Omar Bongo

**bonheur** *nm* **1** Évènement heureux, hasard favorable, chance. *Cet héritage, c'est un bonheur inespéré.* **2** État de bien-être, de félicité. *Au comble du bonheur.* **3** Ce qui rend heureux. *J'ai eu le bonheur de vous rencontrer.* LOC ***Au petit bonheur :*** au hasard. — ***Faire le bonheur de qqn :*** le rendre heureux. — ***Par bonheur :*** heureusement. — ***Porter bonheur :*** favoriser, faire réussir. — ***Trouver son bonheur :*** ce qu'on cherche.

**Bonheur** Marie Rosalie, dite Rosa (Bordeaux, 1822 – By, Seine-et-Marne, 1899), peintre français de scènes rustiques.

**bonheur-du-jour** *nm* Petit meuble à tiroirs servant de secrétaire. PLUR bonheurs-du-jour.

**Bonhoeffer** Dietrich (Breslau, 1906 – Flossenburg, 1945), pasteur et théologien allemand, arrêté par les nazis en 1943 : *Résistance et soumission* (Lettres de prison, posth., 1951).

**bonhomme** *nm, a inv* **A** *nm* **1** vieilli Homme simple, doux, naïf. *Un bonhomme de mari.* **2** fam, péjor Homme. *Qui est ce bonhomme ?* **3** Terme d'affection, en parlant à un petit garçon. **4** Figure humaine grossièrement dessinée ou façonnée. *Un bonhomme de neige.* PLUR bonshommes [bɔ̃zɔm]. **B** *a inv* Qui fait preuve de bonhomie. LOC ***Aller son petit bonhomme de chemin :*** vaquer tranquillement à ses affaires. PHO [bɔnɔm]

**Bonhomme** (col du) col des Alpes (2 329 m), reliant les vallées de l'Arve et de l'Isère.

**Bonhomme** (col du) col des Vosges (949 m), reliant Saint-Dié à Colmar.

**bonhommie** *nf* Bonté et simplicité. VAR **bonhomie**

**boni** *nm* Excédent, bénéfice dans une opération financière. ETY Du lat.

**boniche** *nf* péjor, vieilli Bonne, employée de maison. VAR **bonniche**

**bonichon** *nm* fam, vx Petit bonnet.

**Boniface** (saint) (Devon, v. 675 – Dokkum, Frise, 754), archevêque de Mayence. Il sacra Pépin le Bref roi des Francs et évangélisa la Frise (où il fut assassiné) et l'O. de la Germanie.

**Boniface** nom de neuf papes. — **Boniface Ier** (saint) pape de 418 à 422. — **Boniface IV** (saint) pape de 608 à 615. — **Boniface VIII** Benedetto Caetani (Anagni, vers 1235 – Rome, 1303), pape de 1294 à 1303 ; il eut de violents démêlés avec Philippe IV le Bel.

**Bonifacio** ch.-l. de cant. de la Corse-du-Sud (arr. de Sartène), sur la Médit. ; 3 000 hab. La v. est séparée de la Sardaigne par le *détroit* (ou *bouches*) *de Bonifacio.* – Enceinte fortif. du XVIe s., égl. romane et citadelle avec égl. XIIIe-XIVe s. DER **bonifacien, enne** *a, n*

**bonification** *nf* **1** Amélioration d'un produit, d'une terre agricole. **2** FIN Avantage accordé sur le taux d'intérêt d'un emprunt. **3** SPORT Points supplémentaires accordés à un concurrent, à une équipe.

**bonifier** *vt* ② **1** Rendre meilleur, améliorer. *Bonifier la terre. Le vin se bonifie en vieillissant.* **2** FIN Accorder une bonification sur un taux d'intérêt.

**boniment** *nm* **1** Discours tenu en public par les camelots, les bateleurs, etc. **2** fam Propos mensonger. ETY De l'arg. *bonni,* « dire ». DER **bonimenter** *vt* ① – **bonimenteur, euse** *n*

**Bonin** (îles) archipel japonais du Pacifique, situé au S.-E. de Kyūshū et à l'O. de la *fosse des Bonin,* dont la profondeur excède 10 000 m.

**Bonington** Richard Parkes (Arnold, près de Nottingham, 1802 – Londres, 1828), peintre anglais, pré-impressionniste.

**bonite** *nf* ICHTYOL Nom donné à plusieurs poissons voisins du thon.

**Bonivard** François de (Seyssel, 1493 – Genève, 1570), patriote genevois, emprisonné (1530-1536) par le duc de Savoie, au château de Chillon, célébré par Byron dans son poème *le Prisonnier de Chillon* (1816).

**bonjour** *nm* Salutation qu'on emploie sans distinction d'heure. *Dire bonjour à qqn.* LOC ***Simple comme bonjour :*** très facile.

**bon marché** *a inv* Peu cher.

**Bonn** v. d'Allemagne (Rhén.-du-N.-Westphalie), sur le Rhin ; 307 500 hab. Port fluvial. Cap. de la RFA de 1949 à 1990. – Collégiale romane (XIe-XIIIe s.). Maison natale de Beethoven ; musées. DER **bonnois, oise** *a, n*

**Bonnaire** Sandrine (Gannat, 1967), actrice française : *la Cérémonie* (1994).

**Bonnard** Pierre (Fontenay-aux-Roses, 1867 – Le Cannet, 1947), peintre et graveur français, intimiste et sensuel : *le Peignoir* (1892).

**Pierre Bonnard** *Nu à la baignoire,* 1936 – MNAM

**Bonnassie** Pierre (Rignac, Lot, 1932 – Toulouse, 2005), historien français. Genèse du régime féodal dans le S.-O. de l'Europe.

**Bonnat** Léon (Bayonne, 1833 – Monchy-Saint-Éloi, 1922), peintre et collectionneur français.

**bonne** *nf* Servante, domestique.

**Bonne Âme de Sé-Tchouan (la)** parabole dramatique de Brecht (1948).

**Bonne-Espérance (cap de)** pointe mérid. de l'Afrique, découverte en 1487 par Bartolomeu Dias, qui l'appela *cap des Tempêtes*. En 1497, Vasco de Gama le doubla.

**Bonnefoy** Yves (Tours, 1923), poète français : *Du mouvement et de l'immobilité de Douve* (1953), *Pierre écrite* (1965).

**bonne-maman** *nf* Grand-mère. PLUR bonnes-mamans.

**bonnement** *av* LOC *Tout bonnement* : tout simplement.

**bonnet** *nm* **1** Coiffure sans rebord, ajustée. *Bonnet en laine.* **2** Deuxième estomac des ruminants. **3** Chacune des deux poches d'un soutien-gorge. LOC ***Bonnet à poil*** : coiffure des grenadiers de l'Empire, des horse-guards anglais, etc. — ***Bonnet d'âne*** : coiffure à longues oreilles qu'on mettait aux élèves punis. — ***Bonnet de bain*** : coiffure imperméable qui empêche les cheveux d'être mouillés. — ***Bonnet de nuit*** : qu'on mettait pour dormir ; fam personne triste, ennuyeuse. — ***Bonnet phrygien, bonnet rouge*** : coiffure adoptée par les révolutionnaires de 1789 et devenue l'emblème de la République. — ***C'est bonnet blanc et blanc bonnet*** : il n'y a pas de différence. — fam ***Un gros bonnet*** : un personnage important.

**Bonnet** Charles (Genève, 1720 – id., 1793), naturaliste et philosophe suisse. Il découvrit la parthénogenèse des pucerons (1740).

**Bonnet** Georges (Bassilac, Dordogne, 1889 – id., 1973), homme politique français. Ministre des Affaires étrangères, il signa les accords de Munich (sept. 1938).

**bonneteau** *nm* Jeu de hasard et d'escamotage qui se joue avec trois cartes ou trois gobelets.

**bonneterie** *nf* **1** Industrie ou commerce des sous-vêtements ; ces articles. **2** Boutique d'un bonnetier. VAR **bonnetterie**

**bonneteur** *nm* Joueur de bonneteau.

**bonnetier, ère** *n* **A** Personne qui fabrique ou vend de la bonneterie. **B** *nf* Petite armoire.

**bonnette** *nf* **1** FORTIF Ouvrage formant saillie avancé au-delà du glacis. **2** MAR Petite voile en forme de trapèze, que l'on ajoute aux autres voiles par temps calme. **3** OPT Partie de la monture d'un oculaire servant d'appui à l'œil d'un observateur. **4** OPT Lentille servant à changer la distance focale d'un objectif d'appareil photographique.

**Bonneuil-sur-Marne** ch.-l. de cant. du Val-de-Marne (arr. de Créteil) ; 16 901 hab. Port fluvial. DER **bonneuillois, oise** *a, n*

**Bonneval** ch.-l. de cant. d'Eure-et-Loir (arr. de Châteaudun), sur le Loir ; 4 514 hab. – Égl. XIII^e^ s. ; anc. abb. bénédictine (IX^e^ et XV^e^ s.). DER **bonnevallais, aise** *a, n*

**Bonneval** Claude (comte de) (Coussac-Bonneval, 1675 – Constantinople, 1747), général français. Passé au service de la Turquie, il fut pacha de Roumélie.

**Bonneville** ch.-l. d'arr. de la Haute-Savoie, sur l'Arve ; 12 156 hab. Industries. DER **bonnevillois, oise** *a, n*

**bonniche** → **boniche.**

**Bonnie and Clyde** film d'Arthur Penn (1967), avec Warren Beatty et Faye Dunaway.

**Bonnier** Gaston (Paris, 1853 – id., 1922), botaniste français, auteur d'une flore.

**Bonnot** Jules Joseph (Pont-de-Roide, 1876 – Choisy-le-Roi, 1912), anarchiste français, chef de la *bande à Bonnot*, abattu par la police.

**bonnotte** *nf* Variété de pomme de terre, cultivée à Noirmoutier, très appréciée.

**bonobo** *nm* Chimpanzé nain d'Afrique équatoriale.

**Bononcini** Giovanni Battista (Modène, 1670 – Vienne, v. 1750), compositeur italien d'une trentaine d'opéras.

**bon-papa** *nm* Grand-père. PLUR bons-papas.

**bonsaï** *nm* Arbre ou arbuste miniaturisé selon une technique et un art originaires de Chine. PHO [bõnzaj] ETY Mot jap., de *bon*, « plateau », et *saï*, « tailler, cultiver ». VAR **bonzaï**

**bonsaï**

**bonsoir** *nm* Formule de salutation employée le soir.

**Bonstetten** Charles Victor de (Berne, 1745 – Genève, 1832), écrivain suisse : *l'Homme du Midi et l'Homme du Nord* (1824).

**bonté** *nf* **A** **1** Bienveillance, altruisme. **2** Gentillesse, amabilité. *Ayez la bonté de vous taire.* **B** *nf pl* Actes de bienveillance, d'amabilité. *Avoir des bontés pour qqn.* ETY Du lat.

**Bontempelli** Massimo (Côme, 1878 – Rome, 1960), romancier et auteur dramatique italien, adepte du « réalisme magique » : *Des gens dans le temps* (1937).

**Bontemps** Pierre (Paris, v. 1505 –?, v. 1570), sculpteur français. Auteur du gisant de François I^er^ (basilique Saint-Denis).

**bonus** *nm* **1** Réduction de la prime d'une assurance automobile accordée à un conducteur qui n'a pas été responsable d'accident pendant un certain laps de temps. ANT malus. **2** fig Avantage qui se traduit par une prime ou une réduction. *Les bonus des traders. Le bonus écologique.* **3** AUDIOV Supplément accompagnant un film vendu en DVD, contenant par ex. le making of, des interviews, etc. ETY Mot latin.

**bon vivant** *nm, a* Homme d'humeur enjouée, qui apprécie les plaisirs de la vie. PLUR bons vivants.

**bonzaï** → **bonsaï.**

**bonze, bonzesse** *n* **1** Religieux ou religieuse bouddhiste. **2** fig, fam Personnage officiel d'une solennité ridicule. ETY Du jap. *bôzu*, « prêtre », par le portug.

**bonzerie** *nf* Monastère de bonzes.

**boogie-woogie** *nm* MUS Danse sur un rythme très rapide et saccadé issu du blues. PLUR boogie-woogies. PHO [bugiwugi] ETY Mot anglo-amér.

**book** → **bookmaker et pressbook.**

**bookmaker** *n* Personne qui prend et inscrit les paris sur les courses de chevaux. PHO [bukmɛkœʀ] ETY Mot angl. VAR **book, bookmakeur**

**Book of common prayer (The)** le livre qui fixa le rituel de l'Église anglicane en 1549 (modifié jusqu'en 1662).

**Boole** George (Lincoln, 1815 – Cork, 1864), mathématicien et logicien anglais : l'*algèbre de Boole* codifie les opérations et fonctions logiques. DER **booléen, enne** *a*

**boom** *nm* Syn. de *boum*. PHO [bum] ETY Mot amér., « hausse rapide ».

**boomer** *nm* AUDIOV Haut-parleur pour les sons graves. PHO [bumœʀ] ETY De l'angl. *to boom*, « mugir sourdement ». VAR **boomeur**

**boomerang** *nm* **1** Arme de jet des aborigènes d'Australie, faite d'une lame de bois recourbée qui revient vers celui qui l'a lancée si elle manque son but. **2** Accessoire ayant la forme de cette arme, employé pour le jeu ou le sport ; sport ou jeu utilisant un tel accessoire. LOC ***Effet boomerang*** : qui se retourne contre soi. PHO [bumʀɑ̃g] ETY Mot angl., d'une langue australienne.

**Boon** Daniel Hamidou, dit Dany (Armentières, 1966), humoriste et acteur français. En 2008, il réalise *Bienvenue chez les Ch'tis*.

**Boone** Daniel (1734 –1820), aventurier américain qui colonisa, notam., le Kentucky. F. Cooper s'inspira de son personnage.

**Boorman** John (Shepperton, 1933), cinéaste britannique : *Délivrance* (1972).

**1 booster** *vt* ① fam Donner une forte impulsion. *Booster les ventes de l'entreprise.* PHO [buste] ETY Mot angl.

**2 booster** *nm* **1** Propulseur auxiliaire imprimant une forte poussée à une fusée, en particulier au décollage. SYN (recommandé) accélérateur, pousseur. **2** Amplificateur d'autoradio. **3** fig, fam Élément qui impulse un processus. *Un booster de la croissance.* PHO [bustœʀ] ETY Mot angl. VAR **boosteur**

**Booth** William (Nottingham, 1829 – Londres, 1912), prédicateur anglais. Il fonda l'institution qui devint en 1878 l'Armée du Salut.

**Booth** John Wilkes (Bel-Air, Maryland, 1838 – Bowling Green, Virginie, 1865), acteur américain. Il assassina Lincoln le 14 avril 1865.

**Boothia (péninsule de)** péninsule du N. du Canada (Territ. du N.-O.), séparée de la terre de Baffin par le *golfe de Boothia*.

**bootlegger** *nm* HIST Contrebandier d'alcool à l'époque de la prohibition aux États-Unis. PHO [butlegœʀ] ETY De l'angl.

**boots** *nf pl* Bottes courtes. PHO [buts] ETY Mot angl.

**Booz** personnage biblique ; époux de Ruth, bisaïeul de David.

**Booz endormi** poème de V. Hugo (1859), dans *la Légende des siècles*.

**bop** → **be-bop.**

**Bopp** Franz (Mayence, 1791 – Berlin, 1867), linguiste allemand. Un des fondateurs de la grammaire comparée, il prouva dès 1816 la parenté des langues indo-européennes.

**boqueteau** *nm* Petite étendue boisée. ETY Du picard.

**Bór** Tadeusz Komorowski, dit (Lwów, 1895 – Londres, 1966), général polonais. Chef de l'armée secrète (1943), il déclencha l'insurrection de Varsovie (1^er^ août 1944).

**bora** *nm* Vent violent du N.-E. soufflant sur la mer Noire et l'Adriatique. ETY Mot slovène.

**Bora** Katharina von (Lippendorf, Saxe, 1499 – Torgau, 1552), religieuse cistercienne de 1515 à 1523. Elle épousa Luther en 1525.

**Bora Bora** île de la Polynésie française (archipel de la Société) ; 38 km$^2$ ; 9 600 hab.

**boracite** *nf* MINER Minerai contenant du bore et du magnésium.

**borain** → **Borinage et Bourg-Saint-Maurice.**

**borane** *nm* CHIM Nom générique des composés hydrogénés du bore.

**Borås** v. du S.-O. de la Suède, à l'E. de Göteborg ; 66 300 hab. Centre textile.

**borassus** *nm* BOT Syn. de *rônier.* VAR **borasse**

**borate** *nm* CHIM Sel ou ester de l'acide borique. LOC *Borate de sodium :* borax.

**boraté, ée** *a* CHIM Qui contient de l'acide borique.

**borax** *nm* CHIM Borate de sodium hydraté ($Na_2B_4O_7$, $10H_2O$), utilisé notam. comme décapant en soudure.

**borazon** *nm* Nitrure de bore cristallisé obtenu sous de fortes pressions, de structure et de dureté comparables à celles du diamant. VAR **borazone**

**borborygme** *nm* **A** Gargouillement produit par les gaz du tube digestif. **B** *nmpl* fig, péjor Paroles incompréhensibles. ETY Du gr.

**bord** *nm* **1** Extrémité, limite d'une surface. *Le bord de la mer. – Verre plein à ras bord.* **2** Ce qui borde. *Un chapeau à larges bords.* **3** Ruban, galon sur le pourtour d'un vêtement. *Mettre un bord à une veste.* **4** MAR Côté d'un navire, d'un vaisseau. *Faire feu des deux bords.* **5** Le navire lui-même. *Dîner à bord.* **6** fig Parti, opinion. *Être du même bord.* LOC ***Au bord de :*** très près de. — ***Avoir un mot au bord des lèvres :*** être prêt à le dire. — ***Bord à bord :*** en mettant les bords l'un contre l'autre, sans les superposer. — ***Passer par-dessus bord :*** tomber à la mer. — fam ***Sur les bords :*** légèrement. ETY Du frq.

**Borda** Jean Charles de (Dax, 1733 – Paris, 1799), mathématicien et marin français. Il collabora à la mise au point du système métrique.

**bordage** *nm* **A** MAR Revêtement appliqué sur les membrures d'un navire. **B** *nmpl* Canada Glaces qui se forment sur le bord des cours d'eau.

**bordé** *nm* MAR Ensemble des bordages.

**bordeaux** *nm, a inv* **A** *nm* Vin produit dans la région de Bordeaux. **B** *a inv* D'une couleur proche de celle du vin, rouge foncé.

**Bordeaux** ch.-l. de la Rég. Aquitaine-Limousin-Poitou-Charentes et ch.-l. du dép. de la Gironde, sur la Garonne ; 247 700 hab. (env. 750 000 hab. dans l'aggl.). Grand port de comm. Aéroport *Bordeaux-Mérignac.* Centre du comm. des vins de Bordeaux. Marché (MIN). Industries. – La v. fut la cap. des Bituriges, puis d'une prov. romaine (370-507). Elle se développa sous la domination angl. (1154-1453), grâce au comm. des vins, et reprit son essor au XVIII$^e$ s. Le gouv. s'y installa en 1870, 1914 et 1940. – Archevêché. Université. – Ruines romaines. Égl. St-Seurin (en grande partie romane) ; nombr. égl. des XII$^e$-XV$^e$ s.) ; cath. St-André (nef du XII$^e$ s.). Grand Théâtre (1773-1780) ; allées de Tourny (XVIII$^e$ s.) ; esplanade des Quinconces (1818-1828) ; plusieurs portes monumentales ; musées. DER **bordelais, aise** *a, n*

**Bordeaux** Henry (Thonon-les-Bains, 1870 – Paris, 1963), romancier français : *les Roquevillard* (1906). Acad. fr. (1919).

**bordée** *nf* **1** MAR Décharge simultanée de tous les canons du même bord d'un navire. **2** fig, fam Flopée. *Une bordée d'injures.* **3** Moitié de l'équipage d'un navire. **4** MAR Chemin que parcourt un navire sans virer de bord. LOC fam ***Tirer une bordée :*** courir les lieux de plaisir.

**bordel** *nm, interj* **A** *nm* **1** vulg Lieu de prostitution. **2** fig, fam Désordre. **B** *interj* fam Exprime la colère, l'impatience. ETY Du frq.

**Bordelais** rég. du Bassin aquitain, autour de Bordeaux : Médoc, Graves, etc.

**bordelaise** *nf* **1** Futaille de 225 litres. **2** Bouteille contenant 75 centilitres.

**bordélique** *a* fam Très désordonné.

**bordéliser** *vt* ① fam Mettre du bordel, du désordre. DER **bordélisation** *nf*

**border** *vt* ① **1** Servir de bord, longer. *Le quai borde la rivière.* **2** Garnir le bord d'une chose pour l'orner, la renforcer. *Border de fourrure un manteau.* **3** fig Maintenir qqn, qqch à l'intérieur de certaines limites contrôler, empêcher de déborder. LOC ***Border un lit, qqn dans son lit :*** rentrer le bord des draps et des couvertures sous le matelas. — MAR ***Border un navire :*** revêtir ses membrures de bordages. — MAR ***Border une voile :*** en raidir les écoutes.

**bordereau** *nm* Document récapitulatif d'opérations effectuées.

**borderie** *nf* Petite métairie. ETY Du frq.

**borderline** *nm, a* **A** *nm* PSYCHO Cas limite entre névrose et psychose, entre l'état pathologique et l'état normal. **B** *a* À la limite de l'anormalité. PHO [bɔrdœrlajn] ETY De l'angl., « qui côtoie la ligne ».

**Borders (Scottish)** rég. d'Écosse ; 4 672 km$^2$ ; 102 700 hab. ; ch.-l. *Newtown Saint Boswells.*

**Bordes** Charles (Rochecorbon, 1863 – Toulon, 1909), compositeur français ; fondateur, avec V. d'Indy, de la Schola cantorum (1894).

**Bordet** Jules (Soignies, 1870 – Bruxelles, 1961), médecin et microbiologiste belge. Il a mis au point avec A. Wassermann le test de détection de la syphilis. P. Nobel 1919.

**bordier, ère** *a, n* **A** *a* GEOGR Qui borde. *Mer bordière d'un océan.* **B** *n* **1** Suisse Riverain (aine). **2** HIST Exploitant (e) d'une métairie.

**bordigue** *nf* Enceinte formée de claies, sur le bord de mer, pour prendre du poisson. ETY Du provenç.

**Bordj bou Arreridj** v. d'Algérie, ch.-l. de wilaya ; 168 300 hab.

**Bordj el Kiffan** (anc. *Fort-de-l'Eau*), v. d'Algérie ; 152 000 hab. Station baln.

**Borduas** Paul-Émile (Saint-Hilaire, Québec, 1905 – Paris, 1960), peintre québécois, promoteur du mouvement des Automatistes.

**bordure** *nf* **1** Ce qui orne, marque, renforce le bord. *Une bordure de trottoir.* **2** MAR Côté inférieur d'une voile. LOC ***En bordure de :*** au bord de.

**bordurer** *vt* ① fam Tenir à l'écart, marginaliser.

**bore** *nm* CHIM **1** Élément non métallique de numéro atomique Z = 5 et de masse atomique 10,81 (symbole B). **2** Corps simple (B) de densité 2,34, qui fond vers 2 079 °C, utilisé comme élément d'addition dans les aciers.

**boréal, ale** *a* Du Nord, septentrional. *Hémisphère boréal.* ANT austral. PLUR boréaux. ETY Du lat. ▶ carte ciel

**Bordeaux** place de la Bourse et quai de la Garonne

**Borée** fils d'un Titan et de l'Aurore, dieu grec du Vent du nord.

**Borel** Pétrus (Lyon, 1809 – Mostaganem, 1859), écrivain français romantique : *Madame Putiphar* (1839).

**Borel** Émile (Saint-Affrique, 1871 – Paris, 1956), mathématicien français (calcul des probabilités) ; ministre de la Marine en 1925.

**Borg** Björn (né en 1956), joueur de tennis suédois. Il domina son sport de 1976 à 1981.

**Borgerhout** com. de Belgique, dans l'aggl. d'Anvers ; 51 000 hab. Industries.

**Borges** Jorge Luís (Buenos Aires, 1899 – Genève, 1986), écrivain argentin. Ses récits savants relèvent des genres fantastique, policier, et de l'essai philosophique : *Histoire universelle de l'infamie* (1935), *Fictions* (1944), *Labyrinthes* (1949), *l'Aleph* (1950).

G. Boole

J. L. Borges

**Borghèse** famille italienne d'origine siennoise, établie à Rome au XVI$^e$ s. Elle compte parmi ses membres le pape **Paul V** et **Camillo Borghèse** (Rome, 1775 – Florence, 1832), qui épousa Pauline Bonaparte. – Le *palais Borghèse* fut construit à Rome de 1590 à 1607. – La *villa Borghèse*, édifiée en 1615 à Rome, et son parc abritent des musées.

**Borgia** famille italienne originaire de Borja (Espagne), établie à Rome. — **Alonso** (Játiva, 1378 – Rome, 1458), fut pape (Calixte III). — **Rodrigue** (Játiva, 1431 – Rome, 1503), neveu du préc., fut pape (Alexandre VI). — **César** (Rome, 1475 – Pampelune, 1507), fils du préc., cardinal, duc de Valentinois ; il tenta de se constituer une principauté en Italie centrale. Il inspira *le Prince* à Machiavel. — **Lucrèce** (Rome, 1480 – Ferrare, 1519), sœur du préc. ; belle, cultivée, elle protégea les arts et les sciences. Victor Hugo en a fait une courtisane criminelle dans son drame *Lucrèce Borgia* (1833).

**borgne** *n, a* **A** Se dit de qqn qui n'a qu'un œil. **B** *a* **1** ARCHI Sans aucune ouverture. *Mur borgne.* **2** fig Obscur, mal famé. *Hôtel borgne.*

**borie** *nf* rég Construction de pierres sèches à couverture en encorbellement, en Provence. ETY Mot provenç.

**Borinage (le)** région de Belgique (Hainaut), anc. bassin houiller. DER **borain, aine** *a, n*

**borique** *a* CHIM Qualifie les composés oxygénés du bore. *Acide borique.*

**boriqué, ée** *a* LOC PHARM ***Eau boriquée :*** solution aqueuse d'acide borique, utilisée autref. comme antiseptique.

**Boris I$^{er}$** (mort en 907), khan des Bulgares (852-889) ; devenu chrétien, il força son peuple à se convertir aussi. — **Boris II** (vers 949 – 979), tsar de Bulgarie (969-972), se soumit à Constantinople. — **Boris III** (Sofia, 1894 – id., 1943), roi de Bulgarie (1918-1943). En 1941, il s'allia à l'Allemagne ; refusant de déclarer la guerre à l'URSS, il mourut (peut-être assassiné) au retour d'une entrevue avec Hitler.

**Boris Godounov** (?, v. 1551 – Moscou, 1605), tsar de Russie de 1598 à 1605. Il exerça le pouvoir dès 1584, au nom de son beau-frère Féodor Ier, faible d'esprit. ▷ MUS et LITTER Drame music. en 4 actes de Moussorgski (1874), tiré du drame hist. de Pouchkine (1831).

**Borlaug** Norman Ernest (Cresco, Iowa, 1914 – Dallas, 2009), agronome américain : recherches sur le blé. P. Nobel de la paix 1970.

**Borma (El-)** local. du Sud tunisien. Gisement pétrolifère.

**Bormann** Martin (Halberstadt, 1900 – disparu lors de la chute de Berlin, mai 1945), homme politique allemand, un des chefs nazis.

**Bormes-les-Mimosas** com. du Var dans le massif des Maures ; 6 324 hab. Tourisme. DER **borméen, enne** *a, n*

**Born** Bertran de → **Bertran de Born.**

**Born** Max (Breslau, 1882 – Göttingen, 1970), physicien all., naturalisé anglais (1939). Fuyant le nazisme, il travailla sur la mécanique quantique. P. Nobel 1954 avec W. W. Bothe.

**bornage** *nm* **1** Action de borner, de délimiter une propriété. **2** MAR Navigation côtière.

**borne** *nf* **A 1** Balise, ouvrage de maçonnerie de forme sommaire qui matérialise sur le terrain les limites d'une parcelle. **2** Grosse pierre plantée au pied d'un mur pour le protéger des roues des voitures. **3** fam Kilomètre. *C'est à trois bornes d'ici.* **4** Dispositif facilement repérable. *Borne de taxis.* **5** Dispositif d'information ou de communication relié à un ordinateur et placé dans un lieu public. **6** ELECTR Pièce de connexion. *Bornes d'une pile.* **7** Canapé circulaire à dossier central, placé dans un lieu public. **B** *nf pl* Limites, frontières. *Une ambition sans bornes.* **LOC** MATH ***Borne inférieure :*** plus grand des minorants. — ***Borne kilométrique :*** indiquant les distances en kilomètres sur les routes. — MATH ***Borne supérieure :*** plus petit des majorants — ***Passer, dépasser les bornes :*** exagérer.

**borné, ée** *a* Peu intelligent. *Un esprit borné.*

**borne-fontaine** *nf* **1** Petite fontaine en forme de borne. **2** Canada Prise d'eau disposée le long des rues, à l'usage des pompiers. PLUR bornes-fontaines.

**Bornéo** la plus grande île de l'Insulinde, la troisième du monde par la superficie ; 750 000 km$^2$ ; environ 9 000 000 d'hab. Elle est partagée entre l'Indonésie (Kalimantan), la Malaisie (Sarawak et Sabah) et le sultanat de Brunei. Les plaines côtières sont dominées par des plateaux et des montagnes (4 101 m au Kinabalu) couvertes d'une forêt équatoriale dense. Immenses ressources (difficiles à exploiter) : plantations d'hévéa et gisements de pétrole. – L'île (peuplée de Dayaks et de Punans) fut découverte par les Européens au XVIe s. Les Néerlandais, les Anglais et les Espagnols se la disputèrent (XVIIe-XVIIIe s.). En 1997, son incendie constitua un désastre écologique.

**Bornéo** canal à Pontianak

**borner** *v* ① **A** *vt* **1** Délimiter avec des bornes. *Borner un champ.* **2** Limiter. *La mer et les Alpes bornent l'Italie.* **3** fig Modérer, restreindre. *Borner ses ambitions.* **B** *vpr* **1** Se contenter de. *Se borner au nécessaire.* **2** Se limiter à. *Sa culture se borne à de vagues souvenirs.*

**Jérôme Bosch** détail du triptyque *le Jugement dernier*, 1485-1505 – musée de l'Académie des beaux-arts, Vienne

**Bornes (massif des)** massif des Préalpes (2 438 m), entre le lac d'Annecy et l'Arve.

**bornette** *nf* Point d'attache informatisé d'un vélo de location en libre-service.

**Bornholm** île du Danemark, dans la Baltique ; 588 km$^2$ ; 46 528 hab. Kaolin.

**Bornou** anc. empire d'Afrique centrale né au IXe s. et qui culmina sous Idriss III (1580-1603 ou 1617), prosélyte de l'Islam. En 1900, il fut partagé entre la France (Niger), l'Allemagne (Cameroun du N.) et la G.-B. (Nigeria).

**bornoyer** *v* ㉓ **A** *vi* Regarder d'un seul œil, pour vérifier si un alignement est droit, si une surface est plane. **B** *vt* Placer des jalons pour aligner des arbres, construire un mur.

**Borobudur** → **Bārābudur.**

**Borodine** Alexandre Porfirievitch (Saint-Pétersbourg, 1833 – id., 1887), compositeur russe, membre du groupe des Cinq : *Dans les steppes de l'Asie centrale,* tableau symphonique (1880) ; *le Prince Igor,* opéra (1869-1887, achevé par Glazounov et Rimski-Korsakov).

**Borodino** village de Russie, proche de Moscou. Le 7 sept. 1812 y fut livrée la bataille de la Moskova (dite *de Borodino* en Russie).

**Bororos** Amérindiens du centre du Brésil ; quelques centaines de personnes survivent. DER **bororo** *a*

**Borotra** Jean (Biarritz, 1898 – Arbonne, 1994), joueur de tennis français, un des « quatre mousquetaires ».

**borraginacée** *nf* BOT Dicotylédone gamopétale, le plus souvent très velue, dont la famille comprend la bourrache, le myosotis.

**Borrassa** Lluis (Gerone, v. 1360 – Barcelone, v. 1425), peintre espagnol représentant du « gothique international ». Nombr. retables.

**borrelia** *nf* Bactérie de la famille des spirochètes.

**borréliose** *nf* Fièvre provoquée par des borrelias et transmise par des poux ou des tiques.

**Borromées (îles)** groupe de quatre îles du lac Majeur (Italie du N.).

**Borromini** Francesco Castelli, dit (Bissone, près de Lugano, 1599 – Rome, 1667), architecte italien baroque qui travailla à Rome.

**borsalino** *nm* Chapeau de feutre à large bord. ETY Nom déposé.

**bort** *nm* MINER Diamant inutilisable en bijouterie et qui sert à polir des outils ou d'autres diamants. ETY Mot angl.

**Bort-les-Orgues** ch.-l. de cant. de la Corrèze (arr. d'Ussel), sur la Dordogne ; 3 534 hab. Centrale hydroél. – Orgues basaltiques. DER **bortois, oise** *a, n*

**bortsch** *nm* Potage russe aux choux et aux betteraves agrémenté de tomates et de viande ou de lard, et lié avec de la crème fraîche. PHO [bɔʀʃ] ou [bɔʀtʃ] ETY Mot russe. VAR **bortch**

**borure** *nm* CHIM Combinaison du bore et d'un métal.

**Bory** Jean-Louis (Méréville, 1919 – id., 1979), écrivain français : *Mon village à l'heure allemande* (1945), *le Pied* (1977).

**Borzage** Frank (Salt Lake City, 1893 – Los Angeles, 1962), cinéaste américain : *la Femme au corbeau* (1928), *Ceux de la zone* (1933), *Trois Camarades* (1938), *The Mortal Storm* (1940).

**Bosch** Hiëronymus Van Aeken ou Aken dit Jérôme (Bois-le-Duc, v. 1450 – id., 1516), peintre hollandais, précurseur du surréalisme : *la Nef des fous* (entre 1490 et 1500, Louvre), *le Jardin des délices* (v. 1500-1505, le Prado), *le Jugement dernier* (1485-1505, Vienne).

**Bosch** Carl (Cologne, 1874 – Heidelberg, 1940), chimiste et industriel allemand. Il synthétisa l'ammoniac. P. Nobel 1931.

**Bosch** Juan (La Vega, 1909 – Saint-Domingue, 2001), homme politique et écrivain dominicain, président de la République en 1962-63.

**Boschimans** (en angl. *Bushmen*), peuple de l'Afrique australe (auj. moins de 100 000 individus nomadisant dans le désert du Kalahari, en Namibie), établi sur le continent probabl. au paléolithique supérieur. Ils parlent le *san*, une langue de la famille khoisan. VAR **Bochimans** ou **Sans** DER **boschiman** ou **bochiman, ane** ou **san** *a*

**bosco** *nm* MAR Maître de manœuvre. ETY Du néerl.

**Bosco** Henri (Avignon, 1888 – Nice, 1976), écrivain français : *l'Âne Culotte* (1937), *le Mas Théotime* (1945).

**Bosco Reale** v. d'Italie (Campanie), au pied du Vésuve ; 20 000 hab. – *Trésor de Boscoreale* : pièces d'argenterie hellénistique découvertes en 1895 (Louvre). VAR **Boscoreale**

**boscot, otte** *a, n* fam, vx Bossu.

**Bose** Satyendranath (Calcutta, 1894 – id., 1974), physicien indien ; pionnier de la mécanique statistique, qu'Einstein développa par la suite. ▷ La *statistique de Bose-Einstein* régit les bosons (par oppos. aux fermions).

**Bösendorfer** Ignaz (Vienne, 1796 – id., 1849), facteur de pianos autrichien.

**Bosio** François Joseph (Monaco, 1768 – Paris, 1845), sculpteur français : à Paris, *Louis XIV* équestre et quadrige de l'arc du Carrousel.

**boskoop** *nf* Pomme vert grisé et rouge, à chair ferme et à goût acidulé. PHO [bɔskɔp]

**bosniaque** *nm* Langue slave parlée en Bosnie-Herzégovine, où elle est langue officielle (avec le croate et le serbe).

**Bosnie-Herzégovine** État d'Europe (rép. fédérée de Yougoslavie jusqu'en 1991) ; 51 130 km$^2$ ; 3,8 millions d'hab. ; cap. *Sarajevo.* Langues : bosniaque, croate et serbe. Monnaie : mark convertible. Pop. et relig. : Slaves musulmans, 39,9 % ; Serbes orthodoxes, 31,1 % ; Croates catholiques, 14,8 %. Élevage. Riche sous-sol : charbon, fer, manganèse, sel gemme. DER **bosniaque** ou **bosnien, enne** *a, n*
**Histoire** Le pays fait partie de l'Empire ottoman (1463-1878), puis est administré par l'Autriche-Hongrie, qui l'annexe en 1908. Le mouvement Jeune-Bosnie inspire en 1914 l'attentat de Sarajevo. En 1918, la Bosnie-Herzégovine s'unit au nouvel État yougoslave dont elle est, de 1945 à 1992, une rép. fédérée. En mars 1992, son indépendance, refusée par les Serbes, est proclamée après un référendum. Les Serbes déclenchent des offensives, notam. contre Sarajevo, et une Rép. serbe de Bosnie-Herzégovine est proclamée. L'ONU condamne la *purification ethnique* (massacres, expulsions des non-Serbes) et envoie des casques bleus autour des enclaves musulmanes. Les négociations sont entamées en 1992 sous l'égide de l'ONU et de la CEE. Les accords de Dayton (Ohio), signés le 21 nov. 1995, sous l'égide du prés. Clinton, par les prés. serbe, bosniaque et croate, instaurent la paix : l'État de Bosnie-Herzégovine comprendra la Fédération croato-bosniaque (constituée en 1994) et la Rép. serbe de Bosnie. Les élections de 1996 sont remportées par trois partis de l'opposition. En 2006, les partis modérés chassent du pouvoir les partis nationalistes en place dep. 1998 et instaurent une présidence tricéphale (un prés. croate, un prés. serbe, un prés. bosniaque). Les troupes de l'armée de l'UE se retirent en 2007. Les élections de 2010 provoquent une grave crise pol. et ce n'est qu'en janv. 2012 qu'un prés. du Conseil des ministres est nommé.

**boson** *nm* PHYS Particule de spin entier qui obéit à la statistique de Bose-Einstein, qui comprend le photon, les mésons, les nucléides de nombre de masse pair. LOC ***Boson de Higgs*** : boson qui expliquerait la brisure de symétrie électrofaible. — ***Boson intermédiaire*** : particule qui véhicule les interactions entre particules de matière. ETY D'un n. pr.

**Bosphore** (en grec *Bosporos* : « Passage de la vache »), détroit resserré (300 m à 3 km) qui relie la mer de Marmara à la mer Noire. Istanbul est situé sur la rive ouest.

**bosquet** *nm* Petit groupe d'arbres, petit bois. ETY De l'ital.

**boss** *nm* fam Chef d'entreprise, d'atelier, etc. ; patron. ETY Mot amér.

**bossage** *nm* ARCHI Saillie laissée à dessein sur un ouvrage de bois ou de pierre, destinée à servir d'ornement.

**bossa-nova** *nf* Courant musical brésilien issu de la samba. PLUR bossas-novas. ETY Mot brésilien.

**bosse** *nf* **1** Tuméfaction due à une contusion. *Se faire une bosse au front.* **2** Grosseur dorsale due à une déviation de la colonne vertébrale, du sternum ou des côtes. **3** Protubérance sur le dos de certains animaux. *Le dromadaire a une bosse, le chameau en a deux.* **4** ANAT Relief naturel du crâne. **5** Relief. *Ornements en bosse.* **6** MAR Nom de divers cordages. *Bosse d'amarrage.* LOC fam ***Avoir la bosse de qqch*** : être doué dans une discipline. — fam ***Rouler sa bosse*** : voyager. ETY Du frq. *botja*, « coup ».

**Bosse** Abraham (Tours, 1602 – Paris, 1676), graveur et peintre français.

**bosselage** *nm* En orfèvrerie, travail en bosse, en relief.

**bosseler** *vt* ⑰ ou ⑲ **1** En orfèvrerie, travailler en bosse. **2** Faire des bosses à qqch. DER **bossellement** ou **bossèlement** *nm* – **bosselure** *nf*

**bosser** *v* ① **A** *vt* MAR Maintenir avec une bosse. **B** *vi* fam Travailler. ETY De l'expr. dial. *bosser du dos*, « être courbé ».

**bossette** *nf* **1** Ornement en bosse de chaque côté du mors d'un cheval. **2** TECH Semence de tapissier. **3** Renflement présenté par les ressorts de batterie des anciennes armes à feu.

**bosseur, euse** *n* **1** fam Personne qui travaille dur. **2** SPORT Skieur spécialiste des bosses.

**bossoir** *nm* MAR Potence située en abord d'un navire qui permet de soulever une embarcation et de la mettre à son poste de mer.

**bossu, ue** *a, n* Qui a une ou plusieurs bosses dans le dos. LOC fam ***Rire comme un bossu*** : beaucoup et fort.

**Bossu (le)** roman de cape et d'épée de P. Féval (1858). Son héros est Lagardère.

**bossuer** *vt* ① Déformer par des bosses.

**Bossuet** Jacques Bénigne (Dijon, 1627 – Meaux, 1704), prélat et écrivain français. Évêque de Condom (1669), précepteur du Dauphin, pour qui il écrivit le *Discours sur l'histoire universelle* (1681), évêque de Meaux (1681), il soutint le gallicanisme et combattit les jansénistes et les protestants, puis le quiétisme. Plus encore que ses sermons (*Sur la mort, Sur la Providence*), ses douze *Oraisons funèbres* font de ce styliste un poète. Acad. fr. (1671). ▶ illustr. p. 196

**boston** *nm* **1** anc Jeu de cartes ressemblant au whist. **2** Valse lente. PHO [bɔstɔ̃] ETY Du n. pr.

**Boston** v. et port des É.-U., cap. du Massachusetts ; 4 600 000 hab. (aggl.). Centre comm. et industr. Universités (dont Harvard). – La v., fondée en 1630 par des colons angl., fut un foyer du puritanisme. DER **bostonien, enne** *a, n*

**bostryche** *nm* Petit coléoptère à corps cylindrique allongé et à élytres bruns, qui attaque le bois de différents arbres. ETY Du gr. *bostrukhos*, « boucle de cheveux ». VAR **bostriche**

**Bosworth** loc. de G.-B. (Leicestershire). – À proximité, une bataille (1485) conclut la guerre des Deux-Roses (mort de Richard III).

**bot, bote** *a* Difforme. *Pied bot.* ETY Du germ. *butta*, « émoussé ».

**botanique** *nf, a* **A** *nf* Science qui traite des végétaux. **B** *a* **1** Relatif aux végétaux, à leur étude. *Un jardin botanique.* **2** Se dit d'une plante d'ornement vendue sous sa forme sauvage. ETY Du gr. *botanê*, « plante ». DER **botaniste** *n*

ENC La botanique étudie les algues, les champignons, les lichens, les bryophytes (« mousses »), les ptéridophytes, les phanérogames ou spermaphytes (gymnospermes et angiospermes) ; ce sont tous des plantes chlorophylliennes, à l'exception des champignons, qui forment auj. un règne à part dit *fongique*. Science biologique, la botanique se subdivise en morphologie, anatomie, physiologie, cytologie, histologie, etc., auxquelles on ajoute l'épithète *végétale*.

**Botero** Fernando (Medellín, 1932), peintre et sculpteur colombien : figuration de corps énormes.

**Botev** Hristo (Kalofer, 1848 – rég. de Vraca, 1876), écrivain et patriote bulgare.

**Botha** Louis (Greytown, Natal, 1862 – Pretoria, 1919), général et homme politique sud-africain. Il commanda les Boers durant la guerre de 1899-1902, fut Premier ministre du Transvaal (1907-1910) puis de l'Union sud-africaine (1910-1919).

**Botha** Pieter Willem (Paul Roux, État d'Orange, 1916 – Wildernes, Cap Ouest, 2006), homme politique sud-africain. Premier ministre (1978-1984), président de la Rép. (1984-1989).

**bothriocéphale** *nm* Genre de plathelminthe cestode, voisin du ténia, parasite de l'homme, qui se fixe à sa paroi intestinale, la contamination se faisant par la consommation de poissons d'eau douce.

**Bothwell** James Hepburn (comte de) (?, 1536 – Dragsholm, Danemark, 1578), homme politique écossais, un des instigateurs (1567) de l'assassinat du mari de la reine Marie Stuart, qui l'épousa, mais il dut s'exiler.

**Botnie** (golfe de) mer intérieure formée par la Baltique entre la Suède et la Finlande.

**Botrange** (signal de) point culminant de la Belgique (694 m), dans l'Ardenne.

**Botrel** Théodore (Dinan, 1868 – Pont-Aven, 1925), chansonnier français : *la Paimpolaise*, *le Petit Mouchoir rouge de Cholet*.

**botrytis** *nm* BOT Champignon ascomycète microscopique, parasite de végétaux, dont une espèce produit la pourriture grise des raisins, mais également la pourriture noble mise à profit dans la préparation des sauternes et du tokay. (PHO) [bɔtʀitis] (ETY) Du gr. *botrus*, « grappe ».

**Bótsaris** → **Botzaris.**

**Botswana** (république du) État du Commonwealth, en Afrique australe, entouré par la Namibie, le Zimbabwe et l'Afrique du Sud ; 582 000 km$^2$ ; 2 millions d'hab. ; cap. *Gaborone*. Nature de l'État : rép.. Langues off. : tswana, angl. Monnaie : pula. Population : Bantous, Boschimans. Relig. : animisme (50 %), protestantisme (30 %). (DER) **botswanais, aise** ou **botswanéen, enne** *a, n*
**Géographie** Le désert du Kalahari occupe la majorité du territoire ; l'élevage extensif domine au N., alors que l'E., plus peuplé, fournit des cultures vivrières (maïs, sorgho). La grande richesse est le diamant (4e rang mondial), auquel s'ajoutent nickel et cuivre. Le pays dépend de l'Afrique du Sud, son seul débouché ferroviaire.
**Histoire** Le Botswana a été protectorat britannique de 1885 à 1966, sous le nom de Bechuanaland. Leader du parti démocratique (créé en 1962), Seretsa Khama présida la Rép. jusqu'à sa mort (1980). Son successeur, Ketumile Masire céda en 1998 son siège à son dauphin, Festus Mogae qui lui-même le céda à Seretse Ian Kharma en 2008.

**Botta** Mario (Mendrisio, Tessin, 1943), architecte suisse : cathédrale d'Évry.

**1 botte** *nf* Réunion de végétaux de même nature liés ensemble. *Une botte de paille, de radis.* (ETY) Du néerl. *bote*, « touffe de lin ».

**2 botte** *nf* Chaussure qui enferme le pied et la jambe, parfois la cuisse. **LOC** *Bruits de bottes* : rumeurs de guerre — fam *En avoir plein les bottes* : être harassé ; être excédé. — *Être à la botte de qqn* : lui être tout dévoué. — fam *Être droit dans ses bottes* : résister vaillamment à l'adversité. — *Être sous la botte* : opprimé par une occupation militaire.

**3 botte** *nf* SPORT En escrime, coup porté à l'adversaire avec un fleuret ou une épée. *Pousser, parer une botte.* **LOC** *Botte secrète* : dont la parade est ignorée de l'adversaire. (ETY) De l'ital. *botta*, « coup ».

**botteler** *vt* ⑰ ou ⑲ AGRIC Lier en bottes. (DER) **bottelage** *nm* – **botteleur, euse** *n*

**botteleuse** *nf* AGRIC Machine à botteler.

**botter** *vt* ① **1** Pourvoir, chausser de bottes. **2** fam Donner un coup de pied à. *Botter le derrière de qqn.* **3** Frapper le ballon du pied. **4** fig, fam Convenir. *Ça me botte !*

**Sandro Botticelli** *Mars et Vénus*, v. 1475 – National Gallery, Londres

**botteur** *nm* SPORT Au rugby, joueur qui transforme les essais et tire les pénalités.

**Botticelli** Sandro di Mariano Filipepi, dit (Florence, v. 1445 – id., 1510), peintre, dessinateur et graveur italien. Il fut l'élève de F. Lippi et de Verrochio. Fraîcheur des tons et mouvement caractérisent ses œuvres : aux Offices, *le Printemps* (1478), *la Naissance de Vénus* (1485).

**bottier** *nm* Fabricant de bottes, de chaussures sur mesure.

**bottillon** *nm* Petite botte, souvent fourrée.

**bottin** *nm* Annuaire téléphonique. **LOC** *Bottin mondain* : répertoire des gens en vue. (ETY) Du n. pr.

**Bottin** Sébastien (Grimonviller, Lorraine, 1764 – Paris, 1853), statisticien et administrateur français. Il publia le premier annuaire statistique français, puis l'*Almanach du commerce de Paris*.

**bottine** *nf* Chaussure montante serrée à la cheville.

**Bottrop** ville d'Allemagne (Rhén.-du-N.-Westphalie) ; 112 260 hab. Centre industriel.

**botulisme** *nm* MED Intoxication due aux toxines sécrétées par un bacille contenu dans certaines conserves et charcuteries avariées. (ETY) Du lat. *botulus*, « boudin ». (DER) **botulique** ou **botulinique** *a*

**Botzaris** Márkos (Soulí, Albanie, 1788 – Karpenêsion, 1823), patriote grec, un des chefs de l'insurrection de 1820. Il participa à la défense de Missolonghi (1822-1823) contre les Turcs. (VAR) **Bótsaris**

**Bouaké** v. de la Côte d'Ivoire ; 111 000 hab ; ch.-l. du dép. du m. nom. Industr. textile.

**Bouard** Michel de (Lourdes, 1909 – Caen, 1989), historien français. Médiéviste, il développa l'archéologie de la vie matérielle et créa le musée de Normandie (1946).

**Boubastis** → **Bubastis.**

**Boubat** Édouard (Paris, 1923 – id., 1999), photographe français : *Femmes* (1970), *Miroirs* (1973), *Anges* (1974).

**boubou** *nm* Tunique d'Afrique noire, ample et longue. (ETY) Mot malinké.

**bouboulér** *vi* ① Crier, en parlant du hibou. SYN hululer. (ETY) Onomat.

**bouc** *nm* **1** Mâle de la chèvre. **2** Mâle de toute espèce caprine. **3** Barbe limitée au menton. **LOC** *Bouc émissaire* : bouc que les Juifs chassaient dans le désert après l'avoir chargé des iniquités d'Israël ; fig personne que l'on charge des fautes commises par d'autres. (ETY) Du celt.

**1 boucan** *nm* Viande fumée mangée par les Caraïbes ; gril utilisé pour fumer cette viande. (ETY) Du tupi.

**2 boucan** *nm* fam Tapage. *Faire du boucan.* (ETY) De l'ital.

**boucane** *nf* Canada fam Fumée.

**boucaner** *vt* ① **1** Fumer de la viande, du poisson. **2** Tanner. *Le soleil boucane la peau.* (DER) **boucanage** *nm*

**boucanier** *nm* Chasseur de bœufs sauvages dans les Antilles.

**boucau** *nm* rég Entrée d'un port, dans le Midi. (ETY) Du provenç. *bouco*, « bouche ».

**Boucau** com. des Pyr.-Atl. (arr. de Bayonne) ; 7 007 hab. Port sur l'Adour. (DER) **boucalais, aise** *a, n*

**Bouc-Bel-Air** com. des Bouches-du-Rhône (arr. d'Aix-en-Provence) ; 12 297 hab. Prod. pétroliers. (DER) **boucain, aine** *a, n*

**bouchage** → **boucher 1.**

**bouchain** *nm* MAR Partie de la carène d'un navire entre les fonds et la muraille.

**Bouchard** Lucien (Saint-Cœur-de-Marie, 1938), homme politique canadien. Chef du Parti québecois, il devient Premier ministre

**Bossuet**

**L. Bouchard**

du Québec en 1996 jusqu'à sa démission en 2001.

**François Boucher** *le déjeuner* – musée du Louvre

**boucharde** *nf* TECH **1** Massette de sculpteur, de tailleur de pierre, dont les têtes sont garnies de pointes de diamant. **2** Rouleau des cimentiers.

**Bouchardon** Edme (Chaumont-en-Bassigny, 1698 – Paris, 1762), sculpteur français néo-classique.

**bouche** *nf* **1** Cavité de la partie inférieure du visage, chez l'être humain, en communication avec l'appareil digestif et les voies respiratoires. **2** Les lèvres. *Avoir la bouche grande, petite.* **3** Cavité buccale de certains animaux. *La bouche d'un cheval, d'un poisson.* **4** Organe de la parole. *Ne pas ouvrir la bouche.* **5** Ouverture. *Bouche d'aération.* **6** Ouverture d'une canalisation, permettant d'adapter un tuyau. *Bouche d'incendie.* **7** Embouchure. *Les bouches du Nil.* **8** Personne à charge. *Avoir trois bouches à nourrir.* **LOC** ***Bouche à feu*:** pièce d'artillerie. — ***Bouche bée*:** grande ouverte de surprise. — ***Bouche cousue !*:** gardez le secret ! — ***Bouche de métro*:** accès à une station de métro. — ***De bouche à oreille*:** oralement. — ***Faire la fine bouche*:** le difficile. — ***Faire venir l'eau à la bouche*:** exciter la soif, l'appétit ; fig exciter les désirs. — ***Garder qqch pour la bonne bouche*:** réserver le meilleur pour la fin. — fam ***La bouche en cœur*:** en prenant un air affecté. ETY Du lat.

**bouché, ée** *a* **1** Fermé, obstrué, encombré. *Avoir le nez bouché.* **2** Se dit d'un ciel couvert, d'un temps brumeux. **3** fig, fam Peu intelligent. *Être bouché.* **4** En bouteille, par oppos. à *au tonneau. Vin, cidre bouché.*

**bouche-à-bouche** *nm inv* Méthode de respiration artificielle pratiquée par un sauveteur sur un asphyxié et consistant à lui insuffler de l'air par la bouche.

**bouche-à-oreille** *nm inv* fam Propagation d'une nouvelle d'une personne à l'autre.

**bouchée** *nf* **1** Quantité d'aliments mise dans la bouche en une seule fois. **2** CUIS Petit vol-au-vent garni. *Bouchée à la reine.* **LOC** ***Bouchée au chocolat*:** gros chocolat fourré. — ***Ne faire qu'une bouchée de qqn*:** en triompher aisément. — ***Pour une bouchée de pain*:** pour une somme dérisoire.

**1 boucher** *vt* ① **1** Fermer une ouverture, combler. *Boucher un trou. Se boucher le nez.* **2** Obstruer. *Boucher un chemin.* **3** Empêcher de voir. *Boucher la vue.* **LOC** fam ***En boucher un coin à qqn*:** l'étonner. — ***Se boucher les yeux, les oreilles*:** refuser de voir, d'écouter. ETY De l'a. fr. *bousche,* « bouchon de paille ». DER **bouchage** *nm*

**2 boucher, ère** *n, a* **A** *n* Personne qui abat le bétail, qui vend de la viande crue au détail. **B** *nm* fig Homme sanguinaire. **C** *a* Relatif à la boucherie. *Race bovine bouchère.* ETY De *bouc.*

**Boucher** François (Paris, 1703 – id., 1770), peintre, graveur et décorateur français : scènes galantes, mythologiques ou allégoriques.

**Boucher** Hélène (Paris, 1908 – Versailles, 1934), aviatrice française. Elle établit plusieurs records de vitesse.

**Boucher de Crèvecœur de Perthes** Jacques (Rethel, 1788 – Abbeville, 1868), préhistorien français. Ses *Antiquités celtiques et antédiluviennes* (1847-1864) font de lui le précurseur de la science préhistorique.

**boucherie** *nf* **1** Commerce de la viande des bestiaux. **2** Boutique où se vend de la viande. **3** fig Massacre, carnage. *Mener les soldats à la boucherie.*

**Bouches-du-Rhône** dép. franç. (13) ; 5 112 km$^2$ ; 1 984 784 hab. ; 388,3 hab./km$^2$ ; ch.-l. *Marseille* ; ch.-l. d'arr. *Aix-en-Provence, Arles* et *Istres.* V. Provence-Alpes-Côte d'Azur (Rég.). DER **buccorhodanien, enne** *a, n*

**bouche-trou** *nm* fam Personne, objet occupant momentanément une place vide. PLUR bouche-trous.

**bouchon** *nm* **1** Poignée de paille tortillée. **2** anc Rameau de verdure servant d'enseigne à un cabaret ; cabaret. *Bouchon lyonnais.* **3** Pièce servant à fermer un récipient. *Bouchon de réservoir.* **4** anc Jeu dans lequel on cherche à atteindre, avec des palets un bouchon surmonté de pièces de monnaie. **5** PECHE Flotteur qui maintient une ligne à la surface. **6** Ce qui empêche le passage, ou le gêne. *Un bouchon de cérumen.* **7** Ensemble des véhicules arrêtés dans un embouteillage. **8** À la Réunion, boulette de viande ou de poisson cuite à la vapeur. **LOC** fam ***Pousser le bouchon trop loin*:** exagérer. ETY De l'a. fr.

**bouchonné, ée** *a* Se dit d'un vin, d'une liqueur qui a pris un goût de bouchon.

**bouchonner** *v* ① **A** *vt* **1** Mettre en bouchon, chiffonner. *Du linge bouchonné.* **2** Frotter un animal avec un bouchon de paille, pour l'essuyer et le nettoyer. **B** *vi* Former un embouteillage. DER **bouchonnement** *nm*

**bouchonnier** *nm* Celui qui fait, vend des bouchons de liège.

**bouchot** *nm* Ensemble de pieux placés près des côtes, servant à la culture des moules, des coquillages. *Moules de bouchot.* ETY Mot poitevin.

**bouchoteur** *nm* Personne qui s'occupe d'un bouchot.

**Boucicaut** Jean (1365 – Londres, 1421), maréchal de France. Il obligea les Turcs à lever le siège de Constantinople (1399). Fait prisonnier à Azincourt, il mourut en captivité.

**Boucicaut** Aristide (Bellême, 1810 – Paris, 1877), commerçant et philanthrope français. Il créa le prem. grand magasin (« Au Bon Marché »). — **Marguerite Guérin** (Verjux, 1816 – Cannes, 1887), son épouse, aida Pasteur et fonda l'hôpital Boucicaut.

**bouclage** *nm* **1** TECH Mise en communication de deux circuits électriques, de deux canalisations. **2** Encerclement d'une région, d'une ville, d'un quartier par des troupes ou la police. **3** PRESSE, EDIT Fin de la rédaction d'une publication.

**boucle** *nf* **1** Agrafe, anneau, muni d'une ou plusieurs pointes mobiles (ardillons), servant à tendre une ceinture, une courroie. **2** Pendant d'oreille. **3** MAR Gros anneau métallique. **4** Spirale formée par les cheveux frisés. **5** Courbe d'un cours d'eau. **6** Acrobatie aérienne, cercle vertical effectué par un avion. **7** Processus qui se répète indéfiniment. *Écouter en boucle certaines plages d'un CD.* **8** INFORM Séquence d'instructions qui se répète cycliquement. **LOC** fig ***Dans la boucle*:** dans le circuit. — ***La grande boucle*:** le Tour de France. ETY Du lat. *buccula,* « petite joue ».

**boucler** *v* ① **A** *vt* **1** Attacher par une boucle. *Boucler sa ceinture.* **2** fig Achever, terminer. *Boucler un dossier.* **3** fam Fermer. *Boucler une chambre.* **4** fig, fam Enfermer. *Boucler un cambrioleur.* **5** Mettre des cheveux en boucles. **6** PRESSE, EDIT Terminer

la rédaction d'une publication. **B** *vi* **1** Prendre la forme de boucles. *Elle a les cheveux qui bouclent.* **2** INFORM Entrer dans un cycle qui fait revenir au point de départ et recommencer sans fin. **LOC** fam *La boucler :* se taire.

**bouclette** *nf* **1** Petite boucle. *Bouclette de cheveux.* **2** Laine à tricoter constituée de deux fils dont l'un est en boucle autour de l'autre.

**bouclier** *nm* **1** Arme défensive, plaque portée au bras pour parer les coups. **2** fig, litt Protection, défense. *Le bouclier de la loi.* **3** PHYS NUCL Blindage entourant un réacteur. **4** TECH Appareil utilisé pour le percement des souterrains. **5** GEOL Masses de terrains continentaux formés de roches primitives. *Le bouclier canadien.* SYN socle. **LOC** *Bouclier fiscal :* part du revenu qui ne peut être touchée par l'impôt, niveau maximum d'imposition. — *Boucliers humains :* civils ou prisonniers rassemblés sur un site militaire pour dissuader l'ennemi d'attaquer. — ESP *Bouclier thermique :* dispositif qui protège les structures d'un engin des effets de l'échauffement aérodynamique. — *Levée de boucliers :* manifestation d'opposition. (ETY) De l'a. fr. *écu bocler,* « écu à bosse ».

**Boucourechliev** André (Sofia, 1925 – Paris, 1997) compositeur français, d'origine bulgare, l'un des représentants de la musique « aléatoire ».

**Boudard** Alphonse (Paris, 1925 – Nice, 2000), romancier français ; maître de la langue argotique : *la Méthode à Mimile* (1970), *le Corbillard de Jules* (1979).

**bouddha** *nm* **1** Dans le bouddhisme, sage qui est parvenu à la connaissance de la vérité. **2** Bx-A Représentation du Bouddha.

**Bouddha** (du sanskrit *budh,* « s'éveiller ») (« appelé aussi Çâkyamuni : le Sage des Çâkya »), nom donné au fondateur du bouddhisme, Siddhartha Gautama (Kapilavastu, auj. Roummindei, v. 560 av. J.-C. – Kućinagara, auj. Kasia, v. 480 av. J.-C.), prince issu de la tribu des Çâkya (Népal). À l'âge de vingt-neuf ans, il s'enfuit de son palais pour se mettre en quête de la Vérité, qu'il découvrit dans l'anéantissement complet du désir. De la période de méditation sous l'arbre de la Sagesse *(bodhi)* jusqu'à la fin de sa vie, il recruta de nombreux disciples et fonda le sangha (une communauté monastique).

première prédication du **Bouddha**, bois peint, art japonais, période Kamakura – musée d'Art oriental Edoardo-Chiossone, Gênes

**bouddhisme** *nm* Doctrine, philosophie prêchée par le Bouddha. (DER) **bouddhique** *a* – **bouddhiste** *n*

ENC Le bouddhisme est fondé sur une philosophie selon laquelle le sage doit anéantir en lui le désir, source de douleurs, au terme d'un cycle de réincarnations pour atteindre le *nirvana,* état de béatitude absolue et « extinction » des illusions qui forment le fond de l'existence de l'individu. Sa diffusion a abouti à un ensemble très varié d'écoles réparties en trois branches : le Petit Véhicule (*hînayâna* puis *therâvada*) s'en tenant au strict enseignement du Bouddha, le Grand Véhicule *(mahâyâna)* au caractère religieux et culturel plus marqué et le véhicule de diamant *(vajrayânâ)* influencé par le tantrisme. Longtemps florissant en Inde, où il a auj. à peu près disparu, le bouddhisme a essaimé dans toute l'Asie du S. et du S.-E., au Tibet, en Chine et au Japon.

**bouder** *v* ① **A** *vi* Témoigner de la mauvaise humeur par une mine renfrognée. **B** *vt* Dédaigner. *Elle boude son mari.* **LOC** fam *Ne pas bouder son plaisir :* se laisser aller sans contrainte à ce qui fait plaisir. (DER) **boudeur, euse** *a*

**bouderie** *nf* Mauvaise humeur, fâcherie.

**boudeuse** *nf* Siège sur lequel deux personnes peuvent s'asseoir en se tournant le dos.

**Boudiaf** Mohammed (M'Sila, 1919 – Annaba, 1992), homme politique algérien. L'un des dirigeants de la révolution algérienne, il s'exila de 1963 à 1992. Prés. du Haut Comité d'État (janv. 1992), il fut assassiné en juin.

**Boudicca** → **Boadicée.**

**boudin** *nm* **1** Boyau rempli de sang et de graisse de porc, qu'on mange cuit. **2** Objet long et cylindrique. **3** ARCHI Grosse moulure ronde. **4** MINES Mèche avec laquelle on met le feu à une mine. **5** TECH Saillie de la jante d'une roue de wagon ou de locomotive. **6** fam, péjor Fille petite et grosse. **LOC** *Boudin blanc :* fait avec du lait et du blanc de volaille. — *Ressort à boudin :* formé d'une hélice d'acier. — *S'en aller en eau de boudin :* échouer misérablement, en parlant d'une affaire, d'une entreprise.

**Boudin** Eugène (Honfleur, 1824 – Deauville, 1898), peintre français ; précurseur de l'impressionnisme (marines, plages).

**boudiné, ée** *a* **1** En forme de boudin. *Doigts boudinés.* **2** Serré dans des vêtements trop étroits.

**boudiner** *vt* ① **1** TECH Tordre un fil. **2** Façonner en forme de boudin. **3** fam Serrer, en parlant d'un vêtement trop étroit. *Cette jupe la boudine.* (DER) **boudinage** *nm*

**boudineuse** *nf* TECH Appareil à boudiner.

**boudoir** *nm* **1** Salon intime d'une habitation. **2** Petit biscuit saupoudré de sucre, de forme allongée.

**Boudon** Raymond (Paris, 1934 – id., 2013), sociologue français : *l'Inégalité des chances* (1973).

**Boudu sauvé des eaux** film de J. Renoir (1932), d'après la pièce (1924) de René Fauchois, avec Michel Simon.

**boue** *nf* **A 1** Mélange de terre ou de poussière et d'eau. SYN fange. **2** Limon déposé par les eaux minérales et utilisé en thérapeutique. **3** GEOL Sédiment très fin, riche en eau, d'origine rocheuse, se déposant sur les fonds aquatiques calmes. **4** Dépôt épais. *La boue d'un encrier.* **5** fig Abjection, mépris. *Traîner qqn dans la boue.* **B** *nfpl* TECH Résidus plus ou moins pâteux de diverses opérations industrielles. (ETY) Du gaul.

**bouée** *nf* **1** MAR Engin flottant qui sert à signaler une position, à baliser un chenal ou à repérer un corps immergé. **2** Engin flottant qui maintient une personne à la surface de l'eau. *Bouée de sauvetage.* **3** fig Tout ce à quoi l'on peut se raccrocher pour se sortir d'une situation difficile ou dangereuse. (ETY) Du germ. *bauk,* « signal ».

**boueur** *nm* Syn. de *éboueur.* (VAR) **boueux**

**boueux, euse** *a* **1** Plein, couvert de boue. *Chemin boueux.* **2** Pâteux. *Écriture boueuse.*

**bouffant, ante** *a* Qui bouffe, qui gonfle. *Manche bouffante.* **LOC** TECH *Papier bouffant :* grenu.

**bouffarde** *nf* fam Pipe à tuyau court.

**1 bouffe** *a* Comique, dans le genre de la farce italienne. *Opéra bouffe.* (ETY) De l'ital. *buffo,* « plaisant ».

**2 bouffe** *nf* fam Cuisine, nourriture, repas. *Il ne pense qu'à la bouffe.* (ETY) De *bouffer.*

**bouffée** *nf* **1** Souffle, exhalaison. *Bouffée de chaleur.* **2** fig Accès passager. *Bouffées d'orgueil.* **LOC** PSYCHIAT *Bouffée délirante :* trouble psychotique aigu mais transitoire.

**bouffer** *v* ① **A** *vi* Se gonfler, prendre une forme ample. *Cheveux qui bouffent.* **B** *vt* fam **1** Manger. **2** Consommer. *Bouffer du fioul.* **3** Accaparer. *Se laisser bouffer par son travail.* **LOC** fam *Se bouffer le nez :* se quereller. (ETY) Onomat.

**bouffetance** *nf* fam Nourriture, bouffe.

**bouffette** *nf* Petite houppe servant d'ornement.

**bouffi** *nm* Hareng saur légèrement fumé.

**bouffir** *vt, vi* ③ Rendre, devenir enflé. *Yeux bouffis.* (ETY) Var. de *bouffer.*

**bouffissure** *nf* **1** Enflure des chairs, embonpoint malsain. **2** fig Emphase. *Bouffissure du style.*

**Boufflers** Louis François (marquis, puis duc de) (Cagny, Oise, 1644 – Fontainebleau, 1711), maréchal de France. Il défendit Lille contre le prince Eugène (1708) et organisa la retraite à Malplaquet (1709).

**Boufflers** Stanislas Jean (chevalier, puis marquis de) (Nancy, 1738 – Paris, 1815), poète français : contes en prose et en vers : *le Cœur* (1763). Acad. fr. (1788).

**bouffon, onne** *n, a* **A** *n* fam Personne niaise, ridicule, sans intérêt. **B** *nm* **1** anc Personnage de théâtre dont l'emploi est de faire rire. SYN histrion. **2** anc Personnage grotesque attaché à un seigneur qu'il devait divertir par ses facéties. SYN fou. **C** *a* litt Qui prête à rire, grotesque. *Une prétention bouffonne.* (ETY) De l'ital. *buffa,* « plaisanterie ».

**bouffonner** *vi* ① vx, litt Faire, dire des bouffonneries.

**bouffonnerie** *nf* Facétie, plaisanterie de bouffon.

**Bouffons** (querelle des) querelle litt. et mus. qui, après la représentation à Paris (1752) de *la Servante maîtresse* de Pergolèse (1733), opposa les Français, traditionalistes, aux Italiens, qui prônaient, contre l'*opera seria* (« sérieux »), l'*opera buffa* (« drôle, plaisant »).

**Boug** → **Bug.**

**Bougainville** île de l'archipel Salomon (Papouasie-Nouvelle-Guinée) ; 10 600 km$^2$ ; 96 400 hab. Cuivre. – Découverte par Bougainville en 1768, elle appartint à l'Allemagne de 1899 à 1914. À la proclamation d'indépendance de la Papouasie-Nouvelle-Guinée, en 1975, elle voulut faire sécession et depuis 1989 s'oppose par les armes au gouv. central.

**Bougainville** Louis Antoine (comte de) (Paris, 1729 – id., 1811), navigateur français. Il fit, de 1766 à 1769, un voyage qu'il relata (*Voyage autour du monde,* 1771).

**bougainvillée** *nf* Plante dicotylédone apétale grimpante, ornementale, originaire d'Amérique du Sud, acclimatée dans les régions méditerranéennes, aux bractées rouge carmin ou violettes. (ETY) Du navigateur *Bougainville.* (VAR) **bougainvillier** *nm*

**bouge** *nm* **1** Partie renflée d'un objet. *Bouge d'un tonneau.* **2** MAR Convexité du pont d'un navire. **3** Petit logement pauvre, obscur et sale. *Habiter un bouge.* **4** Établissement mal famé. *Hanter bouges et tripots.* (ETY) Du lat. d'orig. gaul. *bulga,* « sac ».

**bougé** *nm* Photographie floue, due à un heurt au moment du déclenchement.

**bougeoir** *nm* Petit chandelier à anse.

**bougeotte** *nf* fam Envie de déplacements, de voyages ; manie de bouger. *Avoir la bougeotte.*

**bouger** *v* [13] **A** *vi* **1** Faire un geste. *Il est assommé, il ne bouge pas.* **2** Changer de place. *Je n'ai pas bougé de la maison.* **3** fig S'agiter de manière hostile. *Les mécontents n'osèrent bouger.* **4** Remuer. *Dent qui bouge.* SYN branler. **B** *vt* Déplacer. *Bouger un objet.* **C** *vpr* fam Se remuer, s'activer. *Bouge-toi !* [ETY] Du lat. *bullicare*, « bouillonner ».

**bougie** *nf* **1** Pièce de cire, de stéarine, de paraffine, qui brûle grâce à une mèche noyée dans la masse. **2** CHIR Tige flexible ou rigide, cylindrique, utilisée pour explorer un canal naturel. **3** MECA Dispositif d'allumage électrique qui déclenche la combustion du mélange gazeux dans le cylindre d'un moteur. **4** OPT Ancienne unité d'intensité lumineuse, remplacée par la *candela*. [ETY] Du n. d'une v. d'Algérie, *Bougie*, qui exportait la cire.

**Bougie** → **Bejaia.**

**Bougival** com. des Yvelines (arr. de Saint-Germain-en-Laye), sur la Seine ; 8 432 hab. Corot, Turner, Renoir y séjournèrent. [DER] **bougivalais, aise** *a, n*

**Bouglione (cirque)** cirque fondé à la fin du XIX$^e$ s. par les fils de Joseph Bouglione, écuyer gitan, né en Italie.

**bougna** *nm* pop, vieilli Marchand de charbon et de bois tenant un débit de boissons. [ETY] Pour *charbougna*, « charbonnier ». [VAR] **bougnat**

**bougnoul, oule** *n* inj, raciste Travailleur immigré maghrébin. [ETY] Du wolof *bou-gnoul*, « noir ».

**bougonner** *v* [1] Murmurer entre ses dents, gronder des choses désagréables. [ETY] Onomat. [DER] **bougon, onne** *a, n* – **bougonnement** *nm*

**bougre, esse** *n, interj* **A** *n* fam Gaillard. *Un bon bougre.* **B** *nm* Renforce une injure. *Bougre d'âne.* **C** *interj* Marque l'étonnement. [ETY] Du bas lat. *Bulgarus*, « Bulgare », puis, péjor., « hérétique ».

**bougrement** *av* fam Très. SYN rudement.

**Bouguenais** com. de la Loire-Atlant. (arr. de Nantes), sur la Loire ; 15 627 hab. Aéroport de Nantes. Constr. aéron. Industr. du bois. [DER] **bouguenaisien, enne** *a, n*

**Bouguereau Adolphe William** (La Rochelle, 1825 – id., 1905), peintre français ; modèle de l'académisme pompier.

**boui-boui** *nm* fam Restaurant de qualité inférieure. SYN beuglant, gargote. PLUR bouis-bouis. [ETY] Du dial. *bouis*, « étable ». [VAR] **bouiboui**

**bouif** *nm* fam Cordonnier.

**Bouilhet Louis** (Cany, Seine-Marit., 1821 – Rouen, 1869), poète et dramaturge français, ami de Flaubert : *la Conjuration d'Amboise* (1866).

**bouillabaisse** *nf* Mets provençal à base de poissons cuits dans un bouillon aromatisé. [ETY] Du provenç. *bouiabaisso*, « poisson bouilli ».

**bouillant, ante** *a* **1** Qui bout. **2** Très chaud. *Du café bouillant.* **3** fig Plein d'une ardeur impatiente.

**bouillasse** *nf* fam Boue.

**Bouillaud Jean** (Garat, Charente, 1796 – Paris, 1881), médecin français. Il donna son nom au rhumatisme articulaire aigu *(maladie de Bouillaud)*.

**bouille** *nf* **1** Hotte de vendangeur. **2** fam Figure, tête. *Il a une bonne bouille.*

**Bouillé François Claude Amour (marquis de)** (Cluzel-Saint-Éble, Auvergne, 1739 – Londres, 1800), général français. Il aida Louis XVI dans sa fuite à Varennes et émigra (1791).

**bouilleur** *nm* Celui qui fabrique de l'eau-de-vie. LOC *Bouilleur de cru* : propriétaire qui distille sa propre récolte.

**bouilli, ie** *a, nm* **A** *a* **1** Porté à ébullition. *Du lait bouilli.* **2** Cuit dans un liquide qui bout. *Des légumes bouillis.* **B** *nm* Viande bouillie. *Du bouilli de bœuf.*

**bouillie** *nf* **1** Aliment, surtout destiné aux bébés, constitué de farine cuite dans un liquide en ébullition. **2** Substance ayant perdu toute consistance. *Mettre en bouillie.* LOC VITIC *Bouillie bordelaise, bourguignonne* : solution de sulfate de cuivre et de chaux ou de carbonate de sodium, destinée à combattre des maladies cryptogamiques de la vigne. — *Bouillie pour les chats* : travail mal fait ; propos manquant de clarté. — *Mettre qqn en bouillie* : le blesser gravement.

**bouillir** *vi* [31] **1** Entrer en ébullition. *La lave bout dans le volcan.* **2** Cuire dans un liquide qui bout. *Faire bouillir les légumes.* **3** Laver dans un liquide qui bout. *Faire bouillir du linge.* **4** fig Être dans un état d'emportement violent. *Bouillir d'impatience.* LOC *Faire bouillir la marmite* : procurer des moyens de subsistance. [ETY] Du lat. *bullire*, « former des bulles ».

**bouilloire** *nf* Récipient à bec et à anse servant à faire bouillir de l'eau. *Bouilloire électrique.*

**bouillon** *nm* **A** **1** Bulles d'un liquide en ébullition. *Éteindre au premier bouillon.* **2** Bulles que forme un liquide qui tombe ou jaillit. *Sang qui coule à gros bouillons.* **3** COUT Fronces d'étoffe bouffante. **4** Aliment liquide obtenu en faisant bouillir dans de l'eau viande, poisson ou légumes. *Bouillon gras.* **B** *nm pl* PRESSE Exemplaires invendus d'une publication. LOC fam *Boire un bouillon* : avaler de l'eau en se baignant ; fig faire de mauvaises affaires. — *Bouillon de culture* : milieu stérilisé préparé en vue de la culture de micro-organismes ; fig terrain où peut se développer un phénomène néfaste. — fam *Bouillon d'onze heures* : breuvage empoisonné. [ETY] De *bouillir*.

**Bouillon** → **Godefroi de Bouillon.**

**Bouillon** v. de Belgique (Luxembourg), sur la Semois ; 6 000 hab. Tourisme. – Château fort des ducs de Bouillon.

**Bouillon Henri de La Tour d'Auvergne (vicomte de Turenne, duc de)** (Joze 1555 – Sedan, 1623), maréchal de France, rallié à Henri IV ; père de Turenne. — **Frédéric Maurice** (Sedan, 1605 – Pontoise, 1652), fils du préc., s'allia aux Espagnols pour renverser Richelieu, vainquit les Français à la Marfée (1641) et participa à la Fronde des princes.

**bouillon-blanc** *nm* BOT Scrofulariacée aux feuilles très velues et aux fleurs jaunes, employées en infusion comme émollient. SYN molène. PLUR bouillons-blancs.

**bouillonné** *a, nm* COUT Se dit d'un ornement d'étoffe froncé en bouillons.

**bouillonner** *v* [1] **A** *vi* **1** En parlant d'un liquide, former des bouillons. **2** fig S'agiter sous le coup d'une émotion forte. **3** PRESSE Avoir une partie du tirage invendue. **B** *vt* COUT Froncer un tissu en bouillons. [DER] **bouillonnant, ante** *a* – **bouillonnement** *nm*

**bouillotte** *nf* Récipient rempli d'eau bouillante pour chauffer un lit.

**bouillotter** *vi* [1] Bouillir doucement.

**Bouin Jean** (Marseille, 1888 – sur le front, 1914), athlète français ; recordman du monde du 10 000 m (1911), du 5 000 m et de l'heure (1913).

**boukha** *nf* Eau-de-vie de figues de Tunisie.

**Boukhara** ville d'Ouzbékistan ; 209 000 hab. ; ch.-l. de la prov. du m. nom. Marché du coton. Tapis renommés. Artisanat du cuir. – Cap. des Sāmānides (874-999) ; nombreux monuments islamiques.

**Boukharine Nikolaï Ivanovitch** (Moscou, 1888 – id., 1938), économiste et homme politique soviétique. En 1924, il s'allia, contre Trotski, à Staline, qui l'élimina de la vie politique en 1929 puis le fit condamner à mort.

**boulaie** *nf* Lieu planté de bouleaux.

**boulange** *nf* fam Métier du boulanger.

**1 boulanger, ère** *n, a* **A** *n* Personne qui fait, qui vend du pain. **B** *a* De boulangerie. *Levure boulangère.* [ETY] Du picard.

**2 boulanger** *vi, vt* [13] Pétrir et faire cuire le pain.

**Boulanger Georges** (Rennes, 1837 – Ixelles, Belgique, 1891), général français. Ministre de la Guerre (1886-1887), il acquit une immense popularité, hésita devant le coup d'État, fut inculpé de complot et s'enfuit en Belgique, où il se suicida sur la tombe de sa maîtresse.

**Boulanger Nadia** (Paris, 1887 – id., 1979), compositrice et pédagogue française, dont la méthode d'enseignement eut un rayonnement considérable, notam. aux É.-U.

**boulangerie** *nf* **1** Fabrication, commerce du pain. **2** Boutique du boulanger.

**boulangisme** *nm* Doctrine, parti du général Boulanger. [DER] **boulangiste** *a, n*

**Boulay-Moselle** ch.-l. d'arr. de la Moselle ; 4 374 hab. Manuf. d'orgues. [DER] **boulageois, oise** *a, n*

**boulbène** *nf* Terre limono-sableuse, contenant des concrétions ferrugineuses, appelée aussi *argile à grenailles*. [ETY] Du gascon.

**boule** *nf* **1** Objet sphérique. *Boule de billard. Boule de neige.* **2** fam Tête. *Perdre la boule. Coup de boule.* **3** MATH Volume intérieur d'une sphère. LOC fam *Avoir les boules* : être déprimé, angoissé. — *Boule à thé* : passoire renfermant le thé destiné à être infusé. — Suisse *Boule de Bâle* : saucisson gros et court, sorte de cervelas. — *Boule de cristal* : utilisée par les voyant(e)s. — *En boule* : en forme de boule ; replié sur soi-même ; fam en colère. — *Faire boule de neige* : s'amplifier. — *Jeu de boules* : jeu visant à placer des boules le plus près possible d'un but. — fam *La boule à zéro* : les cheveux coupés ras. [ETY] Du lat. *bulla*, « bulle ».

**Boule Marcelin** (Montsalvy, 1861 – id., 1942), géologue et paléontologiste français : *les Hommes fossiles* (1921).

**boulê** *nf* Sénat d'une cité grecque. [ETY] Mot gr.

**bouleau** *nm* Arbre (bétulacée) commun en Europe, dont l'écorce blanche, lisse et brillante, porte quelques taches noires.

**bouleau**

**boule-de-neige** *nf* Nom courant de l'obier. PLUR boules-de-neige.

**Boule de Suif** nouvelle de Maupassant (1880). ▷ CINE Films de : Mikhaïl Romm, en 1934 ; Christian-Jaque, en 1945.

**bouledogue** *nm* Chien français aux pattes courtes et torses, au museau plat, aux grandes oreilles dressées. ETY De l'angl. *bull,* « taureau », et *dog,* « chien ».

**bouler** *v* 1 **A** *vi* Rouler à terre comme une boule. *Lièvre qui boule.* **B** *vt* Garnir de boules. *Bouler les cornes d'un taureau.* **LOC** fam ***Envoyer bouler qqn*** : l'éconduire sans ambages.

**boulet** *nm* **1** HIST Projectile sphérique dont on charge les canons. **2** Boule métallique que les bagnards traînaient aux pieds. **3** TECH Aggloméré de forme ovoïde, combustible. *Boulets d'anthracite.* **4** ZOOL Chez le cheval, articulation du canon avec le paturon. **LOC** ***Boulet rouge*** : boulet rougi au feu, destiné à incendier. — ***Tirer à boulets rouges sur qqn*** : tenir des propos très violents contre lui. — ***Traîner comme un boulet*** : ressentir comme une corvée, une charge pénible.

**bouleté, ée** *a* MED VET Se dit d'un cheval dont le boulet est trop en avant.

**boulette** *nf* **1** Petite boule. **2** CUIS Viande hachée ou pâte en boule. **3** fig, fam Sottise, bévue. **4** Fromage au lait de vache fabriqué dans le nord de la France.

**boulevard** *nm* **1** Large voie plantée d'arbres dans une ville ou sur son pourtour. ABREV bd. **2** fig, fam Voie par laquelle une idée peut s'introduire, se développer. **3** Genre théâtral, illustré par des comédies légères, naguère représentées à Paris sur les Grands Boulevards. ETY Du néerl.

**boulevardier, ère** *a* Relatif au théâtre de boulevard.

**bouleverser** *vt* 1 **1** Mettre dans une confusion extrême, déranger. *Bouleverser un tiroir.* **2** Modifier totalement. *Cet événement bouleversa ses plans.* **3** fig Émouvoir vivement qqn. *Ce récit m'a bouleversé.* ETY De bouler, et verser. DER **bouleversant, ante** *a* – **bouleversement** *nm*

**Boulez** Pierre (Montbrison, 1925 – Baden-Baden, 2016), compositeur et chef d'orchestre français ; organisateur des concerts du « Domaine musical » (1954), directeur de l'IRCAM (1974-1991). *Le Marteau sans maître* (1955), *Répons* (1981). DER **boulézien, enne** *a, n*

**Boulgakov** Mikhaïl Afanassievitch (Kiev, 1891 – Moscou, 1940), écrivain soviétique. *Le Maître et Marguerite* (posth., 1966) qui flétrit l'ère stalinienne, mêle le fantastique aux mythes du Christ et de Faust.

**Boulganine** Nikolaï Alexandrovitch (Nijni-Novgorod, 1895 – Moscou, 1975), homme politique soviétique, président du Conseil de fév. 1955 à avril 1958.

**boulgour** *nm* Blé concassé que l'on consomme cuit à l'eau.

**1 boulier** *nm* Abaque, cadre comportant des boules qui glissent sur des tringles, servant à compter.

**2 boulier** → **bolier.**

**boulimie** *nf* Augmentation pathologique de l'appétit accompagnant certains troubles psychiques. ETY Du gr. *boulimia,* « faim de bœuf ». DER **boulimique** *a, n*

**boulin** *nm* **1** Trou pratiqué dans un mur pour permettre à un pigeon d'y nicher. **2** TECH Trou destiné à recevoir, dans un mur, un support d'échafaudage ; ce support lui-même.

**bouline** *nf* MAR Filin servant, au louvoyage, à haler sur la chute d'une voile carrée. ETY De l'angl.

**boulingrin** *nm* Gazon bordé d'arbustes. ETY De l'angl. *bowling-green,* « gazon pour le jeu de boules ».

**bouliste** *n, a* **A** *n* Joueur de boules. **B** *a* Qui a trait au jeu de boules.

**Boulle** André Charles (Paris, 1642 – id., 1732), ébéniste français. Sa marqueterie utilise le cuivre et l'écaille. – *École Boulle* : école supérieure enseignant la décoration depuis 1886.

**Boullée** Étienne Louis (Paris, 1728 – id., 1799), architecte français aux étranges projets (cénotaphe de Newton, 1784 ; amphithéâtre pour 300 000 spectateurs, etc.).

**Boullongne** Louis, dit le Père ou le Vieux (Paris, 1609 – id., 1674), peintre français ; il décora en partie le palais de Versailles, ainsi que ses fils : **Bon,** dit *l'Aîné* (Paris, 1649 – id., 1717), et **Louis,** dit *le Jeune* (Paris, 1654 – id., 1733).

**boulocher** *vi* 1 En parlant d'un tissu, d'un tricot, former à l'usage des petites boules de fibre textile.

**boulodrome** *nm* Terrain aménagé pour le jeu de boules.

**Boulogne (bois de)** parc de Paris, à l'ouest de la ville, entre Neuilly-sur-Seine et Boulogne-Billancourt.

**Boulogne-Billancourt** ch.-l. d'arr. des Hauts-de-Seine ; 117 900 hab. Anc. site des usines Renault. DER **boulonnais, aise** *a, n*

**Boulogne-sur-Mer** ch.-l. d'arr. du Pas-de-Calais, sur la Manche ; 43 200 hab. Princ. port de pêche français, 2e port de voyageurs. Industries. – De 1803 à 1805, le *camp de Boulogne* concentra des troupes destinées à envahir la G.-B. – Enceinte fortif. et chât. du XIIIe s. ; hôtel de ville (XVIIIe s.). DER **boulonnais, aise** *a, n*

**boulon** *nm* Tige cylindrique munie d'une vis et d'un écrou. **LOC** fam ***Serrer les boulons*** : être très strict sur la discipline, les dépenses. ETY Dimin. de *boule.*

**boulonnage** *nm* **1** Action de boulonner. **2** Ensemble des boulons d'un montage.

**boulonnais, aise** *a, n* Se dit d'une race de chevaux réputée, aux membres puissants et courts, à l'encolure épaisse.

**Boulonnais** rég. du Pas-de-Calais, plateau crayeux creusé d'une dépression : la fosse du Boulonnais. Élevage, céréales, betterave sucrière. DER **boulonnais, aise** *a, n*

**boulonner** *v* 1 **A** *vt* Fixer avec des boulons. **B** *vi* fig, fam Travailler beaucoup.

**boulonnerie** *nf* Fabrique de boulons.

**1 boulot** *nm* fam Travail. **LOC** fam ***Être boulot boulot*** : très consciencieux — fam ***Petit boulot*** : travail peu qualifié, précaire, mal payé, offert à un chômeur. ETY De *boulotter.*

**2 boulot, otte** *a, n* fam Se dit d'une personne petite et forte. ETY De *boule.*

**boulotter** *vi* 1 fam Manger. ETY De pain *boulot,* « pain rond ». VAR **bouloter**

**1 boum** *interj, nm* **A** *interj* Imite le bruit d'un choc, d'une détonation. *Boum ! Et ce fut tout.* **B** *nm* **1** Bruit produit par ce qui tombe ; bruit d'une explosion. **2** fig Réussite, succès important et soudain. *Le boum des start-up.* **3** Hausse subite des valeurs en Bourse. **4** Forte poussée de prospérité économique, souvent éphémère. *Le boum japonais.* SYN (déconseillé) boom. **LOC** ***En plein boum*** : en état d'activité intense. ETY Onomat.

**2 boum** *nf* fam Surprise-partie.

**Boumediene** Muhammad Bukharrubah, dit Houari (Héliopolis, près de Guelma, 1932 – Alger, 1978), militaire et homme politique algérien. Chef de l'Armée de libération nationale (ALN), cantonnée en Tunisie de 1960 à l'indépendance, il porta au pouvoir, en sept. 1962, Ben Bella, qu'il renversa en 1965. Il fut prés. de la Rép. de 1965 à sa mort.

**boumer** *vi* 1 fam Aller bien. *Ça boume ?*

**Bounine** Ivan Alexeïevitch (Voronej, 1870 – Paris, 1953), écrivain russe : *l'Amour de Mitia* (1925), *la Vie d'Arseniev* (1935). P. Nobel 1933.

**Bounty (les Révoltés du)** → **Révoltés du Bounty (les).**

**1 bouquet** *nm* **1** Petit bois, groupe d'arbres. **2** Assemblage de fleurs, d'herbes liées ensemble. **3** Parfum, arôme d'un vin, d'une liqueur. **4** Gerbe de fusées qui termine un feu d'artifice. **5** TELECOM Ensemble de chaînes diffusées par un opérateur depuis un même satellite. **LOC** ***Bouquet final*** : ce qui clôt brillamment un spectacle, un exposé. — CUIS ***Bouquet garni*** : persil, thym et laurier. — fam ***C'est le bouquet*** : c'est le comble. ETY De *bosc,* var. dial. de *bois.*

**2 bouquet** *nm* **1** Petit bouc. **2** Syn. de *bouquin* 2. **3** Grosse crevette rose. ETY De *bouc.*

**Bouquet** Michel (Paris, 1925), comédien français (cinéma et théâtre).

**bouqueté, ée** *a* Se dit d'un vin qui a du bouquet.

**bouquetière** *nf* Marchande ambulante de fleurs.

**bouquetin** *nm* Chèvre sauvage à longues et puissantes cornes annelées, vivant dans les montagnes d'Europe. ETY De l'all. *Steinbock,* « bouc de rocher ».

**bouquetin** des Alpes

**1 bouquin** *nm* fam Livre. ETY Du néerl.

**2 bouquin** *nm* Lièvre ou lapin mâle. ETY De *bouc.*

**bouquiner** *vi* 1 fam Lire. DER **bouquineur, euse** *n*

**bouquinerie** *nf* Commerce de bouquiniste.

**bouquiniste** *n* Marchand de livres d'occasion.

**Bourassa** Henri (Montréal, 1868 – id., 1952), journaliste et homme politique québécois, fondateur du journal *le Devoir* (1910).

**Bourassa** Robert (Montréal, 1933 – id., 1996), homme politique québécois (parti libéral), Premier ministre du Québec (1970-1976 et 1985-1994).

**Bourbaki** Charles Denis Sauter (Pau, 1816 – Cambo, 1897), général français, dont l'armée, en 1871, se replia en Suisse.

**Bourbaki** Nicolas pseudonyme de mathématiciens français qui, à la suite de Hilbert, se consacrent dep. 1939 à l'exposé logique des mathématiques. DER **bourbakiste** *a, n*

**bourbe** *nf* Boue noire et épaisse formée dans les eaux croupissantes. ETY Du gaul. DER **bourbeux, euse** *a*

**bourbier** *nm* **1** Lieu fangeux. **2** fig Situation embarrassante et fâcheuse. *S'enliser dans un bourbier.*

**bourbillon** *nm* MED Masse blanchâtre de tissus nécrosés, située au centre d'un furoncle.

**Bourbince (la)** riv. de Saône-et-Loire (72 km), affl. de l'Arroux (r. dr.).

**bourbon** *nm* Whisky américain à base d'alcool de maïs. ETY Du comté de *Bourbon* (Kentucky).

**Bourbon (île) → Réunion (la).**

**Bourbon (maison de)** maison souveraine française qui tire son nom de Bourbon-l'Archambault (Allier). Au XIII$^e$ s., la seigneurie échut à Robert de Clermont, sixième fils de Saint Louis. – Le fils de Robert, Louis, est à l'origine de deux branches. La branche aînée s'éteignit en 1527. V. Bourbon (Charles III). – Une deuxième branche obtint le trône de Navarre, Antoine ayant épousé Jeanne d'Albret (1555). Leur fils accéda, sous le nom d'Henri IV, au trône de France (1589), qui resta à sa lignée directe jusqu'à Charles X. Le dernier représentant en fut le comte de Chambord (m. en 1883). – Une troisième branche (Bourbon-Orléans), issue de Philippe, frère de Louis XIV, donna Louis-Philippe I$^{er}$, roi des Français de 1830 à 1848 (V. Orléans, maison d'). – Une quatrième branche, issue de Philippe V, roi d'Espagne, petit-fils de Louis XIV, régna sur l'Espagne de 1700 à 1931, et règne depuis 1975 avec Juan Carlos I$^{er}$. À cette branche appartiennent la maison de Bourbon, qui occupa le trône des Deux-Siciles jusqu'en 1860, et celle des Bourbon-Parme (duché de Parme et Plaisance, jusqu'en 1860). DER **bourbonien, enne** *a*

**Bourbon Charles III (duc de)** (Montpensier, 1490 – Rome, 1527), connétable de France. Il entra en conflit avec Louise de Savoie, mère de François I$^{er}$, passa au service de Charles Quint en 1523 et contribua à sa victoire à Pavie (1525).

**Bourbon Charles de** (La Ferté-sous-Jouarre, 1523 – Fontenay-le-Comte, 1590), prélat français. Oncle d'Henri IV, il fut proclamé roi de France sous le nom de Charles X par les ligueurs (1589), mais en vain.

**Bourbon (palais)** hôtel construit à Paris de 1722 à 1728 par Giardini, pour la duchesse de Bourbon. La façade N. fut construite par Boyet (1804-1807). C'est auj. le siège de l'Assemblée nationale (Palais-Bourbon).

**Bourbon-Busset Jacques de** (Paris, 1912 – id., 2001), écrivain français traditionaliste. Acad. fr. (1981).

**bourbonien, enne** *a* LOC *Nez bourbonien* : long et busqué.

**Bourbon-Lancy** ch.-l. de cant. de Saône-et-Loire (arr. de Charolles) ; 5 634 hab. Stat. therm. depuis l'époque romaine. DER **bourbonnais, aise** *a, n*

**Bourbon-l'Archambault** ch.-l. de cant. de l'Allier (arr. de Moulins), berceau de la maison de Bourbon ; 2 564 hab. Stat. therm. DER **bourbonnais, aise** *a, n*

**Bourbonnais** anc. prov. du centre de la France (dép. de l'Allier), réuni à la Couronne en 1527 (mort de Charles III de Bourbon). DER **bourbonnais, aise** *a, n*

**Bourbonne-les-Bains** ch.-l. de cant. de la Haute-Marne ; 2 590 hab. Stat. thermale. DER **bourbonnais, aise** *a, n*

**bourbouille** *nf* Antilles Éruption de boutons causée par l'inflammation des glandes sudoripares, fréquente en pays tropical humide.

**Bourboule (La)** com. du Puy-de-Dôme (arr. de Clermont-Ferrand), sur la Dordogne ; 2 043 hab. Stat. therm. et climatique. DER **bourboulien, enne** *a, n*

**bourcet** *nm* MAR Voile suspendue au mât par un point au tiers de la longueur de la vergue. ETY Du néerl.

**bourdaine** *nf* Arbrisseau d'Europe (rhamnacée) à petites fleurs verdâtres, dont les jeunes rameaux sont utilisés en vannerie et dont l'écorce a des propriétés laxatives.

**Bourdaloue Louis** (Bourges, 1632 – Paris, 1704), jésuite français, célèbre prédicateur.

**bourde** *nf* **1** Propos mensonger, baliverne. *Raconter des bourdes.* **2** Erreur, bévue. ETY De l'a. fr. *bihurder*, « plaisanter ».

**Bourdelle Antoine** (Montauban, 1861 – Le Vésinet, 1929), sculpteur français influencé par Rodin : *Héraclès archer* (1909), *le Centaure mourant* (1914), 21 bustes de *Beethoven* (1887-1929).

**Antoine Bourdelle** *Tête d'Apollon*, 1900 – musée Bourdelle, Paris

**Bourdet Édouard** (Saint-Germain-en-Laye, 1887 – Paris, 1945), auteur dramatique français : *le Sexe faible* (1929), *les Temps difficiles* (1934).

**Bourdichon Jean** (Tours, v. 1457 – id., 1521), miniaturiste français : *Grandes Heures d'Anne de Bretagne* (v. 1500-1507).

**Bourdieu Pierre** (Denguin, Pyrénées-Atlantiques, 1930 – Paris, 2002), sociologue français, critique de la consommation culturelle : *la Distinction* (1979), *Sur la télévision* (1996).

**P. Boulez**

**P. Bourdieu**

**1 bourdon** *nm* Long bâton des pèlerins, surmonté d'un ornement en forme de pomme. LOC COUT *Point de bourdon* : point de broderie qui forme un relief. ETY Du lat. *burdus*, « mulet ».

**2 bourdon** *nm* Insecte hyménoptère aculéate qui vit en colonies annuelles souterraines. LOC *Avoir le bourdon* : être triste sans raison précise. — *Faux-bourdon* : mâle de l'abeille. ETY Onomat.

**3 bourdon** *nm* **1** MUS Basse continue de divers instruments. **2** Grosse cloche à son grave. LOC *Bourdon d'orgue* : jeu d'orgue rendant les sons graves. — *Faux bourdon* ou *faux-bourdon* : plain-chant où la basse, transposée, forme le chant principal. ETY Onomat.

**4 bourdon** *nm* TYPO Omission d'un mot, d'une phrase ou d'un paragraphe lors de la composition. ETY De *bourde*.

**Bourdon Sébastien** (Montpellier, 1616 – Paris, 1671), portraitiste et paysagiste français.

**bourdonnement** *nm* **1** Bruit de certains insectes quand ils volent. **2** Murmure sourd et confus. *Bourdonnement d'une foule.* LOC *Bourdonnement d'oreilles* : impression de bruit sourd, parfois continu, due à des troubles circulatoires ou neurologiques.

**bourdonner** *vi* 1 Bruire sourdement. *Machine qui bourdonne.* DER **bourdonnant, ante** *a*

**bourg** *nm* Gros village. ETY Du lat. *burgus*, « château fort ».

**bourgade** *nf* Village aux habitations dispersées. ETY Du provenç.

**Bourgain Jean** (Ostende, 1954), mathématicien belge. Médaille Fields 1994.

**Bourganeuf** ch.-l. de cant. de la Creuse (arr. de Guéret) ; 3 163 hab. – Anc. grand prieuré d'Auvergne de l'ordre de Malte : égl. St-Jean (XII$^e$-XV$^e$ s.). DER **bourganiaud, aude** *a, n*

**Bourgas** grand port de Bulgarie, sur la mer Noire, au fond du *golfe de Bourgas* ; 182 550 hab. ; ch.-l. de prov. Industries. VAR **Burgas**

**Bourg-d'Oisans (Le)** ch.-l. de cant. de l'Isère (arr. de Grenoble) ; 2 984 hab. Stat. clim. DER **bourcat, ate** *a, n*

**bourge** *n* fam Bourgeois, nanti.

**Bourgelat Claude** (Lyon, 1712 – id., 1779), vétérinaire français. Il fonda la prem. école vétérinaire du monde (Lyon, 1761 ; Alfort, 1765).

**Bourg-en-Bresse** ch.-l. du dép. de l'Ain, sur la Reyssouze, affl. de la Saône ; 42 333 hab. Volailles de Bresse ; fromage (bleu de Bresse). Industries. – Égl. de Brou (goth. flamboyant, XVI$^e$ s.). DER **burgien, enne** ou **bressan, ane** *a, n*

**bourgeois, oise** *n, a* **A** *n* **1** HIST Citoyen d'un bourg, jouissant de certains privilèges. **2** Sous l'Ancien Régime, personne qui n'était ni noble, ni ecclésiastique, ni travailleur manuel. SYN roturier. **3** mod Personne de la classe moyenne. **4** Personne conformiste, terre à terre. **B** *nf* fam Épouse. **C** *a* **1** Simple, familial. *Cuisine bourgeoise.* **2** Dans le Bordelais, se dit d'un vin de qualité supérieure. *Cru bourgeois.* **3** Traditionaliste, conservateur. *Presse bourgeoise.* **4** Qui est sans originalité, conformiste. *Goûts bourgeois.* ETY De *bourg*.

**Bourgeois Léon** (Paris, 1851 – château d'Oger, Marne, 1925), homme politique français ; président du Conseil (1895) ; l'un des créateurs de la SDN. – P. Nobel de la paix 1920.

**Bourgeois Louise** (Paris, 1911 – New York, 2010), sculptrice américaine d'origine française. Son œuvre est à la fois abstraite et expressive (araignées monumentales).

**Bourgeois de Calais (les)** groupe en bronze de Rodin (1884-1886) figurant les six otages qui offrirent leur vie au roi d'Angleterre pour sauver leur ville (1347).

**bourgeoisement** *av* De façon bourgeoise. LOC DR *Maison louée bourgeoisement* : où le locataire ne doit pas installer de commerce.

**Bourgeois gentilhomme (le)** comédie-ballet de Molière (1670), avec intermèdes music. de Lully et chorégr. de Beauchamp.

**bourgeoisie** *nf* **1** HIST Qualité de bourgeois. **2** Sous l'Ancien Régime, ensemble des membres du tiers état n'exerçant pas d'activité manuelle ou de service. **3** Dans le vocabulaire marxiste, classe dominante, qui possède les moyens de production dans un pays capitaliste. **4** Classe moyenne. **5** Suisse Syn. de *indigénat*.

**bourgeon** *nm* Organe végétal écailleux des phanérogames, situé soit à l'extrémité d'une tige (*bourgeon terminal* ou *apical*), soit à l'aisselle d'une feuille (*bourgeon axillaire*), et contenant à l'état embryonnaire les feuilles et la tige qui les portera ou les fleurs. LOC MED *Bourgeon charnu* : excroissance rougeâtre formée de cellules embryonnaires, qui se forme sur les plaies et constitue le signe de la cicatrisation. ETY Du lat. *burra*, « bourre ».

**bourgeonnement** *nm* **1** Formation et développement des bourgeons. **2** ZOOL Mode de reproduction asexuée par bourgeons, fréquent chez les cnidaires et les tuniciers.

**bourgeonner** *vi* ① **1** Produire des bourgeons. *Les arbres bourgeonnent.* **2** MED Produire des bourgeons charnus. *Plaie qui bourgeonne.* **3** fig Se couvrir de boutons, à propos du visage.

**bourgeron** *nm* anc Vêtement de travail porté par les ouvriers, les soldats.

**Bourges** ch.-l. du dép. du Cher, sur le canal du Berry ; 69 200 hab. Industries. – Archevêché. Cath. Saint-Étienne (XIII<sup>e</sup> s.). Hôtel Jacques-Cœur (XV<sup>e</sup> s.). Festival annuel de mus. actuelle : *le Printemps de Bourges.* – Conquise par J. César en 52 av. J.-C., métropole d'une prov. romaine au IV<sup>e</sup> s., réunie à la Couronne en 1101 et cap. du Berry, Bourges fut une résidence de Charles VII, le « roi de Bourges ». DER **berruyer, ère** *a, n*

**Bourget (lac du)** lac des Alpes, en Savoie ; 44 km². Relié au Rhône par un canal. – Lamartine l'a célébré dans ses *Méditations.*

**Bourget (Le)** ch.-l. de cant. de la Seine-Saint-Denis (arr. de Bobigny), dans la banlieue N. de Paris ; 15 800 hab. Troisième aéroport de Paris. Industr. aéron. ; électron. – Musée de l'Air et de l'Espace. DER **bourgetin, ine** *a, n*

**Bourget** Paul (Amiens, 1852 – Paris, 1935), romancier français : *le Disciple* (1889), *le Démon de midi* (1914). Acad. fr. (1894).

**Bourg-la-Reine** ch.-l. de cant. des Hauts-de-Seine (arr. d'Antony) ; 20 100 hab. DER **réginaburgien, enne** *a, n*

**Bourg-lès-Valence** ch.-l. de cant. de la Drôme (arr. de Valence) ; 19 800 hab. Usine hydroél. Industries. DER **bourcain, aine** *a, n*

**bourgmestre** *nm* Maire de certaines villes de Belgique, des Pays-Bas, d'Allemagne, de Suisse. PHO [buʀgmɛstʀ] ETY De l'all.

**Bourgneuf-en-Retz** ch.-l. de cant. de la Loire-Atlant. (arr. de Saint-Nazaire), près de la *baie de Bourgneuf* ; 3 600 hab. Ostréiculture. DER **novobourgeois, oise** *a, n*

**bourgogne** *nm* Vin de Bourgogne.

**Bourgogne** rég. historique, anc. province de France. – Le territ. des Éduens, soumis par Rome au I<sup>er</sup> s. av. J.-C., fut envahi par les Alamans, puis par les Burgondes (auxquels la Bourgogne doit son nom), qui y fondèrent un royaume au V<sup>e</sup> s. Celui-ci passa aux Mérovingiens en 534. Un second royaume, qui s'étendit jusqu'à la Médit., se constitua en 561 et fut annexé par Charlemagne en 771. Il se reconstitua avec Boson (3<sup>e</sup> roy.), en 879, mais se morcela en fiefs. L'un d'eux, le duché de Bourgogne, connut du X<sup>e</sup> au XII<sup>e</sup> s. une intense vie monastique (Cluny, Cîteaux) ; l'art roman fleurit (Cluny, Vézelay). Au XV<sup>e</sup> s., avec Jean sans Peur, puis Philippe III le Bon (1419-1467), les États de la maison de Bourgogne (le duché, les Pays-Bas, le comté de Bourgogne, etc.) devinrent une puissance européenne, mais Charles le Téméraire fut tué devant Nancy (1477). Le duché revint à la France, et son unique héritière, Marie de Bourgogne (1457-1482) épousa Maximilien I<sup>er</sup> de Habsbourg : les Pays-Bas (y compris la Belgique et le Luxembourg actuels) et la Franche-Comté passaient à la maison d'Autriche.

**Bourgogne** ancienne Région française et Région de l'UE, formée des dép. de la Côte-d'Or, de la Nièvre, de la Saône-et-Loire et de l'Yonne, intégrée en 2016 à la Rég. Bourgogne-Franche-Comté. – À cheval sur les bassins de la Seine, au N., de la Loire, à l'O. et de la Saône, au S., la Bourgogne est une zone de passage. Au S. et au centre, le massif cristallin du Morvan, humide, boisé, est propice aux herbages. Les hab. et les villes se concentrent sur les périphéries, dans les vallées. La Bourgogne tire son prestige mondial de ses vins (chablis, côte-de-nuits, côte-de-beaune puis beaujolais). Les autres ressources naturelles sont importantes : polyculture, élevage (bœuf charolais), production de bois, la forêt couvrant 31 % de la Région. Les industries lourdes ont disparu ; la filière agroalimentaire, la recherche, la haute technologie sont en essor. DER **bourguignon, onne** *a, n*

**Bourgogne (canal de)** canal (242 km) reliant l'Yonne à la Saône ; passe à Dijon.

**Bourgogne (hôtel de)** anc. résidence, à Paris (r. dr.), des ducs de Bourgogne. Les Comédiens du roi s'y installèrent en 1629 (troupe de l'hôtel de Bourgogne), puis formèrent avec une autre troupe, la Comédie-Française (1680) et le cédèrent à la Comédie-Italienne (1680-1783). Il en reste la tour « de Jean-sans-Peur ».

**Bourgogne-Franche-Comté** Région française et de l'UE, née de la fusion en 2016 des Rég. Bourgogne et Franche-Comté ; 47 784 km² ; 2 820 000 hab. ; cap. *Dijon.*

**Bourgoin-Jallieu** ch.-l. de cant. de l'Isère (arr. de La Tour-du-Pin), sur la Bourbre, affl. du Rhône ; 27 900 hab. Industries. DER **berjallien, enne** *a, n*

**Bourg-Saint-Maurice** ch.-l. de cant. de la Savoie (arr. d'Albertville), sur l'Isère ; 7 600 hab. Stat. de sports d'hiver. DER **borain, aine** *a, n*

**bourgueil** *nm* Vin rouge AOC de la région de Bourgueil.

**Bourgueil** ch.-l. de cant. d'Indre-et-Loire (arr. de Chinon) ; 4 000 hab. Vins. – Égl. (chœur du XII<sup>e</sup> s.). Vest. d'une abb. bénédictine du X<sup>e</sup> s.

**Bourguiba** Habib ibn Ali (Monastir, 1903 – id., 2000), homme politique tunisien. Fondateur du parti Néo-Destour (1934), il négocia avec Mendès France, en 1955, l'indépendance de son pays. Premier ministre en 1956, il fit abolir en 1957 le système beylical et devint président de la République. Fait président à vie par référendum (1975), il fut déclaré « incapable » en 1987. DER **bourguibiste** *a, n*

**bourguignon, onne** *a, n* **A** *nm* Plat de viande de bœuf cuite dans du vin rouge avec des oignons. On dit aussi *bœuf bourguignon.* **B** *nf* Bouteille de forme spéciale utilisée en partic. pour les bourgognes.

**Bourguignons (faction des)** parti qui s'opposa à celui des Armagnacs durant la guerre de Cent Ans. Son chef, Jean sans Peur, duc de Bourgogne, visant le pouvoir (1407), laissa les Anglais battre les Armagnacs (1415). Le traité d'Arras (1435) mit fin à la guerre civile.

**Bouriatie (république autonome de)** division administrative de la Russie, en Sibérie orientale ; 351 300 km² ; 970 000 hab. ; cap. *Oulan-Oude.* DER **bouriate** *a, n*

**bourlingue** *nf* litt Action de bourlinguer, grand voyage.

**bourlinguer** *vi* ① **1** MAR Rouler et tanguer violemment, en n'ayant presque pas d'erre. **2** fig, fam Courir le monde, mener une vie aventureuse. ETY De *bourlingue,* « voile au sommet du mât ».

**bourlingueur, euse** *n* fam Personne qui court le monde, mène une vie aventureuse.

**Bourmont** Louis (comte de Ghaisnes de) (chât. de Bourmont, Anjou, 1773 – id., 1846), général français. Il abandonna Napoléon I<sup>er</sup> en juin 1815. Ministre de la Guerre (1829), il commanda l'expédition d'Alger et fut fait maréchal (1830).

**Bournazel** Henri de Lespinasse de (Limoges, 1898 – Bou Gafer, Maroc, 1933), officier français ; gouverneur du Tafilalet (Maroc) en 1932, il mourut héroïquement.

**Bournemouth** v. de G.-B. (Dorset), sur la Manche ; 183 500 hab. Station balnéaire.

**Bournonville** August (Copenhague, 1805 – id., 1879), danseur et chorégraphe danois, créateur du Ballet royal du Danemark.

**bourrache** *nf* Plante annuelle (borraginacée), à poils rêches dont les fleurs bleues sont utilisées, en infusion, notam. comme diurétique. ETY De l'ar. *abu rach,* « père de la sueur ».

**bourrade** *nf* Coup de poing, de coude, d'épaule.

**bourrage** *nm* **1** Action de bourrer. *Bourrage d'un pouf.* **2** Matériau utilisé pour bourrer. **3** TECH Accumulation accidentelle de papier, en un point d'une imprimante, notamment. LOC fam *Bourrage de crâne :* propos insistants et répétés ; propagande intensive. SYN matraquage.

**bourrasque** *nf* Brusque coup de vent tourbillonnant. *Store arraché par une bourrasque. Arriver en bourrasque.* ETY Du lat. *boreas,* « vent du nord ».

**bourratif, ive** *a* fam Se dit d'aliments qui bourrent, qui gavent.

**1 bourre** *nf* **1** Protection des fourrures des mammifères, constituée de poils fins, souples, courts et ondulés. **2** Amas de poils, de fils, de chiffons, etc., tassés pour garnir qqch. **3** Duvet couvrant de jeunes bourgeons. **4** Rondelle de feutre qui, dans une cartouche, sépare la poudre du plomb. LOC fam ***À la bourre :*** en retard. — fam ***De première bourre :*** de premier choix. — fam ***Se tirer la bourre :*** se faire une concurrence acharnée. ETY Du lat. *burra,* « laine grossière ».

**2 bourre** *nm* fam vieilli Policier.

**bourré, ée** *a* **1** Très plein ou trop plein. *Autocar bourré.* **2** fam Ivre.

**bourreau** *nm* **1** Exécuteur des jugements criminels, notam. de la peine de mort. **2** Homme cruel, inhumain. LOC ***Bourreau des cœurs :*** séducteur. — ***Bourreau de travail :*** travailleur forcené. ETY De l'a. v. *bourrer,* « frapper ».

**bourrée** *nf* **1** Fagot de menues branches. **2** Danse et air à deux temps (Berry) ou à trois temps (Auvergne, Périgord), autref. dansée autour d'un feu de bourrées.

**bourrelé, ée** *a* LOC ***Bourrelé de remords :*** torturé par le remords.

**bourrèlement** *nm* litt Torture, tourment.

**bourrelet** *nm* **1** Coussinet permettant de porter des charges sur la tête. **2** Longue gaine étroite ou ruban épais s'adaptant aux jointures des portes et des fenêtres pour empêcher le passage des filets d'air. **3** Partie adipeuse du corps.

**bourrelier** *nm* Celui qui fabrique, vend ou répare des articles de cuir, partic. des harnachements. ETY De l'a. fr. *bourrel,* « harnais ». DER **bourrellerie** *nf*

**bourrer** *v* ① **A** *vt* **1** Garnir de bourre. *Bourrer un matelas.* **2** Remplir complètement. *Bourrer une pipe.* **3** fam Faire trop manger qqn. *Bourrer qqn de gâteaux.* **B** *vi* **1** fam Remplir l'estomac. **2** fam Se dépêcher. **3** Tomber en panne, par bourrage. **C** *vpr* **1** Manger avec excès, se gaver. **2** très fam S'enivrer. LOC ***Bourrer de coups :*** frapper — ***Bourrer le crâne à qqn :*** chercher à le tromper.

**bourrette** *nf* **1** Soie grossière, la plus externe du cocon. **2** Déchets de la filature de la soie.

**bourriche** *nf* Long panier pour transporter du poisson, du gibier, etc. ; son contenu.

**bourrichon** *nm* LOC fam ***Se monter le bourrichon :*** se monter la tête, se faire des illusions. ETY Dimin. de *bourriche.*

**bourricot** *nm* Petit âne. ETY De l'esp. VAR **bourriquot**

**bourride** *nf* Bouillabaisse épaissie à l'aïoli.

**Bourrienne** Louis Fauvelet de (Sens, 1769 – Caen, 1834), homme politique français. Condisciple puis secrétaire de Bonaparte (1797), il fut ministre d'État sous Louis XVIII. Auteur de *Mémoires* (1829-1831).

**bourrin** *nm* fam Cheval.

**bourrique** *nf* **1** Âne, ânesse. **2** fig, fam Personne têtue et stupide. **LOC** fam ***Faire tourner qqn en bourrique*** : l'abrutir à force d'exigences contradictoires. ETY De l'esp.

**bourriquet** *nm* **1** Ânon. **2** CONSTR Plate-forme à claire-voie pour hisser des matériaux.

**bourru, ue** *a* **1** Âpre et rude comme la bourre. *Drap bourru.* **2** fig D'humeur rude et peu accommodante. *Un caractère bourru.* ANT affable. **LOC** ***Lait bourru*** : qui vient d'être trait. — ***Vin bourru*** : vin nouveau qui est en train de fermenter.

**Boursault** Edme (Mussy-l'Évêque, Champagne, 1638 – Montluçon, 1701), auteur dramatique français. Il attaqua Molière dans *le Portrait du peintre* (1663).

**1 bourse** *nf* **A 1** Petit sac destiné à contenir de l'argent, de la monnaie. **2** Pension versée par un organisme public ou privé à un élève, à un étudiant, pour qu'il puisse poursuivre ses études. **B** *nfpl* Scrotum. **LOC** ANAT ***Bourse séreuse*** : petite poche muqueuse qui facilite le glissement de certains organes, en partic. de la peau, autour des articulations. — ***Faire bourse commune*** : partager les recettes et les dépenses. — ***Sans bourse délier*** : sans payer. — ***Tenir les cordons de la bourse*** : disposer de l'argent. ETY Du lat.

**2 Bourse** *nf* **1** Réunion de négociants, d'agents de change, de courtiers, pour traiter des affaires, négocier des valeurs mobilières ou des marchandises. **2** Marché des valeurs. *Bourse du commerce.* **LOC** ***Bourse du travail*** : réunion des adhérents des syndicats d'une ville ou d'une région, en vue de la défense de leurs intérêts et de l'organisation de services collectifs ; lieu de cette réunion et lieu d'information. ETY De l'hôtel de la famille *Van der Burse*, à Bruges.

ENC Les Bourses de valeurs, marché officiel des valeurs mobilières, sont aujourd'hui en France au nombre de sept : Paris (95 % des transactions, Bourse liée en 2000 avec celles de Bruxelles et d'Amsterdam), Bordeaux, Lille, Lyon, Marseille, Nancy, Nantes. Leur fonctionnement est assuré dep. 1988 par les sociétés de Bourse, seuls intermédiaires officiels. Les échanges se font sous la forme de « marché au comptant » et « à terme ». La fixation des cours (ou cotation), longtemps établie selon une méthode orale (dite « à la criée »), s'effectue auj. par télématique. La Commission des opérations de Bourse (COB) contrôle les informations diffusées aux porteurs de valeurs mobilières et réprime les fraudes. Les principales Bourses de valeurs sont celles de : New York (Wall Street) ; Francfort et Londres (liées en 2000) ; Tokyo, Paris ; Bruxelles et Amsterdam.

**bourse-à-pasteur** *nf* Petite crucifère herbacée, dont les fleurs blanches donnent des fruits cordiformes. PLUR bourses-à- pasteur.

**Bourse de Paris** édifice où se tenait le marché des valeurs mobilières (95 % des transactions fr.). Ce monument fut dessiné par A. Brongniart et construit de 1808 à 1827.

**Bourseul** Charles (Bruxelles, 1829 – Saint-Céré, 1912), inventeur français. Il créa le premier téléphone (1854).

**boursicoter** *vi* ① Jouer à la Bourse par petites opérations. DER **boursicotage** *nm* – **boursicotier, ère** ou **boursicoteur, euse** *n, a*

**1 boursier, ère** *n* Élève, étudiant qui bénéficie d'une bourse.

**2 boursier, ère** *n, a* **A** *n* Professionnel de la Bourse. **B** *a* Qui se rapporte à la Bourse.

**boursouflé, ée** *a* **1** Enflé, bouffi. *Visage boursouflé.* **2** fig Ampoulé, emphatique. *Style boursouflé.* VAR **boursoufflé, ée**

**boursoufler** *vt* ① Rendre bouffi, enflé. VAR **boursouffler** DER **boursouflage** ou **boursoufflage** – **boursouflement** ou **boursoufflement** *nm*

**boursouflure** *nf* Enflure. VAR **boursoufflure**

**Bourvil** André Raimbourg, dit (Prétot-Vicquemare, Seine-Maritime, 1917 – Paris, 1970), acteur de cinéma et chanteur français : *la Traversée de Paris* (1956), *le Corniaud* (1965), *la Grande Vadrouille* (1966).

H. Bourguiba

Bourvil

**Bouscat (Le)** ch.-l. de cant. de la Gironde (arr. de Bordeaux) ; 23 829 hab. Vins. DER **bouscatais, aise** *a, n*

**bouscueil** *nm* Canada Débâcle des glaces.

**bousculade** *nf* **1** Action de bousculer. **2** Mouvement produit par le remous d'une foule.

**bousculer** *vt* ① **1** Renverser, faire basculer. *Bousculer un pot de fleurs.* **2** Pousser, heurter qqn. *On se bousculait aux soldes des grands magasins.* **3** Activer, presser. *Ne me bousculez pas, j'ai le temps.* **LOC** fam ***Se bousculer au portillon*** : venir en grand nombre quelque part. ETY De *bouter*, et *cul*, avec infl. de *basculer*.

**bouse** *nf* Excrément des bovins.

**bouseux, euse** *n* fam, péjor Paysan.

**bousier** *nm* Coléoptère (scarabée sacré, géotrupe), qui pond ses œufs dans des excréments, parfois après avoir roulé ces derniers en boule.

**bousiller** *vt* ① **1** CONSTR Construire avec un mélange de chaume et de boue. **2** fam Faire précipitamment et sans soin. *Bousiller son travail.* **3** fam Abîmer, démolir qqch ; tuer qqn. DER **bousillage** *nm* – **bousilleur, euse** *n*

**Bousquet** Joë (Narbonne, 1897 – Carcassonne, 1950), écrivain français, immobilisé à vie par une blessure de guerre (1918) : *La Tisane de sarments* (1936), *la Connaissance du soir* (1945).

**Boussada** v. d'Algérie, dans une oasis due à l'oued *Boussada* ; 125 600 hab.

**Boussinesq** Joseph (Saint-André-de-Sangonis, Hérault, 1842 – Paris, 1929), mathématicien français, spécialiste de mécanique.

**Boussingault** Jean-Baptiste (Paris, 1802 – id., 1887), chimiste et agronome français.

**boussole** *nf* Instrument comportant une aiguille aimantée pivotante qui indique la direction du nord magnétique. *Le principe de la boussole fut découvert par les Chinois au II^e s.* **LOC** fam ***Perdre la boussole*** : perdre la tête, devenir fou. ETY De l'ital. *bussola*, « petite boîte ».

**Boussole (la)** constellation de l'hémisphère austral ; n. scientif. : *Pyxis, Pyxidis*.

**boustifaille** *nf* fam Nourriture. ETY P. -ê. de *bouffer*.

**boustrophédon** *nm* ARCHEOL Écriture grecque et étrusque dont les lignes se lisent alternativement de droite à gauche et de gauche à droite. ETY Du gr. *bous*, « bœuf », et *strophein*, « tourner ».

**1 bout** *nm* **1** Extrémité d'un corps ; limite d'un espace. *Le bout des doigts. Au bout de la ville.* **2** Ce qui garnit l'extrémité de certaines choses. *Mettre un bout à une canne.* **3** Petite partie, morceau. *Un bout de pain.* **4** Terme, fin. *Le bout de l'année.* **LOC** ***À bout*** : sans ressource, épuisé. — ***À bout de bras*** : en faisant un gros effort. — ***À bout portant*** : le bout de l'arme à feu touchant l'objectif. — ***Avoir qqch sur le bout de la langue*** : être sur le point de se le rappeler. — fam ***Bout de chou*** : petit enfant. — ***De bout en bout*** : d'une extrémité à l'autre ; du début à la fin. — ***Joindre les deux bouts*** : boucler son budget. — ***Le bout du monde*** : le maximum réalisable. — ***Mettre bout à bout*** : joindre par les extrémités. — ***Mettre les bouts*** : s'en aller, se sauver. — ***On ne sait par quel bout le prendre*** : il est d'un caractère difficile. — fam ***Petit bout*** : petit garçon, petite fille. — ***Pousser à bout*** : faire perdre patience. — ***Venir à bout de*** : réussir, vaincre.

**2 bout** *nm* MAR Morceau de cordage, cordage. PHO [but]

**bout-à-bout** *nm inv* CINE Montage brut de toutes les séquences d'un film, avant le montage définitif.

**boutade** *nf* Plaisanterie.

**boutargue** → **poutargue.**

**bout-dehors** *nm* MAR Espar servant à établir une voile hors de l'aplomb du navire. PLUR bouts-dehors.

**boute-en-train** *nm inv* **1** Personne qui sait amuser, mettre en gaieté une assemblée. **2** ELEV Mâle utilisé pour vérifier qu'une femelle (notam. une jument) est prête pour la saillie. VAR **boutentrain**

**boutefeu** *nm* **1** anc Mèche au bout d'un bâton, avec laquelle on met le feu à la charge d'un canon. **2** MINES Responsable des tirs à l'explosif.

**Bouteflika** Abdelaziz (Melilla, 1937), homme politique algérien, ministre des Affaires étrangères (1963-1979) ; président de la Rép. en 1999, il est réélu en 2004, en 2009 et 2014.

**bouteille** *nf* **1** Récipient à col étroit et à goulot destiné à contenir des liquides ; son contenu. *Bouteille de vin.* **2** Bouteille utilisée pour les vins d'appellation, contenant 75 cl. **3** Récipient métallique pour gaz liquéfiés. *Bouteille de propane, de butane.* **LOC** ***Aimer, être porté sur la bouteille*** : aimer le vin, la boisson. — ***Avoir de la bouteille*** : se dit d'un vin qui s'est amélioré en vieillissant ; fam se dit d'une personne qui commence à vieillir. — PHYS ***Bouteille de Leyde*** : condensateur électrique. — ***La bouteille à l'encre*** : une affaire obscure, embrouillée. ETY Du lat. *buttis*, « tonneau ».

**bouteiller** *nm* HIST Grand officier chargé de la cave du roi. VAR **boutiller**

**bouter** *vt* ① vx Chasser. *Bouter les Anglais hors du royaume.* ETY Du frq. *botan*, « frapper ».

**bouterolle** *nf* **1** TECH Outil pour refouler les rivets. **2** Fente sur le panneton d'une clef, près de la tige. VAR **bouterole**

**bouteur** *nm* Syn. (recommandé) de *bulldozer*.

**Bouthoul** Gaston (Monastir, Tunisie, 1896 – Paris, 1980), sociologue français, spécialiste de polémologie (terme qu'il créa).

**boutique** *nf* **1** Magasin de détail. **2** fig, fam Maison mal tenue. **3** fam Activité professionnelle. *Parler boutique.* **4** PECHE Boîte à fond percé, pour conserver dans l'eau le poisson vivant. **LOC** ***Boutique franche*** : où les marchandises ne sont pas soumises au paiement des droits ou des taxes. SYN freeshop. ETY Du gr., par le provenç.

**boutiquier, ère** *n, a* **A** *n* Se dit d'une personne qui tient une boutique. **B** *a* péjor À l'esprit étroit. *Des calculs boutiquiers.*

**boutis** *nm* **rég** Couverture constituée de plusieurs épaisseurs de tissu piquées de manière à former des motifs décoratifs.

**boutisse** *nf* Pierre taillée dont la plus grande dimension est perpendiculaire à la façade.

**boutoir** *nm* Extrémité du groin des porcins. **LOC** ***Coup de boutoir*** : coup violent ; **fig** trait d'humeur, mots blessants.

**bouton** *nm* **1** Bourgeon, fleur non encore épanouie. *Bouton de rose.* **2** Petite pièce, le plus souvent ronde, qui sert à attacher ensemble les différentes parties d'un vêtement. *Recoudre un bouton.* **3** Pièce saillante et arrondie. *Bouton de porte.* **4** Petite pièce ou touche servant à la commande d'un appareil, d'un mécanisme. *Tourner le bouton de la radio. Appuyer sur le bouton de la minuterie.* **5** Sur l'écran d'un ordinateur, élément graphique associé à une commande. **6** Petite élevure rouge de la peau. *Avoir le visage couvert de boutons.* **LOC** ***Bouton de fièvre*** : herpès labial. — **fam** ***Donner des boutons à qqn*** : l'agacer, lui déplaire, le dégoûter. ETY De *bouter,* « pousser ».

**bouton-d'argent** *nm* Renoncule à fleurs blanches. **PLUR** boutons-d'argent.

**bouton-d'or** *nm* Renoncule à fleurs jaune d'or. **PLUR** boutons-d'or.

**boutonnage** *nm* **1** Action de boutonner. **2** Manière dont un vêtement se boutonne.

**Boutonne (la)** riv. de France (94 km), affl. de la Charente (r. dr.) ; naît dans le Poitou.

**boutonner** *v* ① **A** *vi* BOT Pousser des boutons. **B** *vt* **1** S'attacher avec des boutons. *Boutonner son chemisier. Jupe qui se boutonne sur le côté.* **2** SPORT En escrime, toucher de coups de fleuret.

**boutonneux, euse** *a* Qui a des boutons sur la peau. *Visage boutonneux.*

**boutonnière** *nf* **1** Petite fente pratiquée dans un vêtement, pour passer le bouton. **2** CHIR Incision longue et étroite. **3** **fam** Blessure à l'arme blanche.

**bouton-pression** *nm* Bouton dont une partie s'engage dans une autre et y reste maintenue par un petit ressort. **PLUR** boutons-pression.

**boutre** *nm* MAR Petit navire à voile latine, utilisé pour la pêche et le cabotage sur la côte orientale de l'Afrique. ETY De l'ar.

**bout-rimé** *nm* Pièce composée de vers donnés d'avance ; ces vers. **PLUR** bouts-rimés.

**Boutros-Ghali** Boutros (Le Caire, 1922 – id., 2016), diplomate égyptien ; secrétaire général de l'ONU (1992-1997), secrétaire général de la Francophonie (1997-2002).

**Boutroux** Émile (Montrouge, 1845 – Paris, 1921), philosophe français : *la Contingence des lois de la nature* (1874) critique le déterminisme.

**Bouts** Dierick ou Thierry (Haarlem, v. 1415 – Louvain, 1475), peintre hollandais, influencé par Van der Weyden. Il travailla à Louvain. *Adoration des Mages* (1457) ; *la Cène* (1468). ▶ illustr. **cène**

**bouture** *nf* Jeune pousse d'un végétal qui, mise en terre, régénère les organes manquants pour donner un végétal entier.

**bouturer** *v* ① **A** *vt* Planter une bouture. **B** *vi* Donner, par accident, des boutures. *Cette plante a bouturé.* DER **bouturage** *nm*

**Bouvard et Pécuchet** roman inachevé de Flaubert (posth., 1881).

**Bouveresse** Jacques (Épenoy, Doubs 1940), philosophe français : *Rationalité et cynisme* (1984), *Prodiges et vertiges de l'analogie* (1999).

**bouverie** *nf* Étable à bœufs. ETY De bœuf.

**bouvet** *nm* TECH Rabot servant à faire les rainures dans le bois.

**bouvier, ère** *n* **A** Personne qui garde les bœufs. **B** *nm* Nom donné à diverses races de chiens de berger. *Bouvier des Flandres, des Ardennes.* ETY Du lat.

**Bouvier** Jean (Lyon, 1920 – Villejuif, 1987), historien français : *les Rothschild* (1960), *le Crédit lyonnais de 1863 à 1882* (1961).

**Bouvier** Nicolas (Genève, 1929 – id. 1998), écrivain et photographe suisse d'expression française : *l'Usage du monde* (1963).

**Bouvier (le)** constellation boréale dont fait partie Arcturus ; n. scientif. : *Bootes, Bootis.*

**bouvière** *nf* Petit poisson téléostéen cyprinidé des eaux douces européennes dont la femelle pond ses œufs dans des mollusques bivalves.

**bouvillon** *nm* Jeune bœuf.

**Bouvines** com. du Nord (arr. de Lille), sur la Marcq ; 700 hab. – Le 27 juil. 1214, les troupes de Philippe Auguste y vainquirent une coalition (All., Flam., Angl.). Le royaume était sauvé.

**bouvreuil** *nm* Oiseau passériforme (fringillidé) atteignant 14 cm de long, au bec court et fort, au plumage gris et noir, à la poitrine rose vif et à calotte noire.

**bouvreuil**

**Bouygues** société franç. de bâtiment et de trav. pub. créée en 1952, qui a étendu ses activités à de nombr. domaines (communication, notam.).

**bouzouki** *nm* Instrument à cordes de la musique grecque ayant une caisse bombée et un long manche. ETY Mot gr. VAR **buzuki**

**bovarysme** *nm* Insatisfaction romanesque engendrant une tendance à se concevoir et à se vouloir autre que l'on est. ETY De *Madame Bovary,* roman de Flaubert.

**Bove** Emmanuel (Paris, 1898 – id., 1945), auteur français de courts romans autobiogr. : *Mes amis* (1924) ; *Armand* (1927).

**Bovet** Daniel (Neuchâtel, 1907 – Rome, 1992), biochimiste italien d'orig. suisse ; un des inventeurs des sulfamides. P. Nobel 1957.

**bovidé** *nm* ZOOL Mammifère ruminant à cornes creuses dont la famille comprend les bovins, les ovins, les caprins et les antilopes.

**bovin, ine** *a, nm* **A** *a* Relatif au bœuf. *La race bovine.* **B** *nm* Mammifère engendré par le taureau domestique, et dont l'espèce comprend le taureau, le bœuf, la vache et le veau. **LOC** **fam** ***Un regard bovin*** : stupide.

**boviné** *nm* ZOOL Bovidé tel que le bœuf, le buffle, le bison, le zébu, et le yack.

**bowal** *nm* GEOL Cuirasse latéritique fréquente en Afrique tropicale. ETY Mot peul.

**Bowie** David Robert Jones, dit David (Londres, 1947 – New York, 2016), auteur-compositeur, chanteur britannique de rock, également acteur.

**bowling** *nm* Jeu d'origine américaine consistant à renverser dix quilles à l'aide de boules ; lieu où l'on y joue. PHO [buliŋ] ETY Mot angl.

**bow-string** *nm* TRAV PUBL Pont dont le tablier est suspendu à une membrure de forme parabolique. **PLUR** bow-strings. PHO [bostʀiŋ] ETY Mot angl. VAR **bowstring**

**bow-window** *nm* Balcon vitré en saillie sur une façade. **SYN** (recommandé) oriel. **PLUR** bow-windows. PHO [bowindo] ETY Mot angl., de *bow,* « arc », et *window,* « fenêtre ». VAR **bowwindow**

**box** **A** *nm* **1** Stalle d'écurie pour un seul cheval. **2** Emplacement de parking fermé. **3** Espace en partie cloisonné dans un lieu public, dans des locaux collectifs. *Le box des accusés.* **B** *nf* INFORM Matériel ADSL reliant un ordinateur à un fournisseur d'accès à Internet. **PLUR** box ou boxes. ETY Mot angl., « boîte ».

**box-calf** *nm* Cuir de veau imprégné de chrome. **PLUR** box-calfs. ETY Mot anglais. VAR **boxcalf**

**boxe** *nf* Sport de combat dans lequel deux adversaires, munis de gants, se frappent à coups de poing, selon des règles déterminées. *Boxe anglaise. La boxe française comporte des attaques avec le pied. Boxe américaine ou full-contact.* ETY De l'angl.

**boxe** anglaise : Muhammad Ali (à dr.) contre Joe Frazier, 1980

**1 boxer** *v* ① **A** *vi* Pratiquer la boxe. **B** *vt* **fam** Frapper qqn à coups de poing. PHO [bɔkse] DER **boxeur, euse** *n*

**2 boxer** *nm* Chien de garde du groupe des dogues à la mâchoire inférieure proéminente. PHO [bɔksɛʀ] ETY Mot all. ▶ pl. **chiens**

**3 boxer** *nm* Short de sport doublé d'un slip. PHO [bɔksɛʀ] ETY Mot angl. VAR **boxer-short**

**Boxers** membres d'une société secrète chinoise, qui assiégèrent, en 1900, les légations européennes de Pékin. Les troupes européennes commandées par le général allemand von Waldersee prirent Tianjin et Pékin.

**box-office** *nm* Enregistrement de la cote commerciale d'un acteur, d'un spectacle, etc. **PLUR** box-offices. PHO [bɔksɔfis] ETY Mot angl., « caisse d'un théâtre ».

**box-palette** *nf* Conditionnement et présentoir à livres de très grande contenance. **PLUR** box-palettes. ETY Mot angl.

**boy** *nm* **1** **anc** Domestique indigène dans les pays colonisés. **2** Danseur de music-hall. PHO [bɔj] ETY Mot angl.

**Boyacá** bourg de Colombie, dans les Andes. – Bolívar y remporta sur les Espagnols une victoire (1819) qui assura l'indép. du pays.

**boyard** *nm* Seigneur, dans l'ancienne Russie. PHO [bɔjaʀ] ETY Mot slave.

**boyau** *nm* **A** **1** Intestin des animaux. **2** Conduit souple en cuir, en toile caoutchoutée, etc. **3** FORTIF Fossé en zigzag reliant deux tranchées. **4** Souterrain, corridor long et étroit. **5**

CYCLISME Enveloppe de caoutchouc, plus légère que le pneu. **6** Fine corde faite avec les intestins de bœuf ou de mouton. *Les boyaux d'une raquette.* **B** *nm pl* **fam** Viscères de l'homme. *Rendre tripes et boyaux.* PHO [bwajo] ETY Du lat.

**boyauderie** *nf* Préparation des boyaux pour la cuisine, l'industrie ; lieu de cette préparation. DER **boyaudier, ère** *n*

**Boyce William** (Londres, 1710 – id., 1779), compositeur et organiste anglais : *Cathedral Music*, drames, symphonies.

**boycotter** *vt* 1 **1** Rompre, de manière collective et concertée, toute relation avec un individu, une entreprise, un pays. **2** Refuser collectivement de participer à une manifestation, un évènement publics. PHO [bɔjkɔte] ETY De *Boycott*, régisseur irlandais. DER **boycott** ou **boycottage** *nm* – **boycotteur, euse** *n*

**Boyer Jean-Pierre** (en Haïti, 1776 – Paris, 1850), homme politique haïtien. Président de la rép. d'Haïti (Sud) en 1818, il conquit le roy. du Nord (1820) et la partie esp. de l'île (auj. rép. Dominicaine). En 1843, il fut renversé et s'exila.

**Boyer Charles** (Figeac, 1897 – Phoenix, 1978), acteur américain d'orig. française.

**Boyle sir Robert** (Lismore Castle, Irlande, 1627 – Londres, 1691), physicien et chimiste irlandais. Il étudia la compressibilité des gaz *(loi de Mariotte-Boyle)* et créa la notion d'analyse.

**Boylesve René Tardiveau, dit René** (La Haye-Descartes, 1867 – Paris, 1926), romancier français : *la Leçon d'amour dans un parc* (1902), *la Becquée* (1901). Acad. fr. (1918).

**Boyne** fl. d'Irlande (N.-E. de l'Eire) ; 130 km. – En 1690, Guillaume d'Orange écrasa sur sa rive l'armée cathol. de Jacques II Stuart.

**boy-scout** *nm* **vieilli** Scout. *Des boy-scouts.* PHO [bɔjskut] ETY Mot angl. « garçon éclaireur ». VAR **boyscout**

**BP** *nf* Abrév. de *boîte postale.*

**BP** sigle de *British Petroleum*, société pétrolière issue en 1954 de l'Anglo-Iranian Oil Company, créée en 1909.

**bpi** *nm* INFORM Unité de densité d'information sur un support. ETY Sigle de l'angl. *bit per inch.*

**bpm** *nm* Nombre de pulsations par minute constituant le tempo dans la musique techno. ETY De l'angl. *beat per minute.*

**bps** *nm* INFORM Unité de mesure de vitesse d'information. ETY Abrév. de *bit par seconde.*

**Bq** PHYS NUCL Symbole du becquerel.

**Br** CHIM Symbole du brome.

**Brabançonne (la)** hymne national belge composé en 1830. Musique : Fr. Van Campenhout (1779 – 1848). Paroles (depuis 1860) : Charles Latour Rogier (1800 – 1885).

**brabant** *nm* AGRIC Charrue métallique pourvue de deux jeux de socs. ETY Du n. pr.

**Brabant** anc. duché, formé au XI$^{e}$ s., dont le territ. est divisé auj. entre les Pays-Bas (Brabant-Septentrional) et la Belgique. Philippe III le Bon, duc de Bourgogne, en hérita en 1430. Propriétaire (1477), la maison d'Autriche en abandonna le nord (1609) aux Provinces-Unies.

**Brabant** nom de deux provinces de Belgique : au nord, le *Brabant flamand*, 2 096 km$^2$, 1 076 000 hab., ch.-l. *Louvain (Leuven)* ; au sud, le *Brabant wallon*, 1 262 km$^2$ ; 380 000 hab., ch.-l. *Wavre*. Formée de plaines et de bas plateaux limoneux, la région est fertile. Industries. DER **brabançon, onne** *a, n*

**Brabant-Septentrional** prov. des Pays-Bas ; 4 958 km$^2$ ; 2 400 000 hab. ; ch.-l. *Bois-le-Duc*. Élevage ; horticulture ; métallurgie.

**bracelet** *nm* **1** Bijou porté autour du poignet, du bras. **2** ARCHI Anneau ornant le fût des colonnes. LOC *Bracelet de force* : en cuir, qui bande étroitement le poignet et le protège. — *Bracelet électronique* : émetteur porté par une personne en PSE (placement sous surveillance électronique). ETY De *bras.*

**bracelet-montre** *nm* Montre que l'on porte attachée au poignet par un bracelet. PLUR bracelets-montres.

**brachial, ale** *a* ANAT Qui appartient, qui a rapport au bras. *Plexus brachial.* PLUR brachiaux. PHO [bʀakjal]

**brachiation** *nf* ZOOL Mode de locomotion de certains singes arboricoles, qui utilisent leurs bras, extrêmement longs. PHO [bʀakjasjɔ̃]

**brachiopode** *nm* ZOOL Invertébré marin à coquille formée de deux valves calcaires (une dorsale et une ventrale) et souvent muni d'un pédoncule qui le fixe au substrat. PHO [bʀakjɔpɔd]

**brachiosaure** *nm* Dinosaure (sauripelvien) herbivore du jurassique, le plus grand des dinosaures quadrupèdes.

**brachy-** Élément, du gr. *brakhus*, « court, bref ». PHO [bʀaki]

**brachycéphale** *a, n* ANTHROP Se dit d'un homme dont le crâne, vu du dessus, a une longueur et une largeur sensiblement égales. ANT dolichocéphale.

**brachycère** *nm* ENTOM Diptère à antennes courtes et à tête très mobile dont le sous-ordre comprend les mouches communes, la mouche tsé-tsé, le taon, la drosophile, etc.

**brachycome** *nm* Plante ornementale (composée), voisine des pâquerettes, à capitules violacés.

**brachyodonte** *a* ZOOL Se dit d'une dent à croissance limitée. ANT hypsodonte.

**brachyoure** *nm* ZOOL Crustacé décapode à abdomen court replié sous le corps. SYN crabe.

**braconner** *vi* 1 Chasser ou pêcher sans permis, ou en temps et lieux prohibés, ou avec des engins défendus. ETY Du germ. *brakko*, « chien de chasse ». DER **braconnage** *nm* – **braconnier** *nm*

**Bracquemond Félix** (Paris, 1833 – id., 1914), peintre et graveur français.

**bractée** *nf* BOT Petite feuille simple, souvent de couleurs vives, fixée au pédoncule floral. ETY Du lat. *bractea*, « feuille de métal ». DER **bractéal, ale, aux** *a*

**Bradbury Ray Douglas** (Waukegan, Illinois, 1920 – Los Angeles, 2012), écrivain américain de science- fiction : *Chroniques martiennes* (1950), *Fahrenheit 451* (1953).

**bradel** *nm* Reliure par emboîtage dans un cartonnage léger. ETY D'un n. pr.

**brader** *vt* 1 Vendre à vil prix. *Brader ses meubles.* ETY De l'all. *braten*, « détruire par le feu ». DER **bradage** *nm* – **bradeur, euse** *n*

**braderie** *nf* Foire où l'on vend au rabais ; vente au rabais.

**Bradford** v. de G.-B. (West Yorkshire) ; 522 000 hab. Import. centre textile.

**Bradley James** (Sherborne, Gloucestershire, 1693 – Chalford, Gloucestershire, 1762), astronome anglais. Observant l'aberration de la lumière des étoiles (1727), il démontra le mouvement de la translation de la Terre.

**Bradley Francis Herbert** (Clapham, Surrey, 1846 – Oxford, 1924), philosophe anglais néo-hégélien : *les Principes de la logique* (1883), *Apparence et Réalité* (1893).

**Bradley Omar Nelson** (Clark, Missouri, 1893 – New York, 1981), général américain. Il commanda les forces amér. du débarquement de Normandie (1944).

**brady-** Préfixe, du gr. *bradus*, « lent ».

**Brady Mathew B.** (Lake George, New York, 1823 – New York, 1896), photographe américain de la guerre de Sécession.

**bradycardie** *nf* MED Lenteur du rythme cardiaque, pathologique ou physiologique.

**bradykinine** *nf* Substance contenue dans les plaquettes, intervenant dans les mécanismes de l'allergie, de la douleur, etc.

**bradype** *nm* ZOOL Nom scientif. du paresseux tridactyle, l'aï.

**Braga** v. du N. du Portugal ; 170 000 hab. – Cath. XII$^{e}$-XVIII$^{e}$ s. – Monuments baroques.

**Braga Teófilo** (Ponta Delgada, Açores, 1843 – Lisbonne, 1924), homme politique et écrivain portugais ; président du gouvernement provisoire républicain de 1910 à 1911, président de la République en 1915.

**Bragance** (en portug. *Bragança*), v. du N. du Portugal ; 35 000 hab. ; ch.-l. du distr. du m. nom. – Chât. médiéval, donjon du XII$^{e}$ s.

**Bragance (maison de)** famille issue d'Alphonse I$^{er}$, fils naturel de Jean I$^{er}$ (d'origine bourguignonne), roi du Portugal, et fait duc de Bragance en 1442. Elle a régné au Portugal de 1640 à 1910, et au Brésil de 1822 à 1889.

**Bragg sir William Henry** (Wigton, 1862 – Londres, 1942), physicien anglais. Il étudia la diffraction des rayons X par les cristaux *(loi de Bragg)* et la structure de ces derniers. Prix Nobel 1915 avec son fils, **sir William Lawrence** (Adélaïde, 1890 – Ipswich, 1971).

**braguette** *nf* Ouverture verticale partant de la ceinture, sur le devant d'un pantalon, d'un short. ETY Dimin. de *brague*, « culotte ».

**Brahe Tycho** (Knudstrup, 1546 – Prague, 1601), astronome danois qui perfectionna les instruments astronomiques. De son ouvrage *De nova stella anni* (1572), Kepler tira les lois qui portent son nom.

**Tycho Brahe** dans son atelier de travail, gravure – Musée maritime, château de Kronborg, Danemark

**Brahmā** divinité hindoue. Père de toutes les choses créées, il compose, avec Vishnu et Çiva une triade (la Trimurti ou « triple corps ») qui personnifie les trois aspects de l'Être universel. Il est souvent représenté avec une tête à quatre visages tournés aux quatre horizons. ▶ illustr. p. 206

**brahman** *nm* Nom donné, dans les doctrines hindoues, au principe suprême, universel, seulement définissable comme Être, Conscience et Béatitude. (ETY) Nom sanskrit.

**brahmane** *nm* Membre de la caste sacerdotale hindoue, la première des quatre anciennes castes héréditaires de l'Inde. (ETY) Du sanskrit.

**brahmanisme** *nm* Système socioreligieux indien, apparu avant l'hindouisme, caractérisé par une division de la société en castes. (DER) **brahmanique** *a*

**Brahmapoutre (le)** fleuve d'Asie (2 900 km) ; naît au Tibet, draine l'Assam (Inde orient.) et le Bangladesh, où il confond son delta avec celui du Gange dans le golfe du Bengale. Il est navigable sur 1 300 km.

**brahmi** *nf* Ancienne écriture indienne. (ETY) Du sanskrit.

**brahmine** *nf* Femme d'un brahmane.

**Brahms** Johannes (Hambourg, 1833 – Vienne, 1897), compositeur et chef d'orchestre allemand : ouvertures, quatre symphonies, *Requiem allemand* (1869), concertos pour violon et pour piano, sonates, lieder, mus. de chambre.

**Johannes Brahms** (à g.) et Johann II Strauss

**brai** *nm* Résidu solide ou pâteux de la distillation de matières organiques. *Brai de houille, de pétrole. Brai végétal.* (ETY) De *brayer,* « enduire de goudron ».

**braies** *nfpl* anc Pantalon ample des Gaulois, des Germains. (ETY) Mot gaul.

**Brahmā**

**Brăila** v. et port de Roumanie, sur le Danube ; ch.-l. du dép. du même nom ; 228 040 hab. Industries.

**braille** *nm* Écriture en relief qui se lit avec les doigts, à l'usage des aveugles. (ETY) Du n. pr.

**Braille** Louis (Coupvray, Seine-et-Marne, 1809 – Paris, 1852), inventeur français d'un alphabet en relief (alphabet Braille, ou *braille*) pour les aveugles. Lui-même était aveugle.

**brailler** *vi* ① **1** Parler, crier, chanter trop fort. **2** Crier en pleurant. **3** Canada Pleurer. (ETY) De *braire.* (DER) **braillard, arde** ou **brailleur, euse** *a, n* – **braillement** *nm*

**braiment** *nm* Cri de l'âne.

**Braine** John (Bradford, 1922 – Londres, 1986), écrivain anglais, l'un des « Jeunes hommes en colère » : *le Dieu jaloux* (1964), *le Jeu des pleurs* (1968).

**Braine-l'Alleud** com. de Belgique (Brabant) ; 24 000 hab. Text. – La bataille de Waterloo eut lieu en partie sur son territoire.

**Braine-le-Comte** com. de Belgique (Hainaut) ; 10 700 hab. Centre de communications.

**brainstorming** *nm* Méthode de travail en groupe qui consiste à chercher des solutions originales à un problème en faisant appel à l'imagination et à la créativité des participants. SYN remue-méninge. (PHO) [bʀɛnstɔʀmiŋ] (ETY) Mot angl., de *brain,* « cerveau », et *to storm,* « se déchaîner ».

**brain-trust** *nm* Groupe de chercheurs, de spécialistes, chargés d'élaborer un projet ou de seconder une direction. PLUR brain-trusts. (PHO) [bʀɛntʀœst] (ETY) Mot anglo-amér. (VAR) **braintrust**

**braire** *vi* ⑱ **1** Crier, en parlant de l'âne. **2** fam Brailler. **LOC** fam ***Faire braire :*** ennuyer. (ETY) Du lat.

**braise** *nf* Charbons ardents résultant de la combustion de bois, de houille, etc. (ETY) Du germ.

**braiser** *vt* ① Faire cuire à feu doux et à l'étouffée. *Endives braisées.*

**Bramante** Donato d'Angelo Lazzari, dit (près d'Urbino, 1444 – Rome, 1514), peintre et architecte italien. Il implanta la Renaiss. class. à Rome (*Tempietto* de San Pietro in Montorio, 1502). Ses plans de la basilique St-Pierre furent radicalement modifiés par Michel-Ange et par Moderno.

**1 brame** → **bramer.**

**2 brame** *nm* METALL Plaque d'acier brut, servant à la fabrication des tôles.

**bramer** *vi* ① Crier, en parlant du cerf et du daim. (ETY) Du provenç. (DER) **brame** ou **bramement** *nm*

**Brampton** v. du Canada (Ontario), à l'O. de Toronto ; 234 400 hab. Constr. automobile.

**brancard** *nm* **1** Chacune des deux pièces fixées à une charrette, entre lesquelles on attelle une bête de trait. **2** Civière à bras. *Évacuer un blessé sur un brancard.* (ETY) De *branque,* forme normande de *branche.*

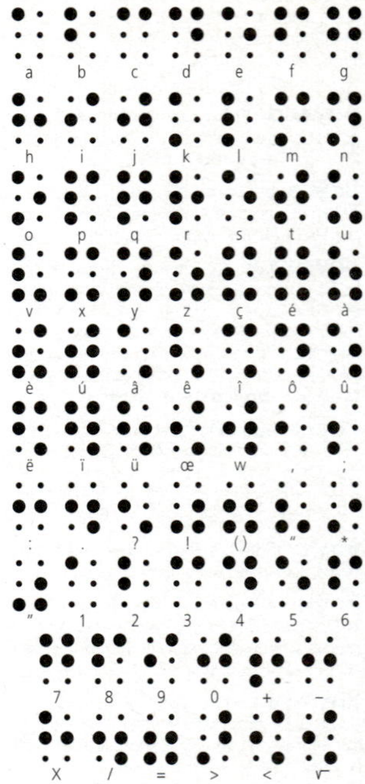


alphabet **Braille**

**brancardier** *nm* Porteur de brancard.

**branchage** *nm* **A** Ensemble des branches d'un arbre. **B** *nmpl* Amas de branches.

**branche** *nf* **1** Ramification qui pousse du tronc d'un arbre. *Ramasser des branches mortes.* **2** Ce qui ressemble à une branche par sa forme ou sa position par rapport à un axe. *Chandelier à sept branches.* **3** Division, ramification. *Les branches d'une science.* **4** Une des familles issues d'un ascendant commun. *La branche aînée, cadette.* **LOC** ***Avoir de la branche :*** une allure distinguée, aristocratique. — ***Être comme l'oiseau sur la branche :*** être dans une situation incertaine, précaire. — fam ***Vieille branche :*** apostrophe d'amitié. (ETY) Du lat. *branca,* « patte ».

**branché, ée** *a, n* fam À la mode.

**branchement** *nm* **1** Action de brancher. **2** Organe de raccordement, canalisation. *Branchement de gaz.* **3** CH DE F Appareil d'aiguillage.

**brancher** *v* ① **A** *vt* **1** Relier un circuit secondaire au circuit principal. *Brancher un fer à repasser.* **2** fig, fam Aiguiller sur, mettre en contact avec. *Branchez-le sur les voyages, il adore ça. Brancher qqn sur une affaire.* **3** fig, fam Plaire, intéresser. **B** *vi* Percher, se percher sur les arbres. *Certains oiseaux branchent pour dormir.* **C** *vpr* Canada fam Se décider.

**branchies** de g. à dr., larve d'éphémère, axolotl, requin pèlerin

**branchette** *nf* Petite branche.

**branchie** *nf* ZOOL Organe respiratoire d'animaux aquatiques (larves d'insectes, poissons et têtards d'amphibiens) servant à capter l'oxygène dissous dans l'eau. PHO [bʀɑ̃ʃi] ETY Du gr. DER **branchial, ale, aux** *a*

**branchiopode** *nm* ZOOL Crustacé entomostracé aux pattes aplaties et lobées. PHO [bʀɑ̃kjɔpɔd]

**branchitude** *nm* fam Le fait d'être branché, à la mode ; ensemble des branchés. *La branchitude parisienne.*

**branchu, ue** *a* Qui a beaucoup de branches.

**Brancusi** Constantin (Pestişani, Olténie, 1876 – Paris, 1957), sculpteur roumain de l'école de Paris, à mi-chemin entre la figuration et l'abstraction : *le Baiser* (1908), *le Coq* (1941).

**Brancusi** *Tête de femme*, 1925 – coll. part.

**Brand** Hennig (m. en 1692), alchimiste allemand. Cherchant la pierre philosophale, il découvrit le phosphore lors d'une expérience sur l'urine (1669). VAR **Brandt**

**brandade** *nf* Morue pochée et émincée, puis pilée avec de l'ail, de l'huile, etc. ETY Du provenç. *brandar*, « remuer ».

**brande** *nf* Végétation des landes, des sous-bois ; lieu où pousse une telle végétation. ETY Du germanique *brand*, « tison », parce qu'on y brûlait les bruyères.

**brandebourg** *nm* Ornement de broderie ou de galon réunissant les boutons de certains vêtements. *Veste d'uniforme à brandebourgs.* ETY Du n. pr.

**Brandebourg** (en all. *Brandenburg*), Land d'Allemagne et Région de l'UE ; 29 059 km$^2$ ; 2 641 000 hab. ; cap. *Potsdam.* Plaine d'origine glaciaire parsemée de lacs et de forêts ; agriculture, maraîchage, industries lourdes. – Marche créée par Charlemagne pour arrêter les Slaves, le Brandebourg devint un margraviat (XII$^e$ s.), puis un électorat (1361) qui échut aux Hohenzollern en 1415, formant le noyau du futur royaume de Prusse (1701). DER **brandebourgeois, oise** *a, n*

**Brandebourg** (en all. *Brandenburg*), v. d'Allemagne, sur la Havel, à l'Ouest de Berlin ; 95 000 hab. Industr. métall., méca. et chimique. DER **brandebourgeois, oise** *a, n*

**Brandes** Georg (Copenhague, 1842 – id., 1927), critique littéraire danois : *Radicalisme aristocratique* (1889), *Hellas* (1925).

**branding** *nm* Pratique consistant à dessiner sur la peau des motifs géométriques en la brûlant au fer rouge ou au laser. PHO [bʀɑ̃diŋ] ETY Mot angl.

**brandir** *vt* ③ **1** Agiter en l'air ; élever pour mieux frapper ou montrer. *Brandir une pancarte.* **2** fig Présenter comme une menace. *Brandir le Code à tout instant.* ETY Du germ. *brand*, « tison, épée ».

**Brando** Marlon (Omaha, 1924 – Los Angeles, 2004), acteur de cinéma américain, formé par l'Actors' Studio : *Un tramway nommé désir* (1951), *Sur les quais* (1954), *le Parrain* (1971), *le Dernier Tango à Paris* (1972), *Apocalypse Now* (1979). ▶ illustr. **Kazan**

**brandon** *nm* **1** vx Flambeau de paille tortillée. **2** Corps enflammé s'élevant d'un feu. LOC ***Un brandon de discorde :*** ce qui la provoque.

**Brandt** Sebastian (Strasbourg, 1458 – id., 1521), humaniste alsacien : *la Nef des fous* (1494) satire des mœurs du temps.

**Brandt** Bill (Londres, 1903 – id., 1983), photographe britannique : nus féminins ; reportages sur Londres (1940-1945).

**Brandt** Herbert Karl Frahm, dit Willy (Lübeck, 1913 – Bonn, 1992), homme politique allemand ; chef du parti social-démocrate (1964 à 1987), chancelier de la RFA de 1969 à 1974. P. Nobel de la paix en 1971.

**brandy** *nm* Eau-de-vie, en Angleterre. ETY De l'angl. *to brand*, « brûler ».

**branle** *nm* **1** Mouvement oscillant d'un corps. *Le branle d'une cloche.* **2** fig Impulsion, mouvement donné. *Mettre en branle.* **3** anc Danse française en vogue du Moyen Âge au XVII$^e$ s. ; air de cette danse.

**branle-bas** *nm inv* Bouleversement, agitation. *Un branle-bas général.* LOC MAR ***Branle-bas de combat :*** ensemble des dispositions prises en vue d'un combat. ETY Ordre de mettre *bas* les *branles* (« hamacs ») au lever ou dans les préparatifs d'un combat. VAR **branlebas**

**branlée** *nf* fam Correction, râclée.

**branler** *v* ① **A** *vt* **1** Mouvoir, faire aller deçà delà. *Branler la tête.* **2** vulg Masturber. **3** fam Faire. *Qu'est-ce-que tu branles ?* **B** *vi* **1** Bouger ; être mal assuré, fixé. *Dent qui branle.* **2** Canada fig, fam Hésiter, tergiverser. LOC ***Branler dans le manche :*** être mal emmanché, en parlant d'un outil ; fig avoir une situation peu stable. — fam ***S'en branler :*** s'en moquer. ETY De *brandir*. DER **branlant, ante** *a* – **branlement** *nm*

**branleur, euse** *n* fam Bon à rien.

**Branly** Édouard (Amiens, 1844 – Paris, 1940), physicien français. Son « cohéreur » (tube radioconducteur à limaille, 1890) a donné un essor à la télégraphie sans fil.

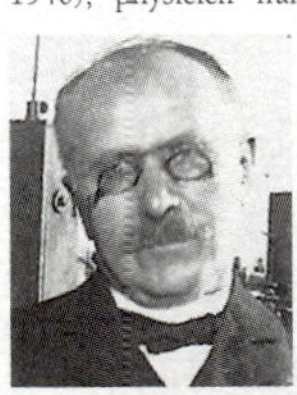

**É. Branly**

**Branner** Hans Christian (Ordrup, 1903 – Copenhague, 1966), romancier danois influencé par la psychanalyse : *le Cavalier* (1949).

**branque** *a, n* fam Un peu fou, cinglé, loufoque. ETY Du piémontais *branci*, « âne ». VAR **branquignol**

**brante** *nf* Suisse Hotte en bois servant à la vendange.

**Brantford** v. du Canada (Ontario), à l'O. d'Hamilton ; 81 990 hab. Centre industriel.

**Branting** Karl Hjalmar (Stockholm, 1860 – id., 1925), homme politique suédois qui présida le premier gouv. socialiste (1920). P. Nobel de la paix 1921 avec C. Lange.

**Brantôme** Pierre de Bourdeille (seigneur et abbé de) (Bourdeille, Dordogne, v. 1540 – id., 1614), écrivain français, chroniqueur (*Vies des hommes illustres*) et conteur libertin (*Vies des dames galantes*). Son œuvre est posthume.

**braquage** *nm* **1** Action de braquer. **2** fam Hold-up. LOC ***Rayon de braquage :*** rayon du cercle parcouru par la roue avant d'un véhicule, le volant étant tourné à fond.

**1 braque** *nm* Chien de chasse d'arrêt à poil court, aux oreilles tombantes. ETY De l'ital.

**2 braque** *a, n* fam Écervelé, un peu fou.

**Braque** Georges (Argenteuil, 1882 – Paris, 1963), peintre français. Après une période fauve (1906-1907), il inventa, avec Picasso, le cubisme, d'abord « analytique » (*le Violon et la Cruche*, 1910) puis « synthétique » (*Compotier et Verre*, 1912). Après 1918, il a peint des formes plus courbes (*le Guéridon noir*, 1919 ; *le Duo*, 1937).

**braquemart** *nm* **1** Épée courte à deux tranchants. **2** fig, vulg Pénis. ETY Du moy. néerl.

**braquer** *v* ① **A** *vt* **1** Diriger vers un point, dans une direction déterminée. *Braquer ses regards sur qqn.* **2** fam Attaquer à main armée. *Braquer un convoyeur de fonds.* **3** Orienter le plus possible les roues d'un véhicule dans une direction pour effectuer une manœuvre. **4** Provoquer l'opposition têtue de qqn. *Braquer un enfant en le réprimandant.* **B** *vpr* S'obstiner dans son opposition. ETY Du lat. *brachium*, « bras ».

**braquet** *nm* Développement d'une bicyclette. *Le dérailleur permet de changer de braquet.* LOC fam ***Changer de braquet :*** changer d'attitude, d'orientation.

**Georges Braque** *Nature morte au compotier*, 1932 – musée d'Art moderne de la Ville de Paris

**braqueur, euse** *n* fam Personne qui fait une attaque à main armée.

**bras** *nm* **1** Membre supérieur de l'homme, rattaché à l'épaule, terminé par la main. *Lever, plier les bras.* **2** Partie du membre supérieur comprise entre l'épaule et le coude (par oppos. à l'*avant-bras*). **3** Homme qui agit, qui travaille. *Manquer de bras.* **4** Pouvoir, autorité. **5** Ce qui présente une certaine ressemblance avec les bras humains. *Les bras d'un fauteuil.* **6** ASTRO Développement extérieur d'une galaxie spirale, prenant naissance dans son noyau. **7** MAR Manœuvre courante fixée à l'extrémité d'une vergue ou d'un tangon et servant à l'orienter. **8** TECH Tige ou poutre articulée. **9** GEOGR Affluent ou subdivision du cours d'une rivière. **LOC** ***À tour de bras, à bras raccourcis*** : de toute sa force. — fam ***Avoir le bras long*** : avoir du crédit, du pouvoir. — fam ***Avoir sur les bras*** : être responsable de, ou accablé par. — ***Bras armé*** : exécutant des ordres de qqn. — fam ***Bras cassé*** : petit truand, sans envergure ; employé peu performant ; gêneur. — ***Bras de fer*** : jeu opposant deux adversaires qui mesurent leur force, chacun essayant de rabattre l'avant-bras de l'autre ; fig épreuve de force. — fam ***Bras d'honneur*** : geste grossier de dérision ou de provocation effectué en repliant l'avant-bras, poing fermé. — AUDIOV ***Bras de lecture*** : pièce d'un tourne-disque qui porte la tête de lecture. — MECA ***Bras de levier*** : distance du support d'une force à l'axe de rotation. — ***Bras de mer*** : étendue de mer entre deux terres rapprochées. — ***Bras dessus, bras dessous*** : en se donnant le bras. — ***Couper bras et jambes à qqn*** : le mettre dans l'impuissance d'agir, le décourager. — ***Donner le bras à qqn*** : l'accompagner en lui tenant le bras. — fam ***Gros bras*** : personne qui étale sa force, fanfaron ; homme employé pour sa force physique comme garde du corps, dans un service d'ordre, etc. — fam ***Jouer petit bras*** : adopter une attitude modérée voire timorée. — ***Le bras droit de qqn*** : son principal collaborateur. — ***Le bras séculier*** : l'autorité temporelle. — fam ***Les bras m'en tombent*** : j'en suis stupéfait. — ***Pompe à bras*** : qui se manie avec le bras. — ***Recevoir à bras ouverts*** : chaleureusement, avec amitié. ETY Du lat.

**braser** *vt* ① Souder des pièces métalliques par apport d'un alliage dont la température de fusion est infér. à celle des pièces à souder. DER **brasage** *nm*

**braséro** *nm* Appareil de chauffage constitué d'une cuve sur pieds, destinée à recevoir des braises, utilisé surtout pour le chauffage en plein air. PHO [brazero] ETY Mot esp. VAR **brasero**

**brasier** *nm* **1** Feu très vif, violent incendie. **2** fig Passion, violence intense. *Le brasier de la guerre civile.* ETY De *braise.*

**Brasília** cap. du Brésil depuis 1960, au centre du pays à 1 200 m d'alt., à 940 km au N.-E. de Rio de Janeiro, l'anc. cap. ; 3,8 millions d'hab (aggl.) ; ch.-l. d'un distr. fédéral. Université. Aéroport. – Brasilia est l'œuvre de l'urbaniste L. Costa et de l'architecte O. Niemeyer. DER **brasilien, enne** *a, n*

**Brasília** la cathédrale

**Brasillach** Robert (Perpignan, 1909 – fort de Montrouge, 1945), écrivain et journaliste français : *Histoire du cinéma* (1935) en collab. avec Maurice Bardèche), romans, essais. Rédacteur en chef de *Je suis partout* (1937-1943), organe pronazi, il fut fusillé à la Libération.

**brasiller** *vi* ① litt Rougeoyer, scintiller comme de la braise. *La mer brasille au soleil.*

**bras-le-corps (à)** *av* Avec les deux bras passés autour du corps de qqn. **LOC** ***Prendre la vie à bras-le-corps*** : vivre intensément.

**Braşov** (*Oraşul Stalin* de 1950 à 1960), v. de Roumanie centr. (Transylvanie) ; 334 990 hab. ; ch.-l. du district du m. nom. Industries. – Églises des XIII$^e$-XV$^e$ s.

**brassage → brasser.**

**Brassaï** Gyula Halász, dit (Braşov, 1899 – Nice, 1984), photographe et sculpteur français d'origine hungaro-roumaine.

**Brassaï** *la Môme Bijou du Bar de la Lune,* Montmartre, v. 1932

**brassard** *nm* **1** HIST Pièce de l'armure qui couvre le bras. **2** Ornement ou signe de reconnaissance fixé au bras. *Brassard de secouriste.* ETY De l'ital. *braccio,* « bras ».

**brasse** *nf* **1** Anc. unité de longueur (environ 1,60 m en France, 1,80 m en G.-B.) ; MAR unité de profondeur équivalente. **2** Nage sur le ventre dans laquelle bras et jambes sont déployés puis regroupés.

**brassée** *nf* Ce que peuvent contenir les deux bras. *Une brassée de bois.*

**Brassempouy** com. des Landes (arr. de Dax) ; 316 hab. – Gisement du paléolithique supérieur (statuettes féminines en ivoire, dont la *Dame à la capuche*).

**Brassempouy** Dame à la capuche – musée des Antiquités nationales, Saint-Germain-en-Laye

**Brassens** Georges (Sète, 1921 – Saint-Gély-du-Fesc, 1981), auteur-compositeur et chanteur français : *le Gorille, l'Auvergnat, les Copains d'abord.*

**1 brasser** *vt* ① MAR Agir sur le bras d'une vergue, d'un tangon, pour lui donner l'orientation voulue. ETY De *bras.*

**2 brasser** *vt* ① **1** Extraire les matières solubles du malt pour fabriquer la bière. **2** Remuer pour mélanger. *Brasser un mélange.* **3** Échanger, manipuler. *Brasser beaucoup d'argent.* **LOC** fam ***Brasser de l'air*** : s'affairer beaucoup sans résultat. ETY De l'a. fr. *brais,* « malt », contaminé par *bras.* DER **brassage** *nm*

**brasserie** *nf* **1** Fabrique de bière ; industrie de la bière. **2** anc Débit de boissons où l'on ne vend que de la bière ; mod lieu faisant à la fois café et restaurant.

**1 brasseur, euse** *n* Fabricant de bière ; négociant en bière. **LOC** ***Brasseur d'affaires*** : personne qui traite beaucoup d'affaires.

**2 brasseur, euse** *n* Nageur spécialiste de la brasse.

**Brasseur** Pierre Espinasse, dit Pierre (Paris, 1905 – Brunico, Italie, 1972), acteur français de théâtre et de cinéma : *le Quai des brumes* (1937), *les Enfants du paradis* (1945). — **Claude Espinasse** dit **Claude** (Neuilly-sur-Seine, 1936), acteur français, fils du préc. : *le Souper* (1992).

**brassicole** *a* Relatif à la brasserie.

**brassière** *nf* **1** Chemise de bébé en toile fine ou en tricot. **2** Canada fam Soutien-gorge. **LOC** MAR ***Brassière de sauvetage*** : gilet de sauvetage.

**brassin** *nm* Cuve où l'on fabrique la bière ; son contenu.

**brasure** *nf* Soudure obtenue par brasage.

**Brătianu** Ion (Piteşti, 1821 – Florica, aujourd'hui Ştefăneşti, 1891), homme politique roumain. Président du Conseil de 1876 à 1888, il œuvra pour l'indépendance de la Roumanie. — **Ion** (Florica, 1864 – Bucarest, 1927), fils du préc. ; souvent président du Conseil entre 1909 et 1927 ; en 1916, il rangea son pays aux côtés des Alliés.

**Bratislava** (autref. en all. *Pressburg,* en fr. *Presbourg*), cap. de la Slovaquie, grand port fluv. sur le Danube ; 460 000 hab. – Centre universitaire, culturel et industriel. – Presbourg fut la cap. de la Hongrie, de la prise de Buda par les Turcs (1541), à 1848. – Chât. du XI$^e$ s., églises du XIII$^e$ s. DER **bratislavien, enne** *a, n* ou **bratislavois, oise** *a, n*

**Bratsk** v. de Russie, en Sibérie orientale ; 240 000 hab. Centrale hydroél. sur l'Angara.

**Brauchitsch** Walther von (Berlin, 1881 – Hambourg, 1948), maréchal allemand. Il dirigea la campagne de France (1940).

**Braudel** Fernand (Lunéville-en-Ornois, Meuse, 1902 – Cluses, 1985), historien français, apôtre du temps long : *la Méditerranée et le monde méditerranéen à l'époque de Philippe II* (1949), *Écrits sur l'histoire* (1969), *Civilisation matérielle, économie et capitalisme* (1979), *l'Identité de la France* (posth., 1986). Acad. fr. (1984).

**F. Braudel**

**Braun** Karl Ferdinand (Fulda, 1850 – New York, 1918), physicien allemand. Il mit au point l'oscillographe cathodique (1897). P. Nobel en 1909 avec G. Marconi.

**Georges Brassens**

affiche pour les aéroplanes **Louis-Breguet**, v. 1910 – musée de l'Air et de l'Espace, Le Bourget

**Braun** Wernher von (Wirsitz, auj. Wyrzysk, Pologne, 1912 – Alexandria, banlieue de Washington, 1977), ingénieur allemand naturalisé américain. « Père du V2 » (1944-1945), il collabora à la recherche spatiale américaine après 1945.

Werner von Braun

**Braunberger** Pierre (Paris, 1905 – id., 1990), producteur français : Buñuel, René Clair, Renoir, Truffaut, Resnais.

**Brauner** Victor (Piatra Neamţ, 1903 – Paris, 1966), peintre et graveur français d'origine roumaine, proche des surréalistes.

**Brauwer** → **Brouwer.**

**bravache** *nm, a* Faux brave, matamore. *Un air bravache.* ETY De l'ital.

**bravade** *nf* Défi, provocation en paroles ou en actes.

**Bravais** Auguste (Annonay, 1811 – Versailles, 1863), physicien et minéralogiste français, spécialiste des cristaux.

**brave** *a, n* **A** Vaillant, courageux. *Un soldat brave.* ANT lâche. **B** *a* Honnête, bon, serviable. *De braves gens.* **C** *nm* Appellation familière et condescendante. *Merci mon brave.* ETY De l'ital. et de l'esp. DER **bravement** *av*

**braver** *vt* 1 **1** Résister à, tenir tête à, en témoignant qu'on ne craint pas. *Braver l'autorité, le danger.* **2** Manquer à, ne pas respecter. *Braver l'autorité, la morale.*

**Brave Soldat Chveik** roman de J. Hašek (1921-1923, 4 vol., inachevé).

**bravissimo** *interj* Exclamation qui exprime une très vive approbation. ETY Mot ital., superlatif de *bravo.*

**1 bravo** *interj, nm* Exclamation qui accompagne un applaudissement, une approbation. *Des bravos répétés.* ETY De l'ital. « excellent ! ».

**2 bravo** *nm* HIST Spadassin, assassin à gages. PLUR bravo ou bravi. ETY De l'ital. « brave ».

**Bravo (río)** → **Grande (rio).**

**bravoure** *nf* Courage face au danger. **LOC** *Morceau de bravoure :* permettant de démontrer sa virtuosité.

**Bray (pays de)** dépression argileuse du Bassin parisien, en Normandie. Élevage laitier.

**Brazza** Pierre Savorgnan de (Castel Gandolfo, 1852 – Dakar, 1905), explorateur français d'origine italienne. Il établit pacifiquement la domination française sur la r. dr. du Congo inférieur (1875-1885).

**Brazzaville** cap. de la rép. du Congo, sur la r. dr. du Congo (face à Kinshasa), reliée par voie ferrée à Pointe-Noire, sur l'Atlant. ; 990 000 hab (aggl.). Port fluv. Centre comm. et industr. – Établie à l'emplacement du poste de Ntamo, fondé par Brazza en 1880, la v. devint cap. de l'Afrique-Équatoriale Française en 1910. – En 1944, la *conférence de Brazzaville*, présidée par le général de Gaulle, réunit les représentants des colonies fr. d'Afrique noire. DER **brazzavillois, oise** *a, n*

Brazzaville

**Brea** Louis (Nice, vers 1450 – id., v. 1523), peintre niçois : nombr. retables.

**1 break** *nm* **1** anc Voiture à cheval découverte, aux banquettes longitudinales. **2** Automobile qui possède un hayon sur sa face arrière, et dont la banquette arrière est repliable. PHO [bʀɛk] ETY Mot angl.

**2 break** *nm* **1** MUS En jazz, arrêt momentané du jeu de l'orchestre, pour souligner une intervention d'un seul instrument. **2** SPORT Ordre de se séparer donné par l'arbitre à deux boxeurs au corps à corps. **3** Au tennis, écart de deux jeux creusé par un joueur qui prend le service de son adversaire. **4** fig, fam Courte interruption. *Faire un break entre deux projets.* ETY Mot amér. « interruption ».

**breakdance** *nf* Danse acrobatique sur du rap ou du funk. PHO [bʀɛkdɛns] ETY Mot angl.

**breaker** *nm* Danseur de breakdance PHO [bʀɛkœʀ]

**breakfast** *nm* Petit déjeuner à l'anglaise, composé d'œufs et de charcuterie. PHO [bʀɛkfœst] ETY Mot angl.

**Bréal** Michel (Landau, Bavière, 1832 – Paris, 1915), linguiste français ; élève et traducteur de F. Bopp : *Essai de sémantique* (1897).

**brebis** *nf* **1** Mouton femelle. **2** RELIG Chrétien par rapport à son pasteur. *Une brebis égarée.* SYN ouaille. **LOC** péjor *Brebis galeuse :* personne indésirable dans un groupe. ETY Du lat.

**1 brèche** *nf* **1** Ouverture faite à un mur, une haie, etc. **2** Trouée dans les remparts d'une ville assiégée. *Monter à l'assaut par une brèche.* **3** Vide à l'endroit où une partie a été ôtée à qqch. *Faire une brèche à un pâté.* **4** fig Dommage causé à qqch que l'on entame. *Faire une brèche dans son capital.* **LOC** *Battre en brèche :* pratiquer une trouée dans un rempart à l'aide de l'artillerie ; fig combattre avec succès. — *Sur la brèche :* en pleine activité. ETY De l'anc. haut. all. *brecha,* « fracture ».

**2 brèche** *nf* GEOL Conglomérat de cailloux anguleux noyés dans un ciment de nature variable. ETY Mot d'orig. ligure.

**bréchet** *nm* Crête médiane, verticale, ventrale, du sternum des carinates, sur laquelle sont fixés les muscles moteurs des ailes. ETY De l'angl.

**Brecht** Bertolt (Augsbourg, 1898 – Berlin-Est, 1956), poète, essayiste et dramaturge allemand. Se dégageant de l'expressionnisme, il devint célèbre avec *l'Opéra de quat' sous* (1928, mus. de Kurt Weill) et créa un théâtre marxiste, fondé sur l'effet de distanciation. Il quitta l'Allemagne nazie (1933) et s'installa aux É.-U. de 1941 à 1947 : *Mère Courage et ses enfants* (1938), *Galileo Galilei* (1939), *la Résistible Ascension d'Arturo Ui* (1941), *le Cercle de craie caucasien* (1945), *la Bonne Âme de Sé-Tchouan* (1948). À Berlin-Est (1948), il fonda le Berliner Ensemble, que sa veuve, Helene Weigel (1900 – 1971), dirigea après sa mort.
▶ illustr. p. 210

**Breda** v. des Pays-Bas (Brabant-Septentrional), au confl. de la Mark et de l'Aa ; 120 210 hab. – Chât. (XVe-XVIe s.). Égl. goth. – En 1667, le *traité de Breda* (France, Provinces-Unies, Danemark, Angleterre), rendit not. l'Acadie à la France.

**Brède (La)** (*Labrède* jusqu'en 1987), ch.-l. de cant. de la Gironde (arr. de Bordeaux) ; 3 128 hab. Vignoble. Chât. (XIIIe-XVIe s.) qui appartint à Montesquieu. DER **brédois, oise** *a, n*

**brèdes** *nfpl* Feuilles de chou, d'épinards, etc., sautées à la poêle et servies avec du riz (cuisine créole). ETY Du portug.

**bredouille** *a* **LOC** *Revenir bredouille :* revenir de la chasse, de la pêche : sans gibier, sans poisson ; fig en ayant échoué dans une entreprise, une démarche.

**bredouiller** *v* 1 Parler, dire de manière précipitée et confuse. *Bredouiller des excuses.* SYN bafouiller. ETY De l'a. fr. *bredeler,* var. de *bretonner,* « parler comme un Breton ». DER **bredouillage, bredouillement** ou **bredouillis** *nm* – **bredouilleur, euse** *n, a*

**1 bref, brève** *a, av* **A** *a* **1** Qui dure peu. *La vie est brève.* **2** Qui s'exprime en peu de mots, concis. *Soyez bref. Un bref discours.* ANT prolixe. **B** *av* En peu de mots, pour résumer. *Bref* (litt : *en bref*) *cela ne se peut.* **LOC** PHON *Syllabe, voyelle brève :* d'une courte durée d'émission. — *Un ton bref :* sec et autoritaire. SYN tranchant. ETY Du lat.

**2 bref** *nm* DR CANON Rescrit du pape, traitant d'affaires de moindre importance que celles évoquées par une bulle et qu'il scelle par son anneau pontifical.

**Brégançon (cap de)** cap du Var, à l'E. d'Hyères, où se trouve une résidence du président de la Rép. française.

**Bregenz** v. d'Autriche, cap. du Vorarlberg, sur le lac de Constance ; 28 200 hab. Tourisme.

**bregma** *nm* ANAT Siège de la fontanelle antérieure chez le nouveau-né. ETY Mot gr., « le haut du crâne ».

**Breguet Abraham Louis** (Neuchâtel, 1747 – Paris, 1823), horloger français d'origine suisse : montres à remontoir automatique. — **Louis** (Paris, 1804 – id., 1883), ingénieur français, petit-fils du préc., spécialiste de télégraphie. — **Antoine** (Paris, 1851 – id., 1882), ingénieur, fils du préc., inventa un anémomètre électrique. — **Bréguet Louis** (Paris, 1880 – Saint-Germain-en-Laye, 1955), ingénieur et industriel, fils du préc., pilote et pionnier de la construction aéronautique française : le *Breguet XIV* participa aux opérations militaires de 1918 ; le *Breguet XIX*, piloté par Costes et Bellonte, accomplit la première traversée de l'Atlantique Nord (1930) dans le sens est-ouest. ▶ illustr. p. 209

**bréhaigne** *af* Stérile, en parlant des femelles de certains animaux. *Jument bréhaigne.* ETY Du préroman.

**Bréhat (île de)** île des Côtes-d'Armor (arr. de Saint-Brieuc) ; 421 hab. Tourisme.

**Breitkopf Bernhard Christoph** (Clausthal, 1695 – Leipzig, 1777), éditeur de musique allemand.

**breitschwanz** *nm* Peau de l'agneau karakul mort-né, variété d'astrakan. PHO [bʀɛtʃvɑ̃ts] ETY Mot all., « large queue ».

**Brejnev Leonid Ilitch** (Dnieprodzerjinsk, 1906 – Moscou, 1982), homme politique soviétique. Il succéda à Khrouchtchev comme premier secrétaire du Parti en 1964 et s'imposa comme le chef unique de l'URSS (maréchal en 1976). DER **brejnevien, enne** *a*

B. Brecht

L. Brejnev

**Brekke Paal** (Røros, 1923 – Oslo, 1993), poète norvégien, auteur de deux romans, dont *Orphée vieillissant* (1951).

**Brel Jacques** (Bruxelles, 1929 – Bobigny, 1978), auteur-compositeur, chanteur *(Amsterdam, Ne me quitte pas)*, acteur et cinéaste belge. ▶ illustr. p. 212

**brelan** *nm* JEU Réunion de trois cartes de même valeur ou, aux dés, de trois faces semblables. *Brelan d'as.* ETY De l'anc. haut all. *bretling*, « tablette ».

**breloque** *nf* **1** Menu bijou attaché à une chaîne de montre, à un bracelet. **2** anc Batterie de tambour annonçant la fin d'un rassemblement. LOC ***Battre la breloque*** : fonctionner mal, irrégulièrement.

**brème** *nf* Poisson téléostéen (cyprinidé) des eaux douces d'Europe, dont le corps est comprimé latéralement et atteint 70 cm de long. ETY Du frq.

**Brême** (en all. *Bremen*), v. et port d'Allemagne, sur la Weser, à 65 km de la mer du Nord ; 544 000 hab. Elle forme, avec Bremerhaven, le plus petit Land d'All. et une région de l'UE : 404 km² ; 657 400 hab. Centre industriel. – Anc. ville hanséatique. – Cath. goth., églises, maisons des XVIe-XVIIIe s.

**Bremerhaven** v. d'Allemagne, sur la mer du Nord, avant-port de Brême ; 108 100 hab.

**Bremond abbé Henri** (Aix-en-Provence, 1865 – Arthez-d'Asson, Pyrénées-Atl., 1933), critique littéraire français : *Histoire littéraire du sentiment religieux en France* (1916-1933).

**Brémontier Nicolas Thomas** (Quevilly, 1738 – Paris, 1809), ingénieur français. Il fixa les dunes de Gascogne (Landes) en y plantant des pins et des genêts.

**Brendel Alfred** (Loučna nad Desnou, Moravie, 1931), pianiste autrichien, spécialiste de Schubert et de Liszt.

**Brenn** (IVe s. av. J.-C.), chef gaulois (*brenn* en celte) qui prit Rome vers 390 av. J.-C. ; il aurait jeté son épée dans la balance pour alourdir la rançon qu'il devait recevoir en prononçant *Vae victis !* (Malheur aux vaincus !). VAR **Brennus**

**Brenne (la)** rég. du Berry, entre l'Indre et la Creuse (étangs, bois).

**Brenner (col du)** col des Alpes orient. (1 370 m), reliant la vallée de l'Adige à celle de l'Inn, à la frontière italo-autrichienne.

**brent** *nm* Pétrole d'un gisement de la mer du Nord, qui sert de référence pour les prix du brut. PHO [bʀɛnt] ETY D'un n. pr.

**Brentano Clemens** (Ehrenbreitstein, 1778 – Aschaffenburg, 1842), poète et romancier romantique allemand : *Godwin ou la Statue de la mère* (1801-1802), *le Cor merveilleux de l'enfant* (1806-1808, avec A. von Arnim, que sa sœur Elizabeth avait épousé ; V. Arnim).

**Brentano Franz** (Marienberg, 1838 – Zurich, 1917), philosophe allemand. Sa *Psychologie du point de vue empirique* annonce Husserl.

**Brera (palais)** palais de Milan (XVIIe s.) qui abrite un observatoire, une bibliothèque et la *galleria* (ou pinacothèque) *Brera*.

**bresaola** *nf* Charcuterie italienne proche de la viande séchée des Grisons.

**Brescia** v. d'Italie (Lombardie), au pied des Préalpes, à l'O. du lac de Garde ; 193 600 hab. ; ch.-l. de la prov. du m. nom. Centre comm. et industriel. – Cath. (XIe-XVe s.).

**Bresdin Rodolphe** (Montrelais, Maine-et-Loire, 1822 – Sèvres, 1885), graveur français d'inspiration fantastique.

**brésil** *nm* Bois rouge, utilisé en teinture.

**Brésil (république fédérale du)** le plus grand État d'Amérique du Sud et le 5e au monde par la superficie ; 8 511 996 km² ; 202,8 millions d'hab. ; cap. *Brasília.* Nature de l'État : rép. fédérale de type présidentiel. Langue off. : portugais. Monnaie : réal. Population : env. 60 % de Blancs, 28 % de métis, 10 % de Noirs, 2 % d'Amérindiens. Relig. : cathol. (93 %). DER **brésilien, enne** *a, n*

**Géographie** Au N., la vaste cuvette équatoriale de l'Amazone, humide est couverte de forêt dense. Ensuite, les plateaux du Mato Grosso sont couverts de savane. Le reste du pays est constitué de plateaux qui s'inclinent à l'O. ; des hauteurs dominent une étroite plaine atlantique. Le climat tropical d'alizés de la façade atlantique se tempère au S., alors que le N.-E. intérieur, le Sertão, a une végétation aride. La population, aux trois quarts citadine et dont la croissance annuelle atteint 2 %, se concentre sur la façade atlantique et surtout dans le Sudeste.

**Économie** Le Brésil est l'une des grandes puissances émergentes. L'agriculture oppose un secteur moderne et exportateur (café, cacao, canne à sucre, soja, maïs, sorgho, agrumes, grands élevages bovins) à une agriculture vivrière pauvre ; 65 % des exploitants ont 3 % des terres. Les ressources naturelles sont abondantes : bois, hydroélectricité (le barrage d'Itaipu sur le Paraná), pétrole (régions de Salvador et de Rio de Janeiro), mines du Minas Gerais et du bassin amazonien. Premier exportateur mondial de fer, premier producteur d'étain, le Brésil extrait bauxite, or, manganèse, tungstène, pierres précieuses. L'industrie est puissante et diversifiée. Les contrastes sont criants entre classes sociales, entre villes et campagnes, entre régions misérables (Nordeste) et riches (Sudeste). La colonisation du Mato Grosso et de l'Amazonie, depuis 1970, n'a pas apporté la prospérité et mutile l'environnement. L'excédent comm. est important et de nombreuses multinationales s'installent au Brésil, mais la dette ext. reste élevée.

**Histoire** LES ORIGINES Le Portugais Cabral aborda la côte du Brésil en 1500. La colonisation de la bordure atlant. débuta au XVIIe s., quand on importa des esclaves noirs pour cultiver la canne à sucre de Bahia à Recife, et l'on exploita les mines d'or et de diamants du Minas Gerais (1696). Divisé en capitaineries dès 1548, le Brésil devint une vice-royauté (1720) qui, en 1808, accueillit la famille royale du Portugal, chassée par Napoléon. Il se constitua en empire constitutionnel indép. en 1822, avec Pierre Ier, fils du roi Jean VI reparti au Portugal. Pierre II (1831-1889) développa le Brésil : cult. du café (1860), boum du caoutchouc, ouverture du pays aux Européens.
LA RÉPUBLIQUE Un coup d'État militaire instaura la rép. en 1889. De 1930 à 1945 et de 1951 à 1954, le président G. Vargas amorça l'essor industriel du pays. J. Kubitschek (1956-1960) créa Brasília. La prise du pouvoir par les militaires en 1964 ouvrit une période de progrès écon. (grâce à l'aide américaine), mais accentua les inégalités sociales. Le général Figueiredo (1979-1985) rendit le pouvoir aux civils. J. Sarney (1985-1989) affronta l'inflation. Élu en 1989, Fernando Collor de Mello fut destitué pour corruption en 1992 et remplacé par le vice-président. En 1994, F. Cardoso (centre droit) fut élu président. En 1995, le Mercosur a été inauguré. Les élections présidentielles de 2002 ont vu le triomphe du candidat de gauche Luis Inacio da Silva, dit Lula, chef du Parti des travailleurs, réélu en 2006. Dilma Rousseff, du même parti, lui succède en 2010 ; elle est réélue en 2014.

**Breslau** → **Wrocław.**

**Bresle (la)** fl. côtier (72 km), qui sépare la Seine-Marit. et la Somme.

**Bresse (la)** rég. de l'E. de la France, entre la Saône, le Jura, le Doubs et la Dombes ; v. princ. *Bourg-en-Bresse.* Volailles, bovins, porcins. DER **bressan, ane** *a, n*

**Bresson Robert** (Bromont-Lamothe, Puy-de-Dôme, 1901 – Paris, 1999), cinéaste français ascétique : *les Dames du bois de Boulogne* (1945), *le Journal d'un curé de campagne* (1951), *Un condamné à mort s'est échappé* (1956), *Pickpocket* (1959), *l'Argent* (1983).

**Bressuire** ch.-l. d'arr. des Deux-Sèvres ; 19 978 hab. DER **bressuirais, aise** *a, n*

**Brest** ch.-l. d'arr. du Finistère, au fond de la *rade de Brest*, qui communique avec l'Atlantique par le *goulet de Brest* ; 143 902 hab. Port milit. et comm. Aéroport (Guipavas). Arsenal. Industries. Siège de deux instituts océanographiques. Écoles de la marine. L'île Longue abrite les sous-marins nucléaires fr. – La v. fut presque entièrement rasée par les bombardements en 1944. – Tour de la Motte-Tanguy (XIVe s.) ; remparts de Vauban (1683). DER **brestois, oise** *a, n*

**Brest** (*Brest-Litovsk* jusqu'en 1921), ville de Biélorussie ; 222 000 hab. – En 1918, le traité de Brest-Litovsk conclut la paix entre l'Allemagne et les Soviets.

**Bretagne** anc. prov. franç., un peu plus étendue que la Rég. de Bretagne actuelle. – D'imposants mégalithes attestent la présence d'une population préceltique. L'Armorique, conquise par Rome en 57 av. J.-C., reçut au Ve s. les Bretons (Celtes) de G.-B. (d'où son nom de Bretagne), qui fuyaient devant les Angles et les

Saxons, et fut évangélisée (nombr. monastères). La suzeraineté franque resta nominale. Aux IX$^{e}$ et X$^{e}$ s., l'arrivée des Normands provoqua des guerres. Après l'assassinat du Plantagenêt Arthur I$^{er}$ (1203), le comté de Bretagne (duché en 1297) passa à Pierre I$^{er}$ Mauclerc (1213), prince capétien, qui fit de Nantes sa capitale. Une guerre de Succession (1341-1365) est remportée par Jean IV de Montfort. Le mariage de la duchesse Anne avec les rois de France Charles VIII (1491), puis Louis XII (1498), prépara l'annexion du duché, effective en 1532. De 1793 à 1795, les Chouans se révoltèrent contre la République. (DER) **breton, onne** *a, n*

**Bretagne** Région française et Région de l'UE, formée des dép. des Côtes-d'Armor, du Finistère, de l'Ille-et-Vilaine et du Morbihan ; 27 184 km$^{2}$ ; 3 193 598 hab. ; cap. *Rennes.*
**Géographie** Extrémité péninsulaire du Massif armoricain, la région oppose une Bretagne maritime (Armor) à une Bretagne intérieure (Arcoat). L'Armor, doux et humide, groupe, sur 1 100 km de côtes, la majorité de la pop. et la plupart des villes. À partir des années 1960, de grandes infrastructures et les initiatives locales ont métamorphosé la Région. Les productions agricoles, la pêche et l'aquaculture (1$^{er}$ rang national) ont créé une puissante filière agroalimentaire. L'électronique, les télécommunications, l'automobile sont venues s'y ajouter.

**bretèche** *nf* anc **1** Ouvrage de fortification, muni de créneaux et avancé sur une façade. **2** ARCHI Balcon en bois, placé sur la façade de certains hôtels de ville au XV$^{e}$ s. (ETY) Du lat. (VAR) **bretesse**

**Brétecher** Claire (Nantes, 1940), dessinatrice et scénar. de bandes dessinées française.

**bretelle** *nf* **1** Sangle passée sur les épaules, servant à porter certains fardeaux. *Tenir un fusil par la bretelle.* **2** Bande élastique passée sur chaque épaule et retenant un vêtement. *Des bretelles de soutien-gorge.* **3** MILIT Ligne intérieure reliant deux lignes de défense. **4** CH DE F Dispositif d'aiguillage. **5** TRAV PUBL Portion de route raccordant une autoroute à une autre voie routière. (ETY) De l'anc. haut all. *brettil,* « rêne ».

**bretessé, ée** *a* HERALD Crènelé haut et bas alternativement.

**Breteuil (pavillon de)** à Sèvres, siège du Bureau international des poids et mesures.

**Brétigny** hameau d'Eure-et-Loir, près de Chartres, où fut signé en 1360 un traité : l'Angleterre libérait Jean II le Bon contre une énorme rançon et recevait, notam., le S.-O. de la France.

**Brétigny-sur-Orge** ch.-l. de cant. de l'Essonne (arr. de Palaiseau) ; 23 084 hab. Aérodrome militaire. (DER) **brétignolais, aise** *a, n*

**breton** *nm* Langue celtique parlée dans l'ouest de la Bretagne. (ETY) Du lat.

**breton (roman)** cycle épique du Moyen Âge, d'après des légendes et des traditions celtiques de Bretagne et de Grande-Bretagne relatives au roi Arthur et aux chevaliers de la Table ronde. Roi semi-légendaire celte du S. de l'Écosse, Arthur (ou Artus) combattit les Angles (fin du V$^{e}$-déb. VI$^{e}$ s.), qui repoussèrent les Celtes vers le pays de Galles. Le travail de ce fonds *breton* se fit en 4 étapes. 1. Après le Gallois Nennius, au déb. du IX$^{e}$ s. (*Historia Britonum* : « hist. des Bretons », ou Celtes), le prélat gallois Geoffroi de Monmouth (v. 1100 – 1155) écrit en lat. une *Historia regum Britanniæ.* 2. Le poète anglo-normand Wace en tire v. 1155 les décasyllabes français du *Roman de Brut* ; il invente « la Table ronde ». 3. Chrétien de Troyes développe, en octosyllabes, la matière bretonne dans des romans *courtois* (1170-1180) : le chevalier combat pour sa dame, défend les faibles, se lance à la conquête du Graal. V. Lancelot, Perceval, Yvain. À la même époque, Marie de France (qui vivait en Angleterre) écrit des lais. 4. Vers 1200, Robert de Boron, dans *l'Estoire dou Graal,* fait de cet objet mystérieux le calice dans lequel Joseph d'Arimathie recueillit le sang du Christ. En outre, il écrivit un *Merlin.*

**Breton (pertuis)** détroit entre l'île de Ré et le littoral vendéen.

**Breton** André (Tinchebray, Orne, 1896 – Paris, 1966), écrivain français ; promoteur et princ. animateur du mouvement surréaliste,

dont il a défini les fondements dans deux *Manifestes* (1924 et 1930) : *Nadja* (1928), *l'Immaculée Conception* (1930, en collab. avec Éluard), *les Vases communicants* (1932), *l'Amour fou* (1937), *Anthologie de l'humour noir* (1940), *Arcane 17* (1947), *Poèmes 1917-1948* (1948).

**André Breton** peinture de Max Ernst et Marie Berthe – coll. part.

**bretonnant, ante** *a* Qui conserve la langue et les traditions bretonnes. *Breton bretonnant.*

**Bretonneau Pierre** (Saint-Georges-sur-Cher, 1778 – Paris, 1862), médecin français. Il étudia la fièvre typhoïde et la diphtérie.

**brette** *nf* Outil de maçon, à dents, pour crépir. ETY De *brette,* fém. de *bret,* « breton ».

**bretteur** *nm* **1** anc Spadassin ; ferrailleur. **2** fig Fanfaron.

**Bretton Woods (accords de)** conclus lors de la conférence internationale qui se tint à Bretton Woods (New Hampshire) en juil. 1944 : l'institution d'une unité de change internationale, l'or, et de deux monnaies de réserve, le dollar américain et la livre sterling ; création du Fonds monétaire international (FMI).

**bretzel** *n* Biscuit salé en forme de lorgnon. ETY Mot alsacien.

**Breuer Joseph** (Vienne 1842 – id., 1925), psychiatre autrichien. Il publia avec le jeune Freud *Études sur l'hystérie* (1895).

**Breuer Marcel** (Pécs, 1902 – New York, 1981), architecte américain d'origine hongroise. Au Bauhaus, il a créé un mobilier en acier tubulaire ; coauteur du palais de l'Unesco à Paris (1952-1958).

**Breughel** → **Bruegel.**

**Breuil-Cervinia** station hivernale italienne située, dans le Val d'Aoste, au pied du mont Cervin.

**Breuil abbé Henri** (Mortain, 1877 – L'Isle-Adam, 1961), préhistorien français : *les Hommes de la pierre ancienne* (1951).

**breuvage** *nm* litt Boisson spécialement composée, médicamenteuse ou non. *Un breuvage sédatif.* ETY Des inf. *beivre, boivre,* var. anc. de *boire.*

**1 brève** → **bref.**

**2 brève** *nf* **1** Syllabe, voyelle brève. **2** Courte information diffusée par les médias. **LOC** fam ***Brève de comptoir :*** bon mot, formule à l'emporte-pièce émis au comptoir d'un bistro.

**Brévent (le)** sommet de Hte-Savoie (2 525 m), dans le massif des Aiguilles-Rouges.

**brevet** *nm* **1** DR Acte dont le notaire ne garde pas les minutes et qu'il relève sans y inclure la formule exécutoire. **2** anc Acte non scellé par lequel le roi accorde une grâce, un titre. **3** mod Titre délivré par le gouvernement à l'inventeur d'un dispositif ou d'un produit nouveau, et qui, sous certaines conditions, lui confère un droit exclusif d'exploitation pour un temps déterminé. *Brevet d'invention.* **4** Nom de plusieurs diplômes. *Diplôme national du brevet.* ETY Dimin. de *bref.*

**brevetaire** *a* Qui concerne les brevets d'invention.

**breveté, ée** *a, n* Qui a obtenu, fait l'objet d'un brevet d'invention. *Produit breveté.*

**breveter** *vt* (18) ou (20) Protéger par un brevet. *Faire breveter une invention.* DER **brevetable** *a* – **brevetabilité** *nf* – **brevetage** *nm*

**bréviaire** *nm* **1** RELIG CATHOL Livre contenant les offices, que les clercs lisent chaque jour. **2** fig Livre dont on fait sa lecture habituelle. ETY Du lat. *breviarium,* « abrégé ».

**bréviligne** *a* didac Qui a des membres courts, un aspect trapu.

**brévité** *nf* PHON Caractère bref d'une syllabe, d'une voyelle.

**Brewster sir David** (Jedburgh, 1781 – près de Melrose, 1868), physicien écossais. ▷ OPT *Loi de Brewster :* la lumière réfléchie sur un dioptre plan d'indice relatif *n* est entièrement polarisée pour un angle d'incidence *i* tel que $tg\,i = n$.

**Breytenbach Breyten** (Bonnievale, prov. du Cap, 1939), poète et peintre sud-africain d'expression afrikaans, qui dénonce l'apartheid : *Mouroir* (1983), *l'Étranger intime* (2007).

**Brézé Louis II (duc de)** (mort à Anet, 1531), grand sénéchal de Normandie et de France. Il épousa Diane de Poitiers (1514).

**BRGM** sigle de *Bureau de recherches géologiques et minières,* établissement public français.

**Brialmont Henri Alexis** (Venlo, 1821 – Bruxelles, 1903), général belge ; auteur d'un plan de fortifications, d'Anvers à la Meuse.

**Briançon** ch.-l. d'arr. des Htes-Alpes, sur la Durance ; 12 103 hab. Stat. clim. – Citadelle de Vauban. DER **briançonnais, aise** *a, n*

**Briançonnais** rég. alpestre autour de Briançon. Tourisme import. (sports d'hiver).

**Briand Aristide** (Nantes, 1862 – Paris, 1932), homme politique français ; socialiste de 1901 à 1905, 18 fois ministre des Affaires étrangères, 11 fois président du Conseil. Après 1918, il s'attacha à maintenir la paix : accords de Locarno avec l'Allemagne (1925), *pacte Briand-Kellog* de renonciation générale à la guerre, signé en 1928 par 60 nations. P. Nobel de la paix 1926.

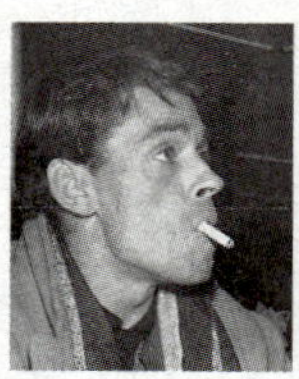

**J. Brel**

**A. Briand**

**Briansk** v. de Russie, sur la Desna, affl. du Dniepr ; 430 000 hab. ; ch.-l. de prov.

**1 briard** → **Brie et Brie-Comte-Robert.**

**2 briard** *nm* Grand chien de berger à poil long.

**Briare** ch.-l. de cant. du Loiret (arr. de Montargis), au confl. du *canal de Briare,* qui relie la Seine à la Loire, et d'un canal latéral qui franchit la Loire par un pont-canal ; 5 893 hab. DER **briarois, oise** *a, n*

**bribe** *nf* Petit morceau, fragment. *Une bribe de chocolat. Des bribes de conversation.*

**bric-à-brac** *nm inv* Ensemble d'idées ou d'objets de peu de valeur et de toutes provenances. *Marchand de bric-à-brac. Un bric-à-brac de préjugés.* ETY Formation expressive.

**bric et de broc (de)** *av* De pièces et de morceaux disposés au hasard. ETY Formation expressive.

**1 brick** *nm* MAR Petit navire à deux mâts à voiles carrées. ETY De l'angl. *brig(antine).*

**2 brick** *nm* CUIS En Tunisie, crêpe frite fourrée à l'œuf. ETY Mot ar.

**bricolage** *nm* **1** Action de bricoler. **2** Installation, réparation de fortune.

**bricole** *nf* **1** HIST Catapulte à courroies du Moyen Âge. **2** Partie du harnais d'un cheval de trait contre laquelle s'appuie son poitrail. **3** Courroie, lanière pour porter un fardeau, pour tirer une charrette. **4** Petite chose sans valeur. *S'offrir une petite bricole.* **5** Occupation futile ou travail mal rétribué. *Perdre son temps à des bricoles.* ETY De l'ital.

**bricoler** *v* (1) **A** *vi* **1** Se livrer à de menus travaux, peu rémunérés. **2** Exécuter de menus travaux de réparation, d'agencement, etc. *Passer ses dimanches à bricoler.* **B** *vt* Fabriquer, réparer qqch avec des moyens de fortune. *Bricoler un réveil.* DER **bricoleur, euse** *n, a*

**Briçonnet Guillaume** (Paris, 1472 – Esmans, près de Montereau, 1534), prélat français, ami de Lefèvre d'Étaples.

**bride** *nf* **1** Harnais de tête du cheval servant à le conduire. **2** Les rênes seules. *Rendre, lâcher la bride à un cheval.* **3** Pièce servant à attacher, à retenir. *Les brides d'un chapeau.* **4** COUT Petit arceau servant à retenir un bouton ou une agrafe, ou utilisé comme point arrêt. **5** COUT Fils unissant les motifs d'une dentelle. **6** CHIR Tissu fibreux dû à une cicatrisation anormale ou secondaire à un processus inflammatoire ou à un acte chirurgical. *Bride cicatricielle.* **7** TECH Pièce d'assemblage des éléments d'une canalisation. **LOC *À toute bride, à bride abattue :*** très vite. — ***Laisser la bride sur le cou :*** laisser libre d'agir. — ***Tenir la bride haute, courte à qqn :*** lui accorder peu de liberté. ETY Du haut all.

**bridé, ée** *a* Se dit d'yeux dont le larmier est dissimulé par un repli de peau qui bride la paupière supérieure.

**brider** *vt* (1) **1** Mettre une bride à. *Brider un mulet.* **2** Assurer par une bride, un lien. **3** COUT Arrêter par une bride. **4** MAR Serrer étroitement par un amarrage. **5** Serrer trop. *Ce veston le bride.* **6** fig Réfréner. *Brider sa spontanéité.* **7** AUTO Munir un moteur d'un dispositif qui le fait tourner à un régime inférieur à son régime normal. **8** CUIS Ficeler une volaille pour la cuire. DER **bridage** *nm*

**1 bridge** *nm* Jeu de cartes dérivé du whist et qui se joue avec 52 cartes entre 2 équipes de 2 partenaires. *Un tournoi de bridge.* ETY Mot angl. DER **bridger** *v* (13) – **bridgeur, euse** *n*

**2 bridge** *nm* **1** Appareil de prothèse dentaire fixé par chacune de ses extrémités sur une dent saine. **2** Appareil photo numérique intermédiaire entre le compact et le réflex. ETY Mot angl., « pont ».

**Bridgeport** v. et port des É.-U. (Connecticut), sur le détroit de Long Island ; 141 680 hab.

**Bridgetown** cap. et port de la Barbade (Antilles) ; 110 000 hab (aggl.).

**Bridgman Percy Williams** (Cambridge, Massachusetts, 1882 – Randolph, New Hampshire, 1961), physicien américain ; spécialiste des hautes pressions. P. Nobel 1946.

**brie** *nm* Fromage AOC à pâte molle fermentée, fabriqué dans la Brie.

**Brie (la)** rég. du Bassin parisien, entre la Marne et la Seine, formée de plateaux calcaires recouverts de limons fertiles : blé, betteraves à sucre, élevage laitier (fromages). DER **briard, arde** *a, n*

**Brie-Comte-Robert** ch.-l. de cant. de Seine-et-Marne (arr. de Melun) ; 16 192 hab. Centre comm. – Ruines du chât. de Robert de

France, 1er comte de Brie ; égl. XIIe-XIVe s. DER **briard, arde** *a, n*

**brief** *nm* Consignes sommaires données pour la réalisation d'une tâche.

**briefer** *vt* ① Donner des consignes au sujet d'une tâche à accomplir. PHO [bʀife] ETY Mot angl.

**briefing** *nm* **1** AVIAT Réunion au cours de laquelle sont données des informations et des consignes, avant une mission. **2** Toute courte réunion d'information. PHO [bʀifiŋ] ETY Mot angl.

**Brienne** anc. maison de Champagne. — **Brienne Jean** (?, vers 1148 – Constantinople, 1237), roi de Jérusalem de 1210 à 1225, un des chefs de la 5e croisade et empereur latin d'Orient de 1231 à 1237.

**Brienne-le-Château** ch.-l. de cant. de l'Aube (arr. de Bar-sur-Aube) ; 3 077 hab. – Bonaparte y fut l'élève de l'école milit. (1779-1784). Musée Napoléon Ier. – Victoire de Napoléon sur Blücher (janv. 1814). DER **briennois, oise** *a, n*

**Brienz (lac de)** lac de Suisse (30 km²), formé par l'Aar dans le cant. de Berne.

**Brière (la)** plaine marécageuse de la Loire-Atlant., au N. de Saint-Nazaire. Tourbe. – Parc régional. VAR **Grande Brière** DER **briéron, onne** *a, n*

**brièvement** *av* En peu de mots. SYN succinctement.

**brièveté** *nf* **1** Courte durée. *La brièveté de la vie.* **2** Concision. *Brièveté du style.*

**Briey** ch.-l. d'arr. de Meurthe-et-Moselle ; 5 945 hab. Sidérurgie. DER **briotin, ine** *a, n*

**briffer** *vt* ① fam Manger.

**brigade** *nf* **1** MILIT Unité d'une division, composée de plusieurs régiments. **2** Unité spécialisée de la police. *Brigade des mineurs.* **3** Groupe d'ouvriers. *Brigade de cantonniers.* **4** Équipe de cuisiniers d'un grand restaurant. ETY De l'ital. *brigata,* « troupe ».

**Brigades internationales** pendant la guerre d'Espagne (1936-1939), régiments de volontaires étrangers (20 000 env.), qui vinrent aider la Rép. espagn. contre Franco.

**Brigades rouges** groupe d'extrême gauche italien, fondé en 1970, qui, notam., assassina Aldo Moro (1978).

**brigadier** *nm* **1** Chef d'une brigade. **2** Dans l'artillerie, la cavalerie, grade correspondant à caporal dans les autres armes. **3** Gradé de police. **4** MAR Matelot aidant à la manœuvre d'accostage d'une embarcation.

**brigadière** *nf* Femme membre de la police, ayant le grade de brigadier.

**brigadiste** *n* Membre des Brigades internationales, des Brigades rouges.

**brigand** *nm* **1** Malfaiteur qui vole, pille, commet des crimes. *Une bande de brigands.* SYN bandit. **2** Homme malhonnête. **3** Terme de reproche affectueux. *Mon brigand de fils.* ETY De l'ital.

**brigandage** *nm* **1** Pillage, vol à main armée. **2** Action très malhonnête, concussion.

**Brigands (les)** drame en 5 actes et en prose de Schiller (1782).

**brigantin** *nm* anc Navire à deux mâts et à un seul pont.

**brigantine** *nf* MAR Voile d'artimon trapézoïdale.

**Bright Richard** (Bristol, 1789 – Londres, 1858), médecin anglais. *Mal de Bright* : la néphrite chronique.

**Brighton** v. de G.-B., sur la Manche, au S. de Londres (East Sussex) ; 155 000 hab. Station balnéaire, la plus import. du pays.

**Brigide (sainte)** religieuse irlandaise de la fin du Ve s., patronne de l'Irlande.

**Brigitte (sainte)** (près d'Uppsala, v. 1303 – Rome, 1373), religieuse suédoise qui fonda l'ordre du Saint-Sauveur (1345-1346) ; auteur de *Révélations* mystiques. Patronne de la Suède. VAR **Birgitte, Brïte**

**Brignoles** ch.-l. d'arr. du Var ; 16 881 hab. – Palais d'été des comtes de Provence (XIIIe s.). DER **brignolais, aise** *a, n*

**brigue** *nf* vx Intrigue, manœuvre secrète et détournée pour obtenir qqch. ETY De l'ital.

**briguer** *vt* ① **1** Tâcher d'obtenir par brigue. *Briguer une faveur.* **2** Solliciter, rechercher avec empressement.

**brillance** *nf* Luminosité.

**1 brillant, ante** *a* **1** Qui brille. *Un soleil brillant.* SYN éclatant, étincelant. ANT mat. **2** Qui se manifeste avec éclat, qui attire l'attention. *Un style brillant.* SYN remarquable. **3** Qui s'impose par ses qualités intellectuelles, artistiques. *Un élève brillant.* **4** Abondant, riche. SYN magnifique, splendide. ANT médiocre. *Un brillant mariage.* DER **brillamment** *av*

**2 brillant** *nm* **1** Éclat, lustre. *Le brillant d'une pierre. Le brillant de sa conversation.* **2** Diamant taillé à facettes.

**brillanter** *vt* ① TECH **1** Tailler une pierre précieuse en brillant. **2** Donner un aspect brillant à. *Brillanter un métal.* **3** litt Rendre brillant, parsemer d'ornements brillants. DER **brillantage** *nm*

**brillantine** *nf* Huile parfumée pour lustrer les cheveux. DER **brillantiner** *vt* ①

**brillat-savarin** *nm inv* Fromage AOC normand (vache), très gras, à pâte molle et croûte fleurie. ETY Du n. pr.

**Brillat-Savarin Anthelme** (Belley, 1755 – Paris, 1826), magistrat et écrivain français : *Physiologie du goût ou Méditations de gastronomie transcendante* (1826).

**briller** *vi* ① **1** Jeter une lumière éclatante, avoir de l'éclat. *Le soleil brille. Un bijou qui brille.* ANT pâlir. **2** fig Se manifester clairement. *La joie brillait sur son visage.* **3** fig Attirer l'attention, provoquer l'admiration. *Elle aime briller.* **4** Exceller. *Briller dans l'improvisation.* ETY De l'ital.

**brimade** *nf* **1** Plaisanterie, épreuve à caractère plus ou moins vexatoire que les anciens d'une école, d'un régiment, font subir aux nouveaux. **2** Mesure désobligeante, mesquine. *Les brimades d'une administration.*

**brimbaler** *v* ① fam, vieilli Syn. de *brinquebaler.* DER **brimbalement** *nm*

**brimborion** *nm* litt Petit objet sans valeur.

**brimer** *vt* ① Soumettre qqn à des brimades. ETY De *brime,* altér. de *brume.*

**brin** *nm* **1** Mince pousse, tige d'une plante. *Brin d'herbe, de muguet.* **2** Parcelle mince et longue. *Un brin de paille, de fil.* **3** TECH Chacun des fils d'un cordage, d'un câble électrique, etc. **4** MAR Chacune des parties d'une manœuvre passant dans une poulie. *Brins d'un palan.* **5** fig Très petite quantité. *Ajoutez un brin de sel.* LOC ***Un beau brin de fille*** : une fille grande et bien faite.

**brindille** *nf* Branche mince et courte.

**Brindisi** v. d'Italie (Pouilles), sur l'Adriatique ; ch.-l. de la prov. du m. nom ; 89 200 hab. Archevêché. Port de voyageurs vers l'est. Industries.

**Brinell Johan August** (Bringetofta, 1849 – Stockholm, 1925), ingénieur suédois. ▷ TECH *Essai Brinell* : essai de dureté par mesure de la surface de l'empreinte d'une bille appliquée sur le matériau.

**bringé, ée** *a* Qui présente des bringeures (robe des bovidés, pelage des chiens). ETY De brin.

**bringeure** *nf* Bande noire sur la robe rousse ou fauve d'un bovidé ou d'un chien. PHO [bʀɛ̃ʒyʀ]

**1 bringue** *nf* LOC pop ***Une grande bringue*** : une femme dégingandée. ETY P.-ê. de *brin.*

**2 bringue** *nf* **1** fam Beuverie, fête, bombance. *Faire la bringue.* **2** Suisse fam Querelle. ETY De l'all. *bringe,* « je porte la santé ».

**bringuer** *v* ① **A** *vi* fam **1** Faire la bringue. **2** Suisse Chicaner. **B** *vpr* Suisse Se quereller.

**Brink André Philippus** (Vrede, État libre d'Orange, 1935 – en vol, 2015), écrivain sud-africain d'expression afrikaans, hostile à l'apartheid : *Une saison blanche et sèche* (1980), *État d'urgence* (1988).

**brinquebaler** *v* ① **A** *vt* Balancer, ballotter. **B** *vi* Cahoter, osciller. SYN brimbaler. ETY Formation expressive, sur *baller.* VAR **bringuebaler**

**Brinvilliers Marie-Madeleine d'Aubray (marquise de)** (Paris, 1630 – id., 1676), criminelle française, coupable d'empoisonnements, décapitée puis brûlée.

**brio** *nm* Virtuosité dans une activité. *Jouer avec brio.* ETY Mot ital.

**brioche** *nf* **1** Pâtisserie faite avec de la farine, du beurre, des œufs et de la levure. **2** fam Bourrelet abdominal. *Prendre de la brioche.* ETY De *brier,* forme dial. de *broyer.*

**brioché, ée** *a* Qui est confectionné comme la brioche, qui en a le goût. *Pain brioché.*

**Brioché Pierre Datelin,** dit (m. à Paris, 1671), bateleur marionnettiste.

**briochin, ine** → **Saint-Brieuc.**

**brion** *nm* MAR Pièce qui relie la quille à l'étrave.

**Brion Marcel** (Marseille, 1895 – Paris, 1984), écrivain français : *l'Allemagne romantique* (1963-1979). Acad. fr. (1964).

**briouate** *nm* Pâtisserie aux amandes d'Afrique du Nord. ETY Mot ar.

**Brioude** ch.-l. d'arr. de la Hte-Loire, près de l'Allier, dans la *Limagne de Brioude* ; 6 982 hab. – Égl. romane St-Julien (XIIe-XIIIe s.). DER **brivadois, oise** *a, n*

**brique** *nf, a inv* **A** *nf* **1** Parallélépipède rectangle de terre argileuse, cuit au four ou séché au soleil. **2** Objet, emballage de forme parallélépipédique. *Brique de verre.* **3** MAR Bloc de grès ayant la forme d'une brique ; mélange de sable et d'eau, qui sert à brosser le pont. **4** fam Dix mille francs. **5** Suisse Fragment, éclat, miette. *Des briques de pain.* **B** *a inv* De la couleur rougeâtre de la brique. *Un velours brique.* ETY De l'all. *brechen,* « briser ».

**briquer** *vt* ① **1** MAR Frotter le pont avec une brique. **2** mod Nettoyer avec soin.

**1 briquet** *nm* **1** Appareil servant à produire du feu. *Briquet à quartz.* **2** Sabre court utilisé autref. dans l'infanterie. ETY De *brique,* « morceau ».

**2 briquet** *nm* Petit chien de chasse. ETY Dimin. de *braque.*

**3 briquet** *nm* Casse-croûte des mineurs. ETY Mot wallon, « quignon de pain ».

**briqueter** *vt* ⑱ ou ⑳ CONSTR **1** Garnir de briques. **2** Appliquer un enduit sur lequel on trace des lignes pour imiter la brique. DER **briquetage** *nm*

**briqueterie** *nf* Fabrique de briques. VAR **briquèterie** DER **briquetier** *nm*

**briquette** *nf* Aggloméré en forme de brique, constitué de débris de combustibles liés au brai.

**bris** *nm* DR Rupture. *Bris de clôture.*

**1 brisant, ante** *a* Se dit d'un explosif à déflagration très rapide. DER **brisance** *nf*

**2 brisant** *nm* Écueil sur lequel la mer brise et écume.

**Brisbane** v. et port d'Australie, cap. de l'État du Queensland, à l'embouchure de la *rivière Brisbane* (côte E.) ; 1,8 million d'hab. (aggl.). Centre comm., bancaire et universitaire.

**briscard** *nm* HIST Vieux soldat chevronné. LOC *Un vieux briscard :* un homme rusé et de grande expérience. VAR **brisquard**

**brise** *nf* Vent modéré et régulier, soufflant de 2 à 10 m/s. LOC *Brise de mer :* qui souffle, le jour, vers la terre. — *Brise de terre :* qui souffle, la nuit, vers le large. ETY Mot probabl. frison.

**brisé, ée** *a* Rompu, mis en pièces. LOC ARCHI *Arc brisé :* aigu. — GEOM *Ligne brisée :* composée de segments de droites consécutifs qui forment des angles.

**brise-béton** *nm* CONSTR Outil pour casser par percussion les dalles de béton. PLUR brise-bétons ou brise-béton.

**brisées** *nfpl* VEN Branches rompues par le veneur pour marquer la voie. LOC *Aller sur les brisées de qqn :* entrer en rivalité avec lui sur son propre terrain. — *Suivre les brisées de qqn :* l'imiter.

**brise-fer** *n* Enfant turbulent, qui brise tout. PLUR brise-fers ou brise-fer.

**brise-glace** *nm* **1** Éperon placé en avant d'une pile d'un pont pour briser les glaces flottantes. **2** Navire équipé d'un éperon pour briser la glace et ouvrir un passage à la navigation. PLUR brise-glaces ou brise-glace.

**brise-jet** *nm* Dispositif adapté à un robinet, afin d'atténuer la force du jet. PLUR brise-jets ou brise-jet.

**brise-lame** *nm* **1** Ouvrage destiné à protéger un port contre la mer en amortissant la houle. SYN jetée, môle. **2** MAR Bordure verticale, à l'avant d'un navire, empêchant le ruissellement vers l'arrière. PLUR brise-lames. VAR **brise-lames** *nm inv*

**brise-motte** *nm* AGRIC Lourd cylindre dentelé servant à briser les mottes de terre. PLUR brise-mottes. VAR **brise-mottes** *nm inv*

**briser** *v* ① **A** *vt* **1** Rompre, casser. *Le verre s'est brisé sur le sol. Voix brisée par le chagrin.* **2** fig Détruire, anéantir. *Briser la carrière de qqn.* **3** Fatiguer, abattre. *Toutes ces émotions m'ont brisé.* **4** Interrompre soudainement. *Briser une conversation.* **B** *vi* **1** Déferler. *Mer qui brise.* **2** Cesser de voir qqn, de se conformer à qqch. *Briser avec de mauvaises habitudes.* LOC *Briser le cœur :* peiner, affliger. — *Briser le joug, ses liens :* s'affranchir. — *Brisons là :* ne poursuivons pas la discussion. — fam *Les briser à qqn :* l'ennuyer, l'importuner. ETY Du lat.

**brise-tout** *n inv* Personne maladroite qui casse tout sur son passage. VAR **brisetout**

**briseur, euse** *n* litt Celui qui brise. LOC *Briseur de grève :* ouvrier qui ne fait pas grève ou qui remplace un gréviste.

**brise-vent** *nm* Ouvrage ou plantation qui protège de l'action du vent. PLUR brise-vents ou brise-vent.

**brisis** *nm* ARCHI Ensemble des angles formés par les plans d'un comble brisé.

**brisquard** → **briscard.**

**Brissac** → **Cossé.**

**Brisson** Barnabé (Fontenay-le-Comte, v. 1530 – Paris, 1591), magistrat français. Les ligueurs l'élurent en 1588 prem. président du Parlement puis le désavouèrent et l'exécutèrent.

**Brissot de Warville** Jacques Pierre Brissot, dit (Chartres, 1754 – Paris, 1793), journaliste et homme politique français, un des chefs des Girondins (appelés aussi *Brissotins*) ; il fut guillotiné.

**bristol** *nm* Carton mince, d'aspect satiné. *Chemise de bristol.* ETY Du n. pr.

**Bristol** port du S.-O. de la G.-B., sur l'Avon, près de l'estuaire de la Severn ; 370 300 hab. ; ch.-l. du comté d'Avon. Industries. – Égl. St. Mary Redcliffe (XIV$^{e}$-XV$^{e}$ s.) ; cath. XIII$^{e}$-XIX$^{e}$ s. – Le *canal de Bristol,* golfe de l'Atlant., sépare le pays de Galles de la Cornouailles.

**brisure** *nf* **1** Cassure ; partie brisée, fragment. *Brisures de truffes.* **2** TECH Partie articulée d'un ouvrage de menuiserie qui se replie sur lui-même. **3** HERALD Modification des armoiries qui distingue les branches d'une famille ou marque la bâtardise.

**Britannicus** Tiberius Claudius (v. 41 – 55 apr. J.-C.), fils de l'empereur Claude et de Messaline. Héritier du trône, écarté par sa belle-mère Agrippine et empoisonné par Néron. ▷ LITTER Tragédie en 5 actes et en vers de Racine (1669).

**britannique** *a, n* Du Royaume-Uni.

**Britanniques (îles)** archipel comprenant la Grande-Bretagne et l'Irlande.

**britanno-colombien** → **Colombie-Britannique.**

**Brïte** → **Brigitte.**

**british** *a, n* fam, péjor Anglais, britannique.

**British Airways** compagnie aérienne britannique, née en 1973 de la fusion de trois compagnies. Elle a été privatisée en 1987.

**British Broadcasting Corporation** → **BBC.**

**British Museum** musée de Londres, créé en 1753 ; l'un des plus vastes et des plus riches du monde : collections d'art, bibliothèque.

**Britten** Benjamin (Lowestoft, Suffolk, 1913 – Aldeburgh, Suffolk, 1976), compositeur anglais prolifique. Opéras : *Peter Grimes* (1945), *le Songe d'une nuit d'été* (1960).

**brittonique** *a, n* **A** Se dit du peuple celte établi en G.-B. avant la conquête romaine. **B** *nm* Langue celte parlée par ce peuple. ETY Du lat. *Britto,* « Breton ».

**Brive-la-Gaillarde** ch.-l. d'arrondissement de la Corrèze, sur la Corrèze ; 51 455 hab. Industries. – Égl. St-Martin (XII$^{e}$-XIV$^{e}$ s.). DER **briviste** *a, n*

**brize** *nf* BOT Syn. de *amourette.*

**Brizeux** Auguste (Lorient, 1803 – Montpellier, 1858), poète français, de langue française (*les Bretons*) et bretonne (*Harpe d'Arvor*).

**Brno** (en all. *Brünn*), v. de la Rép. tchèque, ch.-l. de la Moravie-Méridionale ; 384 550 hab. Industries. – Université. – Dans la citadelle du Špilberk (prison autrichienne) fut détenu S. Pellico. – Égl. goth. et baroques.

**Broadway** grande artère de New York (dans Manhattan) : nombr. salles de spectacles.

**broc** *nm* Vase à anse et à bec évasé, pour tirer ou transporter de l'eau, du vin, etc. ; son contenu. PHO [bʀo] ETY Du gr.

**Broca** Paul (Sainte-Foy-la-Grande, Gironde, 1824 – Paris, 1880), médecin et chirurgien français. *Aire de Broca :* la troisième circonvolution gauche du cerveau, spécialisée dans le langage.

**brocante** *nf* Commerce du brocanteur.

**brocanter** *vi* ① Acheter, troquer des marchandises d'occasion, des objets anciens pour les revendre. ETY Du haut all. *brocko,* « morceau ». DER **brocanteur, euse** *n*

**1 brocard** *nm* vx, litt Trait piquant, raillerie mordante. ETY De l'anc. v. *broquer,* « piquer ». DER **brocarder** *vt* ①

**2 brocard** *nm* VEN Chevreuil âgé d'un an et demi, dont les bois ne sont pas ramifiés. ETY Du normanno-picard *broque,* « dague ».

**brocart** *nm* Étoffe de soie brodée d'or, d'argent. ETY De l'ital. *broccato,* « broché ».

**brocatelle** *nf* **1** Étoffe imitant le brocart. **2** Marbre renfermant des fragments de différentes couleurs. ETY De l'ital.

**broccio** *nm* Fromage corse, au lait de chèvre ou de brebis. PHO [bʀɔtʃjo]

**Brocéliande** forêt légendaire de Bretagne (p.-ê. la forêt de Paimpont, en Ille-et-Vilaine), séjour de la fée Viviane et de l'enchanteur Merlin.

**Broch** Hermann (Vienne, 1886 – New Haven, Connecticut, 1951), romancier autrichien : *les Somnambules* (3 vol., 1929-1932), *la Mort de Virgile* (1945).

**broche** *nf* **1** Tige pointue que l'on passe au travers d'une pièce de viande, pour pouvoir la faire tourner pendant qu'elle cuit. **2** Tige métallique adaptée aux métiers à filer, sur laquelle s'enroulent les fils. **3** Tige d'une serrure, qui pénètre dans le trou d'une clé forée. **4** CHIR Fixateur métallique, interne ou externe, destiné à assurer la contention d'un ou de plusieurs segments osseux. **5** ELECTR Tige conductrice d'un contact électrique. **6** TECH Arbre principal d'une machine-outil. **7** Bijou de femme que l'on épingle dans l'étoffe d'un vêtement. **8** ALPIN Long piton servant à l'assurage des parois de glace. **9** VEN Chacune des défenses du sanglier ; premier bois du cerf, du daim, du chevreuil. ETY Du lat. *brocchus,* « saillant ».

**brocher** *vt* ① **1** Assembler, coudre et couvrir des feuilles imprimées de manière à former un livre. **2** Tisser une étoffe de telle sorte qu'apparaissent des dessins en relief. LOC *Volume broché :* ouvrage dont la couverture est en papier ou en carton mince (par oppos. à *volume relié* ou *cartonné*). DER **brochage** *nm*

**brochet** *nm* Poisson téléostéen d'eau douce, carnivore, de couleur verdâtre, dont l'une des espèces, fréquente dans les eaux calmes, dépasse 1 m de long.

**brochet**

**brocheton** *nm* Jeune brochet.

**brochette** *nf* **1** Petite broche à rôtir ; ensemble des morceaux qui y sont enfilés. **2** Petite broche à laquelle on suspend des médailles de décorations. **3** fam Groupe de personnes alignées.

**brocheur, euse** *n* **A** Personne qui broche des livres ou des tissus. **B** *nf* Machine qui sert à brocher les livres.

**brochure** *nf* **1** Dessin broché sur une étoffe. **2** Brochage d'un livre. **3** Ouvrage imprimé, peu épais, à couverture brochée ou piquée.

**Brocken** sommet princ. du massif du Harz (1 142 m), en Allemagne, où les sorcières danseraient la nuit de Walpurgis (30 avr.-1$^{er}$ mai).

**brocoli** *nm* **1** Variété de chou à tige érigée, à inflorescence verte moins compacte que celle du chou-fleur. **2** Pousse de fleurs de chou ou de navet consommée comme légume. ETY Mot ital.

**Brod** Max (Prague, 1884 – Tel-Aviv, 1968), écrivain tchèque naturalisé israélien d'expression allemande qui fit éditer les œuvres de Kafka, son ami.

**brodequin** *nm* **A** Chaussure de marche montante. **B** *nm pl* anc Appareil de torture qui écrasait les jambes. ETY De *brussequin*, « étoffe teinte à l'écorce de noyer ».

**broder** *v* ① **A** *vt* Orner une étoffe de dessins à l'aiguille. *Broder un couvre-pied.* **B** *vti* **1** fig Amplifier, embellir un récit. **2** MUS Ajouter des ornements, des variations à un thème. ETY Du frq.

**broderie** *nf* **1** Dessin exécuté à l'aiguille sur une étoffe déjà tissée ; ouvrage ainsi brodé. **2** fig Embellissement apporté à un récit, fabulation.

**brodeur, euse** *n* **A** Personne qui brode. **B** *nf* Machine à broder.

**Brodsky** Joseph (Leningrad, 1940 – New York, 1996), poète américain d'origine russe : *Une halte dans le désert* (1970), *Partie du discours* (1972-1976). P. Nobel 1987.

**Broederlam** Melchior (Ypres, v. 1338 – ?, apr. 1409), peintre flamand au service de Philippe II de Bourgogne.

**Broglie** ch.-l. de canton de l'Eure (arr. de Bernay) ; 1 189 hab. – Anc. *Chambrais*, fief érigé en duché de Broglie (1742). – Égl. en partie romane. Chât. d'époque Louis XV. DER **broglien, enne** *a, n*

**Broglie** famille française (depuis 1650), d'origine piémontaise (*Broglia* ou *Broglio*). — **Victor-Maurice (comte)** (?, 1646 – château de Buhy, Val-d'Oise, 1727), maréchal de France (1724). — **François Marie II (duc)** (Paris, 1671 – Broglie, Eure, 1745), fils du préc., maréchal de France (1734). — **Victor François** (1718 – Munster, 1804), fils du préc., maréchal de France (1762) ; chef militaire des émigrés en 1794. — **Achille Léon Victor** (Paris, 1785 – id., 1870), petit-fils du préc., président du Conseil en 1835-1836. Acad. fr. (1855). — **Albert** (Paris, 1821 – id., 1901), fils du préc., président du Conseil (monarchiste) en 1873-1874 et en 1877. Acad. fr. (1862). — **Maurice** (Paris, 1875 – Neuilly-sur-Seine, 1960), petit-fils du préc., physicien, spécialiste des rayons X. Acad. fr. (1934). — **Louis** (Dieppe, 1892 – Louveciennes, 1987) **(prince, puis duc de Broglie)** (à la mort de son frère Maurice) physicien, l'un des fondateurs, en 1923, de la mécanique ondulatoire : *Ondes et Corpuscules* (1930), *Matière et Lumière* (1937). Prix Nobel 1929. Acad. fr. (1944).

Louis de Broglie

**Broken Hill** ville d'Australie (Nouvelle-Galles du Sud) ; 28 000 hab. Très import. gisements (plomb, zinc, argent, cobalt).

**broker** *n* Dans les pays anglo-saxons, courtier en valeurs mobilières. PHO [brɔkœr] ETY Mot angl. VAR **brokeur**

**brol** *nm* Belgique, fam Désordre, fouillis.

**bromate** *nm* CHIM Sel ou ester de l'acide bromique.

**1 brome** *nf* BOT Genre de graminées comprenant plus de 15 espèces fréquentes en France. ETY Du gr.

**2 brome** *nm* CHIM **1** Élément non métallique appartenant à la famille des halogènes, de numéro atomique Z = 35 et de masse atomique 79,9 (symbole Br). **2** Corps simple liquide ($Br_2$ : *dibrome*) qui se solidifie à –7 °C et bout à 59 °C. ETY Du gr. *brômos*, « puanteur ».

ENC Dans la nature, on trouve le brome sous forme de bromures : eau de mer, gisements d'Alsace et de Stassfurt (Allemagne). C'est un liquide rouge sombre. Le bromure d'argent est utilisé en photographie, car il noircit sous l'action de la lumière. En médecine, on utilise les bromures de potassium et de calcium comme calmants, le bromure d'éthyle comme anesthésique. Les bromures se combinent aux alcools et donnent différents composés organiques antiseptiques, odorants, sucrés et hypnotiques.

**broméliacée** *nf* BOT Monocotylédone d'Amérique tropicale, très souvent épiphyte, telle que l'ananas ou de nombreuses plantes d'intérieur. ETY D'un n. pr.

**Bromfield** Louis (Mansfield, Ohio, 1896 – Colombus, Ohio, 1956), romancier américain : *la Mousson* (1937), *Mrs. Parkington* (1946).

**bromhydrique** *a* LOC CHIM ***Acide bromhydrique :*** bromure d'hydrogène (HBr).

**bromique** *a* Qui se rapporte au brome. LOC CHIM ***Acide bromique :*** de formule $HBrO_3$.

**bromure** *nm* **1** CHIM Nom générique des composés du brome. **2** Papier photographique au bromure d'argent **3** Dans l'industrie graphique, épreuve de contrôle en noir et blanc tirée sur ce papier.

**Bron** ch.-l. de cant. du Rhône (arr. et aggl. de Lyon) ; 39 438 hab. Aéroport. Centre industriel. DER **brondillant, ante** *a, n*

**bronca** *nf* Mouvement de réprobation virulente, tollé. ETY Mot esp.

**bronch(o)-** Élément, du grec *brogkhia*, « bronches ». PHO [brɔ̃ʃ] ou [brɔ̃k]

**bronche** *nf* Chacun des conduits aériens nés de la division de la trachée en deux, et chacune de leurs ramifications. ETY Du gr. DER **bronchique** *a* ▶ illustr. **poumon**

**broncher** *vi* ① **1** En parlant d'un cheval, faire un faux pas, trébucher. **2** fig Faire un geste, prononcer une parole pour protester. *Sans broncher.* ETY Du lat.

**bronchiole** *nf* Nom des ramifications les plus fines des bronches. PHO [brɔ̃ʃjɔl] ou [brɔ̃kjɔl]

**bronchiolite** *nf* MED Inflammation des bronchioles.

**bronchite** *nf* Inflammation de la muqueuse des bronches. DER **bronchitique** ou **bronchiteux, euse** *a, n*

**bronchoconstriction** *nf* Diminution réflexe du calibre des bronches, un des facteurs de la crise d'asthme.

**bronchodilatateur, trice** *a, nm* MED Qui dilate les bronches et les bronchioles.

**bronchographie** *nf* MED Examen radiographique de l'arbre bronchique après administration d'un produit de contraste.

**bronchopathie** *nf* MED Affection des bronches en général.

**bronchopneumonie** *nf* MED Inflammation des bronches et du parenchyme pulmonaire.

**bronchoscopie** *nf* MED Examen endoscopique des bronches.

**bronchospasme** *nm* MED Contracture spasmodique des bronches caractéristique de l'asthme.

**Brongniart** Alexandre Théodore (Paris, 1739 – id., 1813), architecte français : plans de la Bourse de Paris (bâtie de 1808 à 1827, dite fam. *palais Brongniart*) et du cimetière du Père-Lachaise. — **Alexandre** (Paris, 1770 – id., 1847), minéralogiste français, fils du préc. — **Adolphe** (Paris, 1801 – id., 1876), fils du préc., fonda la paléontologie végétale.

**Brønsted** Johannes Nicolaus (Varde, 1879 – Copenhague, 1947), chimiste danois qui, après Arrhenius, a donné une définition des acides (donneurs de protons) et des bases (accepteurs de protons).

**Brontë** Charlotte (Thornton, Yorkshire, 1816 – Haworth, 1855), romancière anglaise : *Jane Eyre* (1847). — **Emily** (Thornton, 1818 – Haworth, 1848), romancière, sœur de la préc. : *les Hauts de Hurlevent* (1847), l'un des sommets de la littérature anglaise, ignoré au moment de sa publication. ▶ illustr. p. 216 — **Anne** (Thornton, 1820 – Scarborough, 1849), romancière, sœur des préc. : *Agnes Grey* (1847). Les trois sœurs ont publié en 1846 un recueil de poèmes signé Currer, Ellis et Acton Bell.

**brontosaure** *nm* PALEONT Reptile fossile le plus grand (40 m de long) des dinosauriens, herbivore et semi-aquatique. ETY Du gr. *brontê*, « tonnerre ».

**Bronx** quartier de New York au N.-E. de Manhattan, dont le sépare la riv. Harlem ; 1 200 000 hab.

**bronzage** *nm* **1** TECH Traitement de la surface d'un objet, qui lui donne l'aspect du bronze. **2** Hâle.

**bronzant, ante** *a* Qui accélère le bronzage.

**bronze** *nm* **1** Alliage de cuivre et d'étain. *Statue de bronze.* **2** Objet sculpté, moulé en bronze. **3** Alliage de cuivre et d'un autre métal. *Bronze d'aluminium.* LOC ***Âge du bronze :*** époque, de la fin du IIIe mill. à 800 av. J.-C. env. en Europe continentale, où les hommes fabriquaient des outils et des armes en bronze. ETY De l'ital.

âge du **bronze** : casque – Musée départemental, Rouen

**bronzé, ée** *n* fam Personne de type méditerranéen ; basané.

**bronzer** *v* ① **A** *vt* **1** TECH Pratiquer le bronzage d'un objet. **2** Hâler. **B** *vi* Devenir hâlé.

**bronzette** *nf* fam Exposition au soleil pour se faire bronzer.

**bronzier** *nm* Fondeur d'objets d'art en bronze.

**Bronzino** Agnolo Tori, dit il (Florence, 1503 – id., 1572), peintre maniériste italien. ▶ illustr. p. 216

**brook** *nm* SPORT Fossé plein d'eau servant d'obstacle dans un steeple-chase. PHO [bʀuk] ETY Mot angl.

**Brook** Peter (Londres, 1925), metteur en scène de théâtre et de cinéma anglais, spécialiste de Shakespeare.

**Brooke** Rupert Chawner (Rugby, 1887 – Skýros, 1915), poète angl., influencé par Keats.

**Brooklyn** quartier de New York (É.-U.), dans l'O. de Long Island, séparé de Manhattan par l'East River ; 2 465 000 hab.

**Brooks** Louise (Cherryvale, Kansas, 1906 – Rochester, New York, 1985), actrice américaine. *Lulu,* film all. de Pabst (1929), fit d'elle une star.

Emily Brontë

Louise Brooks

**Brooks** Richard (Philadelphie, 1912 – Beverly Hills, 1992), réalisateur de cinéma américain : *Graine de violence* (1955), *Elmer Gantry* (1960), *De sang-froid* (1967).

**Brooks** Melvin Kaminsky, dit Mel (New York, 1926), cinéaste américain burlesque : *Frankenstein junior* (1976).

**brossage** → **brosser.**

**Brossard** Sébastien de (Dompierre, Orne, 1655 – Meaux, 1730), compositeur français ; auteur du plus ancien dictionnaire de musique en langue française (1703).

**brosse** *nf* **1** Ustensile fait d'une plaque garnie de poils durs, utilisé pour nettoyer ou lisser. *Brosse à habits, à cheveux.* **2** Gros pinceau plat. **3** Poils que porte le cerf aux jambes de devant. **4** Poils du corps ou des pattes de certains insectes. LOC ***Cheveux (taillés) en brosse :*** courts et droits sur la tête. — fig, fam ***Passer la brosse à reluire :*** flatter qqn de manière obséquieuse. ETY Du lat.

**Brosse** Salomon de (Verneuil-en-Halatte, v. 1570 – Paris, 1626), architecte français : palais du Luxembourg (1615-1620), fontaine Médicis à Paris, aqueduc d'Arcueil.

**Brosse** Gui de la → **La Brosse.**

**brosser** *v* ① **1** Frotter, nettoyer avec une brosse. *Brosser une veste. Se brosser les dents.* **2** Peindre à la brosse, par larges touches. **3** fig Décrire à grands traits. **4** Belgique, fam Manquer, sécher un cours. LOC ***Il peut se brosser :*** il n'aura pas ce qu'il veut, il n'obtiendra rien. DER **brossage** *nm*

**il Bronzino** *Portrait d'Eléonore de Tolède avec son fils*, v. 1545 – galerie des Offices, Florence

**brosserie** *nf* Fabrication, vente des brosses.

**Brosses** Charles de, dit le Président de (Dijon, 1709 – Paris, 1777), magistrat et écrivain français. Ses *Lettres familières* (posth., 1799) relatent son voyage en Italie (1739-1740).

**Brossolette** Pierre (Paris, 1903 – id., 1944), journaliste français. Résistant arrêté par les nazis, il se tua pour ne rien révéler à ses tortionnaires.

**brou** *nm* Écale verte et charnue des noix, des amandes. LOC ***Brou de noix :*** teinture brun foncé faite avec l'écale des noix. ETY De brout.

**Brou** écart de Bourg-en-Bresse (Ain), au S.-E. de la ville. L'égl., bâtie de 1513 à 1532 sur l'ordre de Marguerite d'Autriche à la mémoire de son mari, Philibert le Beau, duc de Savoie, est un bel exemple de goth. flamboyant.

**Brouage** écart de la com. de Hiers-Brouage (Charente-Maritime). Autref. place forte et port de mer (auj. envasé). – Enceinte fortifiée (1630-1640).

**Brouckère** Charles de (Bruges, 1796 – Bruxelles, 1860), homme politique belge. Il joua un rôle important dans la révolution de 1830.

**brouet** *nm* litt Mets liquide et peu consistant. ETY Du germ.

**brouette** *nf* Petit tombereau à une roue et deux brancards. ETY Du lat. *birota,* « à deux roues ».

**brouettée** *nf* Charge d'une brouette.

**brouetter** *vt* ① Transporter dans une brouette. *Brouetter de la terre.*

**Brougham and Vaux** Henry Peter Brougham (1^er^ baron) (Édimbourg, 1778 – Cannes, 1868), homme politique et avocat écossais. Il lança la station balnéaire de Cannes.

**brouhaha** *nm* Bruit confus qui émane d'une foule. PHO [bʀuaa] ETY Onomat.

**brouillade** *nf* CUIS Œufs brouillés.

**brouillage** *nm* RADIOELECTR Superposition d'une émission à une autre, rendant celle-ci inintelligible.

**brouillamini** *nm* fam Désordre, confusion. ETY Du lat.

**1 brouillard** *nm* **1** Nuage formé au voisinage du sol par des gouttelettes microscopiques dues à un refroidissement de l'air humide. **2** fig Trouble, confusion. *Être dans le brouillard.* **3** Autre nom du gypsophile.

**2 brouillard** *nm* Registre sur lequel on inscrit des opérations comptables, à mesure qu'elles se font. SYN main courante.

**brouillasser** *v impers* ① Tomber, en parlant d'une pluie fine qui forme comme un brouillard.

**brouille** *nf* Désaccord, fâcherie. VAR **brouillerie**

**brouiller** *v* ① **A** *vt* **1** Mélanger, mêler. *Œufs brouillés.* **2** Troubler. *Brouiller la vue.* **3** Mettre du désordre, de la confusion dans. *L'émotion brouillait ses souvenirs.* **4** Désunir des personnes, susciter le désaccord entre elles. **B** *vpr* **1** Se troubler. *Le temps se brouille.* **2** Devenir désordonné, confus. **3** Se fâcher. *Il s'est brouillé avec son frère.* ETY Probabl. de *bro(u),* « bouillon, boue ».

**brouilleur** *nm* RADIOELECTR Appareil servant au brouillage d'un émetteur.

**1 brouillon, onne** *a, n* Qui n'a pas d'ordre, qui embrouille tout.

**2 brouillon** *nm* Ce que l'on écrit d'abord, avant de mettre au net ; papier utilisé pour cela.

**brouilly** *nm* Vin rouge du Beaujolais.

**broussailles** *nfpl* Ensemble d'arbustes et d'arbrisseaux souvent épineux, ayant poussé en s'entremêlant. LOC ***En broussailles :*** dur et désordonné. ETY De *brosse.*

**broussailleux, euse** *a* Plein de broussailles.

**Broussais** François (Saint-Malo, 1772 – Vitry, 1838), médecin français. Il tenait pour seule cause des maladies l'inflammation des tissus.

**broussard, arde** *n* **1** Personne qui parcourt la brousse, qui a l'habitude de vivre dans la brousse. **2** Afrique fam, péjor Provincial, paysan.

**1 brousse** *nf* **1** Végétation clairsemée, caractéristique de l'Afrique tropicale (hautes graminées mêlées d'arbres peu nombreux, savane, formations à épineux). **2** Étendue couverte par une telle végétation. **3** En Afrique, tout ce qui n'est pas la ville. *Village de brousse.* **4** fam Rase campagne. ETY Du provenç. *brousso,* « broussaille ».

**2 brousse** *nf* Fromage frais, de chèvre ou de brebis. ETY Du frq. *brukja,* « ce qui est brisé ».

**Brousse** (en turc *Bursa*), v. de Turquie, au S.-E. de la mer de Marmara ; 1 400 000 hab. (aggl.) ; ch.-l. de l'il du m. nom. Industr. de la soie. Stat. therm. Résidence des sultans ottomans au XIV^e^ s. – Nombr. monuments hist. et religieux.

**Brousse** Paul (Montpellier, 1844 – Paris, 1912), homme politique français. Anc. communard, il fonda le parti *broussiste* ou *possibiliste,* qui voulait réformer la société sans violence.

**Broussel** Pierre (?, v. 1575 – Paris, 1654), conseiller au parlement de Paris. Son arrestation, sur l'ordre de Mazarin (26 août 1648), déclencha la Fronde.

**Broussilov** Alekseï Alekseïevitch (Saint-Pétersbourg, 1853 – Moscou, 1926), général russe ; auteur d'une offensive en Galicie en 1916. Il se rallia aux Soviets en 1917.

**broussin** *nm* Loupe, excroissance ligneuse qui vient sur le tronc ou les branches de certains arbres. ETY Du lat.

**brout** *nm* Pousse de jeunes tailles.

**broutard** *nm* Jeune veau mis au pâturage.

**brouter** *v* ① **A** *vt* Paître de l'herbe, des feuilles. **B** *vi* **1** TECH Couper par saccades et d'une façon irrégulière. **2** fam Entrer en action de façon saccadée. *Embrayage qui broute.* ETY Du germ. DER **broutement** *nm*

**broutille** *nf* Futilité, chose sans valeur.

**Brouwer** Adriaen (Audenarde, v. 1605 – Anvers, 1638), peintre de genre flamand : *Buveurs attablés.* VAR **Brauwer**

**Brown** Robert (Montrose, 1773 – Londres, 1858), botaniste écossais : *mouvement brownien.*

**Brown** John (Torrington, Connecticut, 1800 – Charleston, Virginie, 1859), abolitionniste américain. Sa pendaison contribua au déclenchement de la guerre de Sécession (1861).

**Brown** Herbert Charles (Londres, 1912 – La Fayette, Indiana, 2004), chimiste américain ; auteur de nombr. synthèses organiques. P. Nobel de chimie 1979 avec G. Wittig.

**Brown** James (Barnwell, Caroline du sud, 1933 – Atlanta, 2006), chanteur et compositeur américain : rhythm and blues, funky, soul.

**Brown** Trisha (Aberdeen, Washington, 1936), danseuse et chorégraphe américaine, chef de file de la *postmodern dance.*

**Brown** Gordon (Giffnock, Glasgow, 1951), homme politique britannique, leader du parti travailliste. Premier ministre de juin 2007 à mai 2010.

**brownie** *nm* Gâteau au chocolat et aux noix. PHO [bʀawni] ou [bʀɔni] ETY Mot amér.

**brownien, enne** *a* LOC PHYS ***Mouvement brownien :*** mouvement désordonné des particules microscopiques en suspension dans un liquide, dû à l'agitation thermique des molécules du liquide. PHO [bʀɔnjɛ̃, ɛn] ETY Du n. pr.

**browning** *nm* Pistolet automatique à chargeur, d'un calibre de 7,65 mm. PHO [bʀɔniŋ] ETY Du n. de l'inventeur.

**Browning Elizabeth Barrett** (Coxhoe Hall, Durham, 1806 – Florence, 1861), poétesse anglaise : *Sonnets de la Portugaise* (1850), *Aurora Leigh* (4 000 vers, 1856). — **Robert** (Camberwell, Londres, 1812 – Venise, 1889), poète, mari de la préc. : *Hommes et Femmes* (1855) ; *l'Anneau et le Livre* (1868-1869), analyse psychologique (20 000 vers).

**Brown-Séquard** Charles (Port-Louis, île Maurice, 1817 – Paris, 1894), neurologue et endocrinologue français.

**browser** *nm* INFORM Syn. de *navigateur*. PHO [bʀɔzœʀ] ETY Mot angl. VAR **browseur**

**broyat** *nm* Produit obtenu par broyage.

**broyer** *vt* ㉓ Réduire en poudre ou en pâte, écraser. LOC ***Broyer du noir*** : être triste, déprimé. PHO [bʀwaje] ETY Du germ. *brekau*, « briser ». DER **broyage** *nm*

**broyeur, euse** *n, a* **A** *n* Ouvrier, ouvrière qui broie. *Broyeur de chanvre*. **B** *nm* Appareil à broyer. **C** *a* Qui broie. *Insecte broyeur*.

**brrr !** *interj* Marque une sensation de froid, un sentiment de peur. ETY Onomat.

**bru** *nf* vieilli Femme du fils ; belle-fille.

**bruant** *nm* Oiseau passériforme dont le genre comprend de nombreuses espèces européennes (ortolan, proyer). ETY Var. de *bruyant*.

**Bruant Libéral** (Paris, 1635 – id., 1697), architecte français : hôtel des Invalides.

**Bruant Aristide** (Courtenay, 1851 – Paris, 1925), chansonnier montmartrois : *À Ménilmontant ; Nini Peau d'chien ; Rose blanche*.

**Bruay-la-Buissière** (anc. *Bruay-en-Artois*), ch.-l. de cant. du Pas-de-Calais (arr. de Béthune) ; 23 869 hab. Industries. DER **bruaysien, enne** *a, n*

**Bruay-sur-l'Escaut** com. du Nord (arr. de Valenciennes) ; 12 413 hab. DER **bruaysien, enne** *a, n*

**Brubeck David Brubeck**, dit **Dave** (Concord, Californie, 1920 – Norwalk, Connect., 2012), pianiste de jazz américain ; fondateur d'un quartette.

**Bruce** famille écossaise d'origine normande, qui a donné des rois à l'Écosse, notam. Robert Ier et son fils David II (XIVe s.).

**brucelles** *nf pl* TECH Très fines pincettes permettant de saisir des pièces trop petites pour être tenues à la main. ETY Du lat.

**brucellose** *nf* MED VET Maladie infectieuse bactérienne des grands animaux d'élevage, transmissible à l'homme. SYN fièvre de Malte, fièvre ondulante. ETY D'un n. pr.

**bruche** *nf* Coléoptère de forme trapue et de petite taille, qui s'attaque aux graines de légumineuses. ETY Du gr.

**Bruche (la)** riv. d'Alsace (70 km), affl. de l'Ill (r. g.) ; naît près du col de Saales.

**brucine** *nf* CHIM Alcaloïde voisin de la strychnine, qu'on extrait de la noix vomique. ETY Du lat.

**Brücke (Die)** (en fr. *le Pont*), groupe qui réunit à Dresde (1905) des peintres expressionnistes (Kirchner, Nolde, Heckel, Pechstein, etc.).

**Bruckner Anton** (Ansfelden, 1824 – Vienne, 1896), compositeur autrichien : musique religieuse, symphonies ; avec G. Mahler, il illustra la symphonie postromantique.

**Bruckner Theodor Tagger**, dit **Ferdinand** (Vienne, 1891 – Berlin, 1958), dramaturge autrichien : *les Criminels* (1928), *le Mal de la jeunesse* (1929), pièces réalistes à caractère social.

**Bructères** peuple germanique établi sur les bords de l'Ems (Ier s. apr. J.-C.).

**Bruegel** famille de peintres flamands. — **Pieter** dit **Bruegel le Vieux** ou **l'Ancien** (probablement à Brueghel, près de Breda, vers 1525 – Bruxelles, 1569), peintre qui fit sa carrière à Bruxelles. Ses paysages, ses scènes de genre, de kermesse, etc. sont une méditation sur la destinée humaine : *la Chute d'Icare, les Chasseurs dans la neige, Noces villageoises*. — **Pieter II** dit **Bruegel le Jeune** ou **d'Enfer** (Bruxelles, vers 1564 – Anvers, 1638), peintre, fils du préc. ; auteur de scènes « infernales » (d'où son surnom) dans la manière de J. Bosch. — **Jan Ier** dit **Bruegel de Velours** (Bruxelles, 1568 – Anvers, 1625), peintre, frère du préc., il peignit des fleurs et des fruits. VAR **Brueghel** ou **Breughel**

**Bruges** (en néerl. *Brugge*), v. de Belgique, ch.-l. de la Flandre-Occidentale, reliée par canaux (la « Venise du Nord ») à diverses v. dont le port de Zeebrugge ; 118 000 hab. Industries. Dentelle (« guipure des Flandres »). Import. port de pêche. Tourisme. – Bruges fut une très import. cité comm. et drapière (XIIIe-XVe s.) : cath. (XIIIe-XIVe s.) ; basilique du St-Sang (XIIe-XVe s.) ; hôtel de ville (XIVe s.) ; halles (XIIIe-XVIe s.) ; beffroi ou tour des Halles (XIIIe s.) ; riche musée municipal (peintures flamandes). La concurrence d'Anvers suscita son déclin (XVIe-XXe s.). DER **brugeois, oise** *a, n*

**Bruges**

**brugmansia** *nm* Arbuste ornemental aux grosses fleurs parfumées, en clochettes.

**brugnon** *nm* Pêche à peau lisse, à chair blanche, à noyau adhérent. ETY Du lat.

**brugnonnier** *nm* Pêcher produisant les brugnons.

**bruine** *nf* Petite pluie fine. ETY Du lat. DER **bruiner** *v impers* ① – **bruineux, euse** *a*

**bruire** *vi* ③ litt Rendre un son confus et continu. ETY Du lat. *bragere*, « bramer ». DER **bruissement** *nm*

**bruit** *nm* **1** Sensation perçue par l'oreille. *Le bruit du tonnerre*. **2** MED Son caractéristique et révélateur entendu à l'auscultation. **3** PHYS Ensemble de sons à caractère le plus souvent accidentel. **4** Tumulte, agitation. *Se retirer loin du bruit*. **5** Nouvelle qui circule, rumeur. *Ce scandale a fait du bruit*. **6** PHYS Fluctuations aléatoires de la lumière. **7** INFORM Ensemble d'informations non pertinentes surchargeant le résultat d'une recherche. LOC ***Bruit de fond*** : son parasite dans un récepteur.

**bruiter** *vt* ① Reconstituer les bruits qui doivent accompagner un spectacle, un film, une émission de radio. DER **bruitage** *nm* – **bruiteur** *nm*

**Bruit et la Fureur (le)** roman de Faulkner (1929).

**bruitiste** *a* fam Qui privilégie le bruit. *Un rock bruitiste et répétitif*.

**brûlage** *nm* **1** Action de brûler, partic. les herbes sèches. **2** Traitement des cheveux dont on brûle les pointes. VAR **brulage**

**brûlant, ante** *a* **1** Qui brûle, qui dégage une chaleur intense. **2** Accompagné d'une très grande chaleur. *Fièvre brûlante*. **3** fig Ardent, fervent. *Brûlant d'amour, d'ambition*. **4** Qui passionne, provoque la polémique. *Une question brûlante*. VAR **brulant**

**brûlé, ée** *a, nm* **A** *a* **1** fig Exalté, téméraire. *Une tête, une cervelle brûlée*. **2** fig, fam Démasqué, découvert. *Un agent secret brûlé*. **B** *nm* Ce qui a brûlé. *Sentir le brûlé*. LOC fam ***Ça sent le brûlé*** : l'affaire est suspecte ou la situation dangereuse. VAR **brulé, ée**

**Brûlé Étienne** (Champigny-sur-Marne, v. 1591 – Nouvelle-France, 1633), voyageur français. Il explora les Grands Lacs. Des Hurons le massacrèrent.

**brûle-gueule** *nm* Pipe à tuyau très court. PLUR brûle-gueules ou brûle-gueule. VAR **brule-gueule**

**brûle-parfum** *nm* Vase, réchaud dans lequel on brûle des parfums. PLUR brûle-parfums ou brûle-parfum. VAR **brule-parfum**

**brûle-pourpoint (à)** *av* Sans préambule, brusquement. *Poser une question à brûle-pourpoint*. VAR **brulepourpoint (à)**

**brûler** *v* ① **A** *vt* **1** Consumer, détruire par le feu. **2** Utiliser comme combustible ou comme luminaire. *Brûler du mazout*. **3** Causer une altération, une douleur, sous l'effet du feu, de la

**Bruegel le Vieux** *le Repas de noce*, 1568 – musée d'Histoire de l'art, Vienne

chaleur, d'un corrosif. *Acide qui brûle la peau.* **4** Soumettre au feu pour produire des modifications. *Brûler du café.* **5** fig Ne pas s'arrêter à. *Brûler un feu rouge.* **6** fig, fam Démasquer ; compromettre. *Brûler un espion. Brûler sa stratégie.* **B** *vi* **1** Être consumé par le feu. *La maison a brûlé.* **2** Subir une cuisson trop prolongée. **3** Être très chaud. *La tête me brûle.* **4** fig Être ardent, possédé d'un grand désir. *Il brûle de vous voir.* **5** fam Dans un jeu, être sur le point de trouver la solution, d'atteindre le but. LOC ***Brûler les étapes*** : progresser rapidement. — litt ***Brûler pour qqn*** : en être épris. ETY Du lat. VAR **bruler**

**brûlerie** *nf* **1** Lieu où l'on distille le vin pour obtenir l'eau-de-vie. **2** Lieu où l'on torréfie le café. VAR **brulerie**

**brûleur** *nm* **1** Fabricant d'eau-de-vie. **2** TECH Appareil destiné à mélanger un combustible et un comburant et à en assurer la combustion. VAR **bruleur**

**brûlis** *nm* **1** Partie de forêt incendiée. **2** AGRIC Champ dont on brûle la végétation pour le défricher, le fertiliser. *Semailles sur brûlis.* VAR **brulis**

**brûloir** *nm* **1** Appareil de torréfaction. **2** Appareil pour brûler les vieilles peintures. VAR **bruloir**

**brûlot** *nm* **1** anc Navire chargé de matières inflammables pour incendier les vaisseaux ennemis. **2** fig Court écrit polémique ou pamphlétaire. **3** Punch flambé. **4** Canada Moustique piqueur. VAR **brulot**

**brûlure** *nf* **1** Sensation vive et douloureuse. *Des brûlures d'estomac.* **2** Lésion tissulaire produite par le feu ou par une substance très chaude ou corrosive. **3** Marque laissée sur ce qui a brûlé. **4** AGRIC Flétrissement, souvent suivi de nécrose, provoqué par le soleil frappant des plantes gelées, qui semblent brûlées. VAR **brulure**

**brumaire** *nm* HIST Deuxième mois du calendrier républicain (du 22-24 oct. au 20-22 nov.).

**brumaire an VIII (18)** journée (9 nov. 1799) au cours de laquelle Napoléon Bonaparte fut nommé commandant des forces armées de Paris par le Conseil des Anciens, contre un complot jacobin (inventé par le Directeur Sieyès) ; les deux Conseils furent transférés à Saint-Cloud. Le 19 brumaire, Bonaparte lança les grenadiers de Murat contre le Conseil des Cinq-Cents sur la demande de leur président, Lucien Bonaparte, et le Consulat succéda au Directoire.

**brumasser** *v impers* ① Faire un peu de brume.

**brume** *nf* **1** Brouillard léger. *Brume de chaleur.* **2** MAR Brouillard. **3** fig Confusion de l'esprit. ETY Du lat. *bruma,* « (solstice d')hiver ». DER **brumeux, euse** *a*

**brumisateur** *nm* Atomiseur qui pulvérise en très fines gouttelettes de l'eau minérale d'Évian pour les soins du visage. ETY Nom déposé.

**brumisation** *nf* Pulvérisation par brumisateur. ETY Nom déposé.

**Brummell George Bryan** (Londres, 1778 – Caen, 1840), dandy anglais, arbitre des élégances ; ruiné, il dut s'exiler en France (1816), où il mourut dans la misère.

**brun, brune** *a, n* **A** *a* **1** De couleur jaune sombre tirant sur le noir. *Cheveux bruns.* **2** Se dit du nazisme, des mouvements nationalistes d'extrême droite. **3** COMM Se dit des appareils équipant la salle de séjour (téléviseur, magnétoscope, etc.). **B** *a, n* Dont les cheveux sont bruns. **C** *nm* Couleur brune. *Ce drap est d'un beau brun.* **D** *nf* **1** Bière brune. **2** Cigarette brune. LOC ***À la brune*** : au crépuscule. PHO [bʀœ̃, bʀyn] ETY Du germ.

**brunante** *nf* LOC Canada ***À la brunante*** : à la fin du jour, à la tombée de la nuit.

**brunâtre** *a* Tirant sur le brun.

**brunch** *nm* Petit déjeuner copieux, servant également de déjeuner, pris au milieu de la matinée. PLUR brunchs ou brunches. PHO [bʀœnʃ] ETY Mot angl., de *breakfast,* « petit déjeuner », et *lunch,* « déjeuner ». DER **bruncher** *vi* ①

**Brundtland Gro Harlem** (Oslo, 1939), femme politique norvégienne. Premier ministre en 1981, de 1986 à 1989 et dep. 1990.

**Brune Guillaume** (Brive-la-Gaillarde, 1763 – Avignon, 1815), maréchal de France (1804), assassiné pendant la Terreur blanche.

**Bruneau Alfred** (Paris, 1857 – id., 1934), compositeur français d'opéras naturalistes : *le Rêve* (1890).

**Brunehaut** (Espagne, vers 534 – Renève, près de Dijon, 613), reine d'Austrasie. Veuve du roi Sigebert d'Austrasie en 567, elle administra le royaume avec énergie. Sa rivalité avec Frédégonde, reine de Neustrie, ravagea leurs États. Livrée à Clotaire II, fils de Frédégonde, elle périt dans les tortures.

**Brunehilde** personnage de la mythologie germanique, héroïne de la trilogie des *Nibelungen* de Hebbel (1861), la walkyrie préférée du dieu Wotan dans la *Tétralogie* de Wagner. V. Nibelungen. VAR **Brünhild**

**Brunei** État situé sur la côte N.-O. de Bornéo ; 5 765 km$^2$ ; 400 000 hab. ; cap. *Bandar Seri Begawan.* Nature de l'État : sultanat. Langues off. : malais, angl. Monnaie : dollar de Brunei. Relig. : islam. – Import. gisements de pétrole et de gaz, exploités de façon croissante. – Anc. protectorat brit., indépendant (1984) au sein du Commonwealth. ▶ carte **Indonésie**

**Brunel sir Marc Isambard** (Hacqueville, au N. de Paris, 1769 – Londres, 1849), ingénieur britannique d'orig. fr. Il construisit le prem. tunnel sous la Tamise (inauguré en 1842). — **Isambard Kingdom** (Portsmouth, 1806 – Westminster, 1859), fils du préc., ingénieur, construisit des navires de fort tonnage.

**Brunelleschi Filippo di Ser Brunellesco** (Florence, 1377 – id., 1446), sculpteur et architecte florentin ; initiateur de l'architecture de la Renaissance : à Florence, coupole de Santa Maria del Fiore (1420-1436), chapelle et palais des Pazzi (1429-1446).

**Brunelleschi** chapelle des Pazzi (1429-1446), église Santa Croce, Florence

**Bruner Jerome Seymour** (New York, 1915), psychologue américain. Il a étudié le développement cognitif et a préconisé une psychologie culturelle : *Acts of Meaning* (1990).

**brunet, ette** *n* Personne dont les cheveux sont bruns.

**Brunetière Ferdinand** (Toulon, 1849 – Paris, 1906), critique littéraire français. Tenant de l'académisme, il s'opposa aux écoles symboliste et impressionniste. Acad. fr. (1893).

**Brunhes Jean** (Toulouse, 1869 – Boulogne-sur-Seine, 1930), géographe français : *Géographie humaine* (1910).

**bruni** *nm* TECH Partie polie d'un métal.

**Brüning Heinrich** (Münster, 1885 – Norwich, Vermont, 1970), homme politique allemand. Représentant du Centre catholique, chancelier de la rép. de Weimar (1930-1932), destitué par Hindenburg.

**brunir** *v* ③ **A** *vt* **1** Rendre brun. *Le soleil l'a bruni.* **2** TECH Polir un métal. *Brunir l'or.* **B** *vi* Devenir brun. DER **brunissage** *nm* – **brunissement** *nm*

**brunisseur, euse** *n* TECH Ouvrier, ouvrière qui brunit les métaux.

**brunissoir** *nm* TECH Instrument servant au brunissage des métaux.

**brunissure** *nf* **1** Poli d'un ouvrage qui a été bruni. **2** Façon donnée à une étoffe teinte.

**Brünn** → **Brno.**

**Bruno (saint)** (Cologne, v. 1030 – chartreuse della Torre, 1101), religieux allemand. Il fonda en France l'ordre des Chartreux (1084).

**Bruno Giordano** (Nola, royaume de Naples, 1548 – Rome, 1600), philosophe italien. Dominicain jusqu'en 1576, il développa une philosophie panthéiste : *l'Infini, l'univers et les mondes* (1584). Accusé d'hérésie par l'Inquisition, incarcéré sept ans, il fut brûlé vif.

**brunoise** *nf* CUIS Garniture constituée de légumes coupés en petits dés.

**Brunot Ferdinand** (Saint-Dié, 1860 – Paris, 1938), linguiste français : *Histoire de la langue française des origines à 1900* (1905-1943), continuée par C. Bruneau (1948-1953).

**Brunoy** ch.-l. de cant. de l'Essonne (arr. d'Évry), près de la forêt de Sénart ; 26 199 hab. DER **brunoyen, enne** *a, n*

**Brunschvicg Léon** (Paris, 1869 – Aix-les-Bains, 1944), philosophe français : *les Étapes de la philosophie mathématique* (1912) ; édition des *Pensées* de Pascal (1920).

**Brunswick** (en all. *Braunschweig*), rég. d'Allemagne, duché du XIII$^e$ s. à 1918, Land (1919) inclus dans la Basse-Saxe en 1946.

**Brunswick** (en all. *Braunschweig*), v. d'Allemagne (Basse-Saxe) ; 248 000 hab. Grand centre industriel. – Cath. romane (XII$^e$-XIII$^e$ s.). Palais ducal de Dankwarderode ( XII$^e$ s.).

**Brunswick (maison de)** maison princière d'Allemagne dont l'origine remonte au X$^e$ s. George I$^{er}$ d'Angleterre était issu de la branche Brunswick-Lunebourg.

**Brunswick Charles Guillaume Ferdinand (duc de)** (Wolfenbüttel, 1735 – Ottensen, 1806), général au service de la Prusse. Chef des armées coalisées, il lança, le 25 juillet 1792, le *manifeste de Brunswick* : Paris serait détruit si on portait atteinte à la famille royale de France ; ce manifeste provoqua l'insurrection du 10 août 1792. Vaincu à Valmy (1792), Brunswick fut mortellement blessé à Auerstaedt.

**bruschetta** *nf* CUIS Tranche de pain grillé frotté d'ail et recouvert d'huile d'olive, d'anchois, de tomates, de pesto, etc. PHO [bʀysketa] ETY Mot ital.

**brushing** *nm* Procédé de mise en plis consistant à travailler au séchoir les cheveux mouillés par mèches avec une brosse ronde. PHO [bʀœʃiŋ] ETY Mot angl.

**brusque** *a* **1** Qui a une vivacité rude, sans ménagement. *Des manières brusques.* SYN bourru. **2** Subit, inopiné. *Changement brusque.* ETY De l'ital. *brusco,* « rude ». DER **brusquement** *av*

**brusquer** *vt* ① **1** Traiter sans ménagement. **2** Précipiter. *Brusquer une décision.*

**brusquerie** *nf* Manières brusques à l'égard d'autrui. SYN rudesse.

**brut, brute** *a, nm, av* **A** *a* **1** Qui est encore dans son état naturel, n'a pas été modifié par l'homme. *Bois brut. Sucre brut. Pétrole brut.* **2** Grossier, peu civilisé. **3** Évalué avant toute retenue ou addition. *Produit brut.* **B** *nm* **1** Pétrole brut. **2** Salaire brut. **C** *av* Sans aucune défalcation. *Colis qui pèse brut vingt kilos.* LOC ***Art brut***: art spontané pratiqué par des autodidactes, des malades mentaux. — fam ***Brut de décoffrage***: tel quel, sans fioritures. — ***Champagne brut***: très sec. — ***Diamant brut***: non taillé. — COMM ***Poids brut***: celui de la marchandise et de l'emballage (par oppos. à *poids net*). ETY Du lat.

ENC La notion d'*art brut* a été dégagée vers 1944 par le peintre Dubuffet, pour distinguer « des ouvrages exécutés par des personnes indemnes de culture artistique [...] qui tirent tout (sujets, choix des matériaux mis en œuvre, moyens de transposition, rythmes, façons d'écriture, etc.) de leur propre fonds et non pas des poncifs de l'art classique ou de l'art à la mode ». Dubuffet a créé en 1947, à Lausanne, un Foyer de l'art brut.

**brutal, ale** *a, n* **1** Rude, violent. *Un geste brutal.* **2** Dénué de ménagements, de douceur ; grossier. *Franchise brutale.* **3** Rude et inopiné. *Une mort brutale.* PLUR brutaux. DER **brutalement** *av* – **brutalité** *nf*

**brutalisation** *nf* SOCIOL Augmentation de la brutalité dans les relations sociales.

**brutaliser** *vt* ① Traiter avec brutalité. SYN maltraiter.

**brutalisme** *nm* ARCHI Courant architectural, issu dans les années 1950 du fonctionnalisme, qui entend ne pas dissimuler les éléments organiques d'un bâtiment.

**brute** *nf* **1** litt Animal, envisagé sous l'aspect de sa bestialité. **2** Personne grossière, violente.

**Bruttium** nom anc. de la Calabre.

**Brutus** Lucius Junius (VI^e s. av. J.-C.), héros légendaire romain. Il chassa de Rome les Tarquins et fonda la rép. (509 av. J.-C.).

**Brutus** Marcus Junius (Rome, v. 85 – Philippes, 42 av. J.-C.), homme politique romain. Neveu de Caton d'Utique, il prit part à l'assassinat de César (44 av. J.-C.). Vaincu par Octavien et Antoine à Philippes, il se suicida.

**Bruxelles** (en néerl. *Brussel*), cap. de la Belgique, sur la Senne. L'agglomération de *Bruxelles* compte 1 million d'hab ; la Région de *Bruxelles-capitale* (160 km$^2$) comprend 19 communes. Le bilinguisme y est officiel. Grande métropole tertiaire et industrielle, au cœur des échanges européens (sièges de l'Union européenne et de l'OTAN). – La v. se développa aux XII^e et XIII^e s. Ch.-l. du dép. français de la Dyle de 1794 à 1814. Elle devint en 1830 la cap. du nouvel État belge – Nombr. monuments goth. : cath. Saint-Michel (XIII^e-XVII^e s.) ; égl. N.-D.-des-Victoires (XIV^e-XV^e s.) ; Grand-Place comprenant l'hôtel de ville (XV^e s.). Archevêché (avec Malines). Université. Riches musées. DER **bruxellois, oise** *a, n*

**Bruxelles** maison du Sac, Grand-Place, XVI^e s.

**bruxellisation** *nf* Belgique SOCIOL Destruction d'un tissu urbain ancien, due à la spéculation immobilière.

**bruxomanie** *nf* Fait de grincer involontairement des dents. ETY Du gr. VAR **bruxisme** *n, m*

**bruyant, ante** *a* **1** Qui fait du bruit. *Conversation bruyante.* **2** Où il y a beaucoup de bruit. *Une rue bruyante.* ANT silencieux. PHO [bʀyjɑ̃,ɑ̃t] DER **bruyamment** *av*

**bruyère** *nf* **1** Sous-arbrisseau (éricacée), à fleurs violacées, poussant sur des landes ou dans des sous-bois siliceux. **2** Lieu où poussent les bruyères. LOC ***Coq de bruyère***: tétras. — ***Terre de bruyère***: légère, acide, formée de sable siliceux mélangé aux produits de décomposition des bruyères. PHO [bʀyjɛʀ] ou [bʀyijɛʀ] ETY Du lat.

**bruyère**

**Bryant** William Cullen (Cummington, Massachusetts, 1794 – New York, 1878), poète américain : *Thanatopsis* (1821).

**bryo-** Élément, du gr. *bruon*, « mousse ».

**bryone** *nf* BOT Plante grimpante des haies, à fleurs blanc verdâtre (cucurbitacée).

**bryophyte** *nf* BOT Végétal tel que les mousses et les hépatiques.

**bryozoaire** *nm* ZOOL Syn. de *ectoprocte.*

**Bry-sur-Marne** ch.-l. de cant. du Val-de-Marne 15 000 hab. – Institut national de l'audiovisuel. DER **bryard, arde** *a, n*

**BSR** *nm* Sigle de *brevet de sécurité routière,* diplôme exigé depuis nov. 1997 pour conduire un cyclomoteur ou un scooter de 50 cm$^3$.

**BTP** *nm* Sigle de *bâtiment et travaux publics.*

**BTS** *nm* Sigle de *brevet de technicien supérieur.*

**buanderie** *nf* Lieu où l'on fait la lessive.

**bubale** *nm* ZOOL Antilope africaine haute de 1,30 m au garrot, à crâne allongé portant des cornes en forme de lyre. ETY Du gr.

**Bubastis** v. de l'Égypte anc. (auj. *Tell Basta*) ; une des capitales du Delta dans la période Hyksos. – La déesse Bastet y était vénérée. VAR **Boubastis**

**Buber** Martin (Vienne, 1878 – Jérusalem, 1965), philosophe et théologien israélien d'origine autrich. attiré par le hassidisme : *le Je et le Tu* (1923), prône le dialogue.

**bubinga** *nm* Arbre africain au bois rougeâtre, dur et lourd, utilisé en ébénisterie.

**Bubka** Sergueï (Donetsk, 1963), athlète ukrainien qui, à partir de 1984, fit progresser considérablement le saut à la perche.

**bubon** *nm* MED Tuméfaction ganglionnaire. *Bubon de la syphilis.* ETY Du gr. DER **bubonique** *a*

**Bucaramanga** v. de Colombie, dans la Cordillère orientale, au N. de Bogotá ; 1 million d'hab. (aggl.) ; ch.-l. de dép.

**Bucarest** (en roumain *București*), cap. de la Roumanie, sur la Dîmbovița, sous-affl. du Danube ; 1,9 million d'hab. Centre industriel et centre culturel ; monuments anc. ; les travaux entrepris par Ceaușescu ont endommagé les quartiers hist. de la ville. – Quatre *traités de Bucarest*, dont ceux de 1812 (entre la Russie et la Turquie) et de 1913 qui mit fin à la seconde guerre balkanique. DER **bucarestois, oise** *a, n*

**Bucarest** peinture pariétale de l'église de la Patriarchie, XVII^e s.

**buccal, ale** *a* Qui a rapport à la bouche. *Cavité buccale.* PLUR buccaux. ETY Du lat.

**buccin** *nm* **1** ANTIQ ROM Trompette romaine droite ou recourbée. **2** ZOOL Mollusque gastéropode marin à coquille hélicoïdale, dont une espèce est comestible. SYN bulot. PHO [byksɛ̃] ETY Du lat.

**buccinateur** *nm, am* **A** *nm* ANTIQ ROM Joueur de buccin. **B** *am, nm* ANAT Se dit des muscles des joues entre les deux mâchoires.

**buccodentaire** *a* Qui se rapporte à la bouche et aux dents.

**buccogénital, ale** *a* Qui concerne la bouche et les organes génitaux. PLUR buccogénitaux.

**buccorhodanien** → **Bouches-du-Rhône.**

**bucentaure** *nm* MYTH Centaure à corps de taureau.

**Bucentaure (le)** galère colossale sur laquelle montait le doge de Venise le jour (de l'Ascension) de ses *noces avec la mer.*

**Bucéphale** cheval d'Alexandre le Grand.

**Bucer** Martin (Sélestat, 1491 – Cambridge, 1551), théologien alsacien. Disciple de Luther, il prêcha la Réforme à Strasbourg et à Cambridge. VAR **Butzer**

**Buchanan** George (Killearn, Stirlingshire, 1506 – Édimbourg, 1582), humaniste et dramaturge écossais ; calviniste, précepteur du roi d'Écosse Jacques VI.

**Buchanan** James (près de Mercersburg, Pennsylvanie, 1791 – Wheatland, Pennsylvanie, 1868), homme politique américain ; président (1857-1861), partisan du système esclavagiste.

**1 bûche** *nf* **1** Morceau de bois de chauffage. *Un tas de bûches.* **2** fig, fam Personne stupide. LOC

*Bûche de Noël* : grosse bûche brûlée pendant la veillée de Noël ; pâtisserie en forme de bûche que l'on fait pour Noël. [ETY] Du germ. *busk*, « baguette ». [VAR] **buche**

**2 bûche** *nf* fam Chute. *Ramasser, prendre une bûche.* [ETY] De *bûcher*, dial., « frapper, heurter, buter ». [VAR] **buche**

**Buchenwald** localité de Thuringe (Allemagne) où fut installé, de 1937 à 1945, un camp de concentration nazi.

**1 bûcher** *nm* **1** Lieu où l'on range les bûches à brûler. **2** Amas de bois sur lequel on incinère les morts, selon les rites de certaines religions. **3** Amas de bois sur lequel on brûlait les condamnés ; ce supplice. [VAR] **bucher**

**2 bûcher** *vt* [1] **1** TECH Dégrossir une pièce de bois. **2** fam Travailler avec ardeur. *Bûcher les mathématiques.* [VAR] **bucher**

**bûcheron, onne** *n* Personne qui abat et débite des arbres dans une forêt. [ETY] Du rad *bosc*, « bois ». [VAR] **bucheron, onne**

**bûcheronner** *vi* [1] Abattre des arbres en forêt. [VAR] **bucheronner** [DER] **bûcheronnage** ou **bucheronnage** *nm*

**bûchette** *nf* **1** Menu morceau de bois sec. **2** Fromage de chèvre en forme de cylindre allongé. [VAR] **buchette**

**bûcheur, euse** *a, n* fam Qui étudie avec ardeur. *Un étudiant bûcheur ; une bûcheuse.* [VAR] **bucheur, euse**

**Buchez** Philippe Joseph Benjamin (Matagne-la-Petite, Ardennes, 1796 – Rodez, 1865), philosophe et homme politique français ; président de l'Assemblée constituante de 1848. Il prôna un socialisme chrétien.

**Buchner** Eduard (Munich, 1860 – Focşani, 1917), biochimiste allemand, spécialiste des fermentations. P. Nobel de chimie 1907.

**Büchner** Georg (Godelau, près de Darmstadt, 1813 – Zurich, 1837), poète, romancier et dramaturge allemand. Il s'interrogea avec pessimisme sur le destin tragique de l'homme : *la Mort de Danton* (drame, 1835), *Woyzeck* (drame, 1836), *Léonce et Léna* (comédie, 1836), *Lenz* (nouvelle inachevée ; posth., 1839). — **Ludwig** (Darmstadt, 1824 – id., 1899), philosophe matérialiste, frère du préc. : *Force et Matière* (1855).

**Buck** Pearl Sydenstriker, dite Pearl (Hillsboro, 1892 – Danby, 1973), auteur américain de romans sur la Chine : *la Terre chinoise* (1931), *la Mère* (1934) P. Nobel en 1938.

**Buckingham** George Villiers (1er duc de) (Brooksby, Leicestershire, 1592 – Portsmouth, 1628), homme polit. britannique. Favori de Jacques Ier et de Charles Ier, il fut assassiné par un officier puritain.

**Buckingham Palace** palais londonien, construit en 1705 pour le duc de Buckingham (plusieurs fois remanié au XIXe s.) ; résidence actuelle de la famille royale.

**Buckinghamshire** comté de G.-B., près de Londres ; 619 500 hab. ; ch.-l. *Aylesbury.*

**bucolique** *nf, a* **A** *nf* Poème pastoral. **B** *a* Qui concerne la vie, la poésie pastorale. [ETY] Du gr.

**Bucoliques (les)** (ou *les Églogues*), œuvre de Virgile (42-39 av. J.-C.), inspirée des *Idylles* de Théocrite.

**Bucovine** région des Carpates qui appartint aux Turcs (1538-1775), comme le reste de la Moldavie, puis à l'Autriche, et fut unie à la Roumanie (1918). Le N. a été rattaché à l'Ukraine en 1947 ; il comprend la v. princ. : Tchernovtsy. – Nombr. monastères ; certains (les Cinq Merveilles) ont une église peinte à fresque intérieurement et extérieurement.

**bucrane** *nm* ARCHI Ornement figurant un crâne de bœuf. [VAR] **bucrâne**

**Budapest** cap. de la Hongrie, sur le Danube ; 2,4 millions d'hab (aggl.). Formée par la réunion (1873) de *Buda*, anc. cité située sur la r. dr. du fl. (turque de 1526 à 1686), et de *Pest*, située sur la r. g. Centre culturel et industriel. – À Buda, égl. du Couronnement (XIIIe et XIVe s.) et de la Garnison (XIIIe et XVIIIe s.) ; Palais royal, reconstruit au XVIIIe s. ; anc. hôtel de ville (XVIIe s.). [DER] **budapestois, oise** *a, n*

**Budapest** le Parlement

**buddleia** *nm* BOT Arbrisseau ornemental originaire de Chine portant de grandes inflorescences violettes qui attirent les papillons. [PHO] [bydleja] [ETY] D'un n. pr. [VAR] **buddleya** ou **buddléia**

**Budé** Guillaume (Paris, 1467 – id., 1540), humaniste et philologue français. Helléniste, il obtint de François Ier l'ouverture d'un Collège des trois langues (hébreu, grec et latin), qui devint le Collège de France en 1530.

**budget** *nm* **1** État prévisionnel et contrôlé de dépenses et recettes, généralement annuel. *Budget d'activité, de fonctionnement.* **2** DR PUBL État des recettes et des dépenses présumées qu'une personne morale aura à encaisser et à effectuer pendant une période donnée. *Équilibre du budget. Le Parlement a voté le budget.* **3** Revenus et dépenses d'un particulier. [ETY] Mot angl. issu de l'a. fr. *bougette*, dimin. de *bouge*, « sac ». [DER] **budgétaire** *a*

**budgétarisme** *nm* POLIT Attachement, jugé excessif, à la rigueur budgétaire. [DER] **budgétariste** *a*

**budgétiser** *vt* [1] Inscrire au budget. [VAR] **budgéter** *vt* [14] [DER] **budgétisation** *nf*

**budgétivore** *a* fam Qui ruine le budget d'une communauté, en partic. de l'État.

**Buech (le)** torrent des Alpes du S. (90 km) qui conflue avec la Durance (r. dr.) à Sisteron.

**buée** *nf* Vapeur d'eau condensée en gouttelettes. [ETY] Du frq.

**Buenaventura** princ. port de Colombie, sur le Pacifique ; 324 000 hab.

**Buenos Aires** cap. et grand port de l'Argentine, sur la rive S. du río de la Plata ; l'agglomération compte 3 millions d'hab. Le Grand Buenos Aires (3 800 km$^2$) en compte 12,7. Princ. centre écon. du pays. – La v., fondée en 1580, devint en 1776 la cap. de la vice-royauté de La Plata. Capitale fédérale depuis 1880. [DER] **buenos-airien, enne** *a, n*

**Buenos Aires**

**Buffalo** port fluv. des É.-U. (État de New York), à l'extrémité E. du lac Érié, près du Niagara ; 1 204 800 hab. (aggl.). Nombr. industries.

**Buffalo Bill** William Frederick Cody, dit (Scott County, Iowa, 1846 – Denver, Colorado, 1917), aventurier américain ; éclaireur au service de l'armée, puis directeur de cirque.

**buffet** *nm* **1** Meuble où l'on range la vaisselle, l'argenterie. **2** Table couverte de mets dans une réception ; l'ensemble de ces mets. **3** Salle d'une gare où l'on sert des repas et des boissons. **4** fig, fam Ventre, estomac. **5** Ouvrage de menuiserie qui renferme un orgue. *Buffet d'orgue.*

**Buffet** Bernard (Paris, 1928 – Tourtour, Var, 1999), peintre français d'inspiration expressionniste.

**Buffet** Marie-George (Sceaux, 1949), femme politique française, secrétaire nat. du PCF de 2001 à 2010.

**buffle** *nm* Nom de divers grands bovinés d'Europe du Sud, d'Afrique et d'Asie du Sud. [ETY] De l'ital. *bufalo*.

[ENC] Le buffle d'Asie (genre *Bubalus*) a été domestiqué puis introduit en Europe (où le lait de la bufflonne donne la mozzarella), dans la vallée du Nil, au Brésil. Le buffle d'Afrique (genre *Syncerus*) porte des cornes dont la base très large forme une sorte de casque.

**bufflèterie** *nf* Ensemble des bandes de cuir servant à l'équipement d'un soldat. [PHO] [byfletri] [VAR] **buffleterie**

**bufflon** *nm* Jeune buffle.

**bufflonne** *nf* Femelle du buffle. [VAR] **bufflesse**

**Buffon** Georges Louis Leclerc (comte de) (Montbard, 1707 – Paris, 1788), naturaliste et écrivain français : *Histoire naturelle* (36 vol., 1749-1804, inachevée) avec des suppléments, dont l'*Histoire des sept époques de la nature* (1778). Célèbre par son style (*Discours sur le style* prononcé lors de sa réception à l'Acad. fr., 1753).

**bufonidé** *nm* Amphibien, tel le crapaud.

**bug** *nm* Syn. (déconseillé) de *bogue*. [PHO] [bœg] [ETY] Mot angl. « punaise ». [DER] **buggé, ée** *a*

**Bug** fl. d'Ukraine, 856 km ; naît en Volhynie, se jette dans la mer Noire. [VAR] **Bug** ou **Boug méridional**

**buffle** d'Afrique et buffle d'Inde (à dr.)

**Bug (le)** riv. d'Europe de l'E., frontière, sur 300 km, entre la Pologne et l'Ukraine (où il prend sa source), affl. de la Vistule (r. dr.) ; 813 km. VAR **Bug** ou **Boug occidental**

**Buganda** ancien royaume de langue bantoue, né au XV^e s., qui devint au XIX^e s. le principal roy. du territ. actuel de l'Ouganda. V. Bunyoro. VAR **Bouganda**

**Bugatti** Ettore (Milan, 1881 – Paris, 1947), constructeur français d'automobiles, d'origine italienne. Il fonda sa prem. usine en 1907.

**Bugeaud** Thomas (marquis de La Piconnerie, duc d'Isly) (Limoges, 1784 – Paris, 1849), maréchal de France. Gouverneur de l'Algérie (1840-1847), il en assura la conquête et vainquit les Marocains sur l'Isly (1844).

**Bugey (le)** pays de France, au S.-E. du dép. de l'Ain, dans le Jura ; réuni à la couronne en 1601. – Centrale nucl. à Saint-Vulbas (Ain).

**buggy** *nm* **1** Syn. de *boghei*. **2** Voiture tout-terrain découverte, à pneus très larges montés sur un châssis de série.

**Bugis** peuple du sud de Sulawesi (Indonésie). Navigateurs et marchands, islamisés au XVII^e s., ils ont essaimé dans toute la région. DER **bugi, ie** *a*

**1 bugle** *nm* Instrument à vent en cuivre, à embouchure, de la famille des saxhorns. ETY Mot angl. emprunté à l'a. fr.

**2 bugle** *nf* BOT Plante labiée atteignant 30 cm de haut, à fleurs groupées en épis. ETY Du lat.

**buglosse** *nf* Plante à fleurs bleues (borraginacée) qui pousse dans les lieux incultes. ETY Du gr. *bouglôsson*, « langue de bœuf ».

**bugne** *nf* Beignet saupoudré de sucre. ETY Du provenç.

**bugrane** *nf* Sous-arbrisseau rampant et épineux à racines très développées et à fleurs roses (papilionacée). SYN arrête-bœuf. ETY Du lat.

**buiatrie** *nf* Médecine vétérinaire appliquée aux bovins. ETY Du gr. *bous*, « bœuf ». DER **buiatre** *n*

**Buican** Denis (Bucarest, 1934), épistémologue français d'origine roumaine : travaux sur l'histoire de la génétique.

**building** *nm* vieilli Vaste immeuble comptant de nombreux étages. PHO [bildiŋ] ou [byldiŋ] ETY Mot anglo-amér. de *to build*, « construire ».

**buire** *nf* ARCHEOL Cruche à anse, en métal ou en verre. ETY Du frq. VAR **bure**

**buis** *nm* Arbrisseau toujours vert (buxacée), à bois jaunâtre, dur et à grain fin ; bois de cet arbre. LOC *Buis bénit* : branche de buis bénite le jour des Rameaux.

**buisson** *nm* **1** Touffe d'arbustes ou d'arbrisseaux épineux. **2** CUIS Mets disposé en pyramide. *Buisson d'écrevisses.* LOC ***Arbre en buisson*** : arbre fruitier nain taillé. ETY De *bois*.

**Comte de Buffon**, par Carmontelle, gravure (détail) – musée de Condé, Chantilly

**Buisson** Ferdinand (Paris, 1841 – Thieuloy-Saint-Antoine, Oise, 1932), homme politique français ; princ. collaborateur de Jules Ferry, cofondateur de la Ligue des droits de l'homme. P. Nobel de la paix en 1927.

**Buisson ardent (le)** buisson qui brûlait sans se consumer, sur le mont Horeb, depuis lequel Dieu interpella Moïse pour lui ordonner de sortir d'Égypte le peuple hébreu et de le mener vers la Terre promise.

**buisson-ardent** *nm* Arbuste épineux (rosacée) à fruits orange ou rouges, à feuillage persistant. SYN pyracantha. PLUR buissons-ardents.

**buissonnant, ante** *a* **1** BOT Qui a le port d'un buisson. **2** fig Qui présente de nombreuses ramifications. *Une lignée buissonnante.*

**buissonneux, euse** *a* **1** Couvert de buissons. **2** En forme de buisson.

**buissonnier, ère** *a* Qui évoque la flânerie sans contrainte. *Une promenade buissonnière.* LOC ***Faire l'école buissonnière*** : aller jouer, se promener au lieu d'aller à l'école, au travail.

**Bujumbura** (anc. *Usumbura*), cap. du Burundi, sur le lac Tanganyika ; 550 000 hab. (aggl.). DER **bujumburien, enne** *a, n*

**Bukavu** (anc. *Costermansville*), v. de la Rép. dém. du Congo ; 250 000 hab. ; ch.-l. de la province du Kivu. Centre comm. et industr.

**Bukhari (al-)** (Boukhara, 810 – Samarkand, 870), écrivain arabe d'origine persane : le *Sahīh* (« le Vrai ») contient plus de 6 000 traditions relatives à Mahomet.

**Bulawayo** v. du Zimbabwe, à 1 360 m d'alt. ; 653 000 hab. ; ch.-l. de la prov. de *Matabeleland-Nord*. Centre industr.

**bulbe** *nm* **1** Organe végétal de réserve de forme arrondie constitué par une tige feuillue à entrenœuds très courts. *Bulbe solide, tuniqué, feuillé.* **2** ANAT Nom de certains organes, ou de certaines parties d'organes renflés ou globuleux. *Bulbe de l'œil, bulbe urétral.* **3** ARCHI Coupole en forme de bulbe. **4** MAR Partie profilée de l'étrave ou de la quille de certains bateaux. LOC ANAT ***Bulbe rachidien*** : renflement de la partie supérieure de la moelle épinière où se trouvent plusieurs centres nerveux importants, notam. le centre respiratoire. ETY Du lat. DER **bulbaire** *a*

**bulbeux, euse** *a* **1** Pourvu d'un bulbe. **2** Qui a la forme d'un bulbe.

**bulbiculture** *nf* Culture des plantes à bulbe (tulipes). DER **bulbicole** *a* – **bulbiculteur, trice** *n*

**bulbille** *nf* BOT Petit bulbe qui se développe à l'aisselle des feuilles et qui, détaché de la plante mère, peut donner une nouvelle plante.

**bulbul** *nm* Passereau des régions chaudes, au plumage terne, bon chanteur. ETY Mot persan.

**bulgare** *nm* Langue slave du groupe méridional parlée en Bulgarie.

**Bulgarie** (*Republika Bulgaria*), État des Balkans qui s'ouvre à l'E. sur la mer Noire ; 110 912 km² ; 7,2 millions d'hab. ; cap. *Sofia*. Nature de l'État : rép. parlementaire. Langue off. : bulgare. Monnaie : lev. Relig. : christianisme orthodoxe, islam. DER **bulgare** *a, n*
**Géographie** Des chaînes orientées O.-E. (Balkan, Rhodope) séparent des dépressions qui concentrent la pop. : bassin de Sofia, vallée de la Maritza, S. de la plaine du Danube. Le climat continental a des nuances méditerranéennes au S. On compte de nombr. minorités : Turcs, Pomaks (Bulgares musulmans), Tsiganes, Juifs, Roumains, Arméniens.
**Économie** Sous le communisme, la Bulgarie a développé l'économie collectivisée, dépendant de l'URSS : spécialisation agricole (céréales, betterave à sucre, tabac, coton, vigne, fruits et légumes, essence de rose), production de biens d'équipement et de consommation, exploitation du sous-sol (lignite, cuivre, plomb, zinc, fer), tourisme international sur les rivages de la mer Noire. Dep. 1990, la transition graduelle vers l'écon. de marché révèle les faiblesses : faible compétitivité, peu d'investissements étrangers, chômage...
**Histoire** La Bulgarie correspond à l'anc. Thrace, dont Rome fit les prov. de Thrace et de Mésie, soumises aux invasions slaves dès le VI^e s. Les Bulgares, peuple turco-mongol, assujettirent les Slaves au VIII^e s. et fondèrent un État, christianisé sous Boris I^er (852-889). S'éten-

dant de l'Adriatique à la mer Noire après les conquêtes de Siméon le Grand (m. en 927), l'Empire bulgare fut soumis par Byzance en 972 et annexé en 1018. Les Asénides (Jean I^er^, Jean II, Jean III Asen), aux XII^e^ et XIII^e^ s., reconstituèrent un puissant État. Le pays fit partie de l'Empire ottoman de 1396 à 1878 et retrouva son indépendance après la guerre russo-turque (traité de San Stefano, modifié par le congrès de Berlin). Il annexa en 1885 la Roumélie orient. La suzeraineté ottomane ne fut rejetée qu'en 1908, le prince Ferdinand de Saxe-Cobourg se proclamant tsar des Bulgares. Les conquêtes de la première guerre balkanique (1912) furent perdues lors de la deuxième guerre (1913). La Bulgarie, qui s'allia à l'Autriche-Hongrie en 1914, perdit la Dobroudja et son débouché sur la mer Égée (1919). Boris III (1918-1943) établit un régime dictatorial et se rangea au côté du Reich, qui l'occupa en 1941. **DEPUIS 1944** Après l'entrée des troupes sov. en 1944, Georgi Dimitrov, président du Conseil de 1946 à sa mort (1949), fonda une république démocratique populaire (1947). Au traité de Paris (1947), elle perdit ses conquêtes. La Bulgarie fit partie du Comecon (1949) et du pacte de Varsovie (1955). Todor Živkov dirigea le pays de 1971 à sa démission, en 1989. Le parti communiste se nomma Parti socialiste bulgare (PSB) en 1990. En juil., Želio Želev, dirigeant de l'Union des forces démocratiques (UFD), principale force d'opposition, fut élu président de la Rép., mais le PSB remporta les élections législatives de 1994. En 1996, la crise économique s'aggravant, l'UFD revint au pouvoir. L'ancien roi Siméon devient Prem. ministre après la victoire (2001) du parti populiste qu'il a formé. Mais en nov., Georgui Parvanov (PSB) est élu à la prés. La Bulgarie entre dans l'UE en 2007. En 2006, Boïko Borissov crée un parti de centre-droit, et remporte les législatives de 2009. Il voit son pouvoir renforcé par l'élection en 2011 de Rossen Plevneliev à la prés. Des manifestations populaires contraignent B. Borissov à démissionner en 2013. Un gouv. de coalition entre socialistes et le parti de la minorité turque est mis en place. Borissov regagne le pouvoir après les législatives de 2014.

**bulgogi** *nm* CUIS Viande émincée et marinée que l'on fait cuire sur un gril posé sur la table (spécialité coréenne).

**bulin** *nm* Petit escargot tropical d'eau douce, à coquille sénestre, vecteur de la bilharziose.

**Bull John** (en fr. *Jean Taureau*), sobriquet donné par J. Arbuthnot au peuple anglais, obstiné (*Histoire de John Bull*, 1712).

**Bull John** (Somersetshire, v. 1562 – Anvers, 1628), compositeur anglais (pour orgue, épinette et clavecin).

**bullaire** *nm* Recueil de bulles pontificales.

**Bullant Jean** (Écouen, v. 1520 – id., 1578), architecte français : château d'Écouen (1542-1552), chât. des Tuileries (1570-1571, après Ph. Delorme).

**bull-dog** *nm* Chien anglais à poil ras, de taille moyenne, robuste et musclé. PLUR bull-dogs. PHO [buldɔg] ETY Mot angl. de *bull*, « taureau », et *dog*, « chien ». VAR **bulldog**

**bulldozer** *nm* **1** Engin de terrassement constitué par un tracteur à chenilles équipé d'une lame pour pousser les déblais. SYN bouteur. **2** fig, fam Personne déterminée, que rien ne peut arrêter. PHO [byldozɛʀ] ETY Mot anglo-amér.

**1 bulle** *nf* **1** HIST Petite boule de plomb attachée au sceau d'un acte pour l'authentiquer ; ce sceau lui-même. **2** Acte authentiqué par un sceau de plomb. *Bulle pontificale* ETY Du lat.

**2 bulle** *nf* **1** Globule de gaz dans un liquide ou dans une matière fondue ou coulée. **2** Espace graphique cerné d'un trait, dans lequel sont inscrites les paroles ou les pensées d'un personnage de bande dessinée. SYN phylactère. **3** MED Enceinte stérile et transparente destinée à recevoir un enfant immunodéprimé. **4** MED Vésicule soulevant l'épiderme par accumulation d'un liquide séreux. **5** fam Zéro à un devoir, une interrogation. **6** fig Situation difficilement maîtrisable. *La bulle informatique liée à l'an 2000.* **LOC** ***Bulle financière*** ou ***bulle spéculative*** : maintien des cours boursiers à la hausse due essentiellement à la spéculation. — fam ***Coincer sa (la) bulle*** : se reposer. — INFORM ***Mémoire à bulles*** : mémoire dans laquelle les informations sont enregistrées sous la forme de minuscules cylindres magnétiques. ETY Du lat.

**3 bulle** *nm inv, a inv* Papier grossier, beige ou jaune pâle, fait de pâte non blanchie.

**Bulle d'or** charte (portant un sceau d'or) due à l'empereur Charles IV, qui fixa en 1356 l'élection des empereurs du Saint Empire.

**buller** *vi* ① **1** Présenter des bulles. *Les pneus arrière ont bullé.* **2** fam Ne rien faire, paresser, coincer la bulle.

**Bullet Pierre** (Paris, 1639 – id., 1716), architecte français : arc de la porte St-Martin (1674).

**bulletin** *nm* **1** Avis communiqué par une autorité ou un organisme privé et destiné au public. *Bulletin de santé.* **2** Revue périodique d'une administration, d'une société. *Bulletins officiels des ministères.* **3** Papier spécialement destiné à exprimer un vote. *Bulletin blanc, nul.* **4** Formulaire où sont consignées les appréciations portées sur le travail et la conduite d'un élève. **LOC** ***Bulletin-réponse*** : formulaire servant à un concours, à un jeu. ETY De l'ital.

**bulleux, euse** *a* Qui contient des bulles, qui présente des bulles. **LOC** MED ***Râle bulleux*** : variété de râle humide entendu à l'auscultation.

**bull-finch** *nm* SPORT Obstacle de steeple-chase composé d'un talus surmonté d'une haie. PLUR bull-finchs. PHO [bulfintʃ] ETY Mot angl. VAR **bullfinch**

**Bullier (bal)** bal populaire, installé place de l'Observatoire, à Paris (1842-1936).

**bull-terrier** *nm* Chien d'origine anglaise, ratier à robe blanche, issu de croisements entre bull-dogs et terriers. PLUR bull-terriers. PHO [bylteʀje]

**Bully-les-Mines** com. du Pas-de-Calais (arr. de Lens) ; 12 852 hab.

**bulot** *nm* Syn. de *buccin.*

**Bülow Friedrich Wilhelm (comte Bülow von Dennewitz)** (Falkenberg, 1755 – Königsberg, 1816), général prussien. Il participa aux batailles de Leipzig et de Waterloo.

**Bülow Hans (baron von)** (Dresde, 1830 – Le Caire, 1894), pianiste et chef d'orchestre allemand. Sa femme, Cosima, fille de Liszt, le quitta pour épouser Wagner.

**Bülow Bernhard (prince von)** (Klein-Flottbeck, Schleswig-Holstein, 1849 – Rome, 1929), homme politique allemand ; chancelier de 1900 à 1909.

**Bultmann Rudolf** (Wiefelstede, 1884 – Marburg, 1976), théologien luthérien allemand : *Jésus, mythologie et démythologisation* (1968).

**Bulwer-Lytton** → **Lytton.**

**bun** *nm* Petit pain rond, servant à la confection des hamburgers. PHO [bœn] ETY Mot angl.

**buna** *nm* TECH Caoutchouc artificiel obtenu à partir du butadiène. ETY Nom déposé.

**Bunche Ralph Johnson** (Detroit, 1904 – New York, 1971), homme politique américain ; médiateur de l'ONU en Palestine (1948). P. Nobel de la paix (1950).

**Bund** (all. « fédération »), organisation politique des ouvriers révolutionnaires juifs fondée en 1897. Elle joua un rôle important avant et pendant la révolution de 1917, puis fut éliminée.

**Bundesbank** banque centrale d'Allemagne, créée en 1957. Depuis le 1^er^ janv. 1999 (mise en service de l'euro), certaines de ses attributions sont exercées par la Banque centrale européenne.

**Bundesrat** nom du Conseil fédéral de l'Allemagne, composée de représentants des Länder.

**Bundestag** nom de l'Assemblée fédérale de l'Allemagne, assemblée législ. instituée en 1949, élue au suffrage universel direct.

**Bundeswehr** (armée fédérale), armée de l'Allemagne, nommée ainsi depuis 1956.

**bundle** *nm* COMM Méthode de vente consistant à donner un logiciel lors de l'achat d'un matériel. PHO [bœndœl] ETY Mot angl.

**bungalow** *nm* **1** Habitation basse entourée d'une véranda. **2** Petite maison en matériaux légers servant de résidence de vacances. **3** Canada Maison de plain-pied. PHO [bɛ̃galo] ETY Mot angl., de l'hindi *bangla*, « du Bengale ».

**bunker** *nm* **1** Casemate. **2** SPORT Fosse remplie de sable aménagée sur un parcours de golf. PHO [bunkɛʀ] ETY Mot all.

**bunkériser** *vt* ① Enfermer dans d'étroites limites, isoler du monde extérieur. *Un pouvoir totalement coupé de la réalité, bunkérisé.* DER **bunkérisation** *n, f*

**bunodonte** *a* ZOOL Qualifie un type de dents à tubercules arrondis.

**bunraku** *nm* Spectacle de marionnettes japonais, agrémenté de récitatifs, de musique et de chants. PHO [bunʀaku] ETY Mot jap.

**Bunsen Robert Wilhelm** (Göttingen, 1811 – Heidelberg, 1899), chimiste et physicien allemand, inventeur de piles, d'un brûleur (*bec Bunsen*), et, surtout, de la première méthode d'analyse spectrale (avec Kirchhoff).

**Buñuel Luis** (Calenda, Aragon, 1900 – Mexico, 1983), cinéaste espagnol. Il réalisa en France avec S. Dali les deux prem. films surréalistes : *Un chien andalou* (1928, en collab. avec S. Dali), *l'Âge d'or* (1930) et fit une 2^e^ carrière au Mexique, en France et en Espagne : *los Olvidados* (1950), *Viridiana* (1961), *l'Ange exterminateur* (1962), *Tristana* (1970), *Cet obscur objet du désir* (1977). DER **bunuelien, enne** *a*

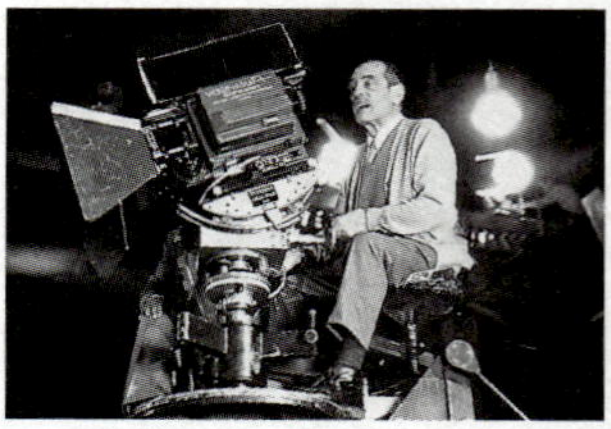

Luis Buñuel

**Bunyan John** (Elstow, près de Bedford, 1628 – Londres, 1688), prédicateur baptiste anglais. Emprisonné (1660-1672), il écrivit *le Voyage du pèlerin,* allégorie chrétienne.

**Bunyoro** anc. royaume de langue bantoue, né au XII^e^ s. et qui domina le territ. actuel de l'Ouganda jusqu'à ce que le Buganda s'en libère au XIX^e^ s.

**Buonarroti** → **Michel-Ange.**

**Buonarroti Philippe** (Pise, 1761 – Paris, 1837), révolutionnaire français d'origine italienne. Il fit connaître la pensée de Babeuf, son ami : *Histoire de la Conspiration de l'égalité* (1828).

**Buontalenti Bernardo** (Florence, 1536 – id., 1608), architecte, peintre et sculpteur maniériste florentin.

**buphtalmum** *nm* Plante vivace (composée) à fleurs jaunes, cultivée dans les jardins. SYN œil-de-bœuf. PHO [byftalmɔm]

**buprénorphine** *nf* Puissant analgésique provoquant des toxicomanies.

**bupreste** *nm* ENTOM Coléoptère ayant souvent de brillantes couleurs, dont les larves creusent des galeries dans divers arbres. ETY Du gr.

**burakumin** *n* Au Japon, catégorie sociale faisant l'objet d'une discrimination ancestrale, du fait de leur activité considérée comme impure (fossoyeurs, bouchers, tanneurs). PHO [buʀakumin] ETY Mot jap.

**buraliste** *n* **1** Personne préposée à un bureau de recette, de distribution, de poste, etc. **2** Personne qui tient un bureau de tabac. ETY De *bureau*.

**Buraydah** v. du centre de l'Arabie Saoudite, dans une oasis ; ch.-l. de prov. ; env. 467 400 hab. Très import. marché chamelier.

**Burbage** Richard (Londres, v. 1567 – id., 1619), le principal acteur de la troupe de Shakespeare.

**Burckhardt** Johann Ludwig (Lausanne, 1784 – Le Caire, 1817), explorateur suisse qui pénétra dans les villes saintes d'Arabie, déguisé en marchand arabe.

**Burckhardt** Jacob (Bâle, 1818 – Le Caire, 1897), historien suisse d'expression all. : *la Civilisation de la Renaissance en Italie* (1860).

**1 bure** *nf* Grosse étoffe de laine, généralement brune. ETY Du lat.

**2 bure** *nm* MINES Puits intérieur entre deux ou plusieurs galeries de niveaux différents. ETY Mot wallon.

**3 bure → buire.**

**bureau** *nm* **1** Table de travail, ou meuble à tiroirs, à casiers, comportant un plateau pour écrire. **2** Pièce où se trouve la table de travail. **3** Lieu de travail des employés, des gens d'affaires, etc. **4** Établissement d'administration publique. *Bureau d'aide sociale.* **5** Subdivision dans un ministère. **6** MILIT Chacune des divisions spécialisées d'un état-major. **7** INFORM Espace virtuel constitué par l'écran de l'ordinateur sur lequel apparaissent des outils de travail (applications, corbeille, etc.) **8** Ensemble des membres directeurs élus d'une assemblée, d'une association. *Élire le bureau. Le bureau de l'Assemblée nationale.* LOC *Bureau électoral* : autorité temporaire chargée de présider aux opérations d'un scrutin, d'en assurer la régularité et la police. ETY De *bure 1*.

**bureaucratie** *nf* **1** Pouvoir excessif de l'administration. **2** péjor L'administration publique, l'ensemble des fonctionnaires. PHO [byʀokʀasi] DER **bureaucrate** *n* – **bureaucratique** *a* – **bureaucratiquement** *av*

**bureaucratiser** *vt* ① Augmenter le poids de la bureaucratie. DER **bureaucratisation** *nf*

**Bureau des longitudes** organisme créé par la Convention en 1795 pour développer l'astronomie et ses applications : physique du globe, géographie, navigation (puis météorologie, aéronautique, etc.).

**bureautique** *nf, a* INFORM Ensemble des techniques et des moyens qui visent à automatiser les activités de bureau et principalement le traitement et la communication de la parole, de l'écrit et de l'image. ETY Nom déposé. DER **bureauticien, enne** *n*

**burelé, ée** *a* **1** En philatélie, se dit d'un fond rayé. **2** HERALD Divisé en fasces diminuées.

**Buren** Daniel (Boulogne-sur-Seine, 1938), artiste français : *les Deux Plateaux*, cour d'honneur du Palais-Royal de Paris (1986-1987), ensemble nommé fam. « colonnes de Buren ».

**Daniel Buren** *les Deux Plateaux*, sculpture in situ, Palais-Royal, Paris, 1985-1986

**Bures-sur-Yvette** com. de l'Essonne (arr. de Palaiseau) ; 9 900 hab. Institut des hautes études scientifiques. DER **buressois, oise** *a, n*

**burette** *nf* **1** Petit flacon destiné à contenir l'huile ou le vinaigre. **2** LITURG Flacon destiné à contenir l'eau ou le vin de la messe. **3** Récipient à tubulure effilée, servant au graissage de pièces mécaniques. **4** CHIM Tube gradué vertical, portant un robinet à sa partie inférieure et servant pour certains dosages volumétriques.

**Burgas → Bourgas.**

**burgau** *nm* Gastéropode marin dont la coquille est utilisée pour sa nacre. ETY Mot antillais.

**burgaudine** *nf* Nacre fournie par le burgau.

**Burgenland** Land d'Autriche, à la frontière hongroise ; 3 966 km$^2$ ; 286 200 hab. ; cap. *Eisenstadt*. – Terre hongroise jusqu'en 1918.

**burger** *nm* Produit de restauration rapide présenté dans un bun (hamburger, cheeseburger). PHO [bœʀgœʀ] ETY Mot anglais.

**Bürger** Gottfried August (Momerswende, Harz, 1747 – Göttingen, 1794), poète allemand : ballades populaires (*Lénore* 1773).

**Burgess** John Burgess Wilson, dit Anthony (Manchester, 1917 – Londres, 1993), romancier anglais : *Orange mécanique* (1962).

**Burgkmair** Hans (Augsbourg, 1473 – id., 1531), peintre et graveur allemand, influencé par Dürer et par la Renaiss. italienne.

**Burgondes** peuple germanique (qui a donné son nom à la Bourgogne) qui s'établit sur le Rhin au déb. du V$^e$ s. Leur royaume, anéanti en 436 par Aetius, se reconstitua dans le bassin du Rhône (443). Les Francs l'annexèrent en 534. DER **burgonde** *a*

**Burgos** v. d'Espagne ; 177 100 hab. ; cap. de la communauté auton. de Castille et Léon ; ch.-l. de la prov. de Burgos. Métall. – La v. fut prise par les Français en 1808. Le gouv. de Franco y siégea de 1936 à 1939. – Cath. goth. Ste-Marie (XIII$^e$-XV$^e$ s.) ; abb. cistercienne ; chartreuse de Miraflores ; Solar del Cid (maison du Cid).

**Burgoyne** John (Sutton, 1722 – Londres, 1792), général britannique. Sa capitulation, à Saratoga (1777), consacra l'indép. des É.-U.

**burgrave** *nm* Ancien titre de la hiérarchie féodale dans le Saint Empire.

**Buridan** Jean (Béthune, v. 1300 – ?, apr. 1358), philosophe de l'école nominaliste. Il aurait illustré ainsi la liberté de choix : un âne *(l'âne de Buridan)*, pressé par la faim et par la soif, ne sait choisir entre un seau d'eau et un picotin d'avoine, et meurt de faim et de soif.

**burin** *nm* Outil d'acier taillé en biseau, qui sert dans de nombreux métiers à entailler les matériaux durs. ETY De l'ital.

**Burin (le)** constellation de l'hémisphère austral ; n. scientif. : *Caelum, Caeli*.

**buriner** *vt* ① **1** Travailler au burin. **2** fig Marquer. *Visage buriné.* DER **burinage** *nm*

**Burke** Edmund (Dublin, 1729 – Beaconsfield, 1797), écrivain et homme polit. britannique, adversaire de la Révolution fr. : *Réflexions sur la Révolution en France* (1790).

**Burkina Faso** (anc. *Haute-Volta*), État intérieur d'Afrique occid. ; 274 200 km$^2$ ; 18,5 millions d'hab. ; cap. *Ouagadougou*. Nature de l'État : rép. présidentielle. Langue off. : français. Monnaie : franc CFA. Princ. ethnies : Mossis (47,9 %), Peuls, Lobis, Bobos, Sénoufos, Gourounsis. Relig. : animisme (maj.), islam et christianisme. – L'art des peuples voltaïques est princ. représenté par la production de masques des Bobos, Kouroumbas, Lobis et Mossis. DER **burkinabé, ée** ou **burkinais, aise** *a, n*
**Géographie** Pénéplaine au sol pauvre, le Burkina Faso se partage entre un milieu tropical

de savane et de forêt sèche au S. et la steppe sahélienne au N. La pop., rurale à plus de 70 %, a une croissance rapide et s'expatrie massivement dans les pays voisins. Les ressources sont faibles (cultures vivrières, coton, arachide, élevage bovin extensif). Le seul débouché est la voie ferrée Ouagadougou-Abidjan. Le Burkina Faso appartient aux pays les moins avancés.
**Histoire** À partir de 1200, les Mossis formèrent des royaumes, brillants jusqu'au XV$^{e}$ s. Ils ne purent s'opposer à la conquête française (1895-1898). Détachée du Haut-Sénégal-Niger en 1919, la Haute-Volta fut divisée en 1932 entre les colonies voisines et reconstituée en 1947. L'indép. fut proclamée en 1960, sous la présidence de Maurice Yaméogo, renversé en 1966 par le colonel Sangoulé Lamizana, lui-même renversé en 1980. D'autres coups d'État se succédèrent jusqu'à l'arrivée, en 1983, du capitaine Thomas Sankara. La Haute-Volta, rebaptisée Burkina Faso (1984), devint une république démocratique et populaire. En 1987, Sankara fut assassiné par Blaise Campaoré, qui, élu prés. en 1991, opta pour une écon. de marché et le multipartisme. Sans cesse réélu ensuite, il réprime dans la violence toute opposition. Il est chassé en 2014. Roch Kaboré, dissident du parti de B. Campaoré, est élu président en 2015.

**Burkitt (tumeur de)** *nf* MED Cancer des vaisseaux lymphatiques de la face, décrit en 1947 par le médecin anglais Burkitt en Afrique équatoriale, le seul cancer humain dont un virus (du groupe herpès) est reconnu responsable.

**burlat** *nf* Variété de bigarreau à chair rouge vif ou foncé. (ETY) D'un n. pr.

**burlesque** *a, nm* **A** Qui est d'une bouffonnerie outrée, plaisant par sa bizarrerie. *Projet, tenue burlesque.* SYN grotesque. **B** *nm* Genre, style burlesque. (ETY) De l'ital. *burla,* « plaisanterie ». (DER) **burlesquement** *av*

**burlingue** *nm* fam **1** Bureau. **2** Ventre.

**burmese** *n* Race de chat à poil court, brun ou bleuté. (ETY) De l'angl. *Burma,* « Birmanie ».

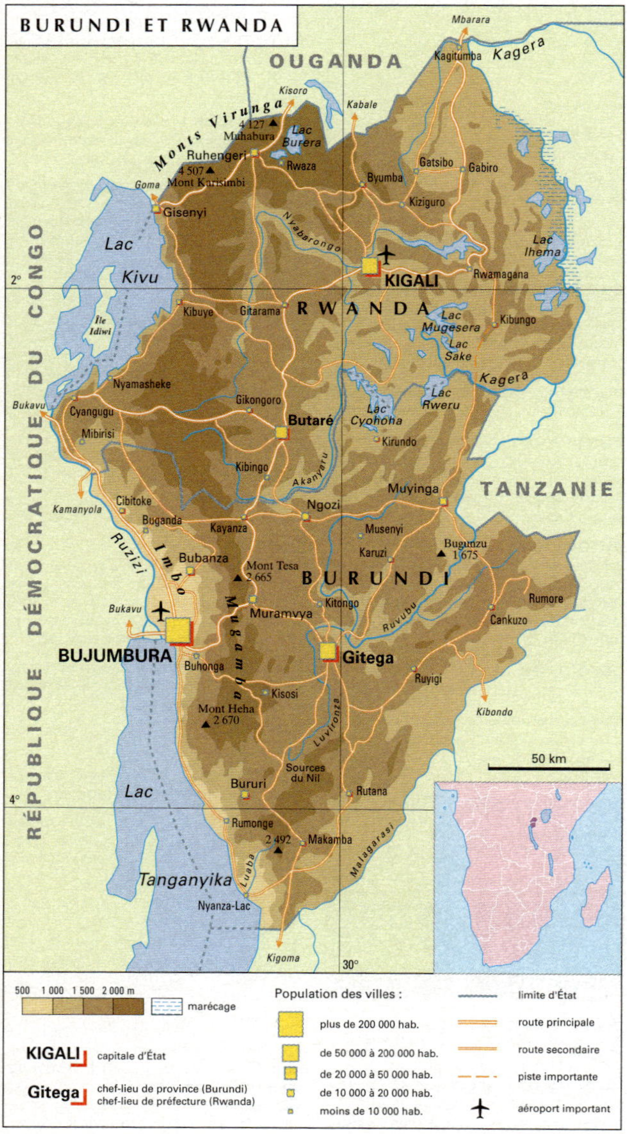


**Burne-Jones** sir Edward Jones, dit (Birmingham, 1833 – Londres, 1898), peintre anglais préraphaélite.

**burnous** *nm* **1** Grand manteau de laine à capuchon porté par les Arabes. **2** Manteau à capuchon dont on enveloppe les bébés. (PHO) [byʀnu(s)] (ETY) Mot ar.

**burn-out** *nm inv* MED Épuisement psychologique d'origine professionnelle, caractérisé par une dépression. (PHO) [bœʀnaut] (ETY) Mot angl.

**Burns** Robert (Alloway, 1759 – Dumfries, 1796), poète écossais. Il exalte, en dialecte écossais, la nature, son village, ses amours.

**buron** *nm* En Auvergne, bâtiment où le vacher habite et fabrique le fromage pendant l'estivage. (ETY) Du germ. *bûr,* « hutte, cabane ».

**burqua** *nf* En Afghanistan, long voile avec une fenêtre grillagée pour les yeux, porté par les femmes. SYN tchadri. (VAR) **burqa**

**Burri** René (Zurich, 1933 – Paris, 2014), photographe suisse, grand reporter.

**burrito** *nm* Au Mexique, galette de blé garnie de viande et de légumes rissolés avec du guacamole. (PHO) [burito] (ETY) Mot esp.

**Burroughs** William Steward (Rochester, 1857 – Saint Louis, 1898), industriel américain, inventeur d'une machine à calculer.

**Burroughs** Edgar Rice (Chicago, 1875 – Los Angeles, 1950), écrivain américain. Il a créé le personnage de Tarzan (1914).

**Burroughs** William (Saint Louis, 1914 – Lawrence, Kansas, 1997), écrivain américain de la « beat generation » : *Junkie* (1953), *le Festin nu* (1959), *Ghost of Chance* (1995).

**Burrus** Sextus Afranius (m. en 62 apr. J.-C.), précepteur de Néron ; préfet du prétoire.

**Bursa** → **Brousse.**

**bursite** *nf* MED Inflammation des bourses.

**Burton** Robert (Lindley, Leicestershire, 1577 – Oxford, 1640), essayiste anglais : *l'Anatomie de la mélancolie* (1621).

**Burton** sir Richard (Torquay, 1821 – id., 1897), explorateur britannique. Speke et lui découvrirent le lac Tanganyika en 1858.

**Burton** Richard Walter Jenkins Jr, dit Richard (Ponthrydfendigaid, 1925 – Genève, 1984), acteur britannique. Il tourna avec Elizabeth Taylor, son épouse, dans *Cléopâtre* (1963), *Qui a peur de Virginia Woolf ?* (1966).

**Burton** Tim (Burbank, Californie, 1959), cinéaste américain : *Mars attaque* (1996), *Charlie et la chocolaterie* (2005).

**Burundi (rép. du)** (anc. *Urundi*), État d'Afrique centrale, sur le lac Tanganyika ; 27 834 km$^{2}$ ; 10,7 millions d'hab. ; cap. *Bujumbura.* Nature de l'État : rép. présidentielle. Langues off. : français, kirundi. Monnaie : franc burundais. Princ. ethnies : Hutus (83,9 %), Tutsis (15,1 %). Relig. : christianisme (62 %), animisme (31,8 %). (DER) **burundais, aise** *a, n*
**Géographie** Formé de montagnes (2 670 m au mont Heha) et de plateaux, le pays a un climat équat. tempéré par l'altitude. Sa densité est forte (377 hab./km$^{2}$). L'agriculture assure l'autosuffisance : maïs, haricots, sorgho, café, thé, coton, palmier à huile ; élevage caprin, ovin, bovin. Café, thé, bananes sont les princ. exportations. Il fait partie des pays les moins avancés.
**Histoire** Possession all. en 1891, l'Urundi passa avec le Rwanda sous mandat belge en 1923. Indépendant en 1962, le Burundi connut plusieurs massacres interethniques entre Tutsis et Hutus. Le Tutsi Michel Micombero destitua le roi et instaura la rép. en 1966. Il fut renversé en 1976 par Jean-Baptiste Bagaza (Tutsi), chassé à son tour (1987) par le Tutsi Pierre Buyoya. Les affrontements entre Tutsis et Hutus reprirent en août 1988. En 1993, Melchior N'Dadaye (Hutu) remporta les élections. Son assassinat par des

militaires tutsis (oct. 1993) et la mort de son successeur Cyprien Ntaryamira (1994) relancèrent la guerre civile. En 1996, un coup d'État des militaires tutsis rappela Buyoya. En 2001, l'accord de paix d'Arusha prévoit l'alternance au pouvoir d'un Tutsi et d'un Hutu avant les élections de 2004. Pierre Nkurunziza (Hutu) est élu prés. en 2005 et réélu en 2010 sur fond de fortes tensions.

**Bury Pol** (Haine-Saint-Pierre, Belgique, 1922 – Paris, 2005), artiste belge : structures en métal.

**1 bus** *nm inv* fam Autobus. PHO [bys]

**2 bus** *nm inv* INFORM Ensemble des conducteurs électriques transmettant des données entre les organes d'un système. ETY Mot angl.

**Bus César de** (Cavaillon, 1544 – Avignon, 1607), missionnaire. Il introduisit en France la congrégation des Pères de la doctrine chrétienne.

**busard** *nm* Oiseau rapace diurne (falconiforme) aux longues ailes, au plumage gris ou marron, dont quatre espèces habitent les landes et les marais d'Europe.

**busc** *nm* **1** Lame maintenant le devant d'un corset. **2** Coude que forme la crosse d'un fusil. **3** TECH Partie du soubassement d'une écluse sur laquelle butent les portes. ETY De l'ital. *busco*, « brindille ».

**Busch Wilhelm** (Wiedensahl, 1832 – Mechtshausen, 1908), dessinateur humoriste allemand : *Max et Maurice* (1865), *Père Filutius* (1871).

**1 buse** *nf* **1** Canalisation. *Buse d'assainissement.* **2** Élément de la tuyère d'un haut-fourneau par lequel passe le vent. **3** TECH Tube calibré qui règle l'entrée de l'air dans un carburateur. ETY Du néerl.

**2 buse** *nf* **1** Nom de divers oiseaux falconiformes, appartenant à différents genres. **2** fig, fam Personne ignorante et stupide. ETY Du lat.

**3 buse** *nf* Belgique, Afrique fam Échec aux élections ou à un examen. ETY Mot wallon.

**buser** *vt* ① Belgique, Afrique fam Faire échouer, recaler à un examen.

**bush** *nm* Végétation des régions sèches, notam. en Australie, en Afrique orient., à Madagascar, constituée de buissons et d'arbres bas clairsemés. PHO [buʃ] ETY Mot angl.

**Bush Vannevar** (Everett, Massachusetts, 1890 – Belmont, Massachusetts, 1974), physicien américain : travaux sur la bombe A.

**Bush George** (Milton, Massachusetts, 1924), homme politique américain. Directeur de la CIA (1976-1977), vice-président des États-Unis (1981-1989), puis président (1989-1993). — **George W.** (New Haven, 1946), fils du préc., homme politique, président (républicain) des É.-U. de 2001 à 2009.

George W. Bush

**bushido** *nm* Code d'honneur de la caste guerrière de l'ancien Japon. PHO [buʃido] ETY Mot jap.

**Bushnell David** (Saybrook, 1742 – Warrenton, 1824), inventeur américain d'un sous-marin et de la propulsion par hélice.

**business** *nm inv* fam **1** Monde des affaires. **2** Chose compliquée, situation embrouillée. PHO [biznɛs] ETY Mot angl. VAR **bizness**

**businessangel** *nm* Investisseur qui met son expérience, son réseau de relations et des capitaux à la disposition d'une entreprise débutante. SYN (recommandé) investisseur providentiel. PHO [biznɛsɑ̃ʒɛl] ETY De l'angl. *business* et *angel*, « ange ».

**businessman** *nm* fam Homme d'affaires. PLUR businessmans ou businessmen.

**businessplan** *nm* Plan finalisé de création d'une entreprise.

**Buson** (Kema, 1716 – Kyoto, 1784), poète et peintre japonais. Illustrateur de Basho, il a lui-même composé de nombreux haïkus. VAR **Yosa Buson**

**Busoni Ferrucio** (Empoli, 1866 – Berlin, 1924), compositeur et pianiste italien : *Doktor Faust* (1924), *Préludes pour piano* (1880).

**busqué, ée** *a* Arqué. *Nez busqué.*

**Bussang** com. des Vosges (arr. d'Épinal), sur la Moselle ; 1 637 hab. Stat. therm. – Théâtre du peuple (dep. 1895). – Le *col de Bussang* (734 m) relie les vallées de la Moselle et de la Thur.

**busserole** *nf* BOT Arbrisseau à fruits rouges (éricacée), dit aussi *raisin d'ours* ou *uva-ursi*. ETY Du provenç. *bouis*, « buis ».

**Bussotti Sylvano** (Florence, 1931), compositeur et metteur en scène italien.

**Bussy-Leclerc Jean Leclerc,** dit (m. à Bruxelles, 1635), magistrat français ; un des chefs de la Ligue.

**Bussy-Rabutin Roger de Rabutin (comte de Bussy)** dit (Épiry, 1618 – Autun, 1693), général et écrivain français. L'*Histoire amoureuse des Gaules* (1665), chronique scandaleuse de la cour, lui valut l'exil sur ses terres.

**buste** *nm* **1** Tête et partie supérieure du corps humain. **2** Peinture, sculpture représentant un buste. LOC ***Buste en hermès*** : coupé par des plans verticaux aux épaules et à la poitrine. ETY De l'ital.

**bustier** *nm* Sous-vêtement féminin ou corsage, couvrant partiellement le buste et soutenant la poitrine.

**but** *nm* **1** Point que l'on vise. *Toucher le but.* **2** Terme où l'on s'efforce de parvenir. *Le but d'un voyage.* SYN objectif. **3** fig Fin que l'on se propose. *Avoir un but dans la vie.* SYN dessein. **4** SPORT Au football, au hand-ball, au hockey, etc., rectangle délimité de chaque côté du terrain par deux poteaux verticaux et une barre transversale, et au-delà duquel l'équipe attaquante doit placer ou projeter le ballon ; point marqué par l'envoi du ballon à cet endroit. *Ligne de but. Marquer un but.* LOC ***But décisif*** ou fam ***but en or*** : au football, premier but marqué pendant les prolongations, qui détermine le vainqueur du match. — ***Dans un but, dans le but de*** : en vue de, pour. — ***De but en blanc*** : brusquement. PHO [by(t)] ETY Du frq. *but*, « souche, billot ».

**butadiène** *nm* CHIM Hydrocarbure diénique, $CH_2{=}CH{-}CH{=}CH_2$, dont la polymérisation, en présence de styrène ou de nitrile acrylique, fournit des caoutchoucs de synthèse.

**butane** *nm* CHIM Nom des hydrocarbures saturés de formule $C_4H_{10}$, facilement liquéfiables, que l'on trouve dans le pétrole brut, le gaz naturel et les gaz de craquage du pétrole, et qui servent de combustible.

**butanier** *nm* Cargo spécialement aménagé pour le transport du butane liquide.

**buté, ée** *a* Obstiné, entêté.

**butée** *nf* **1** TRAV PUBL Massif de pierre placé à l'extrémité d'un pont pour résister à la poussée des arches. SYN culée. **2** TECH Pièce empêchant ou limitant le mouvement d'un organe mécanique.

**Butenandt Adolf** (Bremerhaven, 1903 – Munich, 1995), chimiste allemand, auteur de travaux sur les hormones sexuelles. P. Nobel de chimie en 1939 avec L. Ružička.

**butène** *nm* Hydrocarbure éthylénique, $C_4H_8$, issu du craquage des pétroles. SYN butylène.

**1 buter** *v* ① **A** *vi* **1** Trébucher contre un obstacle. *Buter contre une pierre.* **2** fig Se heurter à une difficulté. **3** SPORT Au rugby, tirer une pénalité. **B** *vt* **1** TRAV PUBL Étayer, soutenir. *Buter un mur.* **2** Provoquer l'opposition têtue de. *Buter un enfant.* SYN braquer. **C** *vpr* S'obstiner, s'entêter.

**2 buter** *vt* ① fam Tuer, assassiner. *Se faire buter.* ETY De l'arg. *bute*, « échafaud ».

**buteur** *nm* Joueur qui marque des buts.

**butin** *nm* **1** Ce que l'on a pris à l'ennemi après une victoire, ou par pillage. **2** Produit d'un vol. **3** fig Ce qu'on se procure à la suite de travaux, de recherches. ETY De l'all. *bûte*, « partage ».

**butiner** *v* ① **A** *vi* **1** Recueillir sur les fleurs le nectar et le pollen, en parlant des insectes, notam. des abeilles. **2** INFORM Naviguer, surfer sur un réseau télématique. **B** *vt* Recueillir le pollen. DER **butinage** *nm* – **butineur, euse** *a*

**Butler Samuel** (Strensham, Worcestershire, 1612 – Londres, 1680), poète anglais : *Hudibras* (satire du puritanisme, 1663-1678).

**Butler Samuel** (Langar, Nottinghamshire, 1835 – Londres, 1902), écrivain et philosophe anglais : *Erewhon* (1872) où il critique les universités, les Églises et les tribunaux.

**Butler Nicholas Murray** (Elizabeth, 1862 – New York, 1947), politologue et sociologue américain. P. Nobel de la paix en 1931.

**Butler Judith** (Cleveland, 1956), philosophe américaine : *Troubles dans le genre* (2005).

**buto** *nm* Style de danse japonaise contemporaine. PHO [buto] ETY Mot jap.

**butoir** *nm* **1** Dispositif permettant de bloquer le vantail d'une porte. **2** CH DE F Obstacle placé à l'extrémité d'une voie pour arrêter les locomotives, les wagons. **3** fig Limite fixée à l'avance. *La date(-)butoir pour le paiement d'une taxe.*

**butome** *nm* BOT Plante aquatique fréquente dans les eaux douces calmes, qui porte des ombelles de fleurs roses à six pétales et neuf étamines.

**butor** *nm* **1** Oiseau ciconiiforme voisin des hérons, dont une espèce vit dans les marais européens. *Le cri du butor est une sorte de beuglement puissant.* **2** fig Homme grossier, malappris.

**butor** étoilé

**Butor Michel** (Mons-en-Barœul, 1926), écrivain français ; un des chefs de file du « nouveau roman » : *l'Emploi du temps* (1956), *la Modification* (1957) ; essais : *Mobile* (1962), *Matière de rêves* (1975-1977) ; critique : *Répertoire* (1er vol. en 1960).

**butte** *nf* **1** Petite élévation de terre. **2** Petit tertre où l'on place une cible. *Butte de tir.* **3** Colline. *La butte Montmartre. Une butte de sable.* LOC GEOGR ***Butte-témoin*** : hauteur, vestige d'un relief ancien arasé. — ***Être en butte à*** : être exposé à.

**butter** *vt* ① Entourer de terre le pied d'un arbre, d'une plante. *Butter des pommes de terre.* (DER) **buttage** *nm*

**Buttes-Chaumont (les)** hauteurs de Paris (XIX$^e$ arr.) aménagées en parc par J.-Ch. Alphand entre 1864 et 1867.

**buttoir** *nm* Petite charrue servant à butter.

**butyle** *nm* CHIM Radical monovalent $C_4H_9$.

**butylène** *nm* CHIM Syn. de *butène.*

**butyr(o)-** Élément, du lat. *butyrum,* gr. *bouturon,* « beurre ».

**butyrate** *nm* CHIM Sel ou ester de l'acide butyrique.

**butyreux, euse** *a* Qui est de la nature du beurre, qui ressemble à du beurre.

**butyrine** *nf* CHIM Ester de la glycérine et de l'acide butyrique, dont l'hydrolyse fait rancir le beurre.

**butyrique** *a* CHIM, BIOCHIM **LOC** ***Acide butyrique*** : de formule $CH_3 - CH_2 - CH_2 - CO_2H$, présent dans de nombreux corps gras. — ***Ferment butyrique*** : ferment anaérobie, capable de transformer le lactose en acide butyrique et gaz carbonique.

**butyromètre** *nm* Instrument servant à prévoir la quantité de beurre que pourra fournir un lait.

**butyrophénone** *nm* PHARM Neuroleptique utilisé pour son action sédative et antihallucinatoire.

**Butzer** → **Bucer.**

**buvable** *a* Qui peut être bu, qui n'a pas un goût déplaisant.

**buvard** *nm* Sous-main composé ou recouvert d'un papier qui absorbe l'encre ; ce papier. (ETY) De *boire.*

**buvée** *nf* Boisson pour le bétail composée d'eau et de farine.

**buvette** *nf* Endroit où l'on vend des boissons et des repas légers, dans certains lieux publics. *Buvette d'une gare.* (ETY) De *boire.*

**buveur, euse** *n* **1** Personne qui boit. *Buveur d'eau.* **2** Personne qui s'adonne à la boisson. *Un franc buveur.*

**buxacée** *nf* BOT Plante dicotylédone des régions tempérées ou subtropicales, à fleurs apétales et fruits charnus ou secs, dont le type est le buis. (ETY) Du lat.

**Buxtehude Dietrich** (Oldesloe, Schleswig-Holstein, 1637 – Lübeck, 1707), compositeur danois ; organiste à Lübeck (1668), il influença J.-S. Bach et Haendel.

**buy-back** *nm* ECON PLUR buy-backs. (PHO) [bajbak] (ETY) Mot angl. (VAR) **buyback**

**Buys-Ballot Christophorus Henricus** (Kloetinge, 1817 – Utrecht, 1890), météorologiste néerlandais. Il sut localiser le centre d'une dépression d'après la direction des vents.

**Buysse Cyriel** (Nevele, 1859 – Deurle, 1932), écrivain belge d'expression néerlandaise ; romans naturalistes : *le Droit du plus fort* (1893).

**Buzău** v. de Roumanie (Valachie), sur le *Buzău,* affl. du Siret ; 129 510 hab. Centre comm.

**Buzenval** écart de la com. de Rueil-Malmaison (Hauts-de-Seine) dont le chât. résista aux Prussiens (19 janv. 1871).

**Buzot François** (Évreux, 1760 – Saint-Magne, Gironde, 1794), homme politique français, conventionnel girondin. Il tenta de soulever la Normandie (1793) et se tua.

**buzuki** → **bouzouki.**

**Lord Byron** contemplant le Colisée à Rome, gravure, XIX$^e$ s. – bibliothèque des Arts décoratifs, Paris

**buzz** *nm* Rumeur propagée notamment par Internet, concernant ce qui est à la pointe de la mode, bouche-à-oreille. (PHO) [bœz] (ETY) Mot angl., onomat.

**Buzzati Dino** (Belluno, 1906 – Milan, 1972), romancier italien : *le Désert des Tartares* (1940). Théâtre : *Un cas intéressant* (1953).

**buzzer** *vi* ① Être l'objet d'un buzz, contribuer à un buzz. *Une vidéo qui buzze.* (PHO) [bœze]

**BVP** sigle de *Bureau de vérification de la publicité,* association française créée en 1953.

**Byblos** (auj. *Djebail*), anc. cité phénicienne, sur le littoral, à 35 km au N. de Beyrouth. Découvert en 1923, le sarcophage du roi Ahiram (X$^e$ s. av. J.-C.), orné de bas-reliefs, porte le plus anc. texte phénicien connu.

**Bydgoszcz** (en all. *Bromberg*), v. du N.-O. de la Pologne ; 363 350 hab. ; ch.-l. de la voïévodie du m. nom. Industries.

**by-pass** *nm inv* **1** TECH Canalisation ou dispositif de dérivation qui évite le passage d'un fluide dans un appareil. **2** CHIR Syn. de *pontage.* (PHO) [bajpas] (ETY) Mot angl.

**Byrd William** (Lincolnshire [?], 1543 – Stondon Massey [?], Essex, 1623), musicien anglais : messes, motets, madrigaux, pièces pour viole et pour épinette. Son œuvre marqua la musique polyphonique du XVI$^e$ s.

**Byrd Richard Evelyn** (Winchester, Virginie, 1888 – Boston, 1957), aviateur et explorateur américain. Il atteignit en hydravion le pôle Nord (1926) et le pôle Sud (1929). Il explora l'Antarctique en 1933-1935 et en 1946-1947.

**Byron George Gordon Noel, 6$^e$ baron Byron,** dit **lord** (Londres, 1788 – Missolonghi, Grèce, 1824), poète romantique anglais. Les deux premiers chants du *Pèlerinage de Childe Harold* (1812), *la Fiancée d'Abydos* (1813), *le Giaour* (1813), *le Corsaire* (1814) le rendent célèbre ; mais, en 1816, sa vie privée le contraint à gagner la Suisse, où il écrit *le Prisonnier de Chillon* (1816) et *Manfred* (1817) ; en Italie, il compose *Don Juan* (1819-1824). En 1823, il rejoint les Grecs soulevés contre les Turcs et meurt de la malaria dans Missolonghi assiégée. (DER) **byronien, enne** *a*

**byssus** *nm* ZOOL Touffe de filaments cornés sécrétés par certains lamellibranches, notam. les moules, pour se fixer sur un substrat dur. (PHO) [bisys] (ETY) Du gr. *busso,* « lin très fin ».

**byte** *nm* INFORM Syn. de *octet.* (PHO) [bajt] (ETY) Mot angl.

**Bytom** (en all. *Beuthen*), v. de Pologne, en Silésie ; 239 940 hab. Houillères. Métall.

**Byzance** anc. v. grecque qui devint au IV$^e$ s. Constantinople. Le terme désigne aussi l'Empire byzantin. (DER) **byzantin, ine** *a, n*

**byzantin, ine** *a* **fig** Qui fait preuve de byzantinisme. *Esprit byzantin.*

**byzantin (Empire)** nom donné à l'Empire romain d'Orient après que, à la mort de Théodose (395), il se fut séparé de l'Empire romain d'Occident. Il dura jusqu'en 1453. (DER) **byzantin, ine** *a, n*

**L'apogée** L'Empire résista aux invasions barbares qui provoquèrent la chute de Rome (476). Justinien I$^{er}$ (527-565) ne parvint pas à reconstituer l'Empire rom. Son règne fut un des plus grands : Code justinien, propagation de l'hellénisme chrétien. L'Empire, affaibli par les querelles intestines, dut lutter contre les envahisseurs arabes (dès le VII$^e$ s.) et slaves. La dynastie macédonienne (867-1057) réalisa la reconquête territoriale, achevée sous Basile II (976-1025).

**La décadence** Malgré les efforts des Comnènes (1081-1185), l'intégrité de l'Empire, qui avait rejeté définitivement l'autorité papale (schisme d'Orient, 1054), fut mise à mal par les invasions turques, slaves et normandes. La conquête latine née de la 4$^e$ croisade (prise de Constantinople en 1204) divisa l'État : Empire latin d'Orient, empires de Trébizonde et de Nicée, despotat d'Épire, ces trois derniers restant aux Byzantins. Les Latins, chassés de Constantinople en 1261 par les Byzantins, se maintinrent dans le Péloponnèse et dans les îles. Les Turcs prirent Constantinople en 1453, le Péloponnèse en 1460 et Trébizonde en 1461. L'Occident n'avait point aidé à arrêter leur avance.

**L'art byzantin** Il résulte de la fusion d'apports gréco-romains, orientaux (perse, syrien, anatolien) et barbares. Il connut trois « âges d'or » : la période justinienne (VI$^e$-VIII$^e$ s.) ; celle des empereurs macédoniens (IX$^e$-XI$^e$ s.) et des Comnènes (fin XI$^e$-XII$^e$ s.), marquée par une diffusion dans le bassin méditerranéen, les pays slaves et le Caucase ; la « Renaissance » au temps des Paléologues, période d'expansion dans les pays balkaniques.

**byzantinisme** *nm* Goût des disputes oiseuses, subtiles à l'excès, comme celles qui opposaient les théologiens de Byzance.

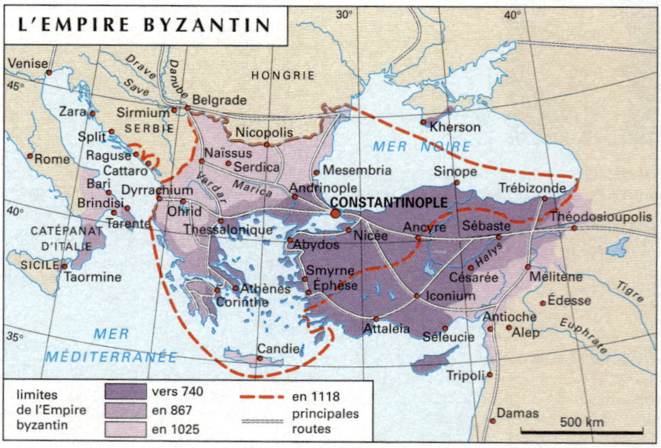

# C c

**C** *nm* **1** Troisième lettre (c, C) et deuxième consonne de l'alphabet notant : la fricative dentale sourde [s] devant *e, i, y* (ex. *cendre, ciel, cygne*) et, avec une cédille (ç), devant *a, o, u* (ex. *façade, garçon, reçu*) ; l'occlusive sourde vélaire [k] devant *a, o, u* et devant les consonnes autres que h (ex. *car, corps, cure, croc*, etc., excepté dans *second* [səgɔ̃] et ses dérivés) ; dans la combinaison *ch*, la fricative prépalatale sourde [ʃ] (ex. *cheval*) ou, dans les mots savants, l'occlusive sourde vélaire [k] (ex. *chiasme*). **2** CHIM C : symbole du carbone. **3** ELECTR C : symbole du coulomb. **4** MATH C : symbole du corps des nombres complexes. **5** PHYS °C : degré Celsius. **6** INFORM Langage de programmation utilisé pour certains systèmes d'exploitation. **7** C : chiffre romain qui vaut 100.

**Ca** CHIM Symbole du calcium.

**CA** *nm* Abrév. de *chiffre d'affaires*.

**1 ça** *pr dém* fam **1** Cela. *Donne-moi ça. À part ça, ça va ?* **2** Renforce une interrogation. *Où ça ?* **3** Marque la surprise, la colère, etc. *Ça, alors !* **LOC** ***Ça le fait*** : c'est très bien, c'est formidable. — ***Sans ça*** : sinon. *Tu vas obéir, sans ça, gare !* (ETY) Abrév. de *cela*.

**2 ça** *nm inv* PSYCHAN Ensemble des pulsions et des tendances que le refoulement maintient dans l'inconscient.

**çà** *av* **LOC** ***Çà et là*** : de côté et d'autre, au hasard. (ETY) Du lat. *ecce hac*, « voici, par ici ».

**cab** *nm* anc Cabriolet couvert où le cocher est placé sur un siège élevé derrière la capote. (ETY) Abrév. angl. de *cabriolet*.

**Cabal (ministère de la)** coterie formé par les conseillers du roi d'Angleterre Charles II de 1667 à 1673. Les initiales de leurs noms forment le mot angl. *cabal* (« cabale »).

**cabale** *nf* **1** Science occulte qui prétend mettre ses adeptes en communication avec le monde des esprits. **2** fig Ensemble de menées concertées, intrigues visant à faire échouer qqn, qqch. *Cabale montée contre un auteur, une pièce.* SYN complot. **3** Ensemble des gens qui forment une cabale. SYN faction. (ETY) De l'hébr. *qabbalah*, « tradition ».

**Cabale** → **Kabbale.**

**cabaliste** → **kabbaliste.**

**cabalistique** *a* **1** Syn. de *kabbalistique*. **2** Qui a un air de mystérieuse obscurité. *Signes cabalistiques.*

**Caballé** Montserrat (Barcelone, 1933), cantatrice espagnole, soprano.

**Caballero** Cecilia Böhl von Faber, dite **Fernán** (Morges, Suisse, 1796 – Séville, 1877), romancière espagnole d'origine allemande : *Seule* (1831, en all.), *la Gaviota* (1849), *Larmes* (1853).

**caban** *nm* Veste de marin, en drap de laine épais. (ETY) De l'ar.

**cabane** *nf* **1** Petite construction en matériaux légers, pouvant servir d'abri. **2** fam Prison. **3** Suisse Refuge de haute montagne. **LOC** ***Cabane à sucre*** : bâtiment où l'on prépare les sucreries de l'érable. (ETY) Du provenç.

**Cabanel** Alexandre (Montpellier, 1823 – Paris, 1889), peintre français académique.

**Cabanis** Pierre Jean Georges (Cosnac, Corrèze, 1757 – Rueil, 1808), médecin français, membre du groupe des « idéologues » : *Rapports du physique et du moral de l'homme* (1802-1803).

**Cabanis** José (Toulouse, 1922 – id., 2000), écrivain français : *l'Âge ingrat* (1952). Acad. fr.

**cabanon** *nm* **1** Petite cabane. **2** Petite maison de campagne, en Provence. **3** Cellule où l'on enfermait les déments que l'on estimait dangereux.

**cabaret** *nm* **1** Établissement qui présente un spectacle et où le public peut boire ou se restaurer. **2** vie lli Modeste débit de boissons. (ETY) Du néerl.

**cabaretier, ère** *n* Personne qui tient un cabaret.

**cabas** *nm* **1** Panier à provisions en matériau souple, à deux anses. **2** Panier servant à emballer des fruits secs. (ETY) Mot provenç., du lat. *capax*, « qui contient beaucoup ».

**cabécou** *nm* Fromage de chèvre fermier du Sud-Ouest. (ETY) Du lat.

**cabernet-franc** *nm* Cépage rouge planté surtout dans le Val de Loire.

**cabernet-sauvignon** *nm* Cépage rouge très aromatique, donnant des vins corsés et colorés, très utilisé dans le monde entier (Bordelais, Californie, etc.).

**cabestan** *nm* TECH Treuil à tambour vertical. (ETY) Du provenç.

**Cabet** Étienne (Dijon, 1788 – Saint Louis, Missouri, 1856), théoricien socialiste français : *Voyage en Icarie* (1840). Il tenta de fonder une communauté idéale au Texas.

**Cabeza de Vaca** Alvar Nunez (Jerez de la Frontera, 1507 – Séville, 1559), explorateur espagnol du Río de la Plata (1542).

**Cabezón** Antonio de (près de Castillo de Matajudiós, Burgos, v. 1500 – Madrid, 1566), compositeur et organiste espagnol.

**cabiai** *nm* Le plus gros rongeur actuel (1 m de long), à corps massif couvert de courtes soies, végétarien, vivant en Amérique du Sud près des cours d'eau. SYN capybara. (ETY) Du tupi.

**cabillaud** *nm* Morue fraîche. (ETY) Du néerl.

**Cabillauds (les)** faction hollandaise qui lutta contre celle des *Hameçons* (XIVe-XV[e] s.).

**cabillot** *nm* MAR Cheville servant à amarrer les manœuvres courantes. (ETY) Du provenç.

**Cabimas** v. pétrolière du Venezuela, sur le lac de Maracaibo ; 160 650 hab.

**Cabinda** port de l'Angola ; 23 000 hab. ; ch.-l. de la province de *Cabinda* (7 270 km$^2$ ; 4 114 000 hab.), enclavé dans les deux rép. du Congo. Gisements de pétrole.

**cabine** *nf* **1** Chambre, à bord d'un navire. **2** Petit réduit, local exigu servant à divers usages. *Cabine d'essayage. Cabine téléphonique.* **3** Enceinte pour le transport des personnes, notam. dans un ascenseur. **4** Partie du fuselage d'un avion réservée aux passagers. **5** Partie d'un véhicule spatial dans laquelle prennent place les astronautes. **6** Espace réservé au conducteur, au pilote d'un engin. *Cabine de pilotage.* (ETY) De l'a. picard, « maison de jeu » par l'angl. *cabin*.

**cabinet** *nm* **A 1** Petite pièce retirée d'une habitation, destinée à différents usages. *Cabinet de toilette.* **2** Bureau, pièce destinée au travail, à l'étude. *Cabinet de travail.* **3** Ensemble des bureaux, des locaux où les membres des professions libérales reçoivent leurs clients ; ensemble des affaires traitées dans un cabinet, clientèle. *Cabinet dentaire, médical.* **4** Ensemble des ministres et secrétaires d'État. *Conseil de cabinet.* **5** Ensemble des personnes, des services qui dépendent directement d'un ministre, d'un préfet. **6** Lieu où l'on place, où l'on expose des objets d'étude ou de curiosité ; collection constituée par ces objets. *Le cabinet des estampes de la Bibliothèque nationale.* **7** Meuble à petits tiroirs, richement décoré, qui servait à ranger des bijoux, de menus objets. **B** *nm pl* Pièce utilisée pour uriner et déféquer. SYN toilettes. (ETY) De l'ital. *gabinetto*, « chambre, meuble ».

**Cabinet du docteur Caligari (le)** film expressionniste allemand (1919) de Robert Wiene.

**câblage** *nm* **1** Action de câbler. **2** Ensemble des conducteurs d'un dispositif électrique ou électronique.

**câble** *nm* **1** Ensemble de brins d'une matière textile ou synthétique, ou de fils de métal retordus ou tressés. *Câble en chanvre, en acier.* **2** Ensemble de fils conducteurs. *Câble nu, isolé, armé.* **3** Système de transmission dans lequel des signaux analogiques et numériques, représentant l'information sonore et visuelle, sont transportés par câble. ETY Du lat. *capulum,* « corde ».

**câblé, ée** *a, n* Qui peut recevoir la télévision par câble.

**cableau** *nm* MAR Petit câble. VAR **câblot**

**câbler** *vt* ① **1** Réunir par torsion les brins d'un câble. **2** Faire parvenir une information par télégramme. **3** Poser les conducteurs de la télévision par câble dans un secteur.

**câbleur, euse** *n* **A** Spécialiste du câblage. **B** *nf* Machine à fabriquer des câbles.

**câblier** *nm, am* Se dit d'un navire spécialement construit pour la pose, l'entretien et le relevage des câbles sous-marins.

**câbliste** *nm* AUDIOV Agent chargé de manipuler les câbles d'une caméra de télévision lors des prises de vues.

**câblo-** TELECOM Élément, de *câble.*

**câblodistribution** *nf* TELECOM Syn. de *télédistribution.* DER **câblodistributeur** *nm*

**câblo-opérateur** *nm* TELECOM Opérateur dans le domaine de la télédistribution.

**câblot → cableau.**

**cabochard, arde** *a, n* **fam** Entêté.

**caboche** *nf* **fam** Tête. ETY De l'a. fr.

**Cabochiens** faction parisienne du parti bourguignon, que dirigeait l'écorcheur Simon Caboche, décimée par les Armagnacs (1413).

**cabochon** *nm* **1** Pierre fine polie mais non taillée. *Cabochon d'améthyste.* **2** Clou d'ameublement à tête ouvragée.

**cabomba** *nm* Plante dicotylédone aquatique d'Amérique du Sud très utilisée comme plante d'aquarium.

**Cabora Bassa** puissant barrage sur le Zambèze, au Mozambique.

**cabosse** *nf* Fruit du cacaoyer. ETY De l'a. fr.

**cabosser** *vt* ① Déformer en faisant des bosses. *Un vieux chapeau tout cabossé.*

**1 cabot** *nm* **fam** Chien. ETY Du lat. *caput,* « tête ».

**2 cabot** *nm* **fam** Comédien cabotin. ETY Abrév. de *cabotin.*

**Cabot (détroit de)** passage qui sépare Terre-Neuve et l'île du Cap-Breton.

**Cabot Jean** (en ital. *Giovanni Caboto*) (Gênes, v. 1450 – en Angleterre, v. 1498), navigateur vénitien au service de l'Angleterre. Il découvrit Terre-Neuve, les côtes du Labrador et celles de la Nouvelle-Angleterre (1497) avec son fils **Sébastien** (Venise, v. 1476 – Londres, 1557), qui, passé en 1518 au service de l'Espagne, atteignit le Río de La Plata (1526).

**cabotage** *nm* **1** Navigation marchande à faible distance des côtes (par oppos. à *navigation au long cours*). **2** TRANSP Fait pour un poids lourd de pouvoir décharger dans un pays étranger, puis de reprendre un nouveau chargement.

**caboter** *vi* ① Faire du cabotage. ETY De l'esp. *cabo,* « cap ».

**caboteur** *nm* Navire qui fait du cabotage.

**cabotin, ine** *n, a* **fam, péjor 1** Mauvais comédien, qui sollicite les applaudissements du public par des effets de jeu faciles et peu naturels. **2** Personne vaniteuse, qui aime attirer l'attention sur elle. DER **cabotinage** *nm* – **cabotiner** *vi* ①

**Cabourg** ch.-l. de cant. du Calvados ; 3 767 hab. Station balnéaire (dont Proust fit *Balbec*). DER **cabourgeais, aise** *a, n*

**Cabral Pedro Álvares** (Belmonte, v. 1467 – près de Santarém, 1520), navigateur portugais. Il découvrit le Brésil en 1500 puis explora les côtes du Mozambique et de l'Inde.

**Cabral Amilcar** (îles du Cap-Vert, 1921 – Conakry, 1973), homme politique guinéen. Il dirigea, à partir de 1959, la lutte armée contre le Portugal. Il fut assassiné. — **Luís de Almeida** (Bissau, 1931 – Torres Vedras, 2009), homme d'État guinéen, demi-frère du préc. ; président de la rép. de Guinée-Bissau (1974), renversé en 1980.

**Cabrel Francis** (Agen, 1953), auteur-compositeur et chanteur français.

**cabrer** *v* ① **A** *vt* **1** Faire se dresser un animal, partic. un cheval, sur ses pattes, ses jambes postérieures. **2 fig** Provoquer l'opposition, la révolte de qqn. SYN braquer, buter. **3** Pour un engin volant, faire pointer son avant vers le haut. **B** *vpr* **1** Se dresser sur les pattes, les jambes postérieures, en parlant d'un animal, partic. d'un cheval. **2 fig** S'emporter avec indignation, se révolter. ETY Du lat. *capra,* « chèvre ».

**Cabrera** petite île des Baléares où les soldats français, vaincus à Bailén (1808), furent internés jusqu'en 1813.

**Cabrera Infante Guillermo** (Gibara, 1929 – Londres, 2005), écrivain cubain, vivant en exil : *Trois Tristes Tigres* (1967).

**cabri** *nm* Chevreau, petit de la chèvre.

**cabriole** *nf* **1** Saut léger comme celui d'un cabri ; pirouette. **2** CHOREGR Pas sauté dans lequel une jambe bat l'autre. **3** EQUIT Saut du cheval les quatre pieds en l'air avec ruade. ETY De l'ital.

**cabrioler** *vi* ① Faire des cabrioles.

**cabriolet** *nm* **1 anc** Voiture à cheval, légère, à capote mobile, suspendue sur deux roues. **2 mod** Automobile décapotable. **3** Petit fauteuil à dossier incurvé.

**Cabrol Christian** (Chézy-sur-Marne, 1925), chirurgien français. Transplantation cardiaque, greffe cœur-poumon.

**Cabu Jean Cabut,** dit (Châlons-en-Champagne, 1938 – Paris, 2015), auteur français de bandes dessinées : *le Grand Duduche* (1972-1982). Il meurt dans un attentat commis contre le journal *Charlie Hebdo.*

**cabus** *nm* Chou pommé à feuilles lisses.

**CAC 40 (indice)** indice boursier représentant la *cotation assistée en continu* des cours de quarante valeurs françaises à règlement mensuel.

**caca** *nm* **fam, enfantin** Excrément. *Faire caca.* **LOC** *Caca d'oie :* de couleur jaune verdâtre. ETY Du lat. *cacare,* « déféquer ».

**cacaber** *vi* ① Pousser son cri, en parlant de la perdrix ou de la caille. SYN glousser.

**cacahuète** *nf* **1** Fruit souterrain de l'arachide, très riche en corps gras. **2** Graine contenue dans ce fruit, que l'on consomme torréfiée. *Cacahuètes salées.* PHO [kakawet] ETY Du nahuatl. VAR **cacahouète** ▶ illustr. **arachide**

**cacalie** *nf* Plante herbacée annuelle (composée) voisine du séneçon.

**cacao** *nm* **1** BOT Graine de cacaoyer, qui, torréfiée puis broyée, sert à fabriquer le chocolat. SYN fève de cacao. **2** Poudre de graines de cacaoyer. **3** Boisson chaude faite avec cette poudre délayée dans de l'eau ou du lait. ETY Du nahuatl.

**cacaoté, ée** *a* Qui contient du cacao.

**cacaoui** *nm* **Canada** Petit canard sauvage. ETY Mot algonquin. VAR **kakawi**

**cacaoyer** *nm* Petit arbre (sterculiacée) originaire du Mexique, cultivé pour ses graines, les fèves de cacao. VAR **cacaotier**

**cacaoyère** *nf* Plantation de cacaoyers. VAR **cacaotière**

**cacarder** *vi* ① Pousser son cri, en parlant de l'oie. ETY Onomat.

**cacatoès** *nm* Perroquet (psittacidé) d'Australie et de Nouvelle-Guinée, à plumage blanc rosé, pourvu d'une huppe érectile. PHO [kakatɔɛs] ETY Du malais.

**cacatoès**

**cacatois** *nm* MAR Voile carrée, gréée par beau temps au-dessus des voiles de perroquet et de perruche.

**Caccini Giulio** (Tivoli, v. 1550 – Florence, 1618), chanteur, luthiste et compositeur italien ; inventeur du bel canto.

**Cáceres** ville d'Espagne (Estrémadure) ; 96 000 hab. ; ch.-l. de la prov. du m. nom. Industrie alim. – Palais Renaissance.

**cachalot** *nm* Mammifère marin (odontocète) à la mâchoire inférieure seule pourvue de dents, atteignant jusqu'à 25 m de long et pesant jusqu'à 50 t, dont l'intestin fournit l'ambre gris.

**Cachan** ch.-l. de cant. du Val-de-Marne (arr. de L'Haÿ-les-Roses) ; 28 675 hab.

**cache** *n* **A** *nf* Lieu où l'on peut cacher qqch, se cacher. **B** *nm* **1** PHOTO Feuille, lame opaque des-

**cacao** cabosse et feuilles du cacaoyer

tinée à soustraire partiellement une surface sensible à l'action de la lumière. 2 TECH Feuille de carton ajourée utilisée par les encadreurs. 3 Petit cadre en carton ou en plastique utilisé pour le montage des diapositives. LOC INFORM *(Mémoire) cache :* espace de la mémoire stockant temporairement des copies de données pour les restituer plus rapidement.

**cache-cache** *nm inv* Jeu d'enfants où l'un des joueurs doit trouver les autres qui se sont cachés.

**cache-cœur** *nm* Vêtement féminin, sorte de gilet croisé sur la poitrine. PLUR cache-cœurs

**cache-col** *nm* Écharpe portée autour du cou. PLUR cache-cols

**cachectique** *a, n* MED De la cachexie ; atteint de cachexie.

**cache-entrée** *nm* Pièce mobile qui masque l'entrée d'une serrure. PLUR cache-entrées

**cache-flamme** *nm* Appareil fixé à l'extrémité du canon d'une arme à feu pour masquer la flamme au départ du coup. PLUR cache-flamme

**cachemire** *nm* 1 Tissu ou tricot fait de poil de chèvre du Cachemire ou du Tibet. 2 Étoffe à dessins indiens caractéristiques. *Châle de cachemire.*

**Cachemire** anc. État de l'Inde, dans l'Himalaya occidental. Import. chaînes montagneuses : le Karakoram (le K2 et d'autres sommets excédent 8 000 m), le Ladakh, le Zanskar, l'Himalaya. (VAR) **Kashmīr** (DER) **cachemirien, enne** ou **kashmiri, ie** *a, n*
**Histoire** Peuplé d'une majorité de musulmans, il constitua en 1947 un État souverain. En 1949, le N. a été affecté au Pākistān (*Azad Cachemire* ; cap. *Gilgit*), le S. à l'Inde (État de *Jammu-et-Cachemire* ; cap. *Srinagar* et *Jammu*), mais l'Aksai Chin (4 300 km²) fut occupé par la Chine (1962). La rég. fait l'objet de conflits incessants entre le Pākistān et l'Inde.

**cachalot**

**cache-misère** *nm* 1 Vêtement qui dissimule des habits usagés. 2 fig Ce qui sert à cacher qqch de gênant, de honteux. PLUR cache-misères ou cache-misère

**cache-nez** *nm inv* Longue écharpe qui entoure le cou, préservant du froid le bas du visage.

**cache-pot** *nm* Vase ou enveloppe dissimulant un pot de fleurs. PLUR cache-pots

**cache-poussière** *nm* Pardessus d'étoffe légère pour protéger les habits. PLUR cache-poussières ou cache-poussière.

**cache-prise** *nm* Dispositif destiné à boucher une prise électrique pour éviter les risques d'électrocution. PLUR cache-prises.

**cacher** *v* ① **A** *vt* 1 Mettre en un lieu secret ; soustraire à la vue. SYN dissimuler. 2 Empêcher de voir. *Tu me caches le soleil.* SYN masquer. 3 Ne pas exprimer ; taire. *Cacher sa joie, son âge.* **B** *vpr* Se soustraire à la vue pour n'être pas trouvé. *Le voleur s'est caché.* LOC ***Cacher son jeu*** : déguiser ses intentions. — fam ***Se cacher derrière son petit doigt*** : refuser de voir la vérité. (ETY) Du lat. *coactare,* « contraindre ».

**cache-radiateur** *nm* Panneau dissimulant un radiateur d'appartement. PLUR cache-radiateurs.

**cachère → casher.**

**cacherout → cashrout.**

**cache-sexe** *nm* 1 Pièce de vêtement qui ne couvre que le sexe. 2 fig, fam Ce qui sert à cacher une action condamnable, un fait gênant. PLUR cache-sexes

**cachet** *nm* 1 Pièce gravée qu'on applique sur de la cire pour y produire une empreinte ; l'empreinte elle-même ; morceau de cire qui porte cette empreinte. 2 Marque imprimée apposée avec un tampon. *Le cachet de la poste faisant foi.* 3 fig Marque, caractère distinctif. *Peinture qui a du cachet, un certain cachet.* 4 PHARM Capsule de pain azyme contenant un médicament. 5 Comprimé. *Cachet d'aspirine.* 6 Rétribution d'un artiste pour une séance de travail. LOC HIST ***Lettre de cachet*** : portant le cachet du roi, et qui contenait un ordre d'incarcération ou de mise en exil. (ETY) De *cacher,* au sens anc. de « presser ».

**cache-tampon** *nm* Jeu d'enfants où l'un des joueurs cache un objet que les autres doivent découvrir. PLUR cache-tampons

**cacheter** *vt* ⑱ ou ⑳ 1 Fermer à la cire. *Pli diplomatique cacheté.* 2 Clore un pli par collage. *Cacheter une enveloppe.* (DER) **cachetage** *nm*

**cachetier, ère** *n* Personne payée au cachet (dans les médias).

**cachetonner** *vi* ① fam Courir le cachet (musicien, acteur).

**cachette** *nf* Endroit où l'on peut se cacher, cacher qqch. LOC ***En cachette*** : en se cachant, en dissimulant ce qu'on fait.

**cachexie** *nf* MED Altération profonde de toutes les fonctions de l'organisme humain ou animal à la suite d'une maladie chronique grave. (PHO) [kaʃɛksi] (ETY) Du gr. *kakos,* « mauvais », et *hexis,* « constitution ».

**Cachin** Marcel (Paimpol, 1869 – Paris, 1958), homme politique français. Au congrès de Tours (1920) de la SFIO, il prit la tête de la fraction majoritaire, qui adhéra à l'Internationale communiste. Directeur de *l'Humanité* de 1918 à sa mort.

**cachot** *nm* Cellule de prison, étroite et sombre. *Mettre au cachot.*

**cachotterie** *nf* Manière d'agir ou de parler avec mystère pour cacher des choses sans importance.

**cachottier, ère** *a, n* Qui aime faire des cachotteries.

**cachou** *nm, a inv* **A** *nm* 1 Substance solide brune extraite de la noix d'arec ; petite pastille à base de cette substance. 2 Colorant synthétique de couleur brune. **B** *a inv* De la couleur brun foncé du cachou. *Une robe cachou.* (ETY) Du tamoul.

**cachucha** *nf* Danse espagnole au rythme rapide. (PHO) [katʃutʃa] (ETY) Mot esp.

**cacique** *nm* 1 anc Chef de tribu, chez certains Indiens d'Amérique centrale. 2 Personnalité politique. 3 fam Premier à un concours d'entrée aux grandes écoles. (ETY) De l'arawak.

**caco-** Préfixe, du gr. *kakos,* « mauvais ».

**cacochyme** *a* vx, plaisant D'une constitution faible, déficiente.

**cacophonie** *nf* Assemblage désagréable de sons, de syllabes, de mots discordants. (DER) **cacophonique** *a*

**cactacée** *nf* BOT Plante dicotylédone originaire de l'Amérique centrale, à tige charnue, aux feuilles réduites à des épines, cultivée souvent pour ses fleurs colorées. (VAR) **cactée**

**cactus** *nm* 1 Plante grasse épineuse (cactacée). 2 fig, fam Problème épineux, obstacle, difficulté. (ETY) Du gr. *kaktos,* « artichaut épineux ».

**cactus** (à g.) à raquettes (opuntia), (à dr.) cierge, (au premier plan) globuleux

**Cacus** géant de la myth. romaine, fils de Vulcain ; tué par Hercule, à qui il avait dérobé des bœufs et des génisses.

**c.-à-d.** Abrév. graphique de *c'est-à-dire.*

**Ca' da Mósto** Alvise (Venise, 1432 – ?, 1488), navigateur vénitien. Au service du Portugal, il explora les côtes du Sénégal et découvrit les îles du Cap-Vert (1456). (VAR) **Cadamósto**

**Cadarache** écart de la com. de Saint-Paul-lès-Durance (Bouches-du-Rhône, arr. d'Aix-en-Provence), au confl. de la Durance et du Verdon. Centre d'études nucléaires.

**cadastre** *nm* 1 Ensemble des documents qui répertorient les caractéristiques des parcelles foncières. 2 Administration qui gère le cadastre. (ETY) Du bas gr. *katastikhon,* « liste ». (DER) **cadastral, ale, aux** *a*

**cadastrer** *vt* ① Inscrire au cadastre.

**cadavéreux, euse** *a* Qui tient du cadavre. *Un teint cadavéreux.*

**cadavérique** *a* Qui a rapport au cadavre. *Rigidité, pâleur cadavérique.*

**cadavre** *nm* 1 Corps d'homme ou d'animal mort. 2 fig, fam Bouteille de boisson alcoolisée totalement vidée. **LOC** fam ***Cadavre ambulant :*** personne très maigre, maladive. — ***Cadavre exquis :*** jeu inventé par les surréalistes, consistant à écrire un mot, chacun son tour, en le dissimulant aux autres de manière à former des phrases.

**caddie** *nm* **1** Personne qui, au golf, porte les clubs des joueurs. **2** (Nom déposé.) Petit chariot qui sert à transporter les bagages dans une gare, les achats dans un magasin en libre-service, etc. ETY Mot angl., du fr. *cadet.*

**cade** *nm* Genévrier du pourtour méditerranéen. **LOC** ***Huile de cade :*** goudron à odeur très forte, extrait du cade, utilisé en dermatologie.

**cadeau** *nm* Ce que l'on donne en présent ; objet offert. **LOC** fam ***Ce n'est pas un cadeau :*** c'est très ennuyeux. — fam ***Ne pas faire de cadeau à qqn :*** ne pas le ménager. ETY Du provenç. *capdel,* « enjolivure ».

**cadeauter** *vt* 1 Afrique fam Donner en prime, en cadeau.

**cadenas** *nm* Serrure mobile dont le pêne en arceau est articulé de manière à pouvoir être passé dans un anneau, dans les maillons d'une chaîne, etc. ETY Du lat. *catena,* « chaîne ».

**cadenasser** *vt* 1 Fermer avec un cadenas.

**cadence** *nf* **1** Succession rythmique de mouvements, de sons, d'accents. *La cadence d'un vers.* **2** CHOREGR Mesure qui règle le mouvement de la danse. *Suivre la cadence.* **3** Rythme de production (spécial. dans le travail à la chaîne). *Augmenter les cadences.* **4** MUS Succession harmonique marquant la conclusion d'une phrase musicale. **LOC** ***En cadence :*** en mesure ; avec un rythme régulier. ETY De l'ital. *cadere,* « tomber ».

**cadencé, ée** *a* Qui a une cadence, rythmé. *Pas cadencé.*

**cadencement** *nm* CH DE F Gestion planifiée de la circulation des trains sur un mode répétitif et régulier selon une trame horaire fixe.

**cadencer** *vt* 12 **1** Régler ses mouvements sur un rythme donné. *Cadencer le pas.* **2** Donner par l'accentuation une cadence à. *Cadencer ses phrases.*

**cadène** *nf* MAR Pièce qui sert à fixer sur la coque les extrémités basses des haubans d'un navire à voiles. ETY De l'ital.

**cadet, ette** *n, a* **A 1** Chacun des enfants d'une famille nés après l'aîné ; dernier-né, benjamin. **2** Personne moins âgée qu'une autre. *Il est mon cadet de deux ans.* **3** SPORT Sportif âgé de 15 à 17 ans. **B** *nm* anc Gentilhomme apprenant le métier des armes. **LOC** ***Branche cadette :*** issue d'un cadet. — ***C'est le cadet de mes soucis :*** le moindre. ETY Du gascon.

**Cadet (parti)** nom donné au parti russe constitutionnel-démocrate (*Konstitoutsionno-Demokratitcheskaïa*, en abrégé *KD*, d'où *Cadet*), partisan, sous Nicolas II, d'une monarchie constitutionnelle. De fév. à oct. 1917, il regroupa les partisans du tsar.

**Cadet Rousselle** héros et titre d'une chanson pop. de 1792 (auteur anonyme).

**cadi** *nm* Juge musulman qui exerce des fonctions civiles et religieuses. ETY De l'ar.

**cadien, enne** *a, n* Syn. de *cajun.*

**Cadillac** ch. lieu de canton de la Gironde ; 2 700 hab. Vins blancs. – Enceinte du XIV^e^ s. DER **cadillacais, aise** *a, n*

**Cadix** (en esp. *Cádiz*), port milit. d'Espagne (Andalousie), sur l'Atlant., au N. de l'île de León, à l'O. du *golfe de Cadix ;* 120 500 hab. Industries. Tourisme. – La ville fut fondée par les Phéniciens v. 1100 av. J.-C. – Cath., XIII^e^-XVII^e^ s. DER **gaditan, ane** *a, n*

**Cadmée** citadelle de la Thèbes antique (Grèce).

**cadmiage** *nm* TECH Opération qui consiste à revêtir une surface métallique d'une couche protectrice de cadmium. DER **cadmier** *vt* 1

**cadmium** *nm* **1** CHIM Élément métallique de numéro atomique Z = 48, de masse atomique 112,41 (symbole Cd). **2** Métal (Cd) blanc, de densité 8,65, qui fond à 321 °C et bout à 765 °C, aux propriétés voisines de celles du zinc. ETY D'un n. pr.

**Cadmos** héros phénicien ; frère d'Europe, époux d'Harmonia, père d'Ino et de Sémélé, fondateur légendaire de Thèbes, en Béotie.

**cador** *nm* fam Personnage important, caïd.

**Cadorna Luigi** (Pallanza, 1850 – Bordighera, 1928), maréchal italien. Généralissime (1915), limogé en 1917.

**Cadou René Guy** (Sainte-Reine-de-Bretagne, 1920 – Louisfert, id., 1951), poète français : *Hélène ou le Règne végétal* (posth., 1945-1951).

**Cadoudal Georges** (Kerléano, près d'Auray, 1771 – Paris, 1804), chouan qui complota contre Bonaparte en 1800 (conspiration de la « machine infernale ») et en 1803. Arrêté, il fut exécuté.

**cadrage** *nm* **1** Action de cadrer un sujet. **2** fig Grandes lignes d'un projet, d'une politique.

**cadran** *nm* Surface graduée sur laquelle se déplace l'aiguille d'un appareil de mesure. *Cadran d'une montre.* **LOC** ***Cadran solaire :*** donnant l'heure selon la position de l'ombre portée par un style. ETY Du lat.

**cadrat** *nm* TYPO Bloc de plomb parallélépipédique moins haut que le bloc de caractère, et servant à former les blancs.

**cadratin** *nm* TYPO Cadrat d'un corps égal à celui du caractère, et dont la chasse est de la même force que le corps.

**cadre** *n* **A** *nm* **1** Bordure entourant un tableau, un miroir, etc. **2** Assemblage rigide de pièces formant un châssis, une armature. *Cadre de motocyclette.* **3** Grande caisse pour le transport du mobilier notam. **4** ELECTR Circuit ou antenne mobile. **5** INFORM Sous-fenêtre de la fenêtre principale d'un logiciel de navigation. **6** fig Ce qui circonscrit, délimite. *Cela sort du cadre de mes fonctions.* **7** Ce qui constitue le milieu, l'environnement ; paysage, décor. *Les montagnes formaient un cadre grandiose.* **8** MILIT Tableau de formation des divisions et subdivisions que comporte un corps. **B** *n* Personne qui assure des fonctions d'encadrement. *Un cadre moyen, supérieur.* **C** *nmpl* Tableau des services de l'Administration et de leurs fonctionnaires. *Être rayé des cadres.* **LOC** ***Cadre de réserve :*** corps des officiers généraux qui ne sont plus en activité (par oppos. à *cadre d'active*). — ***Cadre noir :*** corps des écuyers de l'école militaire de Saumur. — ***Cadre photo numérique :*** appareil constitué d'un écran vidéo affichant des photos numériques. ETY Du lat. *quadrus,* « carré ».

**cadrer** *v* 1 **A** *vi* S'adapter à, convenir à, concorder. *Son comportement ne cadre pas avec ses idées.* **B** *vt* **1** Placer un sujet dans le champ d'un appareil photo, d'une caméra, etc. *Photo mal cadrée.* **2** fig, fam Enfermer dans des limites précises. *Un débat trop cadré.*

**cadreur, euse** *n* Personne chargée du maniement d'une caméra, opérateur de prises de vues. SYN (déconseillé) caméraman.

**caduc, caduque** *a* **1** Qui est tombé en désuétude, qui n'a plus cours. *Théorie caduque.* **2** BOT Qui se détache et se renouvelle chaque année. *Feuilles caduques* (par oppos. à *persistantes*). **3** ZOOL, MED Se dit d'un organe qui se sépare du corps au cours de la croissance. *Les dents de lait sont caduques.* **LOC** ***Membrane caduque*** ou ***la caduque,*** *nf* **:** muqueuse utérine qui tapisse l'œuf implanté et qui est expulsée lors de l'accouchement ou de l'avortement. ETY Du lat. *cadere,* « tomber ». DER **caducité** *nf*

**caducée** *nm* Baguette entourée de deux serpents et surmontée de deux ailes, attribut d'Hermès, dieu grec du Commerce et de la Santé ; sa représentation stylisée, emblème des pharmaciens et des médecins. ETY Du gr.

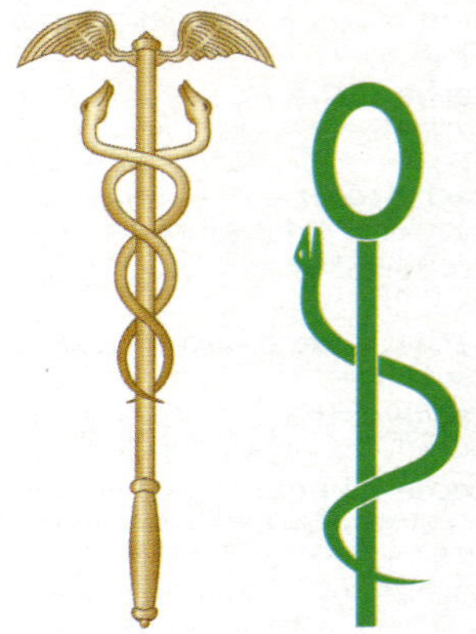

caducée d'Hermès caducée médical

**caducée**

**caducifolié, ée** *a* BOT Se dit des plantes qui perdent leurs feuilles en hiver, ou à la saison sèche sous les tropiques ; se dit d'une forêt composée de tels arbres.

**caducité, caduque** → **caduc.**

**Cadurci** peuple gaulois de l'actuelle région de Cahors. VAR **Cadurques**

**cadurcien** → **Cahors.**

**Caecilius Metellus Lucius** (III^e^ siècle avant J.-C.), consul romain en 251 et en 243, vainqueur des Carthaginois en Sicile. — **Quintus** dit **le Macédonien** (II^e^ siècle avant J.-C.), petit-fils du préc., conquérant de la Macédoine (147), consul en 143. — **Quintus** dit **le Numidique** (m. en 91 avant J.-C.), neveu du préc., consul en 109, vainqueur de Jugurtha, il fut supplanté par Marius en 107. — **Quintus** dit **le Pieux (Pius)** (130 – 64 avant J.-C.), fils du préc., participa à la guerre sociale. — **Quintus** dit **Pius Scipio** (m. en 46 avant J.-C.), fils adoptif du préc., consul en 52 ; partisan de Pompée, il fut battu par César à Thapsus (46) et se suicida.

**cæcum** *nm* ANAT Segment initial du gros intestin, formant un cylindre creux fermé à sa partie inférieure, prolongé à sa partie supérieure par le côlon, et communiquant par sa face interne avec l'intestin grêle. PHO [sekɔm] ETY Mot lat., « aveugle ». DER **cæcal, ale, aux** *a*

**Caedmon** (mort v. 680), bénédictin et poète anglo-saxon : chants sacrés.

**Caelius** l'une des sept collines de Rome.

**Caen** ch.-l. du dép. du Calvados, sur l'Orne, dans la *campagne de Caen ;* 110 300 hab. Port important relié à la Manche par un canal (14 km). Centre industriel. – Nombr. monuments du règne de Guillaume le Conquérant et de la reine Mathilde (XI^e^ s.) : château ; abbaye aux Hommes et aux Dames ; églises. Musée des Bx-A. Université (fondée au XV^e^ s.). DER **caennais, aise** *a, n*

**Caere** → **Cerveteri.**

**Caetano Marcelo das Neves Alves** (Lisbonne, 1906 – Rio de Janeiro, 1980), homme politique portugais. Collaborateur de Salazar, il lui succéda en 1968 et fut renversé en avril 1974.

**CAF** *a inv* Se dit d'une marchandise dont le prix inclut le coût des produits eux-mêmes, l'assurance et le transport à destination. ETY Sigle de *coût, assurance, fret.*

**1 cafard, arde** *n* fam Dénonciateur, rapporteur. ETY De l'ar.

**2 cafard** *nm* **1** Blatte. **2** fig Tristesse, mélancolie sans motif précis. *Avoir le cafard.*

**1 cafarder** *vi* ① fam Dénoncer, rapporter. DER **cafardage** *nm* – **cafardeur, euse** *n*

**2 cafarder** *vi* ① Avoir des idées noires.

**cafardeux, euse** *a* **1** Qui a le cafard. **2** Qui donne le cafard. *Un décor cafardeux.*

**café** *nm, a inv* **A** *nm* **1** BOT Chacune des deux graines contenues dans la drupe du caféier ; cette graine torréfiée. **2** Boisson obtenue par infusion de cette graine torréfiée et broyée. *Café au lait.* **3** Lieu public où l'on consomme des boissons. **B** *a inv* De la couleur du café. *Des robes café.* LOC ***Café arrosé*** : mêlé d'alcool. — ***Café au lait*** : de la couleur brun clair du café au lait. — Suisse ***Café complet*** : repas du soir léger accompagné de café au lait. — ***Café du Commerce*** : lieu mythique où l'on discute à perte de vue de politique, de morale, etc. — ***Café gourmand*** : dessert composé d'une tasse de café servie avec différentes mignardises. — ***Café noir*** : sans lait. — ***Café viennois*** : nappé de crème fouettée. — fam ***C'est fort de café*** : c'est exagéré. ETY Du turc *khavé.*

**café-concert** *nm* Café où se produisaient des artistes, des chanteurs. PLUR cafés-concerts.

**caféier** *nm* Arbuste (rubiacée) à feuilles persistantes, cultivé pour sa graine, le café.

**caféier**

ENC Originaire d'Afrique équatoriale, le caféier fut, au XIV$^e$-XV$^e$ s., cultivé au Yémen (à Moka), puis en Inde et dans les îles de l'océan Indien. Auj., le Brésil et la Colombie sont les deux princ. producteurs et exportateurs de café. Le caféier dit d'Arabie *(Coffea arabica)* fournit les cafés les plus estimés, comme le moka. Le caféier Robusta *(Coffea robusta)*, rustique, est très productif.

**caféière** *nf* Plantation de caféiers.

**caféine** *nf* Alcaloïde du café, stimulant du système nerveux, que l'on trouve également dans le thé et le maté. DER **caféiné, ée** *a*

**caféisme** *nm* Intoxication par la caféine.

**cafetan** *nm* Long vêtement oriental, ample et souvent richement décoré. ETY Mot ar. VAR **caftan**

**cafétéria** *nf* Lieu public généralement situé à l'intérieur d'un bâtiment officiel, des locaux d'une entreprise, d'un centre commercial, etc., où l'on peut se restaurer.

**café-théâtre** *nm* **1** Petit théâtre où l'on peut assister au spectacle en consommant. **2** Petit théâtre où se jouent des spectacles courts, généralement comiques. PLUR cafés-théâtres.

**Caen** église St-Étienne, XI$^e$ s., restaurée au XVII$^e$ s.

**cafetier, ère** *n* Personne qui tient un café.

**cafetière** *nf* **1** Récipient dans lequel on prépare, on sert le café. **2** fam Tête.

**Caffieri** Jean-Jacques (Paris, 1725 – id., 1792), sculpteur français d'ascendance napolitaine : bustes de Corneille (1777), Rotrou (1783).

**cafouiller** *vi* ① fam Agir de façon brouillonne et maladroite ; mal fonctionner. *Cafouiller à un examen. Mécanique qui cafouille.* ETY De fouiller. DER **cafouillage** ou **cafouillis** *nm* – **cafouilleur, euse** *n* – **cafouilleux, euse** *a*

**cafre** *a, n* **1** De la Cafrerie. **2** Afrique Se dit d'un non-musulman, en partic. d'un Européen. **3** Réunion Se dit des personnes d'origine africaine.

**Cafrerie** nom donné par les Arabes, à partir du XVII$^e$ s., aux rég. africaines non musulmanes situées au S. de l'équateur.

**cafter** *vi* ① fam Moucharder. ETY De *cafard* 1. DER **cafteur, euse** *n*

**Cagayan de Oro** v. et port des Philippines, au N. de l'île de Mindanao ; 600 000 hab.

**cage** *nf* **1** Loge garnie de grillage ou de barreaux où l'on enferme des oiseaux, des animaux sauvages. **2** fig Prison. **3** SPORT fam Buts. **4** CONSTR Chacun des murs extérieurs d'une maison. **5** Espace à l'intérieur duquel se trouve un escalier, un ascenseur. **6** Pièce, ensemble de pièces qui entourent certains mécanismes. **7** TECH Bâti. *Cage de laminoir.* LOC ***Cage de Faraday*** : enceinte métallique isolée qui annule l'influence électrique des corps extérieurs. — MINES ***Cage d'extraction*** : reliée par câbles à la machine d'extraction, et destinée à faire monter et descendre les berlines. — ***Cage thoracique*** : squelette du thorax. ETY Du lat.

**Cage** John (Los Angeles, 1912 – New York, 1992), compositeur américain. Son « piano préparé » (insertion d'objets divers entre les cordes) fait de lui un pionnier de la mus. aléatoire.

**G. Cadoudal**

**J. Cage**

**cageot** *nm* Petite caisse à claire-voie, en bois léger, pour le transport des denrées alimentaires.

**caget** *nm* Claie dans laquelle on laisse égoutter et fermenter certains fromages.

**cagette** *nf* Petite caisse à claire-voie, en plastique.

**cagibi** *nm* Pièce de petite dimension servant de débarras.

**Cagliari** port d'Italie, sur la côte S. de la Sardaigne ; 150 000 hab. ; ch.-l. de la Rég. Sardaigne. Archevêché. Université. Industries. – Musée archéologique.

**Cagliostro** Giuseppe Balsamo, dit Alexandre (comte de) (Palerme, 1743 – près de Rome, 1795), aventurier italien qui parcourut l'Europe. Compromis dans l'affaire du Collier, il fut expulsé de France (1786) vers l'Italie, où il fut emprisonné comme franc-maçon (1791).

**cagna** *nf* fam Cabane, maison modeste. ETY De l'annamite.

**cagnard** *nm* fam Soleil brûlant.

**cagne** *nf* arg Seconde année de la classe préparatoire au concours d'entrée aux écoles normales supérieures (lettres). VAR **khâgne**

**Cagnes-sur-Mer** ch.-l. de cant. des Alpes-Mar. (arr. de Grasse) ; 48 911 hab. Port de pêche et stat. baln. *(Cros-de-Cagnes).* Champ de courses. – Chât. XIV$^e$-XVII$^e$ s. DER **cagnois, oise** *a, n*

**1 cagneux, euse** *n* arg Élève de cagne. VAR **khâgneux, euse.**

**2 cagneux, euse** *a* Qui a les genoux tournés vers l'intérieur. *Une jument cagneuse.* ETY De l'a. fr. *cagne*, « chienne ».

**Cagney** James (New York, 1899 – Stanfordville, New York, 1986), acteur américain : *l'Ennemi public* (1931), *L'enfer est à lui* (1949).

**Cagniard de La Tour** Charles (baron) (Paris, 1777 – id., 1859), physicien français. Il inventa la sirène en 1819.

**cagnotte** *nf* **1** Boîte où l'on conserve tout ou partie des mises des joueurs, à certains jeux. **2** Dans certaines loteries, somme qui s'accumule au fil des tirages et qu'un joueur peut gagner. **3** Argent économisé par les membres d'un groupe, caisse commune. ETY Du provenç. *cana*, « récipient ».

**cagot, ote** *n, a* **A** vx, litt Faux dévot ; bigot. *Des manières cagotes.* **B** *n* HIST Qui appartenait à certains groupes sociaux défavorisés groupés en isolats dans les Pyrénées.

**cagou** → **kagou.**

**cagoulard** *nm* Membre de la Cagoule.

**cagoule** *nf* **1** Vêtement de moine à capuchon et sans manches. **2** Capuchon fermé, percé à la hauteur des yeux. *Cagoule de pénitent.* **3** Passe-montagne.

**cagoulé, ée** *a* Qui a le visage dissimulé par une cagoule.

**Cagoule (la)** nom donné au *Comité secret d'action révolutionnaire* (CSAR), organisation d'extrême droite fondée en 1935 par Eugène Deloncle. Elle fit assassiner Marx Dormoy (1941).

**Cahen** Claude (Paris, 1909 – Savigny-sur-Orge, 1991), historien français spécialiste de l'islam médiéval, dont il introduisit l'enseignement dans l'Université française : *l'Islam des origines au début de l'Empire ottoman* (1970), *Orient et Occident au temps des croisades* (1983).

**cahier** *nm* **A 1** Assemblage de feuilles de papier liées par couture ou agrafage, destiné à l'écriture manuscrite. **2** IMPRIM Ensemble de pages foliotées, constitué par une feuille pliée. **B** *nmpl* Mémoires, journal. *Les cahiers des états généraux.* LOC DR ADMIN ***Cahier des charges*** : acte qui précise les conditions d'un marché (vente, travaux, fournitures), les caractéristiques d'un projet (description, échéances, budget). ETY Du lat. *quaternio*, « groupe de quatre feuilles ».

**Cahiers de la quinzaine** publication fondée et dirigée par Ch. Péguy de janv. 1900 à juil. 1914 (229 numéros).

**Cahiers du cinéma** revue mensuelle de critique cinématographique, fondée en 1951, notam. par André Bazin (1918 – 1958) et Jacques Doniol-Valcroze (1920 – 1990).

**Cahiers d'un retour au pays natal** poème en vers et en prose d'Aimé Césaire (1939).

**Cahiers du Sud (les)** revue litt. fondée à Marseille en 1925 qui publia Michaux, Supervielle, Éluard, Artaud, B. Péret, Breton, J. Bousquet. Elle cessa de paraître en 1969.

**cahin-caha** *av* fam Avec peine, tant bien que mal. *Avancer cahin-caha.* PHO [kaɛ̃kaa] ETY De formation onomat.

**cahors** *nm* Vin rouge de la région de Cahors.

**Cahors** ch.-l. du dép. du Lot, sur le Lot ; 21 111 hab. Centre comm. et industr. – Évêché. Cath. St-Étienne (à coupoles, XI$^{e}$-XIII$^{e}$ s.). Pont Valentré (XIV$^{e}$ s.). DER **cadurcien, enne** *a, n*

**cahot** *nm* Saut que fait un véhicule en mouvement sur un terrain inégal. PHO [kao]

**cahotant, ante** *a* **1** Qui cahote. *Un vieux tacot cahotant.* **2** Qui provoque des cahots. *Chemin cahotant.*

**cahoter** *v* ① **A** *vt* **1** Secouer par des cahots. *La route cahote la voiture.* **2** fig Malmener. *Être cahoté par la vie.* **B** *vi* Éprouver des cahots. *Voiture qui cahote.* ETY Du frq. *hotton,* « secouer ». DER **cahotement** *nm*

**cahoteux, euse** *a* Qui provoque des cahots. *Route cahoteuse.*

**cahute** *nf* Petite hutte ; cabane. VAR **cahutte**

**caïd** *nm* **1** anc En Afrique du N., magistrat assurant des fonctions judiciaires et administratives. **2** fam Chef d'une bande de malfaiteurs. **3** fam Homme énergique, ayant un grand ascendant sur les autres. ETY Mot ar.

**caïdat** *nm* **1** anc Dignité de caïd. **2** Organisation d'un milieu social dominé par des caïds, en partic. dans le milieu carcéral.

**caïeu** *nm* BOT Bulbe qui se forme sur le bulbe principal à partir d'un bourgeon axillaire. *Des caïeux d'ail.* SYN gousse. PHO [kajø] ETY Du lat. VAR **cayeu**

**caïlcédrat** *nm* Arbre d'Afrique tropicale, au bois rouge, appelé aussi *acajou du Sénégal.* PHO [kailsedʀa]

**caillasse** *nf* **1** GEOL Dépôt caillouteux tertiaire. **2** fam Accumulation de gros cailloux. *Terrain plein de caillasse.*

**caillasser** *vt* ① fam Attaquer avec des pierres, lapider. DER **caillassage** *nm*

**Caillaux** Joseph (Le Mans, 1863 – Mamers, 1944), homme politique français ; président du Conseil en 1911 ; condamné en 1920 par la Haute Cour, pour correspondance avec l'ennemi, amnistié en 1925.

**Caillavet** Gaston Arman de (Paris, 1869 – Essendiéras, Dordogne, 1915), auteur dramatique français, collaborateur de R. de Flers.

**caille** *nf* Oiseau migrateur galliforme ressemblant à une petite perdrix, et dont une espèce niche dans les champs européens et hiverne en Afrique. *La caille margotte ou carcaille.* ETY Du frq.

caille

**caillé, ée** *a, nm* **A** *a* Qui s'est coagulé. **B** *nm* **1** Lait caillé. **2** Partie solide du lait caillé (caséine), qu'on utilise pour fabriquer le fromage.

**caillebotis** *nm* Treillis en acier galvanisé ou en lattes de bois, laissant passer l'eau. *Le caillebotis d'une douche.*

**caillebotte** *nf* Masse de lait caillé.

**Caillebotte** Gustave (Paris, 1848 – Gennevilliers, 1894), peintre français ; ami et mécène des impressionnistes.

**caille-lait** *nm* Syn. de *gaillet.* PLUR caille-laits ou caille-lait.

**cailler** *v* ① **A** *vi, vpr* **1** Former des caillots. *Sang, lait caillé.* **2** fam Avoir froid. *On caille, ici ! On se caille.* **B** *vt* Figer. *Le jus de citron caille le lait.* ETY Du lat. *coagulare.*

**Cailletet** Louis Paul (Châtillon-sur-Seine, 1832 – Paris, 1913), physicien français. Il liquéfia l'oxygène et l'azote.

**caillette** *nf* **1** Quatrième poche de l'estomac des ruminants, qui sécrète un suc (présure) faisant cailler le lait. **2** En Provence, boulette de viande de porc et d'épinard hachés et aromatisés.

**Caillié** René (Mauzé, Deux-Sèvres, 1799 – La Baderre, 1838), voyageur français, le premier Européen qui pénétra dans Tombouctou (1828) : *Journal d'un voyage à Tombouctou et à Jenné* (1830).

**Caillois** Roger (Reims, 1913 – Paris, 1978), essayiste français : *le Mythe et l'Homme* (1938), *l'Homme et le Sacré* (1939), *Approches de l'imaginaire* (1974). Acad. fr. (1971).

**caillot** *nm* Petite masse coagulée d'un liquide. *Le caillot sanguin est constitué par un réseau de fibrine enserrant des globules rouges.*

**caillou** *nm* **1** Pierre petite ou moyenne ; débris de roche. *Les cailloux du chemin.* **2** Fragment de cristal de roche travaillé pour la joaillerie. **3** fam Crâne. *Il n'a plus un cheveu sur le caillou.* ETY Du gaul. *caljavo,* « pierre ».

**cailloutage** *nm* **1** Action de caillouter. **2** Ouvrage constitué de cailloux noyés dans un mortier. **3** Pâte de faïence faite d'argile et de sable ou de quartz pulvérisé.

**cailloutė** *nm* Faïence faite en cailloutage.

**caillouter** *vt* ① Couvrir, garnir de cailloux. DER **caillouteux, euse** *a*

**cailloutis** *nm* Mélange de cailloux concassés, servant de revêtement routier. LOC GEOL *Cailloutis glaciaire :* amas de cailloux, de graviers et de sable charrié par un glacier.

**caïman** *nm* **1** Reptile crocodilien d'Amérique du Sud (alligatoridé), aux mâchoires très larges, au ventre vert-jaune. **2** fam Répétiteur agrégé, à l'École normale supérieure. ETY Mot caraïbe.

**Caïmans (îles)** archipel britannique de la mer des Antilles, au S. de Cuba ; 259 km$^{2}$ ; 23 000 hab. ; ch.-l. *Georgetown.* Tourisme. VAR **Cayman Islands**

**Cain** James Mallahan (Annapolis, 1892 – University Park, Maryland, 1977), maître américain du roman « noir » : *Le facteur sonne toujours deux fois* (1934), *Assurance sur la mort* (1936), *Mildred Pierce* (1941).

**Caïn** personnage biblique, fils aîné d'Adam et d'Ève ; il tua son frère Abel, Dieu ayant préféré l'offrande de ce dernier à la sienne.

**Caïphe** grand prêtre des juifs (de 18 à 36 apr. J.-C.) ; il présida le sanhédrin qui condamna Jésus à mort.

**caïque** *nm* Petite embarcation à voiles ou à rames, étroite et pointue, de la mer Égée et de la mer Noire. ETY Du turc.

**Ça ira** chanson de la Révolution française surtout violente dans son refrain (« ...les aristocrates à la lanterne... »).

**Caire (Le)** (en ar. *al-Qāhira*), cap. de l'Égypte et la plus grande v. d'Afrique, en amont du delta du Nil ; 11,1 millions d'hab (aggl.). Grand centre comm., industr., culturel et polit. – Universités de Giza et de Ayn Chams (1950). Musées d'antiq. égypt., d'art arabe et copte. Nombr. mosquées, notam. la mosquée-université d'al-Azhar (970-978), fondée par les Fatimides, et la mosquée d'al-Hakim (990-1004). DER **cairote** *a, n*

Le Caire

**cairn** *nm* **1** Monticule de pierres ou tumulus, élevé par les Celtes, en Bretagne, en Écosse, en Irlande. **2** Monticule de pierres ou de glaçons, par lequel des explorateurs, des alpinistes jalonnent leur itinéraire ou marquent leur victoire sur une cime. ETY Mot irlandais.

**caisse** *nf* **1** Grande boîte servant au transport ou à la conservation des marchandises, ou au rangement d'objets divers. *Une caisse de champagne, une caisse à outils.* **2** TECH Dispositif de protection qui entoure certaines pièces, certains mécanismes. *Caisse d'une horloge.* **3** Carrosserie d'une automobile ; fam l'automobile elle-même. **4** HORTIC Coffre ouvert, plein de terre, où l'on fait pousser certaines petites plantes, certains arbres. *Une caisse à fleurs. Palmiers en caisse.* **5** MUS Corps d'un instrument à cordes qui vibre par résonance. **6** Cylindre en bois léger ou en métal mince fermé par deux peaux tendues et formant le corps d'un tambour. **7** Boîte ou appareil à l'usage des commerçants où est déposé l'argent perçu pour chaque vente ; fonds contenus dans la caisse. *Caisse enregistreuse.* **8** Bureau, guichet où s'effectuent les versements et les paiements. **9** Établissement où des fonds sont déposés pour y être gérés. *Une caisse de prévoyance, de solidarité.* LOC *Caisse claire :* tambour plat sous lequel est tendu un timbre métallique réglable. — ANAT *Caisse du tympan :* cavité située derrière le tympan contenant la chaîne des osselets et formant l'oreille moyenne. — *Grosse caisse :* gros tambour à la sonorité mate et sourde, qu'on frappe avec une mailloche ; tambour le plus grave de la batterie. — *Passer à la caisse :* recevoir son salaire ; recevoir le solde de son compte ; fig être licencié. ETY Du lat. *capsa,* « coffre ». DER **caissette** *nf*

**Caisse des dépôts et consignations** établissement public, créé en 1816, qui gère auj. des fonds provenant des caisses d'épargne, de retraite, de la Sécurité sociale.

**caisserie** *nf* Fabrique de caisses.

**caissier, ère** *n* Personne qui tient la caisse dans un magasin, une banque, etc.

**caisson** *nm* **1** MILIT anc Grande caisse montée sur roues, servant à transporter vivres et munitions. **2** ARCHI Compartiment creux, orné de moulures, qui décore un plafond ou une voûte. **3** TECH Grande caisse étanche immergée, contenant de l'air, et permettant de travailler sous l'eau. LOC MED *Caisson hyperbare :* dans lequel on augmente la pression de l'air. — *Maladie des caissons :* lésion survenant chez des sujets ayant été soumis à une forte pression ou à une décompression trop rapide.

**Caïus** saint pape de 283 à 296.

**Cajal** → **Ramón y Cajal.**

**cajeput** *nm* Huile essentielle, tonique, extraite d'un arbre de l'Inde, le cajeputier (myrtacée) ; cet arbre. PHO [kaʒpt] ETY Du malais *kayou,* « arbre », et *pouti,* « blanc ».

**Cajetan** Giacomo de Vio, dit Tommaso (Gaète, v. 1469 – Rome, 1534), théologien et prélat italien. Légat de Léon X à Augsbourg (1517), il tenta de ramener Luther dans l'Église.

**cajoler** *v* ① **A** *vt* Avoir des paroles, des gestes tendres pour. *Cajoler un enfant.* **B** *vi* Crier (pie ou geai). ETY De l'a. fr. *gaioller*, « babiller ». DER **cajolerie** *nf* – **cajoleur, euse** *a, n*

**cajou** *nm* LOC *Noix de cajou:* graine comestible de l'anacardier. VAR **caju**
▶ illustr. **anacardier**

**cajun** *a* Des Cajuns, habitants francophones de la Louisiane. *La culture cajun.* SYN cadien, enne. PHO [kaʒœ̃] ETY Altér. de *acadien*.
ENC Les Cajuns de Louisiane (env. 1 million de personnes dont 250 000 francophones) sont les descendants des Acadiens expulsés en 1760. Population rurale et marginale, ils ont préservé des particularismes qui s'expriment notam. dans leur musique.

**cake** *nm* Gâteau contenant des raisins secs et des fruits confits. PHO [kɛk] ETY Mot angl.

**cake-walk** *nm* Danse des Noirs américains, en vogue en France vers 1900. PHO [kekwok] ETY Mot anglo-amér., « marche du gâteau ».

**Cākyamuni** autre nom du Bouddha.

**cakile** *nm* Crucifère des rivages marins dont une espèce est dotée de feuilles épaisses et d'odorantes fleurs violettes. ETY De l'ar.

**cal** Symbole de la calorie.

**cal** *nm* **1** Induration localisée de l'épiderme, due à un frottement. **2** CHIR Formation osseuse qui soude les deux parties d'un os fracturé. **3** BOT Amas de cellulose qui obstrue pendant l'hiver les tubes criblés de certaines plantes. PLUR cals. LOC *Cal vicieux:* fixant ces deux parties dans une mauvaise position. ETY Du lat.

**Calabre** Région d'Italie méridionale et Région de l'UE, formée des prov. de Catanzaro, Cosenza et Reggio di Calabria; 15 080 km$^2$; 1 670 000 hab.; cap. *Catanzaro.* Rég. montagneuse agricole et pauvre, affectée par l'émigration, la Calabre connaît, depuis les années 1960, un essor notable. – Conquise au XI$^e$ s. par les Normands, la Calabre fit partie du royaume de Sicile. Réunie à l'Italie en 1860-1861. DER **calabrais, aise** *a, n*

**caladium** *nm* Plante ornementale d'appartement (aracée), à larges feuilles colorées et marbrées. PHO [kaladjɔm] ETY Du malais.

**Calaferte** Louis (Turin, 1928 – Dijon, 1994), écrivain français: *Septentrion* (1963).

**calage** *nm* **1** Action de caler, de rendre stable à l'aide d'une cale. **2** TECH Réglage d'un organe dans la position où il procure le meilleur rendement. **3** IMPR Dernière mise au point technique avant le lancement d'une impression.

**calaison** *nf* MAR Tirant d'eau d'un navire en charge.

**Calais** ch.-l. d'arr. du Pas-de-Calais, sur le *pas de Calais*; 75 573 hab. Premier port franç. de voyageurs (entre la France et la G.-B.). Terminal du tunnel sous la Manche à *Coquelles.* Port de comm. – La v. fut prise en 1347 par les Anglais qui l'épargnèrent, car six bourgeois, dont Eustache de Saint-Pierre, se livrèrent à Édouard III. Elle fut reconquise en 1558. – Égl. Notre-Dame (XIV$^e$-XVI$^e$ s.); tour du Guet (XIII$^e$ s.); citadelle (1560); groupe *les Bourgeois de Calais* par Rodin (1895). DER **calaisien, enne** *a, n*

**Calais (pas de)** détroit entre la France et la G.-B.; large de 31 km, long de 185 km, il relie la Manche à la mer du Nord.

**calamar** → **calmar.**

**calame** *nm* HIST Roseau dont les Anciens se servaient pour écrire. ETY Du lat.

**calamine** *nf* **1** MINER Silicate hydraté de zinc utilisé comme minerai. **2** TECH Résidu charbonneux encrassant la chambre de combustion, les pistons et les soupapes d'un moteur à explosion. **3** Oxyde qui se forme à la surface des pièces métalliques soumises à une haute température. ETY Du lat. DER **calaminé, ée** *a*

**calamistrer** *vt* ① Friser, onduler les cheveux, la barbe. *Cheveux calamistrés.*

**calamité** *nf* **1** Malheur, désastre collectif qui afflige tout un pays, toute une population. *La famine, la guerre sont des calamités.* **2** Malheur irréparable, infortune extrême. ETY Du lat. DER **calamiteux, euse** *a*

**calancher** *vi* ① fam Mourir.

**1 calandre** *nf* **1** TECH Machine composée de cylindres et servant à fabriquer des feuilles (métal, plastique, etc.), à lustrer et à lisser des étoffes ou à glacer du papier. **2** Garniture de tôle découpée, nickelée ou chromée, placée devant le radiateur de certaines automobiles pour le protéger. ETY Du gr. *kulindros*, « cylindre ».

**2 calandre** *nf* Alouette de grande taille (20 cm) à collet noir, du Bassin méditerranéen. ETY Du provenç.

**calandrer** *vt* ① Faire passer un matériau dans une calandre. ETY De *calandre* 1. DER **calandrage** *nm*

**calanque** *nf* Crique rocheuse, en Méditerranée. ETY Du provenç.

**Calanques (les)** parc national comprenant le littoral entre Marseille et Cassis; 152 400 ha dont 141 300 ha en mer.

**calao** *nm* Oiseau (coraciadiforme) d'Afrique, d'Asie et d'Océanie de la taille d'un faisan, dont l'énorme bec, arqué, porte près des yeux une protubérance osseuse appelée *casque.* ▶ pl. **becs**

**Calas** Jean (Lacabarède, Tarn, 1698 – Toulouse, 1762), négociant calviniste toulousain. Accusé d'avoir tué son fils désireux de se convertir au catholicisme, il fut supplicié. Voltaire réhabilita sa mémoire (1765).

**calathéa** *nm* Plante herbacée à feuilles satinées, cultivée en appartement. VAR **calathea**

**Calatrava (ordre de)** ordre religieux et militaire espagnol, créé en 1158 (quand la forteresse castillane de *Calatrava* résista aux Maures), ordre royal en 1482.

**calbar** → **calcif.**

**calc(i)-, calco-** Éléments, du latin *calx, calcis,* « chaux », indiquant la présence de calcium.

**calcaire** *a, nm* **A** *a* Qui renferme du carbonate de calcium. *Eau trop calcaire qu'il faut adoucir.* **B** *nm* Roche essentiellement constituée par du carbonate de calcium.

**calcanéite** *nf* Inflammation du calcanéum.

**calcanéum** *nm* ANAT Os court, le plus gros du tarse, situé à la partie inférieure de l'arrière du pied et constituant le talon. DER **calcanéen, enne** *a*

**calcédoine** *nf* MINER Quartz fibreux imparfaitement cristallisé que l'on trouve dans les roches sédimentaires et dont de nombreuses variétés (agate, chrysoprase, cornaline, jaspe, onyx, sardoine, etc.) sont utilisées en joaillerie.

**calcémie** *nf* MED Teneur du sang en calcium.

**calcéolaire** *nf* Plante ornementale (scrofulariacée) originaire d'Amérique du Sud, à fleurs jaune vif taché de rouge, en forme de sabot.

**Calchas** dans l'*Iliade,* devin grec qui réclama le sacrifice d'Iphigénie et conseilla la construction du cheval de Troie.

**calcicole** *a* BOT Qui pousse bien sur les sols calcaires. ANT calcifuge.

**calcicordé** *nm* PALEONT Cordé marin fossile jadis rattaché aux échinodermes.

**calcif** *nm* fam Caleçon. VAR **calbar**

**calciférol** *nm* BIOCHIM Vitamine $D_2$ antirachitique obtenue par irradiation de l'ergostérol.

**calcifier** *vt* ② Recouvrir ou imprégner de carbonate de calcium. *Un squelette normalement calcifié.* DER **calcification** *nf*

**calcifuge** *a* BOT Qui pousse mal sur les sols calcaires. ANT calcicole.

**calcin** *nm* **1** Débris de verre servant de matière première pour les émaux, la verrerie. SYN groisil. **2** Croûte qui se forme à la surface des roches calcaires sous l'effet de la pluie. **3** Dépôt calcaire qui se forme dans les chaudières et les bouilloires.

**calciner** *vt* ① **1** Transformer du calcaire en chaux par l'action du feu. **2** Soumettre à une haute température une matière quelconque. **3** Brûler. *Rôti calciné.* ETY Du lat. *calx*, « chaux ». DER **calcination** *nf*

**calcique** *a* Relatif au calcium ou aux composés du calcium. *Dépôt calcique.*

**calcite** *nf* MINER Carbonate naturel de calcium cristallisant dans le système rhomboédrique, constituant principal de nombreuses roches sédimentaires.

**calcithérapie** *nf* Utilisation médicale de sels de calcium.

**calcitonine** *nf* BIOCHIM Syn. de *thyrocalcitonine.*

**calcium** *nm* **1** CHIM Élément alcalino-terreux très abondant dans la nature, de numéro atomique Z = 20, de masse atomique 40,1 (symbole Ca). *Le calcium, constituant du tissu osseux, est apporté à l'organisme par les aliments, notam. par les produits laitiers.* **2** Métal (Ca) blanc, de densité 1,55, qui fond à 838 °C et bout vers 1 440 °C. LOC *Carbonate de calcium:* qui se trouve dans la nature sous forme de calcaire, calcite. — *Hydroxyde de calcium:* chaux éteinte. — *Oxyde de calcium:* chaux vive. — *Sulfate de calcium:* qui existe sous forme de gypse et sert à fabriquer le plâtre.

**calciurie** *nf* MED Taux d'élimination du calcium par les urines.

**calcschiste** *nm* GEOL Schiste dérivant de marnes ou de calcaires.

**1 calcul** *nm* **1** Opération, suite d'opérations portant sur des combinaisons de nombres, sur des grandeurs, sur des symboles logiques. *Calcul numérique, algébrique. Calcul infinitésimal, différentiel, intégral. Calcul mental. Calcul des propositions, des prédicats.* **2** Technique de la résolution des problèmes d'arithmétique. *Leçon de calcul.* **3** fig Moyens prémédités pour le succès d'une affaire, d'une entreprise. *Déjouer les calculs de l'adversaire.* ETY Du lat. *calculus*, « jeton servant à compter ».

**2 calcul** *nm* Concrétion pierreuse qui se forme dans les réservoirs glandulaires et les canaux excréteurs. *Calcul biliaire, rénal.* ETY Du lat. *calculus*, « caillou ». DER **calculeux, euse** *a*

**calculateur, trice** *n, a* **A** *n* Personne qui s'occupe de calcul, qui sait calculer. **B** *nm* Machine à calculer qui effectue des opérations arithmétiques et logiques à partir d'informations alphanumériques, selon un programme établi au préalable. **C** *nf* Machine à calculer électronique de petite dimension. **D** *a* **1** Habile à combiner des projets. **2** péjor Qui agit par calcul. *Avoir l'esprit calculateur.*

**calculer** *vt* ① **1** Établir, déterminer par le calcul. **2** fig Prévoir, combiner. *Il a mal calculé son coup.* DER **calculabilité** *nf* – **calculable** *a*

**calculette** *nf* Calculatrice de poche.

**Calcutta** (auj. *Kolkata*), v. et port de l'Inde, cap. du Bengale-Occidental, sur l'Hooghly, dans le delta du Gange; 14,3 millions d'hab. (aggl.). Grand centre comm., bancaire, textile (jute, soie, coton) et métall. – Université. – Cap. de l'Inde brit. de 1772 à 1912. ▶ illustr. p. 234

**caldarium** *nm* HIST Salle des bains chauds, dans les thermes romains. PHO [kaldaʀjɔm]

**caldeira** *nf* GEOL Grande cuvette résultant de l'effondrement du cratère d'un volcan à la suite d'une éruption. ETY Mot portug., « chaudière ».

**Calder** Alexander (Philadelphie, 1898 – New York, 1976), sculpteur américain : *mobiles*, assemblages animés par les mouvements de l'air ; *stabiles*, formés de plaques de tôles.

**Calder** *la Porte de l'espace*, 1973, près du plateau d'Assy, face au mont Blanc

**Caldera Rodriguez** Rafael (San Felipe, 1916 – Caracas, 2009), homme politique vénézuélien, président de la Rép. (1969 à 1974 ; 1994 à 1999).

**Calder Hall** localité du Cumberland (G.-B.). Centrale nucléaire.

**Calderón de la Barca** Pedro (Madrid, 1600 – id., 1681), poète dramatique espagnol : « comedias » religieuses (*la Dévotion à la Croix* 1633), philosophiques (*La vie est un songe* v. 1635), historiques (*l'Alcade de Zalamea* 1636), psychologiques (*le Médecin de son honneur* 1637) ; nombr. « autos sacramentales » (pièces brèves en un acte).

**Calderón de la Barca**

**Calderón Hinojosa** Felipe (Morelia, 1962), homme politique mexicain (conservateur), président de la République (2006-2012).

**Calcutta**

**caldoche** *n, a* fam Se dit d'un(e) Européen(ne) établi(e) en Nouvelle-Calédonie.

**Caldwell** Erskine Preston (White Oak, Géorgie, 1903 – Paradise Valley, Arizona, 1987), romancier américain du Sud : *la Route au tabac* (1932), *le Petit Arpent du Bon Dieu* (1933).

**1 cale** *nf* Partie du navire située sous le pont le plus bas ; compartiment dans cette partie. *Cale à charbon.* LOC ***Cale sèche, cale de radoub :*** fosse étanche, communiquant avec la mer par des portes, qui sert à mettre les navires à sec. — fam ***Être à fond de cale :*** être complètement ruiné. ETY Du gr. *khalân*, « détendre ».

**2 cale** *nf* Ce qui sert à caler, à maintenir d'aplomb ou à immobiliser qqch. LOC SPORT ***Cale de départ :*** syn. (recommandé) de *starting-block.* ETY De l'all. *Keil*, « coin ».

**calé, ée** *a* fam **1** Qui a beaucoup de connaissances. *Il est calé en géographie.* **2** Difficile. *Un problème calé.*

**Caleb** personnage biblique ; chef hébreu, compagnon de Josué.

**calebasse** *nf* Fruit de cucurbitacées ou de bignoniacées, qui, vidé et séché, peut servir de récipient ; ce récipient. ETY De l'esp.

**calebassier** *nm* Nom cour. d'une bignoniacée des Antilles et d'Amérique du S. dont la calebasse est le fruit.

**calèche** *nf* Voiture à cheval légère, à quatre roues, munie, à l'arrière, d'une capote repliable et, à l'avant, d'un siège surélevé. ETY De l'all.

**caleçon** *nm* **1** Sous-vêtement masculin en forme de culotte collante, courte ou longue. **2** Pantalon féminin, léger, très ajusté. ETY De l'ital.

**Calédonie** nom donné par les Romains à la région correspondant à l'Écosse.

**Calédonie (Nouvelle-)** → **Nouvelle-Calédonie.**

**calédonien, enne** *a, n* **1** De Calédonie. **2** De Nouvelle-Calédonie. LOC GEOL ***Plissement calédonien :*** qui, à la fin du silurien, affecta la zone comprise entre l'Irlande, la Scandinavie et la Bohême, laissant de nombreuses traces en Calédonie.

**Calédonien (canal)** canal d'Écosse, creusé en 1822, reliant l'Atlant. (*Firth of Lorne*) à la mer du Nord (*Firth of Moray*).

**cale-étalon** *nf* TECH Bloc métallique rectifié servant de calibre. PLUR cales-étalons.

**caléfaction** *nf* PHYS Phénomène par lequel un liquide projeté sur une plaque métallique très chaude se résout en globules sphériques affectés d'un mouvement rapide et désordonné, dû à la pellicule de gaz qui se forme entre la plaque et le liquide. ETY Du lat. *calefacere*, « chauffer ».

**calembour** *nm* Jeu de mots fondé sur une différence de sens entre des mots de prononciation similaire.

**calembredaine** *nf* Plaisanterie ; propos fantaisiste, dénué de bon sens.

**calendaire** *a* Relatif au calendrier. *Fêtes calendaires.* LOC ***Année calendaire :*** du 1er janvier au 31 décembre.

**calendes** *nfpl* ANTIQ Premier jour de chaque mois, chez les Romains. LOC ***Renvoyer aux calendes grecques :*** remettre à une époque qui n'arrivera jamais (les Grecs avaient un calendrier sans calendes).

**calendos** *nm* fam Camembert PHO [kalɑ̃dos]

**calendrier** *nm* **1** Système de division du temps en périodes adaptées aux besoins de la vie sociale et concordant en général avec des phénomènes astronomiques. *Calendrier grégorien, républicain.* **2** Tableau des jours de l'année, indiquant généralement les grandes fêtes religieuses et civiles. **3** Emploi du temps fixé à l'avance. *Cette entreprise n'a pas respecté son calendrier.* LOC ***Calendrier perpétuel :*** tableau permettant d'établir le calendrier d'une année quelconque. ETY Du lat. *calendarium*, « livre d'échéances ».

**calendula** *nf* BOT Plante annuelle, médicinale (composée), appelée vulgairement *souci.* PHO [kalɛ̃dyla]

**cale-pied** *nm* Butoir maintenant le pied sur la pédale d'une bicyclette. PLUR cale-pieds

**calepin** *nm* Petit carnet servant à prendre des notes. ETY De *Calepino.*

**Calepino** Ambrogio (Bergame, v. 1435 – id., 1510), religieux italien ; auteur d'un *Dictionnaire de la langue latine* (1502).

**1 caler** *v* 1 **A** *vt* **1** Mettre un objet de niveau ou d'aplomb, ou l'immobiliser à l'aide d'une cale. **2** Immobiliser brutalement. *Caler son moteur.* **3** TECH Fixer, immobiliser une pièce. **4** Régler un organe, un système, etc. pour en obtenir le rendement optimal. *Caler l'avance à l'allumage.* **5** IMPRIM Effectuer le calage d'une impression. **6** fig Positionner précisément. *Caler un satellite sur son orbite.* **B** *vi* **1** S'arrêter brusquement, pour une machine. *Moteur qui cale.* **2** fig, fam S'arrêter, ne pas pouvoir continuer, reculer, céder. *Il a calé avant la fin du repas.* ETY De *cale 2.*

**2 caler** *v* 1 **A** *vt* MAR vx Abaisser un mât supérieur, une basse vergue. **B** *vi* S'enfoncer dans l'eau. *Navire qui ne cale pas assez de l'arrière.* ETY Du lat. *chalare*, « suspendre ».

**caleter** → **calter.**

**Calètes** peuple de l'anc. Gaule qui occupait le pays de Caux actuel.

**calfat** *nm* MAR Ouvrier chargé du calfatage. ETY De l'ar.

**calfater** *vt* 1 **1** MAR Boucher avec de l'étoupe goudronnée les joints des bordages d'un bâtiment en bois, pour les rendre étanches. **2** Boucher hermétiquement. DER **calfatage** *nm*

**calfeutrer** *v* **A** *vt* 1 Boucher les fentes (d'une porte, d'une fenêtre, etc.) pour empêcher l'air et le froid de pénétrer. **B** *vpr* S'enfermer, se mettre au chaud. DER **calfeutrage** ou **calfeutrement** *nm*

**Calgary** ville du Canada (Alberta) ; 1,3 million d'hab. (aggl.). Import. centre pétrolier, comm. (prod. agric.) et ferroviaire. J. O. d'hiver 1988.

**Cali** v. de Colombie, dans les Andes ; 2,5 millions d'hab. (aggl.) ; ch.-l. de dép. Industries.

**Caliban** personnage de *la Tempête* de Shakespeare. Gnome difforme, il personnifie les puissances infernales.

**calibre** *nm* **1** Diamètre intérieur d'un tube, notam. du canon d'une arme à feu. **2** Diamètre extérieur d'un projectile. **3** Diamètre d'un objet cylindrique ou sphérique. *Calibre d'une colonne.* **4** ELECTR Valeur maximale qu'un appareil de mesure peut indiquer. **5** MECA Instrument permettant de contrôler une dimension, un écartement, etc. *Calibre de forme. Calibre à limites.* **6** fam Pistolet, révolver. **7** fig, fam Importance, qualité, état. *Une erreur de ce calibre risque de nous attirer des ennuis.* ETY De l'ar. *qâlib*, « forme ».

**calibrer** *vt* 1 **1** Donner le calibre convenable à qqch. **2** Mesurer le calibre de. **3** Classer selon le calibre. *Calibrer des œufs.* **4** Évaluer la longueur d'un texte avant la composition. DER **calibrage** *nm* – **calibreur** *nm* ou **calibreuse** *nf*

**calice** *nm* **1** RELIG Coupe qui contient le vin du sacrifice eucharistique, consacré par le prêtre pendant la messe. **2** BOT Partie la plus externe du périanthe d'une fleur, constituée par les sépales. LOC ***Boire le calice jusqu'à la lie :*** endurer une souffrance jusqu'au bout. — ANAT ***Calices rénaux :*** tubes collecteurs de l'urine dont la réunion forme le bassinet. ETY Du gr.

**caliche** *nm* Roche saline du Chili et du Pérou, dont on extrait le nitrate de sodium. ETY Mot esp.

**calicot** *nm* **1** Toile de coton, moins fine que la percale ; banderole de cette étoffe portant une inscription. **2** Banderole. *Calicot publicitaire.*

**calicule** *nm* BOT Involucre formé par des bractées à la base du calice, chez certaines fleurs. ETY Du gr.

**Calicut** → **Kozhikode.**

**califat** *nm* **1** Dignité de calife. **2** Durée du règne d'un calife ou d'une dynastie. *Le califat des Abbassides.* **3** Territoire soumis à l'autorité d'un calife. VAR **khalifat**

**calife** *nm* HIST Titre adopté après la mort de Mahomet par les dirigeants de la communauté musulmane. ETY De l'ar., « successeur, lieutenant ». VAR **khalife**

**Californie** État de l'O. des É.-U., le plus peuplé, sur le Pacifique ; 411 012 km$^2$ ; 37 000 000 hab. ; cap. *Sacramento.* – Une chaîne côtière (Coast Range) borde le littoral, où se situent San Francisco et Los Angeles. Puis la Grande Vallée est drainée par le Sacramento et le San Joaquin, et irriguée (richesse agric.). L'E. est occupé par la sierra Nevada (4 418 m au mont Whitney). Le climat est chaud et sec. Une industr. très diversifiée est née des richesses agric. et du sous-sol (fer, houille, pétrole surtout). Constr. aéron. Électron. ; informatique (Silicon Valley). Cinéma (Hollywood). – Colonie esp., le pays appartint au Mexique de 1822 à 1848 et entra dans l'Union en 1850. DER **californien, enne** *a, n*

**Californie (Basse-)** péninsule du Mexique (1 000 km de long) au S. de la Californie, entre le Pacifique et le *golfe de Californie*, partagée en deux États : la *Basse-Californie du Nord*, 70 113 km$^2$ ; 3 155 000 hab. ; la *Basse-Californie du Sud*, 73 667 km$^2$ ; 637 000 hab. Sous-sol riche. Cultures irriguées.

**californium** *nm* CHIM Élément radioactif artificiel de numéro atomique Z = 98 et de masse atomique 251 (symbole Cf).

**califourchon (à)** *av* Avec une jambe de chaque côté de ce que l'on chevauche. LOC ***Être à califourchon sur une chaise*** : le dossier par-devant soi. ETY De *fourche* et *caler*.

**Caligula** Caius Caesar Germanicus, dit (Antium, auj. Anzio, 12 – Rome, 41), empereur romain (37-41), fils de Germanicus et d'Agrippine. Tyrannique et cruel, il fut assassiné par un tribun de la garde prétorienne.

**câlin, ine** *a, n* **A** *a* **1** Qui aime à câliner, à être câliné. *Un enfant câlin.* **2** Doux, caressant. *Un regard, un ton câlin.* **B** *nm* **1** Gestes tendres, caresses affectueuses. **2** fam Rapport sexuel, coït.

**câliner** *vt* ① Avoir des gestes tendres pour ; caresser, cajoler. ETY Du lat.

**câlinerie** *nf* Manières câlines.

**Calinescu** George (Bucarest, 1899 – id., 1965), écrivain roumain ; poète, romancier, essayiste (*Histoire de la littérature roumaine,* 1941).

**câlinothérapie** *nf* **1** fam Tendresse dans les rapports humains. *La câlinothérapie, méthode pour apaiser les tensions.* **2** Thérapie de groupe fondée sur des caresses échangées.

**caliorne** *nf* MAR Gros palan destiné à la manutention des objets lourds. ETY De l'ital.

**calisson** *nm* Friandise provenç. à la pâte d'amandes et dont le dessus est glacé.

**calixarène** *nm* CHIM Molécule de synthèse ressemblant à un calice, capable de piéger d'autres éléments.

**Calixte** nom de trois papes. VAR **Calliste** — **Calixte I$^{er}$** (vers 155 – 222), pape de 217 à 222, martyr. — **Calixte II** Guy de Bourgogne (vers 1060 – 1124), pape de 1119 à 1124 ; il mit fin, par le concordat de Worms (1122), à la querelle des Investitures. — **Calixte III** Alonso Borgia (Játiva, Espagne, 1378 – Rome, 1458), pape de 1455 à 1458.

**Callao** princ. port du Pérou, près de Lima ; 810 000 hab. ; ch.-l. de prov. Pêche.

**Callas** Maria Kalogeropoulos, dite la (New York, 1923 – Paris, 1977), cantatrice grecque et actrice de cinéma (*Médée*, 1970). Sa voix de soprano couvrait presque trois octaves.

**Maria Callas**

**Calle** Sophie (Paris, 1953), artiste française, auteure d'installations.

**calleux, euse** *a* Qui a des callosités. LOC ***Corps calleux*** : bande (commissure) de substance blanche unissant les deux hémisphères cérébraux et formant la base du sillon interhémisphérique. — MED ***Ulcère calleux*** : ulcère gastro-duodénal cicatrisé qu'entoure une zone constituée de fibrose.

**call-girl** *nf* Prostituée avec laquelle on prend contact par téléphone. PLUR call-girls. PHO [kolgœʀl] ETY De l'angl. *to call,* « appeler », et *girl,* « fille ».

**calli-** Élément, du gr. *kallos,* « beauté ».

**Callias (paix de)** négociée à Suse, en 448 av. J.-C., par l'Athénien Callias avec les Perses (vaincus en 468). V. médiques (guerres).

**callicarpa** *nm* Arbuste ornemental (verbénacée) dont les fruits ressemblent à de petites perles pourpres ou violettes.

**Callicratès** (milieu du V$^e$ s. av. J.-C.), architecte grec. Il collabora avec Phidias et Ictinos à la construction du Parthénon.

**Callières** Louis Hector de (Torigni-sur-Vire, Normandie, 1646 – Québec, 1703), gouverneur de la Nouvelle-France (1699-1703) qui signa la paix avec les Iroquois (1701).

**calligramme** *nm* Poème dont la typographie forme un dessin. ETY Mot de G. Apollinaire.

**Calligrammes (Poèmes de la paix et de la guerre)** recueil d'Apollinaire (1918).

**calligraphie** *nf* **1** Art de bien tracer les caractères de l'écriture. **2** Belle écriture. DER **calligraphe** *n* – **calligraphier** *vt* ② – **calligraphique** *a*

**Callimaque** (Cyrène, v. 315 av. J.-C. – Alexandrie, v. 240 av. J.-C.), poète et grammairien grec ; il dirigea la bibliothèque d'Alexandrie.

**Callimaque d'Athènes** (fin du V$^e$ s. av. J.-C.) sculpteur grec, princ. disciple de Phidias. Il aurait inventé le chapiteau corinthien et sculpté l'*Aphrodite Genitrix*.

**Calliope** dans la myth. grecque, muse de la poésie épique, mère de Linos et d'Orphée.

**callipyge** *a* Dont les fesses sont belles et volumineuses. *Vénus callipyge.*

**Calliste** → **Calixte.**

**Callisto** dans la myth. grecque, fille de Lycaon, roi d'Arcadie. Aimée de Zeus, transformée en ourse par Héra, tuée à la chasse par Artémis, elle fut changée par Zeus en la Grande Ourse.

**Callisto** satellite de Jupiter, de 4 840 km de diamètre, découvert par Galilée en 1610.

**callosité** *nf* Épaississement et durcissement d'une partie de l'épiderme à la paume des mains, au genou, à la plante des pieds, etc., dus à des frottements répétés.

**Callot** Jacques (Nancy, 1592 – id., 1635), graveur, dessinateur et aquafortiste français : séries des *Caprices* (1617), des *Gueux* (1622) et des *Misères de la guerre* (1633).

**Calloway** Cabell, dit Cab (Rochester, 1907 – Hockessin, Delaware, 1994), chanteur et chef d'orchestre de jazz américain.

**callune** *nm* Plante (éricacée) voisine des bruyères, à fleurs roses en clochettes. ETY Du gr.

**calmant, ante** *a, nm* Qui apaise, sédatif. *Une infusion calmante. Prendre des calmants.*

**calmar** *nm* Mollusque céphalopode à corps cylindrique et à coquille interne cornée, dont la taille va de quelques décimètres à une quinzaine de mètres, bras allongés. ETY De l'ital. VAR **calamar**

**calmar** capturant un poisson

**1 calme** *nm* **1** Absence de bruit, d'agitation, de mouvement. *La foule s'est dispersée dans le calme.* **2** État de sérénité, absence d'énervement chez qqn. *Retrouver, perdre son calme.* LOC MAR ***Calme plat*** : absence de vent sur la mer ; fig sans agitation, sans animation. — GEOGR ***Calmes équatoriaux, tropicaux*** : zones de basses pressions, de vents faibles. ETY Du gr. *kauma,* « chaleur brûlante ».

**2 calme** *a* **1** Se dit de ce qui est sans agitation, sans perturbation, de faible activité. **2** Tranquille, maître de soi. *Être d'une humeur calme et régulière.* DER **calmement** *av*

**calmer** *vt* ① **1** Rendre plus calme, apaiser. *Ils ont calmé les enfants. Calme-toi, tu cries trop fort.* **2** Atténuer, diminuer l'intensité d'une sensation, d'un sentiment. *Calmer les maux de tête.* LOC fam ***Calmer le jeu*** : tenter d'atténuer les tensions, l'agressivité.

**Calmette** Gaston (Montpellier, 1858 – Paris, 1914), journaliste français. Directeur du *Figaro,* il attaqua Joseph Caillaux ; M$^{me}$ Caillaux l'assassina. — **Albert** (Nice, 1863 – Paris,

**Jacques Callot** *Un mousquetaire,* eau-forte – Musée hist. lorrain, Nancy

1933), frère du préc., bactériologiste qui mit au point avec C. Guérin un vaccin antituberculeux (BCG).

**calmir** *vi* ③ MAR Devenir calme, en parlant de la houle, du vent.

**caló** *nm* Argot espagnol moderne comportant de nombreux mots gitans. ETY Mot esp.

**calomel** *nm* Chlorure mercureux, utilisé autref. pour ses propriétés purgatives, auj. comme électrode de référence dans les pH-mètres.

**calomnie** *nf* Accusation mensongère qui attaque la réputation, l'honneur. *Être en butte à la calomnie, aux calomnies.*

**calomnier** *vt* ② Attaquer la réputation, l'honneur de qqn par des accusations volontairement mensongères. ETY Du lat. DER **calomniateur, trice** *a, n*

**calomnieux, euse** *a* Qui est de la nature de la calomnie. *Des propos calomnieux.* DER **calomnieusement** *av*

**Calonne** Charles Alexandre de (Douai, 1734 – Paris, 1802), homme politique français. Contrôleur général des Finances de 1783 à 1787, il proposa une certaine égalité devant l'impôt et les privilégiés obtinrent sa disgrâce.

**caloporteur** *am, nm* Se dit du fluide qui circule dans une machine thermique et en évacue la chaleur.

**calori-** Élément, du lat. *calor, caloris,* « chaleur ».

**calorie** *nf* **1** anc Unité de quantité de chaleur, égale à 4,18 joules. **2** PHYSIOL Unité de mesure de la valeur énergétique des aliments.

**calorifère** *nm* Appareil assurant le chauffage par la circulation, dans des conduites, d'eau ou d'air chauffés par une chaudière.

**calorification** *nf* PHYSIOL Production de chaleur dans le corps des organismes vivants.

**calorifique** *a* Relatif à la chaleur ; qui produit de la chaleur. *Déperdition, pouvoir calorifique.*

**calorifuge** *a, nm* Qui conduit mal la chaleur, qui constitue un isolant thermique.

**calorifuger** *vt* ⑬ Revêtir d'un matériau calorifuge. DER **calorifugeage** *nm*

**calorimètre** *nm* PHYS Appareil servant à mesurer la quantité de chaleur dégagée ou absorbée dans un phénomène physique, une réaction chimique.

**calorimétrie** *nf* PHYS Technique de la mesure des quantités de chaleur. DER **calorimétrique** *a*

**calorique** *a* Relatif à la teneur en calories d'un aliment, énergétique.

**calorisation** *nf* METALL Procédé de protection de pièces en acier contre l'oxydation par un alliage d'aluminium.

**1 calot** *nm* Coiffure militaire faite de deux larges bandes de tissu entourant une calotte formant soufflet. ETY De l'a. fr. *cale,* « coiffure ».

**2 calot** *nm* Grosse bille. ETY De *écale.*

**calotin, ine** *n, a* fam, péjor Ami et défenseur du clergé, de la calotte.

**1 calotte** *nf* **1** Petit bonnet rond qui ne couvre que le sommet du crâne. **2** Canada fam Casquette. **3** péjor Ensemble du clergé et de ses partisans. **4** ARCHI Voûte hémisphérique dont le cintre a peu d'élévation. LOC ANAT ***Calotte crânienne :*** partie supérieure du crâne. — GEOGR ***Calotte glaciaire :*** épaisse couche de glace des régions polaires. — GEOM ***Calotte sphérique :*** portion de sphère délimitée par un plan ne passant pas par le centre.

**2 calotte** *nf* fam Tape donnée sur la joue, sur la tête.

**calotter** *vt* ① fam, vx Donner une calotte.

**caloyer, ère** *n* Moine grec, religieuse grecque obéissant à la règle de saint Basile. ETY Du gr.

**Calpurnia Pison** famille plébéienne de l'anc. Rome, d'origine sabine. — **Caius** consul romain (67 av. J.-C.) et proconsul de la Gaule narbonnaise ; accusé de malversation par César et défendu par Cicéron. — **Cneius** (m. en 20 apr. J.-C.), gouverneur de Syrie (18 apr. J.-C.), fut accusé du meurtre de Germanicus et se donna la mort. — **Caius** (m. en 65 apr. J.-C.), conspira en vain contre Néron et s'ouvrit les veines. — **Lucius** (?, 38 – Rome, 69 apr. J.-C.), choisi par Galba pour lui succéder, fut assassiné avec lui par les prétoriens.

**calque** *nm* **1** Copie d'un dessin obtenue généralement grâce à un papier transparent appliqué sur le modèle ; papier servant à cette opération. *Prendre le calque d'une carte de géographie. Papier calque.* SYN décalque. **2** fig Imitation très proche du modèle. *Son dernier livre est le calque du précédent.* **3** LING Traduction d'un mot, d'une locution d'une autre langue, pour désigner une notion, un objet nouveau. ETY De l'ital. *calcare,* « presser ».

**calquer** *vt* ① **1** Faire le calque de. **2** fig Imiter de façon très fidèle. DER **calquage** *nm*

**Caltanissetta** ville d'Italie (Sicile) ; 63 000 hab. ; ch.-l. de la prov. du m. nom. Industries.

**calter** *vi* ① fam S'enfuir rapidement, en courant. ETY De *caler,* « reculer ». VAR **caleter** ⑰

**Caluire-et-Cuire** ch.-l. de cant. du Rhône (arr. de Lyon), sur la r. g. de la Saône ; 43 300 hab. Industries. – Jean Moulin y fut arrêté le 21 juin 1943. DER **caluirard, arde** *a, n*

**calumet** *nm* Pipe à long tuyau que fumaient les Indiens d'Amérique du Nord pendant les délibérations importantes. LOC ***Fumer le calumet de la paix :*** se réconcilier. ETY De *chalumeau.*

**calvados** *nm* Eau-de-vie de cidre. ABREV fam calva. PHO [kalvados]

**Calvados (rochers** ou **plateau du)** chaîne de rochers, sur la côte de Normandie, au fond de la *baie du Calvados.*

**Calvados** dép. franç. (14) ; 5 536 $km^2$ ; 689 945 hab. ; 124,6 hab./$km^2$ ; ch.-l. *Caen ;* ch.-l. d'arr. *Bayeux, Lisieux* et *Vire.* V. Normandie (Basse-). DER **calvadosien, enne** *a, n*

**calvaire** *nm* **1** Représentation de la croix du Calvaire ou des scènes de la Passion ; monument sculpté, élevé en plein air, pour commémorer la Passion. *Calvaire élevé à un croisement de routes.* **2** fig Suite d'épreuves douloureuses. ETY Du lat. *calvaria,* « crâne », nom du lieu-dit de la crucifixion du Christ.

**Calvaire (filles du)** congrégation de bénédictines (Poitiers puis Paris) fondée en 1617 par Antoinette d'Orléans et le père Joseph. DER **calvairienne** *nf*

**Calvi** ch.-l. d'arr. de la Hte-Corse, sur la côte N.-O. ; 5 500 hab. Port de pêche, de comm. (vins) et de voyageurs. Tourisme. – La citadelle génoise, ou Ville-Haute, est entourée de remparts du XVI$^e$ s. DER **calvais, aise** *a, n*

**calville** *nf* Variété appréciée de pommes tardives, blanches ou rouges, de bonne conservation. ETY D'un n. pr.

**Calvin** Jean Cauvin, dit (Noyon, 1509 – Genève, 1564), réformateur religieux et écrivain français. Initié au luthéranisme alors qu'il étudiait le droit à Orléans, il adhéra à la Réforme en 1533, puis s'installa à Bâle (1534), où il publia, en 1536, la première édition (en latin) de l'*Institution de la religion chrétienne* (trad. fr. : 1540). Arrivé à Genève (1536), il institua dans cette ville, après un exil à Strasbourg (1538-1541), un gouvernement théocratique dont il fut le chef sévère (condamnation de Michel Servet, brûlé vif en 1553). Sur le modèle genevois se fondèrent de nombreuses Églises réformées, notam. celle de France. V. calvinisme.

**Calvin Melvin** (Saint Paul, 1911 – Berkeley, 1997), biochimiste américain. Il détermina avec précision les étapes de la photosynthèse (*cycle de Calvin*). P. Nobel de chimie 1961.

**calvinisme** *nm* Doctrine religieuse du réformateur Jean Calvin qui introduisit le protestantisme en France. DER **calviniste** *a, n*

ENC La doctrine calviniste, que Calvin a formulée dans l'*Institution de la religion chrétienne* (1536) repose sur trois principes. 1. L'unique source de la foi est la Bible chrétienne. 2. L'homme ne peut assurer son salut, en Jésus-Christ rédempteur, que par la prédestination individuelle. 3. Seuls deux sacrements existent : le baptême et la communion ; Calvin rejette la transsubstantiation et les notions de contrition et de purgatoire.

**Calvino Italo** (Santiago de Las Vegas, Cuba, 1923 – Sienne, 1985), romancier italien, membre de l'Oulipo : *le Baron perché* (1957), *les Villes invisibles* (1972).

**calvitie** *nf* Absence plus ou moins complète de cheveux. PHO [kalvisi] ETY Du lat. *calvus*, « chauve ».

**Calvo Sotelo José** (La Corogne, 1893 – Madrid, 1936), homme politique espagnol ; un des chefs du parti monarchiste. Son assassinat précipita le soulèvement franquiste.

**Calydon** v. de l'anc. Étolie, ravagée, selon la myth. grecque, par un sanglier.

**calypso** *nm* Danse jamaïcaine à deux temps. ETY D'un n. pr.

**Calypso** dans la myth. grecque, nymphe, reine de l'île d'Ogygie, où elle retint Ulysse pendant dix ans.

**Cam Diogo** (XV$^{e}$ s.), navigateur portugais. Il découvrit l'embouchure du Congo en 1483. VAR **Cão**

**Camagüey** ville de Cuba, à l'ouest de l'île ; 306 000 hab. ; ch.-l. de la prov. du m. nom. Sucreries. Raff. de pétrole.

**camaïeu** *nm* **1** Pierre fine taillée, présentant deux couches d'une même couleur mais de nuances différentes. **2** Œuvre peinte où sont utilisées les diverses nuances d'une même couleur. **3** Ensemble de nuances d'une même couleur. PHO [kamajø]

**camail** *nm* **1** HIST Armure de mailles qui protégeait la tête et le cou. **2** Petite pèlerine s'arrêtant aux coudes que portent certains dignitaires du clergé catholique. **3** ZOOL Ensemble des longues plumes du cou et de la poitrine chez certains oiseaux, notam. le coq. ETY Du provenç.

**Câmara** → **Pessõa Câmara.**

**camarade** *n* **1** Personne avec qui on partage certaines occupations, certaines habitudes, et qui de ce fait devient familière, proche ; compagnon, ami. *Camarade de régiment, d'école.* **2** Appellation utilisée dans les partis et organisations socialistes, communistes, ainsi que dans certains syndicats. ETY De l'esp. *cámara*, « chambre ».

**camaraderie** *nf* **1** Familiarité entre camarades. **2** Solidarité.

**camard, arde** *a, n* Se dit d'une personne dont le nez est plat, écrasé. **LOC** litt *la Camarde* : la Mort. ETY De *camus*.

**Camaret-sur-Mer** stat. balnéaire du Finistère dans la presqu'île de Crozon ; 2 700 hab. DER **camarétois, oise** *a*

**Camargo Marie Anne de Cupis de** (Bruxelles, 1710 – Paris, 1770), danseuse française, rivale de Marie Sallé.

**Camargue (la)** rég. marécageuse de Provence, entre le Grand et le Petit Rhône ; 740 km$^{2}$. Élevage de taureaux et de chevaux au S., où a été créé en 1972 un parc naturel ; riz, sel (marais salants), vigne. DER **camarguais, aise** *a, n*

**camarilla** *nf* **1** HIST Familiers du roi, en Espagne. **2** péjor, vieilli Coterie influente auprès d'un homme puissant. ETY Mot esp.

**Cà Mau (pointe de)** à l'extrémité S. (bec tourné vers l'O.) du Viêt-nam.

**Cambacérès Jean-Jacques Régis de (duc de Parme)** (Montpellier, 1753 – Paris, 1824), juriste et homme polit. français. Deuxième consul, archichancelier d'Empire (1804), l'un des rédacteurs du Code civil. Acad. fr. (1803).

Calvin

Cambacérès

**Cambadélis Jean-Christophe** (Neuilly-sur-Seine, 1951), homme politique français, premier secrétaire du PS depuis 2014.

**Cambay** port de l'Inde (Gujerat), au nord de Bombay, sur le *golfe de Cambay* ; 80 000 hab. – Mosquée (XIV$^{e}$ s.).

**Cambert Robert** (Paris, v. 1628 – Londres, 1677), compositeur français. Opéras : *la Pastorale d'Issy* (1659), *Ariane* (1674).

**cambial, ale** *a* FIN Relatif au change. *Droit cambiaire.* PLUR cambiaux. VAR **cambiaire**

**cambiste** *n* FIN Personne qui s'occupe d'opérations de change. ETY De l'ital.

**cambium** *nm* BOT Couche de cellules entre le bois et le liber, qui donne naissance à ces deux formations par multiplication cellulaire. PHO [kɑ̃bjɔm] ETY Du lat.

**Cambodge** État d'Asie du S.-E., situé entre la Thaïlande, le Laos et le Viêt-nam ; 181 050 km$^{2}$ ; 14,8 millions d'hab. ; cap. *Phnom Penh*. Nature de l'État : monarchie parlementaire. Langue off. : khmer. Pop. : Khmers (90 %), minorités chinoise et vietnamienne. Croissance démographique : 1,8 %. Monnaie : riel. Relig. (d'État) : bouddhisme. DER **cambodgien, enne** *a, n*

**Géographie** Les chaînes de l'Éléphant, des Cardamomes et du Dang encadrent une vaste dépression centrale. Drainée par le Mékong et ses affluents, et comprenant le lac Tonlé Sap, ce bas pays est constitué de plateaux et de plaines inondées chaque année par la crue du fleuve. Le climat tropical est rythmé par la mousson d'été : les fortes précipitations entretiennent une forêt de tecks. La densité hum. n'est forte que dans les plaines et les vallées rizicoles. Les ruraux représentent encore 87 % de la pop.

**Économie** Ruiné par la guerre, le Cambodge reste un pays pauvre dépendant de l'aide internationale malgré son économie qui se redresse peu à peu depuis les années 2000. L'agriculture est le premier secteur d'activités, tandis que le tourisme et le secteur industriel se développent avec dynamisme.

**Histoire** Au I$^{er}$ s. apr. J.-C., sous l'influence de commerçants et de brahmanes venus de l'Inde, se forme le premier royaume du Cambodge, nommé Fou-nan. À son apogée, il englobe une partie de la Thaïlande actuelle et de la péninsule malaise. Puis il éclate en seigneuries. Au IX$^{e}$ s., Jayavarman II (820-850) réunifie le royaume khmer. Son fils Yaçovarman I$^{er}$ (889-900) établit sa cap. à Angkor, qui va devenir une ville monumentale, notam. au XII$^{e}$ s., le grand siècle de l'Empire khmer. Les Siamois prennent Angkor en 1431, et Phnom Penh devient la cap. du Cambodge en 1434.

LE PROTECTORAT ET L'INDÉPENDANCE Les premiers Européens arrivent au Cambodge dès le XVI$^{e}$ s. En 1594, l'invasion des Thaïs ouvre une période où l'existence même du Cambodge est contestée par ses deux grands voisins : le Siam et le Viêtnam, qui occupe le delta du Mékong. Les voisins menaçant l'unité de son royaume, Norodom I$^{er}$ accepte, en 1863, le protectorat des Français. En 1907, le Cambodge récupère les prov. du Nord et les régions d'Angkor. La prudence du roi Norodom Sihanouk (arrière-petit-fils de No-

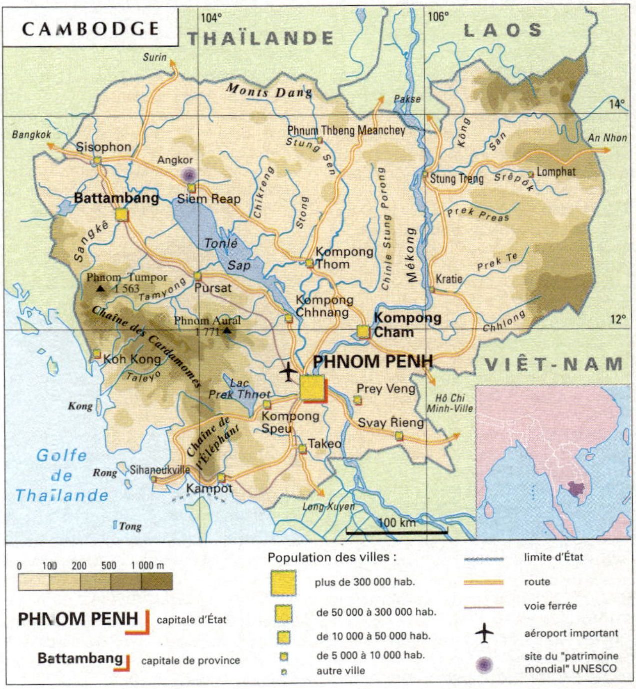

rodom Ier), monté sur le trône en 1941, permet au Cambodge d'obtenir pacifiquement son indépendance en 1953, confirmée par la conférence de Genève (1954). Sihanouk modernise son pays, mais la misère des paysans, victimes des usuriers, et l'influence du Viêt-cong suscitent l'essor du mouvement communiste des Khmers rouges, alors que les milieux traditionalistes souhaitent une politique anticommuniste. En 1955, Sihanouk abdique en faveur de son père, Norodom Sumararit, mais gouverne. Il s'emploie à moderniser son pays et à préserver sa neutralité, mais en 1970 le général Lon Nol, soutenu par les É.-U., le renverse. S'ensuivent des massacres de Vietnamiens et l'intensification de la guérilla, menée par les Khmers rouges, mais aussi par des partisans de Sihanouk, qui forme en Chine un gouvernement royal d'union nationale du Kampuchéa (GRUNK).

**LA DICTATURE DES KHMERS ROUGES ET LE RETOUR À LA DÉMOCRATIE** En 1975, les Khmers rouges s'emparent de Phnom Penh. Dirigés par Khieu Samphan et Pol Pot, ils mènent une révolution sanglante (près de deux millions de morts), fondée sur la volonté d'anéantir la culture traditionnelle. L'armée du Viêt-nam (que l'URSS soutient) envahit le Cambodge en 1979 et installe au pouvoir un communiste modéré, Hun Sen. Les Khmers rouges et les partisans de Sihanouk mènent (armés par la Chine) la guérilla. En 1989, les troupes vietnamiennes se retirent du Cambodge. Les négociations, placées sous l'égide des Nations unies, aboutissent en octobre 1991 aux accords de Paris, qui mettent officiellement fin à la guerre civile. Aux élections de 1993, le Funcinpec, parti royaliste du fils de Sihanouk, Norodom Ranariddh, devance le Parti du peuple cambodgien (PPC, communiste) de Hun Sen. Le gouv. associe les deux hommes, (co-Premiers ministres) et une nouvelle constitution rétablit Sihanouk sur le trône. Aux élections de 1998, contrôlées par les Nations unies, le PPC de Hun Sen l'emporte sur le Funcinpec de Ranariddh. La mort de Pol Pot en avr. 1998 met fin aux dernières guérillas des Khmers rouges dont les leaders survivants se rendent à Hun Sen qui consolide son pouvoir. Le Cambodge a été admis au sein de l'ASEAN en 1999 et de l'OMC en 2003. En oct. 2004, Norodom Sihamoni devient roi du Cambodge. Les élections de 2008 confortent le pouvoir de Hun Sen (réélu en 2013).

**Cambo-les-Bains** com. des Pyr.-Atl. (arr. de Bayonne) ; 4 150 hab. Stat. therm.

**Cambon** Joseph (Montpellier, 1756 – Saint-Josse-ten-Noode, près de Bruxelles, 1820), conventionnel français. Président du Comité des finances (1793-1795), il créa le « grand livre de la Dette publique ».

**Cambon** Paul (Paris, 1843 – id., 1924), diplomate français. Ambassadeur à Londres de 1898 à 1920, il promut l'Entente cordiale. — **Jules** (Paris, 1845 – Vevey, 1935), frère du préc., ambassadeur à Berlin de 1907 à 1914. Acad. fr. (1918).

**cambouis** *nm* Huile, graisse ayant servi à la lubrification d'organes mécaniques, noircie par les poussières et les particules qui s'y sont incorporées. LOC fam ***Mettre les mains dans le cambouis :*** participer à un travail jusque dans sa réalisation concrète.

**Cambrai** ch.-l. d'arr. du Nord, sur l'Escaut ; 33 524 hab. Centre comm. et industr. (confiserie : bêtises de Cambrai). – Beffroi (XVe-XVIIIe s.). – En 1508, la *ligue de Cambrai* unit contre les Vénitiens Louis XII, le pape Jules II, l'empereur Maximilien et Ferdinand d'Aragon. – La *paix de Cambrai* ou *paix des Dames* y fut signée, en 1529, entre Louise de Savoie, au nom de François Ier, et Marguerite d'Autriche, au nom de Charles Quint. DER **cambrésien, enne** *a, n*

**cambrer** *vt* ① Courber légèrement, arquer qqch. *Cambrer le corps, les reins, la taille.* ETY Du lat. DER **cambrage** ou **cambrement** *nm*

**Cambrésis** rég. du N. de la France, autour de Cambrai. Le seuil du Cambrésis relie la Flandre et le Bassin parisien. DER **cambrésien, enne** *a, n*

**Cambridge** v. de G.-B., au N.-E. de Londres ; 118 700 hab. – Université célèbre, fondée au XIIIe s., rivale de celle d'Oxford.

**Cambridge** v. des É.-U., banlieue de Boston ; 105 162 hab. – Université Harvard, la plus ancienne des É.-U. (fondée en 1636) ; Massachusetts Institute of Technology (MIT).

**cambrien, enne** *nm, a* GEOL Se dit de la première période de l'ère primaire ; ensemble des terrains formés pendant cette période. ETY De *Cambria*, « pays de Galles ».

**cambrioler** *vt* ① Voler en s'introduisant dans un lieu fermé. DER **cambriolage** *nm* – **cambrioleur, euse** *n*

**Cambronne** Pierre (vicomte) (Nantes, 1770 – id., 1842), général français. Il eut une conduite héroïque à Waterloo, où il commandait la Vieille Garde. Il a toujours nié avoir prononcé le mot qui lui est attribué.

**cambrousse** *nf* pop, péjor Campagne.

**cambrure** *nf* **1** État, aspect de ce qui est courbe, arqué. **2** Partie cambrée. *La cambrure des reins, des pieds, d'une chaussure.*

**cambuse** *nf* **1** MAR Magasin à vivres d'un navire. **2** fam, péjor Chambre, habitation pauvre, mal tenue. ETY Du néerl.

**cambusier** *nm* Marin responsable de la cambuse.

**Cambyse Ier** roi de Perse (vers 600-559 av. J.-C.), fils de Cyrus Ier et père de Cyrus II le Grand. — **Cambyse II** succéda (530-522 av. J.-C.) à son père Cyrus II. Il conquit l'Égypte.

**1 came** *nf* Pièce arrondie non circulaire ou munie d'une encoche, d'une saillie, dont la rotation permet d'imprimer à une autre pièce un mouvement rectiligne alternatif. *Un arbre à cames.* ETY De l'all. *kamm*, « peigne ».

**2 came** *nf* **1** fam Marchandise, camelote. **2** arg Drogue. ETY De *camelote*.

**camée** *nm* **1** Pierre fine formée de couches de différentes couleurs et sculptée en relief, ou morceau de coquillage sculpté. **2** Peinture en grisaille imitant le camée. ETY De l'ital.

**caméléon** *nm* **1** Reptile saurien, arboricole et insectivore, vivant en Andalousie, en Afrique, à Madagascar, en Asie du Sud, long d'environ 30 cm, qui a la faculté de changer de couleur en fonction du milieu et dont les yeux ont des mouvements indépendants. **2** fig Personne qui change fréquemment d'humeur, d'opinion, de conduite, selon les circonstances. ETY Du gr.

**caméléon**

**Caméléon (le)** constellation de l'hémisphère austral ; n. scientif. : *Chamaeleon.*

**camélia** *nm* **1** Plante arborescente (théacée) à grandes fleurs blanches, roses ou rouges, à feuilles coriaces et persistantes. **2** Fleur du camélia. ETY D'un n. pr. VAR **camellia**

**camélidé** *nm* ZOOL Mammifère artiodactyle sélénodonte (ruminant), sans cornes, à sabots réduits tel que les chameaux, les dromadaires, les lamas et les vigognes. ETY Du lat.

**caméline** *nf* Plante crucifère cultivée pour ses graines oléagineuses. ETY Du lat.

**camelle** *nf* TECH Amas de sel dans un marais salant. ETY Du lat. *camelus*, « chameau ».

**camelot** *nm* **1** Marchand forain, vendeur de menus objets sur la voie publique. **2** Canada Porteur de journaux à domicile. LOC HIST ***Camelot du roi :*** militant vendeur du journal *l'Action française* à la criée, entre 1908 et 1936. ETY De l'arg. *coesmelot*, « colporteur ».

**Camelot** Robert (Reims, 1903 – Paris, 1992), architecte français : CNIT (1958-1962, avec J. de Mailly et B. Zehrfuss).

**camelote** *nf* fam Marchandise de mauvaise qualité.

**camembert** *nm* **1** Fromage de lait de vache à croûte fleurie, en forme de cylindre aplati, fabriqué selon le procédé traditionnel de la région de Camembert, dans l'Orne. **2** Graphique présenté sous forme de cercle divisé en secteurs.

**camer (se)** *vpr* ① fam Se droguer. DER **camé, ée** *a, n*

**caméra** *nf* Appareil de prises de vues. *Caméra électronique.* ETY Du lat. *camera*, « chambre ».

**caméraman** *nm* Syn. (déconseillé) de *cadreur.* PHO [kameraman] ETY Anglicisme. VAR **cameraman**

**Caméraman (le)** film américain (1928) d'Edward Sedgwick, avec Buster Keaton.

**Camerarius** (en allemand *Kammermeister*) dit Joachim Ier (Bamberg, 1500 – Leipzig, 1574), humaniste allemand. Il rédigea avec Melanchthon la *Confession d'Augsbourg.*

**camérier** *nm* Huissier de la chambre privée du pape.

**camériste** *nf* **1** HIST Dame qui était attachée à la chambre d'une princesse, en Italie, en Espagne. **2** vx Femme de chambre.

**camerlingue** *nm* Cardinal qui gère les affaires courantes de l'Église durant la vacance du Saint-Siège et qui convoque le conclave.

**Cameron** Julia Margaret (Calcutta, 1815 – Ceylan, 1879), photographe anglaise liée aux préraphaélites.

**Cameron** Verney Lovett (Radipole, 1844 – Leighton Buzzard, 1894), explorateur britannique. Il traversa l'Afrique du Mozambique à l'Angola (1873-1875).

**Cameron** David (Londres, 1966), homme politique britannique (conservateur). Premier ministre depuis mai 2010.

**Camerone** (francisation de *Camarón*, auj. *Villa Tejeda*), local. du Mexique, où des Franç. de la Légion étrangère se défendirent héroïquement contre les Mexicains, le 30 avril 1863 (date de la fête de la Légion étrangère).

**Cameroun (République du)** (*United Republic of Cameroon*), État de l'O. de l'Afrique, sur le golfe de Guinée ; 475 440 km$^2$ ; 21,5 millions d'hab. ; accroissement naturel : 2,3 % par an ; cap. *Yaoundé.* Nature de l'État : rép. de type présidentiel. Langues officielles : français et anglais. Monnaie : franc CFA. Religions : traditionnelles, islam, cathol., protestantisme. DER **camerounais, aise** *a, n*

**Géographie** Aux plaines côtières densément peuplées du S.-O. succède un vaste plateau central ; au N., des plaines dépendent des bassins de la Bénoué et du lac Tchad. L'O. est flanqué d'une chaîne volcanique qui culmine au mont Cameroun (4 095 m). Le Sud, subéquatorial, est couvert de forêt dense ; au N., la savane correspond à une saison sèche plus longue. La pop., citadine à 41,5 %, est très variée (248 langues différentes) ; les princ. ethnies sont les Fangs, les Bamilékés et les Bamums (20 % de la pop. chacune).

**Économie** Les cultures commerciales, café et cacao surtout, assurent 40 % des recettes, comme le pétrole, exploité depuis 1978. Suivent le bois et ses dérivés. Depuis 1991, la zone franche a accru l'industrialisation, faible. Le Cameroun est l'un des pays les moins défavorisés de la zone, mais la baisse des cours des matières premières est dramatique.

**Histoire** Le peuplement se fit à partir du lac Tchad. C'est dans cette région que le royaume du Kanem naquit (v. le IXe s.). Il imposa sa suzeraineté à la majeure partie du Cameroun actuel aux XVIe-XVIIe s., alors que les Peuls (ou Foulbés) descendaient du N. vers l'Adamaoua (au centre). L'intérieur, exploré au XIXe s. par les Européens, devint en 1884 un protectorat allemand, que le traité franco-allemand de 1911 étendit jusqu'au Congo et à l'Oubangui. Occupé par les forces franco-brit. de 1914 à 1916, le pays fut placé par la SDN, en 1922, sous mandat français, une étroite bande à l'O. revenant à la G.-B. **LE CAMEROUN UNI ET INDÉPENDANT** Le Cameroun franç., indép. en 1960, forma en 1961 avec le S. du Cameroun brit. (le N. fusionnant avec le Nigeria) une fédération, puis une union en 1972. Ahmadou Ahidjo, président de la Rép. de 1960 à 1982, s'appuya sur un parti unique. Son successeur, Paul Biya (candidat unique), fut élu président de la Rép. en 1984. Malgré l'adoption du multipartisme (1991), il fut réélu en 1992, 1997, 2004 et 2011. ▶ carte p. 240

**caméscope** *nm* Appareil portatif réunissant dans le même boîtier une caméra électronique et un magnétoscope. ETY Nom déposé.

**Camille** (m. v. 667 av. J.-C.), jeune Romaine, sœur des Horaces et fiancée à l'un des Curiaces. Elle fut tuée par son frère, vainqueur des Curiaces, parce qu'elle maudissait sa victoire.

**Camille** Marcus Furius Camillus (Ve-IVe s. av. J.-C.), général romain. Dictateur, il s'empara de Véies (396 av. J.-C.) et, selon la légende, chassa de Rome les Gaulois, qui l'avaient prise en 390 av. J.-C.

**1 camion** *nm* **1** anc Chariot bas à quatre roues. **2** Véhicule automobile destiné au transport de charges lourdes et volumineuses. *Camion de déménagement.* **3** TECH Récipient dans lequel les peintres en bâtiment délaient la peinture.

**2 camion** *nm* TECH Très petite épingle.

**camion-citerne** *nm* Camion servant au transport des liquides. PLUR camions-citernes.

**camionner** *vt* ① Transporter par camion. DER **camionnage** *nm*

**camionnette** *nf* Véhicule utilitaire de faible tonnage SYN fourgonnette.

**camionneur, euse** *n* **A** Personne qui conduit un camion. **B** *nm* **1** Entrepreneur de camionnage. **2** Gros pull à col zippé.

**camisard** *nm* HIST Protestant des Cévennes, révolté contre Louis XIV à la suite de la révocation de l'édit de Nantes (1702-1705). ETY De l'occitan *camisa,* « chemise ».

**camisole** *nf* **1** vx Vêtement court, à manches. **2** Canada Sous-vêtement sans manches ou à manches courtes qui couvre le torse. **LOC** ***Camisole chimique :*** médicament qui supprime l'extériorisation bruyante du trouble psychique. — ***Camisole de force :*** combinaison à manches fermées employée autref. pour paralyser les mouvements de certains malades mentaux agités. ETY De l'ital.

**Camoëns** Luís Vaz de (Lisbonne, v. 1524 – id., 1580), le plus grand poète portugais : *les Lusiades* (1572), poème épique, retrace toute l'histoire du Portugal, en exaltant le voyage de Vasco de Gama. Camoëns est également l'auteur de comédies dramatiques (*Amphitryon,* v. 1540) et d'une œuvre poétique (*Rimas*). VAR **Camões**

**camomille** *nf* Nom commun de la matricaire (composée) dont les capitules sont utilisés en infusion pour stimuler la digestion ; cette infusion. ETY Du gr.

**Camondo (de)** famille de financiers et de philanthropes juifs turcs, d'origine hispano-portugaise, qui s'établit en France. — **Isaac** (1851 – 1911), légua ses collections au musée du Louvre. — **Moïse** (1860 – 1935), cousin du préc., légua au musée des Arts décoratifs son hôtel, construit par Sergent (1911-1914), et ses collections (musée Nissim-de-Camondo, du nom de son fils, aviateur mort au combat en 1917).

**Camorra (la)** association napolitaine de malfaiteurs apparue vers 1830 et qui disparut vers 1910. Auj., ce même nom désigne une mafia qui sévit dans le sud de l'Italie continentale.

**camoufler** *vt* ① Déguiser, rendre méconnaissable ou moins visible. *Camoufler son écriture, ses sentiments.* ETY De l'ital. DER **camouflage** *nm*

**camouflet** *nm* **1** anc Taquinerie consistant à souffler de la fumée au visage de quelqu'un. **2** litt Mortification, affront. SYN offense. **3** MILIT Mine utilisée pour détruire un ouvrage adverse. ETY De l'anc. fr. *mouflet,* « souffle ».

**camp** *nm* **1** Espace de terrain où des troupes, des forces militaires, stationnent. **2** Espace de terrain servant de lieu d'internement. *Camp de concentration, d'extermination.* **3** Lieu où des campeurs dressent leurs tentes. **4** Parti, faction. *Il a*

**camomille** romaine

**caméra tri-tubes**
un faisceau, balayant l'écran ligne par ligne, crée l'image

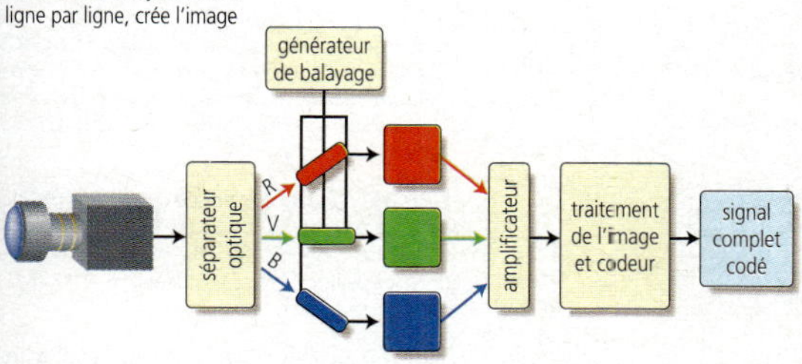


**caméra tri-CCD**
image composée de milliers de points

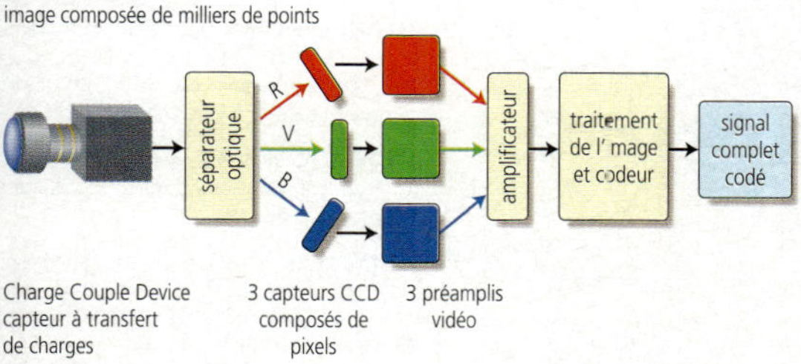


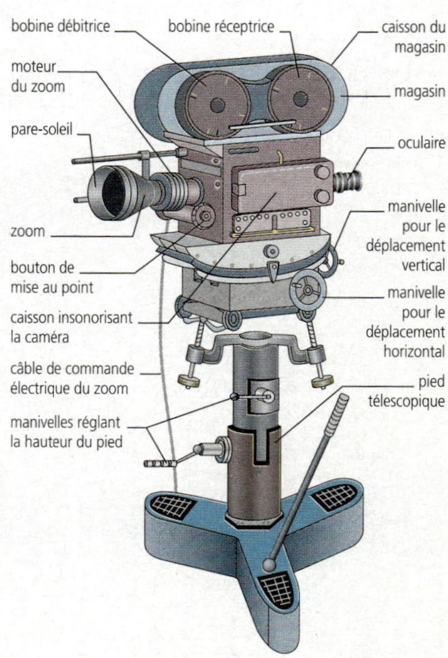


**caméra de cinéma professionnelle 35 mm**

**caméra**

*changé de camp.* **5** Dans certains jeux, terrain de base d'une équipe ; chacune des équipes qui s'opposent. **6** Canada Cabane de bois construite en forêt, aménagée sommairement pour servir d'abri. **LOC** ***Camp de base*** : installation d'une équipe d'alpinistes qui vont tenter une ascension. — ***Camp retranché*** : place forte. — ***Camp volant*** : provisoire. — ***Lever,*** ou fam ***ficher,*** ou très fam ***foutre le camp*** : s'en aller, déguerpir. ETY Du lat. *campus*, « champ ».

**Camp** Maxime du → **Du Camp.**

**campagnard, arde** *a, n* De la campagne ; qui vit à la campagne.

**campagne** *nf* **1** Étendue de pays plat et non boisé. **2** GEOGR Paysage rural présentant des champs non clôturés et un habitat groupé. **3** Les régions rurales (par oppos. à *la ville*). **4** Expédition, ensemble d'opérations militaires. **5** Période d'activité d'une durée déterminée ; ensemble d'opérations qui se déroulent suivant un programme établi à l'avance. *Campagne publicitaire, électorale.*

**campagnol** *nm* Rongeur muridé de petite taille à queue courte, qui cause d'importants dégâts dans les cultures, de blé notam. SYN rat des champs. ETY De l'ital.

**Campan** Jeanne Louise Henriette Genet (M^me^) (Paris, 1752 – Mantes, 1822), première femme de chambre de Marie-Antoinette. Sous l'Empire, elle dirigea la maison de la Légion d'honneur à Écouen.

**Campana** Dino (Marradi, Toscane, 1885 – Castel Pulci, Toscane, 1932), poète italien : *Chants orphiques* (1914). Il mena une vie errante et mourut dans un asile d'aliénés.

**campanaire** *a* Relatif aux cloches. *Art campanaire.*

**campane** *nf* **1** ARCHI Corbeille des chapiteaux corinthien et composite, en forme de cloche renversée. **2** Dentelle blanche. ETY Du lat. *campana*, « cloche ».

**Campanella** Tommaso (Stilo, Calabre, 1568 – Paris, 1639), philosophe italien. Dominicain suspecté d'hérésie, puis accusé d'avoir dirigé une révolte paysanne en Calabre, il passa vingt-sept ans en prison. Sa *Cité du Soleil* (v. 1602) décrit une cité théocratique idéale, fondée sur la communauté de vie.

**Campanie** Région d'Italie et Région de l'UE, au S. de Rome, sur la mer Tyrrhénienne, formée des prov. d'Avellino, de Bénévent, de Caserte, de Naples et de Salerne ; 13 595 km$^2$ ; 5 731 430 hab. ; cap. *Naples.* La polyculture méditerranéenne intensive occupe le littoral, peuplé, que domine l'Apennin et qui porte des volcans (Vésuve, champs Phlégréens). Le développement industriel de Naples et de Salerne, et le tourisme ont enrayé l'émigration ; mais le niveau de vie reste faible et le chômage élevé. – La colonisation grecque, qui débuta au VIII^e^ s. av. J.-C., fut import. La romanisation commença au IV^e^ s. av. J.-C. DER **campanien, enne** *a, n*

**campaniforme** *a* didac Qui a la forme d'une cloche.

**campanile** *nm* ARCHI **1** Clocher à jour. **2** Clocher isolé du corps de l'église. **3** Lanterne qui surmonte certains édifices civils. ETY Mot ital.

**campanulacée** *nf* BOT Dicotylédone dont la campanule est le type.

**campanule** *nf* Plante herbacée à fleurs gamopétales bleues, violettes ou blanches, en forme de clochettes, dont plus de vingt espèces poussent en France. ETY Du lat. *campana*, « cloche ».

**campanule**

**Campbell** clan d'Écosse qui joua un rôle politique en Angleterre à partir du XIII^e^ s.

**Campbell** William Wallace (Hancock County, Ohio, 1862 – Mount Hamilton, Californie, 1938), astronome américain. Utilisant le principe de Doppler-Fizeau, il mesura la vitesse des étoiles.

**Campbell** Roy Ignace Dunnachie (Durban, 1901 - Setúbal, Portugal, 1957), écrivain sud-africain d'expression anglaise, favorable à l'apartheid : *la Tortue flamboyante* (1924), *la Fleur au fusil* (1939).

**Camp David** (accords de) traité de paix conclu, sur les instances du président Carter, entre l'Égypte (Sadate) et Israël (Begin), dans une résidence des présidents des É.-U. (Maryland), en 1978.

**Camp du Drap d'or** lieu situé entre Guînes et Ardres (Pas-de-Calais), où François I^er^ et Henri VIII d'Angleterre se rencontrèrent, étalant leurs richesses. Ils ne parvinrent pas à s'allier contre Charles Quint.

**campé, ée** *a* EQUIT Se dit d'un cheval dont les aplombs sont défectueux. *Campé du devant, du derrière.* **LOC** ***Bien campé*** : bien bâti, vigoureux ; décrit avec précision. *Un personnage bien campé.*

**campêche** *nm* Bois d'un arbre d'Amérique latine, qui, par infusion, donne un colorant brun-rouge. ETY Du n. pr.

**Campeche** v. et port du Mexique ; 172 200 hab. ; cap. de l'État du m. nom. – Le *golfe* (ou *baie*) *de Campeche* est la partie du golfe du Mexique que ferme le Yucatán.

**campement** *nm* **1** Action de camper. **2** Lieu où l'on campe. **3** Installation sommaire, provisoire.

**camper** *v* ① **A** *vi* **1** Établir un camp ; vivre dans un camp. **2** Faire du camping. **3** fig S'installer sommairement et provisoirement. **B** *vt* **1** Établir dans un camp. *Camper son régiment sur la rive d'un fleuve.* **2** Établir, poser solidement, hardiment. **3** fig Représenter avec exactitude, avec relief. *Auteur qui campe rapidement un personnage.* **C** *vpr* Se placer, s'installer avec audace, avec autorité. LOC ***Camper sur ses positions :*** ne faire aucune concession.

**campeur, euse** *n* Personne qui pratique le camping.

**camphre** *nm* Substance âcre et aromatique, cétone terpénique et bicyclique ($C_{10}H_{16}O$) extraite du camphrier, aux propriétés stimulantes et antiseptiques. PHO [kɑ̃fʀ] ETY De l'ar.

**camphré, ée** *a* Qui contient du camphre. *Huile camphrée.*

**camphrier** *nm* Arbuste d'Asie du S.-E. et d'Océanie (lauracée), dont on extrait le camphre par distillation du bois.

**Campidano** plaine du S. de la Sardaigne.

**Campin Robert** (Valenciennes, v. 1378 – Tournai, 1444), peintre flamand. V. Flémalle (le Maître de).

**Campina Grande** v. du Brésil (État du Paraíba) ; 405 100 hab. Foire au bétail.

**Campinas** v. du Brésil (São Paulo) ; 2,6 millions d'hab. (aggl.). Industries. Université.

**Campine** (en flam. *Kempen*), plaine du N. de la Belgique, se prolongeant aux Pays-Bas. La fertilisation des sols sableux en a fait une riche région agricole.

**camping** *nm* Activité touristique qui consiste à camper, à vivre en plein air en couchant, la nuit, sous la tente ; terrain aménagé pour cette activité. PHO [kɑ̃piŋ] ETY Mot angl.

**camping-car** *nm* Syn. (déconseillé) de *autocaravane.* PLUR camping-cars. ETY Anglicisme. DER **camping-cariste** *n*

**camping-gaz** *nm inv* Réchaud à gaz portatif. ETY Nom déposé.

**Campistron Jean Galbert de** (Toulouse, 1656 – id., 1723), auteur français de tragédies et de livrets d'opéras. Acad. fr. (1701).

**Campobasso** v. d'Italie (région de Molise) ; 49 400 hab. ; ch.-l. de la prov. du m. nom, région de collines. Archevêché.

**Campoformio** (auj. *Campoformido*), v. d'Italie (Vénétie) où fut signé en 1797 un traité entre Bonaparte et l'Autriche. La France obtint les anc. Pays-Bas espagnols, une partie de la r. g. du Rhin, les îles Ioniennes et garda la république Cisalpine ; l'Autriche obtint Venise et ses possessions.

**Campo Grande** v. du Brésil, cap. du Mato Grosso do Sul ; 853 600 hab. Centre comm. Aéroport. Université.

**campos** *nm* fam, vieilli Repos, congé donné à des écoliers. *Ils ont campos pour deux jours.* PHO [kɑ̃po] ETY Mot lat., « aux champs ». VAR **campo**

**Campos** v. du Brésil (État de Rio de Janeiro) ; 484 000 hab. Industries.

**Campra André** (Aix-en-Provence, 1660 – Versailles, 1744), compositeur français, créateur de l'opéra-ballet : *l'Europe galante* (1697), *les Fêtes vénitiennes* (1710), *Idoménée* (1712).

**campus** *nm* **1** Parc, vaste terrain qui entoure les bâtiments de certaines universités. **2** Université dont les divers bâtiments sont séparés ; territoire d'une telle université. PHO [kɑ̃pys] ETY Mot amér., du lat.

**Cam Ranh (baie de)** baie sur la côte mérid. du Viêt-nam, au S. de Nha Trang. Elle abrite le port de *Cam Ranh* (121 000 hab.), dont les Amér. avaient fait une base (1965-1975).

**camus, use** *a* **1** Court et plat, en parlant du nez. **2** Dont le nez est court et plat.

**Camus Albert** (Mondovi, Algérie, 1913 – près de Villeblevin, Yonne, 1960), écrivain français. Il proposa de surmonter le désespoir dû à l'absurdité de l'Univers par une ouverture lucide sur le monde. Essais : *le Mythe de Sisyphe* (1942), *l'Homme révolté* (1951), *l'Été* (1954) ; théâtre : *Caligula* (1938 remanié en 1958), *le Malentendu* (1942-1943), *l'État de siège* (1948), *les Justes* (1949) ; romans et nouvelles : *l'Étranger* (1942), *la Peste* (1947), *la Chute* (1956). P. Nobel de littérature 1957. DER **camusien, enne** *a, n*

Albert Camus

**Cana** bourg de Galilée, où, selon l'Évangile, Jésus changea l'eau en vin.

**Canaan (terre** ou **pays de)** territoire comprenant la Palestine et la Phénicie ; c'est la Terre promise des Hébreux. DER **cananéen, enne** *a, n*

**Canaan** personnage biblique ; fils de Cham, petit-fils de Noé.

**canada** *nf* Variété de pomme reinette.

**Canada** État fédéral de l'Amérique du Nord, membre du Commonwealth, deuxième pays du monde par la superf., s'étendant du Pacifique à l'Atlantique et des É.-U. (frontière de 8 850 km) à l'océan Arctique. Il est divisé en dix provinces (Alberta, Colombie-Britannique, Manitoba, Nouveau-Brunswick, Nouvelle-Écosse, Ontario, île du Prince-Édouard, Québec, Saskatchewan, Terre-Neuve-et-Labrador) et trois territoires (Nord-Ouest, Nunavut, Yukon) ; 9 976 139 km² ; 35,8 millions d'hab. ; cap. fédérale *Ottawa.* Nature de l'État : monarchie constitutionnelle (le chef honorifique de l'État est le souverain britannique). Langues off. : angl. et, depuis 1969, franç. Monnaie : dollar canadien. Relig. : catholicisme et protestantisme. DER **canadien, enne** *a, n*
**Géographie** Le Bouclier canadien (47 % du pays), socle précambrien centré sur la baie d'Hudson, domine la vallée du Saint-Laurent à l'E. Au S.-E., de vieux massifs prolongent les Appalaches. À l'O., des plaines sédimentaires (20 % du pays) sont dominées par les cordillères de l'O. pacifique (6 050 m au mont Logan). L'empreinte des glaciers quaternaires (lacs) commande l'hydrographie (Mackenzie, Saint-Laurent). Des hivers longs et intenses expliquent la végétation : toundra du Grand Nord arctique, forêt boréale de conifères des climats continentaux froids ; au S., prairies des zones continentales sèches des Grandes Plaines. Le S.-E. a des étés plus chauds (forêt mixte) et le S.-O. pacifique est plus clément.
**La population** Le peuplement a progressé d'E. en O. Les provinces maritimes du S.-E., la vallée du Saint-Laurent, le S. de l'Ontario et des Prairies, la région de Vancouver concentrent la pop. Celle-ci, citadine à 80 %, compte 68 % d'anglophones, plus de 24 % de francophones (83 % au Québec et 31 % au Nouveau-Brunswick) et de nombreuses minorités : Amérindiens (moins de 2 %), Inuits, Italiens, Allemands, Chinois, Ukrainiens, Grecs... La baisse de la natalité et le ralentissement de l'immigration ont modéré la croissance démographique.
**Économie** Importante puissance écon. mondiale, le Canada est un grand pays agricole, forestier et minier. Les Grandes Plaines sont un grenier céréalier du monde. La forêt boréale fournit en abondance bois et fourrures. Moyennement pourvu en charbon, le Canada est l'un des premiers producteurs mondiaux d'uranium (filière électronucléaire importante) et d'hydroélectricité, exportée vers les É.-U. Il occupe les meilleurs rangs pour la production minière (zinc, nickel, fer, cuivre...) et possède d'importantes réserves de gaz naturel, de pétrole et de sables bitumineux (Alberta). L'industrie, très diversifiée, se concentre au sud des Grands Lacs, dans la vallée du Saint-Laurent (Ontario et Québec) et dans les métropoles de l'O. Elle est contrôlée aux deux tiers par des capitaux étrangers (américains, notam.). Le Canada réalise 76 % de ses échanges avec les É.-U.. L'Accord de libre-échange nord-américain (ALENA) entre le Canada, les É.-U. et le Mexique est entré en vigueur en 1994.
**Histoire** Les Amérindiens et les Inuits furent les premiers habitants connus du pays. Le Canada fut reconnu par Cabot en 1497, exploré par Verrazano (1524) et par Cartier (1535-1536, remontée du Saint-Laurent), qui en prit possession au nom de la France. L'occupation de la Nouvelle-France se développa au XVIIe s. : fondation de Québec par Champlain (1608), création en 1627 de la Compagnie de la Nouvelle-France chargée de coloniser le pays. Celui-ci fut administré comme une prov. franç. à partir de 1663. Le nombre de colons resta très inférieur à celui des Brit. implantés au S. Dès 1713, l'Acadie (Nouvelle-Écosse) et Terre-Neuve furent cédées à la G.-B. ; à la suite de la guerre de Sept Ans et de la défaite subie par Montcalm dans les plaines d'Abraham, à Québec (1759), le pays, appelé dès lors Canada, devint possession britannique (traité de Paris, 1763). Dans leur isolement, les colons franç. restèrent fortement soumis au clergé cathol. En 1791, à la suite de l'arrivée de 40 000 colons américains restés fidèles à la Couronne britannique, le pays fut divisé en Haut- et Bas-Canada.
LA FÉDÉRATION CANADIENNE Une nouvelle Constitution (1840) réunit les deux prov., qui formèrent le Canada-Uni, transformé par l'*Acte de l'Amérique du Nord britannique* (1867) en une confédération, régie par une Constitution, demeurée en vigueur jusqu'en 1982. Jusqu'en 1931, le Canada fut un dominion. Depuis que le Québec a refusé l'amendement constitutionnel décidé en 1982 par les seules provinces anglophones, sa spécificité francophone n'est pas reconnue. En 1992, l'échec du référendum proposant de modifier la répartition des pouvoirs entre les dix provinces (et spécifiant l'existence d'une société distincte au Québec) a aggravé la crise institutionnelle. L'arrivée au pouvoir du parti libéral (octobre 1993) dirigé par Jean Chrétien n'a pas résolu la crise polit., mais a amélioré la situation écon. : le déficit budgétaire et le chômage ont baissé, de sorte que Chrétien a remporté les élections de 1997. Au Québec, le référendum de 1995 a maintenu la prov. dans la Confédération. En 2000, le parti libéral remporte les élections et J. Chrétien voit son pouvoir renforcé. Paul Martin lui succède en 2003, mais il est battu par Stephen Harper (conservateur) aux élections organisées à la suite de la dissolution du Parlement. S. Harper est réélu en 2008 et en 2011. Le PL retrouve la majorité en 2015 et Justin Trudeau devient Premier ministre.
▶ carte p. 242

**Canada-France-Hawaii (télescope)** observatoire installé (dep. 1979) au sommet d'un volcan hawaiien. Il fut construit par l'université d'Hawaii, la France et le Canada.

**canadair** *nm* Avion de lutte contre les incendies de forêts, équipé d'importants réservoirs à eau. SYN bombardier d'eau. ETY Nom déposé.
▶ illustr. p. 243

**canadianisme** *nm* Façon de parler (prononciation, mot, tournure, etc.) caractéristique du français du Canada (Acadie et Québec).

**canadienne** *nf* **1** Canoë aux extrémités relevées. **2** Veste épaisse doublée de fourrure. **3** Canada Syn. de *duffel-coat.*

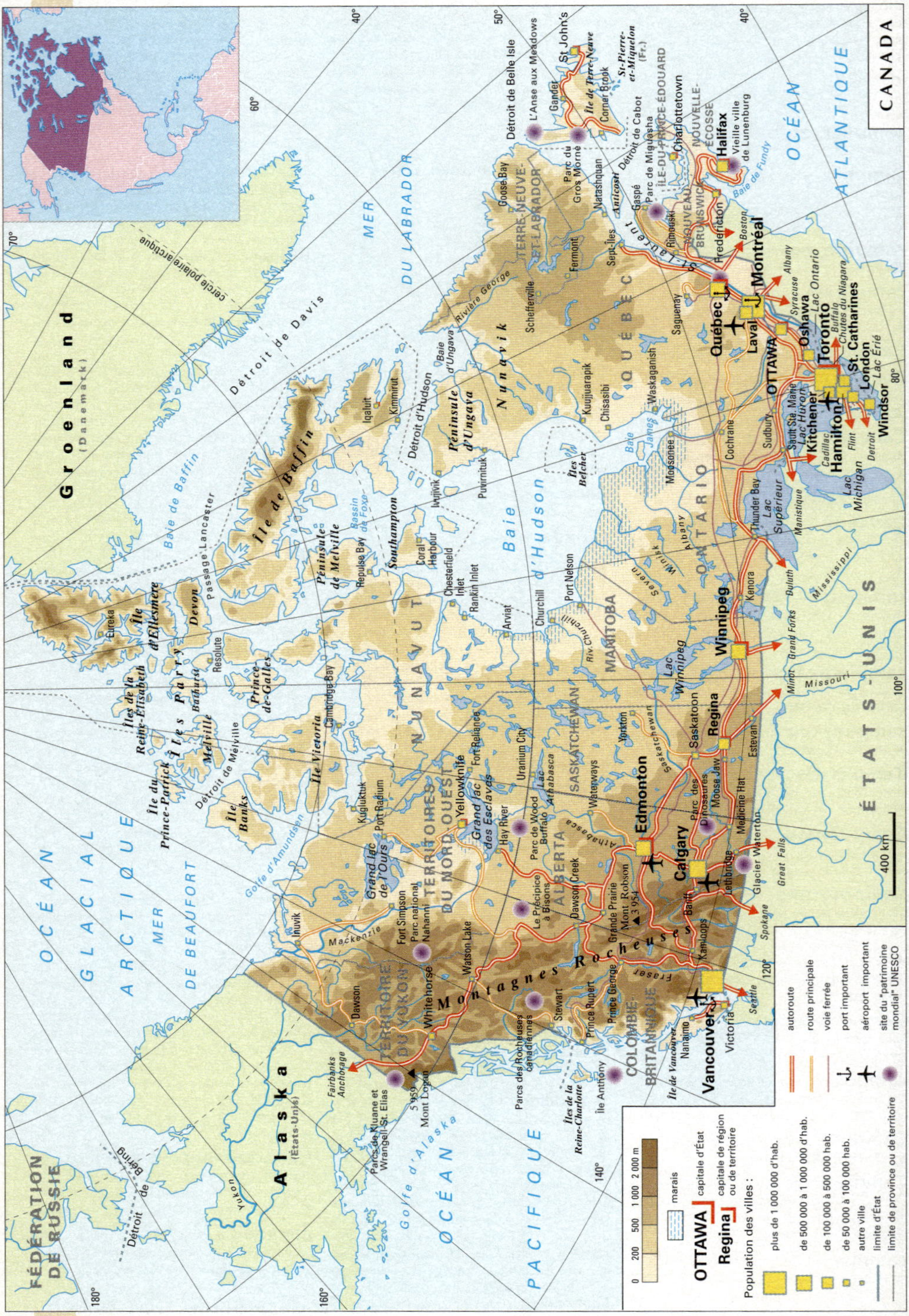
CANADA
Groenland
(Danemark)
Alaska
(États-Unis)
FÉDÉRATION DE RUSSIE
ÉTATS-UNIS
OCÉAN GLACIAL ARCTIQUE
MER DE BEAUFORT
MER DU LABRADOR
OCÉAN ATLANTIQUE
OCÉAN PACIFIQUE
Baie d'Hudson
Baie de Baffin
Détroit de Davis
Détroit d'Hudson
Détroit de Béring
Golfe d'Alaska
Golfe d'Amundsen
Détroit de Melville
Passage Lancaster
Bassin de Foxe
Baie James
Baie de Fundy
cercle polaire arctique
Île d'Ellesmere
Îles de la Reine-Élisabeth
Îles Parry
Île du Prince-Patrick
Melville
Bathurst
Devon
Île Banks
Île Victoria
Prince-de-Galles
Île de Baffin
Péninsule de Melville
Southampton
Péninsule d'Ungava
Îles Belcher
Nunavik
Île de Terre-Neuve
Anticosti
Île de Vancouver
Îles de la Reine-Charlotte
NUNAVUT
TERRITOIRES DU NORD-OUEST
TERRITOIRE DU YUKON
COLOMBIE-BRITANNIQUE
ALBERTA
SASKATCHEWAN
MANITOBA
ONTARIO
QUÉBEC
TERRE-NEUVE-ET-LABRADOR
NOUVEAU-BRUNSWICK
NOUVELLE-ÉCOSSE
ÎLE-DU-PRINCE-ÉDOUARD
St-Pierre-et-Miquelon (Fr.)
Montagnes Rocheuses
Mont Logan 5 959
Mont Robson 3 954
Grand lac de l'Ours
Grand lac des Esclaves
Lac Athabasca
Lac Winnipeg
Lac Supérieur
Lac Michigan
Lac Huron
Lac Érié
Lac Ontario
Mackenzie
Yukon
Fraser
Saskatchewan
Churchill
Severn
Winisk
Albany
Rivière George
Saint-Laurent
Mississippi
Missouri
OTTAWA
Montréal
Toronto
Québec
Vancouver
Calgary
Edmonton
Winnipeg
Hamilton
Kitchener
London
Oshawa
St. Catharines
Windsor
Halifax
Laval
Regina
Victoria
Saskatoon
Fredericton
Charlottetown
St John's
Whitehorse
Yellowknife
Iqaluit
Inuvik
Dawson
Fort Simpson
Kugluktuk
Port Radium
Cambridge Bay
Resolute
Eureka
Repulse Bay
Coral Harbour
Chesterfield Inlet
Rankin Inlet
Arviat
Churchill
Port Nelson
Kimmirut
Ivujivik
Puvirnituq
Kuujjuarapik
Chisasibi
Waskaganish
Moosonee
Cochrane
Sudbury
Sault Ste. Marie
Thunder Bay
Kenora
Schefferville
Fermont
Sept-Îles
Goose Bay
Natashquan
Gaspé
Rimouski
Saguenay
Gander
Corner Brook
Détroit de Belle Isle
Détroit de Cabot
L'Anse aux Meadows
Parc du Gros Morne
Parc de Miguasha
Vieille ville de Lunenburg
Fort Reliance
Uranium City
Hay River
Waterways
Yorkton
Estevan
Moose Jaw
Medicine Hat
Lethbridge
Banff
Kamloops
Prince George
Grande Prairie
Dawson Creek
Watson Lake
Stewart
Prince Rupert
Nanaimo
Parc national Nahanni
Parc de Wood Buffalo
Le Précipice à Bisons
Parc des Dinosaures
Glacier Waterton
Parcs des Rocheuses canadiennes
Parcs de Kluane et Wrangell-St. Elias
Île Anthony
Fairbanks
Anchorage
Seattle
Spokane
Great Falls
Minot
Grand Forks
Duluth
Manistique
Flint
Detroit
Cadillac
Buffalo
Chutes du Niagara
Syracuse
Albany
Boston
400 km
180°
160°
140°
120°
100°
80°
70°
60°
50°
40°
0 200 500 1 000 2 000 m
marais
OTTAWA capitale d'État
Regina capitale de région ou de territoire
Population des villes :
plus de 1 000 000 d'hab.
de 500 000 à 1 000 000 d'hab.
de 100 000 à 500 000 hab.
de 50 000 à 100 000 hab.
autre ville
limite d'État
limite de province ou de territoire
autoroute
route principale
voie ferrée
port important
aéroport important
site du "patrimoine mondial" UNESCO

**canaille** *nf, a* **A** *nf* **1** litt Ramassis de gens méprisables. *Être insulté par la canaille.* SYN racaille. **2** Individu malhonnête, méprisable. *Cette canaille a réussi à lui extorquer de l'argent.* SYN escroc. **3** Enfant coquin. **B** *a* Débraillé et polisson. *Une allure canaille.* ETY De l'ital. *cane*, « chien ». DER **canaillerie** *nf*

**canal** *nm* **1** Voie navigable artificielle. *Canal de navigation fluviale.* **2** GEOGR Espace de mer, relativement étroit et prolongé, entre deux rives, deux mers, deux océans. **3** Conduit, tuyauterie. *Canaux d'irrigation, de drainage.* **4** TELECOM Ensemble des fréquences utilisées par un émetteur. **5** fig Moyen par lequel des informations sont communiquées. *J'ai obtenu ce renseignement par le canal d'un ami.* **6** ANAT Conduit naturel d'un organisme vivant. *Canal excréteur.* **7** BOT Élément tubulaire de forme allongée. *Canaux sécréteurs de résine du pin.* PLUR canaux. ETY Du lat. *canna*, « roseau ».

**Canaletto** Giovanni Antonio Canal, dit (Venise, 1697 – id., 1768), peintre et graveur italien : *vedute* (vues) de Venise et de Londres. — **Canaletto le Jeune** Bernardo Bellotto, dit (Venise, 1721 – Varsovie, 1780), peintre italien, neveu du préc., peintre de *vedute*. Il émigra en Pologne.

**canalicule** *nm* ANAT Petit canal, petit conduit d'un organisme.

**canalisation** *nf* **1** Action de canaliser. **2** Conduit destiné à véhiculer un fluide. *Canalisations d'eau, de gaz.* **3** Conducteur électrique. *Canalisation haute tension.*

**canaliser** *vt* ① **1** Aménager un cours d'eau pour le rendre navigable. **2** Pourvoir une région d'un système de canaux. **3** fig Rassembler et diriger dans le sens choisi. *Un service d'ordre canalisait les manifestants.* DER **canalisable** *a* – **canalisateur** *a, n*

**Canal Plus** chaîne française de télévision à péage, la prem. chaîne privée créée en France (1984). VAR **Canal +**

**cananéen, enne** *a, nm* **A** *a* Du pays de Canaan. **B** *nm* Groupe de langues sémitiques comprenant l'hébreu, le moabite, le phénicien, et le punique.

**canapé** *nm* **1** Long siège à dossier où plusieurs personnes peuvent s'asseoir. **2** CUIS Tranche de pain de mie sur laquelle on dispose une garniture. *Servir des cailles sur canapés.* LOC ***Canapé-lit*** : canapé transformable en lit. ETY Du gr. *kônôps*, « moustique ».

**Canaques** groupe ethnique autochtone de la Nouvelle-Calédonie, regroupé en majorité dans la partie centrale et septentrionale de l'île. VAR **Kanaks** DER **canaque** ou **kanak, e** *a*

**canard** *nm* **1** Oiseau aquatique palmipède (anatidé) de taille moyenne, au bec large, au cri nasillard caractéristique, dont certaines espèces sont domestiques et d'autres sauvages. *Le canard cancane, nasille. La cane est la femelle du canard.* **2** fam Morceau de sucre trempé dans le café ou dans l'eau-de-vie. **3** Fausse note, son discordant. **4** fig, fam, vieil i Fausse nouvelle. **5** fam Journal. **6** Récipient à bec qui permet à un malade de boire couché. LOC fam ***Canard boiteux*** : membre d'un groupe qui n'arrive pas à suivre le rythme des autres ; affaire mal gérée, entreprise en difficulté. — ***Canard de barbarie*** ou ***canard musqué*** : canard d'élevage au plumage noir et blanc, apprécié pour sa chair ferme et peu grasse. — fam ***Un froid de canard*** : un froid intense. — fam ***Vilain petit canard*** : personne qu'on accuse de tous les maux.

canadair

canard

**canardeau** *nm* Jeune canard, plus âgé que le caneton.

**Canard enchaîné (le)** hebdomadaire satirique fondé à Paris en 1915 par M. Maréchal et dont la publication fut interrompue par l'occupation all. (1940-1944).

**canarder** *v* ① fam **A** *vt* Faire feu sur, en étant à couvert comme pour la chasse au canard. **B** *vi* MUS Faire des canards, des fausses notes. *Les cuivres canardaient dans les aigus.*

**Canard sauvage (le)** drame en 5 actes d'Ibsen (1884).

**canari** *nm* Serin des Canaries, au plumage généralement jaune, apprécié pour son chant. ETY De l'esp.

**Canaries** archipel de l'Atlantique, au N.-O. du Sahara, comptant sept îles princ : Grande Canarie, Fuerteventura, Lanzarote, Tenerife, Gomera, Palma et Hierro. Communauté autonome d'Espagne et Région de l'UE, formée des prov. de Las Palmas et de Santa Cruz de Tenerife ; 7 242 km$^2$ ; 1 589 400 hab. ; cap. *Las Palmas* (dans la Grande Canarie). – Ressources princ. : tourisme et agric. d'exportation ; commerce actif en raison du régime douanier au sein de l'UE. – Découvertes en 1402 par Jean de Béthencourt, les îles sont espagnoles depuis 1479. DER **canarien, enne** *a, n*

**Canaris Constantin** → **Kanaris.**

**Canaris** Wilhelm (Aplerbeck, 1887 – Flossenbürg, 1945), amiral allemand. Chef du service des renseignements de l'armée (1935-1944), il fut destitué après l'attentat manqué contre Hitler (1944), qui le fit exécuter.

**canasson** *nm* fam **1** Mauvais cheval. **2** Cheval. ETY Altér. péjor. de *canard*.

**canasta** *nf* Jeu de cartes qui se joue avec deux jeux de 52 cartes et 4 jokers ; série de 7 cartes de même valeur à ce jeu.

**Canaveral (cap)** cap. de la côte E. de la Floride près duquel se trouve le centre spatial John F. Kennedy.

**Canberra** cap. fédérale de l'Australie, dans le S.-E. de la Nouvelle-Galles du Sud, où son territ. (2 400 km$^2$) est enclavé ; 310 000 hab (aggl.). – La v. fut inaugurée en 1927.

**cancale** *nf* Huître de Cancale.

**Cancale** ch.-l. de cant. d'Ille-et-Vilaine (arr. de Saint-Malo), sur la Manche ; 5 203 hab. Ostréiculture. Station balnéaire.

**1 cancan** *nm* fam Commérage, bavardage malveillant. ETY Du lat. *quanquam*, « quoique ».

**2 cancan** *nm* LOC ***French cancan*** ou ***cancan*** : spectacle de music-hall, quadrille acrobatique dansé par des « girls ». ETY Onomat. enfantine pour *canard*.

**cancaner** *vi* ① **1** Bavarder de façon malveillante. **2** Crier, en parlant du canard.

**cancanier, ère** *a, n* Qui aime à cancaner, à rapporter des ragots.

**cancer** *nm* **1** MED Tumeur maligne caractérisée par la prolifération anarchique des cellules d'un organe, d'un tissu. SYN néoplasie, néoplasme. **2** fig Danger insidieux, mal qui ronge. ETY Mot lat., *crabe*. DER **cancéreux, euse** *a, n*

ENC Tout cancer tend à l'extension locale, régionale et à distance, par dissémination sanguine ou lymphatique (métastase). Le cancer peut attaquer

**Canaletto** *Venise, le pont du Rialto*, v. 1735-1740 – musée du Louvre

n'importe quel organe. Les plus fréquents sont, chez la femme, les cancers du sein, de l'intestin, de l'estomac, puis de l'utérus ; chez l'homme, les cancers bronchopulmonaire, trachéal, de l'estomac, de la prostate et de l'œsophage. Sur le plan histologique, on distingue : les épithéliomas, les sarcomes, les cancers du tissu nerveux, les mélanomes et les cancers du tissu embryonnaire. Le traitement, qui doit être précoce, dépend de la localisation primitive, du type histologique, du stade d'évolution. On utilise plusieurs thérapeutiques : chimiothérapie, radiothérapie, chirurgie, immunothérapie. De nombreux cancers traités à temps peuvent actuellement être guéris. Le cancer, dont la cause est inconnue, a certainement plusieurs facteurs : viral, immunitaire, prédisposition génétique, facteurs d'environnement.

**Cancer (le)** constellation zodiacale de l'hémisphère boréal ; n. scientif. : *Cancer, Cancri* – Signe du zodiaque (22 juin-22 juillet). – *Tropique du Cancer* : celui de l'hémisphère boréal.

**cancérigène** *a* Qui peut provoquer le développement d'un cancer. *Substances cancérigènes.* SYN carcinogène. VAR **cancérogène**

**cancériser (se)** *vpr* 1 Subir une transformation des cellules saines en cellules cancéreuses. DER **cancérisation** *nf*

**cancéro-, cancéri-** Éléments signifiant « relatif au cancer ».

**cancérogenèse** *nf* MED Processus de formation d'un cancer.

**cancérologie** *nf* Étude du cancer et de son traitement. SYN carcinologie. DER **cancérologique** *a* – **cancérologue** *n*

**cancérophobie** *nf* Peur injustifiée et angoissante d'être atteint d'un cancer.

**cancéropôle** *nm* MED Centre régional de cancérologie, orienté vers le dépistage et le traitement du cancer. VAR **cancéropole** *nf*

**canche** *nf* Graminée fourragère très courante dans les prés.

**Canche (la)** fl. de France (96 km), en Artois ; se jette dans la Manche à Étaples.

**cancoillotte** *nf* Fromage à base de lait de vache écrémé et caillé, égoutté puis fondu avec du beurre, fabriqué en Franche-Comté. PHO [kɑ̃kwajɔt] ETY Du franc-comtois *coillotte*, de *caillé*.

**cancre** *nm* Écolier paresseux, mauvais élève. ETY Du lat. *cancer*, « crabe ».

**cancrelat** *nm* Blatte, cafard. ETY Du néerl.

**Cancún** v. du Mexique, dans l'île du m. n. (mer des Caraïbes) ; 50 000 hab. Stat. baln.

**Candaule** (VIIe s. av. J.-C.), roi de Lydie. Gygès, son favori, le tua et lui succéda.

**candela** *nf* PHYS Unité d'intensité lumineuse du système international (symbole cd) ; intensité lumineuse, dans une direction donnée, d'une source qui émet un rayonnement monochromatique de fréquence $540.10^{12}$ hertz et dont l'intensité énergétique dans cette direction est de 1/683 watt par stéradian. *Candela par mètre carré.* ETY Mot lat., *chandelle*. VAR **candéla**

**candélabre** *nm* **1** Grand chandelier à plusieurs branches. **2** vieilli Appareil d'éclairage, colonne supportant une ou plusieurs lampes. **3** ARCHI Balustre figurant une torchère.

**candeur** *nf* Pureté d'âme, innocence naïve. *Un visage plein de candeur.* SYN ingénuité. ETY Du lat. *candor*, « blancheur ».

**candi** *am, nm* LOC ***Fruits candis*** : fruits confits enduits de sucre candi. — ***Sucre candi*** : sucre en gros cristaux, obtenu par refroidissement lent de sirops très concentrés. ETY De l'ar.

**candida** *nm* BOT, MED Genre de champignons deutéromycètes dont une espèce est l'agent du muguet intestinal ou vaginal.

**candidat, ate** *n* Personne qui postule une charge, un emploi, un mandat, ou qui se présente à un examen, à un concours. *Les candidats aux élections, au baccalauréat.* ETY Du lat. *candidus*, « blanc ».

**candidater** *vi* 1 Poser sa candidature à un poste.

**candidature** *nf* Action, fait d'être candidat. *Poser sa candidature.* LOC ***Candidature spontanée*** : présentée pour un poste sans qu'il y ait eu d'annonce pour recruter.

**candide** *a* Qui a, qui dénote de la candeur. DER **candidement** *av*

**Candide** héros du roman philosophique de Voltaire *Candide ou l'Optimisme*(1759).

**candidose** *nf* MED Infection due à un candida.

**Candie** → **Crète et Hêraklion.**

**Candilis** Georges (Bakou, 1913 – Paris, 1995), architecte et urbaniste français d'origine grecque, élève de Le Corbusier.

**candir** *vt* 3 Faire fondre du sucre jusqu'à sa cristallisation. DER **candisation** *nf*

**Candolle** Augustin Pyrame de (Genève, 1778 – id., 1841), botaniste suisse : *Système naturel des végétaux* (1817).

**candomblé** *nm* Rites religieux (notam. danse) voisins du vaudou, pratiqués au Brésil. ETY Mot brésilien.

**Candragupta** → **Chandragupta.**

**cane** *nf* Femelle du canard. *La cane canquette.*

**Canebière (la)** avenue de Marseille qui conduit au Vieux-Port.

**Canée (La)** (en gr. *Khaniá*), v. de Grèce, princ. port de la Crète, au N.-O. de l'île ; 47 340 hab. ; ch.-l. du nome du m. nom.

**canéficier** *nm* BOT Arbre (légumineuse) produisant la casse. SYN cassier.

**canepetière** *nf* Petite outarde des plaines européennes, qui hiverne en Afrique.

**canéphore** *nf* ANTIQ GR Jeune fille qui, pendant certaines fêtes, portait sur la tête des corbeilles contenant les objets du culte.

**1 caner** *vi* 1 fam Reculer, céder devant la difficulté. ETY De *cane, faire la cane*, « se sauver ».

**2 caner** *vi* 1 fam **1** S'enfuir, s'en aller. **2** Mourir. ETY De *canne*, « jambe ».

**Canet-en-Roussillon** ch.-l. de cant. des Pyrénées-Orientales ; 10 299 hab. Stat. balnéaire *(Canet-plage)*.

**caneton** *nm* Petit du canard plus jeune que le canardeau.

**1 canette** *nf* Petite cane ; petite sarcelle.

**2 canette** *nf* **1** Petit tube garni du fil de trame, dans les métiers à tisser. **2** Bobine de fil que l'on introduit dans la navette d'une machine à coudre. ETY Du lat. *canna*, « tuyau », par l'ital. VAR **cannette**

**3 canette** *nf* **1** Petite bouteille de bière. **2** Petite boîte de métal pour la bière, les boissons gazeuses. SYN boîte-boisson. ETY Du lat. *canna*, « tuyau », par le picard.

**Canetti** Elias (Ruse, 1905 – Zurich, 1994), écrivain britannique d'origine espagnole, d'expression allemande : *Autodafé* (1936), *Masse et Puissance* (1960). P. Nobel de littérature 1981.

**canevas** *nm* **1** Grosse toile lâche servant de support pour les ouvrages de tapisserie. **2** Ensemble de points relevés en vue de l'établissement d'une carte. **3** Plan, ébauche, esquisse d'un ouvrage. *Le canevas d'un discours, d'un roman.* ETY Du pic. *caneve*, « chanvre ».

**cange** *nm* anc Bateau à voiles du Nil, étroit et léger. ETY De l'ar.

**cangue** *nf* anc Carcan de bois très lourd qui enserre le cou et les poignets du condamné, utilisé autref. en Asie.

**Canguilhem** Georges (Castelnaudary, Aude, 1904 – Marly-le-Roi, Yvelines, 1995), philosophe français, épistémologiste : *Études d'histoire et de philosophie des sciences* (1968).

**caniche** *nm* Chien de compagnie à poils crépus ou bouclés. ETY De *cane*. ▶ pl. **chiens**

**canicule** *nf* Période de fortes chaleurs ; temps très chaud. ETY Du lat. DER **caniculaire** *a*

**canidé** *nm* ZOOL Mammifère carnivore digitigrade dont la famille comprend le chien, le loup, le renard, etc. ETY Du lat. *canis*, « chien ».

**canif** *nm* Petit couteau de poche à lame(s) pliable(s). LOC fam ***Coup de canif*** : fait de ne pas tenir un engagement.

**Canigou (le)** massif des Pyrénées-Orientales (2 784 m), à 50 km de la Médit.

**canin, ine** *a* Qui se rapporte au chien.

**canine** *nf* Dent pointue entre les incisives et les prémolaires.

**caninette** *nf* Moto équipée d'un aspirateur pour nettoyer les trottoirs des déjections canines. ETY Nom déposé.

**Canisius** → **Pierre Canisius.**

**canisse** → **cannisse.**

**canitie** *nf* MED État de la barbe et des cheveux devenus blancs. ETY Du lat. *canus*, « blanc ».

**caniveau** *nm* **1** Rigole au bord de la chaussée servant à l'écoulement des eaux. **2** CONSTR Canal maçonné utilisé pour le passage de tuyauteries, de conducteurs électriques, etc.

**Canjuers (plan de)** plateau du Var, au N. de Draguignan. Camp militaire.

**canna** *nm* BOT Syn. de *balisier*.

**cannabiculture** *nf* Culture du cannabis. DER **cannabiculteur, trice** *n*

**cannabinacée** *nf* BOT Plante dicotylédone apétale dont la famille comprend le chanvre et le houblon.

**cannabinoïde** *a, nm* **A** *a* Se dit des récepteurs sur lesquels se fixe le principe actif du cannabis et qui sont responsables de ses effets psychoactifs. **B** *nm* Substance chimique qui rend l'organisme sensible aux effets du cannabis.

**cannabis** *nm* **1** BOT Nom scientif. du chanvre indien. **2** Drogue psychotrope dérivée du chanvre indien (haschich, marijuana, kif, etc.). PHO [kanabis] ETY Mot lat. DER **cannabique** *a*

**cannabisme** *n* MED Intoxication par le cannabis.

**cannage** → **canner.**

**cannaie** *nf* Lieu planté de cannes à sucre ou de roseaux.

**canne** *nf* **1** Bâton léger sur lequel on s'appuie en marchant. *Canne blanche d'aveugle.* **2** fam Jambe. **3** Gaule utilisée pour pêcher à la ligne. **4** TECH Tube métallique dont on se sert pour souffler le verre. **5** Nom vulgaire de certains roseaux ou bambous. **6** TECH Bobine de fil. LOC ***Canne anglaise*** : canne orthopédique munie d'un support pour l'avant-bras. SYN canne-béquille. — ***Canne à sucre*** : graminée de grande taille cultivée dans de nombreux pays tropicaux pour le sucre que l'on extrait de sa sève. ETY Du lat. *canna*, « roseau ».

**canne-béquille** *nf* Canne anglaise. PLUR cannes-béquilles.

**canneberge** *nf* BOT Plante voisine de l'airelle, à baies comestibles.

**canne-épée** *nf* Canne creuse dissimulant une épée. PLUR cannes-épées.

**cannelé** *nm* Petit gâteau, spécialité bordelaise.

**canneler** *vt* 17 ou 19 Munir de cannelures.

**cannelier** *nm* Arbre (lauracée) dont on tire la cannelle.

**1 cannelle** *nf, a inv* **A** *nf* Écorce aromatique du cannelier utilisée comme condiment. **B** *a inv* De la couleur brun rosé de la cannelle.

**2 cannelle** *nf* Robinet de bois ou de métal, adapté à une cuve, à un tonneau, etc.

**cannelloni** *nm* CUIS Pâte alimentaire farcie, de forme cylindrique. ETY Mot ital.

**cannelure** *nf* **1** Rainure, sillon longitudinal ornant certains objets. *Un meuble décoré de cannelures finement ciselées.* **2** ARCHI Sillon vertical creusé à la surface d'une colonne, d'un pilastre. **3** BOT Rainure longitudinale sur la tige de certaines plantes.

**canner** *vt* ① Garnir un siège d'un tressage de joncs ou de roseaux. DER **cannage** *nm* – **canneur, euse** ou **cannier, ère** *n*

**Cannes** (auj. *Canne della Battaglia*), anc. v. d'Apulie (Pouilles actuelles), sur l'Aufidus *(Ofanto)*. Retentissante victoire d'Hannibal sur les Romains (216 av. J.-C.).

**Cannes** ch.-l. de cant. des Alpes-Mar. (arr. de Grasse), sur la Médit. ; 71 526 hab. Aéroport *(Cannes-Mandelieu)*. Stat. baln. et tourist. Industries. – Festival international du cinéma depuis 1946. – Église XVI^e^-XVII^e^ s., tour du Suquet (XI^e^-XIV^e^ s.). DER **cannois, oise** *a, n*

**Cannet (Le)** ch.-l. de cant. des Alpes-Mar. (arr. de Grasse), près de Cannes, sur la Médit. ; 42 158 hab. Stat. tourist. DER **cannettan, ane** *a, n*

**cannetille** *nf* Fil d'or ou d'argent utilisé pour certaines broderies.

**cannette** → **canette 2.**

**cannibale** *a, n* **A 1** Qui pratique le cannibalisme. **2 fig** Se dit de qqn de cruel, féroce. **B** *nm* **Belgique** Tranche de pain toasté recouvert de steak tartare. ETY De l'arawak *caniba*, qui désigne les Caraïbes.

**cannibaliser** *vt* ① **1** Démonter un appareil pour récupérer les pièces qui peuvent resservir. **2** COMM Pour une entreprise, faire involontairement concurrence à un de ses propres produits en mettant sur le marché un produit du même type. DER **cannibalisation** *nf*

**cannibalisme** *nm* **1** Fait de manger les êtres de sa propre espèce. **2 fig** Cruauté. DER **cannibalique** *a*

**cannier, ère** → **canner.**

**Canning** George (Londres, 1770 – Chiswick, 1827), homme politique brit. Ami et disciple de Pitt, chef du gouvernement de 1822 à 1827.

**cannisse** *nf* Claie de roseaux. VAR **canisse**

**Cannizzaro** Stanislao (Palerme, 1826 – Rome, 1910), chimiste italien. Il formula le nombre d'Avogadro.

**cannois, oise** → **Cannes.**

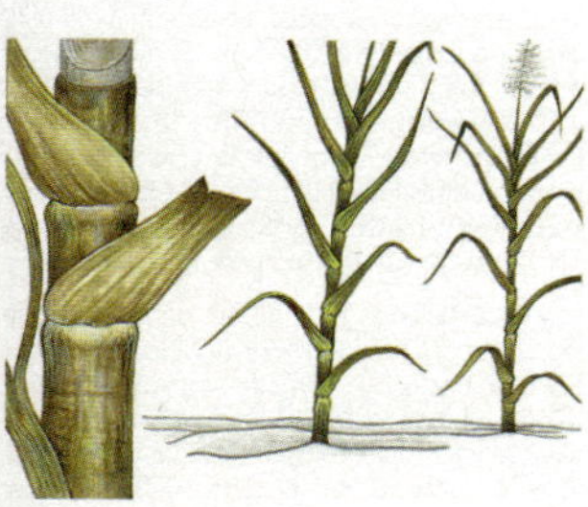

**canne à sucre**

**Cano** Juan Sebastián de El (Guetaria, ? – lors d'un voyage aux Indes, 1526), navigateur espagnol. Il ramena en Espagne le dernier vaisseau de l'expédition de Magellan (1522).

**Cano** Alonso (Grenade, 1601 – id., 1667), peintre caravagiste, sculpteur et architecte espagnol (façade de la cath. de Grenade).

**canoë** *nm* Canot léger, aux extrémités relevées, que l'on manœuvre à la pagaie simple ; sport pratiqué avec ce canot. ETY De l'arawak *canoa*. DER **canoéiste** *n*

**canoë**

**canoë-kayak** *nm* Discipline sportive qui regroupe les épreuves sur canoë et sur kayak.

**1 canon** *nm* **1** Pièce d'artillerie servant à lancer autref. des boulets, auj. des obus. *Canon antichar.* **2** Tube d'une arme à feu. *Canon d'un fusil, d'un pistolet.* **3** TECH Nom de divers objets cylindriques. *Canon d'une clef.* **4** TRAV PUBL Dispositif d'amarrage constitué d'un fût cylindrique vertical solidement ancré sur le bord des quais. **5** Ancienne mesure de capacité pour le vin valant un huitième de pinte. **6 fam** Petit verre de vin. *Aller boire un canon au bistrot.* **7** ZOOL Partie de la jambe des équidés, entre le genou et le boulet. **8 fam** Personne très belle. **LOC** PHYS ***Canon à électrons :*** servant à produire un faisceau d'électrons. — ***Canon à neige :*** appareil servant à projeter sur les pistes de ski de la neige artificielle. — ***Chair à canon :*** les soldats sans grade, qu'on expose au danger sans égard pour leur vie. ETY Du lat. *canna*, « tuyau », par l'ital.

**2 canon** *nm* **1** Règle, type, modèle. **2** THEOL Recueil des décisions solennelles des conciles. *Les canons de Nicée.* **3** THEOL Liste des livres inspirés constituant la Bible. *Canon des Écritures.* **4** THEOL Ensemble des prières qui constituent l'essentiel, la partie immuable de la messe. *Canon de la messe, canon romain.* **5** DR Collection des textes juridiques de l'Église. *Droit canon.* **6** Bx-A Ensemble de règles déterminant, à l'origine dans la statuaire, le rapport idéal entre les dimensions des diverses parties du corps humain. *Le canon grec.* **7** Pièce de musique dans laquelle la mélodie est reprise successivement par une ou plusieurs voix. *Chanter en canon.* ETY Du gr. *kanôn*, « règle ».

**3 canon** *a inv* **fam** Très grand, très beau, très puissant.

**cañon** *nm* GEOGR Gorge profonde creusée par un cours d'eau en terrain calcaire. *Les cañons du Colorado.* PHO [kanjɔ̃] ou [kanjɔn] ETY Mot esp. VAR **canyon**

**cañon** du Colorado

**canonial, ale** *a* **1** Qui est réglé par les canons ecclésiastiques. **2** Relatif au canonicat. PLUR canoniaux.

**canonique** *a* Conforme à l'enseignement ou au droit canon de l'Église. *Doctrine canonique.* **LOC** ***Âge canonique :*** âge exigé par le droit canon pour remplir certaines fonctions. — MATH ***Application, forme canonique :*** formulations mathématiques liées de façon privilégiée à une structure. DER **canonicité** *nf* – **canoniquement** *av*

**canoniser** *vt* ① Faire figurer au catalogue des saints. ETY Du lat. ecclés. DER **canonisable** *a* – **canonisation** *nf*

**canoniste** *nm* Spécialiste du droit canon.

**canonnade** *nf* Feu soutenu de canons.

**canonner** *vt* ① Attaquer au canon. DER **canonnage** *nm*

**canonnier** *a* **A** *nm* Militaire affecté au service des canons. **B** *a* ZOOL Relatif au canon. *Muscles canonniers.*

**canonnière** *nf* **1** Petit navire armé de canons. **2** FORTIF Meurtrière pour le tir au canon ou au fusil. **3** ARCHI Ouverture pratiquée dans un mur de soutènement pour permettre l'écoulement des eaux.

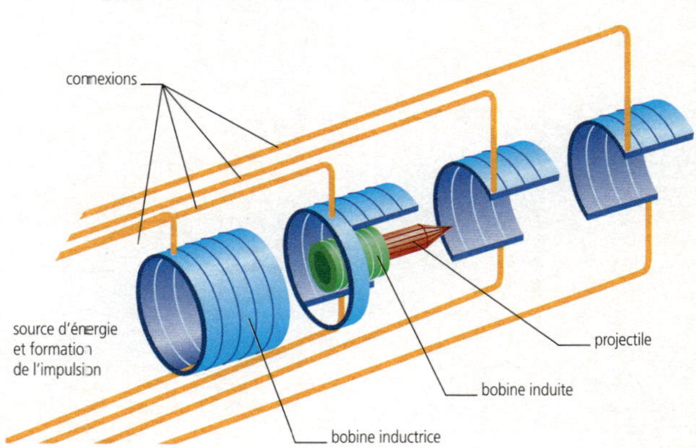


les canons électriques sont destinés à accélérer des projectiles, dont la vitesse varie entre 2 500 m/s et 20 000 m/s ; dans un lanceur à induction, les courants traversant les bobines fixes créent des champs magnétiques qui induisent un courant dans la bobine projectile mobile ; la force due à l'interaction courant-champ accélère le projectile

**canon** électrique à induction

**canope** *nm* ANTIQ Vase funéraire employé par les Égyptiens et les Étrusques pour recevoir les viscères des morts momifiés. ETY D'un n. pr.

**Canope** anc. ville d'Égypte, près de l'actuelle Aboukir. – Temple de Sérapis.

**Canope** étoile supergéante blanche de la Carène (magnitude visuelle apparente – 0,7).

**canopée** *nf* ECOL Étage supérieur de la forêt tropicale humide, où se concentre la plus grande partie des espèces animales. ETY De l'angl.

**Canossa** village d'Italie (Émilie, province de Reggio). – En 1077, pendant la querelle des Investitures, l'empereur Henri IV, excommunié, vint s'y humilier devant le pape Grégoire VII, d'où l'expression *aller à Canossa*: s'humilier dans sa défaite.

**canot** *nm* **1** Embarcation légère et non pontée. **2** Canada Canoë ; sport pratiqué avec cette embarcation. LOC ***Canot de sauvetage***: insubmersible, destiné à évacuer les passagers d'un navire en détresse. — ***Canot pneumatique***: gonflable, en toile caoutchoutée. ETY De l'arawak.

**canoter** *vi* ① Manœuvrer un canot à l'aviron. DER **canotage** *nm* – **canoteur, euse** *n*

**canotier** *nm* **1** MAR Marin qui fait partie de l'équipage d'un canot. **2** Chapeau de paille à bords et à fond plats.

**Canova** Antonio (Possagno, prov. de Trévise, 1757 – Venise, 1822), sculpteur italien néoclassique : *Pauline Borghèse*, *Amour et Psyché*.

**canqueter** *vi* ⑱ ou ⑳ Pousser son cri, en parlant de la cane.

**Canrobert** François Certain (Saint-Céré, 1809 – Paris, 1895), maréchal de France. Il participa au coup d'État du 2 décembre 1851, commanda l'armée française en Crimée (1854-1855) et se distingua en 1870.

**cantabile** *nm, av* MUS Moment ou phrase musicale au mouvement lent, ample et mélodieux. *Jouer cantabile.* ETY Mot ital.

**Cantabres** peuple de l'anc. Espagne établi au S. du golfe de Biscaye.

**Cantabrie** communauté autonome du N. de l'Espagne, sur l'Atlantique, et Région de l'UE ; 5 289 km$^2$ ; 585 200 hab. ; cap. *Santander*. Élevage, pêche, industr. lourde.

**Cantabriques (monts)** prolongement des Pyrénées, culminant à 2 648 m, en Espagne, près du golfe de Biscaye. Houille, fer, zinc.

**Cantacuzène** famille byzantine qui a donné des empereurs à Byzance, des despotes à Mistra (Péloponnèse) et des hospodars aux principautés de Moldavie et de Valachie.

**cantal** *nm* Fromage de lait de vache à pâte ferme, émiettée puis pressée. PLUR cantals. ETY Du n. pr.

**Cantal (monts du)** massif volcanique érodé de l'Auvergne, culminant au *plomb du Cantal* (1 855 m).

**Cantal** dép. franç. (15) ; 5 741 km$^2$ ; 147 035 hab. ; 25,6 hab./km$^2$ ; ch.-l. *Aurillac* ; ch.-l. d'arr. *Mauriac* et *Saint-Flour*. V. Auvergne. DER **cantalien, enne** *a, n*

**cantaloup** *nm* Melon à côtes rugueuses et à chair rouge-orangé. ETY D'un n. pr.

**cantate** *nf* Pièce musicale à caractère lyrique, d'inspiration profane ou religieuse, composée pour une ou plusieurs voix avec accompagnement d'orchestre. ETY De l'ital.

**cantatrice** *nf* Chanteuse de profession dont l'art et le métier requièrent une éducation musicale et des possibilités vocales particulières ; essentiellement chanteuse de chant classique et d'opéra.

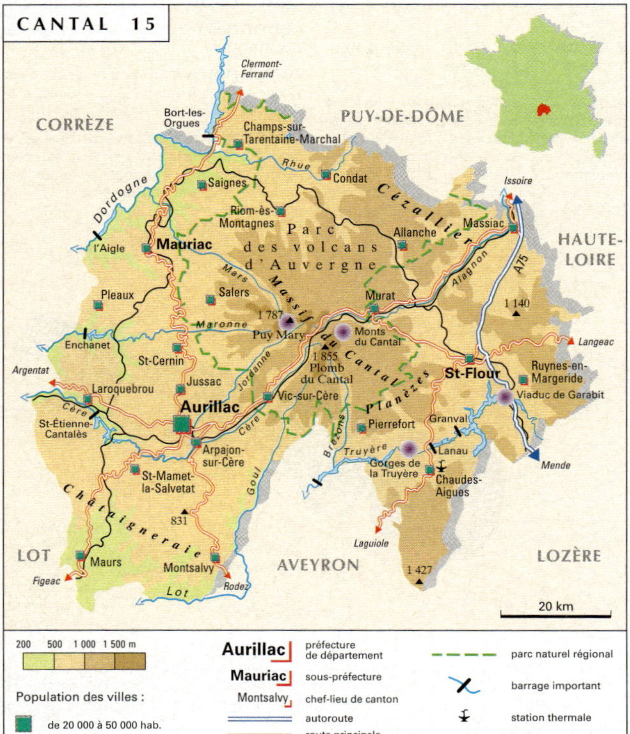


**Cantatrice chauve (la)** pièce burlesque de Ionesco (1950).

**Canteleu** com. et port fluv. de Seine-Mar. (arr. de Rouen), sur la Seine ; 15 100 hab. DER **cantilien, enne** *a, n*

**Cantemir** Dimitrie (Iaşi, 1673 – Kharkov, 1723), prince de Moldavie, allié de Pierre le Grand contre les Turcs en 1711.

**1 canter** *nm* TURF Galop d'essai. PHO [kɑ̃tɛʀ] ETY Mot angl.

**2 canter** *v* ① Canada **A** *vt* Pencher, incliner un objet. **B** *vpr* Se coucher.

**Canterbury** (en fr. *Cantorbéry*), v. de G.-B. (Kent) ; 55 200 hab. – Siège du primat de l'Église anglicane. – Université. Cath. (XI$^e$-XVI$^e$ s.) romane et gothique.

**cantharide** *nf* **1** ENTOM Coléoptère à tête large et abdomen mou, de couleur vert métallique, long de 2 cm. **2** MED Préparation à base de cantharides séchées et pilées, utilisée autref. comme aphrodisiaque et abortif. ETY Du gr.

**cantharidine** *nf* CHIM Alcaloïde vésicant et aphrodisiaque, toxique pour l'appareil rénal et urogénital, que l'on tirait de la poudre de cantharide.

**Cantho** v. du Viêt-nam, au S.-O. d'Hô Chi Minh-Ville ; 182 500 hab. Port fluvial.

**cantilène** *nf* **1** MUS Chant profane, d'un style généralement sentimental. **2** LITTER Complainte, récit lyrique et épique médiéval d'un martyre, d'un évènement malheureux. *La Cantilène de sainte Eulalie.* ETY De l'ital.

**cantilever** *a inv, nm* Suspendu en porte à faux, sans haubanage. LOC TRAV PUBL ***Poutre cantilever***: poutre utilisée dans la construction de certains ponts, dont la partie centrale repose sur les extrémités de deux poutres consoles latérales. PHO [kɑ̃tiləvœʀ] ou [kɑ̃tiləvɛʀ] ETY Mot angl., de *cant*, « rebord », et *lever*, « levier ». VAR **cantiléver**

**cantine** *nf* **1** Local où les repas sont servis aux militaires d'une caserne, aux travailleurs d'une entreprise, aux enfants d'une école. **2** fam Restaurant où l'on mange habituellement à midi. **3** Malle robuste. ETY De l'ital. *cantina*, « cave ».

**cantiner** *vt* ① fam Acheter qqch à la cantine d'une prison.

**cantinier, ère** *n* **A** Personne qui tient, qui gère une cantine ; serveur, serveuse dans une cantine. **B** *nf* anc Femme qui tenait une cantine dans les armées.

**cantique** *nm* **1** Chant religieux de forme analogue à celle des psaumes. **2** Chant religieux en langue vulgaire (et non en latin). **3** Chez les protestants, tout chant religieux autre que les psaumes.

**Cantique des cantiques (le)** livre de l'Ancien Testament attribué à Salomon, rédigé au IV$^e$ ou V$^e$ s. av. J.-C. À travers une suite de chants de l'amour humain, le livre célèbre les noces mystiques de Dieu avec son peuple.

**canton** *nm* **1** CH DE F Portion de route ou de voie ferrée dont l'entretien incombe à un ou plusieurs cantonniers. **2** En France, subdivision administrative d'un arr., élisant un représentant au conseil général. **3** Chacun des 23 États de la Confédération helvétique. **4** Au Luxembourg, division administrative. **5** Au Canada, unité territoriale. **6** HERALD Pièce de forme carrée dans un coin de l'écu. ETY De l'anc. provenç., « coin, angle ».

**Canton** port de la Chine du S., cap. du Guangdong, à l'embouchure du Xijiang ; 8,4 millions d'hab. (aggl.). Foyer de l'expansion économique chinoise dep. les années 1980 (V. Guangdong).– Des comptoirs franç. et brit. s'y installèrent au XIX$^e$ s. En 1917, Sun Yat-sen y établit une rép. de la Chine du S. En 1927, une insurrection communiste y fut noyée dans le sang par Tchang Kaï-chek. VAR **Guangzhou** DER **cantonais, aise** *a, n*

**cantonade** *nf* Chacun des côtés de la scène au-delà duquel se trouvent les coulisses. LOC *Parler à la cantonade :* parler à un personnage qui est supposé être dans les coulisses ; fig parler sans s'adresser à un interlocuteur précis.

**cantonais** *nm* Dialecte chinois de la région de Canton. LOC *Riz cantonais :* plat chinois composé de riz mêlé à divers légumes et à de l'œuf.

**cantonal, ale** *a, nf pl* Qui appartient, qui a rapport au canton. PLUR cantonaux. LOC *Les élections cantonales* ou *les cantonales :* destinées à élire un représentant au conseil général.

**cantonnement** *nm* **1** Installation temporaire de troupes de passage dans une localité ; localité où des troupes sont cantonnées. **2** Action de diviser un terrain en parcelles délimitées ; chacune de ces parcelles. **3** Mise à l'écart. *Cantonnement des animaux malades.*

**cantonner** *v* [1] **A** *vt* **1** Établir des troupes dans une localité. **2** Isoler des animaux. *Il a fallu cantonner les bêtes contagieuses.* **B** *vpr* **1** Se renfermer, s'isoler. *Il se cantonne chez lui depuis quelques jours.* **2** fig Se spécialiser étroitement dans, se limiter, se borner à. *Il s'est cantonné jusqu'à présent dans les études théoriques.*

**cantonnier** *nm* Ouvrier chargé de l'entretien des routes et des voies ferrées.

**cantonnière** *nf* Bande d'étoffe formant encadrement autour d'une porte ou d'une fenêtre.

**Cantons-de-l'Est** → **Estrie.**

**Cantor** Georg (Saint-Pétersbourg, 1845 – Halle, 1918), mathématicien allemand qui le prem. utilisa la notion d'ensembles : *Contribution à la fondation de la théorie des nombres transfinis* (1895-1897). ▶ illustr. p. 249

**Cantos** recueil réunissant la quasi-totalité de l'œuvre poétique d'Ezra Pound, écrite entre 1915 et 1969.

**canular** *nm* fam Mystification, farce. ETY De *canuler*, « ennuyer ». DER **canularesque** *a*

**canule** *nf* Petit tube rigide que l'on introduit dans une cavité du corps, par voie naturelle ou artificielle, pour y injecter un liquide ou drainer des liquides, etc. *Canule urétrale, vaginale, trachéale.* ETY Du lat.

**canut, use** *n* Ouvrier de la soie, dans la région de Lyon.

**Canuts (révolte des)** soulèvement, en nov. 1831, des canuts lyonnais, que leurs employeurs rétribuaient au-dessous du tarif fixé. Ils arboraient le drapeau noir. En déc., le maréchal Soult noya la rébellion dans le sang.

**canyon** → **cañon.**

**canyoning** *nm* Descente sportive de canyons. PHO [kanjoniŋ] ETY Mot angl. VAR **canyonisme** DER **canyoniste** *n*

**canzone** *nf* **1** LITTER Pièce italienne de poésie lyrique divisée en strophes égales et terminée par une strophe plus courte. **2** MUS Pièce chorale polyphonique d'origine italienne qui donna naissance au madrigal. ETY Mot ital.

**Canzoniere** (mot ital.), recueil de poèmes en langue italienne (*canzone*, au sing. : « chanson ») des XIII$^e$-XV$^e$ s., dérivant peut-être des œuvres des troubadours provençaux. Les princ. *Canzonieri* sont ceux de : Angioleri (Siennois, 1260 – 1312) ; Boiardo, dans les années 1470 ; le plus imp. recueil réunit toute l'œuvre en toscan de Pétrarque.

**CAO** *nf* Conception assistée par ordinateur.

**Cão** → **Cam.**

**Cao Bang** v. du Viêt-nam, sur le Song Bang Giang, près de la frontière chinoise ; 9 000 hab. ; ch.-l. de la prov. du m. nom. – La *bataille de Cao Bang* (oct. 1950) fut le premier succès du Viet-minh sur le corps expéditionnaire français.

**Cao Cao** (?, 155 – Luoyang, 220), général et poète chinois. Il unifia la Chine du N. et fonda le royaume qui devint, ap. sa mort, l'empire des Wei. Ses poèmes sont empreints de vigueur et de simplicité. VAR **Ts'ao Ts'ao**

**caodaïsme** *nm* Religion syncrétique vietnamienne, fondée en 1926. ETY Du vietnamien *Cao Daï*, « Être suprême ».

**caoua** *nm* pop Café (boisson). ETY Mot ar.

**caouanne** *nf* Caret (tortue). ETY De l'esp.

**caoutchouc** *nm* **1** Substance élastique provenant du traitement du latex de certains végétaux ou du traitement d'hydrocarbures diéthyléniques ou éthyléniques. *Gants en caoutchouc.* **2** vieilli Vêtement imperméable en tissu caoutchouté. **3** fam Élastique. **4** Nom usuel d'un ficus (moracée), plante ornementale. ETY De l'esp. *caucho*, d'après un mot indien du Pérou.

**caoutchouter** *vt* [1] Enduire de caoutchouc. DER **caoutchoutage** *nm*

**caoutchouteux, euse** *a* Qui a la consistance du caoutchouc. *Un fromage caoutchouteux.*

**cap** *nm* **1** GEOGR Partie d'une côte, souvent élevée, qui s'avance dans la mer. *Le cap Horn.* **2** Obstacle, étape déterminante. *Franchir le cap des deux millions de chiffre d'affaires.* **3** Direction d'un navire ou d'un aéronef, définie par l'angle formé par l'axe longitudinal de l'appareil et la direction du nord. *Cap vrai, cap magnétique, cap compas.* LOC *De pied en cap :* des pieds à la tête. ETY Mot provenç., « tête », du lat.

**CAP** *nm* Diplôme sanctionnant un cours de formation spécialisée. ETY Sigle de *certificat d'aptitude professionnelle.*

**Cap (province du)** ancienne prov. de l'Afrique du Sud formant auj. trois prov. : *Cap-Nord*, 363 389 km$^2$, chef-lieu Kimberley ; *Cap-Ouest*, 129 386 km$^2$, chef-lieu Le Cap : *Cap-Est*, 170 616 km$^2$, chef-lieu Bisho-King William's Town.

**Cap (Le)** (en angl. *Cape Town*, en afrikaans *Kaapstad*), grand port, cap. législative d'Afrique du S., chef-lieu de la province du Cap-Ouest, à la pointe du continent africain, sur l'Atlantique ; 2,3 millions d'hab. (aggl.). Centre industriel. – Les Hollandais fondèrent la ville en 1652. DER **capétonien, enne** *a, n*

**Le Cap**

**Capa** Andrei Friedmann, dit Robert (Budapest, 1913 – Thai Binh, Viêt-nam, 1954), photographe américain d'origine hongroise, auteur de reportages de guerre (Espagne, Indochine).

**capable** *a* **1** Qui est susceptible d'avoir une qualité, de faire une chose. *Il est capable de gentillesse. Il est capable de tout. Un homme très capable.* **2** DR Qui a les qualités requises par la loi pour. *Capable de tester, de voter.* LOC GEOM *Arc capable :* ensemble des points d'où l'on voit la corde d'un arc de cercle sous un angle donné. ETY Du lat. *capere*, « contenir, être susceptible de ».

**capacimètre** *nm* ELECTR Appareil servant à mesurer la capacité des condensateurs. ETY De *capaci(té)* et *-mètre.*

**capacitaire** *n* Personne titulaire de la capacité en droit.

**capacitation** *nf* BIOL Transformation du spermatozoïde lors de son passage dans les voies génitales féminines, lui conférant son pouvoir fécondant.

**capacité** *nf* **1** Contenance d'un récipient ; volume. *La capacité d'un vase.* **2** ELECTR Rapport (exprimé en farads) entre la quantité d'électricité qu'un corps ou un condensateur peuvent emmagasiner et la tension qui leur a été appliquée. **3** Aptitude, habileté. *Il n'a aucune capacité pour ce travail.* **4** Pouvoir de faire. *La capacité d'écouter les autres.* **5** DR Compétence légale. *Capacité de tester, de voter.* LOC PHYS *Capacité calorifique* ou *thermique d'un corps :* quantité de chaleur nécessaire pour élever sa température de 1 °C. — ELECTR *Capacité d'un accumulateur :* quantité d'électricité (exprimée en ampères-heures) que cet accumulateur peut rendre jusqu'à décharge complète. — *Capacité en droit :* diplôme délivré après examen, par les facultés de droit, à des étudiants bacheliers ou non. ETY Du lat. *capax*, « qui peut contenir ».

**caparaçon** *nm* anc Harnachement d'ornement ou de protection d'un cheval de bataille. ETY De l'esp.

**caparaçonner** *vt* [1] **1** Couvrir d'un caparaçon. **2** Recouvrir entièrement pour protéger.

**Capazza** Louis (Bastia, 1862 – Paris, 1928), aéronaute français. Première traversée de la Manche en dirigeable (1910).

**Capbreton** com. des Landes (arr. de Dax) ; 6 659 hab. Stat. baln. – À 400 m de la côte, *Gouf de Capbreton*, cañon sous-marin. DER **capbretonnais, aise** *a, n*

**Cap-Breton (île du)** île du Canada (Nouvelle-Écosse), à l'entrée du golfe du Saint-Laurent, découverte en 1497 par Jean Cabot ; 10 322 km$^2$ ; v. princ. *Sydney*. Pêche. Houillères.

**Capcir (le)** région des Pyr.-Orient., formant la vallée supérieure de l'Aude.

**Cap-d'Ail** com. des Alpes-Mar. (arr. de Nice) ; 4 532 hab. Stat. balnéaire. DER **cap-d'aillois, oise** *a, n*

**Cap-de-la-Madeleine** v. du Canada (Québec) fusionnée avec Trois-Rivières en 2002. – Pèlerinage au sanctuaire Notre-Dame-du-Cap. DER **madelinois, oise** *a, n*

**1 cape** *nf* **1** Manteau ample et sans manches. **2** Robe d'un cigare. LOC *Cape cervicale :* préservatif féminin constitué d'une cupule en silicone coiffant le col de l'utérus. — *Rire sous cape :* à la dérobée, en cachette. — *Roman, film de cape et d'épée :* qui met en scène des héros chevaleresques, batailleurs et généreux. ETY De l'ital.

**2 cape** *nf* MAR Allure d'un voilier qui fait tête au vent en dérivant, d'un navire à moteur qui ré-

**Robert Capa,** *Falling Soldier*, Espagne 1936

duit sa vitesse et prend le meilleur cap pour être protégé du choc des lames. *Prendre la cape, se mettre à la cape.* LOC ***Voile de cape*** : très résistante et de surface réduite, utilisée pour tenir la cape.

**capé, ée** *a* **1** fam Se dit d'un sportif de niveau international. **2** Se dit d'un produit financier dont la hausse est limitée par contrat à un certain niveau.

**capéer** *vi* ⑪ MAR Tenir la cape. (VAR) **capeyer** *v* ㉒

**Čapek** Karel (Svatoňovice, 1890 – Prague, 1938), écrivain tchèque : *la Guerre contre les salamandres* (1936) ; *R.U.R., les robots universels de Rossum* (drame de science-fiction dans lequel apparaît le mot « robot », 1924).

**capelan** *nm* Poisson marin pélagique (gadidé) utilisé comme appât pour la pêche à la morue. (ETY) Du provenç. *capelan,* « chapelain ».

**capeler** *vt* ⑰ ou ⑲ MAR Passer un cordage en boucle autour de. (ETY) Du provenç. *capel,* « chapeau ». (DER) **capelage** *nm*

**capelet** *nm* MED VET Hygroma, tumeur de la pointe du boulet. (ETY) Mot provenç., « chapelet ».

**capeline** *nf* **1** Chapeau de femme à bords larges et souples. **2** anc Armure de tête avec couvre-nuque.

**Capella** → **Chèvre (la).**

**Capeluche** bourreau de Paris de 1411 à 1418, un des meneurs de la faction bourguignonne. Il fut décapité.

**CAPES** *nm* Acronyme pour *certificat d'aptitude professionnelle à l'enseignement secondaire.*

**capésien, enne** *n, a* Étudiant qui prépare le CAPES ; personne titulaire du CAPES.

**Capesterre-Belle-Eau** ch.-l. de canton de la Guadeloupe (arr. de Basse-Terre) ; 19 563 hab. (DER) **capesterrien, enne** *a, n*

**CAPET** *nm* Acronyme pour *certificat d'aptitude professionnelle à l'enseignement technique.*

**Capet** surnom d'Hugues Ier, fondateur de la dynastie capétienne. Ce nom désigna officiellement Louis XVI déchu (1792).

**Capétiens** dynastie fondée par Hugues Capet et qui, succédant aux Carolingiens, régna sur la France en ligne directe de 987 à 1328. La branche des Valois régna de 1328 à 1589, celle des Bourbons de 1589 à 1830. (DER) **capétien, enne** *a, n*

**capétonien, enne** → **Cap (le).**

**capeyer** → **capéer.**

**Cap-Ferret** station balnéaire de la Gironde, sur l'entrée du bassin d'Arcachon.

**Cap-Haïtien** port d'Haïti, au nord de l'île ; 64 400 hab. Raff. de sucre. – Appelée Cap-Français, la ville fut la cap. du pays de 1670 à 1770. (DER) **capois, oise** *a, n*

**capharnaüm** *nm* fam Lieu qui renferme beaucoup d'objets entassés pêle-mêle, endroit en désordre. (PHO) [kafaʀnaɔm] (ETY) Du n. pr.

**Capharnaüm** (auj. *Kefar Nahum*), v. de l'anc. Galilée, près du lac de Génésareth (ou de Tibériade). Jésus y prêcha.

**cap-hornier** *nm* **1** Grand voilier dont la route passait au large du cap Horn. **2** Marin d'un tel voilier. PLUR cap-horniers.

**1 capillaire** *a, nm* **1** Relatif aux cheveux. *Lotion capillaire.* **2** Fin comme un cheveu. *Tube capillaire.* **3** PHYS Relatif aux phénomènes de capillarité. LOC ANAT ***Vaisseaux capillaires*** : vaisseaux sanguins très fins, organisés en réseaux complexes entre les artérioles et les veinules dans tous les tissus. (ETY) Du lat.

**2 capillaire** *nm* Fougère au pétiole fin et long portant de nombreuses et légères folioles très découpées. ▶ illustr. **fougère**

**capillarite** *nf* MED Lésion des vaisseaux capillaires cutanés.

**capillarité** *nf* **1** Qualité, état de ce qui est capillaire. **2** Propriété des tubes capillaires. **3** PHYS Phénomène d'ascension des liquides dans les tubes fins, dû à la tension superficielle entre des milieux de natures différentes.

**capilliculteur, trice** *n* fam Coiffeur, coiffeuse.

**capilotade** *nf* vieilli Ragoût fait de restes de viandes coupés en petits morceaux. LOC fam ***En capilotade*** : écrasé, en piteux état.

**capitaine** *nm* **1** Officier des armées de terre et de l'air, se situant au-dessus du lieutenant et au-dessous du commandant dans la hiérarchie militaire. *Le capitaine commande une compagnie, un escadron ou une batterie.* **2** MAR Officier commandant un navire de commerce. **3** Commandant d'un navire. **4** litt Chef militaire. *Alexandre et Napoléon furent de grands capitaines.* **5** Chef d'une équipe sportive. **6** Afrique Nom donné à divers poissons vivant en eau douce ou en mer, à la chair appréciée. LOC ***Capitaine d'armes*** : officier marinier chargé du service intérieur et de la discipline. — ***Capitaine de port*** : agent administratif chargé de l'entretien et de l'exploitation d'un port. — ***Capitaine de soirée*** : lors d'une soirée festive, celui ou celle qui s'abstient de consommer de l'alcool pour pouvoir reconduire les autres chez eux. — MAR ***Capitaine de vaisseau, de frégate, de corvette*** : officiers de la marine militaire dont les grades correspondent, dans l'armée de terre, respectivement à ceux de colonel, de lieutenant-colonel et de commandant. (ETY) Du lat. *caput,* « tête ».

**Capitaine Fracasse (le)** roman de Th. Gautier (1863).

**capitainerie** *nf* Bureau et services du capitaine d'un port.

**1 capital, ale** *a, nf* **A** *a* Principal, essentiel. *Une découverte capitale.* PLUR capitaux. **B** *nf* **1** Ville où siègent les pouvoirs publics d'un État, d'une province. *Paris, capitale de la France.* **2** Lettre majuscule. *Écrire en capitales d'imprimerie.* LOC ***Capitale fédérale*** : où siège le gouvernement d'une fédération d'États. — ***Peine capitale*** : peine de mort. (ETY) Du lat. *caput,* « tête ».

**2 capital** *nm* **A 1** Bien, fortune, patrimoine. *Avoir un petit capital. Le capital historique de la France.* **2** ECON Somme de richesses produisant d'autres richesses. **3** Ensemble des moyens financiers et techniques dont dispose une entreprise industrielle ou commerciale. *Évaluer le capital réel d'une société.* **4** ECON Ceux qui détiennent les moyens de production, les capitalistes ; le capitalisme. *Prôner l'union du capital et du travail.* PLUR capitaux. **B** *nm pl* Moyens financiers dont dispose une entreprise ou un particulier pour investir. *La fuite des capitaux à l'étranger.* LOC ***Capital nominal*** ou ***social*** : somme des apports initiaux contractuels des actionnaires qui constituent une société. — ***Capitaux circulants*** : liquidités destinées à recouvrir des traites, à payer les salaires. — ***Capitaux fébriles*** ou ***flottants*** : capitaux spéculatifs qui passent d'une place financière à l'autre. — ***Capitaux fixes*** : biens meubles et immeubles — ***Capitaux permanents*** : capitaux propres et dettes à long et moyen terme. — ***Capitaux propres*** ou ***fonds propres*** : capital social et réserves appartenant en propre à une entreprise.

**cap-hornier** à trois mâts

**Capital (le)** (Critique de l'économie politique), l'œuvre la plus imp. de Marx, dont il ne rédigea et ne publia (1867) que le livre I, *le Développement de la production capitaliste.* À partir de brouillons, Engels publia les livres II, *le Procès de la circulation du capital* (1885) et III, *le Procès d'ensemble de la production capitaliste* (1894). Kautsky publia les travaux de Marx relatifs au dernier livre, *les Théories de la plus-value.*

**capitalisation** *nf* **1** Action de capitaliser. **2** Financement des retraites par l'épargne de chaque cotisant. (S'oppose au système de la répartition). LOC ***Capitalisation boursière*** : évaluation de l'ensemble des titres d'une société d'après leur cotation en Bourse.

**capitaliser** *v* ① **A** *vi* Accumuler de l'argent pour constituer ou augmenter un capital. **B** *vt* **1** ECON Accroître un capital par l'addition des intérêts qu'il procure. **2** Évaluer un capital d'après le revenu qu'il produit. *Capitaliser une rente.* **3** Pourvoir en capital. *Entreprise insuffisamment capitalisée.* **4** fig Accumuler qqch, le concentrer sur soi. *Capitaliser les mécontentements.* (DER) **capitalisable** *a*

**capitalisme** *nm* **1** Régime économique fondé sur la primauté des capitaux privés. **2** Régime politique dans lequel le pouvoir est dépendant des détenteurs de capitaux.

**capitaliste** *a, n* **A** *a* Qui a rapport au capitalisme. *Régime capitaliste.* **B** *n* **1** Personne qui détient des capitaux. **2** fam Personne riche.

**capitalistique** *a* Qui concerne le capital d'une entreprise. *Relations capitalistiques de deux firmes.*

**capital-risque** *nm inv* ECON Capital en fonds propres placé dans une entreprise, spécial. dans les secteurs de pointe.

**capital-risqueur** *nm* Investisseur impliqué dans une opération de capital-risque. PLUR capital-risqueurs ou capitaux-risqueurs.

**capitanat** *nm* Fonction de capitaine d'une équipe sportive.

**Capitant** Henri (Grenoble, 1865 – Allinges, Hte-Savoie, 1937), juriste français : *Introduction à l'étude du droit civil* (1904).

**capitation** *nf* FEOD Taxe par tête, abolie en 1789.

**capité, ée** *a* BOT Se dit d'un organe renflé au sommet.

**capiteux, euse** *a* Qui porte à la tête, qui enivre. *Vin, parfum capiteux.*

**Capitole** une des sept collines de Rome, entre le Tibre et le Forum. Tarquin l'Ancien édifia un temple, le *Capitolium,* dédié à Jupiter, Junon (à laquelle étaient consacrées des oies) et Minerve. L'actuelle place du Capitole a été dessinée par Michel-Ange. – D'autres monuments portent auj. ce nom, à Toulouse (XVIIIe s.) et à Washington (le Parlement des É.-U.). (VAR) **mont Capitolin** (DER) **capitolin, ine** *a*

**capiton** *nm* **1** Bourre de soie. **2** Rembourrage piqué à intervalles réguliers formant souvent des losanges ; chacun de ces losanges. **3** PHYSIOL Masse épaisse du tissu adipeux souscutané. (ETY) De l'ital. *capitone,* « grosse tête ».

**capitonner** *vt* ① Rembourrer, garnir de capiton. *Capitonner les murs. Une porte capitonnée.* (DER) **capitonnage** *nm*

**capitoul** *nm* HIST À Toulouse, magistrat municipal. (ETY) Du lat. *capitulum,* « chapitre ».

**capitulaire** *a, nm* **A** *a* Qui appartient à un chapitre de chanoines ou de religieux. *Salle capi-*

*tulaire.* **B** *nm* HIST Loi édictée par un roi, un empereur mérovingien ou carolingien.

**capitulard, arde** *a, n* fam, péjor Partisan de la capitulation ; lâche.

**capitulation** *nf* **A 1** HIST Convention par laquelle le vainqueur s'engageait à respecter certains droits des habitants des territoires conquis. **2** MILIT Convention pour la reddition d'une place, d'une troupe. *Signer une capitulation.* **3** fig Fait de composer avec un adversaire, de céder. **B** *nfpl* Conventions réglant le statut des étrangers chrétiens, notam. dans l'Empire ottoman, en Iran et dans divers pays d'Extrême-Orient.

**capitule** *nm* BOT Inflorescence formée de très nombreuses fleurs sessiles fixées sur un renflement terminal de l'axe floral. *Capitules des composées.* ETY De *capitulum,* « petite tête ».

**capituler** *vi* 1 **1** Traiter avec l'ennemi la reddition d'une place, d'une ville, d'une armée. **2** fig Venir à composition, céder. ETY Du lat. *capitulare,* « faire une convention ».

**Caplet André** (Le Havre, 1878 – Neuilly-sur-Seine, 1925), compositeur et chef d'orchestre français ; ami de Debussy.

**Capo d'Istria Jean (comte de)** (Corfou, 1776 – Nauplie, 1831), homme politique grec. Élu président de la rép. par les Grecs insurgés (1827), il fut assassiné. VAR **Capodistria**

**capoeira** *nf* Art martial brésilien, qui se présente comme une sorte de danse rituelle. DER **capoeiriste** *n*

**Capone Alphonse Capone,** dit **Al** (Naples, 1899 – Miami, 1947), gangster américain. Il fit le commerce clandestin de l'alcool à Chicago au temps de la prohibition. Il fut emprisonné de 1932 à 1939.

**caporal, ale** *n* **A** Militaire qui a le grade le moins élevé, dans l'infanterie et l'aviation. **B** *nm* Tabac fort, à fumer. PLUR caporaux. **LOC** *Caporal-chef, caporale-chef :* militaire du grade supérieur à celui de caporal et inférieur à celui de sergent. — *Le Petit Caporal :* Napoléon I$^{er}$. ETY De l'ital. *capo,* « tête ».

**caporalisme** *nm* Régime politique autoritaire, manière de conduire un État militairement. DER **caporaliste** *a*

**Caporetto** (auj. *Kobarid*), village de Slovénie, sur l'Isonzo ; 800 hab. – Déroute des Italiens devant les Austro-Allemands (oct. 1917).

**1 capot** *nm* **1** MAR Protection en toile ou en plexiglas. **2** Tôle protectrice recouvrant un moteur. ETY De *cape.*

**2 capot** *a inv* Se dit d'un joueur qui n'a fait aucune levée, aux cartes. *Être capot.* ETY Du provenç. *cap,* « tête ».

**capotage** *nm* **1** Disposition de la capote d'une voiture. **2** Fermeture, protection assurée par un capot. **3** fam Fait de capoter, échec.

**capote** *nf* **1** Grand manteau à capuchon. **2** Grand manteau militaire. **3** Chapeau de femme. **4** Couverture d'une voiture qui se plie à la manière d'un soufflet. **LOC** fam *Capote anglaise* ou *capote :* préservatif masculin.

**Capote Strekfus Persons,** dit **Truman** (La Nouvelle-Orléans, 1924 – Los Angeles, 1984), écrivain américain : *Petit Déjeuner chez Tiffany* (1958), *De sang-froid* (1966).

**1 capoter** *vt* 1 Munir d'une capote ; fermer au moyen d'une capote.

**2 capoter** *vi* 1 **1** MAR Chavirer. **2** Se retourner par accident, pour une automobile, un avion. **3** fig Échouer. **4** Canada, fam Perdre la tête, devenir un peu fou. *Il est complètement capoté.*

**Capoue** (en ital. *Capua*), v. d'Italie (Campanie), sur le Volturno ; 18 050 hab. Archevêché. – L'armée d'Hannibal la prit (215 av. J.-C.) et y séjourna (« délices de Capoue »). Les Romains la reprirent en 211 av. J.-C. DER **capouan, ane** *a, n*

**Cappadoce** anc. pays d'Asie Mineure, partie de l'Empire hittite durant le II$^{e}$ millénaire av. J.-C. ; centre d'expansion du christianisme. Auj. en Turquie. – Monastères byzantins. DER **cappadocien, enne** *a, n*

cheminées de fées et troglodytes en **Cappadoce**

**capparidacée** *nf* BOT Dicotylédone dialypétale à grandes fleurs odorantes, où l'ovaire est porté par un pédoncule très long, telle que le câprier. ETY Du lat.

**Cappiello Leonetto** (Livourne, 1875 – Grasse, 1942), peintre et affichiste français d'orig. italienne : *Ouate thermogène* (1909).

**cappuccino** *nm* Café au lait à la crème chantilly. PHO [kaputʃino] ETY Mot ital.

**Capra Frank** (Bisacquino, 1897 – Los Angeles, 1991), cinéaste américain d'origine italienne, maître de la comédie sociale et morale : *New York-Miami* (1934), *l'Extravagant M. Deeds* (1936), *Monsieur Smith au Sénat* (1939), *Arsenic et vieilles dentelles* (1944), *La vie est belle* (1947).

**Frank Capra** *Arsenic et vieilles dentelles,* 1945, avec Josephine Hull, Cary Grant et Jean Adair (à dr.)

**Caprara Giovanni Battista** (Bologne, 1733 – Paris, 1810), prélat italien. Négociateur du Concordat de 1801, il sacra Napoléon roi d'Italie à Milan en 1805.

**1 câpre** *nf* Bouton floral du câprier, qui, confit dans le vinaigre, sert de condiment. ETY De l'ital.

**2 câpre, esse** *a, n* Antilles Se dit d'un métis de Noir et de mulâtre.

**Caprera** îlot situé au N.-E. de la Sardaigne, où vécut Garibaldi de 1856 à sa mort.

**Capri** île d'Italie (Campanie), à l'entrée S. du golfe de Naples ; 7 490 hab. ; v. princ. *Capri.* Les rivages, échancrés, sont creusés de grottes (*grotte d'Azur,* notam.). Tourisme.

**G. Cantor**

**T. Capote**

**capriccio** *nm* MUS Composition de forme libre, souvent inspirée du folklore. SYN caprice. PHO [kapritʃjo] ETY Mot ital.

**caprice** *nm* **A 1** Fantaisie, volonté soudaine et irréfléchie. *Satisfaire les caprices d'un enfant.* **2** Fantaisie amoureuse. **3** MUS Syn. de *capriccio.* **B** *nmpl* Changements imprévisibles. *Les caprices de la mode.* ETY De l'ital.

**Caprices de Marianne (les)** comédie en 2 actes et en prose de Musset (1833).

**capricieux, euse** *a, n* **1** Qui a des caprices, fantasque. *Une diva capricieuse.* **2** Irrégulier, dont la forme change. *Les flots capricieux.* DER **capricieusement** *av*

**capricorne** *nm* Coléoptère aux antennes très longues. *Le capricorne croque-mort ou hylotrupe est un xylophage dangereux pour les charpentes.* SYN longicorne. ETY Du lat. *caper,* « bouc », et *cornu,* « corne ».

**Capricorne (le)** constellation zodiacale de l'hémisphère austral ; n. scientif. : *Capricornus, Capricorni.* – Signe du zodiaque (22 déc.-20 janv.). – *Tropique du Capricorne :* le tropique situé dans l'hémisphère austral.

**câprier** *nm* Arbuste épineux (capparidacée) des zones périméditerranéennes, à grandes fleurs odorantes.

**câprier**

**caprification** *nf* HORTIC Procédé consistant à suspendre aux branches des figuiers cultivés des figues sauvages contenant des insectes (blastophages) qui assurent la fécondation. ETY Du lat.

**caprifoliacée** *nf* BOT Dicotylédone gamopétale, dont la famille comprend le chèvrefeuille, le sureau, les viornes, la symphorine, etc.

**caprimulgiforme** *nm* ORNITH Oiseau dont l'ordre comprend notam. l'engoulevent.

**caprin, ine** *a* Qui se rapporte à la chèvre. *Race caprine.* ETY Du lat. *capra,* « chèvre ».

**capriné** *nm* ZOOL Bovidé ayant des cornes à grosses côtes transversales, tels la chèvre, le bouquetin, le chamois et le mouton.

**Caprivi Leo (comte von)** (Charlottenburg, 1831 – Skyren, 1899), homme politique prussien, d'origine italienne. Il succéda à Bismarck comme chancelier (1890-1894).

**capselle** *nf* Crucifère cour. appelée bourse-à-pasteur, fréquente le long des chemins, dont le fruit à une forme triangulaire. ETY Du lat. *capsella,* « coffret ».

**capside** *nf* MICROB Formation de molécules protéiques qui entoure le matériel génétique d'un virus. ETY Du lat. *capsa,* « boîte ».

**capsien, enne** *nm, a* PREHIST Faciès culturel (paléolithique final et épipaléolithique) reconnu dans plusieurs régions du Maghreb. ETY De *Gafsa,* v. de Tunisie.

**capsulaire** *a* **1** didac En forme de capsule. **2** BOT Déhiscent.

**capsule** *nf* **1** ANAT Enveloppe membraneuse qui entoure une articulation. *Capsule articulaire.* **2** BOT Fruit sec déhiscent contenant plusieurs graines. **3** MICROB Enveloppe protectrice de certaines bactéries. **4** CHIM Vase en forme de calotte dont on se sert pour faire évaporer un liquide. **5** Petit tube de cuivre qui renferme une amorce de poudre fulminante. **6** Couvercle en métal ou en plastique que l'on applique sur le bouchon ou le goulot d'une bouteille. **7** Enveloppe soluble de certains médicaments. **8** ESP Habitacle hermétique destiné à être satellisé. *Capsule spatiale.* ETY Du lat. *capsula,* « petite boîte ».

**capsule-congé** *nf* Capsule apposée sur une bouteille attestant le paiement de la taxe sur les boissons alcoolisées. PLUR capsules-congés.

**capsuler** *vt* ① Boucher une bouteille avec une capsule. DER **capsulage** *nm*

**capsulite** *nf* MED Inflammation d'une capsule articulaire, en partic. celle de l'épaule.

**captant, ante** *a* HYDROL Se dit du territoire alimentant une nappe phréatique.

**captateur, trice** *n* DR Personne qui se rend coupable de captation.

**captation** *nf* **1** DR Manœuvre malhonnête destinée à amener quelqu'un à consentir à une donation, un legs. **2** fig Action de capter, de recueillir, de fixer. *La captation du public adolescent.* **3** AUDIOV Action d'enregistrer une émission de radio ou de télévision. DER **captatoire** *a*

**capter** *vt* ① **1** Obtenir par insinuation, par artifice. *Capter la confiance de qqn.* **2** Recueillir, canaliser. *Capter les eaux d'une source.* **3** Recevoir une émission radioélectrique sur un poste récepteur. **4** Obtenir un contrat, un marché aux dépens de la concurrence. **5** fam Comprendre. *Je n'ai rien capté du discours.* ETY Du lat. *captare,* « essayer de prendre ». DER **captable** *a* – **captage** *nm*

**capteur** *nm* TECH Organe, dispositif capable de détecter un phénomène à sa source et d'envoyer l'information vers un système plus complexe. LOC ***Capteur solaire*** : dispositif recueillant l'énergie calorifique du soleil.

**captieux, euse** *a* litt Qui tend à tromper par de fausses apparences ; insidieux. PHO [kapsjø, øz] DER **captieusement** *av*

**captif, ive** *a, n* **A** litt Privé de la liberté, emprisonné, enfermé. *Un oiseau captif.* **B** *a* ECON Se dit d'une situation de quasi-monopole du fait de la situation privilégiée du vendeur sur le marché. LOC ***Ballon captif*** : aérostat retenu au sol par un câble. ETY Du lat. *capere,* « prendre ». DER **captivité** *nf*

**captiver** *vt* ① Attirer et retenir l'attention de ; séduire, charmer. *Cette histoire m'a captivé.* ETY Du lat. *captivare,* « faire captif ». DER **captivant, ante** *a*

**captorhinomorphe** *nm* PALEONT Reptile fossile du carbonifère au permien, dont l'ordre constitue la souche des autres reptiles, des mammifères et des oiseaux.

**capture** *nf* **1** Fait de capturer. *La capture d'un animal, d'un criminel.* **2** Ce qui a été pris. LOC ***Capture d'écran*** : copie sous forme d'image d'une page affichée à l'écran d'un ordinateur. — GEOGR ***Capture d'un cours d'eau par un autre*** : détournement naturel du premier vers le lit du second. — PHYS ***Capture d'une particule*** : par le noyau d'un atome. ETY Du lat. *capere,* « prendre ».

**capturer** *vt* ① **1** Prendre par la force. *Capturer un lion.* **2** PHYS Absorber une particule, en parlant du noyau d'un atome.

**Capuana Luigi** (Minéo, Sicile, 1839 – Catane, 1915), écrivain italien, critique dramatique en dialecte sicilien et romancier vériste (*le Marquis de Roccaverdina,* 1901).

**capuce** *nm* Capuchon en pointe de l'habit d'un moine. ETY De l'ital.

**capuche** *nf* **1** Capuchon ample qui se rabat sur les épaules. **2** Capuchon amovible d'un vêtement.

**capuchon** *nm* **1** Grand bonnet fixé sous le col d'une veste, d'un manteau, etc. *Capuchon d'un anorak.* **2** Élément servant à protéger, à fermer. *Visser le capuchon d'un stylo.* ETY De l'ital.

**capucin, ine** *n* **A** Religieux d'une branche de l'ordre des Franciscains. **B** *nm* ZOOL Nom de divers singes d'Amérique du Sud tels le sajou, le saki, le saï, etc. ETY De l'ital. *cappucino,* « porteur de capuce ».

**capucine** *nf* **1** Plante ornementale cultivée pour ses fleurs vivement colorées, dont une espèce est grimpante. **2** Célèbre ronde enfantine. *Danser la capucine.*

capucine

**Capulets (les)** (en ital. *Capuleti*), famille légend. de Vérone ($XV^e$ s.), guelfe, ennemie des Montaigus, gibelins. Juliette, héroïne du drame de Shakespeare *Roméo et Juliette,* était une Capulet.

**Capus Alfred** (Aix-en-Provence, 1858 – Neuilly-sur-Seine, 1922), journaliste et écrivain français : *Qui perd gagne* (roman, 1890).

**Cap-Vert (république des îles du)** (*República das Ilhas do Cabo Verde*), État d'Afrique, à l'O. du Sénégal, archipel de l'Atlant. ; 4 033 km$^2$ ; 500 000 hab. ; cap. *Praia,* dans l'île de Santiago. Nature de l'État : rép. Langue off. : portugais. Monnaie : escudo du Cap-Vert. Relig. : cathol. (93 %). DER **cap-verdien, enne** *a, n*
**Économie** État pauvre, faisant partie des pays les moins avancés, le Cap-Vert a de maigres ressources : agric., pêche, salines, transferts de fonds des 600 000 émigrés, aide internationale.
**Histoire** L'archipel, portugais à partir de 1494, a accédé à l'indép. en 1975, sous la direction du Parti africain de l'indépendance de la Guinée et du Cap-Vert, marxiste. Après le coup d'État en Guinée-Bissau (1980), le leader de ce parti au Cap-Vert, Arístides Pereira, gouverna. En 1991, le leader du Mouvement pour la démocratie, Antonio Monteiro, fut élu à la prés. Le parti de l'indép. revint au pouvoir en 2001, avec à sa tête Pedro Pires, réélu en 2006, puis avec Jorge Carlos Fonseca, élu en 2011. ▶ carte **Sénégal**

**capybara** *nm* Syn. de *cabiai.*

**caque** *nf* Baril où l'on met les harengs salés. ETY De l'anc. nord.

**caquelon** *nm* rég Poêlon profond en terre ou en fonte. ETY De l'alsacien.

**caquer** *vt* ① Préparer le poisson pour le mettre en caque ; mettre en caque. ETY Du néerl. *kaken,* « ôter les ouïes ».

**caquet** *nm* Gloussement de la poule qui vient de pondre. LOC ***Rabaisser, rabattre le caquet de qqn*** : le faire taire.

**caqueter** *vi* ⑱ ou ⑳ **1** Glousser après avoir pondu, en parlant des poules. **2** fig Bavarder à tort et à travers. ETY Onomat. DER **caquetage** ou **caquètement** *nm*

**Caquot Albert** (Vouziers, 1881 – Paris, 1976), ingénieur français, auteur du barrage de Donzère-Mondragon.

**1 car** *conj* Indique que l'on va énoncer la cause, la preuve, la raison de ce que l'on vient de formuler. *Elle n'est pas sortie, car il pleuvait.* ETY Du lat. *quare,* « c'est pourquoi ».

**2 car** *nm* Autocar.

**carabe** *nm* Coléoptère noir à reflets métalliques, au corps allongé muni de grandes pattes agiles et dont de nombreuses espèces d'Europe et d'Asie sont des carnassiers utiles.

**carabin** *nm* **1** HIST Soldat de cavalerie légère au $XVI^e$ s. **2** fam Étudiant en médecine. ETY D'un mot du Midi.

**carabine** *nf* Fusil léger à canon court.

**carabiné, ée** *a* fam D'une grande force, violent. *Un rhume carabiné.*

**carabinier, ère** *n* **A 1** Gendarme, en Italie. **2** Douanier, en Espagne. **3** Sportif spécialiste du tir à la carabine. **B** *nm* anc Soldat armé d'une carabine.

**carabique** *nm* Coléoptère carnassier tel que le carabe.

**carabistouilles** *nfpl* Belgique fam Balivernes, sornettes.

**Carabobo** village vénézuélien où Bolívar battit en 1814 et 1821 les Espagnols.

**Carabosse** fée malfaisante et contrefaite (contes de Perrault).

**caracal** *nm* ZOOL Lynx d'Afrique et d'Asie, au pelage fauve clair. PLUR caracals. ETY Du turc *qara qâlaq,* « oreille noire ».

**Caracalla Marcus Aurelius Antoninus Bassianus,** dit (Lyon, 188 – près d'Édesse, 217), empereur romain (211-217), fils de Septime Sévère. Il accorda la citoyenneté romaine à tous les hommes libres de l'Empire. Bâtisseur (thermes de Caracalla, à Rome) et guerrier (contre les Alamans et les Parthes), il mourut assassiné.

**Caracas** cap. du Venezuela, à 1 050 m d'alt. ; 3,5 millions d'hab. (aggl.). Reliée par une autoroute à La Guaira, sur la mer des Antilles, ce port lui servant de débouché. Industr. alim. et text. Pétrochim. – Université. Archevêché. DER **caracassien, enne** *a, n*

Caracas

**Caraccioli** illustre famille napolitaine. VAR **Caracciolo** — **Giovanni** (m. en 1431), fut le favori de la reine de Naples, Jeanne II, qui le fit assassiner. — **Domenico** (Malpartida de la

Serena, Espagne, 1715 – Naples, 1789) fut, vice-roi de Sicile de 1781 à 1786. — **Francesco** (Naples, 1752 – id., 1799), amiral de la rép. Parthénopéenne en 1799, fut capturé par Nelson, qui le fit pendre.

**caraco** *nm* **1** vieilli Corsage de femme, camisole. **2** Sous-vêtement féminin couvrant le buste.

**caracole** *nf* Suite de demi-tours, de voltes effectués par des chevaux ; mouvement désordonné d'un cheval. ETY De l'esp. *caracol*, « limaçon ».

**caracoler** *vi* ① **1** Faire des voltes, en parlant de chevaux et de leurs cavaliers. **2** Cabrioler. **3** fig Se placer largement devant ses concurrents dans une compétition, une élection, un sondage.

**caractère** *nm* **1** Signe d'une écriture. *Les caractères cunéiformes d'une tablette assyrienne.* **2** TYPO Bloc métallique portant une figure de lettre en relief. *Caractères d'imprimerie.* **3** Dessin propre à un type de lettre. *Choisir les caractères d'une brochure.* **4** fig Empreinte. **5** Ce qui distingue une personne, une chose. *Les caractères héréditaires s'opposent aux caractères acquis.* **6** Élément particulier à une chose. *Sa maladie a un caractère grave.* **7** Personnalité, originalité. *Cette œuvre manque de caractère.* **8** Ensemble des possibilités de réactions affectives et volontaires qui définissent la structure psychologique d'un individu ; manière d'être, d'agir. *Ces deux frères ont des caractères opposés.* **9** Force d'âme, fermeté. *Montrer du caractère.* **10** Ensemble de traits distinctifs d'une personne, d'un groupe ; leur transcription littéraire. **11** Personnalité d'un peuple, d'une nation. *Le caractère national italien.* **LOC** ***Danse de caractère :*** folklorique, expressive. ETY Du gr. *kharaktêr*, « empreinte ».

**Caractères (les)** œuvre de La Bruyère (prem. éd. 1688, éd. définitive 1696) dont le titre complet est : *les Caractères de Théophraste, traduits du grec, avec les caractères ou les mœurs de ce siècle.*

**caractériel, elle** *a, n* PSYCHO **A** *a* Relatif au caractère, à la manière d'être de qqn. *Troubles caractériels.* **B** *n* Personne qui présente des troubles du caractère.

**caractérisé, ée** *a* Nettement marqué, dont les caractères propres apparaissent immédiatement. *Une maladie caractérisée. Des injures caractérisées.*

**caractériser** *vt* ① **1** Décrire qqch ou qqn avec précision, par ses traits distinctifs. *Proust caractérise ses personnages avec subtilité.* **2** Constituer les traits caractéristiques de. *Cet homme se caractérise par sa sottise. La saveur qui caractérise un fruit.* DER **caractérisation** *nf*

**caractéristique** *a, nf* **A** *a* Qui distingue d'autre chose. *Une différence caractéristique.* **B** *nf* **1** Ce qui caractérise ; trait particulier. **2** MATH Partie entière d'un logarithme (par oppos. à *mantisse*).

**caractérologie** *nf* Partie de la psychologie qui étudie les types de caractères.

**caracul** → **karacul.**

**carafe** *nf* Bouteille de verre à base élargie et col étroit. *Boire une carafe d'eau.* **LOC** fam ***Rester en carafe :*** être laissé de côté ou rester en panne. ETY De l'ar. par l'ital.

**carafer** *vt* ① Transvaser le vin d'une bouteille dans une carafe pour l'aérer. DER **carafage** *nm*

**carafon** *nm* **1** Petite carafe. **2** fam Tête.

**Caragiale Ion Luca** (Haimanale, 1852 – Berlin, 1912), écrivain roumain, le créateur de la comédie roumaine : *Une lettre perdue* (1884).

**Caraïbes** ethnie qui peuplait les Petites Antilles et la côte de Guyane lors de l'arrivée des Européens (XVe s.). En 1660, il n'y avait que 6 000 survivants. Leurs rares descendants vivent auj. à la Dominique, à Saint-Vincent, au Honduras et au Guatemala. DER **caraïbe** *a*

**Caraïbes (les)** zone qui comprend le golfe du Mexique, la mer des Antilles et leurs terres. DER **caraïbe** ou **caribéen, enne** *a, n*

**Caraïbes (mer des)** → **Antilles (mer des).**

**Caraïbes (fédération des)** → **Indes occidentales (fédération des).**

**Caraïtes** → **Karaïtes.**

**Caramanlis Constantin** (Proti, Serrai, 1907 – Athènes, 1998), homme politique grec ; président du Conseil (1955-1963 et 1974-1980) puis président de la Rép. (1980-1985 et 1990-1995).

Caraca la

C. Caramanlis

**caramba** *interj* fam Juron espagnol.

**carambolage** *nm* **1** Au billard, coup par lequel une bille en touche deux autres. **2** fig Série d'accidents consécutifs entre véhicules.

**carambole** *nf* **1** Fruit orangé à côtes du carambolier, arbre cultivé en Inde. **2** Bille rouge, au jeu de billard. ETY De l'esp. ▶ pl. **fruits exotiques**

**caramboler** *v* ① **A** *vi* Au billard, toucher deux billes avec la sienne. **B** *vt* fig Heurter, bousculer, renverser.

**carambolier** *nm* Arbuste qui donne la carambole.

**carambouillage** *nm* Escroquerie qui consiste à revendre au comptant des marchandises non payées. VAR **carambouille** *nf*

**caramel** *nm, a inv* **A** *nm* **1** Produit obtenu en chauffant du sucre. **2** Bonbon au caramel. *Des caramels durs, mous.* **B** *a inv* Brun clair. *Une étoffe caramel.* ETY De l'esp. *caramelo*, « bonbon ».

**caraméliser** *vt* ① **1** Transformer du sucre en caramel. *Sucre caramélisé.* **2** Additionner, enduire de caramel. DER **caramélisation** *nf*

**Caran d'Ache Emmanuel Poiré,** dit (Moscou, 1859 – Paris, 1909), dessinateur humoristique français (le mot russe *karandache* signifie « crayon »).

**carangue** *nf* Poisson téléostéen pélagique, au corps comprimé, estimé pour sa chair.

**carapace** *nf* **1** Formation tégumentaire très dure, enveloppe protectrice du corps de certains animaux. *Carapace des tortues, des crabes.* **2** fig Ce qui protège. *Un égoïste protégé par une carapace d'indifférence.* ETY De l'esp.

**carapater (se)** *vpr* ① fam S'enfuir. ETY De *patte*.

**caraque** *nf* anc Navire de charge de 1 000 à 1 500 tonneaux, très élevé sur l'eau. *Les caraques desservaient les Indes et l'Amérique du Sud.* ETY De l'ar.

**carassin** *nm* ICHTYOL Poisson téléostéen d'eau douce. **LOC** ***Carassin doré :*** poisson rouge. ETY De l'all.

**carat** *nm* **1** Vingt-quatrième partie d'or fin contenue dans une masse d'or. **2** Unité de masse pour les diamants, les pierres précieuses (0,2 g). **3** fam Année d'âge. **LOC** fam ***Le dernier carat :*** le dernier moment, l'extrême limite. ETY Du gr. *keration*, « tiers d'obole ».

**Caravage Michelangelo Merisi,** ou **Amerighi** ou **Merighi,** dit **le** (en ital. *il Caravaggio*) (Caravaggio, 1571 – Porto Ercole, 1610), peintre italien. Les contrastes violents qui accentuent le réalisme de ses œuvres exercèrent une grande influence sur la peinture européenne. DER **caravagesque** *a*

**caravagisme** *nm* Courant pictural issu de la peinture du Caravage, caractérisé par le réalisme des représentations et le contraste entre l'ombre et la lumière. DER **caravagiste** *a, n*

**Caravan** composition de D. Ellington, Mills et Tizol (1937), popularisée par de nombr. orchestres (Ellington, Basie, etc.).

**caravanage** *nm* Syn. (recommandé) de *caravaning*.

**1 caravane** *nf* **1** Groupe de personnes voyageant ensemble pour mieux affronter les difficultés, l'insécurité de certaines traversées, des déserts notam. **2** Groupe de personnes voyageant ensemble. *Une caravane de touristes.* **LOC** ***Caravane publicitaire :*** voitures qui accompagnent une course cycliste par étapes. ETY Du persan.

**2 caravane** *nf* Roulotte de tourisme remorquée par une voiture et aménagée pour servir d'habitation. ETY De l'angl.

**1 caravanier, ère** *nm, a* **A** *nm* Conducteur des bêtes de somme d'une caravane. **B** *a* Relatif aux caravanes. *Piste caravanière.*

**le Caravage** *David et la tête de Goliath*, v. 1605 – musée d'Histoire de l'art, Vienne

**2 caravanier, ère** *n* Personne qui utilise une caravane.

**caravaning** *nm* Camping itinérant avec une caravane. SYN (recommandé) caravanage. PHO [kaʀavaniŋ] ETY Mot angl.

**caravansérail** *nm* Lieu destiné à abriter les caravanes et à héberger les voyageurs, en Orient. ETY Du turco-persan.

**caravelle** *nf* **1** Navire à trois ou quatre mâts, à voiles latines, utilisé aux XV^e^ et XVI^e^ s., notam. dans les grands voyages de découverte. **2** Nom donné à un biréacteur moyen-courrier, le premier avion à réaction civil construit en France. ETY Du portug. ; nom déposé.

**carb(o)-** Élément, du lat. *carbo, carbonis,* « charbon ».

**carbet** *nm* En Guyane française et aux Antilles, grande case, commune à plusieurs familles ; hangar pour abriter les embarcations et les engins de pêche. ETY Mot tupi.

**Carbet (Le)** ch.-l. de cant. de la Martinique (arr. de Fort-de-France), à l'embouchure du *Carbet,* rivière née dans les *pitons du Carbet* (1 196 m d'alt.) ; 3 844 hab.

**carbochimie** *nf* Chimie industrielle des dérivés provenant de la cokéfaction de la houille qui servent d'intermédiaires dans la synthèse de nombreux corps. DER **carbochimique** *a*

**carbohydrate** *nm* CHIM Hydrate de carbone.

**carbonade** → **carbonnade.**

**carbonado** *nm* Diamant noir employé pour le forage de matières dures. ETY Mot portug.

**carbonarisme** *nm* **1** Ensemble des principes, de la doctrine des carbonari. **2** Organisation, mouvement politique des carbonari.

**carbonaro** *nm* Membre d'une société secrète, active en Italie au XIX^e^ s., qui luttait pour la libération et l'unité nationales. *Les carbonari étaient groupés en sections appelées « ventes ».* PLUR carbonaros ou carbonari. ETY Mot ital., « charbonnier ».

**carbonatation** *nf* CHIM Neutralisation d'une base par l'acide carbonique.

**carbonate** *nm* CHIM Sel ou ester de l'acide carbonique.

**carbonater** *vt* ① CHIM **1** Transformer en carbonate. **2** Saturer en dioxyde de carbone ($CO_2$).

**carbonatite** *nf* Roche magmatique constituée de carbonates.

**carbone** *nm* **1** Élément non métallique de numéro atomique Z = 6 et de masse atomique 12,01 (symbole C). **2** Non-métal (C), qui fond à 3 727 °C et bout vers 4 800 °C. **3** (En appos.) Qui se rapporte aux émissions polluantes de gaz carbonique dans l'air. *L'empreinte carbone. Des crédits carbone.* LOC ***Fibre de carbone :*** obtenue par pyrolyse de matières acryliques, et que l'on incorpore dans une matrice en résine époxy ou en alliage léger pour obtenir un matériau composite de très haute résistance. — ***Papier carbone*** ou ***carbone :*** papier enduit d'un apprêt coloré sur une face, permettant d'exécuter des doubles, notam. en dactylographie. ETY Du lat. *carbo, carbonis,* « charbon ».

ENC Le carbone est peu abondant à l'état natif. On le trouve sous forme de diamant, de graphite et de charbons minéraux (houille et lignite). L'élément carbone se rencontre dans les hydrocarbures et les carbonates. L'atmosphère contient 0,03 % de dioxyde de carbone ($CO_2$), lequel joue un rôle fondamental lors de la photosynthèse et son augmentation rapide, due aux rejets industriels, est responsable du réchauffement climatique. Le carbone est un constituant fondamental de la matière vivante (21,15 % du corps humain) ; aussi, la chimie organique est également nommée *chimie du carbone.* La masse atomique de l'isotope le plus courant $^{12}_{6}C$ (M = 12) a été choisie comme base des masses atomiques des éléments. Le carbone 14 sert de traceur radioactif et permet de dater des corps organiques. L'oxyde de carbone (CO), produit par la combustion incomplète de composés carbonés, présente une grande toxicité.
*Cycle du carbone.* Les végétaux chlorophylliens et certaines bactéries, dits autotrophes, assimilent sous forme de $CO_2$ (assimilation chlorophyllienne ou photosynthèse) le carbone à partir duquel ils synthétisent leur matière vivante. Les autotrophes sont consommés par les animaux qui, hétérotrophes, sont incapables d'une telle assimilation ; le $CO_2$ dégagé lors de la respiration est récupéré par les autotrophes, mais une partie importante se perd, fixée sous forme de calcaire (squelettes, coquilles, etc.).
Le cycle carbone-carbone est une réaction nucléaire fondamentale dans l'activité des étoiles.
▶ pl. **cycles naturels** et illustr. **étoile**

**carboné, ée** *a* Qui contient du carbone.

**carbonifère** *nm, a* **A** GEOL Se dit de la période de la fin de l'ère primaire, entre le dévonien et le permien, s'étendant entre –360 et –295 millions d'années, pendant laquelle se constituèrent d'importantes couches de houille. **B** *a* Qui contient du carbone.

**carbonique** *a* CHIM LOC ***Acide carbonique :*** acide faible ($H_2CO_3$), que l'on ne trouve jamais à l'état libre. — ***Anhydride*** ou ***gaz carbonique :*** dioxyde de carbone ($CO_2$). — ***Neige carbonique :*** gaz carbonique solidifié.

**carboniser** *vt* ① **1** Réduire un corps en charbon par la chaleur. *Les poutres ont été carbonisées par l'incendie.* **2** Cuire, rôtir à l'excès. *Le pain est presque carbonisé.* DER **carbonisation** *nf*

**carbonitruration** *nf* METALL Cémentation de l'acier par le carbone et l'azote.

**carbonnade** *nf* Ragoût de viande de bœuf à la bière et aux oignons. ETY De l'ital. VAR **carbonade**

**carbonyle** *nm* CHIM Radical bivalent C=O que possèdent les aldéhydes, les cétones et les composés résultant de l'union du fer ou du nickel avec l'oxyde de carbone.

**carborundum** *nm* CHIM Carbure de silicium SiC, préparé industriellement et utilisé comme abrasif. PHO [kaʀbɔʀɔ̃dɔm] ETY Nom déposé.

**carboxyhémoglobine** *nf* BIOCHIM Combinaison de l'hémoglobine avec l'oxyde de carbone, qui se forme en cas d'intoxication oxycarbonée.

**carboxylase** *nf* CHIM Enzyme qui dégrade le groupement carboxyle.

**carboxyle** *nm* CHIM Groupement monovalent –COOH caractéristique des acides carboxyliques.

**carboxylique** *a* CHIM Qui contient le groupe carboxyle. LOC ***Acide carboxylique :*** acide organique R–COOH.

**carboxypeptidase** *nf* BIOCHIM Enzyme du groupe des peptides.

**carburant, ante** *a, nm* **A** *a* Qui contient une matière combustible. **B** *nm* Combustible qui, mélangé à l'air, est facilement inflammable, tels l'essence, le gazole, le méthanol, etc.

**carburateur, trice** *a, nm* **A** *a* Qui sert à la carburation. **B** *nm* Appareil servant à mélanger à l'air le carburant vaporisé qui alimente un moteur à explosion.

**carburation** *nf* **1** METALL Addition de carbone à un métal. **2** Mélange de l'air et du carburant dans un moteur à explosion.

**carbure** *nm* CHIM Combinaison binaire du carbone avec un métal.

**carburé, ée** *a* **1** CHIM Qui contient du carbone. **2** TECH Mélangé à un carburant.

**carburéacteur** *nm* TECH Carburant spécial pour moteur à réaction.

**carburer** *v* ① **A** *vt* Additionner de carbone un métal. *Carburer du fer.* **B** *vi* **1** Faire la carburation. *Un moteur qui carbure bien.* **2** fam Aller bien, fonctionner. LOC fam ***Carburer au rouge, au blanc :*** ne boire que du vin rouge, du vin blanc.

**carburol** *nm* Carburant de synthèse.

**carcailler** *vi* ① Crier, en parlant de la caille. ETY Onomat. VAR **courcailler**

**carcajou** *nm* Syn. de *glouton.* ETY Mot indien du Canada.

**carcan** *nm* **1** anc Cercle de fer avec lequel les criminels condamnés à l'exposition publique étaient attachés par le cou au pilori ; la peine elle-même. **2** fig Ce qui gêne, entrave la liberté d'action, de pensée, etc. *Le carcan des institutions.* ETY Du lat.

**carcasse** *nf* **1** Ensemble des ossements d'un animal, débarrassés de leurs chairs mais encore reliés entre eux. **2** BOUCH Corps d'un animal dépouillé, vidé et dont on a enlevé la tête et les pieds ; corps d'une volaille sans les ailes et les cuisses. **3** fam Corps humain. *Traîner, sauver sa carcasse.* **4** Assemblage de pièces résistantes, structure qui assure la rigidité d'un ensemble. *Carcasse d'un navire en construction.*

**Carcassonne** ch.-l. du dép. de l'Aude, sur l'Aude et le canal du Midi ; 49 368 hab. Marché du vin. Industries. – Évêché. – La Cité comprend la plus remarquable enceinte fortifiée du Moyen Âge européen (restaurée au XIX^e^ s. par Viollet-le-Duc) ; égl. romane et gothique. – La v. fut prise et ravagée en 1209 par Simon de Montfort, et cédée au roi de France en 1247. DER **carcassonnais, aise** *a, n*

les remparts de **Carcassonne**

**carcéral, ale** *a* De la prison, relatif à la prison. PLUR carcéraux. ETY Du lat.

**carcino-** Élément, du gr. *karkinos,* « cancer ».

**carcinoembryonnaire** *a* MED Se dit d'antigènes présents sur la surface des cellules du fœtus, et des cellules cancéreuses. *Le dosage des antigènes carcinoembryonnaires permet de surveiller l'extension d'un cancer.* PHO [kaʀsinoɑ̃bʀijɔnɛʀ]

**carcinogène** *a* MED Cancérigène.

**carcinogenèse** *nf* MED Cancérogenèse.

**carcinologie** *nf* **1** MED Cancérologie. **2** ZOOL Étude des crustacés. DER **carcinologique** *a*

**carcinome** *nm* MED Cancer du tissu épithélial. SYN épithélioma, épithéliome. DER **carcinomateux, euse** *a*

**carcinose** *nf* Généralisation du carcinome qui, sous forme d'un semis de granulations, envahit rapidement tous les viscères, partic. le poumon. VAR **carcinomatose**

**Carco Francis** François Carcopino-Tusoli, dit (Nouméa, 1886 – Paris, 1958), romancier français : *Jésus la Caille* (1914).

**Carcopino Jérôme** (Verneuil-sur-Avre, 1881 – Paris, 1970), historien français, spécialiste de la Rome antique. Membre du gouv. de Vichy (1941-1942). Acad. fr. (1955).

**cardamine** *nf* BOT Plante des prés, des lieux humides (crucifère). SYN cressonnette. ETY Du gr.

**cardamome** *nf* Plante du S.-E. asiatique (zingibéracée), dont les graines très odorantes sont utilisées notam. comme condiment.

**cardan** *nm* Dispositif comportant deux axes de rotation orthogonaux et constituant une liaison mécanique à deux degrés de liberté. **LOC** ***Joint de Cardan, à la Cardan:*** pour accoupler deux arbres dont les axes, situés dans le même plan, ne sont ni alignés ni parallèles. — ***Suspension à la Cardan:*** utilisée sur les navires, et qui permet à certains instruments, tels les compas et les chronomètres, de rester horizontaux malgré le roulis et le tangage. ETY Du n. pr.

**Cardan** Gerolamo Cardano, dit Jérôme (Pavie, 1501 – Rome, 1576), mathématicien, médecin et astrologue italien. Il inventa le *cardan* et résolut l'équation du troisième degré.

**carde** *nf* **1** Instrument pour carder. **2** Machine à un ou plusieurs cylindres garnis de pointes, qui sert à carder la laine, le coton. **3** Côte médiane, comestible, des feuilles de cardon, de bette, etc. ETY Du lat. *carduus,* « chardon ».

**Cárdenas** Lázaro (Jiquilpán, 1895 – Mexico, 1970), homme politique mexicain. Président de la République (1934-1940), il mena une politique de gauche.

**carder** *vt* ① Peigner les fibres textiles à l'aide d'une carde pour les démêler et les nettoyer. DER **cardage** *nm*

**cardère** *nf* BOT Chardon à foulon (dipsacacée) dont les inflorescences servaient autref. à carder.

**cardeur, euse** *n* **A** Personne chargée du cardage. **B** *nf* Machine à carder.

**cardi(o)-, -carde, -cardie** Éléments, du gr. *kardia,* « cœur ».

**cardia** *nm* ANAT Orifice œsophagien de l'estomac. DER **cardial, ale, aux** *a*

**cardialgie** *nf* MED Douleur d'origine cardiaque. DER **cardialgique** *a*

**cardiaque** *a, n* **A** *a* Du cœur. *Crise cardiaque.* **B** *a, n* Qui souffre d'une maladie de cœur. **C** *nf* Plante vivace (labiée) à fleurs roses, fréquente dans les décombres. SYN agripaume.

**Cardiff** port de G.-B., sur le canal de Bristol ; 327 000 hab. ; cap. du pays de Galles, ch.-l. des comtés de South Glamorgan et Mid Glamorgan. Centre industriel. – Archevêché. Université. Chât. (XV$^e$-XVI$^e$ s.). Stade *(Arms Park).*

**cardigan** *nm* Veste de laine tricotée, à manches longues, boutonnée sur le devant jusqu'en haut. PHO [kaʀdigɑ̃] ETY D'un n. pr.

**Cardijn** Joseph (Schaerbeek, 1882 – Louvain, 1967), prêtre belge. Il jeta les bases de la JOC (1925) ; cardinal en 1965.

**Cardin** Pierre (Sant'Andrea di Barbarana, Italie, 1922), couturier français (dep. 1949).

**1 cardinal, ale** *a, nm* litt Qui sert de pivot, d'articulation, de base ; principal. *L'idée cardinale d'une doctrine.* PLUR cardinaux. **LOC** MATH ***Cardinal d'un ensemble fini:*** nombre des éléments de cet ensemble (noté card). — ***Adjectif numéral cardinal*** ou ***cardinal*** *nm:* qui désigne une quantité (par oppos. à *ordinal*). — ***Points cardinaux:*** le nord, l'est, le sud et l'ouest. ETY Du lat.

**2 cardinal** *nm* **1** Haut dignitaire ecclésiastique, membre du Sacré Collège, électeur et conseiller du pape. **2** Passériforme d'Amérique tropicale, dont il existe plusieurs espèces remarquables par leur huppe et leur coloration, rouge ou bleue en général. PLUR cardinaux. ETY Du lat.

**cardinalat** *nm* Dignité de cardinal. DER **cardinalice** *a*

**Cardinale** Claudia (Tunis, 1938), actrice italienne : *le Pigeon* (1958), *le Guépard* (1963), *la Storia* (1985).

**cardiofréquencemètre** *nm* Appareil que l'on porte au poignet pour contrôler sa fréquence cardiaque au cours d'un effort.

**cardiogénique** *a* MED Se dit d'un choc qui suit une défaillance de la fonction myocardique.

**cardiogramme** *nm* Tracé obtenu avec le cardiographe

**cardiographe** *nm* Appareil enregistrant les pulsations du cœur.

**cardiographie** *nf* Enregistrement des battements du cœur à l'aide du cardiographe.

**cardioïde** *nf* MATH Courbe en forme de cœur de formule p = a (1 + cos θ) en coordonnées polaires. **LOC** ELECTROACOUST ***Microphone cardioïde:*** dont le diagramme directionnel a la forme d'une cardioïde.

**cardiolipide** *nm* BIOCHIM Phospholipide découvert dans le muscle cardiaque.

**cardiologie** *nf* Étude du système cardiovasculaire et de ses maladies. DER **cardiologue** *n*

**cardiomégalie** *nf* MED Augmentation du volume du cœur.

**cardiomyopathie** *nf* MED Syn. de *myocardiopathie.*

**cardiopathie** *nf* MED Affection du cœur, acquise ou congénitale.

**cardiopulmonaire** *a* MED Relatif au cœur et aux poumons. *Des troubles cardiopulmonaires.*

**cardiosperme** *nm* Plante volubile (sapindacée) cultivée dans les jardins (pois de cœur).

**cardiothyréose** *nf* MED Complication cardiaque de l'hyperthyroïdie.

**cardiotomie** *nf* CHIR Ouverture chirurgicale du cœur ou du cardia.

**cardiotonique** *a, nm* MED Se dit d'une substance qui augmente la tonicité du muscle cardiaque.

**cardiotraining** *nm* Gymnastique destinée à renforcer le muscle cardiaque. PHO [kaʀdjotʀeniŋ]

**cardiovasculaire** *a* ANAT, MED Qui concerne le cœur et les vaisseaux. *Les maladies cardiovasculaires.*

ENC Les affections cardiovasculaires constituent la cause princ. de la mortalité dans les pays industrialisés : insuffisance coronarienne ; infarctus du myocarde ; atteintes bactériennes des valvules et de l'endocarde (endocardite) ; atteinte du péricarde (péricardite) ; myocardiopathies ; troubles du rythme cardiaque ; hypertension artérielle, etc.

**cardite** *nf* MED Inflammation des trois tuniques du cœur, ou de l'une d'elles.

**cardon** *nm* Plante (composée) dont on consomme la côte médiane, ou carde. ETY Mot provenç.

**Cardoso** Fernando Henrique (Rio de Janeiro, 1931), homme politique brésilien ; président de la Rép. de 1995 à 2002.

**Carducci** Giosue (Val di Castello, 1835 – Bologne, 1907), poète italien néo-classique : *Odes barbares* (1877-1889). P. Nobel 1906.

**Carélie** région du nord de l'Europe, s'étendant de la mer Baltique au cercle polaire. La *Carélie finlandaise* couvre 60 000 km$^2$. La *Carélie russe* (172 400 km$^2$ ; 795 000 hab. ; cap. *Petrozavodsk*) fut prise par l'URSS à la Finlande en 1940. DER **carélien, enne** *a, n*

**carême** *nm* **1** Période de 40 jours, du mercredi des Cendres à Pâques, pendant laquelle les chrétiens se préparent à fêter Pâques. **2** Abstinence, privation de certains plaisirs pendant les jours de carême. **3** Afrique Jeûne du ramadan. **4** Aux Antilles, la saison sèche. **LOC** fam ***Face de carême:*** mine triste et austère ; personne au visage maigre et blafard. ETY Du lat. *quadragesima (dies),* « le quarantième [(jour) avant Pâques] ».

**Carême** Marie-Antoine (Paris, 1784 – id., 1833), cuisinier français : *le Pâtissier pittoresque* (1815), *le Maître d'hôtel français* (1822).

**Carême** Maurice (Wavre, 1899 – Anderlecht, 1978), poète belge de langue française.*La lanterne magique* (1947).

**carénage** *nm* **1** Entretien de la carène d'un navire. **2** Partie d'un port où l'on carène. **3** Carrosserie aérodynamique. *Carénage d'une moto.*

**carence** *nf* **1** Fait pour une personne, une autorité, de manquer à ses obligations, de se dérober devant ses responsabilités. *La carence du gouvernement.* **2** MED Absence ou insuffisance dans l'organisme d'un ou de plusieurs éléments indispensables à son équilibre et à son développement. **3** DR Manque total ou partiel de ressour-

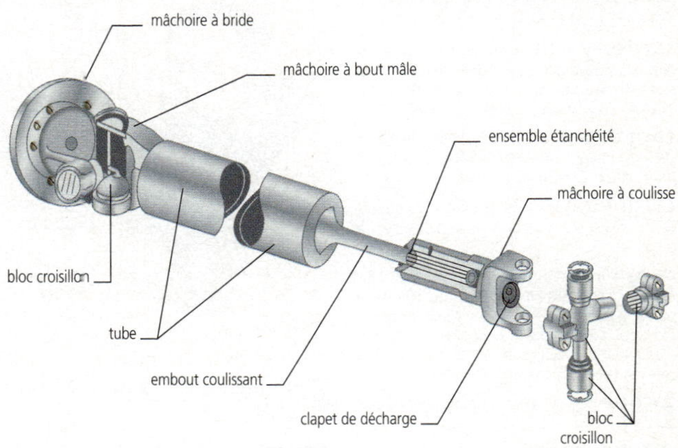


le mouvement est transmis entre la mâchoire à bride et le tube au moyen du bloc croisillon ; il continue à se transmettre suivant des axes non alignés qu'articule un système tel que le bloc croisillon

transmission à la **Cardan**

ces ou de biens mobiliers permettant de couvrir la dette d'un débiteur. **LOC** PSYCHO ***Carence affective :*** manque d'affection parentale, susceptible de provoquer chez un enfant certains troubles psychologiques. — MED ***Carence d'apport :*** défaut d'apport d'éléments indispensables à l'organisme. — MED ***Carence d'utilisation :*** défaut d'utilisation par l'organisme des éléments indispensables présents dans l'alimentation. [ETY] Du lat. [DER] **carentiel, elle** *a*

**carencé, ée** *a* MED **1** Qui présente une carence. *Régime carencé.* **2** Qui souffre d'une carence. *Organisme carencé.*

**carène** *nf* **1** Partie de la coque d'un navire située au-dessous de la ligne de flottaison, œuvres vives. **2** BOT Partie inférieure saillante de la corolle d'une papilionacée, composée des deux pétales opposés à l'étendard. [ETY] Du lat. *carina,* « coquille de noix ».

**Carène (la)** constellation de l'hémisphère austral ; n. scientif. : *Carina, Carinae.*

**caréner** *vt* [14] **1** MAR Procéder au carénage d'un navire. **2** Donner une forme aérodynamique à une carrosserie ; pourvoir d'un carénage.

**carentiel → carence.**

**caressant, ante** *a* **1** Qui aime caresser, être caressé. *Un animal caressant. Une enfant caressante.* **2** **fig** Qui procure une impression de douceur. *Une parole, un regard caressants.*

**caresse** *nf* **1** Attouchement tendre, affectueux ou sensuel. *Faire des caresses à un chat. Couvrir, combler un enfant de caresses.* **2** **fig** Manifestation tendre d'amour, d'affection. *Une caresse du regard, de la voix.* **3** **fig** Effleurement. *La caresse du vent, du soleil sur la peau.* [ETY] De l'ital.

**caresser** *vt* [1] **1** Faire des caresses à. **2** **litt** Frôler, effleurer avec douceur. **3** **fig** Cultiver complaisamment une idée. *Caresser un espoir.* **LOC** ***Caresser du regard, des yeux :*** regarder avec douceur, insistance et envie.

**caret** *nm* Grande tortue des mers chaudes (chélonien), comestible, dont l'écaille était très recherchée. **SYN** caouanne. [ETY] Du malais.

**carex** *nm* BOT Roseau des zones humides à feuilles rubanées coupantes (cypéracée) comprenant une centaine d'espèces françaises, communément appelé *laiche.* [ETY] Mot lat.

**Carey** Henry Charles (Philadelphie, 1793 – id., 1879), économiste américain. Exégète du libre-échangisme, il prôna, à partir de 1842, le protectionnisme pour les États-Unis.

**car-ferry** *nm* Navire aménagé pour le transport des automobiles et des passagers. **SYN** (recommandé) transbordeur. **PLUR** car-ferries ou car-ferrys. [PHO] [kaʀfeʀi] [ETY] Mot angl., *car,* « voiture », et *ferry,* « bac ».

**cargaison** *nf* **1** Ensemble des marchandises dont est chargé un navire, un avion ou un camion. **2** **fam** Grande quantité. [ETY] Du provenç.

**cargneule** *nf* Roche sédimentaire présentant des vacuoles résultant de la dissolution de dolomie.

**cargo** *nm* Navire destiné au transport des marchandises. **LOC** ***Cargo mixte :*** qui peut transporter aussi des passagers. — ***Culte du cargo :*** croyance mélanésienne reposant sur l'attente d'un énorme bateau chargé de biens. [ETY] Abrév. de l'angl. *cargo boat,* « navire de charge ».

**cargue** *nf* MAR Cordage utilisé pour carguer les voiles.

**carguer** *vt* [1] MAR Replier une voile contre la vergue à l'aide de cordages.

**cari** *nm* **1** Assaisonnement indien composé de poudre de curcuma, de clous de girofle et d'autres épices. **2** Plat de viande, de poisson préparé avec cet assaisonnement. [ETY] Mot malayalam. [VAR] **cary** ou **curry**

**cariacou** *nm* Cerf aux bois courbés vers l'avant, répandu de l'Alaska à la Bolivie.

**cariant, ante** *a* Cariogène.

**cariatide** *nf* ARCHI Statue figurant une femme debout soutenant sur la tête un balcon, une corniche, etc. [ETY] Du gr. *karuatides,* « femmes de Karyes » (v. du Péloponnèse). [VAR] **caryatide**

**cariatide** de l'Éréchthéion, acropole d'Athènes, $V^e$ s. av. J.-C.

**caribe** *nm* Famille de langues amérindiennes des Antilles et d'Amérique du Sud.

**caribéen, enne → Caraïbes (les).**

**Caribert** roi franc de Paris et de l'ouest de la Gaule (561-567) ; fils aîné de Clotaire $I^{er}$. [VAR] **Charibert**

**Caribert** (v. 606 – 632), roi d'Aquitaine de 628 à 632 ; frère de Dagobert. [VAR] **Charibert**

**caribou** *nm* **1** Grand cervidé d'Amérique du Nord, aux bois longs et aplatis, au pelage grisâtre avec du blanc sur la gorge, le cou et la croupe, et qui se déplace en troupeaux (il s'agit de la même espèce que le renne d'Europe). **2** **Canada** Vin additionné d'alcool. [ETY] De l'algonquin.

**caricature** *nf* **1** Dessin, peinture qui, par l'exagération de certains traits choisis, donne d'une personne une représentation satirique. **2** Représentation délibérément déformée de la réalité, dans une intention satirique ou polémique. *Ce reportage est une caricature de la réalité.* **3** Personne très laide ou ridiculement habillée. [ETY] De l'ital. [DER] **caricatural, ale, aux** *a* – **caricaturalement** *av*

**caricature** d'Émile Zola saluant Honoré de Balzac

**caricaturer** *vt* [1] Faire la caricature de. *Caricaturer un homme politique.*

**caricaturiste** *n* Artiste, dessinateur qui fait des caricatures.

**carie** *nf* **1** MED Inflammation et destruction du tissu osseux. **2** Maladie cryptogamique des céréales détruisant les grains. **LOC** ***Carie dentaire :*** altération de l'émail et de l'ivoire de la dent, évoluant vers l'intérieur en formant une cavité. — BOT ***Carie du bois :*** altération et décomposition des tissus ligneux. [ETY] Du lat. *caries,* « pourriture ». [DER] **carieux, euse** *a*

**Carie** colonie gr. d'Asie Mineure, qui comprenait notam. Milet et Halicarnasse. [DER] **carien, enne** *a, n*

**carier** *vt* [2] Gâter, détruire par la carie.

**carignan** *nm* Cépage rouge du Languedoc donnant des vins corsés. [ETY] Nom de lieu.

**Carignan** (en ital. *Carignano*), v. d'Italie (Piémont), sur le Pô ; 8 830 hab. – Berceau d'une branche de la maison de Savoie.

**carillon** *nm* **1** Ensemble de cloches accordées à différents tons ; sonnerie de ces cloches. *Le carillon d'une cathédrale.* **2** Sonnerie d'une horloge, d'une pendule, qui se déclenche à intervalles réguliers ; horloge, pendule possédant un carillon. **3** Instrument de musique constitué de lames ou de timbres que l'on fait résonner en les frappant. [ETY] Du lat. *quaternio,* « groupe de quatre (cloches) ».

**Carillon (fort)** fort édifié en 1756 par les Français au sud du lac Champlain (auj. dans l'État de New York). En 1758, Montcalm y repoussa les Anglais.

**carillonné, ée** *a* **LOC** vieilli ***Fête carillonnée :*** fête importante annoncée par des sonneries de cloches.

**carillonner** *v* [1] **A** *vi* **1** Sonner en carillon. *Les cloches, l'horloge carillonnent.* **2** Faire résonner avec insistance la sonnette d'une porte. *Carillonner chez qqn.* **B** *vt* **1** Annoncer par un carillon. *L'horloge a carillonné minuit.* **2** Annoncer, répandre avec bruit une nouvelle, un triomphe, etc. [DER] **carillonnant, ante** *a* – **carillonneur, euse** *n*

**Carin** Marcus Aurelius Carinus empereur romain de 283 à 285 ; assassiné par ses soldats.

**carinate** *nm* Oiseau muni d'un bréchet.

**Carinthie** (en all. *Kärntern*), Land d'Autriche mérid., drainé par la Drave ; 9 533 km$^2$ ; 552 400 hab. ; cap. *Klagenfurt.* – La rég. passa à l'Autriche en 1335. La partie S. fut rattachée à la Slovénie en 1919.

**carioca** *a, n* De Rio de Janeiro.

**cariogène** *a* Qui cause des caries. **SYN** cariant.

**Carissimi** Giacomo (Marino, 1605 – Rome, 1674), compositeur et organiste italien ; *Jephté* (1656) est le prem. oratorio.

**cariste** *n* Conducteur d'un chariot de manutention.

**caritatif, ive** *a* Qui concerne les organisations d'aide humanitaire. [ETY] Du lat.

**carjacking** *nm* Agression à main armée de qqn pour lui voler sa voiture, alors qu'il est au volant. [PHO] [kaʀdʒakiŋ] [ETY] Mot angl.

**Carle** Gilles (Maniwaki, Québec, 1928 – Granby, 2009), cinéaste canadien : *les Mâles* (1970), *la Vraie Nature de Bernadette* (1971), *la Postière* (1992).

**Carleton** Guy (Strabane, Irlande, 1724 – Maidenhead, Berkshire, 1808), général britannique ; gouverneur du Canada (1768-1778 et 1786-1796), conciliant avec les Québécois (Acte de Québec, 1774).

**carlin** *nm* Petit chien à poil ras, au museau noir et aplati.

**carline** *nf* Composée épineuse bisannuelle dont le capitule s'ouvre ou se ferme en fonction de l'humidité atmosphérique. **SYN** chardon baromètre. [ETY] De l'ital.

**Carling** com. du dép. de la Moselle (arr. de Forbach) ; 3 731 hab. Complexe chimique.

**carlingue** *nf* **1** MAR Pièce reposant sur les couples et servant de liaison longitudinale dans le fond d'un navire. **2** AVIAT Ensemble formé par la cabine d'un avion et le poste de pilotage. ETY Du scand.

**Carlisle** v. de G.-B. ; 99 800 hab. ; ch.-l. du comté du Cumbria. Textiles. – Cath. et forteresse (XII^e-XIV^e s.).

**Carlisle sir Anthony** (Stillington, 1768 – Londres, 1840), physiologiste et chimiste anglais. Il découvrit, avec Nicholson, l'électrolyse de l'eau (1800).

**carlisme** *nm* Doctrine, mouvement des partisans de don Carlos d'Espagne, défenseurs d'un traditionalisme politique et religieux. DER **carliste** *a, n*

**Carlitte (massif du)** massif des Pyrénées-Orientales, culminant à 2 921 m. VAR **Carlit**

**Carloman** (?, vers 715 – Vienne, Dauphiné, 754), fils aîné de Charles Martel, frère de Pépin le Bref ; il administra l'Austrasie comme maire du palais de 741 à 747, puis se fit moine. — **Carloman** (?, vers 751 – Samoussy, Aisne, 771), roi d'Austrasie (768-771), fils de Pépin le Bref. À sa mort, Charlemagne, son frère, se saisit de son royaume et fit cloîtrer ses enfants. — **Carloman** (?, 828 – Öttingen, 880), roi de Bavière (876-880), fils aîné de Louis II le Germanique. — **Carloman** (vers 866 – 884), roi de France (879-884), fils de Louis II le Bègue ; il régna avec son frère Louis III jusqu'en 882, puis seul.

**Carlos (don)** (Madrid, 1788 – Trieste, 1855), infant d'Espagne. Frère de Ferdinand VII, il brigua le trône dont avait hérité sa nièce Isabelle (*guerre carliste,* 1833-1840). Ses descendants maintinrent cette prétention.

**Carlsbad → Karlovy Vary.**

**Carlsbad** ville des É.-U. (Nouveau-Mexique) ; 24 900 hab. – *Grottes de Carlsbad* : réseau de salles et de couloirs souterrains.

**Carlson Carolyn** (Fresno, Californie, 1942), danseuse et chorégraphe américaine (danse moderne).

**Carolyn Carlson**

**Carlsson Ingvar Gösta** (Borås, 1934), homme politique suédois, social-démocrate, Premier ministre de 1986 à 1991 et de 1994 à 1996.

**Carlu Jacques** (Bonnières-sur-Seine, 1890 – Paris, 1976), architecte français : palais de Chaillot (1936-1938), à Paris, en collaboration avec Boileau et Azéma. — **Jean** (Bonnières-sur-Seine, 1900 – Nogent-sur-Marne, 1997), affichiste français, frère du préc.

**Carlyle Thomas** (Ecclefechan, Écosse, 1795 – Londres, 1881), historien et critique écossais : *Histoire de la Révolution française* (1837), *les Héros et le Culte des héros* (1841).

**Carmagnola Francesco Bussone,** dit (Carmagnola, v. 1380 – Venise, 1432), condottiere italien. Il servit le duc de Milan (1416-1423), puis la rép. de Venise (1425), qui le fit décapiter.

**carmagnole** *nf* Veste courte et étroite portée par les révolutionnaires français de 1792 à 1795. ETY De *Carmagnola,* v. du Piémont.

**Carmagnole (la)** chant révolutionnaire écrit par un auteur anonyme en 1792 : « Dansons la carmagnole, vive le son du canon... ». D'orig. piémontaise, la carmagnole était une veste portée par des fécérés marseillais.

**Carmathen** ch.-l. du comté de Dyfed (pays de Galles) ; 13 000 hab. – Merlin l'Enchanteur y serait né.

**Carmaux** ch.-l. de cant. du Tarn (arr. d'Albi) ; 10 231 hab. Anc. houillères. DER **carmausin, ine** *a, n*

**carme** *nm* Religieux de l'ordre du Carmel.

**Carmel** (ordre de Notre-Dame-du-Mont-Carmel et, par abrév., le), ordre religieux contemplatif né v. 1180 d'une communauté d'ermites rassemblés sur le mont Carmel, en Palestine, et établi en Europe en 1235. En 1562, Jean de la Croix et Thérèse d'Ávila réformèrent l'ordre. On distingue auj. les *grands carmes* ou *carmes chaussés,* les *carmes déchaux* (réformés), les *carmélites* (de l'ancienne observance et réformées).

**carmélite** *nf* Religieuse de l'ordre du Carmel.

**Carmen** nouvelle de Mérimée (1845). ▷ MUS Opéra-comique en 4 actes de Bizet (livret de Meilhac et Halévy, 1875). ▷ CINE Nombr. films (d'après Mérimée ou Bizet) de : R. Walsh (1915 et 1927), Lubitsch (1918), Feyder (1926), Ch. Vidor (1948), Preminger (1953), Saura (1983), Rosi (1984).

**carmin** *nm, a inv* **A** *nm* Colorant d'un rouge éclatant, fourni à l'origine par une cochenille. **B** De la couleur du carmin. ETY De l'ar.

**carminatif, ive** *a* Se dit d'un remède qui élimine les gaz intestinaux. ETY Du lat. *carminare,* « nettoyer ».

**carminé, ée** *a* litt D'un rouge proche du carmin.

**Carmona António Óscar de Fragoso** (Lisbonne, 1869 – Lumiar, 1951), maréchal et homme politique portugais. Président de la Rép. (1928-1951), il appela Salazar (1932).

**Carmontelle Louis Carrogis,** dit (Paris, 1717 – id., 1806), peintre, architecte et paysagiste français : parc Monceau, à Paris ; auteur de *Proverbes dramatiques* (1768-1781).

▶ illustr. **Buffon**

**Carnac** com. du Morbihan (arr. de Lorient), près de la baie de Quiberon ; 4 322 hab. Stat. baln. à *Carnac-Plage.* – 2 935 menhirs (fin du néolithique) y sont disposés parallèlement sur 4 km. Musée de préhistoire. DER **carnacois, oise** *a, n*

**Carnac** les alignements

**Carnac → Karnak.**

**carnage** *nm* Tuerie, massacre.

**Carnap Rudolf** (Ronsdorf, auj. Wuppertal, 1891 – Santa Monica, Californie, 1970), logicien américain d'origine all., l'un des fondateurs du « cercle de Vienne » : *la Syntaxe logique du langage* (1934), *Introduction à la sémantique* (1942).

**carnassier, ère** *a, n* **A** Qui se nourrit de chair, de viande crue. *Le renard est un animal carnassier.* **B** *a, nf* Se dit d'une grosse dent tranchante caractéristique des carnivores. ETY Du provenç.

**carnassière** *nf* CHASSE Sac pour porter le gibier.

**carnation** *nf* **1** Teint, couleur de la chair d'une personne. **2** Bx-A Couleur des parties du corps humain représentées nues. ETY Du lat.

**carnauba** *nm* Palmier brésilien dont les feuilles sécrètent une cire utilisée dans l'industrie.

**carnaval** *nm* **1** Période de divertissements précédant le carême, commencant à l'Épiphanie et se terminant le Mardi gras. **2** Réjouissances se déroulant pendant cette période ou à d'autres époques de l'année. *Le carnaval de Rio.* **3** Mannequin grotesque personnifiant le carnaval dans les mascarades. PLUR carnavals. ETY De l'ital. *carnelevare,* « ôter la viande ». DER **carnavalesque** *a*

**Carnavalet (hôtel)** situé à Paris, rue de Sévigné, bâti sur les plans de P. Lescot, vers 1544 ; M^me de Kernevenoy (nom corrompu en *Carnavalet*) l'acquit en 1578. Mansart le termina en 1661 ; M^me de Sévigné y vécut de 1677 à 1696. C'est auj. le musée de la Ville de Paris.

**Carnaval romain** ouverture de Berlioz (1844) inspirée de son propre opéra, *Benvenuto Cellini* (1838).

**carne** *nf* fam **1** Viande de mauvaise qualité, dure. **2** Mauvais cheval. **3** inj Personne détestable, méchante. ETY Mot ital., « viande ».

**carné, ée** *a* **1** BOT Qui est couleur de chair. *Rose carnée.* **2** Qui est à base de viande. *Alimentation carnée.*

**Carné Marcel** (Paris, 1906 – Clamart, 1996), cinéaste français, maître du réalisme poétique : *Drôle de drame* (1937), *Quai des brumes* (1938), *Le jour se lève* (1939), *les Visiteurs du soir* (1942), *les Enfants du paradis* (1945), ont pour scénariste Prévert ; *Hôtel du Nord* (1938). H. Jeanson. Ensuite : *la Marie du Port* (1950), *Thérèse Raquin* (1953), *les Tricheurs* (1958).

**Marcel Carné** l'affiche de *Quai des brumes,* 1938, avec Jean Gabin et Michèle Morgan

**Carnéade** (Cyrène, v. 215 – Athènes, v. 129 av. J.-C.), philosophe grec. Contre le stoïcisme, il fonda le probabilisme.

**carneau** *nm* Conduit d'une cheminée, destiné à l'évacuation des produits de la combustion. (ETY) Altér. de *créneau.*

**Carnegie Andrew** (Dunfermline, Écosse, 1835 – Lenox, Massachusetts, 1919), industriel américain (sidérurgie : Carnegie Steel Company), célèbre par ses donations. – *Carnegie Hall* : salle de concerts de New York.

**carnet** *nm* **1** Cahier de petit format sur lequel on consigne des renseignements. *Carnet d'adresses.* **2** Ensemble de feuillets détachables. *Carnet de chèques.* **3** Ensemble de billets, tickets, etc., que l'on n'a pas achetés à l'unité. *Carnet de timbres. Carnet de tickets de métro.* **LOC** ***Carnet de voyage*** : livret constitué de textes, de dessins, de photos, tenu par un voyageur. (ETY) De l'a. fr.

**carnettiste** *n* Personne qui tient des carnets de voyage contenant écrits, dessins, photos.

**carnier** *nm* CHASSE Petite carnassière.

**Carniole** anc. nom de la Slovénie.

**carnivore** *a, n* **A** *a* **1** Qui se nourrit de viande. *Mammifères, insectes carnivores.* **2** fam Se dit d'une personne qui aime la viande. **B** *nm* ZOOL Mammifère caractérisé par le développement des canines (crocs) et des carnassières, et dont l'alimentation est fondamentalement carnée. *L'ordre des carnivores se divise en trois sous-ordres : les créodontes, les fissipèdes et les pinnipèdes.* **LOC** BOT ***Plante carnivore*** : dont les feuilles capturent des insectes qu'elle digère grâce à une enzyme.

**Carnot Lazare** (Nolay, 1753 – Magdeburg, 1823), officier du génie, conventionnel et mathématicien français. Membre du Comité de salut public, il créa les armées de la République et devint l'« Organisateur de la Victoire ». La Restauration le bannit comme régicide. Il fut l'un des fondateurs de la géométrie moderne. — **Sadi** (Paris, 1796 – id., 1832), physicien, fils du préc. Ses *Réflexions sur la puissance motrice du feu et des machines propres à développer cette puissance* (1824) ont fondé la thermodynamique. ▷ PHYS *Principe de Carnot* (1831) : un moteur thermique ne peut fournir du travail que s'il emprunte de la chaleur à une source chaude et en restitue à une source froide. — *Cycle de Carnot* : composé de deux isothermes et de deux adiabatiques. — **Hippolyte** (Saint-Omer, 1801 – Paris, 1888), homme politique, frère du préc., appartint au gouvernement provisoire de 1848. — **Marie François Sadi** (Limoges, 1837 – Lyon, 1894), homme politique, fils du préc. Élu président de la Rép. en 1887, il fut assassiné par un anarchiste italien, Caserio.

Lazare Nicolas Carnot

Nicolas Léonard Sadi Carnot

**carnotset** *nm* Suisse Local aménagé dans une cave où l'on se réunit entre amis. (VAR) **carnotzet**

**Carnutes** peuple de la Gaule qui occupait l'actuelle région de Chartres et d'Orléans.

**Caro Annibale** (Civitanova, 1507 – Rome, 1566), écrivain italien : *les Gueux* (1544), comédie ; *Lettres* (posth., 1572-1575).

**Caro Anthony** (Londres, 1924 – id., 2013), sculpteur britannique : assemblages métalliques polychromes d'inspiration baroque.

**Carobert → Charles Ier Robert.**

**Carol Ier, Carol II → Charles Ier et Charles II de Roumanie.**

**Carol Marie-Louise Mourer,** dite **Martine** (Saint-Mandé, 1920 – Monaco, 1967), actrice française : *Caroline chérie* (1951), *Lola Montès* (1955).

**carolin, ine** *a* Relatif à Charlemagne, à son temps. (ETY) Du lat. *Carolus,* « Charles ».

**Caroline de Brunswick** (Brunswick, 1768 – Londres, 1821), épouse du prince de Galles, qui, roi d'Angleterre (George IV) en 1820, lui intenta un procès pour adultère.

**Caroline du Nord** État du S.-E. des É.-U., sur l'Atlant. ; 136 197 km$^2$ ; 9 535 000 hab. ; cap. *Raleigh.* – D'O. en E. s'étendent les Appalaches et une zone de piémont. Sur la plaine côtière, cultures industrielles. Pêche. – La rég., colonisée par les Angl. au XVIe s., se sépara en 1730 de la Caroline du Sud et devint un État de l'Union en 1789.

**Caroline du Sud** État du S.-E. des É.-U., sur l'Atlant. ; 80 432 km$^2$ ; 4 625 000 hab. ; cap. *Columbia.* – À une plaine côtière succède le piémont appalachien. Le climat est doux. La cult. du coton a suscité une forte industr. textile. – Cet État, membre de l'Union depuis 1788, fut le premier, en 1860, à faire sécession.

**Carolines (îles)** archipel de l'Océanie, à l'E. des Philippines ; 500 îles ; 1 194 km$^2$ ; 75 000 hab. – Esp. dès 1686, les îles furent all. (1899) puis sous mandat japonais de 1919 à 1945. À partir de 1947, les É.-U. les administrent au nom de l'ONU. En 1980, une partie d'entre elles, regroupées dans l'État fédéré de Micronésie, acquièrent l'autonomie interne.

**Carolingiens** dynastie franque, fondée par Pépin le Bref en 751 ; Charlemagne lui donna son nom. Succédant aux Mérovingiens, elle régna sur la France jusqu'en 987 et en Germanie jusqu'en 911. (DER) **carolingien, enne** *a*

**carolomacérien → Charleville-Mézières.**

**carolorégien → Charleroi.**

**carolus** *nm* Monnaie frappée sous Charles VIII. (PHO) [karɔlys]

**Carolus-Duran Charles Durand,** dit (Lille, 1837 – Paris, 1917), peintre français ; portraitiste mondain.

**Caron Antoine** (Beauvais, v. 1521 – Paris, 1599), peintre maniériste français de l'école de Fontainebleau.

**caronade** *nf* Anc. canon de marine, gros et court. (ETY) De la v. d'Écosse *Carron.*

**caroncule** *nf* **1** Petite excroissance charnue. **2** Excroissance charnue, rougeâtre, sous le bec ou sur la tête de certains oiseaux, tels que le dindon, le coq. **LOC** ***Caroncule lacrymale*** : située à l'angle interne de l'œil.

**Caroní (río)** riv. du Venezuela orient., affluent (r. dr.) de l'Orénoque ; 690 km ; les nombreuses chutes alimentent des centrales.

**carotène** *nm* BIOCHIM Pigment orangé, précurseur de la vitamine A, présent dans certains végétaux comme la carotte et chez certains animaux.

**caroténoïde** *a, nm* Se dit de pigments voisins du carotène, colorés du jaune au rouge, très répandus dans les règnes végétal et animal, utilisés comme colorants alimentaires.

**Carothers Wallace Hume** (Burlington, Iowa, 1896 – Philadelphie, 1937), chimiste américain. Il inventa le nylon en 1937.

**carothèque** *nf* GEOL Collection de carottes de forage, destinée à la recherche scientifique.

**carotide** *nf, a* Artère principale qui irrigue la face et le cerveau. *Carotide externe, carotide interne.* (ETY) Du gr. (DER) **carotidien, enne** *a*

**carotte** *nf, a inv* **A** *nf* **1** Plante (ombellifère) à racine pivotante rouge, jaune ou blanche, dont certaines variétés sont cultivées pour leur racine comestible. **2** Racine rouge orangé de la carotte potagère. *Une botte de carottes. Carottes râpées.* **3** Ensemble de feuilles de tabac à chiquer roulées en forme de carotte. **4** Enseigne rouge des bureaux de tabac. **5** Échantillon cylindrique prélevé d'un sol par sondage. **B** *a inv* De la couleur de la carotte ; roux. *Des cheveux carotte.* **LOC** fig ***La carotte et le bâton*** : la récompense et la sanction. — fam ***Les carottes sont cuites*** : il n'y a plus rien à faire. — fam ***Tirer une carotte à qqn*** : lui soutirer de l'argent, un bien quelconque par ruse. ETY Du gr. ▶ illustr. **ombellifère** et **racine**

**carotter** *vt* ① **1** fam Voler, obtenir qqch par ruse. **2** TECH Prélever une carotte d'un sol. DER **carottage** *nm* – **carotteur, euse** ou **carottier, ère** *a, n*

**carottier** *nm* TECH Outil servant au carottage d'un sol.

**caroube** *nf* Fruit du caroubier, à pulpe comestible et sucrée.

**caroubier** *nm* Arbre méditerranéen (légumineuse), produisant la caroube et dont le bois dur est utilisé en menuiserie.

**carouge** *n* **A** *nf* **1** Bois, rougeâtre, du caroubier. **2** Caroube. **B** *nm* ORNITH Oiseau passériforme d'Amérique du Nord, commun dans les lieux humides.

**Carouge** v. de Suisse au sud de Genève ; 15 000 hab. DER **carougeois, oise** *a, n*

**carpaccio** *nm* **1** Mets constitué de très fines tranches de bœuf cru arrosées d'huile d'olive et de citron. **2** Mets cru présenté en tranches fines. PHO [karpatʃjo] ETY Du n. pr.

**Carpaccio** **Vittore Scarpazza,** dit (Venise, v. 1460-1465 – id., 1526), peintre italien, chroniqueur de la vie vénitienne : cycle de la *Légende de sainte Ursule* (1490-1496, Venise).

**Carpaccio** *Jeune chevalier dans un paysage* – coll. Thyssen-Bornemisza, Lugano

**Carpates** chaîne de montagnes d'Europe, formant un arc de cercle qui s'étend sur la Rép. tchèque, la Slovaquie et la Pologne (monts Tatras ; 2 655 m), l'Ukraine, la Roumanie (Alpes de Transylvanie ; massif de Maramures, 2 305 m). La vie se concentre dans les vallées (nombr. riv.) et dans les bassins. Exploitation forestière. Tourisme. Richesses minières : bauxite, charbon et, en Roumanie, pétrole et gaz naturel. VAR **Karpates** DER **carpatique** ou **karpatique** *a*

**-carpe, carpo-** Éléments, du gr. *karpos*, « jointure » ou « fruit ».

**1 carpe** *nf* Poisson d'eau douce (cyprinidé), à longue nageoire dorsale, dont la mâchoire supérieure est garnie de barbillons. **LOC** ***Bâiller comme une carpe*** : largement et fréquemment. — fam ***Marier la carpe et le lapin*** : tenter de réunir des choses incompatibles. — fam ***Muet comme une carpe*** : totalement muet. — ***Saut de carpe*** : par lequel on se retourne sur le dos, en un seul mouvement, sans l'aide des mains ; bond. ETY Du lat.

**carpe** miroir

**2 carpe** *nm* ANAT Ensemble des huit petits os du poignet, reliant l'avant-bras au métacarpe. *Le grand os et l'os crochu font partie du carpe.* ETY Du gr. *karpos*, « jointure ». DER **carpien, enne** *a*

**carpeau** *nm* Petit de la carpe ; très petite carpe. VAR **carpillon**

**Carpeaux** **Jean-Baptiste** (Valenciennes, 1827 – Courbevoie, 1875), sculpteur : *Triomphe de Flore* (1863-1866, Louvre), *les Quatre Parties du monde* (1867-1872, jardin de l'Observatoire, Paris), *la Danse* (1869, façade de l'Opéra, Paris). Sa peinture annonce l'impressionnisme.

**carpelle** *nm* BOT Chacune des pièces florales formant le pistil, chez les angiospermes.

**Carpentarie (golfe de)** large baie du N. de l'Australie, entre le cap York (Queensland) et la terre d'Arnhem (Australie du Nord).

**Carpentier** **Georges** (Liévin, 1894 – Paris, 1975), boxeur français. Champion du monde des mi-lourds (1920), il ne put arracher, en 1921, le titre des lourds à Dempsey.

**Carpentier** **Alejo** (La Havane, 1904 – Paris, 1980), romancier cubain : *Ecue-Yamba-O* (1933), *le Royaume de ce monde* (1949), *le Partage des eaux* (1953), *Concert baroque* (1974).

**Carpentras** ch.-l. d'arr. du Vaucluse ; 28 445 hab. Primeurs, fruits, lavande, vins. Industries. – Anc. cath. goth. St-Siffrein (XV<sup>e</sup>-XVI<sup>e</sup> s.). Palais de justice (XVII<sup>e</sup> s.). Synagogue (XIV<sup>e</sup> s.). Arc de triomphe romain. – Cap. du comtat Venaissin de 1229 à 1790. DER **carpentrassien, enne** *a, n*

**carpetbagger** *nm* HIST Nordiste, aventurier ou affairiste, qui cherchait à s'enrichir dans les États du Sud après la guerre de Sécession. PHO [karpɛtbagœʀ] ETY Mot amér.

**carpette** *nf* **1** Petit tapis. **2** fig, fam Personne servile, sans amour-propre. ETY De l'anc. fr.

**carphologie** *nf* MED Mouvement continuel et automatique des mains et des doigts qui semblent vouloir saisir un objet, au cours de certains délires. ETY Du gr.

**Carpi** ville d'Italie, au N. de Modène ; 60 730 hab. Centre agric. ; industr. textile.

**carpien** → **carpe2.**

**carpillon** → **carpeau.**

**carpobrotus** *nm* Plante grasse à fleurs colorées et à fruit comestible, originaire d'Afrique du Sud.

**carpocapse** *nf* Papillon dont la chenille se développe dans les fruits à pépins, notam. les pommes et les poires.

**carpophore** *nm* BOT Appareil qui porte les organes sporifères, chez les champignons ascomycètes et basidiomycètes. SYN (courant, abusif) champignon.

**Carquefou** ch.-l. de cant. de la Loire-Atlantique (arr. de Nantes) ; 15 377 hab. DER **carquefollien, enne** *a, n*

**carquois** *nm* Étui à flèches. ETY Du persan.

**Carr** **Emily** (Victoria, Colombie-Britannique, 1871 – id., 1945), peintre et écrivain canadienne. Elle peignit les Amérindiens.

**Carra** **Carlo Dalmazzo** (Quargnento, Piémont, 1881 – Milan, 1966), peintre italien. Il délaissa le futurisme (1916) pour la « peinture métaphysique » prônée par G. De Chirico.

**Carrache** **Ludovico Carracci** dit, (Bologne, 1555 – id., 1619), peintre italien. Vers 1585, il fonda une *Accademia degli Incamminati* qui répandit le classicisme, avec ses cousins **Agostino** (Bologne, 1557 – Parme, 1602) et cousins **Annibale** (Bologne, 1560 – Rome, 1609), le plus important des trois : fresques du palais Farnèse, à Rome (1597-1604).

**carragheen** *nm* Algue rouge comestible. PHO [kaʀage n] ETY D'une localité d'Irlande.

**carraghénane** *nf* Substance tirée du carragheen, très utilisée dans l'agroalimentaire comme gélifiant et émulsifiant.

**carrare** *nm* Marbre blanc veiné, extrait des carrières de Carrare.

**Carrare** v. d'Italie (Toscane), près de la Médit. ; 68 460 hab. Import. carrières de marbre réputées dès l'Antiquité.

**Annibale Carrache** *Lapidation de saint Étienne* – musée du Louvre

**carre** *nf* **1** TECH Coin, angle saillant d'un objet. **2** SYLVIC Entaille faite au tronc des résineux pour en extraire la résine. **3** SPORT Baguette de métal encastrée le long des bords inférieurs d'un ski.

**1 carré** *nm* **1** Quadrilatère aux côtés égaux et perpendiculaires deux à deux. *Si le côté d'un carré vaut a, la diagonale vaut* $a\sqrt{2}$ *et l'aire* $a^2$. **2** Surface dont la forme s'apparente à celle d'un carré. *Un carré de jardin.* **3** Canada Place, dans des noms de lieux. *Carré Saint-Louis à Montréal.* **4** Objet, élément dont la forme s'apparente à celle d'un carré, d'un cube. *Un carré de chocolat.* **5** ANAT Muscle ayant la forme proche d'un carré. *Le carré de la cuisse.* **6** PECHE Syn. de *carrelet.* **7** MAR Local où les officiers, sur un navire, se réunissent. **8** MILIT Ordre de formation en bataille qui faisait face à l'ennemi des quatre côtés. **9** TECH Palier d'un escalier. **10** JEU Réunion de quatre cartes de même valeur. *Un carré d'as.* **11** TECH Clé de section carrée ou rectangulaire. **12** MATH Produit d'une expression, d'un nombre par lui-même. *Élever un nombre au carré. Trois au carré* ($3^2$) *égale neuf.* **13** fam Élève de deuxième année dans une grande école ou une classe préparatoire aux grandes écoles. LOC ***Au carré*** : d'une forme qui rappelle celle d'un carré ; net, rigoureux. *Coupe de cheveux au carré.* — ***Carré de côtelettes*** : ensemble des côtelettes du mouton, du porc, du veau. — ***Carré de côtes*** : en boucherie, ensemble des côtes découvertes, premières et secondes dans le bœuf. — ***Carré de soie, de coton*** : foulard carré de soie, de coton. — ***Carré magique*** : tableau dans lequel la somme des nombres situés sur une ligne, une colonne ou une diagonale est toujours la même. — fam ***Faire, mettre la tête au carré à qqn*** : frapper avec violence qqn au visage au point de le déformer. ETY Du lat.

**2 carré, ée** *a* **1** Qui a la forme d'un carré. *Les surfaces carrées d'un dé.* **2** Dont la forme est celle, ou rappelle celle d'un carré, d'un cube. *Une cour carrée, une boîte carrée.* **3** Qui a des angles bien découpés, nettement marqués. *Un front carré.* **4** Qui a un caractère tranché et catégorique. *Se montrer carré en affaires. Un homme carré.* LOC ***Mât carré*** : portant des voiles carrées. — ***Nombre carré*** : dont la racine carrée est un entier. — MAR ***Voile carrée*** : voile quadrangulaire aux vergues horizontales hissées par le milieu.

**Carré (maladie de)** VET Maladie due à un virus proche de celui de la rougeole humaine, qui atteint les chiens et peut être mortelle.

**Carré** Ambroise-Marie (Fleury-les-Aubrais, 1908 – Ancourt, Seine-Maritime, 2004), dominicain français, prédicateur à Notre-Dame de Paris. Acad. fr. (1975).

**carreau** *nm* **1** Pavé plat de terre cuite, faïence, linoléum, etc., servant au revêtement des sols, des murs. *Poser des carreaux au-dessus d'un évier.* **2** Sol revêtu de carreaux. *Laver, vernir le carreau.* **3** MINES Emplacement au jour où se trouvent les bâtiments et les installations nécessaires à l'exploitation. **4** Vitre d'une porte, d'une fenêtre. *Laver les carreaux.* **5** fam Verre de lunettes. **6** TECH Fer à repasser des tailleurs. **7** PECHE Syn. de *carrelet.* **8** anc Grosse flèche d'arbalète ou de baliste, à pointe pyramidale. **9** anc Coussin de forme carrée. **10** TECH Coussin de dentellière. **11** Dessin, motif carré ou rectangulaire. *Tissu à carreaux.* **12** Une des quatre couleurs d'un jeu de cartes, dont la marque est un carreau rouge ; carte de cette couleur. *Roi de carreau.* LOC ***Carreau des Halles*** : endroit où se faisait la vente des légumes et des fruits aux abords des Halles, à Paris. — ***Carreau de réduction, d'agrandissement*** : réseau de lignes tracées sur le papier, la toile, permettant de réduire ou d'agrandir le modèle à reproduire. — fam ***Se tenir à carreau*** : surveiller sa conduite afin d'éviter tout ennui. — ***Sur le carreau*** : au sol, à terre, en parlant d'une personne vaincue, blessée ou tuée, ou bien oubliée, laissée pour compte. *Rester sur le carreau. Laisser qqn sur le carreau.* ETY Du lat.

**carrée** *nf* **1** anc MUS Figure de note, carrée et sans queue, valant deux rondes. **2** fam Chambre.

**carrefour** *nm* **1** Endroit où se croisent plusieurs routes. **2** fig Point de rencontre. *Le carrefour de deux civilisations.* **3** Moment où doit s'effectuer un choix important. *Se trouver au carrefour de sa vie.* **4** Réunion organisée en vue d'un échange d'idées. ETY Du lat.

**car-régie** *nm* Véhicule équipé pour diffuser en direct des reportages télévisés. PLUR cars-régies.

**Carrel** Armand (Rouen, 1800 – Saint-Mandé, 1836), journaliste français. Cofondateur du journal *le National* (1830), il s'opposa à la monarchie de Juillet. É. de Girardin le tua en duel.

**Carrel** Alexis (Sainte-Foy-lès-Lyon, 1873 – Paris, 1944), physiologiste et chirurgien français ; auteur de *l'Homme, cet inconnu* (1936). P. Nobel de médecine 1912 pour ses travaux d'histologie.

**carrelage** *nm* **1** Action de carreler. **2** Surface carrelée, revêtement constitué de carreaux.

**carreler** *vt* ⑰ ou ⑲ **1** Paver avec des carreaux. **2** Tracer des carreaux sur.

**carrelet** *nm* **1** Poisson de mer plat (pleuronectidé). SYN plie. **2** PECHE Filet carré tendu sur deux arceaux croisés, attachés à une perche. SYN carreau. **3** Filet pour prendre les petits oiseaux. **4** Règle à section carrée. **5** Petite lime à quatre faces. **6** Aiguille à extrémité quadrangulaire, utilisée par les cordonniers, les selliers, etc.

**carreleur, euse** *n* Ouvrier(ère) qui pose le carrelage.

**carrément** *av* **1** D'une façon nette, sans détour. *Parler carrément à qqn.* **2** fam Complètement, vraiment. *Il est carrément idiot.*

**carrer** *v* ① **A** *vt* **1** TECH Donner une forme carrée à. *Carrer une poutre, une pierre.* **2** SPORT Ajuster les carres sur des skis. **B** *vpr* S'installer confortablement. *Se carrer sur son siège.*

**Carrera Andrade** Jorge (Quito, 1903 – id., 1978), diplomate et poète équatorien : *Registre du monde* (1945), *Ci-gît l'écume* (1951).

**Carreras** José (Barcelone, 1946), ténor espagnol.

**Carrère d'Encausse** Hélène (Paris, 1929), historienne et politologue française, spécialiste de l'URSS : *l'Empire éclaté* (1978), *le Malheur russe* (1988). Acad. fr. (1990 ; élue secrétaire perpétuelle en 1999).

**Carrero Blanco** Luis (Santoña, 1903 – Madrid, 1973), amiral et homme politique espagnol ; Premier ministre (juin 1973) ; tué par un attentat de l'ETA.

**carrier** *nm* Ouvrier ou entrepreneur travaillant à l'exploitation d'une carrière.

**Carrier** Jean-Baptiste (Yolet, Cantal, 1756 – Paris, 1794), conventionnel français. En mission à Nantes, il y imposa la Terreur (*les noyades de Nantes*). Il fut guillotiné.

**Carrier de Belleuse** Albert-Ernest, dit Carrier-Belleuse (Anizy-le-Château, Aisne, 1824 – Sèvres, 1887), sculpteur français néoclassique.

**1 carrière** *nf* Lieu, excavation généralement à ciel ouvert d'où l'on extrait des matériaux de construction. *Carrière de marbre.* ETY Du lat. *quadrus*, « carré ».

**2 carrière** *nf* **1** EQUIT Terrain d'exercice en plein air pour les cavaliers. **2** litt Voie, chemin sur lequel on s'engage. *La carrière de l'honneur.* **3** Profession, activité impliquant une série d'étapes. *Embrasser, suivre une carrière politique.* LOC ***Donner carrière à*** : donner libre cours à. — ***La carrière*** ou ***la Carrière*** : la carrière diplomatique. ETY Du lat. *carrus*, « char ».

**Carrière** Eugène (Gournay-sur-Marne, 1849 – Paris, 1906), peintre et lithographe symboliste français.

**Carrière** Jean-Claude (Colombières-sur-Orb, Hérault, 1931), scénariste français ; il collabora notam. avec Buñuel (*Journal d'une femme de chambre*, 1964).

**Carrières-sous-Poissy** commune des Yvelines (arr. de Saint-Germain-en-Laye) ; 15 389 hab. Extraction de sable. DER **carriérois, oise** *a, n*

**Carrières-sur-Seine** com. des Yvelines (arr. de Saint-Germain-en-Laye) ; 15 614 hab. DER **carriérois, oise** *a, n*

**carriérisme** *nm* péjor Comportement dicté par le désir de réussir sa carrière, à n'importe quel prix. DER **carriériste** *n*

**Carrillo** Santiago (Gijón, 1915 – Madrid, 2012), homme politique espagnol ; secrétaire général du parti communiste espagnol de 1960 à 1982.

**carriole** *nf* **1** Petite charrette couverte. **2** Canada Voiture d'hiver hippomobile, montée sur patins.

**Carroll** Charles Lutwidge Dodgson, dit Lewis (Daresbury, 1832 – Guildford, 1898), écrivain, mathématicien et logicien anglais. Professeur de mathématiques à Oxford (*Traité élémentaire des déterminants* 1867), il écrivit : *Alice au pays des merveilles* (1865), suivi de *De l'autre côté du miroir* (1871), récits poétiques ; *la Chasse au Snark* (1876), poème avant-gardiste. ▶ illustr. p. 260

**carrossable** *a* Praticable pour les voitures. *Chemin carrossable.*

**carrossage** *nm* **1** Action de carrosser. **2** TECH Angle formé par le plan d'une roue avant et la verticale.

**carrosse** *nm* **1** anc Luxueuse voiture à chevaux, à quatre roues, suspendue et couverte. **2** Petite corbeille dans laquelle on couche une bouteille de vin pour servir celui-ci. LOC ***Rouler carrosse*** : vivre dans l'opulence. ETY De l'ital.

**Carrosse d'or du Saint-Sacrement (le)** comédie de Mérimée publiée dans la 2ᵉ éd. du *Théâtre de Clara Gazul* (1830). ▷ CINE *Le Carrosse d'or* de Jean Renoir (1952), avec A. Magnani.

**carrosser** *vt* ① Doter un véhicule d'une carrosserie.

**carrosserie** *nf* **1** Caisse recouvrant le châssis d'un véhicule. **2** Industrie, commerce des carrosseries.

**carrossier, ière** *n* Personne qui fabrique, répare des carrosseries.

**Carrouges** ch.-l. de cant. de l'Orne (arr. d'Alençon) ; 749 hab. – Chât. XIVᵉ-XVIIᵉ s.

**carrousel** *nm* **1** Tournoi où des cavaliers exécutent des joutes, des exercices divers ; lieu où se donne ce tournoi. **2** Dispositif de manutention tournant autour d'un axe vertical. **3** Passe-vues cylindrique et tournant d'un projecteur de diapositives. **4** fig Circulation, défilé, succession rapide. *Un carrousel d'automobiles.* **5** Belgique, Suisse Manège de chevaux de bois. ETY De l'ital.

**carroyage** *nm* TECH Quadrillage pour agrandir ou réduire un dessin, une carte d'après modèle. ETY De carreau. DER **carroyer** *vt* ㉓

**Carrucci** → **Pontormo.**

**carrure** *nf* **1** Largeur du dos à la hauteur des épaules. *Avoir une forte carrure. La carrure d'une veste.* **2** Configuration large et carrée d'un élément. **3** fig Envergure, valeur d'une personne. ETY De carrer.

**Cars** Guy de Pérusse (duc des Cars) dit Guy des (Paris, 1911 – id., 1993), auteur français de nombr. romans populaires.

**Carsen** Robert (Toronto, 1954), metteur en scène canadien (opéras).

**Carson** Christopher, dit Kit (dans le Kentucky, 1809 – Fort Lyon, Colorado, 1868), aventurier américain qui participa à la conquête de l'Ouest et aux guerres indiennes.

**Carson City** v. des É.-U., cap. du Nevada ; 54 000 hab. Mines d'argent.

**cartable** *nm* **1** Serviette, sacoche d'écolier. **2** Canada Classeur.

**Cartagena** port de Colombie, sur la mer des Antilles ; 850 000 hab. Industries.

**Cartan** Élie (Dolomieu, Isère, 1869 – Paris, 1951), mathématicien français : travaux sur la théorie des groupes. — **Henri** (Nancy, 1904 – Paris, 2008), fils du préc., mathématicien, cofondateur du groupe Bourbaki.

**carte** *nf* **1** Petit rectangle de carton mince. **2** Petit carton rectangulaire dont un côté est marqué d'une figure, et dont on se sert pour jouer. **3** Pièce attestant certains droits, l'identité de qqn ou son appartenance à un groupe. *Carte nationale d'identité. Avoir la carte d'un parti, d'un syndicat.* **4** Au restaurant, liste des mets et des boissons, avec leurs prix. **5** GEOGR Représentation plane à échelle réduite d'un espace géographique. *Carte politique, démographique. Carte marine. Carte du ciel.* **6** INFORM Matériel adaptable à un microordinateur et qui en augmente la puissance ou les fonctionnalités (carte graphique, carte d'extension mémoire, etc.). LOC ***A la carte*** : en choisissant les plats sur la carte d'un restaurant ; fig d'après différentes propositions. *Déjeuner à la carte. Solutions à la carte.* — ***Avoir plus d'une carte dans son jeu*** : avoir beaucoup de possibilités, de ressources. — ***Brouiller les cartes*** : semer volontairement la confusion, embrouiller une affaire. — TECH ***Carte à puce*** ou ***carte à mémoire*** : carte magnétique comportant un dispositif de mémorisation. — ***Carte Bleue*** : nom déposé d'une carte de crédit. — ***Carte de crédit*** : délivrée par un organisme bancaire et permettant de régler ses achats ou de retirer des espèces. — ***Carte d'électeur*** ou ***carte électorale*** : carte attestant l'inscription de son titulaire sur une liste électorale et lui permettant de voter. — ***Carte de presse*** : délivrée aux journalistes. — ***Carte de visite*** : petit carton rectangulaire sur lequel sont imprimés le nom, éventuellement l'adresse, la profession, les titres de qqn. — ***Carte génétique*** : représentation de la localisation des gènes sur un chromosome. — ***Carte grise*** : indiquant les caractéristiques d'un véhicule et le nom de son propriétaire. — ***Carte magnétique*** : munie de pistes magnétiques sur lesquelles sont enregistrées des informations. — ***Carte maîtresse*** : supérieure à celle de l'adversaire. — INFORM ***Carte mère*** : constituant d'un micro-ordinateur comprenant principalement le microprocesseur. — ***Carte orange*** : en région parisienne, ancienne carte d'abonnement aux transports en commun. — TECH ***Carte perforée*** : dont les perforations constituent la notation d'informations à traiter par une machine. — ***Carte postale*** : carte dont le recto est illustré et dont le verso est destiné à la correspondance. — ***Carte SIM*** : petite carte à puce que l'on insère dans un téléphone portable. — ***Donner carte blanche à qqn*** : lui laisser toute initiative, lui donner pleins pouvoirs. — ***Faire, tirer les cartes*** : prédire l'avenir d'après les cartes. — ***Jouer la carte de*** : s'appuyer, compter sur. *Jouer la carte du charme.* — ***Jouer, mettre cartes sur table*** : annoncer clairement ses conditions, ne rien cacher. — ***Jouer sa dernière carte*** : tenter sa dernière chance. — ***Le dessous des cartes*** : les dessous d'une affaire. — ***Tour de cartes*** : tour de prestidigitation exécuté avec des cartes. (ETY) Du lat. *charta*, « papier ».

**1 cartel** *nm* **1** Cartouche ornant le cadre de certaines pendules ; pendule murale ainsi encadrée. **2** Étiquette apposée sur une œuvre d'art servant à l'identifier. (ETY) De l'ital. *cartello*, « affiche ».

**2 cartel** *nm* **1** ECON Groupement de sociétés industrielles ou commerciales tendant à s'assurer la domination du marché en éliminant la concurrence. **2** POLIT Union, accord passé entre des organisations polit., syndicales, etc., en vue d'une action commune. **3** Entente mafieuse entre des trafiquants de drogue. (ETY) De l'all. *Kartel*, « défi ».

**Cartel** association (1927-1940) des metteurs en scène de théâtre Baty, Dullin, Jouvet et Pitoëff.

**Cartel des gauches** association électorale (1924) des radicaux et des socialistes. Elle vainquit le Bloc national aux élections de mai et forma quatre gouv. successifs : Herriot, Painlevé, Briand, Herriot. Les financiers provoquèrent sa démission en 1926.

**carte-lettre** *nf* Feuille de papier pliée et collée, utilisée sans enveloppe pour la correspondance. PLUR cartes-lettres.

**cartelliser** *vt* ① ECON Organiser des entreprises. (DER) **cartellisation** *nf*

**carter** *nm* Enveloppe métallique rigide destinée à protéger un mécanisme. (PHO) [kartɛr] (ETY) D'un n. pr.

**Carter** Elliott (New York, 1908 – id., 2012), compositeur américain de musique sérielle.

**Carter** James Earl Carter, dit Jimmy (Plains, Georgie, 1924), homme politique américain, président (démocrate) de 1977 à 1981. Il promut le « dégel » avec l'Est et rapprocha l'Égypte et Israël (accord de Camp David en 1978). P. Nobel de la paix 2002.

**Carter** Ron (Ferndale, Michigan, 1937), contrebassiste et compositeur de jazz américain.

**carte-réponse** *nf* Imprimé joint à un questionnaire pour envoyer sa réponse. PLUR cartes-réponses.

**carterie** *nf* **1** Fabrication des cartes à jouer ; lieu où on les fabrique. **2** Magasin où l'on vend des cartes postales.

**cartésianisme** *nm* Philosophie de Descartes, de ses disciples ou continuateurs (notam. Malebranche, Spinoza, Leibniz).

**cartésien, enne** *a, n* **A** *a* **1** Relatif à la doctrine, à la pensée de Descartes. **2** Qui est rigoureux méthodique, rationnel. *Un esprit cartésien.* **B** *n* Partisan de la philosophie, des théories de Descartes. LOC ***Coordonnées cartésiennes*** : système de coordonnées imaginé par Descartes, dans lequel un point est défini par ses distances à trois axes.

**carte-vue** *nf* Belgique Carte postale. PLUR cartes-vues.

**Carthage** v. de Tunisie, aux environs de Tunis ; 2[illegible] 000 hab. – Archevêché ; cathédrale (1890). – Festival de cinéma (dep. 1966). – Site de la ville anc. du m. nom. Ruines de l'époque romaine (amphithéâtre, odéon, thermes, aqueduc, nécropole du II^e s., etc.). (DER) **carthaginois, oise** *a, n*
**Histoire** Fondée v. 814-813 av. J.-C. par des Phéniciens de Tyr (V. Didon), Carthage fut une grande puissance commerciale et maritime. Rome lui disputa l'hégémonie en Méditerranée occid. : malgré Hannibal, Rome remporta les *guerres puniques* (264-146 av. J.-C.) et la détruisit totalement en 146 av. J.-C. Colonie romaine, rebâtie en 122 av. J.-C. *(Colonia Junonia)* puis, par César, en 44 av. J.-C. *(Colonia Julia)*, elle devint chrétienne. Ravagée en 439 par les Vandales, annexée à l'Empire byzantin par Bélisaire (534), elle disparut après la conquête arabe de 698.

**Carthagène** v. et port d'Espagne (Murcie), sur la Médit. ; 216 500 hab. Industries. – Les Carthaginois la fondèrent v. 223 av. J.-C.

**carthame** *nm* Plante épineuse (composée) dont une espèce donne des colorants.

**cartier, ère** *n* Fabricant, vendeur de cartes à jouer.

**Cartier** Jacques (Saint-Malo, 1491 – id., 1557), navigateur français. Cherchant un passage du N.-O. vers l'Asie, il aborda au Canada, dont il prit possession au nom de François I^er (1534), à Gaspé. En 1535, il remonta le Saint-Laurent jusqu'au mont Royal (Montréal). En 1541, il fit un 3^e voyage.

**Cartier** sir George Étienne (Saint-Antoine-sur-Richelieu, Québec, 1814 – Londres, 1873), homme politique canadien. Il œuvra à l'établissement de la Confédération (1867).

**Cartier-Bresson** Henri (Chanteloup, 1908 – l'Isle-sur-la Sorgue, 2004), photographe français : grands reportages, portraits.

**Henri Cartier-Bresson,** *Siège de Pékin*, déc. 1948

**cartilage** *nm* Tissu de type conjonctif dur, élastique, constituant le squelette primaire des embryons avant leur ossification et persistant chez l'adulte au niveau des articulations et de quelques organes. (DER) **cartilagineux, euse** *a*

**cartisane** *nf* Petit morceau de carton, entouré de fil de soie, d'or ou d'argent, faisant relief dans certaines broderies. (ETY) De l'ital.

**cartographie** *nf* **1** Technique de l'établissement des cartes, des plans. **2** fig Représentation schématique d'un phénomène quelconque. *Cartographie génétique, chromosomique.* (DER) **cartographe** *a* – **cartographier** *vt* ② – **cartographique** *a*

**cartomancie** *nf* Divination à partir des cartes à jouer. (DER) **cartomancien, enne** *n*

**carton** *nm* **1** Feuille assez rigide, d'épaisseur variable, constituée d'une couche de pâte à papier ou de plusieurs feuilles de papier collées ensemble. **2** Boîte, emballage de carton fort. *Un carton à chapeau. Carton à dessins.* **3** Bx-A Composition d'un vitrail, d'une tapisserie, d'une fresque, exécutée sur un carton et servant de modèle. **4** Cible de carton sur laquelle on s'exerce au tir. LOC SPORT ***Carton jaune, carton rouge*** : carton brandi par l'arbitre et signalant à un footballeur un avertissement ou une expulsion. — ***Carton mixte*** : carton-pâte dont les deux faces sont recouvertes d'une feuille de papier fort. — fig, fam ***Être dans les cartons*** : en projet. — fam ***Faire carton plein*** : remporter un succès éclatant. — ***Faire un carton*** : tirer sur une cible en carton ; fam réussir pleinement. (ETY) De l'ital.

**carton-cuir** *nm* Carton enduit de caoutchouc, de résines imitant le cuir. PLUR cartons-cuirs.

**cartonnage** *nm* **1** Emballage, ouvrage en carton. **2** Fabrication d'objets en carton. **3** Action de cartonner un livre ; reliure ainsi obtenue.

**Carthage** terrasse de la maison de la Volière, Parc archéologique des villas romaines

**cartonner** *v* ① **A** *vt* **1** Munir, garnir de carton. **2** Relier un livre avec du carton. **3** fam Critiquer violemment. **B** *vi* fam **1** Obtenir un résultat remarquable. **2** Faire des dégâts, occasionner des troubles.

**cartonnerie** *nf* **1** Industrie, commerce du carton. **2** Fabrique de carton.

**cartonnette** *nf* Petit emballage de carton.

**cartonneux, euse** *a* Qui a l'aspect, la consistance du carton.

**cartonnier, ère** *n* **A 1** Personne qui fabrique, qui vend du carton. **2** BX-A Artiste réalisant des cartons. **B** *nm* Meuble de bureau pour le classement des dossiers, dont les tiroirs sont des boîtes en carton.

**carton-paille** *nm* Carton dont la pâte est à base de paille hachée. PLUR cartons-pailles

**carton-pâte** *nm* Carton fabriqué à partir de vieux chiffons, de vieux cartons. PLUR cartons-pâtes. **LOC** ***De, en carton-pâte*** : dont le caractère factice est évident.

**cartoon** *nm* **1** Bande dessinée à caractère humoristique. **2** Chacun des dessins composant un film de dessins animés ; le film lui-même. (PHO) [kaRtun] (ETY) Mot angl. (DER) **cartoonesque** *a* – **cartooniste** *n*

**cartophile** *n* Personne qui collectionne des cartes postales. (DER) **cartophilie** *nf*

**cartothèque** *nf* Collection de cartes géographiques.

**1 cartouche** *nm* **1** Ornement sculpté, destiné à recevoir une inscription, des armoiries. **2** Encadrement de certaines inscriptions hiéroglyphiques. **3** Encadrement de l'écu des armoiries. **4** Encadrement renfermant les références d'une carte, d'un plan. (ETY) De l'ital. *cartoccio*, « cornet de papier ».

**cartouche** gravures sur pierre, Égypte

**2 cartouche** *nf* **1** Étui de carton ou de métal contenant la charge d'une arme à feu. **2** Étui contenant des matières explosives. *Une cartouche de dynamite.* **3** Petit étui cylindrique, contenant et protégeant un produit. *Cartouche d'encre pour stylo.* **4** Emballage contenant plusieurs paquets de cigarettes. **5** Boîtier contenant une bande magnétique, un film, un logiciel, conçu pour être introduit directement dans le lecteur. (ETY) De l'ital. *cartuccia*.

**Cartouche** Louis Dominique (Paris, 1693 – id., 1721), chef français d'une bande de voleurs. Il fut exécuté (supplice de la roue) en place de Grève. ▷ CINE *Cartouche* (1962) de Philippe de Broca (né en 1933), avec J.-P. Belmondo.

**cartoucherie** *nf* Fabrique, dépôt de cartouches.

**cartouchière** *nf* Sac ou série d'étuis montés en ceinture ou en baudrier pour porter les cartouches.

**cartulaire** *nm* anc Registre sur lequel on inscrivait les chartes, titres, actes de donations, concernant les biens temporels d'un monastère, d'une église ; cet acte lui-même. (ETY) Du lat.

**Cartwright** Edmund (Marnham, 1743 – Hastings, 1823), ingénieur anglais. Il utilisa la machine à vapeur dans le tissage (1785).

**Caruso** Enrico (Naples, 1873 – id., 1921), ténor italien du Metropolitan Opera de New York (1903-1920).

**Lewis Carroll**

**E. Caruso**

**Carver** Raymond (Claskanie, Oregon, 1938 – Port Angeles, Washington, 1988), écrivain américain, maître de la nouvelle. Son univers, tendre et désespéré, a inspiré R. Altman : *les Américains*.

**carvi** *nm* Ombellifère d'Europe, appelée aussi *anis des Vosges, cumin des prés*, dont la racine et les fruits sont aromatiques. (ETY) De l'ar.

**Carvin** ch.-l. de cant. du Pas-de-Calais (arr. de Lens) ; 17 772 hab.

**Cary** Arthur Joyce (Londonderry, 1888 – Oxford, 1957), romancier anglais : *Sorcières d'Afrique* (1931), *Surprise* (trilogie, 1940-1944), *les Captifs et les Libres* (1959).

**caryatide** → **cariatide.**

**caryo-** Élément, du gr. *karuon*, « noyau, noix ».

**caryocinèse** *nf* BIOL Division du noyau cellulaire lors de la mitose.

**caryogamie** *nf* BIOL Fusion du noyau du gamète mâle avec le noyau du gamète femelle, lors de la fécondation.

**caryogramme** *nm* BIOL Nombre de chromosomes défini pour une espèce donnée et comprenant les paires de chromosomes identiques et le ou les chromosomes sexuels. *Le caryogramme de l'espèce humaine est de 46 chromosomes.*

**caryolyse** *nf* BIOL Mort du noyau cellulaire.

**caryolytique** *a, nm* BIOCHIM Se dit d'une substance provoquant la caryolyse.

**caryophyllacée** *nf* Plante dicotylédone, à ovaires libres et feuilles opposées, telle que l'œillet, la saponaire.

**caryophyllé, ée** *a, nf* Se dit d'une fleur dont les cinq pétales sont recouverts par le tube du calice.

**caryopse** *nm* BOT Fruit sec indéhiscent des graminées, dans lequel le péricarpe est soudé à l'unique graine qu'il contient.

**caryotype** *nm* MED Nombre de chromosomes contenus dans les cellules d'un individu.

**Carzou** Jean (Alep, 1907 – Périgueux, 2000), peintre français traditionaliste d'origine arménienne. Il joue sur des effets linéaires de perspective pour figurer un univers fantasmatique.

**1 cas** *nm* **1** Ce qui arrive ou est arrivé ; situation. *Un cas grave, rare.* **2** DR Situation envisagée par loi. *Un cas de divorce.* **3** Ce qui peut être la cause de qqch. *Un cas de guerre.* **4** Manifestation d'une maladie, atteinte. *On a relevé dix cas de choléra.* **LOC** ***Au cas où, dans le cas où, pour le cas où*** : s'il arrivait que. — ***Au cas par cas*** : en se soumettant aux circonstances. — ***Cas de conscience*** : difficulté ou question sur ce que la conscience ou la foi permet ou défend en certaines circonstances. — ***Cas de figure*** : situation envisagée par hypothèse. — ***Cas de force majeure*** : contrainte à laquelle on ne peut résister. — ***C'est le cas de le dire*** : cette parole est opportune. — ***En aucun cas*** : quoi qu'il arrive. — ***En cas de*** : dans l'hypothèse de. *En cas d'incendie, appeler les pompiers.* — ***En ce cas*** : dans cette hypothèse. — ***En tout cas, dans tous les cas*** : quoi qu'il en soit, quoi qu'il arrive. — ***Faire cas de*** : apprécier, accorder de l'importance à. — ***Le cas X*** : la personne X, considérée sous l'angle des questions ou des problèmes particuliers qu'elle soulève. (ETY) Du lat. *casus*, « évènement ».

**2 cas** *nm* LING Chacune des formes qu'un mot est susceptible de prendre selon sa fonction dans la phrase, dans une langue à déclinaisons. *Le latin, l'allemand sont des langues à cas.* **LOC** ***Cas régime*** : en anc. français, forme que prend un nom, un pronom ou un qualificatif lorsqu'il est régi par un autre mot. (ETY) Du lat. *casus*, « déviation ».

**Casablanca** (en ar. *Dar-el-Beïda*), princ. port (dû à Lyautey) et plus grande ville du Maroc ; 2 408 600 hab. (aggl.). Centre écon. du pays. – Mosquée Hassan II. – La *conférence de Casablanca* (1943), entre Churchill et Roosevelt, établit la stratégie militaire des Alliés. (DER) **casablancais, aise** *a, n*

**Casablanca**

**Casablanca** film de M. Curtiz (1942) avec Humphrey Bogart et Ingrid Bergman.

**Casa de contratación** (« Maison de transaction »), chambre de commerce créée par l'État castillan (1503-1790) pour organiser le commerce avec l'Amérique et taxer les importations.

**Casadesus** Robert (Paris, 1899 – id., 1972), pianiste et compositeur français.

**Casals** Pablo (Vendrell, Catalogne, 1876 – San Juan, Porto Rico, 1973), violoncelliste espagnol. En 1905, il fonda un trio avec A. Cortot et J. Thibaud. Il créa le festival de Prades (où, républicain, il s'était exilé).

**Casamance (la)** fl. côtier du Sénégal (300 km), au S. de la Gambie. La *province de Casamance* (où se développe le séparatisme) correspond aux régions sénégalaises de Ziguinchor et de Kolda. (DER) **casamançais, aise** *a, n*

habitat rural en **Casamance**

**casanier, ère** *a, n* **A** Qui aime rester chez soi. **B** *a* Propre aux personnes casanières. *Une vie casanière.*

**Casanova** Giovanni Giacomo (Venise, 1725 – Dux, Bohême, 1798), aventurier et écrivain italien ; polygraphe surtout connu par ses *Mémoires,* récit (en franç.) de ses aventures galantes et de son évasion des Plombs de Venise, dont le texte intégral n'a été publié qu'en 1960-1963. ▷ CINE *Casanova* de A. Volkoff en 1926, et de René Barberis en 1933, les deux avec Ivan Mosjoukine (1889-1939) ; *Casanova de Fellini* de F. Fellini (1976).

**casaque** *nf* **1** vx Manteau ample à larges manches. **2** Blouse, tunique de femme portée sur une jupe. **3** Veste de jockey. **LOC** ***Tourner casaque*** : changer d'avis, de parti. ETY Du persan.

**Casarès** Maria (La Corogne, 1922 – La Vergne, Char.-Mar., 1996), actrice française d'origine espagnole. Tragédienne dans l'âme, elle a joué au cinéma : *les Enfants du Paradis* (1945), et au théâtre : *les Paravents* (1966).

**Casaubon** Isaac (Genève, 1559 – Londres, 1614), humaniste (édition d'auteurs grecs et latins) et théologien calviniste français.

**casbah** *nf* **1** anc Palais du souverain, citadelle en Afrique du Nord. **2** mod Quartier ancien des villes d'Afrique du Nord. PHO [kazba] ETY Mot ar.

**cascabelle** *nf* Plaques cornées de la queue des serpents à sonnettes. ETY De l'esp.

**cascade** *nf* **1** Chute d'eau. **2** fig Suite, succession. *Une cascade de rires.* **3** Chute, numéro périlleux d'un acrobate, d'un coureur automobile, d'un gymnaste, etc. **LOC** ELECTR ***Association en cascade*** : montage d'appareils en série. — ***En cascade*** : à de courts intervalles. ETY De l'ital. *cascare,* « tomber ».

**cascader** *vi* ① Tomber en cascade.

**Cascades (chaîne des)** montagnes de l'O. des É.-U. et du Canada, parallèles à la chaîne côtière ; culminent à 4 392 m. VAR **Cascade Range**

**cascadeur, euse** *n* **1** Acrobate qui exécute des chutes, des sauts périlleux. **2** CINE Spécialiste qui double un acteur dans des scènes dangereuses.

**casco** *nf* Suisse, Belgique Assurance automobile.

**case** *nf* **1** Habitation en matériaux légers des pays chauds. **2** Compartiment d'un tiroir, d'une boîte, d'un meuble, etc. **3** Division, compartiment délimité sur une surface. *Les cases d'un jeu de dames.* **LOC** fam ***Avoir une case en moins, une case vide*** : être un peu fou, ou simple d'esprit. — Suisse ***Case postale*** : boîte postale. — fam ***Revenir à la case départ*** : recommencer un processus. ETY Du lat. *casa,* « chaumière ».

**Case de l'oncle Tom (la)** roman de H. Beecher-Stowe (1852).

**caséeux, euse** *a* MED Qui a l'apparence du fromage. *Lésions tuberculeuses caséeuses.* ETY Du lat. *caseus,* « fromage ».

**caséifier** *v* ② **A** *vt* Faire coaguler la caséine de. *Caséifier du lait.* **B** *vpr* MED Se nécroser en prenant un aspect caséeux en parlant d'un tissu. DER **caséification** *nf*

**caséine** *nf* Protéine contenue dans le lait.

**casemate** *nf* Abri servant de protection contre les tirs d'artillerie, les attaques aériennes. ETY De l'ital. *casamatta,* « maison folle ».

**caser** *v* ① **A** *vt* **1** Trouver une place pour ; mettre à la place qui convient. *Caser des bagages dans le coffre d'une voiture.* **2** Trouver un emploi, une situation pour qqn. **B** *vpr* **1** S'établir en un lieu. **2** Se marier.

**Caserio** Santo Jeronimo (Motta Visconti, 1873 – Lyon, 1894), anarchiste italien ; assassin de Sadi Carnot (1894), guillotiné.

**caserne** *nf* Bâtiment destiné au logement des troupes ; ensemble des troupes logées dans un tel bâtiment. ETY Du provenç. *cazerna,* « groupe de quatre ».

**casernement** *nm* **1** Action de caserner. **2** Lieu où l'on caserne les troupes.

**caserner** *vt* ① Loger des troupes dans une caserne.

**casernier** *nm* Agent milit. chargé du matériel d'une caserne.

**Caserte** v. d'Italie méridionale (Campanie) ; 66 750 hab. ; ch.-l. de la prov. du m. nom. Industries. – Cath. (XIIe s.). – L'armée allemande d'Italie y capitula le 29 avril 1945.

**caseyeur** *nm* Bateau qui pêche à l'aide de casiers.

**cash** *nm, av* **A** *nm* fam Argent liquide, espèces. *Payer en cash.* **B** *av* Comptant. *Payer cash.* PHO [kaʃ] ETY Mot angl.

**casher, ère** *a* Conforme aux lois du judaïsme concernant les aliments et leur préparation. *Viande cashère.* PHO [kaʃɛʀ] ETY Mot hébr. VAR **cachère** ou **kasher**

**cash-flow** *nm* FIN Capacité d'une entreprise à produire de la richesse, évaluée d'après l'ensemble de ses amortissements, de ses provisions et de ses bénéfices. SYN (recommandé) marge brute d'autofinancement. PLUR cash-flows. PHO [kaʃflo] ETY Mot angl.

**cashrout** *nf* RELIG Chez les Juifs, ensemble des prescriptions alimentaires. PHO [kaʃʀut] VAR **cacherout** ou **kashrout**

**casier** *nm* **1** Meuble de rangement ; compartiments d'un tel meuble. **2** PECHE Nasse destinée à la pêche aux crustacés. **LOC** ***Casier fiscal*** : relevé des amendes et des impositions de chaque contribuable. — ***Casier judiciaire*** : relevé des condamnations criminelles ou correctionnelles dont un individu a fait l'objet ; service où sont enregistrées ces condamnations.

**casimir** *nm* Étoffe fine et légère, faite de fils de laine croisés. ETY Altér. de *kashmir.*

**Casimir (saint)** (Cracovie, 1458 – Grodno, 1484), fils du roi Casimir IV de Pologne. Il disputa le trône de Hongrie à Mathias Corvin puis se fit ermite. Patron de la Pologne (1602).

**Casimir** nom de cinq ducs et rois de Pologne. — **Casimir III le Grand** (Kowal, 1310 – Cracovie, 1370), roi de 1333 à 1370, agrandit le royaume. — **Casimir IV Jagellon** (1427 – Grodno, 1492), roi de 1445 à 1492, prit la Prusse occid. aux chevaliers Teutoniques. — **Casimir V** ou **Jean II Casimir** (?, 1609 – Nevers, 1672), roi (1648), abdiqua (1668) et s'exila.

**Casimir-Perier** Auguste Perier, dit, à partir de 1874 (Paris, 1811 – id., 1876), homme politique français ; ministre de l'Intérieur (1871-1873). — **Jean** (Paris, 1847 – id., 1907), homme politique, fils du préc., élu président de la Rép. en 1894, démissionna en 1895 devant l'opposition de gauche.

**casino** *nm* Établissement de jeux, où l'on donne aussi des spectacles. ETY Mot ital. DER **casinotier, ère** *n*

**casoar** *nm* **1** Grand oiseau coureur d'Australie et de Nouvelle-Guinée, au cou et à la tête déplumés, portant sur le crâne une sorte de casque corné. **2** Plumet ornant le shako des saint-cyriens. ETY Du malais.

**caspase** *nf* BIOL Enzyme impliquée dans l'apoptose. ETY De *cystéine, aspartate, protéase.*

**Caspienne (mer)** la plus grande mer intérieure du monde, aux confins de l'Europe et de l'Asie (Caucase, Kazakhstan, Iran) ; 424 000 km². Elle se dessèche malgré l'apport de la Volga et de l'Oural. Ses eaux, très salées, se situent à – 28 m. Trafic pétrolier important.

**casque** *nm* **1** Coiffure faite d'un matériau résistant, pour protéger la tête. **2** Appareil constitué de deux écouteurs, appliqués sur les oreilles par un ressort cintré. **3** Appareil chauffant sous lequel on place la tête pour se sécher les cheveux. **4** Grand mollusque gastéropode des mers chaudes dont la coquille de certaines espèces sert à sculpter des camées. **5** BOT Partie supérieure, en forme de casque, du calice ou de la corolle de certaines fleurs. **6** Protubérance sur la tête ou le bec de certains oiseaux. **LOC** ***Casque bleu*** : membre des forces d'interposition militaire de l'ONU. — ***Casque intégral*** : qui protège le crâne, le visage et les cervicales. ETY De l'esp.

**casqué, ée** *a* Coiffé d'un casque.

**Casque d'or** film de J. Becker (1952), avec Simone Signoret et Serge Reggiani.

**casque-micro** *nm* Appareil qui permet des échanges interactifs entre utilisateurs en ligne (jeux vidéos, chats, visioconférences). PLUR casques-micros.

**casquer** *vi* ① fam Donner de l'argent, débourser.

**casquette** *nf* **1** Coiffure ronde, à visière. **2** fam Fonction sociale ou professionnelle d'un individu. *Avoir plusieurs casquettes.*

**casquettier, ère** *n* Personne qui confectionne, qui vend des casquettes.

**cassable, cassage** → **casser.**

**Cassagnac** Bernard Granier de (Avéron-Bergelle, Gers, 1806 – château de Couloumé, Gers, 1880), journaliste et homme politique français (bonapartiste) : *Souvenirs du Second Empire* (1879-1882). — **Paul** (Paris, 1843 – Saint-Viâtre, Loir-et-Cher, 1904), journaliste et homme politique français, fils du préc., un des chefs bonapartistes sous la IIIe République.

**cassandre** *nf* Personne qui prédit des catastrophes, sans que cela influence le cours des choses. ETY Du n. pr.

**Cassandre** princesse troyenne, fille de Priam et d'Hécube dans l'*Iliade.* Apollon la dota du don de prophétie mais elle le repoussa et il décida que nul ne la croirait.

**Cassandre** (v. 354 – 297 av. J.-C.), fils d'Antipatros, roi de Macédoine et de la Grèce après la bataille d'Ipsos (301 av. J.-C.). Il avait épousé Thessalonikê, sœur d'Alexandre le Grand, dont il extermina la famille.

**Cassandre** Adolphe Jean-Marie Mouron, dit (Kharkov, 1901 – Paris, 1968), affichiste français : *Dubonnet* (1932). ▶ illustr. p. 262

**Cassano d'Adda** v. d'Italie (Lombardie), sur l'Adda ; 15 320 hab. – En 1705, Vendôme y défit le prince Eugène. En 1799, Moreau y fut battu par les Austro-Russes de Souvorov.

**casoar** à casque

**cassant, ante** *a* **1** Qui est fragile, qui se casse facilement. *Une roche cassante.* **2** Autoritaire, dur, tranchant. *Un ton cassant.* **LOC** fam ***Pas cassant*** : pas fatigant.

**cassate** *nf* Crème glacée de différents parfums fourrée de fruits confits. ETY De l'ital.

**1 cassation** *nf* **1** Sanction par laquelle un militaire est démis de ses fonctions. **2** DR Action de faire perdre toute force juridique à une décision rendue en dernier ressort. *Se pourvoir en cassation, en Cour de cassation.* ETY De casser.

**2 cassation** *nf* MUS Suite pour divers instruments, formée de courts morceaux et exécutée en plein air. ETY De l'ital. *cassazione,* « départ ».

**Cassatt** Mary (Pittsburgh, 1845 – Le Mesnil-Théribus, Oise, 1926), peintre impressionniste américaine.

**cassave** *nf* Galette préparée avec la fécule du manioc. ETY Mot de Haïti.

**Cassavetes** John (New York, 1929 – Los Angeles, 1989), acteur et cinéaste américain : *Shadows* (1959), *Une femme sous influence* (1975), *Gloria* (1980).

**1 casse** *nf* IMPRIM Boîte plate, divisée en compartiments, de taille inégale, et contenant les caractères typographiques. **LOC** ***Bas de casse*** : ensemble des compartiments du bas contenant les signes les plus employés, notam. les minuscules ; les minuscules elles-mêmes. — ***Haut de casse*** : ensemble des compartiments du haut, contenant les majuscules. ETY De l'ital. *cassa,* « caisse ».

**2 casse** *nf* **1** Fruit du canéficier, longue gousse contenant une pulpe laxative. **2** Laxatif préparé avec ce fruit. ETY Du lat.

**3 casse** *nf* TECH Grande cuillère utilisée par les verriers. ETY Du provenç.

**4 casse** *n* **A** *nf* Action de casser ; dommage qui en résulte. *Faire de la casse. Payer la casse.* **B** *nm* fam Cambriolage. *Faire un casse.* **LOC** ***Mettre, envoyer à la casse*** : à la ferraille.

**cassé, ée** *a* **1** Brisé. **2** Qui ne fonctionne plus. **3** DR Annulé. *Arrêt cassé.* **4** MIL Privé de son grade. **5** Usé, courbé par l'âge. *Un vieillard tout cassé.* **LOC** ***Blanc cassé*** : légèrement teinté. — ***Voix cassée*** : éraillée, qui a perdu la clarté de son timbre normal.

**casseau** *nm* TYPO Moitié de casse.

**Cassandre** affiche pour le train international Nord Express – musée de la Publicité, Paris

**casse-cou** *nm, a* **1** Endroit où l'on risque de tomber. *Cet escalier est un vrai casse-cou.* **2** fam Se dit d'une personne téméraire, qui prend des risques sans réfléchir. PLUR casse-cous ou casse-cou.

**casse-croûte** *nm* **1** fam Petit repas léger, sandwich. **2** Canada Snack-bar. PLUR casse-croûtes ou casse-croûte. VAR **casse-croute**

**casse-dalle** *nm* fam Casse-croûte, sandwich. PLUR casse-dalles.

**casse-gueule** *a, nm* **1** fam Se dit d'une entreprise qui présente des risques. **2** Se dit d'un endroit où l'on risque de tomber. PLUR casse-gueules ou casse-gueule.

**Cassel** ch.-l. de cant. du Nord (arr. de Dunkerque), sur le *mont Cassel* (alt. 176 m) ; 2 290 hab. – En 1328, Philippe VI y vainquit les Flamands. En 1677, le duc d'Orléans y défit le prince d'Orange. DER **casselois, oise** *a, n*

**Cassel** → **Kassel.**

**casse-noisette** *nm* Pince qui sert à casser la coque des noisettes. PLUR casse-noisettes ou casse-noisette.

**Casse-Noisette** ballet en 2 actes et 3 tableaux de Tchaïkovski (1892), chorégr. de M. Petipa, d'après un conte d'Hoffmann, *Casse-Noisette et le Roi des Souris* (1816).

**casse-noix** *nm inv* **1** Instrument utilisé pour casser les noix. **2** ZOOL Nom cour. d'un passériforme au bec puissant.

**casse-patte** *nm* Eau-de-vie très forte, de qualité médiocre. PLUR casse-pattes ou casse-patte.

**casse-pied** *a, n* fam Qui ennuie, dérange. *Un voisin casse-pied.* SYN raseur. PLUR casse-pieds VAR **casse-pieds** *a, n inv*

**casse-pierre** *nm* fam Plante qui pousse sur les pierres. SYN pariétaire. PLUR casse-pierres ou casse-pierre. VAR **casse-pierres**

**casse-pipe** *nm* **1** fam La guerre, le front. *Aller, monter au casse-pipe.* **2** Entreprise présentant un danger de mort. PLUR casse-pipes ou casse-pipe.

**casser** *v* ① **A** *vt* **1** Briser, réduire en morceaux. *Casser un vase. Le vent a cassé les branches.* **2** Mettre hors d'usage. *Casser un réveil.* **3** DR Annuler. *Casser un jugement.* **4** Dégrader, destituer. *Casser un officier.* **5** fig, fam Fatiguer ou déprimer qqn à l'extrême. *Ces gens que le chômage a cassés.* **6** Réussir à déchiffrer le code qui protège des données informatiques. **B** *vi* Se rompre, se briser. *Ce verre casse facilement.* **C** *vpr* **1** Se rompre, se briser. *L'assiette s'est cassée en tombant.* **2** fam Se donner du mal. *Tu ne t'es pas beaucoup cassé pour y arriver.* **3** fam S'en aller, s'enfuir. **LOC** ***À tout casser*** : extraordinaire. *Un concert à tout casser ;* fam tout au plus, au maximum. *Ça coûte cent francs à tout casser.* — fam ***Casser du bois*** : avoir un accident et abîmer son matériel. — ***Casser du sucre sur le dos de qqn*** : dire du mal de lui. — fam ***Casser la baraque*** : déchaîner l'enthousiasme. — fam ***Casser la gueule à qqn*** : le battre, le rouer de coups. — ***Casser la tête*** ou fam ***les pieds à qqn*** : l'importuner. — ***Casser les oreilles*** : importuner en faisant trop de bruit. — ECON ***Casser les prix, les cours*** : provoquer une baisse brusque des prix, des cours. — fam ***Casser sa pipe*** : mourir. — fam ***Ne rien casser, ne pas casser des briques*** : n'être pas original, ne pas sortir de l'ordinaire. — fam ***Se casser la tête*** ou très fam ***le cul*** : s'appliquer à une chose avec acharnement ; s'efforcer de trouver une solution à un problème. — fig, fam ***Se casser le nez*** : trouver porte close ; échouer dans une entreprise. ETY Du lat. *quatere,* « secouer ». DER **cassable** *a* – **cassage** *nm*

**casserole** *nf* **1** Ustensile de cuisine cylindrique à fond plat muni d'un manche. **2** fam Instrument désaccordé. **3** fam Affaire qui nuit à la réputation de qqn, scandale. **LOC** ***Chanter comme une casserole*** : chanter faux. — fam ***Passer à la casserole*** : subir un traitement désagréable. ETY De casse 3.

**casserolée** *nf* Contenu d'une casserole.

**casse-tête** *nm* **1** Courte massue utilisée comme arme. **2** Bruit fatigant. **3** Travail, problème demandant beaucoup de concentration, difficile. **4** Canada Puzzle. PLUR casse-têtes ou casse-tête. **LOC** ***Casse-tête (chinois)*** : jeu consistant à emboîter des éléments pour reconstituer un ensemble ; fig problème insoluble.

**cassetin** *nm* **1** TYPO Compartiment d'une casse d'imprimerie. **2** Bureau des correcteurs.

**cassette** *nf* **1** Petit coffre où l'on range des objets précieux, de l'argent. **2** Trésor personnel d'un roi, d'un prince. **3** Boîtier renfermant une bande magnétique pour magnétophone ou magnétoscope. ETY De l'ital.

**cassetthothèque** *nf* Collection de cassettes.

**casseur, euse** *n, a* **1** Personne qui casse qqch. *Casseur de pierres.* **2** Commerçant qui casse et revend au poids brut des objets usagés, ferrailleur. **3** arg Cambrioleur. **4** Personne qui profite d'une manifestation pour dégrader la voie publique, des bâtiments.

**cassie** *nf* BOT Nom cour. de l'acacia de Farnèse, ornemental et odoriférant. ETY Du provenç.

**cassier** *nm* BOT Syn. de *canéficier.*

**Cassin (mont)** (en italien *Monte Cassino*), mont d'Italie (519 m), entre Rome et Naples. – Saint Benoît y fonda en 529 un monastère (détruit en 1944). V. Cassino.

**Cassin** René (Bayonne, 1887 – Paris, 1976), juriste français qui fut à l'origine de la Déclaration universelle des droits de l'homme votée par l'ONU en 1948. P. Nobel de la paix 1968.

**Cassini** Jean Dominique (Perinaldo, comté de Nice, 1625 – Paris, 1712), astronome italien, premier directeur de l'Observatoire de Paris. — **Jacques** (Paris, 1677 – Thury, Beauvaisis, 1756), fils du préc., lui succéda à l'Observatoire. — **César François Cassini de Thury** (Thury, 1714 – Paris, 1784), fils du préc., il commença la carte topographique de la France *(carte de Cassini),* que termina son fils, — **Jacques Dominique** (Paris, 1748 – Thury, 1845), fils du précédent.

**Cassino** v. d'Italie (Latium), près du mont Cassin ; 31 140 hab. Centre comm. – De janv. à mai 1944, les forces allemandes et alliées s'y affrontèrent.

**Cassiodore** (en lat. *Flavius Magnus Aurelius Cassiodorus*) (Scylacium, Bruttium, v. 480 – monastère de Vivarium, Bruttium, v. 575), conseiller polit. de Théodoric le Grand, écrivain latin dont l'œuvre encyclopédique constitua la base de l'enseignement pendant 1 000 ans.

**Cassiopée** reine légendaire d'Éthiopie, épouse de Céphée, mère d'Andromède ; après sa mort, elle fut changée en constellation.

**Cassiopée** grande constellation de l'hémisphère boréal, en forme de W ; n. scientif. : *Cassiopeia, Cassiopei.*

**Cassirer** Ernst (Breslau, 1874 – New York, 1945), philosophe allemand néo-kantien : *Philosophie des formes symboliques* (1923-1929).

**1 cassis** *nm* **1** Arbuste (saxifragacée) à baies noires aromatiques et comestibles. SYN cassissier. **2** Fruit de cet arbuste. **3** Liqueur tirée de ce fruit. **4** fam Tête. PHO [kasis] ETY Mot poitevin.

**2 cassis** *nm* **1** Rigole traversant perpendiculairement une route, un chemin. **2** Creux, enfoncement, dans le sol d'une route. PHO [kasi] ou [kasis] ETY De casser.

**3 cassis** *nm* Vin AOC, blanc ou rouge, de Provence (région de Cassis).

**Cassis** com. des Bouches-du-Rhône (arr. de Marseille) ; 8 001 hab. Stat. baln. Pêche. Vins blancs. – Grotte marine, découverte en 1991, ornée de peintures rupestres. DER **cassidain, aine** *a, n*

**cassissier** *nm* Syn. de *cassis* 1.

**Cassitérides (îles)** dans l'Antiquité, groupe d'îles (p.-ê. les îles Sorlingues, au large de la G.-B.) où l'on trouvait de l'étain.

**cassitérite** *nf* Oxyde naturel d'étain ($SnO_2$), le princ. minerai de ce métal. ETY Du gr.

**Cassius Longinus** Caïus général romain, un des meurtriers de César. Après la défaite de Philippes, il se tua (42 av. J.-C.).

**Cassola** Carlo (Rome, 1917 – Montecarlo di Lucca, 1987), romancier italien de la Toscane : *Fausto et Anna* (1952).

**cassolette** *nf* **1** Petit réchaud à couvercle percé de trous, servant à brûler des parfums. **2** Petit récipient cylindrique, allant au four, utilisé pour servir certains mets ; mets ainsi servi. *Cassolette de fruits de mer.* ETY Du provenç.

**casson** *nm* **1** Morceau de verre destiné à être recyclé. **2** Pain de sucre grossier.

**cassonade** *nf* Sucre brut de canne.

**Cassou** Jean (Deusto, Biscaye, 1897 – Paris, 1986), écrivain français ; résistant ; conservateur du musée d'Art moderne, à Paris, de 1946 à 1965.

**cassoulet** *nm* Ragoût de viande d'oie, de canard, de mouton, etc., aux haricots blancs. ETY Mot toulousain, de *cassolo*, « terrine ».

**cassure** *nf* **1** Endroit où un objet est cassé. **2** GEOL Fissure, fracture de l'écorce terrestre. **3** Pliure d'une étoffe. **4** fig Rupture. *Ce deuil a été une cassure dans sa vie.*

**castagne** *nf* fam Bagarre, rixe, coups. ETY De l'esp. *castaña*, « châtaigne ». DER **se castagner** *vpr* 1

**castagnettes** *nfpl* Instrument à percussion fait de deux pièces concaves, attachées aux doigts par un cordon, et que l'on fait résonner en les frappant l'une contre l'autre. ETY De l'esp. *castaña*, « châtaigne ».

**Castagno** → **Andrea del Castagno.**

**Castaing** Raimond (Monaco, 1921 – Paris, 1998), physicien français : travaux d'analyse spectrale et d'optique électronique.

**caste** *nf* **1** Chacune des quatre classes sociales dans la société hindoue. **2** Groupe social fermé qui cherche à maintenir ses privilèges, à préserver ses caractères. *Avoir l'esprit de caste.* ETY Du portug. *casta*, « pure ». DER **castique** *a*

**castel** *nm* Maison qui ressemble à un château ; petit château. ETY Mot languedocien.

**Castel del Monte** château fort des Pouilles, construit au XIII^e^ s. pour l'empereur Frédéric II.

**Casteldurante** (auj. *Urbania*, env. d'Urbino), anc. centre de céramique (XIII^e^-XVIII^e^ s.).

**castelet** *nm* Petit théâtre où l'on fait jouer les marionnettes.

R. Cassin

J.-D. Cassini

**Castelfidardo** v. d'Italie (Marches) ; 14 290 hab. – Les troupes pontificales, commandées par Lamoricière, y furent battues par les Piémontais (1860).

**Castel Gandolfo** com. d'Italie (Latium), sur le lac d'Albano ; 6 240 hab. – Église, villa Barberini et palais pontifical (par le Bernin), résidence d'été des papes.

**Castellammare di Stabia** (anc. *Stabies*), port d'Italie (Campanie), sur le golfe de Naples ; 70 320 hab. Industries.

**Castellane** ch.-l. d'arr. des Alpes-de-Hte-Prov., sur le Verdon ; 1 508 hab. Usine hydroélectrique (barrage de Castillon). DER **castellanais, aise** *a, n*

**Castellet (Le)** com. du Var ; 3 869 hab. Circuit automobile. DER **castellan, ane** *a, n*

**Castellion** Sébastien (Saint-Martin-du-Fresne, dans le Bugey, 1515 – Bâle, 1563), théologien français protestant ; il traduisit la Bible en latin et en français. VAR **Castalion** ou **Chateillon**

**Castellón de la Plana** v. d'Espagne, ch.-l. de la prov. de Castellón (Valence), à 6 km de la Médit. ; 135 860 hab. Centre comm. (oranges). Industries.

**Castelnau** Pierre de (Castelnaudary, ? – Saint-Gilles, près de Nîmes, 1208), cistercien français. Légat du pape Innocent III, il excommunia un écuyer de Raimond VI de Toulouse. Celui-ci l'assassina et le pape lança la croisade contre les albigeois.

**Castelnau** Édouard de Curières de (Saint-Affrique, 1851 – Montastruc-la-Conseillère, 1944), général français qui s'illustra pendant la Première Guerre mondiale.

**Castelnaudary** ch.-l. de cant. de l'Aude (arr. de Carcassonne), près du canal du Midi ; 10 851 hab. Industries. – En 1632, Louis XIII y battit et captura le duc de Montmorency. – Église gothique XIII^e^-XIV^e^ s. DER **castelnaudarien** ou **chaurien, enne** *a, n*

**Castelnau-le-Lez** com. de l'Hérault (arr. de Montpellier) ; 14 214 hab. – Église XII^e^ s. DER **castelnauvien, enne** *a, n*

**Castelo Branco** Camilo (Lisbonne, 1825 – São Miguel de Ceide, 1890), romancier portugais : *les Mystères de Lisbonne* (1854), *Nouvelles du Minho* (12 vol., 1875-1877).

**Castelo Branco** Humberto de Alencar (Fortaleza, 1900 – id., 1967), homme politique brésilien. Maréchal, chef d'état-major, il instaura en 1964 un régime militaire.

**Castelsarrasin** ch.-l. d'arr. du dép. de Tarn-et-Garonne, sur le canal latéral à la Garonne ; 11 352 hab. Industries. – Égl. XII^e^ s. DER **castelsarrasinois, oise** *a, n*

**caster** *v* 1 **A** *vi* Faire un casting. **B** *vt* Choisir à la suite d'un casting.

**Casteret** Norbert (Saint-Martory, Haute-Garonne, 1897 – Toulouse, 1987), spéléologue français (abîmes des Pyrénées et de l'Atlas).

**casteur, euse** *n* Responsable d'un casting.

Castel del Monte

**Castiglione** Baldassarre ou Baldesar (Casatico, prov. de Mantoue, 1478 – Tolède, 1529), écrivain italien : *il Cortegiano* (« le Courtisan », 1528) essai sur le parfait homme de cour. Raphaël l'a peint (Louvre).

**Castiglione** Virginia Oldoini, comtesse Verasis di (Florence, 1837 – Paris, 1899), belle aristocrate italienne dont Cavour se servit pour gagner Napoléon III à la cause italienne. Brouillée avec l'empereur en 1859.

**Castiglione delle Stiviere** v. d'Italie (prov. de Mantoue) ; 15 090 hab. – En 1796, victoire d'Augereau (fait plus tard duc de Castiglione) sur les Autrichiens.

**castillan** *nm* Langue romane, parlée en Castille, devenue langue officielle de l'Espagne. SYN espagnol.

**Castille** région et anc. royaume du centre de l'Espagne, divisée en deux communautés autonomes qui sont aussi deux Régions de l'U.E. : *Castille-Léon* (formée des prov. d'Avila, Burgos, Léon, Palencia, Salamanque, Ségovie, Soria, Valladolid et Zamora ; 94 193 km$^2$ ; 2 610 270 hab. ; cap. *Valladolid*) et *Castille-la Manche* (formée des prov. d'Albacete, Ciudad Real, Cuenca, Guadalajara et Tolède ; 79 230 km$^2$ ; 1 695 140 hab. ; cap. *Tolède*). DER **castillan, ane** *a, n*
**Géographie** Les sierras de Gredos et de Guadarrama scindent la Meseta : au N., la Castille-Léon (dite autref. Vieille-Castille) drainée par le Douro ; au S., Castille-la Manche (dite autref. la Nouvelle-Castille) drainée par le Tage et le Guadiana. Le climat méditerranéen, chaud et sec en été, est continental en hiver. Le tourisme s'ajoute à la céréaliculture, aux oliveraies, à la vigne (de la Manche), à l'élevage ovin. La métropole écon. est Madrid, entité administrative autonome.
**Histoire** Comté au IX^e^ s., royaume à partir du X^e^ s., la Castille fut rattachée à la Navarre (XI^e^ s.) puis, en 1230, au León. La Reconquista agrandit son territ. (Nouvelle-Castille). Le mariage d'Isabelle de Castille avec Ferdinand d'Aragon (1469) réunit ces royaumes (1479).

**Castillejo** Cristóbal de (Ciudad Rodrigo, v. 1490 – Vienne, 1550), poète espagnol moralisateur : *Dialogue sur la condition des femmes* (1546), *Dialogues et discours de la vie de cour.*

**Castillon (barrage de)** → **Castellane.**

**Castillon-la-Bataille** ch.-l. de cant. de la Gironde (arr. de Libourne), sur la Dordogne ; 3 113 hab. – En 1453, la victoire des Franç. sur les Angl. mit fin à la guerre de Cent Ans. DER **castillonnais, aise** *a, n*

**castine** *nf* METALL Pierre calcaire utilisée comme fondant et comme épurateur dans les hauts-fourneaux. ETY De l'all. *kalk*, « chaux » et *stein*, « pierre ».

**casting** *nm* Choix de la distribution dans un spectacle, un film ; ensemble des acteurs. SYN (recommandé) distribution artistique. PHO [kastiŋ] ETY Mot angl.

**castique** → **caste.**

**Castlereagh** Robert Stewart (vicomte, 2^e^ marquis de Londonderry) (Mount Stewart, Irlande, 1769 – North Craig, Kent, 1822), homme politique britannique, successeur de Pitt (1806).

**castor** *nm* **A 1** Rongeur aquatique de grande taille, à la fourrure brune, aux pattes postérieures palmées, à large queue. **2** Fourrure de cet animal. **B** *nmpl* Association dont les membres travaillent en commun à l'édification de leurs habitations. ETY Du gr. ▶ illustr. p. 264

**Castor et Pollux** héros grecs, fils jumeaux de Léda et de Zeus, frères d'Hélène et Clytemnestre. Les *Dioscures* (*Dioskouroi*, « enfants de Zeus ») protégeaient l'hospitalité et les athlètes. ▷ ASTRO Les deux étoiles les plus brillantes des Gémeaux.

**Castor et Pollux** tragédie lyrique en 5 actes et un prologue de Rameau (1737-1754).

**castoréum** *nm* Sécrétion grasse extraite de la queue des castors, utilisée en pharmacie et en parfumerie. PHO [kastɔreɔm]

**Castracani** Castruccio (duc de Lucques) (Lucques, 1281 – id., 1328), condottière toscan.

**castramétation** *nf* ANTIQ Art d'établir un camp militaire. ETY Du lat. *castra,* « camp », et *metari,* « mesurer ».

**castrat** *nm* **1** Individu mâle castré. **2** anc Chanteur castré avant la puberté pour qu'il garde une voix aiguë.

**castrateur, trice** *a* PSYCHO Qui provoque ou peut provoquer un complexe de castration chez qqn.

**castration** *nf* Ablation des glandes génitales (testicules, ovaires). **LOC** PSYCHAN ***Angoisse de castration*** : qui se traduit, chez le petit garçon, par une peur fantasmatique de l'ablation du pénis et, chez la petite fille, par un sentiment coupable de manque. — ***Castration chimique*** : administration de substances supprimant les pulsions sexuelles de l'homme.

**castrer** *vt* ① Pratiquer la castration sur. SYN châtrer. ETY Du lat.

**Castres** ch.-l. d'arr. du Tarn, sur l'Agout ; 44 823 hab. Industries. – L'hôtel de ville abrite le musée Goya. Anc. cath. XVII^e-XVIII^e s. DER **castrais, aise** *a, n*

**Castries** capitale et port de Sainte-Lucie, au N.-O. de l'île ; 45 770 hab. – Ravagée par quatre incendies entre 1796 et 1948, la ville n'a conservé que quelques maisons de l'époque coloniale. Cath. fin XIX^e s.

**Castries** Charles Eugène Gabriel de La Croix (marquis de) (Paris, 1727 – Wolfenbüttel, Allemagne, 1800), maréchal de France. Ministre de la Marine (1780-1787), il réorganisa la flotte.

**Castries** René (duc de) (La Bastide-d'Engras, Gard, 1908 – Paris, 1986), historien français : *Madame du Barry* (1967), *La Fayette* (1974), *Chateaubriand* (1976). Acad. fr. (1972).

**castrisme** *nm* Doctrine de Fidel Castro, selon laquelle seule la guérilla rurale peut venir à bout des régimes autoritaires dans le tiers-monde. DER **castriste** *a, n*

**Castro** → **Inès de Castro.**

**Castro** João de (Lisbonne, 1500 – Goa, 1548), capitaine portugais. Il explora la mer Rouge (1541) et fut vice-roi des Indes portug. (1545-1548).

**Castro** Josué de (Recife, 1908 – Paris, 1973), médecin et économiste brésilien. Pionnier de la lutte contre la faim (*Géopolitique de la faim,* 1952), il fut contraint à l'exil en 1964.

castor

**Castro** Fidel (Mayarí, 1927), révolutionnaire et homme politique cubain. Après six ans de guérilla, il renversa le dictateur Batista (1959) et devint le dirigeant de Cuba. Dénonçant l'ingérence écon. des États-Unis, il instaura un régime socialiste et se rapprocha de l'URSS. De 1976 à 2008, il est à la fois premier secrétaire du Parti communiste cubain et chef de l'État, réélu tous les cinq ans. En 2006, la maladie le contraint à se retirer de la scène politique. — **Raul** (Biran, 1931), frère du préc., homme politique cubain élu président de la République en 2008.

Fidel Castro

**Castro y Bellvís** Guilhem ou Guillén de (Valence, 1569 – Madrid, 1631), dramaturge espagnol. En 1618, il publia *les Enfances du Cid* qui inspira Corneille, et *les Entreprises de jeunesse du Cid.*

**casual** *a, nm* Se dit d'un style de vêtement décontracté. PHO [kazwal] ETY Mot angl.

**casuarina** *nm* Arbre tropical exploité pour son bois dense et serré. SYN filao.

**casuel, elle** *a, nm* **A** *a* didac Qui peut arriver ou non, fortuit, accidentel. **B** *nm* **1** Revenu éventuel venant s'ajouter au revenu fixe. **2** anc Redevance versée au prêtre par les fidèles en certaines occasions.

**casuiste** *nm* **1** THEOL Théologien qui étudie la morale et cherche à se prononcer sur les cas de conscience. **2** péjor Personne qui argumente d'une manière trop subtile. ETY De l'esp.

**casuistique** *nf* **1** Partie de la morale chrétienne portant sur les cas de conscience. **2** péjor Façon trop subtile d'argumenter.

**casus belli** *nm inv* Fait pouvant entraîner une déclaration de guerre. PHO [kazysbɛlli] ETY Mots lat.

**CAT** *nm* Centre d'aide par le travail.

**cata-** Élément, du gr. *kata,* « en dessous, en arrière ».

**catabase** *nf* Enzyme, une des plus actives que l'on connaisse, qui assure la décomposition de l'eau oxygénée.

**catabolisme** *nm* BIOCHIM Ensemble des réactions biochimiques de dégradation au cours desquelles de l'énergie utilisable est libérée. DER **catabolique** *a*

**catabolite** *nm* BIOCHIM Corps résultant du catabolisme.

**catachrèse** *nf* RHET Figure consistant à étendre la signification d'un mot au-delà de son sens propre. *« Les bras d'un fauteuil » constitue une catachrèse.* PHO [katakʀɛz]

**cataclysme** *nm* **1** Bouleversement de la surface terrestre. **2** fig Grand malheur, bouleversement. *Un cataclysme financier.* ETY Du gr. *kataklusmos,* « inondation ». DER **cataclysmal, ale, aux** ou **cataclysmique** *a*

**catacombes** *nf pl* Cavités souterraines ayant servi de sépulture ou d'ossuaire.

**catadioptre** *nm* Surface réfléchissante placée à l'arrière d'un véhicule ou sur un obstacle, qui les rend visibles la nuit. SYN cataphote.

**catadioptrique** *a* PHYS Se dit d'un instrument d'optique qui comporte un miroir.

**catadrome** *a* Se dit d'un poisson d'eau douce tel que l'anguille qui va se reproduire en mer. ANT anadrome. SYN thalassotoque.

**catafalque** *nm* Estrade décorée, destinée à recevoir un cercueil.

**catagène** *a* BIOL Se dit de la phase de régression ou d'involution d'un tissu.

**cataire** → **chataire.**

**catalan** *nm* Langue romane du groupe méridional parlée en Catalogne, aux Baléares, dans le Roussillon et en Andorre.

art **catalan** : Christ Pantocrator, couverture d'autel provenant de Tost, près de Lérida – musée d'Art de Catalogne, Barcelone

**Catalauni** peuple gaulois qui avait pour cap. *Catalaunum* (auj. *Châlons-en-Champagne*).

**Catalauniques (champs)** plaine de Champagne où Attila fut défait par Aetius en 451, probablement près de Troyes.

**catalectique** *a* METR ANC Se dit d'un vers auquel il manque le dernier demi-pied.

**catalepsie** *nf* MED Perte provisoire de la faculté du mouvement volontaire. ETY Du gr. DER **cataleptique** *a, n*

**Çatal Hüyük** site de Turquie, au S.-E. de Konya, où l'on a reconstitué une ville du néolithique anc. (VII^e-VI^e millénaires).

**Çatal Hüyük** peinture murale, scène de chasse – musée Hittite, Ankara

**catalogne** *nf* Canada Syn. de *lirette.*

**Catalogne** communauté autonome du N.-E. de l'Espagne et région de l'UE, formée des prov. de Barcelone, Gérone, Lérida et Tarragone ; 31 930 km² ; 7 millions d'hab. ; cap. *Barcelone.* Langues : catalan, espagnol. DER **catalan, ane** *a, n*

**Géographie** Dans le N., les Pyrénées se consacrent à l'élevage et au tourisme. Dans le S., l'irrigation permet la polyculture. Le littoral, très découpé (Costa Brava), vit d'agriculture intensive, de pêche et de tourisme. Barcelone est la grande métropole portuaire et industrielle.

**Histoire** Romaine au II^e s. av. J.-C., la Catalogne, occupée par les Wisigoths, puis par les Arabes, devint une marche franque (IX^e s.). Réunie à l'Aragon en 1137, elle voit croître sa puissance jusqu'au XV^e s. Après une période de déclin, elle redevient, au XVIII^e s., la région la plus riche d'Espagne et développe le particularisme catalan. Elle a un statut d'autonomie depuis 1979.

**catalogue** *nm* **1** Liste énumérative méthodique. *Le catalogue des livres d'une bibliothèque.* **2** Brochure, souvent illustrée, proposant des objets à vendre. *Catalogue de vente par correspondance.* ETY Du gr.

**cataloguer** *vt* ① **1** didac Enregistrer et classer dans un catalogue. **2** fig Classer dans une catégorie d'une manière péremptoire. DER **catalogage** *nm* – **catalogueur, euse** *n*

**catalpa** *nm* Arbre ornemental (bignoniacée), à grandes feuilles et à fleurs blanches groupées en grappes aux extrémités des branches. ETY D'une langue indienne.

**catalyse** *nf* CHIM Modification de la vitesse d'une réaction chimique due à la présence d'un catalyseur. LOC *Four à catalyse :* four autonettoyant dont les parois oxydent, lors de la cuisson, les graisses projetées. ETY Du gr. *katalusis,* « dissolution ». DER **catalytique** *a*

ENC L'augmentation de la vitesse de réaction caractérise la catalyse, qui présente d'autres traits fondamentaux. Le catalyseur est régénéré à la fin de la réaction. Lorsqu'une réaction est réversible, le catalyseur catalyse aussi la réaction inverse. Lorsque plusieurs réactions entre deux réactants sont possibles, un catalyseur augmente la vitesse d'une réaction au détriment des autres. Dans le monde vivant, les enzymes sont des biocatalyseurs dont l'action est fondamentale.

**catalyser** *vt* ① **1** CHIM Provoquer ou accélérer une réaction chimique par catalyse. **2** fig Entraîner une réaction par sa présence. **3** TECH Équiper un véhicule d'un pot catalytique.

**catalyseur** *nm* **1** CHIM Substance qui modifie la vitesse d'une transformation chimique. **2** fig Chose, personne qui, par sa présence, déclenche une réaction.

**catamaran** *nm* **1** MAR Embarcation faite de deux coques accouplées. **2** Système de flotteurs de l'hydravion. ETY Du tamoul *katta,* « bien », et *maram,* « bois ».

**catamaran**

**cataménial, ale** *a* MED Relatif à la menstruation. PLUR cataméniaux.

**Catane** port d'Italie (Sicile), au pied de l'Etna, dont les éruptions ont souvent dévasté la ville ; 379 040 hab. ; ch.-l. de la prov. du m. nom. Industries. – Archevêché. Université.

**Catanzaro** v. d'Italie ; 101 960 hab. ; cap. de la Calabre et ch.-l. de la prov. du m. nom. Industries. – Archevêché.

**cataphote** *nm* Syn. de *catadioptre.* ETY Nom déposé.

**cataplasme** *nm* **1** Bouillie médicinale que l'on applique, entre deux linges, sur une partie du corps enflammée. **2** fig, fam Aliment épais et indigeste.

**cataplexie** *nf* MED Perte brutale du tonus musculaire sous l'effet d'une émotion. DER **cataplectique** *a, n*

**catapulte** *nf* **1** anc Machine de guerre pour lancer des pierres ou des traits. **2** Appareil utilisé pour le lancement d'un avion sur le pont d'un porte-avions.

**catapulter** *vt* ① **1** Faire décoller un avion avec une catapulte. **2** Lancer qqch avec force. **3** fig Nommer brusquement qqn à un poste. DER **catapultage** *nm*

**1 cataracte** *nf* **1** Chute à grand débit sur le cours d'un fleuve. **2** Pluie violente. *Il tombe des cataractes.* ETY Du lat.

**2 cataracte** *nf* Affection oculaire aboutissant à l'opacité du cristallin ou à celle de sa capsule.

**catarhinien** *nm* ZOOL Singe de l'Ancien Monde, caractérisé par des narines rapprochées, tel que le colobe, le babouin, le gibbon, l'orang-outan, le chimpanzé, le gorille. VAR **catarrhinien**

**catarrhe** *nm* MED vx Inflammation des muqueuses, avec hypersécrétion de celles-ci. PHO [kataʀ] ETY Du gr. *katarrhous,* « écoulement ». DER **catarrheux, euse** *a, n*

**catastrophe** *nf* **1** Évènement désastreux. *Catastrophe ferroviaire. Catastrophe financière.* **2** fam Évènement malheureux, qui porte préjudice. *La perte de son emploi a été pour lui une catastrophe.* **3** LITTER Dénouement, évènement principal d'une tragédie. LOC *En catastrophe :* à la hâte, d'urgence. — MATH *Théorie des catastrophes :* théorie, due à René Thom, qui réalise le passage de la géométrie qualitative à une modélisation de toutes les formes. ETY Du gr. *katastrophê,* « bouleversement ». DER **catastrophique** *a*

**catastropher** *vt* ① fam Consterner, atterrer. *Un air catastrophé.*

**catastrophisme** *nm* **1** Ancienne théorie selon laquelle les changements de faune et de flore seraient dus à des catastrophes géologiques. **2** Tendance à envisager continuellement des évènements catastrophiques. DER **catastrophiste** *a n*

**catatonie** *nf* PSYCHIAT Syndrome, souvent observé dans la schizophrénie, caractérisé par une inertie psychomotrice, une négation du monde extérieur, des attitudes et des gestes paradoxaux. DER **catatonique** *a, n*

**Catay** → **Cathay.**

**catch** *nm* Spectacle de lutte où presque tous les coups sont permis. PHO [katʃ] ETY Mot angl., abrév. de *catch as catch can,* « attrape comme tu peux ». DER **catcher** *vi* ① – **catcheur, euse** *n*

**Cateau-Cambrésis (Le)** ch.-l. de cant. du Nord (arr. de Cambrai) ; 7 460 hab. – En 1559, deux traités y furent signés, l'un entre l'Angleterre et la France, qui conservait Calais ; l'autre mettait fin aux guerres d'Italie entre l'Espagne et la France, qui gardait les Trois-Évêchés (Metz, Toul, Verdun). – Égl. baroque (XVIIe s.). Musée Matisse dans l'anc. hôtel de ville (XVIe s.). DER **catesien, enne** *a, n*

**catéchèse** *nf* Enseignement de la doctrine chrétienne. ETY Du gr. DER **catéchète** *n* – **catéchétique** *a*

**catéchine** *nf* TECH Matière colorante tirée du cachou.

**catéchique** *a* TECH Se dit d'un tanin à base de catéchine, insoluble dans l'eau.

**catéchiser** *vt* ① **1** Enseigner la doctrine chrétienne à. **2** Tâcher de persuader qqn de croire, de faire qqch, endoctriner.

**catéchisme** *nm* **1** Enseignement de la doctrine chrétienne, généralement destiné à des enfants ; leçon pendant laquelle est donné cet enseignement. **2** Livre qui contient l'enseignement de la doctrine chrétienne. **3** Ensemble des dogmes d'un système de pensée ; principes fondamentaux d'une doctrine. ETY Du gr. *katêkhismos,* « instruction orale ». DER **cathéchistique** *a*

**catéchiste** *n* Personne qui enseigne le catéchisme.

**catécholamine** *nf* CHIM Amine vasopressive telle que l'adrénaline. PHO [katekɔlamin]

**catéchumène** *n* **1** RELIG Personne à qui l'on enseigne, pour la préparer au baptême, les éléments de la doctrine chrétienne. **2** Personne qui aspire à un enseignement, à une initiation. PHO [katekymɛn] DER **catéchuménat** *nm*

**catégorie** *nf* **1** Classe dans laquelle on range des objets, des personnes présentant des caractères communs. **2** PHILO Qualité qui peut être attribuée à un sujet. **3** PHILO Chez Kant, chacun des concepts fondamentaux de l'entendement pur, dont la fonction est d'unifier la diversité des intuitions sensibles. **4** MATH Être mathématique généralisant la notion d'ensemble. ETY Du gr.

**catégoriel, elle** *a* Qui concerne une catégorie déterminée de personnes.

**catégorique** *a* **1** Clair, net, sans équivoque. *Faire une réponse catégorique.* **2** Qui n'accepte pas la discussion. *Je suis catégorique : ma réponse est non.* **3** LOG Se dit d'une proposition énoncée isolément, indépendante d'une proposition antérieure. DER **catégoriquement** *av*

**catégoriser** *vt* ① Ranger par catégories. DER **catégorisable** *a* – **catégorisation** *nf*

**catelle** *nf* Suisse Carreau ou brique en faïence.

**caténaire** *a, nf* CH DE F Se dit d'un système de suspension qui maintient, à une hauteur constante par rapport à la voie, le câble distribuant le courant aux véhicules électriques.

**caterpillar** *nm* Engin de travaux publics de la marque de ce nom. ETY Nom déposé.

**catésien, enne** → **Cateau-Cambrésis.**

**catgut** *nm* CHIR Lien utilisé pour suturer les plaies, facilement résorbé par les tissus. PHO [katgyt] ETY Mot angl., « boyau de chat ».

**cathare** *n, a* Membre d'une secte hétérodoxe du Moyen Âge, répandue surtout dans le S.-O. de la France. V. albigeois. DER **catharisme** *nm*

**catharsis** *nf* **1** PHILO Chez Aristote, effet de purification des passions que produit la tragédie sur le spectateur. **2** PSYCHAN Libération émotionnelle d'une représentation refoulée dans l'inconscient et responsable de troubles psychiques. PHO [katarsis] ETY Du gr. DER **cathartique** *a*

**Cathay (le)** nom donné à la Chine par Marco Polo et utilisé pendant des siècles. VAR **Catay**

**cathédral, ale** *a* Du siège de l'autorité épiscopale. PLUR cathédraux. ETY Du lat.

**cathédrale** *nf* Grande église du siège de l'autorité épiscopale. LOC *Verre cathédrale :* verre translucide, à surface granulée.

**cathèdre** *nf* Siège où s'assied l'évêque dans sa cathédrale.

**Cathelineau** Jacques (Le Pin-en-Mauges, Anjou, 1759 – Saint-Florent-le-Vieil, Anjou, 1793), chef vendéen, blessé à mort lors de l'attaque de Nantes, qu'il dirigeait.

**cathepsine** *nf* BIOCHIM Enzyme qui scinde les protéines en petits peptides.

**Cather** Willa Sibert (Winchester, Virginie, 1873 – New York, 1947), romancière américaine : *Ô pionniers !* (1913), *A Lost Lady* (1923).

**Catherine d'Alexandrie (sainte)** (m. v. 307), martyre chrétienne, fiancée (mystique) de Jésus, selon la légende. Son corps aurait été porté par les anges sur le Sinaï (couvent de Sainte-Catherine). Patronne des jeunes filles, qui, le 25 nov., renouvelaient la coiffure de la statue de la sainte. (V. catherinette.)

**Catherine d'Aragon** (Alcalá de Henares, 1485 – Kimbolton, 1536), première femme d'Henri VIII d'Angleterre (1509), qui la répudia en 1533 (puis fonda l'anglicanisme).

**Catherine de Médicis** (Florence, 1519 – Blois, 1589), fille de Laurent II de Médicis, reine de France par son mariage avec Henri II, mère des trois derniers rois Valois : François II, Charles IX, Henri III. Régente de Charles IX (1560-1574), elle divisa les partis, lors des guerres de Religion, et décida le massacre de la Saint-Barthélemy (1572).

Catherine de Médicis

**Catherine de Sienne (sainte)** *(Caterina Benincasa)* (Sienne, 1347 – Rome, 1380), dominicaine italienne, auteur d'œuvres mystiques *(Dialogue de la Divine Providence , Lettres , Poèmes)*. Docteur de l'Église (1970).

**Catherine Howard** (?, v. 1522 – Londres, 1542), cinquième femme d'Henri VIII d'Angleterre (1540), qui la fit décapiter pour adultère.

**Catherine Labouré (sainte)** (Fain-lès-Moutiers, Côte-d'Or, 1806 – Paris, 1876), religieuse française (fille de la Charité). En 1830, la Vierge lui apparut. Canonisée en 1947.

**Catherine Parr** (1512 – Sudeley Castle, 1548), sixième femme d'Henri VIII d'Angleterre (1543), à qui elle survécut.

**Catherine Ire Martha Skavronskaïa** (Marienburg, auj. Malbork, Pologne, 1684 – Saint-Pétersbourg, 1727), impératrice de Russie de 1725 à 1727. Paysanne de Livonie, elle épousa Pierre le Grand en 1712 et fut couronnée en 1724. Portée au pouvoir par la garde peu après la mort de son mari, elle s'appuya sur Menchikov. — **Catherine II la Grande** (Stettin, auj. Szczecin, 1729 – Saint-Pétersbourg, 1796), impératrice de Russie de 1762 à 1796. Fille du duc allemand d'Anhalt-Zerbst, elle épousa Pierre III de Russie, qu'elle contraignit à abdiquer et qu'elle fit assassiner. Son autoritarisme et son intérêt pour les Lumières (correspondance avec Diderot, Voltaire, etc.) firent d'elle un « despote éclairé ». Elle agrandit ses États aux dépens de la Turquie (1787) et de la Pologne (1793, 1795), et réforma l'admin. (1775 : division du pays en 50 gouvernements). Elle créa villes et ports dans le Sud (Ukraine, Volga).

**catherinette** *nf* Jeune fille qui fête la Sainte-Catherine l'année de ses vingt-cinq ans.

**cathéter** *nm* MED Tube long et mince destiné à être introduit dans un canal, un vaisseau ou un organe pour l'explorer, injecter un liquide ou vider une cavité. PHO [katetɛʀ] ETY Du gr.

**cathétérisme** *nm* MED Introduction d'un cathéter.

**cathétomètre** *nm* PHYS Instrument servant à mesurer la distance verticale entre deux plans horizontaux.

**cathode** *nf* PHYS Électrode reliée au pôle négatif d'un générateur électrique, et siège d'une réaction de réduction. ETY Du gr. *kata*, « en bas » et *hodos*, « chemin ».

**cathodique** *a* **1** PHYS De la cathode. *Rayons cathodiques.* **2 fig, fam** Qui concerne la télévision. *Un grand battage cathodique.*

**catholicisme** *nm* Religion pratiquée par les chrétiens de l'Église catholique romaine.

**catholicité** *nf* **didac 1** Caractère de ce qui est catholique. **2** Ensemble des catholiques.

**catholicos** *nm* Titre de certains chefs des Églises chrétiennes orientales (en part. Arménie, Géorgie, Éthiopie). DER **catholicosat** *nm*

**catholique** *a, n* **A** *a* Relatif au catholicisme. **B** *n* Personne dont la religion est le catholicisme. **LOC fam** ***Pas très catholique*** **:** louche, suspect. ETY Du gr. *katholikos*, « universel ».

ENC L'Église catholique (env. 1 milliard de catholiques dans le monde) se définit comme l'assemblée visible des chrétiens rassemblés sous l'autorité hiérarchique du pape et des évêques ; elle considère le pape comme le vicaire du Christ sur la terre. Elle se donne comme le nouveau peuple de Dieu, peuple messianique, « bien que des éléments nombreux de sanctification et de vérité subsistent hors de ses structures », note le concile Vatican II par allusion aux autres confessions *chrétiennes,* qui, tout en adhérant au Christ, n'acceptent pas intégralement certains dogmes et l'organisation de l'Église catholique. La doctrine catholique se fonde essentiellement sur les Saintes Écritures, d'une part, et sur la Tradition, d'autre part, constituée par l'enseignement des papes, des Pères et docteurs de l'Église et des conciles, notam. les conciles œcuméniques.

**cati** *nm* Apprêt destiné à catir une étoffe.

**Catilina** Lucius Sergius (?, v. 108 – Pistorium, auj. Pistoia, 62 av. J.-C.), patricien romain ; chef d'une conspiration déjouée en 63 av. J.-C. par Cicéron ; tué au combat.

**catimini (en)** *av* En cachette. ETY Du gr. *katamênia*, « menstrues ».

**catin** *nf* **vieilli** Femme de mœurs dissolues.

**Catinat** Nicolas (Paris, 1637 – Saint-Gratien, 1712), maréchal de France ; vainqueur du duc de Savoie en 1690 et en 1693, défait par le Prince Eugène en 1702.

**cation** *nm* CHIM Ion porteur d'une ou de plusieurs charges électriques positives. PHO [katjɔ̃]

**catir** *vt* ③ TECH Donner à une étoffe un aspect ferme et lustré. ANT décatir. ETY Du lat. *cogere*, « pousser ensemble ».

**catoblépas** *nm* ANTIQ Animal fabuleux dont le regard passait pour mortel. ETY Du gr. *katos*, « par-dessous », et *blepein*, « regarder ».

**catogan** *nm* Coiffure formée par un nœud retenant les cheveux sur la nuque. ETY D'un n. pr.

**Caton l'Ancien** (en lat. *Marcus Porcius Cato*) (Tusculum, 234 – ?, 149 av. J.-C.), homme politique romain et écrivain. Censeur, à partir de 184 av. J.-C., il condamna le luxe et voulut la guerre contre Carthage. VAR **Caton le Censeur**

**Caton d'Utique** (en lat. *Marcus Porcius Cato*) (?, 95 – Utique, 46 av. J.-C.), homme politique romain ; arrière-petit-fils de Caton l'Ancien ; stoïcien inflexible. Adversaire de César, il prit le parti de Pompée ; après la défaite de ce dernier (à Thapsus), il se tua.

**Catroux** Georges (Limoges, 1877 – Paris, 1969), général français. Il se rallia à de Gaulle en 1940 et fut grand chancelier de la Légion d'honneur (1954).

**Cattaro** → **Kotor.**

**Cattégat** → **Kattégat.**

**Cattell** James McKeen (Easton, 1860 – Lancaster, 1944), psychologue américain. Il a le premier appliqué les tests à l'étude de la personnalité.

**Cattenom** ch.-l. de cant. de la Moselle (arr. de Thionville-Est) ; 2 272 hab. – Anc. établissement des Templiers (XIIe s.). – Centrale nucl. (DER) **cattenomois, oise** *a, n*

**cattleya** *nm* Orchidée d'Amérique tropicale dont les grandes fleurs sont très recherchées. (PHO) [katlɛya]

**Catulle** (en lat. *Caius Valerius Catullus*) (Vérone, v. 87 –?, v. 54 av. J.-C.), poète lyrique latin ; imitateur des poètes alexandrins : *la Chevelure de Bérénice , les Noces de Thétis et de Pélée ;* il chanta sa passion pour Lesbie.

**Cauca (le)** riv. de Colombie (1 250 km), affl. du Magdalena (r. g.), à la vallée fertile.

**Caucase** chaîne de montagnes d'Asie occid., s'étendant de la mer Noire à la Caspienne ; 5 642 m au mont Elbrouz (volcan éteint). – Au N., le *Grand Caucase* est une « chaîne barrière » (alt. moyenne 4 000 m), séparée du *Petit Caucase*, suite de massifs que fragmentent des bassins intérieurs. Le sous-sol est riche : manganèse, cuivre, pétrole surtout. Le Caucase du Nord comprend des républiques de la Fédération de Russie (d'Adyguée, du Daghestan, d'Ingouchie, de Kabardino-Balkarie, d'Ossétie du Nord, des Karatchaïs et des Tcherkesses, de Tchétchénie) ; au sud, se trouvent les trois rép. de *Transcaucasie* (Arménie, Azerbaïdjan, Géorgie). Cette grande diversité de peuples peut déboucher sur des conflits : en Abkhazie, en Ossétie, en Kabardino-Balkarie et dans le Haut-Karabakh. V. aussi Tchétchénie et Ingouchie. (DER) **caucasien, enne** *a, n*

**Caucasie** ensemble de régions d'Asie occid. ; du N. au S. : la Ciscaucasie (bassins du Kouban et du Terek), la chaîne du Grand Caucase, la dépression transcaucasienne (ou Transcaucasie), les montagnes d'Arménie (ou Petit Caucase). (DER) **caucasien, enne** *a, n*

**caucasien, enne** *a, nm* Se dit d'une famille de langues parlées dans le Caucase, comprenant notam. le géorgien. (VAR) **caucasique**

**cauchemar** *nm* **1** Rêve effrayant et angoissant. **2** fig Chose ennuyeuse, obsédante ; personne insupportable. *Ce cours de math est un vrai cauchemar.* (ETY) Mot picard, de *cauquier*, « fouler », et néerl. *mare*, « fantôme ». (DER) **cauchemarder** *vi* ① – **cauchemardesque** ou **cauchemardeux, euse** *a*

**cauchois** → **Caux.**

**Cauchon** Pierre (près de Reims, v. 1371 – Rouen, 1442), prélat français ; évêque de Beauvais, rallié au parti bourguignon ; présida le tribunal qui condamna Jeanne d'Arc (1431).

**Cauchy** (baron Augustin Louis) (Paris, 1789 – Sceaux, 1857), mathématicien français : travaux d'analyse *(intégrale de Cauchy)*.

Catherine II

baron Cauchy

**caucus** *nm* **1** Canada Réunion à huis clos des parlementaires d'un même parti politique. **2** Aux États-Unis, comité électoral intervenant dans le choix des candidats. (PHO) [kɔkys]

**caudal, ale** *a* De la queue. *Nageoire caudale.* PLUR caudaux. (ETY) Du lat.

**caudataire** *nm* Celui qui portait la queue de la robe d'un prélat, d'un roi, etc., dans les cérémonies.

**caudillo** *nm* **1** Chef militaire espagnol de l'époque de la Reconquista. **2** En Amérique latine, chef politique. (PHO) [kawdijo]

**Caudillo (el)** titre que s'octroya Franco en oct. 1939. Le mot espagnol (du bas lat. *capitellum*, « chapiteau ») désignait un chef militaire à l'époque de la Reconquista.

**Caudines (fourches)** (auj. *Stretto di Arpaja*), défilé situé près de l'anc. v. italienne de Caudium (auj. *Montesarchio*, Campanie). – Les Romains, cernés par les Samnites, durent passer sous le joug (321 av. J.-C.), d'où l'expression *passer sous les fourches Caudines :* se soumettre, capituler.

**caudrette** *nf* PECHE Filet en forme de poche que l'on suspend dans l'eau.

**Caudron** Gaston (Favières, Somme, 1882 – m. en vol près de Lyon, 1915), et son frère — **Caudron** René (Favières, 1884 – Nampont, Somme, 1959), constructeurs français d'avions.

**Caudry** com. du Nord (arr. de Cambrai) ; 13 469 hab Industries.

**Caulaincourt** Armand (marquis de) (duc de Vicence) (Caulaincourt, Picardie, 1772 – Paris, 1827), général d'Empire et diplomate français ; ambassadeur en Russie de 1807 à 1811, ministre des Affaires étrangères (1813-1814).

**caulerpe** *nf* Algue tropicale verte, ressemblant à une fougère, très vivace et envahissante.

**caulescent, ente** *a* BOT Qui possède une tige apparente. ANT acaule.

**caulinaire** *a* BOT Se dit d'un organe qui naît d'une tige, ou qui a la structure d'une tige. (ETY) Du lat.

**Caumartin** Le Fèvre de famille de magistrats et de fonctionnaires français (XVIe-XVIIIe s.) originaire du Ponthieu.

**Caumont** Arcisse de (Bayeux, 1802 – Caen, 1873), archéologue français ; fondateur de la Société française d'archéologie (1834).

**cauri** *nm* Coquillage (porcelaine) qui servit de monnaie en Afrique subsaharienne et en Asie. (ETY) Mot tamoul. (VAR) **cauris**

**Caus** Salomon de (pays de Caux, v. 1576 – Paris, 1626), physicien français. Dans un traité de 1615, il décrivit ce qu'on nomma plus tard la machine à vapeur. (VAR) **Caux**

**causal, ale** *a, nf* **1** Qui implique un rapport de cause à effet. **2** GRAM Se dit d'une conjonction introduisant un complément de cause, ou de la subordonnée introduite par cette conjonction. PLUR causaux

**causalgie** *nf* MED Sensation de brûlure cuisante avec hyperesthésie cutanée et rougeur localisée. (ETY) Du gr. *kausis*, « chaleur ».

**causaliser** *vi* ① PHILO Remonter des effets aux causes (induction) et déduire les effets des causes (déduction).

**causalisme** *nm* PHILO Théorie fondée sur le principe de la causalité.

**causalité** *nf* PHILO LOC ***Principe de causalité :*** principe selon lequel tout phénomène a une cause — ***Rapport de causalité :*** rapport de cause à effet.

**causant, ante** *a* fam Qui cause volontiers, communicatif.

**causatif, ive** *a* GRAM Syn. de *factitif*.

**cause** *nf* **1** Ce qui fait qu'une chose est ou se fait. *Les causes de la guerre.* **2** DR Fait qui explique et justifie la création d'une obligation par la volonté des parties. *L'obligation sans cause ne peut avoir aucun effet.* **3** Procès qui se plaide et se juge à l'audience. *Gagner, perdre une cause.* **4** Ensemble des intérêts d'une personne, d'un groupe. *Défendre une cause.* LOC ***À cause de :*** en tenant compte de, par l'action de, en raison de. *Je n'ai rien entendu à cause du bruit.* — ***Avocat sans cause :*** sans clientèle. — ***La bonne cause :*** la cause que l'on croit juste. — PHILO ***Cause première :*** cause au-delà de laquelle on ne peut en concevoir d'autre. — GRAM ***Complément de cause :*** complément indiquant la raison, le motif d'une action. — fam ***Et pour cause !*** : pour des raisons évidentes. — ***Être cause de :*** être responsable de, entraîner. — ***Être en cause :*** être concerné, faire l'objet d'un débat. — ***Être hors de cause :*** ne pas être concerné ; être disculpé. — ***Faire cause commune avec qqn :*** s'allier avec lui. — ***Pour cause de :*** en raison de. *Fermé pour cause d'inventaire.* — ***Prendre fait et cause pour qqn :*** prendre sa défense. (ETY) Du lat.

**1 causer** *vt* ① Être cause de, occasionner. *Causer un malheur.* (ETY) De cause.

**2 causer** *v* ① **A** *vi* **1** S'entretenir familièrement avec qqn. SYN bavarder. **2** Parler trop, inconsidérément. **B** *vti* Parler de qqch. *Causer de mécanique. Causer peinture.* LOC ***Causer de la pluie et du beau temps :*** parler de choses insignifiantes. — ***Cause toujours :*** tu peux dire ce que tu veux, je n'en tiendrai pas compte. (ETY) Du lat. *causari*, « plaider ». (DER) **causeur, euse** *n*

**causerie** *nf* Conversation ; exposé fait sur le mode familier.

**Causeries du lundi** recueil d'études litt. de Sainte-Beuve publiées chaque lundi par la presse et éditées de 1851 à 1862 (11 vol.), puis de 1863 à 1870 ( *Nouveaux Lundis*).

**causette** *nf* **1** fam Bavardage familier. *Faire la causette, un brin de causette.* **2** INFORM Syn. (recommandé) de *chat* 2.

**causeuse** *nf* Petit canapé à deux places.

**causse** *nm* GEOGR Plateau calcaire dans le centre et le sud de la France.

**Causses (les)** plateaux calcaires du S. du Massif central, creusés par les eaux souterraines (gorges du Tarn). Les *Grands Causses :* causses de Sauveterre, de Séverac, causses Comtal, Méjean, causse Noir, causse du Larzac. À l'extrémité S.-O., *Causses du Quercy :* causses de Martel, de Gramat et de Limogne. (DER) **caussenard, arde** *a, n*

**caustification** *nf* Action de rendre un corps caustique.

**1 caustique** *a, nm* **1** Se dit d'une substance corrosive qui attaque les matières organiques. *Soude caustique. Un caustique puissant.* **2** fig Satirique et mordant. (ETY) Du gr. *kaustikos*, « brûlant ». (DER) **causticité** *nf*

**2 caustique** *nf* PHYS Surface courbe à laquelle sont tangents les rayons lumineux réfléchis ou réfractés par une autre surface courbe.

**cautèle** *nf* litt Précaution mêlée de ruse. (PHO) [kotɛl] (ETY) Du lat. *cautela*, « défiance ».

**cauteleux, euse** *a* litt Rusé et hypocrite. *Des manières cauteleuses.* (DER) **cauteleusement** *av*

**cautère** *nm* CHIR Instrument porté à haute température ou produit chimique utilisé pour brûler les tissus. LOC ***Un cautère sur une jambe de bois :*** un remède inutile. (ETY) Du gr.

**Cauterets** com. des Htes-Pyr. (arr. d'Argelès-Gazost), sur le *gave de Cauterets ;* 1 203 hab. Stat. therm. Sports d'hiver. (DER) **cautérésien, enne** *a, n*

**cautériser** *vt* ① Appliquer un cautère sur. *Cautériser une plaie.* (DER) **cautérisation** *nf*

**caution** *nf* **1** Garantie d'un engagement, somme consignée à cet effet. *Être libéré sous caution.* **2** Personne qui répond pour une autre. **3** DR Personne qui s'engage à remplir l'obligation contractée par une autre dans le cas où celle-ci n'y satisferait pas. *Se porter caution pour qqn.* SYN garant. PHO [kosjɔ̃] ETY Du lat. *cautio,* « précaution ».

**cautionnement** *nm* **1** DR Contrat par lequel une personne en cautionne une autre. **2** Dépôt servant de garantie.

**cautionner** *vt* ① **1** Se porter caution pour qqch ou qqn. *Cautionner l'honnêteté de qqn.* **2** Donner son appui à. *Refuser de cautionner une attitude.*

**Cauvery** → **Kaverī.**

**Caux (pays de)** rég. de Normandie, au N. de l'estuaire de la Seine ; plateau crayeux, coupé de vallées et recouvert de limon fertile. De hautes falaises bordent la Manche. Tourisme (Dieppe, Fécamp, Étretat). DER **cauchois, oise** *a, n*

**Cavaco Silva Anibal** (Loulé, 1939), homme politique portugais. Premier ministre social-démocrate (centre-droit) de 1985 à 1995, élu prés. de la Rép. en 2006, réélu en 2011.

**Cavafy Konstandinos Kaváfis** (en fr. *Constantin*) (Alexandrie, 1863 – id., 1933), poète grec qui a évoqué le passé de sa ville natale.

**cavage** *nm* Excavation, endroit creusé. ETY Du lat.

**Cavaignac Jean-Baptiste (baron de Lalande)** (Gourdon, 1763 – Bruxelles, 1829), conventionnel français hostile à la religion. — **Cavaignac Godefroy** (Paris, 1801 – id., 1845), homme politique, fils du préc. ; hostile à Louis-Philippe, il fut élu en 1843 président de la Société des droits de l'homme. — **Louis Eugène** (Paris, 1802 – Ourne, Sarthe, 1857), général, frère du préc. Chef du gouv. de juin à décembre 1848, il dirigea la répression lors des journées de Juin. Il fut battu à l'élection présidentielle par Louis Napoléon Bonaparte.

**Cavaillé-Coll Aristide** (Montpellier, 1811 – Paris, 1899), facteur d'orgues français.

**Cavaillès Jean** (Saint-Maixent, 1903 – Arras, 1944), logicien français : *Méthode axiomatique et formalisme* (1938), *Sur la logique et la théorie de la science* (posth., 1947).Résistant, il fut fusillé par les Allemands.

**1 cavaillon** *nm* AGRIC Bande de terre entre les ceps, inaccessible à la charrue. ETY Du lat.

**2 cavaillon** *nm* Petit melon jaune, de forme ronde, à chair orangée et parfumée. ETY Du n. pr.

**Cavaillon** ch.-l. de cant. du Vaucluse (arr. d'Apt) ; 25 204 hab. Marché de melons et primeurs. – Anc. cath. (XII^e s.). Synagogue (XVIII^e s.). DER **cavaillonais, aise** *a, n*

**cavalcade** *nf* **1** Défilé de cavaliers. **2** Défilé grotesque de gens à cheval, de chars, etc. *La cavalcade du Mardi gras.* **3** Course bruyante et tumultueuse. *Entendre une cavalcade dans l'escalier.* ETY De l'ital. *cavalcare,* « chevaucher ».

**cavalcader** *vi* ① Courir en troupe, en faisant du bruit.

**Cavalcanti Guido** (Florence, v. 1255 – id., 1300), poète italien, ami de Dante : sonnets, canzoni, ballades.

**Cavalcanti Alberto** (Rio de Janeiro, 1897 – Paris, 1982), cinéaste d'avant-garde brésilien : *En rade* (France, 1927), *Au cœur de la nuit* (G.-B., 1945).

**1 cavale** *nf* litt Jument. ETY De l'ital.

**2 cavale** *nf* fam Évasion. LOC *Être en cavale* : être en fuite et recherché.

**cavaler** *v* ① **A** *vi* **1** fam Courir, fuir. **2** Se conduire en cavaleur. **B** *vpr* fam S'enfuir. ETY De *cavale,* « jument ».

**cavalerie** *nf* **1** anc Ensemble des troupes militaires à cheval. **2** mod Ensemble des troupes militaires motorisées. **3** Traite frauduleuse sans contrepartie de marchandise. LOC fam *De la grosse cavalerie* : du tout-venant sans intérêt.

**Cavalerie (La)** com. de l'Aveyron (arr. de Millau), sur le causse du Larzac ; 1 079 hab. Camp militaire. – Anc. commanderie des Templiers ; restes de remparts.

**cavaleur, euse** *a, n* fam Se dit d'une personne constamment en quête d'aventures galantes.

**cavalier, ère** *n, a* **A** *n* **1** Personne qui monte à cheval. **2** Personne avec qui on forme un couple dans un bal, un cortège, etc. **B** *nm* **1** Militaire qui sert dans la cavalerie. **2** JEU Pièce du jeu d'échecs. **3** Carte du tarot entre la dame et le valet. **4** MILIT Ouvrage de fortification en arrière du corps principal et le dominant. **5** PHYS Pièce métallique servant à réaliser l'équilibre, sur une balance de précision. **6** TECH Clou, en forme de U. **7** Petite pièce servant d'index dans un fichier. **8** Butée mobile d'une machine à écrire. **9** Format de papier (46 cm × 62 cm). **C** *a* **1** Propre au cavalier ; réservé aux cavaliers. *Allée cavalière.* **2** Qui fait preuve de liberté excessive ; inconvenant. *Un procédé cavalier.* LOC *Faire cavalier seul* : s'engager seul dans une entreprise. — GEOM *Perspective cavalière* : projection oblique. — *Vue cavalière* : dessin représentant un paysage vu d'un point élevé. ETY De l'ital.

**Cavalier Jean** (Ribaute-les-Tavernes, Gard, 1680 – Chelsea, Jersey, 1740), chef des camisards révoltés (1702-1705). Il se soumit puis servit les Hollandais et les Anglais.

**Cavalier Alain Fraissé,** dit **Alain** (Vendôme, 1931), cinéaste français : *le Combat dans l'île* (1962), *Thérèse* (1986), *Pater* (2011).

**Cavalier bleu** → **Blaue Reiter.**

**cavalièrement** *av* D'une manière cavalière, inconvenante.

**Cavalieri Emilio dei** (Rome, v. 1550 – id., 1602), compositeur italien, précurseur de l'oratorio classique.

**Cavalieri Bonaventura** (Milan, 1598 – Bologne, 1647), jésuite et mathématicien italien. Son traité de 1635 annonce le calcul intégral.

**Cavaliers** les partisans de Charles I^er lors de la première révolution (1642-1648), ennemis des parlementaires *(Têtes rondes).*

**Cavalleria rusticana** opéra en un acte de Mascagni (1890), d'après une nouvelle de G. Verga (*Vie aux champs,* 1880).

**Cavalli Pier Francesco Caletti,** dit (Crema, 1602 – Venise, 1676), compositeur italien, grand représentant de l'opéra vénitien.

**Cavallini Pietro** (Rome, v. 1250 – id., v. 1340), peintre et mosaïste italien de tradition byzantine, proche de Cimabue.

**cavatine** *nf* MUS Pièce de chant assez courte, sans reprise ni seconde partie, intercalée dans un récitatif d'opéra.

**1 cave** *nf* **1** Local souterrain servant de réserve, d'entrepôt. **2** Quantité et choix des vins que l'on a en cave. *Avoir une bonne cave.* **3** Coffret où sont conservés certains produits. *Cave à liqueurs, à cigares.* LOC *Cave d'appartement* : armoire réfrigérée pour la conservation du vin. ETY Du lat. *cavus,* « creux ».

**2 cave** *a* Creux, renfoncé. *Joues caves.* LOC ANAT *Veine cave* : chacune des deux veines principales de l'organisme, qui aboutissent à l'oreillette droite.

**3 cave** *nf* JEU Somme d'argent que chaque joueur met devant lui comme mise.

**4 cave** *a, nm* fam **1** Dupe. **2** Qui n'appartient pas au milieu. ANT affranchi.

**caveau** *nm* **1** Construction souterraine pratiquée dans une église, un cimetière et servant de sépulture. **2** Cabaret de chansonniers situé en sous-sol.

**Caveau (Société du)** société littéraire (1729-1739) qui réunissait Piron, Collé, Crébillon père, etc., au cabaret *le Caveau.* Elle se reforma en 1759, avec Marmontel, Helvétius, etc. En 1805 fut créé *le Caveau moderne.*

**caveçon** *nm* Pièce de fer en demi-cercle que l'on met sur les naseaux d'un cheval pour le dresser. ETY Du lat.

**cavée** *nf* Chemin creux.

**Cavelier de la Salle** → **La Salle.**

**Cavell Edith Louisa** (Swardeston, 1865 – Bruxelles, 1915), infirmière brit., fusillée par les Allemands pour son aide aux Alliés.

**Cavell Stanley** (Atlanta, 1926), philosophe américain. Spécialiste d'esthétique, il se situe dans la lignée d'Emerson.

**Cavendish Thomas** (Trimley Saint Martin, Suffolk, v. 1555 – en mer, 1592), navigateur anglais. Il pilla les colonies portug. et esp. d'Amérique du Sud. Il fit le tour du monde.

**Cavendish Henry** (Nice, 1731 – Londres, 1810), physicien et chimiste anglais. Il calcula la densité de la Terre, fit des travaux d'électrostatique, étudia l'eau et l'hydrogène.

**Caventou Joseph Bienaimé** (Saint-Omer, 1795 – Paris, 1877), pharmacien français. Il découvrit la quinine en 1820, avec Pelletier.

**caverne** *nf* **1** Cavité naturelle dans le roc. SYN grotte. **2** MED Cavité pathologique située dans l'épaisseur d'un parenchyme, partic. dans le poumon. *Caverne tuberculeuse.* ETY Du lat. *cavus,* « creux ».

**Caverne (la)** allégorie utilisée par Platon dans *la République* : des prisonniers, enchaînés au fond d'une caverne, voient sur la paroi des silhouettes d'hommes et d'objets qu'ils prennent pour la réalité. Un prisonnier rendu à la lumière est d'abord aveuglé puis il s'habitue à la réalité. Ainsi, le philosophe doit se détourner des apparences et accéder aux idées.

**caverneux, euse** *a* ANAT Qui comporte des cavernes pathologiques. *Poumon caverneux.* LOC *Corps caverneux* : organe érectile de la verge, du clitoris. — *Tissu caverneux* : formé de capillaires qui se dilatent. — *Voix caverneuse* : grave.

**cavernicole** *a, nm* SC NAT Se dit d'un animal qui habite dans les anfractuosités des cavernes.

**Caves du Vatican (les)** sotie de Gide (1914). Adaptation théâtrale : 1951.

**cavet** *nm* ARCHI Moulure concave dont le profil est d'un quart de cercle. ETY De l'ital.

**caviar** *nm* **1** Mets composé d'œufs d'esturgeon salés, gris foncé ou noirs. **2** Œufs de lump préparés à la façon du caviar. LOC *Caviar d'aubergine* : purée d'aubergine préparée à la mode orientale. ETY Du turc.

**caviarder** *vt* ① Cacher, noircir un passage d'un texte censuré. DER **caviardage** *nm*

**cavicorne** *nm* ZOOL Ruminant dont les cornes creuses gainent un os.

**caviste** *n* **1** Personne chargée d'une cave à vin. **2** Commerçant qui vend des vins d'appellation qu'il a lui-même sélectionnés.

**cavitaire** *a* MED Relatif aux cavernes pulmonaires.

**cavitation** *nf* PHYS Formation, au sein d'un liquide, de cavités remplies de vapeur, lorsque la pression du liquide devient inférieure à celle de la vapeur.

**cavité** *nf* Partie creuse à l'intérieur d'un corps solide, d'un organe, etc. *Cavités d'un rocher. Cavité thoracique.* ETY Du lat.

**Cavite** port des Philippines (Luçon), sur la baie de Manille ; 87 670 hab. – La flotte esp. y fut détruite par celle des É.-U. (1898).

**Cavour** Camillo Benso (comte de) (Turin, 1810 – id., 1861), homme politique italien ; princ. artisan de l'unité italienne, qu'il établit pour la maison de Savoie (État de Piémont-Sardaigne). Président du Conseil de 1852 à 1859 et de 1860 à 1861, il dota le Piémont d'une solide armée, obtint l'alliance franç. contre les Autrich. (victoire de Magenta, 1859) et utilisa les mouvements révolutionnaires (Garibaldi) : le royaume d'Italie fut proclamé en janv. 1861.

Jean Cavaillès

Cavour

**cavurne** *nf* Caveau où est déposée l'urne contenant les cendres d'un défunt

**Caxias** Luís Alves de Lima e Silva (duc de) (Rio de Janeiro, 1803 – id., 1880), maréchal et homme politique brésilien. Il remporta la guerre contre le Paraguay (1865-1870).

**Caxton** William (comté de Kent, v. 1422 – Londres, 1491), imprimeur anglais. Il publia en 1477 le premier livre imprimé en Angleterre et le traduisit en français, grec et latin.

**Cayatte** André (Carcassonne, 1909 – Paris, 1989), cinéaste français : *Justice est faite* (1950), *Nous sommes tous des assassins* (1951).

**caye** *nf* Banc de coraux. [PHO] [kɛ] [ETY] De l'esp.

**cayenne** *nf* Foyer d'accueil des compagnons lors de leur tour de France.

**Cayenne** ch.-l. du DOM de la Guyane, sur l'Atlantique ; 56 002 hab. (aggl.). Aéroport. – Anc. bagne (1852-1945). [DER] **cayennais, aise** *a, n*

**Cayeux** Lucien (Semousies, Nord, 1864 – Mauves-sur-Loire, Loire-Atlantique, 1944), géologue français, spécialiste des roches sédimentaires.

**Cayley** Arthur (Richmond, 1821 – Cambridge, 1895), astronome et mathématicien anglais, auteur de travaux sur les espaces vectoriels et la géométrie non euclidienne.

**Caylus** Marthe Marguerite Le Valois de Villette de Murçay (comtesse de) (en Poitou, 1673 – Paris, 1729), mémorialiste française, parente de Mme de Maintenon : *Souvenirs* sur la cour de Louis XIV et la maison de Saint-Cyr. — **Caylus** Anne Claude de Tubières-Guimoard (comte de Caylus) (Paris, 1692 – id., 1765), archéologue, graveur et écrivain, fils de la préc. : *Recueil d'antiquités égyptiennes, étrusques, grecques, romaines et gauloises* (1752-1757).

**Cayman Islands** → **Caïmans.**

**Cayrol** Jean (Bordeaux, 1911 – id., 2004), écrivain, scénariste et réalisateur français : poèmes (*De la nuit et du brouillard*, 1945), romans (*Je vivrai l'amour des autres*, 3 vol., 1947-1950).

**Cazaux** (étang de) étang des Landes, près de l'Atlantique ; 57 km². Base aérienne.

**Cazotte** Jacques (Dijon, 1719 – Paris, 1792), écrivain français ; auteur de poèmes, de contes et d'un récit fantastique, *le Diable amoureux* (1772). Il fut guillotiné.

**CB** *nf* Sigle de *citizen band.*

**CBS** Sigle pour *Columbia Broadcasting System*, chaîne de télévision américaine créée en 1927.

**CCP** *nm* Sigle de *compte courant postal.*

**cd** PHYS Symbole de la candela.

**Cd** CHIM Symbole du cadmium.

**CD** *nm* Disque compact. [PHO] [sede]

**CDD** *nm* Contrat à durée déterminée, emploi précaire (par oppos. à CDI). [PHO] [sedede]

**CDI** *nm* Contrat à durée indéterminée, engagement ferme (par oppos. à CDD). [PHO] [sedei]

**CD-I** *nm* INFORM Disque compact interactif sur lequel sont stockés du texte, du son et de l'image. [PHO] [sedei] [ETY] Sigle de l'angl. *Compact Disc interactive.*

**CD-4** *nm* BIOL Autre nom des T4.

**CD-Rom** → **cédérom.**

**CDU** Sigle de *Christlich-Demokratische Union.* V. chrétienne-démocrate (Union).

**CDV** *nm* Vidéodisque compact. [PHO] [sedeve] [ETY] Nom déposé, sigle de *Compact Disc Video*, « disque compact vidéo ».

**1 ce, cet, cette, ces** *a dém* (La forme *cet* s'emploie devant les noms masculins au singulier commençant par une voyelle ou un h muet.) **1** Indique une personne ou une chose que l'on montre ou que l'on a déjà citée. *Ces fruits sont mûrs. Cette personne n'habite plus ici.* **2** Avec une expression de temps, désigne un moment rapproché. *Ce matin, il a plu. Cette année, je pars en vacances.* **3** En construction avec les adverbes *-ci* et *-là*, renforce le caractère démonstratif. *Je préfère ce livre-là. Ces jours-ci.* LOC ***Un de ces jours :*** un jour prochain. [ETY] Du lat. *ecce iste.*

**2 ce** (*c'* devant *e* ; *ç'* devant *a*) *pr dém* Désigne la chose que l'on montre, dont on parle. *C'est mon frère. C'est dommage. Ce doit être fini maintenant. Qu'est-ce que c'est ? Dis-moi ce que tu fais.* LOC ***Ce faisant :*** de la sorte. — ***C'en est fait :*** le sort en est jeté. — ***Ce que :*** combien. *Ce qu'il m'ennuie avec ses histoires !* — ***C'est...*** (+ pron. relatif) : met en valeur un élément de la phrase. *C'est lui qui l'a volé.* — ***C'est pourquoi :*** telle est la cause, le motif. — ***Est-ce que... ? :*** formule interrogative. *Est-ce que vous viendrez ce soir ?* — ***Sur ce :*** sur ces entrefaites. *Sur ce, il se retira.* [ETY] Du lat. *ecce hoc.*

**Ce** CHIM Symbole du cérium.

**CE** *nm* **1** Cours élémentaire. **2** Comité d'entreprise. [PHO] [seə]

**CEA** Sigle de *Commissariat à l'énergie atomique (et aux énergies alternatives,* dep. 2010), établissement public créé en 1945.

**céanothe** *nm* Arbuste ornemental (rhamnacée) à petites fleurs bleues groupées en panicules. [ETY] Du gr. [VAR] **ceanothus**

**céans** *av* VX Ici. LOC ***Le maître de céans :*** le maître de maison. [PHO] [seɑ̃] [ETY] De *ça*, et de l'a. fr. *enz*, « dedans ».

**Ceará** État du N.-E. du Brésil, sur l'Atlant. ; 148 016 km² ; 6 207 000 hab. ; cap. *Fortaleza.* Élevage extensif. Coton.

**Ceauşescu** Nicolae (Scorniceşti, 1918 – Tîrgovişte, 1989), homme politique roumain. Membre (1933) du parti communiste, secrétaire général en 1965, chef de l'État en 1967, élu en 1974, avec le titre de président de la Rép., il se détacha de l'URSS et instaura une dictature aberrante. Déchu lors de la révolte de déc. 1989, il fut exécuté avec son épouse, Elena.

**cébette** *nf* **1** Petit oignon frais. **2** Afrique Syn. de *donax.*

**cebiche** *nm* CUIS En Amérique du Sud, poisson cru mariné dans du jus de citron. [PHO] [ʃebitʃe] [VAR] **ceviche**

**cébidé** *nm* ZOOL Singe platyrrhinien, tel que le sajou, l'atèle.

**Cebu** île et prov. des Philippines, dans l'archipel des Visayas ; 5 088 km² ; 2 500 000 hab. ; chef-lieu *Cebu* (770 000 hab.) ; port import. [DER] **cebuan, ane** *a, n*

**CECA** Sigle de *Communauté européenne du charbon et de l'acier.*

**ceci** *pr dém* La chose la plus proche, ce qui va suivre (par oppos. à *cela*). *Ceci n'est pas à moi. Retenez bien ceci.*

**cécidie** *nf* BOT Hypertrophie végétale due à l'action d'un parasite.

**cécidomyie** *nf* Moucheron qui provoque l'apparition de cécidies sur les plantes.

**Cecil** William (baron Burleigh ou Burghley) (Bourne, Lincolnshire, 1520 – Londres, 1598), homme politique anglais ; ministre influent d'Élisabeth Ire de 1588 à sa mort.

**Cécile** (sainte) (m. à Rome, 232), vierge et martyre romaine, patronne des musiciens.

**cécilie** *nf* ZOOL Amphibien apode d'Amérique du Sud, fouisseur aveugle.

**cécité** *nf* **1** État d'une personne aveugle. *Cécité congénitale.* **2** fig Aveuglement. ANT clairvoyance. LOC MED ***Cécité corticale :*** due à une lésion cérébrale, sans atteinte de l'œil. — ***Cécité psychique :*** incapacité de reconnaître la nature et l'usage des objets. — ***Cécité verbale :*** alexie. [ETY] Du lat.

**Cécrops** héros légendaire grec ; premier roi de l'Attique et fondateur d'Athènes.

**CED** Sigle de *Communauté européenne de défense.* Projet avorté d'armée européenne, incluant des contingents all., institué en 1952, mais que le Parlement français ne ratifia pas (1954).

**cédant, ante** *n* DR Personne qui cède son droit, son bien.

**Cédéao** Acronyme pour *Communauté économique des États de l'Afrique de l'Ouest.*

**céder** *v* [14] **A** *vt* **1** Laisser, abandonner qqch à qqn. *Céder sa place.* **2** DR Transférer un droit sur une chose à une autre personne ; vendre. *Céder un fonds de commerce.* **B** *vti* Ne pas résister, ne pas s'opposer, se soumettre à. *Céder à qqn. Céder à la tentation.* **C** *vi* Rompre, s'affaisser. *La branche céda sous son poids.* LOC ***Céder du terrain :*** reculer, fléchir ; fig faire des concessions. — ***Céder le pas à qqn :*** le laisser passer devant ; fig s'effacer devant lui. — ***Ne le céder en rien à qqn :*** être son égal. [ETY] Du lat. *cedere*, « s'en aller ».

**cédérom** *nm* Disque optique non réinscriptible stockant des données numériques. [ETY] De l'angl. CD-Rom, *compact disc read only memory*, « disque compact à mémoire figée ». [VAR] **CD-Rom**

**cédéthèque** *nf* Collection de CD, de cédéroms, de CD-I.

**cédétiste** *a, n* De la confédération française démocratique du travail (CFDT).

**cedex** *nm* Mention que l'on ajoute au code postal, réservée aux distributions spéciales des administrations, des entreprises. [PHO] [sedɛks] [ETY] Acronyme pour *courrier d'entreprise à distribution exceptionnelle.* [VAR] **cédex**

**cedi** *nm* Unité monétaire du Ghana.

**cédille** *nf* Signe placé, en français, sous la lettre *c* devant *a, o, u,* quand on la prononce [s], comme dans *ça.* [ETY] De l'esp. *cedilla*, « petit c ».

**cédraie** *nf* Terrain planté de cèdres.

**cédrat** *nm* Fruit du cédratier, gros citron que l'on consomme confit. [ETY] De l'ital.

**cédratier** *nm* Citronnier à gros fruits des régions méditerranéennes.

**cèdre** *nm* **1** Grand conifère à ramure étalée, à bois assez dur et odorant. **2** Canada Thuya. [ETY] Du gr. ▶ illustr. p. 270

**Cèdre** (pays du) le Liban.

**cédrela** *nm* Grand arbre (méliacée) à fleurs blanches, souvent planté le long des voies urbaines. [VAR] **cédrèla**

**cédrière** *nf* Canada Plantation de cèdres.

**Cédron (le)** rivière de Judée qui sépare Jérusalem du mont des Oliviers.

**cédule** *nf* FISC anc Chacune des catégories de revenus imposables. [ETY] Du lat. *schedula*, « feuillet ».

**CÉE** Sigle de *Communauté économique européenne*. (V. Europe.) [VAR] **CEE**

**CEF** *nm* ADMIN Sigle de *centre éducatif fermé*, structure alternative à la prison, destinée à recevoir des délinquants multirécidivistes âgés de 13 à 16 ans.

**Cefalù** v. et port de Sicile (prov. de Palerme) ; 14 000 hab. – Cathédrale romane (XII$^e$-XIII$^e$ s.) construite par les Normands ; mosaïques byzantines.

**céfran, ane** *a, n* fam Français. [ETY] Verlan de *français*.

**cégep** *nm* Canada Établissement public, au Québec, dispensant un enseignement général ou professionnel. *Les cégeps.* [ETY] Acronyme pour *collège d'enseignement général et professionnel*. [DER] **cégépien, enne** *n*

**cégétiste** *a, n* De la Confédération générale du travail.

**CÉI** Sigle de *Communauté des États indépendants*.

**ceindre** *vt* [55] litt Entourer. *Une corde lui ceignait les reins. Se ceindre la tête d'un bandeau.*

**ceinturage** *nm* CONSTR Mise en place d'une ceinture autour d'un ouvrage.

**ceinture** *nf* **1** Bande souple, en tissu, en cuir, etc., dont on s'entoure la taille pour y ajuster un vêtement. **2** Bord supérieur d'un pantalon ou d'une jupe. **3** Taille. *Avoir de l'eau au-dessus de la ceinture.* **4** Ce qui entoure la taille. *Ceinture de sauvetage*, en matière insubmersible. **5** Ce qui entoure. *Ceinture de murailles d'une ville.* SYN enceinte. **6** Ce qui est périphérique. *Boulevards de ceinture.* **7** CONSTR Bande métallique qui maintient un ouvrage. **8** ANAT Ensemble des os qui rattachent les membres au tronc. **LOC** fam ***Au-dessous de la ceinture*** : bas, lâche, déloyal. — ***Ceinture abdominale*** : ensemble des muscles de l'abdomen. — ZOOL ***Ceinture de sécurité*** ou ***ceinture*** : sangle destinée à retenir sur son siège le passager d'un avion ou d'une automobile, en cas de choc. — ***Ceinture de Vénus*** : syn. de *ceste*. — Canada ***Ceinture fléchée*** : large ceinture de laine à motifs en forme de pointes de flèches, qui se porte à l'occasion des fêtes populaires. — ***Ceinture médicale*** ou ***orthopédique*** : qui sert à maintenir les muscles de l'abdomen. — ANAT ***Ceinture pelvienne*** : bassin. — ANAT ***Ceinture scapulaire*** : omoplate et clavicule. — fam ***Faire ceinture, se serrer la ceinture*** : ne pas manger, être privé de qqch. — fam ***Ne pas arriver à la ceinture de qqn*** : lui être très inférieur. [ETY] Du lat.

**ceinturé, ée** *a* Qui se porte avec une ceinture (vêtement).

**cèdre** de l'Atlas

**ceinturer** *vt* [1] **1** Entourer d'une ceinture. **2** Attacher qqn avec une ceinture de sécurité. **3** Entourer qqn avec ses bras pour le maîtriser. *Ceinturer un malfaiteur.* **4** CONSTR Entourer un ouvrage d'une ceinture.

**ceinturon** *nm* Large ceinture solide.

**cela** *pr dém* (contracté en *ça* dans la langue parlée) Désigne une chose plus éloignée ; ce dont on vient de parler ; ce qui précède (par oppos. à *ceci*). *Montrez-moi cela. Nous verrons cela demain. Cela vous étonne ?* **LOC** ***C'est cela*** : pour marquer qu'on a bien compris, qu'on acquiesce. — ***Comment cela ?*** : marque l'étonnement.

**Cela** Camilo José (Padrón, Galice 1916 – Madrid, 2002), romancier réaliste espagnol : *la Famille de Pascal Duarte* (1942), *la Ruche* (1951). P. Nobel 1989.

**céladon** *nm, a inv* Vert pâle légèrement grisé. **LOC** ***Porcelaine céladon*** : recouverte d'émail de couleur vert tendre.

**Celan** Paul Antschel, dit (Cernăuţi, auj. Tchernovtsy, 1920 – Paris, 1970), poète autrichien d'origine roumaine : *Pavot et souvenir* (1952), *la Grille du langage* (1959).

**célastracée** *nf* BOT Célastrale telle que le fusain.

**célastrale** *nf* BOT Dicotylédone telle que le fusain et le houx. [ETY] Du gr. *kêlastra*, « nerprun ».

**Celaya** Rafael Mugica, dit Gabriel (Hernani, 1911 – Madrid, 1991), poète espagnol : *Poésie complète*, (1967), auteur de nombr. pièces de théâtre et de romans.

**-cèle** Élément, du gr. *kêlê*, « tumeur ».

**Célèbes** île montagneuse d'Indonésie, à l'est de Bornéo (que baigne la *mer des Célèbes*) ; 189 035 km$^2$ ; 11 552 920 hab. ; v. princ. *Ujungpandang.* Coprah, café ; nickel. [VAR] **Sulawesi**

**célébrant** *nm* Celui qui dit la messe.

**célèbre** *a* Qui est connu de tous, qui a une grande renommée. *Un auteur célèbre. Un événement célèbre.* SYN illustre, renommé. [ETY] Du lat.

**célébrer** *vt* [14] **1** Fêter avec éclat un évènement. *Célébrer un anniversaire, la victoire.* **2** Accomplir avec solennité ; accomplir un office liturgique. *Célébrer la messe. Célébrer un mariage.* **3** Louer, exalter publiquement. *Célébrer le talent, le mérite de qqn.* [DER] **célébration** *nf*

**célébret** *nm* RELIG CATHOL Autorisation épiscopale accordée à un prêtre de célébrer la messe hors de sa paroisse. [ETY] Mot lat.

**célébrité** *nf* **1** Grande renommée. **2** Personne célèbre.

**celer** *vt* [17] vx, litt Cacher, tenir secret.

**cèleri** *nm* Plante potagère (ombellifère) dont une variété est cultivée pour sa racine (*cèleri-rave*) et une autre pour les côtes de ses feuilles (*cèleri en branches*). [VAR] **céleri**

**célérité** *nf* **1** Promptitude, diligence. **2** PHYS Vitesse de propagation. *La célérité de la lumière.* [ETY] Du lat.

**célesta** *nm* MUS Instrument de musique à clavier, au timbre très doux, dont le son est produit par le choc de marteaux sur des lamelles d'acier.

**céleste** *a* **1** Qui appartient au ciel. *Corps céleste.* ANT terrestre. **2** Relatif au ciel, en tant que séjour de la Divinité ; divin. *Les esprits célestes.* **3** litt Merveilleux. *Être d'une beauté céleste.* **LOC** ***Eau céleste*** : solution aqueuse bleu azur de cuivre et d'ammoniac. — ***Le père céleste*** : Dieu. — MUS ***Voix céleste*** : registre de l'orgue qui produit des sons doux et voilés. [ETY] Du lat.

**Céleste (l'Empire)** la Chine ancienne, dont l'empereur était considéré comme le fils du Ciel. [VAR] **le Céleste Empire**

**célestin** *nm* HIST Religieux de l'ordre des Ermites de Saint-Damien.

**Célestin** nom de cinq papes. — **Célestin I$^{er}$** (saint) pape de 422 à 432 ; il lutta contre les hérétiques (Pélage, nestorianisme). — **Célestin V** (saint) (Pietro Angeleri, dit del Morrone) (Isernia, 1215 – Frosinone, 1296) pape en 1294. Il abdiqua, forcé par le futur Boniface VIII. Canonisé en 1313. [VAR] **saint Pierre Célestin**

**célestine** *nf* Sulfate naturel de strontium.

**Célestine (la)** pièce en prose attribuée à Fernando de Rojas (1499). Son réalisme influença le théâtre esp. du siècle d'or. [VAR] **Tragi-Comédie de Calixte et Mélibée**

**célibat** *nm* État d'une personne qui n'est pas mariée. *Vivre dans le célibat.* ANT mariage. [ETY] Du lat. [DER] **célibataire** *a, n*

**célibattant, ante** *a, n* fam Célibataire content de l'être et qui se revendique comme tel.

**Célimène** héroïne du *Misanthrope* de Molière (1666), jeune, jolie, coquette.

**Céline** Louis Ferdinand Destouches, dit Louis-Ferdinand (Courbevoie, 1894 – Meudon, 1961), écrivain français. Utilisant le langage parlé, souvent argotique, il décrit la misère et le désespoir humains : *Voyage au bout de la nuit* (1932), *Mort à crédit* (1936), *D'un château l'autre* (1957), *Nord* (1960), *le Pont de Londres* (posth., 1964 suite de *Guignol's Band* 1944).Son antisémitisme l'incita à s'exiler (1944-1951). [DER] **célinien, enne** *a*

**C.J. Cela**

**L.-F. Céline**

**cella** *nf* ANTIQ Partie réservée à la statue d'un dieu, dans un temple.

**Cellamare** Antonio del Giudice (duc de Giovenazzo, prince de) (Naples, 1657 – Séville, 1733), diplomate espagnol. Ambassadeur en France (1715-1718), il conspira contre le Régent (Philippe d'Orléans).

**celle** → **celui.**

**Celle** v. d'Allemagne (Basse-Saxe), sur l'Aller ; 70 250 hab. Centre industriel.

**cellérier, ère** *n* Religieux, religieuse préposé(e) aux celliers.

**cèleri-rave**

**Celle-Saint-Cloud (La)** ch.-l. de cant. des Yvelines (arr. de Saint-Germain-en-Laye) ; 21 527 hab . – Chât. (XVIIe s.) où résida Mme de Pompadour. DER **cellois, oise** *a, n*

**cellier** *nm* Pièce dans laquelle on conserve le vin et les provisions.

**Cellini** Benvenuto (Florence, 1500 – id., 1571), orfèvre et sculpteur italien, maniériste : *Salière de François Ier* (Vienne), *Persée* (loge des Lanzi, Florence). Auteur de *Mémoires*. ▷ MUS *Benvenuto Cellini* opéra en 3 actes de Berlioz (1838).

**Benvenuto Cellini** *Salière de François Ier* musée d'Histoire de l'art, Vienne

**cellophane** *nf* Pellicule cellulosique transparente servant à l'emballage. ETY Nom déposé.

**cellulaire** *a* **1** Composé de cellules. *Tissu cellulaire.* **2** De la cellule. *Division cellulaire.* **3** Relatif aux cellules des prisonniers. *Régime cellulaire. Fourgon cellulaire.* **4** Se dit d'un système de liaison téléphonique fonctionnant grâce à un réseau de relais hertziens délimitant des cellules de quelques kilomètres.

**cellular** *nm* Tissu ajouré à mailles lâches.

**cellulase** *nf* BIOCHIM Enzyme qui hydrolyse la cellulose.

**cellule** *nf* **1** Local étroit dans une prison, où une personne est enfermée. **2** Petite chambre d'un religieux, d'une religieuse. **3** Alvéole d'une ruche. **4** BIOL Le plus petit élément organisé de tout être vivant, possédant son métabolisme propre. **5** POLIT Groupement élémentaire à la base de certaines organisations politiques. **6** Groupe de personnes réunies dans un but spécial. *Cellule de crise.* **7** SOCIOL Groupe d'individus considéré comme unité constitutive de l'organisation sociale. *La cellule familiale.* **8** AVIAT Ensemble formé par la voilure et le fuselage d'un avion. LOC ***Cellule photoélectrique :*** dispositif transformant un flux lumineux en courant électrique, utilisé notam. en photographie. ETY Du lat. *cella*, « chambre ».

ENC Toutes les cellules vivantes ont en commun un certain nombre de structures. Limité par une membrane complexe, le cytoplasme (autrefois nommé protoplasme) constitue la substance fondamentale, protéique, qui stocke l'eau et les sels minéraux nécessaires aux organites qu'il baigne ; il est parcouru par un réticulum endoplasmique, bordé de grains d'ARN (ribosomes) où se synthétisent les protéines ; il contient : des mitochondries, fournisseurs de l'énergie cellulaire ; des dictyosomes (« appareil de Golgi ») ; un centrosome indispensable à la division cellulaire et constitué d'éléments qui donnent éventuellement naissance aux flagelles et aux cils. Le noyau, bien distinct chez les eucaryotes, diffus chez les procaryotes (bactéries), est enveloppé d'une membrane qui entre en relation avec le cytoplasme par des pores et par le réticulum endoplasmique ; il est constitué d'acides nucléiques et de protéines (histones) qui se rassemblent en chromosomes lors de la division et en un ou plusieurs nucléoles riches en ARN. Toutes les cellules se reproduisent constamment par division cellulaire : mitose des cellules somatiques ; méiose des cellules sexuelles, ou gamètes (spermatozoïde et ovule). Seuls les neurones (à partir d'un certain âge) ne subissent pas le cycle des divisions. V. nerf et nerveux.

**cellule-souche** *nf* Cellule qui a la faculté de se différencier en même temps qu'elle se renouvelle, pouvant ainsi engendrer tous les types de cellules de l'organisme. PLUR cellules-souches.

**cellulite** *nf* **1** Accumulation de graisse sous-cutanée qui donne à la peau un aspect capitonné, en « peau d'orange ». **2** MED Inflammation du tissu cellulaire sous-cutané, responsable de vives douleurs. DER **cellulitique** *a, n*

**celluloïd** *nm* Matière plastique très inflammable, formée de nitrocellulose plastifiée par du camphre. ETY Nom déposé.

**cellulose** *nf* Substance constitutive des parois cellulaires végétales $(C_6H_{10}O_5)_n$, dont la forme la plus pure est le coton. DER **cellulosique** *a*

**célosie** *nf* Plante d'ornement à fleurs rouges et veloutées, proche de l'amarante. SYN passe-velours.

**Celse** (en lat. *Aulus Cornelius Celsus*), médecin romain du siècle d'Auguste, adepte d'Hippocrate, auteur d'un *De arte medica*.

**Celse** (IIe s. apr. J.-C.), philosophe grec néoplatonicien, adversaire du christianisme.

**Celsius** Anders (Uppsala, 1701 – id., 1744), astronome suédois qui inventa l'*échelle Celsius* : échelle thermométrique centésimale dont le point 0 correspond à la température de la glace fondante, et le point 100 à celle de l'ébullition de l'eau sous la pression atmosphérique normale. *Degré Celsius* : degré de l'échelle Celsius (symbole °C).

**cellule animale**

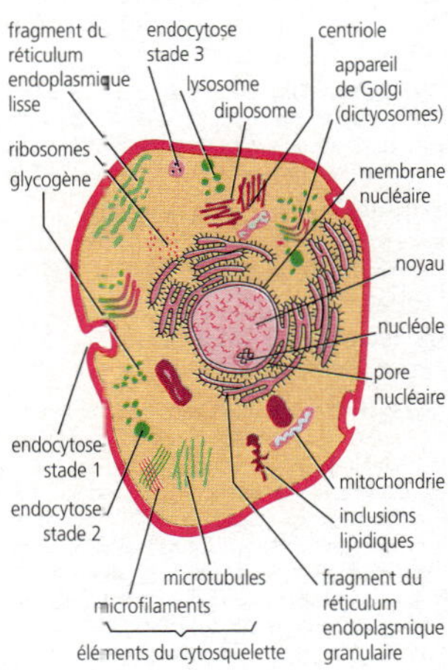


**cellule d'un végétal supérieur**

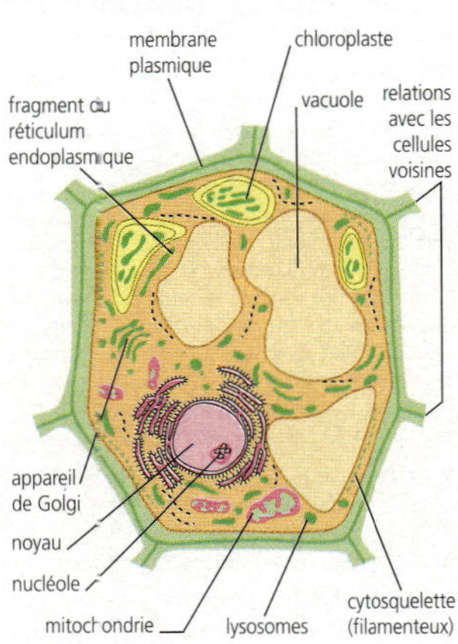


**cellules**

**celte** *nm* Ensemble des langues celtiques, d'origine indo-européenne, encore vivantes en Irlande, en Écosse, au pays de Galles et en Bretagne. VAR **celtique**

**Celtes** groupement humain de langue indo-européenne, aux origines mal définies, qui couvrit l'Europe centr., puis se répandit en Gaule, en Espagne (XIIIe-VIII[e] s. av. J.-C.), en Italie du N. (IVe s. av. J.-C.), dans les îles Britanniques. DER **celte** ou **celtique** *a*

**Celtibères** anc. peuple de l'Espagne septentrionale et centrale, produit de la fusion des Celtes et des Ibères. DER **celtibère** *a*

**Celtique** Gaule partie de la Gaule s'étendant de la Seine à la Garonne.

**celtisant, ante** *n* Spécialiste d'études celtes.

**celtisme** *nm* Adhésion aux traditions et croyances celtes. DER **celtiste** *a, n*

**celtitude** *nf* Appartenance au monde celtique.

**celui, celle** *pr dém* Désigne les personnes, les choses dont on parle. *Ceux que je connais n'habitent pas ici. Celui d'hier était meilleur.* PLUR ceux, celles. ETY Du lat.

**celui-ci, celle-ci** *pr dém* Désigne une chose, une personne rapprochée dans le temps et dans l'espace (par oppos. à *celui-là*). *Celui-ci ne fonctionne jamais.* PLUR ceux-ci, celles-ci.

**celui-là, celle-là** *pr dém* Désigne une chose, une personne plus éloignée, ce dont on a parlé précédemment (par oppos. à *celui-ci*). *J'aime la mer autant que la montagne ; celle-là est plus vivante, celle-ci plus reposante.* PLUR ceux-là, celles-là.

**Cemal Paşa** → **Djamal Pacha.**

**cembro** *nm* Pin dont les aiguilles sont groupées par cinq, fréquent dans les Alpes. SYN arolle. ETY Du germ. *zimbar*, « bois ».

**cément** *nm* **1** ANAT Couche osseuse recouvrant la racine des dents. **2** METALL Substance avec laquelle on cémente un métal. ETY Du lat. *cæmentum*, « mœllon ».

**cémentation** *nf* METALL Modification de la composition superficielle d'un métal ou d'un alliage auquel on incorpore divers éléments provenant d'un cément. DER **cémenter** *vt* 1

**cémentite** *nf* METALL Carbure de fer, $Fe_3C$, constituant des aciers.

**cénacle** *nm* **1** RELIG Salle où eut lieu la Cène et où le Saint-Esprit descendit sur les apôtres. **2** Réunion de gens de lettres, d'artistes, partageant les mêmes goûts.

**Cénacle (le)** groupe des poètes (Hugo, Vigny, etc.) et critiques romantiques qui, de 1823 à 1829, collaborèrent à *la Muse française*.

**Cenci** Francesco (1549 – 1598), tyran italien débauché, qui fut assassiné à l'instigation de sa fille **Béatrice** (1577 – 1599), de sa femme et d'un de ses fils, **Giacomo**, exécutés (1599) à la requête du pape Clément VIII. ▷ LITTER *Les Cenci*, tragédie en 5 actes de Shelley (1819).

**Cendrars** Frédéric Sauser, dit Blaise (La Chaux-de-Fonds, 1887 – Paris, 1961), écrivain français d'origine suisse. Poésie : *la Prose du Transsibérien et de la petite Jehanne de France* (1913) ; romans : *l'Or* (1925), *Moravagine* (1926) ; récits : *la Main coupée* (1946), *Bourlinguer* (1948). ▶ illustr. p. 272

**cendre** *nf* **A** Résidu pulvérulent de matières brûlées. *Cendre de bois, de cigarette.* **B** *nf pl* **1** Restes des morts. *Les cendres de Voltaire sont déposées au Panthéon.* **2** RELIG CATHOL Symbole de deuil et de mortification. LOC ***Couver sous la cendre :*** se développer insidieusement. — ***Réduire en cendres :*** détruire en brûlant ; fig anéantir. — ***Renaître de ses cendres :*** ressusciter, réapparaître, par allus. au phénix. ETY Du lat.

**cendré, ée** *a, nm* **A** *a* Qui est couleur de cendre, tirant sur le gris. *Des cheveux blond cendré.* **B** *nm* Fromage affiné dans la cendre.

**cendrée** *nf* **1** Petit plomb de chasse. **2** Mâchefer aggloméré dont on fait un revêtement pour les pistes de stade ; la piste ainsi revêtue.

**Cendres (mercredi des)** premier jour du carême, 40 jours avant le dimanche de Pâques où le prêtre signe le front des fidèles avec une pincée de cendre en signe de pénitence.

**cendreux, euse** *a* **1** Mêlé de cendre. **2** Qui a l'aspect de la cendre. *Teint cendreux.*

**cendrier** *nm* **1** Partie inférieure d'un foyer destinée à recueillir la cendre. **2** Récipient destiné à recevoir la cendre de tabac et les mégots.

**Cendrillon** conte populaire qui inspira Perrault (*Contes de ma mère l'Oye*, 1698) puis les frères Grimm (1812). ▷ MUS Mélodrame en deux actes de Rossini (1817). ▷ CINE Dessin animé de W. Disney (1950).

**-cène** Élément, du gr. *kainos*, « récent ».

**cène** *nf* **LOC** RELIG ***La Cène :*** dernier repas que Jésus-Christ prit avec ses apôtres, la veille de sa Passion, et au cours duquel il institua l'Eucharistie. — ***La sainte cène :*** la communion dans le culte protestant. ETY Du lat. *cena*, « repas du soir ».

**Cène (la)** peinture murale de Léonard de Vinci (1495-1497, couvent de Santa Maria delle Grazie à Milan).

*le Retable de* **la Cène**, de D. Bouts, 1464-1468 – église St-Pierre, Louvain

**cénesthésie** *nf* Ensemble des sensations internes contribuant à la perception qu'un sujet a de son corps. DER **cénesthésique** *a*

**Cenis (Mont-)** massif des Alpes occid. (3 320 m), entre la Maurienne et la vallée de la Doire Ripaire (Italie). La route de Lyon à Turin passe par le *col du Mont-Cenis* (2 083 m), au N. du massif. Barrage hydroélectrique.

**cenne** *nf* Canada Syn. de *cent* (monnaie).

**Blaise Cendrars**

**cénobite** *nm* Moine qui vit en communauté. ANT anachorète. DER **cénobitique** *a* – **cénobitisme** *nm*

**Cénomans** peuple celtique établi sur le Pô (VI$^e$ s. av. J.-C.) et dans la région du Mans. DER **cénoman, ane** *a*

**Cenon** ch.-l. de cant. de la Gironde (arr. de Bordeaux) ; 21 283 hab. Vins, distilleries. DER **cenonnais, aise** *a, n*

**cénotaphe** *nm* didac, litt Tombeau élevé à la mémoire d'un mort, mais ne contenant pas ses restes.

**cénozoïque** *a* GEOL Des ères tertiaire et quaternaire.

**cens** *nm* **1** ANTIQ Dénombrement des citoyens romains effectué tous les cinq ans. **2** FEOD Redevance en argent payée annuellement au seigneur. **LOC** ***Cens électoral :*** quotité d'impôt qu'un individu devait payer pour être électeur ou éligible.

**censé, ée** *a* Supposé être ou faire qqch. *Nul n'est censé ignorer la loi.* ETY Du lat. *censere*, « estimer, juger ».

**censément** *av* Par supposition, apparemment.

**censeur** *nm* **1** ANTIQ Magistrat romain chargé du recensement et investi du pouvoir de surveiller les mœurs. **2** Personne qui appartient à une commission de censure officielle. **3** Personne qui s'érige en autorité pour juger défavorablement. **4** anc Personne chargée de la discipline dans les lycées.

**censier, ère** *n, a* FEOD **A** Se dit de celui à qui était dû le cens ; celui qui le devait. **B** *nm* Recueil de droit coutumier, composé à l'instigation d'un seigneur. SYN terrier.

**censitaire** *nm, a* FEOD **A** *nm* Personne qui acquittait un cens. **B** *a* **1** Qui payait le cens électoral. **2** Qui relevait du cens électoral. *Suffrage censitaire.*

**censorat** *nm* Fonction d'un censeur ; durée de l'exercice de cette fonction.

**censure** *nf* **1** Contrôle exercé par un gouvernement sur les publications, les pièces de théâtre, les films, en vue d'accorder ou de refuser leur présentation au public ; instance administrative chargée de cet examen. **2** vieilli Action de juger, de blâmer les idées, l'œuvre ou la conduite d'autrui. *S'exposer à la censure.* **3** RELIG CATHOL Peine disciplinaire que l'Église peut infliger aux fidèles par l'intermédiaire de ses ministres. **4** PSYCHAN Opposition exercée par le sur-moi contre des pulsions inconscientes. ETY Du lat.

**censurer** *vt* ① **1** Interdire ou expurger, en parlant de la censure officielle. **2** vieilli Blâmer, critiquer. **3** RELIG CATHOL Infliger la peine de la censure à. **4** Voter une motion de censure.

**1 cent** *a num, nm* **A** *a num* **1** (Prend un *s* au plur. sauf s'il est suivi d'un autre a. num. card.) Dix fois dix (100). *Cent francs. Deux cents ans. Deux cent cinquante francs.* **2** Un nombre indéterminé, assez élevé. *Il l'a fait cent fois !* **3** Centième. *Page cent.* **B** *nm* **1** Le nombre cent. *Cent multiplié par cent.* **2** Numéro cent. *Habiter au cent.* **3** Centaine. *Deux cents d'œufs.* **LOC** fam ***(À) cent pour cent :*** totalement, entièrement. — fam ***Être aux cent coups :*** être très inquiet, s'affoler. — ***Faire les cent pas :*** aller et venir. — fam ***Faire les quatre cents coups :*** mener une vie désordonnée. — ***Pour cent :*** pour cent unités. *Bénéfice de trois pour cent (3 %).* PHO [sɑ̃] ETY Du lat.

**2 cent** *nm* Centième partie de l'unité monétaire de certains pays, notam. de l'euro de l'Union européenne, du dollar américain ou canadien. PHO [sent] ou [sɑ̃] ETY Mot amér.

**centaine** *nf* **1** Nombre de cent, ou de cent environ. *Une centaine de francs. Quelques centaines.* **2** Âge de cent ans. **LOC** ***Par centaines :*** en grand nombre.

**Cent Ans (guerre de)** conflit qui opposa la France et l'Angleterre de 1337 à 1453. La vassalité qui liait le roi d'Angleterre (pour ses fiefs franç.) au roi de France créa la discorde dès le XII$^e$ s. En 1337, Édouard III affirma, en tant que petit-fils de Philippe IV le Bel, ses droits à la couronne franç. détenue par Philippe VI de Valois depuis 1328. Entrecoupé de longues périodes de paix, ce conflit comprend quatre phases. **1.** Sous Philippe VI et Jean II le Bon, la France fut écrasée à Crécy (1346) et à Poitiers (1356) ; au traité de Brétigny (1360), l'Angleterre reçut le quart du royaume. **2.** Le règne de Charles V vit l'amorce d'une reconquête (victoires de Du Guesclin), les Angl. ne gardant en 1380 que Calais et la Guyenne. **3.** Sous Charles VI, atteint de folie, une guerre civile opposa Armagnacs et Bourguignons, et les Anglais vainquirent à Azincourt (1415). **4.** Sous Charles VII, l'impulsion donnée par Jeanne d'Arc (1429 : libération d'Orléans) entraîna la reconquête, qui s'acheva en 1453 (victoire de Castillon, en Gironde) ; seul Calais restait aux Anglais.

**Cent-Associés (Compagnie des)** compagnie créée en 1627 par Richelieu pour mettre en valeur le Canada (Nouvelle-France). VAR **Compagnie de la Nouvelle-France**

**centaure** *nm* MYTH Être fabuleux représenté comme un monstre moitié homme et moitié cheval. ETY Du gr.

Chiron, le **centaure** médecin, avec Achille – fresque d'Herculanum, Musée archéol., Naples

**Centaure (le)** constellation de l'hémisphère austral qui contient l'étoile la plus proche de la Terre : *Proxima Centauri* (environ 40 000 milliards de km). N. scientif. : *Centaurus, Centauri.*

**centaurée** *nf* BOT **1** Composée, le plus souvent à fleurs mauves ou bleues, telle que le bleuet. **2** Nom de diverses plantes, telles la centaurée bleue (labiée), la centaurée jaune et la petite centaurée (gentianacée). ETY Du gr. *kentauriê*, « plante Centaure ».

**centavo** *nm* Centième partie de l'unité monétaire dans plusieurs pays d'Amérique latine. PHO [sentavo] ou [sɑ̃tavo] ETY Mot esp.

**centenaire** *a, n* **A** Qui a cent ans. **B** *a* Qui se produit, qui est censé se produire environ tous les cent ans. *Crue centenaire.* **C** *nm* Centième anniversaire. *Fêter le centenaire de la fondation d'une ville.*

**centennal, ale** *a* Qui se produit tous les cent ans. PLUR centennaux.

**centésimal, ale** *a* Divisé en cent parties égales. *Fraction centésimale.* PLUR centésimaux. **LOC** PHYS ***Échelle centésimale :*** échelle dont chaque degré représente la centième partie de l'intervalle 0-100.

**centète** *nm* ZOOL Tanrec.

**centétidé** *nm* ZOOL Mammifère insectivore tel que le tanrec.

**centi-** Élément, du lat. *centum,* « cent », impliquant l'idée d'une division en centièmes.

**centiare** *nm* Centième partie de l'are, équivalant à 1 m² (symbole : ca).

**centième** *a, n* **A** *a num ord* Dont le rang est marqué par le nombre 100. *Le centième jour. Le centième de la liste.* **B** *nm* Chaque partie d'un tout divisé en cent parties égales. *L'augmentation a été d'un centième.* **C** *nf* Centième représentation d'une pièce de théâtre.

**centigrade** *nm* GEOM Centième partie du grade (symbole : cgr). **LOC** ***Degré centigrade :*** syn. impropre de *degré Celsius.*

**centigramme** *nm* Centième partie du gramme (symbole : cg).

**centile** *nm* STATIS Centième partie d'un ensemble de données classées.

**centilitre** *nm* Centième partie du litre (symbole : cl).

**centime** *nm* Centième partie du franc et, en France, de l'euro (*centime d'euro*).

**centimètre** *nm* **1** Centième partie du mètre (symbole : cm). **2** Règle ou ruban divisé en centimètres. *Un centimètre de couturière.* **3** PHYS Unité de longueur fondamentale de l'ancien système CGS. (DER) **centimétrique** *a*

**Cent-Jours (les)** période comprise entre le 20 mars 1815 (retour à Paris de Napoléon Ier, échappé de l'île d'Elbe) et le 22 juin 1815 (seconde abdication), après Waterloo (18 juin).

**Cent Nouvelles Nouvelles (les)** recueil de contes (1455) composés pour Philippe le Bon, duc de Bourgogne, par des rédacteurs dont le princ. semble être Antoine de La Sale (v. 1388 – apr. 1461).

**centon** *nm* LITTER Poème, texte, constitué de fragments dus à des écrivains célèbres. (ETY) Du lat.

**centrafricaine (République)** État d'Afrique équatoriale, au N. de la rép. dém. du Congo, sans débouché marit. ; 622 900 km² ; 5,6 millions d'hab. ; cap. *Bangui.* Nature de l'État : république. Langues off. : franç et sango. Monnaie : franc CFA. Princ. ethnie : Bandas (28 %). Relig. : animisme, catholicisme, islam. (VAR) **Centrafrique** (DER) **centrafricain, aine** *a, n*

**Géographie** Les affluents du Chari au N. (bassin du Tchad) et l'Oubangui au S. (bassin du Congo) drainent un vaste plateau. Le S., forestier et plus humide, concentre la pop., qui s'accroît de 3,2 % par an. L'agriculture emploie 65 % des actifs : cultures vivrières (manioc, mil) et commerciales (café, coton) ; bois, diamant et or sont exportés. Le pays est très pauvre.

**Histoire** Le N. du pays a été dominé par le Kanem et le Bornou. Des Européens explorent la rég. dans les années 1870-1880. La France constitue en 1905 la colonie de l'Oubangui-Chari (la Centrafrique actuelle). Elle entre dans l'Afrique-Équatoriale fr. en 1910. Elle devient membre de la Communauté française en 1958, sous le nom de République centrafricaine, et accède à l'indép. en 1960, avec David Dacko comme prés. En 1966, un coup d'État porte au pouvoir Jean Bedel Bokassa, prés. à vie (1972), puis empereur (1976). Désordre et répression sanglante aboutissent, avec le soutien de la France, au retour de Dacko en 1979. Après l'élection prés. de 1981, une junte militaire renverse Dacko et installe André Kolingba. Après le retour au multipartisme (1991-1992), Ange-Félix Patassé remporte l'élection prés. Il appelle l'armée française en 1996 pour repousser des troubles à Bangui. Réélu en 1999, mais vivement contesté, il est renversé en 2003 par son ancien chef d'état-major François Bozizé élu prés. en 2005, réélu en 2011. La guerre civile s'installe (2004-2007, 2012-2013). F. Bozizé s'enfuit en 2013. La France intervient militairement. L'ancien Premier ministre Faustin-Archange Touadéra est élu président en 2016.

**centrage** *nm* **1** TECH Action de centrer. **2** Action de placer les axes de différents éléments sur une même droite.

**central, ale** *a, n* **A** *a* **1** Qui est au centre. *Place centrale.* **2** Principal, où tout converge ; qui distribue, diffuse. *Pouvoir central. Chauffage central.* **B** *nm* Bureau, poste assurant la centralisation des communications téléphoniques ou télégraphiques. PLUR centraux. **C** *nf* **1** Groupement de fédérations syndicales. **2** Usine productrice d'énergie. *Centrale nucléaire, hydraulique.* **LOC** ***Centrale d'achat :*** organisme commun à plusieurs entreprises dont il centralise les achats. — AERON ***Centrale inertielle :*** ensemble d'appareils de mesure capable de déterminer la position d'un véhicule. — MECA ***Force centrale :*** force dont la direction passe par un point fixe. — ***Maison centrale*** ou ***centrale :*** établissement pénitentiaire recevant les détenus condamnés à des peines supérieures à un an. ▶ illustr. p. 274

**centrale des arts et manufactures (École)** établissement public d'enseignement supérieur qui forme des ingénieurs des corps de l'État depuis 1829, à Châtenay-Malabry (Paris jusqu'en 1969). (VAR) **Centrale**

**centralien, enne** *n* Élève ou ancien élève de l'École centrale des arts et manufactures.

**centraliser** *vt* ① Concentrer, réunir en un même centre, sous une même autorité. *Centraliser les pouvoirs.* (DER) **centralisateur, trice** *a* – **centralisation** *nf*

**centralisme** *nm* **1** Système gouvernemental qui consiste à centraliser le pouvoir de décision dans les domaines politiques et économiques importants. **2** Mode d'organisation d'un syndicat ou d'un parti qui interdit la constitution de tendances. (DER) **centraliste** *a, n*

**centralité** *nf* didac Fait d'être au centre, position centrale.

**Central Park** parc new-yorkais situé dans le centre de Manhattan.

**centraméricain** → **Amérique centrale.**

**centranthe** *nm* Valérianacée, dont une espèce ornementale, aux corymbes de fleurs rouges, pousse sur les murs. SYN lilas d'Espagne ou barbe-de-Jupiter. (ETY) Du gr. *kentron,* « aiguillon ».

**centrasiatique** → **Asie centrale.**

**centration** *nf* **LOC** PSYCHO ***Loi, effet de centration :*** concentration de l'attention sur un stimulus au détriment des autres stimuli présents dans le champ perceptif.

**centre** *nm* **1** Point situé à égale distance de tous les points d'une circonférence ou de la surface d'une sphère. **2** Milieu d'un espace quelconque. *Le centre de l'agglomération.* **3** POLIT Partie d'une assemblée politique qui siège entre la droite et la gauche. **4** PHYS, MECA Point d'application de la résultante des forces exercées sur un corps. **5** ANAT Région du système nerveux central qui commande le fonctionnement de certains organes vitaux. **6** fig Point d'attraction. *Centre d'intérêt.* **7** Point de grande concentration d'activité ; point d'où s'exerce une action. *Centre commercial. Centre culturel.* **8** Organisme assurant la centralisation de certaines activités. *Centre national de la recherche scientifique (CNRS). Centre hospitalier universitaire (CHU).* **LOC** ***Centre d'aide par le travail (CAT) :*** institution destinée à favoriser l'insertion sociale des handicapés. — ***Centre d'appel :*** entreprise travaillant grâce au téléphone (vente, dépannage, etc.). — PHYS ***Centre de gravité :*** point par lequel passe la résultante des forces dues à un champ de gravitation uniforme. — ***Centre de loisirs :*** structure organisant des activités périscolaires. — PHYS ***Centre de masse*** ou ***d'inertie (d'un système de points matériels) :*** barycentre de ces points affectés de leurs masses. — PHYS ***Centre de poussée :*** point d'application de la résultante des forces qui s'exercent sur un corps. — GEOM ***Centre de symétrie :*** point C qui fait correspondre à tout point A d'une figure un point A' tel que CA' = CA. — ***Centre optique :*** point de l'axe d'une lentille ou d'un miroir, tel que tout rayon y passant ne soit ni dévié, ni réfléchi. — SPORT ***Faire un centre :*** ramener le ballon de l'aile vers l'axe du terrain. (ETY) Du lat.

**Centre-Val de Loire** Région française et de l'UE, formée des dép. du Cher, d'Eure-et-Loir, de l'Indre, d'Indre-et-Loire, du Loir-et-Cher et du Loiret ; 39 150 km² ; 2 571 000 hab. ; cap. *Orléans.*

**Géographie** Partie S. du Bassin parisien, le Centre est traversé d'E. en O. par la Loire. Doux et océanique, le climat favorise une agriculture puissante et variée (céréales : 1er rang de l'UE, pour le blé) ; vignoble et horticulture du val de Loire ; élevage ; sylviculture. Le patrimoine touristique est considérable : châteaux de la Loire, cath. de Bourges et de Chartres. Centrales nucléaires sur la Loire. La Région a bénéficié de la décentralisation industrielle.

**Centre** Région du Portugal et de l'UE ; 23 671 km$^2$ ; 1 783 700 hab. ; cap. *Coïmbre.*

**Centre (canal du)** canal qui relie la Saône à la Loire (114 km).

**centré, ée** *a* MECA Qui tourne autour d'un point. **LOC** MATH ***Variable aléatoire centrée :*** variable dont l'espérance mathématique est nulle.

**centre-auto** *nm* Magasin d'articles destinés à l'automobile. PLUR centres-autos.

**Centre-du-Québec** région admin. du Québec, sur la rive S. du Saint-Laurent ; v. princ. *Drummondville.*

**centre-fort** *nm* Centre de dépôt et de tri de fonds bancaires. PLUR centres-forts.

**Centre national d'art et de culture Georges-Pompidou** → **Pompidou.**

**Centre national de la recherche scientifique (CNRS)** établissement public français créé en 1939 pour développer la recherche fondamentale et appliquée.

**Centre national du livre** établissement public, fondé en 1973 *(Centre national des lettres),* qui aide les auteurs et les éditeurs.

**centrer** *vt* [1] **1** Déterminer le centre d'une figure, d'un objet. **2** Placer, ramener au centre. **3** TECH Régler les pièces tournantes d'une machine, la position de leurs axes de rotation. **4** SPORT Envoyer le ballon vers l'axe du terrain. **5** fig Axer sur. *Centrer le débat sur une question.*

**centreur** *nm* TECH Appareil qui sert à centrer.

**centre-ville** *nm* Quartier central d'une ville, le plus ancien et le plus animé. PLUR centres-villes.

**centrifugation** *nf* TECH Séparation, sous l'action de la force centrifuge, de particules en suspension dans un liquide, un mélange.

**centrifuge** *a* Qui tend à éloigner du centre. *Force centrifuge.* ANT centripète. **LOC** ***Pompe centrifuge :*** dans laquelle le fluide circule du centre vers l'extérieur du corps de la pompe.

**centrifuger** *vt* [13] TECH Soumettre à la centrifugation.

**centrifugeur, euse** *n* **A** TECH Appareil utilisé pour la centrifugation. **B** *nf* Appareil utilisé pour faire du jus de fruits, de légumes.

**centriole** *nm* BIOL Corpuscule central du centrosome.

**centripète** *a* Qui tend à rapprocher du centre d'une trajectoire ; qui est dirigé vers le centre. *Force centripète.* ANT centrifuge. **LOC** PHYS ***Accélération centripète :*** composante de l'accélération dirigée vers le centre de courbure de la trajectoire. — PHYSIOL ***Nerfs centripètes :*** qui conduisent l'excitation de la périphérie vers le centre.

**centrisme** *nm* POLIT Position politique, idéologie de ceux qui siègent au centre, à l'Assemblée, entre les conservateurs et les progressistes. *Centrisme de gauche, de droite.* [DER] **centriste** *a, n*

**centro-** Élément, du lat. *centrum,* « centre ».

**centromère** *nm* BIOL Zone de constriction qui sépare le chromosome en deux bras et joue un rôle important lors de la division cellulaire.

**centrosome** *nm* BIOL Organite cellulaire situé près du noyau, qui devient le centre organisateur de la formation du fuseau achromatique lors de la division cellulaire.

**centrospermale** *nf* BOT Dicotylédone assez primitive telle que les chénopodiacées, les cactacées, etc.

**centumvir** *nm* ANTIQ ROM Un des cent magistrats désignés chaque année. [PHO] [sɑ̃tɔmviʀ] [ETY] Du lat.

**centuple** *a, nm* **A** *a* Qui vaut cent fois. *Nombre centuple d'un autre.* **B** *nm* Quantité qui vaut cent fois une autre quantité. *Le centuple de dix*

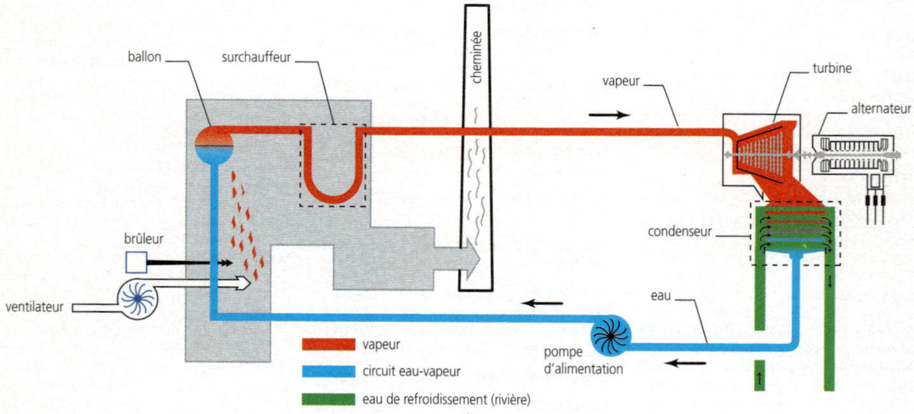


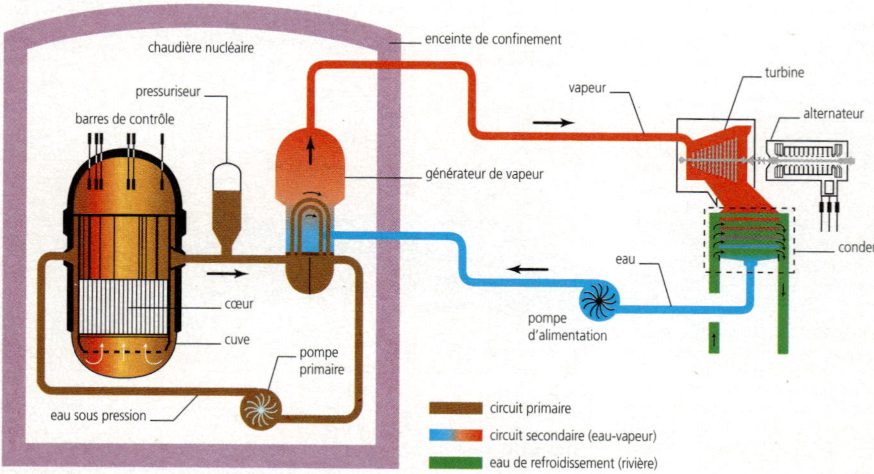


**centrale** thermique (en haut) et **centrale** nucléaire à eau sous pression (en bas)

est mille. **LOC** *Au centuple* : un grand nombre de fois en plus. ETY Du lat.

**centupler** *vt* 1 **1** Multiplier par cent, rendre cent fois plus grand. **2** Augmenter de manière considérable. *Centupler sa fortune en spéculant.*

**centurie** *nf* ANTIQ ROM **1** Subdivision administrative qui comprenait cent citoyens. **2** Unité militaire de cent soldats. **3** LITTER Ouvrage d'histoire dont les chapitres correspondent à des siècles. ETY Du lat.

**centurion** *nm* ANTIQ ROM Officier subalterne de l'armée romaine, placé à la tête d'une centurie.

**Cent Vingt Journées de Sodome (les)** récit de Sade (1785). ▷ CINE *Salo ou les Cent Vingt Journées de Sodome* de Pasolini (1975).

**cénure → cœnure.**

**cep** *nm* **1** Pied de vigne. **2** AGRIC Partie de la charrue qui porte le soc. ETY Du lat.

**cépage** *nm* Variété de vigne cultivée.

**cèpe** *nm* Variété de champignons comestibles, constituée de quelques espèces de bolets. ETY Du gascon *cep*, « tronc ». ▶ pl. **champignons**

**cépée** *nf* SYLVIC Touffe de plusieurs tiges de bois ayant poussé à partir de la souche d'un arbre. SYN trochée.

**cependant** *conj, av* **A** *conj* Néanmoins, toutefois, malgré cela. *Vous avez été très brillant, j'ai cependant un reproche à vous faire.* **B** *av* VX Pendant ce temps-là. **LOC** litt *Cependant que* : pendant que, en même temps que.

**céphalalgie** *nf* MED Mal de tête.

**céphalaspide** *nm* PALEONT Agnathe (fin du primaire) à l'avant du corps recouvert d'une cuirasse, muni d'un œil pinéal.

**-céphale, -céphalie, céphalo-** Éléments, du gr. *kephalê*, « tête ».

**Céphale** héros de la myth. grecque, amant d'Éôs (l'« Aurore »), puis époux de Procris, qu'il tua accidentellement.

**céphalée** *nf* Céphalalgie violente et tenace.

**céphalique** *a* ANAT Relatif à la tête. **LOC** ANTHROP *Indice céphalique* : rapport du diamètre transverse au diamètre antéropostérieur du crâne. — ANAT *Veine céphalique* : grosse veine superficielle du bras.

**céphalocordé** *nm* ZOOL Cordé tel que l'amphioxus chez lequel la corde dorsale se prolonge jusque dans la tête.

**Céphalonie** la plus grande des îles Ioniennes (Grèce) ; 935 km$^2$ ; 32 300 hab.

**céphalopode** *nm* ZOOL Mollusque chez lequel le pied, rabattu vers l'avant autour de la bouche, est découpé en tentacules le plus souvent garnis de ventouses, tel que le nautile, la seiche, le calmar et le poulpe.

**céphalorachidien, enne** *a* ANAT, MED Qui a rapport à la tête et au rachis. **LOC** *Liquide céphalorachidien* : liquide contenu dans les espaces méningés dont l'examen permet de déceler une méningite, une encéphalite, etc.

**céphalosporine** *nf* PHARM Antibiotique faisant partie d'un groupe isolé à partir d'un champignon microscopique.

**céphalothorax** *nm* ZOOL Partie antérieure du corps des arachnides et des crustacés décapodes dont la tête et le thorax sont soudés ou protégés par une carapace commune.

**Céphée** constellation de l'hémisphère boréal. Elle contient l'étoile δ *Céphée*, prototype des céphéides, à l'éclat variable.

**céphéide** *nf* ASTRO Étoile pulsante dont δ Céphée est le prototype et dont l'éclat varie périodiquement.

**CERA** *nm* PHARM Molécule favorisant le transport de l'oxygène, variante améliorée de l'EPO. ETY Acronyme de l'angl. *continous erythropoiesis receptor activator*.

**céraiste** *nm* Petite plante herbacée (caryophyllacée) à fleurs blanches, cultivée comme ornementale.

**céralin** *nm* Matériau obtenu par transformation de l'enveloppe du grain de blé ou de riz. ETY Nom déposé. De *céréale*.

**Céram** île d'Indonésie (Moluques) ; 17 150 km$^2$ ; 110 000 hab. Pétrole.

**cérambycidé** *nm* ENTOM Coléoptère caractérisé par ses longues antennes et dont les larves creusent le bois. SYN longicorne ou capricorne. ETY Du lat.

**cérame** *a* **LOC** *Grès cérame* : qui sert à faire des vases, des appareils sanitaires, des carrelages.

**céramide** *nm* BIOL Molécule organique, constituant principal de certains lipides des membranes cellulaires et de la myéline.

**céramique** *nf, a* **A** *nf* **1** Art du potier ; art du façonnage et de la cuisson des objets en terre cuite. **2** Matière dont sont faits ces objets. **3** TECH Matériau manufacturé qui n'est ni organique ni métallique. **4** CHIM Produit obtenu par chauffage avec un liant ou par cuisson d'une poudre minérale. **B** *a* **1** Relatif à la fabrication des objets en terre cuite. *Les arts céramiques.* **2** Se dit d'une civilisation qui connaît la céramique. ETY Du gr. *keramos*, « argile ».

**Céramique (le)** quartier situé au N.-O. de l'anc. Athènes. On y faisait de la céramique.

**céramiste** *n* Personne qui fabrique des objets en céramique.

**céramologie** *n* Étude scientifique des céramiques. DER **céramologique** *a* – **céramologue** *n*

**cérargyrite** *nf* MINER Chlorure naturel d'argent. ETY Du gr. *keras*, « corne », et *arguros*, « argent ».

**céraste** *nm* ZOOL Vipère du Sahara et d'Arabie, appelée *vipère cornue* en raison des protubérances cornées qu'elle porte au-dessus des yeux.

**cérat** *nm* PHARM Onguent à base de cire et d'huile. ETY Du lat.

**cératias** *nm* Poisson téléostéen abyssal dont la tête est munie d'appendices tactiles et lumineux. PHO [serasjas] ETY Du gr. *keras*, « corne ».

**cératodus** *nm* Poisson dipneuste des rivières australiennes qui possède des branchies et un poumon. ETY Du gr. *keras*, « corne », et *odous*, « dent ».

**cératopsien** *nm* PALEONT Dinosaurien cuirassé du crétacé.

**cerbère** *nm* litt Gardien intraitable. ETY Du chien *Cerbère*.

**Cerbère** com. des Pyr.-Orient. (arr. de Céret), au N. du *cap Cerbère* (frontière franco-espagnole) ; 1 465 hab. Port de pêche. Station balnéaire. DER **cerbérien, enne** *a, n*

**Cerbère** dans la myth. gr., chien à trois, cinquante ou cent têtes qui gardait les Enfers. Orphée le charma avec sa lyre.

**cercaire** *nf* ZOOL Larve de trématode (douve) possédant une queue.

**cerce** *nf* CONSTR **1** Armature circulaire. **2** Calibre qui permet de donner à un ouvrage une forme bombée.

**cerceau** *nm* **1** Lame circulaire de fer ou de bois, utilisée comme armature. *Cerceau de tonneau.* **2** Jouet d'enfant, cercle de bois léger que l'on fait rouler en le poussant à l'aide d'une baguette. **3** Demi-cercle de bois, de fer. *Cerceau de tonnelle.* ETY Du lat.

**Cerceau → Androuet du Cerceau.**

**cerclage** *nm* **1** Action de cercler. **2** MED Resserrement chirurgical du col de l'utérus pour éviter une fausse couche.

**cercle** *nm* **1** GEOM Courbe plane fermée, dont tous les points sont à égale distance d'un point appelé centre. **2** Périmètre d'un cercle ; ligne circulaire. *L'aigle décrit des cercles dans le ciel.* **3** Objet de forme circulaire. **4** ASTRO Instrument qui sert à mesurer les angles au moyen d'un cercle gradué. *Cercle méridien.* **5** TECH Cerceau de tonneau ; tonneau. *Vin en cercles.* **6** Personnes, objets formant une circonférence. *Un cercle de chaises.* **7** Réunion de personnes dans un local réservé ; ce local lui-même. *Cercle littéraire, politique.* **8** fig Étendue. *Le cercle de nos connaissances.* **LOC** *Cercle de qualité* : groupe de personnes qui, dans une entreprise, a pour fonction de veiller à la qualité des produits. — GEOM *Cercle d'Euler* : cercle qui passe par les milieux des côtés d'un triangle, les pieds des hauteurs et les milieux des segments compris entre les sommets et l'orthocentre. — ASTRO *Cercle horaire d'un astre* : demi-grand cercle de la sphère céleste locale, qui passe par les pôles célestes et la direction de l'astre. — PHYS *Cercle oculaire* : pupille de sortie d'un instrument d'optique, sur laquelle l'observateur place son œil. — *Cercle vertueux* : situation qui va d'elle-même en s'améliorant, du fait de la pertinence des mesures prises. — *Cercle vicieux* : raisonnement défectueux qui démontre une proposition à l'aide d'une autre proposition, laquelle à son tour est démontrée par la première ; situation sans issue. ETY Du lat. ▶ pl. **géométrie**

**cercler** *vt* 1 Garnir, entourer de cercles, de cerceaux. *Cercler un tonneau.*

**cercopithécidé** *nm* ZOOL Singe catarhinien tel que le macaque et le babouin.

**cercopithèque** *nm* ZOOL Singe catarhinien d'Afrique à longue queue.

**cercopithèque** de Brazza

**cercosporiose** *nf* Maladie cryptogamique des plantes.

**cercueil** *nm* Coffre dans lequel on enferme un cadavre pour l'ensevelir. SYN bière. ETY Du gr. *sarkophagos*, « qui détruit les chairs ».

**Cerdagne (la)** (en catalan *Cerdanya*), pays des Pyrénées orient., partagé en 1659 entre l'Espagne et la France ; villes princ. : *Montlouis* (Pyr.-Orient.) et *Puigcerdá* (Catalogne). DER **cerdan, ane** *a, n*

**Cerdan Marcel** (Sidi-bel-Abbès, 1916 – Açores, 1949), boxeur français ; champion du monde des poids moyens en 1948. Mort dans un accident d'avion.

**Cère (la)** riv. de France (110 km), affl. de la Dordogne (r. g.) ; naît au Plomb du Cantal.

**céréale** *nf* **A** Nom générique de toutes les plantes cultivées pour leur production de grains. *Le blé, le seigle, l'avoine, l'orge, le maïs, le riz, le millet sont des céréales.* **B** *nf pl* Produit à base de grains de céréales que l'on consomme dans du lait au petit déjeuner. ETY De Cérès, déesse des moissons.

**céréaliculture** *nf* Culture des céréales.

**céréalier, ère** *a, nm* **A** *a* De céréales. *Culture céréalière.* **B** *nm* **1** Producteur de céréales. **2** Navire conçu pour le transport des céréales.

**cérébelleux, euse** *a* ANAT Relatif au cervelet. **LOC** MED ***Syndrome cérébelleux*:** dû à une lésion du cervelet.

**cérébellite** *nf* MED Encéphalite localisée dans le cervelet.

**cérébral, ale** *a, n* **A** *a* **1** ANAT Qui concerne le cerveau. *Une hémorragie cérébrale.* **2** Qui a trait à l'esprit, à l'intellect. *Le travail cérébral.* **B** *a, n* Chez qui l'intellect prime la sensibilité. PLUR cérébraux. ETY Du lat. DER **cérébralité** *nf*

**cérébroside** *nm* BIOCHIM Substance non phosphorée comportant des molécules d'oses, présente notam. dans les membranes cellulaires des neurones.

**cérébrospinal, ale** *a* Du cerveau et de la moelle épinière. PLUR cérébrospinaux.

**cérébrovasculaire** *a* Qui concerne les vaisseaux du cerveau. *Accident cérébrovasculaire.*

**cérémonial** *nm* **1** Usage réglé que l'on observe lors de certaines cérémonies. *La Légion d'honneur lui a été remise suivant le cérémonial d'usage.* **2** RELIG Livre contenant les règles du cérémonial des fêtes liturgiques. PLUR cérémonials.

**cérémonialiser** *vt* ① SOCIO Donner un caractère cérémoniel à un évènement.

**cérémonie** *nf* **1** Ensemble des formes extérieures réglées pour donner de l'éclat à une solennité religieuse ou à un évènement important de la vie sociale. *Une cérémonie liturgique. Les cérémonies d'une visite officielle.* **2** péjor Politesse exagérée, importune. *Faire des cérémonies.* **LOC** ***Sans cérémonies*:** en toute simplicité. ETY Du lat. DER **cérémoniel, elle** *a*

**cérémonieux, euse** *a* Qui fait trop de cérémonies, affecté. *Un ton cérémonieux.* DER **cérémonieusement** *av*

**Cérès** déesse latine des Moissons, identifiée à la Déméter grecque.

**Cérès** planète naine de 940 km de diamètre ; révolution : 1 680 jours.

**Céret** ch.-l. d'arr. des Pyr.-Orient., sur le Tech ; 7 291 hab.Musée d'art moderne. DER **cérétan, ane** *a, n*

**céreux, euse** *a* Se dit des composés trivalents du cérium.

**cerf** *nm* Mammifère ruminant mâle de la famille des cervidés, portant des bois qui se renouvellent chaque année avant le rut. PHO [sɛʀ] ETY Du lat.

**cerf** commun d'Europe

**cerfeuil** *nm* Ombellifère cultivée pour ses feuilles aromatiques, qu'on utilise comme condiment.

**cerf-volant** *nm* **1** Lucane. **2** Armature légère, tendue de papier ou de toile, qu'on fait monter en l'air en la tirant contre le vent avec une ficelle. PLUR cerfs-volants.

**cerf-voliste** *n* Personne qui fait évoluer des cerfs-volants. PLUR cerfs-volistes.

**Cergy** ch.-l. de cant. du Val-d'Oise (arr. de Pontoise), sur l'Oise ; 57 576 hab. Elle fait partie de la ville nouvelle de *Cergy-Pontoise* (11 com., 300 000 hab.). La préfecture du Val-d'Oise est établie à Cergy. – Université. DER **cergyssois, oise** *a, n*

**céride** *nm* BIOCHIM Lipide simple, constituant majeur des cires.

**cérifère** *a* didac Qui produit de la cire.

**cérificateur** *nm* TECH Appareil utilisé en apiculture pour fondre et épurer la cire.

**cérique** *a* CHIM Se dit des composés du cérium tétravalent.

**cerisaie** *nf* Plantation de cerisiers.

**Cerisaie (la)** pièce de Tchekhov (1904).

**cerise** *nf, a inv* **A** *nf* **1** Fruit comestible du cerisier. **2** fam Manque de chance, déveine, guigne. **B** *a inv* De la couleur de la cerise, rouge vif. *Des robes cerise.* **LOC** fam ***La cerise sur le gâteau*:** le comble, le couronnement de qqch. ETY Du lat.

**cerisier** *nm* Arbre (rosacée) cultivé pour ses fruits (cerises et griottes) et son bois utilisé en ébénisterie.

**cérite** *nf* MINER Silicate naturel hydraté de cérium, dont la température de fusion est très élevée (plus de 2 700 °C). VAR **céritite**

**cérithe** *nm* Mollusque gastéropode à coquille hélicoïdale très allongée, qui, à l'état fossile, abonde dans les calcaires tertiaires du bassin parisien. ETY Du gr. *kêrukion*, « buccin ».

**cérium** *nm* CHIM **1** Élément de la famille des lanthanides, de numéro atomique Z = 58 et de masse atomique 140,12 (symbole Ce). **2** Métal (Ce) qui fond à 795 °C. PHO [seʀjɔm]

**cermet** *nm* CHIM Matériau composé d'une céramique associée à un métal.

**Cern** acronyme pour *Conseil* (puis *Centre*) *européen pour la recherche nucléaire*, fondé en 1952 par douze États européens. Son siège est à Meyrin, près de Genève, où il utilise le plus grand collisionneur du monde. VAR **CERN**

**Cernanti** → **Tchernovitsi.**

**Cernay** ch.-l. de cant. du Haut-Rhin (arr. de Thann) ; 10 446 hab. – Restes de fortifications du XIIIe s. – César y vainquit le chef germain Arioviste en 58 av. J.-C. DER **cernéen, enne** *a, n*

**cerne** *nm* **1** Cercle bleu ou bistre, qui entoure parfois les yeux. **2** Cercle livide autour d'une plaie. **3** BOT Chacun des cercles concentriques visibles sur la section du tronc d'un arbre et correspondant à une période de végétation. ETY Du lat.

**cerné, ée** *a* Entouré d'un cerne.

**cerneau** *nm* Amande de la noix verte.

**cerner** *vt* ① **1** Faire comme un cerne autour de. **2** Entourer d'un trait un dessin, une figure. **3** Entourer, investir un lieu en le coupant de toute communication avec l'extérieur. *Cerner une place forte.* **LOC** ***Cerner des noix*:** retirer leur coque pour en faire des cerneaux. — ***Cerner un arbre*:** en détacher une couronne d'écorce. — ***Cerner une question, un problème*:** préciser ses limites, l'appréhender. DER **cernable** *a*

**Cernuda** Luis (Séville, 1902 – Mexico, 1963), poète espagnol influencé par le surréalisme : *les Nuages* (1937-1940), *la Désolation de la chimère* (1956-1962).

**Cernuschi** Enrico (Milan, 1821 – Menton, 1896), banquier italien. Il a légué à la Ville de Paris sa collection d'art extrême-oriental et son hôtel partic. (musée Cernuschi).

**cerisier**

**céroplastique** *nf* Modelage de la cire.

**cerque** *nm* ZOOL Chacun des appendices situés à l'extrémité de l'abdomen de certains insectes, qui jouent parfois un rôle dans l'accouplement. ETY Du gr.

**Cerro de Pasco** ville du Pérou ; 64 800 hab. ; ch.-l. du dép. de Pasco. Centre minier très important (argent, houille, vanadium, bismuth).

**cers** *nm* Vent d'O. ou de N.-O. dans le Roussillon et le Languedoc. PHO [sɛʀs] ETY Mot provenç.

**certain, aine** *a, pr, nm* **A** *a* **1** Sûr, indubitable. *La nouvelle est certaine.* **2** Se dit d'une personne assurée de la vérité de qqch, qui en a la certitude. *Je suis certain de ce que j'avance.* **3** Se dit, en un sens vague, des personnes et des cho-

**céréales** de g. à dr., avoine, orge, seigle, mil

ses en quantité indéfinie. *Depuis un certain temps. Il jouit d'une certaine considération. Un homme d'un certain âge. Dans certains cas.* **B** *pr pl* Quelques personnes. *Certains sont venus.* **C** *nm* FIN Prix de change acquitté par une monnaie dont la valeur est fixe. *Le taux de change est coté au certain à Londres.* ETY Du lat.

**certainement** *av* **1** D'une manière certaine, indubitable. *Il ne viendra certainement pas.* **2** En vérité, assurément. *Il a certainement de vastes connaissances.* **3** Oui, absolument. *Le ferez-vous ? – Certainement.*

**Certains l'aiment chaud** film (comédie) de B. Wilder (1959) : avec Marilyn Monroe, Tony Curtis (né en 1925) et Jack Lemmon (1925-2001).

**certes** *av* **1** Assurément, en vérité. *Oui, certes !* **2** Indique une concession. *C'est un bon vin, certes, mais un peu jeune.*

**certificat** *nm* **1** Écrit émanant d'une autorité et qui fait foi d'un fait, d'un droit. *Certificat médical.* **2** Attestation, diplôme prouvant la réussite à un examen ; cet examen lui-même. **LOC** FIN ***Certificat de dépôt*** : placement à court terme au taux du marché monétaire. — ***Certificat de travail*** : remis par l'employeur pour indiquer la nature et la durée du travail du salarié. — FIN ***Certificat d'investissement*** : titre représentant une action mais ne donnant pas de droit de vote au porteur.

**certificateur, trice** *a, n* DR Qui certifie, garantit qqch. *Organisme, label certificateur.*

**certification** *nf* DR Assurance, donnée par écrit, de la régularité d'une pièce, d'un acte, d'une saisie, de l'authenticité d'une signature.

**certifié, ée** *n, a* Personne titulaire du CAPES. *Une certifiée d'anglais.*

**certifier** *vt* ② **1** Assurer, attester qu'une chose est vraie, certaine. *Je vous certifie que ce renseignement est exact.* **2** DR Garantir. *Certifier un chèque.* **LOC** ***Copie certifiée conforme*** : garantie conforme à l'original par une autorité compétente.

**certitude** *nf* **1** Qualité de ce qui est certain. **2** Conviction qu'a l'esprit d'être dans la vérité.

**Cérulaire** Michael Keroularios (en fr. *Michel*) (Constantinople, v. 1000 – id., 1059), patriarche de Constantinople (1043-1059). Excommunié par les légats du pape (16 juil. 1054), il réunit un synode qui les excommunia (25 juil. 1054) ; le schisme entre les Églises de Rome et d'Orient était consommé. Accusé de complot, Cérulaire mourut en prison.

**céruléen, enne** *a* litt De couleur bleue, azur. ETY Du lat.

**cérumen** *nm* Matière molle, jaunâtre et grasse, sécrétée par les glandes sébacées du conduit auditif externe qu'elle lubrifie et protège. PHO [serymen] ETY Du lat. *cera*, « cire ». DER **cérumineux, euse** *a*

**céruse** *nf* CHIM Carbonate basique de plomb, utilisé comme pigment blanc, abandonné du fait de sa toxicité. SYN blanc d'argent. ETY Du lat.

**cérusite** *nf* MINER Carbonate naturel de plomb.

**Cervantès** Miguel de Cervantes Saavedra, en fr. (Alcalá de Henares, 1547 – Madrid, 1616), écrivain espagnol. Soldat, il fut prisonnier des pirates barbaresques de 1575 à 1580. Il écrivit des comédies et publia : en 1585, un roman pastoral, *Galatée* ; en 1605, la première partie de *Don Quichotte de la Manche* ; en 1613, ses *Nouvelles exemplaires* ; en 1614, le *Voyage au Parnasse* ; en 1615, une série de comédies (*Ocho Comedias*) et la seconde partie de *Don Quichotte*.Ce chef-d'œuvre exprime l'opposition entre le réel et l'idéal.

**cerveau** *nm* **1** ANAT Partie antérieure de l'encéphale. **2** Substance nerveuse contenue dans la boîte crânienne. **3** Facultés mentales, esprit. **4** fam, fig Personne très intelligente. **5** fig Centre intellectuel ; centre de direction. **LOC** fam ***Avoir le cerveau dérangé*** : être fou. ETY Du lat.

ENC Le cerveau, que divise en deux hémisphères symétriques un sillon antéropostérieur et que de nombreuses scissures répartissent en lobes, est formé de substance blanche et de substance grise. Parmi les diverses cavités liquidiennes qu'il renferme, les plus importantes sont les deux ventricules latéraux. Le cerveau comprend les centres de la mémoire, de la sensibilité, de la motricité, du langage, etc. V. encéphale.

**cervelas** *nm* Saucisson cuit, gros et court, assaisonné d'ail. ETY De l'ital.

**cervelet** *nm* ANAT Partie de l'encéphale, située au-dessous des hémisphères cérébraux et en arrière du bulbe et de la protubérance, assurant le contrôle de l'équilibre et la coordination des mouvements.

**cervelle** *nf* **1** Substance nerveuse qui constitue le cerveau. **2** CUIS Cerveau de certains animaux, destiné à la consommation. **3** fig Facultés mentales, esprit. *Cela lui a troublé la cervelle.* **LOC** ***Avoir une cervelle d'oiseau, de moineau*** : être sot ou distrait. — CUIS ***Cervelle de canut*** : fromage blanc battu à l'ail et aux fines herbes (spécialité lyonnaise).

**Cerveteri** (anc. *Chisra*, à l'époque étrusque ; *Caere*, à l'époque romaine), ville d'Italie (Latium) ; 8 500 hab. – Nécropole étrusque (tombeaux dits « des Tarquins »).

tombe de l'alcôve, nécropole de **Cerveteri**, VII^e-VI^e s. av. J.-C.

**cervical, ale** *a* ANAT **1** Du cou. *Vertèbre cervicale.* **2** Du col utérin. *Glaire cervicale.* **3** Du col de la vessie. PLUR cervicaux. ETY Du lat.

**cervicalgie** *nf* MED Douleurs de la région du cou.

**cervicarthrose** *nf* MED Arthrose de la colonne cervicale.

**cervicite** *nf* MED Inflammation des cols utérin ou vésical.

**cervicobrachial, ale** *a* ANAT Qui siège au niveau du plexus brachial. PLUR cervicobrachiaux.

**cervidé** *nm* ZOOL Mammifère artiodactyle ruminant, caractérisé par les bois pleins, caducs, que le mâle porte sur le front, tels le cerf, le chevreuil, le daim, l'élan.

**cervier** *am* → **loup-cervier.**

**Cervin (mont)** (en all. *Matterhorn*), aiguille des Alpes du Valais (4 478 m), en Suisse ; domine la vallée de Zermatt.

**cervoise** *nf* Bière que les Anciens fabriquaient avec de l'orge ou du blé. ETY Mot gaul.

**ces** → **ce.**

**CES** *nm* Abrév. de *contrat-emploi-solidarité*, emploi précaire (un an maximum) créé pour lutter contre le chômage.

**Césaire (saint)** (Chalon-sur-Saône, 470 – Arles, 542), évêque d'Arles, vicaire du Saint-Siège en Gaule ; adversaire de l'arianisme.

**Césaire** Aimé (Basse-Pointe, Martinique, 1913 – Fort-de-France, 2008), écrivain et homme polit. français : député de la Martinique de 1945 à 1993. Poète d'inspiration surréaliste (*Soleil cou coupé*, 1948, *Cadastre*, 1961) et anticolonialiste (*Cahier d'un retour au pays natal*, 1939), *la Tragédie du roi Christophe* (1963) et *Une saison au Congo* (1965).

Cervantès

A. Césaire

**Césalpin** Andrea Cesalpino (en fr. *André*) (Arezzo, 1519 – Rome, 1603), médecin et naturaliste italien. Le premier, il postula la reproduction sexuée chez les végétaux.

**césalpiniacée** *nf* BOT Légumineuse, telle que l'arbre de Judée, le canéficier, le campêche, etc. ETY Du n. pr.

**1 césar** *nm* **1** HIST Empereur romain. **2** Despote. ETY De Jules César. DER **césarien, enne** *a*

**2 césar** *nm* Prix cinématographique décerné chaque année en France. ETY Du sculpteur César.

**César** Caius Julius Cæsar (en fr. *Jules*) (Rome, 100 – id., 44 av. J.-C.), général et homme politique romain. Issu d'une illustre famille patricienne, il forma en 60 av. J.-C. un triumvirat avec Pompée et Crassus. Élu consul en 59, il reçut en 58 le gouv. de l'Illyrie, de la Gaule cisalpine et de la Narbonnaise, et conquit la Gaule « chevelue » (58-51). Fait consul unique par le Sénat (52), Pompée ordonna en 49 à César de rentrer à Rome sans son armée ; César franchit alors le Rubicon et occupe l'Italie (janv.-fév. 49), rejoint Pompée en Grèce, où il le vainc à Pharsale (48), le poursuit en Égypte (48), dont il donne le trône à Cléopâtre, et écrase les derniers foyers pompéiens à Thapsus (Afrique) en 46 et à Munda (Espagne) en 45. Fait *imperator*, dictateur et censeur à vie (44), il a tous les pouvoirs. Victime d'une conspiration patricienne, il fut poignardé par Cassius et Brutus au sénat. César est aussi un écrivain de génie, auteur de « commentaires » : *Sur la guerre des Gaules* , *Sur la guerre civile*. ▷ LITTER Sa vie et sa mort ont inspiré notam. : Suétone, Plutarque, Lucain, Pétrarque, Voltaire (*la Mort de César* tragédie, 1735), Bernard Shaw (*César et Cléopâtre* comédie, 1901). Le drame *Jules César* de Shakespeare (v. 1599), qui relate la mort de César, a pour personnage princ. Brutus. DER **césarien, enne** *a*

Jules César

**César** César Baldaccini, dit (Marseille, 1921 – Paris, 1998), sculpteur français. Il travailla des ferrailles de rebut et du polyuréthane expansé.

**César** film de M. Pagnol (1936). V. Marius.

**César Birotteau (Grandeur et Décadence de)** roman de Balzac (1837).

**Césarée de Cappadoce** importante métropole chrétienne au IV^e siècle (aujourd'hui *Kayseri*, en Turquie).

**Césarée de Maurétanie** ville nommée auj. *Cherchell* (Algérie).

**Césarée de Palestine** ville de Judée ; détruite par le mamelouk Baybars en 1265.

**césarien** → **césar et césarisme.**

**césarienne** *nf* CHIR Ouverture de la paroi abdominale et de l'utérus pour extraire le fœtus lorsque l'accouchement par voie basse n'est pas possible. ETY Du lat. *cædere*, « couper ».

**Césarion** → **Ptolémée XV.**

**césariser** *vt* 1 Pratiquer une césarienne.

**césarisme** *nm* **1** HIST Gouvernement des césars. **2** Forme autoritaire de pouvoir politique, dictature. DER **césarien, enne** *a*

**Cesena** v. d'Italie (Émilie) ; 89 640 hab. – Bibliothèque Malatestiana (XV$^{e}$ s.).

**césine** *nf* Hydroxyde de césium CsOH.

**césium** *nm* CHIM **1** Élément alcalin de numéro atomique Z = 55 et de masse atomique 132,90 (symbole Cs). **2** Métal (Cs) de densité 1,90, qui fond à 28,3 °C. PHO [sezjɔm]

**České Budějovice** ville de la Rép. tchèque, sur la Vltava ; 91 600 hab. ; ch.-l. de la Bohême-Méridionale. Industries.

**cespiteux, euse** *a* BOT Se dit d'un végétal qui croît en touffes compactes.

**cessant, ante** *a* LOC ***Toute(s) affaire(s) cessante(s)***: immédiatement.

**cessation** *nf* Fait de mettre fin à qqch. LOC ***Cessation de paiements***: situation d'un commerçant, d'une entreprise qui cesse de payer ses créanciers.

**cesse** *nf* LOC ***N'avoir (point, pas) de cesse que...***: ne pas s'arrêter avant que... — ***Sans cesse***: continuellement.

**cesser** *v* 1 **A** *vi* Prendre fin. *La pluie a cessé.* **B** *vt* Finir de, arrêter. *Cesser de parler.* LOC ***Faire cesser***: interrompre. — ***Ne (pas) cesser de***: continuer à. ETY Du lat.

**cessez-le-feu** *nm inv* Armistice, suspension des hostilités. *Signature du cessez-le-feu.*

**cessible** *a* DR Qui peut être cédé. DER **cessibilité** *nf*

**cession** *nf* DR Action de céder un droit, un bien, une créance. ETY Du lat.

**cession-bail** *nf* FIN Mode de crédit dans lequel l'emprunteur vend un bien dont il est propriétaire à une société de crédit-bail qui le lui loue avec promesse de vente. PLUR cessions-bails.

**cessionnaire** *n* DR Personne qui bénéficie d'une cession.

**Cesson-Sévigné** com. d'Ille-et-Vilaine (arr. de Rennes) ; 14 344 hab. – Centre agric.

**c'est-à-dire** *conj* **1** Précède et annonce une explication. *Un mille marin, c'est-à-dire 1 852 mètres.* ABREV c.-à-d. **2** Annonce une qualification, une comparaison. *Mon ami, c'est-à-dire mon compagnon.* LOC ***C'est-à-dire que***: introduit une explication ; marque une gêne, un désir d'atténuation, au début d'une réponse. *Il ne m'a pas répondu, c'est-à-dire qu'il ne sait pas. Tu viens au cinéma ? – C'est-à-dire que j'ai du travail.*

**cesta punta** *nf* Variété de pelote basque, pratiquée avec un grand chistera.

**Cestas** com. de Gironde (aggl. et arr. de Bordeaux) ; 16 927 hab. Industries. – Égl. gothique.

**1 ceste** *nm* ANTIQ Courroie de cuir, garnie de fer ou de plomb, dont se servaient les athlètes dans le pugilat. ETY Du lat.

**2 ceste** *nm* Cténaire pélagique transparent, en forme de long ruban. SYN ceinture de Vénus. ETY Du gr.

**Cesti** Pietro Antonio (Arezzo, 1623 – Florence, 1669), compositeur italien : opéras (*l'Orontea, Il Tito*) et œuvres vocales.

**cestode** *nm* ZOOL Plathelminthe formé d'un scolex et d'anneaux, tel que le ténia.

**cestodose** *nf* MED Maladie parasitaire due à un cestode.

**CESU** *nm* Acronyme de *chèque emploi-service universel*.

**césure** *nf* **1** Coupe ou repos qui divise le vers après une syllabe accentuée. **2** Coupe d'un mot en fin de ligne. ETY Du lat.

**cet** → **ce.**

**CET** *nm* ADMIN Sigle de *centre d'enfouissement technique*, organisme chargé d'accueillir des déchets ultimes.

**cétacé** *nm* ZOOL Mammifère marin, de taille importante, au corps pisciforme, aux membres antérieurs transformés en palettes natatoires et à large nageoire caudale, tel que la baleine, le dauphin. ETY Du gr. *kêtos*, « gros poisson de mer ».

**cétane** *nm* Hydrocarbure saturé à 16 atomes de carbone. LOC ***Indice de cétane***: indice relatif aux carburants pour moteurs diesel.

**céteau** *nm* Sole (poisson) de petite taille.

**cétène** *nm* **1** Hydrocarbure éthylénique correspondant au cétane. **2** CHIM Nom générique des cétones non saturées possédant le groupement =C=C=O.

**cétoine** *nf* Coléoptère aux élytres restant jointifs pendant le vol, vivant sur les fleurs ou sur les fruits. SYN hanneton des roses. ETY Du lat.

**cétol** *nm* CHIM Nom générique des corps qui possèdent à la fois la fonction alcool et la fonction cétone.

**cétologie** *nf* Étude des cétacés. DER **cétologique** *a* – **cétologue** *n*

**cétone** *nf* CHIM Nom générique des composés de formule R – CO – R', R et R' étant deux radicaux hydrocarbonés. ETY De *acétone*. DER **cétonique** *a*

**cétonémie** *nf* MED Concentration de corps cétoniques dans le sang.

**cétonurie** *nf* MED Présence de corps cétoniques dans l'urine.

**cétose** *n* **A** *nm* BIOCHIM Sucre simple qui possède une fonction cétone. **B** *nf* MED État pathologique caractérisé par l'accumulation de corps cétoniques dans l'organisme.

**cétostéroïde** *nm* MED Hormone dérivée des stérols et caractérisée par la présence en $C_{17}$ d'un radical cétone, qui possède une action androgène.

**cétraria** *nm* BOT Lichen dont une espèce est consommée par les Islandais. ETY Du lat. *cetra*, « bouclier ». VAR **cetraria**

**cette** → **ce.**

**Ceuta** ville espagnole, sur la côte médit. du Maroc, face à Gibraltar ; 68 970 hab. Port franc et port de voyageurs important.

**ceux** → **celui.**

**Cévennes (les)** région du S.-E. du Massif central ; 1 699 m au mont Lozère. – À des plateaux granitiques succèdent des crêtes qui retombent sur le Rhône. Les torrents ont creusé de profondes vallées. Élevage extensif. Industries autour du bassin houiller d'Alès. Au sud, parc national. DER **cévenol, ole** *a, n*

**ceviche** → **cebiche.**

**Ceylan** île au sud de l'Inde. V. Sri Lanka. DER **ceylanais, aise** *a, n*

**Cézallier** plateau basaltique d'Auvergne, entre le massif du Cantal et les monts Dore ; 1 555 m au signal de Luguet. VAR **Cézalier**

**Cézanne** Paul (Aix-en-Provence, 1839 – id., 1906), peintre français. Proche des impressionnistes, il construit par la couleur et non par la lumière, aboutissant à une superposition de plans : série de la *Montagne Sainte-Victoire*. Son génie ne fut reconnu qu'après 1900, notam. grâce à A. Vollard. DER **cézannien, enne** *a, n*

**Paul Cézanne** *Autoportrait à la palette* – coll. Buehrle, Zurich

**Cèze (la)** riv. de France (100 km), affl. du Rhône (r. dr.) ; naît en Lozère.

**cf.** Abrév. de l'impér. lat. *confer*, « se reporter à ».

**Cf** CHIM Symbole du californium.

**CFA** *nm* LOC ***Franc CFA***: unité monétaire de nombreux pays africains. ETY Sigle de *Communauté financière africaine*.

**CFAO** *nf* Sigle de *conception et fabrication assistée par ordinateur*.

**CFC** *nm* Sigle de *chlorofluorocarbone*.

**CFDT** Sigle de *Confédération française démocratique du travail*.

**CFE-CGC** Sigle de *Confédération française de l'encadrement*.

**CFP** *nm* LOC ***Franc CFP***: unité monétaire de la Nouvelle-Calédonie et de la Polynésie française. ETY Sigle de *Communauté française du Pacifique*.

**CFTC** Sigle de *Confédération française des travailleurs chrétiens*.

**cg** Symbole du centigramme.

**CGPME** Sigle de *Confédération générale des petites et moyennes entreprises*.

**CGS** LOC METROL ***Système CGS***: anc. système d'unités fondé sur le centimètre, le gramme et la seconde.

**CGT** Sigle de *Confédération générale du travail*.

**CGT-FO** Sigle de *Confédération générale du travail-Force ouvrière*.

**ch** Symbole du cheval-vapeur.

**CH** *nf* PHARM Abrév. de *centésimale hahnemannienne*, correspondant à la dilution au centième d'une substance homéopathique.

**Cha'ab (Al-)** (*Al-Ittihād* jusqu'en 1967), v. du Yémen, près d'Aden ; env. 10 000 hab. – Anc. cap. de la Fédération de l'Arabie du Sud.

**chaabi** *nm* Genre musical vocal algérois. ETY Mot ar.

**Chaalis (abbaye de)** abb. cistercienne du XII$^{e}$ s., au S.-E. de Senlis, auj. en ruine. Musée dans le chât. construit en 1736 par Jean Aubert.

**Chaban-Delmas** Jacques (Paris, 1915 – id., 2000), homme politique français. Résistant, député radical-socialiste (1946), il s'est rallié au RPF (gaulliste). Président de l'Assemblée nationale (1958-1969, 1978-1981 et 1986-

1988), il a été Premier ministre de 1969 à 1972 et maire de Bordeaux de 1947 à 1995.

**Chabannes Antoine de** (Saint-Exupéry, Corrèze, 1408 – ?, 1488), homme de guerre français. Il assiégea Orléans avec Jeanne d'Arc.

**chabichou** *nm* Fromage de chèvre du Poitou. ETY Du limousin *chabro*, « chèvre ».

**Chablais** rég. de Hte-Savoie, au S. du lac Léman ; v. princ. *Thonon*. DER **chablaisien, enne** *a, n*

**chabler** *vt* 1 dial Gauler. *Chabler les noix.*

**1 chablis** *nm* Arbre abattu par le vent. ETY De *chabler*.

**2 chablis** *nm* Bourgogne blanc sec de la région de Chablis.

**Chablis** ch.-l. de canton de l'Yonne (arr. d'Auxerre) ; 2 608 hab. Vins blancs. DER **chablisien, enne** *a, n*

**chabot** *nm* Poisson téléostéen à grosse tête, d'eau douce ou marine, qui peut atteindre 30 cm de long. SYN cotte. ETY Du provenç.

**Chabot Philippe de (seigneur de Brion)** (1480 – 1543), amiral de France, ami de François Ier. Il conquit le Piémont (1536).

**Chabot François** (Saint-Geniez-d'Olt, 1756 – Paris, 1794), homme politique français. Évêque constitutionnel de Blois, il fut impliqué dans le scandale financier de la Compagnie française des Indes, et exécuté.

**chabraque** *nf* anc Tapis de selle utilisé dans la cavalerie. ETY Du turc par l'all. VAR **schabraque**

**Chabrier Emmanuel** (Ambert, 1841 – Paris, 1894), compositeur français : *l'Étoile* (opérette, 1877), *le Roi malgré lui* (opéra, 1887), *España* (œuvre pour orchestre, 1883).

**Chabrol (fort)** nom donné au local de la Ligue antisémite (51, rue de Chabrol à Paris) où, en 1899, le journaliste Jules Guérin, antidreyfusard, fut assiégé 38 jours par la police.

**Chabrol Claude** (Paris, 1930 – id., 2010), cinéaste français ; auteur des 2 prem. films de la Nouvelle Vague : *le Beau Serge* et *les Cousins* (1958), puis de drames bourgeois : *Que la bête meure* (1969), *Violette Nozière* (1978), *Merci pour le chocolat* (2000), *Bellamy* (2009).

**chabrot** *nm* rég *Faire chabrot* : verser du vin dans du bouillon. ETY Mot occitan, var. de *chevreau*. VAR **chabrol**

**chacal** *nm* Canidé d'Asie et d'Afrique de taille moyenne, au pelage brun doré, au museau pointu et à la queue touffue, de mœurs grégaires, amateur de charognes. PLUR chacals. ETY Du persan.

**cha-cha-cha** *nm inv* Danse dérivée de la rumba et du mambo, d'origine mexicaine. PHO [tʃatʃatʃa]

**chachlik** *nm* CUIS Brochette de mouton marinée, spécialité caucasienne.

**Chaco** vaste plaine d'Amérique du S., semi-aride, peu peuplée, s'étendant en Argentine et au Paraguay. – Après la *guerre du Chaco* (1928-1929, 1932-1935) le Paraguay prit le *désert du Chaco* à la Bolivie. L'accord de 2009 fixe la frontière entre les deux pays. VAR **Gran Chaco**

**chacone** *nf* **1** Danse à trois temps apparue en Espagne à la fin du XVIe s. **2** MUS Variations sur un thème court répété à la basse. ETY De l'esp. VAR **chaconne**

**chacun, une** *pr indéf* **1** Personne, chose faisant partie d'un ensemble et considérée individuellement. *Chacun d'eux, chacune d'elles. Ils ont chacun sa voiture, ou leur voiture.* **2** Tout le monde. *Chacun a ses défauts.* LOC *Tout un chacun* : n'importe qui.

**chadburn** *nm* MAR Appareil pour la transmission des ordres de la passerelle de commandement à la salle des machines. PHO [ʃadbœʀn] ETY Mot angl.

**Chadli Chadli Benjadid**, dit (Bouteldja, près d'Annaba, 1929), officier et homme politique algérien. Président de la Rép. de 1979 à 1992, il n'a pu empêcher la montée de la violence islamiste.

**chadouf** *nm* Appareil à bascule, employé surtout en Égypte et en Tunisie, pour puiser l'eau d'irrigation. ETY Mot ar.

**Chadwick sir James** (Manchester, 1891 – Cambridge, 1974), physicien brit. Il découvrit en 1932 le neutron. P. Nobel 1935.

**chaebol** *nm* ECON En Corée, conglomérat.

**chafouin, ine** *a* Sournois, rusé. *Un air chafouin.*

**Chagall Marc** (Vitebsk, 1887 – Saint-Paul-de-Vence, 1985), peintre français d'origine russe. La tradition juive et l'enfance l'ont inspiré. Il a peint le plafond de l'Opéra Garnier de Paris (1964).

**Marc Chagall** *le Coq*, 1929 – coll. Thyssen-Bornemisza, Lugano

**Chagas (maladie de)** *nf* Parasitose qui sévit en Amérique du Sud, due à un trypanosome transmis par des punaises.

**Chagos** (les îles), archipel corallien du Territoire britannique de l'océan Indien (63 km²). Princ. île *Diego Garcia*. DER **chagossien, ienne** *a, n*

**1 chagrin, ine** *a* litt Porté à la tristesse ; qui manifeste de la tristesse. ETY P.-ê. de *chat*, et de l'a. v. *grigner*, « montrer les dents ».

**2 chagrin** *nm* **1** Peine morale, affliction. *Avoir du chagrin.* **2** Déplaisir, peine, tristesse due à une cause précise. *Chagrin d'amour.*

**3 chagrin** *nm* Cuir à surface grenue, préparé à partir de peaux de chèvre ou de mouton, utilisé pour les reliures. LOC *Peau de chagrin* : se dit d'une chose qui se réduit, se rétrécit régulièrement, par allus. au roman de Balzac (1831). ETY Du turc.

**1 chagriner** *vt* 1 Causer de la peine.

**2 chagriner** *vt* 1 Préparer une peau de manière à la convertir en chagrin.

**chahada** *nf* RELIG Profession de foi musulmane, la première des cinq obligations cultuelles de l'islam.

**Chah Djahan** (Lahore, 1592 – Agra, 1666), empereur moghol de l'Inde (1628-1658). Il fit construire le Tadj Mahall.

**Chahine Youssef** (Alexandrie, 1926 – Le Caire, 2008), cinéaste égyptien : *Gare centrale* (1957), *Adieu Bonaparte* (1985), *le Destin* (1997).

**Chah-i-Zendeh** (m. près de Samarkand, 672), prédicateur de l'islam en Asie centrale ; peut-être cousin de Mahomet. Son tombeau est vénéré. VAR **Shah-i-Zendeh**

**Châhpuhr Ier** roi sassanide (241-272) qui vainquit et captura en 260 av. J.-C. l'empereur romain Valérien. — **Châhpuhr II** roi sassanide (310-379), affronta Byzance et le christianisme, au nom du mazdéisme. — **Châhpuhr III** fils du précédent ; roi sassanide (383-388), fut tué par ses soldats. VAR **Shâhpur**

**chahut** *nm* Tapage, agitation notam. en milieu scolaire. *Mener un chahut.* ETY De *chat* et *huant*.

**chahuter** *v* 1 **A** *vi* Faire du chahut. **B** *vt* **1** Importuner par du chahut. **2** Mettre en désordre. *Ils ont tout chahuté chez lui.* DER **chahuteur, euse** *a, n*

**chai** *nm* Local au niveau du sol, utilisé pour entreposer des fûts de vin, d'eau-de-vie. ETY Forme poitevine de *quai*.

**chaille** *nf* PETROG Rognon calcaro-siliceux des terrains jurassiques. ETY De *chaillou*, var. anc. de *caillou*.

**Chaillot (palais de)** palais construit (1936-1938) à Paris (16e), pour l'Exposition universelle de 1937, par les architectes Carlu, Boileau et Azéma. Il abrite les musées de l'Homme et de la Marine, et un théâtre souterrain où le TNP fut installé de 1951 à 1972.

**Chain Ernst Boris** (Berlin, 1906 – Castlebar, Irlande, 1979), biologiste anglais d'origine allemande, prix Nobel de médecine 1945 avec A. Fleming et Florey (qui l'aida à préparer la pénicilline).

**chaînage** *nm* **1** Opération de mesure avec une chaîne d'arpenteur. **2** Armature qui renforce une maçonnerie. VAR **chainage**

**chaîne** *nf* **A 1** Suite de maillons engagés les uns dans les autres pour lier, orner, transmettre un mouvement. *Une chaîne de vélo.* **2** Succession, ensemble d'éléments formant un tout. *Chaîne ganglionnaire.* **3** Ensemble des fils longitudinaux d'un tissu. **4** Ensemble d'appareils de reproduction des sons. *Chaîne haute-fidélité.* **5** Réseau d'émetteurs de radio ou de télévision diffusant simultanément les mêmes programmes. **6** CHIM Suite d'atomes formant le squelette moléculaire d'un composé organique. **7** fig Groupe d'établissements commerciaux. *Chaîne hôtelière.* **8** Succession de faits dépendant les uns des autres. *La chaîne des événements.* **9** INDUSTR Organisation de production attribuant à chaque ouvrier une série d'opérations successives. **10** Relais entre plusieurs personnes pour réaliser un même objectif. *Chaîne de solidarité.* **B** *nf pl* **1** Dispositif articulé qu'on fixe aux pneus des voitures pour rouler dans la neige. **2** fig, litt Lien, servitude. *Le peuple a brisé ses chaînes.* LOC ***Chaîne alimentaire*** : succession des espèces végétales et animales qui vivent de la consommation des unes par les autres. — ***Chaîne d'arpenteur*** : formée de tringles métalliques ou d'un ruban d'acier très souple, longue de 10 m, et qui sert à mesurer des segments de lignes droites sur un terrain. — ***Chaîne de montagnes*** : série de montagnes se succédant dans une direction marquée. — ***Chaîne du froid*** : qui assure aux produits congelés un état de congélation constant jusqu'à la vente au consommateur.

**Youssef Chahine** *le Sixième Jour*, 1986, avec Dalida et Mohsen Mohieddine

— ANAT *Chaîne nerveuse* : suite de ganglions nerveux réunis par des tissus conjonctifs. ETY Du lat. VAR **chaine**

ENC Une *chaîne alimentaire* comprend successivement les « producteurs » (végétaux), les consommateurs primaires (herbivores), les consommateurs secondaires (prédateurs), les superprédateurs (prédateurs se nourrissant d'autres prédateurs) et les « décomposeurs » (bactéries, par ex.). Dans le milieu marin, la base de cette pyramide (image préférable à celle de la chaîne) est constituée par le plancton végétal, qui est mangé par le plancton animal, dont se nourrissent les annélides, les crustacés et les petits poissons, dévorés par de gros poissons. Les produits toxiques (pesticides, éléments radioactifs, etc.) se concentrent au long de la chaîne pour atteindre une dose maximale chez les prédateurs.

**chaîner** *vt* 1 **1** Mesurer à la chaîne d'arpenteur. **2** ARCHI Établir un chaînage entre des murailles. VAR **chainer**

**chaînette** *nf* **1** Petite chaîne. **2** MECA Courbe formée par un fil, d'épaisseur et de densité uniformes, suspendu à deux points fixes. **LOC** COUT *Points de chaînette* : dont la succession imite les maillons d'une chaîne. VAR **chainette**

**chaîneur, euse** *n* Arpenteur qui mesure des distances à la chaîne. VAR **chaineur, euse**

**chaînier, ère** *n* Bijoutier qui fabrique des chaînes. VAR **chainier, ère** ou **chaîniste** ou **chainiste**

**chaînon** *nm* **1** Maillon d'une chaîne. **2** fig Élément d'un ensemble. *Chaque être humain est un chaînon de la société.* **3** Chaîne secondaire formée par un élément montagneux. **LOC** *Chaînon manquant* : fossile qui constituerait un intermédiaire entre le singe et l'homme. VAR **chainon**

**chair** *nf* **1** Chez l'être humain et les animaux, substance fibreuse, irriguée de sang, située entre la peau et les os. **2** Aspect de la peau, chez l'être humain. *La chair douce d'un enfant.* **3** Bx-A Carnation des personnages d'un tableau. **4** Couleur blanc rosé. *Un maillot couleur chair.* **5** Viande hachée. *Chair à pâté, à saucisses.* **6** Partie comestible de certains animaux, de certains végétaux. *La chair tendre d'une truite, d'une pêche, d'un champignon.* **7** RELIG Le corps humain (par oppos. à l'âme). *La résurrection de la chair. La chair est faible.* **8** litt L'instinct sexuel. *Le péché de la chair.* **LOC** *Chair de poule* : aspect grenu que prend la peau sous l'effet du froid, de la peur. — *En chair et en os* : en personne. — *Marchand de chair humaine* : trafiquant d'esclaves. — *N'être ni chair ni poisson* : être indécis. ETY Du lat.

**chaire** *nf* **1** Trône d'un évêque dans une cathédrale, du pape à Saint-Pierre de Rome ; cathèdre, papauté. **2** Dans une église, tribune du prédicateur ; prédication. *L'éloquence de la chaire.* **3** Tribune d'un professeur ; poste d'un professeur d'université ou d'une grande école. ETY Du gr. *kathedra,* « siège à dossier ».

**chaise** *nf* **1** Siège sans bras, à dossier. *Une chaise de jardin.* **2** TECH Support servant de soutien à un appareillage. **LOC** anc *Chaise à porteurs* : véhicule à une place, porté par deux hommes. — *Chaise électrique* : mode d'exécution des condamnés à mort, répandu autrefois aux É.-U. — *Chaise longue* : où l'on peut s'allonger, à dossier inclinable. — anc *Chaise percée* : munie d'un récipient, pour satisfaire les besoins naturels. — *Chaises musicales* : jeu dans lequel les joueurs se disputent une chaise dès que la musique s'arrête ; fig chassé-croisé. — *Entre deux chaises* : dans une situation instable, inconfortable. — *Mener une vie de bâton de chaise* : une vie dissolue. — MAR *Nœud de chaise* : formant une boucle qui ne peut se resserrer. — *Politique de la chaise vide* : refus d'assister, par désapprobation, à une réunion à laquelle on est invité. ETY Var. de *chaire.*

**Chaise-Dieu (La)** ch.-l. de cant. de la Hte-Loire (arr. de Brioude) ; 772 hab. – Église XIV^e s. : peint. murale de la *Danse macabre* (XV^e s.), tapisseries (XVI^e s.), tombeau du pape Clément VI. DER **casadéen, enne** *a, n*

**chaisier, ère** *n* **1** Personne qui loue des chaises dans une église, un jardin public. **2** Fabriquant de chaises.

**Chaissac** Gaston (Avallon, 1910 – La Roche-sur-Yon, 1964), artiste français. Sa peinture haute en couleurs, sa sculpture à base de matériaux de récupération, sa correspondance le rapprochent de l'art brut.

**Chaka** (1787 – 1828), roi zoulou. S'appuyant sur une armée forte, il se rendit maître du Kwazulu actuel vers 1820. Il fut assassiné par son frère Dingaan. Bien que ce fût Dingaan qui affronta les colonisateurs, Chaka symbolise l'indépendance de l'Afrique. VAR **Tchaka**

**chakchouka** *nf* CUIS Ragoût de légumes, spécialité d'Afrique du Nord.

**Chakhty** v. de Russie, dans le Donbass ; 221 000 hab. Houille. Industries.

**chakra** *nm* Dans le yoga, chacun des sept nœuds énergétiques du corps qui mettent en contact le physique et le psychique. ETY Mot sanskrit, « roue ».

**Chalais** Henri de Talleyrand (comte de) (1599 – Nantes, 1626), favori de Louis XIII. Il conspira contre Richelieu et fut décapité.

**Chalamov** Varlan (Vologda, 1907 – Moscou, 1982), écrivain russe. Ses récits : *Récits de Kolyma* (1969, éd. clandestine) témoignent sur le goulag.

**1 chaland** *nm* Bateau à fond plat qui sert à transporter les marchandises sur les fleuves et les canaux. ETY Du bas gr.

**2 chaland, ande** *n* vx Acheteur, client. *Attirer le chaland.* ETY De *chaloir.*

**chalandise** *nf* COMM *Zone de chalandise* : zone d'attraction commerciale.

**chalaze** *nf* **1** BIOL Filament d'albumine qui dans le blanc d'œuf, maintient le jaune. **2** BOT Point de ramification du faisceau nourricier dans l'ovule des angiospermes. ETY Du gr. *khalaza,* « grêlon ».

**chalazion** *nm* MED Petite tumeur des bords libres de la paupière, d'origine inflammatoire. ETY Du gr. *khalaza,* « grêlon ».

**chalc(o)-** Élément, du gr. *khalkos,* « cuivre ». PHO [kalko]

**Chalcédoine** (auj. *Kadiköy,* en Turquie), anc. v. d'Asie Mineure, sur le Bosphore. Siège du IV^e concile œcuménique (451) qui, proclamant les deux natures du Christ, humaine et divine, condamnait l'hérésie monophysite. DER **chalcédonien, enne** *a*

**chalcididé** *nm* Insecte hyménoptère, aux couleurs métalliques, dont les larves vivent à l'intérieur des œufs d'autres insectes ou dans les chrysalides de lépidoptère.

**Chalcidique (la)** péninsule de Grèce avançant dans la mer Égée. Trois presqu'îles : Cassandra, Sithonia et Haghion Oros (mont Athos).

**Chalcis** v. et port de Grèce (île d'Eubée) ; 44 870 hab. ; ch.-l. du nome d'Eubée.

**Chalcocondyle** Démétrios (Athènes, 1424 – Milan, 1511), grammairien grec. Il fit imprimer les œuvres d'Homère (Florence, 1488).

**chalcogène** *nm, a* CHIM Se dit de l'oxygène, du soufre, du sélénium et du tellure, éléments du groupe VIB, dont les composés métalliques constituent l'essentiel des minerais.

**chalcographie** *nf* **1** Art de graver sur le cuivre, les métaux. **2** Lieu destiné à la conservation des planches gravées.

**chalcolithique** *a, nm* De la période du cuivre, transitoire entre le néolithique et l'âge du bronze. SYN énéolithique.

**chalcopyrite** *nf* MINER Sulfure naturel double de cuivre et de fer ($CuFeS_2$), jaune verdâtre.

**chalcosine** *nf* MINER Sulfure de cuivre $Cu_2S$, l'un des plus riches minerais de cuivre.

**Chaldée** terme ancien désignant le pays de Sumer (plus tard la *Babylonie*) et la basse Mésopotamie. DER **chaldéen, enne** *a, n*

**chaldéen, enne** *a, n* Se dit d'une Église uniate orientale présente en Irak.

**châle** *nm* Grande pièce d'étoffe dont les femmes se couvrent les épaules. ETY De l'hindi.

**chalet** *nm* **1** Maison de bois des régions montagneuses. **2** Canada Habitation au bord d'un lac, d'un cours d'eau. *Un chalet d'été.* **LOC** vx *Chalet de nécessité* : petit bâtiment où sont installés des lieux d'aisances pour le public. ETY Mot de Suisse romande.

**Châlette-sur-Loing** ch.-l. de cant. du Loiret (arr. de Montargis) ; 13 969 hab. Industr.

**chaleur** *nf* **A 1** Qualité, nature de ce qui est chaud ; sensation produite par ce qui est chaud. *La chaleur d'un radiateur, du soleil.* **2** PHYS Forme d'énergie qui ne correspond pas à un travail. **3** Sensation de chaud, lors d'un malaise physique. *La chaleur de la fièvre.* **4** Période où les femelles de certains mammifères recherchent l'approche du mâle. *Être en chaleur.* **5** fig Ardeur, impétuosité, véhémence. *Défendre qqn avec chaleur.* **6** fig Grande cordialité. *Accueillir qqn avec chaleur.* **B** *nfpl* Saison où le temps est chaud. **LOC** PHYSIOL *Chaleur animale* : produite par le corps des animaux homéothermes. — *Chaleur de combustion* : quantité de chaleur dégagée par la combustion de l'unité de masse d'un corps. — *Chaleur latente* : quantité de chaleur nécessaire pour faire passer l'unité de masse d'un corps de l'état solide (ou liquide) à l'état liquide (ou gazeux). — *Chaleur massique* : quantité de chaleur nécessaire pour élever de 1 °C la température de l'unité de masse d'un corps. ETY Du lat.

ENC La chaleur est une forme dégradée de l'énergie. Elle apparaît lors du frottement entre deux corps, au cours des réactions chimiques exothermiques et des réactions nucléaires, lors du passage d'un courant électrique dans un conducteur (effet Joule). La chaleur se propage par rayonnement, convection ou conductibilité. Elle se mesure en joules (non plus en calories). Alors qu'il est possible de transformer intégralement du travail en chaleur, l'inverse n'est pas possible. V. thermodynamique.

**chaleureux, euse** *a* Plein d'ardeur, d'animation, de cordialité. *Un discours chaleureux. Un accueil chaleureux.* DER **chaleureusement** *av*

**Chaleurs (baie des)** partie du golfe du Saint-Laurent qui sépare la Gaspésie (Québec) du Nouveau-Brunswick.

**Chalgrin** Jean-François (Paris, 1739 – id., 1811), architecte français : église St-Philippe-du-Roule (1774-1784), plans de l'arc de triomphe de l'Étoile.

**Chaliapine** Fedor Ivanovitch (Kazan, 1873 – Paris, 1938), chanteur (baryton-basse) russe, interprète de *Boris Godounov.*

**châlit** *nm* Bois de lit ou cadre métallique supportant le sommier ou le matelas. ETY Du lat.

**Challans** ch.-l. de cant. de la Vendée (arr. des Sables-d'Olonne) ; 16 132 hab.

**challenge** *nm* **1** Épreuve sportive où un titre est mis en jeu. **2** Défi, gageure. PHO [ʃalɑ̃ʒ] ou [tʃalɛndz] ETY Mot angl.

**challengeur, euse** *n* **1** Concurrent participant à un challenge pour ravir son titre au champion. **2** Rival. VAR **challenger**

**chaloir** *v impers* litt *Peu me chaut, peu m'en chaut :* peu m'importe. ETY Du lat. *calere,* « s'échauffer pour ».

**Châlons-en-Champagne** (jusqu'en 1995 *Châlons-sur-Marne*), ch.-l. du dép. de la Marne, sur la Marne, à la jonction des canaux de la Marne au Rhin et de la Marne à la Saône ; 46 100 hab. Industries. Comm. des vins de Champagne. Camp militaire (V. Mourmelon-le-Grand). École des arts et métiers. – Évêché. Cath. XIII$^e$ s., égl. XII$^e$ et XII$^e$-XVI$^e$. DER **châlonnais, aise** *a, n*

**Chalon-sur-Saône** ch.-l. d'arr. de Saône-et-Loire, 46 900 hab. Industr. Comm. des vins. – Anc. cath. XII$^e$-XV$^e$ s. ; musée Niepce. DER **chalonnais, aise** *a, n*

**Chalosse (la)** pays d'Aquitaine, au S.-E. du dép. des Landes. Vigne, élevage.

**chaloupe** *nf* **1** Grosse embarcation non pontée au service des navires ou pour naviguer le long des côtes et sur les fleuves. *Chaloupe de sauvetage.* **2** Canada Embarcation légère pour la navigation de plaisance ou la pêche sportive.

**chalouper** *vi* ① Marcher, danser avec un balancement des hanches et des épaules évoquant le roulis. DER **chaloupé, ée** *a*

**chalumeau** *nm* **1** vieilli Tuyau de roseau, de paille. *Boire avec un chalumeau.* **2** vx Flûte champêtre. **3** Appareil qui produit une flamme à haute température à partir de gaz sous pression. PLUR chalumeaux. ETY Du lat. *calamus,* « roseau ».

**chalut** *nm* Filet de pêche en forme de poche traîné sur le fond de la mer ou entre deux eaux, par un ou deux bateaux. ETY Mot de l'Ouest.

**chaluter** *vi* ① Pêcher au chalut. DER **chalutable** *a* – **chalutage** *nm*

**chalutier** *nm* **1** Pêcheur au chalut. **2** Bateau équipé pour la pêche au chalut.

**cham** → **Chams.**

**Cham** second fils de Noé qui le maudit à cause de son irrespect. Selon la Bible, ses descendants auraient peuplé l'Afrique.

**Cham Amédée de Noé,** dit (Paris, 1819 – id., 1879), dessinateur humoristique français.

**chamade** *nf* anc Signal de tambours ou de trompettes que donnaient des assiégés pour avertir qu'ils voulaient parlementer. LOC *Cœur qui bat la chamade :* dont les battements s'accélèrent sous l'effet de l'émotion. ETY De l'ital. *chiamare,* « appeler ».

**chamæcyparis** → **chamécyparis.**

**chamædorea** → **chamédorea.**

**chamærops** → **chamérops.**

**chamailler (se)** *vpr* ① fam Se disputer bruyamment pour des vétilles. ETY P.-ê. de l'a. fr. *maille,* « frapper ». DER **chamaillerie** *nf* – **chamailleur, euse** *a, n*

**Chamalières** ch.-l. de cant. du Puy-de-Dôme (arr. de Clermont-Ferrand) ; 18 400 hab. Imprimerie de la Banque de France. DER **chamaliérois, oise** *a, n*

**chaman, ane** *n* Dans le chamanisme, personne qui officie, communique avec les esprits. PHO [ʃaman] ETY Mot ouralo-altaïque.

**chamanisme** *nm* Ensemble de pratiques magico-religieuses faisant appel aux esprits de la nature et comportant notam. des techniques de guérison, répandu en Asie septentrionale et chez les Indiens d'Amérique du Nord. DER **chamanique** ou **chamanistique** *a* – **chamaniste** *a, n*

**chamarrer** *vt* ① **1** Garnir d'ornements très colorés. **2** litt Parer, orner. ETY De l'esp. *zamarra,* « vêtement de berger ». DER **chamarrures** *nf pl*

**chambard** *nm* fam **1** Bouleversement. **2** Vacarme accompagné de désordre.

**chambarder** *vt* ① fam Apporter des modifications profondes à, bouleverser. *Chambarder toute sa chambre.* ETY De *chan,* et *barder,* « glisser ». DER **chambardement** *nm*

**chambellan** *nm* HIST Officier chargé du service de la chambre d'un souverain. *En France, le titre de Grand Chambellan, apparu au XIII$^e$ s., disparut en 1870.* PHO [ʃɑ̃bɛllɑ̃] ETY Du frq.

**Chamberlain Joseph** (Londres, 1836 – Birmingham, 1914), homme politique britannique, un des chefs du parti libéral unioniste. — **Sir Joseph Austen** (Birmingham, 1863 – Londres, 1937), homme politique, fils du préc. Ministre (conservateur) des Affaires étrangères (1924-1929), il a conclu des *accords de Locarno* (1925). P. Nobel de la paix 1925 avec C. G. Dawes. — **Arthur Neville** (Edgbaston, Birmingham, 1869 – Heckfield, Berkshire, 1940), homme politique, demi-frère du préc. Premier ministre de 1937 à 1940, il fut conciliant avec Hitler (*accords de Munich,* sept. 1938).

**Chamberlain Owen** (San Francisco, 1910 – Berkeley, 2006), physicien américain. Il découvre avec Segrè l'antiproton. P. Nobel 1959.

**Chambers Ephraïm** (Kendal, Westmoreland, v. 1680 – Islington, 1740), écrivain anglais, auteur d'un *Dictionnaire universel des arts et des sciences* (1728) dont Diderot, qui devait assurer la trad. française, s'inspira pour l'*Encyclopédie.*

**Chambers sir William** (Göteborg, 1723 – Londres, 1796), architecte néo-classique anglais : *Somerset House* (Londres, 1776-1786).

**chambertin** *nm* Vin rouge d'un vignoble situé à Gevrey-Chambertin, très réputé.

**Chambéry** ch.-l. du dép. de la Savoie, dans la *cluse de Chambéry ;* 60 600 hab. Industries. Tourisme. – La v. fut la cap. des comtes puis des ducs de Savoie (chât. XIV$^e$-XV$^e$ s.) de 1232 à 1562. Archevêché de Chambéry, Maurienne et Tarentaise. Cath. (XVI$^e$ s.). DER **chambérien, enne** *a, n*

**Chambi Martin** (Coaza, Pérou, 1891 – Cuzco, 1973), photographe péruvien des Andins.

**Chambiges** famille d'architectes français des XVI$^e$ et XVII$^e$ siècles. — **Jean Martin** (Paris, ? – Beauvais, 1532), dessina le transept des cath. de Sens et de Beauvais, et la façade de celle de Troyes. — **Pierre I$^{er}$** (Paris, ? – id., 1544), fils du préc., travailla aux chât. de Chantilly, de Fontainebleau et de Saint-Germain-en-Laye. — **Pierre II** (1544-1615), fils du préc., participa à la construction du Pont-Neuf.

**chambolle-musigny** *nm inv* Bourgogne blanc réputé de la côte de Nuits.

**Chambon (barrage du)** barrage hydroélect. des Alpes (Isère), sur la Romanche.

**Chambon-Feugerolles (Le)** ch.-l. de cant. de la Loire (arr. de Saint-Étienne) ; 12 700 hab. Industries. DER **chambonnaire** *a, n*

**Chambonnières Jacques Champion de** (Paris ou Chambonnières-en-Brie, 1601 – Paris [?], 1672), claveciniste et compositeur français.

**Chambord** com. de Loir-et-Cher (arr. de Blois) ; 100 hab. – Chât. construit (1519-1537) sur ordre de François I$^{er}$.

**Chambord** façade du château.

**Chambord Henri de Bourbon, duc de Bordeaux (comte de)** (Paris, 1820 – Frohsdorf, Autriche, 1883), prince français, fils posthume du duc de Berry. Petit-fils de Charles X, il prétendit au trône (Henri V). En 1873, il refusa le drapeau tricolore et l'Assemblée, monarchiste, ne put exaucer son vœu.

**chambouler** *vt* ① fam Bouleverser. ETY De *chant* et de *bouler,* « tomber ». DER **chamboulement** *nm*

**chambranle** *nm* Encadrement d'une porte, d'une fenêtre, d'une cheminée. ETY Du lat. *camerare,* « voûter ».

**chambray** *nm* Toile indigo utilisée en prêt-à-porter. ETY Mot amér., de Cambrai.

**chambre** *nf* **1** Pièce où l'on dort. *La chambre des enfants.* **2** Local aménagé pour un usage spécifique. *Chambre froide.* **3** Section d'un tribunal. *Chambre d'accusation.* **4** Assemblée parlementaire ; assemblée constituée. *La Chambre des députés. Chambre de commerce.* **5** Compartiment d'un objet aménagé pour un usage spécifique. LOC ***Chambre à air :*** tube en caoutchouc, gonflé à l'air comprimé que l'on met à l'intérieur d'un pneu. — ***Chambre à gaz :*** pièce conçue pour l'exécution de personnes par des gaz toxiques, notam. lors des camps de concentration nazis. — OPT ***Chambre claire :*** appareil permettant de superposer deux vues, l'une directe, l'autre réfléchie. — ***Chambre de combustion :*** cavité d'un moteur dans laquelle un mélange combustible est injecté, et où s'effectue la combustion. — ANAT ***Chambre de l'œil :*** partie comprenant l'humeur aqueuse, en avant du cristallin, et l'humeur vitrée, en arrière. — ***Chambre d'hôte :*** louée à des voyageurs par un particulier. — PHYS NUCL ***Chambre d'ionisation :*** appareil utilisé pour mesurer l'intensité d'un faisceau de rayons ionisants. — GEOL ***Chambre magmatique :*** sorte de réservoir où se rassemble le magma en provenance du manteau. — OPT ***Chambre noire :*** boîte dont une paroi est percée d'un trou de petit diamètre à l'opposé duquel se forme une image renversée des objets ex-

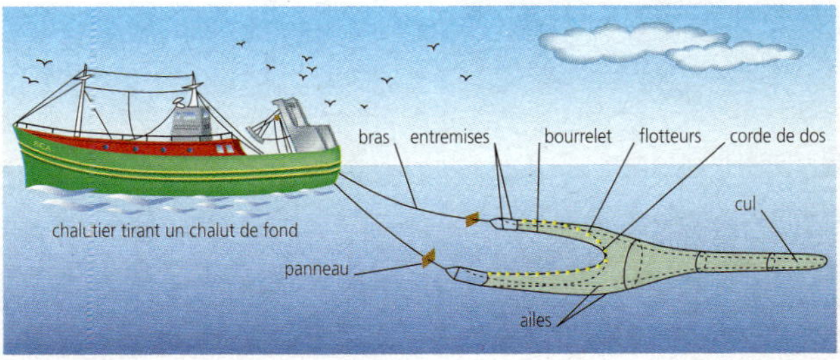


**chalut**

térieurs. — BOT *Chambre pollinique :* cavité servant à la fécondation des gymnospermes. — ACOUST *Chambre sourde :* local qui offre le minimum de réverbération aux ondes sonores. ETY Du lat.

**Chambre ardente** → **ardent.**

**Chambre bleu horizon** la Chambre des députés élue en 1919, nommée ainsi parce que le Bloc national (droite patriotique) avait remporté plus des deux tiers des sièges.

**Chambre des communes** → **Communes (Chambres des).**

**Chambre des députés** une des deux assemblées formant le Parlement franç. sous la Restauration, la monarchie de Juillet et la III$^{e}$ Rép. ; nommée *Assemblée nationale* sous la IV$^{e}$ et la V$^{e}$ Rép.

**Chambre des lords** → **lords (Chambre des).**

**Chambre des représentants (la)** une des chambres du Congrès américain.

**chambrée** *nf* Ensemble des occupants d'une même chambre ; cette chambre. *Camarade de chambrée.*

**Chambre introuvable** nom donné par Louis XVIII à la Chambre des députés élue en oct. 1815, car les ultras y disposaient d'une majorité inespérée.

**chambrer** *vt* ① **1** Faire prendre à un vin la température ambiante. **2** fam Se moquer de qqn.

**Chambres de Raphaël** vastes salles de l'appartement de Jules II décorées à fresques par Rapahël et ses élèves.

**chambrette** *nf* Petite chambre.

**chambrier** *nm* HIST Officier de la chambre du roi.

**chambrière** *nf* **1** vx Femme de chambre **2** Béquille d'une charrette.

**chambriste** *a, n* MUS Qui concerne un orchestre de chambre, qui en fait partie.

**chame** *nm* Petit mollusque lamellibranche qui vit fixé sur les fonds rocheux. PHO [kam] ETY Du gr.

**chameau** *nm* **1** Mammifère ruminant (camélidé) des milieux arides, à une ou deux bosses dorsales graisseuses qui constituent des réserves énergétiques. **2** fig, fam Personne méchante, d'humeur désagréable. PLUR chameaux. ETY Du gr.

**chameau** de Bactriane

**chamécyparis** *nm* Conifère voisin du cyprès, appelé parfois *faux-cyprès.* PHO [kamesipaʀis] VAR **chamæcyparis**

**chamédoréa** *nm* Petit palmier d'appartement. VAR **chamædorea**

**chamelier** *nm* Celui qui est chargé de conduire et de soigner les chameaux.

**chamelle** *nf* Femelle du chameau.

**chamelon** *nm* Jeune chameau.

**chaméphyte** *nm* Plante affrontant l'hiver sous forme de tiges peu élevées portant des bourgeons.

**chamérops** *nm* BOT Palmier nain du sud de la France, qui fournit un crin végétal. PHO [kameʀɔps] ETY Du gr. *khama*, « à terre », et *rôps*, « arbrisseau ». VAR **chamærops**

**Chamfort** Sébastien Roch Nicolas, dit **de** (près de Clermont-Ferrand, 1741 – Paris, 1794), écrivain français : *Maximes, pensées, caractères et anecdotes* (posth., 1795). Arrêté sous la Terreur, il se suicida. Acad. fr. (1781).

**Chamil** (Guimrzy, 1797 – Médine, 1871), imam du Daghestan (1834-1859), il résista héroïquement à la colonisation russe.

**Chamillart** Michel de (Paris, 1652 – id., 1721), homme politique français ; secrétaire d'État à la Guerre de 1701 à 1709. Acad. fr. (1702).

**Chamisso** Louis Charles Adélaïde Chamisso de Boncourt, dit **Adelbert von** (chât. de Boncourt, Champagne, 1781 – Berlin, 1838), écrivain et naturaliste allemand d'origine française : poésies (*Amour et vie de femme*, 1833) ; *la Merveilleuse Histoire de Peter Schlemihl* (1814), l'homme qui a perdu son ombre.

**Chamites** → **Hamites.**

**chamito-sémitique** *a, nm* Se dit d'une famille de langues comprenant l'hébreu, l'arabe, le berbère, l'anc. égyptien, l'amharique et le groupe couchitique.

**chamois** *nm, a inv* **A** *nm* **1** Mammifère ruminant des hautes montagnes d'Europe (capriné), à cornes recourbées, à robe gris-beige (en été) ou noire (en hiver), atteignant 0,70 m au garrot. **2** Peau préparée du chamois ou d' un animal voisin. **3** SPORT Test de niveau à ski (slalom spécial). **B** *a inv* De couleur jaune clair légèrement ocré. ETY Du lat.

**chamoiser** *vt* ① Traiter une peau pour obtenir un cuir lavable, souple et velouté. *Cuir chamoisé.* DER **chamoisage** *nm*

**Chamoiseau** Patrick (1953), écrivain français d'origine martiniquaise : *Texaco* (1992), *Écrire en pays dominé* (1997).

**chamoisine** *nf* Tissu rappelant la peau de chamois.

**Chamonix-Mont-Blanc** ch.-l. de cant. de la Haute-Savoie (arr. de Bonneville), au pied du mont Blanc ; 9 300 hab. stat. d'alpinisme et de sports d'hiver. DER **chamoniard, arde** *a, n*

**Chamorro** Violeta Barrios de (Rivas, 1929), femme politique nicaraguyenne, leader de l'opposition démocratique aux sandinistes, présidente de la Rép. (1990-1996).

**chamotte** *nf* TECH Argile cuite utilisée comme dégraissant en céramique et comme joint des matériaux réfractaires. ETY De l'all.

**Chamoun** Camille (Deir el-Kamar, 1900 – Beyrouth, 1987), homme politique libanais, chrétien ; président de la Rép. de 1952 à 1958.

**Chamousset** Claude Piarron de (Paris, 1717 – id., 1773), philanthrope français ; créateur des sociétés de secours mutuels et d'un service de distribution de lettres à Paris.

**champ** *nm* **A** *nm* **1** Étendue de terre cultivable. *Champ de tournesols.* **2** Terrain réservé à une activité. *Champ de courses.* **3** HIST Lieu où se déroulaient les duels, les tournois. **4** HERALD Fond de l'écu. **5** fig Domaine d'action. *Donner libre champ à son imagination.* **6** Étendue embrassée par l'œil. *Champ visuel.* **7** CHIR Zone cutanée destinée à l'incision ; chacun des linges délimitant cette zone. **8** PHYS Portion de l'espace où s'exerce une action, où se manifeste un phénomène. *Champ de forces.* **9** INFORM Zone d'enregistrement réservée à une information particulière. **B** *nm pl* Campagne. *Les fleurs des champs.* **LOC** *À tout bout de champ :* à chaque instant, à tout propos. — LING *Champ lexical :* ensemble des mots relatifs à un même thème. — LING *Champ sémantique :* ensemble des sens d'un même mot. — MATH *Champ vectoriel :* application qui associe, à un point de l'espace, un vecteur. — *Prendre du champ :* apprécier un fait en prenant du recul. ETY Du lat. *campus.*

**Champa** royaume des Chams (II$^{e}$-IX$^{e}$ s.), situé au centre du Viêt-nam actuel (vers Huê), en lutte pendant un millénaire avec les Khmers et les Vietnamiens, qui le réduisirent (XV$^{e}$-XVII$^{e}$s.) De nombr. monuments montrent l'influence de l'Inde. VAR **Tchampa**

**1 champagne** *nf* **1** GEOL Plaine calcaire, nue et sèche, ou terre dont la couche végétale repose sur un tuf crayeux. **2** HERALD Pièce qui occupe le tiers inférieur de l'écu. ETY Du lat..

**2 champagne** *nm* Vin blanc (quelquefois rosé) effervescent, élaboré à partir de raisin produit dans la zone d'appellation champagne, en Champagne.

**Champagne** anc. prov. française, plus vaste que la Champagne-Ardenne (mais sans les Ardennes) ; cap. *Troyes.* À partir du X$^{e}$ s., les seigneurs de Troyes regroupèrent les territ. formant la prov. de Champagne. Du XII$^{e}$ au XIV$^{e}$ s., les foires dites « de Champagne » furent les centres d'un trafic européen. Le comté fut réuni à la Couronne de France en 1361. Ses vignobles se sont développés à partir du XVIII$^{e}$ s. DER **champenois, oise** *a, n*

**Champagne** Philippe de → **Champaigne.**

**Champagne** Adonaï Desparois, dit **Claude** (Montréal, 1891 – id., 1965), compositeur canadien : *Suite canadienne* (1927), *Symphonie gaspésienne* (1943). Il a formé de nombreux élèves.

**Champagne-Ardenne** ancienne Région française et de l'UE, formée des dép. des Ardennes, de l'Aube, de la Marne et de la Haute-Marne, intégrée en 2016 à la Rég. Alsace-Champagne-Ardenne-Lorraine. DER **champardennais, aise** *a, n*
**Géographie** Au N., le vieux massif ardennais est entaillé par la Meuse ; au centre, la Champagne crayeuse sèche (dite autrefois pouilleuse, car pauvre) fait place, à l'O., aux plateaux limoneux de la Brie et du Tardenois que borde le prestigieux vignoble champenois. Au S., s'étend la Champagne humide, argileuse et herbagère ; à l'E. s'élèvent des hauteurs boisées. Partout les étés ensoleillés s'opposent aux hivers rudes. Le peuplement et les villes se concentrent dans les vallées.
**Économie** L'agriculture reste fondamentale : grandes cultures (céréales, betterave, oléagineux et fourrage) ; le vignoble a doublé sa superficie depuis 1950. La tradition industrielle est très anc., mais la crise sévit dép. 1975. Toutefois, la Région a bénéficié de la décentralisation.

**champagniser** *vt* ① TECH Pour les vins à appellation d'origine contrôlée Champagne, rendre mousseux par une seconde fermentation en bouteille. DER **champagnisation** *nf*

**Champagnole** ch.-l. de cant. du Jura (arr. de Lons-le-Saunier), sur l'Ain ; 8 300 hab. Centre industriel. DER **champagnolais, aise** *a, n*

**Champaigne** Philippe de (Bruxelles, 1602 – Paris, 1674), peintre français d'origine flamande ; maître du portrait classique (*Richelieu,* 1640). VAR **Champagne**

**champart** *nm* **1** DR FEOD Droit seigneurial de lever une certaine quantité de gerbes sur les terres de leurs tenanciers. **2** Mélange de froment, d'orge et de seigle, semés et récoltés ensemble, que l'on donne aux bestiaux.

## les champignons mortels

amanite phalloïde

amanite vireuse

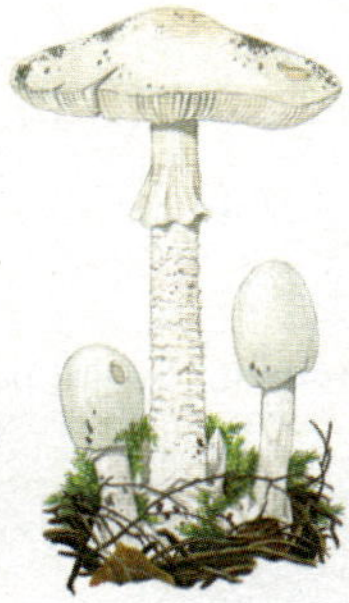
amanite printanière

cortinaire des montagnes

lépiote brune

## les meilleurs champignons

agaric champêtre
(rosé-des-prés)

amanite des césars
(oronge vraie)

bolet bai

bolet tête de nègre

cèpe de Bordeaux

girolle
(chanterelle commune)

hydne sinué
(pied-de-mouton)

lactaire délicieux

lépiote élevée
(coulemelle)

morille

pied bleu
(tricholome nu)

russule verdoyante

tricholome de la
Saint-Georges

trompette-de-la-mort
(craterelle)

truffe du Périgord

**Champaubert** com. de la Marne (arr. d'Épernay) ; 127 hab. – Napoléon $I^{er}$ y vainquit les Russes et les Prussiens (10 fév. 1814).

**Champ-de-Mars** jardins de Paris situés entre la façade N. de l'École militaire et la tour Eiffel. On célébra sur ce champ de manœuvres la *fête de la Fédération,* le 14 juillet 1790. Les Expositions universelles de 1867, 1878, 1889, 1900 et 1937 s'y tinrent.

**Champdivers** Odette ou Odinette de, dite la Petite Reine (m. v. 1425), dame d'honneur puis maîtresse de Charles VI.

**Champeaux** → **Guillaume de Champeaux.**

**champenoise** *nf* Bouteille épaisse, destinée à contenir du champagne, du vin mousseux.

**champêtre** *a* **1** litt Relatif aux champs. *Divinités champêtres.* **2** Relatif à la campagne. *Plaisirs champêtres. Garde champêtre.*

**Champfleury** Jules Husson, dit Fleury, puis (Laon, 1821 – Sèvres, 1889), romancier réaliste et critique d'art français.

**champi** *n, a* vx Se dit d'un enfant trouvé dans les champs. VAR **champis, ise**

**Champigneulles** com. de Meurthe-et-Moselle (arr. de Nancy) ; 7 172 hab. Brasserie. DER **champigneullais, aise** *a, n*

**champignon** *nm* **1** Végétal sans chlorophylle, au pied généralement surmonté d'un chapeau, qui pousse dans les lieux humides. **2** Ce qui rappelle la forme du champignon. **3** fam Pédale de l'accélérateur d'une automobile. LOC ***Champignon atomique*** : nuage lumineux qui accompagne une explosion nucléaire. — ***Champignon de couche*** : agaric, cultivé dans une champignonnière. — ***Champignon noir*** : oreille-de-Judas. — ***Pousser comme un champignon*** : très vite. ETY Du lat. ▶ pl. p. 283

ENC Les champignons sont dépourvus de fonction chlorophyllienne et leur appareil végétatif consiste en un thalle. On les classe d'après leurs modes de reproduction. 1. Les *champignons supérieurs* ne possèdent jamais de cellules flagellées. Les princ. groupes sont les basidiomycètes (ex. : bolet, amanite, rouille), les ascomycètes (ex. : morille, truffe, levures), et les deutéromycètes. 2. Les *champignons inférieurs* sont les zygomycètes, les phycomycètes et les myxomycètes. Auj., les botanistes font des champignons le règne *fongique,* distinct du règne végétal (toujours chlorophyllien). Les classifications anc. les rangeaient avec les algues et les lichens dans les thallophytes. L'association d'une algue et d'un champignon donne un lichen. Le parasitisme est très développé dans certains groupes (phycomycètes), agents des *mycoses animales* et humaines, et des *maladies fongiques,* ou *cryptogamiques,* des végétaux. Les espèces comestibles sont toutes des champignons supérieurs ; quelques zygomycètes sont cultivés pour leurs sécrétions d'antibiotiques.

**champignonnière** *nf* Lieu souterrain (cave, carrière), où l'on cultive les champignons de couche ; couche de terreau ou de fumier préparée pour cette culture.

**champignonniste** *a, n* **A** *n* Cultivateur, ramasseur ou vendeur de champignons. **B** *a* Se dit d'un insecte (termite, fourmi) qui vit en symbiose avec des champignons.

**Champigny-sur-Marne** ch.-l. de cant. du Val-de-Marne (arr. de Nogent-sur-Marne) ; 75 485 hab.. Industries. DER **campinois, oise** ou **campinien, enne** *a, n*

**champion, onne** *n* **A** *nm* **1** anc Celui qui combat en champ clos pour défendre une cause. **2** Défenseur d'une cause. *Se poser en champion des droits de l'Homme.* **B** *n* **1** Vainqueur d'une compétition sportive. *Une équipe championne du monde.* **2** Sportif(ive) de grande valeur. *Une championne de gymnastique.* **3** fig, fam Personne exceptionnelle. ETY Du lat. *campus,* « champ de bataille ».

**championnat** *nm* Épreuve sportive organisée pour décerner un titre au meilleur dans une spécialité.

**Championnet** Jean Étienne Vachier, dit (Valence, 1762 – Antibes, 1800), général français qui prit Naples et y proclama la rép. Parthénopéenne (1798).

**Champlain (lac)** lac situé aux frontières du Canada (Québec) et des É.-U., lié par des canaux à l'Hudson et au lac Érié. Tourisme. – Découvert par Champlain en 1609.

**Champlain** Samuel de (Brouage, v. 1567 – Québec, 1635), explorateur et colonisateur français du Canada. De 1603 à sa mort, il explora la région du Saint-Laurent et des Grands Lacs et fonda la ville de Québec en 1608.

S. de Champlain

**champlever** *vt* ⑯ Pratiquer des alvéoles dans une plaque de métal pour y dessiner des figures ou y incruster des émaux. *Émail champlevé.* PHO [ʃɑ̃ləve]

**Champmeslé** Marie Desmares, dite la (Rouen, 1642 – Auteuil, 1698), actrice française, interprète et maîtresse de Racine.

**Champmol (chartreuse de)** monastère fondé près de Dijon en 1383 par Philippe le Hardi, détruit en 1793.

**Champollion** Jean-François, dit le Jeune (Figeac, 1790 – Paris, 1832), égyptologue français. Ayant étudié la pierre de Rosette (196 av. J.-C.), qui célèbre Ptolémée V en égyptien et en grec, il déchiffra le premier, la langue des anc. Égyptiens (*Précis du système hiéroglyphique* 1824).

Champollion

**Champsaur** rég. des Hautes-Alpes drainée par le Drac (cours supérieur).

**Champs-Élysées (les)** dans la mythologie grecque, lieu paradisiaque où séjournent les êtres vertueux après leur mort.

**Champs-Élysées** avenue de Paris ($8^{e}$) qui joint la place de la Concorde à la place Charles-de-Gaulle (anc. *place de l'Étoile*) ; tracée par Le Nôtre en 1670 ; les prem. bâtiments (auj. démolis) furent édifiés au $XIX^{e}$ s.

**Champs-Élysées (théâtre des)** immeuble de l'avenue Montaigne (Paris $8^{e}$) construit en béton par les frères Perret (1911-1913).

**Champs-sur-Marne** ch.-l. de cant. de Seine-et-Marne (arr. de Meaux) ; 24 693 hab. – Chât. ($XVIII^{e}$ s.), appartenant à l'État. DER **champesois, oise** *a, n*

**Chamrousse** stat. de sports d'hiver de l'Isère (alt. 1 620 m). École nationale de ski.

**Chams** groupe ethnique de langue malayo-polynésienne, qui fonda le Champa. Ils sont env. 100 000 au Vietnam et au Cambodge. VAR **Tchams** DER **cham** ou **tcham** *a*

**Chamson** André (Nîmes, 1900 – Paris, 1983), romancier français des Cévennes : *Roux le Bandit* (1925). Acad. fr. (1956).

**chan** *nm* Secte bouddhique dont la doctrine fut introduite en Chine au $VI^{e}$ s. par Bodhidharma ; doctrine de cette secte. *Au $XII^{e}$ s., le chan pénétra au Japon sous le nom de zen.* PHO [tʃan] ETY Du sanskrit. VAR **tch'an**

**chançard, arde** *a, n* fam Syn. de *chanceux, euse.*

**chance** *nf* **A** *nf* **1** Éventualité heureuse ou malheureuse. *Tenter sa chance.* **2** Hasard heureux. *Quelle chance !* **B** *nf pl* Probabilités, possibilités. *Il y a peu de chances pour qu'il accepte.* ETY De l'a. fr. *chéance,* « manière dont tombent les dés ».

**Chancelade** com. de la Dordogne (arr. de Périgueux) ; 3 740 hab. – Égl. $XII^{e}$-$XVI^{e}$ s. – Les restes de l'*homme de Chancelade,* découverts en 1888, appartiennent à un humain du magdalénien. DER **chanceladais, aise** *a, n*

**chanceler** *vi* ⑰ ou ⑲ **1** Être peu ferme sur ses pieds, sur sa base ; vaciller. *Chanceler de fatigue.* **2** fig S'affaiblir, hésiter. *Un régime qui chancelle. Chanceler dans sa foi.* ETY Du lat. *cancellare,* « clore d'un treillis ». DER **chancelant, ante** *a*

**chancelier, ère** *n* **A** **1** Titre de plusieurs grands dignitaires et de certains fonctionnaires dépositaires de sceaux. **2** Premier ministre, en Allemagne et en Autriche. **3** En Suisse, haut-fonctionnaire associé au gouvernement. **B** *nm* HIST En France, grand officier de la Couronne à qui était confiée la garde des sceaux. LOC ***Chancelier de l'Échiquier*** : ministre des Finances, en G.-B. ETY Du lat. *cancellarius,* « huissier de l'empereur ».

**chancelière** *nf* **1** anc Petit sac garni intérieurement de fourrure pour tenir les pieds au chaud. **2** Épouse d'un chancelier.

**chancellerie** *nf* **1** Bureaux, services d'un chancelier. **2** Administration centrale du ministère de la Justice. **3** Services d'une ambassade. *Des intrigues de chancellerie.* LOC ***Chancellerie apostolique*** : qui expédie les documents pontificaux solennels. — ***Grande chancellerie*** : chargée de l'administration de l'ordre de la Légion d'honneur.

**Chancellor** Richard (m. en 1556), navigateur anglais. Il explora la mer Blanche et commerça avec la Russie.

**chanceux, euse** *a, n* Que la chance favorise.

**Chanchán** cap. de l'anc. roy. Chimu, dans le N. du Pérou.

**chanci** *nm* Fumier affecté par des moisissures.

**chancir** *vi* ③ Moisir. ETY Du lat. *canus,* « blanc ».

**chancre** *nm* **1** Ulcération qui marque le début de certaines infections (maladies vénériennes, maladies infectieuses). **2** ARBOR Maladie des arbres, provoquée par un champignon, qui détruit l'écorce et réduit le bois en pourriture. SYN ulcère. **3** fig, litt Ce qui dévore, détruit, dévaste. *Le chancre de la corruption.* LOC ***Chancre mou*** : chancrelle. — fam ***Manger comme un chancre*** : dévorer. ETY Du lat.

**chancrelle** *nf* MED Lésion locale due au bacille de Ducrey, à bords taillés à pic, à fond suppurant, s'accompagnant d'une adénopathie inflammatoire. SYN chancre mou.

**chandail** *nm* Gros tricot de laine. ETY Aphérèse de *marchand d'ail.*

**Chandannagar** → **Chandernagor.**

**Chandeleur** *nf* RELIG CATHOL Fête de la présentation de Jésus au Temple et de la purification de la Vierge, célébrée le 2 février. ETY Du lat. pop. *(festa) candelorum,* « (fête) des chandelles ».

**chandelier** *nm* **1** Support pour une bougie, un cierge, une chandelle. **2** MAR Support de rambarde. **LOC** *Chandelier à sept branches :* chandelier traditionnel du culte juif.

**chandelle** *nf* **1** anc Petit cylindre de suif muni d'une mèche, qui sert à éclairer. **2** mod Bougie. *Un dîner aux chandelles.* **3** CONSTR Étai vertical. **4** SPORT Envoi de la balle à la verticale. **LOC** *Brûler la chandelle par les deux bouts :* faire des dépenses exagérées ; abuser de sa santé. — *Devoir une fière chandelle à qqn :* lui être très redevable. — *Le jeu n'en vaut pas la chandelle :* le but n'en vaut pas la peine. — AVIAT *Monter en chandelle :* presque verticalement. — fam *Tenir la chandelle :* favoriser, en tiers complaisant, une intrigue galante. — *Voir trente-six chandelles :* avoir un éblouissement suite à un coup, une chute. [ETY] Du lat.

**Chandernagor** v. de l'Inde (Bengale-Occid.), 101 930 hab. Text. (jute). – Comptoir franç. de 1686 à 1951. [VAR] **Chandannagar**

**Chandigarh** v. de l'Inde, cap. de l'État du Pendjab ; 640 720 hab. – Construite (1951-1957) par Le Corbusier, elle forme dep. 1966 un territ. autonome.

**Chandler** Raymond Thornton (Laramie, Wyoming, 1888 – La Tolla, Californie, 1959), maître du roman policier « noir » américain : *le Grand Sommeil* (1939), *Adieu, ma jolie* (1940), *la Dame du lac* (1943).

**Chandos** sir John (m. à Mortemer, Poitou, 1370), capitaine anglais, connétable de Guyenne (1362) et sénéchal de Poitou (1369), mortellement blessé à Lussac-les-Châteaux.

**Chandragupta** (vers 320 – 296 av. J.-C.), roi de l'Inde ; fondateur de la dynastie Maurya. Il affronta Séleucos Ier Nikatôr. Deux autres rois de l'Inde portèrent ce nom : **Chandragupta Ier** (v. 320-v. 330), fondateur de la dynastie Gupta, et **Chandragupta II** (v. 375-414). [VAR] **Candragupta**

**Chandrasekhar** Subrahmanyan (Lahore, 1910 – Chicago, 1995), astrophysicien américain d'origine indienne : travaux sur les naines blanches P. Nobel de physique 1983 avec W. A. Fowler.

**Chanel** Gabrielle Bonheur, dite Coco (Saumur, 1883 – Paris, 1971), couturière française. Elle fonda en 1914 une maison de couture, fermée en 1939 et rouverte en 1954.
▶ illustr. p. 287

**1 chanfrein** *nm* Partie de la tête du cheval et de certains autres mammifères comprise entre les sourcils et le naseau.

**2 chanfrein** *nm* TECH Surface obtenue en abattant l'arête d'une pièce. [ETY] De l'anc. v. *chanfreindre*, « tailler en biseau ». [DER] **chanfreiner** *vt* [1]

**Changs** → **Shangs.**

**Changarnier** Nicolas (Autun, 1793 – Paris, 1877), général et homme politique français ; gouverneur de l'Algérie (1848) ; député royaliste hostile à Thiers (1871).

**Changchun** v. de la Chine du N.-E., ch.-l. du Jilin ; 5 705 230 hab. (aggl.) Nœud ferroviaire. Constr. automobile.

**change** *nm* **1** Action de changer, d'échanger ; troc. *Perdre au change.* **2** Conversion d'une monnaie, d'une valeur en une autre. *Cours du change.* **3** VEN Ruse d'une bête traquée qui fait lever une autre bête dont les chiens suivent la piste. *Prendre le change.* **4** Couche jetable. **LOC** *Donner le change à qqn :* le tromper. — FIN *Lettre de change :* écrit par lequel un souscripteur (le *tireur*) enjoint à une autre personne (le *tiré*), dont il est créancier, de payer à une époque précise une somme qui lui est due, à l'ordre d'un bénéficiaire.

**changeant, ante** *a* **1** Variable, inconstant. *Son humeur est changeante.* **2** Chatoyant. *Une étoffe aux reflets changeants.*

**changement** *nm* Fait de changer, de passer d'un état à un autre. SYN transformation, variation. ANT stabilité. **LOC** THEAT *Changement à vue :* changement de décor opéré sans que le rideau soit baissé ; fig changement brusque. — fig, fam *Changement de pied :* nouvelle orientation politique.

**changer** v [13] **A** *vt* **1** Échanger. **2** Convertir. *Changer des francs en dollars.* **3** Renouveler, remplacer. *Changer la décoration d'une pièce.* **4** Rendre différent. *Changer ses plans. Son mariage l'a changé.* **5** Transformer. *Son attitude a changé mes soupçons en certitude.* **6** Mettre des couches propres à un bébé. **B** *vti* **1** Quitter un lieu pour un autre. *Changer de place. Changer d'air.* **2** Quitter une (des) chose(s) pour une (d')autre(s). *Changer de chaussures. Changer d'avis.* **3** Quitter une (des) personne(s) pour une (d')autre(s). *Changer de partenaire.* **C** *vi* Évoluer, se modifier. *Le temps est en train de changer.* **D** *vpr* Changer de vêtements. *Change-toi pour sortir.* [ETY] Du bas lat.

**changeur** *nm* **1** Personne dont le métier est d'effectuer des opérations de change. **2** Appareil qui, contre des pièces de monnaie, des billets de banque, fournit la même somme en pièces de valeur inférieure. **3** TECH Dispositif de changement. *Changeur de CD.*

**Changeux** Jean-Pierre (Domont, 1936), biologiste français. Spécialiste du système nerveux : *l'Homme neuronal* (1983).

**Chang-hai** → **Shanghai.**

**Changhua** v. de Taiwan, à l'O. de l'île ; 201 100 hab. ; ch.-l. du comté du m. nom.

**Changjiang** → **Yangzijiang.**

**Chang Kaï-chek** → **Tchang Kaï-chek.**

**Changsha** v. de la Chine centrale, cap. du Hunan ; 2 500 000 hab. (aggl.). Centre commercial (riz) et industriel.

**Changzhou** v. de Chine (Jiangsu) ; 1,2 million d'hab. (aggl.). Centre industriel.

**chanlatte** *nf* Chevron refendu, que l'on pose sur l'extrémité des chevrons d'une couverture, dans le sens des lattes.

**channe** *nf* Suisse Broc d'étain pour servir le vin. [ETY] De l'all.

**Channel (the)** nom anglais (en franç. « le canal ») de la Manche.

**chanoine** *nm* **1** Dignitaire ecclésiastique faisant partie d'un chapitre. **2** Religieux, dans certaines congrégations. [ETY] Du lat.

**chanoinesse** *nf* **1** anc Religieuse qui possédait une prébende dans un chapitre de femmes. **2** Religieuse, dans certaines congrégations.

**Chans** → **Shans.**

**chanson** *nf* **1** Petite composition chantée ; texte mis en musique, divisé en strophes ou couplets, avec ou sans refrain. *Siffler une chanson.* **2** Bruit plaisant, murmure. *La chanson du ruisseau.* **3** fig, fam Propos futiles, sornettes. *Chansons que tout cela !* **4** LITTER Au Moyen Âge, poème épique divisé en laisses. **LOC** fam *Connaître la chanson :* connaître d'avance la teneur des propos. [ETY] Du lat.

[ENC] Apparues en France au XIe s., les chansons de geste, composées ou interprétées par des trouvères (en langue d'oïl) et des troubadours (en langue d'oc), se répandirent dans toute l'Europe, qui les imita. Elles sont ordinairement composées de vers de 10 syllabes, d'abord assonancés, puis rimés et distribués en laisses ou couplets monorimes d'un nombre de vers indéterminé. Le vers de 12 syllabes, ou alexandrin, s'imposa à partir du XIIIe s. Aux XIVe et XVe s., les poèmes sont mis en prose et se chargent d'épisodes romanesques. Près de 100 chansons de geste nous sont parvenues. À partir du XVIIIe s., on les classa en *cycles* relatifs à un héros ; au Moyen Âge, on disait *geste*. On distingue le *cycle antique*, dont les récits sont relatifs à Troie, à Alexandre, à César, etc., et le *cycle français*, qui comprend 3 grands groupes. **1** La *Geste de Charlemagne*, dite aussi *cycle carolingien*, est relative au grand empereur et à sa famille. Le chef-d'œuvre de cette geste est *la Chanson de Roland* (fin du XIe s.). **2** La *Geste de Guillaume d'Orange* ou *de Narbonne* raconte l'histoire merveilleuse de Guillaume, comte de Toulouse, qui a pour aïeul Garin, pour grand-oncle Girard de Vienne, pour oncle Aymeri de Narbonne. **3** La *Geste de Doon de Mayence* a pour chanson princ. *Renaud de Montauban* l'un des quatre fils d'Aymon de Dordogne, descendant de Doon. Outre ces 3 gestes, citons : les poèmes des Lorrains (Lohenrins), dont le princ. héros est Garin de Montglane ; le *cycle de la Croisade*, dont le héros est Godefroi de Bouillon ; *Giraut de Rassilho* composé en langue d'oc au XIIe s.

**Chanson de Roland (la)** chanson de geste française anonyme, probablement composée à la fin du XIe s. en Normandie : 4 002 vers décasyllabes. Elle conte notam. la mort du comte paladin Roland, neveu de Charlemagne, et de ses 12 pairs, qui forment l'arrière-garde de l'armée revenant d'une expédition en Espagne.

**chansonnette** *nf* Petite chanson légère ou frivole.

**chansonnier, ère** *n* **A** *nm* LITTER Recueil de chansons. **B** *n* Auteur, compositeur, interprète de sketches ou de chansons satiriques sur l'actualité.

**Chansons de Bilitis (les)** recueil de poèmes en prose de P. Louÿs (1894), qui inspirèrent à Debussy 3 mélodies (1899).

**1 chant** *nm* **1** Succession de sons musicaux produits par l'appareil vocal ; musique vocale. *Un chant harmonieux. Apprendre le chant avec un professeur.* **2** Composition musicale destinée à être chantée. *Chants profanes, chants sacrés.* **3** Partie mélodique d'une composition vocale ou instrumentale. *Le chant et le contre-chant.* **4** Sons mélodieux émis par certains animaux. *Le chant des baleines.* **5** Poésie destinée à être chantée. *Chant nuptial, funèbre.* **6** Chacune des divisions d'un poème épique ou didactique. *Épopée en douze chants.* [ETY] Du lat.

**2 chant** *nm* TECH Partie la plus étroite d'une pièce parallélépipédique. [ETY] Du lat. *canthus*, « bande de roue ».

**chantage** *nm* **1** Délit consistant à extorquer de l'argent à qqn en le menaçant de représailles, de révélations scandaleuses. **2** Pression morale exercée sur qqn. *Faire du chantage au suicide à qqn.*

**chantant, ante** *a* **1** Qui chante. **2** Qui se chante aisément. **3** Mélodieux.

**Chant de la terre (le)** symphonie pour contralto, ténor et orchestre de Mahler (1908) sur des poèmes chinois adaptés en all. par Hans Bethge (1876 – 1946).

**Chant du départ (le)** œuvre de Méhul vraisemblablement composée sur des paroles de M.-J. Chénier pour célébrer, le 14 juillet 1794, la prise de la Bastille (non évoquée).

**chanteau** *nm* **1** Petite douve du fond des tonneaux. **2** Pièce qui augmente la largeur de la table d'un violon, d'un violoncelle. PLUR chanteaux.

**Chantecler** personnage du *Roman de Renart* (XIIe s.) et de la pièce du m. nom en 4 actes et en vers d'E. Rostand (1910).

**chantefable** *nf* LITTER Récit médiéval comportant des parties récitées (fable), d'autres chantées.

**Chantemesse** André (Le Puy, 1851 – Paris, 1919), bactériologiste français. Il mit au point, avec F. Widal, la vaccination contre la fièvre typhoïde (1889).

**chantepleure** *nf* **1** Entonnoir à long tuyau percé de trous à l'extrémité inférieure, pour faire couler un liquide sans le troubler. **2** Robinet de tonneau. **3** Ouverture pratiquée dans un mur pour l'écoulement des eaux. ETY De *chanter,* et *pleurer,* à cause du bruit du liquide qui s'écoule.

**chanter** *v* ① **A** *vi* **1** Former avec la voix une suite de sons musicaux. *Chanter juste, faux.* **2** Produire des sons harmonieux. *Le rossignol chante. L'eau chante dans la bouilloire.* **B** *vt* **1** Exécuter un morceau de musique vocale. *Chanter des chansons.* **2** litt Célébrer, vanter. *Virgile a chanté les origines de Rome.* **3** fam Dire, inventer. *Que me chantez-vous là ?* **LOC** ***C'est comme si vous chantiez*** **:** cela ne sert à rien. — Canada fam ***Chanter la pomme*** **:** faire la cour à qqn. — ***Faire chanter qqn*** **:** exercer sur lui un chantage. — ***Si cela vous chante*** **:** si vous en avez envie.

**1 chanterelle** *nf* **1** MUS Corde d'un instrument qui a le son le plus aigu. **2** Appeau. **LOC** ***Appuyer sur la chanterelle*** **:** insister sur qqch pour en souligner l'importance.

**2 chanterelle** *nf* Champignon basidiomycète comestible au chapeau en forme de pavillon de trompette tel que la girolle. ETY Du gr.

**chanteur, euse** *n, a* **A** *n* Personne qui chante, qui fait métier de chanter. *Une chanteuse légère, réaliste, d'opéra.* **B** *a* Se dit des oiseaux dont le chant est agréable. **LOC** ***Maître chanteur*** **:** celui qui pratique le chantage.

**Chanteur de jazz (le)** film d'A. Crosland (1894 – 1936), en 1927, prem. film parlant.

**Chant général (le)** poème en 15 chants de Neruda (1950).

**chantier** *nm* **1** TECH Pièce de bois, de pierre, etc., servant de support. **2** Lieu où l'on entrepose des matériaux de construction, du bois de chauffage, etc. **3** Lieu où s'effectue la construction ou la démolition d'un ouvrage, d'un bâtiment. *Chantier interdit au public.* **4** MINES Lieu d'abattage du minerai. **5** fig Projet de grande envergure. *Les grands chantiers du gouvernement.* **6** fig, fam Lieu où règne le désordre ; désordre. *Quel chantier !* **LOC** ***Chantier naval*** **:** où sont construits des navires. — fig ***En chantier, sur le chantier*** **:** commencé, en cours. ETY Du lat. *canterius,* « mauvais cheval ».

**chantignole** *nf* **1** Pièce de bois soutenant les pannes d'une charpente. **2** Brique plate entrant dans la construction des cheminées.

**chantilly** *n* **A** *nm* Dentelle à mailles hexagonales. **B** *nf* Crème fouettée sucrée. ETY Du n. pr.

**Chantilly** ch.-l. de cant. de l'Oise (arr. de Senlis), au N.-O. de la *forêt de Chantilly* ; 10 902 hab.. Hippodrome. – Siège du QG de Joffre de nov. 1914 à janv. 1917. – Le chât., bâti entre 1528 et 1531, fut reconstruit pour le duc d'Aumale. Celui-ci le légua à l'Institut de France (1886), qui en fit le musée Condé. DER **cantilien, enne** *a, n*

**Chantonnay** ch.-l. de cant. de la Vendée (arr. de La Roche-sur-Yon) ; 7 541 hab. – Victoire des Vendéens sur les républicains (1793). DER **chantonnaisien, enne** *a, n*

**chantonner** *vt* ① Chanter à mi-voix. *Chantonner un air.* DER **chantonnement** *nm*

**Chantons sous la pluie** comédie musicale de Stanley Donen et Gene Kelly (1952), qui est aussi l'acteur princ.

**chantoung** → **shantung.**

**Chantoung** → **Shandong.**

**chantourner** *vt* ① TECH Découper, évider une pièce selon un profil déterminé. DER **chantournement** *nm*

**chantre** *nm* **1** Celui dont la fonction est de chanter aux offices, dans une église. **2** fig, litt Celui qui célèbre, qui se fait le laudateur de. *Ce poète s'est fait le chantre des exclus.* ETY Du lat.

**Chants de Maldoror (les)** épopée en 6 chants et en prose de Lautréamont (1869).

**Chanute** Octave (Paris, 1832 – Chicago, 1910), ingénieur français naturalisé américain, collaborateur des frères Wright.

**chanvre** *nm* Plante annuelle (cannabinacée) dont une variété est cultivée pour ses fibres textiles et ses graines (chènevis) avec lesquelles on nourrit les oiseaux ; textile fabriqué à partir des fibres du chanvre. **LOC** ***Chanvre d'eau*** **:** eupatoire. — ***Chanvre indien*** **:** variété dont on tire le haschisch. ETY Du provenç.

chanvre

**chanvrier, ère** *n, a* **A** *n* Personne qui cultive ou vend le chanvre. **B** *a* Du chanvre. *Les cultures chanvrières.* **C** *nf* Plantation de chanvre.

**Chanzy** Alfred (Nouart, Ardennes, 1823 – Châlons-en-Champagne, 1883), général français ; il s'illustra en 1870-1871 ; gouverneur de l'Algérie (1873).

**Chao** Manu (Paris, 1961), auteur-compositeur et chanteur français d'orig. espagnole (rock).

**Chao Phraya** → **Ménam.**

**chaos** *nm* **1** RELIG Confusion, néant précédant la création du monde. **2** GEOL Amoncellement désordonné de blocs rocheux que l'érosion a isolés de terrains hétérogènes. **3** PHYS État d'un système dynamique soumis à des actions connues mais dont il est impossible de prévoir l'évolution. **4** fig Désordre, confusion extrême. *Le chaos de la guerre civile.* PHO [kao] ETY Mot lat., du gr. DER **chaotique** *a*

**chaouabti** → **shaouabti.**

**Chaouïa** → **Chawiyah (Ach-).**

**chaource** *nm* Fromage de lait de vache fabriqué dans l'Aube.

**Chapala (lac de)** le plus grand lac du Mexique, au N.-O. de Mexico ; 1 530 km$^2$.

**chaparder** *vt* ① fam Dérober (des objets de peu de valeur). SYN chiper. ETY De l'algérien *chapar,* « voler ». DER **chapardage** *nm* – **chapardeur, euse** *a, n*

**chapati** *nm* Galette de froment sans levain de l'Inde du Nord. ETY Mot hindi.

**chape** *nf* **1** LITURG Long manteau sans manches, agrafé par-devant, porté par l'officiant au cours de certaines cérémonies. **2** CONSTR Couche de ciment ou de mortier appliquée sur un sol pour le rendre plan et uni. **3** TECH Pièce servant de monture, de couverture ou de protection dans divers mécanismes ou objets. *Chape d'un pneumatique.* **4** ORNITH Partie dorsale du plumage d'un oiseau dont la couleur est différente de celle des autres plumes. **LOC** ***Chape de plomb*** **:** contrainte qui paralyse. ETY Du lat.

**chapé, ée** *a* HERALD Se dit de l'écu divisé par deux diagonales partant du milieu du chef et rejoignant les angles de la pointe.

**chapeau** *nm* **1** Coiffure de matière et de forme variables selon les époques et les modes, portée surtout au-dehors. *Le gibus et le melon sont des chapeaux d'homme, la capeline et la charlotte des chapeaux de femme.* **2** anc Dignité de cardinal. *Recevoir le chapeau.* **3** Ce qui couvre ou surmonte certains objets. *Manger le chapeau d'une religieuse au chocolat.* **4** Partie de certains champignons, supportée par le pied. **5** PRESSE Petit texte qui présente un article de journal, de revue. PLUR chapeaux. **LOC** fam ***Avaler*** ou ***manger son chapeau*** **:** être contraint à une action qu'on avait auparavant refusée. — ***Chapeau ! Chapeau bas !*** **:** félicitations ! — MUS ***Chapeau chinois*** **:** instrument à percussion composé d'une calotte métallique garnie de clochettes. — MECA ***Chapeau de roue*** **:** enjoliveur d'une roue d'automobile. — fam ***Démarrer sur les chapeaux de roues*** **:** à grande vitesse. — fam ***Porter le chapeau*** **:** endosser la responsabilité d'un échec. — ***Tirer son chapeau à qqn*** **:** lui témoigner de l'admiration. — ***Travailler du chapeau*** **:** déraisonner. ETY Du lat. *cappa,* « capuchon ».

**chapeauter** *vt* ① **1** Coiffer d'un chapeau. **2** PRESSE Introduire un texte par un chapeau. **3** fig Contrôler, avoir sous sa responsabilité. *M. Untel chapeaute ce service.*

**Chapeaux et Bonnets** nom de deux factions suédoises (1738-1772). Contre les *Bonnets,* pacifistes, les *Chapeaux* prônaient l'alliance avec la France et la lutte contre la Russie.

**chapelain** *nm* Prêtre qui dessert une chapelle privée.

**Chapelain** Jean (Paris, 1595 – id., 1674), écrivain français ; cofondateur de l'Acad. fr. Boileau éreinta son poème *la Pucelle ou la France délivrée* (1656).

**chapelet** *nm* **1** RELIG Objet de dévotion composé de grains enfilés que l'on fait passer un à un entre les doigts, en récitant chaque fois une prière ; prières ainsi récitées. *Dire son chapelet.* **2** Série d'objets ou de paroles à la suite. *Un chapelet de saucisses.* **LOC** fam ***Dévider son chapelet*** **:** dire tout ce que l'on a sur le cœur. ETY De l'a. fr. *chapel,* « couronne de fleurs ».

**chapelier, ère** *n* Personne qui confectionne ou qui vend des chapeaux.

**chapelle** *nf* **1** Lieu de culte privé. *La chapelle d'un château.* **2** Partie d'une église comprenant un autel secondaire. **3** Petite église qui n'a pas rang d'église paroissiale. *Chapelle expiatoire.* **4** Ensemble des chanteurs et des musiciens d'une église. *Maître de chapelle.* **5** Groupe fermé de personnes ayant les mêmes idées, les mêmes affinités, les mêmes intérêts ; coterie. *Une chapelle littéraire.* **LOC** ***Chapelle ardente*** **:** salle où l'on veille un mort. ETY Du lat. *cappa,* « lieu où l'on gardait la chape de saint Martin ».

**Chapelle-aux-Saints (La)** com. de la Corrèze (arr. de Brive-la-Gaillarde) ; 164 hab. – Le squelette d'un *Homo neanderthalensis* y fut découvert en 1908.

**Chapelle-en-Vercors (La)** ch.-l. de cant. de la Drôme (arr. de Die) ; 662 hab. Stat. de sports d'hiver. – Incendié le 23 juil. 1944 par les Allemands, qui fusillèrent 16 otages. DER **chapelain, aine** *a, n*

**chapellenie** *nf* Dignité ou bénéfice de chapelain.

**chapellerie** *nf* Commerce, fabrication des chapeaux ; lieu de ces activités.

**Chapelle-Saint-Luc (La)** ch.-l. de cant. de l'Aube (arr. de Troyes), sur la Seine ; 14 447 hab. Industries. DER **chapelain, aine** *a, n*

**Chapelle-sur-Erdre (La)** ch.-l. de cant. de la Loire-Atlantique (arr. de Nantes) ; 16 391 hab. – Chât. de la Gâcherie (XV$^e$ s.). DER **chapelain, aine** *a, n*

**chapelure** *nf* Pain séché et concassé. ETY De l'a. fr. *chapeler*, « retirer le chapeau ».

**chaperon** *nm* **1** anc Coiffure commune aux hommes et aux femmes, en usage au Moyen Âge. **2** Coiffe de cuir dont on couvre la tête des oiseaux de proie. **3** Ornement placé sur l'épaule gauche du costume de cérémonie des magistrats, avocats, professeurs, docteurs. **4** CONSTR Faîtage protégeant un mur de l'infiltration des eaux de pluie. **5** anc Personne (le plus souvent âgée) qui accompagne une jeune fille quand elle sort.

**chaperonner** *vt* 1 **1** CONSTR Couvrir d'un chaperon. *Chaperonner une muraille.* **2** anc Servir de chaperon à une jeune fille.

**chapiteau** *nm* **1** ARCHI Partie supérieure d'une colonne, posée sur le fût. **2** Couronnement qui sert d'ornement. *Un chapiteau de buffet.* **3** Tente d'un cirque ambulant ; le cirque. **4** Abri provisoire dressé pour une manifestation (spectacle, réunion, etc.). PLUR chapiteaux.

**chapitre** *nm* **1** Division d'un livre, d'un traité, d'un registre. **2** Matière, sujet dont il est question. *Puisque nous en venons à ce chapitre, je dois dire...* **3** Assemblée délibérante de chanoines ou de religieux ; le corps qu'ils forment. **LOC** ***Avoir voix au chapitre*** **:** avoir le droit de donner son avis, être qualifié pour cela. — COMPTA ***Chapitre des recettes, des dépenses*** **:** ensemble des recettes, des dépenses. — ***Sur le chapitre de, au chapitre de*** **:** en ce qui concerne, au sujet de. ETY Du lat. *caput*, « tête ».

**chapitrer** *vt* 1 Adresser une remontrance à qqn.

**chapka** *nf* Coiffure en fourrure à rabats pour la nuque et les oreilles. ETY Mot polonais.

**Chaplin** sir **Charles Spencer,** dit **Charlie** (Londres, 1889 – Vevey, 1977), cinéaste anglais, à la fois acteur, réalisateur, scénariste et musicien. Il créa en 1913, aux États-Unis, le personnage de Charlot, héros de nombr. courts métrages et de : *l'Émigrant* (1917), *The Kid* (« le Gosse », 1921), *le Pèlerin* (1923), *la Ruée vers l'or* (1925), *le Cirque* (1928), *les Lumières de la ville* (1931) les *Temps modernes* (1936). À partir du *Dictateur* (1940) son premier film parlant, il abandonna ce personnage : *Monsieur Verdoux* (1947), *Limelight* (« les Feux de la rampe », 1952), *Un roi à New York* (1957). DER **chaplinesque** *a*

**Chapochnikov** **Boris Mikhaïlovitch** (Zlatooust, Oural, 1882 – Moscou, 1945), maréchal soviétique ; anc. officier du tsar ; chef d'état-major de 1937 à 1942.

**chapon** *nm* **1** Jeune coq châtré, engraissé pour la table. **2** Croûte de pain frottée d'ail. **3** rég Dans le Midi, rascasse rouge. ETY Du lat.

**chaponner** *vt* 1 Châtrer un jeune coq pour en faire un chapon. DER **chaponnage** *nm*

**Chappaz** Maurice (Martigny, 1916 – id., 2009), poète suisse d'expression française : *Testament du Haut-Rhône* (1953), *le Valais au gosier de grive* (1960). *À rire et à mourir* (1983).

**Chappe** Claude (Brûlon, Sarthe, 1763 – Paris, 1805), physicien français qui inventa le télégraphe par signaux manuels (1794 : entre Paris et Lille).

**chapska** *nm* Coiffure militaire polonaise portée par les lanciers français sous le Second Empire. VAR **schapska**

**Chaptal** Jean Antoine (comte de Chanteloup) (Nojaret, Lozère, 1756 – Paris, 1832), chimiste et homme polit. français. Il « chaptalisa » les vins, améliora la production d'acide chlorhydrique ; ministre de l'Intérieur de 1800 à 1804.

**chaptaliser** *vt* 1 TECH Augmenter le degré d'alcool d'un vin en ajoutant du sucre au moût de raisin. ETY Du n. pr. DER **chaptalisation** *nf*

**chaque** *a indéf* **1** Qui fait partie d'un ensemble mais que l'on considère isolément. *Une place pour chaque chose, chaque chose à sa place. À chaque instant.* **2** fam Chacun, chacune. *Ces roses coûtent dix francs chaque.* ETY Du lat.

**char** *nm* **1** ANTIQ Voiture à deux roues tirée par des chevaux. *Char romain.* **2** Voiture à traction animale. **3** Voiture décorée pour les cortèges de carnaval. **4** Véhicule blindé, armé et monté sur chenilles. *Char d'assaut, de combat.* **4** Canada fam Automobile. **LOC** fam ***Arrête ton char !*** **:** arrête de bluffer (On écrit aussi *arrête ton charre*, de « charrier ».) — SPORT ***Char à voile*** **:** véhicule à roues, surmonté d'une voile et propulsé par l'action du vent ; sport pratiqué avec cet engin. — ***Char funèbre*** **:** corbillard. ETY Du lat.

▶ illustr. p. 288

**Char** René (l'Isle-sur-la-Sorgue, 1907 – Paris, 1988), poète français : *le Marteau sans maître* (1934), *Feuillets d'Hypnos* (1946), *Fureur et Mystère* (1948), *la Parole en archipel* (1962).

**Coco Chanel**

**René Char**

**charabia** *nm* fam Parler confus, inintelligible et incorrect. ETY De *charabiat*, « émigrant auvergnat ».

**Charlie Chaplin** *les Temps modernes*, 1936, avec Paulette Goddard

**characée** *nf* BOT Algue verte très évoluée que certains caractères rapprochent de la mousse. ETY Du lat.

**charade** *nf* Énigme consistant à faire trouver un mot d'après la définition d'un homonyme de chacune de ses syllabes. ETY Du provenç. *charrado*, « causerie ».

**charadriiforme** *nm* ZOOL Oiseau aux pattes longues et au bec effilé qui vit dans les lieux marécageux, tel que le pluvier, le vanneau, la bécasse, etc. PHO [karadriifɔrm]

**charançon** *nm* Nom cour. d'un coléoptère dont la tête est prolongée par un rostre et qui ronge les graines, les légumes et le bois. *Le charançon du blé, ou calandre.*

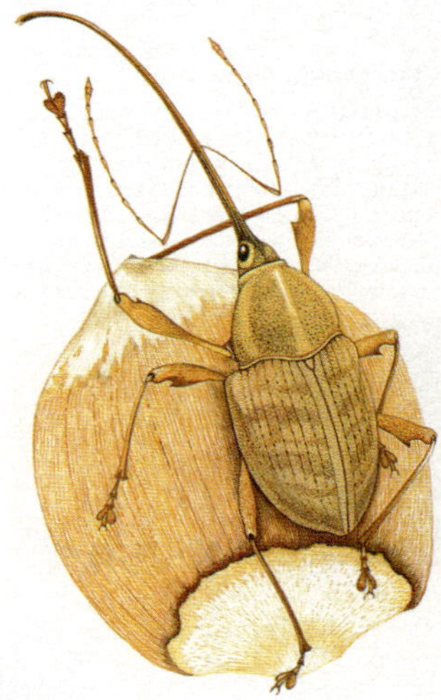

**charançon** des noisettes

**charançonné, ée** *a* Attaqué par les charançons.

**charbon** *nm* **1** Combustible solide de couleur noire, d'origine végétale, contenant une forte proportion de carbone. *Charbon de bois.* **2** Poussière, morceau de charbon. *Avoir un charbon dans l'œil.* **3** ELECTR Morceau de charbon constituant un balai de dynamo, de moteur. **4** Fusain. *Dessin au charbon.* **5** Maladie des céréales causée par des champignons parasites dont les spores noires envahissent les grains. *Charbon du maïs.* **6** Maladie infectieuse, contagieuse, commune à certains animaux (porc, mouton, bœuf, cheval, lapin, etc.) et à l'homme, qui se traduit par des pustules qui se rompent en laissant des escarres noires. **LOC** fam ***Aller au charbon*** **:** accomplir un travail pénible. — ***Charbon actif*** **:** traité de façon à présenter une très grande surface par unité de masse (env. 2 000 $m^2/g$) et utilisé comme catalyseur, adsorbant, décolorant, etc. — ***Charbon de terre*** **:** houille. — ***Être sur des charbons ardents*** **:** impatient. ETY Du lat.

ENC Les charbons minéraux résultent de l'accumulation de matières végétales transformées par des micro-organismes. La teneur en carbone des charbons croît avec l'ancienneté du gisement : 60 % pour les *tourbes*, 65 % pour les *lignites*, 75 à 90 % pour les *houilles*, jusqu'à 94 % pour les *anthracites*.

**charbonnage** *nm* **A** Exploitation d'une houillère. **B** *nm pl* Houillères.

**Charbonneau** Robert (Montréal, 1911 – id., 1967), romancier québécois : *Ils posséderont la terre* (1941), *Aucune créature* (1961).

**charbonner** *v* 1 **A** *vi* **1** MAR S'approvisionner en charbon en parlant d'un navire. **2** Se transformer en charbon sans faire de flammes. **B** *vt* **1** Réduire en charbon. **2** Noircir au charbon.

**charbonnerie** *nf* HIST Société secrète politique formée en France sous la Restauration.

**charbonneux, euse** *a* **1** Qui a l'aspect, la couleur du charbon. **2** Relatif à la maladie du charbon.

**charbonnier, ère** *n, a* **A** *n* Personne qui vit du commerce du charbon, ou qui fait du charbon de bois. **B** *nm* Cargo qui transporte du charbon. **C** *nf* **1** Lieu où l'on fait du charbon de bois. **2** Mésange à calotte noire et à ventre jaune. **D** *a* Relatif au charbon. *Industrie charbonnière.* **LOC** ***La foi du charbonnier*:** la foi naïve de l'homme simple.

**Charbonnières-les-Bains** com. du Rhône (arr. de Lyon) ; 4 039 hab. Prod. pharm. – Station thermale. Hippodrome. (DER) **charbonnois, oise** *a, n*

**Charcot** Jean Martin (Paris, 1825 – près du lac des Settons, Morvan, 1893), neurologue français. Ses recherches sur l'hystérie et sur l'hypnotisme furent à l'origine des premiers travaux de Freud. ▷ MED *Maladie de Charcot :* sclérose latérale avec atrophie musculaire. — **Jean** (Neuilly-sur-Seine, 1867 – en mer, 1936), océanographe français, fils du préc. disparut lors du naufrage de son bateau, le *Pourquoi-Pas ?*, près du Groenland.

**J.-M. Charcot**

**charcuter** *vt* ① **fam, péjor** **1** Opérer maladroitement un patient. **2** Dénaturer un texte en le remaniant. (DER) **charcutage** *nm*

**charcuterie** *nf* **1** Industrie, commerce du charcutier. **2** Spécialité à base de porc faite par le charcutier. **3** Boutique de charcutier.

**charcutier, ère** *a, n* **A** *n* **1** Personne qui prépare et qui vend de la viande de porc, des boudins, des saucisses, du pâté, etc. **2 fam, péjor** Chirurgien, dentiste maladroit. **B** *a* De la charcuterie. *Porc charcutier.* (ETY) *De chair et de cuit.*

**Chardin** Jean (Paris, 1643 – près de Londres, 1713), voyageur français : *Voyage en Perse et aux Indes orientales* (1686).

**Chardin** Jean-Baptiste Siméon (Paris, 1699 – id., 1779), peintre français. Ses natures mortes sont des chefs-d'œuvre (*la Raie, la Table de cuisine, le Panier de raisins, les Pêches*). Il exécuta aussi des scènes de genre, *le Bénédicité* (v. 1740) et, tardivement, des portraits au pastel (*Chardin aux besicles*).

**Chardja** l'un des Émirats arabes unis ; 280 000 hab.

**chardon** *nm* Nom cour. de diverses plantes épineuses, principalement de composées et d'ombellifères. (ETY) Du lat.

**chardonay** *nm* VITIC Cépage blanc réputé de la Bourgogne répandu dans le monde entier, donnant des vins secs et charpentés. (VAR) **chardonnay**

**Chardonne** Jacques Boutelleau, dit Jacques (Barbezieux, Charente, 1884 – La Frette-sur-Seine, 1968), romancier français : *l'Épithalame* (1921), *Demi-jour* (1964).

**chardonneret** *nm* Petit oiseau passériforme commun en Europe au plumage rouge et jaune, friand de graines de chardon.

**Chardonnet de Grange** Hilaire Bernigaud de (Besançon, 1839 – Paris, 1924), chimiste et industriel français. Il fonda, en 1891, à Besançon, une usine de rayonne.

**Chareau** Pierre (Le Havre, 1883 – New York, 1950), architecte et décorateur français : maison de verre, rue Saint-Guillaume, à Paris (1928-1931).

**charentais, aise** *n* **A** *nm* Melon cantaloup. **B** *nf* Chausson en étoffe épaisse, à semelle souple, à contrefort montant.

**Chardin** *Autoportrait au chevalet*, pastel, 1776 – musée du Louvre

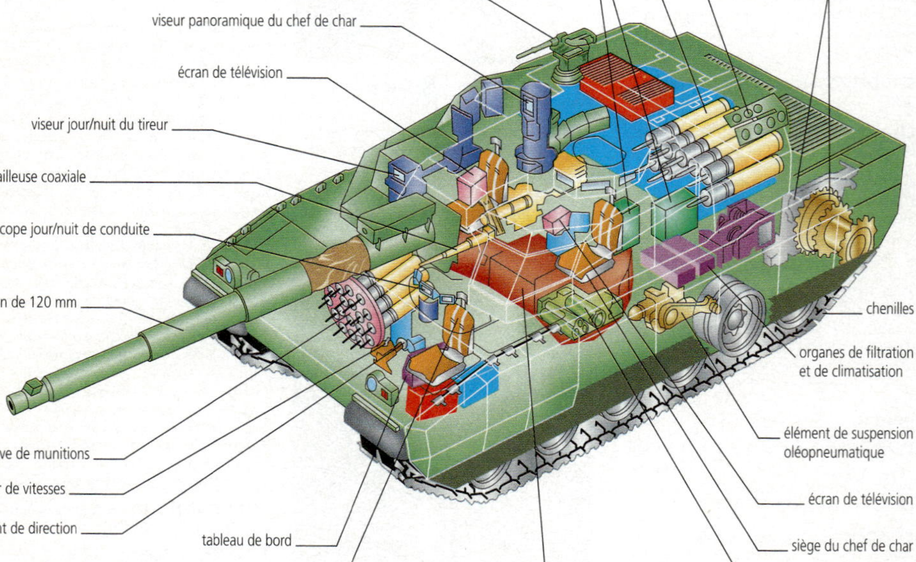


**char** d'assaut AMX Leclerc

**Charente (la)** fl. de France (360 km) ; naît dans le Limousin, arrose Angoulême, Cognac, Saintes, Rochefort ; se jette dans le pertuis d'Antioche (Atlantique).

**Charente** dép. franç. (16) ; 5 953 km² ; 353 482 hab. ; 59,4 hab./km² ; ch.-l. *Angoulême* ; ch.-l. d'arr. *Cognac* et *Confolens*. V. Poitou-Charentes. DER **charentais, aise** *a, n*

**Charente-Maritime** dép. franç. (17) ; 6 848 km² ; 633 417 hab. ; 92,5 hab./km² ; ch.-l. *La Rochelle* ; ch.-l. d'arr. *Jonzac, Rochefort, Saint-Jean-d'Angély* et *Saintes*. V. Poitou-Charentes. DER **charentais, aise** *a, n*
▶ carte p. 290

**Charenton-le-Pont** ch.-l. de cant. du Val-de-Marne (arr. de Créteil), au confl. de la Seine et de la Marne ; 30 800 hab. – L'hôpital psychiatrique dit « de Charenton » (où séjourna Sade) dépend auj. de Saint-Maurice et se nomme *Esquirol*. DER **charentonnais, aise** *a, n*

**Charès de Lindos** (fin du IVe s. av. J.-C.), sculpteur grec : le colosse de Rhodes.

**Charest** Jean (Sherbrooke, 1958), homme politique québécois, Premier ministre (2003-2012).

**Charette de La Contrie** François Athanase de (Couffé, L.-Atl., 1763 – Nantes, 1796), chef vendéen. Il déposa les armes en 1795, les reprit lors du débarquement des émigrés à Quiberon, fut capturé et exécuté.

**charge** *nf* **A 1** Ce qui est porté, supporté, transporté. *Charge utile d'un véhicule.* **2** TECH Pression exercée sur les parois d'une conduite. **3** Quantité de poudre, d'explosif dans un projectile. **4** METALL Quantité de combustible que l'on met dans un haut fourneau. **5** CHIM Substance incorporée à une matière pour lui donner du poids, de l'épaisseur. **6** PHYS Quantité d'électricité portée par un corps, une particule, un objet. *Charge de batterie.* **7** GEOMORPH Masse totale des particules solides transportées par un cours d'eau. **8** fig Attaque impétueuse. *Revenir à la charge.* **9** fig Contrainte morale, obligation. *À charge de revanche.* **10** Fonction d'officier ministériel ; office ministériel. *Une charge de notaire.* **11** fig Responsabilité. *Prendre qqn en charge.* **12** Mission donnée à accomplir. *S'acquitter d'une charge.* **13** DR Indice, preuve qui pèse sur un accusé. **14** Représentation caricaturale. *Un portrait charge.* **B** *nfpl* **1** Obligations financières, dépenses. *Les charges de l'État.* **2** Frais d'entretien d'un immeuble. LOC *Avoir charge d'âmes* : avoir la responsabilité morale d'une ou plusieurs personnes. — *Charges sociales* : dépenses imposées à un employeur par la legislation sociale. — MED *Charge virale* : densité de virus dans le sang d'une personne à un moment donné. — *Femme de charge* : femme de ménage. — *Témoin à charge* : dont le témoignage tend à prouver la culpabilité de l'accusé.

**1 chargé, ée** *a* **1** Qui porte une charge. *Un porteur chargé de bagages.* **2** Prêt à l'emploi. *Un fusil chargé.* **3** Embarrassé, alourdi. *Avoir l'estomac chargé.* **4** Qui contient des valeurs. *Lettre chargée.* **5** fig Couvert de. *Ciel chargé de nuages noirs.* **6** Exagéré. *Un récit chargé. Le rococo est le style chargé par excellence.* **7** Responsable. *Chargé d'une mission officielle.* **8** Qui porte une charge électrique. *Corps chargé positivement, négativement.*

**2 chargé, ée** *n* LOC *Chargé d'affaires* : diplomate qui assure l'intérim d'une ambassade. — *Chargé de cours* : professeur non titularisé de l'enseignement supérieur. — *Chargé de mission* : lié par contrat en vue d'une mission donnée.

**chargement** *nm* **1** Action de mettre une charge sur un animal, un véhicule, un navire. *Chargement d'un train de marchandises.* **2** Ensemble des marchandises chargées. **3** Action de déclarer à la poste les valeurs contenues dans un pli. **4** Action de charger un fusil, un canon, un appareil photographique, etc.

**charger** *v* 13 **A** *vt* **1** Mettre une certaine quantité d'objets sur un homme, un animal, un véhicule. *Charger un âne. Charger un cargo.* **2** Placer. *Charger une valise dans le coffre d'une voiture.* **3** Prendre en charge. *Ce navire charge les voitures des passagers.* **4** Introduire dans une arme à feu une charge, un projectile. **5** Introduire dans un appareil ce qui est nécessaire à son fonctionnement. **6** ELECTR Accumuler dans une batterie une certaine quantité d'électricité. **7** INFORM Introduire un fichier ou un logiciel dans la mémoire d'un ordinateur. **8** Peser sur. *Cette poutre charge trop le mur.* **9** Couvrir avec excès de. *Charger un mur de tableaux.* **10** Attaquer avec impétuosité. *Charger l'ennemi à la baïonnette.* **11** Faire supporter par qqch ou par qqn. *Charger une planche de livres. Charger un enfant d'un énorme cartable.* **12** Confier à qqn l'exécution d'une tâche, la conduite d'une affaire. *Charger un avocat d'une cause.* **13** Faire des déclarations qui tendent à faire condamner un accusé. **B** *vpr* **1** Prendre le soin, la responsabilité de qqn ou de qqch. *Se charger d'une affaire.* **2** fam Absorber des produits dopants. ETY Du lat. *carrus*, « char ».

**chargeur** *nm* **1** Celui qui charge les marchandises. **2** MAR Celui à qui appartient une cargaison. **3** Celui qui alimente une pièce d'artillerie, une arme automatique. **4** Dispositif approvisionnant en cartouches une arme à répétition. **5** Dispositif permettant d'approvisionner un appareil photographique, une caméra en pellicule vierge. **6** ELECTR Appareil servant à la recharge d'accumulateurs.

**chargeuse** *nf* TECH Engin automoteur équipé d'un godet relevable pour ramasser des matériaux et les déverser ailleurs.

**Chari (le)** fl. d'Afrique équatoriale (200 km) ; se jette dans le lac Tchad.

**charia** *nf* Loi canonique de l'Islam touchant les domaines de la vie religieuse, privée, sociale et politique, en vigueur dans de nombreux pays musulmans. ETY Mot ar., « chemin à suivre ».

**Charibert** → **Caribert.**

**chariot** *nm* **1** Voiture à quatre roues pour le transport des fardeaux. **2** TECH Pièce, partie d'une machine qui se déplace sur des glissières, des rails, des galets, etc. *Le chariot d'une machine à écrire.* **3** Petite table roulante. VAR **charriot**

**Chariot** → **Ourse.**

**chariotage** *nm* TECH Façonnage d'une pièce au tour par déplacement de l'outil parallèlement à l'axe de rotation. VAR **charriotage** DER **charioter** ou **charrioter** *vt* 1

**charismatique** *a, n* **A** *a* **1** Relatif à un charisme. **2** Qui a du charisme. *Pouvoir charismatique.* **3** RELIG Se dit d'un mouvement de renouveau de la foi catholique, proche du

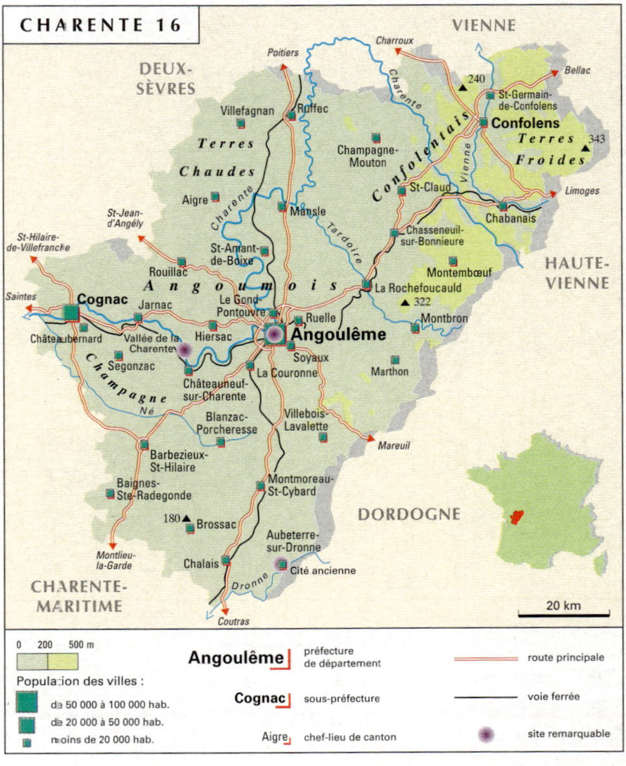

chardon

pentecôtisme protestant, né aux É.-U. en 1966. **B** *n* Adepte du mouvement charismatique.

**charisme** *nm* **1** THEOL Grâce imprévisible et passagère accordée par Dieu à un chrétien pour le bien de la communauté des fidèles. **2** Prestige, ascendant extraordinaire. (PHO) [karism] (ETY) Du gr.

**Charisse Tulla Ellice Finklea,** dite **Cyd** (Amarillo, Texas, 1921 – Los Angeles, 2008), danseuse et actrice américaine, partenaire de Fred Astaire dans *Tous en scène* (1953) et *la Belle de Moscou* (1957).

**charité** *nf* **1** THEOL Amour de Dieu et du prochain, l'une des trois vertus théologales. **2** Bonté, indulgence. *Avoir la charité de pardonner à qqn.* **3** Acte de bonté, de générosité envers autrui ; aumône. *Faire la charité.* (ETY) Du lat. *carus,* « cher ». (DER) **charitable** *a* – **charitablement** *av*

**Charites (les)** nom générique des Grâces (mythologie grecque). (PHO) [karit]

**Charité-sur-Loire (La)** ch.-l. de cant. de la Nièvre (arr. de Cosne-sur-Loire) ; 6 422 hab. – Égl., vest. d'un monastère clunisien (roman bourguignon). (DER) **charitois, oise** *a, n*

**charivari** *nm* Bruit discordant, tapage. (ETY) Du lat. *caribaria,* « mal de tête ».

**Charivari (le)** journal satirique (1832-1893) fondé par Charles Philipon ; princ. collab. : Daumier, Grandville, Gavarni, H. Rochefort.

**charlatan** *nm* **1** Guérisseur qui se vante de guérir toutes sortes de maladies ; **péjor** médecin incompétent. **2** Personne qui exploite la crédulité d'autrui, imposteur. (ETY) De l'ital. *ciarlare,* « parler avec emphase ». (DER) **charlatanerie** *nf* – **charlatanesque** *a* – **charlatanisme** *nm*

**Charlebois Robert** (Montréal, 1944), chanteur et auteur-compositeur québécois ; il utilise souvent le joual.

**charlemagne** *nm* LOC *Faire charlemagne :* quitter le jeu quand on vient de gagner. (ETY) Du n. pr.

**Charlemagne** (en latin *Carolus Magnus,* « Charles le Grand ») (?, 742 – Aix-la-Chapelle, 814), roi des Francs à partir de 768, empereur d'Occident de 800 à 814, fils de Pépin le Bref. À la mort de son frère cadet Carloman (771) qui régnait sur l'Austrasie et dont il cloîtra les enfants, Charles Ier fut le seul maître de l'État franc (Neustrie, Austrasie, Aquitaine, Alémanie, Alsace, Bourgogne et Septimanie). En 774, il vainquit Didier, roi des Lombards, puis conquit la Bavière (781), la Saxe, la Frise (799) et soumit définitivement les Avars de Pannonie (Hongrie) en 805. En Espagne, de 778 à 811, il prit aux musulmans les pays situés au N. de l'Èbre (marche d'Espagne). À l'O., il créa une marche de Bretagne (789-790). Le catholicisme, implanté dans les territ. païens conquis, unit les peuples et le pape le couronna empereur d'Occident en 800. Il résida le plus souvent à Aix-la-Chapelle et plaça des *missi dominici* (« envoyés du maître ») auprès des grands possesseurs de fiefs. Les hommes les plus instruits formèrent l'*école du palais* ; il créa des écoles au sein des cathédrales et des monastères. Louis Ier le Pieux succéda à Charlemagne. L'empire carolingien éclata définitivement en 843 (traité de Verdun), mais le titre d'empereur fut porté jusqu'en 1806 (V. Saint Empire romain germanique). Apparues (en France) au XIe s., de nombr. chansons de geste célébrèrent Charlemagne (*Geste de Charlemagne* ou *cycle carolingien,* comprenant notamment *la Chanson de Roland*). (VAR) **Charles Ier le Grand**

statuette équestre dite de **Charlemagne**, bronze, IXe s. – musée du Louvre

**Charleroi** v. de Belgique (Hainaut), sur la Sambre ; 222 240 hab. Centre industriel. – La v. fut fondée en 1666 par Charles II d'Espagne. – L'Allemagne remporta sur la France la *bataille de Charleroi* (21 au 23 août 1914). (DER) **carolorégien, enne** *a, n*

**Charles Borromée (saint)** (chât. d'Arona, bord du lac Majeur, 1538 – Milan, 1584), neveu de Pie IV, archevêque de Milan (1564) ; pionnier de la Réforme catholique.

**Charles Ier le Grand** → **Charlemagne.**

**Charles II** → **Charles II le Chauve, roi de France.**

**Allemagne**

**Charles III le Gros** (Neidingen, 839 – id., 888), empereur d'Occident (881-887), roi de Germanie (882-887), roi de la *Francia occidentalis* (884-887),fils de Louis le Germanique. Ayant acheté le départ des Normands, plutôt que de les combattre, il fut déposé par une diète en 887. — **Charles IV de Luxembourg** (Prague, 1316 – id., 1378), roi de Bohême (Charles Ier, 1347-1378) ; empereur germanique (1355-1378), il promulgua la Bulle d'or (1356), charte du Saint Empire jusqu'en 1806. Il fonda l'université de Prague (1347) dont il fit sa capitale. — **Charles V** V. Charles Quint. — **Charles VI** (Vienne, 1685 – id., 1740), empereur germanique (1711-1740), roi de Hongrie (Charles III, 1711-1740) et de Sicile (Charles VI, 1711-1738), fils de Léopold Ier de Habsbourg. Il participa à la guerre de la Succession d'Espagne contre la France (1702-1714). Il édicta la pragmatique sanction (1713), par laquelle il léguait ses États à sa fille Marie-Thérèse. Il perdit Naples et la Sicile lors de la guerre de la Succession de Pologne. — **Charles VII Albert** (Bruxelles, 1697 – Munich, 1745), électeur de Bavière (1726-1745), empereur germanique (1742-1745) élu grâce à l'appui de la France, mais vaincu par Marie-Thérèse (fille de l'empereur Charles VI).

**Charles Quint** (Gand, 1500 – Yuste, Estrémadure, 1558), roi d'Espagne (Charles Ier, 1516-1556), prince des Pays-Bas (1516-1555), roi de Sicile (Charles IV, 1516-1556), empereur germanique (Charles V : *Quint* 1519-1556), fils de Philippe le Beau, archiduc d'Autriche, et de Jeanne, reine de Castille. Une suite d'héritages lui valut un immense empire (Flandres, Franche-Comté, territ. autrich. des Habsbourg, Espagne, Naples, Sicile, colonies d'Amérique). Candidat à l'Empire, il l'emporta sur François Ier. Il voulut asseoir l'unité de l'Empire sur l'unité religieuse (catholique). Il dut affronter les princes protestants allemands, soutenus par la France, ainsi que les Turcs, qui menaçaient l'Autriche et en Médit, l'Espagne. Il vainquit : la France à Pavie (1525), les Turcs à Tunis (1535) ; les princes allemands à Mühlberg (1547). Mais de graves échecs (Alger, 1541 ; Cérisoles, 1544 ; Metz, Toul et Verdun, 1552), le contraignirent à la paix d'Augsbourg (1555), qui consacra la division de l'Allemagne en deux confessions. Il abdiqua ses différentes couronnes, d'oct. 1555 à janv. 1556, en faveur de son fils et de son frère, puis se retira au monastère de Yuste (Estrémadure). VAR **Charles V**

Charles Quint

### Angleterre

**Charles Ier** (Dunfermline, Écosse, 1600 – Londres, 1649), roi d'Angleterre, d'Écosse et d'Irlande (1625-1649), fils de Jacques Ier Stuart. Sa politique absolutiste provoqua des luttes avec le Parlement. Une guerre civile (1642-1649) nommée *Première Révolution d'Angleterre* opposa ses partisans, les « Cavaliers », aux « Têtes rondes », partisans du Parlement, menés par Cromwell. Livré à ce dernier, le roi fut jugé et décapité. — **Charles II** (Londres, 1630 – id., 1685), roi d'Angleterre, d'Écosse et d'Irlande (1660-1685), fils du préc. Rappelé sur le trône par le général Monk, il s'allia avec Louis XIV qui le finança, et dut accepter l'*habeas corpus* (1679).

Charles Ier d'Angleterre

≪≪≫≫

**Charles Édouard Stuart** dit **le Prétendant** (Rome, 1720 – Florence, 1788), petit-fils de Jacques II Stuart, tenta de reconquérir le trône d'Angleterre, mais fut vaincu en 1746.

### Autriche

**Charles de Habsbourg** dit **l'archiduc Charles** (Florence, 1771 – Vienne, 1847), archiduc d'Autriche, fils de Léopold II. Il s'illustra contre la France républicaine puis impériale.

**Charles Ier** (Persenbeug, Basse-Autriche, 1887 – Funchal, Madère, 1922), empereur d'Autriche et roi de Hongrie (Charles IV) en 1916, comme petit-neveu de François-Joseph ; il abdiqua en 1918.

### Bourgogne

**Charles le Téméraire** (Dijon, 1433 – devant Nancy, 1477), fils de Philippe le Bon et d'Isabelle de Portugal, duc de Bourgogne (1467). Il voulut en vain reconstituer l'anc. Lotharingie. Il humilia Louis XI à Péronne (1468) et l'emprisonna. Battu par les Suisses (1476), il se retourna contre la Lorraine et fut tué au cours du siège de Nancy. Sa fille, Marie, apporta ses États (moins le duché de Bourgogne) aux Habsbourg, en épousant Maximilien d'Autriche (1477).

Charles le Téméraire

### Espagne

**Charles Ier** V. Charles Quint. — **Charles II** (Madrid, 1661 – id., 1700), roi d'Espagne (1665-1700) et de Sicile (Charles V), fils de Philippe IV, le dernier des Habsbourg d'Espagne. Il céda à la France la Flandre (1668), l'Artois et la Franche-Comté (1678). Il fit du duc d'Anjou, petit-fils de Louis XIV, son héritier, ce qui provoqua la guerre de la Succession d'Espagne. — **Charles III** (Madrid, 1716 – id., 1788), duc de Parme (1731-1735), roi des Deux-Siciles (1734-1759), roi d'Espagne (1759-1788), fils de Philippe V. Despote éclairé, il entreprit d'éphémères réformes. — **Charles IV** (Naples, 1748 – Rome, 1819), roi de 1788 à 1808, fils de Charles III ; il abdiqua en faveur de Ferdinand VII, son fils, mais Napoléon Ier finit par imposer comme roi d'Espagne son frère Joseph.

### France

**Charles Martel** (?, v. 685 – Quierzy, 741), maire du palais d'Austrasie et de Neustrie, fils de Pépin de Herstal. Il rétablit l'État mérovingien et aurait arrêté à Poitiers (732) l'invasion arabe. Il fut le père de Carloman et de Pépin le Bref.

**Charles Ier le Grand** → **Charlemagne** — **Charles II le Chauve** (Francfort-sur-le-Main, 823 – Avrieux, 877), roi de France de 843 à 877, empereur d'Occident (875-877), fils de Louis Ier le Pieux. Des guerres incessantes l'opposèrent à ses frères Lothaire et Louis le Germanique. Au traité de Verdun (843), l'empire de Charlemagne connut un partage, qui fit de Charles II le roi de la *Francia occidentalis*, affaiblie par la féodalité et les invasions normandes. — **Charles III le Simple** (?, 879 – Péronne, 929), roi de 898 à 923, fils de

**Charles V le Sage** *Hommage de Louis II, duc de Bourbon, pour le comté de Clermont en Beauvaisis*, gouache de Louis Boudan – BN

Louis II le Bègue ; il donna la Normandie en fief à Rollon (911). Détrôné, il mourut en prison. — **Charles IV le Bel** (Clermont, v. 1295 – Vincennes, 1328), roi de France et de Navarre (Charles Ier) de 1322 à 1328 ; face à la féodalité, il accrut le pouvoir royal. Il fut le dernier des Capétiens directs. — **Charles V le Sage** (Vincennes, 1338 – Nogent-sur-Marne, 1380), roi de 1364 à 1380. Régent durant la captivité de son père, Jean II le Bon, en Angleterre (1356-1360), il fit face à la révolte parisienne d'Étienne Marcel et à la Jacquerie et dut accepter le désastreux traité franco-anglais de Brétigny (1360). Aidé par Du Guesclin, il reconquit presque tous les territoires cédés aux Anglais, vainquit Charles le Mauvais (1364), et rejeta vers l'Espagne les Grandes Compagnies. Il assainit les finances royales, construisit des palais (Louvre notam.). — **Charles VI le Fol** (Paris, 1368 – id., 1422), roi de 1380 à 1422, fils de Charles V. Rejetant la tutelle de ses oncles (1388), il fit appel aux « Marmousets », conseillers de son père. Mais sa folie (première crise en 1392), livra le pays aux factions (Armagnacs et Bourguignons) et facilita la conquête anglaise. Le traité de Troyes, voulu par son épouse, Isabeau de Bavière, livra la France à Henri V d'Angleterre. VAR **Charles le Bien-Aimé** — **Charles VII** (Paris, 1403 – Mehun-sur-Yèvre, 1461), roi de 1422 à 1461, fils de Charles VI. Sa légitimité (contestable selon le traité de Troyes) fut reconnue par les Armagnacs et il bénéficia des victoires de Jeanne d'Arc sur les Anglais, de sorte que le « roi de Bourges », fut sacré à Reims (1429) et reconquit le royaume : en 1453, les Anglais ne conservaient plus que Calais. Charles VII créa une armée permanente et des impôts (taille, aides). La pragmatique sanction de Bourges (1438) restreignit le pouvoir du pape sur l'Église de France. — **Charles VIII** (Amboise, 1470 – id., 1498), roi de 1483 à 1498, fils de Louis XI. La régente (1483-1494) sa sœur Anne de Beaujeu, le maria à Anne de Bretagne (1491) pour rattacher le duché à la France. Charles VIII tenta sans succès de faire valoir ses droits sur le royaume de Naples (début des guerres d'Italie, 1494) : il acheta la neutralité espagnole et autrichienne en cédant le Roussillon, la Cerdagne, l'Artois et la Franche-Comté. — **Charles IX** (Saint-Germain-en-Laye, 1550 – Vincennes, 1574), roi de 1560 à 1574, fils d'Henri II et de Catherine de Médicis. Celle-ci gouverna durant tout le règne, écartant Coligny et poussant son fils à ordonner le massacre de la Saint-Barthélemy (1572). — **Charles X** (Versailles, 1757 – Goritz, aujourd'hui Gorizia, 1836), roi de 1824 à 1830, frère de Louis XVI et de Louis XVIII. En 1789, alors comte d'Artois, il émigra. En 1824, il succéda à Louis XVIII et confia le soin de la politique ultra à Villèle, suscitant une forte opposition qui ne

Charles VII

Charles IX

Charles X

cessa pas sous le ministère semi-libéral de Martignac (1828-1829). Il fit alors appel au prince de Polignac que la Chambre rejeta. Il dissolut celle-ci et l'opposition remporta les élections. Il répliqua par les ordonnances de Saint-Cloud (25 juillet 1830), cause directe de la révolution de 1830, et dut abdiquer. Sous son règne débuta la conquête de l'Algérie (1830).

**Hongrie**

**Charles Ier Robert** (?, 1291 – Visegrád, 1342), roi de Hongrie de 1308 à 1342. Il accomplit une œuvre importante (réorganisation administrative, économique et politique). VAR **Carobert** — **Charles II** V. Charles III (Sicile). — **Charles III** V. Charles VI (Allemagne). — **Charles IV** V. Charles Ier (Autriche).

**Navarre**

**Charles Ier** V. Charles IV le Bel (France). — **Charles II le Mauvais** (1332 – 1387), roi de 1349 à 1387, petit-fils de Louis X, roi de France. Il s'allia aux Anglais, soutint Étienne Marcel, mais fut vaincu par Du Guesclin à Cocherel (1364). — **Charles III le Noble** (Mantes, 1361 – Olite, 1425), roi de 1387 à 1425, fils de Charles II. Il s'entoura d'artistes français.

**Roumanie**

**Charles Ier** (Sigmaringen, 1839 – Sinaia, 1914), roi de Roumanie de 1881 à 1914. Prince de Hohenzollern-Sigmaringen, il fut élu prince de Roumanie en 1866. VAR **Carol Ier** — **Charles II** (Sinaia, 1893 – Estoril, Portugal, 1953), roi de 1930 à 1940, fils de Ferdinand Ier. En 1926, il céda ses droits à son fils Michel (roi en 1927), s'exila, remonta sur le trône (1930) et abdiqua (sept. 1940). VAR **Carol II**

**Sicile et Naples**

**Charles Ier** (?, 1226 – Foggia, 1285), comte d'Anjou, du Maine et de Provence (1246-1285), premier roi angevin de Sicile (1266-1285), dixième fils de Louis VIII de France. Après la révolte des Vêpres siciliennes (1282), deux royaumes de Sicile se constituèrent, l'un insulaire, l'autre péninsulaire, qui resta à Charles Ier. — **Charles II le Boiteux** (1248 ou 1254 – 1309), fils de Charles Ier, roi de Sicile péninsulaire de 1285 à 1309. — **Charles III** (1345 – 1386), roi de Naples (1381-1386) et de Hongrie (Charles II, 1385-1386). Il fut assassiné. — **Charles IV** V. Charles Quint. — **Charles V** V. Charles II (Espagne). — **Charles VI** V. Charles VI (Allemagne). — **Charles VII** V. Charles III (Espagne).

**Suède**

**Charles IX** (Stockholm, 1550 – Nyköping, 1611), régent puis roi de Suède (1606-1611). Troisième fils de Gustave Vasa, il poursuivit l'expansion du royaume. — **Charles X Gustave** (Nyköping, 1622 – Göteborg, 1660), roi de Suède (1654-1660), après l'abdication de sa cousine Christine. La paix de Roskilde (1658) avec le Danemark rattacha la Scanie à la Suède. — **Charles XI** (Stockholm, 1655 – id., 1697), roi de Suède (1660-1697) qui imposa l'absolutisme royal. — **Charles XII** (Stockholm, 1682 – Fredrikshald, 1718), roi de Suède de 1697 à 1718, fils du préc. Son génie militaire s'exprima dès 1700 dans les guerres contre les Danois et les Russes (victoire de Narva) mais il s'enlisa dans la conquête de la Pologne (1700-1706) et les Russes le battirent à Poltava (1709). Il se réfugia en Turquie et regagna la Suède en 1715. Voulant conquérir la Norvège, il fut tué au cours d'un siège. — **Charles XIII** (Stockholm, 1748 – id., 1818), roi de Suède (1809-1818) et de Norvège (1814-1818). En 1810, il choisit Bernadotte comme son successeur et le laissa gouverner. — **Charles XIV** V. Bernadotte. VAR **Charles-Jean** — **Charles XV** (Stockholm, 1826 – Malmö, 1872), roi de Suède de 1859 à 1872, petit-fils de Bernadotte. — **Charles XVI Gustave** (chât. de Haga, Stockholm, 1946), roi de Suède depuis 1973, à la mort de son grand-père Gustave VI Adolphe.

**Charles XII** de Suède

**Charles** Jacques (Beaugency, 1746 – Paris, 1823), physicien français qui le premier utilisa l'hydrogène pour gonfler les aérostats. — **Julie Françoise Bouchaud des Hérettes** (Paris, 1782 – id., 1817), épouse du préc., elle fut l'*Elvire* que Lamartine chanta dans ses *Méditations*.

**Charles** Charles Robinson, dit Ray (Albany, Georgie, 1932 – Los Angeles, 2004), chanteur, pianiste et compositeur de jazz américain, aveugle à l'âge de six ans.

**Ray Charles**

**Charles-Albert** (Turin, 1798 – Porto, Portugal, 1849), roi de Sardaigne (1831-1849), neveu de Charles-Félix. Vaincu par les Autrichiens à Custozza (1848) et à Novare (1849), il abdiqua en faveur de son fils Victor-Emmanuel II.

**Charles-de-Gaulle (aéroport)** aéroport implanté près de Roissy-en-France (Val-d'Oise). Ouvert en 1974, il fait partie des Aéroports de Paris.

**Charles-de-Gaulle (place)** nom de la place de l'Étoile à Paris depuis 1970.

**Charles-Emmanuel Ier le Grand** (1562 – 1630), duc de Savoie (1580-1630), agrandit ses États. — **Charles-Emmanuel II** (1634 – 1675), duc de Savoie (1638-1675). — **Charles-Emmanuel III** (Turin, 1701 – id., 1773), duc de Savoie et roi de Sardaigne (1730-1773). — **Charles-Emmanuel IV** (Turin, 1751 – Rome, 1819), roi de Sardaigne (1796-1802), abdiqua après la conquête française.

**Charles-Félix** (Turin, 1765 – id., 1831), roi de Sardaigne (1821-1831).

**charleston** *nm* Danse imitée des danses des Noirs des É.-U., très en vogue en Europe entre 1920 et 1930. PHO [ʃaʀlɛstɔn] ETY De *Charleston*, ville de Caroline du Sud.

**Charleston** port des É.-U. (Caroline du Sud), sur l'Atlant. ; 472 500 hab.(aggl.). – Ville fondée en 1670, centre de la résistance sudiste (1861 à 1865).

**Charleston** v. des É.-U., cap. de la Virginie-Occidentale ; 267 000 hab.(aggl.).

**Charlet** Nicolas (Paris, 1792 – id., 1845), graveur français : lithographies sur la légende napoléonienne.

**Charléty** Sébastien (Chambéry, 1867 – id., 1945), historien français : *Histoire du saint-simonisme* (1896).

**Charleville-Mézières** ch.-l. du dép. des Ardennes, sur la Meuse ; 54 036 hab.. Industries. – Place Ducale (XVIIe s.). DER **carolomacérien, enne** *a, n*

**Charlevoix** François-Xavier de (Saint-Quentin, 1682 – La Flèche, 1761), jésuite français ; explorateur des régions du Saint-Laurent et du Mississippi. Chateaubriand a utilisé son *Histoire de la Nouvelle-France* (1744).

**Charlie Brown** personnage des *Peanuts* (1950) bande dessinée de Charles M. Schulz (1922 – 2000).

**charlot** *nm* fam Homme qui manque de sérieux ou de compétence, sur qui on ne peut pas compter. ETY Du n. pr.

**Charlot** personnage créé et interprété (1919-1936) par Charlie Chaplin.

**1 charlotte** *nf* Entremets fait de fruits ou de crème, et de biscuits ramollis dans un sirop. *Un moule à charlottes.* ETY Du prénom *Charlotte*.

**2 charlotte** *nf* **1** Coiffure féminine dont le bord est garni de dentelle froncée et de rubans. **2** Coiffure à bord froncé portée dans les hôpitaux, les usines pour protéger la tête, empêcher les contaminations. ETY Du prénom de *Charlotte Corday*.

**3 charlotte** *nf* Variété de pomme de terre à chair ferme.

**Charlotte** v. des É.-U. (Caroline du Nord) ; 1 031 400 hab. (aggl.). Industries.

**Charlotte Amalie** ch.-l. des îles Vierges amér., dans l'île Saint Thomas ;13 000 hab.

**Charlotte de Belgique** (Laeken, 1840 – chât. de Bouchout, près de Bruxelles, 1927), princesse de Saxe-Cobourg-Gotha et de Belgique, fille de Léopold Ier. Elle perdit la raison quand son mari, Maximilien, empereur du Mexique, fut fusillé (1867).

**Charlotte de Nassau** (chât. de Berg, 1896 – Fishbach, 1985), grande-duchesse de Luxembourg (1919-1964) ; elle abdiqua en faveur de son fils Jean.

**Charlotte-Élisabeth de Bavière** (Heidelberg, 1652 – Saint-Cloud, 1722), princesse Palatine ; seconde femme (1671) du duc d'Orléans, frère de Louis XIV, et mère du Régent. Ses *Lettres* sont des chefs-d'œuvre d'observation.

**Charlottesville** v. des É.-U. (Virginie). – Université fondée en 1819 par Jefferson.

**Charlottetown** v. et port du Canada, cap. de l'île du Prince-Édouard ; 15 390 hab.

**charmant, ante** *a* **1** Qui charme, séduit comme par ensorcellement. *Le prince charmant.* **2** Plein de charme, d'agrément. *Un site charmant. Une histoire charmante.* **3** Déplaisant, désagréable. *Il m'a ri au nez : charmant accueil !*

**1 charme** *nm* **A** **1** Enchantement magique. *Rompre un charme.* SYN sortilège. **2** Effet d'attirance, de séduction, produit sur qqn par une personne ou une chose. *Le charme de la musique. Faire du charme à qqn.* **3** Porte-bonheur, talisman. **4** PHYS NUCL Nombre quantique caractéristique du quatrième quark. **B** *nm pl* vieilli La beauté, les formes d'une femme. **LOC** ***De charme :*** se dit de la presse spécialisée dans l'érotisme et des photos qu'elle publie. — ***Se porter comme un charme :*** jouir d'une santé parfaite. ETY Du lat. *carmen*, « incantation ».

**2 charme** *nm* Arbre de moyenne grandeur très répandu en France (bétulacée), aux feuilles dentées, alternes, à nervures saillantes, au bois blanc et dense. ETY Du lat.

**charmer** *vt* ① **1** litt Adoucir, apaiser comme avec un charme. *Charmer l'ennui de qqn.* **2** Plaire beaucoup, captiver. *Cette chanteuse a charmé son auditoire.* **LOC** ***Être charmé de :*** heureux (terme de politesse).

**Charmes** ch.-l. de cant. des Vosges (arr. d'Épinal), sur la Moselle, près de la *forêt de Charmes ;* 4 871 hab. Exploitation forestière. (DER) **carpinien, enne** *a, n*

**Charmettes (Les)** hameau proche de Chambéry. – J.-J. Rousseau y séjourna de 1732 à 1740, chez M^me^ de Warens, auj. musée.

**charmeur, euse** *n, a* **A** *n* Se dit d'une personne qui plaît, qui séduit. *Une réputation de charmeur.* **B** *a* Qui cherche à plaire, à séduire. *Un air charmeur.*

**Charmeuse de serpent (la)** peinture du Douanier Rousseau (1907).

**charmille** *nf* **1** Allée bordée de charmes. **2** Allée bordée d'arbres taillés en berceau.

**charnel, elle** *a* Qui a trait à la chair, à l'instinct sexuel. *Plaisir charnel. Union charnelle.* (DER) **charnellement** *av*

**charnier** *nm* **1** anc Ossuaire de cimetière. **2** Amoncellement de cadavres. (ETY) Du lat. *carnarium,* « lieu où l'on conserve la viande ».

**charnière** *nf* **1** Assemblage mobile de deux pièces enclavées l'une dans l'autre, jointes par une tige qui les traverse et forme pivot. *Les charnières d'une porte d'armoire.* **2** ZOOL Partie où s'unissent les coquilles bivalves. **3** fig Transition, jonction. *Vivre à la charnière de deux siècles.* **4** Au rugby, groupe de deux joueurs assurant la liaison entre les arrières et les avants. (ETY) Du lat. *cardo,* « gond ».

**charnu, ue** *a* **1** Formé de chair. *Les parties charnues du corps.* **2** Bien en chair. *Des épaules charnues.* **3** À la pulpe épaisse, en parlant d'un fruit. *Cerise charnue.* **4** Se dit d'un vin qui a du corps.

**charognard** *nm* **1** Animal qui se nourrit de charognes (vautours, hyènes). **2** fig, péjor Personne toujours prête à tirer parti du malheur d'autrui.

**charogne** *nf* **1** Cadavre d'animal en décomposition. **2** péjor Mauvaise viande, viande avariée. **3** inj Individu ignoble. (ETY) Du lat. *caro,* « chair ».

**charolais** *nm* Bœuf blanc du Charolais.

**Charolais** rég. de la bordure N.-E. du Massif central, en Saône-et-Loire. Élevage bovin : *race charolaise* (pour l'embouche) dans une dépression. (VAR) **Charollais** (DER) **charolais** ou **charollais, aise** *a, n*

**Charolles** ch.-l. d'arr. de la Saône-et-Loire ; 3 362 hab. – Anc. cap. du Charolais. (DER) **charollais, aise** *a, n*

**charme**

**Charon** dans la myth. grecque, nocher des Enfers ; il passait les morts de l'autre côté de l'Achéron pour une obole.

**Charon** unique satellite de Pluton, découvert en 1978 par l'Américain James Christy. Son diamètre de 1 190 km vaut la moitié de celui de Pluton. Certains considèrent le système Pluton-Charon comme une planète double.

**Charondas** Loys Le Caron, dit (Paris, 1536 – id., 1617), poète et jurisconsulte français, éditeur du *Grand Coutumier de France* (1598).

**Charonne** anc. com., réunie en 1860 à Paris (quartier du XX^e^ arr.).

**Charonton, Charreton, Charton → Quarton.**

**charophycée** *nf* BOT Syn. de *characée.* (PHO) [kaʀɔfise]

**Charpak** Georges (Dabrovica, Pologne, 1924 – Paris, 2010), physicien français d'orig. polonaise, prix Nobel 1992 pour l'invention de détecteurs de particules.

**charpente** *nf* **1** Assemblage de pièces de bois ou de métal servant de soutien à une construction. **2** Squelette d'un être vivant. *La charpente osseuse.* **3** fig Structure, plan d'un ouvrage. *La charpente d'un roman.*

**charpenté, ée** *a* **1** Pourvu d'une charpente. **2** fig Solidement bâti ; bien structuré. *Un roman bien charpenté.*

**charpenter** *vt* ① **1** Tailler des pièces de charpente. **2** fig Bâtir, agencer selon un plan régulier un ouvrage de l'esprit. (ETY) Du lat. *carpentum,* « char à deux roues ». (DER) **charpentage** *nm*

**charpenterie** *nf* TECH **1** Art, technique du charpentier. **2** Chantier de charpente.

**charpentier, ère** *n* Professionnel qui fait des travaux de charpente.

**Charpentier** Marc Antoine (Paris, 1643 – id. 1704), compositeur français : messes, motets, oratorios *(Histoires sacrées),* opéras *(Médée,* 1693) ; auteur d'un *Te Deum* (1692) dont une partie de l'introduction sert d'indicatif à l'*Eurovision.*

**Charpentier** Gustave (Dieuze, 1860 – Paris, 1956), compositeur français : *Louise* (drame lyrique, 1900).

**charpie** *nf* Substance absorbante faite de toile effilée ou râpée. *La charpie était utilisée autref. pour panser les plaies.* **LOC** ***Mettre en charpie :*** mettre en pièces. (ETY) De l'a. fr.

**Charrat** Janine (Grenoble, 1924), danseuse et chorégraphe française classique.

**charre → char.**

**charretée** *nf* **1** Charge d'une charrette. *Une charretée de foin.* **2** fig, fam Grande quantité. *Une charretée d'insultes.*

**charretier, ère** *n, a* **A** *n* Conducteur de charrette. **B** *a* Qui permet le passage aux charrettes. *Voie charretière.* **LOC** ***Jurer, parler comme un charretier :*** très grossièrement.

**charrette** *nf* **1** Voiture à deux roues servant à porter des fardeaux, qui a ordinairement deux brancards et deux ridelles, tirée par un homme ou un cheval. *Charrette à bras.* **2** fig Ensemble des personnes touchées en même temps par une mesure d'exclusion, de licenciement. **3** fam Période de travail intensif pour achever un projet dans un certain délai.

**charriage** *nm* **1** Action de charrier, de transporter. **2** GEOL Poussée latérale entraînant le déplacement horizontal d'un pli de terrain ; pli ainsi déplacé.

**charrier** *v* ② **A** *vt* **1** Transporter dans une charrette, un chariot. *Charrier du fumier.* **2** Entraîner dans son courant, en parlant d'un cours d'eau. *La rivière charrie des glaçons.* **3** fig, fam Tourner qqn en dérision. **B** *vi* fam Exagérer. *Faut pas charrier !* (ETY) De char.

**charriot → chariot.**

**charroi** *nm* Transport par chariot, charrette, tombereau. (DER) **charroyer** *vt* ㉓

**charron** *nm* Ouvrier, artisan qui fait des trains de voitures, des chariots, des charrettes.

**Charron** Pierre (Paris, 1541 – id., 1603), moraliste français. *De la Sagesse* (1601) prône le scepticisme.

**charronnerie** *nf* Fabrication des chariots, des charrettes, des roues de bois, etc. (VAR) **charronnage** *nm*

**charrue** *nf* Instrument servant à labourer la terre sur de grandes surfaces. **LOC** ***Mettre la charrue avant, devant les bœufs :*** commencer par où l'on devrait finir. (ETY) Du bas lat. *carruca,* « char gaulois ».

**charte** *nf* **1** Au Moyen Âge, titre qui réglait des intérêts, accordait ou confirmait des privilèges et des franchises. **2** Constitution, loi fondamentale d'un État. **3** fig Règle intangible, principe fondamental. *Charte des libertés. Charte graphique.* (ETY) Du lat. *charta,* « papier ».

**Charte (la Grande)** (en lat. *Magna Carta*), charte accordée en juin 1215 par le roi d'Angleterre Jean sans Terre aux féodaux, qui, pressurés d'impôts, avaient pris Londres (mai 1215). Jean sans Terre viola la Charte et il s'ensuivit une guerre civile (1215-1217). Son fils, Henri III, dut accorder aux barons les statuts d'Oxford (1258).

**Charte des Nations unies** traité constitutif de l'Organisation des Nations unies (ONU), signé à San Francisco par cinquante États le 26 juin 1945.

**charte-partie** *nf* MAR Contrat fixant les conditions d'affrètement d'un navire. PLUR chartes-parties.

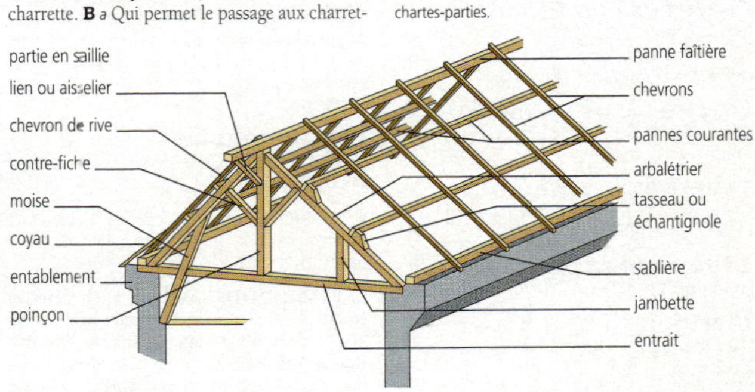


**charpente**

**charter** *nm* Avion affrété pour un groupe (compagnie de tourisme, organismes divers), à un tarif inférieur à celui d'un vol régulier. (PHO) [ʃaʀtɛʀ] (ETY) Mot angl.

**chartes (École nationale des)** école d'enseignement supérieur, fondée en 1821, installée à la Sorbonne dep. 1897, formant notam. des spécialistes des documents anciens.

**Chartier Alain** (Bayeux, v. 1385 – ?, v. 1433), poète français (*la Belle Dame sans merci* 1424) auteur d'œuvres polit. (*le Livre des Quatre Dames* 1415, *le Quadrilogue invectif* 1422).

**chartisme** *nm* HIST Mouvement formé en Angleterre par les ouvriers entre 1837 et 1848 afin d'obtenir des réformes sociales améliorant leur condition. (DER) **chartiste** *a, n*

**1 chartiste** *a, n* Élève ou anc. élève de l'École nationale des chartes.

**2 chartiste** *n* Analyste financier dont les prévisions sont fondées sur l'extrapolation des graphiques. (ETY) De l'angl. *chart,* « graphique ».

**Chartres** ch.-l. du dép. d'Eure-et-Loir, sur l'Eure ; 41 588 hab. Industries. – Évêché. Cath. Notre-Dame, chef-d'œuvre de l'art goth.(1194-1225) : clocher vieux (104 m) et clocher du XVI$^e$ s., flèche en pierre (115 m) ; statues, bas-reliefs et vitraux des XII$^e$ et XIII$^e$ s. Deux églises sont de cette époque. Musée. (DER) **chartrain, aine** *a, n*

**Chartres** la cathédrale et la Basse-ville

**chartreuse** *nf* **1** Couvent de chartreux. **2** VX Petite maison de campagne retirée. **3** (Nom déposé) Liqueur jaune ou verte fabriquée par les chartreux avec des plantes aromatiques. (ETY) Du n. pr.

**Chartreuse (massif de la)** massif des Préalpes d'Isère et de Savoie, au N.-E. de Grenoble ; il culmine à 2 000 m. Le parc naturel couvre 65 000 ha. (VAR) **Massif de la Grande-Chartreuse**

**Chartreuse (la Grande-)** monastère de l'ordre contemplatif fondé en 1084 par saint Bruno dans le massif de la Grande-Chartreuse. Les bâtiments actuels sont du XVII$^e$ s.

**Chartreuse de Parme (la)** roman de Stendhal (1839) dont le héros est Fabrice del Dongo.

**1 chartreux, euse** *n* Religieux, religieuse de l'ordre contemplatif fondé par saint Bruno.

**2 chartreux** *nm* Chat à poil gris-bleu, à corps massif.

**chartrier** *nm* **1** Lieu où l'on conservait les chartes. **2** Recueil de chartes. **3** Celui qui gardait les chartes.

**charts** *nmpl* Dans les pays anglo-saxons, hit-parade des chansons à succès. (ETY) Mot angl.

**Charybde** nom donné par les Anciens à un tourbillon du détroit de Messine, proche d'un rocher nommé *Scylla*. – *Tomber, aller de Charybde en Scylla*, de mal en pis.

**chas** *nm* Trou d'une aiguille où passe le fil. (PHO) [ʃa] (ETY) Du lat. *cassus*, « creux ».

**Chase René Brabazon Raymond,** dit **James Hadley** (Londres, 1906 – Corseaux-sur-Vevey, Suisse, 1985), auteur anglais de romans policiers : *Pas d'orchidées pour Miss Blandish* (1938), *Eva* (1947).

**Chasles Michel** (Épernon, 1793 – Paris, 1880), mathématicien français : travaux sur les espaces vectoriels (*Traité de géométrie supérieure*, 1852).

**chassable** *nm* Qui peut faire l'objet d'une chasse. *Espèce non chassable.*

**chassagne-montrachet** *nminv* Bourgogne blanc, très réputé de la côte de Beaune.

**chasse** *nf* **1** Action de chasser un animal. *Chasse à courre.* **2** Ensemble des chasseurs, des chiens, des rabatteurs et de tout l'équipage. **3** Période où la chasse est autorisée. *Ouverture de la chasse.* **4** Domaine réservé pour la chasse. **5** Gibier pris ou tué. *Manger sa chasse.* **6** Action de poursuivre qqn ou qqch pour s'en emparer ou l'éliminer. *Chasse à l'homme. Faire la chasse aux abus.* **7** TECH Espace libre donné à une machine ou à certains de ses éléments pour en faciliter le mouvement. **8** TYPO Largeur d'une lettre. **9** En reliure, partie du plat qui déborde le bloc formé par les pages d'un volume. LOC ***Aviation de chasse***, ou ***la chasse*** : branche de l'aviation militaire chargée d'intercepter les avions ennemis et d'attaquer des objectifs terrestres. — ***Chasse d'eau*** : dispositif permettant de vidanger un égout, un appareil sanitaire. — ***Chasse gardée*** : secteur, domaine que qqn ou un groupe se réserve exclusivement.

**châsse** *nf* **1** Coffre d'orfèvrerie où sont gardées les reliques d'un saint. **2** TECH Cadre servant à enchâsser ou à protéger divers objets. *Châsse de verres optiques.* LOC ***Châsse d'une balance*** : pièce métallique servant à soulever le fléau. (ETY) Du lat. *capsa*, « boîte ».

**chassé** *nm* CHOREGR Suite de pas précédant un saut au cours duquel un pied semble chasser l'autre.

**Chasse au snark (la)** poème de Lewis Carroll (1876).

**chasse-clou** *nm* TECH Poinçon servant à enfoncer les têtes de clous. SYN chasse-pointe. PLUR chasse-clous.

**chassé-croisé** *nm* **1** CHOREGR Figure où le cavalier et sa danseuse passent l'un devant l'autre en faisant un chassé. **2** fig Changement réciproque et simultané de place, de situation. **3** fig, péjor Suite de démarches mal coordonnées et sans résultat. PLUR chassés-croisés.

**chasséen, enne** *a, nm* PREHIST Se dit de la période du néolithique moyen (fin V$^e$ mill. av. J.-C.–déb. de l'âge du fer) caractérisée par une céramique décorée, après cuisson, de motifs géométriques.

**chasse-goupille** *nm* Outil servant à faire sortir une goupille de son logement. PLUR chasse-goupilles.

**chasselas** *nm* VITIC Cépage d'Alsace et de Pouilly-sur-Loire donnant un raisin de table blanc. (ETY) Du n. d'un village, près de Mâcon.

**Chasseloup-Laubat François (marquis de)** (Saint-Sornin, Saintonge, 1754 – Paris, 1833), général français. Il dirigea le siège de Dantzig (1807). — **Justin** (Alexandrie, Piémont, 1805 – Versailles, 1873), homme politique, fils du préc., ministre de la Marine et des Colonies sous le Second Empire.

**chasse-marée** *nm* MAR Petit bâtiment côtier à deux ou trois mâts, remontant bien au vent. PLUR chasse-marées ou chasse-marée.

**chasse-mouche** *nm* Éventail, touffe de crins servant à chasser les mouches. PLUR chasse-mouches ou chasse-mouche.

**chasse-neige** *nm* **1** Dispositif placé à l'avant d'un véhicule pour déblayer les voies enneigées ; ce véhicule. **2** SPORT Position des skis en V vers l'avant pour freiner en descente. PLUR chasse-neiges ou chasse-neige.

**chasse-pierre** *nm* Appareil fixé en avant des roues d'une locomotive pour écarter les pierres qui se trouvent sur la voie. PLUR chasse-pierres ou chasse-pierre.

**chasse-pointe** *nm* Syn. de *chasse-clou*. PLUR chasse-pointes.

**chassepot** *nm* Fusil à baïonnette en usage dans l'armée française de 1866 à 1874. (ETY) Du n. pr.

**chasser** *v* (1) **A** *vt* **1** Poursuivre un animal pour le capturer ou le tuer. *Chasser l'éléphant.* **2** Pousser, faire marcher devant soi. *Chasser un troupeau de moutons.* **3** Contraindre à sortir, congédier. *Chasser le chat de la cuisine. Chasser un employé.* **4** fig Éloigner ; faire disparaître. *Chasser ses sombres pensées.* **B** *vi* **1** MAR Entraîner ses ancres sous l'effet du vent ou du courant. **2** TYPO En parlant d'un caractère d'imprimerie, avoir un encombrement important. **3** CHOREGR Exécuter un chassé. **4** Déraper. *Dans le virage, les roues arrière ont chassé.* (ETY) Du lat.

**chasseresse** *nf, a* poét Chasseuse. *Diane chasseresse.*

**Chassériau Théodore** (Santa Bárbara de Samaná, St-Domingue, 1819 – Paris, 1856), peintre français romantique.

**chasse-roue** *nm* Pièce de fer ou borne de pierre qui empêche les roues de dégrader les côtés d'une porte cochère. PLUR chasse-roues.

**chasseur, euse** *n* **A** **1** Personne qui pratique la chasse ; prédateur. **2** Personne en quête de qqch. *Chasseur d'images.* **B** *nm* **1** Groom qui fait les commissions dans un hôtel, un restaurant. **2** Soldat de certains corps d'infanterie et de cavalerie. *Chasseurs à pied, chasseurs alpins.* **3** MAR Navire rapide qui fait la chasse à d'autres navires, aux sous-marins en partic. **4** Avion de chasse ; son pilote. **5** CUIS Préparation incluant des champignons, du vin blanc, etc., pour les volailles et les œufs. *Poulet chasseur.* LOC ***Chasseur de têtes*** : Indien d'Amazonie qui conserve comme trophées les têtes coupées des ennemis tués ; professionnel qui se charge, pour le compte d'une entreprise, du recrutement des cadres.

**chasseur-cueilleur** *nm* ETHNOL Individu qui ne tire sa substance que de la chasse, de la pêche ou de la cueillette. PLUR chasseurs-cueilleurs.

**Chasseurs dans la neige (les)** peinture de Bruegel l'Ancien (1565, Vienne).

**chassie** *nf* Sécrétion visqueuse qui s'amasse sur le bord des paupières. (DER) **chassieux, euse** *a*

**châssis** *nm* **1** Assemblage en métal ou en bois qui sert à encadrer ou à soutenir un objet, un vitrage, etc. *Châssis à tabatière.* **2** HORTIC Abri vitré provoquant un effet de serre, qui protège les semis. **3** BX-A Cadre sur lequel est tendue la toile d'un tableau, d'un décor de théâtre. **4** IMPRIM Cadre rectangulaire dans lequel on impose les pages composées et les clichés. **5** PHOTO Cadre contenant la plaque sensible d'un appareil photo. **6** Assemblage métallique rigide servant à supporter la carrosserie d'un véhicule, son moteur. *Châssis de wagon, d'automobile.*

**chaste** *a* **1** Qui pratique la chasteté. *Un homme chaste.* **2** Pur, éloigné de tout ce qui blesse la pudeur. *Des oreilles chastes.* (ETY) Du lat. (DER) **chastement** *av*

abyssin

chartreux

havana

maine coon

persan

rex

siamois

chat de l'île de Man

européen

chat sauvage européen

**Chastel** André (Paris, 1912 – Neuilly-sur-Seine, 1990), historien et critique d'art français, spécialiste de la Renaissance italienne.

**Chastellain** Georges (Alost, Flandres, v. 1410 – Valenciennes, 1475), chroniqueur flamand, conseiller de Philippe le Bon.

**Chastenet de Castaing** Jacques (Paris, 1893 – id., 1978), historien fr. : *Histoire de la III$^{e}$ République* (1952-1963).Acad. fr. (1956).

**chasteté** *nf* Abstention des plaisirs charnels jugés illicites ; comportement d'une personne chaste. *Vœu de chasteté.*

**chasuble** *nf* **1** Vêtement sans manche que le prêtre met par-dessus l'aube et l'étole pour dire la messe. **2** Robe de femme échancrée, sans manches, portée sur un autre vêtement. *Robe chasuble.* ETY Probabl. altér. du lat. *casula,* « manteau à capuchon ».

**1 chat** *nm* **1** Petit mammifère domestique ou sauvage (félidé) au pelage soyeux, aux oreilles triangulaires, aux longues vibrisses, aux griffes rétractiles. *Chat tigré, persan, siamois.* **2** Terme de tendresse. *Mon petit chat.* **3** Jeu de poursuite enfantin. *Jouer à chat. Chat perché.* **LOC** ***Acheter chat en poche*** : sans voir l'objet que l'on achète. — ***Appeler un chat un chat*** : parler franchement, crûment. — ***Avoir un chat dans la gorge*** : être enroué. — Canada ***Chat sauvage*** : nom cour. du raton laveur. — ***Donner sa langue au chat*** : renoncer à résoudre une énigme, une devinette. — ***Il n'y a pas de quoi fouetter un chat*** : c'est une affaire de peu d'importance. — fam ***Il n'y a pas un chat*** : il n'y a personne. — ***Quand le chat n'est pas là, les souris dansent*** : en l'absence du chef, les subordonnés se relâchent. — CHOREGR ***Saut de chat*** ou ***pas de chat*** : saut latéral exécuté en série, au cours duquel les jambes s'écartent tout en se repliant. ETY Du lat. ▶ pl. p. 295

ENC En dehors du chat domestique, (nombr. races, mais une seule espèce : *Felis catus*), divers félidés de petite taille sont nommés *chats. Felis silvestris* est le chat sauvage d'Europe (70 cm de long, queue comprise) ; *Profelis aurata,* le chat doré d'Afrique.

**2 chat** *nm* Sur Internet, communication informelle entre plusieurs personnes, par échange instantané de messages affichés sur leurs écrans. SYN causette. PHO [tʃat] ETY Mot angl. VAR **tchat**

**châtaigne** *nf, a inv* **A** *nf* **1** Fruit du châtaignier. **2** fam Coup. *Envoyer une châtaigne à qqn.* SYN marron. **B** *a inv* D'une couleur brun clair. *Un pantalon châtaigne.* **LOC** ***Châtaigne d'eau*** : fruit de la macre. ETY Du lat.

**châtaigneraie** *nf* Lieu planté de châtaigniers.

**châtaignier** *nm* Arbre des régions tempérées (fagacée) produisant les châtaignes, dont les variétés améliorées, sélectionnées et propagées par greffe, portent le nom de marronniers ; bois de cet arbre.

**châtain** *a, n* **A** *a* De la couleur de la châtaigne, brun clair. *Cheveux châtains.* **B** *nm* Cette couleur. **C** *n* Qui a les cheveux de cette couleur. *Un châtain clair.*

**chataire** *nf* Plante herbacée odorante (labiée), à fleurs blanches, fréquente dans les endroits incultes. SYN herbe-aux-chats VAR **cataire**

**Chat botté (le)** (*ou le Maître chat*), conte de Perrault (1697).

**château** *nm* **1** Forteresse entourée de fossés et défendue par de gros murs flanqués de tours ou de bastions. *Château fort, féodal, médiéval.* **2** Habitation royale ou seigneuriale. **3** Demeure belle et vaste, à la campagne. *Le château du village.* **4** Propriété viticole qui donne son nom à un cru. *Château-Mouton-Rothschild.* **5** MAR Superstructure dominant le pont d'un navire. *Château de proue.* **6** Conteneur étanche servant à stocker et à transporter des matières radioactives. PLUR châteaux. **LOC** ***Bâtir, faire des châteaux en Espagne*** : former des projets irréalisables. — ***Château d'eau*** : réservoir surélevé permettant la mise sous pression d'un réseau de distribution d'eau. — ***Château de cartes*** : construction instable faite avec des cartes à jouer. — fam ***Le Château*** : le palais de l'Élysée, siège de la présidence de la République. ETY Du lat. *castrum,* « camp ».

**Château (le)** roman inachevé de Kafka (posth., 1926).

**chateaubriand** *nm* Morceau de filet de bœuf grillé très épais. ETY P.-ê. du n. de l'écrivain *Chateaubriand,* dont le cuisinier aurait inventé la recette, ou du n. de la ville de *Chateaubriant* (Loire-Atlantique). VAR **châteaubriant**

**Chateaubriand** François René (vicomte de) (Saint-Malo, 1768 – Paris, 1848), écrivain français. Il passa sa jeunesse en Bretagne, à Combourg. Sous la Révolution il voyagea en Amérique (1791-1792) et émigra à Londres en 1793. Rentré en France en 1800, il publia *Atala* (1801) et *René* (1802), récits inclus dans *le Génie du christianisme* (1802). Ministre de Bonaparte, il démissionna après l'exécution du duc d'Enghien (1804). Il publia en 1809 *les Martyrs,* nouvelle apologie du christianisme et en 1811 *Itinéraire de Paris à Jérusalem.* Il fut ambassadeur et ministre sous la Restauration. Il publia *les Aventures du dernier Abencérage, les Natchez* (1826) et le *Voyage en Amérique* (1827) puis la *Vie de Rancé* (1844). Les *Mémoires d'outre-tombe* (commencés en 1809, terminés en 1841), récit de sa vie, son chef-d'œuvre, furent publiés immédiatement après sa mort. Acad. fr. (1811).

Chateaubriand

**Châteaubriant** ch.-l. d'arr. de la L.-Atl., sur la Chère, affl. de la Vilaine ; 12 065 hab. – Le 22 oct. 1941, les Allemands y fusillèrent 27 otages. DER **castelbriantais, aise** *a, n*

**Châteaubriant** Alphonse de (Rennes, 1877 - Kitzbühel, Autriche, 1951), auteur français de romans historiques : *Monsieur de Lourdines* (1911). Rallié au nazisme, il fut condamné à mort par contumace.

**Château-Chinon** ch.-l. d'arr. de la Nièvre, dans le Morvan ; 2 307 hab. – Musée du Septennat (de F. Mitterrand). DER **château-chinonais, aise** *a, n*

**châtaignier** à g., feuille et floraison (chaton mâle) – à dr., de haut en bas, bogue, châtaigne et silhouette

**Château-d'Olonne** com. de Vendée (arr. des Sables-d'Olonne) ; 12 908 hab. DER **castellolonais, aise** *a, n*

**Château d'Otrante (le)** roman « noir » de H. Walpole (1764).

**Châteaudun** ch.-l. d'arr. d'Eure-et-Loir, en Beauce, sur le Loir ; 14 543 hab. Industries. – En 1870, la ville résista aux All., qui l'incendièrent. – Églises XII$^{e}$ s. et XII$^{e}$-XV$^{e}$ s. Château (XV$^{e}$-XVI$^{e}$ s.) ; donjon (XII$^{e}$ s.). DER **dunois, oise** *a, n*

**château-d'Yquem** *nm inv* Bordeaux blanc liquoreux de la région de Sauternes, très réputé.

**Château-Gaillard** → **Andelys.**

**Château-Gontier** ch.-l. d'arr. de la Mayenne, sur la Mayenne ; 11 131 hab. DER **castrogontérien, enne** *a, n*

**Châteauguay (le)** rivière des É.-U. et du Québec, affl. du Saint-Laurent (r. dr.). – Victoire des Canadiens sur les Amér. (1813).

**château-lafite** *nm inv* Bordeaux rouge du Médoc (Pauillac et Saint-Estèphe), très réputé.

**château-la-pompe** *nm inv* fam Eau du robinet, servie comme boisson.

**château-latour** *nm inv* Bordeaux rouge du Médoc (Pauillac), très réputé.

**Châteaulin** ch.-l. d'arr. du Finistère, sur l'Aulne, dans le *bassin de Châteaulin* ; 5 157 hab. – Chap. Notre-Dame (XV$^{e}$-XVI$^{e}$ s.). DER **châteaulinois, oise** *a, n*

**Châteauneuf-de-Randon** ch.-l. de cant. de la Lozère (arr. de Mende) ; 532 hab. – Du Guesclin y mourut alors qu'il assiégeait une forteresse tenue par les Anglais (1380).

**châteauneuf-du-pape** *nm* Cru réputé des Côtes-du-Rhône méridionales.

**Châteauneuf-du-Pape** com. du Vaucluse (arr. d'Avignon) ; 2 078 hab. Vins. – Ruines d'un château pontifical (XIV$^{e}$ s.). DER **châteauneuvois, oise** *a, n*

**Châteaurenard** ch.-l. de canton des Bouches-du-Rhône (arr. d'Arles) ; 12 999 hab. Marché de fruits et légumes. DER **châteaurenardais, aise** *a, n*

**Château-Renault** François Louis de Rousselet (marquis de) (Château-Renault, Indre-et-L., 1637 – Paris, 1716), vice-amiral et maréchal de France. Il combattit les Barbaresques, les Anglais et les Hollandais.

**Châteauroux** ch.-l. du dép. de l'Indre, sur l'Indre ; 49 632 hab. Centre routier, ferrov. et industr. – Au S. de la v., grande forêt domaniale. – Égl. XII$^{e}$-XV$^{e}$ s., Château-Raoul (XV$^{e}$ s.). DER **castelroussin , ine** *a, n*

**Châteauroux** Marie Anne de Mailly-Nesle (duchesse de) (Paris, 1717 – id., 1744), maîtresse de Louis XV.

**Château-Salins** ch.-l. d'arr. de la Moselle ; 2 470 hab. DER **castelsalinois , oise** *a, n*

**Château-Thierry** ch.-l. d'arr. de l'Aisne, sur la Marne ; 14 967 hab. Industries. – Égl. goth. (XV$^{e}$-XVI$^{e}$ s.). Ruines du chât. (XI$^{e}$ s.). Musée La Fontaine, dans sa maison natale. DER **castrothéodoricien , enne** *a, n*

**Châtel** Jean (?, 1575 – Paris, 1594), agresseur d'Henri IV, qui le fit écarteler.

**châtelain** *nm* **1** HIST Seigneur qui possède un château et un territoire. **2** Propriétaire d'un château, d'une vaste et belle demeure campagnarde.

**châtelaine** *nf* **1** Femme d'un châtelain ; propriétaire d'un château. **2** Bijou, chaîne de ceinture.

**châtelet** *nm* Petit château fort.

**Châtelet** Grand et Petit anc. forteresses de Paris, reconstruites en pierre au XII$^e$ s. Le *Grand Châtelet*, au N. du Pont-au-Change (r. dr.), siège d'un tribunal, fut démoli v. 1802 ; le *Petit Châtelet*, en face, sur la r. g., prison, fut démoli en 1782.

**Châtelet** Émilie Le Tonnelier de Breteuil (marquise du) (Paris, 1706 – Lunéville, 1749), femme de lettres française, liée à Voltaire.

**Châtelguyon** com. du Puy-de-Dôme (arr. de Riom) ; 5 241 hab. Station thermale. DER **châtelguyonnais, aise** *a, n*

**châtellenie** *nf* HIST Seigneurie et juridiction d'un seigneur châtelain.

**Châtellerault** ch.-l. d'arr. de la Vienne, sur la Vienne ; 35 569 hab. Industries. – Maison de Descartes. Musée de l'Automobile. DER **châtelleraudais, aise** *a, n*

**Châtenay-Malabry** ch.-l. de cant. des Hauts-de-Seine (arr. d'Antony), 32 310 hab. Ville résidentielle. – Égl. XI$^e$-XIII$^e$ s. Chât. XVIII$^e$ s.. Dans la Vallée-aux-Loups, Chateaubriand habita de 1807 à 1817. École centrale des arts et manufactures. DER **châtenaisien, enne** *a, n*

**Chatham** v. et port milit. de G.-B. (Kent), sur l'estuaire de la Medway ; 61 910 hab.

**Chatham** (comtes de) → **Pitt.**

**chat-huant** *nm* Nom cour. de la hulotte. PLUR chats-huants.

**châtier** *vt* ② **1** litt Infliger une peine à. *Châtier un criminel.* **2** fig, litt Punir qqch. *Châtier l'audace de qqn.* **3** fig Rendre plus pur, plus correct. *Châtier son style.* ETY Du lat.

**chatière** *nf* **1** Trou pratiqué dans le bas d'une porte pour laisser passer les chats. **2** CONSTR Trou d'aération dans une toiture. **3** TRAV PUBL Ouverture pratiquée dans un bassin pour permettre l'écoulement des eaux.

**Châtillon** nom de plusieurs familles nobles. Celle de Châtillon-sur-Marne a compté **Eudes de Châtillon**, pape (V. Urbain II), et **Gaucher V de Châtillon** (v. 1250 – 1329), connétable de Philippe le Bel ; celle de Châtillon-sur-Loing (auj. *Châtillon-Coligny*) a compté l'amiral de Coligny.

**Châtillon** (anc. *Châtillon-sous-Bagneux*), ch.-l. de cant. des Hauts-de-Seine (arr. d'Antony) ; 32 383 hab Constr. aéronautique. DER **châtillonnais, aise** *a, n*

**Châtillon-sur-Seine** ch.-l. de cant. de la Côte-d'Or (arr. de Montbard) ; 6 269 hab. – Égl. St-Vorles (X$^e$ s.). Musée (trésor de Vix). DER **châtillonnais, aise** *a, n*

**châtiment** *nm* Correction, punition.

**Châtiments (les)** recueil de poèmes de V. Hugo (1853) : invectives contre Napoléon III, description de Waterloo, « morne plaine », etc.

**Chat-Noir (le)** cabaret parisien (1881-1898), fondé à Montmartre par Rodolphe Salis. Aristide Bruant s'y produisit.

**chatoiement** *nm* Reflet brillant et changeant. *Le chatoiement de la moire.* PHO [ʃatwamɑ̃]

**1 chaton** *nm* **1** Jeune chat. **2** Inflorescence unisexuée qui se détache d'une seule pièce après la floraison (chaton mâle) ou la fructification (chaton femelle). *Chatons de noisetier, de saule.* **3** fam Petit amas de poussière qui s'accumule sous les meubles. SYN mouton. ETY De *chat.*

**2 chaton** *nm* Partie saillante d'une bague, marquée d'un chiffre ou enchâssant une pierre précieuse. ETY Du frq. *kasto,* « caisse ».

**Chatou** ch.-l. de cant. des Yvelines (arr. de Saint-Germain-en-Laye). Cité résidentielle sur la Seine ; 29 962 hab. Industrie aéron. – Égl. (chœur du XIII$^e$ s.). DER **catovien, enne** *a, n*

**1 chatouille** *nf* (Souvent plur.) fam Chatouillement (sens 1). *Faire des chatouilles.*

**2 chatouille** *nf* Nom cour. de la petite lamproie de rivière. ETY P.-ê. altér. par *chat,* du moyen fr. *setouille.*

**chatouillement** *nm* **1** Action de chatouiller. **2** Picotement désagréable.

**chatouiller** *vt* ① **1** Causer, par un attouchement léger, un tressaillement spasmodique qui provoque un rire nerveux. *Chatouiller un bébé.* **2** Produire une impression agréable. *Ce vin chatouille le palais.* **3** fig Exciter. *Chatouiller la curiosité de qqn.* ETY Probabl. onomat.

**chatouilleux, euse** *a* **1** Sensible au chatouillement. **2** fig Susceptible. *Un caractère chatouilleux.*

**chatouillis** *nm* fam Chatouilles légères.

**chatoyer** *vi* ㉓ **1** Avoir des reflets changeants, en parlant d'une étoffe. **2** fig, litt Receler des images nombreuses et variées, en parlant d'un style. ETY De *chat.* DER **chatoyant, ante** *a*

**Châtre (La)** ch.-l. d'arr. de l'Indre, sur l'Indre ; 4 547 hab. Centre agricole. DER **castrais, aise** *a, n*

**châtrer** *vt* ① **1** Rendre stérile un être humain ou un animal par l'ablation des testicules ou des ovaires. **2** HORTIC Supprimer les organes de multiplication végétative d'une plante en coupant les stolons. **3** fig Mutiler par des coupures. *Châtrer un ouvrage littéraire.* ETY Du lat.

**Chatrian** → **Erckmann-Chatrian.**

**châtron** *nm* Bœuf de boucherie.

**chatroom** *nm* Sur Internet, espace virtuel réservé au chat. *Se retrouver dans des chatrooms.* PHO [tʃatʀum] ETY Mot angl.

**Chatt al-Arab (le)** fl. d'Irak (200 km), formé par la réunion du Tigre et de l'Euphrate ; arrose Bassorah, se jette dans le golfe Persique. Enjeu du conflit entre l'Iran et l'Irak (notam. en 1980).

**Chattanooga** v. des É.-U. (Tennessee), sur le Tennessee ; 422 500 hab. (aggl.). Indus-

**château fort**

tries. – Victoire de Grant sur les Sudistes (nov. 1863).

**chatte** *nf* **1** Femelle du chat. **2** vulg Sexe de la femme. **3** MAR Grappin à dents acérées pour draguer des câbles, des chaînes, etc.

**chattemite** *nf* litt Personne qui affecte des airs doux et humbles pour tromper ou séduire.

**chatter** *vi* ① INFORM Participer à un chat sur Internet. *Pour chatter, cliquez ici !* PHO [tʃate] VAR **tchater** DER **chatteur** ou **tchateur, euse** *n*

**chatterie** *nf* **1** Caresse câline. *Faire des chatteries à qqn.* **2** Friandise. **3** Établissement de gardiennage ou d'élevage collectif de chats.

**Chatterji** Bankim Chandra (Kantalpara, 1838 – Calcutta, 1894), écrivain bengali. Ses romans ont inspiré le mouvement nationaliste.

**chatterton** *nm* Ruban adhésif employé comme isolant en électricité. PHO [ʃatɛʀtɔn] ETY Du n. de l'inventeur.

**Chatterton** Thomas (Bristol, 1752 – Londres, 1770), poète anglais dont le suicide a inspiré Vigny (*Chatterton* 1835).

**Chaucer** Geoffrey (Londres, v. 1340 – id., 1400), le premier grand poète anglais : *Contes de Cantorbéry* (1387-1400) inspirés de Boccace. DER **chaucérien, enne** *a*

**chaud, chaude** *a, n, av* **A** *a* **1** Qui donne, produit, garde, transmet la chaleur ; qui présente une température plus élevée que celle du corps humain. *Des croissants encore chauds. Avoir les mains chaudes.* **2** fig Récent. *Une nouvelle toute chaude.* **3** fig Ardent, sensuel. *Avoir un tempérament chaud.* **4** fig Passionné, zélé. *Une chaude affection.* **5** fig Très animé, marqué par de l'agitation, des troubles. *L'alerte a été chaude.* **6** fig PEINT Se dit de coloris qui évoquent le feu (rouge, orangé, etc.). **B** *nm* Chaleur. *Ne craindre ni le chaud ni le froid.* **C** *av* **1** À une température élevée. *Il fait chaud. Mangez chaud.* **2** Sur le moment. *Opérer à chaud.* **3** fam Cher. *Cela coûte chaud.* LOC ***Avoir eu chaud :*** avoir échappé de bien peu à un désagrément. — ***Chaud et froid :*** refroidissement brusque lorsque l'on est en sueur. — ***Faire des gorges chaudes :*** rire, se moquer. — ***Pleurer à chaudes larmes :*** abondamment. — ***Souffler le chaud et le froid :*** imposer sa volonté en étant successivement amical et hostile. ETY Du lat.

**chaudement** *av* **1** De façon à avoir chaud. *Se vêtir chaudement.* **2** fig Avec ardeur, vivacité. *Défendre chaudement qqn.*

**chaude-pisse** *nf* vulg Blennorragie. PLUR chaudes-pisses.

**Chaudes-Aigues** ch.-l. de cant. du Cantal (arr. de Saint-Flour) ; 986 hab. Stat. therm. (eaux à 82 °C). – Égl. flamboyante (XV^e^ s.). DER **chaudesaiguois, oise** *a, n*

**Chaudet** Antoine Denis (Paris, 1763 – id., 1810), sculpteur néoclassique français : *Napoléon* (1810-1814, sur la colonne Vendôme).

**chaud-froid** *nm* Volaille ou gibier cuit, servi froid, nappé de gelée. PLUR chauds-froids.

**chaudière** *nf* Appareil qui porte un fluide (général. de l'eau) à une température élevée pour produire de l'énergie, chauffer.

**Chaudière-Appalaches** rég. admin. du Québec qui s'étend du sud du Saint-Laurent à la frontière amér. ; 375 000 hab.

**chaudin** *nm* Gros intestin du porc utilisé en charcuterie.

**chaudrée** *nf* rég Dans les Charentes, soupe de poissons au vin blanc, servie sur du pain.

**chaudron** *nm* Petit récipient, de cuivre ou de fonte, muni d'une anse ; son contenu.

**chaudronnerie** *nf* Industrie concernant la fabrication d'objets en métal ; produit de cette industrie.

**chaudronnier, ère** *n* Personne qui fabrique ou vend des articles de chaudronnerie.

**chauffage** *nm* **1** Action de chauffer ; production de chaleur. **2** Mode de production de chaleur ; appareil destiné à chauffer. *Chauffage au bois, au gaz, à l'électricité.* LOC ***Chauffage central :*** par des radiateurs alimentés par une chaudière unique (dans une maison, un immeuble). — ***Chauffage urbain :*** alimenté par des centrales couvrant une zone urbaine.

**chauffagiste** *nm* Spécialiste de l'installation et de l'entretien du chauffage central.

**chauffant, ante** *a* Qui chauffe. *Couverture chauffante.*

**chauffard** *nm* Automobiliste imprudent, dangereux.

**chauffe** *nf* TECH Action, fait de chauffer. LOC ***Bleu de chauffe :*** vêtement de travail en grosse toile bleue. — ***Corps de chauffe :*** appareil (radiateur, tuyau à ailettes, etc.) qui diffuse la chaleur apportée par un fluide chauffant. — ***Surface de chauffe :*** surface d'une chaudière recevant la chaleur fournie par le foyer.

**chauffe-assiette** *nm* Appareil électrique servant à maintenir les assiettes au chaud. PLUR chauffe-assiettes.

**chauffe-bain** *nm* Chauffe-eau qui alimente une salle de bains. PLUR chauffe-bains.

**chauffe-biberon** *nm* Appareil électrique qui chauffe les biberons au bain-marie. PLUR chauffe-biberons.

**chauffe-eau** *nm* Appareil de production d'eau chaude domestique. PLUR chauffe-eaux ou chauffe-eau.

**chauffe-plat** *nm* Plaque chauffante, réchaud de table ou de desserte. PLUR chauffe-plats.

**chauffer** *v* ① **A** *vt* **1** Rendre chaud, plus chaud ; donner une sensation de chaleur. *L'alcool chauffe les joues.* **2** TECH Mettre sous pression une machine à vapeur. *Chauffer une locomotive.* **3** fig, fam Mener vivement, activer qqch ; exciter, enthousiasmer qqn. *Un chanteur qui chauffe son public.* **4** fam Voler. *Se faire chauffer son portefeuille.* **B** *vi* **1** Devenir chaud. *Le dîner est en train de chauffer.* **2** Dégager de la chaleur. *La houille chauffe plus que le bois.* **3** S'échauffer à l'excès. *Cet essieu va chauffer s'il n'est pas graissé.* **C** *vpr* **1** S'exposer à la chaleur. *Se chauffer au coin du feu.* **2** Être chauffé. *Nous ne nous chauffons qu'au mazout.* **3** Se mettre en condition, s'échauffer (sportif). LOC fam ***Ça chauffe, ça va chauffer :*** cela va prendre une tournure violente. — fam ***Chauffer les oreilles à qqn :*** l'irriter. — fam ***Être chauffé à blanc :*** être très énervé, ne plus pouvoir se contenir. ETY Du lat.

**chaufferette** *nf* **1** anc Boîte perforée contenant des braises et servant à se chauffer les pieds. **2** Appareil pour se chauffer les mains ou les pieds. *Chaufferette électrique.* **3** Canada Radiateur relié au moteur, chauffant l'intérieur d'une voiture.

**chaufferie** *nf* Local où sont installés des appareils de production de chaleur.

**chauffeur** *nm* **1** Ouvrier chargé de l'alimentation d'un foyer. *Les chauffeurs des anciennes locomotives à vapeur.* **2** Personne qui conduit une automobile. *Chauffeur de taxi.* **3** HIST Brigand qui, au début du XIX^e^ s., brûlait les pieds de ses victimes pour leur faire avouer où elles cachaient leurs richesses.

**chauffeuse** *nf* Siège bas à dossier pour s'asseoir auprès du feu.

**chauler** *vt* ① **1** AGRIC Amender un sol en y incorporant de la chaux. **2** Enduire de chaux. *Chauler un mur.* DER **chaulage** *nm*

**chauleuse** *nf* Appareil à chauler.

**Chaulieu** Guillaume Amfrye (abbé de) (Fontenay, Vexin normand, 1639 – Paris, 1720), poète français : *Odes anacréontiques.*

**chaumage** *nm* **1** Récolte du chaume. **2** Temps où a lieu cette récolte.

**chaume** *nm* **A** **1** BOT Tige herbacée des graminées (blé, avoine, etc.). **2** AGRIC Partie des céréales qui reste dans un champ après la moisson. SYN éteule. **3** Paille qui sert de couverture à certaines habitations rurales ; cette couverture elle-même. *Un toit de chaume.* **B** *nm pl* Champs où le chaume est encore sur pied. *Se promener dans les chaumes.* ETY Du lat. *calamus,* « tige de roseau ».

**chaumer** *vt, vi* ① AGRIC Couper, ramasser le chaume d'un champ.

**Chaumette** Pierre Gaspard (Nevers, 1763 – Paris, 1794), révolutionnaire français, le princ. instigateur du culte de la Raison. Guillotiné avec Hébert.

**chaumière** *nf* Maison couverte de chaume.

**Chaumont** ch.-l. du dép. de la Hte-Marne, sur la Marne ; 25 996 hab. Industries. – Égl. (XIII^e^-XVI^e^ s.). – Le *pacte de Chaumont* (9 mars 1814) entre les Alliés, stipulait que la France serait ramenée à ses frontières de 1792. DER **chaumontais, aise** *a, n*

**Chaumont-sur-Loire** com. du Loir-et-Cher (arr. de Blois) ; 1 031 hab. – Chât. (XV^e^-XVI^e^ s.). DER **chaumontais, aise** *a, n*

**Chaunu** Pierre (Belleville, Meuse, 1923 – Caen, 2009), historien français : *Séville et l'Atlantique, 1504-1650* (1955-1960), *3 millions d'années, 80 milliards de destins* (1990).

**Chauny** ch.-l. de cant. de l'Aisne (arr. de Laon), sur l'Oise et le canal de Saint-Quentin ; 12 523 hab. DER **chaunois, oise** *a, n*

**Chausey (îles)** groupe d'îlots (env. 80), dans la Manche, dépendant de Granville. DER **chausiais, aise** *a, n*

**chaussant, ante** *a* Qui chausse bien. *Des escarpins chaussants.*

**chaussé, ée** *a* **1** Qui porte une, des chaussure(s). **2** Muni de pneus. *Voiture chaussée de pneus cloutés.* **3** HERALD Se dit de l'écu divisé par deux diagonales partant des angles du chef et se rejoignant au milieu de la pointe.

**chaussée** *nf* **1** Partie d'une route aménagée pour la circulation. **2** Levée de terre servant à retenir l'eau d'un étang, d'une rivière, etc., ou utilisée comme chemin de passage dans les lieux marécageux. **3** MAR Long écueil sous-marin. **4** HORL Pièce d'une montre, qui porte l'aiguille des minutes.

**Chaussée des Géants** (en angl. *Giant's Causeway*), en Irlande du Nord, coulée basaltique érodée par la mer.

**chausse-pied** *nm* Instrument en forme de lame incurvée, dont on se sert pour chausser plus facilement une chaussure. PLUR chausse-pieds. VAR **chaussepied**

**chausser** *vt* ① **1** Mettre à ses pieds des chaussures. *Chausser des bottes.* **2** Mettre des chaussures à qqn. *Chausser une fillette.* **3** Fournir en chaussures. *Un bottier qui chausse les plus grandes actrices.* **4** S'ajuster, être bien ou mal adapté, en parlant de chaussures. *Ce modèle vous chausse bien.* **5** Munir de pneumatiques un véhicule. **6** ARBOR Entourer de terre le pied d'un arbre. SYN butter. LOC ***Chausser des lunettes :*** les ajuster sur son nez. — EQUIT ***Chausser les étriers :*** mettre les pieds dans les étriers. ETY Du lat.

**chausses** *nf pl* anc Partie du vêtement des hommes, qui couvrait le corps de la ceinture jusqu'aux genoux *(haut-de-chausses)* ou jusqu'aux pieds *(bas-de-chausses).*

**chausse-trappe** *nf* **1** Trou recouvert où est dissimulé un piège, pour attraper les animaux sauvages. **2** fig Ruse destinée à abuser qqn. **3** anc MILIT Pièce métallique à quatre pointes camouflée dans la terre pour en défendre le passage à la cavalerie. PLUR chausse-trappes. ETY Altér. de l'a. fr. *chalcier*, « fouler aux pieds ». VAR **chaussetrappe** ou **chausse-trape**

**chaussette** *nf* Bas court. *Chaussettes en laine, en fil, en nylon.* **LOC** fam ***Jus de chaussette:*** mauvais café.

**chausseur** *nm* Commerçant en chaussures, généralement sur mesure. SYN bottier.

**chausson** *nm* **1** Chaussure d'intérieur souple, légère et confortable. *Se mettre en chaussons.* **2** Chaussure souple utilisée dans certains sports. *Chausson de danse.* **3** Chaussette basse tricotée pour nouveau-né. **4** fig Combat à coups de pied, dérivé de la savate. *Pratiquer la canne et le chausson.* **5** CUIS Pâtisserie faite d'un rond de pâte feuilletée plié en deux et fourré aux fruits. *Chausson aux pommes.*

**Chausson** Ernest (Paris, 1855 – Limay, près de Mantes-la-Jolie, 1899), compositeur français : *Poème* pour violon et orchestre (1896), *le Roi Arthus* (drame lyrique, 1896), *la Chanson perpétuelle* (1898).

**chaussure** *nf* **1** Partie de l'habillement qui sert à couvrir et à protéger le pied (sandales, souliers, pantoufles, bottes, etc.). *Cirer ses chaussures.* SYN soulier. **2** Industrie de la chaussure. *Romans, capitale de la chaussure en France.* **LOC** ***Trouver chaussure à son pied:*** trouver ce qui convient, spécial. une personne avec qui se marier.

**chaut → chaloir.**

**Chautemps** Camille (Paris, 1885 – Washington, 1963), homme politique français ; prés. radical-socialiste du Conseil en fév. 1930, 1933-1934, et de juin 1937 à mars 1938.

**chauve** *a, n* **A** Se dit d' une personne qui n'a plus, ou presque plus, de cheveux. **B** *a* litt Nu, dépouillé. *Monts chauves.* ETY Du lat.

**Chauveau-Lagarde** Claude (Chartres, 1756 – Paris, 1841), avocat français. Il défendit Brissot, Charlotte Corday, Marie-Antoinette devant le Tribunal révolutionnaire.

**Chauvelin** Germain Louis de (Paris, 1685 – id., 1762), homme politique français. Responsable des Affaires étrangères (1727), il engagea la France dans la guerre de la Succession de Pologne et le cardinal Fleury l'élimina (1737).

**chauve-souris** *nf* Mammifère muni d'ailes membraneuses, dont le corps rappelle celui d'une souris. (Nom cour. de tous les chiroptères.) PLUR chauves-souris. VAR **chauvesouris**

**chauve-souris** à g., la roussette – au centre et à dr., la pipistrelle

ENC La membrane alaire des chauves-souris est formée par un repli de la peau et soutenue par des doigts très allongés. La main porte des griffes aux doigts 1 et 2, et le pied à tous les doigts, ce qui permet aux chiroptères de se suspendre par les pieds. Les ultrasons émis et reçus leur font éviter les obstacles et repérer leurs proies (phénomène d'écholocation).

**Chauvet-Combe d'Arc** (grotte) grotte préhistorique dans les gorges de l'Ardèche découverte en 1994, ornée de peintures vieilles de plus de 30 000 ans.

**Chauvigny** ch.-l. de cant. de la Vienne (arr. de Montmorillon), sur la Vienne ; 7 200 hab. – Ruines de quatre châteaux féodaux. DER **chauvinois, oise** *a, n*

**chauvin, ine** *a, n* péjor **1** Qui professe un patriotisme exagéré et aveugle. *Un comportement chauvin.* **2** Qui manifeste une admiration exclusive pour sa ville, sa région, etc. *Un supporter chauvin.* ETY D'un n. pr. DER **chauvinisme** *nm*

**Chauvin** Yves (Menin, 1930 – Tours, 2015), chimiste français. P. Nobel 2005 avec R. Grubbs et R. Schrock (travaux sur les dérivés du pétrole)

**Chauviré** Yvette (Paris, 1917), danseuse française. Interprète des ballets de S. Lifar, elle a marqué les grands rôles (*Giselle, le Lac des Cygnes*).

**chaux** *nf* Oxyde de calcium, de formule CaO. **LOC** ***Chaux éteinte:*** hydroxyde de calcium $Ca(OH)_2$. — ***Chaux vive:*** anc. nom de l'oxyde de calcium anhydride. — ***Eau de chaux:*** solution de chaux dans l'eau. — ***Être bâti à chaux et à sable:*** être d'une constitution robuste. — ***Lait de chaux:*** chaux éteinte étendue d'eau jusqu'à consistance de badigeon. ETY Du lat.

**Chaux-de-Fonds (La)** v. de Suisse (canton de Neuchâtel), dans le Jura ; 997 m d'alt. ; 38 700 hab. Centre horloger. DER **chaux-de-fonnier, ère** *a, n*

**Chaval** Yvan Le Louarn, dit (Bordeaux, 1915 – Paris, 1968), dessinateur humoristique français qui cultivait l'absurde.

**Chavée** Achille (Charleroi, 1906 – Mons, 1969), poète belge d'expression française, influencé par le surréalisme : *le Cendrier de chair* (1936), *le Grand Cardiaque* (1969).

**Chavez Frias** Hugo (Sabaneta, 1954 – Caracas, 2013), homme politique vénézuélien, prés. de la République dep. 1999, populiste. Il décède quelques mois après sa réélection en 2012.

**Chaville** ch.-l. de cant. des Hauts-de-Seine (arr. de Boulogne-Billancourt) ; 20 000 hab DER **chavillois, oise** *a, n*

**Chavín de Huantar** site archéol. du N. du Pérou. Vestiges d'une civilisation ($IX^e$-$III^e$s. av. J.-C.) qui produisit des pyramides tronquées, des bas-reliefs, des rondes-bosses.

**Chavín de Huantar** le portail du Castillo

**chavirer** *v* 1 **A** *vi* **1** Se retourner, en parlant d'un navire. **2** Se renverser. *La carriole chavira.* **B** *vt* **1** Renverser, culbuter. *Chavirer des meubles avec violence.* **2** fig Tourner, retourner. *L'émotion lui chavirait la tête.* ETY Du provenç. *cap vira*, « tourner la tête ». DER **chavirement** ou **chavirage** *nm*

**Chawiyah (ach-) (la)** riche plaine agricole du Maroc, arrière-pays de Casablanca. Phosphates. VAR **Chaouïa**

**Chawqi** Ahmad (Le Caire, 1868 – id., 1932), poète égyptien : *la Fin de Cléopâtre* (1929), *Kaïs et Leïla* (1931).

**Chayla** François du (Mende, v. 1650 – Pont-de-Montvert, 1702), prédicateur français chargé de convertir les protestants des Cévennes, qui l'assassinèrent (révolte des camisards).

**chayotte** *nf* Cucurbitacée grimpante, à fruits, à feuilles et à racine comestibles. SYN christophine, chouchou.

**Chazal** Malcolm de (Vacoas, 1902 – Curepipe, 1981), écrivain mauricien d'expression française et peintre naïf : *Pensées* (7 vol., 1940-1945) *Sens plastique* (1947), *Sens magique* (1957).

**cheap** *a* fam Bon marché et de qualité médiocre. PHO [tʃip]

**cheb, cheba** *n* Jeune interprète de raï.

**chébec** *nm* Petit navire à trois mâts, gréé en voiles latines, utilisé autref. en Méditerranée. ETY De l'ar. VAR **chebec**

**chèche** *nm* Bande de tissu léger s'enroulant en turban autour de la tête, portée dans les pays arabes. ETY Mot ar.

**chéchia** *nf* Calotte de laine portée dans certains pays d'islam. ETY De *Chāch*, anc. n. de la ville de Tachkent (Ouzbékistan).

**check-list** *nf* TECH Liste des vérifications à effectuer avant la mise en marche d'un appareil. SYN (recommandé) liste de contrôle. PLUR check-lists. PHO [(t)ʃeklist] ETY Mot angl. VAR **checklist**

**check-point** *nm* Poste de contrôle militaire établi sur un itinéraire. PLUR check-points. PHO [tʃekpɔjnt] ETY Mot angl. VAR **checkpoint**

**check-up** *nm inv* **1** Bilan de santé. **2** fig, fam Examen attentif de qqch, visant à faire un bilan. PHO [(t)ʃekœp] ETY Mot angl. VAR **checkup**

**cheddar** *nm* Fromage de vache anglais, à pâte dure jaunâtre. PHO [(t)ʃedaʀ] ETY Du n. d'un village du Somersetshire (G.-B.).

**cheddite** *nf* Explosif à base de chlorate de potassium ou de sodium et de nitrotoluène. ETY Du n. de *Chedde*, village de Hte-Savoie.

**Chedid** Andrée (Le Caire, 1920 – Paris, 2011), romancière égyptienne d'origine libanaise, vivant en France : *le Sommeil délivré* (1952), *le Sixième jour* (1956), *le Survivant* (1982).

**cheeseburger** *nm* Hamburger au fromage. PHO [(t)ʃizbœʀgœʀ] ETY Mot angl.

**cheesecake** *nm* Gâteau au fromage blanc. PHO [(t)ʃizkɛk] ETY Mot angl.

**chef** *n* **A 1** Personne qui est à la tête d'un corps constitué, qui a le premier rang, la première autorité. *Le chef de l'État.* **2** Dans les armées, tout militaire pourvu d'un grade lui conférant une autorité. *Obéir à ses chefs.* **3** MAR Gradé placé à la tête d'un service. *Chef de quart.* **4** Titre d'un fonctionnaire à la tête d'un service, d'une division administrative. *Chef de cabinet d'un ministre.* **5** Personne qui dirige qqch, qui en est responsable. *Chef d'entreprise. Chef de gare.* **6** Professionnel qui dirige la cuisine d'un restaurant. **B** *nm* **1** vx Tête. *Opiner du chef.* **2** DR Article, point principal. *Les chefs d'accusation qui pèsent sur l'accusé.* **3** HERALD Partie supérieure de l'écu. **LOC** ***Au premier chef:*** au plus haut point. — ***Chef d'école:*** celui ou celle dont les doctrines sont admises par des disciples qui les propagent. — ***Chef de file:*** celui ou celle dont on suit l'exemple, les convictions. — ***De son propre chef:*** de sa propre initiative, de sa seule autorité. — ***En chef:*** en qualité de chef. ETY Du lat. *caput*, « tête ».

**chefaillon** *nm* fam, péj Petit chef.

**chef-d'œuvre** *nm* **1** anc Ouvrage exemplaire réalisé par un artisan pour accéder à la maîtrise, au sein d'une corporation. **2** Œuvre parfaite en son genre. PLUR chefs-d'œuvre. PHO [ʃedœvʀ]

**Chef-d'œuvre inconnu (le)** nouvelle de Balzac (1831) : en art, le désir de la perfection mène à l'échec tragique. ▷ CINE *La Belle Noiseuse* (1991) de Rivette.

**chefferie** *nf* **1** anc Circonscription placée sous l'autorité d'un officier du génie militaire. **2** En Afrique noire notam., territ. placé sous l'autorité d'un chef traditionnel ; cette autorité. **3** Canada Direction d'un parti politique.

**chef-garde** *n* Belgique Contrôleur dans un train. PLUR chefs-gardes.

**chef-lieu** *nm* Localité où siège une division administrative. PLUR chefs-lieux.

**cheftaine** *nf* Dans le scoutisme, jeune fille chargée de la direction d'un groupe de louveteaux, de guides ou d'éclaireuses.

**cheik** *nm* Titre des chefs de tribu, chez les Arabes, et de certains maîtres spirituels, chez les musulmans. ETY De l'ar. *chaykh,* « vieillard ». VAR **cheikh** ou **scheikh**

**Cheik-Saïd** anc. territ. français, yéménite depuis 1939.

**chéilite** *nf* MED Inflammation des lèvres. PHO [keilit] ETY du gr.

**cheimatobie** *nf* Phalène dont les chenilles sont très nuisibles aux arbres fruitiers et forestiers. PHO [kɛjmatɔbi] ETY Du gr. *kheima,* « hiver »

**cheire** *nf* Surface, marquée par des scories, d'une coulée de lave en Auvergne. ETY Du lat.

**chéiroptère → chiroptère.**

**Cheju** (anc. *Quelpart*), île volcanique de la Corée du sud, dans la mer de Chine orientale, 1 850 km$^2$ ; 489 460 hab. ; ch.-l. *Cheju.* Pêche. Tourisme.

**Che-king → Shijing.**

**chélate** *nm* CHIM Corps qui peut fixer des cations métalliques en formant un complexe stable. PHO [kelat] ETY Du gr. *khêlê,* « pince ».

**chélater** *vt* ① Former un complexe à l'aide d'un chélate. DER **chélation** *nf*

**chélateur** *nm* CHIM Corps qui agit comme un chélate et qui peut servir à la décontamination de l'organisme. PHO [kelatœʀ]

**chelem** *nm* **1** Réalisation de toutes les levées, par un seul joueur ou une seule équipe, à certains jeux de cartes (tarot, bridge). **2** SPORT Série complète de victoires, dans un ensemble de compétitions. LOC ***Faire un petit chelem*** *:* gagner tous les plis sauf un. PHO [ʃlɛm] ETY De l'angl. VAR **schelem**

**Chelia (djebel)** montagne du massif des Aurès, le plus haut sommet d'Algérie (2 328 m).

**chélicérate** *nm* ZOOL Arthropode dont le sous-embranchement comprend les arachnides, les mérostomes et les pycnogonides, tous pourvus d'une paire de chélicères, à l'aide de laquelle ils capturent leur proie et souvent lui inoculent un venin ou des enzymes destructrices. PHO [keliseʀat]

**chélicère** *nf* ZOOL Appendice céphalique le plus antérieur, chez les chélicérates. *Les chélicères du scorpion.* PHO [keliseʀ] ETY Du gr. *khêlê,* « pince », et *keras,* « corne ».

**chélidoine** *nf* BOT Papavéracée des vieux murs et des éboulis, à fleurs jaunes, qui laisse écouler un latex jaune lorsqu'on la casse. SYN grande éclaire. PHO [kelidwan] ETY Du gr. *khelidôn,* « hirondelle ».

**Chélif (le)** le plus long fl. d'Algérie (700 km) ; arrose Ech-Cheliff et se jette dans la Méditerranée au N. de Mostaganem.

**Cheliff (Ech-)** (anc. *Orléansville,* puis *El-Asnam*), v. d'Algérie, dans la plaine du Chélif ; 104 810 hab. ; ch.-l. de la wilaya du m. nom. Centre agric. – Ville fondée par Bugeaud en 1843. Séismes en 1954 et 1980. – Ruines d'une basilique chrétienne du IV$^e$s. ; mosaïques.

**chelléen, enne** *nm, a* PREHIST Se dit de l'étage le plus ancien du paléolithique inférieur. SYN abbevillien. PHO [ʃeleɛ̃] ETY D'un n. pr.

**Chelles** ch.-l. de cant. de Seine-et-Marne (arr. de Meaux), sur la Marne ; 49 110 hab. Industries. – Égl. XIII$^e$ - XV$^e$ s. Station et musée préhistoriques. DER **chellois, oise** *a, n*

**Chełmno** ville de Pologne (21 000 hab.), sur la Vistule, où les nazis implantèrent un camp d'extermination.

**Chelmsford** v. de G.-B., près de la Chelmer, tributaire de la mer du Nord ; 150 000 hab. ; ch.-l. du comté d'Essex. Centrale nucl.

**chéloïde** *nf* MED Excroissance cutanée qui se forme parfois sur une cicatrice. PHO [kelɔid]

**chélonien** *nm* ZOOL Reptile herbivore ou carnivore, couramment nommé tortue, à la gueule édentée et au bec corné dont le corps est protégé par une carapace dorsale (dossière) et un plastron ventral osseux recouverts de plaques cornées. PHO [kelɔnjɛ̃] ETY Du gr.

**Chelsea** quartier occid. de Londres (r. g. de la Tamise) fréquenté par les artistes.

**Chelthenham** v. de G.-B. (Gloucestershire) ; 85 900 hab. Stat. therm.

**Chémery** com. du Loir-et-Cher ; 849 hab. Réservoir souterrain de méthane.

**Chemetov Paul** (Paris, 1928), architecte français : *ministère des Finances* à Paris (1982-1989).

**chemin** *nm* **1** Voie par laquelle on peut aller d'un point à un autre. *Chemin vicinal.* **2** Distance, trajet ; progression. *Faire du chemin.* **3** Itinéraire. *Demander son chemin.* **4** fig Voie par laquelle on atteint un but. *Les chemins de la réussite.* **5** Bande d'étoffe décorative ou protectrice. *Chemin de table.* LOC ***Chemin de Damas*** *:* lieu où saint Paul se convertit ; fig changement radical de qqn. — ***Chemin des écoliers*** *:* trajet le plus long, sur lequel on s'attarde. — MATH ***Chemin d'un graphe*** *:* suite d'arcs allant d'un point du graphe (origine) à un autre (destination). — PHYS ***Chemin optique*** *:* produit de la distance parcourue par un rayon lumineux dans une substance donnée par l'indice de réfraction de cette substance. — ***Chemin de ronde*** *:* voie aménagée dans une enceinte fortifiée pour le passage des rondes. — ***S'arrêter en chemin*** *:* abandonner une entreprise déjà commencée. — ***Suivre le droit chemin*** *:* se conduire conformément aux principes moraux de son époque. ETY Mot celt.

**chemin de croix** *nm* **1** Suite de quatorze tableaux représentant les étapes de la passion de Jésus. **2** Exercice de piété consistant à s'arrêter pour prier devant chacun des tableaux. **3** fig Série d'épreuves rencontrées dans la réalisation de qqch. PLUR chemins de croix.

**chemin de fer** *nm* **1** vx Voie ferrée. **2** Moyen de transport qui utilise les voies ferrées. *Voyager en chemin de fer.* SYN train. **3** Administration d'un réseau de chemin de fer. *Employé de chemin de fer.* **4** Jeu de casino, variante du baccara. **5** TECH Dispositif qui se déplace sur des glissières, des rails ou des galets. **6** Visualisation de la mise en pages d'un projet d'ouvrage, de magazine. PLUR chemins de fer. ETY Trad. de l'angl. *railway.*

ENC Le perfectionnement de la machine à vapeur par James Watt (brevetée en 1769) et la mise au point par Joseph Cugnot, en 1770, de véhicules routiers mus par la vapeur donnèrent l'idée à Richard Trevithick et Andrew Vivian, en 1803, de combiner la propulsion par la vapeur et le guidage sur rails d'un véhicule. C'est ainsi qu'en 1804 fut mis en service dans les mines anglaises un chemin de fer de 15 km. L'invention de la chaudière tubulaire par Marc Seguin, en 1827, et celle du rail Vignole par Stevens, en 1830, permirent au transport par chemin de fer de prendre son essor.

**Chemin des Dames** route du dép. de l'Aisne, sur une crête entre l'Aisne et l'Ailette, enjeu de combats en 1917 (offensive franç. de Nivelle, échec sanglant) et en 1918 (offensive all.).

**chemineau** *nm* vx Vagabond, journalier qui parcourt les chemins de village en village. PLUR chemineaux.

**cheminée** *nf* **1** Construction à l'intérieur d'une habitation, aménagée en foyer et dans laquelle on fait du feu. **2** Extrémité du conduit de cheminée, destiné à évacuer la fumée et qui dépasse du toit ; ce conduit lui-même. *Les cigognes font leur nid sur les cheminées.* **3** Tuyau servant à l'évacuation des fumées dans les machines et dans certains foyers industriels. *Cheminée d'usine.* **4** GEOL Canal par lequel se fait l'ascension des gaz, des fumées et de la lave d'un volcan. **5** ALPIN Étroite fente rocheuse verticale. LOC ***Cheminée de fée*** *:* colonne argileuse dégagée par l'érosion et que protège un chapeau de roche résistante. ETY Du lat.

**cheminer** *vi* ① **1** Faire du chemin ; aller à pied. *Ils cheminaient à travers bois.* **2** fig Évoluer, progresser, dans une démarche intellectuelle ou artistique. *L'idée de révolte chemine dans sa tête.* **3** MILIT Progresser à couvert des positions ennemies. **4** TOPOGR Effectuer une levée en mesurant les angles et les longueurs le long d'une ligne polygonale. DER **cheminement** *nm*

**cheminot, ote** *n, a* Employé(e) de chemin de fer.

**chemise** *nf* **1** Vêtement de tissu léger qui couvre le torse, pourvu de manches et d'un col. *Chemise d'homme.* **2** Couverture en papier ou en carton, renfermant des papiers divers. **3** En armurerie, enveloppe en métal d'un projectile. *Chemise d'une balle, d'un obus.* **4** CONSTR Revêtement de protection extérieur. **5** TECH Enveloppe métallique intérieure ou extérieure d'une pièce, destinée à la protéger, à en augmenter la résistance, etc. *Chemise d'un piston.* LOC ***Changer d'avis comme de chemise*** *:* en changer très souvent, sans réflexion. — ***Chemise de nuit*** *:* long vêtement de nuit.

**chemiser** *vt* ① **1** TECH Garnir d'une chemise. **2** CUIS Garnir les parois d'un moule d'une substance, de papier. DER **chemisage** *nm*

**chemiserie** *nf* **1** Fabrique, magasin de chemises. **2** Industrie de la chemise et de la lingerie masculine.

**Chemises brunes** nom donné aux membres du parti national-socialiste allemand (nazis) à partir de 1925.

**Chemises noires** nom donné aux fascistes italiens.

**Chemises rouges** nom donné aux partisans de Garibaldi (1860, 1867, 1870-1871) et aux 10 000 volontaires italiens garibaldiens engagés aux côtés des troupes françaises en 1914.

**chemisette** *nf* **1** Chemise d'homme légère à manches courtes. **2** Corsage léger.

**1 chemisier** *nm* Vêtement féminin analogue à la chemise d'homme.

**2 chemisier, ère** *n* Personne qui confectionne ou vend des chemises.

**Chemnitz** (*Karl-Marx-Stadt* de 1953 à 1990), v. d'Allemagne (Saxe) sur la Chemnitz ; 319 000 hab. Grand centre industriel de l'ex-RDA.

**chémosis** *nm* MED Œdème de la conjonctive, qui forme un bourrelet circulaire autour de la cornée. PHO [kemɔzis] ETY Mot gr.

**Chenāb (la)** riv. du Pākistān (1 210 km), née dans l'Himalaya, l'une des cinq grandes rivières du Pendjab.

**chênaie** *nf* Lieu planté de chênes.

**chenal** *nm* **1** Partie navigable d'un cours d'eau ou d'un bras de mer, donnant accès à un port ou à la haute mer, ou permettant de passer entre des îles, des écueils. **2** Canal amenant l'eau à un moulin, une usine. PLUR chenaux. ETY Du lat. *canalis,* « tuyau ».

**chenapan** *nm* Vaurien, garnement en parlant d'un enfant. SYN galopin. ETY De l'all. *Schnapphahn,* « maraudeur ».

**Chenard** Ernest (Nanterre, 1861 – Chamalières, 1922), industriel français ; constructeur de cycles, puis d'automobiles.

**chenas** *nm* Cru du Beaujolais.

**chêne** *nm* **1** Arbre forestier (fagacée) à fleurs apétales et à feuilles lobées, qui produit des glands. **2** Bois du chêne rouvre. LOC ***Noces de chêne :*** quatre-vingtième anniversaire de mariage. ETY Du gaul.

**chêne** de g. à dr., chêne vert, chêne kermès, chêne rouvre

ENC Il existe plus de 400 espèces de chênes dans les régions tempérées de l'hémisphère nord, grands arbres (chêne rouvre), petits arbres (chêne vert) ou arbustes (chêne kermès) à feuillage caduc ou persistant, les feuilles étant diversement lobées. Leur bois est apprécié et certains sont plantés comme arbres d'ornement pour leur feuillage rouge en automne (chênes d'Amérique). Le chêne pédonculé, commun en France, peut atteindre 45 m de hauteur, tandis que le chêne kermès ne dépasse guère 4 m.

**chéneau** *nm* Conduit placé à la base d'un toit pour recueillir les eaux de pluie et les déverser dans les tuyaux de descente. SYN gouttière. PLUR chéneaux. ETY De *chenal*.

**Chênedollé** Charles Lioult de (Vire, 1769 – Le Coisel, 1833), poète français : *le Génie de l'homme* (1807), *Études poétiques* (1820).

**chêne-liège** *nm* Chêne à feuilles persistantes des régions méditerranéennes, dont l'écorce fournit le liège. PLUR chênes-lièges.

**chenet** *nm* Chacune des deux pièces métalliques qui se placent dans les cheminées, perpendiculairement au fond, et sur lesquelles on dispose le bois. ETY De *chien*.

**chènevière** *nf* Plantation de chanvre.

**chènevis** *nm* Graine de chanvre que l'on donne à manger aux oiseaux et dont on extrait une huile, utilisée en savonnerie et dans la fabrication des peintures. PHO [ʃenvi]

**Cheng** François (prov. du Shandong, 1929), écrivain français d'orig. chinoise, auteur de romans et d'écrits sur l'art chinois. Acad. fr. (2002).

**Chengdu** v. de Chine, ch.-l. du Sichuan, dans le Bassin rouge ; 4,1 millions d'hab. (aggl). Centre comm., agric. et industr.

**cheni** *nm* Suisse fam Désordre.

**Chénier** André de (Istanbul, 1762 – Paris, 1794), poète français. Ses articles condamnant les excès de la Révolution, il fut arrêté en mars 1794 et guillotiné en juil. Ses œuvres furent éditées en 1819. De forme classique, elles annoncent le romantisme par leurs idées. — **Marie-Joseph de** (Istanbul, 1764 – Paris, 1811), homme politique, poète et dramaturge, frère du préc., auteur probable des paroles du *Chant du départ* (1794). Acad. fr. (1803).

**chenil** *nm* Lieu où l'on garde des chiens.

**chenille** *nf* **1** Larve des papillons, formée d'anneaux ou segments, munie de mandibules dont elle se sert pour ronger feuilles et fleurs. *La chenille du bombyx du mûrier est le ver à soie.* **2** Chaîne constituée de patins articulés passant sur deux roues motrices et permettant aux véhicules automobiles de circuler sur des terrains peu consistants ou accidentés. **3** Gros cordon tors, de soie veloutée, dont on fait des objets de passementerie. **4** Fil de coton mêlé de fil de soie, à l'aspect velouté. ETY Du lat. *canicula*, « petite chienne », à cause de la forme de sa tête.
▶ illustr. **bombyx** et pl. **papillons**

**chenillé, ée** *a* Se dit d'un véhicule muni de chenilles.

**chenillette** *nf* **1** Nom vulgaire d'un acacia. **2** Petit véhicule chenillé.

**chenin** *nm* Cépage blanc d'Anjou et de Touraine.

**Chen Kaige** (Pékin, 1952), cinéaste chinois : *Adieu ma concubine* (1993), *l'Empereur et l'assassin* (2000).

**Chennai** → **Madras.**

**Chennevières-sur-Marne** ch.-l. de canton du Val-de-Marne (arr. de Nogent-sur-Marne) ; 18 300 hab. Industr. mécanique. DER **canavérois, oise** *a, n*

**Chenonceaux** com. de l'Indre-et-Loire (arr. de Tours), sur le Cher ; 400 hab. – Le chât. de Chenonceau bâti sur la r. dr. du Cher (1515-1522) fut donné à Diane de Poitiers, qui fit construire un pont le reliant à la r. g., sur lequel Catherine de Médicis fit édifier des galeries (1560).

château de **Chenonceau**

**chénopode** *nm* BOT Plante annuelle des décombres, dont on tire un vermifuge. PHO [kenopɔd] ETY Du gr. *khênopous*, « patte d'oie ».

**chénopodiacée** *nf* BOT Dicotylédone apétale dont la famille comprend la betterave et l'épinard. PHO [kenopɔdjase]

**Chenôve** ch.-l. de cant. de la Côte-d'Or (arr. de Dijon) ; 14 200 hab. Vins. Industries.

**chenu, ue** *a* litt **1** Que l'âge a rendu blanc. *Tête chenue.* **2** Se dit d'un arbre dont la cime est dépouillée. ETY Du bas lat.

**Chenu** Marie Dominique (Soisy-sur-Seine, 1895 – Paris, 1990), théologien français : *Introduction à l'étude de Thomas d'Aquin* (1950).

**Chéops** deuxième pharaon de la IV^e^ dynastie (v. 2600 av. J.-C.). Il fit élever la grande pyramide de Gizeh. VAR **Khéops**

**Chéphren** troisième pharaon de la IV^e^ dynastie. Successeur de Chéops, il fit construire la deuxième pyramide de Gizeh et le Grand Sphinx. VAR **Khéphren**

**cheptel** *nm* Ensemble des troupeaux d'une propriété rurale, d'un pays, etc. LOC DR ***Bail à cheptel :*** contrat par lequel l'une des parties donne à l'autre un fonds de bétail à nourrir et à soigner à des conditions convenues entre elles. — ***Cheptel mort :*** moyens de production (bâtiments, matériel) donnés à bail. — ***Cheptel vif :*** bétail donné à bail. ETY Du lat. *capitale*, « ce qui constitue le capital d'un bien ».

**chèque** *nm* Mandat de paiement adressé à un banquier et servant au titulaire d'un compte à effectuer, à son profit ou au profit d'un tiers, le retrait de tout ou partie des fonds disponibles à ce compte. *Endosser un chèque.* LOC ***Chèque à ordre :*** sur lequel est indiqué le nom du bénéficiaire. — ***Chèque au porteur :*** chèque ne portant pas le nom du bénéficiaire, payable au porteur et devenu d'usage peu fréquent. — ***Chèque barré :*** qui ne peut être touché que par l'intermédiaire d'un établissement bancaire. — ***Chèque certifié :*** dont la banque émettrice garantit le recouvrement. — ***Chèque de voyage :*** titre permettant au porteur de toucher des fonds dans un pays autre que le pays d'émission. SYN traveller's cheque. — ***Chèque emploi-service universel (CESU) :*** mode de rémunération simplifié pour des emplois de proximité. — ***Chèque en blanc :*** signé sans indication de somme ; fig liberté d'agir donnée à qqn. — ***Chèque-restaurant :*** ticket accepté dans les restaurants, délivré à l'employé par l'employeur qui s'acquitte ainsi de son obligation d'indemnité de repas. (Nom déposé.) — ***Chèque sans provision*** ou fam ***chèque en bois :*** qui ne peut être honoré faute de fonds disponibles au compte de l'émetteur. — ***Chèque-vacances :*** bon délivré par le comité d'entreprise, permettant d'avoir des vacances à prix réduits. ETY De l'angl. *to check*, « contrôler ».

**chéquier** *nm* Carnet de chèques.

**cher, chère** *a, av* **A** *a* **1** Qui est tendrement aimé, auquel on tient beaucoup. *C'est mon vœu le plus cher.* **2** Formule de politesse par laquelle on s'adresse à qqn que l'on connaît déjà. *Cher Ami. Comment allez-vous, chère madame ?* **3** Dont le prix est élevé. *La viande est chère.* **4** fig Précieux, rare. *Le temps est cher.* **5** Qui vend à haut prix. *Un couturier cher.* **B** *av* À haut prix. *Payer cher.* LOC fam ***Ça va vous coûter cher ! :*** vous allez avoir de gros ennuis. — ***Il me le paiera cher :*** je me vengerai de lui durement. ETY Du lat. DER **cherté** *nf*

**Cher (le)** riv. de France (320 km), affl. de la Loire (r. g.) ; arrose Montluçon et Tours.

**Cher** dép. franç. (18) ; 7 228 km$^2$ ; 311 650 hab. ; 41,1 hab./km$^2$ ; ch.l. *Bourges* ; ch.-l. d'arr. *Saint-Amand-Montrond* et *Vierzon*. V. Centre-Val de Loire (Rég.). ▶ carte p. 302

**Cherbourg** ch.-l. d'arr. de la Manche, port milit., de comm et de voyageurs sur la Manche, au N. de la presqu'île du Cotentin ; 42 087 hab. Arsenal ; construction de sous-marins. – Ville libérée le 26 juin 1944, après de violents combats. – Musée de peinture. DER **cherbourgeois, oise** *a, n*

**Cherchell** (anc. *Césarée*), v. et port d'Algérie ; 48 100 hab. Pêche, vins. – Aqueduc, thermes, musée. – L'École militaire de Saint-Cyr y fut réorganisée (1943-1945).

**Cherchenievitch** Vadim Gabrielevitch (Kazan, 1893 – Barnaoul, 1942), poète soviétique qui prône les images (« imaginisme »).

**chercher** *v* ① **A** *vt* **1** S'efforcer de trouver, de découvrir ou de retrouver. *Chercher qqn dans la foule. Chercher une clé égarée.* **2** Tâcher de trouver, de se procurer. *Chercher un emploi.* **3** Tâcher de se rappeler. *Je cherche son nom.* **4** Quérir, aller prendre. *Va me chercher mon livre.* **5** fam Provoquer. *Quand on me cherche, on me trouve.* **B** *vpr* S'efforcer de mieux se connaître. *Un adolescent qui se cherche.* **C** *vi* **1** S'efforcer de, essayer de parvenir à. *Chercher à rendre les gens heureux.* **2** fam Coûter aux environs de. *Ça va chercher dans les mille francs.* ETY Du bas lat. *circare*, « aller autour ».

**chercheur, euse** *n, a* **A** *n* **1** Personne qui cherche. *Chercheur d'or.* **2** Personne qui s'adonne à des recherches scientifiques. *Les chercheurs du CNRS.* **B** *nm* ASTRO Petite lunette fixée sur un télescope, à faible grossissement et à grand champ, qui permet de pointer l'objet à observer. LOC ***Tête chercheuse :*** dispositif qui permet à un missile de se diriger automatiquement vers sa cible.

**chercheure** *nf* Var. de *chercheuse* (en matière scientifique).

**chère** *nf* Nourriture. *Aimer la bonne chère.* LOC ***Faire bonne chère :*** faire un bon repas. ETY Du gr. *kara*, « visage ».

**Chéreau** Patrice (Lézigné, Maine-et-Loire, 1944 – Clichy, 2013), acteur, metteur en scène de théâtre et cinéaste français : *l'Homme blessé* (1983), *la Reine Margot* (1994), *Phèdre* (2003).

Patrice Chéreau

**chèrement** *av* **1** vieilli Tendrement, affectueusement. *Aimer chèrement qqn.* **2** vx À haut prix. **LOC** ***Une victoire chèrement acquise*** : au prix de lourds sacrifices.

**Cheremetievo** aéroport de Moscou.

**Chérèque** François (Nancy, 1956), syndicaliste français, secrétaire gén. de la CFDT de 2002 à 2012.

**Chéret** Jules (Paris, 1836 – Nice, 1932), peintre, dessinateur et affichiste français.

**chergui** *nm* Vent d'est, au Maroc. ETY Mot ar.

**Chergui (chott ech-)** cuvette lacustre d'Algérie, longue de 145 km, au S. d'Oran.

**chéri, ie** *a, n* Se dit d'une personne ou d'un objet que l'on chérit. *Ma fille chérie. Mon chéri.*

**Chéri** roman de Colette (1920), que suit *la Fin de Chéri* (1926).

**Chéri-Bibi** roman de G. Leroux (1914).

**chérif** *nm* Descendant de Mahomet ; prince arabe. ETY De l'ar. *sharif,* « noble », par l'ital.

**chérifat** *nm* **1** Qualité, dignité du chérif. **2** Territoire sur lequel s'étend son autorité.

**chérifien, enne** *a* Qui concerne le chérif. **LOC** ***Le royaume chérifien*** : le Maroc, la dynastie régnante étant issue du Prophète.

**chérimole** *nf* Fruit du chérimolier, à la chair blanche et savoureuse.

**chérimolier** *nm* Arbuste (anonacée) tropical dont le fruit est la chérimole.

**chérir** *vt* ③ **1** Aimer tendrement. *Chérir ses enfants.* **2** Être très attaché à, se complaire dans. *Chérir la liberté.*

**chermès** *nm* ZOOL Puceron parasite des conifères (épicéa, partic.), sur les aiguilles desquels il provoque des galles. PHO [kɛʀmɛs] ETY De l'ar. *qirmiz,* « cochenille ».

**chernozem** *nm* PEDOL Sol noir très riche en humus, légèrement basique. PHO [ʃɛʀnɔzɛm] ETY Mot russe. VAR **tchernoziom** [tʃɛʀnozijɔm]

**Cherokees** Amérindiens de la famille des Iroquois, qui, établis jadis au S. des Appalaches, subsistent auj. en Oklahoma. DER **cherokee** *a*

**Chéronée** v. anc. de Béotie. – Victoire décisive de Philippe II de Macédoine sur les Athéniens et les Thébains (338 av. J.-C.) ; victoire de Sulla sur l'armée de Mithridate VI (86 av. J.-C.).

**chérot** *am* fam Cher, onéreux.

**Cherrapunji** v. du N.-E. de l'Inde sur les pentes de l'Himalaya, où les précipitations annuelles dépassent 10 m. VAR **Tcherrapoundji**

**cherry** *nm* Liqueur de cerise. PLUR cherrys ou cherries. ETY Mot angl. « cerise ».

**Chersonèse** (en gr. *Khersonêsos,* « continent-île »), nom donné par les Grecs anc. à diverses péninsules : *Chersonèse de Thrace* (au N. des Dardanelles), *Chersonèse Taurique* (Crimée), *Chersonèse Cimbrique* (Jylland).

**cherté** *nf* État de ce qui est cher ; prix élevé. *La cherté de la vie en période d'inflation.*

**chérubin** *nm* **1** Ange tutélaire des lieux sacrés. **2** Bx-A Tête ou buste d'enfant porté par deux ailes. **3** fig Enfant beau et doux. ETY De l'hébr.

**Chérubin** personnage du *Mariage de Figaro* (1784) et de *la Mère coupable* (1792) de Beaumarchais.

**Cherubini** Luigi (Florence, 1760 – Paris, 1842), compositeur italien, établi (1822) à Paris : œuvres vocales, opéras (*Médée* 1797, *Pygmalion* 1809), *Requiem* (1816).

**Chérusques** peuple de Germanie qui était établi entre la Weser et l'Elbe ; Arminius fut leur chef. DER **chérusque** *a, n*

**chervis** *nm* Ombellifère dont la racine est comestible. ETY De l'ar. *karâwija,* « carvi »

**Chesapeake** profonde baie de la côte atlant. des É.-U. (Maryland et Virginie).

**Cheselden** William (Somerby, Leicestershire, 1688 – Bath, 1752), chirurgien ophtalmologiste anglais, qui rendit la vue à un aveugle.

**Cheshire** → **Chester.**

**Chesnay (Le)** ch.-l. de cant. des Yvelines (arr. de Versailles) ; 29 682 hab. Cité résidentielle (Parly-II). Constr. automobile. DER **chesnaisien, enne** *a, n*

**Chesne (Le)** (anc. *Le Chêne-Populeux*), ch.-l. de cant. des Ardennes (arr. de Vouziers) ; 1 047 hab. – En 1918 (1er - 5 nov.), victoire fr. du Chesne et de Buzancy.

**Chessex** Jacques (Payerne, 1934 – Yverdon-les-Bains, 2009), écrivain suisse d'expression française : *la Confession du pasteur Burg* (1967), *l'Ogre* (1973).

**chester** *nm* Fromage de vache anglais à pâte dure colorée en orange. PHO [ʃɛstɛʀ]

**Chester** comté de G.-B., au S. de Liverpool ; 937 300 hab. ; ch.-l. *Chester,* sur la Dee : 115 000 hab. Fromage. VAR **Cheshire**

**Chesterfield** v. de G.-B. (Derbyshire) ; 99 700 hab. Houille. Métallurgie.

**Chesterfield** Philip Dormer Stanhope (comte de) (Londres, 1694 – id., 1773), homme politique et écrivain anglais : *Lettres à son fils* (posth., 1774).

**Chesterton** Gilbert Keith (Londres, 1874 – Beaconfield, 1936), écrivain anglais, auteur, notam., de romans policiers métaphysiques (*le Dénommé Jeudi,* 1908 ; *Histoires du père Brown,* 1911-1935).

**Chestov** Lev Isaakovitch Chvartsman, dit Léon (Kiev, 1866 – Paris, 1938), philosophe russe, précurseur de l'existentialisme chrétien : *les Révélations de la mort* (1923), *Kierkegaard et la philosophie existentielle* (1936).

**Che-t'ao** → **Shitao.**

**chétif, ive** *a* **1** Faible, maigre et maladif. *Enfant chétif.* **2** fig Chiche, mesquin. *Des idéaux chétifs.* ETY Du lat. *captivus*, « prisonnier ». DER **chétivement** *av* – **chétivité** *nf*

**chétodon** *nm* Poisson téléostéen des récifs coralliens, aux couleurs vives. SYN papillon de mer.

**chétognathe** *nm* ICHTYOL Petit invertébré marin planctonique, long de 1 à quelques cm, hermaphrodite, à corps allongé translucide, muni de nageoires. PHO [ketognat] ETY Du gr.

**chevaisne** → **chevesne.**

**cheval** *nm* **1** Mammifère domestique périssodactyle (équidé), utilisé comme monture ou comme bête de trait. *Monter un cheval.* **2** Équitation. *Faire du cheval.* **3** Viande de cet animal. **4** fam Grande femme à l'allure peu féminine. **5** Représentation plus ou moins fidèle d'un cheval. *Manège de chevaux de bois.* **6** Abrév. de *cheval-vapeur.* **7** Unité prise en compte pour taxer les automobiles en fonction de leur puissance. *Cheval fiscal.* ABREV CV. PLUR chevaux. LOC ***À cheval*** **:** sur un cheval ; à califourchon ; fig à la fois sur deux domaines, deux périodes. — ***Cela ne se trouve pas sous le sabot d'un cheval*** **:** cela ne se trouve pas facilement. — SPORT ***Cheval d'arçons*** ou ***cheval-arçons*** **:** appareil au milieu duquel sont fixées des poignées, qui sert d'appui pour des exercices de gymnastique. — ***Cheval de bataille*** **:** argument polémique favori. — MILIT ***Cheval de frise*** **:** obstacle mobile garni de pieux ou de barbelés. — ***Cheval de retour*** **:** délinquant récidiviste. — ***Cheval de Troie*** **:** moyen permettant de s'introduire chez l'adversaire (allusion à la ruse d'Ulysse lors de la guerre de Troie) ; variété de virus informatique, programme pirate qui s'installe et se cache dans un système. — ***Cheval marin*** **:** hippocampe. — ***Être à cheval sur qqch*** **:** être très strict à ce sujet. — ***Monter sur ses grands chevaux*** **:** s'emporter, le prendre de haut avec qqn. ETY Du lat. *caballus*, « mauvais cheval ».

ENC La silhouette d'*Equus caballus*, le cheval domestique, varie peu dans les nombreuses races. Au cours de son évolution, le cheval s'est remarquablement adapté à la course : ses membres se sont allongés et ses cinq doigts se sont réduits à un, sur l'ongle duquel il se déplace (sabot). Aujourd'hui, le seul vrai cheval sauvage serait *Equus przewalskii* d'Asie centrale ; tous les autres chevaux « sauvages » sont des races domestiques retournées à la vie libre. Le genre *Equus* apparut au pliocène en Amérique du Nord ; il émigra en Eurasie, où il fut domestiqué, et disparut de son lieu d'origine, où il fut réimporté par la suite.

**Cheval (le Petit)** constellation de l'hémisphère boréal ; n. scient. : *Equuleus, Equulei.*

**Cheval** Ferdinand, dit le facteur cheval (Charmes, Drôme, 1836 – Hauterives, 1924), facteur rural qui construisit, à Hauterives, un « palais idéal », chef-d'œuvre de l'art naïf (1879-1912).

**chevalement** *nm* **1** TECH Ensemble d'étais destinés à soutenir provisoirement une construction. **2** MINES Construction supportant les molettes d'extraction.

**chevaler** *vt* 1 Étayer avec des chevalements.

**chevaleresque** *a* Digne d'un chevalier.

**chevalerie** *nf* FEOD Institution militaire propre à la féodalité ; rang, qualité de chevalier ; ensemble des chevaliers. *La cérémonie de l'adoubement consacrait l'accession de l'écuyer à la chevalerie.* LOC ***Ordres de chevalerie*** **:** consacrés à la défense des Lieux saints et des pèlerins ; distinction honorifique instituée par différents États.

**chevalet** *nm* **1** anc Instrument de torture. **2** Support en bois, sur pieds, réglable en hauteur, que les peintres utilisent pour poser leur toile. **3** Bâti en bois sur lequel on travaille dans plusieurs métiers. *Chevalet de tisserand.* **4** MUS Pièce de bois dressée sur la table d'harmonie de certains instruments à cordes et qui sert à soutenir les cordes.

**cheval-heure** *nm* Unité d'énergie mécanique (hors système) égale au travail fourni en une heure par un moteur de 1 ch (symbole chh). PLUR chevaux-heure.

**chevalier** *nm* **1** FEOD Celui qui appartient à l'ordre de la chevalerie. *Les chevaliers du Temple.* **2** Grade le plus bas d'une décoration civile ou militaire, d'un ordre de chevalerie ; le titulaire de ce grade. *Chevalier de la Légion d'honneur.* **3** ANTIQ Romain de la seconde classe des citoyens, appartenant à l'ordre équestre. **4** Oiseau charadriiforme élancé, à long bec fin et à longues pattes. LOC ***Chevalier blanc*** **:** firme qui intervient pour sauver une société d'une OPA hostile. — litt ***Chevalier d'industrie*** **:** individu qui vit d'affaires louches, d'expédients ; escroc, aventurier. — plaisant ***Être le chevalier servant d'une femme*** **:** l'entourer de soins, de prévenance. — ***Le Chevalier de la triste figure*** **:** Don Quichotte. — ***Le Chevalier sans peur et sans reproche*** **:** Bayard. — ***Les chevaliers de la Table ronde*** **:** les compagnons du roi Arthur.

**Chevalier** Michel (Limoges, 1806 – Lodève, 1879), économiste français. Disciple de Saint-Simon, libre-échangiste, il négocia une union douanière avec la G.-B. (1860).

**Chevalier** Maurice (Paris, 1888 – id., 1972), chanteur fantaisiste français de renommée mondiale et artiste de cinéma.

**Chevalier à la rose (le)** opéra en 3 actes de R. Strauss (1911) sur un livret de H. von Hofmannsthal.

**chevalière** *nf* Bague large et épaisse ornée d'un chaton sur lequel sont souvent gravées des initiales, des armoiries.

palais idéal du **Facteur Cheval**

**chevalin, ine** *a* **1** Du cheval ; qui a rapport au cheval. *Race chevaline. Boucherie chevaline.* **2** Qui tient du cheval. *Profil chevalin.*

**Chevalley** Claude (Johannesburg, 1909 – Paris, 1984), mathématicien français, un des fondateurs du groupe Bourbaki.

**Chevallier** Gabriel (Lyon, 1895 – Cannes, 1969), écrivain français du monde rural : *Clochemerle* (1934).

**cheval-vapeur** *nm* PHYS Unité de puissance (hors système) valant 736 W (symbole ch). PLUR chevaux-vapeur.

**Chevarnadzé** Édouard (Mamati, Géorgie, 1928), homme politique géorgien. Secrétaire du PC de Géorgie (1972-1985) ministre des affaires étrangères de l'URSS (1985-1991), il fut élu président de la Géorgie en 1992. Réélu en 1995 puis en 2000, il est chassé du pouvoir par un mouvement populaire en nov. 2003.

**chevauchant, ante** *a* Qui chevauche. *Tuile chevauchante.*

**chevauchée** *nf* Randonnée à cheval.

**Chevauchée fantastique (la)** film de John Ford (1939), avec John Wayne.

**chevauchement** *nm* **1** Disposition de pièces, d'objets qui se chevauchent. **2** GEOL Superposition anormale de terrains.

**chevaucher** *v* 1 **A** *vi* litt Aller à cheval. **B** *vt* **1** Être à califourchon sur. *Chevaucher un muret.* **2** Recouvrir partiellement qqch. **C** *vpr* Se superposer partiellement, empiéter sur qqch. *Deux rendez-vous qui se chevauchent.*

**chevau-léger** *nm* HIST Cavalier légèrement armé appartenant à une compagnie, un régiment (de Louis XIII à Napoléon), ou à la

**chevalier** combattant

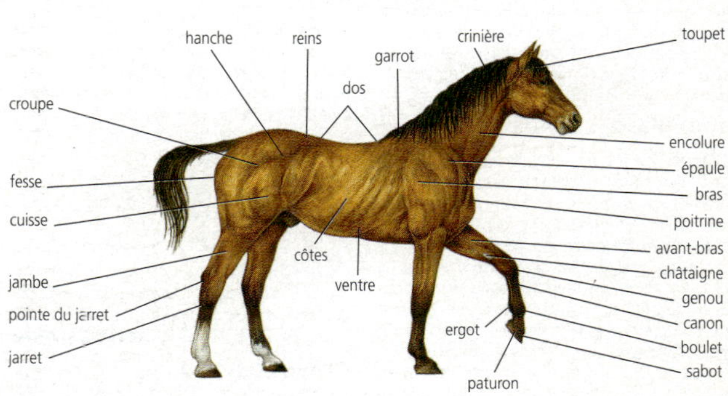


**cheval**

maison du roi (de 1570 à 1787). PLUR chevau-légers.

**Chevaux de Marly (les)** sculptés par G. Coustou en 1740-1745 pour le chât. de Marly-le-Roi (détruit pendant la Révolution).

**chevêche** *nf* Chouette de petite taille, commune en Europe occidentale, reconnaissable à son plumage brun tacheté de blanc. ETY P.-ê. du lat. pop. *cavannus,* « chat-huant ».

**chevelu, ue** *a, n* **A** *a, n* Se dit d'une personne dont les cheveux sont longs et fournis. **B** *nm* Ensemble des radicelles d'une racine. **LOC** ***Astre chevelu*** : comète dont le centre est entouré d'une lumière diffuse. — ANAT ***Cuir chevelu*** : enveloppe cutanée du crâne où prennent racine les cheveux.

**chevelure** *nf* **1** Ensemble des cheveux d'une personne. **2** ASTRO Halo lumineux qui se développe autour du noyau d'une comète quand elle se rapproche du Soleil.

**Chevelure de Bérénice (la)** constellation de l'hémisphère boréal.

**Chevènement Jean-Pierre** (Belfort, 1939), homme politique français. D'abord socialiste, il fonde en 1994 le *Mouvement des citoyens (MDC)* renommé *Mouvement républicain et citoyen (MRC)* en 2003. Plusieurs fois ministre, il démissionne à chaque fois pour marquer sa différence.

**Cheverny** com. du Loir-et-Cher (arr. de Blois) ; 960 hab. – Château (1634).

**Chevert François de** (Verdun, 1695 – Paris, 1769), général français qui résista à Prague face aux impériaux (1742-1743).

**chevesne** *nm* Poisson cyprinidé d'eau douce à tête large et museau arrondi, très vorace. SYN meunier. ETY Du lat. pop. *capitinem,* « grosse tête ». VAR **chevaine** ou **chevenne**

**chevet** *nm* **1** Tête du lit. **2** ARCHI Partie semi-circulaire qui constitue l'extrémité du chœur d'une église. **LOC** ***Être au chevet de qqn*** : près de son lit pour le veiller ou le soigner. — ***Livre de chevet*** : livre de prédilection. — ***Table de chevet*** : que l'on place près du lit, à sa portée. SYN table de nuit. ETY Du lat. *capitium,* « ouverture d'un vêtement par laquelle on passe la tête ».

**chevêtre** *nm* CONSTR Pièce qui supporte les solives d'un plancher. ETY Du lat. *capistrum,* « licou ».

**cheveu** *nm* Poil du crâne, dans l'espèce humaine. PLUR cheveux. **LOC** BOT ***Cheveu-de-Vénus*** : fougère capillaire. — CUIS ***Cheveux d'ange*** : vermicelles longs très fins. — ***Comme un cheveu sur la soupe*** : au mauvais moment, hors de propos. — fam ***Couper les cheveux en quatre*** : user de subtilités à l'excès. — ***Faire dresser les cheveux sur la tête*** : épouvanter, faire horreur. — fam ***Mal aux cheveux*** : migraine consécutive à un excès de boisson. — ***Ne tenir qu'à un cheveu*** : dépendre de très peu de chose. — ***Saisir l'occasion aux cheveux*** : sans hésiter. — ***S'arracher les cheveux*** : se désespérer. — ***Se faire des cheveux (blancs)*** : se tourmenter. — fam ***Se prendre aux cheveux*** : en venir aux mains, se battre. — ***Tiré par les cheveux*** : présenté de façon peu naturelle. ETY Du lat. *capillus.* ▶ illustr. **poil**

**chevillard** *nm* Boucher en gros ou demi-gros.

**cheville** *nf* **1** Petite tige de bois, de métal ou de matière plastique, dont on se sert pour réaliser divers assemblages, ou que l'on enfonce dans un mur pour y introduire une vis. **2** Crochet de boucherie qui sert à suspendre de grosses pièces de viande dans un abattoir. **3** MUS Pièce de bois ou de métal, fixée dans le chevillier, qui sert à régler la tension des cordes d'un instrument. **4** VERSIF Mot ou groupe de mots inutile quant au sens, placé dans un vers pour compléter une rime ou la mesure. **5** Articulation de la jambe et du pied présentant deux saillies. **LOC** fam ***Avoir les chevilles qui enflent*** : être très prétentieux. — ***Cheville ouvrière*** : grosse cheville qui sert de pivot ; fig agent principal, indispensable, dans une affaire quelconque. — ***Ne pas arriver à la cheville de qqn*** : lui être très inférieur. — fam ***Se mettre en cheville avec qqn*** : s'associer avec lui dans une entreprise quelconque. — ***Vente à la cheville*** : vente de la viande en gros. ETY Du lat. *clavicula,* « petite clé ». ▶ illustr. **pied**

**cheviller** *vt* ① Joindre, assembler avec des chevilles. **LOC** ***Avoir l'âme chevillée au corps*** : être indestructible, avoir la vie dure. DER **chevillage** *nm*

**chevillère** *nf* Bandage élastique qui maintient et protège la cheville.

**chevillette** *nf* Petite cheville.

**chevillier** *nm* MUS Partie d'un instrument à cordes où sont fixées les chevilles.

**Chevilly-Larue** ch.-l. de cant. du Val-de-Marne (arr. de L'Haÿ-les-Roses) ; 18 659 hab.

**Cheviot (monts)** chaîne de collines (816 m) qui sépare l'Angleterre de l'Écosse.

**cheviotte** *nf* Laine d'Écosse tirée du mouton des monts Cheviot ; tissu fait avec cette laine.

**Chevotet Jean Michel** (Paris, 1698 – id., 1772), architecte et paysagiste fr. représentatif du style Louis XV.

**chèvre** *n* **A** *nf* **1** Mammifère ruminant (bovidé) élevé pour son lait et son poil ; femelle du bouc. **2** Nom cour. des bovidés sauvages du genre bouquetins, de mœurs montagnardes. **3** TECH Appareil de levage constitué d'une charpente munie d'une poulie. **B** *nm* Fromage fait avec du lait de chèvre. **LOC** fam ***Devenir chèvre*** : s'énerver à en perdre la tête. — ***Ménager la chèvre et le chou*** : ne pas prendre parti. ETY Du lat.

**chèvre**

**Chèvre (la)** système double d'étoiles du Cocher. VAR **Capella**

**chevreau** *nm* **1** Petit de la chèvre, cabri. **2** Cuir de cet animal. *Des gants de chevreau.* PLUR chevreaux.

**chèvrefeuille** *nm* Liane aux fleurs odorantes, très répandue en France (caprifoliacée). ETY Du bas lat. *caprifolium,* « feuille de chèvre ».

**chevreter** → **chevroter 1.**

**chevrette** *nf* **1** Petite chèvre. **2** Femelle du chevreuil.

**chevreuil** *nm* **1** Cervidé d'Europe, atteignant 70 cm de hauteur au garrot, au pelage brun-roux l'hiver, plus gris en été, et dont le mâle porte des bois verticaux peu ramifiés. **2** Canada Cerf de Virginie apparenté au chevreuil d'Europe mais de plus grande taille. ETY Du lat. ▶ illustr. **bois de cervidés**

**Chevreul Eugène** (Angers, 1786 – Paris, 1889), chimiste français ; spécialiste des corps gras et des colorants.

**Chevreuse** ch.-l. de cant. des Yvelines (arr. de Rambouillet), dans la pittoresque *vallée de Chevreuse*, où coule l'Yvette ; 5 891 hab. – Mon. des XII$^{e}$-XV$^{e}$ s. DER **chevrotin, ine** *a, n*

**Chevreuse Marie de Rohan-Montbazon (duchesse de)** (?, 1600 – Gagny, 1679), épouse du connétable de Luynes, puis de Claude de Lorraine, duc de Chevreuse. Elle prit part aux intrigues contre Richelieu et Mazarin (Fronde).

**chevrier, ère** *n* **A** *n* Personne qui mène paître les chèvres. **B** *nm* Variété de haricots à grains verts.

**chevrillard** *nm* Petit du chevreuil âgé de six mois à un an et demi.

**Chevrolet Louis Joseph** (La Chaux-de-Fonds, 1878 – Detroit, 1941), industriel américain d'origine suisse, créateur d'une société de construction automobile.

**chevron** *nm* **1** CONSTR Pièce de bois équarrie, placée dans le sens de la pente du toit, qui supporte la couverture. **2** MILIT Galon en forme de V renversé, qui se porte sur la manche d'un uniforme comme insigne d'un grade. **3** Motif décoratif ayant cette forme. *Une veste à chevrons bleus et blancs.* ETY Du lat. *capra,* « chèvre ».

**chevronné, ée** *a* **1** MILIT Qui a obtenu des chevrons. **2** fig Qui a de l'ancienneté et une grande compétence dans un métier, une activité.

**chevrotain** *nm* Nom de divers petits ruminants d'Asie et d'Afrique, qui ne portent ni cornes ni bois. **LOC** ***Chevrotain porte-musc*** : cervidé de Chine et de Sibérie orientale, muni d'une glande ventrale, en avant des organes génitaux mâles, qui sécrète du musc en période de rut.

**1 chevroter** *vi* ① Mettre bas des chevreaux. VAR **chevreter** *vi* ⑱

**2 chevroter** *vi, vt* ① Parler ou chanter d'une voix tremblotante, bêlante. DER **chevrotant, ante** *a* – **chevrotement** *nm*

**chevrotin** *nm* **1** Petit du chevreuil avant six mois. **2** Peau de chevreau apprêtée. **3** Fromage AOC de Savoie, au lait de chèvre.

**chevrotine** *nf* Plomb de chasse de fort calibre, pour le chevreuil et le gros gibier.

**Chevtchenko Tarass Grigorovitch** (Morintsy, auj. Zvenigorod, Ukraine, 1814 – Saint-Pétersbourg, 1861), poète lyrique ukrainien : *Kobzar* (« le Barde », 1840).

**chewing-gum** *nm* Gomme à mâcher aromatisée. PLUR chewing-gums. PHO [ʃwiŋgɔm] ETY Mot angl.

**Cheyenne** ville des É.-U., capitale du Wyoming, dans les Rocheuses ; 60 000 hab. Centre commercial (bétail).

**Cheyennes** Amérindiens de la famille des Algonquins ; ils subsistent auj. dans des réserves en Oklahoma et dans le Montana. DER **cheyenne** *a*

**chèvrefeuille**

**Cheyney** Peter Southouse-Cheyney, dit Peter (Londres, 1896 – id., 1951), auteur anglais de romans policiers : *la Môme Vert-de-gris* (1937).

**chez** *prép* **1** Dans la maison de, au logis de. *Je suis allé chez vous.* **2** Dans tel pays, telle communauté. *Chez les mammifères.* **3** Au temps de. *Chez les Romains, les jeux du cirque étaient fort prisés.* **4** En la personne de, dans le caractère, l'œuvre de. *C'est une manie chez lui.* ETY De l'a. fr. *chiese*, « maison ».

**chez-soi** *nm inv* fam Domicile, lieu où l'on habite. *Aimer son chez-soi.* VAR **chez-moi**

**chiadé, ée** *a, nm* fam Fignolé, étudié. *Une mise en scène chiadée.*

**chiader** *vt* ① fam **1** Travailler une question, un examen. **2** Fignoler un travail.

**chialer** *vi* ① fam Pleurer.

**Chiangmai** v. du nord de la Thaïlande ; 160 000 hab. ; ch.-l. de la prov. du m. nom. Commerce du teck. Soieries. – Fondée en 1296, la v. fut la cap. du royaume thaï du Lan Na.

**chiant, ante** *a* vulg Très ennuyeux. *Un boulot chiant.*

**chianti** *nm* Vin rouge italien de Toscane. PHO [kjɑ̃ti] ETY Du n. pr.

**Chiapas** État du Mexique, sur le Pacifique ; 73 887 km2 ; 3 210 496 hab. ; cap : Tuxtla Gutiérrez. Siège de la rébellion zapatiste.

**chiard** *nm* fam Jeune enfant.

**chiasma** *nm* ANAT Croisement en forme d'X. LOC ***Chiasma optique*** : lieu d'entrecroisement des nerfs optiques au niveau du corps de l'os sphénoïde. PHO [kjasma] ETY Du gr.

**chiasme** *nm* RHET Figure de style disposant en ordre inverse les mots de deux propositions qui s'opposent. *Il était très riche en défauts, en qualités très pauvre.* PHO [kjasm] ETY Du gr.

**chiasse** *nf* **1** vulg Diarrhée. **2** fig Peur. **3** fig Difficulté, déveine.

**Chiasso** com. de Suisse (Tessin), proche du tunnel du Saint-Gothard ; 8 900 hab.

**Chiba** port du Japon (Honshū), sur la baie de Tōkyō ; 788 930 hab. Centre industriel.

**chibani** *n* Travailleur retraité originaire du Maghreb. ETY De l'arabe, « cheveux blancs ».

**Chibchas** anc. peuple andin (Colombie). Sa civilisation fut détruite au XVI$^{e}$ s. par les Espagnols. – De nos jours, les langues chibchas sont parlées au Panamá, en Colombie et en Équateur. VAR **Muiscas** DER **chibcha** ou **muisca** *a*

**chibouque** *nf* Pipe turque à long tuyau. ETY Mot turc. VAR **chibouk**

**chic** *nm, a, interj* **A** *nm* Habileté, savoir-faire. *Il a le chic pour dire ce qu'il faut dans ces moments-là.* **B** *a, nm* Se dit de ce qui est élégant, distingué. *Un dîner très chic.* **C** *a* Amical et serviable. *Un chic type.* **D** *interj* fam Marque l'approbation, une surprise agréable. *Chic tu es là !* LOC ***Bon chic bon genre*** : d'une élégance classique, de bon ton. SYN BCBG. — fam ***Chic et choc*** : à la mode, dans le vent. — ***De chic*** : d'inspiration et avec habileté. *Dessiner de chic.* ETY P.-ê de l'all. *geschick*, « tenue ».

**Chicago** v. et port import. des É.-U. (Illinois), sur le lac Michigan ; 2 783 700 hab. (aggl. urb. 8 800 000 hab., la 3$^{e}$ des É.-U.). Grand centre comm. et industr. – Musées import. : Art Institute of Chicago, Museum of Science and Industry, Field Museum of Natural History. Université. – *L'école architecturale de Chicago*, à la fin du XIX$^{e}$ s., a révolutionné la construction en édifiant des bâtiments à ossature métallique, qui sont à l'origine des gratte-ciel. DER **chicagoan, ane** ou **chicagolais, aise** *a*

**chicane** *nf* **1** Querelle sans fondement, tracasserie déplacée. *Chercher chicane à qqn.* **2** Passage en zigzag installé sur une route et qui oblige les voitures à ralentir. **3** TECH Aménagement destiné à modifier le trajet normal d'un liquide ou d'un gaz. **4** JEU Au bridge, absence de cartes d'une couleur dans une main.

**chicaner** *v* ① **A** *vi* Contester sans fondement et avec malveillance. *On ne peut pas discuter avec vous, vous chicanez tout le temps.* **B** *vt* **1** Ennuyer, tracasser. *Il n'a pas cessé de me chicaner sur les mots.* **2** Canada fam Réprimander un enfant. **C** *vpr* Se disputer pour des vétilles. DER **chicanerie** *nf* – **chicaneur, euse** ou **chicanier, ère** *n, a*

**chicano** *an* fam Aux États-Unis, mexicain immigré. PHO [tʃikano]

**chicha** *nf* Autre nom du *narguilé*.

**1 chiche** *a* **1** Qui ne se laisse pas aller à dépenser, parcimonieux. **2** Se dit d'une chose peu abondante, qui témoigne d'un esprit mesquin. ETY Du lat. DER **chichement** *av*

**2 chiche** → **pois.**

**3 chiche** *interj, a* fam Marque le défi. *Chiche que j'y vais là* LOC ***Être chiche de*** : être capable de.

**chiche-kebab** *nm* Brochette de mouton préparée à l'orientale. PLUR chiches-kebabs. PHO [ʃikebab] ETY Mot turc. VAR **chichekébab**

**Chichén Itzá** local. mexicaine située au N. de la prov. du Yucatán, haut lieu de la civilisation toltèque-maya. – Pyramide dite *El Castillo*, temple des Guerriers.

**Chichén Itzá** temple des Guerriers, avec Chac-Mool, le dieu de la Pluie des Toltèques

**Chichester** v. de G.-B., près de la Manche ; 100 300 hab. – Cath. XI$^{e}$-XII$^{e}$ s.

**chichi** *nm* fam Comportement maniéré. *Faire des chichis.* ETY Onomat. DER **chichiteux, euse** *a, n*

**Chichimèques** tribus nomades du nord du Mexique qui se répandirent, à partir du XII$^{e}$ s., dans le centre du pays, où leur culture se fondit dans la civilisation toltèque. DER **chichimèque** *a*

**Chicago**

**Chiclayo** ville du Pérou, près du Pacifique ; 349 250 hab. ; ch.-l. de dép. Industries.

**chiclé** *nm* Latex tiré du sapotillier et que l'on utilise pour fabriquer le chewing-gum. PHO [(t)ʃikle] ETY Mot espagnol.

**chicon** *nm* **1** Laitue romaine. **2** Endive.

**chicoracée** *nf* BOT Syn. de *liguliflore*.

**chicorée** *nf* **1** Composée, dont plusieurs espèces, annuelles et vivaces, sont cultivées en France. *La scarole, l'endive sont des variétés de chicorée.* **2** Poudre de racines torréfiées de chicorée que l'on peut mélanger au café. ETY Du gr.

**chicorée** sauvage

**chicot** *nm* **1** Reste dressé du tronc d'un arbre brisé ou coupé. **2** Reste d'une dent cariée ou cassée. ETY Du gr.

**chicotin** *nm* vx Suc très amer d'un aloès d'Afrique du S. ETY De *Socotora*, n. pr.

**Chicoutimi** v. du Canada (Québec) ; elle devient, en 2002, partie de la nouvelle ville de Saguenay. DER **chicoutimien, enne** *a, n*

**chiée** *nf* très fam Grande quantité.

**chien** *nm* **1** Quadrupède domestique de la famille des canidés. *Chien qui aboie, qui jappe.* **2** fig, fam Terme qui désigne une chose ou une personne par dénigrement. *Un temps de chien. Mener une vie de chien.* **3** Pièce d'une arme à feu portative, qui assure la percussion de l'amorce de la cartouche. LOC ***Avoir du chien*** : avoir de l'allure. — ***Chien d'arrêt*** : dressé à s'arrêter devant le gibier. — fam ***Chien de guerre*** : soldat mercenaire. — ***Chien de mer*** : émissole. — ***Chien de prairie*** : cynomys. — ***Chien savant*** : chien dressé à faire des tours ; enfant qui répète ce qu'il a appris à la seule fin de plaire. — fam ***Chiens écrasés*** : dans un journal, rubrique des faits-divers peu importants. — ***Entre chien et loup*** : à la tombée de la nuit. — ***Être couché en chien de fusil*** : ramassé sur soi-même, les jambes repliées. — fam ***Garder à qqn un chien de sa chienne*** : lui garder rancune et projeter une vengeance. — ***Se regarder en chiens de faïence*** : sans rien dire et avec une certaine hostilité. ETY Du lat.

ENC *Canis familiaris*, type de la fam. des canidés, a été, dès la préhistoire, sinon le compagnon, du moins un commensal des hommes. Il aurait pour origine le loup. Carnivore, il s'est habitué à un régime presque omnivore. Il a 42 dents, dont 4 crocs bien développés et 4 carnassières. C'est un digitigrade à griffes non rétractiles, dépourvu de glandes sudoripares :

beagle
berger allemand
caniche
boxer
teckel à poil dur
yorkshire-terrier
épagneul breton
dogue allemand
griffon korthals
pointer
husky sibérien
setter anglais

le moindre effort le fait haleter et tirer la langue pour lutter contre l'élévation de température. Son âge limite moyen est de 20 ans. La femelle met bas, en une portée, 3 à 10 petits après 60 à 90 jours de gestation.

**Chien (le Grand)** constellation de l'hémisphère austral ; n. scient. : *Canis major.*

**Chien (le Petit)** constellation de l'hémisphère boréal ; n. scient. : *Canis minor.*

**chien-assis** *nm* ARCHI Lucarne en charpente pratiquée dans le versant d'un toit et munie d'une baie vitrée verticale. PLUR chiens-assis.

**chiendent** *nm* Mauvaise herbe à rhizome envahissante et difficile à détruire (graminée). LOC ***Brosse de chiendent*** : fabriquée avec les rhizomes séchés du chiendent.

**Chien des Baskerville (le)** roman policier de Conan Doyle (1902).

**Chien du jardinier (le)** comédie en 3 actes de Lope de Vega (1618).

**chienlit** *nf* Agitation, désordre, pagaille.

**chien-loup** *nm* Berger allemand dont l'aspect rappelle celui du loup. PLUR chiens-loups

**chienne** *nf* Femelle du chien.

**Chiens de chasse (les)** constellation de l'hémisphère boréal ; n. scient. : *Canes Venatici, Canum Venaticorum.*

**chier** *vi* ② très fam Déféquer. LOC très fam ***À chier*** : très mauvais, exécrable. — ***Ça va chier*** : il va y avoir du grabuge. — ***En chier*** : en voir de toutes les couleurs. — ***Envoyer chier*** : rabrouer, rembarrer. — ***Faire chier qqn*** : l'ennuyer, lui causer des désagréments. — ***Se faire chier*** : s'ennuyer.

**Chiers (la)** riv. de France (112 km), affl. de la Meuse (r. dr.) ; naît au Luxembourg, arrose Longwy et Montmédy.

**Chieti** ville d'Italie (Abruzzes) ; 55 200 hab. ; ch.-l. de la prov. du m. nom. Archevêché.

**chieur, euse** *n* très fam Personne qui cause toutes sortes de désagréments.

**chiffe** *nf* Personne sans énergie. *C'est une chiffe molle.* ETY De l'a. fr. *chipe,* « chiffon ».

**chiffon** *nm* Morceau de vieux tissu. *Essuyer un meuble avec un chiffon.* LOC ***Chiffon de papier*** : contrat, traité dénué de valeur. — ***Chiffon rouge*** : provocation. — ***Parler chiffons*** : parler de vêtements, de toilette.

**chiffonnade** *nf* **1** CUIS Mélange de laitue et d'oseille, finement coupées, cuit au beurre et servant de garniture à un potage. **2** Mets présenté en très fines tranches.

**chiffonnage** *nm* **1** Action de chiffonner. **2** TECH Ponçage d'une peinture à l'aide d'un morceau de drap ou d'un abrasif très fin. VAR **chiffonnement**

**chiffonné, ée** *a* Froissé. *Une robe chiffonnée.* LOC ***Avoir la mine chiffonnée*** : fatiguée.

**chiffonner** *v* ① **A** *vt* **1** Froisser. *Ma robe est chiffonnée.* **2** fig, fam Contrarier, chagriner *Ce que tu dis me chiffonne.* **B** *vi* **1** S'occuper de vêtements, de toilettes féminines. **2** Exercer l'activité de chiffonnier.

**chiffonnier, ère** *n* **A** Personne qui ramasse les chiffons, les vieux papiers, la ferraille ; personne qui en fait commerce. **B** *nm* Petit meuble à tiroirs, haut et étroit. LOC fig, fam ***Se battre comme des chiffonniers*** : violemment.

**chiffrage** *nm* **1** Action de chiffrer. *Chiffrage d'une dépense.* **2** Syn. de *chiffrement.* **3** MUS Caractère numérique placé au-dessus ou au-dessous des notes de la basse pour indiquer les accords qu'elle comporte.

**chiffre** *nm* **1** Caractère dont on se sert pour représenter les nombres. *Chiffres romains. Chiffres arabes.* **2** Somme totale. *Diminuer le chiffre de ses dépenses. Chiffre d'affaires d'une entreprise.* **3** Code secret. **4** Arrangement artistique de lettres initiales d'un nom, entrelacées. *Mouchoir brodé à son chiffre.* LOC ***Chiffre d'affaires*** : montant total des ventes effectuées par une entreprise au cours d'une année. — fam ***Faire du chiffre*** : pour une entreprise, augmenter ses ventes. — ***Service du chiffre*** : service de certains ministères où l'on chiffre et déchiffre les dépêches. ETY De l'ar. *sifr,* « zéro ».

**chiffrement** *nm* Action de chiffrer un message. SYN chiffrage.

**chiffrer** *vt* ① **1** Évaluer, fixer le chiffre de. *Chiffrer une dépense.* **2** Numéroter. *Chiffrer des pages.* **3** Traduire en signes cryptographiques. *Chiffrer un texte.* **4** Marquer d'un chiffre. *Chiffrer du linge.* **5** MUS Écrire le chiffre d'un accord. DER **chiffrable** *a*

**chiffreur, euse** *n* Personne qui chiffre les messages.

**Chigi** famille de banquiers italiens originaire de Sienne. — **Agostino** (Sienne, v. 1465 – Rome, 1520), promoteur à Rome de la villa Farnésine (qui abrite aujourd'hui le cabinet national des Estampes). — **Fabio** (Sienne, 1599 – Rome, 1667), pape sous le nom d'Alexandre VII.

**chignole** *nf* **1** Perceuse à main. **2** fam Mauvaise voiture ETY Du lat.

**chignon** *nm* Masse de cheveux roulés ou tressés, sur la nuque ou au sommet du crâne. ETY Du lat. *catena,* « nuque ».

**chihuahua** *nm* Très petit chien terrier d'origine mexicaine. ETY Du n. pr.

**Chihuahua** v. du Mexique septent., à 1 450 m d'alt. ; 530 480 hab. ; cap. de l'État du m. nom. Centre d'une région minière.

**chiisme** *nm* L'un des deux courants majeurs de l'islam ; ensemble des chiites au sein de l'islam. PHO [ʃiism] ETY De l'ar., « partisan ». DER **chiite** *a, n*

ENC Contrairement au sunnisme (V. sunna), le chiisme ne reconnaît pas la succession d'Abou Bakr au califat (courant sunnite) mais celle d'Ali, gendre du Prophète. V. islam.

**Chikamatsu Monzaemon Sugimori Nobumori,** dit (Hagi, Honshū, 1653 – Ōsaka, 1724), dramaturge japonais. Il écrivit d'abord pour le théâtre de poupées (*bunraku*). Avec *Double Suicide d'amour à Sonezaki* (1703) et les très nombr. pièces qui suivirent, il créa le théâtre japonais moderne.

**chikungunya** *nm* Maladie virale des pays tropicaux, transmise par les moustiques, marquée par une forte fièvre, des éruptions cutanées, des douleurs articulaires. PHO [ʃikunguɲa] ETY Mot swahili, « marcher courbé ».

**Childe Vere Gordon** (Sidney, 1892 – Mount-Victoria, 1957), archéologue australien, spécialiste de la préhistoire européenne récente.

**Childebert Ier** (vers 495 – 558), roi franc (511-558) du pays situé entre la Seine et la Loire, et dont Paris était la capitale ; troisième fils de Clovis. — **Childebert II** (570 – 596), roi d'Austrasie (575-596), de Bourgogne et d'Orléans (593-596). — **Childebert III** (683 – 711), roi de Neustrie et de Bourgogne (695-711). Pépin le Jeune, maire du palais, exerça le pouvoir à sa place.

**Childéric Ier** (v. 440 – 481), roi des Francs Saliens (457-481), fils présumé de Mérovée et père de Clovis. — **Childéric II** (653 – 675), roi d'Austrasie (662-675) ; il occupa la Neustrie de 673 à sa mort (par assassinat). — **Childéric III** (?, vers 711 – 754), le dernier des Mérovingiens (743-751), déposé par Pépin le Bref.

**Childs Lucinda** (New York, 1940), danseuse et chorégraphe américaine, postmoderne.

**chili** *nm* Petit piment rouge, très fort ; sauce préparée avec ce piment. LOC ***Chili con carne*** : ragoût pimenté de bœuf haché et de haricots rouges, spécialité mexicaine. VAR **chile**

**Chili (république du)** État de l'Amérique du Sud, bordé par le Pacifique ; 756 940 km$^2$ ; 17,6 millions d'hab., accroissement naturel : 0,9 % par an ; cap. *Santiago.* Nature de l'État : république. Langue off. : esp. Monnaie : peso chilien. Relig. : cathol. (88,8 %). DER **chilien, enne** *a, n*

**Géographie** Étendu sur 4 200 km du N. au S., large en moyenne de 200 km, le Chili est un pays montagneux (6 959 m à l'Aconcagua). La cordillère volcanique orientale, très élevée, et la cordillère côtière, moins haute (2 000 à 3 000 m), encadrent une dépression, le Valle Central. Le climat est aride au N. (désert d'Atacama), méditerranéen au centre, océanique frais au S., subpolaire en Terre de Feu. La population, constituée de métis de Blancs et d'Amérindiens, et d'immigrants européens, est citadine à 85,4 %.

**Économie** Seul le Valle Central, au climat méditerranéen, a pu développer une agriculture intensive (céréales, vigne, fruits et légumes) que complète l'élevage ovin et bovin. Au sud domine l'exploitation forestière ; sur le littoral se pratique une pêche active (3e rang mondial). Le cuivre, exploité dans les Andes, est la grande ressource nationale (1er rang mondial) avec le fer, les nitrates, l'argent, l'or et le molybdène. Un peu de houille, de pétrole et de gaz s'ajoutent à l'hydroélectr., abondante. Depuis le tournant libéral de 1974, le Chili exporte des produits manufacturés. Après une période difficile (1982-1987), la croissance et l'inflation réduite ont subi le contrecoup de la crise asiatique de 1997.

**Histoire** Les Espagnols, conduits par Diego de Almagro puis Pedro de Valdivia, conquirent le pays sur les Araucans à partir de 1536. Les Indiens ne furent définitivement soumis qu'au XIXe s. Fait capitainerie générale en 1778, le Chili intéressa peu les Espagnols. En 1818, la victoire de Maipú, remportée par San Martín et O'Higgins assura l'indépendance. Aux conservateurs (1831-1861) succédèrent les libéraux (1861-1891), qui développèrent l'économie. Victorieux dans la guerre du Pacifique contre le Pérou et la Bolivie (1879-1884), le Chili acquit les régions désertiques du Nord (gisements de nitrate et de cuivre). La classe ouvrière commença à s'organiser, fait rare en Amérique latine, et des partis de gauche participèrent au gouv. de 1938 à 1958. La droite gouverna de 1958 à 1964, puis le démocrate-chrétien E. Frei (1964-1970) nationalisa les mines. La présidence d'Allende (1970-1973) fut interrompue par le coup d'État du général Pinochet. Il imposa une dictature libérale qui satisfit la petite bourgeoisie. Le plébiscite d'oct. 1988 le contraignit à rendre le pouvoir aux civils, mais il garda le contrôle de l'armée jusqu'en 1998. C'est alors que, se trouvant à Londres, il fit l'objet d'une demande d'extradition par un juge esp. pour crimes contre l'humanité. Mais le gouv. brit. ne satisfit pas à cette demande. En 2000, le socialiste Ricardo Lagos, candidat du centre et de la gauche non communiste, remporta l'élection prés. Il s'engagea à juger Pinochet revenu sur le territoire chilien. En 2005, Michelle Bachelet, candidate de la Concertation démocratique, coalition de centre-gauche, est élue présidente de la République. Le candidat de la droite, Sebastian Piñera, remporte l'élection prés. de 2010. M. Bachelet retrouve le pouvoir en 2013. ▶ carte p. 308

**Chillida Eduardo** (Saint-Sébastien, 1924 – id., 2002), sculpteur espagnol.

**Chillon** chât. fort de Suisse (XIIIe s.) qui domine le lac Léman, près de Vevey. Le duc de Savoie y incarcéra Fr. de Bonivard de 1530 à 1536.

**Chilly-Mazarin** ch.-l. de canton de l'Essonne (arr. de Palaiseau) ; 17 737 hab. DER **chiroquois, oise** *a, n*

**Chiloé** île du Chili, au S. de Puerto Montt.

**chilom** *nm* Petite pipe servant pour l'opium ou le haschich. ETY Du persan.

**Chilon de Lacédémone** (VI^e s. av. J.-C.), l'un des Sept Sages de la Grèce.

**Chilpéric I^er** (?, 539 – Chelles, 584), roi de Neustrie et de Soissons (561-584) ; fils de Clotaire I^er, époux de Frédégonde ; il fut assassiné. — **Chilpéric II** (670 – 721), roi de Neustrie (715-721) ; fils de Childéric II, adversaire de Charles Martel.

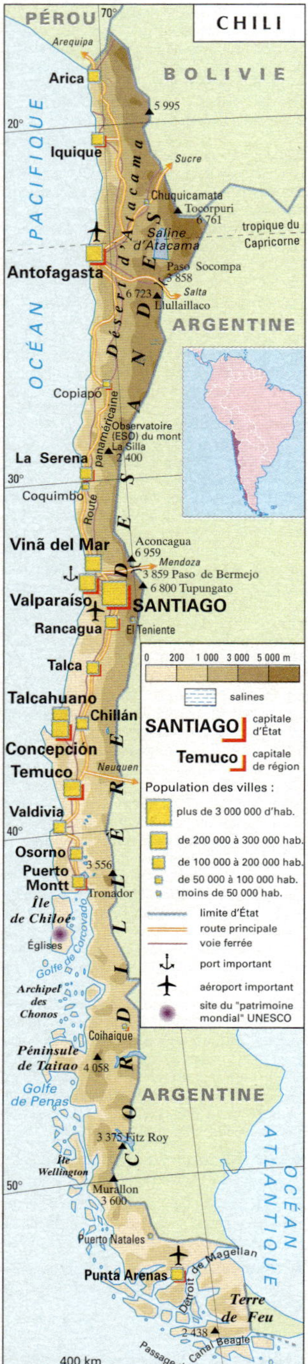


**Chim** Didek Szymin, dit (Varsovie, 1911 – canal de Suez, 1956), photoreporter américain, connu aussi sous le nom de *David Seymour.*

**Chimay** v. de Belgique (Hainaut) ; 9 270 hab. Brasserie. – Chât. (XV^e s.). Tombe de Froissart dans l'église XIII^e-XVI^e s. DER **chimacien, enne** *a, n*

**Chimborazo** volcan des Andes, en Équateur (6 310 m), sans activité récente.

**Chimbote** port et princ. centre métallurgique du Pérou, au N. de Lima ; 310 000 hab.

**Chimène** personnage de la poésie castillane (XIV^e-XV^e s.), partagée entre l'honneur et l'amour. V. Cid Campeador.

**chimère** *nf* **1** MYTH Monstre fabuleux à tête de lion, corps de chèvre et queue de dragon qui vomit des flammes. **2** Imagination vaine, illusion. *Se complaire dans des chimères.* **3** ZOOL Poisson holocéphale des eaux profondes, à grosse tête et à corps effilé. **4** BOT Produit d'une greffe possédant à la fois les caractères du greffon et ceux du porte-greffe. **5** GENET Individu porteur de caractères génétiques issus de deux génotypes différents. ETY Du gr.

**Chimères (les)** groupe de 12 sonnets ésotériques de Nerval publiés, en 1854, à la fin des *Filles du feu.*

**chimérique** *a* **1** Qui se complaît dans de vaines imaginations, dans des chimères. *Esprit chimérique.* **2** Qui a le caractère vain, illusoire, des chimères. *Espérance chimérique.* **3** GENET Qui concerne une chimère, qui est issu de deux génotypes. *Embryon chimérique.*

**chimie** *nf* **1** Science des caractères et des propriétés des corps, de leurs actions mutuelles et des transformations qu'ils peuvent subir. **2** Constitution chimique d'un corps, d'un élément. *La chimie de l'aluminium.* **LOC** ***Chimie verte :*** conception de produits et de procédés permettant de réduire l'utilisation et la synthèse de substances dangereuses.

ENC C'est l'étude des interactions entre les constituants de la matière, impliquant entre les atomes des échanges ou mises en commun d'électrons périphériques. La chimie est dite *organique* lorsque les constituants sont des composés carbonés, *minérale* dans les autres cas. La biochimie est la chimie organique du vivant. Les applications interdisciplinaires de la chimie sont multiples : thermochimie, géochimie, électrochimie, physicochimie, chimie nucléaire, chimie quantique, cryochimie, photochimie, etc. V. élément et liaison.

**chimio-** Élément, de *chimie.*

**chimiokine** *nf* BIOCHIM Molécule naturellement synthétisée par l'organisme humain et impliquée dans les mécanismes immunitaires.

**chimioluminescence** *nf* PHYS Luminescence provoquée par une oxydation lente.

**chimioprophylaxie** *nf* MED Traitement préventif contre l'infection par l'administration de médicaments chimiques.

**chimiorésistance** *nf* MED Résistance de micro-organismes ou de cellules cancéreuses à des substances employées en chimiothérapie.

**chimiosensible** *a* ANAT Se dit d'un organe ou d'une région du corps sensible aux excitants chimiques. DER **chimiosensibilité** *nf*

**chimiosynthèse** *nf* BIOCHIM Synthèse de corps organiques réalisée par les végétaux inférieurs à partir de l'énergie dégagée par une réaction chimique.

ENC On distingue trois types de chimiosynthèse : 1. Des bactéries oxydent les sels d'ammonium en nitrites ; d'autres oxydent les nitrites en nitrates. 2. Des bactéries transforment les sulfures en soufre et le soufre en acide sulfurique. 3. Des bactéries oxydent l'hydrogène, pour donner de l'eau, directement ou grâce à un sulfate.

**chimiotactisme** *nm* BIOL Propriété que possèdent certaines cellules d'être attirées ou repoussées par certaines substances chimiques.

**chimiothèque** *nf* Ensemble des combinaisons possibles d'un groupe de molécules.

**chimiothérapie** *nf* Traitement des maladies par des substances chimiques, notam. antibiotiques et anticancéreuses. DER **chimiothérapique** *a*

**chimiotrophie** *nf* BIOL Fait pour un être vivant de se nourrir par chimiosynthèse.

**chimiotropisme** *nm* BIOL Orientation des organes végétaux en développement due à des substances chimiques, attractives ou répulsives.

**chimique** *a* **1** De la chimie. *Les symboles chimiques.* **2** Relatif aux corps, aux transformations des corps que la chimie étudie. *Un colorant, un engrais chimique.* DER **chimiquement** *av*

**chimiquier** *nm* Navire spécialisé dans le transport des produits chimiques.

**chimisme** *nm* CHIM Ensemble de phénomènes chimiques qui caractérisent qqch.

**chimiste** *n* **A** Spécialiste de la chimie. **B** *nm* Industriel de la chimie.

**chimpanzé** *nm* Grand singe anthropomorphe arboricole de l'Afrique équatoriale. ETY D'une langue d'Afrique.

**chimpanzé**

**Chimús** anc. peuple du N. du Pérou soumis par les Incas au XV^e s. Leur cap., Chanchán, présente auj. de très importants vestiges.

**Chinafrique** ensemble des relations économiques, politiques et sociales entre l'Afrique et la République populaire de Chine.

**chinage** → **chiner 1.**

**chinchard** *nm* Poisson marin voisin du maquereau.

**chinchilla** *nm* **1** Petit rongeur de la cordillère des Andes, à fine fourrure grise. **2** Fourrure de cet animal. *Un manteau à col de chinchilla.* PHO [ʃɛ̃ʃila] ETY De l'esp. *chinche,* « punaise ».

**Chindwin (la)** riv. de Birmanie (800 km) ; princ. affl. de l'Irrawaddy (r. dr.).

**1 chine** *nm* **1** Papier fait avec des bambous macérés dans l'eau. **2** Porcelaine de Chine.

**2 chine** *nf* Métier du brocanteur.

**Chine (mer de)** mer du Pacifique, longeant la Chine et l'Indochine. Au N. du détroit de Taiwan la *mer de Chine orientale* baigne l'E. de la Chine, le S. de la Corée et du Japon ; au S., la *mer de Chine méridionale* baigne le S.-E. de l'Asie, Bornéo, les Philippines et Taiwan.

CHINE ET MONGOLIE
400 km
FÉDÉRATION DE RUSSIE
MONGOLIE
CHINE
KAZAKHSTAN
KIRGHIZSTAN
TADJIKISTAN
AFGHANISTAN
PAKISTAN
INDE
NÉPAL
BHOUTAN
BANGLADESH
BIRMANIE (MYANMAR)
THAÏLANDE
LAOS
VIÊT-NAM
CORÉE DU NORD
CORÉE DU SUD
JAPON
TAIWAN
MER DU JAPON (MER DE L'EST)
MER JAUNE
MER DE CHINE ORIENTALE
MER DE CHINE MÉRIDIONALE
OCÉAN PACIFIQUE
tropique du Cancer
Détroit de Corée
Détroit de Taiwan
Golfe de Corée
Golfe du Tonkin
Amour
Désert de Gobi
Désert de Takla-makan
Plateaux du Tibet
HIMALAYA
Tianshan
Kunlunshan
Altunshan
Altaï Mongol
Bassin de Tsaidam
Bassin de Tourfan
Cuvette de Dzoungarie
Plaine de Chine
Lac Baïkal
Lac Balkhach
Grand Canal
Huanghe
Yangzijiang
Mékong
Brahmapoutre
Indus
Mont Everest 8 846
K2 8 611
BEIJING (PÉKIN)
OULAN-BATOR
Shanghai
Tianjin
Chongqing
Wuhan
Harbin
Shenyang
Guangzhou (Canton)
Hong Kong
Macao
Chengdu
Xi'an
Nanjing
Lanzhou
Urumqi
Lhasa
Kunming
Changsha
Hangzhou
Qingdao
Dalian
Taiyuan
Zhengzhou
Jinan
Shijiazhuang
Baotou
Changchun
Jilin
Qiqihar
Fuzhou
Nanchang
Guiyang
Xining
Yinchuan
Hohhot
Haikou
Hainan
1 LIAONING
2 BEIJING
3 HEBEI
4 TIANJIN
5 NINGXIA
6 SHANGHAI
7 ANHUI
8 HUBEI
9 CHONGQING
10 GUANGDONG
0 500 1 000 3 000 5 000 m
BEIJING (PÉKIN) capitale d'État
Wuhan capitale de province, région autonome, zone municipale
Population des villes :
plus de 5 000 000 d'hab.
de 2 000 000 à 5 000 000 d'hab.
de 1 000 000 à 2 000 000 d'hab.
de 500 000 à 1 000 000 d'hab.
autre ville
limite d'État
limite de région
route principale
route secondaire
piste importante
voie ferrée
canal
port important
aéroport important
site du "patrimoine mondial" UNESCO
Sites du "patrimoine mondial" UNESCO :
1 Palais impérial, Palais d'été et jardin impérial, Temple du Ciel
2 Site de l'Homme de Pékin
3 et 4 Tombes impériales des dynasties Ming et Qing

**Chine (République populaire de)** État d'Asie orient., le premier du globe par la population, (1 350 400 000 hab.), le troisième par la superficie (9 596 960 km²) ; cap. *Pékin (Beijing)*. Nature de l'État : rép. pop. Langue off. : mandarin (les minorités nat. parlent et écrivent leurs langues). Monnaie : renminbi yuan. Religion : athéisme officiel, mais certaines pratiques bouddhistes, taoïstes, musulmanes et chrétiennes sont tolérées. DER **chinois, oise** *a, n*

**Géographie** La Chine de l'O. appartient à l'Asie centrale. C'est un bastion de hautes terres occupé par le plateau tibétain (3 000 à 5 000 m), flanqué au S. de l'Himalaya (plus de 8 000 m) et ouvert au N. de deux dépressions, Dzoungarie et Tarim, séparées par la chaîne des Tianshan. Cet ensemble, partagé entre les milieux froids d'altitude et les déserts, couvre les 2/3 du territoire mais ne compte que 6 % de la population : minorités nomades tibétaines, mongoles et de Ouïgours musulmans. La sinisation progresse avec la sédentarisation. La Chine de l'E. appartient à l'Extrême-Orient ; elle compte 94 % de la population du pays et les densités moyennes y dépassent parfois 1 000 hab./km². Le N. de la Chine orientale est la Chine du Huanghe (le fleuve Jaune, le plus puissant d'Asie), peuplée de Hans. Le climat continental, rude en hiver, chaud et arrosé en été, favorise les céréales (blé et millet) ; c'est le berceau de la civilisation chinoise. La Chine du Sud appartient à l'Asie des moussons : bassin du Yangzijiang, le plus long fleuve d'Asie ; plateaux et collines de Chine méridionale disséqués par l'érosion ; c'est la Chine du riz.

**La population** Malgré un taux d'urbanisation peu élevé (51 %), la Chine compte le nombre le plus élevé de citadins de la planète (plus de 350 millions) et plus d'une centaine de villes dépassent le million d'hab. La politique draconienne de réduction des naissances a ramené l'accroissement naturel à 0,5 % par an.

**L'économie** Restée longtemps un pays très pauvre, la Chine est aujourd'hui la deuxième puissance économique mondiale derrière les États-Unis (elle a dépassé le Japon en 2010). L'agriculture demeure le premier secteur d'emploi (40 % des actifs), mais est en net recul et les campagnes se vident. Entre 1950 et 1990, la prod. céréalière globale a presque été multipliée par trois mais la production par hab. n'a augmenté que de 25 %. Le Sud du pays, dominé par la riziculture inondée, fournit deux à trois récoltes par an : riz, maïs, blé, tabac, canne à sucre, agrumes, fruits tropicaux. Au nord se situe la Chine du blé. Dans l'Ouest montagneux et aride domine l'élevage, surtout ovin. Le petit élevage (porc, volailles) et la pêche ont une grande importance. Premier producteur mondial de houille, 5ᵉ producteur de pétrole, la Chine est une puissance hydroélectrique (bassins du Yangzijiang et du Huanghe). Autres richesses : fer, or, tungstène, antimoine, cuivre, zinc, étain, bauxite, molybdène, etc. Le développement industriel est dû au communisme (1949) avec l'aide soviétique jusqu'en 1960. Le retard dans l'automobile et les filières de pointe (chimie de synthèse, biotechnologies, électronique, nucléaire) est peu à peu rattrapé. Le développement du réseau ferroviaire et des infrastructures en général ne comble pas encore les insuffisances du système de transports. En 1978, peu après la mort de Mao (1976), la Chine a adopté la politique des « quatre modernisations » (agriculture, industrie, sciences et techniques, défense) qui s'est accompagnée d'une ouverture internationale. En 1980, la Chine adhère au FMI et en 2001 à l'OMC. Elle ouvre des zones économiques spéciales sur le littoral afin d'attirer les capitaux étrangers. La forte croissance économique de la fin des années 1980 s'est traduite ainsi : décollage des provinces côtières (notam. du Sud), qui représentent moins de 40 % de la pop. mais réalisent plus de 60 % des exportations ; montée du chômage et de l'inflation ; déficit extérieur croissant ; progression continue de la croissance (malgré la crise asiatique de 1997). Mais les écarts de niveau de vie, en particulier entre les pop. rurales et urbaines, restent importants.

**Histoire** LES ORIGINES Les vestiges humains les plus anciens, connus sous le nom d'*homme de Pékin*, datent de 500 000 ans. Le néolithique (IVᵉ-IIᵉ millénaire av. J.-C.) se développe sur le cours moyen du Huanghe. Sous la prem. dynastie, celle du Xia, le Nord-Est de la Chine est gagné à la vie agricole (IIᵉ mill.). La dynastie des Shang (1 800-v. 1 100 av. J.-C.) voit le début de la civilisation chinoise, fondée sur le bronze, les cités murées, le régime féodal, l'usage du char à timon, un système de numération et une écriture. Sous la dynastie Zhou (v. XIᵉ s.-221 av. J.-C.), cette civilisation gagne la Chine centrale et méridionale, mais, à partir du VIIIᵉ s., des États de type féodal se constituent. Dans cette époque de confusion, la pensée chinoise crée les grands systèmes de valeur qui vont durer jusqu'à nos jours, avec Lao-tseu, fondateur du taoïsme, et Confucius (VIᵉ-Vᵉ s. av. J.-C.). Le souverain Qin met fin à l'anarchie des « Royaumes combattants ». Shi Huangdi (mort en 210 av. J.-C.) crée un empire chinois unifié qu'il veut mettre à l'abri des nomades turco-mongols en édifiant la Grande Muraille. En 206 av. J.-C. est fondée la dyn. des Han qui dure jusqu'en 220 ap. J.-C.

LA CHINE BOUDDHISTE Du IIIᵉ au VIᵉ s., la Chine se morcelle en de nombr. royaumes et le bouddhisme se répand. La dynastie Sui (581-617) réunifie le pays. Les Tang (618-907) accomplissent de grandes réformes (agraires, fiscales, administratives, économiques) et de vastes conquêtes (Asie centrale, Mongolie, Viêt-nam) ; l'essor de la poésie est favorisé par la xylographie. La période Song (960-1279) généralise l'imprimerie, invente l'aiguille magnétique, la boussole, la poudre. À la fin du XIIIᵉ s., Gengis khān conquiert toute la Chine ; son petit-fils Koubilaï khān fonde la dynastie des Yuan (1261-1368) et fait de Pékin sa capitale, où il accueille Marco Polo.

LES MING ET LES QING (1368-1911) Les Ming (1368-1644) créent l'essor démographique par l'aménagement agricole. Mais les Mandchous imposent la dynastie des Qing (1644-1911). Grande conquérante (Mongolie, Tibet, Yunnan, Asie centrale, Taiwan, Corée, Viêt-nam, Népal, Birmanie), celle-ci se heurte aux pays industrialisés (pays européens, É.-U., puis Japon) au XIXᵉ s. Conclusion de la guerre de l'Opium avec l'Angleterre (1839-1842), le traité de Nankin (1842) ouvre des ports aux Occidentaux, puis la révolte des Taiping (1853-1864) constitue le prétexte d'une intervention franco-anglaise. À l'issue de la guerre sino-japonaise (1894-1895), la Chine perd Taiwan et la Corée. La révolte des Boxers (1900), encouragée par l'impératrice Ci Xi, est matée par un corps expéditionnaire occidental.

LE GUOMINDANG (1912-1949) En 1912, les Mandchous abdiquèrent face au Guomindang nationaliste et républicain de Sun Zhongshan (Sun Yatsen), dont l'alliance avec le parti communiste (1921) fut rompue en 1925, après la mort de Sun Zhongshan ; son successeur, Jiang Jieshi (Tchang Kaï-chek), s'empara du pouvoir. Après avoir subi une sanglante répression en 1927 à Canton et à Shanghai, les communistes, sous la direction de Mao Zedong, s'organisèrent et fondèrent en 1931 une « République soviétique chinoise » dans les montagnes du Jiangxi, d'où ils devaient atteindre, au terme de la Longue Marche (1934-1935), le Shānxi. La guerre sino-japonaise (1937-1945) provoqua une alliance tactique de Jiang Jieshi et des communistes, rompue en 1945, après la défaite du Japon. La guerre civile (1945-1949) entre nationalistes et communistes aboutit à la victoire de Mao Zedong. Jiang Jieshi se réfugia à Taiwan.

LA CHINE COMMUNISTE Le 1ᵉʳ octobre 1949 fut proclamée à Pékin la république populaire de Chine. Après la signature d'un traité d'amitié avec l'URSS (1950), les relations se tendirent puis se rompirent en 1960. À l'intérieur, diverses phases se succédèrent : campagne de critiques du Parti, dite des « Cent Fleurs », suivie d'une « rectification » (1956-1957) ; « grande révolution culturelle » (1966-1967), qui, de façon sanglante, renouvela les cadres (destitution de Liu Shaoqi) ; campagne contre Lin Biao (ancien ministre de la Défense) et contre la pensée de Confucius (1974) ; enfin campagne contre Deng Xiaoping, accusé d'économisme, après la mort de Zhou Enlai (1976). Malgré ces luttes, le rôle de la Chine dans le monde n'a cessé de s'affirmer : entrée dans le « club nucléaire » (1964), admission à l'ONU (1971), voyage de Nixon (fév. 1972). Après la mort de Mao (1976), la condamnation de la « Bande des Quatre » (dont la veuve de Mao) condamna le maoïsme.

LA MODERNISATION Deng Xiaoping (réhabilité en 1977) est revenu au pouvoir par personnes interposées. Les relations avec l'URSS s'apaisèrent, mais la tension demeura longtemps vive avec le Viêt-nam (soutenu par l'URSS). En mai 1989, alors qu'une visite officielle de M. Gorbatchev mettait fin à trente ans de brouille entre Moscou et Pékin, des étudiants réclamèrent la réhabilitation de Hu Yaobang (secrétaire du Parti limogé en 1987) sur la place Tien Anmen. Manifestations et troubles affectèrent l'ensemble du pays, mais l'armée réprima la contestation au début de juin (plusieurs milliers de morts, des dizaines de milliers d'arrestations). La loi martiale ne fut levée à Pékin qu'en janv. 1990. À la mort de Deng Xiaoping (1997), Jiang Zemin, premier secrétaire du PC (1989) et chef de l'État (1993), exerça le pouvoir et renoua les relations avec les autres États du monde. En 1997, la Chine a récupéré Hong Kong ; en 1999, Macao. En 2000, elle a adhéré à l'OMC. En 2002, le XVIᵉ congrès du PCC prône un rajeunissement des cadres et Jiang Zemin passe le relais à Hu Jintao. Xi Jinping est nommé prem. secrétaire du PC en 2012 et devient prés. de la Rép. en 2013.

**Chine (République de)** → **Taiwan.**

**chiné** *a, nm* **A** *a* Dont le fil est de plusieurs couleurs. *Laine chinée.* **B** *nm* **1** Dessin formé par la juxtaposition irrégulière de traits de couleurs différentes. **2** Tissu chiné.

**1 chiner** *vt* ① TECH Teindre les fils d'une étoffe de différentes couleurs avant de les tisser ; tisser au moyen de fils de plusieurs couleurs. DER **chinage** *nm*

**2 chiner** *vi* ① Rechercher des objets d'occasion, anciens, rares ou curieux, brocanter. DER **chineur, euse** *n*

**3 chiner** *vt* ① Se moquer de qqn.

**chinetoque** *n* injur, raciste Chinois.

**chino** *nm* Pantalon droit en coton épais beige. ETY Nom déposé.

**chinois, oise** *a, n* **A** *a* fam Qui est formaliste, minutieux à l'excès. **B** *nm* **1** LING Branche de la famille des langues sino-tibétaines comprenant le mandarin (langue nationale) et de nombreux dialectes parlés en Chine. **2** Fruit encore vert du bigaradier que l'on conserve en Asie dans l'eau-de-vie. **3** Passoire à grille très fine, de forme conique, utilisée en cuisine. **LOC** fam *C'est du chinois :* c'est obscur, inintelligible.

**chinoiser** *vi* ① fam Chicaner, ergoter pour des broutilles.

**chinoiserie** *nf* **1** Meuble, bibelot venant de Chine, ou de style chinois. **2** Bx-A Œuvre d'inspiration chinoise. **3** fig, fam Complication, chicane mesquine.

**chinon** *nm* Vin rouge ou rosé produit en Touraine. ETY Du n. pr.

**Chinon** ch.-l. d'arr. de l'Indre-et-Loire, sur la Vienne ; 8 362 hab. Vin réputé. Centre électronucléaire (à Avoine). – Ruines de trois forteresses : le fort St-Georges (enceinte, XIIIᵉ s.), le chât. du Milieu (XIIᵉ-XVᵉ s. ; Jeanne d'Arc y fut présentée à Charles VII), le chât. du Coudray (XIIᵉ s.). Égl. Xᵉ-XVᵉ s. DER **chinonais, aise** *a, n*

**chinook** *nm* **1** Vent sec et chaud qui souffle des montagnes Rocheuses. **2** Famille de langues amérindiennes de la côte du Pacifique. PHO [ʃinuk] ETY Mot indien d'Amérique du N.

**chintz** *nm* Percale glacée, utilisée surtout en ameublement. PHO [ʃints] ETY Mot anglais.

**Chio** île grecque de la mer Égée, proche de la Turquie ; 904 km², 52 690 hab. ; ch.-l. *Chio* (24 100 hab.). Vins. – Les Turcs s'emparèrent de l'île en 1566 et massacrèrent les habitants révoltés en 1822. En 1912, les Grecs occupèrent l'île (grecque en 1923).

**chiot** *nm* Très jeune chien.

**chiotte** *nf* **A** très fam Voiture. **B** *nf pl* vulg Cabinets, W-C.

**chiourme** *nf* HIST **1** Ensemble des rameurs d'une galère. **2** Ensemble des forçats d'un bagne. ETY De l'ital.

**chiper** *vt* ① fam Dérober un objet sans grande valeur. DER **chipeur, euse** *a, n*

**chipette** *nf* LOC fam *Ne pas valoir chipette* : ne rien valoir. ETY De l'a. fr.*chipe*, « chiffon ».

**chipie** *nf* fam Jeune fille ou femme capricieuse, acariâtre ou malveillante.

**chipiron** *nm* rég Petit calmar. ETY Mot basque.

**chipolata** *nf* Saucisse de porc mince et longue. ETY De l'ital. *cipolla*, « oignon ».

**chipoter** *vi* ① fam **1** Manger peu et sans appétit. **2** Contester pour des vétilles. *Chipoter sur le prix d'un chapeau.* ETY De *chipe*, « chiffon ». DER **chipotage** *nm* ou **chipoterie** *nf* – **chipoteur, euse** ou **chipotier, ère** *a, n*

**Chippendale Thomas** (Otley, Yorkshire, v. 1718 – Londres, 1779), ébéniste anglais qui lança le *style Chippendale* (rocaille).

**Chippewas** Amérindiens vivant dans la région des Grands Lacs ; 100 000 personnes. VAR **Ojibwas** DER **chippewa** ou **ojibwa** *a*

**chips** *nf inv* Très mince rondelle de pomme de terre, frite. ETY Mot angl., « copeaux ».

**chique** *nf* **1** Boulette de tabac que l'on mâche. **2** Puce des régions tropicales dont la femelle pénètre sous la peau et peut occasionner certaines infections. LOC fam *Avaler sa chique* : mourir. — fam *Couper la chique à qqn* : le faire taire subitement. — fam *Être mou comme une chique* : être sans énergie. ETY De l'all. *schicken*, « envoyer ».

**chiqué** *nm* fam Feinte, simulation, manque de naturel. *C'est truqué, c'est du chiqué !* LOC *Faire du chiqué* : poser, faire des manières.

**chiquenaude** *nf* Petit coup donné par la détente brusque d'un doigt préalablement plié et raidi contre le pouce. SYN pichenette.

**chiquer** *vt* ① Mâcher du tabac. DER **chiqueur, euse** *n*

**Chiquitos** Indiens de l'Amérique du Sud (Bolivie, Brésil, Paraguay).

**chir(o)-** Élément, du gr. *kheir*, « main ». PHO [kiʀo]

**Chirac Jacques** (Paris, 1932), homme politique français. Ministre (gaulliste) sous G. Pompidou, Premier ministre sous V. Giscard d'Estaing (1974), il démissionne en 1976 et fonde le Rassemblement pour la République (RPR). Maire de Paris (1977–1995), il est Premier ministre lors de la première cohabitation (1986–1988). Élu président de la République en 1995, il a dissous l'Assemblée en avril 1997. Après la victoire de la gauche, il a nommé le socialiste Lionel Jospin Premier ministre. Il est réélu aux élections présidentielles de 2002, face à J.-M. Le Pen. DER **chiraquien, enne** *a, n*

**chiral, ale** *a* CHIM Se dit de deux molécules qui, image l'une de l'autre dans un miroir, ne sont pas superposables. PLUR chiraux. PHO [kiʀal, o] DER **chiralité** *nf*

**Chirāz** v. d'Iran mérid., à 1 600 m d'altitude ; 1,2 million d'hab. (aggl.) ; ch.-l. de la prov. du Fārs. Tapis. Vins. Roses. – La ville fut fondée au VIIᵉ s. par les Arabes.

**Chirico** → **De Chirico.**

**chirographaire** *a* DR **1** Qui ne repose que sur un acte établi sous seing privé. **2** Se dit d'une créance non munie de sûretés réelles.

**chiromancie** *nf* Divination d'après les lignes de la main. DER **chiromancien, enne** *n*

**Chiron** dans la myth. gr., centaure médecin, maître d'Achille, de Jason, d'Ulysse.

**chiropratique** *nf* Méthode de traitement des douleurs rachidiennes par manipulations au niveau de la colonne vertébrale. VAR **chiropraxie** ou **chiropractie** DER **chiropraticien, enne** *n* ou **chiropracteur** *nm*

**chiroptère** *nm* ZOOL Mammifère communément appelé *chauve-souris*, adapté au vol grâce aux membranes de ses membres antérieurs qui forment des ailes. VAR **chéiroptère**

**chiroubles** *nm* Cru du Beaujolais.

**chirurgical, ale** *a* **1** Relatif à la chirurgie. **2** fig Se dit d'une action précise et efficace. *Bombardement chirurgical.* PLUR chirurgicaux.

**chirurgie** *nf* Partie de la médecine humaine et vétérinaire qui consiste à soigner un état pathologique ou une blessure, par intervention manuelle ou instrumentale sur l'organisme et ses parties internes. *Chirurgie correctrice et réparatrice. Chirurgie dentaire.* ETY Du gr. *kheirourgia*, « opération manuelle ». DER **chirurgien, enne** *n*

**chirurgien-dentiste** *nm* Dentiste qui pratique la chirurgie dentaire. PLUR chirurgiens-dentistes.

**Chisinau** (anc. *Kichinev*), cap. de la Moldavie, sur le Bicu, affl. du Dniestr ; 780 000 hab. (aggl.). Industries. DER **chisinovien, enne** *a, n*

**chistéra** *nm, nf* Panier d'osier en forme de gouttière recourbée, fixé au poignet et qui sert à lancer et à recevoir la balle, à la pelote basque. ETY Du lat. *cistella*, « petite corbeille ». VAR **chistera**

**chitine** *nf* BIOL Substance organique polysaccharide, souple et résistante, qui constitue les téguments des arthropodes. PHO [kitin] ETY Du gr. *khitôn*, « tunique ». DER **chitineux, euse** *a*

**1 chiton** *nm* ANTIQ Tunique courte et collante des anciens Grecs. PHO [kitɔ̃]

**2 chiton** *nm* Mollusque polyplacophore (coquille formée de huit plaques) fréquent sur les rochers de la zone littorale.

**Chitrāl** rég. montagneuse au N.-O. du Pākistān ; v. princ. *Chitrāl*.

**Chittagong** port et centre industriel du Bangladesh, à l'E. du delta du Gange ; 4,8 millions d'hab. (aggl.) ; ch.-l. de prov.

**chiure** *nf* Excrément d'insecte.

**Chiusi** v. d'Italie (Toscane) ; 9 210 hab. – Vest. d'une import. nécropole étrusque. VAR **Clusium**

**Chklovski Viktor Borissovitch** (Saint-Pétersbourg, 1893 – Moscou, 1984), écrivain soviétique, théoricien du formalisme (*la Théorie de la prose* 1925).

**chlamyde** *nf* ANTIQ Manteau des anciens Grecs fait d'une courte pièce d'étoffe agrafée sur l'épaule. PHO [klamid]

Jacques Chirac

**chlamydia** *nf* MED Organisme présentant les caractères d'une bactérie et d'un virus, responsable de diverses infections transmissibles. PHO [klamidja]

**chlamydiose** *nf* Infection causée par une chlamydia.

**chleuh** *n, a* **1** Dialecte berbère parlé par les Chleuhs. SYN tachelhit. **2** péjor, vieilli Allemand.

**Chleuhs** population berbère marocaine du Haut Atlas occidental, de l'Anti-Atlas et de la vallée du Sous. DER **chleuh** *a*

**chlinguer** *vi* ① très fam Puer. VAR **schlinguer**

**chloasma** *nm* MED Ensemble de taches pigmentaires qui peuvent apparaître sur le visage lors de certaines affections et pendant la grossesse, formant dans ce cas le masque de grossesse. PHO [kloasma]

**Chlodion** → **Clodion le Chevelu.**

**chlor(o)-** Élément, du gr. *khlôros*, « vert ». PHO [klɔʀo]

**chloracétate** *nm* CHIM Sel ou ester des acides chloracétiques.

**chloracétique** *a* CHIM Se dit des acides qui résultent de la substitution du chlore à l'hydrogène de l'acide acétique.

**chloracné** *nf* Acné provoquée par des produits chlorés.

**chloral** *nm* CHIM Nom usuel de la trichloraldéhyde dont certains dérivés sont utilisés en thérapeutique comme hypnotiques puissants.

**chlorate** *nm* CHIM Sel de l'acide chlorique.

**chloration** *nf* Traitement de l'eau par le chlore, pour la rendre potable.

**chlore** *nm* CHIM **1** Élément non métallique, de la famille des halogènes, de numéro atomique Z = 17 et de masse atomique 35,45 (symbole Cl). **2** Gaz ($Cl_2$ : *dichlore*) à l'odeur suffocante, de densité 2,49.

ENC À la température ordinaire, le dichlore ($Cl_2$) est un gaz plus lourd que l'air, à l'odeur suffocante. Très répandu dans la nature, le chlore se présente le plus souvent sous la forme de chlorures (en particulier sel marin et sel gemme). Le chlore permet de désinfecter l'eau et ainsi éviter la formation de bactéries.

**chloré, ée** *a* Qui renferme du chlore.

**chlorelle** *nf* Algue verte unicellulaire, libre ou symbiotique.

**chlorémie** *nf* MED Concentration sanguine en chlore.

**chlorer** *vt* ① Traiter par le chlore, ou par le chlorure de chaux. DER **chlorage** *nm*

**chloreux** *am* LOC CHIM *Acide chloreux* : de formule $HClO_2$.

**chlorhydrate** *nm* CHIM Sel résultant de l'action de l'acide chlorhydrique sur une base azotée. PHO [klɔʀidʀat]

**chlorhydrique** *a* CHIM Se dit d'un acide, le chlorure d'hydrogène HCl, gaz incolore d'odeur piquante qui attaque presque tous les métaux ; solution aqueuse de ce gaz.

**chlorique** *a* LOC CHIM *Acide chlorique* : de formule $HClO_3$.

**1 chlorite** *nm* CHIM Sel de l'acide chloreux.

**2 chlorite** *nf* MINER Aluminosilicate ferromagnésien, d'origine métamorphique.

**chlorobenzène** *nm* CHIM Dérivé du benzène, de formule $C_6H_5Cl$, utilisé dans la synthèse de l'aniline et du phénol. SYN chlorure de phényl.

**chlorofibre** *nf* Fibre synthétique résistant bien au feu.

**chlorofluorocarbone** *nm* Composé carboné renfermant du chlore et du fluor, gaz utilisé dans les bombes aérosols. ABREV CFC.

**chloroforme** *nm* CHIM Nom usuel du trichlorométhane $CHCl_3$, utilisé autref. comme anesthésique. DER **chloroformer** *vt* ①

**chlorome** *nm* MED Tumeur osseuse révélatrice d'une leucémie.

**chlorométrie** *nf* CHIM Détermination de la quantité de chlore contenue dans un chlorure décolorant. DER **chlorométrique** *a*

**chlorophycée** *nf* BOT Algue des eaux douces ou marines, appelée aussi algue verte, dont la chlorophylle est le seul pigment.

**chlorophylle** *nf* Pigment végétal vert qui confère aux végétaux le possédant la fonction d'assimilation du carbone par photosynthèse. DER **chlorophyllien, enne** *a*

**chloroplaste** *nm* BOT Élément cellulaire contenant de la chlorophylle, dans lequel s'effectue la photosynthèse chlorophyllienne.

**chlorose** *nf* **1** BOT Maladie des plantes, due au manque d'air, de lumière, ou à un excès de calcaire, caractérisée par la disparition de la chlorophylle et la décoloration des feuilles. **2** MED anc Anémie de la jeune fille. DER **se chloroser** *vpr* ① – **chlorotique** *a*

**chlorpromazine** *nf* Neuroleptique, le premier à avoir été synthétisé, utilisé contre la schizophrénie.

**chlorure** *nm* CHIM Nom générique des sels ou esters de l'acide chlorhydrique et de certains dérivés renfermant du chlore. LOC ***Chlorure de sodium (NaCl)*** : sel marin.

**chlorurer** *vt* ① CHIM Transformer un corps en chlorure par combinaison avec du chlore. DER **chloruration** *nf*

**chnoque** → **schnock.**

**chnouf** → **schnouf.**

**Choa** province d'Éthiopie centrale ; 85 400 km² ; 9 503 140 hab. ; ch.-l. *Addis-Abeba.*

**choane** *nf* ANAT Orifice mettant en communication, chez les vertébrés supérieurs, les fosses nasales et la cavité buccale. PHO [koan] ETY Du gr. *khoanê*, « entonnoir ».

**choanocyte** *nf* ZOOL Cellule des spongiaires, de forme ovoïde, munie d'une collerette et d'un flagelle.

**choanoflagellé** *nm* Protozoaire flagellé à allure de choanocyte.

**choc** *nm*, *a* **A** *nm* **1** Heurt d'un corps contre un autre. **2** MILIT Rencontre et combat de deux troupes armées. **3** fig Conflit, opposition. *Le choc des opinions.* **4** MED Diminution profonde et brutale du débit circulatoire, provoquant une hypotension et des troubles de la conscience, qui peut être due à une agression extérieure ou à une défaillance interne. *Choc opératoire, choc hémorragique.* **5** Émotion violente, perturbation causée par un évènement brutal. *Son départ a été un choc pour elle.* **B** *a* Qui surprend, étonne. *Des soldes à des prix choc(s).* LOC METEO ***Choc en retour*** : effet indirect de la chute de tension qui suit l'éclair ; fig contrecoup d'un évènement réagissant sur sa propre cause. — ***De choc*** : qui n'hésite pas à affronter des situations difficiles. — fig ***Traitement de choc*** : mesure drastique.

ENC Le déficit circulatoire qui constitue le *choc* est dû soit à la défaillance du système dynamique (le cœur), soit à un déséquilibre soudain entre le système vasculaire et son contenu (le sang). Il se produit un stockage de la masse sanguine circulante dans certains territoires et la circulation se ralentit. La réduction des échanges entraîne une accumulation des produits toxiques et une privation d'oxygène (anoxie). Le rein est atteint précocement, le cœur plus tardivement, puis le cerveau, le foie, le pancréas.

**Chocano** José Santos (Lima, 1875 – Santiago du Chili, 1934), poète péruvien : *Saintes Colères* (1895), *Alma América* (1906).

**chocard** *nm* Oiseau corvidé de haute montagne, au bec jaune, au plumage noir et aux pattes rouges.

**chochotte** *nf* fam Mijaurée.

**Chocim** → **Khotine.**

**chocolat** *nm*, *a inv* **A** *nm* **1** Substance comestible à base de cacao torréfié et de sucre. *Une tablette de chocolat.* **2** Boisson au chocolat. **B** *a inv* De la couleur brun foncé du chocolat. ETY Du nahuatl. DER **chocolaté, ée** *a*

**Chocolat** Raphael Padilla, dit (La Havane, 1868 – Bordeaux, 1917), clown français. Il forma avec Foottit un célèbre duo.

**chocolaterie** *nf* Fabrique de chocolat.

**chocolatier, ère** *a*, *n* **A** *n* Personne qui fait, qui vend du chocolat. **B** *a* Relatif au chocolat. *Industrie chocolatière.* **C** *nf* Récipient, à couvercle et bec verseur, pour servir le chocolat.

**chocolatine** *nf* Pain au chocolat.

**chocottes** *nf pl* LOC fam ***Avoir les chocottes*** : avoir peur.

**Choczim** → **Khotine.**

**Choderlos de Laclos** → **Laclos.**

**choéphore** *n* ANTIQ GR Personne chargée de porter les offrandes aux morts. PHO [koefɔʀ]

**chœur** *nm* **1** ANTIQ Groupe de personnes qui chantaient les vers d'une tragédie et prenaient ainsi part à l'action ; ce que chante, déclame le chœur dans les tragédies grecques ou inspirées du modèle grec. **2** Groupe de chanteurs qui exécutent ensemble une œuvre musicale ; morceau de musique chanté par un chœur, chant des choristes. **3** fig Ensemble de personnes qui expriment la même chose. *Ils le conspuèrent en chœur.* **4** Partie de l'église où se trouve le maître-autel et où se tiennent ceux qui chantent l'office divin. LOC ***Enfant de chœur*** : enfant qui assiste le prêtre pendant la célébration des offices ; fig personne très naïve, crédule. PHO [kœʀ] ETY Du lat. *chorus.*

**choir** *vi* ⑤① litt Tomber. *Elle a chu de toute sa hauteur.* LOC fam ***Laisser choir*** : abandonner qqn.

**Choiseul** César, comte du Plessis-Praslin (duc de) (Paris, 1598 – id., 1675), maréchal de France en 1645. Il vainquit Turenne et les Espagnols à Rethel (1650).

**Choiseul** Étienne-François, comte de Stainville (duc de) (en Lorraine, 1719 – Paris, 1785), secrétaire d'État aux Affaires étrangères (1758-1761), puis de la Guerre (1761-1770) et de la Marine (1761-1766). Il resserra l'alliance avec l'Autriche, acquit la Lorraine (1766) et la Corse (1768). Il fut l'ami des encyclopédistes.

É.-F., duc de Choiseul

**choisi, ie** *a* **1** Qui a fait l'objet d'un choix. *Cocher la réponse choisie.* **2** Qui est considéré comme ce qu'il y a de meilleur. *Société choisie.* **3** Recherché, raffiné. *S'exprimer en termes choisis.*

**choisir** *vt* ③ **1** Adopter selon une préférence. *Choisir ses amis.* **2** Décider de faire une chose de préférence à une autre, à d'autres. *Il a choisi de vivre seul et de rester à Paris.* ETY Du gotique *kausjan*, « goûter ».

**Choisy** François Timoléon (abbé de) (Paris, 1644 – id., 1724), écrivain français. Jeune, il s'habillait en femme.

**Choisy-le-Roi** ch.-l. de cant. du Val-de-Marne (arr. de Créteil), sur la Seine ; 36 513 hab. – Vest. d'un chât. XVIIᵉ-XVIIIᵉ s., où résida Louis XV. DER **choisyen, enne** *a*, *n*

**choix** *nm* **1** Action de choisir ; décision prise lorsqu'on choisit. *Arrêter son choix sur qqch.* **2** Pouvoir, faculté, liberté de choisir. *Laisser, donner le choix à qqn.* **3** Ensemble de choses que l'on donne à choisir. *Présenter un choix de bagues.* **4** Chose choisie, ensemble de choses choisies. *Un choix de poésies.* LOC ***Au choix*** : en ayant la possibilité de choisir. — MATH ***Axiome du choix*** : selon lequel on peut définir une fonction qui associe à toute partie non vide d'un ensemble un et un seul élément de cet ensemble. — ***De choix*** : de qualité supérieure.

**choke-bore** *nm* TECH Étranglement placé à l'extrémité du canon d'un fusil de chasse pour éviter la dispersion des plombs. PLUR choke-bores. PHO [ʃɔkbɔʀ] ETY Mot anglais.

**Chokwés** population répartie entre le N. de l'Angola, le S. de la rép. dém. du Congo et la Zambie. Ils parlent une langue bantoue. VAR **Tchokwés** DER **chokwé** ou **tchokwé** *a*

**chol(é)-** Élément, du gr. *kholê*, « bile ». PHO [kɔle]

**cholagogue** *a*, *nm* MED Se dit de substance facilitant l'évacuation de la bile.

**cholangite** *nf* MED Infection des voies biliaires. PHO [kɔlɑ̃ʒit]

**cholécyste** *nm* Vésicule biliaire.

**cholécystectomie** *nf* CHIR Ablation de la vésicule biliaire.

**cholécystite** *nf* MED Inflammation de la vésicule biliaire.

**cholécystographie** *nf* MED Examen radiologique de la vésicule biliaire. PHO [kɔlesistɔgʀafi]

**cholédoque** *a*, *nm* ANAT Se dit du canal qui s'abouche dans le duodénum, et par lequel s'écoule la bile.

**Cholem Aleichem** Shalom Rabinovitz, dit (Pereïaslav, Ukraine, 1859 – New York, 1916), écrivain de langue yiddish : *Contes de Tévié le laitier* (1899-1911).

**cholémie** *nf* MED Taux de la bile dans le sang.

**choléra** *nm* Infection intestinale aiguë, très contagieuse, due au vibrion cholérique. ETY Du gr. DER **cholérique** *a*, *n*

ENC Le choléra se traduit par des vomissements abondants et une diarrhée profuse, responsables d'une déshydratation intense et rapide qui en fait la gravité. La thérapeutique repose essentiellement sur la réhydratation, ainsi que sur le traitement antibiotique.

**cholérétique** *a*, *nm* PHARM Se dit d'un médicament qui stimule la sécrétion biliaire.

**cholériforme** *a* MED Qui a les apparences du choléra.

**cholestérol** *nm* MED Variété de stérol apportée par l'alimentation et synthétisée par le foie, présente dans les tissus et les liquides de l'organisme.

ENC Le cholestérol a une double origine. Les aliments en apportent, son absorption intestinale s'effectuant sous forme d'émulsion avec les sels biliaires. Par ailleurs, toutes les cellules le synthétisent, princ. celles du foie et du cortex surrénal. Le cholestérol est oxydé en acides biliaires. Il joue un rôle capital dans la biosynthèse des hormones, qui dérivent tous de lui, et dans le métabolisme des lipides. Son dépôt dans la paroi artérielle est à l'origine de l'athérome. Le cholestérol existe dans le sang sous deux formes : le cholestérol HDL *(high density lipoprotein)* dit aussi « bon cholestérol » et le cholestérol LDL *(low density lipoprotein)* dit « mauvais cholestérol ».

**cholestérolémie** *nf* MED Concentration sanguine en cholestérol.

**Cholet** ch.-l. d'arr. du Maine-et-Loire, sur la Moine, affl. de la Sèvre nantaise ; 56 761 hab. Marché. Industries. – Haut lieu des guerres de Vendée (1793-1794). DER **choletais, aise** *a, n*

**Choletais** → **Mauges.**

**choliambe** *nm* METR ANC Trimètre ïambique terminé par un spondée. ETY Du gr. *khôlos*, « boiteux », et *iambos*, « jambe ».

**choline** *nf* BIOCHIM Alcool azoté entrant dans la composition de certains lipides et qui se trouve, à l'état libre ou estérifié (acétylcholine), dans toutes les cellules de l'organisme. PHO [kɔlin]

**cholinergie** *nf* BIOCHIM Libération d'acétylcholine.

**cholinergique** *a* BIOCHIM Qui agit par l'intermédiaire de l'acétylcholine.

**cholinestérase** *nf* BIOCHIM Enzyme qui hydrolyse l'acétylcholine, qu'elle rend inactive.

**Cholokhov Mikhaïl Alexandrovitch** (Kroujiline, Ukraine, 1905 – Vechenskaïa, id., 1984), écrivain soviétique : *le Don paisible* (1928-1940), fresque sur les années 1912-1922 (dont on lui a contesté la paternité) ; *Terres défrichées* (1932-1959) ; *Ils ont combattu pour la patrie* (1946-1969). P. Nobel 1965.

**Cho Lon** anc. v. du Viêt-nam, depuis longtemps rattachée à Saigon (auj. *Hô Chi Minh-Ville*).

**Choltitz Dietrich von** (Schloss Wiese, Silésie, 1894 – Baden-Baden, 1966), général allemand. Commandant de Paris en 1944, il affirma avoir refusé d'exécuter l'ordre donné par Hitler de faire sauter la ville.

**chômable** *a* Que l'on peut ou que l'on doit chômer. *Fête chômable.*

**chômage** *nm* Fait de chômer, interruption de travail ; état d'une personne privée d'emploi. LOC ***Chômage partiel*** : par réduction des horaires. — ***Chômage structurel*** : dû à l'inadéquation qualitative entre l'offre et la demande de travail. — ***Chômage technique*** : impossibilité de travailler à cause d'un problème fonctionnel. — ***Indemnité, allocation de chômage*** : aide apportée au chômeur sous forme d'allocation.

**chômé, ée** *a* Se dit d'un jour où l'on ne travaille pas et qui est payé. ANT ouvré,ée.

**chômer** *v* ① **A** *vi* **1** Cesser de travailler pendant les jours fériés. **2** Être sans travail, être privé d'emploi. **3** Cesser de fonctionner, d'être productif. *Laisser chômer une terre.* **B** *vt* Célébrer une fête en cessant le travail. *Chômer le 1er Mai.* LOC fam ***Ne pas chômer*** : travailler activement, se donner du mal. ETY Du lat. *cauma*, « forte chaleur ».

**chômeur, euse** *n* Personne sans emploi.

**Chomsky Avram Noam** (Philadelphie, 1928), linguiste américain. Il élabora la théorie de la grammaire générative : *Structures syntaxiques* (1957). Il critique la politique étrangère des É.-U. : *Bains de sang* (1973), *Dominer le monde ou sauver la planète* (2003). DER **chomskien, enne** *a*

**chondr(o)-** Élément, du gr. *khondros*, « cartilage ». PHO [kɔ̃dʀo]

**chondre** *nm* GEOL Petit corps globuleux, constituant des chondrites. PHO [kɔ̃dʀ]

**chondrichtyen** *nm* ZOOL Poisson à squelette cartilagineux tel que les sélaciens.

**chondriome** *nm* BIOL Ensemble des chondriosomes d'une cellule.

**chondriosome** *nm* BIOL Syn. de *mitochondrie*.

**1 chondrite** *nf* MED Inflammation d'un cartilage.

**2 chondrite** *nf* GEOL Météorite constituée de chondres formés notamment de pyroxène et d'olivine.

**chondroblaste** *nm* ANAT Cellule élémentaire du tissu cartilagineux.

**chondroblastome** *nm* MED Tumeur bénigne siégeant aux extrémités des os longs chez les adolescents.

**chondrocalcinose** *nf* Maladie articulaire ressemblant à la goutte, mais due à des dépôts de cristaux de phosphate de calcium.

**chondrodysplasie** *nf* MED Trouble de la chondrogenèse. VAR **chondrodystropie**

**chondrogenèse** *nf* BIOL Formation du tissu cartilagineux.

**chondromatose** *nf* MED Chondrodysplasie portant sur les os longs.

**chondrome** *nm* MED Tumeur formée de tissu cartilagineux.

**chondrosarcome** *nm* MED Tumeur maligne formée de tissu cartilagineux et de tissu embryonnaire.

**chondrostéen** *nm* ZOOL Poisson actinoptérygien à colonne vertébrale cartilagineuse. *L'esturgeon est un chondrostéen.*

**Chongqing** v. de Chine formant une municipalité autonome, sur le Yangzijiang ; 6 400 000 hab. (aggl.). Industr. – Quartier général de Tchang Kaï-chek de 1938 à 1946. VAR **Tchong-K'ing**

**Chŏnju** v. de la Corée du Sud, au N. de Kwangju ; 426 500 hab. ; ch.-l. de prov. Industries.

**Chooz** com. des Ardennes (arr. de Charleville-Mézières) ; 749 hab. Centrale nucléaire franco-belge. DER **calcéen, enne** *a, n*

**chope** *nf* Verre à bière à paroi épaisse muni d'une anse ; son contenu. ETY De l'all.

**choper** *vt* ① fam **1** Prendre, voler. *Choper un portefeuille.* **2** Arrêter, attraper. *Se faire choper.* **3** Contracter une maladie. *Choper la rougeole.* ETY De *chiper*.

**Chopin Frédéric** (Zelazowa-Wola, près de Varsovie, 1810 – Paris, 1849), pianiste et compositeur polonais (de père français). En 1831, il vint à Paris, où il rencontra George Sand (1836) ; orageuse, leur liaison dura presque jusqu'à la mort du musicien, due à la tuberculose. Princ. œuvres : *Études* (1829-1832), *Polonaises* (1817-1846), *Nocturnes* (1827-1846), *Ballades* (1836-1843), *Sonates* (la n° 2 comprend la *Marche funèbre* (1837), *Préludes* (1836-1841) pour piano seul, 2 concertos pour piano et orchestre.

Frédéric Chopin

**chopine** *nf* **1** anc Mesure de capacité valant une demi-pinte. **2** Canada Mesure de capacité utilisée surtout pour les liquides, valant 56,8 cl. **3** fam Bouteille de vin ; son contenu.

**Chopinot Régine** (Fort-de-l'Eau, Algérie, 1952), danseuse et chorégraphe française, auteur de spectacles marqués par l'humour et la dérision

**1 chopper** *vi* ① LITT Faire un faux pas en heurtant qqch du pied.

**2 chopper** *nm* Moto à guidon haut et à siège muni d'un arceau incliné vers l'arrière. PHO [ʃɔpœʀ] ETY mot amér.

**3 chopper** *nm* Outil préhistorique du paléolithique inférieur, constitué d'un galet taillé sur une seule face (galet aménagé). PHO [ʃɔpœʀ] ETY Mot angl. « couperet ».

**chopsuey** *nm* CUIS Plat de légumes et de viande émincés et sautés (spécialité chinoise). PHO [ʃɔpsye]

**choquant, ante** *a* Qui choque le bon sens ou la moralité. *Une conduite choquante.*

**choquer** *vt* ① **1** Donner un choc à, heurter. *Ne choquez pas ces tasses, elles sont fragiles.* **2** Heurter moralement, donner un choc émotionnel à. *Votre conduite l'a beaucoup choqué.* **3** Être en opposition avec. *Cela choque le bon sens.* **4** Produire une impression désagréable sur. *Un hiatus qui choque l'oreille.* **5** MAR Donner du mou. *Choquer une amarre, une écoute.*

**choral, ale** *a, n* **A** *a* Relatif à un chœur. *Chant choral.* PLUR chorals ou choraux. **B** *nm* Composition pour clavecin ou orgue sur le thème d'un chant liturgique protestant créé par Luther. PLUR chorals. **C** *nf* Groupe, société de chanteurs qui exécute des chœurs. PHO [kɔʀal, o]

**chorba** *nf* Soupe nourrissante que l'on sert après la rupture du jeûne du ramadan. ETY Mot ar.

**chorée** *nf* MED Affection neurologique caractérisée par des mouvements involontaires amples et désordonnés des muscles. *Chorée de Sydenham.* PHO [kɔʀe] ETY Du gr. *khoreia*, « danse ». DER **choréique** *a, n*

**chorège** *nm* ANTIQ Citoyen qui, à Athènes, assumait les frais d'un chœur, pour une représentation théâtrale. PHO [kɔʀɛʒ]

**chorégie** *nf* **A** ANTIQ À Athènes, charge du chorège. **B** *nf pl* Réunion de chorales pour des manifestations culturelles. DER **chorégique** *a*

**chorégraphie** *nf* **1** Art de composer, de régler des ballets. **2** Ensemble des figures de danse qui composent un ballet. PHO [kɔʀegʀafi] DER **chorégraphe** *n* – **chorégraphier** *vt* ② – **chorégraphique** *a*

**choreute** *nm* ANTIQ Choriste, dans le théâtre grec. PHO [kɔʀøt]

**choriambe** *nm* METR ANC Pied composé d'un trochée et d'un iambe. PHO [kɔʀjɑ̃b]

**choriocarcinome** *nm* Tumeur maligne d'origine embryonnaire.

**choriocentèse** *nf* MED Ponction des villosités choriales en vue d'un examen cytogénétique.

**chorion** *nm* BIOL Paroi externe enveloppant l'embryon des vertébrés, formée par des replis de l'allantoïde. PHO [kɔʀjɔ̃] ETY Du gr. DER **chorial, ale, aux** *a*

**choriste** *n* Personne qui chante dans un chœur, dans une chorale.

**chorizo** *nm* Saucisson d'origine espagnole, plus ou moins pimenté. PHO [ʃɔʀizo] ou [tʃɔʀizo]

**choroïde** *nf* ANAT Membrane mince située entre la sclérotique et la rétine. LOC ***Plexus choroïde*** : repli méningé où se forme le liquide céphalo-rachidien. PHO [kɔʀɔid] DER **choroïdien, enne** *a*

**chorologie** *nf* ECOL Répartition des êtres vivants sur un territoire donné. DER **chorologique** *a*

**chorus** *nm* MUS Ensemble des mesures du thème, qui constituent le canevas des improvisations de jazz. LOC ***Faire chorus*** : répéter en chœur ; se joindre à d'autres pour manifester son approbation. PHO [kɔʀys]

**Chorzów** (anc. *Królewska-Huta* ; en all. *Königshütte*), v. de Pologne, en haute Silésie ; 143 350 hab. Grand centre industriel.

**chose** *nf, nm* **A** *nf* **1** Toute réalité concrète ou abstraite conçue comme une unité. **2** Ce que l'on ne nomme pas précisément. *Raconter des choses épouvantables.* **3** Être inanimé ; objet matériel par oppos. à *mot*, à *idée*. *Noms de chose.* **4** Ce qui existe, se fait, a lieu. *Il faut regarder les choses en face.* **B** *nm* Désignant un objet ou une personne que l'on ne peut ou que l'on ne veut pas nommer. *Passez-moi le chose, là-bas.* **LOC** ***Avant toute chose*** : tout d'abord. — DR ***Chose commune*** : bien non susceptible d'appropriation. — PHILO ***Chose en soi*** : réalité, par oppos. à l'idée, à la représentation. — DR ***Chose jugée*** : ce qui a été définitivement réglé par la juridiction compétente. — ***De deux choses l'une...*** : il faut choisir entre deux possibilités. — ***Dire bien des choses à qqn*** : formule de politesse. — ***La chose publique*** : l'État. — ***Se sentir tout chose, toute chose*** : désorienté(e), souffrant(e). ETY Du lat. *causa*.

**Choses vues** recueil posth. de notes, journaux et cahiers de V. Hugo (1830 à 1885).

**chosifier** *vt* ② PHILO Rendre semblable à une chose. SYN réifier. DER **chosification** *nf*

**Chosroês I^er^** → **Khosrô.**

**Chostakovitch** Dimitri Dimitrievitch (Saint-Pétersbourg, 1906 – Moscou, 1975), compositeur soviétique. Après des œuvres modernistes (*le Nez*, opéra, 1928), il écrivit 15 grandes symphonies néo-classiques, 15 quatuors à cordes, etc.

**chott** *nm* GEOGR Lac temporaire salé, en Afrique du Nord.

**1 chou** *nm* **1** Crucifère dont de nombreuses variétés sont cultivées. *Chou de Bruxelles, chou-fleur, chou rouge.* **2** Coque de rubans. **3** Pâtisserie soufflée. *Chou à la crème.* PLUR choux. **LOC** ***Bête comme chou*** : très simple. — **Belgique fam** ***C'est chou vert et vert chou*** : il n'y a aucune différence. — **fam** ***En avoir dans le chou*** : être intelligent. — **fam** ***Être dans les choux*** : être dans les derniers d'un classement, échouer dans une entreprise. — ***Faire chou blanc*** : échouer dans une démarche. — **fam** ***Feuille de chou*** : journal de peu de valeur. — **fam** ***Rentrer dans le chou de qqn*** : se précipiter sur lui pour l'attaquer. ETY Du lat.

**2 chou, choute** *n, ainv* **A** *n* **fam** Mot de tendresse. *Mon chou.* **B** *ainv* Gentil, mignon. *Qu'elle est chou !*

**chouan** *nm* Insurgé royaliste de l'ouest, sous la I^re^ République.

**chouannerie** *nf* Insurrection des chouans.

**Chouans (les)** roman de Balzac (1829).

**choucas** *nm* Petit corvidé d'Europe, à plumage noir et à nuque grise, qui vit en bandes dans les falaises, clochers, etc. PHO [ʃuka]

**chouchen** *nm* Hydromel breton. PHO [ʃuʃɛn] ETY Mot breton.

**1 chouchou, oute** *n* **fam** Préféré, favori. *Les chouchous du professeur.*

**2 chouchou** *nm* Anneau de tissu fantaisie, porté autour du poignet ou dans les cheveux.

**3 chouchou** *nm* **Réunion** Syn. de *chayotte*. VAR **chouchoute** *nf*

**chouchouter** *vt* ① **fam** Traiter en favori, dorloter. SYN choyer.

**choucroute** *nf* CUIS **1** Chou haché et fermenté dans la saumure **2** Plat constitué de ce chou cuit, de pommes de terre et de charcuterie. **3** **fam** Chignon volumineux de cheveux frisés. ETY De l'all. *Sauerkraut*, « herbe aigre ».

**Chou En-lai** → **Zhou Enlai.**

**1 chouette** *nf* Rapace nocturne tel que la hulotte, l'effraie, la chevêche, etc.

**chouette** hulotte

**2 chouette** *a, interj* **A** *a* **fam** Beau, agréable. *Une chouette robe.* **B** *interj* Marque une surprise agréable. *Ils viennent ? Chouette !*

**Chouf (plaine du)** rég. du Liban située au sud de Beyrouth.

**chou-fleur** *nm* Chou dont on mange les inflorescences blanches et serrées. PLUR choux-fleurs.

**chouïa** *nm* **LOC fam** ***Un chouïa*** : un peu. *Je reprendrais bien un chouïa de café.* ETY De l'ar.

**Chou-king** → **Shujing.**

**Chou-kou-tien** → **Zhoukoudian.**

**chou-navet** *nm* Rutabaga. PLUR choux-navets.

**chou-palmiste** *nm* Bourgeon comestible de l'arec ou d'une autre espèce de palmier. PLUR choux-palmistes.

**chouquette** *nf* Petit gâteau en pâte à chou, non fourré.

**chou-rave** *nm* Chou dont la tige renflée blanc verdâtre est comestible. PLUR choux-raves.

**chouraver** *vt* ① **fam** Voler. VAR **chourer**

**Chou Teh** → **Zhu De.**

**chow-chow** *nm* Chien à long poil fauve originaire de Chine. PLUR chows-chows. PHO [ʃoʃo] VAR **chowchow**

**choyer** *vt* ㉓ **1** Soigner avec tendresse, entourer de prévenances. **2** **fig** Entretenir, cultiver une idée, un sentiment. PHO [ʃwaje]

**Chraïbi** Driss (Mazagan, auj. Al-Jadidah, 1926 – Crest, Drôme, 2007), écrivain marocain d'expression française : *les Boucs* (1955), *Une enquête au pays* (1981).

**chrême** *nm* **LOC** LITURG ***Le saint chrême*** : huile consacrée parfumée servant à certaines onctions sacramentelles. PHO [kʀɛm] ETY Du gr.

**chrestomathie** *nf* Recueil de morceaux choisis d'auteurs classiques. PHO [kʀɛstɔmati] ou [kʀɛstɔmasi] ETY Du gr. *khrêstos*, « utile », et *manthanien*, « apprendre ».

**chrétien, enne** *a, n* **1** Baptisé, et, à ce titre, disciple du Christ. **2** Du christianisme. ETY Du gr. *khristos*, « oint ». DER **chrétiennement** *av*

**Chrétien** Henri Jacques (Paris, 1879 – Washington, 1956), physicien français, inventeur du cinémascope.

**Chrétien** Jean (Shawinigan, 1934), homme politique canadien, Premier ministre (libéral) du Canada de 1993 à 2003.

**Jean Chrétien**

**Chrétien de Troyes** (v. 1135 – v. 1183), poète français, auteur de romans courtois en vers octosyllabes. Après *Érec et Énide* (v. 1170) et *Cligès* (dont l'hist. rappelle celle de Tristan et Iseut), il a porté à son sommet le roman breton : *Lancelot ou le Chevalier à la charrette*, *Yvain ou le Chevalier au lion*, *Perceval ou le Conte du Graal*.

**chrétienne-démocrate (Union)** (*Christlich-Demokratische Union* : CDU), parti politique allemand fondé en 1949 par Adenauer.

**chrétienté** *nf* Ensemble des chrétiens ou des pays chrétiens.

**chris-craft** *nm inv* Canot automobile léger et rapide. ETY Nom déposé.

**chrisme** *nm* **didac** Monogramme du Christ.

**christ** *nm* Figure de Jésus crucifié. *Un christ d'ivoire.* SYN crucifix. **LOC** ***Le Christ*** : Jésus de Nazareth. DER **christique** *a*

**Christchurch** v. de Nouvelle-Zélande (île du Sud) ; ch.-l. de district ; 307 200 hab. Import. centre agricole et industriel.

**Christian I^er^** (?, 1426 – Copenhague, 1481), roi de Danemark (1448-1481), de Norvège (1450-1481) et de Suède (1457-1481). — **Christian II** (Nyborg, 1481 – Kalundborg, 1559), petit-fils du préc. ; roi de Danemark et de Norvège (1513-1523), de Suède (1520-1523), renversé par Gustave Vasa. — **Christian III** (Gottorp, 1503 – Kolding, 1559), cousin du préc. ; roi de Danemark et de Norvège (1534-1559). — **Christian IV** (Frederiksborg, 1577 – Copenhague, 1648), petit-fils du préc. ; roi de Danemark et de Norvège (1588-1648), il se lança dans la guerre de Trente Ans. Battu, il signa la paix de Lübeck (1629). — **Christian V** (Flensborg, 1646 – Copenhague, 1699), petit-fils du préc. ; roi de Danemark et de Norvège (1670-1699), il s'allia à la Hollande contre la France. — **Christian VI** (Copenhague, 1699 – Hørsholm, 1746), petit-fils du préc. ; roi de Danemark et de Norvège (1730-1746). — **Christian VII** (Copenhague, 1749 – Rendsborg, 1808), petit-fils du préc. ; roi de Danemark et de Norvège (1766-1808). — **Christian VIII** (Copenhague, 1786 – id., 1848), neveu du préc. ; roi de Danemark (1839-1848). — **Christian IX** (Gottorp, 1818 – Copenhague, 1906), premier souverain de la branche de Glücksburg ; roi de Danemark (1863-1906). La Prusse lui prit le Schleswig-Holstein (1864). — **Christian X** (Charlottenlund, 1870 – Copenhague, 1947), petit-fils du préc. ; roi de Danemark (1912-1947) et d'Islande (1918-1944), il s'opposa personnellement à l'occupant allemand.

**Christiania** → **Oslo.**

**Christiania** quartier de Copenhague dans lequel réside une communauté indépendante vivant en autogestion dep. 1971.

**christiania** *nm* SPORT Technique d'arrêt et de virage à skis.

**christianiser** *vt* ① Rendre chrétien, convertir à la foi chrétienne. DER **christianisation** *nf*

**christianisme** *nm* Religion fondée sur l'enseignement de Jésus-Christ.

ENC Le christianisme est la religion établie par Jésus-Christ, fils de Dieu et Dieu lui-même, rédempteur du genre humain. Jésus s'est entouré de douze amis fidèles, les Apôtres, auxquels il a donné mission de répandre la doctrine qu'il leur a enseignée. Après sa Résurrection et la venue du Saint-Esprit (Pentecôte) qui les confirme dans leur foi, ils commenceront la prédication proprement dite de l'Évangile et sortiront de Palestine pour convertir le monde méditerranéen. Le christianisme est une religion révélée, marquée par la transcendance divine du Christ et le mystère de la Trinité. Jésus présenta son enseignement sous une forme attrayante ; il l'enrichit de trésors d'espérance et de consolation, et atteignit ainsi les humbles. Le christianisme peut se résumer ainsi : croire en Dieu, en la sainte Trinité, aimer Dieu et son prochain comme soi-même par amour de Dieu. Auj., le christianisme regroupe presque deux milliards d'hommes, dont la moitié sont catholiques, les autres étant principalement protestants ou orthodoxes.

**Christian-Jaque** Christian Maudet, dit (Paris, 1904 – id., 1994), cinéaste français : *Fanfan la Tulipe* (1951), *Nana* (1954).

**Christian Science** (en fr. *Science chrétienne*), doctrine des scientistes chrétiens fondée à Boston (É.-U.), en 1879, par Mary Baker Eddy.

**Christie** Agatha (Torquay, 1890 – Wallingford, 1976), auteur anglais de romans policiers à énigme : *le Meurtre de Roger Ackroyd* (1927), *le Crime de l'Orient-Express* (1934). V. Poirot.

Agatha Christie

**Christie** William (Buffalo, 1944), chef d'orchestre américain installé en France, fondateur des « Arts florisssants » ensemble dédié à la musique baroque.

**Christie's** célèbre salle de vente d'œuvres d'art ouverte à Londres en 1766.

**Christiné** Henri (Genève, 1867 – Nice, 1941), auteur-compositeur français : *la Petite Tonkinoise* (mus. de V. Scotto).

**Christine de France** (Paris, 1606 – Turin, 1663), fille d'Henri IV et de Marie de Médicis, duchesse de Savoie par son mariage avec Victor-Amédée I^er^ (1619) ; elle exerça le pouvoir en Savoie de 1637 à sa mort.

**Christine de Pisan** (Venise, v. 1364 – ?, v. 1430), poétesse française d'origine italienne : *Livre des faits et bonnes mœurs du sage roi Charles V* (v. 1404), rondeaux, ballades, *Ditié de Jeanne d'Arc* (1429).

**Christine de Suède** (Stockholm, 1626 – Rome, 1689), reine de Suède (1632-1654), fille de Gustave II-Adolphe. Elle agrandit ses États. Éprise d'idées nouvelles, elle attira Descartes en Suède (où il mourut). La liberté de ses mœurs fit scandale et elle abdiqua (1654). Elle parcourut l'Europe, se convertit au catholicisme et se fixa à Rome.

**christique** → **christ.**

**Christmas** → **Kiritimati.**

**Christmas** île de l'océan Indien, dépendant de l'Australie ; 135 km$^2$ ; 3 250 hab.

**Christo** Christo Javacheff, dit (Gaboro, 1935), artiste américain d'origine bulgare. Il emballe des objets, des monuments (*Pont-Neuf*, à Paris, en 1985).

**Christoff** → **Khristov.**

**christologie** *nf* Partie de la théologie dogmatique qui traite de la personne du Christ, de ses rapports à Dieu et à l'humanité.

**Christophe** (saint) personnage légendaire ; il aurait porté Jésus sur ses épaules au passage d'une rivière. Patron des automobilistes.

**Christophe I^er^** (?, 1219 – Ribe, 1259), roi de Danemark (1252-1259). — **Christophe II** (?, 1276 – Nyköping, 1332), roi de Danemark (1320-1326 et 1330-1332). — **Christophe III** (?, 1418 – Hälsingborg, 1448), roi de Danemark (1440-1448), de Suède (1441-1448) et de Norvège (1442-1448) ; il fit de Copenhague sa capitale.

**Christophe** Henri (Grenade, 1767 – Port-au-Prince, 1820), roi de la partie N. de Haïti (1807-1820) sous le nom de Henri I^er^. Esclave noir affranchi, lieutenant de Toussaint Louverture, il fut un des chefs de la révolte qui créa la république indépendante d'Haïti en 1804.

**Christophe** Georges Colomb, dit (Lure, 1856 – Nyons, 1945), botaniste, écrivain et dessinateur français : *la Famille Fenouillard* (1889-1893), *le Sapeur Camember* (1890-1896), *le Savant Cosinus* (1893-1899).

**christophine** *nf* Antilles Syn. de *chayotte*. ETY De *Christophe Colomb*. VAR **cristophine**

**Christus** Petrus (Baerle, près de Gand, v. 1420 – Bruges, v. 1473), peintre religieux et portraitiste flamand.

**chroma-, chromat(o)-, -chrome, -chromie, chromo-** Éléments, du gr. *khrôma, khrômatos*, « couleur ». PHO [krom-]

**chromage** *nm* TECH Dépôt par électrolyse d'une pellicule de chrome sur un objet métallique pour le protéger de la corrosion.

**chromate** *nm* CHIM Nom générique des sels oxygénés du chrome.

**chromatide** *nf* BIOL Filament fin et long d'ADN qui prend une forme de spirale au moment de la division cellulaire, formant des enroulements serrés qui correspondent aux chromosomes.

**chromatine** *nf* BIOCHIM Structure du noyau de la cellule, qui se condense en chromosomes lors de la division cellulaire.

**chromatique** *a* **1** OPT Qui se rapporte aux couleurs. **2** MUS Qui procède par demi-tons consécutifs ascendants ou descendants. *Gamme chromatique*. **3** BIOL Relatif aux chromosomes. LOC ***Aberration chromatique*** : défaut dû à la variation de l'indice de réfraction du verre d'une lentille en fonction de la longueur d'onde. — MUS ***Intervalle chromatique*** : entre deux notes séparées d'un demi-ton.

**chromatisme** *nm* **1** Ensemble de couleurs. **2** MUS Emploi de demi-tons à l'intérieur d'une gamme diatonique.

**chromatographe** *nm* Appareil servant à des analyses de chromatographie. DER **chromatogramme** *nm*

**chromatographie** *nf* BIOCHIM Procédé de séparation de différentes substances en solution ou en suspension dans un liquide. DER **chromatographique** *a*

**chromatophore** *nm* ZOOL Cellule pigmentaire du derme de certains animaux (par exemple caméléon), capable d'adaptation chromatique.

**chrome** *nm* **1** Élément métallique de numéro atomique Z = 24 et de masse atomique 51,996 (symbole Cr). **2** Métal blanc, très dur, de densité 7,19, qui fond à 1 875 °C. *Le chrome entre dans la composition des aciers inoxydables.*

**chromé, ée** *a* **1** TECH Qui contient du chrome. **2** Recouvert de chrome.

**chromer** *vt* ① TECH Recouvrir de chrome.

**chromeux, euse** *a* CHIM Qui contient du chrome bivalent.

**chromique** *a* CHIM Qui contient du chrome trivalent.

**chromisation** *nf* METALL Cémentation des aciers au chrome.

**chromiste** *n* IMPRIM Spécialiste du traitement de la couleur en photogravure.

**chromo** *nm* Chromolithographie ; mauvaise reproduction en couleurs.

**chromogène** *a* BIOL Qui produit des substances colorées.

**chromolithographie** *nf* TECH Impression lithographique en couleurs ; image ainsi obtenue.

**chromosome** *nm* BIOL Chacun des bâtonnets apparaissant dans le noyau de la cellule au moment de la division (mitose ou méiose) et résultant de la segmentation et de la condensation du réseau de chromatine. DER **chromosomique** *a*

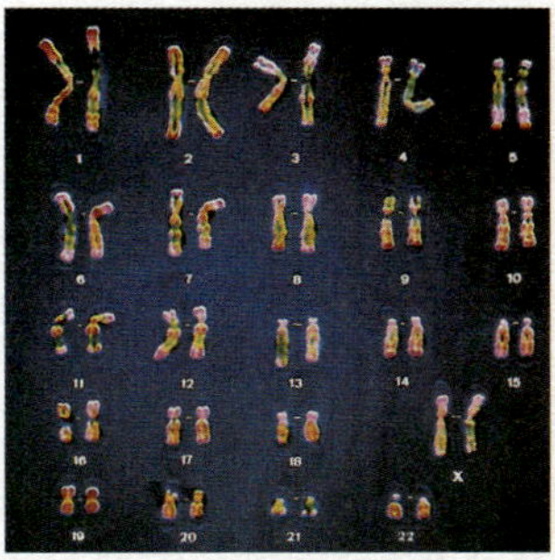


**chromosomes** d'une femme, après coloration

ENC Chaque chromosome est formé de deux chromatides réunies au niveau du centromère, qui définit donc deux bras. La longueur relative des bras et la position du centromère caractérisent un chromosome. Le noyau cellulaire possède en général deux exemplaires identiques de chaque chromosome (paires de chromosomes homologues), l'un d'origine paternelle, l'autre d'origine maternelle. Chaque noyau, en dehors des gamètes, contient $2n$ chromosomes. Le nombre $n$ correspond à une cellule haploïde (spermatozoïde, ovule), le nombre $2n$ à une cellule diploïde. Chez l'homme, $2n = 46$. Ce nombre varie avec l'espèce. Dans de nombr. espèces, il existe une paire de chromosomes dont les constituants sont différents chez le mâle et la femelle : ce sont les hétérochromosomes, ou chromosomes sexuels. Dans l'espèce humaine, cette paire est formée de deux chromosomes différents chez l'homme (X et Y), identiques chez la femme (2 X). Le caryotype permet de définir ces caractéristiques. Lorsque le nombre ou la constitution des chromosomes sont différents, on parle d'*aberration chromosomique*, à l'origine de certaines affections (trisomie 21 ou mongolisme). Les chromosomes renferment les mêmes constituants chimiques que la chromatine : ADN, ARN et des protéines associées. L'ADN chromosomique est porteur du code génétique, qui est transmis par l'ARN messager aux ribosomes cytoplasmiques, où s'effectue la synthèse des protéines.

**chromosphère** *nf* ASTRO Région de l'atmosphère du Soleil située entre la photosphère et la couronne. DER **chromosphérique** *a*

**chromothérapie** *nf* Utilisation des effets thérapeutiques des couleurs. DER **chromothérapique** *a*

**chron(o)-, -chrone** Éléments, du gr. *khronos*, « temps ». [PHO] [kʀɔn-]

**chronaxie** *nf* PHYSIOL Durée que doit avoir un courant électrique d'intensité double de la rhéobase pour provoquer une réaction d'un nerf ou d'un muscle.

**chroniciser (se)** *vpr* [1] MED Devenir chronique (maladie, malade). [DER] **chronicisation** *nf*

**1 chronique** *nf* **1** Recueil de faits historiques rédigés suivant l'ordre chronologique. **2** Ensemble des rumeurs qui circulent. *Défrayer la chronique.* **3** Article de presse, émission de radio ou de télévision qui traite régulièrement d'un sujet. *Chronique politique, sportive.*

**2 chronique** *a* **1** MED Se dit des maladies qui ont perdu leur caractère aigu et durent longtemps, ou qui s'installent définitivement. **2** Qui dure longtemps. *Chômage chronique.* [DER] **chronicité** *nf* – **chroniquement** *av*

**chroniquer** *vt* [1] **1** Consacrer une chronique à qqn, qqch. **2** Faire la chronique, le récit de qqch.

**Chroniques (livre des)** titre donné à deux livres de la Bible (*Annales* en hébr., *Paralipomènes* en gr.), qui relatent l'histoire des Hébreux, des origines à la prise de Jérusalem (587 av. J.-C.) et à l'exil.

**Chroniques de Saint-Denis** histoire de la royauté, rédigée à partir du XII^e s. par les moines de l'abbaye de Saint-Denis, d'abord en lat., ensuite en fr. sous le titre de *Grandes Chroniques de France* (XIV^e-XV^e s.).

**chroniqueur, euse** *n* **1** Journaliste qui tient une chronique dans les médias. **2** *nm* LITTER Auteur de chroniques historiques. *Les grands chroniqueurs du Moyen Âge.*

**chrono** *nm* fam **1** Chronomètre. **2** Temps chronométré. *Faire un bon chrono.*

**chronobiologie** *nf* BIOL Partie de la biologie qui étudie les phénomènes cycliques et leurs causes chez les êtres vivants. [DER] **chronobiologique** *a* – **chronobiologiste** *n*

[ENC] La programmation dans le temps des activités biologiques est liée à l'espèce considérée. Ainsi, le pic du rythme circadien (notre rythme, qui a 24 heures) de la température se situe au milieu de l'après-midi chez l'homme et au milieu de la nuit chez le rongeur nocturne. Les facteurs qui entrent en jeu sont très variés : cycles socioculturels (travail-repos), alternance lumière-obscurité, horaire des repas, etc. La perception de ces facteurs est effectuée par l'œil, l'épiphyse et l'hypothalamus. La cécité entraîne des rythmes « infradiens » (inférieurs à 24 heures). Pour les affections cardiovasculaires, pulmonaires, cérébrales, cancéreuses, le pic apparaît en décembre, janvier et février. Les pics de fréquence de l'infarctus du myocarde apparaissent entre 9 et 13 heures et entre 21 heures et minuit. V. chronopharmacologie.

**chronographe** *nm* **1** TECH Chronomètre. **2** PHYS Appareil permettant de mesurer la durée d'un phénomène et d'enregistrer graphiquement la mesure effectuée.

**chronologie** *nf* **1** Science de l'ordre des temps et des dates. **2** Liste d'évènements par ordre de dates. [DER] **chronologique** *a* – **chronologiquement** *av*

**chronomètre** *nm* **1** Montre de précision ayant subi divers contrôles attestés par un « bulletin officiel de marche ». **2** Instrument de précision destiné à mesurer le temps en minutes, secondes et fractions de seconde.

**chronométrer** *vt* [14] Mesurer à l'aide d'un chronomètre une épreuve sportive, un travail, etc. [DER] **chronométrage** *nm* – **chronométreur, euse** *n*

**chronométrie** *nf* PHYS Mesure du temps. [DER] **chronométrique** *a*

**chronophage** *a* fam Qui prend beaucoup de temps. *Tâches chronophages.*

**chronopharmacologie** *nf* Pharmacologie qui tient compte de la chronobiologie. [DER] **chronopharmacologique** *a*

[ENC] L'objectif de la chronopharmacologie est d'exploiter les rythmes biologiques pour obtenir, en administrant les produits au moment le plus favorable, des effets maximaux avec des doses minimales ; une telle pratique permet d'atténuer les effets indésirables, mais contribue également à réaliser des économies financières. Il faut notamment tenir compte des rythmes de sensibilité des systèmes concernés (cardiaque, pulmonaire, etc.).

**chronophotographie** *nf* Procédé qui utilise une succession de photographies pour l'étude des mouvements rapides.

**chronopsychologie** *nf* Étude des changements réguliers et périodiques du comportement et des performances cognitives. [DER] **chronopsychologique** *a* – **chronopsychologue** *n*

**chronotachygraphe** *nm* Instrument installé sur un poids lourd pour contrôler sa vitesse, la distance qu'il parcourt, etc.

**chronotoxicité** *nf* MED Variation du caractère toxique d'une substance selon le moment de son ingestion.

**chrys(o)-** Élément, du gr. *khrusos*, « or ». [PHO] [kʀizo]

**chrysalide** *nf* Nymphe spécifique du lépidoptère, état transitoire entre la chenille et le papillon ; son cocon.

**chrysanthème** *nm* Composée dont on cultive de nombreuses variétés ornementales.

**chrysanthème**

**chrysanthémiste** *n* Horticulteur spécialisé dans la culture des chrysanthèmes.

**chryséléphantin, ine** *a* ANTIQ Fait d'or et d'ivoire. *Une statue chryséléphantine.*

**chrysobéryl** *nm* MINER Pierre fine naturelle de couleur variable, constituée par de l'aluminate de béryllium.

**chrysocale** *nm* Alliage à base de cuivre, imitant l'or.

**chrysocolle** *nf* Variété de silicate de cuivre bleu turquoise, pierre semi-précieuse.

**chrysolite** *nf* MINER Pierre fine jaune-vert, silicate naturel double de fer et de magnésium. [VAR] **chrysolithe**

**chrysomèle** *nf* Coléoptère à élytres brillamment colorés et à reflets métalliques, qui se nourrit des feuilles de divers végétaux.

**chrysomélidé** *nm* Coléoptère phytophage tel que la chrysomèle et l'altise.

**chrysope** *nf* Insecte dont les larves dévorent les pucerons.

**chrysoprase** *nf* MINER Variété de calcédoine vert pâle.

**Chrysostome** → **Jean Chrysostome.**

**chrysotile** *nm* Variété de serpentine qui fournit un amiante, dite amiante blanc.

**CHS** *nm* Abrév. de *centre hospitalier spécialisé*, appellation officielle de l'hôpital psychiatrique.

**ch'timi** *a, n* **A** fam Se dit d'un habitant du N. de la France. **B** *nm* Dialecte picard parlé par les ch'timis. [VAR] **chtimi** ou **chti**

**chtonien, enne** *a* MYTH Qui est né de la terre. *Hadès et Perséphone sont des dieux chtoniens.* [PHO] [ktɔnjɛ̃, ɛn] [ETY] Du gr.

**CHU** Abrév. de *centre hospitalo-universitaire.*

**Chu Steven** (Saint Louis, Missouri, 1948), physicien américain : travaux sur la manipulation des atomes de sodium à très basse température. Prix Nobel 1997.

**Chubu** province du Japon (centre de Honshū).

**chuchoter** *vi, vt* [1] Parler bas en remuant à peine les lèvres. *Chuchoter quelques mots à l'oreille.* [ETY] Onomat. [DER] **chuchotement** ou **chuchotis** *nm* – **chuchoteur, euse** *n*

**chuchoterie** *nf* fam Entretien, propos de personnes qui se parlent à l'oreille.

**Chugoku** province du Japon (partie occidentale de Honshū, à l'ouest du Kansai).

**chuintant, ante** *a, nf* **A** *a* Qui chuinte. **B** *nf* PHON Consonne fricative *ch* [ʃ], *j* et *g* doux [ʒ].

**chuinter** *vi* [1] **1** Pousser son cri, en parlant de la chouette. **2** Prononcer les sons [s] et [z] comme [ʃ] et [ʒ]. **3** Produire un son qui ressemble au son *ch* [ʃ]. *Gaz qui chuinte en s'échappant d'une canalisation.* [ETY] Onomat. [DER] **chuintement** *nm*

**Chungjin** port et centre industriel de Corée du Nord, sur la mer du Japon ; 265 000 hab. ; ch.-l. de prov. [VAR] **Chongjin**

**Chunqiu** recueil de textes « classiques » chinois contenant des anecdotes historiques et leur morale (V. jing). [VAR] **Tch'ouen-ts'ieou**

**Chuquet Nicolas** (Paris, 1445 – ?, 1500), mathématicien français : *Triparty en la science des nombres* (1484).

**Chuquicamata** v. du Chili septent., à 3 000 m d'alt. ; 16 890 hab. Mine de cuivre.

**Chuquisaca** → **Sucre.**

**Chur** → **Coire.**

**Churchill sir Winston Leonard Spencer** (Blenheim Palace, Oxfordshire, 1874 – Londres, 1965), homme politique britannique. Premier lord de l'Amirauté (1911-1915), il rallia en 1919 le parti conservateur, qu'il avait quitté en 1904. Premier ministre (1940-1945) à la tête d'un cabinet d'union nationale, il dirigea la guerre contre l'Axe. Battu aux élections de 1945, il revint au pouvoir de 1951 à 1955. Ses *Mémoires de guerre* (1948-1953) lui valurent le P. Nobel de littérature 1953.

**sir Winston L. S. Churchill**

**Churchill Falls** (anc. *Grand Falls*), chute d'eau (75 m) sur la rivière *Churchill* ou *Hamilton* (1 000 km), au Canada (Labrador). La centrale alimente en électricité Terre-Neuve et le Québec.

**Churriguera (de)** famille d'architectes espagnols (région de Madrid et de Salamanque). Le style *churrigueresque* marqua l'apogée du baroque espagnol. Citons : **José Benito** (1665 – 1725) et ses frères **Joaquin** (1674 – 1724) et **Alberto** (1676 – 1740). Tous trois naquirent à Madrid. [DER] **churrigueresque** *a*

**churro** *nm* Pâtisserie espagnole, pâte frite et sucrée en forme de macaroni.

**chut** *interj, nm inv* Injonction de faire silence. *Chut ! Écoutez...* ETY Onomat.

**chute** *nf* **1** Action de choir, de tomber, de se détacher ; mouvement de ce qui tombe. *Faire une chute de cheval. La chute des cheveux* **2** Masse d'eau qui se précipite d'une certaine hauteur. *Les chutes du Niagara.* **3** fig Action de s'écrouler, de s'effondrer. *La chute d'un Empire.* **4** THEOL Faute, péché, en partic. le péché originel. **5** litt Pensée, formule brillante qui termine un texte. **6** Déchet, reste inutilisé d'un matériau que l'on a découpé. *Récupérer des chutes de tissu.* **LOC** PHYS ***Chute des corps*** : déterminée par la pesanteur. — RHET ***Chute d'une période*** : la fin, le dernier membre d'une période. — ***La chute des reins*** : le bas du dos. — MAR ***La chute d'une voile*** : le côté libre d'une voile, du point de drisse au point d'écoute. — ***La chute d'un toit*** : sa pente ; son extrémité inférieure.

**Chute de la maison Usher (la)** l'une des *Histoires extraordinaires* d'Edgar Poe. ▷ CINE Films de : Jean Epstein (1897 – 1953), en 1928 ; Roger Corman, en 1960.

**chuter** *vi* ① **1** Tomber. **2** JEU Ne pas réussir le contrat demandé, à certains jeux de cartes. *Chuter de deux levées, au bridge.* **3** fig Baisser. *Les prix ont chuté de 10 %.*

**chutier** *nm* CINE Réserve de morceaux de films non utilisés lors du montage.

**chutney** *nm* Condiment composé de légumes et de fruits confits, épicé et sucré. PHO [ʃœtne] ETY De l'hindi *chatni.*

**chyle** *nm* PHYSIOL Contenu liquide de l'intestin, formé par les aliments digérés et prêts à être absorbés.

**chylifère** *a* ANAT Qui porte le chyle.

**chyme** *nm* PHYSIOL Bouillie formée par les aliments partiellement digérés par l'estomac.

**Chymkent** (anc. *Tchimkent*), v. du Kazakhstan ; 369 000 hab. Industrie métallurgique.

**chymosine** *nf* BIOCHIM Enzyme contenue dans la présure.

**chypre** *nm* Parfum à base de bergamote et de santal. ETY Du n. pr. DER **chypré, ée** *a*

**Chypre** (en grec *Kipriakê Dêmokratia* ; en turc *Kibris Cumhuriyeti*), île de la Médit. orientale ; 9 250 km² ; 1,1 million d'hab. ; cap. *Nicosie.* Langues off. : grec et turc. Monnaie : euro. Population : Grecs (en majorité), Turcs. Religion : christianisme orthodoxe (Égl. auton. chypriote), islam. DER **chypriote** ou **cypriote** *a, n*

**Géographie** Le massif du Troodhos au S. et la chaîne du Karpas au N. encadrent la dépression centrale de la Mésorée. Les Turcs (18,1 % de la population sur 40 % du territoire) vivent dans la partie N. de l'île, les Grecs dans la partie S. (78,1 % de la population, 60 % du territoire). Agricole (vigne, agrumes, orge, moutons) et exportatrice d'amiante, l'île a été bouleversée par la partition de 1974. La zone turque, au nord, qui représentait 70 % du PNB en 1970 a stagné ; la zone sud, grecque, a connu un essor extrême pour plusieurs raisons : aide de la Grèce et de l'UE, afflux de capitaux libanais et russes, boom touristique, législation attirant les investissements étrangers.

**Histoire** L'île produisit du cuivre dès le début du IIIe millénaire av. J.-C. À la fin du IIe millénaire, les marins mycéniens y installèrent des ports, puis les Phéniciens des comptoirs (IXe-VIIIe s.). Vassale de l'Assyrie (v. 707-640), soumise ensuite à l'Égypte (585-538), elle fut annexée à l'empire d'Alexandre (333), intégrée à l'Empire romain (58 av. J.-C.), puis à l'Empire byzantin (395 apr. J.-C.), qui dut la défendre contre les raids arabes (632-964). En 1192, l'île forma un royaume latin. Venise l'acheta en 1489. Chypre fut prise par les Turcs en 1570. La G.-B. obtint de l'administrer (1878) et en fit une colonie en 1925. L'indépendance, accordée en 1960, ne régla pas le conflit entre populations d'origine grecque et turque. Un coup d'État, encouragé par le régime des colonels, à Athènes, renversa Mgr Makarios, président de l'île, le 15 juil. 1974. Le 20 juillet, l'armée turque, craignant l'*Enosis* (c.à.d. le rattachement à la Grèce), occupa la moitié nord de Chypre. En 1983, les Turcs chypriotes proclamèrent la République turque de Chypre du Nord (RTCN). Après la mort de Mgr Makarios (1977), Spyros Kiprianou fut élu prés. G. Vassiliou lui succéda avec l'appui du parti communiste en 1988. Nommé à la tête de l'État en 1993, Glafcos Cléridès (droite modérée) vit son mandat renouvelé en 1998. En 2003, Tassos Papadopoulos lui succède. En 2004, Chypre entre dans l'UE après avoir rejeté par référendum un plan de réunification. L'élection en 2005 de Mehmet Ali Talat à la tête de la RTNC et celle du communiste Demetris Christofias aux présidentielles de 2008 ont relancé les espoirs de réunification. En 2013, le conservateur Nicos Anastasiades est élu président.

**1 ci** *av* **1** Marque le lieu où l'on est. **2** Désigne ce dont on parle ou ce qui est proche. *Cette personne-ci. Celui-ci, ceux-ci.*

**2 ci** *pr dém* Ceci. *Faire ci et ça.* **LOC** fam ***Comme ci, comme ça*** : moyennement.

**Ci** PHYS NUCL Symbole du curie.

**CIA** Sigle de l'angl. *Central Intelligence Agency*, « Agence centrale de renseignements ». Organisation de renseignements amér., créée en 1947.

**Ciano Galeazzo (comte de Cortellazzo)** (Livourne, 1903 – Vérone, 1944), homme politique italien ; un des chefs fascistes. Gendre de Mussolini, ministre des Affaires étrangères de 1936 à 1943, il vota la destitution de Mussolini. Arrêté par les Allemands, il fut livré à la « République de Salo », qui l'exécuta.

**ciao** *interj* fam Salut ! PHO [tʃao] ETY Mot italien. VAR **tchao**

**ci-après** *loc av* Plus loin.

**Ciba-Geigy** société suisse de chimie qui fusionne en 1997 avec Sandoz pour fonder Novartis.

**cibiste** *n* Utilisateur de la CB (citizen band).

**cible** *nf* **1** Ce que l'on vise avec une arme. *Atteindre la cible en plein centre.* **2** fig Personne visée. *Toute la soirée, il fut la cible des railleries.* **3** PUB Ensemble des consommateurs que l'on cherche à atteindre par des moyens publicitaires. **4** PHYS NUCL Surface que l'on place sur la trajectoire des particules pour étudier les phénomènes qui se produisent aux points d'impact. **LOC** LING ***Langue cible*** : langue dans laquelle on traduit. ETY De l'all. *Scheibe,* « disque ».

**ciblé, ée** *a* Qui est adapté à un objet ou à un sujet particulier. *Mesures ciblées contre le chômage.*

**cibler** *vt* ① **1** Définir la cible de, la clientèle de. **2** Prendre qqn ou qqch comme cible de son action. *Cibler des critiques.* DER **ciblage** *nm*

**ciboire** *nm* RELIG CATHOL Vase sacré où l'on conserve les hosties consacrées. ETY Du gr. *kibôrion,* « fruit du nénuphar ».

**ciborium** *nm* Baldaquin recouvrant le tabernacle de l'autel. PHO [sibɔʀjɔm] ETY Mot lat.

**ciboule** *nf* Liliacée voisine de l'oignon, utilisée comme condiment. SYN cive. ETY Du lat. *cæpulla,* « petit oignon ».

**ciboulette** *nf* Liliacée dont les feuilles tubulaires sont utilisées comme condiment. SYN civette.

**ciboulot** *nm* fam Tête.

**cicadelle** *nf* Insecte homoptère sauteur, qui s'attaque aux végétaux.

**cicadidé** *nm* ENTOM Insecte homoptère tel que les cigales. ETY Du lat.

**cicatrice** *nf* **1** Trace laissée par une plaie après guérison. **2** fig Trace laissée par une blessure morale. *Il garde la cicatrice de cette tragédie.* ETY Du lat. DER **cicatriciel, elle** *a*

**cicatricule** *nf* BIOL Marque blanche sur le jaune d'œuf, indiquant la place du germe.

**cicatriser** *v* ① **A** *vt* fig Adoucir, calmer. *Le temps cicatrise les douleurs d'amour-propre.* **B** *vi, vpr* Se refermer, guérir en parlant d'une plaie. DER **cicatrisable** *a* – **cicatrisant, ante** *a* – **cicatrisation** *nf*

**cicéro** *nm* TYPO Unité de mesure typographique (environ 4,5 mm).

**Cicéron** (en lat. *Marcus Tullius Cicero*) (Arpinum, 106 – Formies, 43 av. J.-C.), homme politique et orateur romain. Avocat, il est nommé questeur en Sicile en 75. En 70, à la demande des Siciliens, il mena l'accusation contre le propréteur Verrès, qui avait pillé la Sicile dont il était gouverneur. Édile (69), puis préteur (66), il déjoua, une fois consul (63), la conjuration de Catilina (les quatre *Catilinaires*). Exilé en Grèce (58) au temps du premier triumvirat (César, Crassus et Pompée), puis rappelé d'exil (57), il suivit Pompée puis se rallia à César après Pharsale (48). À la mort de César (44), il s'en prit à Antoine (les

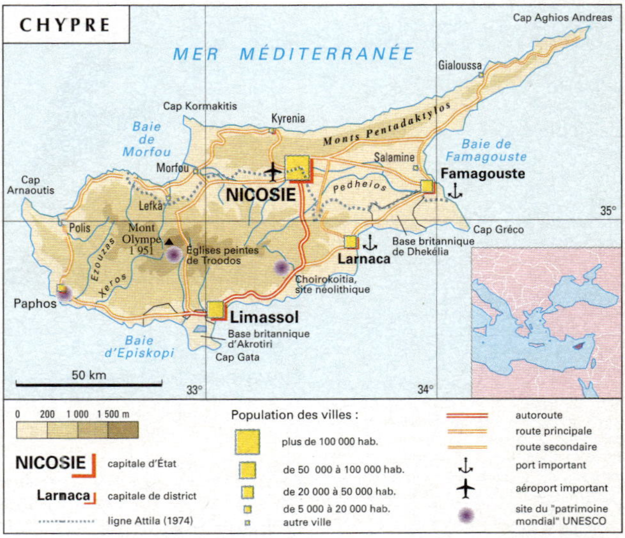

quatorze *Philippiques*) qui le fit proscrire, puis assassiner. Outre ses grands discours, il a laissé des traités philosophiques (*De republica, Tusculanes, Sur la vieillesse, Sur l'amitié*) et une correspondance. DER **cicéronien, enne** *a*

Cicéron

**cicérone** *nm* litt Guide qui fait visiter aux touristes les curiosités d'une ville.

**cicindèle** *nf* Coléoptère carnivore très vorace, à longues pattes et gros yeux. ETY Du lat.

**ciclosporine** *nf* BIOCHIM Polypeptide cyclique utilisé comme immunodépresseur. VAR **cyclosporine**

**ciconiiforme** *nm* ORNITH Oiseau échassier à long cou et à long bec conique, tel que la cigogne, le héron, l'aigrette, etc. SYN ardéiforme.

**ci-contre** *av* Tout à côté, vis-à-vis.

**cicutine** *nf* CHIM Alcaloïde très toxique contenu dans la grande ciguë. SYN conicine.

**Cidambaram** v. religieuse de l'Inde (Tamil Nadu) ; 100 000 hab., Le grand temple de Çiva (X$^{e}$-XVII$^{e}$s.) attire les pèlerins.

**Cid Campeador** Rodrigo Diaz de Vivar, dit le (Vivar, près de Burgos, 1043 – Valence, 1099), héros espagnol. Époux de doña Jimena (Chimène), cousine du roi de Castille, il conquit notam. la principauté maure de Valence (1094). ▷ LITTER Le *Poème du Cid* ( XII$^{e}$ s.) et le *Poème (Cantar) de Rodrigo* ( XIV$^{e}$- XV$^{e}$ s.) sont anonymes. Guillén de Castro s'inspira du dernier poème dans *las Mocedades* (« les enfances ») *del Cid* et *las Hazanas* (« les entreprises de jeunesse ») *del Cid*, 2 pièces en 3 actes et en vers publiées en 1618. Corneille s'inspira de la prem. dans sa tragi-comédie en 5 actes et en vers, *le Cid*, représentée le 7 janv. 1637.

**-cide** Élément, du lat. *cædes*, « meurtre ».

**ci-dessous** *av* Plus bas, infra.

**ci-dessus** *av* Plus haut, supra.

**ci-devant** *n inv* Nom donné aux nobles pendant la Révolution.

**cidre** *nm* Boisson alcoolique obtenue par fermentation du jus de pomme. **LOC** ***Cidre bouché :*** champagnisé.

**cidrerie** *nf* **1** Établissement où l'on fait du cidre. **2** Industrie du cidre.

**cidricole** *a* Qui concerne la production de cidre.

**Cie** Abrév. de *compagnie*.

**ciel** *nm, interj* **A** *nm* ESP **1** Espace dans lequel se meuvent tous les astres ; partie de l'espace que nous voyons au-dessus de nos têtes. *L'immensité du ciel et* litt *des cieux. Voir un avion dans le ciel.* **2** Aspect de l'air, de l'atmosphère. *Ciel clair, nuageux, pluvieux. Un ciel de plomb. Ciel pommelé, moutonné.* PLUR ciels. **3** PEINT Représentation du ciel. *Les ciels d'un peintre.* **4** MINES Plafond d'une galerie. **5** Séjour de Dieu et des bienheureux, le Paradis. *Le royaume des cieux.* **6** La divinité, la providence. *Grâce au ciel, j'ai réussi.* **B** *interj* Marque la stupéfaction, l'inquiétude. *Ciel, les voilà revenus !* **LOC** ***À ciel ouvert :*** à l'air libre. — ***Carte du ciel :*** représentation plane de la sphère céleste, découpée en 88 zones distinctes qui recouvrent le tracé des constellations. — ***Entre ciel et terre :*** dans l'air. — ***Être au ciel :*** être mort. — ***Être au septième ciel :*** être dans un état de grande félicité. — HIST ***Le fils du Ciel :*** l'empereur de Chine. — ***Lever les yeux au ciel :*** en signe de supplication ou d'exaspération. — ***Remuer ciel et terre :*** tout mettre en œuvre pour obtenir qqch. — ***Tomber du ciel :*** arriver inopinément mais très à propos. ETY Du lat. *caelum*.

**Cienfuegos** v. et port de Cuba, au sud de l'île ; ch.-l. de la prov. du m. nom ; 163 900 hab.

**cierge** *nm* **1** Longue chandelle de cire à l'usage des églises. **2** Cactacée d'Amérique, dont la tige cylindrique peut atteindre 15 m de haut. ETY Du lat. *cera*, « cire ».

**cigale** *nf* Insecte homoptère aux ailes transparentes et au corps sombre qui se nourrit de la sève des arbres et dont les mâles chantent. **LOC** ***Cigale de mer :*** scyllare. ETY Du lat.

cigale

**cigare** *nm* **1** Rouleau de tabac à fumer formé de feuilles non hachées. **2** fam Tête. **3** Belgique fam Réprimande, engueulade. ETY De l'esp.

**cigarette** *nf* Petit rouleau de tabac haché, enveloppé dans une feuille de papier très fin. *Cigarettes blondes, brunes.* SYN fam clope, sèche. **LOC** ***Cigarette électronique :*** dispositif électronique en forme de cigarette qui produit une vapeur pouvant contenir ou non de la nicotine et des arômes. SYN déconseillé : e-cigarette. — ***Pantalon cigarette :*** qui devient plus étroit du genou à la cheville.

**cigarettier** *nm* Industriel de la cigarette. VAR **cigaretier**

**cigarière** *nf* Ouvrière qui façonnait manuellement le tabac en cigare. PHO [sigaʀjɛʀ]

**cigarillo** *nm* Cigarette recouverte d'une feuille de tabac ; petit cigare.

**ci-gît** *av* Ici est enterré. VAR **ci-git**

**cigogne** *nf* **1** Grand oiseau échassier migrateur à long bec. **2** TECH Levier coudé. ETY Du lat.

cigogne

**cigogneau** *nm* Petit de la cigogne.

**ciguatera** *nf* En Nouvelle-Calédonie, maladie due à la consommation de poissons des récifs coralliens ayant ingéré des coraux morts, non toxiques pour eux. SYN gratte. PHO [sigwateʀa]

**ciguë** *nf* **1** Plante vénéneuse (ombellifère) qui contient un alcaloïde très toxique, la conicine. **2** Poison que l'on en extrait. PHO [sigy] VAR **cigüe**

**ci-inclus, use** *a, av* Inclus dans cet envoi.

**ci-joint, e** *a, av* Joint à ceci. *Ci-joint la copie de notre lettre.*

**cil** *nm* **1** Poil garnissant le bord des paupières de l'homme et de certains animaux. **2** BOT Poil garnissant le bord d'une partie d'un végétal. **LOC** BIOL ***Cils vibratiles :*** filaments protoplasmiques des protozoaires infusoires et de certaines cellules chez les métazoaires, qui ont pour fonction d'assurer la nutrition et la propulsion. ETY Du lat.

**ciliaire** *a* Des cils. **LOC** ANAT ***Procès ciliaires :*** replis saillants de la choroïde en arrière de l'iris.

**cilice** *nm* anc Chemise ou large ceinture de crin que l'on porte sur la peau, par mortification. ETY Du lat., « étoffe en poil de chèvre de Cilicie ».

**Cilicie** anc. nom d'une région d'Asie Mineure (S.-E. de l'Anatolie) ; v. princ. : *Adana, Issos, Séleucie, Tarsus.* Auj. prov. de Turquie.

**cilié, ée** *a, nm* **A** *a* BOT Bordé de poils rangés comme des cils. **B** *nm pl* ZOOL Protozoaire infusoire dont la cellule est couverte de cils.

**ciller** *vt* ① Fermer et ouvrir rapidement les yeux. *Ciller les yeux, des yeux, à cause du soleil.* SYN cligner. **LOC** ***Ne pas ciller :*** rester sans bouger, sans manifester d'émotion. DER **cillement** *nm*

**Ciller** Tansu (Istanbul, 1946), femme politique turque. Leader du parti de la Juste Voie (DVP), elle fut Premier ministre de 1993 à 1996.

**Cimabue** Cenni di Pepi, dit (Florence, v. 1240 ou 1250 – Pise, v. 1302), peintre et mosaïste italien. Son œuvre se démarque de plus en

Cimabue fresque de la basilique St-François, v. 1280, Assise

ciguë

## CARTE DU CIEL

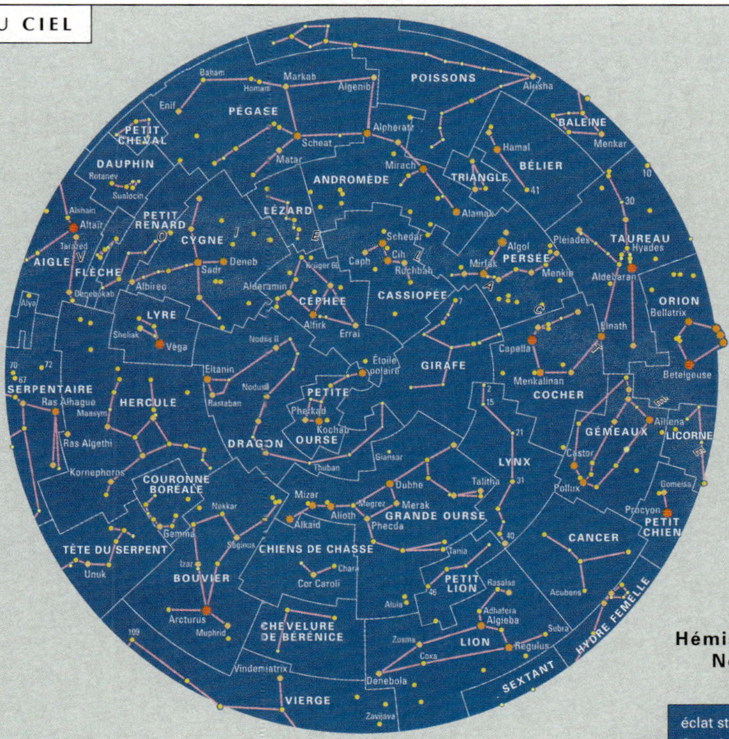


**Hémisphère Nord**

| éclat stellaire | | | |
|---|---|---|---|
| 0 | 1 | 2 | 3 |

constellation

**Hémisphère Sud**

plus du style byzantin ; il aurait été le maître de Giotto.

**Cima da Conegliano** Giovanni Battista Cima, dit (Conegliano, v. 1459 – id., 1517 ou 1518), peintre italien installé à Venise.

**cimaise** *nf* ARCHI **1** Moulure à la partie supérieure d'une corniche. **2** Partie d'un mur à la hauteur des yeux dans une galerie de peinture ; cette partie, destinée à recevoir des tableaux. ETY Du gr.

**Cimarosa** Domenico (Aversa, Naples, 1749 – Venise, 1801), compositeur italien : opéras et opéras bouffes (*le Mariage secret*, 1792), œuvres vocales, relig. et profanes.

**Cimbres** peuple germanique qui envahit la Gaule avec les Teutons en 113 av. J.-C. et que Marius extermina à Verceil (101 av. J.-C.).

**cime** *nf* **1** Sommet, faîte, partie la plus élevée. *La cime d'une montagne.* **2** fig, litt Le plus haut degré. *La cime des honneurs.* ETY Du gr. *kuma*, « ce qui est gonflé ».

**ciment** *nm* Matériau pulvérulent contenant du calcaire, de l'argile et éventuellement d'autres substances, formant avec l'eau une pâte plastique qui fait prise et se solidifie en une matière dure et compacte. ETY Du lat. *cæmentum*, « pierre naturelle ».

**cimenter** *vt* ① **1** Lier, enduire avec du ciment. *Cimenter un mur.* **2** fig Consolider, affermir. *Cimenter une entente.* DER **cimentation** *nf*

**cimenterie** *nf* Fabrique de ciment.

**cimentier, ère** *a, nm* **A** *a* Relatif au ciment. **B** *nm* Industriel du ciment.

**cimeterre** *nm* Sabre à lame recourbée, d'origine orientale. ETY Du persan.

**cimetière** *nm* **1** Lieu, terrain où l'on enterre les morts. **2** Endroit où l'on dépose ce qui est hors d'usage. *Cimetière de voitures.* ETY Du gr. *koimêtêrion*, « lieu où l'on dort ».

**Cimetière marin (le)** poème en 24 strophes et en vers décasyllabiques de Valéry (1920). Le cimetière est celui de Sète.

**1 cimier** *nm* Ornement du sommet d'un casque. ETY De *cime*.

**2 cimier** *nm* **1** En boucherie, pièce de bœuf charnue prise sur la croupe. **2** Croupe du cheval et des bêtes fauves. ETY De *cime*.

**Cimmériens** peuple fixé sur les rives du Pont-Euxin. Vaincus en 637 av. J.-C. par les Lydiens, ils disparurent peu après. DER **cimmérien, enne** *a*

**Cimon** (v. 510 – v. 449 av. J.-C.), général athénien, chef du parti aristocratique, fils de Miltiade. Il vainquit plusieurs fois les Perses.

**cinabre** *nm* **1** MINER Sulfure naturel de mercure (HgS) rouge-brun, exploité comme minerai et utilisé comme pigment dans certaines peintures. **2** Couleur rouge vermillon.

**cinchonine** *nf* BOT Alcaloïde tonique et astringent, extrait du quinquina. PHO [sẽkɔnin] ETY Du lat.

**Cincinnati** ville des É.-U. (Ohio), sur l'Ohio ; 1 700 000 hab. (aggl.). Centre automobile et aéronautique.

**Cincinnati (Société des)** ordre héréditaire fondé aux É.-U. en 1783 par des officiers ayant combattu pour l'indépendance.

**Cincinnatus** Lucius Quinctius (Vᵉ s. av. J.-C.), héros national romain ; consul en 460 av. J.-C., deux fois dictateur, vainqueur des Èques ; célèbre par la simplicité de ses mœurs.

**cincle** *nm* ORNITH Oiseau passériforme plongeur des bords des cours d'eau, qui marche sur le fond à la recherche de sa nourriture.

**cindynique** *nf, a* Discipline qui évalue et tente de prévenir les dangers induits par une activité économique. ETY Du gr. *kindunos*, « danger ». DER **cindynicien, enne** *a*

**1 ciné-** Élément, du gr. *kinêma*, « mouvement ».

**2 ciné-** Élément, de *cinéma*.

**ciné** *nm* fam Abrév. de *cinéma*.

**cinéaste** *n* Metteur en scène ou technicien de cinéma.

**Cinecittà** centre cinématographique italien (studios, laboratoires, etc.), construit en 1937 à 10 km au sud-est de Rome.

**ciné-club** *nm* Association de cinéphiles qui se rassemblent lors de la projection d'un film. PLUR ciné-clubs. PHO [sineklœb] VAR **cinéclub**

**cinéma** *nm* **1** Procédé d'enregistrement et de projection de vues photographiques animées. **2** Art de réaliser des films ; le spectacle que constitue la projection d'un film. *Une actrice de cinéma.* **3** Salle de spectacle où l'on projette des films. **4** fig, fam Façon d'agir pleine d'affectation, comédie. *Arrête ton cinéma !* **5** Ensemble des professionnels du cinéma ; industrie du spectacle cinématographique.

**cinémascope** *nm* Procédé cinématographique qui donne une vue panoramique avec effet de profondeur. ETY Nom déposé.

**cinémathèque** *nf* Organisme chargé de la conservation et de la projection publique des films de cinéma. ETY De *cinéma* et *bibliothèque*. DER **cinaméthécaire** *n*

**Cinémathèque française** association fondée en 1936, notam. par H. Langlois et G. Franju, pour conserver le patrimoine cinématographique mondial. Installée à Paris, notam. au palais de Chaillot.

**cinématique** *a, nf* **A** *a* Relatif au mouvement. **B** *nf* MECA Étude du mouvement d'un point de vue purement mathématique et descriptif. ETY Du gr. *kinêma*, « mouvement ».

**cinématographe** *nm* **1** HIST Appareil de projection cinématographique. **2** vieilli Cinéma.

**cinématographie** *nf* Ensemble des procédés et des techniques du cinéma. DER **cinématographique** *a* – **cinématographiquement** *av*

**cinémomètre** *nm* TECH Instrument servant à mesurer la vitesse d'un corps en déplacement.

**ciné-parc** *nm* Canada Cinéma en plein air dans lequel les spectateurs peuvent assister à la projection de films depuis leur voiture. VAR **cinéparc**

**cinéphile** *n* Amateur de cinéma.

**cinéphilie** *nf* **1** Passion du cinéphile, amour du cinéma. **2** Ensemble des cinéphiles. DER **cinéphilique** *a*

**1 cinéraire** *a* Qui renferme les cendres d'un mort incinéré. *Urne cinéraire.* ETY Du lat. *cinis, cineris*, « cendre ».

**2 cinéraire** *nf* BOT Composée ornementale cultivée pour ses feuilles gris cendré sur le revers ou pour ses fleurs. ETY Du lat. *cinis, cineris*, « cendre ».

**cinérama** *nm* Système de projection cinématographique qui restitue l'impression de relief en donnant trois images juxtaposées sur un écran courbe. ETY Nom déposé.

**cinérite** *nf* PETROG Roche sédimentaire composée essentiellement de cendres volcaniques.

**cinéroman** *nm* Roman-photo utilisant des photographies tirées d'un film.

**cinéscénie** *nf* Spectacle en plein air mettant en scène une période historique, dit aussi *spectacle son et lumière*.

**cinéscope** *nm* ELECTRON Tube cathodique effectuant la synthèse d'une image de télévision.

**cinétique** *a, nf* **A** *a* Relatif au mouvement. **B** *nf* PHYS Étude descriptive du mouvement d'un système de particules caractérisées par leur masse. **LOC** CHIM ***Cinétique chimique*** : étude de la modification de la composition d'un système chimique en fonction du temps. — PHYS ***Énergie cinétique*** : énergie emmagasinée par un corps lors de sa mise en mouvement. — ***Moment cinétique par rapport à un point*** : moment, par rapport à ce point, de la quantité de mouvement. — ***Théorie cinétique des gaz*** : suivant laquelle les propriétés des gaz sont déduites de l'étude du mouvement d'agitation de leurs molécules. ETY Du gr.

**cinétique (art)** courant d'art abstrait, né dans les années 1950, qui, privilégiant le mouvement (en gr. *kinêsis*), utilise notam. les illusions optiques. La première forme d'art cinétique fut l'*op art*. Princ. représentants : Vasarely, Agam, Soto, Tinguely, Schöffer.

**cingalais, aise** *a, n* **A** De l'ethnie qui constitue près des trois quarts de la population du Sri Lanka. **B** *nm* Langue indo-aryenne parlée au Sri Lanka. ETY Du tamoul. VAR **cinghalais, aise**

**cinglant, ante** *a* **1** Qui fouette. *Un vent cinglant.* **2** fig Blessant, mordant. *Une réplique cinglante.*

**cinglé, ée** *a, n* fam Un peu fou.

**1 cingler** *vi* ① litt Faire voile vers un point à bonne allure. ETY Du scand.

**2 cingler** *vt* ① **1** Frapper avec un objet flexible. *Cingler un cheval avec une cravache.* **2** Fouetter, en parlant du vent, de la pluie, de la neige. **3** fig Critiquer qqn d'une façon mordante. **4** TECH Marquer une ligne droite sur une paroi à l'aide d'un cordeau enduit d'une matière colorante. **5** METALL Marteler un métal pour en chasser les scories. ETY Du lat. *cingula*, « ceinture ».

**Cingria** Charles Albert (Genève, 1883 – id., 1954), écrivain suisse de langue fr. : *la Fourmi rouge* (posth., 1978), *Florides helvètes* (posth., 1983).

**Cinna** Lucius Cornelius (m. à Ancône, 84 av. J.-C.), général romain. Consul, il partagea le pouvoir avec Marius. À la mort de ce dernier, en 86 av. J.-C., il régna en despote.

**Cinna** Cneius Cornelius (Iᵉʳ s. av. J.-C.), arrière-petit-fils de Pompée. Auguste lui aurait pardonné d'avoir conspiré contre lui, ce qui inspira à Corneille *Cinna ou la Clémence d'Auguste*, tragédie en 5 actes et en vers (1640 ou 1641).

**cinnamome** *nm* BOT Lauracée des pays chauds telle que le cannelier et le camphrier vrai.

**Cino da Pistoia** Guittoncino de Sighibuldi, dit (Pistoia, v. 1270 – id., v. 1337), jurisconsulte et poète italien : *Lecture in codicem* (1314), *Canzoniere*, pièces sur l'amour et la politique.

**cinoche** *nm* fam Cinéma.

**cinq** *a inv, nm inv* **A** *a num inv* **1** Quatre plus un (5). Phèdre *est une tragédie en cinq actes.* **2** Cinquième. *Charles V.* **B** *nm inv* **1** Le nombre cinq. *Multiplier cinq par trois.* **2** Chiffre qui représente le nombre cinq (5) ; numéro cinq. *Rendez-vous au cinq de ma rue !* **LOC** ***Dans cinq minutes*** : presque tout de suite. — fam ***En cinq sec*** : très rapidement. — fam ***Recevoir qqn cinq sur cinq*** : le comprendre parfaitement. ETY Du lat.

**Cinq (groupe des)** groupe de musiciens russes (Balakirev, Cui, Moussorgski, Borodine, Rimski-Korsakov) qui voulurent prôner une musique russe d'inspiration nationale.

**Cinq-Cents (Conseil des)** une des deux assemblées législ. créées par la Constitution française de l'an III (1795). Avec le Conseil des

**porte OU (anglais OR)**

| a | b | s |
|---|---|---|
| 0 | 0 | 0 |
| 0 | 1 | 1 |
| 1 | 1 | 1 |
| 1 | 0 | 1 |

la sortie S n'est à l'état 0 que si les deux entrées A et B sont à l'état 0
notation : s = a + b

**porte ET (anglais AND)**

| a | b | s |
|---|---|---|
| 0 | 0 | 0 |
| 0 | 1 | 0 |
| 1 | 1 | 1 |
| 1 | 0 | 0 |

la sortie n'est à l'état 1 que si les deux entrées sont à l'état 1
notation : s = a x b

**porte NON ET (anglais NAND)**

| a | b | s |
|---|---|---|
| 0 | 0 | 1 |
| 0 | 1 | 1 |
| 1 | 1 | 0 |
| 1 | 0 | 1 |

la sortie est complémentaire de celle d'une porte ET
notation : s = $\overline{a.b}$

**circuit** logique

Anciens, elle formait le corps législ. du Directoire, qui fut dissous lors du 18 Brumaire (1799).

**Cinq-Mars** Henri Coeffier de Ruzé d'Effiat (marquis de) (?, 1620 – Lyon, 1642), favori de Louis XIII. Ayant conspiré contre Richelieu, il fut arrêté sur ordre du roi, jugé et décapité avec son ami de Thou. ▷ LITTER *Cinq-Mars,* roman de Vigny (1826).

**Cinq Nations** (confédération des) ligue de tribus iroquoises (Cayagas, Mohawks, Oneidas, Onondagas, Senecas), fondée au XVII$^e$ s., à laquelle s'intégrèrent les Tuscaroras et les Algonquins Delaware.

**Cinq Nations** (tournoi des) → **Six nations.**

**Cinq Semaines en ballon** roman de Jules Verne (1863).

**cinquantaine** *nf* **1** Nombre de cinquante ou environ. *Une cinquantaine de pages.* **2** Absol. Âge de cinquante ans. *Elle frôle la cinquantaine.*

**cinquante** *a inv, nm inv* **A** *a num inv* **1** Cinq fois dix (50). *Cinquante euros.* **2** Cinquantième. *Page cinquante.* **B** *nm inv* **1** Le nombre cinquante. **2** Chiffres représentant le nombre cinquante (50) ; numéro cinquante. *Habiter au cinquante.* (ETY) Du lat.

**cinquantenaire** *a, n* **A** **1** Qui a entre cinquante et soixante ans. **2** Qui a cinquante ans. *Un arbre cinquantenaire.* **B** *nm* Cinquantième anniversaire. *Fêter le cinquantenaire d'une revue.*

**cinquantième** *a, n* **A** Dont le rang est marqué par le nombre 50. *La cinquantième année. La cinquantième de la liste.* **B** *nm* Chaque partie d'un tout divisé en cinquante parties égales. *Deux cinquantièmes.* **LOC** MAR ***Cinquantièmes hurlants :*** zone entre 50 et 60 degrés de lat. sud, agitée de tempêtes très violentes.

**Cinque Ports (les)** confédération de ports anglais de la Manche et du pas de Calais, fondée au XII$^e$ s. par Douvres, Sandwich, Romney, Hythe et Hastings.

**cinquième** *a, n* **A** Dont le rang est marqué par le nombre 5. *La cinquième fois. Monter au cinquième étage. La cinquième de la liste.* **B** *nf* Deuxième classe du premier cycle de l'enseignement secondaire. *Redoubler la cinquième.* **C** *nm* Chaque partie d'un tout divisé en cinq parties égales. *Le cinquième d'un héritage.* (DER) **cinquièmement** *av*

**cinsaut** *nm* Cépage noir du pourtour méditerranéen. (PHO) [sɛ̃so] (VAR) **cinsault**

**Cinto** (monte) point culminant de la Corse (2 706 m), au N.-O. de l'île.

**Cintra** → **Sintra.**

**cintre** *nm* **A** **1** ARCHI Courbure concave et continue d'une voûte ou d'un arc. **2** TECH Appareil qui supporte un tablier de pont ou une voûte pendant le coulage du béton. **3** Support pour les vêtements, qui a la forme des épaules. **B** *nm pl* Partie supérieure d'une scène de théâtre. *Les décors descendent des cintres.* **LOC** ***Plein cintre :*** qui a la forme d'un demi-cercle régulier.

**cintré, ée** *a* **1** Courbé en arc. **2** Pincé à la taille. *Une veste cintrée.* **3** fam, vieilli Un peu fou.

**cintrer** *vt* ① **1** ARCHI Faire un cintre, faire un ouvrage en cintre. **2** TECH Courber une pièce. *Cintrer un tuyau.* **3** COUT Ajuster un vêtement à la taille. (ETY) Du lat. *cinctura,* « ceinture ». (DER) **cintrage** *nm*

**CIO** Sigle de *Comité international olympique.*

**Cioran** Emil Michel (Răşinari, Roumanie, 1911 – Paris, 1995), essayiste roumain d'expression française : *Précis de décomposition* (1949), *la Tentation d'exister* (1956).

**Ciotat (La)** ch.-l. de cant. des Bouches-du-Rhône (arr. de Marseille) ; 31 630 hab. Industries. (DER) **ciotadin, ine** *a, n*

**cipaye** *nm* HIST Soldat indien à la solde des Européens, en Inde. (ETY) Du persan.

**cipolin** *nm* Variété de marbre veiné. (ETY) De l'ital. *cipolla,* « oignon ».

**cippe** *nm* ARCHEOL Petite colonne sans base ni chapiteau, employée comme borne ou stèle funéraire. (ETY) Du lat.

**cipre** *nm* **Louisiane** Nom du taxodium ou cyprès chauve, arbre à racines aériennes, qui pousse dans l'eau.

**Cipriani** Amilcare (Anzio, 1844 – Paris, 1918), homme politique italien. Compagnon de Garibaldi, cofondateur de la I$^{re}$ Internationale, il participa à la Commune de Paris.

**cirage** *nm* **1** Action de cirer. **2** Composition, à base de cire, que l'on applique sur les cuirs pour les rendre brillants. **LOC** fam ***Être dans le cirage :*** être à moitié inconscient ou ivre ; ne rien comprendre à qqch.

**circadien, enne** *a* **LOC** PHYSIOL ***Rythme circadien :*** organisation séquentielle des diverses fonctions d'un organisme au cours d'une période de 24 heures. (ETY) Du lat. *circa,* « environ », et *dies,* « jour ».

**circaète** *nm* Oiseau falconiforme proche des aigles.

**Circassie** anc. nom de la région bordant le Caucase septentrional. (DER) **circassien, enne** *a, n*

**circassien, enne** *a, n* Se dit des artistes de cirque.

**Circé** dans la myth. gr., magicienne, fille d'Hélios et de Perséis, qui transforma en animaux les compagnons d'Ulysse.

**circoncire** *vt* ⑥④ Exciser, complètement ou partiellement, la peau du prépuce. (ETY) Du lat. *circumcidere,* « couper autour ». (DER) **circoncis, ise** *a, nm* – **circoncision** *nf*

**circonférence** *nf* **1** Périmètre d'un cercle, ligne courbe fermée, dont tous les points sont également distants du centre. **2** Ligne courbe enfermant une surface plane. (ETY) Du lat. *circumferre,* « faire le tour ».

**circonflexe** *a, nm* **A** Signe orthographique placé sur une voyelle longue *(âme, pôle)* ou utilisé comme signe diacritique *(sur, sûr). Accent circonflexe.* **B** *a* ANAT De forme sinueuse. *Artères, nerfs circonflexes.* (ETY) Du lat. *circumflexus,* « courbé en arc ».

**circonlocution** *nf* litt Façon de parler qui exprime la pensée de manière indirecte ou imprécise.

**circonscription** *nf* Division administrative, militaire d'un territoire. *Circonscription électorale.*

**circonscrire** *vt* ⑥⑦ **1** Tracer une ligne autour de qqch. **2** Donner des limites, mettre des bornes à. *Circonscrire un incendie. Circonscrire le sujet d'un ouvrage.* **LOC** GEOM ***Circonscrire un cercle à un polygone :*** tracer un cercle passant par les sommets de ce polygone. — ***Circonscrire un po-***

*lygone à un cercle* : tracer un polygone dont les côtés sont tangents à ce cercle.

**circonspect, ecte** *a* **1** D'une prudente réserve. *Être circonspect dans ses déclarations.* **2** Inspiré par une prudence méfiante. *Des paroles circonspectes.* (PHO) [sirkɔ̃spe, ɛkt]

**circonspection** *nf* Prudence, retenue, discrétion. *Agissez avec circonspection.*

**circonstance** *nf* **1** Ce qui accompagne un fait, un évènement. *Se trouver dans des circonstances difficiles.* **2** Ce qui caractérise la situation présente. *Profitez de la circonstance.* **LOC** DR ***Circonstances aggravantes*** : qui augmentent l'importance et parfois la nature des peines applicables. — ***Circonstances atténuantes*** : qui incitent les juges à diminuer la peine encourue. — ***De circonstance*** : adapté à la situation. (ETY) Du lat. *circumstare*, « se tenir debout autour ».

**circonstancié, ée** *a* Détaillé, complet. *Un exposé circonstancié.*

**circonstanciel, elle** *a* **1** Qui dépend des circonstances, de la situation. *Une démarche circonstancielle.* **2** GRAM Qui marque les circonstances. *Complément circonstanciel de temps.*

**circonvallation** *nf* MILIT Ensemble de tranchées autour d'une place assiégée. (ETY) Du lat.

**circonvenir** *vt* ㊱ Agir sur qqn avec méthode et artifice pour obtenir qqch. *Il s'est laissé circonvenir.* (ETY) Du lat. *circumvenire*, « venir autour ».

**circonvoisin, ine** *a* litt Situé près de.

**circonvolution** *nf* Tour décrit autour d'un centre. **LOC** ANAT ***Circonvolutions cérébrales*** : replis sinueux séparés par des sillons qui marquent, chez les mammifères, la surface du cerveau. (ETY) Du lat. *circumvolutus*, « roulé autour ».

**circuit** *nm* **1** Itinéraire qui oblige à des détours. *Il faut faire un long circuit pour atteindre la maison.* **2** Itinéraire touristique. *Faire le circuit des cathédrales gothiques de France.* **3** Itinéraire ramenant au point de départ. *Un circuit automobile.* **4** ELECTR, ELECTRON Ensemble de conducteurs reliés entre eux. **5** Cheminement effectué par des services, des produits ; réseau. *Un circuit de distribution.* **6** Dans certains sports (tennis, golf), ensemble de compétitions réservées aux professionnels, servant à établir le classement de ceux-ci. **LOC** TECH ***Circuit de refroidissement*** : dispositif de circulation d'eau en circuit fermé qui assure le refroidissement dans une machine. — MATH ***Circuit d'un graphe*** : chemin partant d'un sommet du graphe et aboutissant à ce même sommet. — ***Circuit imprimé*** : ensemble électrique dont les connexions sont réalisées au moyen de minces bandes conductrices incorporées dans une plaque isolante. — ***Circuit intégré*** : bloc semi-conducteur dans lequel on a incorporé des composants, permettant de réaliser une fonction donnée. — ***Circuit logique*** : circuit intégré qui remplit des fonctions logiques (OUI, NON, OU, etc.). — ***En circuit fermé*** : en revenant à son point de départ. (PHO) [sirkɥi] (ETY) Du lat. *circumire*, « faire le tour ». ▶ illustr. p. 321

**circuiterie** *nf* Ensemble de circuits.

**circulaire** *a, nf* **A** *a* Qui a la forme d'un cercle ou qui évoque cette forme. *Mouvement circulaire.* **B** *nf* Lettre écrite en plusieurs exemplaires destinée à plusieurs personnes. *Une circulaire ministérielle.* **LOC** MATH ***Fonction circulaire*** : fonction qui fait correspondre à une valeur celle de sa ligne trigonométrique. — ***Secteur circulaire*** : portion de plan comprise entre un arc de cercle et les rayons aboutissant aux sommets de cet arc. (ETY) Du lat. (DER) **circulairement** *av* – **circularité** *nf*

**circulant, ante** *a* FIN Se dit de la monnaie, des valeurs en circulation.

**circulariser** *vt* ① didac Rendre circulaire. (DER) **circularisation** *nf*

**circulation** *nf* **1** Mouvement d'un fluide qui circule. *La circulation du sang.* **2** Mouvement de personnes, de véhicules sur une, des voies. *Route à grande circulation.* **3** Mouvement des biens, des produits, passage de main en main. *Retirer un produit de la circulation.* **LOC** METEO ***Circulation générale de l'atmosphère*** : ensemble des grands courants aériens à l'échelle planétaire. — fam ***Disparaître de la circulation*** : ne plus donner de ses nouvelles. — PHYSIOL ***La grande circulation*** : la circulation générale. — PHYSIOL ***La petite circulation*** : la circulation pulmonaire.

ENC La circulation sanguine apporte l'oxygène, l'eau et les nutriments indispensables aux organes et tissus de l'organisme. En outre, elle assure le transport des produits excrétés par la cellule (déchets ou hormones). Le sang oxygéné venant des poumons gagne les cavités cardiaques gauches ; après éjection dans le ventricule gauche, l'aorte et ses collatérales, il va irriguer les organes et les tissus périphériques, où l'oxygène est consommé. Le sang veineux, pauvre en oxygène et riche en dioxyde de carbone ($CO_2$), gagne les deux veines caves et l'oreillette droite, puis les artères pulmonaires, pour atteindre l'espace alvéolo-capillaire, où s'effectuent les échanges gazeux. Le cœur, qui agit comme une pompe, assure la circulation sanguine et permet de maintenir un niveau stable de la pression artérielle. ▶ pl. **homme**

**circulatoire** *a* PHYSIOL Relatif à la circulation du sang. *Trouble circulatoire.*

**circuler** *vi* ① **1** Se mouvoir dans un circuit. *Le sang circule dans tout l'organisme.* **2** Aller et venir. *Les automobiles circulent à toute allure.* **3** Passer de main en main. *L'argent circule.* **4** fig Se propager, se répandre. *La nouvelle circule depuis hier.* **LOC** ***Circulez !*** : ne stationnez pas ! Dispersez-vous ! (ETY) Du lat. *circulare*, « tourner autour ».

**circum-, circon-** Éléments, du lat. *circum*, « autour ». (PHO) [sirkɔm] – [sirkɔ̃]

**circumduction** *nf* **1** Mouvement de rotation autour d'un axe ou d'un point. **2** ANAT Mouvement faisant décrire à un membre un cône dont l'articulation forme le sommet.

**circumlunaire** *a* Qui fait le tour de la Lune.

**circumméridien, enne** *a* ASTRO Qui a lieu au voisinage du méridien.

**circumnavigation** *nf* didac Voyage par mer autour d'un continent.

**circumpolaire** *a* ASTRO Voisin de l'un des pôles.

**circumterrestre** *a* Qui a fait le tour de la Terre.

**cire** *nf* **1** Matière jaune et fusible avec laquelle les abeilles construisent les alvéoles de leurs ruches. **2** Substance analogue produite par certains végétaux. **3** Cérumen. **4** Préparation, à usage domestique, à base de cire pour divers usages. *Cire à parquet. Cire à épiler.* **5** ZOOL Membrane recouvrant la base du bec de certains oiseaux comme le pigeon. (ETY) Du lat.

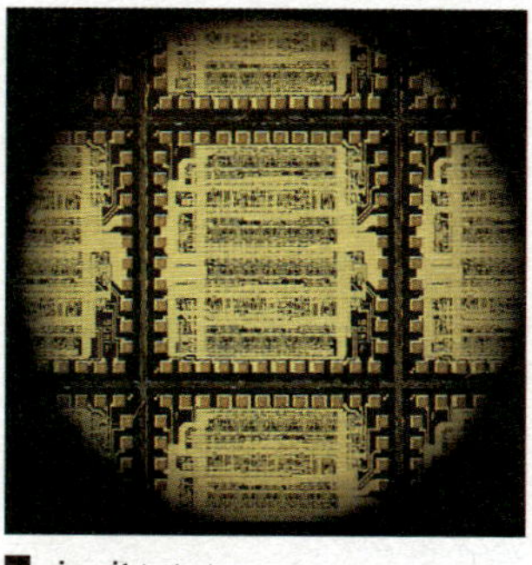

**circuit** intégré

**ciré, ée** *a, nm* **A** *a* Enduit de cire, de stéarine, etc. **B** *nm* Vêtement imperméable en tissu paraffiné ou plastifié.

**Cirebon** → **Tjirebon.**

**cirer** *vt* ① **1** Enduire ou frotter de cire. *Cirer un parquet, un meuble.* **2** Enduire de cirage. *Cirer ses chaussures.* **LOC** fam ***Cirer les bottes (les pompes) à, de qqn*** : flatter bassement. — fam ***N'avoir rien à cirer de qqch*** : ne pas s'en soucier, s'en moquer.

**cireur, euse** *n* **A** Personne qui cire les parquets, les chaussures. **B** *nf* Appareil ménager électrique pour cirer les parquets.

**cireux, euse** *a* **1** Qui a la consistance, l'aspect de la cire. **2** Qui a la couleur jaune pâle de la cire. *Le teint cireux d'un malade.*

**cirier, ère** *n* **A** *nm* **1** Celui qui travaille la cire, qui vend des bougies, des cierges. **2** Arbuste d'Asie et d'Amérique tropicales qui produit de la cire. **B** *nf* Abeille ouvrière qui produit la cire.

**ciron** *nm* vx Minuscule acarien considéré, jusqu'à l'invention du microscope, comme le plus petit animal existant. (ETY) De l'anc. haut all.

**cirque** *nm* **1** Lieu destiné chez les Romains à la célébration de certains jeux. **2** Enceinte circulaire, où l'on donne en spectacle des exercices d'adresse, d'acrobatie, de domptage, des numéros de clowns. **3** fig, fam Manifestation excessive, théâtrale. *Arrête ton cirque !* **4** GEOMORPH Dépression en cuvette circonscrite par des montagnes abruptes et produite par l'érosion. *Le cirque de Gavarnie.* **5** ASTRO Dépression circulaire d'origine météorique à la surface de certains astres. *Les cirques lunaires.* (ETY) Du lat.

les voltigeurs, au **cirque**

**cirre** *nm* **1** ZOOL Appendice plus ou moins filiforme de divers invertébrés (crustacés, mollusques, annélides, etc.). **2** BOT Vrille de certaines plantes grimpantes. (VAR) **cirrhe**

**cirrhose** *nf* MED Affection hépatique caractérisée par la prolifération du tissu conjonctif, la nécrose des hépatocytes et la présence de nodules de régénération. (ETY) Du gr. *kirros*, « jaunâtre ». (DER) **cirrhotique** *a, n*

ENC La cirrhose a pour conséquence une insuffisance plus ou moins importante des fonctions hépatiques et une hypertension dans le système veineux porte. Les causes en sont variées : alcoolisme, mais aussi hépatite chronique, compression biliaire, bilharziose, etc. L'évolution est en général lente et irréversible.

**cirripède** *nm* Crustacé entomostracé marin, fixé sur un support à l'état adulte ou parasite.

**cirrocumulus** *nm* METEO Couche de petits nuages blancs constitués d'aiguilles de glace.

**cirrostratus** *nm* METEO Nuage constituant un voile transparent et blanchâtre formant un halo autour du Soleil ou de la Lune.

**cirrus** *nm* METEO Nuage en filaments, situé entre 6 et 10 km d'altitude.

**cirrus**

**cirse** *nm* BOT Composée épineuse, l'un des plus communs des chardons en France.

**Cirta** v. de Numidie restaurée par Constantin apr. 311. Auj. *Quoussantîna* (*Constantine*, Algérie).

**cis-** Élément, du lat. *cis*, « en deçà ».

**cisaille** *nf* **1** Gros ciseaux servant à couper des tôles, à tailler des arbustes, etc. **2** Rognure résultant de la fabrication des monnaies.

**cisaillement** *nm* **1** Action de cisailler. **2** Coupure progressive d'une pièce métallique par une autre pièce avec laquelle le contact est mal assuré. **3** Croisement de deux voies de circulation qui vont dans la même direction.

**cisailler** *vt* ① Couper avec des cisailles ; couper par cisaillement.

**cisalpin, ine** *a* Qui est situé en deçà des Alpes, vu d'Italie. ANT transalpin.

**cisalpine (Gaule)** pour les auteurs latins, le territoire occupé par des Celtes en deçà des Alpes, c'est-à-dire dans l'Italie du N. Ce territoire correspond à la plaine du Pô.

**cisalpine (République)** État créé par Bonaparte en 1797 : Lombardie, O. de la Vénétie ; cap. Milan. Augmenté en 1802 de l'Italie centrale, il devint le royaume d'Italie (1805-1814).

**ciseau** *nm* **A** Outil plat, taillé en biseau servant à travailler le bois, le métal, la pierre, etc. *Ciseau de menuisier, de maçon, de sculpteur.* **B** *nm pl* Instrument d'acier formé de deux branches articulées, tranchantes en dedans. *Une paire de ciseaux.* **LOC** SPORT ***Sauter en ciseaux :*** en levant les jambes tendues l'une après l'autre. ETY Du lat. *cædere*, « couper ».

**ciseler** *vt* ⑱ **1** Travailler, tailler, orner avec un ciseau. *Un bijou ciselé.* **2** fig Travailler avec soin. *Ciseler une phrase, un vers.* **3** CUIS Tailler en menus morceaux des légumes, des fines herbes ; inciser obliquement la surface d'un poisson, d'une viande. **4** AGRIC Débarrasser une grappe de raisin des grains défectueux. DER **cisèlement** *nm*

**ciselet** *nm* Petit ciseau d'orfèvre, de graveur.

**ciseleur** *nm* Ouvrier, artiste dont le métier est la ciselure.

**ciselure** *nf* **1** Art de ciseler. **2** Ornement ciselé.

**Cisjordanie** région du Proche-Orient (Palestine) ; 5879 km$^2$ ; 2 400 000 hab. Annexée par la Jordanie en 1949, occupée et administrée par Israël depuis 1967, elle a été détachée en 1988, par le roi Hussein, du royaume hachémite. Le district de Jéricho, avec la bande de Gaza (1993), puis les villes de Djénine, de Kalkiliya, de Tulkarem, de Naplouse, de Bethléem, de Ramallah (1995) et de Hébron (1997) sont sous le contrôle de l'Autorité palestinienne. DER **cisjordanien, enne** *a, n*

**Cisleithanie** nom de l'Autriche et de ses dépendances dans l'Empire austro-hongrois (1867-1918), par oppos. à la Hongrie nommée *Transleithanie*. La Leitha (affl. du Danube) formait frontière. DER **cisleithan, ane** *a, n*

**Cisneros Francisco Jiménez de** (Torrelaguna, Castille, 1436 – Roa, 1517), prélat et homme politique espagnol. Unificateur du royaume, il fut nommé régent à la mort de Ferdinand II (1516) et favorisa l'avènement de Charles Quint.

**cisoires** *nf pl* TECH Cisailles à main, montées sur un support.

**Cispadane (République)** État créé (1796) par Bonaparte au S. du Pô et uni (1797) à la rép. Cisalpine.

**Cissé Souleymane** (Bamako, 1940), cinéaste malien : *Baara* (1978), *le Vent* (1982), *la Lumière* (1987).

**cissoïde** *nf* Courbe, équation $y^2 = \frac{x^3}{2a-x}$ possédant une asymptote et un point de rebroussement, et qui est symétrique par rapport à la normale à l'asymptote menée à partir de ce point. ETY Du gr. *kissoeidês*, « semblable au lierre ».

**1 ciste** *nm* Plante méditerranéenne à fleurs blanches, roses ou pourpres. ETY Du gr. *kisthos*.

**2 ciste** *nf* **1** ANTIQ GR Corbeille que l'on portait dans certaines fêtes solennelles. **2** PREHIST Sépulture dans laquelle le mort était accroupi. ETY Du gr. *kistê*, « panier ».

**cistercien, enne** *a, n* Qui appartient à l'ordre de Cîteaux fondé en 1098.

**cisticole** *nf* Petite fauvette au plumage brun à rayures sombres vivant dans les roseaux.

**1 cistre** *nm* MUS Instrument à cordes, à manche et à dos plat, très en vogue aux XVI$^e$ et XVII$^e$ s. ETY De l'it.

**2 cistre** *nf* Plante aromatique (ombellifère) appelée aussi fenouil des Alpes.

**cistron** *nm* BIOL Ensemble de gènes renfermant l'information nécessaire à la protéosynthèse. ETY De *cis-* et *ron*.

**cistude** *nf* Tortue des marais d'Europe du Sud. ETY Du lat. ▶ illustr. **tortues**

**citadelle** *nf* **1** Forteresse commandant une ville. **2** fig Centre important, principal. *Genève, citadelle du calvinisme.* ETY De l'ital. *cittadella*, « petite cité ».

**citadin, ine** *n, a* **A** *n* Habitant d'une ville. ANT paysan, campagnard. **B** *nf* Voiture ou moto destinée surtout aux déplacements en ville. **C** *a* Qui a rapport à la ville. *Population citadine.* ANT rural, rustique.

**citation** *nf* **1** DR Sommation de comparaître devant une juridiction ; acte par lequel cette sommation est signifiée. **2** Passage cité d'un propos, d'un écrit. **3** Mention spéciale pour une action d'éclat. *Citation d'un militaire à l'ordre de la Nation.* ETY Du lat.

**cité** *nf* **1** Centre urbain, ville. **2** Partie la plus ancienne d'une ville, souvent entourée de murs. *La cité de Carcassonne.* **3** Groupe de logements ; résidence HLM de banlieue. *Cité ouvrière.* **4** ANTIQ Communauté politique souveraine et indépendante. **LOC** ***Avoir droit de cité :*** être admis quelque part. — ***Cité de Dieu, cité céleste :*** séjour des bienheureux. — ***Cité de transit :*** locaux où sont logés provisoirement des personnes dont l'habitat est en cours de rénovation ou de reconstruction. ETY Du lat.

**Cité (île de la)** île de la Seine ; partie la plus ancienne de la v. de Paris. Princ. mon. : cath. Notre-Dame, Palais de Justice, Sainte-Chapelle, Conciergerie, Hôtel-Dieu.

**Cité antique (la)** ouvrage en 5 vol. de Fustel de Coulanges (1864).

**Cîteaux** écart de la com. de Saint-Nicolas-lès-Cîteaux (Côte-d'Or, arr. de Beaune) ; 150 hab. – Célèbre abbaye fondée en 1098 par Robert de Molesmes pour restaurer la règle de saint Benoît. Saint Bernard favorisa la création de l'abb. de Clairvaux (1115), qui devint la maison mère d'une communauté dont l'essor fut prodigieux (694 monastères cisterciens en 1300). L'ordre est auj. scindé en *saint ordre de Cîteaux* (commune observance) et *ordre des Cisterciens* (stricte observance), dits aussi *trappistes*.

**Cité de Dieu (la)** apologie du christianisme (et attaque du paganisme) écrite par saint Augustin entre 413 et 424 (ou 426).

**Cité de la musique, Cité des sciences et de l'industrie** → **Villette (parc de la).**

**cité-dortoir** *nf* Ensemble urbain situé à la périphérie d'une ville, et dont les résidents travaillent ailleurs. SYN ville-dortoir. PLUR cités-dortoirs.

**Cité du soleil (la)** essai que Campanella écrivit dans sa prison ; 4 versions : 2 en ital. (1602 et 1611) ; 2 en lat., dont l'une fut publiée à Francfort en 1623.

**Cité interdite** à Pékin, domaine réservé à l'empereur, comprenant le palais impérial (construit surtout du XVII$^e$ au XIX$^e$ s.). Le régime communiste en a fait un musée.

**cité-jardin** *nf* Groupe de logements qui comporte une importante part d'espaces verts. PLUR cités-jardins.

**citer** *vt* ① **1** Appeler à comparaître en justice. **2** Rapporter, alléguer, à l'appui de ce qu'on dit. *Citer une loi, un exemple.* **3** Signaler une personne, une chose qui mérite d'être remarquée. **4** Décerner une citation à. *Citer qqn à l'ordre de la nation.* ETY Du lat.

**citerne** *nf* **1** Réservoir d'eau pluviale. **2** Réservoir destiné au stockage d'un liquide. *Citerne à mazout.* ETY Du lat. *cista*, « coffre ».

**citerneau** *nm* Petit réservoir où l'eau s'épure avant de passer dans la citerne.

**cithare** *nf* **1** ANTIQ GR Instrument de musique dérivé de la lyre. **2** Instrument d'Europe centrale composé d'une caisse de résonance plate tendue d'un grand nombre de cordes. ETY Du gr. DER **cithariste** *n*

**citizen band** *nf* Bande de fréquence radio ouverte aux messages personnels ou locaux. SYN bande publique. ABREV CB [sibi]. PHO [sitizənbɑ̃d]

**Citizen Kane** film de et avec Orson Welles (1940).

**Citlaltepetl** → **Orizaba.**

**citoyen, enne** *n, a* **A** *n* **1** ANTIQ Membre d'une cité, habitant d'un État libre, qui avait droit de suffrage dans les assemblées publiques. **2** Ressortissant d'un État. *Devenir citoyen français par naturalisation.* **3** HIST Titre remplaçant *monsieur, madame, mademoiselle* pendant la Révolution française. **B** *a* Du citoyen et de la citoyenneté ; qui fait preuve d'esprit civique. **LOC** fam, péjor ***Un drôle de citoyen :*** un drôle d'individu, de personnage. PHO [sitwajɛ̃, ɛn]

**citoyenneté** *nf* **1** Qualité de citoyen. *Citoyenneté française.* **2** Attitude citoyenne, esprit civique. *Un sursaut de citoyenneté.*

**citrate** *nm* CHIM Nom des sels et esters de l'acide citrique.

**citrin, ine** *a* De la couleur du citron.

**citrine** *nf* Quartz jaune plus ou moins foncé.

**citrique** *am* CHIM Se dit d'un acide existant dans certains fruits, utilisé dans la préparation des boissons à goût de citron.

**Citroën** André (Paris, 1878 – id., 1935), ingénieur et industriel français. Il produisit des voitures populaires (10 CV en 1919, 5 CV en 1922). Initiateur de la Croisière jaune.

André Citroën

**citron** *nm, a inv* **A** *nm* **1** Fruit du citronnier, de couleur jaune pâle et de saveur acide. **2** fam, fig Tête. **3** Canada fam Objet d'occasion, en partic. voiture, qui se révèle défectueux. **B** *a inv* De la couleur du citron. **LOC** ***Citron vert*** : syn. de *lime*. ETY Du lat.

citron

**citronnade** *nf* Boisson préparée avec du jus ou du sirop de citron.

**citronné, ée** *a* Qui contient du citron ; qui sent le citron. *Crème citronnée.*

**citronnelle** *nf* **1** Graminée tropicale utilisée comme condiment et dont on extrait une huile essentielle. **2** Plante exhalant une odeur de citron telle que la mélisse et la verveine (labiées).

**citronnier** *nm* Arbre (rutacée) qui produit les citrons et dont le bois est utilisé en ébénisterie.

**citrouille** *nf* **1** Variété de courge dont le fruit comestible, jaune orangé, peut atteindre 80 cm de diamètre. SYN potiron. **2** fig, pop Tête. *Donner un coup sur la citrouille.* **LOC** ***Avoir la tête comme une citrouille*** : être abruti. ETY Du lat. *citreum*, « citron », par anal. de couleur.

**citrus** *nm* Nom générique des arbustes dont les fruits sont des agrumes.

**City (la)** le quartier financier de Londres.

**cityguide** *nm* Site Internet rassemblant, pour une ville, un répertoire d'informations et de services. ETY Mots angl.

**citymagazine** *nm* Publication qui n'est diffusée que dans une ville. ETY Mot angl.

**Ciudad Bolívar** v. du Venezuela, sur l'Orénoque ; 232 230 hab. ; cap. de l'État de *Bolívar*. Exportation de fer.

**Ciudad Guayana** v. du Venezuela au confluent de l'Orénoque et du Caroní ; 434 180 hab. Sidérurgie.

**Ciudad Juárez** v. du Mexique, dans l'État de Chihuahua, à la frontière des É.-U., sur le río Grande ; 1,5 million d'hab. (aggl.).

**Ciudad Real** v. d'Espagne (Castille-la Manche) ; 58 170 hab. ; ch.-l. de la prov. du m. nom. – Victoire des Français sur les Espagnols (1809).

**Ciudad Trujillo** → **Saint-Domingue.**

**Ciudad Victoria** v. du Mexique, au pied de la Sierra Madre orient. ; cap. de l'État de Tamaulipas ; 207 830 hab. Tourisme.

**Çiva** troisième personne de la Trimurti (triade hindoue), représentant le principe de destruction-rénovation dans l'univers. (V. Brahmâ.) VAR **Shiva** ou **Siva**

Çiva sculpture en pierre, X^e s., Inde méridionale – musée d'Art oriental, Rome

**çivaïsme** *nm* Courant de l'hindouisme qui fait de Çiva le dieu principal. VAR **shivaïsme** ou **sivaïsme** DER **civaïte, shivaïte** ou **sivaïte** *a, n*

**cive** *nf* rég Ciboule. ETY Du lat. *cæpa*, « oignon ».

**civelle** *nf* Jeune anguille arrivée au stade de développement qui fait suite à celui de la larve.

**civet** *nm* CUIS Ragoût de gibier préparé avec le sang de l'animal, du vin et des oignons. ETY De *civé*, « ragoût préparé avec des cives ».

**1 civette** *nf* Syn. de *ciboulette*. ETY De *cive*.

**2 civette** *nf* **1** Mammifère carnivore (viverridé), au museau pointu, au corps allongé, possédant des glandes anales à musc. **2** Musc sécrété par cet animal. ETY De l'ar. par l'ital.

**civière** *nf* Dispositif muni de brancards servant à transporter des fardeaux, des blessés, des malades. ETY Du lat. pop.

**civil, ile** *a, nm* **A** *a* **1** Relatif à l'État, aux citoyens, aux rapports entre les citoyens. *Responsabilité civile. Guerre civile.* **2** Qui n'est ni militaire ni religieux. *Mariage civil.* **3** litt Qui observe les usages, les convenances. SYN courtois, poli. **B** *nm* **1** Homme qui n'est ni militaire ni ecclésiastique. **2** La vie civile par oppos. à la vie *militaire*. *Que faisiez-vous dans le civil ?* **3** DR Juridiction civile par oppos. aux *juridictions criminelle, pénale*. *Poursuivre qqn au civil.* **LOC** ***En civil*** : qui n'est pas vêtu d'un uniforme. ETY Du lat *civilis*, « de citoyen ».

**civilement** *av* **1** DR En matière civile. *Être civilement responsable.* **2** Avec civilité, politesse. *Parler, agir civilement.*

**Civilis** Claudius Julius (I^er s.), chef batave, révolté contre Rome, qui le vainquit (70 apr. J.-C.).

**civilisateur, trice** *a, n* Qui civilise, ou qui est censé civiliser, favoriser le progrès de la civilisation.

**civilisation** *nf* **1** Action de civiliser ; état de ce qui est civilisé. ANT barbarie. **2** Ensemble des phénomènes sociaux, religieux, intellectuels, artistiques, scientifiques et techniques propres à un peuple et transmis par l'éducation. SYN culture. DER **civilisationnel, elle** *a*

**civilisé, ée** *a, n* Doté d'une civilisation avancée. *Pays civilisé.* SYN policé. ANT barbare, sauvage.

**civiliser** *vt* 1 **1** Améliorer l'état intellectuel, moral, matériel d'un pays, d'un peuple. **2** Rendre civil, sociable. ETY De *civil*.

**civiliste** *n* Spécialiste du droit civil.

**civilité** *nf* **A** Politesse, courtoisie. **B** *nf pl* Témoignage de politesse. *Il nous fit mille civilités.*

**civique** *a* Relatif au citoyen. *Droits civiques.*

**civisme** *nm* Dévouement du citoyen pour son pays, de l'individu pour la collectivité.

**Civitavecchia** port pétrolier d'Italie (Latium), débouché marit. de Rome ; 45 840 hab.

**Ci Xi** (?, 1835 – Pékin, 1908), impératrice de Chine. De 1861 à 1908, elle exerça la régence au nom de son fils Tong Zhi, puis de son neveu Guang Xu. Elle adopta une politique conservatrice et nationaliste dans un État faible et troublé. VAR **Ts'eu Hi**

l'impératrice Ci Xi

**Cixous** Hélène (Oran, 1937), femme de lettres française, féministe : *Neutre* (1972), *le Livre de Promethea* (1983).

**cl** Symbole de centilitre.

**Cl** CHIM Symbole du chlore.

**clabaud** *nm* Chien de chasse à longues oreilles, à l'aboiement puissant. ETY De *clapper*.

**clabauder** *vt* 1 **1** CHASSE Aboyer hors des voies de la bête. **2** fig, litt Faire du bruit mal à propos, avec malveillance ; cancaner. DER **clabaudage** *nm* – **clabaudeur, euse** *n*

**clabauderie** *nf* litt Criaillerie malveillante.

**claboter** *vi* fam Mourir.

**clac !** *interj* Onomatopée imitant un bruit sec. *Clic clac !*

**clade** *nm* BIOL Vaste ensemble regroupant des espèces issues d'un ancêtre commun. ETY Du gr. *klados*, « rameau ».

**cladisme** *nm* BIOL Méthode de classification qui privilégie le degré de parenté phylogénique plutôt que la ressemblance morphologique. VAR **cladistique** *nf* DER **cladistique** *a*

**cladocère** *nf* Crustacé branchiopode tel que la daphnie.

**cladogramme** *nm* BIOL Schéma fondé sur l'analyse cladistique.

**cladonie** *nf* BOT Lichen dont certaines espèces sont fruticuleuses, tandis que d'autres sont constituées d'une lame rampante.

**Claesz** Pieter (v. 1597 – 1661), peintre hollandais. Avec Heda, son rival, il est le maître de la nature morte hollandaise au XVII^e s.

**clafoutis** *nm* Pâtisserie faite d'une pâte à flan garnie de fruits. *Clafoutis aux cerises.* ETY Mot rég. du Centre, de *clafir*, « remplir ».

**claie** *nf* **1** Ouvrage d'osier, de bois léger, à claire-voie. *Faire égoutter des fromages sur une claie.* **2** Treillage servant de clôture. ETY Mot gaul.

**claim** *nm* Concession minière d'or, d'argent. PHO [klɛm] ETY Mot angl.

**Clain (le)** riv. de France (125 km), affl. de la Vienne (r. g.) ; arrose Poitiers.

**clair, claire** *a, nm, av* **A** *a* **1** Qui répand ou reçoit de la lumière. *Une flamme claire. Une pièce* *claire.* SYN lumineux. **2** Qui laisse passer la lumière, transparent. *Eau claire.* **3** Peu épais. *Soupe claire.* **4** Peu serré, lâche. *Toile claire.* **5** Se dit d'un son net et distinct. *Une voix claire.* ANT sourd, voilé. **6** Facile à comprendre, sans équivoque. *Une démonstration claire.* **B** *nm* **1** Lumière, clarté. *Le clair de lune.* **2** Partie éclairée d'un tableau, d'une photographie. **C** *av* De manière claire, distincte. **LOC** ***C'est clair*** **:** c'est évident ! — ***En clair*** **:** non chiffré, non codé. — ***Le plus clair de*** **:** la plus grande partie de. — ***Mettre au clair*** **:** rendre plus facile à comprendre. — fam ***Ne pas être clair*** **:** dont la conduite ou le passé sont louches. — ***Parler clair*** **:** franchement, sans détour. — ***Tirer une affaire au clair*** **:** l'élucider. (ETY) Du lat. (DER) **clairement** *av*

**Clair** René Chomette, dit René (Paris, 1898 – id., 1981), cinéaste et écrivain français : *Entr'acte* (1924), *Sous les toits de Paris* (1930), *À nous la liberté* (1931), *Fantôme à vendre* (G.-B. 1935), *Ma femme est une sorcière* (É.-U. 1942), *Le silence est d'or* (1947), *la Beauté du diable* (1950), *les Belles de nuit* (1952), *les Grandes Manœuvres* (1955). Acad. fr. (1960).

René Clair *Sous les toits de Paris*, 1930

**Clairambault** Pierre de (Asnières-en-Montagne, 1651 – Paris, 1740), érudit français. Il a rassemblé des manuscrits (auj. à la Bibliothèque nationale).

**clairance** *nf* **1** BIOCHIM Coefficient d'épuration qui représente l'aptitude d'un organe à éliminer une substance déterminée. **2** AVIAT Autorisation donnée par le contrôle, dans un plan de vol. SYN (déconseillé) clearance. (ETY) De l'angl.

**Clairaut** Alexis (Paris, 1713 – id., 1765), mathématicien français. Précoce (à 12 ans, il présenta un mémoire à l'Acad. des sciences), il se spécialisa dans la géodésie (*Théorie de la figure de la Terre*, 1743) puis étudia les équations différentielles.

**claire** *nf* **1** Bassin peu profond dans lequel on met les huîtres à verdir. **2** Huître de ce bassin. **LOC** ***Fine de claire*** **:** huître ayant séjourné plusieurs semaines en claire.

**Claire (sainte)** (Assise, v. 1194 – id., 1253), fondatrice avec saint François d'Assise, son directeur spirituel, de l'ordre des Pauvres Dames, ou ordre contemplatif des Clarisses (1212). Elle fut canonisée dès 1255.

**clairet, ette** *a, nm* **A** *a, nm* Se dit d'un vin léger de couleur rouge clair. **B** *a* Peu épais. *Un potage clairet.*

**clairette** *nf* VITIC **1** Cépage blanc du midi de la France ; raisin blanc de ce cépage. **2** Vin blanc mousseux issu de ce cépage. *Clairette de Die.*

**claire-voie** *nf* **1** Clôture à jour. **2** ARCHI Série de hautes fenêtres destinées à éclairer la nef d'une église gothique. PLUR claires-voies. **LOC** ***À claire-voie*** **:** à jour, qui présente des espaces entre ses éléments. (VAR) **clairevoie**

**clairière** *nf* Partie dégarnie d'arbres dans un bois, une forêt.

**clair-obscur** *nm* **1** PEINT Représentation des effets de contraste qui se produisent lorsque certaines parties seulement d'un lieu sont éclairées. **2** Lumière faible, douce. (ETY) De l'ital. *chiaroscuro.*

**clairon** *nm* **1** Instrument à vent sans pistons ni clefs, à son clair. *Sonner du clairon.* **2** Celui qui joue du clairon. **3** L'un des jeux de l'orgue.
▶ pl. musique

**Clairon** Claire Josèphe Léris de La Tude, dite la (Condé-sur-Escaut, 1723 – Paris, 1803), actrice française, interprète des tragédies de Voltaire.

**claironnant, ante** *a* Qui est fort. *Voix claironnante.*

**claironner** *v* ① **A** *vi* Jouer du clairon. **B** *vt* Annoncer bruyamment. *Claironner une nouvelle.*

**clairsemé, ée** *a* **1** Peu dense, peu serré. *Des cheveux clairsemés.* **2** Éparpillé. *Une population clairsemée.*

**Clairvaux** écart de la com. de Ville-sous-la-Ferté, dans l'Aube (arr. de Bar-sur-Aube). – Abb. cistercienne fondée en 1115 par Étienne, abbé de Cîteaux ; saint Bernard en fut le premier abbé ; auj. établissement pénitentiaire.

**clairvoyant, ante** *a* **1** Qui voit clair, par oppos. à *aveugle.* **2** fig Qui est lucide, qui a un jugement perspicace. *Un esprit clairvoyant.* (PHO) [klɛʀvwajɑ̃, ɑ̃t] (DER) **clairvoyance** *nf*

**clam** *nm* Mollusque lamellibranche fouisseur, voisin de la praire, comestible. (ETY) Mot anglo-amér., de *to clam*, « serrer ».

**Clamart** ch.-l. de canton des Hauts-de-Seine (arr. d'Antony) ; 51 196 hab. Industries. (DER) **clamartois, oise** ou **clamariot, ote** *a, n*

**clameau** *nm* CONSTR Clou à deux pointes utilisé en charpenterie. PLUR clameaux.

**clamecer** → **clamser.**

**Clamecy** ch.-l. d'arr. de la Nièvre, au confl. de l'Yonne et du Beuvron, sur le canal du Nivernais ; 4 806 hab. – Égl. (XIII^e^-XIV^e^ s.) (DER) **clamecycois, oise** *a, n*

**clamer** *vt* ① Manifester par des cris. *Clamer sa joie, sa douleur.* (ETY) Du lat. *clamare*, « crier ».

**clameur** *nf* Ensemble de cris tumultueux et confus. *Les clameurs de la foule.*

**clamp** *nm* CHIR Pince à long mors servant à maintenir pincé un vaisseau ou un canal. (ETY) Mot angl.

**clamper** *vt* ① CHIR Pincer un vaisseau, un canal avec un clamp.

**clampin** *nm* fam Personne lente, qui traîne, retarde les autres. (ETY) De *clopin*, « boiteux ».

**clamser** *vi* ① fam Mourir. (PHO) [klamse] (VAR) **clamecer** ⑫

**clan** *nm* **1** Tribu formée par un groupe de familles en Écosse et en Irlande. **2** ETHNOL Groupe d'individus tous issus d'un ancêtre commun, souvent mythique. **3** Groupe de scouts. *Clan de routiers.* **4** fig Groupe fermé de personnes ayant qqch en commun. (ETY) Du gaélique *clann*, « famille ». (DER) **clanique** *a*

**Clancier** Georges-Emmanuel (Limoges, 1914), écrivain français, poète et romancier (*le Pain noir*, 1956).

**clandé** *nm* fam Maison de prostitution clandestine.

**clandestin, ine** *a, n* **1** Qui se fait en cachette. *Une publication clandestine.* **2** Qui vit en marge de la société, en situation illégale. *Passager clandestin.* (ETY) Du lat. *clam*, « en secret ». (DER) **clandestinement** *av*

**clandestinité** *nf* **1** Caractère des choses, des actes clandestins. **2** État du clandestin. *Vivre dans la clandestinité.*

**clanisme** *nm* ETHNOL Organisation sociale reposant sur le clan. (DER) **claniste** *a*

**clap** *nm* CINE Claquette utilisée lors d'un tournage d'un film pour numéroter les prises de vues. (ETY) Mot angl.

**Claparède** Édouard (Genève, 1873 – id., 1940), psychologue suisse de l'enfant, pionnier de la pédagogie expérimentale.

**clapet** *nm* **1** Soupape qui ne laisse passer un fluide que dans un sens. **2** Dispositif permettant la fermeture d'un appareil. **3** fig, fam Bouche. *Ferme ton clapet !*

**Clapeyron** Émile (Paris, 1799 – id., 1864), mathématicien et physicien français, un des grands noms de la thermodynamique. ▷ PHYS *Diagramme de Clapeyron* : représentation des états d'un fluide suivant son volume et sa pression.

**clapier** *nm* **1** Ensemble des terriers d'une garenne. **2** Cage à lapins domestiques. **3** fig, fam Logement exigu. (ETY) Mot provenç., « caillouteux ».

**clapot** *nm* MAR Agitation de la mer résultant de la rencontre de vagues ou de houles de directions différentes. (DER) **clapoteux, euse** *a*

**clapotement** *nm* Bruit et mouvement léger que font de petites vagues qui s'entrechoquent. (VAR) **clapotage** ou **clapotis**

**clapoter** *vi* ① S'entrechoquer avec un bruit caractéristique. *Les vagues clapotent.*

**clapper** *vi* ① Faire entendre un bruit sec en décollant la langue du palais. (ETY) Onomat. (DER) **clappement** *nm*

**Clapperton** Hugh (Annan, Dumfriesshire, 1788 – près de Sokoto, Nigeria, 1827), voyageur écossais. Parti de Tripoli en 1822, il explora l'Afrique centrale jusqu'à sa mort.

**Clapton** Éric (Ripley, 1945), chanteur de pop music et guitariste britannique.

**claquage** *nm* **1** Rupture de fibres musculaires à la suite d'un violent effort. **2** ELECTR Perforation de l'isolant d'un condensateur ou d'un transformateur soumis à un champ électrique trop intense.

**claquant, ante** *a* fam Fatigant.

**1 claque** *n* **A** *nf* **1** Coup du plat de la main, gifle. *Recevoir une claque.* **2** fig, fam Échec humiliant, affront. **3** Groupe de personnes payées pour applaudir un spectacle. *Chef de claque.* **4** Canada Protège-chaussure en caoutchouc qui s'adapte par élasticité. **B** *nm* Syn. de *gibus.* **LOC** ***En avoir sa claque*** **:** en avoir assez. — fam ***Tête à claques*** **:** personne qui agace.

**2 claque** *nm* vulg Maison de tolérance.

**claquement** *nm* Bruit de choses qui claquent.

**claquemurer** *v* ① **A** *vt* Enfermer dans un endroit étroit. **B** *vpr* S'enfermer chez soi.

**claquer** *v* ① **A** *vi* **1** Produire un bruit sec et net. *Claquer des mains.* **2** fam Éclater. *Un joint a claqué* **3** fam Mourir. **B** *vt* **1** Gifler qqn. **2** Faire claquer. **3** fam Dépenser, dissiper. *Claquer un argent fou.* **4** fam Fatiguer, épuiser. *Claquer un cheval.* **5** ELECTR Produire un claquage. **LOC** ***Claquer dans les mains de qqn*** **:** rater, échouer. — ***Claquer des dents*** **:** avoir peur, avoir froid. — fam ***Claquer la porte*** **:** partir très mécontent, rompre. — ***Se claquer un muscle*** **:** se le froisser par claquage. (ETY) Onomat.

**claqueter** *vi* ⑰ ou ⑲ Pousser son cri, en parlant de la cigogne, de la poule qui va pondre.

**claquette** *nf* **A** **1** Instrument formé de deux lames de bois que l'on fait claquer pour donner un signal. **2** Sandale à semelle de bois, sans bride à l'arrière. **B** *nf pl* Danse rythmée par des coups secs et sonores donnés avec les pieds, exécutée avec des chaussures dont les semelles sont munies de lames de métal.

**clarain** *nm* Constituant de la houille se présentant sous forme de barres à texture granuleuse.

**Clarence George (duc de)** (Dublin, 1449 – Londres, 1478), frère d'Édouard IV d'Angleterre, qu'il trahit lors de la guerre des Deux-Roses. Il fut exécuté.

**Clarendon (Constitutions de)** règles imposées par Henri II à l'Église anglaise (1164), pour la placer sous le contrôle du roi. Thomas Becket, qui s'y opposa, fut assassiné (1170).

**Clarendon (Edward Hyde, 1er comte de)** (Dinton, Wiltshire, 1609 – Rouen, 1674), homme politique anglais. Premier ministre de 1660 à 1667.

**clarifier** *vt* ② **1** Rendre clair un liquide trouble, purifier. *Clarifier du vin.* **2** fig Rendre plus clair. *Clarifier la situation.* ETY Du lat. *clarificare*, « glorifier ». DER **clarifiant, ante** *a, nm* – **clarification** *nf*

**clarine** *nf* Clochette pendue au cou des animaux qui paissent en liberté.

**clarinette** *nf* MUS Instrument à vent, de la famille des bois, à bec et à tube cylindrique, à clés et à anche simple. ETY Du provenç. *clarin*, « hautbois ». DER **clarinettiste** *n*
▶ pl. musique

**clarisse** *nf* Religieuse franciscaine de l'ordre contemplatif de sainte Claire d'Assise.

**Clarisse Harlowe** roman épistolaire en 7 vol. (1747-1748) de S. Richardson.

**Clark Mark Wayne** (Madison Barracks, État de New York, 1896 – Charleston, 1984), général américain. Il commanda en Tunisie et en Italie (1943-1945), puis les forces de l'ONU en Corée (1952-1953).

**Clark Colin Grant** (Westminster, 1905 – Brisbane, Australie, 1989), économiste britannique. Il divisa l'activité économique en trois secteurs (primaire, secondaire et tertiaire).

**Clark Jim** (Duns, Écosse, 1936 – circuit de Hockenheim, RFA, 1968), pilote de course automobile britannique, champion du monde en 1963 et en 1965.

**Clarke Samuel** (Norwich, 1675 – Leicestershire, 1729), philosophe et théologien anglais, correspondant de Leibniz.

**Clarke Henri (duc de Feltre)** (Landrecies, 1765 – Neuwiller, 1818), officier et homme politique français. Ministre de la Guerre de 1807 à 1814, il se rallia aux Bourbons en 1814.

**Clarke Kenneth Spearman,** dit **Kenny** (Pittsburgh, 1914 – Montreuil-sous-Bois, 1985), batteur de jazz américain.

**clarkia** *nf* Plante (œnothéracée) à petites fleurs le plus souvent roses, disposées en épis.

**Claros** anc. ville de l'Ionie, célèbre par son oracle d'Apollon.

**clarté** *nf* **A 1** Lumière largement répandue. *La clarté d'un jour d'été.* **2** Transparence. *La clarté de l'eau.* **3** fig Qualité de ce qui se comprend facilement. *Écrire avec clarté.* **B** *nfpl* **vieilli, litt 1** Vérité éclatante. *Les clartés de la science.* **2** Connaissances importantes. *Avoir des clartés de tout.* **LOC** PHYS ***Clarté d'un instrument d'optique*** : rapport entre l'éclairement de l'image et la luminance de l'objet. ETY Du lat. *clarus*, « clair ».

**Clary Julie** (Marseille, 1771 – Florence, 1845), épouse de Joseph Bonaparte ; reine de Naples (1806-1808) puis d'Espagne (1808-1813). — **Désirée** (Marseille, 1777 – Stockholm, 1860), sœur de la préc. ; épouse du maréchal Bernadotte, elle fut reine de Suède (1818).

**clash** *nm* fam Heurt brutal, rupture violente. PLUR clashs. ETY Mot amér.

**1 classe** *nf* **A 1** Ensemble des personnes appartenant à un même groupe social ou économique. *La classe dirigeante.* **2** Ensemble de personnes, de choses, qui possèdent des caractères communs. *Toucher toutes les classes de spectateurs.* **3** STATIS Ensemble d'éléments qui ont des caractéristiques communes. *Classes d'âge.* **4** SC NAT, BIOL Unité systématique contenue dans l'embranchement et contenant l'ordre. *L'ordre des carnivores fait partie de la classe des mammifères, embranchement des vertébrés.* **5** Catégorie hiérarchique de personnes, de choses. *Un soldat de deuxième classe. Un billet de première classe.* **6** Qualité, valeur. *Un spectacle de classe.* **7** Répartition des élèves dans les établissements scolaires selon leur niveau d'études ; ensemble des élèves d'une même classe. *Redoubler une classe.* **8** Enseignement du professeur. *Faire la classe.* **9** Salle de classe ; école. *Aller en classe.* **10** Ensemble des jeunes gens nés la même année, appelés au service militaire. **B** *nf pl* Instruction militaire. *Avoir fait ses classes.* **LOC** MATH ***Classe d'équivalence*** : ensemble des éléments d'un ensemble liés à un élément donné de cet ensemble par une relation d'équivalence ; en théorie des probabilités, intervalle entre deux valeurs de la variable aléatoire. — PHYS ***Classe d'un appareil de mesure*** : coefficient qui indique l'erreur maximale qui peut entacher une mesure. — ***Classe politique*** : ensemble des hommes politiques d'un pays considéré comme un groupe social. ETY Du lat.

**2 classe** *a* fam Distingué, chic, de bon goût. *Une soirée très classe.*

**classement** *nm* **1** Action de mettre dans un certain ordre ; résultat de cette action, de ce travail. *Classement de dossiers. Arriver premier au classement.* **2** DR Incorporation d'un bien dans le domaine public. **LOC** ***Classement sans suite*** : décision du ministère public par laquelle il renonce aux poursuites pénales.

**classer** *vt* ① **1** Ranger, distribuer par classes, par catégories. *Classer les plantes.* **2** Mettre dans un certain ordre. *Classer par ordre alphabétique.* **3** fam Juger qqn de manière définitive. **LOC** ***Classer une affaire*** : ne pas lui donner suite. — ***Classer un monument, un site*** : le faire entrer dans la catégorie des monuments protégés par l'État. DER **classable** *a*

**classe-relais** *nf* Classe destinée à accueillir pendant une durée limitée des élèves de collège en rupture avec l'institution scolaire. PLUR classes-relais.

**classeur** *nm* Dossier, carton muni d'anneaux ou meuble où l'on classe des papiers.

**classicisme** *nm* **1** Caractère des œuvres artistiques et littéraires de l'Antiquité gréco-romaine ou du XVIIe siècle français. **2** Caractère de ce qui est conforme à la règle, aux principes. *Le classicisme de ses goûts.*

ENC Dès le premier quart du XVIIe s., le classicisme s'oppose, en France, au baroque. – L'architecture dite classique utilise la ligne droite et l'angle droit, des courbes régulières, la symétrie (colonnade du Louvre) et des proportions mathématiques. Elle triomphe dans la conception du chât. de Versailles par Le Vau, puis J. Hardouin-Mansart. La sculpture imite la ronde-bosse gréco-romaine et donne des attitudes simples aux personnages, souvent vêtus de draperies tombantes. En peinture, l'artiste donne un caractère plan aux surfaces. La composition repose sur une opposition rigoureuse des verticales et des horizontales (N. Poussin, Claude Lorrain, Ph. de Champaigne, P. Mignard) ; ce système est l'inverse de la continuité sinueuse que cultive l'art baroque. En littérature, le classicisme prône un idéal de goût et de raison, de clarté et d'équilibre, puisé dans les œuvres des Anciens. Avec Vaugelas, Guez de Balzac, Voiture, la langue du XVIe s. est épurée. L'Académie française, fondée par Richelieu en 1635, commence à codifier grammaticalement le bon langage. Après Mairet (règle des trois unités), Corneille inaugure le théâtre classique, imité par Rotrou. Boileau impose à la critique littéraire le culte de l'ordre et de la concision. Racine, Molière et La Fontaine, chacun avec son originalité propre, portent l'écriture classique à un point de perfection formelle, ainsi que de nombreux prosateurs de génie : Pascal, Bossuet, Retz, La Rochefoucauld, La Bruyère, Mme de Lafayette et Mme de Sévigné. À la fin du siècle, la *querelle des Anciens et des Modernes* montre que la culture classique est en voie de transformation.

**classieux, euse** *a* fam Qui a de la classe, chic, distingué. *Un public classieux.*

**classification** *nf* Distribution méthodique par classes, par catégories. *La classification des espèces vivantes.* **LOC** CHIM ***Classification périodique des éléments*** : classification dans laquelle les éléments sont rangés par numéros atomiques croissants, de façon à faire apparaître dans la même colonne les éléments dont la couche de valence présente la même structure électronique. — ASTRO ***Classification stellaire*** : relative à la lumière des étoiles.

**classificatoire** *a* Qui relève de la classification ; qui constitue une classification. **LOC** ETHNOL ***Parenté classificatoire*** : qui ne relève que de la reconnaissance du groupe social.

**classifier** *vt* ② **1** Établir une classification. **2** MILIT Protéger des documents en les plaçant sous le régime du secret militaire. DER **classificateur, trice** *a, n* – **classifiant, ante** *a*

**classique** *a, nm* **A** *a* **1** Qui fait autorité, en quelque matière que ce soit. **2** Qui est enseigné en classe, à l'école. *Étudier les auteurs classiques.* **3** Des civilisations grecque et romaine, proposées en modèles. *Langues classiques.* **4** LITTER Se dit des écrivains français du XVIIe s. et de leurs œuvres. *Le théâtre classique.* **5** MUS Se dit de la musique des grands compositeurs occidentaux traditionnels. **6** Se dit de la danse dont les figures imposées font partie de l'enseignement chorégraphique. **7** PHYS Se dit de la physique macroscopique du continu, par oppos. à la *physique quantique* et à la *physique relativiste.* **8** Conforme à la règle, aux principes, à la mesure. *Des vêtements très classiques.* **9** Courant, qui se produit habituellement. *On lui a fait le coup classique.* **B** *nm* **1** Œuvre ou auteur classique, du XVIIe siècle. **2** Œuvre ou auteur d'une grande notoriété, qui sert de référence. *Ce film est un classique.* **3** Exemple type. *Un classique du genre.* **4** Musique classique. **C** *nf* **1** Course cycliste sur route disputée en une seule journée. **2** Itinéraire d'alpinisme présentant de nombreuses difficultés (par oppos. à la voie dite « normale »). ETY Du lat. *classicus*, « de première classe ».

**classiquement** *av* **1** De façon classique. **2** fig Habituellement, ordinairement, traditionnellement.

**-claste** Suffixe, du gr. *klastos*, « brisé ».

**clastique** *a* GEOL Se dit des roches composées d'éléments grossiers provenant de l'érosion. **LOC** PSYCHIAT ***Crise clastique*** : accès coléreux pendant lequel le malade brise des objets. ETY Du gr. *klastos*, « brisé ».

**clathrate** *nf* CHIM Hydrate de gaz.

**clathre** *nm* Champignon basidiomycète non comestible dont le carpophore rouge vif est en forme de sphère ajourée. SYN cœur-de-sorcière.

**Claude Ier Tiberius Claudius Cæsar Augustus Germanicus** (Lyon, 10 av. J.-C. – Rome, 54 apr. J.-C.), empereur romain. Son règne (41-54) fut marqué par la conquête, en 53, de l'île de Bretagne. Après avoir fait assassiner sa femme Messaline, il fut lui-même assassiné par sa seconde épouse, Agrippine.

**Claude II le Gothique** (Illyrie, v. 214 – Sirmium, 270), empereur romain (268-270), vainqueur des Goths à Naissus, auj. *Niš* (269).

**Claude de France** (Romorantin, 1499 – Blois, 1524), reine de France. Fille aînée de Louis XII et d'Anne de Bretagne, elle épousa le futur François Ier, apportant en dot le duché de Bretagne et ses droits sur le Milanais.

**Claude Jean** (La Sauvetat-du-Dropt, 1619 – La Haye, 1687), pasteur calviniste français, connu pour ses controverses avec Bossuet.

**Claude** Georges (Paris, 1870 – Saint-Cloud, 1960), physicien français, inventeur du tube au néon (1910).

**Claudel** Paul (Villeneuve-sur-Fère, Aisne, 1868 – Paris, 1955), écrivain et diplomate français. Il découvrit, en 1886, Rimbaud et, le 25 déc. de la m. année, eut la révélation qui décida de sa conversion au catholicisme. Sa poésie prolonge les psaumes bibliques (*Connaissance de l'Est,* 1895-1905 ; *Cinq Grandes Odes,* 1900-1908) ; son théâtre mêle drame et poésie (*Tête d'or,* 1889 ; *l'Échange,* 1901 ; *le Partage de midi,* 1905 ; *l'Annonce faite à Marie* 1912 ; la trilogie *l'Otage,* 1914, *le Pain dur,* 1918, *le Père humilié,* 1920 ; *le Soulier de satin,* 1923). Citons un essai : *Conversations dans le Loir-et-Cher* (1935). Acad. fr. (1946). — **Camille** (Fère-en-Tardenois, Aisne, 1864 – Avignon, 1943), sculpteur français ; sœur du préc. ; l'élève et la compagne de Rodin. Elle passa les trente dernières années de sa vie dans un asile d'aliénés. DER **claudélien, enne** *a*

Jim Clark

Paul Claudel

**Claude Lorrain** → **Lorrain.**

**Claudia (gens)** famille romaine qui a donné de nombreux hommes politiques à la République romaine. — **Appius Claudius Sabinus** (mort en 446 avant J.-C.), décemvir dont la tyrannie provoqua un soulèvement et la suppression du décemvirat. — **Appius Claudius Caecus** (IV$^e$-III$^e$ s. avant J.-C.), censeur en 312, fit construire la voie Appienne et le premier aqueduc de Rome. — **Publius Claudius Pulcher** (III$^e$ s. avant J.-C.), consul en 249 avant J.-C. ; battu sur mer à Drepanum (auj. *Trapani*) par le Carthaginois Adherbal.

**Claudine** héroïne de 5 romans de Colette : *Claudine à l'école* (1900), *Claudine à Paris* (1901), *Claudine en ménage* (1902), *Claudine s'en va* (1903), *la Retraite sentimentale* (1907). *La Maison de Claudine* (1922) est un recueil de souvenirs.

**claudiquer** *vi* ① litt Boiter. DER **claudicant, ante** *a* – **claudication** *nf*

**Claus** Hugo Maurice Julien (Bruges, 1929 – Anvers, 2008), écrivain belge d'expression néerlandaise ; poète, romancier (*le Chagrin des Belges,* 1985) et dramaturge de tendance expressionniste.

**clause** *nf* Disposition particulière d'un traité, d'un contrat, ou de tout autre acte, public ou privé. LOC ***Clause de style :*** qu'il est d'usage d'insérer dans les contrats de même nature ; fig disposition sans importance, uniquement formelle. ETY Du lat. *claudere,* « clore ».

**Clausel** Bertrand (comte) (Mirepoix, 1772 – Secourrieu, Haute-Garonne, 1842), maréchal de France (1831). Gouverneur de l'Algérie en 1835, il échoua devant Constantine (1836). VAR **Clauzel**

**Clausewitz** Carl von (Burg, 1780 – Breslau, 1831), général et théoricien militaire prussien. Il combattit Napoléon, dans l'armée prussienne, puis dans l'armée russe (1812). Son livre *De la guerre* (1831) est le plus grand traité de stratégie.

**Clausius** Rudolf (Köslin, Poméranie, 1822 – Bonn, 1888), physicien allemand. Spécialiste de thermodynamique, il dégagea la notion d'entropie (1850).

**claustra** *nm* ARCHI Paroi ajourée typique de certaines architectures méditerranéennes. PLUR claustras. ETY Du lat. *claustra,* « barrière, clôture ».

**claustral, ale** *a* Qui a rapport à un cloître, à un monastère. PLUR claustraux.

**claustre** *nm* Élément préfabriqué permettant de constituer une paroi ajourée pour clore un local qui doit être ventilé ; cette paroi.

**claustrer** *vt* ① Enfermer qqn. ETY Du lat. *claustra,* « clôture ». DER **claustration** *nf*

**claustrophobie** *nf* Angoisse éprouvée dans un lieu clos. DER **claustrophobe** *a, n*

**clausule** *nf* RHET Dernier membre d'une période oratoire, d'un vers. ETY Du lat.

**clavaire** *nf* BOT Champignon basidiomycète en forme de massue ou de touffe à nombreux rameaux, comestible ou toxique selon l'espèce.

**clavarder** *vt* ① Canada Échanger des propos sur Internet. SYN (recommandé) chatter. ETY De *clavier* et *bavarder.* DER **clavardage** *nm*

**Clavé** Antoni (Barcelone, 1913 – Saint-Tropez, 2005), artiste espagnol. Marqué par l'abstraction lyrique, il évolue vers l'abstraction.

**claveau** *nm* ARCHI Pierre taillée en forme de coin, élément de l'appareil d'un arc, d'une voûte.

**clavecin** *nm* MUS Instrument à cordes pincées et à clavier. ETY Du lat. *clavis,* « clé », et *cymbalum,* « cymbale ». DER **claveciniste** *n*

**clavelée** *nf* MED VET Maladie des ovins, proche de la variole. ETY Du bas lat. *clavellus,* « pustule ».

**claveter** *vt* ⑱ ou ⑳ TECH Assembler avec une, des clavettes. DER **clavetage** *nm*

**clavette** *nf* Cheville, goupille destinée à assembler deux pièces.

**clavicorde** *nm* MUS Instrument à cordes frappées et à clavier, ancêtre du piano. DER **clavicordiste** *n*

**clavicule** *nf* Os pair, en forme de S allongé, qui s'articule avec le sternum et l'omoplate. ETY Du lat. *clavicula,* « petite clé ». DER **claviculaire** *a*

**clavier** *nm* **A** **1** Ensemble des touches d'un orgue, d'un piano, d'un ordinateur, etc. **2** fig Étendue des possibilités d'une personne. *Ce romancier a un clavier un peu restreint.* **B** *nmpl* Dans un orchestre de jazz, de rock, ensemble d'instruments électroniques à clavier (synthétiseur, boîte à rythmes) ETY Du lat. *clavis,* « clé ».

**Clavier bien tempéré (le)** recueil de 2 livres (1722 et 1744) de J. S. Bach.

**claviériste** *n* Musicien qui est aux claviers, qui joue de plusieurs instruments à clavier.

**claviste** *n* TECH **1** Personne qui compose des textes d'imprimerie en actionnant un clavier. **2** Opérateur opératrice de saisie informatique.

**Clay** Henry (Hanover County, Virginie, 1777 – Washington, 1852), homme politique américain qui prôna le protectionnisme.

**Clay** Cassius → **Ali.**

**clayère** *nf* Parc à huîtres.

**Clayes-sous-Bois (Les)** com. des Yvelines (arr. de Versailles) ; 16 873 hab. DER **clétien, enne** *a, n*

**clayette** *nf* **1** Petite claie. **2** Dans un réfrigérateur, étagère amovible à claire-voie. **3** Cageot.

**claymore** *nf* HIST Épée écossaise à lame longue et large. PHO [klemɔʀ] ETY Mot angl.

**clayon** *nm* **1** Petite claie. **2** Petite claie ronde sur laquelle les pâtissiers portent des gâteaux.

**clayonnage** *nm* TECH Assemblage de pieux, de branchages soutenant des terres. DER **clayonner** *vt* ①

**Clazomènes** anc. v. de l'Asie Mineure (Ionie), auj. *Urla* (Turquie).

**clé** *nf* **1** Instrument métallique destiné à faire fonctionner une serrure, à établir un contact. *Donner un tour de clé.* **2** Ce qui permet d'entrer quelque part, d'accéder à qqch. *Cette place forte est la clé de la région.* **3** Ce dont dépend, ce qui conditionne le fonctionnement de qqch. *Des industries clés.* **4** Ce qui permet de comprendre, d'interpréter. *La clé d'un problème.* **5** MUS Signe placé au commencement de la portée pour fixer la hauteur des notes dans l'échelle musicale. *La clé de sol, de fa, d'ut.* **6** Outil qui sert à visser, à serrer les écrous. *Clé anglaise, clé à molette.* **7** MUS Ce qui commande les trous du tuyau d'un instrument à vent. **8** SPORT Prise immobilisante de judo ou de lutte. LOC ***À la clé :*** avec pour résultat, pour enjeu. — INFORM ***Clé de protection*** ou ***de sécurité :*** dispositif que l'on connecte à un micro-ordinateur pour empêcher le piratage d'un logiciel, d'un cédérom. — ARCHI ***Clé de voûte :*** pierre en forme de coin qui, placée au sommet de l'arc ou de la voûte, maintient les autres pierres ; fondement d'un système, d'une organisation. — ***Clés en main :*** prêt à l'usage. — RELIG CATHOL ***Les clés de saint Pierre :*** les pouvoirs spirituels du pape. — ***Les clés du royaume :*** les clés qui, symboliquement, représentent l'accès au Paradis. — INFORM ***Clé USB :*** petit accessoire permettant de stocker des données pour les sauvegarder. — ***Mettre la clé sous la porte :*** s'esquiver, faire faillite. — ***Prendre la clé des champs :*** s'enfuir. — ***Sous clé :*** dans un endroit fermé à clé. ETY Du lat. VAR **clef** ▶ pl. **solfège**

**clean** *a* fam **1** Propre, strict, conforme aux conventions sociales. *Tenue clean.* **2** Qui n'a rien à se reprocher. **3** Qui ne prend pas de drogue, de produits dopants. PHO [klin] ETY Mot angl.

**clearance** *nf* Syn. (déconseillé) de *clairance.* PHO [kliʀɑ̃s] ETY Mot angl.

**clearing** *nm* LOC ECON ***Accord de clearing :*** accord international visant à un règlement financier par compensation. PHO [kliʀiŋ] ETY Mot angl.

**clébard** *nm* fam Chien. ETY De l'ar. *kalb,* « chien ». VAR **clebs** ou **klebs**

**Clélie, histoire romaine** roman en 10 vol. (1654-1660) de M$^{lle}$ de Scudéry, qui contient la *carte du* [pays de] *Tendre.*

**clématite** *nf* Liane (renonculacée), dont il existe de nombreuses variétés ornementales.

**clémence** *nf* **1** litt Vertu qui consiste à pardonner les offenses, à modérer les châtiments des fautes que l'on punit. **2** fig Douceur du temps, du climat. ETY Du lat. DER **clément, ente** *a*

**Clemenceau** Georges (Mouilleron-en-Pareds, Vendée, 1841 – Paris, 1929), homme politique français. Député à partir de 1875 (extrême gauche rad.), surnommé « le Tombeur de ministères », il provoqua la chute de J. Ferry et se rangea dans le camp des défenseurs de Dreyfus. Président du Conseil (1906-1909), il réprima durement les grèves ouvrières et rompit avec les socialistes. Appelé par Poincaré à la présidence du Conseil (nov. 1917), il fut surnommé « le Tigre » et « le Père la Victoire ». Il se retira de la vie politique en 1920, après avoir échoué à l'élection présidentielle. Acad. fr. (1918).

Georges Clemenceau

**Clément** nom de quinze papes. — **Clément I$^{er}$ (saint)** (m. en 97), pape de 88 à sa mort. — **Clément V** Bertrand de Got (? – Roquemaure, 1314), archevêque de Bordeaux, pape de 1305 à 1314, premier pape qui se fixa en Avignon (1309) ; il abolit l'ordre des Templiers (1311). — **Clément VI** Pierre Roger (Maumont, 1291 – Avignon, 1352), pape d'Avignon (1309-1352) ; il agrandit le palais des papes. — **Clément VII** Robert de Genève (Genève, 1342 – Avignon, 1394), pape d'Avignon (le premier du Grand Schisme) de 1378 à 1394. — **Clément VII** Jules de Médicis (Florence, 1478 – Rome, 1534), pape de 1523 à 1534 ; il excommunia Henri VIII d'Angleterre. — **Clément XI** Giovanni Francesco Albani (Urbino, 1649 – Rome, 1721), pape de 1700 à 1721 ; sa bulle *Unigenitus Dei Filius* (1713) condamna le jansénisme. — **Clément XIV** Giovanni Vincenzo Ganganelli (Sant'Arcangelo di Romagna, 1705 – Rome, 1774), pape de 1769 à 1774 ; sous la pression des États catholiques, il abolit l'ordre des jésuites (1773). DER **clémentin, ine** *a*

**Clément d'Alexandrie** (en latin *Titus Flavius Clemens*) (Athènes, v. 150 – en Cappadoce, v. 215), philosophe grec chrétien.

**Clément** Jacques (Serbonnes, Yonne, 1567 – Saint-Cloud, 1589), dominicain français. Ligueur exalté, il assassina Henri III et fut massacré par la suite du roi.

**Clément** Jean-Baptiste (Boulogne-sur-Seine, 1836 – Paris, 1903), chansonnier et militant socialiste français, membre de la Commune de Paris : *le Temps des cerises* (1867), *la Semaine sanglante* (1871).

**Clément** René (Bordeaux, 1913 – Monte-Carlo, 1996), cinéaste français : *la Bataille du rail* (1946), *Jeux interdits* (1952), *Monsieur Ripois* (1954), *Gervaise* (1955), *Plein Soleil* (1959), *Paris brûle-t-il ?* (1966).

René Clément *Jeux interdits*, 1952

**Clementi** Muzio (Rome, 1752 – Evesham, Worcestershire, 1832), compositeur et facteur de pianos italien.

**clémentine** *nf* Fruit de l'hybride de l'oranger doux et du mandarinier. ETY Du nom du père *Clément*, qui obtint ce fruit en 1902. DER **clémentinier** *nm*

clémentine

**clémenvilla** *nf* Hybride de clémentine et de tangelo. VAR **clemenvilla**

**clenbutérol** *nm* PHARM Anabolisant utilisé comme produit dopant dans le sport et l'élevage.

**clenche** *nf* **1** Pièce principale d'un loquet de porte. **2** Belgique Poignée de porte. ETY Du frq.

**Cléobis et Biton** dans la myth. gr., fils de Cydippe, prêtresse d'Héra à Argos. Leur dévouement filial et leur piété furent récompensés par un sommeil éternel.

**cléome** *nm* Arbrisseau d'ornement (capparidacée) à feuilles alternes et à fleurs.

**Cléomène III** (mort vers 220 avant J.-C.), roi de Sparte de 235 à 222 ; il voulut restaurer les lois de Lycurgue.

**Cléopâtre VII** (Alexandrie, 69 – id., 30 avant J.-C.), reine d'Égypte, célèbre par sa beauté et son intelligence ainsi que par ses amours avec César, puis Antoine, qui lui permirent de sauver son trône. Antoine ayant été vaincu par Octave à Actium (31 avant J.-C.), elle s'enfuit avec lui en Égypte où ils se suicidèrent : elle s'empoisonna ou, selon la légende, se fit mordre par un aspic. ▷ LITTER Shakespeare (*Antoine et Cléopâtre,* 1606), B. Shaw (*César et Cléopâtre,* 1889). ▷ CINE *Cléopâtre,* de C. B. De Mille (1934), avec Claudette Colbert ; *Cléopâtre,* de J. Mankiewicz (1963), avec Elizabeth Taylor.

Cléopâtre VII avers d'une pièce de monnaie d'Antioche, 36 av. J.-C.

**clephte** *nf* Montagnard mi-insurgé, mi-brigand, en Grèce, au temps de la lutte contre la domination turque (1821). ETY Du gr. *klephtês, kleptês,* « voleur ». VAR **klephte**

**clepsydre** *nf* Horloge à eau des Anciens.

**cleptomane** → **kleptomanie.**

**Clérambault** Louis Nicolas (Paris, 1676 – id., 1749), compositeur et organiste français.

**clerc** *n* **A** *nm* **1** Celui qui est entré dans l'état ecclésiastique. **2** vx, plaisant Personne lettrée. **B** *n* Employé(e) d'une étude de notaire, d'huissier. LOC *Pas de clerc :* faute commise dans une affaire par inexpérience, par étourderie. PHO [klɛʀ] ETY Du lat.

**Clerc** Julien (Paris, 1947), auteur-compositeur et chanteur français.

**Clerfayt** Charles de Croix (comte de) (Bruille, Hainaut, 1733 – Vienne, 1798), maréchal autrichien. Il combattit les armées de la Révolution (1792-1793). VAR **Clairfayt**

**clergé** *nm* Ensemble des ecclésiastiques attachés à une paroisse, à une ville, à un pays, à une Église. *Clergé régulier, séculier.* LOC *Bas clergé :* ensemble des prêtres exerçant un ministère paroissial. — *Haut clergé :* épiscopat. ETY Du lat.

**Clergue** Lucien (Arles, 1934 – Nîmes, 2014), photographe français. En 1970, il fonda les Rencontres internationales de la photographie d'Arles.

**clergyman** *nm* Ministre du culte dans l'Église anglicane. PLUR clergymans ou clergymen. ETY Mot angl.

**clérical, ale** *a* **1** Qui concerne le clergé. **2** Qui concerne le cléricalisme. PLUR cléricaux.

**cléricalisme** *nm* Attitude, opinion des partisans d'une participation active du clergé à la vie politique.

**cléricature** *nf* didac État, condition, corps des clercs, des ecclésiastiques.

**Clermont** ch.-l. d'arr. de l'Oise ; 10 900 hab. – Église St-Samson (XIV$^{e}$ s.). DER **clermontois, oise** *a, n*

**Clermont** Robert de France (comte de) (1256 – 1318), sixième fils de Saint Louis, tige de la branche capétienne des Bourbons par son mariage avec Béatrice de Bourbon.

**Clermont-Ferrand** ch.-l. du dép. du Puy-de-Dôme, dans la Limagne ; 145 500 hab. (283 000 dans l'aggl.). Grand centre de l'industr. du caoutchouc et des pneus (Michelin). – Université. Évêché. Cath. Notre-Dame (XIII$^{e}$-XIV$^{e}$ s). Égl. N.-D.-du-Port (XII$^{e}$ s.). Musées. – Le pape Urbain II y prêcha la 1$^{re}$ croisade au cours d'un concile (1095). DER **clermontois, oise** *a, n*

Clermont-Ferrand

**Clermont-Tonnerre** Gaspard de (1688 – Paris, 1781), maréchal de France ; l'un des vainqueurs de Fontenoy (1745).

**Clermont-Tonnerre** Stanislas Marie Adélaïde de (Pont-à-Mousson, 1757 – Paris, 1792), député de la noblesse aux états généraux ; il se montra favorable à l'abolition des privilèges.

**clérodendron** *nm* Arbre ou arbuste ornemental (verbénécée) aux fleurs blanches très odorantes.

**clérouquie** *nf* ANTIQ Colonie d'Athènes.

**cléthrophage** *a* ZOOL Se dit des animaux (surtout insectes) qui se nourrissent de denrées entreposées.

**Cleveland** ancien comté du nord de l'Angleterre ; 583 km$^2$ ; ch.-l. *Middlesbrough.*

**Cleveland** v. des É.-U. (Ohio), port sur le lac Érié ; 2 100 000 hab. (aggl.). Centre comm. et industriel. – Université, musée.

**Cleveland** Stephen Grover (Caldwell, New Jersey, 1837 – Princeton, 1908), homme politique américain, président (démocrate) de 1885 à 1889 et de 1893 à 1897.

**Clèves** (en all. *Kleve*), v. d'Allemagne (Rhén.-du-N.-Westphalie) ; 49 600 hab. – Cap. de l'ancien duché du même nom.

**Clèves** Sibylle de (Düsseldorf, 1512 – Weimar, 1554), épouse de l'Électeur de Saxe Jean-Frédéric. Elle contribua à répandre le luthéranisme en Allemagne.

**1 clic !** *interj* Onomatopée imitant un petit claquement bref et sec.

**2 clic** *nm* PHON Consonne produite *« en créant un vide à quelque point du chenal expiratoire en écartant les organes entre deux points où se maintient la fermeture »* (Martinet). VAR **click**

**3 clic** *nm* INFORM Action de cliquer.

**clic-clac** *nm inv* Canapé-lit à dossier rabattable. ETY Nom déposé ; onomatopée.

**cliché** *nm* **1** IMPRIM Plaque sur laquelle apparaissent en relief les éléments d'une composition typographique et qui en permet le tirage. **2** PHOTO Plaque ou pellicule impressionnée par la lumière et constituant l'épreuve. **3** fig, péjor

Idée, phrase toute faite et banale. *Des clichés sans cesse rebattus.*

**clicher** *vt* ① IMPRIM Préparer un cliché. (DER) **clichage** *nm* – **clicheur, euse** *n*

**clicherie** *nf* IMPRIM Atelier où sont préparés les clichés.

**clicheton** *nm* fam Cliché, idée rebattue.

**Clichy** ch.-l. de cant. des Hauts-de-Seine ; 59 228 hab. (DER) **clichois, oise** *a, n*

**Clichy (prison de)** ancienne prison (à Paris, rue de Clichy) réservée aux condamnés pour dettes (1834-1867) ; auj. démolie.

**Clichy-sous-Bois** com. de la Seine-St-Denis (arr. du Raincy) ; 29 998 hab. (DER) **clichois, oise** *a, n*

**click** → **clic 2.**

**client, ente** *n* **A 1** Se dit d'une personne qui achète qqch à un commerçant ou qui sollicite un service contre paiement. *Client d'un médecin, d'un avocat, d'une agence de publicité.* **2** fam Individu quelconque. *Un drôle de client.* **3** ECON Acheteur. *Les organismes clients d'un producteur.* **4** ANTIQ ROM Plébéien qui se mettait sous la protection d'un patricien (le *patron*) en lui abandonnant une partie de ses droits civils et politiques. **B** *nm* INFORM Ordinateur qui accède à un réseau grâce à un serveur ; programme qui fait appel à un service fourni par un autre programme. **LOC** fam ***À la tête du client :*** arbitrairement. (ETY) Du lat.

**clientèle** *nf* **1** Ensemble des clients d'un commerçant, d'un avocat, d'un médecin, etc. **2** Habitude d'un particulier de s'adresser à un fournisseur déterminé. *Ce magasin n'aura plus ma clientèle.* **3** ANTIQ ROM Ensemble des clients d'un patricien. **4** Ensemble de partisans d'un homme ou d'un parti politique.

**clientélisme** *nm* péjor Fait, pour un homme ou un parti politique, de chercher à élargir sa clientèle par des moyens démagogiques. (DER) **clientéliste** *a*

**Clignancourt** anc. hameau réuni à Paris (XVIII^e arr.) en 1860.

**cligner** *vt* ① **1** Fermer à demi les yeux pour diminuer le champ visuel. **2** Ciller. *La fumée lui fait cligner les yeux.* **LOC** ***Cligner de l'œil :*** faire un clin d'œil. (ETY) Du lat. *cludere,* « fermer ». (DER) **clignement** *nm*

**clignotant, ante** *a, nm* **A** *a* Qui clignote. *Des feux clignotants.* **B** *nm* **1** AUTO Feu indicateur de changement de direction. **2** Indicateur économique ou social signalant un trouble, une évolution inquiétante.

**clignoter** *vi* ① **1** Cligner fréquemment ; remuer convulsivement les paupières. *Clignoter des yeux.* **2** S'allumer et s'éteindre alternativement. *Une lumière qui clignote.* (DER) **clignotement** *nm*

**clim** *nf* fam Système de climatisation. *Mettre la clim à fond.*

**climat** *nm* **1** Ensemble des éléments qui caractérisent l'état moyen de l'atmosphère dans une région déterminée. *Climat équatorial, tropical, tempéré.* **2** fig Atmosphère, ambiance. *Climat social.* (ETY) Du gr. *klima,* « inclinaison » d'un point de la Terre par rapport au Soleil.

ENC Les éléments du *climat* sont : la température et l'humidité de l'air dans les couches voisines du sol, les précipitations, l'insolation, le vent, la pression atmosphérique et, accessoirement, le champ électrique de l'atmosphère, l'ionisation de l'air, sa composition chimique. Les facteurs déterminants du climat sont : le rayonnement solaire ; la circulation générale de l'atmosphère, où des vents tels que la mousson jouent un rôle considérable ; les courants océaniques ; la nature de la surface terrestre et, notamment, le contraste océan-continent ; le relief. Les princ. climats sont les suivants : équatorial, tropical, tempéré, polaire ; ou encore : maritime, continental, d'altitude. Il existe de nombreux sous-climats (méditerranéen, désertique, etc.) et des *microclimats.*

**climatérique** *a, nf* HIST Pour les Anciens, se disait de chacune des années de la vie multiples de sept ou de neuf, considérées comme critiques. **LOC** ***La climatérique, la grande climatérique :*** la soixante-troisième (7 x 9) année.

**climaticien, enne** *n* Spécialiste de l'installation et de la maintenance des systèmes de climatisation.

**climatique** *a* Qui se rapporte au climat, à ses effets. **LOC** ***Station climatique :*** lieu dont le climat est propice au traitement de certaines maladies.

**climatisation** *nf* Action de climatiser ; installation qui sert à climatiser.

**climatiser** *vt* ① Équiper un local, un véhicule d'une installation permettant de maintenir artificiellement des conditions déterminées de température et d'humidité. (ETY) De *climat.*

**climatiseur** *nm* Appareil destiné à assurer une climatisation.

**climatisme** *nm* didac Ensemble de ce qui concerne les stations climatiques : hygiène, organisation, aménagements particuliers.

**climatologie** *nf* Étude des éléments du climat. **LOC** ***Climatologie médicale :*** étude de l'action des différents climats sur l'organisme. (DER) **climatologique** *a* – **climatologue** *nm*

**climatosceptique** *a, n* Se dit de qqn qui émet des doutes sur la responsabilité de l'homme dans le réchauffement climatique.

**climatothérapie** *nf* MED Utilisation des propriétés des différents climats.

**climax** *nm* **1** BOT, ECOL Stade évolutif final, en équilibre avec le climat, du peuplement végétal naturel d'un lieu. **2** fig Point culminant d'un récit, d'un spectacle. (ETY) Du gr. *klimax,* « échelle ».

**clin (à)** *av* **LOC** MAR ***Embarcation bordée à clin :*** dont les bordages se recouvrent comme les ardoises d'un toit. (ETY) Du lat. *clinare,* « incliner ».

**clin d'œil** *nm* **1** Signe de l'œil que l'on fait discrètement à qqn en fermant rapidement une paupière. **2** fig Allusion plaisante. *Les clins d'œil d'un auteur au lecteur.* **LOC** fig ***En un clin d'œil :*** en très peu de temps. (ETY) De *cligner.*

**cline** *nm* BIOL Gradation des différences existant entre les populations d'une espèce dans son aire de répartition. (DER) **clinal, ale, aux** *a*

**clinfoc** *nm* MAR Foc léger à l'extrémité du beaupré. (ETY) De l'all. *klein Fock,* « petit foc ».

**clinicat** *nm* MED Fonction et rang de chef de clinique.

**clinicien, enne** *n* Médecin qui pratique la médecine clinique.

**clinique** *a, nf* **A** *a* Qui est effectué auprès du malade, sans appareils ni examens de laboratoire. *Observations cliniques.* **B** *nf* **1** Enseignement médical dispensé au chevet des malades ; somme des connaissances acquises de cette façon. **2** Établissement de soins médicaux. **LOC** ***Chef de clinique :*** médecin ayant un rôle d'enseignement dans son service. — ***Signe clinique :*** qui est décelé au simple examen. (ETY) Du gr.

**cliniquement** *av* Sur le plan clinique. *Il était cliniquement mort.*

**clinker** *nm* TECH Nodule obtenu dans un four rotatif. *Le broyage des clinkers donne le ciment.* (PHO) [klẽkɛʀ] (ETY) Mot angl.

**clino-** Élément, du gr. *klinein,* « être penché ».

**clinomètre** *nm* TECH Instrument servant à mesurer les inclinaisons sur l'horizontale.

**clinquant, ante** *nm, a* **A** *nm* **1** Lamelle d'or, d'argent, rehaussant les broderies. **2** fig Faux brillant, éclat artificiel. *Le clinquant d'un discours.* **B** *a* Qui brille d'un éclat tapageur. *Verroterie clinquante* (ETY) De l'a. fr. *cliquer,* « faire du bruit ».

**Clinton William Jefferson,** dit **Bill** (Hope, Arkansas, 1946), homme politique américain. Démocrate, il est élu président des États-Unis en 1992, et réélu en 1996. Il s'est attaché à réduire le chômage et le déficit budgétaire, et à libérer le commerce international. Menacé de destitution en 1998, il a été maintenu dans ses fonctions par le Sénat en 1999. — **Hillary** (Chicago, 1947), ép. du préc., femme politique américaine, Secrétaire d'État (2009-2013).

Bill Clinton

**Clio** muse de l'Histoire et de la Poésie.

**1 clip** *nm* **1** Bijou monté sur une pince à ressort. **2** TECH Mode de fixation par pince formant ressort, par cliquet. **3** Sorte d'agrafe utilisée en chirurgie. (ETY) Mot angl, « pince, agrafe ».

**2 clip** *nm* Court-métrage conçu dans un but promotionnel. SYN vidéoclip. (ETY) Mot amér.

**1 clipper** *vt* ① Fixer grâce à un clip, une pince à ressort. (VAR) **clipser**

**2 clipper** *nm* MAR Voilier long-courrier rapide et de fort tonnage, utilisé au XIX^e s. (PHO) [klipœʀ] (ETY) Mot angl. (VAR) **clippeur**

**Clipperton** atoll inhabité du Pacifique, appartenant à la France (depuis 1931) ; 1,6 km².

**clique** *nf* **1** péjor Groupe, coterie. *Clique de politiciens véreux.* **2** MILIT Ensemble des tambours et des clairons d'un régiment. **3** SOCIOL Groupe de personnes liées par des obligations mutuelles. (ETY) De l'a. fr. *cliquer,* « faire du bruit ».

**cliquer** *vi* ① INFORM Appuyer sur la touche d'une souris d'un micro-ordinateur. (ETY) Onomat. (DER) **cliquable** *a* – **cliquage** *nm*

**cliques** *nf pl* **LOC** fam ***Prendre ses cliques et ses claques :*** déguerpir, filer en emportant ce que l'on possède. (ETY) Mot rég., « jambes ».

**cliquet** *nm* **1** TECH Pièce mobile qui, butant contre une roue dentée, ne permet à celle-ci qu'un sens de rotation. **2** fig Niveau en dessous duquel on ne peut revenir une fois qu'il a été dépassé.

**cliqueter** *vi* ⑱ ou ⑳ Produire un cliquetis. (ETY) De l'a. fr. *cliquer,* « faire du bruit ». (DER) **cliquètement** ou **cliquettement** *nm*

**cliquetis** *nm* Bruit sec et léger de corps sonores qui s'entrechoquent. *Le cliquetis des couverts sur les assiettes.*

**clisse** *nf* **1** Claie d'osier pour égoutter les fromages. **2** Enveloppe d'osier tressé, pour protéger les bouteilles.

**clisser** *vt* ① Envelopper d'une clisse. (DER) **clissage** *nm*

**Clisson Olivier de** (Clisson, Loire-Atlantique, 1336 – Josselin, 1407), connétable de France. Il succéda à Du Guesclin (1380).

**Clisthène** (VI^e s. av. J.-C.), homme politique athénien. Il contribua à la chute du tyran Hippias (510) et établit la démocratie à Athènes.

**clitocybe** *nm* Champignon basidiomycète non comestible, à chapeau concave, à lamelles et spores blanches.

**clitoridectomie** *nf* CHIR Ablation du clitoris.

**clitoris** *nm* ANAT Petit organe érectile situé à la partie antérieure de la vulve. (DER) **clitoridien, enne** *a*

**clivage** *nm* **1** Action, art de cliver ; propriété que possèdent certains minéraux de se fracturer suivant certains plans. **2** fig Division, séparation. *Clivage politique.*

**clivant, ante** *a* fig Qui divise, oppose. *Éviter d'aborder un sujet trop clivant.*

**Clive de Plassey** Robert (baron) (Styche, Shropshire, 1725 – Londres, 1774), général et administrateur anglais. Il établit la puissance angl. en Inde (1750-1767).

**cliver** *v* ① **A** *vt* **1** Fendre un minéral en suivant l'organisation de ses couches, ou de sa symétrie. **2** fig Diviser, séparer, scinder. *Options nettement clivées.* **B** *vpr* Se fendre. ETY Du néerl. DER **clivable** *a*

**clivia** *nm* BOT Plante ornementale d'Afrique du Sud (amaryllidacée), aux feuilles en ruban, portant une hampe florale rouge orangé.

**Cloaca maxima** dans la Rome antique, grand égout qui desservait le Forum et gagnait le Tibre. Sa construction fut entreprise par Tarquin l'Ancien (VIIe-VIe s. av. J.-C.).

**cloaque** *nm* **1** Dépôt d'immondices ; endroit malpropre, malsain. **2** ZOOL Cavité qui, chez certains animaux (oiseaux, reptiles), sert de débouché aux voies intestinales, urinaires et génitales. ETY Du lat. DER **cloacal, ale, aux** *a*

**clochard, arde** *n* **A** Personne sans domicile et sans travail, menant une vie misérable en marge de la société. **B** *nf* Variété de pomme reinette. ETY De *clocher 2.*

**clochardiser** *v* ① **A** *vt* Réduire à des conditions de vie misérables une personne, un groupe social. **B** *vpr* Passer à l'état de clochard. DER **clochardisation** *nf*

**1 cloche** *nf* **1** Instrument sonore de métal, en forme de vase renversé, muni d'un battant ou d'un marteau qui le met en vibration. *Sonner les cloches.* **2** Ustensile en forme de cloche, servant à couvrir, à protéger. *Cloche à fromage(s).* **LOC** ***Chapeau cloche*** ou ***cloche :*** chapeau de femme en forme de cloche. — anc ***Cloche à plongeur*** ou ***à plongée :*** appareil en forme de cloche permettant aux plongeurs de respirer. — ***Déménager à la cloche de bois :*** en cachette pour ne pas payer le loyer. — ***Jupe cloche :*** évasée vers le bas. — fam ***Sonner les cloches à qqn :*** le réprimander sévèrement. — ***Un autre son de cloche :*** une version différente du même récit. ETY Mot celt.

**2 cloche** *nf, a* **A** fam Se dit d'une personne stupide, sotte, incapable. **B** *nf* Le monde des miséreux, des clochards. **LOC** ***C'est cloche :*** c'est fâcheux, dommage. ETY De *clocher 2.*

**Clochemerle** nom d'un village fictif, modèle d'antagonismes dérisoires et de rivalités de clocher (d'après un roman de Gabriel Chevallier, 1934). DER **clochemerlesque** *a*

**cloche-pied (à)** *av* Sur un seul pied portant à terre. *Sauter à cloche-pied.* VAR **à clochepied**

**1 clocher** *nm* **1** Construction élevée au-dessus d'une église et dans laquelle sont suspendues les cloches. **2** Paroisse, pays natal. **LOC** ***De clocher :*** d'une localité. *Esprit de clocher.*

**2 clocher** *vi* ① fam Être défectueux. *Quelque chose qui cloche dans un raisonnement.* ETY Du lat. *cloppus,* « boiteux ».

**clocheton** *nm* Petit clocher ; ornement en forme de clocher.

**clochette** *nf* **1** Petite cloche. **2** Fleur en forme de petite cloche.

**Clodion** (m. v. 450), chef des Francs Saliens de 428 env. à sa mort. Ancêtre probable des Mérovingiens. VAR **Chlodion le Chevelu**

**Clodion** Claude Michel, dit (Nancy, 1738 – Paris, 1814), sculpteur français : nymphes, bacchantes, satyres, en terre cuite.

**Clodius** Publius Appius (93 – 52 av. J.-C.), chef de faction romain. Homme lige de César, il fit exiler Cicéron (58) et fut tué par Annius Milon, que Cicéron défendit (*Pro Milone*).

**clodo** *n* fam Clochard.

**Clodoald** → **Cloud.**

**Clodomir** (?, 495 – Vézeronce, 524), roi franc d'Orléans (511-524), fils de Clovis. Il fut tué dans la guerre contre les Burgondes.

**cloison** *nf* **1** Mur peu épais séparant deux pièces d'une habitation. **2** ANAT Division d'une cavité. *Cloison nasale.* **3** BOT Membrane de séparation à l'intérieur d'une cavité ou dans une masse charnue. **4** MAR Paroi divisant l'intérieur d'un navire en compartiments indépendants. **5** fig Séparation complète empêchant de communiquer. ETY Du lat. *clausus,* « clos ».

**cloisonné, ée** *a, nm* **A** *a* Divisé par des cloisons, séparé en compartiments. **B** *nm* Bx-A Œuvre d'art dont l'émail est coulé entre des bandes de métal soudées formant un dessin.

**cloisonnement** *nm* **1** Ensemble de cloisons ; leur disposition. **2** fig État de ce qui est cloisonné ; séparation, division. *Le cloisonnement entre les disciplines scolaires.*

**cloisonner** *vt* ① Séparer par des cloisons. DER **cloisonnage** *nm*

**cloître** *nm* **1** Partie d'un monastère interdite aux laïcs, d'où les religieux ne sortent pas. **2** Monastère, abbaye. **3** Galerie intérieure couverte, entourant une cour ou un jardin, dans un monument religieux. *Cloître gothique.* **4** Vie conventuelle. ETY Du lat. VAR **cloitre**

**cloître** de l'abbaye de Noirlac (Cher), XIIIe-XIVe s.

**cloîtré, ée** *a* Qui vit dans un monastère et n'en sort pas. *Religieuses cloîtrées.* VAR **cloitré**

**cloîtrer** *v* ① **A** *vt* **1** Enfermer dans un cloître. **2** fig Enfermer qqn. **B** *vpr* **1** Se retirer dans un cloître. **2** Mener une vie très retirée. *Se cloîtrer chez soi.* VAR **cloitrer**

**CLOM** *nm* Formation à distance disponible sur Internet, gratuite et ouverte à tous. ETY Acronyme de *cours en ligne ouvert et massif.*

**clonage** *nm* **1** BIOL Développement d'une lignée de cellules à partir d'une cellule unique qui présente des caractéristiques intéressantes et qu'on isole après une sélection très stricte. **2** fig Reproduction, copiage. **LOC** ***Clonage thérapeutique :*** obtention de cellules-souches destinées à traiter un malade, par oppos. au *clonage reproductif* visant à obtenir un être vivant identique à un autre.

ENC Dans son sens initial, le clonage consiste à obtenir, par multiplication mitotique d'une seule cellule souche, une colonie de cellules bactériennes, animales ou végétales, cultivées *in vitro*. Toutes les cellules d'une telle colonie possèdent le même patrimoine génétique et constituent un clone. Ainsi, d'un seul bourgeon de rose, on peut « tirer » 200 000 rosiers en un an. Les hybridomes, obtenus par fusion de deux cellules non sexuelles, dont l'une a la propriété de sécréter un anticorps, se multiplient pour former des clones et produisent des anticorps dits *monoclonaux*. Dans le domaine du génie génétique, le clonage consiste à multiplier une bactérie après y avoir inséré un gène provenant d'une espèce animale ou végétale *(clonage de gène).*

**clone** *nm* **1** BIOL Ensemble des cellules dérivant d'une seule cellule initiale dont elles sont la copie exacte. **2** fig Réplique, copie exacte. **3** INFORM Ordinateur compatible avec tout le matériel et les logiciels d'un ordinateur d'un autre modèle donné. ETY Du gr. *klôn,* « jeune pousse ». DER **clonal, ale, aux** *a*

**cloner** *vt* ① **1** BIOL Effectuer un clonage. **2** fig Copier à l'identique. DER **clonable** *a*

**clonique** *a* MED Qui se manifeste par des contractions musculaires désordonnées.

**Cloots** Jean-Baptiste, baron de Cloots, dit Anacharsis (Gnadenthal, près de Clèves, 1755 – Paris, 1794), conventionnel d'origine hollando-prussienne, l'un des chefs des hébertistes, avec lesquels il fut guillotiné.

**clope** *nm, nf* fam Mégot ; cigarette.

**cloper** *vi* ① fam Fumer.

**clopin-clopant** *loc av* fam En boitant. VAR **clopinclopant**

**clopiner** *vi* ① Marcher en boitant. ETY De l'a. fr. *clopin,* « boiteux ».

**clopinettes** *nf pl* **LOC** fam ***Des clopinettes :*** rien. *Travailler pour des clopinettes.*

**cloporte** *nm* Crustacé isopode terrestre vivant dans les lieux humides et sombres.

**cloporte**

**cloque** *nf* **1** Gonflement de l'épiderme provoqué par un épanchement de sérosité, consécutif à une brûlure, une piqûre d'insecte, etc. **2** HORTIC Maladie cryptogamique de fruitiers, qui se traduit par des déformations des feuilles. **LOC** fam ***En cloque :*** enceinte. ETY Mot picard, « bulle ».

**cloqué, ée** *a* HORTIC Attaqué par la cloque.

**cloquer** *v* ① **A** *vi* Se boursoufler en cloque. *Couche de peinture qui cloque.* **B** *vt* TEXT Gaufrer.

**clore** *vt* ⑲ **1** litt Fermer complètement. *Clore une porte.* **2** vieilli Enclore. *Clore un parc.* **3** Terminer ou déclarer terminé. *Clore un débat.* ETY Du lat.

**Clorinde** personnage de la *Jérusalem délivrée* (1581) du Tasse, jeune et intrépide guerrière aimée de Tancrède, qui la tue.

**1 clos, close** *a* **1** Fermé. *Trouver porte close.* **2** Terminé, achevé. *L'incident est clos.* **LOC** ***Champ clos :*** champ entouré de barrières destiné aux tournois, aux duels. — ***Maison close :*** établissement de prostitution. — litt ***Nuit close :*** pleine nuit.

**2 clos** *nm* Terrain cultivé entouré d'une clôture ; vignoble délimité.

**close-combat** *nm* MILIT Technique d'attaque et de défense pour le combat rapproché, au corps à corps. ETY Mot angl.

**closerie** *nf* Petite exploitation rurale close ; petit clos avec une maison d'habitation.

**Clostermann** Pierre (Curitiba, Brésil, 1921 – Montesquieu-des-Albères, Pyr. Or., 2006), aviateur français, auteur du *Grand Cirque* (1948).

**clostridium** *nm* Bactérie anaérobie, cause de diverses maladies (botulisme, œdèmes) et de fermentations. PHO [kləstridjɔm] ETY Du gr.

**Clos-Vougeot** vignoble réputé de Bourgogne (côte de Nuits), dans la com. de Vougeot.

**Clotaire Ier** (?, vers 497 – Compiègne, 561), roi de Soissons en 511, fils de Clovis, seul roi des Francs à partir de 558. — **Clotaire II** (584 – 629), roi de Neustrie (584-629) et d'Austrasie à partir de 613, fils de Frédégonde, il mit à mort Brunehaut. — **Clotaire IV** (m. en 719), roi de Neustrie (717-719) ; Ch. Martel exerça le pouvoir en son nom.

**Clotilde** (sainte) (?, v. 475 – Tours, 545), fille de Chilpéric, roi des Burgondes. Elle épousa Clovis Ier en 493 et contribua à sa conversion.

**Clottes** Jean (Espéraza, Aude, 1935), préhistorien français (fouilles de la grotte Chauvet).

**clôture** *nf* **1** Ce qui enclôt un espace. **2** Enceinte d'un couvent cloîtré. **3** RELIG CATHO Obligation faite aux religieux des ordres cloîtrés de vivre retirés du monde. **4** Action d'arrêter une chose, ou de déclarer qu'elle est terminée. *Clôture d'un scrutin.* ETY Du lat. *claudere*, « clore ».

**clôturer** *vt* ① **A 1** Entourer de clôtures. **2** Arrêter, déclarer terminé. *Clôturer la session parlementaire. Clôturer un compte.* **B** *vi* À la Bourse, atteindre tel niveau en fin de séance, en parlant d'un taux.

**clou** *nm* **A 1** Petite tige de métal, pointue, et ordinairement dotée d'une tête, servant à fixer, attacher ou pendre qqch. *Enfoncer un clou avec un marteau.* **2** Principale attraction. *Le clou de la fête.* **3** CHIR Tige métallique que l'on introduit dans le canal médullaire d'un os fracturé pour assurer sa contention. **4** fam Furoncle. **5** anc Mont-de-piété. **6** fam Véhicule en mauvais état. *Un vieux clou.* **B** *nm pl* Passage clouté. *Traverser dans les clous.* **LOC** fam ***Des clous !*** : rien du tout ! Pas question ! — fam ***Cela ne vaut pas un clou*** : cela n'a aucune valeur. — fig, fam ***Être, rester dans les clous, sortir des clous*** : être, rester dans la légalité, ou en sortir. ETY Du lat.

**Cloud** (saint) (?, v. 522 – Novientum, auj. Saint-Cloud, v. 560), petit-fils de Clovis. Après le massacre de ses frères par Clotaire et Childebert, il vécut en ermite. VAR **Clodoald**

**cloud computing** *nm* Synonyme de informatique en nuage. PHO [klaudkɔ̃pytiŋ] ETY Mots angl.

**clouer** *vt* ① **1** Fixer, assembler avec des clous. *Clouer une caisse.* **2** fig Obliger qqn à rester quelque part, dans une situation. *Il est cloué au lit par une forte grippe.* **LOC** fam ***Clouer le bec à qqn*** : le réduire au silence par des propos définitifs. DER **clouage** *nm*

**Clouet** Jean, dit Jehannet ou Janet (Bruxelles [?], vers 1485-1490 – Paris, 1541), peintre français d'origine flamande, portraitiste à la cour sous François Ier (nombreux dessins à la pointe d'argent ou à la sanguine). — **François** ou **Janet** (Tours, avant 1522 – Paris, 1572), peintre, fils et successeur du précédent.

**clouter** *vt* ① Garnir ou orner de clous. DER **cloutage** *nm*

**clouterie** *nf* Fabrique, commerce de clous. DER **cloutier, ière** *n*

**Clouzot** Henri Georges (Niort, 1907 – Paris, 1977), cinéaste français : *le Corbeau* (1943), *Quai des Orfèvres* (1947), *Manon* (1948), *le Salaire de la peur* (1953), *les Diaboliques* (1954), *le Mystère Picasso* (doc., 1956), *la Vérité* (1960).

**Clovis Ier** (vers 465 – Paris, 511), roi des Francs de 481 à 511. Fils de Childéric Ier, il lui succéda comme roi salien de Tournai (481). Selon la tradition, il battit le général romain Syagrius à Soissons (épisode du vase de Soissons) en 486, défit les Alamans (496), puis les Burgondes (500) et le roi wisigoth Alaric II à la bataille de Vouillé (507). Sa conversion au christianisme (il fut baptisé par saint Remi, évêque de Reims, vers 496) fait de lui le premier roi barbare catholique romain. V. Clotilde (sainte). — **Clovis II** (635-657), roi de Neustrie et de Bourgogne (639-657), fils de Dagobert Ier. — **Clovis III** ou **Clovis IV** (682 – 695), roi de Neustrie, roi des Francs (691-695). Pépin de Herstal, maire du palais, exerça le pouvoir en son nom.

**clovisse** *nf* Mollusque lamellibranche fouisseur, comestible. SYN palourde. ETY Du provenç.

**clown** *nm* **1** Acteur comique de cirque. *Numéro de clowns.* **2** fig Personne qui prend plaisir à amuser son entourage. *Faire le clown.* SYN pitre. PHO [klun] ETY Mot angl., « farceur ».

**clownerie** *nf* Pitrerie digne d'un clown.

**clownesque** *a* Relatif aux clowns ; digne d'un clown. *Attitude clownesque.*

**cloyère** *nf* Panier à huîtres ; son contenu. PHO [klwajɛʀ] ou [klɔjɛʀ] ETY De *claie*.

**1 club** *nm* **1** Cercle de personnes qui se rassemblent régulièrement en un local déterminé, dans une intention déterminée. *Club de voile, de tennis.* **2** Canada Équipe sportive. *Un club de hockey.* **LOC** HIST ***Club des Cordeliers, des Feuillants, des Jacobins*** : clubs politiques formés pendant la révolution française de 1789. — ***Club de nuit*** ou ***club*** : établissement commercial ouvert une partie de la nuit où l'on peut consommer de l'alcool, danser, voir des spectacles. — ***Fauteuil club*** : en cuir, large et profond. PHO [klœb] ETY Mot angl.

**2 club** *nm* Crosse servant à frapper la balle au jeu de golf. PHO [klœb] ETY Mot angl.

**clubbing** *nm* Syn. de *night-clubbing*. DER **clubbeur, euse** ou **clubber** *n*

**Club de Paris** groupe informel de créanciers publics apportant aux pays en développement et émergents des solutions pour leurs dettes. La première réunion se produisit en 1956, à Paris.

**Club de Rome** groupe constitué en 1968 et réunissant des chercheurs préoccupés de l'avenir économique et écologique de la planète.

**clubhouse** *nf* Dans un club sportif (golf, football), lieu de rencontre offrant divers services. PHO [klœbhauz] ETY Mot angl.

**clubiste** *nm* Membre d'un club politique. PHO [klybist] ou [klœbist] ETY Mot angl.

**Club Méditerranée** société française de tourisme, créée en 1950, qui a implanté des villages de vacances dans le monde entier, le plus souvent au bord de la mer.

**club-sandwich** *nm* Sandwich constitué de plusieurs tranches de pain empilées et diversement garnies. PLUR club-sandwichs. PHO [klœbsɑ̃dwitʃ] ETY Mot angl.

**Cluj Napoca** ville de Roumanie (Transylvanie) ; 299 790 hab. ; ch.-l. de district. Industries. – Université. Égl. goth. (XIVe-XVe s).

**Henri Georges Clouzot**
*Quai des Orfèvres*, 1947, avec, de dr. à g., L. Jouvet, B. Blier, R. Bussières

**clunisien, enne** *a, n* De l'ordre monastique de Cluny, bénédictins établis à Cluny en 910 et qui ont exercé une influence spirituelle et culturelle sur tout l'Occident chrétien aux XIe et XIIe s.

**Cluny** ch.-l. de cant. de la Saône-et-Loire (arr. de Mâcon), sur la Grosne, affl. de la Saône ; 4 957 hab. École d'arts et métiers. – Anc. et célèbre abb. bénédictine, fondée en 910 par le duc Guillaume d'Aquitaine. L'égl. abbat., bâtie de 1088 à 1150, fut, jusqu'à la construction de St-Pierre de Rome, la plus vaste du monde ; il n'en reste qu'une faible partie. DER **clunysois, oise** *a, n*

l'abbaye de **Cluny**

**Cluny** (hôtel et musée de) musée de Paris (Ve arr.), dans l'ancien hôtel des abbés de Cluny (fin du XVe s), auj. appelé musée national du Moyen Âge. Thermes romains (IIIe s.).

**clupéiforme** *nm* Poisson téléostéen, de forme allongée, à grandes écailles et queue fourchue, dont l'ordre comprend le hareng, l'alose, le sprat, la sardine, l'anchois, etc.

**Clusaz (La)** com. de la Haute-Savoie (arr. d'Annecy), à 1 040 m d'alt. ; 1 916 hab. Station de sports d'hiver.

**cluse** *nf* GEOMORPH Coupure transversale d'un anticlinal, mettant en communication deux vallées, typique du relief jurassien.

**Cluses** ch.-l. de cant. de la Haute-Savoie, sur l'Arve ; 17 877 hab. Centre de décolletage. Horlogerie. DER **clusien, enne** *a, n*

**Clusium** → **Chiusi.**

**cluster** *nm* **1** didac Agglomérat d'un petit nombre d'objets. **2** MUS Résonance de plusieurs notes produites par le poing appliqué sur le clavier. **3** Regroupement de laboratoires, de centres de recherches, d'entreprises. PHO [klystɛʀ] ou [klœstœʀ] ETY Mot angl.

**Clwyd** comté du pays de Galles ; 2 427 km² ; 401 900 hab. ; ch.-l. *Mold.*

**Clyde (la)** fl. d'Écosse (170 km) ; arrose Glasgow, se jette dans la mer d'Irlande par un profond estuaire (100 km).

**Clydebank** ville d'Écosse, près de Glasgow (Strathclyde) ; 29 000 hab. Industries.

**clystère** *nm* vx **1** Lavement. **2** Seringue spéciale qui servait aux lavements. ETY Du gr.

**Clytemnestre** fille de Tyndare, roi de Sparte, et de Léda ; sœur d'Hélène, de Castor et de Pollux ; femme d'Agamemnon ; mère d'Oreste, d'Électre et d'Iphigénie. Avec l'aide d'Égisthe, son amant, elle assassina son époux. Ils furent à leur tour tués par Oreste.

**CM** *nm* Cours moyen de l'enseignement primaire.

**cm** Symbole de centimètre.

**Cm** CHIM Symbole du curium.

**CMR** *nm pl* Produits cancérigènes, mutagènes et reprotoxiques.

**CMU** *nf* Sigle de *couverture maladie universelle*, destinée aux plus démunis.

**cm²** Symbole de centimètre carré.

**cm³** Symbole de centimètre cube.

**CNAC G.P.** Sigle de *Centre national d'art et de culture Georges-Pompidou.* V. Pompidou.

**CNAM** → **Conservatoire national des arts et métiers.**

**CNC** Sigle de *Centre national de la cinématographie.*

**cnémide** *nf* ANTIQ Jambière de métal que portaient les soldats grecs.

**CNES** Sigle de *Centre national d'études spatiales.*

**cnidaire** *nm* ZOOL Métazoaire diploblastique à symétrie radiaire, couvert de cellules urticantes. *Les hydrozoaires, les schyphozoaires et les anthozoaires sont les trois superclasses de l'embranchement des cnidaires.* ETY Du gr. *knidê*, « ortie ».

**Cnide** v. anc. de Carie, célèbre par le temple où se trouvait l'*Aphrodite* de Praxitèle.

**cnidoblaste** *nm* Cellule urticante de l'épiderme des cnidaires. SYN nématoblaste.

**cnidocyste** *nm* Capsule urticante des cnidoblastes. SYN nématocyste.

**cnidosporidie** *nf* ZOOL Protozoaire parasite dont le stade initial est un germe qui ressemble à l'amibe et le stade final une spore à plusieurs cellules dont certaines sont semblables aux cnidoblastes.

**CNIL** Acronyme pour *Commission nationale de l'informatique et des libertés,* créée en 1978.

**CNIT** Acronyme pour *Centre national des industries et techniques.* Bâtiment situé à la Défense, construit en 1958.

**CNJA** Sigle de *Centre national des jeunes agriculteurs,* organisation syndicale fondée en 1961.

**CNN** Sigle pour *Cable News Network,* chaîne amér. de télévision par câble, fondée en 1980, qui diffuse des informations en continu.

**Cnossos** anc. ville de Crète, haut lieu d'une brillante civilisation (XXᵉ-XIVᵉ s. av. J.-C.). Le palais de Minos (XVIᵉ-XVᵉ s.) s'élève sur les vestiges d'un premier palais (XXIᵉ-XXᵉ s.).

**Cnossos** la véranda des gardes

**CNPF** Sigle pour *Conseil national du patronat français.*

**CNR** Sigle pour *Conseil national de la Résistance.*

**CNRS** Sigle de *Centre national de la recherche scientifique.*

**CNUCED** Sigle de *Conférence des Nations unies sur le commerce et le développement.*

**co-** Préfixe du lat. *cum,* « avec », exprimant le concours, l'union, la simultanéité.

**1 Co** Abrév. angl. de *Company* (société commerciale).

**2 Co** CHIM Symbole du cobalt.

**coaccusé, ée** *n* Personne accusée en même temps qu'une ou plusieurs autres. DER **coaccusation** *nf*

**1 coach** *nm* Voiture automobile à 2 portes et 4 glaces. PHO [kotʃ] ETY Mot angl., « *diligence* ».

**2 coach** *n* **1** SPORT Entraîneur d'une équipe, d'un athlète de haut niveau. **2** GEST Expert en recrutement et en conseil de dirigeants d'entreprises, de cadres de haut niveau. **3** Professionnel qui donne des conseils personnalisés à propos d'un problème de la vie quotidienne. ETY Mot angl., « *diligence* ».

**coacher** *vt* ① **1** Conseiller qqn en qualité de coach (sport, entreprise, etc.). **2** fig, fam Diriger, guider. *L'utilisateur se sent coaché par le logiciel.* PHO [kotʃe] DER **coaché, ée** *n*

**coaching** *nm* Activité d'un coach, fonction de coach. PHO [kotʃiŋ] ETY Mot angl.

**coacquéreur, euse** *n* Personne qui acquiert un bien en commun avec d'autres.

**coadjuteur** *nm* DR ECCLES Évêque auxiliaire de l'évêque diocésain lui succédant de droit.

**coadjuvant** *nm* PHARM Médicament associé à un autre pour le rendre actif.

**coadministrateur, trice** *n* Personne qui administre avec d'autres.

**coaguler** *v* ① **A** *vt* Transformer une substance organique liquide en une masse plus ou moins solide. *Coaguler du sang, du lait.* SYN figer, cailler. **B** *vi* Prendre une consistance plus ou moins solide. *Le sang coagule.* ETY Du lat. DER **coagulable** *a* – **coagulant, ante** *a, nm* – **coagulation** *nf*

ENC La coagulation du sang, qui a une fonction antihémorragique, résulte d'une succession de réactions enzymatiques qui aboutissent à la transformation du fibrinogène en un réseau de fibrine. Celui-ci enserre les globules rouges et forme le caillot, qui se rétracte alors, libérant le sérum. Lorsque le processus de coagulation se produit spontanément dans un vaisseau, il provoque une thrombose, qui peut réaliser une embolie.

**coagulum** *nm* didac Caillot, masse coagulée. PHO [kɔagylɔm]

**coalescence** *nf* **1** didac Réunion, fusion d'éléments en contact. *Coalescence de tissus.* **2** PHYS Formation de gouttes à partir de gouttelettes en suspension. ETY Du lat. *coalescere,* « s'unir, se lier ». DER **coalescent, ente** *a*

**coaliser** *v* ① **A** *vt* Liguer, réunir différents partis en vue d'une lutte. **B** *vpr* Former une coalition. DER **coalisée, ée** *a, n*

**coalition** *nf* **1** Réunion momentanée de puissances, de partis, de personnes pour lutter contre un adversaire commun. SYN alliance, ligue. **2** Accord réalisé dans des buts économiques ou professionnels. ETY Du lat., par l'angl.

**coaltar** *nm* Goudron de houille. LOC *Être dans le coaltar :* ne pas avoir les idées claires. PHO [kɔltaʀ] ETY De l'angl. VAR **coltar**

**Coanda** Henri (Bucarest, 1886 – id., 1972), ingénieur et physicien roumain. – *Effet Coanda :* tendance d'un fluide sortant d'un récipient par un orifice ou par un tuyau à épouser les contours extérieurs de ce récipient.

**coarctation** *nf* MED Rétrécissement de l'aorte.

**coarticulation** *nf* PHON Variation de la prononciation des phonèmes selon le contexte où ils apparaissent.

**coasser** *vi* ① Pousser son cri, en parlant de la grenouille. ETY Du lat. *coaxere,* du gr. *koax,* onomat. DER **coassement** *nm*

**coassocié, ée** *n* Personne associée à d'autres dans une affaire, une entreprise.

**coassurance** *nf* Assurance d'un même risque par plusieurs assureurs.

**Coast Range** chaîne côtière du Pacifique (Canada et É.-U.) ; 4 418 m au mont Whitney.

**coati** *nm* Mammifère carnivore fissipède d'Amérique tropicale, à long museau. ETY Du tupi.

**coauteur** *n* **1** Auteur avec un ou plusieurs autres d'un même ouvrage. **2** DR Celui qui commet un délit avec un autre. VAR **coauteure** *nf*

**coaxial, ale** *a* Qui a le même axe qu'un autre objet. PLUR coaxiaux. LOC ELECTR *Câble coaxial :* constitué par un conducteur central, un conducteur périphérique isolé du premier, et une gaine de protection.

**cob** *nm* **1** Cheval de trait, de taille élevée, à queue coupée, originaire de la Manche. **2** Syn. de *cobe.* ETY Mot angl.

**COB** Sigle de *Commission des opérations de Bourse.* Organisme créé en 1967.

**cobalt** *nm* **1** Élément métallique de numéro atomique Z = 27, de masse atomique 58,93 (symbole Co). **2** Métal blanc, ferromagnétique, de densité 8,9, qui fond vers 1 450 °C. *Le cobalt entre dans la composition d'aciers.* LOC *Bombe au cobalt :* appareil qui génère des rayons radioactifs à partir du cobalt et que l'on utilise dans le traitement des cancers. PHO [kɔbalt] ETY De l'all.

**cobaltage** *nm* TECH Dépôt protecteur de cobalt appliqué sur un métal.

**cobalteux, euse** *a* CHIM Qualifie les composés du cobalt au degré d'oxydation + 2.

**cobalthérapie** *nf* MED Traitement par les rayonnements émis par le cobalt 60, isotope radioactif du cobalt. VAR **cobaltothérapie**

**cobaltine** *nf* Sulfoarséniure naturel de cobalt ; minerai de ce métal.

**cobaltique** *a* CHIM Qualifie les composés du cobalt au degré d'oxydation + 3.

**cobaye** *nm* **1** Petit rongeur d'Amérique du S., très utilisé pour les expériences en laboratoire. SYN cochon d'Inde. **2** fig Personne, animal servant de sujet d'expérience. PHO [kobaj] ETY Du tupi, par le portugais.

**cobaye** angora

**Cobbett** William (Farnham, Surrey, 1762 – Guildford, 1835), homme politique et publiciste britannique ; fondateur du *Weekly Political Register,* mouvement radical anglais.

**Cobden** Richard (Dunford Farm, 1804 – Londres, 1865), économiste et homme politique anglais, adversaire résolu du protectionnisme.

**cobe** *nm* Antilope de taille moyenne fréquente dans les savanes africaines, dont le mâle seul porte des cornes. VAR **cob** ou **kob**

**cobée** *nf* Plante grimpante à grosses fleurs violacées en cloche.

**cobelligérant, ante** *a, nm* Allié(e) à un ou plusieurs pays en guerre contre un ennemi commun. *Nation cobelligérante.*

**cobia** *nm* Poisson à la chair fine, blanche et ferme, élevé en aquaculture aux Antilles.

**Coblence** (en all. *Koblenz*), v. d'Allemagne, au confl. du Rhin et de la Moselle ; 110 280 hab. – Lieu de ralliement des émigrés franç., qui y formèrent l'armée de Condé (1792).

**cobol** *nm* INFORM Langage de programmation utilisé en gestion d'entreprise. ETY Acronyme pour l'angl. *Common business oriented language.*

**Cobourg** (en all. *Coburg*), v. d'Allemagne (Bavière), sur l'*Itz,* affl. du Main ; 44 410 hab. Industries. – Une des v. princ. de l'anc. duché de Saxe-Cobourg-Gotha. Égl.(XVe s.). Château (XVIe s.).

**cobra** *nm* Serpent venimeux dont les côtes peuvent se redresser, formant un élargissement postcéphalique caractéristique. *Le cobra royal atteint 5 m de long.* (ETY) Mot portug.

**cobra** en posture d'agression

**Cobra** acronyme pour *COpenhague, BRuxelles, Amsterdam*, mouvement artistique international (1948-1951) d'inspiration expressionniste : Asger Jorn, Appel, Constant, Corneille, Alechinsky.

**Cobra** Asger Jorn, *Guganaga*, 1945 – Kunstmuseum, Århus

**cobranding** *nm* COMM Association de deux marques pour concevoir et distribuer un produit commun. SYN comarquage. (PHO) [kobʀɑ̃diŋ] (ETY) Mot angl.

**coca** *n* **A** *nm* **1** Arbuste du Pérou et de Bolivie, dont les feuilles renferment divers alcaloïdes et notam. la cocaïne. **2** fam Coca-cola. **B** *nf* Substance extraite des feuilles de coca, aux propriétés stimulantes. (ETY) Mot esp.

**coca-cola** *nm inv* Boisson gazeuse à base d'un succédané de coca et de noix de cola. (ETY) Nom déposé.

**cocagne** *nf* LOC ***Mât de cocagne*** : mât enduit de savon au haut duquel les concurrents tentent de grimper pour décrocher des lots. — ***Pays de cocagne*** : où l'on trouve tout à souhait et en abondance. (ETY) Mot provenç.

**cocaïne** *nf* Alcaloïde ($C_{17}H_{21}NO_4$) extrait des feuilles de coca, stupéfiant et anesthésique. (ETY) De coca.

**cocaïnisation** *nf* MED Utilisation thérapeutique de la cocaïne.

**cocaïnisme** *nm* MED État d'intoxication chronique par la cocaïne.

**cocalero** *nm* Petit planteur de coca.

**cocarcinogène** *a, nm* Se dit d'un facteur favorisant l'apparition d'un cancer quand il est associé à un autre.

**cocarde** *nf* **1** Insigne de forme souvent circulaire que l'on portait à la coiffure. **2** Insigne circulaire aux couleurs nationales. *Cocardes d'un avion militaire.* (ETY) De l'a. fr. *coquart*, « sot, vaniteux ».

**cocardier, ère** *a* péjor Qui aime l'armée, la patrie.

**cocasse** *a* fam Qui est d'une étrangeté plaisante, qui fait rire. *Une histoire cocasse.*

**cocasserie** *nf* Caractère de ce qui est cocasse ; chose cocasse.

**coccidie** *nf* Protozoaire sporozoaire de très petite taille, ovoïde, parasite à l'intérieur des cellules de la muqueuse intestinale ou du foie.

**coccidiose** *nf* MED VET Maladie parasitaire provoquée par diverses espèces de coccidies chez les bovins, ovins, volailles, lapins, etc.

**coccinelle** *nf* Coléoptère à corps hémisphérique, à élytres orangés ou rouges tachetés de noir, dont certaines espèces se nourrissent de pucerons, appelé aussi *bête à bon Dieu.* (ETY) Du lat. *coccinus*, « écarlate ».

**coccinelle** en haut, à g., *Thea vigintiduo punctata* – à dr., *Adalia bipunctata* – en bas, *Coccinella septempunctata*

**coccolithe** *nm* BOT, PALEONT Plaquette calcaire microscopique couvrant le thalle de certaines algues planctoniques et constituant un des principaux fossiles de la craie.

**coca**

**coccolithophore** *nm* Algue planctonique à deux flagelles revêtu d'une carapace de coccolithes. (VAR) **coccolithophoridé**

**coccus** *nm* Bactérie en forme de grain sphérique. PLUR cocci.

**coccyx** *nm* Os situé à l'extrémité inférieure du sacrum et formé de quatre ou cinq petites vertèbres soudées entre elles. (PHO) [kɔksis] (ETY) Du gr. *kokkux*, « (bec de) coucou ». (DER) **coccygien, enne** *a*

**Cochabamba** v. de Bolivie, au S.-E. de La Paz, à 2 500 m d'alt. ; 317 250 hab. ; ch.-l. du dép. du même nom. Centre industriel.

**1 coche** *nm* anc Grande voiture qui servait au transport des voyageurs. LOC fig ***Manquer le coche*** : laisser échapper l'occasion. (ETY) De l'all.

**2 coche** *nm* LOC anc ***Coche d'eau*** : chaland halé par des chevaux. — ***Coche de plaisance*** : petit bateau habitable de tourisme fluvial. (ETY) Du néerl.

**3 coche** *nf* **1** Entaille, encoche. *Coche d'une flèche.* **2** Marque. *Faire une coche au crayon.* (ETY) Du lat.

**cochenille** *nf* Insecte homoptère de très petite taille, dont seul le mâle est ailé, parasite de divers végétaux. *La cochenille du nopal fournit un colorant carmin.*

**1 cocher** *nm* Conducteur d'une voiture à cheval.

**2 cocher** *vt* ① Marquer d'une coche ou d'un signe. *Cochez d'une croix les cases correspondantes.*

**Cocher (le)** constellation de l'hémisphère boréal. ; n. scientif. : *Auriga, Aurigae.*

**cochère** *af* LOC ***Porte cochère*** : par laquelle une voiture peut passer.

**Cocherel** écart de la com. d'Houlbec-Cocherel (Eure, arr. d'Évreux), où Du Guesclin vainquit Charles le Mauvais (1364).

**cochet** *nm* Jeune coq. SYN coquelet.

**Cochet Henri** (Villeurbanne, 1901 – Saint-Germain-en-Laye, 1987), joueur de tennis français, un des « quatre mousquetaires ».

**cochevis** *nm* ORNITH Alouette huppée des lieux sablonneux.

**Cochin** port de l'Inde (Kerala), sur la côte de Malabār ; 1,5 million d'hab. – Vasco de Gama y fonda un comptoir en 1502.

**Cochin Jacques Denis** (Paris, 1726 – id., 1783), curé parisien, fondateur de l'hôpital qui porte son nom (XIVe arr.).

**Cochinchine** désignation européenne de la région méridionale du Viêt-nam actuel. En 1867, la France acheva la conquête de ce territ. et l'intégra à l'Union indochinoise en 1887. (DER) **cochinchinois, oise** *a, n*

**Cochise** (v. 1812 – 1876), chef amérindien qui, avec Geronimo, unifia la nation apache (1861-1872) dans le S.-E. de l'Arizona.

**cochléaria** *nm* Crucifère riche en vitamines C, utilisée autrefois comme antiscorbutique. SYN raifort. (PHO) [kokleaʀja] (ETY) Du lat. *cochlearium*, « cuillère », à cause de la forme des feuilles.

**cochlée** *nf* ANAT Limaçon de l'oreille interne. (PHO) [kɔkle] (DER) **cochléaire** *a*

**cochon, onne** *n, a* **A** *nm* **1** Animal domestique omnivore, porc élevé pour sa chair. *Les cochons de la ferme.* **2** Viande de cet animal. *Manger du cochon.* **B** *n* **1** fam Personne malpropre. *C'est un vrai cochon quand il mange.* **2** Personne indélicate, malfaisante. **C** *a* **1** Licencieux, pornographique. *Des gravures cochonnes.* **2** Libidineux, vicieux. *Un film cochon.* LOC fam ***Amis, copains comme cochons*** : très liés. — ***Cochon d'Amérique*** : pécari.

# CODE DE LA ROUTE

## Signalisation de danger

chaussée rétrécie — chaussée rétrécie par la droite — virage à droite — virage à gauche — succession de virages dont le premier est à droite — succession de virages dont le premier est à gauche — circulation dans les deux sens — intersection d'une route non prioritaire — dos d'âne

chaussée glissante — danger — croisement — passage protégé — vent latéral — feux tricolores — débouché de cyclistes ou de cyclomotoristes — descente dangereuse — débouché sur quai ou berge

pont mobile — passage à niveau manuel — passage à niveau sans barrière — projection de gravillons — travaux : ralentir — chutes de pierres — attention école — passage d'animaux sauvages — passage d'animaux domestiques

## Signalisation d'interdiction et de priorité

circulation interdite — sens interdit — interdiction de tourner à gauche — interdiction de tourner à droite — interdiction de faire demi-tour — arrêt et stationnement interdits — stationnement interdit — dépassement interdit — dépassement interdit aux plus de 3,5 tonnes

interdit aux piétons — interdit aux véhicules sauf aux cyclomoteurs — interdit aux cycles et cyclomoteurs — interdit aux cyclomoteurs — interdit aux camions — interdit aux véhicules dépassant ... mètres — interdiction de dépasser la vitesse indiquée — signaux sonores interdits — priorité à la circulation en sens inverse

maintien d'un intervalle au moins égal à ... mètres — interdit aux véhicules d'une hauteur sup. à ... mètres — interdit aux véhicules dépassant ... tonnes sur un essieu — interdit aux véhicules d'une largeur sup. à ... mètres — interdit aux véhicules ayant un poids en charge de plus de ... tonnes — arrêt obligatoire — cédez le passage à l'intersection — indication de priorité d'une route à grande circulation — perte de priorité d'une route à grande circulation

## Signalisation d'obligation

obligation d'aller tout droit — obligation de suivre la direction de droite — obligation de contourner l'obstacle — obligation de tourner à droite — obligation de tourner à droite ou à gauche — obligation d'aller tout droit ou à droite — sens giratoire obligatoire — voie réservée aux transports en commun — chaînes à neige obligatoires

voie piétonnière — piste cyclable — allée cavalière

## Signalisation de fin d'interdiction

fin d'interdiction — fin de limitation de vitesse — fin d'interdiction de signaux sonores — fin d'interdiction de dépasser — fin d'interdiction de dépasser aux véhicules de plus de 3,5 tonnes

## Fin d'obligation

fin de voie réservée aux transports en commun — fin d'obligation de chaînes à neige — fin de voie piétonnière — fin de la piste cyclable — fin de l'allée cavalière

## Signalisation relative à une voie ferrée

balises rappelant l'approche du passage à niveau

passage à niveau à voie unique — passage à niveau à plusieurs voies

## Signalisation de simple indication

intersection et indication de priorité — chemin sans issue — sens unique — priorité par rapport à la circulation en sens inverse — passage pour piétons — parc de stationnement — hôpital — autoroute

# SIGNALISATION PROPRE À CERTAINS PAYS DE L'EUROPE

R.-U. — Esp. Ital. — Por. — Por. — Por. — Irl. — Irl. — Irl.

fin de route à chaussées séparées — voie d'accélération sur la droite — intersection avec une route non prioritaire — fin de route à quatre voies — rétrécissement de chaussée — virage dangereux

Dan. — Dan. — P.-Bas — Esp. — Esp. — Ital. — Lux.

annonce de sortie d'autoroute — jonction d'autoroutes ou de routes à plusieurs voies — jonction d'autoroutes — itinéraire pour tourner à gauche — voie réservée aux véhicules lents

All. — Dan. — Irl. — Irl. — P.-Bas Ital. — Ital. — All.

déviation de circulation — vitesse conseillée pour quitter dans la direction indiquée un itinéraire important — interdiction de tourner à gauche — obligation de tourner à gauche — accès interdit aux véhicules tractant une remorque — sur route de montagne, cédez le passage aux autocars en cas de croisement impossible — obligation d'allumer les feux pour stationner de nuit

Esp. — R.-U. — P.-Bas — Esp. — Esp. — P.-Bas All. — Esp. — P.-Bas — All.

zone urbaine — pont en dos d'âne — accident — chaussée dénivelée — embouteillage — visibilité réduite (neige - pluie - brouillard) — risque de verglas

Por. — Por. Lux. — Por. — Por. Lux. — Esp. Ital. — Esp. Ital. — Lux.

stationnement interdit les jours impairs — stationnement interdit les jours pairs — stationnement interdit du côté du chiffre I les jours impairs — stationnement interdit du côté du chiffre II les jours pairs — indicateur sur champ vert : circuler indicateur sur champ rouge : arrêter

Irl. — Belg. — Belg. — Ital. Esp. Por. — All.

stationnement interdit — stationnement obligatoire en partie sur l'accotement ou le trottoir — stationnement obligatoire sur la chaussée — garage

### Abréviations

| | | | |
|---|---|---|---|
| **All. :** | Allemagne | **Ital. :** | Italie |
| **Belg. :** | Belgique | **Lux. :** | Luxembourg |
| **Dan. :** | Danemark | **P.-Bas :** | Pays-Bas |
| **Esp. :** | Espagne | **Por. :** | Portugal |
| **Irl. :** | Irlande | **R.-U. :** | Royaume-Uni |

— *Cochon d'eau :* cabiai. — *Cochon de lait :* jeune cochon. — *Cochon de mer :* marsouin. — fam *Cochon de payant :* personne à qui on demande toujours de payer le maximum. — *Cochon de terre :* oryctérope. — *Cochon d'Inde :* cobaye. — *Donner des perles, de la confiture à des cochons :* donner qqch de raffiné à qui n'est pas capable de l'apprécier. — *Tête de cochon :* personne de mauvais caractère. — *Tour de cochon :* mauvais tour.

**cochonglier** *nm* Croisement de sanglier et de porc.

**cochonnaille** *nf* fam Charcuterie. *Assiette de cochonnaille.*

**cochonnée** *nf* Portée d'une truie.

**cochonner** *v* ① **A** *vi* Mettre bas, en parlant d'une truie. **B** *vt* fam Faire qqch salement ou grossièrement ; salir, souiller. *Il a cochonné son travail.*

**cochonnerie** *nf* fam **1** Saleté, détritus. *Nettoyer ses cochonneries.* **2** Action, parole obscène. *Débiter des cochonneries.* **3** Chose sans valeur, qui peut être nuisible. *Manger des cochonneries.*

**cochonnet** *nm* **1** Jeune cochon. **2** Petite boule servant de but au jeu de boules.

**Cochrane** Thomas (comte de Dundonald) (Annsfield, Lanarkshire, 1775 – Kensington, 1860), amiral britannique. Il servit successivement le Chili, le Brésil et la Grèce, en lutte pour leur indépendance.

**cochylis** *nm* ZOOL Papillon dont la chenille s'attaque à la feuille de la vigne. SYN tordeuse de la vigne. PHO [kɔkilis] ETY Du gr. *kogkulion,* « coquille ». VAR **conchylis**

**Cockcroft** sir John Douglas (Todmorden, Yorkshire, 1897 – Cambridge, 1967), physicien anglais. Le prem., il bombarda (1932) des noyaux atomiques à l'aide de particules accélérées afin de créer des transmutations. P. Nobel (1951) avec E. T. Walton.

**cocker** *nm* Chien d'arrêt à poil long et grandes oreilles tombantes. PHO [kɔkɛʀ] ETY De l'angl. *woodcocker,* « chasseur de bécasses ».

**Cockerill** John (Haslington, 1790 – Varsovie, 1840), industriel belge d'origine anglaise. Il a installé à Liège le premier four à coke du continent (1830).

**cockney** *n* **A** Londonien de souche, notam. des quartiers populaires. **B** *a* Propre à Londres, à ses quartiers populaires. *Accent cockney.* **C** *nm* Langage populaire parlé par les cockneys. PHO [kɔknɛ] ETY De l'angl. *cokenegg,* « œuf de coq », sobriquet du Londonien.

**cockpit** *nm* **1** MAR Partie en creux, à ciel ouvert, située à l'arrière d'une embarcation, où se tient le barreur. **2** AVIAT Cabine constituant le poste de pilotage dans un avion. PHO [kɔkpit] ETY Mot angl.

**cocktail** *nm* **1** Boisson alcoolisée ou non, résultant d'un mélange. **2** fig Mélange quelconque. *Cocktail de fruits. Un cocktail de malice et de gravité.* **3** Réunion mondaine avec buffet. LOC MED *Cocktail lytique :* mélange de médicaments supprimant les réactions de l'organisme. — *Cocktail Molotov :* projectile offensif constitué par une bouteille remplie d'un liquide explosif ou incendiaire. PHO [kɔktɛl] ETY Mot anglo-amér., « queue de coq ».

**1 coco** *nm* LOC *Fibres de coco :* fibres lignifiées du cocotier, utilisées dans l'industrie. — *Noix de coco :* fruit comestible du cocotier qui fournit le coprah. ETY Du portug.

**2 coco** *nm* **1** fam Œuf, dans le langage enfantin. **2** Gros haricot blanc de forme ovoïde. **3** fam Terme d'affection, souvent à l'adresse d'un enfant. *Mon petit coco.* **3** péjor Individu. *Un drôle de coco, celui-là !* ETY Onomat. d'après le cri de la poule.

**3 coco** *nm* fam Communiste.

**cocon** *nm* **1** Enveloppe soyeuse que filent un grand nombre de chenilles pour s'y transformer en chrysalide ou par les araignées pour abriter leurs œufs. *Le cocon du ver à soie.* **2** fig Endroit douillet ; situation où l'on se sent protégé. *Le cocon familial.* ETY Du provenç.

**Coconas** Annibal (comte de) (au Piémont, 1535 – Vincennes, 1574), gentilhomme piémontais. Il se signala par ses cruautés lors de la Saint-Barthélemy. Ayant conspiré en faveur du duc d'Alençon contre Henri III, alors roi de Pologne, il fut décapité. VAR **Coconnat**

**cocontractant, ante** *n* DR Chacune des personnes qui forment ensemble l'une des parties dans un contrat.

**cocooner** *vi* ① fam Rester tranquillement chez soi, faire du cocooning. PHO [kokune] ETY Mot angl.

**cocooning** *nm* Comportement de qqn qui recherche un confort douillet, sans risque. PHO [kokuniŋ] ETY Mot angl.

**cocorico** *interj, nm* **A** *interj* Cri du coq. **B** *nm* Bruyante manifestation de chauvinisme. *Les cocoricos après la victoire du match.* ETY Onomat.

**Cocos** (îles) archipel de l'océan Indien, au S.-O. de Java ; 14,2 km$^2$ ; 615 hab. Phosphate. Base aérienne. – Sous dépendance australienne depuis 1955, elles deviennent un territoire extérieur de l'Australie en 1984. VAR **Keeling**

**cocoter** *vi* ① fam **1** Sentir mauvais. **2** Sentir fort le parfum bon marché. VAR **cocotter**

**cocoteraie** *nf* Plantation de cocotiers.

**cocotier** *nm* Palmier des régions tropicales, pouvant atteindre 30 m de hauteur et donnant la noix de coco. LOC fam *Secouer le cocotier :* chercher à déloger de leur place ceux qui sont plus âgés que soi, ou plus élevés dans une hiérarchie ; lutter contre la routine, les habitudes.

cocotier

**1 cocotte** *nf* **1** Poule, dans le langage enfantin. **2** fam, vieilli Prostituée. **3** fam Terme affectueux employé à l'adresse d'une femme. *Comment vas-tu, ma cocotte ?* LOC *Cocotte en papier :* carré de papier plié, figurant une poule. ETY Onomat.

**2 cocotte** *nf* Marmite en fonte, de hauteur réduite, avec un couvercle. ETY De l'a. fr.

**cocotte-minute** *nf* Autocuiseur. ETY Nom déposé.

**Cocteau** Jean (Maisons-Laffitte, 1889 – Milly-la-Forêt, 1963), écrivain et cinéaste français. Poète (*Plain-Chant,* 1923) romancier (*les Enfants terribles,* 1929), dramaturge (*les Mariés de la tour Eiffel,* 1921 ; *les Parents terribles,* 1938), cinéaste (*le Sang d'un poète,* 1930 ; *la Belle et la Bête* 1946 ; *Orphée,* 1950) ; il fut aussi dessinateur et peintre (chapelles de Villefranche-sur-Mer et de Milly-la-Forêt). Acad. fr. (1955).

**cocu, ue** *a, n* fam Qui est trompé par son conjoint, son amant, sa maîtresse. LOC fam *Avoir une veine de cocu :* une chance peu ordinaire. ETY Var. de *coucou,* dont la femelle pond ses œufs dans des nids étrangers.

**cocuage** *nm* fam Fait d'être cocu ; état d'une personne trompée par son conjoint.

**cocufier** *vt* ② fam Faire cocu, tromper. DER **cocufiage** *nm*

**Cocu magnifique (le)** comédie en 3 actes de Crommelynck (1920).

**Cocyte (le)** un des fleuves des Enfers.

**Cod** (cap) cap terminant une longue presqu'île du Massachusetts. – Parc national.

**coda** *nf* MUS Suite des mesures conclusives d'un morceau de musique, le plus souvent brillant raccourci des thèmes essentiels. ETY Mot ital.

**codage** → **coder.**

**codant, ante** *a* BIOL Qui supporte le code génétique. *Gène codant.*

**code** *nm* **1** Recueil, compilation de lois. **2** Corps de lois constituées en système complet de législation sur une matière déterminée. *Code civil, pénal.* **3** fig Ce qui est prescrit. *Le code de la morale.* **4** Ouvrage contenant le texte d'un code. **5** Épreuve théorique du permis de conduire ayant trait à la réglementation et à la signalisation qui régissent la circulation routière. *Avoir, passer le code.* ▶ pl. p. 334-335 **6** Feux de croisement. *Être en codes.* **7** Système conventionnel de signes ou signaux, de règles et de lois, permettant la transformation d'un message en vue d'une utilisation particulière. *Code secret. Code informatique.* **8** Recueil de phrases, de mots et de lettres, et de leur traduction chiffrée. LOC INFORM *Code binaire :* qui utilise un système de numération à base 2 (chiffres 0 et 1). — *Code de bonne conduite :* règles déontologiques adoptées par un groupe. — *Code de la route :* ensemble de la réglementation et de la signalisation qui régit la circulation routière. — BIOL, GENET *Code génétique :* inscrit dans l'ADN et qui contient l'information concernant la synthèse protéique propre à chaque individu. — *Code postal :* code à cinq chiffres réservé aux adresses postales, permettant le tri automatique du courrier. — *Code vestimentaire :* norme en matière d'habillement dans un milieu donné. ETY Du lat. *codex,* « planchette, recueil ».

ENC Le code génétique est déterminé dans une molécule d'ADN par la séquence de 4 bases azotées : adénine, thymine, guanine, cytosine. Chaque triplet de bases, ou codon, représente un acide aminé donné. La molécule d'ADN est transcrite dans la molécule d'ARN messager, qui transporte l'information dans les ribosomes cytoplasmiques, où la protéine est synthétisée à partir d'acides aminés.

**code-barres** *nm* Code constitué de barres parallèles lu par lecture optique pour identifier un produit. PLUR codes-barres.

**codébiteur, trice** *n* DR Personne qui a contracté une dette, conjointement ou solidairement avec une ou plusieurs autres.

**codec** *nm* INFORM Programme qui convertit un fichier en un autre format. ETY Acronyme de *compression* et de *décompression.*

**codécision** *nf* Disposition législative communautaire prévoyant qu'une décision doit être prise à la fois par le Parlement et par la Commission.

**codéine** *nf* MED Dérivé de la morphine utilisé comme sédatif et antitussif. DER **codéiné, ée** *a, nm*

Jean Cocteau

**codemandeur, eresse** *n* DR Personne qui, conjointement avec une ou plusieurs autres, forme une demande en justice.

**coder** *vt* ① **1** Transcrire à l'aide d'un code secret. *Coder une dépêche. Message codé.* **2** Transcrire une information selon un code, en vue de son exploitation informatique. (DER) **codage** *nm*

**codétenteur, trice** *n* DR Personne qui détient, avec une ou plusieurs autres, un bien.

**codétenu, ue** *n* Personne qui est détenue avec une ou plusieurs autres.

**codeur** *nm* Appareil ou dispositif de codage.

**codéveloppement** *nm* Développement économique résultant d'une coopération entre pays riches et pays pauvres.

**codex** *nm* **1** PHARM Recueil officiel des préparations autorisées. **2** HIST Livre constitué de feuilles pliées, assemblées et reliées, qui supplanta, au IV^e^ s., les rouleaux. **3** Manuscrit des Indiens d'Amérique précolombienne. (ETY) Mot lat.

**codicille** *nm* DR Disposition ajoutée à un testament pour le modifier, le compléter ou l'annuler. (PHO) [kɔdisil] (DER) **codicillaire** *a*

**codifier** *vt* ② **1** DR Réunir des lois en un code. *Codifier la législation fiscale.* **2** Soumettre à des lois, des règles cohérentes. *Codifier l'orthographe.* (DER) **codificateur, trice** *a, n* – **codification** *nf*

**codirecteur, trice** *n* Personne qui dirige avec une ou plusieurs autres. (DER) **codirection** *nf*

**codominance** *nf* GENET Expression simultanée de deux allèles dans le phénotype. (DER) **codominant, ante** *a*

**codon** *nm* GENET Unité constitutive du code génétique de l'ADN, formant un triplet qui correspond à une suite de trois nucléotides caractérisés chacun par une base azotée.

**coéditer** *vt* ① Éditer un ouvrage en collaboration avec d'autres éditeurs. (DER) **coéditeur, trice** *n* – **coédition** *nf*

**coefficient** *nm* **1** MATH Valeur numérique ou littérale qui affecte une variable. *Dans 3* a*, 3 est le coefficient de* a. **2** Dans les examens et les concours, nombre par lequel on multiplie la note attribuée dans une matière selon l'importance de celle-ci. *Épreuve de mathématiques avec coefficient 5.* **3** Pourcentage non déterminé. *Prévoir un coefficient d'erreur.* **4** PHYS Nombre correspondant à une propriété définie d'un corps. *Coefficient de dilatation.* **LOC** FIN ***Coefficient de capitalisation des résultats*** : ratio entre le cours boursier et le dividende par action.

**coefficienter** *vt* ① Affecter d'un coefficient. *Épreuves coefficientées.*

**cœlacanthe** *nm* Poisson crossoptérygien, dont la plupart des espèces ont disparu à la fin de l'ère secondaire et dont une espèce subsiste au large des Comores. (PHO) [selakɑ̃t]

cœlacanthe

**cœlentéré** *nm* ZOOL Individu de l'ancien embranchement d'animaux inférieurs actuellement démembré en cnidaires et cténaires.

**Coelho** Pedro Passos (Coimbra, 1964), homme politique portugais (social-démocrate), Premier ministre depuis 2011.

**cœli(o)-** Élément, du gr. *koilia,* « ventre ». (PHO) [seljo]

**cœliaque** *a* ANAT Qui a rapport au ventre et aux intestins. **LOC** ***Maladie cœliaque*** : diarrhée grave du nourrisson, due à une intolérance au gluten. (PHO) [seljak]

**cœliochirurgie** *nf* CHIR Chirurgie pratiquée à l'aide d'un cœlioscope, sans ouverture importante de l'abdomen. (DER) **cœliochirurgical, ale, aux** *a*

**cœlioscope** *nm* MED Endoscope servant à la cœlioscopie et à la cœliochirurgie.

**cœlioscopie** *nf* MED Examen des organes pelviens par introduction d'un endoscope dans la cavité abdominale à travers une petite incision. (DER) **cœlioscopique** *a*

**cœlomate** *nm* ZOOL Animal pourvu d'un cœlome.

**cœlome** *nm* ZOOL Chez les métazoaires, cavité comprise entre le tube digestif et la paroi du corps. (ETY) Du gr. (DER) **cœlomique** *a*

**Coen** Joel (Minneapolis, 1955), et son frère **Ethan** (Minneapolis, 1957), cinéastes américains. *Barton Fink* (1991), *True Grit* (2010).

**coentreprise** *nf* ECON Projet élaboré par une association d'entreprises.

**cœnure** *nm* Ténia qui vit à l'état adulte dans le tube digestif du chien et à l'état larvaire dans le cerveau du mouton, chez lequel il provoque le tournis. (PHO) [senyʀ] (VAR) **cénure**

**coenzyme** *nf, nm* BIOCHIM Groupement actif, non protéique (oligoélément, vitamine) d'une enzyme.

**coépouse** *nf* Chacune des épouses d'un polygame.

**coéquipier, ère** *n* Personne qui fait équipe avec une ou plusieurs autres.

**coercible** *a* PHYS Qui peut être comprimé. (DER) **coercibilité** *nf*

**coercitif, ive** *a* Capable de contraindre ; qui contraint. *Dispositions coercitives.*

**coercition** *nf* Action de contraindre qqn à faire qqch, et, spécial., à obéir à la loi. *Pouvoir de coercition d'un jugement.*

**Coëtlogon** Alain Emmanuel (marquis de) (Rennes, 1646 – Paris, 1730), vice-amiral et maréchal de France. Il défendit Saint-Malo contre les Anglais (1693).

**Coëtquidan** camp militaire du Morbihan (com. de Guer, arr. de Vannes). L'École spéciale militaire, jusque-là implantée à Saint-Cyr-l'École, y fut transférée en 1946.

**Coetzee** John (Le Cap, 1940), romancier sud-africain d'expression anglaise ; il donne une vision apocalyptique de l'apartheid : *En attendant les barbares* (1980). P. Nobel 2003.

**cœur** *nm* **1** Organe musculaire creux contenu dans la poitrine, agent principal de la circulation du sang. *Les battements du cœur.* **2** Poitrine. *Presser qqn sur son cœur.* **3** Siège des sentiments, des émotions. *Le cœur battant, le cœur serré.* **4** Siège des sentiments nobles et forts ; ces sentiments. *Un homme de cœur.* **5** Siège de l'affection, de l'amour, de l'amitié. *Donner son cœur à qqn.* **6** Siège de la bonté, de la pitié. *N'avoir pas de cœur.* **7** Dispositions secrètes, pensée intime. *Dire ce que l'on a sur le cœur.* **8** Milieu, centre, partie active. *Le cœur d'une ville. Le cœur d'un réacteur nucléaire.* **9** Objet, figure en forme de cœur. *Découper un cœur.* **10** L'une des couleurs des jeux de cartes. *Le roi de cœur.* **LOC** ***À cœur*** : se dit d'un fromage dont la maturation est achevée. — ***À cœur ouvert*** : sincèrement. — ***Avoir le cœur gros*** : avoir du chagrin. — ***Avoir mal au cœur, le cœur retourné*** : avoir la nausée. — ***Avoir un cœur de pierre*** : être sans pitié. — ***Avoir un cœur d'or, le cœur sur la main*** : être d'une grande générosité. — fam ***Cœur d'artichaut*** : personne volage. — ***De bon cœur, de grand cœur*** : très volontiers, avec plaisir. — ***De cœur*** : généreux. — fam ***Du cœur au ventre*** : du courage. — ***En avoir le cœur net*** : être délivré de ses doutes. — ***Faire le joli cœur*** : s'efforcer de séduire par ses manières, son élégance. — ***Faire mal au cœur*** : affliger. — ***Joli, gentil comme un cœur*** : très joli, très gentil. — ***Par cœur*** : de mémoire. *Savoir une leçon par cœur.* — ***Parler à cœur ouvert, ouvrir son cœur*** : parler avec une entière franchise. (PHO) [kœʀ] (ETY) Du lat.

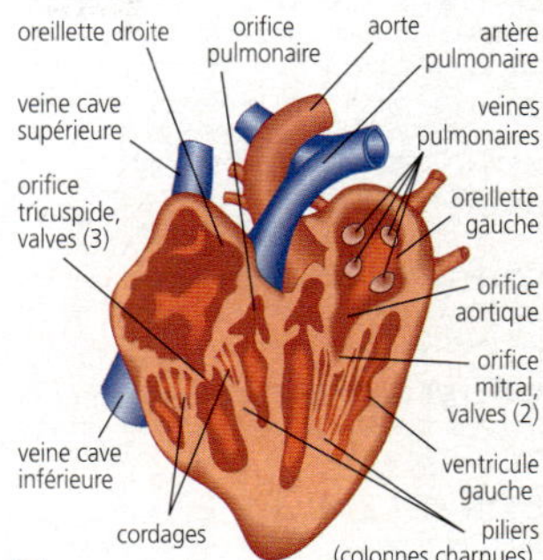


coupe du **cœur**

ENC Le cœur est un muscle creux à quatre cavités, situé dans le médiastin antérieur, en forme de cône dont le grand axe est dirigé en avant, en bas et à gauche. Il comporte trois tuniques : le péricarde à l'extérieur ; le myocarde ; l'endocarde, qui tapisse les cavités. Deux parties distinctes, le cœur droit et le cœur gauche, sont séparées par la cloison auriculoventriculaire. Chacune comprend une oreillette et un ventricule, qui communiquent par un orifice auriculoventriculaire, muni d'une valvule : tricuspide à droite, mitrale à gauche. Chaque ventricule communique (par un orifice muni de valves sigmoïdes) avec une volumineuse artère, dans laquelle il éjecte le sang à chaque systole : à droite (artère pulmonaire) et à gauche (aorte). Le cœur droit est à basse pression et contient du sang noir venant des veines caves, qui s'abouchent dans l'oreillette droite. Le cœur gauche est à haute pression et contient du sang rouge oxygéné qui gagne l'oreillette gauche par les veines pulmonaires. (V. circulation.) L'examen médical du cœur comporte l'auscultation, l'examen radiologique, l'examen échographique et l'électrocardiogramme (ECG). V. cardio-vasculaire.

**Cœur** Jacques (Bourges, v. 1395 – Chio, 1456), négociant français. Richissime, nommé argentier du roi (1440), il finança la reconquête du royaume. Il fut arrêté en 1451 accusé d'avoir fait empoisonner Agnès Sorel. En 1454, il s'évada et servit le pape. ▶ illustr. p. 339

**cœur-de-bœuf** *nf* Variété de tomate à chair ferme et goûteuse. PLUR cœurs-de-bœuf.

**cœur-de-Marie** *nm* Nom usuel du dicentra. PLUR cœurs-de-Marie.

**cœur-de-pigeon** *nm* Variété de cerise à chair ferme. PLUR cœurs-de-pigeon.

**cœur-de-sorcière** *nm* Syn. de *clathre.* PLUR cœurs-de-sorcière.

**coévolution** *nf* BIOL Évolution de deux espèces liées par une interaction.

**Coëvrons (les)** collines gréseuses et boisées du bas Maine, culminant à 357 m.

**coexistence** *nf* Existence simultanée. **LOC** POLIT ***Coexistence pacifique*** : principe qui règle les relations entre États de régimes politiques différents afin que la divergence de leurs intérêts n'entraîne pas de conflit.

**coexister** *vi* ① Exister simultanément.

**cofacteur** *nm* didac Facteur qui agit conjointement avec d'autres.

**coffin** *nm* Étui contenant de l'eau et une pierre à aiguiser, que le faucheur porte à sa ceinture. [ETY] Du gr.

**coffrage** *nm* **1** CONSTR Moule en bois ou en métal, dans lequel est mis en place le béton frais pour y être maintenu en forme pendant la prise. **2** Charpente maintenant la terre d'une tranchée, d'un puits, d'un remblai, etc.

**coffre** *nm* **1** Meuble en forme de caisse, muni d'un couvercle, qui sert à ranger divers objets. *Coffre à jouets.* **2** Partie d'une voiture destinée à recevoir des bagages. **3** Caisse spécialement destinée à renfermer de l'argent, des objets de valeur ; coffre-fort. **4** CONSTR Conduit de fumée en saillie par rapport à un mur. **LOC** ***Avoir du coffre :*** du souffle, une voix puissante. [ETY] Du lat.

**coffre-fort** *nm* Armoire blindée à serrure spéciale, destinée à enfermer des valeurs, des objets précieux. PLUR coffres-forts.

**coffrer** *vt* [1] **1** fam Emprisonner. *Coffrer un truand.* **2** TECH Mouler au moyen d'un coffrage. *Coffrer un pilier.*

**coffret** *nm* **1** Petit coffre orné, servant à enfermer des objets précieux. *Coffret à bijoux.* **2** Boîte élégamment décorée renfermant des marchandises que l'on souhaite mettre en valeur. *Un coffret à cigares.* **3** Ensemble de livres, de disques, vendus en lot dans un emballage spécifique. *L'intégrale de l'œuvre d'un compositeur réunie en coffret.*

**coffreur** *nm* Ouvrier du bâtiment spécialiste des coffrages. [ETY] Du gr.

**cofinancer** *vt* [12] Financer en commun. [DER] **cofinancement** *nm*

**cofondateur, trice** *n* Personne qui fonde qqch avec une ou plusieurs autres.

**Cogéma** Acronyme pour *Compagnie générale des matières nucléaires*, ancien nom d'une filiale d'Areva, créée en 1976.

**cogénération** *nf* Production sur un même site d'électricité et de chaleur.

**cogérance** *nf* Gérance exercée en commun. *La cogérance d'une société.* [DER] **cogérant, ante** *n* – **cogérer** *vt* [14]

**cogestion** *nf* **1** DR Gestion, administration en commun. **2** Système de participation active des travailleurs à la gestion de leur entreprise. [DER] **cogestionnaire** *a, n*

**cogiter** *vi* [1] fam, plaisant Penser, réfléchir. *Cogiter sur son avenir.* [ETY] Du lat. [DER] **cogitation** *nf*

**cogito** *nm* PHILO Dans le système cartésien, première évidence qui s'impose après le doute le plus radical et qui permet de conclure à la réalité de l'âme comme « substance pensante ». [PHO] [kɔʒito] [ETY] De la formule lat. *cogito, ergo sum,* « je pense, donc je suis ».

**cognac** *nm* Eau-de-vie de raisin fabriquée à Cognac et dans sa région.

**Cognac** ch.-l. d'arr. de la Charente, sur la Charente ; 19 534 hab.). Comm. du cognac. – Chât. des Valois (vest. des XIIIe, XVe et XVIe s.), où est né François Ier. [DER] **cognaçais, aise** *a, n*

**Cognacq** Ernest (Saint-Martin-de-Ré, 1839 – Paris, 1928), commerçant français. Il fonda *la Samaritaine* (1870). Avec sa femme, Marie-Louise Jay (Samoëns, 1838 – Paris, 1925), il créa la fondation philanthropique *Cognacq-Jay.*

**cognassier** *nm* Arbre fruitier (rosacée) originaire d'Asie, au port tortueux, qui produit le coing. **LOC** ***Cognassier du Japon :*** arbuste ornemental voisin du cognassier.

**cognat** *nm* DR Parent par le sang, par oppos. à *agnat.* [PHO] [kɔgna] [DER] **cognation** *nf* – **cognatique** *a*

**cogne** *nm* pop Gendarme, policier.

**cognée** *nf* Forte hache pour couper les arbres. **LOC** ***Jeter le manche après la cognée :*** tout abandonner par découragement. [ETY] Du lat. *cuneus,* « coin ».

**cognement** *nm* Action de cogner ; bruit de ce qui cogne.

**cogner** *v* [1] **A** *vt* **1** Battre violemment. **2** Faire heurter par des coups violents et répétés. *Son agresseur lui a cogné la tête contre le mur.* **B** *vi* **1** Frapper par coups secs et répétés. *Cogner à la porte.* **2** fam Chauffer fort. *Le soleil a cogné dur hier.* SYN taper. **3** TECH Mal fonctionner et faire entendre un bruit saccadé. *Le moteur cogne.* **4** fam Sentir très mauvais. **C** *vpr* Se heurter. *Se cogner le genou.* **LOC** fam ***Se cogner la tête contre les murs :*** se heurter à des difficultés insurmontables. [ETY] Du lat. *cuneare,* « enfoncer un coin ».

**cogneur, euse** *n* fam Personne, boxeur, joueur de tennis, etc., qui frappe fort.

**cognisciences** *nfpl* Ensemble constitué par les sciences cognitives.

**cogniticien, enne** *n* INFORM Spécialiste en intelligence artificielle.

**cognitif, ive** *a* PHILO Relatif à la connaissance, à la cognition. **LOC** ***Sciences cognitives :*** ensemble des sciences, telles que la linguistique, la psychologie, l'informatique, la sociologie, qui étudient l'intelligence humaine, animale, ou artificielle en tant qu'instrument de la cognition. [PHO] [kɔgnitif, iv] [ETY] Du lat.

**cognition** *nm* **1** PHILO Faculté de connaître. **2** Acte intellectuel par lequel on acquiert une connaissance. [PHO] [kɔgnisjɔ̃]

**cognitivisme** *nm* Courant visant à unifier les sciences cognitives pour élaborer des modèles rendant compte de la cognition. [DER] **cognitiviste** *a, n*

**cognitivo-comportemental, ale** *a* PSYCHO Se dit de thérapies destinées à modifier le comportement par des moyens cognitifs. PLUR cognitivo-comportementaux.

**cohabitation** *nf* **1** État de deux ou plusieurs personnes qui habitent sous le même toit. **2** POLIT Coexistence, dans un pays de régime présidentiel ou semi-présidentiel, d'un chef de l'État et d'un Premier ministre élus par des majorités politiquement opposées. [DER] **cohabitant, ante** *a, n* – **cohabiter** *vi* [1]

**cohabitationniste** *a, n* Qui concerne la cohabitation en politique.

**Cohen** Marcel (Paris, 1884 – Viroflay, 1974), linguiste français : *les Langues du monde* (en collab., 1924).

**Cohen** Albert (Corfou, 1895 – Genève, 1981), écrivain suisse d'expression française. Il fut délégué du mouvement sioniste à la SDN. Romans : *Solal* (1930), *Belle du Seigneur* (1968).

**Cohen** Leonard (Montréal, 1934), chanteur et écrivain canadien d'expression anglaise, auteur de chansons mélancoliques *(Suzanne).*

**cognassier**

**Cohen** Paul (Long Branch, New Jersey, 1934 – Stanford, 2007), mathématicien américain. Médaille Fields (1966).

**Cohen-Tannoudji** Claude (Constantine, 1933), physicien français : travaux sur les basses températures. P. Nobel (1997).

**cohérence** *nf* **1** Liaison étroite, adhérence entre les divers éléments d'un corps. *Cohérence des molécules.* **2** PHYS Caractère des faisceaux lumineux émis par les lasers. **3** Connexion, rapport logique entre des idées, des propos. *Une histoire qui manque de cohérence.*

ENC La lumière émise par le Soleil, par des lampes et tubes électriques, etc., est constituée d'une succession de *trains d'ondes* électromagnétiques, qui n'ont entre eux aucun lien de phase. En revanche, la lumière émise par les lasers présente une *cohérence spatiale* (tous les atomes de la source entrent en vibration simultanément) et une *cohérence temporelle* entre les valeurs d'une même onde à deux instants différents. Une telle lumière (dite *cohérente*) possède des propriétés importantes. Ce domaine d'études et d'applications a reçu le nom d'*optique cohérente.*

**cohérent, ente** *a* **1** Qui offre de la cohésion, dont les parties sont liées logiquement entre elles. *Raisonnement cohérent.* **2** didac Dont les éléments sont étroitement unis. *Roche cohérente.*

**cohéreur** *nm* Nom du premier détecteur d'ondes radioélectriques, imaginé par Branly. [ETY] Du lat. *cohærere,* « adhérer ensemble ».

**cohériter** *vi* [1] DR Hériter d'un même bien qu'une ou plusieurs autres personnes. [DER] **cohéritier, ère** *n*

**cohésif, ive** *a* didac Qui unit, qui joint. *Pouvoir cohésif.*

**cohésion** *nf* Union intime des parties d'un ensemble. *La cohésion d'un parti.* **LOC** PHYS ***Force de cohésion :*** qui s'oppose à la séparation des molécules d'un corps.

**Cohl** Émile Courtet, dit Émile (Paris, 1857 – Villejuif, 1938), dessinateur et cinéaste français ; pionnier du film d'animation (*les Pieds nickelés,* 1918).

**Cohn-Bendit** Daniel (Montauban, 1945), homme politique allemand et français (écologiste). Figure emblématique de mai 1968.

**cohorte** *nf* **1** ANTIQ ROM Corps d'infanterie formant la dixième partie d'une légion. **2** fam Groupe important de personnes. **3** Ensemble d'individus considérés dans une enquête statistique ou démographique. [ETY] Du lat.

**cohue** *nf* Foule nombreuse et tumultueuse. [PHO] [kɔy] [ETY] De *huer,* « appeler ».

**coi, coite** *a* Silencieux, tranquille. *Se tenir, demeurer coi.*

**coiffage** *nm* **1** Action de coiffer les cheveux. **2** Action de recouvrir. *Coiffage de la pulpe dentaire mise à nu par une carie.*

**coiffant, ante** *a* **1** Qui coiffe bien, convient au visage. *Une toque très coiffante.* **2** Qui aide à la coiffure. *Un spray coiffant.*

**coiffe** *nf* **1** Coiffure. *Coiffes régionales traditionnelles.* **2** Membrane recouvrant parfois la tête de l'enfant à la naissance. **3** BOT Enveloppe de la pointe d'une racine. **4** Partie supérieure d'une fusée ou d'un lanceur spatial contenant la charge ou le satellite. [ETY] Du germ. *kufia,* « casque ».

**coiffer** *vt* [1] **1** Couvrir d'une coiffure la tête de. *Elle s'est coiffée d'un béret.* **2** fig Recouvrir au sommet. *Des nuages coiffent la montagne.* **3** Prendre pour coiffure. *Coiffer une casquette.* **4** Arranger les cheveux de. *Être bien (mal) coiffé.* **5** Dépasser d'une tête à l'arrivée d'une course ; vaincre au dernier moment. *Coiffer au, sur le poteau.* **6** fig Réunir sous son autorité, contrôler. *Un holding qui coiffe un groupe.* **LOC** fam ***Coiffer Sainte-Catherine :*** en parlant d'une jeune fille, fêter ses 25 ans sans être mariée.

**coiffeur, euse** *n* **A** *n* Professionnel qui coupe, arrange les cheveux. *Coiffeur pour dames.* **B** *nf* Table de toilette munie d'un miroir.

**coiffure** *nf* **1** Ce qui couvre ou orne la tête. **2** Action de coiffer ; manière de disposer les cheveux. *Coiffure en brosse.* **3** Art de coiffer. *Salon de coiffure.*

**Coigny** Aimée de (Paris, 1769 – id., 1820), aristocrate française. Elle connut en prison (1794) André Chénier (à qui elle inspira *la Jeune Captive*).

**Coimbatore** v. de l'Inde mérid. (Tamil Nadu) ; 1 051 000 hab. Centre commercial.

**Coïmbre** (en portug. *Coimbra*), v. du Portugal, sur le Mondego ; 143 400 hab. ; ch.-l. du district du même nom et cap. de la région Centre. Industries. – Évêché. Monastère de Santa Cruz (cloître du Silence, XVIe s.). Université (XIe s.)

**coin** *nm* **1** Angle saillant ou rentrant. *Coin de table. Les quatre coins d'une pièce.* **2** Parcelle. *Un coin de ciel bleu.* **3** Endroit retiré, non exposé à la vue. *Habiter dans un coin tranquille. Jetez cela dans un coin.* **4** TECH Pièce qui présente une extrémité en biseau et qui sert à fendre, à caler, etc. **5** GEOL Faille ayant l'aspect d'un coin, due à une compression ou à une dépression latérale. **6** Incisives latérales du cheval. **7** Pièce d'acier gravée en creux servant à frapper les monnaies, les médailles. **LOC** ***Aller au coin, mettre au coin*** : en guise de punition pour un enfant, un écolier. — ***À tous les coins de rue*** : de façon très banale. — ***Au coin du feu*** : à côté de la cheminée, près du feu. — ***Coins de la bouche, de l'œil*** : les commissures. — ***Connaître qqch, qqn dans les coins*** : parfaitement. — fam ***Du coin*** : le plus proche. *L'épicier du coin.* — fam ***Le petit coin*** : les cabinets. — ***Regarder du coin de l'œil*** : à la dérobée. ETY Du lat.

**coincé, ée** *a* fam Timide, mal à l'aise.

**coincement** *nm* TECH État d'une pièce immobilisée accidentellement.

**coincer** *v* ⑫ **A** *vt* **1** Fixer avec des coins ; serrer, empêcher de bouger. *Coincer une porte pour l'empêcher de battre.* **2** fig, fam Immobiliser, interdire tout mouvement à. *Il m'a coincé contre un mur.* **3** fig, fam Prendre pour empêcher de nuire. *On a coincé le coupable.* SYN pincer. **4** Mettre dans l'embarras en questionnant. *Il m'a coincé sur ce sujet.* **B** *vi* fam Être bloqué. *Les négociations coincent.* **C** *vpr* **1** Se bloquer, en parlant d'un mécanisme. *La serrure s'est coincée.* **2** Se trouver bloqué accidentellement, en parlant d'une partie du corps. *Il s'est coincé le doigt dans une porte.* DER **coinçage** *nm*

**coinceur** *nm* Dispositif en acier utilisé en alpinisme pour l'assurage en paroi rocheuse.

**coïncidence** *nf* **1** GEOM État de deux figures, de deux éléments qui coïncident. **2** Fait de se produire simultanément ; concours de circonstances. *Quelle coïncidence ! Nous parlions justement de vous.* PHO [kɔɛ̃sidɑ̃s]

**coïncident, ente** *a* Qui coïncide ; concomitant. *Empreintes coïncidentes.*

**coïncider** *vi* ① **1** GEOM Se superposer point à point. **2** Se produire en même temps, correspondre exactement. *Les dates de nos vacances coïncident.* ETY Du lat. *coincidere*, « tomber ensemble ».

**coin-coin** *nm inv* fam Cri du canard. VAR **coincoin**

**coïnculpé, ée** *n* Personne inculpée avec une ou plusieurs autres pour le même délit. PHO [koɛ̃kylpe]

**co-infection** *nf* MED Infection simultanée par plusieurs agents infectieux. PLUR co-infections. VAR **coïnfection** DER **co-infecter** ou **coïnfecter** *vt* ①

**coing** *nm* Fruit du cognassier, en forme de poire, de couleur jaune, au goût âpre. PHO [kwɛ̃]

**Coire** (en all. *Chur*), v. de Suisse, dans la vallée du Rhin, sur la Plessur ; 33 800 hab. ; ch.-l. du cant. des Grisons. Industries. Tourisme.

**Coiron (le)** plateau volcanique des Cévennes, entre Privas et Aubenas ; 1 061 m au Roc de Gourdon. VAR **Coirons (les)**

**coït** *nm* Accouplement, copulation. PHO [kɔit] ETY Du lat. *coire*, « aller ensemble ».

**coite** → **coi.**

**coïter** *vi* ① Avoir des relations sexuelles.

**1 coke** *nm* Combustible résultant de la pyrogénation de la houille et qui sert de réducteur lors de l'élaboration de la fonte. ETY Mot angl.

**2 coke** *nf* fam Cocaïne. ETY Mot anglo-amér., dimin. de *cocaine*.

**cokéfiant, ante** *a* Se dit d'un charbon qui tend à s'agglutiner quand on le chauffe.

**cokéfier** *vt* ② TECH Transformer la houille en coke. DER **cokéfaction** *nf* – **cokéfiable** *a*

**cokerie** *nf* Usine de coke.

**col-** Élément, du lat. *cum*. V. com-.

**col** *nm* **1** vx Cou. **2** Partie rétrécie. *Le col d'une bouteille.* **3** ANAT Partie plus mince et terminale d'un organe. *Col utérin. Col du fémur.* **4** TECH Bouteille d'eau minérale, de jus de fruit, de vin, etc. **5** Partie d'un vêtement qui entoure le cou. *Col de chemise. Col roulé.* **6** Dépression dans une ligne de faîte ou dans un relief, faisant communiquer deux versants. *Le col du Lautaret.* **LOC** ***Col blanc*** : employé de bureau. — ***Col bleu*** : ouvrier. — ***Col châle*** : col arrondi à deux parties se rejoignant au milieu du dos. — ***Col chemisier*** : col droit, à pointes, fermé devant. — ***Col Claudine*** : col rond et plat. — ***Col officier*** ou ***col Mao*** : col droit, étroit, fixé sur une encolure ronde. — ***Faux col*** : col amovible qui s'adapte à une chemise d'homme ; fam mousse surmontant la bière dans un verre. ETY Du lat. *collum*, « cou ».

**cola** *nm* Type de boisson gazeuse, de couleur foncée, à base d'extraits végétaux.

**coladera** *nf* Genre musical capverdien, pendant joyeux de la morna.

**Cola di Rienzo** → **Rienzo.**

**colature** *nf* PHARM Action de filtrer un liquide pour le débarrasser de ses impuretés ; le liquide filtré.

**colback** *nm* **1** anc Coiffure militaire à poil, munie d'une poche qui pend de côté. **2** fam Cou ou col. *Attraper qqn par le colback.* ETY Du turc *qalpâq*, « bonnet de fourrure ».

**Colbert** Jean-Baptiste (Reims, 1619 – Paris, 1683), homme d'État français. Il servit Mazarin. Louis XIV le fit surintendant des Bâtiments du roi (1664), contrôleur général des Finances (1665), secrétaire d'État à la Maison du roi (1668) et à la Marine (1669). Colbert assainit les finances, développa la marine marchande et de guerre, appliqua protectionnisme écon. et intervention de l'État (*colbertisme*), créa 400 manufactures. Il fonda l'Acad. des sciences (1666), l'Observatoire (1667), patronna de nombr. artistes. Peu aimé à la Cour, il perdit son crédit auprès du roi.

J. Cœur

J.-B. Colbert

**colbertisme** *nm* HIST Dirigisme économique, mercantilisme. ETY De *Colbert*, n. pr. DER **colbertiste** *a, n*

**col-bleu** *nm* fam Marin de la marine nationale. PLUR cols-bleus.

**Colchester** v. d'Angleterre (Essex), sur la Colne ; 141 100 hab. – Ruines antiques.

**colchicine** *nf* MED Alcaloïde extrait du colchique, médicament spécifique de la goutte.

**Colchide** rég. à l'E. de la mer Noire (Pont-Euxin) et au S. du Caucase, où, selon la myth. gr., les Argonautes dérobèrent la Toison d'or. Auj., elle est située en Géorgie.

**colchique** *nm* Plante herbacée à bulbe, vénéneuse, aux fleurs en cornets (liliacée), fréquente en automne dans les prés humides. ETY Du gr. *kolkhikon*, « plante de Colchide », pays de l'empoisonneuse Médée.

colchique

**colcrète** *nm* CONSTR Béton obtenu par injection d'une boue colloïdale dans des agrégats. ETY Mot angl.

**col-de-cygne** *nm* **1** TECH Instrument, robinet, tuyauterie ayant la forme courbe du cou d'un cygne. **2** Motif décoratif en ameublement. PLUR cols-de-cygne.

**-cole** Élément, du lat. *colere*, « cultiver, habiter ».

**Cole** Jack (New Brunswick, 1913 – Los Angeles, 1974), chorégraphe américain. Il travailla pour le cinéma, avec Hawks, Minelli et Cukor.

**Cole** Nathaniel Adams, dit Nat « King » (Montgomery, 1919 – Santa Monica, 1965), pianiste de jazz et chanteur américain.

**colectomie** *nf* CHIR Ablation du côlon.

**colée** *nf* HIST Coup léger du plat de la main ou de l'épée sur la nuque de celui que l'on armait chevalier. ETY De *col*.

**colégataire** *n* DR Personne instituée légataire avec une ou plusieurs autres.

**Coleman** Ornette (Fort Worth, Texas, 1930 – New York, 2015), saxophoniste alto de jazz américain, un des créateurs du free-jazz.

**coléoptère** *nm* ENTOM Insecte ptérygote néoptère dont l'ordre est le plus important et comprend plus de 400 000 espèces telles que les *hannetons, les doryphores et les coccinelles.* ETY Du gr. *koleos*, « étui », et *pteron*, « aile ». ▶ illustr. **aile**

**colère** *nf, a* **A** *nf* **1** Réaction violente et agressive due à un profond mécontentement ; accès d'humeur. *Se mettre en colère.* **2** fig Déchaînement. *La colère des éléments.* **B** *a* fam Qui éprouve de la colère. *Il est colère.* ETY Du lat. *cholera*, « bile ».

**coléreux, euse** *a* Prompt à la colère. VAR **colérique** *a*

**Coleridge** Samuel Taylor (Ottery Saint Mary, Devonshire, 1772 – Londres, 1834), critique, philosophe et poète anglais. Ses *Ballades lyriques* (1798, en collab. avec Wordsworth) annoncent le romantisme naissant.

**coleslaw** *nm* Salade à base de chou blanc, de carottes, d'oignons émincés accompagnés de mayonnaise. PHO [kɔlslɔ] ETY Mot angl.

**Colet** Louise Revoil (Mme) (Aix-en-Provence, 1810 – Paris, 1876), femme de lettres française liée à Musset, Vigny et Flaubert.

**Colette (sainte)** (Corbie, 1381 – Gand, 1447), religieuse ; réformatrice de la règle de l'ordre contemplatif des Clarisses.

**Colette** Sidonie Gabrielle Colette, dite (Saint-Sauveur-en-Puisaye, 1873 – Paris, 1954), romancière française : série des *Claudine* (1900-1903), *Chéri* (1920), *Sido* (1930), *La Chatte* (1933), *Julie de Carneilhan* (1941), *Gigi* (1944).

Colette

**coléus** *nm* Plante d'ornement (labiée) d'origine tropicale, au feuillage bigarré de pourpre. PHO [kɔleys] ETY Du gr. VAR **coleus**

**Coli** François (Marseille, 1881 – en vol, 1927), aviateur français. Il disparut avec Nungesser dans l'Atlantique Nord.

**colibacille** *nm* MED Bacille qui vit normalement dans l'intestin, et qui, devenu virulent dans certaines conditions, provoque des infections urinaires et intestinales. PHO [kolibasil]

**colibacillose** *nf* MED Infection due au colibacille.

**colibri** *nm* Très petit oiseau américain de l'ordre des apodiformes, à plumage très coloré, et pourvu d'un long bec qui lui permet d'aspirer le nectar. SYN oiseau-mouche. ETY Mot des Antilles.

colibri

**colicitant, ante** *n, a* DR Chacun de ceux au nom desquels se fait une vente par licitation.

**colifichet** *nm* Petit objet, petit ornement sans grande valeur. SYN bagatelle, babiole. ETY De *coefficher*, ornement que l'on « fichait » sur la coiffe.

**coliforme** *a, nm* BIOL **A** *a* Qui ressemble au colibacille. **B** *nm* Bactérie coliforme d'origine fécale, responsable de la pollution des eaux.

**Coligny** Gaspard de Châtillon, dit l'amiral de (Châtillon-sur-Loing, 1519 – Paris, 1572), amiral de France. Après s'être illustré à Saint-Quentin (1557) contre les Espagnols, il passa à la Réforme et fut l'un des chefs calvinistes. L'ascendant qu'il prit sur Charles IX lui valut la haine de Catherine de Médicis ; il fut l'une des prem. victimes de la Saint-Barthélemy. — **Odet de**, dit cardinal de Châtillon (Châtillon-sur-Loing, 1517 – Hampton Court, 1571), frère du préc., prélat catholique qui se convertit au calvinisme en 1562.

**Colijn** Hendrikus (Haarlemmermeer, 1869 – Ilmenau, Allemagne, 1944), homme politique néerlandais. Leader du parti antirévolutionnaire, Premier ministre en 1925-1926 et 1933-1939, il fut déporté par les nazis (1941).

**colimaçon** *nm* Escargot. LOC ***En colimaçon*** : en spirale, en hélice. *Escalier en colimaçon.* SYN hélicoïdal. ETY Du picard.

**colin** *nm* **1** Syn. de *lieu noir*. **2** Merlu commun. **3** Oiseau galliforme américain, voisin de la caille. ETY Du néerl.

**Colin** Paul (Nancy, 1892 – Nogent-sur-Marne, 1985), peintre et décorateur français, affichiste célèbre (*la Revue nègre*, 1925).

Paul Colin affiche pour *la Revue nègre*, 1925 – musée de l'Affiche, Paris

**Colin de Blamont** François (Versailles, 1690 – id., 1760), compositeur et écrivain français ; créateur du ballet héroïque.

**colinéaire** *a* LOC MATH ***Vecteurs colinéaires*** : tels qu'il existe deux scalaires *a* et *b* vérifiant $a\overrightarrow{V_1} + b\overrightarrow{V_2} = 0$.

**colin-maillard** *nm* Jeu où l'un des joueurs, les yeux bandés, cherche à attraper les autres à tâtons et à les reconnaître. PLUR colin-maillards ETY De *Colin* et *Maillard*.

**Colin Muset** (XIIIe s.), trouvère champenois dont on connaît neuf chansons rimées.

**colinot** *nm* Petit colin (poisson). VAR **colineau**

**colin-tampon** *nm inv* Batterie de tambour de l'ancienne garde royale suisse, dédaignée des autres corps. LOC fam, vieilli ***Se soucier comme de colin-tampon de*** : ne faire aucun cas de.

**colique** *nf, a* **A** *nf* **1** Violente douleur abdominale. **2** Diarrhée. *Avoir la colique.* **3** vulg Chose ou personne ennuyeuse. *Celui-là, quelle colique !* **B** *a* ANAT Relatif au côlon. *Artères coliques.* LOC ***Colique hépatique*** : dans l'hypocondre droit, due à la migration d'un calcul dans les voies biliaires. — ***Colique néphrétique*** : de siège lombaire, due en général à la migration d'un calcul dans l'uretère. ETY Du gr. *kôlon*, « côlon ».

l'amiral de Coligny

**colis** *nm* Objet emballé expédié par un moyen de transport public ou privé. *Colis postal.* ETY De l'ital. *colli*, « charges portées sur le cou ».

**colisage** *nm* COMM Conditionnement de marchandises en colis prêt à être expédié.

**Colisée** célèbre amphithéâtre de Rome (524 m de tour, 50 000 spectateurs env.) qui doit son nom (*Colosseum*) à une statue colossale de Néron, autref. à proximité. Commencé par Vespasien, il fut achevé sous Titus (Flavius) en 80 apr. J.-C. VAR **amphithéâtre Flavien**

reconstitution du Colisée par Bruno Brizzi, dessin, 1985

**colistier, ère** *n* Candidat inscrit sur la même liste électorale qu'un ou plusieurs autres.

**colite** *nf* MED Inflammation du côlon.

**colitigant, ante** *a* LOC DR ***Parties colitigantes*** : qui plaident l'une contre l'autre.

**collabo** *n* fam, péjor Collaborateur, sous l'Occupation.

**collaborateur, trice** *n* **1** Personne qui travaille avec une ou plusieurs autres, qui partage leur tâche. *Un collaborateur du ministre.* **2** HIST Personne qui pratiquait la collaboration avec les Allemands, pendant l'Occupation.

**collaboratif, ive** *a* **1** Qui concerne une collaboration, un travail commun, contributif, participatif. *Des unités de recherche collaboratives.* **2** Se dit d'un site auquel chaque internaute peut collaborer. DER **collaborativement** *av*

**collaboration** *nf* Action de collaborer, participation à une tâche.

**Collaboration (la)** l'ensemble des agissements des Français qui collaborèrent avec l'occupant allemand de 1940 à 1944. V. Occupation, État français, Vichy (gouvernement de), Milice (la).

**collaborationniste** *a, n* Qui est partisan, qui va dans le sens de la collaboration.

**collaborer** *vi* 1 **1** Travailler en commun à un ouvrage. *Collaborer à une revue.* **2** HIST Pratiquer la collaboration, sous l'Occupation. ETY Du lat. *laborare*, « travailler ».

**collage** *nm* **1** Action de coller ; son résultat. **2** TECH Soudure ou scellement défectueux. **3** Incorporation de colle dans la pâte à papier. **4** Clarification des vins à l'aide d'une substance. **5** ELECTR État de deux contacts électriques se touchant. **6** Bx-A Mode d'expression artistique (picturale, musicale, littéraire) consistant à assembler des matériaux préexistants de diverses origines ; œuvre ainsi obtenue. **7** fig, fam Concubinage.

**collagène** *nm, a* BIOCHIM **A** *nm* Protéine de structure fibreuse qui constitue l'essentiel de la trame conjonctive. **B** *a* Qui donne de la gélatine ou de la colle par cuisson.

**collagénose** *nf* MED Maladie atteignant le tissu collagène.

**collagiste** *n* Artiste s'exprimant par le collage.

**collant, ante** *a, n* **A** *a* **1** Qui colle, qui adhère. *Papier collant.* **2** fig Qui moule, dessine les formes, en parlant d'un vêtement. *Jupe col-*

lante. **3** fig, fam Qui importune, dont on ne peut se débarrasser. *Qu'est-ce qu'il est collant, celui-là !* **B** nm **1** Maillot moulant. **2** Sous-vêtement très ajusté, couvrant le bas du corps des pieds à la taille. **C** nf Convocation à un examen.

**collapsar** nm ASTRO Syn. anc. de *trou noir*.

**collapsus** nm MED **1** Syndrome aigu caractérisé par une chute de tension artérielle, une cyanose, une tachycardie, des sueurs froides. **2** Affaissement du poumon dû à un épanchement de la plèvre ou à un pneumothorax. PHO [kɔlapsys]

**collargol** nm CHIM Solution colloïdale d'argent, antiseptique. ETY Nom déposé.

**collatéral, ale** a, n **A** a **1** Situé sur le côté. *Nef collatérale.* **2** DR Qui est hors de la ligne directe. *Succession collatérale.* **3** Se dit de conséquences non souhaitées et dommageables d'une action militaire. **4** ANAT Qui naît d'un tronc nerveux ou vasculaire principal et qui lui est presque parallèle (par oppos. à *terminal*). **B** n DR Personne hors de la ligne directe. *Les frères, sœurs, oncles et tantes sont des collatéraux.* PLUR collatéraux. LOC GEOGR ***Points collatéraux*** : situés entre chaque couple de points cardinaux.

**1 collation** nf **1** Action de conférer à qqn un titre, un bénéfice. *Collation de grade.* **2** Comparaison de deux textes pour s'assurer de leur conformité.

**2 collation** nf Repas léger.

**collationner** vt ① Confronter deux écrits pour en vérifier la concordance. *Collationner un acte avec l'original.* DER **collationnement** nm

**colle** nf **1** Matière utilisée pour faire adhérer deux surfaces. **2** fam Interrogation. *Une colle de chimie.* **3** Question difficile, délicate. *Poser des colles.* **4** fam Punition, retenue. *Avoir deux heures de colle.* LOC fam ***Être à la colle*** : vivre en concubinage. — fam ***Un pot de colle*** : une personne dont on ne peut se débarrasser. ETY Du gr.

**collecte** nf **1** Action de recueillir et de rassembler. *La collecte des ordures ménagères.* **2** Quête effectuée dans un but de bienfaisance. *Faire une collecte au profit de la restauration du château.* **3** LITURG CATHOL Oraison dite par le prêtre avant l'épître. ETY Du lat. *colligere*, « placer ensemble ».

**collecter** v① **A** vt Faire une collecte ; ramasser, recueillir. *Collecter des fonds.* **B** vpr MED S'amasser dans une cavité, en parlant du pus, du sang. DER **collectage** nm

**collecteur, trice** n, a **A** n Personne chargée de recueillir de l'argent. *Collecteur d'impôts.* **B** nm **1** ELECTR Ensemble des pièces conductrices d'un rotor isolées les unes des autres et sur lesquelles frottent les balais d'un moteur ou d'une génératrice. **2** Une des électrodes d'un transistor. **C** a Qui recueille. *Égout collecteur d'eau pluviale.*

**collectif, ive** a, nm **A** a **1** Qui réunit, qui concerne simultanément plusieurs personnes. *Travail collectif. Propriété collective.* **2** Qui fait preuve d'esprit d'équipe. **B** nm **1** FIN Ensemble des crédits supplémentaires demandés à date fixe par le gouvernement. *Collectif budgétaire.* **2** Groupement de personnes ayant des intérêts communs. **3** Esprit d'équipe, capacité à vivre en collectivité. *Avoir le sens du collectif.* **4** GRAM Nom commun dont le singulier désigne un ensemble. *Foule, armée sont des collectifs.* ETY Du lat. *collectivus*, « ramassé ». DER **collectivement** av

**collection** nf **1** Réunion d'objets de même nature. *Collection de timbres, de papillons.* **2** Réunion d'objets d'art. *Les collections d'un musée.* **3** Série d'ouvrages de même genre. *Vous trouverez cet ouvrage dans telle collection.* **4** Suite des divers numéros d'une publication. *Il a toute la collection de cette BD.* **5** Série de modèles de couture. *Les collections d'hiver.* **6** MED Amas de pus, de sang dans une cavité. ETY Du lat.

**collectionner** vt ① **1** Réunir en collection. **2** fig, fam Accumuler. *Collectionner les gaffes.* DER **collectionneur, euse** n

**collectionnite** nf fam Manie du collectionneur.

**collectiviser** vt① Attribuer des moyens de production à la collectivité. *Collectiviser les terres.* DER **collectivisation** nf

**collectivisme** nm ECON Système économique et social qui réserve la propriété des moyens de production et d'échange à la collectivité, généralement l'État. DER **collectiviste** a, n

**collectivité** nf **1** Ensemble d'individus ayant entre eux des rapports organisés. *La collectivité nationale.* **2** Groupe, société, par oppos. à *individu*. *Vivre en collectivité.* LOC ***Les collectivités locales*** ou ***territoriales*** : les Régions, les départements et les communes. — ***Collectivité d'outre-mer (COM)*** : territoire de la France d'outre-mer au statut particulier destiné à s'adapter aux conditions locales.

**collector** nm Objet de collection, en partic. disque.

**collège** nm **1** Corps ou compagnie de personnes revêtues d'une même dignité. **2** Établissement d'enseignement secondaire du premier cycle. **3** Dans les pays anglo-saxons, subdivision d'une université. LOC ***Collège électoral*** : ensemble déterminé d'électeurs qui participent à une élection donnée. ETY Du lat. *collegium*, « groupement, confrérie ».

**Collège de France** établissement d'enseignement supérieur fondé à Paris, en 1530, par François Ier sur la demande de G. Budé ; il fut installé rue des Écoles (Paris 5e) en 1610 (bâtiment reconstruit en 1774). Il porte son nom actuel dep. la Restauration.

**collégial, ale** a, nf **A** a **1** Relatif à un chapitre de chanoines. **2** Qui est fait, assuré par un collège, en commun. *Direction collégiale.* **B** nf Église sans siège épiscopal et possédant néanmoins un chapitre de chanoines. PLUR collégiaux. DER **collégialement** av

**collégialité** nf Caractère de ce qui est dirigé, administré en commun par un collège.

**collégien, enne** n Élève d'un établissement secondaire du premier cycle.

**collègue** n Personne qui remplit la même fonction qu'une autre dans la même entreprise, la même administration.

**collembole** nm ENTOM Insecte aptérygote sauteur, long de 1 à 4 mm, très primitif, qui affectionne les endroits sombres et frais.

**collemboles** en haut, *Sminthurus* – en bas, *Entomobrya*

**collenchyme** nm BOT Tissu de soutien des végétaux supérieurs, constitué de cellules dont les parois cellulosiques sont épaissies.

**Colleoni Bartolomeo** (Solza, près de Bergame, 1400 – Malpaga, 1475), condottiere italien qui servit Venise et son adversaire, Milan. Verrocchio fit sa statue équestre (Venise).

**coller** v① **A** vt **1** Joindre, assembler, fixer avec de la colle. *Coller une affiche sur un mur.* **2** TECH Imprégner de colle. *Coller de la toile.* **3** VITIC Clarifier par collage. **4** Appliquer ; faire adhérer. *La sueur lui collait la chemise à la peau.* **5** Tenir appliqué contre. *Coller son visage contre une vitre. L'alpiniste se collait à la paroi.* **6** fig, fam Importuner par sa présence constante. *Il n'arrête pas de me coller !* **7** fam Mettre, placer vigoureusement, d'autorité. *Coller une gifle à qqn.* **8** fam Poser une colle à qqn. **9** fam Donner une retenue à. *Le prof a collé toute la classe.* **B** vi, vti **1** Adhérer. *Une boue épaisse qui colle aux souliers.* **2** S'ajuster exactement. *Un maillot qui colle à la peau.* **3** fig S'adapter étroitement. *Un discours qui colle à la réalité.* LOC fam ***Ça colle*** : ça convient, c'est correct. — fam ***Coller au train*** : suivre qqn de très près. — fam ***Être collé à un examen*** : échouer. — fam ***S'y coller*** : commencer qqch avec énergie, s'y mettre.

**collerette** nf **1** Pièce de linge s'adaptant à l'encolure. **2** anc Tour de cou plissé. **3** TECH Bord rabattu d'une tuyauterie, qui sert à la raccorder à une autre.

**Collerye Roger de** (Paris ou Auxerre, v. 1470 – Paris, v. 1540), poète français, auteur de ballades et de rondeaux.

**collet** nm **1** En boucherie, partie du cou des animaux. **2** TECH Partie de la peau d'une bête, près de la tête, destinée à préparer un cuir. **3** Lacet, nœud coulant, servant à piéger le menu gibier. **4** BOT Zone transitoire entre la racine et la tige d'une plante. **5** ANAT Partie de la dent entre la couronne et la racine. LOC TECH ***Collet battu*** : rebord aplati d'un tube, obtenu par martelage. — ***Collet monté*** : qui affecte la pruderie et la gravité. — ***Prendre, saisir qqn au collet*** : l'attraper violemment par le col ; le retenir prisonnier. ETY Dimin. de *col*, « cou ».

**colleter (se)** vpr ⑱ ou ⑳ **1** vieilli Se battre. *Se colleter avec des voyous.* **2** fig Être confronté à. *Se colleter avec les difficultés de la vie.*

**Colletet Guillaume** (Paris, 1598 – id., v. 1659), poète français, l'un des premiers membres de l'Acad. fr. (1634).

**colletin** nm Pièce d'armure qui protégeait les épaules et le cou.

**colleur, euse** n **A** Personne dont la profession est de coller. *Colleur d'affiches.* **B** nf TECH Appareil pour coller des enveloppes, des éléments de films.

**colley** nm Chien de berger écossais. PHO [kɔlɛ] ETY De l'angl.

**collier** nm **1** Bijou, ornement de cou. *Collier de perles.* **2** Chaîne d'or que portent les chevaliers de certains ordres. **3** Lanière, chaîne, etc., dont on entoure le cou des animaux pour les retenir, les atteler. **4** ZOOL Tache de couleurs diverses entourant le cou de certains animaux. *Couleuvre à collier.* **5** TECH Anneau métallique qui sert à consolider, à maintenir une tuyauterie, à supporter des éléments. **6** Barbe courte qui, partant des tempes, garnit le menton. **7** Partie du harnais à laquelle les traits sont attachés. LOC fam ***Donner un coup de collier*** : fournir un grand effort. — ***Être franc du collier*** : agir franchement, de manière directe. — fam ***Reprendre le collier*** : le travail. ETY Du lat. *collum*, « cou ».

**Collier (affaire du)** escroquerie montée par la comtesse de La Motte, avec l'aide de Cagliostro, qui fit croire au cardinal Louis de Rohan, amoureux de la reine Marie-Antoinette, que celle-ci désirait un collier fort onéreux (1785-1786).

**collier-chou** *nm* Bijou antillais, long collier formé de grains d'or ciselés. PLUR colliers-choux.

**colliger** *vt*[13] litt Réunir en un recueil. *Colliger des articles de journaux.*

**collimateur** *nm* PHYS Appareil d'optique produisant des rayons parallèles, qui permet de superposer l'objet visé à l'image des repères. LOC fam *Avoir qqn dans le collimateur* : le surveiller, le tenir à l'œil tout en étant prêt à agir contre lui.

**collimation** *nf* PHYS Action de viser à l'aide d'un collimateur.

**Collin d'Harleville** Jean-François (Maintenon, 1755 – Paris, 1806), auteur dramatique français : *M. de Crac dans son petit castel* (1791). Acad. fr. (1803). (V. Münchhausen).

**colline** *nf* Relief de faible hauteur, à sommet arrondi, dont les versants sont en pente douce. [ETY] Du lat. [DER] **collinaire** *a*

**Collins** William (Chichester, Sussex, 1721 – id., 1759), poète anglais préromantique.

**Collins** William Wilkie (Londres, 1824 – id., 1889), écrivain anglais, pionnier du roman policier : *la Dame en blanc* (1860).

**Collins** Michael (Clonakillty, 1890 – Bandon., 1922), homme politique irlandais. Chef du Sinn Féin, président du gouv. provisoire de l'État libre d'Irlande (1921), il fut tué par des républicains extrémistes.

**Collioure** com. des Pyr.-Orient. (arr. de Céret), sur la Médit. ; 2 763 hab. Pêche. Vins. Stat. balnéaire. – Vieux bourg fortifié. Anc. château royal (XII$^e$-XVII$^e$ s.).

**collision** *nf* **1** Choc de deux corps. *Les deux véhicules sont entrés en collision.* **2** Lutte violente. **3** fig Affrontement entre deux partis opposés. *Collision d'idées.* **4** PHYS Rapprochement entre des solides ou des particules tel que se produise un échange d'énergie et de quantité de mouvement. [ETY] Du lat.

**collisionneur** *nm* PHYS NUCL Accélérateur de particules dans lequel entrent en collision deux faisceaux circulant en sens opposés.

**collocation** *nf* DR COMM **1** Action consistant à ranger les créanciers dans l'ordre suivant lequel ils doivent être payés ; cet ordre lui-même. **2** LING Association fréquente de deux mots dans la phrase. [ETY] Du lat.

**Collodi** Carlo Lorenzini, dit Carlo (Florence, 1826 – id., 1890), auteur italien d'un roman pour enfants : *les Aventures de Pinocchio* (1878).

**collodion** *nm* CHIM Solution de nitrocellulose dans un mélange d'alcool et d'éther, utilisée autrefois en pharmacie, en photographie et dans la fabrication des explosifs.

**colloïdal, ale** *a* Qui contient un corps dispersé sous forme de micelles. PLUR colloïdaux.

**colloïde** *nm, a* **A** *nm* CHIM Substance qui, dissoute dans un solvant, forme des particules appelées micelles (20 à 2 000 angströms, trop grandes pour être dialysées). **B** *a* MED Qui ressemble à de la gelée. [ETY] De l'angl. *colloid,* du gr. *kolla,* « colle ».

**colloque** *nm* **1** Conversation entre plusieurs personnes qui débattent. **2** Conférence, débat organisé entre spécialistes d'une discipline donnée. [ETY] Du lat. *loqui,* « parler ».

**colloquer** *vt*[1] DR COMM Inscrire des créanciers dans l'ordre dans lequel ils doivent être payés. [ETY] Du lat. *locus,* « lieu ».

**Collot d'Herbois** Jean-Marie (Paris, 1750 – Sinnamary, Guyane, 1796), homme politique français. Membre du Comité de salut public, un des organisateurs de la Terreur, il écrasa l'insurrection royaliste de Lyon (1793), mais se retourna contre Robespierre lors du 9 Thermidor. Il fut déporté en 1795.

**collure** *nf* TECH Action, fait de coller ; son résultat.

**collusion** *nf* **1** DR Entente secrète pour tromper un tiers, lui causer préjudice. **2** Entente, intelligence secrète pour porter préjudice. *Collusion avec l'ennemi.* [ETY] Du lat. *colludere,* « jouer ensemble ». [DER] **collusoire** *a*

**collutoire** *nm* MED Médicament liquide destiné aux gencives et aux parois de la cavité buccale. [ETY] Du lat. *colluere,* « laver ».

**colluvion** *nf* GEOL Dépôt fin provenant de reliefs avoisinants. [ETY] De *alluvion.*

**collybie** *nf* BOT Champignon basidiomycète à lamelles poussant sur les souches. *La souchette est une collybie comestible.*

**collyre** *nm* MED Solution médicamenteuse que l'on applique sur la conjonctive. [ETY] Du gr. *kollurion,* « onguent ».

**Colman le Jeune** George (Londres, 1762 – id., 1836), auteur dramatique anglais : *le Coffre de fer* (1796), *John Bull* (1803).

**Colmar** ch.-l. du dép. du Haut-Rhin, sur la Lauch, affl. de l'Ill ; 66 886 hab. Industries. – Aéroport de *Colmar-Houssen.* – Cour d'appel. Égl. (XIII$^e$-XIV$^e$ s.). Maison Pfister (1537). Musée d'Unterlinden (retable d'Issenheim de Grünewald). – Ville de la Décapole, Colmar fut cédée à Louis XIII en 1632. [DER] **colmarien, enne** *a, n*

**colmater** *vt*[1] **1** AGRIC Exhausser ou fertiliser un sol au moyen de dépôts alluviaux riches en limon. **2** Combler, boucher. **3** MILIT Rétablir la continuité d'un front à l'aide de troupes de renfort. LOC *Colmater les brèches* : arranger les choses plus ou moins bien. [ETY] De l'ital. *colmare,* « combler ». [DER] **colmatage** *nm*

**colo** *nf* fam Colonie de vacances.

**colobe** *nm* Singe arboricole africain, à belle fourrure, qui se nourrit de feuilles. [ETY] Du gr. *kolobos,* « mutilé ».

**coloc** *n* fam Colocataire ou colocation. *Comment choisir le bon coloc. Ils vivent en coloc.*

**colocase** *nf* BOT Aracée cultivée en Polynésie pour son rhizome comestible très riche en amidon. SYN taro. [ETY] Du gr.

**colocataire** *n* Personne qui est locataire avec une ou plusieurs autres.

**colocation** *nf* Location en commun.

**Colocotronis** Théodore (Ramavoúni, Messénie, 1770 – Athènes, 1843), homme politique grec, héros de l'indépendance grecque.

**cologarithme** *nm* MATH Logarithme de l'inverse d'un nombre : colog a = $\log \frac{1}{a} = -\log a$.

**Cologne** (en all. *Köln*), v. d'Allemagne (Rhén.-du-N.-Westphalie), sur la r. g. du Rhin ; 914 340 hab. Centre bancaire, commercial (port fluv., gare, aéroport) industriel et culturel. – Archevêché. Université. Cath. goth. (commencée en 1248, achevée suivant les plans initiaux en 1880). Nombr. égl. (XI$^e$-XIII$^e$ s.). Musées. – La ville fut la cap. des Francs Ripuaires (V$^e$ s.). Siège d'un archevêché (785), v. libre impériale au XIII$^e$ s., Cologne connut la prospérité. L'électorat, sécularisé en 1803, fut donné à la Prusse (1815). [DER] **colonais, aise** *a, n*

**Colomb** Christophe (Gênes, 1450 ou 1451 – Valladolid, 1506), navigateur d'origine génoise, au service de l'Espagne. Arrivé au Portugal en 1476 ou 1477, il aurait voulu parvenir aux Indes en se dirigeant de l'Europe vers l'O. N'ayant pu intéresser le roi du Portugal, il se tourna vers les souverains espagnols, qui lui accordèrent trois caravelles (les armateurs Pinzón participant aux frais). Parti de Palos le 3 août 1492, il aborda le 12 oct. à Guanahani, île des Bahamas, puis à Cuba et à Haïti. Au cours d'un deuxième voyage (1493-1496), il trouva d'autres Antilles. Lors d'un troisième (1498-1500) et d'un quatrième voyages (1502-1504), il toucha aux rives du Venezuela et de la Colombie, et longea l'Amérique centrale. Nommé vice-roi des territ. découverts (1493), il fut destitué au cours de son troisième voyage et mourut sans avoir admis l'existence d'un continent nouveau. Il a laissé un *Journal de bord* (1541).

Christophe Colomb

**Colomb** Denise (Paris, 1902 – id. 2004), photographe française : portraits.

**Colomba (saint)** (Donegal, v. 520 – îles Hébrides, 597), religieux irlandais qui évangélisa l'Écosse.

**Colomba** nouvelle de Mérimée (1840).

**colombage** *nm* Charpente verticale dont les vides sont comblés de plâtre, de torchis, etc., servant à la construction des murs. [ETY] De *colombe,* anc. var. de *colonne.*

maisons à **colombages** du quartier de la Petite France, à Strasbourg, XVI$^e$-XVII$^e$ s.

**Colomban (saint)** (Leinster, v. 540 – Bobbio, Italie, 615), religieux irlandais. Il évangélisa la Gaule et y fonda notam. le monastère de Luxeuil (590). Expulsé par Brunehaut, il fonda le monastère de Bobbio, en Italie.

**colombard** *nm* Cépage blanc productif, cultivé dans la région de Cognac.

**Colomb-Béchar** → **Béchar.**

**colombe** *nf* **1** poét Pigeon. **2** Pigeon à plumage blanc. *La colombe, symbole de pureté et de paix.* **3** fig Dans un gouvernement, un parti, partisan de la négociation, par oppos. à *faucon.* **4** litt Jeune fille pure et candide. [ETY] Du lat.

**Colombe (la)** constellation de l'hémisphère austral ; n. scientif. : *Columba, Columbae.*

**Colombe** Michel (Bourges, v. 1430 – Tours, 1513), sculpteur français : tombeau du duc François II et de Marguerite de Foix (1502-1507, cath. de Nantes).

**Cologne** la cathédrale (à dr.)

**Colombe** Jean (Bourges, v. 1440 – id., v. 1500), peintre français qui acheva *les Très Riches Heures du duc de Berry* (1485-1489).

**Colombes** ch.-l. de cant. des Hauts-de-Seine (arr. de Nanterre), sur la Seine ; 86 102 hab. Stade Yves-du-Manoir, site des jeux Olympiques de 1924. DER **colombien, enne** *a, n*

**Colombey-les-deux-Églises** com. de la Hte-Marne (arr. de Chaumont) ; 650 hab. – Anc. résidence du général de Gaulle (musée) ; mémorial érigé en 1971.

**Colombie (république de)** État du N.-O. de l'Amérique du Sud, baigné au N. par l'Atlant., à l'O. par le Pacifique ; 1 138 900 km$^2$ ; 47,7 millions d'hab. ; accroissement naturel : 1,3 % par an ; cap. *Bogotá*. Nature de l'État : rép. présidentielle. Langue off. : esp. Monnaie : peso colombien. Métis (72 %), Amérindiens, origines européennes, origine africaine. Relig. : cathol. (95,2 %). DER **colombien, enne** *a, n*
**Géographie** À l'O., les Andes offrent une grande variété bioclimatique et groupent plus de 50 % des hab. Les plaines insalubres du Pacifique sont délaissées. L'occupation progresse dans les plaines sèches de la zone caraïbe et dans l'Est (savanes et forêts). La pop. est citadine à 76 %. L'agriculture (30 % des actifs) est surtout comm. : café (2$^e$ producteur mondial), bananes, fleurs coupées. Le pétrole, exporté, et le charbon constituent d'autres ressources avec l'or et le nickel. L'investissement étranger a diversifié la prod. industrielle. Le gouv. livre une guerre contre la drogue avec l'appui des É.-U.
**Histoire** La conquête du pays, menée au XVI$^e$ s. par les Esp., détruisit la civilisation des Chibchas. Jiménez de Quesada fonda Bogotá (1538) et appela le pays « Nouvelle-Grenade » (Colombie, Panamá, Venezuela et Équateur). D'abord rattachée à la vice-royauté de Lima, la colonie devint en 1717 une vice-royauté indép. Dès 1780, la bourgeoisie créole, prospère, réclama l'indép., acquise en 1822. En 1830 éclata la rép. de Grande-Colombie que Bolívar avait formée en 1819 à partir de la Nouvelle-Grenade. De 1903 à 1930, les conservateurs dirigèrent la Colombie, soumise à l'influence des É.-U. et liée en 1948 au Venezuela et à l'Équateur par une union douanière. De 1948 à 1953, une guerre civile aboutit à la dictature du général Rojas Pinilla (1953-1958). Pendant quatre décennies, les affrontements armés firent des dizaines de milliers de victimes. Des chefs de la drogue ont été arrêtés et le cartel de Medellín démantelé (1989-1991). En 1997, les combats entre l'armée et les Forces armées révolutionnaires colombiennes (FARC), d'inspiration marxiste, ont entraîné l'exode d'un million de personnes. En 1998, Andres Pastrana Aranjo, conservateur, a remplacé un libéral et négocié avec les FARC. Les élections présidentielles de 2002 voient le triomphe d'Alvaro Uribe (parti social d'unité nationale), qui met en place une lutte ferme contre les guérilléros. Il est réélu en 2006. En 2010, son ex-ministre de la défense, Juan Manuel Santos, lui succède. Il mène une politique d'ouverture sur la scène internationale, entreprend une réforme agraire et négocie la paix avec les FARC. Il est réélu en 2014.

**Colombie-Britannique** prov. de l'O. du Canada dep. 1871, bordée par le Pacifique ; 948 596 km$^2$ ; 4 631 300 hab. (46 000 francophones ; nombreux Asiatiques) ; cap. *Victoria*. – C'est une région montagneuse (système des Rocheuses, alt. moyenne 3 000 m) que drainent les fl. Columbia et Fraser, et la riv. de la Paix. Le littoral, très découpé, jouit d'un climat doux, l'intérieur d'un climat continental. Les forêts, la pêche et les richesses du sous-sol suscitent une industrie qui bénéficie de l'hydroélectr. abondante. Vancouver, reliée à l'Atlantique par le rail depuis 1886, port import., est le grand centre industriel. DER **britanno-colombien, enne** ou **colombien, enne** *a, n*

**colombier** *nm* Pigeonnier.

**colombin, ine** *n, a* **A** *nm* **1** Pigeon sauvage au plumage gris-bleu. **2** TECH Long boudin de pâte, utilisé pour fabriquer des poteries sans tour. **3** fam Étron. **B** *nf* Fiente de pigeon, de volaille. **C** *a* D'une couleur grise cassée de rouge-violet. ETY Du lat.

**Colombine** personnage de la commedia dell'arte, jeune femme souvent associée à Arlequin.

**1 colombo** *nm* BOT Plante vivace de Madagascar et d'Afrique orientale, dont la racine était employée en médecine. ETY Du bantou.

**2 colombo** *nm* CUIS Plat antillais, ragoût très épicé, fait de viande ou de poisson et accompagné de riz. ETY Du n pr.

**Colombo** cap. écon. et port du Sri Lanka, à l'O. de l'île ; 693 500 hab. Port d'escale et d'exportation : thé, caoutchouc, pierres précieuses. – La ville fut fondée en 1507 par les Portugais. VAR **Kolamba**

**colombophilie** *nf* Élevage des pigeons voyageurs. DER **colombophile** *n, a*

**Colomiers** com. de la Hte-Gar. (arr. et banlieue de Toulouse) ; 37 075 hab. DER **columérien, enne** *a, n*

**1 colon** *nm* **1** HIST Dans le Bas-Empire romain, homme libre attaché à la terre qu'il travaillait. **2** DR Celui qui cultive la terre pour son compte en payant une redevance en nature au propriétaire. **3** Ressortissant de la nation à laquelle est soumis un territoire étranger. **4** vieilli Enfant qui fait partie d'une colonie de vacances. LOC *Colon paritaire* : métayer. ETY Du lat. *colere*, « cultiver ».

**2 colon** *nm* fam Colonel. LOC *Ben, mon colon !* : exclamation qui marque l'étonnement, l'admiration, le reproche, etc. ETY Abrév.

**colón** *nm* Unité monétaire du Salvador et du Costa Rica. PHO [kolɔn]

**Colón** v. du Panamá, sur la mer des Antilles, à l'entrée du canal de Panamá ; cap. de la prov. du m. nom ; 233 000 hab. Port de commerce.

**côlon** *nm* ANAT Totalité du gros intestin qui succède à l'intestin grêle et que termine le rectum. *Le côlon droit débute par le cæcum. Le côlon gauche se termine par le rectum.* ETY Du gr.

**colonat** *nm* HIST État, condition de colon.

**Colone** bourg de l'Attique où naquit Sophocle, qui y fit mourir Œdipe (*Œdipe à Colone*).

**colonel** *nm* Officier supérieur, au grade au-dessous de celui de général de brigade. *Le colonel commande un régiment dans l'armée de terre, une escadre dans l'armée de l'air.* ETY De l'ital. *colonna*, « colonne d'armée ».

**colonelle** *nf* **1** Femme d'un colonel. **2** Femme ayant le grade de colonel.

**colonial, ale** *a, n* **A** *a* Relatif aux colonies, qui vient des colonies. **B** *n* Habitant ou personne

originaire des colonies. **C** *nf* Ensemble des troupes coloniales spécialement entraînées pour les campagnes outre-mer, de 1901 à 1958. PLUR coloniaux.

**colonialisme** *nm* Doctrine politique qui vise à justifier l'exploitation de colonies par une nation étrangère. (DER) **colonialiste** *a, n*

**colonie** *nf* **1** Groupe de personnes qui quittent leur pays pour s'établir dans une autre contrée. *C'est une colonie de Phocéens qui fonda Marseille.* **2** Lieu où viennent se fixer ces personnes. **3** Territoire étranger à la nation qui l'administre et l'entretient dans un rapport de dépendance politique, économique et culturelle. **4** Ensemble de personnes appartenant à une même nation et résidant à l'étranger. *La colonie française de Londres.* **5** Groupe d'enfants en vacances à la campagne, à la montagne ou à la mer, sous la responsabilité d'animateurs. **6** ZOOL Rassemblement d'animaux, généralement d'une même espèce. (ETY) Du lat.

ENC La colonisation européenne s'est effectuée en trois grandes étapes. Au XVIe s. se constituent les premiers empires coloniaux, portugais (Brésil, comptoirs en Afrique et en Inde) et espagnol (Amérique centrale et du Sud). Du XVIIe s. au XIXe s., l'Angleterre, la France et les Provinces-Unies se lancent dans cette aventure ; la colonisation mercantiliste s'étend à l'Asie. À partir de 1873, elle prend le visage de l'impérialisme (1885 : conférence de Berlin*). La Seconde Guerre mondiale enclenche le processus de décolonisation. V. décolonisation.

**colonisé, ée** *a, n* Qui subit la domination d'une puissance colonisatrice.

**coloniser** *vt* ① **1** Organiser un territoire en colonie ; y établir des colons. **2** Envahir un territoire, un lieu. *Les touristes ont colonisé la ville.* (DER) **colonisateur, trice** *a, n* – **colonisation** *nf*

**Colonna** famille romaine (XIIIe au XVIIe siècle). — **Oddone** fut pape sous le nom de Martin V.

**colonnade** *nf* ARCHI Série de colonnes disposées autour ou sur l'un des côtés d'un édifice, à l'intérieur ou à l'extérieur, pour servir de décoration ou de promenade.

**colonnage** *nm* PRESSE Aspect (disposition, justification, etc.) des colonnes de texte dans un journal.

**colonne** *nf* **1** Support vertical de forme cylindrique, ordinairement destiné à soutenir un entablement ou à décorer un édifice. **2** ARCHI Monument commémoratif en forme de colonne. *La colonne Vendôme.* **3** Chacune des divisions verticales du texte des pages d'un livre, d'un journal, etc. *Page imprimée sur trois colonnes.* **4** MILIT Corps de troupe en marche, disposé sur peu de front et beaucoup de profondeur. **5** Longue suite d'individus, de véhicules en marche. **LOC** ***Cinquième colonne :*** ensemble organisé des agents de l'ennemi à l'intérieur du pays. (Cette expression naquit quand Franco assiégea Madrid [1936-1939] au moyen de quatre corps de troupes [colonnes] ; à l'intérieur de la ville, ses partisans constituaient la cinquième colonne.) — ***Colonne à plateaux :*** appareil de distillation fractionnée. — PHYS ***Colonne d'eau, d'air, de mercure :*** masse d'eau, etc., à l'intérieur d'un récipient cylindrique vertical. — AUTO ***Colonne de direction :*** arbre reliant le volant à la direction. — TECH ***Colonne de production :*** colonne utilisée pour acheminer les fluides exploités dans un puits de pétrole. — CONSTR ***Colonne montante :*** canalisation alimentant les appareils situés aux différents niveaux d'un bâtiment. — ***Colonne sèche :*** tuyauterie verticale qui permet aux pompiers de raccorder les tuyaux d'incendie sans les dérouler verticalement. — ***Colonne vertébrale :*** ensemble des vertèbres, articulées en un axe osseux qui soutient le squelette. (ETY) Du lat.

**Colonne** Judas **Colonna,** dit **Édouard** (Bordeaux, 1838 – Paris, 1910), chef d'orchestre et violoniste français, fondateur en 1871 du Concert national (nommé ensuite *concerts Colonne*).

**Colonne** (cap) → **Sounion.**

**Colonnes d'Hercule** nom donné par les Anciens aux caps situés de part et d'autre du détroit de Gibraltar : mont Calpé, en Europe, et Abyla (auj. cap de Ceuta), en Afrique.

**colonnette** *nf* Petite colonne.

**colonoscopie** *nf* MED Examen du côlon par endoscopie. (VAR) **coloscopie**

**colopathie** *nf* MED Affection du côlon. (DER) **colopathique** *a* – **colopathe** *n*

**colophane** *nf* Résidu de la térébenthine, que l'on utilise pour l'encollage de papiers, la fabrication de vernis et pour faire mordre les archets sur les cordes des instruments de musique.

**colophon** *nm* IMPRIM Note finale d'un ouvrage indiquant le nom de l'imprimeur, la date et le lieu de l'impression. (ETY) Du gr.

**Colophon** anc. cité ionienne d'Asie Mineure ; une des patries présumées d'Homère.

**coloquinte** *nf* Cucurbitacée grimpante qui donne un gros fruit, jaune à maturité, à péricarpe dur, à la pulpe amère et purgative ; ce fruit.

**Colorado** (rio) fl. de l'O. des É.-U. (2 250 km) ; naît dans les Rocheuses ; traverse le Colorado, l'Utah, l'Arizona (où il a creusé de profonds cañons) ; se jette dans le golfe de Californie.

**Colorado** (rio) fl. du S. des É.-U. (1 560 km), tributaire du golfe du Mexique ; naît sur le Llano Estacado ; traverse le Texas.

**Colorado** (río) fl. d'Argentine (1 300 km) ; naît dans les Andes ; se jette dans l'Atlant., au S. de Bahía Blanca.

**Colorado** État de l'O. des É.-U. ; 269 998 km² ; 3 294 000 hab. ; cap. *Denver.* Les Rocheuses s'étendent sur la quasi-totalité de l'État (alt. moyenne 3 000 m). Le climat est aride. L'irrigation des vallées a étendu les cult. Le sous-sol est riche : argent, or, molybdène, charbon, pétrole, uranium. Les industr. sont diversifiées. Parc nat. dans les Rocheuses. – Le N. appartient aux É.-U. depuis 1803, le reste fut cédé par les Mexicains en 1848. Le Colorado entra dans l'Union en 1876.

**Colorado Springs** v. des É.-U. (Colorado), au sud de Denver ; 281 100 hab. Mines (houille, or). Tourisme. Centre militaire.

**LES EMPIRES COLONIAUX EN 1914**

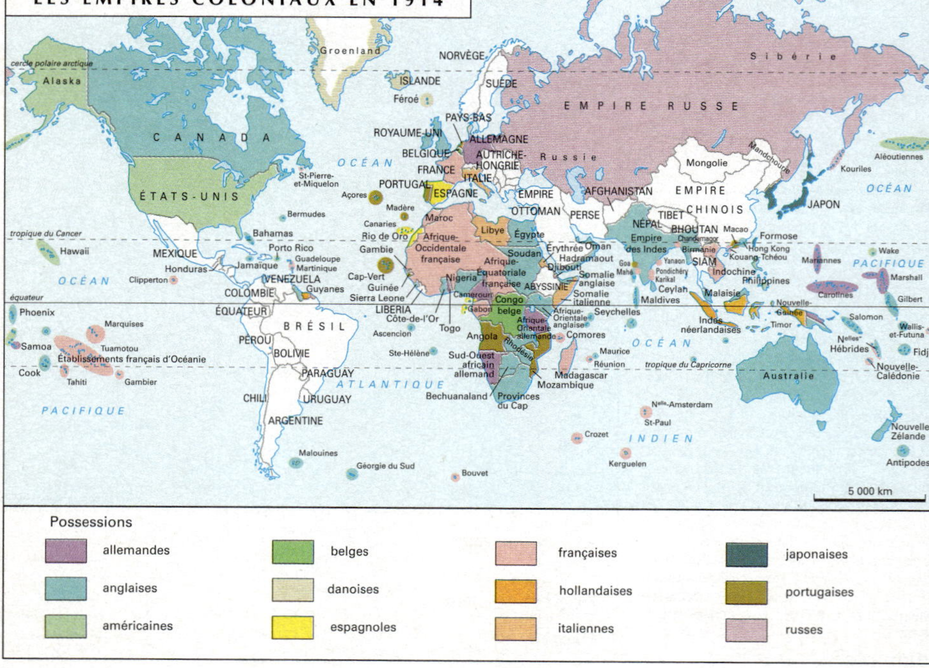

**colorage** *nm* TECH Action d'ajouter un colorant à une denrée alimentaire.

**colorant, ante** *a, nm* **A** *a* Qui colore, qui donne de la couleur. **B** *nm* **1** Substance susceptible de se fixer sur un support et de lui donner une couleur. **2** Substance utilisée pour colorer un produit alimentaire.

**coloratur, ure** *a, nf inv* MUS Virtuose du chant d'opéra à grandes vocalises.

**coloré, ée** *a* Qui a une couleur et, partic., des couleurs vives. *Teint coloré.* **LOC** ***Style coloré*** : plein d'images, brillant.

**colorectal, ale** *a* MED Se dit d'un type de cancer assez répandu, souvent héréditaire. PLUR colorectaux.

**colorer** *vt* ① **1** Donner une couleur, de la couleur à. *Le soleil colore les fruits.* **2 fig, litt** Embellir, présenter sous un jour favorable. (ETY) Du lat. (DER) **coloration** *nf*

**colorier** *vt* ② Appliquer des couleurs sur une estampe, un dessin, etc. (DER) **coloriage** *nm*

**colorimètre** *nm* CHIM Appareil utilisé pour analyser la couleur d'une solution.

**colorimétrie** *nf* **1** Science qui étudie les couleurs (définition et comparaison). **2** CHIM Analyse de l'absorption de la lumière par une solution que l'on cherche à doser. (DER) **colorimétrique** *a*

**coloris** *nm* **1** Nuance résultant du mélange des couleurs, de leur emploi dans un tableau. **2** Coloration, éclat naturel. *Le coloris d'un visage.* (ETY) De l'ital.

**coloriser** *vt* ① TECH Colorier, par des procédés informatiques, une copie de film noir et blanc. (DER) **colorisation** *nf*

**coloriste** *n* **1** Peintre qui excelle dans l'emploi des couleurs. **2** Personne qui colorie des dessins, des estampes. **3** Spécialiste de l'utilisation des couleurs en matière de décoration.

**coloscopie** → **colonoscopie.**

**colossal, ale** *a* **1** D'une grandeur exceptionnelle, gigantesque. **2 fig** Énorme, extraordinaire. *Une force colossale.* PLUR colossaux. (DER) **colossalement** *av*

**colosse** *nm* **1** Statue d'une grandeur exceptionnelle. *Le colosse de Rhodes.* **2** Homme de haute stature, très robuste. **LOC** ***Le colosse aux pieds d'argile*** : puissance dont les fondements sont fragiles. (ETY) Du gr.

**Colosses** anc. colonie grecque d'Asie Mineure, en Phrygie (ruines près de Honaz, en Turquie). (DER) **colossien, enne** *a, n*

**colostomie** *nf* CHIR Création d'un anus artificiel par abouchement à la peau d'une portion de côlon.

**colostrum** *nm* PHYSIOL Première sécrétion de la glande mammaire après l'accouchement. (PHO) [kɔlɔstʀɔm]

**Colot** Germain (Trainel, Aube, XV$^{e}$ siècle), chirurgien français. En 1470, il réussit (sur un condamné à mort) la première opération de la taille (extraction de calcul par ouverture de la vessie).

**coloured** *a, n* En Afrique du Sud, métis. (PHO) [kolurɛd] (ETY) Mot angl.

**colpo-** Élément, du gr. *kolpos*, « vagin ».

**colpoplastie** *nf* CHIR Création d'un vagin artificiel en cas d'anomalie ou d'absence congénitale de cet organe.

**colporter** *vt* ① **1** Présenter des marchandises à domicile, pour les vendre. **2 fig** Répandre une nouvelle, une information, un renseignement en les répétant à de nombreuses reprises. (ETY) Du lat. *comportare*, « transporter ». (DER) **colportage** *nm* – **colporteur, euse** *n*

**colposcopie** *nf* MED Examen du vagin et du col de l'utérus au moyen d'un instrument d'optique. (DER) **colposcopique** *a*

**colt** *nm* **1** Pistolet automatique (calibre 11,43 mm). **2** Revolver. (ETY) Du nom de l'inventeur.

**coltan** *nm* Minerai de tantale, exploité au Congo. (ETY) Acronyme pour *colombo tantalid*.

**coltiner** *vt* ① **A** *vt* Porter un fardeau pesant. **B** *vpr* **fam** Faire une chose pénible. (ETY) De *collet*.

**Coltrane** William John (Hamlet, Caroline du Nord, 1926 – Huntington, 1967), saxophoniste de jazz américain.

**colubridé** *nm* ZOOL Serpent tel que la couleuvre. (ETY) Du lat. *coluber, colubris*, « couleuvre ».

**Coluche** Michel Colucci, dit (Paris, 1944 – près de Valbonne, 1986), artiste comique français et acteur de cinéma, créateur des « Restaurants du cœur » (1985).

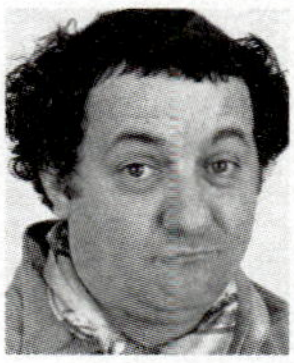

Coluche

**columbarium** *nm* Édifice qui reçoit les urnes renfermant les cendres des morts incinérés. (PHO) [kɔlɔ̃baʀjɔm]

**Columbia (la)** (anc. *Oregon*), fl. d'Amérique du Nord (1 953 km) ; naît dans les Rocheuses canadiennes ; se jette dans le Pacifique après avoir traversé Portland (É.-U.).

**Columbia** district fédéral des États-Unis. (V. Washington.)

**Columbia** v. des É.-U., cap. de la Caroline du Sud ; 440 000 hab. (aggl.).

**Columbia (Université)** l'une des universités (1912) de la ville de New York.

**Columbia Pictures Corporation** société cinématographique fondée en 1924 par les frères Cohn, Jack et Harry.

**columbiforme** *nm* Oiseau aux pattes courtes, au bec court à base membraneuse, dont l'ordre comprend le pigeon et la tourterelle. (ETY) Du lat. *columba*, « colombe ».

**Columbus** v. des É.-U., cap. de l'Ohio, sur la Scioto River, affl. de l'Ohio ; 1,2 million d'hab.

**Columbus** v. des É.-U. (Géorgie) ; 178 680 hab. – Université.

**columelle** *nf* Axe de la coquille hélicoïdale des gastéropodes. (ETY) Du lat.

**Columelle (Lucius Junius Moderatus Columella)** (Cadix, I$^{er}$ s. apr. J.-C.), écrivain latin : *De re rustica*, traité d'agronomie.

**col-vert** *nm* Canard sauvage commun, à la tête verte aux reflets métalliques, au collier blanc, aux ailes et au corps gris à miroirs blancs pour le mâle. PLUR cols-verts. (VAR) **colvert** ▶ illustr. **ailes**

**colza** *nm* Variété de navet à fleurs jaunes, cultivée pour l'huile que l'on extrait de ses graines et comme aliment pour le bétail. (ETY) Du néerl. *koolzaad*, « graine de chou ».

**com-** Élément, du lat. *cum*, « avec », exprimant l'union, la simultanéité d'action.

**com** *nf* **fam** Communication médiatique.

**COM** *nf* Acronyme de *collectivité d'outre-mer*.

**1 coma** *nm* État morbide caractérisé par la perte de la conscience, de la sensibilité, de la motilité, avec conservation plus ou moins complète des fonctions respiratoires et circulatoires. *Être dans le coma.* **LOC** ***Coma dépassé*** : mort cérébrale. — ***Coma vigile*** : caractérisé par l'existence de réactions aux stimuli sensoriels. (ETY) Du gr. *kôma*, « sommeil profond ». (DER) **comateux, euse** *a, n*

**2 coma** *nf* OPT Aberration géométrique d'un système centré donnant, d'un point voisin de l'axe, une tache rappelant un peu l'aspect d'une comète. (ETY) Du gr. *komê*, « chevelure ».

**Comanches** Amérindiens dont les descendants sont auj. installés en Oklahoma. (DER) **comanche** *a*

**comarquage** *nm* Syn. de *cobranding*.

**comatule** *nf* ZOOL Échinoderme crinoïde libre à l'état adulte.

**Combas** Robert (Lyon, 1957), peintre français, représentant du courant de la Figuration libre.

**combassou** *nm* Petit passereau (plocéidé) du Sénégal.

**combat** *nm* **1** Lutte entre deux ou plusieurs personnes, entre deux corps de troupes. **2** Lutte entre des animaux. **3 fig, litt** Lutte. *Le combat spirituel.* **4** Opposition de choses entre elles. *Le combat des éléments.* **LOC** ***Être hors de combat*** : n'être plus en mesure de combattre.

**combatif, ive** *a, n* Porté à la lutte, à l'offensive. (VAR) **combattif, ive** (DER) **combativité** ou **combattivité** *nf*

**combattant, ante** *n, a* **A** Se dit d'une personne, d'un groupe de personnes qui prend part à un combat, à une rixe. **B** *nm* ZOOL **1** Oiseau de rivage (charadriiforme), appelé aussi *chevalier combattant*, dont les mâles, au printemps, se livrent à des parades à allure de combats. **2** Rutilant poisson perciforme d'Asie du S.-E. dont les mâles se livrent des combats à mort. **LOC** ***Anciens combattants*** : soldats qui ont combattu pendant une guerre et qui, revenus à la vie civile, se sont regroupés en associations.

**combattre** *v* ⑥ **A** *vt* **1** Attaquer qqn ou se défendre contre lui. *Rodrigue combattit les Maures.* **2** Lutter contre qqch de mauvais, de dangereux. *Combattre un incendie, une maladie.* **3** S'opposer à. *Combattre des théories erronées.* **B** *vi* **1** Livrer combat ; faire la guerre. *Combattre pour la patrie.* **2** Lutter. *Combattre contre les préjugés.* (ETY) Du lat. *cum*, « avec », et *battuere*, « battre ».

**combava** *nm* **Réunion** Petit citron vert à peau ridée, très parfumé. (ETY) Du gaul.

**combe** *nf* GEOGR Dépression longue et étroite, parallèle à la direction des reliefs et entaillée dans les parties anticlinales d'un plissement. (ETY) Du gaul.

**Combes** Émile (Roquecourbe, 1835 – Pons, 1921), homme politique français. Président (radical) du Conseil de 1902 à 1905, il pratiqua une polit. anticléricale qui aboutit à la séparation des Églises et de l'État.

**combien** *av, nm inv* **A** *av* **1** À quel point, à quel degré. *Il m'a dit combien il vous estime.* **2** Quelle quantité de temps, de distance, d'argent, etc. *Combien coûte ce livre ? Combien y a-t-il d'ici à la gare ?* **B** *nm inv* **fam** Indique une date, une fréquence. *Ce journal paraît tous les combien ?* **LOC** ***Combien de*** : quelle quantité, quel nombre. — ***De combien*** : de quelle quantité, de quel nombre d'années. — ***Ô combien !*** : beaucoup. (ETY) De l'a. fr. *com*, « comme », et *bien*.

**combientième** *a* **fam** Quantième. *Vous êtes le combientième ?*

**combinable** → **combiner.**

**combinaison** *nf* **1** Assemblage de plusieurs choses dans un certain ordre. *Combinaison de couleurs.* **2** CHIM Formation d'un composé à partir de plusieurs corps qui s'unissent dans des proportions déterminées. **3** MATH Dans un ensemble fini non vide comprenant $n$ éléments, partie composée de $p$ éléments, $p \leqslant n$ ($p$ et $n$ étant des entiers naturels). **4** MUS Disposition du mécanisme des orgues permettant de préparer les jeux à jouer ultérieurement. **5 fig** Mesure, calcul fait pour réussir. *Déjouer des combinaisons malhonnêtes.* **6** Sous-vêtement féminin, en tissu léger, porté sous la robe. **7** Vêtement réunissant pantalon et veste en une seule pièce. *Combinaison de mécanicien. Combinaison de plongée.* **8** Ensemble de chiffres ou de lettres que l'on forme au moyen de boutons moletés, de cadrans, etc., et qui permet de faire jouer un système de fermeture. ETY Du bas lat. *combinare,* « combiner ».

**combinard, arde** *a, n* fam, péjor Qui utilise des combines.

**combinat** *nm* HIST En URSS, complexe économique, groupement d'industries.

**combinateur** *nm* Commutateur destiné à effectuer différentes combinaisons de circuits.

**combinatoire** *a, nf* **A** *a* MATH Se dit de l'analyse qui étudie les différentes manières de combiner les éléments d'un ensemble. **B** *nf* **1** MATH Analyse combinatoire. **2** didac Combinaison d'éléments qui agissent les uns sur les autres.

**combine** *nf* fam Moyen détourné pour arriver à ses fins ou pour obtenir qqch.

**combiné, ée** *a, nm* **A** *a* **1** Qui réunit plusieurs éléments (techniques, fonctions, avantages). *Un four combiné.* **2** fig Réuni. *L'ambition et le talent combinés le mèneront loin.* **B** *nm* **1** TECH Combinaison d'appareils ou de systèmes en un produit complexe. **2** Sous-vêtement réunissant un soutien-gorge et une gaine. LOC SPORT ***Combiné alpin*** : compétition de ski associant la descente, le slalom géant et le slalom spécial. — ***Combiné nordique*** : compétition associant une épreuve de ski de fond de 15 km et un saut. — ***Combiné téléphonique*** : ensemble d'un écouteur et d'un microphone.

**combiner** *vt* ① **1** Arranger plusieurs choses dans un ordre ou dans des proportions déterminés. *Combiner des couleurs.* **2** CHIM Faire la combinaison de. **3** fig Calculer, préparer, organiser. *Combiner un plan d'évasion.* ETY Du lat. *combinare,* « réunir ». DER **combinable** *a*

**combinette** *nf* Sous-vêtement féminin, combinaison courte.

**combishort** *nm* Maillot de bain féminin d'une seule pièce en forme de short.

**comblanchien** *nm* Calcaire jaunâtre, très dur, susceptible d'acquérir un beau poli.

**1 comble** *nm* **A 1** vx Ce qui peut tenir au-dessus d'une mesure déjà pleine. **2** fig Maximum, degré le plus élevé. *Le comble de l'hypocrisie. Être au comble du désespoir.* **3** ARCHI Ensemble formé par la charpente et la couverture d'un bâtiment. **B** *nmpl* Parties d'un édifice se trouvant directement sous la toiture. LOC ***De fond en comble*** : entièrement, du haut en bas. ETY Du lat. *cumulus,* « amoncellement ».

**2 comble** *a* Rempli de gens. *Une salle comble.* LOC ***La mesure est comble*** : en voilà assez. ETY De *combler.*

**combler** *vt* ① **1** Remplir un vide, un trou, un creux. *Combler un puits.* **2** fig Compenser. *Combler un déficit.* **3** fig Satisfaire pleinement qqn, gratifier en abondance qqn de qqch. *Combler les désirs de qqn. Combler qqn de cadeaux.* ETY Du lat. *cumulare,* « amonceler ». DER **comblement** *nm*

**combo** *nm* Petite formation de jazz.

**Combourg** ch.-l. de canton d'Ille-et-Vilaine (arr. de Saint-Malo) ; 4 860 hab. – Chât. féodal (XI^e^-XV^e^ s.) dans lequel Chateaubriand passa une partie de sa jeunesse. DER **combourgeois, oise** *a, n*

**Combraille (la)** région boisée du N. du Massif central. Élevage.

**comburant, ante** *nm, a* CHIM Substance capable d'entretenir la combustion d'un combustible. *L'oxygène de l'air est le comburant le plus utilisé.*

**combustible** *a, nm* **A** *a* Qui peut brûler. *Matière combustible.* **B** *nm* Substance qui peut entrer en combustion (bois, charbon, essence, gaz naturel, etc.) et être utilisée pour produire de la chaleur. LOC PHYS NUCL ***Combustible nucléaire*** : matière susceptible de fournir de l'énergie par fission ou fusion nucléaire. DER **combustibilité** *nf*

**combustion** *nf* **1** Fait de brûler. **2** CHIM Réaction d'oxydoréduction produisant de la chaleur. LOC ***Combustion massique*** : énergie libérée par unité du combustible. ETY Du lat.

ENC Une combustion est une réaction chimique d'oxydation qui s'effectue par l'intermédiaire d'une source de chaleur (flamme, étincelle, résistance électrique). Elle nécessite deux corps : le *comburant,* qui fait brûler (dioxygène, par ex.), et le *combustible,* qui brûle. Certains corps autocombustibles, qui contiennent en association ces deux constituants, donnent une flamme d'explosion lors d'un choc, d'un changement de pression ou d'une surchauffe locale (certains hydrocarbures nitrés, chlorates, etc.).

**Côme** (en ital. *Como*), v. d'Italie (Lombardie) ; 95 180 hab. ; ch.-l. de la prov. du même nom. Tourisme. – Cath. (XIV^e^-XVI^e^ s.). – Au N., le *lac de Côme* (146 km²) est un lac alpestre, allongé N.-S. et traversé par l'Adda.

**Côme** et **Damien (saints)** (m. à Tyr d'Euphrate, Syrie, v. 295), médecins chrétiens ; les deux frères furent martyrisés sous Dioclétien. Patrons des chirurgiens. VAR **Cosme**

**come-back** *nm inv* Réapparition d'une vedette ou d'une personnalité publique après une période de retrait ou d'inactivité. PHO [kɔmbak] ETY De l'angl.

**Comecon** acronyme pour *COuncil for Mutual ECONomic assistance,* « Conseil d'aide économique mutuelle ». Organisme créé en 1949 à Moscou et dissous en 1991. Il comprenait la Bulgarie, la Hongrie, la Pologne, la Tchécoslovaquie, la Roumanie, la Mongolie, l'URSS, la RDA, Cuba et le Viêt-nam.

**comédie** *nf* **1** Pièce de théâtre où sont décrits de manière plaisante les mœurs, les défauts, les ridicules des êtres humains. *Comédie d'intrigue, de mœurs, de caractères.* **2** Le genre comique, par opposition à la *tragédie* et au *drame.* **3** fig Caprice, cabotinage, hypocrisie, mensonge. *Tout cela n'est que comédie.* **4** fig Difficulté, complication. *Quelle comédie pour se faire inscrire !* LOC ***Comédie musicale*** : spectacle faisant alterner scènes dansées et chantées, dialogue et musique ; genre théâtral et cinématographique constitué par ces spectacles, en vogue aux États-Unis à partir des années 1920. — ***Jouer la comédie*** : feindre des sentiments que l'on n'éprouve pas, affecter d'avoir des idées que l'on n'a pas. ETY Du lat. *comœdia.*

**Comédie-Française (la)** le Théâtre-Français officiel, appelé parfois *le Français,* situé dans un bâtiment annexe du Palais-Royal, à Paris. Sa troupe fut constituée (arrêt du roi, 1680) par la réunion des comédiens de l'hôtel de Bourgogne et de ceux du théâtre Guénégaud.

**Comédie humaine (la)** titre, calqué sur *la Divine Comédie* que Balzac donna en 1841 à l'ensemble de ses romans et nouvelles publiés dep. 1829 ou à venir.

**Comédie-Italienne** nom collectif donné aux troupes ital. qui se produisirent en France de 1548 (à Lyon) à 1779, quand on les expulsa (prem. expulsion : 1697-1716).

**comédien, enne** *n, a* **A** *n* **1** Personne dont la profession est de jouer au théâtre, au cinéma, etc. ; acteur. **2** Acteur de comédie, par oppos. à *tragédien.* **B** *a* Se dit d'une personne encline à jouer un rôle, à feindre. *Ce qu'il est comédien, ce gamin !*

**Comédies et Proverbes** titre sous lequel on a regroupé les pièces de Musset qu'il ne destinait pas à la scène.

**comédon** *nm* Petit bouchon de sébum, noirâtre au sommet, qui obstrue un pore de la peau, communément appelé « point noir ». ETY Du lat. *comedere,* « manger ».

**Comencini** *la Storia,* 1986

**Comencini Luigi** (Salo, prov. de Brescia, 1916 – Rome, 2007), cinéaste italien : *l'Incompris* (1967), *Casanova, un adolescent à Venise* (1969).

**Comenius Jan Amos Komenský,** dit (Uherský Brod, Moravie, 1592 – Amsterdam, 1670), humaniste tchèque. Prêtre des Frères moraves, il annonça la pédagogie moderne.

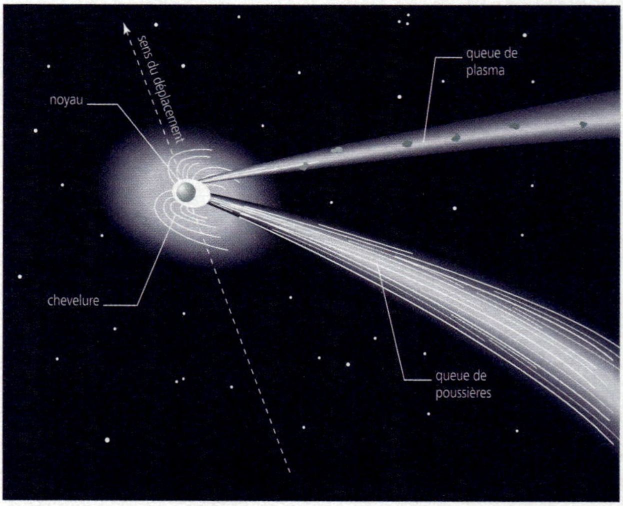


**comète**

**comestible** *a, nm pl* **A** *a* Qui convient à la nourriture des êtres humains. *Un champignon comestible.* **B** *nm pl* Produits alimentaires. ETY Du lat. *comedere*, « manger ».

**comète** *nf* Petit corps céleste qui décrit une parabole ou une ellipse très allongée autour du Soleil. **LOC** ***Tirer des plans sur la comète*** **:** faire des projets irréalisables. ETY Du gr. *komêtês*, « astre chevelu ». DER **cométaire** *a*

ENC Les comètes sont composées d'un noyau solide (agrégat de glace et de poussières) qui mesure quelques km et qu'on ne peut voir depuis la Terre. Lorsqu'une comète se rapproche du Soleil, des structures lumineuses se développent à partir du noyau : la chevelure (halo circulaire de 50 000 à 200 000 km de diamètre constitué de gaz et de poussières libérés par le noyau et éclairés par le Soleil) et, s'étirant sur plusieurs millions de km à l'opposé du Soleil, la queue de plasma (ions de la chevelure repoussés par le vent solaire) et la queue de poussière (éclairée par diffusion de la lumière solaire). La plus connue est la comète de Halley (période : env. 76 ans).

**cométique** *nm* **Canada** Long traîneau inuit tiré par des chiens.

**comice** *nf* Variété de poire fondante sucrée.

**comices** *nm pl* **1** ANTIQ Assemblée du peuple romain pour élire des magistrats ou voter des lois. **2** HIST Réunion des électeurs. **LOC** ***Comices agricoles*** **:** assemblée de cultivateurs et de propriétaires ruraux pour favoriser l'amélioration des procédés agricoles et du cheptel. ETY Du lat.

**comics** *nm pl* Bandes dessinées, dessins humoristiques. PHO [kɔmiks] ETY Mot angl.

**Comines** com. du Nord, sur la Lys (qui la sépare de la com. belge de Comines-Warneton) ; 11 952 hab. DER **cominois, oise** *a, n*

**Comines** → **Commynes.**

**coming-out** *nm inv* Syn. de *outing*. PHO [kɔmiŋaut] ETY Mot angl., « sortie ».

**comique** *a, n* **A** *a* **1** Qui appartient à la comédie. *Le genre comique.* **2** Qui fait rire, plaisant, ridicule. *Il lui arrive des aventures comiques.* **B** *nm* **1** Auteur comique. **2** Acteur comique. *Les sketches d'un comique.* **3** Le genre comique. DER **comiquement** *av*

**comité** *nm* Réunion de personnes chargées d'examiner certaines affaires, de donner un avis, de préparer une délibération, d'orienter une décision. *Comité de lecture.* **LOC** ***Comité d'entreprise*** **:** élu par les salariés pour améliorer les conditions de vie du personnel et pour gérer les œuvres sociales de l'entreprise. — ***En petit comité*** **:** dans l'intimité. ETY Du lat.

**Comité de salut public** organisme (9 puis 12 membres) créé par la Convention le 6 avr. 1793 et qui bientôt exerça le pouvoir sous la direction de Robespierre, notam. en instaurant la Terreur, jusqu'au 9 Thermidor an II (27 juil. 1794).

**Comité de sûreté générale** organisme (30 puis 12 membres) créé par la Convention le 2 oct. 1792 pour diriger la police et la justice, et organiser la Terreur (sept. 1793).

**Comité international olympique (CIO)** comité, créé en 1894, qui confie à une ville l'organisation des jeux Olympiques et se livre à diverses tâches de surveillance.

**comitialité** *fm* MED Épilepsie. DER **comitial, ale, aux** *a*

**comma** *nm* MUS La plus petite division du ton, perceptible à l'oreille. *Le ton se divise en neuf commas.* ETY Du gr.

**Commagène** petit royaume hellénistique de l'ancienne Syrie, prov. romaine sous Vespasien (72 apr. J.-C.).

**commandant, ante** *n* **1** Personne qui exerce un commandement militaire. *Commandant en chef.* **2** Grade le plus bas dans la hiérarchie des officiers supérieurs, dans les armées de terre et de l'air. **3** Officier qui commande un bâtiment de guerre ou un navire de commerce ; appellation donnée aux officiers du grade de capitaine de corvette. **4** **Afrique** Fonctionnaire chargé d'une subdivision administrative. **LOC** AVIAT ***Commandant de bord*** **:** pilote chef de l'équipage.

**commande** *nf* **1** Demande de marchandise devant être fournie à une date déterminée ; marchandise commandée. *Faire, passer (une) commande.* **2** TECH Mécanisme qui permet de provoquer la mise en marche, l'arrêt ou la manœuvre d'un ou de plusieurs organes. **3** **fig** Direction, contrôle. *Tenir les commandes d'une entreprise.* **4** TECH Action de déclencher, d'arrêter et d'assurer le fonctionnement ou la conduite des organes ou des mécanismes d'un appareil. **LOC** ***De commande*** **:** affecté, feint, simulé.

**commandement** *nm* **1** Action, manière de commander. *Un ton de commandement*, impératif. **2** MILIT Ordre bref. *À mon commandement, marche !* **3** DR Injonction par ministère d'huissier de s'acquitter de ses obligations. **4** RELIG Précepte, loi émanant de l'Église. *Les commandements de l'Église.* **5** Autorité, pouvoir de celui qui commande. *Avoir le commandement d'un régiment.* **6** La hiérarchie militaire supérieure.

**Commandements (les Dix)** principes fondamentaux de religion et de morale énoncés dans le chap. XX de l'Exode. Dieu les aurait gravés sur des tables de pierre (Tables de la Loi) et remis à Moïse sur le mont Sinaï. VAR **Décalogue (le)**

**commander** *v* ① **A** *vt* **1** User de son autorité en indiquant à autrui ce qu'il doit faire. *Cet adolescent ne supporte pas qu'on le commande.* **2** Exercer son autorité hiérarchique sur qqn. *Commander une armée.* **3** Ordonner, diriger. *Commander la manœuvre.* **4** **fig** Appeler, exiger. *Sa conduite courageuse commande le respect.* **5** Faire une commande de. *Commander du charbon.* **6** Dominer, en parlant d'un lieu. *Cette éminence commande la plaine.* **7** TECH Faire marcher, faire fonctionner. *Une cellule photoélectrique commande l'ouverture de cette porte.* **B** *vpr* S'ouvrir l'une sur l'autre, en parlant des pièces d'un appartement. *Ces deux chambres se commandent.* **C** *vti* **1** Avoir autorité sur qqn. *Commander à qqn.* **2** **fig** Maîtriser. *Commander à ses passions.* **D** *vi* User de son autorité, donner des ordres. *Ce n'est pas vous qui commandez ici.* ETY Du lat. *commendare*, « confier ».

**commanderie** *nf* HIST **1** Bénéfice affecté à l'ordre de Malte et à quelques autres ordres militaires. **2** Résidence du commandeur d'un de ces ordres. *Une commanderie de templiers.*

**commandeur** *nm* **1** HIST Chevalier pourvu d'une commanderie. *La statue du Commandeur dans « Dom Juan ».* **2** Dans certains ordres, grade au-dessus de celui d'officier. *Commandeur de la Légion d'honneur.* **LOC** HIST ***Le commandeur des croyants*** **:** titre que prenaient les califes et que porte toujours le roi du Maroc.

**commanditaire** *nm* **1** Bailleur de fonds dans une société en commandite. **2** Sponsor.

**commandite** *nf* **1** Société dans laquelle une partie des associés ne prennent pas part à la gestion. **2** Fonds versés par chaque associé d'une société en commandite. ETY De l'ital. *accomandita*, « dépôt, garde », avec infl. de *commande*.

**commanditer** *vt* ① **1** Verser des fonds dans une société en commandite. **2** Financer. *Mécène qui commandite une troupe théâtrale.*

**commando** *nm* Groupe de combat chargé d'exécuter une opération rapidement.

**comme** *av, conj* **A** *av interrog, av exclam* **1** À quel point, combien. *Comme il est susceptible !* **2** Comment, de quelle manière. *Voyez comme il se hâte.* **B** *conj* **1** Puisque. *Comme il l'aime, il lui pardonnera.* **2** Tandis que. *Comme il approchait, il vit...* **C** *av* **1** De la même manière que, ainsi que, de même que. *Faites comme lui. Comme on fait son lit, on se couche.* **2** Ainsi que. *Blanc comme neige.* **3** De la manière que. *Généreux comme il est, il ne peut refuser.* **4** Un peu. *Elle est comme possédée.* **5** Tel que. *On n'a jamais vu une escroquerie comme celle-là.* **6** En tant que. *Prenez-le comme modèle.* **LOC** **fam** ***Comme ci comme ça*** **:** tant bien que mal ; ni bien ni mal. — ***Comme il faut*** **:** convenable, distingué. *Une dame tout à fait comme il faut.* — ***Comme quoi*** **:** ce qui montre que. — ***Comme tout*** **:** extrêmement. *Elle est amusante comme tout, votre histoire.* ETY Du lat. *quomodo*, « de quelle façon ».

**commedia dell'arte** *nf inv* Genre théâtral à types conventionnels (Arlequin, Pantalon, Colombine, Pierrot, etc.), dont les acteurs masqués improvisaient le dialogue sur un scénario donné, pratiqué en France au XVII^e^ et au XVIII^e^ s. PHO [komedjadɛllaʀte] ETY Mots ital.

**Comme il vous plaira** comédie de Shakespeare en 5 actes et en prose mêlée de vers (1599).

**comméline** *nf* Herbe vivace des régions chaudes, à fleurs d'un bleu profond et lumineux. ETY D'un n. pr.

**commedia dell'arte** *les Comiques place Saint-Marc*, détail, XVIII^e^ s. – casa Goldoni, Venise

**commémoraison** *nf* LITURG Mention que l'église fait d'un saint lorsque le jour de sa fête est consacré à une fête plus importante.

**commémorer** *vt* ① Rappeler avec solennité le souvenir de qqn, de qqch. *Commémorer la naissance d'un écrivain.* DER **commémoratif, ive** *a* – **commémoration** *nf*

**commençant, ante** *n* Débutant.

**commencement** *nm* **1** Premier moment dans l'existence d'une chose. *Le commencement de l'année.* **2** Partie d'une chose que l'on voit la première. *Commencement du train.* **LOC** DR ***Au commencement*** : à l'origine. — ***C'est le commencement de la fin*** : la mort, la défaite, la débâcle, etc., sont proches. — ***Commencement de preuve par écrit*** : écrit émanant de la personne à qui on l'oppose, rendant vraisemblable le fait allégué.

**commencer** *v* ⑫ **A** *vi* Débuter. *La forêt commence ici. Cette histoire commence mal.* **B** *vt* **1** Faire le commencement, le début, la première partie de qqch. *Commencer un ouvrage.* **2** Être en tête de. *Une citation bien choisie commence l'article.* **3** Être dans le premier temps de. *Le souverain commençait son règne.* **LOC** ***Commencer à*** ou ***de*** (+ inf.) : entreprendre, se mettre à. — ***Commencer par*** : faire en premier lieu qqch. ETY Du lat. *initium*, « commencement ».

**commendataire** *a, n* anc Qui tenait un bénéfice en commende.

**commende** *nf* DR CANON Attribution d'un bénéfice ecclésiastique à un séculier ou à un laïc.

**commensal, ale** *n, a* **A** *n* **1** litt Personne qui mange à la même table que d'autres. **2** Sous l'Ancien Régime, officiers et serviteurs de la maison royale. **B** *a* BIOL Désigne les êtres vivants qui vivent et se nourrissent auprès d'autres sans leur nuire, à la différence des parasites. PLUR commensaux. ETY Du lat. *mensa*, « table ».

**commensalisme** *nm* BIOL Mode de vie des espèces commensales.

**commensurable** *a* didac Qualifie les grandeurs de même espèce qui peuvent être mesurées par une grandeur commune.

**comment** *av, nm inv* **A** *av* **1** De quelle façon. *Comment allez-vous ?* **2** Pourquoi. *Comment ne m'avez-vous pas attendu ?* **3** De quelle manière. *Je vais vous dire comment cela s'est passé.* **4** Exclamation de surprise, d'étonnement, d'impatience, d'indignation. *Comment, vous ici ?* **B** *nm inv* Manière. *Le pourquoi et le comment d'une chose.* **LOC** fam ***Comment (dites-vous) ?*** : interrogation destinée à faire répéter qqch que l'on n'a pas compris. — ***Comment donc !*** : pour renforcer une affirmation. — fam ***Et comment !*** : évidemment, bien sûr. — ***N'importe comment*** : de n'importe quelle façon ; mal. ETY De l'a. fr. *com*, « comme ».

**commentaire** *nm* **A** **1** Explication d'un texte, remarques faites pour en faciliter la compréhension. **2** Observation, explication, remarque. *Commentaires de presse.* **B** *nm pl* Interprétation malveillante. *Susciter des commentaires.* **LOC** fam, péjor ***Sans commentaire !*** : les faits sont suffisamment éloquents.

**Commentaires** mémoires historiques de Jules César : *Sur la guerre des Gaules* (*De bello gallico*, 51 av. J.-C.) et *Sur la guerre civile* (*De bello civili*, 44 av. J.-C. ; inachevé).

**commentateur, trice** *n* **1** Personne qui commente un ouvrage de littérature, d'histoire, de droit. *Un commentateur de Racine.* **2** Personne qui commente les informations à la radio, à la télévision. *Un commentateur sportif.*

**commenter** *vt* ① **1** Expliquer un texte par des remarques écrites ou orales. *Commenter un texte d'un auteur classique.* **2** Interpréter, juger. *Commenter les agissements de son entourage.* **3** Éclairer des faits, des paroles, une information, etc. par des commentaires. *L'ambassadeur a refusé de commenter les décisions présidentielles.* ETY Du lat.

**Commentry** ch.-l. de cant. de l'Allier (arr. de Montluçon) ; 7 204 hab. Industries métallurgiques et chimiques nées des anc. houillères. DER **commentryen, enne** *a, n*

**commérage** *nm* fam Racontar, cancan. *Colporter des commérages.*

**commerçant, ante** *n, a* **A** *n* Personne qui fait du commerce. *Les commerçants du quartier.* **B** *a* **1** Qui fait du commerce. *Un pays commerçant.* **2** Où se trouvent de nombreux commerces. *Une rue commerçante.*

**commerce** *nm* **1** Négoce, achat et vente de marchandises, de biens. *Le commerce intérieur.* **2** Boutique, magasin, fonds de commerce. *Tenir un commerce.* **3** litt Relations des êtres humains les uns avec les autres. *Aimer le commerce des gens de goût.* **4** litt Manière d'être en société. *Il est d'un commerce agréable.* **LOC** ***Commerce équitable*** : commerce entre pays développés et pays en développement, exercé dans des conditions propices au développement économique et social de ces derniers. ETY Du lat. *merx, mercis*, « marchandise ».

**Commerce** revue litt. franç. trimestrielle (1924-1932) dirigée par P. Valéry, L.-P. Fargue et V. Larbaud.

**commercer** *vi* ⑫ Faire du commerce. *Ce pays commerce avec ses voisins.*

**commercial, ale** *a, n* **A** *a* **1** Relatif au commerce. *Une entreprise commerciale.* **2** péjor Se dit d'un roman, d'un film, etc., réalisé dans le seul but d'être bien vendu, pour les bénéfices escomptés de cette vente. **B** *nf* Automobile fourgonnette. **C** *n* Personne travaillant dans le secteur commercial d'une entreprise. PLUR commerciaux. DER **commercialement** *av*

**commercialiser** *vt* ① **1** DR Assujettir aux règles du droit commercial. *Commercialiser une dette.* **2** Mettre qqch dans le commerce. *Commercialiser un produit.* **3** Transformer qqch en objet de commerce. *Commercialiser une découverte scientifique.* DER **commercialisable** *a* – **commercialisation** *nf*

**Commercy** ch.-l. d'arr. de la Meuse, sur la Meuse ; 6 324 hab. Industries. DER **commercien, enne** *a, n*

**commère** *nf* **1** vx Marraine, par rapport au parrain (le compère), au père. **2** mod Femme curieuse et cancanière.

**commettage** *nm* TECH Réunion de plusieurs fils déjà tordus pour en faire un câble.

**commettant** *nm* DR Personne qui charge un tiers du soin de ses intérêts.

**commettre** *v* ⑥⓪ **A** *vt* **1** Accomplir, faire un acte répréhensible. *Commettre un crime.* **2** fam, iron Être l'auteur de. *Commettre un livre.* **3** DR Préposer qqn à, charger qqn de. *Commettre qqn à un emploi.* **B** *vpr* LITTER Se compromettre, s'exposer. *Se commettre avec des personnes louches.* ETY Du lat. *committere*, « mettre ensemble ».

**comminatoire** *a* **1** DR Se dit d'une clause, d'une disposition légale, d'un jugement qui contient la menace d'une sanction. *Astreinte comminatoire.* **2** LITTER Qui tient de la menace, qui est destiné à intimider. ETY Du lat.

**Commines** → **Commynes.**

**comminutif** *a* CHIR Qui réduit en petits fragments. *Fracture comminutive.* ETY Du lat. *comminuere*, « briser ».

**commis** *nm* **1** Employé subalterne (administration, commerce, agriculture). *Commis boucher.* **2** HIST Haut fonctionnaire d'un ministère, d'une administration. **LOC** vieilli ***Commis voyageur*** : voyageur de commerce. — mod ***Les grands commis de l'État*** : les hauts fonctionnaires. ETY Du lat.

**commisération** *nf* litt Pitié, compassion.

**commissaire** *n* **1** Personne remplissant des fonctions généralement temporaires. **2** SPORT Personne qui vérifie la régularité d'une épreuve. **3** Titulaire d'une fonction permanente dans une administration. **4** Membre d'une commission. **5** Membre de la Commission européenne. **LOC** ***Commissaire aux comptes*** : agent désigné par les actionnaires d'une société anonyme pour contrôler les comptes des administrateurs. — ***Commissaire de police*** : fonctionnaire chargé, dans les villes, du maintien de l'ordre et de la sécurité. — HIST ***Commissaire du peuple*** : titre des ministres soviétiques de 1917 à 1946. — ***Haut-commissaire*** : haut fonctionnaire chargé d'une mission déterminée. ETY Du lat. *committere*, « préposer ».

**commissaire-priseur** *nm* Officier ministériel chargé de l'estimation et de la vente d'objets mobiliers dans une vente publique. PLUR commissaires-priseurs.

**commissariat** *nm* **1** Bureaux, services d'un commissaire. *Commissariat de police.* **2** Fonction de commissaire.

**Commissariat à l'énergie atomique (CEA)** établissement (créé en 1945 et rattaché au ministère de la Recherche) qui promeut, en France, la recherche et l'utilisation (pacifique ou milit.) de l'énergie nucléaire.

**commission** *nf* **A** **1** Attribution d'une charge, d'une mission. **2** DR COMM Charge qu'un commettant confie à un tiers. **3** DR Action de commettre une infraction. **4** Activité de celui qui se livre à des actes de commerce pour autrui ; somme perçue pour cette activité. *Toucher une commission sur un achat.* **5** Message, objet confié à une personne chargée de le transmettre à une autre. **6** Réunion de personnes chargées de l'examen, du contrôle ou du règlement de certaines affaires. **B** *nf pl* Achat des produits ménagers de consommation courante. *Faire les commissions.* **LOC** DR ***Commission rogatoire*** : pouvoir donné par un tribunal à un autre, pour accomplir à sa place un acte de procédure ou d'instruction ; réquisition donnée à un officier de police judiciaire de procéder à un acte d'information. ETY Du lat.

**Commission européenne** organe exécutif de l'Union européenne, constitué de 25 commissaires nommés par les États membres pour 5 ans.

**commissionnaire** *n* **1** Personne qui se livre à des opérations commerciales pour le compte d'autrui. **2** Personne qui est chargée d'une commission, d'un message. **3** Personne dont le métier est de faire des commissions ; coursier. **LOC** ***Commissionnaire en douane*** : personne chargée par une autre d'accomplir les formalités de douane.

**commissionner** *vt* ① **1** Délivrer à qqn une commission par laquelle on le charge de faire qqch, ou on l'y autorise. **2** Donner commission à qqn pour acheter ou vendre des marchandises. DER **commissionnement** *nm*

**commissoire** *a* DR Se dit d'une clause susceptible d'entraîner l'annulation d'un contrat en cas d'inexécution. ETY Du lat.

**commissure** *nf* **1** Point de jonction des parties d'un organe. *La commissure des lèvres.* **2** Faisceau transversal de fibres nerveuses. *Les hémisphères cérébraux sont reliés par trois commissures.* **3** CONSTR Joint entre les pierres. ETY Du lat. *committere*, « joindre ensemble ».

**commissurotomie** *nf* CHIR Section des commissures d'un orifice cardiaque rétréci.

**commode** *a, nf* **A** *a* **1** Pratique, qui répond à l'usage qu'on veut en faire. *Un outil commode à manier.* **2** Facile. *Une solution commode.* **3** Se dit d'une personne au caractère agréable, facile à vivre (souvent empl. nég.). *Un chef exigeant et pas commode.* **B** *nf* Meuble de rangement à hauteur d'appui, pourvu de larges tiroirs. DER **commodément** *av*

**Commode** (en lat. *Lucius Ælius* puis *Marcus Aurelius Commodus*) (Lanuvium, 161 – Rome, 192), empereur romain (180-192), fils de Marc Aurèle. Cruel et débauché, il fut assassiné.

**commodité** *nf* **A** Qualité de ce qui est commode. **B** *nf pl* **1** Facilités offertes par qqch. *Les commodités d'un hôtel.* **2** vieilli Lieux d'aisances.

**commodore** *nm* Officier de marine néerlandais, américain ou britannique de grade supérieur à celui de capitaine de vaisseau.

**Commonwealth** ensemble des pays ayant fait partie de l'Empire brit. et qui demeurent unis à la couronne brit. ; le souverain de G.-B. est le chef (honorifique) du Commonwealth. Les États membres sont : l'Afrique du Sud, Antigua et Barbuda, l'Australie, les Bahamas, le Bangladesh, la Barbade, le Belize, le Botswana, le Brunei, le Cameroun, le Canada, Chypre, la Dominique, Fidji, le Ghana, la Grenade, la Guyana, l'Inde, la Jamaïque, le Kenya, Kiribati, le Lesotho, le Malawi, la Malaisie, les Maldives, Malte, l'île Maurice, le Mozambique, la Namibie, Nauru, le Nigeria, la Nouvelle-Zélande, le Pakistan, la Papouasie-Nouvelle-Guinée, le Royaume-Uni, le Rwanda, Saint-Christophe et Niévès, Sainte-Lucie, Saint-Vincent et Grenadines, les Salomon, les Samoa occidentales, les Seychelles, la Sierra Leone, Singapour, Sri Lanka, la Tanzanie, les Tonga, Trinité et Tobago, Tuvalu, Vanuatu, la Zambie.

**commotion** *nf* **1** MED Ébranlement d'un organe par un choc, abolissant ses fonctions de façon temporaire ou permanente sans détruire son tissu. *Commotion cérébrale.* **2** Choc nerveux ou émotionnel brutal. ETY Du lat. *commotio*, « mouvement ». DER **commotionner** *vt* ①

**commuer** *vt* ① DR Transformer une peine en une peine moindre. DER **commuable** ou **commutable** *a*

**commun, une** *a, nm* **A** *a* **1** Qui appartient au plus grand nombre, qui le concerne. *Le sort commun de l'humanité.* **2** Qui est partagé par plusieurs personnes, par plusieurs choses. *Les caractères communs aux félins. D'un commun accord.* **3** Répandu. *Un courage peu commun. Lieu commun.* **4** péjor Qui manque de distinction, d'originalité. *Une fille gentille, mais commune.* **B** *nm* Ensemble, majorité du groupe considéré. *Le commun des mortels.* **C** *nm pl* Bâtiments réservés au service dans une grande propriété. LOC MATH ***Diviseur commun*** : nombre qui peut en diviser exactement plusieurs autres (ex. : 3 divise 9, 36, etc.). — DR ***Droit commun*** : ensemble de normes juridiques applicables sur un territoire donné. ETY Du lat.

**communal, ale** *a, n* **A** *a* Qui appartient à une commune. *École communale.* PLUR communaux. **B** *nm pl* Ensemble des biens d'une commune.

**communaliser** *vt* ① Placer sous la dépendance de la commune. *Communaliser un bois.* DER **communalisation** *nf*

**communard, arde** *n, a* **1** HIST Appellation donnée aux membres et partisans de la Commune de Paris en 1871 par les adversaires de celle-ci. **2** mod, péjor Communiste.

**communautaire** *a, n* **A** *a* **1** Relatif à la communauté. *Vie communautaire.* **2** Relatif à la Communauté européenne. **B** *n* Ressortissant de la Communauté européenne.

**communautariser** *vt* ① **1** Faire relever de la compétence d'une communauté et non de l'État. **2** Regrouper selon des critères communautaires. **3** Faire relever un problème de la Communauté européenne. DER **communautarisation** *nf*

**communautarisme** *nm* Tendance à privilégier la place des communautés (ethniques, confessionnelles, etc.) dans l'organisation sociale. DER **communautariste** *a, n*

**communauté** *nf* **1** Caractère de ce qui est commun à plusieurs personnes, à plusieurs groupes sociaux. *Des liens reposant sur une communauté linguistique.* **2** Groupe social ayant des caractères ou des intérêts communs. *La communauté scientifique française. La communauté nationale.* **3** Groupe de personnes vivant ensemble. *Une communauté de moines.* LOC ***Communauté d'agglomération, communauté de communes, communauté urbaine*** : établissements publics de caractère intercommunal destinés à la gestion rationnelle des services publics ou à des missions de développement local. — ***Communauté autonome*** : grande division administrative de l'Espagne. — DR ***Communauté conventionnelle*** : régime prévu par contrat. — DR ***Communauté entre les époux*** : régime matrimonial dans lequel ils mettent en commun tout ou partie de leurs biens propres ou de leurs acquêts. — ***Communauté légale*** : régime prévu par la loi en cas d'absence de contrat. — ***Communauté thérapeutique*** : technique de traitement psychiatrique fondée sur l'intensification des relations entre l'équipe soignante et les patients.

**Communauté des États indépendants** (CEI) fédération créée le 21 décembre 1991 à l'initiative de trois républiques de l'ex-URSS (Russie, Ukraine, Biélorussie), rejointes par des républiques jusque-là fédérées au sein de l'URSS (Arménie, Azerbaïdjan, Kazakhstan, Kirghizstan, Moldavie, Ouzbékistan, Tadjikistan, Turkménistan).

**Communauté économique européenne** (CEE) institution créée par le traité de Rome (1957), devenue en 1993 l'Union européenne (UE). V. Europe.

**Communauté européenne de l'énergie atomique** (CEEA ou Euratom) institution créée par le traité de Rome en 1957 en vue de développer les industries nucléaires. V. Europe.

**Communauté européenne du charbon et de l'acier** (CECA) institution créée en 1951 pour réaliser le marché commun du charbon et de l'acier entre les pays du Benelux, la France, l'Italie et la RFA. Elle est dissoute en 2002.

**Communauté française** association (1958-1960) entre la France et la plupart de ses anciennes colonies.

**commune** *nf* **1** FEOD Ville affranchie que les bourgeois avaient le privilège d'administrer eux-mêmes. **2** La plus petite division administrative de France, dirigée par un maire et son conseil municipal. **3** Ensemble des habitants d'une commune. ETY Du lat.

**Commune de Paris (la)** sous la Révolution française, gouvernement municipal de Paris né en juil. 1789 et élu à partir de mai 1790 par les 48 sections de citoyens. En 1794 (V. Thermidor an II), elle perdit ses pouvoirs.

**Commune de Paris (la)** gouvernement révolutionnaire formé lors de l'insurrection du 18 mars 1871. Après la chute de Napoléon III, les Parisiens, soumis au siège prussien, accusaient Thiers, le chef du gouv., de pactiser avec l'ennemi. Le 18 mars 1871, ils s'opposèrent à l'armée régulière (les « versaillais »), qui avait reçu l'ordre de leur enlever leurs canons, à Belleville et à Montmartre, et fusillèrent les généraux Lecomte et Thomas. Le 26 mars, des élections municipales installaient à l'Hôtel de Ville un conseil communal. Les versaillais s'organisaient et, le 21 mai, pénétraient dans Paris, conduits par Mac-Mahon. Du 22 au 28 mai, ce fut la « semaine sanglante » ; les communards, qui ripostèrent en fusillant des otages et en incendiant des monuments (églises, Hôtel de Ville, les Tuileries), furent massacrés (entre 20 000 et 30 000 morts) ou déportés (7 500 en Nouvelle-Calédonie). Cette prem. révolution prolétarienne de l'histoire avait adopté le drapeau rouge ; dans sa prison, E. Pottier écrivit *l'Internationale.*

**communément** *av* Suivant le sens commun, l'opinion la plus fréquemment exprimée. *Il est communément admis que...*

**communes (Chambre des)** chambre des élus du peuple britannique. (Le parlement brit. comprend, en outre, la Chambre des lords.) Nées au Moyen Âge, les Communes virent reconnaître leurs droits à la fin de la seconde révolution d'Angleterre (1688-1689).

**communiant, ante** *n* **1** Celui, celle qui reçoit le sacrement de l'eucharistie. **2** Jeune garçon ou fille qui fait sa profession de foi.

**communicable** → **communiquer.**

**communicant, ante** *a, n* **A** *a* **1** Qui communique. *Vases communicants.* **2** Qui est équipé de moyens de télécommunication. *Ordinateurs communicants.* **B** *n* Personne qui participe à un processus de communication, à la communication d'une entreprise, qui est habile à communiquer.

**communicateur, trice** *n* Personne qui fait preuve d'une grande facilité à communiquer grâce aux médias.

**communicatif, ive** *a* **1** Qui se communique facilement. *Un rire communicatif.* **2** Qui se confie facilement.

**communication** *nf* **1** Action de communiquer, de transmettre qqch à qqn. *Donner communication d'un dossier.* **2** Ce qui est communiqué. *Je dois vous faire une communication urgente.* **3** Moyen de liaison entre deux points, accès à un lieu. *Toutes les communications sont coupées avec l'étranger.* **4** Fait d'être en relation avec qqn, qqch. *Communication avec l'au-delà.* **5** Communication téléphonique. *Le prix de la communication a augmenté.* **6** SOCIOL, LING Ensemble des phénomènes concernant la possibilité, pour un sujet,

barricade de fédérés lors de **la Commune de Paris**, en 1871

de transmettre une information à un autre sujet, par le langage articulé ou par d'autres codes. **7** Information donnée au public sur l'activité, l'image de qqn, grâce aux médias.

**communicationnel, elle** *a* didac Qui concerne la communication, en linguistique, en sociologie, etc.

**communier** *vi* ② **1** Recevoir le sacrement de l'eucharistie. **2** litt Être en parfait accord d'idées, de sentiments avec qqn. *Communier dans la même admiration pour un peintre.*

**communion** *nf* **1** Union de personnes dans une même foi. *La communion des fidèles au sein de l'Église catholique.* **2** RELIG Réception du sacrement de l'eucharistie ; moment de la messe où l'officiant administre l'eucharistie aux fidèles. **3** Partage d'idées, de sentiments par plusieurs personnes. *Vivre en parfaite communion de pensée.* **LOC** ***Communion des saints*** : partage, par tous les membres de l'Église chrétienne, tant des fidèles sur terre et des âmes du purgatoire que des bienheureux dans le ciel, de la même richesse spirituelle. — ***Communion solennelle*** : anc. nom de la profession de foi. ETY Du lat. chrétien.

**communiqué** *nm* **1** Avis transmis au public, à la presse, par une autorité compétente. *Le ministère a diffusé le communiqué suivant...* **2** Dans un journal, mention accompagnant un article pour indiquer qu'il s'agit d'un publireportage.

**communiquer** *v* ① **A** *vt* **1** Transmettre. *Communiquez vos réclamations à notre service.* **2** Faire partager. *Communiquer sa joie, sa peine.* **3** Faire passer une qualité, un caractère, etc. *Une plaque électrique qui communique sa chaleur aux récipients.* **B** *vpr* Se répandre, se transmettre. *L'incendie s'est communiqué à tout l'immeuble.* **C** *vi* **1** Être en relation, en contact avec qqn. *Communiquer par téléphone.* **2** Être en communication avec qqch. *Le salon communique avec la cuisine.* **3** Se faire connaître du public grâce aux médias. ETY Du lat. DER **communicable** *a*

**communisant, ante** *a, n* Proche du communisme.

**communisme** *nm* **1** Organisation sociale fondée sur l'abolition de la propriété privée des moyens de production au profit de la propriété collective. **2** Système social, politique et économique proposé par Marx. **3** Ensemble des partis, des pays ou des personnes partisans de cette doctrine. DER **communiste** *a, n*

ENC On trouve chez Platon (qui ne renonce pas à l'esclavage), puis chez les paléochrétiens et chez certains Pères de l'Église, des principes d'organisation sociale fondés sur la communauté des biens. À partir du XVI^e^ s. s'amorce un courant utopiste qui se développera jusqu'au milieu du XIX^e^ s. : Babeuf, Cabet, Fourier, voire Robert Owen, réclament la suppression de la propriété individuelle. Proudhon et les anarchistes caressent les mêmes rêves. S'opposant à ces derniers, Marx et Engels prônent le « socialisme scientifique » : ils voient dans la lutte des classes le moteur de l'histoire ; le prolétariat renversera la bourgeoisie (révolution prolétarienne, dite aussi sociale ou socialiste) et substituera au capitalisme le socialisme (collectivisation des moyens de production), qui débouchera sur une société idéale, le communisme (égalitarisme). V. Internationale, Parti communiste de l'Union soviétique et Parti communiste français.

**commutateur** *nm* ELECTR, TELECOM Appareil permettant de substituer une portion d'un circuit à une autre ou bien de modifier successivement les connexions d'un ou de plusieurs circuits.

**commutatif, ive** *a* **LOC** DR ***Contrat commutatif*** : dans lequel les parties fixent leurs obligations dès la conclusion de celui-ci. — ***Justice commutative*** : qui préconise l'égalité des obligations et des droits. — MATH ***Loi commutative*** : opération (addition, multiplication) dont le résultat est le même quel que soit l'ordre des termes ou des facteurs choisi pour l'effectuer. DER **commutativité** *nf*

**commutation** *nf* **1** Changement, substitution. **2** DR Fait de changer une peine en une peine moindre. *Obtenir une commutation de peine.* **3** TELECOM Opération mettant en liaison deux lignes téléphoniques. *Commutation électronique.* **4** ELECTR Modification des liaisons électriques dans un appareil. ETY Du lat.

**commuter** *vt* ① **1** didac Transférer des éléments, les substituer les uns aux autres. **2** Effectuer la communication d'un circuit électrique, d'un réseau téléphonique. **3** Substituer, à l'intérieur d'une même classe phonétique, lexicale ou grammaticale, un élément à un autre, en vue de classer les unités de la langue.

**Commynes** Philippe de (Renescure, près d'Hazebrouck, v. 1447 – chât. d'Argenton, 1511), chroniqueur français. Ses *Mémoires* (écrits entre 1489 et 1498, publiés en 1524 sous le titre de *Chronique de Louis XI*) relatent des évènements survenus sous les règnes de Louis XI et de Charles VIII. VAR **Commines, Comines**

Philippe de Commynes

**Comnène** famille de Byzance qui donna, de 1057 à 1185, six empereurs d'Orient.

**Comodoro Rivadavia** v. d'Argentine (Patagonie) ; 145 000 hab. Hydrocarbures.

**Comores** (Union des) État (depuis 1975) de l'océan Indien, au N.-O. de Madagascar, formé par l'archipel des Comores (Ngazidja ou Grande Comore, Ndzouani ou Anjouan, Moili ou Mohéli), moins l'île de Mayotte, restée franç. ; 1 860 km$^2$ ; 700 000 hab. ; cap. *Moroni*, dans l'île de Ngazidja. Langues off. : français et arabe. Monnaie : franc des Comores. Population : métis, Arabes, Africains, Malgaches, Malais. Relig. : islam. DER **comorien, enne** *a, n*

**Géographie** Des plateaux volcaniques retombent sur d'étroites plaines côtières. Le climat est tropical, avec interférence de la mousson. Cult. d'exportation : ylang-ylang, vanille, girofle, coprah. Le tourisme se développe. Les Comores font partie des pays les moins avancés.

**Histoire** Islamisées dès le XI^e^ s., les îles relevèrent de la France au XIX^e^ s., formant un protectorat en 1886. Elles acquirent l'autonomie admin. en 1947 et devinrent un TOM en 1958. Les habitants (hormis ceux de Mayotte) se prononcèrent, en 1974, en faveur de l'indépendance, laquelle fut proclamée unilatéralement en 1975 et donna naissance à la république fédérale islamique des Comores. Le 8 février 1976, Mayotte choisit le rattachement à la France. Plusieurs coups d'État, menés en particulier par le mercenaire fr. Bob Denard, se succèdent. À partir de 1997, Anjouan et Moheli veulent faire sécession. Le colonel Assoumani, qui s'est emparé du pouvoir en 1999 ne peut résoudre la crise. En 2001, une Constitution instaure l'Union des Comores réunissant les trois îles et prévoit une présidence tournante. ▶ carte **Madagascar**

**Comorin** (cap) cap du S. de l'Inde.

**comourants** *nm pl* DR Personnes périssant ensemble dans le même accident sans que l'on puisse établir médicalement l'ordre de décès.

**compact, acte** *a, nm* **A** *a* **1** Dont les parties sont fortement resserrées et forment une masse très dense. *Une matière compacte.* **2** Qui tient relativement peu de place. *Un appareil photo compact.* **B** *nm* **1** Disque compact. **2** Appareil photo compact. ETY Du lat. DER **compacité** *nf*

**compact-disque** *nm* Disque compact. PLUR compacts-disques.

**compacter** *vt* ① **1** Comprimer le plus possible une matière (sol, déchets, etc.). **2** INFORM Réduire la place occupée en mémoire par des données sans qu'il y ait perte d'information. DER **compactable** *a* – **compactage** *nm*

**compacteur** *nm* TRAV PUBL Engin de travaux publics utilisé pour compacter les sols.

**compagne** *nf* **1** Celle qui partage, habituellement, les activités de qqn. *Compagne de classe.* **2** litt Femme, dans un couple. *Elle est sa compagne depuis vingt ans.*

**compagnie** *nf* **1** Fait d'être présent auprès de qqn. *Sa compagnie est très appréciée.* **2** Assemblée de personnes réunies par des activités communes, des intérêts communs. *Une nombreuse compagnie l'a salué.* **3** Association commerciale. *Compagnie d'assurances.* **4** Association de personnes ayant mêmes statuts ou fonctions. *Compagnie des agents de change.* **5** Groupe de gens armés. **6** MILIT Dans l'infanterie, troupe commandée par un capitaine. **7** Bande d'animaux de même espèce vivant en colonie. *Une compagnie de perdrix.* **LOC** ***Animal de compagnie*** : élevé comme animal familier, pour sa seule présence. — ***Compagnie théâtrale*** : troupe permanente. — ***Dame, demoiselle de compagnie*** : personne appointée pour vivre auprès d'une autre. — ***En compagnie de qqn*** : avec qqn. — fam ***et compagnie*** : et tous les autres ; et tout ce qui s'ensuit. — ***Et compagnie*** (abrév. : et Cie) : désigne les associés non nommés dans une raison sociale. — ***Fausser compagnie à qqn*** : le quitter sans prévenir. ETY Du lat. pop.

**Compagnies (Grandes)** bandes de mercenaires à la solde des princes durant la guerre de Cent Ans. Lors des trêves, ils pillaient pour subsister. Du Guesclin les conduisit en Espagne (1365).

**Compagnies républicaines de sécurité** (CRS) unités mobiles de police créées en 1948 et placées sous la Direction centrale de la Sécurité publique (qui dépend du ministère de l'Intérieur).

**compagnon** *nm* **1** Celui qui partage, habituellement, les occupations ou la vie de qqn. **2** Amant, concubin, mari. **3** Animal familier. *Le chien est un fidèle compagnon de l'homme.* **4** Ouvrier qui travaille pour le compte d'un maître. **5** anc Artisan qui, dans une corporation, n'était plus apprenti, et pas encore maître. **6** Grade dans la franc-maçonnerie. **LOC** ***Compagnon de route*** : personne qui n'est pas membre d'un parti mais approuve son action. ETY Du lat. pop. *companio*, « qui mange son pain avec ».

**compagnonnage** *nm* **1** Association d'instruction professionnelle et de solidarité entre ouvriers de même métier. **2** Période passée chez un maître par un compagnon après son temps d'apprentissage. DER **compagnonnique** *a*

**comparable** *a* **1** Qui peut être mis en comparaison. *Deux situations, deux personnes comparables.* **2** Qui ressemble à. *Une ville comparable à un vaste parking.*

**comparaison** *nf* **1** Action de comparer, de mettre sur le même plan pour chercher des ressemblances, des différences. *Trouver des éléments de comparaison.* **2** Figure par laquelle on rapproche deux éléments en vue d'un effet stylistique. *« Beau comme un dieu » est une comparaison.* **LOC** GRAM ***Adverbe de comparaison*** : indiquant un rapport d'égalité, de supériorité ou d'infériorité. — ***En comparaison de*** : par rapport à, à l'égard de, proportionnellement à. — ***Par comparaison à, avec*** : relativement à. — ***Sans comparaison (avec)*** : incomparable (à) ; incontestablement, absolument.

**comparaître** *vi* (73) **1** Se présenter devant la justice, une autorité compétente sur ordre. *Comparaître devant un tribunal comme témoin,* *comme accusé.* **2** Se présenter devant une autorité compétente. *Les époux ont comparu devant le maire.* (VAR) **comparaître** (DER) **comparution** *nf*

**comparant, ante** *a, n* DR Qui comparaît devant un notaire, un juge, etc.

**comparateur, trice** *a, nm* **A** *a* Qui aime à comparer. **B** *nm* **1** TECH Instrument de mesure servant à comparer des longueurs avec une grande précision. **2** INFORM Logiciel permettant de comparer des prix, des tarifs.

**comparatif, ive** *a, n* **A** *a* **1** Qui sert à comparer ; qui comporte ou qui formule des comparaisons. *Une étude comparative des religions.* **2** GRAM Qui exprime une comparaison. **B** *nm* **1** didac Étude, test ou essai comparatif. *Un comparatif entre les coûts de production.* **2** GRAM Un des trois degrés de signification de l'adverbe ou de l'adjectif. *Comparatif d'égalité, d'infériorité, de supériorité.* **C** *nf* GRAM Proposition comparative. (DER) **comparativement** *av*

**comparatisme** *nm* didac Méthode de recherche scientifique fondée sur l'étude comparative en linguistique, littérature. (DER) **comparatiste** *n*

**comparé, ée** *a* **LOC** ***Anatomie comparée :*** étude comparative des organes des différentes espèces animales. — ***Grammaire, linguistique comparée :*** qui étudie les rapports entre plusieurs langues. — ***Littérature comparée :*** étude comparative des littératures de différents pays.

**comparer** *v* ① **A** *vt* **1** Examiner les rapports entre des choses, des personnes, en vue de dégager leurs différences et leurs ressemblances. *Comparer les diverses éditions d'une œuvre. Comparer avant d'acheter.* **2** Établir un rapprochement entre des choses, des personnes, auxquelles on reconnaît des points communs. *Baudelaire compare le poète à un albatros.* **B** *vpr* **1** Être comparable. *Ces deux comportements ne peuvent se comparer.* **2** Se juger semblable, égal à. *Il se compare à Napoléon.* (ETY) De l'ital.

**comparse** *n* **1** Figurant muet au théâtre. **2** Personne jouant un rôle secondaire dans une affaire, une situation donnée. (ETY) De l'ital.

**compartiment** *nm* **1** Division pratiquée dans un espace, un meuble, un lieu de rangement. *Coffret à compartiments.* **2** Chacun des motifs décoratifs formés par un entrecroisement de lignes divisant une surface. *Les compartiments d'un plafond.* **3** Partie d'une voiture de chemin de fer servant pour le transport des voyageurs, limitée par des cloisons et une porte.

**compartimenter** *vt* ① **1** Diviser en compartiments. **2** Séparer, diviser par de nettes limites. *Assouplir les frontières qui compartimentaient l'Europe.* (ETY) De l'ital. *compartire,* « partager ». (DER) **compartimentage** *nm* ou **compartimentation** *nf*

**comparution → comparaître.**

**compas** *nm* **1** Instrument fait de deux branches reliées par une charnière, servant à tracer des angles, des cercles, à prendre certaines mesures. **2** MAR, AVIAT Instrument de navigation indiquant le cap. **LOC** ***Avoir le compas dans l'œil :*** évaluer les grandeurs avec précision, d'un simple regard. — ***Compas d'épaisseur :*** à branches recourbées. — ***Compas gyroscopique :*** comportant un gyroscope dont l'axe se stabilise dans la direction du nord vrai. — ***Compas magnétique :*** composé de plusieurs aiguilles aimantées fixées sur une rose des vents, indiquant le nord magnétique. — ***Compas de proportion :*** dont les branches sont faites de règles graduées. (PHO) [kɔ̃pa] (ETY) De *compasser,* « mesurer le pas ».

**Compas (le)** constellation de l'hémisphère austral ; n. scient. : *Circinus, Circini.*

**compassé, ée** *a* Affecté, sans spontanéité. *Une politesse compassée.*

**compassion** *nf* Sentiment de pitié éprouvé devant les maux d'autrui et qui pousse à les partager. *Éprouver de la compassion pour qqn.* (DER) **compassionnel, elle** *a*

**compatible** *a, nm* **A** *a* **1** Susceptible de s'accorder, de se concilier. *Ces deux opinions sont compatibles.* **2** INFORM Qui peut être utilisé avec un autre appareil, spécial. d'une autre marque, sans modification d'interface. **B** *nm* Ordinateur compatible. **LOC** MATH ***Équations compatibles :*** qui admettent des solutions communes. (DER) **compatibilité** *nf*

**compatir** *vti* ③ Éprouver de la compassion. *Compatir à la douleur, au deuil de qqn.* (ETY) Du lat. *compati,* « souffrir avec ». (DER) **compatissant, ante** *a*

**compatriote** *n* Personne du même pays ou, par ext., de la même région qu'une autre.

**compendieux, euse** *a* vx Sommaire, exprimé brièvement. (ETY) Du lat. (DER) **compendieusement** *av*

**compendium** *nm* Abrégé. *Des compendiums de droit.* (PHO) [kɔ̃pɑ̃djɔm]

**compensateur, trice** *a, nm* **A** *a* Qui apporte une compensation. **B** *nm* **1** TECH Appareil destiné à compenser les effets d'un phénomène. *Compensateur de freinage, de dilatation.* **2** ELECTR Appareil permettant la compensation d'un réseau. **LOC** FIN ***Droits compensateurs :*** droits de douane taxant une marchandise importée. — PHYS ***Pendule compensateur :*** dont la période n'est pas affectée par les variations de température.

**compensation** *nf* **1** Action de compenser. *Compensation entre les pertes et les profits.* **2** Dédommagement, avantage qui compense une perte, un inconvénient. *Obtenir, recevoir une compensation.* **3** DR Mode d'extinction de deux obligations de même espèce existant réciproquement entre deux personnes. **4** FIN En Bourse, règlement par virements, sans déplacement de numéraire. *Chambre de compensation.* **5** ELECTR Amélioration du facteur de puissance d'un réseau. **6** MED Réaction de l'organisme à une lésion primaire par des modifications secondaires tendant à rétablir l'équilibre physiologique. **7** PSYCHO Mécanisme par lequel un sujet réagit à un complexe par une recherche d'activités valorisantes. **LOC** MATH ***Loi de compensation :*** loi des grands nombres. (ETY) Du lat. (DER) **compensatoire** ou **compensatif, ive** *a*

**compensé, ée** *a* **1** TECH Se dit d'un appareil qui a été rendu insensible aux effets de certains facteurs. **2** MED Se dit d'une lésion, d'une affection dont les effets secondaires ont disparu. *Une cardiopathie bien compensée.* **LOC** ***Semelle compensée :*** semelle épaisse qui fait corps avec le talon.

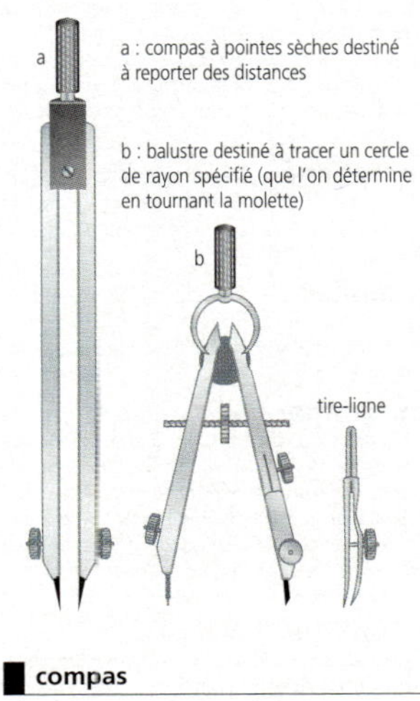


**compas**

**compenser** *vt* ① Rétablir un équilibre entre deux ou plusieurs éléments, choses. *Compenser un dommage par un avantage. Sa gentillesse compense tous ses défauts.* **LOC** DR ***Compenser les dépens, une dette :*** en effectuer la compensation. — MAR, AVIAT ***Compenser un compas :*** réduire sa déviation. (ETY) Du lat. (DER) **compensable** *a*

**compérage** *nm* Entente secrète entre plusieurs personnes en vue d'abuser des autres.

**compère** *nm* **1** vx Parrain d'un enfant par rapport à la marraine, ou commère, et aux parents. **2** fam, vieilli Camarade, complice d'un moment dans une situation donnée. *Un bon compère, toujours prêt à la plaisanterie.* **3** Bon et fidèle camarade. **4** Personne qui est de connivence avec un prestidigitateur, un bonimenteur, etc., et qui aide celui-ci à tromper le public.

**compère-loriot** *nm* **1** Loriot (oiseau). **2** Petite inflammation sur le bord de la paupière ; orgelet. PLUR compères-loriots.

**compétence** *nf* **1** DR Aptitude d'une autorité administrative ou judiciaire à procéder à certains actes dans des conditions déterminées par la loi. *La célébration du mariage relève de la compétence du maire.* **2** Connaissance, expérience qu'une personne a acquise dans tel ou tel domaine et qui lui donne qualité pour en bien juger. *Faire la preuve de ses compétences.* **3** fam Personne compétente. **4** LING En grammaire générative, connaissance implicite que les sujets parlants ont de leur langue, et qui leur permet de produire et de comprendre un nombre infini d'énoncés jamais entendus auparavant (par oppos. à *performance*). **LOC** ***Compétence législative :*** aptitude d'une loi déterminée à régir une situation. (ETY) Du lat.

**compétent, ente** *a* **1** DR Dont la compétence est reconnue. *Autorité, loi compétente. Tribunal compétent.* **2** Requis, reconnu par la loi. *Avoir l'âge compétent pour voter.* **3** Qui possède une, des compétences dans un domaine. *Être compétent en mathématiques, en cuisine, etc.*

**compétiteur, trice** *n* Personne en compétition avec une ou plusieurs autres.

**compétitif, ive** *a* Capable de supporter la compétition, la concurrence en matière économique. (DER) **compétitivité** *nf*

**compétition** *nf* **1** Recherche simultanée d'un même but, d'une même réussite par deux ou plusieurs personnes, groupes. *Les candidats se livrent à une compétition acharnée.* **2** SPORT Match, épreuve. *Participer à une compétition d'athlétisme.* (ETY) Du lat. *competere,* « rechercher, briguer ».

**Compiègne** ch.-l. d'arr. de l'Oise, sur l'Oise, en bordure de la forêt domaniale de Compiègne (144 km²) ; 43 699 hab. Tourisme. – Égl. St-Jacques (XIIIᵉ-XVᵉ s.). Hôtel de ville (XVIᵉ et XIXᵉ s.). Le chât. (XVIIIᵉ s.), fut la résidence favorite de Napoléon III. – Au *concile de Compiègne,* Louis le Débonnaire fut déposé (833). Dans cette ville, Jeanne d'Arc tomba aux mains des Bourguignons (1430). Dans la forêt de Compiègne, à Rethondes, furent signés les armistices de 1918 et 1940. (DER) **compiégnois, oise** *a, n*

**compil** *nf* fam Compilation (disque).

**compilateur, trice** *n* **A** Personne qui compile. **B** *nm* INFORM Programme qui traduit un langage de programmation évolué en langage machine.

**compilation** *nf* **1** Action de compiler. **2** Recueil sans originalité, fait d'emprunts. **3** Disque présentant une sélection de succès musicaux.

**compiler** *vt* ① **1** Rassembler des extraits de divers auteurs, des documents pour composer un ouvrage. **2** INFORM Traduire un langage de programmation en un langage utilisable par l'ordinateur. ETY Du lat. *cum*, « avec », et *pilare*, « piller ».

**compisser** *vt* ① vx, plaisant Arroser de son urine.

**complainte** *nf* **1** vx Lamentation, plainte. **2** Chanson populaire plaintive sur un sujet tragique. **3** DR Action en justice d'un possesseur d'immeuble dont la possession est actuellement troublée.

**complaire** *v* 59 **A** *vt i* litt Se conformer, s'accommoder au goût de qqn pour lui plaire. *Je le ferai pour vous complaire.* **B** *vpr* Se délecter, trouver du plaisir à. *Se complaire dans ses erreurs.* ETY Du lat.

**complaisance** *nf* **1** Disposition à se conformer aux goûts, à acquiescer aux désirs d'autrui. *Il a eu la complaisance de me prévenir.* **2** péjor Acte peu probe, comportement à caractère servile, adopté dans le seul but de plaire. *Ses complaisances répétées lui ont permis de faire carrière.* **3** péjor Sentiment de satisfaction dans lequel on se complaît par facilité, par vanité. *Raconter sa vie, vanter ses exploits avec complaisance.* **LOC** ***Attestation, certificat de complaisance*** : délivré à qqn pour lui permettre d'obtenir certains avantages, et contenant des déclarations inexactes.

**complaisant, ante** *a* **1** Prévenant, qui aime rendre service. **2** péjor Qui a trop de complaisance, d'indulgence. *Se juger d'une manière complaisante.* DER **complaisamment** *av*

**complanter** *vt* ① AGRIC Planter un terrain d'espèces différentes.

**complément** *nm* **1** Ce qui s'ajoute ou doit être ajouté à une chose pour la compléter. *Verser un acompte et payer le complément à la livraison.* **2** LING Mot ou groupe de mots relié à un autre afin d'en compléter le sens. *Le complément indirect est relié au verbe par une préposition, contrairement au complément direct.* **3** MED Chacun des facteurs qui, intervenant en cascade, développent l'activité des anticorps. **LOC** GEOM ***Complément d'un angle*** : ce qui manque à un angle aigu pour former un angle droit. ETY Du lat. *complere*, « remplir ».

**complémentaire** *a, nm* Qui sert à compléter. *Avantages complémentaires. Informations complémentaires.* **LOC** GEOM ***Arcs, angles complémentaires*** : dont la somme égale 90 degrés. — MATH ***Complémentaire d'une partie d'un ensemble*** : sous-ensemble constitué par les éléments du premier ensemble non contenus dans cette partie. — LING ***Éléments en distribution complémentaire*** : qui n'ont aucun contexte commun. DER **complémentarité** *nf*

**complémentation** *nf* didac Fait de fournir un complément.

**1 complet, ète** *a* **1** Auquel rien ne manque, qui comporte tous les éléments nécessaires. *Les œuvres complètes d'un écrivain.* **2** Qui ne peut contenir davantage. *Le théâtre affiche complet.* **3** Entier, avec toutes ses parties ; achevé. *Le premier chapitre est complet.* **4** À qui aucune qualité ne manque, dont les aptitudes sont très diversifiées. *Un artiste complet.* **5** Qui réunit toutes les caractéristiques de sa catégorie. *Un abruti complet.* **LOC** ***Au complet, au grand complet*** : dans son intégralité. — ***Pain complet*** : fabriqué avec de la farine brute et du son. ETY Du lat. *complere*, « achever ». DER **complètement** *av*

**2 complet** *nm* Vêtement masculin en deux ou trois pièces assorties : veste, pantalon et gilet.

**compléter** *v* 14 **A** *vt* Rendre complet. **B** *vpr* **1** Former un ensemble, un tout complet. *Ils ont des talents différents qui se complètent.* **2** Devenir complet. *Sa collection se complète petit à petit.*

**complétif, ive** *a, nf* LING Se dit d'une proposition subordonnée qui a la fonction de complément.

**complétion** *nf* TECH Ensemble des opérations permettant de mettre un puits de pétrole en production.

**complétude** *nf* LOG, MATH Caractère complet d'un énoncé, d'un ensemble, etc.

**complexe** *a, nm* **A** *a* **1** Qui contient plusieurs idées, plusieurs éléments. *Question, personnalité, situation complexe.* **2** Compliqué. **B** *nm* **1** Ce qui est complexe, compliqué. *Aller du simple au complexe.* **2** GEOM Ensemble de droites dont les paramètres sont liés uniquement à trois paramètres arbitraires. **3** CHIM Édifice formé d'atomes, d'ions ou de molécules (appelés *coordinats*) groupés autour d'un atome ou d'un ion central (appelé *accepteur*) capable d'accepter des doublets d'électrons. SYN composé de coordination. **4** PHARM Association de plusieurs remèdes homéopathiques. **5** MED Ensemble de phénomènes pathologiques concourant au même effet global. **6** PSYCHAN Ensemble de représentations, d'affects et de sentiments inconscients organisés selon une structure donnée, liés à une expérience traumatisante vécue par un sujet, et qui conditionnent son comportement. **7** Sentiment d'infériorité, manque de confiance en soi. *Avoir des complexes.* **8** ECON Ensemble d'industries semblables ou complémentaires groupées dans une région. **9** Ensemble d'édifices aménagé pour un usage déterminé. *Un complexe scolaire, hospitalier, commercial.* **LOC** ***Lumière complexe*** : formée de plusieurs radiations monochromatiques. — MATH ***Nombre complexe*** : nombre de la forme $a + ib$ où $a$ et $b$ sont des nombres réels et $i = \sqrt{-1}$. — LING ***Phrase complexe*** : que l'on peut décomposer en plusieurs phrases simples. ETY Du lat. *complecti*, « contenir ». DER **complexité** *nf*

**complexé, ée** *a, n* fam Affligé d'un complexe, timide.

**complexer** *vt* ① fam Provoquer des complexes chez qqn.

**complexifier** *vt* ② didac Rendre plus complexe, plus compliqué. DER **complexification** *nf*

**complexion** *nf* litt Constitution d'une personne. *Être d'une complexion délicate.*

**compliance** *nf* MED Bon suivi d'un traitement médicamenteux.

**complication** *nf* **1** État de ce qui est compliqué, ensemble de choses compliquées. *La complication d'une situation.* **2** Concours de faits, de circonstances susceptibles de perturber le bon fonctionnement de qqch. *Des complications inattendues l'ont empêché de venir.* SYN difficulté. **3** MED Apparition d'un nouveau trouble lié à un état pathologique préexistant ; ce trouble lui-même.

**complice** *a, n* **A** *a* **1** Qui participe sciemment à un délit, à un crime commis par un autre. *Se faire complice d'un assassinat.* **2** Qui prend part à une action blâmable. **B** *a* **1** Qui aide, qui favorise. *L'obscurité complice.* **2** Qui marque la complicité, la connivence. *Un sourire complice.* ETY Du lat. *complecti*, « contenir ».

**complicité** *nf* **1** Participation au crime, au délit, à la faute d'un autre. **2** Connivence, accord profond entre personnes. *Une complicité de longue date les unissait.*

**complies** *nf pl* LITURG CATHOL Dernières prières de l'office divin, que l'on récite le soir après les vêpres. ETY Du lat. *completa hora*, « heures qui achèvent l'office ».

**compliment** *nm* **1** Paroles de félicitations, obligeantes ou affectueuses. *Faire, recevoir des compliments.* **2** Paroles de civilité que l'on fait transmettre par un tiers à une personne absente. *Présentez mes compliments à votre sœur.* **3** Petit discours élogieux adressé à qqn à l'occasion d'une fête. *Réciter son compliment.* ETY De l'esp. *cumplir con alguien*, « être poli envers qqn ».

**complimenter** *vt* ① Faire des compliments à. *Complimenter qqn sur son mariage.* DER **complimenteur, euse** *a, n*

**compliqué, ée** *a, n* **A** *a* **1** Composé d'un grand nombre de parties dont l'organisation est difficile à comprendre. *Un appareil compliqué.* **2** Difficile à comprendre. *Un texte compliqué.* **B** *a, n* Qui manque de simplicité, qui aime les complications. *Un homme compliqué.*

**compliquer** *v* ① **A** *vt* Rendre confus, difficile à comprendre. *Compliquer le problème.* **B** *vpr* Devenir compliqué. *L'affaire se complique.* **LOC** fam ***Se compliquer la vie, l'existence*** : se créer des difficultés, des soucis inutiles. ETY Lat. *complicare*, « plier, rouler ensemble ».

**complot** *nm* **1** Machination concertée entre plusieurs personnes dans le dessein de porter atteinte à la vie, à la sûreté de qqn, ou à une institution. *Ourdir un complot.* **2** Petite intrigue. **LOC** ***Théorie du complot*** : fait d'affirmer qu'un évènement résulte d'un complot ou d'une action malveillante contrairement à l'information qui est présentée au public.

**comploter** *v* ① **A** *vt* Mettre au point en secret et à plusieurs. *Comploter une vengeance.* **B** *vi* Préparer un complot. *Comploter contre le roi. Comploter de faire qqch.* DER **comploteur, euse** *n*

**compograveur** *nm* IMPRIM Personne qui assure la composition de textes et la photogravure.

**componction** *nf* **1** RELIG Douleur, regret d'avoir offensé Dieu. **2** litt Gravité affectée. ETY Du lat. *compugere*, « piquer ».

**componé, ée** *a* HERALD Composé de fragments carrés d'émaux de couleurs alternées. ETY De l'a. fr.

**comporte** *nf* Cuve de bois pour transporter les raisins. ETY Du lat.

**comportement** *nm* **1** Manière d'agir, de se comporter. *Un comportement étrange.* **2** PSYCHO Ensemble des réactions, des conduites conscientes et inconscientes d'un sujet. **LOC** ***Psychologie du comportement*** : syn. de *béhaviorisme*. DER **comportemental, ale, aux** *a*

**comportementalisme** *nm* PSYCHO Syn. de *béhaviorisme*. DER **comportementaliste** *a, n*

**comporter** *v* ① **A** *vt* **1** Permettre, admettre, contenir. *Cette situation comporte des avantages.* **2** Comprendre, se composer de. *Ce livre comporte trois chapitres.* **B** *vpr* **1** Se conduire. *Se comporter comme un enfant, en ami.* **2** Fonctionner, réagir. *Une voiture qui se comporte bien par temps de pluie.* ETY Du lat. *comportare*, « transporter, supporter ».

**composant, ante** *a, n* **A** *a* Qui sert à former, qui entre dans la composition de. *Élément composant d'un objet.* **B** *nm* Élément faisant partie de la composition de qqch. *L'azote et l'oxygène sont des composants de l'air. Composants électroniques.* **C** *nf* **1** Chacune des parties constituant un tout. *Les composantes d'un problème.* **2** PHYS Chacune des forces dont la somme donne la résultante. **3** MATH Projection d'un vecteur sur l'un des axes d'un système de coordonnées.

**composé, ée** *a, n* **A** *a* Constitué de plusieurs éléments. **B** *nm* **1** Ensemble formé de deux ou plusieurs parties. **2** CHIM Corps pur qui peut se fractionner par analyse élémentaire. **C** BOT *nf* Dicotylédone gamopétale dont les fleurs sont groupées en capitules, dont le fruit est un akène et dont la famille compte plus de douze mille espèces, dont l'artichaut, la laitue, le bleuet. SYN astéracée. **LOC** BOT ***Feuille composée*** : formée de plusieurs folioles. — MATH ***Nombre composé*** : qui admet d'autres facteurs que lui-même ou l'unité. — LING ***Temps composé*** : formé d'un auxiliaire et du participe passé du verbe conjugué. — ***Mot composé*** : mot formé d'unités lexicales qui fonctionnent de manière autonome dans la langue ou d'un préfixe et d'un mot, tel que *salle à manger, porte-voix, contrepartie*.

**composer** *v* ① **A** *vt* **1** Former par assemblage de plusieurs éléments. *Composer un cocktail, un décor.* **2** Entrer dans la composition d'un ensemble. *Quatre plats composaient le menu.* **3** Produire une œuvre de l'esprit. *Composer un poème.*

4 Écrire de la musique. *Composer une symphonie.* **5** Contrôler son expression, son comportement, etc., dans une intention déterminée. *Composer son maintien. Se composer une tête de circonstance.* **6** IMPRIM Assembler des caractères qui formeront un texte destiné à être imprimé. **B** *vi* **1** Transiger, trouver un accord grâce à un compromis. *Composer avec ses créanciers.* **3** Faire une composition scolaire. *Une classe qui compose en latin.* ETY Du lat.

**composeuse** *nf* TYPO Machine qui sert à composer les textes à imprimer.

**composite** *a, nm* **A** *a* Composé d'éléments très différents. *Un mobilier composite.* **B** *nm* Matériau composite. **LOC** TECH ***Matériau composite*** : matériau présentant une très grande résistance, constitué de fibres maintenues par un liant. — ARCHI ***Ordre composite*** : qui combine l'ionique et le corinthien.

**compositeur, trice** *n* **1** Personne qui écrit des œuvres musicales. **2** IMPRIM Personne chargée de la composition d'un texte à imprimer.

**composition** *nf* **1** Action, manière de composer. *Étiquette précisant la composition d'un produit.* **2** Production, œuvre littéraire ou artistique. *La dernière composition d'un peintre.* **3** Art d'écrire la musique. **4** vieilli Épreuve scolaire en vue d'un classement. *Être premier en composition d'histoire.* **5** CHIM Indication des éléments qui entrent dans un corps. **6** IMPRIM Action de composer un texte destiné à être imprimé. **7** vieilli Accommodement, acceptation d'un compromis. *Amener qqn à composition.* **LOC** PHYS ***Composition de plusieurs forces*** : leurs composantes. — ***Composition française*** : rédaction, dissertation sur un sujet donné. — ***Être de bonne composition*** : être très arrangeant, avoir bon caractère. — MATH ***Loi de composition*** : application qui associe un élément d'un ensemble à un couple d'éléments d'un ensemble quelconque. — MATH ***Loi de composition interne sur un ensemble E*** : application de E x E dans E.

**compost** *nm* AGRIC Mélange de détritus organiques et de matières minérales destiné à fertiliser le sol. PHO [kɔ̃pɔst] ETY Mot angl., de l'a. fr. *compost*, « composé ».

**Compostelle** → **Saint-Jacques-de-Compostelle.**

**1 composter** *vt* ① Transformer des déchets en compost. DER **compostable** *a* – **compostage** *nm*

une **composée** : la pâquerette commune – à g., plant fleuri avec racines – à dr., de haut en bas : vue en coupe du capitule (réceptacle, fleurons, ligules) ; fleuron contenant le pistil et un ligule ; fleuron vide

**2 composter** *vt* ① Perforer ou marquer à l'aide d'un composteur. DER **compostage** *nm*

**composteur** *nm* **1** TYPO Réglette à coulisse sur laquelle le compositeur ordonne les caractères. **2** Appareil automatique qui sert à marquer, à dater, à numéroter un document, un billet. **3** AGRIC Dispositif servant à obtenir du compost. ETY De l'ital. *compositore*, « compositeur ».

**compote** *nf* Fruits entiers ou en morceaux cuits avec du sucre. *Une compote d'abricots, de pommes.* **LOC** fam ***En compote*** : meurtri. ETY Du lat. *componere*, « mettre ensemble ».

**compotée** *nf* CUIS Préparation de produits que l'on a fait compoter.

**compoter** *vt* ① CUIS Faire cuire qqch très doucement jusqu'à réduction à une sorte de compote.

**compotier** *nm* Grande coupe pour les compotes, les entremets, les fruits.

**compound** *a inv, nm* **A** *a* TECH Composé. **B** *nm* Composition servant à l'isolation des machines électriques. **LOC** ***Machine compound*** : machine à vapeur qui comporte plusieurs cylindres dans lesquels la vapeur se détend successivement. PHO [kɔmpund] ETY Mot angl.

**comprador** *n, a* Dans les pays sous-développés, indigène enrichi par le commerce avec les étrangers. ETY Mot portug., « acheteur ».

**compréhensible** *a* **1** Qui peut être compris. *Un texte compréhensible.* SYN intelligible. **2** Qui peut se concevoir ; naturel. *Une réaction facilement compréhensible.* DER **compréhensibilité** *nf*

**compréhensif, ive** *a* **1** Qui comprend autrui, qui admet aisément les idées, le comportement d'autrui. **2** LOG Qui embrasse un nombre plus ou moins grand de caractères en parlant d'un concept. *« Arbre » est plus compréhensif que « plante », mais moins extensif.*

**compréhension** *nf* **1** Faculté de comprendre, aptitude à concevoir clairement. **2** Possibilité d'être compris. *Faciliter la compréhension d'un texte par des notes.* **3** Aptitude à admettre le point de vue d'autrui. *Faire preuve de compréhension.* **4** LOG Ensemble des attributs qui appartiennent à un concept, par oppos. à *extension*.

**comprendre** *v* 52 **A** *vt* **1** Contenir, renfermer en soi. *Une université comprend plusieurs facultés.* SYN comporter. **2** Faire entrer dans un tout, une catégorie. *Comprendre les frais de déplacement dans une facture.* SYN inclure. **3** Pénétrer, saisir le sens de. *Comprendre une question. Comprendre le russe.* **4** Se représenter, se faire une idée de. *Il comprend sa solitude comme une liberté.* **5** Se rendre compte de, que. *Comprendre que tout est fini.* **6** Faire preuve de compréhension, de tolérance envers. *Comprendre qqn, sa conduite, ses erreurs.* **7** Percevoir par l'intuition plus que par la raison. *Elle comprend très bien les enfants.* **B** *vpr* **1** Pouvoir être compris. *Ce texte se comprend facilement.* **2** Bien s'entendre, en parlant de personnes. **LOC** fam ***Ça se comprend*** : c'est normal, ça se justifie. — ***Comprendre qqch à qqch*** : avoir quelques connaissances dans un domaine. ETY Du lat. *comprehendere*, « saisir ».

**comprenette** *nf* fam Compréhension, faculté de comprendre.

**compresse** *nf* Pièce de gaze utilisée pour nettoyer, panser, entourer une plaie.

**compresser** *vt* ① **1** Serrer, presser, tasser, comprimer. **2** INFORM Effectuer la compression de données.

**compresseur** *am, nm* **A** *am* Qui comprime, sert à comprimer. **B** *nm* Appareil servant à comprimer un gaz. *Compresseur d'air.*

**compressible** *a* **1** Qui peut être réduit. *Frais généraux compressibles.* **2** PHYS Dont le volume peut être réduit sous l'effet d'une pression. DER **compressibilité** *nf*

**compressif, ive** *a* didac Qui sert à comprimer. *Pansement compressif.*

**compression** *nf* **1** TECH Action de comprimer. **2** PHYS Diminution du volume due à l'augmentation de la pression. **3** Restriction, réduction. *Compression de personnel.* **4** INFORM Réduction du volume de données numérisées pour les stocker ou les transmettre. **LOC** AUTO ***Taux de compression*** : rapport entre le volume maximal et le volume minimal de la chambre de combustion d'un moteur à explosion.

**comprimé, ée** *a, nm* **A** *a* **1** Dont le volume est réduit sous l'effet de la pression. **2** Empêché de se manifester. *Larmes comprimées.* **B** *nm* Pastille faite de poudre de médicament comprimée. *Comprimés d'aspirine.*

**comprimer** *vt* ① **1** Agir sur un corps par la pression pour en diminuer le volume. *Comprimer un gaz.* **2** Empêcher qqch de se manifester. *Il comprime sa colère.* **3** Réduire. *Comprimer un budget.* DER **comprimable** *a*

**compris, ise** *a* **1** Contenu, inclus dans qqch. *Prix net, toutes taxes comprises.* **2** Saisi par l'intelligence. *Un texte, un problème mal compris.* **LOC** ***Non compris*** : sans inclure. — ***Y compris*** : en incluant. *J'ai tout lu, y compris la préface.*

**compromettre** *v* 60 **A** *vi* DR Faire un compromis. **B** *vt* **1** Exposer à des difficultés, causer un préjudice, nuire à. *Compromettre sa carrière, sa santé.* **2** Nuire à l'honneur, à la réputation de qqn. **C** *vpr* Faire un acte préjudiciable à sa propre réputation. *Il s'est gravement compromis dans un scandale.* ETY Du lat. DER **compromettant, ante** *a*

**compromis** *nm* **1** DR Convention par laquelle deux personnes ayant entre elles un litige conviennent de s'en rapporter, pour sa solution, à l'appréciation d'un ou de plusieurs arbitres. **2** Accord dans lequel on se fait des concessions mutuelles. **3** État intermédiaire, moyen terme.

**compromission** *nf* Action par laquelle qqn est compromis ou se compromet.

**compromissoire** *a* **LOC** DR ***Clause compromissoire*** : convention faite d'avance par les contractants prévoyant le compromis pour tous les litiges pouvant survenir entre eux.

**comptabiliser** *vt* ① **1** Inscrire dans une comptabilité. **2** fig Compter, dénombrer, recenser. DER **comptabilisable** *a* – **comptabilisation** *nf*

**comptabilité** *nf* **1** Technique de l'établissement des comptes. *Apprendre la comptabilité.* **2** Ensemble des comptes ainsi établis. **3** Service, personnel qui établit les comptes ; bureau où est situé ce service. **LOC** GEST ***Comptabilité analytique*** : qui répartit charges et produits par destination. — GEST ***Comptabilité budgétaire*** : qui a pour objet de déterminer le budget global à partir de prévisions effectuées par les responsables d'unités. — COMM ***Comptabilité en partie double*** : dans laquelle le commerçant établit à la fois son propre compte et celui de la personne avec qui il fait commerce. — COMM ***Comptabilité en partie simple*** : dans laquelle le commerçant établit uniquement le compte de la personne à qui il livre ou de qui il reçoit. — GEST ***Comptabilité générale*** : qui répartit charges et produits par nature suivant le plan comptable. — ***Comptabilité nationale*** : regroupement des statistiques sur les comptes de la nation, en vue de l'élaboration du budget et du Plan. — ***Comptabilité publique*** : ensemble de règles qui s'appliquent à la gestion des finances publiques.

**comptable** *a, n* **A** *a* **1** Qui est tenu de rendre des comptes. *Agent comptable.* **2** fig Responsable, tenu de se justifier. *Un gouvernement comptable de sa politique envers le Parlement.* **3** Relatif à la comptabilité. *Pièce comptable.* **4** fig Qui privilégie, par souci d'économie, des solutions à courte vue. **B** *n* Personne qui a la charge de tenir une comptabilité. *La comptable est venue pour arrêter les comptes.*

**comptage** → **compter.**

**comptant** *am, nm, av* **A** *am* Payé intégralement au moment de l'achat et en espèces. **B** *av* Avec de l'argent débité sur-le-champ. *Acheter, payer comptant.* **LOC** ***Au comptant*** : en argent comptant. — ***Prendre qqch pour argent comptant*** : croire qqch sans méfiance.

**compte** *nm* **1** Action de compter, d'évaluer. *Faites-moi le compte de ce que je vous dois.* **2** État des recettes et des dépenses, de ce que l'on doit et de ce qui est dû. *Arrêter, clore un compte.* **3** Fonds qu'un client dépose auprès d'un établissement financier. *Approvisionner son compte.* **4** Ce qui est dû à qqn. **LOC** ***À bon compte*** : à bon marché, à peu de frais. — ***À ce compte-là*** : vu de cette façon, dans ces conditions. — ***Au bout du compte, en fin de compte, tout compte fait*** : tout bien considéré. — ***Compte à rebours*** : décompte des opérations ou des jours qui précèdent le début de qqch. — ***Compte courant*** : compte ouvert à un client qui dépose ses fonds dans une banque et se réserve de les retirer en tout ou partie. — ***Compte de résultat*** : qui fond les données du compte de pertes et profits et celles du compte d'exploitation générale. — COMPTA ***Compte d'exploitation générale*** : compte de gestion qui comporte les charges et les produits. — ***Compte joint*** : compte bancaire dont les titulaires sont liés par une solidarité active par oppos. à *compte indivis*. — ***Demander des comptes*** : exiger une justification. — ***Donner son compte à qqn*** : lui donner son salaire ; le licencier. — ***Être à son compte*** : travailler de manière indépendante. — ***Laisser pour compte*** : négliger, ne pas s'occuper de. — fam ***Régler son compte à qqn*** : le punir, le tuer, lui faire un mauvais parti. — ***Rendre compte de*** : faire un rapport sur, expliquer. — ***Rendre des comptes*** : se justifier, exposer ses raisons. — fam ***S'en tirer à bon compte*** : avec peu de dommages. — ***Se rendre compte de, que*** : s'apercevoir de, comprendre. — ***Sur le compte de*** : au sujet de. — ***Tenir compte de*** : prendre en considération. (PHO) [kɔ̃t]

**compte-chèques** *nm* Compte bancaire ou postal donnant droit à un carnet de chèques. PLUR comptes-chèques. (VAR) **compte chèques**

**compte-fil** *nm* Puissante loupe pour examiner des tissus, des timbres-poste. PLUR compte-fils.

**compte-goutte** *nm* Pipette destinée à verser un liquide goutte à goutte. PLUR compte-gouttes. **LOC** ***Au compte-goutte*** : avec parcimonie.

**compte-minute** *nm inv* Appareil qui émet un signal sonore au bout d'un certain temps. PLUR compte-minutes.

**compter** *v* ① **A** *vt* **1** Dénombrer, calculer le nombre, le montant de. *Compter les personnes présentes.* **2** Comprendre, inclure dans un compte, un ensemble. *N'oubliez pas de compter les taxes.* **3** Comporter. *Un parti qui compte de nombreux membres.* **4** Estimer à un certain prix. *Il m'a compté mille euros de frais.* **5** Calculer, mesurer parcimonieusement. *Il compte chacune de ses dépenses.* **6** Se proposer de, avoir l'intention de, espérer. *Je compte partir demain.* **B** *vi* **1** Dénombrer ; calculer. *Compter jusqu'à cent.* **2** Entrer en ligne de compte, être pris en considération. *La première partie ne compte pas.* **3** Être important. *Ce qui compte, c'est d'être en bonne santé.* **4** Être parmi, figurer. *Il compte parmi les meilleurs chimistes.* **LOC** ***À compter de*** : à dater de, à partir de. — fam ***Compte là-dessus !*** : n'y compte pas ! — ***Compter avec qqch*** : en tenir compte. — ***Compter les jours, les heures*** : attendre, s'ennuyer. — ***Compter les points*** : observer un processus en restant neutre. — fam ***Compter pour du beurre*** : ne pas être pris en compte. — ***Compter ses pas*** : marcher lentement, avec précaution ; fig se comporter, agir avec prudence. — ***Compter sur*** : avoir confiance en, s'appuyer sur. — ***Sans compter que*** : sans inclure le fait que, d'autant plus que. *Il parle trop, sans compter qu'il ne dit que des bêtises !* (PHO) [kɔ̃te] (ETY) Du lat. (DER) **comptage** *nm*

**compte-rendu** *nm* Exposé d'un fait, d'un évènement, d'une œuvre. PLUR comptes-rendus. (VAR) **compte rendu**

**compte-tour** *nm* TECH Appareil qui compte le nombre de tours effectués par une pièce en rotation pendant un laps de temps donné. PLUR compte-tours.

**compteur** *nm* Appareil servant à mesurer différentes grandeurs telles que la vitesse, la fréquence de rotation, la distance parcourue, l'énergie consommée ou produite, pendant un temps donné. **LOC** fam ***Remettre les compteurs à zéro*** : repartir sur de nouvelles bases.

**comptine** *nf* Court texte, chanté ou récité par les enfants utilisé pour choisir le rôle des participants à un jeu.

**comptoir** *nm* **1** Table longue et étroite, généralement élevée, sur laquelle un commerçant étale sa marchandise, reçoit de l'argent, sert des consommations. *Boire un café au comptoir.* **2** Établissement commercial privé ou public installé à l'étranger. *Les comptoirs créés par Colbert à Pondichéry et Chandernagor.* **3** ECON Organisation fondée sur une entente entre producteurs ou vendeurs, et servant d'intermédiaire entre ceux-ci et leur clientèle. *Comptoir de vente.* **4** Établissement de banque, de crédit. *Comptoir d'escompte.* **5** Suisse Foire-exposition.

**Compton** Arthur Holly (Wooster, Ohio, 1892 – Berkeley, 1962), physicien américain. Il participa à la conception et à la mise au point de la bombe atomique. P. Nobel 1927 avec C. T. R. Wilson. ▷ PHYS NUCL *Effet Compton* : diffusion des photons, avec changement de fréquence, lorsqu'ils heurtent des électrons libres.

**Compton-Burnett** Ivy (Pinner, Middlesex, 1884 – Londres, 1969), romancière anglaise : *Frères et sœurs* (1929), *Jour et ténèbres* (1951), *la Chute des puissants* (1961).

**compulser** *vt* ① **1** DR Obtenir communication des registres, des minutes d'un officier ministériel en vertu de l'ordonnance d'un juge. **2** Examiner, consulter. *Compulser des documents.* (ETY) Du lat. *compulsare*, « pousser, contraindre ».

**compulsion** *nf* Contrainte interne, impérieuse, qui pousse un sujet à certains comportements sous peine de sombrer dans l'angoisse. (DER) **compulsif, ive** *a, n* – **compulsionnel, elle** *a* – **compulsivement** *a*

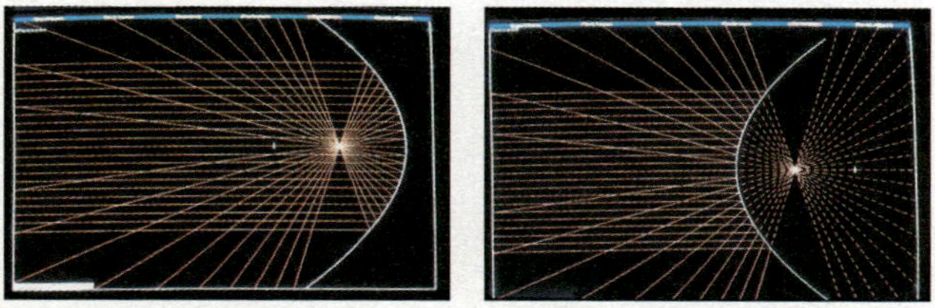

**concave, convexe** à g., réflexion d'un faisceau parallèle par un miroir parabolique concave : les rayons convergent vers un foyer réel – à dr., réflexion par un miroir parabolique convexe : les prolongements des rayons réfléchis passent par un même point (foyer virtuel)

**comput** *nm* RELIG Calcul destiné à fixer la date des fêtes mobiles du calendrier ecclésiastique. (PHO) [kɔ̃pyt]

**comtat** *nm* rég Comté.

**Comtat (le)** anc. pays de France, auj. dans le dép. du Vaucluse. Cédé à la papauté par Philippe III le Hardi, il releva de la souveraineté pontificale de 1274 à 1791. (VAR) **comtat Venaissin** (DER) **comtadin, ine** *a, n*

**comte** *nm* **1** HIST Sous le Bas-Empire romain, chef militaire d'un territoire. **2** Personne dotée d'un titre de noblesse entre celui de marquis et celui de vicomte ; ce titre lui-même. (ETY) Du lat. *comes*, « compagnon ».

**Comte** Auguste (Montpellier, 1798 – Paris, 1857), philosophe français, fondateur de l'école positiviste. Secrétaire de Saint-Simon, de 1817 à 1824, il publia son *Cours de philosophie positive* de 1830 à 1842 : l'esprit humain, dans chaque civilisation comme dans chaque individu, passe du stade *théologique* au stade *métaphysique* pour s'élever au stade *positif*. À partir de 1845, il prôna une « religion de l'humanité ». (DER) **comtien, enne** *a*

**Auguste Comte**

**1 comté** *nm* **1** Terre qui donnait à son possesseur le titre de comte. **2** Division territoriale et administrative, en Grande-Bretagne, au Canada, et aux États-Unis.

**2 comté** *nm* Fromage de Franche-Comté, proche du gruyère.

**Comte de Monte-Cristo (le)** roman d'A. Dumas père (1846).

**comtesse** *nf* **1** Femme qui possédait, en propre, un comté. **2** Femme d'un comte.

**Comtesse aux pieds nus (la)** film de Mankiewicz (1954), avec Ava Gardner et Humphrey Bogart.

**comtois, oise** *a, n* **A** **1** Franc-comtois. **2** Se dit d'une race de chevaux lourds, de petite taille. **B** *nf* Sorte d'horloge.

**con-** Élément, du lat. *cum*, « avec ».

**con, conne** *n, a* **A** *nm* vulg Sexe de la femme. **B** *a, n* très fam Stupide, idiot. *Prendre qqn pour un con.* **LOC** ***À la con*** : sans valeur, stupide.

**Conakry** cap. et port de la Guinée ; 1,4 million d'hab (aggl.). Port actif (exportation de fer, de bauxite, de bananes). Industries.

**Conan** nom de quatre ducs de Bretagne (XIe-XIIe s.).

**Conan** Félicité Angers, dite Laure (La Malbaie, 1845 – Sillery, 1924), romancière québécoise : *Angéline de Montbrun* (1884).

**conard, conasse** → **connard, connasse.**

**conatus** *nm* PHILO Chez Spinoza, principe d'énergie vitale, effort incessant de chaque organisme à persévérer dans l'être.

**Concarneau** ch.-l. de cant. du Finistère ; 20 658 hab. Grand port de pêche. Conserveries. – Vieille cité fortifiée (XVe-XVIIe s.) dite *la Ville-Close.* (DER) **concarnois, oise** *a, n*

**concassée** *nf* CUIS Légumes concassés en petits dés.

**concasser** *vt* ① Réduire une matière dure en petits fragments. *Concasser du poivre. Concasser des pierres.* (DER) **concassage** *nm*

**concasseur** *nm* TECH Appareil destiné à fragmenter une matière dure.

**concaténation** *nf* PHILO, LING Enchaînement de plusieurs éléments. [ETY] Du lat. *catena*, « chaîne ».

**concave** *a* Qui présente une courbure en creux. ANT convexe. [DER] **concavité** *nf*

**concéder** *vt*[14] **1** Accorder, octroyer comme une faveur. *Concéder un droit.* **2** Admettre, reconnaître. *Je concède que j'ai eu tort.* **3** SPORT Abandonner un but, un point, etc. à un adversaire.

**concélébrer** *vt*[14] RELIG Célébrer un office avec un ou plusieurs autres ministres du culte. [DER] **concélébration** *nf*

**concentration** *nf* **1** Action de concentrer. *La concentration urbaine.* **2** CHIM Grandeur caractérisant la richesse d'un mélange en un de ses constituants. **3** ECON Regroupement d'entreprises destiné à lutter plus efficacement contre la concurrence dans un secteur déterminé *(concentration horizontale)* ou aux stades successifs d'élaboration d'un produit donné *(concentration verticale)*. **4** fig Fait de concentrer son esprit. *Un effort de concentration.* **5** Important rassemblement de motards, d'amateurs de tuning, etc. **LOC** ***Camp de concentration*** : camp où sont regroupées des personnes détenues pour des motifs politiques, religieux, ethniques.

**concentrationnaire** *a* Relatif aux camps de concentration, de déportation.

**concentré, ée** *a, nm* **A** *a* **1** Que l'on a concentré. *Lait concentré.* **2** Qui applique sa réflexion à un objet unique. **B** *nm* Substance concentrée. *Du concentré de tomate.*

**concentrer** *v*[1] **A** *vt* **1** Réunir, faire converger en un point. *Concentrer des forces armées.* **2** CHIM Augmenter la concentration de. *Concentrer une solution.* **3** fig Appliquer sur un objet unique. *Concentrer ses efforts sur un problème.* **B** *vpr* Appliquer sa réflexion à un unique objet de pensée.

**concentrique** *a* Qualifie des courbes ou des surfaces qui ont le même centre de courbure. [DER] **concentriquement** *av*

**Concepción** v. du Chili centr., près du port de Talcahuano ; 294 380 hab. Industries. – Université.

**concept** *nm* **1** PHILO Représentation mentale abstraite et générale. **2** Projet élaboré d'un nouveau produit industriel ou commercial. [PHO] [kɔ̃sɛpt] [ETY] Du lat. *concipere*, « recevoir ».

**conceptacle** *nm* BOT Cavité d'ouverture étroite, où se forment les gamètes ou les spores de multiplication végétative chez certaines algues. [ETY] Du lat.

**concept-car** *nm* Prototype automobile présenté au public. PLUR concept-cars. [ETY] Mot angl.

**concepteur, trice** *n* Personne qui conçoit des projets dans une entreprise, une agence de publicité.

**conception** *nf* **1** Acte par lequel un nouvel être vivant est produit par fécondation d'un ovule. **2** Action, façon de concevoir une idée ; création de l'imagination. *Conception originale.* **LOC** ***Conception assistée par ordinateur*** *(CAO)* : dans laquelle l'ordinateur effectue le dessin correspondant aux données programmées. — ***Immaculée Conception*** : dogme catholique selon lequel la Vierge Marie a été préservée du péché originel.

**conceptisme** *nm* Préciosité de style dans la littér. espagnole du début du XVII$^{e}$ s.

**concept-store** *nm* Boutique aménagée autour d'un thème, sur le modèle d'une galerie d'art. PLUR concepts-stores. [ETY] Mots angl.

**conceptualiser** *vt*[1] Organiser une notion, une idée générale en concepts. [DER] **conceptualisation** *nf*

**conceptualisme** *nm* PHILO Doctrine d'Abélard selon laquelle nos expériences révèlent les idées générales, en dépit du fait que celles-ci existaient de façon latente dans notre esprit.

**conceptuel, elle** *a* Relatif aux concepts ou à la conception. *Texte conceptuel.* **LOC** ***Art conceptuel*** : attitude artistique, née dans les années 60, qui accorde la primauté à l'idée sur la réalisation matérielle de l'œuvre d'art. [DER] **conceptualité** *nf*

[ENC] L'artiste conceptuel adopte des solutions fort diverses : textes (J. Kosuth, L. Weiner), intervention sur la nature (*land art* de Christo, R. Smithson, D. Oppenheim), actions (*happenings* de J. Beuys, A. Kaprow, J. Dine), art pauvre (Arte povera).

**concernant** *prép* Au sujet de, sur. *Loi concernant l'avortement.*

**concerner** *vt*[1] Intéresser, avoir rapport à. *En ce qui me concerne.*

**concert** *nm* **1** Séances où sont exécutées des œuvres musicales. *Donner un concert.* **2** MUS Harmonie formée par plusieurs voix ou plusieurs instruments ou par une réunion de voix et d'instruments. **3** Ensemble de sons, de bruits, généralement harmonieux. *Un concert de louanges.* **4** Accord, entente pour parvenir à une même fin. *Le concert européen.* **LOC** ***De concert*** : d'un commun accord. [ETY] De l'ital. *concerto*, « accord ».

**concertant, ante** *a* MUS Se dit d'un morceau dans lequel plusieurs instruments exécutent alternativement la partie principale.

**concertation** *nf* POLIT, ECON Échange d'idées en vue de s'entendre sur une attitude commune.

**Concert champêtre (le)** peinture auj. considérée comme une œuvre de Giorgione achevée par Titien (sans date, Louvre) Elle a inspiré à Manet son *Déjeuner sur l'herbe* (1862).

**concerté, ée** *a* Qui résulte d'une préparation, d'un calcul. *Un plan concerté.*

**concerter** *v*[1] **A** *vt* Préparer en s'entretenant avec une ou plusieurs personnes. *Concerter un dessein.* **B** *vi* MUS En parlant d'instruments, de voix, exécuter alternativement ou simultanément la partie principale. **C** *vpr* Préparer ensemble un projet, s'entendre pour agir. *Ils racontèrent la même histoire : ils s'étaient concertés.*

**concertina** *nm* MUS Instrument à soufflet, de forme hexagonale, proche de l'accordéon. [ETY] Mot angl.

**concertino** *nm* **1** MUS Dans le concerto grosso, petit groupe de solistes par opposition à la masse de l'orchestre. **2** Brève composition dans le style du concerto. [ETY] Mot ital.

**concertiste** *n* Instrumentiste qui se produit en concert.

**concerto** *nm* MUS Composition généralement en trois mouvements (vif, lent, vif), pour un ou plusieurs instruments dialoguant avec l'orchestre. **LOC** ***Concerto grosso*** : qui oppose les solistes à l'orchestre. [ETY] Mot ital.

**Concertos brandebourgeois** nom donné à six *Concerts avec plusieurs instruments* de J. S. Bach (1721) parce qu'il les dédia au margrave C. L. de Brandebourg.

**concessif, ive** *a, nf* GRAM Qui marque l'idée d'opposition, de réserve. *Les propositions concessives sont introduites par « bien que », « quoique », « encore que », etc.*

**concession** *nf* **1** Action d'accorder un droit, un privilège, un bien. **2** DR Autorisation, pour un particulier, une société privée, de gérer à ses risques un service public. **3** Terre à cultiver distribuée par l'État dans une nouvelle colonie. **4** Terrain loué ou vendu pour une sépulture. **5** Afrique Terrain bâti constituant une unité d'habitation ; ensemble des personnes habitant dans ce lieu. **6** Ce que l'on accorde à qqn dans un litige. *Faire des concessions à un adversaire.* **LOC** ***Concession commerciale*** : qui fait d'un commerçant le représentant exclusif d'une firme dans une zone. — ***Concession domaniale*** : autorisation d'exploiter à titre privatif des biens du domaine public, moyennant paiement. [ETY] Du lat.

**concessionnaire** *n* **1** Personne qui a obtenu une concession. **2** COMM Représentant exclusif d'une marque dans une région.

**concetti** *nm* litt Pensée brillante, mais trop subtile. PLUR concettis ou concetti. [PHO] [kɔ̃tʃeti] [ETY] Mot ital.

**concevoir** *vt*[5] **1** Devenir enceinte. *Concevoir un enfant.* **2** Former dans son esprit, créer. *Concevoir un projet.* **3** Comprendre, avoir une idée de. *Je ne conçois pas la vie sans elle.* **4** litt Éprouver. *Concevoir de l'amour pour qqn.* [ETY] Du lat. *concipere*, « recevoir ». [DER] **concevable** *a*

**conchoïdal, ale** *a* **1** Qui ressemble à une coquille. **2** GEOM Relatif à la conchoïde. PLUR conchoïdaux.

**conchoïde** *a, nf* GEOM Se dit d'une courbe obtenue à partir d'une autre courbe en menant d'un point extérieur des sécantes à cette courbe, en portant un segment constant sur chacune des sécantes et en reliant les points ainsi obtenus. **LOC** MINER ***Cassure conchoïde*** ou ***conchoïdale*** : cassure qui présente une surface courbe lisse ou parcourue de stries concentriques. [PHO] [kɔ̃kɔid] [ETY] Du lat. *concha*, « coquille ».

prisonniers d'un camp de **concentration** à l'annonce de leur libération

**conchyliculture** *nf* Élevage des coquillages comestibles. PHO [kɔ̃kilikyltyʀ] DER **conchylicole** *a* – **conchyliculteur, trice** *n*

**conchylien, enne** *a* Qui contient des coquilles. *Calvaire conchylien.*

**conchyliologie** *nf* Étude scientifique des coquillages. DER **conchyliologique** *a*

**concierge** *n* **1** Personne qui a la garde d'un immeuble. SYN gardien. **2 fig, fam** Personne curieuse et bavarde. *C'est une vraie concierge.*

**conciergerie** *nf* Charge ou logement de concierge.

**Conciergerie (la)** dépendance du Palais de Justice de Paris (île de la Cité) où les prévenus attendent d'être reçus par le juge d'instruction. Elle faisait partie du palais royal de la Cité. En 1392, elle devint une prison.

**concile** *nm* RELIG CATHOL Assemblée d'évêques réunis pour régler des questions d'ordre dogmatique, disciplinaire ou pastoral. ETY Du lat. DER **conciliaire** *a*

ENC On distingue les *conciles œcuméniques,* c'est-à-dire universels, et les *conciles nationaux* ou *provinciaux,* qui n'intéressent que le clergé d'une nation ou d'une province ecclésiastique. L'Église catholique reconnaît 21 conciles œcuméniques, dont : Nicée I en 325 (condamnation de l'hérésie arienne), Constantinople I en 381 (définition du *Credo*), Éphèse en 431 (condamnation de l'hérésie nestorienne), Chalcédoine en 451 (hérésie monophysite), Constantinople III en 680-681 (hérésie monothéliste), Nicée II en 787 (hérésie iconoclaste), Latran III en 1179 (mode d'élection du pape), Latran IV en 1215 (hérésie cathare), Trente en 1545-1563 (réforme de l'Église), Vatican I en 1869-1870 (infaillibilité pontificale), Vatican II en 1962-1965 (renouveau de l'Église et œcuménisme).

**Concile œcuménique** concile universel des évêques de l'Église catholique, que le pape seul peut convoquer.

**conciliabule** *nm* Conversation à voix basse. ETY Du lat. *conciliabulum,* « concile irrégulier ».

**conciliant, ante** *a* Disposé, propre à s'accorder. *Caractère conciliant.* SYN accommodant.

**conciliateur, trice** *a, n* **A** *a* Qui concilie. *Rôle conciliateur.* **B** *n* DR Personne qui s'emploie bénévolement à régler à l'amiable des conflits privés.

**conciliation** *nf* **1** Action de concilier. **2** DR Accord que le juge d'instance cherche à réaliser entre les parties avant le commencement d'un procès. **3** Règlement amiable des conflits collectifs du travail. DER **conciliatoire** *a*

**concilier** *v* ② **A** *vt* Accorder ensemble des personnes divisées d'opinion, des choses contraires. *Concilier vie professionnelle et vie privée.* **B** *vpr* Disposer favorablement, gagner à soi. *Se concilier la sympathie de qqn.* ETY Du lat. *conciliare,* « assembler ». DER **conciliable** *a*

**Concini** Concino (Florence, v. 1575 – Paris, 1617), aventurier italien, maréchal de France. Époux de la sœur de lait de Marie de Médicis, Leonora Galigaï, il eut une grande influence sur la reine après la mort d'Henri IV. Il fut fait marquis d'Ancre, puis maréchal. Louis XIII décida de l'éliminer. Il fut tué lors de son arrestation.

**concis, ise** *a* Qui exprime beaucoup de choses en peu de mots. *Style concis.* ETY Du lat. *concisus,* « tranché ». DER **concision** *nf*

**concision** *nf* Qualité de ce qui est concis.

**concitoyen, enne** *n* Citoyen de la même ville, d'un même État qu'un autre. DER **concitoyenneté** *nf*

**conclave** *nm* **1** Collège de cardinaux réunis pour l'élection du pape. **2** Lieu où l'on procède à cette élection. ETY Mot lat., « chambre fermée à clef ».

**concluant, ante** *a* Qui conclut, qui apporte une preuve. *Un essai concluant.*

**conclure** *v* ⑱ **A** *vt* **1** Déterminer par un accord les conditions de. *Conclure une affaire.* **2** Écrire, prononcer la conclusion de. *Il me reste à conclure mon exposé.* **B** *vti* Tirer une conséquence, déduire. *La police a conclu à un suicide.* ETY Du lat.

**conclusif, ive** *a* Qui exprime une conclusion.

**conclusion** *nf* **A** **1** Action de conclure, accord final. *La conclusion d'un traité.* **2** Solution finale, issue. *L'enquête touche à sa conclusion.* **3** Fin d'un discours, péroraison. **4** PHILO Proposition terminale d'un syllogisme. **5** Conséquence tirée d'un raisonnement. *Tirer une conclusion.* **B** *nf pl* DR Exposé sommaire des prétentions des parties devant un tribunal. LOC ***En conclusion*** : ainsi, pour conclure.

**concocter** *vt* ① **fam** **1** Préparer en pensée. *Il a concocté un plan infaillible.* **2** Élaborer avec soin. *Concocter un bon petit plat.* ETY Du lat.

**concombre** *nm* Plante potagère (cucurbitacée) dont le gros fruit oblong et aqueux est consommé surtout en salade. LOC ZOOL ***Concombre de mer*** : nom cour. de l'holothurie. ETY Du provenç.

**concomitant, ante** *a* Qui accompagne un fait simultanément. *Symptôme concomitant.* SYN coexistant. ETY Du lat. *concomitari,* « accompagner ». DER **concomitamment** *av* – **concomitance** *nf*

**Concord** v. des É.-U., cap. du New Hampshire, sur le *Merrimack* ; 36 000 hab.

**concordance** *nf* **1** Fait de s'accorder, d'être en conformité avec une autre chose. *La concordance de deux récits.* **2** Ouvrage ou index rassemblant ou mentionnant tous les passages de la Bible qui se ressemblent. LOC PHYS ***Concordance de phases*** : égalité de phases entre les radiations. — GRAM ***Concordance des temps*** : règle syntaxique qui subordonne le temps du verbe de la complétive à celui de la proposition principale.

**concordat** *nm* **1** Accord entre le pape et un gouvernement à propos d'affaires religieuses. **2** COMM Accord entre une entreprise en cessation de paiement et ses créanciers.

**Concordat (le)** accord conclu le 15 juil. 1801, à Paris, entre les représentants de Bonaparte, Premier consul, et ceux du pape Pie VII. Pie VII reconnaissait la République franç. ; le clergé serait rémunéré par l'État, dont le chef nommerait les évêques et devrait recevoir l'institution canonique. Le Concordat fut appliqué jusqu'à la séparation des Églises et de l'État (1905) ; il l'est toujours en Alsace et en Lorraine (qui en 1905 étaient allemandes).

**concordataire** *a* **1** Régi par un concordat. *Les évêchés alsaciens concordataires.* **2** HIST Se dit des ecclésiastiques qui approuvèrent le concordat de 1801. **3** COMM Qui bénéficie d'un concordat.

**concorde** *nf* **litt** Union de cœurs, de volontés ; bonne intelligence. ANT discorde.

**Concorde (place de la)** à Paris. Conçue selon un plan octogonal par Gabriel (1753), elle prit sa forme définitive en 1854. L'obélisque de Louxor y fut érigé en 1836.

**Concorde** avion long-courrier supersonique de transport civil, réalisé en commun par les industr. aéron. brit. et franç. mis en service en 1976 et dont la fabrication a cessé en 1980. En 2000, un accident au départ de Roissy interrompt l'exploitation du supersonique.

**concorder** *vi* ① **1** Être en accord, en conformité. *Leurs témoignages concordent.* **2** Coïncider. *Deux phénomènes qui concordent.* **3** Contribuer au même résultat. *Actions qui concordent.* ETY Du lat. DER **concordant, ante** *a*

**concourant, ante** *a* Qui concourt, converge. LOC GEOM ***Droites concourantes*** : qui passent par un même point.

**concourir** *v* ㉖ **A** *vti* **1** Contribuer à produire un effet. *Tout concourt à notre succès.* **2** GEOM Se rencontrer. *Deux droites qui concourent en un même point.* **B** *vi* Être en concurrence, pour obtenir un prix, un emploi, etc. ; subir les épreuves d'un concours. *Il concourt dans l'épreuve de saut.* ETY Du lat. *concurrere,* « accourir ensemble ».

**concouriste** *n* Participant assidu aux concours proposés par les journaux, les radios.

**concours** *nm* **1** Action de concourir, de tendre ensemble vers un but. *Réaliser un film avec le concours des habitants d'un village.* SYN aide, collaboration. **2** Compétition dans laquelle les meilleurs sont récompensés. *Le concours Lépine récompense les meilleures inventions.* **3** SPORT Chacune des épreuves d'athlétisme autres que les courses, les lancers et les sauts. **4** Série d'épreuves que subissent des candidats pour un nombre limité de places, de récompenses. *Se présenter, être reçu à un concours.* LOC ***Concours de circonstances*** : coïncidence d'évènements. — ***Concours général*** : compétition entre les meilleurs élèves des classes dites auj. premières et terminales, dans une discipline donnée. — ***Concours hippique*** : compétition d'équitation avec saut d'obstacles.

**concret, ète** *a, nm* **1** Qui est réel, matériel. **2** Qui exprime, désigne un objet, un phénomène perçu par les sens, par oppos. ANT abstrait. *Donner des exemples concrets. Le concret et l'abstrait.* **3** Qui a le sens des réalités. LOC ***Musique concrète*** : musique utilisant des sons préalablement enregistrés, en faisant varier leur forme, leur timbre, leur tessiture, etc. ETY Du lat. *concrescere,* « se solidifier ». DER **concrètement** *av*

**concrétion** *nf* **1** GEOL Amas minéral cristallisé en couches concentriques ayant précipité le long des cours d'eau souterrains. *Les stalactites sont des concrétions calcaires.* **2** MED Corps étranger solide qui se forme parfois dans les tissus ou les organes. *Les calculs sont des concrétions.*

**concrétiser** *v* ① **A** *vt* Rendre concret, réaliser. *Concrétiser une promesse. Ses espoirs se sont concrétisés.* **B** *vi* SPORT Marquer un but après une période de domination. DER **concrétisation** *nf*

**concubin, ine** *n* Personne qui vit en concubinage. ETY Du lat. *concubina,* « qui couche avec ».

**concubinage** *nm* Situation de deux personnes vivant ensemble sans être mariées. SYN union libre, union civile.

**concupiscent, ente** *a* **litt** Qui exprime ou éprouve une vive inclination pour les plaisirs sensuels. *Regard concupiscent.* DER **concupiscence** *nf*

**concurremment** *av* **1** En même temps. **2** Conjointement, ensemble. *Agir concurremment.* PHO [kɔ̃kyʀamɑ̃]

**concurrence** *nf* **1** Compétition, rivalité entre personnes, entreprises, etc., qui prétendent à un même avantage. *Être en concurrence avec qqn.* **2** Ensemble des concurrents. **3** DR Égalité de rang, de droit. *Exercer une hypothèque en concurrence.* LOC ***Jusqu'à concurrence de*** : jusqu'à la limite de. — ***Système de la libre concurrence*** : système économique laissant à chacun la liberté de produire et de vendre aux conditions qu'il souhaite. — ***Un prix défiant toute concurrence*** : très bas. DER **concurrencer** *vt* ⑫

**concurrencer** *vt* ⑫ Faire concurrence à.

**concurrent, ente** *a, n* **A** *a* Qui fait concurrence à. *Des commerces concurrents. Évincer tous ses concurrents.* **B** *n* Chacun des participants à une compétition, à un concours.

**concurrentiel, elle** *a* **1** Qui peut entrer en concurrence. *Tarif, prix concurrentiel.* SYN compétitif. **2** Où se développe la concurrence. *Économie concurrentielle.*

**concussion** *nf* DR Délit consistant à recevoir ou à exiger des sommes non dues, dans l'exercice d'une fonction publique. ETY Du lat. *concutere,* « frapper ». DER **concussionnaire** *a, n*

**condamnable** *a* Qui mérite d'être condamné. *Opinion, attitude condamnable.*

**condamnation** *nf* **1** Décision d'une juridiction de sanctionner un coupable. *Condamnation pour vol.* **2** Blâme, critique.

**condamnatoire** *a* DR Portant condamnation. *Sentence condamnatoire.*

**condamné, ée** *a, n* **A** Qui s'est vu infliger une peine. *Un condamné à mort.* **B** *a* **1** Dont la maladie est mortelle. *Un malade condamné.* **2** Obligé, astreint à. *Être condamné au silence.* LOC ***Porte, fenêtre condamnée :*** par laquelle on ne peut plus passer, que l'on ne peut plus ouvrir.

**condamner** *vt* ① **1** Prononcer une peine contre qqn. *Condamner un criminel à vingt ans de prison.* **2** Interdire, proscrire. *La loi condamne l'usage des stupéfiants.* **3** Astreindre, réduire à. *Son accident le condamne à l'immobilité.* **4** Blâmer, désapprouver. *Condamner la conduite de qqn.* **5** Barrer un passage, supprimer une ouverture. *Condamner une porte.* LOC ***Condamner un malade :*** déclarer que sa maladie est mortelle. ETY Du lat. DER **condamnateur, trice** *a, n*

**Côn Dao** → **Poulo Condor.**

**condé** *nm* arg **1** Entente officieuse entre un délinquant et un policier, en échange de renseignements. **2** Policier.

**Condé (maison de)** branche de la maison de Bourbon issue de **Louis Ier** de Bourbon, prince de Condé (Vendôme, 1530 – Jarnac, 1569), oncle d'Henri IV. — **Louis II** dit **le Grand Condé** (Paris, 1621 – Fontainebleau, 1686), fils d'Henri II, homme de guerre. À vingt-deux ans, il vainquit les Espagnols et les impériaux à Rocroi, puis à Fribourg, Nördlingen et Lens. Chef de la Fronde des princes, il passa aux Espagnols (1653). Après la paix des Pyrénées (1659), il servit Louis XIV. — **Louis-Joseph** (Paris, 1736 – id., 1818), combattit pendant la guerre de Sept Ans. Bien que libéral, il émigra et créa en 1792 l'*armée de Condé,* qui combattit les armées de la Révolution jusqu'en 1796. — **Louis Antoine Henri** duc d'Enghien (Chantilly, 1772 – Vincennes, 1804), petit-fils du préc. Résidant dans le duché de Bade, il fut enlevé par des hommes de Bonaparte et exécuté dans le château de Vincennes, près de Paris.

Louis II, dit le Grand Condé

**condensateur** *nm* ELECTR Appareil capable d'emmagasiner une charge électrique.

**condensation** *nf* **1** PHYS Passage de l'état gazeux à l'état solide. **2** Transformation de la vapeur en liquide. *Eau de condensation.* **3** ELECTR Accumulation d'électricité. LOC CHIM ***Réaction de condensation :*** réaction dans laquelle deux molécules organiques se soudent en éliminant une troisième molécule.

**condensé, ée** *a, nm* **A** *a* **1** TECH Réduit de volume par évaporation, dessiccation. *Lait condensé.* **2** fig Réduit, concis. *Un style très condensé.* **B** *nm* Bref résumé.

**condenser** *vt* ① **1** Rendre plus dense, resserrer dans un moindre espace. **2** Faire passer de l'état gazeux à l'état liquide. *La vapeur d'eau se condense sur les corps froids.* **3** fig Exprimer de manière concise ; réduire un texte. *Condenser sa pensée.* DER **condensabilité** *nf* – **condensable** *a*

**condenseur** *nm* **1** TECH Appareil permettant par refroidissement de faire passer une substance de l'état gazeux à l'état liquide. **2** PHYS Système optique convergent, permettant de concentrer la lumière sur un objet donné.

**condescendant, ante** *a* Qui manifeste une supériorité bienveillante mêlée de mépris. DER **condescendance** *nf*

**condescendre** *vti* ⑥ Daigner, consentir à. *Condescendrez-vous à me répondre ?* ETY Du bas lat. *condescendere,* « descendre au même niveau ».

**Condé-sur-l'Escaut** ch.-l. de cant. du Nord (arr. de Valenciennes) ; 10 527 hab. – Château des princes de Condé (XVe s.). DER **condéen, enne** *a, n*

**Condillac** Étienne Bonnot de (Grenoble, 1715 – abb. de Flux, près de Beaugency, 1780), philosophe et logicien français, princ. représentant de l'école « sensualiste » : selon son *Traité des sensations* (1754), les connaissances sont des sensations transformées ou composées. Acad. fr. (1768). DER **condillacien, enne** *a*

**condiment** *nm* Substance ajoutée à un aliment pour l'assaisonner, en relever le goût. ETY Du lat. DER **condimentaire** *a*

**condisciple** *nm* Compagnon d'études.

**condition** *nf* **A** **1** État, nature, situation d'une personne, d'une chose. *La condition humaine.* **2** Rang social. *Vivre selon sa condition.* **3** Circonstance, fait dont dépendent d'autres faits, d'autres circonstances. *Condition nécessaire et suffisante.* **4** Convention, clause à la base d'un accord, d'un marché. *Les conditions d'un traité.* **5** TECH Lieu où l'on pratique le conditionnement d'un textile. **B** *nf pl* Ensemble d'éléments, de circonstances qui déterminent une situation. *Travailler dans de bonnes, de mauvaises conditions.* LOC ***À condition, sous condition :*** avec certaines réserves. — ***À (la) condition de*** (+ inf.), ***que*** (+ indic. fut. ou subj.) : si seulement, pourvu que. — ***Mettre en condition :*** préparer physiquement ou psychologiquement. ETY Du lat.

**Condition humaine (la)** roman de Malraux (1933, prix Goncourt).

**conditionnable** *a, n* DR Qui est susceptible d'être mis en liberté conditionnelle.

**conditionné, ée** *a* **1** Soumis à des conditions. *Réflexe conditionné.* **2** Qui a subi un conditionnement. *Marchandise conditionnée.* LOC ***Air conditionné :*** air d'un local maintenu dans les conditions voulues de température, d'hygrométrie.

**conditionnel, elle** *a, nm* **A** *a* Subordonné à un fait incertain. **B** *nm* GRAM Mode indiquant que l'idée exprimée par le verbe est subordonnée à une condition. (Ex. : Si j'étais riche, je serais heureux.) DER **conditionnalité** *nf* – **conditionnellement** *av*

**conditionnement** *nm* **1** PSYCHO Établissement, chez un être vivant, d'un comportement déclenché par un stimulus artificiel. **2** Action d'emballer un produit avant de le présenter au consommateur ; emballage de ce produit. **3** Opération visant à déterminer le degré d'humidité contenu dans un textile ; lieu où se fait cette opération. LOC ***Conditionnement de l'air :*** maintien, dans un local, des conditions de température, d'hygrométrie et de pureté.

**condensateur** simulation des déformations des lignes de champs et des équipotentielles d'un condensateur plan

**conditionner** *vt* ① **1** Procéder au conditionnement d'un produit. **2** Constituer une, la condition de. *Votre habileté conditionnera votre réussite.* **3** Préparer, déterminer psychologiquement.

**conditionneur, euse** *n* **A** *nm* **1** TECH Appareil destiné au conditionnement de l'air. **2** Lotion capillaire servant à améliorer l'aspect des cheveux. **B** *n* Personne dont le métier est de conditionner des marchandises. **C** *nf* Dispositif, machine servant à conditionner.

**condoléances** *nf pl* Témoignage de sympathie à la douleur d'autrui. *Lettre de condoléances.* ETY Du lat. *dolere,* « souffrir ».

**condom** *nm* Préservatif masculin. PHO [kɔ̃dɔm] ETY Mot angl.

**Condom** ch.-l. d'arr. du Gers, sur la Baïse ; 7 251 hab. Eau-de-vie (armagnac). Meubles. – Anc. cath. XVIe s. DER **condomois, oise** *a, n*

**condominium** *nm* **1** Autorité légale et simultanée de deux puissances sur un même pays. **2** Canada Copropriété immobiliaire ; appartement ainsi acquis. PHO [kɔ̃dɔminjɔm] ETY Mot angl., du lat.

**condor** *nm* Grand vautour qui vit dans les Andes et en Californie. ETY Du quechua.

**Condor (légion)** unité de volontaires allemands qui combattaient dans le camp de Franco ; sous cette bannière, l'aviation de Hitler intervint de façon décisive dans la guerre d'Espagne (1936-1939).

**Condorcet** Marie Jean Antoine Nicolas de Caritat (marquis de) (Ribemont, 1743 – Bourg-la-Reine, 1794), mathématicien, économiste (de l'école des physiocrates), philosophe et homme politique français. Député à la Convention (1792), il présenta un projet d'instruction publique. Il fut arrêté avec les Girondins et s'empoisonna. Sa philosophie est un rationalisme confiant (*Esquisse d'un tableau historique des progrès de l'esprit humain,* 1794). Acad. fr. (1782).

Condorcet

**condottière** *nm* HIST Nom donné, en Italie, du XIIIe au XVIe s., aux chefs de mercenaires. PLUR condottières ou condottieri. PHO [kɔ̃dɔtjɛʀ]

**condrieu** *nm* Côtes-du-Rhône blanc, très réputé, produit dans le dép. du Rhône.

**Condroz (le)** rég. de Belgique, formée par le versant nord des Ardennes, entre Namur et Liège. DER **condrusien, enne** *a, n*

**conductance** *nf* ELECTR Inverse de la résistance.

**conducteur, trice** *n, a* **A** *a* Qui guide, qui dirige. **B** *n* Personne aux commandes d'un véhicule, d'une machine. *Conducteur de train.* **C** *a, nm* PHYS Se dit d'une pièce ou d'une matière qui transmet la chaleur, l'électricité. *Fil, vaisseau conducteur. Le cuivre est un bon conducteur.* **D** *nm* Document de travail décrivant le contenu d'une émission de télévision. LOC CONSTR ***Conducteur***

*de travaux :* personne chargée de diriger les équipes d'un chantier.

**conductible** *a* PHYS Capable de transmettre la chaleur ou l'électricité. DER **conductibilité** *nf*

**conduction** *nf* **didac** Transmission de l'électricité, de la chaleur, de l'influx nerveux.

**conductivité** *nf* ELECTR Grandeur exprimant la capacité d'un corps à conduire la chaleur ou l'électricité.

ENC La conductivité *thermique* des corps est très variable. Les métaux sont de bons conducteurs de la chaleur. La conductivité *électrique* est l'aptitude à laisser circuler les charges électriques. Dans un métal, ces charges sont des électrons libres, dans un liquide électrolytique, ce sont des ions. Les métaux, l'eau salée, le corps humain ou le graphite sont de bons conducteurs. La conductivité de certains matériaux, dits *supraconducteurs*, tend vers l'infini, au voisinage du zéro absolu (–273,15 °C). Le contraire de la conductivité est la *résistance*.

**conduire** *v* (69) **A** *vt* **1** Mener, guider, transporter quelque part. *Conduire un troupeau aux pâturages.* **2** Mener, réduire à. *Le désespoir l'a conduit au suicide.* **3** Commander, diriger, être à la tête de. *Conduire une entreprise.* **4** Être aux commandes d'un véhicule. *Conduire un train, une voiture.* **5** AGRIC Orienter de telle manière la pousse d'un végétal. **6** PHYS Transmettre la chaleur, l'électricité. **B** *vpr* Se comporter. *Bien, mal se conduire.* ETY Du lat. *conducere,* « conduire ensemble ».

**conduit** *nm* **1** TECH Canal, canalisation destinée à la circulation d'un fluide. *Conduit de fumée.* **2** ANAT Nom de certains canaux. *Conduit auditif.*

**conduite** *nf* **1** Action de conduire, de guider. **2** Direction musicale. *La symphonie sera jouée sous la conduite de l'auteur.* **3** Action de conduire un véhicule. *Conduite en état d'ivresse.* **4** Manière de se comporter, d'agir. *Adopter une ligne de conduite.* **5** TECH Canalisation destinée au transport d'un fluide. *Conduite d'eau, de gaz.* **LOC fam** ***S'acheter une conduite :*** se corriger.

**condylarthre** *nm* PALEONT Mammifère du tertiaire, plantigrade et omnivore.

**condyle** *nm* ANAT Éminence articulaire. ETY Du gr. DER **condylien, enne** *a*

**Condylis** Gheórghios (Tríkala, 1879 – Athènes, 1936), général et homme politique grec. En 1926, il renversa le dictateur Pangalos. En 1935, il favorisa le retour de Georges II. VAR **Kondhýlis**

**condylome** *nm* MED Petite tumeur cutanée siégeant au niveau de l'anus ou des organes génitaux.

**cône** *nm* **1** Surface engendrée par une droite, la génératrice, passant par un point fixe, le sommet, et s'appuyant sur une courbe fixe, la directrice ; volume déterminé par cette surface et un plan d'intersection. **2** BOT Fleur ou inflorescence de forme conique. *Des cônes de pin.* **3** ZOOL Mollusque gastéropode conidé, à coquille conique, et dont certaines espèces des mers chaudes peuvent inoculer un venin mortel. **4** GEOL Élévation conique au sommet de laquelle s'ouvre généralement le cratère d'un volcan. **LOC** ***Cône de déjection :*** dépôt alluvionnaire formé par un torrent à l'endroit où il débouche sur la vallée. — ASTRO ***Cône d'ombre, de pénombre :*** ombre conique circonscrite à une planète ou à un de ses satellites, et au Soleil. ETY Du gr. ▶ pl. **géométrie**

**confection** *nf* **1** Action de fabriquer, de préparer qqch. **2** Industrie des vêtements vendus tout faits, par oppos. à ceux que l'on exécute sur mesure. *La confection.* **SYN** prêt-à-porter. ETY Du lat. *confectio,* « achèvement ».

**confectionner** *vt* (1) Préparer, fabriquer. *Confectionner un gâteau, un vêtement.*

**confectionneur, euse** *n* Artisan qui fabrique des vêtements de confection.

**confédération** *nf* **1** Association d'États qui, tout en conservant leur souveraineté, sont soumis à un pouvoir central. **2** Groupement d'associations, de fédérations, de syndicats, etc. *La Confédération générale des cadres.* DER **confédéral, ale, aux** *a*

**Confédération athénienne** union (477 av. J.-C.) des cités grecques dirigées par Athènes pour résister sur mer à la Perse. La cap. officielle était Délos, d'où son autre nom de *ligue (maritime) de Délos.* Athènes en fit l'instrument de son hégémonie, mais Sparte vainquit Athènes (404). En 378 avant J.-C., Athènes la reconstitua contre Sparte, mais finalement Philippe II de Macédoine l'anéantit (338 av. J.-C.).

**Confédération du Rhin** union d'États allemands (1806-1813), créée à l'instigation de Napoléon Ier.

**Confédération française de l'encadrement (CFE-CGC)** organisation syndicale française fondée en 1944 (sous le nom de *Confédération générale des cadres, CGC*).

**Confédération française démocratique du travail (CFDT)** nom adopté en 1964 par la CFTC.

**Confédération française des travailleurs chrétiens (CFTC)** organisation syndicale française fondée en 1919, fédérant les syndicats chrétiens. Elle se transforma en CFDT en 1964. Une minorité maintient le sigle et l'inspiration chrétienne de l'anc. CFTC.

**Confédération générale des petites et moyennes entreprises (CGPME)** syndicat patronal français créé en 1944 pour défendre les intérêts des PME.

**Confédération générale du travail (CGT)** organisation syndicale française fondée en 1895. Elle définit ses objectifs par la *Charte d'Amiens* (1906). En 1922, elle se divisa en une CGT réformiste et une CGTU (unitaire), où l'influence des communistes était prépondérante. En 1947, une minorité hostile aux communistes fit scission et créa la CGT-FO.

**Confédération générale du travail-Force ouvrière (CGT-FO** ou, par abrév., **FO)** organisation syndicale française issue d'une scission, en 1947, de la CGT.

**Confédération germanique** union des États allemands, issue du congrès de Vienne (1815) et placée sous la présidence de l'empereur d'Autriche. Elle fut dissoute en 1866 par la victoire de la Prusse sur l'Autriche (Sadowa).

**Confédération helvétique** → **Suisse.**

**Confédération suisse** → **Suisse.**

**Confédération syndicale internationale (CSI)** organisation syndicale mondiale, créée en 2006 après l'autodissolution de la *Confédération internationale des syndicats libres.*

**confédéré, ée** *n* **1** HIST Pendant la guerre de sécession, sudiste, opposé au gouvernement fédéral. **2 Suisse** Ressortissant d'un autre canton que celui où il habite.

**confédérer** *vt* (14) Réunir en confédération.

**confer** *inv* Mention qui indique au lecteur de se reporter à un autre passage. (Abrév. : cf.) PHO [kɔ̃fɛʀ] ETY Mot lat.

**conférence** *nf* **1** Réunion où plusieurs personnes examinent une question. **2** Réunion de diplomates, d'hommes d'État discutant d'une question d'ordre international. **3** Discours sur un sujet donné, prononcé en public avec une intention didactique. **4** Variété de poire tardive, de forme allongée, à peau verte tachetée de brun. **LOC** ***Conférence de presse :*** où des journalistes interrogent une ou plusieurs personnalités.

**Conférence des Nations unies sur le commerce et le développement (CNUCED)** organe de l'ONU créé en 1964 et qui traite des rapports écon. et fin. entre les pays industrialisés et les pays en voie de développement.

**Conférence pour la sécurité et la coopération en Europe** → **Europe.**

**conférencier, ère** *n* Personne qui fait une, des conférences.

**conférer** *v* (14) **A** *vt* Accorder, donner. *L'aisance que confère la compétence.* **B** *vi* Être en conversation, s'entretenir d'une affaire avec. *Conférer d'un projet avec ses collaborateurs.* ETY Du lat. *conferre,* « rassembler ».

**confesse** *nf* Confession. *Aller à confesse.*

**confesser** *v* (1) **A** *vt* **1** Déclarer ses péchés à un prêtre, en confession. **2** Entendre en confession. *Confesser un pénitent.* **3 fig, fam** Obtenir des aveux de. **4** Avouer. *Il a confessé son erreur.* **5 litt** Faire profession publique d'une croyance. *Confesser sa foi en Jésus-Christ.* **B** *vpr* **1** Confesser

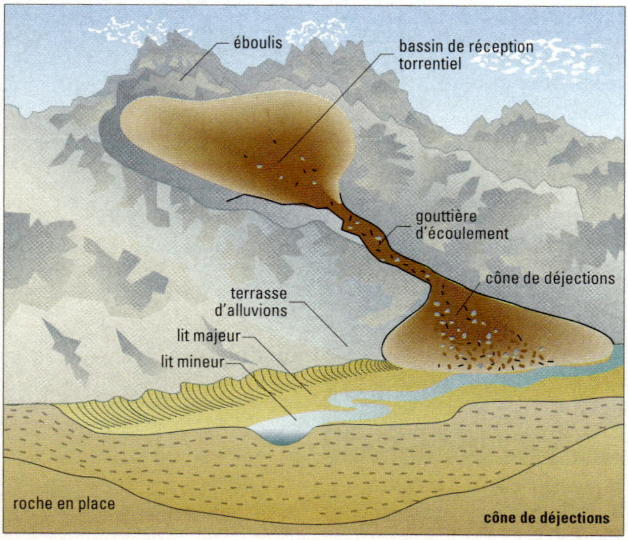

ses péchés ; avouer ses fautes. **2** Se reconnaître coupable de. ETY Du lat. *confessare*, « avouer ».

**confesseur** *nm* **1** HIST Dans l'Église primitive, chrétien qui confessait sa foi au péril de sa vie. **2** Saint qui n'est ni martyr ni apôtre. **3** Prêtre qui entend en confession.

**confession** *nf* **1** Aveu de ses péchés fait à un prêtre en vue de recevoir l'absolution. **2** Aveu, déclaration d'une faute. *Recevoir la confession d'un criminel.* **3** Déclaration publique de sa foi religieuse ; croyance religieuse. *Être de confession catholique.* **4** (Avec une majuscule) HIST Déclaration écrite des articles de la foi chrétienne. *Confession d'Augsbourg.* **LOC** fig ***On lui donnerait le bon Dieu sans confession*** **:** se dit d'une personne qui inspire confiance, sans que celle-ci soit justifiée.

**Confession d'un enfant du siècle (la)** roman autobiographique de Musset (1836).

**Confession impudique (la)** roman de Tanizaki (1956).

**confessionnal** *nm* Dans une église, cabine où le prêtre entend les confessions. PLUR confessionnaux.

**confessionnaliser** *vt* ① POLIT Influencer par des considérations confessionnelles. *Un scrutin confessionnalisé.*

**confessionnalisme** *nm* Sentiment d'appartenance à une religion, primant le sentiment national. DER **confessionnaliste** *a, n*

**confessionnel, elle** *a* Relatif à une confession de foi, à une religion. **LOC** ***École confessionnelle*** **:** destinée aux élèves d'une religion déterminée. DER **confessionnellement** *av*

**Confessions** œuvre en 13 livres de saint Augustin (v. 400) qui relate les péchés de son enfance et de son adolescence (plaisirs charnels, notam.) et la naissance de sa foi.

**Confessions (les)** récit autobiographique de J.-J. Rousseau, Livres I à VI : récit des années 1712-1740, écrit en 1765-1767, éd. 1782 ; livres VII à XII : récit des années 1741-1765, écrit en 1769-1770, éd. 1789.

**Confessions d'un opiomane anglais** récit de Th. de Quincey (1822).

**confetti** *nm* Petite rondelle de papier de couleur qu'on se lance par poignées pendant une fête. PLUR confettis. ETY Mot ital., plur. de *confetto*, « dragée ».

**confiance** *nf* **1** Espérance ferme en une personne, une chose. *Avoir confiance en qqn, en l'avenir.* **2** Assurance, hardiesse. *Avoir confiance en soi.* **LOC** ***Personne de confiance*** **:** en qui l'on peut avoir confiance, dont on est sûr. — ***Poser la question de confiance*** **:** demander à l'Assemblée nationale d'approuver sa politique par un vote, en parlant du gouvernement. ETY Du lat.

**confiant, ante** *a* **1** Qui a confiance en qqn, en qqch. *Confiant dans l'avenir.* **2** Qui a confiance en soi.

**Confiant** Raphaël (Le Lorrain, Martinique, 1951), écrivain français d'expression créole et française : *Nuée ardente* (2002).

**confidence** *nf* Communication d'un secret personnel. *Faire, recevoir des confidences.* **LOC** ***Dans la confidence*** **:** dans le secret. — ***En confidence*** **:** secrètement.

**confident, ente** *n* **1** Personne à qui l'on confie ses pensées intimes. **2** THEAT Dans les tragédies classiques, personnage secondaire auquel se confie le personnage principal. ETY De l'ital.

**confidentiel, elle** *a* **1** Dit, écrit, fait en confidence, en secret. *Avis confidentiel.* **2** De faible diffusion. *Publication confidentielle.* DER **confidentialité** *nf* – **confidentiellement** *av*

**confier** *v* ② **A** *vt* **1** Remettre qqch, qqn aux soins de qqn d'autre. *Confier un dépôt. Confier ses enfants à des amis.* **2** Dire qqch de confidentiel à qqn. *Confier ses peines, un secret à un ami.* **B** *vpr* Faire des confidences. *Se confier à qqn.* ETY Du lat.

**configuration** *nf* **1** Forme extérieure générale. *Configuration d'un terrain.* **2** CHIM Disposition relative des atomes ou des molécules d'un corps dont la formule développée est asymétrique. **3** INFORM Ensemble des éléments, matériel et logiciel, dont est constitué un système.

**configurer** *vt* ① INFORM Déterminer le mode de fonctionnement d'un système. *Configurer une imprimante.*

**confiné, ée** *a* Enfermé. *Être confiné chez soi.* **LOC** ***Air confiné*** **:** insuffisamment renouvelé.

**confinement** *nm* **1** Action de confiner, d'isoler ; fait de se confiner. **2** Installation empêchant les produits radioactifs d'un réacteur nucléaire de se disséminer à l'extérieur.

**confiner** *v* ① **A** *vt* Opérer le confinement de produits radioactifs. **B** *vt i* **1** Toucher aux limites d'une terre, d'une région, d'un pays. **2** fig Être proche de. *Sa naïveté confine à la bêtise.* **C** *vpr* **1** S'enfermer. *Elle se confine dans sa chambre.* **2** fig Se limiter à. *Se confiner dans son rôle de mère.*

**confins** *nmpl* Limites, frontières d'un pays, d'une terre. *Ville située aux confins de trois départements.* ETY Du lat.

**confire** *vt* ⑥④ Mettre des produits alimentaires dans une substance qui les conserve. *Confire des morceaux d'oie dans de la graisse. Confire des fruits dans du sucre.* ETY Du lat. *conficere*, « préparer ».

**confirmand, ande** *n* RELIG Personne qui va recevoir le sacrement de confirmation.

**confirmatif, ive** *a* DR Qui confirme. *Arrêt confirmatif d'un jugement.*

**confirmation** *nf* **1** Action de confirmer. *J'ai reçu confirmation de la nouvelle.* **2** RELIG Sacrement de l'Église catholique qui confirme la grâce reçue au baptême. **3** RELIG Dans l'Église protestante, confession publique de la foi chrétienne après l'instruction religieuse. **LOC** DR ***Arrêt de confirmation*** **:** par lequel une cour d'appel rend exécutoire un jugement rendu.

**confirmer** *v* ① **A** *vt* **1** Maintenir, ratifier. *Confirmer une prérogative.* **2** Conforter. *Il m'a confirmé dans mon opinion.* **3** Assurer la vérité de qqch, l'appuyer par de nouvelles preuves. *Confirmer une nouvelle.* ANT infirmer. **4** RELIG Administrer le sacrement de la confirmation à. **B** *vpr* Devenir certain. *Cette information se confirme.* ETY Du lat. *confirmare*, lat. *firmus*, « ferme ».

**confiscatoire** *a* didac Qui vise à confisquer. *Taxation confiscatoire.*

**confiserie** *nf* **1** Lieu où l'on fabrique, où l'on vend des fruits confits, des sucreries, des friandises. **2** Fabrication, commerce de ces produits. **3** Ces produits eux-mêmes.

**confiseur, euse** *n* Personne qui fabrique, qui vend de la confiserie. **LOC** ***Trêve des confiseurs*** **:** période des fêtes de fin d'année, pendant laquelle l'activité politique et diplomatique se ralentit.

**confisquer** *vt* ① **1** Saisir par un acte d'autorité. **2** Retirer provisoirement un objet à un enfant, à un écolier. **3** fig Prendre pour son seul profit, accaparer. ETY Du lat. *fiscus*, « fisc ». DER **confiscable** *a* – **confiscation** *nf*

**confit, ite** *a, nm* **A** *a* Conservé dans du vinaigre, dans de la graisse, dans du sucre. **B** *nm* Préparation culinaire composée de viande cuite et conservée dans sa propre graisse. *Confit d'oie, de canard.* **LOC** fam ***Confit en dévotion*** **:** d'une dévotion outrée.

**confiteor** *nm inv* LITURG CATHOL Prière qui se dit au début de la messe et avant de se confesser, autrefois en latin. PHO [kɔ̃fiteɔʀ] ETY Mot lat., « je confesse ».

**confiture** *nf* Fruits que l'on fait cuire dans du sucre pour les conserver. *Confiture de cerises.*

**confiturerie** *nf* **1** Industrie, commerce du confiturier. **2** Lieu où l'on fabrique les confitures.

**confiturier, ère** *n* **A** Personne ou entreprise qui fabrique des confitures. **B** *nm* Pot dans lequel on sert les confitures.

**conflagration** *nf* Bouleversement, conflit très important.

**Conflans (traité de)** traité entre Louis XI et les représentants de la ligue du Bien public (1465).

**Conflans-Sainte-Honorine** ch.-l. de cant. des Yvelines près du confl. de la Seine et de l'Oise ; 34 305 hab. Port fluvial. DER **conflanais, aise** *a, n*

**Conflent (le)** rég. du Roussillon, dans la vallée de la Têt, autour de Prades.

**conflictuel, elle** *a* Qui recèle un conflit ou le provoque. *Situation conflictuelle.* DER **conflictualité** *nf*

**conflit** *nm* **1** Antagonisme. *Le conflit des passions.* **2** PSYCHAN Opposition entre des exigences internes contradictoires. **3** Opposition entre deux États qui se disputent un droit. *Conflit armé.* **4** DR Opposition qui s'élève entre deux tribunaux se prétendant tous deux compétents ou incompétents au sujet de la même affaire. ETY Du bas lat. *conflictus*, « choc ».

**confluence** *nf* **1** Fait de confluer. **2** fig Rencontre. *Confluence d'opinions.* **3** MED Rapprochement de lésions cutanées dont les contours tendent à se confondre.

**confluent** *nm* **1** Lieu où deux cours d'eau se réunissent. **2** ANAT Point de rencontre de deux vaisseaux.

**confluer** *vi* ① **1** Se réunir, en parlant de deux cours d'eau. *La Dordogne conflue avec la Garonne.* **2** fig Se rassembler. ETY Du lat. *confluere*, « couler ensemble ».

**Confolens** ch.-l. d'arr. de la Charente, au confluent du *Goire* et de la *Vienne* ; 2 855 hab. – Églises XI s. et XV s. DER **confolentais, aise** *a, n*

**confondant, ante** *a* Qui étonne, qui trouble. *Une audace confondante.*

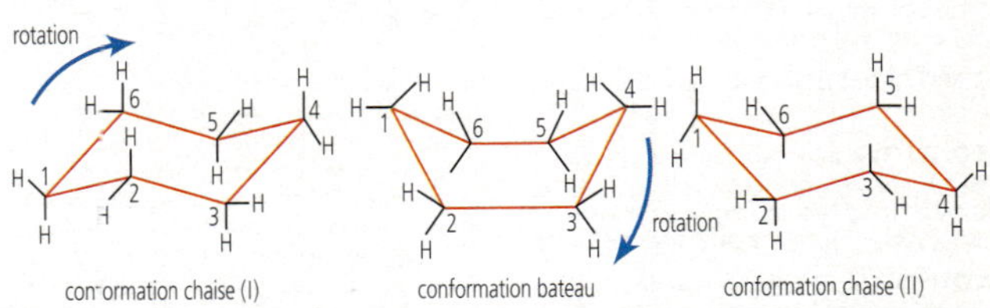


la molécule de cyclohexane $C_6H_{12}$ peut présenter plusieurs conformations à cause de la libre rotation autour des 6 liaisons simples C – C (en rouge) ; le schéma montre le passage de « chaise (I) » à « bateau » puis à « chaise (II) »

**conformation**

**confondre** *v* [6] **A** *vt* **1** Remplir d'étonnement, troubler. **2** Réduire qqn au silence en lui prouvant sa faute, son erreur. *Confondre ses contradicteurs.* **3** Mêler, brouiller. **4** Prendre une chose, une personne pour une autre. *Confondre des noms, des dates.* **B** *vpr* Se mêler. *Les voix des choristes se confondent.* **LOC** ***Se confondre en excuses, en civilités*** : multiplier les excuses, les marques de civilité. [ETY] Du lat. *confundere*, « mêler ».

**conformateur** *nm* TECH Instrument dont se servent les chapeliers pour déterminer la forme et la mesure de la tête.

**conformation** *nf* **1** Manière dont un corps organisé est conformé, dont ses parties sont disposées. **2** CHIM Disposition dans l'espace susceptible d'être prise par les constituants d'une molécule d'un corps organique. **LOC** MED ***Vice de conformation*** : malformation congénitale.
▶ illustr. p. 359

**conformationnel, elle** *a* CHIM Relatif aux conformations possibles d'une molécule.

**conforme** *a* **1** De même forme que, semblable à un modèle. *Copie conforme à l'original.* **2** Qui s'accorde avec, qui convient à. *Il mène une vie conforme à ses aspirations.* **3** Qui s'accorde avec la majorité des opinions, des comportements en vigueur. *Des idées non conformes.* **LOC** ***Pour copie conforme*** : formule attestant que la copie est semblable à l'original (abrév. : p. c. c.).

**conformé, ée** *a* Qui possède telle ou telle conformation. *Un enfant bien, mal conformé.*

**conformément** *av* En conformité avec. *Conformément à la loi.*

**conformer** *v* [1] **A** *vt* Rendre conforme. *Conformer ses sentiments à ceux des autres.* **B** *vpr* Agir selon. *Se conformer aux coutumes d'un pays.*

**conformisme** *nm* **1** HIST En Angleterre, profession de foi anglicane. **2** Attitude d'une personne qui se conforme à ce qui est communément admis.

**conformiste** *n, a* **A** *n* HIST Personne qui se conforme aux doctrines et aux rites de l'Église anglicane. **B** *a, n* Qui se soumet aux opinions généralement admises. *Une morale conformiste. Un conformiste hypocrite.* [ETY] De l'angl.

**conformité** *nf* Caractère de ce qui est conforme. *La conformité d'une copie avec l'original.* **LOC** ***En conformité avec*** : conformément à, selon.

**confort** *nm* Bien-être matériel, commodités de la vie quotidienne. *Appartement avec tout le confort.* **LOC** ***Médicament de confort*** : qui permet de supporter un mal, mais qui ne traite pas. [ETY] De l'angl. *comfort*, de l'a. fr. *confort*, « aide ».

**confortable** *a* **1** Qui contribue au bien-être matériel. *Un appartement confortable.* **2** Qui est important et procure une certaine sécurité. *Des revenus confortables.* **3** **fig** Qui donne le confort intellectuel, la tranquillité de l'esprit. *Une situation peu confortable.* **4** Qui ressent une impression de confort, de bien-être. [DER] **confortablement** *av*

**conforter** *vt* [1] Rendre plus ferme, plus solide, renforcer. *Cela me conforte dans mon opinion.* [ETY] Du lat. *fortis*, « courageux ».

**confraternité** *nf* Relations amicales entre confrères.

**confrère** *nm* Personne qui appartient à la même profession libérale, à la même société, à la même compagnie qu'une autre. *Un médecin estimé de ses confrères.* [DER] **confraternel, elle** *a*

**confrérie** *nf* **1** Association pieuse, le plus souvent composée de laïcs. **2** Dans l'islam, communauté de fidèles regroupés autour d'un chef charismatique et régis par une règle et un ensemble de pratiques ascétiques et mystiques. **3** **vieilli** Association, corporation.

**Confrérie de la Passion** association de laïcs parisiens qui jouait, notam., les mystères de la Passion (XIV$^{e}$-XV$^{e}$ s.).

**confrérique** *a* Qui concerne les confréries islamiques. *L'influence confrérique sur la vie politique sénégalaise.*

**confronter** *vt* [1] **1** Mettre des personnes en présence les unes des autres, pour comparer leurs opinions. *Confronter un témoin et un accusé.* **2** Examiner deux choses en même temps pour les comparer. *Confronter deux versions d'un texte.* **LOC** ***Être confronté à un problème, à une difficulté*** : devoir y faire face. [DER] **confrontation** *nf*

**confucianisme** *nm* Doctrine et enseignement de Confucius. [DER] **confucianiste** *a, n*

**Confucius** (nom latinisé par les missionnaires du XVIII$^{e}$ s. d'après le chinois *K'ong-fou-tseu*, « Vénéré maître K'ong »), (VI$^{e}$-V$^{e}$ s. av. J.-C.), philosophe chinois qui a instauré une morale sociale axée sur la vertu d'humanité (*jen*), l'équité (*yi*) et le respect des rites cultuels (*li*). [VAR] **Kongzi** [DER] **confucéen, enne** *a*

Confucius

**confus, use** *a* **1** Dont les éléments sont brouillés, mêlés. *Un bruit confus.* **2** Obscur, embrouillé. *La situation reste confuse.* **3** Embarrassé, troublé. *Je suis confus de mon erreur.* [DER] **confusément** *av*

**confusion** *nf* **1** Embarras, honte. **2** Désordre. *La confusion se mit dans les rangs.* **3** Manque d'ordre, de clarté, de précision dans l'esprit. *La confusion des idées.* **4** Fait de confondre, de prendre une personne, une chose, pour une autre. *Une confusion de dates.* **LOC** DR ***Confusion des peines*** : condamnation d'une personne reconnue coupable de plusieurs crimes ou délits à la peine la plus élevée. — DR ***Confusion des pouvoirs*** : réunion de droits, de pouvoirs qui devraient être séparés. — MED ***Confusion mentale*** : syndrome psychique, caractérisé par une altération de la conscience, un état de stupeur, des troubles de l'idéation. [ETY] Du lat. *confusio*, « défaite ».

**confusionnel, elle** *a* MED Qui se rapporte à la confusion mentale.

**confusionnisme** *nm* Attitude visant à entretenir la confusion dans les esprits.

**conga** *nf* Tambour en bois recouvert d'une peau, assez haut, utilisé dans la musique africaine et latino-américaine. [ETY] Mot esp.

**Congar Yves** (Sedan, 1904 – Paris, 1995), théologien catholique français, qui œuvra au rapprochement œcuménique des Églises (concile du Vatican II).

**congé** *nm* **1** Permission de s'absenter, de quitter momentanément son travail. *Congé de maladie.* **2** Période où l'on ne travaille pas ; vacances. *Avoir deux jours de congé.* **3** DR En matière de louage, déclaration écrite ou orale par laquelle l'une des parties signifie à l'autre qu'elle veut mettre fin au contrat. *Donner congé à un locataire.* **4** Attestation de paiement des droits de circulation frappant certaines marchandises. **5** ARCHI Raccordement d'une moulure et d'un parement. **6** TECH Évidement. **LOC** ***Les congés payés*** : les vacances payées auxquelles a droit chaque année un salarié. — ***Prendre congé de qqn*** : le saluer avant de partir. [ETY] Du lat. *commeatus*, « action de s'en aller ».

**congédier** *vt* [2] Renvoyer qqn, lui donner ordre de se retirer. [DER] **congédiement** *nm*

**congélateur** *nm* **1** Appareil ou partie d'un réfrigérateur qui sert à congeler des denrées alimentaires. **2** Bateau équipé pour la congélation des produits de sa pêche.

**congeler** *vt* [17] **1** Faire passer de l'état liquide à l'état solide par l'action du froid. **2** Soumettre une denrée alimentaire à l'action du froid pour la conserver. [DER] **congelable** *a* – **congélation** *nf*

**congénère** *a, n* **A** *a* SC NAT Du même genre. *Plantes congénères.* **B** *n* **péjor** Personne semblable à une autre. *Lui et ses congénères.* **LOC** ANAT ***Muscles congénères*** : qui concourent à produire le même effet, par oppos. à *muscles antagonistes*. [ETY] Du lat. *genus*, « genre ». [VAR] **congénérique**

**congénital, ale** *a* Qui existe à la naissance. *Une maladie, une anomalie congénitale.* **PLUR** congénitaux. [ETY] Du lat. *congenitus*, « né avec ». [DER] **congénitalement** *av*

**congère** *nf* Amas de neige que le vent a entassée. [ETY] Du lat. *congerere*, « accumuler ».

**congestion** *nf* **1** Excès de sang dans les vaisseaux d'un organe ou d'une partie d'organe. *Congestion cérébrale, pulmonaire.* **2** **fig** Encombrement par accumulation. *La congestion des villes surpeuplées.* [ETY] Du lat. [DER] **congestif, ive** *a* – **congestionner** *vt* [1]

**conglomérat** *nm* **1** PETROG Roche formée de blocs noyés dans un ciment naturel telle que la brèche, le poudingue. **2** **fig** Rassemblement, association. **3** ECON Ensemble d'entreprises aux productions variées, réunies dans un même groupe financier.

**conglomérer** *vt* [14] **didac** Réunir en boule, en pelote, en masse. [DER] **conglomération** *nf*

**conglutiner** *vt* [1] **didac** Coaguler, rendre un liquide visqueux.

**Congo (le)** fl. d'Afrique équat. (4 640 km), le deuxième du monde par l'étendue de son bassin et par son débit ; naît dans la rég. des Grands Lacs sous le nom de *Lualaba* (qu'il perd après les Stanley Falls), arrose Kisangani, Kinshasa, Brazzaville, se jette dans l'Atlant. par un large estuaire. Malgré ses chutes et ses rapides, il forme une excellente voie de pénétration. Princ. affl. : l'Oubangui, la Sangha, le Kasaï.

**Congo (république du)** (anc. *Congo-Brazzaville*), État d'Afrique équat., baigné par l'Atlant. ; 342 000 km$^{2}$ ; 3,9 millions d'hab. ; cap. *Brazzaville.* Nature de l'État : rép. de type présidentiel. Langue off. : franç. Monnaie : franc CFA. Religions : traditionnelles, christianisme. [DER] **congolais, aise** *a, n*
**Géographie** Le relief est monotone, constitué de plateaux et de collines, drainé par le Congo et ses affluents de rive droite (Oubangui, Sangha). La forêt dense, qui occupe le N. équatorial, se dégrade en savane arborée dans le S. tropical. La population, rurale à plus de 58 %, compte de nombreuses ethnies bantoues : Bakongos, Batékés, etc. Elle se concentre au S.
**Économie** Les cultures vivrières sont la base de l'économie, le pétrole constituant la grande ressource d'exportation (plus de 90 % des recettes), devant le bois et ses dérivés. La dette extérieure est élevée et des mesures de libéralisation ont été prises, en accord avec le FMI, pour relancer l'investissement privé.
**Histoire** Plusieurs royaumes (Makoko, XV$^{e}$ s. ; Loango) se constituèrent sur le territ. de l'actuel Congo. L'explorateur Savorgnan de Brazza plaça les États Makoko sous l'autorité franç. (1879-1882). La colonie du Congo, créée en 1891 et devenue autonome en 1903, fit partie de l'A.-É.F. (dont Brazzaville devint la cap.) sous l'appellation de *Moyen-Congo.* Elle se rallie à la France libre dès 1940.
**LE CONGO INDÉPENDANT** Le pays accéda à l'indép. en 1960 sous la présidence de l'abbé Fulbert Youlou. En 1963, celui-ci démissionna au profit

de Massamba-débat, lui-même renversé en 1968 par Marien Ngouabi. Ce dernier instaura un régime de parti unique et fut assassiné en 1977. En 1990, Denis Sassou Nguesso, chef de l'État dep. 1979, mit fin au régime marxiste. En 1992, le leader de l'opposition, Pascal Lissouba, accéda à la présidence de la République. En juin 1997, de violents combats opposent les forces « Zoulous » du président P. Lissouba et les miliciens « Cobras » de Denis Sassou Nguesso qui finit par l'emporter. En 2002, une élection présidentielle boycottée par l'opposition le confirma au pouvoir. Il est réélu en 2009.

**Congo (République démocratique du ou RDC)** (anc *Congo belge* ou *Congo-Kinshasa* de 1960 à 1971, puis *Zaïre* jusqu'en mai 1997), État de l'Afrique équatoriale, le troisième du continent par la superficie ; 2 345 410 km$^2$ ; 67,8 millions d'hab., accroissement naturel : 3,1 % par an ; cap. *Kinshasa.* Nature de l'État : rép. de type présidentiel. Pop. : nombreuses ethnies bantoues, dont les Baloubas (18 %) et les Kongos (16 %), Soudanais, Pygmées. Langue off. : français. Monnaie : franc congolais. Relig. : christianisme (environ 70 %), relig. traditionnelles. DER **congolais, aise** *a, n*

**Géographie** Le pays, qui débouche sur l'Atlantique par un étroit couloir, correspond aux deux tiers orientaux de l'immense cuvette du Congo, couverte par la forêt dense. Il s'adosse, à l'E., aux hautes terres d'Afrique orientale que fracture le grand rift dont les lacs Albert (ex-Mobutu), Édouard, Kivu, Tanganyika jalonnent la frontière. Les hab. se concentrent sur les hauteurs périphériques de l'E., plus saines, et surtout dans le tiers sud du pays où dominent la forêt claire et la savane arborée (région de Kinshasa et Katanga). La population est composée d'une soixantaine d'ethnies. Aucune mesure n'a permis de contenir une grave épidémie de sida.

**Économie** Les princ. cultures (manioc, maïs) sont réservées à la consommation locale, mais la Rép. dém. du Congo doit importer des prod. alimentaires. Les cultures commerciales ont été négligées depuis l'indépendance ; le pays demeure le 16$^e$ producteur mondial de café. Les ressources minières sont concentrées dans la région du Katanga. La Rép. dém. du Congo, important producteur de cobalt, de cuivre, extrait aussi de l'or, des diamants et d'autres minerais (zinc, manganèse, uranium), mais ses ressources énergétiques sont faibles. Le gouv. de Mobutu, dans les années 1980-1990, a dégradé la totalité de l'économie, sauf le secteur des diamants. Ne disposant plus de voies de communication, l'exploitation des richesses et l'alimentation des villes ont créé une situation sans précédent : développement des activités informelles, chômage, etc.

**Histoire** LES ORIGINES Trois grands royaumes ont marqué l'histoire de la région. Le plus important fut le royaume du Kongo, surtout situé dans le nord de l'Angola actuel. Le royaume luba (ou des Baluba) aurait été fondé dans le Katanga au XVI$^e$ s. Le royaume lunda comprenait une partie du Kasaï.

LE CONGO BELGE En 1885, à la Conférence de Berlin, le roi des Belges Léopold II fit reconnaître un « État indépendant du Congo », dont il fut le souverain à titre personnel et qui devint une colonie belge en 1908. La Belgique dota le pays d'une infrastructure routière et ferroviaire destinée à faciliter l'acheminement vers la métropole du produit des mines et des plantations. Le développement d'une pop. urbaine et ouvrière entraîna l'apparition des premiers mouvements nationalistes (l'Abako de Joseph Kasavubu, le Mouvement national congolais de Patrice Lumumba), qui obtinrent dans des conditions difficiles l'indépendance du Congo (30 juin 1960).

LE CONGO-KINSHASA Le Katanga fit sécession en juil. sous la direction de Moïse Tschombé (appuyé par la puissante Union minière), alors que le gouvernement central était divisé entre fédéralistes, animés par le président de la République, Kasavubu, et unitaires, dirigés par Patrice Lumumba, Premier ministre. Sur ordre de Kasavubu, le colonel Mobutu, commandant de la force publique, arrêta Lumumba qui fut exécuté par les Katangais (1961). Aidés par l'ONU, qui réduisit la sécession katangaise (1961-1963), Kasavubu, revenu à la prés., et Adoula, chef du gouv., rétablirent un semblant d'unité. En 1965, le colonel Mobutu s'empara du pouvoir et, en 1967, institua un parti unique, le MPR (Mouvement populaire de la révolution).

LA TRAGÉDIE MOBUTISTE (1965-1997) Le mobutisme, fondé sur le détournement des richesses nationales, développa une idéologie de l'*authenticité* (africaine). Ainsi, le fleuve et le pays furent rebaptisés *Zaïre*. En fait, on assista à une décomposition de l'État. À la fin de la guerre froide, le Zaïre cessa d'être un bastion anticommuniste. Les minerais du Shaba (nom donné au Katanga par Mobutu), pour le contrôle desquels Français et Belges durent militairement intervenir en 1978 à Kolwezi, perdirent de leur importance. En 1990, Mobutu, comme de nombr. chefs d'États africains, accepta le multipartisme, mais il sabota toutes les conférences de réconciliation nationale. En juillet 1994, un million de Hutus du Rwanda se réfugièrent dans l'est du Zaïre. À l'automne 1996, une minorité tutsi du Zaïre attaqua les camps et affronta l'armée zaïroise, dont la faiblesse apparut. Laurent-Désiré Kabila, qui avait pris le maquis en 1963, dirigea son armée vers le sud du Kivu, où il s'implanta en oct. 1996. Il progressa vers Kinshasa sans rencontrer de résistance.

LA RÉPUBLIQUE DÉMOCRATIQUE DU CONGO (RDC) Le 17 mai 1997, Kabila entre dans Kinshasa. Il rebaptise le pays *République démocratique du Congo* et s'en proclame président. Un an plus tard, une rébellion soutenue par ses anciens alliés, le Rwanda et l'Ouganda, menace Kinshasa sauvée par les troupes angolaises, faisant planer sur l'ex-Zaïre l'ombre d'une partition. En 2001, L.-D. Kabila est assassiné. Son fils Joseph lui succède. Malgré ses efforts pour rétablir la paix, la guerre continue dans l'est du pays. En 2006, J. Kabila organise les prem. élections démocratiques (marquées par de nombreuses violences) qu'il remporte. Après un mandat marqué par la corruption et au cours duquel aucun progrès économique ni social n'a été réalisé, J. Kabila est réélu en 2011. Les élections sont fortement entachées de fraude.

**congolais** *nm* Petit gâteau à la noix de coco.

**congratuler** *vt* ① litt Féliciter, complimenter. DER **congratulations** *nfpl*

**congre** *nm* Poisson téléostéen marin apode, allongé, de couleur gris-bleu, carnivore et comestible.

**congréer** *vt* ⑪ MAR Entourer de fils un cordage pour le rendre plus uni. ETY De l'a. fr. *conreer*, « arranger », d'apr. *gréer.*

**congrégation** *nf* **1** Au Vatican, chacune des principales institutions ecclésiastiques, présidées par des cardinaux qui règlent l'administration de l'Église. **2** Dans l'Église protestante, organisation ecclésiastique. **3** Réunion de prêtres, de religieux, de religieuses. **4** Confrérie de dévotion. *Congrégation de la Sainte Vierge.* ETY Du lat. *grex*, « troupeau ». DER **congréganiste** *a, n*

**Congrégation (la)** association religieuse fondée en 1801, dissoute par Napoléon en 1809, reconstituée en 1814, de tendance « ultra », dissoute en 1830.

CONGO ET RÉPUBLIQUE DÉMOCRATIQUE DU CONGO

**congrégationalisme** *nm* Chez les protestants, autonomie de chaque église locale. [DER] **congrégationaliste** *a, n*

**congrès** *nm* **1** Réunion de personnes rassemblées pour traiter d'intérêts communs, d'études spécialisées. **2** Réunion de diplomates ayant pour objet de régler certaines questions internationales. [ETY] Du lat. *congressus,* « réunion ». [DER] **congressiste** *n*

**Congrès (le)** le Parlement américain, constitué par le Sénat et la Chambre des représentants, et siégeant au Capitole. Le Congrès ne peut être dissous.

**Congrès (parti du)** (*Indian National Congress*), parti nationaliste de l'Inde, fondé en 1855. Gandhi en fit un parti de masse, qui gouverna l'Inde indépendante (1947) jusqu'en 1977. Depuis, l'alternance démocratique l'a écarté à plus. reprises.

**Congreve William** (Bardsey, 1670 – Londres, 1729), dramaturge anglais : *Amour pour amour* (1695), *le Train du monde* (1700).

**congru, ue** *a* **LOC** ***Portion congrue*** **:** rétribution annuelle versée au curé par le bénéficier d'une paroisse ; **fig** revenus insuffisants. *Être réduit à la portion congrue.* — MATH ***Nombres congrus*** **:** qui donnent le même reste lorsqu'on les divise par un même diviseur appelé *modulo.* [ETY] Du lat. *congruus,* « convenable ».

**congruence** *nf* **1** **didac** Caractère congruent, adéquation. **2** MATH Caractère des nombres congrus.

**congruent, ente** *a* **didac** Adapté, adéquat. *Une théorie congruente avec les observations.*

**conicine** *nf* Syn. de *cicutine.*

**conidie** *nf* BOT Cellule de multiplication végétale immobile produite en grandes quantités par certains champignons. [ETY] Du gr. *konis,* « poussière ». [VAR] **conidiospore**

**conifère** *nm* Gymnosperme arborescente, résineuse, à feuilles persistantes caractérisée par ses cônes, dont l'ordre comprend les pins, les sapins, les cèdres et les épicéas.

**conique** *a, nf* **A** *a* **1** Qui a la forme d'un cône. **2** GEOM Qui se rapporte au cône. **B** *nf* GEOM Courbe plane du second degré telle que l'ellipse, l'hyperbole ou la parabole. [DER] **conicité** *nf*

**conirostre** *a, n* ZOOL Qui a un bec conique et court, tel le pinson.

**conjecture** *nf* Opinion fondée sur des analogies, des probabilités. *Se perdre en conjectures.* [ETY] Du lat. [DER] **conjectural, ale, aux** *a* – **conjecturalement** *av*

**conjecturer** *vt* [1] Inférer, juger en fonction de conjectures, présumer, supposer.

**conjoint, ointe** *n, a* **A** *n* Personne qui est mariée à une autre. **B** *a* Lié, uni, joint à qqch. *Des questions conjointes.*

**conjointement** *av* Ensemble, de concert avec. *Il faut agir conjointement.*

**conjoncteur** *nm* ELECTR Dispositif qui assure la connexion d'un circuit lorsque la tension est suffisante.

**conjonctif, ive** *a* **1** GRAM Qui réunit deux mots, deux propositions. *« Bien que » est une locution conjonctive.* **2** ANAT Qui joint des parties organiques. **LOC** ***Proposition subordonnée conjonctive*** **:** introduite par une conjonction ou une locution conjonctive. — ***Tissu conjonctif*** **:** tissu de liaison, de soutien entre les différents tissus et organes. [ETY] De l'a. v. *conjoindre,* « lier ensemble ».

**conjonction** *nf* **1** **litt** Union, réunion. *Conjonction de facteurs.* **2** GRAM Mot invariable qui unit deux mots, deux propositions. *Conjonction de coordination. Conjonction de subordination.* **3** ASTRO Situation de deux planètes, ou d'une planète et du Soleil, alignées avec la Terre.

**conjonctive** *nf* **1** ANAT Membrane qui tapisse la face antérieure de l'œil et la partie interne des paupières. **2** GRAM Proposition conjonctive. [DER] **conjonctival, ale, aux** *a*

**conjonctivite** *nf* MED Inflammation de la conjonctive.

**conjoncture** *nf* **1** Situation résultant d'un concours d'évènements. *Fâcheuse conjoncture.* **2** ECON Ensemble des conditions déterminant l'état de l'économie à un moment donné. [ETY] De l'a. fr. [DER] **conjoncturel, elle** *a*

**conjoncturiste** *n* ECON Spécialiste de l'analyse de la conjoncture.

**conjugable → conjuguer.**

**conjugaison** *nf* **1** Action d'unir, de coordonner en vue d'un même but. *La conjugaison de nos efforts.* **2** GRAM Ensemble des formes que possède un verbe. *Conjugaison régulière, irrégulière.* **3** BIOL Mode de reproduction sexuée typique des ciliés, dans lequel les deux cellules se séparent après avoir échangé une partie de leur ADN.

**conjugal, ale** *a* Qui concerne l'union du mari et de la femme. *Amour conjugal.* PLUR conjugaux. [DER] **conjugalement** *av* – **conjugalité** *nf*

**conjugateur** *nm* Logiciel qui donne la conjugaison des verbes.

**conjugué, ée** *a* Lié ensemble, uni. *Efforts conjugués.* **LOC** MATH ***Expressions conjuguées*** **:** qui ne diffèrent que par le signe de l'un de leurs termes. — CHIM ***Liaisons conjuguées*** **:** liaisons multiples séparées par une liaison simple, dans une molécule. — PHYS NUCL ***Particules conjuguées*** **:** ensemble d'une particule et de son antiparticule. — PHYS ***Points conjugués*** **:** dans un système optique centré, ensemble de deux points dont l'un est l'image de l'autre. — GEOM ***Points conjugués harmoniquement*** *par rapport à deux autres points A et B* ou ***conjugués harmoniques*** *(de A et B)* **:** points N et M tels que $\frac{MA}{MB} = -\frac{NA}{NB}$.

**conjuguée** *nf* BOT Algue verte d'eau douce chez laquelle la reproduction sexuée s'effectue par fusionnement deux à deux des cellules des thalles.

**conjuguer** *vt* [1] **1** Unir. *Conjuguer ses efforts.* **2** GRAM Réciter, donner la conjugaison d'un verbe. [ETY] Du lat. *conjugare,* « unir ». [DER] **conjugable** *a*

**conjurateur, trice** *n* Personne qui est à la tête d'une conjuration.

**conjuration** *nf* **1** Association en vue d'exécuter un complot contre l'État, le souverain. **2** Association dirigée contre qqn, qqch. **3** Pratique de magie destinée à exorciser les influences néfastes.

**conjuratoire** *a* Destiné à conjurer le sort. *Incantation conjuratoire.*

**conjuré, ée** *n* Personne entrée dans une conjuration.

**conjurer** *v* [1] **A** *vt* **1** **litt** Préparer en complotant. *Conjurer la ruine de l'État.* **2** Écarter, éloigner une puissance néfaste par des prières, des pratiques magiques. **3** **fig** Écarter un danger, une menace. **4** Prier avec insistance, supplier. *Écoutez-le, je vous en conjure.* **B** *vpr* **litt** Se liguer par un complot. [ETY] Du lat. *conjurare,* « jurer ensemble ».

**Connacht** (en anglais *Connaught*), prov. du N.-O. de l'Eire ; 17 122 km$^2$ ; 542 500 hab. ; ch.-l. *Galway.* Rég. pauvre. [VAR] **Connachta**

**connaissance** *nf* **A** **1** Fait de connaître une chose, fait d'avoir une idée exacte de son sens, de ses caractères, de son fonctionnement. *Avoir une grande connaissance de la musique, des affaires.* **2** Conscience de sa propre existence et de l'exercice de ses facultés. *Perdre connaissance.* **3** Personne avec qui l'on est en relation. *C'est une vieille connaissance.* **4** DR Droit de statuer sur une affaire. **B** *nf pl* Notions acquises ; ce que l'on a appris d'un sujet. *Avoir des connaissances en électronique.* **LOC** ***À ma connaissance*** **:** autant que je sache. — ***Avoir connaissance de qqch*** **:** en venir à apprendre qqch. — ***En connaissance de cause*** **:** en se rendant compte des faits, sciemment. — ***En pays de connaissance*** **:** au milieu de personnes, de choses que l'on connaît. — ***Faire connaissance avec*** **:** entrer en relation avec ; découvrir. — ***Prendre connaissance de qqch*** **:** l'examiner. — ***Reprendre connaissance*** **:** revenir d'un évanouissement. — ***Rester, tomber sans connaissance*** **:** avoir une syncope, s'évanouir. — PHILO ***Théorie de la connaissance*** **:** ensemble de spéculations ayant pour but de déterminer l'origine et la valeur de la connaissance commune, scientifique ou philosophique. — ***Venir à la connaissance de qqn*** **:** être appris par qqn.

**connaissement** *nm* DR MARIT Déclaration contenant un état des marchandises chargées sur un navire.

**connaisseur, euse** *n, a* Qui est expert en une chose. *C'est un connaisseur en art primitif. Un regard connaisseur.*

**connaître** *v* [73] **A** *vt* **1** Avoir une idée pertinente de. *Je connais les raisons de leur brouille.* **2** Être informé de. *Connaissez-vous les dernières nouvelles ?* **3** Avoir la pratique de. *Connaître un métier.* **4** Avoir l'expérience de. *Connaître la misère, le froid.* **5** Avoir. *Son ambition ne connaît pas de limites.* **6** Savoir l'identité de qqn. *Je le connais seulement de vue.* **7** Avoir des relations avec qqn. *Je le connais depuis trois ans. Elles se sont connues au lycée.* **8** Apprécier, comprendre le caractère, la personnalité de qqn. *J'ai mis longtemps à bien le connaître.* **B** *vti* DR Avoir autorité pour statuer en matière de. *Connaître d'une affaire.* **C** *vpr* Avoir une juste notion de soi-même. **LOC** ***Ne connaître que*** **:** se préoccuper uniquement de. — ***Ne plus se connaître*** **:** être dominé par la passion, la colère. — ***S'y connaître en*** **:** être compétent. [ETY] Du lat. [VAR] **connaitre** [DER] **connaissable** *a*

**connard, arde** *n, a* **vulg** Crétin, imbécile. [VAR] **conard, arde**

**connasse** *nf, a* **vulg** Imbécile, idiote. [VAR] **conasse**

**connecté, ée** *a, n* Qui a une connexion avec un réseau télématique ou Internet.

**connecter** *v* [1] **A** *vt* **1** TECH Joindre. **2** ELECTR Réunir par une connexion. **B** *vpr* Établir une liaison avec un réseau (télématique, informatique). *Se connecter à Internet.* [ETY] Du lat. *connectere,* « attacher ». [DER] **connectabilité** *nf* – **connectable** *a*

**connecteur** *nm* **1** TECH Dispositif de connexion. **2** ELECTR Prise de courant à broches multiples. **3** LING Élément coordonnant ou subordonnant.

**Connecticut (le)** fl. du N.-E. des É.-U. (553 km) ; naît à la frontière canadienne, se jette dans l'Atlantique (baie de Long Island).

**Connecticut** État du N.-E. des É.-U., sur l'Atlant. ; 12 973 km$^2$ ; 3 574 000 hab. ; cap. *Hartford.* – Le relief de collines est drainé par le Connecticut. Les côtes sont échancrées. L'agric. est peu import., face aux industr. à haute technicité : aéron., électron. Le Connecticut adopta la Constitution fédérale en 1788.

**connectif, ive** *a, nm* **A** *nm* BOT Élément d'une étamine liant les anthères. **B** *a* ANAT Se dit du tissu conjonctif.

**connectique** *nf, a* **1** Technologie et industrie des connecteurs électriques et électroniques. **2** Dispositif de connexion d'un téléviseur, d'un ordinateur. [DER] **connecticien, enne** *n*

**connectivité** *nf* INFORM, TELECOM Possibilité de se connecter à un réseau.

**Connemara** massif côtier irlandais situé au S. du Connacht.

**connement** *av* fam Bêtement ; d'une manière conne.

**connerie** *nf* fam Bêtise, stupidité.

**Connery Thomas,** dit **Sean** (Édimbourg, 1930), acteur britannique. Les premiers *James Bond* le révélèrent, puis il tourna avec les plus grands réalisateurs : *Pas de printemps pour Marnie* (1964), *le Nom de la rose* (1986).

**Connes Alain** (Draguignan, 1947), mathématicien français. Médaille Fields 1982.

**connétable** *nm* HIST **1** Premier officier de la maison du roi. **2** Titre de commandant général des armées de 1219 à 1627. **3** Grand dignitaire du Premier Empire, en France. **4** Titre donné aux gouverneurs de places fortes. (ETY) Du lat. *comes stabuli*, « comte de l'étable ».

**connexe** *a* Qui est étroitement lié avec qqch d'autre, lui est associé. **LOC** DR ***Affaires connexes, causes connexes :*** qui sont jugées par un même tribunal. — MATH ***Espace connexe :*** tel qu'il n'existe aucune partition de cet espace en deux parties non vides.

**connexion** *nf* **1** Liaison que certaines choses ont les unes avec les autres. **2** ELECTR Liaison de conducteurs ou d'appareils entre eux ; organe qui établit cette liaison. **3** INFORM Liaison établie avec un réseau, le fait d'être connecté.

**connexionnisme** *nm* PHILO Théorie qui explique le système cognitif par la simple mécanique d'un réseau neuronal. (DER) **connexionniste** *a, n*

**connexité** *nf* didac Rapport, liaison de certaines choses entre elles.

**connivence** *nf* Complicité par complaisance ou tolérance ; accord tacite. *Agir de connivence avec qqn.* (ETY) Du lat. *coniver*, « cligner les yeux ».

**connivent, ente** *a* **1** didac Qui fait preuve de connivence, tend à un rapprochement. *Auditoire connivent.* **2** BOT Se dit des organes qui se touchent vers le sommet. **LOC** ANAT ***Valvules conniventes :*** replis sur la muqueuse antérieure de l'intestin.

**connotation** *nf* **1** LOG Sens appliqué à un terme, plus général que celui qui lui est propre, par oppos. à *dénotation.* **2** LING Sens particulier que prend un mot ou un énoncé dans une situation ou un contexte donnés. **3** Résonance affective d'un mot. *Les connotations du mot « liberté ».*

**connoter** *vt* ① **1** LOG Rassembler des caractères, en parlant d'un concept. **2** LING Signifier par connotation.

**connu, ue** *a, nm* **A** Dont on a connaissance. *Le monde connu des Anciens. Les limites du connu.* **B** *a* Célèbre. *Un peintre connu.*

**conoïde** *a, nm* **A** *a* En forme de cône. **B** *nm* GEOL Surface engendrée par une droite qui se déplace parallèlement à un plan fixe (plan directeur) en s'appuyant sur une droite fixe. (ETY) Du gr.

**Conon** pape en 686-687. Il œuvra pour la conversion des Germains.

**Conon de Béthune** (v. 1150 – 1219), trouvère picard qui participa à la 4ᵉ croisade.

**conque** *nf* **1** Coquille des gros lamellibranches et des gros gastéropodes, comme le triton. **2** MYTH Trompe des tritons, faite d'une de ces coquilles spiralées. **3** Objet ayant la forme d'une conque. **4** ANAT Cavité du pavillon de l'oreille. (ETY) Du gr. *konkhêne*, « coquille ».

**conquérant, ante** *n, a* **A** *n* **1** Personne qui fait des conquêtes militaires. *Guillaume le Conquérant.* **2** Personne qui gagne la sympathie, qui séduit qqn. **B** *a* Se dit d'une attitude avantageuse, d'un air dominateur, fat.

**conquérir** *vt* ㉟ **1** Prendre par les armes. **2** Gagner, séduire, s'attacher. *Conquérir les cœurs.*

**Conques** ch.-l. de cant. de l'Aveyron (arr. de Rodez) ; 302 hab. – Vest. d'une abb. bénédictine du XIᵉ s. : égl. romane Ste-Foy et salle du Trésor de Conques (ouvrages d'orfèvrerie du IXᵉ au XVᵉ s.).

trésor de l'anc. abbaye de **Conques** : « Majesté » de sainte Foy, bois recouvert d'or et d'argent doré repoussés, pierres précieuses, camées antiques, perles fines

**conquête** *nf* **1** Action de conquérir. *Faire la conquête d'une province.* **2** Ce qui est conquis. *Les conquêtes d'Alexandre.* **3** fig Fait de gagner la sympathie, l'amour de qqn. *Faire la conquête d'une femme.* **4** fam Personne dont on a conquis les bonnes grâces. *Exhiber sa dernière conquête.*

**conquis, ise** *a* **1** Dont on a fait la conquête militairement. **2** Dont on a gagné la sympathie, l'amour. *Une femme conquise.* **LOC** ***Se conduire comme en pays conquis :*** avec désinvolture, insolence.

**conquistador** *nm* HIST Nom donné aux conquérants espagnols du Nouveau Monde. PLUR conquistadors ou conquistadores. (ETY) Mot esp.

**Conrad Iᵉʳ** (m. en 918), duc de Franconie, roi de Germanie (911-918) ; il eut pour successeur Henri l'Oiseleur, l'un de ses ennemis. — **Conrad II le Salique** (?, v. 990 – Utrecht, 1093), empereur germanique (1027-1039) ; il fonda la dynastie franconienne. — **Conrad III de Hohenstaufen** (?, vers 1093 – Bamberg, 1152), empereur germanique (1138-1152) ; il prit part à la 2ᵉ croisade. — **Conrad IV de Hohenstaufen** (Andria, 1228 – Lavello, 1254), empereur germanique (1250-1254), fils de Frédéric II ; il fut aussi roi de Jérusalem (Conrad Iᵉʳ, 1228-1254) et de Sicile (Conrad II, 1250-1254). — **Conrad V Conradin** (Wolfstein, 1252 – Naples, 1268), fils du précéd., le dernier des Hohenstaufen, roi de Sicile (1254-1258) et de Jérusalem (1254-1268) ; il ne parvint pas à reconquérir l'Italie du Sud.

**Conrad** (v. 1145 – 1192), marquis de Montferrat, seigneur de Tyr (qu'il avait défendu contre Saladin) ; il fut élu roi de Jérusalem et tué aussitôt par les Assassins.

**Conrad Téodor Józef Konrad Nalecz Korzeniowski,** dit **Joseph** (Berditchev, Ukraine, 1857 – Bishopsbourne, Kent, 1924), écrivain anglais d'origine polonaise. Marin, il navigua pendant vingt ans, ce qui lui inspira : *le Nègre du « Narcisse »* (1897), *Lord Jim* (1900), *Typhon* (1903).

**Conrart Valentin** (Paris, 1603 – id., 1675), écrivain français. Il fut le premier secrétaire perpétuel de l'Acad. fr. (1635).

**consacrer** *vt* ① **1** Dédier à une divinité ; offrir à Dieu. *Consacrer une église.* **2** Prononcer les paroles sacramentelles de l'eucharistie. *Consacrer le pain et le vin.* **3** Sanctionner, faire accepter de tous. *L'usage a consacré ce mot.* **4** Destiner qqch à. *Consacrer ses loisirs à la musique. Se consacrer à qqn.* (DER) **consacré, ée** *a*

**consanguin, ine** *a, n* Qui est parent du côté paternel. *Frère consanguin.* **LOC** ***Mariage consanguin :*** entre proches parents.

**consanguinité** *nf* didac **1** Parenté du côté du père. **2** Parenté proche entre conjoints.

**conscience** *nf* **1** Sentiment, perception que l'être humain a de lui-même, de sa propre existence. *Perdre, reprendre conscience.* **2** PHILO Intuition qu'a l'esprit de lui-même, des objets qui s'offrent à lui, ou de ses propres opérations. **3** Perception, connaissance plus ou moins claire. *Avoir conscience de qqch.* **4** Siège des convictions, des croyances. *Liberté de conscience.* **5** Sentiment par lequel l'être humain juge de la moralité de ses actions. *Agir selon, contre sa conscience.* **LOC** ***Avoir bonne conscience :*** le sentiment rassurant de n'avoir rien à se reprocher. — ***Avoir la conscience tranquille :*** n'avoir rien à se reprocher. — ***Avoir qqch sur la conscience :*** avoir qqch à se reprocher. — ***Cas de conscience :*** difficulté à se déterminer au regard de la morale. — SOCIOL ***Conscience collective :*** manière de penser propre à un groupe social déterminé, distincte de la manière de penser des individus de ce groupe pris séparément. — ***Conscience professionnelle :*** souci de probité, grand soin que l'on porte à son travail. — ***En conscience, en bonne conscience :*** honnêtement, franchement. — ***En mon âme et conscience :*** selon ma conviction la plus intime. — ***La main sur la conscience :*** en toute franchise. — ***Par acquit de conscience :*** pour n'avoir rien à se reprocher par la suite. (ETY) Du lat. *conscientia*, « connaissance ».

**Conscience Hendrik** (Anvers, 1812 – Bruxelles, 1883), romancier belge d'expression néerlandaise : *le Lion de Flandre* (1838), *le Conscrit* (1850).

**Conscience de Zeno (la)** roman d'Italo Svevo (1923).

**consciencieux, euse** *a* **1** Qui remplit scrupuleusement ses obligations. *Un élève consciencieux.* **2** Fait avec soin. *Un travail consciencieux.* (DER) **consciencieusement** *av*

**conscient, ente** *a, nm* **A** *a* **1** Qui a la conscience de soi-même, d'un fait, de l'existence d'une chose. *Être conscient de ses obligations.* **2** Dont on a conscience. *Un mouvement conscient.* **B** *nm* Activité psychique consciente, par oppos. à *inconscient.* (DER) **consciemment** *av*

**conscientiser** *vt* ① Faire prendre conscience à qqn de la réalité, en partic. des réalités politiques. (DER) **conscientisation** *nf*

**conscription** *nf* **1** Inscription annuelle des jeunes gens qui ont atteint l'âge du service national. **2** HIST Système de recrutement appliqué de 1798 à 1868, consistant à tirer au sort le nombre de citoyens nécessaire aux armées. (ETY) Du lat.

**conscrit** *nm, a* **1** Jeune homme inscrit sur les listes de recrutement du service militaire. **2** Soldat nouvellement incorporé. **LOC** ANTIQ ROM ***Pères conscrits :*** titre des sénateurs romains.

**consécration** *nf* **1** Action de consacrer. *Consécration d'un temple, d'une église.* **2** LITURG Action du prêtre qui consacre, pendant la messe, le pain et le vin ; moment de la messe où se fait cette action. **3** Sanction, confirmation. *C'est la consécration de son succès.*

**consécutif, ive** *a* **1** Se dit des choses qui se suivent sans interruption. *Trois années consécutives.* **2** Qui suit, comme résultat. *Accident consécutif à une imprudence.* **LOC** GRAM ***Proposition consécutive :*** subordonnée circonstancielle marquant la conséquence de l'action exprimée dans la principale. (ETY) Du lat. *consecutus*, de *consequi*, « suivre ».

**consécutivement** *av* Immédiatement après, coup sur coup. *Elle a eu consécutivement deux enfants.* LOC ***Consécutivement à*** : par suite de.

**conseil** *nm* **1** Avis que l'on donne à qqn sur ce qu'il doit faire. *Donner, suivre un conseil.* **2** Personne dont on prend avis. *Conseil fiscal. Avocats-conseils.* **3** Assemblée ayant pour mission de donner son avis, de statuer sur certaines affaires. LOC ***Conseil d'administration*** : groupe de personnes élues par l'assemblée générale d'une société anonyme pour administrer celle-ci. — ***Conseil de cabinet*** : réunion des ministres sous la présidence du Premier ministre. — ***Conseil de classe*** : dans les établissements d'enseignement secondaire, assemblée composée des professeurs, des délégués des élèves et des parents d'une classe. — ***Conseil de discipline*** : assemblée chargée de juger des questions de discipline dans un établissement scolaire. — ***Conseil de famille*** : assemblée de parents présidée par le juge de paix, chargée de la tutelle des mineurs et interdits. — ***Conseil de guerre*** : nom du tribunal militaire avant 1928. — ***Conseil de l'ordre*** : chargé de veiller au respect de la déontologie chez les avocats, les architectes, les médecins, les notaires. — HIST ***Conseil d'en haut*** : conseil particulier des rois de France. — Belgique ***Conseil d'entreprise*** : comité d'entreprise. — ***Conseil des ministres*** : réunion des ministres, présidée en France par le chef de l'État. — ***Conseil général*** : assemblée départementale composée de membres élus par les cantons. — DR ***Conseil judiciaire*** : personne que la justice désigne pour gérer les biens d'une autre personne, frappée d'interdiction. — ***Conseil municipal*** : composé de membres élus pour s'occuper des affaires communales. — ***Conseil régional*** : assemblée élue pour administrer les affaires de la Région. — ***Conseil supérieur de la magistrature*** : organe constitutionnel qui garantit l'indépendance de l'autorité judiciaire et qui exerce un pouvoir disciplinaire sur les magistrats. — ***Tenir conseil*** : se réunir pour délibérer, se concerter. ETY Du lat. *consilium*, « délibération ».

**Conseil constitutionnel** organisme créé par la Constitution de 1958, qu'il a pour fonction de faire respecter.

**Conseil de la République** sous la IVe Rép., chambre qui remplaçait le Sénat.

**Conseil de l'Europe** organisation européenne, créée en 1949, qui réunit 40 États d'Europe et qui siège à Strasbourg.

**Conseil de sécurité** organe exécutif de l'Organisation des Nations unies.

**Conseil d'État** juridiction suprême de la France, dans l'ordre admin., créée par la Constitution de l'an VIII (déc. 1799) qui fondait le Consulat. Réorganisée en 1872, cette institution est demeurée inchangée.

**Conseil économique et social** organisme créé par la Constitution de 1958 pour donner des avis au gouvernement dans le domaine économique et social.

**Conseil européen** ensemble des chefs de gouvernement des États membres de l'Union européenne, qui se réunissent périodiquement dep. 1974.

**1 conseiller** *vt* 1 **1** Donner un conseil à qqn. *Il a besoin d'être conseillé.* **2** Recommander qqch à qqn. *Je lui conseille de partir à l'heure.*

**2 conseiller, ère** *n* **1** Personne qui donne des conseils. *Conseiller conjugal. Conseiller pédagogique* **2** fig Ce qui influe sur le comportement. *La colère est mauvaise conseillère.* **3** Membre des cours judiciaires et de certains conseils et tribunaux. *Conseiller à la Cour de cassation.* LOC ***Conseiller principal d'éducation*** : dans un lycée, un collège, fonctionnaire responsable du personnel de surveillance. (C'est l'ancien *surveillant général*). Sigle courant CPE.

**conseilleur, euse** *n* litt Personne qui donne des conseils.

**Conseil national de la Résistance (CNR)** institution fondée en 1943 par Jean Moulin en vue de regrouper les divers mouvements de la Résistance.

**Conseil national du patronat français** → **Mouvement des entreprises de France.**

**Conseil œcuménique des Églises** association créée en 1948, à Amsterdam, pour la communion des Églises chrétiennes non catholiques en quête d'unité.

**Conseil supérieur de la magistrature** organe constitutionnel créé en 1946, chargé de garantir l'indépendance de l'autorité judiciaire et qui exerce un pouvoir disciplinaire sur les magistrats.

**Conseil supérieur de l'audiovisuel (CSA)** autorité administrative (douée d'autonomie) créée en 1989 pour contrôler le bon fonctionnement de la communication audiovisuelle et en assurer la liberté.

**consensuel, elle** *a* **1** DR Qui est formé par le seul consentement des parties. *Contrat consensuel.* **2** Issu d'un consensus. *Une décision consensuelle.* DER **consensualité** *nf* – **consensuellement** *av*

**consensus** *nm* **1** Consentement, accord entre des personnes. **2** PHYSIOL Relation qui existe entre les différentes parties du corps. PHO [kɔ̃sɛ̃sys] ETY Mot lat., « accord ».

**consentir** *vti* 30 **1** Donner son accord à un projet, approuver. *Consentir à un mariage. Je consens à ce qu'il vienne.* **2** Octroyer. *Le vendeur lui a consenti un rabais.* DER **consentant, ante** *a* – **consentement** *nm*

**conséquemment** *av* litt Par suite. PHO [kɔ̃sekamɑ̃]

**conséquence** *nf* **1** Résultat, suite d'une action, d'un fait. *Avoir de graves conséquences.* **2** LOG Ce qui dérive, ce que l'on déduit d'un principe. LOC ***En conséquence*** : pour cette raison, donc. — ***En conséquence de*** : en vertu de, conformément à. — ***Ne pas tirer, ne pas porter à conséquence*** : ne pas avoir d'effets importants. — GRAM ***Proposition de conséquence*** : proposition consécutive. — ***Sans conséquence*** : sans importance, sans suite fâcheuse.

**conséquent, ente** *a, nm* **A** *a* **1** Qui agit d'une manière logique. *Être conséquent avec ses principes.* **2** fam Considérable, important. *Une somme conséquente.* **3** GEOMORPH Se dit d'un cours d'eau ou d'une dépression perpendiculaire à la ligne de crête. ANT subséquent. **B** *nm* LOG, MATH, GRAM Second terme d'une proposition, d'un rapport, d'un raisonnement, par oppos. à *antécédent*. LOC ***Par conséquent*** : donc, en conséquence. ETY Du lat. *consequor*, « suivre ».

**conservateur, trice** *n, a* **A** *n* Personne chargée de garder qqch, titre de certains fonctionnaires. *Conservatrice de musée.* **B** *a, n* **1** Hostile ou réservé à l'égard des innovations politiques, sociales, etc. **2** Membre ou partisan du parti conservateur. **3** Qui aime conserver les objets, ne pas s'en dessaisir. **C** *nm* **1** Substance qui assure la conservation des aliments. **2** Appareil utilisé pour la conservation des produits congelés. **D** *a* Se dit de soins dentaires (détartrage, carie, dévitalisation) qui visent à conserver la dentition en bon état (par oppos. à *soins prothétiques*). LOC ***Chirurgie conservatrice*** : qui vise à conserver un organe dans son état (par oppos. à *chirurgie plastique* ou *réparatrice*). — AVIAT ***Conservateur de cap*** : compas gyroscopique.

**conservateur (parti)** parti britannique qui en 1832 succéda au parti tory. Au XIXe s., tories (ou conservateurs) et whigs (ou libéraux) alternèrent au pouvoir. Depuis 1945, conservateurs et travaillistes alternent au pouvoir.

**conservation** *nf* **1** Action de conserver. *Conservation des aliments. Conservation des droits.* **2** État de ce qui est conservé. *La conservation d'un tableau.* **3** Fonction, charge de conservateur ; bâtiment qui en est le siège. *La conservation d'un musée.* LOC ***Instinct de conservation*** : instinct qui pousse un être vivant, l'être humain, à protéger sa propre vie.

**conservatisme** *nm* État d'esprit hostile aux innovations politiques et sociales ; opinion des conservateurs. ANT progressisme.

**1 conservatoire** *a* DR Qui conserve un droit. *Acte conservatoire.*

**2 conservatoire** *nm* **1** Établissement destiné à conserver certaines collections. **2** Établissement public d'enseignement de la musique, de la danse, de l'art dramatique. ETY De l'ital. *conservatorio*.

**Conservatoire national des arts et métiers (CNAM)** institution fondée, sur la demande de l'abbé Grégoire, par la Convention le 19 vendémiaire an III (10 oct. 1794). Dep. 1802, ce musée, et établissement public d'enseignement sup. technique, est installé dans l'anc. prieuré de Saint-Martin-des-Champs (Paris 3e).

**Conservatoire national supérieur d'art dramatique** établissement public d'enseignement de l'art dramatique, situé à Paris, issu de la division, en 1946, du Conservatoire national de musique et d'art dramatique.

**Conservatoire national supérieur de musique** établissement fondé à Paris en 1795, qui forme les instrumentistes et les compositeurs. En 1979, un autre conservatoire national de musique a été ouvert à Lyon.

**conserve** *nf* Substance alimentaire qui peut se garder longtemps dans un récipient hermétiquement clos. *Ouvrir une boîte de conserve.* LOC litt ***De conserve*** : ensemble, en accord. — ***En conserve*** : en boîte, en bocal. *Des haricots en conserve.* — MAR ***Naviguer de conserve*** : se dit de navires qui font route ensemble.

**conservé, ée** *a* LOC ***Être bien conservé*** : avoir encore, malgré son âge, beaucoup de fraîcheur, de beauté, ou de vivacité.

**conserver** *vt* 1 **1** Ne pas se défaire de, ne pas renoncer à. *Conserver de vieilles lettres. Conserver ses habitudes.* **2** Ne pas perdre. *Conserver son emploi.* **3** Maintenir en bon état ; faire durer. *Conserver une bonne santé. Des aliments qui se conservent longtemps.* ETY Du lat.

**conserverie** *nf* **1** Fabrique de conserves alimentaires. **2** Industrie des conserves.

**conserveur** *nm* Industriel de la conserverie.

**considérable** *a* Qui mérite considération ; puissant, important. *Une fortune considérable.* DER **considérablement** *av*

**considérant** *nm* DR Chacun des motifs qui précèdent le dispositif d'un arrêt.

**Considérant Victor** (Salins, Jura, 1808 – Paris, 1893), homme politique et économiste français, propagateur des théories de Fourier.

**considération** *nf* **A 1** Examen attentif que l'on fait d'une chose avant de se décider. *Un problème digne de considération.* **2** Motif, raison d'une action. **3** Estime, déférence. *Jouir de la considération publique.* **B** *nf pl* Réflexions, remarques. *Se perdre en considérations oiseuses.* LOC ***En considération de*** : à cause de. — ***Prendre en considération*** : tenir compte de.

**Considérations sur les causes de la grandeur des Romains et de leur décadence** essai historique et philosophique de Montesquieu (1734).

**considérer** *vt* [14] **1** Regarder attentivement. **2** Examiner, apprécier, envisager. *Considérer une affaire sous tous ses aspects. Tout bien considéré.* **3** Tenir compte de. *Je considère son seul mérite.* **4** Estimer, faire cas de. *Il veut qu'on le considère.* **LOC** ***Considérer comme*** : juger, estimer. [ETY] Du lat.

**consignataire** *nm* **1** DR Personne qui a la charge d'une somme en dépôt. **2** MAR Négociant ou commissionnaire qui représente dans un port les intérêts de l'armateur.

**consignation** *nf* **1** DR Dépôt d'une somme entre les mains d'un tiers ou d'un officier public ; somme ainsi déposée. *Caisse des dépôts et consignations.* **2** COMM Dépôt de marchandises entre les mains d'un négociant, d'un commissionnaire. **3** Fait de consigner un emballage, une bouteille.

**consigne** *nf* **1** Instruction donnée à une sentinelle, un surveillant, un gardien, etc. *Donner, passer la consigne.* **2** Punition infligée à un soldat, à un élève, consistant en une privation de sortie. *Quatre jours de consigne.* **3** Endroit où l'on met les bagages en dépôt dans une gare, un aéroport. **4** Fait de consigner ; somme rendue en échange d'un emballage, d'une bouteille. **LOC** ***Consigne automatique*** : placard métallique dont on obtient la clé ou le code après y avoir introduit des pièces de monnaie.

**consigner** *vt* [1] **1** DR Déposer chez un tiers une somme contre signature pour qu'elle soit délivrée ensuite à qui de droit. **2** COMM Adresser à un consignataire. **3** Mettre par écrit. *Consigner un procès-verbal.* **4** Priver de sortie un soldat, un élève. **5** Donner des ordres pour empêcher l'accès ou la sortie d'un lieu. **6** Mettre ses bagages à la consigne d'une gare, d'un aéroport. **7** Facturer un emballage, qui, une fois rendu, sera remboursé. [ETY] Du lat. *consignare*, « sceller ».

**consistance** *nf* **1** État d'une matière fluide, d'un corps considérant sa solidité, sa fermeté. *Une pâte sans consistance.* **2** fig Sérieux, solidité. *Un esprit sans consistance.*

**consistant, ante** *a* **1** Qui a de la consistance, épais. *Une soupe consistante.* **2** fig Solide. *Il n'a aucun argument consistant à m'opposer.*

**consister** *vi* [1] **1** Être constitué, composé de. *Sa fortune consiste en actions.* **2** Avoir pour nature, pour but de. *Votre tâche consiste à trier ces papiers.* [ETY] Du lat. *consistere*, « se tenir ensemble ».

**consistoire** *nm* **1** Dans l'Église catholique, réunion des cardinaux sur convocation du pape. **2** Direction administrative de certaines communautés religieuses. *Consistoire protestant, israélite.* [DER] **consistorial, ale, aux** *a*

**consœur** *nf* **1** Femme appartenant au même corps, à la même compagnie, à la même société qu'une autre. **2** Entreprise exerçant le même type d'activité qu'une autre.

**consolation** *nf* **1** Soulagement apporté à la douleur morale de qqn. *Recevoir des paroles de consolation.* **2** Sujet de soulagement, de satisfaction. *Le succès de son fils est une consolation pour lui.*

**Consolation de la philosophie** œuvre de Boèce (VIe s.), dialogue entre celui-ci et une visiteuse, la Philosophie.

**console** *nf* **1** ARCHI Pièce en saillie en forme de S, destinée à supporter un balcon, une corniche, etc. **2** Table à deux ou quatre pieds en forme de S, appuyée contre un mur. **3** TECH Pièce encastrée dans une paroi, servant de support. **4** MUS Dans une harpe, la partie supérieure où se trouvent les chevilles. **5** MUS Dans un orgue, meuble qui comporte le pédalier, les claviers et les registres. **6** INFORM Périphérique ou terminal permettant de communiquer avec l'unité centrale. **7** Microordinateur dédié à la pratique des jeux vidéo. *Consoles portables et consoles de salon reliées à un téléviseur.* **LOC** ELECTROACOUST ***Console de mixage*** : pupitre de mixage des diverses sources sonores. [ETY] De *sole*, « poutre ».

**consoler** *v* [1] **A** *vt* **1** Soulager qqn dans sa douleur, son affliction. **2** litt Adoucir un sentiment pénible. *Cet espoir console sa douleur.* **B** *vpr* Oublier son chagrin. *Il se console difficilement de cet échec.* [ETY] Du lat. [DER] **consolable** *a* – **consolant, ante** *a* – **consolateur, trice** *a, n*

**consolidation** *nf* **1** Action de consolider ; son résultat. **2** CHIR Action physiologique amenant la réunion des os fracturés par formation d'un cal. *Consolidation d'une fracture.* **3** COMPTA Opération consistant à faire apparaître la situation financière globale d'un groupe de sociétés. *Consolidation d'un bilan.* **4** FIN Conversion d'une dette à court terme en dette à long terme.

**consolidé, ée** *a* FIN Qui présente la situation financière globale d'un groupe d'entreprises. *Bilan consolidé. Comptes consolidés.*

**consolider** *vt* [1] **1** Affermir, rendre plus solide. *Consolider un édifice. Consolider sa puissance.* **2** FIN Convertir une dette à court terme en une dette à long terme. **3** COMPTA Réunir plusieurs bilans en un seul. [DER] **consolidable** *a*

**consommable** *a, nm* **A** *a* Qui peut être consommé. **B** *a, nm* ECON Se dit d'un objet qui ne sert qu'une fois, d'un produit qui disparaît lors de son utilisation. *Le papier et le toner, principaux consommables de la bureautique.*

**consommateur, trice** *n, a* **A** *n* **1** Personne qui achète des produits pour les consommer. *La défense des consommateurs.* **2** Personne qui boit ou mange dans un café, une brasserie, etc. **B** *a* **1** Qui consomme (par oppos. à *producteur*). *Pays consommateur de céréales.* **2** Relatif aux consommateurs, à la consommation. *Le mouvement consommateur.*

**consommation** *nf* **1** litt Achèvement, accomplissement. *La consommation d'un sacrifice.* **2** Usage que l'on fait de certains produits en les détruisant. *Consommation d'eau, d'essence.* **3** ECON Emploi, pour la satisfaction des besoins des êtres humains, des biens produits antérieurement. **4** Boisson ou nourriture prise dans un café, une brasserie. **LOC** ***Consommation du mariage*** : union charnelle des époux. — ***Société de consommation*** : où l'accroissement de la production débouche sur la multiplication des produits à consommer et, par conséquent, sur la création de nouveaux besoins et désirs.

**consommatoire** *a* ECON De la consommation. *Le système consommatoire.*

**consommé, ée** *a, nm* **A** *a* Parvenu au plus haut degré, parfait. *Un musicien consommé.* **B** *nm* Bouillon de viande.

**consommer** *v* [1] **A** *vt* **1** litt Accomplir, achever. **2** Utiliser, user de. *Consommer de la viande.* **3** Utiliser pour fonctionner. *Moteur qui consomme beaucoup d'huile.* **B** *vi* Prendre une consommation dans un café. **LOC** ***Consommer le mariage*** : avoir les premières relations sexuelles avec son conjoint. [ETY] Du lat. *consummare*, « faire la somme ».

**consomptible** *a* DR Qui peut être consommé.

**consomption** *nf* MED Amaigrissement et perte des forces dans les maladies graves et prolongées. [PHO] [kɔ̃sɔ̃psjɔ̃]

**consonance** *nf* **1** Ressemblance de sons dans la terminaison de deux ou plusieurs mots. **2** MUS Accord agréable entre les sons dans l'harmonie tonale. *Consonances parfaites, imparfaites.* **3** Suite de sons. *Des consonances peu harmonieuses.*

**consonant, ante** *a* Qui est formé par des consonances, qui produit une consonance. *Accord consonant. Mots consonants.*

**consonantisme** *nm* PHON Système des consonnes d'une langue.

**consonne** *nf* **1** Phonème résultant de la rencontre de l'émission vocale et d'un obstacle formé par la gorge ou la bouche. *[d] et [t] sont des consonnes dentales, [b] et [p] des bilabiales, [f] et [v] des labiodentales, [g] et [k] des palatales ou vélaires, et [s] et [z] des alvéolaires.* **2** Lettre qui représente un de ces phonèmes. [ETY] Du lat. *consona*, « dont le son se joint à ». [DER] **consonantique** *a*

**consort** *nm pl, am* **LOC** ***Et consorts*** : et ceux qui sont du même genre. [PHO] [kɔ̃sɔʀ] [ETY] Du lat. *consors*, « qui partage le sort ».

**consortage** *nm* Suisse Association d'exploitants agricoles.

**consortium** *nm* FIN Association d'entreprises. *Des consortiums.* [PHO] [kɔ̃sɔʀsjɔm] [ETY] Mot angl., du lat., « association ». [DER] **consortial, ale, aux** *a*

**consoude** *nf* BOT Borraginacée à grandes feuilles qui pousse dans les lieux humides. [ETY] Du lat.

**John Constable** *Vue d'Epsom*, 1809 – Tate Gallery

**Conspiration des poudres** machination de catholiques anglais dirigés par G. Fawkes, qui projetèrent de faire sauter Jacques I$^{er}$ et le Parlement (1605).

**conspirer** *v* ① **A** *vi* Ourdir un complot, une conjuration contre le pouvoir. *Conspirer contre le souverain.* **B** *vt* vieilli Projeter en secret, tramer. *Conspirer la mort d'un ennemi.* **C** *vti* litt Concourir, tendre au même but. *Tout conspire à votre bonheur.* (ETY) Du lat. *conspirare*, « souffler ensemble ». (DER) **conspirateur, trice** *n* – **conspiratif, ive** *a* – **conspiration** *nf*

**conspuer** *vt* ① Manifester bruyamment son hostilité contre qqn, en parlant d'un groupe, d'une foule. *L'orateur s'est fait conspuer.* (ETY) Du lat. *conspuere*, « cracher sur ».

**constable** *nm* En Angleterre, officier de police chargé de veiller sur la paix publique. (ETY) Mot angl.

**Constable** John (East Bergholt, Suffolk, 1776 – Londres, 1837), peintre anglais, paysagiste romantique. ▶ illustr. p. 365

**constance** *nf* **1** vieilli Fermeté, courage. *Souffrir avec constance.* **2** Persistance, persévérance dans ses actions, ses goûts. *La constance d'une amitié.* **3** État de ce qui ne change pas. **4** BOT Mesure du degré de la fréquence d'une même espèce dans divers relevés.

**Constance** (en all. *Konstanz*), v. d'Allemagne (Bade-Wurtemberg), au N.-O. du lac du m. nom ; 70 540 hab. Tourisme. – Égl. goth. XII$^e$-XV$^e$ s. – Le *concile de Constance* (1414-1418) mit fin au grand schisme d'Occident ; il condamna Jan Hus au bûcher (1415).

**Constance (lac de)** (en all. *Bodensee*), lac partagé entre la Suisse, l'Allemagne et l'Autriche ; c'est une extension glaciaire du Rhin ; 540 km$^2$. Import. centre de tourisme.

**Constance** nom de trois empereurs romains. — **Constance I$^{er}$ Chlore** Marcus Flavius Valerius Constantius dit le Pâle (?, vers 225 – Eboracum, aujourd'hui York, 306) père de Constantin I$^{er}$ le Grand. César en 293 ; empereur à l'abdication de Maximien (305). — **Constance II** Flavius Julius Constantius (Illyricum, 317 – Mopsucrène, Cilicie, 361), deuxième fils de Constantin I$^{er}$ le Grand ; empereur de 337 à 361, favorable à l'arianisme. — **Constance III** Flavius Constantius (Naissus, aujourd'hui Niš, ? – Ravenne, 421), général d'Honorius, empereur en 421 ; père de Valentinien III.

**constant, ante** *a, nf* **A** *a* **1** Qui ne change pas ; persévérant. *Constant en amour.* **2** Qui dure ; non interrompu. *Un bruit constant.* **B** *nf* **1** Grandeur, caractère invariable. **2** MATH, PHYS Coefficient ou quantité dont la valeur ne change pas, par oppos. à *variable*. **LOC** BIOL ***Constante biologique*** : élément dont le nombre ou la concentration ne varie pas dans l'organisme. — ASTRO ***Constante solaire*** : quantité d'énergie de rayonnement solaire parvenant aux confins de l'atmosphère. (ETY) Du lat. (DER) **constamment** *av*

ENC Les valeurs des *constantes physiques fondamentales* sont les suivantes : masse de l'électron m = 9,109.10$^{-31}$ kg ; charge de l'électron e = 1,602.10$^{-19}$ C ; constante de Planck h = 6,626.10$^{-34}$ J.s ; nombre d'Avogadro N = 6,022.10$^{23}$ ; vitesse de la lumière c = 299 792 458 m/s.

**Constant I$^{er}$** Flavius Julius Constans (?, v. 320 – Elena, ou Castrum Elenæ, auj. Elne, 350), troisième fils de Constantin I$^{er}$ le Grand ; empereur romain de 337 à 350. — **Constant II Héraclius** (?, 630 – Syracuse, 668), fils de Constantin III ; empereur romain d'Orient de 641 à 668.

**Constant** Benjamin Constant de Rebecque, dit Benjamin (Lausanne, 1767 – Paris, 1830), homme politique et écrivain français ; député libéral sous la Restauration. *Adolphe* (1816, écrit v. 1806), le *Cahier rouge* (v. 1811 ; publ. posth., 1907) et ses *Journaux intimes* (posth., 1952) assurent sa gloire.

**Constant** Constant Nieuwenhuis dit (Amsterdam, 1920 – id., 2005), peintre néerlandais, cofondateur du mouvement Cobra.

**Constant** Marius (Bucarest, 1925 – Saint-Mandé, 2004), compositeur français, élève de Messiaen : *le Joueur de flûte* (1952), *Turner* (1961), *la Tragédie de Carmen* (1981).

**Constanţa** v. et port de Roumanie, sur la mer Noire ; 318 800 hab. Stat. baln. – Ruines de l'antique *Tomes*, où Ovide mourut en exil.

**constantan** *nm* METALL Alliage de cuivre (55 %) et de nickel (45 %) dont la résistivité varie peu avec la température.

**Constantin I$^{er}$** (m. en 715), pape d'origine syrienne, de 708 à 715.

**Constantin I$^{er}$ le Grand** Caius Flavius Valerius Aurelius Claudius Constantinus (Naissus, aujourd'hui Niš, entre 270 et 288 – Nicomédie, 337), fils de Constance I$^{er}$ Chlore ; empereur romain (306-337). Il se rendit maître de l'Occident par sa victoire sur Maxence au pont Milvius (312), puis de tout l'Empire par ses victoires sur Licinius, qu'il fit assassiner en 325. Son édit de Milan (313), autorisa le christianisme. En 325, il convoqua le premier concile œcuménique à Nicée. Il fonda Constantinople sur l'emplacement de Byzance et y établit le gouvernement en 330. (DER) **constantinien, enne** *a* — **Constantin II le Jeune** (Arles, 317 – Aquilée, 340), fils aîné du préc. ; empereur d'Occident (337-340). — **Constantin III Héraclius** (?, 612 – Chalcédoine, 641), fils aîné d'Héraclius I$^{er}$ ; empereur d'Orient en 641. — **Constantin IV** (654 – 685), fils aîné de Constant II ; empereur d'Orient (668-685). — **Constantin V Copronyme** (718 – 775), fils de Léon III l'Isaurien, empereur byzantin (741-775). Il favorisa l'iconoclasme. — **Constantin VI** (771 – après 800), fils de Léon IV et d'Irène ; empereur byzantin (780-797) déposé par sa mère, qui lui fit crever les yeux. — **Constantin VII Porphyrogénète** (905 – 959), fils de Léon VI ; empereur byzantin (912-959) ; historien et philosophe. — **Constantin VIII** (vers 960 – 1028), second fils de Romain II et de Théophano ; empereur byzantin (961-1028), frère de Basile II, avec qui il gouverna de 976 à 1025. — **Constantin IX Monomaque** (vers 980 – 1055), empereur byzantin (1042-1055) ; le grand schisme entre Rome et Byzance fut consommé sous son règne. — **Constantin X Doukas** (1007 – 1067), empereur byzantin (1059-1067). — **Constantin XI Paléologue** dit **Dragasès** (?, 1403 – Constantinople, 1453), dernier empereur byzantin (1449-1453), mort au combat.

Constantin I$^{er}$ le Grand

**Constantin I$^{er}$** (Athènes, 1868 – Palerme, 1923), roi de Grèce ; fils de Georges I$^{er}$, à qui il succéda en 1913. Déposé en 1917, rappelé en 1920, il abdiqua en 1922. — **Constantin II** (Athènes, 1940), dernier roi de Grèce (1964-1973), il s'exila en 1967, après le putsch des « colonels ».

**Constantin Pavlovitch** (Tsarskoïe Selo, 1779 – Vitebsk, 1831), grand-duc de Russie. Fils de Paul I$^{er}$, il abandonna le trône à son jeune frère Nicolas I$^{er}$.

**Constantine** (auj. *Qacentina*), v. d'Algérie, dans les gorges du Rummel ; 450 740 hab. ; ch.-l. de la wilaya du m. nom. Industries. – Université. Musée archéol. – Capitale de la Numidie sous le nom de *Cirta*, la ville fut détruite en 331 et reconstruite par Constantin. (DER) **constantinois, oise** *a, n*

**Constantinescu** Emil (Tighina, auj. Bender, Rép. de Moldavie, 1939), homme politique roumain, il fut président de la République de 1996 à 2000.

**Constantinois** nom français donné à la région orientale de l'Algérie.

**Constantinople** (anc. *Byzance*, auj. *Istanbul*), v. fondée en 324 par Constantin I$^{er}$ le Grand, cap. de l'Empire romain d'Orient, ou Empire byzantin, de 330 à 1453. De 1204 à 1261, elle fut la cap. de l'Empire latin de Constantinople. Occupée par les Turcs (depuis 1453), elle reçut son nom actuel : Istanbul (V. Byzance et Istanbul). Siège des quatre conciles œcuméniques.

**Constantinople (Empire latin de)** empire (1204-1261) fondé par les croisés après qu'ils eurent pris Constantinople ; miné par des querelles intestines, il s'effondra sous les coups de Michel Paléologue, qui restaura l'Empire byzantin. (VAR) **Empire latin d'Orient**

**constat** *nm* **1** Procès-verbal, dressé par huissier, constatant un fait. **2** fig Ce qui permet de constater qqch. *Un constat d'échec.* **LOC** ***Constat amiable*** : déclaration relatant les circonstances d'un accident de la circulation, faite par les parties concernées. (ETY) Mot lat., « il est certain ».

**constater** *vt* ① **1** Vérifier, établir, certifier la réalité d'un fait. *Constater la mort de qqn.* **2** Remarquer, s'apercevoir de. *Constater des différences. Je constate que la porte ferme mal.* (DER) **constatable** *a* – **constatation** *nf*

**constellation** *nf* **1** Groupement apparent d'étoiles ayant une configuration propre. *La constellation de la Grande Ourse, du Lion.* **2** Groupe d'objets brillants. **3** fig Réunion de personnes illustres. (ETY) Du lat. *stella*, « étoile ».

**constellé, ée** *a* **1** Parsemé d'étoiles. *Un ciel constellé.* **2** Parsemé d'objets, en général brillants. *Une couronne constellée de diamants.* **3** fig Parsemé en abondance. *Un texte constellé de fautes.*

**consteller** *vt* ① **1** Parsemer d'étoiles. **2** fig Parsemer, couvrir en abondance de.

**consternation** *nf* Stupeur causée par un évènement pénible, accablement.

**consterner** *vt* ① Jeter dans l'accablement. (ETY) Du lat. *consternare*, « abattre ». (DER) **consternant, ante** *a*

**constipé, ée** *a, n* **1** Qui souffre de constipation. **2** fig, fam Taciturne, embarrassé.

**constiper** *vt* ① Causer un retard ou des difficultés dans l'évacuation des selles. *Cette alimentation m'a constipé.* (ETY) Du lat. *constipare*, « serrer ». (DER) **constipant, ante** *a* – **constipation** *nf*

**constituant, ante** *a, nm* **A** Qui entre dans la composition de qqch. *Les parties constituantes d'une substance chimique. Les constituants électroniques d'un appareil.* **B** *nm* **1** CHIM Corps pur qui participe à un équilibre. **2** Membre d'une assemblée constituante. **LOC** ***Assemblée constituante*** : élue pour rédiger une constitution.

**constitué, ée** *a* Établi par la Constitution. *Les autorités constituées, les corps constitués.* **LOC** ***Être bien, mal constitué*** : de bonne, de mauvaise constitution physique.

**constituer** *vt* ① **1** Former un tout, par la réunion de deux ou plusieurs choses. *Cinq romans constituent son œuvre.* **2** Être en soi, représenter. *Le loyer constitue la plus grande partie de ses dépenses.* **3** DR Établir, mettre qqn dans une situation légale. *Il a constitué son neveu son héritier.* **4** DR Établir qqch pour qqn. *Constituer une rente à qqn.* **5** Créer, organiser. *Constituer un groupe de recherches.* **LOC** ***Se constituer prisonnier*** : se livrer à la justice. (ETY) Du lat. *statuere*, « établir ».

**constitutif, ive** *a* **1** Qui fait partie de. **2** Qui constitue l'essentiel de. **LOC** DR ***Titre constitutif*** : qui établit un droit.

**constitution** *nf* **1** Ensemble des éléments constitutifs de qqch ; composition. **2** Nature, état général du corps humain, tempérament. *Être de constitution délicate.* **3** Création, fondation. *Constitution d'une association.* **4** (Avec une majuscule) Ensemble des lois fondamentales qui déterminent la forme de gouvernement d'un État. **5** Actes solennels des papes et des conciles. *Constitution pastorale.* **LOC** ***Constitution de partie civile*** : demande de réparation d'un dommage.

ENC **Constitution du 3 septembre 1791** Votée par l'Assemblée nationale constituante, elle a établi la monarchie constitutionnelle. Sa préface est *la Déclaration des droits de l'homme et du citoyen.*

**Constitution de l'an I** (approuvée par référendum en juil. 1793). Due à la Convention, elle établit le régime républicain. La Terreur ayant été proclamée (sept.), elle ne fut jamais appliquée.

**Constitution de l'an III** (approuvée par référendum en sept. 1795). Votée par la Convention après la chute de Robespierre (9-10 thermidor, 27-28 juil. 1795), elle établit une république modérée. Deux assemblées élues au second degré au suffrage censitaire (Conseil des Anciens et Conseil des Cinq-Cents) détiennent le pouvoir législatif et nomment un Directoire (5 membres) qui détient l'exécutif.

**Constitution de l'an VIII** (promulguée en déc. 1799, approuvée par référendum en fév. 1800). Elle établit le pouvoir consulaire après le coup d'État du 18 brumaire (9 nov. 1799).

**Constitution de l'an X** (ou sénatus-consulte organique). Votée le 4 août 1802 par le Sénat, elle nomme consul à vie le Premier consul (Bonaparte).

**Constitution de l'an XII** (sénatus-consulte du 14 mai 1804). Elle établit l'Empire héréditaire au profit de Napoléon.

**Charte constitutionnelle de 1814** Constitution octroyée par Louis XVIII le 4 juin 1814, après l'abdication de Napoléon (6 avril) ; elle instaura la monarchie constitutionnelle.

**Acte additionnel aux Constitutions de l'Empire** (22 avril 1815). Accordé par Napoléon à son retour de l'île d'Elbe (20 mars), il établit l'Empire constitutionnel jusqu'à son abdication (22 juin). De 1815 à 1830, la 2^e^ Restauration eut pour Constitution la Charte de 1814.

**Charte du 14 août 1830** Votée par les Chambres après la révolution de juillet 1830 et jurée par Louis-Philippe I^er^, roi des Français, elle modifie la Charte de 1814.

**Constitution du 21 novembre 1848** Votée par l'Assemblée constituante après la révolution de février, elle établit un gouvernement républicain, fondé sur le suffrage universel.

**Constitution du 14 janvier 1852** Élaborée par le président Louis Napoléon Bonaparte, après le coup d'État du 2 déc. 1851 et le plébiscite qui l'avait sanctionné, elle s'inspire de la Constitution de l'an VIII. Le sénatus-consulte du 7 novembre 1852 (ratifié par plébiscite le 21 nov.) rétablit l'Empire au profit de Napoléon III.

**Constitution de 1875** (III^e^ République). Le 4 sept. 1870, la déchéance de Napoléon III et l'avènement de la III^e^ République furent proclamés. Jusqu'au 31 déc. 1875, le régime républicain demeura incertain, mais, entre le 30 janv. et le 16 juil. 1875, l'Assemblée nationale vota des lois dont l'ensemble forma la Constitution de 1875. Le pouvoir législatif appartient : à la Chambre des députés, élue au suffrage universel par tous les citoyens de sexe masculin âgés de 21 ans au moins et jouissant de leurs droits civiques ; au Sénat, élu par un collège comprenant les députés, les conseillers généraux, les conseillers d'arrondissement et les délégués des conseils municipaux. Le pouvoir exécutif appartient, en droit, au président de la Rép., mais en fait au Conseil des ministres, que dirige le président du Conseil. Le président de la République est élu pour 7 ans par les membres des deux Chambres réunies en Congrès à Versailles ; il nomme les ministres, responsables devant les Chambres. Ceux-ci se réunissent soit en Conseil des ministres, sous la présidence du président de la République, soit en Conseil de cabinet, sous la présidence du président du Conseil. Le pouvoir judiciaire est exercé par le corps de la magistrature, dont les membres sont nommés par l'exécutif. Les lois constitutionnelles ont été modifiées en 1881 et en 1926. La Constitution de 1875 a cessé d'être appliquée en juillet 1940 (V. État français).

**Constitution de 1946** (IV^e^ République). Élaborée (après le rejet d'une première Constitution) par la 2^e^ Assemblée constituante et approuvée par référendum le 13 oct. 1946. Le Parlement est composé de l'Assemblée nationale : 627 députés élus pour 5 ans au suffrage universel direct, et du Conseil de la République : 320 sénateurs âgés de 35 ans au moins élus pour 6 ans (renouvelables par moitié tous les 3 ans) au suffrage universel à deux degrés, par des collèges départementaux. Seule l'Assemblée nationale vote la loi et a l'initiative des dépenses ; elle donne l'investiture au président du Conseil désigné par le président de la République ; elle seule peut mettre fin aux fonctions du président du Conseil. La Constitution de 1946 instaurait également un Conseil économique. Le pouvoir exécutif appartenait, comme sous la III^e^ République, au Conseil des ministres, présidé par le président du Conseil. Le président de la République, élu pour 7 ans et rééligible seulement une fois par l'Assemblée nationale et le Conseil de la République réunis en Congrès, était également président de l'Union française.

**Constitution du 28 septembre 1958** (V^e^ République), actuellement en vigueur. Élaborée sous le contrôle direct du général de Gaulle, elle donne un rôle primordial au président de la République, chef de l'État, dont procèdent directement le Premier ministre et le gouvernement. Le président de la République, élu pour 7 ans de 1958 à 1995, l'est pour 5 ans en 2002 à la suite du référendum de 2000. Une crise ministérielle ne peut survenir qu'à la suite du vote d'une motion de censure par la majorité des membres de l'Assemblée ou à la suite d'un vote, acquis à la même majorité, contre le gouvernement lorsqu'il engage sa responsabilité. Le président de la République peut dissoudre l'Assemblée nationale, sous certaines conditions. La modification de la Constitution (référendum de 1962), en vertu de laquelle le président de la République est élu au suffrage universel direct, renforce ce dispositif : le régime de la V^e^ République est à la fois présidentiel et parlementaire. Le Premier ministre dirige l'action du gouvernement en tant que premier collaborateur du président de la République. Le pouvoir législatif est exercé, comme sous la IV^e^ République, par l'Assemblée nationale, élue pour 5 ans, et par le Sénat, élu pour 9 ans, renouvelable par tiers tous les trois ans. Le contrôle de la constitutionnalité des lois revient au Conseil constitutionnel. En ce qui concerne le pouvoir judiciaire, il diffère peu de ce qu'il était sous la IV^e^ République ; sa liberté par rapport à l'exécutif est une question à l'ordre du jour. Le gouvernement et le Parlement sont assistés par une assemblée consultative : le Conseil économique et social. La Constitution peut être révisée à l'initiative du président de la République ou du Parlement. La révision doit être adoptée par référendum ou votée à la majorité des trois cinquièmes par le Parlement réuni en Congrès.

**Constitution civile du clergé** réorganisation du clergé par l'Assemblée nationale constituante le 12 juillet 1790. Elle exigea, le 27 nov. 1790, que les prêtres jurent fidélité à cette Constitution civile, de sorte qu'on distingua les prêtres assermentés (ou constitutionnels) et les réfractaires (ou insermentés).

**constitutionnaliser** *vt* (1) DR Rendre constitutionnel un texte de loi. (DER) **constitutionnalisation** *nf*

**constitutionnaliste** *n* Spécialiste de droit constitutionnel.

**constitutionnel, elle** *a* **1** MED Qui relève de la constitution de l'individu. *Maladie constitutionnelle.* **2** Régi par une constitution. *Monarchie constitutionnelle.* **3** Conforme à la Constitution de l'État. **4** Relatif à la Constitution de l'État. *Loi constitutionnelle.* **LOC** ***Droit constitutionnel*** : partie du droit qui étudie les constitutions et leur fonctionnement. — HIST ***Prêtre constitutionnel*** : prêtre ayant juré fidélité à la Constitution civile du clergé en 1790. (DER) **constitutionnalité** *nf* – **constitutionnellement** *av*

**Constitutionnel (le)** quotidien d'opposition à la monarchie de 1814 à 1848. Il disparut en 1914.

**constricteur** *am, nm* **LOC** ZOOL ***Boa constricteur*** ou ***constrictor*** : ainsi nommé parce qu'il s'enroule autour de ses proies pour les étouffer. — ANAT ***Muscle constricteur*** ou ***constricteur*** : qui resserre, en agissant circulairement.

**constrictif, ive** *a, nf* MED Qui resserre. *Douleur constrictive.* **LOC** PHON ***Une consonne constrictive*** ou ***une constrictive*** : produite avec une occlusion incomplète du canal buccal, comme les fricatives et les vibrantes.

**constriction** *nf* didac Resserrement par pression circulaire.

**constrictor** → **constricteur.**

**constructeur, trice** *n, a* Qui construit. *Constructeur d'ordinateurs. Animaux constructeurs.*

**constructible** *a* Où l'on peut construire. *Terrain constructible.* (DER) **constructibilité** *nf*

**constructif, ive** *a* **1** Apte, propre à construire, à créer. **2** Positif. *Des propositions constructives.* **3** TECH Qui concerne la construction, le bâtiment. *Normes constructives.*

**construction** *nf* **1** Action de construire. *La construction d'un navire.* **2** Édifice. **3** Ensemble des techniques utilisées pour construire des bâtiments et des ouvrages de génie civil. **4** Branche particulière de l'industrie. *Construction mécanique, aérospatiale, navale.* **5** fig Élaboration, composition. *La construction d'une intrigue policière.* **6** GRAM Arrangement des mots suivant les règles et l'usage de la langue. **7** GEOM Tracé d'une figure. **LOC** ***Jeu de construction*** : jeu d'enfant constitué d'éléments, de cubes qui s'assemblent pour former des objets.

**constructivisme** *nm* Mouvement artistique proche du cubisme et du futurisme, issu des recherches d'avant-garde qui animèrent les arts en Russie de 1913 à 1922, dont Tatline et Pevsner sont les principaux représentants. (DER) **constructiviste** *n, a*

**construire** *vt* (69) **1** Disposer, assembler les parties pour former un tout, bâtir. *Construire une machine, un pont.* **2** fig Composer, concevoir. *Construire un raisonnement.* **3** GRAM Arranger, disposer les mots d'une phrase suivant les règles de l'usage. *Construire une phrase.* **4** GEOM Tracer une figure. *Construire un triangle rectangle.* (ETY) Du lat. *struere*, « élever ».

**consubstantiation** *nf* THEOL Présence du Christ dans le pain et le vin de l'eucharistie, selon le dogme luthérien.

**consubstantiel, elle** *a* **1** THEOL De la même substance. *Le Fils est consubstantiel au Père.* **2** fig, litt Inséparable. (DER) **consubstantialité** *nf* – **consubstantiellement** *av*

**consul, ule** *n* **A** *nm* **1** ANTIQ Chacun des deux magistrats qui se partageaient, à Rome, le pouvoir exécutif au temps de la République. **2** Au Moyen Âge, titre donné dans le Midi de la France, aux magistrats municipaux. **3** Titre des trois magistrats suprêmes de la République française de 1799 à 1804. **B** *n* Agent diplomatique chargé, dans un pays étranger, de la défense et de l'administration des ressortissants de son pays. (ETY) Mot lat. ▶ illustr. p. 368

**consulaire** *a* **1** Qui est propre aux consuls romains. **2** mod Qui se rapporte à un consulat, à un consul à l'étranger. **LOC** ***Gouvernement consulaire :*** établi en France par la Constitution de l'an VIII.

**consulat** *nm* **1** HIST Dans la Rome antique, dignité, charge de consul ; temps pendant lequel un consul exerçait sa charge. **2** Charge de consul dans une ville étrangère ; lieu où demeure un consul, où il a ses bureaux.

**Consulat (le)** gouvernement de la France (Constitution de l'an VIII), issu du coup d'État du 18 Brumaire. Il dura du 10 nov. 1799 au 18 mai 1804. Le pouvoir exécutif fut confié à trois consuls, nommés pour 10 ans : Bonaparte, Premier consul (consul à vie en 1802), qui détenait la réalité du pouvoir, Cambacérès et Lebrun.

**consultant, ante** *a, n* **A** Qui donne avis et conseil. *Avocat consultant.* **B** *n* Client d'un médecin qui vient consulter.

**consultatif, ive** *a* Qui donne un avis, sans pouvoir de décision. *Assemblée consultative. Voix consultative.*

**consultation** *nf* **1** Action de consulter. **2** Examen d'un malade par un médecin ; avis donné par celui-ci. **3** Conférence pour examiner une affaire, un cas. **5** DR Opinion d'une personne susceptible de fournir un avis technique, exprimée à la demande d'un juge ou d'un tribunal. **LOC** ***Consultation populaire :*** élection, référendum.

**consulte** *nf* anc Nom donné en Italie et dans quelques cantons suisses à certains conseils, permanents ou temporaires. (ETY) De l'ital.

**consulter** *v* 1 **A** *vt* **1** Prendre l'avis de, s'adresser à qqn pour un conseil. *Consulter un médecin, une voyante.* **2** Examiner pour chercher des renseignements. *Consulter un dictionnaire, des archives.* **3** litt Examiner pour se déterminer. *Consulter ses goûts, ses intérêts.* **B** *vi* Donner une consultation. *Ce médecin consulte tous les jours.* (ETY) Du lat. (DER) **consultable** *a*

**consulteur** *nm* RELIG CATHOL Docteur en théologie commis par le pape pour donner son avis sur certaines manières.

**consulting** *nm* ECON Activité du consultant en entreprise. (PHO) [kɔ̃syltiŋ] (ETY) Mot angl.

**consumer** *vt* 1 **1** Détruire par le feu. *Le feu consuma l'édifice. Les braises se consumaient lentement.* **2** litt Épuiser, faire dépérir. *La fièvre, l'inquiétude le consument. Se consumer de chagrin.* (ETY) Du lat. *consumer,* « détruire ».

**consumérisme** *nm* Action menée par des organisations de consommateurs pour défendre leurs intérêts. (ETY) De l'angl. *consumer,* « consommateur ». (DER) **consumériste** *a, n*

**contact** *nm* **1** État de corps qui se touchent ; action par laquelle des corps se touchent. *Point de contact.* **2** Liaison, relation. *Prendre contact, entrer en contact, être en contact avec qqn.* **3** MILIT Proximité permettant le combat. **4** ELECTR Liaison de deux conducteurs assurant le passage d'un courant. **5** Dispositif d'allumage d'un moteur à explosion. **6** GEOM Propriété de deux courbes qui ont en un point la même tangente. **LOC** OPT ***Lentille, verre de contact :*** lentille correctrice, que l'on applique directement sur le globe oculaire. (ETY) Du lat.

les trois **consuls** : Lebrun, Bonaparte et Cambacérès – cabinet des Estampes, BN

**contacter** *vt* 1 **1** Établir une liaison, un contact avec qqn. **2** ELECTR Établir un contact avec.

**contacteur** *nm* ELECTR Interrupteur commandé à distance.

**contactologie** *nf* didac Partie de l'ophtalmologie qui s'occupe des lentilles de contact. (DER) **contactologique** *a* – **contactologiste** *n*

**contage** *nm* MED Substrat contenant l'agent contaminant. (ETY) Du lat.

**contagieux, euse** *a* **1** Transmissible par contagion. *Maladie contagieuse.* **2** Qui communique la contagion, qui la favorise. *Un malade contagieux.* **3** fig Qui se communique facilement. *Un fou rire contagieux.* (DER) **contagiosité** *nf*

**contagion** *nf* **1** Transmission d'une maladie par contact direct ou indirect. **2** fig Imitation, propagation involontaire. (ETY) Du lat. *contagio,* « contact ».

**container** *nm* TECH Conteneur. (PHO) [kɔ̃tenɛʀ] (ETY) Mot angl.

**contamination** *nf* **1** Introduction, présence anormale de germes pathogènes, de substances radioactives dans un milieu, dans l'organisme. **2** METALL Introduction non souhaitée d'un élément dans un métal ou un alliage, altérant ses caractéristiques. **3** LING Altération d'un mot par un autre.

**contaminer** *vt* 1 Introduire des germes pathogènes, des substances radioactives dans un objet, un milieu ou un être vivant. *Contaminer de l'eau.* (DER) **contaminant, ante** *a, nm* – **contaminateur, trice** *n*

**Contant d'Ivry Pierre Content** ou **Constant,** dit (Ivry-sur-Seine, 1698 – Paris, 1777), architecte français : plan de l'église de la Madeleine.

**conte** *nm* **1** Récit d'aventures imaginaires. *Conte de fées.* **2** litt Histoire peu vraisemblable.

**Conte Paolo** (Asti, 1937), chanteur et auteur-compositeur italien.

**Conté Nicolas Jacques** (Saint-Céneri-le-Gerei, 1755 – Paris, 1805), chimiste et ingénieur français. Il inventa, en 1790, la mine de graphite et fonda une fabrique de crayons.

**contemplateur, trice** *a, n* Qui contemple, se plaît à l'observation, à la méditation.

**contemplatif, ive** *a, n* **A** *a* Adonné à la contemplation, à la méditation. *Mener une vie contemplative.* **B** *n* Celui qui se voue à la contemplation dans un ordre cloîtré. **LOC** RELIG CATHOL ***Ordres contemplatifs :*** voués à la contemplation. (DER) **contemplativement** *av*

**contemplation** *nf* **1** Action de contempler. *Rester en contemplation devant un paysage.* **2** Profonde application de l'esprit à un objet intellectuel. **3** RELIG Connaissance mystique de Dieu acquise par la méditation et l'ascèse.

**Contemplations (les)** recueil de poèmes de Victor Hugo (1856).

**contempler** *vt* 1 Regarder attentivement, avec admiration. *Contempler les astres.* (ETY) Du lat.

**contemporain, aine** *a, n* **1** Du même temps. *Boccace était contemporain de Pétrarque.* **2** De notre temps. *L'histoire contemporaine commence en 1789.* (ETY) Du lat. (DER) **contemporanéité** *nf*

**contempteur, trice** *n* litt Personne qui dénigre, méprise. *Un contempteur des valeurs bourgeoises.* (PHO) [kɔ̃tɑ̃ptœʀ, tʀis] (ETY) Du lat.

**contenance** *nf* **1** Capacité, étendue, superficie. *La contenance d'un vase.* **2** Maintien, posture. *Ne savoir quelle contenance prendre.* **LOC** ***Faire bonne contenance :*** conserver son sang-froid. — ***Par contenance :*** pour se donner un maintien. — ***Perdre contenance :*** être embarrassé.

**contenant** *nm* Ce qui contient qqch. *Le contenant et le contenu.*

**conteneur** *nm* **1** Caisse métallique destinée au transport multimodal de marchandises, d'objets. **2** Grand contenant à un usage particulier. *Conteneurs recueillant séparément papier et plastiques.* **3** Récipient plastique contenant un arbuste destiné à être transplanté.

**conteneuriser** *vt* 1 TRANSP Mettre en conteneur. (DER) **conteneurisation** *nf*

**contenir** *v* 36 **A** *vt* **1** Avoir une capacité de, comprendre en soi. *Cette cuve contient cent hectolitres.* **2** Renfermer. *Cette cuve contient du vin.* **3** Maintenir, retenir. *Les gardes contiennent la foule.* **4** fig Réprimer, se rendre maître de qqch. *Contenir ses passions.* **B** *vpr* Se maîtriser. *Contenez-vous !* (ETY) Du lat.

**content, ente** *a, nm* Dont le cœur et l'esprit sont satisfaits. *Il est content.* **LOC** ***Avoir son content :*** avoir tout ce que l'on désirait. — ***Être content de :*** être satisfait de. — ***Non content de :*** il ne lui suffit pas de... (ETY) Du lat.

**contentement** *nm* État d'une personne contente.

**contenter** *v* 1 **A** *vt* Rendre content, satisfaire. *Contenter ses désirs.* **B** *vpr* **1** Être satisfait. *Je me contente de peu.* **2** Se borner à. *Il s'est contenté de rire.*

**contentieux, euse** *a, nm* **A** *a* DR Qui est contesté, litigieux, ou qui peut l'être. **B** *nm* **1** Ensemble des affaires litigieuses d'une administration, d'une entreprise ; le service qui s'en occupe. **2** Conflit non réglé. *Avoir un contentieux avec qqn.* (PHO) [kɔ̃tɑ̃sjø, øz] (ETY) Du lat. *contentiosus,* « querelleur ».

**contention** *nf* **1** litt Grande application de l'esprit. **2** MED Fait de maintenir fermement un muscle, un organe dans un but thérapeutique. **LOC** ***Contention élastique :*** traitement de l'insuffisance veineuse ou lympathique par un bas élastique enserrant le membre. (ETY) Du lat. *contendere,* « lutter ».

**contenu, ue** *a, nm* **A** *a* Maîtrisé. *Colère contenue.* **B** *nm* **1** Ce qui est renfermé dans un contenant. *Le contenu d'une boîte.* **2** fig Substance, signification. *Le contenu d'une lettre.* SYN teneur.

**conter** *vt* 1 **1** Faire le récit de, narrer. *Conter ses peines.* **2** Raconter des choses inventées, mensongères. **LOC** ***En conter de belles :*** raconter des choses scandaleuses. (ETY) Du lat. *computare,* « compter ».

**Contes cruels** nouvelles de Villiers de L'Isle-Adam (1883).

**Contes de Cantorbery** recueils de contes en vers de Chaucer (1387-1400).

**Contes de la lune vague après la pluie (les)** film de K. Mizoguchi (1953), inspiré par plus. *Contes de pluie et de lune* d'Akinari (1776).

**Contes de Perrault** → **ma mère l'Oye (Contes de).**

**Contes du chat perché** récits de Marcel Aymé (1934), suivis de deux autres recueils (1950 et 1958).

**contestataire** *n, a* Qui conteste, qui remet en cause l'ordre établi, les valeurs dominantes. *Des propos contestataires.*

**contestation** *nf* **1** Objection, discussion. *Ce texte a suscité bien des contestations.* **2** Action, fait de contester. **3** Remise en cause de l'ordre établi. *La contestation étudiante.*

**conteste (sans)** *av* Sans aucun doute, incontestablement.

**contester** *vt* ① **1** Refuser de reconnaître la légalité ou la légitimité de. *Contester un testament.* **2** Mettre en doute. *Il conteste cette version des faits.* ETY Du lat. *contestari,* « plaider en produisant des témoins ». DER **contestabilité** *nf* – **contestable** *a* – **contestablement** *av* – **contestateur, trice** *a*

**conteur, euse** *n* **1** Personne qui conte, qui fait des récits. *Un agréable conteur.* **2** Auteur de contes. *Les conteurs de la Renaissance.*

**contexte** *nm* **1** Ensemble des éléments qui encadrent un mot, une expression, une phrase, dans le discours. **2** Ensemble des circonstances d'un évènement. *Le contexte économique de l'après-guerre.* ETY Du lat. *contextere,* « tisser avec ». DER **contextuel, elle** *a*

**contextualiser** *vt* ① Replacer qqch dans son contexte. DER **contextualisation** *nf*

**contexture** *nf* **1** Liaison, agencement des différentes parties d'un tout. *Contexture des os.* **2** TEXT Façon dont s'entrecroisent les fils de la chaîne et ceux de la trame.

**Conti (maison de)** branche cadette de la maison de Bourbon-Condé. VAR **Conty** — **Armand de Bourbon (prince de)** (Paris, 1629 – Pézenas, 1666), frère du Grand Condé, participa à la Fronde et épousa une nièce de Mazarin. La maison de Conti s'éteignit en 1814.

**contigu, uë** *a* **1** Attenant à autre chose. *La cuisine est contiguë à la salle à manger.* **2** fig Proche. *Notions contiguës.* PHO [kɔ̃tigy] ETY Du lat. VAR **contigu, üe** DER **contiguïté** ou **contigüité** *nf*

**continence** *nf* Abstention de tout plaisir charnel. LOC MED *Continence vésicale, rectale* : fonction de rétention qu'assurent normalement les sphincters.

**1 continent, ente** *a* litt Qui s'abstient de tout plaisir charnel. ETY Du lat. *continens,* « sobre, tempérant ».

**2 continent** *nm* Vaste étendue de terre émergée. LOC *L'Ancien Continent* : l'Europe, l'Asie et l'Afrique. — *Le Nouveau Continent* : les deux Amériques. ETY Du lat. *continere,* « tenir ensemble ».
ENC Les continents sont au nombre de six : Eurasie (Europe et Asie), Afrique (qui forme avec l'Eurasie l'*Ancien Monde*), Amérique du Nord et Amérique du Sud (le *Nouveau Monde*), Australie et Antarctique. La théorie de la dérive des continents, validée par la *tectonique des plaques,* rend compte de ce fait. On distingue les continents et les parties du monde, qui sont au nombre de cinq : Europe, Asie, Afrique, Amérique et Océanie.

**continental, ale** *a, n* **A** *a* Relatif aux continents, à l'intérieur des continents. **B** *n* Habitant du continent, par oppos. à *insulaire.* PLUR continentaux. LOC GEOGR *Climat continental* : caractéristique de l'intérieur d'un continent, non soumis aux influences océaniques (été chaud, hiver froid et sec). DER **continentalité** *nf*

**contingence** *nf* **A** PHILO Possibilité qu'une chose arrive ou n'arrive pas. ANT nécessité. **B** *nfpl* Choses sujettes à variation, et dont l'intérêt est mineur. *Se soucier des contingences.*

**contingent, ente** *a, nm* **A** *a* **1** PHILO Qui peut arriver ou non. *Futurs contingents.* ANT nécessaire. **2** Peu important, accessoire. **B** *nm* **1** Ensemble des conscrits effectuant leur service militaire pendant une même période. **2** Ensemble de choses reçues ou fournies. *Un contingent de marchandises avariées.* **3** DR Quantité de marchandises qu'il est permis d'importer. ETY Du lat. *contingere,* « arriver par hasard ».

**contingenter** *vt* ① Fixer un contingent à. DER **contingentement** *nm*

**continu, ue** *a, nm* **A** *a* **1** Qui n'est pas interrompu dans le temps ou dans l'espace. *Ligne continue.* **2** LING Se dit d'un son dont la prononciation ne nécessite pas une interruption de l'écoulement de l'air laryngé. *Les voyelles sont continues.* **B** *nm* didac Ce qui ne comporte pas d'interruption dans l'espace, dans le temps. LOC ELECTR *Courant continu* : qui se propage toujours dans le même sens, par oppos. à *courant alternatif.* — MATH *Fonction continue sur un intervalle* : dont la limite en tout point $x_0$ de cet intervalle est $f(x_0)$. — *Journée continue* : journée de travail qui ne comporte qu'une courte pause pour le repas. ETY Du lat. *continere,* « tenir ensemble ». DER **continûment** ou **continument** *av*

**continuateur, trice** *n* Personne qui continue l'œuvre ou l'activité commencée par une autre personne.

**continuation** *nf* Action de continuer. LOC fam *Bonne continuation !* : formule adressée à qqn dont on prend congé.

**continuel, elle** *a* **1** Qui dure sans interruption. *Une pluie continuelle.* **2** Qui se répète fréquemment et avec régularité. *Des interruptions continuelles.* DER **continuellement** *av*

**continuer** *v* ① **A** *vt* **1** Ne pas interrompre, donner une suite à. *Continuer son chemin, sa route.* **2** Poursuivre, persévérer dans une activité. *C'est un bon début, continuez !* **B** *vti* Ne pas cesser. *Il continue à travailler malgré son âge.* **C** *vi* **1** Se prolonger. *Le jardin continue jusqu'à la rivière.* **2** Durer, ne pas cesser. *La séance continue.* ETY Du lat.

**continuiste** *n* Musicien qui tient la basse continue.

**continuité** *nf* **1** Qualité de ce qui est continu, de ce qui se continue dans le temps ou dans l'espace. *La continuité d'une politique.* **2** MATH Propriété d'une fonction continue.

**continuo** *nm* MUS Basse instrumentale se continuant pendant toute la durée du morceau. SYN basse continue. ETY Mot ital.

**continuum** *nm* **1** Ensemble homogène d'éléments. **2** MATH, PHYS Espace relativiste à quatre dimensions, dont l'une est le temps. PHO [kɔ̃tinɥɔm] ETY Mot lat.

**contondant, ante** *a* Qui fait des contusions, qui blesse en meurtrissant et non en coupant. *Arme, instrument contondants.* ETY Du lat. *contundere,* « frapper ».

**contorsionner (se)** *vpr* ① **1** Déformer, volontairement ou non, ses membres, contracter ses muscles. **2** Avoir une attitude forcée, des mouvements désordonnés. *Orateur qui se contorsionne.* ETY Du lat. *torquere,* « tordre ». DER **contorsion** *nf*

**contorsionniste** *n* Artiste dont la spécialité est de se contorsionner.

**contour** *nm* **A** Limite extérieure d'un corps, d'une surface. *Tracer les contours d'une figure.* **B** *nmpl* Méandres, courbes sinueuses. *Les contours de la Seine.* LOC *Plume de contour* : plume apparente du corps d'un oiseau.

**contourné, ée** *a* **1** Dont le contour est compliqué, dessine des courbes. *Une chaise aux pieds contournés.* **2** fig Se dit d'un style peu naturel, affecté.

**contourner** *vt* ① **1** Tracer les contours de. *Contourner des volutes.* **2** Suivre les contours, faire le tour de. *Contourner une île.* **3** fig Éluder une difficulté, un problème par un artifice quelconque. ETY De l'ital. DER **contournement** *nm*

**contra-** Élément, du lat. *contra,* « contre, en sens contraire ».

**contra** *nm* HIST Guérillero en lutte contre le régime sandiniste instauré au Nicaragua.

**contraceptif, ive** *a, nm* **A** *a* Propre à la contraception. *Une méthode contraceptive.* **B** *nm* Produit destiné à empêcher la conception.

**contraception** *nf* Action, fait d'empêcher la conception, la grossesse, d'y mettre volontairement obstacle par les méthodes anticonceptionnelles. ETY Mot angl.
ENC Les méthodes naturelles de contraception (telles la méthode Ogino-Knaus, la courbe de température) sont peu fiables. Les méthodes artificielles courantes comprennent : des moyens mécaniques (diaphragme vaginal ; stérilet intra-utérin, qui bloque la nidation ; préservatifs pour l'homme) ; la contraception chimique : les œstrogènes et progestatifs (« pilule ») absorbés par voie orale bloquent l'ovulation ; ils doivent être utilisés sous surveillance médicale. Une « pilule pour homme » est en cours d'expérimentation. Quant à la stérilisation (vasectomie chez l'homme, ligature des trompes chez la femme), quasiment irréversible, elle est interdite dans de nombr. pays (dont la France).

**contractant, ante** *a, n* Qui s'engage par une convention, un contrat.

**contracte** *a* GRAM Se dit des déclinaisons et des conjugaisons où il y a contraction, notam. en grec. *Verbes contractes.*

**1 contracter** *vt* ① **1** S'engager à remplir certaines obligations par un contrat, une convention. *Contracter une assurance.* **2** Prendre, acquérir une habitude. *Contracter une manie, un goût.* **3** Être atteint par une maladie. *Contracter la varicelle.* LOC *Contracter des obligations* : accepter des services qui engagent à la reconnaissance. ETY Du lat. *contractus,* « convention ».

**2 contracter** *v* ① **A** *vt* **1** Diminuer le volume de. *Le froid contracte les corps.* **2** PHYSIOL Mettre en tension, avec ou sans raccourcissement, un ou plusieurs muscles. *Être contracté dans l'attente du résultat d'un examen.* **3** LING Réunir deux voyelles, deux syllabes, pour n'en former qu'une seule. *On contracte « de » et « le » en « du ».* **B** *vpr* **1** Diminuer de volume. **2** Subir une contraction. *Muscle, visage qui se contracte.* **3** fig Être brusquement tendu nerveusement. *Se contracter à l'approche du danger.* ETY Du lat. *contractus,* « resserré ».

**contractilité** *nf* PHYSIOL Propriété que possèdent certaines cellules, notam. celles de la fibre musculaire, de réduire l'une de leurs dimensions en effectuant un travail actif. DER **contractile** *a*

**contraction** *nf* **1** Réduction du volume d'un corps. **2** PHYSIOL Modification dans la forme de certains tissus sous l'influence d'excitations diverses. *Contractions utérines de la femme qui accouche.* **3** LING Réunion de deux éléments en un seul. **4** Exercice de réduction d'un texte tout en respectant son style et son contenu. LOC *Contraction du visage* : modification des traits suite à une sensation, une émotion.

**contractualiser** *vt* ① Lier qqn par un contrat. DER **contractualisation** *nf*

**contractuel, elle** *a, n* **A** *a* **1** Qui est stipulé par contrat. *Clauses contractuelles. Politique contractuelle.* **2** Se dit d'un agent d'un service public non titulaire recruté sur la base d'un contrat. **B** *n* **1** Agent contractuel. **2** Auxiliaire de police chargé de relever les infractions aux règles de stationnement des automobiles. DER **contractuellement** *av*

**contracture** *nf* MED Contraction prolongée et involontaire d'un ou de plusieurs muscles sans lésion du tissu musculaire. *On observe la contracture dans le tétanos, la rage.* ETY Du lat. DER **contracturer** *vt* ①

**contracyclique** *a* Qui va en sens inverse du cycle économique.

**contradiction** *nf* **1** Action de contredire ; opposition faite aux idées, aux paroles d'autrui. *Accepter, refuser la contradiction.* **2** Fait de se contredire, de se mettre en opposition avec ce qu'on a dit ou fait ; acte, parole, pensée qui s'oppose à une autre. *La contradiction règne au sein de ce parti politique.* **3** Désaccord, incompatibilité. *Entrer en contradiction avec son entourage.* **4** LOG Incompatibilité entre deux propositions qui se nient mutuellement. **LOC** ***Esprit de contradiction :*** disposition à contredire.

**contradictoire** *a* **1** Qui comporte une, des contradictions. *Témoignages contradictoires.* **2** DR Se dit de certains actes de procédure faits en présence des parties intéressées. DER **contradictoirement** *av*

**contragestion** *nf* MED Mode d'action d'un produit qui empêche la nidation de l'embryon. DER **contragestif, ive** *a, nm*

**contraindre** *vt* 54 **1** Obliger, forcer qqn à agir contre son gré. *On m'a contraint à partir.* **2** litt Empêcher, réprimer l'expression d'un sentiment, d'une tendance. *Contraindre son humeur, ses goûts.* **3** DR Obliger qqn, par voie de justice, à exécuter ses obligations. ETY Du lat. *constringere,* « resserrer ». DER **contraignable** *a* – **contraignant, ante** *a*

**contraint, ainte** *a* **1** Gêné, qui manque de naturel, d'aisance. *Un style contraint.* **2** Soumis à une forte pression morale, à une contrainte puissante. *Je ne ferai cela que contraint et forcé.*

**contrainte** *nf* **1** Violence, pression exercée sur qqn pour l'obliger à agir, ou l'en empêcher. *Céder à la contrainte.* **2** État de celui qui subit cette violence. *Vivre dans une contrainte permanente.* **3** Obligation, règle à laquelle on doit se soumettre. *Les contraintes économiques.* **4** Retenue, gêne due au fait qu'on se contraint. *Rire sans contrainte.* **5** DR Force à laquelle le prévenu n'a pu résister en commettant l'infraction qui lui est reprochée. **6** DR Pouvoir reconnu au créancier ou à l'État sur le patrimoine, le débiteur ou le prévenu. **7** PHYS Effort qui s'exerce à l'intérieur d'un corps. *Contrainte mécanique.* **LOC** ***Contrainte par corps :*** emprisonnement du débiteur ou du prévenu, auj. aboli pour les créanciers privés.

**contraire** *a, nm* **A** *a* **1** Différent au suprême degré, opposé. *Des goûts contraires.* **2** Qui gêne, qui nuit à. *Un régime contraire à la santé.* **3** LOG Se dit de propositions qui ne peuvent être vraies l'une et l'autre, mais peuvent être toutes les deux fausses. *« Toutes les femmes sont belles » et « Aucune femme n'est belle » sont des propositions contraires.* **4** litt Hostile. *Le sort, les dieux sont contraires.* **B** *nm* Ce qui est inverse, tout à fait opposé. *« Froid » est le contraire de « chaud ».* **LOC** ***Au contraire :*** inversement. — ***Au contraire de :*** contrairement à. — MATH ***Évènements contraires d'un univers :*** tels que leur union donne cet univers et que leur intersection soit vide. ETY Du lat. DER **contrairement** *av*

**contralto** *n* **A** *nm* MUS La plus grave des voix de femme. **B** *nf* Femme qui a cette voix. ETY Mot ital.

**contrapuntique** *a* MUS Relatif au contrepoint. PHO [kɔ̃tʀapɔ̃tik]

**contrapuntiste** *n* MUS Compositeur qui fait usage des règles du contrepoint. PHO [kɔ̃tʀapɔ̃tist] VAR **contrapontiste** ou **contrepointiste** [kɔ̃tʀəpwɛ̃tist]

**contrariant, ante** *a* **1** Qui se plaît à contrarier. *Un esprit contrariant.* **2** De nature à contrarier. *Évènement contrariant.*

**contrarié, ée** *a* **1** Contrecarré, arrêté. *Un projet contrarié.* **2** Mécontent, dépité. *Un air contrarié.* **3** TECH Disposé en sens contraire. *Assemblage à joints contrariés.*

**contrarier** *vt* 2 **1** S'opposer à, faire obstacle au déroulement de qqch. *Contrarier les projets de qqn.* **2** Mécontenter, causer du dépit à qqn en ne répondant pas à son attente. *Tes paroles l'ont vivement contrarié.* **3** Chagriner, inquiéter. *Il a reçu des nouvelles qui l'ont contrarié.* **4** TECH Disposer en sens contraire, de façon à obtenir un contraste. *Contrarier les couleurs d'une étoffe.* ETY Du lat.

**contrariété** *nf* **1** Sentiment de déplaisir créé par un obstacle, un évènement imprévu. *Éprouver une grande contrariété.* **2** Opposition entre des choses contraires. *Contrariété des éléments.*

**contrarotatif, ive** *a* TECH Dont les hélices tournent en sens inverse.

**contraste** *nm* **1** Opposition prononcée entre deux choses ou deux personnes, chacune mettant l'autre en relief. *Contraste de deux caractères.* **2** OPT Ce qui fait qu'une couleur paraît plus vive lorsqu'on la regarde en même temps que sa couleur complémentaire. **3** LING Rapport entre une unité d'un énoncé (morphème, phonème) et celles qui forment son contexte. **4** Rapport des brillances entre parties sombres et parties claires d'une image de télévision. **LOC** MED ***Produit de contraste :*** substance opaque aux rayons X utilisée en radiologie, telle l'iode.

**contraster** *v* 1 **A** *vi* Former un contraste, être en opposition. *Sa conduite contraste avec ses propos.* **B** *vt* Mettre en contraste. *Contraster les couleurs.* ETY Du lat. *contrastare,* « se tenir contre ». DER **contrastant, ante** *a* – **contrasté, ée** *a*

**contrastif, ive** *a* didac **1** Qui établit un contraste. **2** Qui établit une comparaison systématique entre des langues.

**contrat** *nm* **1** DR Accord de volontés destiné à créer des rapports obligatoires entre les parties. *Contrat de travail, de mariage.* **2** Acte qui enregistre cet accord. *Rédiger, signer un contrat.* **3** JEU Au bridge, dernière annonce du camp déclarant, qui s'engage à réaliser des levées. **4** fam Meurtre exécuté par un tueur professionnel. **LOC** DR ***Contrat de société :*** contrat par lequel deux ou plusieurs personnes conviennent de mettre qqch en commun en vue de partager le bénéfice qui pourra en résulter. — ***Remplir son contrat :*** faire ce que l'on avait promis. ETY Du lat.

**contrat social (Du)** (ou *Principes du droit politique*), essai de J.-J. Rousseau (1762).

**contravention** *nf* **1** DR Infraction aux lois et aux règlements, qui relève des tribunaux de police. **2** Amende dont est punie cette infraction ; procès-verbal. ETY Du bas lat. *contravenire,* « s'opposer à ». DER **contraventionel, elle** *a*

**contre-** Élément, du lat. *contra,* qui marque l'opposition, la proximité, la défense.

**1 contre** *prép, av* **A** *prép* Marque : **1** L'opposition, la lutte, l'hostilité. *Se battre contre une idée, un ennemi.* **2** La proximité, le contact. *Prendre un enfant contre son cœur.* **3** L'échange. *Colis contre remboursement.* **4** La proportion. *Parier à dix contre un.* **5** L'idée de défense. *S'assurer contre le vol.* **B** *av* Marque : **1** L'opposition. *Il a voté contre.* **2** La proximité, le contact. *Approchez-vous du radiateur et mettez-vous contre.* **LOC** ***Par contre :*** en revanche, en compensation. *L'appartement est petit ; par contre, il n'est pas cher.* — ***Tout contre :*** en contact étroit. — MAR ***Voile bordée à contre :*** dont le point d'écoute est au vent. ETY Du lat.

**2 contre** *nm* **1** Ce qui est défavorable à, en opposition avec qqch. *Peser le pour et le contre.* **2** SPORT Contre-attaque. **3** Au billard, fait de toucher deux fois la même bille avec sa propre bille par un retour imprévu de la première. **4** JEU Aux cartes, fait de défier l'adversaire de faire ce qu'il a annoncé. *Le contre double les gains ou les pertes.*

**contre-alizé** *nm* METEO Courant aérien opposé en altitude à l'alizé. PLUR contre-alizés. VAR **contralizé**

**contre-allée** *nf* Allée latérale, parallèle à une voie principale. PLUR contre-allées. VAR **contrallée**

**contre-amiral** *nm* Officier général de la marine dont le grade se situe entre celui de capitaine de vaisseau et celui de vice-amiral. PLUR contre-amiraux. VAR **contramiral**

**contre-appel** *nm* MILIT Second appel fait à l'improviste pour contrôler le premier. PLUR contre-appels. VAR **contrappel**

**contre-argumentaire** *nm* Ensemble d'arguments utilisés pour s'opposer à une démonstration. PLUR contre-argumentaires. VAR **contrargumentaire**

**contre-assurance** *nf* didac Seconde assurance contractée comme supplément de garantie. PLUR contre-assurances. VAR **contrassurance**

**contre-attaquer** *vt* 1 Effectuer une action offensive répondant à une attaque. VAR **contrattaquer** DER **contre-attaque** ou **contrattaque** *nf*

**contrebalancer** *vt* 12 Être égal en force, en valeur, en mérite, compenser. *Ses qualités contrebalancent ses défauts.* **LOC** fam ***S'en contrebalancer :*** s'en moquer.

**contrebande** *nf* Importation clandestine de marchandise prohibée ou taxée ; cette marchandise. *Faire de la contrebande.* ETY De l'ital.

**contrebandier, ère** *n* Personne qui se livre à la contrebande.

**contrebas (en)** *av* À un niveau inférieur. *Talus en contrebas.*

**contrebasse** *nf* **1** Le plus grand et le plus grave des instruments de la famille des violons. **2** Instrument le plus grave d'une famille d'instruments. **LOC** ***Voix de contrebasse :*** la voix d'homme la plus basse. ETY De l'ital. DER **contrebassiste** *n* ▶ pl. **musique**

**contrebasson** *nm* Instrument de musique à vent, le plus grave de la famille des bois, sonnant une octave au-dessous du basson.

**contrebatterie** *nf* MILIT Tir d'artillerie pour neutraliser les batteries ennemies.

**contrebraquer** *vi* 1 Braquer les roues d'une automobile dans le sens inverse de celui dans lequel elles étaient braquées. DER **contrebraquage** *nm*

**contrebuter** *vt* 1 ARCHI Opposer à une poussée, une poussée de sens contraire. VAR **contrebouter** DER **contrebutement** *nm*

**contrecarrer** *vt* 1 S'opposer à qqn ; contrarier, empêcher qqch. *Contrecarrer des projets.* ETY De l'anc. fr.

**contrechamp** *nm* CINE, AUDIOV Prise de vues effectuée dans un sens opposé à celui de la précédente.

**contre-chant** *nm* MUS Phrase mélodique qui s'oppose au thème par un effet de contrepoint. PLUR contre-chants. VAR **contrechant**

**contrechoc** *nm* Choc en retour.

**1 contrecœur** *nm* **1** TECH Fond d'une cheminée, depuis l'âtre jusqu'au tuyau. **2** Garniture métallique d'une cheminée, contre-feu.

**2 contrecœur (à)** *av* À regret, malgré soi. *Agir à contrecœur.*

**contrecoller** *vt* 1 TECH Superposer des matériaux collés entre eux. DER **contrecollage** *nm*

**contrecoup** *nm* **1** litt Rebondissement, répercussion. *Être blessé par le contrecoup d'une balle.* **2** Évènement qui arrive par suite ou à l'occasion d'un autre. *Les contrecoups d'une crise économique.* **LOC** ***Par, en contrecoup :*** en retour.

**contre-courant** *nm* Courant allant dans le sens inverse du courant principal. PLUR contre-courants. **LOC** ***À contre-courant :*** en remontant le courant ; fig à l'opposé des idées, des habitudes de son époque. VAR **contrecourant**

**contre-courbe** *nf* ARCHI Courbe concave qui suit la courbe convexe d'un arc en accolade. PLUR contre-courbes. VAR **contrecourbe**

**contre-culture** *nf* Ensemble des systèmes de valeurs esthétiques et intellectuelles qui s'opposent aux valeurs culturelles traditionnelles, considérées comme contraignantes et caduques. PLUR contre-cultures. VAR **contreculture**

**contredanse** *nf* **1** Danse rapide dans laquelle les couples se font face ; air qui accompagne cette danse. **2** fam Contravention. (ETY) De l'angl. *country dance*, « danse de campagne ».

**contredire** *v* ⑥⑤ **A** *vt* **1** Dire le contraire de ce que qqn a avancé. *Il ne supporte pas qu'on le contredise. Vous contredisez ses propos.* **2** Être en contradiction avec ce qui a été dit, établi, démentir. *Cette nouvelle contredit vos prévisions.* **B** *vpr* **1** Tenir des propos contradictoires. *Le témoin ne cesse de se contredire.* **2** S'opposer, se démentir. *Faits qui se contredisent.*

**contredit (sans)** *av* Sans que cela puisse être contesté, indiscutablement.

**contrée** *nf* litt Étendue déterminée de pays, région. *Une contrée fertile.* (ETY) Du lat. *contrata regio*, « pays en face ».

**contre-écrou** *nm* Écrou servant à en bloquer un autre. PLUR contre-écrous. (VAR) **contrécrou**

**contre-effet** *nm* Conséquence indésirable d'une action. PLUR contre-effets.

**contre-électromotrice** *af* LOC ELECTR *Force contre-électromotrice (fcém)* : force caractéristique des récepteurs transformant l'énergie électrique en énergie chimique ou mécanique. *La force contre-électromotrice s'exprime en volts.* (VAR) **contrélectromotrice**

**contre-emploi** *nm* Rôle qui diffère totalement de ceux confiés habituellement à un comédien. PLUR contre-emplois. (VAR) **contremploi**

**contre-enquête** *nf* Enquête faite à la suite de celle entreprise par la partie adverse ou destinée à compléter une enquête précédente. PLUR contre-enquêtes. (VAR) **contrenquête**

**contre-épreuve** *nf* **1** En gravure, épreuve inversée d'un dessin. **2** Seconde épreuve destinée à vérifier les résultats d'une première. *Soumettre des résultats d'une analyse à une contre-épreuve.* **3** Vote d'une assemblée sur une proposition opposée à celle d'abord mise aux voix, qui permet de compter les véritables opposants. PLUR contre-épreuves. (VAR) **contrépreuve**

**contre-espionnage** *nm* **1** Action visant à démasquer, surveiller et déjouer les menées des espions d'un État étranger. **2** Organisation, service chargé de cette action. (VAR) **contrespionnage**

**contre-étiquette** *nf* Petite étiquette apposée sur une bouteille de vin à l'opposé de l'étiquette principale. PLUR contre-étiquettes. (VAR) **contrétiquette**

**contre-exemple** *nm* Exemple qui contredit une règle, une affirmation. PLUR contre-exemples. (VAR) **contrexemple**

**contre-expertise** *nf* Nouvelle expertise pratiquée pour contrôler la précédente. PLUR contre-expertises. (VAR) **contrexpertise**

**contrefaçon** *n* Reproduction frauduleuse de l'œuvre d'autrui ; objet ainsi obtenu.

**contrefacteur** *nm* Celui qui commet une contrefaçon. SYN faussaire.

**contrefaire** *vt* ⑩ **1** litt Imiter, singer. *Contrefaire la démarche de qqn.* **2** vieilli Simuler un sentiment, un comportement. *Contrefaire la folie, le chagrin.* **3** Déguiser, dénaturer pour tromper. *Contrefaire sa voix.* **4** Réaliser une contrefaçon. (ETY) Du lat.

**contrefait, aite** *a* **1** Frauduleusement imité. *Signature contrefaite.* **2** vieilli Difforme. *Nez, bras contrefait.* **3** Fabriqué, artificiel, feint. *Attitude, voix contrefaite.*

**contre-fenêtre** *nf* CONSTR Partie intérieure d'une double fenêtre. PLUR contre-fenêtres. (VAR) **contrefenêtre**

**contre-fer** *nm* TECH Pièce métallique appliquée contre le fer d'un rabot, d'une varlope, etc. PLUR contre-fers. (VAR) **contrefer**

**contre-feu** *nm* **1** Feu allumé pour créer des clairières, afin de circonscrire un incendie de forêt. **2** Garniture métallique placée sur le fond d'une cheminée. **3** fig Opération de diversion. PLUR contre-feux. (VAR) **contrefeu**

**contre-fiche** *nf* CONSTR **1** Étai oblique qui soutient un mur. **2** Pièce de charpente reliant le poinçon à l'arbalétrier. PLUR contre-fiches. (VAR) **contrefiche**

**contreficher (se)** *vpr* ① fam Se moquer complètement de, ne prêter aucune attention à. *Toutes tes histoires, je m'en contrefiche !* (VAR) **contrefiche (se)**

**contre-fil** *nm* Sens contraire à la direction normale. *Le contre-fil du bois. Des contre-fils.* LOC *À contre-fil* : à rebours. (VAR) **contrefil**

**contre-filet** *nm* CUIS Faux-filet. PLUR contre-filets. (VAR) **contrefilet**

**contrefort** *nm* **A 1** ARCHI Pilier, mur servant d'appui à un mur qui subit une poussée. **2** Pièce de cuir renforçant la partie arrière d'une chaussure. **B** *nm pl* Dans un massif montagneux, chaînes latérales qui relient la plaine à la chaîne principale.

**contrefoutre (se)** *vpr* ⑧① pop Syn. de *contreficher (se)*.

**contre-fugue** *nf* MUS Fugue dont le sujet est inverse du sujet primitif. PLUR contre-fugues. (VAR) **contrefugue**

**contre-gouvernement** *nm* POLIT Groupe d'opposition organisé de manière à pouvoir assurer une relève du gouvernement, dans un cadre démocratique. PLUR contre-gouvernements. (VAR) **contregouvernement**

**contre-haut (en)** *av* À un niveau supérieur. ANT contrebas (en). (VAR) **contrehaut (en)**

**contre-indiquer** *vt* ① Notifier une circonstance interdisant d'appliquer un traitement, déconseiller. (VAR) **contrindiquer** (DER) **contre-indication** ou **contrindication** *nf*

**contre-interrogatoire** *nm* Nouvel interrogatoire, mené pour contrôler le précédent. PLUR contre-interrogatoires. (VAR) **contrinterrogatoire**

**contre-jour** *nm* Éclairage sous lequel l'objet reçoit la lumière du côté opposé à celui du regard, en faisant face à la source de lumière. PLUR contre-jours. LOC *À contre-jour* : en faisant face à la source de lumière. (VAR) **contrejour**

**contre-la-montre** *nm inv* SPORT Course cycliste contre la montre.

**contre-lettre** *nf* DR Acte secret aux termes duquel les parties constatent leur accord véritable alors qu'elles rédigent un acte destiné à être connu et qui déguise leur intention réelle. PLUR contre-lettres. (VAR) **contrelettre**

**contremaître, esse** *n* Personne qui surveille, dirige une équipe d'ouvriers, d'ouvrières. (VAR) **contremaitre, esse**

**contre-manifestation** *nf* Manifestation organisée pour contrecarrer une première manifestation. PLUR contre-manifestations. (VAR) **contremanifestation** (DER) **contre-manifestant** ou **contremanifestant, ante** *n* – **contre-manifester** ou **contremanifester** *vi* ①

**contremarche** *nf* **1** MILIT Marche d'une troupe dans une direction opposée à celle d'abord suivie. **2** Face verticale d'une marche d'escalier.

**contremarque** *nf* **1** Seconde marque apposée sur des marchandises. **2** Billet délivré aux spectateurs sortant pendant l'entracte, et qui leur permet de rentrer dans la salle.

**contre-mesure** *nf* MILIT Mesure destinée à annihiler les défenses ennemies. PLUR contre-mesures. (VAR) **contremesure**

**contre-mine** *nf* MILIT Mine pratiquée pour éventer une mine de l'ennemi ou en annuler l'effet. PLUR contre-mines. (VAR) **contremine**

**contremodèle** *nm* Repoussoir.

**contre-offensive** *nf* MILIT Offensive qui contrecarre une offensive ennemie. PLUR contre-offensives. (VAR) **controffensive** (DER) **contre-offensif** ou **controffensif, ive** *a*

**contrepartie** *nf* **1** Partie qui correspond à une autre dans un échange, une opération commerciale. *Chercher la contrepartie financière d'un projet.* **2** Opinion, sentiment contraire. *Prendre la contrepartie de ce qu'on dit.* SYN contre-pied. **3** FIN Valeur équivalente en or, devises, etc., des billets mis en circulation par une banque. LOC *En contrepartie* : en échange, en compensation. — FIN *Se porter contrepartie* : effectuer des opérations boursières en dehors des heures d'activité de la Bourse (en parlant d'un agent de change).

**contre-passation** *nf* COMPTA Annulation d'une écriture comptable par une nouvelle écriture qui est contraire à la première. PLUR contre-passations. (VAR) **contrepassation** (DER) **contre-passer** ou **contrepasser** *vt* ①

**contre-pente** *nf* **1** Versant d'une montagne opposé à un autre. **2** CONSTR Pente qui empêche l'écoulement normal des eaux. PLUR contre-pentes. (VAR) **contrepente**

**contre-performance** *nf* Mauvaise performance de qqn dont on attendait mieux. PLUR contre-performances. (VAR) **contreperformance** (DER) **contre-performant** ou **contreperformant, ante** *a*

**contrepet** *nm* Art de fabriquer ou de résoudre des contrepèteries.

**contrepèterie** *nf* Permutation de lettres ou de sons à l'intérieur d'un groupe de mots, donnant à celui-ci un nouveau sens, généralement burlesque ou grivois. *« Les pièces du fond » est une contrepèterie pour « les fesses du pion ».* (ETY) De l'a. fr.

**contre-pied** *nm* **1** VEN Erreur des chiens qui consiste à prendre à rebours la piste de la bête chassée. **2** fig Chose contraire. *Prendre le contre-pied de ce que dit ou fait qqn.* PLUR contre-pieds. **3** SPORT Ballon ou balle envoyé dans la direction opposée à celle de l'élan. (VAR) **contrepied**

**contreplaqué** *nm* TECH Matériau constitué de minces feuilles de bois collées les unes sur les autres, en alternant le sens des fibres.

**contre-plaquer** *vt* ① TECH Appliquer à fils croisés des feuilles de bois de part et d'autre d'un panneau. (VAR) **contreplaquer** (DER) **contre-placage** ou **contreplacage** *nm*

**contre-plongée** *nf* CINE, AUDIOV Prise de vues de bas en haut. PLUR contre-plongées. (VAR) **contreplongée**

**contrepoids** *nm* **1** Poids qui contrebalance une force opposée. *Contrepoids d'horloge.* **2** fig Ce qui contrebalance une qualité, un sentiment. *Un contrepoids à son mauvais caractère.*

**contre-poil (à)** *av* Dans le sens contraire à celui dans lequel est couché le poil, à rebrousse-poil. LOC fam *Prendre qqn à contre-poil* : le choquer, l'énerver en le contredisant. (VAR) **contrepoil (à)**

**contrepoint** *nm* **1** MUS Art d'écrire de la musique en superposant des lignes mélodiques. **2** Composition écrite de cette manière. LOC *En contrepoint* : en même temps et parallèlement à autre chose. (ETY) De *point*, « note », les notes étant anc. figurées par des points.

**contre-pointe** *nf* **1** Partie tranchante à l'extrémité du dos de la lame d'un sabre. **2** TECH Poupée mobile d'un tour, qui porte une pointe sur laquelle on fixe l'objet à tourner. PLUR contre-pointes. (VAR) **contrepointe**

**contrepointiste** → **contrapuntiste.**

**contrepoison** *nm* Remède qui neutralise l'effet d'un poison. SYN antidote.

**contre-porte** *nf* **1** Double porte destinée à isoler du bruit ou du froid. **2** Partie intérieure d'une porte de voiture, de réfrigérateur, aménagée pour le rangement. PLUR contre-portes. VAR **contreporte**

**contre-pouvoir** *nm* Force politique, économique ou sociale dont l'action a pour effet de contraindre l'exercice du pouvoir en place. PLUR contre-pouvoirs. VAR **contrepouvoir**

**contre-productif, ive** *a* Qui produit un effet non désiré. VAR **contreproductif**

**contre-programmation** *nf* Choix par un média de présenter un programme différent de ses concurrents. PLUR contre-programmations. VAR **contreprogrammation**

**contre-projet** *nm* Projet qui s'oppose à un précédent projet. PLUR contre-projets. VAR **contreprojet**

**contre-propagande** *nf* Propagande qui a pour but d'effacer les effets d'une précédente. PLUR contre-propagandes. VAR **contrepropagande**

**contre-proposition** *nf* Proposition faite en réponse à une précédente. PLUR contre-propositions. VAR **contreproposition**

**contre-publicité** *nf* **1** Publicité qui a un effet contraire à celui recherché. **2** Publicité destinée à neutraliser une autre publicité. PLUR contre-publicités. VAR **contrepublicité**

**contrer** *v* 1 **A** *vi* Aux cartes, mettre l'adversaire au défi de réaliser son contrat. **B** *vt* Contrecarrer, se dresser contre avec succès. ETY De *contre.*

**contre-rapport** *nf* Rapport destiné à s'opposer à un rapport précédent. PLUR contre-rapports. VAR **contrerapport**

**Contre-Réforme** → **Réforme catholique.**

**contre-révolution** *nf* Mouvement politique visant à combattre une révolution. PLUR contre-révolutions. VAR **contrerévolution** DER **contrerévolutionnaire** ou **contre-révolutionnaire** *n, a*

**contrescarpe** *nf* FORTIF Paroi extérieure du fossé qui ceinture une fortification.

**contreseing** *nm* Signature de celui qui contresigne. PHO [kɔ̃tʀəsɛ̃]

**contresens** *nm* **1** Interprétation contraire à la signification véritable d'un texte, d'un discours. *Traduction pleine de contresens.* **2** Sens contraire à celui que l'on doit utiliser. *Prendre le contresens d'une étoffe.* LOC ***À contresens*** *:* dans le sens contraire au sens normal. PHO [kɔ̃tʀəsɑ̃s]

**contresigner** *vt* 1 DR Signer à la suite de qqn pour authentifier un acte ou pour marquer sa solidarité avec une motion, une proposition, etc. DER **contresignataire** *a, n*

**contre-société** *nf* Groupe social qui se structure par son opposition au reste de la société. PLUR contre-sociétés. VAR **contresociété**

**contre-sommet** *nm* POLIT Réunion de personnalités destinée à faire contrepoids à une autre conférence portant sur le même thème. PLUR contre-sommets. VAR **contresommet**

**contre-taille** *nf* TECH Hachure qui croise les premières tailles d'une gravure ; le trait qui en résulte. PLUR contre-tailles. VAR **contretaille**

**contretemps** *nm* **1** Circonstance imprévue, accident inopiné qui dérange des projets. *Être empêché de sortir par un contretemps.* **2** MUS Attaque du son sur un temps faible ou sur la partie faible d'un temps, le temps fort suivant étant occupé par un silence. LOC ***À contretemps*** *:* mal à propos, de façon inopportune.

**contre-ténor** *nm* MUS Syn. de *haute-contre.* PLUR contre-ténors. VAR **contreténor**

**contre-timbre** *nm* Empreinte apposée sur les papiers timbrés pour indiquer une modification de leur valeur. PLUR contre-timbres. VAR **contretimbre**

**contre-torpilleur** *nm* MAR Bâtiment de guerre rapide, au tonnage allant de 1 800 à 3 000 t, destiné à combattre les torpilleurs et à attaquer des bâtiments ennemis à la torpille. PLUR contre-torpilleurs. VAR **contretorpilleur**

**contre-transfert** *nm* PSYCHAN Ensemble des réactions inconscientes du psychanalyste au transfert opéré sur sa personne par son patient en cours d'analyse. PLUR contre-transferts. VAR **contretransfert**

**contretype** *nm* Cliché négatif obtenu d'après un autre négatif, ou positif obtenu d'après un autre positif, soit par copie intermédiaire, soit par inversion. DER **contretyper** *vt* 1

**contreur, euse** *n* Joueur de ballon qui est habile à contrer l'adversaire.

**contre-ut** *nm* MUS Note plus élevée d'une octave que l'ut supérieur du registre normal. VAR **contrut**

**contre-vair** *nm* HERALD Fourrure figurée par des rangs de cloches renversées d'azur et d'argent. PLUR contre-vairs. VAR **contrevair**

**contre-valeur** *nf* FIN Valeur donnée en échange de celle que l'on reçoit. PLUR contre-valeurs. VAR **contrevaleur**

**contrevallation** *nf* FORTIF Ouvrage établi par les assiégeants autour d'une fortification pour empêcher les sorties adverses. ETY De *contre,* et du lat. *vallatio,* « retranchement »

**contrevenir** *vti* 36 Faire une chose contraire à ce qui est prescrit, ordonné. *Contrevenir à la loi.* ETY Du lat. médiév. DER **contrevenant, ante** *n*

**contrevent** *nm* **1** Volet extérieur. **2** Cloison pour protéger du vent. **3** CONSTR Élément renforçant la ferme d'une charpente.

**contreventement** *nm* CONSTR Ensemble des éléments d'une charpente empêchant les déformations de celle-ci sous l'action des efforts horizontaux.

**contreventer** *vt* 1 Renforcer (une charpente) au moyen d'un contreventement.

**contrevérité** *nf* Affirmation fausse.

**contre-visite** *nf* Visite destinée au contrôle des résultats d'une visite antérieure. PLUR contre-visites. VAR **contrevisite**

**contre-voie (à)** *av* CH DE F Par le côté opposé au quai. *Monter, descendre à contre-voie.* VAR **contrevoie (à)**

**Contrexéville** com. des Vosges ; 3 708 hab. Stat. therm. (maladies du foie et des reins). DER **contrexévillois, oise** *a, n*

**contribuable** *n* Personne qui paie des impôts, des contributions.

**contribuer** *vti* 1 **1** Coopérer à l'exécution, la réalisation de, prendre part à un résultat. *Contribuer aux progrès de la médecine.* **2** Payer sa part d'une dépense, d'une charge commune. *Contribuer aux charges publiques.* ETY Du lat.

**contributeur, trice** *n* **1** Personne qui contribue à un projet, une entreprise. **2** Personne qui fournit la matière à des sites collaboratifs sur Internet.

**contributif, ive** *n* **1** Qui contribue à une œuvre commune. *Une démarche contributive.* **2** DR Qui concerne les contributions, les impôts.

**contribution** *nf* **A 1** Part payée par chacun dans une dépense, une charge commune. *Contribution aux charges du ménage.* **2** Impôt. *Contribution foncière.* **3** Concours apporté à une œuvre. *Contribution à la rédaction d'un ouvrage collectif.* **B** *nf pl* Administration chargée du recouvrement de l'impôt ; ses bureaux. LOC ***Contribution sociale généralisée (CSG)*** *:* impôt proportionnel au revenu destiné à équilibrer les comptes de la Sécurité sociale. — ***Mettre qqn à contribution*** *:* avoir recours à ses services, à ses talents.

**contrindication, contrindiquer** → **contre-indiquer.**

**contrister** *vt* 1 litt Affliger. ETY Du lat.

**contrit, ite** *a* **1** RELIG Qui a le regret de ses péchés. *Un cœur contrit.* **2** Qui ressent ou exprime le repentir, l'affliction. *Un air contrit.*

**contrition** *nf* RELIG Pour les chrétiens, repentir sincère d'avoir péché. *Acte de contrition.*

**contrôle** *nm* **1** Vérification, surveillance. *Contrôle d'identité. Contrôle fiscal.* **2** TECH Ensemble des opérations destinées à vérifier le bon fonctionnement d'un appareillage, d'une machine, d'une installation. **3** Lieu où se tiennent les contrôleurs. *Passez au contrôle pour faire remplacer vos billets.* **4** Organisme chargé du contrôle ; le corps des contrôleurs. **5** Maîtrise. *Perdre le contrôle de son véhicule.* **6** Fait de diriger, de se rendre maître. *Prendre le contrôle d'une société.* **7** État nominatif des personnes appartenant à un corps. *Être porté sur un contrôle.* **8** Marque, poinçon de l'État sur les ouvrages de métal précieux. LOC ***Contrôle continu (des connaissances)*** *:* système de vérification des connaissances acquises, au moyen d'interrogations échelonnées tout au long de l'année scolaire. — GEST ***Contrôle de gestion*** *:* analyse des écarts entre prévisions et réalisations. — ***Contrôle des naissances*** *:* limitation de la procréation par la contraception, planning familial. — ***Contrôle technique*** *:* examen périodique obligatoire des éléments d'une automobile intervenant dans sa sécurité (freins, pneumatiques, etc.). ETY De *rôle* au sens de « registre ».

**contrôler** *v* 1 **A** *vt* **1** Exercer un contrôle sur. *Contrôler les billets des passagers.* **2** Être maître de. *L'armée contrôle toute la zone.* **3** Apposer le poinçon de l'État sur. **B** *vpr* Se maîtriser. *Il se contrôle parfaitement.* LOC ***Contrôler une société*** *:* en détenir la majorité des actions. DER **contrôlable** *a*

**contrôleur, euse** *n* **A** Personne qui contrôle. *Contrôleur des contributions.* **B** *nm* TECH Appareil servant à effectuer un contrôle. *Contrôleur de vitesse.* LOC GEST ***Contrôleur de gestion*** *:* personne chargée de la surveillance financière permanente d'une entreprise et qui, à travers ses analyses, joue un rôle de conseil dans l'organisation de la production. — HIST ***Contrôleur général des Finances*** *:* sous l'Ancien Régime, administrateur des finances publiques.

**contrôlographe** *nm* Appareil de contrôle installé sur les poids lourds.

**contrordre** *nm* Révocation d'un ordre donné. *Donner, recevoir un contrordre.*

**controuvé, ée** *a* litt Inventé pour nuire.

**controverse** *nf* Débat suivi, contestation sur une question, une opinion, un point doctrinal. *Il y a là matière à controverse.* ETY Du lat. *controversia,* « mouvement opposé ».

**controversé, ée** *a* Débattu, qui est l'objet d'une controverse. *Un point très controversé,* sur lequel personne n'est d'accord.

**controverser** *vt* 1 Discuter, débattre d'un dogme, d'un point de doctrine. DER **controversable** *a*

**controversiste** *n* RELIG Personne qui traite des sujets de controverse religieuse.

**contrut** → **contre-ut.**

**contumace** *nf* État de celui qui, prévenu dans une affaire criminelle, ne se présente pas devant la cour d'assises. LOC ***Condamné par contumace*** *:* par défaut. ETY Du lat. *contumacia,* « orgueil ».

**contumax** *a, n* Se dit de la personne citée en justice qui ne se présente pas devant le tribunal. *Être déclaré contumax.* [VAR] **contumace**

**contus, use** *a* CHIR Qui est le siège d'une contusion ou qui en résulte.

**contusionner** *vt* [1] Faire une lésion des tissus sous-jacents à la peau, sans déchirure des téguments. [ETY] Du lat. *contundere,* « frapper ». [DER] **contusion** *nf*

**Conty** → **Conti.**

**conurbation** *nf* GEOGR Groupement de plusieurs villes rapprochées constituant une région urbaine.

**convaincre** *vt* [57] **1** Amener par des raisons, des preuves, à reconnaître la vérité d'un fait, d'une proposition ; persuader. *Il faut le convaincre d'agir sans tarder.* **2** Donner des preuves certaines de la culpabilité de qqn. *Il a été convaincu de meurtre.* [ETY] Du lat. [DER] **convaincant, ante** *a*

**convaincu, ue** *a* **1** Qui a la conviction, la parfaite assurance de. *Être convaincu de son bon droit.* **2** Qui est sûr de ce qu'il croit. *Un militant, un partisan convaincu.* **3** Qui marque la conviction. *Parler d'une voix convaincue.*

**convalescence** *nf* Période qui succède à la maladie et pendant laquelle se rétablit le fonctionnement normal de l'organisme. [ETY] Du lat. *convalescere,* « reprendre des forces ». [DER] **convalescent, ente** *a*

**convecteur** *nm* TECH Appareil de chauffage utilisant la convection, constitué d'un tuyau à ailettes et d'une gaine verticale.

**convection** *nf* PHYS Transport de chaleur sous l'effet des mouvements d'un liquide, d'un gaz, d'un plasma. *Courants de convection.* [ETY] Du lat. [VAR] **convexion** [DER] **convectif, ive** *a*

**convenable** *a* **1** Qui convient, qui est adapté. *La réponse convenable.* **2** Conforme aux convenances. *Une tenue convenable.* [DER] **convenablement** *av*

**convenance** *nf* **A 1** Rapport de conformité entre les choses qui vont bien ensemble. **2** Utilité, commodité particulière. *Demander une mutation pour convenances personnelles.* **B** *nf pl* Bienséance, décence. *Observer, braver les convenances.* **LOC** *À sa convenance :* à son goût. — *Mariage de convenance :* de raison, où les rapports de naissance, de fortune, sont déterminants.

**convenir** *vti* [36] **A** (Avec *être* ;, fautif, avec *avoir.*) **1** S'accorder sur. *Nous sommes convenus d'un prix.* **2** Reconnaître, tomber d'accord. *Il avait fait une erreur et a bien voulu en convenir.* **B** (Auxil. *avoir.*) **1** Être en rapport de conformité, être en harmonie. *Le mot convient à la chose. Ce poste ne lui convient pas.* **2** Plaire, agréer. *Cette situation ne lui a pas convenu. Ça me convient.* **LOC** *Il convient de* (+ inf.) : il sied de, il est convenable de ; il est utile de. — litt *Il convient que* (+ subj.) : il faut que. [ETY] Du lat. *convenire,* « venir avec ».

**convent** *nm* Assemblée générale d'une loge maçonnique. [ETY] Mot angl., du lat.

**convention** *nf* **1** Accord, pacte, contrat entre deux ou plusieurs personnes physiques, morales, publiques. **2** Ce qu'il convient d'admettre. *Les conventions sociales. Les conventions du théâtre.* **3** Réunion des cadres d'un parti, d'un syndicat, d'un organisme scientifique, etc. **4** HIST Assemblée nationale munie de pouvoirs extraordinaires, soit pour établir une constitution, soit pour la modifier. **5** Aux É.-U., congrès d'un parti réuni pour désigner un candidat à la présidence. **LOC** *Conventions collectives :* accord conclu entre des représentants des salariés et des représentants des employeurs pour régler les conditions de travail. — *De convention :* admis par convention, sans originalité, convenu.

**Convention nationale** assemblée constituante française qui gouverna du 21 sept. 1792 au 26 oct. 1795. Elle succéda à l'Assemblée législative après la chute de la royauté. On distingue : la Convention *girondine* (1792-1793), la *montagnarde* (1793-1794) et, après la chute de Robespierre (17 juil. 1794), la *thermidorienne* (1794-1795). La république fut proclamée (22 sept. 1792), de nombr. institutions furent créées, les mouvements contre-révolutionnaires furent écrasés (V. Terreur). À l'extérieur, les armées des pays coalisés contre la France furent vaincues, le territ. national fut agrandi. La Constitution de l'an III mit en place le Directoire (octobre 1795).

**conventionnel, elle** *a, nm* **A** *a* **1** Qui résulte d'une convention. *Obligation conventionnelle.* **2** Qui est conforme aux conventions sociales. *Terminer une lettre par une formule conventionnelle.* **3** MILIT Se dit des armes autres que nucléaires, biologiques et chimiques. **4** TECH Se dit de techniques plus anciennes que d'autres, mais encore largement utilisées. *L'électricité photovoltaïque et l'électricité conventionnelle.* **5** Relatif aux conventions collectives. **B** *nm* HIST Député à la Convention nationale. [DER] **conventionnellement** *av*

**conventionnement** *nm* Accord tarifaire entre un membre d'une profession médicale ou un établissement de soins et un organisme officiel, notam. la Sécurité sociale.

**conventionner** *vt* [1] Lier par une convention ou un conventionnement. *Clinique conventionnée.*

**conventuel, elle** *a* Qui a rapport aux couvents. *Assemblée conventuelle.*

**convenu, ue** *a* **1** Conforme à un accord. *Il est arrivé à huit heures comme convenu.* **2** Sans originalité. *Style convenu.*

**convergence** *nf* **1** Action de converger. *Convergence de points de vue.* **2** GEOM Disposition de lignes qui se dirigent vers un même point. **3** PHYS Inverse de la distance focale d'une lentille. **LOC** MATH *Convergence d'une série :* propriété d'une série dont la somme des termes tend vers une valeur finie. — MATH *Convergence d'une suite :* propriété d'une suite dont le terme $U_n$ tend vers une valeur finie lorsque le paramètre n tend vers l'infini.

**convergent, ente** *a* **1** Qui converge. *Des routes convergentes. Idées convergentes.* **2** MATH Se dit d'une série dont la somme des termes tend vers une limite. *Série convergente.* **3** PHYS Dont la fonction est de faire converger. *Lentille convergente.* ▶ illustr. **lentille**

**converger** *vi* [13] **1** Se diriger vers un même lieu. *Faire converger des troupes sur une ville.* **2** PHYS, GEOM Tendre vers un seul et même point. **3** MATH Tendre vers une valeur donnée, sans jamais l'atteindre. **4** fig Avoir le même but, la même tendance. *Faire converger ses efforts.* [ETY] Du lat. *vergere,* « incliner vers ».

**convers, erse** *a* Se dit d'un religieux non prêtre, d'une religieuse employés aux besognes domestiques dans leur communauté. *Frère convers.* [ETY] Du lat. *conversus,* « converti ».

**conversation** *nf* **1** Échange de propos entre deux ou plusieurs personnes, sur des sujets variés. *Lier conversation avec qqn.* **2** Matière, sujet de cet échange. *Changer de conversation.* **3** Capacité à s'entretenir en société des sujets les plus divers. *Avoir de la conversation.* **4** Tartelette décorée de croisillons de pâte. [ETY] Du lat. *conversatio,* « fréquentation ».

**conversationnel, elle** *a* INFORM Qui permet le dialogue homme-machine, interactif.

**converser** *vi* [1] S'entretenir, échanger des paroles avec. *Ils conversèrent avec le gardien.*

**conversion** *nf* **1** Transformation d'une chose en une autre. *Conversion des métaux.* **2** Changement de religion. *La conversion d'un protestant au catholicisme.* **3** Changement de parti, d'opinion. *Conversion au socialisme.* **4** LOG Opération qui consiste, dans une proposition, à faire du sujet l'attribut et de l'attribut le sujet sans étendre abusivement la compréhension de l'un des concepts. *La conversion de « Tous les oiseaux sont des animaux ailés » ne doit pas donner « Tous les animaux ailés sont des oiseaux » mais « Certains animaux ailés sont des oiseaux ».* **5** MILIT Changement de direction. **6** SPORT Demi-tour exécuté à l'arrêt par un skieur. **7** FIN Échange d'une monnaie contre une autre pour une même valeur.

**converti, ie** *a, n* Qui a été amené à changer de religion, ou ramené sur le chemin de la religion. *Un pécheur converti.*

**convertible** *a, nm* **A** *a* Qui peut être converti en une autre chose ou échangé contre une autre chose. **B** *nm* Se dit d'un meuble qui peut, en se transformant, avoir un autre usage. [DER] **convertibilité** *nf*

**convertir** *v* [3] **A** *vt* **1** Changer, transformer. *Convertir des valeurs en espèces.* **2** FIN Réduire le taux d'une rente. **3** Amener qqn à changer de religion, de parti, d'opinion. *Les missionnaires voulaient convertir au christianisme les peuples d'Afrique*

Boissy d'Anglas à la **Convention** *le 1er prairial an III,* par Nicolas Sébastien Maillot – musée St-Denis, Reims

*et d'Asie.* **B** *vpr* Adopter une religion ; changer de religion, de croyance. *Se convertir au judaïsme.* [ETY] Du lat. *convertere,* « se tourner vers ». [DER] **convertissable** *a*

**convertissage** *nm* METALL Transformation de la fonte en acier au convertisseur.

**convertissement** *nm* FIN Action de convertir.

**convertisseur** *nm* **1** TECH Appareil ou dispositif qui transforme, assure une conversion d'énergie, de puissance. **2** INFORM Logiciel qui transcrit des données d'une forme dans une autre. **3** METALL Appareil qui affine la fonte en acier au moyen d'un courant d'oxygène ou d'air. *Convertisseur Bessemer.* **4** Calculette qui convertit une monnaie en une autre.

**convexe** *a* **1** Bombé, courbé en dehors. *Miroir convexe.* ANT concave. **2** MATH Tel que tout segment qui joint deux points quelconques d'une surface ou d'un volume est contenu dans cette surface ou ce volume. **LOC** MATH ***Fonction numérique convexe :*** telle que la surface du plan située au-dessus de sa courbe représentative est convexe. [ETY] Du lat. [DER] **convexité** *nf*

**convexion → convection.**

**conviction** *nf* **A** Certitude que l'on a de la vérité, d'un fait, d'un principe. *L'intime conviction des jurés quant à l'innocence du prévenu.* **B** *nf pl* Idées, opinions que l'on tient pour vraies et auxquelles on est fortement attaché. *Les convictions religieuses.* **LOC** DR ***Pièce à conviction :*** qui établit la preuve évidente et indubitable d'un fait.

**convier** *vt* [2] **1** Inviter à un repas, une fête, etc. *Les enfants conviés à la fête.* **2** fig Engager à. *Dormons, tout nous y convie.* [ETY] Du lat.

**convive** *n* Personne qui participe à un repas avec d'autres.

**convivial, ale** *a* **1** Qui concerne la convivialité, chaleureux. *Des échanges conviviaux.* **2** INFORM Dont l'utilisation est simplifiée grâce à une interface bien adaptée. PLUR conviviaux.

**convivialité** *nf* **1** Goût pour les repas réunissant de nombreux convives. **2** Ensemble des rapports favorables des personnes d'un groupe social, entre elles et face à ce groupe. **3** INFORM Caractère convivial d'un système, d'un logiciel.

**convocation** *nf* **1** Action de convoquer. **2** Billet, feuille par laquelle on convoque.

**convoi** *nm* **1** Réunion de voitures, de bateaux cheminant ensemble vers une même destination. *Convoi de blé.* **2** CH DE F Train. **3** Cortège funèbre.

**convoiter** *vt* [1] Désirer avidement. *Convoiter le bien d'autrui.* [ETY] Du lat. [DER] **convoitise** *nf*

**convoler** *vi* [1] plaisant Se marier. *Convoler en justes noces.* [ETY] Du lat. *convolare,* « voler avec ».

**convoluté, ée** *a* BOT Enroulé sur soi-même ou autour de qqch. *Feuilles convolutées.* [ETY] Du lat. *convolvere,* « enrouler ».

**convolvulacée** *nf* BOT Plante dicotylédone gamopétale superovariée généralement grimpante, telle que le liseron et la patate douce. [ETY] Du lat.

**convoquer** *vt* [1] **1** Faire se réunir. *Convoquer le Parlement.* **2** Mander, inviter à se présenter. *Convoquer qqn à un examen.* [ETY] Du lat. *vox,* « voix ». [DER] **convocable** *a*

**convoyer** *vt* [23] **1** Escorter, accompagner pour protéger. *Bâtiments de guerre qui convoient des cargos.* **2** TRANSP Conduire un véhicule, un bateau au destinataire qui doit en prendre livraison. **3** Transporter. *Convoyer des matières premières.* [ETY] Du lat. *conviare,* « se mettre en route avec ». [DER] **convoiement** ou **convoyage** *nm*

**convoyeur, euse** *n* **A** Personne qui convoie, qui escorte pour protéger. *Convoyeurs de fonds.* **B** *nm* **1** MAR Bâtiment qui en escorte d'autres. **2** TECH Dispositif de manutention continue pour le transport des matériaux.

**convulser** *vt* [1] Agiter de convulsions. [ETY] Du lat. *convellere,* « arracher, ébranler ».

**convulsif, ive** *a* MED Ayant la nature d'une convulsion. **LOC** ***Rire, mouvement convulsif :*** nerveux. [DER] **convulsivement** *av*

**convulsion** *nf* **A** Contraction involontaire et transitoire des muscles, observée au cours de l'épilepsie, du tétanos, de la tétanie, etc. **B** *nf pl* fig Troubles sociaux violents. *Les convulsions d'une guerre civile.*

**convulsionnaire** *n* **1** MED Personne qui a des convulsions. **2** HIST Janséniste qui, dans les années 1727-1732, était pris de convulsions hystériques sur la tombe du diacre Pâris (mort en 1727) au cimetière Saint-Médard

**convulsionner** *vt* [1] MED Causer des convulsions ou des mouvements convulsifs.

**convulsivothérapie** *nf* PSYCHIAT Électrochoc.

**coobligation** *nf* DR Obligation réciproque ou commune, entre deux ou plusieurs personnes. [DER] **coobligé, ée** *n*

**cooccupant, ante** *a, n* DR Qui occupe un logement ou un local avec d'autres.

**cooccurrence** *nf* LING Coexistence habituelle d'unités linguistiques dans l'énoncé ; ces unités.

**Cook (détroit de)** bras de mer séparant les deux îles principales de la Nouvelle-Zélande.

**Cook (îles)** archipel d'Océanie, en Polynésie, au N.-E. de la Nouvelle-Zélande, dont il dépend (auton. interne en 1965) ; 240 km² ; 17 650 hab. ; cap. *Avarua,* dans l'île de Rarotonga.

**Cook (mont)** point culminant (3 764 m) de la Nouvelle-Zélande, dans l'île du Sud.

**Cook James** (Marton, Yorkshire, 1728 – Hawaii, 1779), navigateur angl. Il fit 3 voyages dans l'océan Pacifique : 1768-1771 (découverte des îles de la Société et de la Nouvelle-Zélande), 1772-1775 (exploration des îles Marquises, des Nouvelles-Hébrides, expéditions dans l'Antarctique), 1776-1779 (découverte des îles Hawaii, où il fut tué par un indigène).

**Cook Thomas** (Melbourne, 1808 – Leicester, 1892), fondateur britannique d'agences de voyages, à partir de 1841.

**cookie** *nm* **1** Gâteau sec à l'intérieur moelleux, contenant des fragments de fruits secs ou de chocolat. **2** INFORM Programme enregistrant automatiquement des informations sur les visiteurs de certains sites sur Internet. [PHO] [kuki], plur. [kukiz] [ETY] Mot amér.

**cool** *a inv* fam **1** Détendu, calme. **2** fam Excellent, agréable, sympathique, plaisant. **3** Se dit d'une manière de jouer le jazz. ANT hot jazz. [PHO] [kul] [ETY] Mot angl. « frais ».

**Coolidge Calvin** (Plymouth, Vermont, 1872 – Northampton, 1933), homme politique américain. Vice-président républicain des É.-U. en 1921, il succéda à Harding, décédé, en 1923 et fut élu président en 1925.

**Coolidge William David** (Hudson, Massachusetts, 1873 – Schenectady, New York, 1975), physicien et chimiste américain. Il inventa le tube à rayons X qui porte son nom.

**coolie** *nm* Manœuvre, porteur indien ou chinois, en Extrême-Orient. [PHO] [kuli]

**Cooper James Fenimore** (Burlington, New Jersey, 1789 – Cooperstown, New York, 1851), romancier américain : *le Dernier des Mohicans* (1826), *la Prairie* (1827), *le Tueur de daims* (1841).

**Cooper Frank J. Cooper,** dit **Gary** (Helena, Montana, 1901 – Hollywood, 1961), acteur américain. De 1929 (*The Virginian,* western) à sa mort, il incarna le héros américain.

**Gary Cooper** dans *Le train sifflera trois fois,* 1952

**Cooper Leon N.** (New York, 1930), physicien américain, P. Nobel 1972 (avec J. Bardeen et J. R. Schrieffer) pour ses travaux sur la supraconductivité.

**Cooper David** (Le Cap, 1931 – Paris, 1986), psychiatre anglais ; fondateur de l'antipsychiatrie avec R. D. Laing : *Psychiatrie et Antipsychiatrie* (1967).

**coopérant, ante** *n* **1** Chargé par son gouvernement d'une mission d'assistance technique ou culturelle dans un pays étranger en voie de développement. **2** Appelé qui remplit ses obligations militaires à l'étranger.

**coopérateur, trice** *n* Membre d'une coopérative.

**coopératif, ive** *a* **1** Qui résulte de la coopération de plusieurs personnes. *Société coopérative.* **2** Qui coopère volontiers. *Un associé coopératif.*

**coopération** *nf* **1** Action de coopérer. *Travailler en coopération avec qqn.* **2** ECON Organisation en coopérative d'une entreprise commerciale. *Société de coopération.* **3** Politique d'aide aux pays en voie de développement ; cette aide. *Ministère de la Coopération.* **LOC** ***Partir en coopération :*** comme coopérant.

**Coopération économique Asie-Pacifique** (acronyme anglais : *APEC*), institution, créée en 1989, liant 18 États riverains du Pacifique : Australie, Brunei, Canada, Chili, Chine, Corée du S., États-Unis, Hong Kong, Indonésie, Japon, Malaisie, Mexique, Nouvelle-Zélande, Papouasie-Nouvelle-Guinée, Philippines, Singapour, Taiwan et Thaïlande.

**coopératisme** *nm* ECON Théorie fondée sur l'extension des coopératives de production et de consommation.

**coopérative** *nf* ECON Société dont les associés participent à part égale au travail, à la gestion et au profit. **LOC** ***Coopérative de consommation :*** groupement de consommateurs pour l'achat de marchandises en gros.

**coopérer** *vi* [14] Opérer, travailler conjointement avec qqn. *Des services qui coopèrent. Coopérer à des travaux.* [ETY] Du bas lat.

**coopter** *vt* [1] Admettre dans une assemblée en faisant élire les nouveaux membres par les membres déjà élus. [ETY] Du lat. *optare,* « choisir ». [DER] **cooptation** *nf*

**coordinat** *nm* CHIM Groupement d'atomes, d'ions ou de molécules, qui entoure un ion ou un atome central dans un complexe. SYN ligand.

**coordinateur → coordonner.**

**coordination** *nf* **1** Action de coordonner ; état de ce qui est coordonné. *La coordination des mouvements. Coordination des projets d'aménagement.* **2** Lors d'une grève, organisme représentatif constitué en dehors des organisations syndicales.

**LOC** CHIM *Composé de coordination* : syn. de *complexe*. — GRAM *Conjonction de coordination* : qui sert à lier deux mots, deux groupes de mots ou deux propositions ayant même fonction. [ETY] Du lat. *ordinatio*, « mise en ordre ».

**coordinence** *nf* CHIM Nombre de coordinats pouvant entourer un ion ou un atome central. *Liaison de coordinence.*

**coordonnant** *nm* LING Mot ou locution qui assure une fonction de coordination.

**coordonné, ée** *a, n* **A** *a* **1** Qui est produit dans un rapport de simultanéité, de cohérence. *Des efforts bien coordonnés.* **2** Qui est bien assorti, en harmonie. *Veste et gilet coordonnés.* **3** GRAM Uni par une conjonction de coordination. **B** *nf pl* **1** MATH Ensemble des nombres qui définissent la position d'un point dans un espace par rapport à un repère. **2** fam Renseignements qui permettent de savoir où joindre qqn. **C** *nm pl* Pièces d'habillement ou de décor qui constituent un ensemble harmonieux.

[ENC] En mathématiques, la notion de coordonnées a été définie par Descartes. Les coordonnées cartésiennes utilisent comme repère un système d'axes orthonormés (abscisse, ordonnée et cote dans un espace à trois dimensions). Dans le plan, on peut utiliser des coordonnées *polaires* (rayon et angle) ou *bipolaires* (un rayon pour chacun des deux pôles). Dans un espace à trois dimensions, on emploie des coordonnées *cylindriques*, dites aussi *semi-polaires* (un rayon, un angle et une cote), ou des coordonnées *sphériques* (un rayon et deux angles).

**coordonner** *vt* [1] Produire, organiser dans un rapport de simultanéité et d'harmonie dans un but déterminé. [DER] **coordinateur, trice** ou **coordonnateur, trice** *a, n*

**COP** (en angl. *Conference of Parties*), réunion annuelle des États ayant adhéré à la Convention-cadre des Nations unies sur les changements climatiques.

**Copacabana** quartier de Rio de Janeiro, dont la plage est célèbre.

**copahu** *nm* Résine odorante provenant du copayer. [ETY] Mot tupi.

**copain, copine** *n* fam Camarade, ami. **LOC** *Petit copain, petite copine* : amoureux, amoureuse. [ETY] De l'a. fr. *compain*, « avec qui on partage le pain ».

**copal** *nm* Résine sécrétée par certains conifères et par les copaliers, utilisée dans la fabrication de vernis. PLUR copals. [ETY] Du nahuatl.

**copalier** *nm* Nom d'arbres tropicaux (césalpiniacées) qui produisent le copal dur.

**Copán** site archéol. du Honduras, sur le fl. du m. nom, à la frontière guatémaltèque ; ruines mayas ($VI^e$-$IX^e$ s.).

**coparentalité** *nf* DR Exercice en commun de la puissance parentale. [DER] **coparent** *nm* – **coparental, ale, aux** *a*

**copartager** *vt* [13] DR Partager avec d'autres. [DER] **copartage** *nm* – **copartageant** *a, n*

**coparticipation** *nf* Participation avec d'autres à une entreprise. [DER] **coparticipant, ante** *a, n* – **coparticiper** *vti* [1]

**copaternité** *nf* Paternité d'une œuvre, d'un projet, assumée en commun.

**copayer** *nm* Nom d'arbres tropicaux (césalpiniacées) fournissant le copahu.

**copeau** *nm* Morceau, éclat enlevé par un instrument tranchant. *Copeaux de bois, de métal.* [ETY] Du lat.

**Copeau** Jacques (Paris, 1879 – Beaune, 1949), écrivain, acteur et directeur de théâtre français. En 1913, il créa le théâtre du Vieux-Colombier.

**Copenhague** (en danois *København*), cap. du Danemark, sur la côte E. de l'île de Sjælland et sur l'île Amager ; 1,3 million d'hab. Grand port de comm. et métropole industr. du pays. – Jardin d'attractions de Tivoli. Université. Chât. de Rosenborg (1606-1617). Palais royal d'Amalienborg (1760). Musée national. Glyptothèque. [DER] **copenhagois** ou **copenhaguois, oise** *a, n*

**Copenhague** le quartier de Nyhavn

**copépode** *nm* ZOOL Petit crustacé entomostracé marin ou d'eau douce, tel que le cyclope. Les copépodes sont très nombreux dans le plancton marin. [ETY] Du gr.

**copermuter** *vt* [1] DR Échanger un droit.

**Copernic** Nicolas (en polonais *Mikołaj Kopernik*) (Toruń, 1473 – Frauenburg, auj. Frombork, 1543), astronome polonais. Dans son traité *De revolutionibus orbium cœlestium libri VI* (publié en 1543 à Nuremberg), il démontra que la Terre tourne sur elle-même et autour du Soleil.

**Nicolas Copernic**

**copernicien, enne** *a* **1** Relatif au système de Copernic. **2** Se dit d'un changement radical dans les modes de pensée.

**Copi** Taborda Raoul Damonte, dit (Buenos Aires, 1939 – Paris, 1987), écrivain et dessinateur français d'origine argentine.

**copie** *nf* **1** Reproduction exacte d'un écrit. *Copie certifiée conforme* **2** Devoir rédigé par un élève, à remettre au professeur. **3** fig, fam Exposé de son projet par un homme politique, un décideur. *Revoir sa copie.* **4** Reproduction qui imite une œuvre d'art. *Ce tableau est une copie d'un Raphaël.* **5** Ce qui est emprunté, imité. *Sa pièce n'est qu'une pâle copie de Pirandello.* **6** AUDIOV Film positif tiré d'un négatif. **7** IMPRIM Texte à composer. **LOC** fam *Être en mal de copie* : en mal de sujet d'article. [ETY] Du lat. *copia*, « abondance ».

**copier** *v* [2] **A** *vt* **1** Faire la copie manuscrite, la transcription de. **2** Exécuter la copie d'une œuvre d'art. **B** *vi* Reproduire frauduleusement. *Élève qui copie sur son voisin.* [DER] **copiable** *a* – **copiage** *nm*

**1 copier-coller** *nm inv* **1** INFORM Fait de sélectionner un texte, un objet, etc. grâce à une commande d'un logiciel de traitement de texte et de l'insérer à un autre endroit. **2** fig Copie exacte, reproduction, réplique. [VAR] **copié-collé** *nm*

**2 copier-coller** *vt* [1] Effectuer un copier-coller. *Ils copient-collent des informations trouvées sur Internet.*

**copieur, euse** *n, a* Qui copie frauduleusement.

**copieux, euse** *a* Abondant. *Repas copieux.* SYN plantureux. [DER] **copieusement** *av*

**copilote** *n* Second pilote, capable d'aider et de remplacer le pilote principal.

**copinage** *nm* fam, péjor Entraide par relations. *Réussir par copinage.*

**copiner** *vi* [1] fam Être, devenir copain. [DER] **copinerie** *nf*

**copiste** *n* **1** anc Personne qui recopiait les manuscrits. **2** péjor Imitateur du style d'autrui. **3** Personne qui copie des œuvres d'art.

**coplanaire** *a* GEOM Qui est situé dans le même plan. *Droites, courbes coplanaires.*

**Copland** Aaron (Brooklyn, 1900 – North Tarrytown, New York, 1990), pianiste et compositeur américain néo-classique.

**copolymère** *nm* CHIM Macromolécule obtenue par polymérisation d'un mélange de monomères.

**copositionnement** *nm* Regroupement de plusieurs satellites de télécommunication sur une même orbite.

**copossession** *nf* DR Fait de posséder en commun. [DER] **coposséder** *vt* [14] – **copossesseur** *nm*

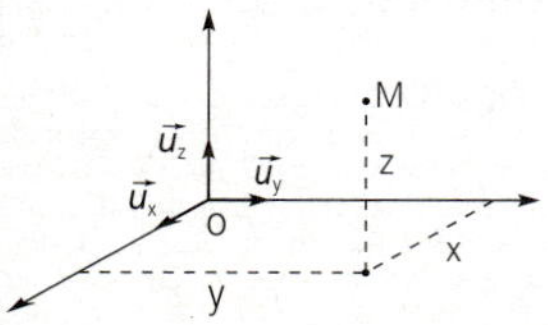


coordonnées cartésiennes (ou rectangulaires)

M est repéré par ses coordonnées x, y, z (abscisse, ordonnée et cote)

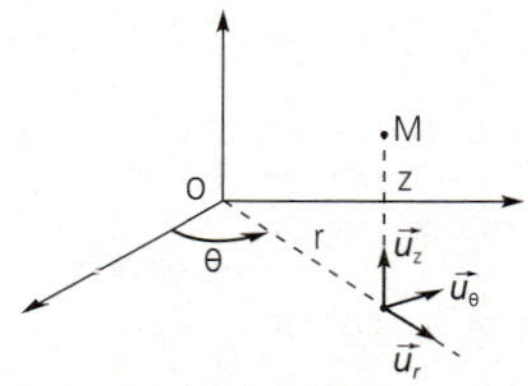


coordonnées cylindriques (ou polaires)

M est repéré par ses coordonnées r, θ, z (rayon-vecteur, angle polaire et cote)

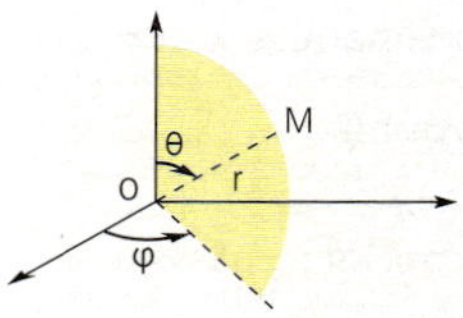


coordonnées sphériques

M est repéré par ses coordonnées r, θ, φ

**coordonnées**

**coppa** *nf* Charcuterie italienne, roulée et fumée.

**Coppée François** (Paris, 1842 – id., 1908), poète français : *les Humbles* ( 1872).Acad. fr. (1884).

**Coppélia** (ou *la Fille aux yeux d'émail*), ballet-pantomime en deux actes et trois tableaux de L. Delibes (1870), d'après un conte d'Hoffmann, *l'Homme au sable*.

**Coppens Yves** (Vannes, 1934), paléontologue français, codécouvreur de *Lucy* en 1974.

**Coppet** village du canton de Vaud (Suisse), sur le lac Léman. – Lieu de séjour de Necker et de sa fille, Mme de Staël, qui y sont enterrés.

**Coppi Fausto** (Castellania, 1919 – Tortona, 1960), coureur cycliste italien qui domina le cyclisme mondial de 1949 à 1955.

**Coppola Francis Ford** (Detroit, Michigan, 1939), cinéaste américain : *le Parrain* (1972) et ses deux suites (1975 et 1990) ; *Apocalypse Now* (1979) ; *Tetro* (2009).

**coprah** *nm* Albumen de coco mûr dont on extrait diverses matières grasses. PHO [kɔpʀa] ETY Du malayalam. VAR **copra**

**coprésidence** *nf* Présidence assurée conjointement par plusieurs personnes. DER **coprésident, ente** *n*

**coprévenu, ue** *n* DR Dans un procès, prévenu en même temps que d'autres.

**coprin** *nm* BOT Champignon basidiomycète à lamelles et à chapeau rabattu comestible, sauf consommé avec de l'alcool.

**coprince** *nm* Titre porté par le président de la République française et l'évêque espagnol d'Urgel, qui partagent la suzeraineté de la principauté d'Andorre.

**copro-** Élément, du gr. *kopros*, « excrément ».

**coprocesseur** *nm* INFORM Processeur auxiliaire destiné à une série de tâches spécifiques (fonctions graphiques, opérations mathématiques), ce qui permet un fonctionnement plus rapide.

**coproculture** *nf* MED Culture bactériologique des selles pour déceler la présence de germes pathogènes.

**coproduction** *nf* Production en commun. *Film, livre en coproduction.* DER **coproducteur, trice** *n* – **coproduire** *vt* 69

**coproduit** *nm* ECON Produit annexe obtenu lors d'un processus industriel.

**coprolalie** *nf* PSYCHIAT Impulsion morbide à tenir des propos orduriers.

**coprolithe** *nm* PALEONT Excrément fossile.

**coprologie** *nf* MED Étude des matières fécales (chimique, bactériologique, parasitologique). DER **coprologique** *a*

**coprophage** *a, n* Se dit d'un insecte qui se nourrit d'excréments. DER **coprophagie** *nf*

**coprophile** *a, n* PSYCHOPATHOL Qui éprouve du plaisir à manipuler les excréments. DER **coprophilie** *nf*

**copropriété** *nf* DR **1** Propriété commune à plusieurs personnes. **2** Division d'un immeuble en appartements attribués en propre à des propriétaires, les parties communes et le gros œuvre étant indivis entre eux ; ensemble des copropriétaires. DER **copropriétaire** *a, n*

**copte** *a, n* **A** *a* Relatif aux Coptes. **B** *n* Chrétien monophysite d'Égypte et d'Éthiopie. **C** *nm* Langue dérivée de l'ancien égyptien, parlée du IIIe au XIIIe s. et servant auj. de langue liturgique. ETY Du gr. *Aiguptios*, « Égyptien ».

ENC Au nombre de 7 millions, les chrétiens d'Égypte, ou Coptes, sont les descendants directs des Égyptiens de l'époque pharaonique. Devenus chrétiens au IIIe s., ils n'avaient pas suivi le concile de Chalcédoine (451) dans sa condamnation du monophysisme (doctrine suivant laquelle l'humain et le divin se confondent dans le Christ en une seule et unique nature) ; ils forment la plus importante communauté chrétienne à l'intérieur du monde musulman. Leur langue liturgique est le copte et ils constituent le patriarcat d'Alexandrie, de fondation apostolique (le patriarche réside auj. au Caire). On nomme également Coptes les chrétiens d'Éthiopie, au nombre de 14 millions, sous l'autorité du catholicos d'Abyssinie.

**copula** *nf* BIOL Cellule diploïde résultant de l'union de deux gamètes. SYN œuf, zygote. ETY Du lat.

**copulateur, trice** *a* ZOOL Qui sert à la copulation.

**copulatif, ive** *a* LOG, GRAM Qui sert à lier les termes, les propositions.

**copulation** *nf* **1** Union du mâle et de la femelle, accouplement. **2** BOT Fécondation. **3** CHIM Réaction de condensation d'une amine ou d'un phénol avec un composé contenant deux atomes d'azote. ETY Du lat.

**copule** *nf* **1** LOG Verbe, partic. *être*, en tant qu'il affirme ou qu'il nie le prédicat du sujet. **2** GRAM Ce qui lie le sujet d'une proposition à l'attribut, partic. le verbe *être*.

**copuler** *vi* 1 fam S'accoupler.

**copyright** *nm* **1** Droit d'exploiter une œuvre littéraire, artistique, etc., pendant une durée déterminée. **2** Marque de ce droit sur le support matériel de l'œuvre (signe © suivi du nom de l'ayant droit et de l'année de la première publication). PHO [kɔpiʀajt] ETY Mot angl.

**1 coq** *nm* Mâle de la poule domestique et de divers galliformes, à crête charnue rouge vif, au chant éclatant caractéristique. LOC ***Coq de bruyère*** : V. tétras. — ***Coq de roche*** : V. rupicole. — ***Coq de village*** : garçon qui a le plus de succès auprès des filles. — ***Coq gaulois*** : emblème de la France. — ***Être comme un coq en pâte*** : avoir toutes ses aises. — ***Fier comme un coq*** : très fier. — SPORT ***Poids coq*** : catégorie de boxeurs professionnels pesant entre 52,164 kg et 53,524 kg. ETY Onomat.

**coq** bankiva

**2 coq** *nm* MAR Cuisinier, à bord d'un navire. ETY Du lat.

**coq-à-l'âne** *nm inv* Brusque changement de sujet dans une conversation, un discours.

**coquard** *nm* fam Tuméfaction de la région de l'œil, due à un coup. VAR **coquart**

**-coque, -coccie** Éléments, du grec *kokkos*, « grain », servant à former des noms de micro-organismes.

**coque** *nf* **1** Enveloppe externe, dure, d'un œuf. **2** Enveloppe ligneuse de certaines graines, ayant subi une sclérification. *Coque de noix.* **3** Lamellibranche marin, comestible, qui vit enfoui dans le sable côtier. **4** MAR Boucle dans une amarre neuve qui n'a pas été élongée et détordue. **5** MAR Ensemble de la membrure et du bordé d'un navire. **6** Carcasse du corps d'un avion. **7** AUTO Carrosserie d'une automobile sans châssis. **8** CONSTR Structure de faible épaisseur. **9** SPORT Accessoire rigide destiné à protéger une partie du corps. **10** Partie rigide d'un roller, qui repose sur la platine et qui contient le chausson. LOC ***Œuf à la coque*** : cuit dans sa coque sans être durci.

**coquelet** *nm* CUIS Jeune coq.

**coqueleux, euse** *n* Belgique, Nord Éleveur de coqs de combat.

**coquelicot** *nm, a inv* **A** *nm* Papavéracée à fleur rouge vif, fréquente dans les champs de céréales. **B** *a inv* De la couleur rouge du coquelicot. ETY Du lat. *cocorico*, « coq ».

**Coquelin Constant, dit Coquelin aîné** (Boulogne-sur-Mer, 1841 – Couilly-Pont-aux-Dames, 1909), acteur français ; créateur du rôle de Cyrano de Bergerac en 1897.

**coquelourde** *nf* BOT Lychnis ornementale (caryophyllacée).

**coqueluche** *nf* Maladie infectieuse, contagieuse, immunisante, fréquente surtout chez l'enfant, caractérisée par une toux asphyxiante, évoquant le chant du coq. LOC fam ***Être la coqueluche de*** : être très admiré par. DER **coquelucheux, euse** *a, n*

**coquemar** *nf* Bouilloire à anse et à couvercle, munie de pieds. ETY Du lat.

**coqueron** *nm* **1** MAR Compartiment étanche de la coque d'un navire, à l'avant ou à l'arrière. **2** Canada fam Logement très modeste, gourbi. ETY De l'angl. *cook-room*.

**coquet, ette** *a, n* **1** Qui cherche à plaire, à séduire. *Des mines coquettes.* **2** Qui aime être élégant. ANT négligé. **3** Dont l'aspect est soigné. *Un jardin coquet.* **4** fam Important, considérable, en parlant d'une somme d'argent. LOC THEAT ***Grande coquette*** : premier rôle féminin dans les comédies de caractère. ETY De *coquet*, « petit coq ». DER **coquettement** *av*

**coquetel** *nm* Canada Syn. de *cocktail*.

**coqueter** *vi* 18 ou 20 litt Sympathiser avec qqn ; flirter.

**coquetier** *nm* Petit récipient dans lequel on place l'œuf que l'on mange à la coque. LOC fam ***Remporter le coquetier*** : gagner, l'emporter.

**coquetière** *nf* Ustensile pour faire cuire les œufs à la coque.

**coquetterie** *nf* **1** Désir de plaire, d'attirer les hommages ; artifice, manœuvre inspirée par ce désir. *Faire des coquetteries.* **2** Manière élégante de s'habiller. **3** Manière élégante de décorer, d'arranger. LOC fam ***Avoir une coquetterie dans l'œil*** : loucher légèrement.

**coquillage** *nm* Animal, notam. mollusque testacé, pourvu d'une coquille ; sa coquille vide.

**coquillard** *nm* HIST Malfaiteur qui arborait une coquille, comme les pèlerins ; gueux.

**coquillart** *nm* MINER Pierre contenant des coquilles fossiles.

**coquille** *nf* **1** Enveloppe dure, calcaire, univalve ou bivalve, sécrétée par le tégument de certains mollusques. *Coquille d'huître, d'escargot.* **2** fig Structure destinée à faire illusion. **3** ARCHI Motif ornemental figurant une coquille. **4** TECH Élément ayant pour section une demi-couronne circulaire. **5** Moule de fonderie. **6** SPORT Appareil de protection des parties génitales. **7** En escrime, partie de la monture d'une arme qui protège la main. **8** CHIR Appareillage amovible en plâtre, qui immobilise le rachis du patient. **9** TYPO Faute de composition. **10** Coque d'œuf, de noisette, etc. LOC fam ***Coquille de noix*** : embarcation très légère. — ***Coquille Saint-Jacques*** : lamellibranche comestible ; coquille vide de ce mollusque, emblème des pèlerins de Saint-Jacques-de-Compostelle. — ***Rentrer dans sa coquille*** : se replier sur soi-même. ETY Du lat. *conchylium*, « coquillage », et *coccum*, « excroissance ».

**coquillette** *nf* Pâte alimentaire en forme de cylindre courbe.

**coquillier, ère** *a, nm* **A** *a* GEOL Qui contient une grande proportion de coquilles. *Sable, calcaire coquillier.* **B** *nm* **didac** Collection de coquilles. VAR **coquiller, ère**

**Coquimbo** port du Chili septent., sur la *baie de Coquimbo* ; 105 250 hab.

**coquin, ine** *n, a* **A** *n* **vx** Personne sans honneur ni probité. **B** *n* Espiègle, malicieux, surtout en parlant d'un enfant. **C** *a* Leste, grivois. *Une histoire coquine.*

**coquinerie** *nf* **1 vx** Action de coquin ; scélératesse. **2 vieilli** Malice, espièglerie.

**1 cor** *nm* **A 1 anc** Trompe d'appel formée d'une corne ou d'une défense d'animal creusée et percée. **2** Instrument à vent, en cuivre, à embouchure, constitué d'un tube conique enroulé sur lui-même et terminé par un large pavillon. **B** *nm pl* Andouillers des bois des cervidés. *Un cerf dix cors.* **LOC** ***À cor et à cri*** : à grand bruit, en insistant. — ***Cor anglais*** : hautbois plus grave en *fa*, au timbre rauque. — ***Cor à pistons*** (ou ***chromatique***), en *fa* : le seul utilisé auj. dans les orchestres. — ***Cor de basset*** : clarinette alto. — ***Cor de chasse*** : en général en *ré*, quelquefois en *mi* bémol. — ***Cor d'harmonie*** : instrument d'orchestre, notamment en *fa*, doté de pistons de rechange qui allongent le tube et permettent de jouer dans tous les tons. ETY Du lat. ▶ pl. musique

**2 cor** *nm* Petite tumeur dure, formée par induration, souvent douloureuse, siégeant sur les orteils ou à la plante des pieds. ETY De l'a. fr.

**coraciadiforme** *nm* ZOOL Oiseau aux doigts antérieurs souvent en partie soudés qui loge dans des cavités tel que le martin-pêcheur, la huppe, le cabas. ETY Du gr. *korax*, « corbeau ».

**coracoïde** *a* **LOC** ANAT ***Apophyse caracoïde*** : située au bord supérieur de l'humérus.

**corail** *nm, a inv* **A** *nm* **1** Madrépore. **2** Octocoralliaire ramifié à squelette calcaire rouge-orangé, utilisé en joaillerie. **3** CUIS Substance rouge (ovaire) des coquilles Saint-Jacques, de l'oursin, du crabe, du homard. **B** *a inv* **poét** Vermeil. *Des lèvres corail.* PLUR coraux. **LOC** ***Serpent corail*** : élaps. ETY Du gr. DER **corallien, enne** *a*

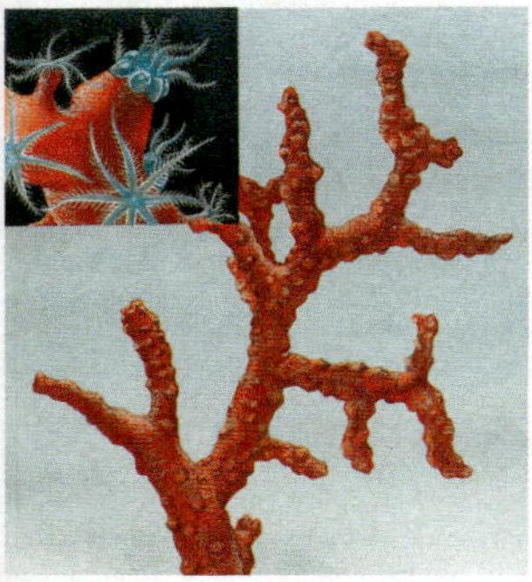

**corail** rouge : son squelette calcaire est sécrété par de petits polypes (en haut, à g.) très contractiles

**Corail (mer de)** mer du Pacifique, entre le S.-E. de la Nouvelle-Guinée et l'Australie.

**corailleur, euse** *n, a* Qui pêche, qui travaille le corail.

**corallifère** *a* Qui porte des coraux.

**coralliforme** *a* Qui a la forme du corail.

**coralligène** *a* Qui produit le corail.

**corallin, ine** *a, nf* **A** *a* De la couleur du corail. **B** *nf* BOT Algue calcaire articulée formant de petits buissons blanchâtres.

**coran** *nm* **1** (Avec une majuscule) Livre sacré des musulmans. **2** Exemplaire du Coran. DER **coranique** *a*

ENC Les musulmans voient dans le Coran la parole incréée de Dieu, révélée à Mahomet par l'archange Gabriel. Après la mort du Prophète et de ses compagnons, il apparut nécessaire d'en fixer le texte. Le troisième calife, Uthman, ordonna (entre 644 et 656) de recenser tous les recueils existants et, après la rédaction d'une version unique, ils furent détruits. Le Coran se compose de 114 chapitres *(sourates)* rangés dans l'ordre décroissant de leur longueur. Chaque sourate, dont le nom est tiré d'un épisode qui y est conté, est divisée en versets *(ayat)*. Diverses « sciences du Coran » ont été créées : linguistique, jurisprudence (*fiqh*), théologie, philosophie.

**corbeau** *nm* **1** Grand oiseau noir (corvidé) au bec puissant. **2** Auteur de lettres ou de coups de téléphone anonymes. **3** ARCHI Pierre ou élément en saillie sur un parement de maçonnerie, qui supporte l'une des extrémités d'un linteau, la retombée d'un arc, etc. ETY Du lat.

tête de **corbeau** freux (en bas) et corneille noire

**Corbeau (le)** constellation de l'hémisphère austral ; n. scientif. : *Corvus, Corvi.*

**Corbeau (le)** poème d'Edgar Poe (1845), traduit par Baudelaire puis Mallarmé.

**Corbeil-Essonnes** ch.-l. d'arr. de l'Essonne (arr. d'Évry) ; 41 604 hab. Industries. – Évêché. Ég. (XII$^e$-XV$^e$ s.). DER **corbeilessonnois, oise** *a, n*

**corbeille** *nf* **1** Panier sans anse ; son contenu. *Corbeille de fruits.* **2** ARCHI Partie du chapiteau corinthien, entre l'astragale et l'abaque, portant des feuilles d'acanthe. **3** HORTIC Massif de fleurs. **4** À la Bourse, espace entouré d'une balustrade, autour duquel les agents de change font offres et demandes. **5** THEAT Galerie à balcon située au-dessus des fauteuils d'orchestre. **6** INFORM Icône du microordinateur sur laquelle on place les fichiers dont on veut se débarrasser. ETY Du lat.

**corbeille-d'argent** *nf* BOT Crucifère ornementale aux nombr. fleurs d'un blanc très pur. PLUR corbeilles-d'argent.

**Corbie** ch.-l. de cant. de la Somme (arr. d'Amiens) : 6 317 hab. – Abbaye, auj. disparue, fondée au VII$^e$ s. DER **corbéen, enne** *a, n*

**Corbière** Édouard Joachim, dit **Tristan** (Morlaix, 1845 – id., 1875), poète français : *les Amours jaunes* (1873).

**corbières** *nm* Vin rouge des Corbières.

**Corbières (les)** ensemble montagneux sur le flanc N. des Pyrénées orient. françaises. Élevage ovin. Vignobles.

**corbillard** *nm* Voiture, fourgon mortuaire. ETY Du n. de la v. de *Corbeil.*

**corbillat** *nm* Petit du corbeau.

**corbillon** *nm* **1** Petite corbeille. **2 fig** Jeu de société où, à la question *« je te tends mon corbillon, qu'y met-on ? »*, le joueur doit répondre par un mot rimant avec *on.*

**Corbin** Alain (Courtamer, 1936), historien français : *le Miasme et la Jonquille* (1982).

**corbleu !** *interj* Ancien juron. PHO [kɔʀblø]

**cordage** *nm* **1** MAR Câble, corde à bord d'un navire. **2** Action de garnir de cordes une raquette de tennis ; les cordes de cette raquette.

**Corday** Charlotte de Corday d'Armont, dite Charlotte (Saint-Saturnin-des-Ligneries, près de Sées, 1768 – Paris, 1793), jeune Française qui poignarda Marat dans son bain. Adepte de la Révolution, elle lui reprochait l'élimination des Girondins. Elle fut guillotinée.

Charlotte Corday

**corde** *nf* **A 1** Lien fait des brins retordus d'une matière textile. **2** Lien de longueur déterminée servant à mesurer le volume d'une pile de bois ; pile de bois ainsi mesurée. **3** Lien que l'on passe autour du cou des condamnés à la potence ; le supplice de la potence. *Mériter la corde.* **4** Trame d'une étoffe. *Habit usé jusqu'à la corde.* **5** SPORT Limite intérieure d'une piste, d'un circuit de course. **6** GEOM Segment de droite qui joint les deux extrémités d'un arc sur une courbe ; la corde sous-tend l'arc. **7** Câble tendu en l'air sur lequel évolue un acrobate. **8** MUS Fil d'une matière flexible tendu sur un instrument de musique et mis en vibrations par différents systèmes (doigts, archet, marteau, etc.). *Le violon, la guitare sont des instruments à cordes.* **9 fig** Point sensible, capacité à s'émouvoir. *Avoir la corde patriotique.* **B** *nf pl* **1** Instruments à cordes frottées. *Orchestre à cordes.* **2** SPORT Limites d'un ring. **3** MATH Éléments hypothétiques, de taille plus petite que les particules élémentaires, qui pourraient avoir été produits lors de la formation de l'Univers. **LOC** ***Avoir plusieurs cordes à son arc*** : avoir des talents variés. — ***Corde à sauter***, ou **Canada** ***corde à danser*** : corde dont chaque extrémité est munie d'une poignée et que l'on fait tourner en sautant par-dessus à chaque passage, pour jouer ou pour s'entraîner. — AVIAT ***Corde de l'aile*** : segment de droite joignant le bord d'attaque au bord de fuite. — ZOOL ***Corde*** ou ***chorde dorsale*** : structure anatomique dorsale caractéristique des cordés, au niveau de laquelle s'édifient les corps vertébraux chez les vertébrés adultes. — ANAT ***Corde du tympan*** : rameau nerveux, branche du nerf facial. — ANAT ***Cordes vocales*** : replis du larynx dont les vibrations produisent les sons vocaux. — **Canada** ***Coucher, dormir sur la corde à linge*** : coucher dehors ; passer une nuit blanche. — ***Être dans les cordes de qqn*** : dans ses possibilités. — ***Être sur la corde raide*** : dans une situation délicate. — ***Parler de corde dans la maison d'un pendu*** : aborder un sujet embarrassant. — ***Tenir la corde*** : courir le plus près possible de la limite intérieure de la piste ; **fig** avoir l'avantage, être en tête. — ***Tirer sur la corde*** : exagérer. ETY Du gr. *khordê*, « boyau ».

**1 cordé, ée** *a* **didac** En forme de cœur.

**2 cordé** *nm* ZOOL Animal possédant une corde dorsale, au moins pendant son embryogenèse, dont l'embranchement comprend les tuniciers, les céphalocordés et les vertébrés.

ENC Les cordés, qui constituent l'embranchement le plus évolué du règne animal (les mammifères et donc l'homme en font partie), possèdent une corde dorsale, au moins durant leur vie embryonnaire. Cette baguette flexible s'étend sous le système nerveux et au-dessus du tube digestif. Chez les urocordés (tuniciers), la corde n'est généralement présente que dans la queue des larves. Chez les céphalocordés (amphioxus), elle est présente, de l'avant à l'arrière de l'animal, pendant toute sa vie. Chez les vertébrés, elle est remplacée par la colonne vertébrale au cours de l'embryogenèse : chaque vertèbre se forme à partir de huit arcs cartilagineux disposés autour de la corde. Les cyclostomes (lamproies) et le cœlacanthe conservent leur corde à l'état adulte. Les princ. autres caractères des cordés sont : le système nerveux dorsal, la symétrie bilatérale, le mésoderme segmenté dorsalement, la présence d'un cœur ventral.

**cordeau** *nm* **1** Petite corde que l'on tend pour obtenir des lignes droites. **2** PECHE Ligne de fond pour pêcher les anguilles. **LOC** ***Au cordeau :*** très régulièrement. — TECH ***Cordeau détonant :*** gaine remplie d'un explosif, servant de détonateur.

**cordée** *nf* **1** **vieilli** Quantité pouvant être entourée par une corde. *Cordée de bois.* **2** PECHE Crin auquel sont attachés plusieurs hameçons. **3** Caravane d'alpinistes réunis par une corde.

**cordeler** *vt* ⑰ ou ⑲ TECH Tordre en forme de corde. *Cordeler des cheveux.*

**cordelette** *nf* Corde mince.

**cordelier, ère** *n* Sobriquet donné, en France, sous l'Ancien Régime, aux franciscains.

**cordelière** *nf* **1** Cordon de soie, de laine servant de ceinture ou d'ornement de passementerie. **2** ARCHI Baguette d'ornement en forme de corde.

**Cordeliers (club des)** club (Société des amis des droits de l'homme et du citoyen) fondé en avr. 1790 par Danton, Marat, C. Desmoulins, Hébert, dans l'anc. couvent des Cordeliers (Paris 6e).

**cordelle** *nf* Corde pour haler les bateaux.

**corder** *vt* ① **1** Tordre, mettre en corde. *Corder du chanvre.* **2** Entourer, lier avec une corde. *Corder une malle.* **3** Garnir de cordes. **4** Mesurer du bois au moyen d'une corde. **5** **Canada** Empiler régulièrement. *Corder du bois pour l'hiver.*

**corderie** *nf* **1** TECH Fabrication des cordes, des cordages. **2** Lieu où l'on fabrique, où l'on entrepose des cordes.

**Cordes-sur-Ciel** (anc. *Cordes*), ch.-l. de cant. du Tarn (arr. d'Albi) ; 1 065 hab. – Mon. et maisons anc. (DER) **cordais, aise** *a, n*

**cordi-** Élément, du lat. *cor, cordis,* « cœur ».

**cordial, ale** *a, nm* **A** *a* Qui vient du cœur, sincère. *Accueil cordial.* **B** *nm* Boisson tonique, souvent alcoolisée. PLUR cordiaux. (DER) **cordialité** *nf*

**cordialement** *av* Avec affection et sincérité. **LOC** ***Se détester cordialement :*** de tout cœur, profondément.

**cordier, ère** *n* **A** Personne qui fabrique, qui vend des cordes. **B** *nm* MUS Partie d'un instrument où s'attachent les cordes.

**cordiforme** *a* Syn. de *cordé.*

**cordillère** *nf* GEOL Chaîne de montagnes parallèles à crête élevée et continue.

**cordiste** *n* Professionnel qui utilise les techniques de l'escalade pour le nettoyage des façades.

**cordite** *nf* CHIM Explosif à base de nitroglycérine.

**cordoba** *nm* Unité monétaire du Nicaragua.

**Córdoba** v. d'Argentine centr., dominée par la *sierra de Córdoba ;* ch.-l. de la prov. du m. nom ; 1,5 million d'hab. (aggl.). Grand centre industriel.

**cordon** *nm* **1** Petite corde servant à divers usages. *Cordon de sonnette, de tirage.* **2** **anc** Petite corde permettant au concierge d'ouvrir la porte sans sortir de sa loge. **3** Ruban servant d'insigne à certains ordres. *Grand cordon de la Légion d'honneur.* **4** TECH Pièce de forme très allongée. *Cordon prolongateur électrique.* **5** Bord façonné d'une pièce de monnaie. **6** ARCHI Grosse moulure de section circulaire. **7** Série d'éléments alignés. *Cordon d'arbres.* **LOC** GEOL ***Cordon littoral :*** langue continue de sable, d'alluvions, déposés par les courants côtiers. — ANAT ***Cordon médullaire :*** faisceau de fibres nerveuses dans la moelle épinière. — ***Cordon ombilical :*** qui relie le fœtus au placenta. — ***Cordon sanitaire :*** série de postes de surveillance autour d'une région, mis en place pour enrayer une épidémie. — ***Tenir les cordons de la bourse :*** régir les dépenses.

**cordonal, ale** *a* ANAT Relatif aux cordons médullaires. PLUR cordonaux.

**cordon-bleu** *nm* Cuisinier, cuisinière chevronné. PLUR cordons-bleus.

**cordonner** *vt* ① Réunir plusieurs filaments pour former un cordon.

**cordonnerie** *nf* **1** Métier de cordonnier. **2** Atelier, boutique de cordonnier.

**cordonnet** *nm* **1** Petit cordon de passementerie. **2** Fil tors à trois brins.

**cordonnier, ère** *n* Artisan qui répare les chaussures. (ETY) De l'a. fr. *cordoan,* « cuir de Cordoue ».

**cordouan** *nm* TECH Cuir de chèvre, travaillé à Cordoue.

**Cordouan** rocher à l'embouchure de la Gironde. Le phare (1584-1611, surélévation 1788-1789) est le plus vieux d'Europe.

**Cordoue** (en esp. *Córdoba*), v. du S. de l'Espagne (Andalousie), sur le Guadalquivir ; 330 000 hab. ; ch.-l. de la prov. du m. nom. Centre agric., industr. et tourist. – Immense mosquée omeyyade (fin VIIIe-Xe s.), vouée au culte cathol. au XIIIe s. Égl. mudéjares et goth. (DER) **cordouan, ane** *a, n*

**Histoire** Capitale de la prov. romaine de Bétique, la ville fut prise par les Goths (572), puis par les Arabes (711) : les Omeyyades en firent la cap. de l'*émirat de Cordoue* (756-1236) ; savants, poètes, écrivains, philosophes (Averroès et Maimonide y sont nés) affluèrent des métropoles musulmanes d'Orient, mais, à partir de 1109, le califat se divisa en petits royaumes. Après la *Reconquista* (1326), la ville déclina.

**Cordoue** intérieur de la mosquée

**cordyline** *nf* Plante d'appartement (liliacée) à feuilles allongées, à fleurs blanches.

**Corea Chick** (Chelsea, Mass., 1941), pianiste et compositeur de jazz américain.

**corécepteur** *nm* BIOCHIM Protéine qui agit en relation avec une autre (récepteur) pour permettre la pénétration cellulaire du VIH.

**corectopie** *nf* MED Position de la pupille qui n'occupe pas le centre de l'iris. (ETY) Du gr.

**Corée** (en coréen *Chôsen,* « le Pays du matin calme »), péninsule d'Asie orientale (219 015 km²), située au S. de la Mandchourie, entre la mer Jaune et la mer du Japon. En 1945, la Corée fut divisée en deux États : au N. du 38e parallèle, la rép. pop. dém. de Corée ; au S., la rép. de Corée. (DER) **coréen, enne** *a, n*

**Géographie** Les montagnes de l'E. déterminent un littoral élevé et rectiligne sur la mer du Japon, alors qu'à l'O. et au S. le relief s'ouvre largement sur la mer Jaune par un littoral découpé. Le climat, aux hivers rigoureux et enneigés au N., un peu moins rudes au S., est marqué par les pluies de mousson en été et les typhons d'automne. Les forêts tempérées du N. s'opposent aux forêts subtropicales du S. Les deux tiers des habitants (d'origine mongole, avec influences chinoises) vivent en Corée du S. Dans les deux pays, la population est jeune.

**Histoire** La prem. domination chinoise a duré du XIIe s. avant J.-C. au Ier s. après J.-C. De 668 à 735, le royaume Silla, allié aux Chinois, unifia le pays, qui s'ouvrit à la civilisation confucéenne et au bouddhisme, religion off. au VIe s. Les différentes dynasties (Koryo, 918-1231 ; Li, 1392-1910) restèrent plus ou moins vassales de la Chine, qui reconnut l'autonomie de la Corée en 1895. Après la guerre russo-japonaise de 1905, la Corée devint protectorat puis, en 1910, colonie du Japon. Dès 1938, Kim Il Sung organisa la guérilla communiste contre le Japon. En 1945, l'avancée respective des troupes soviétiques et américaines face aux Japonais aboutit à la division de la péninsule selon le 38e parallèle : un État communiste fut créé au nord ; au sud, un État lié au camp occidental. (V. Corée [guerre de].)

**Corée (guerre de)** conflit qui a opposé la Corée du Nord et la Corée du Sud, du 25 juin 1950 au 27 juillet 1953. L'intervention des É.-U., mandatés par l'ONU, fit de cette guerre un affrontement indirect entre l'URSS et les É.-U. Bien équipées par les Soviétiques, les troupes de Corée du Nord franchirent le 38e parallèle pour réunir le pays. Les forces (américaines) de l'ONU les refoulèrent jusqu'à la frontière mandchoue ; le 27 nov. 1950, la Chine envoya des « volontaires » et l'ONU fit retraite, s'établissant en janv. 1951 sur le 38e parallèle. Après deux ans de négociations, un armistice fut signé. La guerre a tué des millions de civils.

**Corée du Nord** (république démocratique populaire de Corée), État d'Asie orientale fondé en 1945 ; 120 598 km² ; 24,6 millions d'hab. ; cap. *Pyongyang.* Nature de l'État : rép. soc. (parti unique). Langue off. : coréen. Monnaie : won. (DER) **nord-coréen, enne** *a, n*

**Économie** L'économie socialiste s'est rapidement reconstruite dans les années 50, grâce à l'appropriation des biens japonais et aux aides soviétique et chinoise. Les difficultés économiques minent le pays depuis les années 1990. La croissance réapparue en 1999 n'a pas duré.

**Histoire** La dictature de Kim Il Sung a isolé le pays. Après la mort de son père (1994), Kim Jong-il devient chef de l'État en 1998. Le régime, en grande difficulté, alterne une politique d'ouverture avec la Corée du Sud (2000, 2007) et des proclamations belliqueuses (2002, 2009). Le Conseil de sécurité de l'ONU a sanctionné l'essai nucléaire du 9 oct. 2006. À la mort de Kim Jong-il (2011), son fils Kim Jong-un lui succède et poursuit les essais nucléaires.

**Corée du Sud** (république de Corée), État d'Asie orientale fondé en 1945 ; 98 477 km² ; 48,9 millions d'hab. ; cap. *Séoul.* Nature de l'État : rép. de type présidentiel. Langue off. : coréen. Monnaie : won. Relig. : bouddhisme, confucianisme, christianisme. (DER) **sud-coréen, enne** *a, n*

**Économie** Dans les années 1970-1990, la Corée du Sud est devenue un grand pays industriel. Ouverte aux capitaux étrangers, elle offrit une main-d'œuvre abondante et bon marché. L'essor s'est poursuivi sur des bases nationales et, en dépit d'une forte dépendance extérieure pour l'énergie et les matières premières, le pays a construit une industrie diversifiée. L'agriculture (le quart des actifs) a progressé mais le pays reste un gros importateur. La croissance des années 80 (10 % par an) s'est essoufflée à partir de 1989, alors que les luttes sociales s'intensifiaient, et une terrible crise financière a frappé le pays en 1997. La situation a été normalisée en 1999.

**Histoire** Le développement écon. a conforté les régimes autoritaires de 1948 à 1980. En 1987, les premières élections présidentielles depuis 25 ans ont vu la victoire de Roh Tae Woo, candidat du pouvoir. Kim Young Sam lui a succédé en 1993. En 1988, Séoul a accueilli les jeux Olympiques. En 1990, la Corée du S. s'est réconciliée avec le Japon. De nov. 1996 à janv. 1997, l'agitation sociale a été extrême. En 1997, le démocrate Kim Dae-jung (qui naguère avait été emprisonné et contraint à l'exil) a été élu président. Il a tenté d'amorcer le dialogue avec la Corée du N. Son successeur, le démocrate Roh Moo-hyun, président de la Rép. de 2003 à 2008 a poursuivi ce rapprochement. Le conservateur Lee Myung-bak est élu président en déc. 2007 face à son adversaire démocrate. La conservatrice Park Geun-hye lui succède en 2013.

**Corée (détroit de)** détroit qui sépare la Corée et le Japon, et fait communiquer la mer de Japon, au N., et la mer de Chine, au S.

**coréen** *nm* Langue du groupe ouralo-altaïque parlée en Corée.

**coréférence** *nf* LING Relation entre deux termes ayant le même référent. DER **coréférent, ente** *a, n*

**corégence** *nf* Régence exercée par plusieurs personnes. DER **corégent, ente** *n*

**corégone** *nm* Poisson lacustre (corégonidé) à la chair appréciée. ETY Du gr.

**corégonidé** *nm* Poisson vivant dans les lacs, proche des salmonidés.

**coreligionnaire** *n* Personne qui professe la même religion qu'une autre.

**Corelli Arcangelo** (Fusignano, 1653 – Rome, 1713), compositeur italien: nombr. *concerti grossi* et sonates pour violon.

**coréopsis** *nm* BOT Composée tropicale comprenant de nombr. espèces ornementales. PHO [kɔʀeɔpsis] ETY Du gr. *koris*, « punaise », et *opsis*, « apparence ».

**coresponsable** *a, n* Qui partage une responsabilité avec d'autres. DER **coresponsabilité** *nf*

**corête** *nm* BOT Autre nom du *kerria*.

**Corey Elias James** (Methuen, Massachussets, 1928), chimiste américain. Il a fait progresser les synthèses organiques. Prix Nobel (1980).

**Corfou** (anc. *Corcyre*, en gr. mod. *Kerkyra*), île grecque de la mer Ionienne, proche de l'Épire; 105 040 hab.; chef-lieu *Corfou* (33 560 hab.). Vins, oliviers, agrumes. Tourisme. – Églises byzantines. – Colonie corinthienne (VIII<sup></sup>e s. av. J.-C.), rivale de la v. mère, elle fut annexée par Rome en 229 av. J.-C. Sous la domination anglaise de 1815 à 1864, elle fut alors rattachée à la Grèce. DER **corfiote** *a, n*

**Cori Carl Ferdinand** (Prague, 1896 – Cambridge, Massachusetts, 1984), biologiste américain d'origine tchèque. Prix Nobel de médecine 1947 pour son étude du métabolisme des glucides avec sa femme **Gerty Theresa** (Prague, 1896 – Saint Louis, Missouri, 1957)

**coriace** *a* **1** Qui est dur comme du cuir. *Une viande coriace.* ANT tendre. **2** fig, fam Se dit d'une personne dure, qu'il est difficile de faire céder. ETY Du lat. *corium*, « cuir ». DER **coriacité** *nf*

**corian** *nm* Matériau constitué d'une poudre de pierre agglomérée par une résine plastique. ETY Nom déposé.

**coriandre** *nf* Ombellifère dont la feuille est une herbe aromatique et la graine un condiment. ETY Du gr.

**coricide** *a, nm* PHARM Se dit d'un produit qui détruit les cors.

**corindon** *nm* MINER Alumine anhydre cristallisée, naturelle ou artificielle, très dure, utilisée comme abrasif. *Le saphir et le rubis sont des corindons.* ETY Du tamoul.

**Corinne ou l'Italie** roman de Mme de Staël (1807).

**Corinthe** port de Grèce, au fond du *golfe de Corinthe*, sur *l'isthme de Corinthe* (auj. coupé par un canal), qui relie le Péloponnèse à l'Attique; 22 660 hab. ch.-l. du nome du m. nom. – La Corinthe antique (à 6 km de la ville actuelle) fut florissante dès le VII$^e$ s. av. J.-C. Fondatrice de colonies (Syracuse), centre industr. exportant dans toute la Médit. (VII$^e$-VI$^e$ s.), elle s'allia à Sparte pendant la guerre du Péloponnèse (431 av. J.-C.), puis soutint contre elle, aux côtés d'Athènes, Thèbes et Argos, la guerre dite *de Corinthe* (395-387). Détruite par les Romains (146

av. J.-C.), elle fut relevée par César en 44 av. J.-C., puis ruinée par les invasions barbares du III^e siècle. DER **corinthien, enne** *a, n*

**corinthien, enne** *a* Se dit de l'ordre architectural grec caractérisé par la feuille d'acanthe dans l'ornementation des chapiteaux.

**Coriolan** Gaius Marcius Coriolanus (V^e s. av. J.-C.), général romain. Selon la tradition, il fut exilé et marcha avec les Volsques sur Rome ; seules les larmes de sa femme parvinrent à le fléchir. ▷ LITTER *Coriolan* tragédie en cinq actes en vers et en prose de Shakespeare (1607).

**Coriolis** Gaspard (Paris, 1792 – id., 1843), mathématicien français. Il étudia les forces centrifuges composées, notam. celle que crée la rotation de la Terre. – PHYS *Force de Coriolis* : force due à la rotation de la Terre, qui dévie les vents vers la droite dans l'hémisphère Nord et vers la gauche dans l'hémisphère Sud.

**Cork** (en gaélique *Corcaigh*), port du S.-O. de l'Eire ; 133 270 hab. ; ch.l. du comté du m. nom. Centre industriel.

**Cormack** Allan MacLeod (Johannesburg, 1924 – Winchester, Mass., 1998), médecin américain d'origine sud-africaine, à l'origine du scanographe. P. Nobel de médecine 1979 avec G. N. Hounsfield.

**Corman** Roger (Detroit, 1926), cinéaste américain : *la Chambre des tortures* (1961).

**Cormeilles-en-Parisis** ch.-l. de canton du Val-d'Oise (arr. d'Argenteuil) ; 21 699 hab.. Carrières. Cimenterie. DER **cormeillais, aise** *a, n*

**1 corme** *nf* Fruit du cormier qui ressemble à une petite pomme. ETY Mot gaul.

**2 corme** → **cormus.**

**cormier** *nm* Sorbier domestique cultivé en région méditerranéenne et dont le bois, très dur, sert en ébénisterie.

**cormophyte** *nm* BOT Végétal caractérisé par la présence d'une tige (par oppos. à *thallophyte*).

**cormoran** *nm* Oiseau pélécaniforme à plumage noirâtre et à long cou, répandu sur toutes les côtes. ETY De l'a. fr. *corp*, « corbeau », et *marenc*, « marin ».

grand **cormoran**

**cormus** *nm* BOT Appareil végétatif souterrain des glaïeuls, muscaris, etc. PHO [kɔrmys] ETY Du gr. *kormos*. VAR **corme**

**cornac** *nm* **1** Personne qui conduit et soigne un éléphant. **2** fig, fam Personne qui guide qqn. ETY Du cingalais.

**cornacée** *nf* BOT Dicotylédone dialypétale arborescente, voisine de l'ombellifère, dont la famille comprend le cornouiller, les sorbiers, l'aucuba, etc. ETY Du lat. *cornus*, « cornouille ».

**cornage** *nm* **1** MED Sifflement laryngotrachéal intense et bruyant. **2** Disposition et forme des cornes d'un animal.

**cornaline** *nf* Calcédoine translucide rouge ou jaune, utilisée en joaillerie.

**cornaquer** *vt* ① fam Servir de guide à une personne, un groupe.

**cornard** *a, nm* **A** *a* Se dit d'un cheval atteint de cornage. **B** *nm* pop Mari trompé.

**Cornaro** famille patricienne de doges de Venise. VAR **Corner**

**cornas** *nm* Vin rouge AOC des Côtes du Rhône du nord.

**Corn Belt** (« ceinture du maïs »), le centre des É.-U., à vocation céréalière ; correspond au Middle West.

**corne** *nf* **1** Appendice céphalique, dur et pointu, constitué de kératine sécrétée par l'épiderme de certains mammifères. *Cornes de bœuf.* **2** Appendice céphalique d'un animal. *Les cornes d'un escargot.* **3** Attribut du diable, des divinités malfaisantes. **4** Matière dure des cornes, ongles, griffes, sabots, etc. *Un peigne de corne.* **5** Épaississement des couches superficielles de l'épiderme. **6** Trompe d'appel. *Corne de brume.* **7** Pointe, angle saillant. *Les cornes d'un croissant.* **8** Coin replié. *Corne à la page d'un livre.* **9** ANAT Partie de l'organisme en forme de corne. *Corne utérine.* **10** ELECTR Tige métallique servant à protéger les isolateurs des effets des arcs. LOC fam ***Avoir, porter des cornes*** : être cocu. — ***Corne à chaussures*** : chausse-pied. — MYTH ***Corne d'abondance*** : corne (de la chèvre Amalthée) toujours remplie de fruits, de fleurs, symbolisant la prospérité, la richesse. — ***Faire les cornes*** : faire, par dérision, avec les doigts, un signe qui représente des cornes. — fam ***Prendre le taureau par les cornes*** : affronter résolument les difficultés. ETY Du lat.

**corné, ée** *a* Qui est de la nature, qui a l'apparence de la corne.

**corned-beef** *nm inv* Conserve de viande de bœuf. SYN fam singe. PHO [kɔrnbif] ETY Mot angl.

**Corne de l'Afrique** extrémité orientale de l'Afrique (à la pointe de la Somalie), bordée par l'océan Indien.

**Corne d'Or (la)** baie du Bosphore, célèbre site portuaire d'Istanbul.

**cornée** *nf* Partie transparente de l'avant de l'œil en continuité avec la sclérotique, située devant l'iris. LOC ***Lentille cornéenne*** : petite lentille correctrice qui se place devant la cornée. ETY Du lat. DER **cornéen, enne** *a*

**cornéenne** *nf* PETROG Roche métamorphique très dure au grain très fin.

**corneille** *nf* Oiseau corvidé voisin du corbeau, dont une espèce, toute noire, est très fréquente en Europe. *La corneille craille.* ETY Du lat.

**Corneille** (saint) pape de 251 à 253 ; martyr.

**Corneille de Lyon** (La Haye, v. 1505 – Lyon, v. 1574), peintre français d'origine hollandaise ; portraitiste à la cour de France.

**Corneille** (Michel I^er, dit le Père) (Orléans, 1601 – Paris, 1664), peintre et graveur français, fondateur de l'Académie de peinture. — **Michel II** (Paris, 1642 – id., 1708), peintre, travailla à Versailles.

**Corneille** Pierre (Rouen, 1606 – Paris, 1684), poète dramatique français. Issu d'une famille de magistrats, il fut avocat, mais vendit sa charge en 1650. Il donna une comédie, *Mélite* (1629), et une tragi-comédie, *Clitandre* (1630), composa sa prem. tragédie en 1635 (*Médée*), puis revint à la comédie avec *l'Illusion comique* (1636). *Le Cid* représenté en janvier 1637, est la première tragédie de « la grandeur d'âme », qu'illustrent *Horace* (1640), *Cinna* (1641), *Polyeucte* (1642), *Rodogune* (1644), *Nicomède* (1651). En 1643, il avait donné une autre comédie, *le Menteur*, mais l'échec de *Pertharite* (1651) l'éloigna du théâtre. Il y revint : *Œdipe* (1659), *Sertorius* (1662), *Agésilas* (1666), *Attila* (1667) mais le public lui préféra Racine (échec de *Tite et Bérénice* en 1670). Il échoua de nouveau avec *Pulchérie* (1672) et *Suréna* (1674). Acad. fr. (1647). DER **cornélien, enne** *a* — **Thomas** (Rouen, 1625 – Les Andelys, 1709), frère du préc. ; poète dramatique français : *Timocrate* (1656), *Ariane* (1672), *le Comte d'Essex* (1678), *la Devineresse* (1679). Il est aussi l'auteur de dictionnaires historiques. Acad. fr. 1685.

Pierre Corneille

**Corneille** Cornelis van Beverloo, dit (Liège, 1922 – L'Isle-Adam, 2010), peintre néerlandais expressionniste, membre du groupe Cobra.

**Cornelia** (v. 189 – v. 110 av. J.-C.), fille de Scipion l'Africain, mère des Gracques ; symbole de la mère romaine.

**cornélien, enne** *a* Qui constitue un dilemme douloureux entre l'honneur et le devoir, selon les intrigues des tragédies de P. Corneille.

**Cornelisz** (Cornelis), dit Cornelisz van Haarlem (Haarlem, 1562 – id., 1638), peintre maniériste néerlandais.

**Cornelius Nepos** (Pavie, v. 99 – v. 24 av. J.-C.), historien latin : *De excellentibus ducibus*.

**cornement** *nm* **1** Bourdonnement des oreilles. **2** Bruit émis par un tuyau d'orgue quand la soupape de soufflerie est ouverte.

**cornemuse** *nf* Instrument de musique à vent, composé d'une série de tuyaux à anches et d'un sac. ETY De *corner* et *muser*, « jouer de la musette ». DER **cornemuseur** ou **cornemuseux, euse** *n*

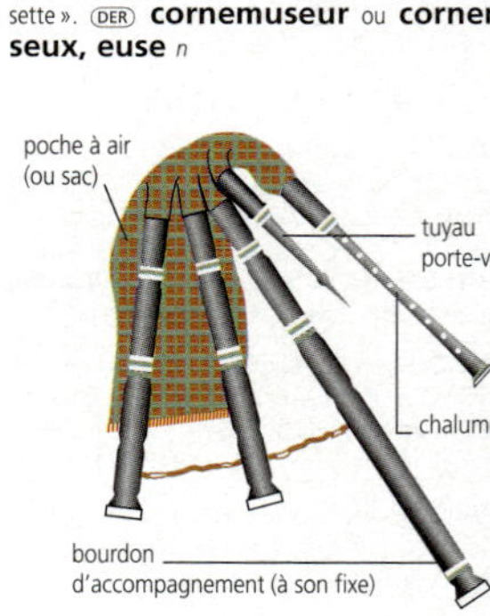


**cornemuse**

**1 corner** *v* ① **A** *vi* **1** Sonner d'une corne, d'un cornet. **2** Bourdonner. *Les oreilles me cornent.* **3** fam Parler très fort. **B** *vt* Plier le coin de. *Corner les pages d'un livre.* ETY De *corne*.

**2 corner** *nm* 1 SPORT Au football, coup de pied tiré par un joueur à partir d'un des deux coins de la ligne de but adverse, lorsque le ballon a été envoyé au-delà de cette ligne par l'équipe qui défend ce but. SYN (recommandé) tir d'angle. 2 FIN À la Bourse, entente illicite entre des spéculateurs. 3 COMM Dans une grande surface, espace réservé aux produits d'une marque. PHO [kɔʀnɛʀ] ETY Mot angl.

**Corner** → **Cornaro.**

**cornet** *nm* 1 Petite corne, petite trompe. 2 Objet creux et conique ou tronconique, servant de récipient ; son contenu. *Un cornet à dés. Un cornet de bonbons.* 3 Suisse Sachet de papier, sac en plastique. 4 ANAT Chacune des lames osseuses contenues dans les fosses nasales. LOC MUS ***Cornet à pistons*** : instrument à vent, en cuivre, généralement en si bémol. ▶ pl. **musique**

**1 cornette** *nf* 1 anc Coiffure de certaines religieuses. 2 MAR Pavillon à deux pointes, aux couleurs nationales. 3 vx Étendard d'une compagnie de cavalerie ; la compagnie elle-même.

**2 cornette** *nm* anc Officier qui portait la cornette d'une compagnie.

**cornettiste** *n* Joueur de cornet à pistons.

**cornflakes** *nm pl* Flocons de maïs grillés. PHO [kɔʀnflɛks] ETY De l'amér.

**corniaud** *nm* 1 Chien bâtard. 2 fig, fam Imbécile, niais.

**1 corniche** *nf* 1 ARCHI Partie supérieure de l'entablement. 2 Ornement saillant. *Corniche d'une armoire.* 3 Surface horizontale étroite située à flanc de falaise, de coteau. *Chemin en corniche.* ETY P.-ê. du gr. *korônis*, « courbe ».

**2 corniche** *nf* arg Se dit d'une classe préparatoire à l'École spéciale militaire de Saint-Cyr-Coëtquidan. DER **cornichon** *nm*

**cornichon** *nm* 1 Cucurbitacée cultivée pour son fruit vert, allongé et arqué, utilisé jeune comme condiment ; ce fruit. 2 fig, fam Personne sotte, niaise.

**cornier, ère** *a, nf* **A** *a* Qui est à la corne, à l'angle de qqch. **B** *nf* TECH Profilé métallique en équerre servant à renforcer des angles.

**cornillon** *nm* ZOOL Axe osseux des cornes des bovidés.

**cornique** *nm* Dialecte celte de Cornouailles, auj. disparu.

**corniste** *n* Musicien joueur de cor.

**Corn Laws** (« lois sur le blé »), en G.-B., lois protectionnistes du début XIX^e^ s., abolies en 1846.

**Cornouaille** région de Bretagne s'étendant sur le S. du Finistère ; v. princ. *Quimper.* DER **cornouaillais, aise** *a, n*

**Cornouailles** (en angl. *Cornwall*), comté du S.-O. de l'Angleterre, sur l'Atlant. et la Manche, correspondant à une péninsule aux côtes très découpées ; 3 546 km$^2$ ; 469 300 hab. ; ch.-l. *Truro.* Pêche. Étain, plomb.

**cornouille** *nf* Petit fruit rouge vermillon, comestible, du cornouiller mâle. ETY Du lat. *cornu*, « corne ».

**cornouiller** *nm* Petit arbre dicotylédone (cornacée) commun en France ; bois de cet arbre.

**cornu, ue** *a* Qui a des cornes. *Bête cornue.*

**cornue** *nf* 1 CHIM Vase à col allongé et recourbé servant à la distillation. 2 METALL Récipient métallique garni de matériaux réfractaires.

**Cornwall** v. du Canada (Ontario), sur le *canal de Cornwall*, latéral au Saint-Laurent ; 47 100 hab. Centre industriel.

**Cornwallis Charles (1^er^ marquis de)** (Londres, 1738 – Ghāzīpur, près de Bénarès, 1805), général britannique. Il capitula à Yorktown devant les troupes franco-américaines (1781). Vice-roi d'Irlande (1798-1801), il réprima la révolte de 1798.

**Corogne (La)** (en esp. *La Coruña*), port d'Espagne (Galice) ; 256 570 hab. ; ch.-l. de la prov. du m. nom. – Tour d'Hercule (phare romain) ; égl. romane (XII^e^-XV^e^ s.).

**corollaire** *nm* 1 LOG Proposition qui découle nécessairement et évidemment d'une autre proposition. 2 Conséquence immédiate, évidente. VAR **corolaire**

**corolle** *nf* Partie du périanthe d'une fleur constituée par l'ensemble des pétales. ETY Du lat. VAR **corole**

**Coromandel (côte de)** nom de la côte S.-E. de l'Inde. – *Laques de Coromandel* : laques chinois (paravents des XVII^e^-XVIII^e^ s.) que Madras et Pondichéry exportaient autrefois.

**coron** *nm* Maison ou groupe de maisons de mineurs, en Belgique et dans le nord de la France. ETY De l'a. fr. *cor*, « coin ».

**coronaire** *a* LOC ANAT ***Artères coronaires*** : qui irriguent le muscle cardiaque et dont la thrombose provoque l'infarctus du myocarde. ETY Du lat. *corona*, « couronne ». DER **coronarien, enne** *a, n*

**coronal, ale** *a* 1 ANAT En forme de couronne 2 ASTRO Qui se rapporte à la couronne solaire. PLUR coronaux. LOC ***L'os coronal*** ou ***le coronal*** : l'os frontal

**coronarite** *nf* MED Inflammation des artères coronaires.

**coronarographie** *nf* MED Radiographie des artères coronaires.

**coronavirus** *nm* Virus responsable d'infections digestives chez les animaux et dont une forme mutante a provoqué l'épidémie de SRAS.

**coronelle** *nf* ZOOL Couleuvre de petite taille, ovovivipare, commune dans le sud de la France.

**coroner** *nm* Officier de justice chargé d'enquêter sur les cas de mort non naturelle, dans les pays anglo-saxons. PHO [kɔʀɔnɛʀ] ETY De l'a. normand *coroneor*, « représentant de la couronne ».

**coronille** *nf* Papilionacée arbustive servant à faire des haies et dont certaines espèces sont des herbacées fourragères. ETY De l'esp. *coronilla*, « petite couronne ».

**coronographe** *nm* ASTRO Instrument permettant l'observation de la couronne solaire et de ses protubérances.

**coronoïde** *a* ANAT Se dit de deux apophyses, l'une au maxillaire supérieur, l'autre à l'extrémité supérieure du cubitus. ETY Du gr. *koroné*, « corneille ». DER **coronoïdien, enne** *a*

**corossol** *nm* BOT Fruit comestible d'un arbre tropical (anonacée), dont on fait aussi une boisson fermentée et du vinaigre. ETY Mot créole des Antilles.

**Corot Jean-Baptiste Camille** (Paris, 1796 – id., 1875), peintre français. Paysagiste, il annonçe l'impressionnisme. Il a également peint des portraits et des nus féminins.

**corozo** *nm* Albumen corné, très dur, des graines d'un palmier, appelé également *ivoire végétal.* ETY Mot esp. de l'Équateur.

**corporal** *nm* LITURG, CATHOL Linge bénit, que le prêtre étend sur l'autel pour y poser le calice et l'hostie. PLUR corporaux.

**corporation** *nf* 1 HIST Réunion d'individus de même profession en un corps particulier, ayant ses règlements propres, ses privilèges, ses jurés chargés de les défendre etc., et reconnue par l'autorité. *La loi Le Chapelier de 1791 a aboli les corporations.* 2 Ensemble des professionnels exerçant une même activité. SYN profession. ETY Du lat. DER **corporatif, ive** *a*

**corporatisme** *nm* 1 POLIT Doctrine favorable à une organisation sociale regroupant salariés et employeurs au sein de corporations (par oppos. au groupement des travailleurs en syndicats). 2 Attitude qui consiste à défendre uniquement les intérêts de sa corporation. DER **corporatiste** *a, n*

**corporel, elle** *a* 1 Relatif au corps. *Accident corporel.* 2 Qui a un corps. *Êtres corporels.* LOC PSYCHO ***Schéma corporel*** : image qu'une personne se fait de son corps. DER **corporellement** *av*

**corps** *nm* 1 Partie matérielle d'un être animé (partic., de l'homme), par oppos. à *âme*, à *esprit*, etc. *Les exercices du corps.* 2 Constitution, conformation. *Avoir un corps gracieux.* 3 Tronc (par oppos. à *membres*, à *tête*). *Passer son épée à travers le corps.* 4 Partie de l'habillement couvrant le tronc. *Le corps d'une cuirasse.* 5 Personne (par oppos. à *bien*, à *chose*). *Séparation de corps.* 6 Dépouille mortelle, cadavre. *Levée du corps.* 7 Substance, objet matériels. *Corps solide, gazeux. Corps simple. Corps composé.* 8 ANAT Nom de différents organes. *Corps calleux.* 9 Partie principale, essentielle d'une chose. *Corps d'une pompe. Corps d'une doctrine.* 10 Épaisseur, solidité, consistance. *Un vin qui a du corps.* 11 TYPO Hauteur d'un caractère d'imprimerie. 12 Être collectif que forme une société, un peuple, une corporation, etc. *Le corps électoral. Les ingénieurs du corps des mines.* 13 MATH Anneau

**Jean-Baptiste Camille Corot** *le Pont de Mantes*, v. 1868-1870 – musée du Louvre

unitaire (structure algébrique) tel que, pour tout élément *a* (différent de 0) de celui-ci, il existe un élément *a'* de cet anneau vérifiant *a'a* = 1. *Corps des nombres réels, des nombres rationnels.* **LOC** ***À corps perdu :*** sans souci pour sa personne, sans ménagement pour soi ; totalement. — ***À son corps défendant :*** malgré soi ; contre son gré. — ASTRO ***Corps célestes :*** les étoiles, les planètes, les comètes, la matière interstellaire, etc. — MILIT ***Corps d'armée :*** groupant 2 à 4 divisions. — CHOREGR ***Corps de ballet :*** ensemble de la troupe des danseurs et danseuses. — ***Corps de logis :*** partie principale d'un bâtiment ou construction principale d'une propriété. — DR ***Corps du délit :*** le délit considéré en lui-même. — ***Corps et âme :*** entièrement. — MED ***Corps étranger :*** introduit dans l'organisme et non assimilable par lui. — MILIT ***Corps franc :*** compagnie d'un régiment chargée des opérations de commando et de l'exécution des coups de main. — PHYSIOL ***Corps jaune :*** corps temporaire agissant comme une glande, qui apparaît après l'ovulation et qui sécrète la progestérone. — THEOL ***Corps mystique du Christ :*** l'Église elle-même. — PHYS ***Corps noir :*** qui absorbe complètement le rayonnement thermique qu'il reçoit. — ***Esprit de corps :*** entente, habitude de se soutenir entre membres d'un même groupe social ou professionnel. — ***Faire commerce de son corps :*** se prostituer. — ***Faire corps avec qqch :*** adhérer fortement à, ne faire qu'une seule masse avec. — MAR ***Navire perdu corps et biens :*** disparu sans que rien subsiste ni du navire ni de la cargaison, sans que personne survive. — fam ***Passer sur le corps de qqn :*** le culbuter, le fouler au pied. — ***Prendre corps :*** prendre de la consistance, de la force. [PHO] [kɔʀ] [ETY] Du lat.

**corps-à-corps** *nm inv* **1** Combat en contact direct avec l'adversaire. **2** Lutte acharnée, sans merci.

**corpsard** *nm* fam Haut fonctionnaire, issu le plus souvent de Polytechnique.

**corps-mort** *nm* MAR Lourde masse coulée au fond de l'eau, pour fournir aux navires un mouillage à poste fixe. PLUR corps-morts.

**corpulence** *nf* Masse du corps souvent importante. [DER] **corpulent, ente** *a*

**corpus** *nm* Recueil d'énoncés, réunis en vue d'une étude, partic. linguistique. [PHO] [kɔʀpys] [ETY] Mot lat.

**Corpus Christi** v. des É.-U. (Texas), sur le golfe du Mexique ; 257 400 hab. Port pétrolier. Centre industriel.

**corpusculaire** *a* PHYS NUCL Relatif aux corpuscules. **LOC** ***Théorie corpusculaire :*** fondée sur la discontinuité de la matière et de l'énergie.

**corpuscule** *nm* **1** ANAT Élément très ténu. **2** PHYS vx Minuscule élément de matière. [ETY] Du lat.

**corral** *nm* **1** En Amérique du S., enclos où l'on parque le bétail. **2** En tauromachie, partie de l'arène où l'on parque les taureaux. PLUR corrals.

**corrasion** *nf* GEOMORPH Dans les régions désertiques sèches, usure et polissage des roches par les particules solides que transporte le vent. [ETY] Du lat.

**correct, ecte** *a* **1** Exempt de fautes. *Une phrase correcte.* **2** Conforme aux convenances, aux lois. *Attitude correcte.* **3** fam Dont la qualité est convenable, acceptable. *Un repas correct.* [DER] **correctement** *av*

**correcteur, trice** *n, a* **A** *n* **1** Personne qui corrige et qui note un devoir, un examen. **2** TYPO Personne qui corrige les fautes de composition. **B** *nm* Dispositif de correction. *Un correcteur gazométrique.* **C** *a* Qui corrige. *Verres correcteurs.* **LOC** ***Correcteur orthographique :*** logiciel qui permet la vérification automatique de l'orthographe des textes saisis.

**correctif, ive** *a, nm* **A** *a* Qui a la vertu de corriger, d'atténuer. *Gymnastique corrective.* **B** *a, nm* Se dit d'une substance que l'on ajoute à une autre (partic. un médicament) pour en adoucir l'action. **C** *nm* **1** Ce qui atténue ou corrige un texte, un propos. **2** INFORM Syn. de *patch*.

**correction** *nf* **1** Action de corriger, de réformer. *La correction des abus.* **2** Châtiment corporel ; coups reçus par qqn. **3** Changement que l'on fait à un ouvrage, à un devoir. **4** TYPO Indication des fautes de composition sur une épreuve. **5** Qualité de ce qui est correct, conforme aux règles et aux convenances. *Correction du style, de la tenue.* [ETY] Du lat.

**correctionnaliser** *vt* [1] DR Faire relever une affaire pénale de la compétence du tribunal correctionnel. [DER] **correctionnalisation** *nf*

**correctionnel, elle** *a, nf* DR Se dit des peines que l'on applique aux délits et des tribunaux qui jugent ces délits. *Passer en correctionnelle.*

**Corrège** Antonio Allegri, dit **il correggio,** en fr. **le** (Corregio, près de Parme, v. 1489 – id., 1534), peintre italien, précurseur du baroque.

**le Corrège** *la Madone de Saint Georges* – Staatliche Kunstsammlungen, Dresde

**Corregidor** îlot des Philippines, proche de Manille, pris en mai 1942 par les Japonais et repris par les Amér. en fév. 1945.

**corrégidor** *nm* HIST Premier magistrat d'une ville ou d'une province espagnole (XV$^e$-XIX$^e$ s.).

**corrélat** *nm* didac Terme d'une corrélation.

**corrélatif, ive** *a* Qui est en relation logique avec autre chose. *Droit et devoir sont des termes corrélatifs.* **LOC** GRAM ***Mots corrélatifs :*** qui vont ensemble et indiquent une relation entre deux membres d'une phrase (par ex. *tel... que*). — ***Obligation corrélative :*** subordonnée à l'accomplissement d'une première obligation. [DER] **corrélativement** *av*

**corrélation** *nf* **1** Relation logique entre deux choses, deux termes. **2** MATH Relation établie entre deux séries de variables aléatoires. [ETY] Du lat. [DER] **corrélationnel, elle** *a*

**corréler** *vt* [14] Faire la corrélation entre deux choses, deux termes.

**Corrente** mouvement artistique et revue du même nom fondés à Milan en 1938.

**correspondance** *nf* **1** Rapport de conformité, de symétrie, d'analogie. *Correspondance entre les parties d'un ouvrage.* **2** TRANSP Liaison entre deux moyens de transport ; moyen de transport qui l'assure. *Il y a deux correspondances pour aller à cette station. Rater la correspondance pour Paris.* **3** MATH Notion généralisant celles de fonction et d'application. **4** Échange régulier de lettres ou de communications téléphoniques entre deux personnes ; ces lettres.

**Correspondance littéraire** gazette littéraire et philosophique secrètement envoyée par des intellectuels parisiens aux « despotes éclairés » (Frédéric II le Grand, notam.).

**Correspondances** sonnet de Baudelaire inclus dans *les Fleurs du mal* (1857).

**correspondancier, ère** *n* Employé chargé de la correspondance.

**correspondant, ante** *a, n* **A** *a* Qui a des rapports avec, qui correspond. *Des écrous et des boulons correspondants.* **B** *n* **1** Personne avec qui on est en relation épistolaire, téléphonique. **2** Personne chargée par un média d'envoyer des informations du lieu où elle se trouve. *Correspondant de guerre.* **3** Titre donné par une société savante à des savants résidant à l'étranger ou en province et n'assistant pas à ses réunions. *Membre correspondant de l'Académie des sciences.* **4** Personne chargée de veiller sur un élève interne hors de l'établissement. **LOC** GEOM ***Angles correspondants :*** formés par deux droites parallèles que coupe une troisième et situés de part et d'autre de la sécante ; ils sont égaux. — ***Honorable correspondant :*** personne qui est en relation avec un agent secret étranger.

**correspondre** *v* [6] **A** *vti* Être en correspondance, avoir une correspondance avec. *Théorie qui correspond à une conception matérialiste du monde.* **B** *vi* **1** Communiquer l'un avec l'autre. *Pièces, chambres qui correspondent.* **2** Avoir un échange de lettres avec qqn. [ETY] Du lat. *respondere*, « répondre ».

**Corrèze (la)** riv. de France (85 km), affl. de la Vézère (r. g.) ; naît sur le plateau de Millevaches, baigne Tulle et Brive-la-Gaillarde.

**Corrèze** dép. franç. (19) ; 5 860 km$^2$ ; 240 781 hab. ; 41,1 hab./km$^2$ ; ch.-l. *Tulle* ; ch.-l. d'arr. *Brive-la-Gaillarde* et *Ussel*. V. Limousin. [DER] **corrézien, enne** *a, n*

**corrida** *nf* **1** Spectacle au cours duquel des hommes affrontent des taureaux dans une arène. **2** fig, fam Agitation, bousculade. [ETY] Mot esp.

**corrida** matador et picador

**corridor** *nm* **1** Couloir dans un appartement. **2** HIST Bande de terre neutralisée. *Le corridor de Dantzig (1918-1939), désenclavait la ville en lui donnant accès à la mer.* [ETY] De l'ital. *corridore*, « galerie où l'on court ».

**Corrientes** v. d'Argentine, au confluent du Paraguay et du Paraná ; 358 200 hab. ; ch.-l. de la prov. du m. nom. Industries.

**Corriere della sera** quotidien milanais fondé en 1876.

**corrigé, ée** *a, nm* **A** *a* Se dit de la surface réelle d'une habitation, affectée de coefficients tenant compte des divers éléments de confort ; élément de calcul du montant d'un loyer. **B** *nm* Devoir donné comme modèle à des élèves.

**corrigeage** *nm* TYPO Opération qui consiste à effectuer sur écran les corrections demandées. [DER] **corrigeur, euse** *n*

**corriger** *v* [13] **A** *vt* **1** Rectifier les erreurs, les défauts. *Corriger un texte, une épreuve d'imprimerie.* **2** Tempérer, adoucir. *Corriger l'acidité du citron avec du sucre.* **3** Punir, châtier, en infligeant une peine corporelle. *Corriger un enfant qui a désobéi.* **4** fam Donner des coups à qqn, battre. *Il l'a durement corrigé.* **B** *vpr* S'efforcer de rectifier son attitude, de supprimer ses défauts. [ETY] Du lat. *regere*, « diriger ». [DER] **corrigible** ou **corrigeable** *a*

**corroborer** *vt* [1] Appuyer, confirmer, ajouter du crédit à une idée, une opinion. *Déposition qui corrobore un témoignage.* [ETY] Du lat. [DER] **corroborant, ante** *a* – **corroboration** *nf*

**corroder** *vt* [1] Ronger, détruire lentement. *L'envie corrode les meilleures amitiés.* [ETY] Du lat. [DER] **corrodant, ante** *a*

**corroi** *nm* TECH Dernière façon donné au cuir.

**corroierie** *nf* Atelier, art du corroyeur.

**corrompre** *vt* [53] **1** vieilli Gâter, altérer par décomposition. *La chaleur corrompt la viande.* **2** litt Altérer, déformer. *Corrompre un texte.* **3** Dépraver, pervertir. *Corrompre les mœurs.* **4** Détourner de son devoir par des dons, des promesses. *Un témoin corrompu.* [ETY] Du lat.

**corrosif, ive** *a, nm* **A** Qui corrode, qui ronge. *Substance corrosive.* **B** *a* fig Incisif, mordant. *Humour corrosif.*

**corrosion** *nf* **1** Action de corroder. **2** CHIM Détérioration superficielle des métaux d'origine chimique ou électrochimique. *La corrosion du fer par l'acide.*

**corroyage** *nm* **1** TECH Opération de finition (industrie du cuir, menuiserie). **2** Forgeage ou soudage de pièces métalliques. [ETY] De l'anc. fr. [DER] **corroyer** *vt* [23] – **corroyeur, euse** *n*

**corrupteur, trice** *a, n* Qui corrompt.

**corruptible** *a* **1** vx Qui peut être altéré par décomposition. *Produit corruptible.* **2** Que l'on peut soudoyer, corrompre. *Un juge corruptible.* ANT incorruptible. [DER] **corruptibilité** *nf*

**corruptif, ive** *a* Qui cause la corruption. *Pratiques corruptives.*

**corruption** *nf* **1** vx Altération d'une substance par putréfaction. *Corruption de la viande.* **2** litt Altération, déformation. *Corruption du goût. Corruption d'un texte.* **3** fig Dépravation (des mœurs, de l'esprit, etc.). *La corruption de la jeunesse.* **4** Moyens employés pour circonvenir qqn, le détourner de son devoir. *Corruption de fonctionnaire.*

**corsage** *nm* Vêtement féminin recouvrant le buste. [ETY] De *corps*.

**corsaire** *nm* **1** HIST Navire armé en course par des particuliers, avec l'autorisation du gouvernement de faire la chasse aux navires marchands d'un pays ennemi ; commandant d'un tel navire. **2** Navire monté par des pirates ; pirate. **3** Pantalon moulant s'arrêtant au-dessous du genou. [ETY] De l'ital.

**corse** *nm* Langue romane parlée en Corse.

**Corse** île de la Méditerranée située à 160 km au S.-E. de la Côte d'Azur ; collectivité territoriale de la Rép. française (8 682 km$^2$ ; 299 542 hab. ; ch.-l. *Ajaccio*), formée des dép. de Corse-du-Sud (4 014 km$^2$ ; 138 329 hab. ; ch.-l. *Ajaccio*) et de Haute-Corse (4 668 km$^2$ ; 161 213 hab. ; ch.-l. *Bastia*). [DER] **corse** *a, n*
**Géographie** La Corse est une île montagneuse (185 km du N. au S., 85 km max. d'O. en E.), qui culmine à 2 710 m au monte Cinto. Le climat est méditerranéen, mais les pluies d'altitude assurent des ressources en eau. Les deux tiers du territoire sont boisés. Plus de la moitié des hab. se concentre à Ajaccio et à Bastia ; les villages de l'intérieur sont presque déserts. 40 % des revenus proviennent des prestations sociales. Une agriculture exportatrice s'est cependant développée dans les plaines irriguées (agrumes, kiwi, vigne), et le tourisme est capital.
**Histoire** L'île a connu au III$^e$ mill. av. J.-C. une civilisation mégalithique. Possession punique, la Corse fut conquise par Rome de 238 à 162 av. J.-C., puis devint byzantine ; elle fut ravagée par les Sarrasins (IX$^e$-XI$^e$ s.). Gênes se l'appropria au XIV$^e$ s. et la céda en 1768 à la France, qui brisa la résistance animée par P. Paoli (1769). En 1794, celui-ci fit appel à l'Angleterre, qui l'écarta (1795) et évacua l'île (1796). Lors de la Seconde Guerre mondiale, la Corse fut libérée de l'occupation ital. et allemande dès sept. 1943. Depuis les années 1970, des troubles graves (attentats meurtriers, destruction de locaux) ont eu lieu. La Corse a bénéficié en 1982 d'un statut original, modifié en 1990. En fév. 1998, l'assassinat, à Ajaccio, du préfet de Région a marqué un tournant. En 1999, le gouv. Jospin a entamé un dialogue avec toutes les composantes de l'opinion et il a fait en 2000 des propositions que ni le Parlement ni les nationalités corses n'ont encore entérinées.

**Corse (cap)** presqu'île formant l'extrémité N. de la Corse. Vins réputés.

**corsé, ée** *a* **1** Relevé, fort. *Vin, café corsé. Addition corsée* **2** Grivois. *Histoire corsée.*

**Corse (Haute-)** dép. franç. (2B) ; 4 668 km$^2$ ; 161 213 hab. ; 34,5 hab./km$^2$ ; ch.-l. *Bastia* ; ch.-l. d'arr. *Calvi* et *Corte*. V. Corse.
▶ carte p. 384

**Corse-du-Sud** dép. franç. (2A) ; 4 014 km$^2$ ; 138 329 hab. ; 34,5 hab./km$^2$ ; ch.-l. *Ajaccio* ; ch.-l. d'arr. *Sartène*. V. Corse.
▶ carte p. 384

**corselet** *nm* **1** anc Corps d'une cuirasse. **2** anc Pièce de vêtement féminin ceinturant le buste, lacée sur le devant. **3** ZOOL Partie dorsale sclérifiée du prothorax des insectes.

**corser** *v* [1] **A** *vt* Donner de la force, de la consistance. *Corser un plat avec des épices. Corser un récit.* **B** *vpr* fam Se compliquer ; devenir intéressant. [ETY] Du moyen fr. *corser*, « saisir au corps ».

**corset** *nm* **1** Sous-vêtement féminin, baleiné et lacé, qui moule la taille, de la poitrine aux hanches. **2** Dispositif permettant de protéger les jeunes arbres. **LOC** MED *Corset orthopédique* : dispositif qui maintient l'abdomen, le thorax et la colonne vertébrale.

**corseter** *vt* [18] Serrer dans un corset.

**corsetier, ère** *n* Personne qui fait ou vend des corsets.

**corso** *nm* **LOC** *Corso fleuri* : défilé de chars fleuris, lors de certaines fêtes. [ETY] De l'ital.

**Corso Gregory** (New York, 1930 – Minnesota, 2001), poète américain de l'école de San Francisco.

**corsophone** *a, n* Qui parle corse.

**Cortázar Julio** (Bruxelles, 1914 – Paris, 1984), écrivain argentin, naturalisé français en 1981 : *Bestiaire* (1951), *Marelle* (1963).

Julio Cortázar

**Corte** ch.-l. d'arr. de la Haute-Corse, au centre de l'île ; 6 329 hab. Vins, huileries. – Citadelle (XV$^e$ s.). Université de Corse. – Le gouv. de P. Paoli y siégea (1755-1759). [DER] **cortenais, aise** *a, n*

**cortège** *nm* **1** Suite de personnes qui en accompagnent une autre avec cérémonie. *Cortège funèbre.* **2** Groupe de gens qui défilent. *Manifestants qui se forment en cortège.* **3** fig Suite, accompa-

gnement de qqch. *La vieillesse et son cortège d'infirmités.* (ETY) Du lat. *corteggiare*, « faire la cour ».

**Cortemaggiore** v. d'Italie (prov. de Plaisance) ; 4 890 hab. Méthane, pétrole.

**Cortes** *nfpl* **1** HIST Assemblée législative comprenant le Sénat et le Congrès des députés, en Espagne et au Portugal. **2** Parlement espagnol. (PHO) [kɔʀtɛs]

**Cortés** Hernán (en franç. *Fernand Cortez*) (Medellín, Estrémadure, 1485 – Castilleja de la Cuesta, près de Séville, 1547), conquistador espagnol. Il soumit le Mexique, détruisant l'Empire aztèque (1519-1521), et administra les pays conquis jusqu'en 1541. Il mourut en disgrâce. Auteur de *Lettres à Charles Quint sur la découverte et la conquête du Mexique* (1522). (VAR) **Cortez**

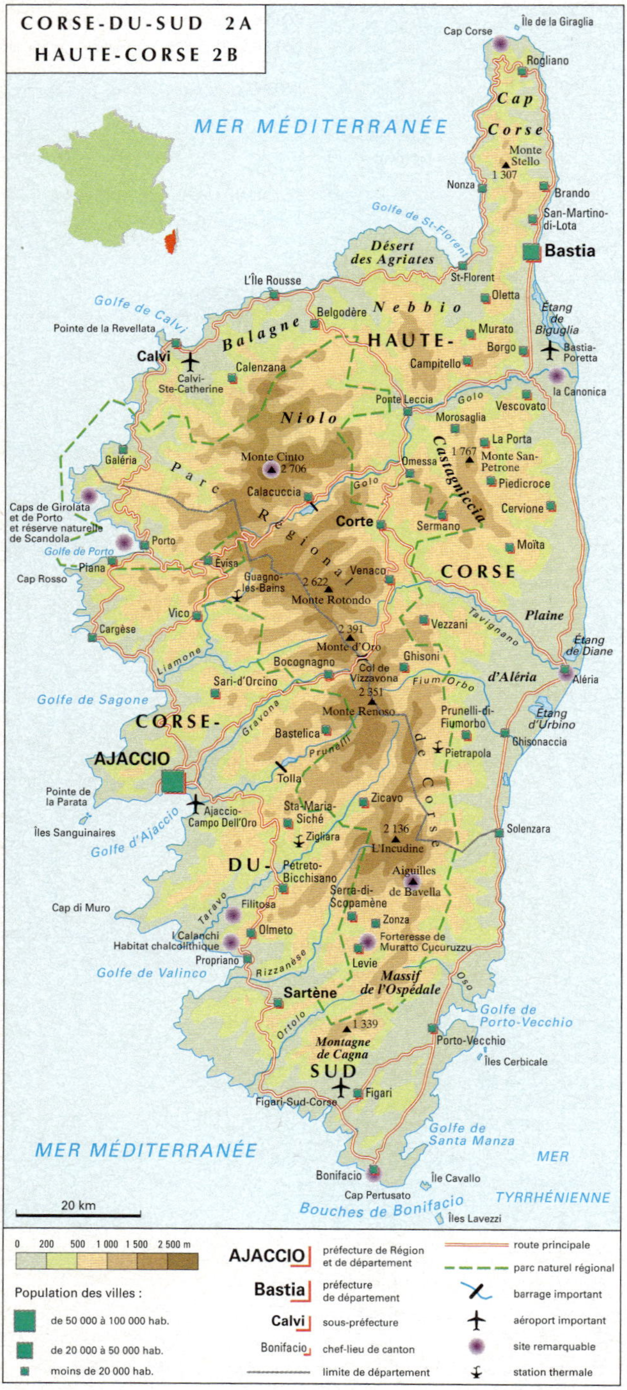

l'escorte d'Hernán **Cortés** arrivant à Mexico

**cortex** *nm* ANAT **1** Couche superficielle de certains organes. *Cortex surrénal.* **2** Écorce cérébrale. (ETY) Mot lat.

**Cortez** → **Cortés.**

**cortical, ale** *a* **1** BOT Relatif à l'écorce. **2** ANAT Qui appartient, qui dépend d'un cortex. PLUR corticaux.

**Corti (organe de)** *nm* Organe récepteur de l'audition.

**cortico-** Élément, du lat. *cortex, corticis*, « écorce », utilisé au sens de « relatif au cortex ».

**corticoïde** *nm* BIOCHIM Nom générique des hormones sécrétées par les corticosurrénales et de leurs dérivés synthétiques. (VAR) **corticostéroïde**

**corticostérone** *nf* BIOCHIM Un des corticoïdes sécrétés par la corticosurrénale.

**corticostimuline** *nf* BIOCHIM Hormone hypophysaire qui règle la sécrétion de corticoïdes par la corticosurrénale. SYN ACTH.

**corticosurrénal, ale** *a, nf* **A** *a* Qui a rapport au tissu cortical de la glande surrénale. PLUR corticosurrénaux. **B** *nf* Ce tissu lui-même. **C** *af pl, nf pl* Se dit des hormones qui assurent une fonction de régulation des métabolismes.

**corticothérapie** *nf* MED Emploi thérapeutique des hormones corticosurrénales et de l'ACTH.

**corticotrope** *a* Qui a des affinités pour les corticosurrénales.

**corticotrophine** *nf* BIOCHIM Syn. de *ACTH*.

**Cortina d'Ampezzo** v. d'Italie (Vénétie), dans les Dolomites ; 7 810 hab. Import. stat. de sports d'hiver (alt. 1 210 m).

**cortinaire** *nm* BOT Champignon basidiomycète muni d'une cortine souvent de couleurs très vives, comestible, toxique ou mortel suivant les espèces (très nombreuses).

**cortine** *nf* Ensemble de filaments fins reliant le bord du chapeau au pied chez certains champignons tels que les cortinaires.

**cortisol** *nm* BIOCHIM Hormone (17-hydroxycorticostérone) la plus active et la plus importante parmi les corticoïdes agissant sur le métabolisme des glucides, sécrétés par la corticosurrénale.

**cortisone** *nf* BIOCHIM Hormone sécrétée par la corticosurrénale, qui, synthétisée, est utilisée comme thérapeutique anti-inflammatoire, antiallergique, etc. (DER) **cortisonique** *a*

**corton** *nm* Vin de Bourgogne très réputé.

**Cortone** → **Pierre de Cortone.**

**Cortot** Jean-Pierre (Paris, 1787 – id., 1843), sculpteur français néo-classique : *Apothéose de Napoléon* (haut-relief de l'arc de triomphe de l'Étoile).

**Cortot** Alfred (Nyon, Suisse, 1877 – Lausanne, 1962), pianiste français. Fondateur de l'École normale de musique (1919).

**corvéable** *a* Qui est soumis à la corvée. *Taillable et corvéable à merci.*

**corvée** *nf* 1 HIST Travail gratuit dû par les serfs, les paysans, au seigneur ou au roi. 2 Travail que font tour à tour les soldats d'une unité, les membres d'une collectivité, etc. 3 Toute chose pénible ou désagréable à faire. ETY Du lat.

**corvette** *nf* MAR 1 anc Petit bâtiment de guerre à trois mâts, rapide, destiné à des missions d'éclaireur. 2 mod Escorteur de haute mer spécialisé dans la lutte contre les sous-marins ou la lutte antiaérienne. LOC MILIT *Capitaine de corvette* : officier supérieur de la marine, grade correspondant à celui de commandant dans les autres armes. ETY Du néerl.

**corvidé** *nm* ZOOL Grand oiseau passériforme, à fort bec droit, aux pattes robustes, omnivore, tel que le corbeau, le geai, la pie, etc. ETY Du lat.

**Corvin** → **Mathias Iᵉʳ Corvin.**

**Corvisart (baron Jean)** (Dricourt, Ardennes, 1755 – Paris, 1821), médecin français qui soigna Napoléon Iᵉʳ.

**Corydon** berger dans divers poèmes antiques (*Églogues* de Virgile).

**corylopsis** *nm* Arbuste ornemental originaire d'Asie, à fleurs jaune pâle.

**corymbe** *nm* BOT Inflorescence dans laquelle les pédoncules floraux partent de l'axe à des hauteurs différentes et s'allongent de telle façon que toutes les fleurs sont dans un même plan. ETY Du gr.

**corynéum** *nm* Champignon nuisible aux fruitiers, cause de la criblure. PHO [kɔrineɔm]

**coryphée** *nm* 1 ANTIQ GR Chef du chœur. 2 CHOREGR Troisième grade dans l'ordre hiérarchique du corps de ballet de l'Opéra de Paris.

**coryphène** *nf* Poisson perciforme pélagique des mers chaudes, à l'éclat métallique, à la chair appréciée. ETY Du gr.

**coryza** *nm* Rhinite catarrhale aiguë, rhume de cerveau. ETY Du gr.

**cos** MATH Abrév. de *cosinus*.

**COS** Sigle de *coefficient d'occupation des sols*, fixant la superficie de construction autorisée.

**Cos** (en gr. *Kôs*), île grecque (nome du Dodécanèse), proche de la Turquie, à l'entrée du *golfe de Cos* ; 290 km² ; 20 000 hab. ; ch.-l. *Cos*. Agriculture, tabac. – Ruines antiques. – Patrie d'Hippocrate.

**Cosa nostra** nom de la Mafia aux É-U.

**cosaque** *nm* litt Homme dur, brutal. ETY Mot ukrainien.

**Cosaques** populations guerrières originaires d'Asie centrale, utilisées par les princes moscovites au XVᵉ s. pour coloniser les steppes du Sud. DER **cosaque** *a*

**Cosenza** v. d'Italie (Calabre) ; 67 900 hab. ; ch.-l. de la prov. du m. nom. Industries. Archevêché. Université. – Cathédrale (XIIᵉ-XIIIᵉ s.).

**Cosette** personnage du roman de Victor Hugo *les Misérables* (1862).

**Cosgrave William Thomas** (Dublin, 1880 – id., 1965), homme politique irlandais. Chef du gouv. (1921-1932), il fonda en 1923 le Fine Gael (conservateur).

**Cosi fan tutte** opera buffa en deux actes de Mozart (1790), livret de Lorenzo Da Ponte.

**cosigner** *vt* 1 Signer un document avec une ou plusieurs autres personnes. DER **cosignataire** *n* – **cosignature** *nf*

**cosinus** *nm* LOC MATH *Cosinus d'un angle aigu d'un triangle rectangle* : rapport du côté adjacent à l'hypoténuse. PHO [kosinys]

**-cosme, cosmo-** Éléments, du gr. *kosmos*, « ordre, univers ».

**Cosme** → **Côme et Damien.**

**Cosme de Médicis** → **Médicis.**

**cosmétique** *nm, a* Se dit d'une substance utilisée pour l'hygiène et la beauté de la peau, des cheveux. ETY Du gr. *kosmos*, « parure ».

**cosmétologie** *nf* Partie de l'hygiène qui concerne les soins de beauté et l'utilisation des cosmétiques. DER **cosmétologique** *a* – **cosmétologue** *n*

**cosmique** *a* 1 Relatif à l'Univers. 2 ASTRO De l'espace extraterrestre. *Poussières cosmiques*. LOC *Rayons cosmiques* : flux de particules de haute énergie d'origine extraterrestre, découvert en 1911 par Victor Franz Hess, constitué de protons (90 %) et de noyaux d'hélium, et, en plus faibles quantités, de noyaux de carbone, d'azote, d'oxygène, de fer, ainsi que d'électrons.

**cosmochimie** *nf* Étude de la composition chimique des corps célestes. DER **cosmochimique** *a*

**cosmodrome** *nm* Base de lancement des engins spatiaux, dans l'ex-URSS.

**cosmogonie** *nf* 1 Théorie mythique, philosophique ou scientifique, de la formation de l'univers. 2 ASTRO Théorie de la formation des corps célestes. DER **cosmogonique** *a*

**cosmographie** *nf* ASTRO Description du ciel tel qu'il se présente pour un observateur terrestre, les astres étant situés sur une sphère fictive de grand rayon (*sphère céleste*) dont la Terre occupe le centre. DER **cosmographique** *a*

**cosmologie** *nf* 1 ASTRO Étude de la structure et de l'évolution de l'univers considéré comme un tout. 2 PHILO Étude métaphysique de l'univers. DER **cosmologique** *a* – **cosmologiste** ou **cosmologue** *n*

**cosmonaute** *n* Pilote ou passager d'un véhicule spatial. SYN spationaute.

**cosmophysique** *nf* didac Étude de la structure physique des corps célestes, notam. par expérimentation directe sur le sol des astres.

**cosmopolite** *a, n* 1 Qui s'accommode aisément des mœurs et des usages des pays où il vit. 2 Composé de personnes originaires de pays divers. *Une société cosmopolite*. 3 BIOL Syn. de *ubiquiste*. ETY Du gr. *kosmopolitês*, « citoyen du monde ». DER **cosmopolitisme** *nm*

**1 cosmos** *nm* 1 PHILO Univers, considéré comme un tout organisé et harmonieux (par oppos. à *chaos*, dans les cosmogonies de l'Antiquité). 2 L'espace extraterrestre. PHO [kɔsmos] ETY Mot gr. « ordre ».

**2 cosmos** *nm* Composée originaire d'Amérique tropicale aux capitules rappelant celles du dahlia simple. ETY Du gr. *kosmos*, « ornement ».

**cosmotron** *nm* PHYS NUCL Syn. de *bevatron*.

**Cosne-Cours-sur-Loire** ch.-l. d'arr. de la Nièvre ; 11 000 hab. Industries. DER **cosnois, cise** *a, n*

**cosplay** *nm* Réunion festive où les participants se déguisent en personnages de manga. PHO [kɔsplɛ] ETY Mot angl. DER **cosplayeur, euse** *n*

**Cosquer (grotte)** grotte préhistorique proche de Marseille, ornée de peintures pariétales datant de 28 millénaires ; elle porte le nom du plongeur qui la découvrit en 1991.

**cossard, arde** *a, n* fam Paresseux.

**1 cosse** *nf* 1 Enveloppe des petits pois, haricots, fèves, etc., que l'on enlève pour récupérer les graines. 2 ELECTR Plaque métallique fixée à l'extrémité d'un conducteur pour en faciliter la connexion. ETY Du lat.

**2 cosse** *nf* fam, vieilli Paresse. ETY De *cossard*.

**Cosse Emmanuelle** (1974), femme politique française ; secrétaire nationale d'Europe Écologie-Les Verts de 2013 à 2016.

**Cossé** famille angevine dont sont issus des maréchaux de France. VAR **Cossé-Brissac**

**Cossery Albert** (Le Caire, 1913 – Paris, 2008), écrivain égyptien d'expression française : *Mendiants et orgueilleux* (1955).

**cossidé** *nm* Papillon nocturne, dont la chenille creuse des galeries dans le bois.

**cossu, ue** *a* Riche, opulent. *Un homme cossu. Un appartement cossu.* ETY P.-ê. fig. de *fèves cossues*, « qui portent beaucoup de cosses ».

**cossus** *nm* Lépidoptère de grande taille au corps épais, dont les chenilles (dites *gâte-bois*) attaquent les arbres. PHO [kɔsys] ETY Mot lat.

**Costa Lúcio** (Toulon, 1902 – Rio de Janeiro, 1998), architecte et urbaniste brésilien, coauteur de Brasília.

**Costa António** (Lisbonne, 1961), homme politique portugais (PS), Prem. ministre depuis 2015.

**Costa Brava** côte de la Catalogne, entre Cerbère et le río Tordera.

**Costa del Sol** côte mérid. de l'Espagne, de part et d'autre de Málaga.

**Costa-Gavras Konstandínos Gavras**, dit (Athènes, 1933), cinéaste français d'origine grecque : *Z* (1969), *l'Aveu* (1970), *État de siège* (1973), *Missing* (1982), *Le Couperet* (2005).

**costal, ale** *a* ANAT Qui concerne les côtes. *Douleur costale.* PLUR costaux.

**costard** *nm* fam Costume d'homme.

**Costa Rica (république du)** État d'Amérique centrale, entre le Nicaragua, au N., et le Panamá, au S. ; 50 700 km² ; 4,8 millions d'hab. ; cap. *San José*. Nature de l'État : rép. présidentielle. Langue off. : esp. Monnaie : colón. Population : origines européennes (84 %). Relig. d'État : catholicisme. DER **costaricien, enne** ou **costaricain, aine** *a, n*

**Géographie** Des cordillères orientées N.-O.–S.-E. isolent, au centre, un plateau élevé et fertile groupant les trois quarts des hab. La pop., citadine à 73 %. Le climat tropical, tempéré par l'altitude, permet les cultures d'exportation, contrôlées par les États-Unis.

**Histoire** Le pays, découvert par Colomb en 1502, fut colonisé par les Esp. au XVIᵉ s. et fit partie de la Capitainerie générale de Guatemala. Indép. en 1821, il entra dans la Confédération d'Amérique centrale (1824-1839). La rép. du Costa Rica possède une longue tradition démocratique. Depuis 1948, les États-Unis assurent sa défense. Après un président de centre gauche (Oscar Arias Sánchez) en 1986, puis conservateur (Rafael Ángel Calderón) en 1990, un président social-démocrate (José Maria Figueres) a été élu en 1994 et battu en 1998 par un social-chrétien, Miguel Angel Rodriguez à qui succède Abel Pacheco en 2002. En 2006, Oscar Arias est réélu président. Le centre gauche reste au pouvoir avec l'élection de Laura Chinchilla en 2010 et de Luis Guillermo Solís en 2014.

▶ carte **Amérique centrale**

**costarmoricain** → **Côtes-d'Armor.**

**costaud, aude** *a, n* fam Fort, solide, résistant. *Elle est vraiment costaud.* ETY Du romani.

**Costeley Guillaume** (Pont-Audemer ?, v. 1531 – Évreux, 1606), compositeur français : nombr. chansons.

**Coster Laurens Janszoon**, dit (Haarlem, v. 1405 – id., v. 1484), imprimeur hollandais. Certains lui attribuent l'invention des caractères mobiles, avant Gutenberg.

**Coster** → **De Coster.**

**Costes Dieudonné** (Septfonds, Tarn-et-Garonne, 1892 – Paris, 1973), aviateur français.

Avec Bellonte, il réalisa la première liaison Paris-New York sans escale (1930).

**costière** *nf* **1** TECH Rainure pour faire glisser les décors d'un théâtre. **2** CONSTR Encadrement d'une cheminée, en saillie.

**costume** *nm* **1** Manière de se vêtir propre à une époque, à un pays. *Le costume breton.* **2** Vêtement, habillement. *Un costume ecclésiastique.* **3** Vêtement d'homme composé d'un pantalon et d'une veste, et parfois d'un gilet. **4** Habit pour le théâtre, déguisement. **LOC** fam ***En costume d'Adam*** : nu. ETY Mot ital. « coutume ».

**costumé, ée** *a* **LOC** ***Bal costumé*** : où les invités sont travestis.

**costume-cravate** *nm* Tenue habituelle de l'homme moderne, installé socialement ; l'homme lui-même. PLUR costumes-cravates. VAR **costard-cravate** fam

**costumer** *vt* ① Revêtir d'un costume, d'un déguisement. *Se costumer pour une fête.*

**costumier, ère** *n* Personne qui confectionne, vend, loue ou répare des costumes de théâtre, de cérémonie, de bal costumé, etc.

**1 cosy** *nm* vieilli Ensemble d'ameublement (divan, étagères) disposé dans un coin de pièce. PHO [kɔzi] ETY Mot angl.

**2 cosy** *a* fam Confortable, douillet.

**cotable** → **coter.**

**cotangente** *nf* MATH Quotient du cosinus d'un arc par son sinus. SYMB cotan.

**cotation** *nf* **1** Action de coter. *Cotation en Bourse.* **2** TECH Ensemble des cotes d'un dessin.

**cote** *nf* **1** Marque numérale dont on se sert pour classer les pièces d'un procès, d'un inventaire, les livres d'une bibliothèque, etc. *La cote d'un document à la Bibliothèque nationale.* **2** FIN Indication du cours de valeurs mobilières. *Admission de valeurs à la cote.* **3** Bulletin où est publiée la cote des valeurs de la Bourse. **4** Évaluation, estimation de la valeur de diverses marchandises. *La cote d'une voiture à l'argus.* **5** TECH Chiffre qui indique une dimension sur un schéma, sur un plan. **6** GEOM Nombre qui indique, dans un système de coordonnées cartésiennes, la distance d'un point au plan horizontal ; désignation de ce point sur une carte. **7** Indications sur une courbe de niveaux. *Cote de niveau, d'altitude.* **8** Part de chacun dans une dépense commune (partic., un impôt, une contribution, etc.). *La cote mobilière.* **9** TURF Estimation des chances d'un cheval engagé dans une course. **10** Belgique Note d'un devoir scolaire. **LOC** fam ***Avoir la cote*** : être prisé, estimé. — ***Cote d'alerte*** : niveau d'un fleuve au-delà duquel il y a risque d'inondation ; fig seuil à partir duquel une situation devient critique. — ***Cote d'amour*** : partie de la note donnée à un candidat, qui tient compte d'éléments autres que ceux qui résultent des épreuves. — ***Cote mal taillée*** : dépense commune mal répartie ; compromis. ETY Du lat. *quota,* « part qui revient à chacun ».

**côte** *nf* **1** Chacun des os longs et courbes qui forment la cage thoracique. *L'homme a douze paires de côtes.* **2** Pièce de viande d'un animal de boucherie taillée à cet endroit. *Côte de bœuf.* **3** Saillie qui divise une surface courbe, lignes en saillie. *Côtes d'un melon. Velours à grosses côtes.* **4** Pente d'une montagne ; route qui monte. *Une côte raide. Monter, descendre une côte.* **5** Rivage de la mer. *Côte escarpée.* **LOC** MAR ***Aller à, donner à la côte*** : s'échouer sur le rivage. — ***Côte à côte*** : l'un à côté de l'autre. — GEOMORPH ***Relief de côte*** : dissymétrique, provoqué par la présence d'une couche résistante, modérément inclinée et interrompue par l'érosion. SYN cuesta. — ***Se tenir les côtes*** : rire beaucoup. ETY Du lat. *costa,* « côté ».

**coté, ée** *a* Apprécié, estimé. *Un acteur très coté.* **LOC** TECH ***Croquis coté*** : représentation d'un objet par ses projections et avec ses principales dimensions. — GEOM ***Géométrie cotée*** : dans laquelle un point est défini par sa projection sur un plan horizontal et par sa cote. — FIN ***Valeur cotée*** : admise pour les transactions en Bourse.

**côté** *nm* **1** Partie du corps, de l'aisselle à la hanche, où sont situées les côtes ; partie droite ou gauche du corps. *Être couché sur le côté.* **2** Partie latérale, extérieure d'une chose. *Le côté d'un chemin.* **3** GEOM Chacun des segments de droite formant le périmètre d'un polygone. **4** Ligne, surface limitant un objet. *Les côtés d'un meuble.* **5** Une des parties, des faces d'une chose. *Le bulletin est imprimé sur un seul côté.* **6** Aspect, manière dont se présente une chose, une situation, une personne. *Prendre la vie du bon côté.* **7** Parti, camp, opinion. *Être du côté du plus fort.* **8** Ligne de parenté. *Du côté de mon père.* **LOC** ***À côté*** : tout près d'ici. — ***À côté de*** : près de, en comparaison de. *Le pain est sur la table, à côté du vin. À côté d'elle, il paraît petit.* — fam ***Côté*** (+ nom) : du point de vue de. *Côté santé, ça va.* — ***De côté*** : de biais, obliquement. — ***De mon côté*** : pour ma part. — ***Du côté de*** : dans la direction, aux environs de. — ***D'un côté..., de l'autre*** : d'un point de vue..., de l'autre. *D'un côté il a raison, de l'autre il a tort.* — ***Laisser de côté*** : négliger, ne pas tenir compte de. — fam ***Mettre de côté*** : écarter, réserver. ETY Du lat. *costatum,* « partie du corps où sont les côtes ».

**coteau** *nm* **1** Versant d'une colline ; versant planté de vignobles. **2** Petite colline.

**Côte d'Argent** côte atlantique française entre la Gironde et l'Espagne.

**Côte d'Azur** côte méditerranéenne française entre Cassis et Menton. V. Provence-Alpes-Côte d'Azur (Région). DER **azuréen, enne** *a, n*

**Côte de la Trêve** partie de la côte du golfe Persique qui fut longtemps infestée de pirates. La G.-B. signa en 1820 (puis en 1853) avec les émirats riverains une trêve (angl. *truce*). Ces États, qui prirent alors le nom de *Trucial States,* constituent auj. les Émirats arabes unis. VAR **Côte des Pirates**

**Côte-de-l'Or** nom français de la Gold Coast, maintenant Ghana.

**Côte d'Émeraude** côte franç. de la Manche, très découpée, entre Cancale et Saint-Brieuc. Stat. balnéaires.

**Côte des Esclaves** anc. nom de la côte qui borde le golfe du Bénin. Elle fut un centre de la traite des Noirs.

**Côte d'Ivoire (république de)** État d'Afrique occid., sur le golfe de Guinée ; 322 460 km$^2$ ; 23,3 millions d'hab. cap. *Yamoussoukro ;* v. princ. *Abidjan.* Nature de l'État : rép. de type présidentiel. Langue off. français. Monnaie : franc CFA. Princ. ethnies : Agnis, Baoulés, Krous, Lobis, Malinkés, Sénoufos. Religions : islam (38 %), catholicisme (28 %), animisme (17 %). DER **ivoirien, enne** *a, n*

**Géographie** Des plateaux cristallins ou schisteux se relèvent au N.-O. (1 752 m au mont Nimba) et s'abaissent vers la plaine côtière bordée de lagunes. Le climat, de type équat. au S. (forêt dense), devient tropical au N. (savane et forêt claire). Le N. se dépeuple auj. au profit du S. (région d'Abidjan). La pop., rurale (50 %), s'accroît de 2,4 % par an ; les immigrés sont nombreux : Burkinabés, Maliens, Guinéens.

**Économie** Les plantations du Sud : cacao (1er

rang mondial), café, huile de palme, bananes et ananas, occupent la majorité des actifs et alimentent l'industrie, mais la baisse des cours est dramatique depuis 1980. Elle affecte aussi l'acajou et le pétrole. Le port d'Abidjan concentre l'essentiel des industries. La dévaluation du franc CFA (1994) et la remontée du café ont amélioré la situation des finances publiques, auj. totalement ruinées par la guerre civile.

**Histoire** Vers 1470, les Portugais atteignirent la côte, explorée ensuite par les Français (XVII$^e$-XIX$^e$ s.). Ceux-ci constituèrent en 1893 la colonie de la Côte d'Ivoire, intégrée, après la capture de Samory (1898), dans l'AOF (1899). Autonome en 1958 et indépendant en 1960, l'État fut présidé de 1960 à sa mort, par Félix Houphouët-Boigny (réélu six fois). Le régime du parti unique (Parti démocratique de la Côte d'Ivoire, PDCI) dura jusqu'en 1990. À la mort d'Houphouët-Boigny (1993), Henri Konan-Bédié lui succéda. En 1999, un coup d'État militaire renversa celui-ci et favorisa la victoire en 2000 du socialiste Laurent Gbagbo à l'élection prés. dont avait été exclu Alassane Ouattara, candidat des musulmans du Nord, accusé de ne pas être ivoirien, mais burkinabais. En 2002, une rébellion militaire coupe le pays en deux. La France envoie des troupes qui s'interposent entre les belligérants. Ceux-ci entament un processus de paix avec les « accords de Marcoussis ». En 2004, de violents affrontements entraînent l'évacuation de 8 000 ressortissants franç. En 2006 est mis en place un gouv. où siège l'ensemble des partis. Mais les tensions restent vives. L'élection prés. de 2010 donne la victoire à Alassane Ouattara. Ce résultat est validé par la Commission électorale et reconnu par une grande partie de la Communauté intern. Mais L. Gbagbo refuse sa défaite et reste au pouvoir. La guerre civile s'installe. L. Gbagbo est arrêté en avril 2011 et A. Ouattara reprend les rênes du pays.

**Côte d'Opale** littoral français, de la baie de la Somme à la frontière belge.

**Côte d'Or** plateau de Bourgogne, dont l'E. porte des vignobles célèbres.

**Côte-d'Or** dép. franç. (21) ; 8 765 km$^2$ ; 529 761 hab. ; 60,4 hab./km$^2$ ; ch.-l. *Dijon* ; ch.-l. d'arr. *Beaune* et *Montbard*. V. Bourgogne. DER **côte-d'orien, enne** *a, n*

**côtelé, ée** *a* À côtes, en parlant d'un tissu.

**côtelette** *nf* Côte des petits animaux de boucherie (mouton, porc, veau).

**Côte-Nord** Rég. admin. du N.-E. du Québec ; 102 800 hab. DER **nord-côtier, ère** *a, n*

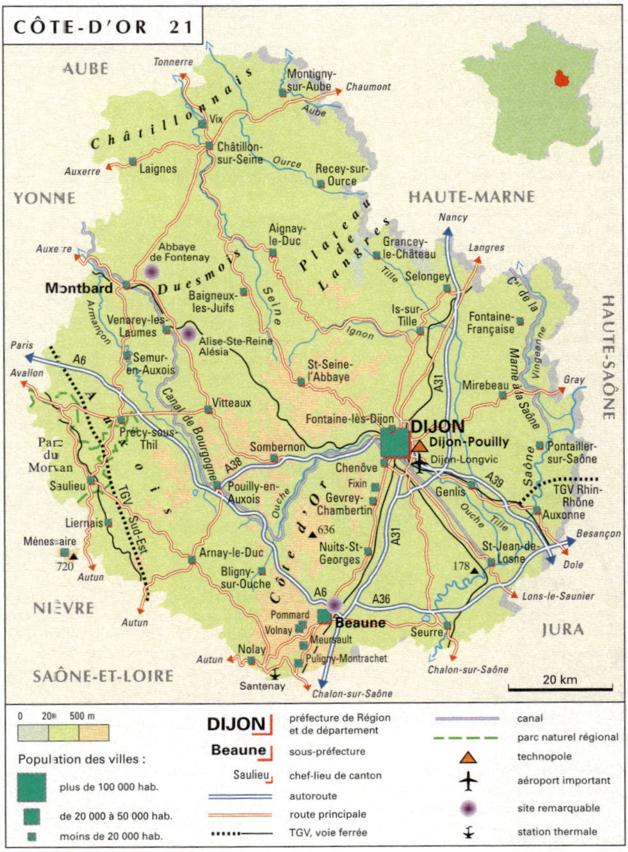


**Cotentin** presqu'île massive de Normandie, s'avançant dans la Manche à l'E. de la baie du Mont-Saint-Michel.

**coter** *vt* ① **1** Marquer d'un chiffre, d'une lettre, numéroter un document. **2** FIN Inscrire à la cote. *Coter des marchandises, des actions en Bourse.* **3** TECH Inscrire les cotes sur un schéma, un plan, etc. *Coter un croquis.* DER **cotable** *a*

**coterie** *nf* péjor Groupe de personnes se coalisant pour défendre leurs intérêts.

**côte-rôtie** *nm* Vin rouge très estimé du nord de la vallée du Rhône. PLUR côtes-rôties.

**Côte-Saint-André (La)** ch.-l. de cant. de l'Isère (arr. de Vienne) ; 5 100 hab. Vins blancs. – Maison natale de Berlioz (musée). DER **côtois, oise** *a, n*

**Côtes-d'Armor** (jusqu'en 1990 *Côtes-du-Nord*), dép. franç. (22) ; 6 878 km$^2$ ; 597 085 hab. ; 86,8 hab./km$^2$ ; ch.-l. *Saint-Brieuc* ; ch.-l. d'arr. *Dinan, Guingamp* et *Lannion*. V. Bretagne (Rég.). DER **costarmoricain, aine** *a, n*

**côtes-du-rhône** *nm inv* Vin de la vallée du Rhône, au sud de Lyon.

**coteur** *nm* FIN Professionnel qui effectue des cotations en Bourse.

**Côte Vermeille** côte méditerranéenne française de Collioure à Cerbère (Roussillon).

**cothérapie** *nf* Thérapie psychiatrique faisant intervenir plusieurs thérapeutes.

**cothurne** *nm* **1** ANTIQ Bottine montant jusqu'à mi-jambe, lacée par-devant, chez les Grecs et les Romains. **2** Chaussure à semelle épaisse portée par les acteurs tragiques. ETY Du gr.

**coticé, ée** *a* HERALD Chargé de bandes étroites traversant l'écu en diagonale.

**cotidal, ale** *a* MAR Se dit d'une courbe passant par tous les points où la marée a lieu à la même heure. PLUR cotidaux. ETY Mot angl.

**côtier, ère** *a* Relatif au bord de mer ; proche des côtes. **LOC** ***Fleuve côtier*** : qui prend sa source près des côtes.

**cotignac** *nm* Confiture de coings. ETY Du provenç.

**Cotillard** Marion (Paris, 1975), actrice de cinéma française : *la Môme* (2007).

**cotillon** *nm* **1** anc Jupon que portaient les femmes du peuple. **2** Danse terminant un bal. **LOC** ***Accessoires de cotillon*** ou ***cotillons*** : serpentins, confettis, etc.

**Cotin** Charles (Paris, 1604 – id., 1682), prédicateur français. Poète précieux, il fut raillé par Boileau et Molière. Acad. fr. (1655).

**cotinga** *nm* Oiseau passériforme d'Amérique tropicale, de la taille d'un merle. ETY D'une langue amérindienne.

**cotinus** *nm* BOT Autre nom du *fustet*.

**cotisation** *nf* **1** Action de cotiser ; somme ainsi réunie. **2** Somme que chacun verse pour une dépense commune. **LOC** ***Cotisation sociale*** : versement obligatoire aux organismes d'assurance sociale.

**cotiser** *v* ① **A** *vi* Payer sa quote-part. *Cotiser à une mutuelle.* **B** *vpr* Apporter sa part à une dépense commune. DER **cotisant, ante** *a, n*

**coton** *nm, a inv* **A** *nm* **1** Fil textile extrait des graines du cotonnier. **2** Étoffe fabriquée avec cette matière. *Une robe de coton.* **3** Fil de coton. *Un écheveau de coton à broder.* **4** Morceau de coton hydrophile. **B** *a inv* fam Difficile. *C'est coton.* **LOC** ***Avoir les bras, les jambes en coton*** : être très affaibli. — ***Coton de Tulear*** : race de petits chiens blancs et frisés. — ***Coton hydrophile*** : que l'on a débarrassé de ses substances graisseuses et résineuses et qui sert pour les soins. — ***Élever un enfant dans du coton*** : en l'entourant de soins excessifs. — ***Filer un mauvais coton*** : être dans une situation difficile. ETY De l'ar.

ENC On cultive le coton notam. dans le sud des É.-U., au Mexique, au Brésil, au Proche-Orient (Égypte), au Turkestan, au Pākistān, en Inde, en Afrique tropicale. On tire des graines du cotonnier une huile industrielle qui entre dans les margarines, savons, etc. Le coton, l'un des princ. textiles naturels, connaît de nombr. utilisations pour sa richesse en cellulose.

**coton**

**Coton** Pierre (Lans le Cher, 1564 – Paris, 1626), jésuite français, confesseur d'Henri IV et de Louis XIII (jusqu'en 1617).

**cotonéaster** *nm* Arbrisseau ornemental (rosacée), au feuillage fin et aux fruits rouges ou orangés. PHO [kɔtɔneastɛʀ] ETY Du lat.

**cotonnade** *nf* Étoffe de coton.

**cotonner (se)** *vpr* ① Se couvrir d'un léger duvet rappelant les fibres de coton. *Une étoffe qui se cotonne après le premier lavage.*

**cotonnerie** *nf* **1** TECH Culture du coton. **2** Lieu où se cultive, où se travaille le coton.

**cotonneux, euse** *a* **1** Dont l'aspect, la consistance rappelle la ouate. *Un ciel cotonneux.* **2** Fade, en parlant d'un fruit.

**cotonnier, ère** *n, a* **A** *nm* Végétal herbacé annuel, ou arbustif vivace, cultivé pour le coton et l'huile qu'on tire de ses graines. **B** *n* Personne qui travaille le coton. **C** *a* Relatif au coton. *Industrie cotonnière.*

**Cotonou** princ. v. et port du Bénin ; ch.-l. de prov. ; 950 000 hab. DER **cotonois, oise** *a, n*

**coton-tige** *nm* Bâtonnet entouré de coton aux extrémités, pour nettoyer les oreilles ou le nez. PLUR cotons-tiges. ETY Nom déposé.

**Cotopaxi** volcan actif des Andes (5 897 m), en Équateur.

**côtoyer** *vt* ㉓ **1** Fréquenter, être en relation avec. **2** Aller le long de. *La route côtoie la rivière.* **3** fig Frôler, être proche de qqch. *Côtoyer le ridicule.* DER **côtoiement** *nm*

**cotre** *nm* Voilier à un mât, avec foc et trinquette. ETY De l'angl.

**cotriade** *nf* **1** En Bretagne, soupe de poissons aux oignons et aux pommes de terre. **2** Part de poisson qui revient aux pêcheurs avant la vente en criée. ETY Du breton *kaoter,* « marmite ».

**cottage** *nm* Maison de campagne, coquette et rustique. PHO [kɔtaʒ] ou [kɔtɛdʒ] ETY Mot angl.

**Cottbus** ville industrielle d'Allemagne (Brandebourg), sur la Sprée ; 116 090 hab.

**1 cotte** *nf* **1** anc Tunique. **2** Vêtement de travail couvrant les jambes et la poitrine. *Cotte de plombier.* **LOC** anc ***Cotte d'armes*** : tunique qui se portait sur la cuirasse. — ***Cotte de mailles*** : armure souple faite de mailles de fer, en forme de tunique. ETY Du frq.

**2 cotte** *nm* ZOOL Chabot. ETY Du gr.

**Cotte** Robert de (Paris, 1656 – id., 1735), architecte français, beau-frère de J. Hardouin-Mansart : chapelle du château de Versailles, place Bellecour à Lyon.

**Cottereau** Jean, dit Jean Chouan (Saint-Berthevin, 1757 – près de Laval, 1794), rebelle qui, avec ses trois frères (*les frères Chouan*), fomenta la *chouannerie.*

**Cotton** Aimé (Bourg-en-Bresse, 1869 – Sèvres, 1951), physicien français. Il découvrit la biréfringence magnétique (avec Mouton). ▷ PHYS *Balance de Cotton* : instrument permettant de mesurer les champs magnétiques intenses.

**cotutelle** *nf* DR Tutelle dont une personne est chargée avec une autre. DER **cotuteur, trice** *n*

**Coty** René (Le Havre, 1882 – id., 1962), homme politique français. Dernier président de la IVe Rép. (1953 – 1959), il favorisa, en 1958, l'accession au pouvoir du général de Gaulle.

**cotyle** *nm, nf* ANAT Cavité d'un os dans laquelle s'articule la tête d'un autre os.

**cotylédon** *nm* **1** ANAT Ensemble des masses charnues situées sur le placenta, qu'elles relient à l'utérus. **2** BOT Feuille primordiale constitutive de l'embryon des phanérogames.

**cotylédoné, ée** *a* BOT Dont les embryons sont pourvus de cotylédons.

**cotyloïde** *a* **LOC** BOT ***Cavité cotyloïde*** : cavité de l'os iliaque où s'articule la tête fémorale.

**cou** *nm* **1** Partie du corps qui joint la tête au thorax. **2** Partie longue et amincie d'un récipient. *Le cou d'une bouteille.* **LOC** ***Jusqu'au cou*** : complètement. — ***Passer la corde au cou de qqn*** : le pendre ; fig l'épouser. — ***Sauter, se jeter au cou de qqn*** : l'embrasser avec effusion. — ***Se casser, se rompre le cou*** : se blesser grièvement en tombant. — ***Tendre le cou*** : se laisser maltraiter sans résister. ETY Du lat.

**couac** *nm* **1** Son faux ou déplaisant produit par un chanteur ou un instrument à vent. **2** fig, fam Incident fâcheux. ETY Onomat.

**couagga** *nm* ZOOL Zèbre auj. disparu, dont l'arrière-train n'était pas rayé. ETY Onomat. VAR **quagga**

**couard, arde** *a, n* LITTER Lâche, poltron. ETY De l'a. fr. *coe, cou* « queue ». DER **couardise** *nf*

**Coubertin** Pierre de (Paris, 1863 – Genève, 1937), pédagogue français ; créateur des jeux Olympiques modernes (1896, à Athènes). Adversaire du professionnalisme et de la participation des femmes, il se retira en 1925.

**Coubre (pointe de la)** pointe située à l'extrémité N. de la Gironde. Phare puissant.

**couchage** *nm* **1** Action de coucher, de se coucher. **2** Ensemble des objets qui servent à se coucher, literie.

**couchant, ante** *a, nm* **A** *a* Qui se couche. *Soleil couchant.* **B** *nm* **1** Endroit de l'horizon où le soleil se couche ; son aspect. **2** Moment où le soleil se couche. *Partir au couchant.* **LOC** CHASSE ***Chien couchant*** : chien d'arrêt qui se couche dès qu'il flaire le gibier. — ***Faire le chien couchant*** : s'abaisser pour plaire.

**couche** *nf* **A** **1** litt Lit. *La couche nuptiale.* **2** Linge absorbant ou garniture jetable dont on enveloppe un bébé de la taille aux cuisses pour former une protection. **3** Substance étalée sur une surface. *Passer une couche de peinture.* **4** HORTIC Terre à laquelle on incorpore du fumier pour favoriser la germination et la croissance des jeunes plantes. *Champignons de couche.* **5** Épaisseur de substance, de matière. *Les couches de l'atmosphère.* **6** GEOL Lit rocheux de composition relativement homogène, qui s'est sédimenté dans des conditions géologiques constantes. *Couche calcaire.* SYN strate. **7** fig Classe sociale, catégorie de personnes. *Les couches les plus défavorisées de la population.* **B** *nfpl* vx Période d'alitement qui suit l'accouchement ; accouchement. *Être en couches.* **LOC** TECH ***Arbre de couche*** : arbre moteur. — PHYS NUCL ***Couche de demi- atténuation*** : épaisseur d'une substance qui absorbe 50 % d'un rayonnement. — PHYS ***Couche électronique d'un atome*** : chacun des niveaux d'énergie correspondant à la présence d'un ou plusieurs électrons. — PHYS ***Couche limite*** : mince couche d'un fluide influencé par le contact avec une paroi. — fam ***En avoir, en tenir une couche*** : être stupide. — fam ***En remettre, en rajouter une couche*** : insister, persévérer. — TECH ***Plaque de couche*** : armature métallique de la tranche d'une arme à feu.

**couché, ée** *a, nm* **1** Allongé, étendu. *Rester couché.* **2** Incliné, penché. *Écriture couchée.* **LOC** ***Papier couché*** ou ***couché*** : papier couvert d'une couche d'enduit qui le rend lisse et brillant. — GEOL ***Pli couché***, incliné sous l'effet de l'érosion.

**couche-culotte** *nf* Garniture absorbante jetable et munie d'attaches, qui sert de protection pour les bébés. PLUR couches-culottes.

**1 coucher** *v* ① **A** *vt* **1** Étendre de tout son long, mettre à l'horizontale. *Coucher une armoire pour la réparer.* **2** Mettre au lit. *Coucher un enfant.* **3** Incliner, pencher. *La pluie a couché les blés.* **4** Étendre, étaler en couche. *Coucher une couleur sur une surface.* **5** fig Consigner, inscrire. *Coucher par écrit. Coucher qqn sur son testament.* **B** *vi* **1** S'allonger pour prendre du repos. *Coucher sur un lit de camp.* **2** Passer la nuit. *Coucher à l'hôtel, à la belle étoile.* **C** *vpr* **1** S'allonger. *Se coucher dans l'herbe.* **2** Se mettre au lit. *Se coucher tous les soirs à la même heure.* **3** Se pencher, s'affaisser. *L'arbre s'est couché sur la route.* **4** fig Descendre sous l'horizon, en parlant du soleil, des astres. ANT se lever. **5** fam Cesser de lutter, se soumettre. **LOC** ***Coucher avec qqn*** : passer la nuit avec qqn dans le même lit ; fam avoir des relations sexuelles avec qqn. —

*Coucher en joue* : viser. — *Coucher un fusil en joue* : l'épauler pour viser. — *Un nom à coucher dehors* : difficile à prononcer, à retenir. ETY Du lat.

**2 coucher** *nm* **1** Action, moment de se coucher, de se mettre au lit. **2** Moment où un astre disparaît sous l'horizon. *Le coucher du soleil.*

**coucherie** *nf* fam, péjor Rapports sexuels.

**couche-tard** *n inv* fam Personne qui a l'habitude de se coucher tard.

**couche-tôt** *n inv* fam Personne qui a l'habitude de se coucher tôt.

**couchette** *nf* Lit étroit, dans une cabine de navire, un compartiment de chemin de fer, etc.

**coucheur, euse** *n* LOC fam *Mauvais coucheur* : personne difficile à vivre.

**couchis** *nm* CONSTR Lit de sable, de terre, de lattes, préparé pour un pavage, un plancher.

**couchitique** *a, nm* LING Se dit d'un groupe de langues de la famille chamito-sémitique, parlées en Afrique orientale.

**couch surfing** *nm* Hébergement offert par des particuliers à des personnes de passage. PHO [kuʃsœʀfiŋ] ETY Nom déposé, mots angl. « passant d'un canapé à l'autre ». DER **couch surfeur, euse** *n*

**couci-couça** *av* fam À peu près, ni bien ni mal. ETY De l'ital. *cosi cosi*, « ainsi ainsi ».

**coucou** *nm, interj* **A** *nm* **1** Oiseau (cuculiforme) gris à ventre blanc et à longue queue, dont la femelle pond ses œufs dans le nid d'autres oiseaux afin qu'ils élèvent son petit. **2** Nom des autres cuculiformes. **3** Nom courant des primevères sauvages et des narcisses des bois. **4** Pendule dont la sonnerie imite le chant du coucou. **5** fam Petit avion. **B** *interj* Cri de qqn manifestant sa présence, son arrivée. ETY Onomat.

**coucou** gris

**coucoumelle** *nf* Nom usuel de l'amanite vaginée. ETY Du provenç.

**Coucy-le-Château-Auffrique** ch.-l. de cant de l'Aisne (arr. de Laon) ; 1 133 hab. – Ruines d'un célèbre chât. féodal (IX^e-XIII^e s.), detruit en 1917 par les Allemands.

**coude** *nm* **1** Articulation entre le bras et l'avant-bras. *Mettre les coudes sur la table.* **2** Partie de la manche d'un vêtement couvrant le coude. **3** ZOOL Articulation de la patte antérieure des onguligrades. **4** fig Tournant, angle. *Coude d'un chemin, d'un tuyau.* LOC *Au coude à coude* : très proches les uns des autres. — fam *Huile de coude* : dépense d'énergie musculaire, mouvement. — fam *Jouer des coudes* : se frayer un passage dans une foule en écartant les personnes sans ménagement ; fig faire son chemin sans souci d'autrui. — fam *Se serrer les coudes* : être solidaire. — fam *Sous le coude* : en attente. ETY Du lat.

**coudée** *nf* anc Mesure de longueur d'environ 50 cm. LOC *Avoir les coudées franches* : pouvoir agir librement, sans contrainte.

**Coudekerque-Branche** ch.-l. de cant. du Nord (arr. et banlieue de Dunkerque) ; 22 504 hab. Métallurgie. DER **coudekerquois, oise** *a, n*

**Coudenhove-Kalergi** Richard (comte) (Tōkyō, 1894 – Schruns, Autriche, 1971), homme politique autrichien, pionnier de l'unité européenne (*Paneuropa*, 1923).

**cou-de-pied** *nm* Partie supérieure du pied, articulée avec la jambe. PLUR cous-de-pied.

**couder** *vt* ① Plier en forme de coude. *Couder une barre à angle droit.*

**coudière** *nf* Accessoire servant à protéger le coude des chocs.

**coudoyer** *vt* ㉓ **1** Se trouver en contact avec. *Coudoyer qqn dans la foule.* **2** Fréquenter, côtoyer. DER **coudoiement** *nm*

**coudraie** *nf* Lieu planté de coudriers.

**coudre** *vt* ⑱ Joindre au moyen d'un fil passé dans une aiguille. *Coudre un bouton.* ETY Du lat.

**coudrier** *nm* Noisetier, avelinier. ETY Du lat.

**Coué** Émile (Troyes, 1857 – Nancy, 1926), pharmacien et psychologue français. Il prôna l'autosuggestion (*méthode Coué*).

**couenne** *nf* **1** Peau de cochon flambée et raclée. *Couenne de lard.* **2** fam, vieilli Peau de l'homme. **3** Belgique, Suisse Croûte du fromage. PHO [kwan] ETY Du lat.

**couenneux, euse** *a* Recouvert d'une couenne. LOC *Angine couenneuse* : diphtérie.

**Couëron** com. de la Loire-Atlantique (arr. de Nantes) ; 20 058 hab. Métallurgie. DER **couëronnais, aise** *a, n*

**Couesnon (le)** fl. côtier de France (90 km) ; arrose Fougères, se jette dans la baie du Mont-Saint-Michel.

**1 couette** *nf* Édredon de plume ou de matière synthétique qui, mis dans une housse, remplace le drap et la couverture. ETY Du lat. *culcita*, « oreiller ».

**2 couette** *nf* fam Petite touffe de cheveux retenue par un lien. ETY De l'anc. fr. *coue*, « queue ».

**couffin** *nm* **1** rég Cabas souple. **2** Grand panier en osier servant de berceau. ETY De l'ar.

**coufique** *a, nm* LOC *Écriture coufique* ou *coufique* : calligraphie arabe utilisée notamment sur les monuments au début de l'hégire.

**cougar** *nf* fam Femme de plus de 40 ans qui cherche à séduire des hommes plus jeunes ; en appos. *Une femme cougar.* ETY mot angl.

**couguar** *nm* Puma. PHO [kugaʀ] VAR **cougouar**

**couic !** *interj* Onomatopée imitant un cri étranglé. LOC fam *Que couic* : Rien. *N'y voir que couic.*

**Couillard** Philippe (Montréal, 1957), homme politique québécois (Parti libéral), Premier ministre depuis 2014.

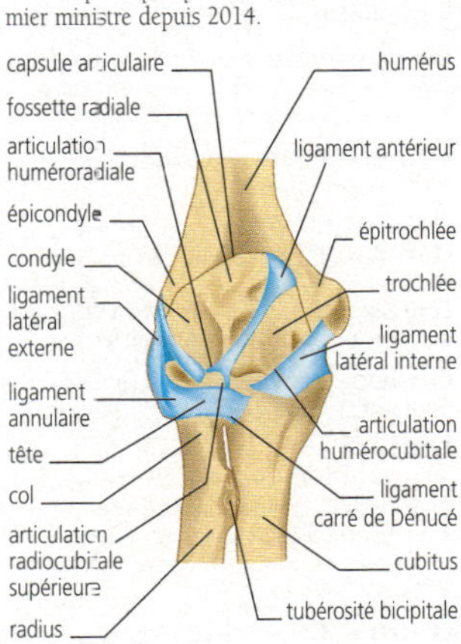


**coude** vue antérieure

**couille** *nf* **1** vulg Testicule. **2** fam Qqch qui ne va pas, qui cloche. *Y a une couille là-dedans !* LOC fam *Avoir des couilles* : du courage. — fam *Couille molle* : lâche. — fam *Partir en couille* : échouer, se dégrader. ETY Du lat. *coleus*, « sac de cuir ».

**couillon, onne** *n, a* fam Idiot, imbécile.

**couillonnade** *nf* fam Erreur grossière.

**couillonner** *vt* ① fam Tromper, gruger.

**couillu, ue** *a* fam Courageux, hardi, viril. *Un discours couillu.*

**couiner** *vi* ① **1** Pousser de petits cris aigus. **2** Grincer. ETY Onomat. DER **couinement** *nm*

**coulabilité** *nf* METALL Qualité d'un alliage qui se coule facilement.

**coulage** *nm* **1** Action de faire couler une substance fluide, un liquide. *Coulage du béton.* **2** fig Perte provenant de gaspillages, de larcins.

**1 coulant** *nm* **1** Anneau d'une ceinture, d'une courroie. **2** BOT Stolon du fraisier.

**2 coulant, ante** *a* **1** Qui coule. *Camembert coulant.* **2** Aisé, qui semble se faire sans effort. *Style coulant.* **3** fam Accommodant, indulgent. *Un patron très coulant.* LOC *Nœud coulant* : qui se serre quand on tire l'extrémité du lien.

**1 coule** *nf* Long vêtement à capuchon de certains religieux. ETY Du lat.

**2 coule (à la)** *av* LOC fam *Être à la coule* : être au courant, informé.

**coulé** *nm* **1** MUS Liaison entre deux ou plusieurs notes. **2** JEU Au billard, coup par lequel une bille suit la même ligne que la première bille touchée. **3** SPORT En escrime, action de glisser le fer le long de la lame adverse.

**coulée** *nf* **1** Terrain pâteux répandu sur d'autres terrains et solidifié par la suite. *Coulée de lave, de boue.* **2** Matière liquide qui s'écoule sur une surface ; trace laissée par cette matière. *Coulées de peinture.* **3** VEN Trace laissée par le passage répété d'un animal dans des buissons, un sous-bois, etc. **4** METALL Action de couler un métal ; masse de métal que l'on coule. LOC *Coulée verte* : promenade piétonnière aménagée en site urbain.

**coulemelle** *nf* Lépiote à chapeau comestible et à pied coriace. ETY Du lat.

**couler** *v* ① **A** *vi* **1** Se mouvoir, aller d'un endroit à un autre d'un mouvement continu, en parlant d'un liquide. *Le ruisseau coule lentement.* **2** Se liquéfier. *Cire, beurre qui coule.* **3** Laisser échapper un liquide. *Robinet qui coule goutte à goutte.* **4** Passer, s'écouler. *Les jours coulaient paisiblement.* **5** S'enfoncer, disparaître dans l'eau. *Le navire a coulé.* **6** fig Péricliter. *Une affaire qui coule.* **B** *vt* **1** Verser une substance fluide dans un moule où elle se solidifie. *Couler du béton.* **2** vieilli Glisser, faire passer discrètement. *Couler un billet dans la main de qqn.* **3** Faire sombrer. *Couler un navire.* **4** fig Ruiner, discréditer. *Couler qqn, couler une entreprise.* **5** Passer son temps. *Couler des jours heureux.* **C** *vpr* Se glisser. *Se couler dans la foule.* LOC MUS *Couler des notes* : les interpréter liées. — *Couler de source* : être la conséquence évidente, naturelle. — *Faire couler de l'encre* : susciter de nombreux écrits. — *Faire couler le sang* : être responsable d'un massacre, d'une guerre. — *L'argent lui coule entre les doigts* : il est très dépensier. — fam *Se la couler douce* : mener une vie agréable, sans soucis. ETY Du lat.

**couleur** *nf* **A** **1** Impression produite sur l'œil par les diverses radiations de la lumière. *Les couleurs du prisme. Couleurs simples, couleurs composées.* **2** Toute couleur qui n'est ni noire, ni grise, ni blanche. *Une carte postale en couleurs.* **3** Tissu, vêtement de couleur. *Laver le blanc et les couleurs séparément.* **4** Chacune des quatre marques que sont le trèfle, le carreau, le cœur et le pique dans un jeu de cartes. **5** Teint, carnation du visage. **6** Coloris d'un tableau. **7** Substance colorante. *Boîte de couleurs.* **8** Opinion politique. *La couleur d'un journal.* **9** Apparence, aspect sous lequel se présente une situation. *Cet incident a pris une couleur comique.* **10** PHYS NUCL Grandeur qui détermine les interactions qu'un quark peut exercer. **B** *nfpl* **1** Habit, signe distinctif d'un groupe. *Porter les couleurs d'un club sportif.* **2** Pavillon national. *Hisser les couleurs.* **LOC** ***Annoncer la couleur*** **:** la couleur de l'atout dans un jeu de cartes ; fig, fam expliquer clairement ses intentions. — ***Avoir des couleurs*** **:** avoir le teint bonne mine. — ***Changer de couleur*** **:** pâlir, rougir à la suite d'une émotion. — OPT ***Couleurs primitives*** **:** les sept couleurs du spectre de la lumière. — fam ***En faire voir de toutes les couleurs à qqn*** **:** l'ennuyer de mille façons. — ***Haut en couleur*** **:** qui a le teint très coloré ; fig d'une originalité peu commune. — fam ***Ne pas voir la couleur de qqch*** **:** n'avoir jamais pu bénéficier de qqch qui est dû. — ***Personne de couleur*** **:** qui n'a pas la peau blanche. — ***Sous couleur de*** **:** sous prétexte de. ETY Du lat.

ENC Un corps apparaît coloré parce qu'il ne diffuse et ne réfléchit qu'une partie de la lumière blanche qu'il reçoit, ou parce qu'il émet lui-même de la lumière s'il est porté à une température suffisante. On peut décomposer une lumière blanche à l'aide d'un prisme ; les couleurs *fondamentales* sont le rouge, l'orangé, le jaune, le vert, le bleu, l'indigo et le violet. Deux couleurs dont la superposition donne la teinte blanche sont dites *complémentaires* (par ex. le violet est la couleur complémentaire du jaune). Toute couleur peut être créée à partir des trois couleurs *primaires* (le rouge, le jaune et le bleu) ou de leurs couleurs complémentaires. Ce principe est utilisé dans l'imprimerie, la photographie, le cinéma et la télévision.

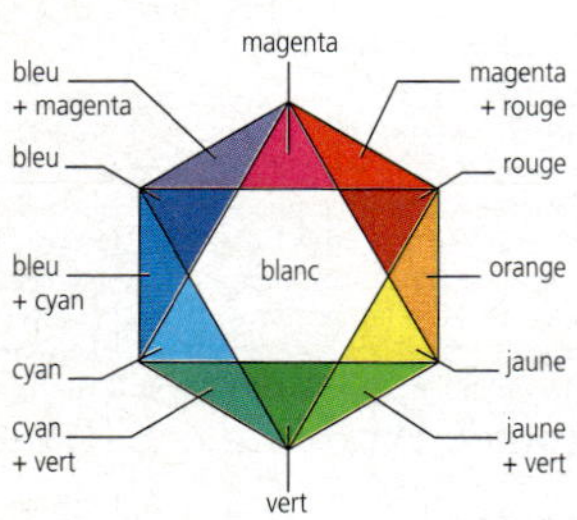


**couleurs**

**couleuvre** *nf* Serpent (colubridé) dont la mâchoire supérieure est dépourvue de crochets venimeux (couleuvre à collier) ou munie de crochets à l'arrière (couleuvre de Montpellier). **LOC** ***Avaler des couleuvres*** **:** essuyer des affronts sans protester ; croire n'importe quoi. ETY Du lat.

**couleuvre** de Montpellier

**couleuvreau** *nm* Petit de la couleuvre.

**couleuvrine** *nf* MILIT Ancienne pièce d'artillerie au canon allongé.

**coulis** *a, nm* **1** Extrait obtenu en passant au tamis un aliment cru ou après cuisson. *Coulis de fraises, de tomates.* **2** CONSTR Mortier, plâtre, métal fondu que l'on fait pénétrer dans les joints. **LOC** ***Vent coulis*** **:** qui se glisse par les fentes.

**coulisse** *nf* **A 1** COUT Repli ménagé dans une étoffe pour passer un cordon, un ruban. **2** TECH Rainure permettant à une pièce mobile de se déplacer par glissement. *Porte à coulisse.* **3** Partie d'un théâtre, invisible du public, derrière les décors. **B** *nfpl* Côtés secrets, dessous. *Les coulisses de la politique.* **LOC** ***Rester dans la coulisse*** **:** ne pas se montrer, laisser ignorer sa présence.

**coulisseau** *nm* TECH Pièce qui se meut dans une coulisse.

**coulisser** *v* ① **A** *vt* Munir d'une coulisse. **B** *vi* Glisser sur des coulisses. *Porte qui coulisse.* DER **coulissant, ante** *a* – **coulissement** *nm*

**couloir** *nm* **A 1** Passage qui permet d'aller d'un lieu à un autre. *Couloir d'un appartement.* **2** GEOL Passage étroit délimité au sein d'un relief, d'une étendue. *Rivière encaissée dans un couloir.* **3** SPORT Bande délimitée sur une piste d'athlétisme, dans un bassin de natation, etc. ; partie latérale d'un court de tennis utilisée lors des doubles ; zone latérale d'un terrain de football. **B** *nmpl* Galeries avoisinant une salle de séance. *Les couloirs de l'Assemblée.* **LOC** ***Bruits de couloirs*** **:** nouvelles officieuses. — AVIAT ***Couloir aérien*** **:** itinéraire imposé aux avions. — ***Couloir d'autobus*** **:** passage sur une voie de circulation, réservé aux autobus, aux taxis et aux véhicules de secours. — ***Couloir d'avalanches*** **:** chemin encaissé sur une pente montagneuse, par où passent généralement les avalanches. — ***Couloir de la mort*** **:** aux États-Unis, section d'une prison où les condamnés à mort attendent leur exécution.

**coulomb** *nm* PHYS Unité SI de charge électrique (symbole C). *Un coulomb = 1 ampère × 1 seconde.* PHO [kulɔ̃] ETY Du n. pr.

**Coulomb** Charles de (Angoulême, 1736 – Paris, 1806), physicien français. Il fit progresser fortement l'électricité et le magnétisme.

**Charles de Coulomb**

**coulomètre** *nm* ELECTR Appareil servant à mesurer une quantité d'électricité. VAR **coulombmètre**

**coulométrie** *nf* Méthode de dosage d'un corps par la mesure de la quantité d'électricité nécessaire pour l'oxyder complètement.

**coulommiers** *nm* Fromage de lait de vache, à pâte molle. ETY Du lat.

**Coulommiers** ch.-l. de cant. de Seine-et-Marne (arr. de Meaux), sur le Grand Morin ; 13 852 hab. Fromages. – Commanderie des Templiers (XIII^e^-XVI^e^ s.). DER **columérien, enne** *a, n* – **coulumérien, enne** *a, n*

**coulpe** *nf* **LOC** litt ***Battre sa coulpe*** **:** avouer sa culpabilité, montrer son repentir. ETY Du lat.

**coulure** *nf* **1** Traînée laissée par ce qui a coulé. *Une coulure de peinture.* **2** TECH Métal qui coule par les joints du moule pendant la fonte. **3** BOT Altération ou élimination du pollen des végétaux par des éléments atmosphériques ou génétiques. *Coulure de la vigne.*

**coumarine** *nf* Substance odorante contenue dans la fève tonka, utilisée pour son pouvoir anticoagulant. ETY D'un mot de la Guyane.

**Counaxa** → **Cunaxa.**

**country** *nf, nm* Genre musical issu de la musique folklorique américaine. PHO [kuntʀi] ETY De l'angl. *country,* « campagne ».

**coup** *nm* **1** Choc produit par le heurt violent de deux corps ; résultat du choc. *Enfoncer un clou à coups de marteau.* **2** Choc violent que reçoit une personne, un animal que l'on frappe. *Coup de pied, de poing.* **3** Décharge d'une arme à feu. *Coup de pistolet.* **4** Choc moral. *Sa mort a été un coup terrible pour elle.* **5** Action soudaine d'un élément naturel. *Coup de vent.* **6** Mouvement bref et rapide d'une partie du corps. *Coup d'œil.* **7** Mouvement, action produite par un outil, un ustensile, un instrument que l'on manie. *Coup de balai.* **8** Bruit soudain. *Coup de sonnette.* **9** Action ponctuelle, momentanée. *Faire un mauvais coup. Tenter le coup.* **10** Action soudaine, entraînant des bouleversements. *Coup d'État.* **11** Quantité absorbée, consommée en une fois. *Boire un coup.* **LOC** ***À coups de*** **:** en frappant avec. — ***À coup sûr*** **:** sûrement, certainement. — ***Après coup*** **:** plus tard, une fois la chose faite. — ***Coup bas*** **:** en boxe, coup donné au-dessous de la ceinture ; fig action déloyale. — ***Coup de cœur*** **:** enthousiasme soudain pour qqn ou qqch. — ***Coup de force*** **:** action violente d'un groupe, contraire à la légalité ou à la justice. — ***Coup de grâce*** **:** par lequel on achève ; fig évènement, action qui aggrave une situation déjà difficile. — fam ***Coup de gueule*** **:** réprimande soudaine et de courte durée. — ***Coup de maître*** **:** action remarquable, ouvrage très réussi. — fig ***Coup de menton*** **:** manifestation d'arrogance ou d'autorité. — fam ***Coup de mou*** **:** accès de fatigue ou de découragement. — ***Coup d'épée dans l'eau*** **:** acte sans résultat. — ***Coup de pied arrêté*** **:** au football, tir d'un corner, d'un coup franc ou d'un penalty. — ***Coup de pied de réparation*** **:** syn. (recommandé) de *penalty.* — ***Coup d'essai*** **:** première tentative. — ***Coup droit*** **:** au tennis, coup puissant par lequel on renvoie la balle, au ras du filet ; en escrime, mouvement rectiligne de la pointe vers la cible adverse. — ***Coup dur*** **:** ennui, épreuve pénible. — SPORT ***Coup franc*** **:** sanction contre une équipe qui a commis une faute. — ***Coup monté*** **:** action malveillante organisée en secret. — ***Coup sur coup*** **:** l'un après l'autre, sans interruption. — ***Donner un coup de main, de pouce à qqn,*** l'aider. — fam ***En prendre un coup*** **:** subir une atteinte, un dommage. — ***Être aux cent coups*** **:** être bouleversé. — fam ***Être dans le coup*** **:** participer à une action ; être informé. — ***Faire coup double*** **:** tuer deux pièces d'un même coup de feu ; fig obtenir deux résultats par la même action. — fam ***Manquer son coup*** **:** échouer. — ***Sous le coup de*** **:** sous la menace de, sous l'effet de. — ***Sur le coup*** **:** à l'instant même, immédiatement. — ***Tenir le coup*** **:** résister aux épreuves. — ***Tout à coup, tout d'un coup*** **:** soudain, subitement. PHO [ku] ETY Du gr. *kolaphos,* « coup de poing ».

**coupable** *a, n* **A** Qui a commis une faute, un délit, un crime. *Se rendre coupable de vol. Reconnu coupable.* **B** *a* Qui est contraire à la morale, aux convenances. *Pensées coupables.* ETY Du lat.

**coupage** *nm* **1** Action de mélanger plusieurs vins, plusieurs alcools. **2** Addition d'eau à un liquide.

**coupant, ante** *a* **1** Qui coupe. *Outil coupant.* **2** fig Autoritaire, impérieux. *Un ton coupant.*

**coup-de-poing** *nm* **1** Arme métallique percée de trous pour passer les doigts. *Coup-de-poing américain.* **2** PREHIST Silex tranchant taillé pour servir d'arme de main. PLUR coups-de-poing.

**1 coupe** *nf* **1** Verre à boire évasé, à pied ; son contenu. *Une coupe à champagne.* **2** Récipient évasé monté sur un pied ; son contenu. *Une coupe à fruits, à glace.* **3** Trophée offert au vainqueur d'un tournoi, d'une compétition sportive ; la compétition elle-même. *La coupe Davis.* ETY Du lat.

**2 coupe** *nf* **1** Action de couper. *La coupe des blés.* **2** SYLVIC Action de couper des arbres dans une forêt ; étendue de bois sur pied à abattre. **3** Manière dont une chose est coupée. *Coupe de cheveux.* **4** Ce qui a été coupé. *Coupe histologique.* **5**

Endroit où qqch a été sectionné. *Coupe d'une planche révélant un défaut du bois.* **6** Représentation de la section verticale d'une pièce, d'un bâtiment. **7** JEU Action de diviser en deux paquets un jeu de cartes avant une partie. **8** Pause dans une phrase, un vers. **LOC** *Coupe claire :* abattage d'un grand nombre d'arbres dans un taillis — fig ***coupe claire*** ou abusiv. *coupe sombre :* élimination importante dans un texte, un compte, etc. — ***Coupe réglée :*** coupe annuelle d'une quantité de bois déterminée ; fig prélèvements abusifs au détriment de qqn. — ***Coupe sombre :*** abattage d'une partie des arbres seulement, pour permettre l'ensemencement. — ***Être sous la coupe de qqn :*** être sous sa dépendance, sous son influence.

**coupé** *nm* Automobile à deux portes généralement à deux places.

**coupe-bordure** *nm* Outil de jardinage pour égaliser les bordures. PLUR coupe-bordures.

**coupe-boulon** *nm* Puissante pince coupante. PLUR coupe-boulons.

**coupe-chou** *nm* **1** fam, anc Sabre court des fantassins. **2** Rasoir à longue lame. PLUR coupe-choux.

**coupe-cigare** *nm* Instrument pour couper le bout des cigares. PLUR coupe-cigares.

**coupe-circuit** *nm* ELECTR Dispositif de sécurité constitué d'un alliage qui fond si l'intensité du courant est trop élevée, coupant ainsi le circuit. PLUR coupe-circuits.

**coupe-coupe** *nm inv* Sabre destiné à abattre les branches dans une forêt. SYN machette. (VAR) **coupecoupe**

**Coupe du monde de football**, compétition internationale de football qui a lieu tous les quatre ans dep. 1930. (VAR) **Mondial, Mundial**

**coupée** *nf* MAR Ouverture pratiquée dans la muraille d'un navire pour monter à bord.

**coupe-faim** *nm* Produit alimentaire ou pharmaceutique qui coupe la faim. PLUR coupe-faims.

**coupe-feu** *nm* Obstacle ou espace libre destiné à éviter ou à interrompre la propagation d'un incendie. *Porte coupe-feu.* PLUR coupe-feux.

**coupe-file** *nm* Carte officielle permettant de circuler librement ou de bénéficier d'un passage prioritaire. PLUR coupe-files.

**coupe-gorge** *nm* Endroit isolé où l'on risque de se faire attaquer. PLUR coupe- gorges.

**coupellation** *nf* TECH Séparation de l'or et de l'argent contenus dans un alliage par fusion en atmosphère oxydante.

**coupelle** *nf* **1** Petite coupe. **2** CHIM Récipient fait avec des os calcinés dans lequel on pratique la coupellation.

**coupe-ongle** *nm* Petite pince pour couper les ongles. PLUR coupe-ongles.

**coupe-papier** *nm inv* Couteau de bois, d'ivoire, de métal, etc., pour couper le papier, les pages d'un livre. PLUR coupe-papiers.

**couper** *v* ① **A** *vt* **1** Diviser avec un instrument tranchant. *Couper du bois.* **2** Tailler dans l'étoffe. *Couper une robe.* **3** Blesser en entamant la peau, la chair. *La scie lui a coupé le doigt.* **4** fig Produire l'impression d'une coupure. *Vent qui coupe le visage.* **5** Interrompre ; empêcher le passage de. *Couper une communication, le courant.* **6** Interrompre un phénomène, une sensation. *Couper la faim, l'appétit.* **7** Supprimer, censurer. *Un passage du livre, du film a été coupé.* **8** Traverser, partager. *Ce chemin coupe une grande route.* **9** Mélanger un liquide à un autre. *Couper d'eau le lait, le vin.* **10** JEU Séparer un jeu de cartes en deux parties. **11** JEU Jouer un atout quand on ne peut fournir la couleur demandée. **12** SPORT Au tennis, au tennis de table, donner de l'effet à une balle. **13** Châtrer. *Couper un chat.* **B** *vi* Être tranchant. *Ce rasoir coupe bien.* **C** *vti* Échapper à, éviter. *Couper à une corvée.* **D** *vpr* **1** S'user aux plis, en parlant d'une étoffe. **2** Se croiser, s'entrecroiser. *Des routes qui se coupent à angle droit.* **3** Se contredire après avoir menti. **LOC** ***Brouillard à couper au couteau :*** très épais. — fam ***Ça vous la coupe ! :*** cela vous étonne, vous n'avez plus rien à répondre. — ***Couper court à :*** abréger brusquement, faire cesser. — ***Couper la parole à qqn :*** interrompre qqn qui était en train de parler. — ***Couper le souffle :*** essouffler ; fig surprendre fortement. — ***Couper l'herbe sous le pied de qqn :*** le supplanter dans une affaire, un projet. — ***Donner sa tête à couper que :*** affirmer absolument que. (ETY) De coup.

**couper-coller** *nm inv* INFORM Opération de rédaction d'un texte grâce à un logiciel, consistant à couper une sélection pour la coller à un autre endroit. (VAR) **coupé-collé** *nm*

**couperet** *nm* **1** Couteau large et lourd pour trancher ou hacher la viande. **2** Couteau de la guillotine. **3** TECH Outil d'acier pour couper les filets d'émail.

**Couperin** famille de musiciens français. — **Louis** (Chaumes-en-Brie, vers 1626 – Paris, 1661), organiste et compositeur de la musique du roi. — **François Ier** (Chaumes-en-Brie, vers 1630 – Paris, 1701), frère du préc. ; organiste et professeur de clavecin. — **François II** dit **Couperin le Grand** (Paris, 1668 – id., 1733), fils de Charles Couperin ; claveciniste, organiste, compositeur et professeur à la cour de Louis XIV. Il réalisa une synthèse des styles français et italien dans 240 pièces pour clavecin.

**François II Couperin**

**couperose** *nf* Rougeur du visage due à une dilatation des vaisseaux sanguins. (DER) **couperosé, ée** *a*

**coupeur, euse** *n* Personne dont la profession consiste à couper (étoffes, cuirs, papier).

**coupe-vent** *nm* **1** CH DE F Dispositif placé à l'avant d'une locomotive, pour réduire la résistance de l'air. **2** Vêtement qui ne laisse pas passer le vent. PLUR coupe-vents.

**couplage** *nm* **1** Réunion étroite de deux choses. *Le couplage des hausses de salaires et des prix.* **2** TECH Action d'assembler deux éléments mécaniques. **3** ELECTR Interconnexion entre deux circuits permettant de transférer de l'énergie de l'un sur l'autre.

**1 couple** *nf* **1** Ensemble de deux choses, de deux individus de même espèce. *Une couple de bœufs.* **2** VEN Lien servant à attacher deux chiens de chasse ensemble.

**2 couple** *nm* **1** Deux personnes vivant ensemble. *Un couple sans enfant.* **2** Réunion de deux personnes, de deux animaux. *Des couples dansaient sur la piste. Un couple de serins.* **3** MATH Groupe de deux éléments (a, b) appartenant à deux ensembles différents (A et B). **4** MAR Section transversale de la carène au droit d'une membrure. **5** MECA Système de deux forces parallèles, égales et de sens contraire. **LOC** ***Couple acido-basique :*** constitué de la forme acide et de la forme basique d'un même acide faible. — ***Couple conique :*** organe qui transmet aux roues le mouvement de l'arbre moteur. — AUTO ***Couple moteur :*** travail résultant des forces qu'exercent, sur le vilebrequin, la bielle et les paliers. — CHIM ***Couple oxydoréducteur :*** constitué de la forme oxydée et de la forme réduite d'un élément. — ELECTR ***Couple thermoélectrique :*** conducteurs de nature différente soudés entre eux en deux points. SYN thermocouple. — ***S'amarrer à couple :*** côte à côte avec un autre bateau.

**couplé** *nm* Pari consistant à désigner soit les deux premiers d'une course *(couplé gagnant)*, soit deux des trois premiers arrivés *(couplé placé)*. (ETY) Nom déposé.

**coupler** *vt* ① **1** VEN Attacher avec une couple. **2** TECH Assembler des éléments deux par deux. *Coupler des essieux.* **3** ELECTR Réunir par un couplage. *Coupler des circuits.* (ETY) Du lat.

**couplet** *nm* Strophe d'une chanson qu'achève un refrain. (ETY) Du provenç. *cobla*, « couple de vers ».

**coupleur** *nm* TECH Dispositif permettant de raccorder deux circuits, deux organes.

**coupoir** *nm* Outil servant à couper.

**coupole** *nf* **1** Partie concave d'un dôme. **2** MILIT Partie supérieure d'une tourelle cuirassée. **LOC** ASTRO ***Coupole astronomique :*** dôme qui abrite une lunette, un télescope, etc. (ETY) Du lat. *cupula*, « petite cuve ».

**Coupole (la)** l'Institut de France (le Palais de l'Institut étant surmonté d'une coupole) et plus spécialement l'Académie française.

**Coupole du rocher (la)** mosquée de Jérusalem (en ar. *Qubbat al-Sakhra*) élevée entre 688 et 691 par le calife omeyyade Abd el-Malik sur le site ruiné du temple de Salomon. Nommée souvent, mais à tort, mosquée d'Omar.

**coupon** *nm* **1** Morceau restant d'une pièce d'étoffe. **2** FIN Titre joint à une action, une obligation, et que l'on détachait pour en toucher les dividendes. **3** Ticket attestant l'acquittement d'un droit.

**couponing** *nm* COMM Vente par correspondance grâce à des coupons-réponses. (PHO) [kupɔniŋ] (VAR) **couponnage**

**coupon-réponse** *nm* Partie détachable d'une annonce publicitaire, à renvoyer par le lecteur. PLUR coupons-réponse.

**coupure** *nf* **1** Incision, entaille faite par un instrument tranchant. **2** Suppression, retranchement dans un ouvrage littéraire, un film. **3** Article, passage découpé dans un journal. *Coupures de presse.* **4** Billet de banque. *Petites coupures.* **5** Interruption. *Coupure de courant, de gaz, d'eau.* **6** MATH Partition des nombres rationnels en deux sous-ensembles tels que tout élément du premier soit inférieur à tout élément du second. **7** GEOL Fracture, fossé.

**couque** *nf* Nom de certaines pâtisseries flamandes. (ETY) Du néerl.

**cour** *nf* **1** Espace environné de murs ou de bâtiments dépendant d'une maison, d'un immeuble. **2** Lieu où résident un souverain et son entourage. *Vivre à la cour.* **3** Société vivant autour d'un souverain. **4** Souverain et ses ministres. **5** Ensemble des gens qui entourent une personne et s'efforcent de lui plaire. *Avoir une cour d'admirateurs.* **6** DR Siège de justice ; ensemble des magistrats siégeant. *Une cour d'assises. La cour européenne des droits de l'homme.* **LOC** THÉÂT ***Côté cour :*** côté de la scène à gauche de l'acteur regardant la salle, par oppos. à *côté jardin.* — DR ***Cour d'appel :*** juridiction du second degré chargée de juger les appels formés contre les décisions des juridictions inférieures. — ***Cour d'assises :*** tribunal qui juge les crimes et qui est composé de magistrats (un président et deux assesseurs) et de citoyens (un jury de neuf jurés tirés au sort). (La cour siège, périodiquement dans chaque département, en public sauf si le huis clos est prononcé ; l'appel de ses jugements est porté devant une autre cour d'assises qui comprend 12 jurés). — ***Cour des miracles :*** du Moyen Âge au XVIIe s., lieu de réunion des mendiants et des malfaiteurs dans les villes ; fig endroit mal famé. — ***Être bien, mal en cour :*** jouir ou non de la faveur de qqn. — ***Faire la cour à qqn :*** chercher à lui plaire, à le séduire. — fam ***La cour des grands :*** les gens ou les groupes qui comptent. ETY Du lat. *cohors, cohortis,* « cour de ferme ».

**courage** *nm* **1** Fermeté d'âme permettant d'affronter le danger, la souffrance. ANT lâcheté. **2** Ardeur, zèle, énergie dans une entreprise. **LOC** ***Prendre son courage à deux mains*** : concentrer son énergie, sa volonté pour s'imposer un effort. ETY De *cor,* var. anc. de *cœur.*

**courageux, euse** *a* Qui a du courage ; qui dénote du courage. *Se montrer courageux.* DER **courageusement** *av*

**couramment** *av* **1** Sans hésitation, facilement. *Parler couramment le russe.* **2** D'une manière habituelle, fréquente. *Cela se voit couramment.*

**1 courant, ante** *a* **1** Présent. *L'année courante.* **2** Qui a lieu, qui a cours habituellement. *Pratique courante.* **LOC** ***C'est monnaie courante*** : c'est fréquent, banal. — CHASSE ***Chien courant*** : qui aboie quand il flaire le gibier. — ***Eau courante*** : qui coule ; qui est distribuée par des tuyauteries. — ***Monnaie courante*** : qui a un cours légal. — MATH ***Point courant*** : point caractéristique d'une courbe.

**2 courant** *nm* **1** Mouvement d'un fluide dans une direction déterminée. *Les courants marins.* **2** ELECTR Mouvement de particules chargées électriquement. *Courant continu, alternatif.* **3** Déplacement orienté de personnes, de choses ; tendance générale. *Les courants de populations. Les grands courants de pensée.* **4** Succession de moments, cours. *Dans le courant du mois, de l'année.* **5** MAR Partie mobile d'une manœuvre par oppos. à *dormant.* **LOC** ***Au courant*** : informé, au fait d'une chose. — ECON ***Courant d'affaires*** : quantité moyenne d'affaires que fait une entreprise. — ***Courant d'air*** : air en mouvement. — METEO ***Courant de perturbation*** ou ***courant perturbé*** : courant entraînant des perturbations atmosphériques. — METEO ***Courants aériens*** : mouvements de l'air atmosphérique. — PHYS ***Courants de Foucault*** : qui se développent dans les masses métalliques sous l'effet de champs magnétiques variables. — ***Le courant passe*** : il y a de la sympathie entre les personnes concernées.

ENC Un courant marin peut être dû : à des forces de gravité qui créent des *courants de marées,* engendrés par les variations du niveau de la mer ; aux vents, qui provoquent des courants superficiels, ainsi le *Gulf Stream* (chaud) et le *courant de Humboldt* (froid) ; à des différences de densité, de salinité, de température, etc.

**Courbet** *la Rencontre* ou *Bonjour Monsieur Courbet,* 1854 – musée Fabre, Montpellier

**3 courant** *prép* Pendant, au cours de. *Courant janvier.*

**courante** *nf* **1** anc Danse au rythme vif ; air de cette danse. **2** pop Diarrhée.

**courant-jet** *nm* Syn. de *jet-stream.* PLUR courants-jets. PHO [kurɑ̃dʒɛt]

**courantomètre** *nm* Appareil de mesure des courants marins.

**courbage → courber.**

**courbaril** *nm* Arbre, césalpiniacée fournissant le copal, et dont le bois est utilisé en ébénisterie. ETY Mot des Caraïbes.

**courbatu, ue** *a* litt Qui éprouve une grande fatigue ; courbaturé. VAR **courbattu**

**courbature** *nf* Douleur musculaire due à un effort prolongé ou à un état fébrile. VAR **courbatture**

**courbaturer** *vt* ① Causer une courbature à. VAR **courbatturer**

**courbe** *a, nf* **A** *a* En forme d'arc. **B** *nf* **1** Ligne courbe. *Un cercle est une courbe fermée. Les courbes du corps humain.* **2** MATH Ligne continue dont les points ont une même propriété représentée par son équation. **3** Ligne représentant graphiquement les variations d'un phénomène. *Courbe de température.* **4** TECH Pièce cintrée. **5** Virage. *Aborder une courbe à grande vitesse.* **LOC** MATH ***Courbe gauche*** : dont les points ne sont pas dans un même plan. — MATH ***Courbe plane*** : dont tous les points sont dans un même plan. ETY Du lat.

**courber** *v* ① **A** *vt* **1** Rendre courbe. *Courber une branche.* **2** Fléchir, baisser. *Courber la tête pour passer la porte.* **B** *vi* Plier, fléchir, devenir courbe. *Courber sous le poids.* **C** *vpr* fig Céder, se soumettre. **LOC** fig ***Courber le front, la tête, l'échine*** : témoigner sa soumission. DER **courbage** ou **courbement** *nm*

**Courbet** Gustave (Ornans, 1819 – La Tour-de-Peilz, Suisse, 1877), peintre français. Son réalisme fit scandale. Membre de la Commune, accusé d'avoir fait renverser la colonne Vendôme, il la fit relever à ses frais ; libéré de prison, il se réfugia en Suisse.

**Courbet** Amédée Anatole (Abbeville, 1827 – îles Pescadores, 1885), amiral français. Il

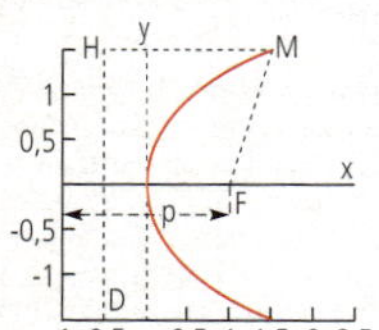

**parabole** : courbe d'équation cartésienne $y^2 = 2\,px$. p : *paramètre* de la courbe ; F : *foyer* ; D : droite, dite *directrice*, d'équation $y = -\,p/2$

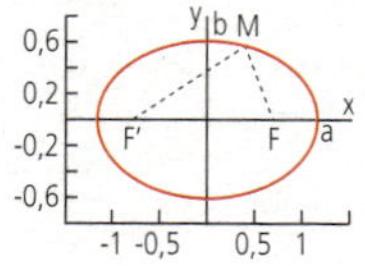

**ellipse** : courbe d'équation cartésienne $\frac{x^2}{a^2}+\frac{y^2}{b^2}=1$
a : *demi-grand* axe ;
b : *demi-petit* axe ;
F et F' : *foyers*

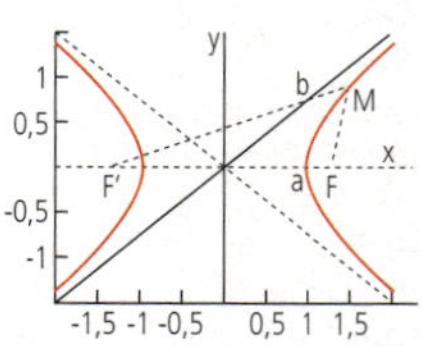

**hyperbole** : courbe d'équation cartésienne $\frac{x^2}{a^2}-\frac{y^2}{b^2}=1$
elle admet pour
les droites d'équation $y = \mp\frac{b}{a}x$ ; F et F' : *foyers*

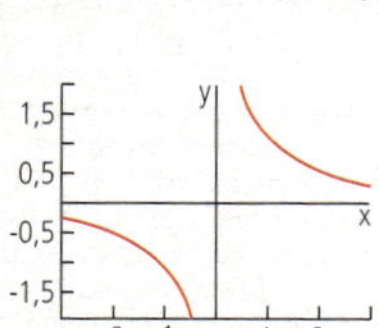

**hyperbole équilatère** (cas particulier d'hyperbole) : b = a ; les asymptotes sont donc perpendiculaires

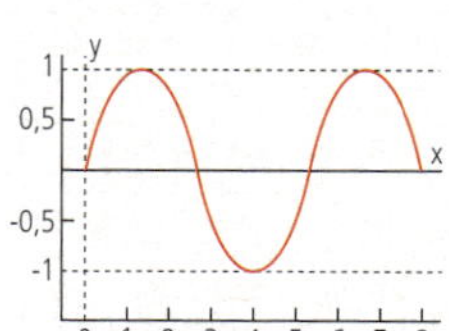

**sinusoïde** : courbe d'équation cartésienne y = sin x, caractérisée par une période $2\pi$ ; y est inchangé quand x augmente d'un multiple entier de $2\pi$

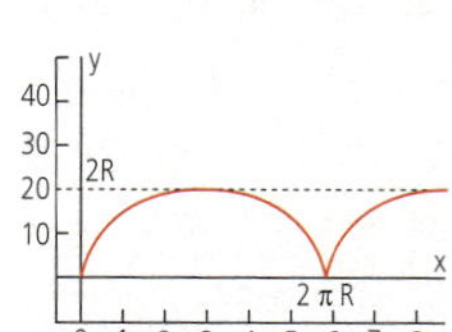

**cycloïde** : courbe d'équations paramétriques x = R (t-sin T) et y = R (1-cos t) ; c'est la trajectoire d'un point attaché à un cercle de rayon R qui roule, sans glisser, sur la droite y = 0

**courbes**

établit le protectorat franç. sur l'Annam (traité de Huê, 1883).

**courbette** *nf* **1** EQUIT Mouvement du cheval levant les deux membres antérieurs fléchis. **2** fig Politesse exagérée et obséquieuse. *Faire des courbettes.* ETY De l'ital.

**Courbevoie** ch.-l. de cant. des Hauts-de-Seine (arr. de Nanterre), sur la Seine ; 86 200 hab. Industries. Le quartier de la Défense est construit en partie sur la commune. DER **courbevoisien, enne** *a, n*

**courbure** *nf* Forme ou état d'une chose courbe. *La courbure des pieds d'un fauteuil.* LOC PHYS ***Courbure de l'univers*** : courbure créée dans l'espace-temps de la théorie de la relativité par la présence de matière. — GEOM ***Courbure en un point d'une courbe*** : limite de la courbure moyenne d'un arc infiniment petit dont les extrémités tendent à se rapprocher de ce point. — GEOM ***Courbure moyenne d'un arc de courbe*** : rapport entre l'angle formé par les tangentes aux points extrêmes de cet arc et la longueur de celui-ci.

**courcailler** → **carcailler.**

**courcaillet** *nm* **1** Cri de la caille. **2** Appeau imitant ce cri. ETY Onomat.

**Courchevel** station de sports d'hiver de Savoie (com. de Saint-Bon-Tarentaise, arr. d'Albertville).

**courçon** *nm* Branche d'arbre fruitier taillée court. VAR **courson** *nm* ou **coursonne** *nf*

**Courçon** → **Robert de Courçon.**

**Courcouronnes** com. de l'Essonne (arr. d'Évry) ; 13 600 hab. – Industries. DER **courcouronnais, aise** *a, n*

**Cour de cassation** en France, tribunal suprême, créé en 1804, qui peut casser, en dernier ressort, les décisions judiciaires qui lui sont déférées. Dans l'ordre administratif, la cassation est exercée par le Conseil d'État.

**Cour de Justice de la République** en France, tribunal créé en 1993, composé de parlementaires et de juges de la Cour de cassation, chargé de juger les ministres pour des délits commis dans l'exercice de leurs fonctions.

**Cour des comptes** en France, tribunal administratif créé en 1807, chargé de la vérification et du jugement des comptes en deniers publics.

**Cour de sûreté de l'État** en France, tribunal, de 1963 à 1981, auquel fut déférée toute affaire relevant de la sûreté de l'État.

**courée** *nf* rég Petite cour dans les villes du Nord.

**courette** *nf* Petite cour.

**coureur, euse** *n, a* **A** *n* **1** Personne, animal exercé à la course. *Cette jument est une bonne coureuse.* **2** Personne qui pratique la course ou qui participe à une course. *Coureur cycliste. Coureur de fond.* **3** Personne qui fréquente un endroit. *Coureur de tripots.* **4** fam Personne qui court les aventures galantes. *Un coureur de jupons.* **B** *nm* ZOOL Ratite. **C** *a* BOT Se dit d'une plante dont les tiges s'allongent sur le sol. LOC Canada ***Coureur de bois*** : aventurier qui faisait la traite des fourrures avec les Amérindiens.

**Cour européenne des droits de l'homme** tribunal international créé en 1959 par le Conseil de l'Europe et siégeant à Strasbourg.

**courge** *nf* **1** Cucurbitacée cultivée pour ses fruits comestibles, comme la citrouille, le potiron, le pâtisson, la courgette ; ce fruit. **2** fam Imbécile. ETY Du lat.

**courgette** *nf* Courge dont les fruits allongés sont consommés jeunes ; ce fruit.
▶ illustr. **cucurbitacée**

**Courier** Paul-Louis (Paris, 1772 – Véretz, Indre-et-Loire, 1825), écrivain français, auteur de pamphlets contre la Restauration et des *Lettres écrites de France et d'Italie* (en partie posth.).

**Cour internationale de justice** organe juridictionnel de l'Organisation des Nations unies créé en 1945 pour arbitrer notam. les conflits entre États. Il siège à La Haye.

**courir** ⊳ 28 **A** *vi* **1** Aller vite, mouvoir rapidement les jambes ou les pattes. **2** SPORT Disputer une course, une compétition. *Il court sur Ferrari. Les chevaux courent à Longchamp.* **3** Aller rapidement quelque part. *Je cours à la librairie acheter ce livre.* **4** Faire qqch en se hâtant, se presser. *Courir pour faire les achats.* **5** Être en cours, suivre son cours. *Le mois qui court.* **6** fig Se mouvoir rapidement. *Ses doigts couraient sur le clavier.* **7** Couler en parlant des liquides. *L'eau court dans la prairie.* **8** Circuler ; se propager. *Le bruit court déjà dans la ville.* **9** MAR Faire route. *Courir vent arrière.* **B** *vt* **1** SPORT Participer à une course, une compétition. *Courir le marathon.* **2** Parcourir. *Courir le monde.* **3** Fréquenter. *Courir les bals.* **4** Rechercher avec ardeur. *Courir les honneurs.* **5** S'exposer à. *Courir un risque, un danger.* **6** CHASSE Poursuivre pour attraper. *Courir le cerf.* **7** fam Ennuyer, énerver. *Il commence à me courir.* LOC ***Courir après qqn, qqch*** : rechercher avec ardeur. — ***Courir après une ombre*** : poursuivre des chimères. — ***Courir à sa perte, à sa ruine*** : se conduire de manière à hâter sa perte, sa ruine. — fam ***Courir les rues*** : être fréquent, banal. — ***Par les temps qui courent*** : dans les circonstances actuelles. ETY Du lat.

**Courlande (la)** (en letton *Kurzeme*), région de Lettonie, entre la mer Baltique et la Dvina occidentale. État des chevaliers Teutoniques (fondé en 1237), elle fut vassale de la Pologne (1561), puis annexée par la Russie en 1795.

**courlis** *nm* Oiseau charadriiforme à long bec fin, arqué. PHO [kuʀli]

**courlis** cendré

**Courmayeur** com. d'Italie, dans le Val d'Aoste ; 2 800 hab. Station de sports d'hiver.

**Cournand** André (Paris, 1895 – Great Barrington, Massachusetts, 1988), cardiologue américain d'orig. française. P. Nobel de médecine 1956 avec W. Forssmann et D. W. Richards.

**Courneuve (La)** ch.-l. de cant. de la Seine-Saint-Denis (arr. de Bobigny) ; 41 000 hab. Centre industriel. Parc de sports et de loisirs. DER **courneuvien, enne** *a, n*

**Cournon-d'Auvergne** ch.-l. de canton du Puy-de-Dôme (arr. de Clermont-Ferrand) sur l'Allier ; 19 700 hab. – Égl. romane (XIIe s.). DER **cournonnais, aise** *a, n*

**Cournot** Antoine Augustin (Gray, 1801 – Paris, 1877), mathématicien, économiste et philosophe français. Spécialiste des probabilités, il a défini le hasard comme « une rencontre de deux séries causales indépendantes ».

**couronne** *nf* **1** Ornement encerclant la tête comme insigne de dignité, marque d'honneur. *Couronne de lauriers, de fleurs.* **2** Autorité, dignité royale, impériale ; territoire royal. *L'héritier de la couronne.* **3** Objet de forme circulaire. *Couronne funéraire.* **4** ASTRO Partie la plus externe de l'atmosphère solaire. **5** Tonsure monastique. **6** ANAT Partie de la dent qui sort de la gencive. **7** CHIR Revêtement en métal placé sur une dent pour la protéger. **8** ZOOL Partie du pied du cheval située au-dessus du sabot. **9** BOT Ensemble des appendices qui naissent à la face interne de certaines corolles (narcisse). **10** Partie supérieure d'un arbre (cime, houppier). **11** Unité monétaire du Danemark, de l'Islande, de la Norvège, de la Suède, de l'Estonie, de la Slovaquie et de la République tchèque. LOC MATH ***Couronne circulaire*** : aire comprise entre deux cercles concentriques. — ***Couronne d'épines*** : qui fut placée par dérision sur la tête du Christ en tant que « roi des Juifs ». — ***Couronne héraldique*** : ornement de l'écu. — ***Triple couronne*** : tiare papale. ETY Du lat.

**couronné, ée** *a* **1** Qui a reçu, qui porte une couronne. **2** fig Récompensé. *Ouvrage couronné par l'Académie française.* **3** Entouré, surmonté par. LOC ***Avoir le genou couronné*** : éraflé, blessé. — ***Cheval couronné*** : blessé au genou. — ***Tête couronnée*** : souverain.

**Couronne australe (la)** constellation de l'hémisphère austral ; n. scientif. : *Corona Australis, Coronae Australis.*

**Couronne boréale (la)** constellation de l'hémisphère boréal ; n. scientif. : *Corona Borealis, Coronae Borealis.*

**couronnement** *nm* **1** Action de couronner ; cérémonie au cours de laquelle on couronne un souverain. **2** ARCHI Ouvrage situé à la partie supérieure d'une façade, d'un mur, etc. **3** fig Accomplissement, achèvement de. *C'est le couronnement de sa carrière.*

**Couronnement de Poppée (le)** opéra en un prologue et 3 actes de Monteverdi (1642), livret du Vénitien Gian Francesco Busenello (1598 – 1659).

**couronner** *vt* 1 **1** Mettre une couronne sur la tête de qqn. **2** Sacrer souverain (roi, empereur). **3** Décerner un prix, une récompense à ; honorer. *Couronner le vainqueur, un ouvrage.* **4** Surmonter. *Un entablement couronne l'édifice.* **5** fig Parfaire, mettre un heureux terme à. *Le succès a couronné son entreprise.*

**couros** → **kouros.**

**couroucou** *nm* Oiseau grimpeur (trogoniforme) des forêts tropicales, à longue queue et au plumage coloré. ETY Onomat.

**Cour pénale internationale (CPI)** juridiction internationale créée en 1998 et mise en place en 2002, chargée de juger les personnes poursuivies pour crimes de guerre, génocide ou crime contre l'humanité. Son siège est à La Haye.

**courre** *vt* VEN Poursuivre un gibier. *Courre le cerf.* LOC ***Chasse à courre*** : chasse à cheval avec des chiens courants, où l'on poursuit la bête pour la fatiguer.

**Courrèges** André (Pau, 1923 – Neuilly-sur-Seine, 2016), couturier français, créateur de la minijupe.

**courriel** *nm* Syn. (recommandé) de *e-mail.* ETY Abrév. de *courrier électronique.*

**courrier** *nm* **1** anc Porteur de dépêches. **2** Moyen de transport assurant un service postal ou commercial. *Courrier maritime, aérien.* **3** Ensemble de la correspondance transmise par un service postal. *Faire, lire son courrier.* **4** Chronique d'un journal. *Le courrier des lecteurs.* LOC ***Courrier électronique*** : message échangé entre deux ordinateurs. ETY De l'ital. *correre,* « courir ».

**Courrières** ch.-l. de cant. du Pas-de-Calais (arr. de Lens) ; 10 700 hab. – En 1906, 1 200 mineurs y périrent à la suite d'un coup de grisou. DER **courriérois, oise** *a, n*

**courriériste** *n* Journaliste chargé d'une chronique, d'un courrier.

**courroie** *nf* Bande étroite et longue faite d'une matière souple, et servant à lier, à relier. *Courroie de cuir.* LOC TECH ***Courroie de transmis-***

*sion* : lien flexible, servant à transmettre le mouvement entre deux axes de rotation ; fig simple intermédiaire entre celui qui prend les décisions et les exécutants. ETY Du lat.

**courroucer** *vt* 12 litt Mettre en colère, irriter. ETY Du lat. *corrumpere*, « aigrir ».

**courroux** *nm* litt Colère, irritation.

**1 cours** *nm* **1** Mouvement continu d'un liquide. *Remonter, descendre le cours d'une rivière.* **2** Longueur du parcours d'une rivière, d'un fleuve, etc. *Le Rhône n'est pas navigable sur tout son cours.* **3** Mouvement des astres. *Le cours du Soleil.* **4** Suite, enchaînement d'évènements dans le temps. *En cours de route.* **5** Circulation régulière de monnaie, d'effets de commerce, etc. **6** Taux qui sert de base aux transactions de valeurs mobilières. *Cours de la Bourse.* **7** Suite de leçons portant sur une matière déterminée ; chacune de ces leçons. *Cours d'histoire.* **8** Ouvrage renfermant une suite de leçons. **9** Degré d'enseignement. *Cours préparatoire, élémentaire, moyen.* LOC ***Au cours de*** : pendant. — ***Avoir cours*** : être en usage. — ***Cours d'eau*** : ruisseau, rivière, fleuve. — ***Cours du change*** : valeur relative d'une monnaie par rapport à une monnaie étrangère. — ***Donner libre cours à*** : ne pas opposer de résistance à, laisser aller. — ***Monnaie à cours forcé*** : dont le pouvoir d'achat varie, mais qui est acceptée pour sa valeur nominale dans les règlements intérieurs. — ***Monnaie à cours légal*** : acceptée par les caisses publiques et les particuliers pour sa valeur nominale. ETY Du lat. *cursus*, « course, cours ».

**2 cours** *nm* LOC ***Au long cours*** : se dit de la navigation de longue durée ; fig se dit d'un processus qui court sur une longue période. PHO [kur] ETY De l'a. fr., « voyage en mer ».

**3 cours** *nm* Avenue, promenade plantée d'arbres. ETY De l'ital. *corso*.

**Cours de linguistique générale** livre publié en 1916 par les élèves de F. de Saussure, mort en 1913, à partir de notes de ses cours. Il a influencé l'ensemble du mouvement structuraliste.

**Cours de philosophie positive** œuvre d'Auguste Comte (1830-1842) présentant une classification des sciences.

**course** *nf* **A 1** Action de courir. **2** SPORT Compétition, épreuve de vitesse. *Course à pied. Course cycliste, automobile.* **3** Trajet en taxi. **4** TECH Espace parcouru par une pièce mobile. *La course d'un piston.* **5** Lutte pour obtenir qqch. *La course à la présidence.* **6** Démarche effectuée pour se procurer qqch. *Garçon de courses. Faire une course.* **7** Suisse Trajet en transport en commun ; excursion, voyage organisé. **B** *nfpl* **1** Commissions, achats. *Faire les courses.* **2** Compétitions hippiques. LOC ***À bout de course*** : fatigué. — ***Course de taureaux*** : corrida. — ***Course d'orientation*** : compétition sportive consistant à parcourir un itinéraire balisé en s'aidant d'une carte et d'une boussole. — fam ***Être dans la course*** : être au courant ; comprendre.

**course-croisière** *nf* Course au large, à la voile, sur un parcours d'au moins une centaine de milles. PLUR courses-croisières.

**course-poursuite** *nf* Poursuite mouvementée, pleine de péripéties. PLUR courses-poursuites.

**courser** *vt* 1 fam Poursuivre en courant.

**Courseulles-sur-Mer** com. du Calvados (arr. de Caen), sur la Manche ; 3 886 hab. Stat. baln. – Les Canadiens y débarquèrent le 6 juin 1944. DER **courseullais, aise** *a, n*

**coursier, ère** *n* **A** Personne chargée de transporter messages et paquets à travers une ville. **B** *nm* **1** litt Cheval. **2** fam Coureur cycliste disputant une grande course par étapes.

**coursive** *nf* **1** Passage, couloir, à bord d'un navire. **2** Couloir desservant plusieurs logements ou plusieurs bureaux.

**Cours-la-Reine (le)** promenade de Paris, créée en 1616 par Marie de Médicis, en bordure de la Seine.

**courson, coursonne** → **courçon.**

**Cour suprême des États-Unis** juridiction suprême créée par la Constitution de 1787. Les neuf juges inamovibles (c.-à-d. à vie) qui la composent auj. sont nommés par le prés. des États-Unis avec l'accord du Sénat.

**1 court, courte** *a, av* **A** *a* **1** De peu de longueur. *Des cheveux courts.* ANT long. **2** Qui dure peu. *Les nuits d'été sont courtes.* **3** Peu éloigné dans le temps. *Échéance à court terme.* **4** Insuffisant, sommaire. *C'est un peu court, comme réponse.* **B** *av* **1** D'une manière courte. *S'habiller court.* **2** Brusquement, subitement. *S'arrêter, tourner court.* LOC ***Au plus court*** : par le plus court chemin ; fig par le moyen le plus rapide. — ***Avoir la mémoire courte*** : ne pas pouvoir, ou ne pas vouloir, se souvenir. — ***Avoir la vue courte*** : ne pas voir de loin ; fig manquer de prévoyance, de pénétration. — ***Demeurer, rester court*** : ne plus savoir que dire. — ***Être à court de*** : manquer, ne plus avoir de. — ***Prendre qqn de court*** : à l'improviste. — ***Tout court*** : sans rien ajouter de plus. ETY Du lat.

**2 court** *nm* SPORT Terrain de tennis. ETY Mot angl., de l'a. fr. *court*, « cour ».

**courtage** *nm* **1** Profession, activité des courtiers. **2** Transaction effectuée par un courtier ; commission perçue pour cette transaction.

**courtaud, aude** *a, n* **1** Se dit d'un cheval ou d'un chien auquel on a coupé les oreilles et la queue. **2** fam De taille courte et ramassée.

**courtauder** *vt* 1 VETER Rendre courtaud un cheval ou un chien.

**court-bouillon** *nm* CUIS Bouillon fait d'eau, de sel, de vinaigre ou de vin blanc et d'épices, dans lequel on fait cuire le poisson. PLUR courts-bouillons.

**court-circuit** *nm* Connexion de deux points d'un circuit électrique entre lesquels il existe une différence de potentiel, par un conducteur de faible résistance. PLUR courts-circuits.

**court-circuiter** *vt* 1 **1** ELECTR Mettre en court-circuit. **2** fig Éliminer un intermédiaire. *Distribution qui court-circuite les filières commerciales habituelles.*

**court-courrier** *nm* Avion de transport pour étapes courtes. PLUR court-courriers.

**Courteline** Georges Moinaux, dit Georges (Tours, 1858 – Paris, 1929), auteur français de comédies satiriques : *les Gaîtés de l'escadron* (1886), *le Train de 8 h 47* (1888), *Messieurs les ronds-de-cuir* (1893). DER **courtelinesque** *a*

**Courtenay (maison de)** famille française qui a donné trois empereurs latins d'Orient : Pierre II, Robert I^er^ et Baudouin II.

**courtepointe** *nf* Couverture de lit piquée.

**courtier, ère** *n* Personne qui sert d'intermédiaire dans des opérations commerciales, financières. *Courtier d'assurances, de change.*

**courtilière** *nf* Insecte orthoptère fouisseur qui endommage les jardins. SYN taupe-grillon.

**courtine** *nf* Muraille réunissant les tours d'une enceinte fortifiée, d'un château fort.

**courtisan, ane** *n* **A 1** Personne vivant à la cour d'un souverain, d'un prince. **2** fig Personne qui, par intérêt, cherche à plaire. **B** *nf* anc Prostituée d'un rang social élevé. ETY De l'ital.

**courtiser** *vt* 1 **1** Rechercher les bonnes grâces de. *Courtiser les puissants.* **2** Faire la cour à une femme, chercher à la séduire.

**court-jointé, ée** *a* Se dit d'un cheval aux paturons courts. *Des chevaux court-jointés.*

**court-jus** *nm* fam Court-circuit. PLUR courts-jus.

**court-métrage** *nm* Film de moins de vingt minutes. PLUR courts-métrages.

**court-noué** *nm* Maladie virale de la vigne. PLUR court-noués.

**courtois, oise** *a* **1** Qui manifeste ou exprime une politesse raffinée. *Des paroles, des manières courtoises.* **2** Qualifie un genre littéraire du Moyen Âge, exaltant l'amour mystique et chevaleresque. LOC ***Armes courtoises*** : mousses ou mouchetées. — ***Lutter à armes courtoises*** : avec loyauté. ETY De l'a. fr. *court*, « cour ». DER **courtoisement** *av*

**Courtois** Bernard (Dijon, 1777 – Paris, 1838), chimiste français. Il isola la morphine à partir de l'opium.

**courtoisie** *nf* Politesse, civilité.

**Courtonne** Jean (Paris, 1671 – id., 1739), architecte français : hôtel Matignon.

**Courtrai** (en néerl. *Kortrijk*), ville de Belgique (Flandre-Occidentale), sur la Lys ; 75 920 hab. Industries. – Mon. des XIV^e^-XVI^e^ s. – En 1302, victoire des Flamands sur les Français (*bataille des Éperons d'or*). DER **courtraisien, enne** *a, n*

**court-termisme** *nm* didac Pratique politique privilégiant une vision à court terme. DER **court-termiste** *a*

**court-vêtu, ue** *a* Qui porte un vêtement court. PLUR court-vêtu(e)s.

**couru, ue** *a* Recherché, à la mode. *Un spectacle couru.* LOC fam ***C'est couru*** : c'est prévisible.

**couscous** *nm* **1** Semoule de blé dur. **2** Mets d'Afrique du Nord, composé de cette semoule cuite à la vapeur, de bouillon aux légumes et de viande. PHO [kuskus]

**couscoussier** *nm* Ustensile de cuisine conçu pour la cuisson du couscous à la vapeur.

**cousette** *nf* **1** fam, vieilli Jeune apprentie couturière. **2** Petit nécessaire de base pour un travail de couture.

**couseur** *n* En reliure, personne qui assemble par couture les cahiers des livres.

**1 cousin** *nm* Moustique fin et allongé, très commun en France. ETY Du lat.

**2 cousin, ine** *n* Parent issu de l'oncle ou de la tante, ou de leurs descendants. ETY Du lat.

**Cousin (le)** riv. de France (64 km), affl. de la Cure (r. dr.) ; naît dans le Morvan.

**Cousin** Jean, dit le Père (Soucy, près de Sens, v. 1490 – Paris, v. 1560), peintre français de la première école de Fontainebleau.

**Cousin** Victor (Paris, 1792 – Cannes, 1867), philosophe français spiritualiste : *Fragments de philosophie contemporaine* (1826, 1833, 1838). Acad. fr. (1830).

**cousinade** *nf* Réunion festive de personnes apparentées, portant le même patronyme.

**cousinage** *nm* vieilli **1** Parenté entre cousins. **2** fam Ensemble des parents.

**Cousine Bette (la)** roman de Balzac (1846).

**cousiner** *vi* 1 Fréquenter, bien s'entendre avec qqn.

**Cousin-Montauban** Charles (comte de Palikao) (Paris, 1796 – Versailles, 1878), général français ; chef du corps expéditionnaire français qui battit les Chinois à Palikao (1860).

**Cousin Pons (le)** roman de Balzac (1847).

**Cousser** → **Kusser.**

**coussin** *nm* **1** Petit sac cousu, rembourré, servant d'appui. *Coussins de canapé.* **2** Belgique, Suisse Oreiller. LOC TECH ***Coussin d'air :*** couche d'air sous pression permettant à un aéroglisseur, à un engin de manutention de se maintenir au-dessus d'une surface. — ***Coussin gonflable :*** accessoire de sécurité en automobile, coussin qui se gonfle en cas de choc. SYN (déconseillé) airbag. ETY Du lat. *coxa*, « cuisse ».

ENC La sustentation par coussin d'air permet d'atteindre de très grandes vitesses en réduisant les forces de traînée et de roulement. Elle rend possible le déplacement des véhicules au-dessus de l'eau ou de terrains instables. Ces véhicules comportent généralement plusieurs *jupes* circulaires déformables à l'intérieur desquelles on insuffle de l'air sous pression.

**coussinet** *nm* **1** Petit coussin. **2** ARCHI Saillie de la volute d'un chapiteau ionique. **3** TECH Pièce qui maintient un rail sur une traverse. **4** TECH Cylindre à l'intérieur duquel tourne un arbre.

**Cousteau** Jacques-Yves (Saint-André-de-Cubzac, Gironde, 1910 – Paris, 1997), officier de marine et océanographe français. Il mit au point en 1933, avec l'ingénieur Gagnan, un scaphandre autonome. Auteur de nombreux films (*le Monde du silence*, 1955) et de livres. Acad. fr. (1988).

Jacques-Yves Cousteau

**Coustou** Guillaume (Lyon, 1677 – Paris, 1746), sculpteur français : *Chevaux de Marly* (longtemps sur la place de la Concorde, auj. remplacés par des copies).

**cousu, ue** *a* Assemblé par une couture. *Rideaux cousus à la machine.* LOC ***Cousu de fil blanc :*** trop grossier pour qu'on puisse s'y tromper. — fam ***Cousu main :*** de première qualité. — fam ***Être cousu d'or :*** très riche.

**coût** *nm* **1** Ce que coûte une chose. **2** Conséquences fâcheuses d'une situation. *Le coût social d'une politique économique.* LOC ***Coût de production :*** prix de revient comprenant le montant des achats et le coût de fabrication. — COMPTA ***Coût fixe :*** dans le calcul d'un prix de revient, charge constante liée à la capacité de production d'une entreprise. — ***Le coût de la vie :*** ce que coûtent les biens et services durant une période donnée. PHO [ku] VAR **cout**

**Coutances** ch.-l. d'arr. de la Manche, dans le Bocage normand ; 9 522 hab. – Évêché, cath. goth. (XIII$^e$ s.). DER **coutançais, aise** *a, n*

**coûtant** *am* LOC ***Prix coûtant :*** prix qu'une chose a coûté, sans bénéfice. VAR **coutant**

**Coutard** Raoul (Paris, 1924), cinéaste français, chef opérateur de la Nouvelle Vague.

**couteau** *nm* **1** Instrument tranchant composé d'une lame et d'un manche. **2** TECH Instrument, outil plus ou moins tranchant. *Couteau de vitrier, de maçon. Peindre au couteau.* **3** Prisme triangulaire qui supporte le fléau d'une balance. **4** Lamellibranche fouisseur, à coquille rectangulaire longue et étroite, comestible. LOC fam ***Au couteau :*** acharné, furieux. — ***Avoir le couteau sous la gorge :*** subir une contrainte, une menace. — ***Être à couteaux tirés avec qqn :*** en conflit ouvert avec lui. — fam ***Second couteau :*** personnage secondaire, comparse. ETY Du lat.

**couteau-scie** *nm* Couteau dont la lame est dentelée. PLUR couteaux-scies.

**coutelas** *nm* Grand couteau de cuisine.

**coutelier, ère** *n, a* Qui fabrique, qui vend des instruments tranchants.

**coutellerie** *nf* **1** Industrie, commerce des couteaux, des instruments tranchants ; ensemble des produits vendus par les couteliers. **2** Lieu où l'on fabrique, où l'on vend des couteaux, des instruments tranchants.

**coûter** *v* ① **A** *vi* **1** Nécessiter un paiement pour être acquis. *Ce vase coûte cent francs.* **2** Occasionner, entraîner des frais, des dépenses. *Son procès lui a coûté cher.* **3** fig Occasionner des peines, des sacrifices. *Son impudence lui coûtera cher.* **B** *vt* Causer une peine, une perte. *Les peines que ce travail m'a coûtées.* LOC ***Coûte que coûte :*** quoi qu'il en coûte, à tout prix. — ***Coûter la vie à qqn :*** entraîner sa mort. — fam ***Coûter les yeux de la tête, la peau des fesses :*** coûter très cher. ETY Du lat. VAR **couter**

**coûteux, euse** *a* **1** Qui entraîne une dépense importante. *Un voyage coûteux.* **2** fig Qui entraîne des pertes, des peines. *Une victoire coûteuse.* VAR **couteux** DER **coûteusement** ou **couteusement** *av*

**Couthon** Georges (Orcet, Auvergne, 1755 – Paris, 1794), homme politique français. Conventionnel, membre du Comité de salut public, il réprima l'insurrection de Lyon (1793). Il fut guillotiné le 10 thermidor.

**coutil** *nm* Toile très serrée et lissée. *Coutil de lin, de coton.* PHO [kuti] ETY De *coute*, anc. forme de *couette*.

**Coutras** ch.-l. de cant. de la Gironde (arr. de Libourne), sur la Dronne ; 7 003 hab. – Victoire d'Henri de Navarre sur les catholiques commandés par le duc de Joyeuse (1587). DER **coutrasien, enne** *a, n*

**coutre** *nm* AGRIC Couteau situé en avant du soc de la charrue, qui fend la terre verticalement.

**coutume** *nf* **1** Manière d'agir, pratique consacrée par l'usage. *Respecter les coutumes d'un pays.* **2** Habitude individuelle. *Il a coutume de faire une sieste après le déjeuner.* **3** DR Droit né de l'usage. *La coutume était autrefois l'une des sources du droit français.* **4** DR Recueil du droit coutumier d'un pays. LOC ***De coutume :*** à l'ordinaire. *Être aussi gai que de coutume.* — ***Une fois n'est pas coutume :*** l'habitude ne naît pas d'une manière d'agir exceptionnelle. ETY Du lat. *consuescere*, « accoutumer ».

**coutumier, ère** *a, nm* **A** *a* **1** Qui a coutume de faire qqch. *Être coutumier du fait.* **2** Ordinaire, habituel. *Les occupations coutumières.* **3** Qui appartient à la coutume. **B** *nm* didac Recueil des coutumes d'un pays. LOC ***Droit coutumier :*** consacré par l'usage (par oppos. à *droit écrit*). DER **coutumièrement** *av*

**couture** *nf* **1** Action de coudre. *Faire de la couture.* **2** Art de coudre ; métier, commerce d'une personne qui coud. *Cours de couture.* **3** (en apposition) Qui provient de la haute couture et non de la confection. *Un jean couture.* **4** Suite de points exécutés à l'aide d'un fil et d'une aiguille pour assembler deux pièces. *Coutures apparentes.* **5** fig Cicatrice en longueur. LOC ***Battre qqn à plate(s) couture(s) :*** remporter une victoire totale sur qqn. — ***Haute couture :*** ensemble des grands couturiers qui font la mode. — ***Sous toutes les coutures :*** dans les moindres détails.

**couturé, ée** *a* Couvert de cicatrices. *Visage couturé.*

**couturier** *nm* **1** Personne qui dirige une maison de couture. *Un grand couturier.* **2** ANAT Muscle de la cuisse qui fléchit la jambe sur la cuisse et la cuisse sur le bassin.

**couturière** *nf* Celle qui coud, qui confectionne des vêtements. LOC THEAT ***Répétition des couturières***, ou ***couturière :*** dernière répétition avant la générale, qui permet aux costumières de faire leurs dernières retouches.

**couvain** *nm* **1** Ensemble des œufs, chez divers insectes, tels que les abeilles, les fourmis. **2** Ensemble des œufs, larves et nymphes contenus dans une ruche.

**couvaison** *nf* Action de couver ; temps que dure cette action.

**Couve de Murville** Maurice (Reims, 1907 – Paris, 1999), homme politique français. Ministre des Affaires étrangères de 1958 à mai 1968, Premier ministre de juillet 1968 à juin 1969.

**couvée** *nf* **1** Ensemble des œufs couvés en même temps par un oiseau. **2** Ensemble des petits éclos de ces œufs. **3** fig, fam Ensemble des enfants d'une famille nombreuse.

**couvent** *nm* **1** Maison de religieux ou de religieuses. *Entrer au couvent.* **2** Communauté religieuse. *Tout le couvent était rassemblé.* **3** vieilli Pensionnat de jeunes filles tenu par des religieuses. ETY Du lat.

**couventine** *nf* Personne qui vit ou qui est élevée dans un couvent.

**couver** *v* ① **A** *vt* **1** En parlant des oiseaux, se tenir sur des œufs pour les faire éclore. **2** fig En-

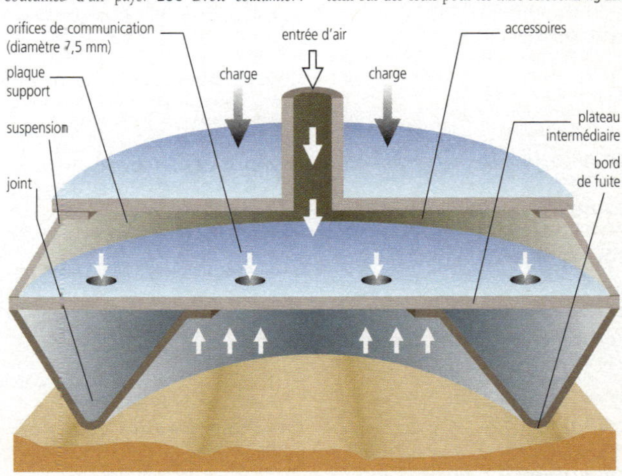


un film d'air, créé par un réseau d'air comprimé, sépare le sol (qui peut être accidenté) et la charge à manutentionner ; le frottement devient alors quasiment nul et la charge peut évoluer avec un effort minimal

**coussin** d'air

tourer d'une tendre sollicitude. *Couver ses enfants.* **3** fig Préparer, élaborer en secret. *Couver de mauvais desseins.* **B** *vi* Se préparer sourdement, être latent. *Le mécontentement couvait.* **LOC** ***Couver des yeux*** **:** ne pouvoir détacher son regard de qqch, qqn. — ***Couver une maladie*** **:** en porter les germes. (ETY) Du lat. *cubare,* « être couché ».

**couvercle** *nm* Ce qui sert à couvrir un pot, une boîte, etc.

**1 couvert, erte** *a* **1** Muni d'un couvercle, d'un toit. *Maison couverte en ardoises.* **2** Habillé, vêtu. *Être bien, chaudement couvert.* **3** Qui porte un chapeau sur la tête. *Je vous en prie, restez couvert.* **4** Qui a qqch sur lui. *Un arbre couvert de fruits. Un vêtement couvert de taches.* **5** Dissimulé, caché. *Une voix couverte par le brouhaha.* **6** Protégé, dégagé de toute responsabilité. *Être couvert par ses supérieurs.* **LOC** ***Ciel couvert*** **:** masqué par les nuages. — fig ***Être couvert de dettes*** **:** être très endetté. — ***Parler à mots couverts*** **:** par allusions.

**2 couvert** *nm* **1** Ce qui couvre, toit. **2** litt Abri, ombrage formé par des feuillages. **3** Ce dont on couvre une table avant les repas. *Mettre, dresser le couvert.* **4** Ensemble des ustensiles destinés à chaque personne. *Ajouter un couvert.* **5** La cuillère, la fourchette et le couteau. *Couverts en argent.* **LOC** ***À couvert (de)*** **:** à l'abri (de), en sûreté. — fam ***Remettre le couvert*** **:** reprendre une action, recommencer. — ***Sous couvert de*** **:** sous prétexte de. *Sous couvert de littérature, il ne fait que du commerce.* — ***Sous le couvert de*** **:** à l'adresse, au nom de, sous la responsabilité de.

**couverte** *nf* TECH Enduit transparent recouvrant certaines poteries ou certaines faïences.

**couverture** *nf* **1** Toit d'une construction. *Couverture de tuiles, d'ardoises, de zinc.* **2** Pièce d'étoffe destinée à protéger du froid, à couvrir un lit. **3** Ce qui couvre, protège un livre, un cahier. **4** fig Ce qui sert à dissimuler, à protéger. *Couverture pour dissimuler un trafic illicite.* **5** FIN, COMM Garantie donnée pour un paiement. **6** Dans le journalisme, fait de couvrir un évènement. **7** Manière dont un service est assuré. *Couverture hospitalière d'une région.* **8** Portion de la surface terrestre desservie par un réseau de télécommunications. **LOC** ***Couverture chauffante*** **:** garnie de résistances électriques. — ***Couverture de survie*** **:** film de plastique très isolant utilisé par les alpinistes, les secouristes. — ***Couverture sociale*** **:** protection garantie à un assuré social. — ***Tirer la couverture à soi*** **:** s'adjuger la meilleure part ; chercher à se faire valoir.

**couveuse** *nf* **1** Femelle d'oiseau de basse-cour. **2** Appareil à température constante dans lequel on pratique des couvaisons artificielles. **3** Appareil dans lequel on place les nouveau-nés fragiles pour les maintenir à température constante et diminuer le risque infectieux.

**couvi** *am* Se dit d'un œuf gâté pour avoir été à demi couvé.

**couvoir** *nm* Local réservé aux couveuses animales ou artificielles.

**couvrant, ante** *a, nf* **A** *a* **1** Qui couvre, protège. *Vêtements couvrants.* **2** Qui couvre une surface d'une manière satisfaisante (peinture). **B** *nf* fam Couverture de lit.

**couvre-chaussure** *nm* Canada Chaussure imperméable qui se porte par-dessus la chaussure pour protéger celle-ci de l'humidité, du froid. PLUR couvre-chaussures.

**couvre-chef** *nm* plaisant Chapeau, coiffure. PLUR couvre-chefs.

**couvre-feu** *nm* **1** Signal marquant l'heure de rentrer chez soi et d'éteindre les lumières. **2** Interdiction qui est faite, en général en période de guerre ou de graves troubles sociaux, de sortir à certaines heures. PLUR couvre-feux.

**couvre-lit** *nm* Pièce d'étoffe dont on recouvre un lit. PLUR couvre-lits.

**couvre-nuque** *nm* Pièce d'étoffe ou de métal adaptée à la coiffure, qui protège la nuque. PLUR couvre-nuques.

**couvre-objet** *nm* Lamelle de verre recouvrant une préparation microscopique. PLUR couvre-objets.

**couvre-pied** *nm* Couverture qui couvre le lit à mi-longueur. PLUR couvre-pieds. (VAR) **couvre-pieds** ou **couvrepied**

**couvre-plat** *nm* Couvercle dont on recouvre un plat. PLUR couvre-plats.

**couvre-sol** *nm* Plante destiné à couvrir la terre nue. PLUR couvre-sols.

**couvreur** *nm* Artisan, ouvrier qui couvre les maisons, répare les toitures.

**couvrir** *v* ㉜ **A** *vt* **1** Placer sur une chose une autre qui la protège, la cache, l'orne, etc. *Couvrir une maison. Couvrir un livre.* **2** Habiller, vêtir. *Couvrir ses épaules d'un châle.* **3** Mettre en grande quantité sur, charger qqch de. *Couvrir un mur d'affiches.* **4** Donner à profusion. *Couvrir qqn de fleurs.* **5** Être répandu sur. *Des feuilles couvrent les allées.* **6** Cacher. *Voile qui couvre le bas du visage.* **7** Garantir, protéger ; prendre la responsabilité de. *Couvrir les fautes d'un ami.* **8** Balancer, compenser. *La recette couvre les frais.* **9** Parcourir une distance. *Couvrir trente kilomètres en une heure.* **10** S'accoupler avec une femelle. *Étalon qui couvre une jument.* **11** Dans le journalisme, assurer l'information sur un évènement. *Un envoyé spécial couvre les élections.* **B** *vpr* **1** Se vêtir. *Se couvrir chaudement.* **2** Mettre un chapeau sur sa tête. *Couvrez-vous, monsieur.* **3** Se remplir de. *Le ciel se couvre de nuages.* **4** Se mettre à l'abri, se garantir. *Il s'est bien couvert contre un tel risque.* **LOC** JEU ***Couvrir une carte*** **:** en mettre une autre par-dessus. — FIN ***Couvrir une enchère*** **:** surenchérir. (ETY) Du lat.

**COV** *nm* CHIM Sigle de *composé organique volatil,* polluant atmosphérique d'origine chimique (hydrocarbures, produits d'entretien, etc.).

**covalence** *nf* CHIM Liaison entre deux atomes, caractérisée par la mise en commun d'électrons. (DER) **covalent, ente** *a*

**covariance** *nf* MATH, STATIS Valeur correspondant à la plus ou moins grande corrélation qui existe entre deux variables aléatoires.

**covariant, ante** *nm, a* **A** *nm* MATH, STATIS Fonction déduite d'autres fonctions et telle qu'elle ne varie que d'un facteur constant lorsqu'on applique une transformation linéaire aux variables des autres fonctions. **B** *a* Relatif aux covariants ou à la covariance.

**Covarrubias** Alonso de (Torrijos, Burgos, 1488 – Tolède, 1570), architecte et sculpteur espagnol qui importa en Espagne la Renaissance italienne (cath. de Tolède, 1534).

**covendeur, euse** *n* DR Personne qui vend avec une autre un bien en commun.

**Covent Garden** quartier du centre de Londres. Autrefois, marché aux fruits, légumes et fleurs. – Théâtre d'opéra, fondé en 1732, incendié, reconstruit et devenu (1892) le *Royal Opera House.*

**Coventry** v. de G.-B. (Warwickshire), dans les Midlands ; 310 500 hab. Centre industriel.

**cover-girl** *nf* Jeune femme qui pose pour les photographes de mode. PLUR cover-girls. (PHO) [kɔvœʀgœʀl] (ETY) Mot angl. (VAR) **covergirl**

**Covilham** Pêro Da (Covilhã, Beira, ? – en Abyssinie, v. 1545), voyageur portugais. Au service de Jean II du Portugal, il explora l'Inde, la Perse et l'Abyssinie. (VAR) **Covilhã**

**covoiturage** *nm* Utilisation concertée de la même voiture par plusieurs personnes pour alléger le trafic routier. (DER) **covoiturer** *vi* ①

**Antoine Coypel** *la Mort de Didon* – musée Fabre, Montpellier

**Coward** Noel Pierce (Teddington, 1899 – Port Maria, Jamaïque, 1973), acteur, chanteur, danseur et auteur dramatique anglais ; auteur du scénario de *Brève Rencontre* (1946).

**cow-boy** *nm* Gardien de bétail dans les ranches du Far West. PLUR cow-boys. (PHO) [kobɔj] ou [kawbɔj] (ETY) Mot anglo-amér., « vacher ». (VAR) **cowboy**

**Cowes** port de G.-B., au N. de l'île de Wight ; 19 660 hab. Régates et courses-croisières (Cowes-Dinard, Cowes-le Fastnet).

**Cowley** Abraham (Londres, 1618 – Chertsey, 1667), poète et essayiste anglais de la cour des Stuarts : *Odes pindariques* (v. 1654).

**cowper** *nm* METALL Appareil servant à récupérer la chaleur d'un haut fourneau. (PHO) [kupɛʀ] (ETY) D'un n. pr.

**Cowper** William (Great Berkhamsted, Hertfordshire, 1731 – East Dereham, Norfolk, 1800), poète anglais des causes humanitaires : *la Divertissante Histoire de John Gilpin* (1782), *la Tâche* (1785).

**cow-pox** *nm inv* Éruption variolique qui se manifeste sur le pis des vaches sous forme de pustules dont le contenu sert à préparer le vaccin antivariolique. (PHO) [kopɔks] (ETY) Mot angl.

**coxal, ale** *a* ANAT Relatif à la hanche. PLUR coxaux. (ETY) Du lat. *coxa,* « cuisse ».

**coxalgie** *nf* MED **1** Douleur de la hanche. **2** Tuberculose de l'articulation coxofémorale. (DER) **coxalgique**

**coxaplana** *nf* MED Déformation de la hanche, consécutive à une ostéochondrite juvénile.

**coxarthrose** *nf* MED Arthrose de la hanche.

**coxofémoral, ale** *a* ANAT Relatif à la hanche et à la partie supérieure du fémur. PLUR coxofémoraux.

**coyau** *nm* CONSTR Petit chevron relevant la partie basse du chevronnage d'une toiture, pour que celle-ci déborde le nu du mur. (ETY) De l'a. fr. *coe,* « queue ».

**coyote** *nm* Canidé d'Amérique du Nord voisin du chacal. (ETY) De l'aztèque.

**Coypel** famille de peintres français. — **Noël** (Paris, 1628 – id., 1707), peintre d'histoire, élève de Le Brun. — **Antoine** (Paris, 1661 – id., 1722), , fils du préc., « premier peintre du roi » (Louis XV), décora la chapelle de Versailles. — **Noël Nicolas** (Paris, 1690 – id., 1734), frère du préc. ; annonce Boucher. — **Charles Antoine** (Paris, 1694 – id., 1752), fils d'Antoine ; travailla pour les Gobelins.

**coypou** *nm* Autre nom du *ragondin*. (PHO) [kɔjpu] (ETY) Mot amérindien.

**Coysevox** Antoine (Lyon, 1640 – Paris, 1720), sculpteur français classique : *la Renommée* et *Mercure* (1698-1706, auj. à l'entrée du jardin des Tuileries), tombeaux de Mazarin, Colbert, Le Brun, bustes. (VAR) **Coyzevox**

**Antoine Coysevox** *Buste de Louis XIV*, marbre, 1690 – château de Versailles

**CP** *nm* Cours préparatoire (dans l'enseignement primaire).

**CPE** *n* Sigle de *conseiller principal d'éducation*

**CPI** *nm* Sigle de *centre de placement immédiat*, structure destinée à éloigner de leur quartier certains mineurs délinquants.

**CPI** → **Cour pénale internationale.**

**cqfd** Sigle de *ce qu'il fallait démontrer*, formule qui conclut une démonstration mathématique. (VAR) **CQFD**

**Cr** CHIM Symbole du chrome.

**Crabbe** George (Aldeburgh, Suffolk, 1754 – Trowbridge, 1832), poète anglais, peintre de la misère des paysans.

**crabe**

**crabe** *nm* Crustacé décapode, marin, d'eau douce ou terrestre, tel que le crabe vert, le tourteau ou l'étrille. LOC *Marcher en crabe* : de côté. — *Panier de crabes* : groupe de personnes qui se dénigrent ou cherchent à se nuire. — fam *Vieux crabe* : individu dépassé, borné, ridicule. (ETY) Du néerl. *krabbe*.

**crabier** *nm* Nom de divers animaux qui se nourrissent de crabes. *Phoque crabier*.

**crabot** *nm* TECH Couronne dentée servant à accoupler deux pièces mécaniques. (ETY) Du germ. *krappa*, « crampon ». (VAR) **clabot**

**craboter** *vt* ① Accoupler au moyen de crabots. (VAR) **claboter** (DER) **crabotage** ou **clabotage** *nm*

**crac !** *interj* Imite le bruit de qqch qui se brise, ou évoque la soudaineté.

**crachat** *nm* Salive ou mucosité que l'on crache.

**craché, ée** *a* fig, fam Très ressemblant. *C'est son père tout craché. C'est le portrait craché de sa mère.*

**crachement** *nm* **1** Action de cracher. **2** fig Projection, éjection. *Des crachements de flammes.* **3** Bruit parasite émis par un haut-parleur.

**cracher** *v* ① **A** *vt* **1** Rejeter hors de la bouche. *Cracher un noyau.* **2** fig, fam Donner, dépenser. *Cracher mille euros.* **3** fig Rejeter au-dehors. *Les volcans crachent de la lave.* **B** *vi* **1** Rejeter par la bouche de la salive, des mucosités. **2** Faire jaillir, répandre de l'encre, en parlant d'un stylo. **3** Grésiller. *Une radio qui crache.* LOC fam *Cracher dans la soupe* : critiquer qqch dont on tire avantage. — fam *Cracher sur qqch, qqn* : s'exprimer avec dédain à son sujet. — fam *Ne pas cracher sur qqch* : l'apprécier énormément. (ETY) Du lat.

**cracheur, euse** *a, nm* **1** Qui crache souvent. **2** Se dit d'un cobra qui crache son venin à distance. LOC *Cracheur de feu* : bateleur qui emplit sa bouche d'un liquide inflammable et le rejette en l'enflammant.

**crachin** *nm* Pluie fine et dense.

**crachiner** *v impers* ① Pleuvoir sous forme de crachin.

**crachoir** *nm* Récipient dans lequel on crache. LOC fam *Tenir le crachoir* : parler sans arrêt. — fam *Tenir le crachoir à qqn* : l'écouter parler sans pouvoir parler soi-même.

**crachoter** *vi* ① **1** Cracher souvent et peu à la fois. **2** fig Faire entendre de petits crachements, de légers crépitements. (DER) **crachotement** *nm*

**1 crack** *nm* **1** Poulain favori d'une écurie de course. **2** fam Personne très forte dans un domaine. (ETY) Mot angl., « fameux ».

**2 crack** *nm* Cocaïne sous forme de cristaux, très toxique. (ETY) Mot angl., « coup de fouet ».

**cracker** *nm* Petit gâteau sec et salé. (PHO) [kʀakœʀ] (ETY) Mot angl.

**cracking** *nm* TECH Syn. (déconseillé) de *craquage*. (PHO) [kʀakiŋ] (ETY) Mot angl.

**Cracovie**

**Cracovie** (en polonais *Kraków*), v. de Pologne, sur la Vistule ; 743 360 hab. ; ch.-l. de la voïévodie du m. nom. Centre industr. (à Nowa Huta, v. satellite), comm., scientif. et culturel. – Université Jagellon, fondée en 1364. Archevêché. Forteresse (XV^e s.) Égl. (XIII^e-XIV^e s.) Beffroi dit « hôtel de ville » (XVI^e s.) ; le Wawel, château royal. – La v. fut cap. de la Pologne (XIV^e-XVI^e s.). (DER) **cracovien, enne** *a, n*

**crade** *a* fam Crasseux. *Pantalon crade.* (VAR) **cradingue, crado** ou **cracra**

**Crafoord (prix)** prix décerné chaque année par l'Académie royale de Suède, depuis 1982, à un scientifique qui s'est illustré dans l'une des disciplines suivantes : mathématiques, astronomie, sciences de la Terre, sciences de la vie.

**Cragg** Tony (Liverpool, 1949), sculpteur britannique, auteur d'environnements.

**craie** *nf* **1** Roche calcaire, marine, généralement blanche, tendre et perméable, constituée presque exclusivement de carbonate de calcium. **2** Bâton en craie, en plâtre moulé, avec lequel on écrit sur un tableau noir, le tissu ou le bois. (ETY) Du lat.

**Craig** Edward Gordon (Stevenage, 1872 – Vence, 1966), acteur, scénographe et écrivain anglais : *Sur l'art théâtral* (1911), *le Théâtre en marche* (1920).

**craignos** *a* fam Dangereux, minable, moche. (PHO) [kʀɛɲos]

**crailler** *vi* ① Crier, en parlant de la corneille.

**craindre** *vt* 54 **1** Redouter, avoir peur de qqch ou qqn. *Ce chien craint son maître. Il ne craint pas le ridicule.* **2** Avoir des appréhensions, des inquiétudes pour qqch, qqn. *Craindre pour sa réputation.* **3** Considérer comme probable une chose fâcheuse. *Je crains qu'il ne soit en retard.* **4** Être sensible à. *Cette plante craint le froid.* LOC fam *Ça craint* : c'est affreux ; c'est difficile, dangereux. (ETY) Du lat. *cremere*, altér. de *tremere*, « trembler ».

**crainte** *nf* Sentiment de peur, d'inquiétude. LOC *De crainte que* (+ subj.), *de crainte de* (+ inf.) : de peur que, de. *Je ne sors pas, de crainte qu'il ne pleuve. De crainte de se tromper.*

**craintif, ive** *a* **1** Sujet à la crainte. *Un naturel craintif.* **2** Qui dénote la crainte. *Une voix craintive.* (DER) **craintivement** *av*

**Craiova** v. du S.-O. de la Roumanie ; 267 470 hab. ; ch.-l. de distr. Industries.

**1 crambe** *nm* Crucifère dite aussi « chou marin », qui pousse sur les côtes de la Manche, et dont on consomme les pétioles blanchis par la cuisson. (ETY) Du gr.

**2 crambe** *nm* Papillon de couleur claire, appelé aussi teigne des prairies. (ETY) Du gr.

**cramcram** *nm* Afrique Nom de diverses graminées dont les graines épineuses s'accrochent aux vêtements et aux poils des animaux.

**cramer** *vt, vi* ① fam Brûler, roussir. (ETY) Du lat.

**Cramer** Gabriel (Genève, 1704 – Bagnols-sur-Cèze, 1752), mathématicien suisse. ▷ MATH *Équations de Cramer* : système de *n* équations linéaires à *n* inconnues de rang *n*.

**Cramer** famille de musiciens allemands. — **Wilhem** (?, 1745 – ?, 1799), compositeur, violoniste et chef d'orchestre ; il émigra à la cour d'Angleterre. — **Johann Baptist** (Mannheim, 1771 – Londres, 1858), compositeur, fils du préc. : *Études* pour piano.

**cramine** *nf* Suisse, fam Froid très rigoureux. (ETY) Du lat.

**cramique** *nm* Belgique Brioche aux raisins. (ETY) Du néerl.

**cramoisi, ie** *a* **1** Rouge foncé. **2** Très rouge, en parlant du visage. *Être cramoisi de colère.* (ETY) De l'ar.

**crampe** *nf* Contraction involontaire, douloureuse et passagère, d'un muscle ou d'un groupe musculaire. *Avoir une crampe dans le bras. Crampe d'estomac.* (ETY) Du frq.

**crampon** *nm, a inv* **A** *nm* **1** TECH Pièce de métal, recourbée, à une ou plusieurs pointes, qui sert à fixer. **2** Pièce fixée sous la semelle d'une chaussure pour éviter de glisser. *Des chaussures à crampons.* **3** Élément fixé sur un pneumatique pour améliorer l'adhérence sur une route enneigée ou verglacée. **4** BOT Racine adventive de diverses plantes grimpantes qui leur permet de s'accrocher à un support. **B** *nm, a inv* fam Se dit d'une personne insistante et importune. (ETY) Du frq.

**cramponner** *v* ① **A** *vt* **1** TECH Attacher avec un crampon. **2** fam Importuner par son insistance. **B** *vpr* S'accrocher de toutes ses forces. *Enfant qui se cramponne au cou de sa mère.*

**cramponnet** *nm* TECH Partie d'une serrure dans laquelle on met le pêne.

**Crampton Thomas Russell** (Broadstairs, 1816 – Londres, 1888), ingénieur britannique qui mit au point, en 1848, les premières locomotives à grande vitesse.

machine **Crampton**, gravure du XIXe s. – bibliothèque des Arts décoratifs, Paris

**cran** *nm* **1** Entaille faite dans un corps dur pour accrocher ou arrêter qqch. *Couteau à cran d'arrêt.* **2** Trou d'une courroie, servant d'arrêt. *Serrer sa ceinture d'un cran.* **3** Ondulation donnée à la chevelure. *Se faire des crans.* **4** fam Énergie, courage. *Avoir du cran.* **5** fig Rang, degré, niveau. *Monter d'un cran dans la hiérarchie.* LOC ***Cran de mire :*** qui détermine la ligne de mire d'une arme à feu. — fam ***Être à cran :*** de très mauvaise humeur, exaspéré. (ETY) De l'a. v. *créner,* « entailler ».

**Cranach Lucas,** dit **Cranach l'Ancien** (Kronach, près de Bamberg, 1472 – Weimar, 1553), peintre et graveur allemand : scènes d'inspiration biblique ou mythologique, portraits. — **Lucas** dit **Cranach le Jeune** (Wittenberg, 1515 – Weimar, 1586), fils du préc., continua l'œuvre de son père.

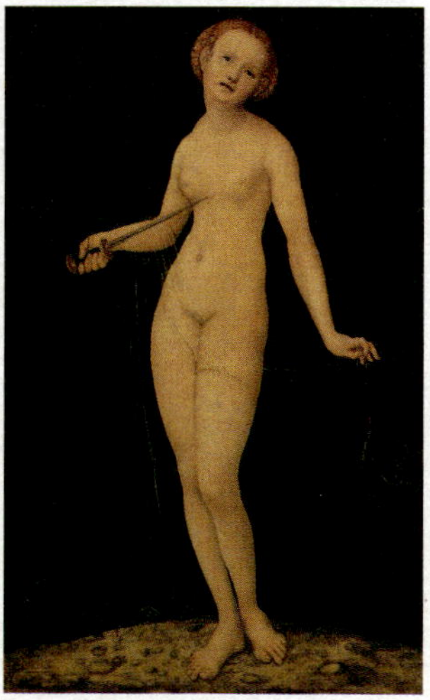

**Cranach l'Ancien** *Lucrèce* – musée d'histoire de l'Art, Vienne

**Crane Stephen** (Newark, New Jersey, 1871 – Badenweiler, Allemagne, 1900), journaliste et écrivain américain : *La Conquête du courage* (1895) montre l'absurdité de la guerre (de Sécession). Nouvelles : *The Open Boat* (1898).

**Crane Harold Hart** (Garrettsville, Ohio, 1899 – golfe du Mexique, 1932), poète symboliste américain : *Blancs Édifices* (1926).

**1 crâne** *nm* **1** Boîte osseuse contenant l'encéphale de l'homme, des vertébrés. *Chez l'homme, le crâne est constitué de huit os : le frontal, les deux temporaux, les deux pariétaux, le sphénoïde, l'ethmoïde et l'occipital.* **2** Tête. *Avoir mal au crâne.* LOC fam ***Se mettre qqch dans le crâne :*** le comprendre et le retenir. (ETY) Du gr.

**2 crâne** *a* litt Brave, décidé. *Avoir l'air crâne.* (DER) **crânement** *av*

**crâner** *vi* ① fam Faire le brave ; se montrer prétentieux.

**crânerie** *nf* fam Affectation de bravoure.

**crâneur, euse** *n, a* fam Prétentieux.

**Cran-Gevrier** com. de la Haute-Savoie (arr. d'Annecy) ; 16 464 hab. Industries.

**crani(o)-** Élément, du gr. *kranion,* « crâne ».

**craniectomie** *nf* CHIR Détachement complet d'un volet osseux crânien, qui peut, ensuite, être remis en place.

**crânien, enne** *a* ANAT Qui appartient, qui a rapport au crâne. *Traumatisme crânien. Nerfs crâniens.*

**craniologie** *nf* Syn. de *phrénologie.*

**craniométrie** *nf* Technique de mensuration du crâne des primates.

**Cranko John** (Rustenburg, Transvaal, 1927 – dans un accident d'avion, en Irlande, 1973), danseur et chorégraphe britannique, d'inspiration romantique.

**Cranmer Thomas** (Aslacton, Nottinghamshire, 1489 – Oxford, 1556), prélat anglais. Il annula le mariage d'Henri VIII avec Catherine d'Aragon. Adversaire de Marie Tudor, il fut condamné à mort pour hérésie.

**Crans-sur-Sierre** stat. clim. de Suisse (Valais), à 1 500 m d'alt. Sports d'hiver.

**cranter** *vt* ① Faire des entailles ou des ondulations à. (DER) **crantage** *nm*

**Craonne** ch.-l. de cant. de l'Aisne (arr. de Laon) ; 67 hab. – Sur le *plateau de Craonne,* Napoléon vainquit Blücher (mars 1814). Violents combats en 1917. (DER) **craonnais, aise** *a, n*

**crapahuter** *vi* ① Progresser, marcher sur un terrain difficile, accidenté.

**crapaud** *nm* **1** Amphibien anoure, à la peau verruqueuse, qui se nourrit d'insectes et de vers de terre. *Terrestre à l'état adulte, le crapaud ne va à l'eau qu'au printemps, pour la reproduction.* **2** MINER Impureté opaque incluse dans une pierre précieuse. LOC ***Fauteuil crapaud :*** petit fauteuil bas. — ***Piano crapaud*** ou ***crapaud :*** petit piano à queue. (ETY) Du frq.

**crapaud** accoucheur

**crapaud-buffle** *nm* Crapaud commun d'Afrique noire, au coassement puissant. PLUR crapauds-buffles.

**crapaudine** *nf* **1** TECH Palier servant de support et de guide à un axe vertical. **2** Plaque percée ou grille placée à l'extrémité d'un tuyau pour arrêter les ordures. LOC CUIS ***Poulet, canard, pigeon à la crapaudine :*** que l'on aplatit avant de les faire griller ou rôtir

**crapauduc** *nm* Passage protégé sous une route ou une voie ferrée pour les crapauds et les grenouilles lors de leurs migrations saisonnières.

**crapet** *nm* Canada Poisson perciforme des eaux douces et chaudes d'Amérique du Nord, très coloré.

**crapette** *nf* Jeu de cartes qui se joue à deux et consiste à étaler ses cartes sur la table dans un certain ordre.

**crapoteux, euse** *a* fam Sale, surtout du point de vue moral.

**crapouillot** *nm* MILIT Petit mortier utilisé pendant la guerre de 1914-1918. (ETY) De crapaud.

**crapule** *nf* **1** vieilli Ceux qui vivent dans la débauche. **2** Individu malhonnête. (ETY) Du lat. *crapula,* « ivresse ».

**crapulerie** *nf* vieilli Malhonnêteté.

**crapuleux, euse** *a* Relatif à la crapule. LOC ***Crime crapuleux :*** commis pour voler. (DER) **crapuleusement** *av*

**craquage** *nm* **1** TECH Procédé thermique ou catalytique de raffinage servant à augmenter la proportion des composants légers d'une huile de pétrole. SYN (déconseillé) cracking. **2** Séparation d'un produit agricole (lait, orge, etc.) en divers sous-produits qui serviront de matières premières dans l'industrie agroalimentaire.

**craquant, ante** *a* **1** Qui craque sous la dent, croquant. **2** fam Irrésistible.

**craque** *nf* fam Mensonge, vantardise. *Raconter des craques.*

**craquée** *nf* Suisse, fam Grande quantité. *Une craquée d'enfants.*

**craquelage** *nm* TECH Action de craqueler la céramique.

**craqueler** *vt* ⑰ ou ⑲ Fendiller. (DER) **craquèlement** ou **craquellement** *nm*

**craquelin** *nm* rég Biscuit croquant.

**craquelure** *nf* Défaut d'un vernis, d'une peinture qui se fendille.

**craquement** *nm* Bruit sec que font certaines choses en se cassant, en éclatant. *Le craquement du bois sec.*

**craquer** *v* ① **A** *vi* **1** Faire un bruit sec. *Le pain dur craque sous la dent.* **2** Céder, se casser en faisant du bruit. **3** fam S'effondrer nerveusement. *Je suis à bout, je vais craquer !* **4** fam Ne pas résister à une tentation. *J'ai craqué et je l'ai acheté.* **B** *vt* **1** TECH Soumettre un produit pétrolier au craquage. **2** Déchirer. *Craquer son pantalon.* **3** fam Réussir à copier un logiciel, à décrypter un codage électronique. LOC fam ***Craquer un cours :*** ne pas y assister, sécher. — ***Craquer une allumette :*** l'allumer par frottement. — ***Plein à craquer :*** très rempli. (ETY) Du rad. onomat. *crac.*

**craqueter** *vi* ⑱ ou ⑳ **1** Craquer avec de petits bruits secs. *Le sel craquette dans le feu.* **2** Crier, en parlant de la cigogne, de la grue. **3** Faire crisser ses élytres, en parlant de la cigale. (DER) **craquètement** ou **craquettement** *nm*

**craqueur** *nm* TECH Installation de craquage.

**crase** *nf* GRAM GR Fusion de la syllabe finale d'un mot et de la syllabe initiale du mot suivant.

**crash** *nm* **1** fam Écrasement au sol d'un avion. **2** Choc frontal d'une automobile, d'un avion. PLUR crashs ou crashes. (PHO) [kʀaʃ] (ETY) Mot angl.

**Crashaw Richard** (Londres, 1613 – Loreto, Italie, 1649), poète mystique anglais : *Hymne à sainte Thérèse* (1648).

**crasher (se)** *vpr* [1] fam Subir un crash.

**crash-test** *nm* Essai pour analyser les effets d'un accident automobile. PLUR crash-tests.

**crassane** *nf* Variété de poires rondes, jaunâtres, à chair fondante.

**crasse** *nf, af* **1** Saleté qui s'amasse sur la peau, les vêtements, les objets. **2** METALL Scorie d'un métal en fusion. **3** AVIAT, MAR fam Brume épaisse. **4** fam Mauvais tour, indélicatesse. *Faire une crasse à qqn.* LOC fam ***Une ignorance crasse :*** grossière. [ETY] Du lat. *crassus,* « gras, épais ».

**crasseux, euse** *a* Couvert de crasse.

**crassier** *nm* METALL Entassement des scories de hauts fourneaux.

**crassulacée** *nf* BOT Plante dicotylédone dialypétale dont la famille comprend des plantes à feuilles charnues et des plantes grasses.

**crassule** *nf* BOT Petite plante herbacée ornementale crassulacée, à fleurs rouges, fréquente sur les vieux murs, les éboulis, etc. [ETY] Du lat. *crassus,* « gras ». [VAR] **crassula**

**Crassus Marcus Licinius** (v. 114 – 53 av. J.C.), homme politique romain ; membre, avec César et Pompée, du premier triumvirat (60 av. J.-C.). Vaincu et tué par les Parthes à Carrhes (auj. *Harran,* Turquie).

**-crate, -cratie, -cratique** Éléments, du gr. *kratos,* « force, puissance ».

**cratère** *nm* **1** ANTIQ Grand vase à large orifice et à deux anses, dans lequel on mélangeait le vin et l'eau. **2** Dépression conique par où sortent les produits émis par un volcan. **3** Cavité creusée par l'explosion d'une bombe. **4** TECH Ouverture dans la partie supérieure d'un fourneau de verrier. LOC ***Cratère lunaire :*** dépression en forme de cirque à la surface de la Lune. — ***Cratère météorique, cratère d'impact :*** dû à la chute d'une météorite sur la Terre. [ETY] Du gr.

**craterelle** *nf* BOT Champignon basidiomycète noirâtre comestible, couramment appelé *trompette-de-la-mort* ou *trompette-des-morts.*

**cratériforme** *a* didac En forme de coupe, de cratère.

**craton** *nm* GEOL Vaste aire continentale stable.

**Crau (la)** plaine des Bouches-du-Rhône, à l'E. du Grand Rhône, anc. delta de la Durance.

**cravache** *nf* Badine flexible dont se servent les cavaliers. LOC ***Mener à la cravache :*** durement. [ETY] Du turc.

**cravacher** *v* [1] **A** *vt* Frapper avec une cravache. *Cravacher son cheval.* **B** *vi* fam Se dépêcher.

**cravate** *nf* **1** Mince bande d'étoffe qui se noue autour du cou ou du col d'une chemise. **2** Morceau d'étoffe à franges que l'on attache en haut de la hampe d'un drapeau. **3** Insigne des commandeurs de certains ordres. *Recevoir la cravate de commandeur de la Légion d'honneur.* **4** SPORT En lutte, torsion imprimée au cou de l'adversaire ; au rugby, plaquage à hauteur du cou, sévèrement sanctionné. LOC ***S'en jeter un derrière la cravate :*** boire un verre d'une boisson alcoolisée. [ETY] Forme francisée de *Croate.*

**cravater** *vt* [1] **1** Mettre une cravate à. **2** Saisir qqn par le cou. **3** fam Prendre, attraper qqn. *La police a cravaté le voleur.*

**crave** *nm* Oiseau corvidé des montagnes, au plumage noir, au bec et aux pattes rouges.

**craw-craw → crocro.**

**Crawford Lucille Fay Le Sueur,** dite **Joan** (San Antonio, Texas, 1904 – New York, 1977), actrice américaine : *le Roman de Mildred Pierce* (1945), *Johnny Guitare* (1954).

**crawl** *nm* SPORT Nage rapide consistant en un battement continu des pieds avec un mouvement alterné des bras. [PHO] [kRol] [ETY] Mot angl.

**crawlé** *am* LOC ***Dos crawlé :*** nage sur le dos, en crawl.

**crawler** *vi* [1] Nager le crawl. [PHO] [kRole] [DER] **crawleur, euse** *n*

**Crawley** v. de G.-B. (West Sussex), fondée en 1947 pour décongestionner Londres ; 87 100 hab. Industries.

**Craxi Bettino** (Milan, 1934 – Hammamet, 2000), homme politique italien. Premier ministre (socialiste) de 1983 à 1987.

**crayeux, euse** *a* Qui contient de la craie ; qui a l'aspect de la craie.

**crayon** *nm* **1** Petite baguette de bois, garnie intérieurement d'une mine de graphite ou de matière colorée, servant à écrire ou à dessiner. **2** Dessin au crayon. *Une collection de crayons d'Ingres.* **3** Bâtonnet. *Crayon à lèvres.* LOC ***Coup de crayon :*** manière de dessiner. — ***Crayon à bille :*** stylo à bille. [ETY] De *craie.*

**crayon-feutre** *nm* Stylo à pointe en feutre. PLUR crayons-feutres.

**crayon-lecteur** *nm* Instrument utilisé pour lire les codes-barres. PLUR crayons-lecteurs

**crayonné** *nm* Esquisse d'une illustration, d'une affiche publicitaire. SYN rough.

**crayonner** *vt* [1] **1** Dessiner, écrire au crayon rapidement. **2** Esquisser. [DER] **crayonnage** *nm*

**crayon-optique** *nm* INFORM Syn. de *photostyle.* PLUR crayons-optiques.

**créance** *nf* DR Droit d'exiger de qqn l'exécution d'une obligation, le paiement d'une dette ; titre établissant ce droit. LOC ***Abandon de créance :*** effacement d'une dette, sans contrepartie. — ***Donner créance à :*** ajouter foi à. — ***Lettres de créance :*** acte servant à accréditer un agent diplomatique d'un pays auprès du gouvernement d'un autre pays. [ETY] Du lat.

**créancier, ère** *n, a* Se dit de qqn à qui est due l'exécution d'une obligation, le paiement d'une dette. *Payer ses créanciers. Un consortium de banques créancières.*

**créateur, trice** *n, a* **A** Qui crée, qui invente. *Lavoisier est le créateur de la chimie moderne. Force créatrice.* **B** *n* SPECT Premier interprète d'un rôle. LOC ***Le Créateur :*** Dieu.

**créatif, ive** *a, n* **A** *a* **1** Capable de création, d'invention. *Un enfant créatif.* **2** Qui favorise la création. *Une ambiance créative.* **B** *n* Dans la publicité, la mode, personne chargée d'élaborer des projets, de concevoir de nouveaux produits. [DER] **créativité** *nf*

**créatine** *nf* BIOCHIM Constituant azoté de l'organisme, notam. des fibres musculaires où il joue un important rôle énergétique.

**créatinémie** *nf* BIOCHIM Concentration sanguine en créatine.

**créatinine** *nf* BIOCHIM Constituant basique contenu dans les muscles et dans le sang.

**créatininurie** *nf* Présence de créatinine dans les urines.

**création** *nf* **1** RELIG Action de créer à partir du néant. *La création du monde.* **2** Univers, ensemble des êtres créés. *Les merveilles de la création.* **3** Invention, œuvre de l'imagination, de l'industrie humaine. *Les créations de Léonard de Vinci.* **4** Fondation d'une entreprise, d'une institution, etc. *La création d'une maison de commerce.* **5** SPECT Première interprétation d'un rôle, d'une œuvre. *Il revient à la scène dans une création.* **6** COMM Nouveau modèle. *Porter une création d'un grand couturier.* [ETY] Du lat.

**Création (la)** oratorio de Haydn (1798), d'ap. la Genèse et le *Paradis perdu* de Milton.

**Création d'Adam (la)** fresque de Michel-Ange (1510, chapelle Sixtine).

**créationnisme** *nm* Doctrine qui professe que les espèces vivantes ont été créées subitement et qui nie donc l'évolution. [DER] **créationniste** *a, n*

**créativité → créatif.**

**créature** *nf* **1** L'être humain, considéré par rapport à Dieu. **2** fam Femme. *Une belle créature.* **3** fig, péjor Personne qui tient sa position, sa fortune d'une autre.

**Crébillon père Prosper Jolyot, sieur de Crais-Billon,** dit (Dijon, 1674 – Paris, 1762), auteur français de tragédies pompeuses : *Zénobie* (1711). Acad. fr. (1731). — **Crébillon fils Claude-Prosper Jolyot de Crébillon,** dit (Paris, 1707 – id., 1777), fils du préc., auteur raffiné de romans galants : *les Égarements du cœur et de l'esprit* (1736 et 1738), *le Sopha* (1742).

**crécelle** *nf* **1** Instrument de musique en bois, fait d'une roue dentée mue par une manivelle. **2** Personne bavarde, qui a une voix de crécelle. LOC ***Voix de crécelle :*** voix criarde et déplaisante. [ETY] Du lat.

**crécerelle** *nf* Rapace diurne, le plus commun d'Europe, à plumage roussâtre.

**crèche** *nf* **1** vx Mangeoire des bestiaux. **2** Mangeoire où Jésus fut déposé au moment de sa naissance. **3** Petite construction représentant l'étable de Bethléem et les scènes de la Nativité. *Les santons de la crèche.* **4** Établissement équipé pour la garde des enfants en bas âge, pendant la journée. **5** fam Chambre, logement. [ETY] Du frq.

**crécher** *vi* [14] fam Habiter.

**Crécy-en-Ponthieu** ch.-l. de cant. de la Somme (arr. d'Abbeville), au N. de la *forêt de Crécy* ; 1 577 hab. – Victoire d'Édouard III d'Angleterre sur Philippe VI de France, en 1346. [DER] **crécéen, enne** *a, n*

**crédence** *nf* **1** Meuble, partie de buffet sur lesquels on dépose la vaisselle, les plats. **2** LITURG Petite table près de l'autel, où l'on dispose les objets du culte.

**crédibiliser** *vt* [1] Rendre crédible.

**crédible** *a* Digne de foi ; que l'on peut croire. [ETY] Du lat. [DER] **crédibilité** *nf*

**crédirentier, ère** *n* DR Personne créancière d'une rente. ANT débirentier.

**crédit** *nm* **1** Faculté de se procurer des capitaux, par suite de la confiance que l'on inspire ou de la solvabilité que l'on présente. *Vendre, acheter à crédit.* **2** Cession de capitaux, de marchandises, à titre d'avance, de prêt. *Faire crédit, donner à crédit.* **3** Établissement destiné à faciliter l'avance des capitaux ; nom de certaines sociétés bancaires. *Crédit foncier.* **4** Somme prévue par le budget pour une dépense publique. *Les crédits du ministère de la Défense nationale.* **5** Partie d'un compte où figure ce qui est dû à un créancier. **6** Confiance qu'inspire une personne ; considération, influence. **7** Au Canada et dans l'Union européenne, unité de valeur dans l'enseignement universitaire. LOC ***Crédit à court, moyen, long terme :*** avance consentie par un organisme financier pour une durée inférieure à deux ans, de deux à dix ans, de plus de dix ans. — FIN ***Crédit croisé :*** échange entre banques centrales d'un certain montant de leurs monnaies respectives. SYN (déconseillé) swap. — ***Crédit d'impôt :*** créance sur le Trésor public. SYN avoir fiscal. — ***Crédit municipal :*** établissement municipal de prêt sur gage. SYN anc mont-de-piété. — ***Crédit photographique :*** mention obligatoire du nom du propriétaire des photos reproduites dans un ouvrage. — ***Ouvrir un crédit à qqn :*** s'engager à lui faire des avances de fonds. [ETY] Du lat. *credere,* « croire ».

**Crédit agricole** banque créée en 1920, auj. une des grandes banques européennes.

**crédit-bail** *nm* FIN Crédit dans lequel le prêteur offre à l'emprunteur la location d'un bien, assortie d'une promesse unilatérale de vente. PLUR crédits-bails.

**créditer** *vt* [1] **1** Inscrire une somme au crédit de qqn. *Créditer un compte.* **2** fig Attribuer un avantage, un mérite à qqn. *Un parti crédité de 10 % des voix.*

**créditeur, trice** *n, a* Personne qui a ouvert un crédit à une autre personne. LOC *Compte, solde créditeur :* positif.

**Crédit lyonnais** (LCL) banque créée à Lyon en 1863, nationalisée en 1945.

**crédit-relais** *nm* Prêt destiné à faire la liaison entre une dépense immédiate et une rentrée d'argent attendue. PLUR crédits-relais.

**crédit-temps** *nm* Temps de travail qui peut être comptabilisé et épargné pour être utilisé plus tard (congé sabbatique, départ anticipé à la retraite). PLUR crédits-temps.

**credo** *nm inv* **1** RELIG (Avec une majuscule.) Profession de foi chrétienne fondamentale ; texte de cette profession de foi. **2** fig Ensemble de principes sur lesquels repose une opinion. *Un credo politique.* [ETY] Mot lat., « je crois ». [VAR] **crédo** *nm*

**crédule** *a* Qui croit les autres trop facilement. SYN naïf. [ETY] Du lat. [DER] **crédulement** *av* – **crédulité** *nf*

**créer** *vt* [11] **1** Tirer du néant, donner la vie. *Dieu créa l'Univers en six jours.* **2** Imaginer, inventer. *Créer une œuvre.* **3** Fonder, instituer, organiser. *Créer un prix littéraire.* **4** SPECT Jouer pour la première fois une pièce, un rôle, un morceau de musique. **5** Produire, engendrer. *Créer des ennuis à qqn.* [ETY] Du lat.

**Crees** → **Cris.**

**Creil** ch.-l. de cant. de l'Oise (arr. de Senlis), sur l'Oise ; 33 937 hab. Centre industriel. [DER] **creillois, oise** *a, n*

**crémaillère** *nf* **1** TECH Organe rectiligne denté servant à transformer un mouvement circulaire en mouvement rectiligne ou inversement. **2** Pièce métallique munie de crans, utilisée pour suspendre, à des hauteurs variables, un chaudron au-dessus du feu dans une cheminée. **3** FIN Régime dans lequel les parités de change sont révisables par des modifications de faible amplitude. LOC *Pendre la crémaillère :* célébrer par un repas, une fête son installation dans un nouveau logement. [ETY] Du gr. *kremastêr*, « qui suspend ».

**crémant** *nm* Mousseux élaboré à partir de vins d'appellation contrôlée.

**crémaster** *nm* ANAT Muscle releveur du testicule. [PHO] [kʀemastɛʀ] [ETY] Du gr.

**crémation** *nf* Action de brûler les cadavres, incinération.

**crématiste** *n* Partisan de la crémation des défunts.

**crématoire** *a, nm* Qui concerne la crémation. LOC *Four crématoire* ou *crématoire :* où l'on brûle les cadavres. [ETY] Du lat.

**crématorium** *nm* Lieu où les morts sont incinérés. [PHO] [kʀematɔʀjɔm]

**Crémazie** Octave (Québec, 1827 – Le Havre, 1879), poète québécois : *le Drapeau de Carillon* (1858).

**crème** *n, a inv* **A** *nf* **1** Substance grasse du lait avec laquelle on fait le beurre. *Crème fraîche. Crème fouettée.* **2** Entremets fait de lait, de sucre et d'œufs. *Crème au chocolat.* **3** Liqueur sirupeuse. *Crème de cassis.* **4** Produit de toilette onctueux. *Crème de beauté.* **B** *a inv* D'un blanc tirant sur le beige. LOC *Café crème* ou *crème nm :* café additionné de crème ou de lait. — *C'est la crème des hommes :* le meilleur des hommes. — CUIS *Crème brûlée :* entremets constitué d'une crème dont on fait caraméliser la surface. — *Crème fleurette :* crème légère et fluide qui se forme à la surface du lait. — *Crème glacée :* glace. — fam *La crème de la crème :* l'élite. [ETY] Du gaul.

**crémer** *v* [14] **A** *vi* Se couvrir de crème. *Lait qui crème.* **B** *vt* **1** Donner la coloration crème à. *Crémer du fil.* **2** Ajouter de la crème à. *Crémer une sauce.*

**crèmerie** *nf* Boutique où l'on vend des produits laitiers, des œufs, etc. LOC fam *Changer de crèmerie :* aller dans un autre endroit. [VAR] **crémerie**

**crémeux, euse** *a* **1** Qui contient beaucoup de crème. *Du lait crémeux.* **2** Qui a la consistance de la crème. *Une lotion crémeuse.*

**crémier, ère** *n* Commerçant, commerçante qui tient une crèmerie.

**Crémieu** ch.-l. de cant. de l'Isère (arr. de La Tour-du-Pin), près de l'*île Crémieu* dans un coude du Rhône ; 2 888 hab. – Mon. XIV^e^-XVI^e^ s.

**Crémieux** Isaac Moïse, dit Adolphe (Nîmes, 1796 – Paris, 1880), avocat et homme politique français. Ministre de la Justice en 1870, il fit adopter le *décret Crémieux,* qui donnait rang de citoyens français aux Juifs d'Algérie.

**crémone** *nf* Verrou double utilisé pour la fermeture des croisées.

**Crémone** (en ital. *Cremona*), v. d'Italie (Lombardie), sur le Pô ; 80 760 hab. ; ch.-l. de prov. – Cath. (XII^e^ s.). Musée. Ville renommée pour ses luthiers (Stradivarius, etc.).

**créneau** *nm* **1** Échancrure rectangulaire pratiquée en haut d'un mur ou dans un parapet, et qui permet de tirer sur l'ennemi en étant à couvert. **2** fig Espace libre, intervalle disponible pour faire qqch. *Créneau électoral.* **3** COMM Secteur dans lequel une entreprise a intérêt à exercer son activité, du fait de la faible concurrence. LOC *Faire un créneau :* garer un véhicule entre deux autres véhicules en stationnement. — fam *Monter au créneau :* s'engager personnellement dans une action, un débat. [ETY] De l'a. fr.

**crènelage** *nm* TECH Cordon sur l'épaisseur d'une pièce de monnaie, d'une médaille. [VAR] **crénelage**

**crènelé, ée** *a* **1** Muni de créneaux. **2** TECH Muni de crans. [VAR] **crénelé**

**crèneler** *vt* [17] ou [19] **1** Munir de créneaux. *Crèneler une muraille.* **2** TECH Munir de crans, de dents. **3** TECH Faire des cordons sur une pièce de monnaie. [VAR] **créneler**

**crènelure** *nf* Dentelure en créneaux. [VAR] **crénelure**

**crénilabre** *nm* Petit poisson perciforme voisin du labre, très commun en Méditerranée.

**crénom** *interj* fam Juron exprimant l'indignation, la surprise, etc.

**crénothérapie** *nf* MED Utilisation thérapeutique des eaux minérales.

**créodonte** *nm* PALEONT Mammifère carnivore fossile de l'ère tertiaire.

**créole** *a, n* **A** Se dit d'une personne d'ascendance européenne née dans une des anciennes colonies des régions tropicales. **B** *nm* LING Langue provenant du contact d'une langue locale ou importée avec l'anglais, le français, le néerlandais, l'espagnol ou le portugais, et servant de langue maternelle à une communauté culturelle. *Le créole de la Guadeloupe.* **C** *a* Propre aux créoles. **D** *nf* Grande boucle d'oreille en forme d'anneau. [ETY] Du port. *crioulo*, « serviteur nourri dans la maison ».

**créoliser (se)** *vpr* [1] LING Prendre des caractères propres à un créole. [DER] **créolisation** *nf*

**créolisme** *nm* LING Particularité propre à une langue créole.

**créolistique** *nf* Étude des créoles.

**créolité** *nf* Appartenance au monde créole, identité créole.

**créolophone** *a, n* Qui parle un créole.

**Créon** frère de Jocaste, roi de Thèbes après la mort des fils d'Œdipe.

**créosote** *nf* Mélange de phénols, d'odeur forte, utilisé comme antiseptique et pour la protection des bois.

**créosoter** *vt* [1] Imprégner de créosote. [DER] **créosotage** *nm*

**1 crêpe** *nf* Fine galette à base de farine, de lait et d'œufs, cuite sur une plaque ou dans une poêle. [ETY] De l'a. fr. *cresp*, « frisé, crépu ».

**2 crêpe** *nm* **1** Tissu léger de soie ou de laine très fine qui a un aspect grenu. **2** Morceau de crêpe ou de tissu noir, que l'on porte en signe de deuil. **3** Caoutchouc brut épuré. *Des chaussures à semelles de crêpe.*

**crêpelé, ée** *a* Frisé, crêpé avec de très petites ondulations.

**crêpelure** *nf* État des cheveux crêpelés.

**crêper** *vt* [1] **1** Faire gonfler les cheveux en repoussant une partie de chaque mèche vers la racine. **2** Apprêter une étoffe en tordant les fils de chaîne pour obtenir un crêpe. **3** Donner l'aspect du crêpe à. *Crêper un papier.* LOC fam *Se crêper le chignon :* se battre, se disputer violemment, en parlant de femmes. [DER] **crêpage** *nm*

**crêperie** *nf* Établissement où l'on fait et où l'on consomme des crêpes.

**crépi** *nm* Enduit projeté sur un mur et non lissé.

**crépidule** *nf* Mollusque gastéropode qui vit fixé aux roches ou sur d'autres coquilles, notam. de moules. [ETY] Du lat. *crepidula*, « petite sandale ».

**crêpier, ère** *n* **A** Personne qui vend des crêpes. **B** *nf* Poêle plate ou plaque chauffante utilisée pour faire des crêpes.

**crépine** *nf* **1** Bande de passementerie, brodée de jours et ornée de franges. **2** Membrane transparente de la panse du porc ou du veau, utilisée en charcuterie. **3** TECH Filtre placé à l'entrée d'un tuyau.

**Crépin et Crépinien** (saints) Selon la tradition, ces deux frères furent martyrisés à Soissons vers 300. Patrons des cordonniers.

**crépinette** *nf* Saucisse plate enveloppée dans de la crépine.

**crépins** *nf pl* Outils et marchandises servant au cordonnier. [ETY] Du n. de *saint Crépin.*

**crépir** *vt* [3] Enduire une muraille de crépi. [ETY] De l'a. fr. [DER] **crépissage** *nm*

**crépissure** *nf* **1** Syn. de *crépi.* **2** État de ce qui est crépi.

**crépitation** *nf* LOC MED *Crépitation osseuse :* bruit produit par le frottement des fragments d'un os fracturé.

**crépiter** *vi* [1] Produire une suite de bruits secs. *Un feu de bois qui crépite.* [ETY] Du lat. [DER] **crépitement** *nm*

**crépon** *nm* Crêpe épais. LOC *Papier crépon :* papier d'aspect gaufré.

**crépu, ue** *a* Très frisé. *Cheveux crépus.*

**crépure** *nf* État de ce qui est crépu.

**crépusculaire** *a* **1** Du crépuscule, qui rappelle le crépuscule. *Lueurs crépusculaires.* **2** Se dit d'un animal qui ne sort qu'au crépuscule.

**crépuscule** *nm* **1** Lumière diffuse qui précède le lever du soleil ou qui suit son coucher. **2** Tombée du jour. **3** fig, litt Déclin. [ETY] Du lat.

**Crépy** com. de l'Aisne (arr. de Laon) ; 2 000 hab. – *Traité* (de paix) *de Crépy-en-Laonnais* entre François Ier et Charles Quint (1544).

**Crépy-en-Valois** ch.-l. de cant. de l'Oise (arr. de Senlis) ; 15 200 hab. Industries. – Vest. du chât. des Valois. DER **crépynois, oise** *a, n*

**Créqui Charles Ier (sire de)** (1578 – Crema, Italie, 1638), maréchal de France. — **Charles III** (1623 – Paris, 1687), petit-fils du préc. ; ambassadeur à Rome, il fut mêlé à la querelle entre Louis XIV et le pape Alexandre VII (1663). — **François** (vers 1624 – Paris, 1687), frère du préc., maréchal de France.

**crescendo** *av, nm* **A** *av* **1** MUS En augmentant progressivement l'intensité du son. **2** En augmentant. *Sa mauvaise humeur va crescendo.* **B** *nm* **1** MUS Passage exécuté crescendo. **2** Augmentation progressive. *Un crescendo de cris.* PHO [kreʃendo] ETY Mot ital.

**Crescentius Ier** (mort à Rome vers 984), patricien romain qui souleva le peuple de Rome, en 974, contre le pape Benoît VI. — **Crescentius II** (mort à Rome en 998), fils du préc., se rendit maître de Rome (985). Capturé par l'empereur Otton III, il fut décapité. — **Crescentius III** (mort à Rome en 1012), fils du préc., fit élire les papes Jean XVII, Jean XVIII et Serge IV.

**crésol** *nm* CHIM Phénol dérivé du toluène, de formule $CH_3 - C_6H_4 - OH$. *Les crésols sont des antiseptiques puissants.*

**Crespi Giuseppe** (Bologne, 1665 – id., 1747), peintre italien de tendance réaliste.

**Crespin Régine** (Marseille, 1927 – Paris, 2007), cantatrice française, soprano.

**Cressent Charles** (Amiens, 1685 – Paris, 1768), ébéniste français qui travailla pour le Régent et la famille d'Orléans.

**cresson** *nm* Plante crucifère comestible d'eau douce. *Une salade de cresson.* **LOC** ***Cresson alénois*** : crucifère cultivée dans les jardins et utilisée comme condiment. ETY Du frq.

**Cresson Édith** (Boulogne-sur-Seine, auj. Boulogne-Billancourt, 1934), femme politique française, la première qui en France fut Premier ministre (mai 1991-avril 1992).

**cressonnette** *nf* Nom cour. de la cardamine des prés, à feuilles comestibles.

**cressonnière** *nf* Lieu où l'on cultive le cresson.

**crésus** *nm* litt Homme très riche. PHO [krezys]

**Crésus** dernier roi de Lydie (561-546 av. J.-C.), fils d'Alyatte, célèbre pour ses richesses dues aux sables aurifères du Pactole. Cyrus le Grand le vainquit à Thymbrée.

**crésyl** *nm* Antiseptique à base de crésol et d'huile de créosote. ETY Nom déposé.

**crêt** *nm* GEOMORPH Crête rocheuse dominant une combe dans un relief jurassien. PHO [krɛ]

**crétacé, ée** *a, nm* GEOL Se dit de la période de la fin du secondaire, s'étendant de moins 135 à moins 65 millions d'années, caractérisée par des dépôts considérables de craie. ETY Du lat. *creta*, « craie ».

**crête** *nf* **1** Excroissance en lame d'origine tégumentaire dont sont pourvus certains animaux. *Triton à crête dorsale. La crête du coq.* **2** Sommet, faîte. *Crête d'un toit, d'une montagne.* **3** ANAT Saillie osseuse. *Crête iliaque.* **4** Partie supérieure d'une vague. **5** MILIT Arête formée par l'intersection de deux talus. **LOC** ***Crête de haute pression*** : longue bande de haute pression s'allongeant entre deux dépressions stationnaires. — ***Ligne de crête*** ou ***ligne de partage des eaux*** : ligne reliant les points les plus élevés d'un relief. — ELECTR ***Tension, courant de crête*** : valeur maximale d'une tension, d'un courant variable. ETY Du lat. DER **crêté, ée** *a*

**Crète** le palais de Phaïstos ; au fond, la plaine de la Messara

**Crète** (au Moyen Âge *Candie*), l'une des plus grandes îles de la Médit. orient., au S.-E. du Péloponnèse ; Région grecque et de l'UE ; 8 336 km² ; 621 300 hab. ; cap. *Héraklion.* Île calcaire montagneuse (max. 2 460 m), allongée d'O. en E., au climat chaud et sec et aux médiocres ressources en eau. Princ. activités : agric., pêche, élevage ovin et tourisme. Bases milit. américaines. Aides de l'Union européenne. DER **crétois, oise** *a, n*
**Histoire** À l'âge du bronze, la civilisation *minoenne* (2400-1400 av. J.-C.), remarquable, organisa la vie agraire et maritime autour de grands palais (Cnossos, Phaïstos, Mallia) détruits vers 1700, puis reconstruits. Cnossos, après 1580, semble avoir exercé une hégémonie ensuite ruinée par les Mycéniens ou par une catastrophe naturelle. En 1100, la Crète mycénienne disparut devant les Doriens. En 67 av. J.-C., l'île devint province romaine. Terre byzantine, puis musulmane (826), puis à nouveau byzantine (961), elle fut assujettie aux Vénitiens du XIIIe au XVIIe s., puis devint turque (1669-1898). Autonome de 1898 à 1913, elle fut alors définitivement rattachée à la Grèce.

**crête-de-coq** *nf* **1** MED Papillome d'origine vénérienne des muqueuses génitales. **2** BOT Rhinanthe. PLUR crêtes-de-coq.

**Créteil** ch.-l. du Val-de-Marne, sur la Marne ; 90 700 hab. – Évêché. Égl. (XIIe-XIII[e] s.). Université. DER **cristolien, enne** *a, n*

**crételle** *nf* Graminée fourragère.

**crétin, ine** *a, n* **1** MED Se dit d'une personne atteinte de crétinisme. **2** fam Se dit d'une personne stupide. ETY Mot du Valais, var. de *chrétien.*

**crétinerie** *nf* fam Stupidité, bêtise.

**crétiniser** *vt* ① Rendre crétin, abêtir. DER **crétinisant, ante** *a* – **crétinisation** *nf*

**crétinisme** *nm* **1** MED vx Affection congénitale due à une insuffisance thyroïdienne et caractérisée par une idiotie et un ralentissement fonctionnel. **2** fam Imbécillité, grande stupidité.

**crétois, oise** *a, n* **A** De Crète. **B** *a* Se dit d'un régime diététique à base de légumes, de fruits frais et d'huile d'olive, censé prémunir des maladies cardiovasculaires. (On dit aussi *régime méditerranéen.*)

**cretonne** *nf* Toile de coton très résistante.

**cretons** *nmpl* Canada Charcuterie faite de viande de porc hachée, cuite avec des oignons dans de la graisse de porc.

**Creus (cap de)** cap de l'extrémité N.-E. de l'Espagne (Catalogne). VAR **Creuz**

**creuse** → **creux.**

**Creuse (la)** riv. de France (255 km), affl. de la Vienne (r. dr.) ; naît au plateau de Millevaches, baigne Aubusson.

**Creuse** dép. franç. (23) ; 5 559 km² ; 120 872 hab. ; 21,7 hab./km² ; ch.-l. *Guéret* ; ch.-l. d'arr. *Aubusson.* V. Limousin. DER **creusois, oise** *a, n*

**Créüse** dans la myth. gr., fille de Priam et prem. épouse d'Énée. Elle disparut en fuyant lors de la prise de Troie.

**Créüse** dans la mythologie grecque, fille de Créon, roi de Corinthe. Elle épousa Jason après la répudiation de Médée, qui la fit périr.

**creuser** *v* ① **A** *vt* **1** Rendre creux ; faire un creux dans. *Le jeûne lui a creusé les joues.* **2** Pratiquer une cavité. *Creuser un trou, une tranchée.* **3** fig Approfondir. *Creuser un sujet, une question.* **B** *vpr* **1** Devenir creux. *Dent qui se creuse.* **2** fig Devenir plus profond, plus important. *L'écart se creuse.* LOC ***Creuser l'estomac*** : donner de l'appétit. — fam ***Se creuser la tête, la cervelle*** : se donner beaucoup de peine pour résoudre un problème. DER **creusement** ou **creusage** *nm*

**creuset** *nm* **1** Vase qui sert à faire fondre certaines substances. **2** METALL Partie inférieure d'un haut fourneau, qui reçoit la fonte et le laitier. **3** fig Point de rencontre de divers éléments qui se mêlent, se confondent. *La capitale, creuset d'influences, d'idées et de cultures.*

**Creusot (Le)** ch.-l. de cant. de Saône-et-Loire (arr. d'Autun) ; 29 320 hab. Centre métallurgique né de houillères exploitées dès le XVIII$^{e}$ s. – Écomusée du Creusot-Montceau-les-Mines. DER **creusotin, ine** *a, n*

**Creutzfeld-Jakob (maladie de)** *nf* Grave maladie neurologique (encéphalopathie spongiforme) provoquée par un prion.

**Creutzwald** com. de la Moselle, à la frontière sarroise ; 14 360 hab. Industries. DER **creutzwaldois, oise** *a, n*

**creux, euse** *a, n* **A** *a* **1** Dont l'intérieur présente un vide, une cavité. *Dent creuse. Mur creux.* **2** Qui présente un renfoncement. *Assiettes creuses et assiettes plates.* **3** Amaigri. *Joues creuses.* **4** fig Sans substance, sans intérêt. *Des paroles creuses.* **B** *nm* **1** Cavité, vide à l'intérieur d'un corps. *Le creux d'un rocher.* **2** Dépression, concavité. *Le creux de la main.* **3** fig Période de moindre activité. *Le creux des vacances.* **4** MAR Hauteur entre la base et le sommet d'une vague. **C** *nf* Type d'huître de forme oblongue. LOC ***Avoir le ventre creux*** : avoir très faim. — ***Avoir un petit creux*** : avoir faim subitement. — ***Chemin creux*** : situé en contrebas, encaissé. — ***Être au*** ou ***dans le creux de la vague*** : traverser une période de difficultés, d'échecs. — ***Heure creuse*** : pendant laquelle l'activité est ralentie. — ***Mer creuse*** : agitée, houleuse. — ***Son creux*** : son rendu par un objet creux que l'on frappe. ETY Du gaul.

**Creuz** → **Creus (cap de).**

**crevaison** → **crever.**

**crevant, ante** *a* fam **1** vieilli Qui fait crever de rire. *Une histoire crevante.* **2** Qui épuise, fait crever de fatigue. *Un voyage crevant.*

**crevard, arde** *a, n* fam Faible, malingre.

**crevasse** *nf* **1** Fissure profonde. *Les crevasses d'un mur.* **2** GEOL Large fente à la surface d'un glacier ou d'une roche dure. **3** Fissure de la peau.

**crevasser** *vt* ① Faire des crevasses à. *La sécheresse a crevassé le sol. Des mains qui se crevassent.*

**crevé** *nm* Ouverture longitudinale sur la manche d'un vêtement, laissant apparaître la doublure.

**crève** *nf* fam LOC ***Attraper la crève*** : prendre froid. — ***Avoir la crève*** : être malade.

**crève-cœur** *nm* LITTER Grand chagrin mêlé de dépit. PLUR crève-cœurs.

**Crèvecœur Philippe de** (m. à L'Arbresle, Rhône, 1494), maréchal de France (1483). Conseiller de Charles le Téméraire, il passa au service de Louis XI (1477).

**Crevel René** (Paris, 1900 – id., 1935), écrivain français surréaliste : *le Clavecin de Diderot* (1932). Il se suicida.

**crève-la-faim** *n inv* fam Personne misérable, indigente.

**crever** *v* ⑯ **A** *vi* **1** Éclater, se percer. *Le ballon a crevé.* **2** fig, fam Être envahi de. *Crever d'orgueil, de jalousie.* **3** Mourir, en parlant des plantes, des animaux. *Tous les arbres ont crevé.* **4** fam Mourir, en parlant d'une personne. **B** *vt* **1** Percer, faire éclater. *Crever un sac en papier.* **2** fam Épuiser un animal ou une personne en lui imposant un effort excessif. *Crever un cheval. Ces voyages la crèvent. Se crever au travail.* LOC fam ***Cela crève les yeux*** : on ne voit que cela, c'est évident. — fam ***Crever de faim, de froid*** : avoir très faim, très froid. — ***Crever de rire*** : rire très fort. — ***Crever le cœur de*** : faire de la peine à. — fam ***Crever l'écran*** : s'imposer dans un film, en parlant d'un acteur. ETY Du lat. DER **crevaison** *nf*

**crevette** *nf* Nom de divers crustacés décapodes nageurs, marins ou d'eau saumâtre. *Crevettes grises, roses.* ETY Forme normande de *chevrette.*

**crevetticulture** *nf* Élevage des crevettes. DER **crevetticole** *a* – **crevetticulteur, trice** *n*

**crevettier** *nm* **1** Filet pour pêcher les crevettes. **2** Bateau utilisé pour la pêche à la crevette.

**crevoter** *vi* ① Suisse, fam Dépérir, végéter.

**Creys-Malville** site du premier surrégénérateur français à grande puissance (com. de Creys-et-Pusignieu, dép. de l'Isère, sur le Rhône). En 1998, on a décidé l'arrêt définitif du réacteur à neutrons rapides Superphénix.

**cri** *nm* **1** Son de voix aigu ou élevé. *Cri d'horreur, de peur, de joie. Pousser des cris d'indignation.* **2** Annonce des marchands ambulants pour interpeller, attirer les clients. **3** fig Opinion manifestée hautement. *Un cri unanime d'admiration.* **4** Mouvement intérieur qui nous pousse à réagir. *Un cri du cœur.* **5** Bruit caractéristique émis par un animal. *Le cri de la chouette est le hululement.* **6** Bruit aigu produit par une chose. *Le cri de la scie.* LOC ***À grands cris*** : avec force, insistance. — ***(Du) dernier cri*** : dernière mode. *Une robe dernier cri.*

**Cri (le)** peinture expressionniste d'E. Munch (1893, Oslo).

**criailler** *vt* ① **1** Crier, se plaindre sans cesse d'une manière désagréable. **2** Crier, en parlant du faisan, de l'oie, de la perdrix, de la pintade et du paon. PHO [kʀi(j)ɑje] DER **criaillement** *nm* – **criailleur, euse** *n, a*

**criaillerie** *nf* Cri, récrimination répétée et sans motif important.

**criant, ante** *a* **1** Qui incite à protester. *Une injustice criante.* **2** Évident, manifeste. *Ressemblance criante entre deux personnes.*

**criard, arde** *a* **1** Qui crie souvent et désagréablement. *Un enfant criard.* **2** Qui blesse l'oreille. *Voix criarde.* **3** Qui heurte la vue. *Couleurs criardes.* LOC ***Dettes criardes*** : dont le remboursement est réclamé avec insistance.

**crible** *nm* TECH Appareil muni de trous pour trier des matériaux. SYN tamis. LOC ***Passer au crible*** : examiner avec soin. ETY Du lat.

**cribler** *vt* ① **1** TECH Passer au crible. *Cribler du sable, des grains.* **2** Percer, marquer en de nombreux endroits. *Cribler qqn de coups de couteau.* LOC ***Être criblé de dettes*** : couvert de dettes. DER **criblage** *nm*

**cribleur, euse** *n* TECH **1** Personne qui crible. **2** Machine pour cribler.

**criblure** *nf* **1** Ce qui est resté sur le crible. **2** BOT Maladie au cours de laquelle les feuilles se couvrent de petites nécroses circulaires.

**cric** *nm* Appareil comportant une crémaillère ou une vis entraînée par une manivelle, qui sert à soulever des corps lourds.

**cric-crac** *interj* Onomatopée évoquant le bruit d'un mécanisme, d'une serrure que l'on ouvre ou ferme.

**Crick Francis Harry Compton** (Northampton, 1916 – La Jolla, Calif., 2004), biologiste britannique. Il découvrit, avec J. D. Watson, la structure en double hélice de l'ADN. P. Nobel de médecine 1962 avec Watson et Wilkins.

**cricket** *nm* Sport anglais qui se joue à deux équipes de onze, avec des battes et des balles de cuir. PHO [kʀikɛ(t)] ETY Mot angl.

**cricoïde** *nm, a* ANAT Se dit du cartilage annulaire du larynx inférieur. ETY Du gr.

**cricri** *nm* fam **1** Cri du grillon. **2** Grillon. ETY Onomat. VAR **cri-cri** *nm inv*

**criée** *nf* **1** Vente aux enchères en public. *Vente à la criée du poisson.* **2** Bâtiment où l'on vend le poisson à la criée, dans un port de pêche.

**crier** *v* ② **A** *vi* **1** Pousser un cri, des cris. *Crier à tue-tête.* **2** Élever la voix. *Discutez sans crier.* **3** Exprimer son mécontentement, sa colère en élevant très haut la voix. **4** Produire un son aigu et discordant. *Essieu qui crie.* **5** Heurter la vue. *Des couleurs qui crient.* **6** Pousser son cri, en parlant d'un animal. **B** *vt* **1** Dire d'une voix forte. *Crier des ordres.* **2** Proclamer, dire hautement. *Crier son innocence.* **3** Annoncer publiquement la vente de. *Crier la dernière édition d'un journal.* LOC ***Crier à l'injustice, au scandale, à la trahison*** : les dénoncer avec véhémence. — fam ***Crier au loup*** : proclamer qu'il y a un danger. — ***Crier au secours, à l'aide*** : appeler pour avertir et demander de l'aide. — ***Crier famine, misère*** : s'en plaindre. — ***Crier gare*** : avertir d'un danger. — ***Crier grâce*** : pour implorer la clémence de son adversaire. — ***Crier vengeance*** : réclamer la vengeance. ETY Du lat.

**crieur, euse** *n* Marchand ambulant qui annonce ce qu'il vend. *Crieur de journaux.* LOC anc ***Crieur public*** : homme qui proclamait les annonces publiques.

**CRIF** Acronyme pour *Conseil représentatif des institutions juives de France*, créé en 1943.

**Crillon Louis des Balkes de Berton de** (Murs, Provence, 1543 – Avignon, 1615), homme de guerre français. Il combattit à Lépante (1571) et lutta avec Henri IV contre les ligueurs.

**1 crime** *nm* **1** Meurtre. **2** DR Infraction punie d'une peine afflictive ou infamante par oppos. à *contravention* et à *délit*. *Le crime est justiciable de la cour d'assises.* **3** Acte répréhensible, blâmable. *Ce serait un crime d'abattre cet arbre.* LOC ***Ce n'est pas un crime*** : ce n'est pas très grave. — ***Crime contre l'humanité*** : commis en violation des règles du droit international, par les gouvernements ou les citoyens d'un État. — ***Crime de guerre*** : commis en violation des lois et coutumes de la guerre. — ***Crime parfait*** : dont on ne parvient pas à découvrir l'auteur. — ***Le crime organisé*** : organisation criminelle de type mafieux. ETY Du lat.

**2 crime** *nf* fam Brigade criminelle, chargée de la répression du banditisme.

**Crimée** presqu'île d'Ukraine, s'avançant dans la mer Noire, baignée au N.-E. par la mer d'Azov. Elle forme une région : 27 000 km$^2$ ; 2 363 000 hab. ; ch.-l. *Simferopol* ; v. princ. *Sébastopol*. Les *monts de Crimée* (alt. max. 1 540 m) bordent la côte S.-E. (stat. baln.). Ressources : vignes, agrumes, blé, tourisme. DER **criméen, enne** *a, n*

**Histoire** Connue des Grecs (*Chersonèse Taurique*), qui s'y établirent dès le VII$^{e}$ s. av. J.-C., la rég. subit de nombr. invasions. Au XIII$^{e}$ s., des Tatars fondèrent un territoire soumis aux Ottomans en 1475 et annexé à l'empire de Russie en 1783. La *guerre de Crimée* (1854-1855) opposa la Russie (qui fut vaincue) à la Turquie, à la G.-B., à la France et au Piémont, qui prirent Sébastopol en 1855 et imposèrent le traité de Paris en

1856. V. Orient (question d'). De 1922 à 1945, la rég. forma une rép. auton. de l'URSS, qu'occupèrent les Allemands (1942-1944) ; de nombr. Tatars furent déportés en Sibérie après 1944. En 1954, la Crimée fut rattachée à l'Ukraine. En 1991, sa pop., bien que russe à 90 %, a voté l'indépendance de l'Ukraine. En 2014, la Crimée vote son rattachement à la Russie, mais seuls la Russie, le Kirghizistan, l'Arménie et la Biélorussie le reconnaissent.

**Crime et Châtiment** roman de Dostoïevski (1866).

**criminaliser** *vt* ① DR Transformer une affaire civile ou correctionnelle en affaire criminelle. DER **criminalisation** *nf*

**criminaliste** *n* **didac** Juriste spécialiste du droit criminel.

**criminalistique** *nf* **didac** Science de toutes les techniques d'investigation policière.

**criminalité** *nf* Ensemble des faits criminels considérés dans une société donnée, pendant une période donnée.

**criminel, elle** *a, n* **A** *a* **1** Qui est condamnable, répréhensible du point de vue de la morale. *Une action, une passion criminelle.* **2** Qui a trait à la répression pénale. *Droit criminel.* **B** *n, a* Qui a commis un crime. *Main criminelle. Condamner un criminel.* **C** *nm* Juridiction criminelle. *Poursuivre un inculpé au criminel.*

**criminellement** *av* **1** D'une manière criminelle. **2** DR Devant la juridiction criminelle.

**criminogène** *a* Qui favorise le développement de la criminalité.

**criminologie** *nf* Science qui étudie les causes, les manifestations, la prévention et la répression de la criminalité. DER **criminologique** *a* – **criminologiste** ou **criminologue** *n*

**crin** *nm* **1** Poil long et rêche du cou et de la queue de certains mammifères. *Crin de cheval.* **2** Ces poils, considérés comme matériau. *Matelas de crin.* **LOC** **fam** ***À tous crins*** : à l'excès. — ***Crin végétal*** : fibres végétales employées aux mêmes usages que le crin animal. — ***Être comme un crin*** : grincheux, de mauvaise humeur. ETY Du lat.

**crincrin** *nm* **fam** Mauvais violon.

**crinier** *nm* Ouvrier qui prépare le crin.

**crinière** *nf* **1** Ensemble des crins du cou de certains animaux. *La crinière du lion.* **2** **fam** Chevelure abondante, épaisse. **3** Touffe de crins qui garnit un casque.

**crinoïde** *nm* ZOOL Échinoderme, fixé par un pédoncule, ou libre à l'état adulte, dont le corps en forme de calice est bordé de cinq tentacules, divisés ou non.

**crinoline** *nf* Jupon bouffant maintenu par une cage de lames d'acier et des baleines, à la mode au Second Empire. **LOC** TECH ***Échelle à crinoline*** : échelle de secours munie d'arceaux servant de garde-corps. ETY De l'ital. *crino*, « crin » et *lino*, « lin ».

**criocère** *nm* ZOOL Coléoptère chrysomélidé nuisible notam. aux asperges, long de 8 mm, aux élytres colorés. ETY Du gr. *krios*, « bélier ».

**crique** *nf* **1** Petite avancée de la mer dans une côte rocheuse. **2** METALL Fente apparaissant dans une structure. ETY De l'a. scand.

**criquer** *vi* ① METALL Se fendiller.

**criquet** *nm* Insecte orthoptère sauteur, à antennes courtes et élytres généralement longs, au chant caractéristique, souvent appelé *sauterelle*. ETY Onomat.

ENC Les criquets, ou acridiens, comprennent de nombr. espèces. *Schistocerca gregaria*, le criquet pèlerin, et *Locusta migratoria*, le criquet migrateur, constituent en Afrique et en Asie des fléaux : ils se groupent en nuages de centaines de millions d'individus qui dévorent toute la végétation sur leur passage.

**Cris** peuple amérindien établi princ. au Québec, dans la région administrative du Nord-du-Québec. VAR **Crees** DER **cri, ie** *a*

**Criş** → **Körös.**

**crise** *nf* **1** MED Changement rapide, généralement décisif, en bien ou en mal, survenant dans l'état d'un malade. *Crise d'asthme.* **2** Accident subit chez un sujet atteint d'une maladie chronique, ou apparemment en bonne santé. *Crise d'appendicite. Crise cardiaque.* **3** Paroxysme d'un sentiment, d'un état psychologique. *Avoir une crise de larmes, de désespoir.* **4** Moment difficile et généralement décisif dans l'évolution d'une société, d'une institution, d'un individu. *La crise de l'Église. Être en crise.* **LOC** ***Crise de nerfs*** : état de tension extrême qui se manifeste par des cris, des pleurs. — ***Crise ministérielle*** : période entre la chute d'un ministère et la formation d'un nouveau cabinet. — Fam. ***Prendre, piquer une crise, faire sa crise*** : être en proie à une violente colère. ETY Du gr. *krisis*, « décision ».

**criser** *vi* ① **fam** Être en crise. *Des hausses de production qui ont fait criser l'OPEP.*

**crispation** *nf* **1** Contraction, resserrement qui ride la surface de qqch. **2** Contraction musculaire involontaire. **3** **fig** Impatience, vive irritation.

**crisper** *v* ① **A** *vt* **1** Resserrer en plissant la surface de. *Le froid crispe la peau.* **2** Provoquer la crispation musculaire d'une partie du corps. *Douleur, colère qui crispe le visage.* **3** **fig** Causer de l'impatience, de la contrariété à qqn. **B** *vpr* Se contracter, être tendu. *Se crisper au moindre bruit.* ETY Du lat. *crispare*, « friser, rider ». DER **crispant, ante** *a*

**Crispi** Francesco (Ribera, Sicile 1818 – Naples, 1901), homme politique italien. Président du Conseil (1887-1891, 1893-1896), il démissionna après le désastre d'Adoua, en Éthiopie (mars 1896).

**crispin** *nm* **1** **anc** Type de valet fanfaron, sans scrupule et flagorneur, de la commedia dell'arte. **2** Manchette de cuir ajoutée aux gants pour protéger le poignet.

**crisser** *vi* ① Produire un grincement par écrasement ou par frottement. *Pneus qui crissent.* ETY Du frq. DER **crissement** *nm*

**crissure** *nf* TECH Ride formée dans une barre ou une feuille de métal.

**cristal, aux** *nm* **A** **1** CHIM, MINER Solide, souvent limité naturellement par des faces planes, formé par la répétition périodique, dans les trois directions de l'espace, d'un même ensemble de constituants (atomes, ions ou molécules). **2** Variété de verre pur et dense, très sonore, riche en oxyde de plomb. *Un service à porto en cristal.* **3** **fig, litt** Eau, glace limpide et pure. *Le cristal d'un lac.* **B** *nmpl* **1** Objets de cristal. **2** Particules résultant de la cristallisation de l'eau. *Cristaux de glace, de neige.* **LOC** ***Cristal de roche*** : quartz. — ELECTRON ***Cristal liquide*** : substance organique dont les molécules peuvent être orientées sous l'effet d'un champ électrique, utilisée pour l'affichage numérique des données. — ***Cristaux de soude*** : carbonate de sodium cristallisé servant au nettoyage. — ***De cristal*** : pur, limpide. ETY Du gr. *krustallos*, « glace ».

**criquet** migrateur du genre *Locusta*

ENC Un cristal est un assemblage d'atomes, d'ions ou de molécules régulièrement répartis selon les trois directions de l'espace. On distingue les cristaux : à liaisons covalentes (diamant : atomes de carbone liés par covalence) ; à liaisons ioniques (chlorure de sodium : ions $Cl^-$ et sodium $Na^+$) ; à liaisons faibles de Van der Waals (hydrogène : molécules $H_2$) ; à liaisons métalliques (cuivre : ions $Cu^+$). Un cristal est un solide limité naturellement par des faces planes. La forme géométrique la plus simple qui, par glissement, permet de reproduire l'ensemble du cristal définit sa maille élémentaire. Dès 1784, Haüy a observé que, pour chaque espèce cristalline, les angles entre les faces limitantes étaient constants. Si l'on introduit (dopage) des impuretés dans divers cristaux (silicium, germanium), on obtient des *semiconducteurs*. L'étude des cristaux relève de la *minéralogie* mais aussi de la physique du solide. (V. minéral.)

Un cristal liquide correspond à un état particulier de la matière : l'état mésomorphe (mot d'origine grecque signifiant « de forme intermédiaire »). En effet, il possède certaines propriétés des liquides (fluidité, coalescence des gouttes par contact) et des solides cristallins.

On distingue deux grandes utilisations : **1.** affichage de grandeurs numériques par les cristaux dits nématiques : la transmission optique du cristal liquide est modifiée par un champ électrique ; **2.** mesure des températures (thermomètres digitaux, thermographie cutanée, etc.).

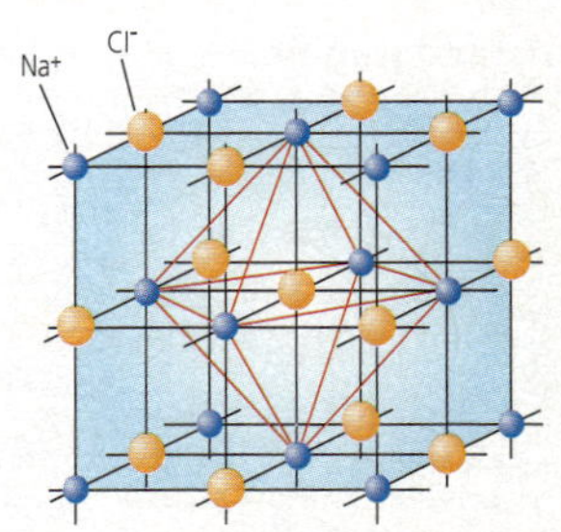


maille élémentaire du chlorure de sodium Na Cl ; chaque ion $Cl^-$ est entouré de six ions $Na^+$ et chaque ion $Na^+$ est entouré de six ions $Cl^-$ ; le cristal est constitué de telles mailles cubiques

**cristal**

**Cristal** (monts de) massif cristallin d'Afrique équatoriale (Gabon).

**cristallerie** *nf* **1** Art de fabriquer le cristal, les cristaux. **2** Ensemble d'objets en cristal. *L'argenterie et la cristallerie d'un grand restaurant.* **3** Lieu où l'on fabrique, où l'on vend des cristaux.

**cristallier** *nm* **1** Fabricant de cristaux. **2** Armoire à cristaux.

**cristallifère** *a* **didac** Qui contient des cristaux.

**1 cristallin, ine** *a* **1** Propre au cristal. *Structure cristalline.* **2** Qui contient des cristaux. **3** **litt** Pur, clair comme le cristal. **4** Pur comme le son rendu par le cristal. *Voix cristalline.* **LOC** MINER ***Roche cristalline*** : dont les minéraux constitutifs sont cristallisés. — ***Système cristallin*** : chacun des sept systèmes (cubique, quadratique, orthorhombique, hexagonal, rhomboédrique, monoclinique, triclinique) définis par la forme géométrique de la maille.

**2 cristallin** *nm* Élément constitutif de l'œil, en forme de lentille biconvexe, dont la courbure est modifiable sous l'action des muscles ciliaires, et qui concentre les rayons lumineux sur la rétine. DER **cristallinien, enne** *a*

**cristallisable** *a* PHYS Susceptible de se cristalliser.

**cristallisant, ante** *a* PHYS Qui détermine la cristallisation.

**cristallisation** *nf* **1** PHYS Formation de cristaux (par solidification, condensation d'un gaz en solide, évaporation d'un solvant, ou refroidissement d'une solution saturée). **2** Corps formé d'un ensemble de cristaux. *Une cristallisation basaltique.* **3 fig, litt** Fait de se cristalliser (idées, sentiments, sensations). *Cristallisation des espérances, des souvenirs.*

**cristalliser** *v* ① **A** *vt* **1** TECH Provoquer la cristallisation d'une substance. *Cristalliser du sucre.* **2 fig, litt** Donner forme, transformer en un ensemble cohérent des éléments dispersés. *Un parti qui réussit à cristalliser les aspirations des citoyens.* **B** *vi, vpr* **1** Prendre la forme de cristaux. **2** Prendre forme, devenir cohérent (idées, sentiments, sensations). DER **cristallisant, ante** *a*

**cristallisoir** *nm* CHIM Récipient en verre dans lequel on fait cristalliser les corps dissous.

**cristallo-** Élément, du gr. *krustallos*, « cristal ».

**cristalloélectrique** *a* PHYS Relatif aux propriétés électriques des cristaux. SYN piézoélectrique.

**cristallogenèse** *nf* GEOL Formation des cristaux.

**cristallographie** *nf* **didac** Science qui étudie la structure et la formation des cristaux. DER **cristallographe** *n* – **cristallographique** *a*

**cristalloïde** *n* **A** *nm* Corps dissous qui peut être dialysé (par oppos. à *colloïde*). **B** *nf* Capsule du cristallin.

**cristallophyllien, enne** *a* GEOL Se dit d'une roche cristalline dont les minéraux sont disposés en lits superposés plus ou moins réguliers.

**criste-marine** *nf* Nom usuel du *crithmum*. PLUR cristes-marines.

**Cristofori** Bartolomeo (Padoue, 1655 – Florence, 1731), facteur de clavecins italien qui aurait inventé le piano-forte.

**cristophine** → **christophine.**

**critère** *nm* **1** Principe, point de repère auquel on se réfère pour énoncer une proposition, émettre un jugement, distinguer et classer des objets, des notions. *Les critères de la beauté.* **2** MATH Condition nécessaire et suffisante. ETY Du gr.

**critérium** *nm* **1** SPORT Épreuve organisée en vue d'établir un classement des concurrents. **2** Course de poulains ou de pouliches du même âge, permettant d'évaluer leur valeur future (par oppos. à *omnium*). PHO [kʀiteʀjɔm]

**crithmum** *nm* Plante ombellifère appelée cour. *criste-marine, perce-pierre, fenouil de mer* ou *marin*, des bords de mer rocheux, dont on utilise les feuilles comme condiment. PHO [kʀitmɔm] ETY Du gr. VAR **crithme**

**Critias** (450 – 403 av. J.-C.), homme politique athénien, élève de Socrate ; l'un des Trente Tyrans.

**criticisme** *nm* PHILO **1** Doctrine de Kant qui place à la base de la réflexion philosophique une étude rigoureuse visant à déterminer les conditions et les limites de notre faculté de connaître. **2** Philosophie qui met la théorie de la connaissance à la base de la réflexion. DER **criticiste** *a, n*

**criticité** *nf* PHYS NUCL État d'un milieu ou d'un système devenu critique.

**critique** *a, n* **A** *a* **1** MED Qui annonce ou accompagne une crise ; qui décide de l'évolution d'une maladie. *Phase critique.* **2** Qui détermine un changement en bien ou en mal, en parlant d'une situation, d'une période, d'un état. *Instant critique.* **3** PHYS Se dit de la limite supérieure de la phase d'équilibre liquide-vapeur d'un fluide (état caractérisé par une température, une pression et un volume critiques). **4** Caractérisé par un seuil, une limite. *Entreprise qui atteint une taille critique.* **5** Qui s'applique à discerner les qualités et les défauts d'une œuvre, d'une production de l'esprit d'une personne. *Présentation critique d'une thèse.* **6** Qui cherche à établir la vérité, la justesse d'une proposition, d'un fait. *L'examen critique d'une doctrine.* **7** Qui porte un jugement sévère, qui blâme ou dénigre. *Juger qqn en termes très critiques.* **B** *nf* **1** Art de juger les œuvres littéraires et artistiques. *La critique littéraire.* **2** Jugement porté sur une œuvre littéraire ou artistique ; ensemble de ces jugements. *Lire les critiques avant d'aller voir un film.* **3** Ensemble des critiques. *La critique a éreinté cette pièce.* **4** Analyse rigoureuse d'une œuvre, d'une production de l'esprit, d'une personne. *Soumettre sa conduite à une critique vigilante.* **5** Désapprobation, jugement négatif, sévère. *Accabler qqn de critiques.* **C** *n* Personne qui juge des œuvres littéraires et artistiques. **LOC** ***Édition critique :*** établie après examen et comparaison des divers manuscrits ou éditions antérieures. — PHYS NUCL ***Masse critique :*** masse de matériau fissile nécessaire au déclenchement d'une réaction en chaîne. ETY Du *krinein*, « juger comme décisif ».

**Critique** revue philosophique et littéraire française fondée en 1946 par G. Bataille.

**Critique de la raison pratique** œuvre philosophique de Kant (1788) qui étudie la morale.

**Critique de la raison pure** œuvre philosophique de Kant (1781, 2e éd. 1787) qui étudie la connaissance.

**Critique du jugement** œuvre philosophique de Kant (1790) qui étudie notam. la faculté de porter des jugements esthétiques.

**critiquer** *vt* ① **1** Examiner en critique. *Critiquer un livre, une doctrine.* **2** Juger avec sévérité, avec blâme. DER **critiquable** *a*

**critiqueur, euse** *n* Personne qui aime critiquer, blâmer.

**Criton** (Ve-IVe s. av. J.-C.), riche citoyen d'Athènes, ami et disciple de Socrate. ▷ LITTER Dialogue de Platon (v. 395 av. J.-C.).

**Crivelli** Carlo (Venise, v. 1430 –?, v. 1493), peintre italien (effets de perspective).

**Crna Gora** → **Monténégro.**

**croasser** *vi* ① Crier en parlant du corbeau. ETY Onomat. DER **croassement** *nm*

**croate** *nm* Langue slave parlée en Croatie où elle est langue officielle.

**Croatie** (*Republika Hrvatska*), État d'Europe, république fédérée de Yougoslavie jusqu'en 1992. En bordure de la côte de l'Adriatique, elle s'étend jusqu'à la Hongrie au N., entre le Monténégro et la Bosnie-Herzégovine à l'E., et la Slovénie à l'O. ; 56 538 km² ; 4 200 000 hab. ; cap. *Zagreb*. Langue : croate. Monnaie : kuna. Ressources : céréales, betteraves sucrières, pétrole, houille, fer, bauxite. Industries : agroalimentaire ; construction navale. L'économie a été ruinée par le conflit yougoslave (dep. 1991). La croissance était revenue en 1995 (+ 5 %), mais le pays sort difficilement de la crise de 2008. DER **croate** *a, n*

**Histoire** La rég. fit partie de la prov. romaine de Pannonie. Envahie au VIIe s. par les Croates, peuple slave, elle forma du Xe au XIe s. un royaume qui fut inclus dans celui de Hongrie de 1102 à 1918. Une partie de la rég. fut occupée

par les Turcs de 1526 à 1699 ; Napoléon fit des territoires croates et slovènes les Provinces illyriennes (1809-1813). En 1918, la Croatie s'intégra au royaume des Serbes, Croates et Slovènes (devenu Yougoslavie en 1934). En 1941, le parti oustachi, de tendance fasciste, dirigé par Ante Pavelic, fit de la Croatie un État indép., qui fut mis sous protectorat germano-italien dès 1942. Un régime de terreur régna jusqu'en 1945. Elle redevint alors yougoslave.

**L'INDÉPENDANCE** En 1990, les communistes croates firent sécession de la Ligue fédérale et des élections libres désignèrent un gouvernement nationaliste (Franjo Tudjman fut élu prés. en 1990, réélu en 1992 et 1997). En juillet 1991, cette rép. proclama son indépendance. L'armée yougoslave (surtout serbe) intervint. La Croatie a été reconnue en janv. 1992 par la CEE et admise à l'ONU (mai). En 1995, la Croatie a reconquis, par les armes, le territoire sécessionniste (à majorité serbe) de Krajina et a recouvré en 1998 ceux de la Slavonie orient. qui avaient été conquis par les Serbes en 1991 et placés sous mandat de l'ONU en 1996. Qu'il s'agisse de ces prov. ou de la Bosnie-Herzégovine, la Croatie s'oppose à toute domination serbe, mais un accord a été conclu en nov. 1995 qui marque le début d'une coexistence des trois communautés. La mort de F. Tudjman (1999) donne lieu à des élections prés. remportées par Stipe Mesic (démocrate) sur les nationalistes (2000, réélu en 2005). En 2010, Ivo Josipovic (social-démocrate) est élu prés., ce qui favorise la victoire du SDP aux législatives de 2011. La Croatie entre dans l'UE en 2013. Les nationalistes reviennent au pouvoir avec l'élection de Kolinda Grabar-Kitarovic comme présidente de la Rép. en 2015.

**crobard** *nm* fam Croquis.

**croc** *nm* **1** Instrument à pointes recourbées servant à suspendre. **2** Longue perche munie d'un crochet. **3** Instrument à dents pour ramasser, étaler le fumier. **4** Chacune des quatre canines de certains carnivores. *Les crocs d'un lion.* **5** fam Dents de l'homme. **LOC** fam ***Avoir les crocs*** : avoir très faim. — fam ***Montrer les crocs*** : menacer, se mettre en colère. (PHO) [kʀo] (ETY) Du frq.

**Croc-Blanc** roman d'aventures de Jack London dans le nord du Canada (1907).

**Croce Benedetto** (Pescasseroli, Abruzzes, 1866 – Naples, 1952), critique littéraire, historien et philosophe italien : *Bréviaire d'esthétique* (1913), *l'Histoire comme pensée et action* (1938).

**croc-en-jambe** *nm* **1** Action de mettre le pied devant la jambe de qqn pour le faire tomber. SYN croche-pied. **2** fig Moyen déloyal utilisé pour nuire à qqn. PLUR crocs-en-jambe. (PHO) [kʀɔkɑ̃ʒɑ̃b]

**Carlo Crivelli** *le Christ mort* – musée du Louvre

**1 croche** *a, n* Canada fam **A** *a* Crochu, recourbé. *Jambes croches.* **B** *a, n* Malhonnête, hypocrite. **C** *nm* Virage ou méandre.

**2 croche** *nf* MUS Note dont la queue porte un crochet, et qui vaut le quart d'une blanche, ou la moitié d'une noire. **LOC** ***Double croche, triple croche*** : croche qui porte deux, trois crochets et qui vaut la moitié, le quart de la croche.

**croche-patte** *nm* fam Syn. de *croc-en-jambe.* PLUR croche-pattes. (VAR) **crochepatte**

**croche-pied** *nm* Syn. de *croc-en-jambe.* PLUR croche-pieds. (VAR) **crochepied**

**crocher** *v* ① **A** *vt* **1** MAR Saisir. **2** Tordre en forme de croche. **B** *vi* Suisse Être accrocheur.

**crochet** *nm* **1** Instrument, tige présentant une extrémité recourbée pour suspendre, maintenir, attacher. *Crochet d'attelage d'une locomotive.* **2** Instrument en L pour ouvrir les serrures. **3** Grosse aiguille à pointe recourbée utilisée pour le tricot ou la dentelle. *Faire une écharpe au crochet.* **4** Chacune des canines du mulet et du cheval. **5** Chacune des deux dents recourbées des serpents venimeux, généralement percée d'un canal qui la relie aux glandes à venin. **6** ARCHI Motif ornemental en forme de feuille recourbée. **7** TYPO Signe [ ], voisin de la parenthèse. **8** Détour, changement de direction. *Faire un crochet pour éviter les embouteillages.* **9** SPORT En boxe, coup porté par un mouvement du bras en arc de cercle. *Parer un crochet du droit.* **LOC** fam ***Vivre aux crochets de qqn*** : à ses dépens.

**crocheter** *vt* ⑱ Ouvrir une serrure, une porte, etc. avec un crochet. *Crocheter un coffre-fort.* (DER) **crochetable** *a* – **crochetage** *nm*

**crocheteur** *nm* anc Portefaix.

**crochu, ue** *a* Recourbé en forme de croc. *Nez, doigts crochus.* **LOC** fam ***Avoir les doigts crochus*** : être avare, rapace.

**crocidolite** *nf* Amphibole qui fournit une variété d'amiante très cancérigène.

**Crockett David,** dit **Davy** (Rogersville, 1786 – Fort Alamo, 1836), personnage américain de la conquête de l'Ouest, mort héroïquement à Fort Alamo, assiégé par les Mexicains.

**croco** *nm* fam Cuir de crocodile.

**crocodile** *nm* **1** Grand reptile carnivore, aux pattes courtes, aux mâchoires très longues, vivant dans les eaux chaudes. *Les vagissements du crocodile.* **2** Cuir de crocodile. *Une ceinture en crocodile.* **3** CH DE F Pièce métallique placée entre les rails, qui déclenche un signal. (ETY) Du gr.

**crocodilien** *nm* ZOOL Reptile de grande taille, amphibie, présentant des caractères très évolués (notam. un cœur à quatre cavités, comme les mammifères), tel que l'alligator, le caïman, le crocodile et le gavial.

**crocosmia** *nm* Plante bulbeuse (iridacée) originaire d'Afrique du Sud, à grandes hampes florales, cultivée comme ornementale. SYN montbrétia. (ETY) Du gr. *krokos,* « safran ».

**crocro** *nm* Afrique Gale filarienne. (VAR) **craw-craw** ou **crow-crow**

**crocus** *nm* Plante vivace bulbeuse (iridacée) à grande fleur violette, jaune ou blanche, dont une espèce fournit le safran. (ETY) Du gr.

**Crohn (maladie de)** *nf* Inflammation ulcéreuse de l'intestin, d'origine auto-immune.

**croire** *v* ⑦ **A** *vt* **1** Tenir pour vrai, estimer comme véritable. *Croire un récit.* **2** Avoir confiance en qqn, en la sincérité de ses dires. *Croyez-moi, je n'avais jamais vu un tel désordre !* **3** Tenir pour véritable ce qui n'est pas. *Il a cru entendre un bruit.* **4** Imaginer, tenir pour vraisemblable ou possible. *Je ne crois pas cette tentative inutile. Je le crois honnête.* **5** Estimer, supposer que. *Il est à croire qu'il n'a jamais travaillé.* **B** *vti* **1** Avoir confiance en. *Il croit beaucoup en cet enfant. Croire en l'avenir.* **2** Être convaincu de la valeur, de la portée de qqch. *Croire à la science, au progrès.* **3** Être persuadé de la réalité, de la vérité, de l'existence de qqch. *Croire en Dieu et à son amour.* **C** *vi* **1** Accepter entièrement, sans examen ni critique, une proposition, des paroles, etc. *Croire et ne jamais discuter, voilà sa règle.* **2** Avoir la foi. *Il n'est pas pratiquant mais il croit.* **D** *vpr* S'imaginer être, se prendre pour. *Elle se croit une grande comédienne.* **LOC** fam ***Croire dur comme fer*** : être fermement convaincu. — fam ***Croire que c'est arrivé*** : se faire des illusions. — ***En croire*** : s'en rapporter à qqn, à ses dires. — ***Ne pas en croire ses oreilles, ses yeux*** : être stupéfait. (ETY) Du lat.

**croisade** *nf* **1** HIST Expédition menée au Moyen Âge par les chrétiens pour délivrer les Lieux saints de la domination musulmane. **2** fig Campagne, lutte menée en vue d'un objectif précis. *Croisade pour la paix.* (ETY) De l'ital. *crociata,* et de l'esp. *cruzada.*

ENC On compte 8 croisades princ., mais le va-et-vient des croisés fut continu entre l'Occident et l'Orient. La *1re croisade* (1096-1099), décidée par le pape Urbain II, comporta une croisade populaire (prêchée par Pierre l'Ermite et rapidement massacrée par les Turcs en Anatolie) et la croisade des barons, commandée par Godefroi de Bouillon ; celle-ci aboutit à la prise de Jérusalem (juil. 1099), puis à la création du roy. de Jérusalem, dont Baudouin, frère de Godefroi, fut le premier souverain (1100). La *2e croisade* (1147-1149), prêchée par saint Bernard de Clairvaux à Vézelay et commandée par le roi de France Louis VII le Jeune et l'empereur Conrad III, échoua devant Damas. La *3e croisade* (1189-1192), prêchée par Guillaume, archevêque de Tyr, fut commandée par le roi de France Philippe Auguste et le roi d'Angleterre Richard Cœur de Lion, d'une part, l'empereur Frédéric Barberousse, d'autre part ; les croisés ne purent reprendre Jérusalem, que Saladin avait enlevée en 1187. La *4e croisade* (1202-1204), commandée par Baudouin IX, comte de Flandre, et Boniface de Montferrat, fut détournée de son

**crocodiliens** gavial du Gange (1 et 5) – crocodile du Nil (2 et 6) – alligator américain (3 et 4)

but (l'Égypte) par les Vénitiens ; cela aboutit au pillage de Constantinople (1204), ainsi qu'à la constitution des États latins de Grèce : Empire latin, principauté de Morée, empire maritime de Venise. La 5ᵉ *croisade* (1217-1221), décidée par Innocent III (comme la 4ᵉ), commandée par Jean de Brienne, roi nominal de Jérusalem, et André II de Hongrie, et dirigée contre l'Égypte, prit Damiette (1219), puis échoua. La 6ᵉ *croisade* (1228-1229) fut commandée, après de multiples tergiversations, par l'empereur Frédéric II, alors excommunié, qui obtint du sultan d'Égypte la cession de Jérusalem. La 7ᵉ *croisade* (1248-1254), commandée par Saint Louis, dirigée contre l'Égypte dont le sultan avait repris Jérusalem (1244), échoua : défaite de Mansourah et capture de Saint Louis (1250). La 8ᵉ *croisade* (1270) fut également commandée par Saint Louis, qui mourut de la peste devant Tunis.

**croisade des enfants** expédition d'enfants rassemblés en Allemagne et en France par des prophètes en 1212. Des armateurs de Marseille emmenèrent certains groupes en Égypte, où ils les vendirent comme esclaves.

**croisé, ée** *a, n* **A** *a* **1** En forme de croix ou de X. *Baguettes croisées.* **2** MILIT Se dit de feux qui prennent l'ennemi sous des angles différents. **3** Produit par croisement. *Chien croisé avec un loup.* **B** *nm* **1** Celui qui partait en croisade. **2** Étoffe à fils très serrés. **D** *nf* **1** Endroit où deux choses se croisent. *La croisée des chemins.* **2** Châssis vitré à un ou plusieurs vantaux qui sert à clore une fenêtre. **LOC** ***Vêtement croisé :*** dont les bords se superposent en partie.

**croisement** *nm* **1** Fait de croiser, de se croiser. *Croisement de deux véhicules.* **2** TEXT Entrelacement des fils d'un tissu. **3** Point où deux ou plusieurs lignes ou voies se croisent. *Croisement de la voie ferrée et de la route.* **4** Méthode de reproduction par fécondation entre individus (animaux ou plantes) de même espèce ou d'espèces voisines. **5** LING Formation d'un mot par télescopage entre deux mots ou par contamination.

**croiser** *v* ① **A** *vt* **1** Disposer en croix ou en X. *Croiser les jambes, les mains.* **2** Passer au travers d'une route, d'un chemin. *Route nationale croisant un chemin communal.* **3** Passer à côté de qqn en allant dans la direction opposée. *Voiture qui en croise une autre.* **4** Faire se reproduire des êtres vivants de races ou d'espèces différentes. *Croiser deux races bovines, deux plantes.* **B** *vi* **1** Se superposer. *Veste qui croise.* **2** MAR Aller et venir dans une même zone, naviguer. **C** *vpr* **1** vx Entreprendre une croisade. **2** Se rencontrer. *Regards qui se croisent.* **LOC** ***Croiser la baïonnette :*** la diriger en avant, perpendiculairement au corps. — ***Croiser le fer :*** se battre à l'épée ; fig s'affronter. — fam ***Croiser les doigts :*** passer le majeur sur l'index pour conjurer le mauvais sort ou au moment de faire un souhait. ETY De *croix.*

**croiserie** *nf* Ouvrage de vannerie en brins d'osier croisés.

**croisette** *nf* **1** Petite croix. **2** Nom cour. d'une gentiane et d'un gaillet aux pétales disposés en croix. **3** Fleuret de garde en forme de croix.

**Croisette (pointe de la)** cap situé au S.-E. de Cannes (Alpes-Maritimes). – *La Croisette :* promenade de Cannes le long du rivage.

**croiseur** *nm* MAR Bâtiment de guerre, rapide et de tonnage moyen, servant à éclairer la marche des escadres, à engager le combat avant les navires de ligne et à exercer une surveillance sur une grande distance.

**Croisic (Le)** ch.-l. de cant. de la Loire-Atlantique ; 4278 hab. Port de pêche. Station balnéaire. DER **croisicais, aise** *a, n*

**croisière** *nf* **1** MAR Action de croiser dans une zone déterminée pour y exercer une surveillance. **2** Voyage d'agrément en mer. **LOC** ***De croisière :*** se dit de la vitesse à laquelle un véhicule effectue un long parcours sans usure anormale du moteur ; fig se dit de l'allure normale d'un processus après une période de mise en route.

**Croisière jaune** raid automobile à travers l'Asie organisé par A. Citroën, de Beyrouth (avr. 1931) à Pékin (fév. 1932).

**croisiériste** *n* **1** Personne qui participe à une croisière. **2** Entreprise de tourisme qui organise des croisières.

**croisillon** *nm* **A** **1** Traverse d'une croix, d'une croisée. **2** ARCHI Bras du transept d'une église. **3** Pièce qui divise le châssis d'une fenêtre. **B** *nmpl* **1** Pièces disposées en croix à l'intérieur d'un châssis, servant à supporter les vitres. **2** Ensemble de motifs, de pièces en forme de croix, de X.

**croissance** *nf* **1** Développement progressif des êtres organisés, de leur taille. *Croissance difficile d'un enfant.* **2** Augmentation, développement. *Croissance démesurée des villes.* **3** BIOL Accroissement des diverses parties d'un être vivant, ou adjonction de nouvelles parties semblables à des parties préexistantes, à l'exclusion de toute adjonction de fonctions nouvelles. **4** ECON Augmentation de la production et de la consommation entraînant une transformation des structures de la société.

**1 croissant** *nm* **1** Figure échancrée de la Lune à son premier ou dernier quartier. **2** Emblème de l'Empire turc, de l'islam. **3** Faucille en forme de croissant servant à élaguer. **4** Petite pâtisserie de pâte feuilletée en forme de croissant. *Manger des croissants.* ETY D'ap. l'all. *Hörnchen.*

**2 croissant, ante** *a* Qui s'accroît, qui va en augmentant. **LOC** MATH ***Fonction croissante :*** qui varie dans le même sens que la variable dont elle dépend. — ***Suite croissante :*** suite telle que l'élément de rang $n$ est toujours inférieur à celui de rang $n + 1$.

**croissanterie** *nf* Boutique qui vend des croissants, des brioches, des pâtisseries salées, etc. ETY Nom déposé.

**Croissant fertile** plaines alluviales du Moyen-Orient où s'édifièrent les premières civilisations dans l'Antiquité.

**Croissant-Rouge (le)** organisation correspondant, dans les pays musulmans, à la Croix-Rouge ; reconnue par la conférence de Genève (1949).

**Croisset** Franz Wiener, dit Francis de (Bruxelles, 1877 – Neuilly-sur-Seine, 1937), écrivain français d'origine belge : *les Vignes du Seigneur* (en collab. avec R. de Flers, 1923).

**croît** *nm* **1** Augmentation du nombre de sujets d'un cheptel par la naissance des petits. **2** Gain de poids vif des animaux. VAR **croit**

**croître** *vi* ⑫ **1** Se développer, grandir. *Les petits de l'animal croissent.* **2** Augmenter en volume, en intensité, en nombre. *La rivière a crû. Le bruit croît.* **3** Se développer, pousser naturellement. *Champignons qui croissent au pied de certains arbres.* ETY Du lat.

**croix** *nf* **1** ANTIQ Instrument de supplice composé de deux pièces de bois croisées, sur lequel on fixait certains condamnés à mort. **2** (Avec maj.) Celle sur laquelle Jésus-Christ fut crucifié. **3** Religion chrétienne. **4** Représentation figurée de la croix de Jésus-Christ. *La croix pectorale des évêques.* **5** Objet, signe, ornement composé de deux éléments qui se croisent. *La croix de guerre.* **6** Marque formée par deux traits qui se croisent. *Marquer une page d'une croix.* **7** Signe en forme de croix. **LOC** ***Chacun porte sa croix :*** chacun a sa part de souffrance. — ***Croix***

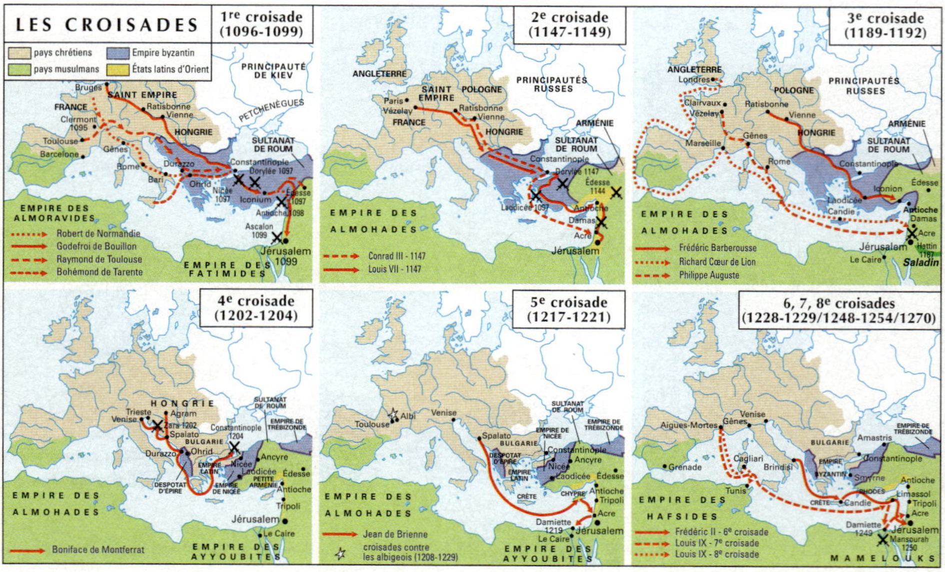

*grecque :* dont les quatre branches sont égales. — *Croix de Lorraine :* à deux croisillons inégaux. — *Croix de Malte :* dont les quatre branches égales vont en s'élargissant. — *Croix de Saint-André :* en forme de X. — *Croix de Saint-Antoine :* en forme de T. — *Croix latine :* dont la branche inférieure est plus longue que les autres. — *Le mystère de la Croix :* le mystère de la rédemption des hommes rachetés par la mort que Jésus a soufferte sur la croix. — *Mettre, faire une croix sur une chose :* la tenir pour perdue, y renoncer. — COUT *Point de croix :* dans lequel le fil forme une croix, utilisé en broderie, en tapisserie. — *Signe de (la) croix :* geste rituel des chrétiens (orthodoxes et catholiques), dessinant une croix. ETY Du lat.

1 - latine
2 - grecque
3 - en tau
4 - ansée (ou égyptienne)
5 - de Lorraine
6 - papale
7 - gammée (ou svastika)
8 - de Malte
9 - potencée
10 - tréflée
11 - de Saint-Louis
12 - ancrée
13 - en roue (ou celte)
14 - copte

**croix**

**Croix** com. du Nord (arr. de Lille), dans la banlieue de Roubaix ; 21 182 hab. Industries. DER **croisien, enne** *a, n*

**Croix (la)** grand quotidien de la presse catholique française, fondé en 1883 par les assomptionnistes.

**Croix de bois (les)** roman de Dorgelès sur la guerre de 1914-1918 (1919).

**Croix de fer** ordre militaire all., créé en 1813 par Frédéric-Guillaume III de Prusse.

**Croix-de-Feu (les)** association d'anciens combattants fondée en 1927 et dirigée par le colonel de La Rocque. Elle fut dissoute en 1936 par le gouvernement du Front populaire.

**Croix du Sud (la)** constellation de l'hémisphère austral dont les quatre étoiles les plus brillantes dessinent une croix ; n. scientif. : *Crux, Crucis.*

**Croix-Rouge (la)** organisation internationale (dénomination officielle : *Mouvement international de la Croix-Rouge et du Croissant-Rouge*) fondée à l'instigation d'Henri Dunant, en 1863, pour protéger les victimes des guerres. Siégeant à Genève, le Comité international de la Croix-Rouge (CICR) a reçu le P. Nobel de la paix en 1917, 1944 et 1963.

**Croix-Rousse (la)** quartier de Lyon, au N. de la ville, sur une colline.

**crolle** *nf* **Belgique fam** Boucle de cheveux.

**Cro-Magnon** abri-sous-roche de la com. des Eyzies-de-Tayac (Dordogne) où furent découverts, en 1868, plusieurs squelettes d'un *homme de Cro-Magnon* (paléolithique supérieur, vers 30000 av. J.-C.).

**cromalin** *nm* IMPRIM Épreuve en couleurs servant de bon à tirer. ETY Nom déposé.

**cromesqui** *nm* Croquette entourée d'une fine crêpe, plongée dans la pâte à beignet et frite.

**cromlech** *nm* Monument mégalithique formé de blocs espacés dressés en cercle. PHO [kʀɔmlɛk] ETY Mot gallois et breton.

**Crommelynck Fernand** (Paris, 1886 – Saint-Germain-en-Laye, 1970), dramaturge belge d'expression française : *le Cocu magnifique* (1921).

**cromorne** *nm* **1** Instrument de musique à vent, en bois, de la famille de la bombarde, en usage au XVI^e et au XVII^e s. **2** Un des jeux d'anche de l'orgue. ETY De l'all.

**Cromwell Thomas (comte d'Essex)** (Putney [?], v. 1485 – Londres, 1540), homme politique anglais. Il seconda Henri VIII dans la Réforme anglicane. Tombé en disgrâce, il fut décapité.

**Cromwell Oliver** (Huntingdon, 1599 – Londres, 1658), homme politique anglais. Gentilhomme puritain, député au Long Parlement (1640), il leva à ses frais un régiment, les « Côtes de fer », et vainquit le roi Charles I^er à Naseby (1645). Il le fit condamner à mort (1649), instaura la république *(Commonwealth)* et soumit l'Irlande et l'Écosse (1650-1651). Dictateur, il reçut le titre de *lord-protecteur* en 1653. Il renforça la puissance maritime anglaise (Acte de navigation, 1651) et, contre l'Espagne, s'allia à la France pour annexer Dunkerque (1658). ▷ LITTER *Cromwell :* drame en 5 actes et en vers (1827) de Victor Hugo, non représenté, dont la longue préface constitua le manifeste de la jeune école romantique française. — **Richard** (Huntingdon, 1626 – Cheshunt, 1712), troisième fils du préc. auquel il succéda. Il abandonna le pouvoir dès 1659 et s'exila.

**Cronaca Simone del Pollaiolo, dit il** (Florence, 1457 – id., 1508), architecte italien. Il acheva le palais Strozzi.

**Cronin Archibald Joseph** (Cardross, Dumbartonshire, 1896 – Montreux, 1981), romancier anglais : *le Chapelier et son château* (1930), *les Clefs du royaume* (1941).

**Cronin James Watson** (Chicago, 1931), physicien américain. Ses travaux sur la violation du principe de symétrie ont été couronnés par le prix Nobel 1980 (partagé avec Fitch).

**Cronos** divinité hellénique, fils d'Ouranos (le Ciel) et de Gaia (la Terre), père de Zeus. Identifié par les Romains à Saturne. VAR **Kronos**

**Cronstadt** base navale de l'ex-URSS, dans l'île de Kotline, à 30 km à l'O. de Saint-Pétersbourg. – Mutineries de marins en 1905, en 1917 et en 1921 ; cette dernière, dirigée contre le pouvoir soviétique, fut sévèrement réprimée par Trotski. VAR **Kronstadt**

**Crookes sir William** (Londres, 1832 – id., 1919) physicien anglais. Il découvrit en 1878 la composition des rayons cathodiques et mit au point le *tube* (cathodique) *de Crookes.*

**la Croix-Rouge** aide alimentaire en Éthiopie

**O. Cromwell**

**W. Crookes**

**crooner** *n* Chanteur de charme. PHO [kʀunœʀ] ETY Mot amér. VAR **crooneuse** *nf*

**1 croquant** *nm* HIST Paysan révolté, en Guyenne, sous les règnes de Henri IV et de Louis XIII. ETY Du provenç. *crouca,* « arracher ».

**2 croquant, ante** *a, nm* **A** *a* Qui croque sous la dent. *Biscuit croquant.* **B** *nm* **1** Caractère croquant. *Le croquant d'une pomme.* **2** Biscuit aux amandes, très dur. **3** Cartilage de la volaille et de certaines viandes.

**croque au sel (à la)** *av* Avec du sel pour seul assaisonnement.

**croque-madame** *nm* Croque-monsieur surmonté d'un œuf sur le plat. PLUR croque-madames ou croque-madame. VAR **croquemadame**

**croquembouche** *nm* CUIS Pièce montée composée de petits choux caramélisés et fourrés de crème.

**croque-mitaine** *nm* **1** Être imaginaire et terrible évoqué pour effrayer les enfants, les faire obéir. **2 fig** Personne qui se fait redouter par son apparence sévère. PLUR croque-mitaines. VAR **croquemitaine**

**croque-monsieur** *nm* Mets fait de deux tranches de pain de mie entre lesquelles on place une tranche de jambon et du fromage, et que l'on fait griller ou frire. PLUR croque-monsieurs ou croque-monsieur. VAR **croquemonsieur**

**croque-mort** *nm* **fam** Employé d'une entreprise de pompes funèbres. PLUR croque-morts. VAR **croquemort**

**croquenot** *nm* **fam** Soulier.

**croquer** *v* ① **A** *vi* Faire un bruit sec sous la dent. *Chocolat qui croque.* **B** *vt* **1** Manger qqch qui produit un bruit sec en broyant avec les dents. *Croquer une pomme. Croquer du sucre.* **2 fig** Faire disparaître rapidement. *Croquer un héritage.* **3** PEINT Esquisser rapidement, sur le vif, les traits essentiels de. *Croquer un paysage, un visage.* **4** Au jeu de croquet, atteindre et projeter loin du but la boule de l'adversaire. **LOC** MUS *Croquer des notes :* les escamoter. — ***Personne jolie à croquer :*** très jolie. ETY De *croc.*

**1 croquet** *nm* **rég** Biscuit sec, mince et croquant.

**2 croquet** *nm* Jeu qui consiste à pousser sous des arceaux, suivant un itinéraire déterminé, des boules de bois avec un maillet. ETY De l'angl. *crocket,* ou de *croquer,* au sens anc. de « frapper ».

**3 croquet** *nm* Galon à petites dents, servant à border un ourlet ou à orner un vêtement. ETY Var. de *crochet.*

**croquette** *nf* **1** CUIS Boulette de pâte, de viande hachée, etc. **2** Aliment pour animaux, se présentant sous forme de boulettes croquantes.

**croqueur, euse** *a, n* Qui croque un aliment. **LOC fam** ***Croqueuse de diamants :*** femme qui recherche les hommes pour leur argent.

**croquignol, ole** *a* fam Amusant et surprenant. VAR **croquignolet, ette** ou **croquignolesque**

**croquignole** *nf* Petite pâtisserie croquante.

**croquis** *nm* Dessin schématique d'un objet ; esquisse. LOC TECH ***Croquis coté*** : représentation d'un objet par ses projections, avec l'indication de ses principales dimensions.

**Cros Charles** (Fabrezan, Aude, 1842 – Paris, 1888), poète et savant français. Il a défini le principe de la photographie en couleurs (1869) et, en 1876, avant Edison, celui du phonographe (paléophone). Poésie : *le Coffret de santal* (1873), *le Collier de griffes* (posth., 1908). – *L'académie Charles-Cros* décerne chaque année des prix à des disques.

Charles Cros

**Crosby Harry Lillis,** dit **Bing** (Washington, 1904 – Madrid, 1977), acteur et chanteur américain : *Haute Société* (1955).

**croskill** *nm* AGRIC Rouleau en fonte pour briser les mottes de terre. ETY D'un n. pr.

**crosne** *nm* Tubercule comestible d'une labiée, présentant plusieurs renflements successifs. PHO [kʀon] ETY De *Crosne*, com. de l'Essonne.

**cross** *nm* SPORT Course sur un parcours tout-terrain (cyclisme, équitation, etc.). ETY Mot angl.

**cross-country** *nm* SPORT Course à pied au milieu d'obstacles naturels. PLUR cross-countrys ou cross-countries. PHO [kʀɔskuntʀi]

**crosse** *nf* **1** LITURG Dans l'Église latine, bâton pastoral d'évêque ou d'abbé mitré, à bout recourbé. **2** Bâton à bout recourbé utilisé dans certains jeux pour frapper ou pousser une balle, un palet. *Crosse de hockey.* **3** Partie du fût d'un fusil, d'un pistolet, etc., qu'on appuie contre l'épaule ou que l'on serre dans la main pour tirer. **4** TECH Pièce recourbée à une de ses extrémités. *Crosse de violon.* **5** BOT Extrémité recourbée d'une inflorescence et de certaines feuilles. *Crosse de fougère.* **6** ANAT Partie recourbée d'un vaisseau. *Crosse de l'aorte.* LOC pop ***Chercher des crosses*** : chercher querelle. — ***Mettre la crosse en l'air*** : se rendre ou se mutiner en parlant de soldats. ETY Du frq.

**crossé, ée** *a* RELIG CATHOL Qui a le droit de porter la crosse.

**crossette** *nf* AGRIC Branche de vigne, de figuier, etc., taillée et destinée à faire une bouture.

**crossing-over** *nm inv* BIOL Enjambement des chromosomes. PHO [kʀɔsiŋɔvœʀ] ETY Mot angl.

**crossoptérygien** *nm* ZOOL Poisson apparu du dévonien au permien et dont les nageoires préfigurent les membres des amphibiens. *Le cœlacanthe est le seul crossoptérygien actuel.*

**crossover** *nm* AUTO Automobile entre la berline et le tout-terrain. PHO [kʀɔsɔvœʀ] ETY Mot angl.

**crotale** *nm* **1** Serpent très venimeux d'Amérique, atteignant 2 m de long, dont l'extrémité de la queue est constituée d'étuis cornés qui produisent un bruit de crécelle quand il se déplace. SYN serpent à sonnette. **2** MUS Sorte de castagnette en usage dans l'Antiquité. ETY Du gr.

**croton** *nm* Euphorbiacée, qui produit des graines dont on tire une huile purgative.

**Crotone** v. et port d'Italie (prov. de Catanzaro, en Calabre) ; 61 000 hab. – Fondée à la fin du VIIIe s. av. J.-C. par les Achéens, cette ville de Grande-Grèce (conquise par Rome au début du IIe s. av. J.-C.) hébergea Pythagore et vit naître Milon.

**Crotoy (Le)** stat. balnéaire de la Somme ; 2 297 hab. DER **crotellois, oise** *a, n*

**crotte** *nf, interj* **A 1** *nf* Tout excrément solide. **2** Bonbon de chocolat. **B** *interj* fam, vieilli Marque le dépit, la surprise. LOC fam ***C'est de la crotte (de bique)*** : cela n'a aucune valeur. ETY Du frq.

**crotter** *v* ① **A** *vt* vx Salir avec de la boue. *Des souliers crottés.* **B** *vi* Faire des excréments solides.

**crottin** *nm* **1** Excrément solide des équidés. **2** Petit fromage de chèvre de forme ronde.

**croulant, ante** *a, n* **A** *a* Qui croule ou qui est près de crouler. *Une maison croulante.* **B** *n* fam, péjor Adulte, personne âgée.

**croule** *nf* **1** Vol nuptial de la bécasse. **2** Chasse pratiquée pendant le passage des bécasses, au printemps.

**1 crouler** *vi* ① **1** Tomber en se désagrégeant. *Un mur qui croule.* **2** fig S'effondrer. *Crouler de fatigue.* ETY Du lat. *corrotulare*, « faire rouler ».

**2 crouler** *vi* ① Crier, en parlant de la bécasse. ETY De l'all.

**croup** *nm* Laryngite à fausses membranes, presque toujours d'origine diphtérique. PHO [kʀup] ETY Mot angl.

**croupade** *nf* Saut d'école dans lequel le cheval ramène ses membres postérieurs sous lui.

**croupe** *nf* **1** Partie du corps des équidés et camélidés qui s'étend des reins à la naissance de la queue. **2** fig, fam Partie postérieure de la femme. **3** GEOGR Sommet arrondi d'une colline. LOC ***Monter en croupe*** : monter derrière la personne qui est en selle. ETY Du frq.

**croupetons (à)** *av* Dans une position accroupie. *Se tenir à croupetons.*

**croupi, ie** *a* Se dit d'eau stagnante et non potable.

**croupier, ère** *n* Employé(e) d'une maison de jeu qui tient le jeu et la banque pour le compte de l'établissement.

**croupière** *nf* Partie du harnais passant sous la queue du cheval, du mulet, etc., rattachée à la sellette par-dessus la croupe. LOC vieilli ***Tailler des croupières à qqn*** : lui susciter des difficultés.

**croupion** *nm* **1** Extrémité postérieure du tronc des oiseaux, portant des plumes rectrices. **2** Zone d'attache de la queue, chez les mammifères. **3** HIST fam Se dit de la fraction du Parlement anglais que Cromwell conserva en 1648.

**croupir** *vi* ③ **1** Se corrompre faute de mouvement. *L'eau croupit. Herbes qui croupissent dans une mare.* **2** fig Vivre dans l'ordure, dans un état dégradant. *Croupir dans sa crasse. Croupir dans le vice.* **3** Être inactif, improductif. ETY De l'a. fr. *(soi) cropir*, « s'accroupir ». DER **croupissant, ante** *a* – **croupissement** *nm*

**croupon** *nm* TECH Dans l'industr. du cuir, partie centrale (dos et croupe) d'une peau.

crotale

**crousille** *nf* Suisse Tirelire.

**croustade** *nf* **1** CUIS Pâté chaud à croûte croquante. **2** Mets préparé avec des tranches épaisses de pain de mie creusées et garnies.

**croustillant, ante** *a, nm* **A** *a* **1** Qui croustille. **2** fig Qui contient des détails scabreux ou grivois. *Histoire croustillante.* **B** *nm* CUIS Préparation enveloppée dans une feuille de brick passée à la poêle ou au four.

**croustiller** *vi* ① Craquer agréablement sous la dent. *Une galette qui croustille.*

**croustilles** *nf pl* Canada Chips.

**croûte** *nf* **1** Partie extérieure du pain, que la cuisson a durcie. **2** Pâte cuite renfermant un pâté. *Pâté en croûte.* **3** Partie superficielle du fromage. **4** Tout ce qui se forme et durcit sur qqch. *Une croûte de tartre.* **5** MED Plaque non vascularisée qui se forme à la surface des téguments lors de la cicatrisation d'une plaie, de certaines affections dermatologiques. **6** GEOL Partie la plus superficielle du globe terrestre. (Elle se compose de la croûte continentale granitique, constituant le sol des continents, et de la croûte océanique basaltique, continue sur tout le globe, qui constitue le sous-sol des continents et le sol des fonds océaniques.) SYN écorce terrestre. **7** fam Mauvais tableau. **8** TECH Partie du cuir obtenue par sciage, côté chair. LOC fam ***Casser la croûte*** : manger. — ***Gagner sa croûte*** : gagner sa vie. ETY Du lat. VAR **croute**

**croûter** *vi* ① fam Manger. VAR **crouter**

**croûteux, euse** *a* Qui forme une croûte ; qui présente l'aspect d'une croûte. VAR **crouteux, euse**

**croûton** *nm* **1** Morceau de croûte à l'extrémité d'un pain ; extrémité d'un pain. **2** CUIS Petit morceau de pain frit. *Omelette aux croûtons.* **3** fig, fam Individu routinier, confiné dans l'habitude. *Un vieux croûton.* VAR **crouton**

**crow-crow → crocro.**

**crown-glass** *nm inv* TECH Verre optique, utilisé dans la fabrication des lentilles. PHO [kʀonglas] ETY Mot angl.

**Crows** Amérindiens du Montana et du Wyoming, proches des Sioux. DER **crow** *a*

**croyable** *a* Qui peut être cru, en parlant d'une chose. ANT incroyable.

**croyance** *nf* **1** Fait de croire. **2** Ce que l'on croit, ce à quoi on adhère. *Respecter les croyances d'autrui.*

**croyant, ante** *a, n* Qui a la foi. ANT athée.

**Croydon** v. de G.-B., au S. de l'aggl. de Londres ; 340 000 hab. Industries.

**Crozat Antoine** (Toulouse, 1655 – Paris, 1738), financier français ; il fit construire le *canal Crozat* (auj. *de Saint-Quentin*).

**crozet** *nm* CUIS Variété de pâtes au sarrazin, coupées en petits carrés, spécialité savoyarde.

**Crozet (îles)** archipel français inhabité situé aux confins de l'océan Indien et de l'océan Antarctique, situé à 2 400 km au S. de Madagascar. Érigé en parc national en 1938, il fait partie des Terres australes et antarctiques françaises.

**Crozier Michel** (Sainte-Menehould, 1922 – Paris, 2013), sociologue français : *le Phénomène bureaucratique* (1963).

**Crozon** ch.-l. de cant. du Finistère, dans la partie S. de la *presqu'île de Crozon* ; 7 947 hab. Port de pêche. DER **crozonnais, aise** *a, n*

**CRS** Sigle de *Compagnies républicaines de sécurité.*

**1 cru** *nm* **1** Terroir considéré relativement à sa production. *Les spécialités du cru.* **2** Vin récolté sur un terroir déterminé. *Les crus de Bourgogne.* **3** fig Édition millésimée de qqch. *Le cru 2001 du Salon du livre.* LOC ***De son cru*** : de sa propre invention. — ***Du cru*** : de la région. ETY De *croître.*

**2 cru, crue** *a, av* **A** *a* **1** Qui n'est pas cuit. *Viande crue.* **2** Naturel, brut, non préparé. *Chanvre cru.* **3** Dit, fait sans ménagement. *Une réponse bien crue.* **4** Licencieux, inconvenant. **5** Se dit d'une lumière, d'une couleur que rien n'atténue, violente. **6 Belgique, Canada, Suisse** Se dit d'un temps froid et humide. **B** *av* **1** De façon non cuite. *Manger cru.* **2** Sans ménagement. *Parler cru à qqn.* **LOC** *Monter à cru :* sans selle. ETY Du lat. *cruor,* « sang ».

**Cruas** commune de l'Ardèche sur le Rhône ; 2 400 hab.Centrale nucléaire. – Église romane.

**cruauté** *nf* **1** Inclination à faire souffrir. *Traiter qqn avec cruauté.* **2** Férocité. *La cruauté du tigre.* **3** Acte cruel. *Commettre des cruautés.* **4 fig** Caractère de ce qui est rigoureux, sévère. *La cruauté du sort, du destin.*

**cruche** *nf* **1** Vase à large panse, à col étroit et à anses ; son contenu. **2 fig, fam** Personne sotte. ETY Du frq.

**cruchon** *nm* Petite cruche.

**crucial, ale** *a* **1** Qui est en forme de croix. **2** Décisif, capital. *Moment crucial.* **PLUR** cruciaux.

**crucifère** *nf, a* **A** *nf* Plante dicotylédone dialypétale superovariée dont la corolle à quatre pétales forme une croix, dont les fruits sont des siliques, et dont la famille comprend le chou, le cresson, la giroflée, la moutarde, etc. **B** *a* Qui porte une croix. *Colonne crucifère.*

une **crucifère** : le navet – à g., tige fleurie montée en graine avec feuille – à dr., de haut en bas, silique ouverte contenant des graines et vue en coupe de la fleur

**crucifié, ée** *a, n* **1** Se dit d'une personne mise en croix. **2 fig** Qui éprouve une grande souffrance morale. *Un cœur crucifié.* **LOC** *Le Crucifié :* Jésus-Christ.

**crucifier** *vt* ② **1** Supplicier qqn en le fixant sur une croix pour l'y faire mourir. **2 fig** Tourmenter cruellement. *Son malheur le crucifie.* ETY Du lat.

**crucifix** *nm* Croix sur laquelle est représenté le Christ crucifié. PHO [krysifi]

**crucifixion** *nf* **1** Action de crucifier. **2** BX-A Représentation peinte ou sculptée de Jésus-Christ sur la Croix. VAR **crucifiement** *nm*

**cruciforme** *a* **didac** En forme de croix.

**cruciverbiste** *n* **didac** Amateur de mots croisés.

**crudité** *nf* **A 1** Qualité de ce qui est cru. **2 fig** Caractère d'un propos, d'une représentation dont le réalisme choque. **3 fig, anc** Caractère d'une lumière, d'une couleur qui tranche violemment. **B** *nfpl* Légumes divers que l'on mange crus, généralement en salade. ETY Du lat. *cruditas,* « indigestion ».

**crue** *nf* Élévation du niveau d'un cours d'eau, pouvant provoquer son débordement. *Les crues du Nil. Une rivière en crue.*

**cruel, elle** *a* **1** Qui prend plaisir à faire souffrir, à voir souffrir. **2** Qui dénote la cruauté. *Action cruelle.* **3** Sévère, inflexible. **4** Qui cause une grande souffrance. *Une cruelle maladie.* ETY Du lat. *crudus,* au fig. « qui aime le sang ». DER **cruellement** *av*

**cruenté, ée** *a* MED Imprégné de sang. *Plaie cruentée.*

**Cruikshank George** (Londres, 1792 – id., 1878), caricaturiste et illustrateur anglais.

**cruiser** *nm* MAR Petit yacht à moteur. ETY Mot angl. « croiseur ».

**Crumb George** (Charleston, 1929), compositeur américain.

**Crumb Robert** (Philadelphie, 1943), dessinateur américain. Créateur de *Fritz the Cat,* expression de l'underground des années 1960.

**crumble** *nm* Sorte de tourte aux fruits. PHO [krœmbœl] ETY Mot angl.

**crûment** *av* D'une manière crue, brutale. VAR **crument**

**cruor** *nm* MED Partie du sang qui se coagule (par oppos. à *sérum*). ETY Mot lat.

**crural, ale** *a* ANAT Qui appartient à la cuisse. **PLUR** cruraux.

**cruralgie** *nf* Douleur de la cuisse, due à l'irritation du nerf crural.

**crusher** *nm* TECH Cylindre de métal mou utilisé pour mesurer la puissance d'un explosif. PHO [kryʃɛʀ] ETY Mot angl.

**crustacé** *nm* **1** ZOOL Arthropode antennate au tégument chitineux fortement minéralisé, le plus souvent aquatique à respiration branchiale, ovipare, et dont la classe comprend le homard, le crabe, la daphnie, le cloporte etc. **2** Crustacé aquatique comestible (homard, langoustine, crevette, crabe, etc.). ETY Du lat. *crusta,* « croûte ».

**crustal, ale** *a* GEOL Qui concerne la croûte terrestre. **PLUR** crustaux.

**Crutzen Paul Jozef** (Amsterdam, 1933), géochimiste et météorologue néerlandais. Il introduit le concept d'anthropocène. Prix Nobel 1995.

**Cruz Juana Ramírez de Asbaje** (en relig. *Sor Juana Inés de la*) (San Miguel Nepantla, 1651 – Mexico, 1695), poétesse mexicaine de tendance philosophique.

**Cruz Ramón de la** (Madrid, 1731 – id., 1794), auteur espagnol de 400 *sainetes* (saynètes) qui mettent en scène le peuple madrilène.

**Cruz João da** (Florianópolis, 1861 – Estação de Sitio 1898), poète brésilien, il ne fut reconnu qu'après 1920 (*Boucliers,* 1893).

**cry(o)-** Élément, du gr. *kruos,* « froid ».

**cryanesthésie** *nf* MED Anesthésie par le froid.

**crylor** *nm* TECH Textile synthétique acrylique. ETY Nom déposé.

**cryochimie** *nf* Chimie faisant appel aux cryotempératures. DER **cryochimique** *a*

**cryochirurgie** *nf* Chirurgie qui fait appel à des techniques cryogéniques.

**cryoclastie** *nf* GEOL Fragmentation des roches par une succession de gels et de dégels.

**cryoconducteur, trice** *a, nm* ELECTR Se dit d'un conducteur porté à très basse température pour diminuer sa résistivité.

**cryoconservation** *nf* TECH Conservation (de tissus organiques notam.) à très basse température. DER **cryoconservateur, trice** *a, nm*

**cryoélectronique** *a, nf* Partie de l'électronique qui utilise les supraconducteurs.

**cryogène** *a* Qui produit du froid.

**cryogénie** *nf* PHYS Production de très basses températures. DER **cryogénique** *a*

**cryogéniser** *vt* ① Conserver qqch au moyen de très basses températures. DER **cryogénisation** *nf*

**cryoglobuline** *nf* BIOCHIM Protéine sérique qui précipite au froid.

**cryoglobulinémie** *nf* MED Présence de cryoglobuline dans le sang.

**cryolithe** *nf* Aluminofluorure naturel de sodium. VAR **cryolite**

**cryologie** *nf* Science des très basses températures. DER **cryologique** *a*

**cryomètre** *nm* PHYS Instrument qui sert à mesurer l'abaissement du point de congélation d'un solvant après dissolution d'un soluté.

**cryométrie** *nf* PHYS Mesure des températures de congélation. DER **cryométrique** *a*

**cryophysique** *nf, a* Physique des très basses températures.

**cryophyte** *nm* Plante poussant dans la neige au début du printemps, telle que le perce-neige et la soldanelle.

**cryoprécipité** *nm* Fraction de plasma congelé à usage des hémophiles.

**cryoprotecteur, trice** *a, nm* Qui protège les cellules de la congélation.

**cryoscopie** *nf* PHYS Étude des lois de la congélation des solutions, visant à déterminer, par la mesure de l'abaissement de la température, la masse molaire d'un corps soluble. DER **cryoscopique** *a*

**cryosphère** *nf* GEOGR Ensemble des glaces planétaires.

**cryostat** *nm* TECH Appareil servant à maintenir des objets à très basses températures.

**cryotechnique** *nf, a* Production et utilisation des cryotempératures.

**cryotempérature** *nf* Très basse température (inférieure à 120 degrés Kelvin).

**cryothérapie** *nf* MED Traitement fondé sur l'emploi du froid.

**cryoturbation** *nf* GEOL Déplacement, sous l'action du gel et du dégel, des éléments de la couche superficielle du sol.

**cryptanalyse** *nf* Analyse des systèmes cryptés.

**cryptand** *nm* CHIM Molécule organique de synthèse présentant une cavité susceptible d'accueillir un ion étranger pour former un cryptate.

**cryptate** *nm* CHIM Molécule constituée d'un cryptand qui a inclus un ion étranger.

**crypte** *nf* Caveau au-dessous d'une église.

**crypté** *nm* **LOC** *En crypté :* qui n'est accessible qu'en utilisant un code (message) ou un décodeur (émission), par oppos. à *en clair.*

**crypter** *vt* ① Transformer un message de manière qu'il ne soit accessible qu'aux possesseurs du code utilisé ou du décodeur adéquat. DER **cryptage** *nm*

**cryptique** *a* **1 didac** Qui vit dans les grottes. **2 litt** Qui concerne le secret. *Volonté cryptique.* **3** ZOOL Se dit d'un animal dont l'aspect lui permet de se camoufler dans son milieu de vie.

**crypto-** Élément, du gr. *kruptos,* « caché ».

**cryptocommunisme** *nm* Sympathie, non exprimée, pour la doctrine ou les idées communistes. DER **cryptocommuniste** *a, n*

**cryptogame** *nm* BOT Végétal tel que les algues, les champignons, les mousses, etc., dont le mode de reproduction est resté longtemps mystérieux, à cause de leurs organes reproducteurs peu apparents (par oppos. au phanérogame).

**cryptogamie** *nf* BOT **1** Reproduction des cryptogames. **2** Étude des cryptogames.

**cryptogamique** *a* BOT Se dit d'une maladie végétale due à un champignon parasite.

**cryptogénétique** *a* MED Dont la cause est inconnue. *Maladie cryptogénétique.*

**cryptogramme** *nm* Message rédigé dans une écriture secrète, dépêche chiffrée.

**cryptographie** *nf* didac Technique des écritures secrètes. DER **cryptographe** *n* – **cryptographique** *a*

**cryptologie** *nf* Science des systèmes cryptés. DER **cryptologique** *a*

**cryptomère** *nm* Grand conifère d'origine japonaise, utilisé en sylviculture et dans les plantations urbaines. VAR **cryptomeria**

**cryptophyte** *nf* BOT Plante dont les bourgeons passent la mauvaise saison cachés dans le sol *(géophyte),* dans l'eau *(hydrophyte)* ou dans la vase *(hélophyte).*

**cryptoprocte** *nm* Grand carnivore malgache (viverridé) appelé localement *fossa.*

**cryptorchidie** *nf* MED Anomalie congénitale consistant, pour les testicules, à rester dans l'abdomen. PHO [kriptɔrkidi]

**cryptozoologie** *nf* Étude des créatures issues de l'imaginaire (la sirène, le dragon) ou dont l'existence est mise en doute (le yéti).

**Cs** CHIM Symbole du césium.

**CSA** Sigle de *Conseil supérieur de l'audiovisuel.*

**csardas** *nf inv* Danse hongroise populaire à deux mouvements, le premier lent, le second rapide. PHO [ksardas] VAR **czardas**

**CSCE** Sigle de *Conférence pour la sécurité et la coopération en Europe.* V. Europe.

**CSG** *nf* Contribution sociale généralisée.

**CSI** Sigle de *Confédération syndicale internationale.*

**CSP** *nf* Sigle de *catégorie socioprofessionnelle.*

**cténaire** *nm* ZOOL Métazoaire à symétrie bilatérale, pélagique, se déplaçant à l'aide de huit palettes ciliées. ETY Du gr. VAR **cténophore**

**Ctésiphon** v. antique de Mésopotamie (auj. Irak), sur le Tigre. Une des cap. des Arsacides, elle connut son apogée sous les Sassanides.

**Cu** CHIM Symbole du cuivre.

**cuadrilla** *nf* Équipe formée par le torero et ses adjoints (picadors, puntillero, novilleros). PHO [kwadrija] ETY Mot esp.

**Cuauhtémoc** (?, v. 1497 – ?, 1525), dernier empereur aztèque ; Cortés le fit pendre.

**Cuba (république de)** *(República de Cuba),* État d'Amérique centr. formé par la plus grande île des Antilles, à l'entrée du golfe du Mexique ; 114 520 km$^2$ ; 11,2 millions d'hab. ; cap. *La Havane.* Nature de l'État : rép. socialiste (parti unique). Langue off. espagnol. Monnaie : peso cubain. Population : Blancs (66 %), Noirs (12 %), mulâtres (22 %). Relig. : catholicisme majoritaire. DER **cubain, aine** *a, n*
**Géographie** Des plaines et de bas plateaux au sol fertile sont coupés de quelques reliefs : au S.-E., la sierra Maestra culmine à 1 990 m. Les côtes sont découpées en larges baies. Le climat est tropical, humide, avec deux saisons sèches ; les cyclones sont fréquents. La pop. est citadine à 77 %. L'île recevait de l'URSS, à bas prix, pétrole, produits de base, céréales, pièces détachées et lui vendait sucre, nickel, agrumes au prix fort. La fin de l'URSS (1990) a été catastrophique pour Cuba. L'embargo américain (de 1960 à 2014) a été contesté par une partie de l'opinion mondiale. Le tourisme est en progression, mais le chômage reste important.
**Histoire** L'île, découverte en 1492 par Christophe Colomb, conquise par Diego Velázquez (1511-1514), dépendit de la capitainerie générale de Porto Rico, puis forma une capitainerie en 1777. Régentant l'économie de l'île jusqu'en 1818 (liberté de comm. accordée à cette date), l'Espagne y transporta des esclaves noirs dès le XVI$^e$ s. pour cultiver les plantations de tabac, canne à sucre, café. Au XIX$^e$ s., créoles et Noirs luttèrent contre la métropole (révolte de 1868). L'esclavage ne fut aboli qu'en 1880. En 1898, les É.-U. intervinrent contre l'Espagne. L'île, indépendante en 1901, reconnut aux É.-U. une sorte de protectorat. La dictature de Batista (1933-1944, 1952-1959) fut renversée par Fidel Castro, qui lança la révolte en 1953.
**LE CASTRISME** Castro abolit la grande propriété (1959) et nationalisa les entreprises amér. (1960). Les É.-U. répliquèrent par un blocus. Cuba se rapprocha alors de l'URSS. L'île fut en 1961-1962 le centre d'une grave tension soviéto-américaine après l'échec du débarquement anticastriste dans la baie des Cochons (avril 1961) ; en octobre 1962, l'URSS dut renonçer à installer des rampes de fusées. Castro durcit le régime ; les É.-U. renforcèrent le blocus. Cuba combattit en Afrique aux côtés des alliés de l'URSS (Angola, Éthiopie) de 1975 à 1989. La disparition du bloc soviétique affaiblit fortement le pays qui connut alors d'importantes vagues d'émigration. Mais en 1999, le régime se durcit à nouveau tout en maintenant le développement de sa politique sociale (santé et éducation). Malade, Fidel Castro lègue ses fonctions à son frère Raul en 2006 qui est élu président de la République en 2008. Cuba renoue des relations diplomatiques avec les États-Unis en 2015.

**cubage** *nm* **1** Action de cuber, de mesurer un volume. **2** Résultat de cette mesure.

**cubature** *nf* GEOM Détermination du volume d'un solide.

**cube** *nm* **1** Polyèdre limité par six carrés (hexaèdre régulier). (Surface = 6 $a^2$ ; volume = $a^3$, *a* étant la dimension de l'arête du cube.) **2** MATH Troisième puissance d'un nombre. *4 au cube* ($4^3$). *Élever 4 au cube* ($4^3 = 4 \times 4 \times 4 = 64$). *64 est le cube de 4.* **3** Objet en forme de cube. **4** arg Élève se préparant pour la troisième fois au concours d'accès à une grande école. LOC *Centimètre cube* (cm$^3$), *mètre cube* (m$^3$) : unités de mesure du volume d'un corps ou de sa contenance. — fam *Gros cube* : grosse moto ou gros camion. ETY Du gr. *kubos,* « dé à jouer ».

**cuber** *v* 1 **A** *vt* Évaluer le nombre d'unités de volume cubiques de. *Cuber du bois.* **B** *vi* **1** Avoir une certaine contenance. *Cette citerne cube 300 litres.* **2** fig, fam Représenter une grosse masse, une grosse quantité. **3** fig Se préparer pour la troisième fois au concours d'une grande école.

**cubilot** *nm* METALL Four servant à la refusion de la fonte et des métaux. ETY Du lat.

**cubique** *a, nf* **A 1** Qui a la forme d'un cube. **2** MATH Qui est à la troisième puissance. **3** Qui est du troisième degré. *Équation cubique.* **B** *nf* Courbe dont l'équation est du troisième degré.

**cubisme** *nm* Mouvement artistique, né en 1906-1907, qui rompt avec la vision naturaliste traditionnelle en représentant le sujet fragmenté, décomposé en plans géométriques inscrits dans un espace tridimensionnel de peu de profondeur. (V. Picasso et Braque.) DER **cubiste** *a, n*

**cubitainer** *nm* Récipient cubique en plastique, utilisé pour transporter des liquides. *Un cubitainer de vin.* PHO [kybitenɛr] ETY Nom déposé. VAR **cubi**

**cubitus** *nm* ANAT Le plus gros des deux os de l'avant-bras, qui s'articule, en bas, avec les os du carpe et, en haut, avec l'humérus au niveau de l'articulation du coude, relié au radius à ses

deux extrémités. PLUR cubitaux. (PHO) [kybitys] (ETY) Mot lat., « coude ». (DER) **cubital, ale, aux** *a*

**cuboïde** *a, nm* **A** *a* didac En forme de cube. **2** *nm* ANAT Os du tarse, en avant du calcanéum.

**cuboméduse** *nf* Petite méduse tropicale à quatre tentacules venimeux, très dangereuse.

**cucu** *a inv* fam Simpliste et niais à la fois. (VAR) **cucul**

**cuculidé** *nm* Oiseau tel que le coucou. (ETY) Du lat.

**cuculiforme** *nm* Oiseau dont l'ordre comprend notam. le coucou et le touraco.

**cucurbitacée** *nf* BOT Plante dicotylédone gamopétale dont la tige est une liane, et dont la famille comprend la courge, le cornichon, le melon, etc. (ETY) Du lat.

**cucurbite** *nf* TECH Partie inférieure renflée de l'alambic.

**Cúcuta** v. du nord de la Colombie ; 357 030 hab. ; ch.-l. de dép. Centre comm. (café). Pétrole. (VAR) **San José de Cúcuta**

**Cueco Henri** (Uzerche, Corrèze, 1929), peintre français, l'un des fondateurs de la Coopérative des Malassis (1970-1973).

**cueillaison** *nf* litt Cueillette.

**cueillette** *nf* **1** Récolte de certains fruits. *La cueillette des olives.* **2** Produit de cette récolte. *Une cueillette abondante.*

**cueilleur, euse** *n* Personne qui cueille. *Les cueilleurs de cerises.*

**cueillir** *vt* ㉗ **1** Détacher des fleurs, des fruits, des légumes de la branche ou de la tige. **2** fig Recueillir. *Cueillir un baiser.* **3** fig, fam Arrêter, appréhender qqn sans qu'il s'y attende. *Ils ont cueilli l'escroc à sa descente d'avion.* **4** Passer prendre qqn. *Il nous a cueillis à l'arrivée du train.* (ETY) Du lat. *colligere*, « ramasser, rassembler ».

**cueilloir** *nm* **1** Instrument servant à cueillir les fruits hors de portée, constitué d'un panier et d'une cisaille fixés au bout d'une perche. **2** Panier où l'on met ce que l'on cueille.

**Cuenca** ville d'Espagne (Castille-La Manche) ; 43 200 hab. ; ch.-l. de la prov. du m. nom. – Cath. XIII^e s., maisons suspendues.

**Cuenca** v. de l'Équateur, à 2 580 m d'altitude ; 176 870 hab. ; ch.-l. de prov.

**Cuénot Lucien** (Paris, 1866 – Nancy, 1951), biologiste français. Il étudia les mutations : *la Genèse des espèces animales* (1911-1932).

**Cuernavaca** v. du Mexique, cap. d'État (Morelos), à 1 540 m d'alt. ; 181 750 hab. – Nombr. palais coloniaux, notam. le palais de Cortés. Cath. du XVI^e s.

**Cuers** ch.-l. de cant. du Var (arr. de Toulon) ; 8 174 hab. Base aéronavale. (DER) **cuersois, oise** *a, n*

**cuesta** *nf* GEOMORPH Syn. de *relief de côte*. (PHO) [kwesta] (ETY) Mot esp.

**Cueva Juan de la** (Séville, v. 1550 – id., 1610), auteur espagnol de pièces épiques : *la Mort du roi Sancho , la Libération de l'Espagne par Barnard del Carpio.*

**Cuevas Jorge de Piedrablanca de Guana (marquis de)** (Santiago, 1885 – Cannes, 1961), directeur de ballet américain d'origine chilienne.

**Cugnaux** com. de la Haute-Garonne (arr. de Toulouse) ; 12 159 hab. – Industries. (DER) **cugnalais, aise** *a, n*

**Cugnot Nicolas Joseph** (Void, Lorraine, 1725 – Paris, 1804), ingénieur français. Il inventa un *fardier* à vapeur pour transporter des charges (1771). ▶ illustr. **fardier**

**Cui César Antonovitch** (Vilna, 1835 – Petrograd, 1918), compositeur russe ; un des membres du « groupe des Cinq » : dix opéras, dont *le Prisonnier du Caucase* (1883).

**Cuiabá** v. du Brésil, cap. du Mato Grosso ; 283 070 hab. – Centre commercial. Tourisme.

**cui-cui** *nm inv* Onomatopée évoquant le cri des petits oiseaux. (VAR) **cuicui** *nm*

**cuiller** *nf* **1** Ustensile de table formé d'une palette creuse à manche, servant à manger les aliments liquides ou peu consistants ; son contenu. SYN cuillerée. *Cuiller à café, à dessert. Versez deux cuillers à soupe de sucre.* **2** Ustensile en forme de cuiller. *Cuiller de plombier.* **3** PECHE Pièce métallique brillante, munie d'hameçons, servant d'appât pour le poisson. **4** CHIR Chacune des deux parties d'un forceps dont la concavité s'adapte à la tête du fœtus. LOC ***Biscuit à la cuiller*** : biscuit long et menu, très léger. — fam ***Cuiller de bois*** : trophée dérisoire attribué à l'équipe de rugby qui a perdu tous ses matchs dans le Tournoi des cinq nations. — ***Être à ramasser à la petite cuiller*** : être en piteux état, être très fatigué. — fam ***Ne pas y aller avec le dos de la cuiller*** : agir sans ménagement. (ETY) Du lat. *cochlearium*, « ustensile à manger les escargots ». (VAR) **cuillère**

**cuillérée** *nf* Contenu d'une cuiller. *Une cuillerée à soupe, à dessert, à café* (20 g, 10 g et 5 g d'eau, selon le codex). (VAR) **cuillerée**

**cuilleron** *nm* **1** Partie creuse d'une cuiller, au bout du manche. **2** ZOOL Lame cornée qui protège les balanciers des diptères.

**cuir** *nm* **1** Peau épaisse de certains animaux, contenant une couche dermique fibreuse. **2** Cette peau séparée de la chair et préparée pour les besoins de l'industrie. *Veste, bagages en cuir.* **3** Se dit de la peau du crâne humain, où sont implantés les cheveux. *Cuir chevelu.* **4** fig, fam Vice de langage qui consiste à faire une liaison incorrecte entre des mots. (Ex. : *Il va (t) à Paris*, prononcé [ilvatapaʀi] au lieu de [ilvaapaʀi]). (ETY) Du lat.

**cuirasse** *nf* **1** anc Partie de l'armure destinée à protéger le tronc. **2** Blindage de protection. **3** ZOOL Ensemble des plaques anguleuses et dures qui, chez certains poissons et mammifères, couvrent tout ou partie du corps. **4** Enveloppe protectrice de certains infusoires. **5** fig Ce qui protège. *La cuirasse de l'indifférence.* LOC ***Défaut de la cuirasse*** : intervalle non protégé entre deux pièces de la cuirasse ; fig point faible.

**cuirassé, ée** *a, nm* **A** *a* **1** Couvert, protégé par une cuirasse. **2** fig Endurci moralement, insensible. **B** *nm* Bâtiment de guerre armé d'artillerie lourde et protégé par un blindage d'acier.

**Cuirassé Potemkine (le)** film de S. M. Eisenstein (1925).

**cuirasser** *v* ① **A** *vt* Revêtir d'une cuirasse. **B** *vpr* Se protéger, s'endurcir. (DER) **cuirassement** *nm*

**cuirassier** *nm* anc Soldat d'un régiment de cavalerie.

**cuire** *v* ⑳ **A** *vt* **1** Soumettre à l'action du feu, de la chaleur. *Cuire des légumes.* **2** fig Donner une sensation de brûlure. *La honte cuisait ses joues.* **B** *vi* **1** Être en cours de cuisson. *La soupe cuit.* **2** fig, fam Avoir très chaud. *Ouvrez une fenêtre, on cuit ici !* **3** Causer une sensation de brûlure, une douleur. *Cette écorchure me cuit.* **4** Réaliser la cuisson, en parlant d'une source de chaleur. *La braise cuit mieux que la flamme.* LOC fam ***Dur à cuire*** : personne très résistante à la fatigue, à la douleur, etc. — ***Il vous en cuira*** : vous vous en repentirez. (ETY) Du lat.

**cuisant, ante** *a* **1** Qui provoque une sensation de brûlure. *Un froid cuisant.* **2** fig Qui affecte vivement. *Un échec cuisant.*

**cuiseur** *nm* Récipient pour cuire à la vapeur ou à l'étouffée.

**cuisine** *nf* **1** Pièce où l'on apprête les mets. **2** Manière, art de préparer les mets. *Livre, recettes de cuisine.* **3** Ordinaire d'une maison, nourriture. *La cuisine est médiocre chez lui.* **4** fig, fam Manigances, opérations louches. *Cuisine électorale.*

**cuisiner** *v* ① **A** *vi* Apprêter les mets, faire la cuisine. **B** *vt* **1** Accommoder, préparer un mets. *Cuisiner un ragoût.* **2** fig, fam Presser qqn de questions pour lui faire avouer qqch.

**cuisinette** *nf* Petite cuisine. SYN (déconseillé) *kitchenette.*

**cuisinier, ère** *n* Personne qui fait la cuisine.

**cuisinière** *nf* Fourneau de cuisine. *Cuisinière électrique, à gaz.*

**cuisiniste** *nm* Concepteur et installateur de cuisines.

**cuissage** *nm* LOC DR FEOD ***Droit de cuissage*** : droit qu'auraient possédé certains seigneurs de passer avec la femme d'un serf la première nuit de ses noces.

**cuissard** *nm* **1** anc Partie de l'armure protégeant la cuisse. **2** Culotte des coureurs cyclistes, s'arrêtant à mi-cuisse.

**cuissardes** *nfpl* Bottes dont la tige couvre les cuisses.

**cuisse** *nf* Segment supérieur du membre inférieur de l'homme et de certains animaux, conte-

**cucurbitacées** depuis le fond et de g. à dr., melon brodé d'Espagne, pastèque, melon cantaloup charentais, potiron, pâtisson et courgette

nant le fémur, articulé sur le bassin à la partie supérieure et au genou à la partie inférieure. LOC fam *Se croire sorti de la cuisse de Jupiter* : étaler un orgueil injustifié. ETY Du lat.

**cuisseau** *nm* Partie du veau comprise entre la queue et le rognon.

**cuisse-madame** *nf* Poire jaune, de forme allongée. PLUR cuisses-madame. VAR **cuissemadame**

**cuissettes** *nfpl* Suisse Syn. de *short*.

**cuisson** *nf* **1** Action de faire cuire. *La cuisson d'un rôti.* **2** fig Douleur semblable à une brûlure. *La cuisson d'une blessure.*

**cuissot** *nm* Cuisse de gibier de grande taille (chevreuil, cerf, sanglier).

**cuistance** *nf* fam Cuisine, nourriture. SYN tambouille.

**cuistax** *nm* Belgique Véhicule à pédales utilisé sur les plages.

**cuistot** *nm* fam Cuisinier.

**cuistre** *nm, a* litt Homme pédant, prétentieux. ETY Du lat. *coquistro*, « officier chargé de goûter les mets ». DER **cuistrerie** *nf*

**cuit, cuite** *a, nf* **A** *a* **1** Qui a subi une cuisson. *Pommes cuites au four.* **2** fig Dont le coloris est chaud. *Tons cuits.* **3** fam Ivre. **4** fig, fam Fini, perdu. *C'est cuit.* **B** *nf* **1** TECH Action de cuire. *La cuite de la porcelaine.* **2** Ivresse. *Prendre une cuite.* LOC fam *C'est du tout cuit* : c'est acquis, gagné d'avance.

**cuiter (se)** *vpr* 1 fam S'enivrer.

**cuit-vapeur** *nm inv* Ustensile constitué de plusieurs récipients percés de trous et emboîtés, pour cuire les aliments à la vapeur. VAR **cuiseur-vapeur**

**cuivrage** *nm* TECH Action de recouvrir d'une couche de cuivre ; cette couche elle-même.

**cuivre** *nm* **A 1** Élément métallique de numéro atomique Z = 29 et de masse atomique 63,55 (symbole Cu). **2** Métal (Cu) usuel de couleur brun orangé, de densité 8,92, qui fond à 1 083 °C et bout à 2 567 °C. **3** Objet usuel ou d'ornement fait de cuivre ou de laiton. *Astiquer les cuivres.* **4** TECH Planche gravée sur cuivre ; gravure tirée de cette planche. **B** *nmpl* MUS Instruments à vent en alliage de cuivre (cors, trompettes, trombones, etc.). LOC *Cuivre jaune* : laiton (par oppos. à *cuivre rouge*, cuivre pur). ETY Du lat. class. *cyprium*, « (bronze de) Chypre ».
ENC Le cuivre est un très bon conducteur de l'électricité (fils électriques) et de la chaleur (ustensiles de cuisine). Il entre dans la composition de nombreux alliages, notam. bronzes et laitons.

**cuivré, ée** *a* **1** De la couleur brun orangé du cuivre. **2** Qui a un timbre éclatant, rappelant les instruments de cuivre. *Une voix cuivrée.*

**cuivrer** *vt* 1 **1** Recouvrir de cuivre. **2** fig Donner une couleur de cuivre à. *Le soleil cuivre le teint.*

**cuivreux, euse** *a* CHIM Qui renferme du cuivre au degré d'oxydation + 1.

**cuivrique** *a* CHIM Qui renferme du cuivre au degré d'oxydation + 2.

**Cujas** Jacques (Toulouse, 1520 – Bourges, 1590), jurisconsulte français qui rénova l'étude du droit romain.

**Cukor** George (New York, 1899 – Los Angeles, 1983), cinéaste américain. Il a dirigé Greta Garbo, Marilyn Monroe, Judy Garland, etc.

**cul** *nm* **1** vulg Partie postérieure de l'homme et de certains animaux, comprenant les fesses et le fondement. **2** fig, fam La sexualité et ce qui s'y rapporte. **3** Partie inférieure, fond de certains objets. *Cul de bouteille.* LOC fam *Avoir du cul* : de la chance. — *Cul par-dessus tête* : à la renverse, à rebours. — fam *En avoir plein le cul* : être excédé. — *En rester sur le cul* : être très étonné. — *En tomber sur le cul* : être stupéfait. — *Être à cul* : ne plus avoir de ressources. — *Être assis, avoir le cul entre deux chaises* : être dans une position fausse, ne savoir quel parti prendre. — *Être comme cul et chemise* : inséparables. — *Faire cul sec* : vider son verre d'un trait. — fam *Lécher le cul à qqn* : le flatter bassement. — *Tirer au cul* : esquiver les corvées. PHO [ky] ETY Du lat.

**culard** *am, nm* ELEV Se dit d'un bœuf dont l'arrière-train fort développé fournit de la viande de bonne qualité.

**culasse** *nf* TECH **1** Pièce mobile qui ferme la partie arrière du canon d'une arme à feu. **2** Partie supérieure, démontable, d'un moteur à explosion. *Joint de culasse.* **3** En bijouterie, partie inférieure d'une pierre taillée.

**cul-blanc** *nm* Nom cour. de divers oiseaux à croupion blanc, tels que le chevalier, l'hirondelle de fenêtre et le traquet motteux. PLUR culs-blancs.

**culbute** *nf* **1** Exercice que l'on exécute en posant les mains et la tête à terre, et en roulant sur soi-même les jambes levées. SYN fam galipette. **2** Chute à la renverse. **3** fig, fam Faillite, ruine. LOC *Faire la culbute* : revendre au double du prix d'achat ; se retrouver ruiné.

**culbuter** *v* 1 **A** *vi* Tomber à la renverse. **B** *vt* **1** Renverser cul par-dessus tête, bousculer. **2** Rejeter en désordre. *Culbuter l'ennemi.* **3** fig, vieilli Faire tomber, ruiner. ETY De *cul* et *buter*. DER **culbutage** ou **culbutement** *nm*

**culbuteur** *nm* **1** TECH Dispositif servant à faire basculer un récipient pour le vider de son contenu. **2** AUTO Dispositif qui actionne les soupapes d'un moteur à explosion.

**cul-de-basse-fosse** *nm* Cachot souterrain creusé dans une basse-fosse. PLUR culs-de-basse-fosse.

**cul-de-four** *nm* ARCHI Voûte en forme de demi-coupole. PLUR culs-de-four.

**cul-de-jatte** *n, a* Personne privée de jambes. PLUR culs-de-jatte.

**cul-de-lampe** *nm* **1** ARCHI Ornement d'un lambris ou d'une voûte ressemblant au dessous d'une lampe d'église. **2** ARTS GRAPH Vignette imprimée à la fin d'un livre, d'un chapitre. PLUR culs-de-lampe.

**cul-de-porc** *nm* MAR Nœud en forme de bouton, pratiqué à l'extrémité d'un cordage en entrelaçant les torons de celui-ci. PLUR culs-de-porc.

**cul-de-poule** *nm* **1** Renflement arrondi en forme de cul de poule. *Le cul-de-poule d'une espagnolette.* **2** CUIS Récipient en inox, en forme de saladier à fond arrondi, pour mélanger, malaxer des ingrédients. PLUR culs-de-poule. LOC *Bouche en cul de poule* : dont les lèvres s'arrondissent en une moue pincée.

**cul-de-sac** *nm* **1** Impasse, voie sans issue. **2** fig Situation, entreprise sans avenir. **3** Fond d'une cavité anatomique. PLUR culs-de-sac.

**culée** *nf* ARCHI Ouvrage d'appui à l'extrémité d'un pont, d'une voûte.

**culer** *vi* 1 MAR Aller en arrière, reculer.

**culeron** *nm* Partie de la croupière sur laquelle repose la queue du cheval harnarché.

**Culiacán** v. du Mexique septentrional ; 459 000 hab. Cap. d'État (*Sinaloa*).

**culicidé** *nm* ZOOL Diptère nématocère tel que le cousin. ETY Du lat.

**culière** *nf* Sangle que l'on attache au derrière d'un cheval pour empêcher le harnais de glisser en avant.

**culinaire** *a* Relatif à la cuisine. *Art culinaire.* DER **culinairement** *av*

**Cullberg** Birgit Ragnhild (Nyköping, 1908 – Stockholm, 1999), danseuse et chorégraphe suédoise.

**Culloden** village d'Écosse où le duc de Cumberland battit le prétendant Charles-Édouard (1746), dernier des Stuarts.

**culminant, ante** *a* LOC *Point culminant* : point où un astre est le plus haut sur l'horizon ; partie la plus élevée d'une chose, plus haut degré.

**culmination** *nf* ASTRO Passage d'un astre au méridien d'un lieu donné.

**culminer** *vi* 1 **1** ASTRO Passer au méridien en parlant d'un astre. **2** Atteindre son plus haut point, son plus haut degré. *Les Alpes culminent au mont Blanc. L'émotion culmina à sa vue.* ETY Du lat. *culmen*, « comble »

**culot** *nm* **1** Partie inférieure de certains objets. **2** ARCHI Élément portant en surplomb en forme de cône ou de pyramide. **3** Extrémité, fond métallique. *Culot d'une ampoule.* **4** Dépôt qui se forme au fond d'un récipient. **5** Partie métallique restant au fond d'un creuset. **6** BIOL Partie inférieure des liquides organiques ou autres préparations soumises à la centrifugation. **7** Résidu amassé dans le fourneau d'une pipe. **8** fam Audace excessive. *Y aller au culot.* LOC *Culot sanguin* : dose destinée à la transfusion sanguine et constituée des globules et des plaquettes, à l'exclusion du plasma.

**culotte** *nf* **1** Vêtement masculin qui couvre de la ceinture aux genoux en enveloppant chaque jambe séparément. *Culotte courte.* **2** Sous-vêtement couvrant de la ceinture au haut des cuisses, porté par les femmes, les enfants. **3** En boucherie, partie du bœuf située entre le filet et l'échine. **4** CONSTR Élément de raccordement de conduites d'évacuation. **5** fam Perte importante au jeu, à la Bourse. LOC fam *Culotte de cheval* : bourrelet adipeux sur la région des hanches. — vx *Culotte de peau* : vieux militaire borné. — fam *Faire dans sa culotte* : avoir très peur. — fam *Porter la culotte* : gouverner le ménage.

**culotté, ée** *a* **1** Noirci, patiné par un long usage. *Cuir culotté.* **2** fam D'une audace excessive.

**1 culotter** *vt* 1 Faire se revêtir une pipe d'un dépôt charbonneux en commençant par la fumer lentement, sans avoir bourré le fourneau. ETY De culot. DER **culottage** *nm*

**2 culotter** *vt* 1 Mettre une culotte à. *Culotter un enfant.* ETY De *culotte*.

**culottier, ère** *n* Personne qui fabrique des culottes, des pantalons.

**culpabiliser** *v* 1 **A** *vt* Faire éprouver à qqn de la culpabilité. **B** *vi* Éprouver de la culpabilité, se sentir coupable. DER **culpabilisant, ante** ou **culpabilisateur, trice** *a* – **culpabilisation** *nf*

**culpabilité** *nf* **1** Caractère de ce qui est coupable, état d'un individu reconnu coupable. **2** PSYCHO État affectif consécutif à un acte réel ou fictif, précis ou imprécis, que le sujet considère comme répréhensible. ETY Du lat.

**culte** *nm* **1** Hommage religieux que l'on rend à un dieu ou à un saint personnage. **2** Ensemble des cérémonies par lesquelles on rend cet hommage. *Ministre du culte.* SYN rite. **3** Religion. *Culte catholique, protestant, israélite.* **4** Office religieux, chez les protestants. *Aller au culte.* **5** fig Admiration passionnée mêlée de vénération. *Vouer un culte à la mémoire de sa mère. Livre culte.* ETY Du lat. *colere*, « adorer ». DER **cultuel, elle** *a*

**cul-terreux** *nm* fam, péjor Paysan. PLUR culs-terreux.

**-culteur** Élément, du lat. *cultor*, « qui cultive ».

**cultisme** *nm* LITTER Syn. de *gongorisme*.

**cultivar** *nm* BOT Variété obtenue par sélection au cours de cultures successives.

**cultivateur, trice** *n, a* **A** Se dit d'une personne qui cultive, exploite une terre. **B** *nm* Nom de divers instruments agricoles.

**cultivé, ée** *a* **1** Mis en culture. *Terres cultivées.* **2** fig Qui possède une culture intellectuelle. *Esprit cultivé.*

**cultiver** *v* ① **A** *vt* **1** Travailler la terre de manière à lui faire produire des végétaux. *Cultiver un champ, un jardin.* **2** Faire pousser un végétal. *Cultiver des fleurs.* **3** fig Développer, perfectionner une faculté intellectuelle par l'éducation, l'instruction. *Cultiver sa mémoire. Cultiver un don.* **4** fig, litt S'adonner à un art, une science, etc. **5** Conserver, entretenir. *Cultiver l'amitié de qqn.* **B** *vpr* Enrichir son esprit. *Lire pour se cultiver.* ETY Du lat. DER **cultivable** *a*

**cultuel** → **culte.**

**cultural, ale** *a* didac Relatif à la culture de la terre. PLUR culturaux.

**culturaliser** *vt* ① didac Adapter au contexte culturel. *Culturaliser les lois du marché.*

**culturalisme** *nm* didac École américaine contemporaine d'anthropologie, qui tente d'infléchir les thèses de la psychanalyse freudienne dans le sens d'une interprétation plus sociologique que biologique. DER **culturaliste** *a, n*

**culture** *nf* **A 1** Travail de la terre visant à la rendre productive. *Pays de petite culture. Culture mécanique.* **2** Action de cultiver tel végétal. *La culture du blé. Culture de la soie.* **3** fig Développement des facultés intellectuelles. *La culture de l'esprit.* **4** Ensemble des connaissances acquises par un individu. *Culture générale. Culture littéraire, philosophique.* **5** Ensemble des activités soumises à des normes socialement et historiquement différenciées, et des modèles de comportement transmissibles par l'éducation, propre à un groupe social donné. *Culture occidentale.* **B** *nfpl* Terres cultivées. LOC ***Culture d'entreprise*** : ensemble constitué par le savoir-faire industriel, les structures et les habitudes particulières à une entreprise. — ***Culture de masse*** : répandue par les médias au sein de la société sans tenir compte des structures internes (classe, âge, sexe). — BIOL ***Culture de tissus*** : technique de laboratoire qui consiste à faire vivre des tissus animaux ou végétaux sur des milieux synthétiques. — ***Culture physique*** : gymnastique. — ***Culture sèche*** : ensemble de techniques culturales appliquées dans les régions semi-arides pour éviter au maximum l'évaporation. SYN (déconseillé) dry-farming.

**culturel, elle** *a* Relatif à la culture intellectuelle, à la civilisation. *Héritage culturel.* DER **culturellement** *av*

**cultureux, euse** *a, n* fam, pejor Qui concerne ou s'occupe d'activités culturelles.

**culturisme** *nm* Gymnastique visant à développer la musculature dans un but esthétique. DER **culturiste** *n*

**Cumberland William Augustus (duc de)** (Londres, 1721 – id., 1765), général britannique, troisième fils de George II. Défait par les Français en 1745 et 1747, il vainquit Charles-Édouard Stuart à Culloden (1746).

**cumbia** *nf* Danse et musique d'origine colombienne.

**Cumbria** comté de G.-B. ; 6 809 km$^2$ ; 486 900 hab. ; ch.-l. *Carlisle.* – Il s'étend sur le *massif du Cumberland* (alt. max. 978 m), aux nombr. lacs glaciaires. Tourisme.

**Cumes** v. anc. (auj. *Cuma*) de l'Italie du S. (Campanie), séjour d'une sibylle, et où s'établit une colonie grecque (VIII$^e$ s. av. J.-C.).

**cumin** *nm* Ombellifère cultivée en Europe centrale pour ses fruits aromatiques ; ces fruits. LOC ***Cumin des prés*** : carvi. ETY Du lat.

**Cummings Edward Estlin** (Cambridge, Massachusetts, 1894 – North Conway, 1962), écrivain américain : romans (*l'Énorme Chambrée,* 1922), théâtre (*Tom,* 1935). Ses poèmes sont de quasi-calligrammes.

**cumul** *nm* **1** DR Action de poursuivre un certain objet simultanément par plusieurs voies de droit. **2** Fait d'exercer simultanément deux fonctions, deux emplois.

**cumulard** *nm* fam, péjor Personne qui cumule plusieurs fonctions rétribuées.

**cumulat** *nm* Roche magmatique grenue.

**cumulatif, ive** *a* Qui résulte de l'accumulation. *Un médicament à effet cumulatif.* DER **cumulativement** *av*

**cumuler** *vt* ① **1** Réunir, joindre ensemble. **2** Occuper plusieurs emplois, toucher plusieurs traitements à la fois. ETY Du lat. DER **cumulable** *a*

**cumulonimbus** *nm* METEO Nuage à grand développement vertical dont le sommet s'étale en forme d'enclume. PHO [kymylonɛ̃bys]

**cumulonimbus**

**cumulostratus** *nm* Stratocumulus.

**cumulus** *nm* METEO Nuage dense, à contours nets, plus ou moins développé verticalement et présentant des protubérances. PHO [kymylys] ETY Mot lat., « amas ».

**cumulus**

**Cunaxa** v. de Mésopotamie près de laquelle Artaxerxès II vainquit son frère Cyrus le Jeune (401 av. J.-C.). VAR **Counaxa**

**Cunégonde (sainte)** (?, v. 978 – abb. de Kaufungen, Hesse, 1033 ou 1039), épouse de l'empereur Henri II, également canonisé.

**cunéiforme** *a* didac En forme de coin. LOC ***Écriture cunéiforme*** : écriture des Perses, des Mèdes, des Assyriens, combinant des signes en forme de coin et de fer de lance. — ANAT ***Os cunéiformes*** : les trois os qui occupent la rangée antérieure du tarse.

**Cuneo** (en fr. *Coni*), v. d'Italie (Piémont), sur la Stura, affl. du Pô ; 55 390 hab. ; ch.-l. de la prov. du m. nom. Industries.

**Cunha Tristão** ou **Tristan da** (Lisbonne, v. 1460 – en mer, 1540), navigateur portugais. Il découvrit en 1506, dans le S. de l'Atlant., le groupe d'îles qui porte son nom.

**cuniculture** *nf* Élevage de lapins domestiques. ETY Du lat. VAR **cuniculiculture** DER **cunicole** *a* – **cuniculteur, trice** *n*

**cunnilingus** *nm* Pratique sexuelle consistant à exciter avec la bouche le sexe de la femme. PHO [kynilɛ̃gys] VAR **cunnilinctus** [kynilɛ̃ktys]

**Cunningham Merce** (Centralia, Washington, 1919 – New York, 2009), danseur et chorégraphe américain. Associé au compositeur J. Cage, il lança le mouvement de la « post modern dance ».

**Cuny Alain** (Saint-Malo, 1908 – Paris, 1994), acteur français. Révélé par *les Visiteurs du soir* (1942), il s'illustra dans les rôles tragiques.

**cupide** *a* Qui a un amour immodéré du gain, de l'argent. *Esprit cupide.* SYN avide. ETY Du lat. *cupidus,* « qui désire ». DER **cupidement** *av* – **cupidité** *nf*

**Cupidon** dans la myth. lat., dieu de l'Amour, correspondant à l'Éros grec.

**cuprate** *nm* Sel de l'oxyde cuivrique, composé utilisé pour les supraconducteurs à haute température.

**cupressale** *nf* BOT Gymnosperme tel que les cyprès, les genévriers et les séquoias. ETY Du lat. *cupressus,* « cyprès ».

**cupri-, cupro-** Éléments, du lat. *cuprum,* « cuivre ».

**cuprifère** *a* **1** MINER Qui renferme du cuivre. **2** METALL Relatif à l'industrie du cuivre.

**cuprique** *a* CHIM De la nature du cuivre.

**cuprisme** *nm* MED Intoxication par les sels de cuivre.

**cuproammoniacale** *af* LOC CHIM ***Liqueur cuproammoniacale*** ou ***liqueur de Schweitz*** : liquide qui dissout la cellulose.

**cupronickel** *nm* Alliage de cuivre et de nickel, utilisé notam. pour les pièces de monnaie.

**cupropotassique** *a* LOC CHIM ***Liqueur cupropotassique*** ou ***liqueur de Fehling*** : solution alcaline utilisée pour le dosage du glucose et l'analyse des sucres.

**cupule** *nf* Petit organe, objet en forme de coupe. *Cupule de gland.*

**cupulifère** *nf* BOT Syn. de *fagacée.*

**curable** *a* Qui peut être guéri. *Un mal curable.* ANT incurable. DER **curabilité** *nf*

**curaçao** *nm* Liqueur faite avec de l'eau-de-vie, du sucre et des écorces d'oranges amères. PHO [kyʀaso]

**Curaçao** principale île des Antilles néerl. ; 444 km$^2$ ; 170 000 hab. ; ch.-l. *Willemstad.*

**curage** *nm* **1** Action de curer, de nettoyer. **2** CHIR Extirpation à la main du contenu d'une cavité ; excision des éléments lymphatiques d'une région.

**curare** *nm* Alcaloïde d'origine le plus souvent végétale, qui bloque temporairement la plaque neuromusculaire, entraînant une paralysie généralisée.

**curariser** *vt* ① MED Administrer du curare à. DER **curarisation** *nf*

**curatelle** *nf* DR Charge, fonction du curateur.

**curateur, trice** *n* **1** DR ROM Officier public chargé de fonctions très diverses. **2** DR Per-

**Merce Cunningham** répétition de *Five Stone Wind,* festival d'Avignon 1988

sonne nommée par le juge des tutelles pour assister dans l'administration de ses biens un mineur émancipé, un incapable. **3** Belgique Administrateur d'une université.

**curatif, ive** *a, nm* Destiné à la guérison des maladies.

**curculionidé** *nm* ENTOM Insecte coléoptère phytophage nommé couramment *charançon.* (ETY) Du lat.

**curcuma** *nm* Plante vivace aromatique (zingibéracée) appelée aussi *safran des Indes* dont le rhizome entre dans la composition du cari.

**1 cure** *nf* **1** MED Traitement d'une maladie ou d'une affection chirurgicale. **2** Usage prolongé d'une chose salutaire. *Une cure de repos.* **3** Séjour thérapeutique dans une station thermale, une maison de repos, etc. **LOC** litt ***N'avoir cure de :*** n'avoir aucun souci de. *N'avoir cure de la politique.* (ETY) Du lat.

**2 cure** *nf* **1** Charge de curé, fonction ecclésiastique à laquelle est attachée la direction d'une paroisse. **2** Territoire dépendant d'un curé. **3** Presbytère. (ETY) De *curé.*

**Cure (la)** riv. de France (112 km), affl. de l'Yonne (r. dr.) ; naît dans le Morvan.

**curé** *nm* **1** Prêtre qui a la charge d'une paroisse. **2** péjor Ecclésiastique.

**cure-dent** *nm* Petit instrument servant à se curer les dents. PLUR cure-dents.

**curée** *nf* **1** VEN Partie de la bête donnée aux chiens après la chasse ; moment de la chasse où l'on donne la curée. **2** fig Lutte pleine d'âpreté pour le partage des profits, des places. (ETY) De cuir.

**Curel** François de (Metz, 1854 – Paris, 1928), auteur français de pièces morales.

**cure-ongle** *nm* Petit instrument servant à nettoyer le dessous des ongles. PLUR cure-ongles.

**cure-oreille** *nm* Petit instrument servant à nettoyer le conduit de l'oreille. PLUR cure-oreilles.

**cure-pipe** *nm* Petit instrument qui sert à vider le fourneau d'une pipe. PLUR cure-pipes.

**curer** *vt* (1) Nettoyer qqch en grattant. *Curer un étang. Se curer les dents, les ongles.* (ETY) Du lat. *curare,* « prendre soin de ».

**cureter** *vt* (18) ou (20) CHIR Gratter et nettoyer une cavité naturelle ou pathologique. (DER) **curetage** *nm*

**cureton** *nm* fam, péjor Curé.

**curette** *nf* **1** TECH Outil servant à nettoyer. SYN écouvillon. **2** CHIR Petit instrument servant à cureter une cavité naturelle ou une plaie.

**Curiaces → Horaces.**

**curial, ale** *a* Relatif à une cure, à un curé. PLUR curiaux.

**Curia regis** (lat. « cour du roi »), assemblée des grands du royaume désignée par les rois capétiens pour les assister.

**curide** *nm* CHIM Chacun des éléments dont le numéro atomique est supérieur à 96.

**1 curie** *nf* **1** ANTIQ ROM Fraction de la tribu romaine. **2** ANTIQ ROM Lieu de réunion du sénat. **3** Gouvernement central de l'Église catholique. (ETY) Du lat.

**2 curie** *nm* Anc. unité de radioactivité (symbole Ci), correspondant à $3,7.10^{10}$ désintégrations par seconde. (ETY) Du n. pr.

**Curie** Pierre (Paris, 1859 – id., 1906) et sa femme **Marie,** née Skłodowska (Varsovie, 1867 – Sancellemoz, 1934), physiciens français. Ils ont découvert le radium en 1898 (P. Nobel de physique 1903 avec H. Becquerel). Marie reçut le prix Nobel de chimie 1911.

**curietest** *nm* PHYS NUCL Appareil servant à mesurer l'activité de préparations radioactives.

**curiethérapie** *nf* MED Irradiation thérapeutique par le radium. SYN radiumthérapie.

**curieux, euse** *a, n* **A 1** Qui a un grand désir de voir, de savoir. *Un esprit curieux.* **2** Indiscret. *Une foule de curieux qui contemplaient l'incendie.* **B** *a* Bizarre, singulier. *Un curieux personnage.* **C** *nm* Aspect curieux, singulier d'une chose. *Le curieux de l'affaire.* (DER) **curieusement** *av*

**curiosa** *nm* En bibliophilie, ouvrage érotique ; en salle des ventes, objet érotique.

**curiosité** *nf* **1** Désir de voir, de s'instruire. *Satisfaire sa curiosité.* **2** Désir indiscret de connaître les affaires d'autrui. *La curiosité est un vilain défaut.* **3** Objet, chose remarquable par sa rareté, sa beauté, etc. *Les curiosités d'une ville.* (ETY) Du lat. *curiositas,* « soin ».

**Curiosités esthétiques (les)** recueil posth. des principales critiques d'art de Baudelaire (1868).

**curiste** *n* Personne qui fait une cure thermale.

**Curitiba** v. du Brésil, cap. de l'État du Paraná ; 2,9 millions d'hab. (aggl.) Centre agric. et industriel. – Université.

**curium** *nm* CHIM Élément radioactif artificiel, appartenant à la famille des actinides, de numéro atomique Z = 96 et de masse atomique 247 (symbole Cm). (PHO) [kyʀjɔm] (ETY) De *Curie,* n. pr.

**curling** *nm* SPORT Jeu consistant à faire glisser sur la glace un palet vers une cible. (PHO) [kœʀliŋ] (ETY) Mot angl. (DER) **curleur, euse** *n*

**Curnonsky** Maurice Edmond Sailland, dit (Angers, 1872 – Paris, 1965), écrivain français, dit « le Prince des gastronomes ».

**curopalate** *nm* HIST Dignitaire byzantin, chef de la garde du palais.

**curriculum** *nm* Ensemble des renseignements concernant l'état civil, les titres, les capacités et les activités passées d'une personne. ABREV CV. (PHO) [kyʀikylɔmvite] (ETY) Mot lat., « cours de la vie ». (VAR) **curriculum vitæ** *nm inv*

**curry → cari.**

**curseur** *nm* **1** TECH Repère coulissant d'une règle à calcul, d'une hausse de fusil, etc. **2** INFORM Repère lumineux indiquant sur un écran l'emplacement de la frappe à venir. **3** ASTRO Fil que l'on déplace dans le champ d'un oculaire pour mesurer le diamètre apparent d'un astre. **4** fig Point significatif d'une échelle, d'une courbe, d'une prise de décision. (ETY) Du lat. *cursor,* « coureur ».

**cursif, ive** *a, nf* **A** *af, nf* Se dit d'une écriture tracée à main courante. **B** *a* fig Rapide, bref. *Lecture cursive.* (DER) **cursivement** *av*

**cursus** *nm* Ensemble des phases successives d'une carrière, d'un cycle d'études. *Cursus universitaire.* (PHO) [kyʀsys] (ETY) Mot lat.

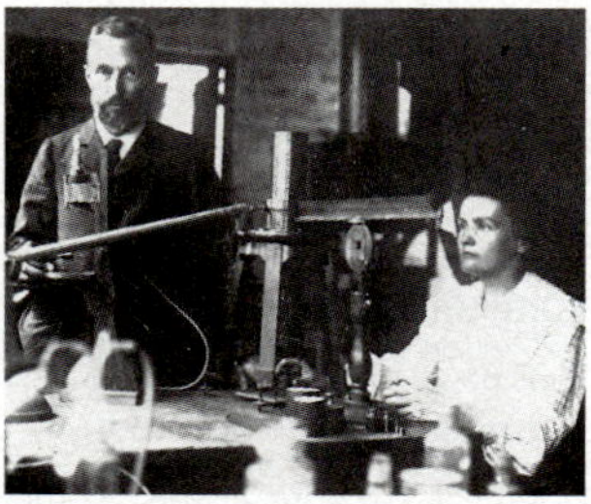

**Pierre** et **Marie Curie** dans leur laboratoire de l'École de physique et de chimie à Paris en 1903

**Curtis** Edward Sheriff (dans le Wisconsin, 1868 – Los Angeles, 1952), photographe américain des Amérindiens (20 vol., 1 000 images, 1907-1930).

**Curtiz** Mihaly Kertész, dit Michael (Budapest, 1888 – Los Angeles, 1962), cinéaste américain d'origine hongroise : *les Aventures de Robin des Bois* (1938), *Casablanca* (1943).

**curule** *a* **LOC** ANTIQ ROM ***Chaise curule :*** siège d'ivoire réservé aux plus hauts magistrats.

**curviligne** *a* GEOM Formé par des lignes courbes. *Triangle curviligne.* (ETY) Du lat. *curvus,* « courbe ».

**curvimètre** *nm* TECH Appareil servant à mesurer la longueur d'une courbe tracée sur papier.

**Curzon of Kedleston** George Nathaniel (1er marquis) (Kedleston, Derbyshire, 1859 – Londres, 1925), secrétaire d'État britannique aux Affaires étrangères (1919-1923). Le tracé de la frontière russo-polonaise qu'il proposa en 1919 fut appliqué en 1945.

**cuscutacée** *nf* BOT Plante dicotylédone parasite à tige volubile.

**cuscute** *nf* Plante (cuscutacée) parasite des légumineuses. (ETY) Du gr.

**Cushing** Harvey Williams (Cleveland, Ohio, 1869 – New Haven, Connecticut, 1939), neurochirurgien américain, l'un des fondateurs de la neurochirurgie.

**Cushing (syndrome de)** *nm* Bouffissure de la face et du tronc, liée à un excès de cortisone dans le sang causé par une maladie de la surrénale *(maladie de Cushing).*

**Cussac (grotte)** grotte préhistorique de Dordogne, découverte en 2000, remarquable ensemble de gravures (v. 25000 av. J.-C.).

**Cusset** ch.-l. de cant. de l'Allier (arr. de Vichy) ; 13 385 hab. Station thermale. (DER) **cussétois, oise** *a, n*

**Custine** Adam Philippe (comte de) (Metz, 1740 – Paris, 1793), général français. Accusé d'avoir abandonné Mayence, il fut guillotiné. — **Astolphe** (Niederwiller, Meurthe, 1790 – Paris, 1857), petit-fils du préc. ; grand voyageur, il publia en 1843 *la Russie en 1839.*

**custode** *nf* **1** LITURG Boîte servant à exposer ou à transporter les hosties consacrées. **2** AUTO Plage arrière d'une automobile.

**custom** *nm* Véhicule ou appareil dont on a modifié l'aspect pour le personnaliser. (PHO) [kœstɔm] (ETY) Mot angl.

**customiser** *vt* (1) Transformer un objet standard (véhicule, appareil, vêtement, etc.) en un objet unique, personnalisé. (DER) **customisation** *nf* – **customiseur, euse** *n*

**Custozza** localité d'Italie, prov. de Vérone, où les Autrichiens vainquirent les Piémontais (1848) et les Italiens (1866). (VAR) **Custoza**

**cutané, ée** *a* ANAT De la peau.

**cuti** *nf* fam Abrév. de *cuti-réaction* à la tuberculine. **LOC** ***Virer sa cuti :*** présenter pour la première fois une cuti-réaction ; fig, fam changer radicalement de comportement, de conviction.

**cuticule** *nf* **1** ANAT Peau très fine, membrane ou pellicule recouvrant une structure anatomique. **2** BOT Couche de cutine recouvrant les organes aériens herbacés (feuilles, pollen, etc.) des végétaux. **3** ZOOL Couche superficielle chitineuse, résistante, du tégument de certains invertébrés, notam. des arthropodes. (ETY) Du lat. (DER) **cuticulaire** *a*

**cutine** *nf* BOT Substance cireuse imperméable, principal constituant de la cuticule.

**cuti-réaction** *nf* MED Réaction cutanée apparaissant au point d'inoculation d'une substance lorsque le sujet est allergique à cette substance ou immunisé contre elle, et qui constitue un test. PLUR cuti-réactions. **LOC** ***Cuti-réaction à la tuberculine*** ou ***cuti :*** qui permet de détecter la rencontre avec le bacille de la tuberculose. (VAR) **cutiréaction**

**Cuttack** v. de l'Inde orient. (Orissa), sur le delta de la Mahānadi ; 606 000 hab.

**cutter** *nm* Instrument muni d'une lame coulissante pour couper le papier, le carton, etc. (PHO) [kytœR] (ETY) Mot angl. (VAR) **cutteur**

**cuvage, cuvaison** → **cuver.**

**cuve** *nf* **1** Grand récipient servant à la fermentation du vin, de la bière, etc. **2** Grand récipient à usage ménager ou industriel. *Cuve à mazout.* **3** METALL Dans un haut-fourneau, tronc de cône s'effectue la réduction du minerai. (ETY) Du lat.

**cuveau** *nm* rég Petite cuve.

**cuvée** *nf* **1** Quantité de vin qui se fait en une seule fois dans une cuve. **2** Vin qui provient de la récolte d'une même vigne. **3** fig, fam Production d'une année, promotion d'un examen. *La dernière cuvée du baccalauréat.*

**cuvelage** *nm* **1** CONSTR Revêtement étanche qui protège contre les infiltrations d'eau. **2** TECH Ensemble des tubes qui consolident les parois d'un puits de pétrole. (VAR) **cuvellement** ou **cuvèlement**

**cuveler** *vt* ⑰ ou ⑲ Garnir d'un cuvelage.

**cuver** *vi, vt* ① Demeurer dans une cuve pour y fermenter, en parlant du vin. **LOC** fam *Cuver son vin* : dormir ou se reposer après avoir trop bu. (DER) **cuvage** *nm* ou **cuvaison** *nf*

**cuverie** *nf* Ensemble des cuves (vin, cidre, etc.) ; local où elles se trouvent.

**cuvette** *nf* **1** Bassin portatif large et peu profond. **2** Partie inférieure du siège de WC. **3** PHYS Petit réservoir à mercure d'un baromètre. **4** GEOL Dépression naturelle du sol.

**cuvier** *nm* Cuve servant aux vendanges.

**Cuvier** Georges (baron) (Montbéliard, 1769 – Paris, 1832), zoologiste français, père de la paléontologie et de l'anatomie comparée des vertébrés : *Leçons d'anatomie comparée* (1800-1805), *Discours sur les révolutions de la surface du globe* (1825). Acad. fr. (1818). — **Frédéric** (Montbéliard, 1773 – Strasbourg, 1838), zoologiste, frère du préc. (*Histoire des cétacés*).

Georges Cuvier

**Cuvilliés** Jean-François de (Soignies, Hainaut, 1695 – Munich, 1768), architecte et ornemaniste allemand ; le plus grand représentant du style rococo bavarois.

**Cuxhaven** v. d'Allemagne (Basse-Saxe), sur la mer du Nord, avant-port de Hambourg ; 56 080 hab. Pêche.

**Cuyp** Albert (Dordrecht, 1620 – id., 1691), peintre hollandais : scènes de genre, animaux, marines, paysages.

**Cuza** Alexandre-Jean Ier (Galați, 1820 – Heidelberg, 1873), prince roumain. Élu en 1859 prince héréditaire de Moldavie et de Valachie, il unifia ces principautés (la future Roumanie), mais dut abdiquer en 1866. (VAR) **Couza**

**Cuzco** v. du Pérou mérid., dans les Andes, à 3 650 m d'alt. ; 330 000 hab. ; ch.-l. du dép. du m. nom. – Anc. cap. de l'Empire inca (forteresse Sacsahuamán), puis grand centre colonial.

**CV** Symbole de cheval fiscal.

**CV** *nm* Sigle de *curriculum vitæ*.

**Cwmbran** v. du pays de Galles ; ch.-l. du comté de Gwent ; 44 876 hab.

**Cx** *nm* PHYS Coefficient de pénétration dans l'air, caractérisant l'aérodynamisme d'un mobile.

**cyan(o)-** CHIM Élément, du gr. *kuanos*, « bleu sombre », qui indique la présence du radical $-C\equiv N$ dans une molécule.

**cyan** *nm, a inv* TECH Couleur bleu-vert, complémentaire du rouge. (PHO) [sjã]

**cyanamide** *nf* CHIM Substance azotée cristallisée qui se polymérise facilement. *La cyanamide calcique est un engrais.*

**cyanhydrique** *a* **LOC** CHIM *Acide cyanhydrique* : liquide incolore appelé *cyanure d'hydrogène, acide prussique*, poison violent de formule $H{-}C\equiv N$, qui sert à fabriquer le nitrile acrylique.

**cyanite** *nf* MINER Syn. de *disthène.*

**cyanoacrylate** *nm* Adhésif très puissant.

**cyanobactérie** *nf* Procaryote photosynthétique appelé autrefois *cyanophycée* ou *algue bleue.*

**cyanocobalamine** *nf* BIOCHIM Vitamine B12.

**cyanogène** *nm, a* **A** *nm* CHIM Gaz incolore, poison violent, de formule $N\equiv C{-}C\equiv N$. **B** *a* MED Qui produit une cyanose.

**cyanophycée** *nf* Syn. anc. de *cyanobactérie.*

**cyanose** *nf* MED Coloration bleue des téguments par défaut d'oxygénation. (DER) **cyanoser** *vt* ①

**cyanure** *nm* CHIM Sel ou ester de l'acide cyanhydrique, poison très violent. **LOC** *Groupe cyanure* : le groupe $-C\equiv N$.

**cyanuration** *nf* **1** CHIM Introduction d'un groupe cyanure dans une molécule. **2** METALL Procédé de durcissement superficiel de l'acier par immersion dans un cyanure. **3** Opération consistant à soumettre un minerai à l'action d'un cyanure pour en extraire le métal. (DER) **cyanurer** *vt* ①

**Cyaxare** (633 – 584 av. J.-C.) roi des Mèdes, qui, allié de Nabopolassar, détruisit Ninive (612). (VAR) **Ouvakhshatra**

**Cybèle** déesse de la Fécondité dont le culte est passé de Phrygie dans le monde gréco-romain au IIIe s. av. J.-C. Les Grecs l'assimilèrent à Rhéa, mère de Zeus.

**cyber-** Préfixe, de *cybernétique*, servant à former des mots liés aux nouvelles techniques de communication numériques (Internet).

**cyberaction** *nf* Action menée par un groupe de protestataires consistant à demander aux internautes d'envoyer directement un message électronique aux décideurs sur lesquels il faut faire pression.

Cuzco maisons construites sur les vestiges d'un palais inca

**cyberattaque** *nf* Attaque informatique intrusive menée contre un site Internet.

**cybercafé** *nm* Établissement associant un débit de boissons et un équipement en micro-ordinateurs connectés avec Internet.

**cybercriminalité** *nf* DR Criminalité qui s'exerce grâce au réseau Internet.

**cyberculture** *nf* Culture particulière propre aux internautes.

**cyberdissident, ente** *n* POLIT Dissident qui s'exprime grâce à Internet.

**cyberespace** *nm* Ensemble des informations et des relations que l'on peut trouver sur un réseau électronique. SYN cybermonde. (DER) **cyberspatial, ale, aux** *a*

**cyberlibraire** *n* Entreprise de commerce du livre qui opère par le réseau Internet.

**cybermarketing** *nm* Marketing pratiqué grâce au réseau Internet. (ETY) Mot angl.

**cybermonde** *nm* Syn. de *cyberespace.*

**cybernaute** *n* Syn. de *internaute.*

**cybernétique** *nf, a* Ensemble des théories et des études sur les systèmes considérés sous l'angle de la commande et de la communication. *L'informatique est une application de la cybernétique. Réseaux cybernétiques.* (ETY) Du gr. *kubernân*, « gouverner ». (DER) **cybernéticien, enne** *n*

**cyborg** *n* **1** Dans la science-fiction, créature cybernétique, robot. **2** Organisme hybride fait de parties biologiques et de parties artificielles, utilisé dans la recherche neurophysiologique.

**cycas** *nm* Gymnosperme préphanérogame à port de palmier des régions tropicales. (PHO) [sikas]

cycas

**cyclable** *a* Accessible aux bicyclettes et aux cyclomoteurs. *Piste cyclable.*

**Cyclades** (en gr. *Kuklades* ; de *kuklos*, « cercle »), archipel gr. (îles princ. : Andros, Délos, Milo, Naxos, Paros, Santorin, Syros, Tínos) de

statuette de l'art des **Cyclades** – musée national d'Archéologie, Athènes

la mer Égée, au S.-E. de l'Attique. Il forme un nome : 2 572 km$^2$ ; 100 000 hab. ; ch.-l. *Hermoupolis* (Syros). Tourisme. – L'art des Cyclades (III$^e$ millénaire av. J.-C.) est princ. représenté par des statuettes en marbre très stylisées. (DER) **cycladique** *a*

**cyclamen** *nm* Plante ornementale (primulacée) aux fleurs complexes blanches ou roses.

**cyclamen**

**cyclane** *nm* Hydrocarbure cyclique saturé.

**1 cycle** *nm* **1** ASTRO Période d'un nombre déterminé d'années après laquelle certains phénomènes se reproduisent constamment dans le même ordre. *Le cycle solaire dure environ 22 ans.* **2** Suite de phénomènes se renouvelant constamment dans un ordre immuable. *Le cycle des saisons.* **3** ECON Succession de divers états de l'économie, comprenant général. quatre phases : expansion, prospérité, récession, dépression ou crise. **4** Ensemble de transformations que subit un corps ou un système d'un état initial jusqu'à un état final identique à l'état initial. *Cycle de Carnot. Cycle de Krebs.* **5** CHIM Chaîne fermée que forme le squelette d'une molécule. **6** LITTER Ensemble de poèmes épiques relatifs à un même groupe de personnages ou aux mêmes évènements. *Le cycle troyen.* **7** Divisions dans l'enseignement secondaire (premier, second cycle) et universitaire. **LOC** BIOL ***Cycle biologique*** ou ***cycle de reproduction*** : ensemble des étapes par lesquelles passe un être vivant, du moment où il est fécondé jusqu'à celui où il devient capable de se reproduire. — ASTRO ***Cycle de Méton*** : période de 235 lunaisons qui est la base des calendriers lunaires. — GEOL ***Cycle d'érosion*** : ensemble des étapes qui conduisent une chaîne de montagnes à être transformée en pénéplaine par l'action de l'érosion. — ***Cycle naturel*** : cycle biogéochimique. (ETY) Du gr. *kuklos*, « cercle ».

**2 cycle** *nm* Véhicule à deux roues, plus rarement trois, mû par la force des jambes (bicyclette) ou par un petit moteur (cyclomoteur). (ETY) Mot angl.

**1 cycline** *nf* Syn. de *tétracycline.*

**2 cycline** *nf* BIOL Protéine jouant un rôle essentiel lors de la mitose.

**cyclique** *a* **1** Relatif à un cycle astronomique, chronologique, etc. **2** Qui se reproduit à intervalles réguliers. *Phénomènes cycliques. Crise cyclique.* **3** BOT Se dit d'une fleur dont les divers éléments (sépales, pétales, étamines, carpelles) sont disposés en cercles concentriques. ANT acyclique. (DER) **cyclicité** *nf* – **cycliquement** *av*

**cyclisation** *nf* CHIM Transformation d'un hydrocarbure à chaîne ouverte en un composé cyclique.

**cyclisme** *nm* Pratique de la bicyclette ; sport qui utilise la bicyclette.

**cycliste** *n, a* **A** *n* Personne qui fait de la bicyclette. **B** *nm* Culotte très collante, arrivant au-dessus du genou. **C** *a* Relatif à la bicyclette, au cyclisme. *Course cycliste.*

**cyclo-** Élément, du gr. *kuklos*, « cercle » et de *cycle.*

**cyclo-cross** *nm inv* SPORT Épreuve cycliste pratiquée en terrains variés. (VAR) **cyclocross**

**cyclodextrine** *nf* BIOCHIM Molécule à base d'amidon, qui a la propriété de rendre soluble les substances qu'elle enferme.

**cycloergomètre** *nm* Appareil sur lequel on pédale pour réaliser un électrocardiogramme d'effort.

**cyclogenèse** *nf* METEO Processus de formation d'un cyclone.

**cyclohexane** *nm* CHIM Hydrocarbure cyclique de formule $C_6H_{12}$ , dont les dérivés sont utilisés comme insecticides.

**cyclohexanol** *nm* CHIM Alcool dérivé du cyclohexane, donnant l'acide adipique, constituant du nylon.

**cycloïde** *nf* GEOM Courbe décrite par un point d'un cercle qui roule sans glisser sur une droite. (DER) **cycloïdal, ale, aux** *a*

▶ pl. courbes

**cycloïdie** *n, a* PSYCHIAT Stade qui précède la cyclothymie.

**cyclomoteur** *nm* Cycle à moteur auxiliaire d'une cylindrée inférieure à 50 cm$^3$. (DER) **cyclomotoriste** *n*

**cyclone** *nm* **1** Mouvement giratoire rapide de l'air autour d'une dépression de faible étendue, dont la partie centrale est appelée *œil du cyclone.* **2** TECH Appareil servant à séparer un gaz de ses poussières, sous l'effet de la force centrifuge. (DER) **cyclonal, ale, aux** ou **cyclonique** *a*

(ENC) Le cyclone tropical est une dépression de faible diamètre (quelques centaines de kilomètres) ; la pression minimale au centre peut s'abaisser à 900 hectopascals. L'air qui afflue constitue des vents très violents, pouvant dépasser 200 km/h. La vitesse de déplacement du phénomène est relativement faible, de 20 à 50 km/h ; on enregistre à son passage des pluies torrentielles. Au centre, le cyclone possède un *œil* (quelques km de diamètre) où le vent est affaibli et le ciel plus ou moins dégagé. Un cyclone dure une huitaine de jours.

**cyclope** *nm* Crustacé copépode d'eau douce muni d'un œil unique et qui utilise ses antennes comme appendices locomoteurs.

**cyclopéen, enne** *a* **1** litt Énorme, gigantesque. *Déployer une énergie cyclopéenne.* **2** ARCHI Se dit de constructions de la très haute antiquité, faites d'énormes blocs de pierre.

**Cyclopes** dans la myth. gr., les trois fils de Gaia (la Terre) et d'Ouranos (le Ciel), géants qui n'avaient qu'un œil, au milieu du front. Ils fabriquèrent la foudre à l'intention de Zeus. – Dans l'*Odyssée,* pasteurs anthropophages, géants à œil unique, représentés par Polyphème. (DER) **cyclopéen, enne** *a*

**cycloptère** *nm* ICHTYOL. Syn. de *lump.*

**cyclo-pousse** *nm inv* Pousse-pousse tiré par un cycliste. (VAR) **cyclopousse** *nm*

**cyclorameur** *nm* Tricycle d'enfant mû par la force des bras.

**cyclose** *nf* BIOL Mouvements de l'intérieur d'une cellule qui entraînent les différents organites.

**cyclosporine** → **ciclosporine.**

**cyclosportif, ive** *a, n* **A** *a* Relatif au cyclisme amateur. **B** *n* Coureur cycliste amateur.

**cyclostome** *nm* ZOOL Agnathe dont l'ordre est le seul à avoir des représentants vivants telles les lamproies.

**cyclothymie** *nf* PSYCHIAT Constitution psychique caractérisée par l'alternance de périodes d'excitation euphorique et de dépression mélancolique. (ETY) Mot all. d'or. gr. (DER) **cyclothymique** *a, n*

**cyclotourisme** *nm* Tourisme à bicyclette. (DER) **cyclotouriste** *n*

**cyclotron** *nm* PHYS NUCL Accélérateur de particules constitué de deux électrodes creuses en forme de demi-cylindre entre lesquelles on établit un champ électrique alternatif.

**cygne** *nm* Grand oiseau anatidé à plumage blanc ou noir et au long cou très souple. **LOC** ***Le chant du cygne*** : le dernier chef-d'œuvre d'un poète, d'un musicien, etc., avant sa mort. — ***Le Cygne de Cambrai*** : Fénelon. — ***Le Cygne de Mantoue*** : Virgile. — ***Un cou de cygne*** : fin, long et gracieux. (ETY) Du gr. ▶ illustr. p. 418

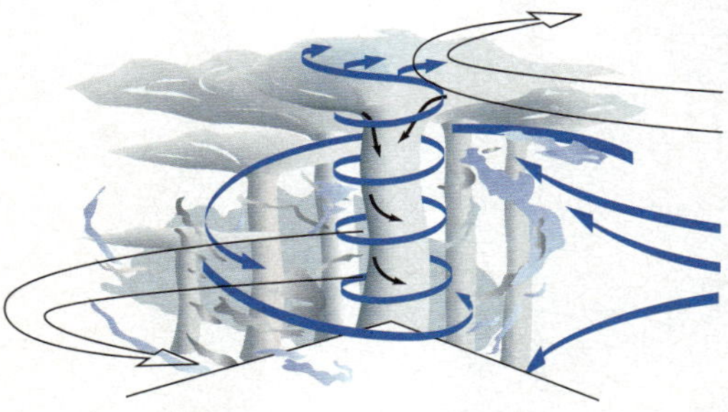

au centre, l'œil du cyclone (d'un diamètre de 2 à 3 kilomètres) autour duquel s'enroulent les amas de cumulonimbus (largeur : 300 à 400 kilomètres)

**cyclone**

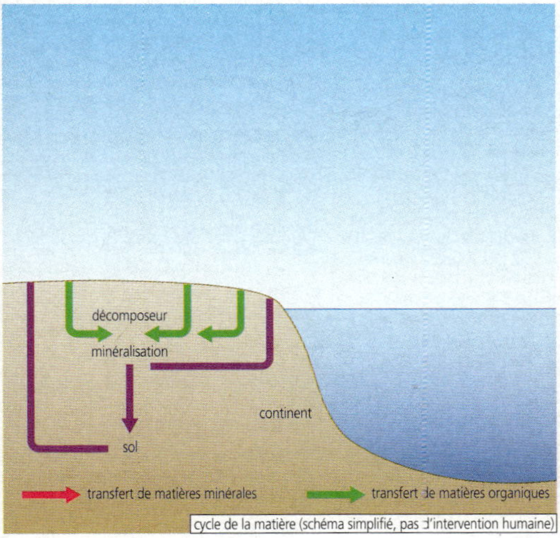

cycle de la matière (schéma simplifié, pas d'intervention humaine)

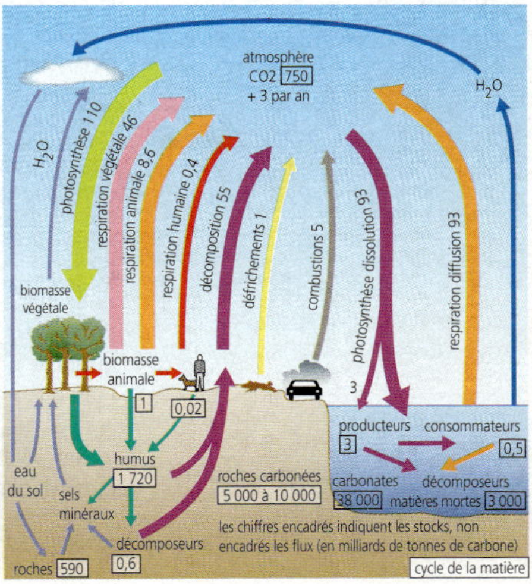

cycle de la matière

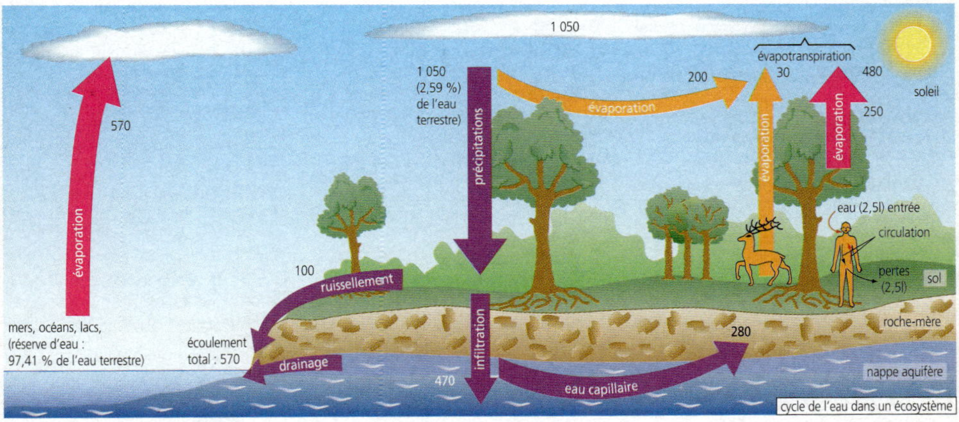

cycle de l'eau dans un écosystème

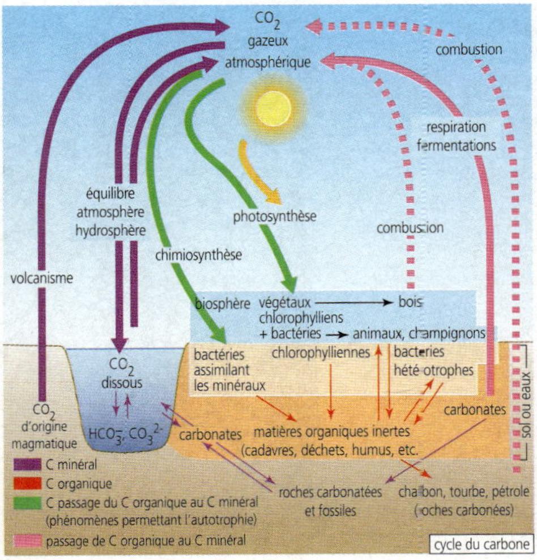

cycle du carbone

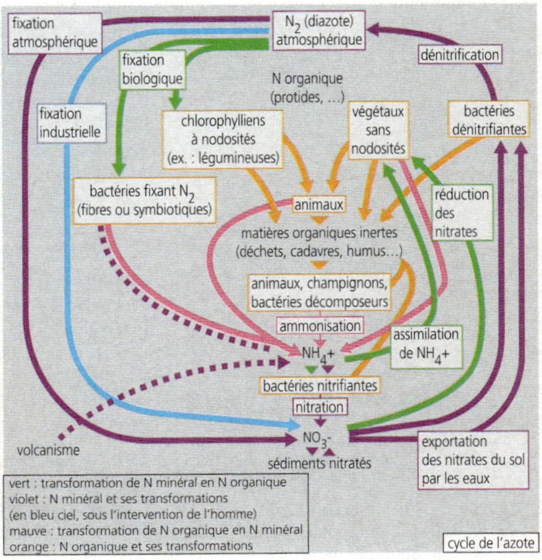

cycle de l'azote

**Cygne (le)** constellation de l'hémisphère boréal ; n. scientif. : *Cygnus, Cygni*.

**cylindraxe** *nm* ANAT Syn. de *axone*.

**cylindre** *nm* **1** Volume obtenu en coupant les génératrices d'une surface cylindrique par deux plans parallèles. **2** TECH Appareil en forme de rouleau. *Cylindre de laminoir.* **3** Organe dans lequel se déplace un piston. *Moteur à huit cylindres disposés en V.* **4** MED Se dit d'éléments cylindriques microscopiques de substance protéique formés dans les canaux urinaires et retrouvés dans les urines. *Cylindres urinaires.* **LOC** ***Cylindre de révolution*** : volume engendré par la rotation d'un rectangle autour de l'un de ses côtés (surface latérale = $2\pi Rh$ ; surface totale = $2\pi R\ (h+R)$ ; volume = $\pi R^2 h$, $h$ étant la hauteur et $R$ le rayon du cercle de base). ETY Du gr. ▶ pl. **géométrie**

**cylindrée** *nf* AUTO Volume engendré par le déplacement des pistons dans les cylindres, exprimé en $cm^3$ et en litres. *Une voiture de 1 300 $cm^3$, de 3,5 l de cylindrée.* **LOC** ***Grosse cylindrée*** : automobile ou moto de grande puissance.

**cylindrer** *vt* ① TECH Compresser, aplanir à l'aide d'un cylindre. *Cylindrer une route au rouleau compresseur.* DER **cylindrage** *nm*

**cylindre-sceau** *nm* ARCHEOL Syn. de *sceau-cylindre*. PLUR cylindres-sceaux.

**cylindrique** *a* **1** Qui a la forme d'un cylindre. *Boîte cylindrique.* **2** GEOM Se dit d'une surface engendrée par une droite qui se déplace parallèlement à elle-même en s'appuyant sur une courbe plane.

**cylindroïde** *a* Qui a presque la forme d'un cylindre.

**cymbalaire** *nf* Scrofulariacée à petites fleurs violet pâle, fréquente en France sur les vieux murs. SYN ruine-de-Rome.

**cymbale** *nf* Instrument de musique à percussion, disque de cuivre ou de bronze muni d'une poignée ou monté sur pied. *Une paire de cymbales.* ETY Du gr. DER **cymbalier, ère** ou **cymbaliste** *n* ▶ pl. **musique**

**cymbalum** *nm* Instrument à cordes frappées, en forme de trapèze, dérivé du tympanon et employé dans les orchestres hongrois. PHO [sẽbalɔm] ou [tʃimbalɔm] ETY Du hongrois. VAR **czimbalum**

**cymbidium** *nm* Orchidée épiphyte très cultivée, originaire d'Extrême-Orient. PHO [kumbidium] ETY Du gr. *kumbê*, « coupe ».

**cyme** *nf* BOT Inflorescence dont l'axe principal, terminé par une fleur, porte un ou plusieurs rameaux, eux-mêmes terminés par une fleur et ramifiés de la même façon (ex. : myosotis, bourrache, etc.). ETY Du lat. *cyma*, « cime ».

**cygne**

**cynégétique** *a, nf* **A** *a* Qui concerne la chasse. *Des exploits cynégétiques.* **B** *nf* Art de la chasse.

**Cynewulf** (VIIIe s.), poète anglo-saxon : *le Christ ; Hélène ; le Sort des apôtres.*

**cynhyène** *nf* Syn. de *lycaon*.

**cynips** *nm* Insecte hyménoptère de petite taille (3 à 5 mm), à corps noir ou orange selon les espèces, qui provoque des galles sur le chêne et le rosier. PHO [sinips]

**cynique** *a, n* **1** PHILO Se dit de l'école d'Antisthène et de ses disciples (Diogène, Ménippe, etc.), qui professaient le mépris des conventions sociales dans le dessein de mener une vie conforme à la nature. **2** Qui se plaît à ignorer délibérément la morale, les convenances. ETY Du gr. *Cynosarges*, « mausolée du chien », n. du gymnase où enseignait Antisthène. DER **cyniquement** *av* – **cynisme** *nm*

**cyno-** Élément, du gr. *kuôn, kunos*, « chien ».

**cynocéphale** *nm* Singe dont la tête ressemble à celle d'un chien (ex. : babouin).

**cynodrome** *nm* Piste aménagée pour les courses de chiens.

**cynoglosse** *nf* BOT Borraginacée ornementale à fleurs pourpres, dont la feuille rugueuse ressemble à une langue de chien.

**cynomys** *nm* Gros rongeur d'Amérique du N. que son cri a fait nommer *chien de prairie*. PHO [sinomis]

**cynophile** *a* MILIT Se dit d'unités chargées du dressage et de l'utilisation des chiens.

**cynorhodon** *nm* BOT Réceptacle rouge et charnu de l'églantier, dont on fait des confitures. SYN gratte-cul.

**Cynoscéphales** hauteurs de Thessalie où le Thébain Pélopidas vainquit Alexandre, tyran de Phères (364 av. J.-C.), et où le consul romain Flamininus vainquit Philippe V de Macédoine (197 av. J.-C.). VAR **Cynocéphales**

**cynotechnique** *a* Qui concerne l'utilisation des chiens. *Brigade cynotechnique.*

**cypéracée** *nf* BOT Monocotylédone apétale herbacée et vivace dont la tige est pleine et sans renflements aux nœuds (ex. : laîche, scirpe). ETY Du gr.

**cyphoscoliose** *nf* MED Double déviation de la colonne vertébrale, dans les sens latéral et postérieur.

**cyphose** *nf* MED Déviation de la colonne vertébrale à convexité postérieure. ETY Du gr. *kuphôsis*, « courbure ». DER **cyphotique** *a, n* ▶ illustr. **colonne vertébrale**

**cyprès** *nm* Conifère à feuilles vertes écailleuses imbriquées et persistantes, fréquent dans les régions méditerranéennes.

**Cyprien (saint) Thascius Cæcilius Cyprianus** (Carthage, déb. IIIe s. – id., 258), Père de l'Église, évêque de Carthage (249) : *De l'unité de l'Église.* Martyr, il mourut décapité.

**cyprière** *nf* Terrain planté de cyprès.

**cyprin** *nm* Nom cour. des poissons de la famille des cyprinidés.

**cyprinidé** *nm* ZOOL Poisson téléostéen à grandes écailles, muni d'une seule nageoire dorsale et de dents pharyngiennes dont la famille comprend la carpe, le cyprin doré, la tanche, etc.

**cypriote** → **Chypre.**

**cypris** *nm* Petit crustacé (ostracode) d'eau douce. ETY D'un n. lat. de Vénus.

**Cyrankiewicz Józef** (Tarnów, 1911 – Varsovie, 1989), homme politique polonais, président du Conseil (1947-1952 et 1954-1970), chef de l'État de 1970 à 1972.

**Cyrano de Bergerac Savinien de** (Paris, 1619 – id., 1655), écrivain français : *la Mort d'Agrippine* (tragédie, 1653) ; comédies (*le Pédant joué*, 1654), *Histoire comique des États et Empires de la Lune* (posth., 1657), *Histoire comique des États et Empires du Soleil* (posth., 1662). ▷ LITTER *Cyrano de Bergerac* : comédie héroïque en 5 actes et en vers d'E. Rostand (1897), dénuée de toute vérité historique.

**cyrénaïque** *n, a* PHILO Se dit de la doctrine et des disciples d'Aristippe, fondateur de l'école de Cyrène, qui faisait de l'impression subjective du plaisir le souverain bien.

**Cyrénaïque** région du N. de l'Afrique, sur la côte médit., entre l'Égypte et le golfe de la Grande Syrte. Les Grecs y fondèrent des colonies (Cyrène) ; en 74 av. J.-C., elle devint province romaine. Conquise par les Arabes (641), par les Turcs (1551), par l'Italie (1912), elle forme dep. 1951 l'est de la Libye.

**Cyrène** anc. cap. de la Cyrénaïque, fondée v. 631 av. J.-C. par des colons doriens de Thêra (Santorin). DER **cyrénaïque** *a, n*

**Cyrille (saint)** (Jérusalem, v. 315 – id., 386), patriarche de Jérusalem (350), docteur de l'Église ; auteur des *Catéchèses baptismales.*

**Cyrille (saint)** (Alexandrie, v. 380 – id., 444), patriarche d'Alexandrie (412), docteur de l'Église ; adversaire de Nestorius, dont il fit condamner l'hérésie par le concile d'Éphèse (431).

**Cyrille (saint)** dit **le Philosophe** (Thessalonique, v. 827 – Rome, 869), prêtre grec, chargé, avec son frère Méthode, d'évangéliser les pays slaves, en partic. la Moravie. L'alphabet dérivé du grec qu'il utilisa pour traduire la Bible en slave serait à l'origine de l'alphabet glagolitique puis cyrillique.

**cyrillique** *a* **LOC** ***Alphabet cyrillique*** : alphabet adapté de l'alphabet grec et utilisé pour noter plusieurs langues slaves, notam. le russe. ETY De saint Cyrille.

**Cyrus II le Grand** (mort v. 528 av. J.-C.), fils de Cambyse Ier et de Mandane ; fondateur de l'Empire perse achéménide. Roi des Mèdes à partir de 556 av. J.-C., il conquit la Lydie (546), les colonies gr. d'Asie Mineure, l'Arabie du N., etc. Il prit Babylone en 539 (libération des captifs juifs).

**cyprès** de Provence

tombeau de **Cyrus II le Grand**, à Pasargades, Iran

**Cyrus le Jeune** (424 – 401 av. J.-C.), prince perse, fils de Darios II. S'étant révolté contre son frère Artaxerxès II Mnémon, il fut vaincu et tué à Cunaxa.

**-cyste, cyst(o)-** Éléments, du gr. *kustis*, « vessie ».

**cystectomie** *nf* CHIR Résection totale ou partielle de la vessie.

**cystéine** *nf* BIOCHIM Acide aminé possédant un radical soufré et jouant un rôle important dans les phénomènes d'oxydoréduction.

**cysticercose** *nf* MED, MED VET Développement, dans l'organisme, de cysticerques.

**cysticerque** *nm* ZOOL Larve de ténia à son dernier stade, qui se présente sous la forme d'une petite vésicule d'env. 1 cm de diamètre.

**cystidé** *nm* PALEONT Échinoderme du primaire au test formé de plaques calcaires octogonales. VAR **cystoïde**

**cystine** *nf* BIOCHIM Acide aminé formé par la réunion de deux molécules de cystéine et jouant un rôle important dans les liaisons protéiques.

**cystique** *a, nm* ANAT **A** *a* Qui appartient à la vessie ou à la vésicule biliaire. **B** *a, nm* Se dit du canal qui relie la vésicule biliaire au canal hépatique pour former le canal cholédoque.

**cystite** *nf* Inflammation de la vessie.

**cystographie** *nf* MED Radiographie de la vessie après injection d'une substance opaque aux rayons X.

**cystoïde** → **cystidé.**

**cystoscope** *nm* MED Instrument qui permet d'explorer visuellement la vessie après cathétérisme de l'urètre. DER **cystoscopie** *nf*

**cytaphérèse** *nf* MED Technique consistant à extraire du sang prélevé les globules blancs et les plaquettes et à réinjecter immédiatement au donneur les autres constituants sanguins.

**cytarabine** *nf* Médicament antitumoral qui agit en bloquant le cycle cellulaire.

**-cyte, cyto-** Éléments, du gr. *kutos*, « cellule ».

**Cythère** île grecque, au S. du Péloponnèse ; 262 km$^2$ ; 4 000 hab. – Consacrée à Aphrodite, elle est, dans le langage poétique, le pays des Amours. DER **cythéréen, enne** *a*

**cytise** *nm* Plante arbustive (papilionacée), aux fleurs jaune d'or en grappes. SYN faux ébénier.

**cytobactériologique** *a* LOC MED *Examen, analyse cytobactériologique :* recherche de bactéries, de cellules anormales, etc.

**cytobiologie** *nf* Biologie cellulaire. DER **cytobiologique** *a*

**cytochimie** *nf* BIOL Étude de la constitution et du fonctionnement chimiques des cellules, spécial. des cellules vivantes. DER **cytochimique** *a*

**cytochrome** *nm* BIOCHIM Pigment cellulaire contenant du fer et jouant un rôle essentiel dans la respiration cellulaire. PHO [sitokRom]

**cytodiagnostic** *nm* MED Diagnostic fondé sur la recherche de cellules anormales dans un liquide organique ou un tissu lésé. PHO [sitodjagnɔstik]

**cytofluométrie** *nf* BIOL Méthode d'analyse permettant un tri des cellules après marquage immunologique de certaines d'entre elles, notam. les cellules cancéreuses. DER **cytofluométrique** *a*

**cytogénétique** *nf, a* BIOL Discipline consacrée à l'observation microscopique des chromosomes. DER **cytogénéticien, enne** *n*

**cytokine** *nf* BIOL Ensemble des sécrétions cellulaires, comprenant les interleukines et les interférons qui collaborent à la défense immunitaire de l'organisme.

**cytologie** *nf* didac Science qui étudie la cellule sous tous ses aspects. DER **cytologique** *a* – **cytologiste** *n*

**cytolyse** *nf* BIOCHIM Dissolution, destruction de la cellule. DER **cytolytique** *a, nm*

**cytomégalovirose** *nf* MED Infection due à un cytomégalovirus.

**cytomégalovirus** *nm* Virus responsable de diverses infections, graves chez les sujets immunodéprimés.

**cytométrie** *nf* BIOL Analyse du nombre, de la forme, de la taille des cellules. DER **cytométrique** *a*

**cytopathologie** *nf* MED Étude des affections de la cellule.

**cytophérèse** *nf* BIOL Technique d'extraction de cellules sanguines, reposant sur des phénomènes de sédimentation.

**cytoplasme** *nm* BIOL Ensemble constitué du hyaloplasme et des organelles cellulaires, dans une cellule vivante, par oppos. au noyau et à la membrane. SYN protoplasme. DER **cytoplasmique** *a*

**cytosine** *nf* BIOCHIM Base pyrimidique, constituant fondamental des nucléoprotéines et des gènes.

**cytosol** *nm* BIOL Partie liquide du cytoplasme.

**cytosquelette** *nm* Armature fibreuse des cellules.

**cytostatique** *a, nm* MED Se dit d'une substance qui bloque la multiplication cellulaire.

**cytotoxine** *nf* MED Toxine d'origine cellulaire.

**cytotoxique** *a* MED Se dit de tout médicament ou moyen de défense immunitaire (anticorps) capable de tuer les cellules vivantes. DER **cytotoxicité** *nf*

**cytotropisme** *nm* BIOL Attraction exercée par une cellule sur une autre.

**Cyzique** anc. v. de l'Asie Mineure (Phrygie), sur la mer de Marmara.

**czardas** → **csardas.**

**Czartoryski Adam Jerzy** (Varsovie, 1770 – Montfermeil, 1861), homme politique polonais. Président du gouvernement insurgé (1831), il s'exila en France.

**Czernowitz** → **Tchernovitsi.**

**Czerny Karl** (Vienne, 1791 – id., 1857), pianiste et compositeur autrichien : exercices et études pour piano.

**Częstochowa** v. de Pologne, sur la Warta ; 247 790 hab. ; ch.-l. de la voïévodie du m. nom. Centre industriel. – Évêché. Basilique Ste-Croix qui renferme la *Vierge noire* (pèlerinage).

**Cziffra György**, dit **Georges** (Budapest, 1921 – Senlis, 1994), pianiste français d'origine hongroise.

# D d

**d** *nm* **1** Quatrième lettre (d, D) et troisième consonne de l'alphabet notant l'occlusive dentale sonore [d] qui, en position finale, ne se prononce pas, sauf dans des mots d'emprunt (ex. *caïd, plaid*). **2** D : chiffre romain qui vaut 500. **3** PHYS D : symbole du *debye*. **4** CHIM D : symbole du deutérium. **LOC** fam ***Système D*** : art de se débrouiller, même par des procédés douteux.

**da** Abrév. du préf. *déca-* (ex. *dam*, décamètre ; *dal*, décalitre).

**1 DAB** *nm* Système numérique de radiodiffusion assurant une haute qualité du son. (ETY) Sigle de *digital audio broadcasting*.

**2 DAB** *nm* Distributeur automatique de billets.

**dabe** *nm* arg Père. (ETY) De l'ital. (VAR) **dab**

**dabiste** *n* Employé chargé de remplir les distributeurs automatiques de billets (DAB).

**Dabit** Eugène (Paris, 1898 – Sébastopol, 1936), romancier français populiste : *Hôtel du Nord* (1929).

**d'abord** *av* Avant toute chose, en premier lieu. *Les femmes et les enfants d'abord.*

**Dąbrowska** Maria (Rusow, près de Kalisz, 1889 – Varsovie, 1965), femme de lettres polonaise : *Gens de là-bas* (1925), *les Nuits et les Jours* (1932-1934). (VAR) **Dombrowska**

**Dąbrowski** Jan Henryk (Pierszowice, 1755 – Winagóra, 1818), général polonais. Il servit la France (1797-1813), créant les « légions polonaises ». (VAR) **Dombrowski**

**Dąbrowski** Jarosław (Jitomir, Ukraine, 1836 – Paris, 1871), révolutionnaire polonais. Il participa à l'insurrection de 1863. Réfugié en France, il rejoignit la Commune et fut tué sur les barricades. (VAR) **Dombrowski**

**Dac** André Isaac, dit Pierre (Châlons-en-Champagne, 1893 – Paris, 1975), chansonnier, humoriste et écrivain français.

**da capo** *av* MUS Indique sur une partition qu'il faut reprendre depuis le début. ABREV dc. (PHO) [dakapo] (ETY) Mot ital.

**Dacca** → **Dhaka.**

**d'accord** *av* Indique l'approbation, l'assentiment. *Vous nous accompagnez ? - D'accord.* **LOC** ***Être d'accord*** : être du même avis ou avoir la même intention. *Il est d'accord pour venir avec nous.*

**Dachau** ville d'Allemagne (Bavière) ; 46 000 hab. – Un camp de concentration nazi y fut implanté de 1933 à 1945.

**dache (à)** *av* fam Très loin.

**Dacie** rég. antique correspondant à l'actuelle Roumanie. Conquise par Trajan, elle fut transformée en province romaine (106-274). (DER) **dace** *a, n*

**Dacier** (Anne Lefebvre, épouse) (Preuilly-sur-Claise, 1647 – Paris, 1720), femme de lettres française, traductrice d'Homère. En 1714, son pamphlet contre la traduction de l'*Iliade* par Houdar de la Motte ranima la querelle des Anciens et des Modernes.

**dacite** *nf* GEOL Roche volcanique très visqueuse, formant des culots. (ETY) De *Dacie*. (DER) **dacitique** *a*

**dacoït** *n* En Inde, bandit de grand chemin. (PHO) [dakɔit]

**dacquois** → **Dax.**

**dacron** *nm* Textile synthétique à base de polyester. (ETY) Nom déposé.

**dactyl(o)-, -dactyle** Éléments, du gr. *daktulos*, « doigt ».

**dactyle** *nm* **1** METR ANC Pied composé d'une longue et de deux brèves, élément fondamental de l'hexamètre grec et latin. **2** BOT Graminée fourragère, très commune en France. (DER) **dactylique** *a*

**dactylo** *n* vx Personne qui utilise professionnellement une machine à écrire. (VAR) **dactylographe**

**dactylogramme** *nm* **1** Texte dactylographié. **2** Empreinte digitale.

**dactylographier** *vt* ② Écrire à la machine. *Dactylographier un rapport.* (DER) **dactylographie** *nf* – **dactylographique** *a*

**dactylologie** *nf* Alphabet manuel utilisé en langue des signes, qui comporte autant de configurations de la main qu'il y a de lettres dans l'alphabet.

**dactyloscopie** *nf* Procédé d'identification au moyen des empreintes digitales.

**1 dada** *nm* **1** Cheval, dans le langage enfantin. *Aller à dada.* **2** fig, fam Thème de prédilection, idée sur laquelle on revient sans cesse. *Enfourcher son dada.* SYN marotte. (ETY) Onomat.

**2 dada** → **Dada.**

**Dada** mouvement de révolte né en 1916 par réaction contre la guerre et qui refusa l'art, classique ou d'avant-garde. Il se forma à Zurich (où il trouva son nom, choisi au hasard dans un dictionnaire) sous l'impulsion des poètes Tristan Tzara (auteur de *Sept Manifestes Dada*, 1916-1920), Hugo Ball, des artistes Hans Arp, Hans Richter, et à New York (Duchamp, Picabia, Man Ray). En 1918, il s'implanta en Allemagne. À Paris, Tzara, Picabia, Breton, Aragon, Soupault, etc. illustrèrent l'esprit dada ; en 1921-1922, les surréalistes rompirent avec ce mouvement (nommé aussi *dadaïsme*). (DER) **dada** *a inv*

Breton, Hilsum, Aragon, Eluard, lors de la parution du numéro 3 de la revue *Dada* en 1918

**dadais** *nm* Personne niaise. *Un grand dadais.*

**dadaïsme** *nm* Mouvement dada. (DER) **dadaïste** *a, n*

**Dadant** Charles (Vaux-sous-Aubigny, Hte-Marne, 1817 – Hamilton, Illinois, 1902), apiculteur américain d'orig. française, créateur d'un type de ruche qui porte son nom.

**Daddah** Moktar Ould (Boutilimit, 1924 – Paris, 2003), homme politique mauritanien, le premier président de la Rép. (1961), renversé en 1978 par l'armée.

**Dadié** Bernard Binlin (Assinie, 1916), écrivain et homme politique ivoirien. Il a abordé tous les genres : contes (*Légendes africaines*, 1954), poésie, chroniques (*Un Nègre à Paris*, 1959), romans, théâtre, essais.

**Daech** organisation terroriste islamiste cherchant à instaurer un califat sur les territoires qu'elle contrôle, notam. en Iraq et en Syrie.

**Daeninckx** Didier (Saint-Denis, 1949), écrivain français (romans noirs, jeunesse).

**Dagan** → **Dagon.**

**Dagerman** Stig (Älvkarleby, 1923 – Enebyberg, 1954), écrivain suédois hanté par l'absurde : *le Serpent* (1945), *l'Enfant brûlé* (1948).

**Daghestan** république autonome de Russie, sur le versant N. du Caucase, baignée par la Caspienne ; 50 300 km$^2$ ; 2 500 000 hab. ; cap. *Makhatchkala*. Gisements de pétrole. En 1999, des troubles dus à des commandos islamistes venus de Tchétchénie ont entraîné l'intervention de l'armée russe. (VAR) **Daguestan** (DER) **daghestanais** ou **daguestanais, aise** *a, n*

**Dagobert Ier** (?, vers 604 – Saint-Denis, 639), roi des Francs (629-639), fils de Clotaire II. Il rétablit l'autorité de la monarchie franque, aidé par les futurs saint Éloi et saint Ouen. — **Dagobert II** (mort en 679), roi d'Austrasie (676-679), petit-fils du préc. ; il périt assassiné. — **Dagobert III** (mort en 715), roi de Neustrie et de Bourgogne (711-715), fils de Childebert III. Pépin de Herstal exerça le pouvoir à sa place.

**Dagognet** François (Langres, 1924 – Paris, 2015), philosophe français ; travaux sur l'épistémologie des langages et des formes.

**Dagon** divinité (probabl. agraire) adorée à Sumer, à Akkad, puis chez les Philistins. (VAR) **Dagan**

**dague** *nf* **1** Épée très courte ; poignard à lame aiguë. **2** VEN Premier bois, non ramifié, du jeune cerf ou daim. **3** Défense d'un vieux sanglier.

**Daguerre** Louis Jacques Mandé (Cormeilles-en-Parisis, 1787 – Bry-sur-Marne, 1851), inventeur français. Il perfectionna la photographie (inventée en 1816 par Niepce).

**daguerréotype** *nm* **1** Appareil photographique, permettant de fixer une image sur une plaque de cuivre argenté. **2** Image ainsi obtenue. (DER) **daguerréotypie** *nf*

**Daguestan** → **Daghestan.**

**daguet** *nm* VEN Jeune cerf ou jeune daim qui porte encore ses dagues.

**dahabieh** *nf* Grande barque à voiles et à rames, utilisée sur le Nil. (PHO) [daabje] (ETY) De l'ar.

**dahir** *nm* Ordonnance émanant du souverain du Maroc. (ETY) Mot arabe.

**Dahl** Roald (Llandorff, 1916 – Oxford, 1990), écrivain britannique, auteur de romans pour enfants : *les Gremlins* (1943).

**dahlia** *nm* Plante ornementale (composée), à racines tubéreuses et à grands capitules vivement colorés, originaire d'Amérique du Sud. (PHO) [dalja] (ETY) D'un n. pr.

**Dahomey** → **Bénin.**

**Dahomey** (royaume du) anc. royaume, qui avait Abomey pour cap. Il aurait été fondé vers 1625 par Do-Aklin, frère du roi d'Allada (ville située entre Cotonou et Abomey). Le petit-fils de Do-Aklin, Ouegbadja, en fit un royaume puissant à partir de 1645. Au XVIIIe s., le roi Agadja annexa le roy. d'Allada et constitua des régiments d'amazones, mais le Dahomey passa en 1729 sous la domination du royaume Oyo, dont le roi Ghézo (1818-1858) le libéra. Toutefois, il dut pactiser avec la France, qui vainquit le roi Béhanzin (1889-1894). Indépendant en 1960, le Dahomey adopta le nom de Bénin en 1975. (VAR) **royaume d'Abomey** ou **du Dan Homé** (DER) **dahoméen, enne** *a, n*

**dahlia** pompon

**dahu** *nm* Animal imaginaire, attrape-nigaud pour les gens crédules. (PHO) [day] (ETY) Mot rég., var. de *darue*, « chasse de nuit aux oiseaux ».

**daigner** *vt* ① Vouloir bien, condescendre à faire qqch. *Il n'a pas daigné répondre.* (ETY) Du lat. *dignari*, « juger digne ».

**Dai Jin** (Qiantang, Zhejiang, v. 1388 – ?, 1462), peintre paysagiste chinois de l'époque Ming. (VAR) **Tai Tsin**

**daikon** *nm* Plante potagère et fourragère originaire d'Extrême-Orient appelée aussi radis du Japon. (PHO) [dajkɔn] (ETY) Mot jap.

**d'ailleurs** *av* En outre, de plus, d'autre part. *Je ne veux pas le rencontrer, d'ailleurs je n'ai pas le temps.*

**Daily Express** quotidien britannique de tendance conservatrice, fondé en 1900.

**Daily Mail** quotidien britannique de tendance conservatrice, fondé en 1896.

**Daily Mirror** quotidien britannique illustré, fondé en 1903.

**Daily Telegraph** quotidien britannique de tendance conservatrice, fondé en 1855.

**daim** *nm* **1** Petit cervidé d'Europe qui atteint 1 m au garrot, au pelage brun-roux tacheté de blanc, dont le mâle porte des bois aplatis. *Le daim brame.* **2** Cuir de daim, envers du cuir de veau en ayant l'apparence. (ETY) Du lat. ▶ illustr. **bois**

**Daimler** Gottlieb (Schorndorf, 1834 – Cannstatt, près de Stuttgart, 1900), ingénieur allemand, inventeur d'un moteur léger fonctionnant au gaz de pétrole. En 1890, il créa une firme automobile qui fusionna avec Benz, en 1926.

**daimyo** *nm* Seigneur japonais possesseur d'un vaste fief, de la fin du XVIe au XIXe s. (PHO) [daimjo] (VAR) **daïmio**

**daine** *nf* Femelle du daim.

**daïquiri** *nm* Cocktail à base de rhum blanc.

**daïra** *nf* En Algérie, subdivision de la wilaya.

**Dairen** → **Dalian.**

**dais** *nm* **1** Baldaquin au-dessus d'un autel, d'un trône, d'un lit, d'une chaire à prêcher. **2** Pavillon d'étoffe abritant le saint sacrement dans les processions. **3** ARCHI Petite voûte saillante abritant une statue. **4** Voûte naturelle. *Un dais de feuillage, de verdure.*

**Daisne** Herman Thiery, dit Johan (Gand, 1912 – id., 1978), écrivain belge d'expression néerlandaise : *l'Homme au crâne rasé* (1948) ; *Un soir, un train* (1950).

**Dakar** cap. du Sénégal (depuis 1957), dans la presqu'île du Cap-Vert, sur l'Atlant. ; 3,5 millions d'hab. Aéroport. Grand port de comm. et de pêche. Centre industriel. – La ville, fondée en 1857, fut la cap. de l'A-OF à partir de 1902. (DER) **dakarois, oise** *a, n*

**dakin** *nm* Solution d'hypochlorite de sodium colorée en violet, employée comme désinfectant des plaies. (On dit aussi *eau* ou *liqueur de Dakin.*) (ETY) D'un n. pr.

**Dakar** vue aérienne

**Dakota** vaste territ. des États-Unis, divisé en 1889 en deux États : le *Dakota du Nord*, à la frontière canadienne (183 022 km² ; 639 000 hab. ; cap. *Bismarck*), et le *Dakota du Sud* (199 551 km² ; 696 000 hab. ; cap. *Pierre*).

**Dakotas** Amérindiens qui occupaient d'immenses territoires à l'ouest du Mississippi moyen, jusqu'aux montagnes Rocheuses.

**Daladier** Édouard (Carpentras, 1884 – Paris, 1970), homme politique français. Président radical-socialiste du Conseil, en 1933, en 1934 et d'avril 1938 à mars 1940, il signa les accords de Munich.

**dalaï-lama** *nm* Chef suprême, temporel et spirituel, des bouddhistes tibétains. PLUR dalaï-lamas. (PHO) [dalailama] (ETY) Mot mongol.

**dalasi** *nm* Unité monétaire de la Gambie.

**Da Lat** v. du Viêt-nam, dans l'Annam, à 1 500 m d'alt. ; 200 000 hab. – Trois conférences franco-vietnamiennes s'y tinrent : avril-mai 1946, août 1946 et fév. 1953. (VAR) **Dalat**

**Dalayrac** Nicolas-Marie (Muret, 1753 – Paris, 1809), compositeur français, auteur d'opéras-comiques. (VAR) **d'Alayrac**

**Dale** sir Henry Hallett (Londres, 1875 – Cambridge, 1968), médecin anglais. Mécanismes chim. du système nerveux. P. Nobel (1936).

**Dalécarlie** (en suédois *Dalarna*), anc. prov. de la Suède centrale (v. princ. *Falun*). Région touristique.

**D'Alema** Massimo (Rome, 1943), homme politique italien. Leader du PDS (parti démocratique de la gauche, ex-communiste), il est président du Conseil de 1998 à 2000.

**D'Alembert** → **Alembert.**

**Dalhousie** James Ramsay, (1er marquis de) (Dalhousie Castle, Écosse, 1812 – id., 1860), homme politique britannique ; gouverneur des Indes (1848-1856).

**Dalí** Salvador (Figueras, Catalogne, 1904 – id., 1989), peintre, dessinateur et écrivain espagnol. Surréaliste de 1928 à 1939, il réalisa, avec Buñuel, *Un chien andalou* et *l'Âge d'or*, et créa en peinture la « voie paranoïaque critique ».

**Dalí** *Vestiges ataviques après la pluie*, 1934 – coll. Perls Galleries, New York

**Dalian** (anc. *Dairen*), princ. port de la Chine du N.-E. (Liaoning) ; 5,6 millions d'hab. Grand centre industriel.

**Dalida** Yolanda Gigliotti, dite (Le Caire, 1933 – Paris, 1987), chanteuse française de variétés : *Bambino.*

**Dalila** dans la Bible (Juges, XVI), courtisane judéenne qui livra Samson aux Philistins après lui avoir coupé les cheveux, qui faisaient sa force.

**dalit** *n* En Inde, appellation courante des intouchables. (ETY) Mot sanscrit, « défavorisé ».

**dallage** *nm* 1 Action de daller. 2 Revêtement de dalles.

**Dallapiccola** Luigi (Pisino d'Istria, 1904 – Florence, 1975), compositeur italien, adepte du dodécaphonisme. Opéras : *Vol de nuit* (1937), *Ulysse* (d'après J. Joyce, 1968).

**Dallas** v. des É.-U. (Texas) ; 4 700 000 hab. (aggl.). Centre cotonnier et financier. Pétrochim. – Le président Kennedy y fut assassiné (nov. 1963).

**dalle** *nf* 1 Plaque de matériau dur servant au revêtement d'un sol, d'un toit. 2 Revêtement de sol en béton. *Couler une dalle.* 3 Espace horizontal réunissant des immeubles d'habitation au niveau du rez-de-chaussée. LOC fam *Avoir la dalle :* avoir faim. — fam *Avoir la dalle en pente :* aimer boire. — fam *Se rincer la dalle :* se désaltérer. (ETY) Du scandinave *daela*, « gouttière ».

**daller** *vt* (1) Paver de dalles.

**Dalloz** Victor Alexis Désiré (Septmoncel, Jura, 1795 – Paris, 1869), jurisconsulte français. Il créa avec son frère **Armand** (1797 – 1867) la maison d'édition qui publie le *Répertoire de législation, de doctrine et de jurisprudence générale* (le « Dalloz »).

**Dalmatie** rég. montagneuse de la Croatie sur la côte de l'Adriatique, comprenant de nombr. îles. Tourisme important. – Prov. romaine (IIe s. av. J.-C.), la Dalmatie fut réunie à l'empire d'Orient sous Justinien. Attribuée à l'Autriche en 1797, elle fut rattachée au royaume des Serbes et Croates en 1920. (DER) **dalmate** *a, n*

**dalmatien** *nm* Grand chien (50 à 60 cm au garrot), à robe blanche portant de nombreuses petites taches noires ou brunes. (ETY) De l'angl.

**dalmatique** *nf* 1 HIST Tunique blanche à longues manches, portée par les empereurs romains, les rois de France lors de leur sacre. 2 LITURG Tunique portée sur l'aube par les diacres au cours des offices solennels.

**dalot** *nm* 1 MAR Ouverture pratiquée dans le pavois d'un navire pour l'écoulement des eaux. 2 Petit canal pratiqué dans les remblais des routes, de voies ferrées pour l'écoulement des eaux. (ETY) De *dalle*.

**Dalou** Jules (Paris, 1838 – id., 1902), sculpteur français néoclassique.

**Dalton** John (Eaglesfield, Cumberland, 1766 – Manchester, 1844), physicien et chimiste anglais ; un des créateurs de la théorie atomique ; il étudia le *daltonisme*.

**daltonisme** *nm* MED Trouble de la perception des couleurs, anomalie héréditaire récessive. (ETY) De *Dalton*, n. pr. (DER) **daltonien, enne** *a, n*

**dam** *nm* 1 vx Dommage, préjudice. 2 THEOL Peine des damnés consistant en l'éternelle privation de la vue de Dieu. LOC *Au grand dam de qqn :* à son détriment ; à son grand regret. (PHO) [dam] ou [dɑ̃]

**Dam** Henrik (Copenhague, 1895 – id., 1976), biochimiste danois. Il découvrit la vitamine K. Prix Nobel de médecine (1943).

**damage** → **damer 2.**

**daman** *nm* Mammifère ongulé herbivore d'Afrique et du Proche-Orient (hyracoïde), qui ressemble à une marmotte.

**Daman** (anc. *Damão*), port de l'Inde, au N. de Bombay ; env. 50 000 hab. – Portugais de 1558 à 1961, la ville forme avec l'île de Diu un territ. de l'Inde (112 km$^2$ ; 101 400 hab.).

**Damanhour** v. d'Égypte, au S.-E. d'Alexandrie ; 203 000 hab. ; ch.-l. de gouvernorat. – Anc. *Hiéraconpolis* des Grecs. (VAR) **Damanhûr**

**damas** *nm* 1 Tissu, le plus souvent de soie, qui présente des dessins satinés sur un fond mat. 2 TECH Acier présentant une surface moirée. (PHO) [dama] (ETY) Du n. pr. (DER) **damassé, ée** *a, nm* – **damasser** *vt* (1)

**Damas** cap. de la Syrie (dep. 1946), près du Liban, dans une oasis irriguée par le Barada ; 2,3 millions d'hab. (aggl.). Centre comm. Industries. Artisanat (cuir). – Cap. araméenne (Xe s. av. J.-C.), elle appartint successivement aux Empires perse, d'Alexandre (332 av. J.-C.), romain (65 av. J.-C.) et byzantin. Conquise par les Arabes (635), elle demeura la cap. des Omeyyades jusqu'en 724 (construction de la Grande Mosquée, 706-715). Haut lieu de la résistance aux croisés (1143), elle fut ruinée par Tamerlan (1401) puis fit partie de l'Empire ottoman (1516-1918) (DER) **damascène** *a, n*

Damas

**Damas** Léon-Gontran (Cayenne, 1912 – Washington, 1978), poète français d'origine guyannaise *Pigments* (1937), *Névralgies* (1966). Il revendiqua sa filiation africaine et sa négritude.

**Damascène** → **Jean Damascène.**

**Damase Ier (saint)** (Espagne, vers 305 – Rome, 384), pape de 366 à 384. Il chargea saint Jérôme de revoir la traduction latine de l'Ancien Testament, qui devint la Vulgate.

**Damasio** Antonio (Lisbonne, 1944), neurobiologiste américain : *L'Erreur de Descartes* (1994).

**Damaskinos** George Papandhréou (Dorvitsa, Thessalie, 1891 – Athènes, 1949), prélat et homme polit. grec ; régent de Grèce de 1944 à 1946. (VAR) **Dhamaskinos**

**damasquiner** *vt* (1) Incruster de filets de métal précieux une surface métallique. (ETY) De *damasquin*, « de Damas ». (DER) **damasquinage** *nm* – **damasquineur** *nm*

**damasser** → **damas.**

**damassure** *nf* Travail, aspect du damassé.

**1 dame** *nf* **A** 1 vx Femme noble ; femme d'un noble par oppos. à *demoiselle*, femme d'un bourgeois. 2 Femme à laquelle un chevalier voue sa foi. *Rompre une lance pour sa dame.* 3 Femme d'un rang social relativement élevé. *La première dame d'un pays.* 4 Terme courtois pour *femme*. *Il était en compagnie d'une dame.* 5 Femme mariée. *C'est une dame ou une demoiselle ?* 6 fam Épouse. *Et votre dame, ça va ?* 7 Nom que portent certaines religieuses. 8 Titre donné aux femmes ayant certains offices auprès de reines et de princesses. *Dame d'honneur.* 9 JEU Chacune des quatre cartes figurant une reine. *La dame de trèfle.* 10 Pièce du jeu d'échecs, appelée aussi *reine*. 11 Chacun des pions avec lesquels on joue au jacquet. 12 Pion doublé, c.-à-d. recouvert d'un pion de même couleur, au jeu de dames. 13 Outil servant à tasser un sol SYN demoiselle, hie. **B** *nf pl* Jeu qui se joue à deux sur un damier, avec des pions noirs et blancs, et qui consiste à prendre tous les pions de l'adversaire. LOC *Aller à dame :* aux dames, avancer un pion jusqu'aux dernières cases du côté de l'adversaire. (ETY) Du lat. *domina*, « maîtresse ».

**2 dame** *nf* LOC MAR *Dame de nage :* évidement demi-circulaire servant de point d'appui à un aviron. (ETY) Du néerl. *dam*, « digue ».

**3 dame !** *interj* fam, vieilli 1 Certes. *Dame, oui !* 2 Marque une explication, une excuse, sur un ton d'évidence. *Je ne lui ai pas prêté d'argent ; dame ! il m'en devait déjà.* (ETY) Abrév. de *Nostre Dame !*

**Dame à la licorne (la)** tenture de tapisserie exécutée entre 1480 et 1500 (musée de Cluny, Paris), composée de 6 pièces : *le Goût, l'Odorat, l'Ouïe, À mon seul désir, le Toucher, la Vue*.

**Dame au petit chien (la)** nouvelle de Tchekhov (1899).

**Dame aux camélias (la)** roman d'Alexandre Dumas fils (1848) dont il a tiré un drame en 5 actes (1852). ▷ MUS Verdi s'en inspira (*la Traviata*, 1853). ▷ CINE Film de G. Cukor, *le Roman de Marguerite Gautier* (1936), avec Greta Garbo.

**Dame de pique (la)** nouvelle de Pouchkine (1834) ▷ MUS Tchaïkovski en a tiré un opéra en 3 actes (1890).

**Dame de Shangai (la)** film d'Orson Welles (1948), avec celui-ci et Rita Hayworth.

**dame-d'onze-heures** *nf* Plante bulbeuse (liliacée) du genre ornithogale dont les fleurs s'épanouissent vers onze heures du matin. PLUR dames-d'onze-heures.

**Dame du lac (la)** roman policier de R. Chandler (1943). ▷ CINE Film américain (1947) de et avec Robert Montgomery.

**dame-jeanne** *nf* Grosse bouteille ou bonbonne renflée, de verre ou de grès, souvent cerclée d'osier. PLUR dames-jeannes.

**1 damer** *vt* (1) Aux dames, aux échecs, transformer un pion en dame. LOC fam *Damer le pion à qqn :* le supplanter, l'emporter sur lui.

**2 damer** *vt* (1) Tasser un sol, le rendre compact. *Damer la neige.* (DER) **damage** *nm*

**Dames (paix des)** → **Cambrai.**

**Dames du bois de Boulogne (les)** film de Robert Bresson (1944), dialogue de Cocteau.

**dameur, euse** *n* **A** Personne chargée de damer les pistes de ski. **B** *nf* Machine servant à damer la neige dans les stations de ski.

**Damia** Marie-Louise Damien, dite (Paris, 1892 – La Celle-Saint-Cloud, 1978), chanteuse réaliste française.

**Damien** → **Côme et Damien.**

**Damien** → **Pierre Damien.**

**Damiens** Robert François (La Thieuloye, 1715 – Paris, 1757), valet français, auteur d'un inoffensif attentat (à l'aide d'un canif) contre Louis XV (janv. 1757) ; il fut écartelé.

**damier** *nm* 1 Tablette carrée divisée en cent carreaux alternativement blancs et noirs, sur laquelle on joue aux dames. 2 Surface divisée en carrés de couleurs différentes.

**Damiette** v. d'Égypte, sur le delta orient. du Nil ; 102 000 hab. ; ch.-l. du gouvernorat du même nom. – Anc. place forte, la ville fut prise en 1249 par Saint Louis, qui, capturé, la restitua en 1250.

**Dammam** v. et port d'Arabie Saoudite, sur le golfe Persique ; 127 840 hab. Pétrole.

**Dammarie-les-Lys** com. de Seine-et-Marne (arr. de Melun) ; 21 081 hab.

**damnable** *a* 1 RELIG Qui mérite la damnation éternelle. 2 Pernicieux, blâmable.

**damnation** *nf* 1 Châtiment des damnés. 2 litt Juron inspiré par la colère. *Enfer et damnation !*

**damné, ée** *a, n* **A** Condamné aux expiations de l'enfer. **B** *a* fam Maudit, détestable. *Ce damné vent!* **LOC** litt *Les damnés de la Terre*: ceux qui sont rejetés, exclus de la société.

**damner** *vt* ① **1** RELIG Condamner aux peines de l'enfer. **2** Causer la damnation de. **LOC** fam *Faire damner qqn*: le tracasser jusqu'à l'exaspérer. PHO [dane] ETY Du lat.

**Damoclès** (IVe s. av. J.-C.), courtisan de Denys l'Ancien, qui l'invita à un festin ; Damoclès aperçut au-dessus de sa tête une épée suspendue au plafond par un crin de cheval. Depuis, *une épée de Damoclès* désigne une menace permanente.

**Damodar (la)** riv. de l'Inde (545 km), affl. de l'Hooghly (bras du delta du Gange) ; traverse un riche bassin houiller (sidérurgie). Nombr. aménagements hydroélectriques.

**damoiseau** *nm* Au Moyen Âge, jeune gentilhomme qui n'était pas encore chevalier. ETY Du lat. *dominus,* « seigneur ».

**damoiselle** *nf* Au Moyen Âge, titre donné aux jeunes filles nobles.

**Dampier William** (East Coker, Somerset, v. 1652 – Londres, 1715), navigateur et aventurier anglais. Il découvrit, entre l'île de Waigeo et la Nouvelle-Guinée, le *détroit de Dampier*.

**Dampierre Auguste Henri Marie Picot (marquis de)** (Paris, 1756 – Valenciennes, 1793), général français. Il joua un rôle décisif à Jemmapes (1792) et succéda à Dumouriez.

**Dampierre-en-Burly** com. du Loiret (arr. d'Orléans) ; 1 103 hab. – Centrale nucléaire.

**Dampierre-en-Yvelines** com. des Yvelines (arr. de Rambouillet) ; 1 051 hab. – Château (XVIe s.) reconstruit par Mansart (1675-1683) pour le duc de Luynes ; parc de Le Nôtre.

**Damrémont Charles Denys (comte de)** (Chaumont, 1783 – Constantine, 1837), général français tué en assiégeant Constantine.

**dan** *nm* Dans les arts martiaux japonais, chacun des degrés dans la hiérarchie des titulaires de la ceinture noire. PHO [dan]

**Dan** personnage biblique ; fils de Jacob, père de l'une des douze tribus d'Israël.

**Danaé** dans la myth. gr., fille d'Acrisios, roi d'Argos, et d'Eurydice. Séduite par Zeus, qui se présenta sous forme d'une pluie d'or, elle enfanta Persée.

**danaïde** *nf* Lépidoptère diurne, aux ailes à dominante orange, atteignant 9 cm d'envergure.

**Danaïdes** dans la myth. gr., nom des 50 filles de Danaos. Mariées de force aux 50 fils de leur oncle Égyptos, elles les égorgèrent (V. Lyncée) et furent condamnées dans les Enfers à remplir éternellement un tonneau sans fond.

**Danakils** → **Afars.**

**Danakils (désert des)** plaine littorale d'Éthiopie et d'Érythrée, entre Djibouti et Asmara.

**Da Nang** (anc. *Tourane*), port du Viêt-nam, dans l'Annam ; 492 200 hab. Industries. – Il tint un rôle stratégique lors de l'intervention des É.-U. au Viêt-nam.

**Danaos** dans la myth. gr., roi d'Argolide, frère d'Égyptos et père des Danaïdes.

**dancehall** *nm* Autre nom du *raggamuffin*. PHO [dansɔl]

**dancing** *nm* Établissement public de danse. SYN discothèque. PHO [dɑ̃siŋ]

**Dancourt Florent Carton d'Ancourt,** dit (Fontainebleau, 1661 – Courcelles-le-Roi, 1725), acteur et auteur français de comédies de mœurs : *les Agioteurs* (1710).

**dandiner** *vi, vpr* ① Balancer son corps d'un mouvement régulier et rythmé. *Il se dandinait d'un pied sur l'autre.* ETY De l'a. fr. *dandin,* « clochette ». DER **dandinant, ante** *a* – **dandinement** *nm*

**Dandolo** famille patricienne de Venise qui donna quatre doges à la République. — **Enrico** (Venise, vers 1107 – Constantinople, 1205), contribua au détournement de la 4e croisade contre Byzance. — **Andrea** (Venise, vers 1307 – id., 1354), doge de 1343 à 1354, écrivit une chronique de Venise en latin.

**Dandong** → **Andong.**

**Dandrieu** → **Andrieu.**

**dandy** *nm* **1** HIST En Grande-Bretagne, nom donné aux jeunes hommes élégants de la haute société. **2** Homme raffiné. ETY Mot angl. DER **dandysme** *nm*

**Danemark (royaume de)** (*Kongeriget Danmark*), État de l'Europe septent., sur la mer du Nord et la Baltique ; 43 075 km² ; 5 500 000 hab. ; cap. *Copenhague.* Nature de l'État : monarchie constitutionnelle. Langue off. : danois. Monnaie : couronne danoise. Relig. : luthéranisme. DER **danois, oise** *a, n*

**Géographie** Bordés par un littoral de 7 314 km, plaines et bas plateaux furent modelés par les glaciers quaternaires. La péninsule du Jylland couvre 69 % du territ. ; on compte plus de 500 îles, dont la princ. est Sjælland. Le climat est frais et bien arrosé. La population, au niveau de vie très élevé, est urbaine à 85 %.

**Économie** Fondée sur l'élevage intensif des vaches laitières et des porcs, l'agriculture emploie 5 % des actifs et assure, avec la pêche (1er rang européen), près de la moitié des recettes d'exportation. Les hydrocarbures de la mer du Nord ont réduit un peu la dépendance énergétique. L'industrie est diversifiée, le tertiaire emploie 67 % des actifs. L'appartenance à une Europe libérale a atténué les tendances sociaIistes.

**Histoire** Le Danemark connut une brillante civilisation à l'âge du bronze. Les Vikings chassèrent les Angles et les Jutes vers 500 apr. J.-C. Les Danois ont participé aux navigations vikings et, en partic., ont peuplé la Normandie. Converti au christianisme à partir de 960, le Danemark devint le centre d'un vaste empire maritime sous Knud le Grand (1016-1035), mais la Norvège, puis l'Angleterre (1042) s'en détachèrent. Contre la Hanse, les pays scandinaves conclurent l'*Union de Kalmar* (1387-1523), rompue par la Suède. Le Danemark adopta la Réforme en 1536 et l'imposa en 1537 à la Norvège, qui fut sa vassale. La Suède lui prit la Scanie, le Halland et le Bornholm (1658), puis la perte de la Norvège (1814) sanctionna son alliance avec Napoléon. Vaincu par la Prusse et l'Autriche (1864), le Danemark dut abandonner le Schleswig (Slesvig), le Holstein et le Lauenburg. Neutre pendant la Première Guerre mondiale, il récupéra la partie N. du Schleswig, après plébiscite (1920), mais dut reconnaître l'autonomie de l'Islande (1918) puis son indépendance (1944). Occupé sans

combats en 1940 (le civisme des Danois empêcha les Allemands de persécuter les Juifs), il fut libéré en 1945. Depuis, le pouvoir est exercé par les sociaux-démocrates, en alternance avec une coalition de libéraux et de radicaux. En 1972, le Danemark adhéra à la CEE. Cette même année, Marguerite II (née en 1940) a succédé à son père, Frédéric IX, décédé. Le Groenland a obtenu son autonomie en 1979. Le pays, consulté par référendum en juin 1992, s'est opposé à la ratification du traité de Maastricht, mais l'a approuvé en mai 1993. En 2000, par référendum, il a refusé l'euro.

**Dangeau** **Philippe de Courcillon (marquis de)** (Chartres, 1638 – Paris, 1720), mémorialiste français. Son *Journal* (tenu de 1648 à 1720) dépeint la cour de Louis XIV. Acad. fr. (1668).

**danger** *nm* Ce qui expose à un mal quelconque, ce qui peut compromettre la sécurité ou l'existence. *Courir un danger. Être en danger de mort.* SYN péril, risque. LOC ***C'est un danger public*** : se dit de qui met les autres en péril, par son insouciance, sa maladresse, ses imprudences. — ***De tous les dangers*** : particulièrement exposé, risqué. *Une année de tous les dangers.* — fam ***Il n'y a pas de danger que*** : il n'arrivera sûrement pas que. *Elle est fatiguée, mais il n'y a pas de danger qu'il l'aide !* ETY Du lat. pop. *dominarium*, « pouvoir de domination ».

**dangereux, euse** *a* **1** Qui constitue, qui présente un danger. *Route dangereuse.* **2** Qui peut nuire, dont il faut se méfier. *Un bandit dangereux.* DER **dangereusement** *av*

**dangerosité** *nf* **1** Caractère dangereux de qqch, nocivité. **2** État de qqn dont on pense qu'il peut passer à l'acte agressif.

**Daniel** prophète de la Bible ; personnage central du *Livre de Daniel*, livre biblique que la tradition catholique compte parmi les 4 grands écrits prophétiques parce qu'il annonce la venue du *Fils de l'Homme* ; écrit en hébreu, en grec et en araméen au IIᵉ s. av. J.-C. Déporté à Babylone (VIᵉ s. av. J.-C.), Daniel affronte des lions, interprète les songes de Nabuchodonosor, etc. La 2ᵉ partie (bêtes symboliques) préfigure *l'Apocalypse* ; les derniers chap. racontent l'histoire de Suzanne.

**Daniell** **John Frederic** (Londres, 1790 – id., 1845), physicien anglais, inventeur de *la pile Daniell*.

**Daniélou** **Jean** (Neuilly-sur-Seine, 1905 – Paris, 1974), théologien et prélat français : *Platonisme et théologie mystique* (1944). Acad. fr.

**Daniel-Rops** **Henri Petiot,** dit (Épinal, 1901 – Chambéry, 1965), écrivain français : *Jésus en son temps* (1945). Acad. fr. (1955).

**danio** *nm* Petit poisson téléostéen des eaux douces de l'Inde, portant des rayures longitudinales, très utilisé en génétique, appelé aussi *poisson-zèbre*.

**Danjon** **André** (Caen, 1890 – Suresnes, 1967), astronome français, spécialiste d'astrométrie.

**D'Annunzio** **Gabriele** (Pescara, 1863 – Gardone Riviera, 1938), écrivain italien. Son culte de l'héroïsme l'incita notam. à adhérer au fascisme. Romans : *l'Enfant de volupté* (1889), *le Feu* (1899). Théâtre : *le Martyre de saint Sébastien* (en français, oratorio de Debussy, 1911).

**danois** *nm* **1** Langue scandinave parlée au Danemark. **2** Chien de très grande taille (80 à 90 cm au garrot), à robe rase claire, parfois tachetée de sombre, appelé aussi *dogue allemand*. ETY Du germ.

**Danone** **(groupe)** société agroalimentaire française d'importance internationale (laiterie, biscuiterie, etc.).

**dans** *prép* **1** Marque le lieu. *Marcher dans la ville. Mettre du vin dans un verre.* **2** Marque la situation. *Servir dans l'aviation. Être dans le doute.* **3** Marque la manière. *Recevoir dans les règles. Agir dans l'espoir de plaire.* **4** Marque le temps, la durée. *Être dans sa vingtième année. Il arrivera dans deux jours.* **5** fam Marque l'approximation. *Cela va chercher dans les cent francs.* ETY Du lat.

**Dans** Peuple de la Côte d'Ivoire qui parle une langue nigéro-congolaise du groupe mandé. L'art des Dans est princ. représenté par des masques réalistes à patine noire, de formes sobres.

**dansant, ante** *a* **1** Propre à faire danser. *Musique dansante.* **2** Où l'on peut danser. *Soirée dansante.*

**danse** *nf* **1** Suite de mouvements rythmiques du corps, évolution à pas réglés, le plus souvent à la cadence de la musique ou de la voix. *Danse classique, folklorique. Salle de danse.* **2** Air, musique à danser. *Jouer une danse.* **3** fig, fam Correction, volée de coups. *Recevoir, administrer une danse.* LOC ***Danse de Saint-Guy*** : chorée de Sydenham. — fam ***Danse des sept voiles*** : entreprise de séduction. — ***Danse du ventre*** : danse orientale consistant en des ondulations lascives du bassin. — ***Danse macabre*** : ronde allégorique dans laquelle la Mort entraîne ses victimes, représentée aux XIVᵉ et XVᵉ s. sur les murs des cimetières et dans les cloîtres. — ***Entrer dans la danse*** : s'engager dans une action, à laquelle on n'avait d'abord pris aucune part. — ***Mener la danse*** : diriger une action.

ENC Dans toutes les sociétés primitives, la danse est une institution sociale et religieuse. En Occident, où le christianisme a banni la danse des cérémonies religieuses (danses dionysiaques de l'Antiquité grecque), la danse-spectacle est exécutée sur scène avec l'intention de divertir un public ; ses règles, fixées au XVIIᵉ s. par C. L. Beauchamp, constituent la base de presque tous les travaux chorégraphiques actuels. V. ballet et modern dance.

**Danse (la)** groupe de Carpeaux (1869), qui ornait la façade de l'Opéra de Paris (remplacé en 1964 par une copie de Paul Belmondo).

**Danse (la)** peinture de Matisse (1910, musée de l'Ermitage). Prem. version : 1909. Matisse reprit ce thème dans trois panneaux en 1931-1932.

**Danse macabre** poème symphonique de Saint-Saëns (1874).

**danser** *v* 1 **A** *vi* **1** Mouvoir son corps en cadence, le plus souvent au son d'une musique. *Apprendre à danser.* **2** Remuer, s'agiter. *Les flammes dansent dans la cheminée.* **B** *vt* Exécuter une danse. *Danser le rock.* LOC fam ***Ne savoir sur quel pied danser*** : être embarrassé, indécis. ETY Du frq.

**danseur, euse** *n* **A** Personne qui danse, par plaisir ou par profession. *Être bon danseur. Danseuse étoile.* **B** *nf* fam Passion coûteuse. LOC SPORT ***En danseuse*** : position d'un cycliste qui pédale sans s'asseoir sur la selle.

**Dante Alighieri** (Florence, 1265 – Ravenne, 1321), poète italien. En 1300, il devint l'un des six hauts magistrats de Florence. Guelfe « blanc » (c.-à-d. modéré : plus florentin que romain), il fut condamné par les « noirs » au bannissement perpétuel et mena, à partir de 1302, une existence de proscrit (à Bologne, Vérone, Lucques, Ravenne). Dans les sonnets, ballades et *canzoni* de la *Vita nuova* (achevée v. 1294), il évoque Béatrice Portinari, qu'il aima platoniquement et qui mourut en 1290. Entre 1304 et 1307, il rédigea un traité philosophique, *Il Convivio* (« le Banquet », inachevé) ; dans cette œuvre et dans son *De vulgari eloquentia* en lat. (1303-1304), il entrevoit la possibilité d'une langue commune à toute l'Italie. Il écrivit également, en lat., un traité politique, *De monarchia* (1310-1313), tout en travaillant à ce qui sera l'un des chefs-d'œuvre de la littérature universelle : *la Divine Comédie* (entre 1306-1308 et 1321).

**dantesque** *a* D'une horreur grandiose, rappelant le caractère de *l'Enfer* de *la Divine Comédie* de Dante. *Paysage dantesque.*

**Danton** **Georges Jacques** (Arcis-sur-Aube, 1759 – Paris, 1794), homme politique français. Avocat (1785-1791), il fonda en 1790 le club des Cordeliers. Ministre de la Justice après le 10 août 1792, il laissa s'accomplir les massacres de Septembre. Conventionnel montagnard, il s'attacha à la défense nat. (levée en masse). Évincé du Comité de salut public en juillet 1793, il devint le chef des Indulgents, hostiles à la Terreur, et fut guillotiné (5 avril 1794) sur accusation de vénalité et de tractations avec l'ennemi (ce que des études ultérieures attestèrent). DER **dantoniste** *a, n* ▶ illustr. p. 426

**Dantzig** nom all. de *Gdańsk*, v. de Pologne. – Au débouché de la plaine de la Vistule, sur la Baltique, la v. fut très disputée. En 1815, elle revint à la Prusse. En 1919, elle fut érigée en ville libre, accrue d'un territ. (« couloir de Dantzig », qui reliait la Pologne à la mer), sous contrôle de la Société des Nations. Hitler s'en empara le 1ᵉʳ sept. 1939. Libérée en 1945, elle devint polonaise. (V. Gdańsk.) VAR **Danzig**

**Danube (le)** deuxième fl. d'Europe (après la Volga) par sa longueur (2 850 km) et la superf. de son bassin (817 000 km²). Dans la Forêt-Noire, la Breg et la Brigach se réunissent et le forment. Il draine l'Allemagne, l'Autriche, la Slovaquie, la Hongrie, la Croatie, la Yougoslavie, la Roumanie, la Bulgarie et l'Ukraine ; il franchit un défilé célèbre, les Portes de Fer, entre les Carpates et les Balkans et se jette dans la mer Noire par un vaste delta. Des travaux ont amélioré son cours, accroissant ainsi son intérêt écon. Il est relié au Rhin par l'Europa-Kanal et à l'Oder par le canal Danube-Oder. Le canal Main-Danube permet la liaison entre la mer du Nord et la mer Noire. DER **danubien, enne** *a*

**danubien** *nm* PREHIST Ensemble des faciès culturels néolithiques de l'Europe centrale et occidentale à céramique rubannée ou poinçonnée.

**daphné** *nm* Arbrisseau (thyméléacée), à fleurs roses très odorantes appelé aussi *joli-bois* ou *bois-joli*. ETY Du gr.

**Daphné** dans la myth. gr., nymphe qui, poursuivie par Apollon, fut changée en laurier.

**daphnie** *nf* Petit crustacé branchiopode d'eau douce, appelé aussi *puce d'eau*, qui se dé-

le Danube

de g. à dr. : Boccace, l'Arioste, **Dante Alighieri**, Pétrarque – peinture anonyme, BN

place par saccades. *La daphnie séchée ou vivante sert d'aliment aux poissons d'aquarium.*

**Daphnis** dans la myth. gr., berger sicilien, fils d'Hermès et d'une nymphe. Joueur de flûte, il inventa la poésie bucolique. ▷ LITTER *Les Amours pastorales de Daphnis et Chloé*, roman attribué à Longus (IIIe s. ap. J.-C.). ▷ MUS *Daphnis et Chloé*, symphonie chorégr. de Ravel (1912).

**Da Ponte** Emanuele Conegliano dit Lorenzo (Ceneda, auj. Vittorio Veneto 1749 – New York, 1838), aventurier italien, auteur de livrets d'opéra (notam. des *Noces de Figaro* et de *Don Giovanni* de Mozart) et de *Mémoires*.

**d'après** *prép* Selon, suivant. *Un portrait d'après nature. D'après la météo, il va pleuvoir.*

**Daqing** v. de Chine, au N.-O. de Harbin (prov. du Heilongjiang) ; 1,6 million d'hab. (aggl.). Premier centre pétrolier de la Chine.

**Daquin** → **Aquin (d').**

**daraise** *nf* Déversoir d'un étang. ETY Du gaul. *doraton*, « porte ».

**Darboy** Georges (Fayl-Billot, Haute-Marne, 1813 – Paris, 1871), archevêque de Paris, fusillé comme otage par les communards.

**darbouka** → **derbouka.**

**darcassou** *nm* **Afrique** Au Sénégal, nom de l'anarcadier et de la noix de cajou.

**darce** → **darse.**

**dard** *nm* **1** anc Arme de jet composée d'une pointe de fer montée sur une hampe de bois. **2** Aiguillon de certains animaux. *Le dard de la guêpe.* **3** HORTIC Rameau court, porteur de fruits, des pommiers et des poiriers. **5** TECH Partie la plus chaude de la flamme d'un chalumeau. ETY Du frq. *darod*, « javelot ».

**Dard** Frédéric (Jallieu, Isère, 1921 – Bonnefontaine, Suisse, 2000), écrivain français : nombr. « enquêtes du commissaire San-Antonio », truculentes parodies du genre. V. San-Antonio.

**Dardanelles (détroit des)** (antiq. *Hellespont*, en turc *Çanakkale Boğazi*), détroit entre la Turquie d'Europe et la Turquie d'Asie, reliant la mer Égée à la mer de Marmara ; long. : 68 km, largeur : 1 300 à 7 000 m. – En 1915, une expédition franco-britannique échoua face aux Turcs.

**Dardanos** dans la myth. gr., fils de Zeus et d'Électre, fondateur légendaire de Troie.

**Dardenne** Jean-Pierre (Engis, près de Liège, 1951) et son frère Luc (Les Awirs, près de Liège, 1954), cinéastes belges : *Rosetta* (1999), *L'Enfant* (2005), *Le Silence de Lorna* (2008).

**darder** *vt* 1 **1** vx Frapper, blesser avec un dard. *Darder une baleine.* **2** fig Lancer comme un dard, une flèche. *Darder sur qqn des regards aigus. Le soleil darde ses rayons.*

**dardillon** *nm* Petit dard.

**dare-dare** *av* fam En toute hâte.

**Dar el-Beïda** (anc. *Maison-Blanche*), v. d'Algérie (Mitidja) ; 17 770 hab. Aéroport d'Alger.

**Dar el-Beïda** → **Casablanca.**

**Dar es-Salaam** anc. cap. et port de Tanzanie, sur l'océan Indien ; 1 096 000 hab. Industr.

**Darfour** rég. montagneuse (3 088 m dans le djebel Marra) et prov. occid. de la rép. du Soudan. – Voie de passage entre le lac Tchad et le Nil, le Darfour connut des influences multiples (royaume de Koush, christianisme, islam, Kanem, Égypte). De 2003 à 2008, la population est victime des exactions de milices arabes soutenues par le gouvernement soudanais (300 000 morts, 3 millions de réfugiés). DER **darfourien, ienne** ou **darfouri, ie** *a, n*

**Dargilan (grotte de)** aven du causse Noir (Lozère), exploré dès la fin du XIXe s.

**Darguines** peuple caucasien du Daghestan ; env. 400 000 personnes. Musulmans sunnites, ils résistèrent à la colonisation russe. DER **darguine** *a*

**dari** *nm* Forme du persan parlé en Afghânistân (langue officielle).

**Darien** Georges Adrien, dit Georges (Paris, 1862 – id., 1921), journaliste et écrivain français de tendance anarchiste : *Biribi* (1890), *le Voleur* (1897), *la Belle France* (1901).

**Darién (golfe de)** golfe de la mer des Antilles, à l' E. de l'isthme de Panamá.

**darija** *nm* Variété d'arabe dialectal parlé au Maroc.

**Darío** Félix Rubén García Sarmiento, dit Rubén (Metapa, Nicaragua, 1867 – León, Nicaragua, 1916), poète nicaraguayen ; promoteur du renouveau « moderniste » : *Azur* (1888), *Chants de vie et d'espérance* (1905).

**dariole** *nf* CUIS **1** Petit moule cylindrique ou conique. **2** Petit gâteau fourré de pâte d'amande.

**Darius** nom de trois rois de Perse. VAR **Darios** — **Darius Ier** (mort en 486 avant J.-C.), fils d'Hystaspe ; roi de Perse de 522 à 486, il conquit l'Inde en deçà de l'Indus, la Thrace et la Macédoine, mais en Grèce, son armée fut défaite à Marathon (490). — **Darius II Okhos** dit Nathos (« le Bâtard ») (mort en 404 avant J.-C.), fils d'Artaxerxès Ier Longue-Main, roi de Perse de 423 à 404. — **Darius III Codoman** (mort en 330 avant J.-C.), roi de Perse de 336 à 330 ; vaincu au Granique, à Issos et à Gaugamèles par Alexandre ; tué à Hécatompylos.

**Darius Ier** sur son trône, bas-relief, (VIe s.-Ve s. av. J.-C.), Persépolis

**Darjiling** v. de l'Inde (Bengale-Occidental) ; 50 000 hab. Stat. climat., à 2 185 m d'alt. Jardins de théiers. VAR **Darjeeling**

**Darlan** François (Nérac, 1881 – Alger, 1942), amiral français. Commandant en chef de la flotte (1939-1940), il fut le successeur désigné de Pétain. À Alger, il rejoignit les forces alliées en nov. 1942, mais fut assassiné en déc.

**Darling (le)** riv. du S.-E. de l'Australie, affl. (r. dr.) du Murray ; 2 450 km.

**Darmesteter** Arsène (Château-Salins, 1846 – Paris, 1888), linguiste français : auteur (en collab.) d'un *Dictionnaire général de la langue française* (1890-1900).

**Darmstadt** ville d'Allemagne (Hesse) ; 142 000 hab. Industr., tourisme. – Chât. XVIe s..

**darmstadtium** *nm* Élément chimique transuranien (Ds), de numéro atomique 110. PHO [darmstatjɔm]

**Darnand** Joseph (Coligny, Ain, 1897 – Châtillon, 1945), homme politique français. Chef de la Milice (1943), il fut condamné à mort et exécuté.

**darne** *nf* CUIS Tranche de gros poisson.

**Darnley** Henry Stuart (lord) (Temple Newsam, Yorkshire, 1545 – Édimbourg, 1567), seigneur écossais ; petit-neveu d'Henri VIII, deuxième époux de Marie Stuart, tué par Bothwell, amant de celle-ci.

**daron, onne** *n* fam Père, mère.

**Darrieux** Danielle (Bordeaux, 1917), actrice de cinéma française : *Mayerling* (1936), *le Plaisir* (1951), *le Rouge et le Noir* (1954).

**darse** *nf* MAR Bassin d'un port. VAR **darce**

**darshan** *nm* Dans l'hindouisme, fait de se retrouver en présence du divin (statue, gourou, etc.) PHO [daʀʃan] ETY Mot sanscrit.

**D'Artagnan** → **Artagnan (d').**

**Dartmoor** massif granitique de G.-B. (Devonshire), culminant à 617 m.

**Dartmouth** anc. v. du Canada (Nouvelle-Écosse), auj. intégrée dans Halifax.

**dartre** *nf* Plaque sèche, squameuse ou durcie de la peau, dans certaines dermatoses. DER **dartreux, euse** *a*

**darts** *nm pl* Jeu de fléchettes PHO [daʀts] ETY Mot angl. DER **dartiste** *n*

**Daru** Pierre Bruno (comte) (Montpellier, 1767 – Bécheville, près de Meulan, 1829), homme politique français. Intendant de la Grande Armée. Acad. fr. (1806).

**Darwin** port d'Australie et cap. du Territoire du Nord, sur la mer de Timor ; 120 000 hab. Exportation de minerais et de viande.

**Darwin** Charles (Shrewsbury, Shropshire, 1809 – Down, Kent, 1882), naturaliste anglais, théoricien de l'évolutionnisme : *De l'origine des espèces, par voie de sélection naturelle* (1859), *la Descendance de l'homme et la sélection sexuelle* (1871).

Danton

Darwin

**darwinisme** *nm* Théorie, émise par Ch. Darwin, selon laquelle les divers êtres vivants actuels résulteraient de la sélection naturelle au sein du milieu de vie. *Le darwinisme s'oppose au lamarckisme.* LOC ***Darwinisme social*** : application des concepts darwiniens (en partic. la sélection naturelle) à l'étude des sociétés animales et humaines. PHO [daʀwinism] DER **darwinien, enne** ou **darwiniste** *a, n*

**Dassault** Marcel Bloch, dit Marcel (Paris, 1892 – Neuilly-sur-Seine, 1986), industriel et homme politique français. À son retour de déportation (1945), il créa la firme Avions Marcel-Dassault (surtout militaires).

**Dassin** Jules (Middletown, Connecticut, 1911 – Athènes, 2008), cinéaste américain : *les Forbans de la nuit* (1950). Le maccarthysme l'obligea à s'exiler en France où il réalisa : *Du rififi chez les hommes* (1955), *Jamais le dimanche* (1960).

**dasycladale** *nf* BOT Algue verte des mers chaudes à thalle siphonné connue comme fossile.

**dasypodidé** *nm* ZOOL Xénarthre dont la famille comprend les tatous.

**dasyure** *nm* Mammifère marsupial d'Australie carnivore ou arboricole, à pelage tacheté. ETY Du gr. *dasus*, « velu », et *oura*, « queue ».

**datable** *a* Auquel on peut attribuer une date. *Manuscrit, fossile datable.*

**datage** *nm* Action de mettre la date, de porter une date sur un document. SYN datation.

**dataire** *nm* RELIG CATHOL anc Cardinal placé à la tête de la daterie. (ETY) Du lat.

**DATAR** acronyme pour *Délégation à l'aménagement du territoire et à l'action régionale.*

**datation** *nf* **1** Syn. de *datage.* **2** Action de déterminer, d'attribuer une date ; date attribuée. *Datation d'un site préhistorique.*

ENC La datation utilise diverses méthodes. Les unes permettent d'établir l'ancienneté d'un objet par rapport à un autre ; les autres, de déterminer l'âge de l'objet étudié. Toutes reposent sur des phénomènes dynamiques : les anneaux concentriques formés annuellement dans le tissu ligneux d'un arbre lors de sa croissance, la vitesse de dépôt des sédiments, des dépôts dus à la fonte des anciens glaciers, les fluctuations de niveau d'une mer ou d'un lac, la stratigraphie, la typologie, la paléontologie, les pollens fossiles (palynologie), l'étude du géomagnétisme, la thermoluminescence (pour déterminer la date de cuisson d'une céramique). On dosera les traces que certains éléments radioactifs ont laissées lors de leur désintégration : le carbone 14 (période d'env. 5 700 ans), le couple uranium-thorium, l'uranium, le potassium 40 (méthode dite du potassium-argon, période d'env. 1,3 milliard d'années), le rubidium 87 (période de 47 milliards d'années env.), etc. Le couple rubidium-strontium a permis de calculer l'âge des pierres lunaires rapportées sur Terre (3,2 à 4,6 milliards d'années).

**datcha** *nf* Maison de campagne russe.

**date** *nf* **1** Indication précise du jour, du mois et de l'année. *Date de naissance.* **2** Moment, époque précise où une chose est faite. *Fixer la date des prochaines élections.* **3** Moment marqué par un évènement important ; cet évènement. *Faire date.* LOC FIN ***Date de valeur :*** jour à partir duquel une opération prend effet sur un compte. — ***De longue date, de fraîche date :*** ancien, récent. — ***Le premier, le dernier en date :*** le plus ancien, le plus récent connu. — ***Prendre date :*** s'engager pour un jour déterminé à faire qqch. (ETY) Du lat. médiév. *data (littera)*, « (lettre) donnée », premiers mots de la formule indiquant la date d'un acte.

**dater** *v* ① **A** *vt* **1** Mettre la date sur un document, un acte, etc. *Dater une lettre.* **2** Déterminer l'époque de qqch. *Dater une couche géologique.* **B** *vi* **1** Avoir eu lieu, avoir commencé d'exister à telle date, telle époque. *Immeuble qui date du XIX*^e^ *s.* **2** Être démodé, paraître ancien. *Les dialogues datent, dans ce vieux film.* LOC ***À dater de :*** à partir de.

**daterie** *nf* RELIG CATHOL anc Bureau d'enregistrement de la chancellerie pontificale (au XV^e^ s.), puis office central des grâces et des bénéfices.

**dateur, euse** *nm, a* Se dit d'un appareil à lettres et chiffres mobiles où la date est apposée manuellement ou automatiquement. *Cadran de montre avec dateur. Tampon dateur.*

**1 datif** *nm* GRAM Cas marquant l'attribution, dans les langues à déclinaison. (ETY) Du lat. *dare*, « donner ».

**2 datif, ive** *a* **1** DR Nommé par le conseil de famille ou par le juge. *Tutelle dative.* **2** CHIM, PHYS Se dit d'une liaison par laquelle un atome donneur met en commun son doublet d'électrons avec un atome accepteur.

**dation** *nf* DR Action de donner. LOC ***Dation en paiement :*** opération par laquelle un débiteur remet en paiement à son créancier une chose autre que celle qui faisait l'objet de l'obligation ; en partic. remise au fisc d'œuvres d'art pour acquitter des droits de succession.

**Datong** v. de la Chine du Nord (Shanxi) ; 981 000 hab. Industries.

**datte** *nf* Baie comestible, très sucrée, de forme allongée, produite par le dattier. (ETY) Du gr. *daktulos*, « doigt ».

**dattier** *nm* Palmier d'Afrique et du Proche-Orient atteignant 20 m de haut, cultivé pour la production des dattes.

**datura** *nm* Solanacée à grandes fleurs en cornet, fréquente en France, toxique et narcotique.

**daube** *nf* CUIS Manière de cuire les viandes braisées, dans un récipient couvert, avec un assaisonnement relevé ; viande ainsi accommodée. LOC fam ***C'est de la daube :*** ça ne vaut rien, c'est du galimatias. (ETY) De l'ital.

**Daubenton** Louis d'Aubenton, dit (Montbard, 1716 – Paris, 1800), naturaliste français ; collaborateur de Buffon.

**dauber** *vt, vi* ① LOC vx, litt ***Dauber qqn*** ou ***sur qqn :*** le railler, se moquer de lui.

**Dauberval** Jean Bercher, dit Jean (Montpellier, 1742 – Tours, 1806), danseur et chorégraphe français.

**daubière** *nf* Braisière utilisée pour cuire les viandes en daube.

**Daubigny** Charles François (Paris, 1817 – id., 1878), paysagiste français de l'école de Barbizon.

**Daudet** Alphonse (Nîmes, 1840 – Paris, 1897), écrivain français. Il allia naturalisme et fantaisie. Romans : *le Petit Chose* (1868), la trilogie de *Tartarin de Tarascon* (1872, 1885 et 1890), *Sapho* (1884). Contes et nouvelles : *Lettres de mon moulin* (1866), *Contes du lundi* (1873). Théâtre : *l'Arlésienne* (1872). — **Léon** (Paris, 1867 – Saint-Rémy-de-Provence, 1942), journaliste, homme politique et écrivain français, fils du préc. ; il fonda avec Charles Maurras le journal *l'Action française* (1908).

Alphonse Daudet

**Daum** Paul (Nancy, 1888 – camp de Saarbrücken Neue-Brem, 1944), maître verrier français. — **Michel** (Nancy, 1900 – Lay-Saint-Christophe, 1986), maître verrier, cousin du précédent.

**Daumal** René (Boulzicourt, Ardennes, 1908 – Paris, 1944), écrivain français, membre du Grand Jeu : *le Contre-Ciel* (poèmes, 1936), *la Grande Beuverie* (1938).

**Daumesnil** Pierre (baron) (Périgueux, 1776 – Vincennes, 1832), général français. En 1814, il refusa de rendre aux Alliés le château de Vincennes dont il était gouverneur.

**Daumier** Honoré (Marseille, 1808 – Valmondois, 1879), dessinateur, caricaturiste, lithographe, peintre et sculpteur français. Flétrissant avec mordant la société bourgeoise, il annonce l'expressionnisme.

**Daunou** Pierre Claude François (Boulogne-sur-Mer, 1761 – Paris, 1840), homme politique et historien français. Membre de la Convention, il organisa l'Institut. Conservateur des Archives sous l'Empire.

**1 dauphin** *nm* **1** Cétacé odontocète (delphinidé), de 2 à 4 m de long, aux mâchoires étroites et très longues, grégaire, au sens social et au psychisme très développés, qui communique et se repère à l'aide d'ultrasons. **2** TECH Tube recourbé, en bas d'une descente d'eaux pluviales. (ETY) Du gr.

dauphin

**2 dauphin, ine** *n* **A** *nm* Titre servant à désigner l'héritier du trône de France (en général le fils aîné du roi) après 1349 ; personne portant ce titre. **B** *nf* HIST Femme du dauphin de France. **C** *n* fig Successeur présumé d'un chef d'État, d'un personnage important, d'un chef d'entreprise choisi par lui. (ETY) De *Dauphiné.*

**Dauphin (le)** constellation de l'hémisphère boréal ; n. scientif. : *Delphinus, Delphini.*

**Dauphiné** ancienne prov. de France, qui englobait les dép. actuels de l'Isère, de la Drôme et des Hautes-Alpes ; cap. *Grenoble.* En 1349, elle devint l'apanage du prince héritier de France et

**Honoré Daumier** *Crispin et Scapin*, v. 1864 – musée d'Orsay

fut réunie au domaine royal en 1560. (DER) **dauphinois, oise** *a, n*

**dauphinelle** *nf* BOT Delphinium.

**dauphinois** *nm* Ensemble des parlers romans du nord du Dauphiné. **LOC** *Gratin dauphinois:* gratin de pommes de terre au lait et à la crème fraîche.

**daurade** *nf* Poisson perciforme marin au corps comprimé latéralement, aux mâchoires très puissantes armées de fortes dents, dont les écailles ont des reflets dorés ou argentés. (ETY) Du provenç. *daurada,* « doré ». (VAR) **dorade**

**daurade** royale

**Daurat** Didier (Montreuil-sous-Bois, 1891 – Toulouse, 1969), aviateur français, l'une des vedettes de l'Aéropostale.

**Dausset** Jean (Toulouse, 1916 – Palma de Majorque, 2009), médecin et généticien français. Il découvrit l'histocompatibilité. P. Nobel de médecine (1980) avec B. Benacerraf et G. D. Snell.

**Dauzat** Albert (Guéret, 1877 – Paris, 1955), linguiste français : *Dictionnaire étymologique de la langue française* (1938).

**davantage** *av* **1** Plus. *Ne m'en demandez pas davantage. Davantage d'argent.* **2** Plus longtemps. *Je ne peux rester davantage.* **3** VX Le plus. *Choisissez l'ouvrage qui vous plaît davantage.*

**Davao** port des Philippines (île de Mindanao), au fond du *golfe de Davao ;* 1,7 million d'hab. (aggl.). Industries.

**Daves** Delmer (San Francisco, 1904 – La Jolla, 1977), cinéaste américain, auteur de policiers et de westerns : *les Passagers de la nuit* (1947), *la Colline des potences* (1959).

**David** roi d'Israël (v. 1015-975 av. J.-C.). Fils de Jessé, vainqueur de Goliath en combat singulier, il fut choisi roi (successeur de Saül) et oint par le prophète Samuel. Après avoir conquis Jérusalem sur les Jébuséens, il en fit sa capitale. Selon la tradition, il écrivit les premiers psaumes.
▶ illustr. **Caravage**

**David** sculpture de Michel-Ange (1501-1504, marbre, hauteur 4,34 m, Académie, Florence) exécutée pour la place de la Seigneurie.

**David Ier** (?, 1084 – Carlisle, 1153), roi d'Écosse de 1124 à 1153. Il réorganisa son royaume sur le modèle anglo-normand.

**David II** → **Bruce.**

**David** Gérard (Oudewater, v. 1460 – Bruges, 1523), peintre flamand. Il subit l'influence de Van Eyck et de Memling.

**David** Louis (Paris, 1748 – Bruxelles, 1825), peintre français ; chef de l'école néo-classique. Député à la Convention, emprisonné après la chute de Robespierre, il devint le peintre officiel de l'Empire et fut exilé à la Restauration. (DER) **davidien, enne** *a, n*

**David Copperfield** roman de Dickens (1849), en partie autobiographique.

**David d'Angers** Pierre-Jean (Angers, 1788 – Paris, 1856), sculpteur et dessinateur français : nombreux bustes et médaillons.

**David-Neel** Alexandra (Saint-Mandé, 1868 – Digne, 1969), exploratrice française de l'Inde, du Tibet et de la Chine.

**davier** *nm* **1** CHIR Pince à longs bras et à mors très courts pour extraire les dents, ou pour maintenir des os en chirurgie osseuse. **2** TECH Barre de fer dont l'une des extrémités est recourbée en crampon, servant au menuisier à serrer et à assembler des pièces. **3** MAR Rouleau servant à supporter un câble sur lequel s'exerce un effort.

**Davioud** Gabriel (Paris, 1823 – id., 1881), architecte français : théâtre du Châtelet, à Paris.

**Davis (coupe)** compétition internationale de tennis, créée en 1900 par l'Américain D. F. Davis. Elle oppose, par élimination directe, des équipes nationales masculines (quatre simples et un double).

**Davis** John (Sandridge, Devonshire, v. 1550 – détroit de Malacca, 1605), navigateur anglais. En 1585, il découvrit, entre la mer de Baffin et l'Atlant., le détroit qui porte son nom.

**Davis** Jefferson (Christian County, auj. Todd County, Kentucky, 1808 – La Nouvelle-Orléans, 1889), officier et homme politique américain, président de la Confédération sudiste (1861-1865).

**Davis** William Morris (Philadelphie, 1850 – Pasadena, 1934), géographe américain, pionnier de la géomorphologie.

**Davis** Stuart (Philadelphie, 1894 – New York, 1964), peintre américain. Il utilisa notam. le graphisme publicitaire.

**Davis** Ruth Elizabeth Davis, dite Bette (Lowell, près de Boston, 1908 – Neuilly-sur-Seine, 1989), actrice de cinéma américaine : *l'Insoumise* (1938), *la Garce* (1949), *Ève* (1950), *Qu'est-il arrivé à Baby Jane ?* (1962).

**Davis** Miles Dewey, dit Miles (Alton, Illinois, 1926 – Santa Monica, Californie, 1991), trompettiste de jazz américain.

**Jean Dausset**

**Miles Davis**

**Davis** sir Colin (Weybridge, Surrey, 1927 – Londres, 2013), chef d'orchestre anglais.

**Davisson** Clinton Joseph (Bloomington, Illinois, 1881 – Charlottesville, Virginie, 1958), physicien américain. Il observa la diffraction électronique. Prix Nobel (1937) avec G. P. Thomson.

**Davos** v. de Suisse (Grisons), dans la *vallée de Davos ;* 11 200 hab. Stat. climat. et de sports d'hiver. Depuis 1971, le Forum de l'économie mondiale y réunit chaque année des « décideurs » du monde entier. (DER) **davosien, enne** *a, n*

**Davout** Louis Nicolas (Annoux, Bourgogne, 1770 – Paris, 1823), duc d'Auerstaedt, prince d'Eckmühl ; maréchal de France. Il s'illustra notam. à Auerstaedt (1806).

**Davy** sir Humphry (Penzance, Cornouailles, 1778 – Genève, 1829), chimiste et physicien anglais, pionnier de l'électrolyse.

**Dawes** Charles Gates (Marietta, Ohio, 1865 – Evanston, Illinois, 1951), financier et homme politique américain. Il donna son nom au plan (1924 – 1929) qui devait permettre à l'Allemagne de se relever et reçut le P. Nobel de la paix en 1925 (avec J. A. Chamberlain). Il fut le vice-président de Coolidge (1925-1929).

**Dawha (al-)** cap. du Qatar ; 796 900 hab. (aggl.). (VAR) **Doha (al-)**

**Dawson** (anc. *Dawson City*), localité du Canada ; 1 300 hab. – Célèbre par la ruée vers l'or du Klondike (fin du XIXe s.).

**Dax** ch.-l. d'arr. des Landes, sur l'Adour ; 21 388 hab. Stat. therm. (rhumatismes). – Évêché d'Aire et de Dax. Cath. (XVIIe s.) (DER) **dacquois, oise** *a, n*

**Dayaks** population autochtone de Bornéo. (DER) **dayak** *a*

**Dayan** Moshé (Degania, Galilée, 1915 – Ramat Gan, 1981), général et homme politique israélien, considéré comme le vainqueur de la guerre des Six Jours (1967) et comme le responsable du demi-échec de la guerre du Kippour (1973).

**Dayton** v. des É.-U. (Ohio) ; 143 500 hab.

**Dazaï** Osamu (Kanagi, 1909 – Tokyo, 1948), romancier japonais : *la Déchéance d'un homme* (1948). Il se suicida.

**dazibao** *nm* En Chine, affiche manuscrite traitant de l'actualité politique. (PHO) [dazibao]

**dB** PHYS Symbole du décibel.

**Db** Symbole du dubnium.

**DCA** *nf* Défense antiaérienne. (ETY) Sigle de *défense contre avions.*

**DCI** *nf* PHARM Sigle de *dénomination commune internationale,* principe actif d'un médicament.

**DCRI** sigle de *Direction centrale du renseignement intérieur,* service né de la fusion des RG et de la DST en 2008. La DCRI devient la *Direction générale de la sécurité intérieure* (DGSI) en 2014.

**DDASS** acronyme pour *Direction départementale des affaires sanitaires et sociales* (1964-2010).

**DDT** *nm* Insecticide puissant, d'emploi règlementé en raison de sa rémanence. (ETY) Sigle de *dichloro-diphényl-trichloréthane.*

**1 de** *prép* (*d'* devant une voyelle ou un h muet ; *du,* contraction de *de le ;des,* contraction de *de les*). **A** Introduit des compléments exprimant : **1** L'origine, le point de départ. *Tenir une nouvelle de qqn. Natif de Lyon.* **2** L'éloignement. *C'est à cent mètres de chez moi.* **3** L'intervalle de temps ; la durée. *Du matin au soir. De jour, de nuit.* **4** Le cheminement, l'intervalle. *Épidémie qui s'étend de jour en jour. Relais disposés de place en place.* **5** La cause. *Mourir de faim. Être rouge de colère.* **6** La manière. *Rire de bon cœur. Citer de mémoire.* **7** L'instrument, le moyen. *Coup de bâton. Signe de tête.* **8** La mesure. *Un navire de cent mètres. Un enfant de six mois.* **9** L'auteur, l'agent. *Le crime de l'assassin. « L'Énéide » de Virgile.* **10** Un rapport de possession ou assimilé à la possession. *Le livre de Paul. La beauté d'une femme.* **11** Le rapport de la partie à l'ensemble. *Le quart de la somme. Le reste du temps.* **12** Le rapport du contenant au contenu. *Un panier de cerises.* **13** Le rapport d'une chose aux éléments ou à la matière dont elle est faite. *Une colonne de marbre.* **14** La qualité. *Un homme de génie.* **15** La condition, la profession. *Un homme de lettres.* **16** La catégorie, l'espèce. *Une robe du soir. Un chien de race.* **17** La destination, l'emploi. *Salle de spectacle.* **B** Introduit une proposition à l'indicatif ou au subjonctif. *Il est triste de ce que vous ne lui écrivez plus.* **C** Introduit le complément d'agent d'un verbe au passif. *Être vu de tous.* **D** Mot-outil de sens neutre. **1** Devant l'objet d'un

**Davout**

**Davy**

v. tr. indir. *Médire de qqn.* **2** Devant les adjectifs, adverbes en relation avec certains pronoms. *Quelqu'un de bien. Rien de tel.* **3** Devant un infinitif. *Arrêtez de courir.* **4** Devant l'infinitif de narration. *Et moi de rire encore.* **5** Devant l'attribut de l'objet des verbes *taxer, traiter, qualifier. Traiter qqn de voleur.* **6** Dans les appositions. *La ville de Nantes.* **7** Dans certaines locutions figées. *Comme de juste. À vous de jouer.*

**2 de, du, de la, des** *art* S'emploient devant les noms d'objets qui ne peuvent être comptés. *Boire du cidre en mangeant des rillettes. Il y a du vrai dans ce qu'il dit.*

**de-, dé-, des-, dés-.** Élément, du lat. *dis-*, marquant l'éloignement, la séparation.

**1 dé** *nm* **1** Petit cube de matière dure dont chacune des six faces est marquée d'un nombre différent de points, de un à six, et qui sert dans de nombreux jeux de hasard. *Lancer les dés.* **2** TECH Partie d'un piédestal en forme de cube ; pierre taillée cubique. **3** CUIS Petit morceau de forme cubique. *Couper le lard en dés.* **LOC** ***Coup de dés*** **:** entreprise, opération hasardeuse. — ***Les dés sont jetés*** **:** la décision est prise, on ne peut plus revenir en arrière. ETY Du lat. *dare*, « donner ».

**2 dé** *nm* Petit fourreau de métal, protégeant le bout du doigt qui pousse l'aiguille. *Un dé à coudre.* ETY Du lat. *digitus*, « doigt ».

**DEA** *nm* Sigle de *diplôme d'études approfondies* ; un des diplômes universitaires du 3ᵉ cycle.

**deadheat** *nm* TURF, SPORT Franchissement de la ligne d'arrivée par plusieurs concurrents simultanément. PHO [dedit] ETY Mot angl.

**deadline** *nm* **fam** Date limite avant laquelle un travail doit être terminé. PHO [dedlajn] ETY Mot angl.

**Deák** Ferenc (Söjtor, 1803 – Budapest, 1876), homme politique hongrois, promoteur du compromis austro-hongrois de 1867.

**deal** *nm* **fam** **1** Marché, arrangement, compromis. **2** Opération commerciale. **3** Vente de drogue par un dealer. PHO [dil] ETY Mot angl.

**1 dealer** *n* Revendeur de drogue. PHO [dilœr] ETY Mot angl. VAR **dealeur, euse**

**2 dealer** *vt, vi* ① **fam** **1** Vendre de la drogue, faire le dealer. **2** Faire des affaires, vendre de façon illicite, trafiquer. PHO [dile]

**déambulateur** *nm* Appareil à pieds aidant à la marche, sur lequel on s'appuie et que l'on déplace devant soi.

**déambulatoire** *a, nm* **A** *a* **vx** Relatif à la déambulation, à la promenade. **B** *nm* ARCHI Galerie qui relie les bas-côtés d'une église en passant derrière le chœur.

**David** *Portrait de Mme Sériziat*, 1795 – musée du Louvre

**déambuler** *vi* ① Marcher sans but précis. ETY Du lat. DER **déambulation** *nf*

**De Amicis** Edmondo (Oneglia, 1846 – Bordighera, 1908), écrivain italien socialisant : *les Amis* (1883), *Cœur* (1884).

**Dean** James Byron, dit James (Marion, Indiana, 1931 – Paso Robles, Californie, 1955), acteur américain. Il devint, après sa mort accidentelle, une figure mythique : *la Fureur de vivre* (1955), *À l'est d'Eden* (1955), *Géant* (1956).

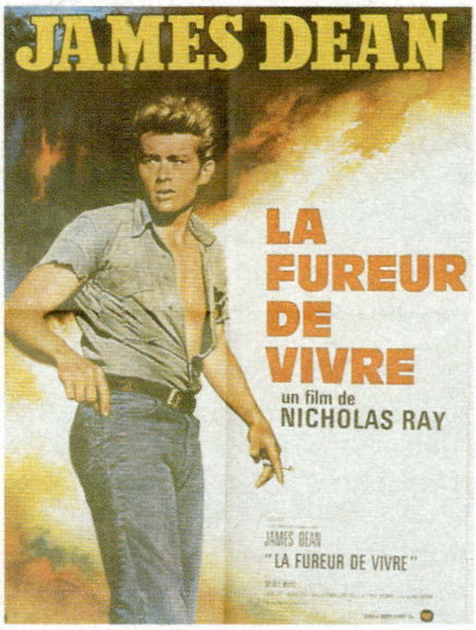


**James Dean** dans *la Fureur de vivre*, de Nicholas Ray, 1955

**Déat** Marcel (Guérigny, 1894 – San Vito, près de Turin, 1955), homme politique français. Ancien dirigeant socialiste, il fonda sous l'Occupation un parti collaborationniste, le Rassemblement national populaire, et fit partie du gouv. de Vichy en 1944. Après la guerre, il fut condamné à mort par contumace.

**Deauville** com. du Calvados (arr. de Lisieux) ; 4 354 hab. Import. stat. balnéaire. DER **deauvillais, aise** *a, n*

**débâcher** *vt* ① Retirer la bâche de qqch.

**débâcle** *nf* **1** Rupture de la glace recouvrant un cours d'eau. ANT embâcle. **2** Bouleversement entraînant l'effondrement, la ruine. *Débâcle financière.* **3** Déroute. *La débâcle d'une armée.*

**débâcler** *vi* ① En parlant d'une rivière, dégeler brusquement.

**débagouler** *v* ① **A** *vi* **fam, vx** Vomir. **B** *vtr* **fam** Dire, proférer toutes les injures, les paroles qui viennent à la bouche. ETY De *bagou*.

**déballage** *nm* **1** Action de déballer. **2** Étalage, pour la vente, d'objets en vrac ; commerce de ces objets. **3** **fig, fam** Étalage de ce qui jusqu'alors était resté secret. *Un déballage de scandales.*

**déballastage** *nm* MAR Opération consistant à évacuer l'eau de mer dont on leste un navire lorsqu'il revient à vide.

**déballer** *vt* ① **1** Retirer une marchandise de son emballage. *Déballez d'abord les assiettes.* **2** Exposer des marchandises à vendre. *Déballer des tissus.* **3** **fig, fam** Étaler, exposer. *Déballer ses sentiments.* DER **déballeur, euse** *n*

**déballonner (se)** *vpr* ① **fam** Se dégonfler, manquer de courage au moment d'agir.

**débalourder** *vtr* ① TECH Enlever le balourd d'une pièce tournante.

**débandade** *nf* Fuite désordonnée.

**1 débander** *v* ① **A** *vt* **1** Enlever la bande, le bandage de. *Débander une plaie. Débander les yeux de qqn.* **2** Détendre ce qui est bandé. *Débander un ressort.* **B** *vi* **vulg** Ne plus être en érection.

**2 débander** *v* ① **A** *vt* **vx** Faire fuir une troupe. **B** *vpr* Se disperser en désordre. ETY De l'ital.

**débaptiser** *vt* ① Changer le nom de qqn ou qqch. *Débaptiser une rue.* PHO [debatize]

**débarbouiller** *v* ① **A** *vt* Laver le visage de. **B** *vpr* Se laver sommairement. DER **débarbouillage** *nm*

**débarbouillette** *nf* **Canada** Petit carré de tissu-éponge dont on se sert pour se débarbouiller, pour faire sa toilette.

**débarcadère** *nm* Quai ou appontement aménagé pour débarquer ou embarquer des voyageurs, des marchandises. SYN embarcadère.

**débarder** *vtr* ① **1** MAR Débarquer un chargement. **2** TECH Transporter des marchandises, des arbres abattus du lieu de production ou d'extraction à un autre lieu. DER **débardage** *nm*

**débardeur** *nm* **1** Ouvrier qui travaille au chargement et au déchargement de marchandises. **2** Maillot couvrant le haut du corps, à encolure et emmanchures très échancrées.

**débarquement** *nm* **1** Action de débarquer ; moment de cette action. **2** MILIT Opération qui consiste à transférer sur un littoral des troupes embarquées sur un navire avec leurs véhicules et leur armement. *Le débarquement du 6 juin 1944 sur les côtes normandes.*

**débarquer** *v* ① **A** *vt, vi* **1** Faire passer à terre les passagers, les marchandises d'un navire. **2** Enlever, faire sortir d'un train, d'un avion. *Les membres d'équipage ont débarqué à Toulon.* **B** *vt* **fam** Se débarrasser de qqn, le révoquer. *Débarquer un préfet.* **C** *vi* **1** MILIT Effectuer une opération de débarquement. **2** **fam** Arriver à l'improviste quelque part, chez qqn. *Il débarque de temps en temps chez nous.*

**débarras** *nm* **1** **fam** Disparition d'un embarras, délivrance de ce qui embarrassait. *Les voilà partis, bon débarras !* **2** Lieu où l'on range les objets encombrants.

**débarrasser** *v* ① **A** *vt* **1** Dégager un endroit de ce qui embarrasse ; libérer un lieu, une personne de ce qui gêne, encombre. *Débarrassez donc le bureau de toutes ces paperasses. Débarrassez-le de son manteau.* **2** Enlever le couvert d'une table. **B** *vpr* **1** Se défaire de qqch, l'abandonner. *Se débarrasser d'une vieille voiture.* **2** Éloigner qqn, le tuer. **LOC fam** ***Débarrasser le plancher*** **:** s'en aller.

**débarrer** *vt* ① **Canada** Ouvrir ce qui est fermé par un mécanisme quelconque.

**débat** *nm* **A** **1** Examen et discussion d'une question par des personnes d'avis différents. **2** Conflit moral, psychologique. *Débat de conscience, débat intérieur.* **B** *nm pl* **1** Discussion sur une question, dans une assemblée politique. *Les débats parlementaires.* **2** DR Phase du procès comprenant les plaidoiries des avocats et les conclusions du ministère public.

**débâter** *vtr* ① Ôter le bât à une bête de somme.

**débattement** *nm* AUTO Amplitude maximale des mouvements verticaux des axes de roues par rapport à la carrosserie.

**débatteur, euse** *n* Personne remarquable dans un débat public. ETY Angl. *debater.*

**débattre** *v* ⑥① **A** *vt* Discuter, examiner une question de façon contradictoire avec une ou plusieurs personnes. *Débattre une affaire. Débattre de qqch.* **B** *vpr* Lutter énergiquement, physiquement ou moralement pour se dégager d'une situation. *Il a réussi à s'échapper en se débattant. Se débattre contre la misère.*

**débauchage** → **débaucher.**

**débauche** *nf* **1** Dérèglement des mœurs, recherche excessive des plaisirs sensuels. *Incitation à la débauche.* **2** fig Profusion, abus de. *Une débauche de détails.*

**débauché, ée** *n, a* litt Se dit d'une personne qui vit dans la débauche. ANT vertueux.

**débaucher** *vt* [1] **1** Inciter qqn à quitter son travail ; licencier, faute de travail. *Un secteur industriel où l'on débauche.* ANT embaucher. **2** Entraîner qqn dans le plaisir, la débauche. **3** fam Détourner momentanément qqn de ses occupations pour le divertir. [DER] **débauchage** *nm*

**débecter** [1], *vt* fam Dégoûter. [VAR] **débecqueter** *vt* [18] ou [20]

**débet** *nm* FIN Ce qui reste dû après l'arrêté d'un compte. [ETY] Mot lat., « il doit ».

**débile** *a, n* **A** *a* **1** Qui manque de force, de vigueur. *Un corps débile.* **2** fam Idiot, stupide. *Une histoire débile.* **B** *n* MED Sujet atteint d'une arriération mentale. *Débile léger, profond.* [ETY] Du lat. *debilis,* « faible ». [DER] **débilement** *av* – **débilité** *nf*

**débiliter** *vt* [1] **1** Rendre débile, affaiblir. **2** fig Déprimer, affaiblir moralement. [DER] **débilitant, ante** *a*

**débine** *nf* fam Indigence, misère.

**1 débiner** *vt* [1] fam Dénigrer, médire de. [DER] **débinage** *nm* – **débineur, euse** *n*

**2 débiner (se)** *vpr* [1] fam Se sauver, partir précipitamment.

**débirentier, ère** *n* DR Personne débitrice d'une rente, par oppos. à *crédirentier.*

**1 débit** *nm* **1** Vente continue au détail d'une marchandise. *Boutique qui a un fort débit.* **2** Manière de réciter, de parler. *Un débit rapide.* **3** Manière dont on coupe le bois. *Débit en planches, en rondins.* **4** Quantité de fluide qui s'écoule en un temps donné. *Débit d'un fleuve.* **5** Quantité fournie, capacité de production, par unité de temps, en un point donné. *Le débit horaire d'une autoroute.* LOC ***Débit de boissons :*** établissement où l'on vend des boissons à consommer sur place. — ***Débit de tabac :*** bureau de tabac.

**2 débit** *nm* **1** Compte des sommes dues par qqn. *Porter une dépense au débit de qqn.* ANT crédit. **2** COMPTA Compte de toutes les sommes qui ont été versées à un tiers.

**débitant, ante** *n* vx Personne qui vend au détail. LOC mod ***Débitant de tabac, de boissons :*** personne qui tient un débit de tabac, de boissons.

**1 débiter** *vt* [1] **1** Tailler, découper en morceaux. *Débiter de la pierre. Débiter un quartier de bœuf.* **2** Vendre au détail. **3** Fournir une certaine quantité de matière, de fluide, d'électricité, etc. en une période donnée. *Source qui débite tant de litres par heure.* **4** péjor Énoncer, réciter d'une manière monotone. *Débiter une leçon.* **5** péjor Raconter, répandre des sottises, des mensonges, etc. [ETY] De *bitte,* « billot », de l'anc. scand. [DER] **débitable** *a* – **débitage** *nm*

**2 débiter** *vt* [1] Porter une somme au débit de qqn. *Débiter un compte.* ANT créditer. [ETY] Du lat. [DER] **débitable** *a*

**débiteur, trice** *n, a* **A** *n* **1** Se dit d'une personne qui doit de l'argent. **2** fig Personne qui a une obligation morale envers une autre. **B** *a* Se dit d'un compte où le débit est supérieur au crédit. ANT créditeur.

**débitmètre** *nm* Appareil permettant de mesurer le débit d'un fluide. [DER] **débitmétrie** *nf*

**déblai** *nm* **A** Action de déblayer. **B** *nm pl* Terres, décombres que l'on retire d'un terrain.

**déblatérer** *vi* [14] fam Parler longtemps et avec violence contre qqch, qqn. *Déblatérer contre le gouvernement.*

**déblayer** *vt* [21] **1** Enlever des terres, des décombres de. *Déblayer les rues après un tremblement de terre.* **2** Dégager un lieu de ce qui l'encombre. *Déblayer une cave.* LOC ***Déblayer le terrain :*** aplanir les difficultés, préparer avant d'entreprendre. [ETY] De l'a. fr. *desblaer,* « moissonner ». [DER] **déblayage** ou **déblaiement** *nm*

**débloquer** *v* [1] **A** *vt* **1** Remettre en mouvement une machine, une pièce bloquée. *Débloquer le balancier d'une horloge.* **2** Permettre le mouvement de marchandises, de fonds bloqués. *Débloquer les crédits.* **B** *vi* fam Dire des choses dépourvues de sens, divaguer. LOC ***Débloquer les salaires :*** permettre l'augmentation des salaires jusqu'alors bloqués. [DER] **déblocage** *nm*

**débobiner** *vt* [1] **1** Dérouler ce qui est embobiné. **2** TECH Démonter les enroulements d'un appareil, d'un dispositif électrique.

**déboguer** *vt* [1] INFORM Examiner un logiciel pour en supprimer les bogues. [DER] **débogage** *nm* – **débogueur, euse** *n*

**déboires** *nm pl* Contrariétés, déceptions pénibles. *Causer des déboires à qqn.*

**déboiser** *vt* [1] Dégarnir une terre de ses bois, de ses arbres. [DER] **déboisement** *nm*

**déboîter** *v* [1] **A** *vt* **1** Faire sortir une pièce de son logement, disjoindre des éléments emboîtés. *Déboîter une porte.* **2** MED Luxer. **B** *vi* Sortir d'une colonne, d'un cortège ; sortir d'une file de véhicules. [VAR] **déboiter** [DER] **déboîtement** ou **déboitement** *nm*

**débonder** *vt* [1] **1** Ôter la bonde de. *Débonder un tonneau.* **2** fig S'épancher sans retenue. *Débonder son cœur.*

**débonnaire** *a* **1** vieilli Bon jusqu'à la faiblesse. **2** mod Bienveillant. [DER] **débonnairement** *av* – **débonnaireté** *nf*

**Déborah** (XIIe s. av. J.-C.), prophétesse et juge d'Israël ; auteur d'un cantique qui célèbre la victoire des Hébreux sur les Cananéens (Bible, Juges, V).

**Debord Guy** (Paris, 1931 – Bellevue-la-Montagne, Hte-Loire, 1994), écrivain français ; fondateur de l'Internationale situationniste (1957), dont il a exposé les idées dans *la Société du spectacle* (1967).

**débordant, ante** *a* **1** Qui déborde, qui passe les limites. **2** fig Qui ne peut se contenir et se manifeste avec exubérance. *Joie débordante.*

**débordé, ée** *a* Surchargé d'activités, d'obligations.

**débordement** *nm* **A** **1** Fait de déborder. *Débordement d'un cours d'eau.* **2** fig Profusion, abondance excessive. *Un débordement de paroles.* **3** MILIT, SPORT Action de déborder. **B** *nm pl* fig Excès, conduite dissolue.

**déborder** *v* [1] **A** *vi* **1** Laisser son contenu se répandre par-dessus bord. *Vase qui déborde.* **2** fig S'épancher, manifester des opinions, des sentiments. *Déborder de joie.* **3** Se répandre par-dessus bord. *Le lait a débordé de la casserole.* **B** *vt* **1** Ôter le bord, la bordure de. *Déborder un napperon.* **2** Tirer les bords des draps de dessous le matelas. *Déborder un lit.* **3** MAR Pousser une embarcation vers le large. **4** Dépasser les limites de. *Conférencier qui déborde le sujet annoncé.* **5** MILIT, SPORT Dépasser en contournant de manière à surprendre. *Déborder le service d'ordre.* LOC ***La goutte d'eau qui fait déborder le vase :*** l'événement, le fait qui rend insupportable une situation déjà très pénible.

**débosseler** *vt* [17] ou [19] TECH Supprimer les bosses. [DER] **débosselage** *nm*

**débotté** *nm* LOC ***Au débotté :*** à l'improviste, sans préparation. [VAR] **débotter**

**débotter** *vt* [1] Ôter les bottes à qqn.

**débouchage** → **déboucher 1.**

**débouché** *nm* **A** **1** Issue, endroit large où un passage resserré débouche. *Débouché d'une vallée.* **2** TRAV PUBL Section de passage d'un pont. **3** Moyen de placer un produit, une marchandise, d'en assurer l'écoulement ; marché. **B** *nm pl* Carrières, professions auxquelles telle formation professionnelle, telles études donnent accès.

**1 déboucher** *vt* [1] **1** Dégager de ce qui bouche, obstrue. *Déboucher un évier, une cheminée.* **2** Ôter le bouchon de. *Déboucher une bouteille.* [DER] **débouchage** ou **débouchement** *nm*

**2 déboucher** *vi* [1] **1** Aboutir à un lieu plus vaste, un passage plus large ; se jeter dans, en parlant d'un cours d'eau. *Chemin qui débouche sur la route. La Seine débouche dans la Manche.* **2** fig Aboutir à un autre domaine, des perspectives, des conclusions nouvelles. *Discussion qui débouche sur un consensus.*

**déboucheur** *nm* Produit pour déboucher les canalisations.

**débouchoir** *nm* **1** Outil qui sert à déboucher un conduit. **2** TECH Outil de lapidaire.

**déboucler** *vt* [1] **1** Ouvrir en détachant l'ardillon d'une boucle. *Déboucler un ceinturon.* **2** Défaire les boucles d'une chevelure.

**déboulé** *nm* **1** CHOREGR Mouvement constitué d'une suite de demi-tours sur les pointes ou les demi-pointes. **2** SPORT Course rapide, puissante. **3** VEN Départ rapide et à l'improviste du lapin, du lièvre devant le chasseur.

**débouler** *v* [1] **A** *vi, vt* fam Descendre très vite. *Débouler du haut de la rue. Il déboula les deux étages.* **B** *vi* VEN Fuir précipitamment et à l'improviste devant le chasseur.

**déboulonner** *vt* [1] **1** Enlever les boulons de. **2** fig, fam Faire perdre son prestige, son poste à qqn. [DER] **déboulonnage** ou **déboulonnement** *nm*

**débouquer** *vi* [1] MAR Déboucher d'une passe, d'un chenal dans la mer.

**débourber** *vt* [1] **1** Ôter la bourbe de. *Débourber une mare.* **2** TECH Ôter la gangue d'un minerai. **3** Purifier un liquide par décantation. **4** Sortir de la bourbe. *Débourber un camion.* [DER] **débourbage** *nm*

**débourbeur** *nm* TECH Appareil qui sert à débourber.

**débourrement** *nm* ARBOR Épanouissement des bourgeons des arbres.

**débourrer** *v* [1] **A** *vt* **1** Ôter la bourre de. *Débourrer une peau avant de la tanner.* **2** Dégarnir de ce qui bourre. *Débourrer une pipe.* **3** EQUIT Commencer à dresser un poulain. **B** *vi* ARBOR Éclore, sortir de sa bourre, en parlant d'un bourgeon. [DER] **débourrage** *nm*

**débours** *nm* Somme déboursée. *Rentrer dans ses débours.*

**débourser** *vt* [1] Sortir une somme de sa bourse, de sa caisse, pour payer. [DER] **déboursement** *nm*

**déboussoler** *vt* [1] fam, fig Faire perdre la tête à qqn, le déconcerter. *Ses propos m'ont déboussolé.* [DER] **déboussolant, ante** *a*

**debout** *av, a* **A** *av* **1** Sur un de ses bouts, en position verticale ; sur ses pieds. *Poser un tonneau debout. Se mettre debout.* **2** Levé, hors de son lit. *Être debout à 5 heures.* **B** *a inv* MAR Qui présente son avant. *Navire debout à la lame, au vent.* LOC ***Debout !*** : interjection par laquelle on ordonne à qqn de se lever, on l'invite à partir. — ***Dormir debout :*** être très fatigué. — ***Être, tenir debout :*** résister à la destruction, à l'usure. — ***Mettre qqch debout :*** l'organiser. — ***Tenir debout :*** être cohérent, vraisemblable en parlant d'une théorie, d'un récit, etc. — ***Une histoire à dormir debout :*** inimaginable, invraisemblable. — ***Vent debout :***

contraire à la direction suivie par le navire, l'avion.

**débouté, ée** *n* **A** Personne dont la demande a été rejetée. *Les déboutés du droit d'asile.* **B** *nm* Rejet d'une demande en justice.

**débouter** *vt* ① DR Déclarer qqn mal fondé dans la demande qu'il a faite en justice. DER **déboutement** *nm*

**déboutonner** *v* ① **A** *vt* Dégager les boutons de leurs boutonnières. *Déboutonner son manteau.* **B** *vpr* **1** Déboutonner ses vêtements. **2** fig, fam Dire tout ce qu'on pense ; avouer.

**débraillé, ée** *a, nm* **A** *a, nm* Négligé, sans soin. *Une tenue débraillée.* **B** *a* Trop libre, inconvenant. *Des manières débraillées.* ETY De l'a. fr. *braiel, brail,* « ceinture ».

**débrailler (se)** *vpr* ① **1** fam Se découvrir d'une manière malséante, en déboutonnant ses vêtements sur la poitrine. **2** fig Prendre un tour trop libre, ne plus respecter les convenances. *Réunion qui se débraille.*

**débrancher** *vt* ① **1** CH DE F Séparer des wagons ou des voitures d'un convoi pour les diriger sur une autre voie. **2** Interrompre la connexion, supprimer le branchement de. *Débrancher un poste de radio, une prise électrique.* DER **débranchement** *nm*

**Debray** Régis (Paris, 1940), écrivain, essayiste et homme politique français. *Cours de médiologie générale* (1991).

**débrayer** *v* ㉑ **A** *vt* **1** TECH Désaccoupler l'arbre entraîné de l'arbre moteur. **2** AUTO Appuyer sur la pédale de débrayage pour passer les vitesses. **3** Supprimer un automatisme et revenir à un fonctionnement manuel. *Débrayer le flash de l'appareil photo.* **B** *vi* Cesser le travail, se mettre en grève. DER **débrayable** *a* – **débrayage** *nm*

**débrayeur** *nm* TECH Mécanisme servant à débrayer.

**Debré** Robert (Sedan, 1882 – Le Kremlin-Bicêtre, 1978), pédiatre français. — **Michel** (Paris, 1912 – Montlouis-sur-Loire, 1996), homme politique, fils du préc. Résistant, gaulliste militant, il participa à l'élaboration de la Constitution de la Ve République. Premier ministre (1959-1962). En 1981, il fut candidat à la présidence de la République. Acad. fr. (1988). — **Olivier** (Paris, 1920 – id, 1999), peintre abstrait, frère du préc. — **Jean-Louis** (Toulouse, 1944), fils de Michel, président de l'Assemblée nationale de 2002 à 2007.

**Debrecen** ville de la Hongrie orientale ; 210 360 hab. – Université. – La ville fut le foyer de la Réforme en Hongrie.

**Debreu** Gérard (Calais, 1921 – Paris, 2004), économiste américain d'origine française : *Théorie de la valeur* (1959). Prix Nobel (1983).

**débridé, ée** *a* Qui a perdu toute contrainte. *Imagination débridée.*

**débridement** *nm* **1** Action de débrider. **2** fig Déchaînement. *Le débridement des passions.* VAR **débridage** *nm*

**débrider** *vt* ① **1** Ôter la bride à ; libérer qqch de ce qui serre, contraint comme une bride. **2** MED Sectionner la bride qui comprime un organe. **3** MED Pratiquer une incision dans un foyer purulent. LOC AUTO ***Débrider un moteur :*** lui permettre de tourner plus vite, après rodage. — ***Sans débrider :*** sans interruption.

**débriefer** *v* ① **A** *vt* MILIT Interroger minutieusement un espion, un transfuge. **B** *vi* fig Tirer un bilan après une action. PHO [debrife] ETY De l'angl. DER **débriefing** *nm*

**débris** *nm* **A** *nm pl* **1** Fragments d'un objet brisé, ou en partie détruit. *Les débris d'un vase.* **2** Ruines ; restes de qqch. *Débris fossiles. Les débris d'un repas.* **3** fig, litt Reste de ce qui a été anéanti. *Les débris d'un empire.* **B** *nm* fam, péjor Se dit d'une personne âgée et diminuée.

**débrocher** *vtr* ① **1** Retirer de la broche une viande, une volaille. **2** IMPRIM Découdre un livre broché après en avoir ôté la couverture. DER **débrochage** *nm*

**débronzer** *vi* ① Perdre son bronzage.

**débrouillard, arde** *a, n* fam Qqn qui sait se débrouiller. DER **débrouillardise** *nf*

**débrouille** *nf* fam Fait de se tirer d'affaire.

**débrouiller** *v* ① **A** *vt* **1** Démêler, remettre en ordre. *Débrouiller un écheveau.* **2** fig Éclaircir, dénouer. *Débrouiller un mystère.* **B** *vpr* Se tirer d'embarras, arriver à ses fins par son habilité. *Il s'est débrouillé pour obtenir une place.* DER **débrouillage** ou **débrouillement** *nm*

**débroussailler** *vt* ① **1** Enlever les broussailles de. **2** fig Commencer à tirer au clair. *Débroussailler une question.* DER **débroussaillage** ou **débroussaillement** *nm*

**débroussailleuse** *nf* TECH Machine à débroussailler

**débrousser** *vt* ① Défricher la brousse.

**débuché** *nm* CHASSE Moment où la bête sort du bois, du taillis ; sonnerie de trompe qui annonce ce moment.

**débucher** *v* ① CHASSE **A** *vi* Sortir du bois, en parlant du gibier. **B** *vt* Faire sortir une bête du bois. *Débucher le sanglier.* ETY De *dé-*, et *bûche*, « bois, forêt ».

**Debucourt** Philibert Louis (Paris, 1755 – Belleville, 1832), peintre et graveur français (scènes de genre).

**débudgétiser** *vt* ① Enlever une charge au budget de l'État et lui trouver un autre mode de couverture financière. DER **débudgétisation** *nf*

**Deburau** Jean-Baptiste Gaspard (Kolín, Bohême, 1796 – Paris, 1846), mime français, créateur avec son fils **Jean-Charles** (Paris, 1829 – Bordeaux, 1873) du Pierrot muet de la pantomime.

**débureaucratiser** *vt* ① Réduire l'importance de la bureaucratie de. *Débureaucratiser un parti.* DER **débureaucratisation** *nf*

**débusquer** *vt* ① **1** VEN Faire sortir le gibier du bois, du terrier. **2** Chasser qqn d'un abri, d'une position protégée. DER **débusquement** *nm*

**Debussy** Achille-Claude, dit **Claude** (Saint-Germain-en-Laye, 1862 – Paris 1918), compositeur français. Il créa un langage musical fondé sur l'emploi de gammes exotiques (gamme pentatonique) et sur la modalité : *Prélude à l'après-midi d'un faune* (1894), *Nocturnes* pour orchestre (1901), *Pelléas et Mélisande* (opéra, 1902), *la Mer* (1905), *Images* (pour orch., 1906-1911), *Jeux* (ballet, 1913), 24 *Préludes* pour piano (1910-1913), *Sonate n°3* pour violon et piano (1917). DER **debussyste** *a*

J.-B. Deburau

C. Debussy

**début** *nm* **A** *nm* Commencement. *Tout au début, au tout début.* **B** *nm pl* Premiers essais, premiers pas dans une activité, une carrière. *Faire ses débuts dans le cinéma.*

**débutanisation** *nf* TECH Opération consistant à retirer le butane et le propane de l'huile brute. DER **débutaniser** *vt* ①

**débutant, ante** *n, a* **A** Se dit d'une personne qui débute dans une activité, un métier, qui est sans expérience. **B** *nf* Jeune fille qui fait ses débuts dans le monde.

**débuter** *vi* ① **A** *vi* **1** Commencer. *La séance débute à 8 heures.* **2** Faire ses débuts dans une activité, une carrière. *Il a débuté comme simple manœuvre.* **B** *vt* (emploi critiqué) Commencer qqch. *Il a mal débuté sa journée.*

**debye** *nm* PHYS Unité de moment électrique dipolaire qui équivaut à $\frac{1}{3} \times 10^{-29}$ coulomb-mètre (symbole D). PHO [dəbaj] ETY Du n. pr.

**Debye** Petrus (Maastricht, 1884 – Ithaca, État de New York, 1966), physicien américain d'origine néerlandaise. Il étudia la diffraction des rayons X et le comportement des solides aux basses températures. P. Nobel de chimie (1936).

**déca-** Élément, du gr. *deka,* « dix ».

**déca** *nm* fam Café décaféiné.

**deçà** *prép* vx De ce côté-ci, opposé à *delà*. *Deçà et delà le fleuve, le pays n'est pas le même.* LOC ***Deçà... delà, deçà et delà, deçà delà :*** d'un côté et de l'autre, de côté et d'autre, de tous côtés. — ***En deçà de :*** en arrière, au-dessous de.

**décabriste** *nm* HIST Membre d'un groupe de conspirateurs russes, qui voulaient écarter du trône Nicolas Ier, en 1825, au profit de son frère Constantin. VAR **décembriste**

**décacheter** *vt* ⑱ ou ⑳ Ouvrir ce qui est cacheté. *Décacheter une lettre.* DER **décachetage** *nm*

**décadaire** *a* **1** Qui se rapporte aux décades, du calendrier républicain. **2** Qui a lieu, qui paraît tous les dix jours. *Compte rendu décadaire.*

**décade** *nf* **1** Période de dix jours consécutifs. **2** HIST Dans le calendrier républicain de 1793, période remplaçant la semaine. **3** (Emploi critiqué.) Période de dix ans. *La première décade du XXe siècle.* **4** LITTER Partie d'un ouvrage composée de dix livres, dix chapitres, etc.

**décadenasser** *vt* ① Ouvrir en enlevant le cadenas. *Décadenasser une malle.*

**décadence** *nf* Commencement de la chute, de la ruine ; déclin politique et économique. ETY Du lat.

**décadent, ente** *a, n* **A** *a* Qui résulte de la décadence ou la traduit. **B** *a, n* LITTER Se dit d'écrivains de la fin du XIXe s, caractérisés par leur raffinement esthétique et leur refus du conformisme (Verlaine, Huysmans, Jarry, etc.).

**décadentisme** *nm* Caractère décadent.

**décadi** *nm* HIST Dixième jour de la décade dans le calendrier républicain.

**décadrer** *vt* ① Ne plus cadrer une photo, une prise de vue. DER **décadrage** *nm*

**décaèdre** *a, nm* GEOM Se dit d'un polyèdre qui a dix faces.

**décaféiné, ée** *a, nm* Se dit d'une boisson dont on a enlevé la caféine.

**décaféiner** *vt* ① Enlever la caféine de.

**décagone** *nm* GEOM Polygone à dix angles et dix côtés. DER **décagonal, ale, aux** *a*

**décagramme** *nm* Unité valant dix grammes (symbole dag).

**décaisser** *vt* ① Sortir une somme d'argent d'une caisse. DER **décaissement** *nm*

**décalage** *nm* **1** TECH Action de décaler. **2** Position, état de ce qui est décalé dans le temps ou dans l'espace. **3** fig Inadéquation, différence entre deux choses, deux faits. *Décalage entre les rê-*

*ves et la réalité.* LOC *Décalage horaire :* différence d'heure légale entre deux pays situés sur des fuseaux horaires différents. — ASTRO *Décalage spectral :* phénomène se traduisant, dans le spectre des étoiles, par des raies décalées vers la couleur rouge.

**décalaminer** *vt* [1] TECH Enlever la calamine de. *Décalaminer un moteur.* [DER] **décalaminage** *nm*

**décalcification** *nf* MED Diminution du calcium de l'organisme provoquant une fragilité osseuse.

**décalcifier** *v* [2] **A** *vt* MED Causer une décalcification. **B** *vpr* Être atteint de décalcification.

**décalcomanie** *nf* Procédé de décoration par report de motifs qui se détachent d'un papier que l'on applique sur un objet ; image appliquée par ce procédé.

**décalé, ée** *a, n* Qui est dans un rapport non conforme à ce qui est considéré comme la norme.

**décaler** *vt* [1] **1** Ôter les cales de. **2** Faire subir un déplacement dans le temps ou dans l'espace à. *Décaler la date d'un départ.*

**décalitre** *nm* Mesure de capacité valant dix litres (symbole dal).

**Décalogue** → **Commandements (les Dix).**

**décalotter** *vt* [1] Ôter la calotte de qqch.

**décalquer** *vt* [1] Reporter le calque de qqch sur une surface quelconque. [DER] **décalquage** ou **décalque** *nm*

**décalvant, ante** *a* Qui rend chauve.

**décalvation** *nf* MED Chute des cheveux. [ETY] Du lat. *decalvatio,* « action de se raser la tête ».

**Décaméron** recueil de contes de Boccace (v. 1348-1353) qui fixa la prose italienne. Il comprend 100 nouvelles racontées en 10 jours (d'où le titre, d'orig. gr.) par 10 pers. – CINE Film de Pasolini (1971).

**décamètre** *nm* **1** Unité de longueur égale à dix mètres (symbole dam). **2** TECH Chaîne ou ruban d'une longueur de 10 m servant à certaines mesures. [DER] **décamétrique** *a*

**décamper** *vi* [1] **fam** S'enfuir, partir à la hâte.

**Decamps** **Alexandre Gabriel** (Paris, 1803 – Fontainebleau, 1860), peintre orientaliste français.

**décan** *nm* ASTROL Chaque dizaine de degrés de chacun des signes du zodiaque.

**décanat** *nm* Dignité de doyen ; exercice, durée de cette dignité.

**décaniller** *vi* [1] **fam** S'enfuir prestement, décamper.

**décanter** *v* [1] **A** *vt* Laisser reposer un liquide pour le séparer des matières solides qu'il tenait en suspension. **B** *vpr* Se clarifier. *Laisser la situation se décanter avant d'agir.* [ETY] Du lat. *canthus,* « bec de cruche ». [DER] **décantage** *nm* – **décantation** *nf*

**décanteur** *nm* TECH Appareil servant à décanter. *Les décanteurs d'une station d'épuration d'eau.*

**décapant, ante** *a, nm* **A** Se dit d'un produit qui décape. **B** *a* **fig** Se dit de propos incisifs, qui bousculent.

**décapeler** *vt* [17] ou [19] Enlever le capelage.

**décaper** *vt* [1] **1** TECH Débarrasser une surface métallique des oxydes ou des impuretés qui y adhèrent. **2** Débarrasser une surface de ses impuretés. **3** TRAV PUBL Enlever la couche superficielle d'un sol. [DER] **décapage** ou **décapement** *nm*

**décapeuse** *nf* TRAV PUBL Engin de terrassement pour décaper les sols. SYN (déconseillé) scraper.

**décapitaliser** *vt* [1] ECON Diminuer le capital d'une entreprise. [DER] **décapitalisation** *nf*

**décapiter** *vt* [1] **1** Trancher la tête de qqn. **2** Enlever la partie supérieure de qqch. *Décapiter des arbres.* **3 fig** Enlever la partie essentielle de. *Un parti décapité par la mort de son chef.* [DER] **décapitation** *nf*

**décapode** *nm* ZOOL **1** Mollusque céphalopode dibranchial possédant 10 tentacules tel que la seiche et le calmar. **2** Crustacé malacostracé pourvu de 5 paires de pattes locomotrices tel que la langouste, le crabe et la pagure.

**Décapole** territoire de la Palestine antique groupant dix villes hellénisées : Scythopolis, Pella, Gadara, Dion, Hippos, Philadelphie (auj. *Amman*), Gerasa, Kanatha, Damas, Abila.

**Décapole** association, formée au XIVe s., de dix villes alsaciennes : Mulhouse, Colmar, Munster, Turckheim, Kaysersberg, Sélestat, Obernai, Rosheim, Haguenau, Wissembourg, définitivement françaises en 1789.

**décapoter** *vt* [1] Ouvrir la capote d'une voiture. [DER] **décapotable** *a, nf*

**décapsuler** *vt* [1] Enlever la capsule de. *Décapsuler une bouteille.* [DER] **décapsulage** *nm*

**décapsuleur** *nm* Ustensile pour décapsuler les bouteilles. SYN ouvre-bouteilles.

**décarboner** *vt* [1] Faire baisser les émissions de gaz carbonique dans l'atmosphère. *Une taxe carbone capable de décarboner l'économie.* [DER] **décarbonation**

**décarboniser** *vt* [1] CHIM Éliminer d'un corps le dioxyde de carbone. [DER] **décarbonisation** *nf*

**décarboxylase** *nf* BIOCHIM Enzyme qui catalyse la décarboxylation de substances organiques.

**décarboxylation** *nf* BIOCHIM Perte spontanée ou enzymatique d'une molécule de dioxyde de carbone.

**décarburant** *nm* CHIM Substance qui débarrasse une autre substance du carbone qu'elle contient.

**décarburer** *vt* [1] METALL Débarrasser un métal du carbone qu'il contient. [DER] **décarburation** *nf*

**décarcasser (se)** *vpr* [1] **fam** Se donner beaucoup de peine.

**décasyllabe** *a, nm* Se dit d'un vers qui a dix syllabes. [VAR] **décasyllabique** *a*

**décathlon** *nm* SPORT Compétition masculine d'athlétisme, inscrite aux jeux Olympiques, comportant dix épreuves (4 courses, 3 sauts, 3 lancers). [DER] **décathlonien** *nm*

**décatir** *v* [3] **A** *vt* TECH Enlever à une étoffe le lustre et le brillant produits par les apprêts. **B** *vpr* **fig, péjor** Perdre sa fraîcheur, sa beauté ; vieillir. [DER] **décati, ie** *a* – **décatissage** *nm*

**décauser** *vt* [1] **Belgique** Dire du mal de qqn, le dénigrer.

**decauville** *nm* CH DE F Chemin de fer à voie étroite (40-60 cm). [ETY] D'un n. pr.

**décaver** *vtr* [1] JEU Dépouiller un partenaire de sa mise (cave).

**Decazes et de Glücksberg Élie (duc)** (Saint-Martin-de-Laye, 1780 – Decazeville, 1860), homme politique français. Premier ministre en 1819, il rencontra l'hostilité des ultra-royalistes et démissionna en 1820. Il développa les houillères de Decazeville. — **Louis** (Paris, 1819 – château de Graves, Gironde, 1886), fils du préc., ministre des Affaires étrangères (1873-1877).

**Decazeville** ch.-l. de cant. de l'Aveyron (arr. de Villefranche-de-Rouergue) ; 8 182 hab. Houillères fermées en 1987. Métallurgie – La ville doit son nom au duc Decazes. [DER] **decazevillois, oise** *a, n*

**Deccan** → **Dekkan.**

**Dèce** → **Décius.**

**décéder** *vi* [14] Mourir, en parlant de qqn. [ETY] Du lat. *decedere,* « s'en aller ».

**déceler** *vt* [17] **1** Découvrir ce qui était caché. *Impossible de déceler le moindre indice.* **2** Être l'indice de ; révéler. *Un léger bruit décela sa présence.* [DER] **décelable** *a*

**décélérer** *vi* [14] Effectuer, subir une diminution de vitesse, en parlant d'un mobile. [DER] **décélération** *nf*

**décéléromètre** *nm* TECH Appareil utilisé pour mesurer les décélérations.

**décembre** *nm* Douzième et dernier mois de l'année, comprenant trente et un jours.

**décembre 1851 (coup d'État du 2)** coup d'État organisé par le président de la Rép. Louis Napoléon Bonaparte pour se libérer du Parlement (à majorité monarchiste). La date choisie rappelait Austerlitz et le sacre de Napoléon Ier. Dans la nuit du 1er au 2 déc., les chefs de l'opposition furent arrêtés. Le 2 au matin, l'Assemblée fut dissoute, et le suffrage universel rétabli. Le 20 déc., un plébiscite porta sur la révision de la Constitution. Le 2 déc. 1852, le Second Empire fut proclamé.

**décemment** *av* **1** D'une manière décente. *Se vêtir, se comporter décemment.* **2** En tenant compte des convenances, du bon sens. *On ne peut décemment pas le faire attendre.* [PHO] [desamɑ̃]

**décemvir** *nm* ANTIQ ROM Magistrat qui faisait partie d'un collège de dix membres qui, au milieu du Ve s. av. J.-C., mirent par écrit un ensemble de lois, *les Douze Tables.* [PHO] [desɛmviʀ]

**décemvirat** *nm* Dignité de décemvir ; période pendant laquelle Rome fut soumise à l'autorité des décemvirs.

**décence** *nf* Respect de la pudeur, de la correction. [ETY] Du lat. *decere,* « convenir ».

**décennal, ale** *a* **1** Qui dure dix ans. *Engagement décennal.* **2** Qui revient tous les dix ans. *Exposition décennale.* PLUR décennaux.

**décennie** *nf* Période de dix ans.

**décent, ente** *a* **1** Conforme à la décence, convenable. *Une tenue décente.* **2** Raisonnable, acceptable. *Un salaire décent.*

**décentralisation** *nf* ADMIN Système dans lequel une collectivité ou un service technique s'administrent eux-mêmes sous le contrôle de l'État. [DER] **décentralisateur, trice** *a, n* – **décentraliser** *vt* [1]

**décentrement** *nm* **1** OPT Défaut d'alignement des centres des lentilles. **2** PHOTO Action de décentrer l'objectif d'un appareil photographique. SYN décentrage.

**décentrer** *vt* [1] **1** TECH Déplacer le centre de, ou écarter qqch du centre de. **2** PHOTO Déplacer l'objectif d'un appareil photographique parallèlement à la surface sensible pour éviter les déformations dues à la perspective. [DER] **décentrage** *nm*

**déceptif, ive** *a* **didac** Qui concerne la déception, qui déçoit. *Une narration déceptive.*

**déception** *nf* Sentiment d'une personne trompée dans ses espérances.

**décérébrer** *vt* [14] PHYSIOL Ôter, détruire le cerveau d'un animal. [DER] **décérébration** *nf*

**décerner** *vt* [1] **1** Accorder à qqn des récompenses, des honneurs. **2** DR Ordonner qqch contre qqn. *Décerner un mandat de dépôt.* [ETY] Du lat. *decernere,* « décréter ».

**décerveler** *vt* [17] **1** Détruire la cervelle de. **2** fig, fam Retirer tout jugement à, abrutir. [DER] **décervelage** *nm*

**décès** *nm* DR Mort naturelle d'une personne. *Acte de décès.*

**décevant, ante** *a* Qui apporte des déceptions. *Une réaction décevante.*

**décevoir** *vt* [5] **1** Tromper qqn dans ses espérances. *Ce voyage m'a beaucoup déçu.* **2** litt Ne pas répondre à l'attente de. *Décevoir la confiance de qqn.* [ETY] Du lat.

**déchaîné, ée** *a* **1** Se dit de ce qui est violent, très agité. *Les vents déchaînés.* **2** Se dit de qqn qui est exubérant ; délivré de toute retenue. [VAR] **déchainé, ée**

**déchaîner** *v* [1] **A** *vt* Exciter, soulever, libérer de tout frein. *Une polémique qui déchaîne les passions.* **B** *vpr* S'emporter violemment. [VAR] **déchainer** [DER] **déchaînement** ou **déchainement** *nm*

**déchant** *nm* MUS Contrepoint primitif écrit au-dessus du plain-chant, princ. en usage du XIIe au XIVe s.

**déchanter** *vi* [1] Rabattre de ses prétentions, de ses espérances.

**décharge** *nf* **1** Lieu où l'on décharge des ordures, des déchets. *Décharge publique.* **2** TECH Ouverture pratiquée pour permettre l'écoulement des eaux. *Tuyau de décharge.* **3** Action de faire partir un projectile d'arme à feu ; salve, tir simultané de plusieurs armes à feu. **4** Perte brusque de la charge d'un conducteur électrique. **5** Attestation qui dégage la responsabilité de qqn. **6** FISC Annulation d'une imposition abusive. **LOC** DR *À décharge :* qui tient à réduire ou à invalider les charges qui pèsent sur un accusé. — ARCHI *Arc de décharge :* construit pour diminuer, en la répartissant, la charge supportée par la partie inférieure d'un édifice.

**déchargement** *nm* **1** Action de décharger un véhicule. **2** Enlèvement des projectiles introduits dans une arme à feu.

**déchargeoir** *nm* TECH Ouverture, conduit par lequel s'échappe le trop-plein d'un bassin.

**décharger** *v* [13] **A** *vt* **1** Enlever les marchandises, les objets d'un véhicule. **2** Débarrasser d'un poids qui surcharge. *Décharger un plancher.* **3** fig, fam Soulager, dire l'objet de sa souffrance, de sa rancœur, de son mécontentement. *Décharger son cœur, sa bile, sa colère.* **4** Dispenser qqn d'une charge, d'un travail. **5** Innocenter. *Il a été déchargé de cette accusation.* **6** Enlever la charge d'une arme à feu. **7** Débarrasser un appareil de sa charge électrique. *Décharger une batterie.* **B** *vi* **1** IMPRIM Maculer. **2** Déteindre, en parlant d'une étoffe. **C** *vpr* S'écouler, en parlant des eaux.

**décharné, ée** *a* **1** Débarrassé de sa chair. *Un squelette décharné.* **2** Extrêmement maigre. *Visage décharné.* **3** Se dit d'un style sec, aride.

**décharnement** *nm* État d'amaigrissement extrême.

**déchaumer** *vt* [1] AGRIC Enterrer les chaumes par un labour léger. [DER] **déchaumage** *nm*

**déchaumeuse** *nf* Charrue légère pour déchaumer.

**déchaussé, ée** *a* **1** Sans chaussure. **2** Dont la base a une mauvaise assise. *Mur déchaussé.* **3** Se dit d'une dent dont la racine n'est plus maintenue correctement dans l'alvéole dentaire.

**déchaussement** *nm* **1** Fait de se déchausser ; état de ce qui est déchaussé. *Le déchaussement des dents. Le déchaussement d'un mur.* **2** ARBOR Opération qui consiste à dégager le pied des arbres ou des vignes pour y mettre du fumier. [VAR] **déchaussage**

**déchausser** *v* [1] **A** *vt* **1** Ôter ses chaussures à qqn. **2** Mettre à nu le pied, la base de qqch. *Déchausser un arbre, un mur.* **3** Dégager une dent de la gencive. **B** *vi* SPORT Ôter ses skis. [ETY] Du lat. de *calceus,* « soulier ».

**déchausseuse** *nf* Charrue légère pour le déchaussement des vignes.

**déchaussoir** *nm* Outil pour déchausser les dents ; les arbres.

**déchaux** *a* **LOC** *Carmes déchaux :* qui vont pieds nus dans leurs sandales.

**dèche** *nf* fam Misère ou gêne passagère. *Être dans la dèche.*

**déchéance** *nf* **1** Diminution, perte du rang social, de la réputation, d'une fonction. **2** Affaiblissement d'une faculté physique ; décadence morale, avilissement. *Tomber dans la déchéance.* **3** DR Perte d'un droit ou d'une faculté. *Déchéance de la puissance paternelle.*

**déchet** *nm* **A 1** Ce qui tombe lorsqu'on coupe, rogne une matière. *Des déchets de viande, de laine.* **2** fig, fam Personne déchue, pitoyable ou méprisable. **B** *nm pl* Résidus, restes, sales ou dangereux. *Déchets radioactifs.* **LOC** DR COMM *Déchet de route :* part admise de dépréciation d'une marchandise au cours d'un transport.

**déchetterie** *nf* Lieu public où l'on dépose dans des conteneurs certains déchets susceptibles d'être recyclés (métal, plastique, etc.). [VAR] **déchèterie** (Acad.)

**déchiffrage** *nm* MUS Lecture et exécution à première vue d'un morceau de musique.

**déchiffrement** *nm* Action de déchiffrer un texte codé, une affaire compliquée, etc.

**déchiffrer** *vt* [1] **1** Trouver la signification de, traduire en clair. *Déchiffrer un message codé.* **2** Lire ce qui est difficile à lire. *Déchiffrer une écriture.* **3** MUS Lire, jouer ou chanter de la musique à première vue **4** fig Démêler, pénétrer ce qui est compliqué, obscur. *Déchiffrer une affaire.* [DER] **déchiffrable** *a* – **déchiffreur, euse** *n*

**déchiqueter** *vt* [18] ou [20] **1** Déchirer, tailler en menus morceaux. **2** fig Mettre en pièces une idée, un argument. [DER] **déchiquetage** *nm*

**déchiqueteur** *nm* TECH Machine servant à déchiqueter. *Passer des lettres à détruire au déchiqueteur.* [VAR] **déchiqueteuse** *nf*

**déchiqueture** *nf* Taillade, déchirure.

**déchirant, ante** *a* Qui émeut pathétiquement. *Des cris déchirants.*

**déchirement** *nm* **A 1** Action de déchirer. **2** fig Souffrance morale extrême. *Cette séparation fut un réel déchirement.* **3** MED Claquage. **B** *nm pl* fig Discordes, luttes intestines.

**déchirer** *v* [1] **A** *vt* **1** Mettre en pièces, en morceaux, sans se servir d'un instrument tranchant. *Déchirer du tissu.* **2** fig Produire une sensation douloureuse ou désagréable sur. *Cette musique déchire les oreilles.* **3** fig Troubler par des dissensions violentes ; diviser. *Les guerres de Religion déchirèrent la France au XVIe s.* **B** *vpr* **1** S'outrager ; s'injurier. *Des politiciens qui se déchirent.* **2** MED Se rompre un tissu. *Se déchirer un muscle.* [ETY] Du frq *skerjan,* « séparer, partager ».

**De Chirico** Giorgio (Volos, Grèce, 1888 – Rome, 1978), peintre italien. Ses œuvres « métaphysiques » (1912-1919) préludent au surréalisme. Après 1920, il se confina dans l'académisme.

**déchirure** *nf* **1** Rupture faite en déchirant. *Faire une déchirure à un vêtement.* **2** MED Rupture d'un tissu. *Déchirure musculaire, ligamentaire.* **3** litt, fig Douleur morale très vive.

**déchlorurer** *vt* [1] TECH Débarrasser l'alimentation, l'eau, le sol, des chlorures. [DER] **déchloruration** *nf*

**déchoir** *vi* [51] Tomber d'un état dans un autre, inférieur. *Déchoir de son rang.* [ETY] Du lat.

**déchoquer** *vt* [1] MED Pratiquer des manœuvres en urgence pour ranimer qqn en état de choc. [DER] **déchocage** *nm*

**déchristianiser** *vt* [1] Faire perdre la religion chrétienne à. *Une région déchristianisée.* [DER] **déchristianisation** *nf*

**déchu, ue** *a* **1** Tombé dans un état inférieur ; atteint de déchéance. *Gloire déchue. Roi déchu.* **2** Privé d'un droit, d'une qualité juridique. *Déchu de la nationalité française.* **3** THEOL Qui a perdu l'état de bienheureux. *Ange déchu.*

**déci-** Élément, du lat. *decimus,* « dixième partie ».

**déci** *nm* Suisse Mesure utilisée pour le vin dans les cafés et les restaurants.

**Giorgio De Chirico** *Place romaine,* 1921 – coll. part., Lausanne

DECLARATION

*DES DROITS DE L'HOMME ET DU CITOYEN,*

Décrétés par la Convention Nationale en 1793 acceptés par le Peuple Français.

*PRÉAMBULE*

Le peuple français, convaincu que l'oubli et le mépris des droits naturels de l'homme, sont les seules causes des malheurs du monde, a résolu d'exposer dans une déclaration solennelle ces droits sacrés et inaliénables, afin que tous les citoyens, pouvant comparer sans cesse les actes du Gouvernement avec le but de toute institution sociale, ne se laissent jamais opprimer et avilir par la tyrannie; afin que le peuple ait toujours devant les yeux les bases de sa liberté et de son bonheur, le magistrat la règle de ses devoirs, le législateur l'objet de sa mission.

En conséquence, il proclame en présence de l'Etre-suprême, la déclaration suivante des droits de l'homme et du citoyen.

ARTICLE PREMIER.

Le but de la société est le bonheur commun.

Le gouvernement est institué pour garantir à l'homme la jouissance de ses droits naturels et imprescriptibles.

II.

Ces droits sont l'égalité, la liberté, la sûreté, la propriété.

III.

Tous les hommes sont égaux par la nature et devant la loi.

IV.

La loi est l'expression libre et solennelle de la volonté générale; elle est la même pour tous, soit qu'elle protège, soit qu'elle punisse; elle ne peut ordonner que ce qui est juste et utile à la société: elle ne peut défendre que ce qui lui est nuisible.

V.

Tous les citoyens sont également admissibles aux emplois publics. Les peuples libres ne connoissent d'autres motifs de préférences dans leurs élections que les vertus et les talens.

VI.

La liberté est le pouvoir qui appartient à l'homme de faire tout ce qui ne nuit pas aux droits d'autrui: elle a pour principe la nature; pour règle la justice; pour sauve-garde la loi; sa limite morale est dans cette maxime: *ne fais à autre ce que tu ne veux pas qu'il te soit fait.*

VII.

Le droit de manifester sa pensée et ses opinions, soit par la voye de la presse, soit de toute autre maniere, le droit de s'assembler paisiblement, le libre exercice des cultes ne peuvent être interdits.

La nécessité d'énoncer ces droits suppose ou la présence ou le souvenir récent du despotisme.

VIII.

La sûreté consiste dans la protection accordée par la société à chacun de ses membres pour la conservation de sa personne, de ses droits et de ses propriétés.

IX.

La loi doit protéger la liberté publique et individuelle contre l'oppression de ceux qui gouvernent.

X.

Nul ne doit être accusé, arrêté, ni détenu que dans les cas déterminés par la loi, et selon les formes qu'elle a prescrites. Tout citoyen appellé ou saisi par l'autorité de la loi doit obéir à l'instant: il se rend coupable par la résistance

XI.

Tout acte exercé contre un homme hors des cas et sans les formes que la loi détermine est arbitraire et tyrannique: celui contre lequel on voudroit l'exécuter par la violence a le droit de le repousser par la force.

XII.

Ceux qui solliciteroient, expédieroient, signeroient, exécuteroient ou feroient exécuter des actes arbitraires, sont coupables et doivent être punis.

XIII.

Tout homme étant présumé innocent jusqu'à ce qu'il ait été déclaré coupable, s'il est jugé indispensable de l'arrêter, toute rigueur qui ne seroit pas nécessaire pour s'assurer de sa personne, doit être sévèrement réprimé par la loi.

XIV.

Nul ne doit être jugé ni puni, qu'après avoir été entendu ou légalement appellé et qu'en vertu d'une loi promulguée antérieurement au délit. La loi qui puniroit les délits commis avant qu'elle existat, seroit une tyrannie: l'effet rétroactif donné à la loi seroit un crime.

XV.

La loi ne doit décerner que des peines strictement et évidemment nécessaires: les peines doivent être proportionnées au délit, et utiles à la société.

XVI.

Le droit de propriété est celui qui appartient à tout citoyen de jouir et de disposer à son gré de ses biens, de ses revenus, du fruit de son travail et de son industrie.

XVII.

Nul genre de travail, de culture, de commerce ne peut être interdit à l'industrie des citoyens.

XVIII.

Tout homme peut engager ses services, son tems; mais il ne peut se vendre ni être vendu. Sa personne n'est pas une propriété aliénable. La loi ne reconnoit point de domesticité; il ne peut exister qu'un engagement de soins, et de reconnoissance entre l'homme qui travaille et celui qui l'emploie.

XIX.

Nul ne peut être privé de la moindre portion de sa propriété sans son consentement, si ce n'est lorsque la nécessité publique, légalement constatée l'exige, et sous la condition d'une juste et préalable indemnité

XX.

Nul contribution ne peut être établie que pour l'utilité générale. Tous les citoyens ont droit de concourir à l'établissement des contributions, d'en surveiller l'emploi, et de s'en faire rendre compte.

XXI.

Les secours publics sont une dette sacrée. La société doit la subsistance aux citoyens malheureux, soit en leur procurant du travail, soit en assurant les moyens d'exister à ceux qui sont hors d'état de travailler.

XXII.

L'instruction est le besoin de tous. La société doit favoriser de tout son pouvoir les progrès de la raison publique, et mettre l'instruction à la portée de tous les citoyens

XXIII.

La garantie sociale consiste dans l'action de tous pour assurer à chacun la jouissance et la conservation de ses droits: cette garantie repose sur la souveraineté nationale.

XXIV.

Elle ne peut exister, si les limites des fonctions publiques ne sont pas clairement déterminées par la loi, et si la responsabilité de tous les fonctionnaires n'est pas assurée.

XXV.

La Souveraineté réside dans le peuple. Elle est une et indivisible imprescriptible et inaliénable.

XXVI.

Aucune portion du peuple ne peut exercer la puissance du peuple entier; mais chaque section du souverain assemblée, doit jouir du droit d'exprimer sa volonté avec une entiere liberté.

XXVII.

Que tout individu qui usurperoit la souveraineté soit à l'instant mis à mort par les hommes libres.

XXVIII.

Un peuple a toujours le droit de revoir, de réformer et de changer sa constitution. Une génération ne peut assujétir à ses loix les générations futures.

XXIX.

Chaque citoyen a un droit égal de concourir à la formation de la loi, et à la nomination de ses mandataires ou de ses agens.

XXX.

Les fonctions publiques sont essentiellement temporaires; elles ne peuvent être considerées comme des distinctions ni comme des récompenses, mais comme des devoirs.

XXXI.

Les délits des mandataires du peuple et de ses agens ne doivent jamais être impunis. Nul n'a le droit de se prétendre plus inviolable que les autres citoyens.

XXXII.

Le droit de présenter des pétitions aux dépositaires de l'autorité publique ne peut, en aucun cas, être interdit, suspendu ni limité.

XXXIII.

La résistance à l'oppression est la conséquence des autres droits de l'homme.

XXXIV.

Il y a oppression contre le corps social, lorsqu'un seul de ses membres est opprimé. Il y a oppression contre chaque membre lorsque le corps social est opprimé.

XXXV.

Quand le Gouvernement viole les droits du peuple, l'insurrection est pour le peuple, et pour chaque portion du peuple le plus sacré des droits et le plus indispensable des devoirs.

**décibel** *nm* **A** PHYS Unité (égale à 1/10 de bel) sans dimension, exprimant le rapport entre deux grandeurs, notam. deux intensités sonores (symbole dB). **B** *nm pl* fam Bruit insupportable.

**décidable** *a* **1** Qui peut faire l'objet d'une décision. **2** LOG Se dit d'une proposition mathématique qui peut être démontrée ou réfutée. DER **décidabilité** *nf*

**décidé, ée** *a* **1** Sur quoi on a pris une décision. *C'est une chose décidée.* **2** Résolu, ferme. *Une personne décidée.*

**décidément** *av* Vraiment, tout bien considéré. *Décidément, il n'a pas de chance.*

**décider** *v* ① **A** *vt* **1** Prendre la résolution, la décision de. *J'ai décidé son départ. Il a décidé de partir.* **2** Déterminer qqn à faire qqch. *Je l'ai décidé à venir.* **B** *vti* Statuer sur, décréter sur, disposer de qqch. *Une conversation qui décida de son avenir.* **C** *vpr* Se prononcer pour ou contre qqn ou qqch. ETY Du lat. *decidere*, « trancher ».

**décideur, euse** *n* Personne qui a le pouvoir de prendre des décisions.

**décidu, ue** *a* BOT Se dit d'un végétal ou d'une formation végétale à feuilles caduques.

**décigrade** *nm* GEOM Dixième partie du grade (symbole dgr).

**décigramme** *nm* Dixième partie du gramme (symbole dg).

**décile** *nm* STATIS Dixième partie de l'intervalle des données.

**décilitre** *nm* Dixième partie du litre (symbole dl).

**déciller**→ **dessiller.**

**décimal, ale** *a, nf* **A** *a* Qui a pour base le nombre 10. *Numération décimale. Logarithme décimal.* **B** *nf* Chacun des chiffres séparés de l'unité par une virgule. *5 et 6 sont des décimales dans 2,56.* PLUR décimaux. **LOC** ***Fraction décimale*** : dont le dénominateur est une puissance de 10. — ***Nombre décimal*** : qui comporte une fraction de l'unité, séparée par une virgule. — ***Système décimal*** : fondé sur la numération décimale. DER **décimalité** *nf*

**décimaliser** *vt* ① didac Convertir un système de mesure non décimal en système de mesure décimal. DER **décimalisation** *nf*

**décimateur** *nm* anc Celui qui avait le droit de lever la dîme dans une paroisse.

**décime** *n* **A** *nm* FISC Taxe ou impôt égal au dixième du principal et qui vient s'y ajouter. **B** *nf* HIST Impôt levé par le roi sur le clergé.

**décimer** *vt* ① **1** ANTIQ ROM Mettre à mort un homme sur dix par tirage au sort. **2** Faire périr une proportion importante d'une population, en parlant d'une catastrophe naturelle, d'une guerre. DER **décimation** *nf*

**décimètre** *nm* **1** Dixième partie du mètre (symbole dm). **2** TECH Règle mesurant 1 dm, graduée en centimètres et millimètres. DER **décimétrique** *a*

**Décines-Charpieu** com. du Rhône ; 25 034 hab. DER **décinois, oise** *a, n*

**décintrer** *vt* ① **1** TRAV PUBL Débarrasser de ses cintres une voûte, un arc. **2** Défaire les coutures qui cintrent un vêtement. DER **décintrage** ou **décintrement** *nm*

**décisif, ive** *a* **1** Qui résout, qui tranche ce qui est incertain. *Une démonstration décisive.* **2** Qui indique l'esprit de décision. *Un ton décisif.* **LOC** ***Moment décisif*** : où une chose se décide.

**décision** *nf* **1** Action de décider ; son résultat. *Prendre une décision. Décision de justice.* **2** MILIT Document transmettant des ordres. **3** Qualité d'une personne ferme et résolue. *Esprit de décision.* ETY Du lat. DER **décisionnel, elle** *a*

**décisionnaire** *a, n* **A** *a* Qui se rapporte à la prise de décision. *Pouvoir décisionnaire.* **B** *n* Décideur. *Le rôle des décisionnaires.*

**décisoire** *a* DR Qui a la propriété de décider qqch. *Serment décisoire.*

**décitex** *nm* TEXT Unité de titrage valant 1 g pour 10 000 m de fil.

**Decius** Caius Messius Quintus Decius Valerianus Trajanus (en fr. *Dèce*) (Bubalia, près de Sirmium, auj. en Vojvodine, v. 201 – Abryttos [auj. Aptaak, Bulgarie], 251), empereur romain de 248 à 251. Il persécuta les chrétiens.

**Decize** ch.-l. de cant. de la Nièvre (arr. de Nevers) ; 6 718 hab.– Égl. en partie romane (crypte mérovingienne).

**déclamation** *nf* **1** Manière, action et art de déclamer. **2** Langage pompeux et affecté.

**déclamatoire** *a* Emphatique, pompeux. *Ton déclamatoire.*

**déclamer** *v* ① **A** *vt* Réciter à haute voix avec le ton et les accentuations convenant à l'intelligence du texte. *Déclamer des vers.* **B 1** *vi* péjor Parler avec emphase. **2** litt Parler violemment contre qqn ou qqch. *Déclamer contre un ennemi.* DER **déclamateur, trice** *n*

**déclarant, ante** *n, a* DR Se dit d'une personne qui déclare un fait (naissance, décès), une identité, etc., à qui de droit.

**déclaratif, ive** *a* **1** DR Se dit d'un acte par lequel on constate un état de choses, un fait, un droit. *Acte déclaratif de propriété.* **2** GRAM Se dit des verbes qui indiquent une énonciation. *Dire et raconter sont des verbes déclaratifs.*

**déclaration** *nf* **1** Action de déclarer ; discours, acte, écrit par lequel on déclare. *Faire une déclaration. Déclaration de guerre.* **2** Action de déclarer ses sentiments amoureux à la personne concernée. **3** Action de porter qqch à la connaissance des autorités compétentes. *Déclaration d'une naissance à la mairie.* **4** DR Jugement déclarant un fait comme accompli. **LOC** ***Déclaration d'impôts*** : écrit par lequel le contribuable déclare ses revenus et ses biens soumis à l'impôt. ETY Du lat.

**Déclaration des droits** (en angl. *Bill of Rights*) acte constitutionnel rédigé et voté en fév. 1689 par le Parlement anglais, qui déchut Jacques II et auquel la princesse Marie et Guillaume d'Orange durent souscrire (déc.) : la monarchie devenait constitutionnelle.

**Déclaration des droits de l'homme et du citoyen** acte voté par l'Assemblée constituante le 26 août 1789. Assortis d'un préambule, ses 17 art. définissaient les droits du citoyen (égalité devant la loi, respect de la propriété, liberté d'expression) et de la nation (souveraineté, séparation des pouvoirs). Les diverses Constitutions de la Rép. franç. les ont repris ou complétés dans leur préambule.

**Déclaration d'indépendance** acte par lequel les 13 colonies angl. d'Amérique proclamèrent leur indép. (4 juillet 1776), prélude à la guerre d'Indépendance (1776-1783). Le 4 juillet devint la fête nationale des É.-U.

**Déclaration du clergé de France** déclaration gallicane rédigée par Bossuet (1682) sur la demande de Louis XIV, en conflit avec le pape Innocent XI.

**Déclaration universelle des droits de l'homme** acte voté le 10 déc. 1948 par l'ONU. Il définit les droits individuels, les libertés publiques, les droits économiques, sociaux et culturels de « tous les membres de la famille humaine ».

**déclaratoire** *a* DR Qui déclare qqch, en parlant d'un acte juridique.

**déclarer** *v* ① **A** *vt* **1** Manifester, faire connaître. *Déclarer ses intentions. Déclarer la guerre.* **2** Manifester l'existence de qqch aux autorités compétentes. *Déclarer un objet de valeur à la douane.* **3** Décréter. *Déclarer une transaction nulle et non avenue.* **B** *vpr* **1** Manifester son existence, en parlant d'un phénomène dangereux. *Le choléra s'est déclaré.* **2** Faire connaître sa pensée, ses intentions. *Il s'est déclaré surpris par votre attitude.* **3** Prendre parti, se prononcer. *Se déclarer contre la peine de mort.* **4** litt Avouer son amour.

**déclassé, ée** *a, n* Déchu de son rang, de sa position sociale.

**déclasser** *vt* ① **1** Déranger ce qui est classé. *Déclasser des dossiers.* **2** Provoquer, être à l'origine de la chute de qqn vers une classe sociale inférieure. **3** Classer qqn ou qqch à un rang inférieur. *Déclasser un restaurant. Déclasser un sportif qui a triché.* **4** Cesser de se servir d'un matériel qui ne répond plus à certaines normes (sécurité, productivité). DER **déclassement** *nm*

**déclassifier** *vt* ② Rendre accessible un document d'archives jusque-là sous le régime du secret. DER **déclassification** *nf*

**déclaveter** *vt* ⑱ ou ⑳ TECH Enlever une clavette d'une pièce.

**déclenche** *nf* TECH Appareil servant à séparer deux pièces d'une machine pour permettre le libre mouvement de l'une d'elles.

**déclencher** *vt* ① **1** Amorcer le fonctionnement de. *Déclencher le système d'alarme.* **2** Provoquer subitement. *Son attitude déclencha une huée générale.* DER **déclenchant, ante** *a* – **déclenchement** *nm*

**déclencheur, euse** *a, nm* **A** Qui déclenche un processus. *Facteur déclencheur.* SYN déclenchant. **B** *nm* Appareil qui déclenche un mécanisme. *Le déclencheur de l'obturateur d'un appareil photographique.*

**déclic** *nm* **1** Décrochement d'un organe, d'un cliquet qui déclenche le fonctionnement d'un mécanisme ; bruit sec et métallique provoqué par ce mécanisme. **2** fig, fam Prise de conscience, compréhension soudaine. *Pour lui, cette phrase a été le déclic.*

**déclin** *nm* État de ce qui tend vers sa fin, de ce qui perd de sa force. *Le déclin du jour. Une gloire sur son déclin.*

**déclinaison** *nf* **1** GRAM Dans les langues flexionnelles, ensemble des cas que prennent les noms, pronoms et adjectifs selon leur fonction dans la phrase. **2** COMM Action de décliner un produit ; gamme de produits en résultant. **3** ASTRO Hauteur d'un astre au-dessus du plan équatorial. **LOC** PHYS ***Déclinaison magnétique*** : angle qui sépare la direction du nord magnétique de celle du nord géographique.

**déclinant, ante** *a* Qui est sur son déclin. *Civilisation déclinante.*

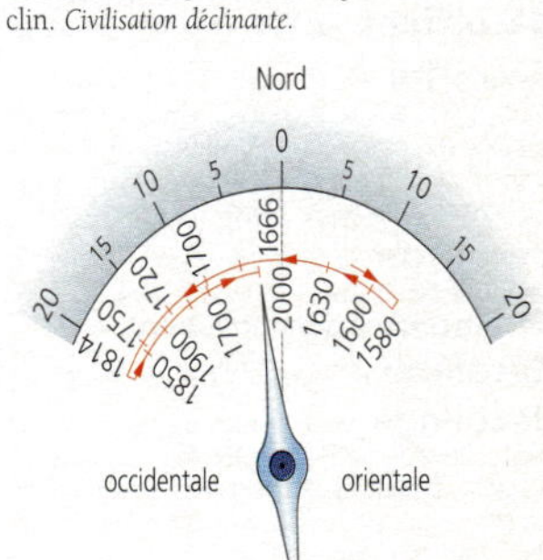


**déclinaison** magnétique à Paris en l'an 2000

**déclinatoire** *a, n* **A** *a, nm* DR Se dit des moyens utilisés pour décliner la compétence d'une juridiction. **B** *nm* Boussole servant dans les relevés topographiques, à orienter une carte.

**décliner** *v* [1] **A** *vi* **1** Tendre vers sa fin. *Le jour commence à décliner.* **2** S'affaiblir, tomber en décadence. *Ses forces déclinent de jour en jour.* **3** ASTRO S'éloigner de l'équateur céleste. *Un astre qui décline.* **B** *vt* **1** GRAM Énumérer les différents cas de la déclinaison d'un mot. **2** fig Énoncer qqch dans ses composantes ou sous ses différents aspects. *Décliner un slogan publicitaire. Une opération qui se décline en plusieurs étapes.* **3** COMM Faire plusieurs présentations d'un même produit pour en augmenter les ventes. **4** DR Écarter, refuser de reconnaître qqch. *Décliner la compétence du tribunal.* **5** Refuser d'accepter qqch. *Décliner une invitation.* **LOC** ***Décliner son identité*** : l'énoncer avec précision. [ETY] Du lat. [DER] **déclinable** *a*

**déclinisme** *nm* Pessimisme quant à l'avenir d'une économie, d'un pays, que l'on estime être sur la voie du déclin. [DER] **décliniste** *a, n*

**décliqueter** *vt* [18] ou [20] TECH Dégager le cliquet d'un mécanisme. [DER] **décliquetage** *nm*

**déclive** *a, nf* Se dit de ce qui va en pente. *Terrain déclive. Chaussée en déclive.* [DER] **déclivité** *nf*

**décloisonner** *vt* [1] **1** Ôter les cloisons de. **2** fig Enlever ce qui sépare, ce qui empêche la communication. [DER] **décloisonnement** *nm*

**déclore** *vt* [79] vieilli Ôter les clôtures de.

**déclouer** *vt* [1] Défaire, enlever les clous. *Déclouer des planches.* [DER] **déclouage** *nm*

**décocher** *vt* [1] **1** Lancer, envoyer très brusquement. *Décocher une flèche. Décocher un coup de poing à qqn.* **2** fig Lancer vivement une remarque malicieuse, ironique, etc.

**décoction** *nf* Procédé consistant à faire bouillir une substance dans un liquide, pour en extraire les principes solubles ; produit ainsi obtenu. [ETY] Du lat. *decoquere*, « faire cuire ».

**décoder** *vt* [1] **1** Déchiffrer un message codé ; transformer une information codée en langage clair. **2** Procéder au décryptage d'une émission de télévision, d'un message informatique. [DER] **décodage** *nm*

**décodeur, euse** *n* **A** *nm* Appareil qui permet de décoder des informations. **B** *n* LING Sujet parlant, en tant que destinataire actif du message linguistique.

**décoffrer** *vt* [1] CONSTR Ôter les coffrages d'un ouvrage lorsque le béton a une résistance suffisante. [DER] **décoffrage** *nm*

**décohabiter** *vi* [1] SOCIOL **1** En parlant d'un jeune, cesser d'habiter chez ses parents. **2** En parlant d'une femme, quitter le domicile de son époux polygame. [DER] **décohabitation** *nf*

**décoiffant, ante** *a* fam Très étonnant.

**décoiffer** *vt* [1] **1** Enlever le chapeau de qqn. **2** Déranger, défaire la coiffure de qqn. **3** fig, fam Remplir d'étonnement ou d'admiration. *Ce spectacle, ça décoiffe !* **4** TECH Ôter ce qui coiffe qqch. [DER] **décoiffage** ou **décoiffement** *nm*

**décoincer** *vt* [12] **1** Dégager ce qui était coincé. **2** fam Mettre à l'aise, décomplexer. [DER] **décoinçage** ou **décoincement** *nm*

**décolérer** *vi* [14] Cesser d'être en colère.

**décollage** *nm* **1** Action d'enlever ce qui était collé. **2** AVIAT Fait de décoller ; moment où un avion décolle. **3** Moment à partir duquel on considère qu'un pays a quitté le niveau des pays sous-développés. SYN take-off.

**décollation** *nf* vx Décapitation.

**décollé, e** *adj* Se dit d'oreilles qui s'écartent de la tête.

**décollecte** *nf* Baisse d'une collecte de fonds. *La décollecte des livrets de caisse d'épargne.*

**décollectiviser** *vt* [1] Faire cesser la collectivisation de. [DER] **décollectivisation** *nf*

**décollement** *nm* **1** Action de décoller, de se décoller ; état de ce qui est décollé. **2** MED Séparation d'un tissu, d'un organe, de la partie à laquelle il adhérait. *Décollement de rétine.*

**décoller** *v* [1] **A** *vt* Séparer, détacher ce qui était collé. *Décoller une étiquette.* **B** *vi* **1** Quitter le sol en parlant d'un avion ou un plan d'eau en parlant d'un hydravion. **2** SPORT Se séparer du peloton. **3** fig, fam Quitter un lieu. *Il ne décolle pas de chez nous.* **4** fig, fam Sortir d'une phase de stagnation. **5** fam Maigrir. [DER] **décollable** *a*

**décolletage** *nm* **1** Action de décolleter. *Le décolletage d'une robe.* **2** Échancrure du corsage laissant le cou nu ; décolleté. **3** TECH Fabrication de pièces métalliques au tour à décolleter. **3** AGRIC Action de décolleter des racines.

**décolleté, ée** *a, n* **A** *a* **1** Qui laisse apparaître le cou, les épaules, le haut de la poitrine. *Une robe décolletée.* **2** Qui porte un vêtement décolleté. **B** *nm* **1** Partie décolletée d'un vêtement ; vêtement décolleté. **2** Partie du corps que laisse apparaître un décolleté. *Un beau décolleté.*

**décolleter** *vt* [18] ou [20] **1** Découvrir, laisser apparaître le cou, les épaules, le haut de la poitrine. **2** Couper un vêtement de manière à dégager le cou. **3** TECH Fabriquer des pièces les unes à la suite des autres à partir d'une même barre de métal. **4** AGRIC Couper le haut de certaines racines pour les empêcher de bourgeonner. **LOC** ***Tour à décolleter*** : machine-outil servant au décolletage.

**décolleteur, euse** *n* **A** TECH Personne spécialisée dans le travail au tour à décolleter. **B** *nf* Machine à décolleter les racines.

**décolleuse** *nf* TECH Machine à décoller les revêtements muraux ou de sol.

**décoloniser** *vt* [1] Accorder l'indépendance à une colonie. [DER] **décolonisation** *nf*

**décolorant, ante** *a, nm* **1** CHIM Qui décolore. **2** Qui est destiné à décolorer les cheveux.

**décoloration** *nf* **1** Perte de la couleur naturelle. **2** Opération qui consiste à décolorer. *Se faire faire une décoloration chez le coiffeur.*

**décolorer** *vt* [1] Faire perdre en partie ou complètement sa couleur à qqch. *Décolorer une étoffe. Se faire décolorer les cheveux.*

**décombres** *nmpl* **1** Ruines, gravats qui restent après la démolition ou la destruction d'un édifice. **2** fig Restes de ce qui a été détruit. *Les décombres d'un empire.* [ETY] Du gaul., de *combre*, « barrage de rivière ».

**décommander** *vt* [1] Annuler une invitation, une commande, un rendez-vous. *Le conférencier s'est décommandé au dernier moment.*

**décompensation** *nf* **1** MED Rupture de l'équilibre de l'organisme face à une affection jusqu'alors bien tolérée. **2** PSYCHOL Effondrement brutal d'un sujet après un choc psychique violent. [DER] **décompenser** *vi* [1]

**décompensé, ée** *a* MED Se dit d'une affection au cours de laquelle l'organe atteint ne peut plus remplir son rôle.

**décomplexer** *vt* [1] fam Enlever à qqn ses complexes, ses inhibitions.

**décomposer** *vt* [1] **1** Séparer les parties, les éléments d'une chose ; analyser. *Décomposer une phrase, en chimie. Décomposer de l'eau.* **2** Altérer profondément, gâter. *La chaleur décompose les matières animales. Cadavre qui se décompose.* **3** fig Altérer, bouleverser. *La terreur décomposait ses traits. Visage qui se décompose.* **LOC** PHYS ***Décomposer une force*** : déterminer ses composantes. [DER] **décomposable** *a*

**décomposeur** *nm* AGRIC Organisme qui décompose et transforme en humus les débris organiques.

**décomposition** *nf* **1** Résolution d'une chose, d'un corps, en ses éléments ; séparation de ses différentes parties constituantes. **2** Altération profonde d'une substance organique. *Cadavre en état de décomposition avancée.* **3** fig Altération. *La décomposition de ses traits montrait qu'il avait peur.* **4** fig Destruction, éclatement. *La décomposition de l'Empire romain.* **LOC** MATH ***Décomposition d'un nombre en facteurs premiers*** : opération qui consiste à remplacer un nombre par un produit équivalent de nombres premiers.

**décompresser** *v* [1] **A** *vt* **1** TECH Syn. de *décomprimer*. **2** INFORM Reconstituer des données qui avaient été comprimées pour les afficher sur l'écran de l'ordinateur. **B** *vi* fig, fam Relâcher sa tension nerveuse.

**décompresseur** *nm* TECH **1** Appareil qui réduit la pression d'un fluide, d'un gaz comprimés. **2** Soupape qui réduit la compression d'un moteur à explosion.

**décompression** *nf* Action de décomprimer ou de décompresser. *La décompression d'un gaz.* **LOC** MED ***Accident de décompression*** : maladie des caissons, barotraumatisme.

**décomprimer** *vt* [1] TECH Réduire ou faire cesser une compression.

**décompte** *nm* **1** Déduction à faire sur une somme. *Faire le décompte des taxes sur une marchandise.* **2** Compte détaillé d'une somme due. *Faire le décompte d'une facture.* [PHO] [dekɔ̃t]

**décompter** *v* [1] **A** *vt* Déduire d'une somme. **B** *vi* Se dit d'une pendule dont la sonnerie n'est pas en accord avec l'heure indiquée par les aiguilles.

**déconcentration** *nf* ADMIN **1** Système dans lequel l'autorité centrale délègue des pouvoirs à ses subordonnés ; mise en œuvre de ce système. **2** Transfert d'une partie des bureaux, usines, d'un organisme centralisé, en un lieu éloigné de son siège.

**déconcentrer** *vt* [1] **1** Procéder à une répartition moins concentrée, moins centralisée. **2** fig Troubler la concentration de qqn.

**déconcerter** *vt* [1] Troubler, dérouter, faire perdre contenance à qqn. [DER] **déconcertant, ante** *a*

**déconditionner** *vt* [1] Libérer qqn d'un conditionnement psychologique. [DER] **déconditionnement** *nm*

**déconfessionalisation** *nf* POLIT Abandon de la référence à une confession religieuse quelle qu'elle soit.

**déconfit, ite** *a* Abattu, décontenancé. *Avoir la mine déconfite. Être tout déconfit.*

**déconfiture** *nf* **1** fam Ruine financière ; faillite morale. *Société qui tombe en déconfiture.* **2** DR État d'un débiteur non commerçant insolvable. **3** litt Entière défaite au combat.

**décongeler** *vt* [17] Ramener un produit congelé à une température supérieure à 0 °C. [DER] **décongélation** *nf*

**décongestionner** *vt* [1] **1** Atténuer ou faire disparaître la congestion de la peau, d'un organe. **2** fig Atténuer, faire cesser l'encombrement d'une voie, d'un service. *Décongestionner le centre de la ville.* [DER] **décongestion** *nf* – **décongestionnant, ante** *a* – **décongestionnement** *nm*

**déconnecter** *vt* [1] **1** Démonter, débrancher ce qui connecte. **2** fig Séparer, détacher des choses connexes. **3** fig, fam Faire perdre le contact avec la réalité.

**déconner** *vi* [1] fam **1** Dire ou faire des conneries. *Vous avez fini de déconner ?* **2** Ne pas fonctionner normalement. *Ma radio déconne.* **3** S'amuser librement, plaisanter, blaguer. [DER] **déconnage** *nm* ou **déconnade** *nf* – **déconnant, ante** *a* – **déconneur, euse** *n*

**déconnexion** *nf* Action de déconnecter ; son résultat. LOC MED ***Déconnexion neurovégétative*** **:** suppression des réactions neurovégétatives par l'administration de médicaments.

**déconseiller** *vt* [1] Conseiller de ne pas faire. SYN dissuader. ANT recommander.

**déconsidérer** *v* [14] **A** *vt* Faire perdre la considération, l'estime dont jouissait qqn. *Cette affaire risque de le déconsidérer.* **B** *vpr* Agir de telle façon qu'on perd la considération, l'estime dont on jouissait. [DER] **déconsidération** *nf*

**déconsigner** *vt* [1] **1** Lever la consigne, la punition infligée à. **2** Retirer, dégager les bagages mis à la consigne. **3** Rembourser le prix de la consigne d'un emballage.

**déconsolider** *vt* [1] **1** Diminuer la résistance de qqch. **2** FIN Séparer des entreprises sur le plan comptable.

**déconstruction** *nf* **1** PHILO Décomposition analytique d'une œuvre. **2** INDUSTR Démantèlement pas à pas d'une installation complexe (centrale nucléaire), d'un navire, d'un avion, etc. [DER] **déconstruire** *vt* [69]

**déconstructivisme** *nm* Mouvement architectural fondé sur la déconstruction philosophique. [DER] **déconstructiviste** *a, n*

**décontaminer** *vt* [1] Procéder à la suppression de la contamination de corps ayant subi l'action de radiations, de substances ou de germes nocifs. [DER] **décontamination** *nf*

**décontenancer** *vpr* [12] Faire perdre contenance à qqn, déconcerter.

**décontextualiser** *vt* [1] Présenter une information hors de son contexte.

**décontracté, ée** *a* **1** Relâché. *Muscles décontractés.* **2** Détendu. *Un accueil décontracté.* **3** fig, fam Insouciant. SYN relax.

**décontracter** *v* [1] **A** *vt* Faire cesser la contraction. **B** *vpr* Se détendre ; pratiquer la décontraction musculaire. [DER] **décontractant, ante** *a*

**décontraction** *nf* **1** Relâchement du muscle après la contraction. **2** Détente physique. SYN relaxation. **3** fig, fam Insouciance, laisser-aller.

**décontracturant, ante** *a, nm* MED Qui fait cesser une contracture musculaire.

**déconventionner** *vt* [1] Mettre fin à une convention. *Un médecin déconventionné.* [DER] **déconventionnement** *nm*

**déconvenue** *nf* Désappointement dû à un contretemps, à une erreur ; vive déception. *Subir une déconvenue.* [ETY] De convenu, de convenir.

**décor** *nm* **1** Ensemble de ce qui sert à décorer. *Le décor Empire d'un hôtel.* **2** AUDIOV Ensemble de ce qui sert à représenter les lieux de l'action. *Changer les décors.* **3** fig Environnement, cadre. *Cela fait partie de son décor.* LOC fam ***Aller, entrer dans le décor*** **:** heurter les obstacles qui bordent les limites d'une route. — ***Changement de décor*** **:** évolution soudaine et marquée.

**décorateur, trice** *n* **1** Personne dont la profession est d'orner l'intérieur des appartements. **2** Personne dont la profession est de créer des décors de théâtre, de cinéma, de télévision.

**décoratif, ive** *a* Qui décore agréablement, qui enjolive.

**décoration** *nf* **1** Action d'orner au moyen de peintures, tentures, sculptures, etc. **2** Ensemble de ce qui décore. **3** Insigne d'une récompense, d'un ordre honorifique.

**Décorations (affaire des)** en 1887, trafic de décorations dans lequel était compromis le gendre (Daniel Wilson) du président de la République Jules Grévy qui dut démissionner.

**décorder** *v* [1] **A** *vt* Enlever les cordes de. *Décorder une raquette.* **B** *vpr* Se détacher d'une cordée.

**décorer** *vt* [1] **1** Orner, parer, embellir. *Décorer un appartement.* **2** Conférer une décoration à qqn. *Décorer qqn de l'ordre du Mérite.*

**décorner** *vt* [1] **1** Arracher les cornes de. **2** Aplatir les coins cornés de.

**décorréler** *vt* [14] didac Faire cesser la corrélation existant entre deux phénomènes. [DER] **décorrélation** *nf*

**décortication** *nf* **1** Action de décortiquer. **2** CHIR Action de débarrasser un organe de son enveloppe fibreuse, normale ou pathologique.

**décortiquer** *vt* [1] **1** Enlever l'écorce d'un arbre, l'enveloppe d'une graine, la carapace d'un crustacé, etc. **2** fig Faire l'analyse minutieuse et complète de qqch. *J'ai beau décortiquer sa lettre, je n'y comprends rien.* [ETY] Du lat. *decorticare*, de *cortex*, « écorce ». [DER] **décorticage** *nm*

**décorum** *nm* Pompe officielle, respect des convenances, des usages de la société, du cérémonial. [PHO] [dekɔʀɔm] [ETY] D'un mot lat.

**De Coster Charles** (Munich, 1827 – Ixelles, 1879), écrivain belge d'expression française : *la Légende et les Aventures d'Ulenspiegel et de Lamme Goedzak* (1867 et 1869).

**décote** *nf* **1** FIN Baisse du cours, de la valeur. **2** Réduction d'impôt. **3** Réduction d'une pension du fait que le salarié prend sa retraite avant 65 ans sans avoir le nombre d'annuités requis. **4** fig Minoration, affaiblissement, discrédit.

**décoter** *vt* [1] Faire subir une décote. *Cet actif sera décoté de 20 %.*

**découcher** *vi* [1] Ne pas revenir chez soi de toute une nuit.

**découdre** *vt* [76] **1** Défaire ce qui est cousu. *Découdre un ourlet. L'ourlet s'est décousu.* **2** VEN Déchirer avec ses défenses. *Le sanglier a décousu un chien.* LOC ***En découdre*** **:** se battre, se confronter à.

**Decouflé Philippe** (Paris, 1961), danseur et chorégraphe français.

**découler** *vi* [1] Être la conséquence de. *Les effets qui découlent d'une telle décision.*

**découpage** *nm* **1** Action de découper. **2** Image que les enfants découpent. **3** AUDIOV Texte ou script découpé en plans et comportant toutes les indications nécessaires au tournage d'un film.

**découpe** *nf* **1** TECH Action de découper ; résultat de cette opération. **2** COUT Coupe pratiquée dans un vêtement ou morceau de tissu ajouté à un vêtement, dans un but décoratif. LOC ***Vente à la découpe*** **:** mise en vente de l'ensemble d'un immeuble d'habitation, appartement par appartement.

**découpé, ée** *a* **1** Coupé suivant un dessin, un contour. *Une photographie découpée dans une revue.* **2** Qui comporte de nombreuses échancrures profondes. *Côte découpée.*

**découper** *v* [1] **A** *vt* **1** Couper en morceaux ou en tranches. *Découper un poulet, un gigot.* **2** Couper avec régularité. *Découper du drap.* **3** Couper avec des ciseaux en suivant un contour. *Découper une photographie dans un journal.* **4** AUDIOV Procéder au découpage d'un film. **B** *vpr* Se détacher sur un fond. *Le clocher se découpe sur le ciel.*

**découpeur, euse** *n* **A** Celui, celle qui travaille à découper. **B** *nf* TECH Machine qui sert à découper.

**découplé, ée** *a* LOC ***Être bien découplé*** **:** vigoureux et bien bâti.

**découpler** *vt* [1] **1** VEN Détacher le lien qui attache deux chiens ensemble. **2** ELECTRON, TELECOM Empêcher deux circuits de réagir l'un sur l'autre. **3** fig Cesser de considérer comme inséparables des choses qui l'étaient jusqu'alors. [DER] **découplage** *nm*

**découpoir** *nm* TECH **1** Instrument pour découper. **2** Tranchant d'une découpeuse.

**découpure** *nf* **1** Action de découper une étoffe, du papier, etc. ; son résultat. **2** Irrégularité d'un contour. *Les découpures d'une baie.*

**Decour Daniel Decourdemanche, dit Jacques** (Paris, 1910 – Mont-Valérien, 1942), universitaire français. Créateur de la revue clandestine *les Lettres françaises* (1941), il fut arrêté et fusillé par les nazis.

**décourager** *vt* [13] **1** Ôter le courage, l'énergie à. *Les obstacles le découragent.* **2** Faire perdre à qqn l'envie de faire qqch. *Il voulait partir, ses amis l'en ont découragé.* **3** Rebuter. *Il décourage ma patience.* [DER] **décourageant, ante** *a* – **découragement** *nm*

**découronner** *vt* [1] **1** Enlever le pouvoir souverain à. *Découronner un roi.* **2** fig Priver de ce qui couronne. *Découronner un arbre de sa cime.* [DER] **découronnement** *nm*

**décours** *nm* **1** ASTRO Déclin de la Lune. **2** MED Période de déclin d'une maladie. [ETY] Du lat. *decursus*, « course sur une pente ».

**décousu, ue** *a* **1** Dont la couture est défaite. *Vêtement décousu.* **2** fig Sans suite. *Une conversation décousue.*

**décousure** *nf* VEN Plaie faite à un chien par un sanglier, un cerf.

**1 découvert** *nm* FIN Solde débiteur d'un compte. *Être à découvert.* LOC ***À découvert*** **:** sans protection. *Combattre à découvert* ; fig clairement. *Parler à découvert.* — FIN ***Vendre à découvert*** **:** vendre en Bourse des valeurs qu'on ne possède pas.

**2 découvert, erte** *a* Qui n'est pas couvert. *Piscine découverte.* LOC ***Côte d'agneau découverte*** **:** dont l'os est partiellement découvert. — ***Pays découvert*** **:** non boisé.

**découverte** *nf* **1** Action de découvrir ce qui était caché ou inconnu ; chose que l'on a découverte. *La découverte d'un trésor, d'un vaccin.* **2** SPECT Arrière-plan en trompe-l'œil d'un décor. LOC ***Aller à la découverte*** **:** en reconnaissance ; fig à la recherche.

**Découverte (palais de la)** partie sud du Grand Palais où, dep. 1937, sont exposées au public les grandes découvertes scientifiques.

**découvreur, euse** *n* Personne qui fait des découvertes.

**découvrir** *v* [32] **A** *vt* **1** Ôter ce qui couvre. *Découvrir un pot.* **2** Laisser voir. *Une robe sans manches qui découvre les bras.* **3** Faire cesser la protection de. *Découvrir sa dame aux échecs.* **4** Révéler ce qui était tenu caché. *Découvrir ses sentiments à qqn.* **5** Voir, apercevoir ce qui n'est pas visible d'ailleurs. *D'en haut, on découvre un beau panorama.* **6** Trouver ce qui n'était pas connu, ce qui était ignoré. *Découvrir une planète.* **7** Parvenir à connaître ce qui était caché, secret. *Découvrir un complot.* **B** *vi* Se retirer. *La mer découvre.* **C** *vpr* **1** Retirer ce qui couvre le corps. *Ce malade se découvre continuellement.* **2** Ôter son chapeau pour saluer. **3** S'éclaircir. *Le ciel se découvre.* **4** S'exposer. *Le bataillon s'est découvert.* **5** Se montrer. *La ville se découvre dans le lointain.* **6** Livrer sa pensée. *Il se découvre à ses interlocuteurs.* **7** Apprendre à se connaître soi-même. *Il s'est découvert fort tard.* LOC ***Découvrir son jeu*** **:** laisser paraître ses intentions. [ETY] Du lat.

**décrasser** *v* [1] **A** *vt* **1** Enlever la crasse de. **2** fig, fam Inculquer à qqn les rudiments d'un savoir, dégrossir. **B** *vpr* En parlant d'un sportif, faire des exercices d'échauffement et d'assouplissement avant une compétition. [DER] **décrassage** ou **décrassement** *nm*

**décrédibiliser** *vt* [1] Faire perdre sa crédibilité, discréditer. [DER] **décrédibilisation** *nf*

**décrément** *nm* INFORM Valeur dont une variable diminue à chaque exécution d'une opération cyclique.

**décrépir** *vt* [3] CONSTR Enlever le crépi. [DER] **décrépissage** *nm*

**décrépit, ite** *a* Très affaibli par la vieillesse. [ETY] Du lat.

**décrépitude** *nf* **1** vieilli État de vieillesse extrême, de délabrement physiologique. **2** fig Décadence. *Une institution en pleine décrépitude.*

**decrescendo** *av, nm* **A** *av* **1** MUS En décroissant, en diminuant l'intensité des sons. **2** fig, fam En décroissant, en déclinant. *Le nombre de participants va decrescendo.* **B** *nm* Phrase musicale jouée decrescendo. PLUR decrescendos ou decrescendi. [PHO] [dekʀeʃendo] [ETY] Mot ital., « en décroissant ». [VAR] **décrescendo**

**décret** *nm* **1** Décision, ordre émanant du pouvoir exécutif. *Un décret ministériel.* **2** fig Ce qui semble être décidé par une autorité qui nous échappe. *Les décrets de la Providence, du destin.* [PHO] [dekʀɛ]

**décrétale** *nf* HIST RELIG Ordonnance du pape en réponse à une requête, statuant sur des questions très diverses, notam. de droit canonique.

**décréter** *vt* [14] **1** Ordonner, régler par un décret. *Décréter la mobilisation générale.* **2** Décider de manière autoritaire. *Il a décrété qu'il ne voulait plus me voir.*

**décret-loi** *nm* Décret que prend un gouvernement et qui a force de loi. PLUR décrets-lois.

**décreuser** *vt* [1] TECH Débarrasser un textile des matières qui adhèrent aux fils.

**décri** *nm* litt Perte de la réputation, de la considération dont on jouissait.

**décrier** *vt* [2] S'efforcer de ruiner la réputation, l'autorité de. *Une œuvre très décriée par la critique.*

**décriminaliser** *vt* [1] DR Faire en sorte qu'un délit ne relève plus de la juridiction criminelle. [DER] **décriminalisation** *nf*

**décrire** *vt* [67] **1** Représenter, dépeindre par des mots, en paroles ou par écrit. *Décrire une personne. Une telle scène ne peut se décrire.* **2** Dessiner ou parcourir une ligne courbe. *Les sinuosités que décrit la rivière.*

**décrisper** *vt* [1] **1** Décontracter les muscles. **2** fig Atténuer les tensions, les conflits. *Décrisper la situation politique.* [DER] **décrispation** *nf*

**décrochage** *nm* **1** Action de décrocher. *Le décrochage des wagons.* **2** MILIT Mouvement qui permet de se replier. **3** AVIAT Réduction brusque de la portance, lorsque l'angle d'incidence de la voilure dépasse la valeur maximale admissible. **4** Fait pour une chaîne de radio ou de télévision de diffuser momentanément un programme régional ; station régionale qui diffuse ce programme. **5** fam Fait d'abandonner une activité.

**décrochement** *nm* **1** État de ce qui est décroché. **2** Partie en retrait dans une ligne, une surface. *Un décrochement dans une façade.* **3** GEOL Faille accompagnée d'un déplacement horizontal des deux blocs.

**décrocher** *v* [1] **A** *vt* **1** Détacher une chose qui était accrochée. *Décrocher un tableau.* **2** fig, fam Obtenir. *Il a enfin décroché son examen.* **B** *vi* **1** Retirer le combiné d'un appareil téléphonique de son support. **2** fam Interrompre une activité, renoncer à suivre. **3** fam Ne plus porter son attention sur qqch. *J'ai décroché de la conférence avant la fin.* **4** fam Cesser de se droguer, d'être dépendant. **5** MILIT Rompre le contact avec l'ennemi ; se replier. **6** AVIAT Subir une réduction brusque de la portance. **7** Effectuer un décrochage (radio, télévision). **LOC** fam ***Décrocher la timbale*** **:** être le gagnant dans une compétition, obtenir ce que l'on postulait depuis longtemps ; iron finir par s'attirer des désagréments à cause de sa maladresse. — ***Vouloir décrocher la lune*** **:** demander, tenter l'impossible. [ETY] De *croc*.

**décrocheur, euse** *n* Adolescent qui abandonne ses études.

**décrochez-moi-ça** *nm inv* fam Boutique, éventaire de fripier.

**décroiser** *vt* [1] Cesser de croiser, faire cesser le croisement de. *Décroiser les bras.* [DER] **décroisement** *nm*

**décroissance** *nf* Fait de décroître, diminution. **LOC** ***Décroissance soutenable*** **:** baisse raisonnée de la production et de la consommation, afin de préserver les ressources naturelles de la planète pour les générations futures.

**décroissant, ante** *a, n* **A** *a* Qui décroît. *Ordre décroissant.* **B** *a, n* Partisan de la théorie de la décroissance soutenable. **LOC** MATH ***Fonction décroissante*** **:** qui varie dans le sens inverse de la variable dont elle dépend.

**décroît** *nm* ASTRO Décroissement de la Lune pendant son dernier quartier. [VAR] **décroit**

**décroître** *vi* [72] Diminuer peu à peu ; décliner. *Les jours décroissent en automne.* [VAR] **décroitre** [DER] **décroissement** *nm*

**Decroly Ovide** (Renaix, 1871 – Uccle, 1932), pédagogue belge.

**décrotter** *vt* [1] **1** Ôter la boue de. **2** fig, fam, vieilli Dépouiller qqn de sa rusticité. [DER] **décrottage** *nm*

**décrotteur** *nm* AGRIC Machine débarrassant les tubercules et les racines de la terre.

**décrottoir** *nm* Lame de métal, scellée généralement dans le mur extérieur d'une maison, utilisée pour décrotter ses chaussures.

**décrue** *nf* **1** Baisse du niveau des eaux après une crue. **2** fig Décroissance.

**décrutement** *nm* Syn. de *outplacement*.

**décrypter** *vt* [1] **1** Découvrir le sens d'un texte chiffré, d'une information cryptée. **2** Obtenir une émission cryptée sous forme intelligible au moyen d'un décodeur. **3** fig Élucider, tirer au clair. *Il a décrypté tes intentions.* [DER] **décryptage** ou **décryptement** *nm*

**déçu, ue** *a, n* **A** Qui a éprouvé une déception. *Les déçus du libéralisme.* **B** *a* Qui ne s'est pas réalisé. *Espoir déçu.*

**décubitus** *nm* MED Attitude du corps qui repose en position horizontale. *Décubitus dorsal, ventral, latéral.* [PHO] [dekybitys]

**de cujus** *nm inv* DR Défunt, testateur. *Les volontés du de cujus.* [PHO] [dekyʒys] [ETY] Mot lat.

**déculasser** *vt* [1] TECH Ôter la culasse de.

**déculottée** *nf* fam Défaite humiliante.

**déculotter** *v* [1] **A** *vt* **1** Ôter la culotte, le pantalon de qqn. *Déculotter un enfant. Il s'est déculotté devant tout le monde !* **2** fam Enlever les dépôts agglomérés dans une pipe. **B** *vpr* **1** fig, fam Abandonner toute réserve. **2** Céder honteusement.

**déculpabiliser** *vt* [1] Libérer qqn d'un sentiment de culpabilité. [DER] **déculpabilisation** *nf*

**déculturation** *nf* ETHNOL Perte ou dégradation de l'identité culturelle.

**Décumates (champs)** sous l'Empire romain, territoires correspondant au S. de l'Allemagne actuelle. Domitien les conquit au Ier s.

**décuple** *a, nm* **A** *a* Qui vaut dix fois. **B** *nm* Quantité qui vaut dix fois une autre quantité. [ETY] Du lat. *decem*, « dix ».

**décupler** *v* [1] **A** *vt* **1** Rendre dix fois plus grand. *Décupler sa fortune.* **2** fig Augmenter considérablement. *Le désir de vaincre décuple ses forces.* **B** *vi* Devenir dix fois plus grand. *La valeur de ce tableau a décuplé.* [DER] **décuplement** *nm*

**décurie** *nf* ANTIQ ROM Troupe de dix soldats, le dixième de la centurie. [ETY] Du lat. *decem*, « dix ».

**décurion** *nm* ANTIQ ROM **1** Chef d'une décurie. **2** Membre d'une curie (sénat municipal).

**décurrent, ente** *a* BOT Se dit d'un organe lamellaire qui se prolonge sur son support. [ETY] Du lat. *decurrens*, « qui court le long de ».

**décussé, ée** *a* **LOC** BOT ***Feuilles opposées, décussées*** **:** dont les paires successives sont à angle droit (chez les orties, par ex.).

**décuver** *vt* [1] TECH Retirer le vin d'une cuve. [DER] **décuvage** *nm* ou **décuvaison** *nf*

**dédaigner** *v* [1] **A** *vt* **1** Traiter avec dédain, marquer du dédain à l'égard de. *Dédaigner le pouvoir.* **2** Négliger, rejeter comme sans intérêt, ou indigne de soi. *Dédaigner les services de qqn.* **B** *vti* litt Ne pas daigner, ne pas consentir à faire qqch. *Il dédaigne de nous parler.* [DER] **dédaignable** *a*

**dédaigneux, euse** *a, n* Qui éprouve du dédain, qui montre du dédain. [DER] **dédaigneusement** *av*

**dédain** *nm* Mépris, vrai ou affecté, manifesté par le ton, l'allure, les manières. *Recevoir un compliment avec dédain.*

**dédale** *nm* **1** Labyrinthe, lieu où l'on s'égare à cause de la complication des détours. *Le dédale des traboules lyonnaises.* **2** fig Ensemble compliqué où il est difficile de se reconnaître. *Le dédale de la jurisprudence.* [ETY] Du n. pr. [DER] **dédaléen, enne** *a*

**Dédale** architecte légendaire grec. Venu d'Attique en Crète, il construisit le Labyrinthe, dans lequel le roi Minos emprisonna le Minotaure. Enfermé lui-même dans le Labyrinthe, il s'envola avec son fils Icare grâce à des ailes de cire et de plume qu'il avait fabriquées.

**dedans** *av, nm* **A** *av* À l'intérieur. *Prends mon sac, les clefs sont dedans.* **B** *nm* Partie intérieure d'une chose. *Le dedans d'une maison.* **LOC** ***Au-dedans, en dedans*** **:** à l'intérieur. *Il fait froid au-dedans comme au-dehors. La porte s'ouvre en dedans.* — ***De dedans*** **:** de l'intérieur. *Il vient de dedans.* — ***Là-dedans*** **:** là, à l'intérieur, là où vous êtes ; fig ; dans cette affaire. *Entrez là-dedans ! Il n'a rien à voir là-dedans.* — fam ***Mettre qqn dedans*** **:** le tromper. — fam ***Rentrer dedans qqn*** **:** le frapper.

**Dedekind Richard** (Brunswick, 1831 – id., 1916), mathématicien allemand. Il a formulé la *théorie des idéaux* (1871).

**dédensifier** *vt* [2] didac Diminuer la densité de qqch. [DER] **dédensification** *nf*

**dédiaboliser** *vt* [1] S'efforcer d'effacer la mauvaise image dans le public de qqn ou de qqch. [DER] **dédiabolisation** *nf*

**dédicace** *nf* **1** RELIG Consécration du Temple de Jérusalem au culte, dans le judaïsme. **2** Consécration d'une chapelle, d'une église au culte divin ; inscription qui relate cette consécration. **3** Consécration d'un monument à une personne. **4** Inscription par laquelle un auteur dédie son œuvre à qqn, ou en offre un exemplaire avec sa signature. [DER] **dédicatoire** *a*

**dédicacer** *vt* [12] Faire l'hommage par une dédicace. *Dédicacer un livre, une photo.*

**dédicataire** *n* didac Personne à qui un ouvrage est dédié.

**dédié, ee** *a* Se dit d'un équipement, d'un espace, d'une personne spécialisés dans certaines fonctions. *Ordinateur dédié. Des équipes dédiées.*

**dédier** *vt* [2] **1** Consacrer au culte divin ; placer sous l'invocation d'un saint. *Dédier une chapelle à un saint.* **2** Faire hommage d'un ouvrage par une inscription placée en tête. *Il a dédié son premier livre à sa mère.* **3** fig Consacrer, vouer. *Il a dédié sa vie à l'étude.* **4** fig Offrir. *Il a dédié sa collection de tableaux à l'État.*

**dédifférencier (se)** *vpr* [2] BIOL Perdre leur différenciation, en parlant des cellules, des tissus. [DER] **dédifférenciation** *nf*

**dédire (se)** *v* [65] Désavouer ce qu'on a dit ; se rétracter. *Les témoins se sont dédits.*

**dédit** *nm* **1** Révocation d'une parole donnée. **2** DR Pénalité stipulée dans un contrat contre celui qui manque à l'exécution. PHO [dedi]

**dédommager** *vt* ⑬ **1** Indemniser d'un dommage. *La compagnie d'assurances les dédommagera.* **2** Offrir une compensation à. *Rien ne peut dédommager de la perte d'un être cher.* DER **dédommagement** *nm*

**dédorer** *vt* ① Enlever la dorure de. *Un miroir qui se dédore.*

**dédouaner** *vt* ① **A** *vt* **1** Faire sortir une marchandise de la douane en acquittant les droits. **2** fig Réhabiliter qqn. **B** *vpr* Se réhabiliter, se blanchir. DER **dédouanage** ou **dédouanement** *nm*

**dédoublement** *nm* Action de diviser en deux ; son résultat. *Le dédoublement d'une classe.* LOC PSYCHIAT *Dédoublement de la personnalité* : absence du sentiment de l'unité et de l'identité de la personnalité, observée chez certains psychopathes, deux personnalités différentes et autonomes coexistant chez le même individu.

**dédoubler** *vt* ① **A** *vt* **1** Ôter la doublure de. *Dédoubler une veste.* **2** Diviser en deux. *Dédoubler une classe aux effectifs trop nombreux.* **B** *vpr* **1** Se séparer en deux. **2** PSYCHIAT Souffrir de dédoublement de la personnalité. LOC *Dédoubler un train* : en faire partir un second, alors qu'un seul était prévu. DER **dédoublage** *nm*

**dédramatiser** *vt* ① Ôter son caractère dramatique à. *Dédramatiser une situation.* DER **dédramatisation** *nf*

**déductible** *a* Qui peut être déduit, soustrait. *Frais déductibles.* DER **déductibilité** *nf*

**déductif, ive** *a* LOG Qui procède par déduction. *Un raisonnement déductif.* ANT inductif.

**déduction** *nf* **1** Action de soustraire une somme d'une autre. SYN défalcation. **2** LOG Méthode de raisonnement par laquelle on infère d'un principe ou d'une hypothèse toutes les conséquences qui en découlent. ANT induction. **3** Raisonnement rigoureux ; conclusion d'un tel raisonnement.

**déduire** *vt* ⑲ **1** Retrancher, soustraire d'une somme. *Déduire ses frais.* **2** LOG Tirer par déduction une proposition comme conséquence d'une autre, admise. **3** Tirer comme conséquence. *On peut en déduire que…* ETY Du lat. *deducere*, « faire descendre ».

**Dee John** (Londres, 1527 – Mortlake, 1608), astrologue et alchimiste anglais. Il est à l'origine du mouvement de la Rose-Croix.

**déesse** *nf* **1** MYTH Divinité de sexe féminin. **2** fig Femme d'une grande beauté et d'une grâce imposante. PHO [dees]

**de facto** *av* De fait et non de droit. ANT *de jure.* PHO [defakto]

**défaillance** *nf* **1** Faiblesse physique, évanouissement. *Tomber en défaillance.* **2** Faiblesse morale. *Tout homme a ses défaillances.* **3** Faiblesse, incapacité. *La défaillance du gouvernement.* **4** DR Non-exécution d'une clause, d'un paiement. **5** Arrêt du fonctionnement normal. *Défaillance du système de sécurité.* LOC MED *Défaillance cardiaque* : insuffisance cardiaque aiguë.

**défaillant, ante** *a* **1** Qui s'affaiblit. *Des forces défaillantes.* **2** Sur le point de s'évanouir. **3** DR Qui fait défaut. *Témoin défaillant.*

**défaillir** *vi* ㉘ **1** S'évanouir. *Défaillir de peur.* **2** S'affaiblir, diminuer. *Son courage défaille.* **3** litt Faiblir, manquer de force morale.

**défaire** *v* ⑩ **A** *vt* **1** Changer l'état d'une chose, de manière qu'elle ne soit plus ce qu'elle était. *Défaire un ourlet.* **2** Détacher, dénouer. *Défaire sa cravate.* **3** litt Battre, vaincre, mettre en déroute. **B** *vpr* **1** Cesser d'être fait, construit, formé. *Le nœud s'est défait.* **2** Se débarrasser de qqn ou de qqch. *Se défaire de vieux meubles. Se défaire d'une habitude.*

**défaisance** *nf* FIN Technique comptable consistant pour une société à transférer ses dettes à une société créée pour la circonstance, afin de les échelonner sur une plus longue période. ETY Francisation de l'angl. *defeasance.*

**défait, aite** *a* Abattu, épuisé. *Mine défaite.*

**défaite** *nf* **1** Perte d'une bataille, d'une guerre. SYN déroute. **2** Échec. *Essuyer une défaite aux élections.*

**défaitisme** *nm* **1** Manque de confiance dans l'issue victorieuse des hostilités. **2** Fait d'exprimer et de propager des idées correspondant à cet état d'esprit. **3** Manque de confiance dans le succès. DER **défaitiste** *a, n*

**défalquer** *vt* ① Déduire une somme d'un compte. *Défalquer les frais du bénéfice brut.* ETY Du lat. *defalcare*, « couper avec la faux ». DER **défalcation** *nf*

**défatiguer** *vt* ① Supprimer la fatigue ou les effets de la fatigue chez qqn. DER **défatigant, ante** *a, nm*

**défaufiler** *vt* ① COUT Défaire un faufil.

**1 défausser** *vt* ① Redresser ce qui a été faussé. *Défausser une tringle.*

**2 défausser (se)** *vpr* ① **1** JEU Se débarrasser d'une carte inutile ou gênante. *Se défausser à pique.* **2** fig Se débarrasser, se décharger d'une responsabilité. *Se défausser d'une obligation.* DER **défausse** *nf*

**défaut** *nm* **1** Imperfection physique. *Un visage sans le moindre défaut.* **2** Imperfection dans un objet, point faible dans une matière. *Défauts d'un tissu.* **3** fig Imperfection morale. *Se corriger de ses défauts.* **4** Imperfection dans une œuvre d'art, un ouvrage de l'esprit. *Les défauts d'un roman.* **5** Manque de qqch. *Défaut de preuves. Le talent lui fait cruellement défaut.* **6** ANAT Endroit où se rejoignent deux os, deux articulations. *Le défaut des côtes, de l'épaule.* **7** DR Situation du défendeur ou du prévenu qui ne fait pas valoir ses moyens de défense devant le tribunal. *Juger par défaut.* LOC *À défaut de* : faute de, en l'absence de. *Un travail bien rémunéré, à défaut d'être intéressant.* — *Défaut de comparaître* : situation du défendeur qui ne se présente pas, ou qui, en matière civile, ne constitue pas avocat. — *Défaut de la cuirasse* : point faible d'un système, d'un raisonnement. — PHYS NUCL *Défaut de masse* : différence entre la somme des masses des nucléons d'un noyau et la masse du noyau. — PHYS *Défauts de réseau* : irrégularités (lacunes d'ions, ions déplacés) qui perturbent la structure parfaite d'un réseau cristallin. — *Être en défaut* : commettre une faute, une erreur ; manquer à ses engagements. — VEN *Les chiens sont en défaut* : ont pris une fausse piste. ETY Anc. pp. de *défaillir.*

**défaveur** *nf* Disgrâce, perte de la faveur. *Être en défaveur auprès de qqn.*

**défavorable** *a* Qui n'est pas favorable. *Émettre un avis défavorable.* DER **défavorablement** *av*

**défavoriser** *vt* ① Mettre qqn en défaveur ; donner moins d'avantages qu'aux autres à qqn. *Ce testament l'a défavorisé.* DER **défavorisant, ante** *a* – **défavorisé, ée** *a, n*

**défécation** *nf* **1** CHIM Séparation, par précipitation, des constituants d'une solution. *La défécation est un procédé utilisé dans l'industrie sucrière.* **2** Expulsion des matières fécales.

**défectif, ive** *a, nm* GRAM Se dit d'un verbe, d'une forme verbale qui ne comporte pas tous ses temps, tous ses modes ou toutes ses personnes. *« Choir », « clore », « faillir » sont des verbes défectifs.* ETY Du lat. *deficere*, « faire défaut ».

**défection** *nf* Abandon d'un parti, d'une cause. LOC *Faire défection* : abandonner, ne pas être présent.

**défectueux, euse** *a* **1** Qui manque des qualités, des conditions requises. *Marchandises défectueuses. Argumentation défectueuse.* **2** DR Entaché d'un défaut. DER **défectueusement** *av* – **défectuosité** *nf*

**défendable** *a* **1** Qui peut être défendu. *Une place défendable.* **2** fig Qui peut être soutenu. *Cette opinion n'est plus défendable.*

**défendeur, deresse** *n* DR Personne contre qui est introduite une action en justice.

**défendre** *v* ⑥ **A** *vt* **1** Protéger, soutenir contre une agression. *Défendre ses intérêts. Il s'est défendu contre ses agresseurs.* **2** Résister pour rester maître de qqch. *Défendre une position contre l'ennemi.* **3** Plaider pour qqn. *Défendre un accusé.* **4** Plaider pour qqch. *Défendre une opinion.* **5** Mettre à l'abri de, préserver de. *Ce mur nous défend du froid.* **6** Prohiber, interdire qqch à qqn. *Défendre le sel à un malade. Il est défendu de parler au conducteur.* **B** *vpr* **1** fam Se débrouiller. *Pour parler anglais, je (ne) me défends pas mal.* **2** Chercher à se justifier. *Il se défend violemment des critiques.* **3** Nier une chose qu'on vous impute. *Il se défend d'avoir emporté ce livre.* **4** S'empêcher d'éprouver un sentiment. *Elle ne peut se défendre de pleurer.*

**défenestration de Prague** acte de violence par lequel les protestants de Bohême, s'insurgeant contre l'empereur Mathias, précipitèrent par la fenêtre de la salle du Conseil deux des quatre gouverneurs (23 mai 1618). La guerre de Trente Ans s'ensuivit.

**défenestrer** *vt* ① Jeter qqn par la fenêtre. DER **défenestration** *nf*

**défens** *nm* LOC *Bois en défens* : dont la coupe est interdite ou dans lequel il est interdit de faire entrer des bestiaux. VAR **défends**

**1 défense** *nf* **1** Action de repousser une agression dirigée contre soi ou contre d'autres. **2** Action de défendre une position contre l'ennemi. *Ligne de défense.* **3** Moyen de protection. *Des ouvrages de défense autour d'une ville.* **4** Ensemble des moyens employés par une nation pour se protéger contre l'ennemi. *Le ministre de la Défense nationale. Défense contre avions (DCA).* **5** Ce qu'on dit, ce qu'on écrit pour défendre qqn ou se défendre soi-même. *On ne voulut pas écouter sa défense.* **6** Prohibition, interdiction. *Défense d'afficher.* **7** DR Ensemble des moyens employés par une personne pour se défendre en justice ; l'avocat, par oppos. à *l'accusation*, représentée par le ministère public. *La parole est à la défense.* **8** PHYSIOL Ensemble des processus que l'organisme met en œuvre contre les traumatismes, les microbes. **9** PSYCHAN Ensemble des processus inconscients utilisés par le moi pour se défendre. **10** SPORT Manière de s'opposer aux offensives de l'adversaire ; ensemble des joueurs d'une équipe qui s'opposent à ces offensives.

**2 défense** *nf* Dent de certains mammifères (sanglier, éléphant, narval, etc.) de grandes dimensions, sortant de la cavité buccale.

**Défense (la)** quartier de la banlieue parisienne de l'O. (Puteaux, Courbevoie, Nanterre), où a été aménagé, à partir de 1958, un vaste centre d'affaires. Sur le parvis de la Défense s'élèvent le CNIT (1958) et la Grande Arche (1989).

▶ illustr. p. 440

**Défense et illustration de la langue française** manifeste littéraire (1549) du groupe de *la Pléiade*, que du Bellay rédigea.

**Défense nationale (gouvernement de la)** gouvernement de la France entre le 4 sept. 1870 (déchéance de l'Empire, proclamation de la république) et le 12 fév. 1871, quand l'Assemblée nationale, élue le 8, se réunit (à Bordeaux).

**défenseur** *n* **1** Personne qui défend, soutient, protège. *Défenseur des opprimés.* **2** fig Personne qui défend une cause, une opinion, une doctrine. *Elle s'érige en défenseur de la morale.* **3** DR Avocat qui défend en justice. **4** SPORT Joueur chargé de résister aux attaques de l'adversaire. [VAR] **défenseure** *nf*

**défensif, ive** *a* Fait pour la défense. *Guerre défensive.* [DER] **défensivement** *av*

**défensive** *nf* État d'une armée prête à se défendre, ou qui s'efforce de contenir une attaque ennemie. LOC ***Être, se tenir sur la défensive*** : être prêt, se tenir prêt à se défendre.

**déféquer** *v* [14] **A** *vt* CHIM Clarifier un liquide. **B** *vi* Évacuer les matières fécales. [ETY] Du lat. *defæcare*, « débarrasser de la lie ».

**déférence** *nf* Politesse respectueuse.

**déférent, ente** *a* Qui témoigne de la déférence. *Une attitude déférente.* LOC ANAT ***Canal déférent*** : conduit excréteur du testicule, par lequel le sperme gagne les vésicules séminales pour se jeter dans l'urètre.

**déférer** *v* [14] **A** *vt* DR Traduire un accusé en justice ; soumettre à une juridiction. *Déférer un jugement à la Cour de cassation.* **B** *vti* litt Céder par respect. *Déférer au désir de qqn.* [ETY] Du lat. *deferre*, « porter ». [DER] **déférement** *nm*

**déferlage** *nm* MAR Action de déferler une voile, un pavillon.

**déferlant, ante** *a, nf* **A** *a* Qui déferle. **B** *nf* **1** Vague qui déferle. **2** fig Phénomène brusque et massif, raz-de-marée. *La déferlante du chômage.*

**déferlement** *nm* Fait de déferler.

**déferler** *v* [1] **A** *vt* MAR Défaire les liens qui maintiennent pliés une voile, un pavillon. **B** *vi* **1** Se déployer et se briser en écume, en parlant des vagues. **2** fig Se répandre avec abondance, violence. *Les injures déferlaient sur lui.*

**déferrer** *vt* [1] **1** Ôter une ferrure. **2** Ôter le fer du pied d'un cheval. [DER] **déferrage** ou **déferrement** *nm*

**défervescence** *nf* MED Diminution de la fièvre.

**défeuiller** *vt* [1] litt Enlever ou faire tomber les feuilles d'un arbre. *L'orage défeuille les arbres. Arbre qui se défeuille.* [DER] **défeuillaison** *nf*

**défeutrer** *vt* [1] Traiter la laine lors de la filature, de façon qu'elle ne puisse feutrer une fois tissée. [DER] **défeutrage** *nm*

**Deffand Marie de Vichy-Chamrond (marquise du)** (chât. de Chamrond, Bourgogne, 1697 – Paris, 1780), femme de lettres française qui tint un salon.

**Defferre Gaston** (Marsillargues, Hérault, 1910 – Marseille, 1986), homme politique français ; socialiste, résistant, maire de Marseille à partir de 1953. Ministre de l'Intérieur (1981-1984), il élabora la loi de mars 1982 érigeant les Régions franç. en collectivités territoriales.

arche de la Fraternité à la **Défense**

**défi** *nm* **1** anc Provocation à un combat singulier, au Moyen Âge. **2** Refus de se soumettre, provocation. *Un défi au bon sens. Prendre un air de défi. Mettre qqn au défi de faire qqch. Relever le défi.* **3** Obstacle, problème qu'on doit s'ingénier à surmonter. *Le défi des besoins énergétiques.*

**défiance** *nf* Crainte d'être trompé, méfiance. [DER] **défiant, ante** *a*

**défibrer** *vt* [1] TECH Ôter les fibres de. [DER] **défibrage** *nm*

**défibreur, euse** *n* TECH **A** Personne qui défibre le bois. **B** *nf* Machine pour défibrer le bois.

**défibrillateur** *nm* MED Appareil envoyant un choc électrique pour opérer la défibrillation.

**défibriller** *vt* [1] MED Rétablir un rythme cardiaque normal chez un malade en état de fibrillation au moyen d'un défibrillateur. [DER] **défibrillation** *nf*

**déficeler** *vt* [17] ou [19] Ôter la ficelle d'un objet ficelé.

**déficience** *nf* **1** BIOL Insuffisance organique ou fonctionnelle. *Déficience mentale.* **2** fig Faiblesse, insuffisance. *Les déficiences de structures.* [DER] **déficient, ente** *a*

**déficit** *nm* **1** Excédent des dépenses sur les recettes dans une comptabilité. *Le déficit du budget. Être en déficit.* **2** Manque. *Déficit sur la récolte.* LOC MED ***Déficit immunitaire*** : incapacité, pour l'organisme, de trouver la réponse immunitaire adaptée. [PHO] [defisit] [ETY] Mot lat., « (la chose) manque ».

**déficitaire** *a* **1** Trop faible, insuffisant. *Une récolte déficitaire.* **2** Qui présente un déficit. *Commerce déficitaire.*

**1 défier** *vt* [2] **1** Provoquer au combat. *Défier qqn à la course.* **2** Braver, se dresser contre. *Défier la morale.* **3** Déclarer à qqn qu'on le croit incapable d'exécuter qqch. *Je vous défie de m'en donner la preuve.* **4** Résister aux attaques, aux coups de. *Ce mur a défié le temps.*

**2 défier (se)** *vpr* [2] litt Avoir de la défiance envers. *Se défier des flatteurs, des racontars.*

**défigurer** *vt* [1] **1** Altérer l'aspect du visage. *Cette blessure l'a défiguré.* **2** Gâter la forme, l'allure, l'aspect de qqch. *Défigurer un tableau par des retouches.* **3** fig Altérer, dénaturer, rendre méconnaissable. *Défigurer la pensée d'un auteur.* [DER] **défigurement** *nm*

**défilage** *nm* TECH **1** Action d'ôter les fils. **2** Phase de la fabrication du papier, consistant à mettre les chiffons en charpie.

**défilé** *nm* **1** Passage étroit et encaissé entre deux montagnes. **2** Suite d'unités militaires en marche au pas cadencé, passant devant un chef ou rendant les honneurs. *Le défilé du 14 Juillet.* **3** File de personnes, de véhicules en marche. *Le défilé des chars au carnaval.*

**défilement** *nm* **1** MILIT Stationnement ou cheminement à couvert des vues et à l'abri des tirs de l'ennemi. **2** AUDIOV Déroulement continu d'une bande magnétique, d'un film.

**1 défiler** *v* [1] **A** *vt* **1** Défaire un tissu fil à fil. **2** Ôter le fil passé dans. *Défiler des perles. Votre collier s'est défilé.* **3** MILIT Garantir des vues et des feux d'enfilade de l'ennemi. **B** *vpr* fam S'esquiver, se dérober. *Se défiler au moment de payer.*

**2 défiler** *vi* [1] **1** Aller à la file. *Ils défilent en colonne par deux.* **2** Faire un défilé. *Les soldats, les manifestants défilent en rangs serrés.* **3** fig Se succéder avec régularité. *Les jours défilaient, monotones.*

**défileuse** *nf* TECH Machine qui effectue le défilage.

**défini, ie** *a* Déterminé, précis. *Une tâche bien définie.* LOC CHIM ***Loi des proportions définies*** ou ***loi de Proust*** : qui pose que les proportions suivant lesquelles des corps simples se combinent sont des valeurs fixes et discontinues.

**définir** *vt* [3] **1** Expliquer, préciser en quoi consiste un concept. *Définir un mot.* **2** Décrire de façon précise ; déterminer. *Il a du mal à définir ses sentiments. Définir les conditions d'un contrat.* [ETY] Du lat. [DER] **définissable** *a*

**définissant** *nm* LING Ce qui sert à définir.

**définitif, ive** *a, nm* **A** *a* **1** Qui ne peut plus, ne doit plus être modifié. *Version définitive d'une œuvre.* **2** Catégorique, excessif. *Vous en parlez en des termes bien définitifs.* **B** *nm* Ce qui est arrêté une fois pour toutes. *Le définitif et le provisoire. Cet achat, c'est du définitif.* LOC ***En définitive*** : en conclusion, en dernière analyse. *En définitive, je crois qu'il a raison.* [DER] **définitivement** *av*

**définition** *nf* **1** PHILO Ensemble de propositions qui analysent la compréhension d'un concept. **2** Explication précise de ce qu'un mot signifie. *Les définitions d'un dictionnaire.* **3** AUDIOV Nombre de lignes balayées par le spot pour composer une image de télévision. **4** THEOL Affirmation claire et solennelle d'un dogme par le magistère romain ou par un concile convoqué par ce magistère. LOC MATH ***Ensemble de définition*** : ensemble d'éléments ayant une image par fonction. — ***Par définition*** : en vertu de la définition même de ce dont on parle. *Un triangle a, par définition, trois côtés.* [DER] **définitionnel, elle** ou **définitoire** *a*

**défiscaliser** *vt* [1] FISC Exonérer d'impôts. *Investissement défiscalisé.* [DER] **défiscalisable** *a* – **défiscalisation** *nf*

**déflagrateur** *nm* TECH Appareil servant à enflammer des matières explosives.

**déflagration** *nf* **1** CHIM Mode de combustion dans lequel la vitesse de propagation de la flamme est de l'ordre d'un mètre par seconde. **2** cour Explosion.

**déflagrer** *vi* [1] CHIM S'enflammer en explosant. [DER] **déflagrant, ante** *a*

**1 déflation** *nf* GEOL Érosion éolienne des sols désertiques. [ETY] Du lat. *deflare*, « enlever en soufflant ».

**2 déflation** *nf* ECON **1** Phénomène économique par lequel la demande globale devient insuffisante par rapport à la quantité de produits et de services offerts par l'économie. **2** Ensemble des mesures destinées à lutter contre l'inflation et le déséquilibre extérieur. [ETY] De l'angl. [DER] **déflationniste** *a*

**défléchir** *vt* [3] didac Détourner de sa direction.

**déflecteur, trice** *a, nm* **A** *a* Qui détourne de sa direction un fluide, un courant gazeux. **B** *nm* **1** TECH Appareil servant à modifier la direction d'un fluide. **2** AUTO Petit volet orientable de la vitre d'une portière.

**défleurir** *v* [3] **A** *vt* Faire tomber, ôter les fleurs de. **B** *vi* Perdre ses fleurs.

**déflexion** *nf* **1** MED Mouvement d'extension de la tête de l'enfant au moment du dégagement, lors de l'accouchement. **2** PHYS Déviation d'un faisceau de particules.

**défloquer** *vt* [1] TECH Supprimer le flocage, en partic. quand il contient de l'amiante. [DER] **déflocage** *nm* – **défloqueur** *nm*

**défloraison** *nf* Chute des fleurs.

**défloration** *nf* Perte de sa virginité pour une jeune fille.

**déflorer** *vt* [1] **1** Faire perdre sa fraîcheur, sa nouveauté à. **2** litt Faire perdre sa virginité à. LOC ***Déflorer un sujet*** : lui faire perdre le charme de la nouveauté en le traitant superficiellement ou avec maladresse.

**déflouter** *vt* [1] Rendre lisible une photo floutée. *Déflouter le visage d'un criminel.*

**Defoe Daniel** (Londres, v. 1660 – id., 1731), journaliste et écrivain anglais, l'un des plus grands prosateurs du XVIII$^e$ s. : *Robinson*

*Crusoé* (1719), inspiré par le séjour du marin écossais Alexandre Selkirk dans l'île de Juan Fernández, au large du Chili ; *Moll Flanders* (1722) ;, *Colonel Jack* (1722) ;, *le Journal de l'année de la peste* (1722) ;, *Lady Roxana ou l'Heureuse Catin* (1724). [VAR] **De Foe**

**Daniel Defoe**

**défolier** *vt* ② Provoquer, en général par des moyens chimiques, la chute des feuilles d'un végétal à feuilles caduques. [DER] **défoliant, ante** *a, nm* – **défoliation** *nf*

**défonce** *nf* fam État dans lequel se trouve qqn après usage de drogue, d'alcool.

**défoncé, ée** *a* **1** Éventré, brisé par enfoncement. *Siège défoncé.* **2** Plein d'ornières, de nids-de-poule. *Chemin défoncé.* **3** fam Qui est sous l'effet d'une drogue, de l'alcool.

**défoncer** *v* ⑫ **A** *vt* **1** Ôter le fond de. *Défoncer un tonneau.* **2** Briser, crever en enfonçant. *Défoncer un mur.* **3** Labourer en profondeur. *Défoncer un terrain.* **4** TRAV PUBL Ameublir ou creuser. **B** *vpr* **1** fam Se droguer. **2** fam Donner le meilleur de soi-même dans un travail, une activité. *Il se défonce pour son boulot.* [DER] **défonçage** ou **défoncement** *nm*

**défonceuse** *nf* **1** TRAV PUBL Appareil servant à défoncer le sol. **2** TECH Machine-outil de menuiserie qui sert à creuser le bois.

**déforcer** *vt* ⑫ Belgique Affaiblir, ébranler.

**De Forest** Lee (Council Bluffs, Iowa, 1873 – Hollywood, 1961), radiotechnicien américain. Il inventa la triode (1906).

**déforestation** *nf* Destruction de la forêt.

**déformation** *nf* Action de déformer ; fait d'être déformé. LOC ***Déformation professionnelle :*** ensemble d'habitudes, d'automatismes acquis dans l'exercice d'une profession et qui se manifestent intempestivement dans la vie courante.

**déformer** *vt* ① **1** Altérer la forme de qqch. *Déformer un vêtement. Objet qui se déforme sous l'action de la chaleur.* **2** fig Reproduire inexactement. *Déformer les paroles, la pensée de qqn.* [DER] **déformable** *a* – **déformateur, trice** *a*

**défouler (se)** *vpr* ① **1** Se livrer à des actions sur lesquelles pouvait peser un interdit **2** Libérer, dans une activité quelconque, une énergie bridée par ailleurs. [DER] **défoulement** *nm*

**défouloir** *nm* fam Endroit, activité, comportement permettant de se défouler, exutoire.

**défourailler** *vt* ① fam Dégainer.

**défourner** *vt* ① Retirer du four. *Défourner du pain, des porcelaines.* [DER] **défournage** ou **défournement** *nm*

**défraîchir** *vt* ③ Faire perdre sa fraîcheur, son éclat à. LOC ***Tentures qui se défraîchissent :*** qui passent, perdent leur éclat. [VAR] **défraichir**

**défraiement** *nm* Paiement par lequel on défraie qqn, remboursement. [PHO] [defʀemɑ̃]

**défrayer** *vt* ㉑ **1** Payer la dépense, les frais de qqn. SYN dédommager. **2** fig Être le principal sujet de. *Défrayer la conversation.* LOC ***Défrayer la chronique :*** faire beaucoup parler de soi, généralement en mauvaise part. [ETY] De *frayer,* « faire les frais ».

**défricher** *vt* ① **1** Travailler à rendre cultivable une terre en friche. **2** fig Commencer à étudier un sujet, prendre des dispositions avant d'entreprendre un travail, etc. [DER] **défrichable** *a* – **défrichage** ou **défrichement** *nm* – **défricheur, euse** *n*

**défriper** *vt* ① Défroisser ce qui est fripé, chiffonné. [DER] **défripement** *nm*

**défriser** *vt* ① **1** Défaire la frisure de. *La pluie m'a défrisée.* **2** fig, fam Désappointer, contrarier, déplaire à. *Tu ne vas pas faire ça ! – Pourquoi ? ça te défrise ?* [DER] **défrisement** *nm*

**défroisser** *vt* ① Aplatir, rendre lisse, uni, ce qui est froissé. [DER] **défroissable** *a*

**défroncer** *vt* ⑫ Défaire les fronces de.

**défroque** *nf* **1** RELIG, vx Ce qu'un religieux laisse en mourant. *La défroque des moines appartenait à l'abbé.* **2** Vêtements usés ou démodés qu'on ne porte plus.

**défroqué, ée** *a, n* Qui a quitté l'état monastique ou ecclésiastique.

**défroquer** *vt* ① Faire quitter le froc, l'habit monastique ou ecclésiastique à qqn.

**défunt, unte** *a, n* **1** litt Qui est mort. *Votre défunte mère.* **2** fig Révolu. *Ses espérances défuntes.* [ETY] Du lat. *defunctus,* « qui a accompli sa vie ».

**défusionner** *vi* ① ADMIN Se séparer, s'agissant de communes ayant fusionné. [DER] **défusion** *nf*

**dégagé, ée** *a* **1** Que rien n'encombre. *Un couloir bien dégagé.* **2** Qui donne une impression de liberté, d'aisance. *Un air dégagé.* ANT gauche, gêné. **3** Affranchi, libéré des conventions, d'une obligation. *Un esprit dégagé de tout préjugé.* LOC ***Ciel dégagé :*** ciel sans nuages.

**dégagement** *nm* **1** Action de dégager des objets gagés. **2** Action de dégager ce qui est encombré ; son résultat. **3** Passage facilitant la circulation. *Couloir de dégagement.* **4** Fait de se dégager, en parlant d'un fluide. *Dégagement de gaz carbonique, de chaleur.* **5** SPORT Action de dégager, au rugby, au football. **6** SPORT En escrime, changement de ligne suivi d'un coup droit. **7** MED Dernier temps de l'accouchement. LOC TRANSP ***Itinéraire de dégagement :*** qui permet de résorber ou d'éviter un embouteillage.

**dégager** *v* ⑬ **A** *vt* **1** Retirer ce qui avait été donné en gage. **2** Débarrasser de ce qui obstrue, encombre. *Dégager une porte, un passage.* **3** Délivrer, libérer de ce qui enferme. *Dégager une place forte encerclée.* **4** fig Libérer de ce qui engage. *Dégager qqn d'une responsabilité.* **5** Produire une émanation. *Dégager une odeur sulfureuse. Dégager de l'oxygène.* **6** Produire un profit. *Placement qui dégage des bénéfices.* **7** Isoler d'un ensemble, faire apparaître une idée, une impression. *Dégager l'idée centrale d'un texte.* **B** *vi* **1** SPORT Au rugby, au football, envoyer le ballon loin de ses buts ou loin de son camp. *Dégager en touche.* **2** SPORT En escrime, effectuer un dégagement. **3** fam S'en aller contre son gré. **4** fam Avoir de l'allure, faire de l'effet. **C** *vpr* **1** Sortir. *Des fumées se dégageaient des décombres.* **2** fig Émaner, ressortir. *Une impression pénible se dégage de ce film.* **3** Se libérer d'une contrainte, d'une entrave. LOC ***Dégager sa parole :*** la retirer après l'avoir engagée. [ETY] De *gage.*

**dégaine** *nf* fam Tournure, allure originale ou ridicule.

**dégainer** *vt* ① Tirer une arme de sa gaine, de son fourreau.

**déganter** *vt* ① Ôter les gants de.

**dégarnir** *v* ③ **A** *vt* **1** Dégager de ce qui garnit. *Dégarnir une chambre de ses meubles.* **2** MILIT Retirer des troupes de. *Dégarnir une place.* **B** *vpr* Perdre ses cheveux. *Ses tempes se dégarnissent. Il se dégarnit.* [DER] **dégarnissage** *nm*

**Degas** Edgar de Gas, dit (Paris, 1834 – id., 1917), peintre, sculpteur, graveur et pastelliste français. Peignant les spectacles, la danse, les femmes au travail ou à leur toilette, il a renouvelé la perspective.

**De Gasperi** Alcide (Pieve Tesino, Trentin, 1881 – Valsugana, 1954), homme politique italien. Président d'un parti d'inspiration démocrate-chrétienne (1919), il fut emprisonné de 1926 à 1930. À la Libération, leader de la démocratie chrétienne, il dirigea le gouv. de 1945 à 1953.

**dégât** *nm* Dommage, destruction, détérioration. *La grêle a fait de gros dégâts.* [ETY] Déverbal de l'a. v. *dégaster,* « dévaster ».

**dégauchir** *vt* ③ TECH Rendre plane la surface d'une pièce de menuiserie ou de charpente, d'une pierre. [DER] **dégauchissage** ou **dégauchissement** *nm*

**dégauchisseuse** *nf* TECH Machine-outil servant à dégauchir.

**dégazer** *v* ① **A** *vt* TECH Éliminer les gaz dissous. *Dégazer une eau.* **B** *vi* Éliminer les gaz et les résidus contenu dans les cuves. *Ce pétrolier a dégazé en haute mer.* [DER] **dégazage** *nm*

**dégazoliner** *vt* ① TECH Extraire d'un gaz naturel les hydrocarbures liquides. [DER] **dégazolinage** *nm*

**dégel** *nm* **1** Fonte de la glace, de la neige par suite de l'élévation de la température. **2** fig Détente des relations entre deux États, deux groupements.

**dégelée** *nf* fam Volée de coups.

**dégeler** *v* ⑰ **A** *vt* **1** Faire qu'une chose qui était gelée cesse de l'être. **2** fig Rendre moins réservé, détendre. *Dégeler un auditoire. L'atmosphère de la réunion s'est rapidement dégelée.* **3** FIN Remettre en circulation une somme qui avait été bloquée. *Dégeler des crédits.* **B** *vi* Cesser d'être gelé.

**dégénératif, ive** *a* didac Qui présente les caractéristiques de la dégénérescence.

**dégénéré, ée** *a, n* **1** Qui a dégénéré. *Espèce dégénérée.* **2** vieilli Qui est atteint d'anomalie congénitale, spécial. psychique.

**dégénérer** *vi* ⑭ **1** BIOL S'abâtardir, perdre les qualités du type primitif de sa race. **2** Perdre de ses qualités morales et intellectuelles, de son mérite. **3** Changer de nature, de caractère, en allant en s'aggravant. *Son rhume a dégénéré en bronchite.* [ETY] Du lat. *degenerare,* rac. *genus, generis,* « race ».

**dégénérescence** *nf* **1** BIOL Fait de dégénérer. *La dégénérescence d'une espèce animale.* **2** MED Altération d'un tissu ou d'un organe dont les cellules perdent leurs caractères spécifiques et se transforment en une substance inerte. *Dégé-*

**Degas** *le Petit Déjeuner à la sortie du bain,* pastel, 1895 – coll. part.

nérescence graisseuse, calcaire. **LOC** MED ***Dégénérescence maculaire liée à l'âge*** : affection touchant la macula et pouvant évoluer vers la cécité. SYN DMLA. — ***Dégénérescence d'une tumeur*** : transformation d'une tumeur bénigne en tumeur maligne.

**dégermer** *vt* [1] Enlever le(s) germe(s) de. *Dégermer des pommes de terre.*

**Degeyter Pierre** (Gand, 1848 – Saint-Denis, 1932), ouvrier belge qui, en 1888, mit en musique *l'Internationale* d'E. Pottier.

**dégingandé, ée** *a* **fam** Qui a l'air disloqué dans ses mouvements, sa démarche. [PHO] [deʒɛ̃gɑ̃de] [ETY] De l'a. fr. *hinguer*, « se diriger », croisé avec *ginguer*, « gigoter ».

**dégivrer** *vt* [1] Ôter le givre de. *Dégivrer les glaces d'une voiture.* [DER] **dégivrage** *nm*

**dégivreur** *nm* TECH Appareil servant à dégivrer, à éviter la formation de givre.

**déglacer** *vt* [12] **1** Débarrasser une route, une rue du verglas. **2** TECH Ôter le lustre d'une surface brillante. *Déglacer du papier.* **3** CUIS Dissoudre dans du vin, dans de l'eau, etc., les sucs caramélisés formés au fond d'un récipient. [DER] **déglaçage** ou **déglacement** *nm*

**déglaciation** *nf* Fonte des glaciers.

**déglingue** *nf* **fam** État de ce qui est déglingué. *Un univers en déglingue.*

**déglinguer** *vt* [1] **fam** Disloquer, démolir. *Une voiture toute déglinguée.* [ETY] De *déclinquer*, de *clin*.

**dégluer** *vt* [1] Débarrasser de la glu.

**déglutination** *nf* LING Séparation des éléments d'une même forme (ex. : *ma mie* pour *m'amie*). ANT agglutination.

**déglutir** *vt* [3] Avaler sa salive, un aliment. [DER] **déglutition** *nf*

**dégobiller** *vt, vi* [1] **très fam** Vomir.

**dégoiser** *v* [1] **fam, péjor A** *vi* Parler avec volubilité. **B** *vt* Dire très rapidement.

**dégommer** *vt* [1] **1** Ôter la gomme de qqch. **2 fig, fam** Renvoyer, destituer. *On l'a dégommé de sa place.* [DER] **dégommage** *nm*

**dégonder** *vt* [1] Faire sortir de ses gonds une porte, une fenêtre. [DER] **dégondage** *nm*

**dégonflé, ée** *a, n* **fam** Se dit de qqn qui perd son assurance au moment de faire qqch.

**dégonfler** *v* [1] **A** *vt* Vider qqch de ce qui le gonflait. *Dégonfler un ballon. Chambre à air qui se dégonfle.* **B** *vpr* **fig, fam** Perdre son assurance, manquer de courage au moment de faire qqch. [DER] **dégonflage** ou **dégonflement** *nm*

**dégorgement** *nm* **1** Action de dégorger ; fait de se dégorger. **2** Écoulement d'eau, d'immondices, etc., d'un endroit où elles étaient retenues. **3** TECH Action de dégorger un tissu.

**dégorgeoir** *nm* **1** TECH extrémité d'un déversoir par où les eaux dégorgent. **2** Dispositif servant à dégorger les conduits.

**dégorger** *v* [13] **A** *vt* **1** Expulser, évacuer un liquide. *Oléoduc crevé qui dégorge du pétrole.* **2** Débarrasser un conduit de ce qui l'engorge. *Dégorger un tuyau.* **3** TECH Débarrasser le cuir, la laine, etc. des substances étrangères. **B** *vi* Se déverser, déborder. *Ravines qui dégorgent dans un étang.* **C** *vpr* S'épancher, se vider. *Étang qui se dégorge dans des canaux.* **LOC** CUIS ***Faire dégorger*** : faire rendre du liquide à.

**dégoter** *vt* [1] **fam** Trouver, découvrir. *J'ai dégoté un bon petit restaurant.* [PHO] [degɔte] [ETY] Du celt. *gal*, « caillou ». [VAR] **dégotter**

**Degottex Jean** (Sathonay, Rhône, 1918 – Paris, 1988), peintre français.

**dégoudronner** *vt* [1] Enlever le goudron.

**dégoulinade** *nf* Ce qui dégouline.

**dégouliner** *vi* [1] S'écouler goutte à goutte ou en filet. [ETY] De *goule*, « gueule ». [DER] **dégoulinement** *nm*

**dégoupiller** *vt* [1] TECH Enlever la goupille de. *Dégoupiller une grenade.*

**dégourdi, ie** *a, n* Actif, avisé, débrouillard.

**dégourdir** *vt* [3] **1** Faire cesser l'engourdissement de. *Dégourdir ses doigts. Se dégourdir les jambes.* **2** Faire chauffer légèrement. *Dégourdir de l'eau.* **3** TECH Soumettre à une légère cuisson. *Dégourdir une pâte de poterie.* **4 fig** Faire perdre sa gaucherie, sa timidité à qqn. [ETY] De *gourd*. [DER] **dégourdissement** *nm*

**dégoût** *nm* **1** Répugnance pour certains aliments ; manque d'appétit. **2 fig** Répugnance, aversion pour qqch. [PHO] [degu] [VAR] **dégout**

**dégoûtant, ante** *a, n* **A** *a* **1** Qui inspire de la répugnance, de l'aversion, par son aspect. *Une nourriture dégoûtante.* **2** Très sale. *Cette table est dégoûtante.* **3 fig** Qui inspire du dégoût par sa bassesse morale. *Une histoire dégoûtante.* **4 fam** Révoltant. *C'est trop injuste ; c'est vraiment dégoûtant !* **B** *n* Personne vile, répugnante par son indélicatesse. [VAR] **dégoutant, ante** [DER] **dégoûtamment** ou **dégoutamment** *av*

**dégoûté, ée** *a, n* **1** Qui éprouve du dégoût pour un aliment. **2** Qui se dégoûte facilement. SYN Difficile. *Faire le dégoûté.* **3** Qui a perdu l'envie de. *Un homme aigri, dégoûté de tout.* [VAR] **dégouté, ée**

**dégoûter** *v* [1] **A** *vt* **1** Inspirer de la répugnance, de l'aversion à. *Cette saleté me dégoûte.* **2** Enlever le désir, le goût de. *Ça m'a dégoûté de la politique.* **B** *vpr* Prendre en dégoût, en horreur, en aversion. *Il s'est totalement dégoûté de son travail.* [VAR] **dégouter** [DER] **dégoûtation** ou **dégoutation** *nf*

**dégoutter** *vi* [1] **1** Couler goutte à goutte. *La sueur lui dégouttait du front.* **2** Laisser tomber goutte à goutte. *Les toits dégouttent de pluie.*

**De Graaf Reinier** (Schoonhoven, près d'Utrecht, 1641 – Delft, 1673), médecin néerlandais qui découvrit les follicules ovariens.

**dégradant, ante** *a* Avilissant. *Un acte dégradant.*

**1 dégradation** *nf* **1** DR Destitution infamante d'un ordre, d'une qualité, d'un grade, etc., à titre de peine. **2** MILIT Sanction entraînant la perte du grade et la mise au niveau d'homme de troupe. **3** Dégât fait à un édifice, à une propriété. **4** Délabrement, détérioration. *Immeuble dans un état de dégradation pitoyable.* **5 fig** État d'une situation qui se détériore. *La dégradation des relations diplomatiques.* **6** PHYS Tendance de toute énergie à se transformer en chaleur. **LOC** ***Dégradation civique*** : entraînant la perte des droits civiques. ▶ illustr. **Dreyfus**

**2 dégradation** *nf* Diminution progressive de la lumière, des couleurs.

**dégradé** *nm* Disposition des couleurs ou de l'intensité lumineuse dont l'intensité va en diminuant.

**1 dégrader** *v* [1] **A** *vt* **1** Destituer qqn de son grade, de sa dignité. *Dégrader un militaire.* **2 fig** Avilir. *La corruption dégrade l'homme.* **3** Endommager, détériorer qqch. *Dégrader un monument.* **B** *vpr* Se détériorer, s'aggraver. *La situation se dégrade de jour en jour.*

**2 dégrader** *vt* [1] Diminuer progressivement la lumière, les couleurs, etc. *Ce peintre sait bien dégrader les tons.*

**dégrafer** *vt* [1] Détacher, défaire ce qui est agrafé. *Dégrafer son corsage.*

**dégraffiter** *vt* [1] Nettoyer une surface des graffitis et des tags. [DER] **dégraffitage** *nm*

**dégraisser** *v* [1] **A** *vt* **1** Enlever la graisse de. *Dégraisser du bouillon.* **2** Enlever les taches de graisse de. *Dégraisser un vêtement.* **B** *vi* **fig, fam** Réduire le nombre de salariés et supprimer des emplois. [DER] **dégraissage** *nm* – **dégraissant, ante** *a, nm*

**dégraisseur, euse** *n* Personne qui dégraisse les vêtements, les étoffes.

**dégras** *nm* Mélange d'acide et de corps gras servant à imperméabiliser cuirs et peaux. [ETY] De *dégraisser*.

**dégravoyer** *vt* [23] **1** Dégrader, déchausser une construction, en parlant de l'eau courante. **2** Enlever le gravier du lit d'une rivière. [PHO] [degʀavwaje]

**degré** *nm* **1 litt** Chacune des marches qui forment un escalier, qui servent d'entrée ou de soubassement aux grands édifices. **2** Échelon, rang, niveau. *Parvenir au plus haut degré de la gloire. Ouvrage d'un haut degré de technicité.* **3** Place d'un cycle d'études dans un cursus scolaire ou universitaire. *Enseignement du 1^er^ degré.* **4** MED Gravité d'une brûlure allant de la rougeur douloureuse à la carbonisation des tissus. *Elle s'est brûlée au deuxième degré.* **5** MUS Position relative de chaque note dans la gamme selon la tonalité. **6** MATH Valeur la plus élevée des exposants des monômes qui constituent un polynôme, une équation. $ax^2 + bx + c = 0$ *est une équation du second degré en x.* **7** PHYS Chacune des divisions de l'échelle de mesure d'un système donné. **8** GEOM Unité d'arc égale à la 360^e^ partie du cercle ; unité d'angle correspondant à un arc de 1 degré (symbole °). **9** CHIM Unité qui caractérise la concentration d'une solution. **LOC** CHIM ***Degré Baumé*** : mesurant la densité d'une solution. — PHYS ***Degré Celsius*** : unité de température. — GRAM ***Degré de comparaison*** ou ***de signification*** : niveau d'expression d'un adjectif ou d'un adverbe (positif, comparatif ou superlatif). — DR ***Degré de juridiction*** : place qu'occupe un tribunal dans la hiérarchie des juridictions. — DR ***Degré de parenté*** : nombre de parents qui séparent les membres d'une famille. — PHYS ***Degré Fahrenheit*** : degré d'une échelle de température dans laquelle 32 °F correspondent à 0 °C et 212 °F à 100 °C. — CHIM ***Degré Gay-Lussac*** : nombre de $cm^3$ d'alcool dans 100 $cm^3$ d'un mélange eau-alcool éthylique. SYMB °GL. — ***Par degrés*** : graduellement. — ***Premier, second degré*** : ce qui est compréhensible immédiatement *(premier degré)*, ou ce qui est allusif, métaphorique, ironique *(second degré). Une plaisanterie au second degré.* [ETY] Du lat. *gradus*.

**dégréer** *vt* [11] MAR **1** Dégarnir de son gréement un bateau. **2** Ôter de sa place un élément du gréement.

**Degrelle Léon** (Bouillon, 1906 – Málaga, 1994), homme politique belge. Fondateur du *rexisme*, fasciste (1935), il collabora avec l'occupant all. À la Libération, il s'enfuit en Espagne.

**dégressif, ive** *a* Qui diminue par degrés. *Tarif dégressif.* **LOC** ***Impôt dégressif*** : dont le taux diminue à mesure que baissent les revenus. ANT progressif. [ETY] Du lat. *degredi*, « descendre ». [DER] **dégressivité** *nf*

**dégrever** *vt* [16] Dispenser du paiement d'une partie ou de la totalité d'un impôt, d'une charge fiscale. [DER] **dégrèvement** *nm*

**dégriffer** *vt* [1] Retirer la marque commerciale pour un circuit de vente à prix réduit. [DER] **dégriffé, ée** *a, nm*

**dégrillage** *nm* Début de l'épuration d'une eau usée consistant à la débarrasser des plus gros détritus.

**dégringoler** *v* [1] **A** *vt* Descendre avec précipitation. *Dégringoler un escalier quatre à quatre.* **B** *vi* Faire une chute rapide. *Dégringoler d'un toit. Les prix à l'exportation ont dégringolé.* [ETY] De l'a. fr. *gringole*, « colline ». [DER] **dégringolade** *nf*

**dégripper** *vt* 1 Faire cesser le grippage de. *Dégripper les rouages d'une machine.* [DER] **dégrippage** *nm* – **dégrippant** *nm*

**dégriser** *v* 1 **A** *vt* **1** Dissiper l'ivresse de qqn. **2** fig Faire cesser une illusion, un charme trompeur. *Le contact avec la réalité des faits l'a dégrisé.* **B** *vpr* Cesser d'être ivre. [DER] **dégrisement** *nm*

**dégrossir** *vt* 3 **1** Ébaucher, donner une première forme à une matière que l'on façonne. *Dégrossir un bloc de marbre.* **2** fig Commencer à débrouiller, à éclaircir. *Dégrossir une affaire.* **LOC** fam *Dégrossir qqn*: lui donner les premiers rudiments d'instruction, d'éducation. [DER] **dégrossissage** ou **dégrossissement** *nm*

**dégrossisseur** *nm* METALL Train de laminoir utilisé pour les premières passes.

**dégrouiller (se)** *vpr* 1 fam Se dépêcher.

**dégroupage** *nm* **1** Action de dégrouper, dégroupement. **2** TELECOM Action d'ouvrir l'accès du réseau téléphonique local à l'ensemble des opérateurs de télécommunications.

**dégrouper** *vt* 1 Diviser des groupes constitués ; séparer ce qui était groupé. [DER] **dégroupement** *nm*

**De Groux** Charles Degroux, dit Charles (Comines, 1825 – Bruxelles, 1870), peintre réaliste belge.

**déguenillé, ée** *a* Dont les vêtements sont en lambeaux.

**déguerpir** *vi* 3 Se sauver, partir précipitamment. [ETY] Du frq.

**dégueulasse** *a, n* très fam Dégoûtant, ignoble, au physique ou au moral. [DER] **dégueulasser** *vt* 1 – **dégueulasserie** *nf*

**dégueuler** *vt, vi* 1 vulg Vomir. [DER] **dégueulis** *nm*

**déguisé, ée** *a* **1** Revêtu d'un déguisement. **2** fig Feint, dissimulé. *Pensée déguisée.* **LOC** *Fruits déguisés*: enrobés de sucre fondant, de chocolat.

**déguisement** *nm* **1** Ce qui sert à se déguiser. *Un déguisement d'Indien.* **2** vieilli Artifice pour cacher la vérité. *Parler sans déguisement.*

**déguiser** *v* 1 **A** *vt* **1** Habiller qqn d'un costume inhabituel, amusant, grotesque, etc., à l'occasion d'une fête ou pour qu'il joue un rôle. *Déguiser un enfant en Pierrot.* **2** Rendre méconnaissable. *Déguiser sa voix, son écriture.* **3** fig Cacher sous des apparences trompeuses, dissimuler qqch. *Déguiser ses mauvaises intentions.* **B** *vpr* S'habiller de sorte qu'on ne puisse être reconnu. [ETY] De *guise*, « manière d'être ».

**dégurgiter** *vt* 1 Rendre ce qu'on avait ingurgité. [DER] **dégurgitation** *nf*

**dégustateur** *nm* Spécialiste de la dégustation, en partic. des vins.

**déguster** *vt* 1 **1** Goûter une boisson, un mets, etc. pour en apprécier la qualité. *Déguster un vin, un fromage.* **2** fig Apprécier, savourer, se délecter de. *Déguster un spectacle.* **3** fam Recevoir des injures, des coups. *Qu'est-ce qu'il a dégusté !* [ETY] Du lat. *gustare.* [DER] **dégustation** *nf*

**Deguy** Michel (Paris, 1930), poète français : *Oui dire* (1965), *À ce qui n'en finit pas* (1995), *la Raison poétique* (essai, 2000).

**Dehaene** Jean-Luc (Montpellier, 1940 – Quimper, 2014), homme politique belge (social-chrétien flamand), Premier ministre de 1992 à 1999.

**déhaler** *vt* 1 MAR Déplacer un navire au moyen de ses amarres. [DER] **déhalage** *nm*

**déhancher (se)** *vpr* 1 **1** Balancer les hanches en marchant ; avoir une démarche voluptueuse. **2** Faire reposer le poids du corps sur une jambe, l'autre étant légèrement fléchie. [DER] **déhanchement** *nm*

**déharnacher** *vt* 1 Retirer le harnais à un cheval, un animal de trait.

**De Havilland** sir Geoffrey (Haslemere, 1882 – Londres, 1965), ingénieur anglais. Premier avion à réaction commercial (1952).

**déhiscence** *nf* BOT Ouverture, lors de la maturation, d'un sporange, d'une anthère ou d'un fruit, qui permet aux spores, au pollen ou aux graines de s'échapper. [ETY] Du lat. *dehiscere*, « s'ouvrir ». [DER] **déhiscent, ente** *a*

**Dehmelt** Hans Georg (Görlitz, 1922), physicien américain d'origine allemande : travaux sur l'électron. Prix Nobel (1989).

**De Hooch** → **Hooch.**

**dehors** *av, interj, nm* **A** *av* À l'extérieur, hors du lieu ou de la chose en question. *Rester, sortir dehors.* **B** *nm* Partie extérieure d'une chose. **C** *nm pl* Extérieur, apparence d'un individu. *Sous des dehors modestes il est fort orgueilleux.* **D** *interj* Sortez ! **LOC** *Au-dehors*: extérieurement, hors d'un lieu clos. — *En dehors*: à, vers l'extérieur. — *En dehors de cela*: mis à part, à l'exclusion de cela. — *Toutes voiles dehors*: toutes voiles déployées ; fig en déployant toutes ses ressources ; le plus vite possible. [ETY] Du lat. pop. *foris*, d'après *hors*.

**déhoussable** *a* Qui a une housse amovible. *Canapé déhoussable.*

**déicide** *n, a* didac **A** *nm* Pour les chrétiens, meurtre de Dieu en la personne du Christ. **B** *n, a* Meurtrier de Dieu.

**déictique** *a, nm* LING Se dit d'un élément servant à désigner (ex. : *ci* dans *ce livre-ci*).

**déifier** *vt* 2 **1** Diviniser, placer qqn au rang des dieux. **2** Vénérer, rendre un culte à. [ETY] Du lat. *deificare*, de *deus*, « dieu ». [DER] **déification** *nf*

**Deimos** l'un des deux satellites de Mars, de forme ovoïdale (15 km sur 11 km).

**Deir el-Bahari** site archéologique d'Égypte, sur la rive gauche du Nil, face à l'anc. Thèbes (auj. *Karnak*) ; temple de la reine Hatshepsout (v. 1520 av. J.-C.).

**Deir ez-Zor** ville de Syrie, sur l'Euphrate ; 283 400 hab. ; ch.-l. de prov. Centre commercial.

**déisme** *nm* PHILO Opinion, croyance de ceux qui admettent l'existence d'un être suprême mais qui refusent de lui appliquer toute détermination précise et rejettent la Révélation, les dogmes et les pratiques religieuses. [DER] **déiste** *n, a*

**déité** *nf* litt Divinité, dieu ou déesse.

**déjà** *av* **1** Dès le moment même, au moment où l'on parle ; dès le moment, passé ou à venir, dont on parle. *J'ai déjà fini mon ouvrage. Quand vous arriverez, je serai déjà parti.* **2** Auparavant. *Je vous l'avais déjà dit.* **3** En fin de phrase, pour se faire rappeler ce que l'on a oublié. *C'est combien, déjà ?* [ETY] Du lat. *jam*, « tout de suite ».

**Déjanire** dans la myth. gr., épouse d'Héraklès, qui la délaissa pour Iole.

**déjanté, ée** *a, n* fam Un peu fou, farfelu.

**déjanter** *v* 1 **A** *vt* Faire sortir un pneu de la jante. **B** *vi* fam Devenir fou.

**déjauger** *vi* 13 MAR En parlant d'un bateau, avoir sa ligne de flottaison hors de l'eau.

**déjà-vu** *nm inv* **1** Ce qui n'a rien de nouveau, rien d'original. *C'est du déjà-vu, votre invention révolutionnaire.* **2** PSYCHO Impression intense de vivre une scène pour la seconde fois.

**Déjazet** Virginie (Paris, 1798 – id., 1875), actrice française. Elle joua très souvent des rôles masculins *(Bonaparte à Brienne).*

**déjection** *nf* **A** *nf* Évacuation des matières fécales de l'intestin. **B** *nf pl* **1** Matières évacuées. **2** GEOL Matières rejetées par un volcan. [ETY] Du lat.

**déjeté, ée** *a* **1** Disjoint ; gauchi, courbé. **2** GEOL Dont les flancs n'ont pas la même inclinaison, en parlant des plis montagneux.

**déjeter** *vt* 18 ou 20 Déformer, tordre, gauchir. *Sa colonne vertébrale s'est déjetée.*

**1 déjeuner** *vi* 1 **1** Prendre le repas du milieu du jour. **2** Belgique, Suisse, Canada Prendre le petit-déjeuner. [ETY] Du lat. *dijunare*, « rompre le jeûne ».

**2 déjeuner** *nm* **1** Repas du milieu du jour. **2** Belgique, Suisse, Canada Petit-déjeuner. **3** Ensemble des mets qui composent ces repas. *Le déjeuner est servi.* **4** Grande tasse et soucoupe assorties qui servent au petit-déjeuner. **LOC** *Un déjeuner de soleil*: une étoffe dont la couleur passe facilement ; fig ce qui est éphémère.

**Déjeuner sur l'herbe (le)** peinture de Manet (1862, musée d'Orsay), s'inspirant du *Concert champêtre* de Giorgione et Titien.

**déjouer** *v* 1 **A** *vt* Faire échouer une intrigue. *Déjouer un complot.* **B** *vi* SPORT Jouer moins bien que d'habitude. *Ils ont déjoué à la fin du match.*

**déjucher** *v* 1 **A** *vi* Quitter le juchoir. **B** *vt* Faire quitter le juchoir à une poule.

**déjuger (se)** *vpr* 13 Revenir sur ce que l'on avait jugé, décidé.

**de jure** *av* De droit, par oppos. à *de facto*. *Reconnaître de jure l'existence d'un État.* [PHO] [deʒyʀe] [ETY] Mot lat., « selon le droit ».

**Dekkan** partie péninsulaire de l'Inde, au S. du fl. Narbadā. Ce socle précambrien a été soulevé à l'O. : Ghāts occidentaux et orientaux. Les pluies de mousson, abondantes sur le rebord occidental (forêt dense), se raréfient vers l'intérieur. L'agriculture est assez pauvre. Le sous-sol est très riche : fer, houille, cuivre, bauxite, zinc, etc. L'urbanisation reste faible. La pop. est essentiellement dravidienne dans le Sud. [VAR] **Deccan**

**De Klerk** Frederik Willem (Johannesburg, 1936), homme politique sud-africain. Il remplace P. Botha à la tête du Parti national (conservateur) et de l'État en 1989 et abolit progressivement l'apartheid. Vice-président de la République (1994-1996) après la victoire de l'ANC, il s'est retiré de la vie politique en 1997. P. Nobel de la paix (1993) avec N. Mandela.

**De Kooning** Willem (Rotterdam, 1904 – East Hampton, 1997), peintre américain d'origine néerlandaise, l'un des grands représentants de l'expressionnisme abstrait.

**delà** *prép* vx De l'autre côté de. *Delà le fleuve.* **LOC** *Au-delà, par-delà*: encore plus, encore davantage, encore plus loin ; à l'extérieur, par oppos. à *en deçà*. — *Au-delà de*: en passant par-dessus, en dépassant. — *Deci, delà* ou *deçà, delà*: ici et là ; de côté et d'autre. — *Par-delà*: de l'autre côté, plus loin que.

**délabrer** *v* 1 **A** *vt* **1** Mettre en mauvais état, détériorer. *La tempête a délabré cette cabane.* **2** Compromettre la solidité de, ruiner. *Ses excès ont délabré sa santé.* **B** *vpr* Tomber en ruine. [ETY] Du provenç. *deslabrar*, « déchirer ». [DER] **délabré, ée** *a* – **délabrement** *nm*

**délacer** *vt* 12 Défaire le laçage de.

**Delacroix** Eugène (Saint-Maurice, 1798 – Paris, 1863), peintre français, fils présumé de Talleyrand ; le plus éminent représentant de l'école romantique. De 1824 à 1828, il rompit avec la tradition classique. Ses sujets sont généralement grandioses ; il mit à la mode l'orientalisme et, grand coloriste, utilisa les tons purs. Il a laissé un important *Journal* (3 vol., posth., 1893).

▶ illustr. p. 444

**Delage** Louis (Cognac, 1874 – Le Pecq, 1947), ingénieur et industriel français. À partir de 1911, il construisit des automobiles de luxe.

**Delagoa (baie)** baie de l'océan Indien, où est située la cap. du Mozambique, Maputo.

**délai** *nm* **1** Temps accordé pour faire une chose, pour s'acquitter d'une obligation. *Travaux* à terminer dans un délai de deux ans. **2** Retard, remise à une époque plus éloignée. *Accorder un délai supplémentaire à qqn.* **LOC** ***Délai de préavis*** ou ***délai-congé :*** délai que doit respecter chacune des parties engagées dans un contrat de travail, avant de donner congé à l'autre. — ***Sans délai :*** immédiatement. [ETY] De l'a. fr. *deslaier,* « différer ».

**délainer** *vt* [1] TECH Enlever la laine de peaux de moutons écorchés. [DER] **délainage** *nm*

**délaisser** *vt* [1] **1** Laisser qqn sans secours, sans assistance ; abandonner. *Ses amis l'ont délaissé.* **2** S'occuper de moins en moins d'une chose, d'une activité. *Il délaisse ses études.* **3** DR Abandonner un droit. **4** Renoncer à. *Délaisser des poursuites.* [DER] **délaissement** *nm*

**délaiter** *vt* [1] TECH Débarrasser le beurre du petit-lait.

**Delalande** Michel Richard (Paris, 1657 – Versailles, 1726), compositeur français, musicien officiel de la Cour. Musique religieuse, motets, *Symphonies pour les soupers du Roy.*

**De la législation** → **Lois (les).**

**De La Mare** Walter John (Charlton, Kent, 1873 – Twickenham, Middlesex, 1956), poète anglais : *Poèmes pour enfants* (1930).

**Delamare-Deboutteville** Édouard (Rouen, 1856 – Montgrimont, Seine-Mar., 1901), industriel français. Il réalisa en 1883, avec Léon Malandin, le premier véhicule automobile quadricycle, équipé d'un moteur à explosion, qui ait circulé sur route.

**Delambre** Jean-Baptiste Joseph (chevalier) (Amiens, 1749 – Paris, 1822), astronome français. Il mesura, avec Pierre Méchain, la portion de méridien comprise entre Dunkerque et Barcelone. V. Méchain.

**Delaney** Shelagh (Salford, Lancashire, 1939), dramaturge anglaise : *Un goût de miel* (1958), *le Lion amoureux* (1960).

**Delannoy** Jean (Noisy-le-Sec, 1908 – Guainville, 2008), cinéaste français : *l'Éternel Retour* (1943), *la Symphonie pastorale* (1946), *la Princesse de Clèves* (1961).

**délarder** *vt* [1] **1** CONSTR Enlever, diminuer une partie du lit d'une pierre. **2** Ôter le lard de.

**Delaroche** Hippolyte, dit Paul (Paris, 1797 – id., 1856), peintre d'histoire, élève de Gros.

**De La Roche** Mazo (Toronto, 1885 – id., 1961), romancière canadienne d'expression anglaise : série des *Jalna* (à partir de 1927).

**délasser** *v* [1] **A** *vt* Reposer, faire cesser la lassitude de. *La marche délasse l'esprit.* **B** *vpr* Se reposer. *Einstein se délassait en jouant du violon.* [DER] **délassant, ante** *a* – **délassement** *nm*

**Eugène Delacroix** *Autoportrait*, 1837 – musée du Louvre

**délation** *nf* Dénonciation par vengeance, par intérêt ou par vilenie. [ETY] Du lat. [DER] **délateur, trice** *n*

**Delaunay** Robert (Paris, 1885 – Montpellier, 1941), peintre français. Il passa du cubisme à une organisation rythmique de plans aux couleurs pures (série des « Tour Eiffel », à partir de 1909) qu'Apollinaire appela *orphisme* et qui déboucha sur l'abstraction : *Rythmes sans fin* (1933-1934). — **Sonia Terk** (Odessa, 1885 – Paris, 1979), peintre français d'origine ukrainienne, épouse du préc. ; elle appliqua l'orphisme à la décoration et à la couture.

**Sonia Delaunay** *Composition rythme*, 1958 – MNAM

**délaver** *vt* [1] **1** Pénétrer d'eau, détremper. *L'orage a délavé les champs.* **2** Éclaircir, affaiblir avec de l'eau une teinture, une couleur étendue sur du papier. [DER] **délavé, ée** *a*

**Delavigne** Casimir (Le Havre, 1793 – Lyon, 1843), auteur français de tragédies qui associent classicisme et romantisme : *les Vêpres siciliennes* (1819), *les Enfants d'Édouard* (1833). Acad. fr. (1825).

**Delaware (la)** fleuve de l'Est des É.-U. (406 km), formé par des riv. nées dans les Appalaches ; il baigne Philadelphie et se jette dans l'Atlantique, formant la *baie de la Delaware.*

**Delaware** État de l'E. des É.-U., sur la baie de la Delaware ; 5 328 $km^2$ ; 666 000 hab. ; cap. *Dover.* – Les collines du N. s'opposent à la plaine du S. Le climat est tempéré. L'État comprend de nombr. centres industriels. – Colonisé dès le XVIIe s., il fut le premier à adopter la Constitution fédérale (1787).

**Delay** Jean (Bayonne, 1907 – Paris, 1987), psychiatre français. auteur de nombr. ouvrages. Acad. fr. (1959). — **Florence** (Paris, 1941), fille du préc. Écrivain : *Riche et légère* (1983), *Dit Nerval* (1999). Acad. fr. (2000).

**délayer** *vt* [21] **1** Détremper une substance dans un liquide. **2** fig Faire perdre de sa force à un discours en s'exprimant trop longuement. [ETY] Du lat. *deliquare,* « clarifier ». [DER] **délayage** *nm*

**Delbrück** Max (Berlin, 1906 – Pasadena, 1981), biochimiste américain d'origine allemande : travaux sur l'ADN. P. Nobel de médecine (1969) avec A. Hershey et S. Luria.

**Delcassé** Théophile (Pamiers, 1852 – Nice, 1923), homme politique français. Ministre des Affaires étrangères (1898-1905), il renforça l'alliance franco-russe (1900) et l'Entente cordiale avec la G.-B. (1904).

**delco** *nm* AUTO Dispositif d'allumage pour moteur à explosion, utilisant une bobine d'induction ; cette bobine elle-même. [ETY] Nom déposé ; acronyme de la *Dayton Engineering Laboratories Company.*

**déléatur** *nm* TYPO Signe typographique (₰) qui indique une suppression à effectuer sur une épreuve. [PHO] [deleatyʀ] [ETY] D'un mot lat., « qu'il soit effacé ». [VAR] **deleatur**

**délébile** *a* Qui s'efface ; qui peut être effacé. *Encre délébile.* ANT indélébile.

**délectation** *nf* Plaisir qu'on savoure. *Manger avec délectation.* **LOC** THEOL ***Délectation morose :*** complaisance avec laquelle on pense au péché, sans intention de le commettre.

**délecter (se)** *vpr* [1] Trouver un vif plaisir à qqch. *Se délecter d'un spectacle.* [ETY] Du lat. [DER] **délectable** *a*

**Deledda** Grazia (Nuoro, Sardaigne, 1871 – Rome, 1936), romancière italienne vériste : *Âmes honnêtes* (1895), *Cendres* (1904). Prix Nobel (1926).

**délégant, ante** *n* DR Personne qui délègue, par oppos. à *délégataire.*

**délégataire** *n* DR Personne à qui l'on délègue, par oppos. à *délégant.*

**délégation** *nf* **1** Commission donnée par une personne à une autre pour agir en ses lieu et place. *Agir en vertu d'une délégation.* **2** Procuration, écrit par lequel on délègue qqn. **3** Action de déléguer, transfert d'un pouvoir. *Délégation de pouvoirs d'un ministre à son chef de cabinet.* **4** DR Opération par laquelle un individu (le délégant) ordonne à un autre (le délégué) de donner à, ou de faire qqch au profit d'un troisième (le délégataire). *Délégation de solde, de créance.* **5** Ensemble de personnes déléguées pour représenter un corps, une société, etc. *Le ministre a reçu une délégation.* **LOC** ***Délégation de poste :*** dans l'Université, poste d'un suppléant dans la chaire d'un titulaire.

**délégitimer** *vt* [1] Ôter à qqn ou qqch chose sa légitimité. *Des hommes politiques délégitimés.* [DER] **délégitimation** *nf*

**délégué, ée** *n* Personne chargée d'une délégation ou appartenant à une délégation. *Délégué du personnel, délégué de classe.*

**déléguer** *vt* [14] **1** Charger qqn d'une mission, d'une fonction, avec pouvoir d'agir. *Déléguer un fonctionnaire dans une commission.* **2** Transmettre un pouvoir par délégation. *Déléguer ses responsabilités.* [ETY] Du lat. [DER] **délégable** *a*

**Delémont** v. de Suisse ; ch.-l. du cant. du Jura ; 11 800 hab. Horlogerie.

**Delerue** Georges (Roubaix, 1925 – Los Angeles, 1992), compositeur français de musiques de films : *Hiroshima mon amour, Jules et Jim, Viva Maria !*

**Delescluze** Louis Charles (Dreux, 1809 – Paris, 1871), journaliste et homme politique français. Membre de la Commune, délégué à la Guerre, il fut tué sur les barricades.

**Delessert** Étienne (Lyon, 1735 – Paris, 1816), financier français ; il fonda la prem. compagnie d'assurance contre l'incendie (1782). — **Delessert** Benjamin (Lyon, 1773 – Paris, 1847), fils du préc., créa la première usine de sucre de betterave (1810) et fonda la première caisse d'épargne (1818).

**délester** *vt* [1] **1** Décharger de son lest un navire, un aéronef. **2** Soulager d'un poids, d'un fardeau. **3** Détourner d'une route encombrée une partie des véhicules qui l'empruntent. **4** ELECTR Réduire la charge d'un réseau électrique. **5** fig, iron Voler qqch à qqn. [DER] **délestage** *nm*

**Delestraint** Charles Antoine (Biache-Saint-Waast, Pas-de-Calais, 1879 – Dachau, 1945), général français. Résistant dès 1940, il fut arrêté en mars 1943 et mourut en déportation.

**délétère** *a* **1** Dangereux pour la santé, la vie ; toxique. *Un gaz délétère.* **2** fig, litt Corrupteur, pernicieux. *Un discours délétère.*

**délétion** *nf* BIOL Rupture d'un chromosome et disparition d'une de ses parties, provoquant une mutation. [ETY] Du lat. *deletio,* « destruction ».

**Deleuze** Gilles (Paris, 1925 – id., 1995), philosophe français : *Nietzsche et la philosophie* (1962) ; *Logique du sens* (1969) ; *l'Anti-Œdipe*

(1972), en collab. avec F. Guattari ; *Leibniz et le baroque* (1988).

**Delft** v. des Pays-Bas (Hollande-Méridionale), entre La Haye et Rotterdam ; 88 070 hab. Faïenceries, verrerie. – Ville universitaire. – Canaux, maisons anciennes, beffroi gothique, Nouvelle Église (XV^e s.), Prinsenhof.

**Delgado (cap)** cap africain, au N. du canal du Mozambique, sur l'océan Indien.

**Delhi** v. de l'Inde, sur la Yamunā, affl. du Gange ; 15 millions d'hab. (aggl.) ; cap. du *territoire de Delhi* (1 483 km$^2$ ; 9 370 470 hab.). Industries. – Nombreux monuments : colonne de Fer (inscription du IV^e s.), Qutb Minar (XIII^e s.), Fort Rouge, mosquées. – *New Delhi* : cap. fédérale de l'Inde ; 272 000 hab. Quartier de Delhi, au S. de la vieille ville, construit pendant la période coloniale.

Delhi

**délibérant** → **délibérer.**

**délibératif, ive** *a* Relatif à la délibération. LOC *Voix délibérative* : voix de celui qui a qualité pour voter, par oppos. à *voix consultative*.

**délibération** *nf* **1** Action de délibérer. *La délibération du jury.* **2** litt Décision. *Prendre une délibération.* **3** Examen qu'on fait en soi-même relativement à un parti à prendre. *Agir après délibération.* ETY Du lat. DER **délibératoire** *a*

**délibéré, ée** *a, nm* **A** *a* **1** Arrêté, décidé de façon consciente. *Volonté délibérée de nuire.* **2** Ferme, résolu. *Marcher d'un pas délibéré.* **B** *nm* DR Délibérations d'un tribunal, d'une cour, avant jugement. LOC *De propos délibéré* : à dessein, avec une intention bien arrêtée. DER **délibérément** *av*

**délibérer** *v* 14 **A** *vi* **1** Discuter, se concerter pour résoudre un problème, prendre une décision. *Les membres du conseil délibèrent sur la question.* **2** litt Réfléchir avant de prendre une résolution, un parti. **B** *vti* Discuter de, se concerter au sujet de. *Délibérer d'une affaire.* ETY Du lat. DER **délibérant, ante** *a*

**Delibes Léo** (Saint-Germain-du-Val, Sarthe, 1836 – Paris, 1891), compositeur français : opéras-comiques (*Lakmé*, 1883), opérettes, ballets (*Coppélia*, 1870, *Sylvia*, 1876).

**délicat, ate** *a, n* **A** *a* **1** Fin, raffiné. **2** Qui a été exécuté avec beaucoup de minutie, d'adresse. *Une statuette délicate.* **3** Qui peut aisément être altéré, endommagé. *Une plante délicate.* **4** Qui demande de la prudence, de la circonspection. *Une situation délicate.* **5** Qui apprécie les moindres nuances. *Un esprit, un palais délicat.* **6** Qui dénote le sens moral, la probité. *Un procédé peu délicat.* **7** Qui fait preuve de tact et de sensibilité. *Un homme délicat. Une délicate attention.* **B** *a, n* péjor Qui est trop exigeant, difficile à contenter. *Faire le délicat.* DER **délicatement** *av*

**délicatesse** *nf* **1** Finesse, subtilité. *La délicatesse d'une teinte.* **2** Précision, adresse dans un travail, dans un geste. *Prendre qqch avec délicatesse.* **3** Qualité de ce qui est délicat, fragile. *La délicatesse d'un tissu.* **4** Qualité de ce qui doit être abordé, traité avec circonspection, prudence. *Étant donné la délicatesse de cette affaire...* **5** Disposition à sentir, penser, juger avec subtilité. *Délicatesse des sentiments.* **6** Probité, rigueur morale. *Un procédé qui manque de délicatesse.* **7** Tact, finesse. *Il a montré beaucoup de délicatesse à son égard.* LOC *Être en délicatesse avec qqn* : être en désaccord avec lui, lui être hostile.

**délice** *n* **A** *nm* Vif plaisir ; ce qui le provoque. *Cette poire est un délice.* **B** *nf pl* litt Jouissances, plaisirs. *Les délices enivrantes de l'amour.* ETY Du lat.

**délicieux, euse** *a* **1** Extrêmement agréable. *Une odeur délicieuse.* **2** Exquis, charmant. *Une femme délicieuse.* DER **délicieusement** *av*

**délictueux, euse** *a* DR Qui présente les caractères d'un délit. *Des faits délictueux.* VAR **délictuel, elle**

**délié, ée** *a, nm* **A** *a* **1** litt Extrêmement mince, ténu. **2** Qui n'est plus lié. *Des rubans déliés.* **3** fig Souple, agile. *Les doigts déliés d'un harpiste.* **B** *nm* Partie fine, déliée, d'une lettre calligraphiée. *Tracer les pleins et les déliés.* LOC *Avoir l'esprit délié* : avoir de la finesse d'esprit, de la subtilité.

**délier** *vt* 2 **1** Défaire ce qui lie ou ce qui est lié. *Délier un lacet.* **2** fig Dégager d'une obligation, d'un engagement. *Délier qqn d'un serment.* **3** THEOL Absoudre. LOC *Délier la langue à qqn* : le faire parler.

**Deligne Pierre** (Bruxelles, 1944), mathématicien belge. Médaille Fields 1988.

**déligner** *vt* 1 Éliminer en scierie les défauts, les inégalités d'une pièce de bois. DER **délignage** *nm*

**déligneuse** *nf* Machine servant au délignage.

**délignure** *nf* Déchet de bois résultant du délignage.

**Delille Jacques,** dit **l'abbé** (Aigueperse, Auvergne, 1738 – Paris, 1813), poète français : *les Jardins* (1782). Acad. fr. (1774).

**Delillo Don** (New York, 1936), romancier américain : *Americana* (1971), *Mao II* (1990).

**délimiter** *vt* 1 Assigner des limites à. *Délimiter un territoire. Délimiter une question.* ETY Du lat. DER **délimitation** *nf*

**délinéament** *nm* didac Trait qui indique un contour, ligne.

**délinéateur** *nm* TRAV PUBL Balise munie de cataphotes blancs, placée le long des accotements d'une route pour indiquer la limite de la chaussée.

**délinquance** *nf* Ensemble de crimes et délits considérés d'un point de vue statistique.

**délinquant, ante** *a, n* Se dit de qqn qui a commis un délit. ETY Du lat.

**déliquescence** *nf* **1** didac Propriété qu'ont certains corps d'absorber l'eau atmosphérique et de s'y dissoudre. **2** fig État de ce qui se décompose, tombe en ruine ; dégénérescence. *Tomber en déliquescence.*

**déliquescent, ente** *a* **1** didac Qui possède la propriété de déliquescence. **2** BOT Qui se liquéfie au cours de la maturation. **3** fig Décadent ; sans fermeté, sans rigueur. ETY Du lat. *deliquescere*, « se liquéfier ».

**délirant, ante** *a, n* **A** En proie au délire. **B** *a* fig Excessif. *Un enthousiasme délirant.*

**délire** *nm* **1** Désordre des facultés intellectuelles caractérisé par une perception erronée de la réalité, qui est souvent interprétée selon un thème (persécution, grandeur, mélancolie, mysticisme, etc.). **2** fig Trouble extrême provoqué par des émotions, des passions violentes. *Foule en délire.* LOC *C'est du délire !* : c'est extravagant, insensé. ETY Du lat. *delirare*, « sortir du sillon ».

**délirer** *vi* 1 Avoir le délire. *La fièvre fait délirer. Il délire de joie.*

**délirium** *nm* Délire alcoolique aigu accompagné d'agitation, d'hallucinations, de tremblements, de fièvre et de déshydratation grave. PHO [delirjɔm] ETY Mot lat., « délire tremblant ». VAR **delirium tremens** *nm inv*

**délister** *vt* 1 Retirer un produit d'une liste. *Médicament délisté et en vente libre.*

**1 délit** *nm* **1** DR En droit civil, acte qui cause à autrui un dommage quelconque, de par la faute ou sous la responsabilité de son auteur. **2** DR En droit pénal, infraction punie d'une peine correctionnelle par oppos. à *crime* et à *contravention*. **3** Infraction plus ou moins grave à la loi. LOC DR *Délit d'initié* : consistant, dans les affaires, à se servir d'informations confidentielles pour en tirer un profit personnel. — *En flagrant délit* : au moment même de la consommation du délit. — *Le corps du délit* : le délit considéré en lui-même, abstraction faite de la personne du délinquant. ETY Du lat.

**2 délit** *nm* **1** Plan perpendiculaire au litage, dans une pierre. **2** Discontinuité, veine d'une pierre, parallèle au plan de litage. ETY De *déliter*.

**délitage** → **déliter.**

**délitement** *nm* **1** TECH Division d'une pierre suivant la direction des couches. **2** fig Fait de se déliter. *Le délitement de la fonction parentale.*

**déliter** *v* 1 **A** *vt* **1** CONSTR Poser une pierre de façon que le plan de litage soit vertical. **2** Détacher, débiter une pierre dans le sens de ses lignes de stratification. **B** *vpr* **1** Se fragmenter en plaques parallèles à la direction du litage (roches, pierres). **2** En parlant de la chaux, se désagréger dans l'eau qu'elle absorbe. **3** fig Se décomposer, se fragmenter, devenir moins crédible. *Leurs relations se sont délitées progressivement.* ETY De *lit*. DER **délitage** *nm*

**1 délitescence** *nf* didac Fait de se déliter, de se désagréger. DER **délitescent, ente** *a*

**2 délitescence** *nf* MED Disparition soudaine d'un signe anormal (tumeur, lésion, etc.).

**délivrance** *nf* **1** Action de délivrer, de libérer ; son résultat. *La ville fête sa délivrance. La délivrance d'un prisonnier.* **2** fig Soulagement. *La délivrance d'une inquiétude.* **3** Action de délivrer, de remettre qqch. *La délivrance des marchandises, d'une ordonnance.* **4** OBSTETR Expulsion des annexes fœtales.

**délivre** *nm* vieilli MED Enveloppes du fœtus, arrière-faix.

**délivrer** *vt* 1 **1** Faire recouvrer la liberté à. *Délivrer un captif.* **2** Débarrasser qqn de ce qui l'entrave, le gêne. *Délivrer un prisonnier de ses menottes. Délivrez-moi de cet importun !* **3** Remettre entre les mains, livrer. *Délivrer un certificat à qqn.* ETY Du lat. class. *liberare*, « mettre en liberté ».

**Della Francesca** → **Piero della Francesca.**

**Della Porta Giacomo** (Porlezza, près de Côme, v. 1539 – Rome, 1602), architecte italien. Il termina la coupole de la basilique St-Pierre et réalisa la façade de l'église du Gesù (Rome) qui fonda le style jésuite.

**Della Robbia Luca** (Florence, vers 1400 – id., 1482), sculpteur et céramiste florentin. Son neveu et ses petits-neveux continuèrent son œuvre. — **Andrea** (Florence, 1435 – id., 1525), son neveu. — **Giovanni** (Florence, 1469 – id., 1529), fils d'Andrea — **Girolamo** (Florence, 1488 – Paris, 1566), fils de Giovanni, qui travailla surtout en France.

**Della Scala** famille italienne de Vérone, du parti gibelin — **Cangrande I^er** (Vérone, 1291 – Trévise, 1329), son plus célèbre représentant, accueillit Dante exilé. VAR **Scaligeri**

**Deller Alfred** (Margate, 1912 – Bologne, 1979), haute-contre anglais, fondateur d'un ensemble vocal, le *Deller Consort*, qui interpréta des œuvres de la Renaissance anglaise.

**Délos** ruines de la maison de Cléopâtre VII, II$^{e}$ s. av. J.-C.

**Delluc** Louis (Cadouin, Dordogne, 1890 – Paris, 1924), cinéaste français : *Fièvre* (1921), *la Femme de nulle part* (1922). Son livre *Cinéma et C$^{ie}$* (1919) a fondé la critique cinématographique. Depuis 1936, un prix Louis-Delluc est annuellement décerné à un film français.

**Delly** pseudonyme de Marie (Avignon, 1875 – Versailles, 1947) et Frédéric (Vannes, 1876 – Versailles, 1949) Petitjean de La Rosière, auteurs français de romans roses.

**Del Monaco** Mario (Florence, 1915 – Mestre, 1982), ténor italien.

**délocaliser** *vt* [1] **1** Déplacer une administration, une implantation industrielle, dans le cadre d'une décentralisation ou pour réduire les coûts de fonctionnement ou de production. **2** CHIM Mettre un électron sous la dépendance de plus de deux atomes. [DER] **délocalisable** *a* – **délocalisation** *nf* – **délocalisateur, trice** *a*

**déloger** *v* [13] **A** *vi* Abandonner son logement, l'endroit où l'on se trouve. **B** *vt* **1** Faire quitter à qqn le logement qu'il occupe. SYN expulser. **2** Chasser d'une position. *Déloger l'ennemi.*

**Delon** Alain (Sceaux, 1935), acteur français de cinéma : *Rocco et ses frères* (1960), *le Guépard* (1963), *Monsieur Klein* (1976).

**Alain Delon** dans *Nouvelle vague*, de Jean-Luc Godard, 1990

**Deloncle** Eugène (Brest, 1890 – Paris, 1944), homme politique français. Militant de l'Action française, il fonda (1935) le CSAR (la *Cagoule*), puis (1940) le fascisant Mouvement social révolutionnaire. Il fut assassiné (avec son fils) par la Gestapo.

**Delorme** Philibert (Lyon, v. 1510 ou 1515 – Paris, 1570), architecte français. De son œuvre, majeure, subsistent l'hôtel Bullioud (1536, Lyon), certaines parties (chap. et portail) du château d'Anet (1545-1555), le tombeau de François I$^{er}$ (basilique de Saint-Denis). [VAR] **de l'Orme**

**Delors** Jacques (Paris, 1925), économiste et homme politique français, président de la Commission européenne (1985-1995).

**Délos** la plus petite des Cyclades. Elle fut le siège de la Ligue maritime fondée par Athènes et abrita dans le temple d'Apollon le trésor fédéral (478-454 av. J.-C.). [DER] **délien, enne** *a, n* – **déliaque** *a*

**déloyal, ale** *a* Dépourvu de loyauté ; qui dénote le manque de loyauté. *Un adversaire déloyal.* PLUR déloyaux. [DER] **déloyalement** *av*

**déloyauté** *nf* **1** Manque de loyauté. **2** Acte déloyal.

**Delphes** v. de l'anc. Grèce (Phocide), au pied du Parnasse, prospère du VII$^{e}$ au IV$^{e}$ s. av. J.-C. Apollon y avait un temple et la Pythie y rendait des oracles en son nom. Le site comprend de grands ensembles (temples, stade, théâtre, gymnase) révélés dès 1860 par les fouilles de l'École française d'Athènes. [DER] **delphien, enne** *a, n* – **delphique** *a*

la tholos de **Delphes**, IV$^{e}$ s. av. J.-C.

**delphinaptère** *nm* Dauphin des mers arctiques, au museau court. SYN dauphin blanc, bélouga.

**delphinarium** *nm* Aquarium où l'on présente des dauphins. [PHO] [delfinaʀjɔm]

**delphinidé** *nm* ZOOL Cétacé odontocète, pourvu en général d'un aileron dorsal et de dents, tel que le dauphin, le globicéphale, l'orque, etc. [ETY] Du lat. *delphinus,* « dauphin ».

**delphinium** *nm* BOT Renonculacée ornementale aux grandes inflorescences. SYN dauphinelle, pied-d'alouette. [PHO] [delfinjɔm]

**delphinologie** *nf* Étude des dauphins.

**Delsarte** François (Solesmes, Nord, 1811 – Paris, 1870), pédagogue français. Ses recherches sur l'expression corporelle font de lui un précurseur de la danse contemporaine.

**Delsarte** Jean (Fourmies, 1903 – Nancy, 1968), mathématicien français ; l'un des membres du collectif Nicolas Bourbaki.

**delta** *nm* **1** Quatrième lettre de l'alphabet grec (δ, Δ). **2** Embouchure d'un fleuve divisée en deux ou plusieurs bras par des dépôts d'alluvions et affectant la forme d'un triangle. *Le delta du Rhône.* LOC *Aile delta :* voilure triangulaire, appelée aussi *aile volante*, utilisée par les adeptes du deltaplane. [DER] **deltaïque** *a*

**Delta (plan)** ensemble des travaux d'aménagement (1958-1986) menés sur les côtes des Pays-Bas (Hollande-Méridionale et Zélande).

**deltaplane** *nm* Appareil de vol à voile constitué d'une surface alaire triangulaire *(aile delta, aile volante)* fixée sur une armature tubulaire et d'un harnais permettant un vol en suspension.

**Delteil** Joseph (Villar-en-Val, Aude, 1894 – Montpellier, 1978), écrivain français : *Jeanne d'Arc* (1925), *Saint Don Juan* (1930).

**deltiste** *n* Personne qui pratique le deltaplane.

**deltoïde** *a, nm* ANAT Se dit du muscle triangulaire de l'épaule, qui s'insère en haut sur la clavicule et l'omoplate, en bas sur l'humérus, et qui permet le mouvement d'abduction du bras.

**déluge** *nm* **1** Inondation cataclysmique. **2** Pluie torrentielle. **3** fig Abondance, grande quantité. *Un déluge de paroles, de larmes.* LOC *Remonter au déluge :* fort loin dans le passé. [ETY] Du lat. *diluvium,* « inondation ».

**Déluge (le)** d'après la Bible (Genèse, livres VI à VIII), inondation universelle, dont seuls Noé, sa famille et des couples d'animaux réchappèrent en trouvant refuge dans l'arche que Noé avait construite sur l'ordre de Dieu. *L'épopée de Gilgamesh,* babylonienne (env. 2000 ans av. J.-C.), narre des faits analogues. V. aussi Deucalion.

**Delumeau** Jean (Nantes, 1923), historien français : *la Peur en Occident, XVI$^{e}$-XVII$^{e}$ siècles* (1978), *l'Italie de la Renaissance à la fin du XVIII$^{e}$ siècle* (1991).

**déluré, ée** *a* **1** D'un esprit vif et astucieux. **2** péjor Très libre dans ses mœurs.

**délurer** *vt* [1] Rendre qqn moins gauche.

**délustrer** *vt* [1] Enlever le lustre d'une étoffe. [DER] **délustrage** *nm*

**déluter** *vt* [1] TECH Ôter le lut de. [PHO] [delyte] [DER] **délutage** *nm*

**Delvaux** Paul (Antheit, près de Huy, 1897 – Furnes, 1994), peintre belge surréaliste.

**Paul Delvaux** *l'Appel* – coll. Aberbach, New York

**Delvaux** André (Louvain, 1926 – Valence, Espagne, 2002), cinéaste belge : *Rendez-vous à Bray* (1971), *l'Œuvre au noir* (1988).

**Delvincourt** Claude (Paris, 1888 – Ortebello, Italie, 1954), compositeur français, influencé par Ravel.

**démagnétiser** *vt* [1] Faire disparaître l'aimantation de. [DER] **démagnétisation** *nf*

**démagogie** *nf* **1** Politique, procédés consistant à professer des théories propres à flatter les passions et les préjugés des masses. **2** didac État social dans lequel le pouvoir politique est aux mains de la multitude. [ETY] Du gr. [DER] **démagogique** *a* – **démagogue** *n, a*

**deltaplane**

**démaigrir** *vt* [3] TECH Amincir une pierre, une pièce de bois. [DER] **démaigrissement** *nm*

**démailler** *vt* [1] **1** Défaire les mailles de. **2** Enlever le poisson pris dans les mailles du filet.

**démailloter** *vt* [1] Défaire le maillot, les langes d'un bébé.

**demain** *av* **1** Jour qui suivra celui où l'on est. *Demain il fera beau.* **2** Dans un futur proche. *Qu'en sera-t-il demain ?* **LOC** *À demain :* formule pour prendre congé. [ETY] Du lat. *de mane,* « à partir du matin ».

**démancher** *v* [1] **A** *vt* **1** Enlever le manche de. *Démancher un balai.* **2** Défaire, déglinguer, disloquer. **B** *vi* MUS Dans le jeu de certains instruments à cordes, modifier la position de la main gauche sur le manche pour jouer les notes aiguës. **C** *vpr* fam **1** Se démettre un membre. **2** Se donner de la peine, se démener pour un résultat. [DER] **démanchement** *nm*

**demande** *nf* **1** Action de demander. *Rejeter une demande.* **2** Écrit exprimant une demande ; chose demandée. *Demande de prélèvement.* **3** DR Action intentée en justice en vue de faire reconnaître ses droits. *Une demande en dommages-intérêts.* **4** ECON Besoins en produits, en services, que le consommateur est prêt à acquérir pour un prix donné. *La loi de l'offre et de la demande.*

**demander** *v* [1] **A** *vt* **1** S'adresser à qqn pour obtenir qqch. *Demander un verre d'eau, de l'aide.* **2** Faire connaître qu'on a besoin de qqn. *Demander un médecin.* **3** Avoir besoin de, nécessiter. *Sa santé demande des ménagements.* **4** S'enquérir de, chercher à prendre contact avec. *Qui demandez-vous ?* **5** DR Faire une demande en justice. *Demander le divorce.* **6** Interroger qqn pour apprendre qqch. *Demander son chemin à un passant.* **B** *vpr* S'interroger soi-même. *Je me demande si j'ai bien fait.* **LOC** *Ne demander qu'à :* n'avoir d'autre désir que de. — fam *Ne pas demander mieux :* accepter volontiers. [ETY] Du lat. *demandare,* « confier ».

**demandeur, euse** *n, a* **A** *n* DR Personne qui forme une demande en justice.(Au fém. *demanderesse.*) **B** *a* Désireux d'obtenir qqch. *Des personnes demandeuses d'aide à domicile.* **LOC** *Demandeur d'emploi :* personne à la recherche d'un travail inscrite à l'ANPE, chômeur.

**Demangeon** Albert (Cormeilles, Eure, 1872 – Paris, 1940), universitaire français ; spécialiste de géographie humaine et économique.

**démanger** *vi* [13] **1** Faire éprouver un picotement de l'épiderme qui incite à se gratter. *Le dos me démange.* **2** fig, fam Éprouver un vif désir. *Ça me démange de le lui dire.* [ETY] De *manger,* « ronger ». [DER] **démangeaison** *nf*

**démanteler** *vt* [17] **1** Démolir des fortifications, les fortifications de. **2** fig Anéantir, abattre. *Démanteler un réseau de trafiquants.* [ETY] De l'a. fr. *mantel,* « manteau ». [DER] **démantèlement** *nm*

**démantibuler** *vt* [1] fam Disloquer, démolir, mettre en pièces.

**démaquiller** *vt* [1] Enlever le maquillage de. *Démaquiller son visage. Se démaquiller les yeux.* [DER] **démaquillage** *nm* – **démaquillant, ante** *a, nm* – **démaquilleur** *nm*

**démarcage** → **démarquer.**

**démarcatif, ive** *a* Qui sert à démarquer. *Une borne démarcative.*

**démarcation** *nf* **1** Action de fixer une limite ; cette limite. *Les États révisèrent la démarcation de leurs frontières.* **2** fig Séparation, délimitation. *Démarcation entre les classes sociales.* **LOC** *Ligne de démarcation :* séparant deux zones d'un territoire. [ETY] De l'esp. *demarcar,* « marquer ».

**démarcation (ligne de)** frontière, fixée par l'armistice franco-allemand du 22 juin 1940, entre la zone *occupée* (par l'Allemagne) au nord, et la zone *libre* (administrée par le gouvernement de Vichy), au sud. Le 11 mars 1942, l'Allemagne occupa la zone libre.

**démarche** *nf* **1** Façon de marcher. *Une démarche gracieuse.* **2** fig Façon dont procède un raisonnement, une pensée. *Une démarche logique.* **3** Action menée pour atteindre un but, réussir une affaire. *Faire des démarches pour obtenir un poste.* [ETY] De l'a. v. *démarcher,* « fouler aux pieds ».

**démarcher** *vt* [1] Visiter à domicile dans le but de placer des marchandises, des services. [DER] **démarchage** *nm* – **démarcheur, euse** *n*

**démarginaliser** *vt* [1] Faire cesser la marginalisation de qqn ou de qqch. *Démarginaliser les handicapés.* [DER] **démarginalisation** *nf*

**démariage** *nm* **1** AGRIC Action de démarier. **2** litt Dissolution du mariage, divorce.

**démarier** *vt* [2] AGRIC Éclaircir un semis en arrachant des jeunes plants. *Démarier des carottes.*

**démarque** *nf* **1** JEU Partie où l'un des joueurs perd un nombre de points égal à celui marqué par l'autre joueur. **2** Action de démarquer des marchandises. **LOC** GEST *Démarque inconnue :* différence entre le stock comptable et le stock réel, par suite de vol ou d'erreurs.

**démarquer** *v* [1] **A** *vt* **1** Enlever la marque de. *Démarquer du linge.* **2** Plagier. *Démarquer une œuvre littéraire.* **3** Enlever la marque d'une marchandise pour la vendre à moindre prix. **4** SPORT Libérer un coéquipier du marquage d'un adversaire. **B** *vpr* Prendre du recul ou ses distances vis-à-vis de qqn ou de qqch. [DER] **démarquage** ou **démarcage** *nm*

**démarqueur, euse** *n* Personne qui démarque, qui plagie.

**démarrer** *v* [1] **A** *vt* **1** Faire fonctionner, mettre en mouvement. *Démarrer un moteur.* **2** Commencer. *Démarrer une nouvelle affaire.* **B** *vi* **1** Se mettre en mouvement, commencer à fonctionner. *Moteur qui démarre.* **2** fig, fam Commencer à fonctionner. *De nouvelles industries vont démarrer.* [ETY] De *dé-,* et *amarrer.* [DER] **démarrage** *nm*

**démarreur** *nm* Petit moteur électrique auxiliaire, actionné par la batterie, qui sert à lancer le moteur d'un véhicule automobile.

**démascler** *vt* [1] TECH Écorcer un chêne-liège pour la première fois. [ETY] Du provenç. *demascla,* « émasculer ». [DER] **démasclage** *nm*

**démasquer** *v* [1] **A** *vt* **1** Enlever son masque à qqn. **2** fig Dévoiler, montrer sous son vrai jour. *Démasquer une intrigue, un hypocrite.* **B** *vpr* Faire connaître ses intentions. **LOC** *Démasquer ses batteries :* montrer des desseins jusqu'alors cachés.

**démâter** *v* [1] **A** *vt* Enlever le(s) mât(s) d'un navire. **B** *vi* MAR Perdre son (ses) mât(s). [DER] **démâtage** *nm*

**dématérialiser** *vt* [1] **1** Rendre immatériel, donner un aspect immatériel. **2** PHYS NUCL Détruire les particules matérielles, celles-ci se transformant en énergie rayonnante. **3** FIN Remplacer la représentation matérielle de valeurs mobilières par une inscription au compte de leur propriétaire ou d'un intermédiaire. **4** INFORM Traiter qqch sous une forme virtuelle, numérique, sans passer par un support matériel (papier, bande magnétique), en partic. par l'intermédiaire d'Internet. [DER] **dématérialisation** *nf*

**Demavend** volcan éteint, point culminant (5 671 m) du massif de l'Elbourz (Iran). [VAR] **Damavend**

**démazouter** *vt* [1] Nettoyer qqch, un animal du mazout qui le souille. [DER] **démazoutage** *nm*

**dème** *nm* ANTIQ GR Division administrative.

**démédicaliser** *vt* [1] Faire cesser une assistance, une surveillance médicale. *Démédicaliser le sport.* [DER] **démédicalisation** *nf*

**démêlé** *nm* Altercation, désaccord. *Avoir un démêlé avec qqn. Avoir eu des démêlés avec la justice.*

**démêler** *vt* [1] **1** Séparer ce qui est emmêlé. *Démêler ses cheveux.* **2** fig Tirer de la confusion, éclaircir. *Démêler une intrigue.* [DER] **démêlage** ou **démêlement** *nm* – **démêlant, ante** *a, nm*

**démêloir** *nm* Peigne à grosses dents.

**démêlures** *nfpl* Cheveux tombés au cours de la coiffure.

**démembrer** *vt* [1] **1** Séparer les membres du tronc d'un animal. **2** fig Morceler, séparer les parties de. *Démembrer un royaume.* [DER] **démembrement** *nm*

**déménager** *v* [13] **A** *vt* Transporter des objets, des meubles, d'un endroit à un autre. **B** *vi* **1** Changer de logement. **2** fig, fam Déraisonner. **3** fig, fam Susciter un grand intérêt, couper le souffle. [ETY] De *ménage.* [DER] **déménageable** *a* – **déménagement** *nm*

**déménageur** *nm* Entrepreneur, ouvrier qui fait des déménagements.

**démence** *nf* **1** Altération grave du psychisme d'un individu. **2** DR Aliénation mentale qui, reconnue au moment de l'infraction, entraîne l'irresponsabilité. **3** MED Diminution irréversible des facultés mentales. *Démence précoce, juvénile, sénile.* **LOC** *C'est de la démence ! :* c'est déraisonnable, insensé ! [ETY] Du lat.

**démener (se)** *vpr* [16] **1** S'agiter violemment. **2** fig Se donner beaucoup de peine pour la réussite d'un projet, d'une entreprise. *Il s'est démené pour obtenir cette place.*

**démenotter** *vt* [1] Ôter les menottes à qqn qui est menotté.

**dément, ente** *a, n* **A** Atteint de démence. **B** *a* **1** mod, fam Extraordinaire, sensationnel. *C'est dément !* **2** Extravagant, déraisonnable.

**démenti** *nm* Action de démentir ; ce qui dément. *Les faits apportent un démenti formel à votre hypothèse.*

**démentiel, elle** *a* **1** Qui se rapporte à la démence, dénote la démence. **2** fam Extravagant, insensé.

**démentir** *v* [30] **A** *vt* **1** Affirmer que qqn n'a pas dit la vérité. *Démentir un témoin.* **2** Affirmer le contraire de ce qui a été dit, déclarer faux. *Démentir une nouvelle.* **3** Contredire ; être en contradiction avec. *Les autres témoignages démentent ses assertions.* **B** *vpr* Faiblir, cesser. *Sa patience ne s'est jamais démentie.*

**démerder (se)** *vpr* [1] très fam **1** Se débrouiller. *Démerde-toi pour arriver à l'heure.* **2** Se hâter. *Démerdez-vous !* [DER] **démerdard, arde** ou **démerdeur, euse** *a, n*

**démérite** *nm* litt Faute, tort.

**démériter** *vi* [1] Agir d'une façon telle que l'on perd l'estime d'autrui. *Il a grandement démérité à leurs yeux en agissant ainsi.*

**démersal, ale** *a* BIOL Se dit des espèces qui vivent au fond de la mer. PLUR démersaux.

**démesure** *nf* Manque de mesure, excès.

**démesuré, ée** *a* **1** Qui excède la mesure normale. *Taille démesurée.* **2** fig Excessif, immodéré. *Une vanité démesurée.* [DER] **démesurément** *av*

**Déméter** dans la myth. gr., déesse de la terre cultivée, fille de Cronos et de Rhéa, sœur de Zeus, mère de Perséphone. Les Romains identifièrent Déméter à Cérès.

**Démétrios de Phalère** (Phalère, Attique, v. 350 – Haute-Égypte, v. 283 av. J.-C.), homme politique et orateur athénien. Il gouverna Athènes au nom de Cassandre.

**Démétrios Ier Poliorcète** (« Preneur de villes ») (v. 336 – 283 av. J.-C.), roi de Macédoine (306-287 av. J.-C.). Vainqueur de Cassandre, il fut battu en Asie Mineure par Séleucos Ier (286 av. J.-C.), qui l'emprisonna.

**Démétrios Ier Sôter** (« le Sauveur ») (mort en 150 avant J.-C.), fils de Séleucos IV ; roi de Syrie de 162 à 150 avant J.-C. — **Démétrios II Nikatôr** (« le Vainqueur ») (mort près de Tyr, 125 avant J.-C.), fils du préc., roi de Syrie de 145 à 138 et de 129 à 125 avant J.-C. — **Démétrios III Eukairos** (« l'Heureux ») (mort en 87 avant J.-C.), roi de Syrie de 95 à 88 avant J.-C.

**1 démettre** *vt* 60 Déplacer un os, luxer. *Il lui a démis le bras.*

**2 démettre** *v* 60 **A** *vt* Destituer d'un emploi, d'une charge, d'une dignité. SYN révoquer. **B** *vpr* Démissionner. *Se démettre de ses fonctions.* ETY Du lat. *dimittere,* « congédier ».

**démeubler** *vt* 1 Enlever tout ou partie des meubles d'un lieu.

**demeurant (au)** *av* D'ailleurs, au reste.

**demeure** *nf* Habitation, maison d'une certaine importance. LOC ***À demeure :*** de façon permanente. — ***Il n'y a pas péril en la demeure :*** on ne risque rien à maintenir les choses en l'état. — ***Mettre qqn en demeure de :*** le sommer de faire qqch.

**demeuré, ée** *a, n* Mentalement retardé.

**demeurer** *vi* 1 **1** (Avec l'auxiliaire *avoir.*) Avoir sa demeure, son habitation. *Nous avons demeuré longtemps dans ce quartier.* **2** litt S'arrêter, rester un certain temps en quelque endroit. *Notre vaisseau a (est) demeuré trois jours à l'ancre.* SYN séjourner. **3** Persister, durer. *Les écrits demeurent.* **4** (Avec l'auxiliaire *être.*) Persister à être dans un certain état. *Il est demeuré inébranlable.* ETY Du lat. *demorari,* « tarder ».

**demi-** Élément, de l'adj. *demi,* désignant la division par deux ou le caractère imparfait, incomplet. (Rem. : *demi-* est invariable.)

**demi, ie** *a, n, av* **A** *a inv* **1** Qui est la moitié exacte d'un tout. *Un demi-kilo. Une demi-livre.* **2** fig Incomplet, imparfait. *Ce n'est qu'un demi-succès.* **B** *n* **1** Polynésie Métis. **2** Moitié d'une chose. *Ne me donne pas une part entière, je n'en veux qu'une demie.* **C** *nm* **1** Moitié d'une unité. **2** Verre de bière qui contient 25 cl ; contenu de ce verre. **3** SPORT Joueur qui assure la liaison entre les avants et les trois-quarts (rugby) ou entre les arrières et les avants (football). **D** *nf* Demi-heure après l'heure juste. *L'horloge sonne les demies. J'ai rendez-vous à la demie.* **E** *av* **1** À moitié. *Des bouteilles demi-vides.* **2** En partie, presque, imparfaitement. *C'est un vieil original, demi-fou.* LOC ***À demi :*** à moitié ; imparfaitement. — ***Et demi :*** plus une moitié. ETY Du lat. class. *dimidius,* refait sur *medius.*

**demiard** *nm* Canada Mesure de capacité pour les liquides, valant une demi-chopine, soit 28,4 cl.

**demi-botte** *nf* Botte qui monte à mi-mollet. PLUR demi-bottes.

**demi-bouteille** *nf* Bouteille de 37 centilitres, utilisée pour les vins d'AOC. PLUR demi-bouteilles.

**demi-brigade** *nf* **1** HIST Nom donné au régiment sous la Révolution. **2** Formation de troupes composée de deux ou trois bataillons et commandée par un colonel. PLUR demi-brigades.

**demi-centre** *nm* SPORT Au football, joueur qui, au milieu du terrain, organise la défense et fournit la balle aux avants. PLUR demi-centres.

**demi-cercle** *nm* GEOM Moitié d'un cercle, limitée par un diamètre. PLUR demi-cercles. DER **demi-circulaire** *a*

**demi-clef** *nf* MAR Nœud le plus simple, formé avec le brin libre d'un cordage passé en boucle autour du brin sous tension. PLUR demi-clefs.

**demi-colonne** *nf* ARCHI Colonne engagée de la moitié de son diamètre dans une maçonnerie. PLUR demi-colonnes.

**demi-deuil** *nm* anc Deuil moins strict que l'on portait après la période de grand deuil. PLUR demi-deuils. LOC CUIS ***Poularde demi-deuil :*** blanchie après introduction sous la peau de lamelles de truffes noires.

**demi-dieu** *nm* MYTH Enfant mâle issu des amours d'un dieu et d'une femme, d'une déesse et d'un homme, ou héros divinisé pour ses exploits. PLUR demi-dieux.

**demi-douzaine** *nf* Moitié d'une douzaine. PLUR demi-douzaines.

**Demidov** famille russe (XVIIe-XIXe siècle). L'industrie métallurgique fut à l'origine de sa fortune. — **Anatole** (Moscou, 1812 – Paris, 1870), épousa la princesse Mathilde Bonaparte.

**demi-droite** *nf* MATH Segment de droite dont une extrémité est rejetée à l'infini. PLUR demi-droites.

**demi-fin, -fine** *a* Qui n'est ni gros ni fin. PLUR demi-fins.

**demi-finale** *nf* SPORT Épreuve éliminatoire dont les vainqueurs disputeront la finale. PLUR demi-finales. DER **demi-finaliste** *n*

**demi-fond** *nm* Course de moyenne distance, qui demande à la fois des qualités de vitesse et d'endurance. PLUR demi-fonds. DER **demi-fondeur, euse** *n*

**demi-frère** *nm* Frère seulement par le père (frère consanguin) ou par la mère (frère utérin). PLUR demi-frères.

**demi-gros** *nm* Vente qui se situe entre le gros et le détail. *Commerce de demi-gros.*

**demi-heure** *nf* Moitié d'une heure. PLUR demi-heures.

**demi-jour** *nm* Faible clarté. PLUR demi-jours.

**demi-journée** *nf* Moitié d'une journée. PLUR demi-journées.

**démilitariser** *vt* 1 Empêcher toute activité militaire dans une zone déterminée, y supprimer toute installation de matériel militaire. DER **démilitarisation** *nf*

**demi-litre** *nm* Moitié d'un litre. PLUR demi-litres.

**De Mille** Cecil Blount (Ashfield, Massachusetts, 1881 – Hollywood, 1959), producteur et réalisateur américain de films à grand spectacle : *Forfaiture* (1915), *les Dix Commandements* (1923 et 1956), *Samson et Dalila* (1949), *Sous le plus grand chapiteau du monde* (1952).

**Cecil B. De Mille** *les Dix Commandements,* 1956, avec Yul Brynner (à g.) et Charlton Heston

**demi-longueur** *nf* SPORT Moitié de la longueur d'un cheval, d'un bateau, etc., d'avance sur le suivant, lors du franchissement de la ligne d'arrivée. PLUR demi-longueurs.

**demi-lune** *nf* **1** FORTIF Ouvrage avancé, en demi-cercle ou en saillant, situé au droit de la courtine. **2** ARCHI Place semi-circulaire à l'entrée d'un palais, à l'extrémité d'un jardin, etc. PLUR demi-lunes. LOC ***En demi-lune :*** de forme semi-circulaire.

**demi-mal** *nm* Mal, dommage moindre que celui qu'on pouvait redouter. PLUR demi-maux.

**demi-mesure** *nf* **1** Moitié d'une mesure. *Une demi-mesure de blé.* **2** Mesure, démarche, précaution insuffisante. PLUR demi-mesures.

**demi-monde** *nm* vieilli Milieu social composé de femmes aux mœurs légères et de leur entourage. PLUR demi-mondes. DER **demi-mondaine** *nf*

**demi-mort, -morte** *a* Presque mort. *Ils étaient demi-morts de faim.* PLUR demi-morts.

**demi-mot (à)** *av* Sans qu'il soit nécessaire de tout dire. *Comprendre à demi-mot.*

**déminer** *vt* 1 **1** Retirer les mines d'une zone terrestre ou maritime, ou les rendre inoffensives. **2** fig, fam Prendre des mesures pour éviter une situation tendue. *Déminer les conflits sociaux.* DER **déminage** *nm*

**déminéraliser** *v* 1 **A** *vt* TECH Débarrasser des sels minéraux. *Eau déminéralisée.* **B** *vpr* MED Être atteint d'une perte pathologique des sels minéraux contenus dans la substance osseuse. DER **déminéralisation** *nf*

**démineur** *nm* Spécialiste du déminage.

**demi-pause** *nf* MUS Figure de silence d'une durée égale à celle d'une blanche, placée sur la troisième ligne de la portée sous la forme d'un petit rectangle noir. PLUR demi-pauses.

**demi-pension** *nf* **1** Pension qui ne comporte qu'un seul repas par jour. *Hôtel qui propose la demi-pension et la pension complète.* **2** Pension qui ne comporte que le repas de midi, dans un établissement scolaire. PLUR demi-pensions.

**demi-pensionnaire** *n* Élève qui prend son repas de midi dans un établissement scolaire. *Externes, demi-pensionnaires et internes.* PLUR demi-pensionnaires.

**demi-pièce** *nf* **1** Moitié d'une pièce de tissu. **2** Tonneau de vin de 110 litres environ. PLUR demi-pièces.

**demi-place** *nf* Place à moitié prix. PLUR demi-places.

**demi-plan** *nm* GEOM Partie d'un plan, limitée par une droite. PLUR demi-plans.

**demi-portion** *nf* fam, péjor Personne chétive, de petite taille. PLUR demi-portions.

**demi-produit** *nm* ECON Syn. de *semi-produit.* PLUR demi-produits.

**demi-queue** *nm* Piano plus petit que le piano à queue et plus grand que le crapaud. PLUR demi-queues.

**Demirel** Süleyman (Islâmköy, 1924), homme politique turc. Leader du Parti de la justice, il fut, de 1965 à 1980, plusieurs fois Premier ministre. À nouveau Premier ministre en 1991, il est président de la Rép. de 1993 à 2000.

**demi-reliure** *nf* TECH Reliure dont le dos n'est pas de la même matière que les plats. PLUR demi-reliures.

**demi-ronde** *nf* TECH Lime dont une face est plate et l'autre arrondie. PLUR demi-rondes.

**démis, ise** *a* Luxé, désarticulé.

**demi-saison** *nf* Automne ou printemps. PLUR demi-saisons.

**demi-sang** *nm* Cheval ou jument provenant de reproducteurs dont un seul est pur-sang, ou de deux demi-sang. PLUR demi-sang ou demi-sangs.

**demi-sec** *am, nm* Se dit d'un vin ou d'un cidre plus sucré que le sec et moins que le doux. PLUR demi-secs.

**demi-sel** *nm* **1** Fromage blanc frais, légèrement salé. **2** fam, péjor Malfaiteur peu aguerri. PLUR demi-sel ou demi-sels. LOC ***Beurre demi-sel*** : peu salé.

**demi-sœur** *nf* Sœur par le père (sœur consanguine) ou la mère (sœur utérine) seulement. PLUR demi-sœurs.

**demi-solde** *n* **A** *nf* Solde réduite de moitié des militaires en disponibilité. **B** *nm* **1** Militaire percevant cette solde. **2** Officier de l'Empire mis à l'écart par la Restauration. PLUR demi-soldes.

**demi-sommeil** *nm* État intermédiaire entre l'état de veille et le sommeil. PLUR demi-sommeils.

**demi-soupir** *nm* MUS Silence d'une durée égale à celle d'une croche, figuré sur la troisième ligne de la portée par un signe en forme de 7. PLUR demi-soupirs.

**démission** *nf* Acte par lequel on renonce à un emploi, à une dignité. *Donner sa démission.* ETY Du lat. *demissio*, « action d'abaisser ».

**démissionnaire** *a, n* **1** Qui vient de donner sa démission. **2** fig Qui ne fait pas face à ses responsabilités.

**démissionner** *v* ① **A** *vi* **1** Donner sa démission. **2** fig, fam Renoncer à faire qqch, abandonner. *C'est vraiment trop compliqué ; moi, je démissionne.* **3** Renoncer à faire face à une situation qui exigerait qu'on assume ses responsabilités. *Avec ses enfants, il a démissionné.* **B** *vt* fam Obliger qqn à donner sa démission.

**demi-tarif** *nm* Tarif inférieur de moitié au plein tarif. PLUR demi-tarifs.

**demi-teinte** *nf* **1** Teinte peu soutenue. **2** MUS Sonorité atténuée. PLUR demi-teintes. LOC ***En demi-teinte*** : qui semble affaibli, nuancé. *Un poème en demi-teinte.*

**demi-ton** *nm* MUS Intervalle le plus petit entre deux notes consécutives de la gamme tempérée. PLUR demi-tons.

**demi-tour** *nm* Moitié d'un tour ; volte-face. PLUR demi-tours. LOC ***Faire demi-tour*** : se retourner ; revenir sur ses pas.

**démiurge** *nm* **1** PHILO Nom donné par Platon, dans le *Timée*, à l'ordonnateur du cosmos, différent de Dieu, pure Intelligence. **2** litt Créateur d'une œuvre, généralement de grande envergure. ETY Du gr. *dêmiourgos*, « artisan ». DER **démiurgique** *a*

**demi-vie** *nf* PHYS NUCL Temps au terme duquel une substance aura perdu la moitié de sa radioactivité. SYN période. PLUR demi-vies.

**demi-volée** *nf* SPORT Renvoi de la balle ou du ballon, à l'instant même de son rebond. PLUR demi-volées.

**démixtion** *nf* CHIM Séparation d'un mélange en plusieurs fractions. PHO [demiksjɔ̃]

**démo-** Élément, du gr. *dêmos*, « peuple ».

**démo** *nf* fam Démonstration faite par un vendeur ou proposée par le fabricant.

**démobiliser** *v* ① **A** *vt* **1** Renvoyer à la vie civile les hommes appelés sous les drapeaux. **2** fig POLIT Diminuer l'enthousiasme combatif de. **B** *vpr* Ne plus se sentir motivé pour agir. *Même les plus obstinés se démobilisèrent.* DER **démobilisable** *a* – **démobilisateur, trice** *a* – **démobilisation** *nf*

**démocrate** *n, a* **1** Partisan de la démocratie. **2** Membre d'un des deux grands partis politiques américains. *Les démocrates et les républicains.*

**démocrate (Parti)** l'un des deux grands partis américains. Simple groupement, il gouverna jusqu'à ce que le *second* Parti républicain (né en 1854) fasse élire Lincoln à la présidence (1860). Depuis, le Parti démocrate a moins souvent le pouvoir que son adversaire.

**démocratie** *nf* **1** Régime politique où la souveraineté est exercée par le peuple. **2** Pays qui vit sous un tel régime. LOC ***Démocratie chrétienne*** : doctrine politique, économique et sociale qui s'inspire à la fois des principes du christianisme et de ceux de la démocratie libérale. — ***Démocraties populaires*** : nom donné aux pays de l'Est qui se réclamaient du marxisme-léninisme. PHO [demɔkʀasi]

**démocratie chrétienne** courant politique européen auquel se rattachent notam. le Parti chrétien démocrate allemand (CDU) et le Parti de la démocratie chrétienne italien (PDC) que créa Alcide De Gasperi en 1944. DER **démocrate-chrétien, enne** *a, n*

**démocratie en Amérique (De la)** ouvrage de Tocqueville (1835 et 1840).

**démocratique** *a* **1** Conforme à la démocratie. *Élection démocratique.* **2** À la portée du plus grand nombre. *Un moyen de transport démocratique.* DER **démocratiquement** *av*

**démocratiser** *vt* ① **1** Rendre conforme à la démocratie. *Démocratiser les institutions.* **2** Mettre à la portée du plus grand nombre. DER **démocratisation** *nf*

**Démocrite** (Abdère, Thrace, v. 460 – ?, v. 370 av. J.-C.), philosophe grec. Matérialiste, il identifie l'être à la matière (composée d'atomes qui se déplacent dans le vide) et le non-être au vide. Il est le précurseur direct d'Épicure.

**démodé, ée** *a* Passé de mode.

**démoder (se)** *vpr* ① Ne plus être à la mode.

**démodex** *nm* Acarien microscopique parasite des glandes sébacées et des follicules pileux des mammifères. ETY Du gr. *dêmos*, « graisse », et *dêx*, « ver ».

**démoduler** *vt* ① TELECOM Séparer un signal de l'onde porteuse qu'il module. DER **démodulateur** *nm* – **démodulation** *nf*

**démographie** *nf* **1** Science qui décrit et étudie les peuples, les populations. *Les apports de la démographie à la géographie humaine.* **2** État d'une population, sous l'aspect quantitatif. DER **démographe** *n* – **démographique** *a*

**demoiselle** *nf* **1** Jeune fille, femme non mariée. **2** anc Femme d'un bourgeois (par oppos. à *dame*, femme noble). **3** fig Nom cour. de diverses petites libellules. **4** TECH Outil de paveur qui sert à tasser le sol. SYN dame. LOC GEOL ***Demoiselle coiffée*** : cheminée de fée. — ***Demoiselle de Numidie*** : oiseau gruiforme d'Afrique du Nord et du Proche-Orient — ***Demoiselle d'honneur*** : jeune fille attachée à la cour d'une reine, d'une princesse ; jeune fille qui accompagne la mariée. ETY Du lat. *domina*, « dame ».

**Demoiselles (grotte des)** excavation dominant les gorges de l'Hérault.

**Demoiselles d'Avignon (les)** peinture de Picasso (1907) représentant des prostituées de la rue d'Avignon à Barcelone.

**démolir** *vt* ③ **1** Détruire, abattre pièce par pièce ce qui était construit. *Démolir une maison.* **2** fig Ruiner, abattre complètement. *Démolir la réputation de qqn.* **3** Mettre en pièces, rendre inutilisable. *Démolir un appareil.* **4** fam Fatiguer à l'extrême exténuer. *Cette marche forcée nous a complètement démolis.* **5** Ruiner la santé de. *C'est l'alcool qui l'a démoli.* **6** fam Frapper qqn. ETY Du lat. *moliri*, « bâtir ». DER **démolissage** *nm* – **démolisseur, euse** *n*

**démolition** *nf* **A** Action de démolir. *Entreprise de démolition. La démolition des institutions.* **B** *nf pl* Matériaux de constructions démolies.

**démon** *nm* **1** MYTH Génie bon ou mauvais. **2** Ange déchu, chez les chrétiens et les juifs. **3** fig Personne méchante, mauvaise. *Méfiez-vous d'elle, c'est un démon.* LOC ***Avoir*** (ou ***être possédé par***) ***le démon de midi*** : se dit d'une personne qui, au milieu de sa vie, éprouve le désir violent d'avoir à nouveau des aventures amoureuses. — ***C'est un petit démon*** : un enfant turbulent, bruyant. — ***Le démon*** : le diable, Satan. — ***Le démon de...*** : l'instinct mauvais qui pousse vers... — ***Le démon de Socrate*** : le génie, la voix intérieure (personnification de la conscience morale) qui, selon Socrate, lui inspirait sa conduite. — fam ***Les vieux démons de qqn*** : d'anciennes habitudes néfastes auxquelles il semblait avoir renoncé. ETY Du gr. *daimôn*, « génie protecteur, dieu ».

**démondialisation** *nf* ECON **1** Théorie prônant une réorganisation de l'économie mondiale en différentes zones géographiques cohérentes et autonomes. **2** Baisse du volume des échanges commerciaux à l'échelle mondiale.

**démonétiser** *vt* ① **1** Enlever sa valeur légale à une monnaie. **2** fig Déprécier, discréditer. DER **démonétisation** *nf*

**démoniaque** *a, n* **A** *a* Relatif au démon ; qui a le caractère qu'on prête au démon. *Personnage démoniaque.* **B** *a, n* Qui est possédé du démon. *L'exorcisation d'un démoniaque.*

**démoniser** *vt* ① Diaboliser, stigmatiser. *Démoniser ses adversaires politiques.* DER **démonisation** *nf*

**démonologie** *nf* Étude des démons.

**démonstrateur, trice** *n* Celui, celle qui fait la démonstration d'un appareil, d'un produit, etc. *Démonstratrice en produits de beauté.*

**démonstratif, ive** *a, nm* **A** *a* **1** Qui sert à démontrer. *Argument démonstratif.* **2** Qui a tendance à s'extérioriser, à manifester ses sentiments. *Un homme peu démonstratif.* **B** *a, nm* GRAM Qui sert à montrer, à désigner la personne, la chose dont on parle à l'exclusion de toute autre. *Adjectifs, pronoms démonstratifs. « Ce » est un démonstratif.* DER **démonstrativement** *av*

**démonstration** *nf* **1** Action de démontrer ; raisonnement par lequel on démontre ; ce qui prouve, démontre. **2** Leçon pratique donnée en montrant les objets dont on parle. *Professeur qui fait une démonstration de physique.* **3** Explication pratique concernant un appareil, un produit, etc., donnée par un vendeur. **4** Manifestation extérieure d'un sentiment. *Faire des démonstrations d'amitié à qqn.* **5** Manifestation publique spectaculaire. *Une démonstration aérienne.* **6** MILIT Manœuvres faites pour donner le change à l'ennemi ou pour l'intimider. ETY Du lat.

**démonté, ée** *a* Dont on a mis les éléments en pièces détachées. LOC ***Mer démontée*** : dont les lames sont très grosses et déferlent.

**démonte-pneu** *nm* Outil, levier qui sert à déjanter un pneu. PLUR démonte-pneus.

**démonter** *v* ① **A** *vt* **1** Séparer, désassembler des pièces assemblées. *Démonter un mécanisme, une roue. Se démonter la mâchoire.* **2** Jeter qqn à bas de sa monture. *Cheval qui démonte son cavalier.* **3** fig Causer du trouble à, déconcerter. *Cette objection le démonta.* **B** *vpr* Perdre contenance. *Se démonter devant un contradicteur.* ETY Du lat. DER **démontable** *a* – **démontage** *nm*

**démontrer** *vt* ① **1** Établir par un raisonnement rigoureux l'évidence, la vérité de. *Démontrer un théorème.* **2** Témoigner par des signes extérieurs de. *Ces incidents démontrent la difficulté de l'entreprise.* ETY Du lat. DER **démontrable** *a*

**démoraliser** *vt* ① Donner un mauvais moral, abattre, décourager. *Cet échec l'a démoralisé.* DER **démoralisant, ante** *a* – **démoralisateur, trice** *a, n* – **démoralisation** *nf*

**démordre** *vti* [6] LOC *Ne pas démordre de* : ne pas se départir de, ne pas vouloir renoncer à. *Il s'entête dans son erreur, et il n'en démordra pas.*

**De Morgan** Augustus (Madura, Inde, 1806 – Londres, 1871), mathématicien anglais : *Formal Logic or The Calculus of Inference* (1847).

**Démosthène** (Athènes, 384 – Calaurie, auj. *Póros,* près de la côte de l'Argolide, 322 av. J.-C.), homme politique et orateur athénien. Il dénonça les ambitions de Philippe de Macédoine : *Première Philippique* (351) et les trois *Olynthiennes* (349-348). En 339, à son instigation, Athéniens et Thébains s'allièrent contre Philippe, qui les vainquit à Chéronée (338). En 338, l'assemblée athénienne lui offrit une couronne d'or, ce qu'Eschine jugea illégal et Démosthène se défendit en 330 (*Sur la couronne*). Exilé en 324 sur une accusation de corruption, il souleva les Grecs contre la Macédoine et rentra à Athènes en 323. Mais Antipatros battit les insurgés à Crannon (322), et Démosthène se réfugia dans l'île de Calaurie, où il s'empoisonna.

Démosthène

**démotique** *n, a* **A** *nm, a* didac Ancienne écriture égyptienne. *L'écriture démotique est une simplification de l'écriture hiératique.* **B** *nf* Grec moderne communément parlé.

**démotiver** *vt* [1] Retirer toute motivation à qqn. [DER] **démotivant, ante** *a* – **démotivation** *nf*

**démoucheter** *vt* [18] ou [20] Ôter le bouton (*la mouche*) qui est à la pointe d'un fleuret.

**démouler** *vt* [1] Retirer du moule. *Démouler une pièce de fonderie.* [DER] **démoulage** *nm*

**démoustiquer** *vt* [1] Débarrasser un lieu des moustiques. [DER] **démoustication** *nf*

**Dempsey** William Harrison, dit Jack (Manassa, Colorado, 1895 – New York, 1983), boxeur américain ; champion du monde poids lourds de 1919 à 1926. (V. Carpentier).

**démultiplier** *vt* [2] MECA Réduire la vitesse transmise par un moteur en augmentant le couple moteur. [DER] **démultiplicateur, trice** *n, a* – **démultiplication** *nf*

**démuni, ie** *n, a* Personne sans ressources.

**démunir** *v* [3] **A** *vt* Dépouiller d'une chose nécessaire. *L'afflux de commandes nous a démunis de notre stock.* **B** *vpr* Se dessaisir de ce qu'on aurait dû conserver par-devers soi, notam. de son argent. *Il ne veut pas se démunir avant d'avoir retrouvé du travail.*

**démuseler** *vt* [17] ou [19] **1** Ôter sa muselière à un animal. **2** fig Rendre libre. *Démuseler la presse.*

**démutiser** *vt* [1] didac Apprendre à parler à un muet.

**démutualiser** *vt* [1] Privatiser une société mutuelle. [DER] **démutualisation** *nf*

**Demy** Jacques (Pontchâteau, L.-Atl., 1931 – Paris, 1990), cinéaste français. Auteur de comédies musicales : *les Parapluies de Cherbourg* (1964), *les Demoiselles de Rochefort* (1966), *Une chambre en ville* (1982).

**démystifier** *vt* [2] **1** Désabuser qqn qui a été victime d'une mystification. **2** Démythifier. [DER] **démystification** *nf*

**démythifier** *vt* [2] Ôter son caractère mythique à. [DER] **démythification** *nf*

**Denain** ch.-l. de cant. du Nord (arr. de Valenciennes), port sur l'Escaut ; 20 360 hab. Le 24 juil. 1712, la victoire de Villars sur le prince Eugène sauva la France de l'invasion. [DER] **denaisien, enne** *a, n*

**dénasaliser** *vt* [1] PHON Faire perdre à un phonème son caractère nasal. [DER] **dénasalisation** *nf*

**dénatalité** *nf* Décroissance du nombre des naissances dans un pays.

**dénationaliser** *vt* [1] Rendre au secteur privé une entreprise, une industrie nationalisée. [DER] **dénationalisation** *nf*

**dénaturaliser** *vt* [1] Faire perdre les droits acquis par naturalisation à. [DER] **dénaturalisation** *nf*

**dénaturant** → **dénaturer.**

**dénaturation** *nf* **1** Action de dénaturer une chose. **2** TECH Opération qui consiste à dénaturer une substance pour la rendre impropre à la consommation alimentaire et la réserver à l'usage industriel. **3** fig Déformation, altération de la nature d'un fait, d'une idée. *Dénaturation d'une théorie scientifique.* **4** BIOL Altération de la structure d'une protéine.

**dénaturé, ée** *a* **1** TECH Qui a subi une dénaturation. *Alcool dénaturé.* **2** fig Faux, altéré. *Un texte dénaturé.* **3** Qui va à l'encontre de ce qui est considéré comme naturel. *Mœurs dénaturées.* **4** Qui manque aux sentiments naturels d'affection ou d'humanité. *Père dénaturé.*

**dénaturer** *vt* [1] **1** Changer la nature, les caractères spécifiques de. *Engrais chimique qui dénature le goût des légumes.* **2** TECH Opérer la dénaturation de. *Dénaturer de l'alcool.* **3** fig Changer le caractère de, altérer, déformer. *Citation tronquée qui dénature la pensée de l'auteur.* [DER] **dénaturant, ante** *a, nm*

**dénazification** *nf* Ensemble des mesures prises en Allemagne, après la victoire des Alliés en 1945, pour combattre et détruire l'influence du nazisme. [DER] **dénazifier** *vt* [2]

**Dendérah** village et site archéologique de Haute-Égypte, sur la r. g. du Nil : temple de la déesse Hathor (Ier s. av. J.-C.).

**dendr(o)-, -dendron** Éléments, du gr. *dendron,* « arbre ».

**Dendre (la)** (en néerl. *Dender*), riv. de Belgique (65 km), canalisée, affl. de l'Escaut.

**dendrite** *nf* **1** MINER Arborisation formée par de fins cristaux de sels métalliques ou de métaux à l'état natif à la surface de diverses roches. **2** ANAT Prolongement arborescent du cytoplasme de la cellule nerveuse.

**dendritique** *a* **1** didac De la dendrite, en forme de dendrite. **2** GEOGR Se dit d'un réseau hydrographique très ramifié.

**dendrobate** *nm* Petite grenouille arboricole d'Amérique tropicale, vivement colorée et sécrétant une toxine très violente.

**dendrobium** *nm* Orchidée épiphyte d'Asie du Sud-Est à grandes fleurs parfumées, cultivée en serre chaude. [PHO] [dɛ̃dʀobjɔm]

**dendrochronologie** *nf* Méthode de datation par l'examen des couches concentriques annuelles des arbres, des arbres fossiles. [DER] **dendrochronologique** *a*

**dendroclimatologie** *nf* PALEONT Méthode de détermination des paléoclimats par reconstitution des caractéristiques de la croissance des arbres aux époques considérées.

**dendroctone** *nm* Variété de scolyte qui ravage les forêts d'épicéas.

**dendrocygne** *nm* Oiseau (anatidé) commun en Afrique. SYN canard siffleur.

**dendrologie** *nf* BOT Partie de la botanique qui étudie les arbres. [DER] **dendrologique** *a*

**dendrométrie** *nf* Étude des dimensions et des formes des arbres, en vue de leur exploitation. [DER] **dendrométrique** *a*

**Deneb** étoile supergéante bleue de la constellation du Cygne (magnitude visuelle 1,3).

**dénébuler** *vt* [1] TECH Dissiper artificiellement un brouillard. [VAR] **dénébuliser** [DER] **dénébulation** ou **dénébulisation** *nf*

**dénégation** *nf* **1** Action, fait de nier. *Geste de dénégation.* **2** PSYCHAN Mécanisme de défense d'un sujet qui, tout en formulant un désir, jusque-là refoulé, nie qu'il lui appartienne.

**déneiger** *vt* [13] Retirer la neige de. [DER] **déneigement** *nm*

**dénervation** *nf* MED Disparition de l'innervation normale d'un organe.

**Deneuve** Catherine Dorléac, dite Catherine (Paris, 1943), actrice française : *les Parapluies de Cherbourg* (1964), *Tristana* (1970), *le Dernier Métro* (1980), *Indochine* (1991). ▶ illustr. Truffaut

**Denfert-Rochereau** Pierre Philippe (Saint-Maixent, 1823 – Versailles, 1878), colonel français. Il sauva Belfort, assiégé par les Prussiens (1870-1871).

**dengue** *nf* MED Maladie virale aiguë des zones tropicales et subtropicales caractérisée par une éruption, une fièvre, des douleurs musculaires et articulaires, transmise par les moustiques. [PHO] [dɛ̃g] [ETY] Mot esp., « minauderie ».

**Deng Xiaoping** (Guangyan, Sichuan, 1904 – Pékin, 1997), homme politique chinois. Membre du parti communiste (1924), secrétaire général du Comité central (1954), il fut accusé de « déviationnisme de droite » en 1966. Il devint le numéro un chinois, sans aucun titre, après la mort de Mao Zedong (1977) et fit de la Chine une grande puissance industrielle. [VAR] **Teng Siao-p'ing**

Deng Xiaoping

**Dengyō Daishi** nom posthume donné au moine bouddhiste japonais Saichō (Kyōto, 767 – id., 822), fondateur dans son pays d'une école bouddhique (le Tendai).

**déni** *nm* **1** Refus d'accorder une chose due à qqn. **2** litt Action de dénier un fait, une assertion. *Apporter un déni formel aux affirmations de la presse.* **3** PSYCHAN Refus d'admettre une réalité perçue comme traumatisante. LOC *Déni de grossesse* : fait pour une femme enceinte de ne pas avoir conscience de sa grossesse. — *Déni de justice* : refus que fait un juge de statuer alors qu'il a été régulièrement saisi.

**déniaiser** *vt* [1] **1** Rendre moins niais. *La vie indépendante l'a un peu déniaisé.* **2** fam Faire perdre sa virginité à qqn. [DER] **déniaisement** *nm*

**dénicher** *v* [1] **A** *vt* **1** Ôter du nid. *Dénicher des oiseaux.* **2** fig Trouver, découvrir à force de recherches. *Dénicher un objet rare.* **B** *vi* Abandonner son nid. *Les fauvettes ont déniché.* [DER] **dénichage** *nm* – **dénicheur, euse** *n*

**dénicotiniser** *vt* [1] Enlever la nicotine de.

**denier** *nm* **1** ANTIQ Monnaie romaine qui valut dix, puis seize as. **2** anc Monnaie française qui valait le douzième d'un sou. **3** TEXT Ancienne unité de mesure de la finesse d'un fil, remplacée par le décitex. LOC RELIG CATHOL *Denier du culte* :

somme recueillie auprès des fidèles pour subvenir aux frais du culte et à l'entretien du clergé. — *Les deniers de l'État, les deniers publics :* les fonds publics. — *Payer qqch de ses deniers :* de son propre argent. ETY Du lat.

revers d'un **denier** romain, au type des Dioscures à cheval, argent, IIe s. av. J.-C. – musée des Thermes, Rome

**dénier** *vt* 2 **1** Ne pas accorder à qqn. *Dénier un droit.* **2** Refuser de prendre à son compte, de se voir imputer qqch. *Je dénie toute responsabilité.* ETY Du lat. *negare,* « nier ».

**dénigrer** *vt* 1 Chercher à diminuer le mérite, la valeur de. *Dénigrer un rival.* ETY Du lat., « noircir ». DER **dénigrement** *nm* – **dénigreur, euse** *a, n*

**Denikine** **Anton Ivanovitch** (près de Varsovie, 1872 – Ann Arbor, Michigan, 1947), général russe. Il dirigea (1918-1920) contre les bolcheviks une armée de volontaires en Ukraine. Wrangel lui succéda.

**denim** *nm* Tissu de coton sergé, très solide, initialement fabriqué à Nîmes et servant à la confection des blue-jeans. PHO [denim] ETY Mot américain, du nom de la ville de *Nîmes.*

**De Niro** **Robert** (New York, 1943), acteur américain : *le Parrain II* (1974), *Taxi Driver* (1976), *Raging Bull* (1980), *les Affranchis* (1990).

**Denis (saint)** évangélisateur des Gaules, premier évêque de Paris (v. 250). Il fut martyrisé. VAR **Denys**

**Denis le Libéral** (Lisbonne, 1261 – Odivelas, 1325), roi de Portugal (1279-1325). Il développa l'écon. et fonda l'université de Lisbonne (1290), transférée à Coimbra en 1307.

**Denis** **Maurice** (Granville, 1870 – Paris, 1943), peintre et critique d'art français, membre du groupe des nabis.

**Maurice Denis** *les Muses,* 1893 – MNAM

**Denis** **Claire** (Paris, 1948), cinéaste française : *J'ai pas sommeil* (1994).

**dénitrater** *vt* 1 Débarrasser un sol, une eau de ses nitrates. DER **dénitratation** *nf*

**dénitrifier** *vt* 2 TECH Enlever l'azote, ou l'un de ses composés, d'une substance, d'un sol. DER **dénitrifiant, ante** *a* – **dénitrification** *nf*

**dénivelée** *nf* Différence d'altitude entre deux points. VAR **dénivelé** *nm*

**déniveler** *vt* 17 ou 19 **1** Rendre accidenté ce qui était nivelé. **2** Donner une certaine inclinaison à.

**dénivellation** *nf* **1** Action de déniveler ; son résultat. **2** Différence de niveau ; inégalité du terrain. VAR **dénivèlement** ou **dénivellement** *nm*

**Denizli** v. de Turquie ; 169 130 hab. ; ch.-l. de l'il du même nom. Centre commercial.

**Denjoy** **Arnaud** (Auch, 1884 – Paris, 1974), mathématicien français : études sur les fonctions, les ensembles et les nombres transfinis.

**Dennery** **Adolphe Philippe,** dit (Paris, 1811 – id., 1899), dramaturge français ; auteur, seul ou en collab., de nombr. mélodrames (*les Deux Orphelines,* 1874). VAR **d'Ennery**

**dénombrable** *a* Qu'on peut compter, dénombrer. LOC MATH ***Ensemble dénombrable :*** en correspondance biunivoque avec une partie de l'ensemble des entiers positifs.

**dénombrer** *vt* 1 Faire le compte détaillé de, recenser. *Dénombrer des effectifs.* DER **dénombrement** *nm*

**dénominateur** *nm* MATH Terme d'une fraction placé sous le numérateur et indiquant en combien de parties égales l'unité a été divisée. *Le dénominateur de* $\frac{7}{3}$ *est 3.* LOC ***Dénominateur commun :*** dénominateur qui est le même dans plusieurs fractions ; **fig** caractère, particularité que des personnes ou des choses ont en commun.

**dénominatif, ive** *a, nm* LING **A** *a* Qui dénomme, désigne. **B** *nm* Dérivé d'un nom. *« Rationner », qui vient de « ration », est un dénominatif.*

**dénomination** *nf* Désignation d'une personne, d'une chose par un nom ; ce nom. *Ce médicament est connu sous plusieurs dénominations.*

**dénommé, ée** *n* ADMIN **péjor** (Devant un nom propre.) Celui, celle qui a pour nom... *J'ai eu affaire au dénommé Untel.*

**Dénommé Jeudi (le)** roman de Chesterton (1908), récit policier métaphysique.

**dénommer** *vt* 1 **1** Assigner un nom à. **2** DR Désigner par son nom. ETY Du lat.

**Denon** **Dominique Vivant (baron)** (Givry, près de Chalon-sur-Saône, 1747 – Paris, 1825), graveur et écrivain français. Il suivit Bonaparte en Égypte. Napoléon le nomma directeur général des musées.

**dénoncer** *vt* 12 **1** Signaler, indiquer comme coupable à la justice, à l'autorité. *Dénoncer un criminel. Se dénoncer à la justice.* **2** Faire connaître publiquement qqch en s'élevant contre. *Dénoncer l'arbitraire d'une décision.* **3** **litt** Indiquer, révéler qqch. *Tout en lui dénonce la fausseté.* **4** Faire connaître la cessation, la rupture d'un engagement contractuel. ETY Du lat. *denuntiare,* « faire savoir ». DER **dénonciateur, trice** *n, a*

**dénonciation** *nf* **1** Action de dénoncer. *Être arrêté sur dénonciation.* **2** DR Signification légale. *Dénonciation de saisie-arrêt.* **3** Action de dénoncer un engagement contractuel. *Dénonciation d'un traité.*

**dénotation** *nf* **1** Fait de dénoter ; chose dénotée. **2** LOG Désignation de tous les objets appartenant à la classe définie par un concept. **3** LING Sens consensuel d'un mot excluant toute valeur subjective, par oppos. à *connotation.* ETY Du lat., « indication ».

**dénoter** *vt* 1 **1** Marquer, être le signe de. *Tout cela dénote de réelles qualités de cœur.* **2** LING Signifier indépendamment de toute valeur subjective, par oppos. à *connoter.* ETY Du lat. *denotare,* « désigner, faire connaître ».

**dénouement** *nm* **1** Fait de se dénouer. *Le dénouement d'une crise.* **2** Manière dont se termine un roman, une pièce de théâtre, etc. *Un dénouement inattendu.*

**dénouer** *vt* 1 **1** Défaire un nœud ; détacher. *Dénouer sa ceinture. Ses nattes se sont dénouées.* **2** Démêler, trouver la solution de. *Chercher le moyen de dénouer une crise.*

**dénoyauter** *vt* 1 Enlever le noyau d'un fruit. DER **dénoyautage** *nm* – **dénoyauteur** *nm*

**Denpasar** v. d'Indonésie, cap. de la prov. de Bali ; 261 260 hab. Tourisme.

**denrée** *nf* Marchandise destinée à la nourriture de l'homme. *Denrée périssable.* LOC ***Denrée rare :*** ce qui se rencontre peu souvent, qui est précieux. ETY De *denier,* « marchandise de la valeur d'un denier ».

**dense** *a* **1** Compact, épais. *Une forêt dense.* **2** Nombreux et concentré. *Une population dense.* **3** **fig** Riche et concis. *Un style dense.* **4** PHYS Dont la densité est élevée. LOC MATH ***Ensemble dense dans un autre ensemble :*** tel qu'il possède au moins un élément $\alpha$ qui réponde à l'inégalité $a < \alpha < b$, $a$ et $b$ étant deux éléments quelconques de l'autre ensemble. ETY Du lat. *densus,* « épais ». DER **densément** *av*

**densifier** *vt* 2 **1** TECH Augmenter par pression la densité d'un bois. **2** Augmenter en nombre un ensemble, une population. *Densifier un réseau ferroviaire. La population de la région s'est densifiée.* DER **densification** *nf*

**densimètre** *nm* **1** PHYS Appareil servant à mesurer la densité des liquides. **2** PHYS NUCL Appareil déterminant la densité d'un milieu par la mesure de l'absorption ou la diffusion du rayonnement.

**densimétrie** *nf* PHYS Mesure des densités.

**densité** *nf* **1** Qualité de ce qui est dense. **2** PHYS Rapport entre la masse d'un volume d'un liquide, d'un solide, d'un gaz ou d'air et la masse du même volume d'eau. *La densité du mercure est 13,55.* LOC ELECTR ***Densité de courant :*** rapport entre l'intensité qui traverse un conducteur et la section droite de ce conducteur. — GEOGR ***Densité de la population :*** nombre d'habitants d'une région, d'un pays au kilomètre carré.

**densitomètre** *nm* PHYS Photomètre servant à mesurer la densité optique.

**dent** *nf* **1** Chez l'homme, organe de consistance très dure, de coloration blanche, implanté sur les maxillaires et servant à la mastication. *Dents de lait, de sagesse. Dent cariée.* **2** ZOOL Formation du squelette des vertébrés, qui sert à la mastication, parfois à la défense. **3** Pointe ou saillie que présentent certains objets. *Les dents d'un râteau, d'un peigne, d'une scie.* **4** BOT Découpure en pointe. *Les dents d'une feuille.* **5** GEOGR Pic montagneux. LOC **fam** ***Avoir la dent :*** avoir faim. — ***Avoir la dent dure :*** ne pas ménager celui dont on parle. — ***Avoir les dents longues :*** être très ambitieux. — ***Avoir une dent contre qqn :*** avoir une rancune, une animosité particulière contre qqn. — ***En dents de scie :*** présentant une suite d'arêtes, de montées et de descentes ; **fig** irrégulièrement. — ***Être armé jusqu'aux dents :*** très bien armé. — ***Être sur les dents :*** être débordé de travail ; être accablé, surmené. — ***Manger du bout des dents :*** sans appétit. — ***Mordre à belles dents :*** de toutes ses dents, avec avidité. — **fam** ***N'avoir rien à se mettre sous la dent :*** n'avoir rien à manger. — ***Parler entre ses dents :*** de manière indistincte. — ***Se faire les dents :*** s'aguerrir. ETY Du lat. ▶ illustr. p. 452

ENC Chaque dent comprend deux parties : la racine, incluse dans l'alvéole et la couronne, qui fait saillie hors du bord alvéolaire ; le collet est la zone limitant racine et couronne. Une cavité centrale, la cavité pulpaire, contient des vaisseaux sanguins et des nerfs. Les dents sont faites de dentine, ou ivoire, recouverte d'émail sur la couronne et de cément sur la racine. Implantées sur les maxillaires, elles dessinent deux courbes paraboliques : les arcades dentaires. Chez l'enfant, les dents de lait commencent à apparaître vers l'âge de 6 mois. Au nombre de 20 (8 incisives, 4 canines, 8 prémolaires), elles sont remplacées et complétées à partir de 6 ans par les 32 dents définitives : 8 incisives, 4 canines, 8 prémolaires, 12 molaires (dont 4 dents de sagesse, après l'âge de 18 ans). Les maladies dentaires sont nombreuses : carie, malposition, abcès, pulpite.

**1 dentaire** *a* Qui a rapport aux dents, à leur traitement. *Arcade dentaire.* **LOC** ***Formule dentaire :*** qui indique le nombre et la répartition des dents d'un individu, d'une espèce.

**2 dentaire** *nf* Crucifère vivace à grandes fleurs des régions tempérées, voisine de la cardamine.

**dental, ale** *a, nf* PHON Se dit d'une consonne qui se prononce en appliquant la langue contre les dents, telle que [d] et [t]. PLUR dentaux.

**dentale** *nm* Mollusque marin fouisseur dont la coquille tronconique arquée est ouverte aux deux extrémités.

**dent-de-lion** *nf* Pissenlit. PLUR dents-de-lion.

**denté, ée** *a* **1** TECH Garni de dents. *Roue dentée.* **2** BOT Dont les bords présentent des dents. *Feuille dentée.*

**dentée** *nf* VEN Coup de dent du chien au gibier.

**dentelé, ée** *a, nm* **A** *a* Qui est coupé ou découpé en forme de dents. *Les bords dentelés d'un timbre-poste. Un rivage dentelé.* **B** *a, nm* ANAT Se dit des muscles du tronc présentant des structures en forme de doigts qui s'insèrent sur les côtes.

**denteler** *vt* ⑰ ou ⑲ Découper qqch en forme de dents. *Denteler le bord d'un tissu.*

**dentelle** *nf* **1** Tissu à jours et à mailles très fines fait avec du fil de lin, de soie, de laine, d'or, etc. *La dentelle se fait à l'aide d'aiguilles, de fuseaux, de crochets, de navettes ou de métiers.* **2** Ce qui évoque la dentelle par son aspect. *Dentelle de pierre des clochers gothiques.* **LOC** fam ***Ne pas faire dans la dentelle :*** avoir une attitude tranchée, sans nuances. ETY De *dent.*

**coupe d'une dent**

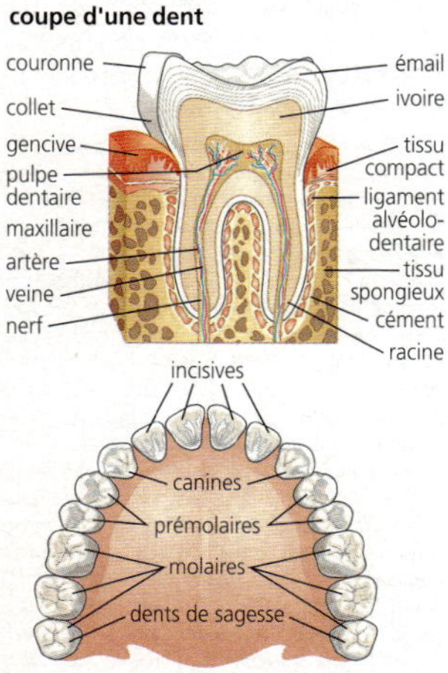


**arcade supérieure de la denture**

**dent**

**dentellier, ère** *a, nf* **A** *a* Qui concerne la dentelle. *Industrie dentellière.* **B** *nf* **1** Ouvrière qui fait de la dentelle. **2** TECH Machine à fabriquer la dentelle. VAR **dentelier, ère**

**Dentellière (la)** peinture de Vermeer (v. 1664, Louvre).

**dentelure** *nf* **1** Découpure en forme de dents. **2** ARCHI Ornement de sculpture dentelé.

**denticule** *nm* ARCHI Ornement en forme de dent, caractéristique des corniches ionique et corinthienne. DER **denticulé, ée** *a*

**dentier** *nm* Prothèse dentaire amovible constituée de plusieurs dents artificielles montées sur une même pièce rigide.

**dentifrice** *nm* Préparation servant au nettoyage des dents et des gencives. *Tube de dentifrice.* ETY Du lat. *fricare*, « frotter ».

**dentine** *nf* BIOCHIM Élément constitutif de la dent, d'une consistance proche de celle de l'os. DER **dentinaire** *a*

**dentiste** *n* Praticien diplômé spécialiste des soins dentaires.

**dentisterie** *nf* Pratique des soins dentaires.

**dentition** *nf* **1** didac Ensemble des phénomènes anatomiques et physiologiques conduisant à la mise en place de la denture. **2** Denture.

**denture** *nf* **1** Ensemble des dents. *La denture de l'homme adulte comprend 32 dents.* **2** TECH Ensemble des dents d'un outil, d'un pignon.

**denturologie** *nf* Canada Fabrication des prothèses dentaires. DER **denturologique** *a* – **denturologiste** *n*

**dénucléariser** *vt* ① MILIT Prohiber ou réduire en quantité l'armement nucléaire d'un pays, d'une région. DER **dénucléarisation** *nf*

**dénudation** *nf* **1** Action de dénuder ; état de ce qui est dénudé. **2** MED Action de mettre à nu un organe, un tissu, une dent.

**dénuder** *vt* ① Mettre à nu ; dépouiller de ce qui recouvre, garnit. *Dénuder un tronc d'arbre de son écorce, un fil électrique de sa gaine. Se dénuder entièrement.*

**dénué, ée** *a* Dépourvu, privé de. *Un livre dénué d'intérêt.*

**dénuement** *nm* Manque du nécessaire ; grande pauvreté. *Vivre dans un profond dénuement.*

**dénutri, ie** *a* MED Qui souffre d'une déficience nutritionnelle consécutive à une carence d'apports nutritifs ou à un déséquilibre entre l'assimilation et la désassimilation. DER **dénutrition** *nf*

**Denver** v. des É.-U., cap. du Colorado, à 1 700 m d'altitude, au pied des montagnes Rocheuses ; 2,2 millions d'hab. (aggl.). Grand centre comm. et industr. – Université. Archevêché catholique.

**Denys (saint)** (m. à Rome, 268), pape de 259 à 268.

**Denys** → **Denis.**

**Denys l'Ancien** (Syracuse, vers 430 – id., 367 avant J.-C.), tyran de Syracuse de 405 à 367, célèbre pour ses cruautés ; il bouta les Carthaginois hors de Sicile. — **Denys le Jeune** (v. 397 – 344 avant J.-C.), fils et successeur du préc. Chassé de Syracuse (344), il mourut à Corinthe.

**Denys l'Aréopagite (saint)** (I^er^ s. apr. J.-C.), membre de l'Aréopage converti par saint Paul ; le premier évêque d'Athènes.

**Denys d'Halicarnasse** (I^er^ s. av. J.-C.), grammairien, historien et critique grec qui enseigna à Rome : *Traité de l'arrangement des mots, Antiquités romaines.*

**Denys le Petit** (Scythie, ? – v. 540), moine et écrivain. Le premier, il compta les années à partir de la naissance de Jésus-Christ.

**déodatien** → **Saint-Dié.**

**déodorant** *nm, am* Désodorisant corporel. ETY D'un mot angl.

**Déols** com. de l'Indre (banlieue de Châteauroux) ; 8 089 hab. Industries. – Ruines d'une abbaye (X^e^ s.). DER **déolois, oise** *a, n*

**Déon** Michel (Paris, 1919), écrivain français : *les Poneys sauvages* (1970), *Un taxi mauve* (1973). Acad. fr. (1978).

**déontologie** *nf* didac **1** Théorie des devoirs moraux. **2** Ensemble des devoirs et des droits régissant l'exercice d'une profession. ETY Du gr. *deon*, « devoir ». DER **déontologique** *a* – **déontologiquement** *av* – **déontologue** *n*

**dépacser (se)** *vpr* ① Rompre un PACS. DER **dépacsé, ée** *n*

**dépailler** *vt* ① Dégarnir de sa paille. DER **dépaillage** *nm*

**dépalisser** *vt* ① Détacher les branches d'un arbre palissé. DER **dépalissage** *nm*

**De Palma** Brian (Newark, 1940), cinéaste américain : *Carrie* (1976), *Scarface* (1983).

**dépanner** *vt* ① **1** Remettre en état de fonctionnement, réparer une machine, un appareil en panne. **2** fig, fam Tirer d'embarras. *Peux-tu me dépanner de dix euros ?* DER **dépannage** *nm*

**dépanneur, euse** *n* **A** Ouvrier, ouvrière qui se charge des dépannages. **B** *nf* Voiture équipée pour remorquer les véhicules en panne. **C** *nm* Canada Magasin d'alimentation autorisé à rester ouvert au-delà des heures habituelles.

**dépaqueter** *vt* ⑱ ou ⑳ Défaire un paquet ; sortir d'un paquet.

**déparasiter** *vt* ① Débarrasser un appareil des parasites radioélectriques. DER **déparasitage** *nm*

**Depardieu** Gérard (Châteauroux, 1948), acteur français de cinéma : *les Valseuses* (1972), *Loulou* (1980), *Sous le soleil de Satan* (1987), *Cyrano de Bergerac* (1990). ▶ illustr. **Truffaut**

**Depardon** Raymond (Villefranche-sur-Saône, 1942), photographe et cinéaste français, auteur de films véristes.

**dépareillé, ée** *a* **1** Qui a été séparé d'un ou de plusieurs objets avec lesquels il formait un ensemble. *Des chaussettes dépareillées.* **2** Qui forme un ensemble incomplet. *Jeu de cartes dépareillé.*

**dépareiller** *vt* ① Rendre incomplet une paire ou un ensemble d'objets assortis.

**déparer** *vt* ① Nuire à la beauté, à l'harmonie d'un ensemble. *Ce fauteuil moderne dépare le reste du mobilier.*

**déparier** *vt* ② **1** Ôter l'une des deux choses qui forment une paire. **2** Séparer le mâle et la femelle de certains animaux. SYN désapparier.

**déparler** *vi* ① Canada fam **1** Délirer, divaguer. **2** Faire une erreur de prononciation.

**1 départ** *nm* **LOC** litt ***Faire le départ entre :*** séparer, distinguer. ETY De *départir.*

**2 départ** *nm* **1** Action de partir. *Les départs en vacances. Donner le signal du départ.* **2** Action de quitter une fonction, un emploi, une situation. *Le départ d'un ministre.* **3** Lieu d'où l'on part. *Rassembler des coureurs au départ.* **4** Commencement d'une action, d'un mouvement. *Son affaire a pris un mauvais départ.* **LOC** ***Au départ :*** d'abord, au début. — ***De départ :*** initial. — SPORT ***Faux départ :*** départ non valable, certains concurrents étant partis avant le signal. ETY De l'a. fr. *départir*, « s'en aller ».

**départager** *vt* ⑮ **1** Faire cesser un partage égal de voix, de suffrages. *Organiser un second tour* *de scrutin pour départager les voix.* 2 Choisir entre deux opinions, deux personnes, deux partis. *On s'en remit au sort pour départager les gagnants.*

**département** nm 1 Chaque partie de l'administration des affaires publiques attribuée à un ministre ou constituant un ensemble spécialisé et autonome. *Le département de la Marine.* 2 Division des services de certaines administrations. *Le département des manuscrits d'une bibliothèque.* 3 Chacune des principales divisions territoriales de la France administrées par un conseil général. *Les deux départements de la Région Alsace.* LOC ***Département d'État*** : aux États-Unis, ministère des affaires étrangères. ETY De *départir.*

**départemental, ale** a Qui appartient au département (division administrative). *Route départementale.* PLUR départementaux.

**départementaliser** vt 1 1 Conférer le statut de département à un territoire. 2 Faire relever de la compétence du département ce qui relevait de celle de l'État ou d'une collectivité publique. DER **départementalisation** nf

**départir** v 30 A vt litt Distribuer, attribuer. *Départir des faveurs.* B vpr Abandonner un comportement. *Il ne s'est pas départi de son calme.* ETY De l'a. fr., « partager ».

**dépassant** nm COUT Morceau d'étoffe qui dépasse à dessein une partie d'un vêtement.

**dépassé, ée** a 1 Qui n'a plus cours, démodé. 2 fam Qui n'est plus en mesure de contrôler la situation. *Il est dépassé par les évènements.*

**dépasser** v 1 A vt 1 Aller plus loin que, au-delà de qqch. *Dépasser une limite, un but.* 2 Devancer, doubler. *Il a essayé de dépasser le camion dans la ligne droite.* 3 Être plus grand, plus important que. *Cet immeuble dépasse les autres. Cette dépense dépasse mes prévisions.* 4 Dérouter, déconcerter. *Cette histoire me dépasse.* B vi Être trop long. *La doublure dépasse du manteau.* C vpr Accomplir une chose exceptionnelle. *Aimer à se dépasser.* LOC fam ***Dépasser les bornes, les limites*** : exagérer ; aller au-delà de ce que la bienséance permet. DER **dépassable** a – **dépassement** nm

**dépassionner** vt 1 Rendre moins passionné, plus objectif. *Dépassionner un débat.*

**dépatouiller (se)** vpr 1 fam Se sortir d'une situation difficile, embarrassante. *Il est assez grand pour se dépatouiller tout seul.*

**dépaver** vt 1 Ôter les pavés de. DER **dépavage** nm

**dépayser** vt 1 1 vx Faire changer de pays, de lieu. 2 fig Dérouter, désorienter en tirant de son milieu, de ses habitudes. *Le rythme de vie l'a beaucoup dépaysé.* 3 DR Renvoyer l'instruction d'une affaire devant une autre cour. DER **dépaysant, ante** a – **dépaysement** nm

**dépecer** vt 12 ou 16 Mettre en pièces, en morceaux. *Dépecer un bœuf.* ETY De l'a. fr. *pèce,* « pièce ». DER **dépeçage** ou **dépècement** nm

**dépeceur, euse** n Personne qui dépèce.

**dépêche** nf 1 Correspondance officielle concernant les affaires publiques. *Une dépêche diplomatique, ministérielle.* 2 vieilli Communication transmise par voie rapide. *Envoyer, recevoir une dépêche. Dépêche d'agence.*

**Dépêche du Midi (la)** journal régional fondé à Toulouse en 1877.

**dépêcher** v 1 A vt Envoyer en hâte. *Le gouvernement a dépêché un chargé de mission.* B vpr Se hâter. *Dépêchez-vous, ou vous serez en retard !*

**dépeigner** vt 1 Déranger, défaire la coiffure de qqn. SYN décoiffer.

**dépeindre** vt 55 Décrire, représenter par le discours. *Dépeindre une situation, un caractère.*

**dépenaillé, ée** a Vêtu de haillons ; mal habillé. ETY De l'a. fr. *penaille,* « tas de loques ».

**dépénaliser** vt 1 DR Ne plus faire relever du droit pénal une action, un comportement. DER **dépénalisation** nf

**dépendance** nf A 1 État d'une personne, d'une chose, qui dépend d'une autre. *Être sous la dépendance de qqn.* 2 Besoin impérieux, éprouvé par une personne, d'absorber une substance toxique. B nfpl Terre, bâtiment qui dépend d'un autre. *Le château et ses dépendances.*

**dépendant, ante** a 1 Qui dépend de. *Il est financièrement dépendant de ses parents.* ANT indépendant, autonome. 2 Se dit d'un toxicomane en état de dépendance. 3 Se dit de qqn qui ne peut se passer d'une assistance constante (malade, vieillard, handicapé).

**1 dépendre** vti 6 1 Être assujetti à, sous la domination de ; relever de l'autorité de. *Les enfants dépendent de leurs parents.* 2 Être rattaché à. *Ce hameau ne dépend pas de la paroisse.* 3 Être fonction de. *Son succès dépendra de son travail. Il ne dépend que de vous que vous réussissiez.* LOC ***Ça dépend*** : c'est variable, c'est selon les circonstances. ETY Du lat. *dependere,* « pendre de ».

**2 dépendre** vt 6 Détacher ce qui était pendu. *Dépendre un tableau.*

**dépens** nmpl DR Frais de justice. *Être condamné aux dépens.* LOC ***Aux dépens de*** : à la charge de, en occasionnant des frais à ; en causant du tort à. *Il vit à mes dépens. Réussir aux dépens d'autrui.*

**dépense** nf 1 Action de dépenser, emploi d'argent. *Faire de grandes dépenses.* 2 Argent déboursé. *Participer aux dépenses.* 3 COMPTA Compte détaillé de l'argent dépensé. *La dépense excède la recette.* 4 Emploi, consommation de qqch. *Dépense de temps, d'énergie.* LOC FISC ***Dépenses fiscales*** : coût, en termes de manque à gagner, des allègements fiscaux. — FIN ***Dépenses publiques*** : dépenses incombant à l'État et couvrant le fonctionnement des services publics.

**dépenser** v 1 A vt 1 Employer de l'argent. *Dépenser une fortune. Dépenser sans compter.* 2 fig Employer des ressources. *Dépenser son temps, ses forces.* 3 Consommer. *Ces machines dépensent beaucoup d'électricité.* B vpr Déployer une grande activité. *Elle se dépense sans compter pour les siens.* ETY Du lat. *dispendere,* « distribuer ».

**dépensier, ère** a, n Qui aime la dépense, qui dépense excessivement. ANT économe.

**déperdition** nf Diminution, perte. *Déperdition de chaleur. Déperdition des forces.*

**dépérir** vi 3 1 S'affaiblir, décliner. *Cet arbre dépérit à cause de la sècheresse.* 2 fig Se détériorer ; péricliter. *Les affaires dépérissent.* ETY Du lat. DER **dépérissement** nm

**déperlance** nf Qualité d'un tissu sur lequel l'eau glisse sans le traverser. DER **déperlant, ante** a

**dépersonnalisation** nf 1 Action de dépersonnaliser. 2 PSYCHIAT Trouble mental caractérisé par la sensation d'être étranger à soi-même.

**dépersonnaliser** vt 1 1 Faire perdre sa personnalité à. 2 Ôter le caractère personnel, original à.

**Depestre René** (Jacmel, 1926), écrivain haïtien ; poète engagé et romancier (*le Mât de cocagne,* 1979).

**dépêtrer** vt 1 Dégager, délivrer. *C'est lui qui m'a dépêtré de ce bourbier. Je ne peux me dépêtrer de cette affaire.* LOC fam ***Ne pas pouvoir se dépêtrer de qqn*** : ne pas pouvoir s'en débarrasser.

**dépeupler** vt 1 1 Vider de ses habitants. *La sècheresse a dépeuplé la région.* 2 Vider un lieu des animaux, des végétaux qui l'habitent. DER **dépeuplement** nm

**déphaser** vt 1 1 PHYS Produire une différence de phase entre deux phénomènes alternatifs de même fréquence. 2 fig, fam Faire perdre à qqn le contact avec la réalité. *Travailler la nuit le déphase complètement.* DER **déphasage** nm

**déphosphater** vt 1 TECH Éliminer les phosphates d'une eau, d'un sol. DER **déphosphatation** nf

**déphosphorer** vt 1 METALL Éliminer le phosphore de la fonte ou de l'acier. DER **déphosphorisation** nf

**déphosphorylation** nf BIOCHIM Processus inverse de la phosphorylation.

**dépiauter** vt 1 fam 1 Enlever la peau d'un animal. *Dépiauter un lapin.* 2 Débarrasser qqch de ce qui le recouvre. *Dépiauter une orange.* 3 fig Analyser minutieusement. *Dépiauter un texte.* ETY De *piau,* forme dial. de *peau.*

**dépigeonnisation** nf Action de débarrasser un site urbain des pigeons indésirables. VAR **dépigeonnage** nm

**dépigmentation** nf BIOL, MED Disparition du pigment d'un tissu, partic. de la peau.

**dépilage** nm TECH Action de dépiler les peaux pour le tannage.

**dépilation** nf 1 Action de dépiler. 2 Chute de poils.

**dépilatoire** a, nm Qui sert à éliminer les poils. *Crème, lotion dépilatoire.*

**dépiler** vt 1 1 Faire tomber les poils, les cheveux de. 2 TECH Ôter en les raclant les poils d'une peau avant de la tanner. ETY Du lat. *pilus,* « poil ».

**1 dépiquer** vt 1 1 COUT Défaire les piqûres de. 2 AGRIC Déplanter des semis pour les repiquer en pleine terre. DER **dépiquage** nm

**2 dépiquer** vt 1 AGRIC Battre les céréales pour récolter le grain. ETY Du provenç. DER **dépiquage** nm

**dépister** vt 1 1 CHASSE Découvrir le gibier en suivant sa piste. 2 Découvrir, retrouver qqn en suivant sa trace. *La police a dépisté les coupables.* 3 Rechercher et découvrir ce qui était dissimulé. *Dépister une maladie.* 4 Faire perdre la piste, la trace à. *Dépister des créanciers.* DER **dépistable** a – **dépistage** nm

**dépit** nm Vive contrariété mêlée de colère, causée par une déception, une blessure d'amour-propre. LOC ***En dépit de*** : malgré, sans tenir compte de. ETY Du lat. *despectus,* « mépris ».

**dépiter** vt 1 Causer du dépit à. *Votre refus l'a dépité.*

**déplacé, ée** a, n Qui n'est pas à sa place étant donné la situation, les circonstances. *Des propos déplacés.* LOC ***Personne déplacée*** ou ***déplacé,e*** n : qui a été contrainte de quitter son pays.

**déplacement** nm 1 Action de déplacer, de se déplacer. *Déplacement d'air. Cela vaut le déplacement.* 2 Voyage. *Cet emploi exige des déplacements fréquents.* 3 GEOM Transformation d'une figure en figure égale. *La translation et la rotation sont des déplacements.* 4 MAR Masse du volume d'eau déplacé par la carène. LOC CHIM ***Déplacement d'un équilibre*** : modification de la composition d'un système de corps chimiques en équilibre due à une modification de pression, de température, de concentration.

**déplacer** v 12 A vt 1 Changer qqch de place. *Déplacer un meuble.* 2 Faire changer qqn de poste, muter. *Déplacer un fonctionnaire.* 3 MAR Avoir un déplacement de. *Cuirassé déplaçant 35 000 t.* B vpr 1 Changer de place. *Les nuages se déplaceront vers l'intérieur du pays.* 2 Quitter un lieu, aller d'un lieu à un autre. *Vous devrez aller le voir, car il se déplace rarement.* LOC ***Déplacer la question*** : s'écarter de l'objet précis d'une discussion. — ***Déplacer les foules*** : attirer un grand nombre de personnes ; avoir du succès.

**déplafonner** vt 1 FIN Faire cesser le plafonnement de, supprimer la limite supérieure de.

*Déplafonner les cotisations de la Sécurité sociale.* DER **déplafonnement** *nm*

**déplaire** *v* 59 **A** *vti* **1** Ne pas plaire à, ne pas être du goût de. *Ce livre m'a déplu.* **2** Causer du chagrin à, fâcher. *Son comportement m'a beaucoup déplu.* **B** *vpr* N'éprouver aucun plaisir, ne pas se trouver bien. *Je me déplais en sa compagnie.* **LOC** *Ne vous (en) déplaise :* malgré votre opinion, votre mécontentement.

**déplaisant, ante** *a* **1** Qui ne plaît pas. *Un visage déplaisant. Une situation déplaisante.* SYN antipathique, désagréable. **2** Qui contrarie, qui offense. *Des allusions déplaisantes.* SYN désobligeant.

**déplaisir** *nm* Contrariété, mécontentement.

**déplanter** *vt* 1 **1** Enlever de terre un végétal pour le planter ailleurs. **2** Retirer de terre. *Déplanter un piquet.* **3** Dégarnir de ses plantes. *Déplanter un verger.* DER **déplantation** *nf* – **déplantage** *nm*

**déplasmolyse** *nf* BIOL Retour d'une cellule à l'état turgescent.

**déplâtrer** *vt* 1 **1** Ôter le plâtre de. **2** CHIR Enlever un plâtre de. *Déplâtrer un bras.* DER **déplâtrage** *nm*

**déplétion** *nf* **1** MED Déperdition, spontanée ou provoquée, de liquides ou de substances organiques. **2** ASTRO Diminution locale du champ de gravitation d'un astre. ETY Du lat. *deplere*, « vider ».

**dépliant, ante** *a, nm* **A** *a* Qui se déplie. **B** *nm* **1** Page plus grande que la couverture d'un livre, qu'on déplie pour la consulter. **2** Prospectus imprimé formé de plusieurs volets que l'on déplie.

**déplier** *vt* 2 Étaler, étendre, ouvrir ce qui était plié. *Déplier sa serviette. Déplier son journal.* DER **dépliage** ou **dépliement** *nm*

**déplisser** *vt* 1 Défaire les plis, effacer les faux plis de. *Déplisser une jupe. Vêtement qui se déplisse sans repassage.* DER **déplissage** *nm*

**déploiement** → **déployer.**

**déplomber** *vt* 1 **1** Enlever un sceau de plomb de. **2** INFORM Réussir à percer le système de protection d'un logiciel afin de le recopier. **3** CHIR Enlever l'amalgame d'une dent obturée. DER **déplombage** *nm*

**déplorable** *a* **1** Triste, affligeant. *Sa fin fut déplorable.* **2** Regrettable, fâcheux. *Un incident déplorable.* **3** Très mauvais, blâmable. *Un travail déplorable.* DER **déplorablement** *av*

**déploration** *nf* **LOC** Bx-A *Déploration du Christ :* œuvre représentant le Christ pleuré par la Vierge, sainte Marie-Madeleine et saint Jean, après la descente de croix.

**déplorer** *vt* 1 **1** litt Pleurer, témoigner une grande affliction à propos de. *Déplorer la mort de qqn.* **2** Trouver mauvais, regretter. *Je déplore la maladresse de cette mesure.* ETY Du lat.

**déployer** *vt* 23 **1** Étendre, développer ce qui était plié. *Déployer des tentures. Son parachute ne s'est pas déployé.* **2** fig Montrer, étaler. *Déployer tous ses talents pour convaincre un auditoire.* **LOC** MILIT *Déployer des missiles :* installer leur base de lancement. — *Déployer des troupes :* leur faire occuper un grand espace de terrain ; leur faire prendre le dispositif de combat. DER **déployable** *a* – **déploiement** *nm*

**déplumer** *v* 1 **A** *vt* Ôter ses plumes à. *Déplumer un oiseau.* **B** *vpr* **1** Perdre ses plumes ; s'arracher les plumes. *Les oiseaux se déplument à coups de bec.* **2** fig, fam Perdre ses cheveux. *Il se déplume sur le sommet du crâne.*

**dépoétiser** *vt* 1 Ôter son caractère poétique à.

**dépointer** *vt* 1 Déranger le pointage d'une arme, d'une antenne. DER **dépointage** *nm*

**dépoitraillé, ée** *a* fam Dont la poitrine est fort découverte.

**dépolariser** *v* 1 **A** *vt* PHYS Faire cesser la polarisation (électrique, lumineuse) de. **B** *vi* Perdre sa polarisation. DER **dépolarisant, ante** *a* – **dépolarisation** *nf*

**dépoli, ie** *a* Qui a perdu son poli. **LOC** *Verre dépoli :* rendu translucide.

**dépolir** *vt* 3 Ôter le poli de. *Dépolir un métal.* DER **dépolissage** *nm*

**dépolitiser** *vt* 1 Ôter son caractère politique à qqch, toute conscience politique à qqn. *Dépolitiser un sujet. Dépolitiser la jeunesse.* DER **dépolitisation** *nf*

**dépolluer** *vt* 1 Supprimer les effets de la pollution. *Dépolluer une plage.* DER **dépolluant, ante** *a, nm* – **dépollution** *nf*

**dépollueur** *am, nm* Qui combat la pollution, ses effets. *Navire dépollueur.*

**dépolymériser** *vt* 1 CHIM Transformer un polymère en une substance de masse molaire plus faible. DER **dépolymérisation** *nf*

**déponent, ente** *a, nm* GRAM Se dit des verbes latins qui ont une forme passive et un sens actif. ETY Du lat.

**dépopulation** *nf* Action de dépeupler ; fait de se dépeupler. *La dépopulation des campagnes.* SYN dépeuplement.

**1 déport** *nm* DR Acte par lequel un juge, un arbitre se récuse ou démissionne. ETY De *se déporter.*

**2 déport** *nm* FIN Somme payée par le spéculateur qui vend des titres à découvert à celui qui lui a prêté ces titres. ETY De *report.*

**déportation** *nf* **1** DR Peine d'exil, afflictive et infamante, appliquée autrefois aux crimes politiques. **2** Internement dans un camp de concentration situé dans une région éloignée ou dans un pays étranger.

**déporté, ée** *n* **1** Personne condamnée à la déportation. **2** Personne internée dans un camp de concentration.

**déportement** *nm* **A** Fait d'être déporté, dévié de sa direction, en parlant d'un véhicule. **B** *nm pl* litt Écarts de conduite, excès.

**déporter** *v* 1 **A** *vt* **1** Condamner à la déportation. *Les nazis déportèrent plusieurs millions de Juifs en Allemagne et en Pologne.* **2** Envoyer, interner dans un camp de concentration. **3** Dévier, entraîner hors de la bonne direction. *Son chargement mal équilibré le déportait vers la droite.* **B** *vpr* **1** S'écarter de sa route. **2** DR Se récuser. ETY Du lat.

**déposant, ante** *n* **1** DR Personne qui fait une déposition en justice. **2** Personne qui effectue un dépôt dans une banque. **3** Personne qui dépose une marque, un brevet.

**1 déposer** *v* 1 **A** *vt* **1** Destituer du pouvoir souverain. *Déposer un roi.* **2** Poser ce que l'on porte. *Déposer un fardeau.* **3** fig, litt Quitter, abandonner. *Déposer le pouvoir.* **4** Placer, mettre, laisser quelque part. *Déposer son manteau sur une chaise. La voiture m'a déposé à la porte.* **5** Mettre en dépôt, donner en garde. *Déposer de l'argent à la banque.* **6** Former un dépôt, en parlant d'un liquide. *La lie se dépose au fond de la bouteille.* **7** Effectuer le dépôt légal d'une marque, d'un brevet pour se garantir des contrefaçons. **B** *vi* DR Faire une déposition en justice. *Le témoin est venu déposer à la barre.* **LOC** *Déposer les armes :* cesser le combat, se rendre. — *Déposer son bilan :* se déclarer en cessation de paiement. — *Déposer une plainte :* porter plainte en justice. — *Déposer un projet de loi :* le soumettre à l'Assemblée nationale. ETY Du lat.

**2 déposer** *vt* 1 TECH Ôter un objet de la place où il avait été fixé, posé. *Déposer une serrure.* DER **dépose** *nf*

**dépositaire** *n* **1** Personne à qui l'on confie qqch en dépôt. *Ces documents ne vous appartiennent pas, vous n'en êtes que le dépositaire.* **2** fig Personne qui reçoit qqch. *Être les dépositaires d'une tradition.* **3** Commerçant chargé de vendre des marchandises qui lui sont confiées. *Le dépositaire exclusif de telle marque.*

**déposition** *nf* **1** Destitution, privation du pouvoir souverain. **2** DR Déclaration d'un témoin en justice. **LOC** Bx-A *Déposition de croix :* une œuvre représentant le Christ descendu de la croix. ▶ illustr. Angelico

**dépositoire** *nm* Local où l'on dépose provisoirement les corps des défunts avant l'inhumation.

**déposséder** *vt* 14 Priver qqn de ce qu'il possédait. *Déposséder qqn de ses biens.* DER **dépossession** *nf*

**dépôt** *nm* **1** Action de déposer, de placer qqch quelque part. *Le dépôt des ordures est interdit à cet endroit.* **2** Action de confier des fonds à un organisme bancaire. **3** Chose confiée, donnée en garde. *Restituer un dépôt.* **4** Lieu où l'on garde des objets. *Dépôt d'armes clandestin.* **5** Lieu où l'on gare des locomotives, des autobus, etc. **6** Lieu de vente au détail de certains produits. *Dépôt de pain.* **7** Lieu où l'on emprisonne provisoirement les personnes qui viennent d'être arrêtées. **8** Matières qui se déposent au fond d'un récipient contenant un liquide. *Dépôt au fond d'une bouteille de vin.* **9** GEOL Accumulation de matériaux détritiques d'origine minérale. *Dépôt glaciaire, éolien.* **LOC** *Banque de dépôt :* qui utilise les dépôts à vue de ses clients pour diverses opérations de crédit. — *Dépôt à vue :* dont le propriétaire peut disposer à tout moment. — *Dépôt légal :* dépôt obligatoire de plusieurs exemplaires d'une œuvre littéraire ou audiovisuelle, lors de sa parution, aux services officiels compétents. ETY Du lat.

**dépoter** *v* 1 **A** **1** *vt* Ôter d'un pot. *Dépoter une plante.* **2** TECH Transvaser. **B** *vi* fam Être très efficace, très spectaculaire ; aller vite. DER **dépotage** ou **dépotement** *nm*

**dépotoir** *nm* **1** Lieu destiné à recevoir les matières provenant des vidanges. **2** Lieu où l'on dépose des ordures. **3** fig, fam Lieu en grand désordre, très sale. *Quel dépotoir, cette chambre !*

**dépôts et consignations (Caisse des)** → **Caisse des dépôts et consignations.**

**dépôt-vente** *nm* Magasin où les particuliers déposent ce qu'ils veulent vendre. PLUR dépôts-ventes.

**dépouille** *nf* **A** **1** Peau enlevée à un animal. **2** ZOOL Tégument épidermique dont se débarrassent, à époques fixes, certains animaux. *La dépouille d'un serpent.* **3** TECH Taille oblique donnée au bord d'un outil. **B** *nf pl* litt Butin pris à l'ennemi. **LOC** litt *La dépouille mortelle :* le corps d'un défunt.

**dépouillé, ée** *a* **1** Dont on a ôté la peau. *Lapin dépouillé.* **2** Dégarni, dépourvu. *Arbre dépouillé de ses feuilles.* **3** fig Sobre, simple, sans fioritures. *Formes dépouillées.*

**dépouiller** *vt* 1 **1** Enlever la peau d'un animal. *Dépouiller une anguille.* **2** Priver de ce qui couvre ou garnit. *Dépouiller un temple de ses ornements. Se dépouiller de ses vêtements.* **3** Déposséder. *Dépouiller qqn de ses biens. Se dépouiller en faveur de qqn.* **4** fam Agresser qqn dans la rue pour lui prendre ce qu'il a sur lui (blouson, chaussures). **5** fig Faire l'inventaire, l'examen minutieux et approfondi de. *Dépouiller un compte, un dossier.* **LOC** *Dépouiller un scrutin :* dénombrer les suffrages en faveur de chacun des candidats, de chacune des propositions, etc. ETY Du lat. DER **dépouillement** *nm*

**dépourvu, ue** *a* Qui a perdu ce dont il était pourvu ; privé, dénué de. *Un jardin dépourvu de fleurs. Être dépourvu de bon sens.* LOC *Prendre qqn au dépourvu* : sans qu'il soit préparé.

**dépoussiérant** *nm* TECH Produit qui facilite le dépoussiérage.

**dépoussiérer** *vt* [14] **1** Enlever les poussières de. **2** fig Remettre à neuf, renouveler. [DER] **dépoussiérage** *nm*

**Depp** John Christopher Depp II, dit Johnny (Owensboro, Kentucky, 1963), acteur américain : *Edward aux mains d'argent* (1991).

**dépravation** *nf* Débauche sexuelle. *Tomber dans la dépravation.*

**dépravé, ée** *a, n* Perverti, vicieux, immoral. *Mœurs dépravées. Des gens dépravés.*

**dépraver** *vt* [1] **1** vieilli Altérer, dégrader. *Dépraver le goût.* **2** Amener qqn à faire et à aimer le mal ; corrompre. *Ses fréquentations l'ont dépravé.* SYN pervertir. [ETY] Du lat. *depravare*, « tordre, corrompre ». [DER] **dépravant, ante** *a*

**déprécariser** *vt* [1] Faire cesser la précarité de qqn. [DER] **déprécarisation** *nf*

**déprécation** *nf* RELIG Prière faite pour écarter un malheur, un danger, ou pour obtenir le pardon d'une faute. [PHO] [depʀekasjɔ̃] [ETY] Du lat.

**déprécier** *vt* [2] **1** Rabaisser, diminuer le prix, la valeur de. *L'installation d'une usine à proximité a déprécié ce terrain. Monnaie qui se déprécie.* **2** Dénigrer qqn. *Il prend plaisir à le déprécier.* [ETY] Du lat. *pretium*, « prix ». [DER] **dépréciatif, ive** *a* – **dépréciation** *nf*

**déprédation** *nf* **1** Vol, pillage accompagné de détérioration. **2** Détérioration causée aux biens d'autrui. **3** Malversation, détournement. *Déprédation des finances publiques.* **4** didac Exploitation de la nature sans précautions écologiques. [ETY] Du lat. *praeda*, « proie ». [DER] **déprédateur, trice** *a, n*

**déprendre (se)** *vpr* [52] litt Se détacher, se dégager de. *Se déprendre de qqn, d'une habitude.*

**dépresseur** *nm, am* PHARM Produit qui diminue l'activité mentale.

**dépressif, ive** *a, n* PSYCHIAT Relatif à la dépression ; sujet à la dépression. [DER] **dépressivité** *nf*

**dépression** *nf* **1** GEOL, GEOMORPH Zone, plus ou moins étendue, en forme de cuvette. **2** TECH Pression inférieure à la pression atmosphérique. **3** METEO Zone dans laquelle la pression atmosphérique est basse. **4** PSYCHIAT État psychique pathologique caractérisé par une asthénie, un ralentissement de l'activité intellectuelle et motrice, accompagné de tristesse et d'anxiété. *Dépression nerveuse.* **5** ECON Période de ralentissement des affaires, crise. [ETY] Du lat. *depressio*, « enfoncement ». ▶ illustr. **météorologie**

**dépressionnaire** *a* METEO Qui est le siège d'une dépression.

**dépressogène** *a* Qui favorise la dépression nerveuse. *Un environnement dépressogène.*

**dépressuriser** *vt* [1] TECH Faire cesser la pressurisation d'un avion, d'un engin spatial. [DER] **dépressurisation** *nf*

**Depretis** Agostino (Mezzana Corti, près de Pavie, 1813 – Stradella, près de Pavie, 1887), homme politique italien ; président du Conseil (1876-1878, 1878-1879 et 1881-1887) ; l'un des artisans de la Triple-Alliance (1882).

**Deprez** Marcel (Aillant-sur-Milleron, Loiret, 1843 – Vincennes, 1918), physicien français (transport de l'énergie électrique, 1883).

**déprime** *nf* fam **1** Abattement, idées noires. **2** Fait, pour un secteur économique, d'être en activité ralentie. *La déprime des marchés.*

**déprimé, ée** *a, n* Qui est dans un état dépressif.

**déprimer** *v* [1] **A** *vt* **1** Produire un affaissement, un enfoncement dans qqch. *Le choc a déprimé l'os frontal.* **2** Diminuer l'énergie, abattre le moral de qqn. *Sa maladie l'a beaucoup déprimé.* **3** Produire une dépression dans un secteur économique. **B** *vi* fam Être démoralisé. *Il déprime depuis qu'il est seul.* [ETY] Du lat. *deprimere*, « presser de haut en bas ». [DER] **déprimant, ante** *a*

**déprise** *nf* didac Cessation de l'emprise, de l'occupation. LOC *Déprise agricole* : retour de terres cultivées à l'état de friche.

**dépriser** *vt* [1] litt Apprécier au-dessous de sa valeur. SYN mésestimer.

**de profundis** *nm inv* RELIG CATHOL Un des psaumes de la pénitence devenu la prière liturgique pour les morts, et qui commence par ces mots. [PHO] [depʀɔfɔ̃dis] [ETY] Mots lat., « des profondeurs », par lesquels commence ce psaume.

**déprogrammer** *vt* [1] **1** Supprimer une émission de télévision, annuler un spectacle. **2** Supprimer, annuler qqch qui était prévu, programmé. [DER] **déprogrammation** *nf*

**dépuceler** *vt* [17] ou [19] fam Faire perdre son pucelage, sa virginité à. [DER] **dépucelage** *nm*

**depuis** *prép, av, conj* **A** *prép* **1** À partir de tel moment, tel évènement passé. *Nous sommes à Paris depuis le 1er janvier. Depuis quand êtes-vous absents ?* **2** Pendant un espace de temps. *Je vous attends depuis une demi-heure. Il n'avait pas plu depuis longtemps.* **3** À partir de tel endroit. *Il est venu à pied depuis Rouen. La douleur s'étendait depuis le genou jusqu'à l'aine.* **4** Introduit le premier terme d'une série ininterrompue. *Depuis le plus jeune jusqu'au plus vieux.* **B** *av* À partir de ce moment. *Je ne l'ai pas revu depuis.* **C** *conj* Dès le moment où. *Depuis qu'il fait froid, je ne sors plus.*

**dépulper** *vt* [1] Enlever la pulpe de.

**dépuratif, ive** *a, nm* Propre à purifier l'organisme. *Une eau dépurative.*

**dépurer** *vt* [1] MED, TECH Rendre plus pur. [ETY] Du lat. *purus*, « pur ». [DER] **dépuration** *nf*

**députation** *nf* **1** Envoi d'une ou de plusieurs personnes chargées d'une mission ; ces personnes elles-mêmes. *Recevoir une députation.* SYN délégation. **2** Fonction de député.

**député, ée** *n* **1** Personne envoyée par une nation, une ville, une assemblée, etc. pour remplir une mission particulière. **2** Personne nommée ou élue pour faire partie d'une assemblée délibérante. *Les députés de la noblesse, du clergé, du tiers état.* **3** Membre de l'Assemblée nationale. *Élire un député.* [ETY] Du lat. *deputatus*, « représentant de l'autorité ».

**députer** *vt* [1] Envoyer qqn comme député. *Députer qqn pour plaider une cause.*

**déqualifier** *vt* [2] Employer qqn à un poste inférieur à sa qualification. [DER] **déqualification** *nf*

**De Quincey** Thomas (Greenheys, Manchester, 1785 – Édimbourg, 1859), écrivain anglais : *Confessions d'un mangeur d'opium* (1822), utilisées par Baudelaire dans *les Paradis artificiels*, et *De l'assassinat considéré comme un des beaux-arts* (1827).

**der** *n* LOC JEU *Dix de der* : les dix points attribués à celui qui fait le dernier pli à la belote. — *La der des ders* : la dernière de toutes les guerres (s'est dit de la guerre 1914-1918) ; l'ultime fois.

**déraciné, ée** *n* Personne qui a quitté son pays, son milieu d'origine.

**déraciner** *vt* [1] **1** Tirer de terre, arracher un végétal avec ses racines. *Déraciner un arbre.* **2** fig Faire disparaître, détruire complètement. *Déraciner un préjugé.* **3** Faire quitter sa région, son milieu à qqn. [DER] **déracinement** *nm*

**dérager** *vi* [13] Cesser d'être en rage. (Ne s'emploie qu'à la forme négative). *Il n'a pas déragé de la soirée.* SYN décolérer.

**déraillement** *nm* Accident de chemin de fer d'un train sorti des rails.

**dérailler** *vi* [1] **1** Sortir des rails. *Le convoi a déraillé.* **2** fig, fam Fonctionner mal, se dérégler. *Ce baromètre déraille complètement. Sa voix déraille dans les aigus.* **3** fig, fam S'égarer dans un raisonnement ; perdre tout bon sens. *Ce n'est pas cela du tout ! Tu dérailles, mon vieux !*

**dérailleur** *nm* **1** TECH Dispositif permettant de faire passer la chaîne d'une bicyclette d'un pignon sur un autre. **2** CH DE F Dispositif permettant à un wagon de changer de voie.

**Derain** André (Chatou, 1880 – Garches, 1954), peintre et graveur français. Il passa du fauvisme à une figuration post-cubiste puis traditionnelle.

**déraison** *nf* litt Manque de raison.

**déraisonnable** *a* Qui n'est pas raisonnable. *Il serait déraisonnable de partir maintenant.* [DER] **déraisonnablement** *av*

**déraisonner** *vi* [1] Penser, parler contrairement à la raison, au bon sens.

**dérame**r *vt* [1] Manipuler une rame de papier de manière à séparer les feuilles les unes des autres.

**dérangé, ée** *a* fam **1** Indisposée. **2** Un peu fou.

**dérangement** *nm* **1** Action de déranger ; état de ce qui est dérangé, désordre. **2** fig Trouble apporté dans des habitudes. *Causer du dérangement à qqn.* **3** Mauvais fonctionnement, dérèglement. *Téléphone en dérangement.* **4** Indisposition passagère. *Dérangement intestinal.*

**déranger** *vt* [13] **1** Ôter qqch de sa place habituelle. *Déranger des livres. Vous rangerez ce que vous avez dérangé.* **2** Mettre du désordre dans. *Déranger une chambre.* **3** Obliger qqn à quitter sa place. *Il a dérangé dix personnes pour accéder à son fauteuil.* **4** Interrompre, troubler qqn dans ses occupations. *Cette musique me dérange. Continuez votre travail, ne vous dérangez pas pour moi.* **5** Contrarier, gêner. *Cela vous dérange-t-il de reporter notre rendez-vous ?* **6** Provoquer des troubles physiologiques. *Mets indigestes qui dérangent le foie.* [DER] **dérangeant, ante** *a*

**dérapage** *nm* **1** Action de déraper. **2** fig Changement incontrôlé. *Dérapage des prix.* **3** À skis, mouvement de glissade latérale contrôlé avec les carres.

**déraper** *vi* [1] **1** Glisser, lorsque l'adhérence n'est plus suffisante. *La voiture a dérapé sur une plaque de verglas.* **2** fig S'écarter de façon incontrôlée. *La conversation a dérapé.* **3** MAR En parlant d'une ancre, ne plus adhérer au fond. [ETY] Du provenç. *rapar*, « saisir ».

**déraser** *vt* [1] CONSTR Abattre le sommet d'un mur. [DER] **dérasement** *nm*

**dératé, ée** *n* LOC fam *Courir comme un(e) dératé(e)* : très rapidement.

**dératiser** *vt* [1] Débarrasser des rats. [DER] **dératisation** *nf*

**dérayer** *vt* [21] AGRIC Creuser profondément un sillon pour délimiter deux champs contigus. [PHO] [dereje] [DER] **dérayure** *nf*

**derbouka** *nm* Tambour d'Afrique du Nord fait d'une peau tendue sur l'orifice d'un vase sans fond en terre cuite. [VAR] **darbouka**

**derby** *nm* **1** (Avec une majuscule.) TURF Course de chevaux qui a lieu chaque année à Epsom, en Angleterre. **2** SPORT Rencontre opposant des équipes sportives de deux villes voisines. **3** Chaussure lacée sur le cou-de-pied. **LOC** ***Derby français*** **:** Prix du Jockey Club, qui se court à Chantilly. [ETY] Mot angl., du n. pr.

**Derby** ville de G.-B., ch.-l. du Derbyshire ; 214 000 hab. Porcelaine. Industries.

**Derby Edward Stanley (14e comte de)** (Knowsley, Lancashire, 1799 – id., 1869), homme politique britannique ; Premier ministre (conservateur) en 1852 et 1858 et de 1866 à 1868, adepte du protectionnisme. — **Edward Stanley** (Knowsley, 1826 – id., 1893), fils du préc., ministre des Affaires étrangères, adversaire de Disraeli.

**Derbyshire** comté des Midlands de l'Est ; 2 631 km² ; 914 600 hab. ; ch.-l. *Matlock.*

**déréaliser** *vt* [1] PSYCHIAT Faire perdre le contact avec la réalité. [DER] **déréalisant, ante** *a* – **déréalisation** *nf*

**derechef** *av* litt De nouveau.

**déréel, elle** *a* PSYCHIAT Se dit de la pensée qui se détache du réel, symptôme de la schizophrénie.

**déréférencer** *vt* [12] Retirer un produit de son assortiment, en parlant d'une grande surface. [DER] **déréférencement** *nm*

**dérèglementer** *vt* [1] Alléger ou supprimer la règlementation de. [VAR] **déréglementer** [DER] **dérèglementation** ou **déréglementation** *nf*

**dérégler** *vt* [14] **1** Modifier le réglage de ; détraquer. *Le froid dérègle les horloges. L'alcool lui a déréglé l'estomac.* **2** Troubler d'un point de vue moral. *Dérégler les mœurs.* [DER] **déréglé, ée** *a* – **dérèglement** *nm*

**dérégulation** *nf* ECON Arrêt des dispositions servant à réguler un secteur d'activité, une profession. [DER] **déréguler** *vt* [1]

**déréliction** *nf* **1** THEOL État de l'homme abandonné à lui-même, privé de toute assistance divine. **2** litt État d'abandon et de solitude extrême. [ETY] Du lat. *derelictio,* « abandon ».

**déremboursement** *nm* ADMIN Cessation ou diminution d'un remboursement par la Sécurité sociale. [DER] **dérembourser** *vt* [1]

**Derème Philippe Huc,** dit **Tristan** (Marmande, 1889 – Oloron-Sainte-Marie, 1941), poète français : *la Verdure dorée* (1922).

**dérépression** *nf* BIOL Mécanisme par lequel un gène échappe à l'inhibition du gène qui le contrôle.

**déresponsabiliser** *vt* [1] Retirer le sens des responsabilités à qqn, à un groupe. [DER] **déresponsabilisation** *nf*

**dérestauration** *nf* Bx-A Opération consistant rétablir l'état ancien d'une œuvre d'art défigurée par une restauration abusive. [DER] **dérestaurer** *vt* [1]

**dérider** *vt* [1] **1** Faire disparaître les rides. **2** Égayer, mettre de bonne humeur.

**déringardiser** *vt* [1] fam Faire cesser d'être ringard. [DER] **déringardisation** *nf*

**dérision** *nf* Moquerie méprisante. *Dire qqch par dérision.* **LOC** ***Tourner qqn, qqch en dérision*** **:** s'en moquer de manière méprisante. [ETY] Du lat.

**dérisoire** *a* **1** Qui incite à la dérision. *Des propos dérisoires.* **2** Ridiculement bas, insignifiant. *Un salaire dérisoire.* [DER] **dérisoirement** *av*

**dérivable** *a* **LOC** MATH ***Fonction dérivable en un point*** **:** qui admet une dérivée en ce point.

**dérivatif, ive** *a, nm* **1** Qui procure une diversion pour l'esprit. *Le travail est un dérivatif aux soucis.* **2** LING Qui permet la formation de dérivés. *Préfixe, suffixe dérivatif.*

**1 dérivation** *nf* **1** Action de dériver, de dévier de son cours. *Dérivation d'un cours d'eau.* **2** MATH Calcul de la dérivée d'une fonction. **3** LING Processus de formation de mots nouveaux à partir d'un radical. *Dérivation préfixale, suffixale.* **LOC** ELECTR ***Ligne branchée en dérivation*** **:** entre deux points d'un circuit électrique.

**2 dérivation** *nf* **1** MAR, AVIAT Action de dériver sous l'effet des courants, du vent. **2** ARTILL Fait, pour un projectile, de dévier du plan de tir.

**dérive** *nf* **1** Dérivation d'un avion, d'un navire, sous l'effet du vent, des courants. *Angle de dérive.* **2** fig Évolution incontrôlée et dangereuse d'un phénomène, de l'action de qqn, d'un groupe. *Une dérive dans l'alcoolisme.* **3** MAR Aileron vertical immergé et amovible, destiné à diminuer la dérive d'un bateau à voile. **4** AVIAT Gouvernail de direction d'un avion. **5** MILIT Angle selon lequel on modifie le tir pour compenser la dérivation des projectiles. **6** TECH Déplacement du zéro d'un appareil de mesure. **7** OCEANOGR Courant marin, dirigé vers le nord-est, affectant le nord de l'Atlantique et du Pacifique. **LOC** ***Aller, être à la dérive*** **:** ne plus pouvoir se diriger ; fig se laisser aller, être sans volonté. — GEOL ***Dérive des continents*** **:** déplacement des masses continentales. — BIOL ***Dérive génétique*** **:** diminution du polymorphisme dans une petite population isolée. — ***Dérive littorale*** **:** courant marin parallèle au rivage, résultant de l'arrivée oblique de la houle.

[ENC] Selon la théorie de la dérive des continents, due à Wegener (1912), les continents actuels résulteraient de la division, au cours des ères secondaire et tertiaire, d'un continent unique ; chaque morceau aurait dérivé ensuite, sous l'effet des forces dues à la rotation de la Terre, sur le manteau visqueux. Cette théorie a largement été rénovée par la tectonique des plaques. (V. plaque et Pangée.)

**1 dérivé, ée** *a* **1** Détourné de son cours, en parlant d'un cours d'eau. **2** Se dit d'un droit perçu par une firme sur l'utilisation par d'autres firmes de son nom ou de son logo sur des produits, dits *produits dérivés.* **3** FIN Se dit d'un produit financier complexe, tel que les marchés d'options, les contrats à terme…

**2 dérivé** *nm* **1** LING Mot qui dérive d'un autre. *« Dépuration » est un dérivé de « dépurer ».* **2** CHIM Corps qui provient d'un autre par distillation, combinaison, etc. *L'essence est un dérivé du pétrole.* **3** FIN, ECON Tout produit qui dérive d'un autre ; sous-produit.

**dérivée** *nf* MATH Limite du rapport entre l'accroissement d'une fonction continue, résultant de l'accroissement de la variable, et l'accroissement de la variable lorsque ce dernier tend vers zéro.

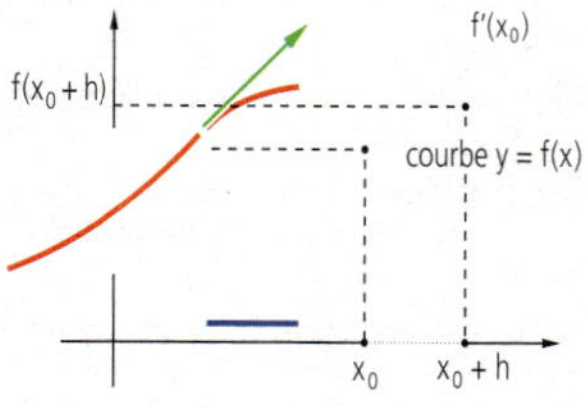


la dérivée de f(x) au point $x_0$, $f'(x_0)$ est la limite, pour h tendant vers 0, du rapport $[f(x_0 + h) - f(x_0)]/h$

**dérivée**

**1 dériver** *v* [1] **A** *vt* Détourner de son cours. *Dériver un ruisseau.* **B** *vti* **1** Découler de, être issu de. *Une théorie qui dérive des philosophies de la Grèce antique.* **2** LING Tirer son origine de. *Mot qui dérive du latin.* **LOC** MATH ***Dériver une fonction*** **:** en calculer la dérivée. [ETY] Du lat. *rivus,* « ruisseau ».

**2 dériver** *vi* [1] **1** MAR, AVIAT S'écarter du cap suivi sous l'effet des courants, du vent. **2** fig Se laisser aller, en parlant d'une personne. **3** Évoluer défavorablement. *Laisser dériver la monnaie.* [ETY] De l'angl. *to drive,* « conduire, mener », par croisement avec *dériver 1.*

**3 dériver** *vt* [1] TECH Défaire ce qui est rivé. [VAR] **dériveter** *vt* [18]

**dériveur** *nm* Voilier muni d'une dérive.

**Derjavine Gavriil Romanovitch** (Kazan, 1743 – Saint-Pétersbourg, 1816), poète russe : *Felitsa* (ode à Catherine II, 1783).

**dermabrasion** *nf* CHIR Abrasion à l'aide d'une meule tournante ou d'un laser des cicatrices, des rides, des tatouages.

**dermaptère** *nm* Insecte, aux ailes antérieures coriaces et à l'abdomen terminé par deux cerques formant une pince (perce-oreille).

**dermatite → dermite.**

**dermato-, -derme, dermo-** Éléments, tirés du gr. *derma, dermatos,* « peau ».

**dermatoglyphe** *nm* Dessin formé par la peau aux extrémités des doigts, sur la paume des mains ou sur la plante des pieds.

**dermatologie** *nf* MED Partie de la médecine qui traite de la peau et de ses maladies. [DER] **dermatologique** *a* – **dermatologue** *n*

**dermatomyosite** *nf* Maladie qui touche à la fois la peau et les muscles.

**dermatophyte** *nm* Champignon responsable de mycoses (teignes, onyxis).

**dermatose** *nf* MED Maladie de la peau.

**derme** *nm* Partie profonde de la peau, située sous l'épiderme, formée de tissu conjonctif. [DER] **dermique** *a*

**dermeste** *nm* Coléoptère dont la larve très velue dévore les produits secs d'origine animale tels que les fourrures, le poisson séché, etc.

**dermite** *nf* MED Inflammation de la peau. *Dermite séborrhéique.* [VAR] **dermatite**

**dermocorticoïde** *nm* Crème ou lotion à base de corticoïde à usage dermatologique.

**dermocosmétique** *a, nm* Se dit des produits de soins pour la peau (laits, crèmes).

**dermographe** *nm* Instrument électrique utilisé pour réaliser des tatouages sur la peau.

**dermographisme** *nm* MED Réaction excessive de la peau à une irritation cutanée produite par une pointe mousse.

**dermoplastie** *nf* Reconstitution de la forme et de l'aspect d'un être vivant à partir de ses restes fossiles.

**dermoprotecteur, trice** *a, nm* MED Se dit d'un produit qui protège la peau.

**dermoptère** *nm* ZOOL Mammifère arboricole insectivore, tel que le galéopithèque.

**dernier, ère** *a, n* **1** Qui vient après tous les autres. *Le dernier jour du mois. C'est le petit dernier de la famille. Il est parti dernier.* **2** Qui précède immédiatement ; le plus récent. *L'année dernière. Habillé à la dernière mode. Aux dernières nouvelles.* **3** Extrême. *Le dernier degré de la perfection.* **4** Le plus méprisable, le plus bas. *Un produit de dernier choix. C'est le dernier des derniers.* **LOC** ***Avoir le dernier mot*** **:** l'emporter dans une discussion, un conflit. — ***C'est mon dernier mot*** **:** ma dernière proposition. — ***En dernier*** **:** après tous les autres, après le reste. *Nous verrons cela en dernier.* — ***Ne pas avoir dit son dernier mot*** **:** ne pas renoncer à avoir le dessus dans une affaire. [ETY] Du lat. *de retro,* « en arrière ».

**Dernier des Mohicans (le)** roman d'aventures de J. Fenimore Cooper (1826).

**dernièrement** *av* Depuis peu, récemment.

**dernier-né, dernière-née** *n* Enfant né le dernier. PLUR derniers-nés.

**Dernières Nouvelles d'Alsace (les)** journal rég. fondé à Strasbourg en 1877.

**Derniers Jours de Pompéi (les)** roman historique (1834) de l'Anglais Edward George Bulwer-Lytton (1803 – 1873).

**dérobade** *nf* **1** EQUIT Action de se dérober. **2** fig Échappatoire, faux-fuyant. *Il a coupé court aux questions par une dérobade.*

**dérobé, ée** *a* **1** Pris en cachette, volé. *Restituer un objet dérobé.* **2** Secret, dissimulé. *Escalier dérobé.* **LOC** AGRIC ***Culture dérobée :*** culture secondaire qui n'occupe le sol qu'une partie de l'année.

**dérobée (à la)** *loc av* Subrepticement, sans être vu. *Je l'observais à la dérobée.*

**dérober** *v* [1] **A** *vt* **1** Prendre en cachette, voler qqch. *On lui a dérobé sa montre.* **2** litt Soustraire. *Dérober un coupable à la justice.* **3** Cacher, empêcher de voir. *Dérober qqch à la vue de qqn.* **B** *vpr* **1** Se soustraire à. *Se dérober à tous ses devoirs. Chaque fois qu'on l'interroge, il se dérobe.* **2** Fléchir, faiblir. *Ses genoux se dérobèrent sous lui.* **3** EQUIT Refuser de sauter un obstacle, en parlant d'un cheval. [ETY] De l'a. fr.

**dérochage** *nm* TECH Action de dérocher un métal.

**dérochement** *nm* TRAV PUBL Action de dérocher.

**dérocher** *v* [1] **A** *vi* ALPIN Tomber d'une paroi rocheuse, dévisser. **B** *vt* **1** TRAV PUBL Enlever les roches de. *Dérocher le lit d'une rivière.* **2** TECH Tremper un métal dans un acide pour le décaper.

**déroctage** *nm* Suppression des rochers qui, sur les fonds fluviaux ou marins, gênent la circulation des bateaux.

**dérogation** *nf* **1** DR Fait de s'écarter de la loi, d'un principe de droit. **2** Autorisation de déroger à qqch.

**dérogatoire** *a* DR **1** Qui accorde une dérogation. **2** Qui a le caractère d'une entorse à la loi. *Cette clause de votre contrat est dérogatoire et illicite.*

**dérogeance** *nf* HIST Action par laquelle on perd la qualité de noble.

**déroger** *vti* [13] **1** S'écarter d'un usage, d'une loi, d'une convention. **2** Faire une chose indigne de. *Déroger à son rang.* **LOC** anc ***Déroger à noblesse :*** perdre la noblesse en exerçant une activité incompatible avec la qualité de noble. [ETY] Du lat. *rogare,* « demander ».

**dérouillée** *nf* fam Correction, volée de coups. *Flanquer une dérouillée à qqn.*

**dérouiller** *v* [1] **A** *vt* **1** Ôter la rouille de. **2** Dégourdir. *La lecture dérouille l'esprit. Se dérouiller les jambes.* **3** fam Battre. *Je l'ai dérouillé.* **B** *vi* **1** fam Recevoir des coups. *Si tu continues, tu vas dérouiller.* **2** Souffrir, avoir mal. *Ce que j'ai pu dérouiller quand on m'a arraché une dent !*

**déroulage** *nm* **1** TECH Action de dérouler une bille de bois. **2** Déroulement. *Le déroulage d'une bobine.*

**déroulant, ante** *a* INFORM Se dit d'un menu à structure arborescente qui s'affiche sur l'écran de façon interactive.

**déroulé** *nm* Déroulement. *Le déroulé d'un match.*

**Déroulède Paul** (Paris, 1846 – Mont-Boron, près de Nice, 1914), écrivain et homme politique français. Auteur des *Chants du soldat* (1872) poèmes revanchards, cofondateur de la Ligue des patriotes (1882), il fut banni (1900-1905) pour avoir tenté un coup d'État en 1899.

**déroulement** *nm* **1** Action de dérouler. *Le déroulement d'un tuyau d'arrosage.* **2** fig Succession dans le temps. *Saisir les faits dans leur déroulement.*

**dérouler** *v* [1] **A** *vt* **1** Étaler ce qui était roulé. *Dérouler un tapis. Pelote de laine qui se déroule.* **2** fig Exposer selon une succession donnée. *Il déroula tout son raisonnement avec une assurance parfaite.* **3** TECH Détacher en feuilles minces les couches successives d'une bille de bois. **B** *vpr* Se produire selon une succession donnée. *Les faits se sont déroulés en peu de temps.*

**dérouleur** *nm* **1** TECH Appareil servant à dérouler des produits livrés en rouleau. **2** INFORM Élément périphérique d'un ordinateur qui assure le déroulement de la bande magnétique lors de l'enregistrement ou de la lecture de données.

**dérouleuse** *nf* TECH **1** Machine pour dérouler le bois. **2** Dispositif permettant d'enrouler et de dérouler un câble, un fil électrique, etc.

**déroutage** *nm* Action de dérouter un navire, un avion. [VAR] **déroutement**

**déroutant, ante** *a* Qui déroute, déconcerte. *Une réponse déroutante.*

**déroute** *nf* **1** Fuite en désordre d'une armée vaincue. *Mettre une armée en déroute.* **2** fig Défaite, revers grave ; déconfiture. *Être en déroute.* [ETY] De l'a. fr. *desroter,* « s'enfuir ».

**Déroute (passage de la)** chenal de la Manche entre Jersey et le Cotentin.

**dérouter** *vt* [1] **1** Modifier l'itinéraire initialement prévu de. *Dérouter un avion en raison du brouillard.* **2** fig Déconcerter. *Ses mensonges me déroutent.*

**derrick** *nm* Tour métallique qui supporte les tubes de forage des puits de pétrole. SYN (recommandé) tour de forage.

**Derrida Jacques** (El-Biar, près d'Alger, 1930 – Paris, 2004), philosophe français : *l'Écriture et la différence* (1967), *De la grammatologie* (1967).

**1 derrière** *prép, av* **A** *prép* **1** Après, en arrière de, par oppos. à *devant. Marcher les uns derrière les autres. Les mains derrière le dos.* **2** De l'autre côté de. *Derrière le mur. Derrière la montagne.* **3** Après. *X est derrière Y au classement général.* **B** *av* En arrière, après, ou du côté opposé au devant. *Regarder derrière. Il marche derrière. Demeurer loin derrière.* **LOC** ***Avoir une idée derrière la tête :*** avoir une idée non avouée. — ***Par-derrière :*** du côté opposé à celui auquel une personne ou une chose fait face ; fig sournoisement. [ETY] Du lat. *retro,* « en arrière ».

**2 derrière** *nm* **1** Partie postérieure d'une chose. *Le derrière de la maison.* ANT devant. **2** Partie de l'homme et de quelques animaux qui comprend les fesses et le fondement. *Mettre un coup de pied au derrière.*

**Dersou Ouzala** film japono-soviétique de Kurosawa (1974).

**derviche** Membre d'une confrérie musulmane rattachée le plus souvent au soufisme. **LOC** ***Derviche tourneur (euse) :*** qui effectue des danses rituelles tourbillonnantes. [ETY] Du persan *darwich,* « pauvre ».

**Déry Tibor** (Budapest, 1894 – id., 1977), écrivain hongrois. Communiste, puis opposant en 1956, il a traité ces déchirements dans ses romans (*Cher beau-père,* 1973).

**dés-** Élément, du lat. *dis-,* marquant la privation, la cessation.

**des** *art* **1** Article défini pluriel contracté pour *de les. La salle des débats.* **2** Article partitif. *Verser des arrhes. Reprenez des pâtes.* **3** Article indéfini, pluriel de *un, une. Des amis sont venus me voir.*

**dès** *prép, conj* **A** *prép* **1** À partir de, aussitôt après. *Dès l'enfance. Dès maintenant.* **2** Depuis, à partir de. *Fleuve navigable dès sa source.* **B** *conj* Aussitôt que. *Dès que vous arriverez, je pourrai partir.* **LOC** ***Dès lors :*** à partir de ce moment. *Dès lors, il devient suspect.* — ***Dès lors que :*** à partir du moment où. *Dès lors que vous acceptez, le marché est conclu.* [ETY] Du lat.

**désabonner** *vt* [1] Faire cesser l'abonnement de qqn. *Cette revue ne m'intéressait plus, je me suis désabonné.* [DER] **désabonnement** *nm*

**désabusé, ée** *a* Qui n'a plus d'illusions, revenu de tout. *Prendre un air désabusé.*

**désabuser** *vt* [1] litt Détromper qqn de ce qui l'abuse, désillusionner. [DER] **désabusement** *nm*

**désaccord** *nm* **1** Dissentiment, différence d'opinion, désunion. *Ces discussions amenèrent le désaccord dans la famille.* **2** Discordance, contradiction entre des choses. *Être en désaccord avec une décision.*

**désaccorder** *vt* [1] MUS Faire perdre l'accord à un instrument. *L'humidité a désaccordé ce piano. Une guitare qui se désaccorde.*

**désaccoupler** *vt* [1] Séparer ce qui était par couple, ce qui était couplé. *Désaccoupler des bœufs. Désaccoupler des circuits électriques.* [DER] **désaccouplage** *nm*

**désaccoutumer** *vt* [1] Faire perdre une habitude, une accoutumance à une substance. *Se désaccoutumer du tabac.* [DER] **désaccoutumance** *nf*

**désacidifier** *vt* [2] Supprimer par un traitement approprié l'acidité d'un papier. [DER] **désacidification** *nf*

**désacraliser** *vt* [1] Retirer le caractère sacré à. *Désacraliser la justice.* [PHO] [desakralize] [DER] **désacralisation** *nf*

**désactiver** *vt* [1] **1** Faire cesser le fonctionnement de qqch. **2** PHYS NUCL Débarrasser une substance de sa radioactivité. [DER] **désactivation** *nf*

**désadapter** *vt* [1] Faire perdre à qqn son adaptation sociale, professionnelle, etc. *L'incarcération prolongée désadapte les détenus.* [DER] **désadaptation** *nf* – **désadapté, ée** *a, n*

**désaffecté, ée** *a* Qui n'assure plus le service auquel il était affecté, pour lequel il était prévu. *Une grange désaffectée transformée en garage.*

**désaffecter** *vt* [1] **1** Ôter à un édifice son affectation première. *Désaffecter une caserne, une église.* **2** FIN Cesser d'affecter une somme à un emploi déterminé. [DER] **désaffectation** *nf*

**désaffection** *nf* Cessation de l'intérêt. *La désaffection du public pour le théâtre.*

**désaffilier** *vt* [2] Retirer son affiliation à qqn. [DER] **désaffiliation** *nf*

**désagréable** *a* Déplaisant, qui cause du désagrément. *Nouvelle désagréable.* [DER] **désagréablement** *av*

**désagréger** *vt* [15] Séparer ce qui est agrégé, décomposer, dissoudre. *L'humidité désagrège le plâtre. Le pouvoir se désagrège.* [DER] **désagrégation** *nf*

**désagrément** *nm* Déplaisir, ennui, souci. *Causer du désagrément.*

**Desai Morarji** (Bhadeli, Gujerāt, 1896 – Bombay, 1995), homme politique indien. Leader de la droite du Parti du Congrès, il s'oppose à Indira Gandhi ; il fut Premier ministre de 1977 à 1979.

**Desai Anita** (Delhi, 1927), romancière indienne d'expression anglaise (*le Feu sur la montagne,* 1977).

**désaimanter** *vt* [1] Faire disparaître l'aimantation de. [DER] **désaimantation** *nf*

**désaisonnaliser** *vt* [1] Éliminer les variations saisonnières d'une courbe statistique. [DER] **désaisonnalisation** *nf*

**Desaix** Louis Charles Antoine Des Aix, dit (Ayat, 1768 – Marengo, 1800), général français. Il se distingua en Égypte et fut tué à Marengo, après avoir assuré la victoire.

**désajuster** *vt* (1) Défaire ce qui était ajusté, lié. DER **désajustement** *nm*

**désaliéner** *vt* (14) Faire cesser l'aliénation de qqn ; libérer. DER **désaliénation** *nf*

**désaliniser** *vt* (1) Réduire ou supprimer la teneur en sel de l'eau de mer. DER **désalinisation** *nf* – **désalinisateur** *nm*

**désalpe** *nf* Suisse Descente de l'alpage. DER **désalper** *vt* (1)

**désaltérer** *vt* (14) Apaiser la soif de qqn. *Le thé désaltère. Se désaltérer à la fontaine.* DER **désaltérant, ante** *a*

**désambiguïser** *vt* (1) didac Supprimer l'ambiguïté. VAR **désambigüiser** DER **désambiguïsation** ou **désambigüisation** *nf*

**désamianter** *vt* (1) Éliminer l'amiante qui avait été utilisée lors de la construction d'un bâtiment. DER **désamiantage** *nm*

**désamidonner** *vt* (1) Éliminer l'amidon de. DER **désamidonnage** *nm*

**désamorcer** *vt* (12) **1** Ôter l'amorce de. *Désamorcer une bombe.* **2** Interrompre le fonctionnement de. *Désamorcer une pompe.* **3** fig Faire perdre à qqch son caractère destructeur ou menaçant. *Désamorcer un conflit.* DER **désamorçage** *nm*

**désamour** *nm* litt Perte de l'amour.

**De Sanctis** Francesco (Morra Irpino, 1817 – Naples, 1883), écrivain italien, doctrinaire du vérisme : *Essais critiques* (1866).

**désangoisser** *vt* (1) Faire cesser l'angoisse de qqn.

**désannexer** *vt* (1) DR INTERN Restituer un territoire à l'État auquel il appartenait avant son annexion. DER **désannexion** *nf*

**Desanti** Jean-Toussaint (Ajaccio, 1914 – Paris, 2002), philosophe français, épistémologue et historien de la philosophie : *Phénoménologie et praxis* (1963).

**De Santis** Giuseppe (Fondi, 1917 – Rome, 1997), cinéaste italien néoréaliste : *Chasse tragique* (1947), *Riz amer* (1948).

**désaper** *vt* (1) fam Déshabiller.

**désapparier** *vt* (2) Syn. de *déparier*.

**désappointer** *vt* (1) Décevoir qqn dans son attente, dans son espérance. ETY De l'angl. DER **désappointé, ée** *a* – **désappointement** *nm*

**désapprendre** *vt* (52) litt Oublier ce qu'on avait appris.

**désapprouver** *vt* (1) Ne pas agréer qqch, blâmer. DER **désapprobateur, trice** *a* – **désapprobation** *nf*

**désapprovisionner** *vt* (1) **1** Priver de son approvisionnement. **2** Dégarnir de provision. *Désapprovisionner un compte bancaire.* DER **désapprovisionnement** *nm*

**désarçonner** *vt* (1) **1** Mettre un cavalier hors des arçons, jeter qqn à bas de la selle. *Son cheval l'a désarçonné.* **2** fig Faire perdre contenance à, déconcerter. *Cette question l'a complètement désarçonné.* DER **désarçonnant, ante** *a*

**désarêter** *vt* (1) Ôter les arêtes d'un poisson.

**désargenté, ée** *a* fam Démuni d'argent. *Je suis fort désargenté en ce moment.*

**désargenter** *vt* (1) TECH Enlever la couche d'argent d'un objet.

**Desargues** Gérard (Lyon, 1591 – id., 1662), mathématicien français ; fondateur de la géométrie projective des coniques.

**désarmant, ante** *a* Qui fléchit la rigueur, l'irritation. *Un sourire désarmant.*

**désarmement** *nm* **1** Action de désarmer qqch. *Le désarmement d'un paquebot.* **2** Action de réduire ou de supprimer les forces militaires.

**désarmer** *v* (1) **A** *vt* **1** Enlever ses armes à qqn. *Désarmer un malfaiteur.* **2** Rendre une arme à feu inoffensive en libérant le ressort de percussion. **3** fig Ôter à qqn tout moyen de s'irriter. *Ces plaisanteries l'ont désarmé.* **4** MAR Débarrasser un navire de son matériel mobile et débarquer son équipage. **B** *vi* **1** Réduire son armement, en parlant d'un État. *Toutes les puissances désarmèrent à la fois.* **2** fig Se débarrasser d'un sentiment hostile, d'une rancune. *Il lui en veut et ne désarmera pas.*

**désarrimer** *vt* (1) Détacher des marchandises arrimées. DER **désarrimage** *nm*

**désarroi** *nm* Trouble, confusion de l'esprit. *Plonger dans un profond désarroi.* ETY De l'a. fr. *desarroyer*, « mettre en désordre ».

**désarticuler** *v* (1) **A** *vt* **1** Faire sortir de l'articulation. *Désarticuler un os de poulet.* **2** CHIR Amputer au niveau de l'articulation. **3** Défaire ce qui était articulé. *Désarticuler les pièces d'un mécanisme.* **B** *vpr* Se contorsionner. *Contorsionniste qui se désarticule.* DER **désarticulation** *nf*

**désassembler** *vt* (1) Défaire ce qui est assemblé. *Désassembler une charpente.* DER **désassemblage** *nm*

**désassimiler** *vt* (1) PHYSIOL Éliminer une substance préalablement assimilée par l'organisme. DER **désassimilation** *nf*

**désassortir** *vt* (3) Défaire un assortiment ; dépareiller. DER **désassortiment** *nm*

**désastre** *nm* **1** Évènement funeste, catastrophe. *Cette inondation fut un désastre pour la région.* **2** Grave échec. *Un désastre financier.* ETY De l'ital. *disastrato*, « né sous une mauvaise étoile ».

**désastreux, euse** *a* **1** Qui a le caractère d'un désastre. *Un évènement désastreux pour notre économie.* **2** Très fâcheux ; qui porte tort. *Votre attitude est désastreuse.* DER **désastreusement** *av*

**désatelliser** *vt* (1) ESP Faire quitter son orbite à un satellite. DER **désatellisation** *nf*

**désattribuer** *vt* (1) Reconsidérer l'attribution d'un tableau à un peintre. DER **désattribution** *nf*

**Désaugiers** Marc Antoine (Fréjus, 1742 – Paris, 1793), compositeur français ; auteur d'opéras-comiques. — **Antoine** (Fréjus, 1772 – Paris, 1827), chansonnier, fils du préc.

**Desault** Pierre Joseph (Vouhenans, près de Lure, 1738 – Paris, 1795), chirurgien français ; maître de Bichat.

**Des Autels** Guillaume (manoir de Vernoble, Charolais, 1529 – id., 1581), poète français : *Amoureux Repos* (1553).

**désavantage** *nm* **1** Cause d'infériorité. *Le désavantage d'une position.* **2** Préjudice, dommage. *Cette clause du contrat est à votre désavantage.*

**désavantager** *vt* (13) Faire supporter un désavantage à, mettre en état d'infériorité. *Désavantager un de ses enfants.*

**désavantageux, euse** *a* Qui cause un désavantage. *Des conditions désavantageuses.* DER **désavantageusement** *av*

**désaveu** *nm* **1** Déclaration par laquelle on désavoue ce qu'on a dit ou fait. *Faire un désaveu public.* **2** Fait de désavouer qqn. *Il a subi le désaveu de ses supérieurs.* LOC DR ***Désaveu de paternité*** : action par laquelle un mari déclare judiciairement qu'il n'est pas le père d'un enfant né de sa femme légitime.

**désavouer** *vt* (1) **1** Ne pas vouloir reconnaître comme sien. *Désavouer une signature. Désavouer un enfant.* **2** Déclarer qu'on n'a pas autorisé qqn à dire ou à faire qqch. *Désavouer un de ses ministres.* **3** Désapprouver, condamner publiquement. *Désavouer la conduite de qqn.*

**désaxé, ée** *a, n* **1** Qui s'est écarté de son axe. **2** fig Déséquilibré. *Un esprit désaxé.*

**désaxer** *vt* (1) **1** Écarter de son axe. **2** fig Faire perdre à qqn son équilibre mental, physique.

**Desbordes-Valmore** Marceline Desbordes, Mme Lanchantin, dite Marceline (Douai, 1786 – Paris, 1859), poétesse française appréciée par Baudelaire et Verlaine : *Élégies et Romances* (1818), *Pleurs* (1833), *Pauvres fleurs* (1839).

**descamisados** *nm pl* HIST Surnom des libéraux espagnols (1820), puis des partisans argentins du général Perón. PHO [deskamisadɔs] ETY Mot esp.

**Descartes** René (La Haye [auj. La Haye-Descartes, Indre-et-Loire], 1596 – Stockholm, 1650), philosophe et savant français. Il fait ses études chez les jésuites au collège de La Flèche (1604-1612), étudie le droit et sert dans l'armée hollandaise puis bavaroise. Durant cette période (1617-1628), où il voyage beaucoup, Descartes observe et médite plus qu'il ne lit. En 1629 il est en Hollande, où il restera vingt ans. Après les *Règles pour la direction de l'esprit* (v. 1626-1628 ; posth., 1701) et le *Traité du monde* qu'il renonce à publier en 1633, il publie en 1637 la *Dioptrique*, la *Géométrie* et les *Météores*, précédés du *Discours de la méthode* où il expose une méthode pour découvrir la vérité scientifique et philosophique. Cette démarche fait appel à la métaphysique (*Méditations sur la philosophie première*, 1641 ; *Principes de la philosophie*, 1644). Le point de départ est le doute ; celui-ci implique que nous pensions : *cogito ergo sum* (« je pense, donc je suis »). Puis Descartes distingue la « chose pensante » (dont Dieu) et la « chose étendue » (la matière). Dans le *Traité des passions de l'âme* (1649), il décrit les interactions de l'âme et du corps : les passions ne doivent pas être rejetées mais maîtrisées. Descartes meurt d'une pneumonie à Stockholm où, invité par Christine de Suède, il s'était rendu en 1649. DER **cartésien, enne** *a, n*

René Descartes

**desceller** *vt* (1) **1** Défaire ce qui était scellé. *Desceller des barreaux.* **2** Ôter le sceau de. PHO [desele] DER **descellement** *nm*

**descendance** *nf* **1** Filiation ; fait de descendre de qqn. **2** Ensemble des descendants, postérité. *Une nombreuse descendance.*

**descendant, ante** *n, a* **A** *n* Individu issu d'une personne, d'une famille données. **B** *a* Qui descend. *Marée descendante.* **C** *nm* PHYS Élément produit lors de la désintégration radioactive d'un nucléide. LOC MUS ***Gamme descendante*** : qui va de l'aigu au grave. — MILIT ***Garde descendante*** : celle qui quitte son poste, qui est relevée par la garde montante.

**descenderie** *nf* TECH Galerie de mine en pente.

**descendeur, euse** *n* **A** SPORT Cycliste, skieur(euse) dont la spécialité est la descente. **B** *nm* Appareil utilisé en escalade pour freiner les descentes en rappel.

**descendre** *v* [6] **A** *vt* (Avec l'auxiliaire *avoir.*) **1** Parcourir de haut en bas. *Descendre un escalier, une colline.* **2** Mettre, porter plus bas. *Descendre un tableau. Descendre du vin à la cave.* **3** fam Tuer. *Se faire descendre.* **4** fam Abattre. *Descendre un avion.* **5** fam Vider. *Descendre une bouteille.* **B** *vi* (Avec l'auxiliaire *être.*) **1** Aller de haut en bas. *Descendre de la montagne.* **2** Mettre pied à terre. *Il descendit de sa bicyclette.* **3** S'arrêter quelque part pour y coucher, pour y séjourner. *Descendre à l'hôtel.* **4** fig Être issu de, tirer son origine de. *Il descend d'une famille de magistrats.* **5** Aller du haut vers le bas. *Le baromètre descend. Le soleil descend.* **6** Baisser. *La mer descend.* **7** MUS Parcourir l'étendue des sons de l'aigu vers le grave. *Ce chanteur a une voix qui descend très bas.* **LOC** MAR ***Descendre à terre*** : débarquer. — litt ***Descendre au cercueil, au tombeau*** : mourir. — ***Descendre dans la rue*** : participer à une manifestation. — ***Descendre un fleuve*** : en suivre le cours en allant vers l'embouchure. [PHO] [desɑ̃dʀ] [ETY] Du lat.

**descenseur** *nm* **LOC** ***Descenseur social*** : tout ce qui contribue à accentuer les différences sociales, qui empêche de s'élever dans la société.

**descente** *nf* **1** Action de descendre. *La descente à la cave se fait par un escalier très raide.* **2** Irruption dans un lieu. *Une descente de police.* **3** Mouvement de haut en bas d'une chose. *Descente en vol plané d'un avion.* **4** Pente. *Ralentir dans les descentes.* **5** SPORT Épreuve de ski chronométrée sur une pente de forte dénivellation comportant des portes de contrôle. **6** Action par laquelle on descend qqch. *Descente d'un fleuve.* **7** Afrique Sortie de travail. **LOC** fam ***Avoir une bonne descente*** : boire en grande quantité. — CONSTR ***Descente d'eaux pluviales*** : canalisation verticale servant à évacuer les eaux de pluie. — ***Descente de croix*** : tableau ou sculpture représentant Jésus-Christ mort que l'on descend de la croix. — ***Descente de lit*** : tapis mis à côté du lit. — MED ***Descente d'organe*** : ptôse, prolapsus.

**Deschamps** Eustache (Vertus, Champagne, v. 1346 –?, v. 1406), poète français ; élève de G. de Machaut : *Art de dictier* (1392).

**Deschamps** Émile Deschamps de Saint-Amand, dit **Émile** (Bourges, 1791 – Versailles, 1871), poète français. En 1823, il fonda avec Victor Hugo *la Muse française.* — **Antoine,** dit **Antony** (Paris, 1800 – id., 1869), poète, frère du préc., traduisit en vers *la Divine Comédie* (1829).

**Deschamps** Jérôme (Neuilly-sur-Seine, 1947), acteur et metteur en scène de théâtre français. Ses spectacles conçus avec Macha Makeieff donnent une vision comique et poétique du quotidien.

**Deschanel** Paul (Schaerbeek, 1855 – Paris, 1922), homme politique français ; président de la Rép. (fév-sept. 1920), il démissionna pour raison de santé. Acad. fr. (1899).

**déscolariser** *vt* [1] Soustraire un enfant du système scolaire. [DER] **déscolarisation** *nf*

**descripteur** *nm* INFORM Code attaché à un objet et qui permet de le décrire.

**descriptible** *a* Qui peut être décrit.

**descriptif, ive** *a, nm* **A** *a* Qui décrit, qui a pour objet de décrire. *Poésie descriptive.* **B** *nm* Document qui décrit précisément un objet, un processus. *Un descriptif détaillé.* **LOC** MATH ***Géométrie descriptive*** : représentation de figures projetées sur un plan (géométrie cotée) ou sur plusieurs plans. — ***Linguistique descriptive*** : qui rend compte des phénomènes verbaux qu'elle observe par oppos. aux grammaires traditionnelles de caractère normatif.

**description** *nf* **1** Écrit ou discours par lequel on décrit. *Faire la description d'une image.* **2** DR Inventaire. *Le procès-verbal de saisie contient la description des meubles.*

**Desdémone** épouse d'Othello dans l'*Othello* de Shakespeare (1604).

**déséchouer** *vt* [1] MAR Remettre à flot un navire échoué.

**déséconomies** *nfpl* Inconvénients ou dommages nés de l'environnement économique.

**déségrégation** *nf* Suppression de la ségrégation raciale. [PHO] [desegʀegasjɔ̃]

**désembourber** *vt* [1] **1** Tirer hors de la boue. **2** fig Tirer d'une situation difficile. *Désembourber des négociations.*

**désembouteiller** *vt* [1] Supprimer un embouteillage.

**désembuer** *vt* [1] Supprimer la buée de. [DER] **désembuage** *nm*

**désemparé, ée** *a* **1** Qualifie un navire, un avion, etc., que ses avaries empêchent de manœuvrer. **2** Qui a perdu tous ses moyens, qui ne sait plus que dire, que faire.

**désemparer** *vt* [1] **LOC** ***Sans désemparer*** : sans interruption, avec persévérance. [ETY] De l'a. fr. *emparer*, « fortifier ».

**désemplir** *vi* [3] **LOC** ***Ne pas désemplir*** : être toujours plein, ne pas cesser d'être fréquenté.

**désencadrer** *vt* [1] **1** Retirer le cadre de. **2** FIN Libérer un crédit de l'encadrement. [DER] **désencadrement** *nm*

**désenchaîner** *vt* [1] Délivrer de ses chaînes. [VAR] **désenchainer**

**désenchanté, ée** *a* Désillusionné, déçu.

**désenchantement** *nm* Sentiment de désillusion.

**désenclaver** *vt* [1] Faire cesser l'enclavement, l'isolement d'une région. [DER] **désenclavement** *nm*

**désencombrer** *vt* [1] Débarrasser de ce qui encombre. [DER] **désencombrement** *nm*

**désencrasser** *vt* [1] Nettoyer, faire disparaître la crasse de.

**désencrer** *vt* [1] Débarrasser de l'encre. [DER] **désencrage** *nm*

**désendetter (se)** *vpr* [1] Se décharger de ses dettes. [DER] **désendettement** *nm*

**désenfler** *vi* [1] Devenir moins enflé.

**désenfumer** *vt* [1] Chasser la fumée d'un local. [DER] **désenfumage** *nm*

**désengager** *vt* [13] Libérer d'un engagement. *Il a désengagé ses capitaux. Se désengager d'une obligation.* [DER] **désengagement** *nm*

**désengorger** *vt* [13] Faire cesser l'engorgement de. *Désengorger les prisons.* [DER] **désengorgement** *nm*

**désengrener** *vt* [16] TECH Faire cesser l'engrènement de.

**désenivrer** *vt* [1] Faire passer l'ivresse de. *L'air frais la désenivré.*

**désennuyer** *vt* [22] litt Dissiper, chasser l'ennui de qqn ; distraire.

**désenrayer** *vt* [21] TECH Débloquer un mécanisme enrayé.

**désensabler** *vt* [1] Dégager, sortir du sable. [DER] **désensablement** *nm*

**désensibiliser** *vt* [1] **1** MED Faire disparaître, chez un individu, la sensibilité anormale ou l'allergie à l'égard de certains allergènes normalement bien tolérés. **2** PHOTO Diminuer la sensibilité d'une émulsion. [DER] **désensibilisant, ante** *a* – **désensibilisation** *nf*

**désensorceler** *vt* [17] ou [19] Délivrer d'un ensorcellement.

**désentoiler** *vt* [1] Enlever la toile d'un tableau. [DER] **désentoilage** *nm*

**désentraver** *vt* [1] Débarrasser de ses entraves.

**désenvaser** *vt* [1] **1** Retirer la vase de. **2** Sortir de la vase. [DER] **désenvasement** *nm*

**désenvoûter** *vt* [1] Libérer qqn d'un envoûtement. [VAR] **désenvouter** [DER] **désenvoûtement** ou **désenvoutement** *nm*

**désépaissir** *vt* [3] Rendre moins épais.

**désépargner** *vt* [1] Prélever sur son épargne des sommes destinées à la consommation. [DER] **désépargne** *nf*

**déséquilibre** *nm* **1** Absence d'équilibre. *Le déséquilibre de la balance des paiements.* **2** Manque d'équilibre mental.

**déséquilibré, ée** *a, n* **A** *a* Qui manque d'équilibre. *Un exposé déséquilibré.* **B** *a, n* Qui ne jouit pas de toutes ses facultés mentales.

**déséquilibrer** *vt* [1] **1** Faire perdre l'équilibre à qqn ; rompre l'équilibre de qqch. *Sa valise trop lourde le déséquilibre.* **2** Troubler l'esprit, l'équilibre mental de. *La mort de son fils l'a complètement déséquilibrée.*

**déséquiper** *v* [1] **A** *vt* **1** MAR Désarmer un navire. **2** Retirer son équipement. **B** *vpr* Retirer son équipement.

**1 désert, erte** *a* **1** Sans habitants. *Une île déserte.* **2** Peu fréquenté, où il n'y a personne. *Rue déserte.* **3** Sans cultures, sans végétation. *Paysage désert.* [ETY] Du lat. *desertus,* « abandonné ».

**2 désert** *nm* **1** Région où les rigueurs du climat sont telles que la vie végétale et animale est presque inexistante. *On distingue les déserts chauds, où les précipitations sont inférieures à 200 millimètres d'eau par an (Sahara), et les déserts froids (Antarctique et Arctique).* **2** Lieu écarté, isolé. **LOC** ***Désert médical*** : secteur géographique où l'offre médicale est insuffisante. [ETY] Du lat. [DER] **désertique** *a*

**déserter** *v* [1] **A** *vt* **1** Abandonner un lieu. *Les habitants ont déserté le village.* **2** fig Abandonner, trahir. *Déserter une cause.* **B** *vi* En parlant d'un militaire, refuser de rejoindre son corps ou le quitter illégalement [DER] **désertion** *nf*

**déserteur, eure** *n* **1** Militaire qui a déserté. **2** fig Personne qui abandonne une cause, un parti, une religion.

**désertifier (se)** *vpr* [2] **1** GEOGR Se transformer en désert. **2** Se dépeupler. [DER] **désertification** ou **désertisation** *nf*

**désertique** → **désert 2.**

**désescalade** *nf* Diminution progressive de la tension, dans le domaine militaire, social.

**désespérance** *nf* litt Lassitude découragée, désespoir.

**désespérant, ante** *a* **1** Qui jette dans le désespoir, qui cause un vif chagrin. *Cette pensée est désespérante.* **2** Décourageant. *Il est désespérant de sottise.*

**désespéré, ée** *a, n* **A** Qui s'abandonne au désespoir. *Le geste fou d'un désespéré.* **B** *a* **1** Inspiré par le désespoir. *Prendre un parti désespéré.* **2** Qui ne laisse plus aucun espoir. *Être dans une situation désespérée.* **3** Ultime. *Tentative désespérée.* [DER] **désespérément** *av*

**désespérer** *v* [14] **A** *vi* Perdre espoir. *Ne désespérez pas.* **B** *vti* **1** Perdre l'espoir de. *Désespérer de réussir.* **2** Cesser d'espérer en. *Désespérer de qqn.* **C** *vt* **1** litt Ne plus espérer que. *Je désespère qu'il aille mieux.* **2** Affliger profondément, réduire au désespoir. *La conduite de son fils le désespère.* **D** *vpr* Se livrer, se laisser aller au désespoir.

**désespoir** *nm* État de celui qui a perdu l'espoir. *Tomber dans le désespoir.* **LOC** ***Désespoir des peintres*** : saxifrage. — ***Désespoir des singes*** : araucaria. — ***En désespoir de cause*** : en dernière ressource et sans trop y croire. — ***Être au désespoir de*** : être désespéré, désolé de. — ***Être, faire***

*le désespoir de qqn* : lui causer une profonde affliction, une contrariété.

**désétatiser** *vt* [1] Réduire le rôle ou la part de l'État dans une industrie.

**désexciter** *vt* [1] PHYS Faire passer un atome de l'état excité à l'état normal. [DER] **désexcitation** *nf*

**désexualiser** *vt* [1] Supprimer le caractère sexuel de qqch. [DER] **désexualisation** *nf*

**Desèze Romain (comte)** (Bordeaux, 1748 – Paris, 1828), magistrat français, avocat de Louis XVI devant la Convention. Acad. fr. (1816).

**Des Forêts Louis René** (Paris, 1918 – id, 2000), écrivain français : *les Mendiants* (1943), *la Chambre des enfants* (1960), *Ostinato* (1997).

**déshabillé** *nm* Léger vêtement d'intérieur pour les femmes.

**déshabiller** *vt* [1] **1** Enlever ses vêtements à qqn. *Déshabiller un enfant. Se déshabiller pour prendre un bain.* **2** TECH Enlever le revêtement, les accessoires de. **3 fig** Mettre à nu, à découvert. [DER] **déshabillage** *nm*

**déshabituer** *vt* [1] Faire perdre à qqn l'habitude de. *Déshabituer qqn de boire, du tabac.*

**désherber** *vt* [1] Ôter les mauvaises herbes de. [DER] **désherbage** *nm* – **désherbant, ante** *a, nm*

**déshérence** *nf* **1** DR État d'une succession vacante. **2 fig** Situation d'abandon dans lequel on laisse un lieu, un groupe. *La déshérence des banlieues. Une zone industrielle en déshérence.* [ETY] De l'a. fr. *hoir*, « héritier ».

**déshérité, ée** *a, n* **A** *a* Privé d'un héritage. **B** *a, n* **fig** Privé de dons naturels ; défavorisé, pauvre. *Une région déshéritée. Aider les déshérités.*

**déshériter** *vt* [1] **1** Priver de sa succession ses héritiers légitimes. *Il veut déshériter son fils au profit de son neveu.* **2 fig, litt** Priver qqn, qqch des avantages naturels. [DER] **déshéritement** *nm*

**déshonneur** *nm* Perte de l'honneur, honte. *Être souillé par le déshonneur.*

**déshonorer** *vt* [1] **1** Ôter l'honneur à qqn. *Cette action vile l'a déshonoré. Il s'est déshonoré.* **2 fig** Enlaidir qqch. *Cette affreuse statue déshonore la place.* [DER] **déshonorant, ante** *a*

**déshuiler** *vt* [1] Enlever l'huile de. *Déshuiler des eaux usées.* [DER] **déshuilage** *nm*

**déshumaniser** *vt* [1] Faire perdre son caractère humain à qqch, sa qualité d'être humain. *Conditions d'existence qui déshumanisent l'individu.* [DER] **déshumanisant, ante** *a* – **déshumanisation** *nf*

**déshydratation** *nf* **1** Action de déshydrater. *Déshydratation de denrées alimentaires en vue de leur conservation.* **2** MED Diminution de la quantité d'eau contenue dans l'organisme.

**déshydraté, ée** *a* **1** Qui a été privé de son eau. **2** MED Atteint de déshydratation. **3** fam Assoiffé.

**déshydrater** *v* [1] **A** *vt* TECH Enlever l'eau combinée ou mélangée à un corps. **B** *vpr* MED Perdre son eau, en parlant de l'organisme. [DER] **déshydratant, ante** *a*

**déshydrogénase** *nf* BIOCHIM Enzyme capable de libérer l'hydrogène constitutif des molécules organiques.

**déshydrogéner** *vt* [14] CHIM Éliminer tout ou partie de l'hydrogène d'un corps. [DER] **déshydrogénation** *nf*

**De Sica Vittorio** (Sora, 1901 – Paris, 1974), acteur et cinéaste italien tenant du néoréalisme : *Sciuscia* (1946), *le Voleur de bicyclette* (1948), *Miracle à Milan* (1951), *la Ciociara* (1960).

**désidérata** *nm* Choses désirées. PLUR désidératas ou desiderata. [PHO] [dezideʀata] [ETY] Mot lat. [VAR] **desiderata**

**design** *nm inv, a inv* **A** *nm inv* Mode de création industrielle qui vise à adapter la forme des objets à la fonction qu'ils doivent remplir tout en leur conférant une beauté plastique. SYN (recommandé) esthétique industrielle. **B** *a inv* D'un style épuré et moderne. [PHO] [dizajn] [ETY] Mot angl.

**désignation** *nf* **1** Action de désigner. *La désignation d'un nouveau produit.* **2** Action de désigner qqn pour une charge, un emploi, une affectation. *La désignation d'un successeur.* **3** Nom, appellation. *Une désignation courante.*

**designer** *n* Spécialiste du design. [PHO] [dizajnœr] [VAR] **designeur, euse**

**désigner** *vt* [1] **1** Indiquer d'une manière distinctive, par un signe, un geste. *Il a désigné son agresseur.* **2** Signaler. *Désigner qqn à l'hostilité générale.* **3** LING En parlant d'un signe, renvoyer à qqch. *Le mot « vilain » désignait le paysan libre au Moyen Âge.* **4** Appeler qqn à une dignité, une fonction. *Désigner son successeur.* [ETY] Du lat. *designare*, de *signum*, « signe ». [DER] **désignatif, ive** *a*

**désillusion** *nf* Perte des illusions, déception, désenchantement.

**désillusionner** *vt* [1] Faire perdre à qqn ses illusions. *Son échec l'a désillusionné.*

**désimlocker** *vt* [1] Déverrouiller un téléphone portable pour qu'il soit utilisable auprès de n'importe quel opérateur. [DER] **désimlockage** *nm*

**désimpliqué, ée** *a* Qui a cessé d'être impliqué, concerné. *Des citoyens désimpliqués.*

**désincarcérer** *vt* [14] Extraire une personne bloquée à l'intérieur d'un véhicule accidenté. [DER] **désincarcération** *nf*

**désincarné, ée** *a* **1** RELIG Dégagé de son enveloppe charnelle (en parlant des morts, des esprits). **2 fig** Qui néglige les considérations matérielles, qui tend à l'abstraction.

**désincarner (se)** *vpr* [1] **1** RELIG Perdre l'apparence charnelle ; quitter un corps. *Une âme qui se désincarne.* **2 litt** Se détacher de la condition humaine, des considérations matérielles. [DER] **désincarnation** *nf*

**désinciter** *vt* [1] Faire cesser l'incitation à accomplir qqch. [DER] **désincitation** *nf*

**désincruster** *vt* [1] **1** TECH Ôter les dépôts incrustés de. **2** Nettoyer la peau en la débarrassant de ses cellules mortes. [DER] **désincrustant, ante** *a, nm* – **désincrustation** *nf*

**désindexer** *vt* [1] Supprimer l'indexation de. [DER] **désindexation** *nf*

**désindustrialiser** *vt* [1] Réduire le nombre et l'importance des industries d'une région, d'un pays. [DER] **désindustrialisation** *nf*

**désinence** *nf* **1** LING Terminaison qui sert à marquer le cas, le nombre, le genre, la personne, etc. **2** BOT Terminaison de certains organes. [ETY] Du lat. *desinentia*, de *desinere*, « finir ».

**désinfecter** *vt* [1] Procéder à la désinfection de. [DER] **désinfectant, ante** *a, nm*

**De Sica** *le Voleur de bicyclette*, 1948, avec Lamberto Maggiorani et Enzo Staiola

**désinfection** *nf* Destruction de la flore microbienne d'un lieu, d'une partie de l'organisme, par des moyens mécaniques, physiques ou chimiques.

**désinflation** *nf* Réduction de l'inflation. [DER] **désinflationniste** *a*

**désinformer** *vt* [1] Diffuser par les médias des informations délibérément orientées ou mensongères. [DER] **désinformateur, trice** *a* – **désinformation** *nf*

**désinhiber** *vt* [1] PHYSIOL, PSYCHO Lever l'inhibition de. [DER] **désinhibant, ante** ou **désinhibiteur, trice** *a*

**désinscrire (se)** *vpr* [67] Annuler son inscription à une liste, un statut, etc. *Se désinscrire d'un réseau social.* [DER] **désinscription** *nf*

**désinsectiser** *vt* [1] Débarrasser des insectes nuisibles. [DER] **désinsectisation** *nf*

**désinsertion** *nf* Fait d'être en marge de la société, du groupe. [DER] **désinsérer** *vt* [14]

**désinstaller** *vt* [1] Faire disparaître un logiciel d'un disque dur. [DER] **désinstallation** *nf*

**désinstalleur** *nm* INFORM Logiciel permettant de désinstaller des logiciels superflus. [VAR] **désinstallateur**

**désintégrer** *vt* [14] **1** Détruire l'intégrité de, ruiner complètement. *Le satellite s'est désintégré en rentrant dans l'atmosphère.* **2** PHYS NUCL Détruire un noyau atomique pour libérer de l'énergie. [DER] **désintégration** *nf*

**désintéressé, ée** *a* **1** Qui n'est pas motivé par son intérêt particulier. **2** Où l'intérêt ne joue aucun rôle. *Une action désintéressée.*

**désintéressement** *nm* **1** Fait de se désintéresser de qqch. **2** Détachement de tout intérêt personnel. **3** Action de désintéresser qqn.

**désintéresser** *v* [1] **A** *vt* Payer à qqn ce qu'on lui doit. *Désintéresser ses créanciers.* **B** *vpr* N'avoir plus d'intérêt pour, ne plus s'occuper de. *Se désintéresser d'une affaire.*

**désintérêt** *nm* Perte de l'intérêt pour qqch.

**désintermédiation** *nf* didac Fait de supprimer les intermédiaires dans un processus social ou économique.

**désintoxiquer** *vt* [1] **1** Débarrasser des toxines. **2** Supprimer les effets d'une intoxication. *Désintoxiquer un alcoolique.* [DER] **désintoxiquant, ante** *a, nm* – **désintoxication** *nf*

**désinvestir** *v* [3] **A** *vt* ECON Cesser d'investir dans. **B** *vi* Cesser d'être motivé pour qqch. [DER] **désinvestissement** *nm*

**désinvolte** *a* **1** Qui a une allure libre et dégagée. *Un jeune homme désinvolte.* **2** Trop libre, impertinent. *Sa réponse désinvolte l'a vexé.* [ETY] De l'ital.

**désinvolture** *nf* **1** Air dégagé. **2** Légèreté, sans-gêne. *Il agit avec une grande désinvolture.*

**désir** *nm* **1** Tendance particulière à vouloir obtenir qqch pour satisfaire un besoin, une envie. *Formuler un désir. Modérer ses désirs. Le désir de plaire.* **2** Attirance sexuelle. *Brûler de désir.*

**Désir Harlem** (Paris, 1959), homme politique français. Prem. secrétaire du PS (2012-2014).

**désirable** *a* **1** Qui excite le désir, qui mérite d'être désiré. *C'est un sort désirable.* **2** Qui suscite l'attirance sexuelle. *Une femme désirable.*

**Désirade (la)** île et com. des Antilles françaises qui dépend de la Guadeloupe (arr. de Pointe-à-Pitre) ; 27 km² ; 1 649 hab.

**désirer** *vt* [1] **1** Avoir le désir de qqch. *Désirer les honneurs. Vous désirez ? Je désire qu'il réussisse.* **2** Éprouver une attirance sexuelle pour. LOC *Laisser à désirer* : présenter quelque imperfection. — *Se faire désirer* : se faire longtemps attendre ; mettre peu d'empressement à satisfaire autrui. [ETY] Du lat. *desiderare*, « regretter l'absence de ».

**désireux, euse** *a* Qui a envie de. *Il est désireux de vous satisfaire.*

**désister (se)** *vpr* [1] **1** DR Renoncer à une poursuite. *Se désister d'une plainte.* **2** Retirer sa candidature à une élection, en faveur d'un autre candidat. *Se désister au second tour.* [ETY] Du lat. [DER] **désistement** *nm*

**De Sitter** Willem → **Sitter.**

**Desjardins** Martin Van den Bogaert, dit (Breda, 1640 – Paris, 1694), sculpteur français d'origine hollandaise. Il prit part à la décoration du parc de Versailles.

**Desjoyeaux** Michel (Concarneau, 1965), navigateur français ; double vainqueur du Vendée Globe.

**desk** *nm* Bureaux d'une agence de presse, d'une agence de renseignements. [ETY] Mot angl.

**Deslandres** Henri (Paris, 1853 – id., 1948), astronome français. Il étudia notam. le Soleil et inventa le spectrohéliographe.

**desman** *nm* Mammifère insectivore aquatique au pelage brun et au museau formant trompe, vivant dans les Pyrénées et en Russie. [ETY] Du suédois.

**Desmarets** Nicolas, seigneur de Maillebois (Paris, 1648 – id., 1721), homme politique français, neveu de Colbert. Contrôleur général des Finances (1708-1715), il créa l'impôt du dixième. [VAR] **Des Marets**

**Desmarets** Henry (Paris, 1661 – Lunéville, 1741), compositeur français, auteur de nombreux opéras-ballets.

**Desmarets de Saint-Sorlin** Jean (Paris, 1595 – id., 1676), écrivain français (*les Visionnaires*, comédie, 1637) ; l'un des premiers membres de l'Académie française. Il lança la querelle des Anciens et des Modernes, préférant ces derniers.

**Desmichels** Louis Alexis (baron) (Digne, 1779 – Paris, 1845), général français. Il vainquit Abd el-Kader et traita avec lui (1834).

**Des Moines** v. des É.-U., cap. de l'Iowa, sur la rivière *Des Moines*, affl. du Mississippi ; 193 180 hab. Industries. – Université. Évêché.

**desmosome** *nm* BIOL Zone de la paroi cellulaire où se font des échanges chimiques avec les cellules voisines.

**Desmoulins** Camille (Guise, 1760 – Paris, 1794), journaliste et homme politique français. Le 12 juillet 1789, au Palais-Royal, il prêcha l'insurrection qui aboutit à la prise de la Bastille. Conventionnel, il lutta contre les Girondins. Il voulut abolir la Terreur et fut guillotiné.

**Desnos** Robert (Paris, 1900 – en déportation à Terezín, 1945), poète français. Surréaliste (1922-1930), pionnier de l'écriture automatique (*Deuil pour deuil* 1924), il revint à la tradition : *Domaine public* (posth., 1953).

Desmoulins

Desnos

**désobéir** *vti* [3] Ne pas obéir, refuser d'obéir à qqn, à un ordre. *Il a désobéi à son père.* [DER] **désobéissant, ante** *a*

**désobéissance** *nf* Action de désobéir, habitude de désobéir, insubordination. LOC ***Désobéissance civique*** ou ***civile*** : refus de se soumettre à une loi au nom de principes supérieurs.

**désobliger** *vt* [13] litt Causer de la peine à qqn, le vexer. [DER] **désobligeance** *nf* – **désobligeant, ante** *a*

**désobstruer** *vt* [1] Débarrasser de ce qui obstrue. [DER] **désobstruction** *nf*

**désocialisation** *nf* Fait de se retrouver en dehors ou en marge de la vie sociale. [DER] **désocialiser** *vt* [1]

**désodé, ée** *a* Sans sel. *Régime désodé.*

**désodoriser** *vt* [1] Enlever l'odeur qui imprègne qqch, enlever les mauvaises odeurs au moyen d'un produit parfumé. [ETY] Du lat. [DER] **désodorisant, ante** *a, nm*

**désœuvré, ée** *a, n* Qui ne sait pas, qui ne veut pas s'occuper. [DER] **désœuvrement** *nm*

**désolation** *nf* **1** vieilli, litt Ravage, ruine, destruction. *Désolation d'un paysage.* **2** Affliction extrême. *Cette mort les a plongés dans la désolation.*

**désolé, ée** *a* **1** Profondément affligé ; attristé. *Un regard désolé.* **2** Désert, aride. *Un paysage désolé.*

**désoler** *vt* [1] **1** vx, litt Dévaster, ruiner. *La peste désolait la Provence.* **2** Causer une grande affliction à qqn. *Votre conduite me désole.* **3** Contrarier. *Votre absence m'a désolé. Il se désole de ne pouvoir vous rendre ce service.* [ETY] Du lat. *desolare*, « laisser seul ». [DER] **désolant, ante** *a*

**désolidariser** *v* [1] **A** *vt* **1** Rompre l'union, la solidarité entre des personnes, des groupes. **2** Désunir, disjoindre. *Désolidariser les pièces d'un mécanisme.* **B** *vpr* Cesser d'être solidaire. *Se désolidariser de, d'avec ses confrères.* [PHO] [desolidaRize]

**désolvabiliser** *vt* [1] Rendre insolvable. [DER] **désolvabilisation** *nf*

**désoperculer** *vt* [1] APIC Enlever les opercules des alvéoles pour la récolte du miel.

**désopiler** *vt* [1] Faire rire, amuser. [ETY] De l'a. fr. *opiler*, « obstruer ». [DER] **désopilant, ante** *a*

**désorbiter** *vt* [1] Faire quitter son orbite à un véhicule spatial. [DER] **désorbitation** *nf* ou **désorbitage** *nm*

**désordonné, ée** *a* **1** Qui manque d'ordre. *Un enfant désordonné.* **2** Qui n'est pas en ordre. *Une chambre désordonnée.* **3** Déréglé. *Une vie désordonnée*

**désordre** *nm* **A 1** Manque d'ordre ; état de ce qui n'est pas en ordre. *Une maison en désordre.* **2** Manque d'organisation, confusion, incohérence. *Le désordre des idées. Le désordre des finances publiques.* **3** Tumulte, trouble. *Un grand désordre règne dans l'assemblée.* **B** *nm pl* **1** Troubles, dissensions qui agitent une société. *Des désordres qui dégénèrent en émeutes.* **2** Troubles physiologiques. *L'eau magnésienne provoque des désordres intestinaux.*

**désorganiser** *vt* [1] Altérer, détruire l'organisation de. *Désorganiser un service public.* [DER] **désorganisateur, trice** *a, n* – **désorganisation** *nf*

**désorienter** *vt* [1] **1** Faire perdre l'orientation à qqn. *La brume acheva de nous désorienter.* **2** fig Déconcerter, dérouter, troubler. *La mort de son père l'a désorienté.* [DER] **désorientation** *nf*

**désormais** *av* À l'avenir, dorénavant. *Désormais vous déjeunerez avec nous.* [ETY] De *dés-, or*, « maintenant » et *mais*, « plus ».

**désorption** *nf* PHYS, CHIM Rupture des liaisons entre un corps adsorbé et le substrat. ANT adsorption.

**désosser** *vt* [1] **1** Ôter l'os, les os de. *Désosser un gigot.* **2** fig, fam Démonter complètement un appareil, une machine ; démanteler. [DER] **désossage** ou **désossement** *nm*

**désoxydant, ante** *a, nm* CHIM Réducteur.

**désoxyder** *vt* [1] Ôter l'oxyde de. *Désoxyder de l'argenterie.* [DER] **désoxydation** *nf*

**désoxyribonucléique** *a* LOC BIOCHIM ***Acide désoxyribonucléique*** : acide nucléique, constituant chimique essentiel des chromosomes du noyau des cellules vivantes. ABREV ADN ou DNA. ▶ illustr. p. 462

[ENC] L'ADN constitue le support biochimique de l'hérédité et dirige la synthèse des protéines. Son existence a été découverte à la fin du XIX^e s. Un schéma de sa structure hélicoïdale a été proposé par Crick et Watson (1953) : l'ADN est une macromolécule ayant la forme d'un long escalier en spirale pouvant grouper entre 3 et 10 millions de nucléotides. Ceux-ci sont l'union d'un sucre (désoxyribose), d'un acide phosphorique et d'une des quatre bases suivantes : adénine et thymine, guanine et cytosine, reliées deux à deux par des liaisons hydrogène labiles qui se rompent pour permettre le dédoublement des chaînes lors de la préparation de la mitose. La quantité d'ADN présente dans chaque noyau cellulaire est constante pour une espèce donnée et constitue 70 à 90 % du poids sec du noyau. V. aussi chromosome, nucléique et code (génétique).

**désoxyribose** *nf* BIOCHIM Ribose qui a subi une désoxygénisation.

**despérado** *nm* Homme que son attitude négative face à la société rend prêt à toutes sortes d'entreprises violentes. [PHO] [desperado] [ETY] De l'esp., « désespéré ». [VAR] **desperado**

**Des Périers** Bonaventure (Arnay-le-Duc, Bourgogne, v. 1510 – Lyon, v. 1544), poète et conteur français : *Cymbalum mundi* (« le Carillon du monde », 1537), attaque l'intolérance relig.

**Despiau** Charles (Mont-de-Marsan, 1874 – Paris, 1946), sculpteur français néo-classique.

**Desportes** Philippe (Chartres, 1546 – abbaye de Bonport, Seine-Maritime, 1606), poète français, imitateur de Ronsard : *Amours de Diane, d'Hippolyte, de Cléonice* (1573).

**Desportes** Alexandre, François (Champigneul, 1661 – Paris, 1743), peintre français ; il décora Versailles et Compiègne.

**despotat** *nm* HIST État gouverné par un despote.

**despote** *n* **A** *nm* **1** Souverain qui exerce un pouvoir arbitraire et absolu. **2** HIST Prince dans l'Empire byzantin. **B** *n* fig Personne tyrannique. [ETY] Du gr. *despotês*, « maître ».

**despotique** *a* **1** Propre au despote. *Un gouvernement despotique.* **2** Qui a un caractère autoritaire, tyrannique. *Un ton despotique.* [DER] **despotiquement** *av*

**despotisme** *nm* **1** Pouvoir absolu et arbitraire du despote. **2** fig Autorité qui s'exerce de manière tyrannique. *Le despotisme d'un chef.* LOC HIST ***Despotisme éclairé*** : nom donné à la doctrine selon laquelle le souverain doit gouverner en s'appuyant sur les principes rationalistes propres aux philosophes du XVIII^e s.

**Des Prés** Josquin (Beaurevoir, v. 1455 – Condé-sur-Escaut, 1521), compositeur français ; contrapuntiste de l'école flam., l'un des prem. polyphonistes : mus. sacrée et profane.

Josquin Des Prés

**Desproges** Pierre (Pantin, 1939 – Paris, 1988), écrivain et comédien français, auteur de monologues d'un humour noir et décapant.

**desquamation** *nf* MED Détachement des couches superficielles de l'épiderme sous forme de squames.

**desquamer** *v* [1] **A** *vt* Débarrasser des squames. **B** *vi* MED Se détacher par squames. *Cette dermatose le fait desquamer.* [PHO] [deskwame] [ETY] Du lat. *desquamare*, « écailler ».

**desquels, desquelles** → **lequel.**

**Desrosiers** Léo Paul (Berthierville, 1896 – Montréal, 1967), romancier québécois : *Nord-Sud* (1931), *Sources* (1942).

**DESS** *nm* Diplôme universitaire du 3e cycle donnant accès à la vie professionnelle. [ETY] Sigle de *diplôme d'études supérieures spécialisées.*

**dessablement** *nm* **1** Action de dessabler. **2** TECH Élimination des particules minérales en suspension dans les eaux usées. [VAR] **dessablage**

**dessabler** *vt* [1] TECH Enlever le sable de.

**dessaisir** *v* [3] **A** *vt* DR Enlever à une juridiction ce dont elle a été saisie. *Dessaisir un tribunal d'une affaire.* **B** *vpr* Remettre en d'autres mains ce qu'on avait en sa possession. *Se dessaisir d'un dossier.* [DER] **dessaisissement** *nm*

**dessaler** *v* [1] **A** *vt* **1** Enlever, en partie ou en totalité, le sel de. *Dessaler un jambon.* **2** fig, fam Rendre moins niais, dégourdir, notam. en matière sexuelle. *Il s'est rapidement dessalé.* **B** *vi* MAR Chavirer, en parlant d'un petit voilier. [DER] **dessalement** ou **dessalage** *nm*

**Dessalines** Jean-Jacques (en Guinée, av. 1758 – Jacmel, 1806), empereur d'Haïti sous le nom de Jacques Ier (1804-1806). Après la capture de Toussaint Louverture (1803), il chassa les Français de l'île et se proclama empereur (1804). Christophe et Pétion le renversèrent et le tuèrent.

**dessalure** *nf* Baisse de la salinité de l'eau de mer par apport d'eau douce.

**dessangler** *vt* [1] Défaire ou relâcher les sangles de. *Dessangler sa monture.*

**dessaouler** → **dessoûler.**

**Dessau** v. d'Allemagne, sur la *Mulde*, affl. de l'Elbe (r. g.) ; 103 190 hab. Industries.

**Dessay** Nathalie Dessaix, dite Natalie (Lyon, 1965), soprano française.

**dessécher** *v* [14] **A** *vt* **1** Rendre sec. *La canicule a desséché les prairies.* **2** Amaigrir. *La vieillesse a desséché son corps.* **3** fig Faire perdre la vivacité des sentiments, la sensibilité à. *Ses études l'ont complètement desséché.* **B** *vpr* **1** Devenir sec. **2** fig Perdre sa sensibilité, sa spontanéité. [DER] **desséchant, ante** *a* – **dessèchement** *nm*

**dessein** *nm* litt Intention, projet. *Avoir le dessein de voyager.* **LOC** *À dessein* : exprès, intentionnellement. — *Dessein intelligent* : théorie créationniste qui postule un Univers conçu pour l'homme selon une intention divine. (Traduction de l'amér. *intelligent design*.) [ETY] De l'ital.

**desseller** *vt* [1] Enlever la selle de.

**desserrer** *vt* [1] Relâcher ce qui est serré. *Desserrer sa cravate. Desserrer un écrou. Le nœud s'est desserré.* **LOC** *Ne pas desserrer les dents* : se taire obstinément. [DER] **desserrage** ou **desserrement** *nm*

**dessert** *nm* Mets sucrés, fruits, etc. que l'on mange à la fin du repas ; moment du repas où sont servis ces mets. [ETY] De *desservir 2.*

**1 desserte** *nf* **1** Fait de desservir une localité, un lieu. *Desserte par car.* **2** vx Service d'une paroisse, d'une chapelle.

**2 desserte** *nf* Petit meuble destiné à recevoir la vaisselle de service et celle qui a été desservie.

**dessertir** *vt* [3] TECH Dégager une pierre de sa monture. [DER] **dessertissage** *nm*

**desservant** *nm* RELIG Ecclésiastique qui dessert une paroisse, une chapelle, etc.

**1 desservir** *vt* [30] **1** Assurer les communications avec un lieu. *Le train qui dessert le bourg.* **2** RELIG Assurer le service d'une paroisse, d'une chapelle, etc. [ETY] Du lat.

**2 desservir** *vt* [30] **1** Enlever les plats, les couverts de la table après le repas. **2** Rendre un mauvais service à qqn, lui nuire. *Il vous a desservi auprès de vos proches. Son attitude arrogante le dessert.* [ETY] De *servir.*

**dessiccateur** *nm* TECH Appareil propre à assurer la dessiccation d'une substance.

**dessiccatif, ive** *a, nm* didac Qui dessèche.

**dessiccation** *nf* didac Action de dessécher ; fait de se dessécher.

**dessiller** *vt* [1] **LOC** *Dessiller les yeux à qqn, de qqn* : le désabuser, lui faire voir les choses sous leur vrai jour. [PHO] [desije] [ETY] De l'a. fr. *ciller,* « coudre les paupières d'un oiseau de proie ». [VAR] **déciller**

**dessin** *nm* **1** Représentation d'objets, de personnages, etc., sur une surface. **2** Ensemble de lignes agencées pour produire un effet visuel. *Le dessin d'un tissu, d'un papier mural.* **3** Contour, forme naturelle. *Le dessin des sourcils.* **4** Art de la représentation des objets sur une surface par des moyens graphiques. *Prendre des leçons de dessin.* **LOC** *Dessin à main levée* : exécuté sans règle ni compas. — *Dessin animé* : film tourné à partir d'une série de dessins qui décomposent le mouvement. — *Dessin assisté par ordinateur* (DAO) : dessin industriel effectué à partir d'un ordinateur. — *Dessin industriel* : représentation linéaire d'une pièce mécanique, d'une machine, etc.

**dessinateur, trice** *n* **1** Personne qui s'adonne à l'art du dessin. **2** Personne dont la profession est d'exécuter des dessins.

**dessiner** *v* [1] **A** *vt* **1** Représenter au moyen du dessin. *Dessiner une fleur.* **2** Accuser, faire ressortir les formes. *Robe qui dessine la silhouette.* **3** Figurer, avoir la forme de. *L'ombre des feuillages dessine une dentelle.* **B** *vpr* **1** Se détacher, apparaître nettement sur un fond. *La montagne se dessine sur le ciel.* **2** Se préciser. *Projets qui se dessinent.* [ETY] Altér. de l'ital.

**dessouder** *vt* [1] **1** TECH Ôter la soudure de ; disjoindre des éléments soudés. **2** fam Tuer qqn.

**dessoûler** *v* [1] **A** *vt* fam Faire cesser, diminuer l'ivresse de qqn. *L'air frais l'a dessoûlé.* **B** *vi* Cesser d'être soûl. [VAR] **dessaouler** ou **dessouler**

**Des souris et des hommes** roman de Steinbeck (1937).

**1 dessous** *prép, av* **A** *prép* vx Sous. *Regardez dessous le lit.* **B** *av* Plus bas, à un niveau inférieur, dans la partie inférieure. *Cherchez dessous.* **LOC** *Agir en dessous* : d'une manière dissimulée, hypocrite. — *Au-dessous* : plus bas. — *En dessous, par-dessous* : sous autre chose. — fam *Être au-dessous de tout* : être incapable, n'avoir aucune valeur. — *Il y a qqch là-dessous* : cela est suspect. — *Là-dessous* : sous cela. — *Regarder en dessous* : sans lever la tête, sournoisement.

**2 dessous** *nm* **A 1** Ce qui est en dessous ; l'envers. *Le voisin du dessous. Le dessous d'une table.* **2** Objet que l'on place sous qqch. **B** *nm pl* **1** Ce qui est caché, secret. *Vous ne connaissez pas les dessous de l'affaire.* **2** Vêtements de dessous, lingerie féminine. **LOC** *Avoir le dessous* : être en état d'infériorité dans une lutte. — fam *Être dans le trente-sixième dessous* : être très déprimé.

**dessous-de-bras** *nm inv* Pièce de tissu protégeant un vêtement de la transpiration aux aisselles.

**dessous-de-plat** *nm inv* Support destiné à recevoir les plats déposés sur la table.

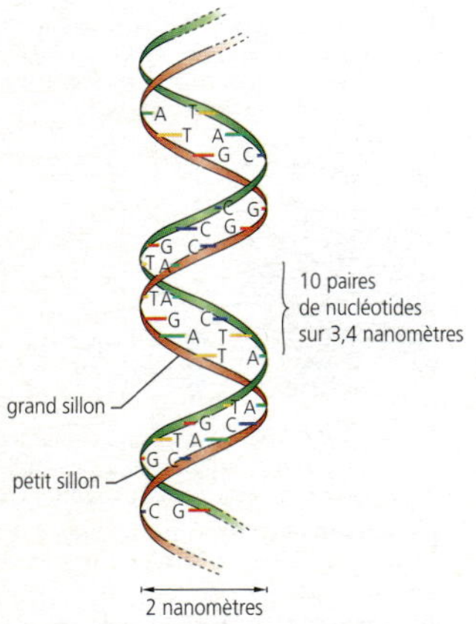


séquence d'acide désoxyribonucléique (ADN) ; les deux brins se font face, opposant l'adénosine (A) à la thymine (T), la cytosine (C) à la guanine (G) et inversement

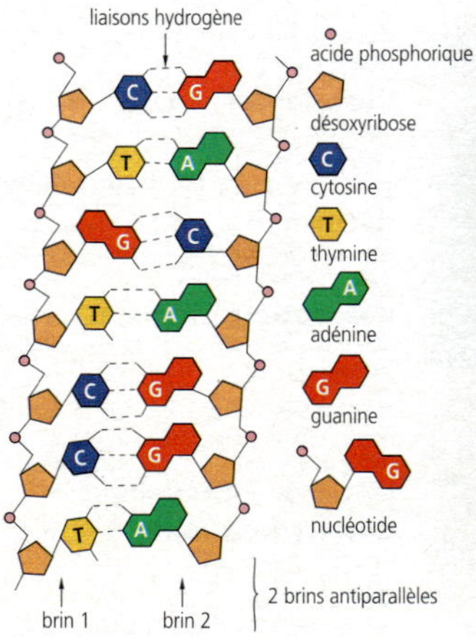


agencement des composants de l'ADN (dans une séquence plus brève qu'à gauche)

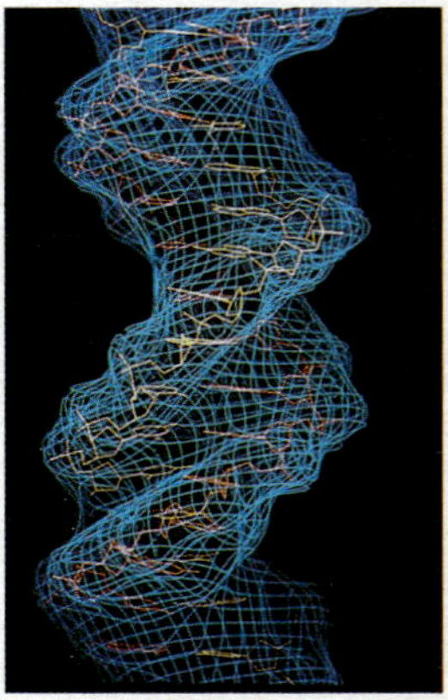

en bleu, le désoxyribose ; en jaune et en rouge, les paires de bases azotées : reconstitution informatique de la double hélice d'acide désoxyribonucléique

**désoxyribonucléique**

**dessous-de-table** *nm inv* Somme donnée clandestinement par un acheteur en plus du prix régulièrement fixé.

**dessuinter** *vt* ① TECH Éliminer le suint de la laine. DER **dessuintage** *nm*

**1 dessus** *prép, av* **A** *prép* vx Sur. *Dessus la table.* **B** *av* Plus haut, à un niveau supérieur, dans la partie supérieure. *Ne pose rien dessus !* **LOC** ***Au-dessus*** : plus haut, supérieur. *Le sel est sur l'étagère du bas, la farine est au-dessus.* — ***Au-dessus de*** : plus haut que, supérieur à. *Le tableau qui est au-dessus de la cheminée. Les enfants au-dessus de dix ans.* — ***En dessus*** : du côté supérieur. — ***Là-dessus*** : sur cela ; sur ce sujet ; aussitôt après. *Passons là-dessus. Là-dessus, il m'a quitté.* — ***Par-dessus*** : sur, au-delà, par-delà. *Sauter par-dessus une barrière.* — ***Par-dessus tout*** : principalement, surtout.

**2 dessus** *nm* **1** Ce qui est au-dessus, l'endroit, le côté supérieur. *Le dessus de l'armoire.* **2** Objet que l'on place sur qqch pour le protéger, le décorer. *Un dessus de cheminée.* **3** MUS Registre vocal le plus élevé (haute-contre, soprano). **LOC** ***Avoir le dessus*** : avoir l'avantage. — ***Le dessus du panier*** : ce qu'il y a de meilleur.

**dessus-de-lit** *nm inv* Syn. de *couvre-lit.*

**dessus-de-porte** *nm inv* Ornement peint ou sculpté formant encadrement au-dessus du chambranle d'une porte.

**déstabiliser** *vt* ① Détruire la stabilité de. *Déstabiliser un régime.* DER **déstabilisant, ante** ou **déstabilisateur, trice** *a* – **déstabilisation** *nf*

**déstaliniser** *vt* ① Libérer un parti, un État du stalinisme. DER **déstalinisation** *nf*

**déstandardiser** *vt* ① Ôter à qqch son caractère standard, l'individualiser. DER **déstandardisation** *nf*

**déstigmatiser** *vt* ① Cesser de stigmatiser, de dénoncer qqch ou qqn. *Déstigmatiser la maladie mentale.* DER **déstigmatisation** *nf*

**destin** *nm* **1** Puissance qui règlerait le cours des évènements. **2** Sort particulier de qqn, de qqch. *Un destin malheureux.* ETY De *destiner.*

**destinataire** *n* **1** Personne à qui l'on adresse un envoi. **2** LING Personne à laquelle un message est adressé par le destinateur.

**destinateur** *nm* LING Personne qui adresse un message au destinataire.

**destination** *nf* **1** Rôle, emploi assigné à qqn ou à qqch. *La destination de cette pièce reste à déterminer.* **2** Lieu où doit se rendre une personne, où une chose est expédiée. *Parvenir à destination.*

**destinée** *nf* **1** Puissance qui règlerait d'avance le cours des évènements ; destin. *Se révolter contre la destinée.* **2** Sort d'une personne. *Ma destinée était de vous rencontrer.* **3** Vie, existence. **LOC** ***Unir sa destinée à qqn*** : l'épouser, s'unir à lui.

**Destinées (les)** recueil (posthume, 1864) de onze poèmes philosophiques de Vigny écrits entre 1839 et 1863.

**destiner** *vt* ① **1** Réserver qqch à qqn. *Je vous ai destiné cette place.* **2** Réserver qqch à tel ou tel usage. *J'ai destiné cette table aux travaux manuels.* **3** Orienter qqn vers une carrière, une occupation. *Se destiner à l'enseignement.* ETY Du lat.

**destituer** *vt* ① Priver qqn de sa charge, de sa fonction. *Destituer un fonctionnaire.* ETY Du lat. DER **destitution** *nf*

**déstocker** *vt, vi* ① Diminuer un stock par son utilisation ou sa mise en vente. DER **déstockage** *nm* – **déstockeur** *nm*

**Destouches** Philippe Néricault, dit (Tours, 1680 – Villiers-en-Brière, 1754), auteur français de comédies moralisantes : *le Philosophe marié* (1727). Acad. fr.(1723).

**Destour** parti nationaliste tunisien fondé en 1920. En 1934, il se scinda en *Vieux Destour* et *Néo-Destour*, favorable à un État démocratique. Ce dernier, sous l'impulsion de Bourguiba, obtint l'indépendance (1956) et instaura la rép. (1957). En 1988, il est devenu le Rassemblement constitutionnel démocratique. DER **destourien, enne** *a*

**Destrée** Jules (Marcinelle, 1863 – Bruxelles, 1936), écrivain et homme politique belge, fondateur de l'Académie royale de langue et de littérature françaises (1920).

**déstresser** *v* ① **A** *vt* Supprimer le stress de qqn. **B** *vi* Cesser d'être stressé. DER **déstressant, ante** *a*

**destrier** *nm* anc Cheval de bataille, par oppos. à *palefroi*, cheval de parade.

**destroy** *a inv* fam Destructeur et provocateur. *Un look destroy.* PHO [destʀoj] ETY Mot angl.

**destroyer** *nm* MAR Contre-torpilleur. ETY Mot angl.

**destructeur, trice** *a, n* Qui détruit. *Une tornade destructrice.*

**destructible** *a* Qui peut être détruit.

**destructif, ive** *a* Qui peut provoquer la destruction. *La force destructive du vent.*

**destruction** *nf* Action de détruire ; fait d'être détruit. *La destruction d'une ville.*

**déstructurer** *vt* ① Détruire la structure de qqch. DER **déstructuration** *nf*

**Destutt de Tracy** Antoine Louis Claude (comte) (Paris, 1754 – id., 1836), philosophe français, disciple de Condillac, chef de file des « idéologues » : *Éléments d'idéologie* (1801-1804). Acad. fr. (1808).

**désuet, ète** *a* Dont on ne fait plus usage. *Un style désuet.* ETY Du lat.

**désuétude** *nf* Abandon de l'usage d'une chose. *Tomber en désuétude.*

**désulfurer** *vt* ① Éliminer le soufre contenu dans un corps. DER **désulfuration** *nf*

**désunir** *v* ③ **A** *vt* **1** Séparer ce qui était uni. **2** Rompre l'union, l'entente entre des personnes. *Désunir un couple.* **B** *vpr* SPORT Perdre la coordination de ses mouvements. DER **désuni, ie** *a* – **désunion** *nf*

**désynchroniser** *vt* ① TECH Faire cesser le synchronisme de. PHO [desɛ̃kʀɔnize] DER **désynchronisation** *nf*

**désyndicalisation** *nf* Baisse du nombre des personnes syndiquées ; perte d'audience des syndicats. DER **désyndicaliser** *vt* ①

**détaché, ée** *a* **1** Qui n'est plus attaché, séparé. **2** fig Qui manifeste du détachement, indifférent. *Un air détaché.* **LOC** ***Pièce détachée*** : que l'on peut se procurer isolément pour remplacer une pièce usagée d'un mécanisme.

**détachement** *nm* **1** État d'esprit d'une personne qui n'attache pas d'importance particulière à qqch ; indifférence. **2** MILIT Fraction d'une unité constituée, en mission temporaire. **3** Position d'un fonctionnaire provisoirement affecté à un autre service.

**1 détacher** *v* ① **A** *vt* **1** Dégager de ce qui attache, défaire ce qui sert à attacher. *Détacher un animal. Détacher des liens.* **2** Séparer, éloigner une chose d'une autre à laquelle elle est jointe, avec laquelle elle est en contact. *Détacher une feuille d'un carnet. Détacher les bras du corps.* **3** fig Écarter, détourner qqn d'une personne, d'un groupe. *Ses nouvelles occupations l'ont détaché de nous.* **4** Séparer une personne d'un groupe en vue d'une action donnée. *On l'a détaché pour accueillir les nouveaux venus.* **5** Affecter provisoirement à un autre service. *Détacher un fonctionnaire.* **6** Faire ressortir, mettre en évidence, en relief. *Détachez bien le premier plan dans votre dessin.* **7** MUS Exécuter des notes sans les lier et de façon appuyée. **B** *vpr* **1** Cesser d'être attaché par un lien affectif. *Se détacher progressivement de sa famille.* **2** SPORT Prendre de l'avance sur les autres concurrents, dans une course. **3** Ressortir, être en évidence, en relief. *Lettres noires qui se détachent sur un fond blanc.* ETY De l'a. fr. *tache*, « agrafe ». DER **détachable** *a*

**2 détacher** *vt* ① Faire disparaître les taches. *Détacher un vêtement.* ETY De *tache.* DER **détachage** *nm* – **détachant, ante** *a, nm*

**détail** *nm* **1** Vente ou achat de marchandises par petites quantités (par oppos. à *gros*). *Magasin de détail. Acheter au détail.* **2** fig Ensemble considéré dans ses moindres particularités. *Le détail d'un compte, d'une affaire.* **3** Élément accessoire. *Se perdre dans les détails.* **LOC** ***En détail*** : avec toutes les circonstances, en tenant compte de chacun des éléments de l'ensemble. — MILIT ***Officier de détail*** : chargé de l'administration et du ravitaillement d'une unité.

**détaillant, ante** *n* Commerçant qui vend au détail (par oppos. à *grossiste*).

**détaillé, ée** *a* Qui mentionne les détails précis, circonstancié. *Un compte rendu détaillé.*

**détailler** *vt* ① **1** Vendre une marchandise au détail. *Détailler de la farine.* **2** fig Raconter, exposer en détail. *Détailler une histoire.* ETY De *tailler.*

**détaler** *vi* ① fam S'enfuir au plus vite. *Détaler comme un lapin.* ETY De *étal.*

**détartrer** *vt* ① Enlever le tartre de. DER **détartrage** *nm* – **détartrant, ante** *a, nm* – **détartreur** *nm*

**détasser** *vt* ① Desserrer ce qui est tassé.

**détatouer** *vt* ① Faire disparaître un tatouage. DER **détatouage** *nm*

**détaxe** *nf* Suppression, diminution ou remboursement d'une taxe.

**détaxer** *vt* ① Supprimer ou réduire une taxe sur. DER **détaxation** *nf*

**détecter** *vt* ① Déceler la présence d'un phénomène, un objet caché. ETY Du lat. par l'angl. DER **détectable** *a* – **détection** *nf*

**détecteur, trice** *a, nm* Se dit d'un appareil servant à détecter. *Sonde détectrice. Détecteur de grisou.*

**détection** → **détecter.**

**détective** *nm* Personne qui effectue des enquêtes, des filatures privées. *Détective privé.* ETY De l'angl.

**déteindre** *v* ⑮ **A** *vt* Enlever la teinture, la couleur de. *Cette lessive déteint les vêtements.* **B** *vi* **1** Perdre sa couleur. *Ce tissu déteint au lavage.* **2** Communiquer sa couleur. **3** fig Influencer. *Ses idées ont déteint sur vous.*

**dételer** *v* ⑰ ou ⑲ **A** *vt* Détacher un animal attelé. **B** *vi* **1** fig, fam Renoncer à son métier, aux plaisirs. **2** Interrompre une occupation. DER **dételage** *nm*

**détendeur** *nm* TECH Appareil servant à réduire la pression d'un fluide.

**détendre** *v* ⑥ **A** *vt* **1** Faire cesser la tension de qqch. *Détendre un ressort.* **2** fig Faire cesser la tension mentale de ; reposer. *Détendre l'atmosphère par une plaisanterie.* **3** TECH Diminuer la pression d'un fluide. **4** Détacher, enlever ce qui était tendu. *Détendre une tapisserie.* **B** *vpr* **1** Cesser d'être tendu. *La vapeur se détend dans le cylindre.* **2** Relâcher sa tension nerveuse. *Se détendre en écoutant de la musique.*

**détendu, ue** *a* **1** Se dit de qqch qui n'est plus tendu. *Un élastique détendu.* **2** fig Sans tension nerveuse, calme. *Avoir l'air détendu.*

**détenir** *vt* ㊱ **1** Posséder, retenir par-devers soi. *Détenir des tableaux de valeur. Détenir l'autorité.* **2** Retenir qqn en prison.

**détente** *nf* **1** TECH Mécanisme qui permet de détendre un ressort. **2** Mécanisme qui provoque la percussion, dans une arme à feu. *Avoir le doigt sur la détente.* **3** PHYS Expansion d'un fluide préalablement comprimé. **4** Brusque effort musculaire, produisant un mouvement rapide. **5** **fig** Apaisement d'une tension mentale, repos. *Profiter de ses heures de détente pour lire.* **6** Amélioration d'une situation internationale tendue. *La politique de détente qui a suivi la guerre froide.* **LOC** ***À double détente*** **:** se dit d'un fusil de chasse à deux canons, et à deux détentes ; **fig** qui agit en deux temps. *Démonstration à double détente.*

**détenteur, trice** *n* Personne qui détient qqch. *La détentrice d'un titre mondial.*

**détention** *nf* **1** Action de détenir qqch. *Détention illégale d'armes.* **2** DR Fait de disposer d'une chose sans en être le possesseur. **3** État d'une personne incarcérée. **4** DR Peine afflictive, privative de liberté.

**détenu, ue** *n, a* Personne que l'on détient en prison.

**détergent, ente** *a, nm* Qui nettoie en dissolvant les impuretés. SYN détersif.

**déterger** *vt* [13] **1** MED Nettoyer une plaie, un ulcère. **2** TECH Faire disparaître des impuretés avec un détergent. [ETY] Du lat.

**détériorer** *vt* [1] **1** Mettre en mauvais état, abîmer, dégrader. *Les intempéries ont détérioré la maison. Matériel qui se détériore.* **2** Compromettre. *Détériorer sa santé. Situation qui se détériore.* [ETY] Du lat. *deterior,* « pire ». [DER] **détérioration** *nf*

**déterminable** → **déterminer.**

**déterminant, ante** *a, nm* **A** *a* Qui amène à prendre une décision, décisif. *Un argument déterminant.* **B** *nm* **1** **didac** Facteur qui exerce une action décisive. *L'effet de serre est le déterminant du réchauffement global.* **2** LING Élément qui détermine un substantif (article, adjectif possessif, démonstratif, indéfini, numéral, etc.). **3** MATH Nombre qui est déduit du produit des éléments d'une matrice carrée et qu'on utilise pour résoudre un système de *n* équations à *n* inconnues.

**déterminatif, ive** *a, nm* LING Qui caractérise un mot, en détermine le sens.

**détermination** *nf* **1** Action de déterminer, de préciser. *La détermination de l'âge d'une roche.* **2** PHILO Relation de dépendance d'un élément de connaissance par rapport à un autre. **3** Intention, résolution. *Avoir la détermination de réussir.* **4** Fermeté de caractère. *Agir avec détermination.*

**déterminé, ée** *a, nm* **A** *a* **1** Fixé, délimité. **2** Résolu, décidé. *Une attitude déterminée.* **3** PHILO Qui est la conséquence de phénomènes antérieurs. **B** *nm* Élément qui est précisé par le déterminant.

**déterminer** *v* [1] **A** *vt* **1** Fixer, régler. *Déterminer la durée d'un congé.* **2** Faire prendre une résolution à. *Je l'ai déterminé à abandonner ce projet.* SYN décider. **3** Établir avec précision, d'une manière positive. *Déterminer la distance du Soleil à la Terre.* **4** LING Caractériser, préciser la valeur ou la signification de (un mot, et spécial. d'un nom, le déterminé, par un déterminant). *L'article détermine le nom.* **5** Être la cause de. *Le choc a déterminé l'explosion.* **B** *vpr* Prendre une résolution. *Se déterminer à agir.* [ETY] Du lat. *determinare,* « marquer les limites de ». [DER] **déterminable** *a*

**déterminisme** *nm* PHILO **1** Caractère d'un ordre nécessaire de faits répondant au principe de causalité. **2** Système philosophique selon lequel tout dans la nature obéit à des lois rigoureuses, y compris les conduites humaines. [DER] **déterministe** *a, n*

[ENC] Le principe du déterminisme consiste à admettre que tout phénomène dépend d'un ensemble de conditions antérieures ou simultanées (« les mêmes causes produisent les mêmes effets »).

**déterrage** *nm* **1** Action de soulever hors de terre le soc d'une charrue. **2** Mode de chasse consistant à forcer le gibier dans son terrier, puis à récupérer l'animal et le chien en creusant une tranchée.

**déterré, ée** *n* **LOC** ***Avoir un air, une mine de déterré*** **:** avoir le visage pâle et défait.

**déterrer** *vt* [1] **1** Retirer de la terre ce qui y était enfoui. *Déterrer un trésor.* **2** Exhumer un corps. **3** **fig** Découvrir une chose, une personne cachée. *Déterrer un livre rare.* [DER] **déterrement** *nm*

**détersif, ive** *a, nm* Syn. de *détergent.*

**détersion** *nf* Nettoyage au moyen d'un détergent.

**détestable** *a* Très mauvais, exécrable. [DER] **détestablement** *av*

**détestation** *nf* **litt** Fait de détester, d'être détesté ; haine.

**détester** *vt* [1] Avoir en horreur. *Détester les bavards.* [ETY] Du lat. *detestari,* « détourner en prenant les dieux à temoin ».

**déthéiné, ée** *a* Dont on a extrait la théine. *Un thé déthéiné.*

**détonateur** *nm* **1** TECH Amorce qui renferme une substance servant à faire détoner une charge d'explosif. **2** **fig** Fait, évènement qui provoque une action. *Cet incident fut le détonateur de la grève.*

**détonation** *nf* **1** Bruit fait par ce qui détone, explose. **2** CHIM Mode de combustion dans lequel la vitesse de propagation de la flamme est de l'ordre du km par s.

**détoner** *vi* [1] Exploser bruyamment. [ETY] Du lat. *tonare,* « tonner ». [DER] **détonant, ante** *a*

**détonique** *nf* Technique de la détonation des explosifs.

**détonner** *vi* [1] **1** MUS Chanter faux. **2** **fig** Contraster désagréablement avec autre chose, ne pas s'harmoniser. *La couleur de cette écharpe et celle de votre robe détonnent.* [ETY] De *ton.*

**détordre** *vt* [6] Remettre dans son premier état ce qui a été tordu.

**détortiller** *vt* [1] Défaire ce qui était tortillé.

**détour** *nm* **1** Changement de direction par rapport à la ligne directe. *Les détours d'un chemin.* **2** Trajet qui s'écarte du plus court chemin. *Faire un détour.* **3** **fig** Moyen indirect, subterfuge, circonlocution. *Avouer sans détour.*

**détouré** *nm* ARTS GRAPH Illustration détourée.

**détourer** *vt* [1] **1** TECH Donner sa forme définitive à une pièce en cours d'usinage. **2** ARTS GRAPH Éliminer le fond entourant le sujet central d'une photo, d'un dessin, par découpage ou usage d'un cache. [DER] **détourage** *nm*

**détourné, ée** *a* **1** Qui fait un détour. *Un chemin détourné.* **2** Qui s'exprime indirectement. *Un compliment détourné. Moyens détournés.*

**détournement** *nm* **1** Action d'éloigner de la voie directe, de sa destination initiale. *Détournement de la circulation.* **2** DR Soustraction frauduleuse. *Un détournement de fonds.* **LOC** ***Détournement d'avion*** **:** action de contraindre un avion à changer de destination. — DR ***Détournement de mineur(e)*** **:** action de soustraire une personne mineure à l'autorité de ses parents ou de son tuteur et/ou de l'inciter à la débauche.

**détourner** *vt* [1] **1** Écarter du chemin suivi ou à suivre ; changer la direction, l'itinéraire de. *Détourner un train à cause des travaux.* **2** Contraindre un avion à changer de destination. **3** Tourner dans une autre direction. *Détourner la tête.* **4** Soustraire frauduleusement. *Détourner une grosse somme.* **5** Orienter vers un autre sujet. *Détourner l'attention de qqn.* **6** Donner à un texte, à une image, un contenu différent du sens originel. *Détourner une affiche publicitaire.*

**détox** *nf* **fam** Cure de désintoxication, régime diététique. *Le marketing des produits détox.*

**détoxication** *nf* MED Neutralisation du pouvoir toxique de certains corps. *La détoxication des déchets.* [VAR] **détoxification** [DER] **détoxiquer** *vt* [1] ou **détoxifier** *vt* [2] – **détoxifiant, ante** *a, nm*

**détracteur, trice** *n, a* Personne qui s'efforce de rabaisser la valeur de qqch, le mérite de qqn. *Une loi qui a ses détracteurs.* [ETY] Du lat.

**détraqué, ée** *a, n* **fam** Atteint de troubles mentaux, déséquilibré.

**détraquer** *vt* [1] **1** Déranger un mécanisme. *Détraquer une serrure, une horloge.* **2** **fig, fam** Troubler le fonctionnement de. *Médicaments qui détraquent le foie.* [ETY] Du m. fr., *trac,* « trace ». [DER] **détraquement** *nm*

**détrempe** *nf* PEINT Pigments délayés dans de l'eau et additionnés d'un liant et d'un fixatif ; œuvre exécutée avec cette préparation.

**1 détremper** *vt* [1] Délayer dans un liquide ; mouiller abondamment. [ETY] Du lat.

**2 détremper** *vt* [1] TECH Détruire la trempe de l'acier. [DER] **détrempe** *nf*

**détresse** *nf* **1** Angoisse causée par un danger imminent ou par le besoin, la souffrance ; situation qui cause cette angoisse. *Un cri de détresse.* **2** Situation périlleuse d'un navire, d'un aéronef, etc. *Signaux de détresse. Navire en détresse.* **3** MED Défaillance grave affectant une fonction vitale. *Détresse respiratoire.* **LOC** ***Feux*** ou ***signal de détresse*** **:** signal clignotant indiquant l'arrêt forcé d'un véhicule pouvant constituer un danger. SYN warning. [ETY] Du lat. pop. *districtia,* « étroitesse ».

**détricoter** *vt* [1] **1** Défaire les mailles d'un tricot. **2** **fig, fam** Défaire ce qui avait été soigneusement mis au point. [DER] **détricotage** *nm*

**détriment** *nm* **LOC** ***Au détriment de*** **:** au préjudice de. *Il travaille au détriment de sa santé.* [ETY] Du lat. *deterere,* « user en frottant ».

**détritique** *a* GEOL Se dit des dépôts ou des roches (grès, conglomérats) provenant de la désagrégation mécanique de roches préexistantes.

**détritivore** *a, nm* ZOOL Qui se nourrit de détritus.

**détritus** *nm pl* Débris, ordures. [PHO] [detʀi-ty(s)] [ETY] Du lat. *detritus,* « broyé, usé ».

**détroit** *nm* Passage maritime resserré entre deux terres. *Le détroit de Gibraltar.* [ETY] Du lat.

**Detroit** v. des É.-U. (Michigan), sur la *rivière de Detroit,* qui unit les lacs Saint-Clair et Érié ; 4 millions d'hab. (aggl.). Grand centre de l'industr. automobile. – Université.

**Détroits (les)** détroits turcs du Bosphore et des Dardanelles. Leur utilisation marit. fit l'objet de nombr. litiges et de traités entre les grandes puissances (XVIII$^{e}$-XX$^{e}$ s.).

**détromper** *vt* [1] Tirer qqn d'erreur.

**détrôner** *vt* [1] **1** Déposséder du trône, du pouvoir souverain. **2** **fig** Supplanter. *Un champion qui en détrône un autre.*

**détrousser** *vt* [1] **litt** Voler qqn en usant de violence. [DER] **détrousseur** *nm*

**De Troy** Jean-François (Paris, 1679 – Rome, 1752), décorateur (petits appartements de Versailles) et peintre français.

**détruire** *v* [69] **A** *vt* **1** Démolir, abattre un édifice. *Détruire un immeuble vétuste.* **2** Supprimer, réduire à néant. *Détruire des papiers compromettants. Détruire une illusion.* **3** Donner la mort à. *Poison qui détruit les rongeurs.* **B** *vpr* Ruiner sa santé. *Il se détruit en buvant.* [ETY] Du lat. pop.

**dette** *nf* **1** Ce qu'on doit à qqn, part, somme d'argent. *Avoir des dettes.* **2** **fig** Obligation morale envers qqn. *Une dette de reconnaissance.* **LOC** ECON ***Dette extérieure*** : ensemble des dettes d'un pays à l'égard de l'étranger. — FIN ***Dette publique*** : ensemble des sommes dues par l'État. — ***Reconnaissance de dette*** : acte écrit par lequel le débiteur reconnaît une créance. (ETY) Du lat. *debere*, « devoir ».

**détumescence** *nf* MED Réduction du volume d'une tumeur, d'un organe érectile.

**Deucalion** dans la myth. gr., roi de Thessalie, fils de Prométhée. Sa femme Pyrrha et lui survécurent au déluge et repeuplèrent le monde en jetant derrière eux des pierres qui se changèrent en humains.

**DEUG** *nm* Sigle de *diplôme d'études universitaires générales*, qui sanctionne le premier cycle des études universitaires. (PHO) [dœg]

**deuil** *nm* **1** Douleur, tristesse que l'on éprouve de la mort de qqn. *Un deuil très éprouvant. Un jour de deuil.* **2** Marques extérieures du deuil. *Vêtements de deuil*, noirs ou foncés. *Prendre, porter le deuil. Être en deuil. Deuil national.* **3** Temps pendant lequel on porte le deuil. *L'usage a abrégé le deuil.* **4** Cortège funèbre. *Mener le deuil.* **LOC** fam ***Faire son deuil d'une chose*** : ne plus compter sur elle, la considérer comme perdue. — fam ***Ongles en deuil*** : malpropres, noirs. — PSYCHAN ***Travail de deuil*** : processus psychique destiné à libérer le moi affecté par la perte d'un objet d'amour. (ETY) Du lat. *dolere*, « souffrir ».

**Deuil-la-Barre** com. résidentielle du Val-d'Oise (arr. de Montmorency) ; 20 160 hab. (DER) **deuillois, oise** *a, n*

**Deûle (la)** riv. du N. de la France (68 km), en partie canalisée, affl. de la Lys (r. dr.).

**deus ex machina** *nm* Personnage qui vient arranger providentiellement une situation désespérée, notamment dans une pièce de théâtre. (PHO) [deusɛksmakina] (ETY) Mots lat.

**deusio** → **deuzio.**

**DEUST** *nm* Sigle de *diplôme d'études universitaires scientifiques et techniques*, sanctionnant un premier cycle de formation professionnelle.

**deut-, deutér(o)-** Éléments, du grec *deuteros*, « deuxième ».

**deutérium** *nm* CHIM Isotope de l'hydrogène, de masse atomique 2 (symbole D). (PHO) [døteʀjɔm]

**deutérocanonique** *a* THEOL CATHOL Se dit des livres de la Bible reconnus par les catholiques à une date relativement tardive.

**deutéromycète** *nm* BOT Champignon dont on ne connaît pas la reproduction sexuée.

**deutéron** *nm* PHYS NUCL Noyau de deutérium, constitué d'un proton et d'un neutron. (ETY) De *deutérium*, d'après neutron. (VAR) **deuton**

**Deutéronome** (en gr., « seconde loi », ), cinquième livre du Pentateuque constituant un code de lois civiles et religieuses.

**Deutsch de la Meurthe** Henry (Paris, 1846 – Ecquevilly, 1919), industriel français. Il popularisa l'avion et l'automobile.

**Deutsche Bank AG** banque allemande, fondée à Berlin en 1870.

**deutschemark** *nm* Syn. de *mark.*

**Deutschland über alles** (*l'Allemagne au-dessus de tout* , c'est-à-dire « de tous les États allemands » en cours d'unification), chant allemand sur une musique de Joseph Haydn, 1797) dont on fit, en 1922, l'hymne national allemand, devenu en 1949, le *Deutschlandlied.*

**deutzia** *nm* Arbuste ornemental (saxifragacée) originaire d'Extrême-Orient, à fleurs blanches ou roses. (ETY) D'un n. pr.

**deux** *a inv, nm inv* **A** *a inv* **1** Un plus un. *Les deux mains.* **2** Marque un très petit nombre indéterminé. *J'habite à deux pas d'ici.* **3** Opposé à l'unité. *Deux avis valent mieux qu'un.* **4** Marque la différence. *Ton père et toi, cela fait deux.* **5** Deuxième. *Article deux. Le deux août.* **B** *nm inv* **1** Le nombre deux. *Deux et deux font quatre.* **2** Chiffre représentant le nombre deux (2). **3** Numéro deux. *Habiter au deux.* **4** Carte, face de dé, ou côté de domino portant deux marques. *Le deux de carreau. Sortir un deux. Le double deux.* **5** SPORT En aviron, embarcation manœuvrée par deux rameurs. *Deux barré. Deux sans barreur.* (ETY) Du lat.

**Deux-Alpes** station de sports d'hiver de l'Oisans (Isère).

**deux-deux (à)** *a* **LOC** MUS ***Mesure à deux-deux*** *(2/2 ou ₵)* : à deux temps, avec une blanche par temps.

**deuxième** *a, n* **A** *a num ord* Dont le rang est marqué par le nombre 2. *Le deuxième lundi du mois. Habiter au deuxième étage, au deuxième.* **B** *n* Personne, chose qui occupe la deuxième place. *La deuxième du classement.* (PHO) [døzjɛm] (DER) **deuxièmement** *av*

**deux-mâts** *nm inv* Voilier à deux mâts.

**Deux-Mers** (canal des) → **Midi.**

**2001 : l'Odyssée de l'espace** film d'anticipation de S. Kubrick (1967), d'après un roman d'Arthur C. Clarke.

**Deux Orphelines (les)** mélodrame de A. Ph. Dennery (1811 – 1899) et E. Cormon (pseud. de Pierre Étienne Piestre, 1811 – 1903). ▷ CINE Film de D. W. Griffith (1921), avec Lillian Gish et sa sœur Dorothy (1898 – 1968).

**deux-pièces** *nm inv* **1** Costume comportant une veste et une jupe, ou un pantalon, de même tissu. **2** Maillot de bain composé d'un slip et d'un soutien-gorge. **3** Appartement comportant deux pièces.

**deux-points** *nm inv* **1** Signe de ponctuation ( : ) introduisant une énumération, une explication, etc. **2** Signe de la division.

**deux-ponts** *nm inv* Avion à deux ponts.

**Deux-Ponts** (en all. *Zweibrücken*), ville d'Allemagne (Rhénanie-Palatinat) ; 32 720 hab. Industries mécaniques.

**deux-quatre (à)** *a* **LOC** MUS ***Mesure à deux-quatre*** *(2/4)* : à deux temps avec une noire par temps.

**Deux-Roses** (guerre des) guerre civile anglaise (1450-1485). La maison de Lancastre (rose rouge dans ses armoiries) et celle d'York

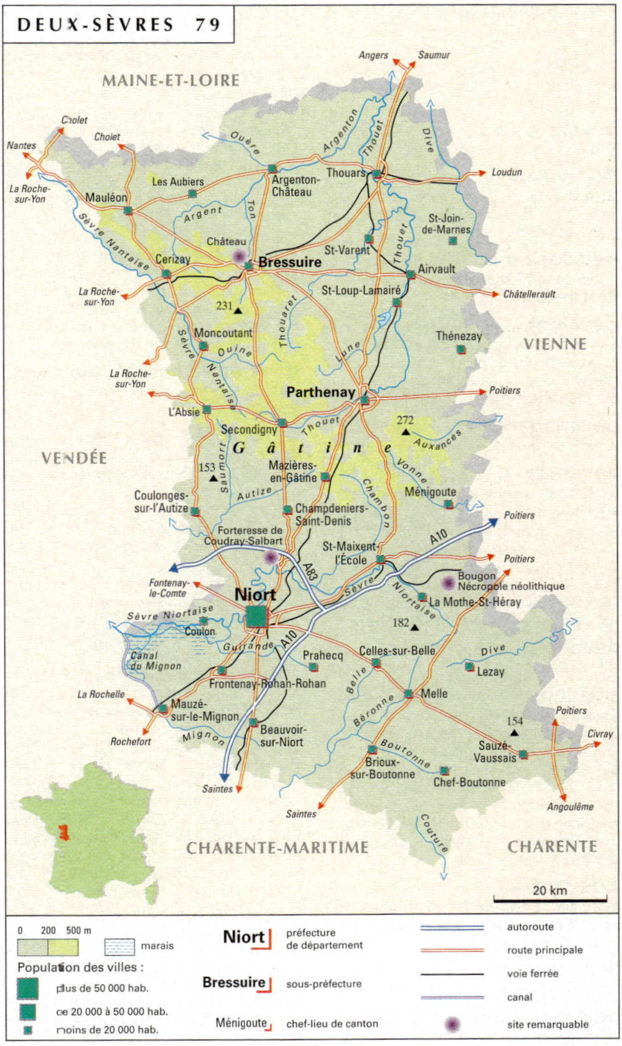

(rose blanche) se disputèrent la couronne. Henry VII Tudor, apparenté aux Lancastre, l'emporta et épousa Élisabeth d'York.

**deux-roues** *nm inv* Véhicule à deux roues (bicyclette, cyclomoteur, motocyclette, etc.).

**Deux-Sèvres** département franç. (79) ; 6 036 km² ; 371 747 hab. ; 61,6 hab./km² ; ch.-l. *Niort* ; ch.-l. d'arr. *Bressuire* et *Parthenay*. V. Poitou-Charentes (Rég.). DER **deux-sévrien, enne** *a, n* ▶ illustr. p. 465

**Deux-Siciles** anc. royaume comprenant le S. de l'Italie péninsulaire et la Sicile, formé par Alphonse V d'Aragon (1442-1458), reconstitué en 1816 et rattaché en 1861 au royaume d'Italie.

**deux-temps** *nm inv* Moteur à deux temps.

**deuzio** *av* fam Deuxièmement. VAR **deusio**

**dévadasi** *nf* Dans les temples hindous, femme consacrée au service du dieu.

**dévaler** *v* ① **A** *vi* Aller très vite du haut vers le bas. *Avalanche qui dévale.* **B** *vt* Descendre rapidement. *Dévaler un escalier.* ETY De *val*.

**De Valera** Eamon (New York, 1882 – Dublin, 1975), homme politique irlandais. Chef du gouvernement révolutionnaire (1918), il dut attendre la victoire électorale de son parti, le Fianna Fáil, en 1932, pour obtenir l'indépendance de son pays. Il fut président du gouv. puis de la Rép. (1959-1973).

**dévaliser** *vt* ① Voler à qqn son argent, ses vêtements. *Dévaliser un passant.*

**De Valois** Edris Stannus, dite Ninette (Blessington, Irlande, 1898 – Londres, 2001), danseuse et chorégraphe anglaise. VAR **Devalois**

**dévaloriser** *vt* ① Déprécier, diminuer la valeur de. DER **dévalorisant, ante** *a* – **dévalorisation** *nf*

**dévaluer** *vt* ① **1** Abaisser la valeur légale d'une monnaie par rapport aux monnaies étrangères ou à l'étalon de référence. **2** fig Dévaloriser, rabaisser. *Certaines valeurs morales sont dévaluées.* DER **dévaluation** *nf*

**dévanagari** *nf* Écriture utilisée pour le sanskrit. SYN nagari PHO [devanagaʀi]

**devancer** *vt* ⑫ **1** Aller en avant de, dépasser, distancer. *Coureur qui devance ses concurrents.* **2** Surpasser, avoir l'avantage sur. *Élève qui devance ses condisciples.* **3** fig Être en avance dans le temps. *Son génie avait devancé son siècle.* **4** Aller au-devant de, prévenir qqch. *Devancer une attaque.* LOC ***Devancer l'appel*** : s'engager dans l'armée, pour la durée légale, avant l'appel de sa classe. ETY De *devant*, d'apr. *avancer*. DER **devancement** *nm*

**devancier, ère** *n* Personne qui en a précédé une autre.

**1 devant** *prép, av* **A** *prép* **1** En avant de. *Marcher devant les autres.* ANT derrière. **2** En face de, contre. *La voiture est garée devant la maison.* **3** En présence de. *Il l'a dit devant témoin.* **B** *av* **1** (de lieu) À l'avant. *Je pars devant.* **2** (de temps) Auparavant. LOC ***Au-devant de*** : à la rencontre de ; en avant pour prévenir. — ***Avoir du temps, de l'argent devant soi*** : disposer d'un certain temps, d'une certaine somme d'argent — DR ***Par-devant*** : en présence de. ETY De *avant*.

**2 devant** *nm* Face antérieure d'une chose, côté opposé à celui de derrière. *Le devant d'une maison, d'une robe.* LOC ***Prendre les devants*** : partir avant qqn ; fig prendre l'initiative.

**devanture** *nf* **1** Façade d'une boutique. **2** Étalage, objets exposés dans une vitrine.

**dévaser** *vt* ① Débarrasser de la vase. SYN désenvaser. DER **dévasement** *nm*

**dévaster** *vt* ① Ruiner, causer de grands dégâts à. *Un tremblement de terre a dévasté la région.* SYN saccager, ravager. ETY Du lat. DER **dévastateur, trice** *a* – **dévastation** *nf*

**dévédéthèque** *nf* Collection de DVD.

**déveine** *nf* fam Mauvaise chance persistante. SYN guigne. ANT veine.

**développable** *a* **1** Qui peut se développer. **2** Se dit d'une surface qui peut être étalée sur un plan sans subir de déformation. *Une surface cylindrique est développable.*

**développante** *nf* GEOM Courbe plane servant à définir une développée.

**développé** *nm* SPORT Mouvement consistant à amener un haltère à la hauteur des épaules, puis au-dessus de la tête en tendant les bras.

**développée** *nf* GEOM Lieu des centres de courbure d'une courbe plane.

**développement** *nm* **A 1** Action de déployer, de donner toute son étendue à. **2** Exposition détaillée d'un sujet. *Introduction, développement et conclusion d'un exposé.* **3** BIOL Accroissement naturel d'un organisme vivant par l'acquisition de nouvelles fonctions, de nouveaux organes (distinct de la croissance). *Développement d'un bourgeon.* **4** Accroissement des facultés mentales ou intellectuelles. *Le développement de l'intelligence chez l'enfant.* **5** Ampleur, importance, extension que prend une chose qui évolue. *Une entreprise en plein développement.* SYN essor, expansion. **6** TECH Action de développer un cliché photographique. **7** Mise au point d'un produit qui précède sa fabrication en série et sa commercialisation. **8** Distance parcourue par une bicyclette à chaque tour de pédalier. **9** ECON Transformation d'une économie qui devient capable de satisfaire un niveau de consommation jugé satisfaisant. *Pays en voie de développement* ou *en développement.* **B** *nm pl* Suites, conséquences. *Les développements catastrophiques d'un incendie.* LOC ***Développement durable*** ou ***soutenable*** : développement économique qui accroît le bien-être sans détruire l'environnement. — ***Développement personnel*** : transformation de la personnalité par une série de techniques, sans recours médicamenteux ni analytique.

**développemental, ale** *a* PSYCHO Qui concerne le développement de l'individu. PLUR développementaux.

**développer** *v* ① **A** *vt* **1** Ôter l'enveloppe de. *Développer un paquet.* **2** Étendre ce qui était plié, enroulé ; déployer. *Développer un rouleau de papier.* **3** fig Exposer en détail, avec une certaine longueur. *Développer une idée, un sujet, un argument.* **4** GEOM Représenter sur un plan les différentes faces d'un corps solide. **5** Faire croître. *Développer la mémoire, l'intelligence, les goûts de qqn.* **6** Faire prendre de l'ampleur, de l'importance, de l'extension. *Développer une affaire. Développer un pays.* **7** Mener l'ensemble des opérations de la conception d'un produit à sa mise sur le marché. *Développer un prototype.* **8** TECH Traiter un cliché photographique pour faire apparaître l'image. **9** Avoir tel développement, en parlant d'une bicyclette. *Cette bicyclette développe 7 mètres.* **10** MATH Effectuer une série de calculs. **11** MED Être atteint par une maladie et en éprouver les diverses phases. **B** *vpr* **1** Se déployer, s'étendre. *L'armée se développa dans la plaine.* **2** Prendre de l'extension, de l'importance ; grandir. *Une ville qui se développe. La pratique de ce sport s'est développée.* LOC MATH ***Développer une fonction en série entière*** : transformer une fonction en une somme algébrique de termes. ETY Du bas lat. *faluppa*, « balle de blé » avec l'infl. de *volvere*, « tourner », et de *envelopper*.

**développeur, euse** *n* **1** Industriel ou professionnel qui développe un produit (en aval du chercheur et en amont du producteur). **2** INFORM Personne qui réalise un logiciel.

**1 devenir** *vi* ㊱ **1** Passer d'un état à un autre. *Devenir vieux, riche. Cette petite affaire est devenue une grosse entreprise.* **2** Avoir tel ou tel résultat, tel ou tel sort. *Qu'allons-nous devenir ?* ETY Du lat. *devenire*, « arriver ».

**2 devenir** *nm* **1** litt Avenir, futur, destin. **2** PHILO Transformation des choses, des êtres ; ensemble des changements dans leur déroulement temporel.

**déventer** *vt* ① MAR Empêcher un navire, une voile d'être soumis à l'effet du vent. DER **déventement** *nm*

**Deventer** v. des Pays-Bas (prov. d'Overijssel), sur l'IJssel ; 66 060 hab. Industries.

**déverbal** *nm* LING Nom formé à partir du radical d'un verbe, spécial. sans suffixe. *« Moulinage » est un déverbal de « mouliner ».* PLUR déverbaux.

**Devereux** Georges (Lugos, auj. Lugoj, Roumanie, 1908 – Paris, 1985), psychanalyste et anthropologue amér. d'origine hongroise : *Essai d'ethnopsychiatrie générale* (1970).

**dévergonder (se)** *vpr* ① Abandonner toute retenue, toute pudeur, notam. sur le plan de la conduite sexuelle. SYN se débaucher. ETY De l'a. fr. *vergonde*, « vergogne ». DER **dévergondage** *nm* – **dévergondé, ée** *a, n*

**déverguer** *vt* ① MAR Ôter une voile de ses espars. ANT enverguer.

**Devéria** Jacques Jean Marie Achille (Paris, 1800 – id., 1857), graveur français, qui illustra les auteurs romantiques.

**dévernir** *vt* ③ Ôter le vernis de. *Dévernir un meuble.*

**déverrouiller** *vt* ① **1** Ouvrir en tirant le verrou de. *Déverrouiller une porte.* **2** Libérer un mécanisme préalablement immobilisé. *Déverrouiller le train d'atterrissage d'un avion.* DER **déverrouillage** *nm*

**devers** *prép* LOC ***Par-devers*** : en la possession de. *Garder des documents par-devers soi.*

**dévers, erse** *a, nm* **A** *a* CONSTR Qui n'est pas d'aplomb. **B** *nm* **1** TECH Différence de niveau entre les deux rails d'une voie de chemin de fer, les deux bordures d'une chaussée. **2** CONSTR Pente ou gauchissement d'une pièce. ETY Du lat. *deversus*, « détourné ».

**déverser** *v* ① **A** *vt* **1** Faire couler un liquide. *Déverser le trop-plein dans le ruisseau.* **2** Déposer en épandant, en versant. *Déverser du charbon dans une cave. Les avions déversent des flots de touristes.* **3** fig Épancher, répandre. *Déverser son mépris, sa rancœur.* **B** *vpr* S'écouler. *Les eaux de pluie se déversent dans une citerne.* DER **déversement** *nm*

**déversoir** *nm* TECH Ouvrage servant à évacuer l'eau en excès. *Le déversoir d'un barrage.*

**déverticalisation** *nf* ECON Cessation de l'intégration verticale d'une entreprise, d'un groupe.

**dévêtir** *vt* ㉝ Enlever la totalité ou une partie des vêtements de. *Dévêtir un enfant.* SYN déshabiller.

**dévi** *nf* RELIG Divinité féminine de la mythologie hindoue.

**déviant, ante** *a, n* Dont la conduite s'écarte des normes sociales. DER **déviance** *nf*

**déviation** *nf* **1** Fait de dévier. *Déviation d'un cours d'eau. Déviation de la colonne vertébrale.* **2** TECH Angle que fait la direction d'un projectile avec le plan de tir. **3** Différence angulaire entre la direction du nord magnétique et la direction du nord indiquée par un compas soumis à l'influence des masses ferreuses. **4** TECH Déplacement de l'aiguille d'un appareil de mesure. **5** PHYS Angle formé par le rayon incident et le rayon qui traverse un système optique.

**déviationnisme** *nm* Fait de s'écarter de la stricte conformité à une doctrine, à la ligne d'un parti. DER **déviationniste** *a, n*

**dévider** *vt* ① **1** Mettre en écheveau ou en pelote le fil embobiné ou en fuseau. **2** Dérouler. *Dévider une bobine.* LOC fam ***Dévider son écheveau,***

*son chapelet:* dire tout ce que l'on a sur le cœur. DER **dévidage** *nm*

**dévidoir** *nm* Appareil servant à dévider.

**dévier** *v* 2 **A** *vi* S'écarter de sa direction. *La balle a dévié. Dévier de la bonne route. Dévier d'une ligne de conduite.* **B** *vt* Écarter, détourner de la direction normale. *Les gendarmes dévièrent la circulation.* ETY Du lat. *via,* « voie ».

**Déville-lès-Rouen** com. de la Seine-Maritime (arr. de Rouen) ; 10 400 hab. Industries. DER **dévillois, oise** *a, n*

**devin, devineresse** *n* Personne qui prétend prédire les évènements et découvrir les choses cachées. *Les devins de l'Antiquité.*

**deviner** *vt* 1 Découvrir, savoir par conjecture, par supposition. *Deviner la pensée de qqn. Deviner juste. La fin de l'histoire se devine aisément.* DER **devinable** *a*

**devinette** *nf* Question que l'on pose par jeu pour en faire deviner la réponse.

**dévirer** *vt* 1 MAR Tourner en sens inverse.

**déviriliser** *vt* 1 Ôter la virilité ; rendre plus efféminé. DER **dévirilisant, ante** *a* – **dévirilisation** *nf*

**devis** *nm* État détaillé des travaux à effectuer, accompagné de l'estimation de leur prix. *Devis descriptif, estimatif.* ETY De l'a. fr. *deviser,* « organiser ».

**dévisager** *vt* 13 Regarder qqn longuement et attentivement. *Il m'a dévisagé avec insistance.*

**1 devise** *nf* **1** Sentence indiquant les goûts, les qualités, la résolution de qqn. **2** HERALD Sentence concise particulière à une famille, une ville, etc., inscrite sur un ruban au-dessus de l'écu. *La devise de Paris est : « Fluctuat nec mergitur », il est battu par les flots mais ne sombre pas.* ETY De *deviser.*

**2 devise** *nf* FIN Monnaie émise par une banque nationale, envisagée par rapport à d'autres. ETY Probabl. empr. à l'all. *devise,* du fr. ; on imprimait des *devises* sur les billets de change.

**1 deviser** *vi* 1 litt S'entretenir familièrement. *Nous devisions gaiement entre amis.* ETY Du lat. *dividere,* « diviser ».

**2 deviser** *vt* 1 Établir le devis d'un projet. *Le budget a été devisé à la hausse.*

**dévisser** *v* 1 TECH **A** *vt* **1** Ôter une vis, un écrou. **2** Démonter une pièce vissée. *Dévisser une serrure.* **B** *vi* **1** ALPIN Lâcher prise d'une paroi et faire une chute. **2** fig, fam Chuter, échouer. *Groupe qui dévisse en Bourse. Ministre qui dévisse dans les sondages.* LOC fam ***Dévisser son billard :*** mourir. DER **dévissable** *a* – **dévissage** *nm*

**de visu** *av* Après avoir vu, en voyant. PHO [devizy] ETY Mot lat.

**dévitaliser** *vt* 1 **1** Retirer la pulpe et le nerf d'une dent. **2** fig Ôter toute vitalité. *Un centre-ville qui se dévitalise.* DER **dévitalisation** *nf*

**dévitaminé, ée** *a* Qui a perdu ses vitamines.

**dévitrifier** *vt* 2 **1** Détruire la vitrification. **2** TECH Faire perdre au verre sa transparence en le chauffant. DER **dévitrification** *nf*

**dévoiement** *nm* **1** CONSTR Changement de direction d'un conduit. **2** Action de détourner de son but. **3** État d'une personne dévoyée. PHO [devwamɑ̃]

**dévoiler** *v* 1 **A** *vt* **1** Enlever le voile qui dissimule. *Dévoiler une statue.* **2** fig Découvrir, révéler ce qui était secret, caché. *Dévoiler un scandale.* **3** TECH Faire perdre son gauchissement à, rendre plan. *Dévoiler une roue.* **B** *vpr* **1** Cesser d'être caché, se montrer. *Ses intentions se sont dévoilées ensuite.* **2** Se trahir. *Le traître s'est dévoilé.* DER **dévoilement** *nm*

**1 devoir** *v* 44 **A** *vt* **1** Avoir à donner ou à restituer une somme d'argent à qqn. *Je te dois vingt euros.* **2** Être redevable de qqch à qqn, tenir de. *Il lui doit sa situation. Je lui dois d'avoir été promu à ce poste.* **3** Avoir pour obligation morale envers qqn. *Il me doit le respect.* **B** (v. auxil. + inf.) Exprime : **1** La nécessité inéluctable, l'obligation. *Nous devons tous mourir. Je dois finir cela avant demain.* **2** Le futur proche, l'intention. *Je dois m'absenter prochainement. Nous devions partir quand l'orage éclata.* **3** La possibilité, la vraisemblance. *Il doit se tromper.* **4** (au conditionnel) La probabilité. *Il devrait être près du but, maintenant.* **5** (au subjonctif imparfait, avec inversion du sujet) litt La concession. *Je le ferai, dussé-je y passer la nuit. Il fera ces excuses, dût-il en mourir de honte.* **C** *vpr* **1** Être tenu de se sacrifier, de se dévouer. **2** Avoir des obligations morales envers. *On se doit à sa famille.* LOC ***Comme il se doit :*** comme il le faut, comme il est convenable.

**2 devoir** *nm* **1** Ce à quoi on est obligé par la morale, la loi, la raison, les convenances, etc. *Il a fait son devoir. Manquer à tous ses devoirs.* **2** L'ensemble des règles qui guident la conscience morale. *Agir par devoir.* **3** Tâche écrite donnée à un élève. *Faire ses devoirs.* LOC ***Les derniers devoirs :*** les honneurs funèbres. — ***Devoir de mémoire :*** obligation morale d'entretenir le souvenir d'évènements considérés comme essentiels pour assurer la cohésion d'une collectivité. — vieilli ***Présenter ses devoirs à qqn :*** lui présenter ses respects. — litt ***Se mettre en devoir de :*** se mettre en état de, commencer à. ETY Du lat.

**Devoir (le)** association de compagnons (Compagnons du Devoir du tour de France).

**Devoir (le)** quotidien québécois fondé à Montréal en 1910 par Henri Bourassa.

**dévoisé, ée** *a* PHON Qui a perdu son voisement, assourdi. *Consonne dévoisée.*

**dévolter** *vt* 1 ELECTR Diminuer la tension dans un circuit. DER **dévoltage** *nm* – **dévolteur** *nm*

**dévolu, ue** *a, nm* **1** DR Acquis, échu par droit. *Succession dévolue à l'État.* **2** Réservé, destiné. *Nous accomplissons les tâches qui nous sont dévolues.* LOC ***Jeter son dévolu sur :*** fixer son choix sur. ETY Du lat. *devolvere,* « dérouler ».

**dévolutif, ive** *a* DR Qui fait qu'une chose est dévolue.

**dévolution** *nf* DR Transmission d'un bien, d'un droit d'une personne à une autre en vertu de la loi.

**Dévolution (guerre de)** guerre menée par Louis XIV contre l'Espagne, de mai 1667 à mai 1668. Le roi de France prétextait le *droit de dévolution,* en usage dans les Pays-Bas espagnols, qui donnait la succession aux enfants d'un premier lit. V. Hollande (guerre de).

**Dévoluy** massif calcaire des Alpes du Dauphiné ; 2 793 m à l'Obiou.

**dévon** *nm* PECHE Poisson artificiel muni d'hameçons et servant d'appât. ETY Mot angl., du comté de *Devon.* VAR **devon**

**Devon** comté de G.-B., entre la Manche et le canal de Bristol ; 6 711 km² ; 1 135 000 hab. ; ch.-l. Exeter. Élevage. Pêche. Activités portuaires (Plymouth). VAR **Devonshire**

**dévonien, enne** *a, nm* GEOL Se dit de la période de l'ère primaire qui suit le silurien et précède le carbonifère. ETY De *Devon,* n. pr.

**dévorant, ante** *a* Qui consume, détruit. *Un feu dévorant. Une passion dévorante.*

**dévorer** *vt* 1 **1** Manger en déchirant avec les dents, avaler avidement. *Le tigre dévore sa proie.* **2** Manger avec gloutonnerie. *Cet enfant ne mange pas, il dévore.* **3** fig Détruire, consumer. *Les impôts ont dévoré mes économies.* **4** Tourmenter (peine, affliction). *Elle était dévorée par le chagrin.* **5** fig Lire très vite et avec passion. *Dévorer un livre.* **6** Regarder avec insistance, avec convoitise. *Dévorer des yeux.* ETY Du lat. DER **dévorateur, trice** *a* – **dévoreur, euse** *a, n*

**De Vos** Cornelis (Hulst, v. 1584 – Anvers, 1651), peintre flamand proche de Rubens.

**Devos** Raymond (Mouscron, 1922 – Saint-Rémy-lès-Chevreuse, 2006), humoriste français, virtuose de la jonglerie verbale.

E. De Valera

R. Devos

**dévot, ote** *a, n* **1** vieilli Attaché aux pratiques religieuses, pieux. *Les vrais et les faux dévots.* **2** péjor Bigot. **3** Qui est fait avec dévotion. *Prière dévote.* DER **dévotement** *av*

**dévotion** *nf* **A** **1** Vive piété, attachement aux pratiques religieuses. **2** Culte rendu à un saint, à un objet sacré. *La dévotion à la Vierge. Elle a pour la musique une véritable dévotion.* **B** *nf pl* Pratique religieuse, prières. *Faire ses dévotions.* LOC ***Être à la dévotion de qqn :*** lui être entièrement dévoué. DER **dévotionnel, elle** *a*

**dévoué, ée** *a* Plein de dévouement.

**dévouer** *v* 1 **A** *vt* vx, litt Vouer, consacrer. *Dévouer sa vie à la science.* **B** *vpr* **1** Se consacrer, se livrer sans réserve à qqch. *Se dévouer à une grande cause.* **2** Se sacrifier. *Elle se dévoue pour ses enfants.* ETY Du lat. DER **dévouement** *nm*

**dévoyer** *vt* 23 Détourner, faire sortir du droit chemin. *Les mauvaises fréquentations l'ont dévoyé.* ETY De *voie.* DER **dévoyé, ée** *n*

**De Vries** Hugo (Haarlem, 1848 – Lunteren, 1935), botaniste néerlandais qui découvrit le phénomène de la mutation.

Hugo De Vries

**Dewaere** Bourdeaux Patrick, dit Patrick (Saint-Brieuc, 1947 – Paris, 1982), acteur français : *Les Valseuses* (1974), *Un mauvais fils* (1980).

**Dewar** sir James (Kincardine-on-Forth, 1842 – Londres, 1923), physicien et chimiste écossais qui étudia la liquéfaction des gaz.

**Dewey** Melvil (Adams Center, New York, 1851 – Lake Placid, Floride, 1931), bibliographe américain, auteur du système décimal de classification des publications.

**Dewey** John (Burlington, Vermont, 1859 – New York, 1952), philosophe et pédagogue américain influencé par le pragmatisme.

**Dewoitine** Émile (Crépy-en-Laonnois, 1892 – Toulouse, 1979), constructeur d'avions français (plus de cinquante prototypes).

**dextérité** *nf* **1** Adresse manuelle. *La dextérité d'un chirurgien.* **2** fig Adresse de l'esprit. *Négocier une affaire avec dextérité.* SYN habileté, adresse.

**dextralité** *nf* didac Fait d'être droitier.

**dextre** *nf, a* **A** *nf* **1** vx Main droite. **2** Côté droit. **B** *a* **1** HERALD Se dit du côté droit de l'écu (c.-à-d. du côté gauche pour l'observateur). **2** SC NAT Qui décrit une hélice dans le sens des aiguilles d'une montre. *Coquille dextre.* ANT senestre.

**dextrine** *nf* BIOCHIM Produit de l'hydrolyse partielle de l'amidon.

**dextro-** Élément, du lat. *dexter*, « qui est à droite ».

**dextrocardie** *nf* MED Déplacement du cœur dans l'hémithorax droit.

**dextrogyre** *a* PHYS Qui fait tourner à droite le plan de polarisation de la lumière.

**dextromoramide** *nf* Puissant analgésique de synthèse, entraînant une accoutumance.

**dextrorsum** *a inv, av* **didac** Qui va dans le sens des aiguilles d'une montre. ANT senestrorsum. (PHO) [dekstʀɔʀsɔm] (ETY) Mot lat.

**dextrose** *nm* BIOCHIM Glucose.

**dey** *nm* HIST Chef de la milice turque qui gouvernait la régence d'Alger avant la conquête française. (PHO) [dɛ] (ETY) Du turc *dâi*, « oncle ».

**dézinguer** *vt* (1) **fam** **1** Détruire, bouleverser, critiquer sévèrement. *S'amuser à dézinguer des idées reçues.* **2** Tuer qqn, l'abattre, le descendre. (ETY) De *zinc*. (DER) **dézingage** *nm*

**dézipper** *vt* (1) INFORM Décompresser. *Dézipper un fichier.*

**dg** Symbole du décigramme.

**DGSE** Sigle de *Direction générale de la sécurité extérieure*, service français de renseignements dépendant du ministre de la Défense.

**DGSI** → **DCRI.**

**Dhahran** → **Zahran.**

**Dhaka** cap. du Bangladesh, près du delta du Gange ; 17,8 millions d'hab. Centre industriel du pays (textile notam.). (VAR) **Dacca**

le port fluvial de **Dhaka**

**Dhamaskinos** → **Damaskinos.**

**Dharamsala** v. du Nord de l'Inde (Himachal Pradesh) ; 53 300 hab. Siège du gouvernement tibétain en exil depuis 1960.

**dharma** *nm* RELIG Dans le bouddhisme et l'hindouisme, conformité aux normes naturelles, sociales ou métaphysiques. (PHO) [daʀma] (ETY) Mot sanskrit, de *dhri*, « tenir ».

**Dhaulaghiri** un des sommets (8 172 m) de l'Himalaya (Népal), gravi seulement en 1960.

**DHEA** *nf* Hormone surrénale réputée ralentir le vieillissement. (ETY) De *déhydroépiandrostérone*.

**dhimma** *nf* HIST Statut inférieur, mais assorti de garanties, accordé par l'islam aux chrétiens et aux juifs. (ETY) Mot ar.

**dhimmi** *n* HIST Chrétien ou juif sous le régime de la dhimma.

**Dhorme** Édouard (Armentières, 1881 – Roquebrune-Cap-Martin, 1966), orientaliste français : *les Religions de Babylonie et d'Assyrie*.

**Dhôtel** André (Attigny, 1900 – Paris 1991), romancier français : *le Pays où l'on n'arrive jamais* (1955).

**dhrupad** *nm* MUS Style de chant solennel, dans la musique indienne. (ETY) Mot sanskrit.

**Dhuis (la)** riv. du Bassin parisien (15 km), affl. de la Marne (r. g.). *L'aqueduc de la Dhuis* (131 km) alimente Paris. (VAR) **Dhuys**

**Serge de Diaghilev** assis face à I. Stravinsky ; J. Cocteau et É. Satie – dessin, 1917

**dhurrie** *nm* Tapis indien, en coton. (PHO) [daʀi] (ETY) Mot hindi.

**di-** Élément, du gr. *dis*, « deux fois ».

**dia-** Préfixe, du gr. *dia-*, signifiant « séparé » (*diacritique*), ou « à travers » (*diagraphe*).

**dia !** *interj* Cri des charretiers pour faire aller leurs chevaux à gauche, par oppos. à *hue* (à droite). (ETY) Anc. forme de *da*.

**diabète** *nm* Terme générique désignant un ensemble d'affections caractérisées par une augmentation de la faim, de la soif, de la diurèse, et des modifications sanguines responsables d'une cachexie ; le mot, employé sans épithète, désigne généralement le *diabète sucré*. (ETY) Du gr. *diabêtes*, « qui traverse », à cause de l'émission surabondante d'urine. (DER) **diabétique** *a, n*

ENC Le *diabète sucré* est caractérisé par une augmentation de la glycémie, avec présence de sucre dans les urines (glycosurie). Il peut se compliquer par un coma diabétique nécessitant l'injection d'insuline et la réhydratation. Il peut être dû à une sécrétion insuffisante d'insuline par le pancréas (diabète dit insulinodépendant, car le sujet doit recevoir un apport quotidien d'insuline) ou à une mauvaise utilisation du glucose. Le *diabète insipide*, dû à l'absence de sécrétion d'ADH (hormone antidiurétique) par l'hypophyse, provoque une diurèse importante et immuable ; il exige l'administration d'ADH.

**diabétologie** *nf* **didac** Partie de la médecine consacrée au diabète. (DER) **diabétologique** *a* – **diabétologue** *n*

**diable** *nm, interj* **A** *nm* **1** Démon, ange déchu voué au mal, Satan. **2** Représentation traditionnelle d'un démon caractérisé par des oreilles pointues, des petites cornes, des pieds fourchus et une longue queue. *Le diable m'emporte si je mens. Au diable l'avarice !* **3** **fig**, **vx** Personne méchante ou violente. **4** (avec une épithète) Personne, individu. *Un bon diable, un pauvre diable.* **5** Petite figure de diable, montée sur un ressort, qui surgit d'une boîte à l'ouverture. *Surgir comme un diable d'une boîte.* **6** TECH Chariot à deux roues servant à transporter des objets lourds. **7** CUIS Ustensile de terre cuite servant à la cuisson des aliments à l'étouffée. **B** *interj* **1** Marque la surprise, l'admiration, le mécontentement, le doute, l'inquiétude, etc. *Diable, c'est loin !* **2** Renforce une exclamation, une interrogation. *Défendez-vous, que diable ! Que diable lui voulez-vous ?* **LOC** ***À la diable*** : vite et mal. — ***Au diable (Vauvert)*** : très loin. — ***Avoir le diable au corps*** : être turbulent, emporté ou très déréglé dans sa conduite. — ***Ce serait bien le diable si*** : ce serait fort étonnant si. — ***Diable cornu*** : moloch. — ***Diable de mer*** : raie cornue. — ***Diable de Tasmanie*** : sarcophile. — ***Du diable, de tous les diables*** : beaucoup, très. — ***En diable*** : extrêmement. — ***Faire le diable à quatre*** : faire beaucoup de bruit. — ***Tirer le diable par la queue*** : avoir des difficultés financières. (ETY) Du gr. *diabolos*, « calomniateur ».

**diable** de Tasmanie

**Diable (île du)** île de Guyane franç., où fut détenu Dreyfus (1895-1899).

**Diable amoureux (le)** récit fantastique de J. Cazotte (1772).

**Diable au corps (le)** roman de Radiguet (1923). ▷ CINE Film d'Autant-Lara (1946), avec Gérard Philipe et Micheline Presle.

**Diable boiteux (le)** roman de mœurs de Lesage (1707) inspiré d'un récit picaresque de Vélez de Guevara (1641).

**diablement** *av* **fam** Excessivement.

**Diablerets (les)** massif des Alpes suisses (Vaud, Valais et Berne) ; 3 210 m. – Au N.-O. du massif, stat. tourist. des *Diablerets*.

**diablerie** *nf* **1** Sortilège, ensorcellement. **2** Malice, espièglerie. **3** LITTER Au Moyen Âge, pièce dramatique où le diable jouait le rôle principal. *Diablerie à deux, à quatre personnages.* **4** BX-A Dessin représentant des diables.

**diablesse** *nf* **1** Diable femelle. **2** Femme remuante, fillette turbulente. *Quelle diablesse !*

**diablotin** *nm* **1** Petit diable ; petite figure de diable. **2** **fig** Enfant vif et turbulent. **3** Bonbon enveloppé avec un petit pétard dans une papillote. **4** Larve de l'empuse.

**diabolique** *a* **1** Qui vient du diable. *Pouvoir diabolique.* SYN démoniaque. **2** **fig** Qui semble venir du diable, à la fois astucieux et méchant. *Invention diabolique. Esprit diabolique.* SYN infernal, satanique. **3** Très désagréable, très difficile. *Une situation diabolique.* (DER) **diaboliquement** *av*

**Diaboliques (les)** recueil de six nouvelles de Barbey d'Aurevilly (1874).

**Diaboliques (les)** film de Clouzot (1954) d'ap. le roman policier *Celle qui n'était plus*, de Boileau-Narcejac, avec Paul Meurisse (1912 – 1979), Simone Signoret, Véra Clouzot (1914 – 1960).

**diaboliser** *vt* ① Attribuer à qqn ou à qqch un caractère particulièrement négatif. DER **diabolisation** *nf*

**diabolo** *nm* **1** Jouet, bobine creuse que l'on fait rouler sur une cordelette tendue entre deux baguettes, pour la lancer en l'air et la rattraper. **2** Limonade au sirop. *Diabolo grenadine, menthe,* etc. ETY De l'ital. *diavolo,* « diable ».

**diachronie** *nf* LING Évolution des faits dans le temps. ANT synchronie. PHO [djakʀɔni] DER **diachronique** *a*

**diacide** *nm, a* CHIM Composé possédant deux fonctions acide.

**diaclase** *nf* GEOL Fissure affectant une roche en place.

**diaconat** *nm* Fonction d'un diacre ; durée de cette fonction.

**diaconesse** *nf* **1** Dans l'Église primitive, jeune fille ou veuve qui a reçu le diaconat. **2** Chez les protestants, femme vivant en communauté, et qui se voue à des missions d'assistance.

**diacoustique** *nf* PHYS Partie de l'acoustique qui traite de la réfraction des sons.

**diacre** *nm* **1** Ministre des cultes catholique et orthodoxe qui a reçu l'ordre qui précède la maîtrise. **2** Dans les Églises protestantes, laïc remplissant bénévolement divers offices charitables. ETY Du gr. *diakonos,* « serviteur ».

**diacritique** *a* Se dit d'un signe graphique destiné soit à distinguer des homographes (par ex., l'accent sur le *à,* préposition, distingue ce mot de *a,* forme du verbe avoir), soit les différentes prononciations d'une même lettre (par ex., *c* et *č,* en croate, notent [ts] et [tʃ]). ETY Du gr.

**diadème** *nm* **1** Bandeau de tête qui, dans l'Antiquité, était l'insigne de la royauté. **2** Parure de tête féminine en forme de bandeau, de couronne. *Un diadème de pierres précieuses.* ETY Du gr.

**diagenèse** *nf* GEOL Ensemble de phénomènes physico-chimiques transformant un sédiment frais en une roche cohérente.

**Diaghilev Sergueï Pavlovitch, dit Serge de** (près de Novgorod, 1872 – Venise, 1929), organisateur de spectacles russe. De 1909 à sa mort, il dirigea les Ballets russes. Il découvrit Nijinski.

**diagnose** *nf* **1** MED Connaissance d'une maladie à partir des symptômes. **2** BIOL Détermination des caractéristiques d'un genre ou d'une espèce.

**diagnostic** *nm* **1** MED Acte par lequel le médecin, en groupant les symptômes et les données de l'examen clinique, les rattache à une maladie bien identifiée. **2** fig Évaluation d'une situation donnée, jugement porté sur telle conjoncture. LOC ***Diagnostic de performance énergétique*** : évaluation d'un bâtiment quant à sa consommation d'énergie et à son émission de gaz à effet de serre. ABREV DPE. PHO [djagnɔstik] ETY Du gr. *diagnôstikos,* « apte à reconnaître ».

**diagnostique** *a* MED Relatif au diagnostic. *Signes diagnostiques.*

**diagnostiquer** *vt* ① Faire le diagnostic de. *Le médecin a diagnostiqué un cancer. Cet expert a diagnostiqué des erreurs de gestion.* DER **diagnostiqueur, euse** *n*

**diagonal, ale** *a, nf* **A** *a* Qui joint deux angles opposés. *Ligne diagonale.* **B** *nf* Segment de droite reliant deux sommets non consécutifs d'un polygone. PLUR diagonaux. LOC ***En diagonale*** : en biais. — ***Lire en diagonale*** : rapidement et superficiellement. ETY Du gr. DER **diagonalement** *av*

**diagramme** *nm* **1** Représentation graphique de la variation d'une grandeur. *Diagramme de température.* SYN courbe, graphique. **2** Dessin géométrique sommaire représentant les parties d'un ensemble et leur position les unes par rapport aux autres. LOC BOT ***Diagramme floral*** : schéma indiquant le nombre, les positions et les rapports des pièces florales, vues par l'ouverture du périanthe. ETY Du gr.

**diagraphe** *nm* Instrument composé de miroirs ou de prismes, et qui permet de reproduire l'image d'un objet sans connaissances spéciales en dessin.

**diagraphie** *nf* **1** Art de dessiner au moyen du diagraphe. **2** GEOL Enregistrement continu des grandeurs physiques des couches de terrain traversées au cours d'un forage.

**dialcool** *nm* CHIM Composé possédant deux fonctions alcool. SYN glycol. PHO [dialkɔl]

**dialectalisme** *nm* LING Mot, locution, construction provenant d'un dialecte.

**dialecte** *nm* Manière de parler une langue, particulière à une province, une région. *Dialecte picard.* DER **dialectal, ale, aux** *a*

**dialecticien, enne** *n* Personne qui utilise la dialectique ou qui discute habilement.

**dialectique** *nf, a* PHILO **A** *nf* **1** Chez Platon, art de la discussion, du dialogue, considéré comme le moyen de s'élever des connaissances sensibles aux Idées. **2** Chez Aristote, logique du probable, par oppos. à *analytique.* **3** Au Moyen Âge, logique formelle, par oppos. à *rhétorique.* **4** Chez Kant, « logique de l'apparence », celle de la pensée qui, voulant se libérer de l'expérience, tombe dans les antinomies. **5** Chez Hegel, progression de la pensée qui reconnaît l'inséparabilité des contradictoires *(thèse* et *antithèse),* puis découvre un principe d'union *(synthèse)* qui les dépasse. **6** Chez Marx, mouvement progressif de la réalité qui évolue (comme la pensée chez Hegel) par le dépassement des contradictions. **7** Manière de discuter, d'exposer, d'argumenter. *Une dialectique serrée.* **B** *a* Qui relève de la dialectique. *Démarche dialectique. Matérialisme dialectique.* ETY Du gr. DER **dialectiquement** *av*

**dialectisant, ante** *a, n* Qui parle un dialecte. VAR **dialectophone**

**dialectologie** *nf* LING Étude, science des dialectes. DER **dialectologique** *a* – **dialectologue** *n*

**dialogique** *a* LITTER En forme de dialogue. *Écrit dialogique.*

**dialogue** *nm* **1** Entretien, conversation entre deux personnes. **2** Ensemble des paroles échangées entre les personnages d'une pièce de théâtre, d'un film. *Le scénario est bon, mais le dialogue est vulgaire.* **3** Composition littéraire ayant la forme d'une conversation entre deux ou plusieurs personnes. ETY Du gr.

**dialoguer** *v* ① **A** *vi* Converser avec un interlocuteur. **B** *vt* Mettre sous forme de dialogue. *Dialoguer un roman.*

**Dialogues des morts** ouvrage satirique de Lucien de Samosate (IIe s.).

**dialoguiste** *n* Auteur de dialogue de film.

**dialypétale** *a, nf* **A** *a* BOT Se dit d'une fleur dont les pétales sont libres les uns par rapport aux autres. ANT gamopétale. **B** *nf* Angiosperme dont les fleurs sont dialypétales.

**dialyse** *nf* **1** CHIM Procédé de séparation des corps colloïdaux par diffusion à travers des parois semi-perméables. **2** MED Procédé thérapeutique d'épuration extra-rénale, parfois dit *rein artificiel,* qui permet d'éliminer les toxines et l'eau contenues en excès dans le sang. LOC ***Dialyse péritonéale*** : méthode d'épuration sanguine par diffusion à travers la cavité péritonéale. ETY Du gr.

**dialysépale** *a* BOT Se dit d'une fleur dont le calice porte des sépales séparés. ANT gamosépale.

**dialyser** *vt* ① **1** CHIM Préparer ou purifier une substance par dialyse. **2** MED Soumettre un malade à une dialyse. DER **dialysé, ée** *n*

**dialyseur** *nm* CHIM Appareil servant à effectuer la dialyse.

**diamagnétisme** *nm* PHYS Propriété que possèdent certains corps de s'aimanter en sens inverse du champ magnétique dans lequel ils sont placés. DER **diamagnétique** *a*

**diamant** *nm* **1** Variété de carbone pur cristallisé dans le système cubique, caractérisé par une extrême dureté. *Le diamant est une pierre précieuse.* **2** Bijou orné d'un diamant. *Offrir un diamant.* **3** TECH Outil servant à couper le verre. **4** fig, litt Ce qui brille comme un diamant. *Les diamants de la rosée.* ETY Du lat. *diamant,* « aimant ».

ENC Le diamant est le plus dur et le meilleur conducteur thermique de tous les minéraux naturels. Sa dureté est due aux liaisons de covalence qui unissent ses atomes. On distingue 3 variétés : le *bort,* transparent, mais comportant de nombreux défauts et que l'on utilise pour tailler le verre et les minéraux ; le *carbonado,* diamant noir utilisé pour le forage des roches ; le *diamant transparent de joaillerie,* que l'on taille à facettes après clivage, les nombreux feux qu'il jette étant dus à son indice de réfraction très élevé (2,40 à 2,46) ; on le caractérise par son *eau* (couleur, transparence) et par son poids (en *carats*).

**Diamant (cap)** promontoire du Canada, au confl. du Saint-Laurent et de la riv. Saint-Charles, où fut fondé Québec.

**diamantaire** *a, nm* **A** *a* Relatif au diamant. *Le marché diamantaire.* **B** *nm* **1** Ouvrier qui taille les diamants. **2** Négociant en diamants. *La rue des diamantaires, à New York.*

**diamanté, ée** *a* Garni d'une pointe de diamant ou encore d'iridium.

**diamanter** *vt* ① **1** Orner de diamants. **2** Garnir d'une pointe de diamant. **3** Faire briller comme un diamant.

**diamantifère** *a* didac Qui contient du diamant.

**diamantin, ine** *a* Qui a la dureté ou l'éclat du diamant. SYN adamantin.

**diamétralement** *av* GEOM Dans le sens du diamètre. LOC ***Avis, points de vue diamétralement opposés*** : absolument, radicalement opposés.

**diamètre** *nm* **1** GEOM Segment de droite joignant deux points d'un cercle, d'une sphère, et passant par le centre. **2** Segment de droite de plus grande longueur reliant deux points d'une courbe ou d'une surface fermée. *Diamètre d'un objet cylindrique.* LOC PHYS ***Diamètre apparent d'un objet*** : angle sous lequel il est vu. ETY Du gr. DER **diamétral, ale, aux** *a*

**diamide** *nf* CHIM Composé qui possède deux fois la fonction amide.

**diamine** *nf* CHIM Composé qui possède deux fois la fonction amine.

**Diamir** → **Nānga Parbat.**

**1 diane** *nf* anc Batterie de tambour ou sonnerie de clairon pour éveiller les soldats. *Sonner la diane.*

**2 diane** *nf* **1** Papillon diurne du sud de l'Europe. **2** Singe cercopithécidé de l'Afrique occidentale. ▶ illustr. p. 470

**Diane** divinité italique de la nature sauvage, assimilée par les Romains à l'Artémis grecque ; fille de Jupiter et de Latone, sœur d'Apollon, Diane est la déesse de la Chasse.

**Diane chasseresse** sculpture de Houdon (1780).

**Diane de France** (en Piémont, 1538 – Paris, 1619), fille légitimée d'Henri II ; épouse du duc de Castro, puis du maréchal François de Montmorency (1559). Pendant les guerres de

Religion, sa modération exerça une réelle influence. VAR **Diane de Valois**

**Diane de Poitiers (duchesse de Valentinois)** (?, 1499 – Anet, 1566), favorite d'Henri II (1536). Elle protégea les arts. Elle finit sa vie dans le chât. d'Anet, construit pour elle par Philibert Delorme.

Diane de Poitiers

**diantre !** *interj* vieilli, plaisant Diable (juron).

**diapason** *nm* MUS **1** Étendue des sons que peut parcourir une voix ou un instrument, de la note la plus grave à la plus aiguë. **2** Son servant de référence pour accorder les voix et les instruments, noté *la*. **3** Petit instrument composé d'une lame d'acier recourbée et qui, mis en vibration, produit la note *la*. **LOC** ***Se mettre au diapason de qqn*:** adopter le même ton, la même attitude que lui. ETY Du gr. *diapasôn*, « par toutes les cordes ».

**diapause** *nf* BIOL Phase de latence (œufs ou larves d'insectes ; graines avant la germination).

**diapédèse** *nf* BIOL Migration des globules blancs hors des capillaires, par des mouvements amiboïdes. ETY Du gr.

**diaphane** *a* Qui se laisse traverser par la lumière sans permettre de distinguer nettement les formes. *Une brume diaphane.* SYN translucide. **LOC** ***Un visage diaphane*:** aux traits fins et à la carnation délicate. ETY Du gr. DER **diaphanéité** *nf*

**diaphanoscopie** *nf* MED Méthode d'examen de certaines parties du corps utilisant l'éclairage par transparence.

**diaphragmatique** *a* ANAT Du diaphragme. *Hernie diaphragmatique.*

**diaphragme** *nm* **1** ANAT Muscle transversal qui sépare le thorax de l'abdomen, et qui joue un rôle très important dans la respiration. **2** Préservatif féminin constitué d'une membrane en caoutchouc souple oblitérant le fond du vagin. **3** BOT Cloison au niveau d'un nœud dans une tige de graminée. **4** TECH Cloison extensible, percée d'un orifice, que l'on place à l'intérieur d'une canalisation ou d'un appareil pour réduire ou mesurer un débit, etc. *Diaphragme d'un appareil photo.* **5** Membrane élastique. *Pompe à diaphragme.* **6** Cloison étanche (séparant les ergols dans un réservoir, par ex.). ETY Du gr.

*Diane chasseresse*, par Jean Antoine Houdon, bronze – musée du Louvre

**diaphragmer** *v* ① **A** *vt* TECH Munir d'un diaphragme. **B** *vi* Régler l'ouverture d'un appareil photographique en agissant sur le diaphragme.

**diaphyse** *nf* ANAT Partie d'un os long comprise entre ses deux extrémités *(épiphyses)*.

**diapir** *nm* GEOL Pli résultant de la montée d'un matériel plastique (roches salines). ETY Du gr.

**diapo** *nf* fam Diapositive.

**diaporama** *nm* **1** Projection de diapositives constituant un spectacle. **2** Défilement automatique d'images numériques à l'écran.

**diapositive** *nf* Épreuve photographique positive sur support transparent, destinée à être regardée par transparence ou projetée.

**diaprer** *vt* ① litt Nuancer de plusieurs couleurs. ETY De l'a. fr. *diaspre*, « drap à fleurs ».

**diarisme** *nm* LITTER Genre littéraire constitué par les journaux intimes.

**diariste** *n* LITTER Auteur d'un journal intime.

**diarrhée** *nf* Évacuation fréquente de selles liquides. PHO [djaʀe] ETY Du gr. DER **diarrhéique** *a, n*

**diarthrose** *nf* ANAT Articulation présentant des surfaces articulaires mobiles les unes sur les autres, permettant des mouvements étendus (ex. : le coude et le genou).

**Dias Bartolomeu** (en Algarve, v. 1450 – au large de Bonne-Espérance, 1500), navigateur portugais. Il doubla, le premier, en 1487, le cap des Tempêtes (auj. *de Bonne-Espérance*).

**diaspora** *nf* **1** HIST Dispersion des juifs, au cours des siècles, hors du territoire de leurs ancêtres. *La diaspora juive* ou *la Diaspora.* **2** Dispersion d'une ethnie quelconque. *La diaspora tsigane.* ETY Du gr. DER **diasporique** *a*

**diaspore** *nf* BOT Toute partie d'un végétal susceptible de reconstituer un végétal entier.

**diastole** *nf* PHYSIOL Période de repos du cœur, pendant laquelle les ventricules se remplissent et se dilatent sous l'effet de l'afflux sanguin. *La diastole succède à la systole.* ETY Du gr. *diastelê*, « dilatation ». DER **diastolique** *a*

**diathèque** *nf* Collection de diapositives.

**diathermane** *a* PHYS Qui laisse passer la chaleur.

**diathermie** *nf* MED Procédé thérapeutique qui utilise les courants de haute fréquence pour produire des effets thermiques dans la profondeur des tissus.

**diathèse** *nf* MED Prédisposition à être atteint d'une affection dont les manifestations peuvent être différentes selon les individus.

**diatomée** *nf* BOT Algue unicellulaire enfermée entre deux valves siliceuses, fréquente dans le plancton. ETY Du gr. *diatomos*, « coupé en deux ».

**diatomique** *a* CHIM Se dit des corps dont la molécule comporte deux atomes.

**diatomite** *nf* Roche sédimentaire peu dense, blanche, poreuse, composée essentiellement de diatomées.

**diatonique** *a* MUS Qui procède par succession naturelle des tons et demi-tons de la gamme, dans l'harmonie tonale (par oppos. à *chromatique*). DER **diatoniquement** *av*

**diatribe** *nf* Critique amère et virulente. *Prononcer une diatribe contre qqn.* ETY Du gr. *diatribê*, « discussion d'école ».

**Díaz Porfirio** (Oaxaca, 1830 – Paris, 1915), général et homme politique mexicain. Il combattit l'empereur Maximilien. Président (dictatorial) de la Rép. (1876-1880 et 1884-1911), il modernisa l'économie.

**Diaz Armando** (Naples, 1861 – Rome, 1928), maréchal italien. Commandant en chef de l'armée italienne en 1917-1918, il vainquit les Autrichiens à Vittorio Veneto (1918).

**Diaz de la Peña Narcisse** (Bordeaux, 1807 – Menton, 1876), peintre français de l'école de Barbizon.

**diazo-** CHIM Préfixe indiquant le groupement –N=N– dans une molécule.

**Dib Mohammed** (Tlemcen, 1920 – La Celle-Saint-Cloud, 2003), romancier algérien d'expression française : *le Maître de chasse* (1973), *le Sommeil d'Ève* (1989).

**Dibaba Tirunesh** (Bekoji, 1985), athlète éthiopienne (course de fond).

**Dibango Manu** (Douala, 1933), saxophoniste et compositeur camerounais. Il associe le jazz au *soul makossa*, genre qu'il créa.

**dibranche** *nm* ZOOL Céphalopode possédant deux branchies. VAR **dibranchial, aux**

**dicaryon** *nm* BOT Cellule à deux noyaux chez les champignons supérieurs. ETY Du gr.

**dicastère** *nm* RELIG CATHOL Organisme de la curie romaine. ETY Du gr.

**dicentra** *nf* Plante ornementale (fumariacée) cultivée dans les jardins pour ses fleurs en forme de cœur. SYN cœur-de-Marie. ETY Du gr.

**dichogamie** *nf* BOT Fécondation croisée, mode de reproduction assurant le maintien des espèces hermaphrodites. PHO [dikɔgami] DER **dichogame** *a*

**dichotome** *a* BOT Qui se ramifie par dichotomie. *Tige dichotome.* ETY Du gr.

**dichotomie** *nf* **1** didac Opposition entre deux choses. *La dichotomie entre recherche fondamentale et recherche appliquée.* **2** BOT Mode de ramification par bifurcations successives, donnant deux ramifications de même taille. **3** Partage illicite d'honoraires entre professionnels du milieu médical. **4** LOG Division d'un genre en deux espèces qui en recouvrent l'extension. PHO [dikɔtɔmi]

**dichotomique** *a* **1** D'une dichotomie. **2** didac Se dit d'une classification qui procède par subdivisions binaires.

**dichroïsme** *nm* PHYS Propriété que possèdent certains corps de présenter une coloration différente selon la direction de l'observation. DER **dichroïque** *a*

**dicible** *a* litt Qui peut être exprimé. DER **dicibilité** *nf*

**Dick Philip Kindred** (Chicago, 1928 – Santa Ana, Californie, 1982), écrivain américain de science-fiction : *le Maître du Haut-Château* (1962), *Ubik* (1969), *Substance-Mort* (1977).

**Dickens Charles** (Landport, Portsmouth, 1812 – Gadshill, Rochester, 1870), écrivain anglais. Autodidacte, il se fit le défenseur des misérables. Son œuvre est réaliste, satirique,

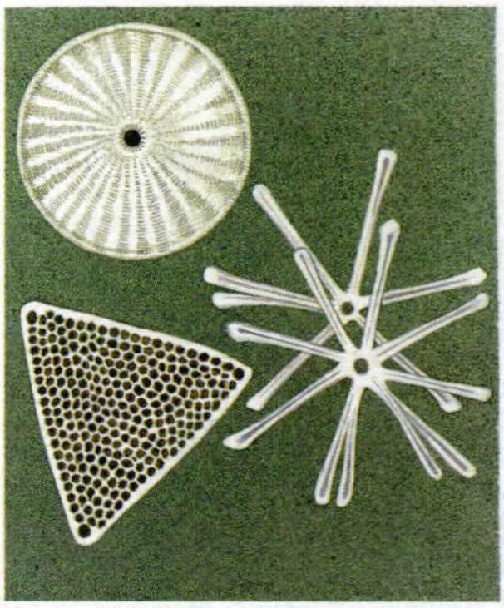

diatomées

psychologique, moralisante, humoristique (*les Aventures de M. Pickwick*, 1837). Romans : *Olivier Twist* (1838), *Nicolas Nickleby* (1839), *le Magasin d'antiquités* (1840), *Contes de Noël* (1843-1846), *David Copperfield* (1849), *les Temps difficiles* (1854), *les Grandes Espérances* (son chef-d'œuvre, 1861). DER **dickensien, enne** *a*

**Dickinson Emily** (Amherst, Massachusetts, 1830 – id., 1886), poétesse américaine. Elle a écrit, dans une retraite provinciale, des centaines de petits poèmes publiés après sa mort.

**dicline** *a* BOT Se dit d'une plante dont les fleurs ne sont pas toutes bisexuées.

**dico** *nm* fam Dictionnaire.

**dicotylédone** *a, nf* BOT Se dit d'une plante dont la graine renferme un embryon à deux cotylédons.

**dictame** *nm* **1** BOT Rutacée utilisée autrefois dans la préparation des vulnéraires. **2** fig, litt Adoucissement, consolation. ETY Du gr.

**dictateur** *nm* **1** ANTIQ ROM Magistrat extraordinaire investi pour une brève durée de pouvoirs illimités. **2** Homme politique qui exerce un pouvoir absolu, sans contrôle. ETY Du lat.

**Dictateur (le)** film de et avec Ch. Chaplin (1940) qui campe un Hitler cruel et ridicule.

**dictature** *nf* **1** ANTIQ ROM Pouvoir, dignité du dictateur ; temps pendant lequel s'exerce ce pouvoir. **2** Pouvoir, autorité absolus, sans contrôle. *La dictature de la mode.* **LOC** POLIT ***Dictature du prolétariat :*** chez Marx, première étape de l'évolution vers le socialisme, destinée à l'élimination définitive de la bourgeoisie. DER **dictatorial, ale, aux** *a*

**dictée** *nf* **1** Action de dicter. *Écrire sous la dictée. Elle agissait sous la dictée de son ressentiment.* **2** Exercice scolaire consistant à dicter à des écoliers un texte qu'ils doivent orthographier correctement ; ce texte dicté. *Dictée sans faute.*

**dicter** *vt* ① **1** Prononcer lentement, en articulant (des mots, des phrases, etc.) pour qu'une ou plusieurs personnes les écrivent, les prennent en note. *Dicter une lettre à son secrétaire.* **2** Suggérer, inspirer à qqn ce qu'il doit dire ou faire. *C'est la raison qui doit nous dicter nos actes.* **3** Imposer. *Le vainqueur dicte ses conditions.* ETY Du lat.

**diction** *nf* Manière d'articuler les mots d'un texte, d'un discours. SYN élocution, prononciation. ETY Du lat.

**dictionnaire** *nm* Ouvrage qui recense et décrit, dans un certain ordre, en général, alphabétique ou thématique, un ensemble particulier de mots. *Dictionnaire médical, étymologique.* **LOC** ***Dictionnaire bilingue :*** qui donne les équivalents des mots et expressions d'une langue dans une autre langue. — ***Dictionnaire de la langue*** ou ***dictionnaire de langue :*** qui décrit le sens, les valeurs, les emplois, etc. des mots d'une langue. — ***Dictionnaire encyclopédique :*** qui, outre les descriptions de mots, fournit des développements encyclopédiques consacrés aux objets désignés par les mots. ETY Du lat. *dictio,* « action de dire ».

**Dictionnaire philosophique** ouvrage de Voltaire (1764) comprenant 118 articles : *Du juste et de l'injuste*, *Tolérance*, etc.

**dictionnairique** *a, nf* **A** *a* Du dictionnaire. *La production dictionnairique.* **B** *nf* Pratique de la rédaction, de l'édition de dictionnaires.

**dicton** *nm* Phrase passée en proverbe. *Un dicton populaire.* SYN adage. ETY Du lat. *dictum,* « sentence ».

**dictyoptère** *nm* ENTOM Insecte des régions chaudes et tempérées dont l'ordre comprend les blattes et les mantes.

**dictyosome** *nm* BIOL Organite cellulaire formé d'une pile d'écailles aplaties (saccules), au nombre de 4 ou 5, qui élabore des polyholosides (sucres) et des protéines. SYN appareil de Golgi.

**didacthèque** *nf* Bibliothèque de didacticiels.

**didacticiel** *nm* INFORM Logiciel destiné à l'enseignement assisté par ordinateur.

**didacticien, enne** *n* **1** Spécialiste de didactique. **2** Psychanaliste qui conduit des analyses didactiques.

**didactique** *a, nf* **A** *a* **1** Propre à instruire, destiné à l'enseignement. *Traité didactique.* **2** Qui appartient au vocabulaire savant (par oppos. au vocabulaire de la langue courante). *Terme didactique. Langue didactique.* **3** PSYCHAN Se dit de l'analyse à laquelle doit se soumettre tout aspirant psychanaliste. **B** *nf* Théorie et technique de l'enseignement. ETY Du gr. DER **didactiquement** *av*

**didactisme** *nm* Caractère didactique de qqch.

**didactyle** *a* ZOOL Qui possède deux doigts. *L'autruche est didactyle.*

**didascalie** *nf* didac Indication scénique donnée par l'auteur, accompagnant le texte d'une œuvre théâtrale. ETY Du gr. *didaskalia,* « enseignement ».

**Didelot Charles Louis** (Stockholm, 1767 – Kiev, 1837), danseur et chorégraphe français. Il dirigea (1801-1811) le Théâtre-Impérial de Saint-Pétersbourg.

**Diderot Denis** (Langres, 1713 – Paris, 1784), écrivain et philosophe français. Déiste, puis matérialiste, Diderot a foi en le progrès. Il fut théoricien du théâtre, romancier, critique d'art, essayiste, dramaturge. De 1747 à 1772, il dirigea l'*Encyclopédie* dont il rédigea de nombr. articles. Il publia peu : *les Bijoux indiscrets* (roman licencieux, 1747), *Lettre sur les aveugles à l'usage de ceux qui voient* (1749), essai ; deux drames : *le Fils naturel* (1757), *le Père de famille* (1758). Œuvres posth. : ses *Salons* (1759-1781) qui créèrent la critique d'art ; ses trois princ. romans : *la Religieuse* (1796), *Jacques le Fataliste* (1796) et *le Neveu de Rameau* (trad. all. de Goethe, 1805, retraduite en fr. en 1821 ; édition d'après manuscrit original, 1891) ; le *Supplément au voyage de Bougainville* (1796) ; on publia en 1830, les *Lettres à Sophie Volland*, le *Paradoxe sur le comédien*, *le Rêve de d'Alembert*.

C. Dickens

D. Diderot

**Didier** (m. à Liège ou à Corbie apr. 774), dernier roi des Lombards, de 757 à 774 ; vaincu à Pavie et détrôné par Charlemagne.

**didjeridoo** *nm* Instrument à vent des aborigènes australiens, constitué d'un long tube de bois aux sonorités profondes. PHO [didʒeridu]

**Didon** reine légendaire de Tyr. Selon la tradition, elle s'enfuit après que son frère, Pygmalion, eut tué son mari, Sicharbas, et fonda Carthage. ▷ LITTER Dans l'*Énéide*, Virgile relate ses amours avec Énée, qui l'abandonna. VAR **Élissa**

**Didot** famille d'imprimeurs-libraires français. — **François Ambroise** (Paris, 1730 – id., 1804), créa le caractère *didot*. — **Pierre-François** (Paris, 1731 – id., 1793), frère du préc., créa la papeterie d'Essonnes. — **Pierre** (Paris, 1761 – id., 1853), fils aîné de François Ambroise, réalisa les éditions dites « du Louvre ». — **Firmin** (Paris, 1764 – Le Mesnil-sur-l'Estrée, Eure, 1836), frère du préc., fondit de nouveaux caractères. — **Ambroise Firmin** (Paris, 1790 – id., 1876), fils du préc., helléniste.

**Didymes** anc. ville d'Asie Mineure (Ionie). Le temple d'Apollon (IIIe-Ier s. av. J.-C), était l'un des plus grands du monde grec.

**Didymes** temple d'Apollon, chambre des prêtres et escalier

**Die** ch.-l. d'arr. de la Drôme, sur la Drôme ; 4 451 hab. Vin blanc champagnisé (*clairette de Die*). – Cath. romane. DER **diois, oise** *a, n*

**dièdre** *nm* **1** GEOM Figure formée par deux demi-plans issus de la même droite (arête). **2** AVIAT Valeur de l'angle formé par les deux ailes d'un avion, d'un planeur, égale à celle du complément de la moitié de cet angle, et nulle si les ailes sont dans un même plan. **LOC** ***Angle d'un dièdre, angle dièdre :*** intersection d'un dièdre et d'un plan perpendiculaire à l'arête. ETY Du gr.

**Diefenbaker John George** (Newstadt, Ontario, 1895 – Ottawa, 1979), homme politique canadien ; Premier ministre (conservateur) de 1957 à 1963.

**dieffenbachia** *nm* Plante d'appartement (aracée), à grandes feuilles marquées de blanc. PHO [difenbakja]

**diégèse** *nf* LITTER Trame chronologique des évènements d'un récit. DER **diégétique** *a*

**Diego Garcia** île britannique de l'océan Indien (archipel des Chagos), louée en 1974 aux É.-U. (base militaire). L'île Maurice la revendique.

**Diégo-Suarez** → **Antsiranana.**

**dieldrine** *nf* Insecticide chloré très stable, d'emploi règlementé.

**diélectrique** *a, nm* PHYS Se dit d'une substance qui s'oppose au passage du courant électrique.

**Diels Otto** (Hambourg, 1876 – Kiel, 1954), chimiste allemand. Son étude des doubles liaisons carbone-carbone (1928) fit progresser les synthèses organiques. Prix Nobel 1950.

**Diêm** → **Ngô Dinh Diêm.**

**Diên Biên Phu** site du N. du Viêt-nam, dans une petite plaine encaissée, près du Laos. – Encerclées par les forces vietnamiennes de Giap (13 mars-7 mai 1954), les troupes franç. du colonel de Castries capitulèrent. En juil., les accords de Genève furent conclus.

**diencéphale** *nm* ANAT Deuxième partie de l'encéphale formée du thalamus et de l'hypothalamus, située entre les deux hémisphères cérébraux et en avant du mésencéphale, creusée par le troisième ventricule et portant l'épiphyse et l'hypophyse.

**diène** *nm* CHIM Hydrocarbure dont la molécule contient deux doubles liaisons entre les atomes de carbone.

**Dientzenhofer Georg** (Aibling, 1643 – Waldsassen, 1689), architecte allemand actif en Bavière. — **Christoph** (Rosenheim, 1655 – Prague, 1722), fils du préc., actif en Bohême.

**Dieppe** ch.-l. d'arr. de la Seine-Maritime, sur la Manche ; 34 653 hab. Port de pêche, de voyageurs et de comm. Industries. Stat. baln. – Églises (XIII$^e$-XVI$^e$ s. et XVI$^e$-XVII$^e$ s.). Château (XIV$^e$-XVII$^e$ s.). DER **dieppois, oise** *a, n*

**diérèse** *nf* **1** PHON Division d'une diphtongue en deux syllabes. **2** CHIR Procédé utilisé pour diviser des tissus organiques dont la continuité pourrait être nuisible. ETY Du gr. *diairesis,* « séparation ».

**diergol** *nm* Syn. de *biergol.*

**Dierx** Léon (la Réunion, 1838 – Paris, 1912), poète français de l'école parnassienne.

**dièse** *nm* MUS Signe d'altération (♯) qui indique que le son de la note devant laquelle il est placé est élevé d'un demi-ton. *Un fa dièse.* ETY Du gr. *diesis,* « intervalle ».

**diésel** *nm* Moteur à combustion interne fonctionnant avec des combustibles lourds (gazole en partic.). ETY Du n. pr. VAR **diesel**

**Diesel** Rudolf (Paris, 1858 – en mer [Manche], 1913), ingénieur allemand ; inventeur du moteur qui porte son nom (1897).

**diéséliser** *vt* 1 Équiper de diésels. DER **diésélisation** *nf*

**diéséliste** *n* Spécialiste des diésels.

**diéser** *vt* 14 MUS Marquer d'un dièse.

**dies irae** *nm* **1** LITURG Hymne latin chanté (ou récité) à la messe des morts. **2** MUS Morceau composé sur le texte de cet hymne. PHO [djesiʀe] ETY Mots lat. « jour de colère ».

**Dies irae** → **Jour de colère.**

**Diest** ville de Belgique (Brabant flamand) ; 22 000 hab.– Égl. (XIV$^e$ s.), maisons anciennes.

**diester** *nm* Biocarburant élaboré principalement à partir d'huile de colza. ETY Nom déposé.

**1 diète** *nf* **1** MED Régime alimentaire prescrit dans un but thérapeutique. **2** Privation d'aliments solides imposée à un malade. *Se mettre à la diète.* ETY Du gr. *diaita,* « genre de vie ».

**2 diète** *nf* **1** HIST Assemblée politique où l'on règle les affaires publiques dans certains pays. **2** Assemblée de certains ordres religieux. ETY Du lat. *dieta,* « jour assigné ».

**Dieterlen** Germaine (Vallerauge, Gard, 1903 – Paris, 1999), ethnologue française, spécialiste de l'Afrique de l'Ouest.

**diététicien, enne** *n* Spécialiste de la diététique.

**diététique** *nf, a* **A** *nf* Branche de l'hygiène qui traite de l'alimentation. **B** *a* **1** Relatif à l'alimentation. **2** Se dit d'une alimentation saine, équilibrée, pauvre en calories. DER **diététiquement** *av*

**diététiste** *n* Canada Diététicien.

**diéthylénique** *a* CHIM Se dit d'un composé possédant deux fois la fonction carbure éthylénique.

**Dietrich** Philippe Frédéric, (baron de) (Strasbourg, 1748 – Paris, 1793), maire de Strasbourg, chez qui Rouget de Lisle chanta *la Marseillaise* (1792). Il fut guillotiné.

**Dietrich** Maria Magdalena von Losch, dite Marlène (Berlin, 1901 – Paris, 1992), actrice de cinéma et chanteuse américaine d'origine allemande ; révélée par *l'Ange bleu* de Sternberg (1930). Princ. films : *l'Impératrice rouge* (1934), *l'Ange des maudits* (1952).

**Marlène Dietrich** dans *l'Ange bleu* de Sternberg, 1930

**dieu** *nm* **A** **1** Dans les religions polythéistes, être surhumain adoré et supposé présider à certaines catégories de phénomènes. *Les dieux de l'Olympe. Mars, dieu de la Guerre.* **2** fig Personne que l'on juge extraordinaire. *Les dieux du stade.* **3** (Avec une majuscule et toujours au sing.) Dans les diverses religions monothéistes, l'Être suprême, créateur et conservateur de l'univers. *La crainte de Dieu.* **B** Emploi exclamatif. **1** Appuie une demande. *Pour l'amour de Dieu.* **2** Appuie ce qu'on affirme ou ce qu'on nie. *Dieu sait si nous avons souhaité ce moment !* **3** Exprime l'incertitude. *Il arrivera Dieu sait quand.* **4** Juron. *Nom de Dieu ! Mais bon Dieu ! faites donc attention !* LOC ***On lui donnerait le bon Dieu sans confession :*** se dit d'une personne d'apparence trompeusement innocente. — fam ***Promettre, jurer ses grands dieux :*** affirmer avec de grands serments.

ENC Dieu, puissance suprême, Être créateur de l'univers, est adoré dans les religions monothéistes : dans le judaïsme sous le nom de Yahvé (mais la Bible le nomme aussi Élohim), dans l'islam sous le nom d'Allah et dans le christianisme.

**Dieudonné** Jean (Lille, 1906 – Paris, 1992), mathématicien français, co-fondateur du groupe Nicolas Bourbaki.

**Dieuzaide** Jean (Grenade-sur-Garonne, 1921 – Toulouse, 2003), photographe français : portraits.

**Dieux du stade (les)** film allemand de Léni Riefenstahl, en 1938, sur les jeux Olympiques de Berlin (1936).

**Diez** Friedrich (Giessen, 1794 – Bonn, 1876), linguiste allemand : travaux sur la littérature provençale et sur les langues romanes.

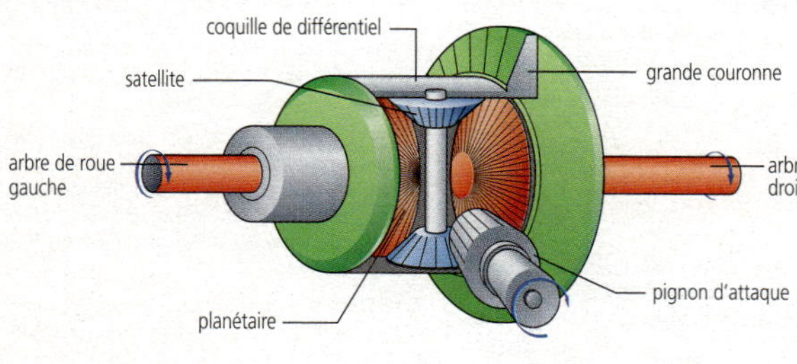


le pignon entraîne la grande couronne qui transmet le mouvement aux planétaires, donc aux arbres de roues, dont la différence de vitesse est permise par les satellites

**différentiel**

**diffa** *nf* Réception, accompagnée d'un festin, offerte aux hôtes de marque en Afrique du Nord. ETY Mot ar.

**diffamer** *vt* 1 Attaquer l'honneur, la réputation de. *Diffamer ses adversaires.* ETY Du lat. *fama,* « renommée ». DER **diffamant, ante** *a* – **diffamation** *nf* – **diffamatoire** *a* – **diffamateur, trice** *n, a* – **diffamé, ée** *n*

**Differdange** v. du Luxembourg, sur la Chiers ; 16 730 hab. Minerai de fer. Sidérurgie.

**différé, ée** *a, nm* **A** *a* Ajourné. *Paiement différé.* **B** *nm* AUDIOV Procédé consistant à enregistrer une émission et à la diffuser ultérieurement. ANT direct. LOC FIN ***Différé d'amortissement :*** période pendant laquelle le bénéficiaire d'un prêt n'a rien à rembourser.

**différemment** → **différent.**

**différence** *nf* **1** Ce qui distingue une chose, une personne d'une autre. *Différence d'âge.* **2** Excès d'une quantité sur une autre ; résultat de la soustraction. *La différence entre 30 et 20 est 10.* **3** FIN Solde d'une opération de Bourse dans un marché à terme. LOC MATH ***Différence de deux ensembles A et B :*** ensemble constitué par les éléments de A qui n'appartiennent pas à B. — ELECTR ***Différence de potentiel :*** tension. — ***Faire la différence :*** créer un écart entre plusieurs choses, plusieurs concurrents.

**différenciateur, trice** *a* Qui différencie. *Élément différenciateur.*

**différenciation** *nf* **1** Action de différencier ; fait de se différencier. *L'activité professionnelle est un facteur important de différenciation sociale.* **2** BIOL Acquisition (par les cellules d'un être vivant) de certains caractères selon leurs fonctions.

**différencié, ée** *a* **1** Qui résulte d'une différenciation. **2** Se dit du travail à temps partiel, du travail intérimaire, etc.

**différencier** *v* 2 **A** *vt* **1** Distinguer, marquer la différence entre. *Différencier ces deux nuances est difficile.* **2** MATH Syn. de *différentier.* **B** *vpr* **1** Se distinguer par un ou des caractères dissemblables. *Ces deux fleurs se différencient par leur parfum.* **2** BIOL Subir la différenciation. ETY Du lat.

**différend** *nm* Opposition, désaccord.

**différent, ente** *a* **A** *a* Dissemblable, distinct. *Ce mot a des sens différents.* **B** *a pl* (devant le nom.) Divers, plusieurs. *Différentes personnes m'ont confirmé l'histoire.* DER **différemment** *av*

**différentialisme** *nm* Attention portée aux différences entre les individus, les groupes. DER **différentialiste** *a, n*

**différentiation** *nf* MATH Calcul d'une différentielle.

**1 différentiel, elle** *a* **1** Qui constitue une différence. *Caractères différentiels.* **2** Se dit d'appareils servant à mesurer des différences. *Compteur différentiel.* **3** Qui est conditionné par des différences. *Une allocation différentielle selon les revenus.* LOC MATH ***Calcul différentiel :*** dont l'objet est l'étude des variations infinitésimales des fonctions. — ***Équation différentielle :*** qui lie une fonction à sa dérivée — COMM ***Tarif différentiel :*** qui diminue à mesure que le poids ou la distance augmente.

**2 différentiel** *nm* **1** TECH Organe permettant la transmission d'un mouvement de rotation à deux arbres qui peuvent tourner à des vitesses différentes. **2** Écart entre deux variables de même nature. *Différentiel de voix. Différentiel d'inflation.*

**différentielle** *nf* MATH Fonction linéaire qui fait correspondre à un nombre p le nombre q = df (p) = f′ (x).

**différentier** *vt* 2 MATH Calculer la différentielle d'une fonction. VAR **différencier**

**1 différer** *vi* 14 Être différent. *Il diffère de son frère par le caractère. Couleurs qui diffèrent.*

**2 différer** *vt* [14] Retarder, remettre à plus tard. *Différer son voyage.*

**difficile** *a, n* **1** Qui donne de la peine, des efforts ; qui cause des soucis. *Un chemin difficile. Une situation difficile.* **2** Exigeant, délicat. *Être très difficile pour la nourriture.* **LOC** ***Faire le (la) difficile*** : se montrer exigeant. [ETY] Du lat.

**difficilement** *av* Avec peine. *S'exprimer difficilement.*

**difficulté** *nf* **1** Caractère de ce qui est difficile. *Mesurer la difficulté d'une entreprise.* **ANT** facilité. **2** Chose difficile ; obstacle, empêchement. *Il a dû surmonter de grosses difficultés.* **3** Objection, contestation. *Faire des difficultés.* **LOC** ***En difficulté*** : dans une situation délicate. [ETY] Du lat.

**difficultueux, euse** *a* Qui présente de nombreuses difficultés. *Une entreprise difficultueuse.*

**diffluer** *vi* [1] Se répandre, s'épancher de divers côtés. [ETY] Du lat. *fluere,* « couler ». [DER] **diffluence** *nf* – **diffluent, ente** *a*

**difforme** *a* Qui n'a pas la forme qu'il devrait avoir ; disproportionné, mal bâti. *Un visage difforme.* [ETY] Du lat. [DER] **difformité** *nf*

**diffraction** *nf* PHYS Modification de la direction de propagation d'une onde au voisinage d'un obstacle et notam. quand elle traverse une ouverture. *Diffraction lumineuse, acoustique.* [ETY] Du lat. [DER] **diffracter** *vt* [1] – **diffractif, ive** *a*

**diffus, use** *a* **1** Répandu, renvoyé dans toutes les directions. *Lumière, chaleur diffuse.* **2** Imprécis et délayé, à propos d'un discours. *Exposé diffus.* **3** MED Qui n'est pas circonscrit. *Phlegmon diffus.* [ETY] Du lat. [DER] **diffusément** *av*

**diffusant, ante** *a* **1** Qui diffuse la lumière, la chaleur, un principe actif. **2** Qui génère de l'expansion économique, des emplois.

**diffuser** *v* [1] **A** *vt* [1] **1** Répandre dans toutes les directions. *Les corps mats diffusent la lumière.* **2** Transmettre sur les ondes. *La radio diffuse un concert.* **3** Répandre dans le public. *Les journaux ont diffusé la nouvelle.* **4** COMM Vendre ou distribuer gratuitement au public (journaux, livres, disques ou films). **B** *vi* [1] Se répandre de façon diffuse dans le milieu ambiant. *Maladie qui diffuse dans le monde animal.* [DER] **diffusable** ou **diffusible** *a*

**diffuseur** *nm* **1** TECH Appareil permettant d'effectuer la diffusion, la dialyse, la macération, la dissolution d'une substance dans une autre. **2** Appareil captant ou renvoyant une onde acoustique de façon irrégulière. **3** Appareil d'éclairage qui donne une lumière diffuse. **4** Échangeur routier répartissant la circulation entre plusieurs voies. **5** COMM Personne, société qui diffuse. *Un diffuseur de presse.*

**diffusiomètre** *nm* Instrument qui mesure la diffusion de la lumière.

**diffusion** *nf* **1** Action de diffuser. *La diffusion de la lumière, des connaissances.* **2** CHIM Transfert de matière tendant à égaliser le potentiel chimique des différents éléments d'un système. **3** Radiodiffusion. *La diffusion d'un concert en stéréophonie.* **4** Nombre d'exemplaires distribués d'une publication. **LOC** PHYS NUCL ***Séparation isotopique par diffusion gazeuse*** : procédé permettant d'enrichir l'uranium naturel en isotope 235, fondé sur le fait que la vitesse de diffusion d'un gaz (ici l'hexafluorure d'uranium $UF_6$) à travers un écran poreux est inversement proportionnelle à la racine carrée de sa masse molaire.

**digamma** *nm* Sixième lettre de l'alphabet grec archaïque, notant le son [w]. [ETY] Mot gr.

**digérer** *vt* [14] **1** Faire l'assimilation des aliments. *Il ne digère pas les œufs.* **2** fig Assimiler intellectuellement. *Digérer ses lectures.* **3** fig, fam Endurer, accepter sans rien dire. *Digérer un affront.* [ETY] Du lat. *digerere,* « distribuer ».

**digest** *nm* Résumé d'un livre, d'un article ; revue spécialisée dans la publication de tels résumés. [PHO] [diʒɛst] ou [dajdʒəst] [ETY] Mot amér.

**digeste** *a* Facile à digérer.

**digesteur** *nm* **1** TECH Appareil à l'intérieur duquel on effectue la méthanisation des boues résiduaires. **2** Syn. d'*autoclave.*

**digestible** *a* Qui peut être digéré. [DER] **digestibilité** *nf*

**digestif, ive** *a, nm* **A** *a* Qui concourt à la digestion. *Suc digestif.* **B** *nm* Liqueur, alcool que l'on boit à la fin du repas. **LOC** ANAT ***Appareil digestif*** : ensemble des organes dont la fonction est la digestion.

[ENC] Chez l'homme, l'appareil digestif comprend : le tube digestif, parcouru par le bol alimentaire (pharynx, œsophage, estomac, intestin grêle et gros intestin) ; les organes dont les actions métaboliques et les sécrétions jouent un rôle dans la digestion (foie, pancréas, voies biliaires). V. intestin.

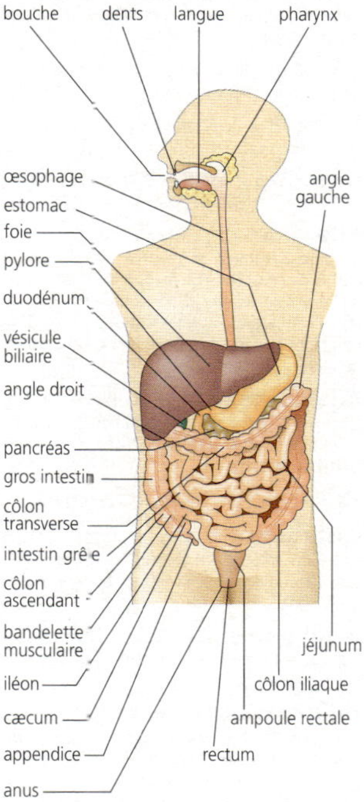


appareil **digestif**

**digestion** *nf* **1** Ensemble des processus physiologiques concourant à la transformation des aliments, permettant leur assimilation par l'organisme. **2** PHARM Macération à chaud d'une substance dans un dissolvant.

**digicode** *nm* Appareil électromécanique commandant l'ouverture d'une porte et qui fonctionne à l'aide d'un clavier sur lequel on compose un code d'accès.

**digit(o)-** Élément, du lat. *digitus,* « doigt ».

**digit** *nm* INFORM Symbole graphique représentant un caractère numérique dans un système de numération donné, servant à représenter des données et à transmettre des ordres. **LOC** ***Digit binaire*** : syn. de *bit.* [PHO] [diʒit] [ETY] Mot angl. « nombre ».

**1 digital, ale** *a* Des doigts. *Empreintes digitales.* **PLUR** digitaux.

**2 digital, ale** *a* INFORM Syn. (déconseillé) de *numérique.* **PLUR** digitaux. **LOC** ***Affichage digital*** : à variation discontinue, par quantités entières (par oppos. à *affichage analogique*).

**digitale** *nf* Scrofulariacée toxique dont les fleurs de diverses couleurs sont en forme de doigt de gant.

**digitale** pourpre

**digitaline** *nf* MED Produit extrait de la digitale pourpre et possédant une action tonicardiaque, très utilisé en thérapeutique.

**digitalique** *a, nm* Se dit de médicaments pour le cœur apparentés à la digitaline.

**digitaliser** *vt* [1] INFORM Syn. (déconseillé) de *numériser.*

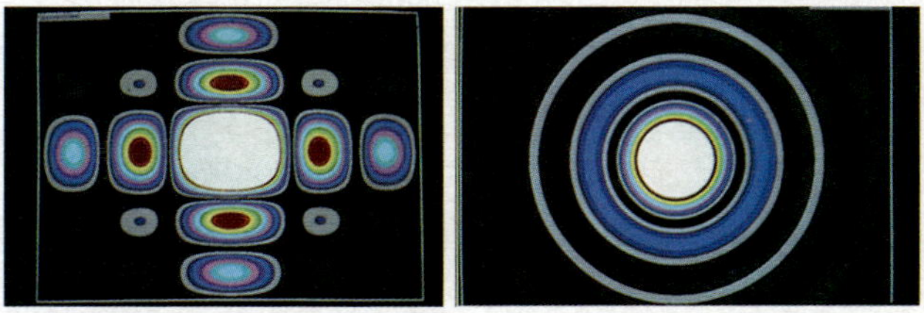

**diffraction** simulation des figures de diffraction obtenues en faisant passer un faisceau lumineux à travers une ouverture rectangulaire (à g.) ou circulaire (à dr.) ; une échelle conventionnelle de couleurs (noir... bleu... rouge... blanc) figure des intensités lumineuses croissantes

**digité, ée** *a* BOT Qui est divisé en forme de doigts. *Une feuille digitée.*

**digitiforme** *a* **didac** En forme de doigt.

**digitopuncture** *nf* Traitement par des applications des doigts sur des points d'acupuncture. [VAR] **digitoponcture**

**digitigrade** *a, nm* ZOOL Se dit des vertébrés terrestres dont les doigts constituent la surface d'appui sur le sol. *Le chien est un digitigrade* (par oppos. à *plantigrade*).

**diglossie** *nf* LING État d'un groupe humain ou d'une personne qui pratique deux langues de niveaux socioculturels différents. [ETY] Du gr.

**diglycéride** *nm* BIOL Glycéride dont deux fonctions alcool sont estérifiées par des acides gras et la troisième par de l'acide phosphorique, constituant lipidique majeur des membranes biologiques.

**digne** *a* **1** Qui a de la dignité, qui inspire le respect. *Un homme très digne.* **2** **vieilli** (devant le subst.) Qui mérite de l'estime. *Une digne mère de famille.* **3** Qui mérite qqch. *Personne digne de louanges. Attitude digne de mépris.* **4** Qui est conforme à, qui a les mêmes qualités que. *Réponse digne d'un sot. Fils digne de son père.* [ETY] Du lat. [DER] **dignement** *av*

**Digne-les-Bains** ch.-l. du dép. des Alpes-de-Hte-Provence, au pied des *Préalpes de Digne*; 17 400 hab. Marché de la lavande. Stat. thermale (eaux sulfureuses contre les rhumatismes). – Église (XIII^e^ s.), cath. (XV^e^ s.). Évêché. [DER] **dignois, oise** *a, n*

**dignitaire** *nm* Celui qui est pourvu d'une fonction éminente. *Dignitaire de l'Église.*

**dignité** *nf* **1** Respect que mérite qqch ou qqn. **2** Respect de soi-même. *Il manque de dignité. Avoir sa dignité.* **3** Allure grave et fière qui évoque ce respect de soi. *Des manières empreintes de dignité.* **4** Fonction éminente; haute distinction. *Accéder à la plus haute dignité de l'État.*

**Digoin** ch.-l. de canton de Saône-et-Loire (arr. de Charolles), sur la Loire; 8 400 hab. [DER] **digoinais, aise** *a, n*

**digramme** *nm* LING Groupe de deux lettres représentant un seul phonème. *« Eu » dans « euphorie » est un digramme.*

**digresser** *vi* [1] Faire une digression.

**digression** *nf* **1** Développement qui s'écarte du sujet traité. *Assez de digressions, allons au fait!* **2** ASTRO Éloignement apparent d'une planète par rapport au Soleil. [ETY] Du lat.

**digue** *nf* **1** Construction servant à contenir les eaux marines ou fluviales. **2** **fig** Ce qui retient. *Les digues rigides des conventions.* [ETY] Du moyen néerl.

**diholoside** *nm* BIOCHIM Glucide formé par la liaison de deux oses, tel que le saccharose et le lactose.

**Dijon** ch.-l. du dép. de la Côte-d'Or et de la Rég. Bourgogne-Franche-Comté, sur l'Ouche et le canal de Bourgogne; 157 200 hab.; 250 000 dans l'aggl. Centre ferroviaire. Marché à bestiaux. Presse. Industr. alim. (moutarde, pain d'épice, etc.) et de pointe. – Évêché. Université. Musées. Palais des ducs de Bourgogne rebâti au XVII^e^ s. Palais de justice (XV^e^-XVI^e^ s.). Cath. (XIII^e^-XIV^e^ s.), égl. goth. (XIII^e^ s.). [DER] **dijonnais, aise** *a, n*

**diktat** *nm* **1** **péjor** Convention diplomatique, clause d'un traité imposée par la force. **2** **fig** Ce qui est imposé, dicté. *Les diktats de la nature.* [PHO] [diktat] [ETY] Mot all., « chose dictée ». [VAR] **dictat**

**dilacérer** *vt* [14] **didac** Déchirer, mettre en pièces. [ETY] Du lat. [DER] **dilacération** *nf*

**dilapider** *vt* [1] **1** Ruiner par des dépenses excessives et désordonnées. *Dilapider sa fortune.* **2** **fig** Gâcher, gaspiller. *Dilapider ses heures de loisir.* [ETY] Du lat. [DER] **dilapidateur, trice** *a, n* – **dilapidation** *nf*

**dilatateur, trice** *a, nm* **A** *a* Qui sert à dilater. **B** *nm* CHIR Instrument qui sert à agrandir une ouverture, à la tenir béante.

**dilatation** *nf* **1** Action de dilater ou de se dilater. **2** MED Augmentation thérapeutique ou pathologique du calibre d'un canal ou d'une cavité. **3** PHYS Augmentation du volume d'un corps sous l'effet de la chaleur, sans altération de la nature de ce corps.

**dilater** *v* [1] **A** *vt* **1** Augmenter le volume, la dimension de. *La chaleur dilate les corps.* **2** **fig** Épanouir. *La joie dilate le cœur.* **B** *vpr* S'élargir, augmenter de volume. [ETY] Du lat. *latus*, « large ». [DER] **dilatable** *a* – **dilatabilité** *nf*

**dilatoire** *a* **1** Qui procure un délai, vise à gagner du temps. *Moyen dilatoire. Réponse dilatoire.* **2** DR Qui tend à retarder, à prolonger un procès. *Exception dilatoire.*

**dilatomètre** *nm* Appareil destiné à mesurer les variations de volume.

**Dilbeek** v. de Belgique (Brabant flamand); 41 400 hab. Égl. XIII^e^-XV^e^ s.

**dilection** *nf* RELIG Amour et tendresse spirituels. *La dilection du prochain.*

**dilemme** *nm* **1** Situation qui donne à choisir impérativement entre deux partis, chacun entraînant des conséquences graves. *Se trouver confronté à un dilemme.* **2** LOG Raisonnement présentant en majeure une alternative dont les différents termes conduisent à la même conclusion. [ETY] Du gr.

**dilettante** *n* Personne qui exerce une activité pour le plaisir et sans s'y appliquer vraiment. *Faire de la peinture en dilettante.* [ETY] Mot ital. [DER] **dilettantisme** *nm*

**Dili** cap. du Timor-Oriental; 228 000 hab.

**1 diligence** *nf* **1** **litt** Rapidité, efficacité dans l'exécution d'une tâche. **2** DR Requête. *À la diligence de Monsieur le Procureur.* **LOC** ***Faire diligence:*** se hâter. [ETY] Du lat.

**2 diligence** *nf* **anc** Voiture à chevaux couverte servant au transport des voyageurs. [ETY] De *carrosse de diligence*.

**diligent, ente** *a* **litt** **1** Qui apporte du soin et de l'empressement à ce qu'il fait. *Être diligent dans son travail.* **2** Qui se hâte. *Aller d'un pas diligent.* [DER] **diligemment** *av*

**diligenter** *vt* [1] ADMIN, DR Mener avec diligence, avec soin. *Diligenter une affaire.*

**Dillon John** (Blackrock, près de Dublin, 1851 – Londres, 1927), homme politique irlandais. Chef du Parti national irlandais en 1918, il fut débordé par le Sinn Féin.

**Dilthey Wilhelm** (Biebrich, Rhénanie, 1833 – Seis, Tyrol, 1911), philosophe allemand qui contribua à l'essor des sciences humaines.

**diluer** *vt* [1] **1** Délayer dans un liquide. *Diluer un peu de peinture dans de l'essence.* **2** Ajouter du solvant à une solution. **3** **fig** Affaiblir, atténuer.

**Dijon**

[ETY] Du lat. *diluare*, « délaver, tremper ». [DER] **diluant, ante** *a, nm* – **dilution** *nf*

**dilutif, ive** *a* FIN Se dit d'une opération boursière qui diminue le bénéfice par action.

**diluvien, enne** *a* Qui a rapport au déluge. *Les eaux diluviennes.* **LOC** ***Des pluies diluviennes:*** très abondantes. [ETY] Du lat.

**diluvium** *nm* GEOL Terrain formé au quaternaire par des alluvions fluviales. [PHO] [dilyvjɔm] [ETY] Mot lat. « inondation ».

**dimanche** *nm* Dans le monde chrétien, septième jour de la semaine, qui suit le samedi, traditionnellement chômé et consacré à Dieu et au repos. *Nous rentrerons dimanche. Habits du dimanche.* **LOC** **fam, péjor** ***Du dimanche:*** amateur ou inexpérimenté. *Un peintre du dimanche.* [ETY] Du lat. ecclés. *dies dominicus*, « jour du seigneur ».

**dîme** *nf* HIST Prélèvement sur les récoltes au profit de l'Église. *Payer la dîme. Abolition des dîmes en 1789.* [ETY] Du lat. *decimus*, « dixième ». [VAR] **dime**

**dimension** *nf* **1** Étendue considérée comme susceptible de mesure: longueur, largeur, hauteur. **2** Grandeur mesurée par rapport aux unités d'un système défini. *Prendre les dimensions d'une pièce.* **3** **fig** Grandeur évaluée selon des critères variables d'importance. *La dimension internationale d'un événement.* **LOC** ***La quatrième dimension:*** le temps, dans la théorie de la relativité. [ETY] Du lat. *metiri*, « mesurer ». [DER] **dimensionnel, elle** *a*

**dimensionner** *vt* [1] Fixer les dimensions de qqch. *Appareil bien dimensionné.* [DER] **dimensionnement** *nm*

**dimère** *nm* CHIM Composé résultant de la combinaison (*dimérisation*) de deux molécules semblables. *$N_2O_4$ est le dimère de $NO_2$.*

**diminué, ée** *a* Affaibli au physique ou au moral. *Il est très diminué depuis son accident.*

**diminuendo** *av* MUS En affaiblissant progressivement l'intensité du son. [ETY] Mot ital.

**diminuer** *v* [1] **A** *vt* **1** Rendre moindre une grandeur, une quantité. *Diminuer la longueur d'une planche. Diminuer les impôts.* **2** Réduire le nombre de mailles d'un tricot. **3** Rendre moins fort, modérer. *Son observation diminua mon enthousiasme.* **4** Déprécier, dénigrer qqn. *Diminuer ses ennemis.* **B** *vi* **1** Devenir moindre. *Les provisions ont diminué.* **2** Faiblir. *Son ardeur diminue.* **3** S'affaiblir physiquement ou moralement. *Il a bien diminué.* [ETY] Du lat. *diminuere*, « mettre en morceaux ».

**diminutif, ive** *a, nm* LING Qui affaiblit le sens d'un mot ou lui ajoute l'idée de petitesse. *Les suffixes diminutifs dans « gentillet » et « fillette ». « Jeannot » est le diminutif de « Jean ».*

**diminution** *nf* **1** Action de diminuer. *Une diminution de prix.* **2** Réduction, à certains rangs, du nombre de mailles d'un tricot par rapport aux rangs précédents; point de tricot employé pour faire des diminutions.

**Dimitrov Georgi** (Radomir, 1882 – Moscou, 1949), homme politique bulgare. Dirigeant du parti communiste bulgare, il dut s'exiler en 1923. En Allemagne, il fut accusé, à tort, de l'incendie du Reichstag (1933). Expulsé vers l'URSS (1935-1943), il fut président du Conseil bulgare de 1946 à sa mort.

**Dimitrovo** → **Pernik.**

**dimorphe** *a* **1** **didac** Qui peut prendre deux formes différentes. **2** CHIM Qui peut cristalliser dans deux systèmes différents.

**dimorphisme** *nm* **didac** Caractère de ce qui est dimorphe. **LOC** ***Dimorphisme sexuel:*** propriété, pour une espèce animale, de présenter d'un sexe à l'autre des caractères morphologiques différents non directement liés à la reproduction (pelage, plumage, etc.).

**dim sum** *nm* Petit pâté chinois cuit à la vapeur. [PHO] [dimsœm] [ETY] Mot chin.

**Dinan** ch.-l. d'arr. des Côtes-d'Armor, sur la Rance ; 10 907 hab. – Remparts (XIIIe-XIVe s.). Chât. de la duchesse Anne (XIVe-XVe s.). DER **dinannais, aise** *a, n*

**dinanderie** *nf* **1** Fabrication artistique d'objets en cuivre jaune ; ces objets. **2** Production d'objets par martelage de feuilles de métal. ETY De Dinant. DER **dinandier, ère** *n*

**Dinant** com. de Belgique (Namur), sur la Meuse ; 12 110 hab. Objets en cuivre et en laiton coulé (*dinanderies*). – Collégiale XIIe-XIVe s. Citadelle XVIIe s. DER **dinantien, enne** *a, n*

**dinar** *nm* Unité monétaire d'Algérie, d'Irak, de Jordanie, de Tunisie, du Soudan, etc. ETY Mot ar.

**Dinard** ch.-l. de cant. d'Ille-et-Vilaine (arr. de Saint-Malo), sur l'estuaire de la Rance ; 10 430 hab. DER **dinardais, aise** *a, n*

**Dinariques (Alpes** ou **chaînes)** chaînes des Balkans (alt. max. 2 522 m), entre les Alpes slovènes au N. et le Rhodope au S.

**dînatoire** *a* Qui tient lieu de dîner. *Déjeuner dînatoire.* VAR **dinatoire**

**dinde** *nf* **1** Femelle du dindon. **2** fig Femme stupide. ETY De *poule d'Inde*, anc. n. de la pintade.

**dindon** *nm* **1** Gros oiseau de basse-cour (galliforme), originaire d'Amérique du Nord, dont la tête est pourvue de caroncules érectiles rouges, et dont la queue peut se déployer en éventail. *Dindon qui fait la roue.* **2** Mâle de la dinde. **3** fig Homme balourd, peu intelligent. LOC ***Être le dindon de la farce*** : être la victime, la dupe, d'une plaisanterie.

**dindon**

**dindonneau** *nm* Petit de la dinde.

**Dine** Jim (Cincinnati, 1935), artiste américain, représentant du pop'art et pionnier du happening.

**1 dîner** *vi* ① **1** Prendre le repas du soir. *Être invité à dîner.* **2** vx ou rég Prendre le repas de midi. LOC Prov. ***Qui dort dîne*** : le sommeil tient lieu de nourriture. ETY Du lat. pop. *disjunare*, « rompre le jeûne ». VAR **diner**

**2 dîner** *nm* **1** Repas du soir. *Préparer le dîner. Dîner d'affaires.* **2** Mets composant ce repas. *Le dîner est servi.* **3** vx rég Repas de midi. VAR **diner**

**dînette** *nf* **1** Simulacre de repas que font les enfants. *Jouer à la dînette.* **2** Petit repas intime. **3** Service de table miniature dont les enfants se servent pour jouer. *Dînette de poupée.* VAR **dinette**

**dîneur, euse** *n* Convive à un dîner. VAR **dineur, euse**

**Dingaan** (m. en 1838), chef zoulou. En 1838, il vainquit les Boers, qui l'écrasèrent ensuite à Blood River.

**dinghy** *nm* Embarcation de sauvetage pneumatique. PLUR dinghys ou dinghies. PHO [diŋgi] ETY Mot angl. de l'hindi.

**1 dingo** *nm* Chien d'Australie (0,50 à 0,60 m au garrot), p.-ê. domestiqué, puis retourné à la vie sauvage, et qui, comme le loup, chasse en meute. ETY Mot angl., d'un parler australien.

**2 dingo** *a, n inv en genre* fam Fou, cinglé. ETY De *dingue*.

**dingue** *a, n* fam **A** Fou. *Il est dingue, ce type !* **B** *a* Marqué de quelque manière par la démesure, l'excès, l'extravagance, etc. *Une ambiance dingue !*

**dinguer** *vi* ① fam Tomber. LOC fam ***Envoyer dinguer*** : repousser vivement ; fig éconduire brutalement.

**dinguerie** *nf* fam Comportement de dingue, action dingue.

**Dinkas** population nilotique du S. du Soudan ; 3 millions de personnes. DER **dinka** *a*

**dinoflagellé** *nm* Algue unicellulaire flagellée dont le groupe renferme la noctiluque, le dinophysis. SYN péridinien. VAR **dinophycée** *nf*

**dinophysis** *nm* Algue microscopique toxique dont la présence dans les huîtres et les moules en rend la consommation dangereuse.

**dinornis** *nm* PALEONT Oiseau ratite fossile du pléistocène de Nouvelle-Zélande, éteint il y a plusieurs siècles. SYN moa.

**dinosaure** *nm* **1** PALEONT Reptile du secondaire (avipelviens et sauripelviens), dont l'extinction a fait l'objet de diverses interprétations. SYN dinosaurien. **2** fig, fam Personne, institution importante, mais dépassée. ETY Du gr. *deinos*, « terrible ».

**dinosaurien** *nm* Syn. de *dinosaure*.

**dinothérium** *nm* PALEONT Proboscidien du miocène et du pléistocène de l'Ancien Monde (5 m env. au garrot, mandibule munie de deux défenses dirigées vers le sol et courbées vers l'arrière). PHO [dinɔteʀjɔm]

**diocésain, aine** *a, n* **A** *a* Qui a rapport au diocèse ; qui en fait partie. **B** *n* Fidèle appartenant à un diocèse.

**diocèse** *nm* **1** Église particulière placée sous la juridiction d'un évêque. **2** Circonscription territoriale correspondant à cette église. **3** ANTIQ Circonscription administrative de l'Empire romain. ETY Du gr. *diokêsis*, « administration ».

**Dioclétien** (en lat. *Caius Aurelius Valerius Diocles Diocletianus*) (près de Salone, auj. Split, 245 – id., 313), empereur romain (284-305). Il confia l'Occident à Maximien puis organisa la *tétrarchie* : deux augustes (Dioclétien et Maximien) et deux césars (Galère et Constance Chlore), subordonnés aux premiers, Dioclétien conservant la supériorité. L'ordre fut maintenu, les envahisseurs repoussés, les frontières consolidées, ainsi que les finances ; les chrétiens furent persécutés à partir de 303. En 305, Dioclétien et Maximien abdiquèrent ; les césars leur succédèrent. ▶ illustr. p. 477

**diode** *nf* ELECTRON **1** Composant à deux électrodes et qui redresse le courant alternatif. **2** Dispositif luminescent utilisé pour la signalisation, l'affichage des données.

**diodon** *nm* Poisson des mers tropicales au corps couvert de piquants qui se hérissent quand il se remplit d'eau en cas d'attaque.

**Diodore de Sicile** (Agyrion, auj. Agirone, Sicile, v. 90 – v. 20 av. J.-C.), historien grec. Sa *Bibliothèque historique* est une histoire universelle dont 15 livres (sur 40) nous sont parvenus.

**Diogène le Cynique** (Sinope, v. 413 – 327 av. J.-C.), philosophe grec ; le plus célèbre représentant de l'école cynique. Selon la légende, il vivait dans un tonneau et commit de nombreuses excentricités.

**Diogène Laërce** (Laërte, Cilicie, v. le déb. du IIIe s.), historien grec, auteur de *Vies, doctrines et sentences des philosophes illustres*. VAR **Diogène de Laërte**

**dioïque** *a* BOT Se dit d'une plante (chanvre, houblon, etc.) chez laquelle les fleurs mâles et les fleurs femelles se trouvent sur des pieds séparés. ANT monoïque. ETY De di-, et du gr. *oikia*, « maison ».

**Diois** massif des Préalpes du S., drainé par la Drôme (alt. max. 2 045 m).

**Diolas** population de Gambie et du sud du Sénégal (Casamance). Ils parlent une langue nigéro-congolaise du groupe ouest-atlantique. DER **diola** *a*

**Diomède** dans la myth. gr., roi de Thrace qui nourrissait ses chevaux de chair humaine ; Héraclès le fit dévorer par eux.

**Diomède** roi d'Argos, héros de la guerre de Troie.

**Dion Albert (marquis de)** (Carquefou, près de Nantes, 1856 – Paris, 1946), industriel français ; pionnier de l'automobile, il fonda l'Automobile-Club de France (1895).

**Dion Céline** (Charlemagne, Québec, 1968), chanteuse de variétés canadienne, en français et en anglais.

**Dion Cassius** (Nicée, v. 155 – id., v. 235), auteur grec d'une *Histoire de Rome*.

**dinosaures :** stégosaure, tyrannosaure et hadrosaure

**Dion Chrysostome** (Prousa, 30 – Rome, 117), philosophe grec de l'école stoïcienne.

**dionée** *nf* BOT Plante carnivore (droséracée) d'Amérique du Nord. SYN attrape-mouche.

**dionée** les feuilles servent à la capture des insectes

**dionysiaque** *a* Terme employé par Nietzsche pour exprimer l'ivresse extatique, l'enthousiasme et l'inspiration que rien ne bride (par oppos. à *apollinien*).

**dionysien** → **Dionysos, Saint-Denis.**

**dionysies** *nf pl* ANTIQ GR Fêtes en l'honneur de Dionysos.

**Dionysos** dans la myth. gr., fils de Zeus et de la mortelle Sémélé. Identifié avec Bacchus dans la myth. romaine, il est bon vivant (dieu de la Vigne), gai, mais cruel. Son culte, qui est aussi celui de l'art et de la poésie, a donné naissance au théâtre grec. DER **dionysiaque** ou **dionysien, enne** *a*

**Dionysos** mosaïque d'Herculanum – Musée archéologique, Naples

**Diop** Birago (Dakar, 1906 – id., 1989), écrivain sénégalais : *Contes et Nouveaux Contes d'Amadou Koumba* (1947 et 1958), *Leurres et Lueurs* (poèmes, 1960), *Mémoires* (1978-1985).

**Diop** Cheikh Anta (Diourbel, 1923 – Dakar, 1986), homme politique, historien et essayiste sénégalais d'expression française : *Nations nègres et Culture* (1954), *l'Afrique noire précoloniale* (1960), *Civilisation ou barbarie* (1981).

**Diophante** (v. 325 – v. 410), mathématicien grec de l'école d'Alexandrie. Son nom est attaché aux équations du premier degré.

**dioptre** *nm* OPT Système formé de deux milieux inégalement réfringents, séparés par une surface plane, sphérique, etc. ETY Du gr. *diorân*, « voir à travers ».

**dioptrie** *nf* OPT Unité de vergence des systèmes optiques (symbole δ) équivalant à la vergence d'une lentille ayant 1 m de distance focale dans un milieu dont l'indice de réfraction est 1.

**dioptrique** *nf, a* **A** *nf* PHYS Partie de la physique qui étudie la réfraction de la lumière. **B** *a* Qui a rapport à la dioptrique.

**Dior** Christian (Granville, 1905 – Montecatini, Italie, 1957), couturier français. En 1947, il lança, à Paris, *le new look*.

**diorama** *nm* Tableau panoramique qui, par certains jeux de la lumière, donne l'illusion du réel en mouvement. ETY D'apr. *(pano)rama*, préf. gr. *dia*, « à travers ».

**Diori** Hamani (Soudouré, 1916 – Rabat, 1989), premier président de la république du Niger (1960), renversé en 1974.

**diorite** *nf* Roche éruptive grenue, généralement assez sombre, surtout constituée de plagioclases. ETY Du gr. *dioritzein*, « distinguer ».

**dioscoréacée** *nf* Plante monocotylédone proche des amaryllidacées, fréquemment dioïque et à tiges volubiles, telle que l'igname. ETY D'un n. pr.

**Dioscures** dans la myth. gr., nom donné à Castor et Pollux, fils de Zeus et de Léda.

**Diouf** Abdou (Louga, 1935), homme politique sénégalais. Premier ministre de 1970 à 1981, il succéda en 1981 à L. S. Senghor (qui l'avait désigné) comme président de la Rép. et fut constamment réélu jusqu'à sa défaite devant A. Wade en 2000. Secr. gén. de l'Organisation internationale de la francophonie de 2002 à 2014.

**dioula** *nm* **1** Langue du groupe mandé qui sert de langue de relation en Afrique de l'Ouest. **2** Afrique Commerçant, marchand, colporteur. ETY Du n. pr.

**Dioulas** population du Mali et de la Côte d'Ivoire. Ils parlent le dioula. DER **dioula** *a*

**dioxine** *nf* CHIM Appellation courante du tétrachloro-dibenzo-paradioxine, produit très toxique (lésions cutanées).

**dioxyde** *nm* CHIM Oxyde contenant deux atomes d'oxygène. SYN bioxyde. LOC ***Dioxyde de carbone*** : gaz carbonique. ABREV $CO_2$.

**dioxygène** *nm* Oxygène gazeux ($O_2$).

**dipétale** *a* Qui a deux pétales.

**diphasé, ée** *a* ELECTR Se dit d'un courant qui présente deux phases.

**diphonème** *nm* Suite de deux phonèmes.

**diphtérie** *nf* Maladie infectieuse due au bacille de Klebs-Lœffler, contagieuse, à déclaration obligatoire. ETY Du gr. *diphtera*, « membrane ». DER **diphtérique** *a, n*

ENC La diphtérie est caractérisée par la production de pseudomembranes au niveau du pharynx et du larynx, parfois responsables d'une asphyxie *(croup)* ; elle se manifeste aussi par des signes toxiques : paralysies, myocardite, néphrite. L'évolution peut être mortelle. La vaccination est très efficace.

**diphtongue** *nf* PHON Voyelle unique dont le timbre se modifie en cours d'émission. LOC ***Fausse diphtongue*** : en français, groupe de deux sons dans lequel une semi-consonne est le premier élément *(pied, lui)*. ETY Du gr. *diphtongos*, « double son ».

**diphtonguer** *vt* ① PHON Transformer en diphtongue. DER **diphtongaison** *nf*

**dipl(o)-** Élément, du gr. *diploos*, « double ».

**diploblastique** *a* ZOOL Qualifie les animaux inférieurs dont l'embryon ne comporte que deux feuillets.

**diplocoque** *nm* MICROB Genre de bactérie formée d'éléments groupés par paires.

**diplodocus** *nm* PALEONT Dinosaure herbivore des terrains marécageux du jurassique des montagnes Rocheuses, atteignant parfois 32 m de long. PHO [diplɔdɔkys] ETY Du gr. *dokos*, « poutre », à cause des os doubles de sa queue.

**diploïde** *a* BIOL Se dit d'un être vivant dont les cellules contiennent une paire de chaque chromosome typique de l'espèce, soit un nombre total pair, noté 2*n*. *L'homme a 23 paires de chromosomes, soit* 2n = 46. ANT haploïde.

**diplômant, ante** *a* Se dit d'un stage en entreprise ouvrant l'accès à un diplôme.

**diplomate** *n, a* **A** *n* Personne chargée par un gouvernement d'une fonction de négociation avec un État étranger. *Les ambassadeurs sont des diplomates.* **B** *nm* Gâteau fait de biscuits à la cuiller, de crème et de fruits confits. **C** *a* Qui est habile à négocier.

**diplomatie** *nf* **1** Ce qui concerne les relations entre les États, l'art des négociations entre gouvernements. **2** Politique diplomatique. *Critiquer la diplomatie d'un pays.* **3** Carrière diplomatique. *Entrer dans la diplomatie.* **4** Ensemble des diplomates. **5** Tact et habileté. *Faire preuve de diplomatie.* PHO [diplɔmasi]

**diplomatique** *a, nf* **A** *a* **1** Qui a rapport à la diplomatie. *Être chargé d'une mission diplomatique.* **2** Qui a rapport au tact et à l'habileté dans les relations ou négociations privées. **B** *nf* didac Science qui étudie les diplômes, les chartes, les documents anciens et examine leur authenticité. ETY Du lat. scientif. *diplomaticus*, « relatif aux documents officiels ». DER **diplomatiquement** *av*

**diplôme** *nm* **1** Titre ou grade, généralement délivré par un établissement d'enseignement à la fin d'un cycle d'études. *Diplôme de bachelier. Diplôme de l'École des hautes études commerciales.* **2** Examen nécessaire à l'obtention d'un diplôme. *Passer un diplôme.* **3** Certificat écrit attestant l'obtention d'un diplôme. *Photocopie d'un diplôme.* **4** HIST Acte officiel accordant à qqn un droit, un privilège. ETY Du gr. *diploma*, « plié en deux ».

**diplômé, ée** *a, n* Qui a obtenu un diplôme. *Infirmière diplômée. Un diplômé de l'École des chartes.*

**diplômer** *vt* ① Délivrer un diplôme à.

**diplopie** *nf* MED Trouble de la vue dans lequel les objets paraissent doubles.

**dipneuste** *nm* ICHTYOL Poisson ostéichthyen d'eau douce possédant des branchies et des poumons, vivant dans des mares d'Afrique, d'Amérique du S. et d'Australie, et utilisant l'oxygène de l'air pour survivre.

**dipôle** *nm* **1** PHYS Ensemble de deux charges électriques ou magnétiques infiniment voisines et de signes opposés. **2** TECH Dispositif électrique à deux bornes. **3** fig Structure à deux pôles. *Un dipôle universitaire.* DER **dipolaire** *a*

**Dippel** Johann Konrad (chât. de Frankenstein, près de Darmstadt, 1673 – Berleburg, 1734), médecin et alchimiste allemand. Il découvrit notam. le bleu de Prusse.

**dipneuste** proptère

**dipsacacée** *nf* Plante herbacée dicotylédone gamopétale inférovariée des régions tempérées, dont les fleurs sont groupées en capitules (ex. : la scabieuse). VAR **dipsacée**

**dipsomanie** *nf* MED Impulsion pathologique à boire, par crises périodiques, de grandes quantités de liquides alcooliques. ETY Du gr. *dipsa*, « soif ».

**1 diptère** *a* ARCHI Se dit d'un édifice entouré d'un portique à double rangée de colonnes.

**2 diptère** *nm* ENTOM Insecte dont l'ordre comprend les mouches, les taons, les moustiques. ETY Du gr. *dipteros*, « à deux ailes ».

**diptyque** *nm* **1** ANTIQ Tablette double enduite de cire, sur laquelle on écrit au style. **2** Bx-A Tableau formé de deux panneaux rabattables l'un sur l'autre. **3** fig Œuvre littéraire ou artistique en deux parties. ETY Du gr.

**Dirac** Paul (Bristol, 1902 – Tallahassee, Floride, 1984), physicien anglais. Il élabora notam. la théorie quantique relativiste. P. Nobel 1933.

Dioclétien

Paul Dirac

**dircab** *n* fam Directeur de cabinet d'un homme politique.

**dircom** *n* Dans une grande entreprise, directeur de la communication, responsable de l'image de l'entreprise dans le public.

**1 dire** *v* 65 **A** *vt* **1** Faire entendre au moyen de la parole, énoncer. *Dites trente-trois !* **2** Exprimer par la parole, par des signes. *Dire ce qu'on voit. À dire vrai. Elle dit être pressée ou qu'elle est pressée. Un silence qui en dit long.* **3** (à l'impératif) Pour appeler l'attention de l'interlocuteur. *Dites-moi, cher ami...* **4** fam (à l'impératif) Pour insister sur une question. *Tu viendras, dis ?* **5** Exprimer un avis, un jugement. *Dire du mal de qqn. Je n'ai rien fait pour l'éviter... C'est vous qui le dites !* **6** (+ que) Introduit une phrase exprimant le regret, la tristesse, l'étonnement. *Dire qu'il était si mignon quand il était petit !* **7** Raconter. *Je vais vous en dire une bien bonne. Cet endroit, dit-on, est dangereux.* **8** Réciter, lire, débiter. *Dire des vers. Dire sa leçon. Dire la messe.* **9** Exprimer selon la règle ou l'usage de la langue. *Comment dit-on cela en anglais ?* **10** Exprimer sa volonté, son intention, commander ; recommander. *Qui vous a dit de partir ? Ne pas se le faire dire deux fois. Tenez-vous-le pour dit.* **11** Exprimer une critique, une objection. *Il n'y a rien à dire, c'est parfait. Qu'avez-vous à dire à cela ? Qui ne dit mot consent.* **12** Exprimer, énoncer par écrit. *L'auteur le dit dans son ouvrage. Que dit le Code civil sur ce point ?* **13** Révéler, indiquer. *Son sourire disait toute sa joie. Que dit le baromètre ? Quelque chose me dit que...* **14** Prédire. *Dire l'avenir, la bonne aventure.* **15** Intéresser, tenter ; plaire à. *Il me propose de partir avec lui, cela ne me dit rien.* **B** *vpr* **1** Faire à part soi quelque réflexion. *Je me suis dit que j'avais eu tort.* **2** (avec attribut) Se prétendre, se faire passer pour. *Il se dit spirituel. Elle se dit ingénieur.* LOC ***Autrement dit*** : en d'autres termes. — ***C'est dire !*** : S'emploie pour insister sur la véracité de qqch. *Le secret bancaire y est mieux gardé qu'en Suisse, c'est dire !* — ***Entre nous soit dit*** : en confidence. — ***On dirait que*** : on pourrait penser, imaginer que. — ***On dit que*** : le bruit court que. — ***Pour ainsi dire*** : en quelque sorte. — ***Si le cœur vous en dit*** : si cela vous tente, vous fait plaisir. — ***Vouloir dire*** : signifier. ETY Du lat.

**2 dire** *nm* **1** Ce qu'on dit. *Nous nous assurerons de la véracité de ses dires.* **2** DR Pièce de procédure où se trouvent consignés les moyens et les réponses des parties. LOC ***Au dire de qqn*** : selon son témoignage, son avis.

**direct, ecte** *a, nm* **A** *a* **1** Droit, sans détour. *Voie directe.* **2** fig Franc, sans détour. *Une accusation directe. Il a été très direct.* **3** Immédiat, sans intermédiaire. *Les conséquences directes d'un accident. La connaissance directe* par oppos. à la *connaissance discursive.* **4** Formel, absolu. *Preuve directe. De deux affirmations en contradiction directe, l'une exclut nécessairement l'autre.* **5** Se dit d'un train qui ne s'arrête qu'à certaines grandes stations. **B** *nm* **1** SPORT En boxe, coup droit. *Envoyer un direct.* **2** AUDIOV Émission diffusée dans l'instant même de la prise de vues ou de son (par oppos. à *en différé*). *Les impératifs du direct.* **3** Train direct. LOC GRAM ***Complément direct*** : construit sans préposition. — ***Ligne directe*** : ligne généalogique des ascendants et descendants, par oppos. à *ligne collatérale.* ETY Du lat.

**directement** *av* **1** Tout droit, sans détour. *Je me rendrai directement chez vous.* **2** D'une manière directe. *Aborder directement un sujet.* **3** Sans intermédiaire. *Communiquer directement avec qqn.*

**directeur, trice** *n, a* **A** *n* Personne qui dirige, qui est à la tête d'une entreprise, d'un service, etc. *Directeur d'une usine. Directrice d'un lycée.* **B** *nm* HIST Chacun des cinq membres qui constituent le Directoire. **C** *a* **1** Qui dirige. *Comité directeur.* **2** fig Qui sert à déterminer une ligne de conduite. *Principe directeur, ligne directrice.* **3** MECA Se dit des roues qui permettent de diriger un véhicule. **4** GEOM Se dit du plan auquel sont parallèles les génératrices d'une surface réglée. **D** *nf* GEOM Ligne sur laquelle s'appuie la génératrice qui engendre une surface. LOC GEOM ***Coefficient directeur d'une droite*** : pente de cette droite. — ***Directeur de conscience*** : prêtre choisi par une personne pour la conduire en matière de morale et de religion. — GEOM ***Vecteur directeur d'une droite*** : vecteur porté par cette droite.

**directif, ive** *a* **1** Qui a ou peut avoir la propriété, la fonction de diriger. *Force directive.* **2** Qui dirige de façon autoritaire, autocratique. *Un chef très directif.* **3** PHYS Qui rayonne ou fonctionne dans une direction privilégiée. *Micro directif.* SYN directionnel.

**direction** *nf* **1** Action de diriger. *Assurer la direction des travaux.* **2** Fonction, poste de directeur. *Obtenir la direction d'un service.* **3** Siège, bureau du ou des directeurs, de leur personnel. *Votre dossier est à la direction.* **4** Action de conduire. *La direction d'un attelage.* **5** Orientation ou sens du déplacement d'une personne, d'une chose. *Changer de direction.* **6** fig Ligne de conduite. *Prendre une bonne, une mauvaise direction.* **7** Ensemble des organes (volant, colonne, boîtier) qui servent à diriger un véhicule. LOC ***Direction assistée*** : dans laquelle l'effort imprimé au volant est amplifié par un servomoteur. — ***En direction de, dans la direction de*** : vers.

**Direction générale de la sécurité extérieure** (DGSE) organisme qui, sous l'autorité du ministre de la Défense, regroupe les services d'espionnage et de contre-espionnage.

**directionnel, elle** *a* **1** Qui a un rôle de direction. *Comité directionnel.* **2** Syn. de *directif. Antenne directionnelle.*

**directissime** *nf* ALP Voie d'ascension la plus directe vers un sommet.

**directive** *nf* **1** MILIT Instruction générale, moins impérative qu'un ordre, donnée par le haut commandement militaire. **2** (Surtout au plur.) Instructions, indications générales données par une autorité.

**directivisme** *nm* Attitude trop directive, trop autoritaire.

**directivité** *nf* **1** PHYS Direction préférentielle dans l'émission ou la réception d'un rayonnement sonore ou électrique. **2** Fait d'être directif (dans un enseignement, un entretien, etc.).

**directoire** *nm* **1** Organe collectif chargé de diriger certaines sociétés anonymes. **2** Style créé à l'époque du Directoire. *Un meuble Directoire.*

**Directoire (le)** le comité de cinq membres qui, succédant à la Convention, dirigea la France du 4 brumaire an IV (26 oct. 1795) au 18 brumaire an VIII (9 nov. 1799). Le pouvoir exécutif revenait à cinq Directeurs nommés par le Conseil des Anciens et par le Conseil des Cinq-Cents, qui détenaient le pouvoir législ. Des troubles marquèrent cette période (dite *le Directoire*), ainsi qu'une politique d'expansion : création de « républiques sœurs » (batave, helvétique, etc.), guerre contre l'Autriche (campagne d'Italie) et contre l'Angleterre (campagne d'Égypte). Bonaparte acquit une popularité telle qu'il put renverser le régime. V. brumaire.

**directorat** *nm* Fonction de directeur d'un organisme ; durée de cette fonction.

**directorial, ale** *a* **1** HIST Relatif au Directoire. *Le régime directorial.* **2** Relatif à la fonction de directeur. PLUR directoriaux.

**directrice** → **directeur.**

**Dirédaoua** ville de l'E. de l'Éthiopie, sur la ligne de chemin de fer Djibouti-Addis-Abeba ; 98 100 hab. Centre comm. ; textile ; cimenterie. VAR **Dire Dawa**

**dirham** *nm* Unité monétaire du Maroc et des Émirats arabes unis. ETY Du gr.

**Dirichlet** Peter Gustav Lejeune- (Düren, Prusse-Rhénane, 1805 – Göttingen, 1859), mathématicien allemand : travaux sur les différentielles et les séries trigonométriques.

**dirigé, ée** *a* Soumis à une direction, à une autorité. *Une entreprise bien dirigée.*

**dirigeable** *a, nm* **A** *a* Qui peut être dirigé. **B** *nm* Aéronef dont la sustentation est assurée par des ballonnets contenant, dans une enveloppe, un gaz plus léger que l'air (hydrogène ou hélium).

dirigeable

**dirigeant, ante** *a, n* Qui dirige, qui détient l'autorité, le pouvoir. *Les classes dirigeantes. Les dirigeants d'un parti politique.*

**diriger** *v* 13 **A** *vt* **1** Conduire en tant que chef, organisateur, responsable. *Diriger un ministère. Diriger des travaux.* **2** Exercer une autorité intellectuelle ou morale sur. *Diriger un élève, ses études.* **3** Guider, orienter. *L'intérêt public a dirigé toute sa vie.* **4** Guider le déplacement de. *Le guide vous dirigera dans la vieille ville. Diriger un véhicule.* **5** Donner telle orientation, telle destination à. *Diriger un bateau vers le port. Diriger ses pas vers un lieu, ses regards sur un objet.* **B** *vpr* Aller dans la direction de. ETY Du lat.

**dirigisme** *nm* Doctrine économique et politique qui prône l'économie dirigée ; système qui pratique une telle économie. DER **dirigiste** *a, n*

**dirimant, ante** *a* DR Qui rend nul ou qui fait obstacle. *Un empêchement dirimant.*

**Di Rosa** Hervé (Sète, 1959), peintre français, du courant de la Figuration libre.

**Di Rupo** Elio (Morlanwelz, 1951), homme politique belge francophone (Parti socialiste), Premier ministre dep. 2011.

**dis-** Élément, du lat. *dis*, indiquant la séparation, l'absence, l'opposition.

**discal, ale** *a* MED Relatif aux disques intervertébraux. *Hernie discale.* PLUR discaux.

**discarthrose** *nf* MED Altération dégénérative du disque intervertébral.

**discernement** *nm* **1** litt Action de différencier par l'esprit. *Le discernement du vrai d'avec le faux.* **2** Faculté d'apprécier avec justesse les situations, les choses. *Faire preuve de discernement.*

**discerner** *vt* ① **1** Distinguer par les sens, reconnaître. *Discerner des formes dans la nuit.* **2** Percevoir, reconnaître. *Discerner la rumeur des vagues. Je discerne quelque réticence dans son accord.* **3** Faire la distinction entre, différencier. *Discerner les diverses nuances du vert. Discerner le bien du mal.* ETY Du lat. DER **discernable** *a*

**disciple** *nm* Personne qui reçoit l'enseignement d'un maître, qui a adopté la doctrine d'un maître.

**disciplinaire** *a* **1** Qui a rapport à la discipline (d'un corps, d'un établissement, etc.). *Mesure disciplinaire.* **2** MILIT Se dit d'unités spéciales auxquelles sont affectés les militaires ayant fait l'objet de graves sanctions et où la discipline est particulièrement sévère. *Bataillon disciplinaire.* DER **disciplinairement** *av*

**discipline** *nf* **1** Domaine particulier de la connaissance ; matière d'enseignement. *Disciplines scientifiques, littéraires.* **2** Ensemble des règles de conduite imposées aux membres d'une collectivité pour assurer son bon fonctionnement ou bien celui de l'organisation sociale ; obéissance à ces règles. *Sanctionner un manquement à la discipline.* **3** Règle de conduite que l'on s'impose. *Sportif qui s'astreint à une discipline rigoureuse.* **4** anc Fouet dont on se servait comme instrument de pénitence ou de mortification. ETY Du lat.

**discipliné, ée** *a* Qui se soumet à la discipline.

**discipliner** *vt* ① **1** Contraindre qqn à la discipline. **2** Régler en exerçant un contrôle sur, maîtriser. *Discipliner ses passions.* DER **disciplinable** *a*

**disc-jockey** *n* Animateur (trice) de radio ou de discothèque qui passe des disques. SYN dj. PLUR disc-jockeys. PHO [diskʒɔkɛ] ETY Mot amér. VAR **disque-jockey**

**discman** *nm* Appareil comprenant un lecteur laser relié à un casque d'écoute et que l'on porte sur soi. PLUR discmans ou discman. PHO [diskman] ETY Nom déposé.

**disco** *nm, nf* Musique de variétés fortement rythmée et saccadée. ETY De *discothèque.*

**discobole** *nm* ANTIQ Athlète qui lançait le disque, le palet.

**Discobole (le)** célèbre statue en bronze de Myron (mil. du Vᵉ s. av. J.-C.), connue grâce à plusieurs copies.

**1 discographie** *nf* Répertoire méthodique de disques enregistrés. DER **discographique** *a*

**2 discographie** *nf* MED Radiographie d'un disque intervertébral après injection d'un liquide opaque aux rayons X.

**discoïde** *a* En forme de disque. VAR **discoïdal, ale, aux**

**discompte** *nm* Syn. (recommandé) de *discount.* DER **discompter** *vt* ① – **discompteur** *nm*

**discomycète** *nm* BOT Champignon ascomycète tel que la pézize et la morille.

**discontinu, ue** *a, nm* **A** Qui n'est pas continu. *Mouvement discontinu.* **B** *a* **1** Qui n'est pas continuel. *Un bruit discontinu.* **2** MATH Se dit d'une fonction qui n'est pas continue. DER **discontinuité** *nf*

**discontinuer** *vi* ① LOC *Sans discontinuer :* sans s'arrêter. ETY Du lat.

**disconvenance** *nf* litt Défaut de convenance, inégalité, disproportion.

**disconvenir** *vti* ㊱ Ne pas convenir de, nier. ETY Du lat.

**discopathie** *nf* MED Atteinte d'un ou plusieurs disques intervertébraux.

**discophile** *n* Amateur ou collectionneur de disques enregistrés. DER **discophilie** *nf*

**discordance** *nf* **1** Absence ou défaut d'accord, d'harmonie. **2** GEOL État de deux couches dont les stratifications ne sont pas parallèles, une phase d'orogenèse s'étant produite avant le dépôt de la nouvelle couche sur l'ancienne.

**discordant, ante** *a* **1** Qui n'est pas en accord, en harmonie. *Sons discordants. Opinions discordantes.* **2** GEOL Qui présente une discordance.

**discorde** *nf* Dissentiment grave ; dissension. *Semer la discorde.* LOC ***Pomme de discorde :*** sujet de dispute et de division. ETY Du lat.

**discorder** *vi* ① litt Ne pas être en accord, en harmonie.

**discothèque** *nf* **1** Collection de disques enregistrés ; endroit, meuble où on les conserve. **2** Organisme d'archivage, de prêt de disques. **3** Établissement où l'on peut écouter des disques et danser, boîte de nuit. DER **discothécaire** *n*

**discount** *nm* Rabais sur un prix, remise. SYN (recommandé) discompte. PHO [diskunt] ou [diskawnt] ETY Mot angl.

**1 discounter** *nm* Commerçant ou magasin qui pratique le discount. SYN (recommandé) discompteur. PHO [diskuntœʀ] ou [diskawntœʀ]

**2 discounter** *vt* ① Vendre des marchandises en discount. SYN (recommandé) discompter. PHO [diskaunte]

**discourir** *vi* ㉖ Parler longuement sur un sujet, pérorer. ETY Du lat. *discurrere,* « courir çà et là ». DER **discoureur, euse** *n*

**discours** *nm* **1** Exposé oratoire à l'intention d'un public sur un sujet déterminé. **2** Exposé écrit de caractère didactique ; traité, essai. **3** Expression verbale de la pensée. **4** LING Ensemble des paroles, des énoncés (verbaux ou non). LOC ***Parties du discours :*** catégories de mots distinguées par la grammaire traditionnelle (article, nom, pronom, verbe, adjectif, adverbe, préposition, conjonction, interjection).

**Discours (les)** poèmes (1560-1563) de Ronsard qui attaque les réformés, mais aussi l'intolérance des catholiques.

**Discours de la méthode pour bien conduire sa raison et chercher la vérité dans les sciences** œuvre philosophique de Descartes (1637), constituant l'introduction de trois écrits scientifiques.

réplique en marbre du *Discobole* de Myron, Vᵉ s. av. J.-C. – musée national des Thermes, Rome

**Discours sur les sciences et les arts** essai de J.-J. Rousseau (1750), qui critique le progrès.

**Discours sur l'origine et les fondements de l'inégalité parmi les hommes** essai de J.-J. Rousseau (1755).

**discourtois, oise** *a* litt Qui n'est pas courtois. *Procédé discourtois.* DER **discourtoisement** *av* – **discourtoisie** *nf*

**Discovery** navette spatiale américaine en service de 1984 à 2011.

**discréditer** *vt* ① Faire perdre à qqn, qqch, le crédit dont il jouissait. *Se discréditer par des mensonges.* ETY De l'ital. DER **discrédit** *nm*

**discret, ète** *a* **1** Qui parle ou agit avec retenue, tact, réserve. **2** Qui n'attire pas l'attention, qui ne se remarque pas. **3** Qui sait garder un secret. **4** MATH, PHYS Se dit d'une grandeur composée d'unités distinctes (nombres, objets, etc.), par oppos. à *grandeur continue* (durée, vitesse, etc.). DER **discrètement** *av*

**discrétion** *nf* **1** Réserve, modération. *Parler, agir avec discrétion. S'habiller avec discrétion.* **2** Qualité d'une personne qui sait garder un secret. LOC ***À discrétion :*** à volonté. — ***À la discrétion de :*** à la volonté, au jugement de. ETY Du lat.

**discrétionnaire** *a* Qui est laissé à la discrétion de qqn. LOC DR ***Pouvoir discrétionnaire d'un magistrat :*** faculté qui lui est laissée de prendre des mesures hors des règles établies. DER **discrétionnairement** *av*

**discrétiser** *vt* ① INFORM Syn. de *numériser.* DER **discrétisation** *nf*

**discriminant, ante** *a, nm* **A** *a* Qui établit une discrimination. **B** *nm* **1** Facteur discriminant. **2** MATH Expression qui permet de déterminer si une équation du second degré possède des racines réelles.

**discrimination** *nf* **1** Séparation, distinction. *Les coupables seront jugés sans discrimination de rang ni de fortune.* **2** Fait de distinguer des autres un groupe social et de restreindre ses droits. *Discrimination raciale.* LOC ***Discrimination positive :*** action volontariste en faveur de ceux qui cumulent des handicaps sociaux et culturels, par l'attribution de crédits ou l'instauration de quotas.

**discriminatoire** *a* Qui établit une discrimination, une injustice entre les personnes.

**discriminer** *vt* ① **1** Distinguer, mettre à part. **2** Avoir une attitude discriminatoire envers qqn, un groupe. ETY Du lat.

**disculper** *v* ① **A** *vt* Mettre qqn hors de cause, montrer qu'il n'est pas coupable. **B** *vpr* Se justifier. ETY Du lat. DER **disculpation** *nf*

**discursif, ive** *a* **1** LOG Qui procède par le raisonnement ou repose sur lui. *La déduction est un procédé discursif.* **2** LING Du discours, relatif au discours. LOC ***Connaissance discursive :*** qui relève du raisonnement (par oppos. à *intuitive*).

**discussion** *nf* **1** Action de discuter. **2** Dispute, altercation. LOC MATH ***Discussion d'une équation :*** étude de la nature des solutions suivant les différents cas qui peuvent se présenter.

**discutable** *a* **1** Qui prête à discussion, à contestation. *Un raisonnement discutable.* **2** Critiquable, douteux. *Procédé discutable.*

**discutailler** *vi* ① fam, péjor Discuter longuement sur des détails sans importance. DER **discutailleur, euse** *a, n*

**discuté, ée** *a* Qui soulève des objections, des critiques. *Une décision discutée.*

**discuter** *v* ① **A** *vt* **1** Débattre d'une chose, l'examiner contradictoirement. *Discuter les clauses* *d'un contrat.* **2** Contester, trouver des objections à. *Discuter le bien-fondé d'une décision.* **B** *vi, vti* **1** Échanger des opinions, des arguments sur un sujet. *Discuter sur un évènement. Discuter de politique.* **2** Converser, bavarder. **LOC** ***Ça se discute*** **:** indique un désaccord — **fam** ***Discuter le coup, le bout de gras*** **:** bavarder de choses et d'autres. [ETY] Du lat. *discutere,* « agiter ».

**Disdéri** Eugène (Paris, 1819 – Paris, 1889), photographe français. Il inventa le *portrait-carte,* ancêtre des photos d'identité.

**disert, erte** *a* **litt** Qui parle avec facilité et élégance. [ETY] Du lat.

**disette** *nf* Manque ou rareté de choses nécessaires, et partic. de vivres. [ETY] Du gr. *disektos,* « année bissextile, malheureuse ».

**diseur, euse** *n* Personne qui dit habituellement certaines choses. **LOC** ***Diseuse de bonne aventure*** **:** femme qui prédit l'avenir. — ***Fin diseur*** **:** personne qui récite, qui raconte avec art.

**disgrâce** *nf* **1** Perte, privation des bonnes grâces dont on jouissait. **2** **vx** Infortune, malheur. **3** Défaut de grâce. [ETY] De l'ital.

**disgracié, ée** *a* Qui manque de grâce, au physique ou au moral.

**disgracier** *vt* [2] Priver de sa faveur, de ses bonnes grâces. *Disgracier un favori.*

**disgracieux, euse** *a* Dépourvu de grâce. *Une démarche disgracieuse.* [DER] **disgracieusement** *av*

**disharmonie** *nf* Manque d'harmonie. [VAR] **dysharmonie**

**disjoindre** *vt* [56] Séparer ce qui était joint.

**disjoint, ointe** *a* **1** Séparé ou mal joint. *Une fenêtre aux carreaux disjoints.* **2** MATH Se dit d'ensembles dont l'intersection est vide.

**disjoncter** *vi* [1] **1** Se mettre en position de coupure de courant en parlant d'un disjoncteur. **2** **fig, fam** Perdre le sens des réalités, perdre la tête. [ETY] Du lat. *disjungere,* « disjoindre ».

**disjoncteur** *nm* ELECTR Interrupteur dont l'ouverture se produit automatiquement si l'intensité dépasse une valeur donnée.

**disjonctif, ive** *a, nf* **1** GRAM Qui sépare les idées tout en reliant des termes. *Une particule disjonctive* (ex. : *ou, ni*). **2** LOG Se dit d'une proposition dont les termes sont séparés par une particule disjonctive.

**disjonction** *nf* **1** Action de séparer ce qui est joint. *Disjonction de deux procédures.* **2** RHET Suppression des particules conjonctives, par oppos. à *conjonction.* (Ex. *« Dans un chemin montant, sablonneux, malaisé »* [La Fontaine].)

**disloquer** *vt* [1] **1** Démettre, déboîter une articulation. *Disloquer un bras. Disloquer les pièces d'un mécanisme.* **2** **fig** Désunir, diviser, démembrer. *Disloquer un parti, un empire.* [ETY] Du lat. [DER] **dislocation** *nf*

**dismutation** *nf* CHIM Réaction au cours de laquelle un élément est en partie oxydé, en partie réduit.

**Disney** Walter Elias, dit Walt (Chicago, 1901 – Burbank, Californie, 1966), producteur et réalisateur américain de dessins animés : *Silly Symphonies* (400 courts métrages, 1929-1939), *Blanche-Neige et les sept nains* (1938), *Pinocchio* (1939), *Fantasia* (1940), *Cendrillon* (1950).Il édifia un empire industriel. ▶ illustr. p. 480

**Disneyland** premier parc d'attractions (73 ha) aménagé par Walt Disney près de Los Angeles en 1955. *Disneyland Paris* a été ouvert à Marne-la-Vallée en 1992.

**disparaître** *vi* [73] **1** Cesser d'être visible en parlant de choses. *Les nuages ont disparu* ou *sont disparus.* **2** Quitter un lieu, partir en parlant de qqn. **3** S'égarer en parlant de choses. *Mes papiers ont disparu.* **4** Mourir, périr. **5** Ne plus exister, ne plus se manifester. *L'enflure a disparu. Vos craintes finiront par disparaître.* **LOC** **fam** ***Disparaissez !*** **:** sortez, déguerpissez ! [VAR] **disparaitre** [DER] **disparition** *nf*

**disparate** *a, nf* **A** *a* Qui ne forme pas un ensemble harmonieux. *Vêtements disparates.* **B** *nf* **litt** Défaut choquant de convenace, d'harmonie. [ETY] Du lat. *disparatus,* « inégal ».

**disparité** *nf* Différence, dissemblance entre des choses que l'on compare.

**disparu, ue** *a, n* Se dit d'une personne présumée décédée mais dont la mort n'a pu être établie avec certitude. *Un soldat porté disparu.*

**dispatcher** *vt* [1] Syn. (déconseillé) de *réguler, répartir* (*le trafic, des tâches*). [ETY] Mot angl.

**dispatcheur, euse** *n* Personne qui assure un dispatching, répartit des tâches. SYN régulateur. [PHO] [dispatʃœʀ] [VAR] **dispatcher**

**dispatching** *nm* **1** TECH Syn. ( déconseillé) de *répartition, régulation.* **2** Action de distribuer qqch. [PHO] dispatʃiŋ]

**dispendieux, euse** *a* **1** Coûteux, qui occasionne ou nécessite de grandes dépenses. **2** Canada Syn. de *cher. Des souliers dispendieux.* [DER] **dispendieusement** *av*

**dispensable** *a* **fam** Se dit de qqch dont on peut se dispenser, peu utile. *Des œuvrettes dispensables.*

**dispensaire** *nm* MED Établissement, public ou privé, de diagnostic, de prophylaxie et de soins sans hospitalisation, dont les services sont gratuits ou peu coûteux. [ETY] De l'angl.

**dispense** *nf* Exemption de la règle commune, d'une obligation, d'une charge émanant de l'autorité compétente. **LOC** ***Dispense d'âge*** **:** qui permet d'accéder à certains droits avant l'âge prescrit.

**dispenser** *v* [1] **A** *vt* **1** **litt** Prodiguer, distribuer. *Dispenser des blâmes.* **2** Exempter de qqch. *Dispenser un élève d'exercices physiques.* **B** *vpr* S'épargner qqch. *Se dispenser de venir.* [ETY] Du lat. [DER] **dispensateur, trice** *n, a*

**dispersant, ante** *a, nm* Se dit d'un produit utilisé pour disperser les nappes de mazout répandues à la surface de la mer.

**disperser** *v* [1] **A** *vt* **1** Éparpiller, répandre de tous côtés. *Le vent disperse les feuilles mortes.* **2** Placer dans des endroits divers ; disséminer. *Disperser des soldats.* **3** Séparer en faisant aller dans des directions différentes. *Disperser un attroupement.* **4** Vendre une collection d'objets d'art, d'antiquités. **B** *vpr* **1** Aller dans des directions différentes. *Les manifestants se sont dispersés dans le calme.* **2** **fig** Avoir des occupations trop diverses. [ETY] Du lat. [DER] **dispersement** *nm*

**dispersible** *a* TECH Se dit d'une poudre qui se solubilise facilement dans un liquide sans former d'agglomérats.

**dispersif, ive** *a* PHYS Qui provoque la dispersion d'une radiation.

**dispersion** *nf* **1** Action de disperser ; fait de se disperser. *La dispersion des nuages par le vent. Dispersion de l'esprit, de l'attention.* **2** CHIM Dissémination d'une substance au sein d'une autre. **3** PHYS Séparation d'un rayonnement complexe en rayonnements de longueurs d'onde différentes. **4** MATH En calcul des probabilités, écart, défini par la variance, de la variable aléatoire de part et d'autre de la moyenne. **5** Répartition des points d'impact de projectiles tirés par une même arme.

**display** *nm* COMM Présentoir publicitaire. [PHO] [displɛ] [ETY] De l'angl.

**disponibilité** *nf* **A** **1** État d'une chose ou d'une personne disponible. **2** Situation d'un fonctionnaire temporairement déchargé de ses fonctions **3** Situation d'un militaire, toujours apte au service actif, mais renvoyé dans ses foyers. **B** *nf pl* Fonds, capitaux dont on peut disposer immédiatement.

**disponible** *a* **1** Dont on peut disposer. *Logement disponible.* **2** En disponibilité. *Fonctionnaire disponible.* **3** Qui n'est soumis à aucune sorte d'obligation, de contrainte intellectuelle ou morale. [ETY] Du lat.

**dispos, ose** *a* **vieilli** Qui est en bonne condition physique et mentale. *Être frais et dispos.* [ETY] De l'ital.

**disposant, ante** *n* DR Personne qui dispose de ses biens par donation ou testament.

**disposé, ée** *a* **1** Arrangé, ordonné. *Des parterres disposés à la française.* **2** Prêt à. *Être disposé à aider qqn.* **LOC** ***Être bien*** (ou ***mal***) ***disposé pour, envers, à l'égard de qqn*** **:** être dans des dispositions, des sentiments favorables (ou non) à son égard.

**disposer** *v* [1] **A** *vt* **1** Arranger dans un certain ordre. **2** Préparer qqn à qqch, l'inciter à faire qqch. *Les récents évènements nous avaient disposés à cette éventualité.* **B** *vti* **1** Avoir à sa disposition, pouvoir utiliser. *Il dispose de moyens considérables, d'un personnel compétent.* **2** User des services de qqn comme on l'entend. *Disposez de moi, je ne peux rien vous refuser.* **3** SPORT Dominer très nettement son adversaire. **C** *vi* Stipuler, prescrire. *Disposer par contrat.* **D** *vpr* Se préparer à, être sur le point de. *Je me disposais à vous téléphoner.* **LOC** ***Vous pouvez disposer*** **:** je vous permets de partir. [ETY] Du lat.

**dispositif** *nm* **1** TECH Agencement des divers organes d'un système mécanique ; le système, l'appareil lui-même. *Dispositif d'alarme.* **2** MILIT Ensemble des forces mises en place pour remplir une mission donnée. **3** DR Partie d'un texte législatif ou énoncé final d'une décision de justice.

**disposition** *nf* **A** **1** Arrangement, manière dont sont disposées des choses les unes par rapport aux autres. *La disposition des lieux.* **2** Tendance, inclination à. *Disposition à la paresse.* **3** Sentiment à l'égard de qqch, de qqn ; attitude d'esprit. **4** Faculté d'user des services de qqn. *Je reste à votre entière disposition.* **5** DR Pouvoir, action de disposer de son bien ; acte par lequel on en dispose. **B** *nf pl* **1** Mesures que l'on prend avant de ou pour faire qqch. *Prendre ses dispositions pour arriver à l'heure.* **2** Aptitudes. *Avoir des dispositions pour la musique.*

**disproportion** *nf* **1** Défaut de proportion, de convenance entre plusieurs choses. *Disproportion entre un délit et sa sanction.* **2** Inégalité. *La disproportion des forces de deux adversaires.* [DER] **disproportionné, ée** *a*

**dispute** *nf* Altercation, querelle. *Une conversation qui dégénère en dispute.*

**disputé, ée** *a* Que l'on dispute, qui est l'objet d'une lutte. *Une épreuve très disputée.*

**disputer** *v* [1] **A** *vt* **1** Lutter pour obtenir ou conserver. *Disputer la victoire, le terrain.* **2** SPORT Participer comme concurrent à un combat, une course. **3** **fam** Réprimander qqn. **B** *vpr* Se quereller. [ETY] Du lat. *disputare,* « discuter ».

**disquaire** *n* Marchand(e) de disques.

**disqualifier** *v* [2] **A** *vt* **1** Interdire une compétition sportive à un concurrent qui n'est pas en règle. **2** Faire perdre à qqn la considération, le crédit dont il jouissait. **3** DR Exclure sur le plan juridique. **B** *vpr* Déméritter, se discréditer. *Se disqualifier par son ingratitude.* [DER] **disqualification** *nf*

**disque** *nm* **1** ANTIQ Palet pesant, de pierre ou de métal, que les athlètes grecs lançaient. **2** Palet de bois cerclé de fer que lancent les athlètes, de dimension et de poids règlementaires différents selon les catégories d'âge ou de sexe. **3** Surface visible circulaire d'un astre. *Le disque du Soleil.* **4** Objet de forme ronde et plate. **5** Plaque mince et circulaire en matière synthétique pour l'enregistrement et la reproduction des sons. **6** MATH

Ensemble des points intérieurs à un cercle, comprenant *(disque fermé)* ou ne comprenant pas *(disque ouvert)* sa frontière. **LOC** ***Disque compact*:** disque audionumérique. SYN compact-disque — INFORM ***Disque dur*:** support circulaire d'informations. — ANAT ***Disque intervertébral*:** lentille biconvexe de tissu fibreux, située entre deux vertèbres. — ***Disque optique compact*:** cédérom. [ETY] Du lat. *discus,* « palet ».

**disque-jockey** → **disc-jockey.**

**disquette** *nf* INFORM Disque souple que l'on utilisait comme mémoire externe.

**disqueuse** *nf* Outil électroportatif muni d'un disque abrasif servant à meuler ou à tronçonner.

**Disraeli** Benjamin, (comte de Beaconsfield) (Londres, 1804 – id., 1881), homme politique et écrivain anglais. Romancier social (*Vivian Grey,* 1826 ; *Sybil,* 1845) député aux Communes (1837), chef du parti tory (1848), il fut Premier ministre (1868, 1874-1880). Sa politique impérialiste se heurta au libéral Gladstone. [DER] **disraélien, enne** *a*

**disruptif, ive** *a* **1** didac Qui cause une rupture. *Technologie disruptive.* **2** ELECTR Se dit d'une décharge brusque provoquant une étincelle. [ETY] Du lat. *disruptum,* « rompu ».

Walt Disney

Disraeli

**disruption** *nf* **1** didac Changement radical de la façon dont on envisage un produit, un processus. **2** ELECTR Ouverture brutale d'un circuit électrique, pouvant détruire le caractère isolant d'un milieu.

**dissection** → **disséquer.**

**dissemblable** *a* Qui n'est pas semblable.

**dissemblance** *nf* litt Absence de ressemblance ; différence.

**disséminer** *vt* [1] Répandre çà et là, disperser. *Disséminer des semences.* [ETY] Du lat. *semen,* « semence ». [DER] **dissémination** *nf*

**dissension** *nf* Vif désaccord dû à la diversité des sentiments, des opinions, des intérêts. [ETY] Du lat.

**dissensus** *nm* Absence de consensus.

**dissentiment** *nm* litt Différence de vues, de jugements qui cause des conflits.

**disséquer** *vt* [14] **1** Séparer en ses différentes parties un corps organisé pour l'étudier. **2** fig Analyser minutieusement. *Disséquer une œuvre littéraire.* [ETY] Lat. *dissecare,* « couper en deux ». [DER] **dissection** *nf*

**dissertation** *nf* **1** Exposé généralement écrit d'une réflexion méthodique sur un sujet. **2** Exercice scolaire consistant en une composition écrite sur un sujet littéraire ou philosophique.

**disserter** *vi* [1] **1** Faire une dissertation ; exposer méthodiquement ses idées. **2** péjor Discourir longuement, d'une manière ennuyeuse ou pédante. [ETY] Du lat.

**dissidence** *nf* **1** Action, état de l'individu, du groupe qui cesse d'obéir à l'autorité établie ou qui se sépare d'une communauté ; état qui en résulte. *Province qui entre en dissidence.* **2** Groupe de dissidents. *Rallier la dissidence.* [DER] **dissident, ente** *a, n*

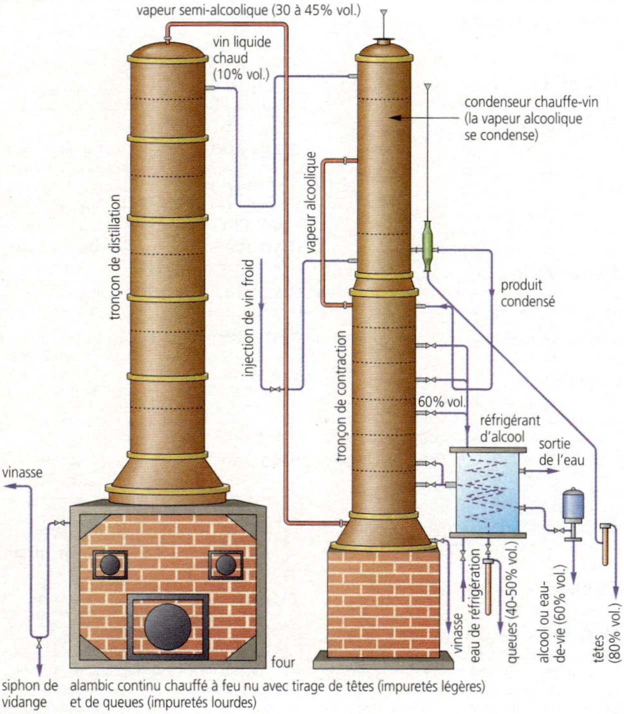


alambic continu chauffé à feu nu avec tirage de têtes (impuretés légères) et de queues (impuretés lourdes)

**distillation** alcoolique

**dissimilation** *nf* LING Modification apportée à un phonème pour le différencier d'un phonème identique, à l'intérieur du même mot.

**dissimilitude** *nf* Absence de similitude.

**dissimulation** *nf* **1** Action de dissimuler ; son résultat. **2** Caractère d'une personne qui dissimule ; duplicité, hypocrisie.

**dissimulé, ée** *a* Hypocrite, sournois.

**dissimuler** *vt* [1] **1** Tenir caché, ne pas laisser paraître des sentiments, des pensées. *Dissimuler sa joie.* **2** Taire, laisser ignorer à. *On lui dissimula l'incident.* **3** Masquer, cacher, rendre moins visible. *Dissimuler son visage.* [ETY] Du lat. [DER] **dissimulateur, trice** *a, n*

**dissipation** *nf* **1** Action de dissiper ; son résultat. **2** vx Action de dissiper des biens. **3** Manque d'attention, de sérieux. **4** litt Conduite débauchée.

**dissipé, ée** *a* Inattentif, turbulent.

**dissiper** *vt* [1] **1** Faire disparaître en écartant, en dispersant ; mettre fin à. **2** vx Perdre en dépenses, en prodigalités. **3** Distraire qqn, l'inciter à des écarts de conduite. [ETY] Du lat. *dissipare,* « disperser ». [DER] **dissipateur, trice** *n, a*

**dissociation** *nf* **1** Action de dissocier. **2** CHIM Réaction équilibrée par laquelle un corps pur donne naissance à d'autres corps purs *(dissociation thermique)* ou à des ions *(dissociation électrolytique)*.

**dissocier** *vt* [2] **1** Séparer des personnes, des choses, qui étaient liées ou réunies. **2** PHYS, CHIM Séparer les éléments constitutifs d'un corps. [DER] **dissociable** *a*

**dissolu, ue** *a* litt Qui vit dans la licence. ANT vertueux.

**dissoluble** *a* Qui peut être dissous. [DER] **dissolubilité** *nf*

**dissolution** *nf* **1** Transformation ou anéantissement d'une substance par décomposition. **2** fig Disparition de qqch. *Une économie menacée de dissolution.* **3** PHYS, CHIM Dispersion des molécules d'un corps (le *soluté*) dans un liquide (le *solvant*) ; le mélange homogène (la *solution*) qui en résulte. **4** DR Action de mettre légalement fin à qqch. **5** Acte par lequel il est mis fin, avant le terme légal, au mandat d'une assemblée élue.

**dissolvant, ante** *a, nm* Se dit d'un produit employé pour dissoudre. SYN solvant.

**dissonance** *nf* **1** Rencontre de sons qui ne s'accordent pas. *Dissonance de mots, de syllabes.* **2** MUS Accord, intervalle dont la consonance est altérée par la présence d'une ou de plusieurs notes tonalement étrangères. **3** fig Discordance, manque d'harmonie. [ETY] Du lat. [DER] **dissonant, ante** *a*

**dissoner** *vi* [1] Produire des dissonances.

**dissoudre** *vt* [55] **1** Opérer la dissolution d'un corps. *L'eau pure dissout le gypse.* **2** fig Faire disparaître, mettre fin à. *Dissoudre une assemblée élue.* **3** DR Annuler. *Dissoudre un mariage.* [ETY] Du lat. *dissolvere,* « désagréger ». [DER] **dissous, dissoute** ou **dissout, dissoute** *a*

**dissuader** *vt* [1] Détourner qqn d'un projet, d'une résolution. [ETY] Du lat.

**dissuasif, ive** *a* Qui dissuade ; propre à dissuader. *Moyens dissuasifs.*

**dissuasion** *nf* Action de dissuader. **LOC** MILIT ***Force de dissuasion*:** ensemble des moyens destinés, par leur puissance de destruction, à dissuader un éventuel ennemi d'engager les hostilités.

**dissyllabe** *a, nm* Qui a deux syllabes. [VAR] **dissyllabique**

**dissymétrie** *nf* Absence de symétrie ; défaut de symétrie. [DER] **dissymétrique** *a*

**distal, ale** *a* didac Qui est le plus éloigné du centre, de l'origine dans une structure anatomique. ANT proximal. PLUR distaux. ETY Mot angl., du lat., *distans*, « éloigné ».

**distance** *nf* **1** Espace qui sépare deux lieux, deux choses, deux personnes. *Distance d'une ville à une autre. Parcourir, franchir une distance.* **2** Intervalle de temps. *Distance entre deux époques, deux évènements.* **3** Différence de rang, de valeur, de nature. *Supprimer les distances entre personnes de conditions différentes.* LOC *À distance* : de loin ; après un certain temps. — GEOM ***Distance d'un point à une droite, à un plan*** : distance d'un point au pied de la perpendiculaire menée de ce point sur la droite, le plan. — fig ***Garder, conserver ses distances*** : se montrer distant. — ***Prendre ses distances*** : éviter toute familiarité ou toute compromission avec qqn. — ***Tenir à distance*** : empêcher d'approcher ; fig empêcher, par une attitude réservée, toute manifestation d'empressement ou de familiarité. ETY Du lat.

**distancemètre** *nm* Appareil de mesure électronique des distances.

**distancer** *vt* ⑫ **1** Dépasser. **2** SPORT Mettre une certaine distance entre soi et les autres concurrents, dans une course. **3** Faire rétrograder, dans le classement d'une course, un concurrent contre lequel une irrégularité a été relevée.

**distanciation** *nf* Action de prendre du recul par rapport à qqn, à qqch. LOC THEAT ***Effet de distanciation*** : prise de conscience critique du spectateur par rapport au personnage, provoquée par le jeu de l'acteur volontairement détaché de son rôle, interprété comme à distance.

**distancier (se)** *vpr* ② didac Prendre ses distances par rapport à qqn, qqch. *Il s'est distancié de la nouvelle orientation de son parti.*

**distant, ante** *a* **1** Qui est à une certaine distance dans l'espace ou le temps. **2** Réservé ou froid dans son attitude, son comportement.

**Di Stefano** Alfredo (Buenos Aires, 1926 – Madrid, 2014), footballeur espagnol d'origine argentine, qui fit la grandeur du Real Madrid dans les années 1950.

**distendre** *v* ⑥ **A** *vt* Augmenter par tension les dimensions normales d'une chose. *Distendre les muscles, un ressort.* **B** *vpr* Devenir moins tendu, moins serré ; se relâcher.

**distension** *nf* **1** Augmentation considérable ou excessive, sous l'effet d'une tension, de la surface, du volume d'une chose. **2** Relâchement à la suite d'une extension excessive. *Distension d'une courroie.*

**disthène** *nm* MINER Silicate naturel d'aluminium, de teinte bleu nacré, fréquent dans les roches éruptives. SYN cyanite. ETY De *di-*, et gr. *sthénos*, « force ».

**distillat** *nm* didac Produit d'une distillation. PHO [distila]

**distillateur, trice** *n* Fabricant de produits obtenus par distillation.

**distillation** *nf* Opération qui consiste à faire passer un mélange liquide à l'état de vapeur, pour séparer ses divers constituants. *Liqueur obtenue par distillation de vins, de fruits.* LOC ***Distillation fractionnée*** : pour séparer des liquides inégalement volatils.

ENC Le principe de la distillation repose sur le fait que des substances mélangées ont, portées à ébullition, des volatilités différentes.

**distiller** *v* ① **A** *vt* **1** Opérer la distillation de. *Distiller du vin, des plantes aromatiques.* **2** Produire par élaboration un liquide, un suc. *L'abeille distille le miel.* **3** Produire, répandre peu à peu. *Des propos qui distillent la haine.* **B** *vi* **1** Passer à l'état de vapeur par distillation, en parlant d'un corps. **2** Couler goutte à goutte. *Le sang distillait de la blessure.* ETY Lat. *distillare*, « tomber goutte à goutte ».

**distillerie** *nf* **1** Industrie des produits distillés. **2** Lieu de distillation.

**distinct, incte** *a* **1** Qui est séparé, différent. ANT confondu. **2** Qui se perçoit nettement. *Des formes, des paroles distinctes.* ETY Du lat. DER **distinctement** *av*

**distinctif, ive** *a* Qui permet de distinguer, caractéristique. *Signe distinctif.*

**distinction** *nf* **1** Action de distinguer, de faire la différence entre des choses ou des personnes. **2** Division, séparation. *Distinction des pouvoirs exécutif et législatif.* **3** Marque d'honneur décernée à qqn en reconnaissance de ses mérites. **4** Élégance du maintien, des manières, du langage. ETY Du lat.

**distingué, ée** *a* **1** Remarquable par ses mérites. *Un économiste distingué.* **2** Qui a de la distinction. *Un monsieur très distingué.* **3** (Dans une formule de politesse, à la fin d'une lettre.) Tout particulier. *L'assurance de ma considération distinguée.* ETY Du lat.

**distinguer** *v* ① **A** *vt* **1** Rendre particulier, différent, reconnaissable. *Sa taille le distingue des autres.* **2** Faire la différence entre des personnes ou des choses. *Savoir distinguer le fer de l'acier.* **3** Remarquer, porter un intérêt particulier à qqn. **4** Percevoir par les sens ou par l'esprit. *Distinguer une odeur, un bruit. Distinguer les intentions de qqn.* **B** *vpr* Se signaler par ses qualités, ses mérites. *Se distinguer par ses talents, son audace.* ETY Du lat. DER **distinguable** *a*

**distinguo** *nm* Distinction d'une subtilité excessive. PHO [distɛ̃go] ETY Mot lat., « je distingue ».

**distique** *nm* VERSIF Réunion de deux vers, formant un ensemble complet par le sens, parfois une maxime. ETY Du gr.

**distomatose** *nf* Maladie fréquente chez les ovidés, rare chez l'homme, due à l'infestation de divers organes par les douves.

**distordre** *vt* ⑥ **1** Faire subir une distorsion à. *Distordre un membre.* **2** TECH Déformer une onde, un signal.

**distorsion** *nf* **1** Torsion, déplacement d'une partie du corps. *Distorsion du tronc.* **2** PHYS Aberration géométrique d'un système optique centré. **3** TECH Déformation d'un signal, d'une onde électromagnétique ou acoustique. **4** fig Déséquilibre générateur de tension. **5** fig Déformation. *La distorsion des faits dans un récit.*

**distractif, ive** *a* didac Qui vise à distraire, à divertir.

**distraction** *nf* **1** Manque d'attention, relâchement de l'attention. *Par distraction, il a mis des chaussettes de couleurs différentes.* **2** Délassement, amusement. *Sa distraction favorite est de jouer aux échecs.* **3** DR Séparation d'une partie d'avec le tout. *Faire distraction d'une somme.* ETY Du lat. *distractio*, « action de tirer en sens divers ».

**distractivité** *nf* PSYCHO Incapacité à fixer son attention.

**distraire** *vt* ⑤⑧ **1** litt Séparer une partie d'un tout. **2** Détourner à son profit qqch. *Distraire une grosse somme d'argent.* **3** Déranger qqn dans son occupation, l'éloigner de son objet. *Distraire un élève en plein travail. Distraire l'attention de qqn.* **4** Divertir, amuser. *Il distrait l'assemblée par ses plaisanteries. On va au cinéma pour se distraire.* DER **distrayant, ante** *a*

**distrait, aite** *a, n* Qui ne prête pas attention à ce qu'il dit, à ce qu'il fait. *Écouter d'une oreille distraite.* DER **distraitement** *av*

**distribué, ée** *a* Agencé. *Un appartement mal distribué.*

**distribuer** *vt* ① **1** Donner à diverses personnes ; répartir, partager. *Distribuer le courrier.* **2** Assurer la distribution. *Distribuer une pièce de théâtre.* **3** Répartir dans plusieurs endroits. *Conduites qui distribuent l'eau dans un immeuble.* **4** Donner au hasard, dispenser. *Distribuer des coups dans toutes les directions.* **5** Classer, ordonner. *Distribuer harmonieusement les paragraphes dans un article.* ETY Du lat.

**distributaire** *a, n* DR Personne qui reçoit une part dans une distribution.

**distributeur, trice** *a, n* **A** Qui distribue. *Appareil distributeur de boissons. Un distributeur de tracts.* **B** *n* Personne ou organisme chargés de la diffusion commerciale. *Les distributeurs retardent la sortie de ce film.* **C** *nm* **1** Appareil servant à distribuer. *Un distributeur automatique de billets.* **2** ELECTR Appareil servant à relier des circuits.

**distributif, ive** *a* **1** Qui distribue. **2** GRAM, LOG Se dit de ce qui désigne séparément (par oppos. à *collectif*). *« Chaque » est un adjectif distributif.* LOC ***Justice distributive*** : qui répartit les peines et les récompenses selon les mérites (par oppos. à *justice commutative*). — MATH ***Loi distributive par rapport à une autre loi*** : telle que $a \times (b + c) = (a \times b) + (a \times c)$. *La multiplication est distributive par rapport à l'addition* $[8 \times (4 + 2) = (8 \times 4) + (8 \times 2)]$.

**distribution** *nf* **1** Répartition de choses entre plusieurs personnes. **2** THEAT, CINE Recherche des interprètes et attribution des rôles ; ensemble des interprètes. *Ce film bénéficie d'une prestigieuse distribution.* **3** COMM Opération par laquelle un produit parvient au consommateur. **4** Arrangement, ordonnance, disposition. *La distribution des paragraphes dans un texte.* **5** LING Environnement d'un élément dans un énoncé. **6** Division selon la destination. *La distribution des pièces d'un logement.* **7** MATH En calcul des probabilités, répartition de la densité de probabilité suivant les valeurs de la variable aléatoire. **8** TECH Répartition vers les utilisateurs. *Distribution de l'électricité, du gaz.* Syn. (recommandé) de *dispatching.* **9** TECH Ensemble des organes qui commandent la circulation, la répartition du fluide dans un moteur, une machine.

**distributionnalisme** *nm* LING Théorie selon laquelle l'analyse distributionnelle est le critère de description de la langue.

**distributionnel, elle** *a* LING, LOG Qui a trait à la distribution des éléments dans un énoncé.

**distributivité** *nf* MATH, LOG Caractère des lois distributives.

**district** *nm* **1** Subdivision administrative ou judiciaire. **2** Sous la Révolution, chacune des divisions principales d'un département. **3** Suisse Subdivision du canton. LOC ***District fédéral*** : dans divers États fédéraux, territoire englobant la capitale fédérale. — ***District urbain*** : regroupement volontaire de communes voisines ou formant une même agglomération. ETY Du lat.

**distyle** *a* ARCHI Se dit d'une construction présentant deux colonnes de front. ETY Du gr.

**1 dit** *nm* LITTER Récit comique en vers ou en prose du Moyen Âge. PHO [di]

**2 dit, dite** *a* **1** Surnommé. *Charles V, dit le Sage.* **2** DR (Accolé à l'article défini.) *Ledit, ladite, lesdits, lesdites* : celui, celle, ceux, celles dont on vient de parler. LOC ***C'est (une) chose dite*** : voilà une chose convenue, n'en parlons plus. PHO [di, dit]

**dithyrambe** *nm* **1** ANTIQ GR Poème lyrique en l'honneur de Dionysos. **2** Louange enthousiaste et excessive. ETY Du gr. DER **dithyrambique** *a*

**dito** *av* COMM Déjà dit, de même espèce. *Vingt balles de coton à tant, trente dito, à tant.* Abrév. : d°. ETY De l'ital.

**Diu** petite île de la côte N.-O. de l'Inde ; 38 km² ; 52 100 hab. – Portugaise du XVI<sup></sup>e s. à 1962 ; de 1670 à 1717, les Arabes de Mascate l'occupèrent ; elle appartient dep. 1987, au territ. de *Goa, Damān et Diu*.

**diurèse** *nf* MED Production d'urine ; débit urinaire. ETY Du lat.

**diurétique** *a, nm* MED Qui augmente la sécrétion urinaire.

**diurnal** *nm* LITURG CATHOL Livre de prières contenant celles qui se récitent durant le jour. PLUR diurnaux.

**diurne** *a* **1** Qui dure un jour (vingt-quatre heures). **2** Qui a lieu pendant le jour. ANT nocturne. **3** BOT Se dit d'une fleur qui s'épanouit le jour et se ferme la nuit. **4** ZOOL Se dit d'un animal qui est actif pendant le jour. **LOC** ASTRO ***Mouvement diurne*** **:** mouvement quotidien de rotation apparent d'un astre autour de l'axe de la Terre. — ***Rapace diurne*** **:** falconiforme (aigle, faucon). ETY Du lat.

**diva** *nf* **1** Cantatrice talentueuse et célèbre. **2** fig Personne capricieuse et vaniteuse. ETY Mot ital., « déesse ».

**divagation** *nf* **1** DR Action de laisser divaguer un animal. **2** Inondation qui se produit quand un cours d'eau sort de son lit. **3** fig Fait de s'égarer, de s'écarter de son sujet. **4** (Surtout au pl.) Propos incohérents.

**divaguer** *vi* 1 **1** DR Errer çà et là. *Laisser divaguer des bestiaux.* **2** Sortir de son lit, en parlant d'un cours d'eau. **3** fig S'écarter de son sujet sans raison ; perdre la tête, tenir des propos incohérents. ETY Du lat.

**divan** *nm* **1** HIST Salle de conseil garnie de coussins chez les Orientaux ; assemblée qui siège à ce conseil. **2** anc Conseil d'État de la Turquie. **3** Canapé sans dossier ni bras, garni de coussins et pouvant servir de lit. **4** Canada Canapé. **5** LITTER Syn. de *diwan.* ETY De l'ar. *diwan,* « registre ».

**dive** *af* **LOC** ***La dive bouteille*** **:** le vin.

**divergence** *nf* **1** Fait de diverger ; état de ce qui diverge. **2** fig Différence, désaccord. **3** PHYS NUCL Fonctionnement autonome d'un réacteur nucléaire. **LOC** MATH ***Divergence d'un vecteur*** **:** somme des dérivées partielles de chaque composante du vecteur par rapport à la coordonnée correspondante.

**divergent, ente** *a* **1** Qui diverge. **2** PHYS Se dit des rayons qui s'écartent les uns des autres. **3** fig Qui est en désaccord, opposé. *Avis divergents.* **LOC** ***Lentille divergente*** **:** qui fait diverger les rayons qui la traversent. — MATH ***Série divergente*** **:** qui ne tend pas vers une limite. ▶ illustr. lentille

**diverger** *vi* 13 **1** S'écarter de plus en plus. *Lignes, rayons qui divergent.* **2** fig Ne pas se rejoindre, être en désaccord. ETY Du lat. *divergere,* « incliner ».

**divers, erse** *a* **A** Qui présente plusieurs aspects différents. *Un pays très divers. Un esprit divers.* **B** *apl* **1** Différents, distincts. *Les divers sens d'un mot.* **2** Plusieurs. *Nous parlerons de diverses choses.* **LOC** POLIT ***Divers droite, gauche*** **:** candidats sans étiquette politique précise, mais de même orientation générale. ETY Du lat. DER **diversement** *av*

**diversifier** *vt* 2 Rendre divers ; varier. *Diversifier le choix de ses expressions.* DER **diversifiable** *a* – **diversification** *nf*

**diversiforme** *a* BIOL Qui a une forme variable. SYN hétéromorphe, polymorphe.

**diversion** *nf* **1** MILIT Opération destinée à détourner l'attention de l'ennemi. **2** fig Action de détourner le cours des idées, des préoccupations de qqn ; distraction, dérivatif. **LOC** ***Faire diversion*** **:** détourner l'attention pour ne pas aborder un sujet. ETY Du lat.

**diversité** *nf* **1** Variété, différence. *La diversité des opinions.* **2** Opposition, divergence. *La diversité de leurs idées ne les empêche pas d'être amis.* **3** SOCIOL Ensemble formé par les minorités visibles issues de l'immigration ou de l'outre-mer.

**diverticule** *nm* **1** MED Cavité pathologique communiquant avec un conduit naturel, le tube digestif notam. **2** Lieu écarté ; petit détour. **3** Dans un réseau souterrain, couloir qui relie deux salles. ETY Du lat.

**diverticulose** *nf* MED Accumulation de diverticules.

**divertimento** *nm* MUS Syn. de *divertissement.* PHO [divertimento] ETY Mot ital.

**divertir** *vt* 3 **1** DR Soustraire d'un ensemble, s'approprier illégitimement. *Divertir des fonds.* **2** Récréer, amuser. *Ce spectacle m'a diverti.* ETY Lat. *divertere,* « détourner ».

**divertissant, ante** *a* Distrayant, amusant.

**divertissement** *nm* **1** Récréation, distraction. **2** DR Détournement frauduleux, recel de biens. **3** MUS Composition instrumentale écrite pour être jouée en plein air. SYN divertimento. **4** MUS Intermède libre, dans la fugue. **5** Morceau composé d'airs chantés et de danses, inséré dans un opéra, dans une comédie-ballet.

**Dives (la)**, fl. côtier de France (100 km) ; naît dans le Perche ; se jette dans la Manche.

**Dives-sur-Mer** com. du Calvados (arr. de Lisieux) ; 5 812 hab. – Anc. port de mer d'où Guillaume le Conquérant s'embarqua pour l'Angleterre (1066). DER **divais, aise** *a, n*

**Divico** (fin IIe s. – Ier s. av. J.-C.), chef helvète que César vainquit à Bibracte (58 av. J.-C.).

**dividende** *nm* **A 1** MATH Nombre divisé (par oppos. à *diviseur*). **2** FIN Part de bénéfice distribuée à chaque actionnaire d'une société. **3** Portion attribuée à chaque créancier sur la somme qui reste à partager après la liquidation d'une faillite. **B** *nm pl* fig, fam Conséquences favorables d'une action, d'une situation. ETY Du lat.

**Dividing Range** nom de deux chaînes côtières de l'Australie orientale, l'une dans l'État de Victoria, l'autre dans le Queensland.

**divin, ine** *a, nm* **1** Se dit de ce qui se rapporte à un dieu, aux dieux, à Dieu. **2** Se dit d'une personne divinisée. *Le divin Auguste.* **3** Excellent, parfait, ravissant. *Une beauté divine. Ce dîner a été tout simplement divin.* ETY Du lat. DER **divinement** *av*

**divination** *nf* **1** Art de deviner l'avenir par l'interprétation des présages. **2** Faculté de deviner le futur, d'expliciter des pressentiments. DER **divinateur, trice** *a* – **divinatoire** *a*

**Divine Comédie (la)** poème de Dante composé entre 1306-1308 et 1321. Il comprend 100 chants, regroupés en 3 parties : *l'Enfer,* le *Purgatoire* et le *Paradis.* Dante voyage à travers les 3 régions où séjournent les âmes. Guidé par Virgile, il traverse les 9 cercles de l'Enfer avant de parvenir au Purgatoire, puis Béatrice le mène aux 9 sphères du Paradis.

**diviniser** *vt* 1 **1** Mettre au rang des dieux ; donner un caractère divin à. **2** fig Exalter, glorifier. *Diviniser la force.* DER **divinisation** *nf*

**divinité** *nf* **1** Essence, nature divine. *La divinité du Verbe.* **2** Dieu. *Adorer la Divinité.* **3** fig Chose, personne que l'on adore comme un dieu. *L'argent est sa divinité.*

**divis, ise** *a, nm* DR Partagé (par oppos. à *indivis*). *Propriétés divises.*

**diviser** *v* 1 **A** *vt* **1** Partager en plusieurs parties. *Diviser une propriété entre plusieurs personnes.* **2** MATH Effectuer la division de. *En divisant 16 par 4, on obtient 4.* **3** Désunir. *Le projet gouvernemental divise l'opinion.* **B** *vpr* S'opposer. *Se diviser sur l'opportunité d'un projet.* ETY Du lat.

**diviseur, euse** *n, a* **A** *nm* MATH Nombre qui divise un autre nombre appelé dividende. **B** *n, a* Se dit de qqn ou qqch qui désunit. *Des idées diviseuses.*

**divisible** *a* **1** Qui peut être divisé. **2** MATH Se dit d'un nombre qui peut être divisé sans reste. *9 est divisible par 3.* DER **divisibilité** *nf*

**division** *nf* **1** Action de diviser ; état d'une chose divisée. *Division d'un État en provinces.* **2** MATH Opération (notée :) consistant à partager un nombre *(le dividende)* en un certain nombre *(le diviseur)* de parties égales, dont chacune est le quotient. **3** Chaque partie d'un tout divisé. **4** MILIT Unité importante regroupant des troupes de différentes armes. *Une division aéroportée, blindée.* **5** Réunion de plusieurs bureaux sous la direction d'un chef. *La division du personnel.* **6** DR Partage. *Division d'un héritage.* **7** fig Désunion, discorde. *Semer la division dans les esprits.* **LOC** ***Division du travail*** **:** organisation de la production par répartition du travail en tâches spécialisées.

**division du travail social (De la)** ouvrage de Durkheim (1893).

**divisionnaire** *a, n* **A** Qui concerne une division, appartient à une division, militaire ou administrative. *Inspecteur divisionnaire.* **B** *nm* **1** Commissaire de police divisionnaire. **2** fam Général de division. **LOC** ***Monnaie divisionnaire*** **:** qui représente la division de l'unité monétaire.

**divisionnisme** *nm* PEINT Procédé qui consiste à juxtaposer sur la toile de petites touches de couleur pure. SYN pointillisme. DER **divisionniste** *n, a*

**Divonne-les-Bains** com. de l'Ain (arr. de Gex) ; 6 171 hab. Stat. thermale. Casino. DER **divonnais, aise** *a, n*

**divorce** *nm* **1** Rupture légale du mariage. **2** Séparation complète, opposition entre deux choses. *Divorce entre la raison et la passion.* ETY Du lat.

**divorcé, ée** *a, n* Séparé par un divorce.

**divorcer** *vi* 12 **1** Rompre légalement, par divorce, son mariage. *Il a divorcé de sa première femme.* **2** fig Rompre avec. *Divorcer d'avec un parti.*

**divortialité** *nf* SOCIOL Nombre annuel des divorces dans une population donnée.

**divulguer** *vt* 1 Rendre public ce qui n'était pas connu. *Divulguer un secret.* ETY Du lat. *vulgus,* « foule ». DER **divulgateur, trice** *n* – **divulgation** *nf*

**divulsion** *nf* CHIR Dilatation forcée ; arrachement. ETY Du lat.

**diwan** *nm* LITTER Recueil de poèmes d'un écrivain arabe ou persan. SYN divan. PHO [diwan]

**Diwan** mouvement de défense de la langue bretonne grâce à une scolarisation dans cette langue *(écoles Diwan).*

**dix** *a inv, nm inv* **A** *a num* **1** Neuf plus un (10). *J'ai passé dix jours à Paris.* **2** Dixième. *Tome X.* **B** *nm* Le nombre dix. *Dix fois dix font cent. Il habite au dix.* PHO [dis] en fin de groupe de mots ; [diz] devant une voyelle ou un *h* muet ; [di] devant une consonne ou un *h* aspiré. ETY Du lat.

**Dix (Conseil ou Commission des)** organisme créé à Venise en 1310 pour maintenir l'ordre et qui progressivement gouverna. Le doge, élu à vie, dirigeait les *conseillers noirs,* élus pour un an, et les *conseillers rouges,* élus pour 8 mois.

**Dix Otto** (Untermhaus, près de Gera, 1891 – Singen, près de Constance, 1969), peintre et graveur allemand expressionniste.

**Dixence (la)** torrent de Suisse, dans le Valais (17 km) ; barrage haut de 284 m.

**dix-huit** *a inv, nm inv* **A** *a num inv* **1** Dix plus huit (18). *La majorité légale à dix-huit ans.* **2** Dix-huitième. *Louis XVIII.* **B** *nm inv* Le nombre dix-huit. *Multiplier dix-huit par trois. Habiter au dix-huit.*

**dix-huitième** *a, n* **A** *a num ord, n* Dont le rang est marqué par le nombre 18. *Le dix-huitième jour.* **B** *nm* Chaque partie d'un tout divisé en dix-huit parties égales. *Le dix-huitième de 72 est 4.* **C** *nf* MUS Intervalle de quarte redoublé à deux octaves.

**dixieland** *nm* Style de jazz traditionnel originaire de La Nouvelle-Orléans. PHO [diksilɑ̃d] ETY Du n. d'un comté de Floride. VAR **dixie**

**dixième** *a, n* **A** *a numord, n* Dont le rang est marqué par le nombre 10. *La dixième voiture d'un convoi. La dixième de la famille.* **B** *nm* Chaque partie d'un tout divisé en dix parties égales. *Le dixième de son salaire.* **C** *nf* MUS Intervalle de dix degrés diatoniques ou d'une octave et d'une tierce. PHO [dizjɛm] DER **dixièmement** *av*

**dixit** *v fam* Formule employée pour rapporter les paroles de qqn. PHO [diksit] ETY Mot lat. « il a dit ».

**Dix Mille (retraite des)** retraite (401 av. J.-C.) de dix mille mercenaires grecs au service de Cyrus le Jeune, à travers l'Arménie ; Xénophon l'a racontée dans *l'Anabase*.

**Dixmude** (en néerl. *Diksmuide*), v. de Belgique (Flandre-Occid.), sur l'Yser ; 15 350 hab. – Combats contre les Allemands en 1914, 1918, 1940 et 1944. – Jubé (XVI^e s.).

**dix-neuf** *a inv, nm inv* **A** *a num inv* **1** Dix plus neuf (19). *Se marier à dix-neuf ans.* **2** Dix-neuvième. *Chapitre dix-neuf.* **B** *nm inv* Le nombre dix-neuf. *Dix-neuf moins trois font seize. Jouer le dix-neuf.* PHO [diznœf]

**dix-neuvième** *a, n* **A** *a num ord, n* Dont le rang est marqué par le nombre 19. *Le dix-neuvième essai. Le dix-neuvième siècle. La dix-neuvième à partir de la droite.* **B** *nm* Chaque partie d'un tout divisé en dix-neuf parties égales. *Un dix-neuvième de la surface.* **C** *nf* MUS Intervalle formé de deux octaves et d'une quinte.

**Dix Petits Nègres** roman policier d'Agatha Christie (1939). ▷ CINE *Dix Petits Indiens* film américain de René Clair (1945).

**dix-sept** *a inv, nm inv* **A** *a num inv* **1** Dix plus sept (17). *Avoir dix-sept ans.* **2** Dix-septième. *Page dix-sept. Louis XVII.* **B** *nm inv* Le nombre dix-sept. *Dix-sept plus trois égale vingt.*

**dix-septième** *a, n* **A** *a num ord, n* Dont le rang est marqué par le nombre 17. *La dix-septième représentation. La dix-septième de sa promotion.* **B** *nm* Chaque partie d'un tout divisé en dix-sept parties égales. *Un dix-septième du poids.* **C** *nf* MUS Intervalle formé de deux octaves et d'une tierce.

**diya** *nf* En droit islamique, prix du sang, somme à payer par celui qui a tué ou blessé qqn.

**Diyala (la)** affl. du Tigre (r. g.) ; 442 km ; donne son nom à l'une des prov. de l'Irak.

**Otto Dix** *Portrait de la journaliste Sylvia von Harden*, 1926 – MNAM

**Diyarbakir** (anc. *Amida*), v. de Turquie, sur le Tigre sup., ch.-l. de l'il du m. nom ; 305 940 hab. – Fortifications en basalte.

**dizain** *nm* VERSIF Poème de dix vers.

**dizaine** *nf* **1** Nombre de dix. *Unité, dizaine, centaine.* **2** Réunion de dix unités ; quantité proche de dix. *Une dizaine de personnes l'entouraient.* **3** Groupe de dix grains successifs d'un chapelet.

**dizygote** *a* BIOL Se dit de jumeaux qui proviennent de deux œufs. SYN faux jumeaux, jumeaux bivitellins. ANT monozygote.

**dj** *n fam* Disc-jockey. PHO [didʒi] VAR **DJ.**

**Djābir ibn Hayyān** → **Geber.**

**Djahiz (Al-)** (Bassorah, v. 776 – id., v. 868), le plus grand des prosateurs arabes de l'âge classique : *Livre des avares, Livre des animaux* et traité de rhétorique.

**djaïn, djaïnisme** → **jaïnisme.**

**Djakarta** cap. de la rép. d'Indonésie, au N.-O. de Java ; 13,9 millions d'hab (aggl.). Centre admin., comm et industriel. – La ville fut fondée en 1619 par les Hollandais, sous le nom de *Batavia.* VAR **Jakarta** DER **djakartanais** ou **jakartanais, aise** *a, n*

**Djakarta**

**Djamal al-Din al-Afghani** (Asadābād, près de Kaboul, 1838 – Istanbul, 1897), philosophe et homme politique afghan. Il prôna l'anticolonialisme. Exilé, il répandit ses convictions panislamiques.

**Djamāl Pacha** Ahmet (Mytilène, 1873 – Tiflis, 1922), général et homme politique ottoman, un des artisans de l'alliance avec l'Allemagne et l'Autriche durant la Première Guerre mondiale. Il fut assassiné, probablement par des Arméniens. VAR **Cemal Paşa**

**Djamboul** → **Taraz.**

**Djami** (Djām, dans le Khurāsān, 1414 – Herāt, 1492), poète persan, romantique et mystique.

**Djamila** → **Djemila.**

**Djarach** → **Gerasa.**

**Djarir** (Yamama, v. anc. d'Arabie, v. 653 – id., v. 730), poète arabe, rival d'Al-Akhtal et d'Al-Farazdak.

**Djayapura** → **Jayapura.**

**Djebail** → **Byblos.**

**Djebar** Fatima-Zohra Imalayène, dite Assia (Cherchell, 1936 – Paris, 2015), écrivaine algérienne élue à l'Académie française en 2005.

**djebel** *nm* Montagne en Afrique du N. ETY Mot ar. VAR **djébel**

**Djedda** v. d'Arabie Saoudite, sur la mer Rouge ; 3,2 millions d'hab (aggl.). Port de La Mecque. DER **djeddien, enne** *a, n*

**Djelal ad-Din Rumi** (Balkh, 1207 – Konya, 1273), poète mystique persan ; fondateur de l'ordre des derviches tourneurs. Il exposa la doctrine soufite dans *les Distiques*.

**Djelfa (El-)** ville d'Algérie ; 88 930 hab. ; ch.-l. de wilaya.

**djellaba** *nf* Robe à capuchon portée en Afrique du Nord. ETY Mot ar.

**Djem (El-)** v. de Tunisie (gouvernorat de Sousse), sur le littoral ; 12 790 hab. Artisanat. – De l'anc. *Thysdrus* est demeuré l'amphithéâtre, le plus vaste monument romain d'Afrique. ▶ illustr. **amphithéâtre**

**djembé** *nm* Tambour de cérémonie de l'Afrique de l'Ouest, que l'on tient sous l'aisselle ou entre les cuisses.

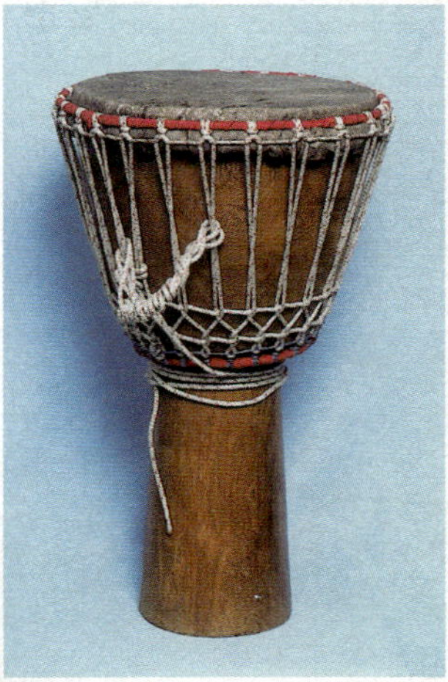

**djembé**

**Djemdet-Nasr** site archéologique de Mésopotamie, proche du site de Babylone, resplendissant vers 3000 av. J.-C.

**Djemila** (auj. *Djamila*), com. d'Algérie (wil. de Constantine) ; 22 070 hab. – Anc. colonie romaine de *Cuicul.* – Ruines.

**djemmaa** *nf* HIST Assemblée des notables d'un douar, en Afrique du N. PHO [dzemaa] ETY Mot ar. VAR **djemaa**

**Djenné** v. du Mali ; 10 280 hab. – Centre comm. qui existait au II^e s. av. J.-C. et connut un grand développement du XVI^e au XIX^e s. – Mosquée (reconstruite en 1905).

**Djerba** île de Tunisie, au S. du golfe de Gabès ; 510 km$^2$ ; 92 270 hab. ; ch.-l. *Houmt-Souk.* Tourisme. – Ce serait l'île des Lotophages (*Odyssée*). VAR **Jerba** DER **djerbien, enne** *a, n*

**Djérid (chott el-)** dépression du Sud tunisien.

**Djézireh** rég. comprise entre le Tigre et l'Euphrate, partagée entre l'Irak et la Syrie.

**Djian** Philippe (Paris, 1949), auteur français de romans noirs : *Bleu comme l'enfer* (1983), *37°2 le matin* (1985), *Impardonnables* (2009).

**Djibouti (république de)** État d'Afrique orientale, sur la mer Rouge, entre l'Éthiopie et la Somalie ; 23 000 km$^2$ ; 900 000 hab. ; cap. *Djibouti.* Langues off. : arabe, français. Monnaie : franc de Djibouti. Pop. : Issas (33,5 %), Afars (19,9 %), Arabes (6,1 %). Relig. : islam majoritaire. DER **djiboutien, enne** *a, n*
**Géographie** Territoire désertique, à la charnière des grands rifts d'Afr. orient., Djibouti garde le détroit de Bab al-Mandab, entre la mer Rouge et le golfe d'Aden. Peuplé de nomades Afars (dits aussi Danakils) et Issas (Somalis en voie de sédentarisation au S.), c'est un pays très pauvre.
**Histoire** Les Français prirent possession d'Obock en 1862. En 1888 fut créé Djibouti, et en 1896 la Côte française des Somalis, sur un territoire concédé par l'Éthiopie à la France qui construisit une voie ferrée reliant Addis-Abeba

à Djibouti (de 1897 à 1917). Territoire d'outre-mer en 1946, elle acquit son autonomie en 1956. Revendiquée par l'Éthiopie et la Somalie, elle resta française après le référendum du 19 mars 1967 et devint le Territoire français des Afars et des Issas. Djibouti accéda à l'indépendance en 1977 après un référendum, mais conserva une base militaire française. Le président Hassan Gouled, un Issa, mécontenta les Afars, qui se révoltèrent à partir de 1991 ; un accord intervint en 1994. Le dauphin de Gouled, Ismaël Omar Guelleh, lui a succédé en 1999 ; il est réélu en 2005 et en 2011.

**Djibouti** capitale de la république homonyme, sur le golfe d'Aden ; 350 000 hab. La ville se situe au débouché de la mer Rouge sur l'océan Indien (détroit de Bab al-Mandab). Port franc d'Afrique orientale, Djibouti garde pour la France une importance stratégique et constitue le débouché du commerce éthiopien (voie ferrée d'Addis-Abeba). DER **djiboutien, enne** *a, n*

Djibouti

**djihad** *nm* Démarche collective pour étendre l'islam par la force, guerre sainte. PHO [dʒiad] ETY Mot ar., « effort ». VAR **jihad**

**djihadisme** *nm* Courant islamiste qui prône le djihad. VAR **jihadisme** DER **djihadiste** ou **jihadiste** *a, n*

**djinn** *nm* Génie, lutin, esprit de l'air, chez les Arabes. ETY Mot ar.

**Djoser** nom de deux pharaons de la IIIe dynastie. Le plus connu, Horus Néterirkhet, fit élever la pyramide de Saqqarah. VAR **Zoser**

statue du roi **Djoser** (détail), provenant de la pyramide de Saqqarah, calcaire polychrome, IIIe dyn. – Musée du Caire

**Djouba (le)** fleuve d'Afrique orientale (880 km) ; naît en Éthiopie et se jette dans l'océan Indien à Kismayou (Somalie).

**Djouba** → **Juba.**

**Djoungarie** → **Dzoungarie.**

**Djubran** → **Gibran.**

**Djurdjura** chaîne de montagnes du Tell algérien (2 308 m au Lalla Khadidja).

**dl** Symbole du *décilitre.*

**dm** Symbole du *décimètre.*

**Dmitriev** Ivan Ivanovitch (Bogorodskoïe, près de Simbirsk, 1760 – Moscou, 1837), écrivain russe : fables, chansons, contes, odes. *Ermak* (ballade préromantique, 1794).

**DMLA** *nf* MED Sigle de *dégénérescence maculaire liée à l'âge.*

**Dmytryk** Edward (Grand Forks, Canada, 1908 – Encino, Californie, 1988), cinéaste américain : *Feux croisés* (1947), *l'Homme aux colts d'or* (1959).

**DNA** *nm* BIOCHIM Sigle de l'anglais *Desoxyribonucleic Acid,* souvent utilisé pour ADN.

**Dniepr (le)** fl. d'Europe (2 201 km) ; naît sur le plateau du Valdaï, draine l'Ukraine et la Biélorussie, et se jette dans la mer Noire. Ce grand axe comm. alimente de nombr. barrages. VAR **Dnipro**

**Dniestr (le)** fl. d'Europe (1 411 km) ; né dans les Carpates, il sépare la Moldavie de l'Ukraine et se jette dans la mer Noire.

**Dniprodzerjynsk** (anc. *Dieprodzerjiusk*), v. d'Ukraine, sur le Dniepr ; 271 000 hab. Centrale hydroél. Chimie, métallurgie.

**Dnipropetrovsk** (anc. *Ekaterinoslav* puis *Dniepropetrovsk*), v. d'Ukraine, sur le Dniepr ; 1 000 000 hab. (aggl.). Centre industriel.

**do** *nm inv* MUS Première note de la gamme. SYN ut.

**doberman** *nm* Chien à poil ras, svelte et musclé. PHO [dɔbɛrman] ETY Mot all., du n. de *Dober,* créateur de la race.

**Döblin** Alfred (Stettin, 1878 – Emmendingen, 1957), écrivain allemand, réaliste et expressionniste. Parmi ses romans, le plus célèbre est *Berlin Alexanderplatz* (1929).

**dobok** *nm* SPORT Tenue de taekwondo, peu différente du kimono. ETY Mot coréen.

**Dobrić** (anc. *Tolbuhin*), v. de Bulgarie ; 109 070 hab. ; ch.-l. de prov.

**Dobrolioubov** Nikolaï Alexandrovitch (Nijni-Novgorod, 1836 – Saint-Pétersbourg, 1861), critique littéraire russe, adversaire de l'art pour l'art.

**Dobro Polje** sommet dans le massif de Nidže (Serbie). – Victoire des troupes franco-serbes de Franchet d'Esperey (15-16 sept. 1918) sur les Bulgares.

**Dobroudja** rég. de Roumanie et de Bulgarie, entre le Danube et la mer Noire. – Turque de 1396 à 1878, elle revint à la Roumanie (1913 et 1919), mais le Sud a été donné à la Bulgarie en oct. 1940.

**dobson** *nm* Unité de mesure de la couche d'ozone. PHO [dɔbsɔn]

**Dobzhansky** Theodosius (Nemirov, 1900 – Davis, Californie, 1975), biologiste américain d'origine ukrainienne. Ses travaux de génétique des populations sont à l'origine du néodarwinisme.

**1 doc** *nf* fam Documentation. *La doc est en anglais.*

**2 doc** *nm* Disque optique compact, cédérom.

**Doce (rio)** fl. du Brésil oriental (980 km).

**docile** *a* Obéissant. ETY Du lat. DER **docilement** *av* – **docilité** *nf*

**docimasie** *nf* **1** ANTIQ GR À Athènes, enquête sur un magistrat avant son entrée en fonctions. **2** MED Examen de certains organes d'un cadavre pour déterminer les causes de la mort. ETY Du gr. *dokimasia,* « épreuve ».

**docimologie** *nf* didac Étude des divers modes de sélection (tests, examens, concours, etc.).

**dock** *nm* **A 1** Bassin entouré de quais, servant au chargement et au déchargement des navires. **2** Chantier de réparation de navires. **B** *nm pl* Grands hangars servant d'entrepôts dans les ports. LOC ***Dock flottant :*** bassin de radoub mobile, permettant de mettre au sec les navires dans un port. ETY Mot angl.

**docker** *nm* Ouvrier qui charge et décharge les navires. PHO [dɔkɛr] VAR **dockeur**

**dockside** *nf* Mocassin de plaisancier, à semelle antidérapante. PHO [dɔksajd] ETY Nom déposé ; mot angl.

**docte** *a* vieilli, iron Savant, érudit. *Je vous laisse à ce docte entretien.* ETY Du lat. DER **doctement** *av*

**docteur** *n* **1** Personne qui a soutenu une thèse de doctorat. *Docteur ès lettres, docteur ès sciences. Elle est docteur en droit.* **2** Médecin. LOC RELIG ***Docteur de la Loi :*** qui interprétait et enseignait la Loi judaïque. — RELIG CATHOL ***Docteur de l'Église :*** titre donné aux plus éminents théologiens et apologistes du catholicisme. VAR **docteure** *nf*

**Docteur Faustus (le)** roman de Thomas Mann (1947), biographie imaginaire d'un compositeur moderne de génie.

**Docteur Jekyll et M. Hyde** roman de R. L. Stevenson (1886). ▷ CINE Films des Américains John Robertson (1878 – 1964), en 1921, avec John Barrymore (1882 – 1942) ; Rouben Mamoulian (1931), avec Fredric March (1897 – 1975) ; Victor Fleming (1941), avec Spencer Tracy.

**Docteur Jivago (le)** roman de Pasternak (1957). ▷ CINE Film de David Lean (1965), avec Omar Sharif (né en 1932) et Julie Christie (née en 1940).

**Docteur Mabuse (le)** film de Fritz Lang (1922), d'apr. Norbert Jacques, avec Rudolph Klein-Rogge (1888 – 1955). Suites : *le Testament du Dr Mabuse* (1933) et *le Diabolique Dr Mabuse* (1960).

**doctoral, ale** *a* **1** didac Qui se rapporte aux docteurs, au doctorat. **2** péjor Pédant, solennel. *Un ton doctoral.* PLUR doctoraux. DER **doctoralement** *av*

**doctorant, ante** *n* Candidat au doctorat.

**doctorat** *nm* **1** Grade de docteur. **2** Épreuve à passer pour obtenir ce grade.

**doctoresse** *nf* vieilli Femme médecin.

**doctrinaire** *n, a* **A** *n* Personne attachée à une doctrine. **B** *nm pl* HIST Philosophes et hommes politiques qui, sous la Restauration, proposaient une doctrine intermédiaire entre celle du droit divin et celle de la souveraineté populaire. **C** *a* péjor Dogmatique. *Un attachement doctrinaire à une cause.*

**doctrine** *nf* **1** Ensemble de principes que l'on professe en matière de religion, de philosophie, de politique, etc. **2** Système intellectuel lié à un penseur ou à un thème. *La doctrine de Platon, la doctrine de l'immortalité de l'âme.* **3** DR Interprétation théorique des règles du droit (par oppos. à *la jurisprudence*). ETY Du lat. DER **doctrinal, ale, aux** *a*

**Doctrine chrétienne (frères de la)** congrégation religieuse fondée en 1845 en Alsace pour se consacrer à l'enseignement.

**Doctrine de la foi** → **Saint-Office.**

**docudrame** *nm* Film de fiction sur un canevas d'histoire vraie. VAR **docu-drama**

**docufiction** *nf* Émission de télévision constituée de scènes documentaires s'ordonnant en un récit de fiction.

**document** *nm* **1** Écrit ou chose qui peut servir à renseigner, à prouver. *Documents historiques. Ce reportage est un document humain.* **2** DR Certificat commercial servant à identifier une marchandise à transporter. ETY Du lat. *documentum,* « ce qui sert à instruire ».

**documentaire** *a, nm* **A** *a* Qui repose sur des documents ; qui possède un caractère de document. *Ce film a une valeur documentaire.* **B** Se dit d'un film à but didactique. *Un documentaire sur la* *vie des lions. Séquences documentaires.* LOC *À titre documentaire :* à titre de renseignement. — COMM *Traite documentaire :* traite accompagnée de documents tels que factures, récépissés.

**documentaliste** *n* Personne spécialisée dans la recherche, la mise en ordre et la diffusion des documents.

**documentariste** *n* Cinéaste spécialiste du film documentaire.

**documentation** *nf* **1** Action de documenter, de se documenter. *Service de documentation.* **2** Ensemble de documents. *Une riche documentation.* **3** Notice, mode d'emploi fournis avec un appareil, un jeu, un logiciel, etc.

**documenté, ée** *a* **1** Qui se fonde sur une documentation. *Étude sérieusement documentée.* **2** Qui est informé, dispose de nombreux documents. *Chercheur mal documenté.*

**documenter** *v* ① **A** *vt* **1** Fournir des documents à qqn. *Documenter un chercheur.* **2** Appuyer sur des documents. *Documenter un reportage.* **B** *vpr* Rechercher, amasser des documents pour soi-même. *Se documenter sur un point d'histoire.*

**docu-soap** *nm* Feuilleton télévisé reposant sur une base documentaire. PLUR docu-soaps. PHO [dɔkysɔp] ETY Mot angl. VAR **docusoap**

**Dodds** Alfred Amédée (Saint-Louis, Sénégal, 1842 – Paris, 1922), général français. Il conquit le Dahomey (1892-1894).

**Dodds** Johnny (La Nouvelle-Orléans, 1892 – Chicago, 1940), clarinettiste de jazz et chef d'orchestre américain.

**dodéca-** Élément, du gr. *dôdeka,* « douze ».

**dodécaèdre** *nm* GEOM Solide à douze faces.

**dodécagone** *nm* GEOM Polygone qui a douze côtés. DER **dodécagonal, ale, aux** *a*

**Dodécanèse** archipel de la mer Égée (comprenant douze îles, notam. Cos et Pátmos) et ancien nome de Grèce ; 2 705 km$^2$ ; 191 100 hab. ; ch.-l. *Rhodes.* – Îles turques (1522), italiennes (1912), puis grecques (1947).

**dodécaphonisme** *nm* MUS Méthode de composition atonale dans laquelle est utilisée, sans aucun rapport de hiérarchisation tonale, la série des douze sons de l'échelle chromatique. DER **dodécaphonique** *a* – **dodécaphoniste** *n*

**dodécasyllabe** *a, nm* Qui a douze syllabes.

**dodeliner** *vi* ① Se balancer doucement. *Dodeliner de la tête.* ETY Onomat. DER **dodelinement** *nm*

**Doderer** Heimito von (Weidlingau, 1896 – Vienne, 1966), romancier autrichien : *les Démons* (1956).

**1 dodo** *nm* Syn. de *dronte.* ETY Du néerl.

**2 dodo** *nm* Sommeil ; lit dans le langage enfantin. LOC *Faire dodo :* dormir. ETY De *dormir.*

**Dodoma** cap. de la Tanzanie (depuis 1990) ; 227 000 hab (aggl.). DER **dodomais, aise** *a, n*

**Dodone** anc. v. de Grèce (Épire), célèbre pour son temple et pour son oracle de Zeus.

**dodu, ue** *a* Gras, potelé.

**Doesburg** Christian Emil Marie Kupper, dit Theo Van (Utrecht, 1883 – Davos, 1931), peintre néerlandais, fondateur avec Mondrian du groupe *De Stijl* (1917).

**dogaresse** *nf* HIST Femme d'un doge.

**dog-cart** *nm* Voiture légère à deux roues pour transporter des chiens de chasse. PLUR dog-carts PHO [dɔgkaʀt] ETY Mot angl. VAR **dogcart**

**doge** *nm* HIST Premier magistrat au Moyen Âge, à Venise et Gênes.

**Doges (palais des)** palais de Venise (XII$^e$ s., plusieurs fois reconstruit, façades des XIV$^e$-XV$^e$ s.), anc. résidence des doges. Il communique, par le pont des Soupirs, avec les prisons.

**dogger** *nm* GEOL Jurassique moyen. PHO [dɔgœʀ] ETY D'un n. pr.

**dogmatique** *a, n* **A** *a* Qui concerne le dogme. *Théologie dogmatique.* **B** *a* **1** PHILO Qui affirme certaines vérités (par oppos. à *sceptique*). **2** Qui n'admet pas la contradiction. *User d'un ton dogmatique.* **C** *nf* RELIG Ensemble des vérités de foi organisées en corps de doctrine. DER **dogmatiquement** *av*

**dogmatiser** *vi* ① S'exprimer d'une manière sentencieuse.

**dogmatisme** *nm* **1** Caractère des doctrines philosophiques ou religieuses dogmatiques (par oppos. à *scepticisme*). **2** Attitude intellectuelle consistant à affirmer des idées sans les discuter. DER **dogmatiste** *a, n*

**dogme** *nm* **1** Principe établi ; enseignement reçu et servant de règle de croyance, de fondement à une doctrine. **2** RELIG Ensemble des articles de foi d'une religion. *Le dogme de l'Immaculée conception.* ETY Du gr. *dogma,* « opinion ».

**Dogons** peuple vivant au Mali, à l'intérieur de la boucle du Niger. Ils parlent des langues nigéro-congolaises du groupe voltaïque. Leur art est magnifique : statues funéraires en bois, masques, peintures rupestres. DER **dogon** *a*

**dogue** *nm* Chien de garde à grosse tête, au museau écrasé. LOC *Être d'une humeur de dogue :* être de très mauvaise humeur, irascible. ETY De l'angl. *dog,* « chien ». ▶ pl. **chiens**

**Doha (al-)** → **Dawha (al-).**

**doigt** *nm* **1** Chacune des cinq parties articulées, mobiles, qui terminent la main. **2** Mesure qui équivaut à un travers de doigt. *Un doigt de vin.* **3** Chacune des parties articulées attachées à la patte, au pied de certains vertébrés. **4** TECH Pièce servant de cran d'arrêt, de butoir. LOC *À deux doigts de :* très près de. — fam *Au doigt mouillé :* de façon imprécise, à vue de nez. — Canada *Doigt de dame :* biscuit à la cuillère. — *Doigt de pied :* orteil. — *Être comme les deux doigts de la main :* très liés. — fam *Faire qqch les doigts dans le nez :* avec une grande facilité. — *Mettre le doigt sur :* découvrir, deviner. — *Obéir au doigt et à l'œil :* ponctuellement, au premier signe. — *Savoir qqch sur le bout des doigts :* parfaitement. — fam *Se mettre le doigt dans l'œil :* se tromper lourdement. — *Taper sur les doigts de qqn :* le réprimander, le rappeler à l'ordre. PHO [dwa] ETY Du lat.

**doigté** *nm* **1** MUS Jeu des doigts sur les instruments ; indication chiffrée, sur la partition, du jeu des doigts. **2** Habileté des doigts. *Cette dactylo a un excellent doigté.* **3** fig Tact, finesse.

**doigter** *vt* ① **1** Placer les doigts de telle ou telle manière sur l'instrument dont on joue. **2** Indiquer le doigté sur une partition.

**doigtier** *nm* Fourreau servant à couvrir, à protéger un doigt. PHO [dwatje]

**Doillon** Jacques (Paris, 1944), cinéaste français *les Doigts dans la tête* (1974) , *la Pirate* (1984), *Ponette* (1996).

**Doire (la)** (en ital. *Dora*), nom de deux affl. du Pô : la *Doire Baltée* (160 km), née au mont Blanc, arrose le Val d'Aoste ; la *Doire Ripaire* (125 km), née près du col du Montgenèvre, coule dans le val de Suse.

**Doisneau** Robert (Gentilly, 1912 – Paris, 1994), photographe français de Paris, de sa banlieue et des gens du peuple.

**Doisy** Edward Adelbert (Hume, Illinois, 1893 – Saint Louis, 1986), biochimiste américain : travaux sur l'insuline, la vitamine K, etc. P. Nobel de médecine 1943 avec H. Dam.

**doit** *nm* COMPTA Partie d'un compte contenant les dettes.

**dojo** *nm* **1** Salle d'entraînement et de compétition pour les arts martiaux. **2** Salle de méditation zen. ETY Mot jap.

**dol** *nm* DR Artifice destiné à abuser autrui, tromperie. ETY Du lat.

**dolby** *nm* ELECTROACOUST Système de réduction du bruit de fond des bandes magnétiques. ETY Nom déposé, d'un n. pr.

**dolce** *av* MUS Indique qu'un passage doit être exécuté avec douceur. PHO [dɔltʃe]

**Dolce Vita (la)** film de Fellini (1960), avec M. Mastroianni et la Suédoise Anita Ekberg (1931–2015).

**dolcissimo** *av* MUS Très doucement. PHO [dɔltʃisimo]

**Dol-de-Bretagne** ch.-l. de cant. d'Ille-et-Vilaine (arr. de Saint-Malo) ; 5 659 hab. Fruits et légumes dans le *marais de Dol.* – Cath. XIII$^e$ s. ; maisons XI$^e$ s. DER **dolois, oise** *a, n*

**doldrums** *nm pl* GEOGR Calmes plats équatoriaux, dus aux basses pressions séparant les alizés des deux hémisphères. PHO [dɔldʀœms] ETY Mot angl.

**Dole** ch.-l. d'arr. du Jura, sur le Doubs et le canal du Rhône au Rhin ; 24 787 hab. Centre comm. et industriel – Anc. cap. de la Franche-Comté. DER **dolois, oise** *a, n*

**dôle** *nf* Vin réputé du Valais, issu de pinot, le plus souvent rouge.

**doléances** *nf pl* Plaintes, récriminations. *Faire ses doléances.* ETY Du lat. *dolere,* « souffrir ».

**doléances** (cahiers de), cahiers sur lesquels étaient consignées les protestations au roi à l'occasion des états généraux.

**dolent, ente** *a* **1** litt Qui éprouve une souffrance physique, qui est mal en point. **2** Triste et plaintif. *Voix dolente.* ETY Du lat.

**doler** *vt* ① TECH Aplanir ou réduire l'épaisseur de qqch avec un instrument tranchant. ETY Du lat. *dolare,* « façonner ».

**Dolet** Étienne (Orléans, 1509 – Paris, 1546), imprimeur et humaniste français. Accusé d'hérésie et d'athéisme, il fut pendu et brûlé.

**dolic** *nm* Papilionacée voisine des haricots et consommée comme ceux-ci. ETY Du gr. VAR **dolique**

**dolicho-** Élément, du gr. *dolikhos,* « long ». PHO [doliko]

**dolichocéphale** *a, n* ANTHROP Dont le crâne a une longueur supérieure à sa largeur. ANT brachycéphale.

**Robert Doisneau** *les Frères*, Paris, 1934

**Dolin** Anton (Slinford, 1904 – Neuilly-sur-Seine, 1983), danseur et chorégraphe anglais.

**doline** *nf* GEOMORPH Petite dépression fermée des régions karstiques. SYN sotch. ETY Mot slave.

**doliole** *nf* Urocordé planctonique en forme de tonnelet.

**dolique** → **dolic.**

**dollar** *nm* Unité monétaire de nombr. États tels que les États-Unis, le Canada, l'Australie. (symbole $). ETY Mot anglo-amér., de l'all. *daler.*

**Dollard des Ormeaux** Adam (Les Ormeaux, en Île-de-France, 1635 – Long-Sault, Ontario, 1660), officier français tué avec dix-sept compagnons en combattant les Iroquois.

**dollarisation** *nf* ECON Substitution du dollar à une monnaie locale pour des échanges commerciaux. DER **dollariser** *vt* ①

**Dollfuss** Engelbert (Texing, 1892 – Vienne, 1934), homme politique autrichien. Chancelier chrétien-social (1932), il instaura un régime d'extrême droite, mais tint tête aux nazis, qui l'assassinèrent.

**Döllinger** Johann Ignaz von (Bamberg, 1799 – Munich, 1890), théologien allemand. Déniant l'infaillibilité pontificale, il fut excommunié en 1871, créant le schisme des « Vieux Catholiques ».

**dolman** *nm* Veste militaire à brandebourgs des anciens hussards.

**dolmen** *nm* Chambre funéraire mégalithique composée d'une grande dalle reposant sur des pierres verticales. PHO [dɔlmɛn] ETY Du breton *dol,* « table » et *men,* « pierre ».

**dolmen** près de l'Aumède, causse de Sauveterre

**Dolní Věstonice** site préhistorique de Moravie-Méridionale (Rép. tchèque) – Vénus de Věstonice (20 000 av. J.-C.).

**dolo** *nm* **Afrique** Syn. de *tchapalo.*

**doloire** *nf* TECH **1** Instrument utilisé pour réduire l'épaisseur d'une pièce de bois. **2** Instrument pour gâcher la chaux, le sable. ETY Du lat.

**dolomie** *nf* GEOL Roche sédimentaire formée de dolomite. ETY De *Dolomieu,* n. pr. DER **dolomitique** *a*

**Dolomieu** Dieudonné ou Déodat de Gratet, dit (Dolomieu, Isère, 1750 – Châteauneuf, Saône-et-L., 1801), géologue français qui donna son nom aux *dolomies.*

**dolomite** *nf* Carbonate naturel double de calcium et de magnésium.

**Dolomites** massif calcaire italien des Alpes orient. (3 342 m au Marmolada). VAR **Alpes dolomitiques**

**dolomitisation** *nf* GEOL Ensemble des phénomènes par lesquels un calcaire se transforme en dolomie.

**dolorisme** *nm* Doctrine qui attribue à la douleur une valeur éthique. DER **doloriste** *a, n*

**dolosif, ive** *a* DR Qui présente les caractères du dol, de la tromperie.

**Dolto** Françoise (Paris, 1908 – id., 1988), psychanalyste française, qui étudia l'enfant : *Psychanalyse et pédiatrie* (1939), *le Cas Dominique* (1971).

**Françoise Dolto**

**dom** *nm* **1** Titre d'honneur donné aux religieux de plusieurs ordres (bénédictins, chartreux). **2** Titre donné aux nobles, au Portugal. *Dom Miguel.* PHO [dɔ̃]

**DOM** *nm inv* Acronyme pour *département (français) d'outre-mer. La Guadeloupe, la Martinique, la Guyane française et la Réunion constituent les DOM.* DER **domien, enne** *a, n*

**Domagk** Gerhard (Lagow, 1895 – Burgberg, 1964), biochimiste allemand. Il découvrit l'action des sulfamides (1935). P. Nobel de médecine (1939), qu'il fut contraint de refuser.

**domaine** *nm* **1** Propriété foncière. *Un domaine de 50 hectares.* **2** Ensemble des biens. *Le domaine de l'État. Le domaine public.* **3 fig** Tout ce qu'embrasse un art, une activité intellectuelle donnée. *Avoir des connaissances dans tous les domaines.* **4** Ensemble des connaissances, des compétences de qqn. *Ceci n'est pas de mon domaine.* **5** Partie finale d'une adresse Internet qui identifie soit le pays, soit l'activité, soit l'organisme de l'usager. **LOC** MATH ***Domaine de définition d'une fonction :*** ensemble des valeurs de la variable pour lesquelles une fonction est définie. — ***Tomber dans le domaine public :*** cesser d'être la propriété des ayants droit, en parlant de productions artistiques, littéraires, etc. ETY Du lat.

**domanial, ale** *a* Qui appartient à un domaine, en partic. au domaine de l'État. PLUR domaniaux. DER **domanialité** *nf*

**domanialiser** *vt* ① ADMIN Annexer au domaine de l'État. *Domanialiser une forêt.*

**Domat** Jean (Clermont-Ferrand, 1625 – Paris, 1696), juriconsulte français : *les Lois civiles dans leur ordre naturel* (1689-1694).

**Dombasle** Christophe Joseph Alexandre Mathieu de (Nancy, 1777 – id., 1843), agronome français.

**Dombasle-sur-Meurthe** com. de Meurthe-et-Moselle (arr. de Nancy) ; 8 950 hab. Sel gemme ; soude. DER **dombaslois, oise** *a, n*

**Dombes (la)** anc. pays de France (dép. de l'Ain), réuni à la Couronne en 1762 ; plateau argileux d'origine glaciaire, boisé et riche en étangs. Ville princ. *Trévoux.* Réserve ornithologique de *Villars-les-Dombes.* VAR **Les Dombes**

**Dombrovski** Iouri Ossipovitch (Moscou, 1909 – id., 1978), écrivain soviétique. Après 20 ans de goulag au Kazakhstan, il a dépeint le totalitarisme stalinien : *le Conservateur des antiquités* (1964), *la Faculté de l'inutile* (1978).

**Dombrowska** → **Dąbrowska.**

**Dombrowski** → **Dąbrowski.**

**DOM-COM (les)** ensemble formé par les départements (DOM) et les collectivités (COM) d'outre-mer, anc. appelé DOM-TOM. DER **domcomien, enne** *a, n*

**1 dôme** *nm* Église cathédrale, en Italie et en Allemagne. ETY De l'ital. *duomo.*

**2 dôme** *nm* **1** ARCHI Comble arrondi qui recouvre un édifice. **2** GEOL Surélévation arrondie et régulière. *Les dômes du Massif central.* **3** TECH Objet, chose qui a la forme d'un dôme. *Le dôme d'une chaudière. Un dôme de feuillage.* ETY Du provenç.

**Dôme (puy de)** sommet volcanique situé à l'O. de Clermont-Ferrand ; 1465 m.

**Domenico di Pace** → **Beccafumi.**

**Domenico Veneziano** Domenico di Bartolomeo, dit (Venise, v. 1400 – Florence, 1461), peintre italien. Ses couleurs claires influencèrent Piero della Francesca, son élève.

**Domergue** Jean-Gabriel (Bordeaux, 1889 – Paris, 1962), décorateur et portraitiste mondain français (nombr. portraits de femmes).

**Dômes (monts)** → **Puys.**

**Domesday Book** (« Livre du Jugement dernier »), cadastre des terres anglaises dressé au XIe s. à des fins fiscales.

**domesticable, domestication** → **domestiquer.**

**domesticité** *nf* **vieilli** Ensemble des domestiques.

**domestique** *a, n* **A** *a* **1** Qui est de la maison, qui appartient à la maison. *Vie, travaux domestiques.* **2** Qui concerne l'intérieur d'un pays. *Règlementation domestique et réglementation communautaire.* **3** Se dit d'animaux dont l'espèce a été apprivoisée. *Le cheval, le chien sont des animaux domestiques.* ANT sauvage. **B** *n* **vieilli** Serviteur, servante à gages (auj. *employé de maison*). ETY Du lat. *domus,* « maison ».

**domestiquer** *vt* ① **1** Rendre domestique un animal sauvage. **2 fig, péjor** Amener à une soumission complète. *Domestiquer un peuple.* **3** Tirer parti d'une source d'énergie naturelle. *Domestiquer l'énergie atomique.* DER **domesticable** *a* – **domestication** *nf*

**domicile** *nm* **1** Lieu où demeure qqn. **2** DR Lieu où une personne, une société est légalement et officiellement établie. *Domicile fiscal.* **LOC** ***À domicile :*** au lieu d'habitation. — DR ***Domicile élu :*** lieu choisi pour l'exécution d'un acte. — ***Sans domicile fixe (SDF) :*** en état de vagabondage. ETY Du lat. *domicilium,* de *domus,* « maison ».

**domiciliaire** *a* **didac** Relatif au domicile. **LOC** ***Visite domiciliaire :*** perquisition.

**domiciliataire** *nm* DR Personne (généralement un banquier) au domicile de laquelle est payable une traite, un effet de commerce, un coupon d'intérêt ou un dividende.

**domiciliation** *nf* DR Désignation du domicile où un effet de commerce est payable.

**domicilié, ée** *a* Qui a son domicile en tel lieu. *Monsieur Untel, domicilié à Paris.*

**domicilier** *vt* ② **1** Fixer un domicile à. **2** FIN Élire un domicile pour le paiement d'une traite.

**domien** → **DOM.**

**dominance** *nf* **1 didac** Fait de dominer, prédominance, prépondérance. **2** BIOL Caractère dominant d'un gène.

**dominant, ante** *a* **1** Qui domine, prévaut. *Couleur, idée dominante.* SYN principal. ANT accessoire, secondaire. **2** BIOL Se dit d'un allèle qui, se trouvant avec un allèle gouvernant un même caractère, s'exprime seul dans le phénotype de l'hybride. ANT récessif. **3** Qui exerce une autorité sur. **4** Qui surplombe. *Cette forteresse occupe une position dominante.* **LOC** DR ***Fonds dominant :*** fonds en faveur duquel une servitude est établie.

**dominante** *nf* **1** Ce qui domine, qui est prépondérant. *Une dominante verte sur une photo.* **2** Matière principale, dans les universités. **3** MUS Cinquième degré de la gamme diatonique, en rapport de quinte avec la tonique ; note principale, dans le plain-chant. **4** ASTROL Signes et planètes prépondérants dans le ciel au moment de la naissance.

**dominateur, trice** *a, n* Qui domine, aime à dominer. *Esprit dominateur.*

**domination** *nf* **A 1** Puissance, autorité souveraine. **2** Influence, ascendant. *Subir une domination morale.* **B** *nf pl* THEOL Premier chœur de la deuxième hiérarchie des anges.

**dominer** *v* ① **A** *vt* **1** Avoir une puissance absolue sur. *Chercher à dominer le monde.* **2** fig Maîtriser. *Dominer sa colère. Dominer son sujet.* **3** L'emporter en quantité, en intensité sur. *Parler d'une voix claire qui domine le brouhaha.* SYN prédominer, dépasser. **4** Être plus haut que, s'élever au-dessus de. *La citadelle domine la ville.* SYN surplomber. **B** *vi* **1** Exercer une domination. *Athènes dominait en Grèce.* **2** L'emporter en nombre, en intensité. *Dans ce tableau, c'est le rouge qui domine.* ETY Du lat. *dominari*, de *dominus*, « maître ».

**Domingo Plácido** (Madrid, 1941), ténor espagnol, interprète du répertoire lyrique, sur scène et au cinéma (*la Traviata* 1982 ; *Carmen*, 1984).

**dominguois → Saint-Domingue.**

**1 dominicain, aine** *n, a* Qui appartient à l'ordre de saint Dominique.

**2 dominicain → Dominicaine, Saint-Domingue.**

**Dominicaine (république)** État des Grandes Antilles formé par la partie orientale de l'île d'Haïti (anc. *Saint-Domingue*) ; 48 442 km$^2$ ; 11 200 000 hab. ; croissance dém. : 1,6 % par an ; cap. *Saint-Domingue.* Nature de l'État : rép. de type présidentiel. Langue off. : esp. Monnaie : peso dominicain. Pop. : métis (75 %), Blancs (15 %), Noirs (10 %). Relig. off. : catholicisme. DER **dominicain, aine** *a, n*

**Géographie** Le pays montagneux (3 175 m au *Pico Duarte*), a un climat tropical humide. La pop., citadine à 67 %, se concentre dans les vallées et les plaines littorales fertiles. On exporte les cultures comm. (canne à sucre, café, cacao, tabac), le nickel et un peu d'or. Une quarantaine de zones franches, l'investissement étranger (amér. surtout), le tourisme ont dynamisé l'économie, mais le niveau de vie reste faible, l'inflation est élevée, la dette importante.

**Histoire** Découverte en 1492 par Colomb, l'île d'Hispaniola fut occupée par les Espagnols, qui la délaissèrent, ayant épuisé ses ressources minières. Les Français purent s'installer dans la partie occidentale, qu'ils nommèrent Saint-Domingue, en 1697 ; le traité de Ryswick partagea l'île. En 1795, au traité de Bâle, la France reçut la partie esp. De 1803 à 1808, elle y maintint ses troupes, qui avaient été vaincues à Saint-Domingue, devenu la rép. indép. d'Haïti. En 1808, les troupes françaises furent chassées. En 1814, l'Espagne récupéra ses possessions, mais les colons proclamèrent la rép. Dominicaine indép. en 1821. Les Haïtiens l'envahirent en 1822 et la rattachèrent à Haïti jusqu'en 1844. Une insurrection lui rendit son indép. (mais elle fut esp. de 1861 à 1865). Les Dominicains s'endettèrent auprès des É.-U., qui occupèrent le pays de 1916 à 1924. À partir de 1930, la famille Trujillo, « régna », soutenue par les É.-U. En 1963, deux ans après l'assassinat de Trujillo, le président libéral de gauche Juan Bosch fut renversé par l'armée. En 1965, les É.-U. vinrent mettre un terme à la guerre civile. Les affrontements armés ne cessèrent qu'en 1973, après la défaite de la guérilla de G. Camano. J. Balaguer, président de 1966 à 1978, succéda, en 1986, à A. Guzman (1978-1982) et à J. Blanco (1982-1986). Il fut réélu en 1990 et en 1994 mais il dut céder la place à Leonel Fernandez (1996-2000), puis au candidat de l'opposition Hipolito Mejia (2000). En 2004, L. Fernandez redevient prés. de la Rép. Il est réélu en 2008. Le parti de centre droit reste au pouvoir avec l'élection en 2012 de Danilo Medina.

**dominical, ale** *a* **1** Qui appartient au Seigneur. **2** Du dimanche. *Repos dominical.* PLUR dominicaux. LOC ***L'oraison dominicale*** : le Pater. ETY Du lat.

**dominion** *nm* Pays membre du Commonwealth. PHO [dɔminjɔn] ETY Mot angl.

**Dominique (la)** État des Petites Antilles, situé entre la Guadeloupe et la Martinique ; 751 km$^2$ ; 100 000 hab. ; cap. *Roseau.* Nature de l'État : rép. à régime parlementaire, membre du Commonwealth. Langue off. : anglais. Monnaie : dollar des Caraïbes de l'Est. Population : origine africaine (82,2 %), métis (15,9 %), Amérindiens (1,3 %). Relig. : catholicisme majoritaire. Île volcanique (1 447 m au *Morne Diablotin*), la Dominique vit de cultures tropicales destinées à l'exportation (noix de coco, coprah, bananes, agrumes) et du tourisme. – Anc. colonie franç. cédée à l'Angleterre par le traité de Paris (1763), la Dominique a accédé à l'indépendance en 1978. Elle est membre de la Francophonie. DER **dominiquais, aise** *a, n*

**Dominique** roman de Fromentin (1863).

**Dominique de Guzmán (saint Dominique)** (Caleruega, prov. de Burgos, v. 1170 – Bologne, 1221), prédicateur espagnol. Innocent III le chargea de ramener les albigeois à la foi chrétienne. Il fonda en 1216 un ordre religieux (*ordre de Saint-Dominique* ou *des dominicains*) pour lutter contre l'hérésie. Il fut canonisé en 1234.

**Dominique de Guzmán** représenté par Fra Angelico, dans le *Couronnement de la Vierge*, 1430-1435 – musée du Louvre

**Dominiquin Domenico Zampieri,** dit **il Domenichino,** en fr (Bologne, 1581 – Naples, 1641), peintre italien, élève des Carrache.

**domino** *nm* **A** *nm pl* Jeu de société composé de vingt-huit petites plaques marquées chacune deux fois d'un certain nombre de points combinés. **B** *nm* **1** Chacune de ces plaques. **2** ELECTR Pièce cubique ou parallélépipédique servant à raccorder des conducteurs. **3** Longue robe à capuchon portée dans les bals masqués. LOC ***Couple domino*** : constitué d'une personne blanche et d'une personne noire. — ***Effets de dominos*** : réaction en chaîne aux effets catastrophiques.

**dominoterie** *nf* anc Fabrication et commerce de papiers servant à faire des jeux de société. DER **dominotier** *nm*

**Domitien** (en lat. *Titus Flavius Domitianus*) (Rome, 51 – id., 96 apr. J.-C.), empereur romain. Deuxième fils de Vespasien, il succéda à son frère Titus en 81. Il étendit l'Empire romain en Bretagne, en Germanie, mais il devint sanguinaire et fut assassiné ; sa femme, Domitia Longina, participa au complot.

**Domitius Ahenobarbus Cneius** (Ier s. apr. J.-C.), consul en 32. Premier mari d'Agrippine la Jeune et père de Néron.

**Dom Juan → Don Juan.**

**dommage** *nm* **A** *nm* **1** Ce qui fait du tort. *Causer, subir un dommage.* SYN préjudice. **2** Chose fâcheuse, regrettable. *Quel dommage ! Dommage qu'il pleuve !* **B** *nm pl* Dégâts. *L'incendie a causé des dommages importants.* LOC ***Dommages de guerre*** : dommages subis par qqn dans ses biens, du fait d'actes de guerre ; indemnités et réparations qui lui sont allouées. — DR ***Dommages et intérêts*** ou ***dommages-intérêts*** : indemnité due en réparation d'un préjudice. ETY De *dam*.

**dommageable** *a* Qui cause un dommage.

**Dom Miguel → Michel (roi de Portugal).**

**Domodossola** v. d'Italie (prov. de Novare), au débouché du Simplon ; 20 070 hab. Industries.

**Domont** ch.-l. de cant. du Val-d'Oise (arr. de Montmorency) ; 15 075 hab. Industries. – Église (chœur du XIIe s.). DER **domontois, oise** *a, n*

**domotique** *nf, a* didac Informatique appliquée à l'ensemble des systèmes de sécurité de la maison et de régulation des tâches domestiques. ETY Du lat. *domus*, « maison ».

**dompter** *vt* ① **1** Forcer un animal sauvage à obéir. SYN dresser. **2** Soumettre qqn à son autorité. *Dompter des rebelles.* SYN mater. **3** fig, litt Maîtriser, vaincre. *Dompter une passion.* PHO [dɔ̃te] ou [dɔ̃pte] DER **domptable** *a* – **domptage** *nm*

**dompteur, euse** *n* Personne qui dompte les animaux sauvages.

**dompte-venin** *nm* Herbe (asclépiadacée) à petites fleurs blanches, fréquente en France, qui a des propriétés émétiques. PLUR dompte-venins ou dompte-venin.

**Domrémy-la-Pucelle** com. des Vosges (arr. de Neufchâteau) ; 152 hab. – Maison natale de Jeanne d'Arc, transformée en musée.

**DOM-TOM (les)** anc. nom des DOM-COM. DER **domtomien, enne** *a, n*

**1 don** *nm* **1** Action de donner. *Don du sang, d'organe.* **2** Chose donnée. *Don en nature, en espèces.* **3** fig Avantage naturel, talent. *Cet enfant a tous les dons.* **4** Aptitude innée à qqch. *Le don des langues.* ETY Du lat.

**2 don, doña** *n* **A** En Espagne, titre d'honneur donné aux personnes d'un certain rang. **B** *nm* En Italie, titre d'honneur donné aux abbés. ETY De l'esp. VAR **don, donia**

**Don (le)** fl. de Russie ; 1 870 km ; naît près de Toula ; se jette dans la mer d'Azov. Relié par un canal à la Volga, c'est un grand axe commercial.

**donacie** *nf* Insecte coléoptère (chrysomélidé), long de 10 mm, dont les élytres ont des reflets métalliques, et qui vit sur les plantes aquatiques. ETY Du gr. *donax*, « roseau ».

**Donald** personnage de dessin animé créé par Disney en 1936, canard irascible.

**Donat** (m. en Gaule ou en Espagne, v. 355), évêque de Casae Nigrae (à 50 km de la v. actuelle de Sétif), puis de Carthage. Protestant contre le pouvoir central de Rome (312), il fut condamné par les conciles de Rome (313) et d'Arles (314) et exilé par l'empereur Constantin en Espagne (316), mais le *donatisme* demeura vivace en Afrique du N. chez les Berbères qui refusaient l'autorité politique de Rome.

**donataire** *n* DR Personne à qui est faite une donation.

**Donatello Donato di Niccolo Betto Bardi,** dit (Florence, 1386 – id., 1466), sculpteur italien. Il a tracé la voie entre le gothique international à caractère réaliste et le classicisme : série des prophètes du campanile de Florence, dont le célèbre *Habacuc* dit *le Zuccone* (1427-1436), *David* (bronze, 1430-1440, Bargello) statue équestre du condottiere *Gattamelata* (1447-1453 Padoue). ▶ illustr. p. 488

**donateur, trice** *n* **1** Personne qui fait un don, une donation. **2** Personne qui donne à une église un tableau sur lequel elle se fait représenter.

**donation** *nf* DR Contrat par lequel une personne *(donateur)* donne de son vivant une partie de ses biens à une autre personne *(donataire)*, qui accepte ; acte constatant ce contrat.

**Donation de Constantin** texte par lequel Constantin le Grand (déb. IVe s.) aurait fait don de l'Italie au pape Sylvestre. C'était un faux.

**donation-partage** *nf* DR Acte par lequel qqn partage de son vivant des biens entre ses descendants. PLUR donations-partages.

**donatisme** *nm* HIST Doctrine de Donat et de ses partisans. DER **donatiste** *a, n*

**Donatoni** Franco (Vérone, 1927 – Milan, 2000), compositeur italien : mus. sérielle.

**donax** *nm* ZOOL Lamellibranche comestible abondant sur les côtes sablonneuses, long de 3 cm env., qui possède deux longs siphons. SYN olive, trialle, fliot, (Afr) cébette. ETY Mot gr.

**Donbass** bassin houiller (« bassin du Donets ») et région industrielle d'Ukraine (et aussi de Russie) qui a pour centre Donetsk.

**donc** *conj* **1** Marque la conséquence. *J'ignorais son adresse, je ne pouvais donc pas lui écrire.* **2** Reprend un discours interrompu. *Nous disions donc que...* **3** Marque la surprise, l'impatience ; appuie une affirmation, un ordre. *Qu'avez-vous donc ? Allons donc, ce n'est pas possible ! Taisez-vous donc !* ETY Du lat.

**Don Camillo** personnage héroïcomique créé par l'écrivain ital. Giovanni Guareschi (1908 – 1968) dans *le Petit Monde de Don Camillo* (1948) , qui fut adapté au cinéma : *le Petit Monde de Don Camillo* (1952) et *le Retour de Don Camillo* (1953) de J. Duvivier, *Don Camillo en Russie* (1965) de L. Comencini, toutes avec Fernandel.

**Don Carlos** (en fr. *Charles d'Autriche*) (Valladolid, 1545 – Madrid, 1568), infant d'Espagne, fils aîné de Philippe II. Jeté en prison sur l'ordre de son père, il y mourut. ▷ LITTER, MUS *le Prince Don Carlos* drame de Jiménez de Enciso (1585 – 1634) ; *Don Carlos* drame de Schiller (1787) ; *Don Carlos* opéra de Verdi (1867).

**Doncaster** ville d'Angleterre (South Yorkshire) ; 284 300 hab. Centre industriel.

**dondon** *nf* fam, péjor Femme lourde, ayant beaucoup d'embonpoint.

**Donen** Stanley (Columbia, 1924), cinéaste américain : *Chantons sous la pluie* (1952), *Drôle de frimousse* (1957), *Charade* (1964).

**Donatello** *David adolescent*, 1430-1440, bronze – musée du Bargello, Florence

**Donets (le)** riv. d'Ukraine et de Russie (1 016 km) ; naît dans la rég. de Koursk, traverse le *Donbass* (ou *bassin du Donets*) et se jette dans le Don. VAR **Donetz**

**Donetsk** (anc. *Stalino*), v. d'Ukraine ; ch.-l. de la prov. du m. nom ; 1 099 000 hab. Puissante industr. métall. au centre du Donbass.

**donf (à -)** *av* très fam À fond, très fort. *Écouter de la musique à donf.*

**dông** *nm* Unité monétaire du Viêt-nam.

**Dông Son** village du N. du Viêt-nam, site éponyme d'une culture de l'âge de bronze (VIe-IIIe s. av. J.-C.). DER **dongsonien, enne** *a*

**Dong Qichang** (1555 – 1636), peintre chinois de la dynastie des Ming ; grand calligraphe qui a défini les dogmes de la peinture de lettré. VAR **Tong K'i-tch'ang**

**Dongting (lac)** grand lac de Chine (5 000 km$^2$) situé dans le N.-E. du Hunan.

**Dong Yuan** (Xe s.), peintre chinois paysagiste. VAR **Tong Yuan**

**Dönitz** Karl (Grünau, 1891 – Aumühle, 1980), amiral allemand. Chef de la flotte (1943), il remplaça Hitler cinq jours avant la capitulation (mai 1945). Condamné à Nuremberg en 1946, il fut libéré en 1956.

**Donizetti** Gaetano (Bergame, 1797 – id., 1848), compositeur italien : *Lucie de Lammermoor* (opéra, 1835), *la Fille du régiment* (opéra-comique, 1840).

**donjon** *nm* Tour principale d'un château fort, constituant l'ultime refuge en cas d'assaut. ETY Du lat. *dominus*, « seigneur ».

**don Juan** *nm* Grand séducteur. *Des dons Juans.* ETY Du n. pr. DER **donjuanesque** *a* – **donjuanisme** *nm*

**Don Juan** personnage légendaire d'orig. espagnole (le seigneur don Juan Tenorio, qui vécut à Séville au XVIe s., aurait servi de modèle), type du séducteur libertin, audacieux et cynique : il tue le commandeur Ulloa, dont il a enlevé la fille Anna, puis invite à dîner la statue du défunt, qui l'entraîne en enfer. ▷ LITTER La prem. pièce qui narra cette hist. est la comédie, en 3 journées et en vers, attribuée à Tirso de Molina (*le Trompeur de Séville et le Convive de pierre*, v. 1625). Molière s'en inspira dans *Dom Juan ou le Festin de pierre* (1665), suivi par de très nombreux écrivains, Goldoni, Byron, Pouchkine, etc. ▷ MUS *Don Giovanni, drama giocoso* en 2 actes de Mozart, livret de L. da Ponte (1787).*Don Juan* poème symphonique de R. Strauss (1889).

**Donleavy** James Patrick (New York, 1926), romancier américain : *Un homme étrange* (1963), *la Bestiale Béatitude de Balthazar B.* (1969).

**Donn** Jorge (Buenos Aires, 1947 – Lausanne, 1992), danseur argentin, vedette du Ballet du XXe siècle de M. Béjart.

**donnant-donnant** *a, nm* **A** *a inv* Que l'on ne donne qu'en échange de qqch, d'une contrepartie. **B** *nm inv* Échange de bons procédés. *Envisager une solution dans le cadre d'un donnant-donnant.*

**donne** *nf* **1** Action de distribuer les cartes ; les cartes distribuées. **2** fig Rapport de force entre des adversaires, des groupes antagonistes. *Les élections ont changé la donne.*

**Donne** John (Londres, 1572 – id., 1631), prédicateur, poète et philosophe anglais, surtout connu pour des poésies, qui mêlent l'éros et la mort : *le Voyage de l'âme* (1601), *Biathanatos* (1644).

**donné, ée** *a, n* **A** *a* **1** Vendu à très bas prix. **2** Déterminé, connu. *En un temps donné.* **B** *nm* LOG Ce qui est immédiatement présent à la conscience avant toute élaboration. LOC ***Étant donné (que) :*** à cause de, puisque, du fait que. *Étant donné qu'il pleut, cela m'étonnerait qu'il vienne.*

**Donneau de Visé** Jean (Paris, 1638 – id., 1710), écrivain et auteur dramatique français. Il fonda le journal hebdomadaire *le Mercure galant* (1672).

**donnée** *nf* **1** Élément servant de base à un raisonnement, une recherche, etc. *S'appuyer sur des données fausses.* **2** INFORM Information servant à effectuer des traitements. *Banque de données.* **3** MATH Grandeur permettant de résoudre une équation, un problème.

**donner** *v* 1 **A** *vt* **1** Faire don de, offrir. *Donner de vieux vêtements.* **2** Céder en échange. *Donnez-moi pour vingt francs de petits fours.* **3** Confier en dépôt. *Donner des chaussures à réparer.* **4** Attribuer. *Donner un nom à un enfant. Donner un âge à qqn.* **5** Présenter, offrir. *Donner la main à qqn. Donner une réception en l'honneur de qqn.* **6** Distribuer. *Donner des cartes à des joueurs.* **7** Dénoncer. *Donner ses complices.* **8** Communiquer ; exposer qqch à qqn. *Donner de ses nouvelles. Donner un cours, une conférence.* **9** Transmettre par contagion. *Donner son rhume à qqn.* **10** fig Concéder, octroyer, accorder. *Il a donné son accord pour le projet. Il a donné sa fille (en mariage) à son voisin. Il m'a été donné de m'exprimer.* **11** Produire, causer. *Cette source donne de l'eau potable. Donner du souci.* **12** Exercer une action. *Donner des soins, des coups de pied.* **B** *vi* **1** Heurter, toucher. *Donner de la tête contre le mur.* **2** Se jeter dans. *Le vent donne dans les voiles.* **3** MILIT Attaquer, charger. *Faites donner la Garde !* **4** Faire retentir, sonner. *Donner de la voix, donner du cor.* **5** Avoir accès, avoir vue sur. *Fenêtre qui donne sur la rue.* **6** Fournir l'occasion de. *Donner à penser.* **7** Se complaire dans. *Donner dans la bigoterie.* **C** *vpr* **1** Se consacrer à. *Se donner à une cause.* **2** Accorder ses faveurs à qqn. LOC ***Donner sa vie :*** se sacrifier. — ***Je vous le donne en mille :*** je vous défie de le deviner. — ***Se donner l'air de :*** affecter de, faire semblant de. — ***Se donner du bon temps, s'en donner à cœur joie :*** mener une vie gaie, être gai. ETY Du lat.

**donneur, euse** *n, a* **A** *n* **1** Personne qui fait la donne. **2** fam Dénonciateur, mouchard. **3** MED Personne qui donne son sang pour une transfusion, un organe pour une greffe. **B** *a* Qui donne facilement. *Elle n'est pas très donneuse.* LOC CHIM ***Atome donneur :*** celui qui fournit un doublet d'électrons dans une liaison covalente (par oppos. à *receveur*). — DR, FIN ***Donneur d'aval, donneur d'ordre :*** opérateur. — ***Donneur universel :*** dont le sang est compatible avec tous les autres groupes sanguins.

**Donon (le)** sommet (1 009 m) et col (737 m) des Vosges. Stat. climatique et hivernale.

**Donoso** José (Santiago, 1924 – id., 1996), romancier chilien : *l'Obscène Oiseau de la nuit* (1970).

**Don paisible (le)** roman de Cholokhov en 4 livres (1928-1940).

**don Quichotte** *nm* Homme généreux et naïf qui prétend redresser tous les torts. PLUR dons Quichottes. ETY Du n. pr. DER **donquichottesque** *a* – **donquichottisme** *nm*

**Don Quichotte de la Manche** (ou l'*Ingénieux Hidalgo*), roman en 2 parties (1605 et 1615) de Cervantès. Cette parodie des « livres de chevalerie » montre les échecs successifs d'un homme (Don Quichotte) qui rêve sa vie jusqu'à perdre le sens de la réalité. Ayant aimé Dulcinée et voyagé avec son « écuyer » Sancho Pança, il rentre dans sa demeure délabrée, où il recouvre la raison et meurt. ▷ MUS Parmi les nombr. compositeurs qui se sont inspirés du chef-d'œuvre de Cervantès, citons Purcell (opéra, 1694), Telemann, Massenet (comédie héroïque, 1910), R. Strauss (poème symphonique, 1897) et Ravel (*Don Quichotte à Dulcinée* 3 mélodies, 1934). ▷ ART G. Doré a illustré le livre. Daumier et Picasso ont représenté le personnage. ▷ CINE Films : de G. W. Pabst (1933), avec Fedor Chaliapine ; d'O. Welles, inachevé (tourné en 1956).

**Donskoï** Dimitri (Moscou, 1350 – id., 1389), grand prince de Moscou et de Vladimir (1362-1389). En 1380, il remporta sur les Mongols une victoire sans lendemain.

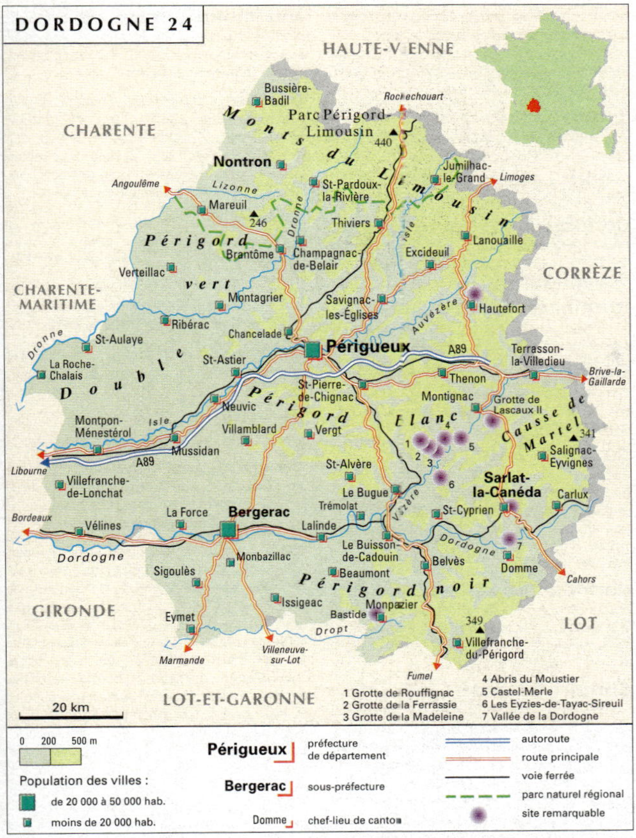


**Donskoï** Mark Semenovitch (Odessa, 1901 – Moscou, 1981), cinéaste soviétique. Il a adapté Gorki : *l'Enfance de Gorki* (1938), *En gagnant mon pain* (1939), *Mes universités* (1940), *la Mère* (1956).

**dont** *pr rel inv* **1** Introduit une proposition correspondant à un complément introduit par la prép. *de*. *Dont* peut être : comp. d'objet indir. (*L'homme dont je t'ai parlé.*) ; comp. circonstanciel (*À la façon dont il s'y prenait, j'ai cru qu'il allait tout casser.*) ; comp. de n. ou d'adj. (*Un combat dont l'enjeu est l'honneur.*). **2** Introduit une proposition sans verbe. *Ils ont choisi dix personnes, dont moi.* (ETY) Du lat. *de unde*, « d'où ».

**donzelle** *nf* **fam** Jeune vaniteuse. (ETY) De l'a. provenç.

**Donzère** com. de la Drôme (arr. de Nyons) ; 5 600 hab. – Au N., import. barrage hydroélectrique (dit de *Donzère-Mondragon*) sur le Rhône. (DER) **donzérois, oise** *a, n*

**Doon de Mayence** cycle de chansons de geste, qui regroupe (XIIIe s.) les chansons de Doon de Mayence, Raoul de Cambrai, Renaud de Montauban, etc.

**Doors (The)** groupe de rock américain (1965-1973) dont Jim Morisson (mort en 1971) fut le chanteur mythique.

**dop** *nm* TECH Calotte métallique supportant le diamant pendant la taille. (ETY) Mot angl.

**dopa** *nf* BIOCHIM Dérivé de la tyrosine et précurseur de la dopamine ; son isomère naturel, ou *L-dopa*, est utilisé pour traiter la maladie de Parkinson. (ETY) Acronyme pour *dihydroxyphényl alanine*.

**dopadécarboxylase** *nf* BIOCHIM Enzyme de décarboxylation qui transforme la dopa en dopamine et l'histidine en histamine.

**dopage** *nm* **1** Utilisation d'une substance qui augmente les performances physiques d'un individu. *Les produits de dopage, dangereux, sont prohibés dans les compétitions sportives.* **2** CHIM Modification de certaines des propriétés d'une substance par addition d'un dope. (VAR) **doping**

**dopamine** *nf* BIOCHIM Dérivé de la dopa par décarboxylation, précurseur de la noradrénaline, utilisé en cardiothérapie.

**dopaminergique** *a* BIOL Qui concerne l'action de la dopamine. *Neurones dopaminergiques.*

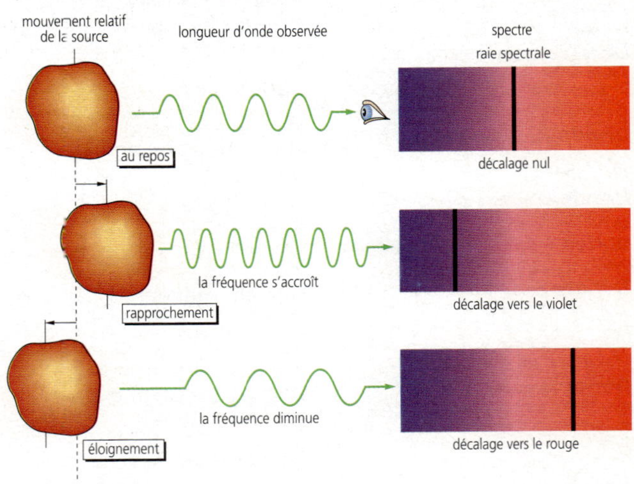


**effet Doppler-Fizeau**

**dopathérapie** *nf* Traitement de la maladie de Parkinson par la L-dopa.

**dope** *n* **A** *nm* CHIM Produit que l'on ajoute en petites quantités à une substance pour en modifier les caractéristiques (lubrifiants, semiconducteurs, etc.). **B** *nf* **fam** Drogue, stupéfiant.

**doper** *v* ① **A** *vt* **1** Administrer un stimulant à. *Doper un cheval.* **2** **fig** Stimuler. *Tes encouragements l'ont dopé.* **3** CHIM Ajouter un dope à une substance. **B** *vpr* **1** Avoir recours au dopage. **2** Prendre un excitant. (ETY) De l'angl. *to dope*, « droguer ». (DER) **dopant, ante** *a, nm* – **dopeur, euse** *n*

**doping** → **dopage.**

**Doppler** Christian (Salzbourg, 1803 – Venise, 1853), mathématicien et physicien autrichien. ▷ PHYS *Effet Doppler-Fizeau* : phénomène suivant lequel la fréquence apparente d'un mouvement vibratoire varie selon la vitesse relative de la source par rapport à l'observateur. L'effet Doppler a été observé pour le son par Doppler en 1843 et appliqué aux phénomènes lumineux par Fizeau en 1848. Les utilisations sont multiples (médecine, astronomie, etc.).

**Dora** bourg d'Allemagne (entre Halle et Weimar) où les nazis établirent un camp.

**dorade** → **daurade.**

**Dorade (la)** constellation de l'hémisphère austral ; n. scientif. : *Dorado, Doradus.*

**Dorat** Jean Dinemandi, dit (Limoges, 1508 – Paris, 1588), humaniste français, membre de la Pléiade, auteur de vers grecs et latins.

**D'Orbay** → **Orbay.**

**Dordogne (la)** riv. de France (490 km) ; naît au puy de Sancy et se jette dans la Garonne au bec d'Ambès. Sa vallée est riche de sites préhistoriques. V. Périgord.

**Dordogne** dép. franç. (24) ; 9 184 km$^2$ ; 416 900 hab. ; 45,4 hab./km$^2$ ; ch.-l. *Périgueux* ; ch.-l. d'arr. *Bergerac, Nontron* et *Sarlat-la-Canéda.* V. Aquitaine. (DER) **dordognais, aise** *a, n*

**Dordrecht** v. des Pays-Bas (Hollande-Méridionale), sur la Vieille Meuse (*Merwede*) ; 119 000 hab. Port maritime et fluvial. Industries. – *L'Union de Dordrecht* (1572) groupa les États de Hollande, sous l'autorité de Guillaume d'Orange, stathouder. – En 1619, le *synode de Dordrecht* réglementa l'Église réformée des Pays-Bas.

**Dore (la)** riv. du Puy-de-Dôme (140 km), affl. (r. dr.) de l'Allier.

**Dore (monts)** → **Mont-Dore.**

**doré, ée** *a, nm* **A** *a* **1** Recouvert d'or. *Livre doré sur tranche.* **2** De la couleur de l'or. *Des cheveux dorés.* **3** fig Fortuné, brillant. *Mener une existence dorée.* **B** *nm* Coloration dorée. *Le doré de ce cadre s'est terni.* LOC HIST ***Jeunesse dorée :*** jeunes gens fortunés qui participèrent, après le 9 Thermidor, au mouvement de réaction contre la Terreur ; jeunes gens riches et oisifs.

**Doré Gustave** (Strasbourg, 1832 – Paris, 1883), dessinateur, peintre et graveur français, romantique et d'inspiration fantastique. Il illustra *Rabelais* (1854), *Dante* (1861), *Cervantès* (1863).

**Gustave Doré** *Cendrillon* – illustr. du conte de Charles Perrault, éd. 1862

**dorénavant** *av* À partir de ce moment, à l'avenir. ETY De l'a. fr. *ore,* « maintenant », *en* et *avant.*

**dorer** *vt* ① **1** Appliquer une mince couche d'or sur. *Dorer un cadre.* **2** Donner une teinte d'or à. *Le soleil dore la peau.* **3** CUIS Enduire de jaune d'œuf avant la cuisson pour colorer. *Dorer un pâté.* LOC ***Dorer la pilule à qqn :*** adoucir une communication désagréable par des paroles aimables, flatteuses. ETY Du lat. DER **dorage** *nm* – **doreur, euse** *n*

**d'ores et déjà** *av* Dès maintenant. PHO [dɔʀzedeʒa] ETY Du lat. *hac hora,* « à cette heure ».

**Dorgelès Roland Lécavelé,** dit **Roland** (Amiens, 1885 – Paris, 1973), romancier français : *les Croix de bois* (1919).

**Doria** famille gibeline de Gênes. Elle compta plusieurs amiraux. — **Andrea** (Oneglia, 1466 – Gênes, 1560), servit François Ier puis Charles Quint.

**Doride** anc. contrée du S.-O. de l'Asie Mineure, où se situa l'Hexapole (6 villes). DER **dorien, enne** *a, n*

**Doride** contrée de la Grèce anc., au N.-O. du mont Parnasse. DER **dorien, enne** *a*

**dorien** *nm* Dialecte de la langue grecque ancienne.

**Doriens** peuple de la Grèce anc. Refoulant les Achéens, ils envahirent au XIIe s. av. J.-C. le Péloponnèse et fondèrent la Doride, en Asie Mineure, et des colonies en Afrique, en Sicile et en Italie du Sud. DER **dorien, enne** *a*

**Doriot Jacques** (Bresles, 1898 – Menningen, 1945), homme politique français. Exclu du parti communiste en 1934, il fonda, en 1936, le Parti populaire français (PPF), qui collabora avec l'Allemagne dès 1940.

**dorique** *a, nm* Se dit du plus simple des trois ordres d'architecture grecque et de ce qui s'y rapporte. LOC ***Colonne dorique :*** colonne légèrement conique, cannelée, posée directement sur le soubassement d'un chapiteau demi-circulaire en forme de coussin qui supporte l'architrave et soutient le bâtiment. ETY Du gr.

**1 doris** *nf* Mollusque gastéropode nudibranche fréquent sur les côtes atlantiques. PHO [dɔʀis] ETY D'un n. de la myth. gr.

**2 doris** *nm* Petit bateau de pêche à fond plat. PHO [dɔʀis] ETY De l'angl.

**dorloter** *vt* ① Traiter délicatement, avec tendresse. *Dorloter un enfant. Se faire dorloter.* SYN cajoler. ETY De l'a. fr. *dorelot,* « boucle de cheveux ». DER **dorlotement** *nm*

**dormance** *nf* BOT État d'organes végétaux (bourgeons, graines, etc.) qu'une contrainte physiologique empêche de se développer.

**Dormans** ch.-l. de cant. de la Marne (arr. d'Épernay) ; 3 126 hab. – Chap. commémorative des batailles de la Marne (1914-1918). DER **dormaniste** *a, n*

**dormant, ante** *a, nm* **A** *a* **1** Immobile, stagnant. *Eau dormante.* **2** BOT Qui est en état de dormance. **3** Qui ne bouge pas, fixe. *Châssis dormant.* **4** Se dit d'un espion qui reste inactif en attendant son heure. **B** *nm* CONSTR Partie fixe d'un châssis, d'une porte, d'une fenêtre (par oppos. à *ouvrant*).

**dormeur, euse** *n* **A** Personne qui dort, ou qui aime dormir. **B** *nm* Tourteau (crabe). **C** *nf* Boucle d'oreille formée d'une perle ou d'une pierre précieuse montée sur un pivot et serrée derrière l'oreille par un écrou.

**dormir** *vi* ㉚ **1** Être dans le sommeil. *Dormir profondément, légèrement.* **2** poét Être mort. *Qu'ils dorment en paix.* SYN reposer. **3** Rester inactif, être lent. *Ce n'est pas le moment de dormir.* **4** Rester oublié, improductif. *Laisser dormir des capitaux.* **5** Être immobile, stagner, en parlant de l'eau. LOC ***Dormir sur ses deux oreilles :*** ne pas être inquiet. — ***Histoire à dormir debout :*** extravagante. — ***Ne dormir que d'un œil :*** dormir légèrement. ETY Du lat.

**dormition** *nf* RELIG Pour les catholiques et les orthodoxes, la mort de la Vierge, avant l'Assomption. PHO [dɔʀmisjɔ̃]

**Dormoy Marx** (Montluçon, 1888 – Montélimar, 1941), homme politique français ; ministre (socialiste) de l'Intérieur (1937-1938) ; assassiné par des membres de la Cagoule.

**doronic** *nm* BOT Composée ornementale à grandes capitules jaunes.

**Dorpat** → **Tartou.**

**Dorothée (sainte)** (VIe s.), , personnage semi-légendaire, vierge martyrisée ; patronne des jardiniers.

**dorsal, ale** *a, n* **1** ANAT Qui appartient au dos. *Les muscles dorsaux. Face dorsale du pied, de la main.* **2** Qui se fixe sur le dos. *Parachute dorsal* (par oppos. à *ventral*). PLUR dorsaux.

**dorsale** *nf* **1** GEOL Ligne continue de montagnes sous-marines, lieu où se forme la croûte océanique. **2** METEO Axe de hautes pressions entre deux zones dépressionnaires. ANT talweg. **3** PHON Phonème qui s'articule avec le haut de la langue.

**Dorsale guinéenne** chaîne montagneuse du S.-E. de la Guinée qui prolonge le Fouta-Djalon jusqu'au massif des Dan en Côte d'Ivoire ; culmine à 1948 m dans les monts Loma en Sierra Leone ; fer, bauxite.

**Dorsale tunisienne** chaîne de montagnes qui barre le nord de la Tunisie du sud-ouest au nord-est (1544 m au djebel Chambi).

**dorsalgie** *nf* MED Douleur localisée au dos.

**Dorset** comté du sud-ouest de l'Angleterre ; 2 654 km$^2$ ; 645 200 hab. ; ch.-l. *Dorchester.*

**Dortmund** v. d'Allemagne (Rhénanie-du-Nord-Westphalie), sur le *canal de Dortmund-Ems* ; 568 160 hab Port fluvial. L'un des grands centres industriels de la Ruhr.

**dortoir** *nm* **1** Grande salle commune où l'on couche. *Le dortoir d'un lycée.* **2** ECOL Endroit où une collectivité animale se rassemble pour dormir. **3** (En appos.) Zone située à la périphérie d'une grande ville, et où logent des personnes dont le lieu de travail est ailleurs.

**dorure** *nf* **1** Action, art de dorer. *Dorure sur cuir, sur bois.* **2** Couche d'or. *La dorure s'est écaillée.* **3** Ce qui est doré. *Les dorures du plafond.* **4** CUIS Action de dorer au jaune d'œuf.

**Dorval** v. du Québec réunie à Montréal en 2002. Aéroport. DER **dorvalois, oise** *a, n*

**Dorval Marie Delaunay,** dite **Marie** (Lorient, 1798 – Paris, 1849), actrice française que Vigny aima.

**dorycnium** *nm* Plante herbacée (papilionacée) à fleurs blanches et roses. PHO [dɔʀiknjɔm]

**doryphore** *nm* Coléoptère long de 10 mm, aux élytres jaunes rayés de noir, dont l'adulte et la larve dévastent les champs de pommes de terre. ETY Du gr. *doruphoros,* « porte-lance ».

**dos** *nm* **1** Partie arrière du corps de l'homme, comprise entre la nuque et les reins. *Avoir le dos plat, voûté. Sac à dos.* **2** ZOOL Face supérieure du corps des vertébrés comprise, chez les tétrapodes, entre le cou et la croupe. *Le dos d'un poisson. Faire une promenade à dos de mulet.* **3** Partie d'un vêtement couvrant le dos. **4** Dossier. *Le dos d'une chaise.* **5** Partie supérieure et convexe de certains organes ou objets. *Le dos de la main* (par oppos. à *paume*). *Le dos du pied* (par oppos. à *plante*). *Le dos d'une cuiller.* **6** Envers d'un objet. *Le dos d'un billet.* LOC ***À dos :*** sur le dos. — ***Agir dans le dos de qqn :*** à son insu, sournoisement. — ***Au dos :*** sur le dos. — ***Avoir bon dos :*** se dit d'une chose ou d'une personne sur laquelle on se décharge des accusations, des responsabilités auxquelles on ne veut pas faire face. — ***Dans le dos :*** le long du dos. — ***De dos :*** du côté du dos (par oppos. à *de face*). — ***Donner froid dans le dos :*** effrayer, horrifier. — ***Dos à dos :*** dos contre dos. — fam ***En avoir plein le dos :*** être excédé. — fam ***Faire le gros dos, le dos rond :*** laisser passer une période difficile sans se manifester. — ***Renvoyer dos à dos deux adversaires :*** ne donner raison ni à l'un ni à l'autre. — ***Se laisser manger la laine sur le dos :*** se laisser exploiter. — ***Se mettre qqn à dos :*** s'en faire un ennemi. — ***Sur le dos :*** sur soi, sur son corps. — ***Tourner le dos :*** s'en aller. — ***Tourner le dos à qqn :*** l'abandonner. PHO [do] ETY Du lat.

**dosa** *nm* CUIS Crêpe de farine de lentilles diversement garnie (cari, pommes de terre, oignons), spécialité du sud de l'Inde.

**dosage** *nm* **1** Action de doser. **2** CHIM Détermination quantitative des composants d'une substance. **3** PHARM Fixation de la dose d'un médicament. **4** fig Répartition, proportion. *Un dosage de souplesse et de rigueur.*

**dos-d'âne** *nm inv* **1** Faible relief constitué de deux pentes symétriques qui se rejoignent en crête. **2** Bombement transversal sur une voie.

**dorsale** fissure dans la masse basaltique d'une dorsale océanique (Pacifique)

**dose** *nf* **1** Quantité d'un médicament à administrer en une seule fois. *Ne pas dépasser la dose prescrite.* **2** Quantité et proportion des ingrédients composant un mélange. *Mettre une dose d'anisette pour cinq d'eau.* **3** Quantité quelconque. *Dose maximale admissible de rayonnements. Une forte dose d'orgueil, de sottise.* LOC fam *Avoir sa dose :* en avoir assez, en être à saturation. ETY Du gr. *dosis,* « action de donner ».

**doser** *vt* ① **1** Déterminer la dose de. **2** CHIM Procéder au dosage de. **3** fig Combiner dans telles ou telles proportions. *Savoir doser ses distractions.* SYN proportionner. DER **dosable** *a*

**dosette** *nf* **1** Conditionnement d'un produit contenant une seule dose. **2** Petit récipient doseur fourni avec un produit (par ex. lessive).

**doseur, euse** *a, nm* TECH Se dit d'un dispositif, d'un appareil servant à effectuer un dosage. *Verre doseur.*

**dosimétrie** *nf* PHYS NUCL Mesure de doses de radiation auxquelles ont été soumis une personne ou un matériel. DER **dosimètre** *nm* – **dosimétrique** *a*

**dos-nu** *nm* Vêtement féminin qui laisse le dos nu. PLUR dos-nus.

**Dos Passos** John Roderigo (Chicago, 1896 – Baltimore, 1970), romancier américain de la *lost generation* : *Manhattan Transfer* (1925) trilogie *USA* comprenant *42e Parallèle* (1930), *1919* (1932) et *la Grosse Galette* (1936).

**Dos Santos** José Eduardo (Luanda, 1942), homme politique angolais, président de la Rép. depuis 1979.

**dossard** *nm* SPORT Pièce d'étoffe marquée d'un numéro qui se porte sur le dos lors d'une compétition.

**dosse** *nf* TECH Première et dernière planches, encore garnies d'écorce, que l'on scie en débitant un arbre.

**dosseret** *nm* **1** ARCHI Petit pilastre servant de jambage à une ouverture. **2** CONSTR Surface verticale à laquelle est adossé un appareil sanitaire, une paillasse de laboratoire, etc. **3** TECH Pièce renforçant le dos d'une scie.

**1 dossier** *nm* Partie d'un siège sur laquelle on appuie le dos.

**2 dossier** *nm* **1** Ensemble de documents sur le même sujet ; carton où ceux-ci sont rangés. **2** fig Question, sujet à traiter. *Être chargé d'un dossier sensible.*

**dossière** *nf* Partie dorsale de la carapace d'une tortue.

**dossiste** *n* SPORT Nageur spécialiste du dos.

**Dosso Dossi** Giovanni de Lutero, dit (Mantoue, v. 1479 – Modène, v. 1542), peintre italien maniériste.

**Dostoïevski** Fiodor Mikhaïlovitch (Moscou, 1821 – Saint-Pétersbourg, 1881), romancier russe. Libéral, il fut accusé de complot et condamné à mort (1849) ; sa peine commuée, il fut déporté quatre ans en Sibérie et revint à Saint-Pétersbourg en 1859. Malgré sa renommée, il mena une existence précaire (il avait la passion du jeu), traversée de crises d'épilepsie. Princ. œuvres : *Souvenirs de la maison des morts* (1861-1862), *Mémoires écrits dans un souterrain* (1864), *Crime et Châtiment* (1866), *le Joueur* (1866), *l'Idiot* (1868) *les Possédés* ou *les Démons* (1872), *l'Adolescent* (1875), *les Frères Karamazov* (1879-1880). DER **dostoïevskien, enne** *a*

**dot** *nf* **1** Biens qu'une femme apporte à l'occasion de son mariage ou lorsqu'elle entre au couvent. **2** DR Biens donnés par un tiers dans le contrat de mariage. **3** Afrique Biens qu'un homme donne à la famille de la fiancée pour obtenir celle-ci en mariage. PHO [dɔt] ETY Du lat. *dos,* « don ». DER **dotal, ale, aux** *a*

**dotation** *nf* **1** DR Ensemble des revenus, des dons attribués à un établissement d'utilité publique. **2** MILIT Ensemble de l'armement et de l'équipement affectés à une unité. **3** Revenus ou biens assignés à un souverain, aux membres de sa famille, à certains hauts fonctionnaires.

**dotcom** *nf* ECON Start-up implantée sur Internet. PHO [dɔtkɔm] ETY De l'angl. *dot,* « point » et *communication.* VAR **dot-com** ou **dot.com**

**doter** *vt* ① **1** Donner des biens en dot à. **2** Assigner une dotation à. *Doter un hôpital.* **3** Fournir en matériel *Une cuisine dotée d'un équipement moderne.* **4** fig Gratifier. *La nature l'a doté de grands talents.*

**Dotremont** Christian (Tervuren, 1922 – Bruxelles, 1979), dessinateur et poète belge, d'expression française, fondateur du groupe Cobra (1948-1951).

**Dou** Gérard (Leyde, 1613 – id., 1675), peintre hollandais : scènes de genre.

**Douai** ch.-l. d'arr. du Nord, sur la Scarpe ; 43 988 hab. Centre industriel. – Égl. N.-D. (XIIIe, XVIe s.). Hôtel de ville (XVe s.). Beffroi (XIVe et XVe s.). Musée. DER **douaisien, enne** *a, n*

**douaire** *nm* DR anc Biens réservés par un mari à sa femme en cas de veuvage.

**douairière** *nf* **1** DR anc Veuve jouissant d'un douaire. **2** Vieille femme d'allure solennelle.

**Douala** v. du Cameroun ; 1,8 million d'hab. (aggl.), ch.-l. de la prov. du Littoral. Port de comm. et de pêche, relié à Yaoundé par voie ferrée. Centre industriel.

**Doualas** ethnie bantoue du Cameroun. VAR **Dualas** DER **douala** ou **duala** *a*

**douane** *nf* **1** Administration publique chargée de percevoir des droits sur les marchandises exportées ou importées. **2** Lieu où est établi le bureau de la douane. *S'arrêter à la douane.* **3** Taxe perçue par la douane. PHO [dwan] ETY De l'ar. *dīwān,* « registre ».

**1 douanier, ère** *n* Personne qui visite les marchandises importées ou exportées et perçoit les droits sur celles-ci.

**2 douanier, ère** *a* Relatif à la douane. *Tarif douanier.* LOC *Union douanière :* convention commerciale entre plusieurs États, concernant les importations et les exportations.

**douar** *nm* **1** Campement de nomades, en Afrique du N. **2** HIST Circonscription administrative rurale en Afrique du N. du temps de la domination française. ETY De l'ar.

**Douarnenez** ch.-l. de cant. du Finistère (arr. de Quimper) ; 16 701 hab. Port de pêche et de plaisance. Conserveries. DER **douarneniste** *a, n*

**Douaumont** com. de la Meuse (arr. de Verdun) ; 10 hab. – Son fort, occupé par les Allemands au début de la bataille de Verdun (25 fév. 1916), fut reconquis par les Français le 24 oct. suivant. Un ossuaire (1932) contient les dépouilles de 300 000 soldats.

**doublage** *nm* **1** COUT Action de garnir d'une doublure. **2** CONSTR Action de doubler une paroi d'un revêtement ; ce revêtement lui-même. **3** AUDIOV Enregistrement des dialogues d'un film dans une langue différente de celle de l'original. **4** Fait de remplacer un acteur par sa doublure.

Dos Passos

Dostoïevski

**double** *a, nm, av* **A** *a* **1** Égal à deux fois la chose simple. *Une double paye. Une double part de gâteau.* **2** Composé de deux choses pareilles ou de même nature. *Une double porte.* **3** Qui se fait deux fois. *Un double contrôle. Faire coup double.* **4** fig Qui a deux aspects dont un seul est connu, visible. *Une personnalité double.* **B** *nm* **1** Quantité multipliée par deux. *Six est le double de trois.* **2** Copie, reproduction d'une chose. *Le double d'une lettre.* **3** fig Être réel ou imaginaire qui ressemble à une personne donnée. **4** ANTIQ Dans les croyances égyptiennes, l'ombre du mort. **5** SPORT Partie de tennis, de ping-pong opposant deux équipes de deux joueurs. **C** *av* En double quantité. *Voir double.* LOC FIN *Comptabilité en partie double :* dans laquelle on procède à une double écriture, l'une au débit, l'autre au crédit. — SPORT *Double mixte :* au tennis ou au ping-pong, partie où chaque équipe est composée d'un homme et d'une femme. — *En double :* en deux exemplaires. — ASTRO *Étoile double :* système de deux étoiles tournant l'une autour de l'autre. — BOT *Fleur double :* dont les étamines se sont transformées en pétales. — *Jouer à quitte ou double :* jouer une partie dont l'enjeu consiste soit à perdre tout son gain soit à le doubler. — fig *Mot à double sens :* qui a deux significations possibles. — GEOM *Point double :* point où se coupent deux branches d'une courbe. — CHIM *Sel double :* cristal ionique dans la composition duquel on trouve plus de deux sortes d'ions. ETY Du lat.

**doublé, ée** *a, nm* **A** *a* **1** Multiplié par deux. *Un prix doublé.* **2** Pourvu d'une doublure. *Une robe doublée.* **3** fig Qui joint une caractéristique à une autre. *Un poète doublé d'un musicien.* **4** AUDIOV Dont on a effectué le doublage. *Un film doublé.* **B** *nm* **1** Orfèvrerie recouverte d'une plaque de métal précieux. **2** Double réussite. **3** EQUIT Action de se rendre perpendiculairement d'une piste à l'autre, en faisant deux pas à droite ou à gauche.

**doubleau** *nm* **1** CONSTR Solive plus forte que les autres. **2** ARCHI Arc en saillie qui renforce une voûte. SYN arc-doubleau.

**double-cliquer** *vi* ① INFORM Effectuer deux clics rapprochés sur un point de l'écran pour activer un logiciel, ouvrir une fenêtre, etc. DER **double-clic** *nm*

**double-crème** *nm* Fromage blanc additionné de crème. PLUR doubles-crèmes ou double-crème.

**double-croche** *nf* MUS Valeur de note valant la moitié d'une croche. PLUR doubles-croches.

**double-faute** *nf* Au tennis, action du joueur qui rate deux fois de suite son service. PLUR doubles-fautes.

**1 doublement** *av* Pour deux raisons ; de deux manières.

**2 doublement** *nm* Action de doubler, de multiplier par deux. *Le doublement d'une consonne.*

**double-page** *nf* Ensemble de deux pages en regard, constituant une unité d'illustration ou de texte. PLUR doubles-pages.

**double peine** *n* **A** *nf* Fait pour un étranger d'être expulsé du territoire une fois qu'il a purgé sa peine de prison. **B** *n* La personne expulsée elle-même. *Les sans-papiers et les doubles peines.*

**doubler** *v* ① **A** *vt* **1** Multiplier par deux. *Doubler la somme.* **2** fig Augmenter. *L'attente doublait son anxiété.* **3** Disposer en double. *Doubler une couverture en la pliant.* **4** Mettre une doublure, un revêtement à. *Doubler une veste. Doubler une cloison.* **5** Dépasser. *Doubler un camion.* **6** Franchir, contourner. *Doubler un cap.* **7** Procéder au doublage d'un film. **8** Remplacer un acteur. **9** fam Tromper ou trahir qqn. **B** *vi* Être multiplié par deux. *Les prix ont doublé.* **C** *vpr* S'accompagner de. *Une observation qui se double d'un reproche.*

**doublet** *nm* **1** Pierre fausse constituée d'un morceau de cristal dont le dessous a été coloré.

**2** LING Mot de même origine qu'un autre, mais de forme différente, l'un étant de formation populaire, l'autre de formation savante. *Pasteur est le doublet savant de pâtre.* **LOC** PHYS ***Doublet électronique*** : ensemble formé par deux électrons occupant la même case quantique.

**doubleur, euse** *n* **1** AUDIOV Spécialiste du doublage des films. **2** **Belgique, Afrique, Canada** Redoublant.

**1 doublon** *nm* **1** TYPO Répétition fautive d'un ou de plusieurs mots, d'un paragraphe. **2** **fig** Chose qui fait double emploi, qui doublonne. ETY De *double*.

**2 doublon** *nm* Anc. monnaie d'or espagnole. ETY De l'esp. *doble*, « double ».

**doublonner** *vi* ① Être en double, faire double emploi avec qqch, souvent inutilement.

**doublure** *nf* **1** Étoffe qui garnit l'intérieur d'un objet, d'un vêtement. **2** CINE Acteur qui joue à la place d'un autre.

**Doubs (le)** riv. de France (430 km) ; naît dans le haut Jura ; arrose Pontarlier et (après une incursion en Suisse) Besançon ; se jette dans la Saône (r. g.).

**Doubs** dép. franç. (25) ; 5 228 km² ; 533 300 hab. ; 102 hab./km² ; ch.-l. *Besançon* ; ch.-l. d'arr. *Montbéliard* et *Pontarlier*. V. Franche-Comté. DER **doubiste** ou **doubien, enne** *a, n*

**douce-amère** *nf* Solanacée grimpante, à fleurs violettes et à baies rouges (morelle). PLUR douces-amères.

**douceâtre** *a* D'une douceur fade. *Une boisson douceâtre.* VAR **douçâtre**

**doucement** *av, interj* **A** *av* **1** De façon modérée. *La pente descend doucement.* **2** Sans rudesse, avec douceur. *Traiter qqn doucement.* **3** Médiocrement. *Les affaires marchent doucement.* **B** *interj* Incite à la modération. *Doucement ! Vous allez tomber.*

**doucereux, euse** *a* **1** **vieilli** D'une douceur peu agréable au goût. *Vin doucereux.* **2** **fig** Doux avec affectation. *Une mine doucereuse.* DER **doucereusement** *av*

**Doucet** Jacques (Paris, 1853 – Neuilly-sur-Seine, 1929), couturier français. Il légua à l'université de Paris sa bibliothèque d'art et de littérature (documents sur le surréalisme).

**doucette** *nf* **rég** Mâche (salade).

**doucettement** *av* **fam** Très doucement.

**douceur** *nf* **A** **1** Saveur douce, agréable au goût. *La douceur du miel.* **2** Qualité de ce qui flatte les sens. *La douceur d'un parfum, de l'air.* **3** Sentiment agréable. *La douceur de vivre, d'aimer.* **4** Qualité d'une personne qui est calme, bienveillante. *Un caractère plein de douceur.* **B** *nfpl* **1** Pâtisseries, sucreries. **2** Paroles aimables. **LOC** ***En douceur*** : sans brusquerie, avec précaution. ETY Du lat.

**Douchanbe** (anc. *Stalinabad*), cap. du Tadjikistan ; 822 000 hab. Centre textile. DER **douchanbéen, enne** *a, n*

**douche** *nf* **1** Jet d'eau qui arrose le corps et dont on use pour des raisons hygiéniques et parfois médicales. **2** Appareil sanitaire composé d'une pomme d'arrosage et d'une canalisation d'alimentation en eau. **3** **fam** Grosse averse ; aspersion d'un liquide sur qqn. **4** **fig** Désillusion brutale. *Cette nouvelle a été une douche pour lui.* **LOC** ***Douche écossaise*** : alternativement chaude et froide ; **fig** situation dans laquelle un évènement désagréable succède brutalement à un évènement agréable. ETY De l'ital.

**doucher** *v* ① **A** *vt* **1** Faire prendre une douche à. *Doucher un enfant.* **2** **fam** Arroser de pluie, d'un liquide quelconque. **3** **fig, fam** Tempérer rudement un mouvement d'excitation. *Doucher l'enthousiasme de qqn.* **B** *vpr* Prendre une douche.

**douchette** *nf* **1** Petite douche à pomme mobile. **2** **fam** Lecteur de codes-barres.

**douchière** *nf* **Afrique** Cabine de douche, cabinet de toilette.

**Douchy-les-Mines** com. du Nord (arr. de Valenciennes) ; 11 000 hab. DER **douchynois, oise** *a, n*

**doucine** *nf* **1** ARCH Moulure concave en haut et convexe en bas. **2** TECH Rabot utilisé pour faire ces moulures.

**doucir** *vt* ③ TECH Polir une glace, un métal. ETY De *doux*. DER **doucissage** *nm*

**Doudart de Lagrée** Ernest (Saint-Vincent-de-Mercuze, Isère, 1823 – Dongchuan, Yunnan, 1868), officier de marine français qui œuvra à la colonisation du Cambodge.

**1 doudou** *nm* **fam** Objet en tissu ou peluche dont les petits enfants ne se séparent guère.

**2 doudou** *nf* **fam, dial** Terme d'affection destiné à une femme, aux Antilles.

**doudouisme** *nm* **péjor** Vision folklorique de la réalité antillaise.

**doudoune** *nf* **fam** Veste, manteau fait d'une double couche de tissu léger rembourré, généralement de duvet. ETY De *doux*.

**doué, ée** *a* **1** Qui est pourvu naturellement d'une qualité. *L'homme est un être doué de conscience.* **2** Qui a des aptitudes naturelles. *Un élève très doué. Il est doué en français.*

**douelle** *nf* **1** ARCHI Surface intérieure (intrados) ou extérieure (extrados) d'un voussoir. **2** TECH Petite douve d'un tonneau. ETY De l'a. fr.

**douer** *vt* ① Pourvoir d'un avantage. *La nature l'a doué d'un heureux caractère.* ETY Du lat.

**Dougga** village du N. de la Tunisie, au S.-O. de Tunis, qui conserve de nombreux vestiges de l'antique Thugga, ville numide puis romaine.

**douglas** *nm* Grand conifère à croissance rapide et donnant un bois de bonne qualité, appelé aussi pin d'Oregon.

**Douglas** v. de Grande-Bretagne ; ch.-l. et port de l'île de Man ; 27 900 hab. Tourisme.

**Douglas** anc. famille d'Écosse, célèbre par ses luttes contre les Anglais et par sa rivalité avec les Stuarts (XIVᵉ–XVIᵉ s.).

**Douglas** Donald Wills (New York, 1892 – Palm Springs, Californie, 1981), ingénieur et industriel américain. Créée en 1920, sa firme aéronautique devint McDonnell-Douglas Corporation en 1967.

**Douglas** Issur Danielovitch, dit Kirk (Amsterdam, New York, 1916), acteur américain : *Champion* (1949), *la Vie passionnée de Vincent Van Gogh* (1956), *Spartacus* (1960), *Nimitz* (1980).

**Douglas-Home** sir Alexander (Londres, 1903 – Coldstream, Écosse, 1995), homme politique britannique ; Premier ministre conservateur (1963-1964).

**Douglass** Frederick (Tuckahoe, Maryland, 1816 – Washington, 1895), homme politique américain. Ancien esclave, fondateur d'un journal abolitionniste, il influença Lincoln.

**douille** *nf* **1** Partie évidée dans laquelle vient se fixer un manche, un outil. **2** Pièce métallique évidée, que l'on fixe au bout d'une clé de mécanicien. **3** Partie de la cartouche qui contient la poudre. **4** Pièce servant à recevoir le culot d'une ampoule électrique. ETY Du frq.

**douiller** *vi* 1 **LOC** fam *Ça douille* : cela coûte cher.

**douillet, ette** *a* **1** Doux, bien rembourré. *Un lit douillet.* **2** fig Trop sensible à la douleur physique. *Une personne très douillette.* DER **douillettement** *av*

**Douillet** David (Rouen, 1969), judoka français (catégorie lourds), champion du monde (1993, 1995, 1997), champion olympique (1996, 2000). Ministre des Sports (2011).

**douillette** *nf* Manteau ouaté.

**Doukas** famille byzantine qui a donné trois empereurs. — **Constantin X** (1059-1067), — **Michel VII** (1071-1078), — **Alexis V** (mort en 1204),

**douleur** *nf* **1** Sensation pénible ressentie dans une partie du corps, résultant d'une impression produite avec trop d'intensité. *Éprouver une vive douleur.* **2** Impression morale pénible. *Avoir la douleur de perdre un être cher.* **LOC** fam ***Sentir, comprendre sa douleur*** : comprendre l'étendue de sa déconvenue. ETY Du lat.

**Doullens** ch.-l. de cant. de la Somme (arr. d'Amiens) ; 7 167 hab. – *La Conférence franco-britannique de Doullens* (26 mars 1918) fit de Foch l'unique commandant des forces alliées. DER **doullennais, aise** *a, n*

**douloureux, euse** *a, n* **A** *a* **1** Qui provoque une douleur physique. *Une plaie douloureuse.* **2** Où la douleur est ressentie, en parlant d'une partie du corps. *Des pieds douloureux.* **3** Qui provoque une douleur morale. *Un souvenir douloureux.* **4** Qui exprime la douleur. *Des plaintes douloureuses.* **B** *nm* MED Malade qui éprouve des douleurs intenses. **C** *nf* fam Note à payer. DER **douloureusement** *av*

**doum** *nm* Palmier d'Afrique. ETY De l'ar.

**douma** *nf* **1** HIST Conseil, assemblée, dans la Russie des tsars. **2** Nom donné aux assemblées législatives russes entre 1905 et 1917 et dep. 1993. ETY Mot russe.

**Doumer** Paul (Aurillac, 1857 – Paris, 1932), homme politique français. Gouverneur de l'Indochine (1897-1902), président de la Rép. (1931), il fut assassiné par un Russe blanc, Gorgulov.

**Doumergue** Gaston (Aigues-Vives, Gard, 1863 – id., 1937), homme politique français ; président (radical-socialiste) du Conseil (déc. 1913 - juin 1914) ; président de la Rép. (1924-1931) ; président du Conseil après le 6 fév. 1934, il démissionna en novembre.

**doupion** *nm* TEXT Fil dont la grosseur est irrégulière ; tissu fait avec ce fil. ETY De l'ar.

**Doura-Europos** (auj. *Salihiyeh*), anc. v. de l'E. de la Syrie, sur l'Euphrate, fondée par les Séleucides (v. 300 av. J.-C.), romaine en 165 apr. J.-C. et ruinée au III^e^ s. par les Perses. – Temples, synagogue du III^e^ s., maison chrétienne avec baptistère.

**Dourbie (la)** riv. du Massif central (75 km), dans les Grands Causses ; naît près du mont Aigoual et se jette dans le Tarn (r. g.).

**Dourdan** ch.-l. de cant. de l'Essonne (arr. d'Étampes) ; 9 971 hab. – Donjon (XIII^e^ s.). DER **dourdannais, aise** *a, n*

**Dourdou (le)** nom de deux riv. franç., affl. du Lot (82 km) et du Tarn (90 km).

**dourine** *nf* MED VET Maladie infectieuse des équidés, transmise par un trypanosome. ETY De l'ar. *darin,* « croûteux ».

**douro** *nm* Ancienne monnaie d'argent espagnole. ETY De l'esp.

**Douro (le)** (en esp. *Duero*), fl. d'Espagne et du Portugal (850 km) ; naît dans la sierra d'Urbión, traverse dans des gorges profondes la Vieille-Castille et se jette dans l'Atlantique, à Porto. Centrales hydroélectriques.

**doussie** *nf* Arbre (césalpiniacée) d'Afrique tropicale au bois dur et lourd, très résistant.

**doute** *nm* **1** Hésitation à croire à la réalité d'un fait, à la vérité d'une affirmation. *Dans le doute, abstiens-toi.* **2** Attitude de celui qui n'est pas sûr de sa foi religieuse. **3** Soupçon, méfiance. *J'ai des doutes sur sa loyauté.* **LOC** PHILO ***Doute méthodique*** : principe de Descartes posé comme condition première pour trouver matière à asseoir les fondements d'une certitude. — ***Mettre en doute*** : contester. — ***Sans aucun doute, sans nul doute*** : incontestablement. — ***Sans doute*** : probablement.

**douter** *v* 1 **A** *vt* **1** Hésiter à croire à. *Douter de la réussite d'une entreprise. Je doute qu'il vienne.* **2** Mettre en question des vérités établies. *Douter même de l'évidence.* **3** Ne pas avoir confiance en, soupçonner. *Douter de qqn, de son amitié.* **B** *vpr* Pressentir, avoir l'intuition de. *Je me doutais qu'il n'y arriverait pas.* **LOC** ***Ne douter de rien*** : être trop sûr de soi. ETY Du lat.

**douteux, euse** *a* **1** Qui n'est pas certain quant à sa réalité ou à sa réalisation. *Un succès douteux.* **2** Obscur, équivoque. *Une réponse douteuse.* **3** Dont la qualité laisse à désirer. *Un travail douteux.* **4** Malpropre. *Un col de chemise douteux.* **5** Qui éveille la méfiance quant à sa probité, sa moralité. *Un homme d'affaires douteux.* DER **douteusement** *av*

**1 douve** *nf* **1** FORTIF Fossé rempli d'eau entourant un château. **2** AGRIC Petit fossé pour l'écoulement des eaux de pluie. **3** EQUIT Fossé plein d'eau, précédé d'une claie. **4** TECH Chacune des planches incurvées qui forment un tonneau. ETY Du bas lat. *doga,* « récipient ».

**2 douve** *nf* Ver plathelminthe trématode, parasite interne des vertébrés, qui s'infiltre dans les canaux biliaires des mammifères, principalement des ruminants, dont les larves parasitent des mollusques gastéropodes. ETY Du lat. *dolva,* d'orig. gaul.

**Douve (la)** fl. côtier de la Manche (70 km).

**douvelle** *nf* Petite douve de tonneau.

**D'où venons-nous ? Que sommes-nous ? Où allons-nous ?** une des dernières peintures de Gauguin (1897, musée de Boston).

**Douvres** (en angl. *Dover*), v. de G.-B. (Kent), sur le pas de Calais ; 35 000 hab. (aggl.) Port de voyageurs et stat. baln. DER **douvrais, aise** *a, n*

**Doura-Europos** fresque du temple de Bêl, dédié aux dieux de Palmyre, 75 av. J.-C. – Musée archéol., Damas

**doux, douce** *a, av, n* **A** *a* **1** D'une saveur peu prononcée ou sucrée. *Doux comme le miel.* **2** Agréable aux sens. *Une lumière douce. Une fourrure douce.* **3** Modéré. *Une pente douce. Cuire qqch à feu doux.* **4** Qui fait naître un sentiment, une émotion agréable. *De doux souvenirs.* **5** Qui n'est pas agressif ; clément, affable ; qui dénote le calme, la bienveillance. *Un caractère doux.* **B** *nm* Ce qui est doux ; ton doux. *Passer du grave au doux.* **C** *n* Personne douce. **LOC** ***Cidre doux*** : qui contient encore du sucre, la fermentation continuant en bouteille. — ***Eau douce*** : qui n'est pas salée (par oppos. à *l'eau de mer* et à *eau dure*). — ***En douce*** : à l'insu d'autrui. — ***Filer doux*** : se soumettre sans résister. — TECH ***Métal doux*** : ductile et malléable. — ***Tout doux*** : très doucement. ETY Du lat.

**doux-amer, douce-amère** *a* À la fois agréable et pénible. *Des réflexions douces-amères.* PHO [duzamɛʀ, dusamɛʀ]

**douzain** *nf* **1** Ancienne pièce de monnaie française du XVI^e^ s., qui valait douze deniers. **2** Poème de douze vers.

**douzaine** *nf* **1** Ensemble de douze objets de même nature. *Une douzaine d'œufs.* **2** Quantité voisine de douze. *Une douzaine de personnes.*

**douze** *a inv, nm inv* **A** *a inv* **1** Dix plus deux (12). *Les douze mois de l'année.* **2** Douzième. *Louis XII. Le douze avril.* **B** *nm inv* **1** Le nombre douze. *Douze plus deux égale quatorze.* **2** Numéro douze. *Habiter au douze.* ETY Du gr.

**Douze Tables (loi des)**, la plus vieille loi romaine, gravée sur douze tables de bronze (451 et 449 av. J.-C.).

**douzième** *a, n* **A** *a num ord* Dont le rang est marqué par le nombre 12. *Le douzième mois de l'année. Le douzième arrondissement ou le douzième.* **B** *n* Personne, chose qui occupe la douzième place. *La douzième du classement.* **C** *nm* Chaque partie d'un tout divisé en douze parties égales. *Un douzième des terres.* **D** *nf* MUS Intervalle de douze notes et de onze degrés conjoints. **LOC** FIN ***Douzième provisoire*** : acompte sur le budget général, dont le gouvernement peut disposer provisoirement. DER **douzièmement** *av*

**Dover** v. des États-Unis, cap. de l'État du Delaware ; 36 047 hab.

**Dovjenko** Alexandre Petrovitch (Sosnitsi, Ukraine, 1894 – Moscou, 1956), cinéaste soviétique : *Zvenigora* (1927), *la Terre* (1930), *Chtchors* (1939).

**Dow Jones (indice)** indice boursier américain, créé par le *Wall Street Journal* en 1896 représentant la moyenne des cours de trente valeurs (dites *blue chips*).

**Dowland** John (Londres [?], 1563 – Londres, 1626), luthiste et compositeur anglais.

**Downing Street** rue de Londres où se trouve, au numéro 10, la résidence du Premier ministre britannique et, au numéro 11, celle du chancelier de l'Échiquier.

**Downs** coteaux calcaires du S. du bassin de Londres, encadrant la dépression du Weald.

**doxa** *nf* didac Ensemble des idées couramment admises par un groupe social. ETY Mot grec.

**-doxe, -doxie, -doxo** Éléments, du gr. *doxa,* « opinion ».

**doxologie** *nf* **1** LOG Énoncé reproduisant une opinion communément admise. **2** LITURG Prière, formule pour glorifier Dieu. ETY Du gr.

**doyen, enne** *n* **1** Personne la plus ancienne dans un corps, une compagnie. *Le doyen du Sénat.* **2** Personne la plus âgée d'un groupe. **3** Titre universitaire conféré à celui qui dirige une faculté. **4** Titre ecclésiastique. PHO [dwajɛ̃, ɛn] ETY Du lat. *decanus,* « chef de dix hommes ».

**doyenné** *n* **A** *nm* **1** Dignité ecclésiastique du doyen. **2** Territoire sous l'autorité d'un doyen. **3** Demeure du doyen. **B** *nf* Poire fondante.

**doyenneté** *nf* Qualité de doyen d'âge.

**Doyle sir Arthur Conan** (Édimbourg, 1859 – Crowborough, Sussex, 1930), écrivain anglais ; auteur de nombr. romans policiers dont le. héros est le détective Sherlock Holmes : *le Chien des Baskerville* (1902).

**DPE** *nm* Sigle de *diagnostic de performance énergétique*.

**DPI** *nm* MED Sigle de *diagnostic préimplantatoire*, pratiqué avant une fécondation in vitro.

**DPLG** *n* Sigle de *diplômé par le gouvernement*.

**Dr** Abrév. de *docteur*.

**Draa (oued)** fleuve du N.-O. de l'Afrique (1 200 km) ; naît dans le Haut Atlas et se jette dans l'Atlantique. VAR **Dra**

**Drac (le)** torrent alpestre (150 km) ; se jette dans l'Isère (r. g.) en aval de Grenoble.

**dracéna** *nm* Arbuste d'appartement, variété de dragonnier.

**dracénois** → **Draguignan.**

**drache** *nf* Belgique, Afrique Forte pluie. ETY Du néerl. DER **dracher** *vi* ①

**drachme** *nf* **1** ANTIQ GR Poids d'env. 4 g. **2** Anc. unité monétaire de la Grèce. PHO [dʀakm]

**Dracon** (fin VII$^e$ s. av. J.-C.), archonte d'Athènes ; auteur d'un code sévère *(draconien)*.

**draconien, enne** *a* D'une excessive sévérité. *Conditions draconiennes.* ETY Du n. propre.

**Dracula Vlad Tepeş,** dit (m. en 1476), souverain de Valachie de 1456 à 1462 et en 1476. Il combattit les Turcs avec une dureté qui le fit nommer l'Empaleur. Il inspira à l'écrivain irlandais Bram Stoker un type de vampire : *Dracula* (1897), qui à son tour inspira une multitude de cinéastes (V. aussi Nosferatu).

**dracunculose** *nf* Maladie parasitaire tropicale due à d'énormes filiaires sous-cutanées.

**dragage** *nm* Action de draguer. *Dragage d'un chenal.* LOC ***Dragage de mines*** : opération visant à rechercher et à détruire des mines immergées.

**1 dragée** *nf* **1** Confiserie constituée d'une amande recouverte de sucre durci. *Des dragées de baptême.* **2** PHARM Pilule recouverte de sucre durci. **3** Menu plomb de chasse. **4** fam Balle d'arme à feu. LOC ***Tenir la dragée haute à qqn*** : lui faire payer cher un avantage, le prendre de haut. ETY Du gr. *tragêmata*, « friandises ».

**2 dragée** *nf* AGRIC Mélange de fourrages. ETY Du lat. *dravoca*, « ivraie ».

**dragéifier** *vt* ② Enrober de sucre.

**drageoir** *nm* vx Coupe ou boîte pour servir des dragées, des confiseries.

**drageonner** *vi* ① BOT Émettre des rejets naissant d'une racine. ETY Du frq. *draibjo*, « pousse ». DER **drageon** *nm* – **drageonnage** ou **drageonnement** *nm*

**dragline** *nm* Engin de travaux publics servant à racler un terrain au moyen de godets tirés par des câbles. PHO [dʀaglajn] ETY Mot angl.

**dragon** *nm* **1** Animal fabuleux ayant des griffes, des ailes et une queue de serpent. **2** Dans l'iconographie chrétienne, symbole du démon. **3** fig Gardien intraitable. **4** fig Pays en voie d'industrialisation rapide. *Les dragons du Sud-Est asiatique.* **5** anc Soldat de cavalerie qui servait à cheval et à pied. **6** Soldat d'une unité blindée. LOC ***Dragon de Komodo*** : grand varan de l'île de Komodo. — ***Dragon de vertu*** : femme d'une vertu excessive ; femme acariâtre. — ZOOL ***Dragon volant*** : saurien de l'Asie du Sud-Est, pourvu d'un repli membraneux sur les flancs, dont il se sert pour planer d'arbre en arbre. ETY Du lat.

**dragon** volant

**Dragon (le)** constellation de l'hémisphère boréal, entre la Grande et la Petite Ourse ; n. scientif. : *Draco, draconis*.

**dragonnade** *nf* HIST Persécution exercée sous Louis XIV contre les protestants du S.-O. et du S. de la France.

**dragonne** *nf* **1** Lanière double ornant la poignée d'une épée ou d'un sabre, que l'on passe au poignet. **2** Courroie d'un bâton de ski, d'un appareil photo, etc., que l'on passe au poignet.

**dragonnier** *nm* Amaryllidacée arborescente des pays chauds, qui sécrète une résine rouge.

**drag-queen** *nf* Travesti masculin au look extravagant. PLUR drag-queens. PHO [dʀagkwin] ETY Mot angl.

**dragster** *nm* Automobile ou moto de sport, très puissante, aux démarrages foudroyants. PHO [dʀagstɛʀ]

**drague** *nf* **1** Filet muni d'une armature et d'un manche, servant à la pêche aux huîtres, aux moules. **2** Engin de terrassement flottant utilisé pour approfondir un chenal, extraire des matériaux. **3** fam Action de draguer, de tenter de séduire. ETY De l'angl. *to drag*, « tirer ».

**draguer** *vt* ① **1** Pêcher avec une drague. **2** Approfondir un chenal ou extraire des matériaux à l'aide d'une drague. **3** Rechercher et détruire les mines sous-marines. **4** fig, fam Aborder, racoler. *Draguer une fille.*

**dragueur, euse** *n* **A 1** Personne qui pêche à la drague. **2** fig, fam Personne qui drague, qui tente de séduire. **B** *nm* **1** Ouvrier qui drague des matériaux. **2** Bateau qui drague. LOC ***Dragueur de mines*** : bâtiment de guerre aménagé pour le dragage des mines sous-marines.

**Draguignan** ch.-l. d'arr. du Var, sur la Nartuby ; 37 295 hab. – Ch.-l. du Var jusqu'en 1974 (auj. Toulon). – Anc. palais d'été des évêques de Fréjus (XVIII$^e$ s.). DER **dracénois, oise** *a, n*

**Dragut** (en turc, *Turğud*) (Anatolie, ? – Malte, 1565), corsaire turc. Il écuma la Méditerranée orientale et ravagea les côtes italiennes.

**draille** *nf* MAR Cordage sur lequel on hisse une voile.

**drain** *nm* **1** Conduit souterrain qui sert à épuiser l'eau des sols trop humides. **2** MED Tube qui assure l'élimination d'un liquide (pus, ascite, etc.). ETY De l'angl.

**drainage** *nm* **1** Action d'assainir un terrain au moyen de drains ou de fossés. **2** MED Évacuation d'un liquide pathologique à l'aide d'un drain. **3** fig Action de drainer, d'attirer vers soi. LOC ***Drainage lymphatique*** : massage doux destiné à activer la circulation lymphatique.

**drainant, ante** *a, nm* **A** *a* Qui favorise le drainage. *Terrain drainant.* **B** *nm* TRAV PUBL Enrobé assurant une chaussée sèche en cas de pluie.

**drainer** *vt* ① **1** Assainir un terrain par drainage. **2** MED Pratiquer le drainage d'une plaie, d'une collection liquide. **3** fig Attirer vers soi, rassembler. *Drainer les capitaux.*

**draineur** *nm* Remède homéopathique favorisant l'élimination des déchets métaboliques.

**drainothérapie** *nf* Traitement de la cellulite par massage sous l'air pulsé.

**Drais Karl Friedrich (baron von Sauerbronn)** (Karlsruhe, 1785 – id., 1851), ingénieur allemand ; inventeur de la draisienne (1816).

**draisienne** *nf* anc Vélocipède mû par le va-et-vient des pieds sur le sol, ancêtre de la bicyclette. ETY Du n. du baron *Drais von Sauerbronn*.

**draisine** *nf* CH DE F Wagonnet à moteur utilisé pour la surveillance et l'entretien des voies ferrées.

**Drake (détroit de)** détroit qui sépare la Terre de Feu et l'Antarctique entre le Pacifique et l'Atlantique.

**Drake sir Francis** (près de Tavistock, Devon, v. 1540 – au large de Portobelo, Panamá, 1596), marin et corsaire anglais. Il réalisa le deuxième voyage autour du monde (1577-1580) et contribua à la victoire anglaise sur l'Invincible Armada (1588).

**Drake Edwin Laurentine,** dit **le Colonel** (Greenville, New York, 1819 – Bethlehem, Pennsylvanie, 1880), pionnier américain des forages pétroliers (à Titusville en 1859).

**Drakensberg** chaîne montagneuse d'Afrique du Sud qui s'étire du S. du Lesotho (où 4 monts excèdent les 3 000 m) au Swaziland.

**drakkar** *nm* HIST Navire à étrave très relevée, utilisé par les Vikings. ETY Mot scand., « dragon ».

**drakkar** IX$^e$ s. – musée de la Navigation, Oslo

**dram** *nm* Unité monétaire de l'Arménie.

**dramatique** *a, nf* **A** *a* **1** Du théâtre ; écrit pour le théâtre. *L'art dramatique. Une œuvre dramatique.* **2** Se dit de ce qui est particulièrement émouvant, poignant dans un texte, un récit. *Les passages dramatiques d'un roman.* **3** Grave, dangereux, tragique dans la réalité. *Des évènements dramatiques.* **B** *nf* Pièce de théâtre télévisée. DER **dramatiquement** *av*

**dramatiser** *vt* ① **1** Rendre dramatique, poignant. *Dramatiser une scène.* **2** Exagérer la gravité, l'importance d'un évènement, d'une situation. DER **dramatisation** *nf*

**dramaturgie** *nf* Art de composer des œuvres dramatiques ; traité sur ce sujet. DER **dramaturge** *n* – **dramaturgique** *a*

**Dramaturgie de Hambourg** ensemble d'articles rédigés sur le théâtre par Lessing en 1768, à Hambourg.

**drame** *nm* **1** LITTER Genre dramatique où le pathétique et le sublime côtoient le familier et le grotesque ; œuvre théâtrale de ce genre. **2** Pièce de théâtre dont le sujet est tragique. **3** Évènement tragique. *Un drame épouvantable s'est produit dans cette famille.* **LOC** MUS ***Drame lyrique*** : opéra, oratorio. ETY Du gr. *drama*, « action ».

**Drammen** v. et port de Norvège ; ch.-l. de comté ; 58 700 hab. Industries.

**Drancy** ch.-l. de cant. de la Seine-St-Denis (arr. de Bobigny) ; 66 701 hab. Ville-dortoir. Industries. – Camp d'internement et de transit (essentiellement des Juifs) sous l'Occupation. DER **drancéen, enne** *a, n*

**Dranem** Armand Ménard, dit (Paris, 1869 – id., 1935) chanteur et acteur français, spécialisé dans les « chansons idiotes ».

**drap** *nm* **1** TEXT Étoffe de laine dont les fibres sont feutrées par foulage. **2** Chacune des deux grandes pièces de toile qui couvrent un lit et entre lesquelles on se couche. **3** Grande pièce d'étoffe. *Drap de bain.* **LOC** ***Se mettre, être dans de beaux draps*** : dans une situation embarrassante.

**drapé, ée** *a, nm* **A** *a* **1** TECH Préparé comme le drap. **2** Garni d'un drap. **3** Disposé en draperie. **B** *nm* Arrangement de plis d'un vêtement, d'une tenture.

**drapeau** *nm* **1** Pièce d'étoffe attachée par un de ses côtés à une hampe et servant d'emblème, de signe de ralliement, etc. *Le drapeau tricolore.* **2** fig Attachement à une cause, à une idée. *Se ranger sous le drapeau de qqn.* **LOC** ***Drapeau blanc*** : qui, en temps de guerre, indique que l'on désire parlementer ou se rendre. — ***Être sous les drapeaux*** : effectuer son service militaire légal. — AVIAT ***Hélice en drapeau*** : dont le plan moyen des pales est orienté parallèlement à la direction du déplacement de l'avion, pour réduire la résistance à l'avancement lorsque le moteur s'arrête en vol. ▶ pl. annexes

**draper** *v* ① **A** *vt* **1** Disposer harmonieusement les plis d'une étoffe, d'un vêtement sur une statue. **2** Former des plis harmonieux avec une étoffe, un vêtement. *Draper une ceinture.* **B** *vpr* S'envelopper dans un vêtement lâche et flottant. *Se draper dans son manteau.* **LOC** plaisant ***Se draper dans sa dignité*** : prendre un air noble et digne.

**Draper** Henry (Prince Edward County, Virginie, 1837 – New York, 1882), astronome américain. Son *Draper Catalogue* (plus de 10 000 étoiles), publié à Harvard en 1891, a été continué.

**draperie** *nf* **1** Étoffe, tenture, disposée avec art, en grands plis. **2** PEINT, SCULP Représentation des étoffes drapées. **3** Manufacture, commerce du drap.

**drap-housse** *nm* Drap resserré sur les bords par un élastique de manière à emboîter le matelas. PLUR draps-housses. PHO [dʀaus]

**drapier, ère** *n, a* **A** *n* anc Personne qui fabrique, vend du drap. **B** *a* Du drap. *L'industrie drapière.*

**drastique** *a, nm* **A** anc Se dit d'un purgatif énergique. **B** *a* Rigoureux, radical. *Des moyens drastiques.* ETY Du gr. *drastikos*, « qui agit ». DER **drastiquement** *av*

**drave** *nf* Canada anc Flottage du bois. *Faire la drave.* ETY De l'angl. *to drive*, « conduire ». DER **draver** *vt* ① – **draveur** *nm*

**Drave (la)** affl. (r. dr.) du Danube (707 km) ; naît dans les Alpes italiennes, coule en Autriche puis sépare la Hongrie de la Croatie.

**Draveil** ch.-l. de cant. de l'Essonne (arr. d'Évry), sur la Seine ; 29 039 hab.. DER **draveillois, oise** *a, n*

**draveur** → **drave.**

**dravidien, enne** *a, nm* Se dit de l'ensemble de langues non indo-européennes, dont le tamoul et le télougou, parlées dans le S. de l'Inde et le N. du Sri Lanka, formant une famille linguistique apparentée à aucune autre. ETY Du sanskrit.

**Dravidiens** ensemble des peuples occupant la plus grande partie du Dekkan et le nord du Sri Lanka. DER **dravidien, enne** *a*

**drawback** *nm* Remboursement des droits de douane payés sur les matières premières qui ont servi à fabriquer des objets exportés. PHO [dʀobak] ETY Mot angl., de *to draw*, « tirer », et *back*, « en arrière ».

**drayer** *vt* ㉑ TECH Égaliser l'épaisseur d'une peau. DER **drayage** *nm*

**drayoire** *nf* TECH Couteau servant à drayer.

**Drayton** Michael (Hartshill, Warwickshire, 1563 – Londres, 1631), poète anglais : *Poly-Olbion* (1612 et 1622).

**dreadlocks** *nfpl* Coiffure traditionnelle des rastas, faite de petites nattes. PHO [dʀɛdlɔks] ETY Mot angl.

**drêche** *nf* Résidu du brassage de la bière, déchets d'orge servant d'aliment pour le bétail. ETY Du gaul.

**Dreifuss** Ruth (Saint-Gall, 1940), femme politique suisse, la première femme qui accéda à la présidence de la Confédération (1999).

**Dreiser** Theodore (Terre Haute, Indiana, 1871 – Hollywood, 1945), romancier naturaliste américain : *Sœur Carrie* (1900), *le Titan* (1914), *Une tragédie américaine* (1925).

**drelin** *interj* Onomatopée évoquant le tintement d'une clochette.

**Drenthe** prov. des Pays-Bas ; 2 647 km$^2$ ; 432 000 hab. ; ch.-l. *Assen.* Hydrocarbures.

**drépanocytose** *nf* MED Maladie due à une anomalie héréditaire de la structure de l'hémoglobine. SYN anémie falciforme. ETY Du gr. *drepanon*, « serpe ».

**Drepanum** (auj. *Trapani*), anc. ville et promontoire de Sicile où la flotte carthaginoise battit la flotte romaine (249 av. J.-C.).

**Dresde** (en all. *Dresden*), ville d'Allemagne, sur l'Elbe, cap. de la Saxe ; 521 000 hab. – Rasée par les bombardements anglo-américains de fév. 1945 (env. 35 000 morts), la ville était devenue un grand centre industr. de la RDA. – Université technique. Palais du Zwinger (XVIII$^e$ s.) : pinacothèque.

**dressage** *nm* **1** Action de faire tenir droit, d'élever. **2** TECH Opération qui consiste à dresser, à rendre plan. **3** Action d'habituer un animal à faire telle ou telle chose (tour d'adresse, tâche déterminée, etc.). **4** péjor Éducation trop stricte. *Le dressage d'un enfant.*

**dresser** *v* ① **A** *vt* **1** Lever, tenir droit une partie du corps. *Dresser la tête.* **2** Faire tenir droit. *Dresser une échelle contre une façade.* **3** Élever, construire, installer. *Dresser un échafaud, une tente.* **4** TECH Rendre parfaitement plan. *Dresser au rabot les chants d'une planche.* **5** Préparer en disposant matériellement. *Dresser la table, un buffet.* **6** Préparer, établir. *Dresser un contrat, un plan.* **7** fig Mettre qqn dans des dispositions défavorables à l'égard d'une autre personne. **8** Effectuer le dressage d'un animal **9** fam Obliger qqn à obéir, à se soumettre. **B** *vpr* **1** Se tenir droit, levé. *Se dresser sur la pointe des pieds.* **2** fig S'élever, protester contre. *Se dresser contre une injustice.* **LOC** ***Avoir les cheveux qui se dressent sur la tête*** : avoir très peur. — ***Dresser l'oreille*** : écouter attentivement ; être particulièrement attentif. — ***Se dresser sur ses ergots*** : prendre une attitude provocante, menaçante. ETY Du lat. *directus*, « droit ».

**dresseur, euse** *n* Personne qui dresse des animaux.

**dressoir** *nm* Étagère, buffet à gradins où l'on expose la vaisselle.

**Dreux** ch.-l. d'arr. d'Eure-et-Loir, sur la Blaise ; 33 435 hab. Industries. – Égl. (XIII$^e$-XVII$^e$ s.). Chap. royale St-Louis (déb. XIX$^e$ s.). DER **drouais, aise** *a, n*

**Dreux-Brézé** Henri Evrard (marquis de) (Paris, 1762 – id., 1829), grand maître des cérémonies sous Louis XVI. Il installa les états généraux et fut chargé, le 23 juin 1789, de chasser le tiers état.

**drève** *nf* Belgique Allée bordée d'arbres, avenue.

**Dreyer** Carl (Copenhague, 1889 – id., 1968), cinéaste danois : *le Président* (1920), *le Maître du logis* (1925), *la Passion de Jeanne d'Arc* (1928), *Vampyr* (1932), *Dies iræ* (« Jour de colère », 1943), *Ordet* (1955), *Gertrud* (1964).

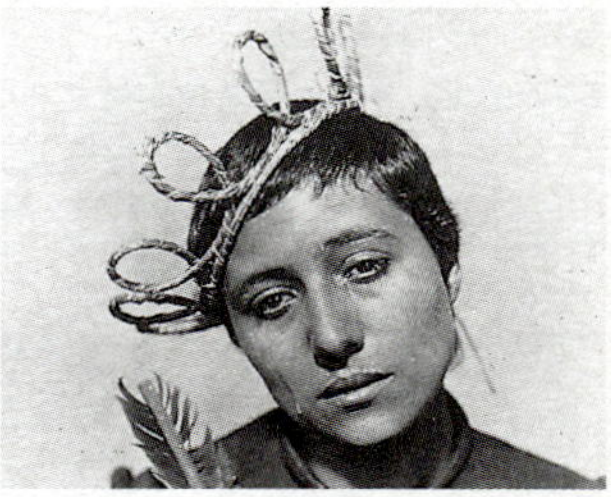

**Dreyer** *la Passion de Jeanne d'Arc*, 1928

**Dreyer** Johan (Copenhague, 1852 – Oxford, 1926), astronome danois ; il publia en 1888 le catalogue NGC (nébuleuses, galaxies, amas stellaires).

dégradation du capitaine **Alfred Dreyfus**, le 5 janvier 1895 – *le Petit Journal*, BN

**Dreyfus** Alfred (Mulhouse, 1859 – Paris, 1935), capitaine français. En déc. 1894, il fut condamné au bagne (en Guyane, île du Diable) pour espionnage au profit de l'Allemagne. En 1896, le commandant Picquart accusa le commandant Esterhazy, qui fut acquitté. La famille Dreyfus mena campagne. La publication par Zola dans *l'Aurore* en janv. 1898, d'une lettre ouverte au président de la République (« J'accuse ») et la condamnation de Zola à un an de prison firent éclater l'*Affaire Dreyfus*. Les *dreyfusards*, anticléricaux et antimilitaristes, s'opposèrent aux *antidreyfusards*, nationalistes, conservateurs et antisémites. En sept. 1898, il fut révélé que l'Affaire reposait sur un faux, dû au colonel Henry, qui se suicida. Lors du procès en révision (Rennes, sept. 1899), Dreyfus bénéficia de circonstances atténuantes et fut gracié. En 1906, ce jugement fut cassé et Dreyfus réintégré dans l'armée. En 1930, on découvrit que le coupable était Esterhazy.

**dreyfusard, arde** *n, a* HIST Se dit d'un partisan de Dreyfus, de la révision du procès de Dreyfus.

**DRH** *n* Sigle de *directeur* (ou de *direction*) *des ressources humaines*, appelé anciennement chef (ou service) du personnel. (PHO) [deeRaʃ]

**dribbler** *vi* (1) SPORT Contrôler la balle en progressant vers le but adverse. (ETY) De l'angl. *to dribble*, « tomber goutte à goutte ». (DER) **dribble** *nm* – **dribbleur, euse** *n*

**Driesch** Hans (Bad Kreuznach, 1867 – Leipzig, 1941), biologiste et philosophe allemand, auteur de *la Philosophie de l'organisme* (1909) d'inspiration vitaliste.

**Drieu La Rochelle** Pierre (Paris, 1893 – id., 1945), écrivain français : *le Feu follet* (1931), *la Comédie de Charleroi* (1934), *Gilles* (1939). De 1940 à 1943, il dirigea la *Nouvelle Revue française*. Recherché après la Libération pour collaboration, il se suicida.

**drift** *nm* GEOL Dépôt laissé par le recul d'un glacier. (ETY) Mot angl., « ce qui est poussé ».

**drill** *nm* Grand babouin à face noire, vivant au Cameroun. (PHO) [dRij] (ETY) De *mandrill*.

**1 drille** *nf* TECH Outil de bijoutier constitué d'une tige où est fixé un foret, munie d'un volant et entraînée par le déroulement d'un double cordon. (ETY) De l'all. *drillen*, « percer en tournant ».

**2 drille** *nm* LOC ***Joyeux drille*** : gai luron, joyeux camarade.

**Drina (la)** riv. de Yougoslavie (346 km), affl. (r. dr.) de la Save. – Les Austro-Hongrois remportèrent sur les Serbes la *bataille de la Drina* (sept.-nov. 1914).

**dringuelle** *nf* Belgique, fam Pourboire. (ETY) De l'all.

**drink** *nm* fam Boisson alcoolisée. (PHO) [dRink] (ETY) Mot angl.

**Drinkwater** John (Leytonstone, 1882 – Londres, 1937), auteur anglais de drames historiques : *Mary Stuart* (1921), *Cromwell* (1923).

**drisse** *nf* MAR Cordage servant à hisser une voile, un pavillon. (ETY) De l'ital.

**drive** *nm* **1** TENNIS Syn. de *coup droit*. **2** GOLF Coup puissant et précis donné à la balle au départ d'un trou. (PHO) [dRajv] (ETY) De l'angl. *to drive*, « conduire ».

**dromadaire** vu de face, silhouette et bosse en coupe

**drive-in** *nm inv* Cinéma en plein air, où on suit le film depuis sa voiture. SYN (recommandé) ciné-parc. (PHO) [dRajvin] (ETY) Mot angl.

**1 driver** *v* (1) **A** *vi* Exécuter un drive, au golf, au tennis. **B** *vt* **1** Conduire un cheval dans une course de trot attelé. **2** fig, fam Conduire, diriger. *Driver une équipe.* (PHO) [dRive]

**2 driver** *nm* **1** EQUIT Conducteur de sulky. **2** GOLF Club de bois servant à exécuter un drive. **3** INFORM Programme de gestion automatique des échanges entre un ordinateur et ses périphériques. (PHO) [dRajvœR] (ETY) Mot angl. (VAR) **driveur**

**Drogheda** (en gaélique *Droichead Atha*), v. et port de la rép. d'Irlande (prov. de Leinster, comté de Louth), sur la Boyne ; 23 800 hab. – Cromwell massacra sa pop. en 1649.

**drogman** *nm* anc Interprète dans les pays du Levant.

**drogue** *nf* **1** péjor Substance médicamenteuse. *Absorber trop de drogues.* **2** Stupéfiant. *Un trafiquant de drogue.* (ETY) Du néerl. *drog*, « chose sèche ».

ENC L'utilisation de drogues « douces » (haschisch, marijuana) et « dures » (héroïne, cocaïne, LSD) s'est répandue, surtout depuis 1945. Les dangers que cette toxicomanie représente (accoutumance, assuétude, dépendance) ont conduit à une intensification de la lutte contre le trafic de drogue (à l'échelle internationale), à la surveillance plus étroite de la vente des médicaments psychotropes et à la mise en place de centres médicaux de désintoxication et de centres d'aide psychologique.

**drogué, ée** *a, n* Qui s'adonne aux stupéfiants.

**droguer** *v* (1) **A** *vt* péjor Donner des remèdes inutiles, faire absorber beaucoup de médicaments à qqn. *Droguer un malade.* **B** *vpr* péjor Prendre des stupéfiants.

**droguerie** *nf* Commerce des couleurs et des produits d'entretien ; magasin où l'on vend de tels produits. (DER) **droguiste** *n*

**droguet** *nm* Étoffe semée d'un motif broché. (ETY) De *drogue*, « chose de mauvaise qualité ».

**droïde** *nm* Dans la science-fiction, robot de combat utilisé dans les guerres galactiques.

**1 droit** *nm* **1** Faculté d'accomplir une action, de jouir d'une chose, d'y prétendre, de l'exiger. *Les droits et les devoirs. Être dans son droit. Les droits de l'amitié.* **2** Taxe. *Droits de péage, d'octroi, d'enregistrement. Payer un droit d'entrée.* **3** Ensemble des règles qui régissent les rapports entre les hommes. *Opposer le droit à la force.* **4** Pouvoir d'agir selon sa volonté. *Le droit du plus fort.* **5** Ensemble des dispositions juridiques qui règlent les rapports entre les hommes. *Droit romain. Droit canon. Droit civil, droit pénal. Droit international. Droit commercial. Droit des affaires. Droit du travail.* LOC ***À bon droit*** : avec raison, justement. — ***À qui de droit*** : à qui est habilité, qualifié. — ***Avoir droit à*** : pouvoir prétendre à, bénéficier de. — ***De droit, de plein droit*** : sans contestation possible. — ***Droit d'aînesse*** : privilège qui, dans une succession, avantageait l'aîné. — ***Droit de magasinage*** :

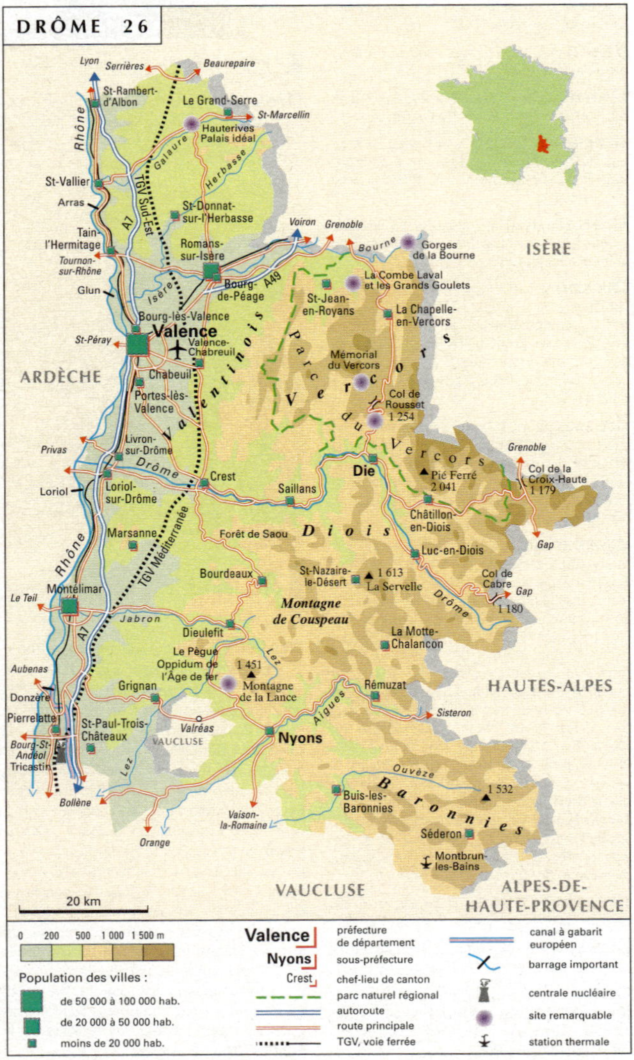

versé pour laisser des marchandises en dépôt. — ***Droit de regard*** : possibilité d'exercer une surveillance, un contrôle. — DR ***Droit de visite*** : droit de voir un enfant, attribué aux personnes qui n'en ont pas la garde. — ***Droit privé*** : qui régit les rapports des particuliers entre eux et des particuliers avec l'administration. — ***Droit public*** : qui régit le fonctionnement de l'État (constitution, administration). — ***Droits d'auteur*** : somme que l'auteur touche sur la vente, la reproduction ou la représentation de ses œuvres. — ***Droits civiques*** : attachés à la qualité de citoyen, notam. l'éligibilité et le droit de vote. — ***Être en droit de*** : avoir le droit de. — ***Faire droit à une demande*** : lui donner une suite favorable. ETY Du lat.

**2 droit, droite** *a, nm, av* **A** *a* **1** Qui n'est pas courbe, qui trace une ligne qui ne dévie pas. *Droit comme un I. Avoir le nez droit.* **2** Qui va par le chemin le plus court d'un point à un autre. *Une ligne droite.* **3** Vertical. *Ce mur n'est pas bien droit.* **4** Juste, équitable. *Un esprit droit.* **5** Honnête et loyal. *Un homme très droit.* **B** *nm* **1** Angle droit. **2** Muscle droit. **C** *av* **1** En ligne droite. *Tout droit. Aller droit devant soi.* **2** Directement. *Aller droit au fait.* **LOC** GEOM ***Angle droit*** : formé par deux droites perpendiculaires. — ASTRO ***Ascension droite*** : angle formé par le méridien de l'astre et le méridien du point vernal. — ***En droite ligne*** : directement. — ***Marcher droit*** : bien se conduire. — ANAT ***Muscle droit*** : dont les fibres sont verticales. ETY Du lat.

**3 droit, droite** *a, nm* **A** *a* Qui est du côté opposé à celui du cœur. *La main droite.* **B** *nm* **1** En boxe, le poing droit. **2** Le pied droit, au football, au rugby. **3** Le côté face d'une médaille, d'une monnaie. **LOC** ***Le bras droit de qqn*** : son collaborateur indispensable.

**droit-commun** *n inv* Prisonnier de droit commun.

**droite** *nf* GEOM Ligne droite. **LOC** ***À droite*** : du côté droit. — ***À droite et à gauche*** : de tous côtés. — MATH ***Droite affine*** : munie d'une origine et d'un point par rapport auquel ses autres points peuvent être repérés. — ***La droite*** : le côté droit, la partie droite. — ***La droite (d'une assemblée)*** : ceux qui siègent à la droite du président ; l'ensemble des conservateurs.

**droitement** *av* Honnêtement, équitablement.

**droit-fil** *nm* **1** COUT Sens des fils d'un tissu, par oppos. au *biais*. **2** fig Ligne principale, prolongement logique. *Se situer dans le droit-fil d'une orientation politique.* PLUR droits-fils.

**droitier, ère** *a* **1** Qui se sert habituellement de sa main droite. **2** fam De droite, en politique. *Une déviation droitière.*

**droitiser** *vt* ① POLIT Orienter vers la droite. DER **droitisation** *nf*

**droitisme** *nm* POLIT Dans un parti, tendance à adopter des solutions les plus à droite. DER **droitiste** *a, n*

**droits de l'homme** → **Déclaration des droits de l'homme et Ligue des droits de l'homme.**

**droiture** *nf* Qualité d'une personne droite, loyale, honnête, sincère.

**drolatique** *a* litt Comique.

**drôle** *nm, a* **A** *nm* **1** vieilli Polisson, mauvais sujet. **2** Enfant espiègle. **3** rég Petit garçon. **B** *a* **1** Plaisant, comique. *Cet acteur est drôle.* **2** Singulier, curieux. *C'est drôle qu'il n'écrive pas comme prévu.* **3** fam Étrange. *Un drôle de personnage, une drôle d'histoire.* **4** fam Marque l'intensité. *Il a une drôle de veine.* **LOC** fam ***Ce n'est pas drôle*** : c'est fâcheux. ETY Du néerl. *drol,* « lutin ».

**Drôle de drame** film de Marcel Carné (1937), écrit par J. Prévert, avec M. Simon, L. Jouvet, Françoise Rosay, J.-L. Barrault.

**drôlement** *av* **1** D'une manière étrange. *Il est drôlement attifé.* **2** fam Extrêmement. *C'est drôlement bien.*

**drôlerie** *nf* **1** Bouffonnerie, facétie. **2** Comique. *Un livre plein de drôlerie.*

**drôlesse** *nf* vieilli Femme rusée, aux mœurs légères.

**dromadaire** *nm* Chameau à une seule bosse parfaitement adapté au climat désertique chaud, que l'on utilise comme monture ou comme bête de somme de la Mauritanie à l'Inde. ETY Du gr. *dromas,* « coureur ».

**-drome, -dromie** Éléments, du gr. *dromos,* « course ».

**Drôme (la)** riv. de France (110 km) ; naît dans les Alpes et se jette dans le Rhône.

**Drôme** dép. franç. (26) ; 6 576 km² ; 494 700 hab ; 75,2 hab./km² ; ch.-l. *Valence* ; ch.-l. d'arr. *Die* et *Nyons*. V. Rhône-Alpes. DER **drômois, oise** *a, n*

**drone** *nm* MILIT Petit avion sans pilote, télécommandé ou programmé, utilisé pour l'observation. ETY Mot angl.

**Dronne (la)** riv. du Périgord (190 km) ; affl. (r. dr.) de l'Isle. Dans sa vallée, nombr. sites préhistoriques.

**dronte** *nm* Oiseau columbiforme à bec énorme, de la taille d'un dindon, incapable de voler, qui vécut à l'île Maurice et fut exterminé au XVII^e s. SYN dodo. ETY Mot d'un parler de l'océan Indien.

**dronte**

**1 droper** *vi* ① fam Courir à toutes jambes. ETY De l'ar. VAR **dropper**

**2 droper** *vt* ① MILIT Parachuter, larguer des soldats ou du matériel. ETY De l'angl.

**drop-goal** *nm* SPORT Au rugby, coup de pied en demi-volée par lequel on tente de projeter le ballon entre les poteaux de but. SYN (recommandé) coup de pied tombé. PLUR drop-goals. PHO [dʀɔpgol] ETY De l'angl. VAR **drop**

**Dropt (le)** riv. de France (125 km), affl. de la Garonne (r. dr.), utilisée pour l'irrigation.

**droséra** *nm* Plante carnivore des marais européens, qui capture les insectes à l'aide de poils glanduleux enduits d'une pepsine qui les digère. SYN rossolis. ETY Du gr. *droseros,* « humide de rosée ».

**droséracée** *nf* Plante carnivore dont la famille renferme le droséra et la dionée.

**drosophile** *nf* Mouche du vinaigre brun clair, longue de 2 mm, dont le patrimoine génétique est particulièrement utile à la recherche (nombreuses mutations, chromosomes de grande taille, etc.). ETY Du gr. *drosos,* « rosée ».

**drosse** *nf* MAR Cordage ou chaîne transmettant les mouvements de la barre au gouvernail.

**drosser** *vt* ① MAR Entraîner vers la côte, vers un danger, un navire. *Courant qui drosse un navire.* ETY Du néerl. *drossen,* « entraîner ».

**Drouet Jean-Baptiste** (Sainte-Menehould, 1763 – Mâcon, 1824), fils du maître de poste de Sainte-Menehould. Il reconnut Louis XVI et la famille royale en fuite et les fit arrêter à Varennes (21 juin 1791). Il fut membre de la Convention et des Cinq-Cents.

**Drouet Julienne Gauvain,** dite **Juliette** (Fougères, 1806 – Paris, 1883), actrice française qui eut une liaison avec Victor Hugo de 1833 à sa mort.

**drouille** *nf* fam Marchandise de second choix, vendue au rabais.

**Drouot Antoine (comte)** (Nancy, 1774 – id., 1847), général d'artillerie. Il accompagna Napoléon I^er à l'île d'Elbe.

**Drouot (hôtel)** établissement de ventes mobilières aux enchères, Construit en 1852 au 9 de la rue Drouot (Paris, 9^e). Il comprend auj. 3 annexes.

**dru, drue** *a, av* **A** *a* **1** Épais, touffu. *Blés drus.* **2** fig Fort, vigoureux. *Des pages drues et colorées.* **B** *av* En grande quantité, d'une manière serrée. *Ses cheveux poussent dru. La grêle tombe dru.* ETY Du gaul. *drûto,* « vigoureux ».

**Dru (aiguille du)** sommet des Alpes, dans le massif du Mont-Blanc ; 3 754 m ; haut lieu de l'alpinisme.

**drugstore** *nm* En France, magasin de luxe composé d'un restaurant, ou d'un bar, et de stands divers (cadeaux, livres, journaux, épicerie, etc.). PHO [dʀœgstɔʀ] ETY Mot angl., « magasin de médicaments ».

**druide** *nm* Chef religieux des populations celtiques qui, avant la conquête romaine, occupaient la Gaule et les îles britanniques. ETY Du gaul.

**druidisme** *nm* didac Religion, doctrine des druides. DER **druidique** *a*

**Drumev Vasil** en relig. *Clément* (Šumen, auj. Kolarovgrad, v. 1838 – Tărnovo, 1901), prélat et écrivain bulgare : *Ivanko* (drame hist., 1872).

**drumlin** *nm* GEOMORPH Surface d'une moraine de fond, après la fonte du glacier, qui présente des collines ovales parallèles. PHO [dʀœmlin] ETY Du gaélique *druim,* « bord d'une colline ».

**drummer** *n* Musicien de jazz qui tient la batterie. PHO [dʀœmœʀ]

**Drummondville** v. du Québec (Centre-du-Québec) sur la rivière *Saint-François* ;

**droséra**

45 000 hab. DER **drummondvillois, oise** *a, n*

**Drumont** Édouard (Paris, 1844 – id., 1917), journaliste, écrivain et homme politique français. Antisémite (*la France juive* 1886), il fonda *la Libre Parole* (1892).

**drums** *nmpl* MUS Batterie, dans un orchestre de jazz, de rock, un spectacle de variétés. PHO [dRœms] ETY De l'angl.

**Druon** Maurice (Paris, 1918 – id., 2009), écrivain français : *les Grandes Familles* (1948-1951), *les Rois maudits* (1955-1966). Acad. fr. (1966).

**drupe** *nf* BOT Fruit charnu (cerise, prune, pêche, olive, etc.) dont l'endocarpe lignifié forme un noyau contenant l'amande (la graine).

**Drusus** Nero Claudius (?, 38 – ?, 9 av. J.-C.), fils de Livie et frère de Tibère ; père de Germanicus. Il créa deux prov. en Germanie.

**Drusus** Caesar (?, v. 13 av. J.-C. – ?, 23 apr. J.-C.), fils de Tibère et de Vipsania ; Séjan, amant de sa femme Livilla, le fit empoisonner.

**Druzes** populations (700 000 personnes env.) habitant surtout en Syrie et en Jordanie (*djebel Druze*, montagnes du Hawran), au Liban et en Israël. Les Druzes constituent une secte ismaélienne émanant des Fatimides. En 1860, ils entrèrent en conflit avec les maronites, après des siècles de bonne entente. En 1925-1926, les Druzes de Syrie se soulevèrent contre les Français. Au Liban, ils affrontèrent les maronites de 1976 à 1989. DER **druze** *a*

**dry** *a, nm* **A** *a inv* Sec, non moelleux, en parlant du champagne. **B** *nm* Cocktail à base de vermouth blanc sec et de gin. PLUR drys ou dry. PHO [dRaj] ETY Mot angl.

**dryade** *nf* MYTH Nymphe qui protège les forêts.

**Dryden** John (Aldwinkle, Northamptonshire, 1631 – Londres, 1700), poète et dramaturge anglais classique : *Essai sur la poésie dramatique* (1668), *Aureng-Zeb* (tragédie héroïque, 1675).

**dry-farming** *nm* AGRIC Syn. (déconseillé) de *culture sèche*. PLUR dry-farmings. PHO [dRajfarmiŋ] ETY Mots angl. VAR **dryfarming**

**dryopteris** *nf* Fougère ornementale dont une espèce est cour. appelée fougère mâle.

**DST** Sigle de *Direction de la surveillance du territoire*. Service de police créé en 1944 et chargé de la lutte contre l'espionnage. En 2008, la DST fusionne avec les RG pour devenir la *Direction centrale du renseignement intérieur*.

**DTD** *nf* INFORM Logiciel permettant la saisie informatique d'un texte. PHO [detede] ETY Abrév. de *définition du type de document*.

**DTS** *nmpl* Abrév. de *droits de tirage spéciaux*.

**du** *art* **1** Article défini contracté. *Le fils du voisin.* **2** Article partitif. *Prendre du bon temps.*

**dû, due** *a, nm* **A** Que l'on doit. *Chose promise, chose due. Réclamer son dû.* **B** *a* Provoqué par. *Fatigue due au surmenage.* **LOC** DR ***Acte en bonne et due forme*** : rédigé dans les formes légales.

**dual, ale** *a, nm* didac Qui comporte une dualité, une interaction ou une incompatibilité entre deux éléments. *Société duale. Technologie duale.* PLUR duaux. **LOC** MATH ***Dual de l'espace vectoriel E*** : espace vectoriel, noté E, constitué par les formes linéaires de E. ETY Du lat.

**Duala** → **Douala.**

**dualisation** *nf* Division duale de la société, entre des forces antagonistes. DER **se dualiser** *vpr* ①

**dualisme** *nm* **1** PHILO Système qui admet la coexistence de deux principes irréductibles (le corps et l'âme, par ex.). ANT monisme. **2** Coexistence de deux principes essentiellement différents. *Le compromis de 1867 établit le dualisme de l'Autriche-Hongrie avec la monarchie austro-hongroise.* DER **dualiste** *a, n*

**dualité** *nf* **1** Caractère de ce qui est double. **2** Coexistence de deux principes différents.

**duathlon** *nm* SPORT Épreuve d'endurance combinant la course à pied et la bicyclette. DER **duathlète** *n*

**dub** *nm* Style musical issu du reggae, fondé sur des trucages électroniques. PHO [dœb] ETY Mot angl.

**Dubaï** v. (1,3 million d'hab.) et émirat du golfe Persique (3 750 km$^2$ ; 2 millions d'hab.). (V. Émirats arabes unis.) VAR **Dubayy** DER **dubaïote** *a, n*

**Dubček** Alexander (Uhrovec, Slovaquie, 1921 – Prague, 1992), homme politique tchécoslovaque. Premier secrétaire du parti communiste tchécoslovaque en janv. 1968, il fut l'artisan du « printemps de Prague », auquel les forces du pacte de Varsovie mirent fin en août 1968. Assigné à résidence à partir de 1969, il fut élu, en déc. 1989, président de l'Assemblée nationale.

**Dubillard** Roland (Paris, 1923 – id., 2011), acteur et auteur dramatique français : *Naïves Hirondelles* (1961), *les Nouveaux Diablogues* (1987).

**dubitatif, ive** *a* Qui exprime le doute. *Air, geste dubitatif.* DER **dubitativement** *av*

**Dublin** (en gaélique *Baile Átha Cliath*), port princ. et cap. de la rép. d'Irlande, sur la côte orient. de l'île ; 1,1 million d'hab (aggl.). Centre industriel. – Archevêchés cathol. et protestant. Université. – Musées. DER **dublinois, oise** *a, n*

Dublin

**dubnium** *nm* PHYS Élément radioactif artificiel de numéro atomique Z=105 et de masse atomique 262 (symbole Db).

**Dubois** Guillaume (Brive-la-Gaillarde, 1656 – Versailles, 1723), cardinal et homme politique français. Anc. précepteur du duc d'Orléans, il devint, sous la Régence, son conseiller. En 1717, il allia la France à l'Angleterre et à la Hollande contre l'Espagne. Cardinal en 1721, il fut nommé Premier ministre en 1722. Acad. fr. (1722).

**Du Bois** William Edward Burghardt (Great Barrington, Massachusetts, 1869 – Accra, 1963), écrivain et sociologue noir américain qui prôna le panafricanisme.

**Dubois de Crancé** Edmond Louis Alexis (Charleville, 1747 – Rethel, 1814), général et homme politique français. Montagnard, il créa en 1793 l'*amalgame* (des recrues et des vétérans). VAR **Dubois-Crancé**

**Du Bois-Reymond** Emil (Berlin, 1818 – id., 1896), physiologiste all., pionnier de la physiologie expérimentale. VAR **Dubois-Reymond**

**Du Bos** Charles (Paris, 1882 – La Celle-Saint-Cloud, 1939), écrivain français : *Approximations* (7 vol., 1922-1937), *Journal* (posth., 1946-1962). Il se convertit au catholicisme en 1927.

**Du Bouchet** André (Paris, 1924 – Truinas, 2001), poète français : *Air* (1953), *Dans la chaleur vacante* (1961), *Une tache* (1988).

**Du Bourg** Anne (Riom, 1521 – Paris, 1559), magistrat français ; prêtre, avocat et conseiller au Parlement de Paris (1557). Défenseur des calvinistes, il fut étranglé puis brûlé.

**Dubout** Albert (Marseille, 1905 – Saint-Aunes, 1976), dessinateur humoriste français.

**Dubrovnik** (anc. *Raguse*), v. et port de Croatie, sur l'Adriatique ; 31 000 hab. Centre touristique et culturel. – Nombr. monuments (XIII$^e$-XVI$^e$ s.). – Fondée au VII$^e$ s. par les habitants d'Épidaure (auj. *Cavtat*), détruite par les Slaves, la ville appartint successivement à Byzance (867), à Venise (1205), à la Hongrie (1358). Au XVI$^e$ s., elle devint une rép. prospère, liée à l'Empire ottoman. Autrichienne en 1815, elle connut le destin de la Croatie.

Dubrovnik

**Dubuffet** Jean (Le Havre, 1901 – Paris, 1985), peintre et sculpteur français, apôtre de l'art brut. Il a publié de nombr. textes.

**Jean Dubuffet** *Houle du virtuel*, 1963 – MNAM

**Duby** Georges (Paris, 1919 – Aix-en-Provence, 1996), historien français du Moyen Âge : *le Dimanche de Bouvines* (1973), *les Trois Ordres ou l'Imaginaire du féodalisme* (1978), *le Chevalier, la Femme et le Prêtre* (1981). Acad. fr. (1987).

**1 duc** *nm* **1** anc Souverain de certains États (duchés). *Les ducs de Bourgogne.* **2** Titre de noblesse le plus élevé, après celui de prince. ETY Du lat. *dux*, « chef ».

**2 duc** *nm* Nom cour. de divers hiboux. *Le grand duc, rare, vit réfugié dans les forêts de montagne ; le moyen duc et le petit duc sont plus fréquents.*

**ducal, ale** *a* Propre à un duc, à une duchesse. PLUR ducaux.

**Du Camp** Maxime (Paris, 1822 – Baden-Baden, 1894), journaliste, mémorialiste, romancier et photographe français : *Par les champs et par les grèves* (1885, en collab. avec Flaubert), *Égypte, Nubie, Palestine et Syrie* (1852). Acad. fr. (1880).

**Du Cange** Charles du Fresne (seigneur) (Amiens, 1610 – Paris, 1688), historien français : *Histoire de Constantinople sous les empereurs français* (1657).

**ducasse** *nf* Fête populaire, dans la Flandre, le Hainault et l'Artois. ETY De *Dédicace,* nom d'une fête cathol.

**Ducasse** Isidore → **Lautréamont.**

**Ducasse** Alain (Castelsarrasin, 1956), chef cuisinier français.

**ducat** *nm* anc Pièce d'or ou d'argent d'origine italienne, qui s'est répandue dans toute l'Europe. ETY De l'ital.

**Duccio di Buoninsegna** (Sienne, v. 1260 – id., 1318), peintre italien. Il marqua le passage du style byzantin au style gothique.

**Duce (il)** titre que s'octroya Mussolini. Ce mot ital. dérive du lat. *dux, ducis,* « guide ».

**Duchamp** Marcel (Blainville, Seine-Maritime, 1887 – Neuilly-sur-Seine, 1968), peintre et poète français. Proche du futurisme (*Nu descendant un escalier* 1911), il annonça Dada dès 1913 avec ses « ready-made », objets usuels exposés comme œuvres d'art et fut surréaliste. Œuvre princ. : *Fontaine* (1917), *la Mariée mise à nu par ses célibataires même,* rébus peint sur verre (1915-1923). Poésie : *Marchand du sel* (1954).

**Marcel Duchamp** *Nu descendant un escalier*, 1911 – Museum of Art, coll. Arensberg, Philadelphie

**Duchamp-Villon** Raymond Duchamp, dit (Damville, 1876 – Cannes, 1918), sculpteur français ; frère de M. Duchamp et de J. Villon.

**Ducharme** Réjean (Saint-Félix-de-Valois, Québec, 1941), romancier québécois d'avant-garde : *l'Avalée des avalés* (1966), *l'Océantume* (1968), *Va savoir* (1994).

**duché** *nm* Territoire auquel le titre de duc est attaché. *Le duché de Parme.* LOC ***Duché-pairie :*** terre à laquelle était attaché le titre de duc et pair.

**Duchés (guerre des)** guerre suscitée par Bismarck pour « libérer » 3 duchés danois peuplés d'Allemands : Slesvig, Holstein, Lauenburg (janv.-mai 1864).

**Duchesne (le Père)** type populaire, consacré par le théâtre. Dès 1790, Hébert signa ainsi des articles violents et orduriers dans le journal éponyme. VAR **le Père Duchêne**

**duchesse** *nf* **1** Femme qui possède un duché. **2** Épouse d'un duc. **3** Variété de poire fondante très parfumée. **4** Lit de repos à dossier. LOC ***Faire la duchesse :*** affecter un air de dignité, de supériorité. — ***Lit à la duchesse :*** grand lit à colonnes et à baldaquin.

**Duclaux** Pierre Émile (Aurillac, 1840 – Paris, 1904), physicien et chimiste français ; élève et successeur de Pasteur à la tête de l'Institut Pasteur (1895).

**Duclos** Jacques (Louey, Hautes-Pyrénées, 1896 – Montreuil, 1975), homme politique français, membre du bureau politique du parti communiste de 1931 à sa mort.

**Ducos** Roger (comte) (Dax, 1747 – près d'Ulm, 1816), homme politique français, membre du Directoire, il s'associa à Bonaparte et à Sieyès lors du coup d'État du 18 brumaire.

**Ducos du Hauron** Louis (Langon, Gironde, 1837 – Agen, 1920), physicien français. Il inventa le *procédé trichrome* pour l'impression en couleurs.

**Ducretet** Eugène (Paris, 1844 – id., 1915), radioélectricien et industriel français : télégraphie sans fil (1897), radiotélégraphie (1898), radiotéléphonie (1900).

**ducroire** *nm* FIN Prime payée à un commissionnaire qui se porte garant de marchandises.

**ductile** *a* TECH Qui peut être étiré sans se rompre. ETY Du lat. DER **ductilité** *nf*

**Duda** Andrzej (Cracovie, 1972), homme politique polonais (conservateur), élu président de la République en 2015.

**Dudley** ville de Grande-Bretagne (West Midlands) ; 194 900 hab. Industries. – Ruines d'un chât. (XIV$^e$- XVI$^e$ s).

**Dudley** John (duc de Northumberland) (?, 1502 – Londres, 1553), homme politique anglais. Grand maréchal d'Angleterre, il fit désigner sa belle-fille, Jeanne Grey, comme héritière du trône. Marie Tudor l'emporta et il fut exécuté.

**duègne** *nf* **1** anc Gouvernante, femme d'un âge respectable, chargée, en partic. en Espagne, de veiller sur la conduite d'une jeune fille. **2** THEAT Emploi de duègne. *Jouer les duègnes.* PHO [dɥɛɲ] ETY De l'esp.

**1 duel** *nm* **1** Combat, devant témoins, entre deux personnes dont l'une estime avoir été offensée par l'autre. *Duel à l'épée, au pistolet.* **2** fig Combat entre deux groupes, deux personnes. *Duel oratoire.* ETY Du lat. *bellum,* « guerre ».

**2 duel** *nm* GRAM Nombre qui s'emploie pour désigner deux personnes, deux choses, considérées comme formant un groupe indissociable. *Le duel existe en grec, en sanskrit.* ETY Du lat. *dualis.*

**duelliste** *nm* Celui qui se bat en duel.

**Duero** → **Douro.**

**duettiste** *n* **1** Personne qui chante ou joue en duo. **2** fig Personne qui accomplit une action spectaculaire avec une autre. ETY De l'ital.

**duetto** *nm* MUS Petit morceau à deux voix ou à deux instruments.

**Du Fail** Noël → **Fail.**

**Dufay** Guillaume (Hainaut, v. 1400 – Cambrai, 1474), compositeur français : messes, motets, magnificats, rondeaux.

**duffel-coat** *nm* Manteau trois-quarts chaud, en laine, avec un capuchon. PLUR duffel-coats, duffle-coats. PHO [dœfœlkot] ETY De *Duffel,* ville des Flandres et de l'angl. *coat,* « manteau ». VAR **duffle-coat**

**Duflot** Cécile (Villeneuve-Saint-Georges, 1975), femme politique française, secrétaire nationale du parti Les Verts (2006-2010) et d'Europe Écologie Les Verts (2010-2012).

**Dufour** Guillaume Henri (Constance, 1787 – Les Contamines, Genève, 1875), général suisse. Il réduisit la révolte du Sonderbund (1847). Il fit dresser la *carte Dufour* de la Suisse (1833-1865).

**Du Fu** (Duling, Shānxi, 712 – Leiyang, Hunan, 770), poète chinois confucianiste de la dynastie des Tang. Il vécut dans la misère et décrivit les souffrances du peuple. VAR **Tou Fou**

**Dufy** Raoul (Le Havre, 1877 – Forcalquier, 1953), peintre, décorateur et illustrateur français, élégant et léger.

**Raoul Dufy** *la Musique militaire*, 14 juillet 1951 – musée du Havre

**Dugommier** Jacques François Coquille, dit (Basse-Terre, Guadeloupe, 1738 – près de Figueras, Catalogne, 1794), général français qui reprit Toulon (1793).

**dugon** *nm* Mammifère sirénien atteignant 3 m de long, très massif, qui vit sur les côtes de l'océan Indien. ETY Du malais. VAR **dugong**

**Duguay-Trouin** René (Saint-Malo, 1673 – Paris, 1736), corsaire français qui attaqua les navires anglais, hollandais, portugais. En 1711, il prit Rio de Janeiro.

**Du Guesclin** Bertrand (La Motte-Broons, près de Dinan, 1315 ou 1320 – Châteauneuf-de-Randon, 1380), connétable de France. Il combattit, pour Charles V, les armées de Charles le Mauvais (1364), puis débarrassa la France des Grandes Compagnies. Connétable (1370), il entreprit d'expulser les Anglais de France. Il mourut au combat.

**Duhamel** Georges (Paris, 1884 – Valmondois, 1966), romancier français : *Vie et aventures de Salavin* (1920-1932), *Chronique des Pasquier* (1933-1945). Acad. fr. (1935).

**Duhem** Pierre (Paris, 1861 – Cabrespine, Aude, 1916), philosophe français, historien des sciences humaines : *le Système du monde de Platon à Copernic* (1913-1916).

**Dühring** Karl Eugen (Berlin, 1833 – Nowawes, près de Postdam, 1921), philosophe allemand. Engels a attaqué son matérialisme positiviste (inspiré par Comte) et son socialisme réformateur dans *l'Anti-Dühring* (1877-1878).

**Duisburg** v. d'Allemagne (Rhénanie-du-Nord-Westphalie), au confl. de la Ruhr et du Rhin ; 487 500 hab. Un des plus grands ports fluviaux du monde. Centre industriel.

**duit** *nm* **1** TECH Lit artificiel d'un cours d'eau, créé entre des digues, pour les besoins de la navigation. **2** PECHE Digue artificielle barrant l'embouchure d'un cours d'eau maritime et retenant le poisson lors du reflux. PHO [dɥi] ETY Du lat.

**duite** *nf* TECH Longueur du fil conduit par la navette, d'une lisière d'une étoffe à l'autre.

**Dujardin** Jean (Rueil-Malmaison, 1972), acteur de cinéma français : *The Artist* (2011).

**Dukas** Paul (Paris, 1865 – id., 1935), compositeur français : *l'Apprenti sorcier* (scherzo symphonique, 1897), *la Péri* (poème chorégraphique, 1912).

**dukkha** *nf* Dans le bouddhisme, souffrance inhérente à l'existence, et dont il faut se libérer pour atteindre le nirvana.

**Dulac** Germaine (Asnières, 1882 – Paris, 1942), cinéaste française, la première femme qui réalisa un film de long métrage : *la Souriante Madame Beudet* (1922).

**Dulbecco** Renato (Catanzaro, 1914), biologiste américain d'origine italienne. Il a montré que les virus pouvaient provoquer des cancers. Prix Nobel de médecine en 1975, avec D. Baltimore et H. M. Temin.

**dulçaquicole** *a* BIOL Qui vit dans les eaux douces. VAR **dulcicole**

**dulcifier** *vt* ② PHARM Tempérer l'âcreté ou l'amertume d'un liquide en le mêlant à un liquide plus doux. DER **dulcification** *nf*

**dulcinée** *nf* plaisant Femme dont on est épris. ETY De *Dulcinée* de Toboso, aimée de Don Quichotte.

**Dulcinée** personnage du *Don Quichotte* de Cervantès, la « dame des pensées » du chevalier errant ; en fait, une simple paysanne.

**dulie** *nf* LOC THEOL ***Culte de dulie :*** culte de vénération rendu aux anges, à la Vierge Marie et aux saints (par oppos. à *culte de latrie*).

**Dulles** John Foster (Washington, 1888 – id., 1959), homme politique américain ; secrétaire d'État d'Eisenhower (1952-1959), champion de l'anticommunisme.

**Dullin** Charles (Yenne, Savoie, 1885 – Paris, 1949), acteur et metteur en scène français. Il fonda et dirigea le théâtre de l'Atelier à Paris de 1922 à 1939.

**Dulong** Pierre Louis (Rouen, 1785 – Paris, 1838), physicien et chimiste français : chaleurs spécifiques des corps simples.

**Duluth** v. et port des États-Unis (Minnesota), sur le lac Supérieur, à l'embouchure de la riv. Saint Louis ; 87 000 hab. Industries.

**Dumarsais** → **Marsais.**

**Dumas** Jean-Baptiste (Alès, 1800 – Cannes, 1884), chimiste français. Il détermina la masse atomique de nombr. corps. Il fut l'un des premiers à mettre en équation les réactions. Acad. fr. (1875).

**Dumas** Alexandre (Villers-Cotterêts, 1802 – Puys, près de Dieppe, 1870), écrivain français, dit *Dumas père*, fils du général Alexandre Davy de la Pailleterie (Jérémie, Saint-Domingue, 1762 – Villers-Cotterêts, 1806), qui avait pris le nom de sa mère, une esclave noire. Ses nombr. romans hist. connurent le succès : *les Trois Mousquetaires* (1844), complétés par *Vingt Ans après* (1845) et *le Vicomte de Bragelonne* (1850) ; *le Comte de Monte-Cristo* (1846) ; *la Reine Margot* (1845). Théâtre : *la Tour de Nesle* (1832), *Kean* (1836). Il a laissé des *Mémoires* (1852-1854). — **Alexandre Dumas fils** (Paris, 1824 – Marly-le-Roi, 1895), fils naturel du préc., il écrivit des pièces à succès : *la Dame aux camélias* (1852, d'apr. son roman, paru en 1848), *le Fils naturel* (1858), etc. Acad. fr. (1874). ▶ illustr. **Nadar**

**Du Maurier** George Louis Busson Palmella (Paris, 1834 – Londres, 1896), peintre, dessinateur humoristique et écrivain anglais : *Peter Ibbetson* (1891), roman onirique. — **Daphne** (Londres, 1907 – Par, Écosse, 1989), petite-fille du préc., romancière : *Rebecca* (1938), *l'Auberge de la Jamaïque* (1939).

**dum-dum** *nf inv* MILIT Balle de fusil dont l'enveloppe se déchire dans la blessure. PHO [dumdum] ETY De *Dum-Dum*, n. d'une localité de l'Inde.

**dûment** *av* Selon les formes prescrites. VAR **dument**

**Dumerc** Céline (Tarbes, 1982), basketteuse française, meneuse de l'équipe de France.

**Dumesnil** Marie-Françoise Marchand, dite M^lle (Paris, 1713 – id., 1803), tragédienne française.

**Dumézil** Georges (Paris, 1898 – id., 1986), historien français. Il se livra à l'étude comparative des mythologies des peuples de langue indo-européenne : *Mitra-Varuna* (1948), *les Dieux des Germains* (1959), *Mythe et épopée* (1968-1973). Acad. fr. (1978).

**Georges Dumézil**

**Dumfries** v. d'Écosse ; 29 400 hab. ; ch.-l. de la rég. de *Dumfries et Galloway* (6 370 km$^2$ ; 146 800 hab.).

**Dumonstier** Daniel (Paris, 1574 – id., 1646), peintre français de la cour.

**Du Mont** Henry de Thier, dit (Villers-l'Évêque, près de Liège, 1610 – Paris, 1684), compositeur wallon, établi à Paris en 1638. Il employa la basse continue.

**Isadora Duncan** et ses élèves en 1909

**Dumont** René (Cambrai, 1904 – Paris, 2001), agronome français, spécialiste du tiers-monde : *L'Afrique noire est mal partie* (1962), *l'Agronomie de la faim* (1974).

**Dumont** Louis (Thessalonique, 1911 – Paris, 1998), anthropologue français : travaux sur le système des castes de l'Inde : *Homo hierarchicus* (1966).

**Dumont d'Urville** Jules Sébastien César (Condé-sur-Noireau, 1790 – Meudon, 1842), navigateur français. Il explora l'Océanie (1822-1825 et 1826-1829, à la recherche de Lapérouse) et l'Antarctique (1837-1840). ▷ *Base Dumont-d'Urville :* station scientif. française en Terre Adélie (site découvert par le navigateur).

**Dumoulin** Charles (Paris, 1500 – id., 1566), juriste français, pionnier de l'unification du droit.

**Dumouriez** Charles François du Périer du Mouriez, dit (Cambrai, 1739 – Turville Park, Oxfordshire, 1823), général français. Vainqueur des Prussiens à Valmy (20 sept. 1792) et des Autrichiens à Jemmapes (6 nov. 1792), il fut vaincu à Neerwinden (20 mars 1793), perdit son commandement et passa à l'ennemi.

**dumper** *nm* Engin de terrassement automoteur à benne basculante. SYN (conseillé) tombereau. PHO [dœmpœʀ] ETY Mot angl. VAR **dumpeur**

**dumping** *nm* ECON Pratique consistant à vendre des marchandises sur le marché extérieur à des prix beaucoup plus bas que ceux du marché national pour éliminer des concurrents. LOC ***Dumping social :*** concurrence économique inégale entre pays, due à des différences dans leurs politiques sociales. PHO [dœmpiŋ] ETY De l'angl. *to dump*, « entasser ».

**Dunant** Henri (Genève, 1828 – Heiden, canton d'Appenzell, 1910), philanthrope suisse ; fondateur de la Croix-Rouge (1863). Il reçut le premier prix Nobel de la paix (1901) avec F. Passy.

**Dunbar** port d'Écosse, sur la mer du Nord ; 4 600 hab. – Cromwell y vainquit les Écossais (1650).

**Dunbar** William (Salton, v. 1460 – Flodden [?], v. 1530), poète écossais : *le Chardon et la Rose*, *Complainte pour le poète*.

**Duncan I^er** roi d'Écosse, assassiné par Macbeth (1040). — **Duncan II** roi d'Écosse, tué en 1094 sur ordre de son rival Donald III.

**Duncan** Isadora (San Francisco, 1878 – Nice, 1927), danseuse américaine. S'inspirant de l'Antiquité (elle dansait pieds nus), rejetant les canons, elle annonce la danse moderne.

**dundee** *nm* anc Petit voilier à deux mâts à voile trapézoïdale. PHO [dœndi] ETY Du n. pr.

**Dundee** v. et port d'Écosse, sur l'estuaire du Tay ; ch.-l. du Tayside ; 183 340 hab. Industr.

**dune** *nf* Colline de sable accumulé par les vents dominants, au bord de la mer ou dans les déserts. ETY Du néerl.

**Dunedin** v. et port de la Nouvelle-Zélande (île du Sud) ; ch.-l. de prov. ; 109 500 hab. Industries. – Université.

**Dunes (bataille des)** victoire de Turenne sur l'armée espagnole de don Juan d'Autriche et Condé, près de Dunkerque (1658).

**dunette** *nf* MAR Superstructure élevée sur le pont supérieur, à l'arrière d'un navire et sur toute sa largeur.

**Dunfermline** v. d'Écosse (rég. de Fife) ; 52 000 hab. – Anc. résidence des rois d'Écosse.

**Dunford** Nelson (Saint Louis, Missouri, 1906 – Sarasona, Floride, 1986), mathématicien américain : travaux sur l'intégration et les opérateurs linéaires.

**Dunham** Katherine (Chicago, 1910 – New York, 2006), danseuse et chorégraphe américaine. Noire, elle utilisa le jazz.

**Dunhuang** v. de Chine, dans la prov. de Guangdong ; 10 000 hab. À 30 km de cette ville se trouve un complexe de 486 grottes, dites des « Mille Bouddhas » (V$^{e}$-X$^{e}$ s.).

**Duni** Egidio Romualdo (Matera, 1709 – Paris, 1775), compositeur italien.

**Dunkerque** ch.-l. d'arr. du Nord ; 93 489 hab. Port relié par un canal important à la Rég. Nord. Industries. – Évacuation tragique de 234 000 Britanniques et de 112 000 Français le 27 mai 1940. – Musée d'Art contemporain. DER **dunkerquois, oise** *a, n*

**Dunkerque** le port et l'hôtel de ville (XX$^{e}$ s.)

**Dun Laoghaire** (anc. *Kingstown*), ville d'Irlande ; 55 000 hab. Avant-port de Dublin.

**Dunlop** John Boyd (Dreghorn, Ayrshire, 1840 – Dublin, 1921), inventeur écossais. Il réalisa le premier pneumatique (1888).

**dunois** → **Châteaudun.**

**Dunois** Jean d'Orléans (comte de Longueville et de), dit *le Bâtard d'Orléans* (Paris, 1403 – L'Hay, 1468), prince capétien ; fils naturel de Louis I$^{er}$ d'Orléans et de Mariette d'Enghien. Compagnon de Jeanne d'Arc, il poursuivit son combat.

**Dunoyer de Segonzac** André (Boussy-Saint-Antoine, 1884 – Clichy, 1974), peintre français, influencé par Cézanne.

**Duns Scot** John (Maxton, Écosse, v. 1266 – Cologne, 1308), théologien écossais, surnommé le « Docteur subtil ». Franciscain, partisan de l'augustinisme, il combattit saint Thomas d'Aquin.

**Dunstable** John (v. 1400 – Londres, 1453), compositeur anglais : motets, messes.

**Dunstan (saint)** (comté de Somerset, 924 – Canterbury, 988), archevêque de Canterbury, il réforma la vie monastique.

**duo** *nm* **1** MUS Composition pour deux voix ou deux instruments. *Chanter un duo.* **2** Couple d'interprètes exécutant une telle composition. **3** CUIS Plat constitué de deux éléments harmonieusement présentés. *Duo de saumon et de thon.* ETY Mot ital.

**duodécimain, aine** *a, n* Se dit du chiisme iranien qui identifie l'iman caché avec le douzième descendant d'Ali.

**duodécimal, ale** *a* MATH, INFORM Qualifie un système de numération à base 12. PLUR duodécimaux.

**duodénite** *nf* MED Inflammation du duodénum.

**duodénum** *nm* ANAT Première portion de l'intestin grêle, comprise entre l'estomac et le jéjunum, et dont la boucle enserre la tête du pancréas. PHO [dɥɔdenɔm] ETY Du lat. *duodenum (digitorum)*, « de douze doigts » (de longueur). DER **duodénal, ale, aux** *a*

**duodi** *nm* HIST Deuxième jour de la décade, dans le calendrier républicain. ETY Du lat.

**duopole** *nm* ECON Situation d'un marché partagé entre deux vendeurs concurrents.

**Dupanloup** Félix (Saint-Félix, Haute-Savoie, 1802 – chât. de Lacombe, Savoie, 1878), prélat français, chef de file des catholiques libéraux. Acad. fr. (1854).

**Du Parc** marquise Thérèse de Gorle, dite la (Paris, 1633 – id., 1668), actrice française ; Racine l'enleva à Molière.

**Duparc** Henri Fouques-Duparc, dit Henri (Paris, 1848 – Mont-de-Marsan, 1933), compositeur français : treize mélodies sur des poèmes de Baudelaire, Th. Gautier, etc.

**dupe** *nf, a* **A** *nf* Personne trompée ou facile à tromper. *Être la dupe de tout le monde.* **B** *a* Qui se laisse facilement tromper. *Être dupe, être dupe de qqn, qqch.* LCC ***Jeu de dupes, marché de dupes :*** une affaire où l'on a été trompé, où l'on risque de l'être. ETY De *huppe*, oiseau d'apparence stupide.

**duper** *vt* ① Prendre pour dupe, tromper. *Duper un concurrent. Un client dupé.*

**duperie** *nf* **1** Action de duper qqn. *Être victime d'une duperie.* SYN tromperie. **2** État de celui qui est dupe. *Vivre dans la duperie.*

**Duperré** Victor Guy (baron) (La Rochelle, 1775 – Paris, 1846), amiral français. Il commanda l'expédition d'Alger (1830).

**Duperrey** Louis Isidore (Paris, 1786 – id., 1865), navigateur français. Il explora l'Océanie (1822-1825).

**Dupes (journée des)** journée (10 nov. 1630) au cours de laquelle les ennemis de Richelieu (Marie de Médicis, notam.) crurent, à tort, que Louis XIII congédiait celui-ci.

**Dupetit-Thouars** Aristide Aubert (chât. de Boumois, 1760 – Aboukir, 1798), commandant français du *Tonnant* à la bataille d'Aboukir. — **Abel** (La Fessardière, 1793 – Paris, 1864), neveu du préc. ; amiral, il assura le protectorat français sur Tahiti (1842).

**Dupin** André Marie, dit Dupin aîné (Varzy, Nivernais, 1783 – Paris, 1865), jurisconsulte français (Acad. fr. 1832). — **Charles,** dit Dupin le Jeune (Varzy, 1784 – Paris, 1873), mathématicien et homme politique, frère du préc. Il créa les premiers services de statistiques.

**Dupleix** Joseph François (marquis de) (Landrecies, 1697 – Paris, 1763), administrateur et colonisateur français. Gouverneur général de la Compagnie des Indes en 1742, il établit sur le sud du Dekkan un véritable protectorat français, que les Anglais ruinèrent. En 1754, il fut rappelé en France. Il avait investi aux Indes toute sa fortune.

**Duplessis** Maurice Le Noblet (Trois-Rivières, Québec, 1890 – Schefferville, 1959), homme politique québécois ; fondateur de l'Union nationale, Premier ministre du Québec de 1936 à 1939 et de 1944 à 1959.

**Duplessis-Mornay** Philippe de Mornay (seigneur du Plessis-Marly) dit (Buhy, 1549 – La Forêt-sur-Sèvre, 1623), chef protestant français, compagnon d'Henri IV, auteur d'un *Traité de l'eucharistie* (1600).

**duplex** *nm* **1** TELECOM Système permettant la réception et l'envoi simultanés des messages. **2** Appartement réparti sur deux étages reliés par un escalier intérieur. **3** Canada Maison ou groupe de deux maisons contiguës comprenant deux logements indépendants identiques. ETY Mot lat., « double ».

**duplexer** *vt* ① TELECOM Établir un duplex. DER **duplexage** *nm*

**duplicable** → **dupliquer.**

**duplicata** *nm* DR Copie d'un document, d'un acte, qui comporte la mention *duplicata*. *Le duplicata d'un diplôme.* PLUR duplicatas ou duplicata. ETY Mot lat., de *duplicata (littera)*, « lettre redoublée ».

**duplicate** *nm* Tournoi de bridge ou de scrabble où les joueurs reçoivent la même donne. PHO [dyplikɛt] ETY Mot angl.

**duplicateur** *nm* TECH Appareil permettant de tirer des copies d'un original.

**duplication** *nf* **1** Action de doubler, de dupliquer. **2** BIOCHIM Phénomène par lequel une molécule ou un organite peut donner naissance à un nouvel élément semblable. **3** TELECOM Installation d'un duplex.

**Duplice** (« double alliance »), alliance conclue à Vienne, le 7 oct. 1879, entre l'Autriche-Hongrie et l'Allemagne contre la France et la Russie. Celle-ci adhéra à la Duplice (1891) puis préféra l'alliance *franco-russe*.

**duplicité** *nf* Caractère d'une personne qui ne se montre pas sous son vrai jour.

**dupliquer** *vt* ① **1** TELECOM Établir en duplex un équipement. **2** Faire des duplicatas. **3** INFORM Faire une copie de. *Dupliquer un fichier.* ETY Du lat. DER **duplicable** *a*

**Dupond** Patrick (Paris, 1959), danseur et chorégraphe français.

**Dupont de l'Étang** Pierre Antoine (comte) (Chabanais, Charente, 1765 – Paris, 1840), général français. Il s'illustra à Marengo et à Ulm. Il fut ministre de la Guerre (1814).

**Dupont de l'Eure** Jacques Charles (Le Neubourg, Eure, 1767 – Rouge-Perriers, Eure, 1855), homme politique français. Membre du Conseil des Cinq-Cents, il présida le gouvernement provisoire de 1848.

**Dupont de Nemours** Pierre Samuel (Paris, 1739 – près de Wilmington, Delaware, 1817), économiste français, physiocrate. En 1814, il gagna définitivement les É.-U., où son fils **Éleuthère Irénée** (Paris, 1771 – Philadelphie, 1834), chimiste, avait implanté (1802) une poudrerie. Auj. la firme DuPont est l'une des grandes sociétés chim. du monde.

**Dupont-Sommer** André (Marnes-la-Coquette, 1900 – Paris, 1983), orientaliste français, l'un des premiers qui déchiffrèrent les manuscrits de la mer Morte : *Écrits esséniens découverts près de la mer Morte* (1959).

**Duport** Adrien (Paris, 1759 – Appenzell, Suisse, 1798), homme politique français. Député de la noblesse aux états généraux de 1789, il se rallia au tiers état et forma, avec Barnave et Lameth, un triumvirat. VAR **Du Port**

**Duprat** Antoine (Issoire, 1463 – Nantouillet, 1535), prélat et homme politique français. Chancelier de France de 1515 à 1535, il négocia le concordat de Bologne (1516).

**Dupré** Louis (Rouen, 1697 – Paris, 1774), danseur français. À partir de 1733, il créa les ballets de Rameau.

**Dupré** Marcel (Rouen, 1886 – Meudon, 1971), organiste et compositeur français.

**Dupront** Alphonse (Condom, Gers, 1905 – Paris, 1990), historien français : *Saint-Jacques de Compostelle* (1985), *Du sacré* (1987).

**Dupuytren** Guillaume (baron) (Pierre-Buffière, Haute-Vienne, 1777 – Paris, 1835), chirurgien français, un des fondateurs de l'anatomie pathologique. Le legs qu'il fit est conservé dans le musée parisien qui porte son nom. – *La maladie de Dupuytren* se manifeste par une incapacité d'étendre les doigts de la main.

**Duquesne** Abraham (marquis) (Dieppe, 1610 – Paris, 1688), marin français. Chef de la flotte (1667), il combattit la Hollande et l'Angleterre, bombarda Tripoli, Alger, Gênes. Protestant, il refusa d'abjurer sa religion, ce que Louis XIV toléra.

**Duquesnoy** Jérôme (Bruxelles, 1570 – id., 1641), sculpteur wallon, auteur du Manneken-Pis (1617). — **François** dit **Francesco**

**Flammingo** (Bruxelles, 1597 – Libourne, 1643), fils du préc., sculpteur, travailla à Rome.

**dur, dure** *a, av, n* **A a 1** Difficile à entamer, à pénétrer. *Bijou en pierre dure. Une matière dure comme le fer.* **2** Dépourvu d'élasticité, de moelleux. *Un lit dur.* **3** Qui oppose une résistance, qui ne cède pas sous l'effort. *Tirez fort sur la poignée, elle est un peu dure. Un fusil dur à la détente.* **4** fam Difficile à faire. *Un problème assez dur.* **5** Difficile à supporter, pénible. *Un hiver dur. Des reproches durs à entendre.* **6** Déplaisant, sans harmonie. *Un visage fermé et dur. Un dessin dur.* **7** Sans indulgence, sans douceur. *Un père dur pour ses enfants. Un cœur dur.* **B** *av* fam Énergiquement, intensément. *Taper dur. Il gèle dur.* **C** *nm* Ce qui est dur. *Le dur et le moelleux.* **D** *n* fam Personne qui ne recule devant rien, que le risque n'effraie pas. **LOC** ***À la dure*** : rudement, sans ménagement. — ***Avoir la tête dure*** : être obstiné, têtu, ou comprendre difficilement. — ***Coucher sur la dure, à la dure*** : à même le sol. — ***Croire qqch dur comme fer*** : avec une conviction absolue. — fam ***Dur dur*** : très pénible, éprouvant, difficile à supporter. — ***Eau dure*** : qui a une forte teneur en calcium ou en magnésium. — fam ***Être dur à la détente*** : être avare ; ne pas comprendre vite. — ***Être dur d'oreille*** ou, fam, ***dur de la feuille*** : être un peu sourd. — ***Mener la vie dure à qqn*** : lui causer des difficultés, du tourment. — MAR ***Mer dure*** : dont les lames, courtes et hachées, s'opposent à l'avancement du navire. — fam ***Une personne dure à cuire*** ou ***un(e) dur(e) à cuire*** : personne déterminée et obstinée, ou qui a une grande résistance physique ou morale. ETY Du lat.

**durabilité** *nf* **1** didac Caractère de ce qui est durable. **2** DR Durée d'utilisation d'un bien.

**durable** *a* **1** Qui peut durer. *Une paix durable.* **2** Qui tient compte de l'écologie, du respect de l'environnement. DER **durablement** *av*

**duraille** *a* fam Dur, difficile.

**duralumin** *nm* METALL Alliage d'aluminium renfermant 4% de cuivre et de petites quantités d'autres métaux, dur et léger. ABREV dural. ETY Nom déposé ; de Düren, v. d'Allemagne.

**duramen** *nm* Bois de cœur, dont la lignification est achevée. PHO [dyʀamɛn] ETY Mot lat.

**Durán Agustin** (Madrid, 1793 – id., 1862), écrivain espagnol. Il introduisit le romantisme en Espagne.

**Duran Carolus** → **Carolus-Duran.**

**Durance (la)** riv. des Alpes du Sud (280 km), affl. du Rhône (r. g.), qui alimente de nombreux barrages hydroél. Le *canal de la basse Durance*, destiné à l'irrigation, dévie ses eaux vers l'étang de Berre.

**Durand Auguste** (Paris, 1830 – id., 1909), compositeur français, fondateur, avec son fils **Jacques** (Paris, 1865 – Fontainebleau, 1928), d'une maison d'édition musicale.

**Durand Pascal** (Montreuil, 1960), homme politique français. Secrétaire national d'Europe Écologie Les Verts de juin 2012 à nov. 2013.

**Durandal** nom de l'épée de Roland. VAR **Durendal**

**Durand-Ruel Paul** (Paris, 1831 – id., 1922), marchand de tableaux. En 1867, il fonda à Paris une galerie qui bientôt servit les impressionnistes, puis une autre à New York en 1889.

**Durango** v. du Mexique, au pied de la sierra Madre occidentale ; cap. d'État ; 582 300 hab. VAR **Victoria de Durango**

**durant** *prép* **1** Au cours de, pendant. *Durant la Renaissance.* **2** Pendant la durée continue, complète de. *Il a souffert sa vie durant.*

**Duranty Louis Edmond** (Paris, 1833 – id., 1880), critique d'art français ; défenseur des impressionnistes.

**Durão Barroso José Manuel** (Lisbonne, 1956), homme politique portugais (social-démocrate) ; Premier ministre de 2002 à 2004 et président de la Commission européenne de 2004 à 2014.

**Duras Marguerite Donnadieu, dite Marguerite** (Gia Dinh, Indochine, 1914 – Paris, 1996), écrivain et cinéaste française. Romans : *Un barrage contre le Pacifique* (1950), *Moderato Cantabile* (1958), *le Ravissement de Lol V. Stein* (1964), *l'Amant* (1983). Théâtre : *les Viaducs de Seine-et-Oise* (1960). Scénario : *Hiroshima mon amour* (1959). Films : *Détruire, dit-elle* (1969), *India Song* (1975). DER **durassien, enne** *a*

Marguerite Duras

**duratif, ive** *a, nm* LING Qui exprime la durée. *Imparfait duratif.*

**Durban** (anc. *Port Natal*), ville et port de la rép. d'Afrique du Sud, sur l'océan Indien ; 3,2 millions d'hab. (aggl.). Centre industriel.

**durcir** *v* ③ **A** *vt* **1** Rendre plus dur. *La chaleur durcit la terre.* **2** fig Rendre moins accommodant, moins conciliant. *Durcir son attitude.* **3** Donner une apparence moins douce, moins harmonieuse à. *La maladie a durci ses traits.* **B** *vpr, vi* Devenir dur. *La colle se durcit ou durcit en séchant.* DER **durcissement** *nm*

**durcisseur** *nm* **1** TECH Produit qui sert à faire durcir une substance. *Mélanger le durcisseur et l'adhésif d'une colle.* **2** Vernis conçu pour durcir les ongles.

**durée** *nf* **1** Espace de temps que dure une chose. *La durée de la vie.* **2** MUS Temps pendant lequel doit être maintenu un son, un silence. **3** PHILO Temps vécu, forme que prend la succession des états de conscience d'un sujet (par opp. au *temps objectif, mesurable*).

**durement** *av* D'une manière dure, pénible.

**dure-mère** *nf* ANAT La plus externe des trois enveloppes qui forment les méninges. PLUR dures-mères.

**Durendal** → **Durandal.**

**durer** *vi* ① **1** Continuer d'être pendant un certain temps. *Leur entretien a duré une heure.* **2** Se prolonger, persister. *Faire durer le plaisir.* **3** Se conserver avec ses qualités. *Ces chaussures ont duré un an.* **4** Sembler long, en parlant du temps. *Cette heure dura une éternité. Le temps me dure.* ETY Du lat. *durare*, « durcir ».

**Dürer Albrecht** (Nuremberg, 1471 – id., 1528), peintre et graveur allemand, tourmenté par l'inquiétude religieuse. Le graveur surpasse le peintre et l'aquarelliste : 15 planches de l'*Apocalypse* (bois, 1498), *le Chevalier, la Mort et le Diable*, *Saint Jérôme dans sa cellule* et *Mélancolia* (cuivres, 1513-1514).

**dureté** *nf* **1** Qualité de ce qui est dur, difficile à entamer. *La dureté du diamant, d'une viande.* **2** Manque de douceur. *Dureté d'un visage, d'une voix.* **3** Caractère de ce qui est difficile à supporter, pénible. *La dureté d'un climat.* **4** Raideur, défaut d'harmonie. *La dureté des contours, du style.* **5** Insensibilité, sévérité. *Dureté d'un chef envers ses subordonnés.* **LOC** ***Dureté de l'eau*** : sa teneur en calcium et en magnésium.

**Durga** l'un des noms (« l'Inaccessible ») de l'épouse du dieu indien Shiva. Le nom le plus courant de cette déesse est Kali.

**durham** *n, a* Se dit d'un bovin d'une race anglaise, dont on importe en France des spécimens destinés à améliorer les races autochtones.

**Durham** v. du N.-E. de l'Angleterre ; 88 000 hab. ; ch.-l. du comté du m. nom (2 436 km$^2$ ; 513 000 hab.). Houille, élevage bovin. – Cathédrale (XI$^e$-XIII$^e$ s.).

**Durham John George Lambton (1$^{er}$ comte de)** (Londres, 1792 – Cowes, 1840), homme politique britannique. Gouverneur du Canada (1838), il prôna la formation de la Confédération canadienne (réalisée en 1867).

**durillon** *nm* Callosité provoquée par un frottement et une pression répétés, sur la paume des mains et la plante des pieds.

**durion** *nm* BOT Arbre (bombacacée) de l'Inde, cultivé pour son fruit comestible à odeur forte de la taille du melon. ETY Du malais. VAR **durian** ▶ pl. **fruits exotiques**

**durit** *nf* TECH Tube de caoutchouc armé, utilisé pour raccorder les canalisations des moteurs à explosion. ETY Nom déposé. VAR **durite**

**Durkheim Émile** (Épinal, 1858 – Paris, 1917), sociologue français. Influencé par le positivisme, il définit les *Règles de la méthode sociologique* (1894) et les appliqua : *De la division du travail social* (1893), *le Suicide* (1897), *les Formes élémentaires de la vie religieuse : le système totémique en Australie* (1912). Il fonda, en 1896, la revue *l'Année sociologique*.

A. Dürer

É. Durkheim

**Duroc Géraud Christophe Michel (duc de Frioul)** (Pont-à-Mousson, 1772 – Markersdorf, Silésie, 1813), général français, nommé grand maréchal du palais en 1804.

**Duroselle Jean-Baptiste** (Paris, 1917 – Arradon, Morbihan, 1994), historien français : *Histoire diplomatique de 1919 à nos jours* (1971), *l'Europe, Histoire de ses peuples* (1990).

**Durrell Lawrence George** (Darjeeling, Inde, 1912 – Sommières, Gard, 1990), romancier anglais, auteur du « Quatuor d'Alexandrie » : *Justine* (1957), *Balthazar* (1958), *Mountolive* (1958), *Clea* (1960).

**Dürrenmatt Friedrich** (Konolfingen, cant. de Berne, 1921 – Neuchâtel, 1990), écrivain suisse de langue allemande, surtout connu pour son théâtre : *Romulus le Grand* (1949), *la Visite de la vieille dame* (1956).

**Durrës** v. et port d'Albanie, sur l'Adriatique ; ch.-l. du distr. du m. nom ; 120 000 hab.

**Durrutti Buenaventura** (prov. de Léon, 1896 – Madrid, 1936), anarchiste espagnol. La *colonne Durrutti* tenta de libérer Saragosse des franquistes.

**Durtal** ch.-l. de cant. du Maine-et-Loire (arr. d'Angers) ; 3 455 hab. – Château (XV$^e$-XVII$^e$ s.). DER **durtalois, oise** *a, n*

**Duruflé Maurice** (Louviers, 1902 – Paris, 1986), organiste et compositeur français.

**Duruy Victor** (Paris, 1811 – id., 1894), historien français : *Histoire des Romains* (1879-1885) ; ministre de l'Instruction publique de 1863 à 1869. Acad. fr. (1884).

**Dusan** → **Étienne IX Uros IV.**

**duse** *nf* TECH Orifice calibré limitant le débit dans un tuyau sous pression. ETY De l'all.

**Duse Eleonora** (Vigevano, 1858 – Pittsburg, Pennsylvanie, 1924), actrice italienne ; elle eut avec D'Annunzio une liaison orageuse.

**Du Sommerard** Alexandre (Bar-sur-Aube, 1779 – Saint-Cloud, 1842), archéologue français, créateur du musée de Cluny (Paris).

**Dussek** Jan Ladislav **Dusik**, dit Johan Ludwig (Caslav, Bohême, 1760 – Saint-Germain-en-Laye, 1812), pianiste et compositeur tchèque.

**Düsseldorf** v. d'Allemagne, cap. de la Rhénanie-du-Nord-Westphalie, sur le Rhin ; 589 600 hab. Port fluvial. Centre bancaire, industriel et culturel : université, musée des beaux-arts. DER **dusseldorfois, oise** *a, n*

**DUT** *nm* Sigle de *diplôme universitaire de technologie*, sanctionnant des études en institut universitaire de technologie.

**Dutert** Ferdinand (Douai, 1845 – Paris, 1906), architecte français ; un des promoteurs de la construction métallique.

**Dutilleux** Henri (Angers, 1916 – Paris, 2013), compositeur français de tendance classique : sonate pour piano (1947).

**Dutrochet** René Joachim Henri (Néons-sur-Creuse, Indre, 1776 – Paris, 1847), biologiste français. Il découvrit l'osmose cellulaire.

**Dutronc** Jacques (Paris, 1943), compositeur, chanteur et acteur français.

**duumvir** *nm* ANTIQ ROM Magistrat qui exerçait une charge conjointement avec un autre. PHO [dyɔmviʀ] ETY Mot lat. DER **duumvirat** *nm*

**Duval** Émile Victor, dit **le général** (Paris, 1841 – Petit-Clamart, 1871), un des chefs militaires de la Commune. Il fut fusillé par les versaillais.

**Duvalier** François (Port-au-Prince, 1907 – id., 1971), homme politique haïtien. Président de la Rép. en 1957, réélu en 1961, président à vie en 1964, « Papa Doc » instaura un régime sanguinaire. — **Jean-Claude** (Port-au-Prince, 1951 – id., 2014), fils du préc., dit « Bébé Doc ». Il succéda à son père. L'intervention des É.-U., en 1986, le contraignit à l'exil.

**Du Vergier de Hauranne** Jean, dit Saint-Cyran (Bayonne, 1581 – Paris, 1643), théologien français, directeur spirituel de Port-Royal de 1636 à sa mort. VAR **Du Verger**

**duvet** *nm* **1** Plume très légère. **2** Ensemble des plumes couvrant tout le corps des oiseaux, sous les tectrices de l'adulte et chez certains oisillons. **3** Poil fin et tendre qui recouvre certains mammifères. *Le duvet de la chèvre du Cachemire.* **4** Sac de couchage bourré de duvet. **5** Peau cotonneuse de certains fruits. *Le duvet d'une pêche.* **6** Première barbe d'un jeune homme ; poil très fin. ETY Du scand.

**Duvet** Jean dit **le Maître à la Licorne** (Langres, v. 1485 – ?, v. 1570), orfèvre et graveur français : *l'Apocalypse figurée* (1546-1555).

**duveté, ée** *a* Couvert de duvet. *Peau duvetée.* SYN duveteux.

**duveteux, euse** *a* **1** Qui a l'aspect du duvet. *Une étoffe duveteuse.* **2** Couvert de duvet.

**Duveyrier** Henri (Paris, 1840 – Sèvres, 1892), explorateur français du Sahara.

**Duvignaud** Jean (La Rochelle, 1921 – id., 2007), sociologue français. Il s'est intéressé à la sociologie de la culture.

**Duvivier** Julien (Lille, 1896 – Paris, 1967), cinéaste français : *Poil de carotte* (1925 et 1932), *la Bandera* (1935), *Pépé le Moko* (1937), *la Fin du jour* (1939), *Pot-Bouille* (1957).

**duxelles** *nf* CUIS Hachis de champignons et d'échalotes, que l'on fait revenir dans du beurre.

**DVD** *nm* INFORM Disque compact à lecture optique, support de stockage multimédia à grande capacité. ETY Abrév. de l'angl. *digital versatile disc.*

**DVD-Ram** *nm* Vidéodisque numérique réenregistrable.

**DVD-Rom** *nm* Disque optique numérique à haute densité, permettant de stocker des images vidéo.

**DVDthèque** *nf* Collection de DVD.

**Dvina (la)** nom de deux fleuves d'Europe : la *Dvina occidentale*, en letton *Daugava* (1 024 km), naît dans le Valdaï, arrose la Russie, la Biélorussie, la Lettonie et se jette dans la Baltique ; la *Dvina septentrionale* (1 293 km) arrose la Russie et se jette dans la mer Blanche à Arkhangelsk.

**Dvořák** Antón (Nelahozeves, 1841 – Prague, 1904), compositeur tchèque : *Symphonie du Nouveau Monde* (1893).

**Dy** CHIM Symbole du dysprosium.

**dyade** *nf* didac Réunion de deux principes opposés et complémentaires. ETY Du gr. DER **dyadique** *a*

**dyarchie** *nf* Régime politique où le pouvoir est exercé par deux personnes ou deux groupes.

**Dyck** → **Van Dyck.**

**Dyfed** comté du pays de Galles ; 5 768 km$^2$ ; 382 100 hab. ; ch.-l. *Carmarthen.*

**dyke** *nm* GEOL Filon de roche volcanique injecté dans une crevasse verticale. PHO [dik] ou [dajk] ETY Mot angl., « digue ».

**Dylan** Robert Zimmerman, dit **Bob** (Duluth, 1941), chanteur et auteur-compositeur américain : folksong et rock contestataires.

Antón Dvořák

Bob Dylan

**Dyle (la)** riv. de Belgique (90 km) ; arrose Louvain, Malines et forme le Rupel avec la Nèthe.

**dynam(o)-, -dynamie** Éléments, du gr. *dunamis*, « force ».

**dynamique** *a, nf* **A** *a* **1** Relatif aux forces, et aux mouvements qu'elles engendrent. **2** fig Qui manifeste une force, une puissance engendrant un mouvement. *Art dynamique.* ANT statique. **3** fig Qui manifeste de l'énergie, de l'entrain, de la vitalité. *Un chef d'équipe dynamique.* **4** Qui envisage un phénomène dans son évolution. *Une perspective dynamique des faits sociaux.* **B** *nf* **1** Partie de la mécanique qui traite des relations entre les forces et des systèmes sur lesquels ces forces agissent. **2** fig Ensemble de forces entrant en jeu dans un processus pour le faire progresser. **3** Étude d'un phénomène dans son évolution. *La dynamique des populations.* **4** PHYS Rapport entre les niveaux maximal et minimal d'un signal exprimé en décibels. LOC PSYCHO ***Dynamique de(s) groupe(s)*** : étude expérimentale des lois qui régissent le comportement des petits groupes et des individus au sein de ces groupes ; ensemble des techniques qui visent à améliorer le comportement d'un individu au sein du groupe. — ***Électricité dynamique*** : courant électrique (par oppos. à *électricité statique*).

**dynamiquement** *av* **1** Au point de vue de la dynamique. **2** Avec entrain, dynamisme.

**dynamiser** *vt* ① Donner du dynamisme à. *Dynamiser une équipe.* DER **dynamisant, ante** *a* – **dynamisation** *nf*

**dynamisme** *nm* **1** Puissance d'action, activité entraînante. *Mener une entreprise avec dynamisme.* **2** PHILO Tout système qui, dans l'explication de l'univers, admet l'existence de forces irréductibles à la masse et au mouvement (par oppos. à *mécanisme*). DER **dynamiste** *a, n*

**dynamite** *nf* Explosif constitué de nitroglycérine mélangée à une substance solide qui la stabilise. *La dynamite fut inventée par Nobel en 1867.* LOC fam ***C'est de la dynamite*** : se dit d'une chose, d'un évènement capable de susciter une réaction violente, intense ; d'une personne dynamique, remuante.

**dynamiter** *vt* ① **1** Faire sauter à la dynamite. *Dynamiter une voie ferrée.* **2** fig Faire éclater une situation, s'effondrer un système. *Dynamiter les idées reçues.* DER **dynamitage** *nm* – **dynamiteur, euse** *n*

**dynamo** *nf* Génératrice de courant continu. ETY Abrév. de *(machine) dynamo-électrique.*

**dynamoélectrique** *a* ELECTR Qui transforme l'énergie cinétique en électricité.

**dynamographe** *nm* Instrument servant à enregistrer la force musculaire.

**dynamométamorphisme** *nm* GEOL Métamorphisme dû à des forces mécaniques qui donnent des roches à minéraux broyés.

**dynamomètre** *nm* PHYS Appareil servant à la mesure des forces. *Dynamomètre à ressort, piézoélectrique.* DER **dynamométrique** *a*

**dynaste** *nm* **1** ANTIQ Petit souverain régnant sous la dépendance d'un souverain plus puissant. **2** Scarabée d'Amérique centrale de grande taille, dont le mâle porte deux longues cornes formant une pince puissante.

**dynastie** *nf* **1** Succession de souverains d'une même famille qui ont régné sur un pays. *Dynastie des Mérovingiens, des Carolingiens, des Capétiens.* **2** Succession d'hommes illustres d'une même famille. *La dynastie des Estienne.* ETY Du gr. *dunasteia*, « domination ». DER **dynastique** *a*

**-dyne, dyn(o)-** Éléments, du gr. *dunamis*, « force ».

**dyne** *nf* PHYS Force qui communique à une masse de 1 gramme une accélération de 1 cm par s$^2$ (symbole dyn).

**dynode** *nf* ELECTRON Électrode dont le rôle essentiel est de fournir une émission secondaire, dans un tube électronique.

**dys-** Élément, du gr. *dus*, « difficulté, mauvais état ».

**dysarthrie** *nf* MED Difficulté de la parole due à une lésion des organes de la phonation.

**dyscalculie** *nf* PSYCHO, MED Perturbation de l'apprentissage du calcul.

**dyschondroplasie** *nf* MED Affection géonotypique caractérisée par un défaut de l'ossification de la métaphyse des os longs.

**dyschromatopsie** *nf* MED Trouble de la perception des couleurs.

**dyschromie** *nf* MED Trouble de la pigmentation de la peau (vitiligo, albinisme, etc.).

**dyscinésie** → **dyskinésie.**

**dyscrasie** *nf* MED Mauvaise constitution. DER **dyscrasique** *a*

**dysembryoplasie** *nf* MED Trouble du développement embryonnaire, générateur de malformations.

**dysenterie** *nf* Maladie infectieuse, contagieuse, caractérisée par l'émission de selles fréquentes, abondantes, glaireuses, sanglantes et douloureuses. DER **dysentérique** *a, n*

**dysérection** *nf* MED Absence d'érection.

**dysfonctionnement** *nm* didac Trouble, anomalie dans le fonctionnement.

(VAR) **dysfonction** *nf* (DER) **dysfonctionnel, elle** *a* – **dysfonctionner** *vi* ①

**dysglobulinémie** *nf* MED Anomalie quantitative ou qualitative des immunoglobulines sériques.

**dysgraphie** *nf* PSYCHO, MED Trouble dans l'apprentissage de l'écriture.

**dysharmonie** → **disharmonie.**

**dyshidrose** *nf* MED Variété d'eczéma, siégeant aux mains et aux pieds. (PHO) [dizidʀoz] (VAR) **dysidrose**

**dyskinésie** *nf* MED Difficulté à exécuter des mouvements. (VAR) **dyscinésie** (DER) **dyskinétique** *a*

**dyslexie** *nf* Difficulté à identifier, comprendre et reproduire l'écriture. (DER) **dyslexique** *a, n*

**dyslipidémie** *nf* MED Anomalie du taux sanguin des lipides.

**dysménorrhée** *nf* MED Menstruation difficile et douloureuse.

**dysmorphie** *nf* MED Anomalie morphologique d'une partie du corps. (VAR) **dysmorphose** (DER) **dysmorphique** *a*

**dysorthographie** *nf* PSYCHO, MED Trouble de l'acquisition et de la pratique de l'orthographe. (DER) **dysorthographique** *a, n*

**dyspareunie** *nf* MED Douleur pendant les rapports sexuels, chez la femme.

**dyspepsie** *nf* MED Digestion douloureuse et difficile. (DER) **dyspepsique** ou **dyspeptique** *a, n*

**dysphonie** *nf* Trouble de la phonation.

**dysphorie** *nf* PSYCHIAT Sentiment de se mal porter, état de malaise permanent. (DER) **dysphorique** *a*

**dysphotique** *a* **didac** Se dit de la zone profonde des mers, dans laquelle la lumière ne pénètre pas.

**dysplasie** *nf* MED Anomalie dans un développement biologique d'un tissu ou d'un organe. (DER) **dysplasique** *a*

**dyspnée** *nf* MED Trouble de la respiration accompagnant les affections respiratoires et cardiaques, et certains accidents neurologiques.

**dyspraxie** *nf* MED Difficulté dans la coordination gestuelle, en l'absence de toute lésion organique. (DER) **dyspraxique** *a, n*

**dysprosium** *nm* **1** CHIM Élément appartenant à la famille des lanthanides, de numéro atomique Z = 66, de masse atomique 162,5 (symbole : Dy). **2** Métal (Dy) qui fond à 1 407 °C et bout vers 2 600 °C. (PHO) [dispʀozjɔm]

**dysthymie** *nf* PSYCHIAT Trouble chronique de l'humeur. (DER) **dysthymique** *a*

**dystocie** *nf* MED Accouchement difficile, exigeant une intervention médicale. (DER) **dystocique** *a*

**dystonie** *nf* MED Trouble du tonus se manifestant par une contraction musculaire incontrôlable, intermittente et localisée. (DER) **dystonique** *a*

**dystopie** *nf* **1** MED Situation anormale d'un organe. **2** LITTER Récit de fiction se déroulant dans une société utopique imaginaire dont l'auteur dénonce les défauts. (DER) **dystopique** *a*

**dystrophie** *nf* MED Anomalie du développement d'un organe, due à un trouble de la nutrition. (DER) **dystrophique** *a*

**dystrophine** *nf* Protéine, découverte en 1988, qui assure l'entretien et la régénérescence des fibres musculaires, son défaut provoquant la myopathie.

**dysurie** *nf* MED Difficulté à uriner. (DER) **dysurique** *a, n*

**dytique** *nm* ENTOM Coléoptère carnivore, des eaux stagnantes, long de 5 cm, vorace et très bon plongeur. (ETY) Du gr. *dutikos*, « plongeur ».

**Dzaoudzi** ch.-l. de Mayotte, sur l'îlot du même nom (ou Petite-Terre) ; 5 800 habitants.

**Dzerjinsk** ville de Russie, sur l'Oka ; 274 000 hab. Industries.

**Dzerjinski** Feliks (Dzerjinovo, 1877 – Moscou, 1926), homme politique soviétique, directeur de la police politique créée par Lénine (Tcheka, puis Guépéou).

**dzo** *nm* Animal domestique du Tibet, croisement d'une vache et d'un yack.

**Dzoungarie** nom donné par les Européens à la région de Chine occid. (Xinjiang) où les Mongols Oïrates constituèrent un territoire indépendant aux XVII^e et XVIII^e s. (VAR) **Djoungarie**

# E e

**e** *nm* **1** Cinquième lettre (e, E) et deuxième voyelle de l'alphabet, notant les sons : [ɛ] ou *e* ouvert (ex. *père, rêve, jouet, ciel*) ; [e] ou *e* fermé (ex. *bonté, cacher, courez*) ; [ə] ou *e* muet, qui se prononce (ex. *petit*) ou non (ex. *enjouement, flamme, rapidement*) et qui s'élide devant une voyelle ou un *h* muet (ex. : *Je n'ai pas vu l'homme qu'il a invité*) ; [ɑ̃] ou *e* nasal (ex. *vent*), et, en combinaison, le son [ø] ou *eu* fermé (ex. *peu, vœu*), le son [œ] ou *eu* ouvert (ex. *seul, œuf*) et le son vocalique où il ne se prononce pas (ex. le son [o], écrit *eau*, de *beau*). *Un* e *tréma.* **2** BIOL *Vitamine E* : vitamine liposoluble. **3** GEOGR E. : abrév. de *est.* **4** MATH e : symbole de la base des logarithmes népériens. **5** MUS E : notation de la note *mi.* **6** PHYS E : symb. de l'énergie. **7** PHYS e : symb. de l'électron.

**e-** préfixe, de l'angl. *electronics,* indiquant le caractère virtuel du mot préfixé et le recours au réseau Internet. (PHO) [i]

**EADS** sigle de *European Aeronautic Defence and Space Company*, groupe industriel européen d'aéronautique civile et militaire.

**Eames** Charles (Saint Louis, 1907 – id., 1978), designer et architecte américain ; créateur de meubles, notam. de fauteuils, qui révolutionnèrent l'art du mobilier.

**Eanes** Ramalho (Alcains, Castelo Branco, 1935), général et homme politique portugais. Un des auteurs du coup d'État du 25 avril 1974 ; il fut président de la Rép. de 1976 à 1986.

**EAO** *nm* Sigle de *enseignement assisté par ordinateur.*

**Éaque** héros mythique grec, roi d'Égine, fils de Zeus et père de Télamon, l'un des juges des Enfers avec Minos et Rhadamante.

**EARL** *nf* Sigle de *exploitation agricole à responsabilité limitée.*

**Eastbourne** ville d'Angleterre, station baln. sur la Manche ; 85 000 hab.

**East London** v. et port de la rép. d'Afrique du Sud (prov. du Cap-Est), sur l'océan Indien ; 167 990 hab. Industries.

**Eastman** George (Waterville, New York, 1854 – Rochester, 1932), inventeur américain qui améliora les pellicules photographiques. Il fonda la firme Eastman Kodak Company.

**East River** chenal entre deux quartiers de New York, Manhattan et Brooklyn.

**East Sussex** comté du S.-E. de l'Angleterre ; 1 795 km² ; 670 600 hab. ; ch.-l. *Lewes.*

**Eastwood** Clint (San Francisco, 1930), acteur (*Pour une poignée de dollars,* 1964) et cinéaste américain : *l'Homme des hautes plaines* (1972), *Honkytonk Man* (1982), *Bird* (1988), *les Pleins Pouvoirs* (1997), *Mémoires de nos pères* (2006).

**eau** *nf* **A 1** Substance liquide, transparente, inodore et sans saveur, de formule $H_2O$. *L'eau bout à 100 °C.* **2** Ce liquide, abondant sur la Terre à l'état plus ou moins pur. *Eau de source, de pluie. Eau claire, trouble.* **3** LITURG Ce liquide, symbole de pureté, utilisé dans les offices religieux. *Eau baptismale, bénite, consacrée.* **4** Toute masse plus ou moins considérable de ce liquide (mer, rivière, lac, etc.). *Le niveau des eaux. Hautes, basses eaux.* **5** Préparation aqueuse usitée en médecine, en parfumerie, dans l'industrie. *Eau de rose. Eau de Cologne.* **6** Suc de certains fruits. *Cette poire a beaucoup d'eau.* **7** Canada Sève de l'érable à sucre. *Eau d'érable.* **8** Transparence, éclat d'une pierre précieuse. *Des perles d'une belle eau.* **B** *nfpl* **1** Eaux qui possèdent des vertus curatives ou bienfaisantes et dont on fait usage soit en s'y baignant, soit en les absorbant comme boisson. *Ville d'eaux. Aller aux eaux. Les eaux thermales.* **2** Liquide amniotique. *Poche des eaux. Perdre les eaux.* LOC *De la plus belle eau* : parfait dans son genre. — *D'ici là, il passera de l'eau sous les ponts* : cela n'arrivera pas de sitôt. — *Eau de toilette* : lotion alcoolique utilisée pour se parfumer, préparée par distillation ou infusion de plantes et mouillée d'eau, moins concentrée en essence que le parfum. — *Eau de vaisselle* : qui a servi à laver la vaisselle ; fig, fam soupe, sauce insipide, trop allongée. — *Eau douce* : eau non salée (par oppos. à *eau de mer*). — *Eau gazeuse* : qui contient du dioxyde de carbone (par oppos. à *eau plate*). — PHYS NUCL *Eau lourde* : eau constituée par la combinaison de l'oxygène avec l'isotope de masse atomique 2 de l'hydrogène, deutérium ou hydrogène lourd. — *Eau minérale* : eau provenant du sous-sol et contenant des minéraux. — *Eau oxygénée* : solution aqueuse de peroxyde d'hydrogène ($H_2O_2$), employée comme antiseptique. — *Eau vive* : qui coule, qui court. — *Eaux usées* : eaux salies, impures, rejetées après usage. — *Être en eau* : être en sueur. — *Faire venir l'eau à la bouche* : exciter la soif, l'appétit ; fig exciter les désirs. — *Grandes eaux* : aménagements des bassins avec des jets d'eau ; les eaux jaillissantes elles-mêmes. — *L'eau va à la rivière* : les richesses, les honneurs vont à ceux qui en ont déjà. — fam *Marin d'eau douce* : inexpérimenté. — *Mettre de l'eau dans son vin* : devenir plus modéré, moins intransigeant. — CONSTR *Mettre hors d'eau* : terminer la couverture, l'étanchéité de. (PHO) [o] (ETY) Du lat. *aqua.*

ENC Le volume d'eau contenu dans les océans (1,4 milliard de km³) constitue 97 % de nos ressources en eau. L'eau naturelle est un mélange d'eau, d'eau lourde $D_2O$ et d'eau mixte DHO (ces deux dernières en proportions très faibles). Elle se solidifie à 0 °C et bout à 100 °C sous la pression atmosphérique normale. Elle intervient dans de très nombr. réactions chimiques (oxydation, réduction, hydrolyse). Elle se fixe sur certains corps en donnant des hydrates. La purification de l'eau s'effectue dans des échangeurs d'ions ou en utilisant des produits qui détruisent les matières organiques et les bactéries (ozone, chlore, eau de Javel). L'eau est un constituant essentiel des cellules animales et végétales (70 % en moyenne chez les animaux). On distingue : l'*eau libre,* qui véhicule de nombr. substances (dans le sang, par ex.), l'*eau liée* (par adsorption, imbibition ou capillarité) et l'*eau de constitution* ou *intramoléculaire,* intégrée dans des molécules. Sous l'action du soleil, l'eau des mers, des océans et des lacs s'évapore et retombe en précipitations. L'eau retombée soit retourne à son origine ou dans la nappe phréatique, soit se trouve absorbée par les êtres vivants, soit s'évapore. L'ensemble de ces circuits constitue le *cycle de l'eau.*

**EAU** sigle de *Émirats arabes unis.*

**Eaubonne** ch.-l. de cant. du Val-d'Oise (arr. de Pontoise) ; 22 882 hab. (DER) **eaubonnais, aise** *a, n*

**eau-de-vie** *nf* Liqueur alcoolique extraite par distillation du jus fermenté de fruits, de plantes ou de grains. PLUR eaux-de-vie.

**eau-forte** *nf* **1** Acide nitrique additionné d'eau dont se servent les graveurs. **2** Bx-A Gravure obtenue en faisant mordre par l'acide nitrique une plaque de cuivre ou de zinc recouverte d'un vernis protecteur, sur lequel on a dessiné à l'aide d'une pointe qui a mis le métal à nu. PLUR eaux-fortes.

**eaux-vannes** *nfpl* TECH Eaux provenant des fosses d'aisance, des bassins de vidange.

**Eauze** ch.-l. de cant. du Gers (arr. de Condom) ; 3 881 hab. Comm. de l'armagnac. – Anc. cité ibère, puis romaine (*Elusa*). Vieille ville pittoresque. (DER) **élusate** *a, n*

**ébahir** *vt* ③ Frapper d'étonnement. *Sa performance nous a ébahis. En rester ébahi.* SYN éberluer. (ETY) De l'a. fr. *baer.* (DER) **ébahissement** *nm*

**ébarber** *vt* ① TECH Enlever les barbes, les irrégularités, les bavures de. *Ébarber des plumes, de l'orge, du papier.* (DER) **ébarbage** ou **ébarbement** *nm* – **ébarbeuse** *nf* – **ébarboir** *nm* – **ébarbure** *nf*

**ébats** *nmpl* Mouvements, jeux de qqn qui s'ébat. LOC *Ébats amoureux* : jeux de l'amour.

**ébattre (s')** *vpr* 61 S'amuser, se divertir en se donnant du mouvement. SYN folâtrer.

**ébaubi, ie** *a* litt Très étonné, stupéfait.

**ébauchage** *nm* TECH Action de donner une première forme.

**ébauche** *nf* **1** Première forme donnée à une œuvre, à un ouvrage. **2** fig Prémices d'un projet. *L'ébauche d'une législation.* **3** Commencement d'une chose, amorce. *L'ébauche d'un sourire.* SYN esquisse. **4** TECH Forme grossière d'une pièce. *Une ébauche de clé.*

**ébaucher** *vt* [1] **1** Donner une première forme à. *Ébaucher un roman.* **2** TECH Dégrossir. *Ébaucher un diamant.* **3** **fig** Commencer et ne pas achever. *Ébaucher un sourire. Ébaucher une idylle.* SYN esquisser. [ETY] De l'a. fr. *bauch,* « poutre ». [DER] **ébauchage** *nm*

**ébauchoir** *nm* TECH Outil servant à ébaucher. *L'ébauchoir d'un sculpteur.*

**ébaudir (s')** *vpr* [3] **litt** Se réjouir et manifester sa joie.

**ébavurer** *vt* [1] TECH Enlever les excroissances d'une pièce de métal brute. [DER] **ébavurage** *nm*

**Ebbinghaus Hermann** (Barmen, 1850 – Halle, 1909), psychologue allemand ; il étudia expérimentalement la mémorisation.

**Ebbon** (?, 775 – Hildesheim, 851), archevêque de Reims. Il prit parti pour Lothaire contre Louis le Pieux (833).

**ébénacée** *nf* BOT Dicotylédone gamopétale telle que l'ébénier et le plaqueminier.

**ébénale** *nf* BOT Dicotylédone gamopétale des régions tropicales dont l'ordre comprend les ébénacées, les styracacées, etc.

**ébène** *nf* **1** Bois de l'ébénier, dur, très dense, noir, veiné de brun ou de blanc, utilisé en ébénisterie de luxe, en lutherie. **2** Couleur d'un noir éclatant. *Chevelure d'ébène.* **LOC** ***Bois d'ébène :*** nom donné autref. par les négriers aux esclaves noirs. [ETY] Du gr.

**ébénier** *nm* Arbre exotique (ébénacée) à fleurs unisexuées et à fruits juteux. **LOC** ***Faux ébénier :*** cytise.

**ébéniste** *nm* **1** Ouvrier qui fabrique des meubles de luxe en utilisant la technique du placage. **2** Ouvrier, artisan qui fabrique, qui vend des meubles. [DER] **ébénisterie** *nf*

**Eberhard Johann August** (Halberstadt, 1739 – Halle, 1809), philosophe allemand. Partisan de Leibniz, il polémiqua avec Kant.

**Eberhardt Isabelle** (Genève, 1877 – Aïn Sefra, 1904), écrivain français d'origine russe, convertie à l'islam : *Nouvelles algériennes* (posth., 1905).

**éberluer** *vt* [1] Étonner grandement, ébahir. *J'en suis tout éberluée.*

**Eberswalde-Finow** v. d'Allemagne (Brandebourg), sur le *canal Finow ;* 53 180 hab. Métallurgie.

**Ebert Friedrich** (Heidelberg, 1871 – Berlin, 1925), homme politique allemand. Président du parti social-démocrate (1913), chancelier du gouv. provisoire (nov. 1918), président de la Rép. (1919-1925).

**Eberth Karl Joseph** (Würzburg, 1835 – Berlin-Halensee, 1926), médecin allemand. ▷ *Bacille d'Eberth :* nom courant de *Salmonella typhi,* agent de la fièvre typhoïde, isolé en 1881.

**Ebla** site archéologique de Syrie, cité du III^e^ millénaire, près d'Alep. Vestiges ; nombr. tablettes couvertes d'inscriptions cunéiformes.

**Éblé Jean-Baptiste (comte)** (Saint-Jean-Rohrbach, Moselle, 1758 – Königsberg, 1812), général français qui organisa le passage de la Berezina (nov. 1812).

**éblouir** *vt* [3] **1** Troubler par une lumière trop vive la vue de. *Le soleil l'éblouit.* **2** **vieilli, fig** Surprendre, séduire par une apparence brillante mais trompeuse. *Se laisser éblouir par l'éloquence de qqn.* **3** Susciter l'admiration, l'émerveillement. *Sa virtuosité nous a éblouis.* [ETY] Du frq. *blaudi,* « faible ».

**éblouissant, ante** *a* **1** Qui éblouit. *Une neige éblouissante.* **2** **fig** Qui émerveille. *Une grâce éblouissante.*

**éblouissement** *nm* **1** Gêne dans la perception visuelle, causée par une lumière trop vive. **2** Trouble de la vue dû à un malaise. *Des éblouissements causés par la fatigue.* **3** **fig** Émerveillement. *Ce spectacle fut un éblouissement.*

**Ebola (maladie d')** *nf* Maladie virale très grave, épidémique, très contagieuse causée par le *virus d'Ebola.*

**ébonite** *nf* Combinaison de caoutchouc et de soufre utilisé comme isolant électrique.

**e-book** *nm* Syn. de *livre électronique.* [PHO] [ibuk] [ETY] De l'angl., nom déposé.

**éborgnage** *nm* HORTIC Action de supprimer les yeux (bourgeons) inutiles d'un fruitier.

**éborgner** *vt* [1] Rendre borgne. [DER] **éborgnement** *nm*

**Éboué Félix** (Cayenne, 1884 – Le Caire, 1944), administrateur français. Premier Noir gouverneur d'une colonie, à la Guadeloupe (1936), puis au Tchad (1938), il se rallia aux Forces françaises libres dès 1940, devenant alors gouverneur général de l'A-ÉF.

**éboueur** *nm* Employé chargé de débarrasser la voie publique des ordures ménagères.

**ébouillanter** *v* [1] **A** *vt* Tremper dans l'eau bouillante ou arroser d'eau bouillante. *Ébouillanter une volaille pour la plumer. Ébouillanter une théière.* **B** *vpr* Se brûler avec un liquide bouillant. [DER] **ébouillantage** *nm*

**éboulement** *nm* **1** Fait de s'ébouler. *L'éboulement d'une muraille.* **2** Éboulis.

**ébouler** *v* [1] **A** *vt* Provoquer la chute, l'effondrement de qqch. **B** *vpr* S'affaisser, s'effondrer en se désagrégeant. *Le tunnel s'est éboulé.* [ETY] De l'a. fr. *boel,* anc. forme de *boyau.*

**éboulis** *nm* **1** Amas de matériaux éboulés. **2** GEOMORPH Accumulation de matériaux grossiers, au pied d'un relief, due à une érosion mécanique. [PHO] [ebuli]

**ébourgeonner** *vt* [1] HORTIC Ôter les bourgeons inutiles des arbres fruitiers. [DER] **ébourgeonnage** ou **ébourgeonnement** *nm*

**ébouriffant, ante** *a* **fam, vieilli** Extraordinaire, renversant. *Un succès ébouriffant.*

**ébouriffé, ée** *a* **1** Rebroussé et en désordre. *Cheveux ébouriffés.* **2** Coiffé avec les cheveux en désordre. *Tu es tout ébouriffé.*

**ébouriffer** *vt* [1] **1** Rebrousser les cheveux en désordre. **2** **fig, fam, vieilli** Stupéfier, ahurir. [ETY] De *bourre.*

**ébourrer** *vt* [1] TECH Enlever la bourre d'une peau d'animal.

**ébouter** *vt* [1] TECH Raccourcir en coupant le bout.

**ébrancher** *vt* [1] Dépouiller un arbre d'une partie ou de la totalité de ses branches. [DER] **ébranchage** ou **ébranchement** *nm*

**ébranchoir** *nm* Serpe à long manche pour ébrancher les arbres.

**ébranlement** *nm* **1** Mouvement provoqué par une secousse, par un choc. **2** PHYS Déformation due à un choc. **3** **fig** Menace de ruine, d'effondrement. *L'ébranlement d'un empire.* **4** Commotion nerveuse. *L'ébranlement dû à un accident.*

**ébranler** *v* [1] **A** *vt* **1** Provoquer des secousses, des vibrations dans. *Le passage du train ébranlait toute la maison.* **2** Rendre moins stable, moins solide. *Le vent a ébranlé la cheminée. Ébranler sa santé.* **3** Rendre qqn moins ferme dans ses convictions, ses sentiments. **B** *vpr* Se mettre en branle, en mouvement. *Convoi qui s'ébranle.*

**ébrasement** *nm* **1** CONSTR Espace compris entre les montants d'une porte ou d'une fenêtre et le parement du mur intérieur. **2** ARCHI Position dans laquelle une ouverture est ébrasée. [VAR] **ébrasure** *nf*

**ébraser** *vt* [1] ARCHI Élargir une baie suivant un plan optique.

**Èbre (l')** fl. d'Espagne (930 km) ; naît dans les monts Cantabriques, arrose Saragosse, se jette dans la Méditerranée. Hydroél., irrigation.

**ébrécher** *vt* [14] **1** Abîmer en faisant une brèche. *Ébrécher une tasse. Le couteau s'est ébréché. Un vieux pot ébréché.* **2** **fig** Diminuer, entamer. *Ébrécher ses économies.* [DER] **ébrèchement** *nm*

**ébréchure** *nf* **1** Éclat correspondant à une brèche faite sur un objet. **2** Point où un objet est ébréché.

**ébriété** *nf* Ivresse. *Conduire en état d'ébriété.* [ETY] Du lat. [DER] **ébrieux, euse** *a*

**ébroïcien** → **Évreux.**

**Ébroïn** (m. v. 683), maire du palais de Neustrie et de Bourgogne sous Clotaire III, puis sous Thierry III. Il fit tuer saint Léger, évêque d'Autun, et vainquit Pépin de Herstal (680). Il fut assassiné.

**ébrouer (s')** *vpr* [1] **1** Expirer très fortement en faisant vibrer ses naseaux. *Cheval qui s'ébroue.* **2** Se secouer pour se nettoyer, se sécher. *Chien qui s'ébroue en sortant de l'eau.* [DER] **ébrouement** *nm*

**ébruiter** *vt* [1] Divulguer, rendre public. *Ébruiter une nouvelle. L'affaire s'est ébruitée.* [DER] **ébruitement** *nm*

**ébulliométrie** *nf* PHYS Mesure de la température d'ébullition des solutions. [VAR] **ébullioscopie** [DER] **ébulliomètre** ou **ébullioscope** *nm* – **ébulliométrique** ou **ébullioscopique** *a*

**ébullition** *nf* **1** État d'un liquide qui bout. **2** PHYS État d'un liquide qui se vaporise dans sa masse même. **LOC** ***En ébullition :*** surexcité, vivement agité.

[ENC] Un liquide entre en ébullition lorsque la pression de sa vapeur saturante est égale à la pression qu'il supporte. La température à laquelle se produit ce phénomène (point d'ébullition) reste constante et dépend donc de la pression ; ainsi, à une altitude élevée, le point d'ébullition de l'eau est inférieur à 100 °C.

**éburné, ée** *a* **litt** Qui a l'aspect de l'ivoire. [ETY] Du lat. *eburneus,* ivoire. [VAR] **éburnéen, enne**

**Éburons** peuple de l'anc. Gaule Belgique, établi entre la Meuse et le Rhin.

**e-business** *nm* Syn. de *e-commerce.* [PHO] [ibiznes] [ETY] De l'angl.

**écaille** *nf* **1** Chacune des plaques minces, imbriquées ou non, recouvrant tout ou partie du corps de certains animaux. *Les écailles des poissons.* **2** Matière cornée tirée de la carapace de certaines tortues de mer et utilisée dans la marqueterie et la confection d'objets de luxe. *Un peigne en écaille.* **3** Petite plaque, fine lamelle qui se détache d'une surface qui s'effrite. *Des écailles de peinture.* **4** BOT Formation de nature foliaire entourant le bourgeon ou le bulbe de certaines plantes. **5** ANAT Partie de l'os temporal. **6** TRAV PUBL Plaque utilisée comme parement des murs en terre armée. **7** ZOOL Nom usuel de divers papillons. **LOC** ***Les écailles lui sont tombées des yeux :*** la vérité lui est enfin apparue. [ETY] Du germ. *skalja,* « tuile ».

**1 écailler** *v* [1] **A** *vt* **1** Enlever les écailles. *Écailler un poisson.* **2** Ouvrir un coquillage bivalve. *Écailler des huîtres.* **B** *vpr* Se détacher par plaques minces. *Vernis qui s'écaille.* [DER] **écaillage** *nm*

**2 écailler, ère** *n* Personne qui vend, qui ouvre des huîtres et d'autres coquillages.

**écailleur** *nm* Ustensile pour écailler le poisson.

**écailleux, euse** *a* **1** Qui a des écailles. *Un poisson, un bulbe écailleux.* **2** Qui se détache par plaques minces. *Ardoise écailleuse.*

**écaillure** *nf* TECH Pellicule se détachant d'une surface. *Les écaillures d'un vernis.*

**écale** *nf* Coque dure des noix, des amandes, etc. (ETY) Du frq.

**écaler** *vt* 1 **1** Enlever l'écale de. *Écaler des noix.* **2** Retirer la coquille de. *Écaler des œufs.*

**écalure** *nf* Pellicule dure de certains fruits ou de certaines graines. *Écalure de café.*

**écang** *nm* Outil qui sert à écanguer. (PHO) [ekɑ̃]

**écanguer** *vt* 1 TECH Broyer les tiges de lin ou de chanvre pour en retirer la filasse.

**écarlate** *nf, a* **A** *nf* Colorant rouge vif, obtenu à partir de la cochenille. **B** *a* De la couleur de l'écarlate. *Des rideaux écarlates.* (ETY) Du persan.

**écarquiller** *vt* 1 Ouvrir tout grands les yeux. (ETY) De *quart.*

**écart** *nm* **1** Intervalle entre deux choses qu'on écarte ou qui s'écartent. *L'écart des doigts. Écart angulaire.* **2** Différence, variation, décalage par rapport à un point de référence. *Des écarts de température, de prix. L'écart entre le rêve et la réalité.* **3** ECON Syn. (recommandé) de *gap.* **4** Action de s'écarter de sa direction, de sa position. *Le cheval a fait un écart.* **5** fig Action de s'écarter des règles de bonne conduite. *Des écarts de jeunesse, de langage.* **6** LING Usage de la langue qui s'écarte de la norme. **7** ADMIN Groupe de maisons éloigné de l'agglomération communale. **8** MED VET Entorse de l'épaule du cheval. LOC *À l'écart* : dans un lieu écarté, isolé. — *À l'écart de* : en dehors de. *Une maison à l'écart de la ville. Rester à l'écart des discussions.* — STATIS *Écart quadratique moyen* ou *variance* : moyenne des carrés de la différence entre chaque valeur de la variable aléatoire et la moyenne de ces valeurs. — STATIS *Écart type* : racine carrée de la variance. — *Grand écart* : action d'écarter les jambes, tendues d'avant en arrière ou de gauche à droite, jusqu'à ce qu'elles touchent le sol sur toute leur longueur ; fig attitude de qqn qui veut concilier des positions incompatibles. — *Laisser, tenir qqn à l'écart* : le laisser, le maintenir dans l'isolement.

**1 écarté, ée** *a* Situé à l'écart, isolé. *Hameau écarté.*

**2 écarté** *nm* Jeu dans lequel on peut écarter des cartes pour les remplacer par d'autres.

**écartelé** *am* HERALD Partagé en quatre quartiers égaux.

**écarteler** *vt* 17 **1** Arracher les membres d'un condamné en les faisant tirer dans des sens opposés par quatre chevaux. **2** fig Partager, déchirer. *Être écartelé entre des sentiments contraires.* (ETY) De l'a. fr. *équarterer,* « partager en quatre ». (DER) **écartèlement** *nm*

**écartement** *nm* **1** Action d'écarter, de s'écarter ; état de ce qui est écarté. **2** Espace qui sépare une chose d'une autre. *Écartement des rails de chemin de fer. Écartement des yeux.*

**1 écarter** *v* 1 **A** *vt* **1** Séparer, éloigner l'une de l'autre des choses jointes ou rapprochées. *Écarter les jambes. Écarter une chaise de la table.* **2** Tenir à distance. *Écarter un enfant d'un endroit dangereux.* **3** Déplacer ce qui gène le passage, la vue. *Écarter les branches pour passer.* **4** Repousser, chasser. *Écarter les importuns.* **5** fig Éviter. *Écarter un risque, un danger.* **6** Rejeter, exclure. *Sa candidature a été écartée.* **7** Détourner, changer la direction de. *Écarter qqn de sa route.* **8** fig Détourner l'attention de qqn. *Écarter qqn de ses devoirs.* **B** *vpr* **1** S'éloigner de qqn, de qqch. *S'écarter d'un groupe, d'un endroit.* **2** Se détourner de. *S'écarter de son chemin. S'écarter de son sujet.* (ETY) Du lat.

**2 écarter** *vt* 1 Mettre de côté certaines cartes de son jeu pour en reprendre d'autres.

**écarteur** *nm* **1** Dans les courses landaises, homme qui excite la vache et l'évite au dernier moment en faisant un écart. **2** CHIR Instrument utilisé pour écarter les lèvres d'une incision, pour dilater certains canaux.

**ecballium** *nm* Plante (cucurbitacée) dont le fruit se détache à maturité en projetant ses graines. (PHO) [ɛkbaljɔm]

**Ecbatane** (auj. *Hamadhan*), cap. du royaume mède (fin VII^e-VI^e s. av. J.-C.), puis résidence d'été des souverains perses.

**ecce homo** *nm inv* BX-A Tableau ou statue représentant le Christ couronné d'épines. (PHO) [ɛkseɔmo] (ETY) Mots lat., « voici l'homme ».

**Ecce Homo** œuvre autobiographique de Nietzsche (écrite en 1888 ; éd. posth., 1908).

**ecchymose** *nf* MED Marque cutanée de couleur bleu-noir, puis violacée, verdâtre ou jaunâtre, souvent secondaire à un traumatisme, et due à une infiltration sanguine sous-jacente. SYN bleu. (PHO) [ekimoz] (ETY) Du gr.

**Eccles sir John Carew** (Melbourne, 1903 – Locarno, Suisse, 1997), neurobiologiste australien. Prix Nobel de médecine 1963 avec A. L. Hodgkin et A. F. Huxley.

**ecclésial, ale** *a* didac Qui a rapport à l'Église, à la communauté des chrétiens. PLUR ecclésiaux. (ETY) Du lat.

**Ecclésiaste (livre de l')** livre sapiential de la Bible (III^e s. av. J.-C.), dont l'auteur (que la tradition identifie à Salomon) médite sur la vanité des actions humaines.

**ecclésiastique** *a, nm* **A** *a* Qui a rapport à l'Église, au clergé. *Fonctions ecclésiastiques.* **B** *nm* Membre du clergé.

**Ecclésiastique (livre de l')** livre sapiential deutérocanonique de la Bible écrit (v. 200 av. J.-C.) par Jésus Ben Sirach.

**ecclésiologie** *nf* Partie de la théologie qui traite de l'Église en tant qu'institution divine et humaine. (DER) **ecclésiologique** *a*

**ecdysone** *nf* BIOCHIM Hormone stéroïde, présente chez les arthropodes, qui déclenche les phénomènes de mue. (ETY) Du gr.

**écervelé, ée** *a, n* Qui est sans jugement, sans prudence ; étourdi.

**Ecevit Bülent** (Istanbul, 1925 – Ankara, 2006), homme politique turc. Leader de la Gauche démocratique. Plusieurs fois Premier ministre entre 1974 et 1979, il revient au pouvoir en 1999 après l'interdiction du parti islamiste Refah.

**ECG** *nm* MED Sigle de *électrocardiogramme.*

**échafaud** *nm* **1** Plate-forme dressée sur la place publique pour l'exécution des condamnés à mort. *Monter à, sur l'échafaud.* **2** Peine capitale. *Risquer l'échafaud.* (ETY) De l'a. fr. *chafaud,* « estrade ».

**échafaudage** *nm* **1** Construction provisoire faite de planches, de perches et de traverses en bois ou en métal, qui permet l'accès à tous les niveaux d'un bâtiment qu'on édifie ou qu'on rénove. *Monter un échafaudage pour le ravalement d'une façade.* **2** Amas de choses assemblées ou posées les unes sur les autres. *Un échafaudage de caisses.* **3** fig Assemblage sans consistance d'idées, d'arguments. *Ce bel échafaudage s'est écroulé devant les faits.* **4** Action d'amasser, d'édifier peu à peu. *L'échafaudage d'une œuvre philosophique.*

**échafauder** *v* 1 **A** *vi* Mettre en place un échafaudage. *Il faut échafauder pour le ravalement.* **B** *vt* fig Édifier en esprit ; combiner. *Échafauder un plan, une théorie.*

**échalas** *nm* **1** Piquet fiché en terre pour soutenir un cep de vigne, un jeune arbre. **2** fam Personne grande et maigre. (PHO) [eʃala] (ETY) Du gr. *kharax,* « pieu ».

**échalasser** *vt* 1 Soutenir par des échalas.

**échalier** *nm* 1 **1** Petite échelle double pour franchir une haie. **2** Clôture mobile à l'entrée d'un pré, d'un champ. (ETY) Var. de *escalier.* (VAR) **échalis**

**échalote** *nf* Plante potagère, originaire d'Orient, dont le bulbe parfumé est utilisé comme condiment. (ETY) Du lat *ascalonia,* « oignon d'Ascalon », v. de Palestine.

**échancrer** *vt* 1 Creuser le bord de ; tailler en arrondi ou en V. *Littoral que la mer échancre. Échancrer une robe.* (DER) **échancrure** *nf*

**échange** *nm* **1** Fait d'échanger, de céder une chose contre une autre. *Faire, proposer un échange.* **2** DR Opération contractuelle par laquelle les parties se donnent respectivement une chose pour une autre. **3** Fait de s'adresser réciproquement telles ou telles choses. *Un échange de vues.* **4** BIOL Transfert réciproque de substances entre l'organisme, la cellule, et le milieu extérieur. *Les échanges dans le processus de la nutrition.* **5** SPORT Série de balles après un service. LOC BIOL *Échange cellulaire* : par lequel la cellule emprunte les matériaux nécessaires à sa survie et restitue soit des déchets, soit des produits qu'elle a synthétisés. — ECON *Échange direct* : troc, par oppos. à l'*échange indirect,* par l'intermédiaire de la monnaie. — ECON *Échanges internationaux* : opérations commerciales de pays à pays. — *En échange (de)* : par compensation, en contrepartie (de).

**échanger** *vt* 13 **1** Donner une chose et en obtenir une autre à la place. *Échanger des livres. Échanger du minerai contre des produits manufacturés.* **2** S'adresser, se remettre réciproquement. *Échanger une correspondance, des documents. Échanger des compliments, des injures.* (ETY) Du lat. (DER) **échangeable** *a*

**échangeur, euse** *nm, a* **A** *nm* **1** TECH Récipient où s'opère un transfert de chaleur entre un fluide chaud et un fluide froid. *Un échangeur de chaleur.* **2** Ouvrage de raccordement de routes ou d'autoroutes qui évite aux usagers toute intersection à niveau des voies. **B** *a* CHIM Qui a la propriété d'échanger ses ions. *Résine échangeuse d'ions.* LOC CHIM *Échangeur d'ions* : solide insoluble qui, au contact d'une solution, échange les ions qu'il contient contre d'autres ions et que l'on utilise pour adoucir l'eau ; appareil qui utilise de telles substances.

**échangisme** *nm* **1** ECON Théorie qui privilégie l'échange dans l'analyse économique, par rapport à la production et à la consommation. **2** Échange de partenaire sexuel pratiqué entre deux couples ou en groupe, avec le consentement des participants.

**échangiste** *n* **1** DR Chacun des partenaires d'un échange de biens. **2** Personne qui pratique l'échange de partenaire sexuel.

**échanson** *nm* **1** anc Officier qui servait à boire à la table du roi, du prince auquel il était attaché. **2** plaisant Personne qui sert à boire.

**échantillon** *nm* **1** Petite quantité d'une marchandise, qui sert à faire apprécier la qualité de celle-ci, ou à faire connaître son existence. *Un échantillon de vin, de parfum, d'étoffe.* **2** Personne, chose considérée dans ce qu'elle a de typique. *Un échantillon de l'humour britannique.* **3** fig Exemple, aperçu. *Donner un échantillon de ses talents.* **4** CONSTR Type de certains matériaux, selon la réglementation en vigueur. *Pavés, briques, ardoises d'échantillon.* **5** STATIS Ensemble d'individus choisis comme représentatifs d'une population. *Faire un sondage sur un échantillon de 1 000 personnes.* SYN panel. **6** MUS Syn. de *sample.* (ETY) Du lat.

**échantillonnage** *nm* **1** Assortiment d'échantillons. *Échantillonnage d'étoffes.* **2** Action d'échantillonner, de prélever des échantillons. *Échantillonnage d'une marchandise.* **3** STATIS Choix d'un échantillon d'intérêt statistique. **4** MUS Syn. de *sampling*.

**échantillonner** *vt* ① **1** Prélever des échantillons. *Échantillonner des vins.* **2** TECH Donner à des peaux une forme régulière en enlevant les bords. **3** STATIS Choisir un échantillon dans une population. **4** MUS Syn. de *sampler*.

**échantillonneur, euse** *n* **A** Personne chargée d'échantillonner. **B** *nm* MUS Syn. de *sampleur*.

**échappatoire** *nf* Moyen habile et détourné pour se tirer d'une difficulté.

**échappée** *nf* **1** SPORT Action menée par un ou plusieurs concurrents, partic. dans une course cycliste, pour se détacher du peloton et conserver une avance sur celui-ci. **2** Espace resserré mais par lequel la vue peut porter au loin. **3** **fig, litt** Passage qui permet d'entrevoir brièvement. *On trouve dans son ouvrage quelques échappées sur sa vie.* **4** Espace de dégagement à l'entrée d'une cour, d'un bâtiment, pour faciliter le passage des véhicules. **5** Hauteur, espace libre au-dessus d' un escalier.

**échappement** *nm* TECH **1** Mécanisme oscillant régulateur du mouvement des rouages d'une montre. **2** Évacuation des gaz de combustion d'un moteur. **3** Système qui permet cette évacuation. **LOC** ***Échappement libre*:** sans pot d'échappement ou dont le pot d'échappement n'atténue plus les bruits.

**échapper** *v* ① **A** *vi* **1** Se soustraire à. *Échapper des mains de l'ennemi, à la surveillance d'un gardien.* **2** Se dérober à qqn ou qqch qui menace de nous saisir, de nous atteindre. *Échapper à ses poursuivants.* **3** Éviter, se soustraire à qqch de difficile ou d'ennuyeux. *Échapper à une corvée.* **4** Éviter de justesse un événement fâcheux. *Échapper à un accident, à la mort.* **5** Ne pas être pris en compte. *Ces revenus échappent à l'impôt.* **6** Ne pas retenir par maladresse ou par mégarde. *Laisser échapper un objet.* **7** N'être plus tenu, retenu. *Le vase m'a échappé.* **8** Se détacher d'un point de vue affectif de. *Son mari lui échappe.* **9** Ne pas revenir à qqn. *Ce gros contrat leur a échappé.* **10** Ne plus être présent à la mémoire. *Son nom m'échappe.* **11** Être dit ou fait par mégarde. *Le mot lui a échappé.* **12** Ne pas donner prise à. *Il échappe à toute critique.* **13** Ne pas être perçu, compris. *Ce détail m'a échappé.* **B** *vt* Canada Laisser tomber qqch. *Échapper un vase.* **C** *vpr* **1** S'enfuir, s'évader. *Les détenus se sont échappés.* **2** **fam** S'esquiver. *J'essaierai de m'échapper un moment.* **3** SPORT Faire une échappée. **4** Sortir, se répandre plus ou moins brusquement ou abondamment. *Fumée qui s'échappe d'un conduit.* **5** **fig** S'évanouir, disparaître. *Voir s'échapper ses dernières illusions.* **LOC** ***L'échapper belle*:** éviter de justesse un danger. ETY Du lat. *excappare*, « sortir de la chape ».

**écharde** *nf* Petit éclat d'un corps quelconque, et partic. de bois, entré dans la peau par accident. ETY Du frq.

**échardonner** *vt* ① Enlever les chardons d'un champ.

**écharner** *vt* ① TECH Enlever les tissus musculaires et adipeux d'une peau avant de la tanner. DER **écharnage** *nm*

**écharpe** *nf* **1** Bande d'étoffe qui se porte obliquement d'une épaule à la hanche opposée, ou qui se noue autour de la taille, et sert d'insigne de certaines dignités, de certaines fonctions. *Écharpe tricolore de maire.* **2** Bandage passé au cou et utilisé pour l'immobilisation temporaire, en flexion, du membre supérieur. **3** Bande d'étoffe, de tricot, qui se porte sur les épaules ou autour du cou pour se protéger du froid. **4** TECH Pièce de bois placée en diagonale dans un bâti de menuiserie. **LOC** ***En écharpe*:** obliquement, de biais. — MILIT ***Tir d'écharpe*:** oblique par rapport à la ligne du front. ETY Du frq.

**écharper** *vt* ① Mettre en pièces, massacrer. *Au cours d'une querelle, ils se sont écharpés.* **LOC fig** ***Se faire écharper*:** se faire maltraiter, en actes ou en paroles. ETY De l'a. fr. *charpir*, « déchirer ».

**échasse** *nf* **1** Chacun des deux longs bâtons munis d'un étrier où l'on pose le pied pour marcher à une certaine hauteur au-dessus du sol. **2** CONSTR Perche de bois utilisée verticalement dans les échafaudages. **3** Oiseau (charadiiforme) blanc et noir des marais méditerranéens, aux pattes très longues et fines. **LOC fam** ***Marcher, être monté sur des échasses*:** avoir de longues jambes. ETY Du fr.

**échassier** *nm* ORNITH Oiseau à pattes longues vivant dans des régions marécageuses. *L'ordre ancien des échassiers est actuellement démantelé en ciconiiformes, charadriiformes et gruiformes.*

**échauboulure** *nf* MED VET Maladie éruptive du cheval et du bœuf.

**échaudage** *nm* **1** Action d'échauder. **2** Brûlure des vignes, des céréales par le soleil.

**échaudé, ée** *a* **1** Qui a essuyé un mécompte, une déception. **2** AGRIC Se dit d'une plante atteinte d'échaudage. ETY Du lat.

**échauder** *vt* ① **1** Jeter de l'eau chaude sur ; plonger dans l'eau chaude ou bouillante. *Échauder un cochon pour ôter plus facilement son poil.* **2** Causer une brûlure avec un liquide très chaud. ETY Du lat.

**échaudoir** *nm* **1** TECH Lieu d'un abattoir où les bêtes abattues sont échaudées et préparées. **2** Grand récipient pour échauder.

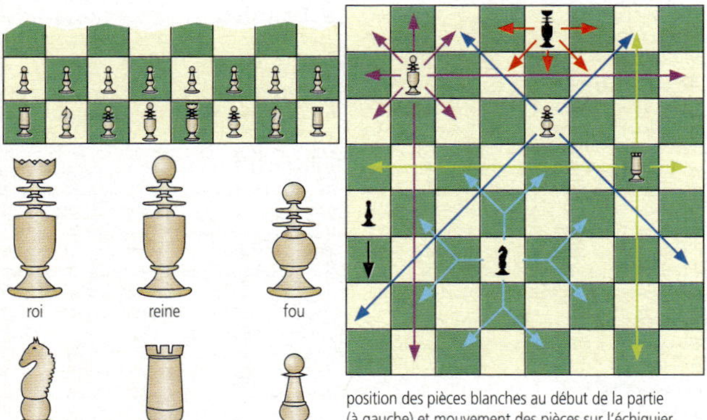


position des pièces blanches au début de la partie (à gauche) et mouvement des pièces sur l'échiquier

**échecs**

**échauffement** *nm* **1** Action d'échauffer ; fait de s'échauffer. **2** TECH Élévation anormale de la température par frottement d'organes mécaniques, de l'air, etc. **3** SPORT Ensemble des exercices que l'on fait pour s'échauffer. **4** Début de fermentation sous l'action de la chaleur. *Échauffement des céréales, des farines.* **5** **vieilli** Légère inflammation.

**échauffer** *v* ① **A** *vt* **1** Rendre chaud, spécial. de manière inhabituelle ou excessive. *Frottement qui échauffe un essieu.* **2** **fig** Animer, exciter. *La nouvelle échauffa les esprits.* **B** *vpr* **1** **fig** S'animer, s'exciter. *La conversation soudain s'échauffa.* **2** Commencer à fermenter. *Le foin s'échauffe.* **3** SPORT Se préparer avant un entraînement, une épreuve, par des exercices d'assouplissement et de mise en condition physique. **LOC** ***Échauffer la bile, les oreilles à qqn*:** l'impatienter, provoquer son irritation.

**échauffourée** *nf* Affrontement inopiné et confus entre deux groupes. ETY De *chaufourrer*, « poursuivre ».

**échauguette** *nf* Guérite de pierre placée en encorbellement sur une muraille fortifiée, au sommet d'une tour. ETY Du frq.

**échauguette** du donjon du château de Vincennes (XII$^{e}$ s.)

**èche** → **esche.**

**échéance** *nf* **1** Date à laquelle un paiement, une obligation viennent à exécution ; terme d'un délai. *Échéance d'une lettre de change, d'une traite, d'un loyer.* **2** Temps qui sépare l'engagement de l'échéance ; délai. *Un emprunt à courte échéance.* **3** Paiement régulier à effectuer dans les délais impartis. *Payer de lourdes échéances.* **LOC** ***À brève échéance*:** bientôt. — ***À longue échéance*:** sur un long temps ou dans un temps éloigné.

**échéancier** *nm* **1** Livre où sont inscrits par ordre d'échéance les effets à payer ou à recevoir. **2** **fig** Ensemble de délais dont il faut respecter les dates.

**échéant, ante** *a* DR Qui vient à échéance. *Effet échéant.* **LOC** ***Le cas échéant*:** si le cas se présente, à l'occasion.

**échec** *nm* **A** *nmpl* **1** Jeu qui se joue sur un tableau carré divisé en soixante-quatre cases égales alternativement claires et foncées, et qui oppose deux adversaires disposant chacun de seize figurines (pièces) respectivement noires et blanches. *Une partie d'échecs.* **2** Ensemble des pièces de ce jeu. *Des échecs en ivoire.* (Dans les échecs, il y a par joueur 8 pions, 2 tours, 2 cavaliers, 2 fous, la reine ou dame et le roi.) **B** *nm* **1** Aux échecs, position du roi qui se trouve sur une case battue par une pièce de l'adversaire ; coup qui crée cette situation. *Être échec.* **2** Insuccès. *Tentative vouée à l'échec.* **3** Défaite. *Essuyer un échec.* **LOC** ***Échec et mat*:** échec imparable qui met fin à la partie. —

*Faire échec à :* entraver, empêcher, contrecarrer. — PSYCHAN *Névrose d'échec :* névrose caractérisée par la recherche systématique, mais inconsciente, de l'échec. — *Tenir, mettre qqn en échec :* le mettre en difficulté, s'opposer avec succès à la réalisation de ses intentions, de son entreprise. ETY De l'arabo-persan *shāh*, « roi ».

**Echegaray y Eizaguirre** José (Madrid, 1832 – id., 1916), mathématicien et dramaturge espagnol : *le Grand Galeoto* (1881). P. Nobel de littérature 1904 avec F. Mistral.

**échelier** *nm* Échelle faite d'une seule perche traversée par des chevilles qui servent d'échelons.

**échelle** *nf* **1** Appareil constitué de deux montants parallèles ou convergents réunis par des traverses régulièrement espacées qui permettent de monter ou de descendre. *Monter sur, à l'échelle.* **2** Série d'êtres ou de choses qui s'organise selon un ordre, une hiérarchie, une progression. *Tout jugement moral implique une échelle des valeurs.* **3** MUS Autre nom de la gamme (diatonique, chromatique, modale, etc.). **4** Ensemble de graduations d'un instrument ou d'un tableau de mesures ; mode de graduation des phénomènes mesurés. *Échelle d'un baromètre. Échelle de Beaufort. Échelle de Richter.* **5** Rapport des dimensions, des distances figurées sur un plan, un croquis, une carte, etc., avec les dimensions, les distances dans la réalité. *Ce plan est à l'échelle de 1/50 000. Échelle d'une maquette.* **LOC** *À l'échelle de :* à la mesure de, aux dimensions de. *Un urbanisme à l'échelle de l'homme.* — *Échelle de corde :* dont les montants sont en corde. — *Échelle de coupée :* qui sert à monter à bord d'un navire. — *Échelle de meunier :* escalier droit sans contremarches. — *Échelle double :* faite de deux échelles articulées à la partie supérieure. — MATH *Échelle logarithmique :* système de divisions proportionnelles aux logarithmes des nombres. — ECON *Échelle mobile :* système d'indexation de prix ou de revenus sur un élément économique variable. — *Échelle sociale :* hiérarchie des positions sociales, des conditions des individus dans une société. — *Faire la courte échelle à qqn :* lui servir de support avec ses mains, puis ses épaules, pour atteindre un point élevé ; fig favoriser sa réussite. — *Faire qqch sur une grande, une vaste échelle :* travailler, opérer en grand. — fam *Il n'y a plus qu'à tirer l'échelle :* il est impossible de faire mieux ou, iron., de faire pire. ETY Du lat.

**Échelles de Barbarie** anc. nom des ports d'Afrique du Nord (dont Tripoli).

**Échelles du Levant** anc. nom des ports de la Médit. orient. (Constantinople).

**échelon** *nm* **1** Chacun des barreaux d'une échelle. **2** fig Degré dans une série, une hiérarchie. *Remonter d'un échelon dans l'estime de qqn.* **3** Degré d'avancement d'un fonctionnaire à l'intérieur d'un même grade, d'une même fonction. **4** Niveau de décision d'une administration, d'un corps, d'une entreprise, etc. *L'échelon communal, départemental.* **5** MILIT Chacun des éléments d'une troupe disposée en profondeur.

**échelonner** *vt* ① **1** Placer de distance en distance, ou à des dates successives. *Échelonner des paiements. Livraisons qui s'échelonnent sur un an.* **2** MILIT Disposer des troupes par échelons. DER **échelonnement** *nm*

**écheniller** *vt* ① Ôter les chenilles de. *Écheniller un arbre.* DER **échenillage** *nm*

**échenilloir** *nm* Sécateur fixé au bout d'un long manche pour couper les branches hautes.

**Échenoz** Jean (Orange, 1947), romancier français : *Le Méridien de Greenwich* (1979), *Au piano* (2003).

**écheveau** *nm* **1** Longueur de fil roulée en cercle ou repliée sur elle-même. *Écheveau de laine.* **2** fig Ensemble compliqué, embrouillé. *Un écheveau d'intrigues.* ETY Du lat. *scabellum*, « dévidoir ».

**échevelé, ée** *a* **1** Dont la chevelure est en désordre. **2** fig Débridé, effréné. *Une course échevelée. Une improvisation échevelée.*

**écheveler** *vt* ⑰ ou ⑲ litt Mettre en désordre la chevelure de.

**échevette** *nf* **1** Petit écheveau. **2** TECH Longueur fixe, et variable selon les textiles, de fil dévidé.

**échevin, ine** *n* **A 1** Belgique Adjoint(e) au bourgmestre. *Échevine à l'éducation.* **2** Canada Conseiller, conseillère municipal(e). **B** *nm* HIST Magistrat municipal, en France avant 1789. ETY Du frq. DER **échevinal, ale, aux** *a*

**échevinage** *nm* **1** Fonction d'échevin ; temps d'exercice de cette fonction. **2** Corps des échevins ; ressort de leur juridiction.

**Échidna** dans la myth. gr., monstre, moitié femme et moitié serpent, qui enfanta Cerbère, l'hydre de Lerne, le Sphinx, etc.

**échidné** *nm* ZOOL Mammifère monotrème à bec corné, fouisseur insectivore d'Australie et de Nouvelle-Guinée, dont le corps, long de 25 à 75 cm, est couvert de piquants. PHO [ekidne] ETY Du gr., « vipère ».

**échidné**

**échiffre** *nf, m* **LOC** CONSTR *Mur d'échiffre :* mur dont la partie supérieure supporte le limon d'un escalier. ETY De l'a. fr. VAR **échiffe**

**échin(o)-** Élément, du gr. *ekhinos*, « hérisson ». PHO [ekin(o)]

**échine** *nf* **1** Colonne vertébrale. *Se rompre l'échine.* **2** En boucherie, morceau du haut du dos du porc. **LOC** *Avoir l'échine souple :* être complaisant jusqu'à la servilité. ETY Du frq.

**échiner (s')** *vpr* ① Se fatiguer, se donner de la peine. *Je m'échine à lui faire comprendre.* SYN fam s'esquinter.

**échinidé** *nm* ZOOL Échinoderme à test globuleux garni de piquants tel que l'oursin. PHO [ekinide]

**échinocactus** *nm* Cactus à tige globuleuse, à grosses côtes épineuses. PHO [ekinokaktys]

**échinococcose** *nf* MED Parasitose extrêmement grave due à la prolifération de larves de l'échinocoque du chien.

**échinocoque** *nm* ZOOL Cestode de l'intestin des carnivores. *La larve de l'échinocoque peut envahir tous les organes de l'homme.*

**échinoderme** *nm* ZOOL Métazoaire marin dont la symétrie bilatérale, fondamentale, disparaît au cours du développement larvaire pour former une organisation rayonnée, qui possède un squelette calcaire interne fréquemment garni de piquants, et dont l'embranchement comprend les crinoïdes, les échinidés, les holothurides et les stellérides.

**échinorynque** *nm* **1** Ver (acanthocéphale) parasite intestinal des poissons. **2** Ancien nom du macracanthorynque.

**échiquéen, enne** *a* Qui concerne le jeu d'échecs.

**échiquier** *nm* **1** Tableau servant au jeu d'échecs. **2** Surface dont la disposition rappelle celle d'un échiquier. **3** fig Lieu, domaine où s'opposent les partis, les intérêts. *L'échiquier politique.* **LOC** *En échiquier :* en quinconce.

**Échiquier (l')** au Moyen Âge, cour de justice des ducs de Normandie.

**Échiquier (l')** au Moyen Âge, administration financière du royaume d'Angleterre, car les comptes se faisaient sur un tapis divisé en cases. Le ministre des Finances de G.-B. se nomme encore le chancelier de l'Échiquier.

**Échirolles** ch.-l. de cant. de l'Isère (arr. et banlieue de Grenoble), 32 806 hab. Industries. DER **échirollois, oise** *a, n*

**échiurien** *nm* ZOOL Métazoaire invertébré marin vermiforme, pourvu d'une trompe. ETY Du gr. *ekhis*, « vipère ».

**écho** *nm* **A 1** Phénomène de répétition d'un son par réflexion sur une paroi ; son ainsi répété. **2** Lieu où ce phénomène se produit. **3** TECH Onde réfléchie ou diffusée par un obstacle et revenant vers sa source. *Sur le radar, on enregistre l'écho de l'impulsion émise.* **4** LITTER, MUS Phrase ou portion de phrase, rime ou note reprenant la précédente et produisant un effet d'écho. *Thème, rime en écho.* **B** *nm pl* **1** Propos répétés. *J'ai eu quelques échos de votre conduite.* **2** Nouvelle, information locale donnée dans les journaux. **3** fig Ce qui reproduit, répète qqch ou y répond. **LOC** *À tous les échos :* partout. — *Ne pas trouver d'écho :* ne recueillir aucune approbation, aucune adhésion. — *Se faire l'écho de :* répéter ce que l'on a entendu, propager. PHO [eko] ETY Du gr.

**Écho** dans la myth. gr., nymphe des eaux et des bois. Elle personnifie l'écho.

**échocardiographie** *nf* Échographie du cœur. DER **échocardiographique** *a*

**échographie** *nf* MED Méthode d'exploration médicale utilisant la réflexion des ultrasons par les organes. *L'échographie est très utilisée pour les examens prénatals. Passer une échographie.* DER **échographique** *a* – **échographiste** *n* – **échographier** *vt* ②

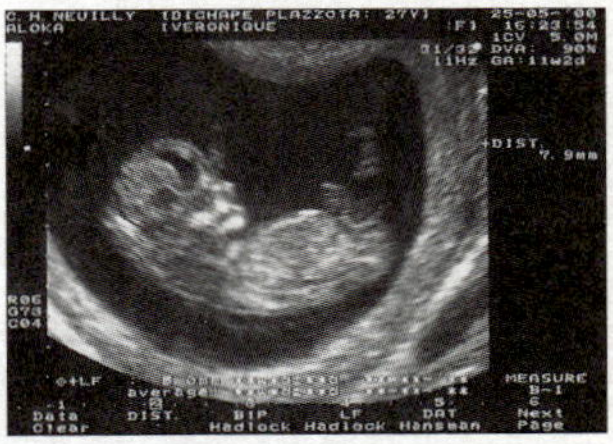

**échographie**

**échoir** *v* ⑤① **A** *vti* Être dévolu par le sort à. *Cela lui échoit en partage.* **B** *vi* Arriver à échéance. *Le premier règlement échoit à la fin de l'année. Terme échu.* ETY Du lat.

**écholalie** *nf* MED Impulsion morbide à répéter, en écho, les derniers mots des phrases entendues. PHO [ekokali]

**écholocation** *nf* ZOOL Localisation des obstacles et des proies par émission d'ultrasons puis réception des ultrasons réfléchis. *On observe l'écholocation chez la chauve-souris et chez le dauphin.* VAR **écholocalisation**

**1 échoppe** *nf* Petite boutique, le plus souvent faite de planches et adossée à un mur. *Échoppe de cordonnier.* ETY De l'a. néerl. *schoppe*, avec infl. de l'angl. *shop*, « magasin ».

**2 échoppe** *nf* TECH Burin de graveur. ETY Du lat. DER **échopper** *vt* ①

**Échos (les)** quotidien français fondé en 1908, consacré à l'économie.

**échosondeur** *nm* TECH Instrument utilisant la réflexion des ultrasons pour déterminer la profondeur des fonds marins. (PHO) [ekosɔ̃dœʀ] (DER) **échosondage** *nm*

**échotier** *nm* Rédacteur chargé des échos dans un journal. (PHO) [ekɔtje]

**échouage** *nm* MAR Situation d'un navire que l'on échoue volontairement.

**échouement** *nm* MAR Action d'échouer. *L'échouement d'un navire.* (PHO) [eʃumɑ̃]

**échouer** *v* ① **A** *vi* **1** Toucher le fond, accidentellement ou non, et cesser de flotter. *Le navire a échoué sur la plage.* **2** Se mettre au sec accidentellement. *L'épave s'est échouée sur le sable.* **3** fig Aboutir en un lieu sans l'avoir vraiment voulu. *Renvoyé de partout, il échoua dans ce modeste emploi.* **4** Ne pas réussir. *Échouer à des examens.* **5** Ne pas aboutir. *L'attaque échoua devant la résistance ennemie.* SYN manquer, avorter, rater. **B** *vt* Faire échouer volontairement un navire. ANT renflouer.

**Echternach** v. du Luxembourg ; 5 300 hab. – Procession dansante de Saint-Willibrord.

**écidie** *nf* BOT Fructification particulière aux rouilles et que l'on observe sur la face inférieure des feuilles. (ETY) Du gr. *oikidion*, « petite maison ».

**écidiospore** *nf* BOT Spore à double noyau produite par les écidies.

**e-cigarette** *nf* Synonyme (déconseillé) de *cigarette électronique*.

**Écija** ville d'Espagne (prov. de Séville) ; 40 300 hab. Palais XIV^e s. Églises XVI^e-XVIII^e s.

**écimer** *vt* ① AGRIC Couper la cime d'un végétal pour favoriser la production de ramifications ou la fructification. SYN étêter. (DER) **écimage** *nm*

**Eck Johann Maier,** dit **Johann** (Egg an der Güns, 1486 – Ingolstadt, 1543), théologien cathol. allemand ; adversaire de Luther.

**Eckart Johann,** dit **Maître** (Hochheim, près de Gotha, v. 1260 – Avignon ou Cologne, v. 1327), dominicain et philosophe mystique allemand. Ses thèses sur l'essence divine furent condamnées en 1329. Son œuvre, en lat. et en all. (*Entretiens sur le discernement spirituel, Livre de la consolation divine*) suscita des interprétations contradictoires. (VAR) **Eckhart**

**Eckermann Johann Peter** (Winsen an der Luhe, 1792 – Weimar, 1854), écrivain allemand : *Entretiens avec Goethe* (1836-1848).

**Eckert John** (Philadelphie, 1919 – Bryn Mawr, 1995), ingénieur américain, constructeur d'un des prem. ordinateurs (1946).

**Eckmühl** village de Bavière. – Napoléon y vainquit les Autrichiens (1809). Cette victoire valut à Davout le titre de *prince d'Eckmühl*.

**éclabousser** *vt* ① **1** Faire rejaillir un liquide, de la boue sur. **2** fig Faire subir un dommage par contrecoup. *Un député éclaboussé par un scandale.* (ETY) Du rad. onomat. *klapp*. (DER) **éclaboussement** *nm* – **éclaboussure** *nf*

**éclair** *nm* **1** Lumière violente et brève provoquée par une décharge électrique entre deux nuages ou entre un nuage et le sol. *Éclair en trait, en boule. Les éclairs de l'orage.* **2** Vive lueur, rapide et passagère. *L'éclair des phares. Un éclair de malice brille dans ses yeux.* **3** fig Ce qui a la vivacité, la rapidité de l'éclair. *Avoir un éclair de génie, d'intelligence.* **4** En appos. Très rapide. *Un voyage éclair. Guerre éclair.* **5** Petit gâteau allongé fourré de crème pâtissière. *Éclair au chocolat.* LOC ***En un éclair, en l'espace d'un éclair*** : très rapidement, en un instant. — CHIM ***Point d'éclair*** : température à laquelle une huile s'enflamme.

**éclairage** *nm* **1** Action, manière d'éclairer à l'aide d'une lumière artificielle. *Éclairage à la bougie, à l'électricité.* **2** Manière dont une chose est éclairée. *Éclairage naturel, artificiel.* SYN lumière. **3** fig Manière dont une chose est considérée. *Je ne vois pas la situation sous cet éclairage.* **4** Dispositif servant à éclairer. *Installer un nouvel éclairage dans une pièce.* LOC ***Éclairage direct*** : dans lequel le flux lumineux est dirigé sur l'objet à éclairer (par oppos. à *éclairage indirect*). — ***Éclairage public*** : ensemble des appareils et du réseau d'éclairage des espaces publics.

**éclairagisme** *nm* TECH Étude des procédés d'éclairage. (DER) **éclairagiste** *n*

**éclairant, ante** *a* **1** Qui a la propriété d'éclairer. *Fusée éclairante.* **2** fig Qui a la propriété d'expliquer. *Une comparaison éclairante.*

**éclaircie** *nf* **1** Espace clair dans un ciel chargé de brume ou de nuages. **2** Diminution importante de la nébulosité, interruption du temps pluvieux ; période au cours de laquelle elle se produit. **3** fig Amélioration momentanée. **4** AGRIC, SYLVIC Opération consistant à éclaircir un semis, une futaie, etc.

**éclaircir** *vt* ③ **1** Rendre clair, plus clair. *Cette couleur lui éclaircit le teint. L'orage passé, le ciel s'est rapidement éclairci.* ANT assombrir, foncer, obscurcir. **2** Rendre plus net, plus pur. *Le miel éclaircit la voix.* **3** Rendre moins épais, moins dense. *Éclaircir une sauce. Sa chevelure s'éclaircit.* **4** AGRIC, SYLVIC Enlever des plants d'un semis, d'une futaie, etc., pour favoriser la croissance des autres. **5** fig Rendre clair, intelligible ; élucider. *Éclaircir une affaire, une énigme. La situation s'est éclaircie.* SYN démêler, clarifier. ANT embrouiller, compliquer.

**éclaircissage** *nm* AGRIC, SYLVIC Action d'éclaircir des plantations.

**éclaircissant, ante** *a, nm* Se dit d'un produit cosmétique destiné à décolorer légèrement les cheveux ou à éclaircir la peau.

**éclaircissement** *nm* **1** Action d'éclaircir, de rendre moins sombre. **2** Explication d'une chose difficile à comprendre ou qui prête à équivoque. SYN explication, justification.

**éclairé, ée** *a* **1** Qui reçoit de la lumière. *Une pièce bien éclairée.* **2** fig Qui a des lumières, des connaissances, de l'expérience. *Un public éclairé.* **3** fig Sensé, pris en connaissance de cause. *Obtenir le consentement éclairé de qqn.*

**éclairement** *nm* **1** PHYS Quotient du flux lumineux par unité de surface. *L'éclairement est exprimé en lux.* **2** Manière dont une surface est éclairée. *L'éclairement d'un plan de travail.*

**éclairer** *v* ① **A** *vt* **1** Répandre de la clarté, de la lumière sur ; illuminer. *Le Soleil éclaire la Terre. Cette lampe éclaire mal.* **2** Fournir de la lumière à qqn. *Je passe devant vous pour vous éclairer. S'éclairer à la bougie.* **3** Rendre plus clair, plus lumineux. *Ces grandes baies éclairent la pièce.* **4** fig Donner une expresion lumineuse. *Un sourire éclaira son visage. Son visage s'éclaira de joie.* ANT assombrir. **5** JEU Jouer de manière à faire connaître les cartes que l'on a en main. *Éclairer le jeu.* **6** Expliquer à qqn, mettre qqn en état de comprendre. *Il éclaira ses amis sur la situation.* SYN informer, instruire. **7** Rendre qqch intelligible. *L'enquête a éclairé bien des points. Tout s'éclaire.* **8** MILIT Reconnaître au préalable l'itinéraire d'une troupe, d'une unité par l'envoi d'éclaireurs. **B** *vpr* Acquérir des connaissances. *Les esprits commencent à s'éclairer.* (ETY) Du lat. *clarus*, « clair ».

**éclaireur, euse** *n* **A** *nm* MILIT Soldat envoyé pour reconnaître un itinéraire, une position. **B** *n* Membre d'une organisation de scouts ou de guides.

**éclampsie** *nf* MED Syndrome convulsif grave, parfois observé en fin de grossesse, lors de l'accouchement ou immédiatement après, dû à une toxémie gravidique. (ETY) Du gr. *eklampein*, « éclater ». (DER) **éclamptique** *a, nf*

**éclat** *nm* **1** Fragment détaché d'un corps dur. *Le pare-brise a volé en éclats.* **2** Son, bruit soudain plus ou moins violent. *Des éclats de voix. Des éclats de rire.* **3** fig Bruit, réaction retentissante. *La nouvelle fit un grand éclat.* **4** Manifestation violente, scandale. *On craint qu'il ne fasse un éclat.* **5** Vive lumière émanant d'une source lumineuse, d'un corps brillant ; intensité de cette lumière. *L'éclat d'un diamant.* **6** Lumière vive et brève. *Compter les éclats d'un phare.* **7** Vivacité d'une couleur, qualité de ce qui frappe le regard par sa splendeur. *L'éclat d'une rose. L'éclat de la beauté.* **8** fig Ce qui frappe par des qualités brillantes. *Un style qui a de l'éclat.* LOC ***Une action, un coup d'éclat*** : remarquable, dont on parle.

**éclatant, ante** *a* **1** Qui brille avec éclat, qui frappe le regard. *Lumière éclatante. Une beauté éclatante.* ANT sombre, terne, obscur. **2** Sonore, retentissant. *Un son éclatant.* **3** fig Qui se manifeste avec évidence, intensité, éclat. *Victoire éclatante.*

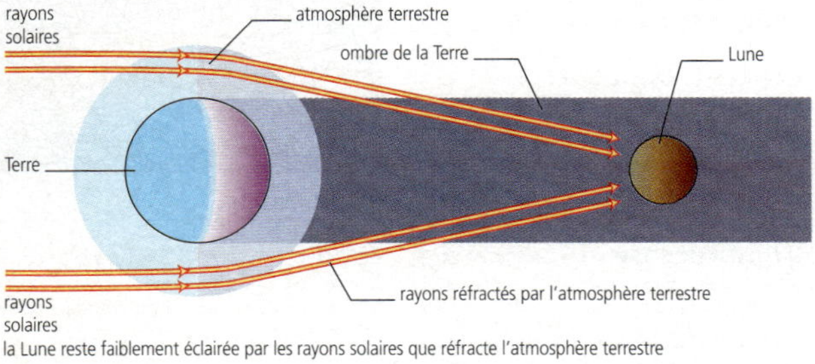

la Lune reste faiblement éclairée par les rayons solaires que réfracte l'atmosphère terrestre

**éclipse** de Lune

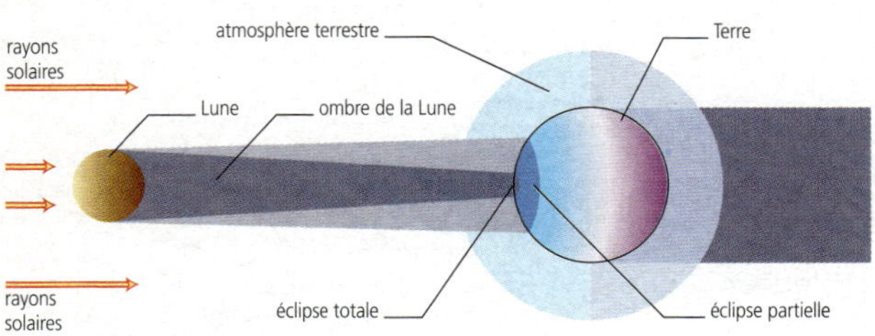

on remarque sur la surface de la Terre la petite zone où l'éclipse est totale, entourée d'une région plus vaste où l'éclipse est partielle

**éclipse** de Soleil

**éclaté** *nm* TECH Dessin qui présente, séparés les uns des autres, les éléments d'un mécanisme ou d'une construction complexes pour mettre en évidence leur agencement.

**éclatement** *nm* **1** Action d'éclater. *Éclatement d'un obus.* **2** fig Répartition, division en plusieurs éléments. *Éclatement d'un groupe politique.*

**éclater** *v* ① **A** *vi* **1** Se rompre, se briser avec violence et par éclats. *La bombe a éclaté sur la ville.* SYN exploser. **2** Donner l'impression d'un éclatement. *Taisez-vous, ma tête va éclater !* **3** Se séparer en plusieurs éléments. *L'autoroute de Normandie éclate en deux tronçons à Rocquencourt.* **4** Faire entendre un bruit soudain et violent. *Le tonnerre éclata.* **5** Manifester un sentiment brusquement et bruyamment. *Éclater de rire. Éclater en injures.* **6** Se mettre en colère. *Il s'était longtemps contenu et, brusquement, il éclata.* **7** fig Se manifester d'une manière soudaine et violente. *Une révolte éclata.* **8** fig Se manifester avec évidence, intensité, éclat. *Faire éclater la vérité.* **B** *vt* AGRIC Répartir une touffe végétale en plusieurs éléments. *Éclater un dahlia.* **C** *vpr* fam Prendre un plaisir intense dans la pratique d'une activité. ETY Du frq.

**éclateur** *nm* ELECTR Ensemble constitué par deux électrodes et un diélectrique, et qui assure la protection contre les surtensions.

**éclectique** *a, n* **1** PHILO Qui appartient à l'éclectisme. **2** Qui est partisan de l'éclectisme. *Un philosophe éclectique.* **3** Qui choisit dans divers genres ce qui lui plaît sans s'asservir à un seul. *Être éclectique dans ses lectures.* ANT exclusif, sectaire. ETY Du gr. *eklegein,* « choisir ».

**éclectisme** *nm* **1** PHILO Système composé d'idées ou d'éléments doctrinaux empruntés à des philosophes d'écoles différentes. **2** Largeur d'esprit permettant d'accueillir toute idée avec compréhension.

**éclimètre** *nm* TECH Instrument d'arpenteur servant à déterminer l'angle de la direction visée avec l'horizontale ou la verticale.

**éclipse** *nf* **1** Disparition momentanée d'un astre lorsqu'un autre astre s'interpose sur le trajet des rayons lumineux qui l'éclairent. *Éclipse partielle, éclipse totale.* **2** fig Disparition ou défaillance momentanée. *Éclipse de mémoire.* LOC ***Éclipse de Lune :*** se dit lorsque la Terre porte ombre sur la Lune. — ***Éclipse de Soleil :*** se dit lorsque la Lune, passant entre la Terre et le Soleil, intercepte les rayons lumineux de celui-ci (il s'agit en fait d'une *occultation* du Soleil par la Lune, et le terme d'éclipse, utilisé couramment, est impropre). ETY Du gr.

**éclipser** *v* ① **A** *vt* **1** ASTRO Intercepter la lumière émise par un astre, en parlant d'un autre astre. **2** fig Empêcher qqch ou qqn de paraître, en attirant sur soi toute l'attention. SYN surpasser, surclasser, effacer. **B** *vpr* fam Disparaître, partir discrètement. *S'éclipser d'une réunion.* SYN s'esquiver.

**écliptique** *a, nm* ASTRO **A** *a* Relatif aux éclipses ou à l'écliptique. **B** *nm* Plan de l'orbite de la Terre autour du Soleil.

ENC *L'écliptique* est incliné en moyenne de 23° 27' sur le plan de l'équateur. L'intersection de ces deux plans détermine la ligne des équinoxes. ▶ carte **ciel**

**éclisse** *nf* **1** TECH Éclat de bois. **2** TECH Bois de refend servant à confectionner les seaux, les tambours, etc. **3** CH DE F Pièce servant à relier deux rails. **4** CHIR Syn. de *attelle.*

**éclisser** *vt* ① **1** CH DE F Relier des rails par des éclisses. **2** CHIR Maintenir un membre fracturé au moyen d'éclisses. ETY Du frq., « fendre en éclats ». DER **éclissage** *nm*

**éclogite** *nf* GEOL Roche métamorphique formée à très haute pression. ETY Du gr.

**éclopé, ée** *a, n* Qui marche avec peine, à cause d'une blessure à la jambe. ETY De l'a. fr. *cloper,* « boiter ».

**éclore** *vi* ⑲ **1** Naître d'un œuf. *Les poussins viennent d'éclore.* **2** S'ouvrir pour donner naissance à un animal en parlant d'un œuf. *Les œufs sont (ou ont) éclos ce matin.* **3** Commencer à s'ouvrir en parlant des fleurs. *Le soleil a fait éclore les résédas.* **4** fig, litt Naître, paraître, se manifester. *Les grands génies que ce siècle vit éclore.* ETY Du lat. *excludere,* « faire sortir ». DER **éclosion** *nf*

**écloserie** *nf* Établissement aquacole spécialisé dans la reproduction.

**éclosoir** *nm* Endroit où s'effectue l'éclosion des poussins.

**écluse** *nf* Ouvrage étanche, délimité par deux portes, une dalle de fond et des parois latérales, permettant à un bateau le passage d'un bief à un autre. ETY Du bas lat. *exclusa,* « séparée du courant ».

**Écluse (L')** (en néerl. *Sluis*), v. des Pays-Bas. – Victoire angl. sur la flotte franç. (1340).

**éclusée** *nf* Volume d'eau nécessaire pour faire passer l'eau d'une écluse du niveau amont au niveau aval.

**écluser** *vt* ① **1** TECH Faire passer un bateau d'un bief à l'autre par une écluse. **2** pop Boire de l'alcool. DER **éclusage** *nm*

**éclusier, ère** *n* Personne préposée à la garde et à la manœuvre d'une écluse.

**1 éco-** Élément, du gr. *oikos,* « maison ». *Écologie, économie.*

**2 éco-** Élément, du fr. *écologie. Écobilan, écocide.*

**Eco Umberto** (Alexandrie, Piémont, 1932 – Milan, 2016), sémiologue : *l'Œuvre ouverte* (1962) et romancier italien : *le Nom de la rose* (1982).

**écobilan** *nm* Inventaire des conséquences que la fabrication d'un produit industriel a sur l'environnement.

**écobuer** *vt* ① AGRIC Arracher par plaques la végétation sauvage d'une terre, la sécher, la brûler et utiliser les cendres comme engrais. ETY Du gaul. DER **écobuage** *nm*

**écocide** *nm* Désastre écologique.

**écocitoyen, enne** *a, n* Qui respecte l'environnement dans le cadre de la cité. *Habitudes écocitoyennes. Se comporter en écocitoyens.*

**écocompatible** *a* Qui ne nuit pas à l'environnement. *Des produits industriels écocompatibles.*

**écoconception** *nf* ECON Prise en compte de leur impact sur l'environnement dans la conception des produits industriels. DER **écoconcevoir** *vt* ⑤

**écoconditionnalité** *nf* POLIT Fait de soumettre qqch à certaines conditions liées à la défense de l'environnement.

**écoconduite** *nf* AUTO Ensemble de règles et de comportements visant à diminuer la consommation des véhicules.

**écodesign** *nm* Prise en compte de l'impact sur l'environnement dans le design des produits industriels.

**écodéveloppement** *nm* ECON Développement durable, lié à une gestion raisonnée des ressources.

**écoemballage** *nm* Emballage recyclable ou biodégradable.

**écœurant, ante** *a* **1** Qui écœure. *Un gâteau écœurant.* **2** fig Moralement repoussant, révoltant. *Une servilité écœurante.* **3** fam Qui décourage, injuste. *Une chance écœurante au jeu.*

**écœurer** *vt* ① **1** Soulever le cœur de dégoût. *Ces sucreries m'écœurent.* **2** fig, fam Provoquer la répugnance de qqn. *Sa conduite m'écœure.* **3** fig Abattre le moral de qqn. *Ces propos l'ont écœuré.* SYN décourager. DER **écœurement** *nm*

**écogarde** *n* Personne chargée de surveiller un espace naturel dépendant d'une collectivité locale.

**écogestion** *nf* Matière rassemblant l'économie et la gestion, enseignée dans le secondaire.

**écoinçon** *nm* **1** Portion de mur triangulaire délimitée par deux côtés curvilignes et un bandeau droit. **2** Pierre formant l'encoignure de deux murs.

**éco-industrie** *nf* Industrie visant à réduire la pollution, à protéger l'environnement. PLUR éco-industries. DER **éco-industriel, elle** *a*

**écolabel** *nm* Label délivré à un produit industriel qui présente un bon écobilan.

**écolâtre** *nm* Au Moyen Âge, ecclésiastique qui dirigeait l'école attachée à l'église cathédrale.

**école** *nf* **1** Établissement où l'on dispense un enseignement collectif de connaissances générales, ou de connaissances particulières nécessaires à l'exercice d'un métier, d'une profession, ou à la pratique d'un art. *École privée, école publique. École de dessin, de musique.* **2** Établissement d'enseignement primaire (par oppos. à *lycée, université, faculté*). *Maître, maîtresse d'école.* **3** Ensemble des élèves et des professeurs qui fréquentent un tel établissement. *Les écoles de la ville participent à la fête.* **4** Ce qui est propre à instruire, à former. *S'instruire à l'école de la vie.* **5** Ensemble des adeptes d'un même maître, d'une même doctrine ; cette doctrine elle-même. *L'école de Platon.* **6** Bx-A Groupe d'artistes présentant des points communs tels que l'origine, le style, la formation, etc. *L'école flamande.* LOC ***Être à bonne école :*** être avec des gens capables de bien conseiller, de bien former. — ***Faire école :*** servir de modèle à des imitateurs ; gagner à ses principes, à son opinion. — ***Grandes écoles :*** écoles d'enseignement supérieur, dont l'accession est généralement soumise à une sélection sévère et qui dispensent un enseignement de haut niveau. ETY Du gr.

**École d'Athènes (l')** fresque de Raphaël (1509-1510), chambre de la Signature, Vatican, représentant Platon, Héraclite, etc., sous les traits de Vinci, Michel-Ange, etc.

**École militaire** édifice construit par Jacques IV Ange Gabriel (1751-1753) sur la bordure E. du Champ-de-Mars (Paris 7e).

**École nationale d'administration** → **ENA.**

**École nationale supérieure des arts décoratifs (ENSAD)** établissement d'enseignement supérieur (Paris).

**École nationale supérieure d'arts et des métiers (ENSAM)** établissement d'enseignement technique supérieur réparti dans huit villes de France.

**écolier, ère** *n* **1** Enfant qui fréquente une école primaire. **2** Personne novice, inexpérimentée, malhabile. LOC ***Le chemin des écoliers :*** le chemin le plus long, où l'on flâne. — ***Papier écolier :*** papier blanc quadrillé.

**écolo** *n, a* fam Écologiste ou écologique.

**écologie** *nf* **1** Science qui étudie les conditions d'existence d'un être vivant et ses rapports avec son environnement. **2** Protection de la nature, de l'environnement. DER **écologique** *a* – **écologiquement** *av*

ENC L'écologie se subdivise en *autoécologie* (étude des rapports d'une seule espèce avec le milieu où elle vit), *synécologie* (étude des rapports des espèces appartenant à un même groupement avec le milieu où elles vivent) et *dynamique des populations* (modifications et causes de l'abondance des espèces dans un même milieu). Les problèmes relatifs au maintien des équilibres biologiques, à la préservation de la biodiversité, à la protection des faunes et des flores, relèvent de l'écologie appliquée. L'écologie animale étudie l'action des facteurs physiques, comme la lumière et la température, sur les animaux, mais aussi et surtout les innombrables interactions qui unissent ceux-ci entre eux et aux végétaux. La notion de chaîne alimentaire a conduit à l'étude des milieux où les animaux survivent grâce à des adaptations perfectionnées (déserts, grottes, abysses).

**écologisme** *nm* Mouvement, action des défenseurs de la nature.

**écologiste** *n* **1** Écologue. **2** Personne attachée à la protection de la nature et des équilibres biologiques.

**écologue** *n* didac Spécialiste des problèmes liés à l'écologie. SYN écologiste.

**e-commerce** *nm* Commerce pratiqué grâce au réseau Internet. PHO [ikɔmɛrs]

**écomusée** *nm* Musée où l'homme est interprété dans son milieu naturel et la nature dans ses aspects sauvages et transformés.

**éconduire** *vt* ⑥ Mettre dehors, repousser avec plus ou moins de ménagement. *Éconduire un importun.* ETY De l'a. fr. *escondire*, « refuser ».

**économat** *nm* Bureau, charge d'économe.

**économe** *n, a* **A** *n* Personne chargée de la gestion d'un établissement, d'une communauté. **B** *a* **1** Qui dépense avec mesure. **2** fig Qui ne gaspille pas. *Être économe de paroles.* SYN parcimonieux. **C** *nm* (n. dép.) Épluche-légumes.

**économétrie** *nf* Application des méthodes des mathématiques aux sciences économiques. DER **économètre** *n* – **économétrique** *a*

**économie** *nf* **A 1** Soin à ne dépenser que ce qui convient ; épargne dans la dépense. *Vivre avec la plus stricte économie.* ANT gaspillage, prodigalité. **2** Ce qui est épargné. *Économie de temps, d'énergie.* **3** Administration, gestion d'une maison, d'un ménage, d'un bien. *Économie privée, publique, mixte.* **4** Ensemble des faits relatifs à la production, à la circulation, à la répartition et à la consommation des richesses dans une société. *Économie de marché.* **5** fig Distribution des parties d'un tout, coordination d'ensemble. *L'économie d'une pièce de théâtre.* **B** *nfpl* Argent épargné. *Placer ses économies sur un livret d'épargne.* LOC fam ***Économie(s) de bouts de chandelles*** : mesquines et inefficaces. — ***Économie dirigée*** : système dans lequel l'État oriente, régularise et contrôle l'activité économique du pays, par oppos. à *économie libérale*. SYN dirigisme. — ***Économie fermée*** : système économique dans lequel les échanges internationaux sont très réduits, par oppos. à *économie ouverte*. — ***Économie politique*** : science économique. — ***Économie rurale*** : science des procédés tendant à obtenir le meilleur rendement d'un sol. — GEST ***Économies d'échelle*** : réduction des coûts unitaires des produits fabriqués par une entreprise lorsqu'elle accroît sa capacité de production. — ***Économie sociale*** ou ***économie solidaire*** : secteur économique constitué par les coopératives, les mutuelles, les associations. — ***La nouvelle économie*** : secteur de l'économie fondé sur l'utilisation d'Internet, appelé aussi *netéconomie, commerce électronique, e-commerce, e-business*.

ENC C'est à partir de la Renaissance que l'*économie politique* (l'expression apparaît en 1615) se détacha de la philosophie et étudia exclusivement la création et la circulation des biens matériels à l'échelle nationale (d'où le mot « politique »). Le prem. grand traité fut publié par Adam Smith en 1776. Vinrent ensuite Ricardo et Marx. Jusqu'à la parution en 1936 de la *Théorie générale de l'emploi, de l'intérêt et de la monnaie* de Keynes, les économistes pensaient que, dans une économie de marché, le volume de la production s'établissait automatiquement sur une longue période, assurant ainsi le plein-emploi. Keynes découvrit que les équilibres de sous-emploi pouvaient également être durables. Les économistes entreprirent alors de déterminer les conditions de l'équilibre général, à l'échelle macroéconomique. Ainsi la science économique cherche-t-elle à définir les équilibres fondamentaux. Elle dispose d'un appareil statistique de plus en plus perfectionné et des techniques de la comptabilité nationale.

**économique** *a* **1** Relatif à l'économie, à l'économie politique. *Doctrines économiques. Crise économique.* **2** Qui réduit la dépense, qui coûte peu. *Les grosses quantités sont plus économiques.*

**économiquement** *av* **1** À peu de frais. ANT coûteusement. **2** Du point de vue des sciences économiques. *Une politique économiquement défendable.* LOC ***Économiquement faible*** : personne dont les ressources sont très insuffisantes.

**économiser** *vt* ① **1** Épargner. *Économiser le pain, l'énergie.* **2** fig Gérer de façon optimale. *Économiser son temps, ses forces.* SYN ménager. ANT gaspiller. **3** Faire des économies, mettre de côté une somme d'argent. *Économiser une partie de son salaire.* SYN épargner. ANT dépenser.

**économiseur** *nm* TECH Dispositif permettant une économie d'essence, de combustible, d'électricité, etc. LOC INFORM ***Économiseur d'écran*** : logiciel mettant l'écran de l'ordinateur en veille après un certain temps d'inutilisation.

**économisme** *nm* Doctrine qui attribue aux faits économiques un rôle prépondérant dans la politique, la civilisation, etc.

**économiste** *a, n* **A** Qui relève de l'économisme. **B** *n* Spécialiste de sciences économiques.

**écoorganisme** *nm* Organisme labellisé par les pouvoirs publics et chargé d'assurer la collecte des déchets recyclables.

**écoparticipation** *nf* Taxe prélevée sur l'achat d'un appareil, destinée à la collecte et au recyclage de celui-ci. *L'écoparticipation figure sur les étiquettes.*

**écopastille** *nf* Bonus ou malus appliqué sur le prix d'achat d'une voiture neuve selon le montant de ses émissions de dioxyde de carbone.

**écope** *nf* MAR Pelle creuse servant à épuiser l'eau embarquée. ETY Du frq.

**écoper** *vt* ① **A** *vt* **1** MAR Vider l'eau d'une embarcation à l'aide d'une écope. **2** fam Subir, recevoir une punition, un dommage. *Il a écopé (de) trois jours d'arrêts.* **B** *vi* fam Subir des reproches, des coups ; avoir des ennuis. SYN trinquer.

**écophase** *nf* Phase de développement d'un animal dans une certaine niche écologique.

**écophysiologie** *nf* Étude des processus physiologiques en fonction de l'environnement.

**écoproduit** *nm* Produit fabriqué sans polluer l'environnement.

**écoquartier** *nm* Quartier construit et géré de manière à protéger l'environnement, à ne pas produire de gaz à effet de serre.

**écorce** *nf* **1** Épaisse enveloppe des troncs et des branches des arbres. **2** Peau épaisse de divers fruits. *Écorce d'orange.* **3** fig Aspect extérieur, apparence. LOC GEOL ***Écorce terrestre*** : croûte terrestre. ETY Du lat. *scortea*, « manteau de peau ».

**écorcer** *vt* ⑫ **1** Retirer l'écorce de. *Écorcer un arbre. Ce chêne s'écorce.* **2** Peler, décortiquer. *Écorcer une orange. Écorcer du riz.* DER **écorçage** *nm*

**écorché, ée** *a, nm* **A** *a* **1** Dont on a enlevé la peau. **2** fig Qui est mal prononcé. *Un nom écorché.* **B** *nm* **1** BX-A Figure, gravure, statue, etc., représentant un homme ou un animal dépouillé de sa peau. **2** Dessin qui montre l'intérieur d'un mécanisme. *Un écorché de voiture.* **C** *n* fig Personne dont la sensibilité est à fleur de peau, très vive.

**écorchement** *nm* Action de dépouiller de sa peau.

**écorcher** *vt* ① **1** Dépouiller de sa peau. *Écorcher un lapin.* **2** Blesser superficiellement. *Un genou écorché. S'écorcher (à) la main.* SYN griffer, égratigner. **3** Déchirer, enlever superficiellement un morceau de. *Un obus a écorché la façade.* SYN érafler. **4** fig Prononcer d'une manière incorrecte. *Écorcher le nom de qqn.* SYN estropier. **5** fig, vieilli Exiger un prix trop élevé de. *Écorcher le client.* SYN voler. LOC ***Écorcher les oreilles*** : offenser l'ouïe, en parlant d'un son. ETY Du lat. *cortex*, « enveloppe ».

**écorcheur** *nm* **1** Personne dont le métier est d'écorcher les bêtes mortes. **2** fig, vieilli Personne qui fait payer trop cher ses marchandises, ses services. LOC HIST ***Les Écorcheurs*** : mercenaires qui, après la paix d'Arras (1435), ravagèrent plusieurs prov. françaises.

**écorchure** *nf* **1** Plaie superficielle de la peau. SYN égratignure. **2** Légère éraflure à la surface d'une chose. *Faire une écorchure à un mur.*

**écoresponsable** *a* Qui tient compte de la préservation de l'environnement. *Un matériau écoresponsable.*

**écorner** *vt* ① **1** Rompre une corne ou les cornes à un animal. **2** Casser, déchirer un angle, un coin d'un objet. *Écorner un livre.* **3** fig Diminuer, réduire par une atteinte, un dommage. *Écorner son patrimoine.* SYN entamer.

**écornifler** *vt* ① fam, vieilli Se procurer qqch aux dépens d'autrui. *Écornifler un repas.* ETY Croisement de *écorner* et de l'a. fr. *nifler*, « flairer, renifler ». DER **écornifleur, euse** *n*

**écornure** *nf* Éclat, morceau provenant d'un objet écorné ; brèche qui en résulte.

**écosphère** *nf* BIOL Syn. de *biosphère*.

**écossais, aise** *a, n* **A** *a* Se dit d'une étoffe à carreaux de couleurs. *Une écharpe écossaise.* **B** *nm* LING Forme du gaélique parlé en Écosse. SYN erse. **C** *nf* Danse populaire d'Écosse.

**Écosse** (en angl. *Scotland*), anc. royaume et partie septentrionale de la G.-B., que les monts Cheviot séparent de l'Angleterre ; auj., région du R.-U. et de l'UE ; 78 783 km$^2$ ; 5,9 millions d'hab. ; cap. *Édimbourg*. DER **écossais, aise** *a, n*
**Géographie** Massif ancien soulevé au tertiaire et remanié par les glaciers, l'Écosse comprend les *Southern Uplands* au S. et les *Highlands* au N., séparés par des bassins d'effondrement (*Lowlands*) où se concentrent les activités écon. : élevage ovin et bovin, céréales ; le pétrole de la mer du Nord compense un peu le déclin des industries traditionnelles.
**Histoire** Population préceltique, les Pictes résistèrent aux Romains et reçurent l'apport des Scots, des Angles et des Brittones (IV$^e$-VI$^e$ s.), avant d'être christianisés. En 1296, l'Angleterre annexa l'Écosse, qui recouvra son indép. en 1314. Les prétentions angl. renaquirent au XVI$^e$ s. En 1603, Jacques VI Stuart, roi d'Écosse, devint roi d'Angleterre sous le nom de Jacques I$^{er}$ (*union personnelle*), mais la fusion des deux royaumes ne fut opérée qu'en 1707, par l'Acte d'union. En 1997, les Écossais se sont massivement prononcés pour la création d'un Parlement local qui est entré en fonction en 1999. En 2014, ils refusent par référendum leur indépendance.

**écosser** *vt* ① Enlever la cosse de.

**écosystème** *nm* BIOL Ensemble écologique constitué par un milieu ou biotope (sol, eau, etc.) et une communauté d'êtres vivants ou biocénose, liés par des relations énergétiques, trophiques, etc. DER **écosystémique** *a*

**1 écot** *nm* litt Quote-part due par un convive pour un repas. LOC ***Payer son écot*** : contribuer à une dépense collective. ETY Du frq.

**2 écot** *nm* SYLVIC Tronc d'arbre portant encore des bouts de branches coupées. ETY Du frq.

**écotaxe** *nf* Impôt sur les activités industrielles polluantes.

**écotourisme** *nm* Voyage touristique dans des régions écologiquement préservées.

**écotoxicologie** *nf* Étude des substances écotoxiques. DER **écotoxicologique** *a* – **écotoxicologue** *n*

**écotoxique** *a* Qui est toxique pour l'environnement. DER **écotoxicité** *nf*

**écotype** *nm* BIOL Être vivant présentant des variations morphologiques ou physiologiques dues au biotope auquel il s'est adapté.

**Écouen** ch.-l. de cant. du Val-d'Oise (arr. de Montmorency) ; 7 398 hab. – Chât. XVI$^e$ s. devenu le musée nat. de la Renaissance. DER **écouennais, aise** *a, n*

**écoulement** *nm* **1** Action de s'écouler ; mouvement d'un fluide qui s'écoule. *Écoulement des eaux. Écoulement des véhicules.* **2** Possibilité de vente ; vente, débit. *Écoulement de marchandises.*

**écouler** *v* ① **A** *vt* Vendre, mettre en circulation une marchandise jusqu'à épuisement. *Écou-*

*ler tout son stock.* **B** *vpr* **1** Couler hors de quelque endroit. *L'eau s'écoule par cette fente.* **2** fig Passer, disparaître progressivement. *Le temps s'écoulait lentement.*

**écoumène** *nm* GEOGR Ensemble des terres habitées ou exploitées. [ETY] Du gr. [VAR] **œcoumène** ou **œkoumène**

**écourter** *vt* [1] Rendre plus court en longueur, en durée. *Écourter une jupe. Écourter ses vacances.* SYN abréger.

**écoutant, ante** *n* Personne qui répond aux appels téléphoniques dans un service d'aide psychologique à distance.

**1 écoute** *nf* **1** Action d'écouter une émission radiophonique ou de télévision. *Heure de grande écoute.* **2** Capacité à écouter autrui, à comprendre ses difficultés. **3** Action d'écouter à l'insu des interlocuteurs. *Écoutes téléphoniques.* LOC ***Être aux écoutes*** : être vigilant ; être aux aguets.

**2 écoute** *nf* MAR Cordage assujetti au coin inférieur d'une voile et servant à la border. *Écoute de grand-voile.* LOC ***Point d'écoute*** : coin inférieur d'une voile, où est assujettie l'écoute. [ETY] Du frq.

**écouter** *v* [1] **A** *vt* **1** Prêter l'oreille pour entendre. *Écouter aux portes.* **2** Prêter attention à l'avis de qqn, suivre un avis. *Écouter un conseil.* **3** fig Suivre une impulsion, une inspiration. *N'écouter que son courage, que son cœur.* **B** *vpr* Être trop attentif à soi-même, à sa santé. *Il s'écoute trop.* LOC ***Écoute ! écoutez !*** : interj. employée pour réclamer l'attention. — fam ***N'écouter que d'une oreille*** : distraitement. — ***S'écouter parler*** : être satisfait de ce qu'on dit. [ETY] Du lat.

**écouteur** *nm* TECH Appareil transformant des signaux électriques en sons perceptibles par l'oreille.

**écoutille** *nf* MAR Ouverture pratiquée sur le pont d'un navire pour donner accès aux entreponts et aux cales. [ETY] Du frq.

**Écouves (forêt d')** forêt de l'Orne, au N. d'Alençon ; 15 000 ha ; on y trouve les points culminants du Massif armoricain (417 m).

**écouvillon** *nm* **1** TECH Brosse fixée à une longue tige pour nettoyer l'intérieur des récipients étroits, des objets tubulaires, etc. **2** MED Instrument servant à faire des prélèvements biologiques dans les organes creux (nez, gorge, etc.). [ETY] Du lat. *scopa*, « balai ». [DER] **écouvillonnage** *nm* – **écouvillonner** *vt* [1]

**écrabouiller** *vt* [1] fam Écraser complètement, réduire en bouillie. [DER] **écrabouillage** ou **écrabouillement** *nm*

**écran** *nm* **1** Objet interposé pour dissimuler ou protéger. *Écran de cheminée.* **2** PHYS NUCL Blindage de protection. **3** fig Barrière illusoire. *Ces prétextes ne sont qu'écran de fumée.* **4** Surface sur laquelle apparaissent des images, des données. *L'écran d'une salle de cinéma, d'un téléviseur, d'un ordinateur.* **5** L'art cinématographique. *Les vedettes de l'écran.* LOC MILIT ***Écran de fumée*** : nuage émis par des appareils fumigènes. — ***Écran solaire*** : crème protectrice contre les rayons du soleil. — ***Écran thermique*** : revêtement des structures d'engins spatiaux, qui atténuent les effets thermiques dus à la rentrée dans l'atmosphère. — ***Le petit écran*** : la télévision. — ***Société écran*** : derrière laquelle se dissimule le véritable bénéficiaire. [ETY] Du néerl. *scherm*, « paravent ».

**écrasant, ante** *a* **1** Très lourd, difficile à supporter. *Un fardeau écrasant. Chaleur écrasante.* SYN accablant. **2** fig Qui domine, qui est très supérieur. *Obtenir une majorité écrasante.*

**écraser** *v* [1] **A** *vt* **1** Aplatir, déformer par une forte compression, un coup violent ; broyer en pressant. *Écraser une cigarette. Écraser du grain.* **2** Tuer en aplatissant, en passant sur qqn en voiture. *Écraser un insecte. Écraser un piéton.* **3** Vaincre, anéantir. **4** fig Faire supporter une charge excessive à. *Écraser le peuple d'impôts.* SYN accabler. **5** Dominer, humilier. *La citadelle écrase la ville. Écraser qqn de son mépris.* **6** INFORM Supprimer des données par superposition d'autres données. **B** *vi, vpr* pop Se soumettre, ne pas insister. **C** *vpr* **1** Être détruit par un choc violent. *L'avion s'est écrasé.* **2** fam Être très nombreux dans un lieu. LOC fam ***En écraser*** : dormir profondément. [ETY] Du moyen angl. [DER] **écrasement** *nm*

**écraseur, euse** *n* fam Mauvais conducteur, chauffard.

**écrémer** *vt* [14] **1** Enlever la crème du lait. **2** fig Prendre ce qu'il y a de meilleur dans. *Écrémer une collection.* **3** TECH Enlever les scories qui surnagent sur un liquide en fusion. *Écrémer le verre.* [DER] **écrémage** *nm*

**écrémeuse** *nf* Machine servant à écrémer le lait par centrifugation.

**écrêter** *vt* [1] **1** MILIT Abattre le sommet d'un ouvrage à l'aide d'un tir d'artillerie. **2** TECH Diminuer la hauteur de. *Écrêter les pics d'une courbe.* **3** fig Supprimer ce qui dépasse la moyenne, égaliser. [DER] **écrêtement** *nm*

**écrevisse** *nf* Crustacé décapode macroure d'eau douce, à fortes pinces, d'Amérique du Nord et d'Eurasie. LOC ***Être rouge comme une écrevisse*** : très rouge (comme l'écrevisse cuite). [ETY] Du frq.

**écrevisse**

**écrier (s')** *vpr* [2] Dire en criant, en s'exclamant. *Je m'écriai que c'était une injustice.*

**écrin** *nm* Petit coffret où l'on dispose des bijoux, des objets précieux. [ETY] Du lat.

**Écrins (barre des)** sommet des Alpes du Dauphiné dans le massif du Pelvoux ; 4 100 m.

**écrire** *v* [67] **A** *vt* **1** Tracer, former des lettres, des caractères. **2** Orthographier. *Comment écrivez-vous ce mot ?* **3** Noter, consigner par écrit. *Je vais l'écrire pour ne pas l'oublier.* SYN inscrire, marquer. **4** Rédiger une correspondance. *Écrire une lettre.* **5** Composer une œuvre (littéraire, musicale), un article, etc. ; exprimer sa pensée par l'écriture. *Écrire des poèmes, un roman, une symphonie. L'art d'écrire.* **B** *vi* Faire le métier d'écrivain. *Il écrit depuis l'âge de vingt ans.* LOC ***Écrire au courant de la plume*** : en composant aussi vite, à mesure qu'on écrit. [ETY] Du lat.

**écrit, ite** *a, nm* **A** *a* **1** Tracé. *Je ne peux pas lire, c'est trop mal écrit.* **2** Couvert de signes d'écriture. *Papier écrit des deux côtés.* **3** Consigné, noté, exposé par écrit. *Langue écrite et langue parlée.* **4** fig Évident, manifeste. *C'est écrit sur son visage.* **5** fig Décidé par le sort, la Providence. *Il est écrit que je ne serai jamais tranquille.* **B** *nm* **1** Papier, parchemin sur lequel est écrit qqch ; ce qui est écrit. *Les paroles s'envolent, les écrits restent.* **2** Ouvrage de l'esprit. *Les écrits de V. Hugo.* **3** Épreuves écrites d'un examen (par oppos. à *oral*). *Être reçu à l'écrit.* LOC ***Par écrit*** : sur le papier.

**écriteau** *nm* Tableau portant une inscription destinée au public ; pancarte.

**écritoire** *nf* Coffret renfermant tout ce qui est nécessaire pour écrire.

**écriture** *nf* **A** **1** Représentation des mots, des idées, du langage au moyen de signes. *Écriture alphabétique, idéographique, phonétique.* **2** Caractères écrits, forme des lettres tracées. *Écritures ronde, bâtarde, anglaise, gothique.* **3** Manière particulière à chacun de former les lettres. *Reconnaître l'écriture de qqn.* **4** fig Manière de s'exprimer par écrit. *Une écriture simple.* **5** ADMIN Ce que l'on consigne pour garder trace d'une opération. **B** *nfpl* **1** Comptabilité d'un commerçant, d'un industriel, d'une administration. *Tenir les écritures.* **2** DR Écrits que l'on fait à l'occasion d'un procès.

**Écriture sainte (l')** l'ensemble des textes et livres inspirés par Dieu, c'est-à-dire la Bible, comprenant l'Ancien et le Nouveau Testament. [VAR] **les saintes Écritures** ou **l'Écriture** ou **les Écritures**

**écrivailler** *vi* [1] fam, péjor Écrire en mauvais style des choses sans valeur. [VAR] **écrivasser**

**écrivailleur, euse** *n* fam, péjor Écrivain sans talent, plumitif. SYN écrivassier, plumitif. [VAR] **écrivaillon** *nm*

**écrivain** *n* Personne qui compose des ouvrages littéraires. SYN auteur. LOC ***Écrivain public*** : qui, moyennant rémunération, se charge d'écrire pour les illettrés. [ETY] Du lat. *scriba*, « greffier ».

**écrivaine** *nf* fam Femme écrivain. (Ce mot est usuel au Québec).

**écrivassier, ère** *n* Personne qui a la manie d'écrire.

**1 écrou** *nm* DR Procès-verbal inscrit sur le registre d'une prison lors d'une incarcération. LOC ***Levée d'écrou*** : acte qui remet un prisonnier en liberté. [ETY] Du frq.

**2 écrou** *nm* TECH Pièce dont l'intérieur est fileté de façon à recevoir une vis, un boulon. [ETY] Du lat. *scrofa*, « vulve (de la truie) ».

**écrouelles** *nfpl* Nom anc. de l'adénopathie cervicale tuberculeuse chronique. *On attribuait aux rois de France le pouvoir de guérir les écrouelles.* [ETY] Du lat.

**écrouer** *vt* [1] DR Inscrire qqn sur le registre d'écrou ; emprisonner.

**écrouir** *vt* [3] METALL Déformer un métal au-delà de sa limite élastique. [ETY] Mot wallon. [DER] **écrouissage** *nm*

**écrouler (s')** *vpr* [1] **1** Tomber en s'affaissant, de toute sa masse et avec fracas. *La tour s'est écroulée.* **2** fig S'anéantir, tomber en décadence. *Cet empire s'écroulait.* **3** Avoir une défaillance brutale après un effort. *Il s'écroula trois mètres avant le but.* LOC fam ***Être écroulé de rire*** : avoir le fou rire sans pouvoir s'arrêter. [DER] **écroulement** *nm*

**écroûter** *vt* [1] **1** Ôter la croûte de. **2** AGRIC Briser, ameublir la croûte superficielle du sol. [VAR] **écrouter**

**écroûteuse** *nf* AGRIC Herse servant à écroûter. [VAR] **écrouteuse**

**écru, ue** *a* **1** TECH Qui n'a pas encore été lavé ni blanchi. *Toile écrue.* **2** De la couleur beige jaunâtre de la toile non blanchie. *Une robe écrue.* [ETY] De *cru*.

**ecstasy** *nf* Drogue de synthèse, dérivée de l'amphétamine, à effet euphorisant et stimulant. [ETY] Mot angl.

**ectasie** *nf* MED Dilatation d'un organe creux ou d'un vaisseau.

**ecthyma** *nm* MED Affection cutanée microbienne, se traduisant par des pustules dont le centre est recouvert d'une croûte. [ETY] Du gr.

**ecto-** Élément, du gr. *ektos*, « au-dehors ».

**ectoderme** *nm* EMBRYOL Feuillet embryonnaire externe appelé à former la peau et ses annexes, le système nerveux et les organes sensoriels.

VAR **ectoblaste** DER **ectodermique** ou **ectoblastique** *a*

**-ectomie** Élément, du gr. *ektomê,* « ablation ».

**ectoparasite** *nm* ZOOL Parasite externe tel que la puce. ANT endoparasite.

**ectopie** *nf* MED Emplacement anormal d'un organe. DER **ectopique** *a*

**ectoplasme** *nm* **1** Forme visible qui serait produite par émanation psychique de certains médiums. **2** BIOL Zone périphérique hyaline du cytoplasme de certains protozoaires. **3 fig, fam** Personnage sans personnalité, sans consistance.

**ectoprocte** *nm* ZOOL Invertébré marin de très petite taille, dont l'anus débouche à l'extérieur de la couronne de tentacules.

**ectropion** *nm* MED Retournement vers l'extérieur du bord libre des paupières qui découvre une partie du globe oculaire. ANT entropion. ETY Du gr. *tropê,* « tour ».

**1 écu** *nm* **1** Bouclier des hommes d'armes au Moyen Âge. **2** HERALD Figure, généralement en forme de bouclier, portant les armoiries. **3** Ancienne monnaie portant un écu aux armoiries du roi. ETY Du lat.

**2 écu** *nm* Unité de compte de l'Union européenne de 1979 à 1995, auj. remplacée par l'*euro.* ETY De l'anglais *European Currency Unit* et de *écu 1.*

**écubier** *nm* MAR Ouverture située de chaque côté de l'étrave, servant au passage des chaînes ou des câbles d'ancre.

**Écu de Sobieski (l')** constellation de l'hémisphère austral ; n. scientif. : *Scutum, Scuti.*

**écueil** *nm* **1** Rocher ou banc de sable à fleur d'eau. **2 fig** Obstacle, cause possible d'échec. PHO [ekœj] ETY Du lat.

**écuelle** *nf* Assiette épaisse et creuse, sans rebord ; son contenu. ETY Du lat.

**écuisser** *vt* ① SYLVIC Faire éclater le tronc d'un arbre à l'abattage.

**éculé, ée** *a* **1** Dont le talon est usé. *Des bottes éculées.* **2 fig** Qui est usé, qui a perdu son pouvoir à force d'avoir servi. *Une plaisanterie éculée.* ETY De *cul.*

**Écully** com. du Rhône (arr. et banlieue O. de Lyon) ; 18 011 hab. Industries. DER **écullois, oise** *a, n*

**écumant, ante** *a* **1** Couvert d'écume. *Une mer écumante. Cheval écumant.* **2 fig** Fou de colère.

**écume** *nf* **1** Mousse blanchâtre se formant à la surface d'un liquide agité, chauffé ou en fermentation. *L'écume des vagues, d'un pot-au-feu.* **2** METALL Masse de scories qui surnagent sur un métal en fusion. **3** Bave mousseuse de certains animaux. **4** Mousse blanchâtre s'amassant sur le corps d'un cheval ou d'un taureau en sueur. LOC ***Écume de mer :*** silicate naturel hydraté de magnésium, d'un blanc pur, utilisé pour la fabrication de pipes de luxe. SYN sépiolite. ETY Du frq.

**Écume des jours (l')** roman de B. Vian (1947) sur le thème du désenchantement.

**écumer** *v* ① **A** *vi* **1** Se couvrir d'écume. *La mer écume.* **2** Baver, pour un animal. **3 fig** Être exaspéré. *Écumer de rage.* **B** *vt* **1** Ôter l'écume de la surface d'un liquide. *Écumer un bouillon.* **2 fig** Prendre tout ce qui est intéressant dans un lieu. LOC ***Écumer les mers :*** y pratiquer la piraterie. DER **écumage** *nm*

**écumeur** *nm* LOC ***Écumeur des mers :*** pirate.

**écumeux, euse** *a* Qui écume. *Mer écumeuse.*

**écumoire** *nf* Ustensile de cuisine formé d'un disque mince percé de trous et muni d'un long manche, servant à écumer.

**écureuil** *nm* Petit rongeur arboricole (sciuridé) au pelage généralement brun-roux, à la queue en panache, se nourrissant de petits animaux, de fruits secs ou de graines. LOC ***Écureuil de Russie :*** petit-gris. — ***Écureuil volant :*** polatouche. — ELECTR ***Moteur à cage d'écureuil :*** dont le rotor est constitué de conducteurs disposés suivant les génératrices d'un cylindre. ETY Du lat.

**écureuil** commun d'Europe

**écurie** *nf* **1** Bâtiment destiné à loger les chevaux, les ânes ou les mulets. **2** Ensemble des chevaux de course d'un même propriétaire. **3** Ensemble des coureurs représentant une même marque, en cyclisme ou en sport automobile. **4** Ensemble d'écrivains attachés à une maison d'édition. ETY De *écuyer.*

**écusson** *nm* **1** HERALD Petit écu armorial, parfois employé comme meuble d'un écu plus grand. **2** MILIT Petite pièce de drap, cousue sur un uniforme, indiquant l'arme et l'unité de celui qui la porte. **3** Petite pièce de tissu ou de métal indiquant l'appartenance à un groupe. *Écusson d'un club sportif.* **4** Cartouche sculpté ou peint portant des inscriptions ou des armoiries, et pouvant servir d'enseigne. **5** TECH Plaque ornant l'entrée d'une serrure. **6** ARBOR Greffon constitué d'un fragment comportant un bourgeon, un peu d'écorce, de liber et de bois.

**écussonner** *vt* ① **1** Mettre un écusson sur qqch. **2** ARBOR Greffer en écusson. *Écussonner un rosier.* DER **écussonnage** *nm*

**écuyer, ère** *n* **A** *nm* **1** HIST Jeune noble qui, avant l'adoubement, s'attachait au service d'un chevalier et portait son écu. **2 anc** Titre des officiers chargés de l'intendance des écuries royales. **3 anc** Officier royal chargé du service de bouche. **B** *n* **1** Personne qui monte à cheval. **2** Professeur d'équitation. **3** Personne faisant des exercices équestres dans un cirque. LOC ***Bottes à l'écuyère :*** bottes montant plus haut que le genou par-devant et échancrées par-derrière. PHO [ekɥije, ɛʀ] ETY Du lat. *scutum,* « bouclier ».

**eczéma** *nm* MED Affection cutanée caractérisée par des lésions érythémateuses, prurigineuses et vésiculeuses, évoluant par poussées. PHO [egzema] ETY Du gr. *ekzein,* « bouillonner ». VAR **exéma** DER **eczémateux** ou **exémateux, euse** *a, n*

**edam** *nm* Fromage de Hollande à pâte cuite, en forme de grosse boule recouverte de paraffine rouge. PHO [edam] ETY Du n. propre.

**Edam** ville et port des Pays-Bas (Hollande-Septentrionale) ; 24 410 hab. Fromages.

**édaphique** *a* **didac** Relatif au sol. *Les principaux facteurs édaphiques sont l'humidité, la composition chimique et la structure du sol.* ETY Du gr.

**édaphologie** *nf* Science qui étudie les sols, surtout en rapport avec leur utilisation agricole. DER **édaphologique** *a*

**Edda (chants de l')** recueils de poèmes islandais découverts en 1642 dans la Bibliothèque royale de Copenhague. *L'Edda poétique* est un ensemble de grands poèmes (dans leur version des XII^e^ et XIII^e^ s., ayant trait à la myth. germano-scandinave (hist. de Siegfried par ex.). L'*Edda* de Snorri Sturluson (v. 1220-1230) est une compilation des poèmes dont *l'Edda poétique* nous fournit une version incomplète.

**Eddington** sir Arthur Stanley (Kendal, 1882 – Cambridge, 1944), astronome et physicien anglais, spécialiste de la formation des étoiles.

**Eddy** Mary Baker (Bow, New Hampshire, 1821 – Chester Hill, Massachusetts, 1910), mystique américaine, qui fonda la Christian Science.

**Ede** ville des Pays-Bas (Gueldre) ; 91 250 hab. Industries.

**Édéa** v. du Cameroun, ch.-l. de prov. ; 23 000 hab. Centrale hydroél. sur la Sanaga.

**edelweiss** *nm inv* Composée montagnarde formée de petits capitules jaunes groupés en bouquet, et de feuilles blanches disposées en couronne en dessous. PHO [edelves] ETY De l'all *edel,* « noble » et *weiss,* « blanc ». VAR **édelweiss**

**edelweiss**

**éden** *nm* **litt** Lieu paradisiaque. PHO [edɛn] ETY Mot hébreu. DER **édénique** *a*

**Éden** selon la Genèse, le nom du Paradis terrestre où Dieu installa Adam et Ève avant le péché originel.

**Eden** Anthony (lord Avon) (Windlestone Hall, Durham, 1897 – Alvediston, 1977), homme politique britannique, conservateur, ministre des Affaires étrangères (1935-1938, 1940-1945, 1951-1955). Premier ministre (1955), il démissionna après l'échec de l'intervention franco-britannique à Suez (1957).

**édenté, ée** *a, n* **A** *a* Qui a perdu ses dents. *Un vieillard édenté. Un peigne édenté.* **B** *nm* ZOOL **anc** Mammifère placentaire dépourvu de dents ou à petites dents de structure simple. *L'ancien ordre des édentés est auj. disloqué en xénarthres, pholidotes et tubulidentés.*

**édenter** *vt* ① Rompre, user les dents de qqch. *Édenter un peigne, une scie.*

**Édesse** (auj. *Urfa,* en Turquie), v. caravanière tôt christianisée (I^er^-III^e^ s.), conquise par les Arabes en 638. – *Comté d'Édesse :* principauté prise en 1098 par Baudouin I^er^ de Boulogne, frère de G. de Bouillon. Les musulmans le reprirent en 1144, ce qui déclencha la 2^e^ croisade.

**EDF-GDF** → **Électricité de France.**

**Edfou** v. d'Égypte (prov. d'Assouan), sur le Nil (r. g.) ; 28 000 hab. – Temple d'Horus élevé de 237 à 57 av. J.-C. VAR **Idfu**

**Edgar Atheling** (v. 1050 – v. 1130), héritier du trône d'Angleterre qu'occupa Guillaume le Conquérant (1066).

**Edgar le Pacifique** (943 – 975), roi des Anglo-Saxons (959-975).

**Edgeworth de Firmont** Henri Essex (Edgeworthstown, 1745 – Mitau, Courlande, 1807), prêtre irlandais. Il reçut l'ultime confession de Louis XVI et l'assista sur l'échafaud.

**Ediacara** localité du S.-E. de l'Australie où l'on a découvert les plus anc. fossiles animaux connus datés de 600 millions d'années : cnidaires, annélides, mais aussi des formes qu'on ne sait rattacher à aucun embranchement existant.

**édicter** *vt* ① Prescrire sous forme de loi, de règlement. DER **édiction** *nf*

**édicule** *nm* Petite construction utilitaire élevée sur la voie publique (kiosque, urinoir, etc.). ETY Du lat.

**édifiant, ante** *a* **1** Qui édifie ; qui porte à la vertu. *Une vie édifiante. Un spectacle édifiant.* **2** iron Instructif.

**édifice** *nm* **1** Grand bâtiment. *Restauration des édifices publics.* **2** DR Toute construction (bâtiment ou ouvrage d'art). **3** Ensemble compliqué. *L'édifice d'une coiffure.* LOC ***Apporter sa pierre à l'édifice*** : contribuer modestement à une grande œuvre. ETY Du lat.

**édifier** *vt* ② **1** Bâtir un édifice, un monument. **2** Constituer, créer. *Édifier une doctrine.* **3** Porter à la vertu par l'exemple. *Son comportement édifiait les foules.* **4** iron Renseigner sur les mauvaises intentions de qqn, ou sur des faits répréhensibles. *Son discours cynique m'a édifié.* DER **édification** *nf*

**édile** *nm* **1** ANTIQ ROM Magistrat préposé aux édifices, aux jeux, à l'approvisionnement des villes. **2** litt Magistrat municipal. *Les édiles de notre cité.* ETY Du lat. DER **édilité** *nf*

**Édimbourg** (en angl. *Edinburgh*), cap. de l'Écosse, près de l'estuaire du Forth ; 486 120 hab. Centre politique, universitaire et industriel. – Anc. forteresse du roi Edwin (VII^e^ s.). – Cath. goth. Saint-Gilles (XIV^e^-XV^e^ s.). Festival international de musique, danse et théâtre. – Siège du parlement d'Écosse. DER **édimbourgeois, oise** *a, n*

**Édimbourg** le palais Holyrood, seconde moitié du XVII^e^ s.

**Édimbourg (duc d')** → **Mountbatten Philip.**

**Edirne** (anc. *Andrinople*), v. de Turquie d'Europe, sur la Maritza ; ch.-l. de l'il du m. nom ; 140 000 hab. Industr. text. – Ruines romaines. Mosquée de Selim II (XVI^e^ s.).

**Edison Thomas Alva** (Milan, Ohio, 1847 – West Orange, New Jersey, 1931), inventeur américain. Autodidacte, il mit au point la lampe à incandescence, le phonographe (1877), etc. ▷ PHYS *Effet Edison* ou *effet thermoélectronique* : émission d'électrons par les métaux chauffés.

**Th. Edison**

**Édouard VII**

**édit** *nm* HIST Sous l'Ancien Régime, loi promulguée par un roi ou un gouverneur. PHO [edi] ETY Du lat. *edicere*, « ordonner ».

**éditer** *vt* ① **1** Publier un ouvrage d'un créateur (écrivain, musicien, artiste, etc.). **2** Faire paraître une œuvre dont on a établi et annoté le texte. **3** INFORM Mettre en forme des données résultant d'un traitement informatique. ETY Du lat. *edere*, « produire ».

**éditeur, trice** *n* **A 1** Personne qui prépare la publication de certains textes. **2** Personne ou société assurant la publication et la diffusion d'un ouvrage. **B** *nm* INFORM Programme de traitement de texte.

**édition** *nf* **1** Publication et diffusion d'une œuvre. *Maison d'édition. Édition d'un disque, d'un film.* **2** Ensemble des livres ou des journaux publiés en une seule fois. *Édition spéciale.* **3** Industrie et commerce du livre. *Travailler dans l'édition.* **4** Nombre de fois que qqch se produit. *La troisième édition d'un festival.* **5** INFORM Mise en forme des résultats avant impression.

**éditique** *nf* Création de logiciels dédiés à la présentation, l'impression et l'envoi de documents.

**édito** *nm* fam Éditorial.

**1 éditorial** *nm* Article de fond reflétant les grandes orientations d'un journal. PLUR éditoriaux. DER **éditorialiste** *n*

**2 éditorial, ale** *a* Qui concerne l'édition, le métier d'éditeur. *Réunion éditoriale.* PLUR éditoriaux. DER **éditorialement** *av*

**Edjelé** centre d'exploitation pétrolière du Sahara algérien, à la frontière libyenne, relié par oléoduc à La Skhirra (Tunisie).

**Edmond I^er^** (vers 922 – Pucklechurch, Gloucestershire, 946), roi des Anglo-Saxons (939-946). — **Edmond II** (vers 980 – 1017), roi des Anglo-Saxons (1016-1017).

**Edmonton** v. du Canada, cap. de l'Alberta, sur la Saskatchewan ; 812 200 hab.

**Edo** capitale du Japon sous le shogounat (XVII^e^-XIX^e^ s.), devenue Tōkyō en 1868.

**Édom** surnom d'Ésaü (Bible, Genèse, XXV), ancêtre des Édomites. V. Idumée.

**Édomites** descendants d'Ésaü établis au S. de la mer Morte vers la fin du XIV^e^ s. av. J.-C. Ils émigrèrent en Idumée vers 587 av. J.-C. VAR **Iduméens**

**Edos** population de langue kwa du S. du Nigéria ; 3 millions de personnes. Le royaume edo, fondé au XII^e^ s., atteignit son apogée au XV^e^ s. VAR **Binis** DER **edo** ou **bini** *a*

**Édouard (lac)** lac d'Afrique, à la frontière de l'Ouganda et de la Rép. dém. du Congo ; 2 150 km².

**Édouard l'Ancien** (mort à Farndon, Cheshire, 924), roi des Anglo-Saxons (899-924) ; fils et successeur d'Alfred le Grand. — **Édouard le Martyr (saint)** (?, vers 963 – Corfe Castle, Dorset, 978), roi des Anglo-Saxons (975-978). — **Édouard le Confesseur (saint)** (Islip, Oxfordshire, vers 1000 – Westminster, 1066), dernier souverain (1042-1066) de la dynastie anglo-saxonne.

**Édouard** (en anglais *Edward*), nom de huit rois d'Angleterre. — **Édouard I^er^** (Westminster, 1239 – Burgh by Sands, 1307), roi de 1272 à 1307, il soumit les Gallois (1282-1283) et établit sa suzeraineté sur l'Écosse. — **Édouard II** (Caernarvon Castle, 1284 – Berkeley Castle, Gloucestershire, 1327), roi de 1307 à 1327. Dominé par ses amitiés masculines, il fut déposé, puis assassiné par ses barons. — **Édouard III** (Windsor, 1312 – Sheen, Richmond, 1377), roi de 1327 à 1377, il rétablit le pouvoir monarchique (1330), conquit l'Écosse et déclencha la guerre de Cent Ans. D'abord victorieux (Crécy, 1346), il imposa à la France le traité de Brétigny (1360), mais il perdit ensuite ses possessions fr. et laissa l'Angleterre affaiblie. — **Édouard IV** (Rouen, 1442 – Westminster, 1483), roi de 1461 à 1483. Chef des York, il vainquit Henri VI de Lancastre (1471). — **Édouard V** (Westminster, 1470 – tour de Londres, 1483), fils du préc., assassiné sur ordre de son oncle, Richard de Gloucester, qui devint Richard III. — **Édouard VI** (Hampton Court, 1537 – Greenwich, 1553), fils d'Henri VIII et de Jeanne Seymour, roi de 1547 à 1553. Il laissa gouverner son oncle Somerset et John Dudley. — **Édouard VII** (Londres, 1841 – id., 1910), fils de la reine Victoria, roi de Grande-Bretagne et d'Irlande de 1901 à 1910. Il promut l'Entente cordiale avec la France (1904). — **Édouard VIII** (Richmond Park, 1894 – Paris, 1972), fils de George V ; roi en 1936, il abdiqua en faveur de son frère George VI, devenant le duc de Windsor.

**Édouard** dit **le Prince Noir** (Woodstock, 1330 – Westminster, 1376), prince de Galles ; fils d'Édouard III. Il battit Jean II le Bon à Poitiers (1356).

**Édouard** (en portug. *Duarte*) (Lisbonne, 1391 – Tomar, 1438), roi de Portugal (1433-1438), auteur d'un code législatif.

**-èdre** Élément, du gr. *hedra*, « siège, base ».

**Edred** roi des Anglo-Saxons de 946 à 955. Il vainquit les Danois et les Écossais.

**édredon** *nm* Poche de tissu remplie de duvet. ETY Du danois *ederduun*, « duvet d'eider ».

**Edrisi (el-)** → **Idrisi.**

**éducateur, trice** *n, a* **A** *n* Personne qui éduque, qui s'occupe d'éducation. **B** *a* Qui concerne l'éducation, qui la donne. *Le rôle éducateur du sport d'équipe.* LOC ***Éducateur spécialisé*** : qui s'occupe de jeunes présentant des difficultés psychologiques ou sociales, ou un handicap.

**éducatif, ive** *a* Qui concerne l'éducation, qui éduque. *Théories éducatives. Jeux éducatifs.*

**éducation** *nf* **1** Action de développer les facultés morales, physiques et intellectuelles. *L'éducation d'un enfant.* **2** Connaissance et pratique de la politesse, des bonnes manières, etc. *Avoir de l'éducation.* **3** Action de développer une faculté particulière de l'être humain. *L'éducation du goût.* LOC ***Éducation physique*** : pratique d'exercices physiques appropriés au développement harmonieux du corps humain. DER **éducationnel, elle** *a*

**Éducation sentimentale (l')** roman initiatique, en partie autobiographique, de Flaubert (1869), préparé par 3 essais de jeunesse (*les Mémoires d'un fou*, 1838, *Novembre*, 1842 et la première *Éducation sentimentale*, 1843-1845).

**Éduens** peuple de la Gaule, établi entre la Loire et la Saône ; cap. Bibracte puis Autun.

**édulcorant, ante** *a, nm* Se dit d'une substance donnant une saveur douce.

**édulcorer** *vt* ① **1** PHARM Adoucir un médicament en ajoutant du sucre ou un produit sucrant. **2** fig Adoucir ; affadir. *Transmettre des reproches à qqn en les édulcorant.*

**éduquer** *vt* ① Donner une éducation à, élever, former qqn. ETY Du lat. DER **éducable** *a*

**Edwards William Blake McEdwards,** dit **Blake** (Tulsa, 1922 – Santa Monica, Californie, 2010), cinéaste américain, auteur de comédies burlesques : *la Panthère rose* (1964), *Victor Victoria* (1982).

**Edwards Robert** (Batley, G.-B., 1925 – Cambridge, 2013), biologiste britannique. Il met au point la fécondation in vitro. Prix Nobel de médecine (2010).

**Edwin (saint)** (?, 585 – Heathfield, près de Doncaster, 632), roi de Northumbrie. Il se fit baptiser en 627.

**EEE** sigle de *Espace économique européen*, qui réunit (dep. 1953) les États de l'Union européenne et ceux de l'Association européenne de libre-échange (AELE).

**EEG** *nm* MED Sigle pour *électroencéphalogramme*.

**Eekhoud Georges** (Anvers, 1854 – Bruxelles, 1927), romancier belge d'expression française : *Kees Doorik* (1883), *la Nouvelle Carthage* (c.-à-d. Anvers, 1888), *le Cycle patibulaire* (1895).

**E-Fan** *nm* Petit avion léger biplace à propulsion électrique. [PHO] [ifan] [ETY] Nom déposé.

**éfaufiler** *vt* [1] TECH Tirer les fils d'un tissu.

**effacé, ée** *a* **1** Se dit de qqch dont l'image, les traits, les couleurs ont plus ou moins disparu. **2** fig Se dit de qqn qui se tient à l'écart, qui ne se fait pas remarquer.

**effacement** *nm* **1** Action d'effacer. **2** fig Attitude de celui qui est effacé.

**effacer** *v* [12] **A** *vt* **1** Enlever, faire disparaître toute trace de ce qui est écrit, marqué, enregistré. *Effacer une inscription sur un mur.* **2** fig Faire disparaître, faire oublier. *Le temps efface bien des souvenirs.* **3** Éclipser, surpasser. *Il a effacé tous ses contemporains.* **4** SPORT fam Dépasser un adversaire, s'en défaire. **B** *vpr* Se mettre de côté. *Il s'effaça pour la laisser passer.* LOC ***Effacer le corps*** : le tenir de côté, en retrait. — ***S'effacer devant qqn*** : reconnaître sa supériorité. [ETY] De face. [DER] **effaçable** *a* – **effaçage** *nm*

**effaceur** *nm* Dispositif servant à effacer.

**effaçure** *nf* Trace d'une chose effacée.

**effaner** *vt* [1] AGRIC Ôter les fanes.

**effardocher** *vt* [1] Canada Débroussailler.

**effarer** *vt* [1] Troubler vivement, stupéfier. [ETY] Du lat. [DER] **effarant, ante** *a* – **effaré, ée** *a* – **effarement** *nm*

**effaroucher** *vt* [1] **1** Faire fuir un animal en l'effrayant. **2** fig Choquer qqn en alarmant. ANT rassurer. [DER] **effarouchement** *nm*

**effaroucheur** *nm* Dispositif destiné à éloigner les oiseaux.

**effarvatte** *nf* Rousserolle au plumage brunâtre, fréquente en France. [ETY] Altér. de *fauvette*.

**effecteur, trice** *nm, a* PHYSIOL Se dit d'un organe qui agit sous l'influence d'une commande nerveuse ou hormonale.

**1 effectif, ive** *a* **1** Qui produit des effets, qui est efficace. *Une collaboration effective.* **2** Qui est tangible, réel. *Valeur effective d'une monnaie.* [ETY] Du lat. *effectus*, « exécuté ». [DER] **effectivité** *nf*

**2 effectif** *nm* Nombre des personnes qui composent un groupe, une collectivité. *L'effectif d'un régiment, d'une entreprise.*

**effectivement** *av* Réellement ; en effet. *Ces paroles ont été effectivement prononcées.*

**effectuer** *vt* [1] Faire une action plus ou moins complexe ; accomplir.

**Effel François Lejeune, dit Jean** (Paris, 1908 – id., 1982), dessinateur français humoristique : *la Création du monde* (1951).

**efféminé, ée** *a* Qui a des caractéristiques féminines. *Jeune homme efféminé.* ANT masculin, viril.

**effendi** *nm* Titre de courtoisie donné à un notable dans l'empire ottoman. [PHO] [efendi] [ETY] Mot turc. [VAR] **éfendi**

**efférent, ente** *a* ANAT Se dit d'un vaisseau, d'un nerf qui sort d'un organe. ANT afférent. [ETY] Du lat *effere*, « porter au dehors ».

**effervescence** *nf* **1** Bouillonnement de certaines substances au contact de certaines autres, dû à un dégagement de gaz. **2** fig Émotion vive, agitation. *La ville était en effervescence.* [ETY] Du lat. [DER] **effervescent, ente** *a*

**effet** *nm* **A 1** Ce qui est produit par une cause ; résultat. *Cette mesure a eu pour effet de mécontenter tout le monde.* **2** DR Conséquences de l'application d'une loi, d'une décision administrative, etc. **3** TECH Effort transmis par un mécanisme. **4** PHYS Phénomène particulier obéissant à des lois précises. *Effet photoélectrique.* **5** Bx-A, LITTER Impression particulière produite par un procédé ; ce procédé. *Des effets de lumière.* **6** Impression que fait une chose ou une personne sur qqn. *Cela m'a fait un effet pénible.* **7** Fait d'imprimer un mouvement de rotation à une balle qui lui donne une trajectoire non rectiligne ou un rebond anormal. **B** *nm pl* vieilli Objets qui sont à l'usage d'une personne, linge et vêtements. *Ranger ses effets dans une malle.* LOC ***À cet effet*** : dans cette intention, pour obtenir ce résultat. — FIN, COMM ***Effet de commerce*** : titre portant engagement de payer une somme (lettre de change, billet à ordre, chèque, warrant). — CINE, AUDIOV ***Effets spéciaux*** : procédés techniques destinés à créer une illusion visuelle ou sonore. — ***En effet*** : effectivement. — ***Faire l'effet de*** : avoir l'air de, donner l'impression de. — ***Faire son effet*** : produire une vive impression. [ETY] Du lat *effectus*, de *efficere*, « exécuter ».

**effeuillage** *nm* **1** AGRIC Action d'effeuiller un végétal. **2** fig Syn. de *strip-tease*.

**effeuillaison** *nf* BOT Chute naturelle des feuilles. [VAR] **effeuillement** *nm*

**effeuiller** *vt* [1] **1** Dépouiller de ses feuilles. *Effeuiller un arbuste.* **2** Arracher les pétales d'une fleur ou les ligules d'un capitule.

**effeuilleuse** *nf* fam Strip-teaseuse.

**Effiat Antoine Coëffier de Ruzé (marquis d')** (Effiat, 1581 – Lutzelbourg, 1632), maréchal de France, père de Cinq-Mars.

**efficace** *a* **1** Qui produit l'effet attendu. *Un traitement efficace.* **2** Se dit de qqn dont l'action produit l'effet attendu. *Il s'est montré très efficace dans son travail.* [ETY] Du lat. [DER] **efficacement** *av* – **efficacité** *nf*

**efficient, ente** *a* Qui a de l'efficacité, du dynamisme. *Un jeune cadre efficient.* LOC PHILO ***Cause efficiente*** : qui produit un effet, une transformation. [DER] **efficience** *nf*

**effigie** *nf* **1** Représentation d'un personnage sur une monnaie, une médaille. *Médaille frappée à l'effigie de Louis XIV.* **2** Représentation, image de qqn. *Brûler qqn en effigie.* [ETY] Du lat.

**effilé, ée** *a, nm* **A** *a* Mince, fin, allongé. *Une lame effilée.* **B** *nm* Frange faite de simples fils.

**effiler** *vt* [1] **1** Défaire une étoffe fil à fil. **2** Rendre effilé. *Effiler une lame.* **3** Tailler des mèches de cheveux pour en diminuer l'épaisseur. [DER] **effilage** ou **effilement** *nm*

**effiloche** *nf* Soie de rebut trop légère.

**effilochée** *nf* CUIS Plat dont les ingrédients sont taillés en minces lanières.

**effilocher** *vt* **A** *vt* Séparer un tissu en brins pour le réduire en charpie. **B** *vpr* **1** S'effiler par l'usure. *Couverture qui s'effiloche.* **2** fig S'affaiblir, disparaître peu à peu. *Une grève qui s'effiloche.* [DER] **effilochage** ou **effilochement** *nm*

**effilocheuse** *n* Machine à effilocher les chiffons pour la fabrication du papier.

**efflanqué, ée** *a* **1** Qui a les flancs creux et décharnés. *Cheval efflanqué.* **2** Se dit d'une personne maigre et sèche.

**effleurage** *nm* MED Massage léger.

**effleurer** *vt* [1] **1** Entamer superficiellement ; érafler. *La balle n'a fait que l'effleurer.* **2** Toucher légèrement. *Elle a effleuré sa main.* **3** fig Atteindre légèrement. *Sa réputation n'a même pas été effleurée.* **4** Examiner superficiellement une question. *Il n'a fait qu'effleurer le sujet.* [DER] **effleurement** *nm*

**effleurir** *vi* [3] CHIM Devenir efflorescent.

**effloraison** *nf* BOT Fait de fleurir. *L'effloraison des arbres fruitiers.*

**efflorescence** *nf* **1** CHIM Dépôt qui se forme à la surface des hydrates salins. **2** MED Éruption cutanée. **3** fig, litt Épanouissement, floraison. *L'efflorescence d'un grand nombre de jeunes talents.* [DER] **efflorescent, ente** *a*

**effluent, ente** *a, nm* **A** *a* Qui s'écoule d'une source, d'un lac, d'un glacier. **B** *nm* Liquide qui s'écoule hors de qqch. *Les effluents radioactifs d'un réacteur nucléaire.* LOC ***Effluents urbains*** : l'ensemble des eaux usées. [ETY] Du lat.

**effluve** *nm* Émanation qui s'exhale d'un corps organisé. *Plantes qui exhalent des effluves parfumés.* LOC PHYS ***Effluve électrique*** : décharge électrique dans un gaz, accompagnée d'une faible émission de lumière.

**effondrer** *v* [1] **A** *vt* AGRIC Labourer, remuer le sol très profondément. *Effondrer la terre pour y mêler l'engrais.* **B** *vpr* **1** S'écrouler. *Maison qui s'effondre.* **2** fig Être anéanti. *L'Empire romain s'effondra sous les coups des Barbares.* **3** Baisser brutalement. *Les cours du franc se sont effondrés.* **4** Subir une défaillance psychologique brutale du fait d'un choc. [ETY] Du lat. *fundus*, « fond ». [DER] **effondrement** *nm*

**efforcer (s')** *vpr* [12] Faire tous ses efforts pour, employer tous ses moyens à faire qqch. *S'efforcer de comprendre les autres.*

**effort** *nm* **1** Action énergique des forces physiques, intellectuelles ou morales. *Faire un effort de compréhension envers qqn.* **2** MED VET Entorse. **3** Force avec laquelle un corps tend à exercer son action. *L'effort de l'eau a rompu la digue.* **4** MECA Force tendant à déformer ou à rompre un corps. *Effort tranchant.*

**effraction** *nf* DR Bris de clôture, fracture de serrure. *Vol avec effraction.*

**effraie** *nf* Chouette aux ailes rousses, au ventre clair tacheté de gris et aux yeux cernés d'une collerette de plumes blanches. [ETY] De *orfraie*.

effraie

**effranger** *vt* [13] Effiler le bord d'une étoffe pour constituer une frange.

**effrayant, ante** *a* **1** Qui effraie, qui inspire l'effroi. *Un spectacle effrayant.* **2** fam Excessif, très pénible. *Une chaleur effrayante.*

**effrayer** *vt* [21] Provoquer la frayeur de, épouvanter. [PHO] [efʀeje] [ETY] Du frq.

**effréné, ée** *a* Qui est sans frein, sans retenue. *Passion effrénée.* ANT modéré, mesuré.

**effriter** *v* [1] **A** *vt* Désagréger, mettre en morceaux. **B** *vpr* fig Diminuer progressivement, s'amenuiser. *Son crédit s'effrite.* [ETY] De *effruiter*, « rendre stérile ». [DER] **effritement** *nm*

**effroi** *nm* Frayeur intense, épouvante. *Inspirer l'effroi.*

**effronté, ée** *a, n* **1** Impudent, trop hardi. *Un regard effronté.* **2** Qui témoigne de l'effronterie. *Une mimique effrontée.* DER **effrontément** *av*

**effronterie** *nf* Hardiesse excessive, impudence. *Parler avec beaucoup d'effronterie.*

**effroyable** *a* **1** Qui cause de l'effroi, de l'horreur, de la répulsion. *Une scène effroyable.* **2** fam Excessif, pénible. *Il fait un temps effroyable.* DER **effroyablement** *av*

**effusif, ive** *a* GEOL Se dit d'une roche magmatique qui s'est répandue à la surface (lave).

**effusion** *nf* Vive manifestation d'un sentiment. *Effusion de tendresse.* **LOC** ***Effusion de sang :*** sang versé, massacre. ETY Du lat.

**Égades → Ægates.**

**égaiement → égayer.**

**égailler (s')** *vpr* ① Se disperser.

**égal, ale** *a, n* **A** *a* **1** Se dit de qqch ou qqn qui est pareil, semblable en nature, en quantité, en qualité, en droit à qqch ou qqn d'autre. *Deux poids égaux. Tous les Français sont égaux devant la loi.* **2** Qui ne varie pas. *Un mouvement toujours égal. Être d'humeur égale.* **3** Qui est uni, de niveau, régulier. *Un chemin bien égal.* **4** Indifférent. *Ça m'est égal.* **B** *n* Personne qui est au même rang qu'une autre. *Considérer qqn comme son égal. Traiter d'égal à égal.* PLUR égaux. **LOC** ***À l'égal de :*** autant que, de la même manière que. — ***C'est égal :*** cela ne change rien, peu importe. — MATH ***Ensembles égaux :*** qui possèdent exactement les mêmes éléments. — GEOM ***Figures égales :*** superposables. — ***N'avoir pas d'égal, être sans égal :*** être unique en son genre. *Une joie sans égale.* — ***Vecteurs égaux :*** qui ont même grandeur, même sens et qui sont portés par des axes parallèles. ETY Réfection de l'a. fr. *evel* sur le lat. *æqualis*.

**également** *av* **1** De manière égale. *Partager également.* ANT inégalement. **2** Pareillement, aussi, de même. *Vous y allez ? J'y vais également.*

**égaler** *vt* ① **1** Être égal à. *Quatre multiplié par deux égale huit.* **2** Atteindre le même degré, le même niveau que. *Égaler qqn en puissance.* DER **égalable** *a*

**égaliser** *v* ① **A** *vt* **1** Rendre égal. *Égaliser les lots dans un partage.* **2** Rendre uni, plan. *Égaliser un terrain.* **B** *vi* SPORT Obtenir le même nombre de points, de buts que l'adversaire. DER **égalisateur, trice** *a* – **égalisation** *nf*

**égaliseur** *nm* ELECTRON Appareil qui permet de modifier la courbe de réponse d'un système électroacoustique d'enregistrement ou de reproduction (chaîne hi-fi, magnétophone, etc.).

**égalitaire** *a* **1** Qui vise l'égalité. *Lois égalitaires.* **2** Qui professe l'égalitarisme. *Théorie égalitaire.*

**égalitarisme** *nm* Doctrine professant l'égalité absolue de tous les hommes, sous tous les aspects (civil, politique, économique, social). DER **égalitariste** *a, n*

**égalité** *nf* **1** Rapport entre les choses égales ; parité, conformité. *Égalité d'âge, de mérite. Égalité algébrique.* **2** Principe selon lequel tous les hommes, possédant une égale dignité, doivent être traités de manière égale. *Égalité civile, politique.* **3** Uniformité d'un mouvement ; modération, mesure du tempérament. *Égalité du pouls.* **4** État de ce qui est plan, uni. *L'égalité d'un terrain.*

**égard** *nm* **1** Attention, considération particulière pour qqn ou qqch. *Il n'a eu aucun égard à ce que je lui ai dit.* **2** Déférence, estime. *Je ne le ferai pas, par égard pour vous. Avoir des égards pour qqn.* **LOC** ***À différents égards, à certains égards :*** sous différents aspects, à certains points de vue. — ***À l'égard de :*** pour ce qui concerne, vis-à-vis de. *Il s'est mal conduit à mon égard.* — ***À tous égards :*** sous tous les rapports. — ***Eu égard à :*** en considération de. ETY De l'a. fr. *esgarder*, « veiller sur ».

**égaré, ée** *a* **1** Qui a perdu son chemin. *Voyageur égaré.* **2** fig Trompé, abusé, jeté dans l'erreur. **3** Qui dénote l'égarement, le trouble de l'esprit. *Des yeux égarés.*

**égarement** *nm* Fait d'avoir l'esprit égaré.

**égarer** *v* ① **1** Détourner du bon chemin, fourvoyer. *Le plan était faux et m'a bel et bien égaré. S'égarer dans une forêt.* **2** Ne plus savoir où l'on a mis qqch, le perdre momentanément. *Égarer ses lunettes.* **3** fig Jeter dans l'erreur, détourner du droit chemin. *Un débat qui s'égare. Son esprit s'égare.* ETY Du frq. *waron*, « avoir soin ».

**Égates → Ægates.**

**Égaux (conjuration des)** conspiration dirigée par Babeuf, auteur du *Manifeste des Égaux* (3 nov. 1795), qui prônait la « communauté des biens et des travaux ». Trahis, les conjurés furent arrêtés le 10 mai 1796 et exécutés le 26. V. Buonarroti.

**égayer** *vt* ㉑ **1** Réjouir, rendre gai. *Égayer des convives.* **2** Rendre plus agréable, plus gai. *Le soleil égaie l'appartement.* DER **égaiement** ou **égayement** *nm* – **égayant, ante** *a*

**Egbert le Grand** (v. 775 – 839), premier roi du Wessex, qui devint le plus important des royaumes anglo-saxons.

**Egede Hans** (Senjen, Norvège, 1686 – Stubbekjobing, Falster, 1758), évangélisateur norvégien protestant du Groenland.

**Égée (mer)** mer située entre la Grèce et le Turquie. Elle comprend une multitude d'îles, qui forment deux Régions de la Grèce et de l'UE : l'*Égée septentrionale* comprend notam. Lesbos, Chio et Samos ; 3 836 km², 198 240 hab. ; cap. *Mytilène* ; l'*Égée méridionale* comprend les Cyclades et le Dodécanèse (dont Rhodes) ; 5 286 km², 257 500 hab. ; cap. *Hermoupolis.* Agriculture et tourisme sont les ressources principales. DER **égéen, enne** *a, n*

**Égée** dans la myth. gr., roi d'Athènes. Croyant, par méprise, à la mort de son fils, Thésée (parti tuer le Minotaure), il se jeta dans la mer qu'on nomma Égée.

**égéen, enne** *a* **LOC** HIST ***Civilisation égéenne :*** l'ensemble des faits culturels préhelléniques venus de Crète, qui, aux IIIᵉ et IIᵉ millénaires av. J.-C., ont constitué la toute première manifestation des civilisations minoenne et mycénienne.

**Eger** v. de Hongrie, au pied des monts Mátra ; 63 000 hab. ; ch.-l. de comté. Vins ; tabac.

**égérie** *nf* litt Inspiratrice d'un artiste, d'un poète, d'un homme politique. ETY Du n. pr.

**Égérie** dans la myth. romaine, nymphe qui prodiguait ses conseils au roi Numa.

**égide** *nf* **1** MYTH Bouclier de Zeus et d'Athéna. **2** fig Protection, sauvegarde. *Se placer sous l'égide de qqn.* ETY Du lat.

**Égine** île grecque, face au Pirée (*golfe d'Égine*, dit aussi *golfe d'Athènes*) ; 85 km² ; 10 000 hab. ; ch.-l. *Égine*, qui concentre la pop. – Cette puissance commerciale fut soumise par Athènes en 456 av. J.-C. – Ruines de temples. Statues (VIᵉ-Vᵉ s. av. J.-C.) dites *marbres d'Égine.*

**Éginhard** (Maingau, 770 – Selingenstadt, 840), historien franc. Il vécut à la cour de Charlemagne, dont il écrivit la vie.

**Égisthe** dans la myth. gr., roi de Mycènes. Il séduisit Clytemnestre, femme d'Agamemnon, assassina celui-ci à son retour de Troie et fut tué par Oreste, fils d'Agamemnon.

**églantier** *nm* Nom vulg. du rosier sauvage servant de porte-greffe aux variétés cultivées. ETY Du lat. *aculeatus*, « qui a des piquants ».

**églantine** *nf* Fleur de l'églantier.

**églefin** *nm* Poisson téléostéen (gadidé) voisin de la morue, long d'env. 1 m, à la chair très estimée. ETY Du moyen néerl. VAR **aiglefin** ou **aigrefin**

**église** *nf* **1** (Avec une majuscule.) Communion de personnes unies par une même foi chrétienne. *Les Églises orthodoxes. Les Églises réformées ou protestantes.* **2** fig Groupe dont les membres défendent la même doctrine. SYN chapelle, clan. **3** Édifice consacré, chez les chrétiens catholiques et orthodoxes, au culte divin. *Église paroissiale.* **4**

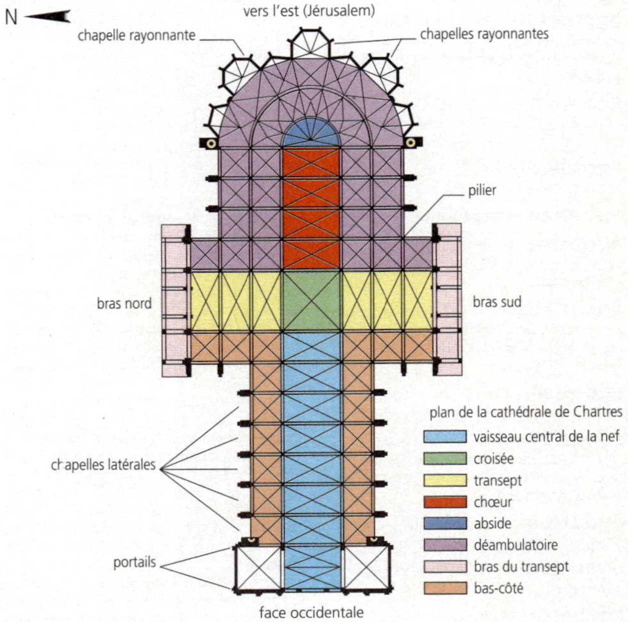


**église**

(Avec une majuscule.) L'Église catholique romaine. *Un homme d'Église.* [ETY] Du gr.

**Église catholique, apostolique et romaine (l')** communauté chrétienne qui reconnaît l'autorité du pape. La papauté siège à Rome depuis saint Pierre, qui fut le premier évêque de Rome, où il mourut martyr v. 64 ap. J.-C. En 1054, l'Église d'Orient, sous l'autorité du patriarche de Constantinople, rejeta l'autorité papale. Au XVI^e s., plusieurs Églises réformées se détachèrent de Rome (V. Réforme). Chef de l'Église, le pape est aussi le chef de l'État du Vatican. [VAR] **l'Église**

**Église latine (l')** l'Église catholique romaine, dont la langue liturgique est le latin (par rapport à l'Église grecque et aux autres Églises d'Orient).

**églogue** *nf* LITTER Petit poème pastoral ou bucolique. [ETY] Du gr.

**églomiser** *vt* [1] Bx-A Décorer un objet en verre d'une dorure intérieure. [DER] **églomisation** *nf*

**Egmont Lamoral, prince de Gavre (comte d')** (La Hamaide, Hainaut, 1522 – Bruxelles, 1568), seigneur des Pays-Bas. Il servit Charles Quint. Capitaine des Flandres sous Philippe II, il fut exécuté à la suite d'une révolte des Pays-Bas. Goethe fit de lui le héros d'une tragédie en 5 actes et en prose (1787), dont Beethoven composa la mus. de scène (1810).

**ego** *nm inv* **1** PHILO Sujet transcendantal, le moi en tant que principe unificateur de l'expérience. **2** PSYCHAN Le moi. [ETY] Mot. lat. [VAR] **égo** *nm*

**égocentrisme** *nm* Tendance à tout ramener à soi, à faire de soi le centre de tout. [DER] **égocentrique** ou **égocentriste** *a, n*

**égoïne** *nf* Scie à main sans monture, munie d'une poignée. [ETY] Du lat. *scobina*, « lime ».

**égoïsme** *nm* Amour exclusif de soi ; disposition à rechercher exclusivement son plaisir et son intérêt personnels. ANT altruisme, générosité. [DER] **égoïste** *a, n* – **égoïstement** *av*

**égopodium** → **ægopodium.**

**égorger** *vt* [13] **1** Tuer en coupant la gorge. **2** **fig, fam** Exiger un prix exorbitant de qqn. *Égorger le client.* [DER] **égorgement** *nm* – **égorgeur, euse** *n*

**Egorov Dimitri Feodorovitch** (Moscou, 1869 – Kazan, 1931), mathématicien soviétique. Travaux sur les intégrales.

**égosiller (s')** *vpr* [1] Crier, parler jusqu'à s'en faire mal à la gorge ; chanter très fort.

**égosome** → **ægosome.**

**égotisme** *nm* **litt** Tendance marquée à s'analyser et à parler de soi. [DER] **égotique** *a* – **égotiste** *a, n*

**égout** *nm* **1** Canalisation souterraine servant à l'évacuation des eaux pluviales et usées. *Bouche, regard, plaque d'égout.* **2** **fig, litt** Lieu souillé, cloaque. [ETY] De *égoutter*.

**égoutier** *nm* Ouvrier chargé de l'entretien des égouts.

**égoutter** *vt* [1] Faire écouler peu à peu l'eau ou l'humidité de. *Égoutter la vaisselle. Laisser le linge s'égoutter.* [ETY] De *goutte*. [DER] **égouttage** ou **égouttement** *nm*

**égouttoir** *nm* Ustensile qui sert à faire s'égoutter qqch.

**égoutture** *nf* Liquide qui tombe de ce qu'on égoutte.

**Egoyan Atom** (Le Caire, 1960), cinéaste canadien d'orig. arménienne : *De beaux lendemains* (1997), *Ararat* (2002), *Adoration* (2008).

**égrapper** *vt* [1] Détacher les grains de la grappe. *Égrapper des raisins, des groseilles.* [DER] **égrappage** *nm*

**égrappoir** *nm* TECH Machine agricole qui sert à égrapper le raisin.

**égratigner** *vt* [1] **1** Blesser superficiellement la peau, écorcher. **2** Érafler. *Égratigner un meuble.* **3** **fig** Dénigrer qqn, médire à son propos. *Il ne peut parler sans égratigner les gens.* [ETY] De l'a. fr. *gratiner*, « gratter ».

**égratignure** *nf* **1** Légère blessure faite en égratignant. **2** Dégradation légère, éraflure de qqch. **3** **fig** Légère blessure d'amour-propre.

**égrener** *v* [16] **A** *vt* **1** Détacher le grain, les graines de. *Égrener du blé, du raisin. Égrener des petits pois.* **2** **fig** Faire entendre des sons l'un après l'autre en les détachant nettement. **B** *vpr* Se séparer, s'espacer en parlant d'éléments disposés en rang, en file. *Colonne de fantassins qui s'égrène le long d'une route.* **LOC** ***Égrener un chapelet :*** en faire passer un à un les grains entre ses doigts, à chaque prière. [PHO] [egʀəne] [DER] **égrenage** ou **égrènement** *nm*

**égreneuse** *nf* AGRIC Machine à égrener. *Égreneuse à maïs.* [PHO] [egʀənøz]

**égrillard, arde** *a* Licencieux, grivois. *Chanson égrillarde. Prendre un air égrillard.* [ETY] De l'a. fr. *escriller*, « glisser ».

**égrisée** *nf* TECH Poudre de diamant servant à égriser les pierres précieuses.

**égriser** *vt* [1] TECH Polir par frottement. [ETY] Du néerl. *gruizen*, « broyer ». [DER] **égrisage** *nm*

**égrotant, ante** *a* **litt** Maladif, de santé fragile. *Vieillard égrotant.* [ETY] Du lat.

**égruger** *vt* [13] TECH Réduire en poudre à l'aide d'un pilon. *Égruger du sel.* [DER] **égrugeage** *nm*

**égueuler** *vt* [1] Casser l'ouverture, le goulot de. **LOC** ***Cratère égueulé :*** dont une partie de la paroi a été détruite au cours d'une éruption.

**Éguzon-Chantôme** ch.-l. de cant. de l'Indre (arr. de La Châtre) ; 1 457 hab. – Barrage hydroél. sur la Creuse, qui a formé le lac du Chambon. [DER] **éguzonnais, aise** *a, n*

**Égypte (République arabe d')** (en arabe *Misr*), État du N.-E. de l'Afrique, limité par la mer Rouge à l'E., la Méditerranée au N., la Libye à l'O. et le Soudan au S. ; 1 001 450 km² (dont 35 577 km² de terres cultivables) ; 87,9 millions d'hab. cap. *Le Caire.* Nature de l'État : rép. de type présidentiel. Langue off. : arabe. Monnaie : livre égyptienne. Relig. : islam (93,8 %), christianisme monophysite (Église copte). – Le territ. a vu se développer, notam., deux civilisations distinctes : celle de l'Égypte antique et, à partir de 639 ap. J.-C., celle de l'Égypte arabe. [DER] **égyptien, enne** *a, n*

**Géographie** L'Égypte aride (70 % du pays) comprend : à l'O., le désert Libyque ; à l'E., le désert Arabique, zone escarpée (région du Sinaï). L'Égypte fertile se limite à la vallée inondable du Nil (1 500 km de long, de 1 à 20 km de large), avec 1 000 hab./km² le long du fleuve. L'accroissement démographique (au-delà de 2 % par an) freine le développement et gonfle les villes, notam. Le Caire.

**Économie** L'agriculture emploie un fort pourcentage des actifs, mais ne couvre pas les besoins du pays. Les principales ressources proviennent du pétrole et du gaz naturel, du coton et du textile. Les recettes tirées du canal de Suez et du tourisme ne compensent pas le lourd déficit commercial, déficit accentué depuis la révolution de 2011. L'aide internationale, indispensable au pays, est soumise à un retour vers une stabilité politique.

**Histoire** **L'ÉGYPTE ANCIENNE** Vers 10000 av. J.-C., deux foyers de civilisation néolithique se développèrent au N. et au S. de l'Égypte. Au V^e millénaire, le pays était partagé en deux grands royaumes. Vers 3100, Ménès unifia l'Égypte et fonda Memphis, future cap. de l'Ancien Empire (2780-2260, III^e-VI^e dynasties), bâtisseur de pyramides. Après la prem. période intermédiaire (2260-2065, VII^e-X^e dynasties), Mentouhotep I^er inaugure le Moyen Empire (2065-1785, XI^e-XII^e dynasties), actif et prospère. Dans la deuxième période intermédiaire (1785-1580, XIII^e-XVII^e dynasties), les Hyksos s'installent dans le delta et en Moyenne-Égypte. Ils sont expulsés par Ahmôsis, fondateur du Nouvel Empire (1580-1085, XVIII^e-XX^e dynasties) : conquête de la région du haut Nil et de la Syrie par Thoutmès I^er et Thoutmès III, grands travaux (édifices de Thèbes et de Nubie), crise religieuse (culte exclusif d'Aton institué par Aménophis IV). L'empire est morcelé durant la troisième période intermédiaire (1085-715, XXI^e-XXIV^e dynasties). Des dynasties étrangères (libyenne, XXII^e dynastie, puis éthiopienne, XXV^e dynastie) réunifient momentanément le pays. Après la grande dynastie des Saïtes (XXVI^e dynastie, 663-525), l'Égypte subit le joug perse (525-332), puis celui d'Alexandre et des Lagides (dynastie ptolémaïque, 323-30). À la mort de Cléopâtre (30 av. J.-C.), l'Égypte devient une province romaine, qui entre dans l'Empire byzantin (395-639), avant de passer sous domination arabe (642).

**L'ÉGYPTE ARABE** Le pays est islamisé sous les Omeyyades (660-750), les Abbassides (750-973) et les Fatimides (973-1171), qui installent leur cap. au Caire. Saladin les supplante en 1171, fondant la dynastie ayyubide, que supplantent les Mamelouks (1250). En 1517, l'Empire ottoman leur impose son pouvoir. L'expédition de Bonaparte (1798-1801) ouvre le pays à l'influence de l'Occident. Méhémet-Ali, pacha de 1805 à 1848, massacre les Mamelouks (1811) et modernise le pays. En 1867, son 3^e successeur, Ismaïl, devient khédive (souverain). Le canal de Suez, dû à F. de Lesseps, est inauguré en 1869, mais, en 1874, les Britanniques en deviennent les princ. actionnaires. En 1882, ils imposent à l'Égypte un protectorat officiellement proclamé en 1914. Modernisée (barrages d'Assiout et d'Assouan, culture du coton, etc.), l'Égypte conquiert le Soudan (1899).

**L'ÉGYPTE CONTEMPORAINE** En 1922, la G.-B. rend à l'Égypte son indépendance, mais garde des privilèges militaires. Le roi Farouk (1936-1952) doit pactiser avec le parti national (le Wafd) et il est vaincu par Israël (1948-1949). Il est renversé (1952) par les « officiers libres » : le général Néguib proclame la rép. en 1953 puis il est remplacé par le lieutenant-colonel Nasser (1954), qui instaure un régime présidentiel et crée un parti unique. En 1956, il nationalise le canal de Suez, suscitant une intervention israélienne puis franco-britannique, stoppée par la pression conjointe des É.-U. et de l'URSS. Nasser crée la République arabe unie en s'unissant à la Syrie puis au Yémen (1958-1961) et se tourne vers l'URSS (qui met en chantier le haut barrage d'Assouan), tout en étant un champion écouté du non-alignement. En 1967, la fermeture du golfe d'Akaba provoque la « guerre des Six Jours » qui permet aux Israéliens d'occuper la prov. du Sinaï ; Nasser ne rouvre pas le canal (endommagé par la guerre) ; en 1970, il meurt subitement. Anouar el-Sadate lui succède et attaque Israël (1973) mais des accords de désengagement (1974-1975) facilitent la réouverture du canal de Suez et l'influence américaine tend à se substituer à l'influence soviétique. En 1977, Sadate se rend à Jérusalem. En 1978, il conclut avec le Premier ministre israélien M. Begin les accords de Camp David, suivis par un traité de paix (1979) et par la rupture avec les pays arabes. Sadate est assassiné le 6 oct. 1981. Son successeur, Hosni Moubarak (prés. dep. 1981), poursuit la pol. d'ouverture, mais renoue avec les pays arabes. En 1991, il participe à la coalition internationale contre l'Irak. À partir de 1992, les attentats islamistes portent un rude coup au tourisme, mais celui-ci reprend en 1999. En 2000, Moubarak accomplit la prem. visite d'un chef d'État au Liban dep. 1959. Les prem. élections pluralistes, mais entachées de fraude, de 2005 reconduisent Moubarak au pouvoir. Les législatives de 2005

## CULTURE DE L'ÉGYPTE ANCIENNE

| ÉPOQUE | | ARCHITECTURE | SCULPTURE ET ARTS DÉCORATIFS | VIE SOCIALE ET INTELLECTUELLE |
|---|---|---|---|---|
| **époque thinite** 3000 av. J.-C. | *Ire-IIe dynastie unification de l'Égypte* | tombes royales de Saqqarah et Abydos | stèle du Roi serpent (Louvre) palette de Narmer (Le Caire) vases en pierre dure | à la base du Delta, Ménès construit la ville dite *le Mur blanc* écriture hiéroglyphique |
| **Ancien Empire** 2780-2300 | *IIIe dynastie unification de l'Égypte* | à Saqqarah, pyramide à degrés et complexe funéraire de Djoser pyramides de Meïdoum et Dachour | statue de Djoser (Le Caire) emploi codifié des couleurs dans la peinture *(Oies de Meïdoum)* développement de l'orfèvrerie | la capitale de l'Égypte est fixée au Mur Blanc prééminence de Rê, dieu solaire |
| | *IVe dynastie* | à Gizeh, pyramides à faces lisses de Chéops, Chéphren. Mykérinos | statue de Chéphren (Le Caire) Sphinx de Gizeh *le Scribe accroupi* (Louvre) | dans la pyramide d'Ounas, textes funéraires dits *Textes des pyramides* |
| | *Ve dynastie* | à Saqqarah pyramide d'Ounas ; à Abousir, temple solaire apparition des obélisques | développement du bas-relief | le Mur Blanc prend le nom de Memphis écriture hiératique |
| **1re période intermédiaire** 2300-2065 | *VIe-Xe dynastie rupture de l'unité de l'Égypte* | hypogées d'Assiout | développement de la peinture sur les parois des tombeaux | littérature sapientiale : *Lamentations d'Ipouer, Complainte du désespéré Enseignements pour le roi Mérikaré* nouveaux textes funéraires : *Textes des sarcophages* |
| **Moyen Empire** 2065-1735 | *XIe dynastie réunification de l'Égypte* | 1er temple funéraire à Deir el Bahari pour Mentouhotep Ier | | Thèbes capitale essor du culte d'Amon |
| | *XIIe dynastie* | essor monumental du temple d'Amon à Karnak : la chapelle blanche | sculpture réaliste Sésostris III (Louvre), Amménémès III (Le Caire) peinture des tombes de Béni-Hasan | Licht capitale commerce avec l'Orient par Byblos : trésor d'argent de Tod (Louvre) littérature romanesque : *le conte du Naufragé ; Sinouhé* |
| **2e période intermédiaire** 1735-1580 | *XIIIe-XVIIe dynastie rupture de l'unité domination des Hyksos* | | scarabées gravés | Avaris capitale essor du culte du dieu Seth, identifié à Baal |
| **Nouvel Empire** 1580-1085 | *XVIIIe dynastie réunification de l'Égypte politique de conquêtes* | architecture funéraire : tombeaux de la vallée des Rois (après 1500) temple funér. d'Hatshepsout à Deir el-Bahari, temple funér. d'Aménophis III, avec les colosses dits de Memnon pour le dieu Amon, constructions incessantes à Karnak, et temple de Louxor nouveaux temples solaires à Aton temples funéraires de Séthi Ier à Abydos, de Ramsès II à Abou Simbel et à Thèbes (Ramesseum) | apogée de la peinture murale dans les tomes thébaines (tombes de Ramosé, Khérouef) production d'objets de haute qualité : vases de verre coulé et moulé ; objets de toilette (boîtes, miroirs, cuillers à fard) le style « amarnien », d'un réalisme pathétique : bustes de Néfertiti (Le Caire et Berlin), bustes et statues d'Aménophis IV Akhenaton (1372-1354) tombe de Tout Ankh Amon | Thèbes, ville du dieu Amon, est capitale impériale v. 1450, rédaction du *Livre des morts* extension universelle du culte d'Osiris capitale éphémère de Tell el-Amarna Aton supplante Amon comme dieu suprême : *Hymne à Aton* nouvelle capitale dans le Delta : Pi Ramsès |
| | *XIXe dynastie* | achèvement de la salle hypostyle à Karnak | statuaire colossale : Ramsès II aux portes des temples décors polychromes des tombes de la vallée des Rois | *Poème de Pentaour, Conte d'Horus et de Seth* |
| | *XXe dynastie invasion des peuples de la mer* | temple funéraire de Ramsès III à Médinet Habou | extension de la pratique des sarcophages anthropoïdes, de bois stuqué et décoré de peintures | |
| **3e période intermédiaire** 1085-715 | *XXIe-XXIIIe dynastie rupture de l'unité* | tombes royales de Tanis | statuaire en bronze : *La reine Karomana* (Louvre) de la dynastie libyenne (XXIIe) | Tanis, dans le Delta, devient la capitale du Nord, puis Boubastis |
| **Basse Epoque** 715-332 | *XXVe-XXXe dynastie dominations étrangères* | la dynastie saïte (XXVIe) élève de nombreux temples et reprend des travaux à Karnak | renouveau de la sculpture par la dyn. Saïte, marquée par l'archaïsme et le réalisme art animalier | canal Nil-mer Rouge fondation de Naucratis, ville grecque, dans le Delta écriture démotique |
| **Égypte ptolémaïque** 332-30 av. J.-C. **et romaine** 30 av. J.-C.-395 apr. J.-C. | | l'architecture traditionnelle est maintenue ; temples de Philae et Edfou (IIIe s. av. J.-C.) Kom-Ombo (IIe s. av. J.-C.) Dendérah et Esna (Ier s. av. J.-C.) | 331 av. J.-C. : tombeau de Pétosiris, influencé par l'hellénisme la sculpture et les arts décoratifs sont maintenus, parallèlement à l'art grec d'Alexandrie à partir du Ier s. apr. J.-C., portraits funér. du Fayoum | Alexandrie, nouvelle capitale Sérapis, dieu gréco-égyptien 196 av. J.-C. : décret trilingue sur une pierre retrouvée à Rosette à partir du IIIe s. apr. J.-C. : extension du christianisme 394 apr. J.-C. : dernier emploi de l'écriture hiéroglyphique |

ÉGYPTE
MER MÉDITERRANÉE
LIBAN
SYRIE
Territoires autonomes de Palestine
JORDANIE
ISRAËL
Beersheba
Gaza
Al-Arich
Port Saïd
Damiette
Lac Borollos
Rosette
Alexandrie
Golfe des Arabes
Kafr el-Sheikh
Lac Manzala
Mansourah
Al-Mahalla-al-Kubra
Damanhour
Tanta
Shibin el-Kom
Benha
Ismaïlia
Canal de Suez
Zagazig
Lacs Amers
Désert du Tih
Marsa Matruh
El-Beida
Plateau de Libye
Al-Alamein
Abou Mena (ruines chrétiennes)
Dépression de Kat'tara
Imbaba
Gizeh
LE CAIRE
Suez
Les Pyramides
Memphis et sa nécropole
Helouan
Plateau du Tih
Elath
Akaba
Lac Karoun
Fayoum
Médinet el-Fayoum
Oasis de Siouah
Siouah
Sinaï
Beni-Souef
Biba
Golfe de Suez
Golfe d'Akaba
Dj. Moussa 2 285
2 637
Dj. Katherina
At-Tur
ARABIE SAOUDITE
El-Fashn
Beni Mazâr
Bawiti
Oasis de Bahariya
W. at Tarfa
El-Minya
Désert Occidental
Mallâwi
Tell el-Amarna
Charm el-Cheikh
Cap Mohammed
Shadwan
Hurghada
Monfalut
Nil
Assiout
Tima
Ksar Farafra
Oasis de Farafra
Qina
2 186
Port Sefâga
MER ROUGE
Sohag
Girga
Dendérah
Abydos
Qena
Quseir
Désert Arabique
Désert de Libye
LIBYE
La Vallée des Rois
La Thèbes antique et sa nécropole
Karnak
Louxor
Til Qasr
Oasis de Dakhla
Mut
El-Kharga
Oasis de Kharga
Isna
Edfou
Kom-Ombo
Baris
Dj. Hamat 1 977
Cap Banas
W. al Kaarit
Assouan
1re cataracte
Barrage d'Assouan
Temple de Philae
tropique du Cancer
Lac Nasser
Hudayn
Hadabat al-Jilf al-Kabîr
1 082
Port-Soudan
Monuments de Nubie Abou Simbel
W. al Allaqui
Oasis de Salimah
SOUDAN
100 km
32°
28°
24°
0 200 500 1 000 2 000 m
LE CAIRE capitale d'État
Gizeh chef-lieu de gouvernorat
limite d'État
limite des territoires sous administration militaire israélienne
Population des villes :
plus de 10 millions d'hab.
de 1 500 000 à 3 000 000 d'hab.
de 300 000 à 600 000 hab.
de 150 000 à 300 000 hab.
autre ville
autoroute
route principale
route secondaire
piste importante
voie ferrée
canal
port important
aéroport important
site du "patrimoine mondial" UNESCO

confirment la suprématie du parti présidentiel, mais révèlent une forte percée des Frères musulmans. En 2011, des manifestations pop. chassent H. Moubarak du pouvoir. Mohamed Morsi (Frères musulmans), élu prés. en 2012, est à son tour chassé du pouvoir en 2013 par le maréchal Sissi qui est élu prés. en 2014.

**Égypte (Campagne d')** campagne militaire commencée par Bonaparte, sur l'ordre du Directoire. Bonaparte écrasa les Mamelouks à la bataille des Pyramides (21 juillet 1798) et entra au Caire le 23 juillet, mais la flotte française fut anéantie par l'Anglais Nelson au large d'Aboukir (1er août 1798). En 1799, Bonaparte, rappelé à Paris, est remplacé par Kléber puis par Menou qui capitula en 1801.

**égyptien, enne** *n* **A** *nm* Langue de l'ancienne Égypte. **B** *nf* TYPO Caractère à empattement rectiligne et de même épaisseur que les jambages des lettres.

**égyptologie** *nf* Étude de l'Antiquité égyptienne. DER **égyptologue** *n*

**Égyptos** roi légendaire d'Égypte dont les 50 fils épousèrent les 50 Danaïdes, qui les tuèrent.

**égyrine** → **ægyrine.**

**eh !** *interj* Marque la surprise, l'admiration, la douleur, etc. *Eh ! nous voici ! Eh ! Quelle belle fille ! Eh ! vous me faites mal.* PHO [e]

**éhonté, ée** *a* litt Sans vergogne ; effronté, impudent. *Un menteur éhonté.*

**Ehrenbourg Ilia Grigorievitch** (Kiev, 1891 – Moscou, 1967), écrivain soviétique : *le deuxième jour* (1934), *la Tempête* (1947), *le Dégel* (1954).

**Ehrlich Paul** (Strehlen, Silésie, 1854 – Bad Homburg, Hesse, 1915), médecin allemand. Il préconisa les composés arsenicaux dans le traitement de la syphilis. P. Nobel de médecine 1908 avec E. Metchnikoff.

**Eichendorff Joseph (baron von)** (Lubowitz, Haute-Silésie, 1788 – Neisse, 1857), poète allemand : *Chansons de route* , *Vie des chanteurs* , *Printemps et Amour* (1837).

**Eichmann Adolf** (Solingen, 1906 – Ramla, Israël, 1962), fonctionnaire allemand qui organisa la déportation et l'extermination des Juifs dans treize pays d'Europe. Enlevé en 1960 par les services secrets israéliens en Argentine, il fut condamné à mort.

**eider** *nm* Gros canard marin, noir et blanc, abondant sur les côtes scandinaves. PHO [edɛʀ] ETY De l'islandais.

**eider**

**Eider (l')** fl. d'Allemagne (Schleswig-Holstein) qui se jette dans la mer du Nord ; 188 km.

**eidétique** *a* PHILO Qui se rapporte à l'essence des choses. **LOC** PSYCHO ***Image eidétique :*** représentation imaginaire hallucinatoire d'une parfaite netteté. PHO [ejdetik] ETY Du gr *eidos,* « forme », par l'all.

**Eifel** fragment du Massif schisteux rhénan situé, en Allemagne, entre l'Ardenne et le Rhin (746 m au Hohe Acht).

**Eiffel Gustave** (Dijon, 1832 – Paris, 1923), ingénieur français, pionnier de l'architecture du fer. Il réalisa le viaduc de Garabit (1882-1884), l'armature métallique de la statue de la Liberté (1886, New York) et, à Paris, la *Tour Eiffel*, construite (1887-1889) pour l'Exposition universelle de 1889 sur la partie du Champ-de-Mars qui borde la Seine. Entièrement métallique, elle comporte trois plates-formes : à 57,63 m, 115,73 m, et 276,13 m du sol ; masse : 7 175 t ; hauteur (antenne UHF de l'émetteur de télévision comprise) : 324 m.

illumination de la tour **Eiffel** lors de l'Exposition universelle de 1889 – lithographie de G. Garen

**Eigen Manfred** (Bochum, 1927), chimiste allemand. Il a étudié les réactions chimiques rapides. P. Nobel de chimie 1967 avec R.G.W. Norrish et sir G. Porter.

**Eiger** sommet des Alpes bernoises (3 970 m). L'ascension de sa face N., haute de 1 600 m, constitue un classique de l'alpinisme.

**eighties** *nfpl* fam Les années 80. PHO [ejtiz] ETY Mot angl.

**Eijkman Christiaan** (Nijkerk, Gueldre, 1858 – Utrecht, 1930), biologiste néerlandais. Son étude du béribéri (1896) mena à la découverte des vitamines. P. Nobel de médecine 1929 avec F. G. Hopkins.

**Eilat** → **Elath.**

**Eilenberg Samuel** (Varsovie, 1913 – New York, 1998), mathématicien américain d'origine polonaise (travaux sur la théorie des groupes).

**Einaudi Luigi** (Carru, Piémont, 1874 – Rome, 1961), homme politique et économiste italien. Collaborateur de De Gasperi, il fut président de la République de 1948 à 1955.

**Eindhoven** ville des Pays-Bas (Brabant-Septentrional), sur la Dommel ; 215 000 hab. Centre industriel. – Musée d'art moderne.

**Einsiedeln** ville de Suisse (canton de Schwyz) ; 14 900 hab. – Égl. baroque (XVIIIe s.).

**Einstein Albert** (Ulm, 1879 – Princeton, 1955), physicien et mathématicien allemand, naturalisé suisse en 1900, puis américain en 1940 ; la figure majeure de la science contemporaine. Il a édifié une théorie générale de l'Univers, la *relativité,* qui explique les phénomènes observés à l'échelle atomique ou astronomique : *relativité restreinte* (1905) et *relativité généralisée* (1916). La relation (simplifiée) d'Einstein, $E = mc^2$, qui donne l'équivalent E en énergie de la masse *m* d'un corps (*c* étant la vitesse de la lumière dans le vide), est à l'origine de la libération de l'énergie nucléaire, mais il lutta contre le danger nucléaire. Les études d'Einstein sont à la base de la mécanique quantique et statistique. V. Bose (Satyendranath). P. Nobel de physique en 1921. DER **einsteinien, enne** *a*

**einsteinium** *nm* CHIM Élément radioactif artificiel appartenant à la famille des actinides, de numéro atomique Z = 99 et de masse atomique 254 (symbole Es). PHO [enstenjɔm]

**Einthoven Willem** (Semarang, 1860 – Leyde, 1927), médecin néerlandais, pionnier de l'électrocardiographie. P. Nobel 1924.

**Eire** nom gaélique de la rép. d'Irlande.

**Eisen Charles** (Valenciennes, 1720 – Bruxelles, 1778), peintre et graveur français.

**Eisenach** ville d'Allemagne (district d'Erfurt) ; 41 500 hab. Industries. – Aux environs, chât. de la Wartburg, berceau de la Réforme. – Ville natale de J.-S. Bach.

**Eisenhower Dwight David** (Denison, Texas, 1890 – Washington, 1969), général et homme politique américain. Commandant en chef des armées alliées en Afrique du Nord (fév. 1943), puis en Europe (1944-1945), il reçut la capitulation de l'Allemagne (Reims, 7 mai 1945). Commandant en chef des forces de l'OTAN (1950), il fut élu en 1952 président (républicain) des États-Unis et réélu en 1956.

**Einstein**

**Eisenhower**

**Eisenhüttenstadt** ville d'Allemagne (Brandebourg) ; 32 214 hab. Centre sidérurgique.

**Eisenstadt** v. d'Autriche ; cap. du Burgenland ; 11 350 hab. – Château des Esterházy (XVIIe s.).

**Eisenstein Sergueï Mikhaïlovitch** (Riga, 1898 – Moscou, 1948), cinéaste soviétique. Sa conception du montage comme construction plastique et musicale a révolutionné l'art cinématographique : *la Grève* (1924), *le Cuirassé Potemkine* (1925), *Octobre* (1927), *la Ligne générale* (1929), *Que viva Mexico !* (1931-1932) inachevé et mutilé ; *Alexandre Nevski* (1938), *Ivan le Terrible* (1942-1946, inachevé). DER **eisensteinien, enne** *a*

**Eisenstein** *Octobre*, 1927

**Eisleben** ville d'Allemagne (Saxe – Anhalt) ; 27 620 hab. Industr. chimique. – Ville natale de Luther.

**éjaculat** *nm* Quantité de sperme émise lors d'une éjaculation.

**éjaculer** *vt* ① PHYSIOL Émettre du sperme lors de l'orgasme. ETY Du lat. DER **éjaculateur** *nm* – **éjaculation** *nf* – **éjaculatoire** *a*

**éjectable** *a* Qui peut être éjecté. *Cabine éjectable d'un avion.* **LOC** fam ***Être sur un siège éjectable*** : être susceptible de perdre brutalement sa place.

**éjecter** *vt* ① **1** Rejeter au-dehors avec une certaine force. **2** fam Chasser, renvoyer. ETY Du lat. DER **éjection** *nf*

**éjecteur** *nm* TECH **1** Dispositif permettant d'évacuer un fluide. **2** Pièce servant à éjecter les douilles vides d'une arme à feu automatique. **3** Ensemble formé par la tuyère et la chambre de combustion d'un moteur-fusée.

**Ek Mats** (Malmö, 1945), danseur et chorégraphe suédois. Il renouvela le ballet classique et romantique.

**Ekaterinbourg** (*Sverdlovsk* de 1924 à 1991), ville de Russie, dans l'Oural ; 1 300 000 hab. (aggl.). Centre industriel. – En juil. 1918, les bolcheviks y exécutèrent Nicolas II et toute sa famille.

**Ekaterinoslav** → **Dnipropetrovsk.**

**Ekelöf Gunnar** (Stockholm, 1907 – Sigtuna, 1968), poète suédois proche du surréalisme : *Dédicace* (1934), *Strountes* (1955).

**Ekelund Vilhelm** (Stehag, 1880 – Saltsjöbaden, 1949), poète suédois de tendance symboliste : *Sur le rivage de la mer* (1922).

**Ekofisk** riche gisement sous-marin d'hydrocarbures de la mer du Nord (zone norvégienne), relié par oléoduc à la G.-B. (Teesside) et par gazoduc à l'Allemagne (Emden).

**ektachrome** *nm* PHOTO Film en couleurs inversible. ETY Nom déposé.

**El** dieu du Ciel dans les langues sémitiques anciennes.

**Ela** (mort en 885 ou 876 av. J.-C.), roi d'Israël. Il fut assassiné par un de ses généraux, Zimri, qui usurpa le trône.

**élaboré, ée** *a* Perfectionné, recherché. *Une théorie très élaborée.*

**élaborer** *vt* ① **1** Préparer, produire par un long travail de réflexion. *Élaborer un modèle de voiture.* **2** Faire subir diverses transformations aux substances soumises à l'action d'organismes vivants, d'organes ou de glandes, ou produire certaines sécrétions. *Les abeilles élaborent le miel.* ETY Du lat. *labor*, « travail ». DER **élaboration** *nf*

**élæagnacée** → **éléagnacée.**

**elæis** *nm* Palmier à huile d'Afrique occidentale dont le fruit donne l'huile de palme, et la graine l'huile de palmiste. PHO [eleis] VAR **éléis**

**Élagabal Sextus Varius Avitus Bassianus** (en Syrie, 204 – Rome, 222), empereur romain (218-222), d'origine syrienne, grand prêtre d'un culte du Soleil (*El Gebal*) à Émèse ; il vécut dans la débauche et fut assassiné. VAR **Héliogabale**

**élaguer** *vt* ① **1** Débarrasser un arbre des branches nuisibles à son développement. **2** fig Débarrasser un texte de ce qui l'allonge inutilement. ETY De l'a. scand. *laga*, « arranger ». DER **élagage** *nm*

**élagueur** *nm* **1** Personne qui élague les arbres. **2** Émondoir.

**Élam** anc. pays recouvrant le sud-ouest de l'Iran (cap. Suse), dont les hab. saccagèrent Babylone aux XVII^e^ et XII^e^ s. av. J.-C.). Assurbanipal détruisit Suse en 639 av. J.-C., puis Darius I^er^ fit de Suse la cap. de l'empire des Achéménides (fin du VI^e^ s. av. J.-C.). DER **élamite** *a, n*

**1 élan** *nm* Cervidé de grande taille, à pelage brun, aux bois plats palmés, qui vit dans des région froides. ETY Du haut all. ▶ illustr. **bois**

**2 élan** *nm* **1** Mouvement d'un être qui s'élance, d'une chose qui est lancée vigoureusement. *Prendre son élan pour franchir un obstacle.* **2** fig Mouvement affectif provoqué par un sentiment passionné.

**élancé, ée** *a* Grand et mince, svelte. *Une jeune fille élancée. Une colonne élancée.*

**élancement** *nm* **1** Douleur vive et lancinante. *Un abcès qui provoque des élancements.* **2** TECH Rapport entre la longueur et la plus petite dimension transversale d'une pièce, d'un matériau. **3** litt Élan spirituel, mystique.

**élancer** *v* ⑫ **A** *vi* Faire éprouver des élancements. *Une blessure qui élance douloureusement.* **B** *vpr* **1** Se porter en avant avec impétuosité. *S'élancer à l'assaut.* **2** S'élever. *Le pin s'élance vers le ciel.* ETY De *lancer*.

**Élancourt** com. des Yvelines, l'une des composantes de Saint-Quentin-en-Yvelines ; 28 038 hab. DER **élancourtois, oise** *a, n*

**éland** *nm* Grande antilope africaine, dont les cornes droites sont ornées de côtes en hélice. PHO [elɑ̃] ETY De l'angl.

**élaphe** *nm* Couleuvre diurne d'Eurasie. SYN couleuvre d'Esculape. **LOC** ***Cerf élaphe*** : cerf commun d'Europe.

**élapidé** *nm* ZOOL Serpent venimeux tel que le cobra et le serpent corail.

**élargir** *vt* ③ **1** Rendre plus large, plus vaste. *Élargir un vêtement, une rue. Le fleuve s'élargit à cet endroit.* **2** fig Donner plus d'ampleur, plus de champ à. *Élargir le débat.* **3** DR Relaxer, faire sortir de prison. *Élargir un prisonnier.* DER **élargissement** *nm*

**élasmobranche** *nm* Poisson cartilagineux (chondrichtyen) dont le groupe comprend les requins et les raies. SYN sélacien. ETY Du gr. *elasmos*, « feuillet », et *branchies*.

**El-Asnam** → **Cheliff (Ech-).**

**élastase** *nf* Enzyme qui catalyse l'hydrolyse de l'élastine.

**élasthane** *nm* Fibre synthétique élastique, utilisée pour l'habillement. ETY Nom déposé.

**élasticimétrie** *nf* PHYS Mesure des déformations élastiques des matériaux.

**élasticité** *nf* **1** Propriété des corps qui tendent à reprendre leur forme première après avoir été déformés. **2** Qualité d'une chose faite de matière élastique. *L'élasticité d'un ressort.* **3** Souplesse. *L'élasticité des membres.* **4** fig Faculté d'adaptation. *L'élasticité d'un programme, d'un règlement.* **LOC** ***Limite d'élasticité*** : au-delà de laquelle le corps conserve la déformation qu'on lui a fait subir.

**élastine** *nf* BIOCHIM Protéine fibreuse du tissu conjonctif, des ligaments, des parois artérielles.

**élastique** *a, nm* **A** *a* **1** Qui possède de l'élasticité. *Le caoutchouc est élastique. Fibres élastiques.* **2** Fait de tissu ou de matière élastique. *Des bretelles élastiques.* **3** fig Souple, que l'on peut adapter facilement. *Un horaire élastique.* **4** Qui manque de rigueur. *Une conscience élastique.* **B** *nm* **1** Tissu contenant des fibres de caoutchouc. **2** Ruban circulaire de caoutchouc servant de lien. *Entourer un paquet d'un élastique.* **LOC** ***Choc élastique*** : au cours duquel l'énergie cinétique totale du projectile se conserve. — PHYS ***Corps parfaitement élastique*** : qui reprend exactement la même forme quand l'agent de sa déformation a cessé son action. — MILIT ***Défense élastique*** : qui consiste à se replier devant toute pression trop forte de l'ennemi. — ***Déformation élastique*** : qui n'est pas permanente (par oppos. à *déformation plastique*). ETY Du gr. *elaunein*, « action de pousser ».

**élastiqué, ée** *a* COUT Qui comporte une partie élastique. *Une jupe élastiquée à la taille.*

**élastofibre** *nf* CHIM Fibre élastique à base de polyuréthane.

**élastomère** *nm* CHIM Polymère possédant des propriétés élastiques.

**Élatée** v. de l'anc. Phocide, dont demeurent les ruines de plus. temples.

**élatéridé** *nm* ENTOM Coléoptère qui a la faculté de sauter lorsqu'il est sur le dos. SYN taupin.

**Elath** port israélien, sur le golfe d'Akaba ; 18 900 hab. Oléoduc vers Haïfa. VAR **Eilat**

**élavé, ée** *a* VEN Dont la couleur est pâle comme si elle avait déteint.

**Elaziğ** (anc. *Harput*), v. de Turquie (Anatolie orient.) ; ch.-l. de l'il du même nom ; 182 300 hab. Industr. alim.

**Elbasan** ville d'Albanie ; ch.-l. de la rég. du m. nom ; 74 300 hab. Industr. textile.

**Elbe** (en tchèque *Labe*), fl. d'Europe centrale (1 112 km) ; naît au mont des Géants (Bohême), coule en Rép. tchèque puis en Allemagne, où il se jette dans la mer du Nord à Hambourg ; grande voie navigable, unie par des canaux à la Weser et à l'Oder.

**Elbe (île d')** île italienne située au large de la côte toscane (prov. de Livourne) ; 223 km² ; 28 000 hab. Pyrites de fer. – Napoléon I^er^ y régna après sa première abdication (1814-1815). DER **elbois, oise** *a, n*

**Elbée Maurice Gigost d'** (Dresde, 1752 – Noirmoutier, 1794), général vendéen, capturé et fusillé par les républicains.

**Elbeuf** ch.-l. de cant. de la Seine-Maritime (arr. de Rouen), sur la Seine ; 16 666 hab. Anc. ville drapière. Industries. DER **elbeuvien, enne** *a, n*

**Elbląg** v. de Pologne, près de la Baltique ; ch.-l. de la voïévodie du m. nom ; 117 750 hab. Port fluvial. Industries.

**El-Boulaïda** → **Blida.**

**Elbourz** chaîne de montagnes du N. de l'Iran ; 5 671 m au Demāvend.

**Elbrouz** volcan éteint d'Asie, aux confins de la Russie et de la Géorgie, le plus haut sommet du Caucase (5 642 m). VAR **Elbrous**

**Elcano Juan Sebastián** (Guetaria, v. 1475 – dans le Pacifique, 1526), navigateur espagnol. Parti avec Magellan (1520), il lui survécut, atteignit les Moluques (1521) et revint en Espagne (1522), réalisant le premier tour du monde.

**Elche** ville d'Espagne (prov. d'Alicante) ; 175 650 hab. Artisanat. Palmeraie. – *La Dame d'Elche* : buste de femme en grès (V^e^-III^e^ s. av. J.-C.) évoquant la statuaire gréco-asiatique.

**Elchingen** village de Bavière, sur le Danube. – Ney, qui y vainquit les Autrichiens en 1805, fut fait duc d'Elchingen.

**Eldjárn Kristján** (Tjörn, 1916 – Chicago, 1982), homme politique islandais ; président de la République de 1968 à 1980.

**El-Djezaïr** → **Alger.**

**eldorado** *nm* Pays d'abondance, de délices.

**Eldorado** pays imaginaire d'Amérique du Sud (esp. *el* [*país*] *dorado*, « le [pays] doré ») où les conquistadores espagnols croyaient trouver des richesses fabuleuses.

**Eldridge David Roy, dit Roy** (Pittsburgh, 1911 – New York, 1989), trompettiste, chanteur et chef d'orchestre de jazz américain.

**éléagnacée** *nf* BOT Arbre ou arbuste dicotylédone, à fleurs, souvent épineux, dont la famille comprend l'éléagnus. VAR **elæagnacée**

**éléagnus** *nm* BOT Arbuste de la zone tempérée de l'hémisphère Nord, à feuillage ornemental et à petites fleurs argentées. PHO [eleagnys]

**Éléates (les)** les philosophes de l'école d'Élée, fondée au VI^e s. av. J.-C., par Xénophon de Colophon et dont les princ. représentants sont, au V^e s. av. J.-C., Parménide et Zénon d'Élée. DER **éléate** ou **éléatique** *a*

**Éléazar** (XX^e s. av. J.-C.), personnage biblique ; il combattit les Philistins avec David.

**Éléazar** (III^e s. av. J.-C.), personnage biblique ; fils et successeur d'Aaron.

**Éléazar Maccabée** (m. en 162 av. J.-C.), guerrier juif, frère de Judas Maccabée. Il lutta contre Antiochos V Eupator, roi de Syrie.

**électeur, trice** *n* Personne qui a le droit de participer à une élection.

**Électeurs (les)** les sept princes ou archevêques du Saint Empire romain germanique qui possédaient le privilège d'élire l'empereur : les archevêques de Mayence, de Trèves et de Cologne, le comte palatin du Rhin, le duc de Saxe, le margrave de Brandebourg (dit le Grand Électeur) et le roi de Bohême. Au XVII^e s., on créa deux autres électorats (Bavière, Hanovre), tout aussi honorifiques, car à partir de 1440 l'empereur fut toujours un Habsbourg.

**électif, ive** *a* **1** Choisi ou attribué par élection. *Président électif.* **2** Qui choisit de façon préférentielle. *Affinités électives.* **3** MED Se dit d'une affection dont le siège est toujours le même. DER **électivement** *av* – **électivité** *nf*

**élection** *nf* **1** Action d'élire une ou plusieurs personnes par un vote. *L'élection d'un député. Les élections municipales.* **2** THEOL Choix fait par Dieu. *L'élection du peuple d'Israël.* **LOC** DR ***Élection de domicile*** : choix d'un domicile légal. — HIST ***Pays d'élection*** : circonscription financière de l'Ancien Régime où la répartition de l'impôt était faite par des élus (par oppos. à *pays d'États*). — ***Terre, patrie d'élection*** : que l'on a choisie, pays d'adoption. ETY Du lat. DER **électoral, ale, aux** *a* – **électoralement** *av*

**électoralisme** *nm* Orientation démagogique de la politique d'un parti ou d'un gouvernement à l'approche d'une élection. DER **électoraliste** *a, n*

**électorat** *nm* **1** Qualité, droit d'électeur ; usage de ce droit. *Les conditions d'électorat.* **2** Ensemble des électeurs. **3** HIST Dignité d'Électeur, dans le Saint Empire romain germanique ; territoire administré par un Électeur.

*la Dame d'Elche* – Musée archéologique, Madrid

**Électre** fille d'Agamemnon et de Clytemnestre ; elle incita son frère Oreste à venger le meurtre de leur père en assassinant Clytemnestre et son amant Égisthe. ▷ LITTER *Électre* : tragédies de Sophocle (v. 425 av. J.-C.), et d'Euripide (v. 413 av. J.-C.). ▷ MUS *Elektra* : opéra en un acte de R. Strauss et H. von Hoffmannsthal (1909).

**électret** *nm* TECH Matériau qui crée un champ électrique permanent. *Microphone à électret.* PHO [elɛktʀɛ]

**électricien, enne** *n* **A** Spécialiste de l'étude ou des applications de l'électricité. **B** *nm* **1** Ouvrier ou artisan spécialisé dans le montage d'installations électriques. **2** Industriel de l'électricité.

**électricité** *nf* **1** Une des propriétés fondamentales de la matière, caractéristique de certaines particules (électron, proton) qui exercent et subissent l'interaction électromagnétique. **2** Courant électrique. *Panne d'électricité.* **3** Lumière électrique. *Allumer, éteindre l'électricité.*

ENC Dès le VI^e s. av. J.-C., les Grecs constatèrent que l'ambre frotté attirait de nombreux corps légers. Au XVIII^e s., des expériences ont mis en évidence l'existence de deux *charges électriques, positive* et *négative*. Coulomb exprime en 1785 les lois de la force électrique s'exerçant entre deux particules chargées immobiles. À partir de 1800, la pile de Volta permit de réaliser les premiers *courants électriques* dont l'étude fut accomplie par Ampère et complétée en 1826 par Ohm, qui établit la relation entre l'intensité traversant un conducteur et la différence de potentiel aux bornes de celui-ci ; il définit ainsi la notion de *résistance*. En 1831, Faraday établit les lois de l'*induction électromagnétique*. En 1841, Joule établit les lois régissant le dégagement de chaleur dans un conducteur *(effet Joule)*. En 1864, Maxwell prédit l'existence des *ondes électromagnétiques*. À la fin du XIX^e s., Joseph John Thomson découvre l'électron.

**Électricité de France (EDF)** établissement public créé par la loi du 8 avril 1946 qui nationalisait la production et la distribution de l'énergie électrique, ainsi que celles du gaz (Gaz de France). EDF devient une société anonyme en 2004.

**électrifier** *vt* ② Alimenter en énergie électrique. *Électrifier une vallée. Électrifier une voie ferrée.* DER **électrification** *nf*

**électrique** *a* **1** Qui a rapport à l'électricité. *Phénomène électrique. Énergie électrique.* **2** Qui produit de l'électricité. *Générateur électrique.* **3** Qui est mû par l'énergie électrique. *Cafetière électrique.* **4** fig Qui évoque par la vivacité les effets d'un courant électrique. *Tempérament électrique. Bleu électrique.* **LOC** ***Poisson électrique*** : qui produit des décharges électriques sur ses proies ou ses agresseurs. ETY Du gr. *êlektron*, « ambre jaune ». DER **électriquement** *av*

**électriser** *vt* ① **1** Communiquer une charge électrique à un corps. *Électriser par frottement, par contact.* **2** fig Causer une vive impression à, saisir, enthousiasmer. *Discours qui électrise un auditoire.* DER **électrisable** *a* – **électrisant, ante** *a* – **électrisation** *nf*

**électro-** Élément, du rad. de *électricité.*

**électro** *nf inv* Musique électronique, composée par ordinateur.

**électroacoustique** *nf, a* Science et technique des applications de l'électricité à la production, à l'enregistrement et à la reproduction des sons. *Musique électroacoustique.* DER **électroacousticien, enne** *n*

**électroaimant** *nm* Appareil constitué d'un noyau en fer doux ou en ferrosilicium et d'un bobinage dans lequel on fait passer un courant électrique pour créer un champ magnétique.

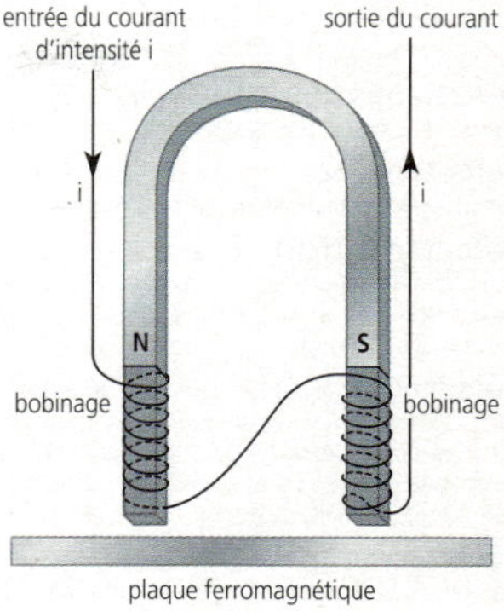


Passant dans les bobinages, le courant induit une aimantation qui attire la plaque métallique

**électroaimant**

**électrobiogenèse** *nf* BIOL Production de phénomènes électriques par les tissus vivants.

**électrobiologie** *nf* Étude des phénomènes électriques chez les êtres vivants.

**électrocardiogramme** *nm* MED Tracé obtenu par l'enregistrement de l'activité électrique du cœur au moyen d'un électrocardiographe. ABREV ECG. ▶ illustr. p. 524

**électrocardiographe** *nm* MED Appareil enregistrant les courants électriques qui accompagnent les contractions cardiaques. DER **électrocardiographie** *nf*

**électrocautère** *nm* MED Cautère constitué d'un conducteur porté au rouge par un courant électrique.

**électrochimie** *nf* Science et technique des transformations de l'énergie chimique en énergie électrique et réciproquement. DER **électrochimique** *a*

ENC Lorsqu'on plonge deux électrodes dans un milieu liquide conducteur et qu'on établit une différence de potentiel entre elles, on crée dans ce liquide un champ électrique sous l'influence duquel les ions existant dans ce milieu tendent à migrer vers les électrodes : les ions négatifs ou anions vers l'anode ; les ions positifs ou cations vers la cathode. La cathode, source d'électrons, se comporte comme un réducteur ; inversement, l'anode, avide d'électrons, se comporte comme un oxydant. Les applications de l'électrochimie sont très importantes, aussi bien en laboratoire (analyse) que dans l'industrie. Des phénomènes électrochimiques se produisent naturellement dans les roches, dans les ouvrages humains (facteurs d'érosion) et au sein des êtres vivants (transmission de l'influx nerveux, par ex.).

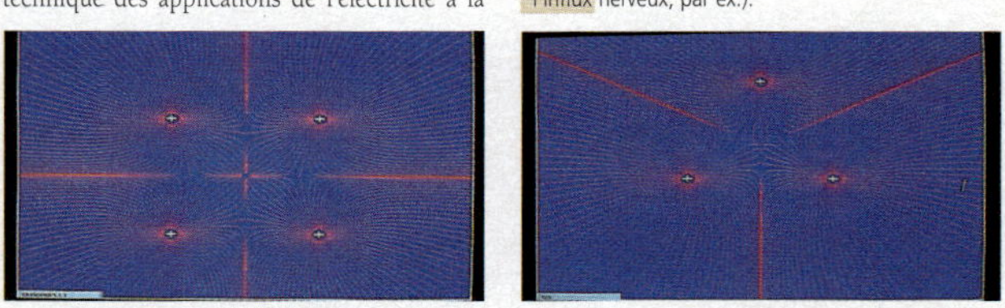

représentation du champ **électrique** de deux systèmes : à g. 4 charges identiques aux sommets d'un carré ; à dr. 3 charges identiques aux sommets d'un triangle équilatéral

**champ électrique**

**électrochoc** *nm* **1** Procédé thérapeutique utilisé en psychiatrie, qui consiste à provoquer artificiellement une crise épileptique, par le passage d'un courant électrique à travers la boîte crânienne. **2 fig** Évènement brutal, susceptible de débloquer une situation.

**électrocinétique** *nf* ELECTR Étude des effets des courants électriques, sans tenir compte des phénomènes magnétiques qu'ils provoquent.

**électrocoagulation** *nf* MED Destruction des tissus par électrothermie.

**électrocuter** *vt* ① Tuer par électrocution. *S'électrocuter en touchant une prise.* ETY De l'angl.

**électrocution** *nf* **1** Exécution des condamnés à mort par le courant électrique aux États-Unis. **2** Mort accidentelle causée par le courant électrique.

**électrode** *nf* **1** Pièce conductrice permettant l'arrivée du courant électrique au point d'utilisation. **2** MED Conducteur utilisé soit en électrothérapie, soit pour recueillir les courants électriques de l'organisme.

**électrodiagnostic** *nm* MED Diagnostic de certaines affections des nerfs ou des muscles par l'étude de leur réponse à l'action d'un courant électrique.

**électrodialyse** *nf* TECH Procédé de séparation des sels minéraux d'une solution soumise à des potentiels électriques différents de part et d'autre d'une membrane semi-perméable.

**électrodomestique** *a* Syn. de *électroménager*.

**électrodynamique** *nf, a* Partie de la physique qui a pour objet l'étude des actions mécaniques des courants électriques.

**électrodynamomètre** *nm* PHYS, TECH Appareil de mesure de l'intensité d'un courant utilisant les forces électrodynamiques.

**électroencéphalogramme** *nm* MED Tracé obtenu par électroencéphalographie. **LOC** ***Électroencéphalogramme plat*** : signe de la mort clinique ; **fig** indice de l'arrêt total d'un processus. SYN encéphalogramme.

**électroencéphalographie** *nf* MED Enregistrement graphique, au moyen d'électrodes placées à la surface du crâne, des différences de potentiel électrique au niveau de l'écorce cérébrale. DER **électroencéphalographique** *a*

**électroérosion** *nf* TECH Procédé d'usinage utilisant les étincelles produites entre une cathode et la pièce à usiner qui, plongée dans un liquide diélectrique, forme anode.

**électrofaible** *a* **LOC** PHYS ***Théorie électrofaible*** : théorie unifiée des interactions électromagnétique et faible.

**électroformage** *nm* TECH Méthode de production ou de reproduction de pièces métalliques par dépôt électrolytique.

**électrogène** *a* **didac** Qui produit de l'électricité. **LOC** ***Groupe électrogène*** : ensemble formé d'un moteur et d'une génératrice électrique.

**électrologie** *nf* **didac** Discipline qui étudie l'utilisation médicale de l'électricité. DER **électrologique** *a*

**électroluminescence** *nf* PHYS Propriété de certains corps de devenir luminescents sous l'action d'un champ électrique. DER **électroluminescent, ente** *a*

**électrolyse** *nf* CHIM Décomposition chimique de certaines substances sous l'effet d'un courant électrique. DER **électrolysable** *a* – **électrolyser** *vt* ①

**électrolyseur** *nm* CHIM Appareil servant à faire une électrolyse.

**électrolyte** *nm* CHIM Composé qui, à l'état liquide ou en solution, permet le passage du courant électrique par déplacement d'ions.

**électrolytique** *a* Qui a rapport à un électrolyte ou à l'électrolyse ; qui se fait par électrolyse. DER **électrolytiquement** *av*

**électromagnétisme** *nm* PHYS Partie de la physique dans laquelle interviennent toutes les notions liées à l'existence de charges électriques. DER **électromagnétique** *a*

ENC Une charge électrique en mouvement crée un champ de forces appelé *champ magnétique*. Une onde électromagnétique est la propagation de la variation d'un champ magnétique et d'un champ électrique (l'un étant perpendiculaire à l'autre) en ligne droite. Une onde lumineuse est une onde électromagnétique dont la longueur d'onde correspond au spectre visible. Parmi les applications de l'électromagnétisme on peut citer les communications à distance, la télévision, le radar, le laser, les appareils à micro-ondes.

**électromécanique** *nf, a* **A** *nf* Ensemble des applications de l'électricité à la mécanique. **B** *a* Se dit des mécanismes à commande électrique. *Contacteur électromécanique.* DER **électromécanicien, enne** *n*

**électroménager, ère** *a, nm* **A** *a* Se dit d'un appareil à usage domestique fonctionnant à l'électricité. SYN électrodomestique. **B** *nm* Secteur économique des appareils électroménagers.

**électroménagiste** *n* Commerçant qui vend des appareils électroménagers.

**électrométallurgie** *nf* Ensemble des techniques de préparation ou d'affinage des métaux utilisant l'électricité.

**électromètre** *nm* Appareil servant à mesurer une différence de potentiel ou une charge électrique. DER **électrométrie** *nf* – **électrométrique** *a*

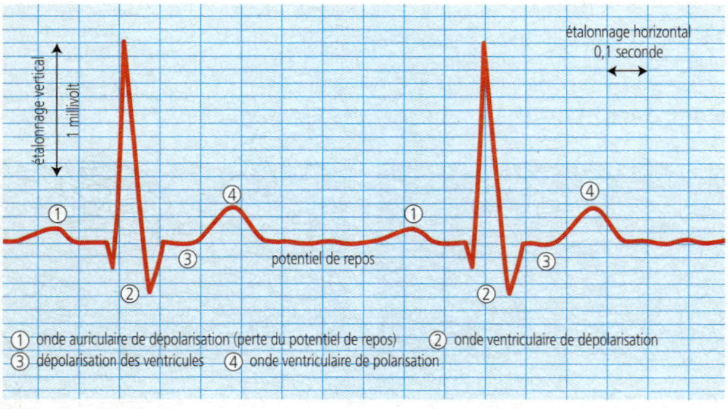


**électrocardiogramme** d'un sujet sain

**électromoteur, trice** *a* Qui produit, mécaniquement ou chimiquement, de l'énergie électrique. *Les dynamos, les piles sont des appareils électromoteurs.* **LOC** ***Force électromotrice (fém)*** : force caractéristique d'un générateur traduisant son aptitude à maintenir une différence de potentiel entre deux points d'un circuit ouvert, ou à entretenir un courant électrique dans un circuit fermé.

**électromyographie** *nf* Étude de l'activité électrique qui accompagne les contractions musculaires. DER **électromyogramme** *nm* – **électromyographique** *a*

**électron** *nm* Particule constitutive de la partie externe de l'atome, qui porte une charge électrique négative de $1{,}602.10^{-19}$ coulomb. **LOC fam** ***Électron libre*** : membre d'une organisation aux réactions imprévisibles.

**électronégatif, ive** *a* CHIM Se dit d'un élément qui a tendance à capter des électrons. ANT électropositif. DER **électronégativité** *nf*

**électronique** *a, nf* **A** *a* **1** Relatif ou propre à l'électron. *Flux électronique.* **2** Relatif à l'électronique, qui se fonde sur ses lois. *Microscope électronique.* **B** *nf* **1** Science ayant pour objet l'étude de la conduction électrique dans le vide, les gaz et les semi-conducteurs. **2** Ensemble des techniques dérivées de cette science. **LOC** ***Musique électronique*** : qui utilise des sons musicaux créés à partir d'oscillations électriques amplifiées. DER **électronicien, enne** *n* – **électroniquement** *av*

ENC C'est le domaine de la physique appliquée au traitement de signaux électriques, porteurs d'information (données, images, sons) ou d'énergie. La découverte des rayons cathodiques par Hittorf (1869) puis leur étude par Crookes, Perrin et Thompson sont à l'origine de l'électronique, car ces rayons sont constitués d'électrons accélérés par la forte différence de potentiel qui existe entre la cathode et l'anode des tubes qui les émettent. Les découvertes se succèdent : l'effet thermoélectronique par Edison en 1884, l'électron par Thompson en 1897, la lampe diode par Fleming en 1904, la théorie des semiconducteurs par Wilson en 1931, la diode à jonction par Shockley en 1948, découverte qui permettra celle des transistors, puis des circuits intégrés (1966), des microprocesseurs (1971), etc. La *microélectronique* ou *électronique intégrée* des semi-conducteurs, au silicium, a permis de réaliser plusieurs millions de composants élémentaires sur une surface de quelques millimètres carrés, sur une seule puce communément appelée *circuit intégré*. Cette miniaturisation a permis une révolution industrielle sans précédent dans de multiples domaines (informatique, télécommunications, médecine, etc.). V. semiconducteur, informatique, ordinateur.

**électroniser** *vt* ① Traiter avec des moyens électroniques. DER **électronisation** *nf*

**électronucléaire** *a, nm* **A** PHYS NUCL Qui concerne l'électricité produite par la fission nucléaire. *Centrale électronucléaire.* **B** *nm* Ensemble des techniques électronucléaires.

**électronvolt** *nm* PHYS NUCL Unité d'énergie égale à la variation d'énergie cinétique d'un électron qui subit une variation de potentiel de 1 volt (symbole eV).

**électro-optique** *nf, a* PHYS Se dit de l'étude des phénomènes lumineux liés aux phénomènes électriques. **LOC** ***Cristal électro-optique*** : cristal liquide.

**électro-osmose** *nf* TECH Entraînement électrique des liquides à travers une matière poreuse.

**électrophone** *nm* Appareil électrique de reproduction des enregistrements sonores sur disques vinyles.

**électrophorèse** *nf* CHIM Séparation, sous l'action d'un champ électrique, de molécules protéiques ionisées dont les mobilités sont différentes. *L'électrophorèse est utilisée en biochimie et dans l'industrie.*

**électroportatif, ive** *a* Se dit du petit outillage électrique facilement transportable.

**électropositif, ive** *a* CHIM Se dit d'un élément qui a tendance à perdre des électrons. ANT électronégatif.

**électropuncture** *nf* MED Thérapie utilisant des aiguilles dans lesquelles passe un courant électrique. (VAR) **électroponcture**

**électroradiologie** *nf* MED Utilisation médicale de l'électricité et de la radiologie.

**électroscope** *nm* Instrument qui sert à détecter et à mesurer les charges électriques.

**électrosensible** *a, n* Se dit de qqn dont la santé est affectée par les ondes électromagnétiques. (DER) **électrosensibilité** *nf*

**électrostatique** *nf, a* **A** *nf* ELECTR Partie de la physique qui étudie les propriétés des corps porteurs de charges électriques en équilibre. **B** *a* Relatif à l'électricité statique.

**électrostimulation** *nf* Musculation par stimulation électrique de certains muscles.

**électrostriction** *nf* ELECTR Variation des dimensions d'un diélectrique sous l'influence d'un champ électrique.

**électrotechnique** *nf, a* Se dit de l'ensemble des applications industrielles de l'électricité. (DER) **électrotechnicien, enne** *n*

**électrothérapie** *nf* MED Utilisation thérapeutique de l'électricité.

**électrothermie** *nf* TECH Ensemble des techniques reposant sur la transformation de l'énergie électrique en chaleur.

**électrovalence** *nf* **1** CHIM Valence d'un ion égale à sa charge. **2** Liaison entre deux atomes dont l'un cède à l'autre plusieurs électrons de sa couche externe. *Liaison par électrovalence.*

**électrovalve** *nf* TECH Valve dont l'ouverture et la fermeture sont commandées par un électroaimant. (VAR) **électrovanne**

**électrum** *nm* Alliage naturel d'or et d'argent. (PHO) [elektʀɔm]

**électuaire** *nm* anc Médicament composé d'extraits de plantes, de poudres minérales et de miel. (ETY) Du gr. *ekleikhein*, « lécher ».

**élédone** *nf* Mollusque céphalopode octopode méditerranéen, appelé aussi *poulpe musqué*, dont chaque tentacule n'a qu'une seule rangée de ventouses.

**Élée** v. de l'Italie anc., en Grande-Grèce (auj. *Castellamare di Velia*, Lucanie), célèbre pour ses philosophes dont Zénon d'Élée. (DER) **éléate** ou **éléatique** *a, n*

**élégance** *nf* **1** Qualité esthétique alliant la grâce, la distinction et la simplicité. *L'élégance d'un mouvement.* **2** Raffinement de bon goût dans l'habillement, les manières. **3** Aisance naturelle, brio. *Démonstration pleine d'élégance.* **4** Délicatesse, courtoisie. *Agir avec élégance.* (ETY) Du lat.

**élégant, ante** *a, n* Qui a de l'élégance. *Un style élégant. Des élégantes se promenaient autrefois sur le boulevard.* (DER) **élégamment** *av*

**élégie** *nf* LITTER Poème lyrique d'un ton mélancolique. (ETY) Du gr. (DER) **élégiaque** *a, n*

**éléis** → **elæis.**

**élément** *nm* **A 1** Chacune des choses qui, en combinaison avec d'autres, forme un tout. *Éléments d'un meuble de rangement.* **2** Personne appartenant à un groupe. *Les bons éléments d'une classe.* **3** Milieu dans lequel vit un animal. *L'eau est l'élément du poisson.* **4** CHIM Configuration atomique d'un corps caractérisée par son numéro atomique Z, qui représente le nombre de protons contenus dans le noyau. **5** MATH Être mathématique qui appartient à un ensemble ou à plusieurs. *+2, +3, +4 sont des éléments de l'ensemble N des entiers naturels.* **B** *nm pl* **1** Principes fondamentaux d'une discipline. **2** litt Ensemble des forces de la nature. *Lutter contre les éléments déchaînés.* **LOC** ***Éléments de langage :*** message type, argument rédigé par le service de communication d'un parti politique, que doivent donner les personnalités de ce parti lors de leurs interventions en public. — ***Être dans son élément :*** se sentir à l'aise en se trouvant dans un certain milieu, ou en évoquant des questions que l'on connaît bien. — ***Les quatre éléments :*** l'eau, l'air, la terre, le feu, considérés par les Anciens comme constitutifs de tous les corps dans l'Univers. (ETY) Du lat.

ENC Tous les corps qui existent à la surface de la Terre sont des combinaisons de 90 éléments naturels. Les chimistes les désignent chacun par un symbole, première lettre majuscule de leur nom actuel ou ancien, souvent suivie d'une seconde lettre minuscule pour éviter les confusions. En 1869, D. Mendeleïev proposa une classification des éléments par « poids atomiques » croissants, mais en plaçant les uns au-dessous des autres ceux qui possédaient des propriétés chimiques identiques. Le tableau périodique actuel dérive de celui de Mendeleïev, mais classe les éléments (naturels et artificiels) par numéros atomiques Z croissants ; Z est le nombre des protons présents dans le noyau atomique. Le tableau périodique actuel comprend les 90 éléments naturels et 25 éléments artificiels : le technétium (Z = 43, créé en 1937), le prométhium (Z = 61, créé en 1947) et les transuraniens (Z = 93 et au-delà) dont le nombre n'a cessé de croître depuis la découverte du neptunium (Z = 93) en 1940. Les lignes sont appelées des *périodes ;* on distingue une très courte période (H et He, Z = 1 et 2), deux courtes périodes de 8 éléments, deux longues de 18 éléments, deux très longues de 32 éléments et le début d'une huitième est prévisible. Les propriétés des éléments varient de façon régulière dans une période. Les colonnes sont appelées *groupes :* I à VII (A et B), VIII, O. Les chiffres romains indiquent le nombre d'électrons sur la couche périphérique, lequel est en relation avec la valence principale de l'élément (valence 1 pour les groupes I, 2 pour les groupes II, 1 (égale 8–7) pour les groupes VII, etc. Les propriétés chimiques sont voisines à l'intérieur d'une colonne (famille). Le groupe O, à l'extrême droite du tableau périodique, présente des éléments stables (les gaz inertes), à cause du remplissage complet des couches électroniques. ▶ annexes : **éléments chimiques**

**élémentaire** *a* **1** Qui concerne les premiers éléments d'une discipline. *Notions élémentaires.* **2** Facile à comprendre. *Ce problème est élémentaire.* **3** Réduit à l'essentiel. *La plus élémentaire des politesses.* **LOC** CHIM ***Analyse élémentaire :*** recherche des éléments présents dans un corps. — ***Cours élémentaire 1***^re^ ***et 2***^e^ ***année (CE1 et CE2) :*** dans le cycle primaire, classes intermédiaires entre le cours préparatoire et le cours moyen.

**Éléments de géométrie** traité d'Euclide (IIIe s. av. J.-C.), qui rassemble les connaissances mathématiques de l'Antiquité (372 théorèmes).

**Éléments de mathématique** traité publié par Bourbaki depuis 1939.

**Éléonore de Habsbourg** (Louvain, 1498 – Talavera, Espagne, 1558), sœur aînée de Charles Quint, reine du Portugal puis de France. Elle épousa (1519) Manuel Ier de Portugal (mort en 1521) puis François Ier (1530).

**éléotrague** *nm* Antilope africaine à cornes recourbées vers l'avant.

**éléphant** *nm* **1** Grand mammifère proboscidien herbivore à peau rugueuse, muni d'une trompe et de défenses. *L'éléphant barrit.* **2** fig, fam Personnage politique important. **LOC** ***Avoir une mémoire d'éléphant :*** avoir beaucoup de mémoire. — fam ***Éléphant blanc :*** dans les pays en voie de développement, projet gigantesque mais d'utilité douteuse. — ***Éléphant de mer :***

**éléphant** de mer

**éléphants** les genres *Elephas* (en haut, à g.) et *Loxodonta* (*Africana africana* au centre et *Africana cyclotis* à dr.) correspondent aux appellations *Éléphant d'Asie* (en bas, à g.) et *Éléphant d'Afrique* (en bas, à dr.)

grand phoque des îles Kerguelen, muni d'une petite trompe. — fam ***Un éléphant dans un magasin de porcelaine*** : une personne d'une grande maladresse. (ETY) Du lat. ▶ pl. p. 525

ENC Les éléphants appartiennent à l'ordre des proboscidiens, mammifères apparus au miocène supérieur (mastodonte, mammouth). Actuellement, il n'en subsiste que deux espèces, gravement menacées. L'éléphant d'Afrique *(Loxodonta africana)* vit dans les savanes et les forêts au sud du Sahara. L'éléphant d'Asie *(Elephas indicus)*, un peu moins grand, habite les forêts de la péninsule indienne, du Sri Lanka et de la Malaisie, ainsi qu'à Sumatra et à Bornéo.

**Elephanta (île)** îlot de la baie de Bombay (Inde), dont les collines sont creusées de sanctuaires hindouistes aux sculptures célèbres (VII$^e$-VIII$^e$ s.).

**éléphante** *nf* Éléphant femelle.

**éléphanteau** *nm* Petit de l'éléphant.

**éléphantesque** *a* fam Qui rappelle l'éléphant par sa taille, son aspect.

**éléphantiasis** *nm* MED Augmentation considérable du volume d'un membre ou d'une partie du corps, due à un œdème chronique des téguments. (PHO) [elefɑ̃tjazis] (DER) **éléphantiasique** *a*

**éléphantin, ine** *a* didac Propre à l'éléphant ; qui ressemble à l'éléphant.

**Éléphantine (île)** île du Nil, à proximité d'Assouan (Haute-Égypte). Ruines.

**éleusine** *nf* Variété de millet des zones sèches d'Afrique, consommée sous forme de couscous et qui sert à faire une sorte de bière (dolo).

**Éleusis** v. de la Grèce anc. (Attique ; auj. *Elefsina* ; 23 040 hab.). Industries. – Ruines du temple de Déméter et de Perséphone, dans lequel on célébrait les *mystères d'Éleusis* (rites secrets attachés à un culte agraire primitif). – *Grand relief d'Éleusis* (attribué à Phidias).

**Éleuthère (saint)** pape de 175 à 189, martyr.

**élevage** *nm* **1** Production et entretien des animaux domestiques ou utiles. *Élevage des volailles, des abeilles.* **2** Soins apportés à un vin en vue de son vieillissement.

**élévateur** *a, nm* **1** ANAT Se dit des muscles qui élèvent certaines parties du corps. **2** TECH Se dit des appareils de manutention capables de lever des charges. *Un chariot élévateur*

**élévation** *nf* **1** Action de lever, d'élever. *Élévation des bras. L'élévation d'un monument.* **2** LITURG CATHOL Moment de la messe où le prêtre élève l'hostie et le vin consacrés. **3** Fait de s'élever, par rapport à une échelle de grandeur. *Élévation de la température.* **4** Hauteur, terrain élevé. **5** GEOM Projection d'un objet sur un plan vertical. **6** ASTRO Hauteur d'un astre au-dessus de l'horizon. **7** Action d'élever, de s'élever à un rang supérieur. *Élévation à une dignité.* **8** Caractère élevé de l'âme, de l'esprit. *L'élévation des sentiments.*

**élévatoire** *a* TECH Qui sert à lever, à élever. *Pompe élévatoire.*

**élève** *n* **1** Personne qui fréquente un établissement scolaire. **2** Personne qui reçoit les leçons d'un maître dans un art ou dans une science. *Raphaël fut l'élève du Pérugin.* **3** MILIT Militaire qui aspire à un grade. *Élève officier d'active, de réserve.*

**élevé, ée** *a* **1** Haut. *Une montagne élevée. Des prix élevés.* **2** D'un haut niveau intellectuel ou moral. *Une âme élevée.* **LOC *Bien, mal élevé*** : qui a reçu une bonne, une mauvaise éducation.

**élever** *v* (16) **A** *vt* **1** Mettre, porter plus haut. *Élever les bras.* **2** Construire, dresser. *Élever un monument.* **3** fig Placer à un rang supérieur. *Élever qqn à la dignité de commandeur de la Légion d'honneur. S'élever dans la hiérarchie.* **4** Porter à un degré supérieur. *Élever le taux de l'escompte. La température s'élève.* **5** Assurer le développement physique et moral d'un enfant, l'éduquer. *Elle élève seule ses enfants.* **6** Faire l'élevage d'animaux. *Élever des poules et des lapins.* **B** *vpr* **1** Surgir, naître. *Des discussions, des doutes s'élèvent.* **2** Atteindre, se monter à. *La facture s'élève à 1 000 euros.* **LOC *Élever la voix, le ton*** : parler plus fort pour être mieux entendu ou être obéi. — ***Élever une critique, une protestation*** : la formuler. — MATH ***Élever un nombre à la puissance deux, trois,*** etc. : calculer son carré, son cube, etc. — ***S'élever contre*** : s'opposer violemment à. (ETY) De *lever*.

**éleveur, euse** *n* **A 1** Personne qui élève des animaux. **2** Personne qui surveille le vieillissement du vin. **B** *nf* TECH Appareil chauffé artificiellement, utilisé dans l'élevage des poussins.

**Elf Aquitaine** société pétrolière française constituée en 1941, privatisée en 1994, absorbée par Total en 2000.

**elfe** *nm* Génie des forces de la nature, dans la mythologie scandinave. (ETY) De l'angl.

**Elgar sir Edward** (Broadheath, 1857 – Worcester, 1934), compositeur anglais post-romantique : *le Songe de Gerontius* (oratorio, 1900).

**Elgin Thomas Bruce (comte d')** (Londres, 1766 – Paris, 1841), diplomate anglais qui prit la frise du Parthénon et la transporta au British Museum.

**Éli → Héli.**

**Éliacim → Joachim I$^{er}$.**

**Eliade Mircea** (Bucarest, 1907 – Chicago, 1986), historien et écrivain roumain (nombreuses œuvres écrites en français) : *Histoire des croyances et des idées religieuses* (1949-1983). Romans : *la Nuit bengali* (1933), *les Houligans* (1935).

**Elias Norbert** (Breslau, 1897 – Amsterdam, 1990), sociologue allemand. *La Civilisation des mœurs et la Dynamique de l'Occident* (1939), *la Société des individus* (posth., 1991) ont renouvelé les notions de culture et de civilisation.

**élicitation** *nf* Réaction de défense à la maladie, aux blessures, provoquée artificiellement chez une plante. (ETY) angl. *to elicit*, « provoquer ».

**éliciteur** *nm* BIOL Molécule provoquant une élicitation.

**Élide** région de l'anc. Grèce (Péloponnèse) où se trouvait Olympie.

**élider** *vt* (1) Effectuer l'élision d'une voyelle. *L'article défini s'élide devant certains mots commençant par une voyelle ou un h muet (ex. l'ami).* (ETY) Du lat.

**Élie** prophète d'Israël (IX$^e$ s. av. J.-C.) ; sa vie est relatée dans les Livres des Rois. Son ministère a fortement nourri l'espérance messianique.

**Élie d'Assise** (Castel Britti, 1171 – Cortone, 1253), franciscain italien ; l'un des prem. disciples de François d'Assise. (VAR) **frère Élie**

**Élie de Beaumont Léonce** (Canon, Calvados, 1798 – id., 1874), géologue français. Il publia la première carte géologique de la France.

**Éliézer** personnage biblique qu'Abraham chargea d'aller chercher une épouse (Rébecca) pour son fils Isaac.

**éligible** *a* **1** Qui remplit les conditions nécessaires pour pouvoir être élu. **2** fig Qui répond aux conditions exigées pour obtenir un droit, un avantage. *Des populations persécutées éligibles au statut de réfugiés. Des écoproduits éligibles au crédit d'impôts.* (ETY) Du lat. (DER) **éligibilité** *nf*

**élimer** *vt* (1) User un tissu par frottement. (ETY) De *limer*.

**éliminatoire** *a, nf* **A** *a* Qui a pour but ou résultat d'éliminer. *Épreuve éliminatoire. Note éliminatoire.* **B** *nf* SPORT Épreuve préliminaire permettant de sélectionner les concurrents les plus qualifiés. *Les éliminatoires d'un championnat.*

**éliminer** *vt* (1) **1** Écarter après sélection. *Éliminer un candidat.* ANT admettre. **2** Rejeter hors de l'organisme. *Éliminer des toxines.* **3** Faire disparaître, tuer. *Éliminer une personne gênante.* **LOC** MATH ***Éliminer une inconnue dans un système d'équations*** : en formant un système qui compte une équation de moins et dans lequel cette inconnue n'apparaît plus. (ETY) Du lat. *eliminare*, « chasser hors du seuil ». (DER) **éliminateur, trice** *n* – **élimination** *nf*

**élingue** *nf* MAR Cordage dont on entoure un objet et qui, accroché à une grue ou à un palan, sert à le soulever. (ETY) Du frq.

**élinguer** *vt* (1) MAR Entourer d'une élingue.

**élinvar** *nm* METALL Alliage de fer, de nickel et de chrome utilisé en horlogerie et en métrologie.

**Eliot John** (Widford, 1604 – Roxbury, 1690), missionnaire protestant anglais qui, en Nouvelle-Angleterre, évangélisa les Algonquins.

**Eliot Mary Ann Evans,** dite **George** (Arbury Farm, 1819 – Londres, 1880), romancière anglaise : *Adam Bede* (1859), *Silas Marner* (1861).

**Eliot Thomas Stearns** (Saint Louis, 1888 – Londres, 1965), écrivain anglais d'origine américaine. Il déplore la misère spirituelle de son temps dans la poésie (*la Terre vaine*, 1922 ; *Quatre Quatuors*, 1935-1942), la tragédie (*Meurtre dans la cathédrale*, 1935) et l'essai (*le Bois sacré*, 1920). P. Nobel en 1948.

**élire** *vt* (66) **1** vx, litt Choisir. **2** Nommer à une fonction par voie de suffrages. *Élire le président de la République au suffrage universel.* **LOC** DR ***Élire domicile*** : choisir un domicile légal ; s'installer. (ETY) Du lat. *eligere*, « choisir ».

**Élisabeth (sainte)** (I$^{er}$ s.) mère de Jean-Baptiste ; la Vierge Marie, sa parente, lui rendit visite (Visitation) après l'Annonciation, pendant la grossesse d'Élisabeth, considérée comme miraculeuse à cause de son âge avancé (Luc, I).

**Élisabeth de Hongrie (sainte)** (Sáxospatak, 1207 – Marburg, 1231), fille d'André II de Hongrie. Veuve en 1227, elle se retira dans l'hôpital qu'elle avait fondé à Marburg.

sainte Élisabeth de Hongrie

**Autriche**

**Élisabeth de Wittelsbach,** dite **Sissi** (Possenhofen, Bavière, 1837 – Genève, 1898), impératrice d'Autriche ; épouse de François-Joseph I$^{er}$. Elle fut assassinée par un anarchiste italien.

**Belgique**

**Élisabeth** (Possenhofen, 1876 – Bruxelles, 1965), fille du duc de Bavière, reine des Belges ; épouse d'Albert I$^{er}$ (1900).

**Espagne**

**Élisabeth de France** (Fontainebleau, 1545 – Madrid, 1568), reine d'Espagne ; fille d'Henri II, épouse (1559) de Philippe II.

**Élisabeth de France** (Fontainebleau, 1602 – Madrid, 1644), reine d'Espagne ; fille d'Henri IV et de Marie de Médicis, épouse (1615) du futur Philippe IV.

**Élisabeth Farnèse** (Parme, 1692 – Madrid, 1766), reine d'Espagne ; seconde épouse de Philippe V.

France

**Élisabeth d'Autriche** (Vienne, 1554 – id., 1592), reine de France, épouse (1570) de Charles IX.

**Élisabeth Charlotte d'Orléans,** dite **Mademoiselle** (Paris, 1676 – Commercy, 1744), fille de Philippe d'Orléans ; épouse de Léopold, duc de Lorraine (1698).

**Élisabeth de France,** dite **Madame** (Versailles, 1764 – Paris, 1794), sœur de Louis XVI, guillotinée.

Grande-Bretagne

**Élisabeth Ire** (en angl. *Elizabeth*) (Greenwich, 1533 – Richmond, 1603), reine d'Angleterre et d'Irlande (1558-1603). Fille d'Henri VIII et d'Anne Boleyn, elle succéda à sa demi-sœur Marie Tudor. Autoritaire, elle rétablit l'anglicanisme, fit juger et décapiter Marie Stuart, vainquit l'Invincible Armada espagnole, restaura les finances, favorisa le commerce maritime, protégea les arts et les lettres *(théâtre élizabéthain)*. Dernière Tudor, elle mourut célibataire.

Élisabeth Ire d'Angleterre

**Élisabeth II** (Londres, 1926), fille de George VI, reine de Grande-Bretagne et chef du Commonwealth (1952) ; en 1947, elle épousa Philippe de Grèce et de Danemark (V. Mountbatten). [DER] **élisabéthain, aine** *a, n*

Élisabeth II d'Angleterre

Roumanie

**Élisabeth de Wied** (Neuwied, 1843 – Bucarest, 1916), reine de Roumanie, épouse de Charles Ier ; poétesse (nommée Carmen Sylva).

Russie

**Élisabeth Petrovna** (Kolomenskoïe, près de Moscou, 1709 – Saint-Pétersbourg, 1762), fille de Pierre le Grand et de Catherine Ire. Impératrice de Russie de 1741 à 1762, elle poursuivit l'œuvre paternelle.

≪≪≫≫

**Élisée** (IXe s. av. J.-C.), prophète juif, disciple d'Élie (Bible, IIe Livre des Rois).

**élision** *nf* Suppression d'une voyelle à la fin d'un mot, quand le mot suivant commence par une voyelle ou un h muet. *L'apostrophe est le signe de l'élision en français (ex. : l'amie, l'habit).* [ETY] Du lat.

**Élissa** → **Didon.**

**élite** *nf* Ensemble formé par les meilleurs, les plus distingués des éléments d'une communauté. LOC ***D'élite*** : parmi les meilleurs. *Un tireur d'élite.* [ETY] Anc. pp. de *élire*. [DER] **élitaire** *a*

**élitisme** *nm* Système favorisant l'élite au détriment des autres membres d'une communauté. [DER] **élitiste** *a*

**élixir** *nm* **1** Philtre magique. *Élixir d'amour.* **2** PHARM Préparation pharmaceutique qui résulte du mélange d'un sirop avec un alcoolat. [ETY] De l'ar. *al-iksir*, n. de la pierre philosophale.

**Elizavetgrad** (*Kirovograd* de 1939 à 1991), v. d'Ukraine, au pied oriental de l'Oural ; 263 000 hab. Centre agricole. Industries.

**elle** *pr pers f* Désigne la troisième pers. du fém. employée comme sujet ou complément. *Elle viendra demain. Que font-elles ? On les condamna, elle et son complice.* PLUR elles. [ETY] Du lat. *illa*.

**ellébore** *nm* Plante (renonculacée) herbacée vivace, toxique, qui passait autrefois pour guérir la folie. SYN rose de Noël. LOC ***Ellébore blanc*** : vératre. [ETY] Du gr. [VAR] **hellébore**

**Ellesmere (île d')** île du Canada (Nunavut), montagneuse et couverte de glaciers ; 200 445 km².

**Ellice** → **Tuvalu.**

**Ellington Edward Kennedy,** dit **Duke** (Washington, 1899 – New York, 1974), pianiste, chef d'orchestre et compositeur de jazz américain. [DER] **ellingtonien, enne** *a*

Duke Ellington

**ellipse** *nf* **1** GRAM Procédé syntaxique ou stylistique consistant à omettre un ou plusieurs mots à l'intérieur d'une phrase, sans nuire ni à la compréhension ni à la syntaxe. **2** GEOM Lieu des points dont la somme des distances à deux points fixes (foyers) est constante. *Un astre qui gravite autour d'un autre astre décrit une ellipse.* **3** Courbe fermée de forme ovale. [ETY] Du gr. *elleipsis*, « manque ». ▶ illustr. **courbe**, pl. **géométrie**

**ellipsoïde** *nm, a* **A** *nm* GEOM Surface fermée dont le cône directeur est imaginaire et dont toute section est une ellipse. **B** *a* Qui a la forme d'une ellipse. LOC ***Ellipsoïde de révolution*** : solide engendré par la révolution d'une ellipse autour de l'un de ses axes. [DER] **ellipsoïdal, ale, aux** *a* ▶ pl. **géométrie**

**elliptique** *a* **1** Qui contient une, des ellipses. *Un énoncé, un tour elliptique.* **2** Qui utilise l'ellipse, s'exprime par allusions. *Un style elliptique.* **3** GEOM Qui a la forme d'une ellipse. [DER] **elliptiquement** *av*

**Ellison Ralph Waldo** (Oklahoma City, 1914 – New York, 1994), écrivain américain, analyste de la non-identité du Noir : *Homme invisible, pour qui chantes-tu ?* (1952).

**Ellora** village de l'Inde (État d'Ândhra Pradesh), aux temples souterrains (VIe-VIIIe s.).

**Ellroy James** (Los Angeles, 1948), auteur américain de romans noirs. *Le Dahlia noir* (1987), *L.A. Confidential* (1990) ont pour cadre la mégalopole de Los Angeles.

**Ellsworth Lincoln** (Chicago, 1880 – New York, 1951), explorateur américain : survols du pôle Nord (1926) et de l'Antarctique (1935).

**Ellul Jacques** (Bordeaux, 1912 – id., 1994), sociologue français, critique de la technocratie : *Propagandes* (1962), *le Bluff technologique* (1988).

**Elne** ch.-l. de cant. des Pyr.-Orient. (arr. de Perpignan) ; 6410 hab. – Anc. cath. (XIe-XVe s.). – Anc. cap. du Roussillon, fondée au IIe s. av. J.-C. [DER] **illibérien, enne** *a, n*

**élocution** *nf* Manière de s'exprimer oralement, d'articuler les mots. *Élocution facile. Avoir des problèmes d'élocution.* [ETY] Du lat.

**élodée** *nf* Plante d'eau douce originaire du Canada, se reproduisant très facilement, souvent utilisée dans les aquariums. [ETY] Du gr. [VAR] **hélodée**

**éloge** *nm* **1** Discours à la louange de qqn, de qqch. *Éloge académique.* **2** Louange, compliment. *Faire l'éloge de qqn. Être couvert d'éloges.* [ETY] Du gr.

**Éloge de la folie (l')** ouvrage d'Érasme (1511), écrit en latin.

**élogieux, euse** *a* Qui contient un éloge, des louanges. *Parler de qqn, qqch en termes élogieux.* [DER] **élogieusement** *av*

**Élohim (mot hébreu)** un des deux noms de Dieu dans la Bible (plur. de *El*, qui désigne la divinité dans l'ensemble du monde sémitique), *Yahvé* étant le nom de Dieu lorsqu'il s'est révélé à Israël. [VAR] **Éloïm**

**Éloi (saint)** (Chaptelat, v. 586 – Noyon, 659), orfèvre et trésorier du roi Dagobert Ier jusqu'en 640, évêque de Noyon (641-660), il évangélisa le nord de la France et la Frise.

**éloigné, ée** *a* **1** Qui est loin dans l'espace, dans le temps. *Pays éloigné. En des temps fort éloignés.* **2** fig Différent. *Un récit bien éloigné de la vérité.* LOC ***Parent éloigné*** : avec qui l'on a des liens de parenté indirects. ANT proche.

**éloigner** *v* [1] **A** *vt* **1** Mettre, envoyer loin ; écarter. *Éloigner sa chaise du feu.* **2** Séparer dans le temps, retarder. *Chaque jour nous éloigne de ces évènements.* **B** *vpr* **1** Augmenter progressivement la distance qui sépare de qqch. *Il s'éloigna à grands pas. Le bateau s'éloigne de la rive.* **2** fig Se détourner, se détacher. *Il s'éloigne de sa femme.* [ETY] De *loin*. [DER] **éloignement** *nm*

**Éloïm** → **Élohim.**

**élongation** *nf* **1** MED Traction accidentelle ou thérapeutique exercée sur un muscle, un tendon, un nerf, etc. **2** ASTRO Angle formé par la direction du Soleil et celle d'une planète inférieure, et dont le sommet est la Terre. **3** PHYS Distance d'un point en vibration, par rapport à sa position au repos.

**élonger** *vt* [13] **1** MAR Déployer un cordage, un câble pour en défaire les coques et les mettre en état de servir. **2** MED Distendre, étirer un nerf, un ligament.

**éloquence** *nf* **1** Aptitude à s'exprimer avec aisance ; capacité d'émouvoir, de persuader par la parole. **2** fig Qualité de ce qui est expressif, significatif. *L'éloquence d'un geste, d'un regard.* [ETY] Du lat. [DER] **éloquemment** *av* – **éloquent, ente** *a*

**Élorn** fl. côtier de Bretagne (51 km) ; se jette dans la rade de Brest.

**Eloy Jean-Claude** (Rouen, 1938), compositeur français, influencé par l'Extrême-Orient : *Anâhata* (1986).

**El Paso** v. des États-Unis (Texas), sur le Rio Grande ; 515 300 hab. Centre agric. et industr.

**Elsene** → **Ixelles.**

**Elseneur** (en danois *Helsingør*), v. et port du Danemark, sur l'Øresund ; 57 000 hab. Chantiers navals. – Château de Kronborg (XVIe s.) bâti à l'emplacement de la forteresse où Shakespeare a situé l'action de *Hamlet*.

**Elsevier** → **Elzévir.**

**Elskamp Max** (Anvers, 1862 – id., 1931), poète symboliste belge d'expression française : *Délectations moroses* (1923).

**Elssler Franziska,** dite **Fanny** (Gumpendorf, près de Vienne, 1810 – Vienne, 1884), danseuse autrichienne (ballets romantiques).

**elstar** *nf* Variété de pomme rouge et jaune, croquante et sucrée, créée vers 1970.

**Elster** nom de deux rivières d'Allemagne (Saxe) : l'*Elster Blanche* (195 km) se jette dans la Saale (r. dr.), l'*Elster Noire* (188 km) se jette dans l'Elbe (r. dr.).

**Eltsine** Boris Nikolaevitch (Sverdlovsk, 1931 – Moscou, 2007), homme politique russe. D'abord membre du parti communiste soviétique (suppléant au Bureau politique, exclu en 1987), il fut élu député de Moscou en 1990 puis, en 1991, président de la fédération de Russie devenue rép. indépendante en déc. En 1993, il dissout le Parlement, organise des élections qu'il remporte, et fait adopter une nouvelle Constitution renforçant les pouvoirs présidentiels. En 1996, il est réélu mais subit une opération cardiaque. Sa santé décline et les difficultés de son gouv. s'accroissent. En déc. 1999, il cède sa place à Vladimir Poutine. [VAR] **Ieltsine** [DER] **eltsinien, enne** *a*

**élu, ue** *n* **1** THEOL Personne que Dieu a admise à la béatitude. **2** Personne choisie par élection. *Les élus du peuple.* **3** Personne choisie par inclination, par amour. *Il va épouser l'élue de son cœur.* **LOC** ***Le peuple élu*** : les Hébreux.

**Éluard** Eugène Grindel, dit Paul (Saint-Denis, Seine, 1895 – Charenton-le-Pont, 1952), poète français. D'abord surréaliste : *Capitale de la douleur* (1926), *l'Immaculée Conception* (en collab. avec A. Breton, 1930), il se rallia en 1938 au parti communiste : *Au rendez-vous allemand* (1944), *Poésie ininterrompue* (1946).

**Paul Éluard** et sa femme Nush

**élucider** *vt* [1] Rendre clair ce qui est confus. *Élucider un texte. Élucider une affaire criminelle.* [ETY] Du lat. [DER] **élucidation** *nf*

**élucubrer** *vt* [1] Élaborer, construire une réflexion, un raisonnement, de manière compliquée et confuse. [ETY] Du lat. *elucubrare*, « exécuter en veillant ». [DER] **élucubration** *nf*

**éluder** *vt* [1] Éviter avec adresse, esquiver ; se soustraire à. *Éluder une difficulté, une question embarrassante.* [ETY] Du lat.

**élusif** *a* Qui élude. *Propos élusifs.*

**éluvation** *nf* GEOL Entraînement vers les horizons inférieurs de substances en solution par l'eau d'infiltration.

**éluvion** *nf* GEOL Roche constituée, sur place, par la désagrégation d'une roche préexistante. ANT alluvion. [ETY] Du lat. [DER] **éluvial, ale, aux** *a*

**Ely** ville d'Angleterre, près de Cambridge ; 15 100 hab. – Cath. Ste-Trinité (XI$^e$-XVI$^e$ s.).

**Élysée (palais de l')** palais situé à Paris, non loin des Champs-Élysées, construit par Claude Mollet en 1718. Il devint, en 1848, puis, à partir de 1873, la résidence du président de la Rép. franç. – Par ext. l'*Élysée*, la présidence de la République ; ses services. [DER] **élyséen, enne** *a*

**élyséen → Élysée (palais de l') et Élysées (champs).**

**Élysées (champs)** dans la relig. romaine, lieu du séjour délicieux des âmes vertueuses aux Enfers. [DER] **élyséen, enne** *a*

**Elytis** Odhysséas Alepudhēlis, dit Odysseus (Héraklion, 1911 – Athènes, 1996), poète grec : *To Axion esti* (1959), *Marie des brumes* (1978). P. Nobel (1979).

**élytre** *nm* ENTOM Aile antérieure, très rigide, inapte au vol, de divers ordres d'insectes tels que les coléoptères et les orthoptères. [ETY] Du gr. *elutron*, « étui ».

**élytrocèle** *nf* MED Hernie de l'intestin qui refoule la paroi postérieure du vagin. [ETY] Du gr. *elutron*, « étui ».

**elzévir** *nm* **1** Volume imprimé par les Elzévir. **2** Caractère d'imprimerie, fin, à empattement triangulaire, du type employé par les Elzévir.

**Elzévir** famille de libraires et d'imprimeurs hollandais établis à Leyde, puis à La Haye, à Copenhague, à Utrecht et à Amsterdam aux XVI$^e$ et XVII$^e$ s. Le plus ancien est **Lodewijk** (Louvain, v. 1540 – Leyde, 1617). [VAR] **Elsevier, Elzevier** [DER] **elzévirien, enne** *a*

**émacier** *vt* [2] litt Rendre très maigre. [ETY] Du lat. [DER] **émaciation** *nf*

**e-mail** *nm* **1** Courrier électronique. SYN courriel, mail **2** Adresse électronique. [PHO] [imɛl] [ETY] Mot angl.

**émail** *nm* **A 1** Matière appliquée sur les céramiques et les métaux, et qui, après passage au four, forme un enduit dur et brillant d'aspect vitreux. *Pièce d'orfèvrerie en émail cloisonné, en émail champlevé.* **2** Tôle, fonte émaillée. *Une cuisinière, un poêle en émail.* **3** Substance transparente et dure qui recouvre la couronne des dents. PLUR émaux. **B** *nm pl* **1** Objet d'art émaillé. *Les émaux de Bernard Palissy.* **2** HERALD Couleurs, métaux et fourrures de l'écu. [ETY] Du frq.

**émailler** *vt* [1] **1** Recouvrir d'émail. *Émailler de la porcelaine.* **2** Parsemer, orner de. *Émailler un discours de citations.* [DER] **émaillage** *nm*

**émaillerie** *nf* Art de l'émailleur.

**émailleur, euse** *n* Personne qui travaille l'émail.

**émaillure** *nf* TECH Art, travail de l'émailleur.

**émanation** *nf* **1** Émission, production d'effluves, d'odeurs qui se dégagent de certains corps. *Émanations pestilentielles.* **2** PHYS NUCL Corps simple gazeux (radon) provenant de la désintégration du radium, de l'actinium ou du thorium. **3** fig Ce qui émane, provient de qqch, de qqn ; manifestation. *Cette décision est une émanation de la volonté populaire.*

**émancipateur → émanciper.**

le palais de l'**Élysée**

**émancipation** *nf* **1** DR Acte juridique qui, mettant un mineur hors de la puissance parentale ou de la tutelle, lui permet d'administrer ses biens et de toucher ses revenus. **2** Action d'émanciper, de s'émanciper.

**émanciper** *v* [1] **A** *vt* **1** DR Mettre hors de la puissance paternelle par l'acte juridique de l'émancipation. **2** Affranchir d'une autorité, d'une domination. *Émanciper un peuple, une colonie.* **B** *vpr* Devenir indépendant, se libérer d'une autorité, d'une contrainte intellectuelle ou morale. *Jeunes gens qui s'émancipent.* [ETY] Du lat. *mancipium*, « propriété ». [DER] **émancipateur, trice** *a, n* – **émancipé, ée** *a, n*

**émaner** *vi* [1] **1** S'exhaler, se dégager d'un corps. *La chaleur qui émane d'un poêle.* **2** fig Provenir, découler de. *Dans un régime démocratique, le pouvoir doit émaner du peuple.* [ETY] Du lat.

**émarger** *vt* [13] **1** Mettre sa signature en marge d'un compte, d'un état, etc. *Émarger une circulaire.* **2** Toucher des appointements, un traitement. **3** TECH Rogner, diminuer la marge de. *Émarger une estampe.* [DER] **émargement** *nm*

**émasculer** *vt* [1] **1** Pratiquer l'ablation des organes sexuels mâles, châtrer. **2** fig, litt Affaiblir, diminuer la force, la vigueur de. *Texte émasculé par la censure.* [ETY] Du lat. *masculus*, « mâle ». [DER] **émasculation** *nf*

**Émaux et Camées** recueil de quatrains octosyllabiques de Th. Gautier (1852).

**émail** de Limoges peint sur cuivre doré, ciselé et repoussé : *Saint Étienne conduit hors des murs de Jérusalem*, XII$^e$ s. – trésor de l'église de Gimel-les-Cascades, Corrèze

**Emba (l')** fl. du Kazakhstan (600 km) ; naît au S. de l'Oural, se jette dans la mer Caspienne, à l'embouchure du fleuve Oural.

**Embabèh → Imbaba.**

**embâcle** *nm* Amoncellement de glaçons sur un cours d'eau, gênant ou empêchant la navigation. ANT débâcle.

**emballage** *nm* **1** Action d'emballer. *Expédier un paquet franco de port et d'emballage.* **2** Ce dans quoi on emballe un objet. *Emballage consigné.* **LOC** ***Emballage perdu*** : non remboursé par le vendeur ou l'expéditeur.

**emballagiste** *n* Industriel de l'emballage.

**emballant, ante** *a* fam Qui emballe, enthousiasme.

**emballement** *nm* **1** Fait de s'emballer ; enthousiasme, élan non contrôlé. *Montrer un grand emballement pour qqch, qqn.* **2** Action de s'emballer, en parlant d'un cheval. **3** Fonctionnement d'un moteur à un régime trop élevé.

**emballer** *v* [1] **A** *vt* **1** Empaqueter, mettre dans un emballage. *Emballer des marchandises.* **2** Faire tourner un moteur à un régime anormalement élevé. **3** fig, fam Enthousiasmer. *Le film m'a emballé.* **4** fam Faire une conquête amoureuse. **B** *vpr* **1** Échapper au contrôle de son cavalier, s'emporter, en parlant d'un cheval. **2** Tourner à un régime anormalement élevé en parlant d'un moteur. **3** fig, fam Se laisser emporter par un mouvement de colère, d'impatience ou d'enthousiasme. *Il ne peut pas aborder ce sujet sans s'emballer.* ETY De *balle,* « paquet ».

**emballeur, euse** *n* Personne dont la profession est d'emballer des marchandises.

**embarbouiller** *v* 1 **A** *vt* fam, vieilli Faire perdre à qqn le fil de ses idées. **B** *vpr* S'embarrasser, s'empêtrer. *S'embarbouiller dans des mensonges.*

**embarcadère** *nm* Aménagement pour l'embarquement ou le débarquement des passagers ou des marchandises. SYN débarcadère. ETY De l'esp.

**embarcation** *nf* Petit bateau.

**embardée** *nf* **1** MAR Brusque changement de cap d'un bateau, involontaire et momentané. **2** Écart brusque que fait un véhicule. ETY Du provenç. *embarda,* « embourber ».

**embargo** *nm* **1** DR MARIT Défense faite aux navires marchands qui se trouvent dans un port d'en sortir. **2** Mesure administrative visant à empêcher la libre circulation d'une marchandise, d'un objet. *Mettre l'embargo sur les armes.* ETY Mot esp., de *embargar,* « embarrasser ».

**embarqué, ée** *a* Se dit d'un journaliste autorisé par l'autorité militaire à suivre les combats. ETY Calque de l'angl. *embedded.*

**Embarquement pour Cythère (l')** peinture de Watteau (1717, Louvre), auj. dénommée *Pèlerinage à l'île de Cythère.* Sa réplique (1718) du chât. de Charlottenburg, à Berlin, a conservé le titre initial.

**embarquer** *v* 1 **A** *vt* **1** Charger, faire monter dans un bateau. *Embarquer des passagers, des marchandises.* **2** Recevoir par-dessus bord de l'eau de mer. *Embarquer une déferlante.* **3** Charger dans un véhicule. *Embarquer des caisses dans un camion.* **4** Installer un système informatique à bord d'un véhicule, dans un appareil. **5** fam Emmener, entraîner qqn ; arrêter et emmener qqn. *On a embarqué tous les enfants dans la voiture. La police a embarqué quelques manifestants.* **6** fam Emporter avec soi ; voler. *Ils ont embarqué ma collection de timbres.* **7** fig, fam Engager qqn dans une affaire difficile, compliquée ou malhonnête. *Il vous a embarqué dans une sale histoire.* **B** *vi, vpr* Monter à bord d'un bateau, d'un avion, d'un véhicule pour voyager. **C** *vpr* fam S'engager dans une entreprise difficile, hasardeuse ou malhonnête. *Il s'est embarqué dans une drôle d'affaire.* DER **embarquement** *nm*

**embarras** *nm* **1** Gêne, difficulté rencontrée dans la réalisation de qqch. *Causer de l'embarras à qqn.* **2** Position difficile, gênante. *Être dans l'embarras. Tirer qqn d'embarras.* **3** Perplexité, trouble, gêne. *Ma question l'avait mis dans l'embarras.* LOC ***L'embarras du choix*** : un large choix. — ***Embarras gastrique, digestif*** : trouble gastro-intestinal d'origine toxique ou infectieuse. — ***Faire des embarras*** : faire des manières, des histoires.

**embarrassé, ée** *a* **1** vieilli Encombré. **2** Compliqué, embrouillé. *Affaire embarrassée.* **3** Gêné, contraint, perplexe. *Je suis bien embarrassé pour vous répondre. Un air embarrassé.*

**embarrasser** *v* 1 **A** *vt* **1** Obstruer, encombrer. *Tous ces cartons embarrassent la pièce.* **2** Gêner la liberté de mouvement de qqn. *Votre parapluie vous embarrasse.* **3** fig Mettre qqn dans une situation difficile, gênante ; troubler. *Cette question l'embarrassait.* **B** *vpr* **1** Entraver la liberté de ses gestes en se chargeant de. *S'embarrasser de colis.* **2** Se préoccuper, se soucier à l'excès de. *Ne pas s'embarrasser de scrupules.* **3** S'empêtrer, s'emmêler dans. *S'embarrasser dans ses explications.* ETY De l'esp. DER **embarrassant, ante** *a*

**embarrer** *v* 1 **A** *vi* TECH Placer un levier sous un fardeau afin de le soulever. **B** *vpr* S'empêtrer en passant une jambe de l'autre côté du bat-flanc ou de la barre, en parlant d'un cheval à l'écurie. **C** *vt* Canada Enfermer dans un endroit d'où il est impossible de sortir.

**embase** *nf* TECH Pièce servant de support à une autre pièce.

**embasement** *nm* ARCHI Base continue qui fait saillie au pied d'un bâtiment, et sur laquelle il repose.

**embastiller** *vt* 1 **1** HIST Emprisonner à la Bastille. **2** litt, plaisant Mettre en prison.

**embauche** *nf* Possibilité d'engagement, d'offre d'emploi.

**embaucher** *vt* 1 **1** Engager un salarié. **2** fam Entraîner qqn dans une activité. *Embaucher tous ses amis pour déménager.* ETY De *débaucher.* DER **embauchable** *a* – **embauchage** *nm* – **embaucheur, euse** *n*

**embauchoir** *nm* Instrument qui sert à élargir les chaussures ou à éviter qu'elles ne se déforment. ETY De *embouchoir.*

**embaumer** *v* 1 **A** *vt* **1** Remplir un cadavre de substances balsamiques pour empêcher qu'il ne se corrompe. *Les Égyptiens embaumaient les corps des pharaons.* **2** Remplir d'une odeur agréable, parfumer. *Ce bouquet embaume la chambre.* **B** *vi* Exhaler un parfum. *Ces roses embaument.* DER **embaumement** *nm* – **embaumeur** *nm*

**embellie** *nf* **1** MAR Calme passager du temps, de la mer. **2** fig Amélioration momentanée. *Un jour d'embellie pendant une semaine difficile.*

**embellir** *v* 3 **A** *vt* **1** Rendre beau ou plus beau. *Embellir un appartement.* **2** fig Orner aux dépens de l'exactitude ; enjoliver. *Embellir la réalité.* **B** *vi* Devenir beau, ou plus beau. *Un enfant qui embellit chaque jour.* LOC ***Ne faire que croître et embellir*** : augmenter en bien ou, iron, en mal. DER **embellissement** *nm* – **embellisseur** *am*

**emberlificoter** *vt* 1 fam **1** Embrouiller, emmêler. *Emberlificoter une ficelle. S'emberlificoter dans ses explications.* **2** fig Enjôler, séduire qqn pour le tromper. *Il vous a emberlificoté avec de belles promesses.* ETY De *berloque,* anc. forme de *breloque.* DER **emberlificoteur, euse** *n*

**embêtement** *nm* fam Ennui, souci, contrariété. *Une vie pleine d'embêtements.*

**embêter** *v* 1 fam **A** *vt* Contrarier, ennuyer ; importuner. *Cesse donc de m'embêter !* **B** *vpr* S'ennuyer fortement. *Un citadin qui s'embête à la campagne.* DER **embêtant, ante** *a*

**embeurrée** *nf* CUIS Légumes sautés au beurre.

**embiellage** *nm* TECH Ensemble des bielles d'un moteur et de leurs liaisons avec le vilebrequin.

**Embiez (îles)** petit archipel du Var, face à Sanary. Tourisme.

**emblaver** *vt* 1 AGRIC Ensemencer une terre de blé ou de toute autre céréale. ETY De *blé.* DER **emblavage** *nm*

**emblavure** *nf* AGRIC Terre emblavée.

**emblée (d')** *av* Du premier coup, sans difficulté. *Être reçu d'emblée.* ETY De l'a. fr. *embler,* « se précipiter sur ».

**emblématique** *a* **1** Qui sert d'emblème ; relatif à un emblème. *Le croissant, figure emblématique de l'islam.* **2** Exemplaire, très représentatif, qui sert de référence. *Une mesure emblématique de la lutte contre le chômage.* DER **emblématiquement** *av*

**emblème** *nm* **1** Figure symbolique, conventionnelle, le plus souvent accompagnée d'une devise. *La nef, emblème de Paris.* **2** Attribut, marque extérieure représentant une autorité, une corporation, une ligue, un parti, etc. *La grenade, emblème de la gendarmerie.* **3** Être ou objet devenu, par tradition, la représentation d'une chose abstraite. *Le coq, emblème de la vigilance.* ETY Du gr. *emblêma,* « ornement ».

**embobeliner** *vt* 1 fam Embobiner. ETY De l'a. fr. *bobelin,* « brodequin ».

**embobiner** *vt* 1 **1** Enrouler sur une bobine. *Embobiner du fil.* **2** fam Enjôler, séduire. ETY Altér. de *embobeliner.*

**emboîtage** *nm* **1** TECH Action d'emboîter, de mettre en boîte. **2** Cartonnage, étui qui protège un livre de luxe. VAR **emboitage**

**emboîtement** *nm* Assemblage constitué par deux pièces qui s'emboîtent. VAR **emboitement**

**emboîter** *vt* 1 Faire pénétrer une pièce dans une autre, assembler des pièces en les ajustant. *Emboîter des tuyaux. Poupées gigognes qui s'emboîtent les unes dans les autres.* LOC ***Emboîter le pas à qqn*** : le suivre de près ; fig l'imiter. VAR **emboiter** DER **emboîtable** ou **emboitable** *a*

**emboîture** *nf* TECH Endroit où deux pièces s'emboîtent ; manière dont elles s'emboîtent. VAR **emboiture**

**embole** *nm* MED Corps qui oblitère un vaisseau, provoquant l'embolie.

**embolie** *nf* MED Oblitération d'un vaisseau par un caillot, des cellules malignes ou des bulles de gaz. *Embolie pulmonaire, cérébrale.* ETY Du gr., par l'all.

**embolisation** *nf* MED **1** Formation d'une embolie. **2** Administration thérapeutique par des sondes intravasculaires d'emboles dans le lieu précis où ils doivent agir.

**embolisme** *nm* ANTIQ GR Intercalation d'un mois lunaire destiné à rétablir la concordance de l'année lunaire avec l'année solaire, dans le calendrier athénien et dans le calendrier israélite ; ce mois. DER **embolismique** *a*

**embonpoint** *nm* État d'une personne bien en chair. *Prendre de l'embonpoint.* ETY De *en bon point,* « en bon état ».

**embosser** *vt* 1 **1** MAR Maintenir l'axe longitudinal d'un navire dans une direction fixe en l'amarrant. **2** TECH Imprimer en relief sur une carte de paiement le nom et le numéro du titulaire. **3** INDUSTR Introduire la préparation de viande dans le boyau pour fabriquer une saucisse ou un saucisson. ETY De *bosse,* « cordage ». DER **embossage** *nm*

**embouche** *nf* Prairie très fertile où l'on pratique l'engraissement des bestiaux ; engraissement des bestiaux en prairie.

**embouché, ée** *a* LOC fam ***Être mal embouché*** : parler, se conduire avec grossièreté.

**emboucher** *vt* 1 **1** MUS Mettre à la bouche un instrument à vent. *Emboucher un clairon.* **2** Mettre le mors dans la bouche d'un cheval. *Emboucher un cheval*

**embouchoir** *nm* **1** MUS Embouchure. **2** Anneau fixant le canon d'un fusil sur le fût.

**embouchure** *nf* **1** Endroit où un cours d'eau se jette dans la mer, dans un lac. *Le Havre se trouve à l'embouchure de la Seine.* **2** MUS Partie d'un instrument à vent qu'on place contre les lèvres ou dans la bouche. **3** Partie du mors qui entre dans la bouche du cheval.

**embouquer** *vt* 1 MAR Pénétrer dans une passe étroite. ETY Du provenç. *bouca,* « bouche ».

**embourber** *vt* 1 **1** Engager, enfoncer dans un bourbier. *Embourber un camion. Le tombereau s'est embourbé.* **2** fig Engager dans une situation difficile. *Il s'embourbe dans des explications maladroites.*

**embourgeoiser** *v* 1 **A** *vt* Donner un caractère bourgeois à. **B** *vpr* Prendre le caractère, les habitudes, les modes de vie et de pensée bourgeois. *Un anticonformiste qui s'est embourgeoisé avec l'âge.* DER **embourgeoisement** *nm*

**embourrer** *vt* 1 TECH Rembourrer.

**embourrure** *nm* TECH Toile grossière qui sert à maintenir le rembourrage des sièges. (PHO) [ɑ̃buʀyʀ]

**embout** *nm* Garniture fixée à l'extrémité d'un objet pour en éviter l'usure ou pour y emboîter un élément. *Un embout de parapluie. Embout d'une seringue.*

**embouteiller** *vt* ① **1** Mettre en bouteilles. *Embouteiller du vin.* **2** Barrer une voie en y provoquant un encombrement. *Camion à l'arrêt qui embouteille une rue.* (DER) **embouteillage** *nm*

**embouteilleur** *nm* Entreprise d'embouteillage de liquides.

**emboutir** *vt* ③ **1** TECH Donner une forme à une plaque de métal par compression. **2** Heurter violemment, défoncer. *Il a embouti l'arrière de ma voiture.* **3** TECH Garnir un ornement d'un revêtement de protection. (ETY) De *bout,* « coup ». (DER) **emboutissage** *nm*

**emboutisseur, euse** *n* **A** Ouvrier, ouvrière spécialisé(e) dans l'emboutissage. **B** *nf* TECH Machine-outil servant à emboutir.

**embranchement** *nm* **1** Division en branches, en rameaux, d'un tronc d'arbre et, par ext., d'une voie, d'une canalisation, etc. ; point où s'opère cette division. **2** BIOL Unité systématique de division des animaux, des bactéries, des végétaux, entre le règne et le sous-embranchement.

**embrancher** *vt* ① Opérer la jonction d'une conduite, d'une canalisation, d'une voie, etc., avec une autre. *Chemins forestiers qui s'embranchent sur une route départementale.*

**embrasement** *nm* **1** litt Incendie vaste et violent. **2** litt Illumination, ardente clarté. *L'embrasement d'une cathédrale par le soleil qui passe à travers les vitraux.* **3** fig Agitation, effervescence.

**embraser** *vt* ① litt **1** Mettre le feu à. *La paille s'embrasa en quelques instants.* **2** Échauffer extrêmement. *Un soleil de plomb embrase l'air.* **3** fig Illuminer, donner l'aspect d'un grand incendie à. *Le soleil embrasait le couchant.* **4** Répandre sa violence destructrice, meurtrière sur. *La guerre a embrasé une partie du Moyen-Orient.* **5** Exalter, remplir de ferveur. *L'amour embrasait son cœur.* (ETY) De *braise.*

**embrassade** *nf* Action de deux personnes qui s'embrassent.

**embrasse** *nf* Bande d'étoffe, passementerie, cordon servant à retenir un rideau.

**embrassé, ée** *a* LOC HERALD *Écu embrassé :* se dit d'un écu partagé en trois triangles, celui du milieu étant de couleur, les autres de métal, ou inversement. — VERSIF *Rimes embrassées :* groupées par quatre (deux masculines, deux féminines), la première rimant avec la quatrième, la deuxième avec la troisième.

**embrasser** *vt* ① **1** Serrer, étreindre entre ses bras. **2** Donner un baiser, des baisers à. *Embrasser un enfant. Ils s'embrassèrent tendrement.* **3** fig Saisir par la vue une vaste étendue. *Un point de vue élevé d'où l'on embrasse toute la vallée.* **4** fig Saisir par l'intelligence un vaste ensemble. *Vouloir embrasser tous les problèmes à la fois.* **5** fig Contenir, englober. *Cette science embrasse bien des matières.* **6** fig Choisir, prendre un parti, adopter une idée, une carrière. *Embrasser la carrière préfectorale.* (DER) **embrassement** *nm*

**embrasure** *nf* **1** Ouverture pratiquée dans l'épaisseur d'un mur pour y placer une porte ou une fenêtre. **2** Ouverture pratiquée dans le mur d'un ouvrage fortifié pour permettre le tir.

**embrayage** *nm* **1** Action d'embrayer. **2** Dispositif permettant d'embrayer. *Embrayage à disque, à plateau, hydraulique.*

**embrayer** *v* ㉑ **A** *vt* Mettre en contact deux pièces dont l'une entraîne l'autre. **B** *vi* **1** Établir la communication entre un moteur et des organes mécaniques dans un véhicule automobile. ANT débrayer. **2** fam Se mettre au travail dans une usine. LOC fam *Embrayer sur qqch :* commencer, entreprendre une action ; avoir une influence sur un groupe, sur un processus. (ETY) De *braie,* « traverse mobile de moulin à vent ».

**embrayeur** *nm* LING Syn. de *déictique.*

**embrever** *vt* ⑯ TECH Assembler obliquement deux pièces. (DER) **embrèvement** *nm*

**embrigader** *vt* ① **1** vx Grouper des régiments, des hommes en brigades. **2** Faire entrer des gens dans un mouvement dont la discipline réduit la liberté individuelle. *Refuser de se laisser embrigader.* (DER) **embrigadement** *nm*

**embringuer** *vt* ① fam Engager fâcheusement dans. *S'embringuer dans une affaire douteuse.*

**embrocation** *nf* MED Application d'une préparation huileuse sur une partie du corps malade ou fatiguée ; ce liquide. (ETY) Du lat.

**embrocher** *vt* ① **1** Mettre à la broche un morceau de viande, une volaille. **2** fam Blesser qqn avec une arme pointue. (DER) **embrochement** *nm*

**embroncher** *vt* ① TECH Disposer des ardoises, des tuiles, de manière à ce qu'elles se chevauchent régulièrement. (ETY) De l'a. fr. *bronc,* « saillie ». (DER) **embronchement** *nm*

**embrouillamini** *nm* fam Confusion, désordre.

**embrouille** *nf* fam Affaire confuse et emmêlée destinée à tromper.

**embrouiller** *vt* ① **1** Mettre en désordre, emmêler. *Embrouiller un écheveau.* **2** fig Rendre obscur, compliqué, confus. *Embrouiller une affaire.* **3** Faire perdre le fil de ses idées à, troubler qqn. *À force d'entrer dans les détails, il a fini par m'embrouiller. S'embrouiller dans ses comptes.* (DER) **embrouillage** ou **embrouillement** *nm* – **embrouillé, ée** *a*

**embroussaillé, ée** *a* **1** Encombré de broussailles. *Un chemin tout embroussaillé.* **2** fig Emmêlé. *Cheveux embroussaillés.*

**embrumer** *vt* ① **1** Couvrir, charger de brume. **2** fig, litt Assombrir, attrister. *Les chagrins qui embrument la vie.*

**Embrun** ch.-l. de cant. des Htes-Alpes (arr. de Gap) ; 6 152 hab. Stat. clim. – Égl. (XIIe s.). (DER) **embrunais, aise** *a, n*

**embruns** *nm pl* Bruine formée par les vagues qui se brisent et transportée par le vent. (ETY) Mot provenç.

**embryo-** Élément, du gr. *embruon,* « embryon ».

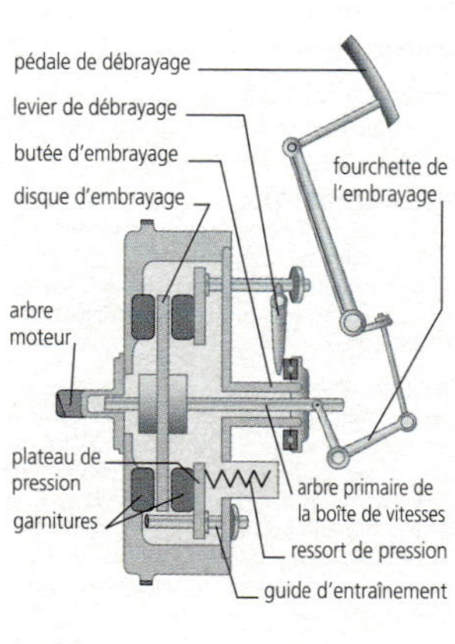


**embrayage**

**embryogenèse** *nf* BIOL Développement de l'embryon animal ou végétal. (VAR) **embryogénie** (DER) **embryogénique** *a*

(ENC) L'embryogenèse animale aboutit soit à une larve (ex. : le têtarc), soit à un jeune qui possède tous les organes de l'adulte, mais dont certains ne sont pas encore fonctionnels (ex. : l'appareil génital). Les divers stades de l'embryogenèse d'un vertébré sont : la *morula,* résultat de la segmentation initiale, la *blastula,* la *gastrula* et, enfin, la *neurula.* Tous les animaux sont formés à partir de deux feuillets cellulaires : ectoderme et mésoderme (animaux dits pour cette raison *diploblastiques*), ou de trois feuillets cellulaires : ectoderme, mésoderme et endoderme (animaux supérieurs, dits *triploblastiques*).

**embryologie** *nf* BIOL Partie de la biologie qui étudie l'embryogenèse. (DER) **embryologique** *a* – **embryologiste** *n*

**embryon** *nm* **1** BIOL Vertébré aux premiers stades de son développement, qui suivent la fécondation. *Pour l'espèce humaine, on parle d'embryon pour les deux premiers mois, puis de fœtus.* **2** BOT Germe qui donne naissance à une plantule. **3** fig Chose inachevée, à peine commencée ; germe. *Un embryon de projet.* (ETY) Du gr. *bruein,* « croître ». (DER) **embryonnaire** *a*

**embryonné, ée** *a* Se dit d'un œuf fécondé contenant un embryon.

**embryopathie** *nf* MED Malformation congénitale due à une atteinte de l'embryon humain au cours de son développement.

**embryoscopie** *nf* Technique d'examen de l'embryon *in utero.*

**embryotomie** *nf* CHIR Résection d'un fœtus mort, pour faciliter son extraction par les voies naturelles.

**embu, ue** *nm, a* **A** *nm* Ton terne et mat que prend une peinture, un tableau en séchant. **B** *a* PEINT Qui présente des embus. *Couleurs embues.* (ETY) Pp. de l'a. v. *emboire,* « s'imprégner de ».

**embûche** *nf* **1** Machination destinée à nuire à qqn, ruse. **2** Difficulté, obstacle. *Parcours plein d'embûches.* (VAR) **embuche**

**embuer** *vt* ① Couvrir de buée, voiler. *Avoir les yeux qui s'embuent.*

**embuscade** *nf* Stratagème qui consiste à se cacher pour surprendre l'ennemi. *Tendre une embuscade. Tomber dans une embuscade.* (ETY) De l'ital. *bosco,* « bois ».

**embusqué** *nm* Mobilisé affecté par faveur à un poste sans danger en temps de guerre.

**embusquer** *vt* ① Mettre en embuscade. *Embusquer des hommes derrière des taillis. S'embusquer dans un recoin.*

**Emden** v. et port d'Allemagne (Basse-Saxe), près de l'embouchure de l'Ems ; 49 560 hab. Port de pêche et centre industr. ; terminal du gazoduc d'Ekofisk.

**EMDR** *nm* PSYCHO Thérapie comportementale consistant en une désaccoutumance psychologique grâce à des mouvements oculaires. (ETY) Sigle de l'angl. *eye movement desensitization and reprocessing.*

**éméché, ée** *a* Légèrement ivre.

**émeraude** *nf, a inv* **A** *nf* Pierre précieuse de couleur vert bleuté, variété de béryl. **B** *a inv* Vert clair un peu bleuté. (ETY) Du gr.

**émergence** *nf* **1** Action d'émerger ; état de ce qui émerge. **2** ASTRO Émersion. **3** fig Apparition soudaine de quelque chose, arrivée au premier plan de quelqu'un. LOC *Point d'émergence d'une source :* l'endroit par où elle sort.

**émergent, ente** *a* **1** Qui émerge. **2** fig Qui commence à apparaître, à exister, à se manifester à un moment donné. **3** ECON Se dit de pays en cours de développement rapide. *Les marchés émergents du continent asiatique.* **4** PHYS Se dit de particules, d'ondes, de rayons qui sortent d'un milieu après l'avoir traversé.

**émerger** *vi* 13 **1** Se dégager, sortir d'un milieu après y avoir été plongé ; apparaître au-dessus du niveau de l'eau. **2** ASTRO Réapparaître après avoir été occulté, en parlant d'un astre. **3** **fig** Sortir de l'ombre, apparaître plus clairement. *Un espoir de solution commençait à émerger.* **4** Se distinguer parmi d'autres. **5** **fam** Sortir du sommeil, d'une situation difficile. *Avoir du mal à émerger.* ETY Du lat. *emergere*, de *mergere*, « plonger ».

**émeri** *nm* Variété de corindon qui, réduit en poudre, est utilisé comme abrasif, antidérapant, etc. **LOC** ***Bouchage à l'émeri :*** bouchage hermétique obtenu en dépolissant à l'émeri les parties en contact. — **fam** ***Être bouché à l'émeri :*** complètement borné. — ***Toile, papier (d')émeri :*** sur lesquels est collée de la poudre d'émeri, et qui servent à poncer. ETY Du lat.

**émerillon** *nm* **1** Petit faucon de Scandinavie qui hiverne en Europe occidentale. **2** TECH Système de jonction de deux pièces, permettant à chacune de tourner sur elle-même indépendamment de l'autre. ETY Du frq.

**émeriser** *vtr* 1 TECH Garnir d'émeri.

**éméritat** *nm* Dignité de professeur émérite.

**émérite** *a* **1** **vieilli** Qui est à la retraite et jouit des honneurs de son titre. *Professeur émérite.* **2** Qui a acquis une connaissance remarquable d'une science, d'un art, d'un métier. *Technicien émérite.* ETY Du lat. *emeritus*, « vétéran ».

**émersion** *nf* **1** **didac** Action, fait d'émerger. *Émersion d'un sous-marin.* **2** ASTRO Réapparition d'un astre après une éclipse ou une occultation.

**Emerson** Ralph Waldo (Boston, 1803 – Concord, Massachusetts, 1882), philosophe américain. Ses conférences sur *la Nature* (1836) ont exposé son transcendantalisme panthéiste.

**émerveiller** *vt* 1 Frapper d'admiration. *Émerveiller l'auditoire par son savoir. S'émerveiller de peu de chose.* DER **émerveillement** *nm*

**Émery** Jacques André (Gex, 1732 – Issy-les-Moulineaux, 1811), prélat français. Il s'opposa à Napoléon qui voulait restreindre les pouvoirs du pape en France.

**Émery** Michel Particelli (sieur d') (Lyon, v. 1595 – Paris, 1650), financier français d'origine italienne ; surintendant des Finances (1647-1649), il suscita (en partie) la Fronde du Parlement.

**Émèse** anc. v. de Syrie (auj. *Homs*), sur l'Oronte ; célèbre temple du Soleil, dont Élagabal fut le grand prêtre.

**émétique** *a, nm* MED Qui provoque le vomissement. *Substance émétique.* ETY Du gr.

**émetteur, trice** *a, n* **A** Qui émet. *La banque émettrice. Un émetteur de chèque sans provision.* **B** *nm* **1** Appareil qui émet des ondes radioélectriques. **2** Station émettrice de radiodiffusion ou de télévision.

**émettre** *vt* 60 **1** Mettre en circulation. *Émettre des billets de banque.* **2** Produire, envoyer vers l'extérieur. *Émettre un son. Émettre un rayonnement.* **3** Transmettre, diffuser un programme de radio, de télévision. *Cette station cesse d'émettre à 21 heures.* **4** **fig** Exprimer. *Émettre une opinion, un avis favorable.* ETY Du lat. *emittere.*

**émeu** *nm* Grand oiseau ratite à plumage gris et brun, aux ailes réduites, vivant en bandes dans les plaines d'Australie. ETY D'un mot des îles Moluques.

**émeute** *nf* Soulèvement populaire, le plus souvent spontané. ETY De *émouvoir.*

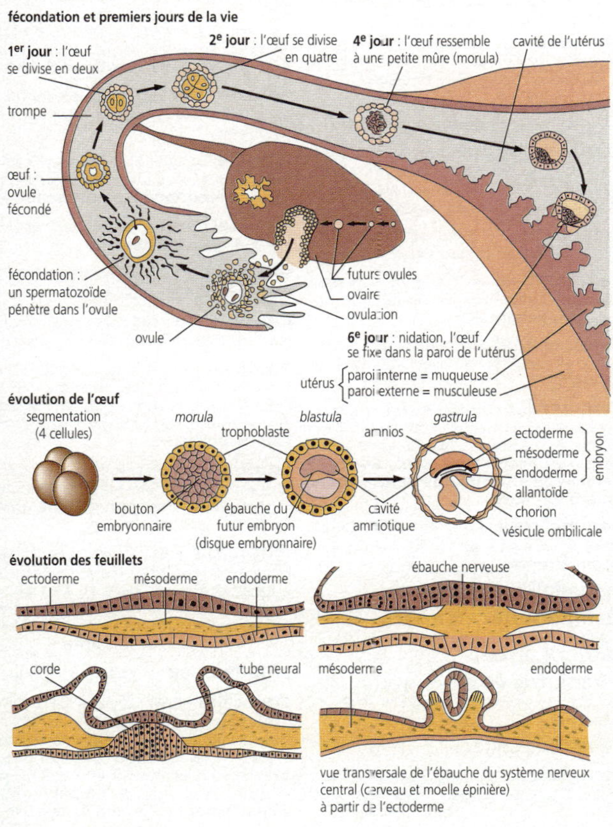


**embryogenèse**

**émeutier, ère** *n* Personne qui fomente une émeute ou y prend part.

**-émie** Élément, du gr. *haima*, « sang ».

**émiettée** *nf* CUIS Ingrédient émietté.

**émietter** *vt* 1 **1** Réduire en miettes. *Émietter du pain.* **2** Réduire en petites parcelles, disperser, éparpiller. *Émietter ses forces. Le pouvoir s'émiette.* DER **émiettement** *nm*

**émietteur** *nm* AGRIC Rouleau servant à ameublir le sol avant semis.

**émigration** *nf* **1** Action d'émigrer ; ensemble des personnes qui émigrent ou qui ont émigré. *L'émigration russe en France après la révolution communiste de 1917.* **2** **fig** Ensemble des nobles émigrés hors de France pendant la Révolution.

**émigrer** *vi* 1 Quitter son pays pour aller s'établir dans un autre. ETY Du lat. DER **émigrant, ante** *n* – **émigré, ée** *a, n*

ENC Sous la Révolution, les nobles qui quittèrent la France (le futur Charles X, dès le 17 juillet 1789) et se réfugièrent, le plus souvent, à Coblence, mais gagnèrent aussi la Russie, les États-Unis, etc. En fév. 1792, leurs biens furent mis sous séquestre et vendus à des bourgeois à partir de juillet. Sous le Consulat, la loi du 26 avril 1802 amnistia les émigrés, mais la plupart ne rentrèrent qu'en 1814, pour repartir durant les Cent Jours. En 1825, le *milliard des émigrés* les indemnisa

**Émile** (ou *De l'éducation*) ouvrage didactique en 5 livres de J.-J. Rousseau (1762).

**Émilien** → **Scipions.**

**Émilienne** (République) formée en 1796 à Modène, avec l'appui de Bonaparte. Elle se fondit ensuite dans la République Cisalpine.

**Émilie-Romagne** région d'Italie et de l'UE, sur l'Adriatique, entre l'Apennin et le Pô inférieur, formée des prov. de Bologne, Ferrare, Forli, Modène, Parme, Plaisance, Ravenne, Reggio nell'Emilia ; 22 123 km² ; 3 931 000 hab. ; cap. *Bologne.* Richesses agric. et industrielles.

**émincé** *nm* Mince tranche de viande cuite, accompagnée d'une sauce. *Un émincé de veau.*

**émincer** *vt* 12 Couper en tranches minces.

**éminemment** *av* Excellemment, au plus haut degré. PHO [eminamɑ̃]

**éminence** *nf* **1** Élévation de terrain, hauteur, monticule. *Une éminence d'où l'on embrasse tout le paysage.* **2** ANAT Saillie, protubérance. **3** Titre d'honneur donné aux cardinaux. *Son Éminence le cardinal Untel.* **LOC HIST** ***Éminence grise :*** surnom donné au père Joseph, conseiller de Richelieu ; **fig** conseiller secret très écouté.

**éminent, ente** *a* **1** Supérieur en mérite, en condition. *Position éminente.* **2** Remarquable, considérable. *Personnage éminent.* ETY Du lat.

**éminentissime** *a* Titre honorifique réservé aux cardinaux en certaines occasions.

**Eminescu** Mihaïl (Ipoteşti, près de Botoşani, 1850 – Bucarest, 1889), écrivain roumain romantique, le plus grand poète de son pays : *l'Étoile du soir, Épître V, Dalila*, etc. Nouvelles : *le Pauvre Dionis* (1872), *Cesara* (1876).

**Emin pacha** Eduard Schnitzer, dit Mehmet (Oppeln, 1840 – Kinena, Congo, 1892), voyageur allemand. D'abord médecin de l'armée turque, il explora le Soudan, l'Ouganda ; il fut assassiné en Afrique équatoriale.

**émir** *nm* **1** Titre attribué autrefois aux descendants du Prophète, puis conféré par les califes aux titulaires des grands commandements. **2** Nom donné à certains chefs, souverains ou princes, dans les pays musulmans. ETY De l'ar.

**émirat** *nm* **1** Dignité d'émir. **2** État gouverné par un émir.

**Émirats arabes unis (Fédération des)** État du golfe Persique, issu de la réunion, le 3 décembre 1971, de sept émirats : Abu Dhabi, Dubaï, Chardja, Adjman, Umm al-Qaywayn, Fudjayra et Ra's al-Khayma ; 77 800 km$^2$ ; 9,6 millions d'hab. ; cap. *Abu Dhabi.* Langue off. : arabe. Monnaie : dirham des Émirats arabes unis. Relig. : islam. [DER] **émirati, ie** ou **émirien, enne** *a, n*
**Géographie** Parcelles du désert arabique, les Émirats vivaient de l'élevage nomade, de la pêche et de la vente de perles avant de devenir une richissime zone pétrolière (10 % des réserves mondiales), surtout à Abu Dhabi (qui dispose aussi de la 4e réserve de gaz naturel du monde), à Dubaï et Chardja. Le développement accéléré a attiré plus d'1 million de travailleurs étrangers (Pakistanais, Indiens et Arabes majoritairement).
**Histoire** La région est reconnue par les Portugais, qui y fondent des escales, puis par les Anglais (1622). À partir du XVIIe s., la piraterie lui vaut le nom de *Côte des Pirates.* En 1853, la G.-B., qui désire la sécurité de sa navigation, impose aux émirs une trêve inviolable (d'où le nouveau nom d'*États de la Côte de la Trêve*), puis son protectorat (1892). Après le retrait des Britanniques (1971), la fédération devient l'un des États les plus riches du monde. Son fondateur, le cheikh Zayed ibn Sultan al-Nahyan (1918-2004), souverain d'Abu Dhabi, en est devenu le président en 1971. Son fils Khalifa ben Zayed Al Nahyane lui succède à sa mort. ▶ carte **Arabie**

**1 émissaire** *nm* Personne envoyée pour accomplir une mission secrète ou personnelle.

**2 émissaire** *nm, a* **1** Cours d'eau par lequel s'évacue l'eau d'un lac. **2** TRAV PUBL Collecteur principal d'un réseau d'assainissement. **LOC** ANAT *Veines émissaires :* petites veines qui traversent le crâne. [ETY] Du lat. *emissarium,* « déversoir ».

**émissif, ive** *a* **didac** Qui a le pouvoir d'émettre des particules, des radiations. *Activité émissive de carbone.*

**émission** *nf* **1** PHYSIOL Action d'évacuer un liquide hors du corps. *Émission d'urine.* **2** Action de produire un son articulé. *Émission de voix.* **3** PHYS Production d'électrons, de lumière. *Émission photoélectronique.* **4** TELECOM Action de diffuser un message, de la musique, etc. au moyen d'ondes électromagnétiques ; programme radiophonique, télévisé ainsi diffusé. *Émission de télévision en direct, en différé.* **5** FIN Mise en circulation de monnaies, titres ou effets de commerce. **6** ECOL Rejet dans l'atmosphère de gaz produits par les activités humaines. *Quotas d'émissions.* [ETY] Du lat.

**émissole** *nf* Poisson sélacien comestible des côtes françaises, appelé aussi *chien de mer*, long de 1 à 2 m. [ETY] De l'ital.

**emmagasiner** *vt* [1] **1** Mettre en magasin, stocker. *Emmagasiner des marchandises.* **2** **fig** Amasser, mettre en réserve. *Emmagasiner de la chaleur. Emmagasiner des connaissances.* [DER] **emmagasinage** ou **emmagasinement** *nm*

**emmailler (s')** *vpr* [1] Se prendre dans les mailles d'un filet (poisson).

**emmailloter** *vt* [1] **1** **vieilli** Mettre un bébé dans un maillot, dans des langes. **2** Envelopper. *Emmailloter un doigt blessé. S'emmailloter dans une couverture.* [DER] **emmaillotement** *nm*

**emmancher** *vt* [1] **1** Mettre un manche à un outil. *Emmancher une faux.* **2** **fig, fam** Commencer, mettre en train. *Emmancher une affaire. L'affaire s'emmanche mal.*

**emmanchure** *nf* Chacune des ouvertures d'un vêtement à laquelle est cousue une manche.

**emmarchement** *nm* **1** Disposition des marches d'un escalier. **2** Escalier de quelques marches le long d'une terrasse, d'une rue.

**Emmanuel** nom donné au Messie par le prophète Isaïe et repris par Matthieu.

**Emmanuel Maurice** (Bar-sur-Aube, 1862 – Paris, 1938), compositeur et musicologue français.

**Emmanuel Noël Mathieu,** dit **Pierre** (Gan, Pyr.-Atl., 1916 – Paris, 1984), écrivain français d'inspiration chrétienne : *Tombeau d'Orphée* (1941), *Jacob* (1970). Acad. fr. (1968, démissionnaire en 1976).

**Emmanuel Ier de Portugal** → **Manuel Ier le Grand.**

**Emmanuel-Philibert,** dit **Tête de Fer** (Chambéry, 1528 – Turin, 1580), duc de Savoie (1553-1580). Au service de Philippe II d'Espagne, il vainquit les troupes françaises à Saint-Quentin (1557), puis épousa Marguerite de France, fille de François Ier.

**Emmaüs** (auj. *Al-Qubeiba*), anc. bourg de Judée, au N. de Jérusalem, où Jésus se manifesta à deux de ses disciples après sa résurrection (Luc, XXIV, 13-32).

**Emmaüs** association fondée en 1949 par l'abbé Pierre pour secourir les sans-abris.

**Emme** nom de deux riv. de Suisse : la *Grande Emme* (80 km), affl. de l'Aar (r. dr.), arrose l'Emmenthal ; la *Petite Emme* est un affluent de la Reuss.

**emmêler** *vt* [1] **1** Mêler, enchevêtrer. *Emmêler des fils. Écheveau qui s'est emmêlé.* **2** **fig** Embrouiller. *Emmêler une affaire. S'emmêler dans ses explications.* **LOC fam** ***S'emmêler les pinceaux, les pédales, les crayons :*** faire preuve de maladresse. [DER] **emmêlement** *nm*

**Emmen** ville des Pays-Bas (Drenthe) ; 107 700 hab. Centre commercial ; industries textiles.

**Emmen** v. de Suisse (cant. et faubourg de Lucerne) ; 29 300 hab. Industries textiles (fibres synthétiques), constructions mécaniques.

**emménager** *vi* [13] S'installer dans un nouveau logement. [DER] **emménagement** *nm*

**emménagogue** *a, nm* MED Se dit des substances qui provoquent ou favorisent l'écoulement menstruel. [PHO] [ãmenagɔg] [ETY] Du gr. *emmêna,* « menstrues », et *agôgos,* « qui attire ».

**emmener** *vt* [16] Mener qqn avec soi d'un lieu dans un autre. *Emmener ses enfants à la mer.*

**emmenthal** *nm* Fromage de vache cuit, fabriqué à l'origine dans l'Emmenthal. [PHO] [emɛ̃tal] [VAR] **emmental**

**Emmenthal** riche vallée de Suisse (cant. de Berne), arrosée par la Grande Emme. Élevage ; fromages.

**emmerder** *v* [1] **très fam A** *vt* Agacer, gêner à l'excès. *Il commence à m'emmerder, celui-là !* **B** *vpr* S'ennuyer à l'excès. *Qu'est-ce qu'on s'emmerde, dans ce bled !* [DER] **emmerdant, ante** *a* – **emmerde** *nf* ou **emmerdement** *nm* – **emmerdeur, euse** *n*

**emmétrope** *a, n* PHYSIOL Se dit d'un œil dont la vision est normale. [PHO] [ãmetʀɔp] [DER] **emmétropie** *nf*

**emmieller** *vt* [1] **fam** Emmerder.

**emmitoufler** *vt* [1] Envelopper chaudement, douillettement. *Bien s'emmitoufler.* [ETY] De *mitoufle,* altér. de *mitaine.*

**emmotté, ée** *a* AGRIC Se dit d'une plante vendue avec une motte de terre autour de ses racines.

**emmouscailler** *vt* [1] **fam** Emmerder.

**emmurer** *vt* [1] **1** **anc** Emprisonner à perpétuité. **2** Enfermer en murant. *Spéléologue qu'un éboulement a emmuré.* [DER] **emmurement** *nm*

**émoi** *nm* **1** **vieilli** Trouble, agitation suscité par l'émotion ou l'inquiétude. *La population était en émoi.* **2** Trouble, émoi, de nature affective, sensuelle. *Émoi amoureux.* [ETY] De l'a. fr. *esmayer,* « troubler ».

**émollient, ente** *a, nm* MED Qui relâche, qui ramollit les tissus. *Décoction émolliente.* [ETY] Du lat.

**émolument** *nm* **A** DR Part d'actif qui revient à qqn par succession ou dans un partage de biens communs. **B** *nm pl* **1** Honoraires d'un officier ministériel. **2** Rétribution fixe ou variable attachée à une place, un emploi. [ETY] Du lat. *emolumentum,* « profit ».

**émonction** *nf* PHYSIOL Évacuation des déchets de l'organisme. [ETY] Du lat.

**émonctoire** *nm* PHYSIOL Organe (pores cutanés, reins, foie, anus, etc.) qui permet l'évacuation des déchets organiques.

**émonder** *vt* [1] **1** Retrancher d'un arbre les branches nuisibles ou inutiles. **SYN** élaguer. **2** Débarrasser un fruit, une graine, de ses impuretés, de son enveloppe. [ETY] Du lat. [DER] **émondage** *nm* – **émondeur, euse** *n*

**émondes** *nf pl* ARBOR Branches émondées.

**émondoir** *nm* Outil qui sert à émonder.

**émorfiler** *vt* [1] TECH Débarrasser du morfil un outil affûté. [DER] **émorfilage** *nm*

**émoticône** *nf* Syn. de *smiley.* [VAR] **émoticone** ou **émoticon** *nm*

**émotif, ive** *a, n* **A** *a* Relatif à l'émotion ; qui est dû à l'émotion. *Un choc émotif.* **B** *a, n* Se dit de qqn qui est sujet à des émotions intenses. *Une nature émotive. C'est un émotif.* [DER] **émotivité** *nf*

**émotion** *nf* **1** Trouble intense de l'affectivité, réaction immédiate, incontrôlée ou inadaptée à certaines impressions ou à certaines représentations. *Être paralysé par l'émotion.* **2** Manifestation d'une sensibilité délicate. *Réciter un poème avec émotion.* [DER] **émotionnel, elle** *a*

**émotionner** *vt* [1] **fam** Causer de l'émotion, des émotions ; s'émouvoir. *Il ne s'émotionne pas facilement.*

**émotter** *vt* [1] AGRIC Briser les mottes de terre d'un champ après un labour afin d'ameublir la terre. [DER] **émottage** ou **émottement** *nm*

**émotteur** *nm* AGRIC Rouleau, herse qui sert à émotter. [VAR] **émotteuse** *nf*

**émouchet** *nm* Petit rapace diurne, comme la crécerelle. [ETY] De *mouche.*

**émoulu, ue** *a* **LOC** ***Frais émoulu :*** récemment sorti d'une école. [ETY] De *émoudre,* « aiguiser ».

**émousser** *vt* [1] **1** Rendre mousse, moins tranchant, moins aigu. *Lame qui s'émousse vite.* **2** **fig** Rendre moins vif, atténuer, affaiblir. *L'habitude émousse le plaisir.* [ETY] De *mousse,* « écume ». [DER] **émoussement** *nm*

**émoustiller** *vt* [1] **1** Mettre en gaieté. **2** Exciter, disposer aux plaisirs sensuels. [ETY] De *moust,* « pétillement du vin ». [DER] **émoustillant, ante** *a*

**émouvoir** *vt* [43] **1** Susciter l'émotion de. *Émouvoir qqn aux larmes. Une personne lente à s'émouvoir.* **2** Susciter l'intérêt ou la sympathie de ; troubler, inquiéter. *Sa détresse nous a émus. Les pouvoirs publics se sont émus de cette situation.* [ETY] Du lat. [DER] **émouvant, ante** *a*

**empaillé, ée** *a, n* **fam** Empoté, indolent.

**empailler** *v* [1] **A** *vt* **1** Emplir avec de la paille la peau d'un animal mort de manière à en conserver les formes naturelles. **SYN** naturaliser. **2** Garnir de paille. *Empailler un siège.* **3** Envelopper, protéger avec de la paille. *Empailler des semis.* **B** *vpr* **fam** Se disputer violemment. [DER] **empaillage** ou **empaillement** *nm* – **empailleur, euse** *n*

**empaler** *v* [1] **A** *vt* Infliger le supplice du pal à qqn. **B** *vpr* Être transpercé par un objet pointu que l'on a heurté. *S'empaler sur un pieu en tombant.* DER **empalement** *nm*

**empan** *nm* anc Mesure de longueur à peu près égale à la distance entre l'extrémité du pouce et celle du petit doigt de la main écartée. ETY Du frq.

**empanacher** *vt* ① Orner d'un panache.

**empanada** *nf* CUIS En Amérique du sud, petit chausson farci à la viande.

**empanner** *vi* ① MAR Faire changer de bord la grand-voile en virant de bord vent arrière. ETY De *panne,* « pièce d'une vergue ». DER **empannage** *nm*

**empaqueter** *vt* ⑱ ou ⑳ Mettre en paquet. *Empaqueter des livres.* DER **empaquetage** *nm*

**emparer (s')** *vpr* ① **1** Se saisir de qqch, s'en rendre maître par des moyens violents ou irréguliers. *S'emparer du pouvoir, d'une ville.* **2** Se saisir vivement de qqch pour tel ou tel usage. *Il s'est emparé de l'outil dont j'avais besoin.* **3** Envahir, dominer qqn en parlant d'une sensation, d'un sentiment, etc. *La colère s'empara de lui.* ETY De l'a. provenç.

**empâtement** *nm* **1** État de ce qui est empâté ou pâteux. *L'empâtement de la langue, de la voix.* **2** PEINT Superposition de couches de peinture ou étalement d'une couche épaisse sur un tableau. **3** État d'un visage ou d'un corps empâté, bouffi.

**empâter** *vt* ① **1** TECH Remplir, enduire de pâte, ou d'une matière pâteuse. **2** PEINT Superposer des couches épaisses de peinture sur un tableau. **3** Rendre pâteux. *Les liqueurs empâtent la bouche.* **4** Engraisser une volaille. **5** Gonfler, épaissir, alourdir. *Il s'est empâté avec l'âge.*

**empathie** *nf* PSYCHO Faculté de ressentir ce qu'un autre ressent. ETY Du gr. DER **empathique** *a*

**empattement** *nm* **1** CONSTR Massif de maçonnerie qui sert de pied, de base à un mur. **2** BOT Base d'un tronc ou d'une branche d'arbre. **3** TYPO Trait horizontal ou motif triangulaire qui souligne le haut et le bas du jambage d'une lettre. **4** TECH Distance entre les essieux extrêmes d'un véhicule.

**empatter** *vt* ① TECH Fixer avec des pattes.

**empaumer** *vt* ① **1** Recevoir la balle dans la paume, à certains jeux. **2** fam Tromper, duper qqn.

**empaumure** *nf* **1** VEN Partie du merrain qui porte les andouillers du cerf. **2** Partie du gant qui couvre la paume.

**empêchement** *nm* Ce qui empêche d'agir, embarrasse, fait obstacle. *Je ne vois pas d'empêchement à ce projet.*

**empêcher** *v* ① **A** *vt* **1** Entraver qqn dans son action, ses projets ; mettre dans l'impossibilité de faire qqch. *Il a voulu m'empêcher de parler.* **2** S'opposer, mettre un obstacle à. *Empêcher une mauvaise action.* **B** *vpr* Se retenir, s'abstenir de. *Il ne peut s'empêcher de médire.* LOC ***Il n'empêche que, n'empêche que*** : malgré cela, néanmoins, et pourtant. ETY Du lat. *pedica,* « piège ».

**empêcheur, euse** *n* LOC ***Empêcheur de danser, de tourner en rond*** : trouble-fête.

**Empédocle** (Agrigente, Sicile, v. 490 –?, v. 435 av. J.-C.), philosophe grec selon lequel quatre éléments (l'air, l'eau, la terre, le feu) se combinent sous l'influence cyclique de l'Amour et de la Haine. Il ne reste de ses œuvres que 400 vers env. du poème *Sur la nature de l'Univers* et 120 vers des *Purifications.* Il serait mort en se jetant dans le cratère de l'Etna.

**empeigne** *nf* Dessus d'un soulier, depuis le cou-de-pied jusqu'à la pointe.

**empennage** *nm* **1** Action, manière d'empenner une flèche. **2** AVIAT Ensemble des plans fixes placés à l'arrière d'un aéronef, d'un avion, pour assurer sa stabilité en vol.

**empenne** *nf* Ensemble des plumes qui garnissent le talon d'une flèche.

**empenneler** *vi* ⑰ ou ⑲ MAR Mouiller avant l'ancre principale une ancre plus petite, pour assurer une meilleure tenue du mouillage. DER **empennelage** *nm*

**empenner** *vt* ① didac Garnir une flèche d'une empenne, de plumes.

**empereur** *nm* **1** Titre porté, à partir d'Auguste, par le chef souverain de l'Empire romain, puis de l'Empire byzantin. **2** Titre porté par Charlemagne, puis par les souverains du Saint-Empire romain germanique. **3** Souverain de certains États. *L'empereur du Japon.* **4** Poisson abyssal qui fait l'objet d'une pêche au chalut profond. LOC ***L'Empereur*** : Napoléon I$^{er}$. ETY Du lat.

**emperler** *vt* ① Couvrir de gouttelettes. *La sueur emperlait son visage.*

**empesé, ée** *a* **1** Apprêté avec de l'empois. **2** fig Guindé, compassé. *Personnage empesé. Air, style empesé.*

**empeser** *vt* ⑯ Apprêter du linge avec de l'empois. DER **empesage** *nm*

**empester** *v* ① **A** *vt* **1** Corrompre, vicier. *La crise économique empestait le climat social.* **2** Empuantir. *La fumée de l'usine empeste le voisinage.* **3** Dégager une odeur désagréable. *Son haleine empeste le vin.* **B** *vi* Sentir très mauvais. *Va te laver, tu empestes.*

**empêtrer** *vt* ① **1** Embarrasser par des liens, par qqch qui gêne, qui empêche les mouvements. *Empêtrer ses pieds dans un filet, dans des herbes. S'empêtrer dans ses vêtements.* **2** fig Mettre dans une situation compliquée ou fâcheuse. *On l'a empêtré dans une affaire véreuse. S'empêtrer dans ses contradictions.* ETY Du lat. *pastoria,* « entrave à bestiaux ».

**emphase** *nf* **1** Exagération prétentieuse dans le ton, le geste, l'expression, le style. *Parler avec emphase.* **2** LING Forme d'expression qui consiste à insister sur l'un des éléments de la phrase. ETY Du gr. DER **emphatique** *a* – **emphatiquement** *av*

**emphysème** *nm* MED Infiltration gazeuse diffuse du tissu cellulaire. LOC ***Emphysème pulmonaire*** : affection pulmonaire caractérisée par la dilatation et la destruction des bronchioles respiratoires et du tissu conjonctif de la paroi alvéolaire. DER **emphysémateux, euse** *a, n*

**emphytéose** *nf* DR Contrat de longue durée (18 à 99 ans) par lequel un propriétaire concède la jouissance d'un immeuble moyennant une redevance annuelle. DER **emphytéotique** *a*

**emphytéote** *n* DR Personne qui jouit d'un bail emphytéotique. ETY Du lat.

**empiècement** *nm* COUT Pièce rapportée d'un vêtement.

**empierrer** *vt* ① Garnir de pierres. *Empierrer une chaussée.* DER **empierrement** *nm*

**empiéter** *vi* ⑭ **1** S'étendre partiellement, déborder sur. *Empiéter sur le champ du voisin.* **2** fig Usurper en partie les droits, le pouvoir de qqn. *Vous empiétez sur ses attributions.* ETY De pied. DER **empiétement** ou **empiètement** *nm*

**empiffrer (s')** *vpr* ① fam Manger avec excès, gloutonnement. *S'empiffrer de gâteaux.* ETY Du rad. *piff.*

**empile** *nf* PECHE Fil ou crin auquel on attache l'hameçon.

**empiler** *vt* ① **1** Mettre en pile. *Empiler des caisses.* **2** Serrer, entasser. *S'empiler dans une voiture.* **3** fam, vieilli Duper sur le prix ou la qualité d'une marchandise. *Se faire empiler.* DER **empilable** *a* – **empilage** ou **empilement** *nm* – **empileur, euse** *n*

**empire** *nm* **1** Régime où l'autorité politique est détenue par un empereur ; règne d'un empereur. *À Rome, l'empire succéda à la république.* **2** État gouverné par un empereur ; son territoire. *L'Empire byzantin.* **3** Ensemble de territoires placés sous l'autorité d'un gouvernement central. *Empire colonial.* **4** Groupe industriel vaste et puissant. **5** litt Domination morale, ascendant. *Avoir de l'empire sur qqn, sur soi-même.* LOC ***Pas pour un empire*** : d'aucune manière, pour rien au monde. — BX-A ***Style Empire*** : celui des œuvres d'art, du mobilier du Premier Empire. ETY Du lat.

**Empire (Premier)** régime politique de la France de 1804 à 1814 (après le Consulat : 1799-1804). Le 18 mai 1804, le Sénat proclama l'empire par un sénatus-consulte qu'un plébiscite ratifia. Le 2 déc., le pape Pie VII couronna empereur (Napoléon I$^{er}$) l'anc. Premier consul. Le 6 avr. 1814, l'Empire s'acheva par l'abdication de Napoléon. Pendant les Cent-Jours (20 mars-22 juin 1815), Napoléon revint sur le trône, mais le régime polit. fut celui d'une monarchie constitutionnelle.

**Empire (Second)** régime politique de la France entre 1852 et 1870. Par le coup d'État du 2 décembre 1851, le prés. Louis Napoléon Bonaparte mettait fin à la II$^{e}$ République. Le 7 nov. 1852, un sénatus-consulte le proclama empereur ; un plébiscite ratifia cette loi ; le 2 décembre 1852, le Second Empire est proclamé. En 1870, quand la défaite de Sedan fut connue (2 sept.), Gambetta proclama la république (4 sept.) et le gouv. de la Défense nationale.

**Empire des sens (l')** film de Nagisa Oshima (1975) sur l'érotisme et la mort.

**empirer** *vi* ① Devenir pire, s'aggraver. *Sa situation a empiré.*

**Empiricus** → **Sextus Empiricus.**

**empiriocriticisme** *nm* PHILO Courant philosophique du XIX$^{e}$ s., issu du criticisme kantien, qui dénie toute valeur absolue à la science.

**empirique** *a* **1** Qui se fonde sur l'expérience et non sur un savoir théorique. *Des connaissances empiriques.* **2** PHILO Relatif à l'empirisme. ETY Du lat. DER **empiricité** *nf* – **empiriquement** *av*

**empirisme** *nm* **1** Système, méthode qui se fonde sur la seule expérience sans recourir au raisonnement, à la théorie. **2** PHILO Doctrine selon laquelle toute connaissance dérive de l'expérience, opposée au rationalisme. LOC ***Empirisme logique*** : néopositivisme. DER **empiriste** *n*

**emplacement** *nm* Lieu qu'occupe qqch ou qui convient pour placer ou édifier qqch. *Louer un emplacement de parking.*

**emplafonner** *vt* ① fam Heurter avec violence. *Le camion a emplafonné le mur de la ferme.*

**emplanture** *nf* **1** MAR Ensemble des pièces supportant le pied d'un mât. **2** AVIAT Jonction des ailes sur le fuselage.

**emplâtre** *nm* **1** MED Pâte médicamenteuse qui s'applique sur la peau. **2** fig, fam Personne sans énergie, incapable.

**emplette** *nf* **1** Achat d'une marchandise courante. *Faire des emplettes.* **2** Chose achetée. *Montrez-moi vos emplettes.* ETY Du lat. *implicare,* « plier dans ».

**emplir** *vt* ③ **1** vieilli, litt Rendre plein, remplir. *Emplir une bouteille.* **2** fig Combler. *Une pensée qui emplit de joie.* ETY Du lat. DER **emplissage** *nm*

**emploi** *nm* **1** Usage que l'on fait de qqch ; manière d'en faire usage. *L'emploi d'un mot. Mode d'emploi.* **2** Travail rémunéré. *Une offre, une demande d'emploi.* **3** THEAT, CINE Rôle que l'on confie habituellement à un acteur. **LOC** ***Faire double emploi*** **:** être superflu, inutile.

**employabilité** *nf* Capacité d'adaptation de qqn à de nouvelles formes de travail.

**employé, ée** *n* Salarié non cadre, travaillant dans une administration, un bureau, dans le commerce ou chez un particulier, par oppos. à *ouvrier.* **LOC** ***Employé(e) de maison*** **:** personne employée pour le service, l'entretien d'une maison.

**employer** *v* [23] **A** *vt* **1** Faire usage de. *Employer un produit. Bien employer son temps.* **2** Faire travailler en échange d'un salaire. *Cette entreprise emploie deux mille personnes.* **B** *vpr* **1** Être utilisé pour un usage quelconque. *Cette substance s'emploie en pharmacie.* **2** Être usité, en parlant d'un mot, d'une tournure. *Ce terme ne s'emploie plus.* **3** S'occuper activement de, s'appliquer à. *S'employer à soulager les misères d'autrui.* [ETY] Du lat. *implicare,* « engager à ». [DER] **employable** *a*

**employeur, euse** *n* Personne qui emploie un ou plusieurs salariés.

**emplumé, ée** *a* Garni de plumes.

**empocher** *vt* [1] Toucher de l'argent. *Empocher une grosse somme.*

**empoignade** *nf* Discussion violente.

**empoigne** *nf* **LOC** fam ***Foire d'empoigne*** **:** conflit tumultueux entre des personnes se disputant des biens ou des avantages.

**empoigner** *vt* [1] **A** *vt* **1** Saisir avec les mains en serrant fortement. *Empoigner qqn au collet.* **2** fig Émouvoir vivement. *Ce drame m'a empoigné.* **B** *vpr* Se battre ; se quereller.

**empois** *nm* Colle légère d'amidon utilisée pour empeser le linge. [ETY] De *empeser.*

**empoisonnant, ante** *a* fam Embêtant, très ennuyeux.

**empoisonnement** *nm* **1** Fait d'être empoisonné, intoxication. *Un empoisonnement dû à des denrées avariées.* **2** Action d'empoisonner volontairement qqn. *L'empoisonnement est un crime.* **3** fam Ennui, contrariété. *Il n'a que des empoisonnements.*

**empoisonner** *vt* [1] **1** Faire absorber du poison à qqn dans le dessein de le tuer. *On dit qu'il a empoisonné sa femme.* **2** Intoxiquer. *Être empoisonné par des champignons.* **3** Infecter de poison. *Empoisonner une rivière.* **4** Infecter d'une odeur incommodante. *Puanteur qui empoisonne l'air.* **5** fig Troubler, gâter. *Ce souvenir empoisonnait son existence.* **6** fam Importuner, ennuyer. *Cet individu m'empoisonne.*

**empoisonneur, euse** *n* **1** Personne coupable d'empoisonnement. **2** fig Personne qui corrompt moralement. **3** fam Importun.

**empoisser** *vt* [1] Enduire de poix.

**empoissonner** *vt* [1] Peupler de poissons. *Empoissonner un cours d'eau.* [DER] **empoissonnement** *nm*

**emporium** *nm* ANTIQ ROM Comptoir commercial créé à l'étranger. [ETY] Mot lat.

**emport** *nm* **LOC** ***Capacité d'emport*** **:** charge susceptible d'être emportée par un avion, une fusée.

**emportement** *nm* **1** Mouvement violent inspiré par une passion. **2** Accès de colère. *Parler avec emportement.*

**emporte-pièce** *nm* TECH Instrument servant à découper des pièces d'une forme déterminée. PLUR emporte-pièces. **LOC** ***À l'emporte-pièce*** **:** mordant, sans nuances. *Caractère à l'emporte-pièce.*

**emporter** *v* [1] **A** *vt* **1** Prendre avec soi et porter ailleurs. *Emportez vos livres.* **2** Pousser, entraîner. *Le courant a emporté le nageur.* **3** Enlever avec violence, arracher. *Un obus lui a emporté la jambe.* **4** Obtenir par un effort. *Emporter une position, une affaire.* **B** *vpr* S'abandonner à la colère. *S'emporter contre qqn.* **LOC** ***Emporter le morceau*** **:** réussir, avoir gain de cause. — ***Il ne l'emportera pas en paradis*** **:** je me vengerai tôt ou tard. — ***L'emporter sur*** **:** avoir la supériorité, prévaloir.

**empoté, ée** *a, n* fam Peu dégourdi.

**empoter** *vt* [1] Planter un végétal dans un pot. ANT dépoter. [DER] **empotage** *nm*

**empourprer** *vt* [1] Colorer de pourpre, de rouge. *Le soleil couchant empourpre l'horizon. Son visage s'empourpra.*

**empoussiérer** *vt* [14] Couvrir de poussière. [DER] **empoussièrement** *nm*

**empreindre** *vt* [55] (Rare à l'actif.) **1** Imprimer en creux ou en relief par pression sur une surface. **2** fig Marquer de certains traits de caractère. *Un visage empreint de douceur. Un ton empreint d'autorité.* [ETY] Du lat. *imprimere.*

**empreinte** *nf* **1** Marque imprimée en creux ou en relief sur une surface. *Empreinte de pas.* **2** fig Marque, trace caractéristique. *L'empreinte de l'éducation.* **LOC** ***Empreinte écologique*** **:** indice, exprimé en hectares par habitant, mesurant l'impact de l'activité humaine sur l'environnement. — ***Empreinte génétique*** **:** relevé des caractéristiques génétiques qui permettent de reconnaître un individu. — ***Empreinte numérique*** **:** ensemble de caractères particuliers à un individu qui, une fois numérisés, permettront de l'identifier. — ***Empreintes digitales*** **:** traces laissées sur une surface par les sillons de la peau des doigts.

**empressé, ée** *a* Zélé, ardent. *Un soupirant empressé.*

**empresser (s')** *vpr* [1] **1** Se hâter de. *S'empresser de partir.* **2** Montrer du zèle, de la prévenance. *S'empresser auprès de ses invités.* [DER] **empressement** *nm*

**emprésurer** *vt* [1] TECH Additionner le lait de présure pour le faire cailler. [DER] **emprésurage** *nm*

**emprise** *nf* **1** Domination morale, intellectuelle, influence. *L'emprise de la presse sur l'opinion.* **2** DR Action d'exproprier qqn d'une portion de terrain pour y faire des travaux d'intérêt public ; ce terrain.

**emprisonner** *vt* [1] **1** Mettre en prison. *Emprisonner un criminel.* **2** Tenir comme enfermé. *La tempête nous emprisonne dans l'île.* [DER] **emprisonnement** *nm*

**emprunt** *nm* **1** Action d'emprunter ; chose ou somme empruntée. **2** FIN Somme d'argent prêtée à une personne morale ou physique par une autre pour lui permettre de procéder à une dépense sans avoir à en posséder immédiatement le montant. **3** Action de prendre un élément d'une œuvre d'autrui pour l'inclure dans la sienne ; cet élément. **4** LING Intégration dans une langue d'un mot étranger ; ce mot. **LOC** ***D'emprunt*** **:** que l'on ne possède pas en propre ; factice. *Un nom d'emprunt.* [PHO] [ɑ̃pʀœ̃]

**emprunté, ée** *a* **1** Qui n'appartient pas en propre à qqn. *Un nom emprunté.* **2** Qui manque de naturel, d'aisance. *Un air emprunté.*

**emprunter** *vt* [1] **1** Se faire prêter. *Emprunter des livres, de l'argent.* **2** fig Prendre, s'approprier. *Emprunter un mot au grec.* **3** Imiter. *Emprunter la voix de qqn.* **4** Prendre un chemin. *Emprunter un nouvel itinéraire.* [ETY] Du lat. *promutuum,* « avance d'argent ». [DER] **emprunteur, euse** *n*

**empuantir** *vt* [3] Infecter d'une mauvaise odeur. *Cet égout empuantit le quartier.*

**empuse** *nf* **1** Mante à prothorax très allongé, fréquente dans les pays méditerranéens. **2** BOT Moisissure parasite de divers insectes. [ETY] Du gr. *empousa,* « monstre femelle ».

**empyème** *nm* MED Collection purulente située dans une cavité naturelle. [ETY] Du gr. *puon,* « pus ».

**empyrée** *nm* **1** MYTH Sphère céleste la plus éloignée de la Terre, séjour des divinités supérieures. **2** litt Séjour des bienheureux, paradis. [ETY] Du gr. *empurios,* « en feu ».

**empyreume** *nm* CHIM anc Odeur ou saveur désagréable se dégageant de substances végétales ou animales soumises à la distillation ou à l'action du feu. [DER] **empyreumatique** *a*

**Ems (l')** fl. d'Allemagne (370 km) ; arrose la Westphalie et la Basse-Saxe, se jette dans la mer du Nord.

**Ems** (auj. *Bad Ems*), v. d'Allemagne (Hesse) ; 9 810 hab. Stat. therm. – *Dépêche d'Ems :* télégramme envoyé, le 13 juillet 1870, à Bismarck par Guillaume I^er^, qui relatait son entrevue avec l'ambassadeur de France. Le texte fut tronqué et diffusé par Bismarck, de façon que Napoléon III se sente offensé et déclare la guerre à l'Allemagne.

**ému, ue** *a* **1** Qui est sous l'emprise d'une émotion. *Il fut ému à ce spectacle.* **2** Qui s'accompagne d'émotion, qui marque l'émotion. *Un souvenir ému.*

**émulateur** *nm* INFORM Matériel permettant une émulation.

**émulation** *nf* **1** Sentiment qui pousse à égaler ou à surpasser qqn. *Une saine émulation régnait au sein de cette équipe.* **2** INFORM Technique permettant d'utiliser un ordinateur avec des programmes écrits pour un autre.

**émule** *n* litt Personne qui cherche à en égaler ou à en surpasser une autre. *Être l'émule d'un grand maître.* [ETY] Du lat. *æmulus,* « rival ».

**émuler** *vt* [1] **1** litt Être en émulation avec. **2** INFORM Utiliser un matériel grâce à la technique d'émulation.

**émulseur** *nm* TECH Appareil servant à préparer les émulsions.

**émulsif, ive** *a* PHARM Se dit d'un produit qui stabilise une émulsion.

**émulsifier** *vt* [2] didac Mettre en émulsion. [VAR] **émulsionner** *vt* [1] [DER] **émulsifiant, ante** *a, nm*

**émulsion** *nf* **1** Dispersion d'un liquide au sein d'un autre avec lequel il n'est pas miscible. *Une émulsion stable, instable.* **2** Préparation, à base de gélatine et, généralement, d'un sel d'argent photosensible, utilisée en photographie. [ETY] Du lat. *emulgere,* « traire ».

**émyde** *nf* Grande tortue d'eau douce, carnivore, à carapace sans écailles.

**1 en** *prép* **1** Le lieu. *Vivre en France.* **2** Le temps. *En hiver, en plein jour. Il a fait ce travail en dix jours.* **3** La progression, la répétition. *De kilomètre en kilomètre.* **4** L'état, la manière d'être. *Un arbre en fleur. Un pays en guerre. Une montre en or.* **5** Le domaine, le point de vue. *Docteur en médecine.* **6** Le changement d'état. *Transmuer en or les métaux vils.* **7** La manière dont se fait l'action. *Se conduire en potentat. Offrir un cadeau en prime.* **8** Sert à former le gérondif. *Elle travaille en chantant. Partir en courant.* **9** Entre dans la composition de nombreuses locutions. *En dépit de. En face de. En qualité de. En sorte que. En tant que. En arrière. En vain.* [ETY] Du lat. *in,* « dans, sur ».

**2 en** *pr pers, av* **A** *av* Marque la provenance, l'origine, l'extraction. *J'en viens. Il s'en sortira.* **B** *pr pers* Représente un nom complément introduit par *de. Cette affaire est délicate, le succès en est douteux. Soyez-en convaincu.* [ETY] Du lat. *inde.*

**ENA** acronyme pour *École nationale d'administration.* Établissement public français fondé en 1945, destiné à former les futurs dirigeants de la fonction publique.

**enamourer (s')** *vpr* [1] litt Tomber amoureux. *Elle s'est enamourée de lui.* [PHO] [ɑ̃namuʀe] [VAR] **énamourer (s')**

**énanthème** *nm* MED Éruption rouge siégeant sur les muqueuses. [ETY] De *exanthème.*

**énantiomère** *nm* CHIM Une des formes de deux molécules chirales. [ETY] Du gr. *enantios,* « opposé ».

**énantiomorphe** *a* CHIM Qualifie deux composés dont les molécules sont identiques mais non superposables, les unes étant comme les images des autres dans un miroir.

**énantiose** *nf* PHILO Chacune des dix oppositions fondamentales, chez les pythagoriciens (le bien et le mal, l'un et le multiple, etc.).

**énarchie** *nf* fam Ensemble des énarques ; pouvoir des énarques. [DER] **énarchique** *a*

**énarque** *n* Ancien élève de l'École nationale d'administration (ENA).

**énarthrose** *nf* ANAT Articulation dont les deux surfaces sont des segments de sphère, l'un convexe, l'autre concave.

**En attendant Godot** pièce en 2 actes de Beckett (1952).

**en-avant** *nm inv* SPORT Au rugby, faute commise par un joueur qui lance le ballon en direction du camp adverse ou qui le passe à un partenaire placé en avant de lui.

**en-but** *nm* SPORT Au rugby, surface où les joueurs peuvent marquer un essai, derrière la ligne de but. PLUR en-buts ou en-but.

**encabaner** *vt* [1] TECH Placer les vers à soie sur des claies garnies de branches de mûrier et de bruyère pour favoriser la formation des cocons.

**encablure** *nf* MAR Ancienne mesure de longueur valant environ 180 m, utilisée pour estimer les petites distances.

**encadrant, ante** *a, n* Qui encadre un groupe. *Le personnel encadrant.*

**encadré** *nm* IMPRIM Texte entouré d'un filet dans une page.

**encadrement** *nm* **1** Action d'entourer d'un cadre. **2** ARCHI Ornement en saillie qui entoure une baie, un panneau. *Apparaître dans l'encadrement d'une porte.* **3** Ensemble des cadres dans l'armée, dans une entreprise, une collectivité. **4** Ensemble des mesures prises pour encadrer un phénomène économique.

**encadrer** *vt* [1] **1** Placer dans un cadre. *Faire encadrer un pastel.* **2** Entourer à la manière d'un cadre. *Ses tresses encadraient son visage.* **3** MATH Placer entre deux valeurs limites. **4** Mettre sous la responsabilité de cadres. *Encadrer les nouveaux appelés.* **5** Diriger, organiser. *De fortes personnalités encadrent cette formation politique.* **6** Prendre des mesures pour contrôler un phénomène économique (prix, crédit). *Encadrer les loyers.* LOC MILIT ***Encadrer un objectif*** : régler sur lui un tir d'artillerie. — fam ***Ne pas pouvoir encadrer qqn*** : ne pas pouvoir le supporter.

**encadreur, euse** *n* Artisan spécialiste de l'encadrement des tableaux, gravures, etc.

**encagement** *nm* LOC MILIT ***Tir d'encagement*** : qui isole l'objectif.

**encager** *vt* [13] Mettre en cage un animal.

**encagoulé, ée** *a, n* Qui a le visage recouvert d'une cagoule.

**encaissant, ante** *a* GEOL Se dit du terrain dans lequel une roche s'est mise en place.

**encaisse** *nf* FIN Somme disponible qui se trouve dans la caisse d'un établissement financier ou commercial.

**encaissé, ée** *a* Resserré entre des bords élevés et escarpés. *Route encaissée.*

**encaissement** *nm* **1** Mise en caisse, emballage. **2** État de ce qui est encaissé. *L'encaissement d'une vallée.* **3** FIN Action de recevoir de l'argent et de le mettre en caisse ; paiement effectif du montant d'un chèque, d'une traite. SYN recouvrement.

**encaisser** *vt* [1] **A** *vt* **1** Mettre dans une caisse. *Encaisser une plante.* **2** Toucher de l'argent en paiement. *Encaisser le montant d'une facture.* **3** fig, fam Recevoir un, des coups. *Il a encaissé un direct du droit.* **4** Supporter sans protester. *Il a mal encaissé cette humiliation.* **B** *vpr* Se resserrer entre deux versants abrupts. *La vallée s'encaisse entre deux parois rocheuses.* LOC fam ***Ne pas pouvoir encaisser qqn*** : ne pas pouvoir le supporter. [DER] **encaissable** *a* – **encaissage** *nm*

**encaisseur** *nm* Employé de banque qui effectue des recouvrements à domicile.

**encalminé, ée** *a* MAR Se dit d'un voilier immobilisé par manque de vent.

**encan** *nm* LOC ***À l'encan*** : aux enchères publiques. *Mettre vendre des meubles à l'encan.* [ETY] Du lat. *in quantum,* « pour combien ».

**encanailler (s')** *vpr* [1] Fréquenter ou imiter des gens vulgaires aux mœurs relâchées. [DER] **encanaillement** *nm*

**encanteur, euse** *n* Canada Commissaire-priseur.

**encapsuler** *vt* [1] Mettre une substance à l'intérieur d'une capsule protectrice. [DER] **encapsulation** *nf*

**encapuchonner** *vt* [1] Couvrir d'un capuchon.

**encaquer** *vt* [1] Mettre dans une caque. *Encaquer des harengs.*

**encart** *nm* Feuillet mobile ou cahier tiré à part que l'on insère dans un ouvrage imprimé. *Un encart publicitaire.*

**1 encarter** *vt* [1] **1** Insérer un encart entre les feuillets d'un ouvrage imprimé. **2** TECH Fixer sur un carton des articles pour la vente. *Encarter des boutons.* [DER] **encartage** *nm*

**2 encarter** *vt* [1] fam Inscrire à un parti, à un syndicat. [DER] **encarté, ée** *a, n*

**encarteuse** *nf* TECH Machine servant à fixer des objets sur des cartons.

**en-cas** *nm inv* Repas sommaire tenu prêt en cas de besoin. [VAR] **encas**

**encaserner** *vt* [1] Mettre dans une caserne.

**encastelure** *nf* VET Rétrécissement pathologique de l'arrière des sabots, accompagné d'un resserrement de la fourchette, chez le cheval. [ETY] De l'ital. [DER] **s'encasteler** *vpr*

**encastrer** *vt* [1] Insérer, ajuster dans un espace spécialement ménagé, creusé. *Encastrer un coffre-fort. Un lit qui se replie et s'encastre dans un placard.* [ETY] De l'ital. [DER] **encastrable** *a, nm* – **encastrement** *nm*

**encaustique** *nf* **1** Peinture composée de couleurs délayées dans de la cire fondue. **2** Produit à base de cire et d'essence, utilisé pour entretenir et faire briller les parquets, les meubles. [ETY] Du gr. *enkaiein,* « peindre à la cire fondue ». [DER] **encaustiquer** *vt*

**encaver** *vt* [1] Mettre en cave des vins. [DER] **encavement** *nm*

**enceindre** *vt* [55] Entourer d'une enceinte. [ETY] Du lat. *incingere.*

**1 enceinte** *nf* **1** Ce qui entoure, enclôt un espace et le protège. *Mur d'enceinte d'une ville fortifiée.* **2** Espace clos, dont l'accès est protégé. *L'enceinte d'un tribunal.* LOC ***Enceinte acoustique*** : ensemble composé d'une boîte rigide et de haut-parleurs disposés sur une ou plusieurs faces. — PHYS NUCL ***Enceinte de confinement*** : bâtiment fermé entourant un réacteur nucléaire pour empêcher la dispersion des matières radioactives en cas d'accident.

**2 enceinte** *af* Se dit d'une femme en état de grossesse. *Être enceinte de six mois.* [ETY] Du lat. *incingere,* « ceinturer ».

**enceinter** *vt* [1] Afrique, fam Rendre une femme enceinte, engrosser.

**Encelade** dans la myth. gr., l'un des Géants révoltés contre les dieux de l'Olympe.

**encens** *nm* **1** Substance résineuse qui dégage un parfum pénétrant quand on la fait brûler. *Faire brûler des bâtons d'encens.* **2** fig, vx Louanges excessives. [PHO] [ɑ̃sɑ̃] [ETY] Du lat. *incensum,* « brûlé ».

**encenser** *v* [1] **A** *vt* **1** Honorer en balançant l'encensoir, en faisant brûler de l'encens. *Encenser l'autel.* **2** fig Flatter de façon excessive. *Encenser qqn, les qualités de qqn.* **B** *vi* EQUIT Bouger la tête de haut en bas, en parlant du cheval. [DER] **encensement** *nm* – **encenseur, euse** *n*

**encensoir** *nm* Cassolette suspendue à des chaînes dans laquelle on brûle l'encens, et dont on se sert pour encenser, notamment dans les liturgies des Églises catholiques et orthodoxes.

**encépagement** *nm* VITIC Ensemble des cépages formant un vignoble.

**encéphalalgie** *nf* MED Migraine, céphalée.

**encéphale** *nm* ANAT Masse nerveuse contenue dans la boîte crânienne, comprenant le cerveau, le cervelet et le tronc cérébral. [ETY] Du gr. [DER] **encéphalique** *a* ► pl. système **nerveux**

**encéphalisation** *nf* ANTHROP Rapport entre le volume du cerveau et le poids du corps.

**encéphalite** *nf* MED Inflammation de l'encéphale qui se manifeste par des troubles de la conscience, des paralysies, etc. [DER] **encéphalitique** *a*

**encéphalocèle** *nf* MED Ectopie, à la face externe du crâne, d'une partie du cerveau ou de ses annexes, généralement congénitale.

**encéphaloïde** *a* LOC MED ***Tumeur encéphaloïde*** : qui a l'aspect de l'encéphale.

**encéphalogramme** *nm* MED Électroencéphalogramme. LOC fig ***Encéphalogramme plat*** : absence d'activité.

**encéphalographie** *nf* MED Examen de l'encéphale par radiographie.

**encéphalomyélite** *nf* MED Inflammation généralisée du système nerveux central, le plus souvent d'origine virale.

**encéphalopathie** *nf* MED Affection encéphalique diffuse généralement d'origine toxique ou métabolique. LOC ***Encéphalopathie spongiforme*** : encéphalopathie causée par un prion, caractérisée par une longue période d'incubation et une dégénérescence du cerveau.

**encercler** *vt* [1] **1** Entourer d'une ligne en forme de cercle. **2** Entourer de toutes parts, cerner. *Un cordon de policiers encerclait la maison.* [DER] **encerclement** *nm*

**enchaînement** *nm* **1** Suite, ensemble de choses qui s'enchaînent, qui dépendent les unes des autres. *Un enchaînement de circonstances.* **2** MUS Succession de deux accords selon les règles de l'harmonie. **3** SPORT Ensemble de gestes liés. **4** CHOREGR Suite de pas formant une figure complète. [VAR] **enchainement**

**enchaîner** *v* [1] **A** *vt* **1** Attacher avec une chaîne. *Enchaîner un animal dangereux.* **2** fig Asservir, soumettre. *Enchaîner un peuple.* **3** Lier, coordonner, mettre en mutuelle dépendance. *Enchaîner des idées.* **B** *vi* **1** THEAT Reprendre, après s'être arrêté, la suite des répliques. **2** CINE Lier la dernière image d'une séquence à la première de la suivante. **3** Dans la conversation, passer d'un sujet à un autre sans interruption. **C** *vpr* Former une suite d'éléments considérés comme dépendants les uns des autres. *Les catastrophes s'enchaînent depuis son départ.* VAR **enchainer**

**Enchaînés (les)** (*Notorious*), film de Hitchcock (1946), avec Cary Grant et Ingrid Bergman.

**enchanté, ée** *a* **1** Soumis à un enchantement. *Forêt enchantée.* **2** Ravi, heureux. *Il est enchanté de son voyage.*

**enchantement** *nm* **1** Action d'enchanter par un procédé magique. *Briser un enchantement.* **2** État d'une personne qui est enchantée. **3** Chose qui ravit, enchante. *Cette fête était un enchantement.* LOC ***Comme par enchantement*** : qui semble tenir de la magie.

**enchanter** *vt* (1) **1** Ensorceler par des opérations magiques. **2** fig Séduire comme par un charme magique. *Une voix qui enchantait tous ceux qui l'entendaient.* **3** Causer un vif plaisir à, ravir. *Cette nouvelle m'enchante.* ETY Du lat.

**enchanteur, teresse** *n, a* **A** *n* Personne qui enchante, magicien. **B** *a* Qui enchante, ravit. *La beauté enchanteresse d'un paysage.*

**enchâsser** *vt* (1) **1** Mettre dans une châsse. *Enchâsser des reliques.* **2** Fixer sur un support, dans un logement ménagé à cet effet. *Enchâsser une pierre précieuse.* **3** fig Insérer, intercaler. *Enchâsser une citation dans un discours.* DER **enchâssement** *nm*

**enchâssure** *nf* Monture, objet dans lequel une chose est enchâssée.

**enchausser** *vt* (1) HORTIC Couvrir des légumes de paille ou de fumier pour les faire blanchir ou les préserver de la gelée.

**enchemiser** *vt* (1) Envelopper d'une chemise protectrice. *Enchemiser un livre.* DER **enchemisage** *nm*

**enchère** *nf* **1** Offre d'un prix supérieur à la mise à prix ou aux offres déjà faites lors d'une adjudication. *Faire une enchère. Mettre aux enchères. Vente aux enchères.* **2** Dans certains jeux de cartes, annonce supérieure à la précédente. LOC ***Folle enchère*** : enchère faite par un enchérisseur qui ne peut satisfaire à ses conditions.

**enchérir** *vi* (3) **1** Faire une enchère. *Enchérir sur qqn, sur un prix.* **2** fig, litt Surpasser, aller au-delà de ce qui a déjà été fait, proposé ; renchérir. *Théorie qui enchérit sur les hypothèses les plus audacieuses.* DER **enchérissement** *nm* – **enchérisseur, euse** *n*

**enchevaucher** *vt* (1) CONSTR Joindre des tuiles, des ardoises, etc., par recouvrement.

**enchevêtrer** *vt* (1) **1** CONSTR Unir des solives par un chevêtre. **2** Embrouiller, emmêler une chose avec une autre, les différentes parties d'une chose. *Enchevêtrer des fils de plusieurs couleurs. Idées, phrases qui s'enchevêtrent.* DER **enchevêtrement** *nm*

**enchevêtrure** *nf* CONSTR Assemblage de solives ménageant un vide à travers un plancher.

**enchifrené, ée** *a* fam, vieilli Qui a le nez embarrassé par un rhume. ETY De *chanfrein*.

**enchilada** *nf* Tortilla farcie à la viande, couverte de sauce, de fromage et cuite au four.

**Encina** Juan del (La Encina, près de Salamanque, 1468 – Léon, v. 1529), poète, dramaturge et compositeur espagnol ; pionnier du théâtre profane dans son pays.

**Encke** Johann Franz (Hambourg, 1791 – Spandau, 1865), astronome allemand. Il découvrit une comète (période : 3,3 ans).

**enclave** *nf* **1** Terrain ou territoire enfermé dans un autre. **2** GEOL Roche contenue à l'intérieur d'une autre roche et ayant une composition différente. ETY Du lat. *inclavere*, « fermer à clé ».

**enclaver** *vt* (1) **1** Enclore, entourer une terre comme enclave. **2** Engager, insérer un élément dans un autre, entre deux autres. DER **enclavement** *nm*

**enclenche** *nf* TECH Évidement pratiqué dans une pièce mobile, servant à entraîner une autre pièce munie d'un ergot.

**enclenchement** *nm* **1** Action d'enclencher ; état d'une pièce enclenchée. **2** TECH Organe mobile rendant deux pièces solidaires.

**enclencher** *vt* (1) **1** TECH Mettre en marche un mécanisme en rendant solidaires deux pièces. *Le mécanisme s'est enclenché tout seul.* **2** fig Engager, faire démarrer. *Enclencher une affaire.*

**enclin, ine** *a* Porté, disposé à. *Être enclin à la paresse.*

**encliquetage** *nm* TECH Mécanisme destiné à empêcher une pièce de tourner dans le sens inverse de la rotation normale.

**encliqueter** *vt* (18) ou (20) TECH Faire fonctionner un encliquetage.

**enclitique** *nm* LING Mot atone qui prend appui sur le mot précédent, porteur de ton, et qui s'unit avec lui dans la prononciation, comme *ce* dans *est-ce*, *je* dans *puis-je*. ETY Du gr.

**enclore** *vt* (79) Entourer de murs, de fossés, de haies, etc. *Enclore un champ.* ETY Du lat. *includere*.

**enclos** *nm* **1** Terrain entouré d'une clôture. **2** Ce qui clôt un terrain. LOC ***Enclos paroissial*** : en Bretagne, enclos contenant l'église, le cimetière, parfois un calvaire.

**enclosure** *nf* HIST Pratique qui se répandit du XVI$^{e}$ au XVIII$^{e}$ s. en Angleterre, et qui consistait à clôturer les champs et pâturages jadis ouverts. ETY Mot angl.

**enclouer** *vt* (1) Blesser avec un clou une bête, en la ferrant. DER **enclouage** *nm*

**enclouure** *nf* VET Blessure d'une bête enclouée.

**enclume** *nf* **1** Masse métallique sur laquelle on forge les métaux ou on travaille les matériaux au marteau. *Enclume de forgeron, de cordonnier.* **2** ANAT Un des osselets de l'oreille moyenne. LOC ***Être entre l'enclume et le marteau*** : se trouver pris entre deux personnes, deux partis dont les intérêts sont contraires. ETY Du lat.

**encoche** *nf* Petite entaille ; logement pratiqué dans une pièce pour en recevoir une autre.

**encocher** *vt* (1) Entailler, faire une encoche à. LOC ***Encocher une flèche*** : ajuster la coche de la flèche sur la corde de l'arc. DER **encochage** ou **encochement** *nm*

**encoder** *vt* (1) Transcrire qqch selon un code. DER **encodage** *nm*

**encoignure** *nf* **1** Angle rentrant formé par la jonction de deux pans de mur. **2** Petit meuble d'angle. PHO [ɑ̃kwaɲyʀ] ou [ɑ̃kɔɲyʀ] ETY De *coin*.

**encoller** *vt* (1) Enduire des tissus, du papier, etc. de colle, d'apprêt ou de gomme. DER **encollage** *nm*

**encolleur, euse** *n* **A** Personne qui fait des encollages. **B** *nf* Machine servant à encoller.

**encolure** *nf* **1** Cou du cheval et de certains animaux. **2** Cou d'un homme. *Un gaillard à forte encolure.* **3** Dimension du tour de cou, du col d'un vêtement. **4** Partie du vêtement entourant le cou. *Une robe à l'encolure très dégagée.*

**encombrant, ante** *a, nm* **A** *a* Qui encombre. *Appareil encombrant. Ami encombrant.* **B** *nm pl* Objets volumineux ramassés par la voirie. SYN monstres.

**encombre (sans)** *av* Sans incident, sans rencontrer d'obstacle.

**encombré, ée** *a* Que des choses, des personnes encombrent. *Une rue encombrée.*

**encombrement** *nm* **1** Action d'encombrer ; état qui en résulte. **2** Accumulation d'un grand nombre de choses qui encombrent. **3** Embouteillage. **4** Dimensions d'un objet, volume qu'il occupe. *Un meuble d'un faible encombrement.*

**encombrer** *v* (1) **A** *vt* **1** Embarrasser, obstruer. *Voitures en stationnement qui encombrent les trottoirs.* **2** fig Gêner, embarrasser. *Je ne veux pas t'encombrer.* **B** *vpr* S'embarrasser de. *S'encombrer de bagages. Ne pas s'encombrer de scrupules.* ETY De l'a. fr. *combre*, « barrage de rivière ».

**encontre de (à l')** *prép* LOC ***Aller à l'encontre de*** : s'opposer à, être contraire à.

**encorbellement** *nm* ARCHI Construction en saillie du plan vertical d'un mur, soutenue par des consoles, des corbeaux ou un segment de voûte.

maison gothique à double **encorbellement**, Rouen

**encorder (s')** *vpr* (1) SPORT Se relier par une même corde par mesure de sécurité, en alpinisme.

**encore** *av* **1** Indique la persistance de l'action. *Il est encore ici. Il était encore étudiant l'an dernier. Tu ne le connais pas encore.* **2** Marque la répétition. *C'est encore vous ? Il a encore gagné. Qu'est-ce qu'il te faut encore ?* **3** Renforce un comparatif, un verbe marquant un changement de quantité, d'état. *Elle est encore plus intelligente que belle.* **4** Marque le doute, la restriction. *Il a demandé un prêt ; encore faut-il qu'on le lui accorde !* LOC litt ***Encore que (+ subj.)*** : bien que, quoique. ETY Du lat. *hinc ad horam*, « d'ici jusqu'à l'heure ». VAR **encor** (en poésie)

**encorné, ée** *a* Qui a des cornes.

**encorner** *vt* (1) Frapper, percer à coups de corne. *Le taureau a encorné le matador.*

**encornet** *nm* Syn. de *calmar*.

**encornure** *nf* Façon dont les cornes d'un animal sont implantées.

**encourager** *vt* (13) **1** Donner, inspirer du courage à qqn. *Ce premier succès l'a encouragé.* **2** Inciter à. *Encourager un débutant à persévérer.* **3** Soutenir, favoriser l'essor, le développement de qqch. *Encourager les arts.* DER **encourageant, ante** *a* – **encouragement** *nm*

**encourir** *vt* (26) litt S'exposer à, tomber sous le coup de. *Encourir la réprobation.* ETY Du lat. *incurrere*, « courir contre ».

**en-cours** *nm inv* FIN Montant de l'ensemble des titres représentant des engagements financiers en cours dans une banque. *En-cours de crédit.* VAR **encours**

**encrasser** *vt* [1] **1** Recouvrir de crasse. **2** Obstruer, recouvrir d'un dépôt nuisible au bon fonctionnement. *Bougies d'allumage qui s'encrassent.* [DER] **encrassement** *nm*

**encratisme** *nm* didac Doctrine des encratites, disciples de Tatien, qui tenaient la matière pour abominable et s'abstenaient de tout plaisir charnel.

**encre** *nf* **1** Substance liquide, noire ou colorée, servant à écrire, à dessiner, à imprimer. *Une tache d'encre.* **2** Liquide chargé de pigments noirs émis par les céphalopodes dibranchiaux lorsqu'ils sont menacés. **3** Maladie cryptogamique du châtaignier. [ETY] Du lat.

**encrer** *vt* [1] IMPRIM Enduire d'encre. [DER] **encrage** *nm* – **encreur, euse** *a*

**encrier** *nm* **1** Petit récipient pour mettre l'encre. *Il trempa sa plume dans son encrier.* **2** IMPRIM Réservoir qui alimente en encre les rouleaux encreurs d'une presse.

**encrine** *nm* ZOOL Lis de mer qui fut très abondant au trias et que l'on rencontre princ. à l'état de fossile. [ETY] Du lat.

**encroué, ée** *a* SYLVIC Se dit d'un arbre qui, en tombant, a enchevêtré ses branches à celles d'un autre. [ETY] de l'a. v. *encrouer,* « accrocher ».

**encroûter** *v* [1] **A** *vt* Recouvrir d'une croûte. **B** *vpr* fig S'abêtir, se cantonner dans des habitudes, des opinions figées. *S'encroûter dans un travail routinier.* [VAR] **encrouter** [DER] **encroûtement** ou **encroutement** *nm*

**encrypter** *vt* [1] INFORM Crypter des données pour préserver leur confidentialité. [DER] **encryptage** *nm*

**enculé** *nm* vulg Injure de mépris s'adressant à un homme.

**enculer** *vt* [1] vulg **1** Pratiquer le coït anal, la sodomisation. **2** fig Tromper, berner. **LOC** fam *Enculer les mouches :* s'attacher à des points de détail. [DER] **enculage** *nm* – **enculeur, euse** *n*

**encuver** *vt* [1] Mettre dans une cuve. [DER] **encuvage** ou **encuvement** *nm*

**encyclique** *nf* Lettre adressée par le pape aux évêques et aux fidèles, à propos d'un problème de doctrine ou d'actualité. [ETY] Du gr. *egkuklios,* « circulaire ».

**encyclopédie** *nf* **1** Ouvrage où l'on traite, de façon alphabétique ou thématique, de toutes les connaissances humaines. **2** Ouvrage traitant d'une science, d'une technique ou d'un art de manière exhaustive. *Encyclopédie de la musique.* **LOC** *Encyclopédie vivante :* personne qui possède des connaissances étendues et variées. [ETY] Du gr. *egkuklios paideia,* « instruction embrassant tout le cycle du savoir ». [DER] **encyclopédique** *a*

**Encyclopédie** (ou *Dictionnaire raisonné des sciences, des arts et des métiers*) ouvrage « mis en ordre et publié » par Diderot (auquel le libraire Le Breton confia la direction de ce travail en 1747) et, « quant à la partie mathématique », par d'Alembert. La publication des 17 vol. in-folio et 11 vol. de planches s'échelonna entre 1751 et 1772. Prévu comme une simple adaptation du *Dictionnaire universel* brit. de Chambers (1728), il synthétisa les connaissances du XVIII$^e$ s. Voltaire, Montesquieu, J.-J. Rousseau, Duclos, Marmontel, Condillac, Turgot y collaborèrent. Le rationalisme teinté de matérialisme de l'*Encyclopédie* exerça une influence profonde.

**encyclopédisme** *nm* Tendance à accumuler toutes sortes de connaissances.

**encyclopédiste** *n* **A** *nm* HIST Collaborateur de l'*Encyclopédie* de Diderot et D'Alembert. **B** *n* Rédacteur, rédactrice d'articles d'encyclopédie.

**endartériectomie** *nf* CHIR Résection de la partie interne d'une artère.

**endémie** *nf* didac Persistance d'une maladie dans une région. [ETY] Du gr.

**endémique** *a* **1** didac Qui a le caractère de l'endémie. *La peste fut longtemps endémique en Europe.* **2** Qui sévit avec persistance. *Chômage endémique.* **3** BIOL Se dit d'une espèce animale ou végétale dont l'aire de répartition est limitée à une région bien déterminée. ANT ubiquiste. [DER] **endémicité** *nf* ou **endémisme** *nm*

**endenté, ée** *a* HERALD Se dit d'une pièce composée de triangles alternés de divers émaux.

**endenter** *vt* [1] TECH **1** Garnir une roue de dents. **2** Unir deux pièces au moyen de dents.

**endetter** *v* [1] *vt* Engager dans des dettes. *Cet achat m'endettera pour plusieurs années. S'endetter auprès de ses amis.* [DER] **endetté, ée** *a, n* – **endettement** *nm*

**endeuiller** *vt* [1] Plonger dans le deuil.

**endêver** *vi* [1] vx, fam Avoir un vif dépit. [ETY] De l'a. fr. *desver,* « être fou ».

**endiablé, ée** *a* **1** Extrêmement turbulent. *Un enfant endiablé.* **2** Plein de fougue. *Un film au rythme endiablé.*

**endiguer** *vt* [1] **1** Contenir par des digues. *Endiguer un cours d'eau.* **2** fig Contenir, refréner. *Endiguer des passions.* [DER] **endiguement** *nm*

**endimancher (s')** *vpr* [1] Mettre ses plus beaux habits, ses habits du dimanche. *S'endimancher pour un mariage.* **LOC** *Avoir l'air endimanché :* paraître mal à l'aise dans de beaux habits rarement portés.

**endive** *nf* **1** Bourgeon hypertrophié de la chicorée witloof obtenu par forçage dans l'obscurité et consommé cru ou cuit. **2** Belgique Chicorée frisée, scarole. [ETY] Du lat.

**endo-** Élément, du gr. *endon,* « au-dedans ».

**endoblaste** *nm* BIOL Syn. de *endoderme.*

**endocarde** *nm* ANAT Tunique interne du cœur, qui tapisse les cavités et les valvules.

**endocardite** *nf* MED Inflammation de l'endocarde.

**endocarpe** *nm* BOT Partie la plus interne du fruit, au contact de la graine, qui, dans les drupes, constitue la coque du noyau.

**endocrine** *a* **LOC** ANAT *Glandes endocrines :* glandes à sécrétion interne, dont le produit (hormone) est déversé dans le sang. ANT exocrine. [ETY] Du gr. *krinein,* « sécréter ». [DER] **endocrinien, enne** *a*

**endocrinologie** *nf* Discipline médicale étudiant la pathologie, la régulation et le mode d'action des glandes endocrines. [DER] **endocrinologiste** ou **endocrinologue** *n*

**endoctriner** *vt* [1] Faire la leçon à qqn pour qu'il adhère à une doctrine, une idéologie. [DER] **endoctrinement** *nm*

**endocytose** *nf* BIOL Mode de pénétration à l'intérieur d'une cellule dont la membrane enveloppe la particule à ingérer.

**endoderme** *nm* **1** BOT Assise interne de l'écorce dans la racine et la tige. **2** EMBRYOL Feuillet embryonnaire interne appelé à constituer la paroi du tube digestif, les glandes annexes et, chez les vertébrés tétrapodes, les poumons. SYN endoblaste.

**endodontie** *nf* Étude de la pulpe et de la racine dentaires. [PHO] [ɑ̃dɔdɔ̃si] [DER] **endodontique** *a*

**endogamie** *nf* ETHNOL Obligation qu'ont les membres de certaines tribus de contracter mariage à l'intérieur de leur tribu. ANT exogamie. [DER] **endogame** *a, n*

**endogé, ée** *a* ZOOL Se dit d'un animal qui vit dans le sol, ou y effectue des constructions.

**endogène** *a* **1** didac Qui provient de l'intérieur. *Croissance économique endogène.* **2** BOT Se dit d'un élément qui se forme à l'intérieur de l'organe qui l'engendre. **3** MED Qui est produit dans l'organisme. *Intoxication endogène.* ANT exogène. **LOC** GEOL *Roches endogènes :* formées à l'intérieur de la Terre.

**endolorir** *vt* [3] Rendre douloureux. [DER] **endolorissement** *nm*

**endomètre** *nm* ANAT Muqueuse utérine. [ETY] Du gr. *mêtra,* « matrice ».

**endométriome** *nm* MED Tumeur bénigne de l'endomètre.

**endométriose** *nf* MED Prolifération d'endométriomes.

**endométrite** *nf* MED Inflammation de l'endomètre.

**endommager** *vt* [13] Causer du dommage à qqch. *La grêle a endommagé les récoltes.* [DER] **endommagement** *nm*

**endomorphine** → **endorphine.**

**endomorphisme** *nm* MATH Morphisme tel que l'ensemble d'arrivée et l'ensemble de départ soient confondus.

**endoparasite** *nm* BIOL Parasite qui vit à l'intérieur du corps de son hôte. *Les douves, les trypanosomes sont des endoparasites.*

**endophylle** *a* ZOOL Se dit d'une larve d'insecte qui creuse des galeries à l'intérieur des feuilles. SYN mineuse.

**endoplasme** *nm* BIOL Partie centrale du cytoplasme. [DER] **endoplasmique** *a*

**endoprocte** *nm* ZOOL Lophophorien dont l'anus est situé en dedans de la couronne de tentacules. SYN kamptozoaire.

**endoprothèse** *nf* CHIR Sorte de petit ressort introduit dans une artère pour éviter la rétraction de celle-ci.

**Endor** anc. v. de Galilée (auj. *Ein Dor,* Israël), où furent prédites à Saül sa défaite et sa mort.

**endoréique** *a* GEOMORPH Se dit d'un cours d'eau qui se déverse dans un plan d'eau ou une dépression intérieure, sans rapport avec la mer. *Le Jourdain est un fleuve endoréique.* [ETY] Du gr. *rhein,* « couler ». [DER] **endoréisme** *nm*

**endormeur, euse** *n, a* Qui entretient les gens dans une sécurité trompeuse.

**endormi, ie** *a, n* **1** Qui dort. **2** fig Lent, nonchalant, peu vif. *Bande d'endormis !*

**endormir** *v* [30] **A** *vt* **1** Faire dormir. *Endormir un enfant en le berçant. L'anesthésiste endort le patient qui va être opéré.* **2** Provoquer le sommeil en ennuyant, lasser. *Ce conférencier endort son auditoire.* **3** Tromper qqn pour l'empêcher d'agir. *Il l'endort par de belles paroles.* **4** Rendre moins vif un sentiment, une impression. *Endormir la douleur.* **5** Engourdir, enlever toute activité à. *Le froid endort la végétation.* **B** *vpr* **1** Commencer à dormir. **2** Perdre de son activité, de sa vigilance. *S'endormir dans l'autosatisfaction.* [DER] **endormissement** *nm*

**endorphine** *nf* BIOCHIM Peptide qui se forme naturellement dans le cerveau et a une action analgésique. [VAR] **endomorphine** *nf*

**endos** *nm* FIN Endossement.

**endoscope** *nm* MED Instrument muni d'un système lumineux, destiné à explorer certains conduits, certaines cavités du corps (estomac, vessie, etc.).

**endoscopie** *nf* MED Technique d'observation, de prélèvement et d'exérèse chirurgicale pratiquée en introduisant un endoscope ou un fibroscope à l'intérieur du corps. [DER] **endoscopique** *a*

**endosmomètre** *nm* PHYS Appareil servant à mesurer la pression osmotique.

**endosmose** *nf* PHYS Passage, à travers une membrane semi-perméable séparant deux solutions, du solvant de la solution la moins concentrée vers la plus concentrée.

**endossataire** *n* FIN Personne pour laquelle un effet est endossé.

**endossement** *nm* FIN Action d'endosser un effet de commerce. SYN endos.

**endosser** *vt* (1) **1** Mettre sur son dos un vêtement, revêtir un habit. *Endosser son manteau.* **2** fig Assumer, prendre la responsabilité de. *Endosser les conséquences d'une décision.* **3** FIN Inscrire au dos d'un chèque, d'une traite, l'ordre de les payer. DER **endossable** *a*

**endosseur** *nm* FIN Personne qui endosse un effet.

**endossure** *nf* TECH Préparation du dos d'un livre pour le relier.

**endothélium** *nm* HISTOL Tissu qui tapisse la paroi interne de l'appareil circulatoire. PHO [ɑ̃dɔteljɔm] ETY De *épithélium* DER **endothélial, ale, aux** *a*

**endothermique** *a* CHIM Qualifie une réaction qui absorbe de la chaleur. ANT exothermique.

**endotoxine** *nf* MICROB Toxine qui n'est libérée que lors de la destruction de la bactérie qui la sécrète.

**endovasculaire** *a* MED Qui concerne l'intérieur d'un vaisseau sanguin. *Traitement endovasculaire.*

**endoxylique** *a* ZOOL Se dit d'un animal qui se développe dans le bois.

**endrailler** *vt* (1) MAR Fixer une voile sur une draille à l'aide de crochets ou de mousquetons.

**endroit** *nm* **1** Lieu, place, partie déterminée d'un espace. *Habiter un endroit isolé. À quel endroit du corps a-t-il été blessé ?* **2** fig Aspect de la personnalité. *Prendre qqn par son endroit faible, son endroit sensible.* **3** Partie déterminée d'un ouvrage de l'esprit. *À cet endroit de son discours, il s'arrêta.* **4** Côté sous lequel se présente habituellement un objet. ANT envers. *Remettre son chandail à l'endroit.* LOC ***À l'endroit de*** : à l'égard de, envers qqn. — fam ***Le petit endroit*** : les cabinets. — ***Par endroits*** : çà et là, de place en place, à certains endroits.

**enduction** *nf* TECH Opération qui consiste à enduire un support textile d'un produit destiné à le protéger ou à améliorer ses caractéristiques.

**enduire** *vt* (69) Couvrir d'un enduit ou d'une matière molle. *Enduire un mur de plâtre. Elle s'est enduite de crème pour bronzer.* ETY Du lat.

**enduit** *nm* **1** Matière molle dont on couvre la surface de certains objets. **2** Mélange utilisé pour le lissage d'une surface avant l'application de la peinture.

**endurance** *nf* Capacité de résister à la fatigue, aux souffrances. LOC TECH ***Épreuve d'endurance*** : essai de fonctionnement de longue durée auquel sont soumis certains matériels.

**endurci, ie** *a* **1** Devenu insensible. *Un cœur endurci.* **2** Qui s'est fortifié dans son état, ses habitudes. *Un célibataire endurci.*

**endurcir** *vt* (3) **1** Rendre plus fort, plus robuste ; accoutumer à la fatigue, à la souffrance, etc. *Le sport endurcit le corps.* **2** Rendre insensible, impitoyable. *Les déceptions lui ont endurci le cœur.* DER **endurcissement** *nm*

**endurer** *vt* (1) Souffrir, supporter une épreuve pénible. *Les tourments qu'il endura pendant la guerre.* ETY Du lat. *indurare*, « se durcir ». DER **endurable** *a* – **endurant, ante** *a*

**enduro** *n* **A** *nm* SPORT Épreuve motocycliste d'endurance tout-terrain. **B** *nf* Moto conçue pour l'enduro. DER **enduriste** *n*

**endymion** *nm* Plante à bulbe (liliacée), à petites fleurs bleues odorantes. SYN jacinthe des bois. ETY Du n. pr.

**Endymion** dans la myth. gr., berger aimé de Séléné (incarnation de la Lune).

**-ène** CHIM Suffixe désignant un hydrocarbure non saturé (ex. *benzène, toluène*).

**Énée** prince troyen légendaire ; fils d'Aphrodite et d'Anchise. Il quitta l'Orient après la ruine de Troie et aborda en Italie, où il épousa Lavinia, fille du roi du Latium. Virgile en a fait le héros de son *Énéide*, lui donnant comme amante (délaissée par devoir) Didon, reine de Carthage.

*la Fuite d'***Énée** *portant son père Anchise*, terre cuite, V^e^ s. av. J.-C.

**en effet** *av, conj* **A** *av* Effectivement, assurément. **B** *conj de coord* Indique la cause. SYN car. *Il n'est pas sorti ; en effet, il pleuvait.*

**Énéide** poème épique en 12 chants de Virgile (qui l'entreprit v. 29 av. J.-C. et le laissa inachevé à sa mort en 19 av. J.-C.). Il conte les pérégrinations, vers l'Italie, du Troyen Énée, ancêtre de Rémus et Romulus.

**énéolithique** *a, nm* Syn. de *chalcolithique*.

**énergéticien, enne** *n* **1** Spécialiste d'énergétique. **2** Industriel spécialisé dans la production d'énergie (électricité, pétrole, solaire, etc.).

**énergétique** *a, nf* **A** *a* Qui se rapporte à l'énergie. *Les besoins énergétiques d'une nation.* **B** *nf* PHYS Étude des manifestations de l'énergie sous ses diverses formes. LOC PHYSIOL ***Aliments énergétiques*** : qui apportent beaucoup d'énergie à l'organisme. — TECH ***Bilan énergétique d'une réaction*** : comparaison des apports et des pertes d'énergie dans cette réaction.

**énergie** *nf* **1** Force, puissance d'action. *Il manque d'énergie pour persévérer.* **2** Force, puissance physique. *Ce sportif a déployé toute son énergie pour gagner.* **3** Fermeté, résolution que l'on fait apparaître dans ses actes. *L'énergie des mesures prises sauva le pays.* **4** PHYS Grandeur qui représente la capacité d'un corps ou d'un système à produire un travail, à élever une température, etc. *L'énergie électrique, nucléaire.* LOC ASTRO ***Énergie noire*** : énergie de nature inconnue, qui contrecarre la gravitation et qui représenterait la plus grande partie de la masse critique de l'Univers. ETY Du gr. *energeia*, « force en action ».

ENC L'énergie se manifeste sous des formes très diverses : énergie calorifique, électromagnétique, électrique, nucléaire, mécanique, chimique, etc. L'équivalence des formes d'énergie implique que *l'énergie totale* (mise en jeu lors de la transformation d'une énergie en une autre) reste constante (premier principe de la thermodynamique). Les échanges d'énergie sont *irréversibles*. Ainsi, l'énergie mécanique peut se transformer entièrement en énergie calorifique, mais la transformation inverse ne peut être totale, à cause des pertes de chaleur (second principe de la thermodynamique). La consommation d'énergie de la France se répartit comme suit : charbon - 4 %, pétrole - 33 %, gaz naturel -15 %, électricité - 43 %, énergies renouvelables (solaire, éolienne) - 5 %. Suite aux chocs pétroliers des années 1970, les pouvoirs publics ont lancé un programme de construction de centrales nucléaires. Grâce à son parc hydraulique et nucléaire, l'indépendance énergétique de la France est passée de 24 % à 50 % aujourd'hui.

**énergique** *a* **1** Qui a de la force, de l'énergie, de la détermination. *Une femme énergique et courageuse.* **2** Strict, rigoureux. *Prendre des mesures énergiques contre l'inflation.* DER **énergiquement** *av*

**énergisant, ante** *a, nm* Qui donne de l'énergie ou qui stimule le tonus psychique.

**énergivore** *a* fam Qui consomme beaucoup d'énergie.

**énergumène** *n* Personne exaltée qui s'agite, qui crie. ETY Du gr.

**énervation** *nf* **1** MED Ablation ou section d'un nerf. **2** HIST Supplice consistant à brûler les tendons des jarrets.

**énerver** *v* (1) **A** *vt* Agacer, irriter. *Tout ce bruit l'énerve.* **B** *vpr* Perdre son calme, le contrôle de ses nerfs. *Du calme, ne nous énervons pas !* ETY Du lat. DER **énervant, ante** *a* – **énervé, ée** *a, n* – **énervement** *nm*

**Enesco Georges** (Liveni, Moldavie, 1881 – Paris, 1955), violoniste et compositeur roumain romantique. VAR **Enescu**

**enfaîteau** *nm* CONSTR Tuile faîtière demi-cylindrique. VAR **enfaiteau**

**enfaîtement** *nm* CONSTR Ce qui couvre le faîte d'un toit. VAR **enfaitement**

**enfaîter** *vt* (1) CONSTR Couvrir d'un enfaîtement ou d'enfaîteaux. VAR **enfaiter**

**enfance** *nf* **1** Période de la vie de l'être humain qui va de la naissance jusqu'à l'âge de la puberté. *Dès sa plus tendre enfance.* **2** Ensemble des enfants. *La protection de l'enfance.* **3** fig Début, commencement, premier temps. *L'enfance du monde.* LOC fam ***C'est l'enfance de l'art*** : c'est très facile à faire.

**enfant** *n, a* **A** *n* **1** Être humain, de la naissance jusqu'à l'âge de la puberté. *Un enfant sage, bruyant. Aménager une chambre d'enfant. Un spectacle pour enfants.* **2** fig Adulte qui se comporte de façon puérile. *Ce sont de grands enfants. Elle fait l'enfant.* **3** Fils ou fille, quel que soit son âge ; personne, par rapport à ses parents. *Être l'aîné de six enfants. Attendre un enfant. Enfant naturel.* **4** Personne originaire d'un pays, d'une région, d'un milieu. *Un enfant de la bourgeoisie.* **5** Terme de familiarité, d'affection. *Il ne faut pas vous décourager, mon enfant.* **B** *a* Infantile, puéril, naïf. *Il est resté très enfant.* LOC ***Enfant de chœur*** : enfant qui sert la messe ; fig naïf. — ***Enfant de Marie*** : jeune fille appartenant à une congrégation catholique vouée à la Vierge ; fig jeune fille vertueuse et naïve. — ***Enfant de troupe*** : fils de militaire élevé aux frais de l'État dans une école militaire préparatoire. — ***Enfant prodigue*** : qui, ayant quitté la maison paternelle, revient au foyer où il est bien accueilli, selon une parabole de l'Évangile. ETY Du lat. *infans*, « qui ne parle pas ».

**enfanter** *vt* (1) **1** litt Mettre un enfant au monde, accoucher. **2** fig Produire, créer, faire naître. *Enfanter des projets, un ouvrage.* DER **enfantement** *nm*

**enfantillage** *nm* Comportement, discours puérils.

**enfantin, ine** *a* **1** Qui a le caractère de l'enfance. *Les découvertes enfantines.* **2** Qui est à la portée des enfants ; très facile. *Ce problème est d'une simplicité enfantine.* **3** péjor Qui relève de l'enfantillage. *Cessez ce babillage enfantin !*

**Enfantin Barthélemy Prosper,** dit **le Père Enfantin** (Paris, 1796 – id., 1864), ingénieur et économiste français, le chef de l'école saint-simonienne apr. la mort de Saint-Simon.

**Enfants du paradis (les)** film de Marcel Carné en 2 parties (*le Boulevard du Crime,* 1943 et *l'Homme blanc,* 1944) écrit par Prévert, avec Arletty, J.-L. Barrault et P. Brasseur.

**Enfants terribles (les)** roman de Cocteau (1929). ▷ CINE Film de Jean-Pierre Melville (1949).

**enfarger** *vt* Canada fam Faire trébucher qqn en lui mettant qqch dans les jambes, en lui heurtant les pieds.

**enfariner** *v* [1] **A** *vt* Saupoudrer de farine. **B** *vpr* fam Se couvrir le visage de poudre. *Une vieille coquette qui s'enfarine.* **LOC** fam ***Venir la gueule, le bec enfariné :*** avec la sotte confiance du quémandeur naïf.

**enfer** *nm* **A 1** Dans les religions monothéistes, lieu de supplice des damnés. *Le paradis, l'enfer et le purgatoire.* **2** fig Souffrance permanente. *Sa vie est devenue un enfer.* **3** Partie d'une bibliothèque qui contient des ouvrages interdits au public. *Faire des recherches à l'enfer de la Bibliothèque nationale.* **B** *nm pl* **1** Lieu souterrain, séjour des âmes des morts, dans la mythologie gréco-latine. **2** Séjour des justes qui sont morts avant l'avènement du Christ. **LOC** ***D'enfer :*** extrêmement violent. *Un bruit d'enfer* ; fam *remarquable, extraordinaire. Une allure d'enfer.* [ETY] Du lat. *infernum,* « lieu d'en bas ».

**enfermer** *v* [1] **A** *vt* **1** Mettre dans un lieu clos, d'où l'on ne peut sortir. *Enfermer un chien dans un chenil.* **2** Mettre qqch dans un lieu fermé, dans un meuble clos. *Enfermer des habits dans une armoire.* **B** *vpr* **1** S'installer dans un lieu fermé, isolé. *S'enfermer pour travailler.* **2** fig Se maintenir dans une situation, en état. *S'enfermer dans son chagrin.* [DER] **enfermement** *nm*

**enferrer** *v* [1] **A** *vt* Percer avec une épée, une pique. *Enferrer son ennemi.* **B** *vpr* **1** Se jeter sur l'arme de son adversaire. **2** fig Se nuire à soi-même ; tomber dans son propre piège. *Il s'est enferré dans ses mensonges.*

**enfeu** *nm* ARCHEOL Niche funéraire en arcade, à fond plat, ménagée dans les murs d'une église. [ETY] De *enfouir.*

**enficher** *vt* [1] TECH Insérer un élément électrique ou électronique dans un autre spécialement conçu pour le recevoir. *Enficher une prise péritel.* [DER] **enfichable** *a* – **enfichage** *nm*

**enfieller** *vt* [1] litt Rendre fielleux, amer. *L'envie enfielle l'âme.*

**enfiévrer** *vt* [14] **1** Donner la fièvre à. **2** fig Exciter, susciter l'ardeur de. *Une agitation qui enfiévrait les esprits. Il s'est enfiévré à cette idée.* SYN passionner, exalter. [DER] **enfièvrement** *nm*

**enfilade** *nf* Série de choses se suivant sur une même ligne, en file. *Pièces disposées en enfilade.* **LOC** MILIT ***Tir d'enfilade :*** dirigé dans le sens de la longueur de l'objectif.

**enfiler** *vt* [1] **1** Passer un fil à travers, par le trou de. *Enfiler une aiguille.* **2** Débiter, mettre à la suite. *Enfiler des phrases.* **3** fam Passer, mettre un vêtement. *Enfiler une robe.* **4** S'engager dans. *Enfiler une rue.* [DER] **enfilage** ou **enfilement** – **enfileur, euse** *n*

**enfin** *av* **1** À la fin, en dernier lieu, après avoir longtemps attendu. *Enfin, cette affaire est terminée.* **2** Marque l'impatience, le désir d'être compris ou obéi. *Vous tairez-vous enfin !* **3** Introduit une précision, un correctif à une affirmation. *Il a plu tous les jours, enfin, presque.* **4** Marque l'acceptation résignée. *Enfin, puisque vous y tenez tellement.*

**enflammer** *vt* [1] **1** Mettre le feu à. *Enflammer une bûche.* **2** Colorer vivement, faire briller. *Des joues enflammées par la fièvre.* **3** litt Emplir d'ardeur, de passion. *Ce discours enflamma leur courage. S'enflammer pour une cause.* **4** Irriter, provoquer l'inflammation de.

**enflé, ée** *a, n* **A** *a* **1** Gonflé. *Des jambes enflées.* **2** fig Vain, fier. *Enflé de son succès.* **B** *n* très fam Imbécile. *Espèce d'enflé !* **LOC** ***Style enflé :*** ampoulé.

**enfléchure** *nf* MAR Cordage ou barreau de bois placé horizontalement entre les haubans et permettant de grimper dans la mâture.

**enfler** *v* [1] **A** *vt* **1** vieilli Gonfler d'air. *Enfler les joues.* **2** Augmenter le volume de. *Les pluies ont enflé la rivière.* SYN grossir. **B** *vi* Augmenter de volume par suite d'un gonflement morbide. *Son œil meurtri commençait à enfler.* **LOC** ***Enfler la voix :*** parler plus fort. [ETY] Du lat.

**enfleurage** *nm* TECH Extraction des parfums des fleurs utilisant les propriétés d'absorption des graisses. [DER] **enfleurer** *vt* [1]

**enflure** *nf* **1** Gonflement d'une partie du corps ; œdème. **2** fig Exagération, emphase. *Enflure du style.* **3** fam, inj Imbécile, crétin.

**enfoiré, ée** *n, a* pop Idiot, abruti. [ETY] De *enfoirer,* « salir d'excréments ».

**enfoncé, ée** *a* Logé au fond, reculé. *Des yeux enfoncés dans leurs orbites.* ANT saillant.

**enfoncement** *nm* **1** Action d'enfoncer. *Enfoncement d'une ligne de bataille.* **2** Partie enfoncée ou en creux, renfoncement. *Enfoncement de terrain.* **3** ARCHI Partie en retrait d'une façade.

**enfoncer** *v* [12] **A** *vt* **1** Pousser vers le fond, faire pénétrer dans qqch. *Enfoncer un clou.* **2** fig, fam Inculquer. *Il a essayé de lui enfoncer quelques principes dans la tête.* **3** Rompre en poussant, en pesant sur. *Enfoncer une porte.* SYN défoncer, forcer. **4** Faire plier, rompre les rangs d'une troupe. **5** Vaincre, surpasser. *Enfoncer l'adversaire par des arguments de poids.* **6** Accabler. *Loin de le défendre, ses complices l'ont enfoncé.* **B** *vi* Aller vers le fond. *On enfonçait dans la boue jusqu'aux chevilles.* **C** *vpr* **1** Aller vers le fond, s'affaisser. *Plancher qui s'enfonce.* **2** Pénétrer bien avant dans qqch. *S'enfoncer dans la forêt.* **3** fig S'adonner tout entier à. *S'enfoncer dans l'étude.* SYN s'absorber, se plonger. **LOC** fam ***Enfoncer le clou :*** insister fortement sur un point. — fam ***Enfoncer une porte ouverte :*** découvrir une vérité évidente, triompher facilement. [ETY] De *fond.*

**enfonceur** *nm* **LOC** fam ***Enfonceur de portes ouvertes :*** personne qui découvre des évidences.

**enfonçure** *nf* Creux, cavité.

**enfouir** *vt* [3] **1** Mettre ou cacher en terre. *Enfouir du fumier. Enfouir un trésor.* SYN enterrer. **2** Cacher sous d'autres objets. *Enfouir des documents.* [ETY] Du lat. [DER] **enfouissement** *nm*

**enfouisseur** *nm* AGRIC Appareil adapté à la charrue, servant à enfouir du fumier dans le sillon tracé.

**enfourchement** *nm* TECH Assemblage par tenon et mortaise, sans épaulement.

**enfourcher** *vt* [1] Monter à califourchon sur. *Enfourcher un cheval, une bicyclette.*

**enfourchure** *nf* **1** Partie interne des jambes au point où elles se joignent au tronc. **2** EQUIT Partie du corps du cheval qui se trouve entre les cuisses du cavalier.

**enfourner** *vt* [1] **1** Mettre dans un four. *Enfourner le pain.* **2** fig, fam Mettre dans la bouche largement ouverte. *Il a enfourné le gâteau tout entier.* **3** Introduire, mettre à la hâte dans qqch. *Enfourner des vêtements dans une valise.* **4** TECH Mettre dans un creuset les matières à fondre. [DER] **enfournage** ou **enfournement** *nm* – **enfourneur, euse** *n*

**enfreindre** *vt* [55] Ne pas respecter un règlement, une convention. *Enfreindre une loi, des ordres.* SYN contrevenir (à), transgresser. [ETY] Du lat. class. *infrangere,* « briser ».

**enfricher (s')** *vpr* [1] Etre gagné par les friches en parlant d'un terrain.

**enfuir (s')** *vpr* [29] **1** Prendre la fuite. *S'enfuir de prison.* SYN fuir, s'échapper, se sauver. **2** fig Disparaître. *Les années qui se sont enfuies.*

**enfumer** *vt* [1] **1** Remplir, envelopper de fumée. **2** Incommoder avec de la fumée. *Il nous a enfumés avec ses cigares.* **3** Noircir de fumée. *Les lampes ont enfumé le plafond.* **4** Engourdir des abeilles avec de la fumée pour visiter la ruche. **5** fig, fam Plonger qqn dans la confusion, comme pour l'engourdir. [DER] **enfumage** *nm*

**enfumoir** *nm* Appareil qui sert à enfumer les abeilles.

**enfûter** *vt* [1] TECH Mettre en fût, en futaille. [VAR] **enfuter** ou **enfutailler** [DER] **enfûtage** ou **enfutage** *nm*

**Engadine** vallée sup. de l'Inn, en Suisse (cant. des Grisons), où l'on parle le *romanche.* Tourisme estival et hivernal.

**engagé, ée** *a, n* **A** *a* **1** Entrepris, commencé. *La partie est engagée.* **2** Qui prend ouvertement parti pour une cause. *Littérature, écrivain engagés.* **B** *a, n* Qui s'est enrôlé dans l'armée. *Un engagé volontaire.*

**engageant, ante** *a* Attirant, qui séduit. *Une offre assez engageante.*

**engagement** *nm* **1** Action de mettre en gage. *Engagement d'effets au Crédit municipal.* **2** Promesse, obligation. *Manquer à ses engagements.* **3** Obligation que l'on contracte de servir, de faire qqch ; acte qui en fait foi. *Acteur qui signe un engagement.* **4** Enrôlement volontaire d'un soldat. *Prime d'engagement.* **5** Attitude d'un intellectuel, d'un artiste, qui prend parti pour une cause en mettant son œuvre au service de celle-ci. **6** MILIT Combat de courte durée. *Engagement d'avant-gardes.* **7** MED Descente de la tête du fœtus dans l'excavation pelvienne, au début de l'accouchement. **8** SPORT Coup d'envoi d'une partie. **LOC** FIN ***Engagement de dépenses :*** décision d'engager des dépenses. — SPORT ***Engagement physique :*** fait de mettre toutes ses forces dans une action jusqu'aux limites permises par les règlements.

**engager** *v* [13] **A** *vt* **1** Mettre, donner en gage. *Elle a engagé ses bijoux pour nourrir sa famille.* **2** Donner pour caution. *Engager sa foi, son honneur.* **3** Lier par une promesse, une convention. *Cela n'engage à rien.* SYN obliger, astreindre. **4** Faire supporter une responsabilité à. *Ces paroles n'engagent que moi.* **5** Prendre à gages, prendre à son service. *Engager un employé de maison.* SYN embaucher. **6** Faire pénétrer une chose dans une autre. *Engager une balle dans le canon d'une arme.* **7** Diriger dans une voie. *Engager un bateau dans un chenal. C'est lui qui m'a engagé dans cette mauvaise affaire.* **8** Faire entrer, mettre en jeu. *Engager des capitaux dans une affaire.* **9** Commencer, provoquer. *Engager un procès. Engager la conversation.* **10** Amener qqn à faire qqch. *C'est ce qui m'a engagé à vous parler.* SYN inciter, exhorter, encourager. **B** *vpr* **1** Manifester son engagement. *Auteur, philosophe qui s'engage.* **2** Promettre de faire qqch. *Je m'engage à vous rembourser.* **3** Cautionner qqn. *Je me suis engagé pour lui.* **4** Commencer dans une profession. *S'engager dans l'armée.*

**engainer** *vt* [1] BOT Envelopper comme dans une gaine, notam. en parlant de la base d'une feuille de graminée. *Tige engainée.* [DER] **engainant, ante** *a*

**engamer** *vi* [1] PECHE Avaler complètement l'hameçon, en parlant d'un poisson. [ETY] D'un mot rég., *gâmo,* « goitre ».

**engazonner** *vt* [1] Ensemencer de gazon. [DER] **engazonnement** *nm*

**engeance** *nf* **péjor** Catégorie de personnes méprisables. *Quelle sotte engeance !* [ETY] De l'a. fr. *engier*, « accroître ».

**Engelbrekt Engelbrektsson** (v. 1390 – lac Hjälmar, 1436), patriote suédois. Il se dressa contre la domination danoise.

**Engelmann** Godefroi (Mulhouse, 1788 – Paris, 1839), graveur français. Il introduisit en France la lithographie, due à Senefelder.

**Engels** → **Pokrovsk.**

**Engels** Friedrich (Barmen, auj. intégré à Wuppertal, 1820 – Londres, 1895), théoricien socialiste allemand. Ami et collaborateur de K. Marx, il rédigea avec lui *la Sainte Famille* (1845), *l'Idéologie allemande* (1845-1846) et le *Manifeste du parti communiste* (1848). Œuvres princ. : *Socialisme utopique et Socialisme scientifique* (1876-1877), *l'Anti-Dühring* (1878), *la Dialectique de la nature* (1873-1883, publiée en 1925) *l'Origine de la famille, de la propriété privée et de l'État* (1884). Il assura la rédaction définitive des tomes II et III du *Capital* à partir des brouillons laissés par Marx (mort en 1883).

F. Engels

**engelure** *nf* Lésion due au froid, siégeant habituellement aux extrémités et caractérisée par un œdème rouge, douloureux, dur, compliqué parfois d'ampoules et de crevasses.

**engendrer** *vt* [1] **1** Procréer, en parlant des mâles. *Abraham engendra Isaac.* **2** THEOL Produire, faire naître. *Le Père, dans la Trinité, engendre le Fils.* **3 fig** Être la cause de, provoquer. *L'insalubrité engendre des maladies.* **4** GEOM Décrire, former une ligne, une surface. *La rotation d'un triangle autour d'une de ses hauteurs engendre un cône.* [ETY] Du lat. [DER] **engendrement** *nm*

**engerber** *vt* [1] AGRIC Mettre en gerbes. [DER] **engerbage** *nm*

**Enghien** (duc d') titre porté, du vivant de son père, par l'aîné des princes de Condé.

**Enghien-les-Bains** ch.-l. de cant. du Val-d'Oise, sur le *lac d'Enghien* ; 10 368 hab. Station thermale. Casino, hippodrome. [DER] **enghiennois, oise** *a, n*

**Engilbert** → **Angilbert.**

**engin** *nm* **1** Appareil conçu pour remplir une fonction déterminée. *Engins de levage, de terrassement.* **2** Appareil équipé d'un système autonome de propulsion et de guidage, conçu pour évoluer dans l'atmosphère. **3** Instrument, outil quelconque. *Engins de guerre. Engins de pêche, de chasse.* **4 fam** Objet que l'on ne peut nommer précisément. *Je ne sais pas me servir de cet engin-là.* [ETY] Du lat. *ingenium*, « intelligence ».

**engineering** *nm* TECH Syn. (déconseillé) de *ingénierie*. [PHO] [ɛnʒiniriŋ] [ETY] Mot angl.

**englacé, ée** *a* Recouvert de glace. *Région englacée.*

**englober** *vt* [1] Réunir, comprendre en un tout. *La même accusation vous englobe tous.*

**engloutir** *vt* [3] **1** Avaler gloutonnement. SYN dévorer, engouffrer. **2** Faire disparaître dans un gouffre. *La mer a englouti le navire et son équipage.* **3 fig** Absorber, consumer. *Ces dépenses ont englouti toutes mes économies.* [ETY] Du lat. [DER] **engloutissement** *nm*

**engluer** *vt* [1] **1** Enduire de glu ou d'une matière gluante. *Engluer un piège.* **2** Prendre à la glu. *Engluer des oiseaux.* **3 fig** Piéger. *Se laisser engluer par de belles paroles.* [DER] **engluement** ou **engluage** *nm*

**engobe** *nm* TECH Matière terreuse dont on recouvre une céramique pour masquer sa couleur naturelle.

**engober** *vt* [1] TECH Appliquer un engobe. [ETY] Du mot dial. *gobe*, « motte de terre ». [DER] **engobage** *nm*

**engommer** *vt* [1] TECH Enduire de gomme. [DER] **engommage** *nm*

**engoncer** *vt* [12] En parlant de vêtements, faire paraître le cou enfoncé dans les épaules. *Ce manteau vous engonce.* [ETY] De *gond*. [DER] **engoncement** *nm*

**engorger** *vt* [13] **1** Obstruer, boucher un conduit. *Saletés qui engorgent un tuyau.* **2** MED Provoquer l'accumulation de sang, de sérosité ou de liquide dans un organe. [DER] **engorgement** *nm*

**engouement** *nm* **1** Fait de s'engouer. *Elle est coutumière de ces engouements.* SYN emballement, toquade **2** MED Arrêt des matières fécales dans l'anse intestinale herniée.

**engouer (s')** *vpr* [1] Se prendre d'une passion excessive et passagère pour. *Il s'engoua subitement de peinture.* SYN s'enticher. [ETY] De *goue*, « joue ».

**engouffrer** *v* [1] **A** *vt* **fam** Dévorer, engloutir. *Il a engouffré tout un plateau de petits fours.* **B** *vpr* **1** Entrer avec violence dans un lieu resserré. *Le vent s'engouffre dans la cheminée.* **2** Pénétrer précipitamment dans. *Ils se sont engouffrés dans le couloir.* [DER] **engouffrement** *nm*

**engoulevent** *nm* Oiseau au plumage roussâtre qui ressemble à un grand martinet. [ETY] De *goule*, var. de *gueule*, et *vent*.

**engoulevent** d'Europe

**engourdir** *vt* [3] **1** Priver momentanément de sensibilité une partie du corps. *Le froid lui engourdissait les mains.* **2 fig** Ralentir l'activité, l'énergie de. *L'oisiveté engourdit le caractère.* ANT dégourdir. [DER] **engourdissement** *nm*

**engrais** *nm* **1** Action d'engraisser. *Mettre un bœuf, un porc à l'engrais.* **2** Toute matière qui augmente la fertilité du sol, en constituant un aliment supplémentaire pour les plantes (par oppos. à *amendement*).

[ENC] On distingue les engrais *naturels* : fumier, eaux usées, guano, et les engrais *chimiques* : nitrates, phosphates, sels de potassium, calcium, etc. Les engrais *plastiques* fournissent des apports en grande quantité (azote, phosphore, etc.) ; les engrais *catalytiques* fournissent des oligoéléments (fer, manganèse, chrome, etc.). Les engrais *verts* ou *verdage* sont des plantes (légumineuses notam.) semées puis enfouies sur place par un labour. Les engrais constituent un important facteur de pollution des eaux.

**engraisser** *v* [1] **A** *vt* **1** Faire devenir gras. *Engraisser de la volaille.* **2** Améliorer par des engrais. *Engraisser les terres.* **3 fig, fam** Rendre riche, florissant. *La pénurie engraisse les trafiquants. S'engraisser aux dépens de qqn.* **B** *vi* Devenir gras. *Elle a engraissé.* SYN grossir, épaissir. ANT maigrir. [ETY] Du lat. [DER] **engraissage** ou **engraissement** *nm*

**engraisseur** *nm* ELEV Personne qui engraisse les bestiaux.

**engramme** *nm* PSYCHO Trace laissée dans les centres nerveux par toute activité antérieure. [ETY] Du gr. *gramma*, « caractère ».

**engranger** *vt* [13] **1** Mettre, déposer dans une grange. *Engranger du blé.* **2 fig** Faire provision de, accumuler. *Engranger des connaissances.* [DER] **engrangement** *nm*

**engraver** *vt* [1] **1** Engager dans la vase, le sable. *Engraver un bateau.* **2** Recouvrir de gravier. *La rivière a engravé la plaine.* [ETY] De *grève*.

**engrenage** *nm* **1** TECH Dispositif composé de deux pièces munies de dents, permettant d'assurer une liaison mécanique entre deux arbres qui ne tournent généralement pas à la même vitesse. *Engrenages cylindriques, hélicoïdaux, coniques.* **2 fig** Enchaînement de circonstances auquel il est difficile d'échapper. *Mettre le doigt dans l'engrenage.*

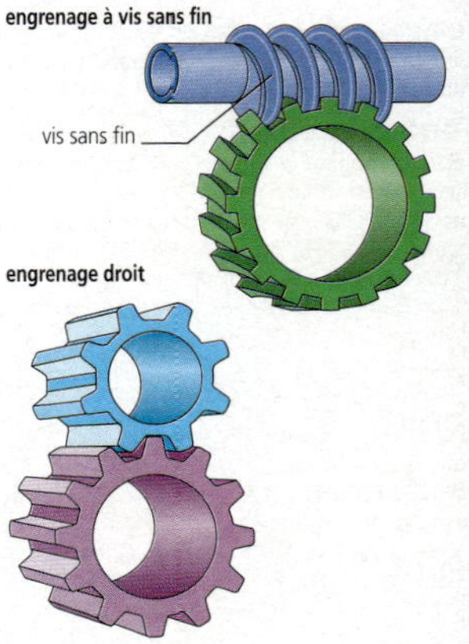


**engrenage**

**1 engrener** *vt* [16] AGRIC **1** Mettre du grain dans la trémie d'un moulin pour le moudre. **2** Engraisser avec du grain. *Engrener des volailles, des chevaux.* **3** Alimenter une batteuse en épis. [ETY] De *grain*. [DER] **engrènement** *nm*

**2 engrener** *v* [16] TECH Faire entrer les dents d'une roue dans celles d'un pignon pour transmettre un mouvement. *Roues qui s'engrènent.* [ETY] De *encrené*, « entaillé de crans ». [DER] **engrènement** *nm*

**engrenure** *nf* TECH Position de deux roues qui s'engrènent.

**engrosser** *vt* [1] **fam** Rendre grosse, enceinte.

**engrumeler (s')** *vpr* [17] ou [19] Se mettre en grumeaux.

**engueuler** *vt* [1] **A** *vt* **fam** Faire des reproches véhéments à, invectiver. *Je l'ai drôlement engueulé.* **B** *vpr* Se disputer. *Ils n'arrêtent pas de s'engueuler.* [DER] **engueulade** *nf*

**enguichure** *nf* Courroie servant à porter un cor de chasse ou un bouclier. [ETY] De l'a. fr. *guiche*, « courroie ».

**Enguinegatte** → **Guinegatte.**

**enguirlander** *vt* [1] **1** Garnir de guirlandes. **2 fam** Réprimander.

**enhardir** *vt* [3] Donner de la hardiesse à. *Le succès l'a enhardi.*

**enharmonie** *nf* MUS Rapport entre deux notes qui appartiennent à des tonalités différentes mais qui, dans le système tempéré, sont considérées comme identiques (ex. : *do* dièse et *ré* bémol, *fa* et *mi* dièse). PHO [ɑ̃naʀmɔni] DER **enharmonique** *a*

**enharnacher** *vt* 1 Mettre un harnais à. *Enharnacher un cheval.* SYN harnacher.

**enhendée** *af* HERALD Se dit d'une croix dont les branches sont terminées par trois pointes. PHO [ɑ̃ɑ̃de] ETY De l'a. fr. *hanste,* « lance ».

**enherber** *vt* 1 AGRIC Mettre un terrain en pré, en herbe. DER **enherbement** *nm*

**énième** *a num ord* Qui est à un rang indéterminé. *Je te le dis pour la énième fois.* ETY De *n,* lettre désignant un nombre indéterminé.

**énigme** *nf* **1** Chose à deviner d'après une description en termes obscurs et ambigus. *Trouver le mot de l'énigme.* **2** fig Explication de ce que l'on ne comprend pas. **3** Ce qui est difficile à comprendre. *Une énigme policière. Cette personne est une énigme pour moi.* SYN mystère, problème. **4** Discours obscur, phrase ambiguë. *Parler par énigmes.* ETY Du gr. DER **énigmatique** *a* – **énigmatiquement** *av*

**enivrer** *vt* 1 **1** Rendre ivre. *Le vin enivre. Il s'est enivré pour oublier.* SYN griser, soûler. **2** fig Étourdir, exalter. *Enivrer de louanges.* PHO [ɑ̃nivʀe] DER **enivrant, ante** *a* – **enivrement** *nm*

**enjambée** *nf* **1** Grand pas. *Marcher à grandes enjambées.* **2** vieilli Espace parcouru en faisant un tel pas. *Distant de trois enjambées.*

**enjambement** *nm* **1** BIOL Entrecroisement des chromosomes homologues qui, au cours de la phase précédant la méiose, échangent certains fragments de chromatides après s'être appariés, opérant ainsi un mélange des gènes qu'ils portent. SYN (déconseillé) crossing-over. **2** POET Rejet au vers suivant d'un ou de plusieurs mots qui complètent le sens du premier vers. *« Du palais d'un jeune lapin, / Dame belette, un beau matin, / S'empara... »* (La Fontaine).

**enjamber** *v* 1 **A** *vt* Franchir en étendant la jambe par-dessus, en passant par-dessus. *Enjamber un ruisseau. Viaduc qui enjambe la vallée.* **B** *vi* Se prolonger, avancer. *Cette poutre enjambe sur le mur.*

**enjambeur** *nm* Tracteur agricole surélevé utilisé pour le travail de la vigne.

**enjaveler** *vt* 17 ou 19 AGRIC Mettre en javelles.

**enjeu** *nm* **1** Somme que l'on mise au jeu et qui revient au gagnant. *Garder les enjeux.* **2** fig Ce qu'on risque de gagner ou de perdre dans une entreprise, une compétition.

**enjoindre** *vt* 56 Ordonner, prescrire. *La loi enjoint de respecter le bien d'autrui.* ETY Du lat.

**enjôler** *vt* 1 vieilli, litt Séduire, charmer par des manières, des paroles flatteuses. ETY De *geôle.* DER **enjôleur, euse** *a, n*

**enjoliver** *vt* 1 **1** Rendre plus joli, orner. *Enjoliver sa maison.* **2** fig Ajouter à un récit des détails plus ou moins exacts pour l'embellir, l'agrémenter. DER **enjolivement** *nm* – **enjolivure** *nf*

**enjoliveur, euse** *n* **A** Personne qui a tendance à enjoliver ses récits. **B** *nm* AUTO Garniture qui recouvre la partie centrale extérieure d'une roue.

**enjoué, ée** *a* Qui a ou qui dénote de la gaieté, de la bonne humeur. *Un caractère enjoué. Conversation enjouée.* SYN gai. ANT maussade. DER **enjouement** *nm*

**enképhaline** *nf* BIOCHIM Neuropeptide, constitué de cinq acides aminés, présent dans le système nerveux central et qui a une action analgésique.

**enkyster (s')** *vpr* 1 MED S'entourer d'une couche de tissu conjonctif dense qui isole du tissu environnant. DER **enkystement** *nm*

**enlacer** *vt* 12 **1** Passer des festons, des cordons, des lacets, etc., les uns dans les autres. *Des rubans s'enlaçaient dans sa chevelure.* SYN entremêler, entrelacer. **2** Étreindre, serrer dans ses bras. *Des couples enlacés. Ils s'enlacèrent pour danser.* DER **enlacement** *nm*

**enlaçure** *nf* TECH Assemblage d'un tenon et d'une mortaise à l'aide de chevilles.

**enlaidir** *v* 3 **A** *vt* Rendre laid. *Ce chapeau vous enlaidit.* **B** *vpr, vi* Devenir laid. *Il enlaidit de jour en jour. S'enlaidir à plaisir.* ANT embellir. DER **enlaidissement** *nm*

**enlevage** *nm* **1** TECH Opération de teinturerie consistant à détruire la teinture ou le mordant. **2** SPORT Action d'accélérer le mouvement des avirons en fin de course.

**enlevé, ée** *a* Exécuté avec brio. *Un portrait enlevé.*

**enlèvement** *nm* **1** Action d'emporter qqch d'un lieu. *Enlèvement des ordures ménagères.* **2** Action d'enlever une personne. *Enlèvement d'enfant.* SYN rapt. **3** MILIT Action de s'emparer d'une position ennemie.

**enlever** *vt* 16 **1** Soulever en l'air. *Enlever des pierres avec une grue.* **2** fig Ravir, transporter d'admiration. *Enlever son auditoire.* **3** Exécuter avec vivacité et brio. *Enlever un morceau de musique.* **4** Déplacer, mettre plus loin. *Enlevez cette horreur de ma vue !* **5** Retirer, ôter. *Enlève tes chaussures avant d'entrer.* **6** Faire disparaître. *Enlever une tache.* **7** fig Soulager de, priver de. *Cette nouvelle m'enlève un grand souci.* **8** Emporter. *Enlever des marchandises.* **9** S'emparer de. *Enlever une place, une ville.* **10** Emmener qqn de gré ou de force. *Enlever un enfant pour obtenir une rançon.* **11** litt Faire mourir. *Le choléra l'a enlevé.*

**enlevure** *nf* BX-A Partie d'un haut-relief ou d'un demi-relief qui se détache du fond.

**enliasser** *vt* 1 Mettre en liasse.

**enlier** *vt* 2 CONSTR Placer les briques, les pierres, etc., tantôt dans le sens de la longueur, tantôt dans le sens de la largeur.

**enliser** 1 **A** *vt* Enfoncer dans un sol mouvant. *Il a enlisé sa voiture en voulant passer la rivière à gué.* **B** *vpr* fig Stagner. *S'enliser dans des difficultés, dans la routine.* ETY De l'a. fr. *lise,* « sable mouvant ».

**enluminer** *vt* 1 **1** Orner d'enluminures. *Enluminer un livre.* **2** Colorer vivement la peau, le teint. ETY Du lat.

**enlumineur, euse** *n* Artiste qui fait des enluminures.

**enluminure** étreinte mystique, manuscrit du XIVe s. – librairie de l'Université, Prague

**enluminure** *nf* **1** Art d'enluminer. **2** Lettre ornée, ou miniature, colorée, des anciens manuscrits.

**Enna** v de Sicile ; 27 710 hab. ; ch.-l. de la prov. du m. nom. Gaz naturel, soufre. – Cath. (du XIVe au XVIIe s.), chât. médiéval.

**ennéa-** Élément, du gr. *ennea,* « neuf ». PHO [enea]

**ennéade** *nf* didac Assemblage de neuf choses semblables, ou assemblée de neuf personnes.

**Ennéades (les)** nom donné aux 6 livres de Plotin (IIIe s.) parce qu'ils contiennent tous 9 (en gr. *ennea*) chapitres.

**ennéagone** *nm, a* GEOM Polygone à neuf côtés. *Pyramide ennéagone.* DER **ennéagonal, ale, aux** *a*

**ennéasyllabe** *nm* VERSIF Vers de neuf syllabes.

**enneigé, ée** *a* Couvert de neige.

**enneigement** *nm* **1** État d'un sol enneigé. **2** Épaisseur de la couche de neige en un lieu donné.

**enneigeur** *nm* Syn. de *canon à neige.*

**ennemi, ie** *n, a* **1** Personne qui hait qqn, qui cherche à lui nuire. *Se faire un ennemi de plus. Des frères ennemis.* ANT ami. **2** Personne qui éprouve de l'aversion pour qqch. *Un ennemi de la contrainte.* **3** Ceux contre qui on se bat, en période de guerre, leur État, leur armée. *L'ennemi a violé nos frontières. Mission en territoire ennemi.* ANT allié. **4** Chose opposée, nuisible à une autre. *Le mieux est l'ennemi du bien.* LOC ***Ennemi juré :*** déclaré et irréconciliable. — ***Ennemi public :*** homme considéré comme dangereux pour la société. — ***Passer à l'ennemi :*** se ranger aux côtés de ceux que l'on combattait jusqu'ici ; fig trahir son parti, ses engagements. PHO [enmi] ETY Du lat.

**Ennius Quintus** (Rudiæ, Apulie, v. 239 – Rome, 169 av. J.-C.), poète latin : *Annales,* poème épique sur l'histoire de Rome.

**ennoblir** *vt* 3 **1** Conférer de la noblesse, de la dignité à. **2** Améliorer les qualités d'un tissu, d'un matériau par un traitement approprié. DER **ennoblissement** *nm*

**Ennodius Magnus Felix (saint)** (Arles, 473 ou 474 – Pavie, 521), évêque de Pavie, l'un des Pères de l'Église.

**ennoiement** *nm* GEOL Invasion d'un littoral par les eaux marines, à la suite d'une transgression, ou de mouvements tectoniques.

**ennoyage** *nm* GEOL Disparition d'accidents tectoniques (reliefs, failles) sous une couverture sédimentaire.

**Enns (l')** riv. d'Autriche (250 km) ; naît dans les Alpes et se jette dans le Danube (r. dr.).

**ennuager** *vt* 13 Couvrir de nuages. *Ciel qui s'ennuage.*

**ennui** *nm* **1** Lassitude morale, absence d'intérêt pour toute chose. *L'ennui naît de l'uniformité.* **2** Absence de tout intérêt, sentiment de vide que produit qqch. *Il ne ressent que de l'ennui pour ce travail monotone.* **3** Sentiment désagréable que provoque un souci, une contrariété ; ce souci, cette contrariété. *Avoir des ennuis d'argent.*

**ennuyer** *v* 22 **A** *vt* **1** Causer de l'ennui à, contrarier qqn. *Cet échec l'ennuie beaucoup.* **2** Importuner, lasser. *Il ennuie tout le monde avec ses exigences.* **3** Rebuter, susciter un ennui profond chez. *Un conférencier qui ennuie son auditoire.* **B** *vpr* **1** Éprouver un ennui profond, se morfondre. *Il est seul, il s'ennuie toute la journée.* **2** Regretter ou être affecté par l'absence, l'éloignement de. *S'ennuyer de son pays.* ETY Du lat. *inodiare,* « être objet de haine ». DER **ennuyant, ante** *a*

**ennuyeux, euse** *a* **1** Qui est propre à ennuyer, à contrarier. *Ces événements sont ennuyeux pour l'avenir.* **2** Qui ennuie, lasse l'intérêt. *Un livre ennuyeux.* DER **ennuyeusement** *av*

**Énoch** patriarche biblique, père de Mathusalem. – *Livre d'Énoch :* livre apocryphe. [VAR] **Hénoch**

**énoncé** *nm* **1** Action d'énoncer ; ce qui est énoncé. *L'énoncé des faits. L'énoncé d'un jugement, d'une loi.* **2** MATH Ensemble de questions à résoudre, de propositions à démontrer. **3** LING Ensemble d'éléments de communication ayant une signification qui se suffit à elle-même.

**énoncer** *vt* [12] Exprimer sa pensée, la rendre par des mots. *Énoncer une vérité.* [ETY] Du lat.

**énonciation** *nf* **1** Action, manière d'énoncer ; fait d'être énoncé. **2** LING Production d'un énoncé. [DER] **énonciatif, ive** *a*

**enorgueillir** *v* [3] **A** *vt* Rendre orgueilleux. *Tous ces succès l'enorgueillissent.* **B** *vpr* Tirer orgueil de. *S'enorgueillir de son savoir.* [PHO] [ɑ̃nɔʀgœjiʀ]

**énorme** *a* **1** Démesuré, extraordinairement grand ou gros. *Un énorme bloc.* **2** fam Remarquable, incroyable. *Il a un culot énorme.* [ETY] Du lat. *enormis*, « qui sort de la règle ». [DER] **énormément** *av*

**énormité** *nf* **1** Caractère de ce qui est énorme. *L'énormité d'un paquebot. L'énormité de son crime.* **2** fam Parole ou action d'une extravagance ou d'une stupidité énorme. *Dire des énormités.*

**énouer** *vt* [1] TECH Débarrasser une étoffe de ses nœuds. [DER] **énouage** *nm*

**En quatrième vitesse (Kiss Me Deadly)** film de R. Aldrich (1955), d'ap. Mickey Spillane (1918 – 2006).

**enquérir (s')** *vpr* [35] Se renseigner, s'informer, demander des renseignements sur. [ETY] Du lat.

**enquerre (à)** *a* LOC HERALD *Armes à enquerre :* qui présentent une bizarrerie contraire aux lois de l'héraldique, qu'il faut élucider. [ETY] Anc. forme de *enquérir.*

**enquête** *nf* **1** Étude d'une question, s'appuyant sur des témoignages, des informations. *Enquête journalistique, sociologique.* **2** Recherche faite par une autorité judiciaire, administrative ou religieuse. *Ouvrir une enquête. Enquête parlementaire.*

**enquêter** *vi* [1] Ouvrir, poursuivre une enquête. *Enquêter sur un crime.* [ETY] Du lat. [DER] **enquêteur** *nf* – **enquêteur, teuse** ou **enquêteur, trice** *n, a*

**enquiller** *vt* [1] fam Effectuer, accomplir à la suite. *Enquiller les virages.*

**enquiquiner** *vt* [1] fam Ennuyer, agacer. [ETY] De *quiqui*, en arg. « gorge, cou ». [DER] **enquiquinant, ante** *a* – **enquiquineur, euse** *n, a*

**enraciner** *vt* [1] **1** Faire prendre racine à. *Plante qui s'enracine en milieu humide.* **2** fig Implanter profondément dans l'esprit, les mœurs, etc. *Enraciner un préjugé. S'enraciner dans un pays.* [DER] **enracinement** *nm*

**enragé, ée** *a, n* **A** *a* **1** Furieux. *La jalousie le rend enragé.* **2** Atteint de la rage. *Un chien enragé.* **B** *a, n* Passionné, acharné. *Un joueur enragé. Un enragé de la marche à pied.* **C** *nm pl* HIST Sous la Convention, fraction la plus radicale des sans-culottes. LOC fam *Manger de la vache enragée :* mener une vie de privations.

[ENC] En 1793, les enragés, actifs à Paris et à Lyon, préconisaient notam. des mesures sévères à l'égard des riches. Robespierre reprit ces idées mais fit arrêter leurs chefs parisiens ; le prêtre Jacques Roux (né en 1752) se suicida dans sa prison (1794).

**enrager** *vi* [13] Éprouver un vif déplaisir ; être en colère, en rage. *J'enrage de voir qu'il a gagné.* LOC *Faire enrager :* irriter, taquiner. [DER] **enrageant, ante** *a*

**enraiement** *nm* Action d'arrêter une extension fâcheuse. *L'enraiement d'un fléau.* [VAR] **enrayement**

**enrayage** *nm* Blocage d'un mécanisme, notam. d'une arme à feu.

**1 enrayer** *v* [21] **A** *vt* **1** Arrêter l'extension d'une chose fâcheuse. *Enrayer une épidémie.* **2** Garnir une roue de ses rayons. **B** *vpr* Se bloquer, en parlant d'un mécanisme, notam. d'une arme à feu. [ETY] De *rai.*

**2 enrayer** *vt* [21] AGRIC Tracer le premier sillon avec la charrue. [ETY] De *raie.*

**enrégimenter** *vt* [1] **1** Incorporer dans un régiment. **2** péjor Faire entrer dans un groupe, un parti qui exige une stricte discipline. *Être enrégimenté par une secte.* SYN embrigader. [DER] **enrégimentement** *nm*

**enregistrable** → **enregistrer.**

**enregistrement** *nm* **1** Action d'enregistrer ; ce qui a été enregistré. *L'enregistrement d'une transaction. L'enregistrement des bagages.* **2** DR Inscription sur un registre public de certains actes, moyennant le paiement de droits. **3** Opération consistant à recueillir sur un support matériel des informations (sons, images) qui peuvent être restituées par une lecture. *Écouter un enregistrement.* **4** INFORM Ensemble d'informations pouvant faire l'objet d'un transfert en bloc entre une mémoire centrale et un dispositif d'entrée/sortie.

**enregistrer** *vt* [1] **1** Inscrire sur un registre. *Enregistrer une plainte.* **2** DR Mentionner un acte sur un registre public. *Enregistrer une donation.* **3** Consigner par écrit. *Enregistrer ses dépenses sur un cahier.* **4** Noter dans sa mémoire. *Enregistrer la physionomie de qqn.* **5** Constater, observer. *Enregistrer une amélioration du temps.* **6** Transférer des informations sonores, visuelles, codées sur un support matériel (disque, bande magnétique, etc.). *Enregistrer la voix de qqn, des images.* **7** PHYS Recueillir les variations d'une grandeur (température, pression, etc.). [DER] **enregistrable** *a* – **enregistré, ée** *a*

**enregistreur, euse** *a, nm* TECH Se dit d'un appareil capable d'enregistrer les variations d'une grandeur (vitesse, température, etc.), des données, des sons, des images, etc. *Caisse enregistreuse. Un enregistreur de DVD. Un lecteur enregistreur.*

**enrêner** *vt* [1] Mettre les rênes à un cheval. [DER] **enrênement** *nm*

**enrésinement** *nm* Remplacement de plantations de feuillus par des conifères.

**enrhumer** *v* [1] **A** *vt* Causer un rhume à. *Ce temps m'a enrhumé.* **B** *vpr* Contracter un rhume. [PHO] [ɑ̃ʀyme]

**enrichi, ie** *a* **1** péjor Dont la fortune est récente. *Un négociant enrichi.* **2** PHYS Se dit d'un corps dont la teneur en l'un de ses constituants a été augmentée. *Un minerai enrichi.* **3** PHYS NUCL Qualifie un combustible nucléaire dont la teneur en matière fissile est plus élevée qu'à l'état naturel. *Uranium enrichi.* ANT appauvri.

**enrichir** *vt* [3] **1** Rendre riche. *Le commerce l'a enrichi.* ANT appauvrir. **2** Apporter qqch de précieux ou de nouveau à. *Enrichir un musée d'une œuvre célèbre. Enrichir son esprit.* **3** Organiser le travail de manière à donner à l'exécutant davantage de responsabilité. **4** METALL Augmenter la teneur en métal d'un minerai par élimination des éléments stériles. **5** PHYS NUCL Augmenter la teneur isotopique d'un corps radioactif en éliminant les isotopes indésirables. [DER] **enrichissant, ante** *a* – **enrichissement** *nm*

**enrobage** *nm* **1** Action d'enrober. **2** TECH Revêtement des électrodes de soudure servant à éviter l'oxydation du métal. [VAR] **enrobement**

**1 enrobé** *nm* Granulat recouvert de bitume, servant à la construction des routes.

**2 enrobé, ée** *a* fam Rondelet, grassouillet.

**enrober** *vt* [1] **1** Recouvrir un produit, une denrée d'une couche qui le protège ou en améliore le goût. *Enrober un médicament.* **2** fig Envelopper pour atténuer ou déguiser. *Enrober un reproche dans une phrase aimable.*

**enrochement** *nm* TECH Amoncellement de blocs de roche qui protège la base d'une digue, d'une jetée, etc., contre l'action des lames. [DER] **enrocher** *vt* [1]

**enrôler** *vt* [1] **1** Inscrire sur les rôles de l'armée. *S'enrôler dans la marine.* **2** Faire entrer dans un groupe. *Enrôler qqn dans un parti.* **3** DR Mettre au rôle d'un tribunal. [DER] **enrôlé, ée** *a, n* – **enrôlement** *nm*

**enrouer** *vt* [1] Rendre la voix rauque, sourde. *L'abus du rhum avait enroué sa voix.* [ETY] De l'a. fr. *roe*, « rauque ». [DER] **enrouement** *nm*

**enroulement** *nm* **1** Action d'enrouler ; fait de s'enrouler. **2** Ce qui forme une crosse, une spirale. *L'enroulement d'une volute.* **3** ELECTR Bobinage obtenu en enroulant un fil conducteur. **4** Maladie virale de la vigne et de la pomme de terre.

**enrouler** *v* [1] **A** *vt* Rouler plusieurs fois une chose sur elle-même ou autour d'une autre. *Enrouler un câble sur un treuil.* ANT dérouler. **B** *vpr* S'envelopper dans. *S'enrouler dans une couverture.*

**enrouleur, euse** *a, nm* **A** *a* Qui sert à enrouler. **B** *nm* TECH Tambour sur lequel s'enroule un câble.

**enrubanner** *vt* [1] **1** Garnir de rubans. **2** Maintenir par des rubans de plastique de la paille ou du fourrage en forme de balles cylindriques. [DER] **enrubannage** *nm*

**enrubanneuse** *nf* Machine agricole servant à enrubanner.

**ENS** Sigle pour *École normale supérieure.*

**ensabler** *v* [1] **A** *vt* Couvrir, remplir de sable. *Le vent a ensablé la route côtière.* **B** *vpr* S'enfoncer dans le sable. *Véhicule qui s'est ensablé.* [DER] **ensablement** *nm*

**ensacher** *vt* [1] Mettre dans un sac, un sachet. *Ensacher des chocolats.* [DER] **ensachage** *nm*

**ensacheur, euse** *n* **A** Personne qui ensache des marchandises. **B** *nf* TECH Machine servant à ensacher.

**ENSAD** → **École nationale supérieure des arts décoratifs.**

**ENSAM** → **École nationale supérieure des arts et métiers.**

**ensanglanter** *vt* [1] **1** Tacher, couvrir de sang. *Une blessure qui ensanglante le visage.* **2** Souiller par un acte meurtrier. *Les exactions qui ont ensanglanté le pays.*

**ENSBA** → **beaux-arts (École nationale supérieure des).**

**Enschede** ville des Pays-Bas (Overijssel) ; 144 700 hab. Industries.

**enseignable** → **enseigner.**

**enseignant, ante** *a, n* Qui enseigne. LOC *Le corps enseignant :* l'ensemble des personnes chargées d'enseigner.

**enseignant-chercheur** *n* Enseignant du supérieur, menant parallèlement enseignement et recherche. PLUR enseignants-chercheurs.

**1 enseigne** *nf* **1** Inscription, emblème placé sur la façade d'un établissement commercial. *L'enseigne d'un parfumeur.* **2** Nom et logo d'une société de grande distribution. **3** Signe de ralliement militaire, drapeau. *Les enseignes romaines.* LOC *À telle enseigne que :* la preuve en est que. — *Être logés à la même enseigne :* se trouver dans la même situation. [ETY] Du lat.

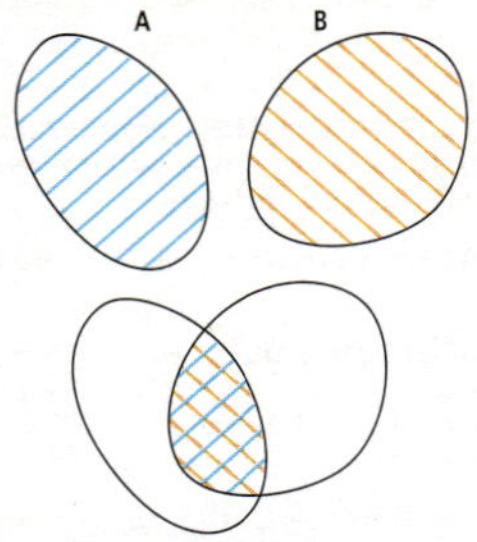


intersection des ensembles A et B : C = A ∩ B

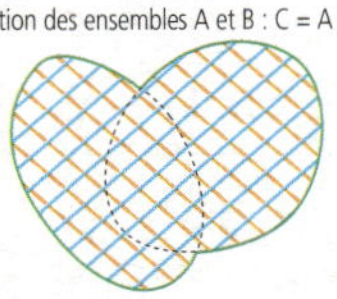

réunion des ensembles A et B : D = A ∪ B

**ensembles**

**2 enseigne** *nm* anc Officier chargé de porter le drapeau. LOC ***Enseigne de vaisseau*** : officier de marine dont le grade correspond à celui de lieutenant *(enseigne de 1re classe)* ou de sous-lieutenant *(enseigne de 2e classe)*. ETY Pour *porte-enseigne*.

**Enseigne de Gersaint (l')** peinture de Watteau (1720, chât. de Charlottenburg, Berlin).

**enseignement** *nm* **1** Action, manière d'enseigner. *L'enseignement de l'histoire. Enseignement assisté par ordinateur (EAO).* **2** Organisation de l'instruction. *L'enseignement public ou privé. Enseignement général, enseignement technique, professionnel.* **3** Profession des enseignants. *Faire carrière dans l'enseignement.* **4** Leçon donnée par l'exemple, l'expérience. *Les malheurs d'autrui doivent servir d'enseignement.*

**enseignement (Ligue française de l')** association fondée en 1886 par Jean Macé (1815 – 1894) pour défendre l'école publique et la laïcité.

**enseigner** *vt* ① **1** Transmettre un savoir théorique ou pratique. *Enseigner le latin, la danse. L'expérience nous enseigne que...* **2** Exercer la profession d'enseignant. ETY Du bas lat. *insignire*, « signaler ». DER **enseignable** *a*

**ensellé** *a* Se dit d'un cheval dont le dos forme un creux exagéré.

**ensellement** *nm* GEOL Col peu marqué entre deux collines.

**ensellure** *nf* ANAT Concavité postérieure de la portion lombaire de la colonne vertébrale.

**ensemble** *av, nm* **A** *av* **1** L'un avec l'autre, les uns avec les autres. *Ils vivent ensemble.* **2** Simultanément. *Démarrer ensemble.* **B** *nm* **1** Groupe d'éléments considérés globalement. *L'ensemble des habitants d'un pays. Une vue d'ensemble.* **2** Groupe d'éléments unis par des traits communs. *Un ensemble de chefs-d'œuvre.* **3** Costume de femme composé de plusieurs pièces assorties. **4** TECH Objet complexe constitué d'un grand nombre de composants. **5** Accord, harmonie entre des éléments, concourant à un effet unique. *Des mouvements exécutés avec un ensemble irréprochable.* **6** MATH Collection d'objets ou d'identités désignés par le même mot ou la même expression. *Ensemble des entiers naturels (0, +1, +2...).* LOC ***Dans l'ensemble*** : d'une façon générale, en gros. — MATH ***Ensemble vide*** : qui ne contient aucun élément. — ***Grand ensemble*** : vaste groupe de hauts immeubles, conçu comme une unité architecturale et destiné à abriter une population nombreuse. — MATH ***Théorie des ensembles*** : qui représente la partie des mathématiques consacrée à l'étude des propriétés des ensembles. ETY Du lat.

ENC La *théorie des ensembles* est due au mathématicien Cantor (1880). Approfondie, elle constitue auj. l'un des fondements des mathématiques en donnant à toutes ses branches un langage commun. On considère surtout les opérations portant sur les ensembles de nombres : ensemble **N** des entiers naturels, ensemble **Z** des entiers relatifs, **Q** des nombres rationnels, **R** des nombres réels. La *théorie des catégories*, introduite en 1945, est une généralisation de la théorie des ensembles. Une catégorie est formée d'une classe notée *Ob*($\mathcal{C}$), dont les éléments sont appelés *objets* de $\mathcal{C}$, et d'une classe, notée *Mor*($\mathcal{C}$), dont les éléments sont appelés *morphismes*. V. tabl. Symboles mathématiques (4. Symboles logiques et symboles de la théorie des ensembles, p. 1813).

**ensemblier, ère** *n* **1** Artiste qui combine des ensembles décoratifs. **2** Technicien de cinéma et de télévision qui assiste le décorateur. **3** Industriel qui fournit des installations complexes.

**ensembliste** *a* MATH Qui concerne les ensembles.

**ensemencer** *vt* ⑫ **1** Mettre de la semence dans la terre. **2** Introduire des spores (bactéries, champignons, etc.) dans un milieu de culture. **3** Peupler une rivière, un étang d'alevins. DER **ensemencement** *nm*

**Ensenada Zenón de Somodevilla y Bengoechea (marquis de La)** (Alesanco, près de Logroño, 1702 – Medina del Campo, 1781), ministre de Philippe V et de Ferdinand VI, il fut renversé par une cabale (1754).

**enserrer** *vt* ① Entourer en serrant. *Une ceinture lui enserrait la taille.*

**Ensérune (montagne d')** plateaux de l'Hérault, entre l'Orb et l'Aude, au S. de Béziers. – *Oppidum d'Ensérune* : site archéol. ibéro-grec (VIe-Ier s. av. J.-C.) ; musée.

**enseuillement** *nm* ARCHI Hauteur entre l'appui d'une fenêtre et le plancher.

**ensevelir** *v* ③ **A** *vt* **1** Inhumer, enterrer. *Ensevelir un mort.* **2** Recouvrir d'un amoncellement de matériaux. *La lave du volcan a enseveli le village tout entier. Un souvenir enseveli au fond de la mémoire.* **3** fig Enfouir. **B** *vpr* fig S'enfoncer dans. *S'ensevelir dans la douleur, la solitude.* ETY Du lat. DER **ensevelissement** *nm*

**ensifère** *nm* Insecte orthoptère dont la femelle a un ovipositeur en forme d'épée, tel que la sauterelle et le grillon.

**ensiforme** *a* didac En forme d'épée.

**ensilage** *nm* AGRIC **1** Méthode de conservation par voie humide passant par la fermentation lactique anaérobie de végétaux hachés et stockés en silo à l'abri de l'air. **2** Fourrage conservé en silo. DER **ensiler** *vt* ① – **ensileuse** *nf*

**en-soi** *nm inv* PHILO Nature propre de la chose, au-delà de ce que nous en percevons ou connaissons.

**ensoleillement** *nm* État de ce qui est ensoleillé. *L'ensoleillement des collines. Durée d'ensoleillement d'un lieu.*

**ensoleiller** *vt* ① **1** Éclairer, échauffer par la lumière du soleil. *Pièce ensoleillée.* **2** fig Rendre radieux par l'éclat de la beauté, de la grâce, du bonheur, etc. *Ce souvenir ensoleille ma vie.*

**ensommeillé, ée** *a* Gagné ou engourdi par le sommeil. *Voix ensommeillée.*

**Ensor James** (Ostende, 1860 – id., 1949), peintre et graveur belge. Son œuvre mêle réalisme, expressionnisme et fantastique : *l'Entrée du Christ à Bruxelles* (1888, musée d'Anvers).

**ensorceler** *vt* ⑰ ou ⑲ **1** Mettre sous le pouvoir d'un sortilège. **2** fig Exercer sur qqn un charme, une influence irrésistible. DER **ensorcelant, ante** *a* – **ensorceleur, euse** *n, a* – **ensorcèlement** ou **ensorcellement** *nm*

**ensoufrer** *vt* ① Imprégner de soufre.

**ensouple** *nf* TECH Rouleau du métier à tisser sur lequel on monte la chaîne. ETY Du lat.

**ensoutaner** *vt* ① fam, péjor Faire prendre la soutane à. *Il s'est ensoutané.*

**enstatite** *nf* MINER Silicate de magnésium présent dans les serpentines, les péridotites, ainsi que dans certaines météorites.

**ensuite** *av* **1** Après dans le temps. *Réfléchissez d'abord, vous répondrez ensuite.* **2** Après dans l'espace. *Au premier plan se trouvaient les parterres, ensuite les bassins.*

**ensuivre (s')** *vpr* ⑥② (Usité seulement à l'inf. et aux 3e pers. du sing. et du plur.) Survenir, se produire par voie de conséquence. *Frapper qqn jusqu'à ce que mort s'ensuive.* LOC ***Et tout ce qui s'ensuit*** : et tout ce qui vient après cela, se rattache à cela.

**James Ensor** *les Masques et la Mort*, 1897 – musée d'Art moderne, Liège

**ensuqué, ée** *a* fam Abruti, endormi.

**entablement** *nm* **1** ARCHI Partie supérieure d'un édifice au-dessus d'une colonnade, qui comprend l'architrave, la frise et la corniche. **2** Partie du sommet des murs d'un édifice, sur laquelle repose la charpente de la toiture. **3** TECH Corniche ou saillie couronnant certains objets. *Entablement d'un meuble.*

**entabler** *vt* [1] TECH Ajuster à demi-épaisseur deux pièces de bois, de métal.

**entablure** *nf* Endroit où s'ajustent deux pièces entablées (branches d'une paire de ciseaux, par ex.).

**entacher** *vt* [1] **1** Souiller, flétrir moralement. *Faute qui entache l'honneur.* **2** Diminuer le mérite, la valeur de. *Lourdeurs de style qui entachent un ouvrage.* **LOC** DR ***Acte entaché de nullité*** : contenant un vice de forme ou établi par une personne légalement incapable.

**entaille** *nf* **1** Coupure dans une pièce de bois, une pierre, etc., dont on enlève une partie. **2** Coupure profonde faite dans les chairs.

**entailler** *v* [1] Faire une entaille à. *Un tesson lui a entaillé le pied. Il s'est entaillé le visage.* [DER] **entaillage** *nm*

**entame** *nf* **1** Premier morceau coupé d'un pain, d'un rôti, etc. *L'entame d'un jambon.* **2** Première carte jouée dans une partie. **3** Fait d'entamer, de commercer qqch. *L'entame du troisième set.*

**entamer** *vt* [1] **1** Faire une incision, une coupure à. *Entamer la peau.* **2** Couper un premier morceau dans. *Entamer un rôti.* **3** Commencer d'employer ou de consommer. *Entamer son capital.* **4** Commencer à détruire ou à désorganiser ; ébranler. *Entamer la résolution, les convictions de qqn.* **5** Attaquer, pénétrer dans. *L'acide entame certains métaux.* **6** fig Porter atteinte à. *Ces rumeurs finiront par entamer sa réputation.* **7** Commencer, entreprendre. *Entamer un débat, un procès.* **8** Au jeu de cartes, être le premier à jouer. [ETY] Du lat. *intaminare*, « souiller ».

**entarter** *vt* [1] fam Jeter une tarte à la crème à la figure de qqn pour le ridiculiser. [DER] **entartage** *nm* – **entarteur, euse** *n*

**entartrer** *vt* [1] Couvrir de tartre. *Une bouilloire entartrée. Les canalisations s'entartrent.* [DER] **entartrage** ou **entartrement** *nm*

**entasser** *vt* [1] **1** Mettre en tas ; amasser, accumuler. *Entasser de la paille dans une grange. Entasser une fortune, des connaissances.* **2** Réunir, serrer des personnes dans un lieu étroit. *Entasser des passagers dans une voiture.* [DER] **entassement** *nm*

**ente** *nf* **1** ARBOR Greffe sur un arbre d'un scion pris à un autre arbre ; le scion lui-même. **2** Arbre sur lequel on a fait une ente. **LOC** ***Prune d'ente*** : dont on fait les pruneaux.

**enté, ée** *a* **LOC** HERALD ***Écu enté*** : dont les partitions entrent les unes dans les autres à angles arrondis.

**Entebbe** v. de l'Ouganda, sur la rive N. du lac Victoria ; 40 000 hab. Aéroport.

**entéléchie** *nf* PHILO Chez Aristote, accomplissement suprême d'une chose, totalement réalisée dans son essence. [PHO] [ɑ̃teleʃi] [ETY] Du gr.

**entelle** *nm* Grand singe gris de l'Inde du N. SYN langur. [ETY] Du lat.

**entendant, ante** *a, n* Se dit d'une personne dont les facultés auditives ne sont pas atteintes. *Les sourds et les entendants.*

**entendement** *nm* **1** PHILO Faculté de concevoir et de comprendre. *Les philosophes ont opposé l'entendement tantôt à la volonté, tantôt à la sensibilité et à la raison.* **2** Intelligence, compréhension. *Voilà qui dépasse mon entendement.*

**entendeur** *nm* **LOC** ***À bon entendeur, salut !*** : que celui qui a compris ce que l'on vient de dire en fasse son profit (formule d'avertissement).

**entendre** *v* [6] **A** *vt* **1** litt Percevoir le sens de, saisir par l'intelligence, comprendre. *Il n'entendra pas ces subtilités.* **2** Vouloir dire. *J'ai parlé de vertu, j'entendais le courage. Qu'entendez-vous par là ?* **3** Avoir l'intention, la volonté de. *J'entends qu'on me respecte, ou être respecté. Que chacun fasse comme il l'entend.* **4** Percevoir un, des sons, saisir par l'ouïe. *Entendre un bruit. Sa voix s'entendait parmi toutes les autres.* **5** Prêter l'oreille, prêter attention à. SYN écouter. *Entendez-moi, ensuite vous jugerez.* **B** *vpr* **1** Se comprendre l'un l'autre. *S'entendre à demi-mot.* **2** Être en bonne intelligence. *Nous nous entendons parfaitement. S'entendre avec qqn.* **3** Se mettre d'accord. *Ils se sont entendus sur la marche à suivre.* **4** Être compétent dans, habile à. *Il s'entend à la peinture, à peindre des paysages.* **LOC** ***(Cela) s'entend*** : bien entendu, cela va de soi. — ***Entendre parler de qqch*** : l'apprendre, en être informé. — ***Faire entendre*** : produire, émettre (un bruit, un son). — ***Faire, laisser, donner à entendre que*** : insinuer que. — ***Ne pas l'entendre de cette oreille*** : être d'un avis différent ou contraire. [ETY] Du lat. *intendere*, « tendre vers ».

**entendu, ue** *a* Compris, convenu. *L'affaire est entendue.* **LOC** ***Air, sourire entendu*** : de qqn qui sait, ou qui veut marquer sa complicité ou sa supériorité. — ***Bien entendu*** : assurément, cela va de soi.

**enténébrer** *vt* [14] litt **1** Plonger dans les ténèbres, envelopper de ténèbres. **2** fig Assombrir, affliger. *Une existence enténébrée d'incessants malheurs.*

**entente** *nf* **1** vx Fait de comprendre. **2** Fait d'être ou de se mettre d'accord ; bonne intelligence. *Entente qui règne dans une famille.* **3** Accord entre des groupes, des sociétés, des pays. *Entente commerciale.* **4** DR Accord ou action concertée, en principe interdits, ayant pour but ou pour effet d'entraver ou d'annuler le jeu de la concurrence. **LOC** ***Mot, phrase à double entente*** : que l'on peut comprendre, interpréter de deux façons.

**Entente (Triple-)** alliance conclue en 1907 entre la Russie, la France et la G.-B. contre l'Allemagne et l'Autriche-Hongrie.V. Duplice et franco-russe (alliance). [VAR] **Entente (l')**

**Entente cordiale** convention de bons rapports entre la France et la Grande-Bretagne, d'abord sous Louis-Philippe (1843-1845) puis surtout le 8 avril 1904. V. Entente (Triple-).

**entér(o)-, -entère** Éléments, du gr. *enteron*, « intestin ».

**enter** *vt* [1] **1** ARBOR Greffer par ente. *Enter un prunier.* **2** TECH Ajuster ou abouter deux pièces de bois. [ETY] Du lat. *putare*, « tailler, émonder ».

**entéralgie** *nf* MED Douleur intestinale.

**entériner** *vt* [1] **1** DR Rendre valable en ratifiant juridiquement. **2** fig Établir ou admettre comme valable, assuré, définitif. *Entériner un projet, un usage.* [ETY] De l'a. fr. *enterin*, « complet ». [DER] **entérinement** *nm*

**entérique** *a* MED Qui a rapport aux intestins.

**entérite** *nf* MED Inflammation de la muqueuse intestinale, qui s'accompagne de diarrhée et parfois d'hémorragie.

**entérobactérie** *nf* Bactérie intestinale, parfois pathogène. *Le colibacille est une entérobactérie.*

**entérocolite** *nf* MED Inflammation des muqueuses de l'intestin grêle et du côlon.

**entérocoque** *nm* MICROB Streptocoque dont la présence, normale dans l'intestin, peut devenir pathogène pour d'autres organes.

**entérokinase** *nf* BIOCHIM Enzyme sécrétée par la muqueuse duodénale et qui active la trypsine.

**entéromorphe** *nf* Algue verte en forme de tube qui vit en mer et remonte les fleuves. [VAR] **enteromorpha** *nm*

**entéropathie** *nf* MED Affection de l'intestin.

**entéropneuste** *nm* ZOOL Stomocordé marin long de 3 cm à 2,50 m, vermiforme, vivant enfoui dans le sable ou la vase, dont le type est le balanoglosse.

**entérorénal, ale** *a* MED Qui se rapporte à la fois à l'intestin et à l'appareil urinaire. PLUR entérorénaux.

**entérostomie** *nf* CHIR Abouchement d'une anse intestinale à la paroi de l'abdomen, afin de réaliser un anus artificiel.

**entérovaccin** *nm* MED Vaccin administré par voie buccale et absorbé par l'intestin.

**entérovirus** *nm* Virus spécifique du tube digestif.

**enterrement** *nm* **1** Action de mettre un mort en terre. *Procéder à l'enterrement des cadavres.* SYN inhumation. **2** Ensemble des cérémonies funéraires qui accompagnent un enterrement. *Un enterrement civil, religieux.* **3** Convoi funèbre. *Regarder passer un enterrement.* **4** fig Fait de laisser tomber dans l'oubli. *L'enterrement d'une affaire.* **LOC** fam ***Faire, avoir une tête d'enterrement*** : avoir l'air triste.

**Enterrement du comte d'Orgaz (l')** peinture du Greco (1586, Tolède).

**enterrer** *v* [1] **A** *vt* **1** Inhumer, mettre un corps en terre. *Après la bataille, il fallut enterrer les morts.* **2** Enfouir dans la terre. *Enterrer une canalisation.* **3** Recouvrir par amoncellement. *Les locataires ont été enterrés sous les décombres de l'immeuble.* **4** fig Laisser tomber dans l'oubli. *Enterrer un projet.* **B** *vpr* Se retirer. *Il est allé s'enterrer à la campagne.* **LOC** ***Enterrer sa vie de garçon*** : pour un jeune homme, passer une dernière soirée avant de se marier, en faisant la fête avec ses amis. — ***Il nous enterrera tous*** : il nous survivra.

**en-tête** *nm* Inscription imprimée ou gravée, à la partie supérieure de papiers utilisés pour la correspondance. PLUR en-têtes.

**entêté, ée** *a, n* Qui a l'habitude de s'entêter, obstiné. *Un enfant entêté.* SYN têtu.

**entêter** *v* [1] **A** *vt* Étourdir par des émanations qui montent à la tête. *Le parfum entête.* **B** *vpr* Persister dans ses résolutions sans tenir compte des circonstances. *Malgré les conseils, il s'entête à partir.* SYN s'obstiner. [DER] **entêtant, ante** *a* – **entêtement** *nm*

**enthalpie** *nf* PHYS Grandeur thermodynamique (H), définie par la relation $H = U + PV$ (U : énergie interne, P : pression, V : volume). [ETY] Du gr.

**enthousiasme** *nm* **1** ANTIQ Exaltation extraordinaire que l'on croyait d'inspiration divine. **2** Émotion intense se traduisant par de grandes démonstrations de joie. *Mouvements, débordements d'enthousiasme.* **3** Admiration manifestée avec ardeur. *Parler d'un auteur avec enthousiasme.* **4** Entrain. *Travailler sans enthousiasme.* [ETY] du gr. *enthousiasmos*, « transport divin ».

**enthousiasmer** *vt* [1] Provoquer l'enthousiasme de. *S'enthousiasmer pour un projet.* [DER] **enthousiasmant, ante** *a*

**enthousiaste** *a, n* Qui ressent ou manifeste de l'enthousiasme. *Un accueil enthousiaste.*

**enthymème** *nm* LOG Syllogisme réduit à deux propositions. *« Je suis homme ; je suis donc sujet à l'erreur » est un enthymème dans lequel la proposition « or tout homme est sujet à l'erreur » est sous-entendue.* [ETY] Du gr.

**enticher (s')** *vpr* ① Se prendre d'un grand attachement, d'un attachement excessif pour. *Elle s'est entichée de cet inconnu.* ETY De l'anc. v. *entechier*, de *teche*, var. de *tache*. DER **entichement** *nm*

**entier, ère** *a, nm* **A** *a* **1** À quoi rien ne manque. *Une boîte de gâteaux entière.* SYN complet. ANT entamé. **2** Dans toute son étendue. *Connaître l'œuvre entière d'un auteur.* **3** Dans toute la durée. *Attendre une heure entière, une année entière.* **4** Absolu, sans réserve. *Laisser à qqn une entière liberté.* **5** D'un caractère tranché, peu enclin aux nuances. *C'est un homme entier.* **B** *nm* Nombre entier. *L'ensemble des entiers naturels, noté* N *(0, 1, 2, 3...). L'ensemble des entiers relatifs, noté* Z *(..., – 2, – 1, 0, + 1, + 2,...).* LOC ***Cheval entier :*** qui n'a pas été castré. ANT hongre. — ***Dans son (leur, etc.) entier*** ou ***en entier :*** en totalité. — ***Entier de Gauss :*** nombre complexe Z = *a* + *bi*, dans lequel *a* et *b* sont des entiers rationnels. — ***Partie entière d'un nombre :*** celle qui se trouve à gauche de la virgule (par oppos. à la *partie décimale*). ETY Du lat. *integer*, « non touché ».

**entièrement** *av* Tout à fait, complètement. *Une maison entièrement détruite.* SYN totalement.

**entité** *nf* PHILO **1** Ce qui constitue l'essence d'un être, d'une chose. **2** Objet de pensée qui existe en soi, en dehors de tout contexte. ETY Du lat.

**entoiler** *vt* ① **1** Fixer sur une toile. *Entoiler une carte de géographie.* **2** Garnir de toile. *Entoiler une brochure.* DER **entoilage** *nm*

**entôler** *vt* ① fam En parlant d'un(e) prostitué(e), voler un client. DER **entôlage** *nm* – **entôleur, euse** *n*

**entolome** *nm* Champignon basidiomycète forestier (agaricacée) à lamelles et spores roses, sans volve ni anneau, dont certaines espèces sont comestibles. *L'entolome livide est vénéneux.* ETY Du gr. *entos*, « à l'intérieur », et *lôma*, « bordure ».

**entomo-** Élément, du gr. *entomon*, « insecte ».

**entomofaune** *nf* ZOOL Ensemble des insectes.

**entomologie** *nf* Partie de la zoologie qui traite des insectes. DER **entomologique** *a* – **entomologiste** *n*

**entomophage** *a* didac Qui se nourrit d'insectes. *Oiseau entomophage.* SYN insectivore.

**entomophile** *a* BOT Qualifie les plantes (orchidées, sauges, etc.) dont la pollinisation est assurée par les insectes.

**entomostracé** *nm* ZOOL Crustacé inférieur dont l'ensemble comprend notam. les branchiopodes, les cirripèdes et les copépodes. ETY Du gr. *entomos*, « coupé », et *ostrakhon*, « coquille ».

**1 entonner** *vt* ① **1** Mettre en tonneau. **2** fig, fam Manger goulûment. ETY De *tonneau*. DER **entonnage, entonnement** *nm* ou **entonnaison** *nf*

**2 entonner** *vt* ① Commencer à chanter. *Entonner la Marseillaise.* ETY De *ton*.

**entonnoir** *nm* **1** Instrument conique servant à verser un liquide dans un récipient à goulot étroit. **2** Excavation produite dans le sol par l'explosion d'une mine, d'un obus.

**entoptique** *a* MED Se dit de sensations visuelles ayant leur origine à l'intérieur de l'œil.

**entorse** *nf* Lésion douloureuse par élongation ou déchirure d'un ou des ligaments d'une articulation, due à un traumatisme et accompagnée d'un œdème. LOC ***Faire une entorse à :*** contrevenir exceptionnellement à. ETY De l'a. fr. *entordre*, « tordre ».

**entortiller** *v* ① **A** *vt* **1** Envelopper dans qqch que l'on tortille. *Entortiller des bonbons dans du papier.* **2** Enrouler qqch autour d'un objet. *Entortiller une ficelle autour d'un paquet.* **3** fig Amener insidieusement qqn à faire ce que l'on désire. **4** fig Rendre obscur par l'emploi de circonlocutions, de périphrases. *Entortiller une réponse.* **B** *vpr* **1** S'enrouler. *Serpent qui s'entortille autour d'une branche.* **2** fam S'envelopper. *S'entortiller dans son manteau.* **3** fig S'embrouiller. *S'entortiller dans ses explications.* ETY De l'a. fr. *entordre*, « tordre ». DER **entortillement, entortillage** *nm*

**entour** *nm* LOC ***À l'entour de :*** dans les environs de. — ***Les entours :*** les environs.

**entourage** *nm* **1** Ce qui entoure pour protéger, orner, etc. *L'entourage d'un massif.* **2** Ensemble des personnes qui vivent habituellement auprès de qqn. *Avoir de bons rapports avec son entourage.*

**entouré, ée** *a* Recherché, admiré ou aidé par de nombreuses personnes.

**entourer** *v* ① **A** *vt* **1** Être autour de, enceindre. *Les murs qui entourent le jardin.* **2** Mettre, disposer autour de. *Entourer son cou d'une écharpe.* **3** Former l'environnement, l'entourage de qqn. *Les gens qui nous entourent.* **4** Aider qqn, être prévenant, attentionné envers lui. **B** *vpr* Réunir autour de soi. *S'entourer d'amis. S'entourer de précautions.*

**entourlouper** *vt* ① fam Tromper.

**entourloupette** *nf* fam Mauvais tour ; tromperie. ETY De l'arg. *entourer*, « duper ». VAR **entourloupe**

**entournure** *nf* Emmanchure. *Veste qui gêne aux entournures.* LOC ***Être gêné aux entournures :*** ne pouvoir agir à sa guise ; avoir des difficultés financières.

**entr(e)-** Préf., du lat. *inter.*, Exprime : **1** L'espace, l'intervalle qui sépare deux choses. *Entracte.* **2** La réciprocité. *S'entraider, s'entrechoquer.* **3** Une action qui ne se fait qu'incomplètement. *Entrebâiller, entrapercevoir.*

**entracte** *nm* **1** Intervalle qui sépare un acte d'un autre dans la représentation d'une pièce de théâtre, une partie d'une autre dans un spectacle. **2** fig Temps de repos, d'interruption. *Se ménager un entracte dans une journée de travail.*

**Entr'acte** de René Clair (1924), court-métrage avant-gardiste, écrit par Picabia.

**Entragues** Henriette de Balzac d' (marquise de Verneuil) (Orléans, 1579 – Paris, 1633), favorite d'Henri IV (1599-1608).

**entraider (s')** *vpr* ① S'aider mutuellement. DER **entraide** *nf*

**entrailles** *nfpl* **1** Ensemble des viscères renfermés dans l'abdomen et dans la poitrine de l'homme et de l'animal ; intestins, boyaux. *Les Anciens cherchaient des présages dans les entrailles de certains animaux.* **2** litt Sein de la mère. **3** litt Lieux les plus profonds. *Les entrailles de la Terre.* **4** fig, litt Cœur, siège de la sensibilité, de l'affection. *La nouvelle lui avait profondément remué les entrailles.* ETY Du bas lat. *intralia*, « ce qui est à l'intérieur ».

**entrain** *nm* **1** Gaieté franche et communicative. *Avoir de l'entrain. Être plein d'entrain.* **2** Zèle, ardeur. *Travailler avec entrain.* **3** Vivacité, mouvement. *Comédie pleine d'entrain.* ETY De la loc. *être en train*.

**entraînant, ante** *a* Qui entraîne par sa vivacité communicative. *Musique entraînante.* VAR **entrainant, ante**

**entraînement** *nm* **1** litt Mouvement qui pousse qqn à faire qqch. *Céder à l'entraînement des passions.* **2** MECA Communication du mouvement d'un mécanisme moteur. *Courroie d'entraînement du ventilateur d'une voiture.* **3** Préparation à une épreuve sportive, à un exercice quelconque. *L'entraînement d'un boxeur.* **4** Fait, pour un secteur économique, de susciter le développement d'autres secteurs. VAR **entrainement**

**entraîner** *vt* ① **1** Traîner avec soi qqch. *Avalanche qui entraîne tout sur son passage.* **2** Emmener, conduire qqn par la force. *Les agents l'entraînèrent au poste.* **3** Conduire qqn avec soi. *Il l'avait entraîné un peu à l'écart et lui parlait à l'oreille.* **4** Pousser qqn à faire qqch en exerçant une pression sur son esprit, sa volonté. *Entraîner qqn au mal. Il s'est laissé entraîner par la colère.* **5** Avoir pour résultat, pour conséquence nécessaire. *Les maux que la guerre entraîne.* **6** MECA Mettre en mouvement qqch. *Moteur électrique qui entraîne un mécanisme.* **8** SPORT Préparer, à une compétition, à un exercice quelconque. *Entraîner un cheval.* VAR **entrainer**

**entraîneur, euse** *n* **1** Personne qui entraîne des sportifs, des chevaux de course. **2** Personne qui est apte à entraîner beaucoup de gens, à emporter leur adhésion. VAR **entraineur, euse**

**entraîneuse** *nf* Femme qui, dans un cabaret, un dancing, entraîne les clients à consommer, à danser. VAR **entraineuse**

**entrait** *nm* CONSTR Pièce de charpente horizontale à la base d'une ferme, qui soutient les arbalétiers. ETY De l'anc. v. *entraire*, « attirer ».

**entrant, ante** *a, n* Qui entre dans un corps, un groupe. *Les députés entrants. Les entrants et les sortants.*

**entrapercevoir** *vt* ⑤ Apercevoir à peine, fugitivement. VAR **entr'apercevoir**

**entrave** *nf* **1** Lien que l'on attache aux jambes de certains animaux pour les empêcher de s'éloigner, de ruer. **2** fig Ce qui gêne, ce qui asservit. *Se libérer des entraves de la dictature.*

**entravé, ée** *a* À qui l'on a mis des entraves. *Cheval entravé.* LOC ***Jupe entravée :*** très resserré dans le bas. — PHON ***Voyelle entravée :*** suivie de deux consonnes dont la première forme syllabe avec elle (Ex. : *par-tir*).

**1 entraver** *vt* ① **1** Mettre des entraves à un animal. *Entraver un cheval.* **2** fig Gêner, retarder. *Entraver le cours de la justice.* ETY De l'a. fr. *tref*, « poutre ».

**2 entraver** *vt* ① fam Comprendre. ETY Du lat. *interrogare*, « interroger ».

**entraxe** *nf* TECH Distance entre les axes de deux voies ferrées voisines ou entre deux essieux.

**entre** *prép* **1** Dans l'espace qui s'étend d'un lieu à un autre. *Distance entre deux villes.* **2** Dans l'espace qui sépare deux personnes, deux choses. *Le jardin s'étendait entre la maison et le chemin.* **3** Dans l'intervalle qui sépare deux états, deux situations. *Entre la vie et la mort.* **4** Dans un intervalle de temps. *Venez entre midi et deux heures.* **5** Parmi les éléments d'un ensemble. *Quel est le meilleur d'entre eux ?* **6** Exprime la réciprocité. *Ils se livraient entre eux à des guerres sans merci.* **7** Exprime une relation, un rapport de comparaison, d'opposition, etc. *Comparer deux objets entre eux.* LOC ***Entre autres, entre autres choses :*** particulièrement, parmi d'autres personnes, d'autres choses que l'on évoque. — ***Entre nous :*** de manière confidentielle ; en tête à tête. ETY Du lat.

**entrebâiller** *vt* ① Ouvrir à demi. *Entrebâiller une porte.* DER **entrebâillement** *nm*

**entrebâilleur** *nm* Dispositif permettant d'entrebâiller une porte sans qu'il soit possible de l'ouvrir davantage.

**entrebande** *nf* Chaque extrémité d'une pièce d'étoffe.

**Entrecasteaux** Joseph Antoine de Bruni (chevalier d') (Entrecasteaux, Provence, 1737 – au large de Java, 1793), amiral français ; chef de l'expédition qui recherchait La Pérouse.

**entrechat** *nm* Saut léger pendant lequel le danseur croise ou entrechoque les pieds rapidement et à plusieurs reprises. ETY De l'ital.

**entrechoquer** *vt* [1] Choquer, heurter l'un contre l'autre. *Les souvenirs s'entrechoquaient dans sa tête.* [DER] **entrechoquement** *nm*

**entrecolonne** *nm* ARCHI Intervalle entre deux colonnes. [VAR] **entrecolonnement**

**entrecôte** *nf* Morceau de viande de bœuf coupé dans le train de côtes après désossage.

**entrecouper** *vt* [1] Couper, interrompre en divers endroits. *Le discours fut entrecoupé d'éclats de rire. Lignes qui s'entrecoupent.*

**entrecroiser** *vt* [1] Croiser ensemble en divers sens. *Lignes qui s'entrecroisent.* [DER] **entrecroisement** *nm*

**entrecuisse** *nm* Espace entre les cuisses.

**entredéchirer (s')** *vpr* [1] litt Se déchirer l'un l'autre.

**entre-deux** *nm inv* **1** Solution intermédiaire, terme entre deux extrêmes. **2** État ou période transitoire. **3** Au basket-ball, remise en jeu de la balle par l'arbitre qui la lance verticalement entre deux adversaires. **4** Console placée entre deux fenêtres. **5** Bande de dentelle ou de broderie ornant la lingerie. [VAR] **entredeux**

**entre-deux-guerres** *nm inv* Période comprise entre les deux guerres mondiales (1918-1939).

**entre-deux-mers** *nm inv* Bordeaux blanc produit entre la Garonne et la Dordogne.

**entre-deux-tours** *nm inv* Période qui sépare le premier et le deuxième tour d'une élection.

**entredévorer (s')** *vpr* [1] Se dévorer mutuellement.

**entrée** *nf* **1** Action d'entrer. *L'entrée d'une voiture dans un garage.* **2** Lieu par où l'on entre. *Porte d'entrée.* **3** Vestibule. *Voulez-vous attendre dans l'entrée ?* **4** Endroit où l'on entre qqch. *L'entrée d'une serrure.* **5** Canada Partie d'une propriété qui fait le lien entre la rue et la maison, où l'on peut garer sa voiture. **6** Accession d'une personne au sein d'une communauté, d'un corps, d'une collectivité, etc. *L'entrée d'un écrivain à l'Académie.* **7** Accession à un titre, un rang, une charge. *Entrée en fonction.* **8** Faculté, possibilité d'entrer. *Entrée interdite au public. Avoir ses entrées quelque part.* **9** Action de faire entrer, introduction. *L'entrée des marchandises étrangères sur le territoire national.* **10** Droit d'accès à un spectacle. *Avoir des entrées gratuites pour l'Opéra.* **11** Commencement d'une chose. *L'entrée de l'hiver.* **12** CUIS Ce que l'on sert au début du repas. *Prendre des crudités en entrée.* **LOC** ***D'entrée (de jeu)*** : dès le début, d'emblée. — ***Entrées d'un dictionnaire, d'une encyclopédie*** : mots distingués typographiquement (caractère gras le plus souvent), qui, placés en tête des articles, leur servent d'adresse. — INFORM ***Entrée / sortie*** : transfert d'information entre une mémoire centrale et un périphérique. — MATH ***Tableau à double entrée*** : donnant la valeur de chacun des éléments situés à l'intersection d'une ligne et d'une colonne.

**entrefaites** *nf pl* **LOC** ***Sur ces entrefaites*** : à ce moment-là. [ETY] De l'anc. v. *entrefaire*, « faire dans l'intervalle ».

**entrefer** *nm* ELECTR Coupure dans un circuit magnétique.

**entrefilet** *nm* Court article de journal.

**entregent** *nm* Manière habile de se conduire, de nouer des relations utiles.

**entrégorger (s')** *vpr* [13] S'égorger mutuellement.

**entrejambe** *nm* **1** Partie de la culotte ou du pantalon qui se trouve entre les jambes. **2** TECH Espace compris entre les deux pieds d'un meuble. [VAR] **entre-jambes**

**entre-jeu** *nm* SPORT Échange de balles entre les membres d'une équipe de football. PLUR entre-jeux. [VAR] **entrejeu**

**entrelacer** *vt* [12] Enlacer l'un dans l'autre. *Des branches qui s'entrelacent.* [DER] **entrelacement** *nm*

**entrelacs** *nm* Ornement constitué de motifs entrelacés. [PHO] [ɑ̃tʀəla]

**entrelarder** *vt* [1] **1** CUIS Piquer une viande de lard. **2** fig Entrecouper. *Entrelarder un discours de citations.*

**entremêler** *vt* [1] Mêler plusieurs choses. *Entremêler des fils de laine et de coton.* [DER] **entremêlement** *nm*

**entremets** *nm* Plat sucré que l'on sert avant le dessert ou qui, le plus souvent, en tient lieu.

**entremetteur, euse** *n* (Surtout au fém.) péjor Personne qui sert d'intermédiaire dans une intrigue galante ; proxénète.

**entremettre (s')** *vpr* [60] Intervenir dans une affaire intéressant d'autres personnes que soi afin de faciliter leur rapprochement. *S'entremettre dans une affaire délicate.*

**entremise** *nf* Action de s'entremettre. **LOC** ***Par l'entremise de*** : par l'intervention, l'intermédiaire de.

**Entremont (val d')** vallée suisse (Valais), que domine le Grand-Saint-Bernard.

**Entremont (plateau d')** site de la cap. des Salyens (IIIe s. av. J.-C.), ruinée par les Romains, qui fondèrent Aix-en-Provence pour la remplacer (123 av. J.-C.).

**entrenœud** *nm* BOT Portion de tige comprise entre deux nœuds. [VAR] **entre-nœud**

**entrepont** *nm* MAR Intervalle, étage compris entre deux ponts, dans un navire.

**entreposer** *vt* [1] **1** Déposer dans un entrepôt. *Entreposer des balles de coton.* **2** Mettre en dépôt, déposer. *Entreposer du vin dans une cave.* [DER] **entreposage** *nm* – **entreposeur** *n, m*

**entrepositaire** *nm* DR Celui qui entrepose des marchandises ou les reçoit en dépôt.

**entrepôt** *nm* Lieu, bâtiment où l'on dépose des marchandises.

**entreprenant, ante** *a* **1** Hardi, audacieux dans ses projets. *Un commerçant fort entreprenant.* **2** Hardi auprès des femmes. *Un garçon fort entreprenant.*

**entreprenaute** *n* Entrepreneur dont l'outil de travail est le réseau Internet.

**entreprendre** *vt* [52] **1** Se décider à faire une chose et s'engager dans son exécution. *Entreprendre des travaux.* **2** Chercher à gagner, à séduire qqn. **3** Entretenir qqn de qqch. *Il m'a entrepris sur la mode.*

**entrepreneur, euse** *n* **1** Personne qui se charge d'effectuer certains travaux pour autrui, et partic. des travaux de construction. *Un entrepreneur de plomberie.* **2** Chef d'entreprise. *Responsabilité dont la charge incombe à l'entrepreneur.*

**entrepreneuriat** *nm* Activité, métier de chef d'entreprise. [VAR] **entreprenariat** [DER] **entrepreneurial, ale, aux** *a*

**entreprise** *nf* **1** Ce que l'on veut entreprendre ; mise à exécution d'un projet. *Il faudra du temps pour mener à bien une telle entreprise.* **2** DR Engagement à faire, à fournir qqch. *Contrat d'entreprise.* **3** ECON Unité économique de production à but commercial. *Entreprise de transports. Entreprise privée, individuelle.* **4** Attaque, action contre. *Une entreprise inadmissible contre la liberté d'association.*

**entrer** *v* [1] **A** *vi* **1** Passer du dehors au dedans d'un lieu. *Bateau qui entre dans le port.* **2** Pénétrer. *Clef qui n'entre pas dans la serrure.* **3** Commencer à être dans tel état, telle situation. *Entrer en concurrence avec qqn.* **4** Commencer à faire partie d'un groupe, d'une collectivité. *Entrer dans une entreprise.* **5** Être au commencement de. *Il entre dans sa cinquième année.* **6** Être employé dans la composition de. *Les produits qui entrent dans la formule de ce médicament.* **7** fig Être un élément de. *Cela n'entre en rien dans ma détermination.* **8** Pénétrer par l'esprit ; partager. *Entrer dans les vues de qqn.* **B** *vt* **1** Faire entrer qqch. *Entrer du tabac en contrebande.* **2** INFORM Introduire des données dans un ordinateur ; les valider. [ETY] Du lat.

**Entre Ríos** prov. agricole d'Argentine, située entre les cours inférieurs du Paraná et de l'Uruguay ; 78 781 km² ; 961 000 hab. ; ch.-l. *Paraná.*

**entre-soi** *nm inv* Situation de personnes qui restent entre elles, communiquant peu avec autrui.

**entresol** *nm* Étage à plafond bas situé entre le rez-de-chaussée et le premier étage. [ETY] De l'esp.

**entre-temps** *av* Pendant ce temps, dans cet intervalle. [ETY] De l'ancien français *entretant.* [VAR] **entretemps**

**entretenir** *v* [36] **A** *vt* **1** Maintenir en bon état. *Entretenir un jardin.* **2** Faire durer. *Entretenir une correspondance avec qqn.* **3** Fournir de quoi subsister à, subvenir aux dépenses de. *Entretenir une famille.* **4** Avoir une conversation sur. *Je voulais vous entretenir de cette affaire.* **B** *vpr* **1** Discuter. *Elle s'est entretenue de cette question avec moi.* **2** Prendre soin de soi *Elle s'entretient en bonne santé.*

**entretenu, ue** *a* **1** Maintenu dans tel état. *Maison bien, mal entretenue.* **2** Maintenu dans le même état. **3** Aux dépenses de qui qqn subvient. *Femme entretenue.* **LOC** PHYS ***Ondes entretenues*** : que l'on soumet à des impulsions de même fréquence pour qu'elles conservent leur amplitude.

**entretien** *nm* **1** Action de maintenir en bon état ; dépense qu'exige cette conservation. *L'entretien d'un bâtiment.* **2** Ce qui est nécessaire à la subsistance, à l'habillement. *Dépenses d'entretien.* **3** Conversation, entrevue. *J'ai eu un entretien avec le directeur.*

**Entretiens d'Épictète** rédigés par Flavius Arrien, disciple d'Épictète.

**Entretiens sur la pluralité des mondes** traité de vulgarisation scientif. de Fontenelle (1686).

**entretoise** *nf* TECH Pièce d'une charpente, d'un meuble, etc. qui relie deux autres pièces en les maintenant écartées l'une de l'autre.

**entretoiser** *vt* [1] TECH Raidir au moyen d'entretoises. [DER] **entretoisement** *nm*

**entretuer (s')** *vpr* [1] Se tuer l'un l'autre. [VAR] **entre-tuer (s')**

**entrevoie** *nf* Espace qui sépare deux voies de chemin de fer.

**entrevoir** *vt* [46] **1** Voir imparfaitement, en passant. **2** fig Concevoir, prévoir de manière imprécise. *Entrevoir des difficultés.*

**entrevous** *nm* CONSTR **1** Intervalle entre deux solives. **2** Espace entre deux poteaux d'une cloison, garni de briques, de plâtre. [ETY] De l'a. fr. *vous*, « voûté ».

**entrevoûter** *vt* [1] CONSTR Garnir les entrevous avec un matériau de remplissage. [VAR] **entrevouter**

**entrevue** *nf* Rencontre concertée entre personnes qui doivent se parler, s'entretenir. *Entrevue diplomatique.* SYN entretien.

**entrisme** *nm* Pratique politique consistant à introduire dans un groupe (parti, syndicat) de nouveaux militants en vue de modifier la ligne d'action. [DER] **entriste** *a, n*

**entropie** *nf* PHYS Grandeur thermodynamique notée *S*, fonction d'état d'un système, qui caractérise l'état de désordre de celui-ci. ETY Du gr. *entropia*, « retour en arrière ». DER **entropique** *a*

ENC Tout système physique a tendance à évoluer vers un état de moindre organisation : on dit que son entropie augmente. Un gaz comprimé, par ex., tend spontanément vers un état où sa pression sera plus faible ; l'inverse ne se produit jamais ; pour le ramener à son état initial, il faudra le comprimer, en dépensant un travail. – La théorie de l'information, due à Shannon et Weaver (1948), s'attache à la *quantité d'informations* qu'un signal ou message porte : réduire l'entropie d'une information (ou d'une série d'informations), c'est réduire le nombre des possibilités d'interprétation du message, donc en réduire l'incertitude.

**entropion** *nm* MED Renversement du bord de la paupière vers le globe oculaire. ANT ectropion ETY Du gr. *tropê*, « tour ».

**entroque** *nm* PALEONT Élément constitutif du squelette des crinoïdes (classe d'échinodermes) fixés. *À l'état fossile, les entroques constituent des bancs de calcaire.* ETY Du gr. *trokhos*, « disque ».

**entrouvrir** *vt* 32 Ouvrir à demi, un peu. *Entrouvrir la porte.*

**entuber** *vt* 1 fam Voler, tromper.

**enturbanné, ée** *a* Coiffé d'un turban.

**enture** *nf* **1** ARBOR Fente où l'on place une ente, une greffe. **2** TECH Assemblage de deux pièces de bois bout à bout.

**énucléer** *vt* 11 **1** CHIR Extirper une tumeur, un organe. **2** BIOL Enlever le noyau d'une cellule, d'un ovocyte. **3** Pratiquer l'ablation totale de l'œil. ETY Du lat. *enucleare*, « ôter le noyau ». DER **énucléation** *nf*

**Enugu** ville industrielle du S. du Nigeria ; 465 000 hab. ; cap. d'État (*Anambra*).

**énumérer** *vt* 14 Énoncer un à un les éléments d'un ensemble. *Énumérer les affluents de la Seine.* SYN dénombrer, détailler. ETY Du lat. DER **énumératif, ive** *a* – **énumération** *nf*

**énurésie** *nf* MED Incontinence d'urine, le plus souvent nocturne. ETY Du gr. DER **énurétique** *a, n*

**envahir** *vt* 3 **1** Entrer de force dans un territoire. **2** Occuper entièrement, remplir. *Les eaux ont envahi les prés. La crainte envahit son esprit.* ETY Du lat. DER **envahissant, ante** *a* – **envahissement** *nm* – **envahisseur** *nm*

**Envalira (col ou port d')** col pyrénéen (2 409 m) qui permet d'accéder à Andorre.

**envaser** *vt* 1 Remplir de vase. DER **envasement** *nm*

**enveloppant, ante** *a* **1** Qui enveloppe. *Surface enveloppante.* **2** fig Qui cherche à séduire, à captiver. *Des manières enveloppantes.*

**enveloppe** *nf* **1** Ce qui sert à envelopper. **2** ANAT Membrane qui engaine certains organes. **3** MATH Courbe ou surface fixe à laquelle une courbe ou une surface mobile reste toujours tangente. **4** TECH Pièce qui contient et protège une autre pièce. *Enveloppe de pneumatique.* **5** fig Forme extérieure, apparence. *De la bonté sous une enveloppe rude.* **6** Pochette de papier dans laquelle on place une lettre, un document, pour l'expédier. *Enveloppe timbrée.* **7** fig, fam Pot-de-vin. **8** fig Montant global maximal affecté à un poste budgétaire, à un financement.

**enveloppé, ée** *nm, a* **A** *nm* CHOREGR Rotation du corps vers le dedans sur l'une des jambes servant de pivot, l'autre jambe dessinant un mouvement enveloppant autour de la première. **B** *a* Qui a un peu d'embonpoint.

**envelopper** *vt* 1 **1** Entourer, emballer au moyen d'un matériau souple et mince. *Envelopper un objet dans du papier.* **2** Environner, entourer, encercler. *Les blindés ennemis enveloppèrent notre aile gauche.* **3** litt Dissimuler. *Envelopper sa pensée.* ETY De l'a. fr. DER **enveloppement** *nm*

**envenimation** *nf* MED Pénétration d'un venin dans l'organisme.

**envenimer** *vt* 1 **1** Infecter une blessure, une plaie. **2** fig Aviver, rendre virulent. *Envenimer un conflit. La discussion s'est envenimée.* DER **envenimement** *nm*

**enverguer** *vt* 1 MAR Gréer une voile sur un espar. ANT déverguer.

**envergure** *nf* **1** MAR Largeur d'une voile fixée sur la vergue. **2** Distance entre les deux extrémités des ailes déployées d'un oiseau, d'un papillon ou autre insecte, des ailes d'un avion. *Le condor atteint 3,50 m d'envergure.* **3** fig Valeur, capacité. *Un homme sans envergure.* LOC *D'envergure* : de grande ampleur.

**Enver pacha** (Istanbul, 1881 – près de Douchanbe, 1922), général et homme politique turc ; un des chefs du mouvement des Jeunes-Turcs ; ministre de la Guerre en 1914-1918. Après la défaite, il se réfugia dans le Caucase et se rapprocha des bolcheviks, puis des musulmans anticommunistes, et il fut tué.
▶ illustr. p. 548

**1 envers** *prép* À l'égard de. *Il a été très honnête envers moi.* LOC *Envers et contre tous* : malgré l'opposition de tous. ETY De *vers.*

**2 envers** *nm* Côté opposé à l'endroit. *L'envers d'une feuille de papier.* LOC *À l'envers* : en désordre, de travers ; dans le sens contraire, inverse du sens normal. *Mettre un vêtement à l'envers. Il fait tout à l'envers.* — *L'envers du décor* : ce que cachent des apparences flatteuses. ETY Du lat. *invertere*, « retourner ».

**envi (à l')** *av* À qui mieux mieux. *Ils s'appliquent à l'envi.* ETY De l'a. fr. *envier*, « défier ».

**envie** *nf* **1** Sentiment de frustration, d'irritation jalouse que suscite la possession par autrui d'un bien, d'un avantage dont on est soi-même dépourvu. **2** Désir. *Avoir envie de voyager.* **3** Besoin organique. *Avoir envie de dormir.* **4** Tache congénitale sur la peau. SYN nævus. **5** Pellicule qui se détache de l'épiderme autour de l'ongle. LOC *Faire envie à* : être l'objet du désir de qqn. ETY Du lat. *invidia*, « jalousie ».

**envier** *vt* 2 **1** Regretter de n'être pas à la place de qqn, ou de ne pas posséder un bien, un avantage dont il jouit. **2** Désirer qqch que possède qqn. *On vous envie votre réussite.* DER **enviable** *a*

**envieux, euse** *a* Qui éprouve, dénote un sentiment d'envie. DER **envieusement** *av*

**environ** *av* À peu près, approximativement. *Il y a environ deux heures.* ETY De l'a. fr. *viron*, « tour ».

**environnement** *nm* **1** Ensemble des éléments constitutifs du milieu d'un être vivant. SYN milieu. **2** Ensemble des éléments constitutifs du paysage naturel ou du paysage artificiellement créé par l'homme. **3** fig Cadre, contexte, circonstances de qqch. *L'environnement politique, économique.* **4** INFORM Ensemble des moyens matériels et logiciels à la disposition de l'utilisateur d'un ordinateur. **5** Bx-A Syn. de *installation*. LOC *Environnement graphique* : ensemble des outils graphiques simplifiant la manipulation de l'ordinateur, grâce à l'usage de la souris, de menus et de fenêtres.

**environnementalisme** *nm* Discipline traitant des problèmes de l'environnement ; défense de l'environnement. DER **environnementaliste** *a, n*

**environner** *vt* Entourer, être aux environs de. *Les forêts qui environnent le château.* DER **environnant, ante** *a*

**environs** *nm pl* Lieux situés à l'entour. LOC *Aux environs de* : non loin de, vers.

**envisager** *vt* 13 **1** Examiner, prendre en considération. *Envisager les avantages d'une situation.* **2** Avoir l'intention de, projeter de. *Il envisage de se marier.* DER **envisageable** *a*

**envoi** *nm* **1** Action d'envoyer ; ce qui est envoyé. *Envoi d'un paquet par la poste. Réception d'un envoi.* **2** Hommage manuscrit de l'auteur d'un livre sur la page de garde. **3** LITTER Dernière strophe d'une ballade. LOC *Coup d'envoi* : premier coup de pied dans le ballon, marquant le début de la partie ; fig début d'une action, d'un processus. — DR *Envoi en possession* : autorisation d'entrer en possession des biens d'un absent.

**envoiler (s')** *vpr* 1 TECH Se courber, se gauchir au cours de la trempe, en parlant d'une pièce d'acier.

**envolée** *nf* **1** Envol. **2** fig Mouvement lyrique ou oratoire plein d'élan.

**envoler (s')** *vpr* 1 **1** Quitter le sol en s'élevant dans les airs par le vol. **2** Être soulevé par le vent. *Les papiers s'envolent.* **3** fig, fam S'enfuir. *Le prisonnier s'est envolé.* **4** fam Disparaître. *Son argent s'est envolé.* **5** fig Augmenter rapidement. *Les prix se sont envolés.* DER **envol** *nm*

**envoûter** *vt* 1 **1** Chercher, par la magie, à exercer une action en général maléfique sur une personne en agissant sur une figurine qui la représente. **2** fig Charmer comme par un effet magique, subjuguer. ETY De l'a. fr. *vout*, « visage ». VAR **envouter** DER **envoûtant** ou **envoutant, ante** *a* – **envoûtement** ou **envoutement** *nm* – **envoûteur** ou **envouteur, euse** *n*

**envoyé, ée** *n* Personne envoyée avec une mission, et partic. une mission diplomatique ; messager. LOC *Envoyé spécial* : journaliste que l'on envoie spécialement sur le lieu d'un évènement pour en rendre compte.

**envoyer** *v* 24 **A** *vt* **1** Faire partir qqn pour une destination. *Envoyer un coursier porter un pli. Envoyer qqn en prison.* **2** Adresser, expédier. *Envoyer une carte postale à un ami.* **3** Lancer, jeter. *Envoyer des pierres.* **B** *vpr* fam **1** S'offrir, ingérer. *S'envoyer un verre de rhum.* **2** Devoir effectuer qqch de désagréable. *S'envoyer une corvée.* LOC *Envoyer par le fond* : couler. — fam *Envoyer promener qqn* : repousser, renvoyer qqn sans ménagements. — fam *S'envoyer en l'air* : prendre un plaisir extrême par le sexe, la drogue. ETY Du lat. *inviare*, "parcourir".

**envoyeur, euse** *n* Personne qui fait un envoi, expéditeur. *Retour à l'envoyeur.*

**Enz (l')** riv. d'Allemagne (100 km) ; naît en Forêt-Noire, se jette dans le Neckar (r. g.).

**Enzensberger Hans Magnus** (Kaufbeuren, 1929), écrivain allemand contestataire : *Culture ou mise en condition ?* (1963).

**Enzio** (?, v. 1220 – Bologne, 1272), roi de Sardaigne ; fils naturel de l'empereur Frédéric II. Il vainquit les guelfes à Montecristo en 1241, mais fut vaincu à Fossalta (1249), et emmené à Bologne où, somptueusement traité, il écrivit des poèmes en dialecte sicilien. VAR **Enzo**

**enzootie** *nf* Épizootie limitée à une région, une exploitation.

**enzyme** *nf* BIOCHIM Biocatalyseur protéique qui active une réaction biochimique spécifique. ETY Du gr. *zumê*, « levain ». DER **enzymatique** *a*

ENC Au XIXe s., on isola les premières enzymes, qu'on appela ferments puis diastases. Toutes les enzymes sont des protéines et toutes les protéines cellulaires doivent posséder une activité enzymatique : ainsi, la principale protéine du muscle, la myosine, est une enzyme active, l'ATPase (adénosine-triphosphatase). La partie protéique (dite *apoenzyme*) des enzymes leur confère leurs propriétés particulières : spécificité de réaction, sensibilité à la chaleur ou au pH, dénaturation, etc. Les enzymes ont une activité puissante : une molécule de catalase, par ex., est capable de décomposer 100 000 molécules d'eau oxygénée en une seconde. Chaque enzyme est spécifique d'un substrat. Les réactions enzymatiques peuvent être classées en deux groupes : 1. Les réactions de dissociation de liaisons décomposent les grosses molécules organiques non assimilables par l'organisme en des molécules plus simples ; 2. Les réactions de synthèse, intracellulaires, reconstituent, à partir des molécules élémentaires, les macromolécules (protéines, par ex.) dont la cellule a besoin. Les anomalies enzymatiques *(enzymopathies)*, quantitatives ou qualitatives, sont déterminées par des mutations génétiques.

**enzymologie** *nf* didac Étude des enzymes. DER **enzymologique** *a*

**enzymopathie** *nf* MED Ensemble de dérèglements provoqués par l'absence ou le dysfonctionnement d'une ou de plusieurs enzymes indispensables pour qu'un processus métabolique aboutisse à son terme.

**éocène** *nm, a* GEOL Se dit d'une époque (–53 à –34 millions d'années) du tertiaire, où apparurent les divers types de mammifères. ETY Du gr. *eôs*, « aurore ».

**éohippus** *nm* PALEONT Équidé fossile (éocène d'Amérique du N.) de la taille d'un renard. ETY Du gr. *eôs*, « aurore », et *hippos*, « cheval ».

**Éole** dans la myth. gr., dieu des Vents.

**Éolie** anc. contrée de l'Asie Mineure, au N. de l'Ionie. (V. Éoliens.) VAR **Éolide**

**éolien, enne** *a, n* **A** *a* **1** Du vent, relatif au vent. *Érosion éolienne.* **2** Actionné par le vent. *Pompe éolienne.* **B** *nf* Machine qui utilise la force motrice du vent. **C** *nm* Énergie éolienne ; secteur industriel constitué par cette énergie. ETY Du n. pr.

champ d'**éoliennes**

**Éoliennes (îles)** archipel italien de la mer Tyrrhénienne, situé au N.-E. de la Sicile ; 7 îles volcaniques, dont Stromboli, Vulcano et Lipari ; 115 km$^2$ ; 12 000 hab. Rattaché à la prov. de Messine. VAR **îles Lipari** DER **éolien, enne** *a, n*

**Éoliens** une des familles de peuples de la Grèce anc. : les Doriens les repoussèrent de Thessalie vers la Grèce centr. et le N.-O. de l'Asie Mineure (*Éolie*). DER **éolien, enne** *a*

**éolipile** *nm* PHYS Sphère remplie d'eau chauffée à ébullition qui servit au IIe s. av. J.-C. à mettre en évidence l'énergie dégagée par la vaporisation. ETY De *Éole* et lat. *pila*, « boule ». VAR **éolipyle**

**éolithe** *nm* Petit fragment de roche naturellement érodé, et qui peut être confondu avec une pierre façonnée par l'homme.

**éon** *nm* **1** PHILO Chacun des esprits émanés de Dieu et servant d'intermédiaire entre celui-ci et le monde, chez les gnostiques. **2** Très grande division des temps géologiques qui regroupe plusieurs ères. ETY Du gr. *aiôn*, « éternité ».

**Éon Charles de Beaumont (chevalier d')** (Tonnerre, 1728 – Londres, 1810), espion de Louis XV. Habillé en femme, il effectua des missions diplomatiques en Russie et en Angleterre.

**éosine** *nf* TECH Matière colorante rouge tirée de la fluorescéine, utilisée en histologie. ETY Du gr. *eôs*, « aurore ».

**éosinophile** *a, nm* PHYSIOL Se dit d'un élément ou d'une substance facilement coloré par l'éosine.

**Eötvös Loránd (baron)** (Budapest, 1848 – id., 1919), physicien hongrois. Il a fait évoluer la notion de masse et a inventé un dispositif pour mesurer la pesanteur.

**Éoués** → **Ewés.**

**épacte** *nf* didac Âge de la lune à la veille du premier janvier, variant entre 0 (si la lune est nouvelle) et 29. *L'épacte sert à déterminer la date des fêtes mobiles dans le comput ecclésiastique.* ETY Du gr. *epaktai (hêmerai)*, « (jours) intercalaires ».

**épagneul, eule** *n* Chien d'arrêt au poil long et ondulé, aux oreilles pendantes, dont il existe plusieurs races. *Les cockers, les setters sont des épagneuls.* ETY De *espagnol.* ▶ pl. **chiens**

**épais, aisse** *a, av* **A** *a* **1** Qui a telle épaisseur. *Rempart épais de deux mètres.* **2** Dont l'épaisseur est grande. *Du drap épais.* **3** Gros, massif. *Avoir la taille épaisse.* **4** Consistant, pâteux. *Sirop épais.* **5** Serré, dense. *Chevelure épaisse.* **6** Opaque. *Brume, obscurité épaisse.* **7** fig Obtus, lourd. *Intelligence épaisse.* **B** *av* De manière serrée, dense. *Il a neigé épais.* LOC fam *Il n'y en a pas épais :* pas beaucoup. ETY Du lat. pop.

**épaisseur** *nf* **1** Une des trois dimensions d'un corps par oppos. à *longueur* et *largeur*, à *hauteur* et *profondeur*. *L'épaisseur d'un mur.* **2** Caractère de ce qui est épais. *L'épaisseur d'une chevelure, des ténèbres.*

**épaissir** *v* ③ **A** *vt* Rendre plus épais. *Épaissir un sirop.* **B** *vi, vpr* Devenir plus épais. *Sa taille a épaissi. L'ombre s'est épaissie.* DER **épaississant, ante** *a, nm* – **épaississement** *nm*

**épaississeur** *nm* TECH Appareil qui sert à concentrer une solution.

**Épaminondas** (Thèbes, v. 418 – Mantinée, 362 av. J.-C.), général et homme politique béotien qui imposa l'éphémère hégémonie de Thèbes à la Grèce. Il vainquit les Spartiates à Leuctres (371) et à Mantinée (362), où il fut mortellement blessé.

**épamprer** *vt* ① VITIC Ôter les pampres inutiles de la vigne.

**épanchement** *nm* **1** MED Présence anormale de gaz ou de liquide dans une région du corps. *Épanchement de synovie.* **2** fig Effusion de sentiments. *Les épanchements de l'amitié.*

**épancher** *v* ① **A** *vt* **1** vx Verser. **2** fig Exprimer librement. *Épancher ses sentiments.* **B** *vpr* **1** MED Former un épanchement. **2** fig Parler librement en confiant ses sentiments. ETY Du lat. *expandere*, « répandre ».

**épandage** *nm* AGRIC Action d'épandre les engrais, le fumier, etc. LOC *Champs d'épandage :* terrains sur lesquels les eaux d'égout s'épurent tout en fertilisant le sol. — GEOL *Nappe d'épandage :* zone où se déposent et s'étalent des sédiments.

**épandeur** *nm* AGRIC Machine servant à épandre les engrais, le fumier, etc.

**épandeuse** *nf* TRAV PUBL Engin servant à répartir sur le sol des matériaux pâteux.

**Enver pacha**

le chevalier d'**Éon**

**épandre** *vt* ⑥ Jeter çà et là, éparpiller. *Épandre du fumier.* ETY Du lat.

**épannelage** *nm* **1** Action d'épanneler un bloc de pierre. **2** Document d'urbanisme présentant la forme simplifiée des masses bâties constitutives d'un tissu urbain.

**épanneler** *vt* ⑰ ou ⑲ TECH Dégrossir une pierre par une taille en plans préparant le façonnage. ETY De panneau.

**épanouir** *v* ③ **A** *vt* **1** Faire ouvrir une fleur. *Le soleil a épanoui les tulipes.* **2** fig Rendre heureux, joyeux. *Le bonheur épanouit son visage.* **B** *vpr* **1** S'ouvrir, déployer ses pétales en parlant de fleurs. **2** fig Atteindre à sa plénitude. *Les arts s'épanouirent sous le règne de Louis XIV.* ETY Du frq. DER **épanouissant, ante** *a* – **épanouissement** *nm*

**épar** *nm* TECH **1** Traverse servant à maintenir l'écartement entre deux pièces. **2** Barre servant à consolider, à fermer une porte. ETY Du germ. VAR **épart**

**éparchie** *nf* **1** HIST Division territoriale de l'Empire byzantin. **2** Division administrative de la Grèce contemporaine. **3** RELIG Diocèse, dans les Églises d'Orient. ETY Du gr.

**Éparges (Les)** com. de la Meuse (arr. de Verdun) ; 58 hab. – Combats en 1914 et 1915.

**épargnant, ante** *n* Personne qui s'est constitué un capital par l'épargne.

**épargne** *nf* **1** Action d'épargner de l'argent ; somme épargnée. **2** FIN Fraction d'un revenu qui n'est pas affectée à la consommation immédiate. LOC *Caisses d'épargne :* établissements publics qui reçoivent les dépôts des épargnants, à qui sont versés des intérêts. — *Épargne logement :* permettant une capitalisation en vue de l'acquisition d'une résidence principale et l'obtention de crédits à des taux préférentiels. — TECH *Taille d'épargne :* manière de graver dans laquelle les parties de la planche destinées à prendre l'encre sont *épargnées*, c.-à-d. laissées en relief.

**épargner** *vt* ① **1** Faire grâce à. *Épargner les vaincus.* **2** Ne pas endommager, ne pas détruire. *La guerre a épargné ce village.* **3** Éviter de heurter. *Épargner la susceptibilité de qqn.* **4** Mettre de côté. *Il a épargné vingt mille francs.* **5** Employer avec modération. *Épargner sa peine, son temps.* **6** Permettre à qqn d'éviter qqch, de ne pas le subir. *Je veux vous épargner ce dérangement.* ETY Du germ.

**éparpiller** *v* ① **A** *vt* Disperser, disséminer. *Éparpiller de la cendre. Éparpiller ses idées.* **B** *vpr* Avoir trop d'occupations différentes, passer sans cesse de l'une à l'autre. ETY Du lat. *spargere*, « répandre », et *papilio*, « papillon ». DER **éparpillement** *nm*

**éparpilleur** *nm* Machine agricole servant à éparpiller sur le sol du fumier, des pailles.

**éparque** *nm* HIST Gouverneur d'une éparchie. ETY Du gr.

**épars, arse** *a* **1** Dispersé. *Maisons éparses dans la campagne.* **2** En désordre. *Cheveux épars.* ETY Du lat.

**épart** → **épar.**

**éparvin** *nm* Ostéoarthrose du tarse, qui frappe surtout le cheval. ETY Du frq. VAR **épervin**

**épatant, ante** *a* fam Remarquable, excellent. DER **épatamment** *av*

**épate** *nf* LOC fam *Faire de l'épate :* chercher à étonner.

**épaté, ée** *a* LOC *Nez épaté :* large et court. DER **épatement** *nm*

**épater** *vt* ① fam Étonner, impressionner. *Épater la galerie.* ETY De patte. DER **épatement** *nm*

**épaufrer** *vt* ① TECH Abîmer accidentellement une pierre de taille. ETY Du frq. DER **épaufrure** *nf*

**épaulard** *nm* Orque.

**épaule** *nf* **1** Masse musculaire et partie du squelette assurant la liaison du membre supérieur avec le corps. **2** Partie supérieure du membre antérieur, chez les animaux. LOC *Avoir la tête sur les épaules* : être bien équilibré. — *Donner un coup d'épaule à qqn* : l'aider. — *Hausser, lever les épaules* : en signe de dédain. — *Par-dessus l'épaule* : avec dédain, avec négligence. ETY Du lat. *spathula*, « spatule ».

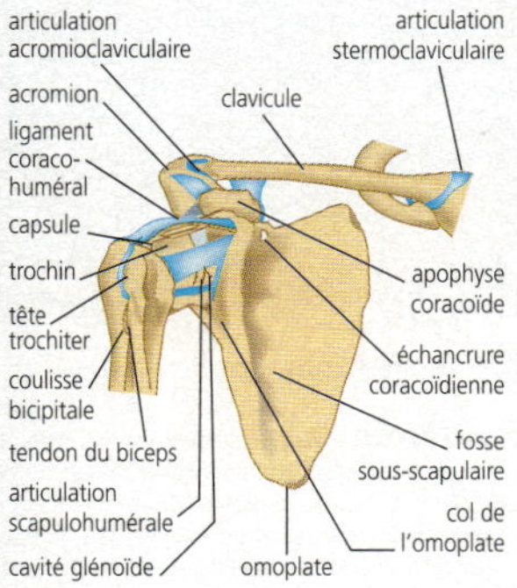


**épaule**

**épaulé, ée** *a, nm* **A** *a* Se dit d'un vêtement dont les épaules sont soulignées par des épaulettes rembourrées. **B** *nm* SPORT Mouvement dans lequel l'haltère est amené, en un seul temps, du sol à la hauteur des épaules.

**épaulé-jeté** *nm* SPORT Mouvement dans lequel l'haltère, après un épaulé, est amené au-dessus de la tête. PLUR épaulés-jetés.

**épaulement** *nm* **1** CONSTR Mur de soutènement. **2** MILIT Rempart de protection fait de terre, de sacs de sable, etc. **3** Relief formé par une pente raide qui aboutit à un replat, lui-même dominé par une pente. **4** TECH Saillie servant d'arrêt, de butée. **5** Côté le plus large d'un tenon.

**épauler** *vt* ① **1** Aider, soutenir. *Il a été épaulé efficacement par ses relations. Entre amis, ils se sont épaulés.* **2** Appuyer une arme contre son épaule pour viser, tirer. **3** CONSTR Soutenir par un épaulement.

**épaulette** *nf* **1** Bande rigide, garnie parfois de franges, qui orne les épaules de certains uniformes militaires. **2** Bande étroite qui passe sur l'épaule pour soutenir certains vêtements féminins. **3** Rembourrage qui donne leur forme aux épaules d'un vêtement.

**épaulière** *nf* Accessoire servant à protéger l'épaule.

**épave** *nf* **1** DR Objet ou animal perdu sur la voie publique. **2** Objet, débris provenant d'un navire naufragé. **3** Navire désemparé, abandonné par l'équipage mais qui flotte encore ; navire coulé. **4** Véhicule automobile hors d'usage. **5** fig Personne déchue et misérable. *L'alcool a fait de lui une épave.* ETY Du lat. *expavidus*, « épouvanté ».

**épaviste** *nm* Garagiste qui fait commerce des épaves et des pièces détachées.

**épeautre** *nm* Blé à petit grain et à balle fortement adhérente. ETY Du lat.

**épectase** *nf* Décès pendant l'orgasme.

**épée** *nf* **1** Arme blanche constituée par une lame longue et droite, pointue, généralement tranchante, munie d'une poignée et d'une garde. **2** Arme à lame triangulaire utilisée en escrime ; sport pratiqué avec cette arme. LOC *Coup d'épée dans l'eau* : effort vain, inutile. — *Épée de Damoclès* : menace planante. — *Mettre à qqn l'épée dans les reins* : le faire agir sous la menace ou en le harcelant. — *Passer au fil de l'épée* : tuer en masse avec une épée, massacrer. ETY Du lat. ▶ pl. escrime

**Épée Charles Michel (abbé de l')** (Versailles, 1712 – Paris, 1789), ecclésiastique français. Il fonda la première école française pour les sourds-muets.

**épeiche** *nf* Pic d'Europe noir et blanc, long de 22 cm. ETY De l'all.

**épeichette** *nf* Le plus petit (14 cm) pic vivant en Europe, noir et blanc, à calotte rouge.

**épeire** *nf* Araignée dont la toile est constituée de rayons et de spirales anguleuses. *L'épeire diadème, au dos marqué d'une croix blanche, est fréquente en France.* ▶ illustr. araignées

**épeirogénique** → **épirogénique.**

**épéiste** *n* SPORT Escrimeur à l'épée.

**épeler** *vt* ⑰ ou ⑲ Énoncer une à une, dans l'ordre, les lettres qui composent un mot, un nom. ETY Du frq. DER **épellation** *nf*

**épendyme** *nm* ANAT Membrane qui tapisse les parois des ventricules cérébraux et celles du canal de la moelle épinière. ETY Du gr. *epi*, « sur », et *enduma*, « vêtement ».

**épenthèse** *nf* GRAM Intercalation d'un phonème supplémentaire à l'intérieur d'un mot. *Épenthèse du « d » dans « cendre », qui vient de l'accusatif latin « cinerem ».* ETY Du gr. DER **épenthétique** *a*

**épépiner** *vt* ① Ôter les pépins d'un fruit.

**éperdu, ue** *a* **1** En proie à une émotion profonde. *Éperdu de douleur.* **2** Vif, intense, violent. *Un désir éperdu de liberté.* ETY De l'a. fr. *esperdere*, « perdre complètement ». DER **éperdument** *av*

**éperlan** *nm* Poisson téléostéen comestible des mers européennes, long de 15 à 25 cm, qui pond à l'embouchure des fleuves. ETY Du moy. néerl.

**Épernay** ch.-l. d'arr. de la Marne, sur la Marne ; 25 844 hab. Princ. centre des vins de Champagne. DER **sparnacien, enne** *a, n*

**Épernon** com. d'Eure-et-Loir (arr. de Chartres) ; 5 498 hab. Industries. – Égl. (XVe-XVIe s.). DER **sparnonien, enne** *a, n*

**Épernon Jean-Louis de Nogaret de La Valette (duc d')** (château de Caumont, 1554 – Loches, 1642), favori d'Henri III. Amiral de France, il fit attribuer la régence à Marie de Médicis (1610), qui le remplaça par Concini.

**éperon** *nm* **1** Pièce de métal fixée au talon du cavalier et qui sert à piquer les flancs du cheval pour l'exciter. **2** MAR anc Élément saillant de la proue de certains navires de guerre, avec lequel on heurte la coque d'un navire ennemi pour la défoncer. **3** Relief abrupt en pointe. *Éperon rocheux.* **4** TRAV PUBL, ARCHI Ouvrage en saillie, en partic. à la base d'une pile de pont, pour briser le courant. **5** MILIT Redan saillant dans une fortification. **6** BOT Prolongement, en cornet très fin, des pétales de certaines fleurs (ancolie, impatiens, par ex.). **7** Ergot du coq et du chien. ETY Du frq.

**éperon** de cavalier fleurdelisé – musée du Cheval, château de Saumur

**éperonner** *vt* ① **1** Piquer un cheval avec les éperons pour l'exciter. **2** fig Inciter vivement à agir. *Le désir de vengeance l'éperonnait.* SYN exciter, stimuler. **3** anc Aborder un navire ennemi en défonçant sa coque avec un éperon. **4** MAR Aborder un navire en défonçant sa coque avec l'étrave.

**épervier** *nm* **1** Oiseau falconiforme dont une espèce européenne, longue d'environ 30 cm, a les ailes courtes, une longue queue et une poitrine rayée. **2** Filet de pêche conique, lesté de plombs, qu'on lance à la main. ETY Du frq.

**épervier** d'Europe

**épervière** *nf* Plante herbacée (composée), à capitules jaunes. *La piloselle est une épervière des prés.*

**épervin** → **éparvin.**

**épeurer** *vt* ① vx, litt Apeurer.

**éphèbe** *nm* **1** ANTIQ GR Jeune homme qui a atteint l'âge de la puberté. **2** iron, plaisant Jeune homme d'une grande beauté. ETY Du gr.

**éphébie** *nf* ANTIQ GR Stage d'instruction, civique et militaire, institué à Athènes pour les éphèbes.

**éphédra** *nm* Arbrisseau fréquent sur les plages et les terrains secs méditerranéens, dont les rameaux sont chlorophylliens, mais dépourvus de feuilles. ETY Du gr.

**éphédrine** *nf* Alcaloïde extrait de l'éphédra utilisé pour ses effets bronchodilatateurs et tonicardiaques.

**éphélide** *nf* MED Syn. de *tache de rousseur*. ETY Du gr.

**éphémère** *a, nm* **A** *a* **1** Qui ne dure qu'un jour. *Insecte éphémère.* **2** Qui dure peu. *Amour, succès éphémère.* SYN passager. **B** *nm* Insecte aux deux paires d'ailes membraneuses très délicates, à l'abdomen prolongé par des appendices filiformes, dont les adultes vivent de un à deux jours. SYN mouche de mai. ETY Du gr. ▶ illustr. branchies

**éphéméride** *nf* **A** **1** Recueil d'événements remarquables arrivés le même jour de l'année à différentes époques. **2** Calendrier dont on enlève chaque jour une feuille. **B** *nf pl* Tables donnant la position des astres à une heure et en un lieu déterminés.

**éphémérophyte** *nf* Plante qui effectue tout son cycle de végétation en un temps très court.

**éphéméroptère** *nm* ENTOM Insecte tel que l'éphémère.

**Éphèse** anc. v. d'Asie Mineure, sur la mer Égée. Son temple d'Artémis, une des Sept Merveilles du monde, fut brûlé par Érostrate en 356 av. J.-C. – En 54, l'apôtre Paul y fonda l'*Église d'Éphèse*. Saint Jean l'Évangéliste y a son tombeau. La Vierge y serait morte. Le *concile d'Éphèse* (431) condamna Nestorius. DER **éphésien, enne** *a, n* ▶ illustr. p. 550

**Éphialtès** (Athènes, v. 495 – id., v. 461 av. J.-C.), homme politique athénien ; chef du parti démocratique avant Périclès ; assassiné.

**éphippigère** *nm* Sauterelle aux ailes atrophiées dont le corselet a la forme d'une selle de cheval. ETY Du gr.

**éphod** *nm* Ornement du culte (pagne, écharpe) porté par les prêtres hébreux, garni d'or et de pierres fines. ETY De l'hébr.

**éphorat** *nm* Charge d'éphore.

**éphore** *nm* ANTIQ GR Chacun des cinq magistrats de Sparte élus annuellement pour exercer un contrôle absolu sur le roi et le sénat.

**Éphraïm** personnage biblique, second fils de Joseph. Il donna son nom à une des tribus d'Israël.

**Éphrem (saint)** (Nisibis, auj. Nusaybin, Turquie, v. 306 – Édesse, 373), diacre et écrivain syriaque, docteur de l'Église, fondateur de l'école théologique d'Édesse : hymnes, *Commentaires bibliques*.

**Ephrussi Boris** (Moscou, 1901 – Gif-sur-Yvette, 1979), généticien français d'origine russe, un des fondateurs de la génétique moléculaire.

**épi-** Préfixe, du gr. *epi*, « sur, dessus, à la surface de », et, au fig., « en plus de, à la suite de ».

**épi** *nm* **1** Inflorescence compacte dans laquelle les fleurs ou les graines sont insérées directement sur l'axe. *Les graminées ont un épi d'épillets.* **2** Mèche rebelle de cheveux formant une touffe. **3** ARCHI Assemblage de chevrons autour d'un comble pyramidal. **4** Ouvrage, généralement en pieux, disposé presque perpendiculairement à un courant pour retenir les matériaux et stabiliser une berge ou une côte. LOC *En épi* : selon une diagonale, ou une perpendiculaire. ETY Du lat. *spica*, « pointe ».

**Épi (l')** système double d'étoiles de la Vierge. VAR **Spica**

**épiage** *nm* BOT Formation de l'épi ; époque à laquelle l'épi se forme. VAR **épiaison** *nf*

**épiaire** *nm* BOT Genre de labiées comprenant notamment le *crosne du Japon*.

**épibionte** *nm* BIOL Organisme vivant fixé sur un autre sans être parasite.

**épicanthus** *nf* ANAT Repli de la peau audevant de l'angle interne de l'œil.

**épicarde** *nm* ANAT Feuillet viscéral du péricarde.

**épicarpe** *nm* BOT Feuillet le plus externe du péricarpe. *La « peau » de la pomme, de la prune, de la tomate est un épicarpe.*

**épice** *nf* Substance aromatique ou piquante d'origine végétale utilisée pour assaisonner les mets. *La cannelle est une épice.* LOC *Pain d'épice(s)* : gâteau sucré au miel et parfumé de diverses épices. ETY Du lat. *species*, « substance ».

**Éphèse** la bibliothèque de Celse

**épicéa** *nm* Conifère, le plus courant des forêts françaises, qui peut atteindre 50 m de haut et fournit un bois blanc utilisé en menuiserie. ETY Du lat. *picea*, « sapin ». ▶ illustr. **conifères**

**épicène** *a* GRAM **1** Se dit d'un nom qui désigne indifféremment l'un ou l'autre sexe d'une espèce animale (ex. *grenouille*, *crapaud*). **2** Qui ne varie pas morphologiquement au masculin et au féminin (ex. *je*, *enfant*). ETY Du gr. *epikoinos*, « commun ».

**épicentre** *nm* **1** Point de la surface terrestre où un séisme atteint son intensité maximale. **2** fig Origine d'un mouvement d'opinion, d'une mode. DER **épicentral, ale, aux** *a*

**épicer** *vt* ⑫ **1** Assaisonner, relever avec des épices. *Épicer un plat.* **2** fig Relever d'expressions plus ou moins libres, de détails licencieux. *Épicer un récit.*

**épicerie** *nf* **1** Produits d'alimentation générale. **2** Commerce de ces produits ; magasin où on les vend.

**Épicharme** (?, v. 525 – Syracuse, v. 450 av. J.-C.), poète comique grec.

**épicier, ère** *n* **1** Personne tenant un commerce d'épicerie. **2** fam, vieilli Personne aux idées étroites et vulgaires.

**épicondyle** *nm* ANAT Tubérosité externe de l'extrémité inférieure de l'humérus, au milieu du coude. DER **épicondylien, enne** *a*

**épicondylite** *nf* MED Inflammation douloureuse de la région épicondylienne.

**épicontinental, ale** *a* Se dit des océans ou des mers qui se trouvent en bordure d'un continent. PLUR épicontinentaux.

**épicrâne** *nm* ANAT Ensemble des tissus situés entre la peau et les os du crâne.

**épicrânien, enne** *a* ANAT Situé sur le crâne.

**Épictète** (Hiérapolis, Phrygie, v. 50 – Nicopolis, Épire, v. 125-130 apr. J.-C.), philosophe stoïcien. Esclave à Rome, affranchi, chassé de Rome, il se réfugia en Épire. Il mit en pratique son principe : « Supporte et abstiens-toi ! ». Son enseignement est contenu dans les *Entretiens* et le *Manuel*, tous deux rédigés par son disciple Flavius Arrien.

**Épicure** (Samos ou Athènes, 341 – Athènes, 270 av. J.-C.), philosophe grec. D'abord platonicien, il fonda sa propre école à Mytilène (310), à Lampsaque, puis à Athènes (l'École du jardin). Physicien, il reprit l'*atomisme* de Démocrite. Sa morale est complexe : l'homme atteint au vrai plaisir dans l'*ataraxie* (absence de trouble) mais, pour y parvenir, il doit s'affranchir de la crainte des dieux et de la mort. De ses nombr. ouvrages, seuls nous sont parvenus trois lettres et des fragments de son traité *De la nature*.

**Épictète**

**Épicure**

**épicurisme** *nm* **1** PHILO Système philosophique d'Épicure et de ses disciples. **2** Attitude de ceux qui s'adonnent aux plaisirs. DER **épicurien, enne** *a, n*

**épicycle** *nm* ASTRO anc Petit cercle décrit par un astre, dont le centre parcourt un autre cercle. *L'épicycle permit aux Grecs d'expliquer le mouvement des planètes.*

**épicycloïde** *nf* GEOM Courbe décrite par un point d'un cercle qui roule sans glisser sur un autre cercle, à l'extérieur de celui-ci. DER **épicycloïdal, ale, aux** *a*

**Épidaure** anc. v. de la Grèce (Argolide). Son temple d'Asclépios (auj. en ruine) attira les malades jusqu'à l'époque chrétienne. À proximité se trouve l'un des plus beaux théâtres grecs antiques.

le théâtre d'**Épidaure**, IVe s. av. J.-C.

**épidémie** *nf* **1** Développement rapide d'une maladie contagieuse chez un grand nombre d'individus d'une région donnée. *Épidémie de choléra.* **2** fig Propagation d'un phénomène, évoquant celle d'une maladie contagieuse. *Épidémie de cambriolages.* ETY Du gr. *epidêmos*, « qui circule dans un pays ». DER **épidémicité** *nf* – **épidémique** *a*

**épidémiologie** *nf* MED Étude des différents facteurs qui conditionnent l'apparition, la fréquence, la répartition et l'évolution des maladies et des phénomènes morbides. DER **épidémiologique** *a* – **épidémiologiste** *n*

**épidémiosurveillance** *nf* MED Surveillance des phénomènes morbides, de leur répartition, de leur diffusion.

**épiderme** *nm* **1** Couche superficielle de la peau, qui assure la protection du derme des vertébrés. *L'épiderme sécrète les phanères (poils, cornes, sabots, etc.).* **2** BOT Couche unicellulaire externe imperméable qui protège les organes aériens des végétaux supérieurs. LOC ***Avoir l'épiderme sensible, chatouilleux*** : être susceptible. ETY Du gr. DER **épidermique** *a*

**épididyme** *nm* ANAT Organe allongé d'avant en arrière, qui coiffe le bord supérieur du testicule. ETY Du gr.

**épidote** *nf* GEOL Silicate d'aluminium et de calcium, caractéristique des roches cristallines. ETY Du gr.

**épidural, ale** *a* ANAT Péridural. PLUR épiduraux. ETY De *dure-mère*

**épier** *vt* ② **1** Observer attentivement et secrètement. *Épier qqn.* **2** Attendre en guettant. *Épier l'occasion.* ETY Du frq.

**épierrer** *vt* ① Ôter les pierres de. *Épierrer un jardin.* DER **épierrage** ou **épierrement** *nm*

**épierreuse** *nf* AGRIC Machine à épierrer les graines de céréales, les pommes de terre, etc. VAR **épierreur** *nm*

**épieu** *nm* Arme à manche de bois, terminée par un fer plat et pointu. ETY Du frq.

**épigastre** *nm* ANAT Région de l'abdomen située entre les cartilages costaux et l'ombilic. ETY Du gr. *gastrion*, « ventre ». DER **épigastrique** *a*

**épigé, ée** *a* Se dit d'un animal qui vit au-dessus du sol. LOC BOT ***Germinaison épigée*** : dans laquelle l'hypocotyle s'allonge et soulève les cotylédons au-dessus du sol. ETY Du gr.

**épigenèse** *nf* Théorie selon laquelle l'être humain est formé par son environnement.

**épigénétique** *nf, a* BIOL Ensemble des facteurs extérieurs à l'organisme susceptibles de modifier l'expression de son programme génétique.

**épigénie** *nf* **1** MINER Phénomène qui change la nature chimique d'un minéral, sans changer sa forme cristalline. **2** GEOL Creusement transversal des vallées, indépendant de la résistance des roches. DER **épigénique** *a*

**épiglotte** *nf* ANAT Petit opercule fibro-cartilagineux situé à la partie supérieure du larynx, fermant les voies respiratoires au moment de la déglutition. ETY Du gr. *glotta*, « langue ». DER **épiglottique** *a*

**épiglottite** *nf* MED Affection grave de la gorge, qui touche surtout le jeune enfant.

**épigone** *nm* litt Imitateur, successeur. ETY Du gr. *epigonos*, « descendant ».

**Épigones (les)** dans la myth. gr., les fils des sept chefs qui moururent devant Thèbes (V. Polynice). Dix ans après, ils prirent Thèbes.

**1 épigramme** *nf* **1** ANTIQ Petite pièce de vers. **2** Petit poème terminé par un trait satirique ou mordant ; ce trait. ETY Du gr. *graphein*, « écrire ».

**2 épigramme** *nm* CUIS Haut de côtelette ou poitrine d'agneau grillés.

**épigraphe** *nf* **1** Inscription placée sur un édifice pour en indiquer la destination. **2** Courte sentence placée en tête d'un livre, d'un chapitre, pour en indiquer l'esprit ou l'objet. ETY Du gr.

**épigraphie** *nf* didac Étude des inscriptions sur pierre, bois, métal. DER **épigraphique** *a* – **épigraphiste** *n*

**épigyne** *a* BOT Se dit de toute pièce florale insérée au-dessus de l'ovaire. ETY Du gr. *gunê*, « femelle ».

**épilateur** *nm* Appareil servant à l'épilation.

**épilatoire** *a, nm* Qui sert à épiler. *Pâte épilatoire.* SYN dépilatoire.

**épilepsie** *nf* Affection caractérisée par la survenue de crises convulsives motrices ou de troubles sensoriels, sensitifs ou psychiques. SYN maladie comitiale. ETY Du gr. méd. *epilêpsia*, « arrêt soudain ». DER **épileptique** *a, n*

**épileptiforme** *a* MED Qui présente les caractères d'une crise d'épilepsie.

**épileptogène** *a* Se dit d'une zone du cortex où se déclenchent les crises d'épilepsie.

**épileptologie** *nf* Spécialité médicale qui étudie l'épilepsie. DER **épileptologique** *a* – **épileptologue** *n*

**épiler** *vt* ① Arracher les poils de. *Pince à épiler. S'épiler les jambes.* ETY Du lat. DER **épilation** *nf*

**épillet** *nm* BOT Petit épi constitutif d'une inflorescence composée.

**épilobe** *nm* BOT Plante œnothéracée à fleur violacée, très fréquente en Europe dans les endroits humides. ETY Du gr. *epi*, et *lobos*, « lobe ».

**épilogue** *nm* **1** Conclusion d'un ouvrage littéraire. ANT prologue. **2** Conclusion, dénouement. *L'épilogue d'une affaire.* ETY Du gr.

**épiloguer** *vi* ① Faire de longs commentaires. *Il ne sert à rien d'épiloguer sur cet échec.* SYN discourir.

**Épiméthée** dans la myth. gr., frère de Prométhée ; n'écoutant pas celui-ci, il épousa Pandore, qui ouvrit la fameuse jarre.

**Épinal** ch.-l. du dép. des Vosges, sur la Moselle ; 35 814 hab. Industries. – École supérieure de filature et de tissage. Musée (consacré surtout à l'imagerie populaire). Basilique (XI$^e$-XIV$^e$ s.). DER **spinalien, enne** *a, n*

**épinard** *nm* **A** Plante potagère (chénopodiacée), originaire d'Iran. **B** *nm pl* Feuilles de cette plante, que l'on mange en général cuites. LOC ***Vert épinard*** : vert foncé. ETY De l'ar.

**Épinay Louise Tardieu d'Esclavelles (dame de La Live d')** (Valenciennes, 1726 – Paris, 1783), femme de lettres française : traités d'éducation, *Mémoires*. Amie de Rousseau et Diderot, elle eut une liaison avec Grimm.

**Épinay-sous-Sénart** ch.-l. de cant. de l'Essonne (arr. d'Évry) ; 12 797 hab. DER **spinolien, enne** *a, n*

**Épinay-sur-Seine** ch.-l. de cant. de la Seine-Saint-Denis (arr. de Bobigny), au N. de Paris ; 51 922 hab. Studios de cinéma et de télévision. DER **spinassien, enne** *a, n*

**épincer** *vt* ⑫ AGRIC Ôter du tronc d'un arbre, lors d'un arrêt de la végétation, les bourgeons qui ont poussé au printemps. VAR **épinceter** ⑱ ou ⑳

**épine** *nf* **A** **1** Arbuste dont les branches portent des piquants. **2** Organe acéré et dur de certains végétaux, provenant de la transformation de feuilles, rameaux, etc., et traduisant généralement une adaptation de la plante à un climat sec. **3** ANAT Éminence osseuse. *Épine nasale.* **B** *nf pl* Excroissances pointues sur certains animaux, sur les poissons en partic. LOC ***Épine blanche*** : aubépine sauvage. — ***Épine dorsale*** : colonne vertébrale. — ***Épine noire*** : prunellier. — ***Tirer une épine du pied de qqn*** : le délivrer d'un grand embarras. ETY Du lat.

**épiner** *vt* ① ARBOR Protéger les tiges des jeunes arbres avec des branches épineuses.

**épinette** *nf* **1** Petit clavecin en usage aux XVI$^e$ et XVII$^e$ s. **2** vieilli Cage de bois ou d'osier où l'on engraisse les volailles. **3** Canada Épicéa.

**épineux, euse** *a, nm* **A** *a* **1** Qui porte des épines. *Buisson épineux.* **2** fig Plein de difficultés. *Une affaire épineuse.* SYN délicat. **B** *nm* Arbuste épineux.

**épine-vinette** *nf* Arbrisseau buissonnant épineux (berbéridacée) dont les grappes de fleurs jaunes donnent des baies rouges. PLUR épines-vinettes. ETY De *épine*, et *vin*, à cause de la couleur de ses baies.

**épingle** *nf* **1** Petite tige métallique, pointue à une extrémité, et pourvue d'une tête à l'autre, servant à attacher. **2** Objet servant à attacher, à fixer, dont la forme varie selon sa destination. *Épingle à chapeau.* **3** CONSTR Armature en forme d'épingle double. LOC ***Épingle à cheveux*** : mince tige pliée par son milieu, qui sert à fixer les cheveux ; virage très accentué entre deux segments parallèles d'une route. — ***Épingle double, de nourrice, de sûreté*** : épingle recourbée dont l'extrémité pointue est maintenue par un crochet. — ***Monter qqch en épingle*** : le mettre en valeur ; en exagérer l'importance. — ***Tiré à quatre épingles*** : habillé avec un soin minutieux. — ***Tirer son épingle du jeu*** : se dégager adroitement d'une affaire délicate. ETY Du lat. *spinula*, « petite épine ».

**épinglé, ée** *a* Se dit d'un tissu à petites côtes. *Velours épinglé.*

**épingler** *vt* ① **1** Fixer avec une ou plusieurs épingles. *Épingler un vêtement.* **2** fig, fam Arrêter, prendre. *Il s'est fait épingler à la sortie.* **3** fig, fam Attirer une attention réprobatrice sur qqn ou qqch. DER **épinglage** *nm*

**épinglerie** *nf* Manufacture, commerce d'épingles. DER **épinglier, ère** *n*

**épinglette** *nf* **1** anc Tige servant à déboucher le canon d'une arme à feu. **2** vx Broche. **3** Syn. (recommandé) de *pin's*.

**Épinicies** poésies lyriques de Pindare (V$^e$ s. av. J.-C.), composées en l'honneur des vainqueurs des jeux : 14 *Olympiques*, 12 *Pythiques*, 11 *Néméennes* et 8 *Isthmiques*. VAR **Odes triomphales**

**épinier** *nm* Fourré d'épines servant de refuge au gibier

**épinière** → **moelle.**

**épinoche** *nf* Petit poisson téléostéen d'eau douce dont la nageoire dorsale est munie d'épines et dont le mâle, au moment du frai, se pare de vives couleurs rouges et bleues et construit un nid où la femelle pond.

**épinochette** *nf* Poisson voisin de l'épinoche commune, mais de couleurs moins vives.

**épipaléolithique** *nm* PREHIST Période postglaciaire dont l'industrie lithique est encore proche de celle du paléolithique supérieur.

**épipélagique** *a* BIOL Se dit d'un organisme pélagique qui vit près de la surface.

**Épiphane (saint)** (Éleuthéropolis, Palestine, auj. Bet Guvrin, Israël, v. 315 – en mer, 403), évêque de Salamine, adversaire d'Origène et de l'arianisme. Docteur de l'Église grecque.

**Épiphanie** manifestation (en gr. *epiphania*, « apparition ») de Jésus nouveau-né aux Rois mages, fêtée le 6 janvier. L'Épiphanie est nommée aussi *la fête des Rois* et *le jour des Rois*.

**épiphénomène** *nm* **1** MED Symptôme accessoire. **2** didac Phénomène secondaire, lié à un autre dont il découle.

**épiphénoménisme** *nm* PHILO Théorie selon laquelle la conscience n'est qu'un épiphénomène. DER **épiphénoméniste** *a, n*

**épiphyllum** *nm* Cactacée à rameaux aplatis portant de grandes fleurs vivement colorées. PHO [epifilɔm]

**épiphyse** *nf* ANAT **1** Extrémité des os longs. **2** Glande située dans le cerveau à la partie postérieure du 3$^e$ ventricule, qui sécrète de la mélatonine. SYN glande pinéale. ETY Du gr. *phusis*, « formation ». DER **épiphysaire** *a*

**épiphyte** *a, nm* BOT Se dit des végétaux poussant sur d'autres végétaux sans en être les parasites. *Certaines orchidées sont des épiphytes.*

**épiphytie** *nf* BOT Maladie qui atteint rapidement un grand nombre de végétaux de la même espèce. *L'oïdium, la rouille, le mildiou sont des épiphyties.*

**épiploon** *nm* ANAT Large expansion du péritoine, composée d'un double feuillet qui maintient les organes abdominaux en place. PHO [epiplɔɔ̃] ETY Mot gr., « flottant ».

**épique** *a* **1** LITTER Se dit d'une grande composition en vers qui décrit des actions héroïques. *La poésie épique.* **2** Propre à l'épopée. *Ton épique.* **3** Digne d'une épopée. *Des aventures épiques.* ETY Du gr. « épopée ».

**Épire** Rég. de la Grèce et de l'UE, dans les Balkans ; 9 203 km$^2$ ; 339 200 hab. ; cap. *Ioánnina*. Agric., élevage, pêche, tourisme. – Puissante sous le règne de Pyrrhus (III$^e$ s. av. J.-C.), l'Épire fut romaine, byzantine et turque (jusqu'en 1913). DER **épirote** *a, n*

**épirogénique** *a* GEOL Se dit des mouvements de surélévation ou d'affaissement affectant un continent, un socle, etc. ETY Du gr. *epeiros*, « continent ». VAR **épeirogénique**

**épiscopal, ale** *a* De l'évêque. *Palais épiscopal.* PLUR épiscopaux. LOC ***Église épiscopale*** : Église anglicane des États-Unis. ETY Du gr.

**épiscopalien, enne** *a, n* Aux États-Unis, se dit de l'église de rite anglican.

**épiscopalisme** *nm* Hérésie selon laquelle l'assemblée des évêques est supérieure au pape, condamnée par le concile Vatican I (1870).

**épiscopat** *nm* **1** Le plus élevé des trois ordres sacrés, au-dessus du diaconat. **2** Durée des fonctions de l'évêque. **3** Corps des évêques. *L'épiscopat français.*

**épiscope** *nm* Appareil destiné à projeter des documents par réflexion.

**épisiotomie** *nf* CHIR Incision du périnée, pratiquée pour éviter une rupture traumatique lors de l'accouchement. [ETY] Du gr.

**épisode** *nm* **1** Action incidente, liée à l'action principale, dans une œuvre littéraire, artistique. **2** Chacune des parties d'un film projeté en plusieurs séances. *Les épisodes d'un feuilleton télévisé.* **3** Évènement particulier lié à des faits d'ordre plus général. *Un épisode de la dernière guerre.* [ETY] Du gr. *epeisodion,* « partie du drame entre deux entrées ».

**épisodique** *a* **1** Qui appartient à un épisode. *Personnage épisodique d'un roman.* **2** Secondaire. *Elle n'a joué qu'un rôle épisodique dans sa vie.* [DER] **épisodiquement** *av*

**épisome** *nm* MICROB Morceau d'ADN intracellulaire, capable de se répliquer de façon autonome et de s'incorporer au matériel génétique de la cellule. [ETY] Du gr. *soma,* « corps ». [DER] **épisomal, ale, aux** *a*

**épisser** *vt* [1] MAR Faire une épissure à un cordage. [ETY] Du néerl.

**épissoir** *nm* Instrument servant à ouvrir les torons d'un cordage à épisser.

**épissure** *nf* **1** MAR Jonction des bouts de deux cordages par l'entrelacement des torons. **2** ELECTR Jonction de deux conducteurs par soudure ou entrelacement.

**épistasie** *nf* BIOL Dominance d'un gène sur tous ses allèles.

**épistaxis** *nf* MED Saignement de nez. [PHO] [epistaksis] [ETY] Du gr. *staxis,* « écoulement ».

**épistémè** *nf* PHILO Ensemble des connaissances propres à une époque, conditionnant la pratique scientifique. [ETY] Du gr. « science ». [VAR] **épistémé** [DER] **épistémique** *a*

**épistémologie** *nf* PHILO Étude critique des sciences, de la formation et des conditions de la connaissance scientifique. [DER] **épistémologique** *a* – **épistémologiste** ou **épistémologue** *n*

**épistolaire** *a* Qui concerne le fait d'écrire des lettres, la manière de les écrire. [ETY] Du lat. *epistola,* « épître ».

**épistolier, ère** *n* LITTER Écrivain connu par sa correspondance.

**épistyle** *nm* ARCHI Architrave.

**épitaphe** *nf* **1** Inscription sur une sépulture. **2** Tablette portant cette inscription.

**épitaxie** *nf* **1** PHYS Disposition des atomes en couches d'orientation régulière. **2** ELECTRON Technique de fabrication de dispositifs semi-conducteurs, permettant notam. la réalisation de circuits intégrés.

**épite** *nf* MAR Coin ou cheville de bois. [ETY] Du néerl.

**épithalame** *nm* LITTER Chant, poème nuptial.

**épithéliome** *nm* MED Syn. de *carcinome.* [VAR] **épithélioma**

**épithélium** *nm* ANAT Membrane ou tissu formé de cellules juxtaposées. [PHO] [epiteljɔm] [DER] **épithélial, ale, aux** *a*

**épithète** *nf, a* **1** GRAM Mot ou groupe de mots que l'on ajoute à un nom, à un pronom, pour le qualifier. **2** Fonction de l'adjectif qualificatif qui n'est pas relié au nom par un verbe. **3** Qualification attribuée à qqn. *Elle le gratifia de l'aimable épithète de « malappris ».* [ETY] Du gr. *epitheton,* « qui est ajouté ».

**épitoge** *nf* **1** ANTIQ Manteau porté par les Romains par-dessus la toge. **2** Ornement que les professeurs de faculté, les magistrats, les avocats portent sur la robe, attaché sur l'épaule gauche.

**épitomé** *nm* LITTER Abrégé d'un livre d'histoire antique.

**épitope** *nm* BIOL Partie d'une molécule capable de déclencher une réponse immunitaire spécifique.

**épître** *nf* **1** Lettre, missive, chez les Anciens. **2** plaisant Lettre. *J'ai reçu une longue épître de mes parents.* **3** LITTER Pièce de vers adressée à qqn en personne, comme une lettre. **4** LITURG Passage d'une lettre apostolique (Nouveau Testament) lu à la messe, avant l'Évangile. [ETY] Du gr. [VAR] **épitre**

**Épîtres de saint Paul** lettres apostoliques écrites aux communautés chrétiennes ou à leur évêque : *Épîtres aux Thessaloniciens* (I et II, 50-51), *aux Galates* (56 ?), *aux Philippiens* (56-57), *aux Corinthiens* (I et II, 57), *aux Romains* (58), *aux Éphésiens, aux Colossiens, à Philémon* (60-61) ; sont contestées les *Épîtres à Tite, à Timothée* (I et II) et *aux Hébreux.*

**épizootie** *nf* ZOOL Développement rapide d'une maladie contagieuse frappant, dans une région, une espèce animale dans son ensemble. [PHO] [epizɔɔti] [ETY] Du gr. *zôotês,* « nature animale », d'apr. *épidémie.* [DER] **épizootique** *a*

**éploré, ée** *a* Qui est tout en pleurs.

**éployer** *vt* [23] litt Étendre. *Éployer ses ailes.*

**épluche-légume** *nm* Petit couteau, dont la lame comporte en général deux fentes, pour l'épluchage des légumes. PLUR épluche-légumes. [VAR] **épluche-légumes** *nm inv*

**éplucher** *vt* [1] **1** Nettoyer, enlever les corps étrangers ou ce qui n'est pas bon de. *Éplucher des pommes de terre. Éplucher la laine.* **2** fig Rechercher minutieusement les défauts, les erreurs dans. *Éplucher un compte.* [ETY] Du lat. *pilus,* « poil ». [DER] **épluchage** *nm*

**épluchette** *nf* Canada Fête de groupe, en plein air, au cours de laquelle on décortique des épis de maïs.

**éplucheur, euse** *n* **A** Personne qui épluche. *Éplucheur de coton.* **B** *nm* Épluche-légumes.

**épluchure** *nf* Déchet qu'on enlève à une chose en l'épluchant. *Épluchures de carottes.*

**EPO** *nf* Abrév. de *érythropoïétine,* protéine utilisée comme produit dopant.

**épode** *nf* **1** LITTER Dans la poésie grecque, la troisième partie de l'ode, après la strophe et l'antistrophe. **2** Dans la poésie latine, distique composé de vers inégaux ; cette pièce de vers ainsi formée. **3** Pièce lyrique où se succèdent un vers long et un vers court. [ETY] Du gr.

**épointer** *vt* [1] TECH Émousser la pointe de. *Épointer un couteau.* [DER] **épointage** ou **épointement** *nm*

**époisses** *nm* Fromage bourguignon, au lait de vache et à croûte lavée.

**éponge** *nf* **1** Nom courant de tous les spongiaires. **2** Squelette corné, fibreux et souple de divers spongiaires, utilisé pour son aptitude à retenir l'eau. **3** Objet, tissu fabriqué industriellement pour le même usage. **LOC** ***Boire comme une éponge*** : boire beaucoup trop. — ***Passer l'éponge sur*** : pardonner, oublier. [ETY] Du lat.
▶ illustr. spongiaire

**éponger** *v* [13] **A** *vt* **1** Essuyer, enlever un liquide avec une éponge. **2** fig Résorber un excédent, une inflation. *Éponger la dette.* **B** *vpr* S'essuyer. *S'éponger le front.* [DER] **épongeage** *nm*

**Éponine** (m. à Rome en 79 apr. J.-C.), héroïne gauloise ; son mari, Julius, et elle soulevèrent les Gaules contre Vespasien.

**éponte** *nf* MINES Paroi rocheuse entourant un filon. [ETY] De l'a. fr.

**épontille** *nf* MAR Colonne qui soutient ou consolide un pont. [DER] **épontiller** *vt* [1]

**éponyme** *a* **1** didac Qui donne son nom à. *Séleucos, ancêtre éponyme des Séleucides.* **2** ANTIQ GR Se dit d'un magistrat qui, dans une cité grecque, donne son nom à l'année. [ETY] Du gr.

**éponymie** *nf* ANTIQ GR Fonction du magistrat éponyme ; durée de ses fonctions.

**épopée** *nf* **1** Long poème empreint de merveilleux et racontant des aventures héroïques. **2** fig Suite d'actions pleines d'héroïsme. [ETY] Du gr. *epopoios,* « qui fait des récits en vers ».

**époque** *nf* **1** Période déterminée dans l'histoire, marquée par des évènements importants. *L'époque de la Révolution française.* **2** Temps où l'on vit ; ensemble de ceux qui vivent dans la même période. *Les grands philosophes de notre époque.* **3** Moment où se passe un évènement déterminé. *À l'époque de notre rencontre.* **4** Période que caractérise un style artistique défini. *Une bergère d'époque Louis XV.* **5** GEOL Subdivision d'une période géologique. **LOC** ***D'époque*** : authentiquement ancien, exécuté à une époque déterminée. — ***Haute époque*** : se dit des objets datant du Moyen Âge ou de la Renaissance. [ETY] Du gr. *epokhê,* « point d'arrêt ».

**épouiller** *vt* [1] Ôter des poux à. *Épouiller un animal.* [ETY] De *pouil,* anc. forme de *pou.* [DER] **épouillage** *nm*

**époumoner (s')** *vpr* [1] Crier à tue-tête jusqu'à s'essouffler.

**épousailles** *nf pl* vieilli, plaisant Célébration du mariage.

**épousée** *nf* vieilli Femme qui se marie.

**épouser** *vt* [1] **1** Prendre en mariage. *Elle a épousé son cousin.* **2** fig S'attacher à qqch, embrasser une cause. *Épouser les opinions de qqn.* **3** Se modeler sur. *Robe qui épouse parfaitement la forme du corps.* [ETY] Du lat. pop

**épouseur** *nm* Homme disposé à se marier et qui le fait savoir.

**épousseter** *vt* [18] ou [20] Nettoyer en chassant la poussière. *Épousseter un meuble.* [DER] **époussetage** *nm*

**époustoufler** *vt* [1] fam Jeter qqn dans l'étonnement. [ETY] De l'a. fr. *s'espousser,* « s'essoufler ». [DER] **époustouflant, ante** *a*

**épouvantable** *a* **1** Qui épouvante, effrayant, terrifiant. *Pousser des cris épouvantables.* **2** Très mauvais. *Ce film est épouvantable.* **3** Qui choque par son excès. *Une colère épouvantable.* [DER] **épouvantablement** *av*

**épouvantail** *nm* **1** Objet destiné à effrayer les oiseaux dans un champ, un verger, un jardin. *Un mannequin grossier recouvert de haillons peut servir d'épouvantail.* **2** fig Personne très laide, très mal habillée. **3** fig Objet, personne qui effraie sans cause réelle.

**épouvante** *nf* **1** Effroi violent, peur soudaine, panique. *Film d'épouvante.* **2** Vive inquiétude, appréhension. *Elle voit avec épouvante les dettes s'accumuler.*

**épouvanter** *vt* [1] Effrayer vivement, remplir d'épouvante qqn. [ETY] Du lat. pop. *pavere,* « avoir peur ».

**époux, épouse** *n* Personne unie à une autre par le mariage. *Prendre pour époux, pour épouse.* [ETY] Du lat. *spondere,* « promettre ».

**Époux Arnolfini (les)** peinture de Jan Van Eyck (1434, National Gallery, Londres).

**époxy** *a inv, nf* CHIM Se dit d'une résine qui contient un époxyde. *La résine époxy est une matière plastique utilisée comme vernis ou comme colle.*

**époxyde** *nm* Groupement de deux atomes de carbone que relie un atome d'oxygène.

**EPR** *nm* Type de réacteur nucléaire civil de troisième génération. (ETY) Sigle de l'angl. *European pressurized water reactor*, « réacteur européen à eau pressurisée ».

**épreintes** *nfpl* MED Coliques violentes.

**éprendre (s')** *vpr* ⑫ **1** Se passionner pour qqch. *S'éprendre d'un idéal.* **2** Tomber amoureux de qqn. **3** Se mettre à aimer qqch.

**épreuve** *nf* **1** Événement pénible, malheur, souffrance, qui éprouve le courage. *Passer par de rudes épreuves.* **2** Action d'éprouver qqch ou qqn ; action, opération permettant de le juger. *Faire l'épreuve d'une machine. Mettre qqn à l'épreuve.* **3** Partie d'un examen. *Épreuves écrites.* **4** SPORT Compétition. *Épreuves de ski.* **5** IMPRIM Chacun des exemplaires tirés à partir d'une planche gravée. **6** IMPRIM Feuille imprimée utilisée pour la correction. **7** PHOTO Image tirée d'un cliché photographique. **8** AUDIOV Film brut après développement et avant montage. **LOC** ***À l'épreuve de*** : qui résiste à. *Cloison à l'épreuve du feu.* — ***À toute épreuve*** : très solide, résistant. — MED ***Épreuve d'effort*** : travail musculaire imposé pour juger de la valeur fonctionnelle des poumons et du cœur. — HIST ***Épreuves judiciaires*** : épreuves destinées, au Moyen Âge, à faire apparaître l'innocence ou la culpabilité d'un accusé.

**épris, ise** *a* Animé d'une grande passion pour qqch, qqn. *Être épris de justice.*

**éprouvant, ante** *a* Difficile à supporter. *Chaleur éprouvante.*

**éprouvé, ée** *a* **1** Qui a résisté aux épreuves, sûr. *Valeur éprouvée.* **2** Qui a subi des épreuves, des malheurs. *Elle est très éprouvée.*

**éprouver** *vt* ① **1** Essayer qqch pour s'assurer de ses qualités. *Éprouver un remède. Éprouver la fidélité d'un ami.* **2** Soumettre à une épreuve pénible. *La guerre a éprouvé ces régions.* **3** Ressentir, connaître par expérience. *Éprouver une sensation agréable.* **4** Découvrir que. *Il éprouva vite qu'on essayait de le tromper.*

**éprouvette** *nf* **1** CHIM Vase ou tube de verre qui sert à manipuler des liquides ou des gaz en laboratoire. **2** METALL Échantillon de métal que l'on soumet à des essais mécaniques destinés à mesurer ses qualités.

**epsilon** *nm* **1** Cinquième lettre [ε, E] de l'alphabet grec. **2** MATH Symbole d'une quantité infinitésimale. (PHO) [epsilɔn]

**Epsom and Ewell** v. d'Angleterre (Surrey) ; 69 230 hab. Stat. therm. – Célèbre pour ses courses de chevaux *(derby d'Epsom)*.

**epsomite** *nf* MINER Sel d'Epsom, sulfate naturel hydraté de magnésium. (ETY) De *Epsom*.

**Epstein sir Jacob** (New York, 1880 – Londres, 1959), sculpteur anglais d'origine américaine : bustes d'Einstein, de Nehru, etc.

**Epstein Jean** (Varsovie, 1897 – Paris, 1953), cinéaste français : *la Chute de la maison Usher* (1928), *Finis Terræ* (1929).

**Epte** riv. de France (100 km), affl. de la Seine (r. dr.) ; sépare les deux Vexins.

**epub** *nm* INFORM Format de données informatiques permettant la création de livres numériques. (PHO) [ipyb] (ETY) De l'angl. *electronic publication*.

**épucer** *vt* ⑫ Ôter des puces à.

**épuisant, ante** *a* Très fatigant.

**épuisé, ée** *a* **1** Dont toute l'édition a été vendue, en parlant d'un livre, d'une publication. **2** À bout de forces. *Un sportif épuisé par l'effort.*

**épuiser** *vt* ① **1** Tarir, mettre à sec. *Épuiser une source.* **2** Utiliser complètement qqch, consommer entièrement. *Épuiser ses provisions.* **3** User complètement. *Épuiser la patience de qqn.* **4** Affaiblir à l'extrême. *La maladie l'épuise. Il s'épuise en efforts exténuants.* **5** Fatiguer, excéder. *Ses jérémiades m'épuisent.* **LOC** ***Épuiser un sol*** : par la culture répétée d'un même végétal, qui en absorbe les éléments nutritifs et le rend improductif. — ***Épuiser un sujet*** : le traiter complètement, à fond. (ETY) De *puits*. (DER) **épuisable** *a* – **épuisement** *nm*

**épuisette** *nf* **1** Petit filet de pêche monté sur un cerceau, attaché à un long manche, qui sert à tirer de l'eau le poisson pris à l'hameçon. **2** MAR Syn. de *écope*.

**épulon** *nm* ANTIQ ROM Prêtre chargé de préparer les banquets en l'honneur des dieux. (ETY) Du lat. *epulæ*, « repas ».

**épulpeur** *nm* TECH Appareil servant à débarrasser le jus de betterave des pulpes.

**épurateur** *nm* TECH Appareil servant à épurer les liquides ou les gaz.

**épuratif, ive** *a* Qui sert à épurer. (VAR) **épuratoire**

**épuration** *nf* **1** Action de rendre pur. **2** Élimination des membres jugés indésirables d'un corps social, d'un parti politique. **LOC** MED ***Épuration extrarénale*** : procédé d'extraction des substances toxiques contenues dans le sang dans les cas d'insuffisance rénale. — TECH ***Station d'épuration*** : installation destinée à traiter les eaux usées avant de les rejeter.

**épure** *nf* **1** Représentation d'un objet par sa projection sur trois plans perpendiculaires. **2** fig Cadre fixé pour qqch, projet. *Rester dans l'épure prévue.*

**épurer** *vt* ① **1** Rendre pur, plus pur. *Épurer l'eau.* **2** fig Débarrasser de ses impuretés, de ses défauts. *Épurer le goût.* **3** fig Éliminer les éléments jugés indésirables d'un corps social. *Épurer une administration.* (DER) **épurement** *nm*

**épurge** *nf* Euphorbe aux propriétés purgatives violentes. (ETY) De l'a. fr. *espurgier*, « nettoyer ».

**épyornis → æpyornis.**

**équanimité** *nf* litt Égalité d'humeur, sérénité. (PHO) [ekwanimite] (ETY) Du lat.

**équarrir** *vt* ③ **1** TECH Tailler à angle droit, rendre carré. *Équarrir un tronc d'arbre.* **2** Écorcher, dépecer un animal mort afin d'en tirer des produits utilisés dans l'industrie (peau, os, graisses). (ETY) Du lat. pop. *exquadrare*, « rendre carré ». (DER) **équarrissage** *nm* – **équarrisseur** *nm*

**équarrissoir** *nm* **1** TECH Instrument servant à équarrir. **2** Couteau d'équarrisseur.

**équateur** *nm* Grand cercle imaginaire du globe terrestre, perpendiculaire à l'axe des pôles. **LOC** ***Équateur céleste*** : grand cercle de la sphère céleste déterminé par l'équateur terrestre. (PHO) [ekwatœr] (ETY) Du lat. *æquare*, « rendre égal ».

**Équateur (république de l')** (en esp. *Ecuador*), État d'Amérique du Sud, baigné à l'O. par le Pacifique, traversé par l'équateur et limité au N. par la Colombie, à l'E. et au S. par le Pérou ; 270 570 km² (les îles Galápagos comprises) ; 16 millions d'hab. ; cap. : *Quito*. Nature de l'État : rép. de type présidentiel. Langue off. : esp. Monnaie : dollar américain. Pop. : métis (55,2 %), Noirs (10,1 %), Amérindiens (24,6 %), Hispaniques (10,1 %). Relig. catholique. (DER) **équatorien, enne** *a, n*

**Géographie** À l'O., la région côtière du Pacifique, la *Costa*, chaude et humide au N., semi-aride au S., groupe désormais plus de 50 % des habitants. Au centre, les Andes (6 310 m au Chimborazo) comportent un haut plateau tempéré qui naguère concentrait la pop. À l'E., l'*Oriente* est une immense plaine forestière et insalubre. La pop. est urbanisée à 63 %.

**Économie** L'agric. emploie le tiers des actifs ; banane, cacao, café sont exportés ; le riz, le maïs et la pomme de terre sont consommés. La pêche côtière est très active. Le pétrole (région de Guayaquil et Nord-Est amazonien) a permis la diversification industrielle, mais l'endettement et l'inflation ont suscité une rigueur impopulaire : 60 % de la pop. vit au-dessous du seuil de pauvreté. En outre, El Niño fait des ravages.

**Histoire** Partie de l'Empire inca, l'Équateur fut conquis par un officier de Pizarro (1534) et intégré au vice-royaume du Pérou puis à la Nouvelle-Grenade. Libéré de la tutelle esp. par le général Sucre (1822), il constitua, avec la Colombie et le Venezuela, la *fédération de Grande-Colombie*, qu'il quitta en 1830 pour devenir une rép. indép. Les conservateurs, grands propriétaires fonciers, et les libéraux, bourgeoisie d'affaires du port de Guayaquil, exercèrent tour à tour le pouvoir. En 1861, Gabriel García Moreno institua une dictature théocratique, jusqu'à son assassinat (1875). Vaincu par le Brésil (1904) et la Colombie (1916), l'Équateur céda au Pérou une partie de son territoire amazonien (soit deux tiers de son territoire) après la guerre de 1941-1942. De 1934 à 1972, José María Velasco Ibarra fut 5 fois président. La crise pétrolière de 1973 fit connaître à l'Équateur un certain décollage écon. Après la dictature militaire (1976-1978), l'alternance reprit. Dans les années 1990, les Amérindiens, princ. victimes de l'austérité, se rebellèrent. En 2000, ils poussèrent l'armée à renverser le président Jamil Mahuad. Lucio Gutierrez, candidat des pauvres et des Indiens, fut élu prés. en 2002. Mais sa politique écon. libérale fut vivement contestée. Il fut destitué en 2005 et le vice-président Alfredo Palacio lui succéda. Les élections de 2006 portèrent Rafael Correa (chrétien de gauche) au pouvoir. Il est réélu en 2009 et en 2013.

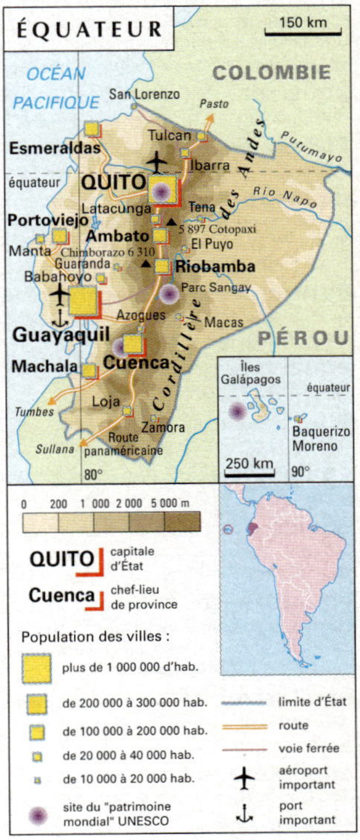


**équation** *nf* **1** MATH Égalité qui n'est vérifiée que pour certaines valeurs attribuées aux inconnues. **2** fig, fam Problème difficile. *Une équation financière quasi insoluble.* **LOC** ASTRO ***Équation du temps*** : différence entre le temps solaire moyen et le temps solaire vrai. — MATH ***Équation linéaire homogène*** : dont le second membre est nul. — PSYCHO ***Équation personnelle*** : manière particulière, propre à chaque individu, de concevoir certaines choses. (PHO) [ekwasjɔ̃] (ETY) Du lat.

ENC Une relation de la forme $f(x) = b$ est appelée équation si $f$ est une application d'un ensemble E dans un ensemble F, $b$ étant un élément de F ; $x$ est appelée l'*inconnue*. Résoudre une équation, c'est trouver les éléments $x_0$ de E, appelés *solutions* ou *racines* de l'équation, qui satisfont à cette relation. Un cas particulier est constitué par les équations algébriques à une inconnue de la forme $P(x) = 0$ dans laquelle $P(x)$ est un polynôme. On distingue les équations du premier degré ($ax + b = 0$), du second degré ($ax^2 + bx + c = 0$), du troisième degré ($ax^3 + bx^2 + cx + d = 0$), etc.

**équato-guinéen** → **Guinée équatoriale.**

**équatorial, ale** *a, nm* **A** *a* Relatif à l'équateur. **B** *nm* ASTRO Lunette qui se déplace dans un plan tournant autour de l'axe du monde et qui permet de suivre facilement un astre dans son mouvement diurne. PLUR équatoriaux. **LOC** ***Climat équatorial*** : climat extrêmement chaud qui règne entre les deux zones tropicales et où la pluviosité, fort élevée, atteint son maximum lors des équinoxes. — ASTRO ***Coordonnées équatoriales*** : ascension droite et déclinaison.

**équerrage** *nm* TECH Angle dièdre formé par deux faces d'une pièce.

**équerre** *nf* **1** Instrument qui sert à tracer des angles droits. **2** TECH Pièce métallique en T ou en L utilisée pour renforcer des assemblages. **LOC** ***D'équerre*** : à angle droit. — ***Équerre d'arpenteur*** : prisme à base octogonale muni de fentes et monté sur pied, servant à repérer des perpendiculaires sur le terrain. — fig, fam ***Être d'équerre*** : être évident, incontestable. — ***Fausse équerre*** : à branches mobiles, servant à tracer ou à mesurer un angle quelconque. ETY Du lat. pop.

**équerrer** *vt* 1 TECH Donner l'angle voulu entre deux parties d'une pièce de bois, de métal.

**Èques** anc. peuple du Latium, soumis par les Romains à la fin du IV^e s. av. J.-C.

**équestre** *a* **1** Relatif à l'équitation. **2** Qui représente un personnage à cheval. *Statue équestre.* **3** ANTIQ Se dit de l'ordre des chevaliers chez les Romains. ETY Du lat. *equus*, « cheval ».

**Équeurdreville-Hainneville** ch.-l. de cant. de la Manche ; 18 173 hab. DER **équeurdrevillais, aise** *a, n*

**équeuter** *vt* 1 Ôter la queue d'un fruit. DER **équeutage** *nm*

**équi-** Élément, du lat. *æquus*, « égal ». PHO [eki] ou [ekɥi]

**équiangle** *a* GEOM Dont les angles sont égaux.

**équidé** *nm* ZOOL Mammifère ongulé périssodactyle tel que le cheval, le zèbre, l'âne et l'onagre. PHO [ekɥide] ou [ekide]

**équidistance** *nf* GEOM Qualité de ce qui est situé à une distance égale de deux points ou de deux droites ou d'un point et d'une droite, etc. DER **équidistant, ante** *a*

**équilatéral, ale** *a* GEOM Dont tous les côtés sont égaux. *Triangle équilatéral.* PLUR équilatéraux.

**équilatère** *a* **LOC** GEOM ***Hyperbole équilatère*** : dont les asymptotes sont perpendiculaires.

**équilibrage** *nm* **1** Action d'équilibrer. **2** TECH Répartition des masses sur la zone périphérique d'un organe tournant, pour régulariser sa rotation.

**équilibration** *nf* PHYSIOL Maintien ou mise en équilibre. *Équilibration du corps humain par le cervelet.*

**équilibre** *nm* **1** État d'un corps en repos, c-à-d. sollicité par des forces qui se contrebalancent. **2** CHIM Mélange de plusieurs corps dont la composition ne varie pas, par absence de réaction ou du fait de la présence de deux réactions inverses de même vitesse. **3** Position d'une personne qui se maintient sans tomber. *Se tenir en équilibre sur les mains. Perdre l'équilibre.* **4** fig Disposition, arrangement de choses différentes ou opposées, harmonieusement combinées. *Équilibre entre la production et la consommation. Équilibre budgétaire.* **5** Harmonie psychique, santé mentale. **LOC** GEOMORPH ***Profil d'équilibre*** : courbe de descente définitivement décrite, de la source à l'embouchure, par un fleuve qui n'alluvionne pas. ETY Du lat. *æquus*, « égal » et *libra*, « balance ».

ENC L'équilibre biologique repose sur les chaînes alimentaires (V. chaîne) : les végétaux situés au début de la chaîne sont beaucoup plus abondants que les grands prédateurs situés à la fin. L'homme désorganise les chaînes par les deux bouts. La pollution entrave le développement primaire des végétaux. La chasse et la pêche forcenées, à l'autre bout, créent de grands déséquilibres. Enfin, l'homme a introduit des espèces qui, généralement, concurrencent les espèces autochtones (animales et végétales).

**équilibré, ée** *a* **1** En bon équilibre, stable. *Budget équilibré.* **2** Dont les facultés s'associent harmonieusement. *Une femme équilibrée.*

**équilibrer** *v* 1 **A** *vt* Mettre en équilibre. **B** *vpr* Être d'importance égale. *Les avantages et les inconvénients s'équilibrent.* DER **équilibrant, ante** *a*

**équilibreur, euse** *a* Se dit d'un élément qui équilibre qqch.

**équilibrisme** *nm* Habileté dans une situation difficile.

**équilibriste** *n* Artiste qui fait des tours d'équilibre, acrobate.

**équille** *nf* Poisson téléostéen marin, à corps allongé et à tête pointue, long de 15 à 30 cm. ETY P.-ê. var. de *esquille*.

**équimolaire** *a* CHIM Se dit d'un mélange qui contient un nombre égal de moles de chacun de ses constituants.

**équimoléculaire** *a* CHIM Se dit d'un mélange qui contient un nombre égal de molécules de chacun de ses constituants.

**équimultiple** *a, nm* MATH Se dit des nombres qui résultent du produit d'autres nombres par le même facteur. *15 et 6 sont équimultiples de 5 et 2, car 3 × 5 = 15 et 3 × 2 = 6.*

**équin, ine** *a* didac Du cheval. *Variole équine.* **LOC** MED ***Pied équin*** : variété de pied-bot. PHO [ekɛ̃, in]

**équinoxe** *nm* Époque de l'année marquant le début du printemps ou celui de l'automne, où la durée du jour est égale à celle de la nuit. ETY Du lat. *nox*, « nuit ».

ENC La durée du jour est égale à celle de la nuit vers le 21 mars (équinoxe de printemps) et le 23 septembre (équinoxe d'automne). À ces époques, le Soleil passe par les points équinoxiaux $\gamma$ et $\gamma'$, situés à l'intersection du cercle écliptique et de l'équateur céleste. Ces points se déplacent lentement dans le sens des aiguilles d'une montre, le long de l'écliptique (précession des équinoxes), ce qui a pour effet de modifier la date du début des saisons, laquelle avance d'un jour tous les 70 ans. ▶ illustr. **Terre**

**équinoxial, ale** *a* didac Relatif à l'équinoxe. PLUR équinoxiaux. **LOC** ASTRO ***Points équinoxiaux*** : points d'intersection de l'équateur céleste et de l'écliptique.

**équipage** *nm* **1** MAR Ensemble du personnel à bord d'un navire, d'un avion, d'une navette spatiale. **2** anc Ensemble des voitures, des chevaux et du personnel qui s'en occupe. **3** PHYS Organe mobile d'un appareil de mesure.

**équipe** *nf* **1** Groupe de personnes collaborant à un même travail. *Travailler en équipe.* **2** SPORT Ensemble de joueurs associés pour disputer un match, une compétition.

**Équipe (l')** quotidien sportif français créé à Paris en 1946.

**équipée** *nf* **1** plaisant Promenade, sortie. **2** fig Entreprise irréfléchie, escapade aux suites fâcheuses.

**équipement** *nm* **1** Action d'équiper ; ce qui sert à équiper. *Équipement d'un navire. Équipement de ski.* **2** TECH Ensemble des outillages et des installations d'une usine, d'une région. **LOC** ***Équipements spéciaux*** : accessoires automobiles utilisés en cas de neige ou de verglas.

**équipementier** *nm* **1** Fabricant d'équipements automobiles, aéronautiques, etc. **2** Firme qui équipe une équipe sportive à des fins publicitaires.

**équiper** *v* 1 **A** *vt* **1** Pourvoir de ce qui est nécessaire au fonctionnement. *Équiper un hôpital.* **2** Munir de ce qui est nécessaire à une activité. *Équiper une troupe.* **B** *vpr* Se pourvoir d'un équipement ; revêtir un équipement. ETY De l'a. norm. *skip*, « navire ».

**équipier, ère** *n* Membre d'une équipe, spécial. sportive.

**équipollent, ente** *a* **LOC** MATH ***Vecteurs équipollents*** : syn. de *vecteurs égaux.* ETY Du lat. DER **équipollence** *nf*

**équipotent** *am* MATH Se dit d'ensembles qui ont la même puissance, c.-à-d. entre lesquels existe une bijection. PHO [ekɥipɔtɑ̃] ETY Du lat.

**équipotentiel, elle** *a* PHYS De même potentiel.

**équiprobable** *a* MATH De même probabilité.

**équisétale** *nf* BOT Ptéridophyte tel que la prêle, dont la tige porte des ramifications disposées en verticilles aux nœuds. PHO [ekɥisetal]

**équitable** *a* **1** Qui a de l'équité. *Un juge équitable.* **2** Conforme à l'équité, à la justice naturelle. *Jugement équitable.* **3** Se dit d'une activité économique qui rémunère convenablement le producteur. DER **équitablement** *av*

**équitant, ante** *a* BOT Se dit d'organes végétaux identiques et emboîtés l'un dans l'autre.

**équitation** *nf* Art, action de monter à cheval. *Faire de l'équitation.*

**équité** *nf* **1** Justice naturelle fondée sur la reconnaissance des droits de chacun ; vertu qui consiste à régler sa conduite sur elle. **2** Caractère de ce qui est équitable. ETY Du lat. *æquitas*, « égalité ».

**équithérapie** *nf* PSYCHO Thérapeutique fondée sur les relations entre le patient, malade ou handicapé, et le cheval. DER **équithérapeute** *n*

**équivalence** *nf* **1** Qualité de ce qui est équivalent. **2** Correspondance admise officiellement entre certains diplômes. *Avoir l'équivalence de la licence.* **LOC** PHYS ***Principe d'équivalence*** : selon lequel, lorsqu'un système subit une transformation cyclique, le travail fourni, ou reçu, est égal à la quantité de chaleur reçue, ou fournie. — MATH ***Relation d'équivalence*** : à la fois réflexive, symétrique et transitive. ETY Du bas lat.

**1 équivalent, ente** *a* Qui a la même valeur. **LOC** ***Éléments équivalents (modulo R)*** : qui vérifient la relation d'équivalence R. — MATH ***Équations équivalentes*** : qui ont les mêmes racines. — GEOM ***Figures équivalentes*** : de même surface bien que de formes différentes.

**2 équivalent** *nm* Ce qui est équivalent. *L'équivalent d'un mot, d'une expression.* **LOC** CHIM ***Équivalent-gramme*** : valence-gramme. — PHYS ***Équivalent mécanique de la calorie*** : travail (égal à 4,185 J) produit par une quantité de chaleur de 1 calorie.

**équivaloir** *vti* 45 **1** Valoir autant en quantité que. *Le mille marin équivaut à 1 852 m.* **2** Avoir la même valeur que. *Cette réponse équivaut à un refus.*

**équivoque** *a, nf* **A** *a* **1** Susceptible de plusieurs interprétations. *Termes équivoques. Comportement équivoque.* **2** péjor Qui n'inspire pas confiance. *Réputation équivoque.* SYN louche, suspect. **B** *nf* Expression, situation laissant dans l'incertitude. *Parler sans équivoque.* SYN ambiguïté. ETY Du lat.

**Er** CHIM Symbole de l'erbium.

**érable** *nm* Grand arbre à feuilles opposées et palmées (acéracée), dont le fruit est un double akène ailé et dont le bois est utilisé en ébénisterie. *L'érable faux platane, dit sycomore, et l'érable champêtre sont très courants en France. L'érable du Canada donne le sirop d'érable.* ETY Du lat.

**érable** champêtre

**érablière** *nf* Plantation d'érables.

**éradicateur, trice** *n* Partisan de l'éradication de qqch, des solutions brutales, radicales.

**éradiquer** *vt* ① MED **1** Supprimer totalement, faire disparaître une maladie. **2** fig Supprimer totalement, extirper. *Éradiquer l'illettrisme.* ETY Du lat. *eradicatio,* « action de déraciner ». DER **éradicable** *a* – **éradication** *nf*

**érafler** *vt* ① Écorcher légèrement, entamer la surface de. *Cette ronce m'a éraflé. Érafler la peinture d'un mur.* DER **éraflement** *nm*

**éraflure** *nf* Écorchure légère.

**Éragny** com. du Val-d'Oise (arr. de Pontoise) ; 17 173 hab. DER **éragnien, enne** *a, n*

**érailler** *vt* ① **1** Érafler. *Le fauteuil de cuir commence à s'érailler.* **2** Rendre la voix rauque. ETY De l'a. fr. *esraailler,* « rouler des yeux », avec infl. de *rayer.* DER **éraillement** *nm*

**éraillure** *nf* Légère écorchure ; rayure.

**Érard** Sébastien (Strasbourg, 1752 – Passy, 1831), facteur français d'instruments de musique. Il améliora le piano.

**Érasme** Didier (en lat. *Desiderius Erasmus Roterodamus*) (Rotterdam, v. 1469 – Bâle, 1536), humaniste hollandais. Érudit, il défendit (en latin) contre le clergé et Luther la tolérance et le libre arbitre, associant dans un même idéal la raison et la foi : *Adages* (1508), *l'Éloge de la folie* (1511), *Colloques* (1518). DER **érasmien, enne** *a, n*

Érasme

**érathème** *nm* GEOL Division stratigraphique correspondant à une ère.

**Érato** muse de la Poésie lyrique.

**Ératosthène** (Cyrène, v. 284 – Alexandrie, v. 192 av. J.-C.), mathématicien, géographe et astronome grec. Il mesura l'amplitude d'un arc de méridien (entre Syène et Alexandrie) et put évaluer la circonférence de la Terre.

**Erbil** ville d'Irak, au pied des montagnes du Kurdistān ; 1 900 000 hab. ; ch.-l. de la prov. du m. nom. Erbil est l'antique *Arbelès.* VAR **Arbil**

**erbium** *nm* CHIM **1** Élément de la famille des lanthanides de numéro atomique Z = 68 et de masse atomique 167,28 (symbole Er). **2** Métal appartenant au groupe des terres rares, qui fond à 1 530 °C. PHO [ɛʀbjɔm] ETY D'un n. pr.

**erbue** → **herbue.**

**Ercilla y Zúñiga** Alonso de (Madrid, 1533 – id., 1594), poète espagnol. *La Araucana* (1569-1589) relate sa campagne contre les Araucans du Chili.

**Erckmann-Chatrian** nom collectif de deux écrivains français, **Émile Erckmann** (Phalsbourg, 1822 – Lunéville, 1899) et **Alexandre Chatrian** (Le Grand-Soldat, Moselle, 1826 – Villemomble, 1890), auteurs de romans qui démythifient les guerres impériales (*Histoire d'un conscrit de 1813,* 1864) ou décrivent la vie rustique alsacienne (*l'Ami Fritz,* 1864).

**Erdogan** Recep Tayyip (Istanbul, 1954), homme politique turc (islamiste modéré), Prem. ministre (2003-2014), élu prés. en 2014.

**Erdre** riv. de Bretagne (105 km) ; conflue avec la Loire (r. dr.) à Nantes.

**ère** *nf* **1** Époque fixe à partir de laquelle on commence à compter les années ; la suite des années comptées à partir de cette période. *L'ère chrétienne.* **2** fig Époque où commence un nouvel ordre de choses. *Ère de prospérité.* **3** GEOL Chacune des grandes divisions du temps (entre – 570 millions d'années et l'époque actuelle), elles-mêmes divisées en systèmes, en séries, puis en étages. *L'ère primaire, secondaire,* etc. ETY Du lat. *aera,* « nombre, chiffre ».

**Érèbe** dans la myth. grecque, la partie la plus ténébreuse des Enfers.

**Erebus** navire de J. C. Ross, abandonné en Antarctique (1846). – On a donné son nom à un volcan actif de l'île de Ross (3 794 m), découvert en 1841 par J. C. Ross.

**Érechthée** dans la myth. gr., roi d'Athènes ; fils de Pandion.

**Érechthéion** temple, en ruine, situé sur l'acropole d'Athènes. Sa partie la plus récente fut édifiée de 421 à 406 av. J.-C. ▶ illustr. **Acropole**

**érecteur, trice** *a, nm* PHYSIOL Se dit d'un muscle qui provoque l'érection.

**érectile** *a* PHYSIOL **1** Qui peut se gonfler et durcir par afflux de sang. *Tissus érectiles.* **2** Qui peut se dresser. *Poils érectiles.*

**érection** *nf* **1** litt Action d'élever, de construire. *L'érection d'un monument.* **2** PHYSIOL État d'un organe, d'un tissu mou, en partic. du pénis, qui devient raide par suite de l'afflux de sang. ETY Du lat.

**éreinter** *vt* ① **1** Excéder de fatigue. *Ce travail l'éreinte.* **2** Critiquer violemment et méchamment. *Éreinter un film.* LOC *S'éreinter à faire qqch :* se donner beaucoup de peine pour l'accomplir. ETY De l'a. fr. *esrener, érener,* « casser les reins ». DER **éreintage** ou **éreintement** *nm* – **éreintant, ante** *a* – **éreinteur, euse** *a, n*

**érémitique** *a* litt Propre aux ermites. *Vie érémitique.*

**érémophyte** *nf* Plante des déserts.

**érémurus** *nm* Grande plante ornementale (liliacée) à fleurs sommitales regroupées en épis compacts. PHO [eremyrys]

**érésipèle** → **érysipèle.**

**éréthisme** *nm* MED État d'excitation d'un organe. ETY Du gr. *erethismos,* « irritation ».

**éreutophobie** *nf* PSYCHO Crainte obsessionnelle de rougir en public. ETY Du gr. *ereuthein,* « rougir ».

**Erevan** cap. de l'Arménie, située à env. 1 000 m d'altitude, dans une région agric. du Petit Caucase ; 1,3 million d'hab. (aggl.). La ville a été très éprouvée par un tremblement de terre en 1988. – Centre industriel universitaire et scientifique. Nombr. musées. Bibliothèque nationale. VAR **Erivan** DER **érévanais, aise** *a, n*

**Erfurt** v. d'Allemagne, sur la Gera ; 202 010 hab. ; cap. de la Thuringe. – Centre industriel. – *Entrevue d'Erfurt :* du 27 sept. au 14 oct. 1808, Napoléon et le tsar Alexandre I^er^ cherchèrent un accord.

**1 erg** *nm* PHYS Unité de travail du système CGS, remplacé par le joule (unité SI). *1 erg équivaut à 10* $^{-7}$ *joules.* ETY Du gr. *ergon,* « travail ».

**2 erg** *nm* GEOMORPH Dans un désert, région couverte de dunes. ETY Mot ar.

**ergastoplasme** *nm* BIOL Variété de réticulum endoplasmique lié à des ribosomes au niveau desquels s'effectue une synthèse protéique.

**ergastule** *nm* ANTIQ ROM Prison où les esclaves punis exécutaient des travaux pénibles.

**ergatif** *nm* LING Dans certaines langues (basque, langues caucasiennes), cas indiquant le participant actif du procès.

**-ergie, ergo-** Éléments, du gr. *ergon,* « action, travail ».

**ergographe** *nm* Appareil servant à la mesure, à l'étude du travail musculaire.

**ergol** *nm* CHIM Constituant oxydant ou réducteur d'un propergol.

**ergologie** *nf* didac Étude du travail comme activité humaine, valeur et mise en œuvre de savoirs.

**ergomètre** *nm* Appareil d'ergométrie (bicyclette, tapis roulant, aviron, etc.).

**ergométrie** *nm* Étude et mesure de l'activité musculaire. DER **ergométrique** *a*

**ergonomie** *nf* **1** Science de l'adaptation du travail à l'homme, qui porte sur l'amélioration des postes et de l'ambiance de travail, sur la diminution de la fatigue physique et nerveuse, sur l'enrichissement des tâches, etc. **2** Qualité d'un objet, d'un matériel ergonomique. DER **ergonome** ou **ergonomiste** *n*

**ergonomique** *a* didac **1** Relatif à l'ergonomie. **2** Se dit d'un objet spécialement adapté aux conditions du travail auquel il est destiné. *Siège ergonomique.*

**ergostérol** *nm* Stérol très répandu chez les végétaux et qui peut, sous l'effet des rayons ultraviolets, acquérir les propriétés de la vitamine D.

**ergot** *nm* **1** Éperon osseux placé sur la face postérieure de la patte des galliformes mâles. **2** Saillie cornée en arrière du boulet de certains mammifères (cheval, chien). **3** BOT Maladie de certaines céréales, partic. du seigle, provoquée par un champignon ascomycète qui produit sur les épis des fructifications ayant grossièrement la forme d'un ergot de coq ; cette fructification. **4** TECH Saillie sur une pièce de bois ou de fer. LOC ***Se dresser sur ses ergots :*** prendre un ton fier et menaçant.

**ergotamine** *nf* BIOCHIM Dérivé de l'acide lysergique, extrait de l'ergot de seigle, dont l'action est antagoniste de celle du système nerveux sympathique.

**ergoté, ée** *a* **1** ZOOL Qui a des ergots. **2** BOT Atteint par l'ergot.

**ergoter** *vi* ① Chicaner, trouver à redire sur tout. *Ergoter sur des vétilles.* ETY Du lat. *ergo,* « donc ». DER **ergotage** *nm* – **ergoteur, euse** *n, a*

**ergothérapie** *nf* PSYCHIAT Profession de santé évaluant et traitant les personnes au moyen d'activités destinées à développer leur autonomie dans leur environnement quotidien. DER **ergothérapeute** *n*

**ergotine** *nf* Extrait de l'ergot de seigle.

**ergotisme** *nm* MED Ensemble des accidents convulsifs ou gangréneux provoqués par la consommation répétée de seigle ergoté.

**Erhard** Ludwig (Fürth, 1897 – Bonn, 1977), homme politique allemand ; chrétien-démocrate, ministre de l'Économie (1949-1963) puis chancelier fédéral (1963-1966).

**éricacée** *nf* BOT Dicotylédone gamopétale superovariée dont la famille comprend des arbustes et des arbrisseaux tels que la bruyère, le rhododendron, la myrtille, etc. [ETY] Du lat. *erica*, « bruyère ».

**Erice** (*Eryx*, dans l'Antiquité), ville d'Italie (Sicile) ; 28 000 hab. Temple d'Aphrodite.

**Ericsson** John (Långbanshyttan, 1803 – New York, 1889), ingénieur américain ; inventeur d'une hélice de navire (1836).

**Éridan** nom donné au Pô dans l'Antiquité.

**Eridou** v. anc. du S. de la Mésopotamie (auj. *Abu-Shar-ain*, Irak), grand centre sumérien vers 3000 av. J.-C. [VAR] **Eridu**

**Erie** v. et port des États-Unis (Pennsylvanie), sur le lac Érié ; 101 000 hab. Centre industriel.

**Érié (lac)** le plus méridional des Grands Lacs américains (25 800 km²). Ses eaux se jettent dans le lac Ontario par les chutes du Niagara. – Le *canal de l'Érié* (590 km), qui relie l'Hudson au lac Érié, a permis l'essor du port de New York.

**Érigène** → **Scot.**

**ériger** *v* [13] **A** *vt* **1** Dresser, élever un monument. *Ériger une statue.* **2** Établir, instituer. *Ériger un tribunal.* **3** Élever à la qualité de. *Ériger une terre en comté.* **B** *vpr* S'attribuer le rôle de, se poser en. *S'ériger en défenseur des bonnes causes.* [ETY] Du lat.

**érigéron** *nm* BOT Composée voisine des asters dont on cultive certaines espèces ornementales. SYN vergerette. [ETY] Du gr. *erigerôn*, « seneçon ».

**érigne** *nf* CHIR Petit instrument terminé par des crochets et qui sert, pendant une opération, à maintenir certaines parties écartées. [ETY] Du lat. *aranea*, « araignée ». [VAR] **érine**

**Erik** nom de sept rois de Danemark, de deux rois de Norvège et de quatorze rois de Suède. [VAR] **Eric** — **Erik Jedvardsson** dit le Saint (mort en 1160), roi de Suède (1156-1160) ; patron de la Suède, fêté le 18 mai. — **Erik de Poméranie** ( ?, 1382 – Rügenwalde, 1459), roi de Danemark, de Suède (1396-1439) et de Norvège (1389-1442), qu'il unit à Kalmar (1397). — **Erik XIV** (Stockholm, 1553 – Orbyhus, 1577), roi (1560-1568), fils de Gustave Vasa ; il dut laisser le trône à son frère Jean III.

**Erik le Rouge** (Jaeren, v. 940 – ?, v. 1010), explorateur norvégien. Il découvrit le Groenland (v. 981).

**Érin** nom poétique de l'Irlande : *la verte Érin.*

**érine** → **érigne.**

**Érinnyes** dans la myth. gr., déesses de la Vengeance, dites aussi, par antiphrase, Euménides (« bienveillantes »). Les Romains les assimilèrent aux Furies. [VAR] **Érinyes**

**érinose** *nf* Maladie des arbres provoquée par des acariens.

**Éris** planète naine d'environ 2 400 km de diamètre, découverte en 2005. [VAR] **Xena**

**éristale** *nm* Grosse mouche floricole à abdomen brun plus ou moins taché de jaune.

**éristique** *a, n* PHILO **A** Relatif à la controverse. **B** *nf* Art de la controverse. [ETY] Du gr.

**Erivan** → **Erevan.**

**Erlach** Jean-Louis von (Berne, 1595 – Brisach, 1650), officier suisse au service du roi de France, qui le fit maréchal (1650) — **Charles Louis von** (Berne, 1746 – id., 1798), officier suisse. Il commanda les troupes helvétiques lors de l'invasion française de 1798.

**Erlangen** v. d'Allemagne (Bavière), sur la Regnitz ; 130 000 hab. Industries.

**Erlanger** Joseph (San Francisco, 1874 – Saint Louis, 1965), neurophysiologiste américain. Prix Nobel de médecine en 1944.

**erlenmeyer** *nm* CHIM Fiole conique en verre, utilisée dans les laboratoires. [PHO] [ɛʀlɛnmɛjɛʀ] [ETY] D'un n. pr.

**Ermenonville** com. de l'Oise (arr. de Senlis) ; 986 hab. – Chât. (XVIIIᵉ s.) avec le tombeau (vide) de J.-J. Rousseau. – Au nord, le *désert d'Ermenonville* comprend des dunes (*Mer de sable*), des pins et des bruyères. [DER] **ermenonvillois, oise** *a, n*

**erminette** → **herminette.**

**ermitage** *nm* **1** VX Lieu où vit un ermite. **2** LITT Lieu écarté et solitaire.

**Ermitage (l')** maisonnette de la vallée de Montmorency dont Madame d'Épinay accorda la jouissance à J.-J. Rousseau en 1756-1757.

**Ermitage (musée de l')** palais construit par Vallin de La Mothe pour Catherine II à Saint-Pétersbourg, et agrandi par Nicolas Iᵉʳ. C'est auj. l'un des plus riches musées du monde.
▶ illustr. **Saint-Pétersbourg**

**ermite** *nm* **1** Religieux qui vit retiré dans un lieu désert. **2** FIG Personne qui vit seule et retirée. *Vivre en ermite.* [ETY] Du gr. *erêmos*, « désert ».

**Ernst** *le Jardin de la France*, 1962 – MNAM

**Ermont** ch.-l. de cant. du Val-d'Oise ; 27 713 hab. [DER] **ermontois, oise** *a, n*

**Ermoúpolis** → **Hermoupolis.**

**Ernaux** Annie Duchesne dite Annie (Lillebonne, 1940), écrivaine française : *la Place* (1983), *les Années* (2008).

**Erne** fl. d'Irlande (103 km) ; naît en rép. d'Irlande, traverse l'Ulster, où il s'élargit en deux lacs, revient en Irlande et se jette dans l'Atlantique.

**Ernest-Auguste de Brunswick-Lunebourg** (Herzberg, 1629 – Herrenhausen, 1698), premier Électeur de Hanovre, père de George Iᵉʳ d'Angleterre.

**Ernest-Auguste Iᵉʳ** (Londres, 1771 – Hanovre, 1851), cinquième fils de George III d'Angleterre, roi de Hanovre (1837-1851).

**Ernst** Max (Brühl, Rhénanie, 1891 – Paris, 1976), peintre français d'origine allemande ; dadaïste à Cologne, puis surréaliste, inventeur du roman-collage : *la Femme 100 têtes* (1929), *Une semaine de bonté* (1934). ▶ illustr. **Breton André**

**éroder** *vt* [1] Ronger par une action lente. *L'eau érode les montagnes.* [ETY] Du lat.

**érogène** *a* Qui est la source d'une excitation sexuelle. *Zone érogène.*

**éros** *nm* PSYCHAN **1** Terme utilisé par Freud pour désigner l'ensemble des pulsions de vie (par oppos. à *thanatos*). **2** Symbole du désir et de ses manifestations sublimées. [PHO] [eʀos] [ETY] Du n. pr.

**Éros** dieu de l'Amour chez les Grecs, enfant, ailé ou non, tenant une torche ou un arc. V. Psyché.

**Éros** statuette en bronze, IIIᵉ s. – musée de Solçuk, près d'Éphèse

**Éros** astéroïde à orbite très excentrique, gravitant entre Mars et Jupiter.

**érosif, ive** *a* GEOL Qui produit l'érosion ; qui s'érode.

**érosion** *nf* **1** Action, effet d'une substance qui érode. **2** GEOL Ensemble des phénomènes physiques et chimiques d'altération ou de dégradation des reliefs. **3** FIG Altération, usure, dégradation. LOC FIN *Érosion monétaire :* diminution du pouvoir d'achat d'une monnaie, due en partic. à l'inflation. — GEOL *Érosion régressive :* qui érode de l'aval vers l'amont d'un fleuve.

aiguille de l'île de Hoy, détachée de la falaise de grès rouge par l'**érosion** – Orcades

ENC L'érosion tend à aplanir les reliefs. Les écarts de température font éclater les roches *(cryoclastie)* ; les eaux de pluie dissolvent notam. les calcaires ; les particules solides transportées par le vent érodent les roches *(érosion éolienne)*. L'érosion chimique reçoit le nom partic. d'*altération*.

**Érostrate** Éphésien qui, pour assurer à son nom l'immortalité, incendia le célèbre temple d'Artémis à Éphèse (356 av. J.-C.).

**érotique** *a* **1** Qui a rapport à l'amour sensuel, à la sexualité. **2** Qui excite la sensualité, l'appétit sexuel. *Film érotique.* DER **érotiquement** *av*

**érotiser** *vt* 1 Donner un caractère érotique à. DER **érotisation** *nf*

**érotisme** *nm* **1** Caractère de ce qui est érotique. *L'érotisme d'un roman.* **2** L'amour et la sexualité pris comme objets d'étude ou comme thèmes artistiques, littéraires.

**érotologie** *nf* didac Étude de l'érotisme. DER **érotologique** *a* – **érotologue** *n*

**érotomanie** *nf* PSYCHOPATHOL **1** Illusion délirante d'être aimé. **2** Affection mentale caractérisée par des préoccupations sexuelles obsessionnelles. DER **érotomane** ou **érotomaniaque** *a, n*

**erpétologie** *nf* ZOOL Partie de la zoologie qui étudie les reptiles. ETY Du gr. *herpeton*, « reptile ». VAR **herpétologie** DER **erpétologique** ou **herpétologique** *a* – **erpétologiste** ou **herpétologiste** *n*

**errance** *nf* Action d'errer, de marcher longuement sans destination préétablie.

**1 errant, ante** *a* Qui voyage sans cesse. LOC ***Le chevalier errant*** : traditionnellement défenseur des pauvres et des opprimés. ETY Du bas lat. *iterare*, « voyager ».

**2 errant, ante** *a, n* **A** *a* **1** Qui erre, qui ne se fixe nulle part. *Mener une vie errante.* **2** fig Qui se laisse aller librement. *Une imagination errante et vagabonde.* **B** *n* Vagabond, sans-abri, clochard. ETY De *errer*.

**errata** *nm* Liste des erreurs contenues dans un texte et décelées après son impression. ETY Mot lat.

**erratique** *a* didac Qui n'est pas fixe. LOC GEOL ***Bloc erratique*** : bloc rocheux qu'un glacier a arraché à son site d'origine et qu'il a transporté dans des régions parfois très éloignées. — MED ***Fièvre erratique*** : irrégulière. ETY Du lat. *erraticus*, « errant, vagabond ».

**erratum** *nm* Faute décelée après impression, que l'on signale. PHO [eRatɔm]

**erre** *nf* MAR Vitesse d'un navire due à l'inertie lorsque le système de propulsion n'agit plus. *Courir sur son erre.* ETY Du lat. *iterare*, « voyager ».

**errements** *nmpl* Manière habituelle et néfaste d'agir, de se conduire.

**errer** *vi* 1 Marcher longuement, au hasard. *Errer dans une forêt.* ETY Du lat. *errare*, « s'égarer ».

**erreur** *nf* **1** Fait de se tromper ; faute, méprise. *Faire une erreur de calcul.* **2** État de celui qui se trompe. *Être dans l'erreur.* **3** Ce qui est inexact par rapport au réel ou à une norme définie. **4** Action inconsidérée, regrettable, maladroite. *Il a commis une grossière erreur en me parlant sur ce ton.* LOC PHYS ***Calcul d'erreurs*** : estimation de la limite supérieure des erreurs de mesure. — PHYS ***Erreur absolue*** : différence entre la mesure d'une grandeur et sa valeur réelle. — DR ***Erreur de fait*** : appréciation inexacte d'un fait matériel ou ignorance de son existence. — ***Erreur judiciaire*** : condamnation d'un innocent à la suite d'une erreur de fait. — PHYS ***Erreur relative*** : rapport entre l'erreur absolue et la valeur réelle. — ***Faire erreur*** : se tromper. ETY Du lat.

**Erro** Gudmundur Gudmundsso Ferro, dit (Olafsvik, 1932), peintre islandais installé en France, adepte de la figuration narrative.

**erroné, ée** *a* Entaché d'erreur, inexact, contraire à la vérité. ETY Du lat.

**ers** *nm* Vesce utilisée comme fourrage. PHO [ɛR] ETY Mot provenç.

**ersatz** *nm* **1** Produit de remplacement, succédané. *La saccharine est un ersatz du sucre.* **2** Produit de remplacement de qualité inférieure. PHO [ɛRzats] ETY Mot all., « remplacement ».

**1 erse** *nf* Anneau de cordage. ETY De *herse*.

**2 erse** *nm* LING Syn de *écossais*. ETY Du gaélique.

**Ershad** Hussein Mohammed (Rangpur, 1930), homme politique et général du Bangladesh. Il renversa Abdus Sattar (1982) et fut président de la Rép. (1983-1990).

**érubescent, ente** *a* didac Qui devient rouge. ETY Du lat. DER **érubescence** *nf*

**éruciforme** *a* ZOOL Se dit des larves d'insectes qui ont l'aspect d'une chenille de papillon. ETY Du lat. *eruca*, « chenille ».

**éructer** *v* 1 **A** *vi* Rejeter avec bruit par la bouche les gaz venant de l'estomac. SYN roter. **B** *vt* fig Dire de manière grossière et à voix forte. *Éructer des injures.* ETY Du lat. *eructare*, « vomir ». DER **éructation** *nf*

**érudit, ite** *a, n* Qui possède un savoir particulièrement approfondi dans une science, un domaine quelconque. *Un auteur érudit. Un ouvrage érudit.* ETY Du lat. *erudire*, « dégrossir ». DER **érudition** *nf*

**érugineux, euse** *a* Qui a la couleur du vert-de-gris. ETY Du lat. *ærugo*, « rouille ».

**éruptif, ive** *a* **1** Qui a rapport aux éruptions volcaniques. *Roche éruptive.* **2** MED Qui caractérise ou accompagne une éruption. *Fièvre éruptive.*

**éruption** *nf* **1** Projection plus ou moins violente, par un volcan, de divers matériaux : scories, cendres, blocs rocheux, gaz, etc. ; état d'un volcan qui projette ces matériaux. **2** MED Évacuation subite et abondante d'un liquide contenu dans un organe ou un abcès. **3** Apparition sur la peau de taches, de boutons, etc. **4** fig Production soudaine et abondante. *Une éruption de colère.* LOC ***Éruption des dents*** : apparition des dents chez l'enfant. — ***Éruption solaire*** : bref dégagement d'énergie dans l'atmosphère solaire, qui se manifeste par une augmentation très localisée de la brillance, une émission d'ondes électromagnétiques une accélération de particules et des mouvements de matière. ETY Du lat. *erumpere*, « sortir impétueusement ».

**Erwin de Steinbach** Erwin, dit (Steinbach, v. 1244 – Strasbourg, 1318 ?), architecte alsacien ; on le crut le maître d'œuvre de la cath. de Strasbourg, dont il ne construisit que la façade occidentale.

**Erwitt** Elliott (Paris, 1928), photographe américain (reportages, humour).

**Érymanthe (l')** montagne du Péloponnèse, repaire d'un sanglier que tua Héraclès.

**érysipèle** *nm* MED Dermite due à un streptocoque, qui se manifeste notam. par des plaques éruptives sur la face. ETY Mot gr. VAR **érésipèle** DER **érysipélateux, euse** ou **érésipélateux, euse** *a*

**érythème** *nm* MED Rougeur de la peau, due à la congestion des capillaires. ETY Du gr. méd. DER **érythémateux, euse** *a*

**érythr(o)-** Élément, du gr. *eruthros*, « rouge »

**Érythrée (mer)** nom donné dans l'Antiquité à l'océan Indien, à la mer Rouge et au golfe Persique

**Érythrée (rép. d'Érythrée)** État d'Afrique du Nord-Est limité à l'ouest et au nord par le Soudan, au sud par l'Éthiopie et Djibouti, à l'est par la mer Rouge ; 121 400 km$^2$ ; 5 200 000 hab. ; cap. *Asmara*. Nature de l'État : régime présidentiel transitoire. Langues off. : tigrinya, arabe. Monnaie : nakfa. DER **érythréen, enne** *a, n*

**Géographie** L'étroite plaine côtière, torride et aride, est prolongée par le désert des Danakils. Le plateau volcanique (2 600 m au-dessus de cette plaine), reçoit de maigres pluies. Le rebord du plateau, plus arrosé, est forestier. La pop. se répartit entre musulmans, chrétiens et adeptes des religions traditionnelles. La plaine côtière est parcourue par des nomades musulmans (Afars, par ex.) qui parlent des langues couchitiques. Le plateau est peuplé d'éleveurs chrétiens, parlant le tigré et le tigrinya, langues sémitiques.
**Économie** Trente années de guerre ont ruiné l'économie qui dispose d'atouts certains : une infrastructure héritée de l'occupation italienne (1935-1941), une population instruite. Le pays vit de quelques cultures tropicales sèches (tabac, coton) et d'élevage. Asmara est un centre industriel important. L'aide internationale correspond à 30 % du PNB et les transferts des Érythréens de l'extérieur, également à 30 % du PNB.
**Histoire** Dans les temps anciens, le territoire qui constitue auj. l'Érythrée appartenait au roy. d'Axoum puis à l'Éthiopie, dont il était la façade maritime. En 1889, les Italiens occupèrent la région, qui devint une colonie italienne par le traité d'Ucialli. L'Érythrée leur servit de base de départ pour envahir l'Éthiopie en 1896 puis en 1936. Après la libération de l'Éthiopie par les forces alliées en 1941, l'Érythrée fut placée sous contrôle brit. En 1950, Hailé Sélassié, empereur d'Éthiopie, obtint qu'elle soit un État autonome fédéré à l'Éthiopie. En 1962, elle fut entièrement intégrée à l'Éthiopie. Dès 1961, le Front de libération de l'Érythrée (FLE) avait déclenché la lutte armée. Dans les années 1980, le mouvement se divisa en FLE et FLPE (Front de libération du peuple érythréen) d'obédience musulmane. Allié aux autres mouvements indépendantistes éthiopiens, celui-ci prit le contrôle d'Addis-Abeba après la chute de Mengistu en 1991. L'indépendance de l'Érythrée fut prononcée le 24 mai 1993. Issaias Afeworki, leader du FLPE, devint le premier prés. de la Rép. En 1998, le conflit frontalier avec l'Éthiopie a pris les dimensions d'une guerre ruineuse pour les deux camps, que l'Érythrée a perdue en 2000. ▶ carte **Éthiopie**

**1 érythrine** *nf* Arbre des régions chaudes (papilionacée) à fleurs rouges, dont les graines servent à la confection de colliers.

**2 érythrine** *nf* Arséniate hydraté naturel de cobalt, de couleur rouge.

**érythroblaste** *nm* BIOL Cellule nucléée de la moelle osseuse, précurseur des hématies. DER **érythroblastique** *a*

**érythroblastose** *nf* MED Quantité supérieure à la normale d'érythroblastes dans le sang ou la moelle osseuse.

**érythrocyte** *nm* BIOL Globule rouge. DER **érythrocytaire** *a*

**érythromycine** *nf* Antibiotique de la famille des macrolides.

**érythropoïèse** *nf* PHYSIOL Formation des globules rouges. DER **érythropoïétique** *a*

**érythropoïétine** *nf* Protéine qui stimule l'érythropoïèse. ABREV EPO. DER **érythropoïétique** *a*

**érythrose** *nf* MED Rougeur de la peau, en partic. du visage.

**érythrosine** *nf* CHIM Dérivé iodé de la fluorescéine, servant notam. de colorant alimentaire rouge.

**Erzberg** montagne d'Autriche (Styrie), riche en minerai de fer.

**Erzberger** Matthias (Buttenhausen, Wurtemberg, 1875 – près de Griesbach, Bade, 1921), homme politique allemand ; chef de la délégation allemande à Rethondes (nov. 1918) ; des nationalistes l'assassinèrent.

**Erzeroum** v. de Turquie orient. ; ch.-l. de l'il du m. nom ; 246 050 hab. Centre comm. et industr. – Mosquée (XIIe s.), medersa (XIIIe s.). VAR **Erzurum**

**Erzgebirge** → **Métallifères (monts).**

**ès** *prép* En, dans les, en matière de (emploi limité à la dénomination de certains diplômes). *Docteur ès sciences. Licencié ès lettres.*

**Es** CHIM Symbole de l'einsteinium.

**ESA** → **Agence spatiale européenne.**

**Ésaïe** → **Isaïe.**

**Esaki** Leo (Ōsaka, 1925), physicien américain d'origine japonaise. Il découvrit l'effet « tunnel » dans les semiconducteurs. P. Nobel 1973 avec I. Giaever et B. D. Josephson.

**Ésaü** personnage biblique, fils d'Isaac et de Rébecca ; il céda son droit d'aînesse à son frère jumeau Jacob pour un plat de lentilles.

**ESB** *nf* Sigle de *encéphalopathie spongiforme bovine* (maladie de la vache folle).

**esbigner (s')** *vpr* ① fam, vieilli S'enfuir, s'en aller subrepticement.

**Esbjerg** v. et port du Danemark (Jylland occid.) ; 81 600 hab. Industries.

**esbroufe** *nf* fam Air important, comportement fanfaron par lequel on cherche à impressionner qqn. *Faire de l'esbroufe.* LOC ***À l'esbroufe :*** au bluff. ETY Du provenç. *esbroufa*, « s'ébrouer ».

**esbroufer** *vt* ① fam Chercher à en imposer à qqn par des manières ostentatoires et tapageuses. DER **esbroufeur, euse** *n*

**escabeau** *nm* **1** Siège de bois à une place, sans bras ni dossier. **2** Petit meuble d'intérieur muni de marches, utilisé comme échelle. ETY Du lat.

**escabèche** *nf* CUIS Plat de petits poissons étêtés et marinés dans l'huile. ETY De l'esp.

**escabelle** *nf* Belgique Escabeau. ETY De l'esp.

**escadre** *nf* **1** MAR Flotte de guerre. **2** AVIAT Formation constituée de trente à soixante-quinze avions identiques. ETY De l'ital. *squadra*, « équerre ».

**escadrille** *nf* **1** MAR Ensemble de bâtiments légers, sous-marins, torpilleurs ou dragueurs. **2** AVIAT Unité constituée d'avions de même type, remplacée depuis 1945 par l'escadron. ETY De l'esp.

**escadron** *nm* **1** Unité d'un régiment de cavalerie, de blindés ou de gendarmerie. *Chef d'escadron.* **2** AVIAT Subdivision d'une escadre. LOC ***Escadron de la mort :*** commando paramilitaire qui assassine les opposants politiques. ETY De l'ital.

**escalade** *nf* **1** Action de franchir un mur, une clôture en grimpant. **2** DR Action de s'introduire dans une maison ou un lieu clos en utilisant des ouvertures qui ne sont pas destinées à servir d'entrée. *L'escalade est une circonstance aggravante du vol.* **3** SPORT Ascension d'une paroi rocheuse. **4** fig Augmentation rapide comme par surenchère, aggravation. *Escalade de la violence. Escalade des prix.* **5** Accroissement rapide des offensives, des opérations militaires dans un conflit. LOC SPORT ***Escalade artificielle :*** utilisant des pitons spécialement posés par le grimpeur. — SPORT ***Escalade libre :*** utilisant uniquement des prises et points d'appui naturels. — ***Mur d'escalade :*** aménagé pour la pratique de ce sport. ETY De l'ital.

**escalader** *vt* ① **1** Franchir par escalade. *Escalader un mur.* **2** Faire l'ascension de. *Escalader une paroi rocheuse.*

**escalator** *nm* Escalier mécanique. ETY Nom déposé ; mot amér.

**escale** *nf* Action de relâcher pour embarquer ou débarquer des passagers, se ravitailler, etc ; lieu de cette relâche. *Port, quai d'escale.* LOC ***Escale technique :*** strictement destinée au ravitaillement ou à la maintenance. ETY Du lat.

**escaler** *vi* ① TRANSP Faire escale.

**escalier** *nm* Suite de degrés pour monter et descendre. *Marches d'escalier.* LOC ***Avoir l'esprit de l'escalier :*** comprendre toujours trop tard, manquer de repartie. — ***Escalier roulant, mécanique :*** dont les marches articulées sont entraînées mécaniquement.

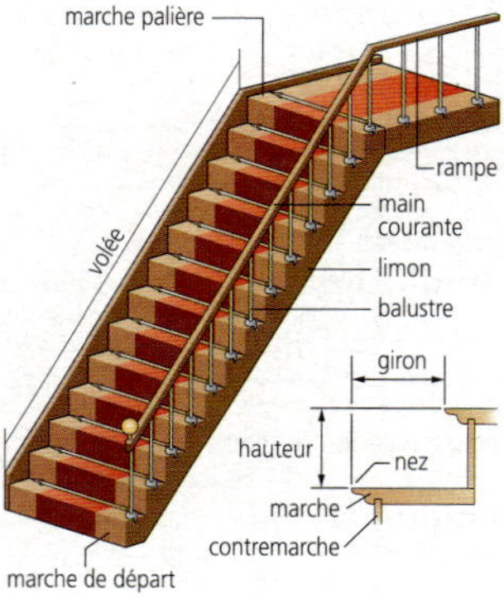


**escalier**

**escalope** *nf* CUIS Mince tranche de viande blanche ou de poisson. *Escalope de dinde.* ETY De l'a. fr. *escale*, « écale », et suff. de *envelopper*.

**escaloper** *vt* ① CUIS Découper finement et en biais une viande, un légume.

**escamoter** *vt* ① **1** Faire disparaître adroitement sans que l'on s'en aperçoive. *Prestidigitateur qui escamote des cartes.* **2** Faire disparaître frauduleusement. *Escamoter un portefeuille.* **3** TECH Faire rentrer automatiquement l'organe saillant d'une machine, d'un appareil, dans un logement ménagé à cet effet. *Escamoter le train d'atterrissage d'un avion en vol.* **4** fig Esquiver ce qui embarrasse. *Escamoter une question gênante.* ETY Du lat. *squama*, « écaille », par l'occitan. DER **escamotable** *a* – **escamotage** *nm*

**escamoteur, euse** *n* Illusionniste.

**escampette** *nf* LOC fam ***prendre la poudre d'escampette :*** s'enfuir, déguerpir. ETY De l'ital. *scampare*, « s'enfuir (du champ) ».

**escapade** *nf* Action de s'échapper d'un lieu pour se dérober à ses obligations, pour se divertir. ETY De l'ital.

**escape** *nf* ARCHI Partie inférieure du fût d'une colonne ; le fût lui-même. ETY Du lat.

**escarbille** *nf* Morceau de charbon incomplètement brûlé, mêlé avec les cendres, ou qui s'échappe avec la fumée par la cheminée d'une machine à vapeur. ETY Mot wallon.

**escarbot** *nm* vx rég Nom de nombreux coléoptères. ETY Du lat. *scarabœus*, « scarabée ».

**escarboucle** *nf* **1** vx Grenat rouge foncé d'un éclat très vif. **2** HERALD Pièce formée de huit rais fleurdelisés rayonnant autour d'un cercle. ETY Du lat. *carbunculus*, dimin. de *carbo*, « charbon ».

**escarcelle** *nf* anc Grande bourse suspendue à la ceinture. LOC fam ***Tomber dans l'escarcelle de :*** tomber entre les mains de qqn, d'un groupe (argent, héritage, société). ETY De l'ital. *scarsella*, « petite avare ».

**escargot** *nm* Mollusque gastéropode pulmoné (stylommatophore) herbivore, à coquille hélicoïdale globuleuse, et aux cornes rétractiles munies d'yeux. *Les escargots sont hermaphrodites.* LOC ***Marcher, conduire comme un escargot :*** très lentement. ETY Du provenç.

**escargot**

**escargotière** *nf* **1** Lieu où l'on élève des escargots. **2** Plat creusé de petites cavités pour mettre les escargots au four et les servir.

**escarmouche** *nf* **1** Combat entre tirailleurs isolés, entre petits détachements de deux armées. *Guerre d'escarmouches.* **2** Petite lutte, engagement préliminaire. *Escarmouches d'avocats.*

**escarpe** *nf* FORTIF Talus intérieur du fossé d'un ouvrage fortifié, opposé à la contrescarpe. ETY De l'ital.

**escarpé, ée** *a* **1** Qui a une pente raide. *Chemin escarpé.* **2** fig, litt Ardu, difficile d'accès.

**escarpement** *nm* **1** État de ce qui est escarpé, abrupt. **2** Pente raide, abrupte. *Côte terminée par un escarpement.*

**escarpin** *nm* Chaussure découverte et légère, à semelle fine. ETY De l'ital.

**escarpolette** *nf* vieilli Siège suspendu par des cordes, servant de balançoire.

**1 escarre** *nf* MED Nécrose cutanée dans laquelle les tissus mortifiés forment une croûte noirâtre qui se détache spontanément. *Les malades longtemps alités souffrent souvent d'escarres.* ETY Du gr. *eskhara*, « croûte ». VAR **eschare**

**2 escarre** *nf* HERALD Pièce en forme d'équerre. VAR **esquarre**

**escarrifier** *vt* ② Former une escarre sur.

**Escaut** (en néerl. *Schelde*), fl. de France, de Belgique et des Pays-Bas (430 km) ; naît dans le dép. de l'Aisne, arrose Cambrai, Valenciennes et draine la Région Nord grâce à ses affl. (Scarpe, Lys) et à des canaux. En Belgique, il arrose Tournai et Anvers. Aux Pays-Bas, il se jette dans la mer du Nord par un vaste estuaire *(bouches de l'Escaut).* DER **scaldien, enne** *a*

**eschare** → **escarre 1.**

**eschatologie** *nf* THEOL Doctrine de l'Église relative aux fins dernières de l'homme *(eschatologie individuelle)* et à la transformation ultime de l'Univers *(eschatologie collective)*, liées à la parousie PHO [ɛskatɔlɔʒi] ETY Du gr. *eskhatos*, « dernier ». DER **eschatologique** *a*

**esche** *nf* PECHE Appât accroché à l'hameçon. PHO [ɛʃ] ETY Du lat. VAR **èche, aiche**

**Eschenbach** → **Wolfram von Eschenbach.**

**Eschine** (Athènes, v. 390 – Rhodes [?], v. 314 av. J.-C.), orateur athénien, rival de Démosthène. D'abord ennemi de Philippe de Macédoine, il épousa sa cause (paix de Philocratès, 346 av. J.-C.) contre Démosthène. Celui-ci le vainquit dans le procès de la Couronne (330 av. J.-C.) et il s'exila.

**eschscholtzia** *nm* Plante herbacée (papavéracée), à grandes fleurs, appelée aussi *pavot de Californie.* PHO [ɛʃskɔltzja] ETY D'un n. pr.

**Esch-sur-Alzette** ch.-l. de cant. du grand-duché de Luxembourg, son princ. centre industriel. ; 29 000 hab.

**Eschyle** (Éleusis, v. 525 – Gela, Sicile, 456 av. J.-C.), le plus ancien des trois grands poètes tragiques grecs. De ses 90 pièces, il ne nous reste que sept tragédies : *les Suppliantes, les Perses, les Sept contre Thèbes, Prométhée enchaîné,* la trilogie de l'Orestie (*Agamemnon, les Choéphores* et *les Euménides*). Eschyle représente avec lyrisme et réalisme les hommes luttant contre la fatalité. DER **eschylien, enne** *a*

Eschyle

**escient** *nm* LOC *À bon escient :* : avec discernement, avec raison. — vx *À mon, à ton,* etc., *escient :* sciemment. PHO [ɛsjɑ̃] ETY Du lat. médiéval *meo sciente,* « moi, le sachant ».

**esclaffer (s')** *vpr* ① Éclater d'un rire bruyant. ETY Du provenç. *esclafa,* « éclater ».

**esclandre** *nm* Incident fâcheux qui cause du scandale. *Faire, causer un esclandre.* ETY Du lat.

**Esclangon** Ernest (Mison, Alpes-de-Haute-Provence, 1876 – Eyrenville, Dordogne, 1954), astronome français (horloges parlantes).

**esclavage** *nm* **1** Condition, état d'esclave. **2** État de dépendance, de soumission à un pouvoir autoritaire. **3** fig État d'une personne entièrement dominée par une passion, un besoin. **4** Ce qui rend esclave. *La toxicomanie est un véritable esclavage.*

**esclavagiser** *vt* ① Réduire en esclavage. *Esclavagiser ses collaborateurs.*

**esclavagisme** *nm* **1** Théorie, doctrine, méthode des partisans de l'esclavage. **2** Organisation sociale fondée sur l'esclavage. DER **esclavagiste** *a, n*

**esclave** *n, a* **1** Personne qui est sous la dépendance absolue d'un maître qui peut en disposer comme d'un bien matériel. *Un peuple esclave.* **2** Personne qui subit la domination, l'emprise de. *Être esclave de son devoir.* ETY Du lat. *slavus,* « slave ».

**Esclaves (côte des)** → **Côte des Esclaves.**

**Esclaves** (Grand lac des) lac du Canada (Territ. du Nord-Ouest) ; 28 438 km$^2$ ; se déverse dans l'océan Arctique par le fl. Mackenzie. Mines d'uranium dans la région.

**Esclaves (les)** nom donné à six sculptures en marbre de Michel-Ange destinées à décorer le tombeau du pape Jules II. Deux sont achevées (1513-1520, Louvre) ; quatre sont ébauchées (1519-1536, Florence).) VAR **Captifs (les)**

**Escobar y Mendoza** Antonio (Valladolid, 1589 – id., 1669), jésuite espagnol attaqué par Pascal dans *les Provinciales.*

**Escoffier** Auguste (Villeneuve-Loubet, Alpes-Maritimes, 1847 – Monte-Carlo, 1935), cuisinier français, « l'Empereur des cuisiniers ».

**escogriffe** *nm* LOC fam *Un grand escogriffe :* un homme grand et dégingandé. ETY P.-ê. de *escroc,* et *griffer.*

**escompte** *nm* FIN **1** Avance à court terme consistant dans le paiement, par l'escompteur, d'une traite avant l'échéance, moyennant la retenue d'un agio ; somme retenue par l'escompteur. **2** Prime accordée au débiteur qui paie avant l'échéance, ou à l'acheteur au comptant. **3** En Bourse, faculté laissée à l'acheteur à terme de se faire livrer les valeurs avant l'échéance, moyennant le paiement du prix fixé. PHO [ɛskɔ̃t] ETY De l'ital.

**escompter** *vt* ① **1** FIN Prélever l'escompte sur une traite payée avant l'échéance. **2** fig Compter sur, s'attendre à qqch. *Escompter la réussite à un examen.* DER **escomptable** *a* – **escompteur, euse** *n, a*

**escopette** *nf* anc Arme à feu portative, à bouche évasée. ETY De l'ital.

**Escorial (el)** (en fr. *l'Escurial*), anc. résidence des rois d'Espagne, dans la prov. de Madrid, construite de 1563 à 1584. Palais, couvent et nécropole, ce quadrilatère en granit gris-bleu a la forme d'un gril, en souvenir du supplice de saint Laurent. Il abrite des collections de peintures et une bibliothèque.

el Escorial

**escorte** *nf* **1** Troupe armée qui accompagne qqn, un convoi, etc., pour assurer une protection. *Marcher sous bonne escorte.* **2** Ensemble de bâtiments de guerre, d'avions de chasse accompagnant des navires, des avions pour assurer leur protection. **3** Cortège, suite. *Faire escorte à qqn.* **4** fig, litt Série, suite de choses, d'évènements qui accompagnent qqch. *La guerre et son escorte de deuils.* ETY Du lat. *corrigere,* « corriger ».

**escorter** *vt* ① Accompagner qqn pour le protéger, le surveiller ou lui faire honneur.

**escorteur** *nm* MAR Bâtiment de guerre spécialisé dans la protection des forces navales ou des convois contre les attaques sous-marines ou aériennes.

**escort-girl** *nf* **1** Prostituée servant de compagne à un homme lors d'une réception. **2** Prostituée que l'on contacte par téléphone ou Internet. SYN call-girl. ETY De l'angl. *to escort,* « accompagner », et *girl,* « fille ».

**escouade** *nf* **1** anc Fraction d'une compagnie ou d'un peloton commandée par un caporal ou un brigadier. **2** Petit groupe de quelques personnes. ETY De *escadre.*

**escourgeon** *nm* AGRIC Orge commune, appelée aussi *orge d'hiver.* VAR **écourgeon**

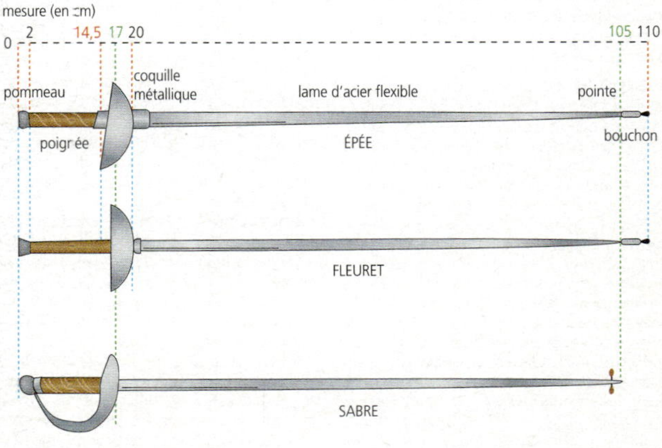


escrime

**escrime** *nf* Art du maniement du fleuret, de l'épée, du sabre. ETY Du frq. *skirmjan,* « protéger ». DER **escrimeur, euse** *n*

escrime

**escrimer (s')** *vpr* ① S'évertuer, faire de grands efforts. *S'escrimer à faire qqch, sur qqch.*

**Escrivá de Balaguer** José María (Barbastro, 1902 – Rome, 1975), prélat espagnol, fondateur de l'Opus Dei. Canonisé en 2002.

**escroc** *nm* Filou, personne qui commet des escroqueries.

**escroquer** *vt* ① Voler, soutirer qqch à qqn en usant de manœuvres frauduleuses, de fourberies. ETY De l'ital. *scroccare,* « décrocher ».

**escroquerie** *nf* **1** Action d'escroquer. **2** DR Délit consistant à faire usage d'un faux nom, d'une fausse qualité ou à employer toute manœuvre frauduleuse pour se faire remettre indûment des valeurs, de l'argent, des objets mobiliers. **3** Abus de confiance. *Escroquerie morale*

**Escudero** Vicente (Valladolid, 1892 – Barcelone, 1980), danseur espagnol d'origine gitane. Il dansa avec la Argentina et forma de nombreux danseurs.

**escudo** *nm* **1** Anc. unité monétaire du Portugal. **2** Unité monétaire du Cap-Vert. PHO [ɛskydo]

**Esculape** dieu de la Médecine chez les Romains. (V. Asclépios.)

**Escurial (l')** → **Escorial.**

**Esdras** (V$^e$ s. av. J.-C.), personnage biblique. Il réorganisa la communauté juive en Palestine après l'exil de Babylone. Le *livre d'Esdras* (fin du IV$^e$ s. av. J.-C.) relate le retour d'exil des Juifs et la restauration de Jérusalem. VAR **Ezra**

**ésérine** *nf* PHARM Alcaloïde toxique aux propriétés parasympathomimétiques, utilisé contre les atonies et comme contracteur de la pupille.

**esgourde** *nf* fam Oreille.

**Eshkol** Levi (Oratov, Ukraine, 1895 – Jérusalem, 1969), homme politique israélien, Premier ministre (travailliste) de 1963 à 1969.

**Eskimos** → **Esquimaux.**

**Eskişehir** v. de Turquie (Anatolie occid.), ch.-l. de l'il du m. nom ; 482 800 hab.

**Esmeralda** héroïne du roman de Victor Hugo *Notre-Dame de Paris* (1831) ; jolie Bohémienne, faussement accusée de meurtre, sauvée par Quasimodo ; elle meurt sur le gibet de Montfaucon.

**Esmeraldas** ville et port de l'Équateur ; 154 000 hab. ; ch.-l. de la prov. du m. nom.

**Esnault-Pelterie** Robert (Paris, 1881 – Nice, 1957), ingénieur français. Il inventa le levier de commande, le « manche à balai ».

**ESO** *(European Southern Observatory)*, organisme créé en 1962 par plus. États européens (dont la France) et qui possède un observatoire astronomique dans le S. du Chili.

**Ésope** (VII – VI^e s. av. J.-C.), fabuliste grec légendaire. Esclave affranchi, laid, boiteux (son nom signifie « pieds inégaux »), bossu et bègue, il n'a écrit aucune des *Fables* recueillies par Démétrios de Phalère v. 325 av. J.-C., versifiées par Babrias (II^e s. av. J.-C.), compilées par Planude (XIV^e s.) et qui inspirèrent La Fontaine. DER **ésopique** *a*

**Ésope** et le renard, peinture sur coupe attique – Musée national étrusque, Rome

**ésotérique** *a* **1** Se dit d'une doctrine, d'un enseignement réservé aux seuls initiés. ANT exotérique. **2** Difficile à comprendre, obscur pour qui n'est pas initié. *Une poésie ésotérique.* ETY Du gr. *esoterikos*, « de l'intérieur ».

**ésotérisme** *nm* **1** didac Ensemble des principes généralement hermétistes qui régissent la transmission d'une doctrine ésotérique. **2** Caractère ésotérique, hermétique d'une œuvre, d'une science, etc.

**1 espace** *nm* **1** Étendue indéfinie contenant, englobant tous les objets, toutes les étendues finies. **2** Étendue dans laquelle se meuvent les astres ; milieu extra-terrestre. *Conquête de l'espace.* **3** Surface, volume, place déterminée. *Manquer d'espace.* **4** Intervalle, distance entre deux points. **5** TECH Distance parcourue par un point mobile. **6** Intervalle de temps. *En l'espace d'une journée.* LOC MATH ***Espace aérien*** : partie de l'atmosphère située au-dessus d'un territoire, dans laquelle la circulation des avions est règlementée. — ***Espace à n dimensions*** : dans lequel les coordonnées d'un point sont définies par n valeurs. — ***Espace lointain*** : au-delà de la distance de la Terre à la Lune. — ***Espace vert*** : surface réservée aux parcs, aux jardins, dans une agglomération. — ***Espace vital*** (trad. de l'all. ***Lebensraum***) : territoire dont un État veut faire la conquête car il le juge nécessaire au développement de son peuple. — MATH ***Géométrie dans l'espace*** : qui étudie les figures dans un espace à trois dimensions. ETY Du lat.

ENC La conquête de l'espace a débuté par la mise en orbite terrestre de satellites artificiels (*Spoutnik 1* le 4 octobre 1957) puis par l'envoi d'hommes dans des satellites capables de revenir sur terre (Youri Gagarine dans *Vostok 1* le 12 avril 1961, John Glenn dans la capsule *Mercury* le 20 février 1962). La conquête de la Lune, commencée en 1968, s'est poursuivie par le programme américain *Apollo* (le 21 juillet 1969, Neil Armstrong posait le pied sur la Lune). À partir des années 1970, la conquête de l'espace s'oriente dans deux directions : exploration du système solaire par des sondes de plus en plus perfectionnées (programme *Voyager* vers les planètes géantes extérieures en 1977, *Magellan* vers Vénus en 1990, etc.), capables de pratiquer des analyses *in situ* (missions *Viking* sur Mars en 1975-1976, *Giotto* vers la comète de Halley en 1986, *Opportunity* sur Mars en 2004, *Huygens* sur Titan en 2005, *Rosetta* sur la comète Tchouri en 2014) ; exploitation de l'espace (télécommunications, météorologie, télédétection des ressources terrestres, observation de l'Univers par le télescope Hubble, etc.). En 1998, le premier élément de la Station spatiale internationale est mis en orbite pour réaliser des expériences scientifiques en micropesanteur. V. satellite.

**2 espace** *nf* TYPO Blanc servant à séparer deux mots, deux caractères.

**Espace économique européen** (EEE) union de la CEE (puis UE) et de l'AELE, effective le 1^er janv. 1993. V. Europe.

**espacement** *nm* **1** Action d'espacer. **2** Intervalle entre deux points, deux moments.

**espacer** *vt* 12 **1** Mettre, ménager une distance entre des choses. *Espacer des arbres.* **2** TYPO Séparer par une (des) espace(s). **3** Mettre un intervalle de temps entre des actions. *Espacer ses visites. Ses malaises s'espacent peu à peu.*

**espace-temps** *nm* PHYS Espace non euclidien à quatre dimensions, utilisé dans la théorie de la relativité générale d'Einstein pour tenir compte de la déformation de l'espace par les champs de gravitation. PLUR espaces-temps.

**espadon** *nm* **1** vx Grande épée à large lame maniée à deux mains. **2** ICHTYOL Poisson téléostéen des mers tempérées et chaudes, atteignant 4 m, dont la mâchoire supérieure est pourvue d'un rostre en forme d'épée. ETY De l'ital.

**espadon**

**espadrille** *nf* Chaussure à empeigne de grosse toile et à semelle de corde. ETY De *spart*, « semelle de jonc ».

**Espagne** (royaume d') (en esp. *Reino de España*), État de la péninsule Ibérique, bordé au N.-E. par la France, à l'O. par le Portugal, au N.-O. et au S.-O. par l'Atlant., à l'E. et au S.-E. par la Médit. ; 504 790 km$^2$ ; 46 400 000 hab. ; cap. *Madrid.* Nature de l'État : monarchie constitutionnelle. Langue nationale off. : espagnol. Monnaie : euro. Relig. : catholicisme. DER **espagnol, ole** *a, n*

**Géographie** Le centre de la péninsule est occupé par la Meseta, plateau hercynien (700-1 000 m) scindé par la sierra de Guadarrama : au N., la Castille-Léon ; au S., la Castille-la Manche. Deux bassins tertiaires encadrent la Meseta : celui de l'Èbre, qui se jette dans la Médit., dominé au N. par les Pyrénées (3 404 m au pic d'Aneto) ; celui du Guadalquivir, que bordent au S. les chaînes Bétiques (3 478 m au Mulhacén), qui se jette dans l'Atlant., comme le Douro, le Tage et la Guadiana. Le climat est méditerranéen ; l'intérieur, continental, connaît des hivers rudes. La pop. se groupe le long des grandes vallées, dans les bassins intérieurs et sur les plaines côtières ; l'urbanisation atteint 78 %. Depuis peu, le pays a un solde migratoire excédentaire.

**Économie** L'entrée dans la CEE, en 1986, a renforcé la croissance écon, née dans les années 1960. L'agric. emploie 12 % des actifs : céréaliculture, élevage, primeurs, agrumes, fruits. L'Espagne est un grand pays de pêche (dans l'Atlantique) et un haut lieu du tourisme balnéaire. Elle dispose de solides bases industrielles, notam. à Barcelone (1^er pôle national) et à Madrid (2^e pôle) : automobile, chimie, agroalimentaire, aéronautique et électronique, informatique. L'essor des activités tertiaires (55 % des actifs) et le dynamisme des banques se sont heurtés à la « surchauffe » au début des années 1990, puis une nette croissance a caractérisé la fin de la décennie. L'Espagne est devenue un investisseur mondial : en Amérique latine, elle a dépassé les É.-U. À partir de 2010, le pays est plongé dans une grave crise écon. dont il peine à sortir à partir de 2015.

**Histoire** LES ORIGINES Peuplée par les Ibères au II^e mill. av. J.-C., l'Espagne a vu s'installer sur ses côtes des établissements phéniciens (puis puniques) et grecs au I^er mill., tandis que des Celtes s'installaient en Castille, formant un peuplement celtibère. Rome mit deux siècles pour conquérir l'Espagne (218 av. J.-C.). Patrie de deux empereurs (Hadrien, Trajan), fortement urbanisée (Tarragone, Cordoue), l'Espagne fut une riche province. Atteinte au V^e s. apr. J.-C. par les invasions germaniques (Vandales, Alains, Suèves), elle fut réunifiée par les Wisigoths, qui établirent leur capitale à Tolède (554) et se convertirent au catholicisme (589). L'Espagne fut aisément conquise par les Arabes (711-714), à l'exception du Nord. Le califat musulman de Cordoue entra en lutte avec des royaumes chrétiens (Navarre, Aragon, Castille et Léon). En 1212, la victoire des princes chrétiens à Las Navas de Tolosa consacra la *Reconquista.*

L'APOGÉE ET LE DÉCLIN Unifiée provisoirement par le mariage d'Isabelle de Castille et de Ferdinand d'Aragon (1469), l'Espagne chrétienne s'empara de Grenade, dernier territ. musulman (1492), et chassa les Maures de la péninsule. Christophe Colomb, grâce à Isabelle, ouvrit la voie aux conquistadors (Cortés, Pizarro, Almagro), qui donnèrent à l'Espagne toute l'Amérique du Sud (excepté le Brésil), le Mexique et le sud des É.-U. actuels. L'Espagne eut son « Siècle d'or » sous Charles Quint (Charles I^er en Espagne, 1516-1556), empereur germanique en 1519. L'absolutisme de son fils, Philippe II (1556-1598), fut catastrophique : indépendance des Provinces-Unies, déroute de l'Invincible Armada, inflation, déclin écon. Au XVII^e s., l'Espagne perdit le Portugal (1640), la France lui prit le Roussillon, l'Artois (1659), une partie de la Flandre (1668) et la Franche-Comté (1678).

LE RÈGNE DES BOURBONS (1700-1931) Quand la maison d'Autriche s'éteignit (1700), les Bourbons accédèrent au trône d'Espagne (Philippe V, petit-fils de Louis XIV). La guerre de la Succession (1701-1713) affaiblit le pays. Allié à Napoléon, Charles IV d'Espagne vit sa flotte écrasée à Trafalgar (1805). En 1808, Napoléon plaça son frère, Joseph Bonaparte, sur le trône d'Espagne. La guerre d'indépendance, qui prit fin en 1814, restaura les Bourbons (Ferdinand VII). L'Espagne perdit la plupart de ses colonies d'Am. lat. entre 1820 et 1826. En 1833, Isabelle II monta sur le trône, ce qui provoqua les guerres « carlistes » (V. Carlos). Après une éphémère république (1873-1874), deux Bourbons régnèrent : Alphonse XII (1874-1885), Alphonse XIII (1885-1931). En 1898, l'Espagne perdit Cuba, Porto Rico et les Philippines dans la guerre contre les É.-U. De 1923 à 1930, la monarchie se maintint grâce à la dictature du général Primo de Rivera.

LA RÉPUBLIQUE (1931-1939) Après les élections de 1931, la république fut proclamée. Les élections de 1936 virent le succès du Front populaire. L'armée se souleva au Maroc ; la droite nationaliste se regroupa derrière le général Franco. Pendant trois ans (1936-1939), une guerre civile sanglante opposa les armées gouvernementales (aidées par l'URSS et par les volontaires des Bri-

ESPAGNE
0 400 1 000 1 500 2 000 m
MADRID capitale d'État
Séville capitale de communauté autonome, de chef-lieu de province
Population des villes :
plus de 2 000 000 hab.
de 500 000 à 1 000 000 hab.
de 200 000 à 500 000 hab.
de 100 000 à 200 000 hab.
autre ville
limite d'État
limite de communauté autonome
autoroute
route
voie ferrée
port important
aéroport important
site du "patrimoine mondial" UNESCO
400 km
FRANCE
PORTUGAL
OCÉAN ATLANTIQUE
MER MÉDITERRANÉE
Golfe de Gascogne
Golfe du Lion
Golfe de Valence
BALÉARES
Majorque
Minorque
Ibiza
Formentera
Palma de Majorque
Mahón
Puerto de Alcudia
MADRID
Barcelone
Valence
Séville
Saragosse
Málaga
Bilbao
Valladolid
Murcie
Alicante
Cordoue
Grenade
Vitoria
La Corogne
Vigo
Gijón
Oviedo
Salamanque
Pampelune
Santander
Saint-Sébastien
Logroño
Burgos
León
Tarragone
Lérida
Huesca
Teruel
Cuenca
Tolède
Albacete
Jaén
Almería
Cadix
Huelva
Badajoz
Cáceres
Mérida
Ségovie
Avila
Soria
Palencia
Zamora
Lugo
Orense
Pontevedra
St-Jacques-de-Compostelle
Castellón de la Plana
Carthagène
Elche
Jerez de la Frontera
Algésiras
Gibraltar (R.-U.)
Ceuta (Espagne)
Détroit de Gibraltar
Pyrénées
Monts Cantabriques
Monts Ibériques
Sierra Morena
Sierra Nevada
Ebre
Tage
Douro
Guadiana
Guadalquivir
GALICE
ASTURIES
CANTABRIE
PAYS BASQUE
NAVARRE
RIOJA
ARAGON
CATALOGNE
CASTILLE-ET-LÉON
MADRID
CASTILLE-LA MANCHE
ESTRÉMADURE
ANDALOUSIE
MURCIE
VALENCE
ANDORRE
Costa Brava
Costa Dorada
Costa del Azahar
Costa Blanca
Costa Cálida
Costa de Almería
Costa del Sol
Costa de la Luz
Costa Verde
Costa de Cantabria
Côte basque
Costa de Galicia
CANARIES
La Palma
Tenerife
Gomera
Hierro
Grande Canarie
Fuerteventura
Lanzarote
Las Palmas
Sta Cruz de Tenerife
100 km

gades internationales) et les franquistes (aidés puissamment par l'Allemagne et l'Italie).

**LE FRANQUISME (1939-1975)** Vainqueur (au prix de 500 000 morts), Franco établit une dictature corporatiste avec l'appui de la Phalange, parti unique, sans pouvoir redresser l'économie. En 1947, l'Espagne reprit le statut de royaume (loi de succession) ; Franco était chef de l'État et du gouvernement. En 1953, les accords militaires avec les É.-U. préludèrent à l'essor économique.

**L'APRÈS-FRANQUISME** À la mort de Franco, le roi d'Espagne, Juan Carlos Ier, entreprend la démocratisation. Une nouvelle Constitution, adoptée en 1978, donne l'autonomie aux nationalités (basque, catalane) et aux Régions, mais l'ETA (basque) accentue sa lutte. En 1982, le Parti socialiste ouvrier espagnol (PSOE) remporte les élections, et son chef, Felipe Gonzalez, devient Prem. min. En 1986, l'Espagne entre dans la CEE. En 1996, le Parti Populaire (PP) remporte les élections, et son leader, José Maria Aznar, devient Prem. min. À partir de 1997, les attentats dus à l'ETA indignent l'Espagne entière. Fort de la croissance écon., Aznar remporte les législatives de 2000. En 2004, de sanglants attentats (plus de 200 morts) perpétrés à Madrid par Al-Qaida sont suivis par la défaite aux élections législatives du PP face au PSOE de José Luis Rodriguez Zapatero qui devient Premier ministre. Il est réélu en 2008. Dans un climat de crise écon., le PP remporte les élections anticipées de 2011 et Mariano Rajoy est nommé Prem. min. En 2014, le roi Juan Carlos abdique en faveur de son fils Felipe. M. Rajoy reste à la tête du gouv. à la suite des élections de 2015, mais sans majorité.

**espagnol** *nm* Langue romane parlée en Espagne et en Amérique latine. SYN castillan.

**espagnolette** *nf* Système à poignée tournante servant à fermer les châssis de fenêtre. *Fermer à l'espagnolette.* ETY De *espagnol,* d'apr. l'orig. du dispositif.

**espalier** *nm* **1** Mur, palissade le long desquels on plante des arbres fruitiers. **2** Rangée d'arbres fruitiers dont les branches sont palissées contre un mur ou un treillage. **3** SPORT Échelle fixée à un mur, dont les barreaux servent à exécuter des exercices. ETY De l'ital. *spalla,* « épaule ».

**Espalion** ch.-l. de cant. de l'Aveyron ; 4 500 hab. Ensemble médiéval. DER **espalionnais, aise** *a, n*

**Espaly-Saint-Marcel** com. de la Haute-Loire près du Puy-en-Velay ; 3 700 hab. Coulée basaltique *(orgues d'Espaly).*

**espar** *nm* MAR Longue pièce de bois ou de métal du gréement (mât, bôme, tangon).

**Espartero** Baldomero (duc de la Victoire) (Granátula, Ciudad Real, 1793 – Logroño, 1879), général et homme politique espagnol. Vainqueur des carlistes en 1838, il assura la régence de 1841 à 1843.

**espèce** *nf* **A 1** BIOL Ensemble des individus offrant des caractères communs qui les différencient d'individus voisins classés dans le même genre, la même famille, etc. *Espèces d'oiseaux en voie de disparition.* **2** Sorte, qualité, catégorie. *Marchandises de toute(s) espèce(s).* **3** péjor, fam Précède un terme d'injure ou marque le mépris. *Espèce d'imbécile !* **4** DR Cas particulier sur lequel il s'agit de statuer. **B** *nfpl* **1** PHILO Dans les philosophies scolastiques, représentations intelligibles abstraites des images reçues par les sens. **2** RELIG CATHOL Apparences du pain et du vin après la transsubstantiation LOC *Cas d'espèce :* qui rend nécessaire une interprétation de la loi. — *En l'espèce :* en la circonstance, dans ce cas particulier. — *Payer en espèces :* en argent liquide, par oppos. à *par chèque,* etc. — *Une espèce de... :* une personne, une chose difficile à décrire et que l'on assimile à une autre qui lui est comparable. ETY Du lat. *species,* « aspect ».

ENC Pour définir l'espèce, on considère la fécondité des hybrides : des individus de la même espèce mais appartenant à des variétés différentes donnent des hybrides qui sont féconds entre eux, alors qu'un croisement entre individus d'espèces différentes donne des hybrides stériles ; par ex., le mulet, hybride issu d'un âne et d'une jument, est stérile. On désigne l'espèce par deux noms (nomenclature binominale) ; par ex., *Panthera leo,* le lion, appartient au genre *Panthera,* à l'intérieur duquel *leo* désigne l'espèce par rapport à *Panthera tigris,* le tigre. Une espèce est caractérisée par un nombre constant de chromosomes, aux formes également constantes, qui constituent le matériel génétique de l'espèce, ou génome.

**espérance** *nf* **1** Attente confiante de qqch que l'on désire. **2** Personne, chose sur laquelle on fonde cette attente, cette confiance. *Ce garçon est l'espérance de sa famille.* **3** Probabilité établie par une statistique. LOC *Avoir des espérances :* compter sur un héritage ; fam être enceinte. — *Contre toute espérance :* alors qu'il n'y avait plus rien à espérer. — *Espérance de vie :* durée de vie moyenne des individus d'une population.

**Espérandieu** Jacques Henri (Nîmes, 1829 – Marseille, 1874), architecte français : basilique N.-D.-de-la-Garde à Marseille.

**espéranto** *nm* Langue internationale conventionnelle, créée vers 1887 par le Polonais Zamenhof, au vocabulaire formé à partir des racines communes aux langues romanes et à la grammaire réduite. ETY Du mot qui, dans cette langue, signifie « celui qui espère ». DER **espérantiste** ou **espérantophone** *a, n*

**espérer** *v* 14 **A** *vt* **1** Compter sur, s'attendre à. *Espérer la victoire.* **2** Aimer à penser, souhaiter. *J'espère que tu n'as rien de cassé.* **B** *vi, vti* Avoir confiance. *Espérer en Dieu.* ETY Du lat.

**esperluette** *nf* Signe typographique (&), signifiant « et », appelé également *et commercial.*

**Espérou (mont de l')** massif granitique (1 422 m) et stat. clim. (1 230 m) des Cévennes.

**espiègle** *a, n* Malicieux sans méchanceté ; vif et éveillé. *Un enfant espiègle.* ETY De *Eulenspiegel,* personnage bouffon d'un roman all. DER **espièglerie** *nf*

**Espinasse** Charles Esprit (Saissac, Aude, 1815 – Magenta, 1859), général français ; l'un des auteurs du coup d'État du 2 déc. 1851.

**Espinel** Vicente (Ronda, 1550 – Madrid, 1624), musicien et écrivain espagnol : *Rimes* (1591), *Marcos de Obregón* (roman, 1618).

**espingole** *nf* Gros fusil court à bouche évasée, en usage au XVI[e]s. ETY De l'a. fr. *espringale,* « arbalette ».

**Espinouse (monts de l')** massif du S. du Massif central (Hérault) ; 1 126 m.

**espiogiciel** *nm* Logiciel espion qui s'introduit sur le disque dur et transmet des informations sur l'internaute. SYN spyware ETY De *espion* et *logiciel.*

**espion, onne** *n* **A** Personne chargée de recueillir clandestinement des renseignements sur une puissance étrangère. **B** *nm* Miroir incliné placé au-dehors d'une fenêtre, et permettant de surveiller la rue. ETY De l'ital. *spiare,* « épier ».

**espionnage** *nm* Action d'espionner ; métier d'espion. LOC *Espionnage industriel :* exercé par une firme qui cherche à acquérir les secrets technologiques d'autres firmes.

**espionner** *vt* 1 Épier autrui par intérêt ou par curiosité malveillante.

**espionnite** *nf* Obsession de l'espionnage, peur maladive des espions.

**Espírito Santo** État de l'E. du Brésil, sur l'océan Atlantique ; 45 597 km$^2$ ; 3 930 000 hab. ; cap. *Vitória.* Produits tropicaux (café) ; or, houille, cuivre, fer, pierres précieuses.

**esplanade** *nf* Espace uni et découvert devant un édifice important. *L'esplanade des Invalides.* ETY De l'ital. *spianare,* « aplanir ».

**espoir** *nm* **1** Fait d'espérer. *Il part sans espoir de retour.* **2** Chose, personne en qui on espère. *Il est notre seul espoir.* **3** Personne sur qui on fonde des espérances dans une discipline quelconque. *Un espoir du cyclisme.*

**Espoir (l')** roman de Malraux (1937) qui narre la guerre civile d'Espagne. ▷ CINE Film de Malraux (1939), adaptation du roman.

**esponton** *nm* anc Demi-pique que portaient les officiers subalternes d'infanterie. ETY de l'ital.

**espressivo** *a inv, av* MUS **A** *a inv* Expressif. **B** *av* Avec sentiment. ETY Mot ital.

**esprit** *nm* **1** Substance incorporelle consciente d'elle-même. **2** litt Âme. **3** Être désincarné (lutin, revenant, etc.). *Croire aux esprits.* **4** Souffle, inspiration divine. **5** Ensemble des facultés intellectuelles et psychiques. *Perdre l'esprit.* **6** Imagination, pensée. *Vue de l'esprit.* **7** Personne, considérée en tant qu'être pensant. *Un bel esprit.* **8** Manière de penser, de se comporter. *Avoir l'esprit large, étroit.* **9** Disposition, aptitude intellectuelle. *Avoir l'esprit de suite.* **10** Sens profond, intention. *L'esprit d'un livre.* **11** Finesse intellectuelle ; humour. *Faire de l'esprit.* **12** CHIM anc Produit liquide volatil, et partic. alcool chargé de principes aromatiques ou médicamenteux. LOC *D'esprit :* spirituel, brillant. — *En esprit :* mentalement. — *Esprit-de-bois :* alcool méthylique dilué. — *Esprit-de-sel :* acide chlorhydrique. — *Esprit-de-vin :* alcool éthylique. — *Esprit malin, esprit des ténèbres :* Satan. — GRAM *Esprit rude* (ʽ) : placé, en grec, sur une voyelle initiale pour marquer l'aspiration, par oppos. à *esprit doux* (ʼ). ETY Du lat. *spiritu,* « souffle ».

**Esprit** Jacques (Béziers, 1611 – id., 1678), écrivain français, moraliste janséniste : *De la fausseté des vertus humaines* (1677-1678).

**Esprit** revue internationale de langue française, personnaliste, cathol. « de gauche » fondée par Emmanuel Mounier en 1932 et dont la parution n'a cessé que d'août 1941 à déc. 1944.

**esprit des lois (De l')** ouvrage de Montesquieu (1748) qui répondit aux jansénistes et aux jésuites : *Défense de « l'Esprit des lois »* (1750).

**Esprit nouveau** revue fondée en 1920 par Ozenfant et Le Corbusier, deux ans après leur manifeste du purisme. Elle cessa en 1925.

**Esprit-Saint** → **Saint-Esprit.**

**Espriu** Salvador (Santa Coloma de Farnés, 1913 – Barcelone, 1985), écrivain espagnol d'expression catalane, nouvelliste, poète et dramaturge.

**Espronceda y Delgado** José de (Almendralejo, Estrémadure, 1808 – Madrid, 1842), poète espagnol, romantique : *le Diable-monde* (1840), *l'Etudiant de Salamanque* (1840), conte en vers.

**-esque** Élément du suffixe ital. *-esco,* « à la manière de » (ex. : gigantesque, dantesque).

**esquiche** *nf* TECH Injection forcée de liquides ou de laitiers de ciment dans un sondage pétrolier.

**esquicher** *vt* 1 **1** dial Presser, écraser qqn. **2** TECH Procéder à une esquiche. ETY Du provenç. mod. *esquicha,* « comprimer ».

**esquif** *nm* litt Embarcation légère. ETY De l'ital.

**Esquilin (mont)** une des sept collines de l'anc. Rome, à l'E. de la ville.

**esquille** *nf* MED Petit fragment d'un os fracturé ou carié. ETY Du lat. *schidia,* « copeau ».

**esquimau** *nm* **1** Chien de forte taille, à robe fournie, utilisé pour le trait. **2** (Nom déposé.) Glace généralement enrobée de chocolat, qu'on tient par un bâton comme une sucette. PLUR esquimaux.

**esquimautage** *nm* SPORT Mouvement par lequel on retourne un kayak sens dessus dessous et le redresse, lui faisant effectuer un tour complet.

**Esquimaux** appellation traditionnelle désignant les Inuits. Ce terme, d'origine algonquine (« mangeurs de viande crue ») est jugé péjoratif par les Inuits. VAR **Eskimos** DER **esquimau, aude** ou **eskimo** *a*

**esquinter** *vt* fam **1** Abîmer, détériorer. *Esquinter du matériel.* **2** fig Critiquer durement. *Esquinter un roman.* **3** Fatiguer énormément, surmener. *S'esquinter à travailler.* ETY du lat. pop. *esquintare*, « couper en cinq ». DER **esquintant, ante** *a*

**esquire** *nm* Titre employé, en Grande-Bretagne, dans la suscription d'une lettre à un homme qu'on veut honorer, après son nom. ABREV esq. PHO [ɛskwajər] ETY Mot angl. « écuyer ».

**Esquirol** Jean Étienne Dominique (Toulouse, 1772 – Paris, 1840), aliéniste français. Il humanisa la psychiatrie.

**esquisse** *nf* **1** Ébauche d'un dessin, d'une sculpture, d'une composition musicale. *Tracer une esquisse.* SYN croquis, schéma. **2** fig Plan sommaire, indication générale. *Esquisse d'un roman.* **3** fig Amorce. *L'esquisse d'un geste.* ETY De l'ital. *schizzo*.

**esquisser** *vt* ① **1** Faire l'esquisse de. **2** fig Commencer à faire. *Esquisser un sourire.*

**esquive** *nf* SPORT Mouvement du corps pour esquiver un coup, dans les sports de combat.

**esquiver** *v* ① **A** *vt* Éviter adroitement. *Esquiver un coup. Esquiver une corvée.* **B** *vpr* S'échapper discrètement. ETY De l'ital. *schivo*, « dédaigneux ».

**Essad pacha** (Tirana, v. 1863 – Paris, 1920), général et homme politique albanais, chef de la délégation albanaise à la conférence de la paix (1919). Il fut assassiné.

**essai** *nm* **1** Série d'épreuves auxquelles on soumet qqch ou qqn. *Faire l'essai d'un matériau.* **2** Tentative. *Dans cette épreuve, les athlètes ont droit à trois essais.* **3** Première production d'un auteur, d'un artiste. **4** LITTER Ouvrage où un auteur traite un sujet sans prétendre l'épuiser. *Essai de morale.* **5** CHIM Analyse sommaire d'un minéral pour déterminer ses composants. **6** SPORT Au rugby, action d'aplatir le ballon derrière la ligne de but adverse. **LOC** CINE *Bout d'essai :* essai filmé pour juger un acteur. ETY Du lat.

**essaim** *nm* **1** Groupe d'abeilles composé d'une reine, de mâles et de milliers d'ouvrières qui quittent la ruche mère surpeuplée pour fonder une nouvelle colonie. **2** fig, litt Troupe nombreuse. *Un essaim de jeunes gens.* ETY Du lat. *examen*.

**essaimage** *nm* **1** Action d'essaimer ; période où les abeilles essaiment. **2** Sortie massive de sexués ailés d'une fourmilière ou d'une termitière. **3** ECON Fait pour une société d'aider ses salariés à créer leur entreprise.

**essaimer** *vi* ① **1** Former un essaim, produire un essaimage. *Ruche qui va essaimer.* **2** fig Pour un groupe, se scinder et aller constituer de nouveaux groupes.

**Essais** ouvrage de Montaigne. Prem. éd., 2 vol., 1580 ; 2ᵉ éd., 3 vol., 1588 ; dernière éd. posth., par Marie Le Jars de Gournay (1566 – 1645), 3 vol., 1595.

**Esquimaux**

**Essai sur l'inégalité des races humaines** ouvrage de Gobineau (1853-1855), auquel les nazis se référèrent.

**Essaouira** (anc. *Mogador*), v. et port du Maroc ; ch.-l. de la prov. du m. nom ; 42 040 hab.

**essart** *nm* AGRIC Terre que l'on a déboisée et défrichée pour la cultiver.

**essarter** *vt* ① AGRIC Défricher en arrachant les arbres, les broussailles. ETY Du bas lat. DER **essartage** ou **essartement** *nm*

**essayer** ㉑ **A** *vt* **1** Faire l'essai d'une chose pour vérifier si elle convient. *Essayer une voiture.* SYN tester, expérimenter. *Essayer un vêtement.* **2** Tenter. *J'ai tout essayé pour le convaincre.* **B** *vi* S'efforcer de, tâcher de. *Essaie d'être aimable avec lui.* **C** *vpr* Voir si l'on est capable de, s'exercer à. *S'essayer à faire des vers.* **LOC** TECH *Essayer de l'or :* en examiner, en déterminer le titre. ETY Du lat. pop. *exagiare*, « peser ». DER **essayage** *nm*

**essayeur, euse** *n* **1** Fonctionnaire préposé aux essais des métaux précieux. **2** Technicien chargé des essais industriels. **3** Personne qui, chez un tailleur ou un couturier, fait essayer les vêtements.

**essayiste** *nm* Auteur d'essais littéraires.

**1 esse** *nf* TECH Cheville de fer qui maintient la roue sur l'essieu. ETY Du frq. *hiltia*, « poignée d'épées ».

**2 esse** *nf* **1** TECH Crochet en forme de S. **2** MUS Ouverture en S de la table du violon et des instruments de la même famille. SYN ouïe. ETY De la lettre *S*.

**ESSEC** (acronyme pour *École supérieure des sciences économiques et commerciales*), établissement privé, fondé en 1907, installé depuis 1973 à Cergy-Pontoise.

**Essen** ville d'Allemagne (Rhén.-du-Nord-Westphalie) ; 615 420 hab. Princ. centre industriel de la Ruhr, berceau des usines Krupp.

**essence** *nf* **1** PHILO Ce qui constitue la nature d'une substance, sans tenir compte des modifications superficielles (accidents) pouvant l'affecter. **2** Nature d'un être, par oppos. à *existence*. **3** Espèce, pour les arbres. *Une forêt aux essences variées.* **4** Composé liquide volatil et odorant extrait d'une plante. *Essence de rose.* **5** Mélange d'hydrocarbures provenant de la distillation et du raffinage du pétrole, employé comme carburant, comme solvant ou pour divers usages industriels. **LOC** *Par essence :* par nature, par définition. ETY Du lat.

**essencerie** *nf* Afrique Au Sénégal, syn de *station-service*.

**essénien, enne** *a, n* HIST Relatif à une secte juive du temps du Christ, dont les membres menaient une vie ascétique de type cénobitique.

**Essenine** Sergueï Alexandrovitch (Konstantinovo, gouv. de Riazan, 1895 – Leningrad, 1925), poète russe. Il célébra la révolution, la paysannerie, la bohème (*Confession d'un voyou*, 1921) et se suicida. VAR **Iessenine**

**essentialisme** *nm* PHILO Doctrine qui privilégie l'essence et non l'existence. DER **essentialiste** *a, n*

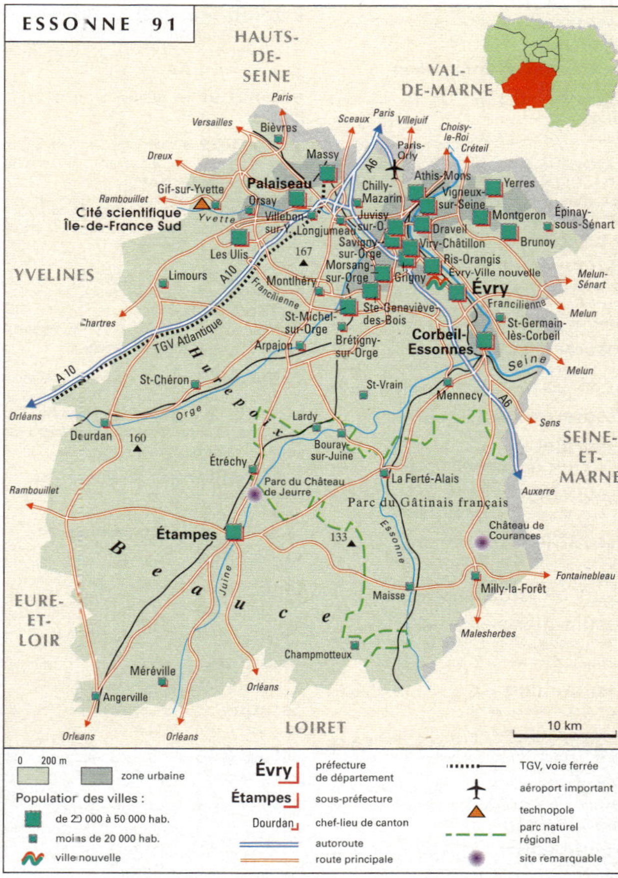

**essentiel, elle** *a, nm* **A** *a* **1** PHILO Qui appartient à l'essence d'un être, d'une chose. *La raison est essentielle à l'homme.* SYN intrinsèque. **2** Nécessaire, très important. *Il est essentiel que vous me compreniez.* SYN capital, fondamental. **3** MED Syn. de *idiopathique.* **B** *nm* **1** Chose principale, point capital. *L'essentiel est que nous nous entendions.* **2** La plus grande partie. *Consacrer l'essentiel de son temps au sport.* **LOC** ***Huile essentielle*** : essence végétale. PHO [esɑ̃sjɛl] DER **essentialité** *nf*

**essentiellement** *av* **1** Par essence. **2** Principalement. *Une culture essentiellement livresque.*

**Essequibo** fl. de Guyana (750 km) ; se jette dans l'Atlantique par un delta. Bauxite.

**esseulé, ée** *a* Délaissé, abandonné.

**Essex** royaume saxon fondé en 526 et annexé par le roi de Mercie au VIII$^{e}$ s. ; cap. *Lunden* (Londres). – Comté agricole du S.-E. de l'Angleterre, sur l'estuaire de la Tamise ; 3 674 km$^2$ ; 1 300 000 hab. ; ch.-l. *Chelmsford.*

**Essex Robert I$^{er}$ Devereux (comte d')** (Netherwood, 1566 – Londres, 1601), courtisan et général anglais. Favori d'Élisabeth I$^{re}$, disgracié (1600) après sa défaite dans l'Ulster, il se rebella et fut décapité. — **Robert II** (Londres, 1591 – id., 1646), fils du préc. ; chambellan de Charles I$^{er}$, il prit parti contre lui.

**essieu** *nm* Axe transversal d'un véhicule portant une roue à chaque extrémité. ETY Du lat.

**Essling** village d'Autriche, à 10 km à l'E. de Vienne. – Napoléon vainquit les Autrichiens (20-22 mai 1809). Masséna fut fait *prince d'Essling.*

**Esslingen** ville d'Allemagne (Bade-Wurtemberg) ; 91 000 hab. – Mon. XIII$^{e}$-XV$^{e}$ s.

**Esso** → **Exxon Corporation.**

**Essonne (l')** riv. de l'Île-de-France (90 km), affl. de la Seine (r. g.) ; arrose Pithiviers, conflue à Corbeil-Essonnes.

**Essonne** dép. franç. (91) ; 1 804 km$^2$ ; 1 215 340 hab. ; 673,7 hab./km$^2$ ; ch.-l. *Évry* ; ch.-l. d'arr. *Étampes* et *Palaiseau.* V. Île-de-France (Rég.). DER **essonnien, enne** *a, n*

▶ illustr. p. 563

**essor** *nm* **1** Envol. *L'oiseau prend son essor.* **2 fig** Développement, progrès, extension. *Une entreprise en plein essor.* **3 fig** Émancipation. *Jeune homme qui prend son essor.*

**essorer** *vt* [1] Débarrasser de son eau par torsion, compression, centrifugation, etc. *Essorer du linge.* ETY Du lat. *aura,* « vent, air ». DER **essorage** *nm*

**essoreuse** *nf* Machine à essorer.

**essoriller** *vt* [1] Couper les oreilles de. *Essoriller un chien.* DER **essorillement** *nm*

**essoucher** *vt* [1] TECH Arracher les souches d'arbres abattus. DER **essouchement** *nm*

**essouffler** *v* [1] **A** *vt* Mettre hors d'haleine, à bout de souffle. **B** *vpr* **fig** Peiner, avoir du mal à suivre un certain rythme. *Activité économique qui s'essouffle.* DER **essoufflement** *nm*

**essuie-glace** *nm* Appareil servant à balayer mécaniquement les gouttes de pluie sur le pare-brise d'un véhicule. PLUR essuie-glaces.

**essuie-main** *nm* Linge servant à s'essuyer les mains. PLUR essuie-mains.

**essuie-pied** *nm* Paillasson servant à essuyer la semelle de ses souliers. PLUR essuie-pieds.

**essuie-tout** *nm inv* Papier résistant et absorbant, à usage domestique, présenté en rouleau le plus souvent.

**essuie-verre** *nm* Torchon fin pour essuyer les verres. PLUR essuie-verres.

**essuyer** *vt* [22] **1** Sécher ou nettoyer en frottant avec un linge sec. *Essuyer la vaisselle. S'essuyer les lèvres.* **2 fig** Supporter, subir. *Essuyer un échec.* **LOC** fam ***Essuyer les plâtres*** : être le premier à supporter les conséquences fâcheuses d'une situation. ETY Du bas lat. *exsucare,* « exprimer le suc ». DER **essuyage** *nm*

**est** *nm, a inv* **A** *nm* **1** Un des quatre points cardinaux, situé au soleil levant. ABREV E. **2** Région située vers l'orient, par rapport à un lieu donné. *À l'est de Paris. Les pays de l'Est.* **B** *a inv* Situé à l'est. *L'aile est du château.* **LOC** ***L'Est*** : la région de l'est de la France. PHO [ɛst] ETY De l'angl.

**Est (canal de l')** canal reliant la Meuse et la Moselle à la Saône (419 km).

**Est (mer de l')** → **Japon (mer du).**

**establishment** *nm* Ensemble de ceux qui détiennent le pouvoir, l'autorité dans la société et qui ont intérêt au maintien de l'ordre établi. PHO [establiʃmənt] ETY Mot angl.

**estacade** *nf* **1** Ouvrage constitué d'un tablier supporté par des pilotis, servant de brise-lames ou d'appontement. **2** MINES Engin servant à charger les berlines. ETY De l'ital. *stecca,* « pieu ».

**estafette** *nf* Militaire porteur de dépêches. ETY De l'ital. *staffa,* « étrier ».

**estafier** *nm* **litt, péjor** Garde du corps, spadassin.

**estafilade** *nf* Grande coupure faite avec un instrument tranchant. *Estafilade au visage.* ETY De l'ital. *staffilata,* « coup de fouet ».

**estagnon** *nm* **rég** Vase de cuivre étamé pour conserver et transporter les huiles, les essences, etc. ETY Du provenç. *estanh,* « étain ».

**Estaing Jean-Baptiste (comte d')** (chât. de Ravel, Auvergne, 1729 – Paris, 1794), amiral français. Il participa à la guerre de l'Indépendance américaine. Il fut guillotiné.

**estaminet** *nm* **vieilli rég** Petit café populaire. ETY Du wallon.

**1 estampe** *nf* TECH **1** Pièce servant à produire une empreinte. **2** Machine, outil servant à estamper. ETY De *estamper.*

**2 estampe** *nf* Image imprimée au moyen d'une planche gravée de bois, de cuivre ou de pierre calcaire. ETY De l'ital.

**estamper** *vt* [1] **1** TECH Façonner une matière, une surface à l'aide de presses, de matrices et de moules. **2 fam** Soutirer de l'argent, faire payer trop cher à qqn. ETY Du frq. DER **estampage** *nm* – **estampeur, euse** *n*

**estampille** *nf* **1** Marque attestant l'authenticité d'une marchandise, d'une œuvre d'art, d'un brevet, etc., ou constatant l'acquittement d'un droit fiscal. **2** Instrument servant à faire cette marque. ETY De l'esp. *estampa,* « empreinte ».

**estampiller** *vt* [1] **1** TECH Marquer d'une estampille. **2 fig** Signaler, désigner par tel caractère, étiqueter, cataloguer. *Des parlementaires estampillés réactionnaires.* DER **estampillage** *nm*

**Est-Anglie** (en angl. *East Anglia*), Région de G.-B. et de l'UE, située au N. de Londres ; 12 573 km$^2$ ; 2 200 000 hab. ; v. princ. *Norwich.* – Un des royaumes de l'Heptarchie (VI$^{e}$-VIII$^{e}$ s.). DER **est-anglien, enne** *a, n*

**Estanguet Tony** (Pau, 1978), canoéiste français, triple champion olympique.

**Estaque (l')** chaînon calcaire à l'O. de Marseille. – Faubourg de Marseille.

**est-ce que** *av* Exprime l'interrogation directe. *Est-ce qu'il va venir ?* PHO [ɛskə]

**este** *nm* LING Syn. de *estonien.*

**Este (maison d')** famille princière italienne qui régna sur les duchés de Ferrare, Modène et Reggio ; elle protégea l'Arioste et le Tasse. – *Villa d'Este* : villa construite à Tivoli par Pirro Ligorio (1550).

**1 ester** *vi* [1] **LOC** DR ***Ester en justice*** : Poursuivre une action en justice comme demandeur ou comme défenseur. ETY Du lat. *stare,* « se tenir debout ».

**2 ester** *nm* CHIM Composé résultant de l'action d'un acide carboxylique sur un alcool ou un phénol avec élimination d'eau. *Les esters sont utilisés comme solvants ou comme matières premières dans l'industrie des parfums et en pharmacie.* PHO [ɛstɛʀ] ETY Mot all., de *éther.*

**estérase** *nf* BIOCHIM Enzyme qui hydrolyse les fonctions ester.

**Esterel (monts de l')** chaîne primaire du S. de la France (616 m au mont Vinaigre). Vastes pinèdes. Tourisme. VAR **Estérel**

**Esterházy** famille d'aristocrates hongrois qui jouèrent un grand rôle dans l'histoire militaire et culturelle du pays, et dont le château, construit au XVIII$^{e}$ s. à Esterháza (près du lac Fertö, aux confins austro-hongrois), est le « Versailles hongrois ». VAR **Eszterházy**

**Esterhazy Marie Charles Ferdinand Walsin** (Autriche, 1847 – Harpenden, Hertfordshire, 1923), officier français d'origine hongroise. Espion au service de l'Allemagne, il fabriqua le bordereau qui fit condamner Dreyfus.

**estérifier** *vt* [2] CHIM Transformer en ester. DER **estérification** *nf*

**esterlin** *nm* Ancienne monnaie d'origine anglaise employée en France aux XII$^{e}$ et XIII$^{e}$ s. ETY De l'angl. *sterling.*

**Estève Maurice** (Culan, Cher, 1904 – id., 2001), peintre français abstrait.

**Esther** personnage biblique. Juive de la tribu de Benjamin, née à Babylone pendant la Captivité, elle épousa le roi de Perse Assuérus et sauva les Juifs, que le ministre du roi voulait faire massacrer. – Le *Livre d'Esther,* un des livres de la Bible (10 chap.), fut rédigé en hébreu, probabl. au déb. du II$^{e}$ s. av. J.-C. ▷ LITTER *Esther,* tragédie de Racine en trois actes et en vers, avec chœurs (1689).

**esthési-, -esthésie** Éléments, du gr. *aisthêsis,* « sensibilité, sensation ».

**esthète** *n, a* **1** Personne qui sent et goûte la beauté, l'art. **2 péjor** Personne qui, affichant des prétentions esthétiques, place la beauté formelle au-dessus de tout.

**esthéticien, enne** *n* **1** Personne qui s'occupe d'esthétique. **2** Personne spécialiste des soins de beauté.

**esthétique** *a, nf* **A** *a* **1** Relatif au sentiment du beau. **2** Conforme au sens du beau. **B** *nf* **1** Science, théorie du beau. **2** Caractère esthétique d'un être, d'une chose. SYN beauté, harmonie. **LOC** ***Chirurgie esthétique*** : qui vise à embellir, à remodeler les formes du corps, en particulier du visage. — ***Esthétique industrielle*** : design. DER **esthétiquement** *av*

**esthétiser** *v* [1] **A** *vt* Rendre esthétique, plaisant. **B** *vi* Privilégier abusivement le souci de l'esthétique. DER **esthétisant, ante** *a* – **esthétisation** *nf*

**esthétisme** *nm* Attitude, doctrine des esthètes.

**Estienne** famille d'imprimeurs-éditeurs et humanistes français. — **Robert** (Paris, 1503 – Genève, 1559), a publié une Bible et composé un *Dictionnaire latin-français* (1539). — **Henri** (Paris, vers 1531 – Lyon, 1598), fils aîné du préc., helléniste.

**Estienne Jean-Baptiste** (Condé-en-Barrois, 1860 – Paris, 1936), général français. Il créa les blindés (1916).

**Estienne d'Orves Honoré d'** (Verrières-le-Buisson, 1901 – mont Valérien, 1941), résistant français. Envoyé en France par de Gaulle en déc. 1940, il fut arrêté par la Gestapo en janv. 1941 et fusillé le 29 août.

**estimatif, ive** *a* Qui a pour objet une estimation. *Devis estimatif.*

**estimation** *nf* **1** Évaluation exacte. *Estimation d'expert.* **2** Ordre de grandeur, approximation. *Ce chiffre n'est qu'une estimation.* DER **estimatoire** *a*

**estime** *nf* Opinion favorable, cas que l'on fait de qqn ou de qqch. *Tenir qqn en grande estime.* SYN considération. LOC *À l'estime :* au jugé. — *Succès d'estime :* se dit d'une œuvre bien accueillie par la critique, dont la qualité est reconnue, mais qui n'a pas les faveurs du public.

**estimer** *vt* ① **1** Déterminer la valeur exacte de. *Estimer un bijou.* SYN évaluer. **2** Calculer approximativement. *Les dégâts sont estimés à plusieurs millions de francs.* **3** Juger, considérer. *J'estime que tu devais le savoir. Estimez-vous heureux de n'être que blessé.* **4** Tenir en considération, faire cas de. *Son patron l'estime beaucoup.* SYN apprécier. ETY Du lat. DER **estimable** *a*

**estival, ale** *a* D'été. *Station estivale. Des tenues estivales.* ANT hivernal. PLUR estivaux.

**estivant, ante** *n* Personne qui passe l'été en villégiature.

**estivation** *nf* **1** BOT Syn. de *préfloraison.* **2** ZOOL Engourdissement de certains poïkilothermes (serpents, sauriens, etc.) pendant l'été.

**estiver** *v* ① **A** *vt* AGRIC Mettre des animaux dans les pâturages pendant l'été. **B** *vi* Séjourner en été dans un endroit. ETY Du lat. *æstivare,* « passer l'été ». DER **estivage** *nm*

**estoc** *nm* anc Épée longue, étroite et très pointue. LOC *Frapper d'estoc et de taille :* de la pointe et du tranchant. PHO [estɔk]

**estocade** *nf* **1** Coup donné avec la pointe de l'épée, par lequel le matador tue le taureau. **2** fig Attaque imprévue et décisive. ETY De l'ital.

**estomac** *nm* **1** Segment dilaté du tube digestif reliant l'œsophage au duodénum. **2** Partie extérieure du corps correspondant à l'emplacement de l'estomac. *Recevoir un coup à l'estomac.* **3** fig, fam Courage, cran, hardiesse. *Avoir de l'estomac.* LOC fam *À l'estomac :* au culot. — *Avoir l'estomac creux, dans les talons :* avoir très faim. — *Rester sur l'estomac :* être difficile à digérer ; fig ne pas être accepté, en parlant de qqch. PHO [estɔma] ETY Du gr.

ENC Chez l'homme, l'estomac occupe, dans la région cœliaque, un espace compris entre le diaphragme en haut et le côlon en bas. Ses deux faces, antérieure et postérieure, sont séparées par les courbures : en dedans la petite, en dehors la grande. Il se remplit en haut par le cardia, qui communique avec l'œsophage, et en bas il évacue ses matières dans le duodénum par le pylore. Il possède plusieurs fonctions : réservoir, digestion, absorption (minime). Chez les invertébrés, l'estomac peut être un simple élargissement du tube digestif ou, au contraire, une poche renfermant un système de pièces qui broient les aliments (moulinet gastrique des crabes). – Chez les oiseaux, les aliments s'accumulent et se ramollissent dans un jabot, renflement de l'œsophage ; l'estomac a deux parties successives ; la première sécrète des enzymes digestives ; la seconde est le gésier, musculeux et souvent empli de graviers, avalés par l'animal, qui aident au broyage des aliments. L'estomac des herbivores est toujours très volumineux ; en effet, la digestion de la cellulose est un phénomène lent et peu « rentable » ; l'estomac des ruminants (la vache, par ex.), est divisé en 4 poches : la panse, où l'herbe fermente sous des actions bactériennes avant d'être remastiquée ; le bonnet ; le feuillet ; la caillette qui, sécrétant des enzymes, correspond à l'estomac de l'homme.

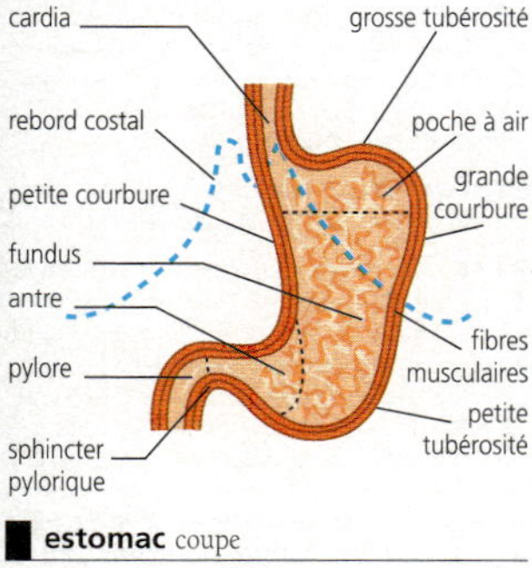


**estomac** coupe

**estomaquer** *vt* ① fam Frapper, saisir d'étonnement. DER **estomaquant, ante** *a*

**estompe** *nf* **1** TECH Petit rouleau pointu de peau, de papier, etc., servant à étendre le pastel ou le crayon sur un dessin. **2** Dessin fait à l'estompe. ETY Du néerl. *stomp,* « bout ».

**estomper** *vt* ① **1** Passer à l'estompe, ombrer. **2** Voiler, rendre flou. *L'ombre estompait les cimes.* **3** fig Atténuer, adoucir. *Estomper un récit. Ses souvenirs s'estompaient.*

**Estonie** État d'Europe, sur les bords de la Baltique ; 45 100 km² ; 1,3 million d'hab. (33 % de Russes et d'Ukrainiens) ; cap. *Tallin.* Nature de l'État : régime parlement. Langue off. : estonien. Monnaie : euro. DER **estonien, enne** *a, n*
**Géographie** Le N.-O. du pays est composé de bas plateaux. L'E. présente un relief plus accidenté. Les lacs glaciaires sont nombr. Le climat, tempéré, favorise la forêt. L'agriculture repose sur l'élevage bovin et porcin, et sur la culture du lin. Le sous-sol renferme des schistes bitumineux. Le tertiaire se développe.
**Histoire** Habitée par les Estes, d'origine finnoise, l'Estonie est évangélisée aux XIIᵉ-XIIIᵉ s., puis conquise par les chevaliers Teutoniques. La révolte luthérienne crée un État laïque, que se disputent les Russes, les Polonais et les Suédois. Le traité de Nystad (1721) la donne à la Russie, mais les barons baltes gouvernent. De 1881 à 1914, elle est russifiée. En 1920 (traité de Tartou), elle devient une rép. indépendante qui, avec la Lettonie et la Lituanie, forme l'Entente baltique. En juil. 1940, elle est réannexée par l'URSS, puis occupée par les Allemands (1941-1944). Après la guerre, elle devient la rép. soviétique d'Estonie. En 1991, l'URSS reconnaît l'indépendance des pays Baltes. En 1992, un référendum ôte le droit de vote aux russophones. Lennart Meri est prés. de la Rép. de 1992 à 2001. Arnold Rüütel lui succède jusqu'en 2006. L'Estonie entre dans l'UE en 2004 et adopte l'euro en 2011. En 2006, Toomas Hendrik Ilves (social-démocrate) est élu prés. Il est réélu en 2011. ▶ carte pays Baltes

**estonien** *nm* Langue finno-ougrienne parlée en Estonie. SYN este.

**estoquer** *vt* ① **1** Porter à qqn un coup avec la pointe de l'épée. **2** Porter l'estocade à un taureau. ETY Du moy. néerl. *stoken,* « piquer ».

**Estoril** v. du Portugal, à l'O. de Lisbonne. Circuit automobile.

**estouffade** *nf* CUIS Mets cuit en récipient clos, à feu doux, sans adjonction de liquide. ETY De l'ital. *stufata,* « étuvée ». VAR **étouffade**

**estourbir** *vt* ③ fam Étourdir, assommer. ETY De l'all. dial. *storb,* « mort ».

**Estouteville** Guillaume d' (?, v. 1403 – Rome, 1483), cardinal français. Il contribua à la réhabilitation de Jeanne d'Arc.

**estrade** *nf* Plancher légèrement surélevé par rapport au niveau du sol. ETY De l'esp.

**Estrades** Godefroy (comte d') (Agen, 1607 – Paris, 1686), maréchal français, un des négociateurs du traité de Nimègue (1678-1679).

**estradiot** *nm* HIST Soldat de cavalerie légère, originaire d'Albanie ou de Grèce. ETY Du gr. *stratiôtês,* « soldat ». VAR **stradiot**

**estragon** *nm* Armoise dont on utilise les feuilles comme condiment. ETY De l'ar.

**estramaçon** *nm* anc Épée large à deux tranchants. ETY De l'ital.

**estran** *nm* GEOGR Espace littoral compris entre le niveau de la haute mer et celui de la basse mer. ETY Mot normand.

**estrapade** *nf* HIST Supplice consistant à hisser le condamné à l'aide d'une corde à une certaine hauteur, puis à le laisser retomber ; lieu, instrument de ce supplice. *Donner l'estrapade.* ETY Du gothique *strappan,* « atteler ».

**Est républicain** quotidien régional fondé à Nancy en 1889.

**Estrées (maison d')** famille originaire d'Artois qui donna à la France des généraux, des maréchaux, des amiraux. — **Gabrielle** (chât. de Cœuvres, Picardie, 1573 – Paris, 1599), maîtresse d'Henri IV, lui donna trois enfants, légitimés, et mourut en couches.

**Gabrielle d'Estrées**

**Estrela (serra da)** chaîne granitique du Portugal central (1 991 m au Malhão da Estrela).

**Estrémadure** nom de deux régions de la péninsule Ibérique. – L'*Estrémadure espagnole,* communauté autonome et Région de l'UE, est formée des prov. de Badajoz et de Cáceres ; 41 602 km² ; 1 083 700 hab. ; cap. *Mérida.* Agric. extensive. – L'*Estrémadure portugaise* appartient à la Région Lisbonne-Vallée-du-Tage : polyculture intensive, pêche, industr., tourisme.

**Estrie** région admin. du Québec, à l'E. de Montréal. Ville pr. Sherbrooke. VAR **Cantons de l'Est** DER **estrien, enne** *a, n*

**estrildidé** *nm* Petit passereau d'origine tropicale, élevé en cage (astrild, bengali, diamant, cordon-bleu, etc.).

**estrogène** → **œstrogène.**

**estropier** *vt* ② **1** Faire perdre l'usage d'un membre à. *Elle s'est estropiée.* **2** fig Altérer, déformer. *Estropier un mot.* ETY De l'ital. DER **estropié, ée** *n*

**estuaire** *nm* Embouchure d'un fleuve, formant un golfe profond. ETY Du lat. DER **estuarien, enne** *a*

**estudiantin, ine** *a* litt, plaisant Relatif aux étudiants. SYN étudiant. ETY De l'esp.

**esturgeon** *nm* Poisson chondrostéen, qui vit quelque temps en mer et va pondre dans les grands fleuves. *Les œufs d'esturgeon (trois à quatre millions par femelle) conservés dans de la saumure constituent le caviar.* ETY Du frq.

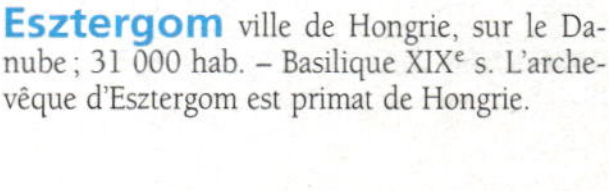

**esturgeon**

**Ésus** dieu celte de la Guerre.

**Esztergom** ville de Hongrie, sur le Danube ; 31 000 hab. – Basilique XIXᵉ s. L'archevêque d'Esztergom est primat de Hongrie.

**et** *conj* Lie des parties du discours (mots, propositions). *Vous avez tort et vous le regretterez.* **LOC** ***Et commercial*** : syn. d'*esperluette*. — ***Et/ou*** : indique que les deux termes coordonnés le sont soit par « et » soit par « ou ». [ETY] Du lat.

**êta** *nm* **1** Septième lettre (η, H) de l'alphabet grec. **2** PHYS Particule de la famille des mésons.

**ETA** → **Euzkadi ta Askatasuna.**

**étable** *nf* Lieu couvert, bâtiment où l'on abrite les bœufs, les vaches. [ETY] Du lat. *stabulum*, « lieu où l'on habite ».

**1 établi** *nm* Table robuste, en général sur quatre pieds, qui sert de plan de travail dans divers métiers manuels.

**2 établi, ie** *a* **1** Fixé, instauré. *Des usages établis.* **2** En place. *L'ordre établi. Le gouvernement établi.*

**établir** *v* [3] **A** *vt* **1** Placer de manière stable en un endroit choisi. *Établir sa résidence à Paris.* **2** Instituer. *Établir un gouvernement.* **3** vieilli Donner une condition stable, un emploi à qqn. *Établir ses enfants.* **4** Prouver, démontrer. *Établir la réalité d'un fait. Il est établi que...* **B** *vpr* **1** S'installer. *Il va s'établir en province.* **2** Commencer à exercer tel métier. *S'établir antiquaire.* **3** Se donner la fonction de. *Il s'est établi censeur de la vertu d'autrui.* **4** Être fondé, s'instaurer. *Des relations s'établissent entre ces deux pays.* [ETY] Du lat. *stabilis*, « stable ».

**établissement** *nm* **1** Action de construire. *Établissement d'une voie ferrée.* **2** Action d'établir, de fonder. *Établissement de la monarchie.* **3** vieilli Action de procurer une position à qqn. **4** Fait d'instaurer, de mettre en place qqch d'abstrait. *Travailler à l'établissement de relations entre deux pays.* **5** Installation établie pour l'exercice d'un commerce, d'une industrie, pour l'enseignement, etc. **LOC** ECON ***Droit d'établissement*** : droit de fonder une entreprise, un commerce, ou de commencer à exercer une profession libérale. — ***Établissement financier*** : entreprise qui, sans être une banque, accomplit des opérations financières. — DR ***Établissement public*** : institution administrative qui gère un service public.

**Établissement (acte d')** loi votée par le Parlement anglais en 1701, exigeant que tout prétendant au trône soit anglican.

**Établissements français de l'Inde** ensemble de territoires indiens laissés par le traité de Paris (1763) à la France : Pondichéry, Chandernagor, Mahé, etc., restitués à l'Inde entre 1952 et 1956.

**étage** *nm* **1** Division formée par les planchers dans la hauteur d'un édifice. *Maison de six étages.* **2** Chacun des niveaux, dans une disposition selon des plans superposés. *Jardin en étages.* **3** BOT Zone de végétation définie par une association d'espèces dont les aires de répartition sont comprises entre deux altitudes caractéristiques. *Étage du chêne vert, du mélèze.* **4** GEOL Subdivision d'une série géologique correspondant à des terrains contenant divers fossiles caractéristiques. **5** ELECTRON Ensemble de composants ayant une fonction déterminée ou fonctionnant dans un domaine de fréquences donné. **6** TECH Partie d'un moteur correspondant à un niveau d'énergie donné. **7** MINES Niveau à l'intérieur duquel s'effectue l'extraction. **LOC** ***De bas étage*** : peu recommandable, médiocre. [ETY] Du lat. *statio*, « station ».

**étager** *vt* [13] Disposer par étages. *Étager des cultures sur une colline.* [DER] **étagement** *nm*

**étagère** *nf* **1** Planche, tablette fixée horizontalement sur un mur. **2** Meuble à tablettes superposées.

**étagiste** *nm* Industriel chargé de la réalisation d'un étage d'une fusée.

**1 étai** *nm* **1** CONSTR Pièce servant à soutenir un mur, un plancher. **2** fig Soutien. [ETY] Du frq.

**2 étai** *nm* MAR Hauban ridé entre la tête de mât et l'avant du bateau. [ETY] De l'angl. *to stay*, « rester », avec infl. d'*étai 1*.

**étain** *nm* **1** Élément métallique de numéro atomique Z = 50 et de masse atomique 118,69 (symbole Sn). **2** Métal blanc, très malléable, de densité 7,28, qui fond à 232 °C, surtout utilisé dans des alliages. **3** Objet en étain. [ETY] Du lat.

**étal** *nm* **1** Table servant à débiter de la viande de boucherie. **2** Table servant à exposer des marchandises dans un marché. PLUR étals. [ETY] Du frq.

**étalage** *nm* **A 1** Exposition de marchandises à vendre. **2** Lieu où sont exposées ces marchandises ; ensemble de marchandises exposées. **B** *nm pl* METALL Partie du haut-fourneau, située entre le ventre et le creuset, en forme de tronc de cône. **LOC** ***Faire étalage de qqch*** : montrer avec ostentation.

**étalagiste** *n* Personne qui dispose les marchandises dans les vitrines.

**étale** *a, nm* **A** *a* **1** Dont le niveau est stationnaire. *Mer étale.* **2** Modéré et continu. *Vent étale.* **3** Immobile. *Navire étale.* **B** *nm* Moment où la mer est stationnaire, entre le flot et le jusant ou entre le jusant et le flot.

**étalement** *nm* **1** Action d'étaler qqch sur une surface. **2** Action d'étaler qqch dans le temps. *L'étalement des vacances.*

**1 étaler** *v* [1] **A** *vt* **1** Exposer des marchandises à vendre. *Étaler des soieries.* **2** Étendre, déployer. *Étaler une carte routière.* **3** Étendre. *Étaler de la peinture sur une toile.* **4** fam Projeter à terre. *Il l'a étalé d'une bourrade.* **5** péjor Montrer avec ostentation. *Étaler ses charmes.* **6** Répartir dans le temps. *Étaler les vacances annuelles.* **B** *vpr* **1** fam En parlant de qqn, s'étendre, s'avachir. **2** En parlant de choses abstraites, se montrer avec ostentation. **3** fam Tomber de tout son long. *S'étaler dans la boue.* [ETY] De l'a. fr. *esta*, « position ».

**2 étaler** *vt* [1] **LOC** MAR ***Étaler le vent, le courant*** : parvenir à faire route malgré le vent, le courant. [ETY] De *étale*.

**étaleuse** *nf* TECH Machine qui dispose en nappes la laine, le coton.

**étalinguer** *vt* [1] MAR Amarrer au moyen d'une étalingure. [ETY] Du néerl. *stag-lijn*, « ligne d'étai ».

**étalingure** *nf* MAR Amarrage fait au moyen d'une ligne légère qui sert généralement à assurer la chaîne d'ancre au fond du puits.

**1 étalon** *nm* **1** Cheval destiné à la reproduction. **2** Animal reproducteur d'une espèce domestique. [ETY] Du frq. *stal*, « demeure ».

**2 étalon** *nm* **1** Objet, appareil qui matérialise une unité de mesure légale, ou qui permet de la définir. *Mètre-étalon.* **2** ECON Métal ou monnaie de référence qui fonde la valeur d'une unité monétaire. *Étalon-or.* [ETY] Du frq. *stalo*, « modèle ».

**étalonner** *vt* [1] **1** Vérifier la conformité des indications d'un appareil de mesure à celles de l'étalon. **2** Graduer un instrument conformément à l'étalon. **3** CINE Contrôler les conditions d'exposition et de traitement de la copie d'un film. **4** PSYCHO Comparer le résultat d'un test individuel aux résultats observés dans une population de référence. [DER] **étalonnage** ou **étalonnement** *nm*

**étalonneur, euse** *n* Personne qui procède à l'étalonnage d'un film.

**étambot** *nm* MAR Forte pièce de la charpente du navire reliée à la quille, et qui supporte le gouvernail. [ETY] Du scand.

**étambrai** *nm* MAR Ouverture dans le pont d'un navire, servant de passage à un mât.

**étamer** *vt* [1] **1** TECH Revêtir d'étain un métal. **2** Revêtir de tain la face arrière d'une glace. [ETY] De l'a. fr. [DER] **étamage** *nm* – **étameur** *nm*

**1 étamine** *nf* **1** Étoffe mince non croisée. **2** Tissu peu serré, qui sert à filtrer, à tamiser. [ETY] Du lat. *stamen*, « fil ».

**2 étamine** *nf* BOT Organe mâle des phanérogames, constitué d'une partie grêle, le filet, qui porte à son extrémité l'anthère, où s'élabore le pollen. *Les étamines sont insérées entre les pétales et les carpelles.* [ETY] Du lat. *stamina*, « fils ».

**étampe** *nf* TECH **1** Matrice qui sert à produire une empreinte sur le métal ; marque ainsi produite. **2** Outil pour étamper.

**étamper** *vt* [1] **1** TECH Faire des trous dans un objet métallique. *Étamper un fer à cheval* **2** Produire une empreinte avec une étampe. [ETY] Var. d'*estamper*.

**étampure** *nf* TECH **1** Évasement que présente l'entrée d'un trou dans une plaque de métal. **2** Chacun des trous du fer à cheval.

**Étampes** ch.-l. d'arr. de l'Essonne, au N.-E. de la Beauce, sur *la Juine* et *la Chalouette* ; 22 956 hab. – Quatre égl. (XI$^{e}$-XVI$^{e}$ s.) ; tour Guinette (donjon royal du XII$^{e}$ s.). [DER] **étampois, oise** *a, n*

**Étampes Anne de Pisseleu (duchesse d')** (Fontaine-Lavaganne, 1508 – Heilly, 1580), maîtresse de François I$^{er}$.

**étamure** *nf* TECH Alliage qui sert à étamer ; couche de cet alliage étendue sur un objet.

**étanche** *a* **1** Imperméable aux liquides, aux gaz. **2** fig Qui sépare complètement. *Cloisons étanches entre les services d'une administration.* [DER] **étanchéité** *nf*

**étanchéifier** *vt* [2] Rendre étanche. *Étanchéifier les plafonds.*

**étancher** *vt* [1] **1** Arrêter l'écoulement d'un liquide. *Étancher le sang d'une blessure.* **2** TECH Rendre étanche. **LOC** ***Étancher la soif*** : l'apaiser. — MAR ***Étancher une voie d'eau*** : la boucher. [ETY] Du bas lat. *stanticare*, « retenir ». [DER] **étanchement** *nm*

**étançon** *nm* TECH Pilier, poteau de soutènement d'un mur, d'un toit de galerie de mine, etc. [ETY] De l'a. fr. *ester*, « se tenir debout ».

**étançonner** *vt* [1] TECH Renforcer, soutenir au moyen d'étançons. [DER] **étançonnement** *nm*

**étang** *nm* Étendue d'eau peu profonde et stagnante, généralement de dimensions inférieures à celles d'un lac. [ETY] De l'a. fr. *estanchier*, « arrêter l'eau ».

**étant** *nm* PHILO Ce qui est, par rapport au fait d'être.

**étape** *nf* **1** Endroit où s'arrête un voyageur. *Faire étape à Angers.* **2** Distance à parcourir pour atteindre cet endroit. *Établir le classement par étapes. Étape contre la montre.* **3** fig Période envisagée dans une succession. *Se rappeler les étapes de sa vie.* [ETY] Du moy. néerl. *stapel*, « entrepôt ».

**Étaples** ch.-l. de cant. du Pas-de-Calais (arr. de Montreuil), sur l'estuaire de la Canche ; 11 177 hab. Port de pêche. – Traité entre Charles VIII et Henri VII d'Angleterre (1492). [DER] **étaplois, oise** *a, n*

**étarquer** *vt* [1] MAR Raidir le guindant ou la bordure d'une voile. [ETY] Du moy. néerl.

**état** *nm* **A** (Avec une minuscule.) **1** Situation, disposition dans laquelle se trouve une personne. *Son état de santé est excellent. État d'esprit.* **2** Situation, disposition dans laquelle se trouve une chose, un ensemble de choses. *Cette voiture est en bon état, en état de marche.* **3** PHYS Condition particulière dans laquelle se trouve un corps. *État solide, liquide, gazeux.* **4** INFORM Situation dans laquelle se trouve un organe, un système caractérisés par un certain nombre de variables. **5** 

Chacun des stades de la confection d'une planche, en gravure. **6** Écrit descriptif (liste, tableau, registre, inventaire, etc.). *État de frais.* **B** (Avec une majuscule.) **1** Personne morale de droit public qui personnifie la nation à l'intérieur et à l'extérieur du pays dont elle assure l'administration. *Chef d'État. Passer un contrat avec l'État.* **2** Ensemble des organismes et des services qui assurent l'administration d'un pays. **3** Étendue de territoire sur laquelle s'exerce l'autorité de l'État. *Reconnaître les frontières d'un nouvel État.* **4** Chacun des territoires qui constituent une fédération. *Les États-Unis réunissent 50 États.* **LOC** ***Coup d'État*** : conquête, ou tentative de conquête du pouvoir d'État par des moyens illégaux, souvent violents. — ***De son état*** : de son métier. — ***En tout état de cause*** : quoi qu'il en soit. — ***Équation d'état d'un fluide*** : relation entre la pression du fluide, son volume et sa température absolue. — ***État civil*** : ensemble des éléments permettant d'individualiser une personne dans l'organisation sociale, administrative. — ***État d'âme*** : sentiments, impressions ; (au plur.) scrupules de conscience. — ***État des lieux*** : description d'un local à l'entrée ou au départ d'un occupant ; fig bilan d'une situation à un moment donné. — ***État providence*** : qui a un rôle d'assistance particulièrement important (aide aux défavorisés, fourniture de biens collectifs). — fam ***Être dans tous ses états*** : être bouleversé, affolé. — ***Faire état de*** : mettre en avant, faire valoir. (ETY) Du lat. *stare*, « se tenir debout ». (DER) **étatique** *a* ▶ illustr. **matière**

**État et la Révolution (l')** œuvre politique de Lénine (1918).

**État français** régime politique de la France entre juil. 1940 et août 1944. Le 10 juil., le Parlement donna tous pouvoirs à Pétain pour « promulguer une nouvelle Constitution de l'État français », qui succédait à la République. Le 9 août 1944, le Gouvernement provisoire de la Rép. franç. rétablit la république.

**étatiser** *vt* ① Placer sous l'administration de l'État. *Étatiser certains secteurs industriels.* (DER) **étatisation** *nf*

**État islamique** → **Daech.**

**étatisme** *nm* Système politique caractérisé par l'intervention directe de l'État sur le plan économique et social. (DER) **étatiste** *a, n*

**état-major** *nm* **1** MILIT Corps d'officiers attachés à un chef militaire ; lieu où ces officiers se réunissent. **2** MAR Ensemble des officiers d'un navire. **3** Ensemble des dirigeants d'un groupement. *État-major d'un parti politique.* PLUR états-majors.

**État-nation** *n* État dont les frontières coïncident avec l'expression d'une communauté nationale. PLUR États-nations.

**états (assemblée des)** assemblée politique que le roi de France convoqua parfois, à partir de 1302, pour délibérer sur des questions publiques. Elle se composait des députés envoyés par les 3 ordres, ou *états*, de la nation : la noblesse, le clergé et, regroupant tous les autres sujets du royaume, le tiers état. On distinguait les *états généraux*, et les *états provinciaux*, formés par les délégués d'une seule province. (VAR) **états**

**États de l'Église** → **Vatican.**

**États généraux de 1789** assemblée des états réunie par Louis XVI le 2 mai 1789 à Versailles. Le roi doubla le nombre de représentants du tiers état, qui imposa la délibération commune et le vote par tête. Par le serment du Jeu de paume, le 20 juin 1789, le tiers se proclama Assemblée nationale ; le 27 juin, les autres ordres se joignaient à lui et, le 9 juil., l'Assemblée nationale se déclarait *constituante*. La Révolution française, dont le déclenchement effectif se produisit le 14 juillet, commençait.

**États-Unis d'Amérique** *(United States of America)* État fédéral d'Amérique du Nord, situé entre l'Atlantique à l'E., le Pacifique à l'O., le Canada au N., le Mexique au S. S'y ajoutent l'Alaska et les îles Hawaii. Au total, cinquante États (plus le district de Columbia) couvrant 9 363 124 km², auxquels il faut adjoindre les possessions extérieures (Porto Rico, îles Vierges, Samoa orientales et Guam) ; 321,2 millions d'hab. cap. *Washington.* Nature de l'État : rép. fédérale de type présidentiel. Langue off. : anglais. Monnaie : dollar américain. Pop. : Blancs (84 %, dont plus de 16 % d'origine hispano-mexicaine), Noirs (12 %), Asiatiques (3,3 %), Amérindiens (0,6 %). Relig. : protestants (52 %), catholiques (26 %), juifs (1,4 %), etc. (DER) **états-unien** ou **étasunien, enne** ou **américain, aine** *a, n*

**Relief** À l'E., le massif ancien des Appalaches ne dépasse 2 000 m que dans le S. ; il surplombe l'étroite plaine atlantique. Au centre s'étendent de vastes plaines sédimentaires, drainées par l'axe Mississippi-Missouri (6 300 km, 3ᵉ artère fluviale du monde). Au N. des plaines centrales s'étendent les Grands Lacs, d'origine glaciaire (246 300 km²). À l'O. se dresse un puissant système montagneux. Sa bordure E., les Rocheuses (4 398 m au mont Elbert), domine des plateaux aux profondes vallées (Columbia, Colorado) et des bassins fermés (Grand Bassin). Sa bordure O. (chaînes côtières, chaîne des Cascades, sierra Nevada) est creusée de dépressions : Puget Sound et vallée de Californie.

**Climat** À l'E., le climat continental humide, aux hivers rudes dans le N. et aux étés subtropicaux dans le S., est propice aux forêts. Le Centre, au climat continental assez sec, est le domaine de la prairie. L'O. est contrasté : la façade du Pacifique est océanique au N., méditerranéenne au S. (qui comprend plus. déserts), l'altitude joue un rôle important.

**Population** Les WASP (*White Anglo-Saxon Protestant* : Blanc Anglo-Saxon Protestant) constituent 70 % de la pop. Les Noirs (12 %) descendent des esclaves amenés d'Afrique aux XVIIᵉ et XVIIIᵉ s. ; on nomme « Ethnics » (17 % du total) les Latino-Américains et les Asiatiques récemment immigrés. Les Amérindiens sont une infime minorité vivant dans des réserves. L'urbanisation est forte (81 %), plus de 30 villes dépassent le million d'hab.

**Économie** Les États-Unis sont, de très loin, la première puissance écon. du monde : moins de 5 % de la pop. mondiale produit plus de 30 % des richesses de la planète. Le pays, qui consomme 25 % de l'énergie mondiale, occupe le 1ᵉʳ rang pour la prod. d'électricité et le 2ᵉ rang pour le charbon, le pétrole et le gaz, mais les réserves d'hydrocarbures sont faibles, l'extraction coûteuse, et le pays s'approvisionne sur le marché mondial. L'activité minière fournit la plupart des métaux, mais il importe fer, bauxite, chrome, nickel, tantale, cobalt, titane. L'agriculture n'emploie que 2,5 % des actifs mais occupe la première place mondiale, suscitant un puissant complexe agro-industriel. Les É.-U. ont le 1ᵉʳ rang mondial pour la sylviculture et le 6ᵉ rang pour la pêche, mais ne couvrent que la moitié de leurs besoins. Le poids mondial de l'industrie américaine a diminué : moins de 20 % aujourd'hui contre plus de 50 % en 1946. Les industries de base ont connu un important repli, notam. dans le Nord-Est et les Grands Lacs ; l'aéronautique, les produits chimiques, la pharmacie, les constr. électriques et l'électronique sont vaillants ; les É.-U. possèdent la première industrie d'armements, le plus important réseau de multinationales, la maîtrise des technologies avancées. Le développement massif du tertiaire a donné aux États-Unis un rôle dirigeant en ce qui concerne le savoir, l'information, la « culture populaire » (télévision, cinéma). Le 1ᵉʳ janv. 1994, l'ALENA (« marché commun » réunissant le Canada, les É.-U. et le Mexique) est entré en vigueur. Les années 1990-2000 ont été celles d'une formidable croissance. En 2000-2001, le fléchissement du marché boursier consacré aux nouvelles technologies (*Nasdaq*) a eu des répercussions mondiales. En 2007, la crise de l'immobilier a entraîné celle des crédits provoquant l'effondrement de l'économie. La reprise a été sensible à partir de 2010.

**Histoire** LES ORIGINES Peuplée d'Amérindiens, l'Amérique du Nord a été colonisée par les Européens à partir du XVIIᵉ s. seulement. Le Français Champlain fonde Québec (1608), les Anglais implantent treize colonies le long de la côte atlant. : Virginie (1607), Massachusetts (*Mayflower*, 1620), New Hampshire, Maryland, Connecticut, Rhode Island, les deux Carolines, New York, Delaware, New Jersey (ces trois dernières achetées aux Pays-Bas en 1664), Pennsylvanie, Géorgie. Le traité de Paris (1763) élimine presque totalement la France de l'Amérique, puis un conflit éclate entre les treize colonies anglaises et leur métropole, qui entend leur infliger l'impôt du timbre (1765-1766) et la taxe sur le thé (1767). Les députés des colonies rédigent une déclaration des droits du contribuable américain (1774), puis la *Déclaration d'indépendance* des États-Unis (4 juillet 1776). Les Américains, commandés par George Washington et bientôt appuyés par la France (La Fayette, Rochambeau),

séance d'ouverture des derniers **états généraux**, le 5 mai 1789, dans la salle des Menus-Plaisirs, château de Versailles, gravure – musée des Arts décoratifs, Paris

vainquent à Yorktown (1781) le général anglais Cornwallis.

**L'INDÉPENDANCE** Par le traité de Versailles (1783), l'Angleterre reconnaît l'indépendance des É.-U. La Convention de Philadelphie élabore la Constitution de la République fédérale des États-Unis (17 sept. 1787), dont le premier président est G. Washington (4 mars 1789). En 1803, les É.-U. achètent à la France la Louisiane (c'est-à-dire tous les territoires situés à l'O. du Mississippi), en 1819, la Floride à l'Espagne ; le Texas se détache du Mexique (1845) ; la guerre contre le Mexique (1846-1848) rapporte le Nouveau-Mexique, l'Arizona et la Californie ; la G.-B. accorde l'Oregon (1848). Le peuplement se propage d'E. en O., puis il se produit une immigration anglaise, irlandaise et allemande. Lorsque Lincoln, antiesclavagiste, est élu président, les États du Sud, esclavagistes, se retirent de l'Union (1861) et forment les *États confédérés d'Amérique* (cap. *Richmond*), que préside Jefferson Davis. La guerre de Sécession (1861-1865) oppose sudistes, ou confédérés, et nordistes, ou fédéraux, qui l'emportent. L'Union est maintenue, l'esclavage est aboli, mais la reconnaissance des droits des Noirs n'est pas acquise tant dans le Sud (apparition du Ku Klux Klan v. 1865) que dans le Nord.

**L'INTERVENTIONNISME** La doctrine de Monroe (1823) avait établi le principe de la non-ingérence européenne en Amérique. Devenus impérialistes, les É.-U. l'emportent sur les Espagnols : cession de Porto Rico et de Cuba, érigé en une rép. indép. (1901) ; protectorat sur Haïti et Saint-Domingue ; intervention à Panamá (le canal est inauguré en 1914) ; acquisition des Philippines. En avril 1917, le prés. démocrate Wilson (1913-1921) intervient en Europe aux côtés des Alliés (avril 1917). En 1918-1919, il participe à la création de la Société des Nations, mais le Congrès, républicain, refuse que les É.-U. entrent à la SDN. Devenus les créanciers du monde, les É.-U. connaissent l'euphorie de la prospérité ; la crise de 1929, due à la surproduction et à la spéculation, provoque un chômage massif et se répand dans le monde entier. Le prés. démocrate Franklin Delano Roosevelt (1933-1945) prend une série de mesures, notam. sociales, contre la crise (*New Deal*) et pactise avec les Sud-Américains : évacuation d'Haïti et du Nicaragua (1933), fin du protectorat sur Cuba (1934). D'abord réticente, l'opinion américaine finit par approuver la guerre contre l'Allemagne, l'Italie, le Japon (qui avait détruit la flotte amér. à Pearl Harbor, le 7 déc. 1941). La formidable puissance des É.-U. a raison de l'Allemagne et du Japon, sur lequel ils lancent finalement deux bombes atomiques (Hiroshima, 6 août 1945 ; Nagasaki, 9 août).

**LA GUERRE FROIDE** Succédant à Roosevelt décédé, le démocrate Harry Truman accorde une aide économique aux États ruinés par la guerre (*plan Marshall*) et, face à la menace soviétique (guerre froide), il crée l'OTAN (1949) et engage les É.-U. en Corée (1950-1953). Sous la présidence du général Eisenhower (1953-1961), républicain, la guerre froide se poursuit, mais le maccarthysme est condamné (1954). Dans le Sud, l'interdiction de la ségrégation scolaire (1957) provoque des troubles. Eisenhower se préoccupe du S.-E. asiatique : signature du pacte de Manille (8 sept. 1954) ; aide à la Chine nationaliste (Taïwan) ; soutien de Ngô Dinh Diêm au Viêt-nam (1955). La crise de Suez (nov.-déc. 1956) montre les désaccords entre les É.-U. et leurs alliés français et britanniques. Le président John F. Kennedy (1961-1963), démocrate, oblige les Soviétiques à retirer les fusées nucléaires installées à Cuba (juillet 1962), puis les relations avec l'URSS s'améliorent (accords de Moscou, 1963), mais J. F. Kennedy engage les É.-U. dans la guerre du Viêt-nam. Lyndon B. Johnson, qui a succédé à Kennedy (assassiné à Dallas le 22 nov. 1963), accroît cet engagement, notam. après son élection (nov. 1964).

**LES DIFFICULTÉS (1969-1977)** Les É.-U. ont gagné la course à la Lune (21 juil. 1969, Armstrong et Aldrin). Le républicain Nixon (élu en nov. 1968) prône la détente avec les « grands » (admission de la rép. pop. de Chine à l'ONU, 25 oct. 1971, visite de Nixon à Pékin, fév. 1972, puis à Moscou, juin 1972), intervient chez les « petits » (Chili, Chypre, Grèce, Proche-Orient, Rhodésie, etc.), cherche à se sortir du bourbier vietnamien et dévalue le dollar. Réélu en nov. 1972, il entérine le cessez-le-feu au Viêt-nam (janv. 1973). En août 1974, impliqué dans le scandale politique du « Watergate », il démissionne. Le vice-président Gerald Ford, qui lui succède, doit faire face à une grave crise écon. et sociale (8,5 millions de chômeurs).

**LA PUISSANCE RETROUVÉE** Le démocrate Jimmy Carter (1977-1981) est vaincu en nov. 1980 par un républicain « dur », Ronald Reagan. Son libéralisme relance l'économie, sans réduire le déficit comm. et budgétaire ; à l'extérieur, Reagan intervient à Grenade en 1983, soutient la guérilla antisandiniste au Nicaragua, bombarde la Libye en 1986, veut organiser la « guerre des étoiles ». Mais il rencontre en 1985 le Soviétique Gorbatchev pour organiser le désarmement. George Bush, vice-président depuis huit ans, succède à Reagan dont il continue la politique : intervention au Panamá (déc. 1989), fermeté au Moyen-Orient en 1990 et 1991 (V. Golfe, guerre du). La régression sociale pousse les classes moyennes à lui préférer le démocrate Bill Clinton en nov. 1992. La reprise écon. est spectaculaire, mais l'opposition du Congrès républicain empêche les réformes sociales. En nov. 1996, Bill Clinton est réélu. L'élection de 2000 voit la victoire du républicain George W. Bush, fils de l'anc. président, sur le démocrate Al Gore, au terme d'un scrutin controversé. Le 11 sep. 2001, des attentats perpétrés au moyen d'avions de ligne détournés font plusieurs milliers de victimes à New York (effondrement des tours du World Trade Center) et à Washington. En oct., Bush intervient contre le régime taliban d'Afghanistan qui avait accueilli O. Ben Laden, commanditaire présumé des attentats. Fin 2002, les É.-U., secondés par la G.-B., accusent l'Irak de détenir des armes de destruction massive (ADM). Leur volonté de renverser le régime de Saddam Hussein par une guerre préventive se heurte à l'opposition, à l'ONU, de la France et de l'Allemagne. La guerre d'Irak est brève (20 mars-1er mai 2003), mais l'absence d'ADM et l'occupation du pays coûteuse et meurtrière préoccupent l'opinion publique. G. W. Bush est malgré tout réélu en 2004, mais il ne parvient pas à mettre fin aux conflits en Irak et en Afghanistan. En 2008, la crise des subprimes plonge les É.-U. dans un marasme financier et économique. L'Afro-américain démocrate Barack Obama est élu en novembre 2008. Il est réélu en 2012.

**État-voyou** *nm* État accusé de contrevenir aux règles du droit international. PLUR États-voyous.

**étau** *nm* Instrument composé de deux mâchoires pouvant être rapprochées au moyen d'une vis et qui sert à maintenir un objet que l'on façonne. **LOC** ***Être pris dans un étau*** **:** être soumis à la pression de deux forces antagonistes sans pouvoir s'y soustraire (ETY) De l'a. fr. *estoc*.

**étau-limeur** *nm* Machine-outil qui sert à raboter les surfaces métalliques. PLUR étaux-limeurs.

**étayer** *vt* (21) **1** Soutenir avec des étais. *Étayer une maison.* **2 fig** Soutenir. *Étayer de preuves une théorie.* (DER) **étayage, étayement** ou **étaiement** *nm*

**et cetera** *av* Et le reste. ABREV etc. (PHO) [ɛtsetera] (ETY) Mots lat., « et les autres choses ». (VAR) **et cætera**

**Etchmiadzine** v. sainte d'Arménie, au S.-O. d'Erevan ; 50 000 hab. Siège du catholicosat de l'Église apostolique arménienne.

**été** *nm* Saison la plus chaude de l'année, qui va du 21 ou 22 juin (solstice) au 22 ou 23 septembre (équinoxe), dans l'hémisphère Nord. *Prendre des vacances en été.* **LOC** ***Été de la Saint-Martin*** (en Europe) **:** derniers beaux jours de début novembre. — ***Été indien*** ou (au Canada) ***été des Indiens*** **:** période de chaleur qui, en automne, rappelle les beaux jours d'été. (ETY) Du lat.

**éteignoir** *nm* **1** anc Petit cône creux pour éteindre une chandelle, un flambeau. **2 fig, fam** Rabat-joie.

**éteindre** *v* (55) **A** *vt* **1** Faire cesser de brûler ou d'éclairer. *Éteindre un feu. Éteindre la lumière.* **2 fig** Tempérer, amortir ; adoucir. *Éteindre l'ardeur de la fièvre. Éteindre les couleurs.* **3 DR** Annuler. *Éteindre une dette, une action judiciaire.* **B** *vpr* **1** Cesser de brûler ou d'éclairer. *Le feu s'éteint peu à peu.* **2** Disparaître. *Sans descendance, cette famille va s'éteindre.*

## LES 50 ÉTATS DES ÉTATS-UNIS

| ÉTAT | CAPITALE | ÉTAT | CAPITALE | ÉTAT | CAPITALE |
|---|---|---|---|---|---|
| **Alabama** | Montgomery | **Illinois** | Springfield | **New Jersey** | Trenton |
| **Alaska** | Juneau | **Indiana** | Indianapolis | **Nouveau-Mexique** | Santa Fe |
| **Arizona** | Phoenix | **Iowa** | Des Moines | **New York** | Albany |
| **Arkansas** | Little Rock | **Kansas** | Topeka | **Ohio** | Columbus |
| **Californie** | Sacramento | **Kentucky** | Frankfort | **Oklahoma** | Oklahoma City |
| **Caroline du Nord** | Raleigh | **Louisiane** | Baton Rouge | **Oregon** | Salem |
| **Caroline du Sud** | Columbia | **Maine** | Augusta | **Pennsylvanie** | Harrisburg |
| **Colorado** | Denver | **Maryland** | Annapolis | **Rhode Island** | Providence |
| **(District of Columbia)** | Washington | **Massachusetts** | Boston | **Tennessee** | Nashville-Davidson |
| **Connecticut** | Hartford | **Michigan** | Lansing | **Texas** | Austin |
| **Dakota du Nord** | Bismarck | **Minnesota** | Saint Paul | **Utah** | Salt Lake City |
| **Dakota du Sud** | Pierre | **Mississippi** | Jackson | **Vermont** | Montpelier |
| **Delaware** | Dover | **Missouri** | Jefferson City | **Virginie** | Richmond |
| **Floride** | Tallahassee | **Montana** | Helena | **Virginie-Occidentale** | Charleston |
| **Géorgie** | Atlanta | **Nebraska** | Lincoln | **Washington** | Olympia |
| **Hawaii** | Honolulu | **Nevada** | Carson City | **Wisconsin** | Madison |
| **Idaho** | Boise City | **New Hampshire** | Concord | **Wyoming** | Cheyenne |

ÉTATS-UNIS D'AMÉRIQUE
CANADA
MEXIQUE
OCÉAN PACIFIQUE
OCÉAN ATLANTIQUE
Golfe du Mexique
MONTAGNES ROCHEUSES
APPALACHES
WASHINGTON
New York
Philadelphie
Boston
Baltimore
Chicago
Detroit
Cleveland
Pittsburgh
Atlanta
Miami
Houston
Dallas
Fort Worth
San Antonio
Austin
La Nouvelle-Orléans
Denver
Phoenix
Los Angeles
San Diego
San Francisco-Oakland
San Jose
Sacramento
Portland
Seattle
Salt Lake City
Las Vegas
Minneapolis
St Paul
St Louis
Kansas City
Indianapolis
Cincinnati
Louisville
Memphis
Nashville-Davidson
Tampa
St Petersburg
Orlando
Jacksonville
Norfolk
Richmond
Population des villes :
plus de 5 000 000 d'hab.
de 1 à 5 000 000 d'hab.
de 100 000 à 1 000 000 d'hab.
de 10 000 à 100 000 hab.
autre ville
limite d'État extérieur
limite d'État
autoroute
route importante
canal
port important
aéroport important
site du "patrimoine mondial" UNESCO
marais
capitale fédérale
capitale d'État
500 km
250 km
HAWAII
Honolulu
ALASKA
Anchorage
Fairbanks
Juneau

3 Mourir. *Elle s'est éteinte à quatre-vingts ans.* ETY Du lat. pop.

**éteint, éteinte** *a* Qui a perdu son éclat, sa force. *Voix éteinte. Un regard éteint.*

**Étel (rivière d')** ria débouchant sur l'Atlantique, à l'O. de la presqu'île de Quiberon.

**étendage** *nm* **1** Action d'étendre. *Étendage du linge.* **2** Cordes et perches sur lesquelles on étend des objets à sécher.

**étendard** *nm* **1** anc Enseigne de guerre. **2** mod Signe de ralliement d'une cause, d'un parti. *L'étendard de la révolte.* **3** BOT Pétale supérieur de la corolle des papilionacées. ETY Du frq.

**étendoir** *nm* **1** Endroit où l'on étend ce qui doit sécher. **2** Étendage.

**étendre** *v* 6 **A** *vt* **1** Allonger un membre. *Étendre le bras.* **2** Allonger qqn. *Étendre un blessé sur le sol.* **3** Déployer qqch en surface. *Étendre du linge pour le faire sécher.* **4** Additionner d'eau, diluer. *Étendre du vin.* **5** Agrandir, accroître. *Étendre sa domination.* **6** fam Refuser qqn. *Se faire étendre à un examen.* **B** *vpr* **1** Occuper un certain espace. *La Gaule s'étendait jusqu'au Rhin.* **2** fig Aller jusqu'à. *Son crédit ne s'étend pas jusque-là.* **3** Parler longuement de qqch. *S'étendre sur un sujet.* LOC ***Étendre un homme sur le carreau*** : le blesser gravement, l'assommer, le tuer. ETY Du lat.

**étendu, ue** *a* **1** Vaste. *Une province étendue.* **2** Déployé. *Oiseau aux ailes étendues.* **3** fig Qui possède une grande extension, un grand développement. *Avoir une culture étendue.*

**étendue** *nf* **1** PHILO Propriété des corps d'être situés dans l'espace, d'en occuper une partie. **2** Espace, superficie, durée. *Dans toute l'étendue du pays.* **3** fig Développement, importance. *L'étendue des dégâts.* **4** MUS Écart entre les deux sons extrêmes que peut émettre une voix, un instrument. SYN registre.

**Étéocle** fils aîné d'Œdipe et de Jocaste, frère de Polynice avec qui il devait régner sur Thèbes en alternance. Il refusa de céder le trône. Polynice s'allia à six autres chefs. Au cours de cette guerre des Sept Chefs, les deux frères s'entretuèrent.

**éternel, elle** *a, nm* **A** *a* **1** Sans commencement ni fin. **2** Immuable. *Vérité éternelle.* **3** Sans fin ; dont on ne prévoit pas la fin. *Une reconnaissance éternelle.* **4** Continuel. *Il fatigue tout le monde par son éternel bavardage.* **B** *nm* Ce qui a valeur d'éternité. LOC ***La Ville éternelle*** : Rome. — ***L'Éternel*** : Dieu. ETY Du bas lat.

**éternellement** *av* **1** Dans l'éternité, pour toujours. **2** Toujours, continuellement. *Être éternellement malade.*

**éterniser** *v* 1 **A** *vt* **1** litt Rendre éternel. *Éterniser le nom d'un poète.* **2** Prolonger indéfiniment. *Éterniser une discussion oiseuse. La polémique s'éternise.* **B** *vpr* fam Rester trop longtemps quelque part, chez qqn.

**éternité** *nf* **1** Durée sans commencement ni fin. *Le temps se perd dans l'éternité.* **2** Durée sans fin, ayant eu un commencement. **3** fig Temps très long. *On ne l'a pas vu depuis une éternité.* **4** Caractère de ce qui est éternel, immuable. *L'éternité de ces vérités.* LOC ***De toute éternité*** : depuis toujours.

**éternuer** *vi* 1 Avoir une expiration brusque et bruyante par le nez et la bouche due à un effort convulsif des muscles expirateurs et provoquée par une irritation des muqueuses nasales. ETY Du lat. DER **éternuement** *nm*

**étésien** *am* LOC didac ***Vents étésiens*** : vents du nord qui soufflent en été en Méditerranée orientale. ETY Du gr. *etos*, « année ».

**étêter** *vt* 1 **1** SYLVIC Couper la cime d'un arbre. **2** Couper la tête de qqch. *Étêter des poissons.* DER **étêtage** ou **étêtement** *nm*

**éteule** *nf* Chaume qui reste en place après la moisson. ETY Du lat. *stipula*, « tige des céréales ».

**Étex Antoine** (Paris, 1808 – Chaville, 1888), peintre, graveur et sculpteur français. Il décora l'arc de triomphe de l'Étoile à Paris.

**éthanal** *nm* CHIM Syn. de *acétaldéhyde*.

**éthane** *nm* CHIM Hydrocarbure saturé ($C_2H_6$), gaz qui se transforme à haute température en éthylène ou en acétylène. ETY De *éther*.

**éthanol** *nm* CHIM Alcool éthylique.

**étheirologie** *nf* Science qui étudie le cheveu, ses maladies. ETY Du gr. *étheira*, « chevelure ».

**éther** *nm* **1** PHYS Fluide hypothétique qui permit d'expliquer, aux XVIIIe et XIXe s., la propagation de la lumière. **2** poét Air le plus pur ; ciel. **3** CHIM Composé, de formule R–O–R', résultant de la déshydratation de deux molécules d'alcool ou de phénol dont le plus important est l'*éther ordinaire* ou *éther sulfurique*, de formule $(C_2H_5)_2O$, liquide très volatil utilisé comme solvant et comme anesthésique. LOC ***Éther de glycol*** : dérivé du glycol, très utilisé comme solvant industriel, et soupçonné d'effets génotoxiques. ETY Du gr.

**éthéré, ée** *a* **1** De la nature de l'éther. **2** fig Très noble, très pur. *Sentiments éthérés.* **3** Délicat, vaporeux. *Une créature éthérée.*

**éthérifier** *vt* 2 CHIM Transformer en éther.

**éthériser** *vt* 1 MED Anesthésier par inhalation d'un mélange d'air et de vapeur d'éther. DER **éthérisation** *nf*

**éthéromanie** *nf* MED Toxicomanie à l'éther. DER **éthéromane** *n, a*

**éthicien, enne** *n* Spécialiste d'éthique, en partic. d'éthique médicale.

**Éthiopie (république d')** (anc. *Abyssinie*), État d'Afrique du Nord-Est limité à l'O. par le Soudan, au N. par l'Érythrée, à l'E. par Djibouti et la Somalie, au S. par le Kenya ; 1 221 900 km² ; 87 millions d'hab. ; croissance démograph annuelle : 2,4 % ; cap. *Addis-Abeba*. Nature de l'État : rép. présidentielle. Langue off. : amharique. Monnaie : birr. Relig. : orthodoxes éthiopiens (52,5 %), musulmans (31,4 %), adeptes des religions traditionnelles (11,4 %). DER **éthiopien, enne** *a, n*

**Géographie** Au nord du Nil Bleu (l'Abbai), les hautes terres culminent à 4 620 m. C'est l'un des châteaux d'eau de l'Afrique de l'E. La dépression de la Rift Valley, avec ses lacs, s'élève de 375 m d'altitude (au lac Turkana) à 1 846 m (au lac Zway) puis descend au-dessous du niveau de la mer. Elle sépare les hautes terres du N.-O. et le massif du Harar (4 307 m au mont Batu). À partir de 2 000 m, quand disparaît la forêt dense, se fixent le peuplement et les cultures. Les plaines périphériques sont désertiques.

**Population** La langue officielle est l'amharique, dérivé du guèze, langue sémitique encore en usage dans l'église orthodoxe. On compte 70 langues et 200 dialectes, couchitiques (oromo, afar, somali) ou sémitiques (tigrinya, guragé) ; les princ. ethnies sont les Amharas (37,7 %), les Oromos ou Gallas (35,3 %), les Tigrinyas (8,6 %), les Guragés (3,3 %), etc. La population est rurale à 83 %.

**Économie** L'Éthiopie est l'un des États les plus pauvres du monde. Le sorgho, l'orge et le maïs sont les princ. plantes vivrières. L'élevage est important en altitude et dans les plaines littorales. On exporte du café, cultivé entre 1 800 m et 2 500 m, et des cuirs et peaux. L'hydroélectricité est abondante ; on cherche du pétrole dans la mer Rouge. L'industrie est embryonnaire : textile et agroalimentaire. La guerre civile et la collecti-

visation ont ruiné le pays : délabrement du réseau de transport, déplacement des pop. Les efforts réalisés avec le retour à l'économie de marché en 1991 furent ruinés par la guerre de 1998-2000. Dans les années 2010, l'économie était à nouveau redressée.
**Histoire** LES ORIGINES Longtemps, les hauts plateaux furent à l'abri des invasions. Mais des migrants vinrent de Palestine (Falashas), d'Arabie et du Yémen. Vers 100 av. J.-C., se constitua le roy. (ou empire) d'Axoum. La légende veut qu'il ait été créé par un certain Ménélik, fils du roi Salomon et de la reine de Saba (en Arabie). Au IVe s. apr. J.-C., le roi soumit les peuples de la Nubie et s'imposa même en Arabie ; il se convertit au christianisme et noua de fortes relations avec l'Empire byzantin. À partir du VIIe s., les musulmans attaquèrent l'Éthiopie. Encerclé, l'empire abandonna Axoum pour prendre pied dans les régions du Choa et du Godjam. Il connut isolement et déclin jusqu'en 1270, quand fut fondée une nouvelle dynastie salomonienne, puis vint une nouvelle phase de décadence.
LES TEMPS MODERNES Les premiers voyageurs portugais atteignirent l'Éthiopie au XVIe s. Les missionnaires tentèrent d'imposer le catholicisme romain ; le négus Fasilidès les expulsa. À la fin du XVIIe s., le négus fixa sa cap. à Gondar et perdit le contrôle des prov. lointaines : « l'ère des princes » *(Zamana Mesafent)* commença. En 1855, Kassa Haïlu, un jeune marchand anobli, se proclama empereur (Théodoros II) ; grâce à l'aide brit., le Tigré se libéra peu avant sa mort (1868). En 1871, le ras du Tigré, Johannès IV, prit le titre de négus. En 1889, il mourut au combat contre les Italiens. Le ras du Choa lui succéda : Ménélik II, lointain descendant de la dynastie salomonienne, créa l'Éthiopie moderne, fondant Addis-Abeba. Sa victoire contre les Italiens, à Adoua, en 1896, fut un symbole pour l'Afrique tout entière. Il vendit l'Érythrée à l'Italie. Après sa mort (1913), une de ses filles partagea le pouvoir avec le ras Tafari qui, à sa mort (1930), accéda au trône sous le nom d'Hailé Sélassié Ier. Conquise par l'Italie (1935-1936), libérée par les Britanniques (1941), l'Éthiopie recouvra l'Érythrée, fédérée (1952) puis annexée (1962). Hailé Sélassié joua un rôle important en Afrique (réunion à Addis-Abeba de la première conférence de l'OUA). Mais la contestation intérieure, la révolte de l'Érythrée (à partir de 1961), les tensions en Ogaden, la famine minèrent le régime.
LA RÉPUBLIQUE ÉTHIOPIENNE En mars 1974, l'armée prit le pouvoir et déposa Hailé Sélassié en sept. La direction des forces armées (Derg) eut pour chef le commandant Hailé Mariam Mengistu. La collectivisation brutale (mars 1975) et les multiples rébellions créèrent le chaos. Alors que tous les belligérants (érythréens, tigréens et gouvernementaux) se réclamaient du marxisme, les pays communistes (Cuba notam.) soutinrent militairement Mengistu. En 1990, Mengistu renonça au socialisme d'État. À la suite d'une rébellion menée par les fronts tigréens et oromo, leur chef de file, Méles Zenawi, devint prés. du gouv. provisoire. Il entreprit la reconstruction du pays et reconnut l'indép. à l'Érythrée en 1993. Zenawi adopta le titre de Prem. ministre en 1995, le chef de l'État n'ayant qu'une fonction honorifique. En 1998, un conflit frontalier avec l'Érythrée se transforma en une véritable guerre. Le processus de paix entrepris en 2000 se concrétisa en 2002, avec l'arbitrage frontalier de La Haye. La situation reste malgré tout tendue le long de la frontière. En 2005, des élections très contestées reconduisirent Zenawi au pouvoir. Il est réélu en 2010. Le vice-Premier ministre Hailemariam Desalegn lui succède lorsqu'il meurt en 2012.

**éthiopien, enne** *a, nm* Se dit d'un groupe de langues sémitiques qui comprend l'amharique et le guèze.

**éthique** *nf, a* **A** *nf* **1** PHILO Science des mœurs et de la morale. *« L'Éthique » de Spinoza.* **2** Ensemble des règles de morale. **B** *a* **1** Qui concerne la morale. *Jugement éthique.* **2** FIN Se dit de placements boursiers labellisés selon certains critères (commerce équitable, défense de l'environnement, droits de l'homme, etc). LOC *Éthique médicale* : syn. de *bioéthique.* ETY Du gr. DER **éthiquement** *av*

**Éthique (l')** œuvre de Spinoza, écrite à partir de 1665, publiée en 1677.

**Éthique à Nicomaque** traité philosophique d'Aristote (IVe s. av. J.-C.).

**ethmoïde** *nm* ANAT Os de la base du crâne, voûte des fosses nasales. ETY Du gr. *êthmos,* « crible ». DER **ethmoïdal, ale, aux** *a*

**ethnarchie** *nf* **1** Province romaine gouvernée par un ethnarque. **2** Dignité d'ethnarque.

**ethnarque** *nm* ANTIQ Responsable d'un peuple dans les royaumes hellénistiques et dans l'Empire romain.

**ethniciser** *vt* 1 Donner un caractère ethnique. *Ethniciser un conflit.* DER **ethnicisation** *nf*

**ethnicisme** *nm* Mise au premier plan de considérations ethniques. VAR **ethnisme** DER **ethniciste** *a*

**ethnie** *nf* Groupement humain caractérisé principalement par une même culture, une même langue.

**ethnique** *a* **1** Relatif à l'ethnie, aux ethnies. *Groupe ethnique.* **2** Qui concerne une population d'origine étrangère et groupée en communautés *Quartier ethnique.* LOC LING ***Nom*** ou ***adjectif ethnique*** : ethnonyme. — ***Purification*** ou ***nettoyage ethnique*** : fait d'exterminer ou de chasser les allogènes d'un territoire. DER **ethnicité** *nf* – **ethniquement** *av*

**ethno-** Élément, du gr. *ethnos,* « peuple ».

**ethnobiologie** *nf* didac Science qui étudie l'interaction des faits biologiques et des faits culturels à l'intérieur d'une ethnie. DER **ethnobiologique** *a* – **ethnobiologiste** *n*

**ethnobotanique** *nf, a* Étude des usages des plantes par les populations locales. DER **ethnobotaniste** *n*

**ethnocentrisme** *nm* didac Tendance à prendre comme base de référence systématique les normes de son propre groupe social pour en juger d'autres. DER **ethnocentrique** ou **ethnocentriste** *a*

**ethnocide** *nm* Destruction de la culture d'un peuple.

**ethnographie** *nf* Étude descriptive des mœurs, des coutumes des peuples, de leur organisation économique et sociale. DER **ethnographe** *n* – **ethnographique** *a*

**ethnolinguistique** *nf, a* **A** *nf* didac Étude des langues et du langage des civilisations sans écriture. **B** *a* **1** De l'ethnolinguistique. **2** Se dit d'une classification ethnique reposant sur des critères linguistiques.

**ethnologie** *nf* Branche de l'anthropologie qui analyse et interprète les similitudes et les différences entre les sociétés et entre les cultures. DER **ethnologique** *a* – **ethnologue** *n*

**ethnomusicologie** *nf* didac Étude de la musique des sociétés, des faits musicaux de caractère traditionnel. DER **ethnomusicologique** *a* – **ethnomusicologue** *n*

**ethnonyme** *nm* Nom ou adjectif dérivé d'un nom de pays, de région, de ville. SYN gentilé.

**ethnopharmacologie** *nf* Étude des pharmacopées dans les médecines traditionnelles. DER **ethnopharmacologique** *a*

**ethnopsychiatrie** *nf* didac Étude des maladies mentales à la lumière des facteurs ethniques. DER **ethnopsychiatrique** *a*

**ethnopsychologie** *nf* Étude psychologique des individus en fonction de leur groupe culturel. DER **ethnopsychologique** *a*

**ethnoracial, ale** *a* Qui concerne à la fois l'origine ethnique et la couleur de la peau. *Des statistiques ethnoraciales.* PLUR ethnoraciaux.

**ethnosciences** *nf pl* Ensemble des sciences ethnographiques. DER **ethnoscientifique** *a*

**ethnozoologie** *nf* Étude des relations entre les animaux et les populations humaines. DER **ethnozoologique** *a*

**éthogramme** *nm* Catalogue des comportements d'un animal, d'une espèce.

**éthologie** *nf* BIOL Science des mœurs et du comportement des animaux dans leur milieu naturel. ETY Du gr. *ethos,* « mœurs ». DER **éthologique** *a* – **éthologiste** ou **éthologue** *n*

**éthuse** → **æthuse.**

**éthyle** *nm* CHIM Radical monovalent de formule $C_2H_5$–. ETY De *éther* et du gr. *ulê,* « bois ».

**éthylène** *nm* CHIM Gaz incolore, très réactif, de formule $C_2H_4$, hydrocarbure utilisé en pétrochimie pour fabriquer le polyéthylène, le polystyrène, les polyesters et le chlorure de vinyle.

**éthylénique** *a* CHIM Qualifie la double liaison carbone-carbone existant dans l'éthylène et dans de nombreux autres hydrocarbures.

**éthylique** *a, n* **A** *a* **1** CHIM Qui contient le radical éthyle. **2** MED Relatif à l'éthylisme. **B** *n* Personne alcoolique. LOC ***Alcool éthylique*** : alcool de formule $CH_3$–$CH_2$–OH. SYN éthanol.

**éthylisme** *nm* Syn. de *alcoolisme.*

**éthylomètre** *nm* Appareil permettant de relever le taux d'alcoolémie dans l'air expiré.

**éthylotest** *nm* **1** Test pratiqué avec un éthylomètre. **2** Synonyme de *éthylomètre.*

**étiage** *nm* Niveau le plus bas atteint par un cours d'eau.

**Étiemble René** (Mayenne, 1909 – Vigny, 2002), écrivain français : *le Mythe de Rimbaud* (1952-1961), *Parlez-vous franglais ?* (1964).

**Étienne (saint)** Juif helléniste chrétien, premier diacre et premier martyr de l'Église (lapidé à Jérusalem, v. 35).

**Étienne** nom de neuf papes. — **Étienne Ier (saint)** pape de 254 à 257. — **Étienne II** pape de 752 à 757 ; il sacra Pépin le Bref et reçut de lui l'exarchat de Ravenne et la Pentapole. — **Étienne VI** pape (896) ; victime d'une émeute populaire, il mourut étranglé (897).

**Angleterre**

**Étienne de Blois** (Blois, 1097 – Douvres, 1154), petit-fils de Guillaume le Conquérant. Roi d'Angleterre (1135-1154) à la mort de Henri Ier, il ne put imposer son autorité.

**Hongrie**

**Étienne Ier** (Esztergom, v. 969 – Buda, 1038), saint ; roi de Hongrie de 1000 à 1038. Il christianisa ses États ; le pape Sylvestre II lui envoya une couronne.

**Moldavie**

**Étienne III le Grand** (Borzeşti, 1433 – Suceava, 1504), prince de Moldavie. Vainqueur des Turcs (Rahova, 1475), il reçut du pape le nom d'*athlète du Christ.*

**Pologne**

**Étienne Ier Báthory** (?, 1533 – Grodno, 1586), prince de Transylvanie (1571-1576), roi de Pologne (1576-1586). Il vainquit le tsar Ivan IV le Terrible et fit triompher la Contre-Réforme.

**Serbie**

**Étienne** nom de plusieurs princes puis rois de Serbie. — **Étienne Nemanja** (Ribnica, aujourd'hui Titograd, vers 1114 – mont Athos, 1200), grand joupan (préfet) de Rascie (au sud de Belgrade), il étendit son pouvoir (vers 1170) sur tous les territ. serbes. — **Étienne Ier Nemanjić** (mort en 1228), fils du préc., érigea en royaume (1217) la principauté de son père. — **Étienne IX Uroš IV Dušan** (?, 1308 – Diavoli, 1355), roi des Serbes (1331-1345), tsar (1345-1355) des Serbes et des Grecs ; il régna sur la Bulgarie, l'Albanie, l'Épire, la Thessalie, l'Étolie, la Macédoine. Il mourut alors qu'il s'apprêtait à prendre Constantinople.

≪≪≫≫

**Étienne-Martin** **Étienne Martin,** dit (Loriol-sur-Drôme, 1913 – Paris, 1995), sculpteur français : *Demeures,* « sculptures-habitacles » en bronze ou en bois.

**étier** *nm* Canal alimentant en eau de mer les marais salants. ETY Du lat. *æstuarium,* « lagune ».

**étinceler** *vi* ⑰ ou ⑲ **1** Briller, jeter des éclats de lumière. *Bijoux qui étincellent au soleil.* **2 fig, vieilli** Être brillant, éclatant. *Son génie étincelle à toutes les pages.* DER **étincelant, ante** *a* – **étincèlement** ou **étincellement** *nm*

**étincelle** *nf* **1** Petite parcelle de substance incandescente qui se détache d'un corps qui brûle ou d'un corps qui subit un choc. **2 fig** Petite lueur, petite quantité. *Une étincelle de courage.* **LOC** ELECTR ***Étincelle électrique :*** phénomène lumineux de courte durée qui évacue l'énergie lors d'une décharge. — ***Faire des étincelles :*** briller, se faire remarquer. ETY Du lat. *scintilla.*

**étioler** *v* ① **A** *vt* BOT Provoquer la décoloration et l'allongement d'une plante verte en la privant de lumière. *On étiole les endives pour les faire blanchir.* **B** *vpr* **1** S'affaiblir, devenir pâle et malingre. *Cet enfant s'étiole.* **2 fig** S'appauvrir. *L'esprit s'étiole à ces occupations vaines.* ETY De *éteule.* DER **étiolement** *nm*

**Étiolles** com. de L'Essonne (arr. d'Évry) ; 2 662 hab. Site préhistorique du magdalénien.

**étiologie** *nf* MED **1** Étude des causes d'une maladie. **2** Ensemble de ces causes. DER **étiologique** *a*

**étiopathie** *nf* Méthode de médecine naturelle à base de manipulations. DER **étiopathe** *n* – **étiopathique** *a*

**étique** *a* Très maigre, décharné. ETY De l'a. fr. *fièvre hectique,* qui amaigrit.

**étiqueter** *vt* ⑱ ou ⑳ **1** Mettre une, des étiquettes sur. *Étiqueter des paquets.* **2 fig** Ranger qqn sous une étiquette, considérer qqn de façon arbitraire. *On l'a étiqueté comme fantaisiste.* DER **étiquetage** *nm*

**étiqueteur, euse** *n* **A** Personne qui met des étiquettes. **B** *nf* TECH Appareil servant à poser des étiquettes.

**étiquette** *nf* **1** Petit morceau de bois, de papier, que l'on attache ou que l'on colle à un objet pour en indiquer le contenu, le prix, le possesseur, etc. **2 fig** Ce qui classe qqn dans un groupe politique, idéologique, etc. *Homme politique qui porte l'étiquette de libéral.* **3** Cérémonial en usage dans une cour, chez un chef d'État. **4** Formes cérémonieuses. *Bannir toute étiquette.* **5** INFORM Ensemble de caractères qui permet de repérer un groupe de données, une instruction, etc. SYN label. ETY De l'a. fr. *estiquier,* « attacher ».

**étirage** *nm* **1** Action d'étirer. **2** METALL Opération qui consiste à réduire la section d'un fil, d'une barre, en les faisant passer à froid à travers une filière ou à chaud dans un laminoir.

**étirer** *v* ① **A** *vt* **1** Étendre, allonger en exerçant une traction. *Étirer une étoffe.* **2** METALL Procéder à l'étirage de. **B** *vpr* Se détendre en allongeant les membres. DER **étirable** *a* – **étirement** *nm*

**étisie** → **hectisie.**

**étivaz** *nm* Fromage suisse AOC, au lait de vache cru, à pâte dure, se présentant en meules de 10 à 38 kilos. ETY D'un nom propre.

**Etna** cratère de la Voragine

**Etna** volcan actif du N.-E. de la Sicile (3 323 m). Il fait des ravages, mais ses pentes sont cultivées.

**étoffe** *nf* **1** Tissu servant pour l'habillement, l'ameublement. *Étoffe de laine, de soie.* **2** TECH Réunion de plaques de fer et d'acier, forgées ensemble pour fabriquer des instruments tranchants. **3** IMPRIM Marge bénéficiaire prise par l'imprimeur sur les fournitures. **LOC** ***Avoir de l'étoffe :*** être doué d'une personnalité forte, prometteuse. — ***Avoir l'étoffe de :*** posséder les dispositions pour devenir. ETY Du frq.

**étoffé, ée** *a* **1** Qui a un corps gros et fort. **2** Puissant. *Une voix étoffée.*

**étoffer** *v* ① **A** *vt* Développer, donner de l'ampleur à. *Étoffer une argumentation.* **B** *vpr* Devenir plus fort, plus robuste. *Adolescent qui s'est étoffé.*

**étoile** *nf* **1** ASTRO Astre qui brille d'une lumière propre et dont le mouvement apparent est imperceptible sur une courte durée d'observation. **2** ASTROL Astre considéré du point de vue de son influence supposée sur la destinée de qqn. *Être né sous une bonne étoile.* **3** Figure géométrique rayonnante représentant une étoile. *Étoile à cinq, à six branches.* **4** Insigne du grade des officiers généraux. **5** Distinction qualitative donnée à certains établissements hôteliers. *Un restaurant, un hôtel trois étoiles.* **6** Rond-point où aboutissent des allées, des avenues. **7** Artiste célèbre. *Une étoile du cinéma français.* **8** Nom cour. de divers animaux et de diverses fleurs dont la forme est celle d'une étoile. **LOC** ***À la belle étoile :*** dehors. — ***Danseur, danseuse étoile :*** échelon suprême dans la hiérarchie des solistes de corps de ballet. — ***Étoile de mer :*** astérie. — ***Étoile filante :*** météorite. — ***Étoile jaune :*** insigne en tissu de couleur jaune que les Juifs d'Allemagne nazie puis des territoires conquis durent porter à la hauteur du sein gauche (en France, à partir de juin 1942). — ***L'étoile du berger, du soir, du matin :*** la planète Vénus. ETY Du lat.

ENC Les étoiles sont le constituant principal de l'Univers visible. Comme le Soleil, qui est une étoile d'un type très courant, elles produisent elles-mêmes leur énergie. Les distances qui nous séparent des étoiles sont exprimées en *années de lumière* (ou *années-lumière*) ou en *parsecs*. Beaucoup d'étoiles (plus de 50 %) sont des systèmes doubles (*étoiles doubles*) ou multiples ; l'étude des étoiles doubles permet d'estimer la masse relative de chacune des deux composantes. Les étoiles ont chacune une couleur caractéristique, qui dépend de leur température de surface, bleue pour les étoiles les plus chaudes (plus de 10 000 K), rouge pour les plus froides (3 000 K). Le Soleil, dont la température est légèrement inférieure à 6 000 K, rayonne essentiellement dans le jaune. – L'évolution des étoiles. Une étoile se forme par contraction d'un fragment de matière interstellaire. L'effondrement de la matière est contrebalancé

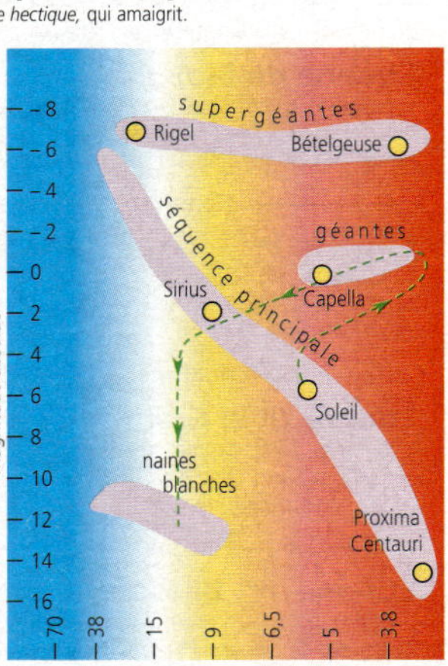


le diagramme de **Hertzsprung-Russel**
on distingue le chemin évolutif du Soleil quand il quittera la séquence principale (dans plus de 5 milliards d'années), où la phase géante rouge précède le stade naine blanche

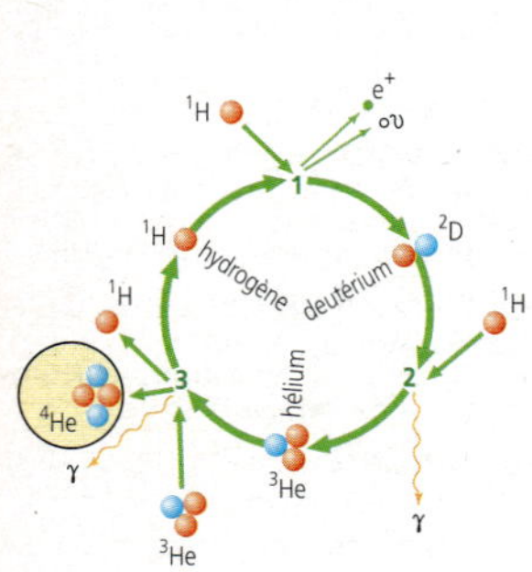


le **cycle proton-proton**
la collision de deux noyaux $^1$H libère un proton $e^+$, un neutrino υ produit un noyau de deutérium $^2$D (hydrogène lourd), qui heurte ensuite un noyau $^1$H ; l'interaction génère un rayon gamma (γ) et un noyau $^3$He, isotope de l'hélium, qui heurte ensuite un noyau $^3$He, avec émission d'un rayon gamma et création de deux noyaux $^1$H et d'un noyau $^4$He

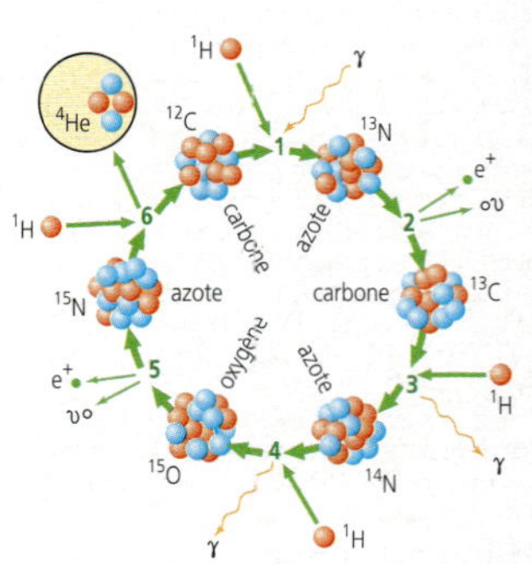


**le cycle du carbone** (cycle de Bethe) assure également la fusion de noyaux d'hydrogène $^1$H en hélium $^4$He, mais il comprend six étapes et utilise comme catalyseur un noyau de carbone régénéré en fin de cycle

**étoile**

par l'accroissement de température et de pression qui en résulte. La nouvelle étoile née ainsi continue plus lentement à se contracter, ce qui fait croître la température centrale de l'astre jusqu'au point (environ 100 millions de K) où peuvent s'amorcer les réactions de fusion de l'hydrogène. Ce stade (que les étoiles de faible masse ne connaissent jamais, devenant des *naines noires*) dure env. 10 millions d'années pour une étoile de 1 masse solaire où dominent les réactions nucléaires du *cycle proton-proton*. Dans les étoiles massives, la température centrale la plus élevée favorise le *cycle du carbone* (ou *cycle de Bethe*) et accélère fortement les réactions : pour une étoile de 15 masses solaires, la phase de combustion de l'hydrogène dure seulement 10 millions d'années. L'évolution d'une étoile ayant épuisé ses réserves d'hydrogène dépend de sa masse. Une étoile de 1 masse solaire commence par se dilater (phase *géante*), puis donne naissance à une *nébuleuse planétaire*. Le noyau de l'étoile devient une *naine blanche*, astre de quelques milliers de kilomètres de rayon et d'une masse volumique d'env. 500 kg/cm$^3$. Les étoiles massives passent aussi par des stades de dilatation des couches externes (phase *supergéante*) et, devenues des *supernovæ*, elles explosent ; le noyau stellaire subit un brutal effondrement gravitationnel. L'implosion d'un noyau de moins de 3 masses solaires conduit à la formation d'une *étoile à neutrons*. Lors de l'effondrement d'un noyau de plus de 3 masses solaires, la force de gravité dépasse les limites de résistance de la matière ; un *trou noir* se forme.

**Étoile (place de l')** anc. nom d'une place de Paris (rebaptisée *place Charles-de-Gaulle* en 1970), au centre de laquelle s'élève l'arc de triomphe de Chalgrin. À partir de 1854, Hittorff lui donna sa forme en étoile.

**étoilé, ée** *a* **1** Parsemé d'étoiles. *Ciel étoilé.* **2** Qui porte des étoiles, décoré d'étoiles. **3** Se dit d'un restaurant signalé par certains guides gastronomiques. LOC ***La bannière étoilée*** : le drapeau des États-Unis. — ***La voûte étoilée*** : le ciel nocturne. — ***Le bâton étoilé*** : celui des maréchaux de France.

**étoile-d'argent** *nf* Syn. de *edelweiss.* PLUR étoiles-d'argent.

**étoile-de-Noël** *nf* Poinsettia. PLUR étoiles-de-Noël.

**étoiler** *vt* ① **1** Parsemer d'étoiles. **2** Marquer, fêler en étoile. DER **étoilement** *nm*

**étole** *nf* **1** Pièce du vêtement sacerdotal, large bande ornée de croix tombant bas de chaque côté du cou. **2** Large écharpe en fourrure. ETY Du gr. *stolê,* « longue robe ».

**Étolie** région montagneuse de la Grèce, au N. du golfe de Corinthe ; v. princ. *Missolonghi.* – La *Ligue étolienne* (IVe-IIe s. av. J.-C.) fut vaincue par la *Ligue Achéenne* (221-217 av. J.-C.) et démantelée par les Romains en 167 av. J.-C. DER **étolien, enne** *a, n*

**Eton** v. d'Angleterre (Buckinghamshire), sur la Tamise ; 3 520 hab. – Collège (dep. 1440). DER **étonien, enne** *a, n*

**étonnant, ante** *a* **1** Qui étonne, surprend, déconcerte. *Une nouvelle étonnante !* **2** Remarquable. *C'est un homme étonnant.* DER **étonnamment** *av*

**étonner** *v* ① **A** *vt* Causer de la stupéfaction, de la surprise à qqn. *Son silence m'étonne un peu. Je n'en suis pas étonné.* **B** *vpr* Trouver étrange, singulier. *Elle ne s'étonne de rien. Il s'étonne qu'elle ne vienne pas. Il s'étonne de ce qu'elle ne vient pas ou ne vienne pas.* ETY Du lat. *attonare,* « frapper du tonnerre ». DER **étonnement** *nm*

**étouffade** → **estouffade.**

**étouffant, ante** *a* **1** Qui gêne la respiration. *Une chaleur étouffante.* **2** fig Qui crée un malaise, pesant. *Une ambiance étouffante.*

**étouffé, ée** *a* **1** Asphyxié. **2** Assourdi. *Rire, sanglots étouffés.* LOC CUIS ***À l'étouffée*** : cuit dans un récipient clos, à feu doux. SYN à l'étuvée.

**étouffe-chrétien** *nm* fam Mets difficile à avaler à cause de sa consistance. PLUR étouffe-chrétiens.

**étouffer** *v* ① **A** *vt* **1** Faire mourir en privant d'air. **2** Gêner la respiration de qqn. *La chaleur m'étouffe.* **3** Priver une plante de l'air nécessaire à la vie. *Les mauvaises herbes étouffent le blé.* **4** Éteindre en privant d'air. *Étouffer un incendie.* **5** fig Amortir les sons. *Tapis qui étouffe les bruits des pas.* **6** Réprimer, retenir. *Étouffer des cris.* **7** Arrêter dans son développement. *Étouffer un complot.* **B** *vi* **1** Avoir du mal à respirer. **2** Perdre la respiration en faisant qqch. *Étouffer de rire.* **3** fig Se sentir oppressé, être mal à l'aise ; s'ennuyer. **C** *vpr* Se presser les uns contre les autres dans une foule trop dense. *Aux heures de pointe, on s'étouffe dans le métro.* ETY De l'a. fr. *estoffer,* « rembourrer ». DER **étouffement** *nm*

**étouffoir** *nm* **1** MUS Mécanisme servant à faire cesser les vibrations des cordes d'un piano, d'un clavecin. **2** fig, fam Lieu mal aéré.

**étoupe** *nf* Partie la plus grossière de la filasse de chanvre ou de lin. ETY Du lat.

**étouper** *vt* ① TECH Boucher avec de l'étoupe.

**étoupille** *nf* MINES Dispositif permettant de faire exploser les charges, dans les mines. ETY De *étouve.*

**étoupiller** *vt* ① MINES Garnir d'une étoupille.

**étourderie** *nf* **1** Habitude d'agir sans réflexion. **2** Oubli ; erreur due à l'inadvertance. *Un travail rempli d'étourderies.*

**étourdi, ie** *a, n* Qui agit sans réflexion, sans attention. ETY Du lat. *turdus,* « grive ». DER **étourdiment** *av*

**étourdir** *v* ③ **A** *vt* **1** Assommer, amener au bord de l'évanouissement. *Ce coup l'a étourdi.* **2** Fatiguer, importuner. *Étourdir qqn par son bavardage.* **B** *vpr* litt Se distraire, perdre la pleine conscience de soi-même.

**étourdissant, ante** *a* **1** Qui étourdit. *Bruit étourdissant.* **2** fig Très surprenant, stupéfiant. *Elle a un talent étourdissant.*

**étourdissement** *nm* Vertige, perte de conscience momentanée ; sensation d'évanouissement. *Être pris d'un étourdissement.*

**étourneau** *nm* **1** Oiseau passériforme, au plumage noirâtre moucheté de clair, essentiellement insectivore, et dont le type commun est l'étourneau sansonnet **2** Nom cour. d'oiseaux d'Amérique du Nord possédant certains traits caractéristiques de l'étourneau européen (bec pointu, plumage noir ou noirâtre), comme le quiscale, appelé localement *mainate.* **3** fig, fam Personne étourdie, écervelée. ETY Du lat.

**étourneau** sansonnet

**étrange** *a, nm* **A** *a* Qui étonne, intrigue, qui est inhabituel ; singulier, bizarre. *C'est qqn d'étrange.* **B** *nm* Ce qui est ou paraît étrange. LOC PHYS NUCL ***Particule étrange*** : dont le nombre quantique (*étrangeté*) n'est pas nul. ETY Du lat. *extraneus,* « étranger ». DER **étrangement** *av*

**étranger, ère** *a, n* **A** *a* **1** Qui est d'une autre nation ; qui a rapport à un autre pays. *Touristes étrangers.* **2** Qui concerne les relations avec les autres États. *Les Affaires étrangères.* **3** Qui ne fait pas partie d'un groupe ou d'une famille. **4** Qui est en dehors de qqch. *Être étranger à une affaire.* **5** Qui n'est pas connu ou familier. *Cette voix ne m'est pas étrangère.* **6** Sans rapport ou sans conformité avec la chose dont il s'agit. *Des raisons étrangères au vrai mobile.* **7** MED Se dit d'un corps qui se trouve de façon anormale (projectile, écharde, etc.) dans l'organisme. **B** *n* **1** Ressortissant d'un autre pays que celui où il se trouve, ou que celui auquel on se réfère. *Pays hospitalier aux étrangers.* **2** Personne d'un autre groupe social ou familial. *Elle est devenue une étrangère pour les siens.* **3** Afrique Personne à qui on donne l'hospitalité. **C** *nm* Tout pays étranger. *Partir pour l'étranger.*

**Étranger (l')** roman de Camus (1942).

**étrangeté** *nf* **1** Caractère de ce qui est ou paraît étrange. *L'étrangeté d'un comportement.* **2** litt Chose étrange. *Relever des étrangetés dans un témoignage.* **3** PHYS NUCL Nombre quantique caractéristique du troisième quark.

**étranglé, ée** *a* **1** Qui a le cou serré. **2** Qui est pris à la gorge. **3** Qui est comprimé, resserré. LOC ***Voix étranglée*** : voix à demi étouffée par l'émotion.

**étranglement** *nm* **1** Action d'étrangler ; fait d'être étranglé, de s'étrangler. *Étranglement de la voix.* **2** SPORT Au judo, à la lutte, prise qui, effectuée au cou de l'adversaire, l'étranglerait s'il tentait de bouger. **3** MED Constriction d'un organe avec arrêt de la circulation. *Étranglement herniaire.* **4** TECH Endroit où la section d'un conduit a été rétrécie. **5** Ce qui fait entrave à un écoulement, un débit. LOC ***Goulot*** ou ***goulet d'étranglement*** : ce qui limite un écoulement, un débit ; ce qui empêche un développement, un progrès.

**étrangler** *vt* ① **1** Serrer jusqu'à l'étouffement le cou de. **2** Prendre à la gorge, faire perdre la respiration à. *La colère l'étranglait.* **3** fig Asphyxier. *Usurier qui étrangle ses débiteurs.* **4** Comprimer, resserrer. *Vêtement qui étrangle la taille.* ETY Du lat.

**étrangleur, euse** *n* **A** Celui, celle qui étrangle. **B** *nm* Canada Starter (d'une automobile).

**étrave** *nf* Forte pièce qui termine à l'avant la charpente d'un navire ; extrême avant d'un navire. ETY De l'a. scand.

**1 être** *vi* ⑦ **1** Marque la relation de l'attribut au sujet. *L'eau est froide.* **2** Exprime ou postule l'existence, la réalité de personnes, de choses. « *Je pense donc je suis* » (Descartes). **3** Exprime ou postule un état, suivi d'un adverbe, d'une préposition ou d'un complément de lieu ou de temps. *Être bien, mal. Le train est en gare. On était à la fin de l'hiver.* **4** Aller sans demeurer. *J'ai été au concert.* **5** Suivi d'une préposition, introduit une idée de possession, d'obligation, de provenance, de conformité, etc. *Ce livre est à moi. Cela est de bon goût. Cela est bien de lui.* **6** Sert à présenter, à mettre en relief une personne, une chose, une action déterminée. *C'est faux. C'est à lui de répondre. Ce sera une joie de vous accueillir.* **7** Dans une phrase interrogative, marque le doute, l'absence de connaissance, etc. *Qui est-ce ? Est-ce que vous viendrez ce soir ?* **8** Verbe auxiliaire de la voix passive, de certains v. intr. de la conjugaison pronominale, de certains verbes impersonnels. *Je suis compris. Elle est sortie. Il s'est envolé. Il en est résulté.* LOC ***Ainsi soit-il*** : vœu conclusif d'une prière. — ***Comme si de rien n'était*** : avec une apparente indifférence pour ce qui s'est passé, ce qui s'est fait ou dit. — ***En être*** : en faire partie. — ***En être à*** : être arrivé à. — ***En être pour son argent, sa peine,*** etc. : dépenser son argent, sa peine, etc., sans en retirer d'avantages. — *Être à qqn* : à sa disposition. — *Être pour* : préférer, adopter le parti de. — *Être sans* : être privé de. — *Être sur une affaire* : y être occupé, ou en escompter quelque profit. — *Être tout à qqch* : y être entièrement occupé. — *Il n'en est rien* : cela est faux. — *Il n'est que de* : il suffit de. — *J'y suis* : je comprends, je devine. — *N'est-ce pas* : sert à souligner une affirmation, à prendre à témoin. — *S'il en est, s'il en fut* : sert à insister sur un qualificatif. *Un homme juste s'il en est.* — *Soit !* : interj. marquant l'assentiment. — *Toujours est-il que* : en tout cas. ETY Du lat.

**2 être** *nm* **1** PHILO État, qualité de ce qui est ; essence. *L'être et le non-être.* **2** Tout ce qui est par l'existence, par la vie. *Les êtres animés. L'être humain.* **3** Personne humaine, individu. *Un être cher.* **4** Nature intime d'une personne. *Atteindre qqn dans son être.* **LOC** PHILO *Être de raison* : ce qui n'a de réalité, d'existence que dans la pensée. ANT réalité. — RELIG *L'Être éternel, l'Être suprême* : Dieu, ou toute transcendance.

**Être et le Néant (l')** œuvre philosophique de Sartre (1943), exposé de la métaphysique existentialiste.

**Être et Temps** (all. *Sein und Zeit*), œuvre de Heidegger (1927) : l'ontologie à la lumière de la phénoménologie.

**étreindre** *vt* 55 **1** Presser dans ses bras ; serrer, saisir fortement. *Étreindre un ami. Adversaires qui s'étreignent dans la lutte.* **2** fig Oppresser. *L'émotion l'étreignait.* ETY Du lat. DER **étreinte** *nf*

**étrenne** *nf* **A** *nfpl* Présent fait à l'occasion du jour de l'an. *Recevoir des étrennes.* **B** *nf* Premier usage de qqch. *Avoir, faire l'étrenne de qqch.* ETY Du lat. *strena*, « cadeau à titre d'heureux présage ».

**étrenner** *v* 1 **A** *vt* Faire usage le premier ou pour la première fois de. *Étrenner un habit.* **B** *vi* fam Subir le premier qqch de fâcheux.

**êtres** *nmpl* vx Les différentes parties d'une habitation, leur disposition. ETY du lat. *extera*, « ce qui est à l'extérieur ». VAR **aîtres** ou **aitres**

**étrésillon** *nm* TECH Étai transversal équilibrant l'une par l'autre les poussées de deux parois se faisant face (parois d'une galerie de mine, murs en vis-à-vis, etc.). ETY Altér. de l'a. fr. *tesillon*, de *teser*, « ouvrir la bouche ».

**étrésillonner** *vt* 1 TECH Étayer à l'aide d'étrésillons. DER **étrésillonnement** *nm*

**Étretat** com. de la Seine-Maritime (arr. du Havre) ; 1 579 hab. Port de pêche et stat. baln. Falaises hautes et pittoresques (arches, Aiguille creuse). – Égl. XII$^e$-XIII$^e$ s.

**Étretat** l'Aiguille et la porte de la falaise d'Aval

**étrier** *nm* **1** Anneau suspendu de chaque côté de la selle, et qui sert d'appui au pied du cavalier. **2** Nom de divers appareils servant à soutenir ou à maintenir le pied. *Étrier de ski.* **3** TECH Armature transversale d'une poutre en béton armé. **4** Pièce coudée servant à supporter un élément de charpente, à renforcer ou à réunir certaines pièces. **5** ANAT Osselet de l'oreille moyenne. **LOC** *Avoir le pied à l'étrier* : être prêt à partir ; fig être bien introduit dans une carrière. — *Le coup de l'étrier* : le dernier verre, que l'on boit avant de partir. ETY Du frq.

**étrille** *nf* **1** Brosse en fer à lames dentelées servant à nettoyer le poil des chevaux. **2** Crabe comestible aux pattes postérieures en forme de palettes, qui lui permettent de nager. ETY Du lat.

**étriller** *vt* 1 **1** Nettoyer avec l'étrille. **2** fig, fam, vieilli Malmener. **3** Critiquer vertement qqn. **4** fig Faire payer trop cher. *Le restaurateur nous a étrillés.*

**étriper** *v* 1 **A** *vt* **1** Ôter les tripes à. *Étriper un porc.* **2** fig, fam Éventrer, mettre à mal. **B** *vpr* fam Se battre avec une grande violence, s'entretuer. DER **étripage** *nm*

**étriqué, ée** *a* **1** Qui manque d'ampleur. *Veste étriquée.* **2** fig Restreint. *Des conditions de vie étriquées.* **3** fig Sans ouverture, sans largeur de vues ; mesquin. *Un esprit étriqué.* ETY Du moy. néerl. *striken*, « étirer ».

**étriquer** *vt* 1 Rendre ou faire paraître étriqué.

**étrive** *nf* Amarrage fait sur deux cordages à l'endroit où ils se croisent. ETY De l'a. fr. *estrif*, « étrier ».

**étrivière** *nf* Courroie qui porte l'étrier.

**étroit, oite** *a* **1** Qui a peu de largeur. *Chemin étroit.* **2** fig Limité, restreint. *Un cercle étroit d'amis.* **3** péjor Borné, intolérant, mesquin. *Des idées étroites.* **4** Intime. *Entretenir des rapports étroits avec qqn.* **5** Rigoureux, strict. *L'observation étroite d'une règle.* **LOC** *À l'étroit* : dans un espace trop resserré, exigu ; figdans la gêne, mal à l'aise. ETY Du lat.

**étroitement** *av* **1** D'une manière étroite ; intimement. *Ces questions sont étroitement liées.* **2** D'une manière rigoureuse, stricte. *Consigne étroitement suivie.* **3** À l'étroit. *Être logé étroitement.* **LOC** *Surveiller étroitement qqn* : de très près.

**étroitesse** *nf* **1** Caractère de ce qui est étroit. *L'étroitesse d'un sentier.* **2** Exiguïté. *L'étroitesse d'un cachot.* **3** fig Caractère de ce qui est borné, mesquin. *Étroitesse d'esprit, de cœur.*

**étron** *nm* Matière fécale moulée de l'homme et de certains animaux. ETY Du frq.

**étronçonner** *vt* 1 SYLVIC Tailler un arbre en ne lui laissant que les branches hautes.

**Étrurie** région de l'Italie ancienne (actuelle Toscane). DER **étrusque** *a, n*

**étrusque** *nm* Langue parlée par les Étrusques, sans parenté connue.

**Étrusques** peuple de l'Italie centr. apparu dans l'histoire à la fin du VIII$^e$ s. av. J.-C. Leur origine est mystérieuse, de même que leur langue. La tradition veut que Rome ait eu des rois étrusques au VI$^e$ s. av. J.-C. Les Étrusques fondèrent entre l'Arno et le Tibre une civilisation qui, à son apogée (VI$^e$ s. av. J.-C.), essaima jusqu'à la plaine du Pô. Les villes princ. (Tarquinia, Vulci, Vetulonia, Cerveteri, Arezzo, Chiusi, Volterra, Cortona, Pérouse, Orvieto, Véies, Fiesole) composaient une fédération aux liens politiques très lâches. Rome les soumit au milieu du III$^e$ s. av. J.-C. et absorba leurs populations. Les objets trouvés dans les tombes et les fresques funéraires (tombes des Léopards, des Taureaux, du Triclinium, toutes à Tarquinia, prov. de Viterbe) montrent la richesse de l'art, les édifices construits en brique crue et en bois ayant presque totalement disparu. Les sarcophages, en pierre sculptée, en céramique naturelle ou polychrome, ont parfois la forme d'un triclinium (lit de banquet). La *Chimère d'Arezzo* (Florence) et la *Louve du Capitole* illustrent la statuaire en bronze. DER **étrusque** *a*

**Etterbeek** com. de Belgique (arr. et aggl. de Bruxelles) ; 44 220 hab. – Industries. Parc du Cinquantenaire (de l'indép. belge).

**étude** *nf* **A** **1** Activité intellectuelle par laquelle on s'applique à apprendre, à connaître. *Une vie consacrée à l'étude.* **2** Ensemble des tâches de conception et de préparation préalables à la réalisation d'un ouvrage, d'une installation, etc. *Bureau d'études.* **3** Effort intellectuel appliqué à l'acquisition ou à l'approfondissement de connaissances. *L'étude du solfège, des mathématiques.* **4** Ouvrage littéraire ou scientifique sur un sujet que l'on a étudié. **5** Bx-A Dessin, peinture, sculpture préparatoires, ou exécutés en manière d'exercice. *Études de visage.* **6** MUS Exercice de difficulté graduée, pour la formation des élèves. **7** Composition appropriée aux particularités techniques d'un instrument. *Les Études pour piano de Chopin.* **8** Salle où les élèves travaillent en dehors des heures de cours ; temps réservé au travail en salle d'étude. *Avoir deux heures d'étude.* **9** Lieu de travail d'un officier ministériel ou public ; charge de cet officier. *Étude de notaire.* **B** *nfpl* Degrés successifs de l'enseignement scolaire, universitaire. *Faire ses études.* **LOC** *Être à l'étude* : en cours d'examen. ETY Du lat. *studium*, « ardeur ».

**étudiant, ante** *n, a* **A** *n* Personne qui suit les cours d'une université, d'une grande école. **B** *a* Des étudiants. *Des manifestations étudiantes.*

**Étudiant de Prague (l')** film expressionniste (1926) de l'Allemand Henrik Galeen (1882 – 1949)

**étudié, ée** *a* **1** Préparé, médité, conçu avec soin. *Un dispositif bien étudié.* **2** Sans naturel, affecté. *Geste étudié.* **LOC** *Des prix étudiés* : calculés au plus juste.

**étudier** *v* 2 **A** *vt* **1** S'appliquer à l'étude, prendre pour objet d'étude. *Étudier jour et nuit.* **2** Faire par l'observation, l'analyse, l'étude de. *Étudier un phénomène.* **3** Soumettre à examen. *Étudier un projet.* **4** Préparer, méditer. *Il a bien étudié son affaire.* **5** S'appliquer à acquérir telle connaissance. *Étudier le droit.* **B** *vi* Faire des études. **C** *vpr* **1** S'observer, s'examiner soi-même. **2** S'observer mutuellement. *Les jouteurs s'étudiaient avant de combattre.*

**étui** *nm* Boîte ou enveloppe dont la forme est adaptée à l'objet qu'elle doit contenir. *Étui à violon, à lunettes.* ETY De l'a. fr. *estuier*, « enfermer ».

**étuve** *nf* **1** Chambre close où l'on élève la température pour provoquer la sudation. **2** fig Lieu où règne une température élevée. **3** Appareil destiné à obtenir une température déterminée. *Étuve à désinfection, à stérilisation.* **4** TECH Petit four servant à sécher ou nettoyer certaines matières. *Étuve de chapelier.* ETY Du gr. *tuphein*, « fumer ».

**étuvée** *nf* CUIS **LOC** *À l'étuvée* : syn. de *à l'étouffée*

**étuver** *vt* 1 **1** Mettre à l'étuve ; chauffer ou sécher dans une étuve. **2** Faire cuire les aliments en vase clos, dans leur vapeur. DER **étuvage** ou **étuvement** *nm*

**étuveur** *nm* Appareil à étuver. VAR **étuveuse** *nf*

**étymologie** *nf* **1** Science qui a pour objet l'origine et la filiation des mots, fondée sur des lois phonétiques et sémantiques, et tenant compte de l'environnement historique, géographique et social. **2** Origine ou évolution d'un mot. *Étymologie grecque d'un mot.* ETY Du gr. *etumos*, « vrai ». DER **étymologique** *a* – **étymologiquement** *av* – **étymologiste** *nm*

**étymon** *nm* LING Mot considéré comme étant à l'origine d'un autre mot. *Le mot latin « filia » est l'étymon de « fille ».*

**eu-** Élément, du gr. *eu*, « bien ».

**eu, eue** Pp. du verbe *avoir*.

**Eu** CHIM Symbole de l'europium.

**Eu** ch.-l. de cant. de la Seine-Maritime (arr. de Dieppe) ; 8 081 hab. – Chât. des princes d'Orléans (XVIe s.). DER **eudois, oise** *a, n*

**Eu** Gaston (comte d') → **Orléans.**

**É.-U.** Abrév. de *États-Unis* (d'Amérique).

**eubactérie** *nf* BIOL Famille d'organismes procaryotes comprenant la plupart des bactéries.

**Eubée** (au Moyen Âge *Nègrepont*), la plus vaste île grecque, dans la mer Égée, au N. de l'Attique (V. Europe) ; 3 908 km$^2$ ; 209 130 hab. ; ch.-l. *Chalcis*. – Athènes la colonisa en 506 av. J.-C. DER **eubéen, enne** *a, n*

**eucalyptus** *nm* Grand arbre originaire d'Australie (myrtacée), aux feuilles odorantes, dont on extrait une huile médicinale ; feuilles de cet arbre. PHO [økaliptys] ETY Du gr. *kaluptos*, « couvert ».

feuilles juvéniles de l'**eucalyptus** *gunnii Hook* (à g.) ; fleur et fruits de l'eucalyptus bleu (au centre) ; écorce (à dr.)

**eucaride** *nm* Crustacé malacostracé tel que la crevette, le crabe, le pagure.

**eucaryote** *a, nm* BIOL Qualifie les êtres vivants dont les cellules possèdent un noyau limité par une enveloppe, qui contient le matériel génétique (ADN). ANT procaryote. ETY Du gr.

**eucharistie** *nf* RELIG Sacrement qui perpétue le sacrifice du Christ par la transsubstantiation des espèces du pain et du vin en corps et en sang du Christ. PHO [økaristi] ETY Du gr. ecclés. *eukharistia*, « action de grâce ». DER **eucharistique** *a*

**Eucken** Rudolf (Aurich, Frise-Orientale, 1846 – Iéna, 1926), philosophe allemand spiritualiste : *la Part de vérité contenue dans la religion* (1901). P. Nobel de littérature 1908.

**Euclide** (IVe-IIIe s. av. J.-C.), mathématicien grec. Il rassembla en un seul ouvrage (*Éléments de géométrie*) toutes les connaissances math. de l'Antiquité et énonça axiomes et postulats, notam. : « Par un point extérieur à une droite, on ne peut mener qu'une seule parallèle à cette droite. » DER **euclidien, enne** *a*

Euclide

**eudémis** *nm* ENTOM Petit papillon tortricidé abondant en Europe du S., dont la chenille (*ver de la grappe*) parasite la vigne. PHO [ødemis] ETY Mot lat.

**eudémonisme** *nm* PHILO Nom donné aux doctrines morales fondées sur le bonheur en tant qu'il détermine toute conduite humaine ou en constitue la fin. ETY Du gr. *eudaimôn*, « heureux ». DER **eudémoniste** *a, n*

**Eudes** → **Jean Eudes (saint).**

**Eudes** (?, v. 860 – La Fère, 898), comte de Paris, puis roi de France (888-898). Fils de Robert le Fort, il défendit Paris contre les Normands (886), succéda à Charles le Gros, déposé, vainquit les Normands en Lorraine, pactisa avec Charles le Simple (897).

**Eudes de Montreuil** (v. 1220 – 1289), architecte et sculpteur français. Il édifia, à Paris, l'hospice des Quinze-Vingts.

**Eudes** Émile François (Roncey, Manche, 1843 – Paris, 1888), révolutionnaire français. Il commanda les troupes de la Commune.

**eudiomètre** *nm* CHIM Appareil servant à l'analyse quantitative et à la synthèse des mélanges gazeux. ETY Du gr. *eudia*, « beau temps ». DER **eudiométrie** *nm* – **eudiométrique** *a*

**eudiste** *nm, a* RELIG Se dit d'un membre de la congrégation religieuse fondée en 1643 par saint Jean Eudes.

**Eudoxe de Cnide** (Cnide, Asie Mineure, v. 405 – ?, v. 355 av. J.-C.), mathématicien, astronome et philosophe grec.

**Eudoxie** (m. à Constantinople en 404), impératrice d'Orient, épouse de l'empereur Arcadius. Elle fit exiler saint Jean Chrysostome.

**Eudoxie** (Athènes, ? – Jérusalem, 460), impératrice d'Orient, épouse de l'empereur Théodose II. Calomniée, elle s'exila (443) à Jérusalem, où elle se consacra à la poésie.

**Eugène** nom de quatre papes. — **Eugène Ier** saint (Rome, ? – id., 657), pape de 654 à 657. — **Eugène II** (Rome, ? – id., 827), pape de 824 à 827 ; il négocia avec Louis le Débonnaire la *Constitutio romana* de 824. — **Eugène III** Bernardo Paganelli di Montemagno (Pise, ? – Tivoli, 1153), pape de 1145 à 1153 ; élève de saint Bernard, qui prêcha la 2e croisade. — **Eugène IV** Gabriele Condulmer (Venise, 1383 – Rome, 1447), pape de 1431 à 1447 ; à Bâle, des cardinaux lui opposèrent l'antipape Félix V.

**Eugène** François Eugène de Savoie-Carignan, dit **le Prince** (Paris, 1663 – Vienne, 1736), fils du comte de Soissons et d'Olympe Mancini, nièce de Mazarin. Il commanda l'armée autrichienne contre la France (vaincue à Malplaquet, 1709) et contre les Turcs (victoire de Zenta, 1697 ; prise de Belgrade, 1717).

**Eugène Onéguine** roman en vers (1823-1830) de Pouchkine. ▷ MUS Opéra de Tchaïkovski en 3 actes (1878).

**Eugénie** Eugenia María de Montijo de Guzmán (Grenade, 1826 – Madrid, 1920), impératrice des Français par son mariage (1853) avec Napoléon III. Catholique convaincue, elle eut un certain rôle politique.

l'impératrice **Eugénie**

**Eugénie Grandet** roman de Balzac (1833), peinture intimiste de la vie provinciale.

**eugénisme** *nm* didac **1** Partie de la génétique appliquée qui vise à l'amélioration de l'espèce humaine. **2** Attitude philosophique qui accorde une valeur essentielle à l'amélioration génétique de l'espèce humaine et entend s'en donner les moyens quels qu'ils soient. *L'eugénisme se heurte à des obstacles d'ordre moral, religieux et social.* VAR **eugénique** *nf* DER **eugénique** *a* – **eugéniste** *n*

**euglène** *nf* BIOL Protiste chlorophyllien flagellé, très abondant dans les mares riches en matière organique. ETY Du gr. *euglênos*, « aux beaux yeux ».

**euh !** *interj* Marque l'hésitation, le doute, l'embarras. *Euh ! voyons...* PHO [ø]

**Eulalie** (sainte) (m. en 304 ? à Mérida), martyre espagnole. – *Séquence* (ou *Cantilène*) *de sainte Eulalie* : le plus anc. poème (v. 880) en langue d'oïl.

**Euler** Leonhard (Bâle, 1707 – Saint-Pétersbourg, 1783), mathématicien suisse, savant universel : calcul différentiel, astronomie, navigation, mécanique, physique. ▶ illustr. p. 577

**Euler** Ulf Svante von (Stockholm, 1905 – id., 1983), physiologiste suédois qui étudia la noradrénaline. P. Nobel de médecine 1970 avec J. Axelrod et B. Katz.

**Eumène** (Cardia, Chersonèse de Thrace [auj. Baklar-Burnu, Turquie], v. 360 – Gadamarta, 316 av. J.-C.), général grec ; un des officiers d'Alexandre le Grand ; vaincu et tué par Antigonos. VAR **Eumenês de Cardia**

**Eumène Ier** (m. à Pergame en 241 av. J.-C.), fondateur de l'État de Pergame qu'il gouverna de 263 à sa mort. — **Eumène II** (v. 197 – Pergame, v. 159 av. J.-C.), roi de Pergame, allié aux Romains.

**Euménides** (mot grec : « bienveillantes »), dans la myth. gr., nom donné, par antiphrase, aux Érinnyes.

**eunecte** *nm* ZOOL Anaconda. ETY Du gr. *nêktos*, « nageur ».

**eunuque** *nm* **1** HIST Homme castré auquel est confiée la garde des femmes dans les harems. **2** MED Homme castré. **3** fig Homme mou, sans virilité. ETY Du gr. *eunoukhos*, « qui garde le lit des femmes ».

**Eupalinos de Mégare** (seconde moitié du VIe s. av. J.-C.), architecte et ingénieur grec. Il aménagea, v. 530 av. J.-C., les installations hydrauliques de l'anc. ville de Samos.

**eupatoire** *nf* BOT Plante des lieux humides à longue tige, dont les feuilles rappellent celles du chanvre. ETY D'un n. pr.

**Eupatrides** membres de l'aristocratie à Athènes.

**Eupen** ville de Belgique (prov. de Liège), au confl. de la Helle et de la Vesdre ; 17 850 hab. – Les cant. d'Eupen et Malmédy furent rendus à la Belgique par la Prusse en 1920.

**euphausiacé** *nm* Nom scientifique du krill, crustacé servant de nourriture aux baleines.

**euphémiser** *vt* ① Rendre euphémique, atténuer une expression, un discours. DER **euphémisation** *nf*

**euphémisme** *nm* Façon de présenter une réalité brutale ou blessante en atténuant son expression pour éviter de choquer. *« S'en aller » pour « mourir » est un euphémisme.* ETY Du gr. *phemê*, « parole ». DER **euphémique** *a*

**euphonie** *nf* **1** LING Succession harmonieuse de sons dans un mot, une phrase. *Dans « m'aime-t-il ? », le « t » est ajouté pour l'euphonie.* **2**

MUS Syn. de *eurythmie*. (ETY) Du gr. *phônê*, « voix ». (DER) **euphonique** *a*

**euphorbe** *nf* Plante contenant un latex âcre et caustique, dont il existe de nombreuses espèces. (ETY) Du lat. *euphorbia (herba)*, de *Euphorbus*, médecin du roi Juba de Mauritanie.

**euphorbe**

**euphorbiacée** *nf* BOT Plante dicotylédone dont l'euphorbe est le type, et dont la famille comprend notam. l'hévéa, la mercuriale, le ricin.

**euphorie** *nf* Sentiment de profond bien-être, de joie. *Ils étaient en pleine euphorie.* (ETY) Du gr. *pherein*, « porter ». (DER) **euphorique** *a*

**euphorisant, ante** *a, nm* Qui provoque l'euphorie. *Une boisson euphorisante.*

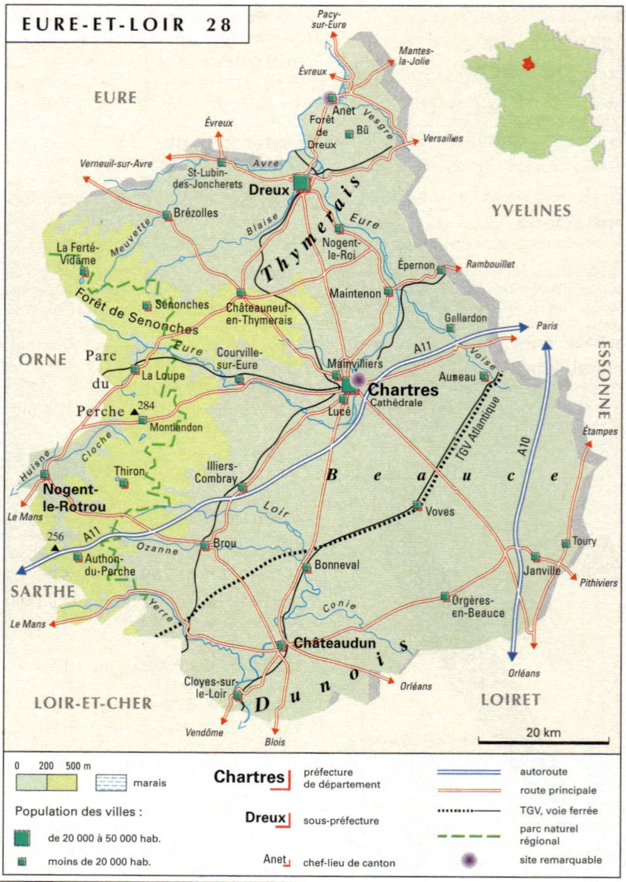

**euphoriser** *vt* [1] Rendre euphorique.

**euphotique** *a* BIOL Se dit de la couche superficielle des océans où la lumière solaire pénètre. ANT dysphotique.

**euphraise** *nf* BOT Plante herbacée (scrofulariacée) dont une espèce en France, appelée cour. *casse-lunettes*, parasite les racines de divers végétaux. (ETY) Du lat.

**Euphrate (l')** fleuve du Proche-Orient (2 760 km) ; il naît à 2 300 mètres d'alt. dans l'Arménie turque et traverse la Syrie ; en Irak, il limite, avec le Tigre, la Mésopotamie, puis s'unit avec lui dans le Chatt al-Arab. Il baignait Babylone.

**Euphronios** peintre et céramiste athénien (v. 500 av. J.-C.).

**Euphrosyne** dans la myth. gr., une des trois Grâces.

**euphuisme** *nm* LITTER, HIST Style précieux, langage affecté, à la mode en Angleterre sous le règne d'Élisabeth Ire. (ETY) De « *Euphues* », nom d'un ouvrage écrit par J. Lily en 1579.

**euploïde** *a* BIOL Se dit d'une cellule dont le nombre des chromosomes est normal, c.-à-d. diploïde. (DER) **euploïdie** *nf*

**Eurafrique** ensemble géographique formé par l'Europe et l'Afrique. (DER) **eurafricain, aine** *a*

**Eurasie** ensemble continental formé par l'Europe et l'Asie. (DER) **eurasiatique** *a*

**eurasien, enne** *a, n* Se dit d'un métis dont l'un des parents est européen et l'autre asiatique.

**Euratom** nom donné à la Communauté européenne de l'énergie atomique (créée en 1957).

**Eure** riv. du Bassin parisien (225 km), affl. de la Seine (r. g.) ; arrose Chartres.

**Eure** dép. franç. (27) ; 6 039 $km^2$ ; 595 000 hab. ; 98,5 hab./$km^2$ ; ch.-l. *Évreux* ; ch.-l. d'arr. *Les Andelys* et *Bernay*. V. Normandie (Rég.).

**Eure-et-Loir** dép. franç. (28) ; 5 880 $km^2$ ; 433 000 hab. ; 73,6 hab./$km^2$ ; ch.-l. *Chartres* ; ch.-l. d'arr. *Châteaudun*, *Dreux* et *Nogent-le-Rotrou*. V. Centre-Val de Loire (Rég.).

**eurêka** *interj* Exprime que l'on vient de trouver subitement une solution, que l'on a une inspiration soudaine. ETY Mot gr. « j'ai trouvé », attribué au physicien Archimède lorsqu'il découvrit, au bain, la loi qui porte son nom.

**Euripe (détroit de l')** passage étroit qui sépare l'île d'Eubée de la Grèce continentale.

**Euripide** (Salamine, 480 – Macédoine, 406 av. J.-C.), poète tragique grec. Sur 78 ou 92 pièces, seuls 17 tragédies et un drame satirique (*le Cyclope*) nous sont parvenus. Citons : *Alceste* (438), *Médée* (431), *Hippolyte* (428), *Andromaque* (v. 426), *les Suppliantes* (v. 422), *les Troyennes* (415), *Iphigénie en Tauride* (414), *Électre* (413), *Oreste* (408), *Iphigénie à Aulis* (posth., 405), *les Bacchantes* (posth., 405). Contrairement à ceux d'Eschyle et de Sophocle, ses héros ne sont pas les victimes de la fatalité, mais de passions violentes. DER **euripidien, enne** *a*

L. Euler

Euripide

**EURL** *nf* Sigle de *entreprise unipersonnelle à responsabilité limitée.*

**euro-** Élément, du rad. de *Europe*.

**euro** *nm* Unité monétaire de l'Union européenne, qui a succédé à l'écu et qui a remplacé diverses monnaies nationales comme unité de compte en 1999, et est entrée en circulation en 2002 (symbole €).

**eurobanque** *nf* Banque spécialisée dans le marché des eurodevises.

**eurocentrisme** *nm* Vision des problèmes d'un point de vue étroitement européen. DER **eurocentriste** *a, n*

**Eurocorps** corps d'armée européen, créé en 1992, qui est intervenu pour la prem. fois en Bosnie-Herzégovine (1995).

**eurocrate** *n* Personne qui travaille pour une administration de la CEE.

**eurocrédit** *nm* Prêt en eurodevises.

**eurodéputé, ée** *n* Membre du parlement européen.

**eurodevise** *nf* FIN Devise, détenue par un non-résident, placée dans un pays européen différent du pays d'émission de cette devise. SYN euromonnaie.

**eurodollar** *nm* FIN Eurodevise libellée en dollars.

**Eurogroupe** instance chargée de la coordination entre les ministres de l'économie et des finances des pays de l'Union européenne.

**euromarché** *nm* FIN Marché des émissions en eurodevises ou en euros.

**euromonnaie** *nf* FIN Syn. de *eurodevise*.

**Euronext** marché boursier international né en 2000 de la fusion des Bourses de Paris, d'Amsterdam et de Bruxelles. Il fusionne en 2007 avec le New York Stock Exchange (NYSE).

**euro-obligation** *nf* FIN Obligation, libellée en eurodevises ou en euros, émise sur le marché international.

**europarlementaire** *n* Syn. de *eurodéputé*.

**Europe** partie du monde peu individualisée, séparée de l'Afrique par le détroit de Gibraltar et réunie à l'Asie (Eurasie) par les plaines russes, où les monts Oural le séparent du monde asiatique ; 10 519 793 $km^2$ ; 742 millions d'hab. DER **européen, enne** *a, n*

**Géographie** L'Europe a une histoire géologique complexe : au primaire, plissements scandinave, calédonien et hercynien, réduits ensuite à l'état de pénéplaines ; au secondaire, transgression marine et intense sédimentation ; au tertiaire, surrection des hautes chaînes alpines, des Pyrénées au Caucase ; au quaternaire, érosion des hauteurs, refroidissements et extension de glaciers. On peut distinguer deux ensembles : 1° l'Europe des vieux socles, de l'Angleterre méridionale à la Russie, comprenant notam. de vastes plaines fertiles ; 2° l'Europe alpine, au S., comprenant de grands arcs montagneux : Carpates, Alpes (avec leurs rameaux : Balkans, Alpes Dinariques, Apennins et cordillère Bétique) et Pyrénées. L'Europe a des côtes découpées (43 000 km), que flanquent des îles parfois immenses (Grande-Bretagne, Irlande, Sicile). Située entre 35° et 71° de latitude N., elle jouit d'un climat dans l'ensemble tempéré et présente quatre saisons bien marquées, à l'exception du N. (climat subpolaire, avec toundra) et du S. (climat méditerranéen). Le climat océanique règne sur l'O., le climat continental sur le centre et l'E., éloignés de l'Océan. Les fleuves des plaines orientales sont longs et à fort débit (Volga, Don, Danube, etc.). Les fleuves atlant. sont plus modestes et plus réguliers (Rhin, Escaut, Tamise, Seine, Tage, etc.). Les réseaux de communication (ferroviaire, routier, aérien) sont très denses, surtout à l'Ouest.

**Population** Les Européens présentent quatre grands types : nordique, slave (à l'E.), alpin (O. et centre), méditerranéen ; ils parlent 120 langues et dialectes d'origine indoeuropéenne (sauf le finnois, le hongrois et le basque) : latines et grecque au S. ; germaniques au N. et au N.-O. ; slaves à l'E. et en Europe centrale. L'Europe entière a été touchée par la baisse radicale de la natalité et le vieillissement de la population posera de gros problèmes (de retraite, notam.).

**Économie** Aux $XVIII^e$ et $XIX^e$ s., l'Europe a été le berceau des révolutions industrielle et agricole, mais elle fut affaiblie par deux guerres mondiales, la seconde ayant entraîné son partage. – En *Europe de l'Ouest*, le capitalisme a été atténué au $XX^e$ s. par l'intervention de l'État, mais depuis les années 1980 un libéralisme modéré se développe. L'agriculture bénéficie d'un vaste espace, conquis sur la forêt, la lande, le marais, la mer, depuis le néolithique. L'industrie est partout présente. Au $XIX^e$ s., elle s'est concentrée essentiellement autour des bassins houillers. Auj., l'Europe importe du pétrole (malgré l'extraction off shore en mer du Nord, l'abondance de l'hydroélectricité et le développement des centrales nucléaires), fer, cuivre, plomb, zinc, chrome, nickel, cobalt, molybdène, antimoine, coton, caoutchouc. L'industr. textile, fort ancienne, est concurrencée par celle des autres continents. Dans les techniques « de pointe », l'Europe occid. rivalise avec les É.-U. et le Japon (industr. automobile, aérospatiale, électrique, électronique). Depuis 1979, le lanceur de satellites Ariane a accompli une multitude de tirs. – *L'Europe de l'Est* s'est engagée jusqu'en 1989 dans la voie socialiste : l'URSS après la révolution d'Octobre (1917), les démocraties populaires après 1945. Les pays de l'Est étaient, à l'origine, surtout agricoles (à l'exception de la RDA et de la Tchécoslovaquie). Ils se sont regroupés au sein du Comecon. Depuis la libéralisation politique, l'économie de cette partie de l'Europe est frappée d'une crise surtout forte en Russie et dans les États éloignés de l'Union européenne.

**Histoire** Les grandes civilisations de l'Antiquité ont été tournées vers la Méditerranée. L'empire romain d'Occident (disparu à Rome en 476) fut reconstitué, d'abord par Charlemagne (800) puis par Otton $I^{er}$ le Grand (962). Au $XVI^e$ s., l'Europe entreprit de dominer les autres parties du monde, les États abandonnèrent l'universalisme médiéval et la Réforme les divisa plus encore. En contradiction avec le cosmopolitisme de la classe éclairée (siècle des Lumières), le nationalisme surgit. L'ordre européen issu du congrès de Vienne (1814-1815) ignora ces aspirations nationales. Les rivalités économiques et impérialistes, alors que le colonialisme connaissait une formidable poussée, déchiraient l'Europe. La guerre de 1914-1918 fut fatale aux trois Empires (all., autr., russe) ; les vainqueurs organisèrent l'Europe sur le principe des nationalités face à une Allemagne qui n'admettait pas sa défaite. Le fascisme naquit en Italie ; la crise de 1929, venue des États-Unis, favorisa l'établissement du national-socialisme en Allemagne (1933). Au lendemain de la guerre de 1939-1945, l'Europe fut partagée (à Yalta) en deux zones d'influence (américaine et soviétique), divisant en deux le territoire all. Le 4 avril 1949, le camp occidental créa l'Organisation du traité de l'Atlantique Nord (OTAN) auquel l'URSS répliqua par le pacte de Varsovie, le 14 mai 1955, quand la RFA eut intégré l'OTAN. La création (1958) de la Communauté économique européenne (auj. Union européenne), le développement de celle-ci, l'unification de l'Allemagne en 1990 et la conversion de l'Europe de l'Est à l'économie de marché ont fait rêver d'une confédération élargie à l'ensemble des pays d'Europe. Mais les déchirements au sein de l'ex-Yougoslavie (Bosnie, Kosovo) et de la Russie (Tchétchénie) ont montré que les organisations europ. n'avaient ni les moyens ni la volonté unanime d'intervenir.

**LA FORMATION DE L'UNION EUROPÉENNE** Les prem. étapes ont été : la création du *Benelux* (1944), union douanière de la Belgique, du Luxembourg et des Pays-Bas (en vigueur à partir de 1948) ; le congrès de La Haye, qui a donné le jour à l'*Organisation européenne de coopération économique* (OECE, 16 avril 1948), chargée de répartir l'aide amér. (plan Marshall) et devenue l'OCDE (V. ci-après) en 1961, et au *Conseil de l'Europe* (5 mai 1949) qui veille notam. au respect des droits de l'homme ; la création (18 avril 1951) de la *Communauté européenne du charbon et de l'acier* (CECA), qui unissait six États : RFA, France, Italie, Belgique, Pays-Bas et Luxembourg ; le *traité de Rome* (25 mars 1957), qui créa la *Communauté économique européenne* (CEE ou Marché commun), dotée d'un Conseil, d'une Commission, d'un Parlement (élu depuis 1979 au suffrage universel) et d'une Cour de justice, ainsi que de nombr. autres institutions. Le traité de Rome est entré en vigueur le $1^{er}$ janv. 1958 (et fut modifié par l'Acte unique européen de 1986). Le $1^{er}$ janv. 1973 la Grande-Bretagne, le Danemark et l'Irlande entraient dans la CEE, puis la Grèce en 1981, l'Espagne et le Portugal en 1986 ; l'ex-RDA y entra de fait en 1990 par la réunification de l'Allemagne ; la Suède, la Finlande et l'Autriche, en 1995. En 1990, une Banque européenne pour la reconstruction en Europe (BERD) fut créée pour aider les pays d'Europe de l'Est. En fév. 1992, le *traité de Maastricht* a défini l'union économique et monétaire (UEM) des États membres qui utiliseront l'euro ; en outre, il a transformé la CEE en une Union européenne (UE), entrée en vigueur le $1^{er}$ nov. 1993. À partir de 1995, les accords de Schengen règlementant la circulation des personnes dans les pays de l'UE ont été appliqués par ceux-ci. Le 2 oct. 1997, le *traité d'Amsterdam* a complété le traité de Maastricht. Le $1^{er}$ janv.

L'EUROPE DES VINGT-HUIT
Açores (Portugal)
Madère (Portugal)
Canaries (Espagne)
Guadeloupe (France)
Martinique (France)
Guyane (France)
Réunion (France)
ISLANDE
Reykjavík
mer de Norvège
NORVÈGE
Oslo
SUÈDE
Stockholm
FINLANDE
Helsinki
Tallinn
ESTONIE
LETTONIE
Riga
LITUANIE
Vilnius
RUSSIE
mer Baltique
mer du Nord
DANEMARK
Copenhague
ROYAUME-UNI
Londres
Man
IRLANDE (EIRE)
Dublin
PAYS-BAS
Amsterdam
BELGIQUE
Bruxelles
LUXEMBOURG
ALLEMAGNE
Berlin
POLOGNE
Varsovie
RÉP. TCHÈQUE
Prague
SLOVAQUIE
Bratislava
AUTRICHE
Vienne
HONGRIE
Budapest
LIECHTENSTEIN
SUISSE
Berne
FRANCE
Paris
Manche
îles Anglo-Normandes
océan Atlantique
SLOVÉNIE
Ljubljana
CROATIE
Zagreb
BOSNIE-HERZÉGOVINE
Sarajevo
SERBIE
Belgrade
MONTÉNÉGRO
Podgorica
MACÉDOINE
Skopje
Sofia
ALBANIE
Tirana
GRÈCE
ITALIE
Rome
VATICAN
SAINT-MARIN
MONACO
mer Adriatique
Corse
Sardaigne
Sicile
MALTE
La Valette
mer Méditerranée
ANDORRE
ESPAGNE
Madrid
PORTUGAL
Lisbonne
Baléares
Gibraltar (R-U)
Ceuta
Melilla
État membre de l'Union européenne au 1er juillet 2013
statut de pays candidat
autre pays candidat
autre pays d'Europe
capitale d'État
500 km

**ALLEMAGNE**
1 Arnsberg
2 Berlin
3 Brandebourg-Nord-Est
4 Brandebourg-Sud-Ouest
5 Braunschweig
6 Brême
7 Chemnitz
8 Coblence
9 Cologne
10 Darmstadt
11 Dessau
12 Detmold
13 Dresde
14 Düsseldorf
15 Fribourg
16 Giessen
17 Halle
18 Hambourg
19 Hanovre
20 Karlsruhe
21 Kassel
22 Leipzig
23 Lunebourg
24 Magdebourg
25 Mecklenbourg-Poméranie antérieure
26 Mittelfranken
27 Münster
28 Niederbayern
29 Oberbayern
30 Oberfranken
31 Oberpfalz
32 Rheinhessen-Pfalz
33 Sarre
34 Schleswig-Holstein
35 Schwaben
36 Stuttgart
37 Thuringe
38 Trèves
39 Tübingen
40 Unterfranken
41 Weser-Ems

**AUTRICHE**
1 Autriche (Basse-)
2 Autriche (Haute-)
3 Burgenland
4 Carinthie
5 Salzbourg
6 Styrie
7 Tyrol
8 Vienne
9 Vorarlberg

**BELGIQUE**
1 Anvers
2 Brabant Flamand
3 Brabant Wallon
4 Bruxelles-Capitale
5 Flandre-Occidentale
6 Flandre-Orientale
7 Hainaut
8 Liège
9 Limbourg
10 Luxembourg
11 Namur

**BULGARIE**
1 Severen tsentralen
2 Severoiztochen
3 Severozapaden
4 Yugoiztochen
5 Yugozapaden
6 Yuzhen tsentralen

**CHYPRE** *

**CROATIE**
1 Nord-Ouest
2 Pannonie
3 Adriatique

**DANEMARK**
1 Capitale
2 Sjælland
3 Danemark du Sud
4 Jutland central
5 Jutland du Nord

**ESPAGNE**
1 Andalousie
2 Aragon
3 Asturies
4 Baléares (Îles)
5 Basque (Pays)
6 Cantabrie
7 Castille-et-León
8 Castille-La Manche
9 Catalogne
10 Ceuta
11 Estrémadure
12 Galice
13 Madrid
14 Melilla
15 Murcie
16 Navarre
17 Rioja
18 Valence
19 Canaries

**ESTONIE** *

**FINLANDE**
1 Åland
2 Finlande méridionale
3 Finlande occidentale
4 Finlande orientale
5 Finlande septentrionale

**FRANCE**
1 Alsace-Champagne-Ardenne-Lorraine
2 Aquitaine-Limousin-Poitou-Charentes
3 Auvergne-Rhône-Alpes
4 Bourgogne-Franche-Comté
5 Bretagne
6 Centre-Val de Loire
7 Corse
8 Île-de-France
9 Languedoc-Roussillon-Midi-Pyrénées
10 Nord-Pas-de-Calais-Picardie
11 Normandie
12 Pays de la Loire
13 Provence-Alpes-Côte d'Azur
14 Guadeloupe
15 Guyane
16 Martinique
17 Réunion

**GRÈCE**
1 Anatolie-Macédoine-Thrace
2 Attique
3 Crète
4 Égée du Nord
5 Égée du Sud
6 Épire
7 Grèce centrale
8 Grèce occidentale
9 Ioniennes (Îles)
10 Macédoine centrale
11 Macédoine occidentale
12 Péloponnèse
13 Thessalie

**HONGRIE**
1 Dél-Alföld
2 Dél-Dunántúl
3 Észak-Alföld
4 Észak-Magyarország
5 Közép-Dunántúl
6 Közép-Magyarország
7 Nyugat-Dunántúl

**IRLANDE**
1 Frontière, Centre et Ouest
2 Sud et Est

**ITALIE**
1 Abruzzes
2 Basilicate
3 Bolzano-Bozen
4 Calabre
5 Campanie
6 Émilie-Romagne
7 Frioul-Vénétie Julienne
8 Latium
9 Ligurie
10 Lombardie
11 Marches
12 Molise
13 Ombrie
14 Piémont
15 Pouilles
16 Sardaigne
17 Sicile
18 Toscane
19 Trentin
20 Val-d'Aoste
21 Vénétie

**LETTONIE** *

**LITUANIE** *

**LUXEMBOURG** *

**MALTE** *

**PAYS-BAS**
1 Brabant septentrional
2 Drenthe
3 Flevoland
4 Frise
5 Groningue
6 Gueldre
7 Hollande méridionale
8 Hollande septentrionale
9 Limbourg
10 Overijssel
11 Utrecht
12 Zélande

**POLOGNE**
1 Dolnoslaskie
2 Kujawsko-Pomorskie
3 Lubelskie
4 Lubuskie
5 Lodzkie
6 Malopolskie
7 Mazowieckie
8 Opolskie
9 Podkarpackie
10 Podlaskie
11 Pomorskie
12 Slaskie
13 Swietokrzyskie
14 Warminsko-Mazurskie
15 Wielkopolskie
16 Zachodniopomorskie

**PORTUGAL**
1 Alentejo
2 Algarve
3 Centre
4 Lisbonne
5 Nord
6 Açores
7 Madère

**ROUMANIE**
1 Bucarest-Ilfov
2 Centre
3 Nord-Est
4 Nord-Ouest
5 Ouest
6 Sud-Muntenia
7 Sud-Est
8 Sud-Ouest Olténie

**ROYAUME-UNI**
1 Bedfordshire et Hertfordshire
2 Berkshire, Buckinghamshire et Oxfordshire
3 Cheshire
4 Cornouailles et îles Scilly
5 Cumbria
6 Derbyshire et Nottinghamshire
7 Devon
8 Dorset et Somerset
9 Écosse du Nord-Est
10 Écosse du Sud-Ouest
11 Écosse orientale
12 Essex
13 Est Riding et Nord Lincolnshire
14 Est-Anglie
15 Gloucestershire, Wiltshire et Nord Somerset
16 Grand Manchester
17 Hampshire et île de Wight
18 Herefordshire, Worcestershire et Warwickshire
19 Highlands et Îles
20 Irlande du Nord
21 Kent
22 Lancashire
23 Leicestershire, Rutland et Northamptonshire
24 Lincolnshire
25 Londres-Extérieur
26 Londres-Intérieur
27 Merseyside
28 Midlands de l'Ouest
29 Northumberland, Tyne et Wear
30 Pays de Galles occidental et Vallées
31 Pays de Galles oriental
32 Shropshire et Staffordshire
33 Surrey, Sussex Est et Ouest
34 Vallée de la Tees et Durham
35 Yorkshire-Nord
36 Yorkshire-Ouest
37 Yorkshire-Sud

**SLOVAQUIE**
1 Bratislava
2 Stredné Slovensko
3 Vychodné Slovensko
4 Západné Slovensko

**SLOVÉNIE**
1 Slovénie Est
2 Slovénie Ouest

**SUÈDE**
1 Grand-Nord
2 Moyen-Nord
3 Småland et les îles
4 Stockholm
5 Suède Centre-Est
6 Suède Centre-Nord
7 Suède méridionale
8 Suède occidentale

**TCHÈQUE (RÉP.)**
1 Jihovychod
2 Jihozapad
3 Moravskoslezko
4 Prague
5 Severovychod
6 Severozapad
7 Stredni Cechy
8 Stredni Morava

Source : Eurostat, Office des publications officielles des Communautés européennes utilisant la définition nationale des régions NUTS (Nomenclature des unités territoriales statistiques).
NUTS de niveau 2 : unité statistique de taille moyenne de population comprise entre 800 000 et 3 millions d'habitants.
* État membre ne possédant pas de division correspondante

1999, douze États adoptent la monnaie européenne, l'*euro* : Allemagne, Autriche, Belgique, Espagne, Finlande, France, Grèce, Irlande, Italie, Luxembourg, Pays-Bas, Portugal. Ils sont rejoints ensuite par Malte, Chypre, la Slovénie, la Slovaquie, la Lettonie et la Croatie. La politique monétaire unique des différents États est mise en œuvre par la Banque centrale européenne (BCE), créée en 1998. En 2002, le sommet de Copenhague vote l'admission, le 1er mai 2004, de dix nouveaux pays : Chypre, Estonie, Hongrie, Lettonie, Lituanie, Malte, Pologne, République tchèque, Slovaquie et Slovénie. La Roumanie et la Bulgarie rentrent dans l'UE en 2007. Le traité établissant une constitution pour l'Europe signé en 2004 à Rome échoue devant le rejet de la France et des Pays-Bas en 2005. En 2007, les 27 États signent un nouveau traité à Lisbonne, ratifié par tous les États membres et entré en vigueur le 1er décembre 2009.

**INSTITUTIONS AUTRES QUE L'UE** La *Conférence* (puis *Organisation*) *pour la sécurité et la coopération en Europe* (CSCE, puis OSCE), qui s'était réunie pour la prem. fois en 1975, rassemble les États européens, le Canada et les É.-U. Parallèlement, l'*Organisation de coopération et de développement économiques* (OCDE), qui en 1961 a succédé à l'OECE, se renforçant des É.-U. et du Canada, puis du Japon (1964), de l'Australie (1971) et de la Nouvelle-Zélande (1973), a une puissance accrue. Certains États européens de l'OCDE qui ne font pas partie de l'UE (Islande, Suisse, Norvège, Liechtenstein) sont groupés au sein de l'*Association européenne de libre-échange* (AELE, fondée en 1959), associée à l'UE en 1992. Les Quinze États de l'UE et les trois États de l'AELE (Norvège, Liechtenstein, Islande) ont créé en 1995 à Porto l'*Espace économique européen* (EEE), zone de libre-échange de 380 millions de consommateurs.

▶ carte p. 578

**Europe** satellite de Jupiter (3 130 km de diamètre), découvert par Galilée en 1610.

**Europe** dans la myth. gr., fille d'Agénor, roi de Phénicie ; Zeus, qui avait pris la forme d'un taureau, l'emmena en Crète, où elle enfanta Minos, Sarpédon et Rhadamanthe.

**Europe** revue littéraire fondée en 1923 par R. Rolland pour lutter contre le nationalisme, le colonialisme, la xénophobie, le fascisme.

**Europe 1** station de radiodiffusion privée créée à Paris en 1954.

**européaniser** *vt* ① **1** Soumettre à l'influence de la civilisation européenne. **2** Élargir à l'Europe une notion, un problème, considérés jusque-là du seul point de vue local. (DER) **européanisation** *nf*

**Europe Écologie - Les Verts** parti politique français, né en 2010 de la fusion des Verts et de l'alliance écologiste créée pour les élections européennes de 2010.

**européen, enne** *a, n* **A 1** De l'Europe. *Le continent européen.* **2** Relatif à la communauté politique de l'Europe. **3** Se dit du chat domestique commun (appellé aussi *chat de gouttière*). **B** *n* Personne favorable au projet européen. **C** *nfpl* Élections au Parlement européen.

**europium** *nm* **1** CHIM Élément appartenant à la famille des lanthanides, de numéro atomique Z = 63 et de masse atomique 151,96 (symbole Eu). **2** Métal appartenant à la famille des terres rares, qui fond à 822 °C. (PHO) [øʀɔpjɔm]

**Europoort** avant-port de Rotterdam, vaste zone industr. : pétrochimie, sidérurgie.

**euroscepticisme** *nm* POLIT Doutes concernant l'utilité de la construction européenne. (DER) **eurosceptique** *a, n*

**Eurostoxx 50** indice boursier créé en 1999 à partir du cours de 50 valeurs représentatives de la zone euro. (VAR) **Euro Stoxx 50**

**eurostratégie** *nf* Stratégie liée à la situation géographique et politique des pays de l'Europe de l'Ouest.

**Eurotas** fleuve du Péloponnèse qui arrose Sparte et se jette dans le golfe de Laconie ; 80 km.

**Eurotunnel** tunnel sous la Manche.

**Eurovision** organisation chargée des échanges d'émissions de télévision entre les divers pays d'Europe et d'Afrique du Nord.

**Eurydice** dans la myth. grecque, épouse d'Orphée (V. ce nom).

**euryèce** *a* Se dit d'un organisme capable de s'adapter à des conditions écologiques très variées. (VAR) **euryécique**

**euryhalin, ine** *a* BIOL Se dit d'un organisme capable de supporter de grandes variations de la concentration saline de son milieu. ANT sténohalin. (ETY) Du gr. *eurus*, « large », et *hals*, « sel ».

**Eurymédon (l')** fl. côtier d'Asie Mineure (Pamphylie), auj. le *Köprü*. Le général athénien Cimon battit les Perses sur ses rives (468 av. J.-C.).

**euryphote** *a* Se dit d'un organisme capable de vivre dans des conditions d'éclairement très variées.

**Eurysthée** dans la myth. gr., roi de Mycènes pour qui Héraclès accomplit ses travaux.

**eurytherme** *a* Se dit d'un organsime capable de supporter de grandes variations de température.

**eurythmie** *nf* didac **1** Harmonie dans la composition d'une œuvre artistique. **2** MUS Ensemble harmonieux de sons. SYN euphonie. **3** MED Régularité du pouls. (DER) **eurythmique** *a*

**Eusèbe de Césarée** (Palestine, v. 265 – id., 340), évêque de Césarée qui écrivit (en grec) des *Chroniques* et une *Histoire ecclésiastique*.

**Euskaldunak** nom des Basques, en basque.

**euskara** *nm* La langue basque.

**euskarien, enne** *a, n* didac Basque. (VAR) **euscarien, enne**

**euskarophone** *a, n* Qui parle basque.

**eusociété** *nf* ZOOL Société organisée caractérisée par la répartition des tâches (reproduction, travaux divers), la coopération pour l'élevage des jeunes et la coexistence des générations. (DER) **eusocial, ale, aux** *a*

**eustache** *nm* vx, fam Couteau à virole et à manche en bois. (ETY) Du n. pr.

**Eustache (saint)** personnage légendaire qui se convertit au christianisme quand lui apparut un cerf portant une croix lumineuse.

**Eustache** Jean (Pessac, 1938 – Paris, 1981), cinéaste français : *la Maman et la Putain* (1973), *Une sale histoire* (1977).

**Eustache de Saint-Pierre** (Saint-Pierre, près de Calais, 1287 – 1371), un des six bourgeois qui sauvèrent Calais en 1347.

**eustatisme** *nm* GEOL Variation du niveau général des mers. (ETY) Du gr. (DER) **eustatique** *a*

**Euterpe** dans la myth. gr., muse de la Musique.

**eutexie** *nf* PHYS Propriété des mélanges ou des alliages dont le point de fusion est inférieur

**L'EUROPE VERS L'AN MILLE**

à chacun des points de fusion de leurs constituants. DER **eutectique** *a, nm*

**euthanasie** *nf* **1** Mort provoquée dans le dessein d'abréger les souffrances d'un malade incurable. *La législation française condamne l'euthanasie.* **2** Mort d'un animal de compagnie (en partic. un chien ou un chat) provoquée par un vétérinaire. LOC *Euthanasie passive :* acte du médecin qui arrête le traitement d'un malade incurable, maintenu en vie artificiellement. ETY Du gr. DER **euthanasique** *a*

**euthanasier** *vt* ② Provoquer la mort par euthanasie.

**euthérien** *nm* ZOOL Syn. de *placentaire.*

**eutocie** *nf* MED Accouchement normal. DER **eutocique** *a*

**eutrophie** *nf* PHYSIOL État normal de développement, de vitalité, de nutrition d'un organisme ou d'une partie d'un organisme.

**eutrophique** *a* En état d'eutrophie ou d'eutrophisation.

**eutrophisation** *nf* ECOL Accroissement anarchique de la quantité de sels nutritifs d'un milieu, partic. d'une eau stagnante polluée par les résidus d'engrais ou par les rejets d'eau chaude (centrales électriques, etc.), et qui permet la pullulation maximale d'êtres vivants. DER **eutrophiser (s')** *vpr* ①

**Eutychès** (av. 378 – v. 454), hérésiarque byzantin ; monophysite, condamné en 451 par le concile de Chalcédoine.

**Eutychien (saint)** (Luni, Toscane, v. 220 – Rome, 283), pape de 275 à 283. Il aurait été martyrisé.

**eutypiose** *nf* VITIC Maladie cryptogamique de la vigne, identifiée en 1977.

**eux** *pr pers* **1** Forme tonique du pronom complément prépositionnel de la 3e pers. du masculin pl. *Je pense à eux. L'un d'eux.* **2** S'emploie pour renforcer les pronoms *ils, les. Je les aime, eux. Si vous partez, vous, eux resteront.*

**Euzkadi ta Askatasuna (ETA)** nom basque (signifiant « le Pays basque et sa liberté ») du mouvement nationaliste basque, fondé en 1959.

**eV** PHYS NUCL Symbole de l'électronvolt.

**évacuateur, trice** *a, nm* **A** *a* Qui sert à l'évacuation. **B** *nm* TECH Dispositif à vannes servant à évacuer les eaux.

**évacuer** *vt* ① **1** MED Expulser de l'organisme. **2** Déverser un liquide hors d'un lieu. *Évacuer les eaux usées.* **3** Cesser d'occuper militairement un lieu. *Évacuer une zone.* **4** Quitter en masse un lieu. *Faites évacuer le navire.* **5** Transporter hors de la zone des combats, hors d'une zone dangereuse ou sinistrée. *Évacuer la population d'une région inondée.* **6** fig, fam Ne pas tenir compte d'un problème, le rejeter sans examen. ETY Du lat. *evacuare,* « vide ». DER **évacuation** *nf*

**évadé, ée** *a, n* Qui s'est échappé, en parlant d'un prisonnier.

**évader (s')** *vpr* ① **1** S'échapper d'un lieu où l'on était prisonnier. **2** fig Se libérer de ce qui contraint, embarrasse. *S'évader de la réalité.* ETY Du lat. evadere, « sortir de ».

**évagination** *nf* PATHOL Sortie anormale d'un organe hors de sa gaine.

**évaluer** *vt* ① **1** Déterminer la valeur marchande de qqch. *Faire évaluer un terrain. Évaluer un tableau un million.* **2** Déterminer approximativement une quantité, une qualité. *Évaluer les avantages d'une situation.* ETY De l'a. fr. *value,* « valeur ». DER **évaluable** *a* – **évaluatif, ive** *a* – **évaluation** *nf*

**évanescent, ente** *a* litt **1** Qui disparaît, s'efface. *Impression évanescente.* **2** Qui apparaît fugitivement ; dont l'apparence est floue. *Forme évanescente.* **3** Se dit d'une personne qui semble indéfinissable. ETY Du lat. *evanescere,* « s'évanouir ». DER **évanescence** *nf*

**évangéliaire** *nm* LITURG Livre contenant les parties des Évangiles lues ou chantées à chacune des messes de l'année.

**évangélique** *a* **1** Relatif, conforme à l'Évangile. *Vie évangélique.* **2** Qui est de religion réformée. *Églises évangéliques.* DER **évangéliquement** *av*

**évangéliser** *vt* ① Diffuser la doctrine de l'Évangile auprès de. *Évangéliser de nouveaux peuples.* DER **évangelisateur, trice** *a, n* – **évangelisation** *nf*

**évangélisme** *nm* **1** Pratique religieuse conforme à l'Évangile. **2** Doctrine des Églises évangéliques ; protestantisme.

**évangéliste** *nm* **1** Chacun des quatre apôtres auteurs des Évangiles. **2** Évangélisateur. **3** Prédicateur de l'Église réformée.

emblèmes des quatre **évangélistes** : l'homme ou l'ange (Matthieu), le bœuf (Luc), le lion (Marc), l'aigle (Jean), enluminure d'un rituel, XIIe s. – bibliothèque de Poitiers

**évangile** *nm* **1** RELIG Message de Jésus-Christ. *Prêcher l'évangile.* **2** Partie des Évangiles lue à la messe. **3** fig Ouvrage servant de base à un message philosophique, une doctrine. LOC *Parole d'évangile :* qu'il faut croire sans discuter. ETY Du gr. euaggelion, « bonne nouvelle ».

**Évangile (l')** ensemble et chacun des 4 Livres qui exposent le message du Christ (*évangile,* en gr., « bonne nouvelle »). Les Évangiles de saint Matthieu, saint Marc, saint Luc et saint Jean ont tous été rédigés en grec ; les 3 prem.

sont dits *synoptiques* car leurs relations de la vie du Christ concordent. Il existe des *Évangiles apocryphes*. (V. Matthieu, Marc, etc.)

**évanouir (s')** *vpr* ③ **1** Perdre connaissance. **2** Disparaître entièrement. *Le brouillard s'est évanoui.* SYN se dissiper. **3** Ne plus donner signe de vie, ne plus se manifester. *Il s'est évanoui dans la nature.* (ETY) Du lat. pop.

**évanouissement** *nm* **1** Perte de connaissance. *Revenir de son évanouissement.* **2** Disparition totale. *L'évanouissement d'un espoir.* **3** TELECOM Diminution momentanée de la puissance d'une onde radioélectrique lors de la réception. SYN (déconseillé) fading.

**Evans** lac du Canada (Nouveau-Québec) ; 468 km$^2$.

**Evans** Mary Ann → **Eliot (Mary Ann).**

**Evans** Oliver (Newport, Delaware, 1755 – New York, 1819), ingénieur américain ; inventeur de machines à vapeur à haute pression.

**Evans** sir Arthur John (Nash Mills, Hertfordshire, 1851 – Boar's Hill, Oxfordshire, 1941), archéologue anglais ; célèbre par ses fouilles en Crète, notam. à Cnossos.

**Evans** Walker (Saint Louis, Missouri, 1903 – New Haven, Connecticut, 1975), photographe américain du monde rural aux É.-U. pendant la crise des années 30.

**Evans** William John, dit Bill (Plainfield, New Jersey, 1929 – New York, 1980), pianiste de jazz américain..

**Evans-Pritchard** Edward (Crowborough, Sussex, 1902 – Oxford, 1973), ethnologue britannique : *les Nuers* (1940), description d'un peuple nilotique ; *Anthropologie sociale* (1951).

**évaporateur** *nm* TECH **1** Appareil servant à la dessiccation des fruits, des légumes, etc. **2** Partie d'une installation frigorifique à compression où se vaporise le fluide frigorigène. **3** Appareil permettant de distiller l'eau de mer.

**évaporation** *nf* Vaporisation d'un liquide au niveau de sa surface libre, qui se produit à toute température.

ENC L'évaporation (qui s'effectue à la surface d'un liquide) se distingue de l'ébullition (qui se produit à l'intérieur du liquide) et de la sublimation (passage direct de l'état solide à l'état gazeux). La vitesse d'évaporation augmente avec la température ; proportionnelle à la surface d'évaporation, elle dépend aussi de la pression de la vapeur et de celle de l'air environnant. Les phénomènes d'évaporation jouent un rôle primordial dans le cycle de l'eau.

**évaporatoire** *a* TECH Qui favorise l'évaporation.

**évaporé, ée** *a, n* **A** *a* Qui est transformé en vapeur. **B** *a, n* **fig** Qui se dissipe en futilités ; qui a un caractère vain et léger.

**évaporer** *v* ① **A** *vt* TECH Soumettre un liquide à l'évaporation. **B** *vpr* **1** Se transformer en vapeur. **2** **fig, fam** Disparaître, s'éclipser. *Il s'est évaporé au début de la soirée.* (ETY) Du lat. (DER) **évaporable** *a*

**évaporite** *nf* GEOL Dépôt minéral (gypse, sel gemme, potasse) résultant de l'évaporation de lagunes ou de mers fermées.

**évapotranspiration** *nf* **didac** Quantité de vapeur d'eau qu'évapore un sol et que transpire la végétation qu'il porte.

**Évariste** (saint) pape de 97 à 105.

**évaser** *v* ① **A** *vt* Élargir l'ouverture de. *Évaser un tuyau. Évaser une manche au poignet.* **B** *vpr* Aller en s'élargissant. (DER) **évasement** *nm*

**évasif, ive** *a* Qui reste dans le vague, qui élude. *Il a été très évasif. Un geste évasif.* (DER) **évasivement** *av*

**évasion** *nf* **1** Action de s'évader, de s'échapper d'un lieu où l'on était retenu prisonnier. *Une tentative d'évasion.* **2** **fig** Fait d'échapper aux contraintes de la vie quotidienne. *Besoin d'évasion.* LOC ***Évasion fiscale*** : action par laquelle un contribuable réduit sa charge fiscale sans transgresser la loi.

**évasure** *nf* **didac** Ouverture d'un orifice.

**Ève** nom attribué dans la Bible à la première femme, formée par Dieu à partir d'une côte d'Adam. Le Démon, qui avait pris la forme du serpent, l'incita à cueillir le fruit défendu. Dieu la chassa, avec Adam, du Paradis terrestre et la condamna à enfanter dans la douleur.

**évêché** *nm* **1** Territoire soumis à la juridiction d'un évêque. SYN diocèse. **2** Demeure, siège de l'évêque.

**Évêchés (les Trois-)** → **Trois-Évêchés (les).**

**évection** *nf* ASTRO Irrégularité périodique du mouvement de la Lune, due à l'attraction du Soleil. (ETY) Du lat.

**éveil** *nm* **1** Réveil ; fait d'être éveillé. **2** Action de sortir de l'état de repos, de latence ; fait d'apparaître, de se manifester. *L'éveil des sentiments.* LOC ***Activités, disciplines d'éveil*** : destinées à développer l'intelligence, la créativité des enfants. — ***Donner l'éveil*** : attirer l'attention en mettant en alerte. — ***En éveil*** : attentif.

**éveillé, ée** *a* **1** Qui ne dort pas. *Rester éveillé.* **2** Plein de vivacité. *Enfant éveillé. Un esprit éveillé.* LOC ***L'Éveillé*** : surnom de Bouddha.

**éveiller** *v* ① **A** *vt* **1** **litt** Tirer du sommeil. *Le bruit l'éveilla.* SYN réveiller. **2** **fig** Faire se manifester ce qui était à l'état latent, virtuel. *Activités qui éveillent l'intelligence d'un enfant.* **3** Faire naître, provoquer un sentiment, une attitude. *Éveiller l'attention de qqn.* **B** *vpr* **1** **litt** Sortir du sommeil. **2** Apparaître, se développer en parlant des sentiments, des idées. **3** Commencer à être sensible à. *S'éveiller à la peinture.* (ETY) Du lat.

**éveilleur, euse** *n* **fig** Celui, celle qui éveille. *Un éveilleur de talents.*

**éveinage** *nm* CHIR Syn. (recommandé) de *stripping.*

**évènement** *nm* **1** Ce qui arrive. *Évènement inattendu, heureux, malheureux.* **2** MATH En théorie des probabilités, résultat espéré ou effectif lors d'un tirage au sort. **3** Fait important. *L'évènement littéraire de l'année.* (ETY) Du lat. *evenire,* « arriver ». (VAR) **événement**

**évènementiel, elle** *a, nm* **A** *a* **1** Qui s'en tient à la description des évènements, des faits. *Histoire évènementielle.* **2** Qui constitue un évènement, est lié à un évènement. *Une manifestation évènementielle.* **B** *nm* PUB Animation organisée en relation avec un évènement particulier, destinée à accroître la notoriété de qqn ou de qqch. (VAR) **événementiel, elle**

**évent** *nm* **1** Caractère de ce qui est éventé (vin, aliment). **2** ZOOL Narine située sur la face

L'EUROPE EN 1789

supérieure de la tête de certains cétacés. **3** ZOOL Ouverture située en arrière de l'œil chez les sélaciens, servant chez les raies à l'entrée de l'eau qui va baigner les branchies. **4** TECH Organe mettant en communication un circuit, un réservoir, avec l'atmosphère libre. **5** GEOL Orifice par lequel s'échappent des gaz volcaniques, des eaux chaudes.

**éventail** *nm* **1** Petit écran portatif que l'on agite pour s'éventer, le plus souvent monté sur des baguettes rivetées et pouvant se déployer et se fermer. PLUR éventails. **2** Ensemble de choses d'une même catégorie. *Proposer un large éventail d'articles.* **LOC** ***En éventail*** : en forme d'éventail déployé.

**éventaire** *nm* Étalage de marchandises à l'extérieur d'une boutique.

**éventé, ée** *a* **1** Altéré au contact de l'air. *Un vin éventé.* **2** Découvert. *Un truc éventé.*

**éventer** *v* [1] **A** *vt* **1** Agiter l'air pour rafraîchir qqn. **2** Exposer à l'air. *Éventer des vêtements.* **3** fig Découvrir. *Éventer un complot.* **B** *vpr* S'altérer au contact de l'air. *Ce parfum s'est éventé.*

**éventration** *nf* **1** MED Hernie qui se forme dans la région antérieure de l'abdomen, spontanément ou à la suite d'un traumatisme. **2** fig Action d'éventrer un objet.

**éventrer** *vt* [1] **1** Blesser en ouvrant le ventre. **2** Fendre, déchirer un objet. *Éventrer un matelas.* **3** Défoncer. *Éventrer un mur.*

**éventreur** *nm* Meurtrier qui éventre.

**éventualité** *nf* **1** Caractère de ce qui est éventuel. *L'éventualité d'une rupture.* **2** Fait, évènement qui peut ou non se produire. *Parer à toute éventualité.*

**éventuel, elle** *a* **1** DR Subordonné à la réalisation de certaines conditions. **2** Qui peut survenir ou non, selon les circonstances. *Successeur éventuel.* [ETY] Du lat. *eventus*, « évènement ». [DER] **éventuellement** *av*

**évêque** *nm* **1** Ministre de l'Église catholique ou orthodoxe qui a reçu la plénitude du sacerdoce et qui dirige un diocèse. **2** Directeur spirituel à la tête d'un diocèse dans l'Église anglicane. [ETY] Du gr. *episkopos*, « surveillant ».

**Everest (mont)** sommet culminant du globe (selon de nouv. cotes, 8 850 m) dans l'Himalaya, à la frontière népalo-tibétaine ; vaincu en 1953 par le Néo-Zélandais E. Hillary et le sherpa Tensing. Il doit son nom à **sir George Everest** (Greenwich, 1790 – Londres, 1866), directeur brit. (1823) du Service géodésique des Indes.

le **mont Everest**

**Everglades** marais situés dans le S. de la Floride, en partie drainés (élevage). Parc national.

**Evert** Christine, dite **Chris** (Fort Lauderdale, Floride, 1954), joueuse de tennis américaine.

**évertuer (s')** *vpr* [1] Faire beaucoup d'efforts. *S'évertuer à expliquer qqch.*

**Evhémère** (v. 340 av. J.-C. – v. 260 av. J.-C.), penseur grec. Dans *l'Histoire sacrée*, il considère les personnages de la mythologie comme des êtres humains admirables ou terrifiants ayant vécu dans les temps reculés. Cette conception (évhémérisme) a été reprise au XIX^e s. par la pensée rationaliste.

**Évian-les-Bains** ch.-l. de cant. de la Haute-Savoie (arr. de Thonon-les-Bains), sur le lac Léman ; 8 359 hab. Stat. thermale. – *Accords d'Évian* : la France et le Gouv. provisoire de la Rép. algérienne (GPRA) décidèrent le cessez-le-feu en Algérie (19 mars 1962). [DER] **évianais, aise** *a, n*

**éviction** *nf* **1** Action d'évincer. **2** DR Dépossession d'une chose acquise au bénéfice d'un tiers qui avait des droits antérieurs sur celle-ci.

**évidemment** *av* **1** De façon évidente, certaine. **2** Pour acquiescer en affirmant. *Viendrez-vous ? – Évidemment !* [PHO] [evidamɑ̃]

**évidence** *nf* **1** Caractère de ce qui s'impose à l'esprit et que l'on ne peut mettre en doute. *Se rendre à l'évidence.* **2** Chose évidente. *Dire des évidences.* **LOC** ***À l'évidence, de toute évidence*** : sûrement, sans conteste. — ***Mettre qqch en évidence*** : le disposer de façon qu'il attire le regard, l'attention. [ETY] Du lat. *videre* « voir ».

**évident, ente** *a* **1** Clair, manifeste. *Une erreur évidente.* **2** fam Facile. *C'est pas évident.*

**évider** *vt* [1] **1** Creuser intérieurement. *Évider un fruit.* **2** Pratiquer des vides dans qqch ; échancrer. [DER] **évidage** ou **évidement** *nm*

**évier** *nm* Bac fermé par une bonde et alimenté en eau par un robinet, dans une cuisine. [ETY] Du lat. *aquarius*, « pour l'eau ».

**évincer** *vt* [12] **1** Écarter par intrigue qqn d'une position avantageuse. *Évincer ses concurrents.* **2** DR Déposséder d'un droit. *Évincer un locataire.* [ETY] Du lat. *evincere*, « vaincre ». [DER] **évincement** *nm*

**éviscérer** *vt* [14] Enlever les viscères. *Éviscérer un poulet.* [DER] **éviscération** *nf*

**évitable** → **éviter.**

**évitage** *nm* MAR Mouvement du navire qui évite ; espace nécessaire pour ce mouvement.

**évitement** *nm* Action d'éviter. **LOC** PSYCHOL ***Réaction d'évitement*** : en expérimentation, réaction acquise par un être vivant pour éviter un stimulus pénible. — CH DE F ***Voie d'évitement*** : servant à garer un train pour laisser la voie à un autre.

**éviter** *v* [1] **A** *vt* **1** Faire en sorte de ne pas heurter qqn, qqch ou d'échapper à une chose fâcheuse. *Éviter un écueil. Éviter un malheur.* **2** S'abstenir. *Éviter de regarder qqn.* **3** Épargner. *Éviter une démarche à qqn.* **B** *vi* MAR Tourner autour de son ancre sous l'action du vent ou du courant, en parlant d'un navire. [ETY] Du lat. [DER] **évitable** *a*

**évocable** *a* DR Qui peut être évoqué devant un tribunal.

**évocateur, trice** *a* Qui est propre à évoquer. *Des mots évocateurs.*

**évocation** *nf* **1** Action d'évoquer, de rendre présent à la mémoire ou à l'esprit. *Évocation d'un problème social.* **2** Action de faire apparaître par des procédés magiques. *Évocation de démons.* **3** DR Action d'évoquer une cause.

**évocatoire** *a* DR litt Qui donne lieu à une évocation.

**évoé !** *interj* Cri des bacchantes en l'honneur de Dionysos. [VAR] **évohé !**

**évolué, ée** *a* **1** Parvenu à un haut degré de culture, de civilisation. **2** BIOL Qui a atteint un certain stade d'évolution.

**évoluer** *vi* [1] **1** Se transformer progressivement. *Situation qui évolue.* **2** Exécuter des évolutions, des manœuvres. *Les patineurs évoluaient sur la glace.* **3** Progresser dans sa carrière professionnelle.

**évolutif, ive** *a* **1** Qui peut évoluer ou produire l'évolution. **2** MED Se dit d'une affection ou d'une lésion qui s'aggrave.

**évolution** *nf* **A** **1** Transformation graduelle, développement progressif. *Évolution des mœurs. Évolution d'une maladie.* **2** BIOL Ensemble des transformations élémentaires des êtres vivants dues aux mutations génétiques, en liaison avec la sélection qu'opère le milieu de vie. **3** Mouvement d'ensemble. *Évolution d'une armée.* **B** *nf pl* Série de mouvements divers. *Évolutions d'un cheval de cirque.* [ETY] Du lat. *evolutio*, « action de dérouler ». ▶ illustr. p. 584

[ENC] Les théories de l'évolution se sont appuyées sur plusieurs disciplines. La *paléontologie* fournit des séries d'animaux d'époques géologiques différentes dont les transformations montrent avec netteté que la forme la plus récente dérive de la plus ancienne. L'*embryologie* et l'*anatomie comparée* établissent qu'au cours de l'embryogenèse, un animal passe par des stades comportant des organes transitoires que l'on retrouve chez des animaux beaucoup plus primitifs. En étudiant les mutations, la génétique a prouvé que les mécanismes fondamentaux des diverses transformations des espèces sont aléatoires ; la modification, la création ou la perte de gènes donnent le jour à des individus nouveaux qui sont ensuite sélectionnés par le milieu, les formes non viables étant éliminées.

**Évolution créatrice (l')** essai philosophique de Bergson (1907), d'inspiration spiritualiste.

**évolutionnisme** *nm* **1** BIOL Théorie suivant laquelle les espèces actuelles dérivent de formes anciennes, selon des modalités que les biologistes s'efforcent de préciser de mieux en mieux. **2** PHILO Théorie, doctrine fondée sur la notion d'évolution des êtres vivants. [DER] **évolutionniste** *a, n*

**évolutivité** *nf* **1** MED Caractère évolutif d'une maladie. **2** INFORM Potentiel d'évolution d'un matériel informatique.

**évoquer** *vt* [1] **1** Rendre une chose présente à la mémoire, à l'esprit en en parlant, en y faisant allusion. *Évoquer son enfance. Évoquer une question.* **2** Faire songer à. *Une odeur qui évoque la mer.* **3** Faire apparaître par des procédés magiques. *Évoquer les esprits.* **4** DR Appeler à soi une affaire de la compétence d'un tribunal inférieur. [ETY] Du lat. *vocare*, « appeler ».

**Évora** v. du Portugal, cap. de la Région Alentejo ; 34 000 hab. – Archevêché. Temple de Diane (II^e s.) ; cath. (XII^e- XIII^e s.) ; monastère mudéjar (XV^e s.).

**Evora** Cesaria (Mindelo, 1941 – id., 2011), chanteuse cap-verdienne, « diva aux pieds nus », interprète de la *morna* (sorte de blues cap-verdien).

**Évreux** ch.-l. du dép. de l'Eure, sur l'Iton ; 53 870 hab. – Évêché. Cath. N.-D. (XII^e-XVII^e s.) ; égl. St-Taurin (XI^e-XV^e s.). [DER] **ébroïcien, enne** *a, n*

**Évry** (anc. *Évry-Petit-Bourg*), ch.-l. du dép. de l'Essonne, sur la Seine ; 53 268 hab. Ville nouvelle, résidentielle, industrielle et universitaire. [DER] **évryen, enne** *a, n*

**Evtouchenko** Ievgueni Alexandrovitch (Zima, Sibérie, 1933), poète soviétique, devenu populaire lors du « dégel » khrouchtchévien à la fin des années 1950.

**evzone** *nm* Fantassin grec portant la fustanelle. [ETY] Du gr. *euzônos*, « qui a une belle ceinture ».

**Ewald** Johannes (Copenhague, 1743 – id., 1781), poète lyrique danois. L'hymne danois provient de ses *Pêcheurs* (drame musical, 1779).

**éwé** *nm* Langue du groupe kwa parlée par les Éwés.

**phylogénie des métazoaires**

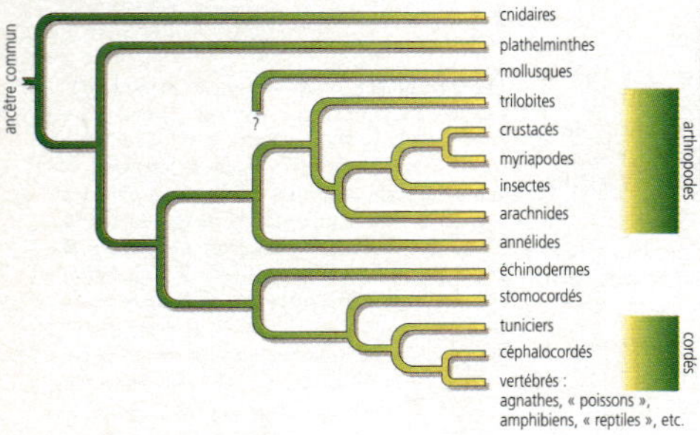


**relation phylogénétique entre les « poissons » actuels**

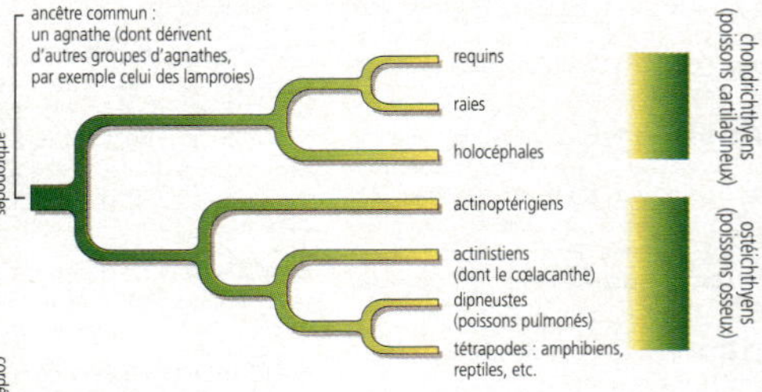


**relations philogénétyques entre les « reptiles » actuels (en gras dans l'image), les oiseaux, les mammifères et de nombreux groupes fossiles**

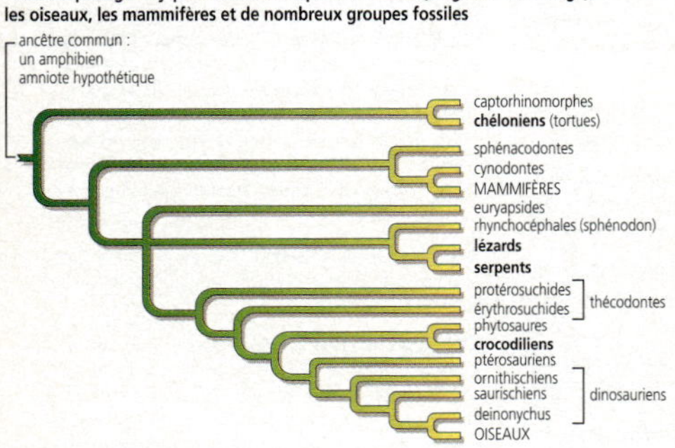


**relation phylogénétique des primates**

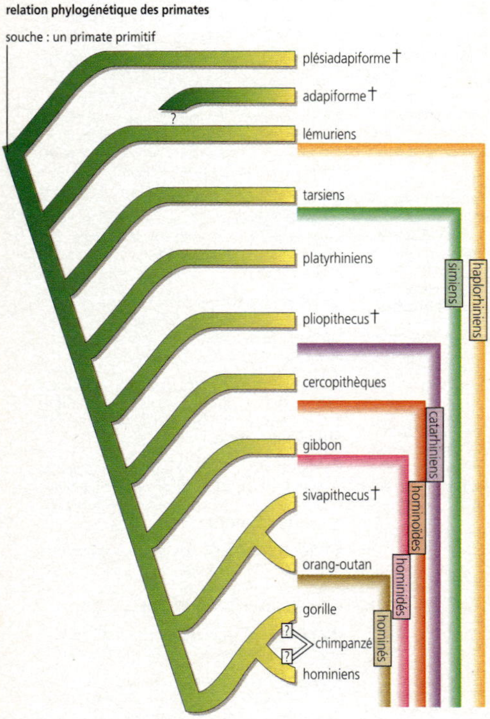


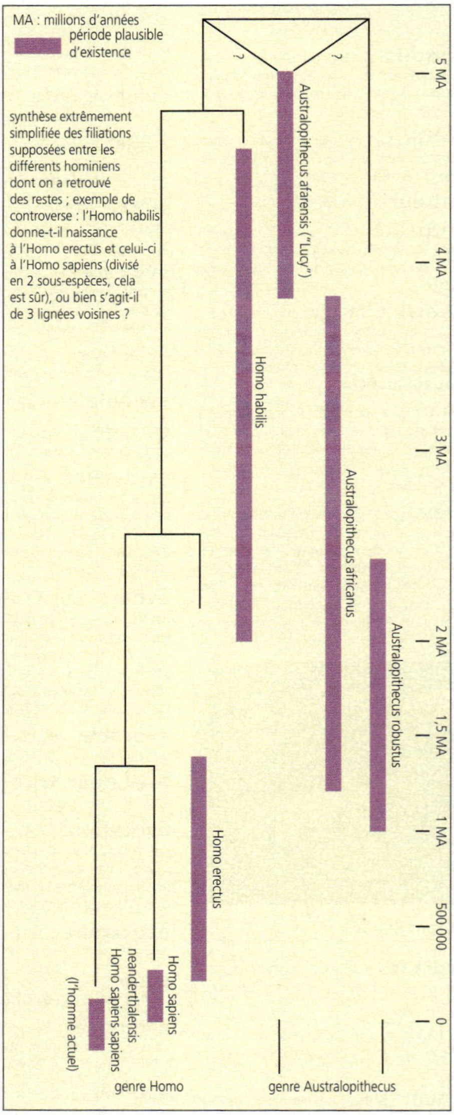

**Éwés** groupe ethnique qui vit au Togo, au Ghana et au Bénin, parlant une langue nigéro-congolaise du groupe kwa. [VAR] **Éoués** [DER] **éwé** ou **éoué** *a*

**Ewing** sir **James** (Dundee, 1855 – Cambridge, 1935), physicien écossais spécialiste du magnétisme.

**ex-** Particule qui, placée devant un nom, implique l'antériorité de la qualité ou de l'état exprimé par le nom. *L'ex-président.* [ETY] Mot lat. « hors de ».

**ex** *n* fam Conjoint dont on a divorcé, ancienne relation amoureuse.

**exa-** PHYS Élément (symbole E) qui, placé devant le nom d'une unité, indique que celle-ci est multipliée par un milliard de milliards ($10^{18}$).

**ex abrupto** *av* Brusquement, sans préambule. *Aborder une question ex abrupto.* [PHO] [eksabʀypto] [ETY] Mots lat.

**exacerbation** *nf* **1** MED Exagération transitoire des symptômes d'une maladie. **2** fig, litt Exaspération, paroxysme d'une sensation, d'un sentiment.

**exacerber** *vt* [1] Rendre plus aigu, plus intolérable une douleur, un sentiment. [ETY] Du lat.

**exact, acte** *a* **1** Qui arrive à l'heure fixée. *Il était exact au rendez-vous.* **2** Rigoureusement conforme à la réalité, à la logique. *Calcul exact.* **LOC** ***Les sciences exactes**:* les sciences mathématiques et physiques. [PHO] [egza, akt] ou [egzakt] [ETY] Du lat. *exactus,* « accompli ». [DER] **exactitude** *nf*

**exactement** *av* **1** D'une manière exacte, conforme à la réalité. **2** Tout à fait, certes.

**exaction** *nf* **A** didac Action d'exiger plus qu'il n'est dû. *Les exactions d'un collecteur d'impôts, d'un prince.* **B** *nfpl* Sévices, violences exercées sur qqn.

**ex æquo** *av* À égalité en parlant de concurrents. *Un premier prix ex æquo.* [PHO] [egzeko] [ETY] Mots lat.

**exagéré, ée** *a* Outré, excessif. *Des louanges exagérées.* [DER] **exagérément** *av*

**exagérer** *vt* [14] **1** Présenter qqch comme plus grand, plus important qu'il n'est en réalité. *Exagérer l'importance d'un évènement.* **2** Aller au-delà de ce qui est convenable. [ETY] Du lat. *exaggerare,* « entasser ». [DER] **exagération** *nf*

**exalbuminée** *af* BOT Se dit d'une graine sans albumen.

**exalté, ée** *a, n* Enthousiaste. *Un tempérament exalté.*

**exalter** *vt* [1] **1** litt Louer hautement. *Exalter les vertus d'un saint.* **2** Élever l'esprit par la passion, l'enthousiasme. *Exalter l'imagination.* **3** Enthousiasmer. *Exalter son auditoire.* [ETY] Du lat. [DER] **exaltant, ante** *a* – **exaltation** *nf*

**examen** *nm* **1** Considération attentive ; observation minutieuse. *L'examen d'un dossier. Un examen médical.* **2** Épreuve ou ensemble d'épreuves que subit un candidat afin que l'on puisse juger de ses connaissances, de ses compétences. *Être reçu à un examen.* **LOC** ***Examen de conscience**:* action de considérer ses actes sous l'angle de la morale. — ***Libre examen**:* fait de ne croire que ce qui est contrôlé par la raison. — DR ***Mise en examen**:* ouverture d'une procédure d'instruction à l'encontre d'une personne présumée être l'auteur d'un crime ou d'un délit. SYN anc inculpation. [ETY] Mot lat., « aiguille de balance ».

**examinateur, trice** *n* Personne qui fait passer un examen à des candidats.

**examiner** *vt* [1] **1** Considérer, observer attentivement. *Examiner un tableau. Examiner un patient.* **2** Faire passer un examen à un candidat. [ETY] Du lat.

**exanthème** *nm* MED Rougeur cutanée sans papules ni vésicules, observée dans des maladies infectieuses, telles la scarlatine, la rougeole, la rubéole, etc. [ETY] Du gr. *exanthema,* « efflorescence ». [DER] **exanthémateux, euse** *a*

**exarchat** *nm* **1** HIST Région commandée par un exarque. **2** Dignité d'exarque. **3** Circonscription ecclésiastique d'une Église orientale, située en dehors du patriarcat d'origine.

**exarque** *nm* **1** HIST Chef civil ou ecclésiastique, dans l'Empire romain d'Orient. **2** Vicaire patriarcal délégué pour diriger un exarchat. [ETY] Du gr. *arkhein,* « commander ».

**exaspérer** *vt* [14] **1** Irriter violemment qqn. *Son attitude m'exaspère.* **2** Augmenter l'intensité d'une douleur physique, d'un sentiment pénible. *Exaspérer la haine de qqn.* [ETY] Du lat. *exasperare,* « rendre rude » [DER] **exaspérant, ante** *a* – **exaspération** *nf*

**exaucer** *vt* [12] **1** Accueillir favorablement un vœu, une prière. **2** Satisfaire qqn dans sa demande. *Le ciel nous a exaucés.* [ETY] Var. d'*exhausser,* « écouter une prière ». [DER] **exaucement** *nm*

**ex cathedra** *av* Du haut de la chaire, avec l'autorité de son titre. *Parler ex cathedra.* [PHO] [ekskatedʀa] [ETY] Du lat. ecclés. mod.

**excavateur** *nm* TRAV PUBL Engin de terrassement sur chenilles, équipé de godets à bords tranchants montés sur une chaîne sans fin, permettant l'extraction de terres ou de matériaux. [VAR] **excavatrice** *nf*

**excavation** *nf* **1** Action d'excaver. **2** Cavité dans le sol. *Une excavation produite par l'eau.*

**excaver** *vt* [1] Creuser le sol. [ETY] Du lat.

**excédent** *nm* Ce qui dépasse le nombre, la quantité prévus. *Excédent de la balance commerciale.* [DER] **excédentaire** *a*

**excéder** *vt* [14] **1** Dépasser en quantité, en valeur. *Les frais excèdent les bénéfices.* **2** Outrepasser certaines limites. *Excéder son autorité.* **3** Lasser, importuner à l'excès. *Son bavardage m'excède.* [ETY] Du lat. *excedere,* « sortir de ».

**excellemment → excellent.**

**excellence** *nf* **1** Haut degré de perfection. **2** (Avec une majuscule.) Titre honorifique donné à un ministre, un archevêque, un évêque ou un ambassadeur. *Son Excellence.* **LOC** ***Par excellence**:* au plus haut degré dans son genre. — ***Prix d'excellence**:* prix décerné naguère au meilleur élève.

**excellent, ente** *a* **1** Qui excelle dans son genre. *Un vin excellent.* **2** Très bon. *Un homme excellent.* [DER] **excellemment** *av*

**exceller** *vi* [1] Montrer des qualités supérieures, se montrer excellent. *Exceller à faire un travail.* [ETY] Du lat.

**excentré, ée** *a* Loin du centre. *Quartier excentré.*

**excentrer** *vt* [1] **1** TECH Déplacer le centre, l'axe de rotation de. **2** Centrer en un point qui n'est pas le centre géométrique. [DER] **excentration** *nf*

**excentricité** *nf* **1** TECH Éloignement du centre. *Excentricité d'une zone d'habitation.* **2** GEOM Rapport entre la distance des deux foyers d'une ellipse et la longueur du grand axe. *Excentricité de l'orbite d'une planète.* **3** Manière d'être, d'agir qui s'éloigne des manières usuelles ; action excentrique. *Se livrer à des excentricités.*

**excentrique** *a, n* **A** *a* **1** GEOM Dont les centres ne coïncident pas. *Cercles excentriques.* **2** Éloigné du centre de la ville. *Quartier excentrique.* **B** *a, n* Qui a ou dénote de l'excentricité, de la bizarrerie. *Personne, robe excentrique.* **C** *nm* MECA Pièce qui permet de transformer un mouvement circulaire continu en un mouvement linéaire alternatif. [DER] **excentriquement** *av*

**1 excepté** *prép* Sauf, en excluant. *Ouvert tous les jours excepté le dimanche.*

**2 excepté, ée** *a* Non compris, mis à part. *L'aînée exceptée, ses enfants sont roux.*

**excepter** *vt* [1] Ne pas comprendre dans un ensemble. *Énumérez tous les noms sans en excepter un seul.* [ETY] Du lat. *exceptare,* « recevoir ».

**exception** *nf* **1** Action d'excepter. *Sans exception.* **2** DR Moyen de défense consistant à établir qu'une demande ne peut être accueillie pour des raisons de forme, sans que le bien-fondé en soit contesté. **3** DR Qui est hors du droit commun. *Juridiction d'exception.* **4** Ce qui n'est pas soumis à la règle. *Une exception grammaticale.* **LOC** ***À l'exception de**:* hormis. — ***D'exception**:* exceptionnel. — ***Exception culturelle**:* politique d'un État visant à protéger ses productions culturelles spécifiques et son modèle culturel. — ***Faire exception**:* sortir de la règle générale. [PHO] [eksepsjɔ̃]

**exceptionnalisme** *nm* Caractère exceptionnel qu'une personne ou un groupe s'attribuent.

**exceptionnel, elle** *a* **1** Qui fait exception. *Des mesures exceptionnelles.* **2** Extraordinaire, remarquable. *Un cas exceptionnel.* [DER] **exceptionnellement** *av*

**excès** *nm* **1** Ce qui dépasse la mesure. *Excès de zèle.* **2** Acte dénotant la démesure, l'outrance, le dérèglement. *Faire des excès.* **LOC** ***À l'excès, jusqu'à l'excès**:* excessivement, à l'extrême. — DR ***Excès de pouvoir**:* dépassement de ses attributions légales par un tribunal. [ETY] Du bas lat.

**excessif, ive** *a* **1** Qui excède la juste mesure. *Un prix excessif. Être excessif dans ses sentiments.* **2** Très grand, extrême. *Une excessive gentillesse.*

**excessivement** *av* **1** Beaucoup trop. *Boire excessivement.* **2** Très, extrêmement. *Elle est excessivement jolie.*

**exciper** *vti* [1] litt **1** Étayer sa défense sur ; faire état de. *Exciper de sa bonne foi.* **2** DR Alléguer une exception en justice. *Exciper de l'autorité de la chose jugée.* [ETY] Du lat. jur. *excipere,* « excepter ».

**excipient** *nm* PHARM Substance à laquelle on incorpore un médicament pour en faciliter l'absorption. [ETY] Du lat. *excipere,* « recevoir ».

**exciser** *vt* [1] **1** Ôter en coupant une partie d'organe, une tuméfaction de petit volume. **2** ANTHROP Pratiquer l'ablation rituelle du clitoris et, parfois, des petites lèvres. [ETY] Du lat. *excidere,* « couper ». [DER] **excision** *nf*

**exciseur, euse** *n* Personne qui pratique l'excision rituelle du clitoris.

**excitabilité, excitable → exciter.**

**excitant, ante** *a, nm* **A** *a* Qui excite, stimule. *Une histoire excitante.* **B** *nm* Substance stimulante. *Le café est un excitant.*

**excitateur, trice** *n* **A** litt Personne qui excite. **B** *nm* PHYS Appareil servant à décharger un condensateur.

**excitation** *nf* **1** Action d'exciter l'esprit, une personne. *Excitation à la violence.* **2** PHYSIOL État d'activité d'un élément nerveux ou musculaire, s'accompagnant de divers phénomènes électriques et physico-chimiques. **3** ELECTR Production d'un champ magnétique dans un moteur ou un générateur au moyen des électro-aimants du circuit inducteur. **4** PHYS NUCL Passage du niveau d'énergie d'un atome, d'une molécule à un autre, plus élevé.

**excité, ée** *a, n* **A** Qui est dans un état de grande excitation ; agité, énervé. **B** *a* PHYS NUCL Se dit d'un atome devenu plus réactif sous l'effet d'une action extérieure (rayonnement, etc.).

**exciter** *vt* [1] **1** Stimuler l'activité du système nerveux, de l'esprit. *Exciter l'imagination.* **2** Irriter, énerver. *Exciter un animal.* **3** Provoquer le désir sensuel chez qqn. **4** Entraîner, pousser à. *Exciter le peuple à la révolte.* **5** Faire naître ou rendre plus vif une sensation, un sentiment. *Exciter l'appétit.* **6** ELECTR Envoyer un courant continu dans le circuit inducteur d'un moteur ou d'un générateur. [ETY] Du lat. *excitare*, « mettre en mouvement ». [DER] **excitabilité** *nf* – **excitable** *a*

**exclamatif, ive** *a* Qui marque l'exclamation.

**exclamation** *nf* Cri, expression traduisant l'émotion, la surprise. **LOC** ***Point d'exclamation*** **:** signe de ponctuation (!) utilisé après une phrase exclamative. [ETY] Du lat.

**exclamer (s')** *vpr* [1] Pousser des exclamations.

**exclu, ue** *a, n* **A** Qui est mis dehors, renvoyé, rejeté d'un groupe, de la société. *Personnes exclues* ou *les exclus.* **B** *a* Repoussé, non accepté. *Vous laisser seul, c'est exclu !*

**exclure** *vt* [78] **1** Mettre dehors, renvoyer qqn. *Exclure qqn d'un groupe.* **2** Ne pas admettre. *Exclure qqn d'un partage. Exclure une hypothèse.* **3** Être incompatible avec. *La pauvreté n'exclut pas la fierté.* [ETY] Du lat. *claudere*, « fermer ».

**exclusif, ive** *a* **1** Qui est le privilège de qqn à l'exclusion des autres. *Pouvoir exclusif. Une interview exclusive.* **2** COMM En exclusivité. *Un produit exclusif.* **3** Qui ne s'intéresse qu'à son objet en excluant le reste. *Amour exclusif.*

**exclusion** *nf* **1** Action d'exclure. **2** Le fait par une catégorie sociale d'être tenue à l'écart, rejetée. **LOC** ***À l'exclusion de*** **:** en excluant. — PHYS NUCL ***Principe d'exclusion de Pauli-Fermi*** **:** selon lequel deux particules ne peuvent être dans le même état de position, de spin, d'énergie.

**exclusive** *nf* Mesure d'exclusion. *Prononcer, jeter l'exclusive contre qqn.*

**exclusivement** *av* **1** Uniquement. *Étudier exclusivement la chimie.* **2** En n'incluant pas. *De janvier à juillet exclusivement.*

**exclusivisme** *nm* Manière d'être d'une personne exclusive. [DER] **exclusiviste** *a*

**exclusivité** *nf* **1** Droit exclusif de vendre, de diffuser un produit. *Journal qui a l'exclusivité d'un reportage. Film qui passe en exclusivité.* **2** COMM Produit exploité par une seule firme. **3** Information importante donnée par un média.

**excommunier** *vt* [2] **1** Infliger, de la part de l'autorité ecclésiastique, une sanction à un chrétien en le séparant de la communauté des fidèles. **2** fig Bannir qqn d'une société, d'un groupe. [DER] **excommunication** *nf* – **excommunié, ée** *a, n*

**excorier** *vt* [2] didac Écorcher légèrement la peau. [ETY] Du lat. [DER] **excoriation** *nf*

**excrément** *nm* Toute matière évacuée du corps de l'homme ou des animaux par les voies naturelles (urine, sueur, matières fécales) ; matières fécales. [ETY] Du lat. *excrementum*, « sécrétion ». [DER] **excrémentiel, elle** *a*

**excreta** *nm pl* Syn. d'*excréments.* [ETY] Mot lat.

**excréter** *vt* [14] PHYSIOL Évacuer, éliminer par excrétion. [DER] **excréteur, trice** ou **excrétoire** *a*

**excrétion** *nf* **A 1** PHYSIOL Processus par lequel le produit de la sécrétion d'une glande est rejeté hors de celle-ci par un canal. **2** Rejet des déchets de l'organisme partic. des déchets de la nutrition. **B** *nf pl* Les substances excrétées elles-mêmes. [ETY] Du bas lat. *excretio*, « action de séparer ».

**excroissance** *nf* **1** Tumeur de la peau ou des muqueuses, formant une proéminence superficielle (verrue, polype, etc.). **2** BOT Boursouflure produite par un parasite, une cicatrisation, etc., sur un végétal.

**excursion** *nf* Parcours et visite d'une région dans un but touristique. *Faire une excursion au Mont-Saint-Michel.* [ETY] Du lat. [DER] **excursionner** *vt* [1] – **excursionniste** *n*

**excuse** *nf* **A 1** Raison que l'on apporte pour se disculper ou disculper qqn. **2** Raison alléguée pour se soustraire à une obligation ou pour justifier le fait de s'y être soustrait. *Il a toujours de bonnes excuses pour ne pas faire son travail.* **3** DR Motif légal allégué pour être dispensé de siéger comme juré, d'être tuteur. **4** Au jeu de tarot, carte imprenable jouée pour ne pas avoir à fournir de l'atout ou de la couleur demandée. **B** *nf pl* Témoignage des regrets que l'on a d'avoir offensé qqn, de lui avoir causé du tort. *Faire des excuses à qqn.* **LOC** DR ***Excuses légales*** **:** faits déterminés par la loi, qui entraînent une diminution *(excuses atténuantes)* ou une exemption *(excuses absolutoires)* de la peine.

**excuser** *v* [1] **A** *vt* **1** Pardonner ; ne pas tenir rigueur à qqn de qqch. *Nous ne pouvons excuser une telle erreur. Excusez-moi de vous avoir dérangé.* **2** Servir d'excuse à. *Sa jeunesse excuse son impertinence.* **3** Dispenser qqn d'une obligation. *Se faire excuser.* **B** *vpr* Présenter ses excuses. *Il s'excuse de ne pas venir.* [ETY] Du lat. [DER] **excusable** *a*

**exéat** *nm* RELIG CATHOL Permission de quitter son diocèse donnée par un évêque à un ecclésiastique. [PHO] [egzeat] [ETY] Mot lat., « qu'il sorte ».

**exécrable** *a* **1** vx Dont on doit avoir horreur. *Un crime exécrable.* **2** mod Très mauvais. *Un vin exécrable.* [DER] **exécrablement** *av*

**exécrer** *vt* [14] Haïr ; avoir une vive répugnance pour. [ETY] Du lat. *execrari*, « maudire ». [DER] **exécration** *nf*

**exécutant, ante** *n* **1** Personne qui exécute une chose. **2** MUS Musicien, qui joue sa partie dans un ensemble musical.

**exécuter** *v* [1] **A** *vt* **1** Mettre à effet, accomplir. *Exécuter un projet.* **2** DR Rendre effectif un acte. *Exécuter une sentence.* **3** Faire, réaliser un ouvrage. *Exécuter un tableau.* **4** MUS Jouer, chanter, représenter une œuvre musicale. *Exécuter un opéra.* **5** Faire un mouvement réglé d'avance. *Exécuter un pas de danse.* **6** Mettre à mort qqn par autorité de justice. **7** Tuer, abattre qqn avec préméditation, de sang-froid. **8** DR Saisir par autorité de justice. *Exécuter un débiteur.* **B** *vpr* Se déterminer à faire une chose, partic. une chose pénible. [ETY] Du lat. [DER] **exécutable** *a*

**exécuteur, trice** *n* Personne qui exécute. **LOC** ***Exécuteur des hautes œuvres*** **:** bourreau. — DR ***Exécuteur testamentaire*** **:** chargé par le testateur de l'exécution du testament.

**exécutif, ive** *a, nm* **A** *a* Qui concerne la mise en œuvre des lois, des décisions. *L'équipe exécutive d'une entreprise. Pouvoir exécutif.* **B** *nm* Pouvoir exécutif (par oppos. à *législatif*).

**exécution** *nf* **1** Action d'exécuter, d'accomplir qqch. *L'exécution d'une promesse.* **2** DR Action de mettre à effet. *Exécution d'une sentence.* **3** Action de réaliser ce qui a été conçu. *L'exécution des travaux.* **4** MUS Interprétation vocale ou instrumentale d'une œuvre. **5** Action d'exécuter qqn. *L'exécution d'un condamné à mort.*

**exécutoire** *a* DR Qui doit être mis à exécution. *Les lois sont exécutoires à partir du lendemain de leur promulgation.* **LOC** ***Formule exécutoire*** **:** formule figurant sur les décisions de justice et les actes notariés, par laquelle il est ordonné aux agents de la force publique de prêter main-forte à leur exécution ; ces actes et décisions ont ainsi *force exécutoire.*

**exèdre** *nf* **1** ANTIQ Salle de réunion munie de sièges. **2** ARCHI Partie du fond d'une basilique chrétienne munie d'un banc en demi-cercle ; ce banc lui-même. [ETY] Du gr.

**exégèse** *nf* didac Critique, interprétation et approfondissement (philologique, historique, etc.), des textes, en partic. de la Bible et du Coran. [ETY] Du gr. [DER] **exégétique** *a*

**exégète** *nm* Spécialiste de l'exégèse.

**Exékias** (VI^e s. av. J.-C.), peintre grec d'amphores (figures noires).

**Exelmans Rémi (comte)** (Bar-le-Duc, 1775 – Paris, 1852), général français. Prisonnier des Anglais, évadé (1812), il se distingua à Rocquencourt (1815) ; fait maréchal en 1851.

**exéma, exémateux** → **eczéma.**

**1 exemplaire** *nm* Chacun des objets (livre, gravure, médaille, etc.) tirés en série d'après un type commun. *Roman tiré à dix mille exemplaires.* [ETY] Du lat. *exemplarium.*

**2 exemplaire** *a* **1** Qui peut servir d'exemple, de modèle. *Une conduite exemplaire.* **2** Dont la rigueur doit servir de leçon. *Une sanction exemplaire.* [ETY] Du lat. *exemplaris.* [DER] **exemplairement** *av* – **exemplarité** *nf*

**exemplariser** *vt* [1] Montrer qqn ou qqch en exemple, en faire un exemple.

**exemplatif, ive** *a* Belgique Qui sert d'exemple, qui illustre. *Valeur exemplative.*

**exemple** *nm* **1** Action que l'on considère comme pouvant ou devant être imitée. *Donner l'exemple.* **2** Personne servant de modèle, digne d'en servir. *Un exemple pour les jeunes gens.* **3** Peine, châtiment qui peut servir de leçon. *Punir qqn pour l'exemple.* **4** Acte, évènement, personnage analogue à celui dont on parle et auquel on se réfère pour appuyer son propos. **5** Texte, phrase, expérience cités comme cas particulier illustrant une règle générale, une théorie, etc. *Prenez, par exemple, le produit de 2 par 3.* **LOC** ***À l'exemple de*** **:** en se conformant à l'exemple donné par, en imitant. — ***Par exemple !*** **:** marque la surprise, l'incrédulité. [ETY] Du lat.

**exemplifier** *vt* [2] Expliquer, illustrer par un exemple. [DER] **exemplification** *nf*

**exempt, empte** *a* **1** Dispensé de, non assujetti à. *Exempt d'impôts.* **2** Garanti, préservé. *Exempt d'infirmité.* **3** Dépourvu, sans. *Un compte exempt d'erreurs.* [PHO] [egzɑ̃, ɑ̃t] [ETY] Du lat.

**exempter** *vt* [1] Dispenser, affranchir d'une charge, d'une obligation. *Exempter d'impôts.* [DER] **exempté, ée** *a, n* – **exemption** *nf*

**exéquatur** *nm* DR **1** Ordonnance par laquelle les tribunaux donnent force exécutoire à une sentence rendue par un arbitre ou à l'étranger. **2** Décret par lequel le chef de l'État autorise un consul étranger à exercer ses fonctions dans le pays où il réside. [PHO] [egzekwatyʀ] [ETY] Mot lat. « qu'il exécute ».

**exercer** *v* [12] **A** *vt* **1** Dresser, former par une pratique fréquente. *Exercer des soldats à tirer.* **2** Mettre fréquemment en activité une faculté pour la développer. *Exercer sa mémoire.* **3** Pratiquer une profession. *Exercer la médecine.* **4** Faire usage de. *Exercer un droit.* **5** Produire, faire un effet. *Exercer de l'influence sur qqn.* **B** *vpr* **1** S'entraîner par la pratique. *S'exercer à chanter.* **2** Se faire sentir. *Force qui s'exerce sur un corps.* [ETY] Du lat. *exercere*, « mettre en mouvement ».

**exercice** *nm* **1** Action d'exercer, de s'exercer. *Apprendre qqch par un long exercice.* **2** Action d'user de qqch. *L'exercice d'un droit.* **3** Action de remplir des fonctions. *Dans l'exercice de sa profession.* **4** Travail propre à exercer un organe, une faculté. *Exercices pour la voix.* **5** Devoir donné aux élèves pour qu'ils s'exercent à faire ce qu'ils ont appris. *Exercice grammatical.* **6** Mouvement pour exercer le corps. *Faire de l'exercice.* **7** MILIT Action de s'exercer au maniement des armes, à la pratique militaire. **8** FIN Période comprise entre deux inventaires, entre deux budgets consécutifs.

**Exercices de style** œuvre de Queneau (1947) : 99 variantes du même énoncé.

**exerciseur** *nm* **1** Appareil de gymnastique servant à développer les muscles. **2** Logiciel éducatif comprenant des directives, des questions et un mécanisme de correction ou d'évaluation.

**exérèse** *nf* CHIR Ablation chirurgicale d'un organe, d'un tissu, ou extraction d'un corps étranger. [ETY] Du gr. *exairein,* « retirer ».

**exergue** *nm* **1** Espace réservé sur une médaille pour y graver une date, une devise ; cette inscription. **2 fig** Avertissement, citation, placés avant un texte et destinés à en éclairer le sens ou à l'appuyer. SYN épigraphe. **LOC** ***Mettre en exergue :*** mettre en évidence, en lumière, en relief. [ETY] Du gr. *ergon,* « œuvre ».

**Exeter** v. et port d'Angleterre ; ch.-l. du Devonshire ; 101 100 hab. – Cath. (XII$^e$-XIV$^e$ s.).

**exfiltrer** *vt* [1] MILIT Récupérer un agent secret au terme de sa mission. [DER] **exfiltration** *nf*

**exfoliant, ante** *a, nm* Qui provoque l'exfoliation de la peau.

**exfoliation** *nf* **1 didac** Chute des parties mortes de l'écorce d'un arbre. **2** Fait, pour une roche, de se détacher naturellement en plaques (les lauzes) ou en bancs (les schistes). **3** MED Séparation par lamelles des parties mortes d'un os, d'un tendon, etc. **4** Destruction des couches superficielles de l'épiderme.

**exfolier** *vt* [2] TECH Séparer en lames fines, en plaques. *Exfolier de l'ardoise, du schiste.* [ETY] Du lat. *folium,* « feuille ».

**exhalaison** *nf* Gaz, odeur, vapeur qui s'exhale d'un corps.

**exhalation** *nf* **1** Action d'exhaler. **2** PHYSIOL Évaporation qui se produit continuellement à la surface de la peau du fait de la transpiration.

**exhaler** *vt* [1] **1** Répandre une odeur, un gaz, des vapeurs, etc. *Bouquet qui exhale un parfum lourd. Odeur qui s'exhale.* **2 fig, litt** Exprimer avec force. *Exhaler sa colère.* [PHO] [egzale] [ETY] Du lat.

**exhaure** *nf* TECH Action d'épuiser les eaux d'infiltration ; dispositif permettant cet épuisement. [ETY] Du lat.

**exhausser** *vt* [1] Rendre plus haut, surélever. *Exhausser un mur.* [PHO] [egzose] [DER] **exhaussement** *nm*

**exhausteur** *nm* **LOC** ***Exhausteur de goût :*** additif qui rehausse le goût d'un produit alimentaire. [ETY] Du lat. *exhaurire,* « épuiser ».

**exhaustif, ive** *a* Qui épuise une matière, un sujet. *Une liste exhaustive.* [PHO] [egzostif, iv] [ETY] Du lat. [DER] **exhaustivement** *av* – **exhaustivité** *nf*

**exhéréder** *vt* [14] DR Déshériter. [ETY] Du lat. *heres,* « héritier ». [DER] **exhérédation** *nf*

**exhiber** *v* [1] **A** *vt* **1** DR Produire en justice. *Exhiber un titre de propriété.* **2** Montrer, faire étalage de. *Exhiber ses décorations.* **3** Montrer, mettre en évidence. *Exhiber des animaux dressés.* **B** *vpr* Se produire, s'afficher en public. [ETY] Du lat. [DER] **exhibition** *nf*

**exhibitionnisme** *nm* **1** Comportement morbide des sujets poussés à exhiber leurs organes génitaux. **2 fig** Goût de faire état sans pudeur de sentiments ou de faits personnels et intimes. [DER] **exhibitionniste** *n, a*

**exhorter** *vt* [1] **1** Encourager, exciter qqn par un discours. *Exhorter les troupes.* **2** Engager vivement qqn à faire une chose par un discours persuasif. *L'avocat exhorta les jurés à la clémence.* [ETY] Du lat. [DER] **exhortation** *nf*

**exhumer** *vt* [1] **1** Tirer un cadavre de sa sépulture, de la terre. ANT inhumer. **2** Retirer de la terre ce qui y était enfoui. *Les fouilles ont permis d'exhumer des vestiges.* **3 fig** Tirer de l'oubli, retrouver. *Exhumer de vieux parchemins.* [ETY] Du lat. *humus,* « terre ». [DER] **exhumation** *nf*

**exigeant, ante** *a* **1** Qui a l'habitude d'exiger beaucoup. *Un chef exigeant.* **2** Qui demande beaucoup de qualités, de persévérance. *Un sport exigeant.*

**exigence** *nf* **A 1** Caractère d'une personne exigeante. **2** Ce qui est exigé par qqn, par les circonstances etc. **B** *nf pl* Somme d'argent que l'on demande pour salaire.

**exiger** *vt* [13] **1** Réclamer, en vertu d'un droit réel ou que l'on s'arroge. *Exiger le paiement de réparations. Il exige qu'on vienne.* **2** Imposer comme obligation. *Les circonstances exigent que vous refusiez.* **3** Nécessiter. *Construction qui exige beaucoup de main-d'œuvre.* [ETY] Du lat. [DER] **exigibilité** *nf* – **exigible** *a*

**exigu, uë** *a* Restreint, insuffisant, très petit. *Logement exigu.* [ETY] Du lat. *exiguus,* « exactement pesé ». [VAR] **exigu, üe** [DER] **exiguïté** ou **exigüité** *nf*

**exil** *nm* **1** Action d'expulser qqn hors de sa patrie sans possibilité de retour ; condition de celui qui est ainsi banni. *Condamner à l'exil.* **2** Lieu où vit l'exilé. **3 fig** Séjour obligé et pénible loin de ses proches, de ce à quoi l'on est attaché. [ETY] Du lat.

**Exil (l')** la Captivité des Juifs à Babylone au VI$^e$ s. av. J.-C, ordonnée par Nabuchodonosor.

**exilé, ée** *a, n* Condamné à l'exil ; qui vit en exil. *Des exilés politiques.*

**exiler** *v* [1] **A** *vt* **1** Condamner qqn à l'exil. **2 fig** Éloigner. *Exiler en province un fonctionnaire.* **B** *vpr* S'expatrier, partir loin de son pays.

**exine** *nf* BOT Enveloppe externe des grains de pollen caractéristique de l'espèce.

**exinscrit, ite** *a* **LOC** GEOM ***Cercle exinscrit :*** tangent à l'un des côtés d'un triangle et aux prolongements des deux autres côtés. [PHO] [egzɛ̃skʀi, it]

**existant, ante** *a, nm* **A** *a* Qui existe, a une réalité ; actuel. **B** *nm* **1 didac** Ce qui a une existence, une réalité concrète. *Tenir compte de l'existant.* **2** ECON Ensemble de ce qui appartient à une entreprise à une date donnée.

**existence** *nf* **1** Fait d'être, d'exister. **2** PHILO Réalité de l'être par oppos. à *essence.* **3** Durée de ce qui existe. *Notre association a deux ans d'existence.* **4** Vie et manière de vivre de l'homme. *Existence heureuse.*

**existentialisme** *nm* PHILO Mouvement philosophique moderne, doctrines qui ont en commun le fait de placer au point de départ de leur réflexion l'existence vécue de l'individu, de l'homme dans le monde, et la primauté de l'existence sur l'essence. [DER] **existentialiste** *a, n*

**existentiel, elle** *a* Qui ressortit à l'existence en tant que réalité vécue. **LOC** MATH ***Quantificateur existentiel :*** symbole, noté ∃, qui signifie « il existe au moins un objet tel que… ».

**exister** *vi* [1] **1** PHILO Être en réalité, effectivement. **2** Être actuellement, subsister. *Ce monument n'existe plus.* **3** Avoir de l'importance, compter. *Elle avait l'impression de ne plus exister à ses yeux.* **4** Vivre. **LOC** ***Il existe :*** il y a. [ETY] Du lat.

**exit 1** THEAT Dans une pièce, indication scénique signifiant « il sort ». **2 fig, fam** Indique ironiquement que l'action de qqn ou qu'un processus touche à sa fin. *Exit la baisse des impôts.* [PHO] [egzit] [ETY] Mot latin, de *exire,* « sortir ».

**exitance** *nf* PHYS Quotient, exprimé en watts par m$^2$ *(exitance énergétique)*, de la puissance que rayonne une surface émettrice et de l'aire de celle-ci. *L'exitance lumineuse s'exprime en lumens par m$^2$.* [ETY] Mot lat., *exire,* « sortir ».

**ex-libris** *nm inv* Vignette que l'on colle à l'intérieur d'un livre, sur laquelle est inscrit le nom du propriétaire ; cette inscription. [PHO] [ekslibʀis] [ETY] Mots lat. « parmi les livres de ». [VAR] **exlibris**

**ex nihilo** *av, a* À partir de rien. *Une œuvre ex nihilo.* [ETY] Mots lat.

**exo-** Élément, du gr. *exô,* « hors de ». [PHO] [egzo]

**exobiologie** *nf* ASTRO Branche de l'astronomie qui étudie la possibilité d'une vie hors de la planète Terre. [DER] **exobiologique** *a* – **exobiologiste** *n*

**1 exocet** *nm* Poisson téléostéen des mers chaudes, long de 20 à 30 cm, qui fait des sauts de plusieurs mètres hors de l'eau grâce à ses nageoires pectorales. SYN poisson volant. [PHO] [egzɔsɛt]

**exocet**

**2 exocet** *nm inv* MILIT Nom donné à un missile français automatique. [PHO] [egzɔsɛt] [ETY] Nom déposé.

**exocrine** *a* **LOC** PHYSIOL ***Glandes exocrines :*** à sécrétion externe, en milieu extérieur (par la peau, par un canal excréteur) ou au niveau d'une muqueuse. ANT endocrine.

**exocytose** *nf* BIOL Rejet des déchets cellulaires dans les espaces intercellulaires.

**exode** *nm* **1** Émigration de tout un peuple. *L'exode des Hébreux hors d'Égypte.* **2** Départ en masse d'une population, d'un lieu vers un autre. *L'exode rural.* **3** HIST Fuite des populations hors des villes devant l'arrivée des armées allemandes en France, en mai-juin 1940. **LOC** ***L'exode des capitaux :*** leur fuite en masse vers l'étranger. [ETY] Du gr. *hodos,* « route ». ▶ illustr. p. 588

**Exode (l')** deuxième livre de la Bible et du Pentateuque qui relate la sortie d'Égypte des Hébreux, conduits par Moïse (v. 1250 av. J.-C.).

**Exodus** film de Preminger (1960), d'apr. le roman (1957) de Léon Uris sur la genèse de l'État d'Israël.

**exogamie** *nf* ETHNOL Coutume, règle qui contraint les membres d'un clan à se marier hors de la famille ou de la tribu. ANT endogamie.

**exogène** *a* **1 didac** Qui provient de l'extérieur. *Facteur exogènes de la crise économique.* **2** BOT Qui se forme à la périphérie de l'organe. **3** MED Dont la cause est extérieure. *Intoxication exogène.* **4** GEOL Produit à la surface du globe terrestre, ou affectant cette surface. ANT endogène.

**exon** *nm* BIOL Séquence codante d'un gène (par oppos. à *intron*).

**exonérer** *vt* [14] Décharger, libérer qqn d'une obligation de paiement, notam. de tout ou partie de l'impôt. [ETY] Du lat. jur. [DER] **exonération** *nf*

**exophtalmie** *nf* MED Saillie du globe oculaire hors de l'orbite. [DER] **exophtalmique** *a*

**exoplanète** *nf* ASTRON Planète extérieure au système solaire. *La première exoplanète a été observée en 1995.*

**exorbitant, ante** *a* **1** Excessif, démesuré. *Prix exorbitant.* **2** DR Qui fait exception. *Clause exorbitante du droit commun.*

**exorbité, ée** *a* **LOC** ***Yeux exorbités :*** qui semblent sortir de leurs orbites sous l'effet de la peur, de la surprise, etc.

**exorciser** *vt* [1] **1** Chasser les démons par des prières, par des rites. **2** Délivrer un possédé des démons qui l'habitent. [ETY] Du gr. *horkos,* « conjuration ». [DER] **exorcisation** *nf*

**exorcisme** *nm* Pratique par laquelle on exorcise.

**exorciste** *nm* 1 Celui qui exorcise. 2 RELIG anc Clerc qui a reçu de l'évêque le troisième ordre mineur conférant le droit d'exorciser.

**exorde** *nm* RHET Première partie d'un discours. ETY Du lat. *exordiri*, « commencer ».

**exoréique** *a* GEOMORPH Se dit d'un réseau hydrographique en relation directe avec une mer ou un océan. ANT endoréique. ETY Du gr. *rhein*, « couler ». DER **exoréisme** *nm*

**exosmose** *nf* PHYS Diffusion qui s'établit de l'intérieur vers l'extérieur, dans un phénomène d'osmose.

**exosphère** *nf* ASTRO Couche extrême de l'atmosphère terrestre, au-delà de la thermosphère (au-dessus de 1 000 km env.).

**exosquelette** *nm* 1 ZOOL Squelette chitineux externe des arthropodes. 2 Structure destinée aux handicapés, qui s'adapterait sur le corps et se commanderait par la pensée.

**exostose** *nf* MED Tumeur osseuse bénigne à la surface d'un os. ETY Du gr. *ostoûn*, « os ».

**exotérique** *a* didac Se dit d'une doctrine enseignée ouvertement et sous une forme accessible à tous. ANT ésotérique.

**exothermique** *a* CHIM Qualifie les réactions qui se produisent avec un dégagement de chaleur. ANT endothermique.

**exotique** *a* 1 Qui n'est pas originaire du pays dont il est question ; étranger. *Coutumes exotiques.* 2 Qui provient de contrées lointaines, et notam. des régions équatoriales et tropicales. *Plantes exotiques.* ETY Du gr.

**exotisme** *nm* 1 Caractère de ce qui est exotique. 2 Goût pour les choses exotiques.

**exotoxine** *nf* MICROB Toxine libérée dans le milieu extérieur par une bactérie sans qu'il y ait eu lyse bactérienne. ANT endotoxine.

**expansé, ée** *a* TECH Se dit de certains matériaux cellulaires à base de matières plastiques ayant subi une expansion. *Polystyrène expansé.*

**expansible** *a* PHYS Susceptible d'expansion. DER **expansibilité** *nf*

**expansif, ive** *a, n* 1 TECH Qui tend à se dilater. 2 fig Qui aime à communiquer ses sentiments. DER **expansivité** *nf*

**expansion** *nf* 1 Augmentation de volume ou de surface. 2 PHYS Dilatation d'un fluide. *Expansion d'un gaz.* 3 BOT, ZOOL Développement d'un organe. *Expansion membraneuse.* 4 ECON Phase, souvent accompagnée d'inflation, dans laquelle l'activité économique et le pouvoir d'achat augmentent. 5 Action de s'étendre au-dehors, propagation. *L'expansion d'une doctrine.* 6 litt Épanchement de l'âme, des sentiments. LOC GEOGR ***Expansion démographique*** : accroissement de la population. — ASTRO ***Théorie de l'expansion de l'Univers*** : suggérée par W. de Sitter dès 1919, vérifiée par Hubble (1929), selon laquelle l'Univers serait dans une phase de dilatation qui s'exprime par la fuite des galaxies. ETY Du lat. *expandere*, « déployer ».

**Expansion (l')** magazine économique et financier français fondé en 1967.

**expansionnisme** *nm* Politique d'un État qui préconise pour lui-même l'expansion territoriale, économique. DER **expansionniste** *a, n*

**expatrié, ée** *a, n* Qui travaille à l'étranger pour une entreprise de son pays d'origine. VAR fam **expat**

**expatrier** *v* 2 **A** *vt* Obliger qqn à quitter sa patrie. **B** *vpr* Quitter sa patrie. DER **expatriation** *nf*

**expectant, ante** *a* rare Qui est dans l'expectative, dans l'attente. *Attitude expectante.*

**expectative** *nf* 1 litt Espérance, attente fondée sur des probabilités, des promesses. 2 Attitude qui consiste à attendre prudemment qu'une solution se dessine avant d'agir. *Rester dans l'expectative.* ETY Du lat. *exspectare*, « attendre ».

**expectorer** *vt* 1 MED Expulser par la bouche les substances qui encombrent les voies respiratoires, les bronches. ETY Du lat. DER **expectorant, ante** *a, nm* – **expectoration** *nf*

**1 expédient, iente** *a* litt Qui est utile, à propos. *Il est expédient de faire qqch.*

**2 expédient** *nm* péjor Moyen de résoudre momentanément une difficulté, de se tirer d'embarras par quelque artifice. *Chercher à tout prix un expédient.* LOC ***Vivre d'expédients*** : recourir, pour assurer sa subsistance, à toutes sortes de moyens, y compris les plus indélicats.

**expédier** *vt* 2 1 vieilli Mener, terminer avec diligence. *Le président par intérim expédiera les affaires courantes.* 2 Faire rapidement, bâcler qqch pour s'en débarrasser. *Expédier son travail.* 3 Envoyer, faire partir. *Expédier une lettre, un colis.* 4 fam Se débarrasser promptement de qqn. *Expédier un importun.* ETY Du lat. *expedere*, « dégager ».

**expéditeur, trice** *a, n* Qui expédie, fait partir. *Gare expéditrice. Retour à l'expéditeur.*

**expéditif, ive** *a* 1 Qui mène les choses rondement ou qui les bâcle. *Il est très expéditif en affaires.* 2 Trop rapide. *Jugement expéditif.*

**expédition** *nf* 1 vieilli ADMIN Action d'expédier. 2 Action d'envoyer, de faire partir. *Expédition d'un colis.* 3 Entreprise de guerre hors des frontières. *L'expédition de Bonaparte en Égypte.* 4 Voyage de recherche. *Expédition scientifique au pôle Nord.* 5 DR Copie littérale d'un acte judiciaire ou notarié.

**expéditionnaire** *a, n* **A** DR Qui a pour tâche de faire les expéditions, les copies. *Commis expéditionnaire.* **B** *a* Chargé d'une expédition militaire. *Le corps expéditionnaire.* **C** *n* Personne employée à l'expédition de marchandises.

**expérience** *nf* 1 Fait d'éprouver personnellement la réalité d'une chose. *La philosophie classique oppose l'expérience et l'entendement.* 2 Connaissance acquise par une longue pratique. *Avoir une grande expérience des affaires. Il a de l'expérience.* 3 Fait de provoquer un phénomène pour l'étudier. *Chercher par l'expérience la confirmation d'une hypothèse.* 4 Essai, tentative. *Faire une chose à titre d'expérience. Tenter l'expérience.*

**expérimental, ale** *a* 1 Fondé sur l'expérience scientifique. *Claude Bernard a posé les fondements de la méthode expérimentale.* 2 Qui sert d'expérience pour vérifier, améliorer une technique, un appareil. *Vol expérimental d'un avion prototype.* PLUR expérimentaux. LOC ***Sciences expérimentales*** : fondées sur l'expérimentation (par oppos. à *sciences exactes*), telles que la physique, la chimie, les sciences naturelles. DER **expérimentalement** *av*

**expérimentaliste** *a, n* Qui est partisan du recours systématique à l'expérimentation.

**expérimentateur, trice** *n* 1 Personne qui fait des expériences scientifiques. 2 Personne qui essaie qqch de nouveau, tente une expérience.

**expérimenté, ée** *a* Instruit par l'expérience.

**expérimenter** *vt* 1 1 Soumettre à des expériences pour vérifier, contrôler, juger, etc. *Expérimenter une nouvelle technique.* 2 Faire des expériences dans les sciences expérimentales. ETY Du lat. *experimentum*, « essai ».

**expert, erte** *a, n* **A** *a* 1 Qui a acquis une grande habileté par la pratique. *Un chirurgien expert. Il est expert en la matière.* 2 Exercé. *Une oreille experte.* **B** *n* 1 Personne experte. *C'est un expert dans son domaine.* 2 DR Spécialiste requis par une juridiction pour l'éclairer de ses avis, effectuer des vérifications ou appréciations techniques. *Liste des experts auprès des tribunaux.* 3 Spécialiste chargé d'apprécier la valeur et l'authenticité de certains objets. *Expert en tableaux.* ETY Du lat. *expertus*, « qui a fait ses preuves ». DER **expertement** *av*

**Expert Henry** (Bordeaux, 1863 – Tourettes-sur-Loup, 1952), musicologue français.

**expert-comptable** *n* (Le fém. *experte-comptable* est usuel au Canada.) Personne dont la profession consiste à établir et à vérifier les comptabilités et qui agit en engageant sa responsabilité. PLUR experts-comptables.

**expertise** *nf* 1 Examen et rapport techniques effectués par un expert. *Procéder à une expertise.* 2 Fait d'être expert ; compétence, savoir d'un expert. *Être recherché pour son expertise.*

**expertiser** *vt* 1 Soumettre à une expertise. *Expertiser un tableau.*

**expiateur, trice** *a* litt Propre à expier. *Peine expiatrice.*

**expiation** *nf* 1 HIST, SOCIOL Cérémonie religieuse, rite destinés à apaiser la colère divine. 2 Peine, souffrance par laquelle on expie une faute, un crime. 3 RELIG Rachat du péché par la pénitence, en particulier dans la religion chrétienne.

**expiatoire** *a* Qui sert à expier. *Victime expiatoire.*

**expier** *vt* 2 Réparer un crime, une faute par la peine qu'on subit. *Expier ses crimes par la prison.* ETY Du lat. DER **expiable** *a*

**exode** de la population civile française en mai et juin 1940 devant la progression des armées allemandes

**expirateur** *nm, a* **LOC** ANAT ***Muscles expirateurs*** : qui contribuent à l'expiration.

**expiration** *nf* **1** Action par laquelle les poumons expulsent l'air qu'ils ont inspiré. **2 fig** Échéance d'un terme prescrit ou convenu. *Expiration d'un contrat.*

**expiratoire** *a* Qui se rapporte à l'expiration de l'air pulmonaire.

**expirer** *v* ① **A** *vt* Rejeter l'air inspiré dans les poumons. **B** *vi* **1** Rendre le dernier soupir, mourir. *Il a expiré dans la nuit.* **2** S'évanouir, disparaître. *La lueur expira peu à peu.* **3** Arriver à son terme. *Votre bail expire à la fin du mois.*

**explant** *nm* BIOL Fragment d'organe ou de tissu cultivé in vitro.

**explétif, ive** *a, nm* GRAM Se dit des mots qui entrent dans une phrase sans être nécessaires pour le sens. *Dans « il a peur que je ne parte », « ne » est explétif.* ETY Du lat. *explerere*, « compléter ».

**explicatif, ive** *a* Qui sert à expliquer. *Notice explicative.*

**explication** *nf* **1** Développement destiné à faire comprendre qqch, à en éclaircir le sens. *L'explication d'un point difficile.* **2** Motif, raison d'une chose. *On ne trouve pas d'explication à cette panne subite.* **3** Justification, éclaircissement sur la conduite de qqn. *Demander des explications à qqn.* **4** Discussion pour justifier, éclaircir. *Avoir une explication avec qqn.*

**explicite** *a* Énoncé clairement et complètement, sans ambiguïté. *S'exprimer en termes explicites.* DER **explicitement** *av*

**expliciter** *vt* ① Énoncer clairement, formellement. *Clause explicitée dans le contrat.* DER **explicitation** *nf*

**expliquer** *v* ① **A** *vt* **1** Éclaircir, faire comprendre ce qui est obscur. *Expliquer un phénomène, un point difficile.* **2** Faire connaître, développer en détail. *Expliquer ses projets.* **3** Donner les raisons de, justifier. *Comment expliquerez-vous votre retard ?* **B** *vpr* **1** Faire connaître sa pensée. *S'expliquer clairement.* **2** Avoir une explication. *Nous nous sommes expliqués, et maintenant tout est clair.* **3 fam** Se battre pour vider une querelle. *On va aller s'expliquer dehors !* **4** Être aisément compréhensible. *Une attitude qui s'explique difficilement.* **5** Comprendre les raisons de. *Je m'explique mal votre hésitation.* ETY Du lat. *explicare*, « déployer ».

**1 exploit** *nm* Action d'éclat, prouesse. *Exploits sportifs.* ETY Du lat. *explicare*, « accomplir ».

**2 exploit** *nm* DR Acte de procédure signifié par un huissier. *Dresser un exploit.* ETY De *exploit* 1.

**exploitable** *a* **1** Qui peut être cultivé, façonné, mis en valeur, etc. *Terres exploitables.* **2 fig, péjor** Dont on peut tirer profit. *Un naïf exploitable.*

**exploitant, ante** *n* **1** Personne qui est à la tête d'une exploitation. *Un exploitant agricole.* **2** Propriétaire ou directeur d'une salle de cinéma.

**exploitation** *nf* **1** Action d'exploiter. **2** Action de faire fonctionner un réseau, une ligne aérienne, routière, ferroviaire, etc. *Service, agent d'exploitation.* **3** Ce que l'on met en valeur, ce que l'on fait produire pour en tirer profit. *Une vaste exploitation agricole.* **4 fig** Action de tirer parti de qqch. *L'exploitation des résultats d'une enquête.* **LOC** ***Exploitation de l'homme par l'homme*** : fait, pour une classe sociale, d'accaparer le profit tiré du travail d'autres classes sociales.

**exploité, ée** *a, n* Se dit de qqn dont on profite abusivement.

**1 exploiter** *vt* ① **1** Faire valoir, tirer parti de qqch. *Exploiter une terre. Exploiter une usine.* **2** Tirer tout le bénéfice d'une situation. *Exploiter un succès, une victoire.* **3 péjor** Profiter abusivement de. *Exploiter les travailleurs. Exploiter la sensibilité de qqn.* ETY Du lat. *explicare*, « accomplir ».

**2 exploiter** *vi* ① DR Signifier des exploits.

**exploiteur, euse** *n* **péjor** Personne qui abuse de l'ignorance, de la position des autres, pour en tirer profit.

**explorateur, trice** *n, a* **A** *n* Personne qui explore une région inconnue ou difficile d'accès. **B** *a, nm* MED Se dit d'un instrument qui sert à explorer l'organisme. *Sonde exploratrice.*

**exploratoire** *a* Qui sert à préparer une négociation, une recherche. *Réunion exploratoire. Phase exploratoire d'une enquête.*

**explorer** *vt* ① **1** Visiter une région inconnue ou difficile d'accès. *Explorer l'Amazonie.* **2 fig** Visiter en détail. *Explorer une bibliothèque.* **3** MED Examiner un organe, une région de l'organisme, par des méthodes spéciales : radiologie, sondage, cathétérisme, etc. ETY Du lat. DER **exploration** *nf*

**Explorer** série de satellites américains chargés d'explorer l'espace autour de la Terre.

**exploser** *vi* ① **1** Faire explosion. *Obus qui explose.* **2 fig** Se manifester soudainement avec violence. *Sa colère explosa.* **3 fam** Augmenter brusquement. *Les prix explosent.* **4 fam** Manifester brusquement l'ensemble de ses qualités. *Un sportif qui explose.*

**exploseur** *nm* TECH Appareil qui sert à mettre à feu une charge explosive.

**explosible** *a* Susceptible de faire explosion.

**explosif, ive** *a, n* **A** *a* **1** D'une explosion, relatif à une explosion. *Onde explosive.* **2 fig** Qui peut faire explosion, provoquer des réactions violentes. *Une situation explosive.* **3** Se dit d'un sportif capable d'un effort intense et soudain. **B** *nf, a* Se dit d'une consonne que l'on prononce en arrêtant l'air chassé du larynx et en lui donnant brusquement passage. *[p] et [b] sont des explosives.* **C** *nm* Substance susceptible de faire explosion. DER **explosivité** *nf*

**explosion** *nf* **1** Action d'éclater avec violence. *L'explosion d'une mine, d'une chaudière.* **2** CHIM Réaction violente accompagnée d'un dégagement d'énergie très élevé. *L'explosion est l'une des trois formes de la combustion.* **3 fig** Manifestation soudaine et violente. *L'explosion d'une révolte.* **4** Augmentation soudaine. *Explosion démographique.* ETY Du lat. *explodere*, « rejeter en huant ».

**expo** *nf* **fam** Exposition.

**exponentiation** *nf* MATH Élévation à une puissance.

**exponentiel, elle** *a* **1** MATH Où la variable, l'inconnue figure en exposant. *L'équation exponentielle* $e^x = a$ *correspond à* $x = \ln a$. **2 didac** Qui varie comme une fonction exponentielle, qui croît ou décroît selon un taux de plus en plus fort. *Croissance démographique exponentielle.* **LOC** ***Fonction exponentielle*** ou ***une exponentielle*** : inverse de la fonction logarithme. ETY Du lat. *exponere*, « étaler ». DER **exponentiellement** *av*

**exporter** *vt* ① **1** Vendre et transporter à l'étranger des produits nationaux. *La France exporte des parfums.* **2** INFORM Sauvegarder des données sous un autre format ou vers un autre support. ANT importer. **LOC** ***Exporter des capitaux*** : les placer à l'étranger. DER **exportable** *a* – **exportateur, trice** *a, n* – **exportation** *nf*

**exposant, ante** *n* **A** Personne, entreprise qui fait une exposition de ses œuvres, de ses produits. **B** *nm* MATH Indice que l'on porte en haut et à droite d'un nombre pour exprimer la puissance à laquelle il est porté. *L'exposant est 3 dans* $6^3$ *qui égale* $6 \times 6 \times 6$.

**1 exposé, ée** *a* Sujet à un risque, un danger. *Secteur économique exposé.*

**2 exposé** *nm* **1** Développement présentant des faits, des idées. *Exposé d'une théorie.* **2** Bref discours didactique.

**exposer** *vt* ① **1** Mettre qqch en vue. *Exposer un tableau.* **2 fig** Présenter, faire connaître des faits, des idées. *Exposer une thèse.* **3** Placer de manière à soumettre à l'action de. *Exposer des plantes à la lumière. Maison bien exposée.* **4** PHOTO Soumettre une surface sensible à l'action de rayons lumineux. **5 fig** Faire courir un risque à. *Exposer qqn à un danger. Exposer sa vie.* **LOC** DR ***Exposer un enfant*** : l'abandonner. ETY Du lat.

**exposition** *nf* **1** Action de mettre en vue. **2** Présentation au public de produits commerciaux, d'œuvres d'art ; lieu où on les expose. *Exposition de peinture.* **3 fig** Action d'exposer des faits, des idées. *Exposition d'une doctrine.* **4** LITTER Première partie d'une œuvre dans laquelle l'auteur expose le sujet, les caractères des personnages, etc. **5** MUS Première partie d'une œuvre instrumentale (fugue, sonate), où les thèmes à développer sont présentés. **6** Orientation d'une maison, d'un terrain. *Exposition au nord.* **7** Action de soumettre à l'effet de. *Exposition au soleil.* **8** PHOTO Fait d'exposer une surface sensible à la lumière.

**1 exprès, esse** *a* **A** Énoncé de manière précise et formelle. *Défense expresse.* **B** *a inv* Se dit d'un envoi postal confié, à son arrivée au bureau distributeur, à un préposé qui se déplace exprès pour le remettre au destinataire. *Lettre, colis exprès.* ETY Du lat. DER **expressément** *av*

**2 exprès** *av* Avec intention formelle. *Il l'a fait exprès.* **LOC** ***Un fait exprès*** : une coïncidence, généralement fâcheuse, qui semble produite spécialement pour contrarier.

**1 express** *a inv, nm* Qui permet une liaison rapide. *Voie express. Train express. L'Orient-Express.* ETY Mot angl., du fr. *exprès*.

**2 express** *a inv, nm* Se dit d'un café fait dans un percolateur. *Un express bien serré.* ETY De l'ital.

**Express (l')** hebdomadaire français fondé en 1953.

**expressif, ive** *a* **1** Qui exprime bien ce qu'on veut dire. *Terme expressif.* **2** Qui a de l'expression. *Visage expressif.* DER **expressivement** *av* – **expressivité** *nf*

**expression** *nf* **1** Manifestation d'une pensée, d'un sentiment, par le langage, le corps, le visage, l'art. *Expression par le dessin. Regard sans expression.* **2** Mot, groupe de mots employés pour rendre la pensée. *Expression impropre.* **3** BIOL Processus par lequel un gène code une protéine. **LOC** ***Au-delà de toute expression*** : plus qu'on ne saurait dire. — MATH ***Expression algébrique*** : ensemble de nombres et de lettres que relient des signes représentant les opérations à effectuer. — ***Expression corporelle*** : technique permettant de traduire ses sentiments par le geste, le mouvement. — ***Réduire à sa plus simple expression*** : remplacer une fraction par une fraction égale dont les termes sont les plus petits possible ; **fig** ramener qqch à son état le plus rudimentaire ou même le supprimer totalement.

**expressionnisme** *nm* Forme d'art qui s'efforce de donner à une œuvre le maximum d'intensité expressive. DER **expressionniste** *a, n*

ENC L'expressionnisme est une tendance permanente de l'art, mais il s'est surtout manifesté au XX^e^ siècle, dans les pays occidentaux qui connaissent une crise de civilisation. Angoisse, sens du tragique et volonté parfois outrancière de les dire caractérisent l'expressionnisme. Van Gogh et Gauguin, puis Ensor, Munch et Matisse sont à l'origine de l'expressionnisme pictural qui domine le début du XX^e^ s., au cours duquel s'illustrent W. Kandinsky, les Viennois E. Schiele et O. Kokoschka, les Allemands O. Dix, M. Beckmann. En France, après le fauvisme (1905-1907), qui peut être dit expressionniste, les expressionnistes sont des isolés (G. Rouault, C. Soutine, etc.), tandis qu'en Amérique latine ils lient leur violence à la révolte politique (Diego Rivera, Orozco, Siqueiros). En sculpture, le courant expressionniste est notam. représenté par O. Zadkine et Germaine Richier. En littérature, l'expressionnisme se manifeste surtout en Allemagne, dans les années 1910-1920 (poèmes de G. Trakl et de Lasker-Schüler ; pièces de théâtre de F. Wedekind, F. von Unruh, G. Kaiser). Le cinéma expressionniste se caractérise par ses recherches très poussées d'éclairage et de recadrage s'inscrivant dans un découpage en tableaux qui donne une nouvelle violence à l'espace et à l'action scéniques : R. Wiene (*le Cabinet du docteur Caligari*, 1919) ; P. Wegener (*le Golem*, 1920) ; F. Lang (*les Trois Lumières*, 1921, *Metropolis*, 1927) ; Murnau (*Nosferatu le vampire*, 1922) ; P. Leni (*le Cabinet des figures de cire*, 1924).

**expresso** *nm* fam Café express.

**exprimer** *v* [1] **A** *vt* **1** Manifester une pensée, un sentiment par le langage, par la mimique ou l'attitude, par des moyens artistiques. *Exprimer son dédain par une moue. Musique qui exprime la joie.* **2** Extraire par pression. *Exprimer le jus d'un fruit.* **3** BIOL Conduire à l'expression d'un gène. **B** *vpr* Parler, se faire comprendre. *Il s'exprime mal en anglais. S'exprimer par gestes.* [ETY] Du lat. [DER] **exprimable** *a*

**exproprier** *vt* [2] DR Dépouiller qqn de la propriété d'un bien par voie légale. [ETY] Du lat. *proprius*, « qui appartient en propre ». [DER] **expropriation** *nf* – **exproprié, ée** *a, n*

**expulser** *vt* [1] **1** Chasser qqn du lieu où il était établi. *Expulser un locataire. Expulser qqn d'une assemblée.* **2** Évacuer qqch de l'organisme. *Expulser un calcul.* [ETY] Du lat. [DER] **expulsable** *a* – **expulsé, ée** *n*

**expulsion** *nf* **1** Action d'expulser. **2** MED Stade de l'accouchement où l'enfant est expulsé du corps maternel.

**expurger** *vt* [13] Débarrasser un texte des passages jugés choquants, répréhensibles. [ETY] Du lat. *purgare*, « purifier ». [DER] **expurgation** *nf*

**exquis, ise** *a* **1** Qui est très agréable aux sens, spécial. au goût ou à l'odorat, par sa délicatesse. *Un mets exquis, un parfum exquis.* **2** Qui a ou dénote du raffinement, de la délicatesse morale ou intellectuelle. *Courtoisie exquise. Personne exquise.* [ETY] Du lat. *exquisitus*, « recherché ». [DER] **exquisément** *av*

**exsangue** *a* **1** D'une pâleur extrême. **2** MED Qui est privé de sang. *Tissus exsangues.* **3** fig Privé de toute son énergie. *Un pays exsangue.* [PHO] [ɛgzɑ̃g] [ETY] Du lat.

**exsanguinotransfusion** *nf* MED Remplacement total du sang d'un malade, d'un nouveau-né, par transfusion sanguine massive et soustraction d'une quantité de sang équivalente.

**exsudat** *nm* **1** MED Liquide organique qui suinte au niveau d'une inflammation. **2** BOT Liquide suintant d'un végétal (gomme, résine, etc.). [PHO] [ɛksyda]

**exsudation** *nf* MED Suintement pathologique d'un liquide organique.

**exsuder** *v* [1] **A** *vi* Suinter. **B** *vt* MED Émettre par exsudation. [ETY] Du lat. *sudare*, « suer ».

**extase** *nf* **1** Ravissement de l'esprit absorbé dans la contemplation au point d'être détaché du monde sensible. *Extase mystique.* **2** État d'une personne transportée par un sentiment de joie ou d'admiration extrême. *Tomber en extase devant un tableau.* **3** MED État d'exaltation pathologique accompagné d'une perte de la sensibilité. [ETY] Du gr. *ekstasis*, « action d'être hors de soi ».

**Extase** film du Tchécoslovaque Gustav Machaty (1901 – 1963), en 1933 : prem. film érotique, avec Hedy Lamarr (1914 – 2000).

**extasier (s')** *vpr* [2] Manifester une admiration, un plaisir extrême.

**extatique** *a* **1** Qui tient de l'extase. *Contemplation extatique.* **2** Qui est en extase.

**extemporané, ée** *a* PHARM Se dit d'un médicament fait sur ordonnance et destiné à être administré immédiatement. **LOC** MED ***Examen histologique extemporané*** : pratiqué pendant une intervention chirurgicale. [ETY] Du lat. *extemporalis*, « improvisé ». [DER] **extemporanément** *av*

**extenseur** *am, nm* **A** ANAT Se dit d'un muscle qui assure l'extension (par oppos. à *fléchisseur*). *L'extenseur de l'avant-bras.* **B** *nm* Appareil de gymnastique utilisé pour développer les muscles.

**extensible** *a* Susceptible de s'étendre. [DER] **extensibilité** *nf*

**extensif, ive** *a* Qui détermine l'extension. *Force extensive.* **LOC** AGRIC ***Culture extensive*** : effectuée sur des grandes surfaces, sans apport d'engrais, et dont le rendement est assez faible. — ELEV ***Élevage extensif*** : pratiqué sur de vastes étendues. — PHYS ***Propriétés extensives*** : qui dépendent de la quantité de matière. — LING ***Signification extensive d'un mot*** : celle qu'il a prise par extension.

**extensifier** *vt* [2] Rendre extensive l'utilisation d'une terre. [DER] **extensification** *nf*

**extension** *nf* **1** Action d'étendre, de s'étendre. **2** PHYSIOL Mouvement déterminant l'ouverture de l'angle formé par deux os articulés. **3** Augmentation de dimension. *Extension en largeur.* **4** fig Développement, accroissement. *Extension d'une industrie.* **5** LING Acception plus générale donnée au sens d'un mot. *C'est par extension que l'on dit d'un son qu'il est éclatant.* **6** INFORM Tout périphérique ajouté à l'unité centrale d'un ordinateur. **7** INFORM Groupe de caractères placés après un point à la fin du nom d'un fichier, d'une adresse électronique. **8** Mèche qui s'attache à la chevelure pour lui donner du volume ou de la longueur. **LOC** LOG ***Extension d'un concept*** : ensemble des objets auxquels il s'applique (par oppos. à *compréhension*). — MED ***Mise en extension*** : méthode d'immobilisation des fractures. [ETY] Du bas lat. *extendere*, « étendre ».

**extensionnel, elle** *a* LOG Relatif à l'extension d'un concept.

**extensomètre** *nm* TECH Appareil permettant de mesurer les déformations d'une pièce.

**exténuer** *vt* [1] Causer un grand affaiblissement à qqn. *Le voyage l'a exténué.* [ETY] Du lat. *extenuare*, « rendre mince ». [DER] **exténuant** *a* – **exténuation** *nf*

**extérieur, eure** *a, nm* **A** *a* **1** Qui est au-dehors. *Côté extérieur.* **2** Apparent, visible. *Signes extérieurs de richesse.* **3** Qui existe en dehors de l'individu. *Le monde extérieur.* **B** *nm* **1** Partie d'une chose visible du dehors. *L'extérieur d'une maison.* **2** Les pays étrangers. *Nouvelles de l'extérieur.* **3** vieilli Apparence d'une personne. *Extérieur modeste.* **4** CINE Scènes filmées en dehors des studios. **LOC** ***À l'extérieur*** : dans l'espace situé au-dehors. — ***Boulevards extérieurs*** : situés à la périphérie d'une ville. — ***Politique extérieure*** : qui concerne les rapports avec les pays étrangers. [ETY] Du lat. [DER] **extériorité** *nf*

**extérieurement** *av* **1** À l'extérieur. **2** fig En apparence.

**extérioriser** *vt* [1] **1** Manifester un sentiment, une émotion. *Extérioriser son chagrin.* **2** PSYCHO Situer à l'extérieur de soi ce qui n'existe que dans la conscience. [DER] **extériorisation** *nf*

**exterminateur, trice** *a, n* Qui extermine. **LOC** ***L'ange exterminateur*** : qui, dans la Bible, fit périr les premiers-nés des Égyptiens (Livre de l'Exode).

**exterminer** *vt* [1] Détruire en totalité des êtres vivants, massacrer. [ETY] Du lat. *exterminare*, « bannir ». [DER] **extermination** *nf*

**externaliser** *vt* [1] ECON Transférer à l'extérieur certaines activités de l'entreprise. [DER] **externalisation** *nf*

**externalités** *nf pl* ECON Facteurs externes (sociaux, écologiques, etc.), qui influent sur l'économie.

**externat** *nm* **1** École où l'on ne reçoit que des élèves externes ; régime de ces élèves. **2** Fonction d'externe dans les hôpitaux.

**externe** *a, n* **A** *a* Situé au-dehors, tourné vers l'extérieur. *Face externe.* **B** *n* Élève qui n'est ni logé ni nourri dans l'établissement scolaire qu'il fréquente. **LOC** ***Externe des hôpitaux*** : étudiant en médecine assistant les internes, dans un service hospitalier. — MATH ***Loi de composition externe sur un ensemble E*** : application du produit d'un ensemble E par un autre ensemble F à l'intérieur du premier ensemble E. — ***Médicament pour l'usage externe*** : à ne pas absorber. [ETY] Du lat.

**extéroceptif, ive** *a* BIOL Qui se rapporte à la sensibilité extérieure. ANT intéroceptif.

**exterritorialité** *nf* DR Immunité exemptant les agents diplomatiques de la juridiction de l'État où ils se trouvent.

**extincteur, trice** *a, nm* **A** *a* Destiné à éteindre. **B** *nm* Appareil servant à éteindre un foyer d'incendie.

**extinction** *nf* **1** Action d'éteindre ; état de ce qui est éteint. *Extinction du feu.* **2** TECH Arrêt de la combustion dans un propulseur. **3** fig Cessation de l'activité, de l'existence. *Extinction de voix. Extinction d'une dynastie.* **LOC** MILIT ***Extinction des feux*** : moment où toutes les lumières doivent être éteintes. [ETY] Du lat.

**extirpateur** *nm* AGRIC Herse à lames horizontales servant à extirper les herbes, les chaumes, ainsi qu'à des labours superficiels.

**extirper** *vt* [1] **1** Arracher un végétal avec sa racine. *Extirper des mauvaises herbes.* **2** CHIR Enlever totalement. *Extirper une tumeur.* **3** fig, litt Faire disparaître. *Extirper les abus.* **4** Faire sortir avec difficulté. *Extirper qqn de son sommeil. S'extirper d'une voiture.* [ETY] Du lat. *extirpare*, de *stirps*, « racine ». [DER] **extirpable** *a* – **extirpation** *nf*

**extorquer** *vt* [1] Obtenir qqch par la violence, la menace, la duplicité. [ETY] Du lat. *extorquere*, « déboîter ». [DER] **extorsion** *nf*

**extra(-)** *Préfixe* **1** Exprime l'extériorité. *Un acte extrajudiciaire.* **2** Marque une valeur superlative de l'adjectif. *Extra-fin.* [ETY] Mot lat. « en dehors ».

**extra** *nm, a* **A** *nm* **1** Ce que l'on fait en plus de l'ordinaire, spécial. en parlant des repas. *Faire un extra, des extras.* **2** Service exceptionnel en dehors des horaires de travail habituels ; personne qui fait ce service. **B** *a* fam Supérieur par la qualité. *Vin extra.* [ETY] Abrév. de *extraordinaire*.

**extracommunautaire** *a* Extérieur à la Communauté européenne.

**extraconjugal, ale** *a* Qui a lieu hors mariage. PLUR extraconjugaux.

**extracorporel, elle** *a* **LOC** CHIR ***Circulation extracorporelle*** : réalisée par le biais d'un cœur-poumon artificiel, en chirurgie cardiaque, et permettant l'arrêt et l'assèchement du cœur.

**extracourant** *nm* ELECTR Courant d'induction qui se produit lors de la mise en fonctionnement ou de la coupure d'un circuit.

**extracteur** *nm* TECH **1** Appareil servant à l'extraction de qqch. *Un extracteur d'odeurs.* **2** Organe qui extrait d'une arme à feu les douilles percutées.

**extractible** *a* didac Que l'on peut extraire.

**extractif, ive** *a* TECH Qui se rapporte à l'extraction. *Machine extractive.*

**extraction** *nf* **1** Action d'extraire. **2** CHIR Opération qui consiste à retirer qqch d'une partie du corps. *Extraction d'un corps étranger, d'une dent.* **3** MATH Action d'extraire la racine d'un nombre. **4** CHIM Transfert de constituants d'une phase solide ou liquide dans une autre phase liguide appelée *solvant.* **5** DR Procédure de sortie de prison d'un détenu que l'on amène chez le juge d'instruction, à l'hôpital, etc. **6** fig, litt Ascendance, origine. *Être de noble extraction.*

**extrader** *vt* ① DR Faire qu'un gouvernement livre un individu prévenu d'un crime ou d'un délit au gouvernement sur le territoire duquel ce crime ou ce délit a été commis. ETY Du lat. DER **extradition** *nf* – **extraditionnel, elle** *a*

**extrados** *nm* **1** ARCHI Surface extérieure d'une voûte ou d'un arc. **2** Face supérieure d'un plan d'avion, d'une voile. ANT intrados.

**extra-dry** *a inv* Très sec, en parlant d'une boisson alcoolisée, d'un alcool. PHO [ɛkstʀadʀaj] ETY Mot angl.

**extrafin, fine** *a* **1** Très fin. *Petits pois extrafins.* **2** De qualité supérieure. *Café extrafin.* VAR **extra-fin, fine** PLUR extrafins.

**extrafort** *nm* Ganse pour border les ourlets, les coutures. VAR **extra-fort** PLUR extraforts.

**extragalactique** *a* ASTRO Situé en dehors de notre galaxie.

**extrahospitalier** *a* Qui a lieu, qui est aménagé en dehors de l'hôpital.

**extraire** *vt* ⑱ **1** Tirer avec une certaine difficulté qqch de ce qui la contient. *Extraire une balle d'une plaie.* **2** Séparer une substance d'une autre. *Extraire l'aluminium de la bauxite.* **3** Tirer un passage d'une œuvre. *Extraire une citation.* **4** MATH Calculer la racine d'un nombre. LOC ***Extraire les entiers dans un nombre fractionnaire*** : chercher combien de fois ce nombre contient l'unité. ETY Du lat.

**extrait** *nm* **1** Substance extraite d'un corps par une opération physique ou chimique, et concentrée. *Extrait de café.* **2** Passage tiré d'un texte. *Un extrait de la Bible.* **3** Copie conforme d'une partie d'un registre officiel. *Extrait de naissance. Extrait d'acte.*

**extrajudiciaire** *a* DR Qui est hors de la procédure d'une instance judiciaire.

**extralégal, ale** *a* didac En dehors de la légalité. PLUR extralégaux.

**extralinguistique** *a* Qui est extérieur au champ de la linguistique.

**extralucide** *a* Qui perçoit ce qui échappe à la conscience normale (l'avenir, les pensées d'autrui, etc.). *Des voyantes extralucides.*

**extramuros** *av* En dehors de la ville. *Quartier extramuros.* PHO [ɛkstʀamyʀos] ETY Mots lat., « hors des murs ». VAR **extra-muros**

**extranéité** *nf* DR Qualité, statut d'étranger. ETY Du lat.

**extranet** *nm* Extension d'un réseau intranet d'une entreprise à ses partenaires privilégiés (clients, fournisseurs).

**extraordinaire** *a, nm* **A** Qui étonne par sa singularité, sa bizarrerie. *Une aventure extraordinaire. Il est toujours attiré par l'extraordinaire.* **B** *a* **1** Bien au-dessus de la moyenne. *Mémoire extraordinaire.* **2** Qui fait exception. *Moyens extraordinaires.* LOC ***Ambassadeur extraordinaire*** : envoyé pour une circonstance particulière. ETY Du lat. *extraordinarius,* « qui sort de l'ordre ».

**extraordinairement** *av* **1** D'une façon extraordinaire. **2** Extrêmement.

**extraparlementaire** *a* Qui se fait, qui existe en dehors du Parlement. *Commission extraparlementaire.*

**extrapatrimonial, ale** *a* DR Qui est hors du patrimoine. PLUR extrapatrimoniaux.

**extrapoler** *vt* ① **1** Tirer une conclusion générale à partir de données partielles. **2** MATH Calculer les valeurs d'une fonction en dehors de l'intervalle à l'intérieur duquel ces valeurs sont connues. DER **extrapolable** *a* – **extrapolation** *nf*

**extrapyramidal, ale** *a* ANAT Se dit de l'ensemble des structures nerveuses formées par les noyaux gris moteurs et par les fibres situées sous le cortex et le thalamus, à l'exclusion de la voie pyramidale et du cervelet. PLUR extrapyramidaux. LOC MED ***Syndrome extrapyramidal*** : ensemble des troubles moteurs résultant d'une atteinte du système extrapyramidal.

**extrascolaire** *a* Qui se déroule en dehors du cadre scolaire.

**extrasensible** *a* didac Qui ne peut être perçu par les sens.

**extrasensoriel, elle** *a* Qui est perçu sans l'intermédiaire des récepteurs sensoriels.

**extrasolaire** *a* Qui est en dehors du système solaire.

**extrasystole** *nf* MED Contraction supplémentaire du cœur, suivie d'une pause, qui s'intercale entre les contractions normales.

**extraterrestre** *a, n* D'une autre planète, d'un autre monde que la Terre. VAR **extra-terrestre** PLUR extraterrestres.

**extraterritorial, ale** *a* DR Qui est hors du territoire, à l'étranger. PLUR extraterritoriaux.

**extraterritorialité** *nf* DR Fiction juridique selon laquelle les ambassades en pays étrangers sont considérées comme faisant partie du territoire du pays qu'elles représentent.

**extra-utérin, ine** *a* LOC MED ***Grossesse extra-utérine*** : résultant de la fixation et du développement de l'œuf fécondé en dehors de la cavité utérine (trompe, péritoine).

**extravagant, ante** *a* Qui s'écarte du sens commun, de la norme ; bizarre, grotesque. *Un discours extravagant.* ETY Du lat. *vagari,* « errer ». DER **extravagance** *nf*

**extravaguer** *vi* ① litt Dire ou faire des choses inaptes.

**extravaser (s')** *vpr* ① S'épancher hors de ses vaisseaux (sang, sève). DER **extravasation** ou **extravasion** *nf*

**extravéhiculaire** *a* ESP Qui se fait, qui a lieu hors des engins spatiaux, dans l'espace.

**extraversion** *nf* PSYCHO Comportement d'un individu ouvert au monde extérieur. ANT introversion. ETY Du lat. *vertere,* « tourner ». DER **extraverti, ie** *a, n*

**extrême** *a, nm* **A** *a* **1** Qui est tout à fait au bout, à la fin. *L'extrême limite.* **2** Au plus haut degré. *Extrême plaisir.* **3** Qui s'écarte considérablement de ce qui est modéré, mesuré. *Climat extrême. Caractère extrême.* **B** *a, nm* Se dit d'une pratique sportive effectuée dans des conditions de danger, de difficulté particulièrement dures. **C** *nm* **1** Chose, personne totalement opposée. *Aller d'un extrême à l'autre.* **2** MATH Se dit du premier et du dernier terme d'une proportion (par oppos. à *moyen*). **3** PHYS Se dit de la plus petite et la plus grande des valeurs observées. LOC ***À l'extrême*** : au dernier point. ETY Du lat.

**extrêmement** *av* D'une manière extrême, très. *Il est extrêmement compétent.*

**Extrême-Orient** ensemble des pays d'Asie situés à l'E. du détroit de Malacca. – *École française d'Extrême-Orient* : institution qui s'attache à l'étude des civilisations et des arts extrême-orientaux ; elle siégea à Hanoi (1898), à Saigon (1955), puis à Paris (1956). DER **extrême-oriental, ale, aux** *a, n*

**extrémisme** *nm* Tendance à adopter des idées, partic. des idées politiques, extrêmes. DER **extrémiste** *a, n*

**extrémité** *nf* **A 1** Partie qui termine une chose. *Les deux extrémités d'une corde.* **2** État, situation critique. *Être réduit à une pénible extrémité.* **3** Idée, acte extrême, violent. *Se porter à des extrémités.* **B** *nfpl* Les pieds et les mains. LOC ***Être à la dernière extrémité*** : être près de mourir.

**extrêmophile** *a, nf* BIOL Se dit de bactéries capables de vivre dans des conditions extrêmes. DER **extrêmophilie** *nf*

**extrémum** *nm* MATH Point qui correspond à la valeur minimale ou maximale d'une fonction. PHO [ɛkstʀemɔm] ETY Mot lat. VAR **extremum**

**extrinsèque** *a* didac Qui vient du dehors, dépend de circonstances extérieures. *Valeur extrinsèque d'une monnaie.* ANT intrinsèque. ETY Du lat.

**extrorse** *a* BOT Se dit d'une étamine dont l'anthère s'ouvre vers l'extérieur de la fleur. ANT introrse. ETY Du lat.

**extrudé** *nm* Produit alimentaire soufflé obtenu par extrusion.

**extruder** *vt* ① TECH Opérer l'extrusion d'une matière plastique ou d'un produit alimentaire. ETY Du lat. *extrudere,* « expulser violemment ».

**extrudeuse** *nf* TECH Machine servant à l'extrusion.

**extrusion** *nf* **1** TECH Transformation des matières plastiques par passage à chaud dans une filière. **2** Technique de transformation d'un produit agricole par soufflage à chaud, utilisée dans l'industrie agroalimentaire. **3** GEOMORPH Éruption de roches volcaniques ; configuration rocheuse résultant de cette éruption. DER **extrusif, ive** *a*

**ex-voto** à sainte Menehould après une épidémie de peste, XVIIIe s. – église du château, Sainte-Menehould

**extuber** *vt* ① MED Enlever le dispositif ayant servi à une intubation.

**exubérant, ante** *a* **1** Qui exprime un débordement de vie par ses actes, ses paroles. *Une fille exubérante.* **2** Surabondant. *Végétation exubérante.* ETY Du lat. *exuberare,* « regorger ». DER **exubérance** *nf*

**exulter** *vi* ① Être transporté de joie. ETY Du lat. *saltare,* « sauter ». DER **exultation** *nf*

**exutoire** *nm* **1** Moyen de se débarrasser d'une chose. **2** fig Dérivatif à un sentiment violent. *Trouver un exutoire à sa colère.* **3** TRAV PUBL Endroit où s'évacuent les eaux d'un réseau d'assainissement. ETY Du lat. *exuere,* « dépouiller ».

**exuviation** *nf* ZOOL Élimination de l'exuvie au cours de la mue.

**exuvie** *nf* ZOOL Peau rejetée lors de la mue par un serpent. ETY Du lat.

**ex vivo** *a inv* Se dit d'une intervention chirurgicale dans laquelle un organe est opéré hors du corps auquel il reste relié par des éléments circulatoires essentiels. ETY Mots lat.

**ex-voto** *nm inv* Inscription, objet placé dans une église en remerciement pour un vœu exaucé. ETY Mots lat., « suivant le vœu fait ». VAR **exvoto**
▶ illustr. p. 591

**Exxon Corporation** société pétrolière américaine, issue de la Standard Oil Company of New Jersey (créée en 1882), qui commercialise la marque Esso.

**Ey** Henri (Banyuls-dels-Aspres, 1900 – id., 1977), psychiatre français. Dans son *Manuel de psychiatrie* (1960, en collab.), il a voulu dépasser la psychanalyse en minimisant le rôle de l'inconscient.

**Eyadema** Étienne, puis Gnassingbé (Pya, 1935 – Lomé, 2005), général et homme politique togolais. Il renversa N. Grunitzky en 1967 et devint président de la République, élu en 1972 et sans cesse réélu. Il a présidé l'Organisation de l'unité africaine (OUA) en 2000-2001.

**Eyck** → **Van Eyck.**

**Les Eyzies-de-Tayac-Sireuil** sépulture magdalénienne – musée du site de Cro-Magnon

**eye-liner** *nm* Cosmétique fluide destiné à souligner d'un trait le bord de la paupière. PLUR eye-liners. PHO [ajlajnœʀ] ETY Mots amér.

**Eylau** (auj. *Bagrationovsk*), v. de Russie ; 7 500 hab. – Près de cette v. (alors prussienne), Napoléon vainquit (sans panache) les Russes et les Prussiens le 8 fév. 1807.

**eyra** *nm* Petit puma d'Amérique du Sud. PHO [ɛʀa]

**Eyre (lac)** lagune desséchée du S. de l'Australie ; 8 900 km$^2$.

**Eyre (l')** → **Leyre.**

**Eysines** com. de la Gironde (arr. de Bordeaux) ; 18 407 hab. DER **eysinais, aise** *a, n*

**Eyskens** Gaston (Lierre, 1905 – Louvain, 1988), homme politique belge. Premier ministre social-chrétien (1949, 1958-1961 et 1968-1972), il fit en 1970 de la Belgique un État communautaire et décentralisé.

**Eyzies-de-Tayac-Sireuil (Les)** com. de Dordogne (arr. de Sarlat-la-Canéda), sur la Vézère ; 909 hab. – Site de Cro-Magnon. Musée nat. de Préhistoire. DER **eyzicois-tayacien, enne** *a, n*

**Èze** com. des Alpes-Maritimes (arr. de Nice) ; 2 509 hab. Pittoresque village construit au sommet d'un rocher. Tourisme. DER **ézasque** *a, n*

**Ézéchias** treizième roi de Juda (probabl. de 715 à 687 av. J.-C.), fils et successeur d'Achaz ; le *canal d'Ézéchias* alimenta Jérusalem en eau.

**Ézéchiel** (v. 627 – v. 570 av. J.-C.), l'un des quatre grands prophètes de la Bible : il prédit la prise de Jérusalem par Nabuchodonosor et la renaissance d'Israël. *Le Livre d'Ézéchiel* rassemble les oracles et visions du prophète.

**Ezra** → **Esdras.**

**f** *nm ou nf* **1** Sixième lettre (f, F) et quatrième consonne de l'alphabet, notant la fricative labiodentale sourde [f], qui s'amuït dans certains mots en position finale (ex. *clef, nerf ; œufs, bœufs*). **2** F : symbole du franc. **3** CHIM F : symbole du fluor. **4** PHYS *F* : symbole de force. **5** F : symbole de farad. **6** °F : symbole du degré Fahrenheit. **7** *f* : symbole de fréquence. **8** f : symbole de femto-. **9** MUS Sixième degré de l'échelle *(fa)* dans la notation alphabétique.

**fa** *nm inv* Quatrième note de la gamme d'*ut*. ETY v. ut.

**Faaa** aéroport de Tahiti, près de Papeete, le seul aéroport international de Polynésie française.

**fabale** *nf* BOT Végétal dont le fruit est une gousse et dont l'ordre correspond aux légumineuses. ETY Du lat. *faba*, « fève ».

**Fabergé** Carl (Saint-Pétersbourg, 1846 – Lausanne, 1920), joaillier russe au service du tsar, créateur de bibelots (œufs de Pâques).

**Fabert** Abraham de (Metz, 1599 – Sedan, 1662), maréchal de France (1658).

**Fabian Society** mouvement socialiste anglais qui, par l'éducation des masses, la libération de la femme, etc., voulait réformer la société. Il compta parmi ses membres G. B. Shaw et H. G. Wells. Il avait pris le nom de *Fabian* en 1883-1884, par allusion à Fabius Maximus Verrucosus dit le Temporisateur.

**Fabien** (saint) (m. à Rome en 250), pape (236) et martyr sous Dèce.

**Fabien** Pierre Georges, dit le colonel (Paris, 1919 – Habsheim, Haut-Rhin, 1944), résistant français ; membre du parti communiste, auteur du premier attentat qui coûta la vie à un officier allemand (1941).

**Fabiola de Mora y Aragón** (Madrid, 1928 – Bruxelles, 2014), reine des Belges (1960-1993) par son mariage avec Baudouin Ier.

**Fabiola** (ou l'Église des Catacombes), roman historique de N. P. Wiseman (1854).

**Fabius** Laurent (Paris, 1946), homme politique français (socialiste) ; Premier ministre (1984-1986), président de l'Assemblée nationale (1988-1992 et 1997-2000), ministre des Finances (2000-2002) et ministre des Aff. étrangères dep. 2012.

**Fabius Maximus Verrucosus** Quintus, dit Cunctator, (« le Temporisateur »), (Rome, v. 275 – id., 203 av. J.-C.), homme politique romain ; cinq fois consul. Dictateur en 217 av. J.-C. (après le désastre de Trasimène), il vainquit Hannibal par une guerre d'usure.

**fable** *nf* **1** Récit imaginaire didactique ; mythe, légende. **2** Court récit, apologue, généralement en vers, dont on tire une moralité. *Fables de La Fontaine.* **3** litt Récit mensonger. *C'est une fable que l'or fait courir.* **4** Sujet de risée. *Il est la fable du village.* ETY Du lat.

**Fables** œuvres de La Fontaine publiées entre 1668 et 1694 : livres I à VI (1668), VII et VIII (1678), IX à XI (1679), XII (1694). Empruntant la plupart de ses sujets à ses prédécesseurs de l'Antiquité (Ésope, notam.), l'auteur, maître de toutes les ressources du vers libre (sans forme fixe), rénove génialement le genre.

**Fables ésopiques** fables attribuées à Ésope. Recueillies par Démétrios de Phalère (IVe s. av. J.-C.), elles furent compilées en prose gr. par le Byzantin Maximos Planude (v. 1260 – 1310). La Fontaine s'en inspira.

**fabliau** *nm* Conte en vers divertissant ou édifiant du Moyen Âge.

**fablier** *nm* didac Recueil de fables.

**fabophile** *n* Collectionneur de fèves de galettes des rois. ETY Du lat. *faba*, « fève ».

**Fabre** Jean Henri (Saint-Léons, Aveyron, 1823 – Sérignan-du-Comtat, Vaucluse, 1915), entomologiste et écrivain français : *Souvenirs entomologiques* (10 vol., 1879-1907).

Jean Henri Fabre

**Fabre** Émile (Metz, 1869 – Paris, 1955), dramaturge français : *l'Argent* (1895), *la Vie publique* (1901).

**Fabre** Henri (Marseille, 1882 – Le Touvet, 1984), ingénieur français. Il mit au point le premier hydravion (1909).

**Fabre d'Églantine** Philippe Fabre, dit (Carcassonne, 1750 – Paris, 1794), écrivain et homme politique français. Il périt avec Danton sur l'échafaud. Auteur de la chanson *Il pleut, il pleut, bergère* (1782). Il donna leurs noms aux mois du calendrier révolutionnaire (1793).

**Fabre d'Olivet** Antoine (Ganges, Hérault, 1768 – Paris, 1825), écrivain français, précurseur du félibrige : *Azalaïs et le gentil Amar* (roman, 1794), *le Troubadour, poésies occitaniques du XIIIe siècle* (1803) en langue d'oc.

**fabricable** → **fabriquer.**

**fabricant, ante** *n* **1** Personne qui possède ou dirige une fabrique. **2** Personne qui fabrique elle-même des objets de consommation.

**fabricateur, trice** *n* péj Personne qui fabrique qqch dans l'intention de tromper.

**fabrication** → **fabriquer.**

**Fabrice del Dongo** héros du roman de Stendhal *la Chartreuse de Parme* (1839).

**Fabricius** Johann Christian (Tønder, 1745 – Kiel, 1808), entomologiste danois, disciple de Linné.

**fabrique** *nf* **1** Établissement de moyenne importance ou peu mécanisé dans lequel des matières premières ou des produits semi-finis sont transformés en produits de consommation. *Une fabrique de porcelaine.* **2** BX-A Construction (château, pont, etc.) entrant dans la composition d'un tableau. **3** anc Groupe de clercs ou de laïcs chargés de l'administration financière d'une église. LOC *Marque de fabrique :* placée sur un objet pour en indiquer la provenance. ETY Du lat. *faber, fabri*, « artisan ».

**fabriquer** *vt* 1 **1** Faire un objet en transformant une matière. *Entreprise qui fabrique du papier.* **2** Confectionner une chose destinée à tromper. *Fabriquer une fausse pièce d'identité.* **3** fig Inventer. *Fabriquer un mensonge.* DER **fabricable** *a* – **fabrication** *nf*

**Fabry** Charles (Marseille, 1867 – Paris, 1945), physicien français. Il découvrit l'ozone atmosphérique (1913).

**fabuler** *vt* 1 PSYCHO Présenter comme une réalité vécue ce qui est purement imaginaire, inventer, affabuler. DER **fabulateur, trice** *a, n* – **fabulation** *nf*

**fabuleux, euse** *a* **1** litt Qui appartient à la fable, à la légende. *Les temps fabuleux.* **2** Invraisemblable quoique vrai. *Un prix fabuleux.* DER **fabuleusement** *av*

**fabuliste** *nm* Auteur de fables.

**Fabvier** Charles Nicolas (baron) (Pont-à-Mousson, 1782 – Paris, 1855), général français. Il servit l'insurrection grecque (1823-1827).

**fac** *nf* fam Université, établissement d'enseignement supérieur.

**façade** *nf* **1** Chacun des côtés d'une construction, spécial. celui où est située l'entrée principale. *La façade d'un palais.* **2** fig Apparence masquant une piètre réalité. *Une façade d'honnêteté.* ETY De l'ital.

**façadier** *nm* Entreprise spécialisée dans le ravalement des façades.

**façadisme** *nm* ARCHIT Conservation de la façade ancienne d'un immeuble dont l'intérieur est complètement remodelé.

**face** *nf* **1** Partie antérieure de la tête de l'homme. *Une face blême.* **2** Côté qui porte une figure. *La face d'une monnaie, d'une médaille.* SYN avers. ANT pile, revers. **3** Chacune des surfaces présentées par une chose. *Les faces d'un cristal. La face nord du Mont-Blanc.* **4** GEOM Chacun des plans qui délimitent un polyèdre. **5** Aspect d'une chose. *La face des lieux a bien changé. Une affaire qui présente plusieurs faces.* LOC ***À la face de*** : en présence de, à la vue de. — ***De face*** : du côté où l'on voit toute la face. ANT de dos. — ***En face*** : par-devant. *Regarder qqn en face* : fig sans crainte. *Regarder la mort en face.* — ***En face de*** : vis-à-vis de. — ***Faire face à*** : être tourné du côté de. *Maison qui fait face à l'église* ; fig affronter. *Faire face à ses obligations.* — ***Face à face*** : chacun ayant le visage tourné vers l'autre. — ***Perdre la face*** : perdre sa dignité. — ***Sauver la face*** : sauver les apparences. ETY Du lat. pop.

**Face (Sainte)** linge, auj. conservé au Vatican, avec lequel sainte Véronique aurait essuyé le visage du Christ souffrant et sur lequel ses traits se seraient imprimés.

**face-à-face** *nm inv* Confrontation de deux personnalités devant un vaste public.

**face-à-main** *nm* Binocle à manche. PLUR faces-à-main.

**Facebook** site Internet de réseau social.

**facétie** *nf* Plaisanterie, farce. PHO [fasesi]

**facétieux, euse** *a* **1** Enclin à la facétie. *Personnage facétieux.* **2** litt Qui se présente comme une facétie. *Fabliau facétieux.* DER **facétieusement** *av*

**facette** *nf* **1** Petite face. *Diamant taillé à facettes.* **2** fig Aspect présenté par qqn, qqch. *Style à facettes.* LOC ZOOL ***Yeux à facettes*** : yeux composés de petites lentilles polygonales chez les insectes et les crustacés.

**facetter** *vt* ① TECH Tailler à facettes.

**fâché, ée** *a* Mécontent, irrité. *Un air fâché.*

**fâcher** *v* ① **A** *vt* Mettre en colère, irriter. **B** *vpr* Se brouiller avec qqn. ETY Du lat. *fastidire*, « éprouver du dégoût ».

**fâcherie** *nf* Brouille, mésentente.

**Faches-Thumesnil** commune du Nord (arr. de Lille) ; 17 581 hab. Industries.

**fâcheux, euse** *a, n* **A** *a* Qui amène des désagréments. *Un contretemps fâcheux.* **B** *a, n* litt Qui importune, dérange. DER **fâcheusement** *av*

**facho** *a, n* fam, péjor Fasciste.

**Fachoda** (auj. *Kodok*), local. du Soudan, sur le Nil. – La colonne française du capitaine Marchand, qui avait atteint le haut Nil en juil. 1898, fut rejointe en sept. par la troupe anglo-égyptienne de Kitchener. Les Français s'inclinèrent, obéissant à Paris.

**facial, ale** *a* Qui appartient, qui a rapport à la face. *Névralgie faciale.* PLUR facials ou faciaux. LOC ***Valeur faciale d'un timbre*** : sa valeur d'affranchissement (par oppos. à sa *valeur marchande*).

**faciès** *nm* **1** Aspect du visage ; type de physionomie caractéristique de telle ou telle population. **2** PREHIST Ensemble des caractères prépondérants dans une culture, une industrie, une technique. **3** MED Expression, aspect du visage, caractéristique d'une maladie. **4** GEOL Ensemble des caractères pétrographiques et paléontologiques d'une roche qui renseignent sur ses conditions de dépôt et de formation. PHO [fasjɛs] ETY Mot lat.

**facile** *a* **1** Qui se fait sans peine. *Un exercice facile.* **2** Qui paraît avoir été fait, obtenu, sans difficulté. *Un style facile. Avoir la parole facile.* **3** péjor Qui n'a demandé aucune recherche, superficiel, médiocre. *Une plaisanterie facile.* **4** Qui se laisse mener aisément. *Un enfant facile. Un caractère facile.* LOC ***Une femme facile*** : dont on obtient sans peine les faveurs. ETY Du lat. DER **facilement** *av*

**facilitateur, trice** *n* Personne qui facilite une action, une négociation, etc.

**facilité** *nf* **1** Qualité d'une chose facile à faire. **2** Moyen de faire, de se procurer une chose sans difficulté. *Avoir la facilité de se voir.* **3** Aptitude à faire une chose sans effort. *Écrire avec facilité.* **4** Don pour l'étude, pour la création. *Cet enfant a de la facilité.* **5** péjor Médiocrité. *Écrivain qui tombe dans la facilité.* **6** Disposition de l'esprit à s'accommoder de tout. *Facilité d'humeur.* LOC ***Facilités de caisse*** : crédits temporaires (ouverts à un commerçant, à un industriel). — FIN ***Facilités de paiement*** : délais, ou conditions avantageuses de règlement.

**faciliter** *vt* ① Rendre facile ou plus facile. *Faciliter l'exécution d'un travail.* DER **facilitant, ante** *a* – **facilitation** *nf*

**façon** *nf* **A** **1** Manière d'être, d'agir. *Une bonne façon d'écrire, de parler.* **2** Action de façonner qqch. *Payer la façon d'un costume.* **3** AGRIC Travail, labour d'un sol. *Donner une seconde façon à un champ.* **B** *nf pl* **1** Manières propres à une personne. *Avoir des façons engageantes.* **2** péjor Démonstrations de politesse affectée. LOC ***De façon à, de (telle) façon que*** : de telle sorte que. — ***De toute façon*** : quelles que soient les circonstances. — ***Façon de parler*** : cela ne doit pas être pris à la lettre. — ***Sans façon(s)*** : en toute simplicité, sans vaines cérémonies. — ***Travailler à façon*** : sur une matière qui a été fournie. ETY Du lat. *factio*, « action de faire ».

**faconde** *nf* litt, péjor Trop grande abondance de paroles. SYN volubilité. ETY Du lat. *facundia*, « éloquence ».

**façonner** *vt* ① **1** Travailler une matière pour lui donner une forme. *Façonner de l'argile.* **2** Faire un objet. *Façonner une clef.* **3** fig Former qqn par l'instruction, par l'usage. *Être façonné par l'expérience.* **4** Accoutumer. *Façonner qqn à une vie rude.* DER **façonnage** ou **façonnement** *nm* – **façonneur, euse** *n*

**façonnier, ère** *n* Personne qui travaille à façon.

**fac-similé** *nm* Reproduction exacte d'un écrit, d'un dessin, etc. PLUR fac-similés. PHO [faksimile] ETY Du lat. *fac simile*, « fais une chose semblable ». VAR **facsimilé**

**factage** *nm* **1** Transport de marchandises à domicile ou au dépôt de consignation ; prix de ce transport. **2** Distribution par le préposé des lettres, des dépêches, etc., à domicile.

**facteur, trice** *n* **A** *nm* **1** Fabricant d'instruments de musique à clavier, à vent et harpes. *Facteur d'orgues.* **2** Élément qui conditionne un résultat. *Les facteurs de l'hérédité. Compter avec le facteur chance.* **3** MATH Chacun des termes d'un produit. *Mise en facteurs.* **4** PHYS Rapport entre deux grandeurs de même nature. *Facteur d'absorption.* **B** *n* Personne chargée de remettre à leurs destinataires les lettres, les paquets, etc., confiés au service postal. *La dénomination officielle est auj. préposé.* LOC MATH ***Facteur commun*** : terme divisant exactement plusieurs expressions. — BIOL ***Facteur de croissance*** : substance qui détermine la croissance et la maturation des cellules et des tissus vivants. — ELECTR ***Facteur de puissance*** : rapport entre la puissance active (fournie ou consommée) et la puissance apparente. — MATH ***Facteur premier*** : chacun des termes résultant de la décomposition d'un nombre entier en un produit de nombres premiers. ETY Du lat. *factor*, « celui qui fait ».

**facteur sonne toujours deux fois (Le)** roman de J. Cain (1934). ▷ CINE *Ossessione* de Visconti, en 1942 ; films des Américains : Tay Garnett, en 1946, avec John Garfield et Lana Turner ; Bob Rafelson, en 1980, avec Jack Nicholson et Jessica Lange.

**factice** *a, nm* **A** *a* **1** Artificiel. *Grotte factice.* **2** Imité. *Bouteille factice.* **3** fig Qui manque de naturel. *Enthousiasme, beauté factice.* SYN artificiel, affecté. ANT sincère, vrai. **B** *nm* Ce qui est factice ; objet factice utilisé dans les magasins, les vitrines. ETY Du lat. DER **facticement** *av*

**facticité** *nf* **1** didac Caractère de ce qui est factice. **2** PHILO Caractère de ce qui constitue un fait contingent.

**factieux, euse** *a, n* Qui fomente des troubles politiques dans un État. PHO [faksjø, øz]

**faction** *nf* **1** Parti, cabale exerçant une activité factieuse dans un État. *Un État déchiré par les factions.* **2** MILIT Mission dont est chargée une sentinelle. **3** Position de guet, d'attente. *Je me suis mis en faction devant chez lui.* **4** TECH Dans une entreprise travaillant en continu, chacune des trois tranches de huit heures. ETY Du lat.

**factionnaire** *nm* MILIT Soldat en faction.

**factionnel, elle** *a* POLIT Qui concerne une lutte de factions.

**factitif, ive** *a* GRAM Qui indique que le sujet du verbe fait faire l'action. SYN causatif.

**factorerie** *nf* vx Comptoir, bureau d'une agence commerciale à l'étranger.

**factoriel, elle** *a, nf* **A** *a* didac Relatif à un facteur. *Psychologie factorielle.* **B** *nf* MATH Produit des *n* premiers nombres entiers, noté $n!$ (Ex. : $4! = 1 \times 2 \times 3 \times 4 = 24$.) LOC MATH ***Analyse factorielle*** : méthode permettant de déterminer les relations de corrélation existant entre plusieurs variables.

**factoring** *nm* Syn. déconseillé de *affacturage.* PHO [faktɔʀiŋ] ETY Mot amér., de *factor*, « agent ».

**factoriser** *vt* ① MATH Mettre en facteurs. DER **factorisation** *nf*

**factotum** *nm* vieilli Celui qui s'occupe de tout dans une maison, homme à tout faire. *Des factotums.* PHO [faktɔtɔm] ETY Du lat. *fac totum*, « fais tout ».

**factrice** → **facteur.**

**factuel, elle** *a* didac Relevant d'un fait, de faits. *Données factuelles.* DER **factuellement** *av*

**1 facture** *nf* **1** Manière dont est traitée, réalisée une œuvre de création. *Ce portrait est d'une facture énergique.* **2** TECH Fabrication des instruments de musique. ETY Du lat.

**2 facture** *nf* **1** Pièce comptable détaillant la quantité, la nature et le prix de marchandises livrées ou de services, afin d'en demander ou d'en attester le règlement. **2** fig, fam Ensemble des dépenses résultant d'un évènement. LOC ***Facture pro forma*** : établie à titre indicatif avant la livraison. — ***Prix de facture*** : prix d'achat en fabrique. ETY De *facteur.*

**facturer** *vt* ① Établir la facture de. *Facturer une marchandise.* DER **facturation** *nf*

**facturette** *nf* Reçu délivré lors d'un paiement par carte bancaire.

**facturier, ère** *n* **A** Personne chargée de la facturation. **B** *nm* Livre dans lequel les factures sont enregistrées. **C** *nf* TECH Machine comptable servant aux travaux de facturation.

**facule** *nf* ASTRO Zone brillante du disque solaire. ETY Du lat. *facula*, « petite torche ».

**facultatif, ive** *a* Qu'on peut faire ou non, utiliser ou non. *Devoir facultatif.* DER **facultativement** *av*

**faculté** *nf* **1** PHILO anc Fonction psychique. *Les facultés de l'âme.* **2** Aptitude, disposition naturelle d'un individu. *Il possède une faculté de concentration étonnante.* **3** Propriété que possède une chose. *Les facultés productives de la terre.* **4** DR Pouvoir, autorisation de faire une chose. *Vendre avec faculté de rachat.* **5** Corps des professeurs chargés d'une partie de l'enseignement au sein de l'Université ; cet enseignement. *Les facultés ont été remplacées par des unités de formation et de recherche (UFR).* **6** Ensemble des bâtiments où se fait cet enseignement. **LOC** ***La Faculté :*** la faculté de médecine, les médecins. ETY Du lat.

**fada** *a, nm* **rég** Cinglé, un peu fou. ETY Du provenç. *fat,* « sot ».

**fadaise** *nf pl* Niaiseries ; choses inutiles et frivoles. *Débiter des fadaises.*

**fadasse** *a* **péjor** D'une fadeur déplaisante. *Des cheveux blond fadasse.*

**fade** *a* **1** Qui manque de saveur. *Un mets fade.* SYN insipide. **2** **fig** Qui manque de caractère, de piquant. *Beauté, style fade.* SYN plat. ETY Du lat. DER **fadement** *av*

**Fadeïev** Alexandre Alexandrovitch (Kimry, rég. de Tver, 1901 – Moscou, 1956), romancier soviétique : *la Défaite* (1927), *la Jeune Garde* (1945).

**Fades (viaduc des)** viaduc métallique (Puy-de-Dôme), à 123 m au-dessus de la Sioule.

**fadette** *nf* Facture indiquant le détail des communications téléphoniques. ETY Mot-valise formé à partir de *facture* et *détaillé*.

**fadeur** *nf* **A** Caractère de ce qui est fade. **B** *nf pl* Compliments, propos fades.

**fading** *nm* TELECOM Syn. de *évanouissement.* PHO [fadiŋ] ETY Mot angl.

**fado** *nm* Chant populaire portugais évoquant le destin de celui qui vit les tourments de l'amour. ETY Mot portug., « destin ».

**faena** *nf* Dans une corrida, passes exécutées avec la muleta. PHO [faena] ETY Mot esp.

**Faenza** v. d'Italie, en Émilie (prov. de Ravenne), sur le Lamone ; 58 150 hab. – Ville renommée, surtout aux XIV$^e$-XVI$^e$ s., pour ses poteries (le mot *faïence* vient de Faenza). Musée international de la Céramique.

majolique de **Faenza** – musée nat. de Céramique, Sèvres

**Færœ** → **Féroé.**

**fafiot** *nm* **arg** Billet de banque.

**fagacée** *nf* BOT Arbre amentifère dont la famille comprend le hêtre, le chêne, le châtaignier.

**fagale** *nf* BOT Végétal amentifère dont le fruit entier est un akène, et dont l'ordre comprend les *fagacées* et les *bétulacées.* ETY Du lat. *fagus,* « hêtre ».

**Făgăraş (monts de)** chaîne des Carpates méridionales (2 543 m au Moldoveanul).

**Fagnano dei Toschi e di Sant' Onofrio** Giulio Cesare (Senigallia, 1682 – id., 1766), mathématicien italien ; l'un des pionniers du calcul infinitésimal.

**fagnard, arde** *a, n* **A** *a* **rég** Qui concerne la fagne. **B** *n* Personne qui habite la fagne, qui fait des randonnées dans la fagne.

**fagne** *nf* **rég** Marais tourbeux des Ardennes. ETY Du frq.

**Fagnes (Hautes)** plateau de l'Ardenne belge (694 m au *signal de Botrange*).

**fagot** *nm* Faisceau de menues branches. *Un fagot de sarments.* **LOC** **fam** ***De derrière les fagots :*** excellent. PHO [fago]

**fagoter** *vt* ① **1** **vx rég** Mettre en fagots. **2** **fig, fam** Habiller mal, sans goût. *Elle se fagote bizarrement.* SYN accoutrer. DER **fagotage** *nm*

**fagotier** *nm* **1** Ouvrier qui fait des fagots. **2** Lieu où sont entreposés des fagots.

**Faguet** Émile (La Roche-sur-Yon, 1847 – Paris, 1916), critique littéraire français qui fit longtemps autorité. Acad. fr. (1900).

**Fahd ibn Abd al-Aziz** (Riyad, 1923 – id., 2005) roi d'Arabie Saoudite (1982-2005).

**Fahrenheit** Gabriel Daniel (Dantzig, 1686 – La Haye, 1736), physicien allemand. Il donna son nom à une échelle de température (pays anglo-saxons) : au 0 °C correspond le 32 °F et au 100 °C le 212 °F ; les équivalences de température (*t*) avec l'échelle Celsius se calculent ainsi : $t_C = \frac{5}{9}(t_F - 32)$ ; $t_F = \frac{9}{5}t_C + 32$.

**FAI** *nm* Sigle de *fournisseur d'accès à Internet.*

**faiblard, arde** *a* **fam** Assez faible.

**faible** *a, n* **A** *a* **1** Qui manque de force, de vigueur physique. *Le malade est encore faible.* SYN fragile. **2** Qui manque de résistance, de solidité. *Cette poutre est trop faible.* **3** Qui n'a pas la puissance, les moyens nécessaires pour se défendre. *Nous étions trop faibles pour résister à l'ennemi.* SYN impuissant, désarmé. **4** Insuffisant en valeur, en intensité. *Une voix faible. Une faible consolation.* **5** Peu important. *Une faible quantité suffira.* **6** Dont la valeur, les capacités intellectuelles sont insuffisantes. *Un raisonnement faible.* **7** Qui manque de fermeté, d'énergie. *Être trop faible avec ses enfants.* SYN indulgent, veule. **8** CHIM Qualifie un acide ou une base partiellement dissociés. **B** *n* **1** Personne vulnérable. *Défendre le faible contre le fort.* **2** Lâche. *On ne peut se fier aux faibles.* **C** *nm* **1** Ce qu'il y a de moins fort, de moins solide, de moins résistant. *Le faible d'une place.* **2** Ce qu'il y a de défectueux en qqch, faille. *Le faible d'une argumentation.* **3** Principal défaut de qqn ; passion dominante. *Prendre qqn par son faible.* **LOC** ***Avoir un faible pour :*** une préférence marquée pour. — PHYS NUCL ***Interaction faible :*** interaction qui intervient notam. dans les désintégrations radioactives. — ***Un faible d'esprit :*** un idiot. ETY Du lat. *flebilis,* « pitoyable ». DER **faiblement** *av*

**faiblesse** *nf* **1** Caractère de ce qui est faible, insuffisant. **2** Défaut qui dénote cette insuffisance. *Votre raisonnement présente des faiblesses.* **3** Défaillance, syncope. **LOC** ***Avoir une faiblesse pour :*** une préférence, un goût particulier pour.

**faiblir** *vi* ③ Perdre de sa force, de son courage, de son intensité, de sa fermeté, etc. *Ce vieillard faiblit. Devant ses pleurs, il faiblit.* SYN fléchir. DER **faiblissant, ante** *a*

**Faidherbe** Louis Léon César (Lille, 1818 – Paris, 1889), général français. Gouverneur du Sénégal (1854-1861 et 1863-1865), il colonisa l'Afrique occid. et construisit le port de Dakar. En 1870-1871, il résista vaillamment aux Prussiens dans le Nord.

**faïence** *nf* Poterie à pâte poreuse, opaque, vernissée ou émaillée. ETY De *Faenza,* ville d'Italie.

**faïencé, ée** *a* Qui imite la faïence.

**faïencerie** *nf* **1** Fabrique de faïence. **2** Poteries de faïence.

**faïencier, ère** *n* Personne qui fait ou vend de la faïence.

**Fail** Noël du (seigneur de la Hérissaye) (Rennes, v. 1520 – id., 1591), jurisconsulte et écrivain français : *Propos rustiques* (1547).

**1 faille** *nf* **1** GEOL Cassure plus ou moins plane affectant des couches géologiques, avec rejet ou non des deux blocs situés de part et d'autre de la cassure. **2** **fig** Défaut, lacune. *Il y a une faille dans son raisonnement.* ETY De *faillir.*

**faille** de San Andreas, plaine du Carrizo, Nouveau-Mexique

**2 faille** *nf* Étoffe de soie à gros grain.

**failler (se)** *vpr* ① Être affecté par des failles. *Relief faillé.*

**failli, ie** *a, n* DR **vieilli** Qui a fait faillite.

**faillible** *a* Qui peut commettre une erreur ou une faute. DER **faillibilité** *nf*

**faillir** *vi* ㉘ (Le présent et l'imparfait sont pratiquement inusités.) **1** **litt** Manquer à un devoir. *Faillir à une promesse.* **2** Risquer de, être sur le point de, manquer de. *J'ai failli mourir.* ETY Du lat.

**faillite** *nf* **1** DR Situation du dirigeant d'une entreprise en cessation de paiement, reconnu par un tribunal coupable d'une gestion imprudente ou d'agissements malhonnêtes. **2** État d'un débiteur qui ne peut plus payer ses dettes. **3** **fig** Échec complet, insuccès. *La faillite d'une politique, d'un système.* **LOC** ***Faillite civile :*** procédure permettant aux personnes surendettées de voir effacer leur dette par le tribunal d'instance.

**faim** *nf* **1** Besoin, désir de manger. *Avoir faim. Mourir, crever de faim. Ne pas manger à sa faim.* **2** Malnutrition, sous-alimentation. *Problèmes de la faim dans le monde.* **3** **fig** Besoin, désir. *Avoir faim de richesses.* SYN soif. **LOC** ***Rester sur sa faim :*** ne pas être rassasié ; **fig** être insatisfait. ETY Du lat.

**Faim (la)** roman de K. Hamsun (1890).

**faine** *nf* Fruit du hêtre. VAR **faîne** ▶ illustr. **hêtre**

**fainéant, ante** *a, n* Qui ne veut rien faire, qui ne veut pas travailler. SYN paresseux. ETY De *feindre,* au sens anc. de « paresser ». DER **fainéantise** *nf*

**fainéanter** *vi* ① Ne rien faire par paresse.

**Fairbanks** v. des É.-U., terminus de la route de l'Alaska ; 31 535 hab. – Ville créée par les chercheurs d'or en 1902.

**Fairbanks** Douglas Elton Ulman, dit Douglas (Denver, 1883 – Santa Monica, 1939), acteur américain de films d'aventures : *le Signe de Zorro* (1920), *Robin des Bois* (1922).

**Fairchild** Sherman Mills (Oneonta, État de New York, 1896 – id., 1971), pionnier américain de la photographie aérienne.

**1 faire** *v* ⑩ **A** *vt* **1** Créer, fabriquer. *Dieu a fait le ciel et la terre. Faire des vers, un discours.* **2** Produire de soi. *Le bébé fait ses dents. La chatte a fait ses petits.* **3** Avoir, présenter un trouble. *Faire de la fièvre.* **4** Former, façonner. *Ce professeur a fait de bons élèves. Faire des heureux.* **5** Nommer, proclamer. *Faire un maréchal de France.* **6** Constituer. *L'union fait la force. Deux et deux font quatre.* **7** GRAM Prendre telle terminaison. *« Cheval » fait « chevaux » au pluriel.* **8** Prendre, s'approvisionner en. *Faire de l'eau. Faire du bois dans la forêt.* **9** Vendre, produire. *Faites-vous cet article ? Ce cultivateur fait des céréales.* **10** Accoutumer à. *Il l'a faite à cette idée. Je suis fait à la fatigue.* **11** Utiliser, tirer parti de. *Il ne sait que faire de son argent.* **12** Effectuer un mouvement. *Faire une grimace.* **13** Prendre une attitude. *Faire la mauvaise tête. Faire grise mine. Faire bonne contenance.* **14** Exécuter une action. *Faire des bêtises. Volcan qui fait éruption.* **15** Agir. *Il a fait de son mieux.* **16** Travailler, s'occuper de. *Avoir à faire. Faire de la musique, de la politique. Que fait-il dans la vie ?* **17** Jouer le rôle de. *Faire tel personnage dans une pièce.* **18** Chercher à paraître tel. *Faire le grand seigneur. Faire l'idiot.* **19** Causer, être l'occasion de. *Ces pilules m'ont fait du bien. Faire plaisir.* **20** Avoir de l'importance. *Cela ne fait rien.* **21** Parcourir une distance, une région. *Il a fait le chemin sans s'arrêter.* **22** Dire, répliquer. *Je croyais, fit-elle...* **23** Avoir l'air, produire un certain effet. *Il fait vieux avant l'âge. Ce chapeau fait bien avec cette robe.* **24** Donner pour. *On le fait plus riche qu'il n'est.* **25** Avoir pour taille, poids, vitesse, etc. *Cette voiture fait (du) 160 à l'heure. Il fait du 42 de pointure. Ce colis fait trois kilos.* **B** *v impers* Indique la qualité des conditions météorologiques, des conditions de vie. *Il fait beau. Il fait de l'orage. Il fait bon vivre chez vous.* **C** *vpr* **1** Se créer. *C'est ainsi que se font les réputations.* **2** Se produire, se réaliser. *Si cela peut se faire, j'en serais heureux.* **3** Arriver. *Comment se fait-il que vous soyez ici ?* **4** Devenir. *Mon père se fait vieux. Il se fait tard.* **5** S'améliorer. *Ce vin se fera.* **6** Être d'actualité. *Ce modèle ne se fait plus.* **7** Être conforme aux bons usages. *Cela ne se fait pas.* **D** Auxil. de mode. **1** Suivi d'un inf., marque que l'action est ordonnée par le sujet, mais non exécutée par lui. *Faire construire un pont. L'opium fait dormir.* **2** Permettre de. *Cela nous a fait patienter.* **3** Obliger à. *Je ne vous le fais pas dire.* **4** Employé comme substitut du verbe qui précède. *Il s'exprime mieux que vous ne le faites.* **LOC** fam ***Ce n'est ni fait ni à faire*** : c'est un très mauvais travail. — fam ***En faire des tonnes*** : insister lourdement, en raconter. — fam ***Faire avec*** : s'accommoder d'une situation, se résigner. — ***N'avoir que faire de*** : n'avoir aucun besoin de, ne faire aucun cas de. — ***Ne faire que*** : ne pas cesser de, ne pas faire autre chose que. — fam ***S'en faire*** : s'inquiéter. (ETY) Du lat.

**2 faire** *nm* **1** Action de faire. *Il y a loin du vouloir au faire.* **2** BX-A Manière d'exécuter une œuvre artistique. *Le faire d'un peintre.*

**faire-part** *nm inv* Lettre, billet, par lequel on annonce une nouvelle. *Faire-part de mariage.*

**faire-savoir** *nm inv* fam Habilité à vanter ses mérites, à diffuser certaines informations.

**faire-valoir** *nm inv* **1** Action de faire produire des revenus à une terre. *Le faire-valoir direct s'oppose au fermage et au métayage.* **2** Personne qui fait valoir qqn, qui met en valeur les actions ou le jeu de qqn.

**Fairfax** Thomas (Denton, 1612 – Nunappleton, Yorkshire, 1671), général anglais. Il vainquit Charles Ier à Naseby (1645), puis favorisa la restauration de Charles II Stuart.

**fair-play** *nm inv, a inv* Respect loyal des règles d'un jeu, d'un sport, des affaires. *Le fair-play veut qu'il s'incline. Il s'est montré très fair-play.* SYN (recommandé) franc-jeu. (PHO) [fɛʀplɛ] (ETY) Mot angl. (VAR) **fairplay**

**fairway** *nm* SPORT Partie d'un parcours de golf en herbe rase, entre le départ et le green. (PHO) [fɛʀwɛ] (ETY) Mot angl.

**Fairweather (mont)** pic de l'Alaska (4 663 m), à la frontière canadienne.

**faisable** *a* Qui peut se faire, qui n'est pas impossible. (PHO) [fəzabl] (DER) **faisabilité** *nf*

**Faisalabad** (anc. *Lyallpur*), ville du Pākistān, dans le Pendjab ; 1 100 000 hab.

**faisan, ane** *n* **A** Oiseau galliforme originaire d'Asie, aux longues plumes rectrices, dont le mâle, très coloré, mesure plus de 80 cm de long et la *faisane* ou *poule faisane* a le plumage brun terne. **B** *nm* fam Homme d'une probité douteuse, aigrefin. (PHO) [fəzɑ̃, an] (ETY) Du gr. *phasianos*, « (oiseau) du Phase », fleuve de Colchide.

**faisan**

**faisandé, ée** *a* **1** Qui s'est faisandé. *Gibier faisandé.* **2** fig Corrompu. *Système faisandé.*

**faisandeau** *nm* ZOOL Jeune faisan.

**faisander** *vt* ① En parlant du gibier, le laisser se mortifier un certain temps pour qu'il prenne un fumet spécial. (DER) **faisandage** *nm*

**faisanderie** *nf* CHASSE Lieu où l'on élève les faisans.

**Faisans (île des)** petite île de la Bidassoa où fut signé le traité des Pyrénées (1659).

**faisceau** *nm* **1** Assemblage d'objets oblongs liés ensemble. *Un faisceau de roseaux.* **2** ANTIQ ROM Paquets de verges liées autour d'une hache, que les licteurs portaient comme symbole de l'autorité des magistrats. **3** Emblème du fascisme italien. **4** Assemblage de fusils disposés crosse au sol et se soutenant mutuellement. *Former les faisceaux.* **5** ANAT Ensemble des fibres formant un muscle ou un nerf. **6** fig Ensemble dont les parties sont étroitement liées ou forment un tout homogène. *Un faisceau d'amitiés. Un faisceau de preuves.* **LOC** GEOM ***Faisceau harmonique*** : ensemble de quatre droites issues d'un même point, divisant harmoniquement toute sécante. — TELECOM ***Faisceau hertzien*** : liaison hertzienne entre deux stations. — BOT ***Faisceaux libéro-ligneux*** : ensemble des vaisseaux servant à la circulation de la sève. — PHYS ***Faisceau lumineux*** : ensemble de rayons lumineux issus d'une même source. (ETY) Du lat.

**faiseur, euse** *n* **A** Personne qui fabrique qqch. *Faiseur de phrases, d'embarras.* **B** *nm* péjor Homme qui fait l'important ; habile intrigant. **LOC** ***Bon faiseur*** : personne qui ne fabrique que des choses parfaites.

**faisselle** *nf* Ustensile pour faire égoutter les fromages frais. (ETY) Du lat. *fiscu*, « corbeille ».

**1 fait** *nm* **1** Action de faire. *Le fait de pleurer n'y changera rien. Prendre qqn sur le fait.* **2** DR Action qui produit un effet juridique. **3** Ce que l'on fait, ce que l'on a fait. *C'est le fait d'Untel. Surveiller les faits et gestes de qqn.* **4** Exploit. *Haut fait.* **5** Ce qui existe réellement. *S'appuyer sur des faits et non sur des suppositions.* **6** Ce qui arrive, est arrivé. *C'est un fait unique dans l'histoire. Rapporter des faits.* SYN évènement. **7** Essentiel d'un sujet. *En venir au fait.* **8** Ce qui revient à qqn, ce qui le concerne. *Dans cette succession, chacun a eu son fait.* **9** PHILO Donnée de l'expérience. **LOC** ***Au fait*** : à propos. — ***De fait, en fait, par le fait*** : véritablement, effectivement. — ***Dire son fait à qqn*** : lui dire ses vérités. — ***En fait de*** : en matière de. — ***Fait brut***, : qui s'impose comme un fait immédiat dû à la perception sensible. — ***Fait scientifique*** : : résultat de l'élaboration critique du fait brut. — ***Le fait du prince*** : décision politique arbitraire. — ***Fait de société*** : phénomène considéré comme particulièrement caractéristique d'une société à un moment donné. — ***Mettre au fait*** : mettre au courant. — ***Si fait*** : oui, assurément.

**2 fait, faite** *a* **1** Fabriqué. *Des vêtements faits sur mesure.* **2** Conforme de telle ou telle manière. *Cette femme est faite à ravir. Une tête bien faite.* **3** Réalisé, exécuté. *Aussitôt dit, aussitôt fait.* **4** Accompli. *Ce qui est fait est fait.* **5** Habitué, endurci à. *Fait à la fatigue.* **6** Qui est à maturité. *Un homme fait.* **7** À point pour être consommé. *Ce fromage est fait.* **8** fam Sur le point d'être découvert, arrêté. *Il m'a vu, je suis fait (comme un rat).* **LOC** fam ***C'est bien fait*** : c'est mérité.

**faîtage** *nm* CONSTR **1** Partie la plus élevée d'une charpente. **2** Arête supérieure d'une couverture. (VAR) **faitage**

**fait divers** *nm* **A** Information qui relate un évènement (crime, vol, accident, etc.) touchant des particuliers ; cet évènement lui-même. **B** *nm pl* Rubrique regroupant l'ensemble de ces évènements, dans un journal. *La page des faits divers.* (VAR) **fait-divers**

**fait-diversier** *nm* Journaliste spécialiste des faits divers. PLUR faits-diversiers.

**faîte** *nm* **1** Partie la plus élevée d'un bâtiment. *Le faîte d'une maison.* **2** Sommet, cime. *Le faîte d'une montagne, d'un arbre.* **3** fig Le plus haut degré de la gloire, des honneurs, etc. **LOC** GEOMORPH ***Ligne de faîte*** : ligne de crête. (ETY) Du lat. *fastigium*, « toit à deux pentes ». (VAR) **faite**

**faîteau** *nm* ARCHI Ornement placé aux extrémités d'un faîtage. (VAR) **faiteau**

**faîtier, ère** *a* Suisse Qui regroupe, chapeaute. *Bureau faîtier de renseignements.* (VAR) **faitier**

**faîtière** *nf* CONSTR Lucarne en haut d'un comble. **LOC** ***Tuile faîtière*** : tuile courbe recouvrant un faîtage. (VAR) **faitière**

**fait-tout** *nm inv* Récipient profond muni de deux anses et d'un couvercle, dans lequel on peut faire cuire toutes sortes d'aliments. (VAR) **faitout** *nm*

**Faivre** Abel (Lyon, 1867 – Nice, 1945), peintre et caricaturiste français. Il collabora aux magazines *l'Assiette au beurre* et *le Rire*.

**faix** *nm* **1** vx Charge, fardeau pesant. *Plier sous le faix.* **2** TECH Tassement dans une maison récemment construite. **3** MED Fœtus et ce qui l'accompagne. (ETY) Du lat.

**Faizant** Jacques (Loquebrou, Cantal, 1918 – Suresnes, 2006), dessinateur humoristique français.

**fajita** *nm* CUIS Au Mexique, galette de blé garnie de viande de bœuf. (PHO) [faʒita] ou [faxita]

**Fakhr ad-Din II** (?, 1572 – Istanbul, 1635), émir druze du Liban (1585-1633). Il réalisa l'unité du pays et protégea les chrétiens, mais les Ottomans le déposèrent (1613-1618), le vainquirent (1633) et l'exécutèrent.

**fakir** *nm* **1** Ascète musulman ou hindou se livrant à des mortifications publiques et vivant d'aumônes. **2** Homme qui se livre publiquement à des exercices et des tours de magie ; prestidigitateur. (ETY) De l'ar. *faqīr*, « pauvre ».

**Falachas** → **Falashas.**

**falafel** *nm* CUIS Petit beignet de pois chiches ; pita fourré de ces beignets et de légumes.

**falaise** *nf* **1** Côte abrupte et très élevée, dont la formation est due au travail de sape de la mer à la base d'une couche cohérente horizontale ou peu inclinée. **2** Abrupt, spécial. dans un relief de côte. (ETY) Du frq.

**Falaise** ch.-l. de cant. du Calvados (arr. de Caen), sur l'Ante ; 8 434 hab. – Nombr. monuments des XIe-XIIIe s. – Guillaume le Conquérant y serait né. – En juil. 1944, la ville fut ravagée. (DER) **falaisien, enne** *a, n*

**Falashas** population du N. de l'Éthiopie (leur nom, en amharique, signifie « séparé », « différent »). Professant un judaïsme archaïque, ils ont été reconnus comme juifs par le rabbinat d'Israël (1973), où certains ont émigré en 1985 et 1991. (VAR) **Falachas** (DER) **falasha** ou **falacha** *a*

**falbala** *nm* **A** anc Bande d'étoffe plissée au bas d'un rideau, d'une jupe. **B** *nm pl* Ornements prétentieux et de mauvais goût. *Une toilette à falbalas.* ETY Du provenç.

**falciforme** *a* ANAT Qui a la forme d'une faucille. *Ligament falciforme.* ETY Du lat.

**Falcon** Marie Cornélie (Paris, 1814 – id., 1897), cantatrice française, soprano.

**Falconet** Étienne (Paris, 1716 – id., 1791), sculpteur français : statue équestre de *Pierre le Grand* (Saint-Pétersbourg).

**falconidé** *nm* ZOOL Falconiforme dont la famille comprend les faucons et le gerfaut. ETY Du lat. *falco, falconis,* « faucon ».

**falconiforme** *nm* ZOOL Oiseau dont l'ordre réunit tous les rapaces diurnes. SYN occipitriforme.

**Falémé (la)** rivière navigable d'Afrique occid. (650 km), affl. du Sénégal ; frontière entre le Mali et le Sénégal.

**Faléries** anc. v. d'Étrurie (auj. *Civita Castellana*), près de Véies ; cap. des *Falisques*, que Rome soumit en 241 av. J.-C.

**falerne** *nm* Vin italien de Campanie. ETY D'un n. pr.

**Falguière** Alexandre (Toulouse, 1831 – Paris, 1900), sculpteur français classique.

**Faliero** famille de Venise qui donna plusieurs doges à la ville. — **Marino** (1274 – 1355), doge en 1354-1355, décapité. ▷ LITTER *Marino Faliero,* drame de Byron (1820). VAR **Falier**

**Falk** Adalbert (Metschkau, Silésie, 1827 – Hamm, 1900), homme politique allemand. Ministre (1872-1879) de l'Instruction publique de Bismarck, il appliqua le Kulturkampf.

**Falkenhayn** Erich von (Burg Belchau, 1861 – Schlosshindstedt, 1922), général allemand qui échoua devant Verdun (1916).

**Falkland (îles)** (en fr. *Malouines*, en esp. *Malvinas*), archipel de l'Atlantique Sud (à l'E. du détroit de Magellan), occupé par la G.-B. (dep. 1832) ; 11 718 km$^2$ ; 2 000 hab. ; ch.-l. *Port Stanley* (1 230 hab. ; 3 000 soldats brit.). Pêche et élevage ovin. – Les Argentins occupèrent en 1982 les Falkland, reprises par la G.-B.

**Falla** Manuel de (Cadix, 1876 – Alta Gracia, Argentine, 1946), compositeur espagnol : *la Vie brève* (opéra, 1905), *l'Amour sorcier* (ballet, 1915), *le Tricorne* (ballet, 1919).

Manuel de Falla

**fallacieux, euse** *a* litt **1** Trompeur, perfide. *Serments fallacieux.* **2** Spécieux. *Argument, raisonnement fallacieux.* ETY Du lat. DER **fallacieusement** *av*

**Fallada** Rudolf Ditzen, dit Hans (Greifswald, Mecklembourg, 1893 – Berlin, 1947), romancier allemand populiste.

**Fallières** Armand (Mézin, Lot-et-Garonne, 1841 – id., 1931), homme politique français ; élu président de la Rép. comme candidat des gauches contre Doumer (1906-1913).

**falloir** *v imp* 50 **1** Être nécessaire. *Il vous faut partir. Il faut que vous y alliez.* **2** Être bienséant. *Il ne faut pas montrer quelqu'un du doigt.* **3** Marque une probabilité. *Il faut qu'il soit fou pour refuser.* **4** Exprime la répétition. *Il faut toujours qu'il ergote.* **5** Exprime l'idée d'une fatalité. *Il a fallu qu'il pleuve ce jour-là.* **6** Au passé, exprime une condition non réalisée. *Il fallait vous dépêcher, vous l'auriez vu.* LOC fam *Comme il faut* : convenablement ; bien élevé. *Tiens-toi comme il faut. Des gens comme il faut.* — ***Il s'en est fallu de peu que*** ou ***peu s'en est fallu que*** : il a failli arriver que. — ***S'en falloir de*** : manquer. *Il s'en faut de 100 F que la somme y soit.* ETY Du lat.

**Fallope** Gabriele Fallopia ou Fallopio, dit en fr. Gabriel (Modène, 1523 – Padoue, 1562), médecin italien. Il étudia l'oreille interne et la trompe utérine (dite *de Fallope*).

**Fallot** Étienne Louis, dit Arthur (Sète, 1850 – Marseille, 1911), médecin légiste français. ▷ MED *Tétralogie et trilogie de Fallot* : nom de deux malformations cardiaques.

**Falloux** Frédéric (comte de) (Angers, 1811 – id., 1886), écrivain et homme politique français, un des chefs du parti cathol. libéral. Ministre de l'Instruction publique en 1848-1849, il prépara la loi Falloux, votée en 1850, qui autorisa l'enseignement libre. Acad. fr. (1856).

**1 falot** *nm* **1** Grosse lanterne, fanal. **2** arg Tribunal militaire. *Passer au falot.* ETY De l'ital. *falò*, du gr. *pharos*, « phare ».

**2 falot, ote** *a* Terne, effacé. *Un être falot.* ETY De l'angl *fellow*, « compagnon ».

**falsettiste** *nm* Chanteur spécialisé dans les voix de fausset. VAR **falsetto**

**falsifiable** *a* **1** Susceptible d'être falsifié. *Un document facilement falsifiable.* **2** LOG Se dit d'une hypothèse dont il est possible de démontrer la fausseté. DER **falsifiabilité** *nf*

**falsifier** *vt* 2 Altérer volontairement qqch dans l'intention de tromper, de frauder. *Falsifier du vin. Falsifier un contrat.* SYN dénaturer, contrefaire. ETY Du bas lat. DER **falsificateur, trice** *n* – **falsification** *nf*

**Falstaff** sir John (?, v. 1379 – Caister, 1459), capitaine anglais, gouverneur du Maine et de l'Anjou. ▷ LITTER Personnage truculent de 2 pièces de Shakespeare : *Henri IV* (1597-1598) et *les Joyeuses Commères de Windsor* (1600-1601). ▷ MUS *Falstaff* comédie lyrique en 3 actes de Verdi (1893), sur un livret d'Arrigo Boito (1842-1918). ▷ CINE *Falstaff* de et avec Orson Welles (1966).

**Falster** île danoise de la mer Baltique ; 514 km$^2$ ; ch.-l. *Nykøbing* ; 45 000 hab.

**falun** *nm* Sable très riche en coquilles fossiles du tertiaire (lamellibranches, gastéropodes, etc.), utilisé comme amendement calcique. PHO [falœ̃] ETY Mot provenç.

**Falun** v. de Suède ; ch.-l. de län ; 51 640 hab. Mines de cuivre. Industries.

**falzar** *nm* fam Pantalon.

**Famagouste** v. et port de pêche de la côte E. de Chypre ; ch.-l. du distr. du même nom ; 44 200 hab. – Églises goth. (XIII$^e$-XIV$^e$ s.).

**famé, ée** *a* LOC ***Mal famé*** ou ***malfamé*** : se dit d'un lieu qui a mauvaise réputation. ETY Du lat.

**Fameck** ch.-l. de cant. de la Moselle (arr. de Thionville-Ouest) ; 12 635 hab. Aciéries. DER **fameckois, oise** *a, n*

**famélique** *a* **1** Qui n'assouvit pas sa faim. *Des animaux faméliques.* **2** Maigre, émacié. *Visage famélique.* ETY Du lat. *fames*, « faim ».

**Famenne (la)** petit pays de l'Ardenne belge, entre la Lesse et l'Ourthe.

**fameusement** *av* fam Extrêmement. *C'est fameusement bon.* SYN rudement, très.

**fameux, euse** *a* **1** Renommé, célèbre. *Des héros fameux.* **2** Dont on a beaucoup parlé. *C'est le fameux chemin où nous sommes tombés en panne.* **3** fam Excellent, parfait. *Ce vin est fameux.* **4** fam Très grand, remarquable. *C'est un fameux imbécile.* LOC fam ***Pas fameux*** : médiocre.

**familial, ale** *a, nf* **A** *a* Relatif à la famille. *Allocations familiales.* PLUR familiaux. **B** *nf* Automobile de tourisme de six à huit places. DER **familialement** *av*

**familialisme** *nm* Exaltation idéologique de la famille considérée comme une structure fondamentale de la société. DER **familialiste** *a, n*

**familiariser** *vt* 1 Rendre familier à qqn, accoutumer. *Familiariser qqn avec le travail. Il se familiarise avec tout le monde.* ETY Du lat. DER **familiarisation** *av*

**familiarité** *nf* **A 1** Manière simple, familière, de se comporter. *Traiter qqn avec familiarité.* SYN intimité. **2** Manière de s'exprimer qui a le ton simple de la conversation ordinaire. *Familiarité du style.* **B** *nf pl* Façons très ou trop familières. *Se permettre des familiarités déplacées.*

**familier, ère** *a, n* **A** *a* **1** Qui fait partie de la famille. **2** Qui se comporte librement, sans façons avec qqn. *Être familier avec qqn.* **3** Qui se dit, se fait sans façons, sans gêne. *Discours, langage familier.* **4** péjor Qui manque de déférence. *Manières un peu familières.* SYN irrespectueux, désinvolte. **5** Que l'on connaît bien, que l'on utilise couramment. *Ce terme lui est familier.* SYN ordinaire, habituel. **6** Qui rappelle qqch ou qqn que l'on connaît. *Ce visage m'est familier.* **7** Se dit d'un animal qui vit en compagnie de l'homme. **B** *n* Personne qui vit dans l'intimité d'une autre, la fréquente assidûment. *C'est un familier de la maison.* DER **familièrement** *av*

**familistère** *nm* **1** Dans le système de Fourier, communauté réunissant plusieurs familles. **2** Entreprise organisée en coopérative ouvrière de production dans plusieurs régions françaises.

**famille** *nf* **1** Ensemble de personnes formé par le père, la mère et les enfants. *Chef de famille.* **2** Ensemble de toutes les personnes ayant un lien de parenté. *Réunir toute la famille. Avoir un air de famille.* **3** Ensemble des enfants issus d'un mariage. *Famille nombreuse. Soutien de famille.* **4** Lignée, descendance. *Famille royale. Jeune fille de bonne famille.* **5** Ensemble formé de choses ou d'êtres présentant des points communs. *Famille de mots. Famille d'esprit.* **6** CHIM Ensemble d'éléments ayant des propriétés voisines. *Famille des halogènes.* **7** BIOL Unité systématique, moins importante que l'ordre et plus importante que le genre, dont le nom dérive général. du genre type. *Genre Rosa, famille des rosacées.* LOC ***Famille de courbes*** : qui se déduisent les unes des autres par modification d'un paramètre. — MATH ***Famille d'éléments indexée*** : application faisant correspondre un ensemble d'éléments *x* à un ensemble d'indices *i*. — PHYS NUCL ***Famille radioactive*** : ensemble des éléments dérivant d'un même élément par désintégration radioactive. ETY Du lat.

**Famille (pacte de)** traité d'alliance négocié par Choiseul (1761) entre les Bourbons de France, d'Espagne, de Naples et de Parme contre l'Angleterre.

**Famille Fenouillard (la)** album (1889-1893) de Christophe, qui annonce la BD.

**famine** *nf* Disette de vivres dans un pays, une ville. *Prendre une ville par la famine.* LOC ***Salaire de famine*** : très bas. ETY Du lat.

**Famine (pacte de)** nom donné par l'opinion au contrat conclu en 1765, par le contrôleur général des Finances avec des spéculateurs en blé. V. Farines (guerre des.)

**fan** *n, a* fam Admirateur enthousiaste. PHO [fan] ETY Mot angl. de *fanatic*.

**fana** *a, n* fam Fanatique.

**fanal** *nm* **1** Grosse lanterne portative ou fixe, servant à baliser, à signaler la présence d'un véhicule, d'un navire, d'un individu, ou à éclairer sa marche. PLUR fanaux. **2 Afrique** Au Sénégal, carnaval avec défilés de lanternes en papier qui a lieu entre Noël et le jour de l'an. PLUR fanals. (ETY) Du gr.

**fanatique** *a, n* **1** Animé d'une exaltation outrée et intransigeante. *Les partisans fanatiques de telle tendance politique.* **2** Qualifie une passion, un sentiment, un comportement excessif. *Amour fanatique. Un fanatique de cinéma.* (ETY) Du lat. *fanaticus,* « en délire ». (DER) **fanatiquement** *av*

**fanatiser** *vt* ① Rendre fanatique. *Ses discours fanatisent les foules.* (DER) **fanatisation** *nf*

**fanatisme** *nm* Zèle, enthousiasme excessif, exalté. *Fanatisme religieux.*

**fan-club** *nm* Association des fans d'une vedette. PLUR fan-clubs. (PHO) [fanklœb] (ETY) Mot angl.

**fandango** *nm* Danse populaire andalouse, exécutée au son de la guitare et des castagnettes ; air de cette danse. (ETY) Mot esp.

**fane** *nf* Feuille ou tige feuillue de certaines plantes herbacées dont une autre partie est consommée. *Fanes de carottes.*

**fané, ée** *a* **1** Flétri. *Jeter des fleurs fanées.* **2 fig** Ridé. **3** Passé, décoloré. *Couleur fanée.*

**faner** *vt* ① **1** AGRIC Épandre et retourner l'herbe coupée pour qu'elle sèche. *Faner de la luzerne.* **2** Détruire la fraîcheur d'une plante. *La sècheresse a fané la végétation.* SYN flétrir. **3 fig** Altérer l'éclat de. *La fatigue a fané son beau visage.* (ETY) Du lat. *fenum,* « foin ». (DER) **fanage** *nm*

**faneur, euse** *n* **A** *n* Personne qui fane. **B** *nf* AGRIC Machine servant à faner.

**Fanfani** Amintore (Pieve San Stefano, Arezzo, 1908 – Rome, 1999), homme politique italien ; démocrate chrétien ; plusieurs fois président du Conseil entre 1958 et 1987.

**Fanfan la Tulipe** héros d'une chanson populaire de 1819. ▷ CINE Film de Christian-Jaque (1951), avec G. Philipe et G. Lollobrigida.

**fanfare** *nf* **1** Air généralement vif et entraînant exécuté par des instruments de cuivre. **2** Orchestre de cuivres et de percussions exécutant de tels airs. **LOC fam** ***Un réveil en fanfare :*** brutal. (ETY) Formation onomat.

**fanfaron, onne** *a, n* Se dit d'une personne qui exalte exagérément sa valeur, sa bravoure, ses mérites ; vantard. (DER) **fanfaronner** *vi* ① – **fanfaronnade** *nf*

**fanfreluche** *nf* **péjor** Ornement frivole et de peu de valeur. (ETY) Du gr. *pompholux,* « bulle d'air ».

**Fangataufa** atoll de la Polynésie française (îles Tuamotu), au S. de Mururoa, site d'explosions nucléaires françaises (1968-1996).

**fange** *nf* **1 litt** Boue, bourbe sale. **2 fig** Ce qui souille, avilit. *Son nom fut traîné dans la fange.* (ETY) Du corse. (DER) **fangeux, euse** *a*

**Fangio** au volant d'une Alfa-Roméo

**Fangio** Juan Manuel (Balcarce, 1911 – Buenos Aires, 1995), coureur automobile argentin, champion du monde (1951, 1954 à 1957).

**fangothérapie** *nf* MED Traitement par les bains de boue.

**Fangs** peuple bantou du Gabon, de la Guinée équat. et du Cameroun (mérid.). L'art des Fangs est princ. représenté par des statuettes figurant des ancêtres en méditation. (VAR) **Pahouins** (DER) **fang** ou **pahouin** *a*

**Henri Fantin-Latour** *Nature morte* – fondation Gulbenkian, Lisbonne

**fanion** *nm* Petit drapeau.

**Fan Kuan** (actif vers l'an 1000), peintre chinois, auteur de paysages austères et sublimes.

**fanny** *a inv* **fam** À la pétanque, se dit d'un concurrent battu sans avoir marqué.

**Fano** v. d'Italie (prov. de Pesaro-et-Urbino), sur l'Adriatique ; 52 260 hab.

**fanon** *nm* **1** LITURG CATHOL Chacune des deux bandes d'étoffes fixées à l'arrière de la mitre épiscopale. **2** Peau pendant sous le cou de certains animaux (bœuf, chien, etc.). **3** Chacune des lames cornées du palais des mysticètes, servant à filtrer le plancton. (ETY) Du frq.

**Fanon** Frantz (Fort-de-France, 1925 – Bethesda, Maryland, 1961), psychiatre martiniquais ; théoricien révolutionnaire : *les Damnés de la terre* (1961).

**fantaisie** *nf* **1** Originalité dans le comportement qui dénote un caractère imaginatif. *Cette vie manque de fantaisie.* ANT banalité, monotonie. **2** Pensée, idée, goût capricieux. *Il faudrait satisfaire toutes ses fantaisies.* SYN extravagance, lubie. **3** Humeur, goût propre à qqn. *Vivre, juger selon sa fantaisie.* **4** Objet généralement dépourvu d'utilité et de valeur mais qui plaît par son originalité. *Un bijou fantaisie.* **5** Œuvre d'imagination. **6** MUS Composition de forme libre. *Fantaisie pour violon.* (ETY) Du gr. *phantasia,* « apparition ».

**fantaisiste** *a, n* **A** Qui vit à sa guise, de façon originale. SYN original, farfelu. **B** *a* Qui n'est pas sérieux. *Information, interprétation fantaisiste.* SYN faux. **C** *n* Artiste de music-hall qui présente un numéro comique.

**fantasia** *nf* Chez les Arabes, sorte de carrousel au cours duquel les cavaliers s'élancent au galop en tirant des coups de fusil. (ETY) De l'ar.

**fantasmagorie** *nf* **1 anc** Spectacle consistant à faire apparaître des fantômes par illusion d'optique. **2 mod, litt** Spectacle étrange, fantastique. **3** Abus d'effets fantastiques ou surnaturels. (ETY) Du gr. (DER) **fantasmagorique** *a*

**fantasme** *nm* **1** PSYCHAN Ensemble de représentations imagées mettant en scène le sujet et traduisant, à travers les déformations de la censure imposée par le surmoi, les désirs inconscients de celui qui l'élabore. **2** Représentation imaginaire de la réalisation d'un désir, qui ne tient pas compte de la réalité. (ETY) Du gr. *phantasma,* « vision ». (VAR) **phantasme** vx (DER) **fantasmatique** *a* – **fantasmer** *vi*

**fantasque** *a* **1** Sujet à des sautes d'humeur, à des fantaisies bizarres. *Caractère fantasque.* **2 litt** Bizarre, extraordinaire dans son genre. *Opinion fantasque.*

**fantassin** *nm* Soldat d'infanterie. (ETY) De l'ital.

**fantastique** *a, nm sing* **A** *a* **1** Né de l'imagination, irréel. *Une vision fantastique.* **2** Bizarre, surnaturel. *Une histoire fantastique.* **3** Qui sort de l'ordinaire, incroyable. *Le spectacle fantastique d'un volcan en éruption. Ce qui m'arrive est fantastique.* **B** *nm sing* Ce qui est fantastique. (ETY) Du gr. *phantastikos,* « qui concerne l'imagination ». (DER) **fantastiquement** *av*

(ENC) La littérature fantastique se caractérise par l'irruption de l'insolite dans le champ du réel. En France, aux légendes que le Moyen Âge exalte à l'aide du *merveilleux* et aux contes du XVII^e^ siècle (Perrault) succèdent, au XVIII^e^ s., peu d'œuvres fantastiques (*le Diable amoureux* de Cazotte, 1772). L'épanouissement du genre est contemporain du romantisme : en Angleterre et en Irlande, avec le roman noir (Walpole, Radcliffe, Maturin, Lewis, Mary Shelley) ; en Allemagne, avec les contes d'Hoffmann et d'Arnim. Bientôt, toute la littérature occidentale est gagnée par le fantastique : en France, Nodier, Nerval et Maupassant (ainsi que Balzac, pour quelques œuvres) ; en Russie, Gogol et Pouchkine ; aux É.-U., Poe et Hawthorne. Au XX^e^ siècle, le fantastique revêt souvent la forme de la science-fiction (Ray Bradbury, Lovecraft) ; en outre, il inspire largement l'art cinématographique (V. expressionnisme).
La variété des thèmes fantastiques ressortit au versant nocturne des choses, sous-jacent à la plupart des représentations : les monstres (bestiaires du Moyen Âge, Bosch, etc.), les scènes oniriques (Füssli, Redon, Ensor, Kubin, De Chirico, Delvaux, Dalí), les lieux d'ombre et de ténèbres (Monsu Desiderio, Piranèse, Goya, les dessins de V. Hugo).

**Fante** John (Boulder, 1909 – Malibu, 1983), romancier américain : *Bandini* (1938), *Mon chien stupide* (1985).

**Fantine** personnage du roman de Victor Hugo dans *les Misérables* (1862), mère de Cosette.

**Fantin-Latour** Henri (Grenoble, 1836 – Buré, Orne, 1904), peintre français, au réalisme intimiste : *le Coin de table* (1872).

**fantoche** *nm* **1** Marionnette. **2 fig** Personne sans personnalité qui se laisse manœuvrer et qu'on ne prend pas au sérieux. *Un gouvernement fantoche.* (ETY) De l'ital. *fantuccio,* « marionnette ».

**Fantômas** héros d'un feuilleton policier, *les Aventures de Fantômas* (1911-1914) de Pierre Souvestre et Marcel Allain. ▷ CINE Films de : L. Feuillade (1913-1914) ; Paul Fejos, en 1932 ; André Hunebelle, en 1964-1966.

**fantomatique** *a* Qui a l'apparence d'un fantôme. DER **fantomatiquement** *av*

**fantôme** *nm* **1** Apparition surnaturelle d'un défunt, spectre. **2 fig** Apparence vaine, sans réalité. *C'est un fantôme de roi. Jouir d'un fantôme de liberté.* SYN simulacre. **3** TECH Marque laissée sur un rayon de bibliothèque à la place d'un document sorti. **LOC** MED ***Membre fantôme*** **:** chez l'amputé, membre absent perçu comme toujours présent et parfois siège de fortes douleurs, phénomène neurologique habituel. ETY Du gr.

**fanzine** *n* Magazine imprimé le plus souvent de façon artisanale, à faible tirage et de périodicité variable, consacré à la bande dessinée. ETY Mot amér., de *fan,* et *magazine.*

**FAO** sigle de *Food and Agriculture Organization,* « Organisation des Nations unies pour l'alimentation et l'agriculture », créée en 1945 par l'ONU pour vaincre la faim dans le monde. Son siège est à Rome.

**faon** *nm* Petit du cerf, du chevreuil ou du daim. PHO [fɑ̃] ETY Du lat. *feto,* « petit d'animal ».

**FAQ** *nf* Sur Internet, liste de questions/réponses couramment rencontrées à propos d'un sujet précis. ETY Acronyme de « *foire aux questions* », adapté de l'angl. *frequently asked questions,* « questions fréquemment posées ».

**faquin** *nm* **litt** Individu méprisable. *Vil faquin.* SYN coquin, maraud. ETY Du néerl.

**far** *nm* CUIS Sorte de flan aux pruneaux. *Far breton.* ETY Du lat. *far,* « blé ».

**Farabi Abu Nasr Al-** (près de Fārāb, Turkestan, 872 – Damas, 950), philosophe arabe. Commentateur de Platon et d'Aristote, il influença Avicenne et Averroès.

**farad** *nm* PHYS Unité de capacité électrique du système SI (symbole F). *Le farad est la capacité d'un condensateur qui possède une charge de 1 coulomb pour une différence de potentiel de 1 volt entre ses armatures.* ETY Du physicien *Faraday.*

**faraday** *nm* PHYS Charge électrique, d'une valeur de 96 486 coulombs, transportée par chaque mole d'ion monovalent dans l'électrolyse. PHO [faʀadɛ] ETY Du n. pr.

**Faraday Michael** (Newington, Surrey, 1791 – Hampton Court, 1867), physicien et chimiste anglais. Il découvrit l'induction électromagnétique, étudia l'électrolyse et liquéfia des gaz. ▷ PHYS *Cage de Faraday* : enceinte métallique qui protège des appareils contre des champs électriques extérieurs. DER **faradique** *a*

Michael Faraday

**faramineux, euse** *a* **fam** Extraordinaire, fantastique. ETY Du bas lat. *feramen,* « bête sauvage ». VAR **pharamineux** *vx*

**farandole** *nf* Danse provençale sur un rythme à 6/8, dans laquelle les danseurs forment une chaîne en se tenant par la main ; air de cette danse. ETY Du provenç.

**farani** *a, n* **Polynésie** Européen récemment installé en Polynésie.

**faraud, aude** *a, n* **rég** Fat et fanfaron. *Être tout faraud.* ETY Du provenç. *faraut,* altér. de *héraut.*

**Farazdaq Al-** (Bassora, Irak, v. 640 – id., v. 730), poète arabe, rattaché à la tradition bédouine. Son *diwan* renferme 7 630 vers.

**1 farce** *nf* Hachis de viandes, d'épices, etc., servant à farcir. ETY Du lat.

**2 farce** *nf* **1** LITTER Pièce de théâtre bouffonne. **2** Comique bas et grossier. *Cet auteur tombe souvent dans la farce.* **3** Tromperie amusante faite par plaisanterie. *Faire une farce à qqn.* SYN tour. ETY De *farce 1.*

**farceur, euse** *n, a* **1** Personne qui aime plaisanter, faire des farces, jouer des tours. SYN plaisantin. **2** Personne peu sérieuse sur laquelle on ne peut compter. *Votre homme d'affaires me semble un sinistre farceur.*

**farci, ie** *a, nm* CUIS Se dit d'un plat rempli de farce. *Dinde farcie. Un farci aux pruneaux.*

**farcin** *nm* MED, VET Manifestation cutanée de la morve. ETY Du lat. *farcimen,* « farce ».

**farcir** *v* 3 **A** *vt* **1** Remplir de farce. *Farcir une volaille, des aubergines.* **2 fig, péjor** Bourrer, remplir avec excès. *Farcir un discours de citations.* **B** *vpr* **fam** Supporter, endurer. *J'ai dû me farcir cet énergumène.*

**fard** *nm* Composition cosmétique destinée à embellir le teint. **LOC** ***Parler sans fard*** **:** sans feinte. — **fam** ***Piquer un fard*** **:** rougir subitement.

**fardage** *nm* COMM Action de farder une marchandise.

**farde** *nf* **Belgique** **1** Dossier, classeur. **2** Cahier de copies non broché. **3** Emballage destiné à contenir plusieurs pièces. *Une farde de cigarettes.*

**fardeau** *nm* Lourde charge. *Soulever un fardeau.* ETY De l'ar.

**fardelage** *nm* COMM, TECH Groupage de petits paquets sous forme de lots emballés.

**farder** *v* 1 **1** Mettre du fard à. *Farder son visage. Se farder outrageusement.* **2 fig** Déguiser, dissimuler pour embellir. *Farder la vérité.* **3** COMM Dissimuler des produits défectueux sous des produits de bonne qualité pour tromper l'acheteur. ETY Du frq. *farwidhon,* « teindre ».

**fardier** *nm* **anc** Chariot à petites roues servant au transport de lourdes charges.

le **fardier** de Cugnot, première expérience dans la cour de l'Arsenal

**fardoches** *nf pl* **Canada** Broussailles.

**faré** *nm* **Polynésie** Maison traditionnelle, case.

**Fareham** v. et port de G.-B. (Hampshire) ; 111 500 hab.

**Farel Guillaume** (Les Fareaux, com. de Gap, 1489 – Neuchâtel, 1565), réformateur français. Réfugié à Bâle (1523), il fonda l'Église réformée de Genève (1535) et fit appel à Calvin (1536) ; expulsés (1538), ils regagnèrent Genève en 1541 ; Farel se retira à Neuchâtel.

**Faremoutiers** com. de Seine-et-Marne (arr. de Meaux) ; 2 491 hab. – Abbaye de bénédictines fondée au VII^e s. par sainte Fare.

**Farès Nabile** (Collo, 1940), écrivain algérien d'expression française : *Un passager de l'Occident* (1971), *la Découverte du Nouveau Monde* (3 vol., 1972-1976), *l'État perdu* (1982).

**Faret Nicolas** (Bourg-en-Bresse, v. 1596 – Paris, 1646), poète et moraliste français ; co-rédacteur en 1634 des statuts de l'Acad. fr.

**Farewell** (en danois *Farvel*), cap situé à l'extrémité S. du Groenland.

**farfadet** *nm* Esprit follet, lutin. ETY Mot provenç., de *fado,* « fée ».

**farfelu, ue** *a, n* **fam** D'une fantaisie un peu extravagante et folle. *Une farfelue sympathique.*

**farfouiller** *vi* 1 **fam** Fouiller en bouleversant tout. *Farfouiller dans un tiroir.*

**Fargue Léon-Paul** (Paris, 1876 – id., 1947), poète français : *le Piéton de Paris* (1939).

**fargues** *nm pl* MAR Petits bordages s'élevant au-dessus des plats-bords d'une embarcation et dans lesquels sont fixées les dames. ETY Du lat.

**Farhadi Asghar** (Khomein Shahr près d'Ispahan, 1972), réalisateur iranien : *Une séparation* (2011).

**fariboles** *nf pl* Propos, choses frivoles. *Dire des fariboles.* SYN balivernes.

**farigoule** *nf* **rég** Thym. ETY Du lat.

**Farina Jean-Marie** (Crana, prov. de Novare, 1685 – Cologne, 1766), chimiste italien. Il mit au point et fabriqua l'*eau de Cologne.*

**farinacé, ée** *a* Qui a l'apparence ou la nature de la farine.

**farine** *nf* **1** Poudre résultant du broyage de graines de céréales ou de divers autres végétaux. *Farine de blé, de moutarde.* **2** Farine de froment. *Un sac de farine.* **LOC** ***Farine animale*** **:** aliment pour le bétail obtenu à partir des produits de l'équarrissage. — **fam** ***Se faire rouler dans la farine*** **:** être trompé dans une affaire. ETY Du lat.

**Farinelli Carlo Broschi,** dit (Naples, 1705 – Bologne, 1782), chanteur italien (castrat) ; l'un des plus célèbres sopranos de son temps.

**fariner** *v* 1 **A** *vt* Poudrer de farine. **B** *vi* Prendre un aspect farineux. *Dartre qui farine.*

**Farines (guerre des)** ensemble d'émeutes dues à l'augmentation du prix du blé (1775). Turgot les réprima sévèrement.

**farineux, euse** *a, nm* **A** Qui contient de la fécule. *Les fèves, le riz sont des aliments farineux. N'abusez pas des farineux.* **B** *a* **1** Qui a l'aspect, la texture, le goût de la farine. *Une pomme farineuse.* **2** Qui est ou qui semble couvert de farine. *Peau farineuse.*

**fario** *nf* Truite de rivière à points rouges.

**farlouche** *nf* **Canada** Garniture de tarte à base de mélasse, de cassonade, de sirop d'érable.

**farlouse** *nf* Pipit à plumage gris olive, courant en Europe, appelé aussi *pipit des prés* et *pipit farlouse.*

**Farman Henri** (Paris, 1874 – id., 1958) et son frère **Maurice** (Paris, 1877 – id., 1964), aviateurs et constructeurs d'avions français.

**Farnborough** ville de G.-B. (Hampshire) ; 50 000 hab. – Exposition aéronautique bisannuelle. – Tombeau de Napoléon III.

**Farnèse** maison princière d'Italie, originaire de Toscane. — **Pier Luigi** (v. 1490 – Plaisance, 1547), fils du pape Paul III (Alexandre Farnèse), reçut de lui les duchés de Plaisance et de Parme ; il fut assassiné. — **Alessandro** (Rome, 1545 – Saint-Vaast, près d'Arras, 1592), petit-fils du préc., duc de Parme ; gouverneur des Pays-Bas esp. (1581-1585), il évita leur sécession. Il servit ensuite les catholiques français contre Henri IV.

**Farnèse (palais)** palais construit à Rome pour le cardinal Farnèse (le futur pape Paul III) par Michel-Ange (en partie), siège de l'ambassade de France dep. 1874. ▶ illustr. p. 600

**Farnésine (villa)** palais de Rome (1505-1511) qui appartint aux Farnèse.

**farniente** *nm* Douce oisiveté. PHO [farnjente] ou [farnjɑ̃t] ETY Mot ital.

**faro** *nm* Bière fabriquée en Belgique avec du malt d'orge et du froment. ETY Mot wallon.

**Faro** v. et port du Portugal, sur l'Atlantique ; ch.-l. du distr. du m. nom et cap. de la Région d'Algarve ; 27 970 hab. Tourisme. – Évêché.

**Faron (mont)** mont abrupt qui domine Toulon ; 542 m.

**farouche** *a* **1** Qui s'enfuit quand on l'approche. *Animal farouche.* **2** Peu sociable, méfiant. *Un enfant farouche.* SYN sauvage. **3** Fier et ardent. *Caractère, cœur farouche.* **4** Cruel, implacable. *Une haine farouche. Un tyran farouche.* ETY Du bas lat. *forasticus,* « sauvage ». DER **farouchement** *av*

**Farouk I$^{er}$** (Le Caire, 1920 – Rome, 1965), roi d'Égypte (1936-1952), fils et successeur de Fouad I$^{er}$ ; déposé par les « officiers libres ». VAR **Faruq I$^{er}$**

**Farquhar George** (Londonderry, Irlande, 1678 – Londres, 1707), auteur dramatique anglais : *le Sergent recruteur* (1706).

**Farragut David Glasgow** (près de Knoxville, Tennessee, 1801 – Portsmouth, New Hampshire, 1870), amiral américain ; nordiste pendant la guerre de Sécession.

**Farrebique** film (1945) du Français Georges Rouquier (1909 – 1989), qui en donna une suite, *Biquefarre* (1983).

**Farrell James Thomas** (Chicago, 1904 – New York, 1979), romancier américain : *Studs Lonigan* (trilogie, 1932-1935).

**Farrell Suzanne Fieker,** dite **Suzanne** (Cincinnati, 1945), danseuse américaine. Elle travailla notamment avec Balanchine.

**Farrère Frédéric Bargone,** dit **Claude** (Lyon, 1876 – Paris, 1957), officier de marine et romancier français : *les Civilisés* (1906), *la Bataille* (1909). Acad. fr. (1935).

**Fars** prov. d'Iran, à l'O. du Khūzistān et en bordure du golfe Persique ; 133 000 km$^2$ ; 3 200 000 hab. ; cap. *Chirāz.* Élevage. Tapis. – Berceau des dynasties achéménide et sassanide, et du farsi (langue off. de la Perse puis de l'Iran). Nombr. sites archéol. (Persépolis, Pasargades, Chirāz). DER **farsi, ie** *a, n*

**Farsan (îles)** petit archipel du S. de l'Arabie Saoudite. Pétrole. VAR **Farasan**

**farsi** LING Persan.

**fart** *nm* Matière dont on enduit la semelle des skis pour les rendre plus glissants, en les empêchant d'adhérer à la neige. ETY Mot norvég. DER **fartage** *nm* – **farter** *vt* 1

**Faruq I$^{er}$ → Farouk I$^{er}$.**

**Far West** immenses étendues herbeuses des É.-U., à l'O. du Mississippi, colonisées au XIX$^{e}$ s. (Au fig., désigne un endroit où règnent l'anarchie et la loi du plus fort.)

façade du palais **Farnèse**

**fasce** *nf* HERALD Pièce qui coupe l'écu par le milieu et en occupe le tiers horizontalement. ETY Du lat. *fascia,* « bande ».

**fascia** *nm* MED Membrane conjonctive qui enveloppe muscles et organes. ETY Mot lat., « bande ».

**fasciathérapie** *nf* MED Thérapie manuelle destinée à rétablir une bonne irrigation sanguine des muscles en relâchant leurs fascias.

**fasciation** *nf* BOT Aplatissement tératologique des rameaux d'une plante, s'accompagnant d'une diminution de la croissance en longueur.

**fascicule** *nm* **1** Petite brochure. **2** Partie d'un ouvrage publié par livraisons. *Encyclopédie qui paraît par fascicules.* ETY Du lat. *fasciculus,* « petit paquet ».

**fasciculé, ée** *a* didac Disposé en faisceaux. LOC ARCHI ***Colonne fasciculée :*** composée d'un faisceau de petites colonnes. — BOT ***Racines fasciculées :*** qui sont formées de nombreuses racines fines.

**fascié, ée** *a* **1** ZOOL Marqué de bandes. *Coquille fasciée.* **2** BOT Atteint de fasciation.

**fasciite** *nf* Inflammation grave des fascias, due au streptocoque.

**fascine** *nf* Fagot de branchages fortement liés, utilisé pour des travaux de fortification ou de terrassement. ETY Du lat.

**fasciner** *vt* 1 **1** Immobiliser par la seule force du regard. *La vipère passait pour fasciner les oiseaux.* **2** fig Attirer irrésistiblement le regard de ; charmer, éblouir. *Cette grande poupée fascinait toutes les fillettes.* ETY Du lat. *fascinum,* « charme ». DER **fascinant, ante** ou **fascinateur, trice** *a* – **fascination** *nf*

**fascisant, ante** *a* Qui manifeste des tendances au fascisme. *Groupuscule fascisant.*

**fasciser** *vt* 1 Rendre fasciste. DER **fascisation** *nf*

**fascisme** *nm* **1** Doctrine du parti fondé par B. Mussolini (nationalisme, culte du chef, militarisme) ; régime politique totalitaire que ce parti instaura en Italie en 1922. **2** Doctrine ou système politique qui se réclame du modèle mussolinien. **3** péjor Négation de la démocratie. PHO [faʃism] ou [fasism] ETY De l'ital. *fascio,* « faisceau (des licteurs romains) ». DER **fasciste** *n, a*

ENC En Italie, une grave crise politique et économique succéda à la Première Guerre mondiale. Le 23 mars 1919, Mussolini créa le premier Faisceau de combat. D'abord, ces « chemises noires » se rendirent impopulaires par leurs violences contre les coopératives agricoles, les socialistes, les grévistes, mais aussi contre la droite. Comme la crise s'aggravait, les Faisceaux montraient une décision qui exerça une attraction grandissante sur une partie de la petite bourgeoisie, et surtout sur l'armée et la police. En nov. 1921, Mussolini regroupa les Faisceaux en un parti national fasciste (plus de 300 000 membres), qui s'affirmait comme le meilleur rempart contre le communisme (le PCI avait été fondé en janvier) et qui avait renoncé aux revendications sociales des débuts. En 1922, les fascistes brisèrent une grève générale. Le 28 oct., Mussolini organisa une marche sur Rome. Celle-ci ne fut qu'un demi-succès, mais Victor-Emmanuel III, sous la pression notam. du grand patronat, demanda à Mussolini de former un gouvernement (4 ministres fascistes, 10 non-fascistes). Le 25 nov., la Chambre lui accorda les pleins pouvoirs et, progressivement, il instaura un régime totalitaire, proclamé le 3 janv. 1925, qui reposait sur quelques principes : culte du chef (Mussolini, le *Duce,* « le guide ») ; primauté du parti fasciste, consensus de la nation, soumise à une intense propagande politique nataliste favorisant la natalité et les « batailles économiques » ; conquêtes en Éthiopie (1935) et en Albanie (1939). Mussolini suivit Hitler dans la guerre mondiale en juin 1940 ; il subit de graves défaites, notam. en Afrique. Il fut évincé du pouvoir en juil. 1943 ; incarcéré puis libéré par les All., il installa dans le N. de l'Italie une République sociale italienne fantoche, dite « de Salo » (1943-1944). Sa défaite, son exécution marquèrent la fin du fascisme en Italie, mais la violence fasciste avait inauguré un « modèle de droite populaire » imité peu après 1922 (Portugal, Espagne, etc.) et repris après 1945 (dans le tiers monde).

**faseyer** *vi* 1 MAR Battre, en parlant d'une voile qui reçoit mal le vent. SYN ralinguer. PHO [faseje] ETY Du néerl. *vaselen,* « agiter ».

**fashion victime** *n* fam Consommateur très soucieux de la dernière mode. PLUR fashion victimes. PHO [faʃjɔnviktim] ETY Mots angl.

**Fassbinder Rainer Werner** (Bad Wörishofen, 1945 – Munich, 1982), cinéaste allemand (et dramaturge) : *le Droit du plus fort* (1975), *le Mariage de Maria Braun* (1978), *Lili Marleen* (1980), *Querelle* (1982).

**fassi → Fès.**

**1 faste** *nm sing* Pompe, magnificence, déploiement de luxe. *Le faste de la cour de Louis XIV.* ETY Du lat. *fastus,* « orgueil ».

**2 faste** *a* **1** Favorable, heureux. *Une période faste.* ANT néfaste. **2** ANTIQ ROM Se dit d'un jour où il était permis de s'occuper des affaires publiques, les auspices étant favorables. ETY Du lat. *favere,* « être favorable ».

**fast-food** *nm* **1** Restaurant où l'on peut acheter, pour les consommer sur place ou pour les emporter, des aliments préemballés. **2** Restauration proposée par ce type d'établissement. SYN (recommandé) restauration rapide. PLUR fast-foods. PHO [fastfud] ETY Mot amér., de *fast,* « rapide », et *food,* « nourriture ». VAR **fastfood**

**fastidieux, euse** *a* Ennuyeux, qui lasse. *Quel travail fastidieux !* ETY Du lat. *fastidium,* « dégoût ». DER **fastidieusement** *av*

**fastigié, ée** *a* BOT Dont les rameaux sont dirigés vers le haut (peuplier d'Italie, cyprès, par ex.). ETY Du bas lat. *fastigium,* « faîte ».

**Fastnet** îlot au SO de l'Irlande, célèbre par une compétition de yachting.

**fastoche** *a* fam Facile.

**fastueux, euse** *a* Plein de faste. SYN somptueux. DER **fastueusement** *av*

**fat** *am, nm* Prétentieux et vain. *Un air fat.* PHO [fat] ou [fa] ETY Mot provenç., du lat. *fatuus,* « extravagant ».

**Fatah (El-)** mouvement politique palestinien fondé en 1959 par Yasser Arafat, entre autres. Il est la principale composante de l'OLP.

**fatal, ale** *a* **1** litt Fixé par le destin. **2** litt Voué inexorablement à un destin tragique. *Le héros fatal des romantiques.* **3** Qui entraîne la perte, la ruine, la mort. *Ce coup lui fut fatal.* **4** Inévitable. *Il a fini par se faire prendre, c'était fatal.* **5** ECON Se dit d'un produit qui est inévitablement engendré par la transformation d'un autre produit. PLUR fatals. LOC ***Femme fatale :*** à la beauté envoûtante, destinée à entraîner les hommes à leur perte. ETY Du lat. DER **fatalement** *av*

**fatalisme** *nm* Attitude de ceux qui pensent qu'il est vain de chercher à modifier le cours des évènements fixés par le destin. DER **fataliste** *a, n*

**fatalité** *nf* **1** Destin, destinée. *Soumission à la fatalité.* **2** Détermination toute-puissante. *La fatalité de l'hérédité.* **3** Enchaînement fâcheux des évènements, coïncidence malencontreuse. *Accident dû à la fatalité.*

**Fatehpur-Sikri** site de l'Inde (Uttar Pradesh), près d'Agra. Anc. cap. d'Akbar, ses monuments témoignent de la splendeur de l'Empire moghol (XVI$^{e}$ s.). VAR **Fathpur-Sikri**

**Fathy Hasan** (Le Caire, 1900 – id., 1989), architecte égyptien : *Construire avec le peuple* (1970). VAR **Fathi**

**fatidique** *a* Qui semble désigné par le destin, qui semble indiquer un arrêt du destin. *Moment fatidique.*

**fatigable** *a* Dont l'organisme se fatigue rapidement. DER **fatigabilité** *nf*

**fatigant, ante** *a* **1** Qui cause de la fatigue. *Une course fatigante.* **2** Qui importune, qui lasse. *Ce qu'il peut être fatigant !*

**fatigue** *nf* **1** Sensation résultant d'un travail excessif, d'un effort ou d'un état pathologique ; lassitude. *J'ai trop marché, je tombe de fatigue. Je veux vous épargner la fatigue de ces démarches.* **2** TECH Changement d'état, diminution de résistance d'une pièce au bout d'un certain temps de fonctionnement.

**fatigué, ée** *a* **1** Qui manifeste la fatigue. **2** Défraîchi, déformé par l'usage. *Costume fatigué.*

**fatiguer** *v* ① **A** *vt* **1** Causer de la fatigue à qqn. *Ce déplacement m'a fatigué.* **2** Affecter de manière fâcheuse le corps, un organe. *Les épices fatiguent l'estomac.* **3** Importuner ; lasser. *Il me fatigue par ses récriminations.* **B** *vi* **1** Éprouver de la fatigue. **2** Supporter un trop grand effort. *Moteur qui fatigue.* **C** *vpr* **1** Se donner de la fatigue. **2** Se donner du mal. *Je me suis fatigué à lui expliquer cela !* **LOC** AGRIC ***Fatiguer la terre*** : l'épuiser par la répétition d'une même culture. — fam ***Fatiguer la salade*** : la remuer pour l'imprégner de son assaisonnement. ETY Du lat.

**Fátima** v. du Portugal (Estrémadure) ; 6 500 hab. – Lieu de pèlerinage depuis 1917, date de l'apparition de la Vierge à trois enfants.

**Fatima** (La Mecque, v. 606 – Médine, 632 ou 633), fille de Mahomet et de Khadidjah, épouse de Ali, cousin du Prophète et quatrième calife, mère de Hassan et de Husayn.

**Fatimides** dynastie chiite ismaélienne qui fait remonter ses origines à Fatima. Fondée par Ubaydallah al-Mahdi, qui se proclama calife à Kairouan en 910, elle régna en Afrique du Nord, en Égypte, où elle fonda Le Caire (969), et en Palestine jusqu'à la conquête de Saladin (1171). DER **fatimide** *a*

**fatma** *nf* fam Femme musulmane.

**fatras** *nm* péjor Amas hétéroclite et désordonné. *Un fatras de vieux papiers.* ETY P.-ê. du lat. *farsura*, « remplissage ».

**fatrasie** *nf* Composition littéraire du Moyen Âge, formée de proverbes, de phrases sans suite, etc., souvent à caractère satirique.

**fatsia** *nm* Arbuste d'Extrême-Orient (araliacée), à grandes feuilles vernissées toujours vertes, cultivé comme ornemental.

**fatuité** *nf* Caractère, manière de se conduire du fat. SYN infatuation, suffisance, vanité. ANT modestie, simplicité. ETY Mot lat.

**fatum** *nm* litt Destin. PHO [fatɔm] ETY Mot lat.

**fatwa** *nf* **1** Jugement rendu par une autorité musulmane, faisant jurisprudence. **2** fig, fam Décision arbitraire, ultimatum, oukase. PHO [fatwa] ETY Mot ar.

**fauber** *nm* MAR Balai fait de vieux cordages. PHO [fobɛʀ] ETY Du néer. VAR **faubert**

**faubourg** *nm* anc **1** Quartier situé hors de l'enceinte fortifiée d'une ville. **2** Quartier excentrique, banlieue. ETY Du lat. *foris*, « dehors », et *burgus*, « bourg ». DER **faubourien, enne** *a, n*

**faucard** *nm* AGRIC Faux à long manche qui sert à faucher les herbes aquatiques. DER **faucardage** *nm* – **faucarder** *vt* ①

**fauchage** → **faucher.**

**fauchaison** *nf* **1** AGRIC Action de faucher. **2** Époque de l'année où l'on fauche le foin.

**fauchard** *nm* **1** anc Hallebarde à deux tranchants en usage du XIIIe au XVe s. **2** AGRIC Serpe à deux tranchants et à long manche qui sert à élaguer.

**fauche** *nf* **1** vx Action de faucher le foin. **2** fam Action de voler.

**fauché, ée** *a, n* fig, fam Qui est sans argent. *Être fauché comme les blés. Encore un fauché !*

**faucher** *vt* ① **1** Couper à la faux ou avec une faucheuse. **2** Renverser, tuer d'un seul coup. *Le tir de la mitrailleuse faucha les assaillants.* **3** SPORT Faire tomber brutalement un joueur par un moyen contraire au règlement. **4** fam Voler. *On lui a fauché son vélo.* ETY Du lat. *falx, falcis*, « faux ». DER **fauchage** *nm*

**Faucher César et Constantin** (La Réole, 1760 – Bordeaux, 1815), généraux français, frères jumeaux. Ils s'illustrèrent sous la Révolution et l'Empire. Fusillés sous la Restauration.

**Fauchet Claude** (Dornes, Nivernais, 1744 – Paris, 1793), prélat français, évêque constitutionnel du Calvados, guillotiné.

**faucheur, euse** *n* **A** Personne qui fauche l'herbe, les blés, etc. **B** *nf* Machine qui sert à faucher. **LOC** litt ***La Faucheuse*** : la mort.

**faucheux** *nm* Arachnide au corps globuleux et aux longues pattes grêles fréquent dans les prés et les bois. VAR **faucheur**

**Faucigny (le)** région des Préalpes, en Haute-Savoie drainée par l'Arve et le Giffre.

**faucille** *nf* Instrument pour couper les céréales, l'herbe, etc., constitué d'une lame emmanchée recourbée en demi-cercle. **LOC** ***La faucille et le marteau*** : emblème communiste, symbole de l'alliance de la classe ouvrière et de la classe paysanne.

**Faucille (col de la)** col du Jura oriental ; 1 323 m. Sta. de sports d'hiver.

**faucillon** *nm* AGRIC Serpette.

**faucon** *nm* **1** Falconiforme aux ailes pointues, au vol rapide, excellent chasseur. *Le faucon pèlerin, le hobereau, l'émerillon, la crécerelle sont des faucons.* **2** fig Dans un parti, un gouvernement, partisan de la force (par oppos. à *colombe*). ETY Du lat. *falx, falcis*, « faux ».

**faucon** pèlerin

**Faucon maltais (le)** roman policier de D. Hammett (1930). ▷ CINE Film de John Huston (1941), avec Humphrey Bogart et Peter Lorre.

**fauconneau** *nm* **1** Jeune faucon. **2** anc Très petit canon (XVIe-XVII[e] s.).

**fauconnerie** *nf* **1** Art de dresser pour la chasse les faucons, les rapaces. **2** Lieu où on les élève.

**fauconnier** *nm* Celui qui dresse des faucons pour la chasse.

**faufil** *nm* COUT **1** Fil utilisé pour faufiler. **2** Bâti à longs points.

**faufiler** *v* ① **A** *vt* COUT Coudre provisoirement à grands points. *Faufiler une manche avant le premier essayage.* **B** *vpr* Se glisser adroitement ou en tentant de passer inaperçu. *Il s'était faufilé parmi les invités.* ETY De *fors*, « hors de », et *fil*. DER **faufilage** *nm* – **faufilure** *nf*

**Faulkner William Harrison Falkner**, dit **William** (New Albany, Mississippi, 1897 – Oxford, id., 1962), romancier américain. Attachés au Sud, ses thèmes (l'emprise du passé, les préjugés raciaux, le crime, l'inceste) sont orchestrés par une technique joycienne (monologue intérieur, retours en arrière) : *le Bruit et la Fureur* (1929), *Tandis que j'agonise* (1930), *Sanctuaire* (1931), *Lumière d'août* (1932), *Absalon ! Absalon !* (1936), *l'Invaincu* (1938), *l'Intrus* (1949), *Requiem pour une nonne* (1951). P. Nobel (1949). DER **faulknérien, enne** *a*

**1 faune** *nm* Divinité champêtre, chez les Latins. *Les faunes étaient représentés à l'image du dieu Faunus.* DER **faunesque** *a*

**2 faune** *nf* **1** Ensemble des animaux habitant une région, un milieu de vie particulier. *La faune des lacs, du sol.* **2** fig, péjor Groupe de gens aux habitudes particulières, qui fréquentent un même lieu. *La faune de Saint-Germain-des-Prés.* ETY Du lat. *faunus*, d'apr. *flore*. DER **faunique** *a*

**faunesse** *nf* litt Faune femelle.

**faunistique** *nf, a* Science étudiant la faune d'une région donnée et les facteurs de ses variations.

**faunule** *nf* BIOL Faune peuplant un habitat restreint (mousses par ex.).

**Faunus** dans la myth. lat., dieu protecteur des bergers et des troupeaux ; assimilé au dieu grec Pan ; personnage cornu à pieds de chèvre. VAR **Faune**

**Faure Félix** (Paris, 1841 – id., 1899), homme politique français. Président de la Rép. de 1895 à sa mort, il conclut l'alliance franco-russe.

**Faure Élie** (Sainte-Foy-la-Grande, 1873 – Paris, 1937), médecin, essayiste et historien d'art français : *Histoire de l'art* (4 vol., 1909-1921), *l'Esprit des formes* (1927).

**Faure Edgar** (Béziers, 1908 – Paris, 1988), homme politique français ; président du Conseil (1952 et 1955-1956), radical-socialiste ; président de l'Assemblée nationale (1973-1978) proche des gaullistes. Acad. fr. (1978).

**Fauré Gabriel** (Pamiers, 1845 – Paris, 1924), compositeur français : *Élégie pour violoncelle et piano* (1884), *Requiem* (1887-1888), mélodies (cycle de *la Bonne Chanson*, (1892-1893) pièces pour piano (13 nocturnes, 13 barcarolles).

**W. Faulkner**

**Gabriel Fauré**

**faussaire** *n* Personne qui commet un faux ou qui altère la vérité.

**fausse couche** *nf* Avortement spontané. PLUR fausses couches. VAR **fausse-couche**

**faussement** *av* **1** De manière fausse, à tort. *On l'accuse faussement.* **2** De manière simulée. *Un ton faussement soumis.*

**fausser** *vt* ① **1** Rendre faux, altérer la vérité de. *Préjugés qui faussent un raisonnement.* **2** Altérer, falsifier. *Fausser un bilan. Fausser le sens d'un texte.* **3** Déformer par flexion, pression ou torsion. *Fausser un axe, une clé.* **4** Détériorer un objet, un mécanisme. *Fausser une serrure.* **LOC** ***Fausser compagnie à qqn*** : le quitter sans le prévenir. ETY Du bas lat.

**Fausses Confidences (les)** comédie en 3 actes et en prose (1737) de Marivaux, inspirée par *le Chien du jardinier* de Lope de Vega.

**1 fausset** *nm* *Voix de fausset :* voix aiguë. SYN voix de tête. ETY De *faux*.

**2 fausset** *nm* TECH Cheville de bois pour boucher le trou percé dans un tonneau. ETY De *fausser*, « percer ».

**fausseté** *nf* **1** Caractère de ce qui est faux, contraire à la vérité. *Fausseté d'un argument.* **2** Duplicité, hypocrisie. *Soupçonner qqn de fausseté.*

**Faust** humaniste et thaumaturge allemand de la fin du XV^e et du déb. du XVI^e s. qui aurait vendu son âme au diable. ▷ LITTER Parue sans nom d'auteur, à Francfort-sur-le-Main en 1587, *l'Histoire du docteur Johannes Faust, très célèbre magicien*, inspira notam. : 1° *la Tragique Histoire du docteur Faust*, drame en vers et en prose de Marlowe (écrit en 1588) ; 2° *Faust*, drame de Goethe ; prem. version (*Urfaust*) en 1773-1774 ; prem. partie définitive (*Faust, une tragédie*, cour. nommée *la Tragédie de Marguerite*) en 1808. La seconde partie (*Second Faust*), qui conte les amours de Faust et de l'antique Hélène, est inachevée. ▷ MUS *La Tragédie de Marguerite* de Goethe est à l'orig. de : *la Damnation de Faust*, légende dramatique en 4 parties de Berlioz (1846) ; *Faust*, opéra en 5 actes de Gounod (1859) sur un livret de Jules Barbier (1825 – 1901) et Michel Carré (1819 – 1872) ; *Faust-Symphonie*, composition orchestrale de Liszt (1854). ▷ CINE *Don Juan et Faust* de M. L'Herbier (1922) ; *Faust* de Murnau (1926), *la Beauté du diable* de René Clair (1949), avec Michel Simon et Gérard Philipe. DER **faustien, enne** *a*

**Fausta Flavia Maxima** (v. 289 – 326), femme de l'empereur romain Constantin I^er. Belle, influente, accusée d'adultère, elle fut étouffée dans un bain chaud.

**Faustin I^er → Soulouque.**

**faute** *nf* **1** Manquement au devoir, à la morale ou à la loi. *Commettre une faute. Prendre qqn en faute.* **2** Action maladroite ou préjudiciable ; erreur. *Dans votre position, on ne vous passera aucune faute.* **3** Manquement à certaines règles. *Faute de calcul, d'orthographe, de jeu.* **4** Absence, manque, défaut. LOC ***Faute de :*** par manque de, à défaut de. — ***Ne pas se faire faute de :*** ne pas y manquer, ne pas s'en priver. — ***Sans faute :*** sans faillir à l'engagement, à l'obligation. ETY Du lat. pop.

**fauter** *vi* ① **1** vieilli Avoir des rapports sexuels hors mariage, en parlant d'une jeune fille. **2** Afrique Faire une faute d'orthographe, de français.

**fauteuil** *nm* **1** Siège à bras et à dossier. **2** fig Place de membre dans une assemblée (en partic. à l'Académie française). LOC fam ***Arriver dans un fauteuil :*** remporter sans peine la victoire, dans une compétition. ETY Du frq.

**fauteur, trice** *n* LOC péjor ***Fauteur de troubles, de désordre***, etc. : personne qui fait naître les troubles, le désordre, etc. ETY Du lat.

**fautif, ive** *a* **1** Qui a commis une faute, qui est en faute. **2** Qui contient des fautes ; erroné, incorrect. *Édition fautive. Référence fautive.* DER **fautivement** *av*

**Fautrier Jean** (Paris, 1898 – Châtenay-Malabry, 1964), peintre français « informel » : séries des *Otages* (1945), des *Nus* (1945-1955), etc.

**fauve** *a, nm* **A** *a* De couleur rousse ou tirant sur le roux. **B** *nm* **1** Couleur fauve. **2** Bête fauve. **3** Nom donné, d'abord par dénigrement, aux peintres (Vlaminck, Derain, Matisse, etc.) qui, entre 1901 et 1907, tentèrent de créer un expressionnisme de la couleur pure. LOC ***Bête fauve :*** animal féroce, spécial. grand félin. — ***Odeur fauve :*** odeur très forte, rappelant celle des fauves. ETY Du frq.

**fauverie** *nf* Quartier des fauves dans un zoo ou une ménagerie.

**fauvette** *nf* **1** Oiseau passériforme long de 12 à 15 cm, au plumage le plus souvent terne, dont les espèces européennes, migratrices, hivernent en Afrique. **2** Oiseau passériforme d'Amérique, insectivore, d'une quinzaine de genres différents, au bec effilé et pointu, dont le plumage est souvent coloré de jaune. SYN paruline.

**fauvisme** *nm* Art des peintres dits fauves. DER **fauviste** *a, n*

ENC Le fauvisme fut, à l'origine, la réaction de divers peintres (Matisse, dès 1899, ainsi que Rouault, Manguin, Van Dongen, etc.) contre leur formation académique : ils prônèrent l'emploi généralisé des tons purs, plaqués par aplats et contrastant violemment. Ils furent rejoints par Marquet, Derain et Vlaminck. Othon Friesz, Raoul Dufy et Georges Braque optèrent aussi pour cette manière vers 1906-1907.

**1 faux, fausse** *a, av* **A** *a* **1** Qui n'est pas conforme à la vérité, à la réalité. *Ce que vous dites est faux.* **2** Mal fondé, vain. *Fausse joie. Fausse alerte.* **3** Inexact. *Calcul faux.* **4** Qui manque de justesse. *Un esprit faux.* **5** Qui s'écarte du naturel, du vrai. *Fausse éloquence.* **6** MUS Discordant, qui n'est pas dans le ton. *Fausse note.* **7** Altéré volontairement ou par erreur. *Fausse monnaie. Fausse nouvelle.* **8** Fait à l'imitation d'une chose vraie ; postiche. *Faux bijoux, faux cheveux.* **9** Qui n'est pas ce qu'il semble, ce qu'il prétend être. *Faux dévot. Faux ami. C'est qqn de faux.* **10** Qui n'est pas tel qu'il doit être. *Faire un faux mouvement. Faire fausse route.* **11** Qui n'est pas en réalité ce dont il porte le nom ; faussement nommé. Ex. : *faux acacia :* robinier ; *faux platane :* sycomore. **B** *av* De manière fausse. *Raisonner, chanter faux.* LOC ***À faux :*** à tort, injustement. — fam ***Avoir tout faux :*** se tromper complètement. ETY Du lat. *falsus*, de *fallere*, « tromper ».

**2 faux** *nm* **1** Ce qui est faux. *Prêcher le faux pour savoir le vrai.* **2** DR Altération, contrefaçon frauduleuse d'actes, d'écritures. *Commettre un faux.* **3** Imitation frauduleuse d'une œuvre d'art. *Ce Renoir est un faux.* **4** Imitation donnée pour telle d'un matériau précieux, d'un objet de style.

**3 faux** *nf* **1** Outil constitué d'une forte lame d'acier légèrement courbe, fixée à un long manche, qui sert à couper l'herbe, les céréales. **2** Attribut allégorique de la mort et du temps. **3** ANAT Nom donné, par similitude de forme, à divers replis membraneux. *Faux du cerveau.* ETY Du lat.

**faux-bourdon** *nm* **1** MUS Plain-chant où la basse forme le chant principal, imitée, à la tierce et à la sixte supérieures, par d'autres voix. **2** ENTOM Abeille mâle. PLUR faux-bourdons.

**faux-cul** *nm* **1** Accessoire vestimentaire mettant en valeur les fesses. **2** fam Hypocrite. PLUR faux-culs.

**faux-facturier, ère** *n* Personne coupable d'avoir délivré des fausses factures. PLUR faux-facturiers.

**faux-filet** *nm* Morceau de viande de bœuf, qui se lève le long du rein. SYN contrefilet. PLUR faux-filets.

**faux-fuyant** *nm* Subterfuge pour éviter de s'expliquer, de s'engager. PLUR faux-fuyants.

**faux-monnayeur** *nm* Personne qui fabrique de la fausse monnaie. PLUR faux-monnayeurs.

**Faux-Monnayeurs (les)** roman de Gide (1926), sur les impasses de l'adolescence.

**faux-semblant** *nm* Apparence trompeuse. PLUR faux-semblants.

**faux-sens** *nm* Erreur due à l'emploi d'un mot dans un texte avec un sens erroné.

**faux-titre** *nm* Page d'un livre qui ne comprend que le titre principal et qui précède la page de titre. PLUR faux-titres.

**Favart Charles Simon** (Paris, 1710 – Belleville, 1792), auteur dramatique français. Il créa la comédie chantée : *la Chercheuse d'esprit* (1741), *les Trois Sultanes* (1761) — **Marie Justine Duronceray** (Avignon, 1727 – Belleville, 1772), épouse du préc., cantatrice et actrice, eut une liaison avec le maréchal de Saxe.

**favela** *nf* Bidonville, au Brésil. PHO [favela] ETY Mot portug.

**favette** *nf* Variété de fraise, très sucrée.

**faveur** *nf* **1** Bienveillance, appui d'une personne influente. **2** Considération, préférence dont on jouit auprès de qqn, d'un public. *Être en faveur. Ce candidat a la faveur des pronostics.* **3** Avantage procuré par bienveillance ; privilège. *Demander, faire une faveur. Bénéficier d'un régime, d'un traitement de faveur.* **4** Bienfait. *Combler qqn de faveurs.* **5** Petit ruban. LOC litt ***Accorder ses faveurs :*** se dit d'une femme qui accepte des relations sexuelles. — ***À la faveur de :*** grâce à, en profitant de. — ***En faveur de :*** en considération de, dans l'intérêt de. ETY Du lat.

**favorable** *a* **1** Bien disposé à l'égard de ; approbateur. *Il vous est favorable. Être favorable à une réforme.* **2** Qui est à l'avantage de. *Se montrer sous un jour favorable.* ETY Du lat. *favorabilis*, « qui attire la faveur ». DER **favorablement** *av*

**favori, ite** *a, n* **A** *a* Qui est l'objet d'une préférence habituelle. *C'est l'un de mes auteurs favoris.* **B** *a, n* SPORT, TURF Donné comme gagnant. *Cheval favori. Miser sur le favori.* **C** *n* **1** Personne pour laquelle on marque une prédilection. *Être la favorite d'un public.* **2** HIST Celui, celle qui tenait le premier rang dans la faveur d'un roi, d'un prince. **D** *nf* Maîtresse attitrée d'un souverain. **E** *nm pl* Partie de la barbe qu'on laisse pousser de chaque côté du visage. *Porter des favoris.* SYN pattes, rouflaquettes.

**favoriser** *vt* ① **1** Traiter avec faveur, pour soutenir ou avantager. *Favoriser un ami.* **2** Apporter sa contribution, son encouragement à. *Favoriser une entreprise.* **3** Faciliter, aider, contribuer à. *Le progrès des communications favorise les échanges.* DER **favorisant, ante** *a*

**favorite → favori.**

**favoritisme** *nm* Tendance à accorder des avantages par faveur, au mépris de la règle ou du mérite.

**Favre Antoine,** dit **le Président Faber** (Bourg-en-Bresse, 1557 – Chambéry, 1624), jurisconsulte français (droit romain).

**Favre Jules** (Lyon, 1809 – Versailles, 1880), avocat et homme politique français. Ministre des Affaires étrangères, il signa avec Bismarck le traité de Francfort (10 mai 1871).

**favus** *nm* MED Dermatose parasitaire contagieuse due à un champignon et caractérisée par la formation de croûtes jaunâtres au cuir chevelu. PHO [favys] ETY Mot lat., « gâteau de miel ».

**Fawcett Millicent Garret, Mrs Millicent** (Aldeburgh, 1847 – Londres, 1929), féministe anglaise qui milita pour le vote des femmes.

**fax** *nm* Télécopie.

**faxer** *vt* ① Envoyer un fax, une télécopie. SYN télécopier.

**Fayal** une des îles de l'archipel des Açores ; 180 km² ; ch.-l. *Horta.* VAR **Faial**

**fayard** *nm* Nom régional du *hêtre*. VAR **foyard**

**Faydherbe Luc** (Malines, 1617 – id., 1697), sculpteur et architecte flamand baroque. VAR **Fayd'herbe**

**Fayol Henri** (Istanbul, 1841 – Paris, 1925), ingénieur français, spécialiste de la gestion des entreprises.

**Fayolle Marie Émile** (Le Puy, 1852 – Paris, 1928), maréchal de France. Il s'illustra pendant la Première Guerre mondiale.

**fayot, ote** *a, n* **A** *nm* **1** fam Haricot sec. **2** milit, péjor Sous-officier rengagé ; militaire qui fait du zèle. **B** *a, n* fam Se dit d'une personne servile, d'un élève trop zélé. *Attitude fayote.* ETY Du lat. class. *fasiolus*, « sorte de fève ». VAR **fayotte**

**fayoter** *vi* [1] fam Faire du zèle. [VAR] **fayotter** [DER] **fayotage** ou **fayottage** *nm*

**Fayoum (le)** (en ar. *al-Fayyūm*), oasis d'Égypte, au S.-O. du Caire, gouvernorat de la Haute-Égypte ; 1 827 km²; 1 544 050 hab. ; ch.-l. *Medinet el-Fayoum.* Cette dépression située à 40 m au-dessous du niveau marin est reliée au Nil par le canal Bahr Youssef. Richesse agric. depuis l'Antiquité, dues aux digues et barrages. – Les *portraits du Fayoum* découverts v. 1820 par Champollion dans les tombes égyptiennes de la rég. furent peints par des artistes grecs et romains (entre le Ier et le IVe s.) sur des plaquettes de bois.

portrait du **Fayoum**

**Fayruz** Nuhad Haddad, dite (Beyrouth, 1934), chanteuse libanaise en arabe dialectal.

**Faysal ibn Abd al-Aziz** (Riyad, 1906 – id., 1975), roi d'Arabie Saoudite (1964-1975). Il renversa son frère Sa'ud IV. Il mourut assassiné.

**Faysal Ier** (Taïf, 1883 – Berne, 1933), premier roi d'Irak (1921-1933). Troisième fils de Husayn, chérif de La Mecque, il s'empara de Damas (1918). Élu roi de Syrie (1920), il se heurta à la France, mais, grâce à la G.-B., il eut le trône d'Irak (1921), indép. en 1930. — **Faysal II** (Bagdad, 1935 – id., 1958), petit-fils du préc., roi d'Irak (1939-1958). Son oncle Abd Allah fut régent jusqu'en 1953. Kassem renversa Faysal II et le fit tuer.

**Faysal Ier**

**fazenda** *nf* Grand domaine agricole, au Brésil. [PHO] [fazenda] [ETY] Du lat. *facienda*, « choses à faire ».

**FBI** sigle de *Federal Bureau of Investigation*, service de police fédérale des É.-U.

**fcém** PHYS Sigle de *force contre-électromotrice.*

**FCP** *nm* Sigle de *fonds commun de placement.*

**FCPI** *nm* Sigle de *fonds commun de placement dans l'innovation.*

**F'Derick** (anc. *Fort-Gouraud*), v. de Mauritanie ; 20 000 hab. Mines de fer.

**Fe** CHIM Symbole du fer.

**féal, ale** *a* litt Fidèle, loyal. *Un féal serviteur du roi.* PLUR féaux. [ETY] De *fei*, anc. forme de *foi.*

**fébrifuge** *a, nm* MED Se dit d'un produit qui fait baisser la fièvre.

**fébrile** *a* **1** MED Qui marque la fièvre. *Pouls, chaleur fébrile.* **2** Qui a de la fièvre. *Être fébrile.* **3** Qui manifeste une excitation, une agitation excessive. *Une hâte fébrile.* [ETY] Du lat. [DER] **fébrilement** *av* – **fébrilité** *nf*

**Febvre Lucien** (Nancy, 1878 – Saint-Amour, Jura, 1956), historien français des mentalités : *Un destin, Martin Luther* (1928) ; *le Problème de l'incroyance au XVIe siècle ; la Religion de Rabelais* (1942). En 1929, il fonda avec Marc Bloch les *Annales d'histoire économique et sociale.* ▶ illustr. p. 605

**fécalome** *nm* MED Bouchon de selles dans le rectum ou le côlon.

**Fécamp** ch.-l. de cant. de la Seine-Maritime (arr. du Havre), port sur la Manche ; 21 027 hab. La pêche lointaine (morue, hareng) a suscité de nombr. industries. – Égl. goth. (XIIe-XIVe s.). [DER] **fécampois, oise** *a, n*

**fèces** *nf pl* didac Résidus solides de la digestion évacués par les intestins, excréments. [PHO] [fɛs] [ETY] Du lat. [DEF] **fécal, ale, aux** *a*

**Fechner Gustav Theodor** (Gross-Särchen, 1801 – Leipzig, 1887), philosophe et psychologue allemand. Selon lui, la sensation varie comme le logarithme de l'excitation.

**fécond, onde** *a* **1** Qui peut se reproduire, en parlant des êtres animés, des plantes. *Le mulet n'est pas fécond.* ANT stérile. **2** Qui peut avoir beaucoup d'enfants, de petits. *Femme très féconde. Race animale féconde.* **3** Qui peut produire beaucoup. *Sol fécond. Une année féconde en évènements. Écrivain fécond.* SYN fertile. [ETY] Du lat. [DER] **fécondité** *nf*

**fécondabilité, fécondable, fécondant, fécondateur → féconder.**

**fécondation** *nf* **1** Action de féconder. **2** BIOL Fusion de deux gamètes qui forment un œuf (ou *zygote*), point de départ d'un ou de plusieurs individus nouveaux. LOC ***Fécondation in vitro (FIV) :*** obtenue en laboratoire, hors de l'organisme maternel. ▶ illustr. **embryogenèse**

[ENC] La fécondation véritable n'existe que chez les organismes supérieurs. Le spermatozoïde pénètre dans l'ovule à un stade variable de l'évolution de ce dernier. Les substances apportées par le spermatozoïde ont pour effet de « réveiller » l'ovule, qui était tombé dans un état d'inertie. C'est la phase d'activation. La deuxième phase est la caryogamie. Le noyau du spermatozoïde s'entoure d'un aster, c'est-à-dire de filaments rayonnants qui envahissent le cytoplasme de l'ovule. Le noyau du spermatozoïde et celui de l'ovule fusionnent pour donner un noyau de fécondation ; l'ovule est devenu un œuf dont le développement commence. Comme le spermatozoïde et l'ovule ont chacun n chromosomes (et sont dits haploïdes), l'œuf a 2 n chromosomes ; il est dit diploïde. La fécondation est externe chez la plupart des mollusques et des poissons, les échinodermes, etc. : le mâle arrose de sperme (la laitance des poissons) les ovules émis par la femelle. Chez les insectes et les vertébrés terrestres, la fécondation, interne, nécessite un accouplement ou copulation : le mâle, généralement muni d'un organe copulateur (par ex., le pénis des vertébrés), injecte ses spermatozoïdes dans les voies génitales de la femelle. Même les animaux hermaphrodites s'accouplent deux à deux ; l'autofécondation est exceptionnelle dans le règne animal.
En 1978 naquirent en Grande-Bretagne et en Inde trois « bébés-éprouvettes » provenant d'œufs fécondés *in vitro* puis implantés dans l'utérus de la mère. On recueille l'ovocyte juste avant l'ovulation, en ponctionnant le follicule ovarien. L'ovocyte étant mûr (au stade de métaphase 2), il peut être fécondé. Il est prélevé et déposé dans une goutte d'un milieu de culture apte à la fécondation et maintenu à 37 °C. Les spermatozoïdes éjaculés sont lavés deux fois par centrifugation douce dans le même milieu, puis ajoutés aux œufs à la concentration d'un million par millilitre. Trois heures après l'insémination *in vitro*, le spermatozoïde fécondant a pénétré l'ovocyte. La première division de l'œuf ainsi obtenu s'effectue 24 heures plus tard. Lorsque, à la suite de nouvelles divisions, l'embryon comporte huit cellules, il est réimplanté dans l'utérus de la mère à travers le col ; c'est cette opération qui est la plus délicate. V. fivete.

**féconder** *vt* [1] **1** Produire la fécondation de. *Le spermatozoïde féconde l'ovule.* **2** Rendre enceinte une femme, gravide une femelle. **3** Rendre fécond, fertile. *Un cours d'eau féconde le sol. Lectures qui fécondent l'esprit.* [DER] **fécondabilité** *nf* – **fécondable** *a* – **fécondant, ante** *a* – **fécondateur, trice** *a, n*

**fécule** *nf* Matière amylacée pulvérulente, extraite de divers organes végétaux (tubercules, rhizomes, etc.). *Fécule de pomme de terre, de manioc.* [ETY] Du lat.

**féculent, ente** *a, nm* Qui contient de la fécule. *Les haricots, les pois, les pommes de terre sont des féculents.* [DER] **féculence** *nf*

**féculer** *vt* [1] TECH Réduire en fécule.

**féculerie** *nf* **1** Industrie de la fécule. **2** Usine de fécule. [DER] **féculier, ère** *a, nm*

**Fed** nom courant de la *Federal Reserve Bank*, banque centrale des États-Unis.

**fedayin** *nm* Combattant palestinien engagé dans la lutte armée pour récupérer les territoires occupés par Israël et défendre la cause d'un État palestinien. [PHO] [fedajin] [ETY] Mot ar., « rédempteur ».

**fédéral, ale** *a, n* **A** *a* **1** Qui concerne une fédération d'États. *Organisation fédérale.* **2** Qui constitue une fédération. *État fédéral.* **3** Qui émane du gouvernement central d'un État fédéral. *Pouvoirs fédéraux.* **B** *nm pl* HIST Les nordistes pendant la guerre de sécession (par oppos. aux confédérés). PLUR fédéraux. [ETY] Du lat. *fœdus, fœdis*, « pacte ».

**fédéraliser** *vt* [1] Faire adopter le système ou le gouvernement fédéral à. [DER] **fédéralisation** *nf*

**fédéralisme** *nm* Système politique fondé sur le partage des compétences législatives, juridiques et administratives entre le gouvernement central de l'État et les gouvernements des États fédérés. [DER] **fédéraliste** *a, n*

**fédérateur, trice** *a, n* **1** Qui fédère ou favorise une fédération. **2** fig Qui favorise une convergence d'idées, d'intérêts. *Thème fédérateur.*

**fédératif, ive** *a* Constitué en fédération.

**fédération** *nf* **1** Association de plusieurs États en un État unique. **2** HIST Mouvement, au début de la Révolution française, se proposant de renforcer l'union des provinces de France. **3** Association des gardes nationaux en 1790, en 1815, pendant les Cent-Jours et en 1871. **4** Regroupement, sous une autorité commune, de plusieurs sociétés, syndicats, clubs sportifs, etc. *Fédération protestante de France.*

**Fédération** (fête de la), fête célébrée à Paris (Champ-de-Mars) le 14 juillet 1790, pour célébrer l'anniversaire de la prise de la Bastille, ainsi que la Fédération (association des gardes nationales de Paris et de province). Une messe fut dite par Talleyrand. Chef de la Fédération, La Fayette prêta serment à la Constitution. (V. Garde nationale.)

**Fédération nationale des syndicats d'exploitants agricoles (FNSEA)** organisation syndicale française fondée en 1946.

**Fédération protestante de France** organisation religieuse créée en 1905 pour regrouper les diverses Églises protestantes. Elle a parfois à sa tête un laïc.

**Fédération syndicale mondiale (FSM)** organisation syndicale internationale créée en 1945.

**fédéré, ée** *a, n* **A** *a* Qui fait partie d'une fédération. **B** *nm* **1** HIST Délégué des fédérations en 1790-1791. **2** Garde national pendant les Cent-Jours. **3** Partisan armé de la Commune de Paris, en 1871.

**fédérer** *vt* [14] **1** Grouper en fédération. **2** fig Rassembler, réunir. *Un institut de recherche destiné à fédérer les compétences.*

**Federer Roger** (Bâle, 1981), joueur de tennis suisse. Il domine son sport depuis les années 2000.

**Fédérés (mur des)** mur du cimetière parisien du Père-Lachaise, contre lequel l'armée versaillaise fusilla, le 27 mai 1871, les 147 derniers fédérés (partisans de la Commune de Paris).

**Fedine** Konstantine Alexandrovitch (Saratov, 1892 – Moscou, 1977), écrivain soviétique : *les Frères* (1928), *Un été extraordinaire* (1947-1948).

**Fédor** nom de trois tsars de Russie. VAR **Feodor** ou **Fiodor** — **Fédor Ier** (1557–1598), tsar en 1584, fils d'Ivan IV le Terrible ; malade et faible d'esprit, il laissa le pouvoir à Boris Godounov. — **Fédor II** (1589 – Moscou, 1605), tsar (1605), fils de Boris Godounov ; assassiné. — **Fédor III** (1661–1682), tsar (1676-1682), demi-frère de Pierre le Grand ; il accomplit des réformes.

**fée** *nf* **1** Être féminin imaginaire, le plus souvent bienveillant, doué d'un pouvoir magique. *La baguette d'une fée.* **2** fig Femme qui charme par ses qualités. LOC ***Avoir des doigts de fée*** : être d'une grande adresse. — ***Conte de fées*** : dans lequel les fées, le merveilleux tiennent une grande place ; fig situation extraordinaire et inattendue. — vieilli ***La fée verte*** : l'absinthe. ETY Du bas lat. *Fata*, n. de la déesse des destinées.

**feed-back** *nm inv* Syn. (déconseillé) de *rétroaction*. PHO [fidbak] ETY Mot angl., de *to feed*, « nourrir », et *back*, « en retour ». VAR **feedback**

**feeder** *nm* Canalisation d'alimentation (gaz, vapeur, électricité). PHO [fidœʀ] ETY Mot angl. VAR **feedeur**

**feeling** *nm* **1** MUS Qualité expressive d'une interprétation. **2** fam Sentiment spontané de plein accord. *Avoir le feeling avec qqn.* LOC fam ***Au feeling*** : intuitivement, d'instinct. PHO [filiŋ] ETY Mot angl.

**féerie** *nf* **1** Genre littéraire, théâtral, etc., qui fait appel au merveilleux, à l'intervention des fées. **2** Pièce de théâtre à grand spectacle fondée sur le merveilleux, en vogue au XIXe s. **3** fig Spectacle merveilleusement beau. VAR **féérie**

**féerique** *a* **1** Qui appartient au monde des fées. **2** D'une beauté merveilleuse. VAR **féérique**

**Fehling** Hermann (Lübeck, 1811 – Stuttgart, 1885), chimiste allemand. La *liqueur de Fehling* sert à doser le glucose.

**feignant, ante** *a, n* fam Fainéant. VAR **feignasse** très fam

**feijoa** *nm* Fruit tropical et méditerranéen, de couleur verte, à chair parfumée ; arbuste (myrtacée) à fleurs blanc rosé qui donne ces fruits. ETY D'un n. pr.

**feijoada** *nf* CUIS Au Brésil, ragoût de haricots noirs et de viandes.

**Feijoo y Montenegro** Benito (Casdemiro, 1676 – Oviedo, 1764), bénédictin espagnol, essayiste : *Théâtre critique universel* (1726-1739), *Lettres érudites* (1742-1760).

**feindre** *vt* 55 **1** Faire semblant d'éprouver un sentiment. *Feindre la joie.* **2** Tromper en dissimulant ses sentiments. *Savoir feindre.* **3** Faire semblant de. *Feindre de sortir.* ETY Du lat. *fingere*, « modeler ».

**Feininger** Lyonel (New York, 1871 – id., 1956), peintre américain d'origine allemande ; professeur au Bauhaus (1919-1933).

**feinte** *nf* **1** vieilli Fait de déguiser ses véritables sentiments. *S'exprimer sans feinte.* **2** Action destinée à tromper, à donner le change. **3** SPORT Mouvement simulé destiné à provoquer chez l'adversaire une réaction dont on espère tirer profit.

**feinter** *v* 1 **A** *vi* SPORT Faire une feinte. **B** *vt* fam Tromper qqn.

**feintise** *nf* litt Action de feindre, hypocrisie.

**Feira de Santana** v. du Brésil (État de Bahia) ; 356 660 hab. Centre minier.

**Feldberg** point culminant (1 493 m) de la Forêt-Noire, au S.-E. de Fribourg.

**feld-maréchal** *nm* Grade le plus élevé dans la hiérarchie militaire, en Allemagne et en Autriche. PLUR feld-maréchaux. ETY De l'all.

**feldspath** *nm* MINER Silicate double d'aluminium et de potassium, sodium ou calcium. PHO [fɛldspat] ETY Mot all.

**feldwebel** *nm* Dans l'armée allemande, sous-officier, adjudant. PHO [fɛldvebɛl] VAR **feldwébel**

**fêlé, ée** *a, n* **A** *a* Qui a le son mat d'un objet fêlé. *Voix fêlée.* **B** *a, n* fam Un peu fou, dérangé.

**fêler** *v* 1 **A** *vt* Fendre une matière, un objet cassant sans que les morceaux se disjoignent. **B** *vpr* Devenir fêlé. ETY Du lat. *flagellare*, « frapper ».

**Félibien** André (Chartres, 1619 – id., 1655), , architecte français. Ses écrits sur l'art vantent le classicisme.

**félibre** *nm* Écrivain de langue d'oc. ETY Probabl. du bas lat. *fellebris*, « nourrisson (des muses) ».

**félibrige** *nm* Mouvement littéraire fondé en Provence en 1854 par Mistral, Aubanel, Brunet, Mathieu, Roumanille, Tavan et Giera, pour faire renaître la littérature de langue d'oc.

**félicitations** *nf pl* **1** Compliments adressés à qqn pour un évènement heureux. *Lettre de félicitations.* **2** Éloges, louanges adressés à qqn. *Reçu avec les félicitations du jury.*

**félicité** *nf* litt Bonheur suprême. *Être au comble de la félicité.* SYN béatitude.

**Félicité (sainte)** chrétienne berbère martyrisée à Carthage au début du IIe s.

**féliciter** *v* 1 **A** *vt* **1** Faire compliment à qqn au sujet d'un évènement agréable. *Féliciter qqn de son mariage.* **2** Témoigner sa satisfaction à qqn, complimenter. *Il l'a félicité pour son travail.* **B** *vpr* S'estimer heureux. *Je me félicite d'avoir fait ce choix.* ETY Du bas lat. *felicitare*, « rendre heureux ».

**félidé** *nm* ZOOL Mammifère carnivore fissipède dont le chat est le type, et dont la famille comprend le lion, la panthère, le tigre, le jaguar, etc. ETY Du lat. *felis*, « chat ».

**félin, ine** *a, nm* **A** *a* **1** Qui appartient au type chat. *La race féline.* **2** fig Qui rappelle le chat. *Une grâce féline.* **B** *nm* Carnassier de la famille des félidés.

**Félix** nom de trois papes et de deux antipapes. — **Félix Ier (saint)** (Rome, ? – id., 274), pape de 269 à 274. — **Félix II** (mort à Porto en 365), antipape de 355 à 365 — **Félix III (saint)** (Rome, ? – id., 492), pape de 483 à 492 ; il excommunia Acace, patriarche de Constantinople. — **Félix IV (saint)** (Bénévent, ? – Rome, 530), pape, désigné par Théodoric en 530.

**Félix le chat** héros d'une bande dessinée américaine (publiée de 1919 à 1967), créé par l'Australien Pat Sullivan (1887 – 1933).

**fellaga** *nm* Partisan armé, au temps de la présence française en Tunisie et en Algérie, combattant pour l'indépendance. ETY Mot ar., plur. de *fellag*, « coupeur de route ». VAR **fellagha**

**fellah** *nm* Paysan, au Maghreb et en Égypte. ETY De l'ar.

**fellation** *nf* Pratique sexuelle consistant à exciter avec la bouche le sexe de l'homme. ETY Du lat. *fellare*, « sucer ».

**Fellini** Federico (Rimini, 1920 – Rome, 1993), cinéaste italien. Réaliste (*I Vitelloni* 1953, *la Strada* 1954), son œuvre prend, dès *la Dolce Vita* (1960), un caractère baroque : *Huit et demi* (1962), *le Satyricon* (1969), *Amarcord* (1973), *Casanova* (1977), *Ginger et Fred* (1985). DER **fellinien, enne** *a*

**félon, onne** *a, n* **1** FEOD Qui manque à la foi due à son seigneur. **2** litt Traître. *Un acte de félon.* ETY Du frq. DER **félonie** *nf*

**felouque** *nf* Petit navire à une ou deux voiles, long et étroit, de la Méditerranée et du Nil. ETY De l'ar.

**fêlure** *nf* **1** Fente d'une chose fêlée. **2** fig Cassure. *Il y a une fêlure dans leur union.* SYN faille.

**fém** PHYS Sigle de *force électromotrice*.

**femelle** *nf, a* **A** *nf* Animal du sexe qui reproduit l'espèce après fécondation. *La biche est la femelle du cerf.* **B** *a* **1** Propre à être fécondé en parlant des animaux, des plantes. *Un serin femelle. L'organe femelle d'une plante.* **2** TECH Qualifie une pièce présentant un évidement dans lequel vient s'insérer la saillie, le relief de la pièce mâle. *Fiche femelle.* **3** BOT Qualifie une fleur pourvue uniquement de carpelles et d'un pistil. ETY Du lat. *femella*, « petite femme ».

**Fémina (prix)** prix litt. créé en 1904 et décerné chaque année par 12 femmes de lettres.

**féminin, ine** *a, nm* **A** *a* **1** Qui est propre à la femme ou considéré comme tel. *Intuition féminine.* ANT masculin. **2** Des femmes, qui a rapport aux femmes. *Revendications féminines.* **3** Qui est caractéristique de la femme. *Une allure très féminine.* **4** Se dit d'une rime terminée par une syllabe comportant un *e* muet. **B** *nm* Magazine destiné à un lectorat féminin. **C** *a, nm* GRAM Se dit de celui des deux genres grammaticaux qui est le genre marqué (présence d'un *e* final dans l'écriture, d'une consonne finale dans la prononciation, par ex.), par oppos. au *genre masculin*. *Article, pronom, adjectif, nom féminin. « Belle » est le féminin de « beau ».* ETY Du lat. *femina*, « femme ».

**féminisation** *nf* **1** Action de féminiser. **2** MED Apparition chez l'homme de caractères sexuels secondaires féminins, due à l'arrêt de la sécrétion hormonale mâle ou à un traitement par les œstrogènes. **3** Afflux de femmes dans une branche d'activité. *La féminisation de l'enseignement.*

**féminiser** *vt* 1 **1** Donner le type, le caractère féminin à. ANT masculiniser. **2** Faire accéder un plus grand nombre de femmes à une catégorie sociale. *C'est une profession très féminisée.* **3** GRAM Attribuer le genre féminin à. *L'usage a féminisé les mots épitaphe, idylle, etc.* DER **féminisant, ante** *a*

**féminisme** *nm* Doctrine, attitude favorable à la défense des intérêts propres aux femmes et à l'extension de leurs droits. DER **féministe** *a*

**féminité** *nf* Ensemble des qualités propres à la femme ou considérées comme telles.

**FEMIS** acronyme pour *Fondation européenne des* (puis en 1991, *Institut de formation et d'enseigne-*

**Fellini** *la Strada*, 1954, avec Anthony Quinn et Giulietta Masina

*ment pour les) métiers de l'image et du son.* Organisme qui a remplacé l'IDHEC en 1986.

**femme** *nf* **1** Être humain du sexe féminin, qui met au monde des enfants. *Émancipation de la femme.* **2** Épouse. *La femme de Jean. Il y est allé avec sa femme.* **LOC** fam ***Bonne femme :*** femme avec une intention péjorative ou affective. — ***Conte, remède de bonne femme :*** transmis par une tradition populaire naïve. — ***Être femme :*** féminine. — ***Femme de chambre :*** employée attachée au service particulier d'une dame ou chargée du service des chambres dans un hôtel. — ***Femme d'intérieur :*** qui aime et sait diriger son ménage. — ***Femme de ménage :*** personne rétribuée pour faire le ménage dans une maison. PHO [fam] ETY Du lat.

**Femme 100 têtes (la)** ouvrage de Max Ernst (1929), « livre d'images » surréaliste.

**Femme des sables (la)** roman d'Abe Kōbō (1962). ▷ CINE *La Femme du sable* de Hiroshi Teshigara (1927 – 2001).

**Femme de trente ans (la)** roman de Balzac (1831 et 1834).

**Femme du boulanger (la)** comédie de Giono (publiée en 1943) ▷ CINE Film de Pagnol (1938), avec Ginette Leclerc et Raimu.

**Femme et le Pantin (la)** roman de P. Louÿs (1898). ▷ CINE Films de : Sternberg (1935), avec Marlène Dietrich ; J. Duvivier (1958), avec Brigitte Bardot ; Buñuel (*Cet obscur objet du désir*, 1977).

**femmelette** *nf* **péjor 1 vieilli** Femme sans énergie ni caractère. **2 fig, fam** Homme faible et sans courage.

**Femmes savantes (les)** comédie en 5 actes et en vers (1672) de Molière.

**femto-** PHYS Préfixe (symbole f) qui, placé devant le nom d'une unité, indique que celle-ci est divisée par un million de milliards ($10^{15}$). ETY Du danois *femten*, « quinze ».

**fémur** *nm* **1** Unique os de la cuisse, qui s'articule en haut avec l'os iliaque (hanche), en bas avec l'extrémité supérieure du tibia et avec la rotule (genou). *Fracture du col du fémur.* **2** ENTOM Partie de la patte des insectes qui suit le trochanter. ETY Du lat. DER **fémoral, ale, aux** *a*

**FEN** acronyme pour *Fédération de l'Éducation nationale.* Organisation syndicale française qui se sépara de la CGT en 1948 et subit une scission en 1992-1993 (FSU). En 2000, elle a pris le nom de UNSA-Éducation.

**fenaison** *nf* AGRIC Action de couper et de faner les foins ; époque où ce travail est effectué. ETY Du lat. *fenum*, « foin ».

**1 fendant** *nm* Vin blanc réputé de Suisse romande, fait avec un raisin dont la peau se fend.

**2 fendant, ante** *a* fam Drôle, comique. VAR **fendard, arde**

**fendeur, euse** *n* Personne qui fend (le bois, l'ardoise, le fer) ; personne qui dégrossit les pierres précieuses.

**fendiller** *vt* ① Produire de petites fentes à. *La sècheresse a fendillé la terre. Émail qui se fendille.* DER **fendillement** *nm*

**fendre** *v* ⑥ **A** *vt* **1** Couper, diviser un corps solide, général. dans le sens longitudinal. *Fendre du bois.* **2** Ouvrir un sillon, un chemin dans (le sol, un fluide). *La charrue fend la terre. Frégate qui fend l'air et les eaux. Fendre la foule.* **B** *vpr* **1** Se diviser, se couvrir de fentes. *Le sol se fend sous l'action de la sècheresse.* **2** SPORT En escrime, se porter en avant par déplacement du pied avant et extension de la jambe opposée. **3** fam Accepter de faire telle dépense. *Il s'est fendu de cent euros, d'une invitation.* **LOC** ***Fendre le cœur, l'âme :*** faire ressentir un grand chagrin. — fam ***Se fendre la pêche, la poire,*** etc. : rire bruyamment. ETY Du lat. DER **fendage** *nm*

**fendu, ue** *a* **1** Qui présente une fente. *Jupe fendue.* **2** En forme de fente allongée. *Yeux fendus.*

**Fénelon** François de Salignac de La Mothe- (chât. de Fénelon, Périgord, 1651 – Cambrai, 1715), prélat et écrivain français ; précepteur du duc de Bourgogne (1689) ; auteur d'ouvrages didactiques : *Traité de l'éducation des filles* (1687), *Fables en prose* (1690), *les Aventures de Télémaque* (1699) et les *Dialogues des morts* (1700-1712). Archevêque de Cambrai en 1695, il défendit le quiétisme, cher à M^me^ Guyon, dans *Explication des maximes des saints* (1697), critiqué par Bossuet et condamné par le pape. Louis XIV l'exila à Cambrai. La publication du *Télémaque*, qui critiquait l'absolutisme, aggrava sa disgrâce. Acad. fr. (1693). DER **fénelonien, enne** *a*

Lucien Febvre

Fénelon

**Fénéon** Félix (Turin, 1861 – Châtenay-Malabry, 1944), critique littéraire et d'art français ; fondateur en 1883 de *la Revue indépendante.*

**fenêtrage** *nm* **1** ARCHI Action de percer des fenêtres. **2** Ensemble des fenêtres d'un édifice ; leur disposition. **3** INFORM Organisation des fenêtres apparaissant sur l'écran d'un ordinateur. VAR **fenestrage**

**fenêtre** *nf* **1** Ouverture ménagée dans le mur d'une construction pour donner du jour et de l'air à l'intérieur ; châssis vitré servant à clore une telle ouverture. *Le linteau d'une fenêtre. Une fenêtre à deux battants.* **2** Ouverture. *Pratiquer une fenêtre dans un carton.* **3** CHIR Ouverture pratiquée pour surveiller une plaie. **4** INFORM Zone de l'écran d'un ordinateur où peuvent s'inscrire des informations. **5 fig** Intervalle de temps favorable à la réalisation de qqch, créneau. *Une fenêtre pour l'organisation d'élections.* **LOC** ANAT ***Fenêtre ronde*** et ***fenêtre ovale :*** ouvertures séparant l'oreille interne de l'oreille moyenne. — ***Ouvrir une fenêtre sur :*** rendre possibles de nouveaux points de vue sur. ETY Du lat.

**fenêtrer** *vt* ① CONSTR Munir de fenêtres.

**Fenêtre sur cour** film de Hitchcock (1954), avec James Stewart et Grace Kelly.

**feng shui** *nm inv* Selon la tradition chinoise, organisation de l'environnement se conformant à la circulation harmonieuse des énergies naturelles. PHO [fɛŋʃɥi]

**Fenhe (le)** riv. de Chine (Shanxi), affl. du Huanghe (r. g.) ; 800 km.

**fenian, ane** *a, n* HIST De l'association *Fraternité républicaine irlandaise.* PHO [fenjɑ̃,an] ETY Du gaélique *fiann*, guerriers légendaires irlandais.

**Fenice (théâtre de la)** opéra de Venise, ouvert en 1792, détruit par un incendie en 1996 et reconstruit en 2003.

**fenil** *nm* Bâtiment où l'on entrepose les foins.

**fennec** *nm* Petit renard du Sahara, à longues oreilles, appelé aussi *renard des sables.* PHO [fenɛk] ETY Mot ar.

**fenouil** *nm* Plante ombellifère vivace des pays méditerranéens, potagère et aromatique au parfum anisé. ETY Du lat. *feniculum*, « petit foin ».

**Fenris** dans la myth. scandinave, divinité qui revêt la forme d'un loup féroce.

**fentanyl** *nm* PHARM Dérivé morphinique très puissant.

**fente** *nf* **1** Ouverture étroite et longue. **2** SPORT En escrime, action de se fendre.

**Fenton** Roger (Crimble Hall, Lancashire, 1819 – Londres, 1869), peintre anglais, photographe de la guerre de Crimée.

**fenugrec** *nm* Plante légumineuse dont les graines sont utilisées comme condiment ou en pharmacopée.

**féodal, ale** *a, nm* **A** *a* Qui a rapport aux fiefs, à la féodalité. *Régime féodal.* **B** *nm* Grand propriétaire terrien. PLUR féodaux. ETY Du lat. médiév.

**féodalisme** *nm* Système féodal.

**féodalité** *nf* **1** Forme d'organisation politique et sociale répandue en Europe au Moyen Âge, dans laquelle des seigneurs concèdent des fiefs à des vassaux contre certaines obligations. **2 fig, péjor** Système social, politique, qui rappelle la féodalité. *La féodalité financière, industrielle.*

**fer** *nm* **A 1** Élément métallique de numéro atomique Z = 26 et de masse atomique 55,85 (symbole Fe). **2** Métal (Fe) gris-blanc, ductile, ferromagnétique, de densité 7,86, qui fond à 1 535 °C et bout à 2 750 °C. **3** Partie métallique, acérée ou coupante, d'un outil, d'une arme. *Fer d'un rabot, d'un harpon.* **4** Lame d'un fleuret, d'une épée, d'un sabre. *Croiser le fer.* **5** Profilé métallique utilisé en construction. *Fer en U.* **6** Instrument, outil en fer, en métal. *Fer à friser, à repasser, à souder.* **B** *nm pl* **1** Entraves qui enchaînent un prisonnier. *Mettre un forçat aux fers.* **2 litt** Sujétion, esclavage. **3 vieilli** Forceps. **LOC** ***Âge du fer :*** période, succédant à l'âge du bronze, où se répandit l'usage du fer (v. 850 av. J.-C. en Europe). — fam ***Avoir deux fers au feu :*** deux projets en cours. — ***De fer :*** qui a la résistance ou la dureté du fer ; inébranlable, inflexible. — ***Fer à cheval :*** bande de métal recourbée en U, qui sert à protéger le dessous des sabots des chevaux, des mulets, etc. — ***Fer doux :*** fer pur servant à fabriquer les noyaux d'électroaimants. — ***Fer électrolytique :*** fer pur obtenu par électrolyse. — fam ***Tomber les quatre fers en l'air :*** tomber sur le dos, en parlant d'un cheval ou, fam, d'une personne. — ***Une main de fer dans un gant de velours :*** une autorité rigoureuse sous une apparente douceur. ETY Du lat.

ENC Le fer constitue près de 5 % de la croûte terrestre et se trouve en abondance, avec le nickel, dans le noyau terrestre. Le fer est un métal ferromagnétique. Il se combine avec tous les éléments non métalliques (sauf l'hydrogène). La métallurgie du fer, ou *sidérurgie*, a pour objet la fabrication du fer et de ses alliages, de la fonte et de l'acier. L'élément fer joue un rôle important dans les organismes vivants (V. hémoglobine et cytochrome).

**Fer (île de)** (en esp. *Hierro*), la plus occidentale des îles Canaries ; 312 km² ; 6 000 hab.

**féra** *nf* Poisson salmonidé atteignant 50 cm, que l'on trouve dans les lacs suisses.

**fer-à-cheval** *nm* Nom courant du *rhinolophe.* PLUR fers-à-cheval.

**féral, ale** *a* ZOOL Se dit d'une espèce domestique retournée à l'état sauvage. PLUR ferals ou féraux. ETY Du lat. *fera*, « bête sauvage ».

fennec

**Feraoun** Mouloud (Tizi Hibel, Kabylie, 1913 – El Biar, 1962), écrivain algérien d'expression française : *le Fils du pauvre* (1950), *les Chemins qui montent* (1957). L'OAS l'assassina.

**fer-blanc** *nm* Tôle d'acier doux recouverte d'une mince couche d'étain. PLUR fers-blancs.

**ferblanterie** *nf* **1** Industrie, commerce d'objets en fer-blanc. **2** Objets en fer-blanc. DER **ferblantier, ière** *n*

Allemagne

**Ferdinand Ier de Habsbourg** (Alcalá de Henares, Espagne, 1503 – Vienne, 1564), fils de Philippe le Beau et de Jeanne la Folle. Époux d'Anne de Hongrie, il fut élu roi de Bohême et de Hongrie (1526). Roi des Romains en 1531, il devint empereur du Saint Empire romain germanique après l'abdication de son frère Charles Quint (1556). Il négocia avec les protestants la paix d'Augsbourg (1555) et avec les Turcs une trêve de huit ans (1562). — **Ferdinand II de Habsbourg** (Graz, 1578 – Vienne, 1637), petit-fils du préc. ; roi de Bohême (1617) et de Hongrie (1618), élu empereur en 1619 ; catholique intransigeant. La révolte des Tchèques (1618) marqua le début de la guerre de Trente Ans, ruineuse pour l'Allemagne. — **Ferdinand III de Habsbourg** (Graz, 1608 – Vienne, 1657), fils du préc. ; roi de Hongrie (1625) et de Bohême (1627), empereur (1637). Il poursuivit la guerre de Trente Ans, qu'il perdit (1648).

Aragon

**Ferdinand Ier le Juste** (Medina del Campo, vers 1380 – Igualada, 1416), roi d'Aragon et de Sicile (1412-1416). — **Ferdinand II le Catholique** (Sos, Aragon, 1452 – Madrigalejo, 1516), roi d'Aragon et de Sicile (1479-1516), roi de Naples (Ferdinand III, 1504-1516), époux (1469) d'Isabelle la Catholique, reine de Castille de 1474 à sa mort (1504). L'union « conjugale » de l'Aragon et de la Castille préfigura l'unification de l'Espagne. Le couple organisa l'Inquisition (1749), acheva la Reconquista (prise de Grenade, 1492), expulsa les juifs non convertis au catholicisme. Le pape leur décerna le titre de Rois catholiques. Régent de Castille à la mort d'Isabelle, Ferdinand II conquit la Navarre, le Milanais, Oran, Bougie et Tripoli.

Autriche

**Ferdinand Ier d'Autriche** (Vienne, 1793 – Prague, 1875), empereur d'Autriche (1835-1848), roi de Bohême et de Hongrie (1830-1848). L'archiduc Louis et le chancelier Metternich gouvernèrent. La révolution de 1848 le contraignit à abdiquer en faveur de son neveu François-Joseph.

Bulgarie

**Ferdinand Ier de Bulgarie** (Vienne, 1861 – Cobourg, 1948), prince de Saxe-Cobourg-Gotha, élu prince de Bulgarie en 1887, tsar des Bulgares (1908-1918). Il abdiqua en faveur de son fils Boris.

Castille puis Espagne

**Ferdinand Ier le Grand** (1017 – en Léon, 1065), roi de Castille (1035-1065). Il prit le Léon et la Navarre. — **Ferdinand III (saint)** (?, vers 1199 – Séville, 1252), fils du roi de Léon, Alphonse IX, et de Bérengère de Castille ; roi de Castille (1217) et de Léon (1230). Il repoussa les Maures vers le Sud. — **Ferdinand IV l'Ajourné** (Séville, 1285 – Jaén, 1312), roi de Léon et de Castille (1295-1312) ; il enleva Gibraltar aux Maures (1310). — **Ferdinand VI le Sage** (Madrid, 1713 – Villaviciosa, 1759), fils de Philippe V d'Espagne et de Marie-Louise de Savoie ; roi d'Espagne de 1746 à 1759. — **Ferdinand VII** (San Ildefonso, 1784 – Madrid, 1833), fils de Charles IV, roi d'Espagne en 1808 (contraint à l'abdication par Napoléon Ier) puis de 1814 à sa mort. Son autoritarisme provoqua la révolution de 1820. Rétabli par l'armée française (1823), il effectua de sanglantes représailles. Il perdit de nombr. colonies américaines. Il fit de sa fille Isabelle son successeur, ce qui provoqua les *guerres carlistes* (V. Carlos).

Deux-Siciles

**Ferdinand Ier de Bourbon** (Naples, 1751 – id., 1825), troisième fils de Charles III d'Espagne, roi de Naples et de Sicile (en 1759 sous le nom de Ferdinand IV). Chassé de Naples par les Français (1806), il y revint en 1815 et prit en 1816 le titre de roi des Deux-Siciles. — **Ferdinand II de Bourbon** (Palerme, 1810 – Caserte, 1859), roi des Deux-Siciles (de 1830 à 1859), fils de François-Xavier Ier. Il écrasa la révolution de 1848 dans ses États.

Flandre

**Ferdinand de Portugal**, dit **Ferrand** (?, 1186 – Douai, 1233), comte de Flandre et de Hainaut par son mariage avec Jeanne de Flandre. Philippe Auguste le captura à Bouvines (1214).

Naples

**Ferdinand Ier** (1423 – 1494), fils naturel d'Alphonse V le Grand, roi d'Aragon ; roi de Sicile péninsulaire (Naples) de 1458 à 1494. VAR **Ferrante** — **Ferdinand II**, dit **Fernandino** (Naples, 1467 – id., 1496), roi de Sicile péninsulaire de 1495 à 1496. — **Ferdinand IV** roi de Naples et de Sicile, puis des Deux-Siciles (voir ci-dessus). — **Ferdinand III** V. Ferdinand II (Aragon) et Ferdinand Ier (Deux-Siciles).

Portugal

**Ferdinand Ier** (Coimbra, 1345 – Lisbonne, 1383), roi de Portugal (1367-1383). Il brigua la couronne de Castille.

Roumanie

**Ferdinand Ier** (Sigmaringen, 1865 – Sinaia, 1927), roi de Roumanie (1914-1927) ; il succéda à son oncle Charles Ier. Rangé aux côtés des Alliés (1916), il agrandit son royaume.

Toscane

**Ferdinand III de Médicis** (Florence, 1769 – id., 1824), archiduc d'Autriche, grand-duc de Toscane de 1790 à 1801 (chassé par le traité franco-autrichien de Lunéville) et de 1814 à 1824.

≪≪≫≫

**Ferdinand de Bavière** (Munich, 1577 – Arnsberg, 1650), archevêque de Cologne ; allié de l'Autriche pendant la guerre de Trente Ans.

**Ferdousī** (Abū al-Qāsim Mansūr, près de Tūs, Khorāsān, v. 930 – id., 1020), poète persan, auteur de l'épopée *Chāh-nāmè* (« le Livre des rois »). VAR **Firdūsī, Firdousi, Ferdūsī**

**Ferdydurke** roman de Gombrowicz (1938).

**-fère** Élément, du lat. *ferre*, « porter ».

**Ferenczi** Sándor (Miskolc, 1873 – Budapest, 1933), médecin et psychanalyste hongrois. *Thalassa, psychanalyse des origines de la vie sexuelle* (1924) entraîna sa rupture avec Freud.

**Fergana** v. d'Ouzbékistan ; 199 000 hab. Pétrole. Industr. text. VAR **Ferghana**

**Fergana** région de l'Ouzbékistan, arrosée par le haut Syr-Daria, qui fait sa richesse agricole. Pétrole. VAR **Ferghana**

**feria** *nf* En Espagne et dans le Midi, fête annuelle comportant des courses de taureaux. PHO [feʀjɔ] ETY Mot esp. VAR **féria**

**férie** *nf* **1** ANTIQ ROM Jour consacré aux dieux, pendant lequel le travail était interdit. **2** LITURG Jour ordinaire, autre que le dimanche et les jours de fête. ETY Du lat. *feria*, « jour de repos ».

**férié, ée** *a* LOC *Jour férié* : jour où l'on ne travaille pas à l'occasion d'une fête civile ou religieuse (par oppos. à *ouvrable*).

**féringien** → **Féroé.**

**férir** *vt* LOC vx *Sans coup férir* : sans combattre ; mod, litt sans difficulté, sans rencontrer de résistance. ETY Du lat. *ferire*, « frapper ».

**ferler** *vt*① MAR Plier une voile ou un pavillon et la, le serrer avec des rabans, l'écoute, etc. ETY P.-ê. de l'angl. DER **ferlage** *nm*

**Ferlinghetti** Lawrence (New York, 1919), éditeur et poète américain de la « beat generation » : *Her* (1960).

**fermage** *nm* **1** Loyer payé pour un domaine dans le bail à ferme. **2** Mode d'exploitation agricole dans lequel, par oppos. au faire-valoir direct et au métayage, le cultivateur prend une terre à bail contre un loyer indépendant des revenus qu'il tire du travail de la terre.

**fermail** *nm* ARCHEOL Agrafe de manteau ; boucle de ceinture. PLUR fermaux.

**fermant, ante** *a* Se dit d'un couteau dont la lame se replie.

**Fermat** Pierre de (Beaumont-de-Lomagne, 1601 – Castres, 1665), mathématicien français. Il établit les bases du calcul infinitésimal et du calcul des probabilités. – *Théorème de Fermat* : « Pour toute puissance $n$ supérieure ou égale à 3, il n'existe pas d'entiers x, y ou z tels que $x^n+y^n=z^n$. » On ne sait si Fermat a démontré ce théorème. En 1994, le japonais Yoichi Miyaokaune proposa une démonstration, suivi par le Britannique Andrew Wiles, en 1995.

**1 ferme** *a, av* **A** *a* **1** Qui offre une certaine résistance. *Un fromage à pâte ferme. La terre ferme.* **2** Qui se tient de façon stable. *Être ferme sur ses pieds.* **3** FIN Dont les cours en Bourse ne baissent pas. **4** Qui n'hésite pas. *Marcher d'un pas ferme. Une voix ferme.* **5** fig Qui ne se laisse pas ébranler. *Être ferme dans ses résolutions.* **6** Qui fait preuve d'autorité. *Être ferme avec les enfants.* **7** Sans sursis, en parlant d'une condamnation. *Prison ferme.* **B** *av* Avec ardeur. *Discuter ferme. Travailler ferme.* LOC ***De pied ferme*** : sans reculer, résolument. ETY Du lat.

**2 ferme** *nf* **1** DR Convention par laquelle le propriétaire d'un fonds de terre, d'une rente, d'un droit, en abandonne la jouissance pour un certain temps et moyennant un prix fixé. *Bail à ferme.* **2** HIST Système où le droit de percevoir certains impôts est délégué par l'État à des particuliers moyennant une redevance forfaitaire ; administration chargée de cette perception. **3** Exploitation agricole louée à ferme. **4** Toute exploitation agricole. *Des produits de la ferme.* **5** Ensemble constitué par l'habitation de l'agriculteur et les bâtiments y attenant. **6** Ensemble de machines produisant de l'énergie renouvelable. *Ferme éolienne. Ferme photovoltaïque.* LOC ***Ferme marine*** : exploitation aquacole. ETY De *Ferme 1*.

**3 ferme** *nf* **1** CONSTR Assemblage d'éléments de charpente disposé verticalement pour servir de support à une couverture. **2** SPECT Décor monté sur des châssis, qui s'élève des dessous de la scène, en avant de la toile de fond. ETY De *fermer*, au sens anc. de « fixer ».

**fermé, ée** *a* **1** Qui ne présente pas d'ouverture ; clos. *Une caisse fermée. Une pièce fermée à clé.* **2** ELECTR Se dit d'un circuit électrique ou magnétique ne présentant pas d'interruption. **3** fig Volontairement peu expansif. *Visage fermé.* **4** Se dit d'un milieu où il est difficile de pénétrer. **5** phon Se dit d'une voyelle prononcée avec resserrement du canal vocal. *Les e fermés de « été ».* **6** LING Se dit d'une syllabe terminée par une consonne prononcée. **7** Se dit d'un vin jeune, dont les arômes sont encore peu perceptibles. **8** fig Insensible à. *Être fermé à toute pitié.* **LOC** PHYS ***Transformation fermée*** : cycle thermodynamique.

**ferme-auberge** *nf* Exploitation agricole qui sert des repas élaborés avec ses propres produits. PLUR fermes-auberges

**fermement** *av* **1** D'une manière ferme. *Tenir très fermement qqch.* **2** Avec assurance, constance. *Croire fermement qqch.*

**ferment** *nm* **1** Agent d'une fermentation. **2** fig Ce qui détermine ou entretient les idées ou les passions. *Un ferment de discorde.* ETY Du lat. DER **fermentaire** *a*

**fermentation** *nf* **1** Dégradation enzymatique (en général anaérobie) d'une substance par un microorganisme (levure, bactérie, etc.). *Fermentations alcoolique, lactique.* **2** fig Effervescence des esprits.

**fermenter** *vi* ① **1** Être en fermentation. **2** fig Être dans un état d'agitation morale contenue. ETY Du lat. DER **fermentable** ou **fermentescible** *a*

**fermenteur** *nm* Appareil dans lequel on effectue des fermentations.

**fermer** *v* ① **A** *vt* **1** Appliquer un objet sur une ouverture pour la boucher. *Fermer une porte.* **2** Isoler de l'extérieur. *Fermer une chambre, un placard.* **3** Rapprocher l'une contre l'autre les parties de qqch. *Fermer les yeux, la bouche.* **4** Interdire l'accès de. *Fermer un port, un établissement. Fermer son cœur à la pitié.* **5** Arrêter la circulation d'un fluide, d'une énergie. *Fermer l'eau, l'électricité.* **6** Éteindre. *Fermer le robinet.* **7** Être le dernier à faire qqch, dans un groupe. *Fermer la marche.* **B** *vi* **1** Être fermé. *Les guichets ferment à midi.* **2** Pouvoir être fermé. *Cette boîte ferme mal.* **LOC** fam ***La fermer*** : se taire. — SPORT ***Fermer le jeu*** : ne pas laisser une offensive se développer. — ***Fermer les yeux sur qqch*** : refuser de voir qqch. — ELECTR ***Fermer un circuit*** : établir les connexions permettant le passage du courant dans un circuit. ETY Du lat. *firmare,* « rendre ferme ».

**fermeté** *nf* **1** État de ce qui est ferme ; compact, résistant. *La fermeté des chairs.* **2** État de ce qui a de la sûreté, de la vigueur. *La fermeté du style. La fermeté d'une touche en peinture.* **3** Énergie morale. *Fermeté d'âme, de caractère.* **4** Autorité, assurance. *Parler avec fermeté.*

**1 fermette** *nf* Petite ferme aménagée pour servir de résidence secondaire.

**2 fermette** *nf* CONSTR Petite ferme de faux comble ou de lucarne.

**fermeture** *nf* **1** Dispositif servant à fermer. *La fermeture s'est coincée.* **2** Action de fermer. *Fermeture automatique des portes.* **3** État d'un établissement fermé. *Fermeture annuelle.* **LOC** ***Fermeture Éclair*** (nom déposé) : fermeture souple à glissière.

**Fermi** **Enrico** (Rome, 1901 – Chicago, 1954), physicien italien. Établi aux É.-U. à partir de 1938, il réalisa à Chicago en 1942 la première pile atomique. P. Nobel (1938). ▷ PHYS NUCL *Statistique de Fermi-Dirac* : loi définissant la probabilité de répartition sur divers niveaux d'énergie des particules de spin « demi-entier » (1/2, 3/2, 5/2...), dits *fermions.*

Fermat

Fermi

**fermier, ère** *n, a* **A** *n* **1** Personne qui prend à ferme un droit. *Compagnie fermière.* **2** Personne qui tient une exploitation agricole avec un bail à ferme ou en tant que propriétaire. **B** *a* De ferme. *Beurre fermier.* **LOC** ***Fermier général*** : qui, sous l'Ancien Régime, prend à ferme la perception de certains impôts.

**Fermina Márquez** roman de Valery Larbaud (1911).

**fermion** *nm* PHYS NUCL Particule obéissant à la statistique de Fermi-Dirac, dont le comportement statistique s'oppose à celui des bosons. *L'électron, le proton et le neutron sont des fermions.* ETY D'un n. pr.

**fermium** *nm* CHIM Élément radioactif artificiel appartenant à la famille des actinides, de numéro atomique Z = 100, de masse atomique 257 (symbole Fm). PHO [fɛʀmjɔm] ETY De *Fermi.*

**fermoir** *nm* Agrafe ou attache qui sert à tenir fermé un livre, un sac, un collier, etc.

**Fernandel** **Fernand Contandin,** dit (Marseille, 1903 – Paris, 1971), acteur et chanteur français. Il interpréta de nombr. rôles comiques : *Angèle* (1934), la série des Don Camillo.

**Fernandes** **Mateus** (m. à Batalha en 1515), architecte portugais : monastère de Batalha, chef-d'œuvre de l'art manuélin.

**Fernández** **Juan** (Carthagène, v. 1536 – ?, v. 1599), navigateur espagnol. Il explora les rivages de l'Amérique du Sud et découvrit l'archipel *Juan Fernández* au large de Valparaiso.

**Fernandez** **Dominique** (Neuilly-sur-Seine, 1929), écrivain et critique français : *Dans la main de l'ange* (1982). Acad. fr. (2007).

**Fernández** **Gregorio** → **Hernández.**

**Fernando de Noronha (îles)** archipel brésilien, de l'Atlantique ; 26 km$^2$ ; 1 300 hab. – Base militaire.

**Fernando Poo** → **Bioco.**

**Ferneyhough** **Brian** (Coventry, 1943), compositeur anglais post-sériel.

**Ferney-Voltaire** ch.-l. de cant. de l'Ain (arr. de Gex) ; 7 083 hab. – Chât. où Voltaire (le « patriarche de Ferney ») vécut. DER **ferneysien, enne** *a, n*

**féroce** *a, nm* **A** *a* **1** Cruel, qui tue par instinct. *Le tigre est un animal féroce.* **2** Cruel, sans pitié. *Un tyran féroce. Un regard féroce.* **3** Épouvantable, farouche. *Un appétit féroce.* **B** *nm* CUIS Antilles Avocat écrasé avec des copeaux de morue et de la farine de manioc, fortement épicé. ETY Du lat. *ferus,* « bête sauvage ». DER **férocement** *av* – **férocité** *nf*

**Féroé** (en danois *Faerøerne*), archipel (18 îles), à 350 km env. au N. de l'Écosse, communauté autonome au sein du Danemark (dep. 1948) ; 1 399 km$^2$ ; 46 000 hab. ; ch.-l. *Thorshavn.* Le climat est tempéré, humide. Princ. ressource : la pêche (morue, hareng). VAR **Færœ** DER **féringien** ou **féroïen, enne** *a, n*

**ferrade** *nf* rég Action de marquer les bestiaux au fer rouge ; fête provençale célébrée à cette occasion.

**ferrage** → **ferrer.**

**ferraillage** *nm* CONSTR Ensemble des armatures qui entrent dans un ouvrage en béton armé. VAR **ferraillement**

**ferraille** *nf* **1** Déchets de métaux ferreux ; pièces hors d'usage en fer, en acier, en fonte. *Un tas de ferraille.* **2** fam Petite monnaie.

**ferrailler** *v* ① **A** *vi* **1** Se battre au sabre ou à l'épée. **2** fig Batailler, s'affronter, se démener, s'escrimer. **B** *vt* CONSTR Munir d'un ferraillage.

**ferrailleur** *nm* **1** Marchand de ferraille. **2** CONSTR Ouvrier spécialisé dans le ferraillage. **3** fig, litt Qui aime se quereller.

**ferrallitique** *a* GEOL Syn. de *latéritique.*

**ferrallitisation** *nf* Syn. de *latéritisation.*

**Ferrante** → **Ferdinand Ier (Naples).**

**Ferrare** v. d'Italie (Émilie-Romagne), ch.-l. de prov., sur un bras du Pô ; 146 740 hab. Marché agric. Industries. – Archevêché. Université. Cath. de style lombard (XIIe-XVe s.). Chât. d'Este (XIVe-XVIe s.). Musée gréco-étrusque. – Ferrare appartint à la famille d'Este de 1240 à 1598, puis à la papauté et fut occupé par l'Autriche de 1814 à 1860. DER **ferrarais, aise** *a, n*

**Ferrari** **Enzo** (Modène, 1898 – id., 1988), constructeur automobile italien. Il fonda en 1929 la société Ferrari.

**Ferrari** **Luc** (Paris, 1929 – Arezzo, 2005), compositeur français. Musique électroacoustique.

**Ferrassie (La)** écart de la com. de Savignac-de-Miremont (Dordogne). – Ensemble de grottes et abris-sous-roche du moustérien.

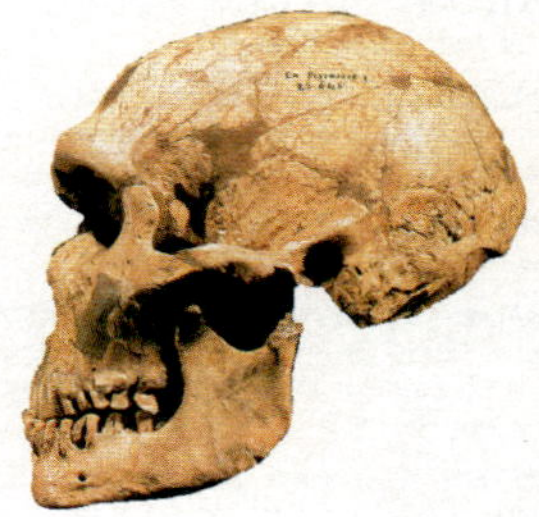

crâne néandertalien découvert en 1909 à **La Ferrassie**

**Ferrat (cap)** cap à l'E. de Nice.

**Ferrat** **Jean Tenenbaum,** dit **Jean** (Vaucresson, 1930 – Aubenas, 2010), auteur-compositeur et chanteur français engagé.

**ferrate** *nm* CHIM Sel dérivant d'un acide ferrique $H_2FeO_4$ non isolé.

**ferratisme** *nm* ALPIN Pratique de la via ferrata, équipement d'une paroi en via ferrata.

**ferratiste** *a, n* **A** *a* Qui concerne les via ferrata. **B** *n* Alpiniste ou randonneur qui suit une via ferrata.

**ferré, ée** *a* Garni de fer. *Souliers ferrés.* **LOC** fam ***Être ferré en, sur un sujet*** : le connaître parfaitement. — ***Voie ferrée*** : voie de roulement constituée par deux rails reliés par des traverses.

**Ferré (le Grand)** paysan français du Beauvaisis dont la lutte et la mort (1358) symbolisèrent la résistance à l'envahisseur anglais.

**Ferré** **Léo** (Monte-Carlo, 1916 – Castelli di Chianti, Toscane, 1993), auteur-compositeur et chanteur français anarchisant.

Fernandel

Léo Ferré

**ferrement** *nm* TECH Syn. de *ferrure.*

**ferrer** *vt* ① **1** Garnir d'un fer, de ferrures. *Ferrer une porte.* **2** Garnir les sabots d'une bête de fers destinés à en éviter l'usure. **3** Accrocher un poisson à l'hameçon en tirant d'un coup sec, après qu'il a mordu. ETY De *fer.* DER **ferrage** *nm*

**Ferrer Guardia** Francisco (Alella, 1859 – Barcelone, 1909), révolutionnaire, pédagogue et éditeur espagnol. Tenu (à tort) pour responsable des émeutes antireligieuses de 1909 à Barcelone, il fut fusillé.

**Ferreri** Marco (Milan, 1928 – Paris, 1997), cinéaste italien, baroque et contestataire : *la Grande Bouffe* (1973), *La Chair* (1991).

**Ferrero** Guglielmo (Portici, 1871 – Mont-Pèlerin, Genève, 1943), historien italien : *Grandeur et décadence de Rome* (1902-1907).

**ferret** *nm* Extrémité d'un lacet, d'une aiguillette. **LOC** MINER *Ferret d'Espagne* : hématite rouge.

**Ferret** (col) col (2 543 m) entre la Suisse et l'Italie.

**ferreux, euse** *a* **1** Qui contient du fer. *Métaux ferreux.* **2** CHIM Qui contient du fer au degré d'oxydation + 2. *Ion ferreux (ion $Fe^{2+}$).*

**ferri-** CHIM Préfixe indiquant la présence du fer au degré d'oxydation + 3.

**Ferri** Enrico (San Benedetto Po, prov. de Mantoue, 1856 – Rome, 1929), criminologue et homme politique italien.

**ferricyanure** *nm* CHIM Ion complexe de fer à l'état d'oxydation +3 : $[Fe(CN)_6]^{3-}$.

**Ferrié** Gustave (Saint-Michel-de-Maurienne, 1868 – Paris, 1932), général français. Il plaça un émetteur radioélectrique au sommet de la tour Eiffel (1903).

**Ferrier** Kathleen (Higher Walton, Lancashire, 1912 – Londres, 1953), cantatrice anglaise ; contralto.

**Ferrière** (Adolphe) (Genève, 1879 – id., 1960), pédagogue suisse et écrivain d'expression française : *l'École active* (1920).

**Ferrières** com. de Seine-et-Marne (arr. de Meaux) ; 1 449 hab. – Égl. du XIIIe s. – J. Favre et Bismarck s'y rencontrèrent les 19 et 20 sept. 1870, dans le château des Rothschild.

**ferrimagnétisme** *nm* PHYS Propriété des corps qui ont un comportement magnétique analogue à celui des ferrites tout en étant souvent des isolants. DER **ferrimagnétique** *a*

**ferrique** *a* CHIM Qui contient du fer au degré d'oxydation + 3. *Ion ferrique (ion $Fe^{3+}$).*

**ferrite** *n* **A** *nm* CHIM Céramique ferrimagnétique, composée de mélanges d'oxydes, dont l'oxyde ferrique $Fe_2O_3$. **B** *nf* METALL Solution solide de carbone dans le fer α, l'un des constituants de l'acier.

**ferro-** **1** METALL Préfixe indiquant la présence de fer dans un alliage. **2** CHIM Préfixe indiquant la présence du fer au degré d'oxydation + 2.

**ferro** *nm* TECH Épreuve photographique sur papier au ferrocyanure de potassium.

**ferrocérium** *nm* TECH Alliage de fer et de cérium, utilisé comme pierre à briquet.

**ferrociment** *nm* TECH Mortier de ciment fortement armé.

**ferrocyanure** *nm* CHIM Ion complexe du fer à l'état d'oxydation + 2 : $[Fe(CN)_6]^{4-}$. *Le bleu de Prusse est le ferrocyanure ferrique.*

**Ferrol (El)** (anc. *El Ferrol del Caudillo*), ville d'Espagne (prov. de La Corogne), port sur l'Atlantique ; 87 700 hab. Chantiers navals. – Patrie du général Franco (le Caudillo).

**ferromagnésien, enne** *a* GEOL Se dit de minéraux riches en fer et en magnésium (micas, pyroxènes, etc.).

**ferromagnétisme** *nm* PHYS Propriété de certaines substances (fer, cobalt, nickel) d'acquérir une forte aimantation lorsqu'on les place dans un champ magnétique extérieur. DER **ferromagnétique** *a*

**Ferron** Jacques (1921 – 1985), écrivain québécois du terroir : *le Ciel de Québec* (1969), *les Confitures de coings* (1977).

**ferronickel** *nm* Alliage de fer et de nickel renfermant au moins 25 % de ce métal, dont il existe divers types (invar, platinite).

**ferronnerie** *nf* **1** TECH Fabrique où l'on façonne de grosses pièces de fer. **2** TECH Ensemble des éléments métalliques d'un édifice. **3** Art du fer forgé ; objets en fer forgé (grilles, rampes, lustres, etc.). ETY De l'a. fr. *ferron*, « marchand de fer ». DER **ferronnier, ère** *n*

**ferronnière** *nf* Bijou formé d'une pierre précieuse maintenue sur le front par un bandeau de métal ou un ruban.

**Ferronnière** (la Belle) (morte v. 1540), femme (d'origine castillane) d'un Parisien nommé Le Ferron, maîtresse de François Ier.

**ferroutage** *nm* TRANSP Transport combiné par remorques routières acheminées sur des wagons de chemin de fer. SYN transport rail-route.

**ferroviaire** *a* Relatif aux chemins de fer. *Trafic ferroviaire.* ETY De l'ital.

**ferrugineux, euse** *a* Qui contient un oxyde ou un sel de fer.

**ferrure** *nf* **1** Garniture de fer, de métal. *Ferrures d'une porte, d'un gouvernail.* SYN ferrement. **2** Action de ferrer un cheval.

**ferry** *nm* fam Ferry-boat. PLUR ferrys ou ferries.

**Ferry** Jules (Saint-Dié, 1832 – Paris, 1893), homme politique français. Plusieurs fois ministre de l'Instruction publique (de 1879 à 1883) et président du Conseil (notam. de fév. 1883 à mars 1885), il fit voter les lois (1881 et 1882) instituant la gratuité, la laïcité et l'obligation de l'enseignement primaire. En 1881, il établit le protectorat sur la Tunisie. La conquête du Tonkin entraîna la chute du ministère Ferry.

Ferrer Guardia

Jules Ferry

**ferry-boat** *nm* Navire spécialement construit pour le transport des rames de wagons et des automobiles. SYN transbordeur. PLUR ferry-boats. PHO [feribot] ETY Mot angl., de *ferry*, « bac », et *boat*, « bateau ». VAR **ferryboat**

**Fersen** Hans Axel (comte de) (Stockholm, 1755 – id., 1810), maréchal suédois. Il s'attacha à Marie-Antoinette et aida la famille royale lors de sa fuite à Varennes, en 1791.

**Fert** Albert (Carcassonne, 1938), physicien français. Prix Nobel de physique 2007 avec l'Allemand Peter Grünberg. Il a découvert la magnétorésistance géante.

**ferté** *nf* vx Endroit fortifié. *Ce mot est resté dans certains noms de villes : La Ferté-Alais, La Ferté-Bernard.* ETY De *fermeté*.

**Ferté-Alais (La)** ch.-l. de cant. de l'Essonne (arr. d'Étampes) ; 3 592 hab. – Maisons anc., égl. (XIe-XII[e] s.). DER **fertois, oise** *a, n*

**Ferté-Bernard (La)** ch.-l. de cant. de la Sarthe (arr. de Mamers), sur l'Huisne ; 9 239 hab. Industries. – Égl. N.-D.-des-Marais (XVe-XVI[e] s.). DER **fertois, oise** *a, n*

**Ferté-Milon (La)** com. de l'Aisne (arr. de Château-Thierry), près de Villers-Cotterêts ; 2 109 hab. Château (XIVe s.). Égl. (XIIe-XVI[e] s.). – Patrie de Racine. DER **milonais, aise** *a, n*

**Ferté-Saint-Aubin (La)** ch.-l. de cant. du Loiret (arr. d'Orléans), en Sologne ; 6 783 hab. – Château (XVIIe s.). DER **fertésien, enne** *a, n*

**Ferté-sous-Jouarre (La)** ch.-l. de cant. de Seine-et-Marne (arr. de Meaux), au confl. de la Marne et du Petit Morin ; 8 584 hab. DER **fertois, oise** *a, n*

**fertile** *a* **1** Qui fournit des récoltes abondantes. *Terre, pays fertile.* SYN fécond. ANT stérile. **2** fig Qui abonde en, est riche en. *Voyage fertile en incidents.* **3** fig Qui produit beaucoup d'idées, d'œuvres, etc. *Imagination fertile. Écrivain fertile.* **4** BIOL Se dit d'une femelle qui peut procréer. **5** PHYS Se dit du noyau d'un élément qui peut devenir fissile après la capture d'un neutron. ETY Du lat. DER **fertilité** *n f*

**fertiliser** *vt* ① Rendre fertile. DER **fertilisable** *a* – **fertilisant, ante** ou **fertilisateur, trice** *a* – **fertilisation** *nf*

**Fertö** (lac) → **Neusiedl (lac).**

**féru, ue** *a* litt Passionné de. *Il est féru d'archéologie.* ETY Pp. de *férir*.

**férule** *nf* **1** Ombellifère à hampe florale très élevée, dont diverses espèces fournissent des gommes. **2** Palette de bois ou de cuir dont on se servait pour frapper les écoliers afin de les punir. **LOC** litt ***Être sous la férule de qqn*** : sous son autorité. ETY Du lat.

**fervent, ente** *a, n* **A** *n* Qui éprouve ou manifeste de la ferveur. *Les fervents de Mozart, de la musique.* **B** *a* Qui comporte de la ferveur. *Oraison fervente. Amour fervent.*

**ferveur** *nf* **1** Ardeur des sentiments religieux. *Prier avec ferveur.* **2** Enthousiasme et amour venant du fond du cœur. *Que de ferveur dans cette étude sur Ronsard !* ETY Du lat. *fervor*, « chaleur ».

**Fès** v. du Maroc, sur l'*oued Fès* ; ch.-l. de la prov. du m. nom ; 450 000 hab. Cap. religieuse et intellectuelle du Maroc, centre touristique. Industries. – Universités (coranique et moderne). – Remparts de la vieille ville (*Fès al-Bali*) aux portes monumentales (Bab Bujlud). Mosquée des Andalous, mosquée Qarawiyyin (IXe-XII[e] s.), medersas, quartiers d'artisans. DER **fassi,ie** *a, n*

**Fès** la Médina

**Fesch** Joseph (Ajaccio, 1763 – Rome, 1839), prélat français ; oncle maternel de Napoléon Ier ; archevêque de Lyon (1801), cardinal (1803), disgracié par l'Empereur (1812).

**fesse** *nf* **1** Chacune des deux parties charnues qui forment le derrière de l'homme et de certains primates. **2** MAR Partie arrondie de l'arrière des anciens voiliers. ETY Du lat. pop. *fissa*, « fente ».

**fessée** *nf* **1** Correction donnée sur les fesses. **2** fig Défaite humiliante.

**fesse-mathieu** *nm* vx Usurier, avare. PLUR fesse-mathieux.

**Fessenheim** com. du Haut-Rhin (arr. de Guebwiller) ; 2 012 hab. Centrale nucléaire.

**fesser** *vt* ① Frapper sur les fesses.

chêne pédonculé (quercus robur)

coupe transversale d'une feuille

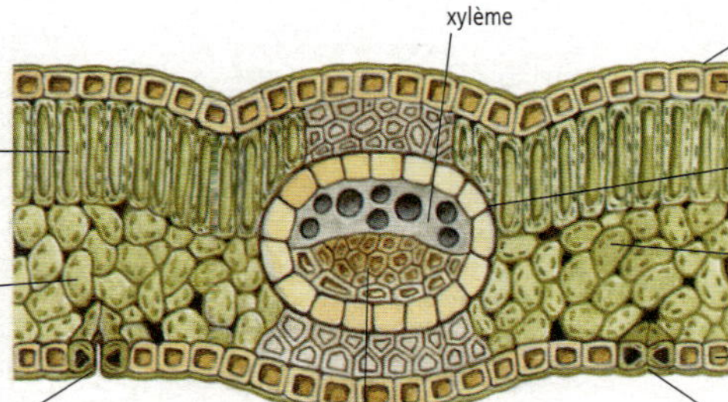

**fessier, ère** *a, nm* **A** *a* ANAT Des fesses. *Muscles fessiers.* **B** *nm* fam Les deux fesses, le derrière.

**fessu, ue** *a* fam Qui a de grosses fesses.

**festif, ive** *a* Relatif à la fête ; qui a le caractère de la fête. *Une ambiance festive.*

**festin** *nm* Repas de fête ; repas somptueux, excellent. ETY De l'ital.

**Festin de l'araignée (le)** ballet-pantomime en un acte (1913) de A. Roussel.

**Festinger Léon** (New York, 1919 – id., 1989), psychosociologue américain. Il a étudié la formation des connaissances, des croyances et leur interaction.

**festival** *nm* **1** Manifestation musicale, cinématographique, théâtrale, etc. organisée à époque fixe. **2** fig Manifestation éclatante. *Cette comédie, quel festival d'esprit !* PLUR festivals. ETY Du lat. *festivus,* « de fête ».

**festivalier, ère** *n, a* **A** Personne qui fréquente un festival. **B** *a* Relatif à un festival. *La saison festivalière.*

**festivités** *nfpl* Fêtes, cérémonies.

**fest-noz** *nm* Fête de nuit bretonne avec musique et danses régionales. PLUR fest-noz ou festou-noz. PHO [festnɔz] ETY Mots celtes.

**feston** *nm* **1** Ornement fait de guirlandes de feuilles et de fleurs suspendues. **2** ARCHI Ornement sculpté imitant ces guirlandes. **3** COUT Bordure brodée formée de dents arrondies. ETY De l'ital. DER **festonner** *vt* ①

**festoyer** *vi* ㉓ Faire la fête, faire bonne chère. ETY De *feste,* forme anc. de *fête.* DER **festoiement** *nm*

**féta** *nf* Fromage de brebis grec. PHO [feta] ETY Mot gr. VAR **feta**

**fêtard, arde** *n* fam Personne qui aime à faire la fête.

**fête** *nf* **1** Jour consacré à commémorer un fait religieux, historique, etc. *La fête de Noël. Fête nationale.* **2** Jour consacré au saint dont une personne porte le nom. *La fête de Pierre.* **3** Réjouissances publiques ou familiales. *Programme de la fête.* **4** fig Grand plaisir. *Ces couleurs, quelle fête pour les yeux !* LOC ***En fête*** : gai, joyeux. — ***Faire fête à qqn*** : lui réserver un accueil très chaleureux. — ***Faire la fête*** : mener joyeuse vie. — ***Fête foraine*** : ensemble d'attractions installées temporairement sur un place publique. — ***N'être pas à la fête*** : être dans une situation très désagréable. — fam ***Ça va être ta fête !*** : formule de menace. ETY Du lat. pop. *festa dies,* « jour de fête ».

**Fête-Dieu** nom que porte en France la fête du Saint Sacrement (dite aussi du *Corpus Christi,* « le corps du Christ »), qui célèbre la transsubstantiation le jeudi qui suit le dimanche de la Trinité.

**fêter** *vt* ① **1** Célébrer une fête. *Fêter Pâques.* **2** Célébrer par une fête. *Fêter un succès.* **3** Accueillir qqn chaleureusement.

**fétiche** *nm* **1** ETHNOL Objet magique, substitut visible d'un esprit auquel s'adresse un culte, dans certaines civilisations. **2** Objet porte-bonheur. **3** PSYCHOPATHOL Objet érotisé par certaines personnes atteintes de perversion sexuelle. **4** PSYCHO Objet qui représente pour l'enfant un substitut du corps maternel. ETY Du lat. *facticius,* « artificiel ». DER **fétichique** *a*

**féticheur** *nm* ETHNOL Celui qui est censé disposer d'un pouvoir magique, dans les religions animistes.

**fétichiser** *vt* ① Considérer qqch à l'égal d'un fétiche, lui porter une admiration excessive. DER **fétichisation** *nf*

**fétichisme** *nm* **1** Culte des fétiches ; en Afrique noire, religion animiste (par oppos. à l'islam et au christianisme). **2** Attachement, admiration excessifs à l'égard de. *Avoir le fétichisme des titres universitaires.* **3** PSYCHOPATHOL Perversion sexuelle qui confère à un objet particulier (vêtement, etc.) ou à une partie du corps du partenaire le pouvoir exclusif de susciter l'excitation érotique. DER **fétichiste** *a, n*

**fétide** *a* Qui sent très mauvais. ETY Du lat. DER **fétidité** *nf*

**Fétis François Joseph** (Mons, 1784 – Bruxelles, 1871), auteur belge d'une *Biographie universelle des musiciens* (8 vol., 1835-1844).

**fettucine** *nf* Pâtes alimentaires coupées en forme de rubans. PHO [fetutʃine] ETY Mot ital.

**fétu** *nm* Brin de paille. ETY Du lat. pop.

**fétuque** *nf* Graminée qui forme la base des prairies naturelles. ETY Du lat.*festuca,* « brin de paille ».

**1 feu, feue** *a* (Ne s'accorde que placé entre le déterminant et le nom.) litt Défunt. *La feue reine. Feu la reine.* ETY Du lat. pop. *fatutus,* « qui a accompli sa destinée ».

**2 feu** *nm, a inv* **A** *nm* **1** Flamme qui accompagne une combustion. *Jouer avec le feu.* **2** fig Chaleur intense. *Les feux de la canicule.* **3** Brûlure. *Le feu du rasoir.* **4** fig Ardeur. *Dans le feu de l'action.* **5** fig Passion. *Un discours plein de feu.* **6** Corps en combustion, allumés pour chauffer, pour cuire. *Un feu de bois. Faire un feu, du feu.* **7** Chaleur dégagée par la combustion. *Cuire à feu doux.* **8** fig, vieilli Foyer, famille. *Un village de vingt feux.* **9** Brûleur ou plaque chauffante d'une cuisinière. *Cuisinière à quatre feux.* **10** Supplice ancien consistant à brûler vif un condamné. *Hérétique condamné au feu.* **11** Ce qui sert à allumer une cigarette, une pipe, etc. *Avez-vous du feu ?* **12** Incendie. *Feu de forêt. Feu de cheminée.* **13** Explosion qui, dans le tube d'une arme, propulse le projectile. *Entendre un coup de feu. Armes à feu.* **14** Tir. *Ouvrir le feu. Feu !* **15** Combat. *Baptême du feu.* **16** Lumière d'éclairage. *Sous les feux des projecteurs.* **17** Signal lumineux. *Phare à feu tournant. Feux de position d'un navire, d'un avion.* **18** Signal lumineux réglant la circulation des voitures, des trains. *Feu rouge, vert, orange.* **19** Éclat très vif. *Les feux d'une pierre précieuse. Un regard de feu.* **B** *nm pl* Source de chaleur d'une chaudière industrielle. *Pousser les feux.* **C** *a inv* Rouge orangé. *Des rubans feu.* LOC fam ***Avoir le feu au derrière, au cul*** : être très pressé. — ***Avoir le feu sacré*** : éprouver un grand enthousiasme pour qqch (notam. pour ce que l'on fait, pour son métier). — ***Coup de feu*** : décharge d'une arme à feu, détonation ; moment de presse, de grande agitation. — ***Donner le feu vert à qqn*** : lui donner l'autorisation de faire telle ou telle chose. — fam ***Du feu de Dieu*** : de façon exceptionnelle. — ***En feu*** : en train de brûler; fig irrité. — ***Être entre deux feux*** : entre deux dangers. — fam ***Être tout feu tout flamme*** : plein d'enthousiasme. — fam ***Faire feu de tout bois*** : utiliser toutes les possibilités. — ***Faire la part du feu*** : vider une partie de terrain, de bâtiment de ce qui peut y brûler pour empêcher un incendie de s'étendre ; fig sacrifier ce qui, de toute manière, est perdu, afin de sauver l'essentiel. — ***Faire long feu*** : échouer. — ***Faire mourir qqn à petit feu*** : lentement et cruellement. — ***Feu d'artifice*** : spectacle de mise à feu de dispositifs pyrotechniques. — ***Feu bactérien*** : très grave maladie des arbres fruitiers. — ***Feu de Bengale*** : pièce d'artifice qui brûle avec une flamme colorée. — ***Feu de joie*** : allumé en plein air en signe de réjouissance. — ***Feu de paille*** : phénomène éphémère. — ***Feu Saint-Elme*** : aigrette lumineuse d'origine électrique qui apparaît quelquefois pendant un orage au sommet d'un corps élevé et terminé en pointe. — fam ***Il n'y a pas le feu (au lac)*** : rien ne presse. — ***Mettre à feu et à sang*** : ravager par l'incendie et le massacre. — ***Ne pas faire long feu*** : ne pas durer bien longtemps. — fam ***N'y voir que du feu*** : ne rien voir, ne rien comprendre ; être abusé. — ***Pleins feux sur*** : se dit quand on concentre l'attention sur qqn, qqch. — litt ***Sans feu ni lieu*** : sans foyer, sans domicile. ETY Du lat. *focus,* « foyer ».

**Feu, journal d'une escouade (le)** récit de Barbusse (1916) montrant l'horreur de la Première Guerre mondiale.

**Feuardent François** (Coutances, 1539 – Paris, 1610), moine et prédicateur français qui lança des diatribes contre Henri III et Henri IV.

**feudataire** *n* FEOD Personne possédant un fief et devant foi et hommage à son suzerain. ETY Du lat. médiév.

**Feuerbach Ludwig** (Landshut, 1804 – Rechenberg, près de Nuremberg, 1872), philosophe allemand. Parti de l'hégélianisme, il se rallia au matérialisme (ce qui inspira Marx). Dans *l'Essence du christianisme* (1841), il analyse l'aliénation religieuse.

**Feuillade Louis** (Lunel, 1873 – Nice, 1925), cinéaste français, auteur de films à épisodes : *Fantômas* ( 1913-1914), *les Vampires* (1915).

**feuillage** *nm* **1** Ensemble des feuilles d'un arbre, d'un arbuste ou d'une autre grande plante. **2** Branches coupées garnies de feuilles. *Disposer des feuillages dans un vase.* **3** Ornement représentant des feuilles.

**feuillaison** *nf* Développement des jeunes feuilles ; époque où elles apparaissent.

**feuillant, antine** *nm* Religieux, religieuse membre d'un ancien ordre détaché des cisterciens, réformé par Jean de La Barrière en 1577 et dissous en 1791.

**feuillantine** *nf* Pâtisserie feuilletée.

**Feuillants (Club des)** club politique (Sieyès, La Fayette, Barnave) qui siégea de juil. 1791 à août 1792 dans le couvent des Feuillants, rue Saint-Honoré (Paris 1er). Modéré, il domina l'Assemblée législative avec les Girondins.

**feuillard** *nm* **1** TECH Branche souple fendue en deux, servant à cercler un tonneau. **2** TECH Bande de fer plate servant à cercler des emballages. **3** METALL Tôle mince obtenue par laminage à froid.

**feuille** *nf* **1** Partie d'un végétal, généralement verte, plate et mince, qui naît des tiges et des rameaux. *Balayer les feuilles mortes.* **2** Bractée de l'artichaut, portant à sa base une partie comestible. **3** Pétale. *Feuilles de rose.* **4** Morceau de papier quadrangulaire. *Une feuille de papier à lettres.* **5** Document portant des indications. *Feuille de paie. Feuille de route.* **6** Journal. *Une feuille de province.* **7** Plaque très mince. *Feuille de tôle.* **8** Couperet de boucher à lame mince. LOC ***Bonnes feuilles*** : feuilles d'un livre tirées définitivement (avant la reliure et la publication). — fam ***Feuille de chou*** : journal médiocre. — ***Feuille de chêne*** : laitue brune à feuilles très découpées. — ***Feuille de route*** : calendrier prévisionnel du règlement d'un conflit, d'un processus quelconque, échéancier. — fam ***Feuille de vigne*** : ce qui sert à cacher qqch de honteux (de la feuille placée sur le sexe des personnages nus des tableaux anciens). ETY Du lat.

ENC La feuille est présente chez tous les végétaux supérieurs. Celle des angiospermes dicotylédones comprend 4 parties : la base foliaire, partie intégrante de la tige ; le limbe, vaste et mince surface exposée à la lumière ; le pétiole, étroit support du limbe ; les nervures, faisceaux conducteurs de la sève. La feuille des monocotylédones a rarement un pétiole et presque toujours des nervures parallèles. Persistantes ou caduques, les feuilles sont le siège : de la *photosynthèse ;* de la *réduction des nitrates* absorbés par la racine et qui entreront dans la composition des protéines ; de la synthèse de substances nécessaires aux autres organes de la plante ; d'une évaporation intense (par les stomates) qui crée dans la plante une dépression responsable en partie de l'ascension de la sève brute (aspiration foliaire). ▶ pl. p. 609

**feuillée** *nf* **A** litt Feuillage des arbres formant abri. **B** *nf pl* MILIT Tranchée servant de latrines.

**feuille-morte** *a inv* Qui a la couleur brun-roux des feuilles mortes.

**Feuillère** Edwige Cunati, dite Edwige (Vesoul, 1907 – Paris, 1998), actrice française de théâtre et de cinéma : *la Duchesse de Langeais* (1942), *l'Aigle à deux têtes* (1948).

**Feuilles d'automne (les)** recueil poétique de Victor Hugo (1831).

**Feuilles d'herbe** recueil de poèmes de W. Whitman (prem. éd., 1855 ; dernière éd., 1892).

**feuillet** *nm* **1** Chacune des feuilles d'un livre, d'un cahier, etc. *Un feuillet comporte deux pages, le recto et le verso.* **2** Troisième poche de l'estomac des ruminants. **3** ANAT Une des membranes constituantes des séreuses. *Feuillet pariétal, viscéral.* **4** BIOL Couche cellulaire, unie ou stratifiée. *Ectoderme, mésoderme et endoderme sont les trois feuillets constitutifs des cœlomates.* **5** TECH Planche mince utilisée en menuiserie.

**Feuillet** Octave (Saint-Lô, 1821 – Paris, 1890), romancier français : *Roman d'un jeune homme pauvre* (1858).

**Feuillet** Raoul Auger (v. 1660 – v. 1710), chorégraphe français qui inventa un système de notation chorégraphique.

**feuilletage** *nm* CUIS Action de feuilleter la pâte ; pâte feuilletée.

**feuilleté, ée** *a, nm* **A** *a* Formé de minces couches superposées. **B** *nm* Pâtisserie faite avec de la pâte feuilletée. *Feuilleté aux amandes.*

**feuilleter** *vt* ⑱ ou ⑳ **1** Tourner les feuilles d'un livre, d'un cahier, etc., que l'on lit hâtivement. **2** TECH Diviser en feuilles minces. **LOC** CUIS ***Feuilleter la pâte :*** la travailler en la pliant plusieurs fois pour obtenir, à la cuisson, une pâte qui se divise en fines feuilles superposées. DER **feuillettement** ou **feuillètement** *nm*

**feuilletis** *nm* **1** TECH Point d'une carrière où l'ardoise est facile à trancher. **2** Angle tranchant d'un diamant, d'une pierre précieuse.

**feuilleton** *nm* **1** Chronique régulière dans un journal. *Feuilleton littéraire.* **2** Chacun des fragments d'un roman publié dans un périodique ; roman ainsi publié. *Un roman-feuilleton.* **3** Film, histoire découpés en épisodes de même durée. *Feuilleton radiophonique, feuilleton télévisé.* DER **feuilletonesque** *a* – **feuilletoniste** *n*

**feuillette** *nf* Tonneau de 110 à 140 litres.

**feuillu, ue** *a, nm* **A** *a* Qui a une grande quantité de feuilles. *Buisson feuillu.* **B** *nm* Arbre à feuilles typiques, généralement caduques, par oppos. aux arbres à feuilles aciculaires (conifères, par ex.).

**feuillure** *nf* TECH Entaille pratiquée dans un panneau pour recevoir une autre pièce.

**feuler** *vi* ① Pousser un cri, en parlant de certains félins (tigre, notam.) ; gronder, en parlant du chat. ETY Du lat. *felis,* « chat ». DER **feulement** *nm*

**feutre** *nm* **1** Étoffe non tissée faite de poils ou de laines agglutinés et foulés. **2** Chapeau de feutre. **3** TECH Étoupe servant à boucher. **4** Stylo, crayon dont la pointe est faite de feutre ou de fibres synthétiques. ETY Du frq.

**feutré, ée** *a* **1** Garni de feutre pour insonoriser, amortir les chocs. **2** fig Silencieux, discret. *Atmosphère feutrée.* **3** Se dit d'une étoffe à laquelle on a donné l'aspect du feutre ou qui a pris accidentellement cet aspect. *Lainage feutré.* **LOC** ***Marcher à pas feutrés :*** sans faire de bruit.

**feutrer** *v* ① **A** *vt* **1** Garnir de feutre. **2** Transformer du poil ou de la laine en feutre. **3** TECH Agglomérer les fibres du papier. **4** Donner accidentellement à une étoffe l'aspect du feutre. *Un lavage fait sans précaution peut feutrer les lainages.* **5** Amortir les sons. *Tapis qui feutre le bruit des pas.* **B** *vi, vpr* Prendre l'aspect du feutre. *Un lainage qui feutre ou se feutre au lavage.* DER **feutrage** *nm*

**feutrine** *nf* Tissu de laine feutré, léger mais de bonne tenue.

**Féval** Paul (Rennes, 1817 – Paris, 1887), auteur français de nombr. romans d'aventures, notam. *les Mystères de Londres* (1844) et *le Bossu* (1858).

**fève** *nf* **1** Plante potagère (papilionacée). **2** Graine de cette plante, semblable à un gros haricot plat, de goût plus fort, légèrement amer. **3** Canada Haricot sec. **4** Figurine de porcelaine, de matière plastique, etc. (autrefois : fève) qu'on cache dans une galette pour tirer les rois le jour de l'Épiphanie. **5** Nom cour. des graines de divers végétaux. ETY Du lat.

**fèverole** *nf* Variété fourragère de fève, à tige plus longue et à grains plus petits que ceux de la fève potagère. VAR **féverole, faverole**

**févier** *nm* Arbre ornemental à graines comestibles (césalpiniacée) généralement épineux, originaire d'Amérique du N. et acclimaté en France.

**février** *nm* Second mois de l'année, qui compte 28 jours les années ordinaires et 29 jours les années bissextiles. ETY Du lat. class. *februarius,* « mois de purification ».

**février 1848 (journées des 22, 23 et 24)** journées révolutionnaires à l'issue desquelles, après une sévère répression (52 morts), Louis-Philippe fut renversé (le 24). Le gouvernement provisoire de la République fut institué. V. Révolution de 1848.

**février 1917 (révolution russe de)** soulèvement qui commença le 8 mars (23 février dans le calendrier russe) à Pétrograd par une grève et la mutinerie des régiments chargés de la répression. Le 13 mars, un gouvernement provisoire et un soviet des ouvriers et des soldats se constituèrent ; le 15 mars, Nicolas II abdiqua.

**février 1934 (journée du 6)** journée où les ligues de droite organisèrent une manifestation pour protester, après l'affaire Stavisky, contre le parlementarisme. Place de la Concorde, la fusillade de la police fit une vingtaine de morts et plus de 2 000 blessés. La gauche organisa une contre-manifestation le 9 fév. (il y eut 8 morts), puis une grève générale le 12, ce qui annonçait le Front populaire.

**Feydeau** Georges (Paris, 1862 – Rueil, 1921), auteur français de vaudevilles : *Un fil à la patte* (1894), *le Dindon* (1896), *la Dame de chez Maxim* (1899), *Occupe-toi d'Amélie !* (1908), *On purge bébé* (1910).

Georges Feydeau

**Feyder** Jacques Frédérix, dit Jacques (Ixelles, 1888 – Rives-de-Prangins, Suisse, 1948), cinéaste français : *l'Atlantide* (1921), *le Grand Jeu* (1934), *Pension Mimosas* (1935), *la Kermesse héroïque* (1935), *la Loi du Nord* (1942).

**Feyerabend** Paul (Vienne, 1924 – Genolier, Suisse, 1994), philosophe autrichien, de tendance anarchiste : *Adieu la Raison* (1987).

**Feynman** Richard Phillips (New York, 1918 – Los Angeles, 1988), physicien américain. Sa théorie quantique des champs lui valut le P. Nobel de physique en 1965 avec J. S. Schwinger et S. Tomonaga.

**Feyzin** com. du Rhône (arr. de Lyon) ; 8 469 hab. Centre pétrolier. DER **feyzinois, oise** *a, a*

**fez** *nm* Coiffure de forme tronconique parfois portée par les hommes dans certains pays musulmans. PHO [fez] ETY Du n. pr. *Fez,* ancien nom de Fès.

**Fezzan** vaste plateau ancien (550 000 km$^2$), au S.-O. de la Libye, en grande partie désertique ; la pop., formée d'Arabes, de Touareg et de Toubous, se regroupe dans quelques oasis ; ville princ. *Sebha.* – Incorporé à l'Empire romain (19 av. J.-C.), christianisé, conquis par les Arabes (VIIe s.), le Fezzan fut annexé à l'Empire ottoman (1842), occupé par les Italiens (1930) puis par les Français (1941-1942), qui le cédèrent à la Libye en 1955.

**FFI** sigle de *Forces françaises de l'intérieur,* qui regroupèrent en 1944 tous les résistants.

**FFL** sigle de *Forces françaises libres* (terrestres, maritimes, aériennes), qui, ralliées au général de Gaulle, continuèrent la lutte après l'armistice de juin 1940.

**fi** *interj* vx Exprime le dégoût, le mépris. **LOC** mod, litt ***Faire fi de :*** mépriser, dédaigner. ETY Onomat., pt.-ê. rad. du lat. *fimus,* « fumier ».

**fiabiliser** *vt* ① Rendre fiable ou plus fiable.

**fiable** *a* **1** TECH Qualifie un appareil possédant une probabilité de bon fonctionnement pendant un temps donné. **2** Se dit d'une chose, d'une personne à laquelle on peut se fier. DER **fiabilité** *nf*

**FIAC** acronyme pour *Foire internationale d'art contemporain.* Elle se tient à Paris depuis 1974.

**fiacre** *nm* Voiture hippomobile, de louage, à l'heure ou à la course. ETY De saint *Fiacre,* à cause de l'effigie de ce saint sur une maison où se trouvaient ces sortes de voitures.

**Fiacre (saint)** (VIIe s.), ermite venu d'Écosse dans la région de Meaux, dont l'évêque lui donna un terrain à cultiver. Patron des jardiniers.

**Fianarantsoa** v. de Madagascar, sur les hauts plateaux, au S.-E. de l'île ; 130 000 hab. ; ch.-l. de la prov. du m. nom.

**fiançailles** *nf pl* **1** Cérémonie familiale qui accompagne une promesse mutuelle de mariage. *Bague de fiançailles.* **2** Temps qui s'écoule entre cette cérémonie et le mariage.

**fiancer (se)** *vpr* ⑫ S'engager au mariage par la cérémonie des fiançailles. *Il s'est fiancé avec la fille d'Untel.* ETY De l'a. fr. *fiance,* « engagement ». DER **fiancé, ée** *n*

**Fiancés (les)** roman de Manzoni (1825-1827 ; 2e éd. revue, 1840-1842), vaste fresque hist. de la Lombardie entre 1628 et 1630.

**Fianna Fáil** (« guerriers du destin »), parti politique irlandais, nationaliste et républicain. Fondé par Eamon De Valera (1927), il gouverne l'Irlande avec le Fine Gæl.

**fiasco** *nm* **1** Défaillance sexuelle. **2** Échec complet. ETY De l'ital.

**fiasque** *nf* Bouteille à long col et à large panse, entourée de paille tressée, en usage en Italie. ETY De l'ital.

**Fiat** société italienne de construction automobile créée en 1899, à Turin, par Giovanni Agnelli.

**Fibonacci** Leonardo (Pise, v. 1175 - id., v. 1250), mathématicien italien qui fit connaître la mathématique arabe.

**fibranne** *nf* TECH Tissu artificiel formé de fibres courtes (rayonne, par ex.). ETY Nom déposé.

**fibrate** *nm* PHARM Médicament diminuant le taux de lipides sanguins.

**fibre** *nf* **1** Expansion cellulaire allongée et fine, isolée ou groupée avec d'autres en faisceau.

*Fibres musculaires, nerveuses et conjonctives.* **2** fig, litt Disposition à éprouver certains sentiments. *La fibre poétique.* **3** BOT Cellule très longue dont la paroi cellulosique épaisse, imprégnée ou non de lignine, constitue un élément de soutien de la plante. **4** Filament constitué par les parois cellulosiques des cellules de certaines plantes, que l'on utilise dans l'industrie textile. *Fibre du chanvre, du lin, du coton.* **4** BIOL Constituant alimentaire formé essentiellement par les résidus cellulosiques des végétaux. **LOC** ***Fibre de bore, fibre de carbone*** : fibres à résistance très élevée utilisées, notam. dans l'industrie aérospatiale, pour la réalisation de matériaux composites. — PHYS ***Fibre optique*** : fibre de verre utilisée pour la transmission d'informations (composée d'une âme et d'un revêtement dont les indices de réfraction sont différents, elle permet le transport de signaux lumineux sur des trajets non rectilignes). — CHIM ***Fibres de verre*** : filaments obtenus par étirage de verre fondu, qui entrent notam. dans la fabrication des matériaux composites. ETY Du lat. DER **fibreux, euse** *a*

**a. fibre à saut d'indice**

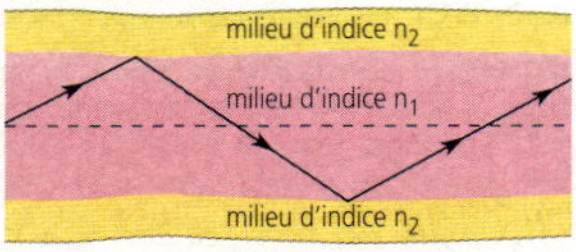


le rayon lumineux subit une réflexion totale lorsqu'il heurte un milieu dont l'indice de réfraction est différent ; il parcourt donc une ligne brisée

**b. fibre à gradient d'indice**

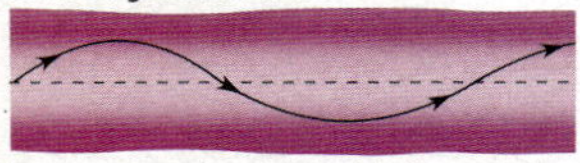

l'indice croît vers la périphérie de la fibre ; aussi le rayon décrit-il une trajectoire d'allure sinusoïdale

▌**fibre** optique

**fibrillation** *nf* MED Trémulation désordonnée des fibres musculaires avec paralysie des cavités intéressées. **LOC** ***Fibrillation auriculaire*** : syndrome dans lequel l'oreillette se met en arythmie provoquant fatigue et palpitations. — ***Fibrillation ventriculaire*** : forme d'arrêt cardiaque.

**fibrille** *nf* **1** Petite fibre. **2** ASTRO Filament observé dans la chromosphère autour d'une tache solaire. DER **fibrillaire** *a*

**fibrine** *nf* BIOCHIM Protéine insoluble qui forme la majeure partie du caillot sanguin. DER **fibrineux, euse** *a*

**fibrinogène** *nm* BIOCHIM Précurseur protéique de la fibrine, synthétisé par le foie.

**fibrinolyse** *nf* BIOCHIM Dissolution du caillot de fibrine.

**fibrinolysine** *nf* BIOCHIM Ferment capable d'activer la prothrombine et de dissoudre la fibrine et le fibrinogène.

**fibrinolytique** *a, nm* Se dit d'une substance susceptible de dissoudre les caillots sanguins.

**fibro-** Élément, de *fibre*.

**fibroblaste** *nm* BIOL Cellule fusiforme du tissu conjonctif, participant à l'élaboration du collagène et d'un grand nombre de composants de la substance fondamentale.

**fibrociment** *nm* CONSTR Matériau constitué de ciment et autrefois d'amiante, remplacé auj. par d'autres fibres. ETY Nom déposé.

**fibrocyte** *nm* BIOL Cellule de tissu conjonctif, succédant au fibroblaste.

**fibroïne** *nf* Protéine constitutive de la soie.

**fibromatose** *nf* MED Développement de tumeurs fibreuses, de fibromes.

**fibrome** *nm* MED **1** Tumeur bénigne formée de tissu fibreux. **2** Fibrome de l'utérus. DER **fibromateux, euse** *a*

**fibromyalgie** *nf* Affection rhumatismale provoquant des douleurs intenses des muscles et des tendons. DER **fibromyalgique** *a, n*

**fibromyome** *nm* MED Tumeur bénigne touchant à la fois le tissu fibreux et le tissu musculaire.

**fibroscope** *nm* MED Endoscope souple, de faible diamètre, constitué par des fibres optiques.

**fibroscopie** *nf* MED Endoscopie au moyen d'un fibroscope. DER **fibroscopique** *a*

**fibrose** *nf* MED Transformation fibreuse de certaines formations pathologiques (caverne pulmonaire, par ex.).

**fibule** *nf* ARCHEOL Agrafe, boucle ou broche servant à fixer un vêtement. ETY Du lat.

**fic** *nm* VETER Grosse verrue des animaux domestiques (cheval, bœuf, etc.). ETY Du lat.

**ficaire** *nf* BOT Renonculacée tubéreuse vivace, dont les fleurs jaune d'or apparaissent au printemps, très répandue dans les sous-bois humides. ETY Du lat. *ficus*, « verrue ».

**ficelé, ée** *a* **1** Attaché avec de la ficelle. **2** fam Habillé. *Être mal ficelé.* **3** fam Fabriqué, conçu, écrit. *Un roman bien ficelé.* **4** fam Achevé, terminé. *Une affaire ficelée.*

**ficeler** *vt* ⑦ ou ⑲ **1** Lier avec de la ficelle. *Ficeler un paquet.* **2** fig, fam Élaborer, conclure. *Ficeler une réforme avant les élections.* DER **ficelage** *nm*

**ficelle** *nf* **1** Corde très mince. **2** milit Galon d'officier. **3** Baguette de pain très mince. **LOC** fam ***Bouts de ficelles*** : moyens très pauvres, inadaptés. — ***Les ficelles du métier*** : ses astuces, ses trucs. — fam ***Grosse ficelle*** : ruse grossière. — fam ***Tirer les ficelles*** : faire mouvoir des marionnettes par des fils invisibles ; fig faire agir les autres sans être connu. ETY Du lat. pop.

**fiche** *nf* **1** Feuille de papier ou de carton sur laquelle on inscrit des renseignements destinés à être classés. *Remplir une fiche.* **2** TECH Cheville. **3** ELECTR Broche ou paire de broches protégée par un isolant et servant à raccorder deux conducteurs. **4** TRAV PUBL Partie d'un pieu ou d'un profilé métallique enfoncée dans le sol. **5** JEU Jeton servant de monnaie conventionnelle dans un jeu.

**1 ficher** *v* ① (*fichu* au participe passé) fam **A** *vt* **1** Mettre, donner avec force. *Ficher qqn dehors. Ficher une claque.* **2** Faire. *Il n'a rien fichu cette année.* **B** *vpr* Se moquer. *Se ficher de qqn. Je m'en fiche !* **LOC** ***Ficher la paix*** : laisser tranquille. — ***Fichez le camp !*** : déguerpissez ! — ***La ficher mal*** : faire mauvaise impression. ETY Du lat. *figere*, « attacher ». VAR **fiche**

**2 ficher** *vt* ① **1** Noter un renseignement sur une fiche. **2** Faire figurer qqn dans un fichier documentaire, de police, etc. **3** Enfoncer la pointe. DER **fichage** *nm*

**Fiches (affaire des)** scandale dû au général André, ministre de la Guerre (1901-1904), qui avait établi pour chaque officier une fiche notant ses opinions politiques et religieuses.

**Fichet Guillaume** (Le Petit-Bornand, Savoie, 1433 – Rome, v. 1480), théologien français. Recteur de la Sorbonne (1467), il y installa la première imprimerie française.

**fichier** *nm* **1** Ensemble de fiches ; meuble où elles sont classées. **2** INFORM Ensemble d'informations de même nature destinées à être traitées par l'ordinateur ; support sur lequel ces informations sont enregistrées.

**Fichte Johann Gottlieb** (Rammenau, Saxe, 1762 – Berlin, 1814), philosophe allemand. Annonçant Hegel, Fichte affirme que la raison se crée elle-même et crée la Nature, et que la conquête de la liberté est le moteur du progrès moral : *Fondements du droit naturel* (1796), *Système de la morale* (1798), *Discours à la nation allemande* (contre Napoléon Ier, 1807).

**Fichtelgebirge** (« monts aux épicéas »), massif de Bavière ; 1 051 m au Schneeberg.

**fichtre !** *interj* fam Marque l'admiration, l'étonnement, le mécontentement. *Fichtre ! Quel beau cadeau !* ETY Croisement entre *ficher* et *foutre*.

**fichtrement** *av* fam Extrêmement.

**1 fichu, ue** *a* fam **1** Mauvais, détestable, désagréable. *Un fichu caractère.* **2** Qui est dans un état désespéré. *Il est fichu.* **3** Qui est inutilisable. *La bouilloire est fichue.* **LOC** ***Être fichu de*** : être capable de. — ***Mal fichu*** : mal conformé ou un peu souffrant. ETY De *ficher*, d'apr. *foutu*.

**2 fichu** *nm* Petite pièce d'étoffe triangulaire que les femmes se mettent sur les épaules ou sur la tête. ETY Probabl. de *fichu 1*, « mis à la hâte ».

**Ficin Marsile** (Figline, Toscane, 1433 – Careggi, Florence, 1499), humaniste italien ; traducteur de Platon et de Plotin.

**fictif, ive** *a* **1** Imaginaire, inventé. *Personnage fictif.* **2** FIN Qui n'existe qu'en vertu d'une convention (valeurs). DER **fictivement** *av*

**fiction** *nf* **1** Tout ce qui relève de l'imaginaire. *Parfois la réalité dépasse la fiction.* **2** Œuvre, genre littéraire dans lesquels l'imagination a une place prépondérante. **LOC** DR ***Fiction légale*** : introduite par la loi pour produire certains effets juridiques. ETY Du lat. DER **fictionnel, elle** *a*

**fictionnaliser** *vt* ① Donner le statut d'une fiction à des faits réels. *La version fictionnalisée d'un crime passionnel.*

**ficus** *nm* Figuier d'ornement appelé aussi caoutchouc. PHO [fikys] ETY Mot lat.

**fidéicommis** *nm* DR Disposition testamentaire selon laquelle une personne reçoit une chose qu'elle doit transmettre à une autre. ETY Du lat. jur. *fideicommissum*, « ce qui est confié à la bonne foi ».

**fidéisme** *nm* THEOL Doctrine selon laquelle la connaissance des vérités premières ne peut être fondée que sur la foi ou la révélation divine. DER **fidéiste** *a, n*

**fidèle** *a, n* **A** *a* **1** Qui remplit ses engagements. *Fidèle à sa parole.* **2** Constant dans son attachement. *Chien fidèle. Être fidèle à ses principes.* **3** Qui n'a de relations amoureuses qu'avec une seule personne. **4** Qui respecte la vérité. *Historien fidèle. Portrait fidèle.* **5** Sûr, fiable. *Mémoire fidèle.* **6** PHYS Se dit d'un appareil qui donne de la même grandeur la même valeur, quel que soit l'instant de la mesure. **B** *n* **1** Personne qui professe une religion. *Église pleine de fidèles.* **2** Personne qui montre de la fidélité pour qqch. *C'est un fidèle de nos réunions.* ETY Du lat. *fides*, « foi ». DER **fidèlement** *av* – **fidélité** *nf*

**Fidelio** (ou *l'Amour conjugal*) opéra en 2 actes de Beethoven (1814) d'après *Léonore* (1798), drame de Jean Nicolas Bouilly (1763 – 1842).

**fidéliser** *vt* ① Rendre fidèle une clientèle, un auditoire. DER **fidélisation** *nf*

**Fidji (îles)** État du Pacifique S. situé au N.-N.-E. de la Nouvelle-Calédonie ; archipel composé de 326 îles, dont une centaine sont habitées : *Viti Levu* (10 497 km²), *Vanua Levu* (5 534 km²), *Taveuni* (435 km²), *Kandavu* (409 km²), etc. 900 000 hab. ; cap. *Suva* (Viti Levu). Langue off. : anglais. Monnaie : dollar des îles Fidji. Population : Fidjiens d'origine mélano-polynésienne (49,1 %), Indiens (45,9 %), Européens, métis d'Européens, Chinois. Relig. : hindouisme, égl. méthodiste, catholicisme, islam. VAR **Fiji** DER **fidjien, enne** *a, n*

**Géographie** Montagneuses, volcaniques ou coralliennes, les îles Fidji ont un climat tropical et subissent parfois des cyclones. La population, rurale à 49 %, s'accroît de 1,7 % par an. Les Indiens, introduits à la fin du XIXe s. par les Britanniques, contrôlent l'économie. Ressources : canne à sucre, riz, manioc, noix de coco, igname ; pêche ; or (Viti Levu), manganèse ; industries agro-alimentaires et textiles ; tourisme en plein essor. L'université du Pacifique-Sud, à Suva, a été financée par les États de la région. **Histoire** Découvertes par A. Tasman (1643), explorées par Cook (1774) et Dumont d'Urville (1827), colonie brit. en 1874, les îles Fidji devinrent indép. en 1970, au sein du Commonwealth. Le parti de l'Alliance (fidjien) gouverna grâce à des coalitions compliquées. Les conflits entre les communautés mélanésienne et indienne sont à l'origine de différents coups d'État interrompant plusieurs fois le régime démocratique : en 1987, avec le colonel Sitiveni Rabuka, en 2000 avec George Speight, homme d'affaires mélano-fidjien et en 2006 avec l'amiral Voreqe Bainimarama. Ces renversements de gouvernement visant à écarter les Indo-Fidjiens du pouvoir provoquent l'exclusion régulière des îles Fidji du Commonwealth. ▶ carte **Océanie**

**fidjien** *nm* Langue mélanésienne parlée aux îles Fidji.

**fiduciaire** *a* **1** ECON Se dit de valeurs fondées sur la confiance que le public accorde à l'organisme émetteur. *Le billet de banque est une monnaie fiduciaire.* **2** Se dit d'une société s'occupant de la comptabilité, du contentieux et des impôts pour le compte de personnes morales ou physiques. **3** DR Chargé d'un fidéicommis. *Héritier fiduciaire.* [ETY] Du lat. *fiducia,* « confiance ».

**fiducie** *nf* DR Transfert d'une entreprise à un tiers pour qu'il la gère moyennant rémunération.

**fief** *nm* **1** FEOD Domaine possédé par un vassal reconnaissant la suzeraineté du seigneur qui le lui a donné en échange de services. **2** fig Domaine exclusif de qqn. *Fief électoral.* [ETY] Du frq. *fëhu,* « bétail ».

**fieffé, ée** *a* péjor Qui a tel vice, tel défaut au suprême degré. *Un fieffé coquin.*

**fiel** *nm* **1** Bile de certains animaux. **2** fig Animosité engendrée par l'amertume. *Des propos pleins de fiel.* [ETY] Du lat. [DER] **fielleux, euse** *a*

**Field** John (Dublin, 1782 – Moscou, 1837), pianiste et compositeur irlandais (*Nocturnes*).

**Field** Cyrus (Stockbridge, Mass., 1819 – New York, 1892), industriel américain. Il posa le prem. câble télégraphique sous-marin entre l'Amérique du Nord et l'Europe (1858-1866).

**Fielding** Henry (Sharpham Park, près de Glastonbury, Somersetshire, 1707 – Lisbonne, 1754), écrivain anglais. Auteur prolifique de comédies, il se tourna vers le roman : *les Aventures de Joseph Andrews* (1742) ; *Histoire de Tom Jones, enfant trouvé* (1749), chef-d'œuvre réaliste qui fait de lui le père du roman anglais ; *Amelia* (1751).

**Fields** John Charles (Hamilton, 1863 – Toronto, 1932), mathématicien canadien. – *Médaille Fields :* prix international décerné tous les quatre ans, depuis 1936, à un ou plusieurs jeunes mathématiciens.

**Fields** William Claude Dukinfield, dit W.C. (Philadelphie, 1879 – Pasadena, 1946), acteur américain burlesque : *Mon petit poussin chéri* (1940).

**fiente** *nf* Excrément de certains animaux, en particulier des oiseaux. [ETY] Du lat. pop.

**fienter** *vi* [1] Expulser de la fiente.

**-fier** Suffixe verbal, du lat. *ficare,* de *facere,* « faire ».

**1 fier, fière** *a, n* **A** Hautain, méprisant. *Fier comme un paon. Faire le fier, la fière.* **B** *a* **1** Qui tire un certain orgueil de. *Être fier de son fils, de son œuvre.* **2** Qui a ou dénote des sentiments nobles, élevés. *Âme fière. Réponse fière.* **3** fam Grand, considérable dans son genre. *Un fier imbécile.* LOC ***Fier comme Artaban :*** très fier. [PHO] [fjɛʀ] [ETY] Du lat. *ferus,* « sauvage ». [DER] **fièrement** *av*

**2 fier (se)** *vpr* [2] Mettre sa confiance en. *Se fier à un ami.* [ETY] Du lat. pop. *fidare,* « confier ».

**Fier (le)** riv. torrentielle de Haute-Savoie, affl. du Rhône.

**fier-à-bras** *nm* Fanfaron. PLUR fier(s)-à-bras. [ETY] Du n. d'un héros sarrasin d'une chanson de geste.

**Fierabras** chanson de geste anonyme (v. 1170) en alexandrins rimés.

**fiérot, ote** *a, n* fam Qui montre une fatuité puérile.

**fierté** *nf* Caractère d'une personne fière. LOC ***Tirer fierté de qqch :*** en tirer une satisfaction teintée d'orgueil.

**Fieschi** Giuseppe (Murato, Corse, 1790 – Paris, 1836), conspirateur français. Il tenta de tuer le roi Louis-Philippe au moyen d'une machine infernale, le 28 juil. 1835, et fut exécuté.

**Fiesole** com. d'Italie (Toscane) ; 14 500 hab. – Vestiges étrusques. Cath. (XI$^e$-XIV$^e$ s.). Couvent (peintures de Fra Angelico).

**Fiesque** (en italien *Fieschi*), famille guelfe de Gênes. Deux papes en sont issus : Innocent IV et Adrien V. — **Jean-Louis** (en italien *Gian Luigi*) (Gênes, vers 1522 – id., 1547), conspira contre Andrea Doria, avec l'appui de François I$^{er}$ ; il inspira à Schiller *la Conjuration de Fiesque* (1783).

**fiesta** *nf* fam Fête. [ETY] Mot esp.

**fièvre** *nf* **1** Élévation de la température centrale du corps, symptôme de nombreuses maladies s'accompagnant en général d'une accélération du pouls et de la respiration, d'une sécheresse de la bouche et d'une diminution des urines. SYN hyperthermie. **2** fig Agitation provoquée par la passion. *La fièvre du combat. La fièvre politique.* [ETY] Du lat.

**fiévreux, euse** *a* **1** Qui présente de la fièvre, qui dénote la fièvre. *Malade fiévreux. Pouls fiévreux.* **2** fig Qui dénote une agitation intense et désordonnée. *Activité fiévreuse.* [DER] **fiévreusement** *av*

**FIFA** acronyme de *Fédération internationale de football association,* association chargée de la diffusion du football dans le monde.

**Fife** rég. d'Écosse ; 1 319 km$^2$ ; 345 900 hab. ; ch.-l. *Glenrothes.* [VAR] **Fifeshire**

**fifre** *nm* **1** Petite flûte en bois au son aigu. **2** Celui qui joue du fifre. [ETY] Du suisse all.

**fifrelin** *nm* LOC fam, vieilli ***Ne pas valoir un fifrelin :*** ne rien valoir.

**fifties** *nf pl* fam Les années 1950. *Le retour aux fifties.* [PHO] [fiftiz] [ETY] Mot angl.

**fifty-fifty** *av* Moitié-moitié. [ETY] Mot angl., « cinquante cinquante ». [VAR] **fiftyfifty**

**figaro** *nm* fam, vx Coiffeur.

**Figaro** personnage de Beaumarchais, héros du *Barbier de Séville* (1775), et du *Mariage de Figaro* (1784), et présent dans *la Mère coupable* (1792). ▷ MUS Héros des *Noces de Figaro* de Mozart (1786) et du *Barbier de Séville* de Rossini (1816).

**Figaro (le)** à l'origine (1854) hebdomadaire satirique, quotidien en 1866 ; cessa de paraître de nov. 1942 à août 1944.

**figatelli** *nm* Saucisse fumée de foie de porc, spécialité corse.

**Figeac** ch.-l. d'arr. du Lot, sur le Célé ; 9 606 hab. Industries. – Église (XII$^e$-XIII$^e$ s.). Hôtel de la Monnaie (XIII$^e$ s.). Maisons du XIII$^e$ s. [DER] **figeacois, oise** *a, n*

**figé, ée** *a* Qui n'évolue pas. *Personne figée dans ses principes.* LOC ***Expression, locution figée :*** dont les termes restent indissociables et forment une unité sémantique complexe.

**figer** *vt* [13] **1** Rendre compact, solide un liquide gras par le froid. *Le froid fige l'huile. La sauce s'est figée.* **2** Immobiliser qqn, une expression du visage. *La peur le figea sur place. Sourire qui se fige.* [ETY] Du lat. pop. *feticare,* « prendre l'aspect du foie ». [DER] **figement** *nm*

**fignoler** *vt* [1] Apporter un soin très minutieux à. *Fignoler un travail.* [ETY] De *fin.* [DER] **fignolage** *nm* – **fignoleur, euse** *a, n*

**figue** *nf* Réceptacle charnu, comestible, de l'inflorescence du figuier commun, contenant des petits « grains » (akènes) qui sont les fruits proprement dits. LOC ***Figue de Barbarie :*** fruit comestible de l'opuntia. — ZOOL ***Figue de mer :*** ascidie méditerranéenne, comestible. — ***Mi-figue, mi-raisin :*** plaisant d'un côté et désagréable de l'autre, ambigu. [ETY] De l'anc. provenç.

**figuier** *nm* Arbre (moracée) dont il existe de nombreuses espèces, surtout dans les régions chaudes, parmi lesquelles le figuier commun, à grandes feuilles lobées, qui produit les figues. LOC ***Figuier de Barbarie :*** nom courant du nopal.

**figuier** commun : à g., feuille et fruit vert ; à dr., figue mûre (en haut) et vue de l'écorce

**Figuig** oasis saharienne du Maroc ; 14 540 hab.

**figulin, ine** *a* **1** Relatif à une argile à poterie ou à une poterie. **2** Se dit des poteries émaillées de Bernard Palissy ornées de figures en relief. [ETY] Du lat. *figulus,* « potier ».

**figurant, ante** *n* **1** Acteur tenant un rôle muet, au théâtre, au cinéma. **2** Personne qui joue un rôle secondaire dans une affaire.

**figuratif, ive** *a* **1** Qui est la représentation, la figure de qqch. *Plan figuratif.* **2** Se dit de l'art qui représente les formes des êtres et des objets (par oppos. à *art non figuratif* ou *abstrait*).

**figuration** *nf* **1** Action de représenter qqch sous une forme visible. **2** Ensemble des figurants au théâtre, au cinéma. **3** Métier de figurant. LOC ***Faire de la figuration :*** ne pas compter dans une entreprise, un débat, etc. — ***Figuration libre :*** tendance de la peinture française des années 1980 (R. Combas, G. Garouste). — ***Figuration narrative :*** courant de la peinture française des années 1960 (B. Rancillac, H. Télémaque, J. Monory). — ***Nouvelle figuration :*** vaste courant de la peinture européenne né dans les années 1960.

**figure** *nf* **1** Visage. *Se laver la figure.* **2** Mine, contenance. *Faire bonne figure.* **3** Personnalité marquante. *Les grandes figures de l'Histoire.* **4** BX-A Gravure, image. *Livre illustré de figures.* **5** Représentation d'un être humain, d'un animal par le dessin, la sculpture. *Une figure en cire.* **6** JEU Roi, dame, valet et cavalier des cartes. **7** GEOM Ensemble de lignes ou de surfaces. **8** Combinaison de déplacements, de pas ou de gestes d'un danseur, d'un patineur, d'un plongeur, etc. LOC ***Faire figure de :*** présenter les apparences de. — ***Faire triste figure :*** se montrer au-dessous de sa tâche. — MUS *Figure de note :* forme graphique exprimant sa durée sonore. — *Figure de rhétorique :* procédé de langage destiné à rendre la pensée plus frappante, dans lequel on distingue les figures entraînant un changement de sens, ou *tropes* – métaphore, ironie, litote, etc. –, de celles qui jouent sur la forme ou l'ordre des mots – allitération, répétition, etc. — LOG *Figure du syllogisme :* chacune des trois formes que peut prendre un syllogisme suivant que le moyen terme est soit sujet, soit prédicat, dans la majeure et dans la mineure. ETY Du lat.

**figuré, ée** *a* Représenté par une figure, un dessin. **LOC** *Sens figuré :* attribué à un mot, à une expression détournés de leur sens littéral.

**figurément** *av* Au sens figuré.

**figurer** *v* 1 **A** *vt* **1** Représenter de façon conforme à la réalité ou schématique. *Figurer des fenêtres sur un mur. Figurer une tête par un rond.* **2** Avoir la figure, l'aspect de. *Le décor figure une place publique.* **3** Représenter une chose abstraite par un symbole. *On figure la justice par un glaive et une balance.* **B** *vi* **1** Apparaître, se trouver. *Son nom figure sur la liste.* **2** Tenir un rôle de figurant. **C** *vpr* Se représenter par l'imagination. *Figurez-vous son chagrin !*

**figurine** *nf* Statuette.

**Fiji** → **Fidji.**

**fil** *nm* **1** Brin mince et long de matière végétale, animale ou synthétique, tordu sur lui-même et servant principalement à fabriquer les tissus ou à coudre. *Fil de coton.* **2** Métal étiré, de section circulaire et de faible diamètre. *Fil de fer.* **3** ELECTR Conducteur du courant électrique. *Fil électrique. Fil téléphonique.* **4** Direction des fibres de la viande, du bois. **5** Défaut de continuité dans le marbre, la pierre. **6** Courant d'un cours d'eau. *Suivre le fil de l'eau.* **7** fig Liaison, enchaînement. *Perdre le fil de ses idées.* **8** Tranchant d'une arme, d'un outil. *Le fil d'un rasoir.* **9** Ligne d'arrivée d'une course, fin d'une compétition. *Se faire battre sur le fil.* **LOC** *Cousu de fil blanc :* trop apparent pour qu'on puisse s'y tromper. — *Être sur le fil (du rasoir) :* dans une position très incertaine, critique. — *Fil à plomb :* fil tendu par un poids et donnant la verticale. — *Fil d'Ariane, fil conducteur :* qui permet de se guider dans des recherches difficiles. — *Fils de la vierge :* fils tendus entre herbes et buissons par des araignées. — *Fil rouge :* ce qui sert de lien pour suivre le développement d'un processus, le sens d'une œuvre. — fam *Ne pas avoir inventé le fil (à couper le beurre) :* n'être pas très malin. — *Ne tenir qu'à un fil :* être précaire, instable. — fam *Passer un coup de fil :* téléphoner. ETY Du lat.

**filable** → **filer.**

**fil-à-fil** *nm inv* Tissu de coton ou de laine, mêlant un fil clair et un autre plus foncé.

**filage** *nm* **1** Action de filer des fibres textiles. **2** Fabrication du fil métallique. **3** Répétition en continu d'une pièce de théâtre.

**1 filaire** *a* Qui concerne la téléphonie par fil (par oppos. à *portable*).

**2 filaire** *nf* Ver nématode filiforme, parasite de divers vertébrés dont l'homme (filarioses).

**filament** *nm* **1** Brin long et fin, généralement de matière organique. *Filaments nerveux.* **2** ELECTR Fil très fin que le passage du courant porte à incandescence dans une ampoule électrique. ETY Du bas lat. DER **filamenteux, euse** *a*

**filandreux, euse** *a* **1** Rempli de fibres longues. *Viande filandreuse.* **2** fig Long et confus. *Discours, style filandreux.*

**filant, ante** *a* Qui file, coule doucement, sans se diviser. *Liquide filant.* **LOC** *Pouls filant :* pouls très faible.

**filanzane** *nm* Chaise à porteurs, à Madagascar. ETY D'un parler malgache.

**filao** *nm* Syn de *casuarina.*

**Filarete** Antonio Averlino, dit il (en fr. *le Filarète*) (Florence, 1400 – Rome, apr. 1465), architecte et sculpteur italien : porte de bronze de Saint-Pierre de Rome (1433-1445) ; hôpital Majeur de Milan (1456-1465).

**filariose** *nf* MED Maladie due à une filaire.

**filasse** *nf, a* **A** *nf* Amas de filaments tirés de l'écorce du chanvre, du lin, etc. **B** *a inv* Pâle et terne. *Blond filasse.*

**filateur, trice** *n* Personne qui dirige ou exploite une filature.

**filature** *nf* **1** Ensemble des opérations de transformation des matières textiles en fil. **2** Usine, atelier où se font ces opérations. **3** Action de filer qqn pour le surveiller. *Prendre en filature.*

**fildefériste** *n* Funambule qui évolue sur un fil. VAR **fil-de-fériste**

**file** *nf* **1** Suite de personnes ou de choses placées sur une même ligne, l'une derrière l'autre. *Une file de voitures. File d'attente.* **2** MILIT Colonne de soldats. **LOC** *À la file, en file :* l'un derrière l'autre. *Marcher en file indienne.* — *Chef de file :* personne (groupe, ou entreprise) qui dirige, qui entraîne, qui est à la tête d'un groupe, d'une entreprise, etc.

**filé** *nm* TECH Fil destiné à être tissé.

**filer** *v* 1 **A** *vt* **1** Amener une matière textile à l'état de fil. *Filer de la laine.* **2** Sécréter des fils. *L'araignée file sa toile.* **3** MUS Tenir une note et en varier l'intensité sans à-coups. **4** LITTER Poursuivre, développer de manière progressive, soutenue. *Filer une métaphore. Filer une intrigue.* **5** MAR Larguer, mollir. *Filer un cordage, une chaîne.* **6** Suivre qqn discrètement pour le surveiller. **7** fam Donner. *File-moi vingt balles.* **8** Tirer un métal à la filière. **B** *vi* **1** Couler en filet en parlant de liquides visqueux. *Le miel file.* **2** Se dérouler. *Cordage qui file.* **3** Se défaire, se dénouer en parlant d'une maille de tricot. *Bas qui file.* **4** Aller rapidement. *Filer à toute allure.* **5** fam Se retirer sur-le-champ ou en toute hâte. *Ils ont filé comme des voleurs.* **LOC** *Filer à l'anglaise :* s'esquiver, partir sans être vu. — *Filer doux :* se soumettre, devenir docile. — *Filer le parfait amour :* vivre la période parfaitement heureuse d'un amour partagé. — *Filer tant de nœuds :* se dit d'un navire dont la vitesse est de tant de milles à l'heure. DER **filable** *a*

**1 filet** *nm* **1** ANAT Frein membraneux de certains organes. *Filet de la langue, du prépuce.* **2** BOT Partie de l'étamine qui supporte l'anthère. **3** TYPO Trait mince qui sert à séparer les chapitres, les colonnes, etc. **4** Trait fin, moulure mince qui sert d'ornement. **5** TECH Rainure en saillie hélicoïdale à l'intérieur d'un écrou ou à l'extérieur d'un boulon, d'une vis. **6** Écoulement ténu. *Un filet d'eau.* **7** Morceau charnu qu'on lève le long de l'épine du dos de certains animaux. *Filet de bœuf, de cerf. Filets de volaille, de sole.* **LOC** *Filet d'air :* composante élémentaire d'un écoulement d'air, en aérodynamique. — *Filet de voix :* voix très faible. ETY De *fil.*

**2 filet** *nm* **A** **1** Réseau à mailles nouées qui sert à la capture de certains animaux. *Filet de pêche, de chasse. Filet à papillons.* **2** Ouvrage à mailles servant à différents usages. *Filet à cheveux. Filet à provisions. Filet à bagages.* **3** Ouvrage de ce type tendu au milieu d'un terrain de sport (tennis, volley-ball) ou fermant les buts (football). **4** Réseau, texture dont sont faits les filets. *Hamac en filet.* **B** *nm pl* fig, litt Piège pour capturer, circonvenir, séduire. *Attirer, prendre qqn dans ses filets.* **LOC** *Coup de filet :* opération policière couronnée de succès. — *Filet (maillant) dérivant :* filet maintenu vertical par des flotteurs, qui peut atteindre plusieurs kilomètres de long. — *Travailler sans filet :* agir en prenant de grands risques. ETY De *filé,* « ouvrage de fil ».

**1 filetage** *nm* **1** TECH Opération qui consiste à exécuter les filets d'une vis, d'une tige. **2** Ensemble des filets d'une pièce mâle ou femelle. DER **fileter** *vt* 18

**2 filetage** *nm* Opération consistant à prélever les filets sur un poisson. DER **fileter** *vt* 18

**fileté** *nm* Tissu dans lequel ressortent des rayures formées de fils de chaîne plus gros que les autres.

**fileur, euse** *n* **1** Personne qui file une matière textile. **2** Personne qui file l'or, l'argent.

**fileyeur** *nm* Bateau de pêche qui utilise des filets.

**filial, ale** *a, nf* **A** *a* Propre au fils, à la fille, relativement aux parents. *Amour filial.* **B** *nf* Société contrôlée et dirigée par une société plus impor-

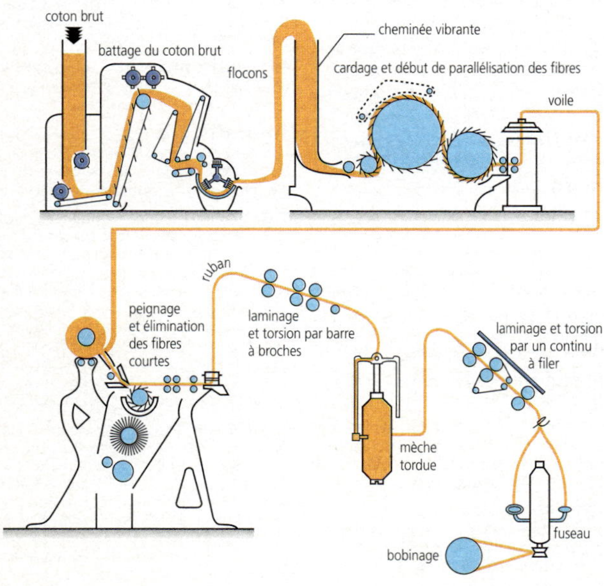


**filature** du coton

tante, mais jouissant de la capacité juridique, à la différence de la succursale. PLUR filiaux. ETY Du lat. DER **filialement** *av*

**filialiser** *vt* ① DR, ECON **1** Transformer une société en filiale par le rachat d'une part du capital. **2** Donner le statut de filiale à une partie d'une entreprise. DER **filialisation** *nf*

**filiation** *nf* **1** Lien de parenté qui unit l'enfant à ses parents. **2** Descendance directe de générations successives. *Filiation matrilinéaire.* **3** fig Liaison, enchaînement de choses qui naissent ou dérivent de certaines autres. *La filiation des mots.*

**filicinée** *nf* BOT Ptéridophyte dont la classe renferme notam. les fougères actuelles ou fossiles. ETY Du lat. *filix, filicis,* « fougère ».

**filière** *nf* **1** TECH Pièce percée d'un ou de plusieurs trous de dimensions différentes, à travers lesquels on fait passer un matériau pour l'étirer en fil. **2** Outil, machine servant au filetage. **3** fig Suite obligée de formalités, d'épreuves, etc. pour obtenir un résultat, accomplir une carrière, etc. *Passer par la filière administrative.* **4** Suite d'intermédiaires. *Remonter la filière d'un trafic de drogue.* **5** ECON Suite des phases constituant un processus de production entre la matière brute et la mise sur le marché. **6** PHYS NUCL Ensemble de réacteurs fonctionnant selon le même principe. *Filière uranium-graphite-gaz.* **8** ZOOL Orifice par lequel certains insectes (araignée, chenille, etc.) sécrètent leur fil. **7** COMM Ordre écrit de livraison d'un lot de marchandises, négociable en Bourse et transmissible par endossement.

**filiforme** *a* Délié comme un fil, mince.

**filigrane** *nm* **1** TECH Ouvrage d'orfèvrerie en fils de métal précieux travaillés à jour. **2** Ornement de verrerie en fils d'émail ou de verre pris dans la masse ou appliqués en relief sur l'ouvrage. **3** TECH Lettres ou figures introduites dans la forme à fabriquer le papier ; leur empreinte dans le corps du papier. LOC ***En filigrane :*** par transparence, à l'arrière-plan. ETY De l'ital. *filigrana,* « fil à grains ».

**filigraner** *vt* ① Marquer d'un filigrane. *Papier filigrané.*

**filin** *nm* MAR Cordage ou câble.

**filioque** *nm* THEOL Mot latin du Credo, ajouté par l'Église catholique au Symbole de Nicée-Constantinople, qui affirme que le Saint-Esprit procède autant du Fils que du Père.

**filipendule** *nf* BOT Plante vivace (rosacée) à petites fleurs blanches groupées en panicules. SYN spirée, reine-des-prés.

**Filitosa** site archéologique de Corse, au N.-O. d'Olmeto : statues-menhirs de la civilisation *torréenne* (bronze final, 1200-800 av. J.-C.).

oppidum de **Filitosa** : statue-menhir

**Fillastre** Guillaume (La Suze-sur-Sarthe, Maine, v. 1348 – Rome, 1428), prélat français. Il fit élire Martin V, ce qui mit fin au grand schisme d'Occident.

**fille** *nf* **1** Personne de sexe féminin, par rapport à ses parents. *Fille légitime, naturelle. Fille adoptive.* **2** litt Celle qui est issue, originaire de. *Les filles de Sion. La superstition, fille de l'ignorance.* **3** Enfant de sexe féminin. *Dans cette classe il y a plus de filles que de garçons.* **4** Jeune personne du sexe féminin. *Un beau brin de fille.* **5** vieilli Femme qui n'est pas mariée. *Rester fille.* **6** Prostituée. *Fille publique, de joie.* **7** Nom pris par les religieuses de certaines communautés. *Filles de la Charité. Filles du Calvaire.* **8** Jeune fille, jeune femme employée à tel travail. *Fille de ferme.* LOC ***Fille de salle :*** serveuse, dans un restaurant ; chargée du ménage dans un hôpital. — plaisant ***Fille d'Ève :*** femme. — ***Jeune fille :*** adolescente, ou femme jeune qui n'est pas mariée. — ***Vieille fille :*** qui s'est installée, avec l'âge, dans son célibat (souvent péjor.). — vieilli ***Fille mère :*** mère célibataire. ETY Du lat.

**Filles du feu (les)** ouvrage de G. de Nerval (1854), comprenant notam. 5 nouvelles (dont *Sylvie*) et les sonnets des *Chimères.*

**1 fillette** *nf* Petite fille, jusqu'à l'adolescence.

**2 fillette** *nf* fam Petite bouteille à long col et à grosse panse. ETY De *feuillette.*

**filleul, eule** *n* Personne tenue sur les fonts baptismaux, par rapport à ses parrain et marraine. ETY Du lat. *filiolus,* dimin. de *filius,* « fils ».

**Fillmore** Millard (Locke, État de New York, 1800 – Buffalo, 1874), homme politique américain ; vice-président des É.-U. (1848), président (1850-1852) après le décès de Taylor.

**Fillon** François (Le Mans, 1954), homme politique français (UMP), plusieurs fois ministre de 1993 à 2005. Premier ministre de 2007 à 2012.

**film** *nm* **1** TECH Pellicule, couche très mince d'une substance. *Film d'huile. Emballage sous film plastique.* **2** Bande mince d'une matière souple recouverte d'une couche sensible (émulsion), servant à fixer des vues photographiques ou cinématographiques. **3** Œuvre cinématographique que l'on enregistre sur film. *Film de court, moyen, long métrage. Tourner un film.* **4** fig Enchaînement des faits. *Le film des évènements.* LOC ***Film classé X :*** classé, par la Commission de contrôle, comme pornographique ou susceptible d'inciter à la violence. ETY Mot angl.

**filmer** *vt* ① **1** Enregistrer sur film. *Filmer une scène, une manifestation.* **2** Envelopper un produit alimentaire d'un film. DER **filmable** *a* – **filmage** *nm* – **filmeur, euse** *n*

**filmique** *a* didac Relatif au film, au cinéma.

**filmographie** *nf* Ensemble des films réalisés par un cinéaste, rattachés à un genre, interprétés par un acteur, etc. DER **filmographique** *a*

**filmologie** *nf* Étude du cinéma en tant que phénomène esthétique, sociologique, etc. DER **filmologique** *a*

**filmothèque** *nf* Collection de films.

**filo** *nm* CUIS Pâte très fine, servant à faire des feuilletages dans la cuisine orientale.

**filoche** *nf* fam Filature policière. DER **filocher** *vt* ①

**filoguidé, ée** *a* Télécommandé par fil. *Missile filoguidé.*

**filon** *nm* **1** GEOL Masse longue et étroite de roches éruptives, de dépôts minéraux, différente par sa nature des roches qui l'entourent. *Filon de roches aurifères, de quartz.* **2** fig, fam Source facile d'avantages divers ; aubaine. *Trouver un filon.* ETY De l'ital. DER **filonien, enne** *a*

**filoselle** *nf* vx Bourre de soie ; fil que l'on en tire, mélangé à du coton. ETY De l'ital.

**filou, filoute** *n, a* **1** Voleur adroit, rusé. **2** Personne malhonnête, qui use de supercheries. *Il est un peu filou.* ETY Forme dial. de *fileur.*

**filouter** *v* ① **A** *vt* vieilli Voler avec adresse. **B** *vi* Tricher au jeu. DER **filoutage** *nm* ou **filouterie** *nf*

**filovirus** *nm* Classe de virus filiforme.

**fils** *nm* **1** Personne du sexe masculin, par rapport à ses parents. *Fils légitime, naturel. Fils adoptif.* **2** litt Celui qui est issu, originaire de. *Être fils du peuple. Les fils d'Apollon :* les poètes. LOC ***Être (le) fils de ses œuvres :*** ne devoir qu'à soi-même la position où l'on est arrivé. — péjor ***Fils à papa :*** privilégié par l'influence ou la richesse de son père. — ***Fils de famille :*** d'une famille fortunée. — ***Fils spirituel :*** disciple ou continuateur d'un maître, d'une œuvre, etc. — RELIG ***Le fils de Dieu, de l'homme :*** le Christ. PHO [fis] ETY Du lat.

**Fils naturel (le)** (ou *les Épreuves de la vertu*) drame en 5 actes de Diderot (1757) d'après *le Véritable Ami* de Goldoni (1750), « drame bourgeois » défini dans *Entretiens sur le Fils naturel.*

**filtrat** *nm* CHIM Produit résultant de la filtration (liquide épuré ou matières retenues).

**filtration** *nf* **1** didac Opération qui consiste à filtrer. **2** Passage à travers un corps poreux ou perméable. *Eaux de filtration.*

**filtre** *nm* **1** Corps poreux ou appareil servant à purifier un liquide ou un gaz, à retenir les matières auxquelles il se trouve mélangé ou à travers lesquelles on veut le faire passer. *Filtre à café. Filtre à air, à huile.* **2** Corps ou appareil qui absorbe une partie du rayonnement qui le traverse. *Filtre solaire.* **3** ELECTR Montage permettant d'éliminer certaines composantes d'une tension ou d'un courant. **4** Embout qui sert à filtrer la nicotine et les goudrons d'une cigarette. ETY Du lat. médiév.

**filtre-presse** *nm* TECH Appareil permettant de filtrer les liquides sous pression. PLUR filtres-presses.

**filtrer** *v* ① **A** *vt* **1** Faire passer par un filtre (un liquide, un gaz, un rayonnement, un courant électrique, etc.). *Filtrer les sons. Rideau qui filtre la lumière.* **2** fig Soumettre à un contrôle, un tri, une censure des personnes, des informations. *Un public filtré par le service d'ordre.* **B** *vi* **1** En parlant d'un liquide, d'un gaz, passer par un filtre. *Ce café met longtemps à filtrer.* **2** Traverser un corps poreux, perméable ou transparent. *L'eau a filtré à travers le mur. Le soleil filtre à travers le feuillage.* **3** Apparaître, se manifester en dépit d'empêchements. *La vérité commence à filtrer.* DER **filtrage** *nm* – **filtrant, ante** *a*

**1 fin** *nf* **1** Point ultime d'une durée ; moment où une chose cesse ou a cessé. *Fin d'un délai. La fin du jour. Une belle fin de saison. Être en fin de carrière.* **2** Cessation provisoire ou définitive de qqch. *La fin du travail, des hostilités.* **3** Partie, stade, point, sur quoi s'achève une chose, un processus. *La fin d'un roman, d'un film. Vous m'embêtez, à la fin !* **4** Mort. *Pressentir sa fin.* **5** Extrémité, bout. *La fin d'un chemin.* **6** But, résultat que l'on poursuit. *Parvenir à ses fins.* **7** But, terme auquel un être ou une chose sont conduits, auquel ils tendent par nature. *Tout étant fait pour une fin* (Voltaire). **8** DR Objet explicite ou implicite d'une demande, d'une exception. *Fins civiles.* LOC fam ***À la fin :*** enfin. — ***À toutes fins utiles :*** pour tout usage éventuel. — ***En fin de compte :*** en dernier lieu, en définitive. — ***En fin de droits :*** se dit d'un chômeur qui a épuisé ses droits à l'allocation chômage. — fam ***Faire une fin :*** s'établir, et, particulièrement, se marier. — Canada ***Fin de semaine :*** week-end. — ***Mener un projet à bonne fin :*** le réaliser. — ***Mettre fin à :*** faire cesser. — ***Prendre fin :*** cesser, s'achever. — ***Sans fin :*** sans arrêt. — ***Tirer, toucher à sa fin :*** s'épuiser, être près de se terminer. — TECH ***Vis, courroie***

***sans fin*** : qui permet un mouvement continu. ETY Du lat. *finis*, « limite ».

**2 fin, fine** *a, nm, av* **A** *a* **1** D'une qualité extrême par le degré de pureté, de perfection, etc. *Or fin.* **2** D'une qualité supérieure. *Linge fin. Épicerie fine.* **3** Recherché. *Un souper fin.* **4** D'une grande sensibilité en parlant des sens. *Avoir l'ouïe fine.* **5** Doué ou marqué de perspicacité, de subtilité, de délicatesse. *Une remarque fine. Des gestes fins.* **6** Canada fam Gentil, aimable. *C'est fin d'être passé me voir.* **7** Constitué d'éléments très petits. *Sel fin. Une pluie fine.* **8** Qui est menu, ténu. *Fil fin. Trait fin.* **9** Effilé. *Pointe fine.* **10** Dont la forme élancée, le dessin délié donnent une impression d'élégance, de délicatesse. *Visage aux traits fins.* **11** De très faible épaisseur. *Verre fin.* **12** Qui est à l'extrême, au plus secret. *Habiter le fin fond du pays.* **B** *av* Tout à fait. *Nous voici fin prêts.* **C** *nm* Proportion de métal précieux qui se trouve dans un alliage. *Une bague d'or à 90 % de fin.* LOC ***Avoir le nez fin*** : être sagace, intuitif. — ***Jouer au plus fin avec qqn*** : rivaliser d'adresse, de ruse avec lui. — ***Le fin du fin*** : ce qu'il y a de mieux dans le genre. — ***Le fin mot d'une chose*** : son motif véritable ou caché ; ce qui en donne enfin toute l'explication. — ***Partie fine*** : partie de plaisir. ETY De *fin 1*.

**finage** *nm* dial Étendue d'un territoire communal. ETY De *fin* 1.

**1 final, ale** *a, nf* **A** *a* **1** Qui finit, qui est à la fin. *Consonne finale.* **2** PHILO Qui tend vers un but. **3** GRAM Qui marque l'idée de but, d'intention. *Conjonction finale pour que, afin que, etc. Proposition finale.* **4** PHYS Se dit de l'état d'équilibre à la fin d'une transformation thermodynamique. **B** *nf* **1** LING Syllabe ou lettre finale d'un mot. *Finale brève, accentuée.* **2** SPORT Dernière épreuve d'une compétition. PLUR finaux. LOC ***Au final*** : finalement, en fin de compte. — ***Cause finale*** : destination dernière des choses, fin qui est leur raison d'être, leur explication. — ***Mettre le point final à une discussion*** : la terminer, la conclure. — ***Point final*** : qui marque la fin d'une phrase. ETY Du bas lat. *finalis*, « qui concerne les limites ».

**2 final** *nm* MUS Dernière partie d'une symphonie, d'une sonate, d'un opéra, etc. PLUR finals. ETY De l'ital. VAR **finale**

**final cut** *nm* CINE Droit d'achever le montage d'un film, réservé par contrat au producteur ou au réalisateur. PHO [finalkœt] ETY Mots angl., « coupe finale ».

**finalement** *av* À la fin, pour en terminer. *Nous nous sommes finalement décidés.*

**finaliser** *vt* ① **1** Orienter vers un but précis. *Finaliser une recherche.* **2** Donner son aspect définitif à ; réaliser jusqu'au bout. *Finaliser une maquette.* DER **finalisable** *a* – **finalisation** *nf*

**finalisme** *nm* PHILO Doctrine qui explique les phénomènes par la finalité.

**finaliste** *n, a* **1** PHILO Partisan du finalisme. *Théorie finaliste.* **2** SPORT Concurrent ou équipe qualifiés pour une finale.

**finalité** *nf* **1** Caractère de ce qui tend à une fin, vers un but ; ce but lui-même. **2** PHILO Existence ou nature d'un but, d'une cause finale.

**finance** *nf* **A** **1** Ensemble des grandes affaires d'argent ; activité, profession qui leur est liée. *Un homme de finance.* **2** Ensemble des financiers. *La haute finance.* **B** *nfpl* **1** Argent de l'État ; ensemble des activités propres au mouvement de cet argent. **2** Ressources pécuniaires d'une société, d'un groupe de sociétés ou, fam, d'une personne. LOC ***Moyennant finance*** : contre paiement d'une certaine somme d'argent. ETY De l'a. fr. *finer*, « payer ».

**financer** *vt* ⑫ Fournir l'argent nécessaire à. *Financer une expédition.* DER **finançable** *a* – **financement** *nm* – **financeur** *nm*

**financiarisation** *nf* ECON Domination de l'économie par les organismes financiers. DER **financiariser** *vt* ①

**financier, ère** *a, n* **A** *a* Relatif à la finance, aux finances. *Équilibre financier. Opération financière.* **B** *nm* **1** Celui qui dirige ou fait des opérations de banque, de grandes affaires d'argent ; spécialiste en matière de finance. **2** Petit gâteau rectangulaire à base de poudre d'amandes. **C** *a, nf* Se dit d'une sauce ou d'une garniture à base de roux blond, quenelles, ris de veau, champignons, etc. DER **financièrement** *av*

**finasser** *vi* ① péjor User de finesse hors de propos, de subterfuges. DER **finasserie** *nf*

**finaud, aude** *a, n* Rusé sous des dehors simples. DER **finauderie** *nf*

**fine** *nf* Eau-de-vie naturelle supérieure. LOC ***Fine champagne*** : d'une région proche de Cognac.

**Fine Gael** (« famille gaélique »), parti politique fondé en 1923 et qui gouverne l'Irlande avec le Fianna Fáil.

**finement** *av* **1** D'une manière fine. *Un mouchoir finement brodé.* **2** Avec finesse. *Une allusion finement amenée.*

**fines** *nfpl* **1** Charbon en très petits morceaux. **2** TECH Éléments de très petite taille qui servent à augmenter la compacité d'un sol ou d'un béton. ETY De *fin 2*.

**finesse** *nf* **A** **1** Qualité de ce qui est fin, délicat par la forme ou la matière. *Finesse d'un tissu. Finesse d'une couleur.* **2** Qualité de ce qui est exécuté avec délicatesse. *Finesse d'un ouvrage.* **3** Aptitude à discerner les moindres nuances dans la pensée, les sensations, les sentiments. **4** AVIAT Rapport entre le coefficient de portance et le coefficient de traînée. **5** PHYS Propriété qui caractérise le degré de monochromatisme d'une radiation. **B** *nfpl* Subtilités. *Les finesses d'un art, d'un métier.*

**finette** *nf* Étoffe de coton à envers pelucheux.

**Fingal (grotte de)** grotte marine à orgues basaltiques, dans l'île de Staffa (côte S.-O. de l'Écosse).

**fini, ie** *a, nm* **A** *a* **1** Terminé. **2** Porté à son point de perfection. *Vêtement bien fini.* **3** péjor Parfait en son genre. *Une canaille finie.* **4** Usé physiquement, moralement, intellectuellement, ou qui a perdu tout son crédit. **5** PHILO Qui a des bornes. *Un être fini.* ANT infini. **6** MATH Qualifie une grandeur qui n'est ni infiniment grande, ni infiniment petite. **B** *nm* **1** Qualité d'un ouvrage porté à la perfection jusque dans les détails. *Manquer de fini.* **2** PHILO Ce qui a des bornes. *Le fini* (par oppos. à *l'infini*).

**Fini Léonor** (Buenos Aires, 1918 – Aubervilliers, 1996), peintre et décoratrice italienne, d'inspiration fantastique et onirique.

**Finiguerra Maso** (Florence, 1426 – id., 1464), sculpteur et orfèvre italien, élève de Ghiberti.

**finir** *v* ③ **A** *vt* **1** Mener à son terme. *Finir un ouvrage, ses études.* **2** Mener à épuisement une quantité. *Finir son pain.* **3** Mettre un terme à qqch. *Finissez vos querelles.* **B** *vi* **1** Arriver à son terme dans le temps ou dans l'espace. *Le spectacle finit tard.* **2** Avoir telle issue, telle fin, tel résultat. *Un film qui finit bien.* **3** Mourir. *Finir dans la misère.* LOC ***En finir*** : mettre un terme à ce qui a trop duré, arriver à une solution. ETY Du lat.

**finish** *nm* SPORT Lutte en fin d'épreuve. *L'emporter au finish.* LOC fam ***Au finish*** : à l'usure. ETY Mot angl.

**finissage** *nm* Parachèvement d'un ouvrage.

**finissant, ante** *a* Qui se termine.

**finisseur, euse** *n* **A** **1** Personne chargée de la finition d'un ouvrage. **2** SPORT Concurrent qui a une bonne pointe de vitesse pour terminer les courses. **B** *nm* TECH Appareil destiné à terminer une séquence d'opérations. **C** *nm, nf* Engin de travaux publics servant à construire les routes.

**Finistère** dép. franç. (29) ; 6 785 km$^2$ ; 913 309 hab. ; 134,6 hab./km$^2$ ; ch.-l. *Quimper* ; ch.-l. d'arr. *Brest, Châteaulin* et *Morlaix*. V. Bretagne (Rég.). DER **finistérien, enne** *a, n*

**Finisterre (cap)** promontoire de la côte espagnole, au N.-O. de la Galice.

**finition** *nf* **1** Opération ultime destinée à parfaire une exécution ou une fabrication. *Finition d'une robe. Finitions d'un immeuble.* **2** Qualité d'une pièce, d'un produit qui est plus ou moins bien fini. *Manque de finition.*

**finitisme** *nm* PHILO, MATH Doctrine selon laquelle toute réalité doit être considérée comme actuellement finie.

**finitude** *nf* didac Caractère de ce qui est fini, limité, destiné à la mort.

**Finlande (golfe de)** golfe formé par la mer Baltique entre les côtes de Finlande, au nord, et d'Estonie, au sud.

**Finlande (république de)** *(Suomen Tasavalta)*, État d'Europe septentrionale, bordé par la mer Baltique à l'O. et au S., limitrophe de la Suède au N.-O., de la Norvège au N. et de la Russie à l'E. ; 337 032 km$^2$ ; 5 400 000 hab. ; cap. *Helsinki*. Nature de l'État : rép. parlementaire. Langues off. : finnois, suédois. Monnaie : euro. Relig. : protestantisme. DER **finlandais, aise** *a, n*

**Géographie** La Finlande est un bouclier granitique modelé par les glaciers : 60 000 lacs, collines morainiques, littoral découpé (1 100 km). Les hivers sont longs et rigoureux ; les étés, brefs et humides. La majorité des habitants vit dans les régions littorales du Sud ; urbanisation : 65 % ; croissance presque nulle. Quelques milliers de Lapons vivent dans le Nord.

**Économie** La forêt de conifères, qui couvre les deux tiers du territoire, fournit 40 % des exportations et a suscité les industr. du bois, du papier, etc. L'agriculture (dans le S.) et la pêche (intérieure et côtière) n'assurent pas l'autosuffisance alimentaire. Malgré la faiblesse des ressources minérales et énergétiques, l'industrie est diversifiée et s'internationalise. Le comm. avec l'UE compense très largement le comm. avec l'anc. URSS. Nokia est le premier producteur mondial de téléphones mobiles. Après avoir connu une période de forte croissance dans les années 2000, la Finlande est durement touchée par la crise mondiale à partir de 2008.

**Histoire** LES ORIGINES Jusqu'au XII$^e$ s., les Finnois, peuple ouralo-altaïque, vécurent, isolés dans la forêt, du commerce des fourrures. Vers 1150, les Suédois soumirent les Finnois et les christianisèrent. Duché suédois autonome, la Finlande devint luthérienne au XVI$^e$ s. À partir du XVII$^e$ s., la Russie prit à la Suède ses territ. finlandais, obtenus en totalité en 1809. Les Finnois résistèrent à la russification. En 1906, le tsar dut accorder l'élection d'une Chambre au suffrage universel, auquel les femmes furent associées pour la prem. fois au monde.

L'INDÉPENDANCE La Finlande profita de la révolution russe de 1917 pour proclamer son indépendance (6 déc.). La guerre civile qui opposa « rouges », partisans des bolcheviks, et « blancs » se termina, en avril 1918, par la victoire, à Tampere, du maréchal Mannerheim, qui, avec l'aide des Allemands, l'emporta sur les troupes soviétiques. Le traité de Tartou (1920) reconnut la Rép. finlandaise. En nov. 1939, l'URSS envahit la Finlande, qui résista héroïquement mais dut céder en mars 1940 l'isthme de Carélie. Le 25 juin 1941, aux côtés des Allemands, elle déclara la guerre à l'URSS. Vaincue en 1944 (armistice du 19 sept.), elle dut céder à l'URSS (1947) les régions de Petsamo (auj. *Petchenga*), de Salla et la Carélie.

APRÈS-GUERRE Adepte du neutralisme, elle signa, dès 1948, un traité d'amitié avec l'URSS. Elle s'associa à la CEE en 1973, adhéra à l'Association européenne de libre-échange en 1986, au Conseil de l'Europe en 1989 et à l'UE en 1995. Elle a adopté l'euro le 1$^{er}$ janv. 1999. Président de la Rép. de 1956 à 1981, Uhro Kekkonen, chef du parti agrarien (conservateur), maintint de bons rapports avec l'URSS : en juil. 1975, la Conférence sur la sécurité et la coopération en Europe se tint à Helsinki. Depuis 1982, un social-démocrate est président de la Rép. : Mauno Koivisto ; puis, élu pour la première fois au suffrage universel en 1994, Martti Ahtisaari ; enfin en 2000, une femme Tarja Halonen. Toutefois, de 1982 à 1995, le Premier ministre fut conservateur. En 1995, une coalition gauche-droite, dite « arc-en-ciel », gouverne, dirigée par un Premier ministre social-démocrate : Paavo Lipponen. Il est devancé par les centristes aux législatives de 2003 et cède la place à Matti Vanhanen. T. Halonen est réélue en 2006. La victoire des conservateurs aux élections législatives de 2011 est confirmée par l'élection du prés. de la Rép. Sauli Niinistö en 2012.

**finlandisation** *nf* Ensemble des relations imposées à sa souveraineté par un État

puissant à un autre État, en référence à la situation de la Finlande par rapport à l'URSS. DER **finlandiser** *vt* 1

**Finlay** Carlos Juan (Puerto Príncipe, auj. Camagüey, 1833 – La Havane, 1915), médecin cubain. Il découvrit que la fièvre jaune était transmise par les moustiques, ce qui développa les études sur les vecteurs des maladies.

**finn** *nm* Petit voilier monotype à une voile, pour régates en solitaire, utilisé en série olympique. ETY Mot suédois.

**Finnbogadóttir** Vigdis (Reykjavik, 1930), femme politique islandaise. Prés. de la Rép. (1980-1996), elle fut le premier chef d'État du sexe féminin élu au suffrage universel.

**Finnmark (le)** région du N. de la Norvège ; 48 649 km$^2$ ; 75 250 hab. ; ch.-l. *Vadsø*.

**finnois, oise** *a, nm* Se dit de la langue finno-ougrienne apparentée à l'estonien, parlée en Finlande par la plus grande partie de la population, ainsi qu'en Russie septentrionale.

**finno-ougrien, enne** *a, nm* Se dit de la famille de langues agglutinantes qui comprend le finnois, le hongrois, les langues samoyèdes, le lapon, l'ostiak, l'estonien, etc., et que l'on rattache aux langues ouralo-altaïques.

**fino** *nm* Variété de xérès, très sec.

**Finsen** Niels Ryberg (Thorshavn, 1860 – Copenhague, 1904), médecin danois ; photothérapie *(finsenthérapie)*. P. Nobel 1903.

**Finsteraarhorn** sommet de Suisse, point culminant du massif de l'Aar ; 4 274 m.

**FINUL** acronyme de *Force intérimaire des Nations unies au Liban*, force armée créée en 1978 qui a pour mission d'assurer la paix au Liban.

**Fiodor** → **Fédor.**

**fiole** *nf* **1** Petite bouteille de verre à col étroit. **2** fig, pop Tête, visage. ETY Du gr. *phialê*, « vase ».

**Fionie** (en danois *Fyn*), île danoise, séparée du Jylland (à l'O.) par le Petit-Belt, et de l'île Sjælland (à l'E.) par le Grand-Belt : 3 486 km$^2$ ; 461 200 hab. ; ch.-l. *Odense*.

**fiord** → **fjord.**

**Fiorenzo di Lorenzo** (Pérouse, v. 1440 – id., v. 1525), peintre italien proche du Pérugin.

**fioriture** *nf* **1** MUS Ornement ajouté à la composition écrite pour varier la mélodie. **2** Ornement, parfois trop chargé. *Les fioritures d'un dessin. Des fioritures de style.* ETY De l'ital. *fiore*, « fleur ».

**fioul** *nm* Distillat lourd du pétrole, utilisé comme combustible. *Fioul domestique, fioul léger, fioul lourd* ou *mazout*. SYN fuel. ETY De l'angl.

**fipronil** *nm* CHIM Molécule présente dans certains insecticides, qui serait responsable de la destruction des essaims d'abeilles.

**fiqh** *nm* Science du droit religieux islamique. PHO [fik] ETY Mot ar.

**-fique** Élément servant à former des adjectifs, du lat *ficus*, de *facere*, « faire ».

**Firdūsī, Firdousi** → **Ferdousī.**

**firewall** *nm* INFORM Syn. de *pare-feu*. PHO [fajʀwɔl] ETY Mot angl.

**firmament** *nm* litt Voûte céleste.

**firman** *nm* HIST **1** Rescrit du shah d'Iran. **2** Ordonnance délivrée au nom du Sultan en Turquie ottomane. ETY Du turc.

**firme** *nf* Entreprise commerciale ou industrielle désignée sous un nom, un sigle. ETY De l'angl.

**Firminy** ch.-l. de cant. de la Loire (arr. de Saint-Étienne) ; 17 380 hab. – Maison de la culture due à Le Corbusier (1960-1965).

**firth** *nm* Fjord, en Écosse. PHO [fœʀs] ETY Mot écossais.

**Firth** sir Raymond William (Auckland, 1901 – Londres, 2002), ethnologue néo-zélandais ; travaux sur les Polynésiens.

**FIS** sigle pour *Front islamique du salut.*

**fisc** *nm* **1** FIN Trésor public. **2** Administration chargée du recouvrement des taxes et des impôts publics. PHO [fisk] ETY Du lat. *fiscus*, « panier ». DER **fiscal, ale, aux** *a* – **fiscalement** *av*

**fiscaliser** *vt* 1 FIN Soumettre à l'impôt. DER **fiscalisation** *nf*

**fiscalisme** *nm* Fiscalité abusive.

**fiscaliste** *n* Spécialiste de la fiscalité.

**fiscalité** *nf* **1** FIN Ensemble des lois et des mesures destinées à financer, par l'impôt, le Trésor d'un État. *Réforme de la fiscalité.* **2** Les impôts eux-mêmes. *Fiscalité trop lourde.*

**Fischart** Johann (Strasbourg, 1546 – Forbach, 1590), humaniste de langue allemande. Ses pamphlets attaquèrent l'Église cathol.

**Fischer** Johann Michael (Burglengenfeld, Haut-Palatinat, 1692 – Munich, 1766), architecte allemand ; l'un des plus grands constructeurs de la Bavière baroque.

**Fischer** Emil (Euskirchen, 1852 – Berlin, 1919), chimiste allemand. Il étudia les glucides et leur fermentation. P. Nobel (1902).

**Fischer** Franz (Fribourg-en-Brisgau, 1877 – Munich, 1948), chimiste allemand. Il mit au point un procédé de synthèse des carburants.

**Fischer** Hans (Höchst, près de Francfort-sur-le-Main, 1881 – Munich, 1945), chimiste allemand, spécialiste des colorants. P. Nobel (1930).

**Fischer** Ernst Otto (Munich, 1918 – id., 2007), chimiste allemand ; spécialiste des métaux de transition ou organométalliques. P. Nobel (1973) avec G. Wilkinson.

**Fischer-Dieskau** Dietrich (Berlin, 1925 – Starnberg, 2012), chanteur lyrique allemand, baryton.

**Fischer von Erlach** Johann Bernhard (Graz, 1656 – Vienne, 1723), architecte autrichien, baroque (égl. de la Trinité à Salzbourg, 1694-1702), puis classique : égl. St-Charles-Borromée à Vienne (1716-1737).

**Fisher (saint John)** → **Jean Fisher.**

**Fisher** Irving (Saugerties, État de New York, 1867 – id., 1947), mathématicien et économiste américain, spécialiste de la monnaie.

**Fisher of Kilverstone** lord John Arbuthnot (Ramboda, Ceylan, 1841 – Londres, 1920), amiral britannique. Il dota son pays de cuirassés modernes (à partir de 1906).

**fish-eye** *nm* Objectif photographique couvrant un champ de plus de 180°. SYN objectif très grand-angulaire. PLUR Des fish-eyes. PHO [fiʃaj] ETY Mots angl., « œil de poisson ».

**fissa** *av* fam Vite. *Faire fissa.*

**fissible** *a* PHYS NUCL Susceptible de subir une fission. DER **fissibilité** *nf*

**fissile** *a* **1** Qui a tendance à se diviser en feuillets. *L'ardoise est fissile.* **2** PHYS NUCL Fissible.

**fission** *nf* PHYS NUCL Division d'un noyau atomique lourd en noyaux plus légers. ETY Mot angl., du lat. *fissus*, « fendu ».

ENC La fission nucléaire, découverte en 1938 par Hahn et Strassmann, fut maîtrisée en 1939 par Bohr et Fermi. En bombardant un noyau d'uranium 235 par des neutrons, ils obtiennent un énorme dégagement d'énergie, deux sous-produits de fission, et une émission de neutrons qui provoquent une réaction en chaîne. La masse des noyaux obtenus étant inférieure à celle du noyau initial, la fission libère une énorme énergie, due à cet écart de masse. Cette libération d'énergie (chaleur et rayonnement) est brutale dans le cas des explosions nucléaires, contrôlée et progressive dans les centrales nucléaires.

**fissionner** *v* 1 **A** *vt* Produire la fission nucléaire. **B** *vi* Subir la fission nucléaire.

**fissipède** *a, nm* ZOOL Se dit des mammifères carnivores aux doigts libres. *L'ours est un fissipède.*

**fissure** *nf* **1** Petite fente. *Les fissures d'un mur.* **2** ANAT Sillon séparant les parties d'un organe. **3** fig Point faible, faille. *Les fissures d'un raisonnement.* LOC MED ***Fissure anale :*** ulcération allongée et superficielle, très douloureuse, siégeant dans les plis radiés de l'anus. ETY Du lat.

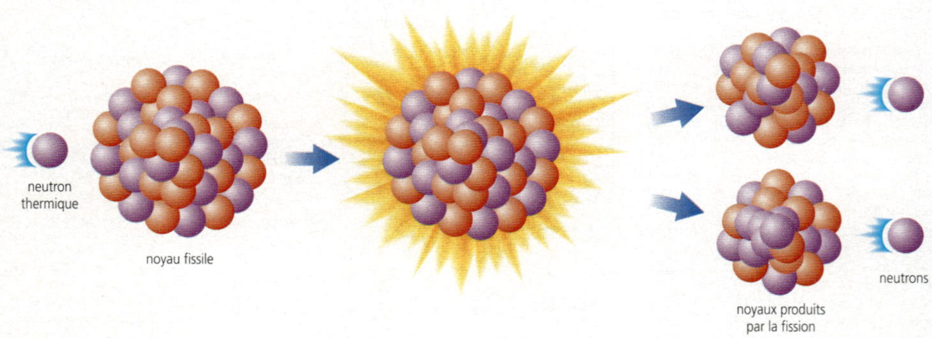


schématisation de la **fission**

**fissurelle** *nf* ZOOL Mollusque gastéropode marin à coquille conique.

**fissurer** *vt* ① Diviser par fissures. *Les trépidations ont fissuré le sol.* DER **fissuration** *nf*

**fissuromètre** *nm* Appareil mesurant les fissures dans une construction.

**fiston** *nm* fam **1** Fils. **2** Pour appeler un jeune garçon. *Dis donc, fiston !*

**fistule** *nf* MED Voie anormale, congénitale ou accidentelle, suivie par un liquide physiologique ou pathologique. *Fistule gastrique. Fistule anale.* ETY Du lat. méd. DER **fistulaire** *a*

**fistuleux, euse** *a* **1** MED Syn de *fistulaire*. **2** BOT Se dit d'un organe cylindrique et creux tel que la feuille de ciboulette.

**fistuline** *nf* Champignon comestible commun en France, du groupe des polypores, appelé cour. *foie-de-bœuf* ou *langue-de-bœuf*, en raison de sa couleur rouge foncé.

**Fitch** Val Logsdon (Merriman, Nebraska, 1923), physicien américain. Il mesura le rayon du noyau de l'atome. P. Nobel (1980).

**fitna** *nf* RELIG Dans l'islam, chaos, discorde au sein de la communauté des croyants (l'oumma) ; désigne en partic. la scission opposant sunnites et chiites. ETY Mot ar.

**fitness** *nm* Ensemble des activités sportives visant à la remise en forme. PHO [fitnɛs] ETY Mot angl.

**fitou** *nm* Vin rouge AOC des Corbières (Languedoc). ETY D'un n. pr.

**Fitzgerald** lord Edward (Carton House, près de Dublin, 1763 – Newgate, 1798), homme politique irlandais. Nationaliste, il tenta un soulèvement populaire en 1798.

**Fitzgerald** Francis Scott (Saint Paul, 1896 – Los Angeles, 1940), romancier américain « désenchanté » : *De ce côté du paradis* (1920), *Gatsby le Magnifique* (1925), *Tendre est la nuit* (1934), *le Dernier Nabab* (inachevé, posth., 1941). — **Zelda Sayre** (Montgomery, Alabama, 1900 – Asheville, 1948), épouse du préc. ; écrivain et peintre, elle mourut dans l'incendie de l'hôpital psychiatrique où elle était soignée.

**Fitzgerald** Ella (Newport News, Virginie, 1917 – Los Angeles, Californie, 1996), chanteuse de jazz américaine, célèbre pour l'étendue de sa voix et pour sa virtuosité.

**F. S. Fitzgerald**

**Ella Fitzgerald**

**Fitz-James** famille française issue du maréchal de Berwick, que Louis XIV fit duc de Fitz-James (V. Berwick).

**Fiume** → **Rijeka.**

**Fiumi** Lionello (Rovereto, 1894 – Vérone, 1973), poète, romancier et critique italien, proche des futuristes.

**Fiumicino** aéroport international de Rome.

**FIV** *nf* Sigle de *fécondation in vitro.*

**fivète** *nf* MED Technique qui combine la fécondation in vitro et le transfert de l'embryon dans l'utérus de la femme chez laquelle a été prélevé l'ovule. PHO [fivɛt] ETY Acronyme pour *fécondation in vitro et transfert d'embryon.*

**fixable** → **fixer.**

**fixage** *nm* **1** Action de rendre fixe. **2** TECH Opération qui consiste à fixer un cliché photographique. **3** FIN Procédure de cotation par laquelle est fixé le cours d'une valeur (valeur mobilière, or, devise). SYN (déconseillé) fixing.

**fixant, ante** *a* Syn. de *fixateur. Un spray fixant pour les cheveux.*

**fixateur, trice** *nm* **1** TECH Produit qui a la propriété de fixer. *Employer un fixateur pour empêcher un vernis de s'écailler.* **2** Produit servant à rendre un cliché photographique inaltérable à la lumière. **3** Vaporisateur servant à fixer un dessin (au fusain, au pastel) au moyen d'un fixatif.

**fixatif** *nm* Produit servant à fixer un dessin.

**fixation** *nf* **1** Action d'établir dans une position ou un état fixe. **2** Action de déterminer. *Fixation d'une date, d'un prix.* **3** Ce qui sert à fixer. *Les fixations de skis.* **4** Fait de se fixer qqpart, de se fixer sur qqch. **5** PSYCHAN Attachement exagéré à des personnes, à des images caractéristiques d'un des stades évolutifs de la libido, qui freine ou empêche le développement affectif adulte.

**fixe** *a, nm, interj* **A** *a* **1** Qui ne se meut pas, qui garde toujours la même position. **2** Qui est certain, déterminé, qui ne varie pas. *Venir à heure fixe. Menu à prix fixe.* **B** *nm* **1** Traitement régulier assuré. *Il n'a pas de fixe, il travaille au pourcentage.* **2** fam Injection intraveineuse de drogue. **3** Téléphone, ligne fixe (par opposition à *portable*). **C** *interj* MILIT Commandement enjoignant de se mettre au garde-à-vous. *À vos rangs. Fixe !* LOC ***Beau fixe :*** beau temps stable. — ***Idée fixe :*** qui obsède l'esprit. ETY Du lat. DER **fixement** *av* – **fixité** *nf*

**fixé** *nm* LOC ***Fixé sous verre :*** peinture réalisée sur une plaque de verre et destinée à être regardée à travers celle-ci.

**fixer** *v* ① **A** *vt* **1** Rendre fixe ; assujettir. *Fixer un cadre au mur.* **2** Établir de façon durable. *Fixer sa résidence dans telle ville.* **3** Appliquer de façon constante, arrêter longuement. *Fixer son attention, ses regards sur qqch.* **4** Rendre stable. **5** Régler, arrêter, déterminer. *Fixer un prix, un rendez-vous.* **6** Regarder fixement qqn. **7** Faire qu'une personne ne soit plus incertaine, indécise. *Maintenant, je suis fixé sur ses intentions.* **8** TECH Traiter un fichier photographique pour le rendre inaltérable à la lumière. **9** Vaporiser un fixatif protecteur sur un dessin. **B** *vpr* S'installer qq part de manière durable. DER **fixable** *a*

**fixette** *nf* fam Idée fixe, obsession.

**fixeur** *nm* Personne qui sert de guide et d'interprète à un journaliste en mission dans un pays dangereux. ETY De l'angl. *to fix,* « arranger ».

**fixin** *nm* Bourgogne rouge AOC de la côte de Nuits. ETY D'un n. pr.

**fixing** *nm* FIN Fixage. PHO [fiksiŋ] ETY Mot angl.

**fixisme** *nm* Théorie biologique, auj. périmée, selon laquelle les espèces vivantes ne subissent aucune évolution à dater de leur création. ANT transformisme, évolutionnisme. DER **fixiste** *a, n*

**Fizeau** Hippolyte Louis (Paris, 1819 – La Ferté-sous-Jouarre, 1896), physicien français. ▷ PHYS *Effet Doppler-Fizeau* : V. Doppler.

**fjeld** *nm* GEOGR Plateau rocheux érodé par un glacier continental. PHO [fjɛld] ETY Mot norv.

**fjord** *nm* Vallée glaciaire envahie par la mer, formant un golfe étroit, sinueux, aux rives abruptes, pénétrant très loin dans les terres. PHO [fjɔrd] ETY Mot norv. VAR **fiord**

**flabelliforme** *a* BOT Se dit d'un organe dont la forme rappelle celle d'un éventail tel que la feuille de certains palmiers.

**flac !** *interj* Onomatopée imitant le bruit d'un choc à plat ou sur une surface liquide.

**flaccidité** *nf* didac État de ce qui est flasque.

**Flachat** Eugène (Nîmes, 1802 – Arcachon, 1873), ingénieur français. Il construisit la première ligne ferroviaire française : Paris-Le Pecq (près de Saint-Germain-en-Laye), en 1837.

**flache** *nf* TECH **1** Défaut, dépression dans un bois à équarrir. **2** Creux où s'accumule de l'eau de pluie, dans un revêtement de sol. ETY Du lat. *flaccus,* « flasque ».

**flacherie** *nf* Maladie mortelle des vers à soie, due à un virus. ETY De l'a. fr. *flache,* « mou ».

**Flacius Illyricus** Mathias Francović Vlacić, dit (Albona, auj. Labin, Istrie, 1520 – Francfort-sur-le-Main, 1575), théologien luthérien ; l'un des auteurs de la prem. histoire de l'Église rédigée par des protestants.

**flacon** *nm* Petite bouteille fermée par un bouchon de verre ou de métal ; son contenu. *Vider un flacon de vin.* ETY Du germ.

**flaconnage** *nm* **1** Présentation d'un produit en flacon. *Flaconnage de luxe.* **2** Ensemble de flacons, de bouteilles.

**Flacourt** Étienne de (Orléans, 1607 – dans l'Atlantique, 1660), colonisateur français : *Histoire de la grande isle de Madagascar* (1653).

**flag** *nm* fam **A** Flagrant délit. **B** *nm pl* Tribunal des flagrants délits.

**flagada** *a inv* fam Sans vigueur, sans force ; flageolant. *Être complètement flagada.*

**flagellant** *nm* HIST Membre d'une secte de fanatiques religieux des XIII^e et XIV^e s., qui, par pénitence, se flagellaient en public.

**flagelle** *nm* BIOL Organe filiforme contractile qui assure la locomotion (traction ou propulsion) de divers organismes unicellulaires (flagellés, gamètes mâles, etc.). ETY Du lat. *flagellum,* « fouet ». DER **flagellaire** *a*

**flagellé** *nm* BIOL Protiste pourvu de flagelles.

**flageller** *vt* ① Donner des coups de fouet, de verges à qqn. DER **flagellation** *nf*

**flagellose** *nf* MED Parasitose provoquée par des flagellés (par ex. lambliase).

**flageoler** *vi* ① Trembler de fatigue, d'émotion, d'ivresse. *Avoir les jambes qui flageolent. Il flageole sur ses jambes.* DER **flageolant, ante** *a*

**1 flageolet** *nm* **1** Flûte à bec. **2** Le plus aigu des jeux d'orgue. ETY Du lat. pop. *flabeolum,* « souffle ».

**2 flageolet** *nm* Variété très estimée de petits haricots, qu'on sert en grains. ETY Du lat. *faba,* « fève », et *phaseolus,* « haricot ».

**flagorner** *vt* ① Flatter bassement, servilement. DER **flagornerie** *nf* – **flagorneur, euse** *n, a*

**flagrant, ante** *a* Évident, indéniable, patent. *C'est un mensonge flagrant.* LOC DR ***Flagrant délit :*** délit commis sous les yeux mêmes de celui qui le constate. *Arrêter un malfaiteur en flagrant délit de vol.* ETY Du lat. *flagrare,* « flamber ». DER **flagrance** *nf*

**Flagstad** Kirsten (Hamar, 1895 – Oslo, 1962), soprano norvégienne, spécialiste du répertoire wagnérien.

**Flahaut de La Billarderie** Auguste (comte de) (Paris, 1785 – id.,

**fjord** en Norvège

1870), officier et diplomate français, fils de Talleyrand et de la comtesse de Flahaut, amant de la reine Hortense, père du duc de Morny.

**Flaherty** Robert (Iron Mountain, 1884 – Dummerston, 1951), cinéaste américain ; auteur de documentaires : *Nanouk l'Esquimau* (1922), *Tabou* (avec Murnau, 1931), *l'Homme d'Aran* (1934), *Louisiana Story* (1948).

**Flaine** station de sports d'hiver de Haute-Savoie.

**flair** *nm* **1** Faculté de discerner par l'odeur ; finesse de l'odorat. *Ce chien a du flair.* **2** fig Sagacité, perspicacité. *Le flair d'un policier.*

**flairer** *vt* ① **1** Discerner par l'odorat. *Le chien a flairé une piste.* **2** S'appliquer avec insistance à sentir une odeur, un objet. *Flairer un melon pour s'assurer qu'il est bien mûr.* **3** fig Pressentir. *Flairer un piège.* ETY Du lat. *fragrare*, « exhaler une odeur ».

**flamand, ande** *a, n* **A** *a* De Flandre. **B** *nm* Parler sud-néerlandais, utilisé dans le nord de la Belgique, l'une des trois langues officielles de la Belgique. ETY Du germ.

**flamant** *nm* Grand oiseau (phœnicoptériforme) aux pattes et au cou très longs, pourvu d'un bec lamelleux recourbé dont une espèce, le flamant rose, vit principalement en Camargue. ETY Du lat. *flamma*, « flamme », par le provenç.

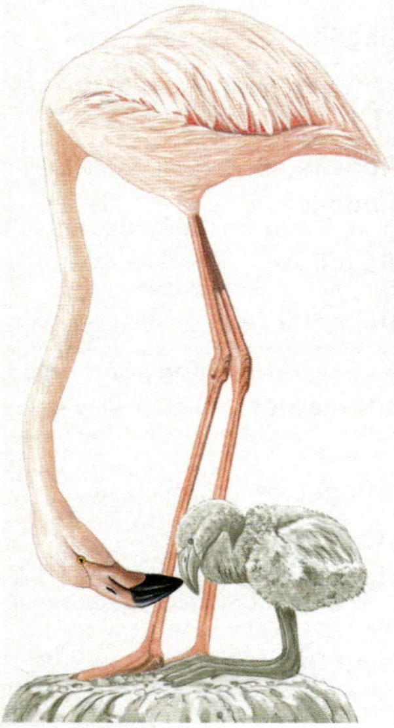

**flamant** rose

**Flamanville** com. de la Manche (arr. de Cherbourg) ; 1 627 hab. – Centrale nucléaire.

**flambage** *nm* **1** Action de flamber, de passer au feu. *Le flambage d'un poulet. Le flambage est un moyen d'asepsie.* **2** TECH Déformation affectant une pièce longue soumise dans le sens de la longueur à un effort de compression trop important. SYN flambement.

**flambant, ante** *a, nm* **A** *a* Qui flambe. *Des yeux flambants de colère, de haine.* **B** *a, nm* Se dit d'un charbon produisant surtout des flammes en brûlant. LOC ***Flambant neuf*** : tout neuf. *Une voiture flambant neuve ou flambant neuf.*

**flambard** *nm* fam, vieilli Fanfaron.

**flambeau** *nm* **1** Torche, chandelle, bougie qu'on porte à la main et qui sert à s'éclairer. *Retraite aux flambeaux.* **2** Chandelier, candélabre. *Un flambeau en argent.* **3** Ce qui éclaire, ce qui sert de guide à l'esprit. *Le flambeau de la science.* LOC ***Se passer, se transmettre le flambeau*** : continuer une œuvre, une tradition.

**flambée** *nf* **1** Feu vif et de courte durée, de petit bois sec, de paille, etc. **2** fig Forte poussée subite mais brève. *Une flambée de violence. La flambée des cours, des prix.*

**flambement** *nm* TECH Flambage.

**flamber** *v* ① **A** *vi* **1** Brûler d'un feu vif, en émettant beaucoup de lumière. *Le bois très sec flambe bien.* **2** fam Jouer gros. **3** fam Augmenter brutalement (prix, indice). **4** CONSTR Se déformer par flambage. **B** *vt* **1** Passer au feu, à la flamme. *Flamber une volaille.* **2** Arroser d'alcool que l'on fait brûler. *Flamber une banane.* **3** vieilli Dilapider, dépenser follement. *Flamber sa fortune au jeu.* ETY Du lat.

**flambeur, euse** *n* fam Personne qui dilapide son argent au jeu.

**flamboyant, ante** *a, nm* **A** *a* **1** Qui flamboie. *Regard flamboyant.* **2** fig Qui se fait remarquer par son luxe, son éclat, son brio. **B** *nm* BOT Arbre tropical (césalpiniacée) à floraison rouge. LOC ARCHI ***Style gothique flamboyant*** : style gothique de la dernière période (XVe s.), aux ornements contournés en forme de flamme.

gothique **flamboyant** : façade sud de l'église Notre-Dame de Louviers

**flamboyer** *vi* ㉓ **1** Jeter, par intervalles, des flammes vives. **2** Briller comme une flamme. DER **flamboiement** *nm*

**Flamel** Nicolas (Pontoise, v. 1330 – Paris, 1418), écrivain juré de l'université de Paris. Il acquit mystérieusement une immense fortune et l'on crut qu'il avait découvert la transmutation des métaux.

**flamenco** *nm, a* Se dit d'un genre musical originaire d'Andalousie, combinant chant et danse sur un accompagnement de guitare. *Guitare flamenco* ou *flamenca.* PHO [flamenko] ETY Mot esp., « flamand », désignant les gitans.

**flamiche** *nf* Tarte aux poireaux.

**flamine** *nm* ANTIQ ROM Prêtre de certaines divinités. ETY Du lat.

**flamingantisme** *nm* En Belgique flamande, mouvement de résistance à la pénétration du français. DER **flamingant, ante** *a, n*

**Flamininus** Titus Quinctius (m. en 174 av. J.-C.), général romain. Consul en 198 av. J.-C., il vainquit Philippe V de Macédoine à Cynoscéphales (197) mais laissa leur liberté aux cités grecques (196).

**Flaminius Nepos** Caius (m. en 217 av. J.-C.), général romain, consul vaincu et tué par Hannibal à Trasimène.

**Flammarion** Camille (Montigny-le-Roi, Haute-Marne, 1842 – Juvisy-sur-Orge, 1925), auteur français d'ouvrages de vulgarisation relatifs à l'astronomie : *Astronomie populaire* (1879). — **Ernest** (Montigny-le-Roi, 1846 – Paris, 1936), frère du préc., fonda en 1875 la maison d'édition qui porte son nom.

**flamme** *nf* **1** Produit gazeux et incandescent d'une combustion, plus ou moins lumineux et de couleur variable selon la nature du combustible. **2** fig Passion ardente, enthousiasme. *Un discours plein de flamme.* **3** litt Passion amoureuse. *Brûler d'une flamme secrète pour qqn.* **4** Ce qui a la forme d'une flamme, telle qu'on la représente. **5** anc Petite banderole qui ornait la lance des cavaliers. **6** Pavillon long et étroit, de forme triangulaire. **7** Marque postale apposée à côté du cachet d'oblitération. ETY Du lat.

**flammé, ée** *a* TECH Se dit d'une céramique colorée irrégulièrement par le feu.

**flammèche** *nf* Parcelle de matière enflammée qui s'envole, qui s'échappe d'un foyer.

**flammekueche** *nf* CUIS Tarte flambée aux oignons, lard et crème ou fromage blanc (Alsace). PHO [flaməkyʃə] ETY Mot alsacien

**Flamsteed** John (Derby, 1646 – Greenwich, 1719), astronome anglais. Il fut le premier directeur de l'observatoire de Greenwich.

**1 flan** *nm* **1** Crème prise au four, à base de lait sucré, d'œufs et de farine. **2** TECH Disque destiné à recevoir une empreinte par pression. *Les flans d'une pièce de monnaie.* **3** IMPRIM Pièce en carton ou en plastique avec laquelle on prend l'empreinte d'une page de composition typographique. LOC ***En être, en rester comme deux ronds de flan*** : être stupéfait, rester muet d'étonnement, de surprise. ETY Du frq.

**2 flan** *nm* fam LOC ***C'est du flan !*** : du bluff, du vent. *Je l'ai eu au flan.*

**Flanagan** Barry (Prestatyn, pays de Galles, 1941 – Ibiza, 2009), sculpteur britannique. Ses lièvres de bronze atteignent une singulière expressivité.

**flanc** *nm* **1** Région latérale du corps de l'homme et de certains animaux, comprenant les côtes et la hanche. **2** Côté de diverses choses. *Le flanc d'une montagne. Le flanc d'un navire. À flanc de coteau.* **3** MILIT Côté droit ou gauche d'une formation. (Par oppos. à *front.*) LOC fam ***Être sur le flanc*** : être très fatigué, exténué. — ***Prêter le flanc à la critique*** : s'y exposer. — ***Se battre les flancs*** : faire inutilement des efforts. — fam ***Tirer au flanc*** : chercher à échapper à un travail, à une corvée. ETY Du frq.

**flancher** *vi* ① fam **1** Céder, faiblir ; cesser de résister. *Son cœur a flanché au cours de l'opération.* **2** Abandonner un projet, une entreprise ; cesser de persévérer. *Il n'y est pas arrivé, il a flanché au dernier moment.* ETY Du frq.

**flanchet** *nm* **1** En boucherie, morceau du bœuf situé entre la tranche et la poitrine. **2** Partie de la morue voisine des filets.

**Flandre** plaine maritime de l'Europe du N.-O. qui s'étend de la France du N. aux Pays-Bas. La *Flandre maritime* est une plaine argilo-sableuse, fertilisée depuis le Moyen Âge (création de polders) : polyculture intensive, élevage de bovins. Bien qu'inhospitalière, la côte flam. a un import. trafic marit. (Dunkerque, Anvers). L'industrialisation est forte. La *Flandre intérieure*, argileuse, est accidentée : mont Cassel (176 m), mont Kemmel (156 m). L'industrie agro-alim. poursuit son essor. L'industrie textile, héritée du Moyen Âge (Roubaix, Tourcoing, Gand, Courtrai), a presque disparu. DER **flamand, ande** *a, n*

**Histoire** Habitée par des Celtes Belges, la Flandre fut conquise par les Romains. Au Ve s., les Francs Saliens s'y installèrent. La première dynastie flamande fut fondée en 862 par Baudouin Ier Bras de Fer, gendre de Charles le Chauve. Le comté s'agrandit (notam. du Hainaut) ou se rétrécit (cession de l'Artois à la

France, 1185). Opposée à la France (qu'elle vainquit à Courtrai en 1302), elle s'allia à l'Angleterre (qui vendait de la laine à ses drapiers). En 1384, Philippe le Hardi la réunit à la Bourgogne ; à la mort de Charles le Téméraire (1477), la Flandre appartint aux Habsbourg, comme le reste des Pays-Bas (Pays-Bas et Belgique actuels). Louis XIV annexa la Flandre du Sud (traités d'Aix-la-Chapelle, 1668 ; de Nimègue, 1678). Occupée par la France sous la Révolution et l'Empire, la Flandre fut néerlandaise en 1814, puis intégrée au royaume de Belgique (1831).

**Flandre** Région couvrant toute la partie N. de la Belgique et réunissant les cinq provinces néerlandophones du pays : Flandre-Occidentale, Flandre-Orient., prov. d'Anvers, Limbourg et Brabant flamand (dans lequel est enclavée la Région de Bruxelles-Capitale) ; 13 512 km$^2$ ; 5 824 628 hab. ; cap. *Bruxelles*. La Région flamande et la Communauté flamande ont un même gouvernement, qui siège à Bruxelles. [DER] **flamand, ande** *a, n*

**Flandre-Occidentale** prov. de Belgique s'étendant, le long de la mer du Nord ; 3 134 km$^2$ ; 1 159 000 hab. ; ch.-l. *Bruges*.

**Flandre-Orientale** prov. de Belgique, entre la Flandre-Occidentale et la prov. d'Anvers ; 2 982 km$^2$ ; 1 432 300 hab. ; ch.-l. *Gand*.

**flandricisme** *nm* Fait de langue issu du flamand, dans le français parlé en Belgique.

**flandrien, enne** *a, nm* GEOL Se dit de la dernière transgression marine du quaternaire européen, qui se termina v. 6000 av. J.-C.

**flandrin** *nm* fam Homme grand et maigre, d'allure gauche.

**Flandrin Hippolyte** (Lyon, 1809 – Rome, 1864), peintre français, académique.

**flâne** *nf* litt Flânerie.

**flanelle** *nf* Étoffe légère, douce et chaude, en laine peignée ou cardée. *Pantalon de flanelle.* [ETY] Du gallois *gwlân*, « laine ».

**flanellette** *nf* Canada Finette.

**flâner** *vi* [1] **1** Se promener sans but. *Flâner dans les rues.* **2** Perdre du temps par indolence. *Travaillez, au lieu de flâner !* [ETY] De l'a. scand. [DER] **flânerie** *nf* – **flâneur, euse** *n, a*

**flanker** *n* Joueur de rugby évoluant sur les côtés.

**1 flanquer** *vt* [1] **1** MILIT Protéger, défendre le flanc d'une troupe. **2** ARCHI Être construit de part et d'autre. **3** péjor Accompagner. *Un petit chef flanqué de ses acolytes.* [DER] **flanquement** *nm*

**2 flanquer** *vt* [1] fam **1** Lancer, jeter, appliquer brutalement. *Flanquer un coup de poing à qqn.* **2** Donner. *Il m'a flanqué une peur bleue.* **LOC** ***Flanquer qqn dehors :*** le congédier rudement, ou le faire sortir par force. — ***Se flanquer par terre :*** tomber rudement.

**flapi, ie** *a* fam Épuisé, éreinté. [ETY] Du vieux mot lyonnais *flapir*, « amollir ».

**flaque** *nf* Petite mare de liquide stagnant.

**flash** *nm* **1** Projecteur pour la photographie, qui émet un bref éclat de lumière intense lorsque l'on prend un instantané ; cet éclat de lumière. **2** CINE Plan très court. **3** Annonce brève sur les télétypes, à la radio ou à la télévision. *Un flash publicitaire.* **4** fam Sensation intense après une injection de drogue. [ETY] Mot angl., « éclair ».

**flashant, ante** *a* fam Qui fait flasher, éblouit, séduit.

**flashback** *nm* CINE Séquence narrative qui évoque une période antérieure à celle de l'action. SYN retour en arrière. [ETY] Mot anglo-amér., de *back*, « en arrière ». [VAR] **flash-back** *nm inv*

**flash-ball** *nm* Gros pistolet à deux coups, tirant des projectiles en caoutchouc de 44 mm. PLUR flash-balls. [PHO] [flaʃbɔl] [ETY] Mot angl. ; nom déposé.

**flashcode** *nm* Code composé de points ou de carrés juxtaposés pouvant être décodé par des téléphones mobiles pour accéder à certains services. [ETY] Nom déposé.

**flasher** *v* [1] **A** *vt* **1** TECH Produire des films et des bromures de textes et d'illustrations. **2** AUTO Photographier un véhicule en excès de vitesse ou en infraction grâce à un radar. **B** *vi* fam **1** Avoir un coup de cœur pour. *Flasher sur une voiture de sport.* **2** fam Produire un effet brutal. *Un titre qui flashe.* [PHO] [flaʃe] [DER] **flashage** *nm*

**flasheuse** *nf* TECH Photocomposeuse à laser servant à flasher.

**flashmob** *nf* Rassemblement éclair et concerté pour provoquer la stupéfaction alentour.

**flashy** *a* fam Se dit de couleurs qui flashent, produisent un effet brutal. [ETY] Mot angl.

**1 flasque** *a* Mou, dépourvu de fermeté, d'élasticité. *Des chairs flasques.* [ETY] Du lat.

**2 flasque** *nf* Petit flacon plat. [ETY] De l'ital.

**3 flasque** *nm* **1** Chacune des deux pièces latérales de l'affût d'un canon. **2** TECH Chacune des deux plaques, généralement parallèles, constitutives de certaines pièces mécaniques. *Flasques de roue d'automobile.* [ETY] De *flache*.

**flatter** *v* [1] **A** *vt* **1** Louer exagérément ou mensongèrement qqn pour lui plaire, le séduire. **2** Présenter qqn avantageusement dans un portrait, une peinture. **3** Caresser un animal de la main. **4** Causer de la fierté à. *Cette préférence me flatte.* **5** Être agréable aux sens. *Un vin qui flatte le palais.* **6** Encourager, favoriser qqch de nuisible ou de répréhensible. *Flatter les manies de qqn.* **B** *vpr* **1** Se faire fort de, être persuadé (parfois présomptueusement) que. *Il se flatte de réussir. Elle se flatte qu'il vienne* ou *qu'il viendra.* **2** Avoir, ou vouloir donner une trop haute opinion de soi. [ETY] Du frq.

**flatterie** *nf* Action de flatter ; louange fausse ou exagérée dans l'intention de séduire.

**Flatters Paul** (Paris, 1832 – Bir el-Gharama, 1881), officier français, explorateur du Sahara algérien, où des Touaregs le tuèrent.

**flatteur, euse** *n, a* **A** *n* Personne qui flatte, qui cherche à séduire par des flatteries. **B** *a* **1** Qui loue avec exagération et par calcul. *Des amis flatteurs. Des manières flatteuses.* **2** Favorable, élogieux. *Un murmure flatteur accueillit son discours.* **3** Qui avantage, qui embellit. *Un portrait flatteur.* [DER] **flatteusement** *av*

**flatulence** *nf* Accumulation de gaz gastro-intestinaux provoquant un ballonnement abdominal et l'émission de gaz. [ETY] Du lat. *flatus*, « vent ». [DER] **flatulent, ente** *a*

**Flaubert Gustave** (Rouen, 1821 – Croisset, près de Rouen, 1880), écrivain français. Oscillant sans cesse entre le romantisme et le réalisme, Flaubert unit le vrai et le beau par la perfection formelle du style. Romans : *Madame Bovary* (1857), *Salammbô* (1862), *l'Éducation sentimentale* (1869 ; prem. version, non publiée : 1843-1845), *Bouvard et Pécuchet* (inachevé, 1881). Drame philosophique : *la Tentation de saint Antoine* (trois versions ; dernière version, 1874). Nouvelles : *Trois Contes* (1877). *Dictionnaire des idées reçues* (1911) ; *Correspondance* (1887-1893 puis 1926-1933). [DER] **flaubertien, enne** *a*

**flavescent, ente** *a* litt Qui tire sur le jaune ou le blond. [ETY] Du lat.

C. Flammarion

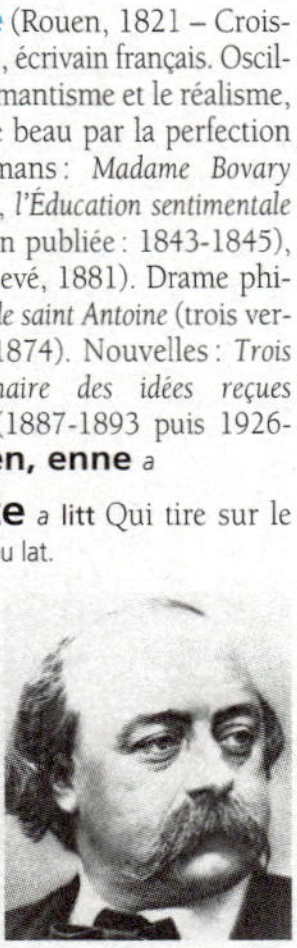

G. Flaubert

**flaveur** *nf* Goût et odeur d'un aliment considérés conjointement. [ETY] De l'angl.

**Flaviens (les)** nom donné à deux familles d'empereurs romains : 1. Vespasien (69-79) et ses deux fils, Titus (79-81) et Domitien (81-96) ; 2. Constance Ier Chlore (mort en 306), Constantin le Grand (306-337), ainsi que les fils et neveux de ce dernier. [DER] **flavien, enne** *a*

**flavine** *nf* BIOCHIM Coenzyme de plusieurs déshydrogénases se présentant notam. sous la forme de vitamine B2 (riboflavine).

**Flavius Josèphe** (Jérusalem, 37 – Rome, v. 100), historien juif romanisé. Il écrivit, en grec, *la Guerre juive* et *Antiquités judaïques*.

**flavonoïde** *nm* PHARM Substance vitaminique employée comme tonique veineux.

**flavoprotéine** *nf* BIOCHIM Déshydrogénase dont la coenzyme est une flavine.

**Flaxman John** (York, 1755 – Londres, 1826), sculpteur néo-classique anglais.

**fléau** *nm* **1** Instrument pour battre les céréales, constitué d'un manche et d'un battoir en bois reliés par une courroie. **2** Barre horizontale qui supporte les plateaux d'une balance. **3** fig Grande calamité. *La peste et le choléra, fléaux de l'Europe médiévale. Attila, fléau de Dieu.* **4** Ce qui est redoutablement nuisible, dangereux. *La corruption, fléau d'une société.* **LOC** ***Fléau d'armes :*** arme en usage au Moyen Âge, formée d'une masse hérissée de pointes reliée par une chaîne à un manche. [ETY] Du lat. *flagellum*, « fouet ».

**1 flèche** *nf* **1** Projectile qu'on lance avec un arc ou une arbalète et dont l'extrémité est ordinairement en forme de fer de lance. *Tirer, décocher une flèche.* **2** fig Trait piquant, ironique. **3** Signe en forme de flèche pour indiquer une direction. *Suivez la flèche.* **4** Partie de forme effilée, pyramidale ou conique, qui surmonte un clocher. **5** BOT Pousse terminale d'un arbre, spécial. d'un conifère. **6** Timon unique d'une voiture à chevaux. **7** ARTILL Partie arrière de l'affût d'un canon. **8** GEOM Perpendiculaire abaissée du milieu d'un arc de cercle sur la corde qui sous-tend cet arc. **9** ARCHI Hauteur verticale de la clef de voûte à partir du plan de la base de cette voûte. **10** CONSTR Déplacement vertical maximal de la fibre neutre d'une pièce horizontale (dalle, tablier de pont, poutre) sous l'effet des charges et de son poids propre. **11** AVIAT Angle formé par le bord d'attaque de l'aile d'un avion par rapport au fuselage. **LOC** ***Faire flèche de tout bois :*** recourir à tous les moyens pour arriver à ses fins. — BOT ***Flèche d'eau :*** nom cour. de la sagittaire. — ***Flèche d'une grue :*** partie en porte à faux, mobile autour du mât et qui supporte les organes de levage. — litt ***La flèche du Parthe :*** trait d'esprit amer ou sarcastique qu'on lance à qqn en se retirant (comme les Parthes décochaient leurs flèches en fuyant). — ***Monter en flèche :*** à toute vitesse. — ***Partir comme une flèche :*** très rapidement. [ETY] Du frq.

**2 flèche** *nf* Partie du lard d'un porc, de l'épaule à la cuisse. [ETY] Du scand.

**Flèche (La)** ch.-l. d'arr. de la Sarthe, sur le Loir ; 16 249 hab. – Prytanée militaire (1808), anc. collège dans lequel Descartes fit ses études. [DER] **fléchois, oise** *a, n*

**fléché, ée** *a* Se dit d'une grille de mots croisés dans laquelle les définitions sont inscrites dans les cases noires, une flèche indiquant la position du mot.

**flécher** *vt* [14] Jalonner avec des flèches. *Itinéraire fléché.* [DER] **fléchage** *nm*

**fléchette** *nf* Projectile en forme de petite flèche garnie d'une empenne, qu'on lance à la main sur une cible.

**Fléchier** Esprit (Pernes-les-Fontaines, 1632 – Nîmes, 1710), prélat et prédicateur français. Acad. fr. (1673).

**fléchir** *v* ③ **A** *vt* **1** Ployer, courber. *Fléchir les genoux.* **2** fig Faire céder ; émouvoir, attendrir. *Fléchir qqn à force de prières.* **B** *vi* **1** Se courber, ployer sous une charge. *Cette poutre fléchit.* **2** Céder, faiblir. *Faire fléchir l'adversaire.* **3** Perdre de son intensité, diminuer, baisser. *Sa voix fléchissait à cause de la fatigue.* ETY Du bas lat.

**fléchissement** *nm* **1** Action de fléchir ; état d'un corps qui fléchit. *Le fléchissement du bras. Le fléchissement d'une poutre.* **2** Fait de céder, de faiblir. *Le fléchissement des lignes ennemies.* **3** Fait de baisser, de diminuer. *Le fléchissement des prix.*

**fléchisseur** *nm, am* ANAT Muscle qui détermine la flexion d'un membre (par oppos. à *extenseur*).

**Fleetwood** Charles (dans le Northamptonshire, ? – Londres, 1692), général anglais. Gendre de Cromwell, il fut gouverneur de l'Irlande (1652-1655).

**Fleg** Edmond Flegenheimer, dit Edmond (Genève, 1874 – Paris, 1963), écrivain français : *Écoute, Israël* (1913 et 1921, 2 vol. remaniés en 1954).

**flegmatique** *a* Qui maîtrise ses sentiments, qui ne se départ pas facilement de son calme. *Une personne flegmatique. Un caractère flegmatique.* DER **flegmatiquement** *av*

**flegme** *nm* **1** Caractère d'un individu maître de ses sentiments, qui ne se départ pas de son calme. **2** CHIM Alcool brut résultant d'une première distillation. ETY Du gr. *phlegma*, « humeur ».

**flein** *nm* Vannerie servant à emballer les primeurs.

**Flémalle** (le Maître de) nom donné à un peintre flamand du début du XVᵉ s., dit aussi *le Maître de Mérode* (identifié à Robert Campin) : *Annonciation de Mérode* (triptyque v. 1420-1430).

**le Maître de Flémalle** *la Nativité*, v. 1425 – musée des Beaux-Arts, Dijon

**Fleming** sir John Ambrose (Lancaster, 1849 – Sidmouth, Devonshire, 1945), physicien anglais. Il réalisa en 1904 la première diode (*valve de Fleming*).

**Fleming** sir Alexander (Darvel, Ayrshire, 1881 – Londres, 1955), microbiologiste anglais. Il découvrit en 1928 le prem. antibiotique, la pénicilline, utilisé seulement à partir de 1940. P. Nobel de médecine (1945) avec E. B. Chain et H. W. Florey.

**Fleming** Victor (Pasadena, 1883 – Phoenix, 1949), cinéaste américain. Il signa seul *Autant en emporte le vent* (1939) bien que Cukor et d'autres réalisateurs aient participé au tournage.

**Fleming** Renée (Indiana, Penn., 1959), soprano américaine.

**flemmarder** *vi* ① fam Aimer à rester sans rien faire, paresser. *Flemmarder au lit jusqu'à midi.* DER **flemmard, arde** *a, n*

**flemme** *nf* fam Paresse, tendance à rester sans rien faire. *J'ai la flemme d'y aller.* ETY De l'ital.

**Flemming** Jakob (comte von) (Hoff, 1667 – Vienne, 1728), général saxon d'origine suédoise. Il servit Frédéric-Auguste II, Électeur de Saxe, et le fit couronner roi de Pologne.

**flemmingite** *nf* fam Grande paresse.

**Flensburg** v. et port d'Allemagne (Schleswig-Holstein), sur la Baltique ; 88 800 hab.

**fléole** *nf* Graminée fourragère des prés. ETY Du gr. VAR **phléole**

**Flers** ch.-l. de cant. de l'Orne (arr. d'Argentan) ; 15 837 hab. – Château (XVIᵉ-XVIIIᵉ s.). DER **flérien, enne** *a, n*

**Flers** Robert Pellevé de La Motte-Ango (marquis de) (Pont-l'Évêque, 1872 – Vittel, 1927), auteur français de comédies et de vaudevilles : *l'Habit vert* (1912), *les Vignes du Seigneur* (1923). Acad. fr. (1920).

**Flessel** Laura (Pointe-à-Pitre, 1971), double championne olympique d'escrime.

**Flesselles** Jacques de (Paris, 1721 – id., 1789), dernier prévôt des marchands de Paris ; massacré le 14 juillet 1789.

**Flessingue** (en néerl. *Vlissingen*), v. et port des Pays-Bas (Zélande), près de l'estuaire de l'Escaut ; 44 500 hab.

**flet** *nm* Poisson pleuronectidé long d'une cinquantaine de cm, des estuaires et des côtes atlantiques. PHO [flɛt] ETY Du moy. néerl.

**flétan** *nm* Poisson pleuronectidé de grande taille, fréquent dans les mers froides, dont le foie fournit une huile riche en vitamines A et D.

**Fletcher** John (Rye, Sussex, 1579 – Southwark, 1625), auteur dramatique anglais de la période élisabéthaine. Il écrivit de nombr. pièces avec Fr. Beaumont : *Roi et pas roi* (tragédie, 1611), *le Chevalier du pilon ardent* (comédie, 1611).

**1 flétrir** *vt* ③ **1** Faire perdre sa couleur, sa forme, sa fraîcheur à une plante, une fleur. *La sécheresse a flétri toutes les fleurs.* **2** Ternir, altérer. *Le soleil a flétri les couleurs de cette étoffe. Le temps a flétri son visage.* ETY Du lat. *flaccus*, « flasque ». DER **flétrissement** *nm* – **flétrissure** *nf*

**2 flétrir** *vt* ③ **1** anc Marquer un criminel d'une empreinte infamante au fer rouge. **2** Stigmatiser, vouer au déshonneur. *Flétrir la mémoire de qqn.* ETY Du frq. DER **flétrissure** *nf*

**fleur** *nf* **A 1** Partie des végétaux phanérogames qui porte les organes de la reproduction. *Un pommier en fleur.* **2** Plante qui produit des fleurs. *Arroser des fleurs.* **3** Figure ou représentation d'une fleur. *Papier, tissu à fleurs.* **4** fig Ce qui embellit, rend agréable et plaisant. *Une vie semée de fleurs.* **5** fig Le plus beau moment, l'apogée d'une chose périssable. **6** Ce qu'il y a de meilleur en son genre ; l'élite. *La fine fleur de l'aristocratie.* **7** CHIM Substance provenant d'une condensation après sublimation. *Fleur de soufre.* **B** *nf pl* fig Ornements de style. *Les fleurs de la rhétorique.* LOC ***À fleur de*** : presque au niveau de. *Rochers à fleur d'eau. Sensibilité à fleur de peau.* — fam ***Comme une fleur*** : très facilement. — ***Être fleur bleue*** : être d'une sentimentalité naïve et un peu mièvre. — ***Faire une fleur à qqn*** : lui accorder une faveur, un avantage. — ***Fleur mâle*** : qui ne porte que les étamines. — ***Fleurs de vin, de vinaigre, de bière*** : moisissures qui se développent à la surface du vin, du vinaigre, de la bière. — ***La fleur de l'âge*** : la jeunesse. — TECH ***La fleur du cuir*** : le côté de la peau où se trouvent les poils (par oppos. au côté *croûte*). — ***Fleur de sel*** : sel blanc et fin récolté à la surface des marais salants. ETY Du lat.

ENC Une fleur complète est hermaphrodite et comprend un pédoncule floral, dont l'extrémité, renflée, est le réceptacle floral où s'insèrent le périanthe et les organes sexuels. Le périanthe comprend le calice, formé de sépales généralement verts, et de la corolle, formée de pétales souvent de couleur vive ; les organes sexuels sont les étamines et les carpelles contenant les ovules, lesquels seront fécondés par le pollen et donneront les graines.

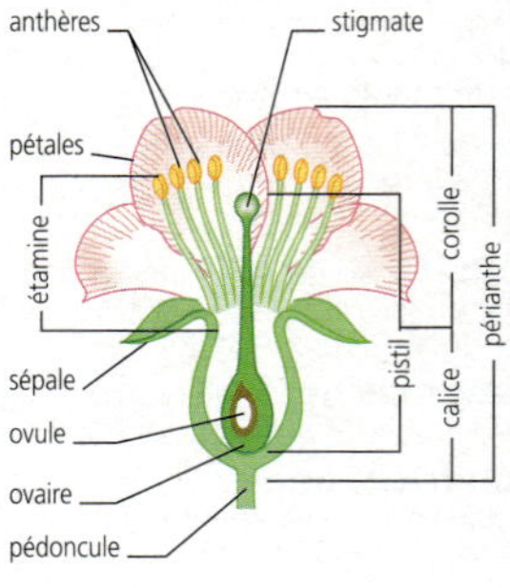


coupe d'une fleur hermaphrodite

**fleur**

**fleurdelisé, ée** *a, nm* **A** *a* Orné de fleurs de lis. **B** *nm* Canada Nom donné au drapeau du Québec (par oppos. à l'*unifolié*).

**fleurer** *vt, vi* ① litt Sentir, exhaler une odeur. *Cela fleure bon. Un plat qui fleure les épices.*

**fleuret** *nm* **1** Arme d'escrime composée d'une lame à section quadrangulaire et d'une poignée que protège une coquille. **2** TECH Tige d'acier équipant les perforatrices et les marteaux pneumatiques. ETY De l'ital. *fioretto*, « petite fleur ». ▶ illustr. **escrime**

**fleurette** *nf* **1** Petite fleur. **2** CUIS Extrémité de l'inflorescence des brocolis, des choux-fleurs. LOC vx ***Conter fleurette à une femme*** : la courtiser.

**fleurettiste** *n* Escrimeur spécialiste du fleuret.

**fleuri, ie** *a* **1** En fleurs ; couvert de fleurs. *Arbre fleuri.* **2** fig Qui a de l'éclat, de la fraîcheur. *Teint fleuri.* **3** fig Orné. *Discours, style fleuri.* **4** fig Moisi. *Fromage à croûte fleurie.* LOC ***Jardin fleuri. Pâques fleuries*** : le dimanche des Rameaux.

**fleurie** *nm* Cru du Beaujolais. ETY D'un n. pr.

**Fleurieu** Charles Pierre Claret (comte de) (Lyon, 1738 – Paris, 1810), marin français. Il inventa une montre marine à secondes permettant le calcul des longitudes.

**fleurine** *nf* rég Grotte où se fait l'affinage du roquefort.

**fleurir** *v* ③ **A** *vi* **1** Produire des fleurs ; être en fleur(s). *Les rosiers commencent à fleurir.* **2** fig Être en état de prospérité, de splendeur ; être en crédit, en honneur (en ce sens, *florissait* ou *fleurissait* à l'imparfait). **3** Se couvrir de poils, de boutons, etc. *Menton, visage qui fleurit.* **B** *vt* Orner qqch de fleurs, d'une fleur. *Fleurir une tombe. Fleurir sa boutonnière.* DER **fleurissement** *nm*

**fleuriste** *n* Personne qui cultive les fleurs pour les vendre ; personne qui fait le commerce des fleurs.

**fleuristerie** *nf* Secteur constitué par le commerce de détail des fleurs.

**sir Alexander Fleming**

**fleuron** *nm* **1** Ornement figurant une feuille ou une fleur. *Les fleurons d'une couronne.* **2** BOT Chacune des fleurs régulières qui forment le capitule chez les composées. **3** fig Ce qu'il y a de mieux, de plus remarquable dans. *Le fleuron de la littérature latine.*

**fleuronné, ée** *a* Orné de fleurons.

**Fleurs du mal (les)** recueil de poèmes de Baudelaire (1857). Condamné pour immoralité, il fut réédité en 1861, amputé de 6 pièces, mais augmenté de 35 nouv. poèmes.

**Fleurus** com. de Belgique (Hainaut), sur la Sambre ; 23 000 hab. Industries. – Jourdan y battit les Austro-Hollandais en 1794.

**Fleury** André Hercule (cardinal de) (Lodève, 1653 – Issy, 1743), prélat et homme d'État français. Précepteur de Louis XV (1714), il fut Premier ministre de 1726 à sa mort.

**Fleury-les-Aubrais** ch.-l. de cant. du Loiret (arr. d'Orléans) ; 21 696 hab. Nœud ferroviaire. Industries. DER **fleuryssois, oise** *a, n*

**Fleury-Mérogis** com. de l'Essonne (arr. d'Évry) ; 9 074 hab. Prison (dep. 1968). DER **fleury-mérogissois, oise** *a, n*

**fleuve** *nm* **1** Grand cours d'eau aux multiples affluents, qui se jette dans la mer. Plus généralement, cours d'eau important. **2** GEOGR Tout cours d'eau qui se jette dans une mer. *Fleuve côtier.* **3** fig Ce qui s'écoule, semble s'écouler de manière continue. *Fleuve de boue.* **4** En apposition, désigne un processus très long. *Discours-fleuve. Roman-fleuve.* ETY Du lat.

**Flevoland** prov. néerlandaise formée par la réunion de trois polders du lac d'Ijsel ; 1 412 km$^2$ ; 211 500 hab. ; ch.-l. *Lelystad.*

**flexfuel** *nm* Biocarburant (appelé aussi E85) qui mélange jusqu'à 85% d'éthanol dans l'essence. PHO [fleksfjul]

**flexibiliser** *vt* ① Rendre qqch plus flexible. *Flexibiliser les horaires.* DER **flexibilisation** *nf*

**flexible** *a, nm* **A 1** *a* Souple, qui plie aisément sans se rompre. *L'osier est flexible.* **2** Qui se laisse fléchir facilement ; qui s'adapte aisément aux circonstances. *Caractère flexible.* **B** *nm* TECH Dispositif souple de transmission d'un mouvement de rotation. *Flexible de compte-tours.* LOC ***Atelier flexible :*** unité de production dans une usine, qui fait appel à la productique et s'oppose au travail à la chaîne. DER **flexibilité** *nf*

**flexion** *nf* **1** Fait de fléchir ; état de ce qui fléchit. **2** MECA Déformation que subit une pièce longue (poutre, barre) soumise à une force appliquée perpendiculairement à son axe longitudinal, en des points où elle n'est pas soutenue. **3** Mouvement par lequel l'angle que forment deux segments osseux articulés se ferme (par oppos. à *extension*). **4** LING Phénomène morphologique caractéristique des langues dites *flexionnelles*, dans lesquelles le mot se décompose en un radical et en des marques morphologiques variables selon ses rapports avec les autres unités de la phrase. ETY Du lat. *flectere*, « ployer ».

**flexionnel, elle** *a* LING Qui a rapport aux flexions. *Langues flexionnelles.*

**flexisécurité** *nf* Système alliant la flexibilité de l'emploi et la sécurité du revenu. VAR **flexécurité** ou **flexicurité**

**flexographie** *nf* TECH Procédé d'impression en relief sur des supports souples.

**flexure** *nf* GEOL Brusque changement de pendage d'un terrain sans rupture des couches.

**flibuste** *nf* anc Piraterie des flibustiers ; ensemble des flibustiers.

**flibustier** *nm* **1** Pirate des mers américaines, aux XVII$^e$ et XVIII$^e$ s. *Les flibustiers étaient principalement établis dans l'île de la Tortue.* **2** vieilli Voleur, filou audacieux. ETY Du néerl. *vrijbuiter*, « qui fait butin librement ».

**flic** *n* fam Policier, policière.

**flicage** → **fliquer.**

**flicaille** *nf* fam, péjor Ensemble de policiers.

**flic flac** *interj* fam Onomatopée évoquant un claquement, le bruit d'un liquide qui s'égoutte.

**flingue** *nm* arg Fusil ou pistolet. ETY De l'all.

**flinguer** *v* ① **A** *vt* fam **1** Tirer sur qqn avec une arme à feu. **2** Abîmer, détruire. *Il a flingué sa bécane dans un virage.* **3** Critiquer durement. *Le ministre s'est fait flinguer par un député.* **B** *vpr* fam Se suicider avec une arme à feu. **C** *vi* fam Attaquer rudement, chercher à s'imposer dans une compétition. DER **flingage** *nm*

**flingueur, euse** *n* fam Personne qui flingue, attaquant.

**Flins-sur-Seine** com. des Yvelines (arr. de Mantes-la-Jolie) ; 2 207 hab. Usine Renault. DER **flinois, oise** *a, n*

**Flint** ville des É.-U. (Michigan), au N.-O. de Detroit ; 434 100 hab. (aggl.). Centre industr. (en déclin).

**flint-glass** *nm inv* TECH Verre d'optique à base de plomb, d'indice de réfraction élevé, à faible dispersion. PHO [flintglas] ETY Mot angl., de *flint*, « silex », et *glass*, « verre ». VAR **flint** [flint] *nm*

**flip** *nm* **1** fam État angoissé, dépressif, fait de flipper. **2** En patinage artistique, variété de saut. ETY Mot angl.

**flip-flap** *nm inv* Saut périlleux exécuté en touchant le sol avec les mains.

**flipot** *nm* TECH Petit morceau de bois servant à cacher une fente dans un ouvrage d'ébénisterie. ETY D'un n. pr.

**1 flipper** *nm* **1** Petit levier qui, dans un billard électrique, sert à renvoyer la bille vers le haut. **2** Jeu électrique composé d'une table inclinée sur laquelle des billes déclenchent un mécanisme totalisateur de points en rebondissant contre des plots. SYN billard électrique. PHO [flipœʀ] ETY Mot angl., de *to flip*, « secouer ».

**2 flipper** *vi* ① fam **1** Ressentir les effets du manque d'une drogue. **2** Ressentir un trouble affectif profond, avoir peur. ETY De l'angl. DER **flippant, ante** *a*

**fliquer** *vt* ① **1** fam, péjor Pratiquer une surveillance policière sur qqn. **2** Contrôler, surveiller qqn. DER **flicage** *nm*

**flirt** *nm* **1** vieilli Jeu amoureux, échange de baisers, de caresses plus ou moins libres. **2** Personne avec qui l'on flirte. **3** fig Rapprochement passager. PHO [flœʀt] ETY Mot angl.

**flirter** *vi* ① **1** Avoir un flirt avec qqn. **2** fig Se rapprocher de. *Flirter avec la politique.* PHO [flœʀte]

**FLN** Sigle de *Front de libération nationale* (de l'Algérie).

**FLNC** Sigle de *Front de libération nationale corse.* Mouvement indépendantiste créé en 1976 et dissous en 1983.

**FLNKS** Sigle de *Front de libération nationale kanak socialiste.* Mouvement indépendantiste créé en 1984 en Nouvelle-Calédonie.

**1 floc** *interj* Onomatopée évoquant le bruit d'une chute dans l'eau.

**2 floc** *nm* Vin de liqueur, mélange d'armagnac et de jus de raisin.

**3 floc** *nm* TECH Dans le processus de floculation, précipité dans lequel viennent s'accumuler les impuretés.

**flocage** *nm* TECH Application de fibres textiles, synthétiques, etc., sur une surface enduite d'adhésif. ETY De l'angl. *flock*, « flocon ».

**floche** *a* TECH *Soie floche*, qui n'est que légèrement torse.

**flock-book** *nm* Livre généalogique des races de moutons et de chèvres. PLUR flock-books. PHO [flɔkbuk] ETY De l'angl. VAR **flockbook**

**flocon** *nm* **A 1** Petite touffe de laine, de soie, etc. **2** Petite masse de cristaux de neige agglomérés. *La neige tombe à gros flocons.* **B** *nm pl* Lamelles de graines de céréales. *Flocons d'avoine.* ETY Du lat.

**floconner** *vi* ① litt S'agglomérer en flocons.

**floconneux, euse** *a* Qui affecte l'aspect de flocons. *Nuages floconneux.*

**floculation** *nf* **1** TECH Précipitation de substances en solution sous forme colloïdale. *On épure les eaux usées par floculation.* **2** MED Précipitation qui permet le diagnostic de certaines maladies, essentiellement en hépatologie. DER **floculer** *vi* ①

**Flodoard** (Épernay, 894 – Reims, 966), chroniqueur, poète et hagiographe franc : *Histoire de l'Église de Reims* (952), *Annales.*

**flognarde** *nf* CUIS En Auvergne, sorte de clafoutis aux pommes, aux poires ou aux pruneaux.

**Floirac** com. de la Gironde (arr. de Bordeaux), sur la Garonne ; 16 157 hab. Vignobles. Comm. du vin. Industrie du bois. DER **floiracais, aise** *a, n*

**flonflons** *nm pl* fam Accents bruyants d'un air de musique populaire. ETY Onomat.

**flood** *a inv* LOC TECH ***Lampe flood :*** à ampoule survoltée servant aux prises de vue d'intérieur. PHO [flœd] ETY Mot angl.

**1 flop** *interj, nm* **A** *interj* Onomatopée imitant le bruit de la chute d'un corps mou. **B** *nm* fam Échec d'un spectacle, d'un livre, etc. ETY Mot angl., de *to flop*, « se laisser tomber ».

**2 flop** *nm* INFORM Unité de puissance d'un ordinateur correspondant au nombre d'opérations en virgule flottante effectuées par seconde. (Les plus performants peuvent effectuer des milliards [*gigaflops*], voire des milliers de milliards [*téraflops*] d'opérations.) ETY Abrév. de l'angl. *floating point operations per second.*

**flopée** *nf* fam Grande quantité.

**floquer** *vt* ① TECH Couvrir une surface par flocage.

**Floquet** Charles (Saint-Jean-Pied-de-Port, 1828 – Paris, 1896), homme politique français ; président du Conseil en 1888-1889, il blessa en duel le général Boulanger en 1888.

**Florac** ch.-l. d'arr. de la Lozère, au S. de Mende ; 2 074 hab. Parc national des Cévennes. DER **floracois, oise** *a, n*

**floraison** *nf* **1** Épanouissement des fleurs ; époque où les fleurs s'épanouissent. **2** fig Développement, épanouissement.

**floral, ale** *a* Qui a rapport, qui appartient à la fleur, aux fleurs. *Exposition florale.* PLUR floraux.

**floralies** *nf pl* Grande exposition florale.

**Florange** ch.-l. de cant. de la Moselle (arr. de Thionville-Ouest) ; 10 778 hab. Sidérurgie. DER **florangeois, oise** *a, n*

**-flore** Élément, du lat. *flos, floris*, « fleur ».

**flore** *nf* **1** Ensemble des espèces végétales d'une région, d'un pays. *La flore alpestre.* **2** Ouvrage qui fait l'étude de la flore. **3** BIOL Ensemble des bactéries qui vivent normalement dans l'organisme. *Flore intestinale, vaginale.*

**Flore** déesse italique et romaine de la Végétation ; épouse de Zéphyr et mère du Printemps.

**floréal** *nm* HIST Huitième mois du calendrier républicain (du 20 ou 21 avril au 19 ou 20 mai).

**Florence** (ital. *Firenze*), v. d'Italie, sur l'Arno ; 438 300 hab. ; ch.-l. de la province du m. nom et cap. de la Toscane. Centre d'une riche région agric., l'une des princ. villes touristiques du monde, la com. a favorisé l'établissement d'industr. « non polluantes » et maintenu l'artisanat. – Archevêché. Université. – **Princ. monuments religieux :** la cath. (*Duomo* : Dôme) Santa Maria del Fiore (1296-1436, coupole de Brunelleschi), avec son campanile, commencé par Giotto en 1334, et son baptistère (XIe s., portes de bronze ornées de bas-reliefs dus à Ghiberti et Pisano) ; les égl. d'Orsammichele (1337-1404), Santa Croce et San Lorenzo (tombeaux des Médicis par Michel-Ange) ; le couvent San Marco (fresques de Fra Angelico). **Princ. monuments civils :** le palais du Bargello (XIIIe s., auj. musée national de sculpture) ; le Palazzo Vecchio ou palazzo della Signoria (Palais-Vieux ou palais de la Seigneurie, 1298-1314), la loggia des Lanzi (XIVe s.) et la galerie des Offices (1560-1580), où l'Administration avait ses bureaux et qui est auj. l'un des plus riches musées du monde ; le Ponte Vecchio (fin XIVe s.), sur l'Arno ; les palais Renaissance : Pitti (musée), Medici-Riccardi, Rucellai, Strozzi. – Hist. V. Toscane. DER **florentin, ine** *a, n*

**Florence** la cathédrale Santa Maria del Fiore et l'Arno

**florentin, ine** *a* fig, fam Qui évoque les intrigues politiciennes.

**Flores** île de l'archipel portugais des Açores, la plus occidentale ; 143 km² ; 10 000 hab. Base militaire française.

**Flores** île d'Indonésie, à l'E. de Java et au S. des Célèbes (dont la *mer de Flores* la sépare) ; 15 000 km².

**Flores** Juan José (Puerto Cabello, Venezuela, 1800 – Puná, Guayas, 1864), homme politique équatorien, fondateur (1830) et premier président de la république de l'Équateur.

**florès** *nm* LOC litt *Faire florès* : avoir de grands succès, réussir brillamment. PHO [flɔʀɛs]

**Florey** sir Howard Walter (Adélaïde, 1898 – Oxford, 1968), médecin britannique. Il mit au point, avec E. P. Abraham et E. B. Chain, la fabrication de la pénicilline (découverte par A. Fleming). P. Nobel 1945 avec Chain et Fleming.

**Florian** Jean-Pierre Claris de (chât. de Florian, Sauve, 1755 – Sceaux, 1794), écrivain français : chansons (dont *Plaisir d'amour*), *Fables* (1792). Acad. fr. (1788).

**Florianópolis** v. du S. du Brésil ; cap. de l'État (insulaire) de Santa Catarina ; 218 160 hab.

**floribond, onde** *a* BOT Se dit d'une plante à floraison abondante. DER **floribondité** *nf*

**floricole** *a* **1** ZOOL Qui vit sur les fleurs. **2** Qui concerne la floriculture.

**floriculture** *nf* AGRIC Culture des plantes pour leurs fleurs (ornement, essences). DER **floriculteur, trice** *n*

**Floridablanca** José Moñino (comte de) (Murcie, 1728 – Séville, 1808), homme d'État espagnol. Premier ministre (1777) disgrâcié en 1792.

**Floride** (en angl. *Florida*), État du S.-E. des États-Unis, péninsule qui sépare l'océan Atlantique du golfe du Mexique ; 151 670 km² ; 12 938 000 hab. ; cap. *Tallahassee* ; v. princ. : *Miami, Tampa*. – Plaine marécageuse aux 30 000 lacs, la Floride est prolongée au S. par un chapelet d'îles (*Florida Keys*). Le climat tropical attire touristes et retraités, et, depuis peu, de nombr. industries. Bases milit. et spatiale (cap Canaveral). – Les É.-U. achetèrent la Floride à l'Espagne en 1829. Elle entra dans l'Union en 1845. DER **floridien, enne** *a, n*

**floridée** *nf* BOT Algue rouge, presque exclusivement marine, dont la classe renferme la grande majorité des rhodophycées.

**florifère** *a* BOT Qui porte des fleurs.

**florigène** *a* BOT Qui provoque la floraison.

**florilège** *nm* litt **1** Recueil de pièces choisies. **2** fig Choix de choses remarquables.

**florin** *nm* **1** Anc. unité monétaire des Pays-Bas. **2** Unité monétaire du Surinam et des Antilles néerlandaises. ETY De l'ital. *fiore*, « fleur ».

**Floris de Vriendt** Cornelis (Anvers, 1514 – id., 1575), architecte et sculpteur flamand : hôtel de ville d'Anvers (1561). — **Frans** (Anvers, v. 1518 – id., 1570), frère du préc., peintre influencé par Michel-Ange.

**florissant, ante** *a* **1** Qui est dans un état brillant, prospère. *Commerce florissant.* **2** Qui dénote la santé, le bon état physique. *Un visage florissant.*

**floristique** *a* Qui concerne la flore.

**Flory** Paul John (Sterling, Illinois, 1910 – Big Sur, 1985), chimiste américain : travaux sur les plastiques. Prix Nobel 1974.

**flot** *nm* **A 1** Ondulation formée par l'eau agitée. **2** Eau en mouvement. *Le flot de la Seine.* **3** Marée montante. ANT jusant. **4** fig Grande quantité de. *Un flot de paroles.* **B** *nm pl* litt La mer. *Navire voguant sur les flots.* LOC ***À flot*** : qui flotte. — ***À flots*** : en grande quantité, abondamment. — ***Être à flot*** : avoir suffisamment d'argent, ne pas être gêné matériellement. ETY De l'a. scand.

**Flotow** Friedrich von (Teutendorf, Mecklembourg, 1812 – Darmstadt, 1883), compositeur allemand, auteur d'opéras comiques : *Martha* (1847).

**flottabilité** *nf* didac Qualité de ce qui peut flotter ; insubmersibilité.

**flottable** *a* **1** TECH Qui permet le flottage du bois. *Rivière flottable.* **2** Qui peut flotter.

**flottage** *nm* TECH Transport par eau du bois que l'on fait flotter.

**flottaison** *nf* MAR Intersection de la surface extérieure d'un navire droit et immobile avec la surface d'une eau tranquille sur laquelle il flotte. LOC ***Ligne de flottaison*** : séparant les œuvres vives des œuvres mortes.

**flottant, ante** *a, nm* **A** *a* **1** Qui flotte. *Glaces flottantes.* **2** Qui flotte dans l'air ; ample et ondoyant. *Une robe flottante.* **3** fig Incertain, irrésolu. *Esprit flottant.* **B** *nm* **1** Short de sport. **2** FIN Ensemble des titres qui restent aux mains de l'organisme émetteur. LOC ***Capitaux flottants*** : non investis et donnant lieu à la spéculation. — FIN ***Dette flottante*** : partie de la dette publique non consolidée, dont les titres peuvent être remboursés à court terme ou à vue. — ***Monnaie flottante*** : dont la parité n'est pas déterminée par un taux de change fixe. — TECH ***Moteur flottant*** : monté sur supports élastiques. — INFORM ***Virgule flottante*** : dont la position dans le nombre n'est pas précisée, le nombre étant représenté par sa mantisse et sa caractéristique.

**flottation** *nf* TECH Procédé de triage des matières pulvérulentes fondé sur les différences de réaction des corps dans l'eau.

**1 flotte** *nf* **1** Groupe de navires naviguant ensemble. **2** Ensemble des bâtiments de guerre d'une nation. *Amiral de la flotte.* **3** Ensemble des navires, des avions, des véhicules spécialisés d'une nation, d'une compagnie, etc. *Flotte aérienne.* ETY De l'a. scand.

**2 flotte** *nf* fam Eau, en partic. pluie.

**Flotte** Pierre (en Languedoc, apr. 1250 – Courtrai, 1302), chancelier de Philippe le Bel. Adversaire de Boniface VIII, il fut le premier laïc nommé chancelier. VAR **Flote**

**flottement** *nm* **1** Mouvement d'ondulation qui vient déranger l'alignement d'une troupe en marche. **2** Manque de stabilité d'un véhicule. **3** fig Hésitation, irrésolution. **4** État d'une monnaie flottante.

**1 flotter** *v* 1 **A** *vi* **1** Être porté par un liquide. *Des épaves flottaient encore à la surface.* ANT couler. **2** Onduler, voltiger en ondoyant. *Des drapeaux flottaient au vent.* **3** fig Être hésitant, irrésolu, incertain. **B** *vt* Assurer le transport du bois par flottage.

**2 flotter** *v impers* 1 fam Pleuvoir.

**flotteur** *nm* Objet flottant qui soutient un corps à la surface d'un liquide, marque un niveau, règle un écoulement, etc.

**flottille** *nf* Réunion de petits bateaux. ETY De l'esp.

**flou, oue** *a, nm* **A** *a* **1** Bx-A Dont les contours sont adoucis, peu nets. *Nu flou.* **2** Se dit de qqch dont les détails sont peu nets et comme brouillés. *Une photo floue.* **3** fig Qui manque de précision, de netteté. *Une pensée qui reste floue.* **4** LOG Se dit d'une logique qui substitue au choix binaire entre « vrai » et « faux » un continuum où le choix peut se faire à tout instant. *Un appareil à commandes floues.* **B** *nm* **1** Caractère de ce qui est flou, imprécis. **2** Manque de netteté d'une image photographique. LOC ***Flou artistique*** : imprécision délibérée dans l'attitude, le discours. ETY Du lat. *flavus*, « jaune ».

**flouer** *vt* 1 fam, Voler, duper. ETY Du lat.

**Flourens** Pierre Jean-Marie (Maureilhan, 1794 – Montgeron, 1867), physiologiste français ; il mit en évidence les fonctions du cervelet. Acad. fr. (1840). **Gustave** (Paris, 1838 – Chatou, 1871), fils du préc. Membre de la Commune, il fut tué par les versaillais.

**flouse** *nm* arg Argent. ETY De l'ar. VAR **flouze**

**flouter** *vi* 1 Rendre flou, difficile à reconnaître. *Flouter un visage.* DER **floutage** *nm*

**flouve** *nf* Graminée fourragère odorante, utilisée pour aromatiser la vodka. SYN herbe-à-bison.

**fluage** *nm* PHYS Déformation plastique lente d'un matériau sous l'effet d'une charge.

**fluatation** *nf* TECH Durcissement au moyen de fluates.

**fluate** *nm* CHIM Silicate de fluor.

**fluctuation** *nf* **A** Mouvement alternatif d'un liquide. **B** *nf pl* Variations fréquentes, défaut de fixité. *Prix soumis à des fluctuations.* ETY Du lat. *fluctuare*, « flotter ».

**fluctuer** *vi* 1 Être sujet à des fluctuations, varier. *Les prix fluctuent. Son esprit fluctue.* DER **fluctuant, ante** *a*

**fluent, ente** *a* **1** litt Qui coule, qui peut couler comme un liquide. *Le sable est fluent.* **2** MED Qui donne lieu à un écoulement. **3** PHILO Qui s'écoule, qui passe, en parlant du temps.

**fluer** *vi* ① **1** litt Couler. *La lumière fluait à travers les persiennes.* **2** MED S'écouler, en parlant d'une humeur. *Plaie qui flue.* ETY Du lat.

**fluet, ette** *a* Mince, d'apparence grêle et délicate. *Des bras fluets. Une voix fluette.* ETY De l'a. fr.

**fluide** *a, nm* **A** *a* **1** Qui coule facilement. *Un liquide fluide. Une circulation fluide.* **2** fig Coulant et limpide. *Un style très fluide.* **B** *nm* **1** Corps qui n'a pas de forme propre. *Les gaz et les liquides sont des fluides.* ANT solide. **2** PHYS anc Agent physique hypothétique responsable des phénomènes calorifiques, électriques, etc. **3** Émanation d'une force indéfinie qu'on prête aux médiums, aux magnétiseurs, etc. ETY Du lat.

ENC Un fluide (gaz, liquide) et un ensemble de particules sans liaisons chimiques, réagissant entre elles par frottement ou par choc. Un fluide est d'autant plus visqueux que les forces de frottement qui s'opposent au mouvement des molécules sont plus grandes. Un mobile se déplaçant dans un fluide subit de la part de celui-ci une force de sustentation (aile d'avion, voile de bateau) et une force de freinage, prises en compte dans les études d'hydrodynamique (bateaux, hydroglisseurs) et d'aérodynamique (vaisseaux spatiaux, avions, projectiles). La *statique des fluides* étudie les phénomènes qui se produisent lorsque le fluide est en état d'équilibre. La *dynamique des fluides* permet de prévoir les efforts exercés sur un corps en mouvement par le fluide qui l'entoure suivant la nature de l'écoulement (laminaire, turbulent, transsonique, supersonique ou hypersonique).

**fluidifier** *vt* ② Transformer en fluide ; rendre plus liquide. DER **fluidifiant, ante** *a, nm* – **fluidification** *nf*

**fluidique** *a, nf* didac **A** *a* **1** Qui est de la nature du fluide, qui concerne le fluide. **2** Relatif à la fluidique. **B** *nf* Technique de la commande et du contrôle des automatismes au moyen de fluides.

**fluidisation** *nf* TECH Procédé de mise en suspension d'une matière pulvérulente dans un courant gazeux. DER **fluidiser** *vt* ①

**fluidité** *nf* Caractère de ce qui est fluide. *Fluidité d'une pâte. La fluidité du style.*

**fluo** *a* fam Fluorescent. *Une tenue de ski fluo.*

**fluo-, fluor-, fluori-, fluoro-** Éléments de préfixation tirés de *fluor*.

**fluocompact, acte** *a, nf* Se dit d'une lampe à consommation réduite d'électricité.

**fluor** *nm* CHIM **1** Élément appartenant à la famille des halogènes, de numéro atomique Z = 9 et de masse atomique 19 (symbole F). **2** Gaz ($F_2$ : difluor) qui se liquéfie à – 188 °C et se solidifie à – 219 °C. ETY Mot lat., « écoulement ». DER **fluoré, ée** *a*

ENC Le fluor est le plus électronégatif et le plus réactif de tous les éléments ; oxydant très énergique, il se combine avec presque tous les éléments, donnant notam. des *fluorures*. Les *fréons* sont des composés du fluor ou fluorocarbonés. Le *téflon* est une matière plastique fluorée. Le fluor est un oligoélément de l'organisme dont les propriétés sont encore mal connues. Une intoxication aiguë par le fluor ou ses dérivés peut entraîner des troubles extrêmement graves.

**fluoration** *nf* **1** TECH Adjonction de fluor à l'eau. **2** MED Application protectrice de fluor sur les dents.

**fluorescéine** *nf* CHIM Matière colorante dont les sels alcalins communiquent à l'eau, même à très faible dose, une couleur verte intense.

**fluorescence** *nf* PHYS Émission de lumière par une substance soumise à l'action d'un rayonnement. DER **fluorescent, ente** *a*

**fluorhydrique** *a* LOC CHIM *Acide fluorhydrique :* fluorure d'hydrogène (HF), le seul acide qui attaque le verre.

**fluorine** *nf* MINER Fluorure naturel de calcium ($CaF_2$). SYN spath fluor. VAR **fluorite**

**fluorocarboné, ée** *a, nm* CHIM Se dit d'un composé dérivant du méthane et de l'éthane par substitution des atomes d'hydrogène par des atomes de fluor et de chlore. SYN chlorofluorocarbone.

ENC Certains fluorocarbonés, dont le fréon, sont utilisés comme fluides frigorigènes ; d'autres, comme gaz propulseurs dans les bombes aérosols. En remontant dans la haute atmosphère en quantité importante, ils pourraient détruire la couche protectrice d'ozone.

**fluoroscopie** *nf* MED Examen utilisant les rayons ultraviolets pour rendre fluorescente une partie du corps.

**fluorose** *nf* MED Intoxication par le fluor et ses dérivés.

**fluoruration** *nf* OPT Opération qui consiste à déposer à la surface d'une lentille une mince couche de fluorure pour atténuer les réflexions nuisibles.

**fluorure** *nm* CHIM Sel ou ester de l'acide fluorhydrique.

**fluotournage** *nm* TECH Fabrication, par fluage, de pièces métalliques creuses (cônes, cylindres, etc.).

**fluoxétine** *nf* PHARM Molécule ayant une action antidépressive, commercialisée sous le nom de prozac.

**flush** *nm* JEU Au poker, réunion de cinq cartes de même couleur. PHO [flœʃ] ETY Mot angl.

**Flushing Meadow Park** parc situé dans le quartier de Queens, à New York, où se tiennent, depuis 1978, les Internationaux de tennis des États-Unis.

**flustre** *nf* ZOOL Ectoprocte dont les colonies foliacées et découpées sont très communes sur les côtes françaises.

**1 flûte** *nf, interj* **A** *nf* **1** Instrument de musique à vent composé d'un tube creux percé de trous. *Flûte traversière. Flûte à bec. Flûte de Pan.* **2** Pain long et fin. **3** Verre à pied, long et fin. *Flûte à champagne.* **B** *nfpl* fam Longues jambes grêles. **C** *interj.* fam Marque le mécontentement, l'agacement, etc. *Flûte alors !* VAR **flute** ▶ pl. musique

**2 flûte** *nf* MAR anc Navire de guerre destiné au transport du matériel. ETY Du néerl. VAR **flute**

**flûté, ée** *a* Dont le son rappelle celui de la flûte. *Une voix flûtée.* VAR **fluté**

**flûteau** *nm* Jouet d'enfant en forme de flûte ; mirliton. VAR **fluteau, flûtiau** ou **flutiau**

**Flûte enchantée (la)** opéra en 2 actes de Mozart (1791) sur un livret (en all.) de l'Allemand Emmanuel Schikaneder (1751 – 1812). ▷ CINE Film d'Ingmar Bergman (1974).

**flûtiste** *n* Joueur de flûte. VAR **flutiste**

**flutter** *nm* **1** AERON Résonance entre les déformations des structures d'un appareil et les efforts aérodynamiques exercés sur celles-ci, se traduisant par des vibrations. **2** MED Trouble du rythme cardiaque, succession régulière et rapide des contractions. PHO [flœtœʀ] ETY Mot angl.

**fluvial, ale** *a* Des fleuves, des cours d'eau. *Législation fluviale. Navigation fluviale.* PLUR fluviaux.

**fluviale** *nf* Syn. de *hélobiale*.

**fluviatile** *a* **1** BIOL Se dit d'un organisme vivant dans les eaux douces ou près d'elles. **2** GEOL Se dit de sédiments déposés par un cours d'eau.

**fluvioglaciaire** *a* GEOMORPH Se dit d'un terrain d'origine glaciaire remanié par un cours d'eau. *Des cônes fluvioglaciaires.*

**fluviomètre** *nm* TECH Appareil mesurant le niveau d'un cours d'eau. VAR **fluviographe** DER **fluviométrique** *a*

**flux** *nm* **1** Action de couler, écoulement. **2** MED Écoulement d'un liquide organique. *Flux menstruel.* **3** fig Affluence, grande abondance, débordement. *Un flux de paroles.* **4** Marée montante. *Le flux et le reflux.* **5** PHYS Courant, intensité, énergie traversant une surface. *Flux magnétique, lumineux.* **6** FIN Mouvement. *Flux financiers.* LOC ECON *Flux tendu :* politique de gestion visant à réduire les stocks au maximum. PHO [fly] ETY Du lat. *fluxus*, « écoulement ».

**fluxion** *nf* LOC *Fluxion dentaire :* tuméfaction inflammatoire des joues et des gencives. — vieilli *Fluxion de poitrine :* pneumonie. — MATH *Méthode des fluxions :* méthode de calcul due à Newton, très proche du *calcul différentiel*.

**fluxmètre** *nm* ELECTR Galvanomètre à cadre mobile mesurant un flux magnétique.

**Fluxus (groupe)** mouvement international d'art d'avant-garde créé vers 1960 par George Brecht (1926 – 2008), Robert Filliou (1926 – 1987), George Maciunas, Ben, Tetsumi Kudo (1935 – Tokyo, 1990).

**flyer** *nm* **1** Carton d'invitation qui annonce une rave-party. **2** fig Tract, prospectus en général. PHO [flajœʀ] ETY Mot angl.

**fly-jacket** *nm* Blouson d'aviateur, à la mode chez les adolescents. PHO [flajdʒakɛt] ETY Mot angl. VAR **flyjacket**

**Flynn Errol** (Hobart, 1909 – Hollywood, 1959), acteur américain de films d'aventures : *Capitaine Blood* (1935), *Gentleman Jim* (1942).

**flysch** *nm* GEOL Roche sédimentaire détritique argilosableuse, caractéristique des montagnes jeunes. ETY Mot alémanique.

**flysurf** *nm* Surf pratiqué avec un cerf-volant. SYN kitesurf. PHO [flajsœʀf] ETY De l'ang. *to fly*, « voler ».

**Fm** CHIM Symbole du fermium.

**FM** *nf* sigle de l'angl. *Frequency Modulation*, « modulation de fréquence ».

**F-M** *nm* sigle de *fusil-mitrailleur*.

**FMI** sigle de *Fonds monétaire international*.

**FNSEA** Sigle de *Fédération nationale des syndicats d'exploitants agricoles*.

**FO** Sigle de *Force ouvrière*. V. CGT-FO.

**Fo Dario** (Leggiuno, Varèse, 1926), auteur dramatique, acteur et metteur en scène italien. Son théâtre comique est profondément engagé dans l'action politique (Prix Nobel de litt. 1997).

**fob** *a inv* LOC DR MARIT *Vente fob :* dans laquelle le prix de la marchandise inclut tous les frais jusqu'à la livraison à bord du navire transporteur. ETY Sigle de l'angl. *free on board*, « franco à bord ».

**foc** *nm* Voile triangulaire à l'avant d'un navire. ETY Du néerl.

**focal, ale** *a, nf* **A** *a* **1** didac Qui est le plus important. *Moment focal d'un processus.* SYN central. **2** GEOM Qui se rapporte à un ou plusieurs foyers. **3** OPT Qui se rapporte au foyer d'un système optique. PLUR focaux. **B** *nf* **1** GEOM Courbe ou surface jouant par rapport à un lieu géométrique de l'espace un rôle analogue à celui des foyers par rapport aux courbes planes. **2** OPT Distance focale. LOC MATH *Distance focale :* qui sépare les deux foyers d'une ellipse ou d'une hyperbole ; OPT qui sépare le foyer d'un système optique et le plan principal de celui-ci. — *Focale de Sturm :* segment de droite sur lequel convergent des rayons lumineux. ETY Du lat.

**focaliser** *v* ① **A** *vt* **1** PHYS Concentrer un rayonnement sur une très petite surface. **2** fig,

Concentrer. *Focaliser les mécontentements.* **B** *vi, vpr* Concentrer son attention sur qqch. DER **focalisation** *nf*

**Foch Ferdinand** (Tarbes, 1851 – Paris, 1929), maréchal de France (août 1918). Adjoint du général en chef Joffre en oct. 1914 ; commandant suprême des armées alliées en mars 1918. Acad. fr. (1918).

le maréchal **Foch**

**Focillon Henri** (Dijon, 1881 – New Haven, 1943), historien d'art français, médiéviste : *Vie des formes* (1934), *Art d'Occident* (1938).

**Focşani** v. de Roumanie (Moldavie), ch.-l. de distr. ; 99 000 hab. Industries.

**focus** *nm* **1** PHOTO Mise au point. **2** fig Fait de se concentrer sur qqch. *Focus sur la réforme.*

**fœhn** *nm* **1** Vent chaud et sec soufflant au printemps et en automne des sommets des Alpes suisses et autrichiennes. **2** Suisse Sèche-cheveux. PHO [føn] ETY Du lat. *favonius,* « vent de S.-O. ». VAR **föhn**

**foëne** *nf* Harpon à plusieurs dents. ETY Du lat. VAR **fouëne** ou **foine** ou **foène**

**fœticide** *nm* Élimination d'un fœtus, avortements.

**fœtologie** *nf* didac Étude du développement du fœtus humain. PHO [fetɔlɔʒi] DER **fœtologique** *a*

**fœtopathie** *nf* Affection touchant le fœtus.

**fœtoscopie** *nf* Examen du fœtus in utero. DER **fœtoscopique** *a*

**fœtus** *nm* **1** Embryon d'animal vivipare qui commence à présenter les caractères distinctifs de l'espèce. **2** Embryon humain de plus de trois mois. PHO [fetys] ETY Mot lat. DER **fœtal, ale, aux** *a* ▶ illustr. **embryogenèse**

**fofolle** → **foufou 1.**

**Fogazzaro Antonio** (Vicence, 1842 – id., 1911), romancier italien catholique : *Petit Monde d'autrefois* (1895), *Petit Monde d'aujourd'hui* (1900), *le Saint* (1905).

**foggara** *nm* Souterrain capteur d'eau, dans les palmeraies du Sahara. ETY Mot ar.

**Foggia** v. d'Italie (Pouilles) ; 157 600 hab. ; ch.-l. de la prov. du m. nom. Hydrocarbures.

**foi** *nf* **1** litt Assurance de tenir ce qu'on a promis. *Engager sa foi.* **2** Croyance, confiance. *Avoir foi en qqn.* **3** RELIG Adhésion ferme de l'esprit à une vérité révélée. **4** THEOL La première des trois vertus théologales. **5** Objet de la foi, religion. *Mourir pour sa foi.* **6** Ensemble des principes, des idées auxquelles on adhère. *La foi républicaine.* LOC ***Bonne foi :*** sincérité, droiture dans la manière d'agir, fondée sur la certitude d'être dans son bon droit (opposé à *mauvaise foi*). — ***Faire foi :*** administrer la preuve, témoigner. — TECH ***Ligne de foi :*** axe d'une lunette, passant par le centre optique de l'objectif et le point de croisée des fils du réticule ; trait tracé dans la cuvette d'un compas et parallèle à l'axe longitudinal du navire ou de l'aéronef. — ***Sous la foi de :*** sous la garantie morale de. — ***Sur ma foi, par ma foi, ma foi :*** assurément, certainement. ETY Du lat.

**Foi (sainte)** → **Foy.**

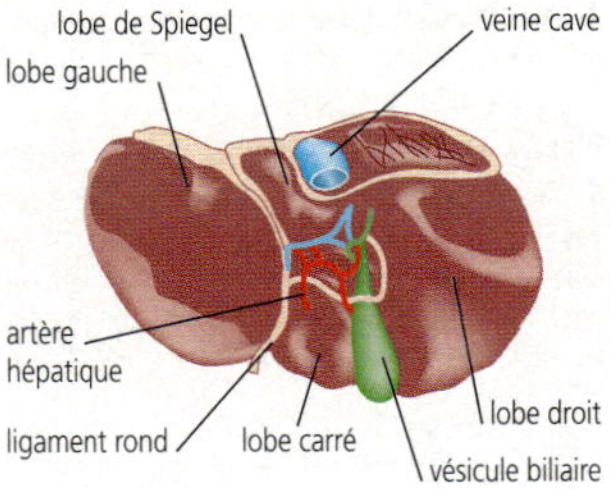

**face antérieure du foie**

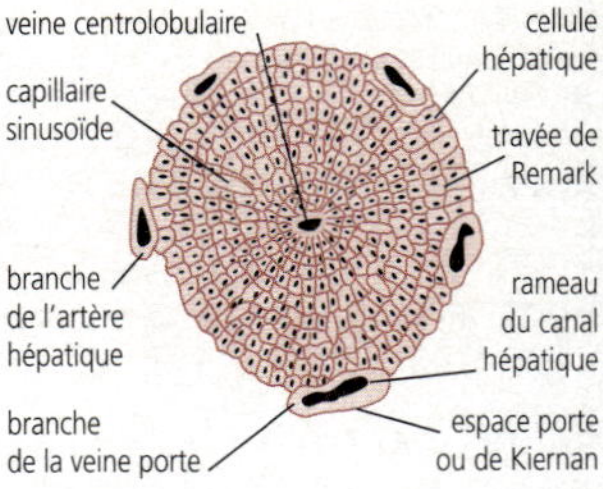

**lobule hépatique**

**foie**

**foie** *nm* **1** Volumineux viscère de la partie supérieure droite de l'abdomen, de couleur brun-rouge, à la fois glande digestive et organe de réserve et d'excrétion. **2** En boucherie, cet organe, chez certains animaux. LOC fam ***Avoir les foies :*** avoir peur. — fam ***Foie blanc :*** personne peureuse, lâche. — ***Foie gras :*** foie d'oie ou de canard engraissés par gavage. ETY Du lat. *ficatum,* « foie d'oie engraissé avec des figues ».
ENC Le foie humain, de consistance assez ferme, mais friable et fragile, pèse de 1,5 à 2 kg chez l'adulte. Sa surface, lisse, divisée en 3 faces (supérieure, postérieure, inférieure), est parcourue par deux sillons antéropostérieurs et par un sillon transversal, le hile, qu'occupent l'artère hépatique, la veine porte et les voies biliaires. Le foie se compose d'une multitude de *lobules hépatiques.* Il a de multiples fonctions : synthèse et sécrétion de la bile, synthèse des protéines (albumine, fibrinogène, facteurs de coagulation, etc.), stockage des sucres sous forme de glycogène, métabolisme des lipides, stockage de la vitamine B12 et du fer, neutralisation de toxines...

**foie-de-bœuf** *nm* Nom cour. de la fistuline. PLUR foies-de-bœuf.

**foil** *nm* AERON Sorte de patin en forme d'aile d'avion, plan porteur d'un hydroptère ou d'un multicoque. PHO [fɔjl] ETY Mot angl., « feuille ».

**1 foin** *nm* **1** Herbe fauchée et séchée, pour nourrir le bétail. **2** Cette herbe avant qu'elle soit fauchée. **3** Poils qui tapissent le fond d'un artichaut. LOC ***Avoir du foin dans ses bottes :*** être riche. — ***Être bête à manger du foin :*** très bête. — ***Faire du foin :*** faire du bruit, du tapage ; protester bruyamment. — ***Rhume des foins :*** catarrhe aigu des muqueuses nasales survenant chez certains sujets allergiques lors de la floraison des graminées. ETY Du lat.

**2 foin** *interj* vieilli, litt Marque le dépit, la colère, le mépris. *Foin de tous ces gens-là !*

**foine** → **foëne.**

**foirade** *nf* fam Fait de foirer, échec.

**foirail** *nm* rég Champ de foire dans le centre et le sud de la France. PLUR foirails VAR **foiral, als**

**foire** *nf* **1** Grand marché public qui se tient régulièrement en certains lieux. *Foire aux bestiaux, à la ferraille.* **2** Fête foraine. *La foire du Trône.* **3** Exposition commerciale périodique. *La Foire de Paris.* **4** fam, péjor Lieu très bruyant, où règnent le désordre et la confusion. **5** fam Fête. *Faire la foire.* ETY Du lat.

**Foire aux vanités (la)** roman de Thackeray (1847-1848).

**foirer** *vi* ① **1** vulg, vieilli Évacuer des selles liquides. **2** fig, fam Faire long feu ; ne pas fonctionner. *Pétard qui foire.* **3** fam Échouer.

**foireux, euse** *a* **1** vulg, vieilli Qui a la diarrhée. **2** fam Poltron, couard. **3** fam Qui a toutes les chances d'échouer. *Une affaire foireuse.*

**fois** *nf* **1** Moment où un fait, un évènement se produit ou se reproduit. *Une fois par mois. C'est la deuxième fois que je le vois.* **2** Marque la multiplication ou la division. *Trois fois deux six. Je vais quatre fois moins vite que vous.* LOC ***À la fois :*** en même temps. — fam ***Des fois :*** parfois, éventuellement. — ***Ne pas se le faire dire deux fois :*** se le tenir pour dit. — ***Pour une fois :*** marque l'exception. — ***Une bonne fois, une fois pour toutes :*** définitivement, sans qu'il y ait à y revenir. — ***Une fois, il était une fois... :*** à une certaine époque, jadis. — ***Une fois que :*** dès que, dès l'instant que, quand. — ***Y regarder à deux fois :*** mûrement réfléchir avant d'entreprendre qqch. ETY Du lat. *vices,* « tour, succession ».

**foison** *nf* litt Très grande quantité. LOC ***À foison :*** en abondance. ETY Du lat. *fusio,* « écoulement ».

**foisonner** *vi* ① **1** Abonder, pulluler. *Les moustiques foisonnent cet été.* **2** Augmenter de volume, en parlant de certains corps. *Chaux vive qui foisonne sous l'action de l'eau.* DER **foisonnant, ante** *a* – **foisonnement** *nm*

**Foix** ch.-l. du dép. de l'Ariège, au confl. de l'Arget et de l'Ariège ; 10 167 hab. Industries. – Égl. XIV$^{e}$-XVII$^{e}$ s. Chât. fort XII$^{e}$-XV$^{e}$ s. – Le *comté de Foix* fut apporté en dot par Catherine de Foix à Jean d'Albret (1484) ; Henri IV le réunit à la Couronne (1589). DER **fuxéen** *a, n*

**Fokine Michel** (Saint-Pétersbourg, 1880 – New York, 1942), danseur et chorégraphe russe. Il créa chez Diaghilev *l'Oiseau de feu* (1910), *Petrouchka* (1911), etc.

**Fokker Anthony** (Kediri, Java, 1890 – New York, 1939), aviateur et constructeur d'avions néerlandais. Il fonda, en 1913, une puissante usine aéronautique allemande (chasseurs de la Première Guerre mondiale).

**fol** → **fou.**

**folate** *nm* PHARM Vitamine dérivée de l'acide folique.

**folâtre** *a* vieilli Qui aime à badiner, à jouer. SYN gai, enjoué. DER **folâtrerie** *nf*

**folâtrer** *vi* ① vieilli S'ébattre avec une gaieté un peu folle et enfantine. ETY De *fol.*

**foldingue** *a, n* fam Fou.

**Folengo Teofilo** dit **Merlin Coccaie** (Mantoue, 1491 – Bassano, 1544), poète burlesque italien. *Baldus* (1517) inspira Rabelais.

**foliacé, ée** *a* didac Qui a l'aspect d'une feuille. ETY Du lat.

**foliaire** *a* BOT **1** Qui appartient à une feuille. **2** Qui dérive d'une feuille. LOC ***Vrille foliaire :*** formée par une feuille.

**foliation** *nf* **1** BOT Syn. de *feuillaison.* **2** GEOL Structure foliacée de certaines roches.

**folichon, onne** *a* fam Gai, badin. *Ce n'est pas très folichon, votre histoire.*

**folie** *nf* **1** Dérangement de l'esprit associé à un comportement étrange. (Ce mot n'appartient plus au vocabulaire médical.) **2** Extravagance, manque de jugement. *Vous n'allez pas faire cela, ce serait de la folie.* **3** Acte, propos peu raisonnable. *Faire, dire des folies.* **4** Dépense exagérée. *Faire une folie.* **5** Écart de conduite. *Folies de jeunesse.* **6** anc Maison de plaisance (a subsisté dans certains noms de lieux). *La Folie-Méricourt.* LOC ***À la folie :*** extrêmement, éperdument. ETY De *fol.*

**folié, ée** *a* **1** BOT Garni de feuilles. **2** didac Qui ressemble à une feuille.

**Foligno** v. d'Italie (prov. de Pérouse) ; 52 500 hab. ; industr. du livre, ancienne.

**folio** *nm* **1** Feuillet numéroté de registres, de manuscrits. **2** TYPO Chiffre numérotant les pages d'un livre. ETY Du lat.

**foliole** *nf* BOT Chaque partie du limbe d'une feuille composée.

**foliolule** *nf* BOT Chaque partie du limbe d'une feuille deux fois composée.

**folioter** *vt* ① TYPO Numéroter les pages d'un ouvrage, d'un registre. DER **foliotage** *nm* ou **foliotation** *nf*

**folioteur** *nm* Appareil ou dispositif servant à folioter.

**folique** *a* LOC BIOCHIM *Acide folique* : vitamine B9 contenue dans le foie, les épinards et divers autres aliments.

**folk** *nm, a* MUS Genre de musique chantée s'inspirant du folklore nord-américain. *Des chanteuses folks.* VAR **folksong** [fɔlksɔ̃g] *nm*

**Folkestone** v. et port de voyageurs d'Angleterre (Kent), sur la Manche ; 43 740 hab. Stat. baln. Terminal du tunnel sous la Manche.

**folklo** *a inv* fam Folklorique, peu sérieux.

**folklore** *nm* **1** Ensemble des arts, usages et traditions populaires. **2** didac Science qui les étudie. **3** fam, péjor Ensemble de choses, de faits, de comportements que l'on juge amusants ou pittoresques mais que l'on ne saurait prendre au sérieux. ETY Mot angl., « science (*lore*) du peuple (*folk*) ». DER **folklorique** *a*

**folkloriser** *vt* ① Représenter de manière folklorique, marginale, anecdotique. DER **folklorisation** *nf*

**folklorisme** *nm* Fait relevant d'un folklore. *Folklorisme banlieusard.*

**folkloriste** *n* Spécialiste du folklore.

**Follain** Jean (Canisy, Manche, 1903 – Paris, 1971), poète français intimiste.

**1 folle** → **fou.**

**2 folle** *nf* Filet de pêche fixe à larges mailles.

**folle-avoine** *nf* Graminée sauvage, nuisible aux cultures. PLUR folles-avoines.

**folle-blanche** *nf* Cépage blanc, acide, appelé aussi gros-plant. PLUR folles-blanches.

**Folle de Chaillot (la)** pièce en 2 actes de Giraudoux (posth., 1945).

**follement** *av* **1** D'une manière folle, excessive. *Aimer follement.* **2** Extrêmement. *C'est follement drôle.*

**Follereau** Raoul (Nevers, 1903 – Paris, 1977), philanthrope français. En 1966, il fonda une association pour lutter contre la lèpre.

**follet, ette** *a* LOC *Esprit follet* : lutin. — *Feu follet* : petite lueur apparaissant au-dessus de certains terrains d'où se dégage de l'hydrure de phosphore ou du méthane ; fig, plaisant personne insaisissable. — *Poils follets* : duvet qui apparaît avant la barbe.

**1 folliculaire** *nm* litt Mauvais journaliste.

**2 folliculaire** *a* didac Relatif aux follicules. *Liquide folliculaire.*

**follicule** *nm* **1** BOT Fruit sec de l'ellébore, de l'ancolie, etc., constitué d'un seul carpelle qui, à maturité, s'ouvre suivant une seule fente. **2** ANAT Prolongement en cul-de-sac d'une muqueuse. *Follicule dentaire, pileux.* LOC ANAT *Follicule ovarien* ou *de De Graaf* : cavité liquidienne située à l'intérieur de l'ovaire, dans laquelle se développe l'ovule et dont la rupture correspond à la ponte ovulaire. — MED *Follicule tuberculeux* : lésion tuberculeuse élémentaire. ETY Du lat. *folliculus*, « petit sac ».

**folliculine** *nf* BIOCHIM Une des hormones œstrogènes. SYN œstrone.

**folliculite** *nf* MED Inflammation des follicules pileux.

**folliculostimuline** *nf* BIOCHIM Hormone sexuelle de l'antéhypophyse.

**Folon** Jean-Michel (Bruxelles, 1934 – Monaco, 2005), dessinateur et aquarelliste belge, à l'humour poétique.

**Fomalhaut** étoile brillante du Poisson austral, de magnitude apparente 1,3.

**fomenter** *vt* ① Provoquer ou entretenir en secret des actes d'hostilité. *Fomenter un complot.* ETY Du lat. *fomentare*, « appliquer un topique ». DER **fomentateur, trice** ou **fomenteur, euse** *n* – **fomentation** *nf*

**foncé, ée** *a* Sombre, en parlant d'une couleur. ANT clair.

**foncer** ⑫ **A** *vi* **1** Se précipiter sur qqn, qqch. *Foncer sur l'obstacle.* **2** fam Se déplacer à grande vitesse. *Voiture qui fonce.* **3** fig Agir avec vigueur en ignorant les difficultés. *Il n'hésite pas, il fonce.* **4** Devenir plus sombre. *Son teint a foncé.* **B** *vt* **1** Rendre plus sombre une couleur. **2** TECH Mettre un fond à. *Foncer un tonneau.* **3** Creuser. *Foncer un puits.* **4** CUIS Garnir le fond d'un récipient avec de la pâte, du lard. ETY De *fond.* DER **fonçage** *nm*

**fonceur, euse** *a, n* fam Énergique et entreprenant, qui fonce.

**foncier, ère** *a, nm* **A** *a* **1** Se dit d'un bien constitué par un fonds de terre, de la personne à qui il appartient et du revenu qui en est tiré. *Propriété foncière. Propriétaire foncier.* **2** Relatif aux biens-fonds en général. *Impôt foncier.* **3** fig Qui est au fond de la nature de qqn. *Qualité foncière.* **B** *nm* Propriété foncière et tout ce qui s'y rapporte. **C** *nf* Société spécialisée dans la vente et l'achat de propriétés foncières. LOC *Crédit foncier* : destiné à faciliter l'acquisition ou la mise en valeur de biens immeubles. ETY De *fonds.*

**foncièrement** *av* Dans le fond, profondément. *Un être foncièrement bon.*

**Fonck** René (Saulcy-sur-Meurthe, 1894 – Paris, 1953), aviateur français, héros de la Première Guerre mondiale.

**foncteur** *nm* MATH Dans la théorie des catégories, opérateur qui fait correspondre à tout objet d'une catégorie un objet d'une autre catégorie.

**fonction** *nf* **1** Activité imposée par un emploi, une charge. *S'acquitter de sa (ses) fonction(s).* **2** L'emploi, la charge elle-même. *Être dans l'exercice de ses fonctions. Être en fonction(s).* **3** ECON Ensemble des opérations qui permettent d'atteindre les objectifs dans un secteur donné d'une entreprise. *Fonction de la production.* **4** Ce à quoi sert une chose dans l'ensemble dont elle fait partie. *Une fenêtre a pour fonctions principales d'éclairer et d'aérer un local.* **5** PHYSIOL Rôle d'un organe, d'une cellule, dans une opération nécessaire au maintien de la vie d'un être. *Les fonctions digestives.* **6** CHIM Mode de réaction commun à plusieurs corps ; ensemble des propriétés caractéristiques de ce mode de réaction, dues à un radical donné ; ce radical. *La fonction alcool.* LOC *En fonction de* : en corrélation, en rapport avec. — *Être fonction de* : dépendre de. — *Faire fonction de* : jouer le rôle de, servir de. — MATH *Fonction algébrique* : toute application où l'ensemble d'arrivée est le corps des nombres réels ou des nombres complexes. — PHYS *Fonction d'onde* : fonction mathématique qui permet de calculer la probabilité de présence d'une particule en un point. — MATH *Fonction numérique* : fonction qui assigne aux variables des valeurs numériques, c.-à-d. exprimée par des nombres réels ou complexes. — LOG *Fonction propositionnelle* : prédicat. — *Fonction publique* : ensemble des charges exercées par les agents de la puissance publique ; ensemble des fonctionnaires. — GRAM *Fonction syntaxique d'un mot* : sa relation avec les autres mots d'une phrase, d'une proposition, d'un groupe de mots. ETY Du lat. *functio*, « accomplissement ».

**fonctionnaire** *n* Personne qui exerce une fonction permanente dans une administration publique.

**fonctionnaliser** *vt* ① didac Rendre fonctionnel, adapté. *Cuisine fonctionnalisée.* DER **fonctionnalisable** *a* – **fonctionnalisation** *nf*

**fonctionnalisme** *nm* **1** Principe esthétique selon lequel la forme d'un objet doit résulter d'une adaptation parfaitement rationnelle à son usage. **2** ETHNOL Théorie selon laquelle une société représente un tout organique dont les différentes composantes culturelles, politiques, économiques, etc., s'expliquent par leur fonction (Malinowski, Radcliffe-Brown). **3** LING Démarche qui consiste à analyser la langue avant tout comme un outil de communication. DER **fonctionnaliste** *a, n*

**fonctionnalité** *nf* **A** Caractère de ce qui est fonctionnel, de ce qui répond à une fonction donnée. **B** *nf pl* INFORM Possibilités de traitement offertes par un ordinateur.

**fonctionnariat** *nm* Qualité de fonctionnaire

**fonctionnariser** *vt* ① **1** Assimiler une personne aux fonctionnaires. **2** Transformer une entreprise en service public. DER **fonctionnarisation** *nf*

**fonctionnarisme** *nm* Rôle important des fonctionnaires dans l'État, jugé néfaste.

**fonctionnel, elle** *a* **1** Qui a rapport à une fonction organique, mathématique, chimique, etc. **2** Rationnellement adapté à la fonction à remplir. *Architecture fonctionnelle.* **3** MED Se dit d'une maladie qui est due à un défaut de fonctionnement d'un organe, et non à une lésion. DER **fonctionnellement** *av*

**fonctionner** *vi* ① **1** Remplir sa fonction. *Estomac qui fonctionne bien. Système qui fonctionne au ralenti.* **2** Afrique Avoir un emploi, en partic. dans la fonction publique. DER **fonctionnement** *nm*

**fond** *nm* **A** **1** Partie la plus basse d'une chose creuse. *Le fond d'une casserole. Le fond d'une vallée.* **2** Partie solide située à l'opposé de la surface des eaux. *Le fond d'une rivière.* **3** Hauteur de l'eau. *Il y a vingt mètres de fond.* **4** Partie la plus éloignée de l'entrée, de l'ouverture. *Le fond d'un placard.* **5** Ce qui se situe en arrière plan. *Le fond de l'oreille, de la gorge, de l'œil.* **6** Surface sur laquelle se détachent des dessins, des objets, des personnages. *Une étoffe imprimée à fond clair. Le fond d'un tableau.* **7** Ce qui est essentiel, fondamental. *Le fond du problème.* **8** Contenu, matière, par oppos. à *forme*. *Le fond d'une œuvre littéraire.* **9** Ce qui constitue l'essentiel du caractère, de la personnalité. *Enfant qui a bon fond.* **10** DR Matière d'un procès par oppos. à ce qui est exception ou pure forme. **11** Ce qui est le plus intime, le plus secret. *Le fond de sa pensée.* **B** *nm pl* Eaux profondes. *Les grands fonds.* LOC *À fond* : entièrement. *Étudier une question à fond.* — fam *À fond de train, à fond la caisse, à fond les manettes* : à toute vitesse. — *Au fond, dans le fond* : en réalité, à juger des choses en elles-mêmes. — SPORT *Course de fond* : qui se dispute sur une grande distance. — *De fond* : qui traite d'un sujet en profondeur. — *De fond en comble* : entièrement, totalement. — *Faire fond sur qqn, qqch* : compter sur lui. — *Fond de bouteille* : petite quantité de liquide au fond d'une bouteille. — MED *Fond d'œil* : examen de la rétine et de ses vaisseaux, pratiqué au moyen d'un ophtalmoscope. — *Fond de robe* : doublure indépendante que l'on porte sous une robe transparente. — *Fond de teint* : crème colorée que l'on applique sur le visage comme maquillage. — *Fond sonore* ou *musique de fond* : musique, bruitages, qui accompagnent un spectacle ; musique d'ambiance diffusée dans un lieu public. ETY Du lat.

**Fonda** Henry (Grand Island, 1905 – Los Angeles, 1982), acteur américain : *J'ai le droit de vivre* (1937), *les Raisins de la colère* (1940), *Douze Hommes en colère* (1957). — **Jane** (New York, 1937), fille du préc., actrice : *On achève bien les chevaux* (1969), *Old Gringo* (1990).

**fondamental, ale** *a, n* **A** *a* Qui sert de fondement, essentiel. *Loi fondamentale.* PLUR fondamentaux. **B** *nf* MUS Note qui sert de base à un accord. **C** *nmpl* **1** Éléments de base. *Les fondamentaux dans le domaine des sciences.* **2** ECON Indices servant à évaluer l'état d'une économie, d'une entreprise (PNB, taux d'inflation, endettement, etc.). LOC ***Recherche fondamentale*** : qui traite de notions théoriques, par oppos. à *recherche appliquée.* ETY Du lat. DER **fondamentalement** *av*

**fondamentalisme** *nm* RELIG **1** Tendance conservatrice de certains milieux protestants attachés à une interprétation littérale des dogmes. **2** Tendance religieuse conservatrice, souvent sectaire.

**fondamentaliste** *n, a* didac **1** Se dit d'un spécialiste en recherche fondamentale. **2** Qui adhère au fondamentalisme.

**Fondane** Benjamin (Iasi, 1898 – Birkenau, 1944), écrivain français mort en déportation ; poète (*Ulysse*, 1933) et essayiste (*Baudelaire et l'expérience du gouffre*, posth., 1947).

**fondant, ante** *a, nm* **A** *a* **1** Qui fond. *Neige fondante.* **2** Qui fond dans la bouche. *Poire fondante.* **B** *nm* **1** Pâte de sucre parfumée servant à fourrer des bonbons, à glacer des gâteaux ; bonbon ainsi fourré, gâteau ainsi glacé. **2** METALL Produit que l'on ajoute à un autre pour le faire fondre plus facilement.

**fondateur, trice** *n, a* **A** *n* **1** Personne qui a fondé qqch d'important et de durable. *Richelieu, fondateur de l'Académie française.* **2** Personne qui a subventionné une œuvre philanthropique, religieuse. *Le fondateur d'un prix.* **B** *a* Qui sert de fondement à qqch, en établit les bases, fondamental. *Textes fondateurs d'une doctrine.*

**fondation** *nf* **A 1** fig Action de créer qqch. *Fondation d'une cité, d'une institution.* **2** Don ou legs d'un capital pour un usage déterminé ; établissement créé à la suite d'un tel don, d'un tel legs. **B** *nfpl* Ensemble des travaux destinés à répartir sur le sol et le sous-sol les charges d'une construction ; ouvrage ainsi réalisé.

**1 fondé, ée** *a* **1** Qui repose sur des bases rationnelles. *Une crainte fondée.* **2** Qui a des motifs légitimes pour. *Être fondé à croire...*

**2 fondé, ée** *n* LOC ***Fondé(e) de pouvoir*** : personne qui a reçu de qqn (ou d'une société) le pouvoir d'agir en son nom. *Des fondés de pouvoir(s).*

**fondement** *nm* **1** Motif, raison. *Rumeur sans fondement.* **2** PHILO Principe général servant de base à un système, à une théorie. **3** fam Fesses ; anus.

**Fondements de la métaphysique des mœurs** ouvrage de Kant (1785), qui annonce *Critique de la raison pratique.*

**fonder** *vt* ① **1** Créer une chose durable en posant ses bases. *Fonder une ville. Fonder une dynastie.* **2** Donner les fonds nécessaires pour une fondation d'intérêt public. *Fonder une bourse.* **3** Faire reposer qqch sur. *Une opinion fondée sur des faits. Se fonder sur le code civil.* LOC ***Fonder une famille*** : se marier et avoir des enfants. ETY Du lat.

**fonderie** *nf* TECH **1** Art de fabriquer des objets métalliques par moulage du métal en fusion. **2** Usine dans laquelle on fabrique ces objets.

**1 fondeur, euse** *n* **1** Ouvrier spécialisé dans la coulée du métal. **2** Exploitant d'une fonderie. **3** Sculpteur pratiquant la fonte du bronze.

**2 fondeur, euse** *n* SPORT Skieur, athlète spécialiste de la course de fond.

**fondeuse** *nf* TECH Appareil pour fondre les métaux.

**fondis** → **fontis.**

**fondoir** *nm* Endroit où les bouchers, les charcutiers fondent les graisses et les suifs.

**fondouk** *nm* Entrepôt et gîte d'étape pour les marchands, dans les pays arabes. ETY Mot ar.

**fondre** *v* ⑥ **A** *vt* **1** Rendre liquide une matière solide par l'action de la chaleur. *Fondre du métal.* **2** Fabriquer un objet avec du métal fondu et moulé. *Fondre un canon.* **3** fig Combiner des éléments en un tout. *Fondre deux ouvrages en un seul. Fondre des couleurs.* **B** *vi* **1** Entrer en fusion, devenir liquide, sous l'effet de la chaleur. *La neige fond.* **2** Se dissoudre. *Le sucre fond dans l'eau.* **3** Disparaître rapidement. *Sa fortune a fondu en quelques années.* **4** fam Maigrir. **5** Se précipiter sur. *Fondre sur une proie.* **6** fig S'abattre sur. *Le malheur a fondu sur nous.* LOC ***Fondre en larmes*** : se mettre à pleurer très fort. ETY Du lat. *fundere*, « verser en abondance ».

**fondrière** *nf* Nid-de-poule plein d'eau sur un chemin. ETY De l'anc. v. *fondrer*, « effondrer ».

**fonds** *nm* **A 1** Terre considérée comme un bien immeuble. *Cultiver son fonds.* **2** Capital placé, par oppos. aux *revenus. Fonds propres.* **3** Capital nécessaire au financement d'une entreprise. *Bailleur de fonds.* **4** FIN Prélèvement opéré sur certaines recettes fiscales en vue d'une action précise des pouvoirs publics. *Fonds national de solidarité.* **5** fig Richesse particulière à qqch. *Le fonds d'une bibliothèque.* **6** Ensemble de richesses de même provenance. *Le fonds « Untel » est dans ce musée.* **7** vieilli Ensemble des qualités physiques ou morales de qqn, considéré comme un capital. **B** *nmpl* Somme d'argent. *Fonds secrets.* LOC fam ***Être en fonds*** : avoir de l'argent. — ***Fonds commun de placement (FCP)*** : société gérant des dépots à court terme. — ***Fonds de commerce*** : ensemble du matériel, des marchandises et des éléments incorporels tels que la clientèle, la notoriété, etc. qui font la valeur d'un établissement commercial ; fig thèmes les plus couramment développés par un parti politique, à cause de leur retentissement dans l'opinion publique. — ***Fonds de fonds*** : produit financier regroupant plusieurs sicav afin de réduire les risques. — ***Fonds de pension*** : dépôts effectués par des particuliers en vue de leur retraite ; organisme qui gère ces dépôts. — ***Fonds de roulement*** : ensemble des capitaux et des valeurs dont dispose une entreprise pour son exploitation courante. — ***Fonds publics*** : capital des sommes empruntées par un État. — FIN ***Fonds souverain*** : fonds d'investissement dont les revenus sont propriété d'un État qui veut faire fructifier des excédents budgétaires ou les recettes tirées des hydrocarbures ou des minerais. — ***Fonds spéculatif*** : fonds qui s'investit sur les produits dérivés, les contrats à terme, en jouant sur les effets de levier. ETY De l'a. fr.

**Fonds monétaire international (FMI)** organisme dépendant de l'ONU, créé en 1944 pour assurer la stabilité des changes et la coopération entre États.

**1 fondu** *nm* **1** PEINT Ensemble des couleurs qui se sont mêlées les unes aux autres par des nuances graduées. *Le fondu d'un tableau.* **2** CINE Apparition ou disparition progressive d'une image. **3** ELECTROACOUST Abaissement progressif du niveau d'un signal sonore. LOC ***Fondu enchaîné*** : passage progressif d'une image à une autre.

**2 fondu, ue** *a, n* fam Un peu fou, passionné. *Les fondus du monoski.*

**fondue** *nf* LOC ***Fondue bourguignonne*** : plat constitué de petits morceaux de viande de bœuf que l'on plonge dans l'huile bouillante et que l'on accompagne de diverses sauces. — Canada ***Fondue parmesan*** : plat constitué de petits carrés à base de sauce béchamel et de parmesan qu'on a recouverts de chapelure et frits dans l'huile. — ***Fondue savoyarde*** : mets préparé avec du gruyère fondu dans du vin blanc dans lequel on trempe des petits morceaux de pain.

**Fongafale** capitale de Tuvalu ; 3 400 hab.

**fongible** *a* DR Qui se consomme par l'usage et peut être remplacé par autre chose d'identique. ETY Du lat. *fungi*, « consommer ». DER **fongibilité** *nf*

**fongicide** *nm, a* didac Pesticide qui détruit les champignons pathogènes des végétaux ou des animaux.

**fongiforme** *a* BIOL Qui a la forme d'un champignon.

**fongique** *a* didac Relatif aux champignons ; qui est provoqué par un champignon. ETY Du lat.

**fongosité** *nf* MED Végétation molle et très vascularisée, à la surface d'une plaie, d'une muqueuse. ETY Du lat. *fungosus*, « spongieux ».

**fongueux, euse** *a* didac D'aspect spongieux.

**fongus** *nm* MED Tumeur qui a l'aspect d'une éponge ou d'un champignon. PHO [fɔ̃gys]

**fonio** *nm* Céréale à grains très petits, cultivée en Afrique tropicale sèche.

**Fons** population occupant le nord du Togo, le sud du Bénin et le sud du Nigeria. Les Fons parlent des langues nigéro-congolaises du groupe kwa. Ils ont fondé au XVIIe s. le royaume de Dahomey qui, à la fin du XIXe s., résista héroïquement à la colonisation française. Leur religion est à l'origine du vaudou haïtien. DER **fon** *a*

**Fonseca** Pedro da (Cortiçada, Alentejo, 1528 – Lisbonne, 1599), jésuite, philosophe et théologien portugais. Il influença Molina.

**Fonseca** Manuel Deodoro da (Alagoas, auj. Marechal Deodoro, 1827 – Rio de Janeiro, 1892), général et homme politique brésilien, le prem. président de la Rép. (1890-1891).

**fontaine** *nf* **1** Eau vive sortant de terre. *Fontaine jaillissante, intermittente.* **2** Construction comportant une alimentation en eau et, généralement, un bassin. *Fontaine publique.* **3** Récipient pour garder l'eau. LOC ***Fontaine de jouvence*** : fontaine légendaire dont les eaux rendent la jeunesse. ETY Du lat.

**Fontaine** ch.-l. de cant. de l'Isère (arr. de Grenoble) ; 23 323 hab. Centre industriel. DER **fontainois, oise** *a, n*

**Fontaine** Nicolas (Paris, 1625 – Melun, 1709), théologien français : *Mémoires pour servir à l'histoire de Port-Royal* (1736).

**Fontaine** Pierre François Léonard (Pontoise, 1762 – Paris, 1853), architecte français, le plus important architecte du Premier Empire avec Percier : percement de la rue de Rivoli, plans de l'arc de triomphe du Carrousel, etc.

**Fontaine** Hippolyte (Dijon, 1833 – Paris, 1917), ingénieur français. Il réalisa en 1873 la première ligne électrique.

**Fontaine** Just (Marrakech, 1933), footballeur français, le meilleur buteur de la Coupe du monde en 1958.

**fontainebleau** *nm* Fromage blanc additionné de crème fouettée.

**Fontainebleau** ch.-l. d'arr. de Seine-et-Marne ; 15 942 hab. La ville, née du château, est située au centre d'une forêt (16 855 ha). – Le château fut édifié de 1527 à la fin du XVIe s. et décoré par l'*école de Fontainebleau* (le Rosso, le Primatice, Luca Penni, Antoine Caron, Pierre Bontemps, Nicolo Dell'Abbate) et leurs successeurs franco-flamands. – Le *traité de Fontainebleau*, signé après la première abdication de Napoléon Ier (11 avril 1814), lui attribuait l'île d'Elbe et donnait à Marie-Louise les duchés de Parme et Plaisance. – Musée Napoléon Ier. DER **bellifontain, aine** *a, n*

**Fontainebleau** escalier en fer à cheval, 1634, conçu par Jean Ier Androuet du Cerceau

**Fontaine-de-Vaucluse** com. du Vaucluse (arr. d'Avignon) ; 580 hab. – Église romane ; musée Pétrarque, sur le lieu où le poète aurait vécu. – À proximité, la *fontaine de Vaucluse* est une résurgence de la Sorgue.

**Fontaines de Rome (les)** poème symphonique en 4 parties de Respighi (1916).

**fontainier** *nm* Technicien qui pose et entretient des canalisations de distribution d'eau.

**Fontana** Domenico (Melide, Lugano, 1543 – Naples, 1607), architecte et urbaniste italien : façade du palais du Latran (1587) ; à Naples, palais royal (1600-1602). — **Carlo** (Brusata, 1634 – Rome, 1714), cousin du préc., architecte, collab. du Bernin.

**Fontana** Lucio (Rosario, prov. de Santa Fe, Argentine, 1899 – Comabbio, Italie, 1968), peintre et sculpteur italien. Il fait des incisions dans la toile, souvent monochrome.

**Fontane** Theodor (Neuruppin, Brandebourg, 1819 – Berlin, 1898), romancier allemand réaliste : *Dédales* (1887), *Madame Jenny Treibel* (1892), *Effi Briest* (1895), etc.

**fontanelle** *nf* Espace membraneux compris entre les os du crâne du nouveau-né et du nourrisson, qui s'ossifie progressivement. ETY Du lat.

**Fontanes** Louis de (Niort, 1757 – Paris, 1821), écrivain et homme politique français ; grand maître de l'Université en 1808 ; ami de Chateaubriand. Acad. fr. (1803).

**Fontanges** Marie-Angélique de Scoraille de Roussille (duchesse de) (chât. de Cropières [?], Cantal, 1661 – Port-Royal, 1681), maîtresse de Louis XIV après Mme de Montespan.

**Fontarabie** (en esp. *Fuenterrabía*), petit port d'Espagne, à l'embouchure de la Bidassoa ; 11 380 hab. Ville médiév. Station balnéaire.

**Font-de-Gaume** (grotte de) grotte préhistorique de la com. des Eyzies-de-Tayac-Sireuil (Dordogne), ornée de nombreuses peintures.

**1 fonte** *nf* **1** Fait de fondre. *Fonte des neiges.* **2** TECH Opération consistant à fondre une matière. *Fonte du verre, du métal.* **3** Fabrication d'un objet avec du métal en fusion. *Fonte d'une statue.* **4** Alliage de fer et de carbone, dont la teneur en carbone est comprise entre 2,5 et 6 %. *L'affinage de la fonte conduit à l'acier.* **5** TYPO Ensemble des caractères d'un même type. **6** Maladie cryptogamique des semis et des boutures. ETY Du lat. *fundere,* « fondre ».

**2 fonte** *nf* anc Chacun des deux fourreaux de pistolet attachés à l'arçon d'une selle. ETY De l'ital. *fonda,* « bourse ».

**Fontenay** écart de la com. de Marmagne (Côte-d'Or, arr. de Montbard) ; une abbaye cistercienne fut fondée par saint Bernard en 1119.

**Fontenay** église et scriptorium de l'abbaye

**Fontenay-aux-Roses** ch.-l. de cant. des Hauts-de-Seine (arr. d'Antony) ; 24 199 hab. Horticulture ; industries. – Centre d'études nucl. École normale supérieure transférée à Lyon en 2000. DER **fontenaisien, enne** *a, n*

**Fontenay-le-Comte** ch.-l. d'arr. de la Vendée, sur la Vendée ; 13 792 hab. Industries. – Anc. place forte des ducs d'Aquitaine. – Églises XVe-XVIe s. et XVIe-XVIIe s. DER **fontenaisien, enne** *a, n*

**Fontenay-le-Fleury** com. résidentielle des Yvelines (arr. de Versailles) ; 12 582 hab. DER **fontenaisien, enne** *a, n*

**Fontenay-sous-Bois** ch.-l. de cant. du Val-de-Marne (arr. de Nogent-sur-Marne), en bordure du bois de Vincennes ; 52 220 hab. Ville résidentielle. Industries. DER **fontenaisien, enne** *a, n*

**Fontenelle** Bernard Le Bovier de (Rouen, 1657 – Paris, 1757), écrivain français ; neveu de P. Corneille. *Entretiens sur la pluralité des mondes* (1686) et *Dialogue des morts* (1712) annoncent la philosophie des Lumières. Acad. fr. (1691). Acad. des sc. (1697).

**Fontenoy** com. de Belgique (Hainaut), sur l'Escaut. – Les Français, commandés par le maréchal de Saxe, vainquirent les Anglais, les Autrichiens, les Hanovriens et les Hollandais (1745).

**Fontevraud-l'Abbaye** com. de Maine-et-Loire (arr. de Saumur) ; 1 189 hab. – Restes d'une abbaye de bénédictines, fondée v. 1100 par Robert d'Arbrissel et transformée en prison de 1804 à 1963 ; l'égl. abbat. (XIIe s.) renferme les tombeaux des Plantagenêts. VAR **Fontevrault** DER **fontevriste** *a, n*

**Fonteyn** Margaret Hookham (Dame Margot) (Reigate, 1919 – Panamá, 1991), danseuse britannique, interprète du répertoire classique, des œuvres de F. Ashton et partenaire de Noureïev.

**Fontfroide** (abbaye de Sainte-Marie de) abbaye de l'Aude fondée en 1093 par des bénédictins et qui devint cistercienne ; restaurée au XXe s.

**fontine** *nf* Fromage italien de vache, à pâte cuite.

**fontis** *nm* Éboulement, affaissement du sol dans une carrière, sous un édifice. VAR **fondis**

**Font-Romeu-Odeillo-Via** com. des Pyrénées-Orientales (arr. de Prades) ; 2 003 hab. Stat. clim., estivale et de sports d'hiver. Centre d'entraînement sportif en altitude. Four solaire à Odeillo. DER **romeufontain, aine** *a, n*

**fonts** *nm pl* LOC *Fonts baptismaux,* ou *fonts* : cuve qui contient l'eau du baptême. — *Porter qqch sur les fonts baptismaux* : parrainer, participer à la fondation de. PHO [fɔ̃] ETY Du lat. *fontes,* pl. de *fons,* « fontaine ».

**Fontvieille** com. des Bouches-du-Rhône (arr. d'Arles) ; 3 556 hab.– Aux environs, moulin d'A. Daudet. DER **fontvieillois, oise** *a, n*

**Fonvizine** Denis Ivanovitch (Moscou, 1745 – Saint-Pétersbourg, 1792), auteur des premières comédies russes : *le Brigadier* (1766), *le Mineur* (1782).

**foot** *nm* fam Football. PHO [fut]

**football** *nm* Jeu opposant deux équipes de onze joueurs, et consistant à envoyer le ballon dans les buts adverses sans se servir des mains. (Au Canada, ce jeu s'appelle *soccer.*) LOC ***Football américain*** : sport dérivant du rugby qui oppose deux équipes de onze joueurs (douze au Canada). PHO [futbol] ETY Mot angl. DER **footballeur, euse** *n* – **footballistique** *a* ▶ pl. **sport**

**football** équipe de France

**footeux, euse** *n* fam Joueur ou amateur de football.

**footing** *nm* SPORT Exercice de course lente entrecoupée de marche et servant d'entraînement. PHO [futiŋ] ETY Mot angl.

**Foottit** Tudor Hall, dit George (Manchester, 1864 – Paris, 1921), clown anglais installé en France, partenaire de Chocolat.

**for-** Préfixe du lat. *foris,* « dehors ».

**for** *nm* LOC ***Dans*** (ou ***en***) ***mon*** (***ton, son,*** etc.) ***for intérieur*** : au plus profond de moi (toi, soi)-même. ETY Du lat. *forum,* « place publique ».

**forage** *nm* **1** Action de forer. **2** Lieu où l'on fore un puits. **3** Ensemble des techniques mises en œuvre pour forer. ▶ illustr. **pétrole**

**forain, aine** *a, n* **A** *a* Relatif aux foires, aux forains. **B** *n* Personne qui tient les stands et les manèges dans une fête foraine. ETY Du lat. *foranus,* « étranger ».

**Forain** Jean-Louis (Reims, 1852 – Paris, 1931), peintre, dessinateur et graveur français ; chroniqueur satirique de la vie parisienne.

**foraminifère** *nm* ZOOL Protiste rhizopode actuel et fossile, des eaux marines et saumâtres, dont le test calcaire comprend plusieurs loges perforées. ETY Du lat. *foramen,* « trou ». ▶ pl. p. 630

**Forbach** ch.-l. d'arr. de la Moselle, 22 432 hab., sur un bassin houiller désaffecté. DER **forbachois, oise** *a, n*

**forban** *nm* **1** MAR Aventurier qui, naviguant sans lettre de marque, était assimilé à un pirate. **2** Individu sans scrupules, bandit. ETY De l'a. fr. *forbannir,* « bannir ».

**Forbin** Claude (comte de) (Gardanne, 1656 – Marseille, 1733), amiral français, capturé par les Anglais avec Jean Bart en 1689.

**Forbin** Louis Nicolas Philippe Auguste (comte de) (La Roque-d'Anthéron, 1777 – Paris, 1841), peintre et administrateur français. Il réorganisa le Louvre sous l'Empire.

**forçage** *nm* **1** VEN Action de forcer une bête. **2** HORTIC Ensemble des opérations visant à accélérer le développement d'une plante. **3** fig Fait de soumettre qqn à une contrainte.

**Forcalquier** ch.-l. d'arr. des Alpes-de-Haute-Provence ; 4 302 hab. – Anc. cath. romane et goth. Ruines d'un château fort. DER **forcalquiérien, enne** *a, n*

**forçat** *nm* **1** Condamné aux galères ou aux travaux forcés. **2** fig Homme qui a une vie particulièrement pénible. LOC ***De forçat :*** très pénible. PHO [fɔRsa] ETY De l'ital.

**force** *nf, av* **A** *nf* **1** PHYS Cause capable de modifier le mouvement d'un corps ou de provoquer sa déformation. *Force d'attraction. Force centrifuge, centripète.* **2** fig Toute cause provoquant un mouvement, un effet. *Forces occultes.* **3** Puissance physique. *Un homme d'une force herculéenne.* **4** Puissance des facultés intellectuelles ou morales. *Une grande force de travail. Force de caractère.* **5** Pouvoir, intensité d'action d'une chose. *Force d'un poison. Vent de force 5.* **6** Intensité d'une chose abstraite. *La force d'un sentiment.* **7** Pouvoir sur l'esprit. *La force d'un argument.* **8** Autorité. *La force de la chose jugée.* **9** Solidité, résistance. *Force d'une digue.* **10** CHIM Aptitude d'un corps à se dissocier en solution. *Force d'un acide, d'une base, d'un sel.* **11** Puissance d'un groupe, d'un État, etc. ; ce qui contribue à cette puissance. *La force publique.* **12** Contrainte et pouvoir de contraindre. **B** *nfpl* Ensemble des troupes d'un État. *Forces aériennes, navales, terrestres.* **C** *av* vx Beaucoup. *Manger force moutons.* LOC ***À force de :*** grâce à, à cause de beaucoup de. *Il réussit à force de travail.* — ***À toute force :*** à tout prix. — ***En force :*** en nombre. — ***Être dans la force de l'âge :*** à l'âge où un adulte est en pleine possession de ses moyens physiques et intellectuels. — ***Être de force à :*** être capable de. — ***Faire force de loi :*** avoir le même pouvoir de contraindre qu'une loi. — PHYS ***Force de cohésion :*** qui s'oppose à la séparation des molécules d'un corps. — ***Force de frappe*** ou ***de dissuasion :*** ensemble des moyens (arme nucléaire, notam.) permettant de porter une attaque rapide et puissante contre un adversaire éventuel. — ***Force m'est de :*** je suis obligé de. — ***La force armée :*** la troupe, en tant qu'on la requiert pour faire exécuter la loi. ETY Du lat. *fortis*, « courageux ».

ENC Pour communiquer une accélération *g*, à un corps de masse *m* en mouvement, il faut lui appliquer une force d'intensité $m \times g$ ; c'est la force de gravitation. Seules quatre forces fondamentales régissent l'univers : la *gravitation universelle*, la *force électromagnétique*, la *force nucléaire faible*, responsable de la radioactivité bêta, et la *force nucléaire forte*, qui donne leur cohésion aux noyaux atomiques. Les réunir en une seule et même superforce, constitue la quête ultime des physiciens. Une cinquième force, tel le cinquième élément d'Aristote, pourrait résulter de la mystérieuse *énergie noire* (ou *sombre*) qui expliquerait l'expansion de l'Univers. V. interaction.

**Force (prison de la)** anc. prison de Paris, située dans le Marais ; théâtre des massacres de Septembre (1792). Détruite en 1845.

**forcé, ée** *a* **1** Qui est réalisé sous la contrainte ; qui est fait contre la volonté de qqn. **2** fam Obligatoire, inévitable. *C'est forcé qu'il le voie.* **3** Détérioré sous l'action d'une force trop importante. *Serrure forcée.* **4** Qui manque de naturel, affecté. *Sourire forcé. Style forcé.* **5** HORTIC Qui vise à accélérer le développement d'une plante.

**forcement** → **forcer.**

**forcément** *av* Nécessairement, inévitablement.

**forcené, ée** *a, n* **1** Emporté par la rage, hors de soi. *Se débattre comme un forcené.* **2** Qui marque une ardeur furieuse, obstinée. *Une lutte forcenée.* SYN acharné, enragé. ETY De l'anc. v. *forsener*, « être hors de sens ».

**forceps** *nm* Instrument formé de deux branches séparables servant à saisir la tête de l'enfant, en cas d'accouchement difficile. LOC ***Au forceps :*** difficilement, péniblement, à l'arraché. PHO [fɔRsɛps] ETY Mot lat.

**forcer** *v* ⑫ **A** *vt* **1** Prendre, faire céder par force. *Forcer des obstacles. Forcer une porte.* **2** Contraindre, obliger. *Forcer un enfant à manger.* **3** Faire naître. *Forcer le respect.* **4** Pousser au-delà de ses limites, de ses forces naturelles. *Forcer un cheval.* **5** Accélérer artificiellement le développement de. **6** Outrepasser ce qui est normal, permis. **7** Dénaturer, altérer. *Forcer le sens d'un mot.* **B** *vi* **1** Être soumis à une pression excessive. *Charnière qui force.* **2** SPORT Fournir un gros effort physique. **3** fam Fournir un effort, se fatiguer. **4** fam Abuser de. *Forcer sur l'alcool.* **C** *vpr* Faire effort sur soi-même, se contraindre. *Se forcer à avaler qqch.* LOC ***Forcer la dose :*** l'augmenter exagérément ; fig, fam exagérer. — ***Forcer la main à qqn :*** l'obliger à agir contre son gré. — ***Forcer la porte de qqn :*** entrer chez lui malgré lui. — VEN ***Forcer une bête :*** la poursuivre jusqu'à l'épuisement. DER **forcement** *nm*

**forcerie** *nf* Serre conçue pour le forçage.

**forces** *nfpl* TECH Grands ciseaux. ETY Du lat.

**forcing** *nm* Augmentation de l'intensité de l'effort au cours d'une épreuve sportive. LOC ***Faire le forcing :*** accentuer ses efforts pour l'emporter rapidement sur son (ses) adversaire(s), ou fig, fam pour en avoir vite terminé avec une tâche. PHO [fɔRsiŋ] ETY Mot angl.

**forcir** *vi* ③ **1** Augmenter de force, d'intensité. *Vent qui forcit.* **2** Devenir plus fort, grossir.

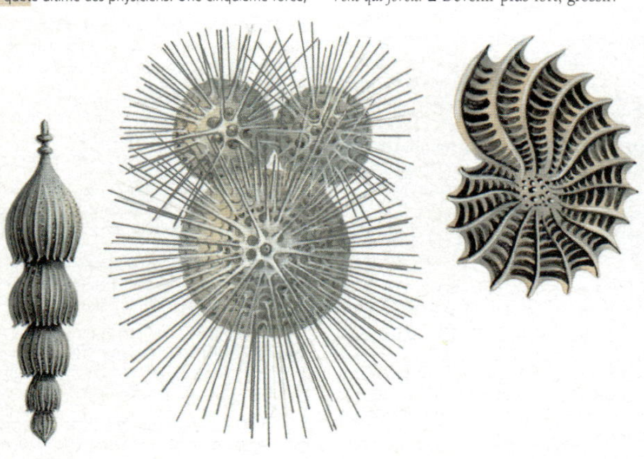

**foraminifères** à g. *Nodosaria spinocosta* – au centre, *Globigerina* – à dr. *Polystomella aculeata*

**Forclaz (col de la)** col (1 523 m d'alt.) situé entre Martigny (Suisse) et Chamonix (France).

**forclore** *vt* ⑦⑨ (Seulement à l'inf. et au pp.) DR Débouter, exclure d'un acte, d'un droit en raison de l'expiration du délai imparti.

**forclusion** *nf* **1** DR Péremption d'un droit non exercé dans le délai imparti. **2** PSYCHAN Mécanisme de défense propre à la psychose, consistant en un rejet d'une représentation insupportable qui n'est pas intégrée à l'inconscient et fait retour au réel en particulier sous forme d'hallucination.

**Ford John** (Ilsington, Devonshire, 1586 – Devon, v. 1639), dramaturge anglais, maître du théâtre élizabéthain : *Dommage qu'elle soit une putain* (1626), *le Cœur brisé* (1629), *Sacrifice d'amour* (1630).

**Ford Henry** (Wayne County, Michigan, 1863 – Dearborn, 1947), industriel américain. Fondateur de la Ford Motor Company (1903), il créa la production en série des automobiles.

**Henry Ford** dans sa première automobile, le Quadricycle, 1896

**Ford Sean O'Fearna,** dit **John** (Cape Elizabeth, Maine, 1895 – Los Angeles, 1973), cinéaste américain : *la Patrouille perdue* (1934), *le Mouchard* (1935), *la Chevauchée fantastique* (1939), *les Raisins de la colère* (1940), *Qu'elle était verte ma vallée* (1941), *la Poursuite infernale* (1946), *l'Homme tranquille* (1952).

**John Ford** *les Raisins de la colère*, 1940

**Ford Aleksander** (Łódź, 1908 – Los Angeles, 1980), cinéaste polonais : *la Légion de la rue* (1932), *le Premier Cercle* (1972).

**Ford Gerald** (Omaha, 1913 – Rancho Mirage, Californie, 2006), homme politique américain. Vice-président (républicain) de Richard Nixon (1973), il lui succéda quand il démissionna (août 1974) et fut battu par Jimmy Carter en 1976.

**Ford Gwyllyn Ford,** dit **Glenn** (Québec, 1916 – Beverly Hills, 2006), acteur américain d'origine canadienne : *Gilda* (1946), *Graine de violence* (1954), *3 h 10 pour Yuma* (1957).

**Ford** Harrison (Chicago, 1942), acteur américain de films d'aventures : saga de *la Guerre des étoiles* (1977-1983), *Indiana Jones et le temple maudit* (1983), *Frantic* (1988).

**fordisme** *nm* ECON Organisation du travail visant à accroître la productivité (travail à la chaîne). ETY De Henry *Ford*. DER **fordiste** *a*

**Foreign Office** ministère des Affaires étrangères de Grande-Bretagne.

**Forel** François Alphonse (Morges, 1841 – id., 1912), médecin et naturaliste suisse : *Léman, monographie limnologique* (1892-1904). — **Auguste** (Morges, 1848 – Yvorne, 1931), cousin du préc., psychiatre et naturaliste suisse : *le Monde social des fourmis du globe comparé à celui des hommes* (1921-1923).

**forer** *vt* 1 **1** Percer à l'aide d'un outil animé d'un mouvement de rotation. *Forer un canon.* **2** Creuser. *Forer un puits de pétrole.* ETY Du lat. *forare*, par l'ital.

**Forest** Fernand (Clermont-Ferrand, 1851 – Monaco, 1914), mécanicien français. Il inventa le moteur à explosion à quatre temps avec allumage électrique (breveté en 1881).

**Forest** Jean-Claude (Le Perreux-sur-Marne, Val-de-Marne, 1930 – Paris, 1998), auteur français de bandes dessinées : *Barbarella* (1962).

**foresterie** *nf* didac Ensemble des activités concernant les forêts.

**Forest Hills** quartier de New York dont le stade abritait les championnats internationaux de tennis des É.-U. (V. Flushing Meadow.)

**forestier, ère** *a, n* **A** *a* Relatif aux forêts. **B** *n* Personne qui a une fonction dans l'administration forestière ; garde forestier.

**foret** *nm* Outil servant à forer.

**forêt** *nf* **1** Grande étendue où poussent des arbres naturellement ou par plantation ; l'ensemble des arbres qui croissent sur cette étendue. *Forêt de sapins, de hêtres.* **2** fig Grande quantité de longs objets disposés verticalement. *Une forêt de lances.* LOC ***Forêt dense*** : forêt équatoriale superposant plusieurs étages de végétation. — ***Forêt vierge*** : qui n'a pas été modifiée par l'homme. ETY Du lat.

ENC Par l'évaporation intense dont elles sont le siège, les forêts régularisent efficacement l'humidité de l'air et du sol. La protection des forêts (que l'homme n'a cessé d'endommager, de réduire, d'abolir, depuis des millénaires) est l'un des thèmes majeurs du « combat écologique ».

**Forêt d'Orient** parc naturel régional de l'Aube, massif forestier situé entre l'Aube et la Seine, dont les lacs artificiels régularisent le débit ; 70 000 ha.

**forêt-galerie** *nf* Forêt des pays chauds et arides constituée d'arbres très rapprochés qui forment une sorte de galerie le long des cours d'eau. SYN galerie forestière. PLUR forêts-galeries.

**forêt-noire** *nf* Gâteau au chocolat fourré de cerises. PLUR forêts-noires.

**Forêt-Noire** (en all. *Schwarzwald*), massif hercynien du S. de l'Allemagne (Bade) qui formait avec les Vosges un ensemble dont la partie centrale s'effondra au tertiaire (fossé rhénan). Il culmine au Feldberg (1 493 m). Sa pop., importante, vit du tourisme et de l'industrie.

**Forêt pétrifiée (la)** drame (1935) de l'Américain Robert Emmet Sherwood (1896 – 1955). ▷ CINE Film (1936) de l'Américain Archie Mayo (1891 – 1968), avec Humphrey Bogart et Bette Davis.

**foreur** *nm* **1** Ouvrier qui fore. **2** Animal qui creuse des galeries dans divers matériaux, généralement le bois.

**foreuse** *nf* TECH Machine qui sert à forer.

**Forez (le)** région du N.-E. du Massif central formée, à l'O., des *monts du Forez* (1 634 m à Pierre-sur-Haute) et, à l'E., du *bassin du Forez* que parcourt la Loire. DER **forézien, enne** *a, n*

**forfaire** *v* 10 *vti* litt Faillir gravement à son devoir. *Forfaire à l'honneur.*

**1 forfait** *nm* litt Crime abominable. ETY De *forfaire*.

**2 forfait** *nm* **1** Convention par laquelle on s'engage à fournir une marchandise, un service, pour un prix invariable fixé à l'avance. *Traiter, vendre à forfait.* **2** Régime fiscal particulier qui permet d'être imposé sur un revenu évalué par accord entre le contribuable et le fisc. ETY De l'a. fr. *fur*, « taux », et *fait*.

**3 forfait** *nm* TURF Somme que le propriétaire d'un cheval engagé dans une course doit payer s'il ne le fait pas courir. LOC SPORT ***Déclarer forfait*** : se retirer avant l'épreuve ; fig renoncer à poursuivre une entreprise. ETY De l'angl.

**forfaitaire** *a* Qui se conclut à forfait. *Prix forfaitaire.* DER **forfaitairement** *av*

**forfaitiser** *vt* 1 Régler selon un forfait. *Forfaitiser les heures supplémentaires.* DER **forfaitisation** *nf*

**forfaitiste** *n* Professionnel du voyage qui conçoit des itinéraires.

**forfaiture** *nf* **1** DR FEOD Injure grave commise par un vassal envers son suzerain. **2** DR Crime commis par un fonctionnaire dans l'exercice de ses fonctions.

**forfanterie** *nf* Vantardise, hâblerie. ETY De l'ital. *furfante* « coquin ».

**forficule** *nf* ENTOM Insecte (dermaptère) à élytres courts et dont l'abdomen se termine par des cerques formant pince. SYN perce-oreille. ETY Du lat. *forficula*, « petite pince ».

**forge** *nf* **1** Atelier ou établissement industriel où l'on produit, où l'on travaille le métal. **2** Fourneau où l'on chauffe le métal à travailler. ETY Du lat. *fabrica*, « atelier ».

**forger** *vt* 13 **1** Mettre en forme une pièce métallique, généralement à chaud, par martelage. *Fer forgé.* **2** fig Inventer, fabriquer. *Forger un mot.* **3** Fort fier par des épreuves. *Forger un caractère.* DER **forgeage** *nm*

**forgeron** *nm* Ouvrier qui chauffe le fer à la forge et le travaille au marteau.

**Forges-les-Eaux** ch.-l. de cant. de la Seine-Maritime (arr. de Dieppe) ; 3 465 hab. Stat. thermale. Casino, hippodrome. DER **forgion, onne** *a, n*

**forgeur, euse** *n* Personne qui invente.

**forint** *nm* Unité monétaire de la Hongrie. PHO [fɔrint]

**forjeter** *v* 20 **A** *vi* ARCHI Sortir de l'alignement ou de l'aplomb. **B** *vt* Construire en saillie.

**Forli** v. d'Italie (Émilie-Romagne), ch.-l. de la prov. du m. nom, sur le Montone ; 110 880 hab. Industries.

**formage** *nm* TECH Mise en forme d'un objet par martelage, emboutissage, forgeage, estampage.

**formaldéhyde** *nm* CHIM Aldhéhyde formique ou méthanal, gaz irritant, cancérigène.

**formaliser** *v* 1 **A** *vt* didac Donner un caractère forme à un énoncé, un système, une théorie. *Formaliser un langage.* **B** *vpr* S'offusquer d'un manque de respect des formes, des convenances. DER **formalisable** *a* – **formalisation** *nf*

**formalisme** *nm* **1** Attachement excessif aux formes, aux formalités. **2** PHILO Système métaphysique selon lequel l'expérience est soumise à des conditions universelles a priori. **3** MATH, LOG, LING Développement de systèmes formels. **4** Bx-A, LITTER Recherche de la beauté formelle. **5** Théorie qui privilégie la forme.

**formaliste** *a, n* **1** Qui s'attache scrupuleusement aux formes. **2** péjor Cérémonieux, protocolaire. **3** didac Relatif au formalisme, qui est partisan du formalisme (en philosophie, en art, en littérature, en sciences humaines).

**formalité** *nf* **1** (Souvent plur.) Formule prescrite ou consacrée ; procédure obligatoire. *Remplir les formalités requises.* **2** Règle de l'étiquette ; acte de civilité. *Les formalités d'usage.* **3** Acte auquel on attache peu d'importance ou qui ne présente aucune difficulté. *Pour lui, le bac n'est qu'une formalité.*

**Forman** Miloš (Čáslav, 1932), cinéaste américain d'orig. tchèque : *l'As de pique* (1963), *les Amours d'une blonde* (1965) ; exilé aux É.-U. après 1968 : *Vol au-dessus d'un nid de coucou* (1975), *Hair* (1979), *Amadeus* (1984), *Larry Flynt* (1997).

**formant** *nm* PHON Fréquence caractérisant un son du langage.

**formariage** *nm* FEOD Mariage contracté par un serf en dehors de la seigneurie ou avec une femme libre, prohibé par le droit féodal.

**format** *nm* **1** Ensemble des dimensions d'un ouvrage imprimé. *Format in-octavo.* **2** Dimension de cette feuille. *Format carré, raisin.* **3** Dimension, taille. *Grand, petit format.* **4** Largeur d'un film, exprimée en millimètres. **5** Organisation générale (forme et contenu) d'une émission de radio ou de télévision, visant tel ou tel public. **6** INFORM Modèle qui définit la présentation des données sur un support d'information ; disposition de ces données elles-mêmes. **7** fig Présentation standardisée d'un produit ou d'un service. ETY De l'ital.

**formater** *vt* 1 **1** INFORM Soumettre des informations au modèle qui définit leur présentation. **2** fig Mettre qqch dans la forme adéquate. *Un discours formaté.* DER **formatage** *nm*

**formateur, trice** *a, n* **A** *a* **1** Qui donne une forme. **2** Qui forme. *Des expériences formatrices.* **B** *n* Personne qui instruit.

**formatif, ive** *a* didac Qui sert à former.

**formation** *nf* **1** Action de former, de se former ; résultat de cette action. *Formation d'un abcès.* **2** Action d'instruire, d'éduquer ; son résultat. *Formation professionnelle.* **3** GEOL Nature, origine d'une couche de terrain ; cette couche. *Formation quaternaire. Formation fluviale.* **4** MILIT Ensemble des éléments constituant une troupe, une escadre ; mouvement exécuté par un corps de troupe qui se dispose d'une manière particulière. *Formation en carré.* **5** Groupe, parti. *Les formations politiques de la majorité, de l'opposition.* **6** Puberté. LOC ***Formation permanente*** ou ***continue*** : formation complémentaire dispensée aux salariés en activité. — BOT ***Formation végétale*** : groupement de végétaux dont la physionomie caractéristique est due à des conditions spécifiques telles que le sol, le climat, etc.

**-forme** Élément, du lat. *forma*, « forme ».

**forme** *nf* **A** **1** Figure extérieure, configuration des choses. *La Terre a presque une forme sphérique.* **2** GEOM Configuration extérieure d'une surface. **3** Contour d'un objet ou du corps d'une personne. *La forme d'une table.* **4** Chacun des différents aspects qu'une chose abstraite peut présenter. *Aimer la musique sous toutes ses formes.* **5** GRAM Variante d'une entité grammaticale ou de la construction d'un énoncé. *Forme interrogative. Forme du masculin singulier.* **6** Constitution d'une chose, manière dont elle est organisée. *Poème à forme fixe.* **7** Manière d'exprimer, de présenter qqch. *La forme et le fond. Vice de forme.* **8** TECH Gabarit, moule qui sert à former certains objets. *Forme de chapelier, de cordonnier.* **9** CONSTR Couche préparatoire destinée à recevoir un revêtement, une chape. **10** TYPO Châssis où l'on fixe une composition typographique en plomb. **11** MAR Bassin de construction ou de réparation. *Forme de radoub.* **12** VETER Tumeur osseuse qui se développe sur la phalange du cheval. **13** PHILO Idée, essence, modèle et principe d'action, dans la tradition issue de l'Antiquité. **14** PHILO Figure, portion d'espace limitée par les contours de l'objet, chez Descartes, qui identifie la matière à l'étendue. **B** *nfpl* **1** Contour du corps humain. *Cette robe dessine les formes.* **2** Manières de s'exprimer, d'agir. *Avoir des formes un peu rudes.* **3** Manières polies, conformes aux usages. *Faire une demande en y mettant les formes.* **LOC** ***En forme, en bonne forme, en bonne et due forme*** : toutes les règles de présentation étant observées. — ***En forme de*** : avec les apparences, l'aspect de. — ***Être en forme, en pleine forme*** : en bonne condition physique, intellectuelle ou morale. — PHILO ***Formes a priori*** : pour Kant, cadres de notre sensibilité qui rendent possible l'intuition sensible, la sensation donnant la matière qui « remplira » ces formes. — DR ***Formes judiciaires***, règles de la procédure par oppos. au *fond* d'un procès. — ***Pour la forme*** : pour se conformer aux usages. — ***Prendre forme*** : commencer à avoir une apparence reconnaissable. — PSYCHO ***Théorie*** ou ***psychologie de la forme*** : syn. de *gestaltisme*.

**formé, ée** *a* **1** Qui a pris sa forme, achevé son développement. *Branche formée.* **2** Qui a atteint sa maturité. SYN pubère. **3** Qui a reçu une formation. **4** MAR Se dit d'une mer plus ou moins agitée, où des vagues se forment. *Une mer très formée provoquant des chocs violents.*

**formel, elle** *a* **1** Qui est clairement déterminé, qui ne peut être discuté. *Ordre, démenti formel.* SYN exprès. ANT ambigu, équivoque. **2** Relatif à la forme. *Beauté formelle.* **3** PHILO Qui concerne la forme, qui a une réalité actuelle, opposé à *virtuel*, à *matériel*. DER **formellement** *av*

**Formentera** la plus méridionale et la plus petite des îles Baléares ; 115 $km^2$ ; 9 952 hab.

**former** *v* ① **A** *vt* **1** Donner l'être et la forme à. *Dieu forma l'homme à son image.* **2** Tracer, façonner. *Former des lettres.* **3** Arranger les éléments d'un ensemble. *Le Premier ministre forme le gouvernement.* **4** fig Concevoir. *Former l'idée de...* **5** Constituer, faire partie de. *Former une famille unie.* **6** Instruire, éduquer. *Former des stagiaires. Former le caractère.* **B** *vpr* **1** Se constituer, se créer. *Orage qui se forme.* **2** S'instruire, acquérir un certain savoir, une certaine expérience. *Se former à l'école de la vie.* **3** MILIT Prendre telle ou telle formation. *Se former en carré.*

**formeret** *nm* ARCHI Arc latéral, parallèle à l'axe de la voûte dont il reçoit la retombée.

**formiate** *nm* Sel ou ester de l'acide formique.

**formica** *nm* Matériau stratifié recouvert de résine artificielle. ETY Nom déposé, d'après *formique*.

**formidable** *a* **1** vx ou litt Qui inspire la crainte, l'effroi. *L'aspect formidable d'une armée en marche.* **2** Important, considérable. *Un déploiement formidable de moyens.* **3** fam Qui inspire l'admiration, l'étonnement, la sympathie, etc. ETY Du lat. DER **formidablement** *av*

**Formigny** com. du Calvados (arr. de Bayeux) ; 244 hab. – Victoire du connétable de Richemont sur les Anglais (1450), qui rendit la Normandie à la France.

**formique** *a* **LOC** CHIM ***Acide formique*** : acide de formule H–COOH, sécrété notam. par les fourmis. — ***Aldéhyde formique*** : formaldéhyde H-CHO. ETY Du lat. *formica*, « fourmi ».

**formol** *nm* Solution aqueuse de l'aldéhyde formique, utilisée en partic. pour ses propriétés désinfectantes et dans la fabrication des colles. DER **formoler** *vt* ①

**Formosa** prov. du N. de l'Argentine, dans le Chaco, bordée à l'E. par le Paraguay et recouverte de forêts denses ; 72 066 $km^2$ ; 500 000 hab. ; ch.-l. *Formosa* (200 000 hab.).

**Formose** nom donné par les Occidentaux à Taiwan (en portug. *Formosa* : « la Belle »). DER **formosan, ane** *a, n*

**formulaire** *nm* **1** Recueil de formules. *Formulaire de notaire.* **2** Imprimé comportant des questions auxquelles on doit répondre.

**formule** *nf* **1** DR Modèle contenant les termes exprès et formels dans lesquels un acte doit être rédigé. **2** Façon de s'exprimer, parole, consacrée par l'usage social. *Formule de politesse.* **3** Suite de mots qui, dans certaines pratiques magico-religieuses, est censée être chargée de tel pouvoir, de telle vertu propitiatoire, etc. **4** Phrase précise, concise, qui dit beaucoup en peu de mots. **5** Écriture symbolique représentant des relations, des opérations sur des grandeurs, etc. *Formule sanguine. En physique, en astronomie, en mécanique, une formule peut exprimer une loi.* **6** Façon d'agir, mode d'action. **7** Document imprimé comportant des espaces laissés en blanc que l'on doit compléter. **8** SPORT Catégorie de voitures de course. *Courir en formule 1.* **LOC** ***Formule algébrique*** : expression qui permet de calculer la solution d'un problème. — ***Formule chimique*** : indiquant la composition élémentaire d'un corps composé. — ***Formule dentaire*** : indiquant le nombre des dents de chaque sorte par demi-mâchoire d'un mammifère. — ***Formule florale*** : indiquant le nombre et la disposition des pièces d'une fleur. — PHYS ***Formule homogène*** : dont les deux membres représentent la même grandeur. ETY Du lat.

**formule 1** Michael Schumacher lors du Grand Prix d'Imola

**formuler** *vt* ① **1** DR Rédiger dans la forme requise. *Formuler un jugement.* **2** MATH Exprimer au moyen de formules. *Formuler un problème.* **3** Exprimer. *Formuler une réclamation. Formuler un vœu.* DER **formulable** *a* – **formulation** *nf*

**Fornarina** Margherita Luti, dite **la belle Romaine**, modèle et maîtresse de Raphaël (*la Fornarina*, 1518-1519).

**Forneret** Xavier (Beaune, 1809 – id., 1884), écrivain français. Vigneron, il écrivit des textes avant-gardistes (audaces typographiques, notam.) qui enchantèrent les surréalistes.

**Forni** Raymond (Belfort, 1941 – Paris, 2008), homme politique français ; socialiste ; président de l'Assemblée nationale de 2000 à 2002.

**forniquer** *vi* ① **1** RELIG Commettre le péché de la chair. **2** plaisant Avoir des relations sexuelles. ETY Du lat. *fornix*, « voûte », les prostitués se tenant, à Rome, dans des chambres voûtées DER **fornicateur, trice** *n* – **fornication** *nf*

**Fornoue** (en ital. *Fornovo di Taro*), com. d'Italie (prov. de Parme) ; 5 870 hab. – Victoire de Charles VIII, qui revenait de Naples, sur les Italiens coalisés (6 juil. 1495).

**FORPRONU** acronyme pour *Force de protection des Nations unies*, qui est intervenue en Bosnie-Herzégovine à partir de 1992.

**Forqueray** Antoine (Paris, 1672 – Mantes, 1745), violiste et compositeur français.

**Forrester** Maureen (Montréal, 1930 – Toronto, 2010), chanteuse canadienne ; contralto.

**fors** *prép* vx Excepté, hormis, hors de. *« Tout est perdu, fors l'honneur », aurait dit François Ier après le désastre de Pavie.* PHO [fɔʀ] ETY Du lat.

**Forster** Edward Morgan (Londres, 1879 – Coventry, 1970), romancier anglais : *Maurice* (1914), *Route des Indes* (1924).

**Forsythe** William (New York, 1949), chorégraphe américain.

**forsythia** *nm* Arbrisseau ornemental (oléacée), dont les fleurs jaune d'or s'épanouissent avant la feuillaison. PHO [fɔʀsisja]

**1 fort, forte** *a* **1** Qui a de la force physique. *Homme grand et fort.* **2** Qui a de l'embonpoint. *Une dame un peu forte.* **3** Qui a des capacités intellectuelles, des connaissances. *Être fort en maths.* **4** Qui a de la résistance morale. *Être fort devant l'adversité.* SYN ferme. **5** Solide, résistant. *Carton fort. Colle forte.* **6** Capable de résister aux attaques. *Château fort.* **7** Plus important que la moyenne en intensité, en quantité. *Un fort vent. Une forte somme. Une forte envie.* **8** fam Difficile à admettre. *Ça, c'est un peu fort !* **9** Qui impressionne vivement le goût, l'odorat. *Moutarde forte.* **10** Qui agit efficacement. *Un remède fort.* **11** CHIM Capable de se dissocier complètement en solution. *Acide fort, base forte.* **LOC** ***C'est fort de café !*** : c'est exagéré. — ***Fort comme un Turc*** : très fort. — ***Fort(e) en thème*** : personne brillante. — ***Forte tête*** : personne qui résiste obstinément à toute influence.

**2 fort** *av* **1** Avec énergie, intensité. *Frappez fort. Parler fort.* **2** litt Très, beaucoup. *Vous êtes fort aimable. Elle lui plaît fort.* **LOC** fam ***Faire fort*** : se faire remarquer par une attitude provocante. — fam ***Ne pas aller fort*** : être souffrant — ***Se faire fort de*** : s'estimer capable de. — fam ***Y aller fort*** : exagérer.

**3 fort** *nm* **1** Celui qui a la force, la puissance. *Le fort et le faible.* **2** vx Partie la plus solide, la plus épaisse d'une chose. **3** Canada fam Alcool, boisson très alcoolisée. **4** Domaine où qqn excelle. *Le français n'est pas son fort.* **5** Ouvrage militaire puissamment armé et défendu. **LOC** ***Au fort de*** : au moment de la plus grande intensité. *Au fort de la lutte.* — ***Fort de la Halle, des Halles*** : débardeur qui était chargé de la manutention des fardeaux lourds, aux anc. Halles de Paris. ETY Du lat.

**Fort** Paul (Reims, 1872 – Argenlieu, près de Montlhéry, 1960), poète français : *Ballades françaises* (17 vol., 1922-1958) ; « Prince des poètes » de 1912 à sa mort.

**Fortaleza** v. et port du N.-E. du Brésil ; cap. de l'État de Ceará ; 3,2 millions d'hab. (aggl.). Centre industriel. Tourisme. – Université.

**Fort-Archambault** → **Sarh.**

**Fort-Chabrol** → **Chabrol.**

**Fort-de-France** ch.-l. du dép. de la Martinique, sur la baie du m. nom ; 91 821 hab. Centre admin. Import. port de comm. et de voyageurs. Industries. Aéroport. – Archevêché. DER **foyalais, aise** *a, n*

**Fort-de-France** la ville basse

**forte** *av, nm inv* MUS **A** *av* Fort, en renforçant l'intensité du son. **B** *nm* Passage joué forte. PHO [fɔʀte] ETY Mot ital. VAR **forté**

**fortement** *av* **1** Avec force. *Tenir fortement.* **2** fig Avec intensité. *Désirer fortement qqch.* **3** Beaucoup. *Cela ressemble fortement à une escroquerie.*

**fortepiano** *av, nm* MUS Indication de passage soudain du *forte* au *piano*. PHO [fɔʀtepjano] ETY Mot ital. VAR **fortépiano**

**forteresse** *nf* **1** Ouvrage fortifié protégeant une étendue de territoire. **2** fig Ce qui est inaccessible aux influences extérieures. *La forteresse des traditions.* LOC ***Forteresse volante*** : bombardier lourd américain (1943-1945).

**Fort-Gouraud** → **F'Derick.**

**Forth (le)** fleuve de l'E. de l'Écosse (106 km) ; se jette dans la mer du Nord par un vaste estuaire (*Firth of Forth*), que franchit un pont long de 2 400 m.

**fortiche** *a* fam **1** Fort, vigoureux. **2** fig Calé, astucieux.

**fortifiant, ante** *a, nm* **A** *a* **1** Qui donne des forces. *Aliment fortifiant.* **2** fig, vieilli Qui fortifie l'âme, l'esprit. *Lecture fortifiante.* **B** *nm* Médicament, aliment fortifiant. *Prendre un fortifiant.*

**fortification** *nf* **1** Action de fortifier un lieu. **2** (Souv. au plur.) Ensemble d'ouvrages destinés à défendre une ville, un point stratégique.

**fortifier** *vt* ② **1** Donner plus de force à. *Fortifier le corps et l'âme.* **2** Rendre plus fort, plus assuré. *Son attitude fortifie mes soupçons.* SYN renforcer. **3** Entourer d'ouvrages défensifs. *Ville fortifiée.* ETY Du lat.

**fortin** *nm* Petit ouvrage fortifié. ETY De l'ital.

**fortissimo** *av, nm* MUS **A** *av* Très fort. **B** *nm* Passage joué fortissimo.

**Fort Knox** camp militaire des É.-U. (Kentucky) où se trouve un fort construit en 1936 pour abriter la réserve d'or nationale.

**Fort-Lamy** → **N'Djamena.**

**Forton** Louis (Sées, 1879 – Saint-Germain-en-Laye, 1934), auteur français de bandes dessinées : *les Pieds Nickelés* (à partir de 1908), *Bibi Fricotin* (à partir de 1924).

**fortran** *nm* INFORM Langage de programmation destiné à la formulation scientifique ou technique. ETY Abrév. de l'angl. *for(mula) tran(slation)*, « traduction de formules ».

**fortuit, uite** *a* Qui arrive par hasard, de manière imprévue. *Rencontre fortuite.* ETY Du lat. *fors*, « hasard ». DER **fortuitement** *av*

**Fortunat (saint Venance)** (près de Trévise, v. 530 – Poitiers, v. 600), évêque de Poitiers (v. 597) et poète latin : hymnes liturgiques.

**fortune** *nf* **1** litt Puissance censée décider du bonheur ou du malheur des humains. *Les caprices de la fortune.* **2** Évènement heureux ou malheureux dépendant du hasard. **3** litt Chance favorable. *Avoir la fortune de le rencontrer.* **4** litt Destinée. **5** litt Position sociale élevée. **6** Ensemble des biens que possède une personne, une collectivité. **7** Grande richesse. **8** MAR Voile carrée sur certains types de bateaux. LOC ***À la fortune du pot*** : en toute simplicité, sans faire de façons. — ***Bonne fortune*** : aventure galante. — ***De fortune*** : improvisé. — ***Faire contre mauvaise fortune bon cœur*** : accepter sans se plaindre un évènement désagréable. — ***Faire fortune*** : devenir très riche. — ***Tenter, chercher fortune*** : chercher les occasions qui peuvent procurer ce que l'on désire. ETY Du lat.

**Fortune** divinité latine (la Tyché des Grecs) qui fait le bonheur ou le malheur des humains, femme aux yeux bandés dont la main tient une corne d'abondance.

**fortuné, ée** *a* **1** litt Favorisé par la chance. **2** Qui a de la fortune, riche.

**Fortunées (îles)** anc. nom des Canaries.

**fortunella** *nf* Arbuste (rutacée) originaire d'Extrême-Orient, dont le fruit est le kumquat. ETY D'un n. pr.

**Fort Worth** v. des É.-U. (Texas), sur un bras de la Trinity River ; 447 600 hab. Centre industriel exploitant les hydrocarbures.

**forum** *nm* **1** ANTIQ ROM Place où pouvaient se tenir un marché, une assemblée du peuple, un tribunal. **2** Place réservée aux piétons, entourée d'équipements, de commerces. **3** Réunion avec débat autour d'un thème. SYN colloque. **4** TELECOM Groupe de discussion à propos d'un thème dans le cadre d'un système de messagerie électronique (Internet). PHO [fɔʀɔm] ETY Mot lat.

**Forum (le)** place de la Rome antique, au pied du Capitole et du mont Palatin, centre de la vie politique pendant l'ère républicaine, auquel César, Auguste, Vespasien, Nerva, Trajan ajoutèrent chacun leur forum. De nombr. monuments ont laissé leurs vestiges.

le **Forum** romain

**forure** *nf* TECH **1** Trou percé avec un foret. **2** Trou dans la tige d'une clef.

**forwarder** *vt* ① INFORM Faire suivre un courrier électronique. PHO [fɔʀwaʀde] ETY Mot angl.

**Fos (golfe de)** golfe situé à l'E. du delta du Rhône et qui communique par un canal avec l'étang de Berre. Un port et un centre industr. y ont été créés (Fos-sur-Mer).

**Fosbury** Richard, dit Dick (Portland, Oregon, 1947), sauteur en hauteur américain, champion olympique à Mexico (1968). – *Le Fosbury flop*, qu'il a inventé, consiste à attaquer la barre de dos, nuque la première.

**Dick Fosbury**

**Foscari** Francesco (Venise, 1373 – id., 1457), doge de Venise de 1423 à 1457. En 1458, son fils, accusé de trahison, fut banni par lui ; lui-même fut déposé et en mourut.

**Foscolo** Ugo (Zante, îles Ioniennes, 1778 – Turnham Green, près de Londres, 1827), poète italien : *les Tombeaux* (1807), *les Grâces* (posth., 1848). Son bref roman, *Dernières Lettres de Iacopo Ortis* (1802 et 1816), inspira les partisans du Risorgimento.

**fossa** *nm* Nom usuel du *cryptoprocte*.

**fosse** *nf* **1** Excavation généralement profonde, creusée par l'homme. **2** Trou creusé pour enterrer un mort. **3** ANAT Cavité ou dépression de certaines parties de l'organisme. *Fosses nasales.* **4** MIN Dans une houillère, puits d'extraction ; installation aménagée pour le chargement. LOC ***Fosse commune*** : où sont inhumés plusieurs cadavres. — ***Fosse d'orchestre*** : dans un théâtre, partie en contrebas de la scène et de la salle, où se tient l'orchestre. — GEOL ***Fosse océanique*** : dépression du fond de l'océan, étroite, allongée, aux parois très abruptes et de grande profondeur. ETY Du lat.

**Fosse** Bob (Chicago, 1925 – Washington, 1987), danseur, chorégraphe et cinéaste américain : *Cabaret* (1972).

**fossé** *nm* **1** Cavité creusée en long pour limiter un terrain, pour faire écouler les eaux, pour défendre une citadelle, etc. **2** fig Ce qui sépare profondément des personnes. LOC GEOMORPH ***Fossé d'effondrement*** : dépression tectonique longue et étroite correspondant au compartiment affaissé d'un champ de failles. SYN limagne, graben.

**fossette** *nf* Petit creux du menton, des joues de certaines personnes. *Sourire à fossettes.*

**fossile** *a, nm* **A** *a* **1** Qui se présente sous la forme d'un fossile. *Des animaux, des végétaux fossiles.* **2** Qui résulte ou témoigne d'une certaine époque géologique. *Champ magnétique fossile.* **3** fig, fam, péjor Suranné, désuet. *Avoir des idées fossiles.* **B** *nm* **1** PALEONT Restes, ou empreinte, d'un être vivant dont l'espèce a disparu, dans une roche sédimentaire ou très peu métamorphisée. **2** fig Personne aux goûts et aux idées surannées. LOC BIOL ***Fossile vivant*** : être vivant peu commun dont l'organisation est proche de celle des fossiles appartenant au même groupe. ETY Du lat.

poisson **fossile**

**fossilifère** *a* Qui contient des fossiles.

**fossiliser** *vt* ① **1** Amener un corps organisé à l'état de fossile. *Fougères fossilisées.* **2** fig, fam, péjor Rendre très arriéré, inadapté à la vie moderne. DER **fossilisation** *nf*

**fossoyeur, euse** *n* **1** Personne qui creuse les fosses pour enterrer les morts. **2** fig, litt Personne qui travaille à la ruine de qqch. *Les fossoyeurs de la République.*

**Fos-sur-Mer** com. des Bouches-du-Rhône (arr. d'Istres), sur le golfe de Fos ; 13 922 hab. – Port pétrolier. – Monuments des XI$^{e}$-XIV$^{e}$ s. DER **fosséen, enne** *a, n*

**Foster** Norman (Manchester, 1935), architecte anglais. Il a élaboré un style « haute technologie » : *Siège de la banque HKSBC* à Hong Kong (1979-1985). *Tour des Télécommunications* de Barcelone (1992). *Viaduc de Millau* (2004).

**1 fou, fol, folle** *a, n* (On emploie *fol* devant un nom masc. commençant par une voyelle ou un h muet) **A** *a* **1** (Ce mot n'appartient plus au vocabulaire médical.) Qui présente des troubles mentaux. *Fou à lier. Fou furieux.* **2** Qui paraît déraisonnable dans son comportement. *Il est fou d'agir ainsi.* **3** Qui est hors de son état normal. *Fou de joie, de colère.* **4** Qui est l'indice de la folie. *Un regard fou.* **5** Contraire à la raison, à la prudence. *Un fol amour. Une tentative folle.* **6** Qui est passionné, fanatique de qqch. *Il est fou de littérature.* **7** Qui a un mouvement imprévisible et désordonné. **8** TECH Se dit d'une poulie, d'une roue qui tourne autour d'un axe, sans en être solidaire. **9** Peu raisonnable, immodéré. *Une folle gaieté. Une course folle.* **10** fam Considérable. *Un monde fou. Un succès fou.* **B** *n* **1** Personne atteinte de démence. **2** Personne qui fait des extravagances, pour s'amuser, pour faire rire. **C** *nm* **1** Bouffon, amuseur, autref. attaché à la personne des rois. **2** JEU Pièce du jeu d'échecs se déplaçant selon les diagonales. **3** Au tarot, syn de l'*excuse.* **D** *nf* fam, péjor Homosexuel au comportement maniéré. LOC *Fou rire* : qu'on ne peut maîtriser. — fam *Maison de fous* : lieu où les gens ont une conduite étrange. ETY Du lat. *follis,* « sac plein d'air ».

**2 fou** *nm* Oiseau palmipède de l'ordre des pélécaniformes. LOC *Fou de Bassan* : oiseau blanc des côtes de l'Atlantique nord, gros comme une oie, dont la pointe des ailes, la queue et la base du bec sont noires.

**fou** de Bassan

**fouace** → **fougasse.**

**Fouad I$^{er}$** (Le Caire, 1868 – id., 1936), sultan (1917) puis roi d'Égypte (1922-1936). Il occidentalisa son pays. Son fils Farouk lui succéda. VAR **Fu'ad I$^{er}$**

**fouage** *nm* DR, FEOD Redevance par foyer perçue par le seigneur. ETY De l'a. fr. *fou,* « feu ».

**fouailler** *vt* ① litt Frapper à coups de fouet répétés. ETY De *fouet.*

**foucade** *nf* vx ou litt Élan subit et passager, caprice. ETY De *fougue.*

**Foucauld** Charles Eugène (vicomte de, puis le père de) (Strasbourg, 1858 – Tamanrasset, 1916), explorateur français (du Maroc) puis religieux. Ordonné prêtre (1901), il alla vivre en ermite auprès des Touaregs du Hoggar (1905). Des pillards Senousis l'assassinèrent.

Charles de Foucauld

**Foucault** Jean Bernard Léon (Paris, 1819 – id., 1868), physicien français. Il mesura la vitesse de la lumière (à l'aide d'un miroir tournant), inventa le gyroscope et, dans les années 1850-1852, à l'aide d'un pendule, démontra la rotation de la Terre.

**Foucault** Michel (Poitiers, 1926 – Paris, 1984), philosophe français, « contestataire » : *Histoire de la folie à l'âge classique* (1961), *les Mots et les Choses* (1966), *l'Archéologie du savoir* (1969), *Surveiller et punir* (1975), *Histoire de la sexualité* (1976-1984). DER **foucaldien, enne** *a, n*

Michel Foucault

**Fouché** Joseph duc d'Otrante (Le Pellerin, près de Nantes, 1759 – Trieste, 1820), homme politique français. Député à la Convention, il réprima férocement l'insurrection de Lyon (1793) et déchristianisa la région. Opposé à Robespierre le 9 Thermidor, il fut ministre de la Police sous le Directoire et de 1804 à 1810. Rallié à la Restauration (1814), exilé comme régicide en 1815, il se retira, richissime, à Trieste, où il écrivit ses *Mémoires.*

**Foucher de Chartres** (Chartres, 1058 – Jérusalem [?], apr. 1127), prêtre français dont *l'Histoire de Jérusalem* narre la 1$^{re}$ croisade.

**Foucquet** → **Fouquet.**

**1 foudre** *n* **A** *nf* Décharge électrique intense qui se produit par temps d'orage, accompagnée d'un éclair et d'une violente détonation. **B** *nfpl* litt Grande colère. *Encourir les foudres du pouvoir.* **C** *nm* Faisceau de traits enflammés en zigzag, attribut de Jupiter. LOC fig *Coup de foudre* : amour subit et immédiat pour qqn. — iron *Un foudre de guerre* : un redoutable combattant. ETY Du lat. *fulgur,* « éclair ».

**2 foudre** *nm* Grand tonneau (de 50 à 300 hl). ETY De l'all. *Fuder.*

**foudroyage** *nm* Destruction, au moyen d'explosifs, d'immeubles (tours, barres) vétustes.

**foudroyant, ante** *a* **1** Qui frappe avec la brutalité et la violence de la foudre. *Apoplexie foudroyante.* **2** Qui a la soudaineté et la rapidité de la foudre. *Succès foudroyant.* **3** Qui semble aussi violent que la foudre. *Regard foudroyant.*

**foudroyer** *vt* ㉓ **1** Frapper de la foudre ou d'une décharge électrique. **2** Tuer soudainement, terrasser. *Une crise cardiaque l'a foudroyé.* LOC *Foudroyer qqn du regard* : le regarder avec colère. DER **foudroiement** *nm*

**fouëne** → **foëne.**

**Fouesnant** ch.-l. de cant. du Finistère (arr. de Quimper), sur la baie de la Forêt ; 8 876 hab. La com. comprend les îles Glénan et les stat. baln. de *Beg-Meil* et *Cap-Coz.* – Église XII$^{e}$ s. DER **fouesnantais, aise** *a, n*

**fouet** *nm* **1** Instrument formé d'une corde ou de lanières de cuir tressées attachées au bout d'un manche. *Cingler qqn d'un coup de fouet.* **2** Châtiment donné avec le fouet ou avec des verges. **3** CUIS Ustensile qui sert à battre les œufs et les sauces. **4** ZOOL Segment terminal de l'aile des oiseaux. **5** Queue d'un chien. LOC *Coup de fouet* : stimulation vigoureuse et instantanée ; MED douleur vive et subite due à une déchirure musculaire — *De plein fouet* : directement sur l'obstacle ou l'objectif, perpendiculairement à lui. ETY De l'a. fr. *fou,* « hêtre ».

**fouettard** *am* LOC *Père fouettard* : personnage imaginaire, compagnon de saint Nicolas, armé d'un fouet, dont on menaçait les enfants.

**1 fouetté, ée** *a* CUIS Battu avec un fouet. *Crème fouettée.*

**2 fouetté** *nm* **1** CHOREGR Rotation du corps sur une pointe ou une demi-pointe, entretenue par le mouvement des bras et de la jambe opposée à la jambe d'appui. **2** JEU Au billard, coup très vif donné en retirant immédiatement la queue.

**fouette-queue** *nm* ZOOL Nom usuel de l'*uromastix.* PLUR fouette-queues.

**fouetter** *v* ① **A** *vt* **1** Donner des coups de fouet à. **2** Cingler. *La pluie nous fouettait le visage.* **3** CUIS Battre vivement avec un fouet. *Fouetter de la crème.* **B** *vi* fam Sentir mauvais, puer. *Ça fouette, ici !* DER **fouettement** *nm*

**1 foufou, fofolle** *a, n* fam Un peu fou, écervelé, farfelu.

**2 foufou** *nm* Afrique Pâte de féculents (igname, céréales, banane, etc.), servie en boules ; plat de viande ou de poisson en sauce servi avec cette pâte. VAR **foutou**

**fougasse** *nf* rég **1** Galette de froment cuite primitivement sous la cendre. **2** Brioche ou génoise à la fleur d'oranger. ETY De *focus,* « foyer ». VAR **fouace**

**fougère** *nf* Plante aux grandes feuilles (frondes), généralement pennées, dont les très nombreuses espèces constituent la plus importante classe de ptéridophytes. ETY Du lat.

ENC Les fougères sont apparues au dévonien et ont constitué une partie importante de la végétation au carbonifère. Elles vivent dans les endroits ombragés et humides ; leur taille varie de quelques centimètres à quelques mètres pour certaines fougères tropicales arborescentes. Les 9 000 espèces actuelles ne constituent plus qu'une infime partie du groupe végétal qui « colonisa » notre planète.

**Fougères** chef-lieu d'arr. d'Ille-et-Vilaine ; 21 779 hab. Fut un centre national de la chaussure. – Chât. fort (XIII$^{e}$-XV$^{e}$ s.) ; remparts (XV$^{e}$ s.). Égl. goth. Maisons anc. DER **fougerais, aise** *a, n*

**fougue** *nf* Impétuosité, ardeur naturelle. ETY De l'ital. *foga,* « fuite ». DER **fougueusement** *av* – **fougueux, euse** *a*

**Fou-hi** → **Fuxi.**

**fouille** *nf* **1** Action de fouiller la terre, spécial. pour retrouver des vestiges archéologiques. **2** fig Action d'explorer minutieusement. *La fouille d'un tiroir.* **3** Action de fouiller qqn. *La fouille d'un détenu.* **4** CONSTR Excavation pratiquée dans le sol, avant de procéder à la construction des fondations d'un ouvrage. *Fouilles en rigole, en déblai, en puits.* **5** arg Poche.

**fouillé, ée** *a* Qui va au fond des choses. *Une étude fouillée.*

**fouiller** *v* ① **A** *vt* **1** Creuser. *Fouiller le sol, la terre.* **2** Explorer soigneusement un lieu pour trouver qqch que l'on cherche. **3** SCULP Travailler avec le ciseau pour pratiquer des enfoncements. *Fouiller le marbre.* **4** Travailler pour enrichir. *Fouiller son style.* **5** Chercher dans les poches, les habits de qqn. *Fouiller un suspect.* **B** *vi* Chercher une chose en remuant tout ce qui pourrait la cacher. *Fouiller dans une armoire, dans sa poche. Fouiller dans sa mémoire.* **LOC** fam ***Tu peux te fouiller :*** il n'y a rien pour toi ; il n'en est pas question. ETY Du lat. *fodicare,* « percer ».

**fouilleur, euse** *n* **A** Personne qui fouille, fait des fouilles archéologiques. **B** *nf* AGRIC Charrue à griffes multiples.

**fouillis** *nm* fam Amas de choses hétéroclites.

**fouinard, arde** *a, n* fam Syn. de *fouineur.*

**fouine** *nf* Martre d'Europe et d'Asie centrale (mustélidé), petit carnivore bas sur pattes au corps très allongé, au pelage brun et blanc. ETY Du lat. pop. *fagina (mustela),* « (martre) des hêtres ».

**fouiner** *vi* ① fam Fureter, épier indiscrètement. ETY De *fouine.*

**fouineur, euse** *a, n* **A** Qui fouine partout. SYN fouinard, arde. **B** *n* Personne qui recherche, sur les marchés d'occasion, les objets intéressants. SYN chineur, euse. **C** *nm* INFORM Syn. (recommandé) de *hacker.*

**fouir** *vt* ③ Creuser le sol. *Une taupe qui fouit la terre.* ETY Du lat. DER **fouissage** *nm*

**fouisseur, euse** *a, nm* didac **A** Se dit d'un animal qui fouit la terre. *Le lombric est un fouisseur.* **B** *a* Qui sert à fouir. *Des pattes fouisseuses.*

**Foujita** Tsuguharu Fujita, Léonard apr. son baptême (Tōkyō, 1886 – Zurich, 1968), peintre français d'origine japonaise.

**foulage** → **fouler.**

**foulani** *nm* LING Syn. de *peul.*

**foulant, ante** *a* fam Fatigant. **LOC** TECH ***Pompe foulante :*** qui élève un liquide par la pression qu'elle exerce.

**foulard** *nm* **1** Étoffe légère servant à faire des mouchoirs, des cravates, des robes, etc. **2** Écharpe en tissu léger pour protéger le cou, pour servir de coiffure. **3** Canada Cache-nez. *Un foulard de laine.* ETY Du provenç. *foulat,* « drap léger d'été ».

**Foulbés** → **Peuls.**

**Fould** Achille (Paris, 1800 – La Loubère, Hautes-Pyrénées, 1867), financier et homme politique français. Saint-simonien, ministre des Finances (1849-1852 et 1861-1867), il créa des Caisses de retraite.

**foule** *nf* **1** Multitude de gens réunis. **2** Le commun des hommes, le vulgaire. *Ne plaire qu'à la foule.* **LOC** ***En foule :*** en grand nombre, en grande quantité. — ***Une foule de :*** une grande quantité de gens ou de choses. ETY De *fouler.*

**foulée** *nf* **1** EQUIT Temps pendant lequel le pied du cheval pose sur le sol. **2** Espace parcouru par un cheval à chaque temps de trot, de galop. **3** Longueur de l'enjambée d'un coureur. **LOC** fam ***Dans la foulée :*** dans le prolongement immédiat d'un évènement.

**fouler** *v* ① **A** *vt* **1** Presser un corps, une substance avec les pieds, les mains ou un outil. *Fouler du raisin, des cuirs, du drap.* **2** litt Marcher sur. *Fouler le sol natal.* **B** *vpr* **1** Se blesser par foulure. *Se fouler le pied.* **2** fig, fam Se donner de la peine. *Elle ne s'est pas foulée.* **LOC** ***Fouler aux pieds :*** piétiner ; fig traiter avec mépris. ETY Lat. *fullare,* « fouler une étoffe ». DER **foulage** *nm*

**Foullon** Joseph François (Saumur, 1717 – Paris, 1789), administrateur français. Adjoint au ministre de la Guerre, il fut pendu par la foule après la prise de la Bastille.

**fouloir** *nm* TECH Appareil servant à fouler.

**foulon** *nm* **1** vx Artisan qui foulait les draps. **2** anc Moulin servant à fouler.

**foulque** *nf* Gros oiseau ralliforme au plumage sombre et au bec blanc, surmonté d'une plaque blanche, fréquentant les eaux douces et calmes. SYN judelle. ETY Du provenç.

**Foulques** (v. 840 – 900), prélat français, chancelier de Charles le Simple. Baudouin de Flandre le fit assassiner. VAR **Foulque**

**Foulques** nom de cinq comtes d'Anjou. — **Foulques V le Jeune** (1095 – Ptolémaïs, auj. Acre ou Akko, en Israël, 1143), comte d'Anjou, roi de Jérusalem (1131-1143) ; il abandonna l'Anjou à son fils aîné, Geoffroy Plantagenêt.

**Foulques de Neuilly** (m. à Neuilly-sur-Marne, 1202), religieux français. Il prêcha la 4e croisade.

**foultitude** *nf* fam Grand nombre. *Avoir une foultitude de choses à faire.* ETY De *foul(e)* et *(mul)titude.*

**foulure** *nf* MED Légère entorse.

**Fouqué** Ferdinand André (Mortain, Manche, 1828 – Paris, 1904), géologue français ; pionnier de la pétrographie moderne.

**Fouquet** Jean (Tours, v. 1420 – id., entre 1477 et 1481), peintre et miniaturiste français. Il subit les influences italienne et flamande : *la Vierge à l'Enfant* (portrait présumé d'Agnès Sorel). VAR **Foucquet**

**Jean Fouquet** *la Vierge et l'Enfant entourés d'anges rouges* – musée royal des Beaux-Arts, Anvers

**Fouquet** Nicolas (Paris, 1615 – Pignerol, 1680), administrateur français. Surintendant général des Finances en 1653, il amoncela une fortune considérable, encouragea les arts et les lettres, et fit construire (sur des plans de Le Vau) le château de Vaux, où il reçut Louis XIV. Celui-ci, jaloux et poussé par Colbert, le fit arrêter (1661) et condamner à la prison à vie (1664). VAR **Foucquet**

**Fouquier-Tinville** Antoine Quentin (Hérouël, Picardie, 1746 – Paris, 1795), homme politique français. Accusateur public auprès du Tribunal révolutionnaire, il se montra impitoyable. Il fut guillotiné.

**four** *nm* **1** Ouvrage de maçonnerie, souvent en forme de voûte, ouvert par-devant, pour faire cuire le pain, la pâtisserie. **2** Appareil ménager dans lequel on fait rôtir les aliments. *Four à micro-ondes. Four électrique.* **3** TECH Appareil dans lequel on chauffe une matière pour lui faire subir une transformation physique ou chimique. **LOC** SPECT ***Faire un four :*** échouer, en parlant d'une pièce, d'un spectacle. — ***Four à réverbère :*** dans lequel la chaleur des flammes échauffe la voûte qui rayonne sur le métal à fondre. — ***Four Martin :*** servant à élaborer l'acier. — ***Four solaire :*** concentrant, au moyen de miroirs paraboliques, l'énergie du rayonnement solaire sur la zone à chauffer. ETY Du lat.

**Fourastié** Jean Joseph Hubert (Saint-Benin d'Azy, Nièvre, 1907 – Douelle, Lot, 1990), sociologue et économiste français : *Machinisme et Bien-être* (1951), *les Trente Glorieuses* (1979).

**fourbe** *a, n* Qui trompe avec une adresse maligne, une ruse perfide. ETY De *fourbir,* au sens anc. de « voler ».

**fourberie** *nf* **1** Caractère du fourbe. **2** Tromperie basse, ruse perfide.

**Fourberies de Scapin (les)** comédie en 3 actes et en prose de Molière (1671).

**fourbi** *nm* fam **1** Tout l'équipement du soldat. **2** Affaires de qqn. *Débarquer avec tout son fourbi.* **3** Ensemble hétéroclite de choses diverses.

**fourbir** *vt* ③ Polir un objet de métal. **LOC** ***Fourbir ses armes :*** se préparer à un combat, à une controverse. ETY Du frq *furbian,* « nettoyer ». DER **fourbissage** *nm*

**fourbu, ue** *a* **1** MED VET Atteint de fourbure. **2** Très fatigué, harassé. ETY De l'a. fr. *forboire,* « boire à l'excès ».

**fourbure** *nf* MED VET Congestion des extrémités des pattes des ongulés qui les fait boiter.

**fourche** *nf* **1** Instrument à long manche terminé par plusieurs dents. *Remuer du foin avec une fourche.* **2** Objet en forme de fourche. **3** TECH Dans un engin à deux roues, organe reliant l'axe de la roue avant au guidon. *Fourche télescopique.* **4**

**fougères** à g., capillaires (à dr. plante avec spores et rhizome) – au centre, ophioglosse – à dr. polypode (à g. plante avec rhizome – à dr. fronde avec spores)

Disposition en deux ou plusieurs branches. *Prenez ce chemin jusqu'à la fourche.* SYN bifurcation. **LOC** ***Passer sous les fourches Caudines*** : subir des conditions humiliantes (par allus. à l'humiliation qu'endurèrent les Romains lors de leur passage sous un joug, après leur défaite en 321 av. J.-C., devant les Samnites à *Caudium*). ETY Du lat.

**fourche-bêche** *nf* Fourche à dents plates utilisée par le jardinier. PLUR fourches-bêches.

**fourcher** *v* 1 **A** *vi* Se diviser en deux ou plusieurs branches. *Avoir les cheveux qui fourchent.* **B** *vt* Remuer ou enlever à la fourche. *Fourcher de la terre, du fumier.* **LOC** fig ***Sa langue a fourché*** : il a prononcé un mot pour un autre.

**fourchet** *nm* MED VET **1** Inflammation de l'espace interdigital des ruminants. **2** Abcès siégeant entre les doigts de la patte du chien.

**fourchette** *nf* **1** Ustensile de table terminé par plusieurs pointes ou dents. **2** TECH Organe en forme de petite fourche. **3** ZOOL Partie cornée située à la face inférieure du sabot du cheval et qui a l'aspect d'une fourchette à deux branches. **4** Os formé par les clavicules soudées de l'oiseau. **5** MILIT Intervalle probable de dispersion d'un projectile. *Fourchette de tir.* **6** Intervalle entre deux valeurs extrêmes. *Produit qui se situe dans une fourchette de prix raisonnable.* **LOC** ***Avoir un sacré coup de fourchette*** : avoir bon appétit. — ***Fourchette d'embrayage*** : qui sert à désaccoupler les plateaux d'un embrayage. — ***Prendre en fourchette*** : aux cartes, coincer son adversaire en détenant la carte supérieure et la carte inférieure à celle qu'il va jouer.

**fourchu, ue** *a* Qui se divise en deux. *Pied fourchu des ruminants. Arbre fourchu.*

**Fourcroy** Antoine François (comte de) (Paris, 1755 – id., 1809), chimiste français. Avec Lavoisier, il fit adopter une nomenclature rationnelle en chimie (1787). Il siégea à la Convention.

**Foureau** Fernand (Saint-Barbant, Hte-Vienne, 1850 – Paris, 1914), explorateur français. Il dirigea de nombr. expéditions au Sahara et, à partir de 1888, effectua la liaison entre le Sud algérien et le lac Tchad.

**1 fourgon** *nm* TECH Instrument servant à remuer le bois, le charbon, dans un four. ETY Du lat. *furari*, « voler ».

**2 fourgon** *nm* Véhicule, wagon, servant au transport des bagages, du courrier, des munitions, des marchandises. **LOC** ***Fourgon mortuaire*** : corbillard.

**fourgonner** *vi* 1 **1** Remuer la braise, le feu, avec un fourgon. **2** fig, fam Fouiller en mettant du désordre.

**fourgonnette** *nf* Petite camionnette.

**fourgue** *nm* fam Receleur.

**fourguer** *vt* 1 fam Vendre à bas prix une marchandise en mauvais état. ETY Du lat. *furicare*, « voler ».

**Fourier** (saint Pierre) → **Pierre Fourier.**

**Fourier** Joseph (baron) (Auxerre, 1768 – Paris, 1830), mathématicien et physicien français, auteur d'import. travaux sur les séries. Il accompagna Monge et Berthollet en Égypte. Acad. fr. (1826).

le baron **Joseph Fourier**

**Fourier** Charles (Besançon, 1772 – Paris, 1837), philosophe et économiste français. Ennemi de l'inégalité, il décrivit une cité harmonieuse (le phalanstère) où l'homme s'épanouirait dans le travail : *Traité de l'association domestique agricole* (1822) devenu *Théorie de l'unité universelle* (posth., 1841).

**Charles Fourier**

**fouriérisme** *nm* didac Système philosophique et social de Charles Fourier et de ses disciples. DER **fouriériste** *a, n*

**fourme** *nf* Fromage de lait de vache, à pâte ferme, fabriqué en Auvergne (Cantal, Puy-de-Dôme, notam.). ETY Var. de *forme*, « forme à fromage ».

**Fourment** Hélène (Anvers, 1614 – Bruxelles, 1673), deuxième épouse (1630) et modèle de Rubens.

**fourmi** *nf* **1** Petit insecte (hyménoptère aculéate) vivant en sociétés, ou *fourmilières*, comprenant des reines fécondes, des ouvrières en très grand nombre et des mâles pourvus d'ailes et d'un aiguillon. **2** fig Personne travailleuse et économe. **3** fam Petit passeur de drogue. **LOC** ***Avoir des fourmis dans les jambes, dans les bras*** : éprouver une sensation de picotements multiples. ETY Du lat.

**fourmi**

**Fourmies** com. du Nord (arr. d'Avesnes-sur-Helpe) ; 13 867 hab. – En 1891, la troupe tira sur des ouvriers grévistes (9 morts). DER **fourmisien, enne** *a, n*

**fourmilier** *nm* Mammifère xénarthre qui se nourrit de fourmis, tel que le tamanoir, le tamandua, etc.

**fourmilière** *nf* **1** Lieu où vit une société de fourmis ; l'ensemble des fourmis qui y vivent. **2** fig Lieu où s'agite une grande foule.

**fourmi-lion** *nm* Insecte névroptère dont la larve creuse dans le sable un entonnoir au fond duquel elle vit, et qui lui sert à capturer les insectes, notam. des fourmis dont elle se nourrit. PLUR fourmis-lions. VAR **fourmilion**

**fourmiller** *vi* 1 **1** S'agiter vivement et en grand nombre. *D'avion on voyait la foule fourmiller sur le quai.* **2** Être en grand nombre, abonder. *Les fautes fourmillent dans cet ouvrage.* **3** Être le siège de picotements. *La main me fourmille.* **4** Être rempli de. *La garenne fourmille de lapins.* DER **fourmillant, ante** *a* – **fourmillement** *nm*

**fournaise** *nf* **1** Grand four embrasé ; feu très vif. **2** fig Lieu très chaud. *La ville, à midi, était une fournaise.* **3** Canada Appareil à combustion servant au chauffage domestique. *Fournaise à l'huile.* ETY Du lat.

**Fournaise** (piton de la) volcan actif du S.-E. de la Réunion (2 631 m).

**fourneau** *nm* **1** Appareil pour cuire les aliments. **2** TECH Appareil qui soumet une substance à l'action du feu. **LOC** ***Fourneau de mine*** : excavation dans laquelle on place une charge explosive. — ***Fourneau de pipe*** : partie d'une pipe où brûle le tabac. ETY De l'a. fr.

**Fourneau (le)** constellation de l'hémisphère austral ; n. scientif. : *Fornax, Fornacis.*

**fournée** *nf* **1** Quantité que l'on fait cuire en même temps dans un four. *Fournée de pain, de briques.* **2** fig, fam Groupe de gens entrant en même temps dans un lieu, nommés aux mêmes fonctions, promis à un même sort, etc.

**Fourneyron** Benoît (Saint-Étienne, 1802 – Paris, 1867), ingénieur français. Il inventa la turbine hydraulique (1827).

**fourni, ie** *a* **1** Garni, pourvu, approvisionné. *Table bien fournie.* **2** Abondant. *Chevelure fournie.*

**Fournier** Pierre (Paris, 1906 – Genève, 1985), violoncelliste français.

**fournil** *nm* Pièce où se trouve le four du boulanger, où l'on pétrit la pâte. PHO [fuʀni(l)]

**fourniment** *nm* **1** Ensemble des objets qui composent l'équipement du soldat. **2** fam Attirail, ensemble d'objets, de bagages, etc.

**fournir** *v* 3 **A** *vt* **1** Pourvoir, approvisionner habituellement. *Fournir l'armée en vivres. Se fournir en café chez tel épicier.* **2** Livrer, donner. *Fournir du blé aux moulins.* **3** Apporter, procurer. *Fournir des preuves, des idées.* **4** JEU Jouer une carte de la couleur demandée. *Fournir à cœur.* **5** Accomplir. *Fournir un effort.* **B** *vti* vieilli Subvenir, contribuer. *Fournir aux frais.* ETY Du frq.

**fournisseur, euse** *n* Personne, entreprise qui fournit habituellement une marchandise. **LOC** INFORM ***Fournisseur d'accès*** : serveur qui attribue à ses abonnés une adresse électronique, leur envoie les logiciels permettant de dialoguer avec le réseau.

**fourniture** *nf* **A** Action de fournir ; provision fournie ou à fournir. *L'usine a pris en charge la fourniture des pièces de rechange.* **B** *nfpl* **1** Ce qui est fourni pour l'exercice d'une activité particulière. *Fournitures de bureau.* **2** Matériel, accessoires nécessaires à l'exécution d'un travail à façon, fournis par un artisan. *Fournitures et main-d'œuvre.*

**Fourons (les)** région du N.-E. de la Belgique (prov. de Limbourg), à majorité francophone, point chaud des querelles linguistiques entre Flamands et Wallons.

**1 fourrage** *nm* Substance végétale fraîche, séchée ou fermentée, pour l'alimentation du bétail.

**2 fourrage** → **fourrer.**

**1 fourrager, ère** *a, nf* **A** *a* Propre à être employé comme fourrage. *Plante fourragère.* **B** *nf* **1** AGRIC Pièce de terre où l'on cultive des plantes fourragères. **2** Charrette pour le transport du fourrage.

**2 fourrager** *v* 13 **A** *vi* fig, fam Fouiller sans méthode, en mettant du désordre. *Fourrager dans une armoire.* **B** *vt* Mettre en désordre. *Fourrager des papiers.*

**fourragère** *nf* Ornement militaire formé d'une tresse que l'on porte autour de l'épaule, conféré aux corps qui se sont distingués devant l'ennemi.

**1 fourré** *nm* Endroit épais, touffu, d'un bois.

**2 fourré, ée** *a* **1** Doublé de fourrure. *Gants fourrés.* **2** Garni à l'intérieur. *Bonbons fourrés au chocolat.* **LOC** ***Coup fourré*** : en escr., coup par lequel chacun des adversaires touche l'autre ; **fig** coup bas, piège tendu à qqn.

**fourreau** *nm* **1** Gaine, étui. *Le fourreau d'une épée.* **2** Robe droite moulant le corps. ETY Du frq.

**fourrer** *v* ① **A** *vt* **1** Doubler de fourrure. *Fourrer un manteau.* **2** Garnir à l'intérieur. *Fourrer des bonbons.* **3** **fam** Mettre comme dans un fourreau. *Fourrer ses mains dans ses poches.* **4** **fam** Placer, mettre. *Où ai-je pu fourrer cela ?* **5** **Canada fam** Tromper, duper. *Se faire fourrer par un escroc.* **B** *vpr* **fam** Se mettre, se placer, se cacher. ETY De l'a. fr. DER **fourrage** *nm*

**fourre-tout** *nm inv, a inv* **A** *nm inv* **1** Lieu, meuble, sac où l'on entasse les objets qui encombrent. **2** **fig** Ramassis hétéroclite d'idées diverses. **B** *a inv* Qui contient toutes sortes de choses. *Une émission fourre-tout.* VAR **fourretout** *nm, a*

**fourreur** *nm* Personne qui façonne ou vend des peaux, des vêtements de fourrure.

**fourrier** *nm* **1** Sous-officier chargé du logement des troupes, de la nourriture et du couchage des hommes de la compagnie. **2** **fig, litt** Personne ou chose qui prépare, qui annonce qqch. ETY De l'a. fr. *fuerre*, « fourrage ».

**fourrière** *nf* **1** Dépôt municipal où sont placés les animaux domestiques trouvés sur la voie publique. **2** Lieu où sont consignées les voitures en infraction enlevées de la voie publique.

**fourrure** *nf* **1** Peau garnie de son poil et préparée pour la confection de vêtements, de parures, etc. **2** Vêtement de fourrure. **3** HERALD Email de l'écu représentant de la fourrure. **4** Peau d'un animal vivant, à poils touffus. *La fourrure d'un chat.* **5** TECH Pièce rapportée servant à remplir un vide, à masquer un joint.

**Fourvière** colline dominant la r. dr. de la Saône, à Lyon. Basilique N.-D. de Fourvière (1872-1894) au style pseudo-byzantin.

**fourvoyer** *v* ㉓ **A** *vt* **1** Égarer qqn. *Se fourvoyer dans des ruelles.* **2** **fig** Détourner du droit chemin. *Les mauvais exemples l'ont fourvoyé. Se fourvoyer dans une affaire douteuse.* **B** *vpr* Se tromper grossièrement, complètement. ETY De *fors* et *voie*. DER **fourvoiement** *nm*

**Fouta-Djalon** massif montagneux (grès et granit) de la rép. de Guinée, culminant à 1 538 m. Plusieurs fleuves y prennent leur source : Gambie, Sénégal, Niger, etc. Les Peuls fondèrent le royaume islamique du Fouta-Djalon (XVIIe-XIXe).

**foutaise** *nf* **fam** Chose sans valeur, sans intérêt.

**fouteur, euse** *n* **très fam** Personne qui provoque le désordre, cause le trouble.

**foutoir** *nm* **fam** Lieu où règne un grand désordre.

**foutou** → **foufou 2.**

**foutraque** *a, n* **fam** Fou, cinglé.

**1 foutre** *v* ⑧① **très fam** **A** *vt* **1** **vieilli** Posséder sexuellement, forniquer. **2** Faire. *Qu'est-ce que tu fous là ?* **3** Donner un coup. *Foutre une gifle à qqn.* **4** Mettre. *Foutre qqch à la poubelle.* **B** *vpr* Se moquer de, être indifférent à. *Il se fout du monde.* **LOC** ***Foutre le camp*** : s'en aller. — ***Foutre la paix à qqn*** : le laisser tranquille. — ***Va te faire foutre !*** : va-t'en ! ETY Du lat. *futuere*, « avoir des rapports avec une femme ».

**2 foutre** *nm* **vulg** Sperme.

**foutrement** *av* **très fam** Extrêmement, bigrement.

**foutriquet** *nm* **vieilli, péjor** Individu prétentieux et incapable.

**foutu, ue** *a* **fam** **1** Fait, exécuté. *Ouvrage mal foutu.* **2** Perdu, ruiné ; cassé. *Un homme foutu. Il est foutu, votre instrument.* **3** (Avant le nom.) Sacré, sale. *Quel foutu temps !*

**fovéa** *nf* ANAT Point de la rétine marqué par une dépression au milieu de la tache jaune. ETY Du lat. *fovea*, « excavation ».

**Fowler William Alfred** (Pittsburgh, 1911 – Pasadena, 1995), astrophysicien américain : travaux sur les réactions nucléaires dans les étoiles. Prix Nobel de physique 1983.

**Fox George** (Drayton, 1624 – Londres, 1691), prédicateur mystique anglais ; fondateur de la Société des Amis, (dits *quakers*).

**Fox Charles James** (Londres, 1749 – id., 1806), orateur et homme politique anglais. Chef des whigs, il soutint la cause de la Révolution française contre Pitt. Secrétaire d'État aux Affaires étrangères (1806), il tenta de pactiser avec Napoléon Ier.

**Fox Vicente** (Mexico, 1942), homme politique mexicain, président de la République de 2000 à 2006. Son élection mit fin à 71 ans de domination du Parti révolutionnaire institutionnel (PRI).

**Foxe** détroit, bassin et péninsule du Canada septentrional (Territoires du Nord-Ouest.)

**foxé, ée** *a* Se dit d'un vin au goût agressif, caractéristique de certains cépages américains.

**fox-hound** *nm* Chien courant qui ressemble au beagle, utilisé en Grande-Bretagne pour la chasse à courre du renard. PLUR fox-hounds. PHO [fɔksaund] ETY Mot angl.

**fox-terrier** *nm* Chien de petite taille à poil ras, raide ou frisé, utilisé pour la chasse au renard en terrier. PLUR fox-terriers. ETY Mot angl. VAR **fox**

**fox-trot** *nm inv* Danse à quatre temps, caractérisée par une marche saccadée en avant, en arrière, ou sur le côté. PHO [fɔkstʀɔt] ETY Mot angl., « trot du renard ».

**Foy (sainte)** vierge martyrisée à Agen au IIIe s. VAR **sainte Foi**

**Foy Maximilien Sébastien** (Ham, Picardie, 1775 – Paris, 1825), général et homme politique français ; un des chefs, très populaire, de l'opposition libérale sous la Restauration.

**foyalais** → **Fort-de-France.**

**foyard** → **fayard.**

**foyer** *nm* **1** Partie de l'âtre d'une cheminée où se fait le feu. **2** Dalle de pierre ou de marbre devant une cheminée pour séparer le plancher du feu. **3** Feu qui brûle dans une cheminée. *Les cendres du foyer.* **4** Endroit où le feu a pris, où il est le plus ardent. *Foyer d'un incendie.* **5** TECH Partie d'un appareil, d'une machine où a lieu la combustion. *Le foyer d'une chaudière.* **6** Domicile familial ; la famille elle-même. *Fonder un foyer.* **7** Lieu où l'on se réunit pour se distraire, discuter, etc., dans certains établissements. *Le foyer d'une caserne.* **8** THEAT Endroit, dans un théâtre, où le public peut boire et fumer pendant les entractes. **9** Établissement destiné à l'accueil et au logement de certaines catégories de personnes. *Foyer de jeunes travailleurs.* **10** Point central d'où qqch provient. *Foyer de résistance, d'intrigues.* **11** MED Siège principal d'une maladie. *Foyer infectieux, cancéreux.* **12** OPT Point de convergence des rayons lumineux après réflexion sur un miroir ou après passage à travers une lentille. *Lunettes à double foyer.* **13** GEOPH Syn de *hypocentre*. **LOC** GEOM ***Foyer d'une conique*** : point tel que le rapport des distances d'un point de la conique à ce foyer, d'une part, et à une droite fixe (la directrice), d'autre part, soit constant. — ***Foyer fiscal*** : représenté par le contribuable au nom duquel est établie la déclaration d'impôt. — ***Foyer socioculturel*** : équipement collectif mis à la disposition des habitants d'un secteur géographique, animé par des éducateurs et des psychologues. — ***Mère, femme au foyer*** : qui ne travaille pas à l'extérieur. — ***Rentrer dans ses foyers*** : regagner son domicile, son pays. ETY Du lat.

**Foz Côa** site du N.-E. du Portugal recelant des milliers de gravures rupestres datant du paléolithique.

**Fr** CHIM Symbole du francium.

**Fra Angelico** → **Angelico.**

**frac** *nm* Habit de cérémonie pour les hommes, noir, à basques. ETY De l'angl.

**FRAC** Acronyme pour *Fonds régional d'art contemporain*, créé en 1982 pour acheter des œuvres récentes à des artistes et à des galeries.

**fracas** *nm* Bruit très violent. SYN tumulte, vacarme. PHO [fʀaka] ETY De l'ital.

**fracassant, ante** *a* **1** Qui fait du fracas. *Un bruit fracassant.* **2** **fig** Qui fait grand bruit, qui a un grand éclat. *Une déclaration fracassante.*

**fracasser** *vt* ① Briser, rompre en plusieurs pièces. *Le navire se fracassa contre les rochers.* DER **fracassement** *nm*

**Frachon Benoît** (Le Chambon-Feugerolles, Loire, 1892 – Les Bordes, Loiret, 1975), syndicaliste français ; secrétaire général (1945 et 1947-1967) de la CGT.

**fractal, ale** *a, nf* **A** *a* MATH Dont la forme est irrégulière et fragmentée. *La veinure d'un bois est un exemple de géométrie fractale.* PLUR fractals. **B** *nf* MATH Ensemble géométrique ou objet naturel dont les parties ont la même structure (irrégulière et fragmentée) que le tout, mais à des échelles différentes. ETY Du lat. *fractus*, « brisé ».

**fraction** *nf* **1** MATH Expression indiquant quel nombre de parties égales de l'unité l'on considère. *Le numérateur et le dénominateur d'une fraction. Barre de fraction.* **2** Partie d'un tout. *Une petite fraction de l'assemblée.* **3** **vx** Action de rompre, de diviser. *La fraction du pain eucharistique.* ETY Du lat. *frangere*, « briser ».

**fractionnaire** *a* MATH Qui est sous forme de fraction. *Nombre fractionnaire.* **LOC** ***Expression fractionnaire*** : fraction plus grande que l'unité.

**fractionnel, elle** *a* POLIT Qui tend à désunir, à diviser un groupe, un parti.

dans les fractales (où les couleurs représentent diverses vitesses de convergence de suites), un même motif se répète à de nombreuses échelles : " botte italienne " dans l'ensemble de Julia, à g. ; " fraction de boule " dans la fractale de Mandelbrojt, à dr.

**fractales**

**fractionner** *vt* ① **1** Diviser un tout en plusieurs parties. **2** CHIM Séparer les constituants d'un mélange. DER **fractionnement** *nm*

**fractionnisme** *nm* POLIT Activité, attitude qui tend à rompre l'unité d'un parti. DER **fractionniste** *a, n*

**fracturation** *nf* TECH Fissuration d'une roche provoquée par l'injection d'un liquide sous haute pression. *Utilisation de la fracturation dans l'extraction du gaz de schiste.*

**fracture** *nf* **1** vx Rupture brutale ; état de ce qui est ainsi rompu. *La fracture d'une porte.* **2** GEOL Cassure du sol. *Les fractures de l'écorce terrestre.* **3** Rupture d'un os. **4** fig Augmentation des inégalités au sein d'un groupe. *Fracture civique, sociale.* LOC MED ***Fracture ouverte*** : dont le foyer est ouvert vers l'extérieur par une lésion des parties molles. — ***Fracture spontanée*** : sans traumatisme. ETY Du lat. DER **fracturaire** *a*

**fracturer** *vt* ① **1** Rompre en forçant. *Fracturer un coffre-fort.* **2** Briser un os. *Se fracturer la jambe.* SYN casser.

**Fra Diavolo** Michele Pezza, dit (Itri, près de Naples, 1771 – Naples, 1806), brigand napolitain (« frère Diable ») qui lutta contre l'occupation française. Trahi, il fut pris et pendu. ▷ MUS Opéra-comique en 3 actes d'Auber (1830) sur un livret de Scribe.

**Fraenkel** Adolf Abraham (Munich, 1891 – Jérusalem, 1965), mathématicien israélien d'origine allemande. Il fit progresser la théorie des ensembles.

**fragile** *a* **1** Aisé à rompre ; sujet à se briser. *Porcelaine fragile.* **2** Mal assuré, instable. *Le fragile équilibre des forces politiques dans telle région.* **3** Dont la santé physique ou mentale est précaire. **4** Susceptible de défaillir. *Avoir le cœur fragile.* ETY Du lat. DER **fragilement** *av*

**fragiliser** *vt* ① Rendre fragile. *L'âge a fragilisé son organisme. Cheveux qui se fragilisent.* DER **fragilisant, ante** *a* – **fragilisation** *nf*

**fragilité** *nf* **1** Aptitude à se briser facilement. *La fragilité du verre.* **2** Aptitude à s'altérer facilement. *La fragilité de sa santé.* **3** Instabilité, précarité. *La fragilité des choses humaines.*

**fragment** *nm* **1** Morceau d'une chose brisée. *Fragment d'os.* **2** Extrait ou partie d'une œuvre, d'un discours, etc. ETY Du lat.

**fragmentaire** *a* Qui est par fragments ; partiel, incomplet. *Des informations fragmentaires.* DER **fragmentairement** *av*

**fragmenter** *vt* ① Séparer, diviser en fragments. DER **fragmentable** *a* – **fragmentation** *nf*

**fragon** *nm* Arbrisseau épineux à baies rouges (liliacée), appelé cour. *petit houx.* ETY P.-ê. du gaul.

**Fragonard** Jean Honoré (Grasse, 1732 – Paris, 1806), peintre et graveur français. Scènes libertines et portraits.

**fragrant, ante** *a* litt Qui dégage une odeur agréable. ETY Du lat. DER **fragrance** *nf*

**frai** *nm* **1** Ponte des œufs, chez les poissons ; leur fécondation par le mâle. **2** Œufs fécondés des poissons et des amphibiens. *Du frai de carpe.* **3** Très jeune poisson ; alevin. ETY De *frayer.*

**fraîchement** *av* **1** De façon à être au frais. *Vêtu fraîchement.* **2** Froidement, sans courtoisie. *Fraîchement reçu.* **3** Récemment. *Fraîchement débarqué.* VAR **fraichement**

**fraîcheur** *nf* **1** Froid modéré et agréable. *La fraîcheur de la forêt, de l'eau.* **2** Qualité d'un produit frais, non altéré. *La fraîcheur d'un œuf.* **3** fig Qualité caractéristique de la jeunesse, de la nouveauté. *Fraîcheur du teint, des couleurs. Fraîcheur d'une pensée.* VAR **fraicheur**

**fraîchir** *vi* ③ **1** Devenir plus frais. *Il fraîchit.* **2** MAR Souffler plus fort, en parlant du vent. VAR **fraichir**

**1 frais, fraîche** *a, n* **A** *a* **1** Modérément froid, caractérisé par la fraîcheur. *Eau fraîche. Les nuits sont fraîches.* **2** fig Peu chaleureux. *Accueil frais.* **3** Qui vient d'être produit. *Du pain, des œufs frais.* **4** Qui n'a pas été traité pour la conservation, par oppos. à *fumé, en conserve, séché*, etc. *Petits pois frais. Sardines fraîches.* **5** Récent. *Nouvelles fraîches.* **6** Qui a l'éclat de la jeunesse. *Un teint frais.* **7** Qui n'est pas fatigué. *Frais et dispos. Troupes fraîches.* **B** *nm* **1** Air frais. *Prendre le frais.* **2** MAR Vent de force 6 ou 7 *(grand frais)* dans l'échelle de Beaufort. **C** *nf* **1** Moment de la journée où il fait frais. **2** fam Argent liquide. **D** *av* litt Nouvellement. *Fleurs fraîches écloses. Frais émoulu.* LOC ***À la fraîche*** : à l'heure où il fait frais. — ***Argent frais*** : argent liquide qu'on a à sa disposition. — ***De frais*** : depuis peu de temps. *Rasé de frais.* — fam, iron ***Être frais*** : dans une situation fâcheuse. — ***Mettre au frais*** : dans un endroit frais ; fig, fam en prison. — ***Peinture fraîche*** : qui n'a pas encore séché. ETY Du frq. VAR **frais, fraiche**

**2 frais** *nm pl* **1** Dépenses liées à certaines circonstances. *Frais de voyage.* **2** FIN Charges et dépenses de toutes sortes nécessaires à la bonne marche d'une entreprise. **3** Somme allouée pour certaines dépenses. *Frais de déplacement, de représentation.* LOC Canada ***À frais virés*** : se dit lorsque la communication téléphonique est payée par le destinataire. — ***À grands frais, à peu de frais*** : en dépensant beaucoup, peu d'argent ; fig en se donnant beaucoup, peu de peine. — ***En être pour ses frais*** : faire des dépenses sans rien obtenir en contrepartie ; fig ne pas être récompensé de ses peines. — ***Faire les frais de qqch*** : assumer la dépense que nécessite qqch ; fig subir les conséquences fâcheuses de. — ***Faux frais*** : frais justifiés mais occasionnels qui s'ajoutent aux frais ordinaires ; frais accessoires. — DR ***Frais de justice*** : frais entraînés par un procès, à l'exclusion des honoraires des avocats. — ***Frais financiers*** : charge représentée par les intérêts des emprunts. — ***Frais fixes*** : frais permanents indépendants des variations de production. — ***Frais généraux*** : ensemble des dépenses de fonctionnement. — ***Se mettre en frais*** : dépenser plus que de coutume ; fig faire un effort inhabituel. ETY De l'a. fr. *fret* « dommage causé par la violence ».

**1 fraise** *nf* Faux fruit du fraisier, formé d'un réceptacle floral charnu, rouge à maturité et comestible, portant les akènes (petits grains qui sont les vrais fruits). LOC fam ***Sucrer les fraises*** : avoir les mains qui tremblent. ETY Du lat.

**2 fraise** *nf* **1** Intestin grêle de veau ou d'agneau utilisé en cuisine. **2** Masse charnue plissée qui pend sous le cou du dindon. ETY De l'a. fr. *freser*, « peler ».

**3 fraise** *nf* Collerette plissée portée au XVI^e s.

**4 fraise** *nf* **1** TECH Outil rotatif muni d'arêtes tranchantes, servant à usiner des pièces. **2** Instrument muni d'une petite roue tournant à très grande vitesse pour enlever les parties cariées des dents.

**fraiser** *vt* ① **1** TECH Usiner une pièce avec une fraise. **2** Nettoyer à l'aide d'une fraise de dentiste. DER **fraisage** *nm*

**fraiseur, euse** *n* TECH Ouvrier, ouvrière usinant des pièces à la fraise.

**fraiseuse** *nf* TECH Machine-outil pour fraiser.

**fraisier** *nm* **1** Petite plante basse (rosacée) qui produit les fraises. **2** Gâteau constitué de génoise fourrée de fraises et de crème légère, recouvert de pâte d'amande.

**Fraisse** Paul (Saint-Étienne, 1911 – Châtenay-Malabry, 1996), psychologue français : rapports entre le temps et le psychisme.

**fraisure** *nf* TECH Évidement effectué par une fraise.

**framboise** *nf* Fruit comestible du framboisier, composé d'une grappe de petites drupes le plus généralement rouges. ETY Du frq.

**framboiser** *vt* ① Parfumer à la framboise.

**framboisier** *nm* **1** Ronce (rosacée) dont le fruit est la framboise. **2** Gâteau aux framboises analogue au fraisier.

**framée** *nf* HIST Long javelot des Francs.

**1 franc, franche** *a* **1** Exempt d'imposition, de charges. *Marchandise franche de taxes.* **2** Sincère, loyal. *Être franc comme l'or.* **3** Qui indique la sincérité. *Un regard franc.* **4** Net. *Une situation franche. Une franche aversion.* **5** Naturel, sans mélange. *Vin franc. Couleur franche.* **6** (Devant le nom) Vrai. *Un franc imbécile. Une franche sottise.* **7** Plein, entier. *Huit jours francs.* LOC ***Jouer franc jeu*** : agir en toute loyauté. SYN (déconseillé) fair-play. PHO [fʀɑ̃, fʀɑ̃ʃ] ETY Du nom ethnique *Franc.*

**2 franc, franque** *n, a* **1** Membre d'un peuple germanique dont les tribus s'établirent définitivement en Gaule à partir du V^e s. *Francs Ripuaires, Francs Saliens.* **2** Nom donné autref. aux Européens du Levant. *L'ancien quartier franc de Constantinople.* LOC ***La langue franque*** : le francique. PHO [fʀɑ̃, fʀɑ̃k] ETY Du frq.

**Fragonard** *la Gimblette* – coll. part, Paris

**3 franc** *nm* **1** HIST Nom de plusieurs monnaies françaises réelles ou de compte, qui, depuis 1360, équivalaient à la livre (20 sols). **2** Anc. unité monétaire de la France remplacée par l'euro en 2002. **3** Unité monétaire de plusieurs pays. **LOC** *Franc constant* : d'une valeur fictive calculée pour effacer les effets de l'inflation et permettre des comparaisons entre deux périodes (par oppos. à *franc courant*). — fam ***Trois francs six sous*** : très peu d'argent. PHO [frɑ̃]

ENC Les premières pièces d'un franc furent frappées en 1360. C'est la Convention qui, en avril 1795, décida que le franc serait l'unité monétaire officielle de la France (5 g d'argent). La loi du 17 germinal an XI (7 avril 1803) institua la frappe de l'or sur la base d'un rapport de 15,5 avec l'argent (*franc germinal*). De 1879 à 1928, le franc or de 0,3225 g constituait l'unité monétaire nationale, bien qu'en 1914 le gouvernement eût institué le cours forcé des billets. Le 25 juin 1928, le gouvernement Poincaré procédait à une dévaluation de 80 % du franc germinal. La dévalorisation du franc s'accentua pendant et après la Seconde Guerre mondiale. Le 1er janvier 1960, un nouveau franc (NF), ou « franc lourd », fut créé, égal au centuple de l'ancien et défini par rapport au dollar américain. Il subit une dévalorisation. L'inflation ne fut muselée qu'à partir de 1985. Entre 1999 et 2002, l'euro constituait la monnaie française conjointement avec le franc. En juillet 2002, le franc a disparu ; l'euro est la seule monnaie de la France.

**Françafrique** ensemble des réseaux d'influence économiques, politiques et militaires entre la France et ses anc. colonies africaines. DER **françafricain, aine** *a*

**français** *nm* Langue romane parlée en France.

ENC Le français est une langue *romane*, issue du latin populaire. En effet, en Gaule, le latin avait peu à peu éliminé le *gaulois* (langue celtique), disparu vers 500 apr. J.-C. À partir de cette époque, l'influence du substrat gaulois et le déclin de la vie culturelle altérèrent rapidement le latin populaire, et d'une façon différente dans les diverses régions : dans la moitié nord, les dialectes d'*oïl* (constituant l'*ancien français* au sens large) ; dans la moitié sud, les dialectes d'oc. Le dialecte de l'Île-de-France, le *francien*, devint, aux XIVe et XVe s., le *moyen français*. C'est de lui que dérive directement la langue du XVIe s., qui, épurée, fixée et codifiée par une élite sociale et culturelle, devint le *français classique* (XVIIe s.), très proche du *français moderne*. Le français est alors une langue littéraire et diplomatique prestigieuse, puis une langue internationale répandue dans tous les milieux cultivés (XVIIIe s.), refoulant les dialectes et les langues régionales dans les milieux populaires des provinces, puis dans les milieux strictement ruraux. Auj. la langue française est parlée dans le monde par près de 120 millions de personnes. Elle l'est sur tout le territoire français (métropole et outre-mer). Elle est la langue officielle d'une partie de la Suisse, de la Belgique, du Canada (Québec), du Luxembourg, de Haïti. Elle est parlée dans l'île Maurice, dans une partie de la Louisiane et au Vanuatu. Le français est aussi la langue de culture dans de nombreux États d'Afrique, et jouit d'un statut théoriquement égal à celui de l'anglais dans les institutions internationales.

**franc-alleu** *nm* DR FEOD Syn. de *alleu*. PLUR francs-alleux. PHO [frɑ̃kalø]

**francarabe** *a, nm* Arabe mêlé de nombreux termes français.

**Franc Archer de Bagnolet (le)** monologue comique d'un soldat fanfaron dû à un auteur anonyme du XIIIe s.

**Francastel** Pierre (Paris, 1900 – id., 1970), historien d'art français : *Peinture et société* (1951 et 1965), *la Figure et le Lieu* (1967).

**franc-bord** *nm* **1** MAR Distance entre le pont et la flottaison en charge, mesurée au milieu du navire. **2** Terrain laissé libre en bordure d'une rivière ou d'un canal. PLUR francs-bords.

**franc-bourgeois** *nm* Au Moyen Âge, citadin exempt de charges municipales. PLUR francs-bourgeois.

**franc-canton** *nm* HERALD Franc-quartier diminué. PLUR francs-cantons.

**franc-comtois** → **Franche-Comté.**

**franc-fief** *nm* DR, FEOD **1** Héritage noble, ou tenure en franc-alleu. **2** Droit que devait payer au roi un roturier possédant un fief. PLUR francs-fiefs.

**France (République française)** État d'Europe occidentale limité au N.-O. par la mer du Nord et la Manche, à l'O. par l'Atlantique, au S.-O. par l'Espagne, au S. par la Méditerranée, au S.-E. par l'Italie, à l'E. par la Suisse, au N.-E. par l'Allemagne, le Luxembourg et la Belgique ; 549 192 km² ; 64,3 millions d'hab. pour la France métropolitaine et 66,6 millions avec les DOM-COM ; cap. *Paris*. – Le nom *France* apparaît au IVe s. ap. J.-C. (*Francia*, le « pays des Francs », à l'E. de Cologne). Au traité de Verdun (843), la *Francia occidentalis* correspond à peu près à la France actuelle jusqu'au Rhône et à la Meuse. – Nature de l'État : rép. de type présidentiel et parlementaire. Langue off. : français. Unité monétaire : euro (depuis le 1er janvier 1999 et, sous forme scripturale, depuis le 1er janvier 2002). Relig. : cathol. ; 500 000 protestants ; env. 125 000 juifs ; 2,1 millions de musulmans. Divisions admin. V. ci-dessous administrations et institutions. DER **français, aise** *a, n*

**Géographie** RELIEF Limitée par 5 500 km de côtes et près de 3 000 km de frontières terrestres, traversée par le méridien d'origine et le 45e parallèle, la France est le seul pays d'Europe ouvert à la fois sur la mer du Nord, l'Atlantique et la Méditerranée

Quatre grands types de reliefs se partagent le territoire. 1. Les massifs anciens hercyniens, surtout cristallins, ont été transformés en pénéplaines à la fin du primaire. L'Ardenne et le Massif armoricain ont des formes émoussées ; les Maures et l'Estérel sont plus élevés et accidentés ; les Vosges et le Massif central sont des montagnes moyennes. 2. Deux bassins sédimentaires (le Bassin parisien et l'Aquitaine) couvrent plus de la moitié du pays. Fertiles, ils comportent les vallées alluviales des grands fleuves et de leurs affluents. 3. Les chaînes récentes ont été édifiées à la fin du secondaire et au tertiaire. Si le Jura n'est qu'une montagne moyenne aux formes lourdes, les Alpes et les Pyrénées sont de hautes chaînes (mont Blanc 4 808 m, Vignemale 3 298 m), aux formes escarpées, sculptées par les glaciers quaternaires. À la fois hercynienne et alpine, la Corse se rattache à cet ensemble par ses formes et ses altitudes. 4. Des plaines de remblaiement occupent des fossés tectoniques : Alsace, Limagne, couloir Saône-Rhône, ou bordent la Méditerranée : Roussillon, Languedoc, plaine du bas Rhône.

CLIMAT ET HYDROGRAPHIE La France de l'O., du N. et du Centre a un climat tempéré océanique nuancé par la latitude et qui, à l'E., subit des nuances continentales. Le S. méditerranéen a des hivers doux, et des étés chauds et arides. Les montagnes sont plus fraîches et arrosées. Les régimes fluviaux traduisent cette variété : régime pluvial des rivières océaniques (crue d'hiver, étiage d'été), régime méditerranéen au S. (crue d'automne, étiage d'été), régime nivo-glaciaire des montagnes (crue de printemps, étiage d'hiver).

GÉOGRAPHIE HUMAINE Avec 106,8 hab./km², la France est moins densément peuplée que ses partenaires européens : Grande-Bretagne 241,7 hab./km², Allemagne 229,6, Italie 190,5. Les zones de fortes densités de l'Île-de-France, du Nord, des vallées, des littoraux, s'opposent aux vides relatifs des montagnes. Le taux d'urbanisation s'est stabilisé à 72,8 % ; les campagnes proches des villes accroissent leurs effectifs, alors que le « rural profond » continue de se dépeupler. Malgré les efforts de décentralisation, le pays souffre de l'hypertrophie parisienne : il manque de métropoles de second rang. La population augmente de 0,4 % par an en moyenne et l'immigration, contrôlée, est désormais modeste. Les étrangers sont env. 4 millions. La population française vieillit : les moins de 20 ans représentent 25 % de l'ensemble et les plus de 65 ans 16 %, ce qui pose des problèmes de couverture sociale et de retraites. Répartition des actifs (43 % de la pop.) : secteur primaire, 5,2 % ; secondaire, 26,9 % ; tertiaire, 67,2 %.

**Économie** La France offre l'exemple d'une économie mixte où les entreprises privées côtoient un secteur public puissant. Elle doit sa place de grande puissance économique mondiale à ses traditions agricoles, industrielles et marchandes, au long et patient aménagement de son territoire, au savoir-faire de ses travailleurs, aux relations commerciales qu'elle a tissées avec le monde entier. Les dernières décennies ont été marquées par des bouleversements. Ainsi, la prod. de charbon s'est effondrée, la production de pétrole reste très modeste, le gaz de Lacq est épuisé. L'équipement hydroélectrique atteint son niveau plafond ; les centrales thermiques ne jouent plus qu'un rôle d'appoint. Le nucléaire est devenu la première source d'énergie nationale : la France est le 2e producteur derrière les É.-U. et le 1er par habitant. Le réseau ferroviaire s'est restreint mais le TGV a progressé. La route assure 90 % de la circulation des passagers et 65 % de la circulation des marchandises. La navigation fluviale reste le point faible. Première puissance agricole d'Europe, 2e exportateur mondial de céréales (après les États-Unis), la France occupe les meilleurs rangs pour de nombreuses productions. La mécanisation est très poussée et les spécialités régionales se sont renforcées. La pêche et la filière bois restent des activités essentielles. Les industries héritées du XIXe s., sidérurgie, métallurgie, chimie lourde, textile, construction navale ont connu une profonde restructuration, ainsi que les industries de la deuxième génération, pétrochimie, sidérurgie « sur l'eau », automobile. La France a développé des industries d'avenir (chimie fine, pharmacie, aéronautique, électronique) mais elle doit souvent ses meilleures performances aux petites et moyennes entreprises travaillant dans les matériaux nouveaux, la microcéramique, le matériel de sport, etc. Les industries de luxe restent un fleuron réputé. Ces évolutions ont modifié la géographie industrielle. Si Paris reste le premier pôle national, le Nord et l'Est ont perdu leur prééminence. L'Ouest et les régions méridionales ont bénéficié de la décentralisation. Le tourisme dégage les excédents commerciaux les plus importants après l'agriculture ; les activités de loisirs et d'accueil emploient 2 millions d'actifs.

**Administration et institutions** La France métropolitaine comprend 96 départements. La France d'outre-mer compte 5 départements et Régions d'outre-mer (Guadeloupe, Martinique, Guyane française, Réunion, Mayotte), 6 collectivités d'outre-mer (Nouvelle-Calédonie, Wallis-et-Futuna, Polynésie française, Saint-Pierre-et-Miquelon, Saint-Martin et Saint-Barthélemy), les Terres australes et antarctiques et Clipperton. Chaque dép. a à sa tête un président du conseil départemental (dont les membres sont élus au suffrage universel lors des élections départementales) ; un préfet y représente l'État. Les dép. métropolitains sont regroupés dans 13 Régions, que dirige un président du conseil régional (dont les membres sont élus au suffrage universel) ; un préfet de Région y représente l'État. La Constitution de la Ve République donne le rôle principal au président de la Rép., élu pour 5 ans au suffrage universel. Il possède des pouvoirs très étendus, mais le chef du gouv. est le Premier ministre, qu'il nomme. Le pouvoir législatif est exercé par le Parlement, composé de l'Assemblée nationale (élue pour 5 ans au suffrage universel) et du Sénat (élu pour 6 ans et renouvelable tous les trois ans par moitié au suffrage indirect).

**Histoire** LES ORIGINES Les traces d'occupation humaine remontent à un million d'années. L'agric. et l'élevage se sont étendus, au néoli-

# CHEFS D'ÉTAT ET RÉGIMES

## Mérovingiens

| | | |
|---|---|---|
| **Clovis** | 481-511 | Roi des Francs |
| **Clotaire Ier** *(roi de Soissons ; seul roi à partir de 558)* | 511-561 | Jusqu'en 558, partage avec ses frères le royaume de Clovis (agrandi) |
| **Caribert** *(Paris)* | 561-567 | |
| **Gontran** *(Bourgogne)* | 561-593 | |
| **Chilpéric Ier** *(Neustrie)* | 561-584 | |
| **Sigebert Ier** *(Austrasie)* | 561-575 | |
| **Clotaire II** *(Neustrie ; seul roi à partir de 613)* | 584-629 | Fils de Chilpéric Ier |
| **Dagobert Ier** | 629-639 | Fils de Clotaire II ; réunifie un royaume affaibli |
| **Sigebert II** *(Austrasie)* | 639-656 | Ces deux fils de Dagobert laissent gouverner des maires du palais |
| **Clovis II** *(Neustrie-Bourgogne)* | 639-657 | |
| **Clotaire III** *(Neustrie)* | 657-673 | |
| **Thierry III** *(Neustrie)* | 673-691 | |
| **Clovis III** *(Neustrie)* | 691-695 | Thierry III et Clovis III, les premiers « rois fainéants » |
| **Childebert III** *(Neustrie)* | 695-711 | |
| **Dagobert III** *(Neustrie)* | 711-715 | Pépin de Herstal, maire du palais d'Austrasie, gouverne |
| **Chilpéric II** *(choisi par la Neustrie)* | 715-721 | Vaincu par Ch. Martel, fils de Pépin de Herstal |
| **Clotaire IV** *(Neustrie)* | 717-719 | Fils de Chilpéric II ; désigné par Ch. Martel contre son père |
| **Thierry IV** | 721-737 | Ch. Martel gouverne (jusqu'à sa mort, en 741) |
| **Childéric III** | 743-751 | Pépin le Bref gouverne (à partir de 741) |

## Carolingiens et ancêtres des Capétiens

| | | |
|---|---|---|
| **Pépin le Bref** | 751-768 | Prend le titre de roi des Francs en 751 |
| **Charlemagne** | 768-814 | Gouverne avec son frère Carloman jusqu'en 771 ; devient empereur en 800 |
| **Louis Ier le Pieux** ou **le Débonnaire** | 814-840 | Empereur |
| **Charles II le Chauve** | 840-877 | 843 (Traité de Verdun avec Louis le Germanique) : l'empire est divisé en trois |
| **Louis II le Bègue** | 877-879 | |
| **Louis III** et | 879-882 | |
| **Carloman** | 879-884 | (Frère du préc.) |
| **Charles III le Gros** | 884-887 | (Empereur de 881 à 887) |
| **Eudes** | 888-898 | Duc de France, élu roi |
| **Charles III le Simple** | 898-923 | |
| **Robert Ier** | 922-923 | Frère d'Eudes ; duc de France, élu roi |
| **Raoul** | 923-936 | Gendre de Robert Ier ; duc de France, élu roi |
| **Louis IV d'Outremer** | 936-954 | Fils de Charles III le Simple ; allié puis ennemi d'Hugues le Grand (fils de Robert Ier) |
| **Lothaire** | 954-986 | Fils de Louis IV ; allié puis ennemi d'Hugues Capet |
| **Louis V le Fainéant** | 986-987 | Fils de Lothaire |

## Capétiens

### Capétiens directs

| | | |
|---|---|---|
| **Hugues Capet** | 987-996 | Fils d'Hugues le Grand ; élu roi en 987 |
| **Robert II le Pieux** | 996-1031 | |
| **Henri Ier** | 1031-1060 | |
| **Philippe Ier** | 1060-1108 | |
| **Louis VI le Gros** | 1108-1137 | Le premier Capétien qui dispose d'un solide domaine royal |
| **Louis VII le Jeune** | 1137-1180 | Épouse et répudie Éléonore d'Aquitaine |
| **Philippe II Auguste** | 1180-1223 | Bouvines (1214) |
| **Louis VIII le Lion** | 1223-1226 | Épouse Blanche de Castille |
| **Louis IX (Saint-Louis)** | 1226-1270 | Canonisé en 1297 |
| **Philippe III le Hardi** | 1270-1285 | |
| **Philippe IV le Bel** | 1285-1314 | Avec ses légistes, perfectionne l'administration |
| **Louis X le Hutin** | 1314-1316 | Fils aîné de Philippe le Bel |
| **Jean Ier** | 4 jours en 1316 | Fils posth. de Louis X |
| **Philippe V le Long** | 1316-1322 | 2e fils de Philippe le Bel ; mort sans héritier mâle |
| **Charles IV le Bel** | 1322-1328 | 3e fils de Philippe le Bel ; mort sans héritier mâle |

### Valois

| | | |
|---|---|---|
| **Philippe VI de Valois** | 1328-1350 | Neveu de Philippe le Bel. Début de la guerre de Cent Ans |
| **Jean II le Bon** | 1350-1364 | Capturé à Poitiers par les Anglais (1356) |
| **Charles V le Sage** | 1364-1380 | L'emporte sur les Anglais, notamment grâce à Du Guesclin |
| **Charles VI le Bien-Aimé** ou **le Fol** | 1380-1422 | Épouse Isabeau de Bavière ; devient fou. Puissance des princes « apanagés » |
| **Charles VII** | 1422-1461 | Servi par Jeanne d'Arc (1429-1430). Fin de la guerre de Cent Ans |
| **Louis XI** | 1461-1483 | Vainc Charles le Téméraire |
| **Charles VIII** | 1483-1498 | Entame les guerres d'Italie |

### Valois-Orléans

| | | |
|---|---|---|
| **Louis XII le Père du peuple** | 1498-1515 | Fils du duc Ch. d'Orléans ; guerres d'Italie |

### Valois-Angoulême

| | | |
|---|---|---|
| **François Ier** | 1515-1547 | Fils de Ch. d'Angoulême ; incarne la Renaissance française et instaure l'absolutisme royal |
| **Henri II** | 1547-1559 | Épouse Catherine de Médicis |
| **François II** | 1559-1560 | Trois fils d'Henri II, morts sans postérité |
| **Charles IX** | 1560-1574 | |
| **Henri III** | 1574-1589 | |

### Bourbons

| | | |
|---|---|---|
| **Henri IV** | 1589-1610 | Beau-frère d'Henri III, qui le reconnut comme héritier, met fin aux guerres de Religion |
| **Louis XIII le Juste** | 1610-1643 | Eut pour ministre Richelieu (1624-1642) |
| **Louis XIV le Grand** | 1643-1715 | Le plus long règne ; dominé, jusqu'en 1661, par Mazarin |
| **Louis XV le Bien-Aimé** | 1715-1774 | Le pouvoir est d'abord exercé par Ph. d'Orléans (régence), puis par le cardinal Fleury |
| **Louis XVI** | 1774-1792 | Assemblée nationale constituante du 9 juil. 1789 à sept. 1791 ; Assemblée législative d'oct. 1791 à sept. 1792. Suspendu le 10 août 1792 ; guillotiné le 21 janv. 1793 |

## CHEFS D'ÉTAT ET RÉGIMES *(suite)*

### Ire République

| | | |
|---|---|---|
| **Convention nationale** | sept. 1792-1795 | Chute de Robespierre le 9 thermidor an II (27 juil. 1794), fin de la Terreur |
| **Directoire** | 1795-1799 | Cinq Directeurs. Coup d'État de Bonaparte le 18 brumaire an VIII (9 nov. 1799) |
| **Consulat** | 1799-1804 | Bonaparte Premier consul, puis consul à vie (1802) |

### Ier Empire

| | | |
|---|---|---|
| **Napoléon Ier** | 1804-1814 | Sacré empereur le 2 déc. 1804 ; première abdication (à Fontainebleau) le 6 avr. 1814 |
| | 1815 | Cent-Jours : du 20 mars (Waterloo le 18 juin) au 22 juin (seconde abdication) |
| **Napoléon II** | 1814 | Proclamé, ne règne pas |

### Bourbons

#### Restauration

| | | |
|---|---|---|
| **Louis XVIII** | 1814-1815<br>1815-1824 | Première Restauration, coupée par les Cent-Jours |
| **Charles X** | 1824-1830 | Renversé par la révolution de Juillet (27, 28 et 29) |

#### Bourbons-Orléans

| | | |
|---|---|---|
| **Louis-Philippe Ier** *roi des Français* | 1830-1848 | Fils de Philippe d'Orléans (dit « Philippe Égalité ») ; abdique le 24 fév. 1848 |

### IIe République

| | | |
|---|---|---|
| **Louis Napoléon Bonaparte** | 1848-1852 | Élu président le 10 déc. 1848 ; accomplit un coup d'État le 2 déc. 1851 |

### Second Empire

| | | |
|---|---|---|
| **Napoléon III** | 1852-1870 | Empereur le 2 déc. 1852 ; capitule à Sedan le 1er sept. 1870 ; déchu le 4 sept. |

### IIIe République

| | | |
|---|---|---|
| **Gouvernement de la Défense nationale** | | (4 sept. 1870-8 fév. 1871) |
| **Adolphe Thiers** | 1871-1873 | Élu président par acclamation de l'Assemblée nationale le 17 fév. 1871 ; se démet le 24 mai 1873 |
| **La Commune** | | (18 mars-28 mai 1871) |
| **Mac-Mahon** | 1873-1879 | Contraint par les républicains de « se soumettre ou se démettre », se démet le 30 janv. 1879 |
| **Jules Grévy** | 1879-1887 | Réélu en déc. 1885 ; démissionne le 1er déc. 1887 |
| **Sadi Carnot** | 1887-1894 | Assassiné à Lyon le 24 juin 1894 |
| **Jean Casimir-Perier** | 1894-1895 | Démissionne le 15 janv. 1895 face à l'opposition de gauche |
| **Félix Faure** | 1895-1899 | Meurt le 16 fév. 1899. Sous son septennat : affaire Dreyfus |
| **Émile Loubet** | 1899-1906 | Séparation de l'Église et de l'État en 1905 |
| **Armand Fallières** | 1906-1913 | |

### IIIe République *(suite)*

| | | |
|---|---|---|
| **Raymond Poincaré** | 1913-1920 | Clemenceau président du Conseil de 1917 à 1920 |
| **Paul Deschanel** | 1920 | Élu en janv., démissionne en sept. pour raisons de santé |
| **Alexandre Millerand** | 1920-1924 | Hostile au Cartel des gauches, doit démissionner en juin 1924 |
| **Gaston Doumergue** | 1924-1931 | |
| **Paul Doumer** | 1931-1932 | Assassiné le 6 mai 1932 |
| **Albert Lebrun** | 1932-1940 | Réélu en avril 1939, s'efface devant Pétain en juil. 1940 |

### État français

| | | |
|---|---|---|
| **Philippe Pétain** | 1940-1944 | Chef du gouv., le 16 juin 1940, il conclut l'armistice le 17 ; chef de l'État français du 11 juil. 1940 au 20 août 1944 |

### Gouvernement provisoire de la République française

*(Proclamé en juin 1944 à Alger, reconnu par les Alliés en oct. 1944)*

| | | |
|---|---|---|
| **Charles de Gaulle** | 1944-1946 | Préside le GRPF de juin 1944 au 20 janv. 1946 (démission) |
| **Félix Gouin** | janv.-juin 1946 | |
| **Georges Bidault** | juin-nov. 1946 | En oct. 1946, la Constitution de la IVe République est adoptée par référendum |
| **Léon Blum** | déc. 1946-janv. 1947 | Période de transition (président du Conseil) |

### IVe République

| | | |
|---|---|---|
| **Vincent Auriol** | 1947-1954 | |
| **René Coty** | 1954-1958 | Émeutes à Alger le 13 mai 1958. Le 1er juin, Ch. de Gaulle constitue un gouv. d'Union nationale qui fait adopter une nouvelle Constitution, par référendum, en sept. |

### Ve République

| | | |
|---|---|---|
| **Charles de Gaulle** | 1958-1965 | Élu en déc., entre en fonctions le 5 janv. 1959 |
| | 1965-1969 | Élu au suffrage universel (au 2e tour) le 19 déc. 1965 contre François Mitterrand ; démissionne le 28 avr. 1969 |
| **Georges Pompidou** | 1969-1974 | Élu (au 2e tour) en juin 1969 contre Alain Poher ; meurt le 2 avr. 1974 |
| **Valéry Giscard d'Estaing** | 1974-1981 | Élu (au 2e tour) en mai 1974 contre François Mitterrand |
| **François Mitterrand** | 1981-1995 | Élu (au 2e tour) en mai 1981 contre Valéry Giscard d'Estaing ; réélu (au 2e tour) en mai 1988 contre Jacques Chirac |
| **Jacques Chirac** | 1995-2007 | Élu (au 2e tour) le 7 mai 1995 contre Lionel Jospin ; réélu (au 2e tour) le 5 mai 2002 contre Jean-Marie Le Pen |
| **Nicolas Sarkozy** | 2007-2012 | Élu (au 2e tour) le 6 mai 2007 contre Ségolène Royal |
| **François Hollande** | 2012- | Élu (au 2e tour) le 6 mai 2012 contre Nicolas Sarkozy |

thique, à partir de la région du Danube et de la Méditerranée. Au V$^{e}$ millénaire, la civilisation mégalithique marque fortement les régions de l'Ouest. À l'âge du bronze (II$^{e}$ mill.), un commerce des métaux traverse le territoire. Au V$^{e}$ s. av. J.-C., les Celtes arrivent de l'Est et créent la civilisation gauloise. Un commerce actif anime le Rhône et la Seine. Rome s'empare de la Gaule mérid. et l'intègre à son système économique et politique (la future Narbonnaise). César conquiert l'ensemble du territoire gaulois de 58 à 51 av. J.-C. et vainc Vercingétorix (52 av. J.-C.). Pendant quatre siècles, les Gallo-Romains développent une civilisation originale et le latin remplace le gaulois.

**LE BAS MOYEN ÂGE** Au III$^{e}$ s., la Gaule subit les premières invasions germaniques. Au V$^{e}$ s., elle est envahie par les Germains dont une partie gagne la Méditerranée (Vandales, Suèves) ; d'autres (Burgondes, Francs, Wisigoths) se partagent la Gaule et fondent des royaumes barbares. L'expansion inattendue des Francs aboutit à une stabilisation sous le règne de Clovis (481-511) ; sa conversion au christianisme assure aux Mérovingiens une place prépondérante en Occident. Leur effacement est mis à profit par les maires du palais, dont le dernier, Pépin le Bref, fonde la dynastie carolingienne en prenant le titre royal en 751. Le rétablissement de l'Empire, en 800, par Charlemagne n'empêche pas le maintien de particularismes régionaux. La *Francia occidentalis* s'individualise et le traité de Verdun (843) détermine trois grands États : la France, l'Allemagne, l'Italie. Le parler vulgaire se détache du latin : c'est le roman, ancêtre du français. L'Empire carolingien se désagrège en seigneuries autonomes et les institutions féodales se mettent en place. La royauté, affaiblie, n'a pas sombré ; Hugues Capet (987-996) fonde la dynastie capétienne. L'unité et le renforcement du royaume sont l'œuvre de Philippe Auguste (1180-1223), qui, le premier, se nomme roi de France et fixe la cap. à Paris.

**DU XIII$^{e}$ AU XV$^{e}$ SIÈCLE** La dynastie capétienne, auréolée de la sainteté de Louis IX (1226-1270), n'a pas son égale en Europe. Philippe le Bel (1285-1314) affirme l'hégémonie de l'État. Les XIV$^{e}$ et XV$^{e}$ s. sont caractérisés par des difficultés écon. La « peste noire » (1347-1351) tue le tiers de la population. La guerre dite de Cent Ans (1337-1453) oppose les rois d'Angleterre, qui revendiquent le trône de France, à la dynastie des Valois. Défaites (Crécy, 1346 ; Poitiers, 1356), guerre civile entre Armagnacs et Bourguignons jettent le pays au fond de l'abîme : Henri V d'Angleterre l'emporte à Azincourt (1415). Charles VII (1422-1461), obéissant au mouvement de réaction nationale qu'incarne Jeanne d'Arc, reprend l'initiative, conclut la paix avec la Bourgogne ; en 1453, les Anglais ne possèdent plus que Calais. Louis XI (1461-1483) achève l'œuvre de son père. Quand, en janv. 1477, Charles le Téméraire est vaincu et tué par le duc de Lorraine, Louis XI occupe la Bourgogne et l'annexe.

**LA RENAISSANCE** Au XVI$^{e}$ s., l'économie française est en plein essor ; la hausse des prix, due à l'afflux des métaux précieux, amplifie la demande. Les grands fiefs sont absorbés par la royauté : l'Orléanais, en 1498 ; la Bretagne, en 1532 ; le Bourbonnais, l'Auvergne, la Marche sont confisqués en 1527 par François I$^{er}$. Cette unification territoriale confirme le pouvoir royal ; son ordonnance de Villers-Cotterêts (1539) ordonne que tous les actes de justice soient rédigés en français. Les guerres d'Italie (1494-1559) font pénétrer en France l'influence italienne. Les guerres de Religion commencent en 1562, sous la régence de Catherine de Médicis, et sont marquées par des atrocités (massacre de la Saint-Barthélemy, le 24 août 1572). À Henri III, assassiné en 1589, succède Henri de Bourbon, roi de Navarre, sous le nom de Henri IV. Il rétablit la paix religieuse (édit de Nantes, 1598) et l'autorité de l'État. Le redressement est interrompu par l'assassinat du roi en 1610. La mort de Louis XIII (1643), six mois après celle de Richelieu, laisse une régence difficile à Anne d'Autriche et à Mazarin. Les désordres de la Fronde marquent profondément le jeune Louis XIV, qui, après la mort de Mazarin (1661), prend personnellement le pouvoir. En lui imposant une vie dispendieuse à la cour, Louis XIV domestique la grande noblesse. La centralisation administrative se renforce encore. Cet absolutisme est aussi religieux : Louis XIV révoque l'édit de Nantes (1685) et réprime le jansénisme. À la suite des guerres de Dévolution, de Hollande, de la Ligue d'Augsbourg, de la Succession d'Espagne, la France s'agrandit de l'Artois, du Roussillon, de la Franche-Comté, d'une partie du Hainaut et de Strasbourg. Contrastant avec la prospérité du XVI$^{e}$ s., l'économie connaît une régression (malgré la polit. de Colbert) et la pop. française diminue.

**LE SIÈCLE DES LUMIÈRES** Louis XIV disparu, la Régence (1715-1720) est exercée par Philippe d'Orléans. Le long règne de Louis XV (m. en 1774) est marqué par les difficultés financières et par la division des classes sociales. La bourgeoisie, riche, instruite, ouverte aux idées des philosophes, aux Lumières, critique âprement le régime. Le petit peuple est touché par des cri-

FRANCE ADMINISTRATIVE
ROYAUME-UNI
BELGIQUE
LUXEMBOURG
ALLEMAGNE
SUISSE
ITALIE
ESPAGNE
ANDORRE
MONACO
MANCHE
OCÉAN
ATLANTIQUE
MER MÉDITERRANÉE
ÎLE-DE-FRANCE: petite couronne
SEINE-SAINT-DENIS 93
HAUTS-DE-SEINE 92
PARIS 75
VAL-DE-MARNE 94
ESSONNE 91
YVELINES 78
SEINE-ET-MARNE 77
ÎLE-DE-FRANCE: grande couronne
VAL-D'OISE 95
YVELINES 78
ESSONNE 91
SEINE-ET-MARNE 77
NORD-PAS-DE-CALAIS
PICARDIE
HAUTE-NORMANDIE
BASSE-NORMANDIE
CHAMPAGNE-ARDENNE
LORRAINE
ALSACE
BRETAGNE
PAYS DE LA LOIRE
CENTRE-VAL DE LOIRE
ÎLE-DE-FRANCE
BOURGOGNE
FRANCHE-COMTÉ
POITOU-CHARENTES
LIMOUSIN
AUVERGNE
RHÔNE-ALPES
AQUITAINE
MIDI-PYRÉNÉES
LANGUEDOC-ROUSSILLON
PROVENCE-ALPES-CÔTE D'AZUR
CORSE
limite de région
limite de département
BORDEAUX préfecture de région
Périgueux préfecture de département
Bergerac sous-préfecture de département
100 km
Note : le nom et le chef-lieu définitifs de chaque région seront fixés par décret avant le 1er octobre 2016, à l'exception du regroupement de la Basse-Normandie et de la Haute-Normandie, dénommé « Normandie » et de la ville de Strasbourg désignée comme chef-lieu de la région « Alsace, Champagne-Ardenne et Lorraine ».

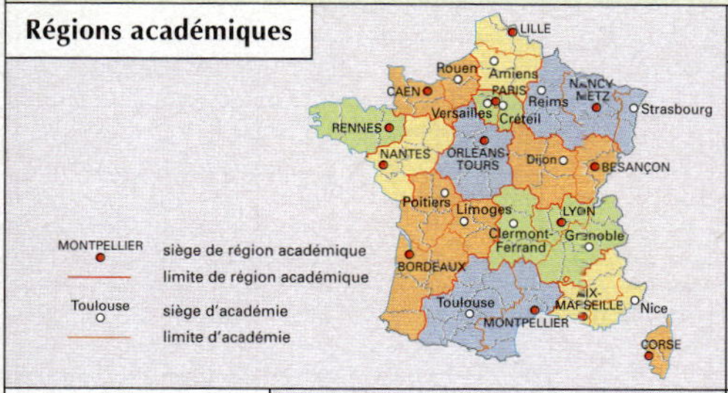
Régions académiques
LILLE
Rouen
Amiens
CAEN
PARIS
Versailles
Créteil
Reims
NANCY-METZ
Strasbourg
RENNES
NANTES
ORLÉANS-TOURS
Dijon
BESANÇON
Poitiers
Limoges
LYON
Clermont-Ferrand
Grenoble
BORDEAUX
Toulouse
MONTPELLIER
AIX-MARSEILLE
Nice
CORSE
MONTPELLIER siège de région académique
limite de région académique
Toulouse siège d'académie
limite d'académie

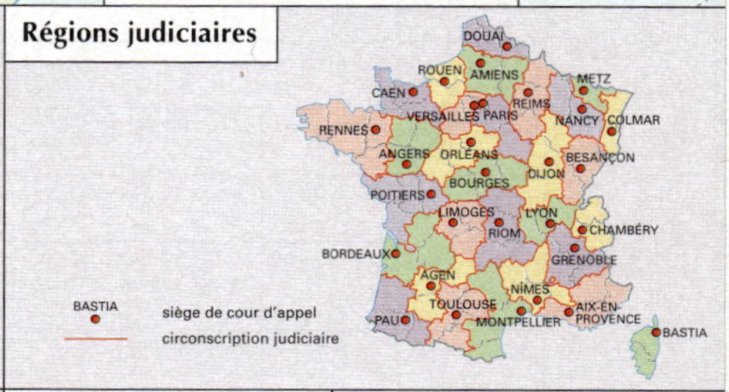
Régions judiciaires
DOUAI
ROUEN
AMIENS
CAEN
METZ
REIMS
VERSAILLES PARIS
NANCY
COLMAR
RENNES
ANGERS
ORLÉANS
BESANÇON
BOURGES
DIJON
POITIERS
LIMOGES
LYON
RIOM
CHAMBÉRY
BORDEAUX
GRENOBLE
AGEN
NÎMES
TOULOUSE
AIX-EN-PROVENCE
PAU
MONTPELLIER
BASTIA
BASTIA siège de cour d'appel
circonscription judiciaire

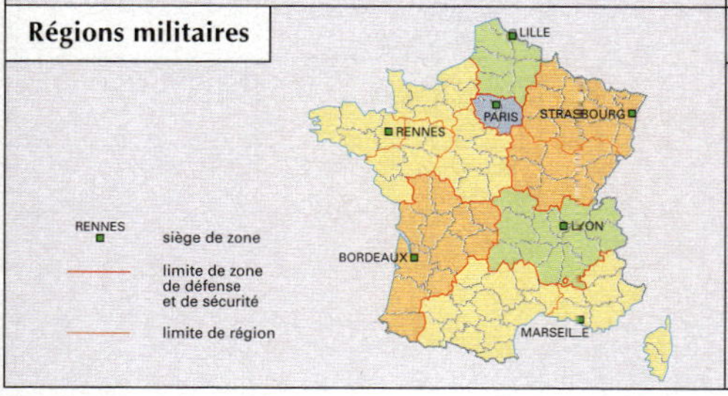
Régions militaires
LILLE
PARIS
STRASBOURG
RENNES
LYON
BORDEAUX
MARSEILLE
RENNES siège de zone
limite de zone de défense et de sécurité
limite de région

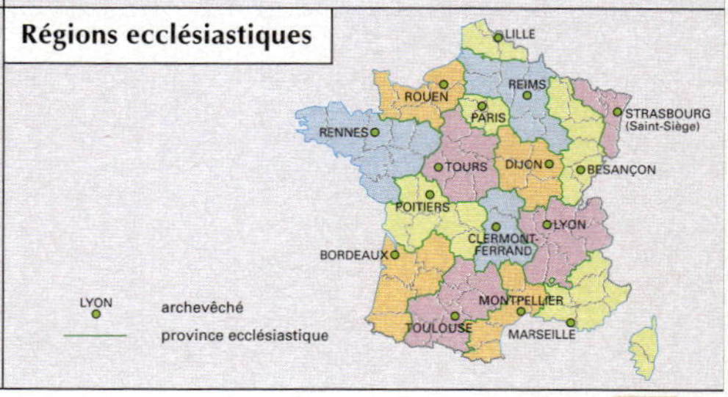
Régions ecclésiastiques
LILLE
REIMS
ROUEN
PARIS
STRASBOURG (Saint-Siège)
RENNES
TOURS
DIJON
BESANÇON
POITIERS
CLERMONT-FERRAND
LYON
BORDEAUX
MONTPELLIER
TOULOUSE
MARSEILLE
LYON archevêché
province ecclésiastique

## RÉGIONS ADMINISTRATIVES

** Chefs-lieux de Région*

| Région | départements | chef-lieu | chefs-lieux d'arrondissement |
|---|---|---|---|
| **Alsace-Champagne-Ardenne-Lorraine** | **Bas-Rhin** (67) | *Strasbourg | Haguenau, Molsheim, Saverne, Sélestat, Wissembourg |
| | **Haut-Rhin** (68) | Colmar | Altkirch, Guebwiller, Mulhouse, Ribeauvillé, Thann |
| | **Ardennes** (08) | Charleville-Mézières | Rethel, Sedan, Vouziers |
| | **Aube** (10) | Troyes | Bar-sur-Aube, Nogent-sur-Seine |
| | **Marne** (51) | Châlons-en-Champagne | Épernay, Reims, Sainte-Menehould, Vitry-le-François |
| | **Haute-Marne** (52) | Chaumont | Langres, Saint-Dizier |
| | **Meurthe-et-Moselle** (54) | Nancy | Briey, Lunéville, Toul |
| | **Meuse** (55) | Bar-le-Duc | Commercy, Verdun |
| | **Moselle** (57) | Metz | Boulay-Moselle, Château-Salins, Forbach, Sarrebourg, Sarreguemines, Thionville |
| | **Vosges** (88) | Épinal | Neufchâteau, Saint-Dié |
| **Aquitaine-Limousin-Poitou-Charentes** | **Dordogne** (24) | Périgueux | Bergerac, Nontron, Sarlat-la-Canéda |
| | **Gironde** (33) | *Bordeaux | Blaye, Langon, Lesparre-Médoc, Libourne |
| | **Landes** (40) | Mont-de-Marsan | Dax |
| | **Lot-et-Garonne** (47) | Agen | Marmande, Nérac, Villeneuve-sur-Lot |
| | **Pyrénées-Atlantiques** (64) | Pau | Bayonne, Oloron-Sainte-Marie |
| | **Corrèze** (19) | Tulle | Brive-la-Gaillarde, Ussel |
| | **Creuse** (23) | Guéret | Aubusson |
| | **Haute-Vienne** (87) | Limoges | Bellac, Rochechouart |
| | **Charente** (16) | Angoulême | Cognac, Confolens |
| | **Charente-Maritime** (17) | La Rochelle | Jonzac, Rochefort, Saint-Jean-d'Angély, Saintes |
| | **Deux-Sèvres** (79) | Niort | Bressuire, Parthenay |
| | **Vienne** (86) | Poitiers | Châtellerault, Montmorillon |

| Région | départements | chef-lieu | chefs-lieux d'arrondissement |
|---|---|---|---|
| **Auvergne-Rhône-Alpes** | **Allier** (03) | Moulins | Montluçon, Vichy |
| | **Cantal** (15) | Aurillac | Mauriac, Saint-Flour |
| | **Haute-Loire** (43) | Le Puy-en-Velay | Brioude, Yssingeaux |
| | **Puy-de-Dôme** (63) | Clermont-Ferrand | Ambert, Issoire, Riom, Thiers |
| | **Ain** (01) | Bourg-en-Bresse | Belley, Gex, Nantua |
| | **Ardèche** (07) | Privas | Largentière, Tournon-sur-Rhône |
| | **Drôme** (26) | Valence | Die, Nyons |
| | **Isère** (38) | Grenoble | La Tour-du-Pin, Vienne |
| | **Loire** (42) | Saint-Étienne | Montbrison, Roanne |
| | **Rhône** (69) | *Lyon | Villefranche-sur-Saône |
| | **Savoie** (73) | Chambéry | Albertville, Saint-Jean-de-Maurienne |
| | **Haute-Savoie** (74) | Annecy | Bonneville, Saint-Julien-en-Genevois, Thonon-les-Bains |
| **Bourgogne-Franche-Comté** | **Côte-d'Or** (21) | *Dijon | Beaune, Montbard |
| | **Nièvre** (58) | Nevers | Château-Chinon, Clamecy, Cosne-Cours-sur-Loire |
| | **Saône-et-Loire** (71) | Mâcon | Autun, Chalon-sur-Saône, Charolles, Louhans |
| | **Yonne** (89) | Auxerre | Avallon, Sens |
| | **Doubs** (25) | Besançon | Montbéliard, Pontarlier |
| | **Jura** (39) | Lons-le-Saunier | Dole, Saint-Claude |
| | **Haute-Saône** (70) | Vesoul | Lure |
| | **Territoire de Belfort** (90) | Belfort | |
| **Bretagne** | **Côtes-d'Armor** (22) | Saint-Brieuc | Dinan, Guingamp, Lannion |
| | **Finistère** (29) | Quimper | Brest, Châteaulin, Morlaix |
| | **Ille-et-Vilaine** (35) | *Rennes | Fougères, Redon, Saint-Malo |
| | **Morbihan** (56) | Vannes | Lorient, Pontivy |

## RÉGIONS ADMINISTRATIVES *(suite)*

** Chefs-lieux de Région*

| Région | départements | chef-lieu | chefs-lieux d'arrondissement |
|---|---|---|---|
| **Centre-Val de Loire** | **Cher** (18) | Bourges | Saint-Amand-Montrond, Vierzon |
| | **Eure-et-Loir** (28) | Chartres | Châteaudun, Dreux, Nogent-le-Rotrou |
| | **Indre** (36) | Châteauroux | Issoudun La Châtre, Le Blanc |
| | **Indre-et-Loire** (37) | Tours | Chinon, Loches |
| | **Loir-et-Cher** (41) | Blois | Romorantin-Lanthenay, Vendôme |
| | **Loiret** (45) | *Orléans | Montargis, Pithiviers |
| **Corse** (Collectivité territoriale de la Rép.) | **Corse-du-Sud** (2A) | *Ajaccio | Sartène |
| | **Haute-Corse** (2B) | Bastia | Calvi, Corte |
| **Île-de-France** | **Paris (Ville de)** (75) | *Paris | |
| | **Seine-et-Marne** (77) | Melun | Fontainebleau, Meaux, Provins |
| | **Yvelines** (78) | Versailles | Mantes-la-Jolie, Rambouillet, Saint-Germain-en-Laye |
| | **Essonne** (91) | Évry | Étampes, Palaiseau |
| | **Hauts-de-Seine** (92) | Nanterre | Antony, Boulogne-Billancourt |
| | **Seine-Saint-Denis** (93) | Bobigny | Le Raincy, Saint-Denis |
| | **Val-de-Marne** (94) | Créteil | L'Haÿ-les-Roses, Nogent-sur-Marne |
| | **Val-d'Oise** (95) | Cergy-Pontoise | Argenteuil, Montmorency, Pontoise |
| **Languedoc-Roussillon-Midi-Pyrénées** | **Aude** (11) | Carcassonne | Limoux, Narbonne |
| | **Gard** (30) | Nîmes | Alès, Le Vigan |
| | **Hérault** (34) | Montpellier | Béziers, Lodève |
| | **Lozère** (48) | Mende | Florac |
| | **Pyrénées-Orientales** (66) | Perpignan | Céret, Prades |
| | **Ariège** (09) | Foix | Pamiers, Saint-Girons |
| | **Aveyron** (12) | Rodez | Millau, Villefranche-de-Rouergue |
| | **Haute-Garonne** (31) | *Toulouse | Muret, Saint-Gaudens |
| | **Gers** (32) | Auch | Condom, Mirande |
| | **Lot** (46) | Cahors | Figeac, Gourdon |
| | **Hautes-Pyrénées** (65) | Tarbes | Argelès-Gazost, Bagnières-de-Bigorre |
| | **Tarn** (81) | Albi | Castres |
| | **Tarn-et-Garonne** (82) | Montauban | Castelsarrasin |

| Région | départements | chef-lieu | chefs-lieux d'arrondissement |
|---|---|---|---|
| **Nord-Pas-de-Calais-Picardie** | **Nord** (59) | *Lille | Avesnes-sur-Helpe, Cambrai, Douai, Dunkerque, Valenciennes |
| | **Pas-de-Calais** (62) | Arras | Béthune, Boulogne-sur-Mer, Calais, Lens, Montreuil, Saint-Omer |
| | **Aisne** (02) | Laon | Château-Thierry, Saint-Quentin, Soissons, Vervins |
| | **Oise** (60) | Beauvais | Clermont, Compiègne, Senlis |
| | **Somme** (80) | Amiens | Abbeville, Montdidier, Péronne |
| **Normandie** | **Eure** (27) | Évreux | Les Andelys, Bernay |
| | **Seine-Maritime** (76) | *Rouen | Dieppe, Le Havre |
| | **Calvados** (14) | Caen | Bayeux, Lisieux, Vire |
| | **Manche** (50) | Saint-Lô | Avranches, Cherbourg, Coutances |
| | **Orne** (61) | Alençon | Argentan, Mortagne-au-Perche |
| **Loire (Pays de la)** | **Loire-Atlantique** (44) | *Nantes | Ancenis, Châteaubriant, Saint-Nazaire |
| | **Maine-et-Loire** (49) | Angers | Cholet, Saumur, Segré |
| | **Mayenne** (53) | Laval | Château-Gontier, Mayenne |
| | **Sarthe** (72) | Le Mans | La Flèche, Mamers |
| | **Vendée** (85) | La Roche-sur-Yon | Fontenay-le-Comte, Les Sables-d'Olonne |
| **Provence-Alpes-Côte d'Azur** | **Alpes-de-Haute-Provence** (04) | Digne-les-Bains | Barcelonnette, Castellane, Forcalquier |
| | **Hautes-Alpes** (05) | Gap | Briançon |
| | **Alpes-Maritimes** (06) | Nice | Grasse |
| | **Bouches-du-Rhône** (13) | *Marseille | Aix-en-Provence, Arles, Istres |
| | **Var** (83) | Toulon | Brignoles, Draguignan |
| | **Vaucluse** (84) | Avignon | Apt, Carpentras |

ses cycliques (1770-1775, 1788-1789) qui jettent sur les routes des milliers d'indigents ; toutefois l'essor démographique (recul de la mortalité) est important (28 millions de Français en 1789). Louis XVI, au début de son règne, n'ose pas soutenir Turgot contre les privilégiés (1776) ; il renvoie Necker (1781), Calonne et Loménie de Brienne (1787) quand ils proposent des réformes profondes pour rétablir les finances. En 1788, il est contraint de rappeler Necker et de promettre la réunion des états généraux.

**LA RÉVOLUTION ET L'EMPIRE** La réunion des états généraux suscite l'explosion révolutionnaire de 1789 : transformation des états généraux en Assemblée nationale constituante ; prise de la Bastille, symbole de l'absolutisme, le 14 juillet 1789 ; abolition du régime féodal le 4 août 1789. Rédigée par la Constituante et précédée de la *Déclaration des droits de l'homme et du citoyen* la Constitution (1791) établit une monarchie constitutionnelle. La fuite du roi à Varennes, le 20 juin 1791, la déclaration de guerre à l'Autriche menaçante (20 avril 1792), les défaites, la pénurie conduisent à la journée du 10 août 1792 (chute de la monarchie), puis aux massacres de Septembre. L'Assemblée législative (1791-1792) cède la place à la Convention (1792-1795). Le 20 sept. 1792, la victoire de Valmy écarte le danger d'invasion. La république est proclamée le 21, l'ère révolutionnaire part de cette date. La condamnation et l'exécution de Louis XVI, le 21 janv. 1793, suscitent la formation de la première coalition (1793-1797). Face à cette menace, un Comité de salut public est créé en avril 1793. Jugés trop timorés, les Girondins sont renversés en mai par la Convention, que dominent alors les Montagnards. En juillet, le chef des Montagnards, Robespierre, entre au Comité de salut public et organise la Terreur. Il est renversé par la Convention, le 9 thermidor an II (27 juil. 1794), et guillotiné. Une période de réaction s'ouvre, avec le Directoire (1795-1799), renversé par le coup d'État du 18 brumaire an VIII (9 nov. 1799), qui donne le pouvoir à Bonaparte (Premier Consul). Le passage du Consulat (1799-1804) à l'Empire est ratifié par plébiscite : Napoléon, sacré le 2 déc. 1804, gouverne en despote éclairé, mais sa politique intérieure est compromise par un état de guerre permanent. Vainqueur sur terre, mais battu sur mer à Trafalgar par l'Angleterre (1805), l'Empereur, qui a conquis l'Europe et créé une France de 130 départements, forge l'arme économique du Blocus continental. La logique du système le pousse à contrôler tout le continent, mais le grave échec de la campagne de Russie (1812) donne le signal de la coalition générale qui l'abat en 1814 et, après l'épisode des Cent-Jours, en 1815 (le 18 juin à Waterloo).

**DE LA RESTAURATION AU SECOND EMPIRE** La tentative de *restauration* de l'ordre ancien sous Louis XVIII (1814-1815, puis 1815-1824) et Charles X (1824-1830) aboutit à la révolution de Juillet 1830. La monarchie de Juillet (Louis-Philippe, « roi des Français » de 1830 à 1848) est dominée par la bourgeoisie. La révolution de 1848 ramène la rép. (IIe République), mais le président de la République, Louis-Napoléon Bonaparte, accomplit, le 2 déc. 1851, un coup d'État et, le 2 déc. 1852, il restaure l'empire et prend le nom de Napoléon III. Il organise une brillante expansion économique, mais la guerre franco-allemande de 1870 aboutit à la chute du régime (sept.).

**LA IIIe RÉPUBLIQUE** Ébranlée par la Commune de Paris (18 mars-27 mai 1871), ayant cédé (traité de Francfort, mai 1871) l'Alsace et une partie de la Lorraine à l'Allemagne, dominée par une majorité monarchiste, la IIIe République n'est vraiment républicaine qu'en 1879. Les républicains modérés accomplissent une œuvre considérable : lois scolaires, expansion coloniale, etc. Au pouvoir de 1899 à 1911, les radicaux votent notam. la loi de séparation de l'Église et de l'État en 1905. Après la guerre de 1914-1918, une période d'instabilité ministérielle et écon., cède la place, en 1925, à la prospérité. Frappant la France tardivement, la crise mondiale de 1929 suscite notam. l'émeute fascisante du 6 février 1934. Après le Front populaire (mai 1936-juin 1937), Daladier signe les désastreux accords de Munich avec Hitler en sept. 1938). Quand l'Allemagne envahit la Pologne (1er sept. 1939), la France lui déclare la guerre (3 sept.). La défaite française de juin 1940 amène l'écroulement de la IIIe République et son remplacement par l'État français, que préside le maréchal Pétain à Vichy. Le nouveau régime, qui prétend effectuer la révolution nationale, collabore odieusement avec l'occupant. Balayé en 1944, il cède la place au Gouvernement provisoire de la République française du général de Gaulle, qui avait restauré la république à Alger le 3 juin 1944.

**LES TRENTE GLORIEUSES (1945-1973)** La IVe République (1946-1958) assure l'essor économique,

la réconciliation franco-allemande (et donc la « construction de l'Europe »), mais ne sait mener la décolonisation, d'abord en Indochine (1946-1954), en Algérie ensuite. Le retour du général de Gaulle au pouvoir (qu'il avait quitté le 20 janv. 1946) à la suite de l'émeute d'Alger des partisans de l'Algérie française (13 mai 1958) aboutit à la mise en place de la V^e^ République (oct. 1958). De Gaulle met fin à la guerre d'Algérie (1954-1962), assure la décolonisation, rend son prestige à l'État et à la France. La « contestation » étudiante de mai 1968, qui atteint une ampleur nationale (10 millions de grévistes), affaiblit son autorité. Mis en échec au référendum de 1969 (sur la régionalisation et la réforme du Sénat), il démissionne. Georges Pompidou lui succède. Les (environ) 30 années d'une croissance écon. qu'a amplifiée la création de la Communauté économique européenne (1958), s'achèvent en 1973 : une crise naît, qu'on attribue au choc pétrolier.

**LA CRISE (1977-1997)** Après la mort de G. Pompidou (1974), Valéry Giscard d'Estaing devient le premier président non gaulliste de la V^e^ République. Il se heurte à la crise écon. et monétaire et, en 1981, il est battu par François Mitterrand, socialiste. Au gouvernement de Pierre Mauroy (1981-1984), qui compte des ministres communistes, succède celui de Laurent Fabius. La crise économique et le chômage s'accentuant, une majorité de droite est élue en 1986. Le président du RPR (gaulliste), J. Chirac, devient Premier ministre (« cohabitant » avec un président de gauche). Il est vaincu par Mitterrand à l'élection présidentielle de 1988. Les gouv. des socialistes Michel Rocard (1988-1991), Édith Cresson (1991-1992) et Pierre Bérégovoy (1992-1993) maîtrisent l'inflation, mais ne peuvent réduire le chômage. La France participe à la guerre du Golfe (1991) et approuve par référendum le traité de Maastricht (1992). La victoire de la droite aux élections de 1993 provoque la deuxième cohabitation ; Édouard Balladur (RPR), Premier ministre (1993-1995), poursuit le redressement économique (privatisations, défense du franc). En mai 1995, Jacques Chirac est élu prés. de la Rép. contre le socialiste Lionel Jospin. Il nomme Alain Juppé Premier ministre. Le 21 avril 1997, il dissout l'Assemblée nationale.

**L'ALTERNANCE GAUCHE-DROITE** Contre toute attente, la gauche plurielle (socialistes, écologistes, communistes, etc.) remporte les élections et J. Chirac nomme Premier ministre L. Jospin. Bénéficiant d'une assez forte croissance et poursuivant en grande partie la politique libérale d'A. Juppé, Jospin obtient des succès contre le chômage (les premiers depuis 1973) et contre le déficit public : la France peut utiliser l'euro le 1^er^ janv. 1999. Les présidentielles de mai 2002 voient la victoire (au 2^e^ tour) de J. Chirac sur J.-M. Le Pen (extrême droite) qui, à la surprise générale, avait devancé L. Jospin au 1^er^ tour. Le centriste Jean-Pierre Raffarin est nommé Premier ministre ; aux législatives de 2002, l'UMP, nouveau parti rassemblant la plus grande partie des députés de droite, remporte la majorité absolue. Le nouveau gouv. engage des réformes sur les retraites, la Sécurité sociale, l'enseignement et s'emploie à réduire le déficit de l'État. À la suite du « non » au référendum sur le traité constitutionnel de l'Europe en 2005, J. Chirac nomme D. de Villepin Premier ministre. Les prés. de 2007 voient la victoire de Nicolas Sarkozy (UMP) sur Ségolène Royal (PS). Après un quinquennat marqué par la crise, il est battu en 2012 au 2^e^ tour par François Hollande (PS). En 2015, le pays est touché par une vague d'attentats terroristes (Daech). L'état d'urgence est décrété en novembre.

**France (campagne de)** ensemble de combats sur le territoire français du 1^er^ janv. au 31 mars 1814 : les Alliés pénètrent dans Paris, Napoléon abdique le 2 avril.

**France (campagne de)** ensemble de combats qui, sur le territ. fr. (notam. l'Est et le Nord) opposèrent les Alliés à l'Allemagne en mai-juin 1940 : le 13 mai, les Allemands franchirent la Meuse ; le 4 juin, ils prirent Dunkerque ; le 17, la France demanda l'armistice, signé le 22.

**France (île de)** anc. nom de l'île Maurice.

**France Anatole François Thibault,** dit **Anatole** (Paris, 1844 – Saint-Cyr-sur-Loire, 1924), écrivain français qui connut le succès : *le Crime de Sylvestre Bonnard* (1881), *Thaïs* (1890), *la Rôtisserie de la reine Pédauque* (1893), *le Lys rouge* (1894), *Les dieux ont soif* (1912). Acad. fr. (1896). P. Nobel 1921. ▶ illustr. p. 648

**France Henri de** (Paris, 1911 – id., 1986), inventeur français du procédé SECAM de télévision en couleurs (1956).

**France 5** chaîne française de télévision pédagogique créée en 1994 (« La Cinquième »).

**France 2** chaîne publique de télévision française créée en 1963 sous le nom de « deuxième chaîne ». Devenue *Antenne 2* (1975-1992) puis *France 2*. V. France Télévisions.

**France libre (la)** ensemble de volontaires rassemblés à Londres dès juin 1940 par le général de Gaulle, qui, en juil. 1942, nomma cette organisation *la France combattante*.

**Francesca** → **Piero della Francesca.**

**Francesco di Giorgio Martini** → **Martini.**

**France-Soir** quotidien français du soir qui, fondé à la Libération, adopta ce nom en janv. 1945. Pierre Lazareff le dirigea jusqu'à sa mort (1972). D'importants problèmes financiers conduisent à sa disparition en 2012.

**France Télécom** organisme qui en France gère les télécommunications ; uni à la Poste jusqu'en 1991 ; ouvert à la concurrence en 1998.

**France Télévisions** société nationale regroupant France 2, France 3, France 4, France 5 et France Ô ainsi que des radios de l'outre-mer.

**France 3** chaîne publique de télévision française créée en 1972 (« troisième chaîne »), devenue *FR3* (1975-1992) puis *France 3*. Elle dispose de 12 stations régionales.

**Francfort-sur-le-Main** (en all. *Frankfurt am Main*), ville d'Allemagne (Hesse) ; 676 500 hab. Grand centre comm., fin. et industr. – Université. Cath. gothique (XIIIe-XIVe s.). Maison natale de Goethe. Musée des Bx-A. Foire internat. annuelle du Livre. – Par le *traité de Francfort* (10 mai 1871), la France cédait à l'Allemagne l'Alsace et une partie de la Lorraine. – *École de Francfort* : mouvement philosophique all. qui rassembla, de 1924 à 1933, Th. Adorno, W. Benjamin et H. Marcuse ; ils reformèrent l'« école » à New York en 1934 ; de 1950 à 1969, Adorno anima à Francfort une nouvelle « école ». Utilisant le marxisme et le freudisme, l'école de Francfort a développé une critique de la société moderne. DER **francfortois, oise** *a, n*

Francfort-sur-le-Main

**Francfort-sur-l'Oder** (en all. *Frankfurt an der Oder*), v. d'Allemagne (Brandebourg) ; 57 600 hab. Ch.-l. du district du même nom. Industries.

**Franche-Comté** anc. province de France, couvrant les dép. actuels de la Haute-Saône, du Doubs et du Jura. Au IIe s. av. J.-C., cette région fut habitée par les Séquanes. Au Ve s., les Burgondes s'y installèrent ; ils subirent, au VIe s., la domination des Francs Ripuaires. En 1032, la région devint le comté de Bourgogne, entra dans le Saint Empire romain germanique, mais fut gouvernée par ses comtes (d'où le terme ultérieur de *Franche-Comté*). En 1384, la Franche-Comté revint à Philippe le Hardi, duc de Bourgogne. Elle appartint aux Habsbourg, quand Marie de Bourgogne, fille de Charles le Téméraire, épousa Maximilien d'Autriche (1477). Au XVIIe s, la guerre de Trente Ans puis deux campagnes (1668 et 1674) la ravagèrent, et le traité de Nimègue (1678) la donna à la France. DER **franc-comtois** ou **comtois, oise** *a, n*

**Franche-Comté** ancienne Région française et de l'UE, formée des dép. du Doubs, du Jura, de la Haute-Saône et du Territoire de Belfort, intégrée en 2016 à la Rég. Bourgogne-Franche-Comté. DER **franc-comtois** ou **comtois, oise** *a, n*

**Géographie** Au N., des plateaux s'ouvrent sur la plaine d'Alsace par la trouée de Belfort. Les deux tiers méridionaux de la Région se partagent entre le Jura plissé à l'E. et les dépressions argileuses ; à l'O. s'étagent des plateaux calcaires (400 à 950 m). Les hivers rudes et enneigés s'opposent aux étés ensoleillés ; la forêt (sapins et épicéas) couvre 43 % du territoire Ressources traditionnelles : lait, fromage, bois, tourisme, thermalisme, horlogerie, optique. La Franche-Comté est l'une des régions les plus industrialisées de France : automobile (Peugeot), matériel ferroviaire, chimie, etc.

**franchement** *av* **1** D'une manière résolue, sans réticence. *Opter franchement pour un parti.* **2** Ouvertement, sincèrement. *Agir, parler franchement.*

**Franchet d'Esperey** Louis (Mostaganem, Algérie, 1856 – chât. d'Amancet, Tarn, 1942), maréchal de France. Il s'illustra au Maghreb, sous Liautey puis durant la Première Guerre mondiale (notam. à Salonique, en 1918).

**franchir** *vt* ③ **1** Passer un obstacle. *Franchir un mur, un fossé. Franchir toutes les difficultés.* **2** Traverser de bout en bout un passage, un espace. *Franchir un pont. Franchir l'océan.* **3** Durer au-delà de. *Franchir les siècles.* **4** Passer en allant au-delà. *Franchir le seuil d'une maison.* **5** fig Dépasser. *Franchir les limites de la décence.* ETY De *franc 1.* DER **franchissable** *a* – **franchissement** *nm*

**franchisage** *nm* COMM Contrat par lequel une entreprise concède à des entreprises indépendantes, en contrepartie d'une redevance, le droit de se présenter sous sa raison sociale et sa marque pour vendre des produits ou services.

**franchise** *nf* **1** DR anc Immunité, privilège, exemption accordés autref. à certaines personnes, à certaines collectivités. **2** Somme laissée à la charge d'un assuré en cas de dommages. **3** Exemption légale ou règlementaire de taxes, d'impositions. *Franchise douanière, postale.* **4** Exercice d'un commerce dans le cadre d'un contrat de franchisage. **5** Qualité d'une personne qui parle ou agit ouvertement, sincèrement. **6** Qualité de rigueur, de netteté ou de hardiesse (surtout en art). *Franchise du trait, de la couleur.*

**franchiser** *vt* ① COMM Lier par un contrat de franchisage. DER **franchisé, ée** *a, n*

**franchiseur** *nm* COMM Société mettant à la disposition du franchisé sa marque en échange d'une rémunération.

**franchissable, franchissement** → **franchir.**

**franchouillard, arde** *a, n* fam, péjor Qui a les défauts traditionnellement attribués au Français moyen. VAR **franchouille** DER **franchouillardise** *nf*

**Francia** Francesco Raibolini, dit il (Bologne, v. 1460 – id., 1517), peintre italien.

**Franciade (la)** poème épique en décasyllabes de Ronsard (1572, inachevé).

**francien** *nm* LING Dialecte de l'Île-de-France parlé au Moyen Âge, distinct des autres parlers d'oïl, et qui est à l'origine du français.

**francilien** → **Île-de-France.**

**Francini** (en fr. *Francin, Francine, Franchine*), famille d'ingénieurs d'origine florentine qui aménagèrent au XVIIe s. les jets d'eau de Versailles.

**francique** *nm, a* Langue germanique qui était parlée par les Francs.

**Francis** James Bicheno (dans le Devonshire, 1815 – Lowell, Massachusetts, 1892), ingénieur américain d'origine britannique, inventeur d'une turbine hydraulique (1849).

**Francis** Sam (San Mateo, Californie, 1923 – Santa Monica, id., 1994), peintre américain, représentant du tachisme.

**francisant, ante** *n* Spécialiste de la langue et de la littérature françaises.

**franciscain, aine** *n, a* Religieux, religieuse de l'ordre mendiant de saint François d'Assise.

ENC L'ordre franciscain a été vraisemblablement fondé en 1209 par saint François d'Assise, et approuvé par le pape en 1210. Il comprend auj. trois branches : les Frères mineurs de l'observance (franciscains proprement dits), les Frères mineurs capucins (ordre formé en 1525) et les Frères mineurs conventuels.

**franciser** *vt* ① **1** Donner une forme française à un mot. *Franciser un anglicisme.* **2** Donner un caractère français à. *Franciser son mode de vie.* DER **francisation** *nf*

**francisme** *nm* Canada Mot, tournure caractéristique du français de France.

**francisque** *nf* **1** Hache de guerre à double lame des Germains et des Francs. **2** Emblème du gouvernement de Vichy (1940-1944). ETY Du bas lat. *(securis) francesca*, « (hache) franque ».

**francité** *nf* Caractère de ce qui est spécifiquement français.

**francium** *nm* CHIM Élément alcalin radioactif de numéro atomique Z = 87 et de masse atomique 223 (symbole Fr). PHO [fʀɑ̃sjɔm]

**franc-jeu** *nm, a* Syn. (recommandé) de *fair-play*. PLUR francs-jeux.

**Franck** César (Liège, 1822 – Paris, 1890), compositeur et organiste français d'orig. belge. Sa musique vaut par ses qualités mélodiques : *les Béatitudes* (oratorio en huit cantates, 1869-1879), *Symphonie en ré mineur* (1886-1888).

A. France

C. Franck

**Franck** James (Hambourg, 1882 – Göttingen, 1964), physicien américain d'origine allemande (cinétique des électrons et luminescence). P. Nobel 1925 avec G. Hertz.

**franc-maçonnerie** *nf* **1** Association, autref. secrète, de personnes qu'unit un idéal de fraternité et de solidarité, et qui pratiquent un certain nombre de rites symboliques. **2** fig Entente ou alliance tacite entre des personnes qui ont les mêmes origines, les mêmes intérêts, etc. *La franc-maçonnerie des anciens élèves d'une grande école.* PLUR franc-maçonneries. VAR **maçonnerie** DER **franc-maçon** ou **maçon, onne** *n* – **franc-maçonnique** ou **maçonnique** *a*

ENC L'institution maçonnique doit, pense-t-on, son existence à une confrérie de maçons constructeurs qui voyagèrent en Europe dès le VIIIe s. Peu à peu, ces associations se transformèrent en sociétés mutualistes et philanthropiques, mais conservèrent des emblèmes du passé : tablier, équerre, compas. C'est en G.-B., et surtout en Écosse, que l'on trouve, au XVIIe s., les premières traces de la franc-maçonnerie moderne. La première Grande Loge anglaise est fondée en 1713 à Londres. En France, le 26 juin 1773, sont adoptés les statuts de l'ordre royal de la franc-maçonnerie, connu sous le nom de Grand Orient de France. Les idées républicaines et positivistes gagnent le Grand Orient de France, qui en 1887 abandonne la référence au Grand Architecte de l'Univers (Dieu). La maçonnerie anglaise rompt alors avec la maçonnerie française qui compte trois puis quatre obédiences princ. : le Grand Orient de France, la Grande Loge de France, la Grande Loge nationale française, qui se scinda en 1959, en Grande Loge nationale française Bineau et Grande Loge nationale Opéra.

**franco-** Élément, du rad. de *français.*

**franco** *av* **1** Sans frais. **2 fam** Sans détour, carrément. **LOC** ***Franco de port*** : dont le destinataire n'a pas à payer le port. (ETY) De l'ital.

**franco-algérien, enne** *a, n* Se dit des Français d'origine algérienne. PLUR franco-algériens.

**franco-allemande de 1870-1871 (guerre)** guerre voulue par Bismarck qui tronqua la dépêche d'Ems du 13 juil. 1870 (V. Ems). Impulsif, Napoléon III déclara la guerre à la Prusse, qui reçut l'appui des princes allemands (19 juil. 1870). Les désastres fr. se succédèrent en Alsace et en Lorraine. Le 2 sept. 1870, l'armée française capitulait à Sedan. À Paris, le 4 sept., la République remplaçait l'Empire. Le gouv. de la Défense nationale signa l'armistice le 28 janvier 1871. Le traité de Francfort-sur-le-Main (10 mai 1871) donnait à l'Allemagne l'Alsace et une partie de la Lorraine ; Bismarck avait achevé l'unité politique de l'Allemagne, avec Guillaume de Prusse comme empereur (18 janv. 1871).

**franco-américain, aine** *a, n* Francophone des États-Unis. PLUR franco-américains.

**Franco Bahamonde** Francisco (El Ferrol, 1892 – Madrid, 1975), général et homme politique espagnol. Il combattit au Maroc et devint chef d'état-major des armées (1935). Éloigné aux Canaries (1936), il prit la tête du soulèvement (Maroc, 18 juil. 1936) contre le gouv. républicain. Proclamé généralissime (29 sept. 1936), il remporta la guerre civile (1936-1939) et devint en oct. 1939 le chef unique *(caudillo)* de l'Espagne, au régime totalitaire. En 1947, il rétablit la monarchie et s'institua « protecteur-régent » à vie. En 1969, il fit du prince Juan Carlos son successeur. (DER) **franquiste** *a, n*

**franco-canadien, enne** *a, n* **A** *a* Relatif ou propre aux Canadiens de descendance française, spécial. de ceux de la province de Québec. **B** *nm* Variété de français parlé par ce groupe.

**Francœur** Louis (Paris, vers 1692 – id., 1745), violoniste et compositeur français. — **François** (Paris, vers 1698 – id., 1787), frère du préc, compositeur et violoniste.

**franco-français, aise** *a* **fam** Qui ne concerne que les Français. *Une affaire franco-française.*

**François (Le)** com. de la Martinique, arr. de Fort-de-France ; 19 547 hab. (DER) **franciscain, aine** *a, n*

Saints

**François Borgia (saint)** (Gandía, royaume de Valence, 1510 – Rome, 1572), vice-roi de Catalogne (1539-1543). Après la mort de sa femme (1546), il entra chez les Jésuites (1550), qu'il dirigea (1565).

**François d'Assise (saint)** (Assise, Ombrie, v. 1182 – id., 1226), religieux italien. Il mena d'abord une vie dissipée. Vers 1206, une illumination mystique lui fit adopter une existence de pauvreté, de prière et de charité. Il créa (probablement en 1219) l'ordre mendiant des Frères mineurs (dits ensuite *franciscains*). Il reçut des stigmates de la Passion (1224). À la fin de sa vie, malade, aveugle, il écrivit le *Cantique du frère Soleil.* V. Claire (sainte). ▷ LITTER Sa vie fut contée dans les *Fioretti* (« petites fleurs ») *di san Francesco*, recueil anonyme (fin du XIII^e^ s.) en toscan d'ap. les *Actes du bienheureux François* (en lat.). ▷ ART Les *Fioretti* ont inspiré à Giotto les fresques de la basilique San Francesco à Assise (v. 1296-1299).

**François de Paule (saint)** (Paola, Calabre, v. 1416 – Plessis-lez-Tours, v. 1507), ermite italien. Il fonda v. 1435 l'ordre des Minimes, puis en France le monastère des Montils-lès-Tours.

**François de Sales (saint)** (château de Sales, près de Thorens, Savoie, 1567 – Lyon, 1622), évêque *in partibus* de Genève et docteur de l'Église. Il fonda avec Jeanne de Chantal l'ordre de la Visitation (1610). Princ. œuvres : *Introduction à la vie dévote* (1604), *Traité de l'amour de Dieu* (1616).

**François Xavier (saint)** François de Jassu (chât. de Xavier, Navarre, 1506 – près de Canton, 1552), jésuite espagnol ; fondateur de missions chrétiennes en Asie.

Pape

**François** Jorge Mario Bergoglio (Buenos Aires, 1936), cardinal argentin élu pape en 2013.

Allemagne

**François I^er^ de Habsbourg** (Nancy, 1708 – Innsbruck, 1765), empereur du Saint Empire (1745-1765) ; époux de Marie-Thérèse d'Autriche (1736), père de Marie-Antoinette, reine de France. — **François II** (Florence, 1768 – Vienne, 1835), dernier empereur germanique (1792-1806) ; il perdit ce titre lors de la destruction du Saint Empire par Napoléon et prit (1804) celui d'empereur héréditaire d'Autriche (François I^er^). Il fut le père de l'impératrice Marie-Louise.

Deux-Siciles

**François I^er^** (Naples, 1777 – id., 1830), roi des Deux-Siciles (1825-1830) ; il dut lutter contre l'insurrection des carbonari. — **François II** (Naples, 1836 – Arco, 1894), dernier roi des Deux-Siciles (1859-1860) ; détrôné par Garibaldi.

France

**François I^er^** (Cognac, 1494 – Rambouillet, 1547), roi de France de 1515 à 1547. Fils de Charles d'Angoulême et de Louise de Savoie, il succéda à son beau-père, Louis XII. Il occupa le Milanais (après la victoire de Marignan, 1515), puis signa avec les cantons suisses la *Paix perpétuelle* et avec le pape le concordat de Bologne (1516). En 1525, Charles Quint, son rival victorieux à l'élection impériale de 1519, le vainquit à Pavie et François I^er^ perdit le Milanais et la Bourgogne (1525). Il s'allia avec les princes protestants allemands et avec le sultan Soliman le Magnifique.

*Saint **François d'Assise** recevant les stigmates*, XV^e^ s. – galerie nationale de l'Ombrie, Pérouse

Cette lutte confuse, coupée de trêves, aboutit à la *paix de Crépy* (1544) : François I^er^ abandonnait la Savoie, le Piémont, mais recouvrait la Bourgogne. Son règne fit progresser l'absolutisme royal et assura le développement de l'économie. Par l'*ordonnance de Villers-Cotterêts* (1539), le roi substitua le français au latin dans les jugements et actes notariés. Tolérant avec les protestants, il favorisa la Renaissance française, fondant le Collège royal (1530) et l'Imprimerie royale (1539), protégeant les savants, les écrivains (Marot, Rabelais), faisant construire ou modifier des châteaux (Chambord, Fontainebleau, Louvre) et attirant en France des artistes italiens (notam. Léonard de Vinci). — **François II** (Fontainebleau, 1544 – Orléans, 1560), roi de France (1559-1560) ; fils aîné d'Henri II et de Catherine de Médicis, qui le domina, ainsi que les Guise, dont il avait épousé la nièce, Marie Stuart. (V. Amboise [conjuration d']).

**François**

**François I^er^**

**François d'Alençon** (Saint-Germain-en-Laye, 1554 – Château-Thierry, 1584), quatrième fils d'Henri II et de Catherine de Médicis. Il rapprocha catholiques et protestants, qui signèrent en 1576 la *paix de Loches* ou *paix de Monsieur* ; Monsieur (c.-à-d. François d'Alençon en tant que frère d'Henri III) obtenait le duché d'Anjou. Il mourut sans héritier et, après la mort d'Henri III, la couronne revint à Henri de Navarre. (V. Henri IV).

≪≪≫≫

**François** André Farkas, dit André (Timişoara, 1915), dessinateur humoristique, peintre et sculpteur français d'origine roumaine.

**François** Samson (Francfort, 1924 – Paris, 1970), pianiste français.

**François** Claude (Ismaïlia, 1939 – Paris, 1978), chanteur français de variétés.

**François de Neufchâteau** Nicolas (comte François) dit (Saffais, Meurthe-et-Moselle, 1750 – Paris, 1828), homme politique français, membre du Directoire (1797), ministre de l'Intérieur (1798-1799). Acad. fr. (1803).

**Françoise Romaine (sainte)** (Rome, 1384 – id., 1440), religieuse italienne qui fonda en 1433 la congrégation des oblates bénédictines.

**François-Ferdinand de Habsbourg** (Graz, 1863 – Sarajevo, 1914), archiduc d'Autriche ; neveu et héritier de l'empereur François-Joseph. Son assassinat (28 juin 1914) précipita la guerre de 1914-1918.

**François-Joseph (terre)** archipel de Russie, dans l'océan Glacial arctique, nommé ainsi par les marins (autrichiens) qui le découvrirent (1872) ; 20 000 km$^2$.

**François-Joseph I^er^** (chât. de Schönbrunn, 1830 – Vienne, 1916), empereur d'Autriche (1848-1916) et roi de Hongrie (1867-1916). Il succéda à son oncle Ferdinand I^er^. Vaincu par Napoléon III en Italie (1859) et par la Prusse à Sadowa (1866), il se rapprocha de l'Allemagne (1879) et annexa la Bosnie-Herzégovine (1908). Contre la montée des nationalismes, il institua en 1867 une monarchie austro-hongroise (bicéphale) qui ne donna satisfaction qu'aux Hongrois. Après l'assassinat (le 28 juin

1914) de son héritier François-Ferdinand, à Sarajevo, il déclara la guerre à la Serbie, ce qui déclencha la Première Guerre mondiale.

**François le Champi** roman de George Sand (1847-1848).

**francolin** *nm* Oiseau galliforme des savanes africaines, voisin de la perdrix. [ETY] De l'ital.

**Franconi** (Udine, 1737 – 1836), famille d'écuyers de cirque descendant d'*Antonio* qui, quittant Venise, s'installa à Paris vers 1757. Son petit-fils **Victor** (Strasbourg, 1810 – Paris, 1897) dirigea, à Paris, les cirques d'Été et d'Hiver.

**Franconie** (en all. *Franken*), l'un des premiers duchés (840) de l'Empire germanique, situé (dans la Bavière actuelle) entre le Main et le Danube ; cap. Nuremberg. [DER] **franconien, enne** *a, n*

**Franconville** ch.-l. de cant. du Val-d'Oise (arr. de Pontoise) ; 33 497 hab. Industries. [DER] **franconvillois, oise** *a, n*

**francophile** *a, n* Qui éprouve ou marque de l'amitié pour la France et les Français. [DER] **francophilie** *nf*

**francophobe** *a, n* Qui éprouve ou marque de l'hostilité à l'égard de la France et des Français. [DER] **francophobie** *nf*

**francophone** *a, n* **1** Dont le français est la langue maternelle ou officielle. *Les francophones belges.* **2** Où la langue française est en usage. *Pays francophone.*

**francophonie** *nf* Ensemble des peuples qui parlent le français.
[ENC] 52 États et gouvernements francophones : la Belgique, le Bénin, la Bulgarie, le Burkina Faso, le Burundi, le Cambodge, le Cameroun, le Canada, le Québec, le Cap-Vert, la Rép. centrafricaine, la Communauté française de Belgique, les Comores, la Rép. du Congo, la Rép. dém. du Congo, la Côte-d'Ivoire, Djibouti, la Dominique, l'Égypte, la France, le Gabon, la Guinée, la Guinée-Bissau, la Guinée équatoriale, Haïti, le Laos, le Liban, le Luxembourg, Madagascar, le Mali, le Maroc, l'île Maurice, la Mauritanie, la Moldavie, Monaco, le Niger, le Nouveau-Brunswick, la Roumanie, le Rwanda, Sainte-Lucie, le Sénégal, les Seychelles, São Tomé et Príncipe, la Suisse, le Tchad, le Togo, la Tunisie, Vanuatu, le Viet-nam, dont trois observateurs : l'Albanie, la Macédoine et la Pologne. En 1970, à Niamey, a été créée l'Agence de coopération culturelle et technique (ACCT), devenue l'Agence de la Francophonie. En 1986, s'est tenu le premier *Sommet francophone*, bisannuel après 1987. En 1997, le premier Secrétaire général de la Francophonie a été élu : le docteur Boutros Boutros-Ghali.

**franco-provençal, ale** *a, nm* Se dit des dialectes parlés du Lyonnais au Val d'Aoste et à la Suisse romande, intermédiaires entre les dialectes d'oc et les dialectes d'oïl. PLUR franco-provençaux.

**franco-russe (alliance)** alliance militaire et économique conclue en 1893 entre la France et la Russie, qui, jusqu'alors, était membre d'une Triple-Alliance dirigée par l'Allemagne. (V. Entente [Triple-]).

**franc-parler** *nm* Franchise de langage de celui qui dit tout haut et sans ménagement ce qu'il pense. *Avoir son franc-parler.* PLUR francs-parlers.

**franc-quartier** *nm* HERALD Premier quartier de l'écu. PLUR francs-quartiers.

**Francs** peuplade germanique et païenne qui envahit la Gaule aux III$^{e}$ et IV$^{e}$ s. (Francs Saliens). Ils furent réunis en un seul État par Clovis, qui étendit la domination franque en Gaule, où, s'étant converti (496), il propagea le christianisme. Les Francs Ripuaires, c.-à-d. « de la rive » (droite du Rhin), vécurent sur la Moselle et retraversèrent le Rhin aux VI$^{e}$ et VII$^{e}$ s., pour peupler notam. la Flandre. [DER] **franc, franque** *a*

**franc-tireur** *nm* **1** Combattant qui n'appartient pas à une unité régulière. **2** *fig* Personne agissant de façon indépendante, sans observer les règles d'un groupe. PLUR francs-tireurs.

**frange** *nf* **1** Bande d'étoffe à filets retombants qui sert d'ornement. **2** *fig* Bord découpé. *Frange d'écume des vagues.* **3** Cheveux retombant sur le front et coupés en ligne droite. **4** *fig* Ce qui est au bord ou marginal, et, par ext., indistinct, vague. *Frange du souvenir.* **5** Petite minorité, petit groupe marginal. *Une frange de séditieux.* LOC PHYS *Franges d'interférence* : bandes alternativement brillantes et sombres qui résultent de l'interférence de rayons lumineux provenant de sources distinctes. [ETY] Du lat.

**frangeant** *am* GEOGR Qui borde la côte à peu de distance, en parlant de récifs coralliens.

**franger** *vt* [13] **1** COUT Garnir d'une frange. *Franger une robe.* **2** Border. *Récifs qui frangent une côte.*

**Frangié** Soliman (Zghonta, 1910 – Beyrouth, 1992), homme politique libanais ; président (maronite) de la Rép. (1970-1976), il visa l'intervention de la Syrie (1976) dans la guerre civile au Liban.

**frangin, ine** *n fam* Frère, sœur.

**frangipane** *nf* **1** Crème aux amandes ; pâtisserie garnie de cette crème. **2** BOT Fruit du frangipanier. [ETY] D'un n. pr.

**frangipanier** *nm* Arbuste tropical (apocynacée) dont les fleurs groupées en cyme sont très odoriférantes.

**franglais** *nm* Français mêlé d'anglicismes.

**Franju** Georges (Fougères, 1912 – Paris, 1987), cinéaste français ; cofondateur de la Cinémathèque française (1936). Courts métrages : *le Sang des bêtes* (1948), *Hôtel des Invalides* (1951). Longs métrages : *la Tête contre les murs* (1959), *Thérèse Desqueyroux* (1962).

**Frank** Robert (Zurich, 1924), photographe suisse. Son livre*Les Américains* (1968) est fondateur d'un nouveau style de photojournalisme.

**Frank** Anne (Francfort-sur-le-Main, 1929 – camp de concentration de Bergen-Belsen, 1945), jeune Juive allemande émigrée aux Pays-Bas en 1933. Elle écrivit, de 1942 à 1944, alors que sa famille et elle se cachaient des nazis, le *Journal d'Anne Frank*, publié en 1947 (version intégrale en 1989).

**Frankenstein** ou *(le Prométhée moderne)* roman fantastique de Mary Shelley (1818). ▷ CINE Boris Karloff est la créature de

LA FRANCOPHONIE DANS LE MONDE

Frankenstein dans *Frankenstein* (1931) et *la Fiancée de Frankenstein* (1935) de l'Américain James Whale, et dans *le Fils de Frankenstein* de l'Américain Rowland V. Lee, en 1939.

**Frankfort** v. des États-Unis, cap. de l'État du Kentucky ; 25 900 hab.

**Frankland** sir Edward (Churchtown, Lancashire, 1825 – Golaa, Norvège, 1899), chimiste anglais ; l'un de ceux qui créèrent le concept de valence et qui attribuèrent la raie jaune du spectre solaire à l'existence de l'hélium.

**Franklin** Benjamin (Boston, 1706 – Philadelphie, 1790), physicien (il inventa le paratonnerre en 1752), philosophe et homme politique américain. Élu au premier Congrès des É.-U., il participa à la rédaction de la *Déclaration d'indépendance* (1776). Ambassadeur, il conclut le traité d'alliance avec la France (1778). Il est l'auteur d'essais et de *Mémoires* (1771).

Benjamin Franklin

**Franklin** sir John (Spilsby, Lincolnshire, 1786 – dans l'Arctique, 1847), navigateur et explorateur anglais. Il périt en recherchant le « passage du nord-ouest » (au N. du Canada).

**Franklin** Aretha (Memphis, 1942), chanteuse américaine de soul.

**1 franquette** *nf* Variété de noix vendue fraîche.

**2 franquette (à la bonne)** *av* fam Sans faire de façons, simplement.

**Franquin** André (Bruxelles, 1924 – Saint-Laurent-du-Var, 1997), auteur belge de bandes dessinées, créateur de Spirou (1946), du Marsupilami (1953), de Gaston Lagaffe (1957).

**franquisme** *nm* Doctrine politique du général Franco et des partisans du régime politique qu'il fonda en 1939 en Espagne. (DER) **franquiste** *n, a*

**fransquillon** *nm* Belgique **1** Personne qui parle le français de façon affectée, avec un accent parisien. **2** En Belgique flamande, tout francophone.

**frappage** *nm* TECH Action de frapper ; son résultat.

**frappant, ante** *a* **1** Qui fait une vive impression. *Une ressemblance frappante.* **2** Qui est d'une évidence incontestable. *Une coïncidence frappante.*

**1 frappe** *nf* **1** TECH Action de frapper les monnaies. **2** Empreinte effectuée sur les monnaies. **3** IMPR Assortiment de matrices pour fondre les caractères d'imprimerie en plomb. **4** Action de dactylographier ou de saisir un texte. *Faute de frappe.* **5** SPORT Manière de frapper. *La frappe d'un boxeur.* **6** MILIT Bombardement. *Frappe aérienne.*

**2 frappe** *nf* fam Voyou. (ETY) De *fripouille*.

**frappé, ée** *a* **1** Rafraîchi par de la glace. *Café frappé.* **2** fam Un peu fou.

**frapper** *v* ⓘ **A** *vt* **1** Donner un ou plusieurs coups. *Son père l'a frappé. Le marteau frappe l'enclume.* **2** Blesser. *Frapper qqn à mort.* **3** Tomber sur. *Lumière qui frappe un objet.* **4** TECH Marquer d'une empreinte. *Frapper des médailles. Frapper la monnaie.* **5** Atteindre d'un mal. *Malheur qui frappe une famille. Être frappé d'apoplexie.* **6** Soumettre à une taxe, etc. *Frapper une marchandise de droits d'entrée.* **7** Atteindre d'une impression vive. *Frapper la vue, l'esprit.* **8** Étonner, saisir. *J'ai été frappé de leur ressemblance.* **B** *vi* Donner des coups en produisant un son. *Frapper dans ses mains. Frapper à la porte pour se faire ouvrir.* **C** *vpr* fam S'inquiéter exagérément. (ETY) Du frq. (DER) **frappement** *nm*

**frappeur, euse** *a, n* **A** *a* Qui frappe. **B** *n* **1** TECH Personne qui frappe (des médailles, de la monnaie). **2** SPORT Joueur (football, tennis, etc.) doué d'une frappe de balle exceptionnelle. LOC *Esprit frappeur :* qui, selon les spirites, se manifeste en frappant des coups.

**Frascati** v. d'Italie (prov. de Rome), au pied des monts Albains ; 18 730 hab. Vignoble. Villas Renaissance.

**Fraser (le)** fl. du Canada (Colombie-Britannique), nommé ainsi en l'honneur de Simon Fraser (1776 – 1862), explorateur canadien ; 1 200 km. Né dans les Rocheuses, il coule dans des gorges sauvages et se jette dans le Pacifique au S. de Vancouver.

**Fraser** Dawn (Sydney, 1937), nageuse australienne, la prem. qui parcourut le 100 m nage libre en moins d'une minute (en 1962).

**frasques** *nfpl* Écart de conduite. *Frasques de jeunesse.* (ETY) De l'ital.

**Fratellini (les)** dynastie de clowns français d'origine italienne, fondée par — **Louis** (Florence, 1868 – Varsovie, 1909), et son frère — **Gustave** (Florence, 1842 – Paris, 1902). Les fils de Gustave formèrent un trio célèbre : — **Paul** (Catane, 1877 – Le Perreux, 1940), — **François** (Paris, 1879 – id., 1951) et — **Albert** (Moscou, 1885 – Épinay-sur-Seine, 1961). — **Annie** (Alger, 1932 – Paris, 1997), petite-fille de Paul, fut clown et actrice de cinéma.

**Annie Fratellini** et sa fille Valérie

**fraternel, elle** *a* **1** Qui a rapport aux liens unissant des frères, des sœurs. *Amour fraternel.* **2** Qui rappelle les sentiments unissant des frères. *Amitié fraternelle.* (ETY) Du lat. (DER) **fraternellement** *av*

**fraterniser** *vi* ⓘ **1** Adopter un comportement fraternel. **2** Faire acte de fraternité, de solidarité, en cessant toute hostilité. *Fraterniser avec l'ennemi.* (DER) **fraternisation** *nf*

**fraternité** *nf* **1** Lien de parenté entre frères et sœurs. **2** Union fraternelle entre les hommes, sentiment de solidarité qui les unit.

**Fraternité républicaine irlandaise** association secrète fondée en 1858 par des Irlandais immigrés aux É.-U. et au Canada, qui mena en Irlande la lutte armée pour l'indépendance. Ses membres, les fenians, se fondirent dans le Sinn Féin.

**fratricide** *n, a* **A** *nm* Meurtre du frère ou de la sœur. **B** *n* Personne qui tue son frère ou sa sœur. **C** *a* Qui détruit les membres d'une communauté que devrait unir une fraternité. *Lutte, guerre fratricide.*

**fratrie** *nf* didac Groupe formé par les frères et les sœurs d'une même famille.

**fraude** *nf* **1** Action faite de mauvaise foi, pour tromper. **2** Falsification punie par la loi. *Fraude fiscale, électorale.* **3** Action de soustraire des marchandises aux droits de douane. *Passer des cigarettes en fraude.* (ETY) Du lat.

**frauder** *v* ⓘ **A** *vt* Tromper par la fraude. *Frauder la douane, le fisc.* **B** *vi* Commettre une fraude. *Frauder sur une marchandise.* (DER) **fraudeur, euse** *n*

**frauduleux, euse** *a* Entaché de fraude. *Contrat frauduleux.* (DER) **frauduleusement** *av*

**Frauenfeld** v. de Suisse ; ch.-l. du cant. de Thurgovie ; 18 800 hab. Industries.

**Fraunhofer** Josef von (Straubing, Bavière, 1787 – Munich, 1826), physicien allemand ; il donna son nom aux raies sombres du spectre solaire.

**fraxinelle** *nf* rég Rutacée ornementale, aux feuilles odorantes. (ETY) Du lat. *fraxinus*, « frêne ».

**frayement** *nm* MED VET Érythème local des animaux, causé par des frottements répétés. (PHO) [fʀɛmɑ̃]

**frayer** *v* ⑳ **A** *vt* **1** VEN Frotter. *Le cerf fraie ses bois aux branches.* **2** Ouvrir, tracer un chemin. *Frayer un passage dans la foule. Se frayer un chemin.* **B** *vi* **1** En parlant des poissons, pondre les œufs ou les féconder. **2** Fréquenter, avoir des relations suivies. *Frayer avec la canaille.* (ETY) Du lat. *fricare*, « frotter ».

**frayère** *nf* ZOOL Lieu de ponte des poissons ; lieu de reproduction de diverses espèces animales.

**frayeur** *nf* Crainte vive et passagère, en général sans fondement. (ETY) Du lat. *fragor*, « fracas ».

**Frazer** sir James George (Glasgow, 1854 – Cambridge, 1941), ethnologue écossais ; il compara folklore et religions : *le Rameau d'or* (12 vol., 1890-1915), *le Folklore dans l'Ancien Testament* (1918).

**Freaks** film (1932), dit en fr. *la Monstrueuse Parade*, de l'Américain Tod Browning (1882 – 1962).

**Frears** Stephen (Leicester, 1941), cinéaste anglais : *My Beautiful Laundrette* (1985), *les Liaisons dangereuses* (1988), *The Van* (1996).

**Fréchet** Maurice (Maligny, Yonne, 1878 – Paris, 1973), mathématicien français : travaux sur les ensembles.

**Fréchette** Louis (Lévis, Québec, 1839 – Montréal, 1908), poète québecois romantique : *Pêle-Mêle* (1877), *la Légende d'un peuple* (1887).

**Fred** Othon Aristides, dit (Paris, 1931 – id., 2013), auteur français de bandes dessinées poétiques : *Philémon* (1965).

**fredaines** *nfpl* Écart de conduite sans gravité. (ETY) De l'a. fr. *fradin*, « scélérat ».

**Frédégonde** (545 – 597), troisième femme de Chilpéric Ier, roi des Francs de Neustrie. Elle fit assassiner la deuxième épouse et les deux fils de Chilpéric et affronta Brunehaut, reine d'Austrasie.

**Allemagne**

**Frédéric Ier Barberousse** (Waiblingen, 1122 – dans les eaux du Cydnus [aujourd'hui Tarsus Çayi], en Cilicie, 1190), empereur du Saint Empire romain germanique (1152-1190). Couronné empereur à Rome (1155), il assujettit Milan et la Lombardie, mais se heurta au pape Alexandre III, qui obtint l'alliance de toutes les villes de l'Italie du Nord. Vaincu à Legnano (1177), il dut reconnaître leur autonomie (paix de Constance, 1183). En Allemagne, il brisa Henri le Lion, duc de Saxe et de Bavière (1180), dont il confisqua les domaines. Il prit la tête de la 3e croisade, mais se noya en Turquie d'Asie. — **Frédéric II** (Iesi, marche d'Ancône, 1194 – château de Fiorentino, Pouilles, 1250), roi de Sicile sous le nom de Frédéric Ier Roger (1197-1250), empereur du Saint Empire (1220-1250). La papauté l'excommunia en 1227, mais il participa à une croisade et fut roi de Jérusalem (1229). La papauté l'excommunia de nouveau (1239) et le déposa théoriquement (1245). — **Frédéric III** (Innsbruck, 1415 – Linz, 1493), empereur (1440-1493). Il perdit la Bohême et la Hongrie.

**Frédéric Ier Barberousse** enluminure du XIIe s. – Bibliothèque vaticane, Rome

#### Danemark et Norvège

**Frédéric Ier** (Copenhague, 1471 – Gottorp, 1533), roi de Danemark (1523-1533) et de Norvège (1524-1533). Il favorisa le luthéranisme. — **Frédéric II** (Haderslev, 1534 – Antvorskov, 1588), roi (1559-1588), lutta contre la Suède. — **Frédéric III** (Haderslev, 1609 – Copenhague, 1670), roi (1648-1670), fut dépossédé par la Suède de la Scanie et du Halland. — **Frédéric IV** (Copenhague, 1671 – Odense, 1730), roi (1699-1730), prit au Holstein le Slesvig (Schleswig) du Sud. — **Frédéric V** (Copenhague, 1723 – id., 1766), roi (1746-1766), protecteur des lettres et des arts. — **Frédéric VI** (Copenhague, 1768 – id., 1839), roi de Danemark (1808-1839). Il perdit la Norvège en 1814. — **Frédéric IX** (chât. de Sorgenfri, 1899 – Copenhague, 1972), roi de Danemark (1947-1972). Sa fille Marghrete lui a succédé.

#### Palatinat

**Frédéric V** (Amberg, 1596 – Mayence, 1632), Électeur palatin (1610-1623) et roi de Bohême (1619-1620). Chef de l'Union évangélique, il accepta des Tchèques, révoltés contre Ferdinand II, la couronne de Bohême. Vaincu à la Montagne Blanche (1620).

#### Prusse

**Frédéric Ier** (Königsberg, 1657 – Berlin, 1713), Électeur de Brandebourg (1688), puis premier roi de Prusse (1701-1713). Il poursuivit la politique de son père Frédéric-Guillaume en luttant contre la France et la Suède. — **Frédéric II le Grand** ou **l'Unique** (Berlin, 1712 – Potsdam, 1786), fils de Frédéric-Guillaume Ier ; roi de Prusse (1740-1786). Ami des philosophes (notam. Voltaire), mais élevé militairement par son père, il agrandit et modernisa la Prusse. Il occupa la Silésie (1741), que reconnut sienne le traité de Dresde (1745). Il prit part, allié à l'Angleterre, à la guerre de Sept Ans (1756-1763). En 1772, il prit à la Pologne la Prusse occidentale (moins Toruń et Dantzig). — **Frédéric III** (Potsdam, 1831 – id., 1888), fils de Guillaume Ier ; empereur allemand et roi de Prusse (l'année de sa mort).

#### Saxe

**Frédéric III le Sage** (Torgau, 1463 – Lochau, 1525), duc de Saxe (1486-1525) ; il répandit le luthérianisme dans ses États.

#### Sicile

**Frédéric Ier Roger** V. Frédéric II (Allemagne). — **Frédéric II** (?, 1272 – Palerme, 1337), fils du roi d'Aragon Pierre III, roi de Sicile (1296-1337). — **Frédéric III le Simple** (Catane, 1342 – Messine, 1377), roi de Sicile (1355-1377). Jeanne de Naples lui prit Messine et Palerme. — **Frédéric Ier** (Naples, 1452 – Tours, 1504), roi de Sicile péninsulaire (1496-1501). Détrôné par Louis XII, il dut céder à la France le royaume de Naples (1501).

≪≪≫≫

**Frédéric-Auguste Ier le Juste** (Dresde, 1750 – id., 1827), Électeur (1763-1806) puis premier roi de Saxe (1806-1827). Napoléon Ier lui donna ce titre et le grand-duché de Varsovie. Il perdit une partie de ses États en 1815. — **Frédéric-Auguste II** (Dresde, 1797 – dans le Tyrol, 1854), roi de Saxe (1836-1854). — **Frédéric-Auguste III** (Dresde, 1865 – chât. de Sibyllenort, Silésie, 1932), roi de Saxe de 1904 à 1918.

**Frédéric-Guillaume,** dit **le Grand Électeur** (Berlin, 1620 – Potsdam, 1688), Électeur de Brandebourg (1640) et duc de Prusse. Bénéficiaire des traités de Westphalie (1648), il créa l'État prussien. Il vainquit les Suédois à Fehrbellin (1675).

**Frédéric-Guillaume Ier,** dit **le Roi-Sergent** (Berlin, 1688 – Potsdam, 1740), fils de Frédéric Ier de Prusse ; roi de Prusse (1713-1740). Il renforça l'État et son armée. — **Frédéric-Guillaume II** (Berlin, 1744 – id., 1797), neveu de Frédéric II le Grand ; roi de Prusse (1786-1797). Vaincu à Valmy (1792), il céda à la France ses possessions de la rive gauche du Rhin, mais annexa Dantzig et Varsovie. — **Frédéric-Guillaume III** (Potsdam, 1770 – Berlin, 1840), fils du préc. ; roi de Prusse (1797-1840). Vaincu par Napoléon Ier, il perdit la moitié de ses États (paix de Tilsit, 1807), récupérée en 1815. — **Frédéric-Guillaume IV** (Berlin, 1795 – chât. de Sans-Souci, 1861), fils du préc. ; roi de Prusse (1840-1861). Atteint de démence, il laissa gouverner son frère Guillaume Ier (1857).

**Frédéric-Guillaume,** dit **le Kronprinz** (Potsdam, 1882 – Hechingen, 1951), fils aîné de l'empereur Guillaume II ; il s'illustra pendant la Première Guerre mondiale.

**Frédéric-Henri prince d'Orange-Nassau** (Delft, 1584 – id., 1647), stathouder des Provinces-Unies (1625-1647). Il lutta contre les Espagnols et accrut la marine de son pays.

**Fredericton** v. du Canada, 46 460 hab. ; cap. du Nouveau-Brunswick. – Université.

**Frederiksberg** ville du Danemark, faubourg résidentiel de Copenhague ; 85 800 hab.

**Frederiksborg** château royal, dans l'île de Sjælland (Danemark), sur le lac Slotssø.

**Frédéric II le Grand**

**Fredholm Ivar** (Stockholm, 1866 – Mörby, 1927), mathématicien suédois : travaux d'analyse.

**fredonner** *vt, i* ① Chanter à mi-voix, sans ouvrir la bouche. ETY Du lat. *fritinnire,* « gazouiller ». DER **fredonnement** *nm*

**freefly** *nm* Pratique du parachutisme en chute libre, en enchaînant des figures improvisées. PHO [fʀiflaj] ETY De l'angl. *free,* « libre » et *to fly,* « voler ». DER **freeflyer** *n*

**free-jazz** *nm inv* Courant du jazz apparu dep. 1958, qui rejette la trame harmonique et le tempo au profit de l'improvisation. PHO [fʀidʒaz] ETY Mots angl., « jazz libre ». VAR **freejazz**

**free-lance** *a, n* **A** Qui travaille de façon indépendante. *Une journaliste free-lance.* **B** *nm* Ce type de travail. PLUR free-lances. PHO [fʀilɑ̃s] ETY Mots angl., « franc tireur ». VAR **freelance**

**free-martin** *nm* PHYSIOL Génisse ayant des organes sexuels anormaux. PLUR free-martins. PHO [fʀimaʀtɛ̃] VAR **freemartin**

**free-party** *nf* Rave-party clandestine. PLUR free-partys ou free-parties. PHO [fʀipaʀti] ETY Mot angl. VAR **freeparty**

**freeride** *nm* Pratique hors piste du ski ou du surf des neiges, dans des conditions extrêmes. PHO [fʀiʀajd] ETY Mot angl. DER **freerider** *n*

**free-shop** *nm* Syn. de *boutique franche.* PLUR free-shops. PHO [fʀiʃɔp] ETY Mot angl. VAR **freeshop**

**freesia** *nm* Plante bulbeuse (iridacée) aux fleurs odorantes, diversement colorées. PHO [fʀezja] ETY D'un n. pr.

**free-style** *nm* Pratique acrobatique d'un sport (ski, snowboard, roller). PLUR free-styles. PHO [fʀistajl] ETY Mot angl. VAR **freestyle**

**Freetown** cap. et port de la rép. de Sierra Leone, sur l'Atlantique ; 470 000 hab. (aggl.).

**freeware** *nm* INFORM Logiciel mis gratuitement à la disposition du public. PHO [fʀiwɛʀ] ETY Mot angl.

**freezer** *nm* Compartiment à glace d'un réfrigérateur. PHO [fʀizœʀ] ETY Mot amér.

**frégate** *nf* **1** anc Bâtiment de guerre à trois mâts. **2** mod Bâtiment de guerre rapide, armé d'engins antiaériens et anti-sous-marins, destiné à l'escorte des porte-avions. **3** Oiseau pélécaniforme des mers tropicales, au plumage sombre et à la queue fourchue, dont les mâles possèdent un sac gonflable rouge vif sous le bec. ETY De l'ital.

**frégate**

**Frege Gottlob** (Wismar, 1848 – Bad Kleinen, Meklembourg, 1925), mathématicien et logicien allemand.

**Fregoli Leopoldo** (Rome, 1867 – Viareggio, 1936), mime et illusionniste italien.

**Fréhel (cap)** promontoire situé au N.-E. de la baie de Saint-Brieuc (Côtes-d'Armor) ; doté de falaises de grès et de schiste. – Phare.

**Fréhel Marguerite Boulch,** dite (Paris, 1891 – id., 1951), chanteuse française : *la Java bleue, Tel qu'il est.*

**Freiberg** ville d'Allemagne (Saxe) ; 51 400 hab. Industries. – École des mines.

**Freiligrath Ferdinand** (Detmold, 1810 – Stuttgart, 1876), poète allemand romantique.

**Frei Montalva** Eduardo (Santiago du Chili, 1911 – id., 1982), homme politique chilien ; démocrate-chrétien, président de la Rép. de 1964 à 1970. — **Eduardo** (Santiago, 1942), fils du préc., président de la Rép. de 1994 à 2000.

**frein** *nm* **1** vx Mors. **2** fig, litt Ce qui retient un élan excessif. *Mettre un frein à ses passions.* **3** ANAT Membrane qui bride ou retient certains organes. *Frein de la langue.* **4** Organe servant à réduire ou à annuler l'énergie cinétique d'un véhicule, d'un corps en mouvement. *La pédale de frein, le frein à main d'une automobile.* **5** Dispositif qui limite le recul d'une arme à feu. **LOC** ***Frein moteur*** : action du moteur ralenti qui diminue la vitesse de rotation des roues. — ***Ronger son frein*** : contenir difficilement son ressentiment, son impatience. ETY Du lat.

**freiner** *v* ① **A** *vi* Se servir des freins pour ralentir ou arrêter un véhicule. **B** *vt* fig Ralentir une progression, une évolution ; modérer un élan. *Freiner la hausse des prix. Freiner son enthousiasme.* **C** *vpr* fam Se modérer. DER **freinage** *nm*

**Freinet** Célestin (Gars, Alpes-Maritimes, 1896 – Vence, 1966), pédagogue français. Il inventa des méthodes éducatives fondées sur l'expression libre, le travail par groupes, etc.

**freinte** *nf* COMM Déchet subi par une marchandise lors de sa fabrication ou de son transport. ETY De l'a. fr.

**Freire** Paulo (Récife, 1921 – São Paulo, 1997), pédagogue brésilien ; il œuvra dans les milieux misérables.

**Fréjus** ch.-l. de cant. du Var (arr. de Draguignan), à l'embouchure de l'Argens ; 52 389 hab. Industries. – Ruines romaines. Cath. (XI$^e$-XII$^e$ s.) ; baptistère (V$^e$ s.). Évêché de Fréjus et de Toulon. DER **fréjusien, enne** *a, n*

**Fréjus (col de)** passage des Alpes reliant la Savoie (France) à l'Italie ; 2 542 m. Sous le col passent un tunnel ferroviaire (13 655 m), dit « tunnel du Mont-Cenis », et un tunnel routier (12 800 m).

**frelaté, ée** *a* **1** Altéré par des substances étrangères. *Alcool frelaté.* **2** fig Qui a perdu son naturel, corrompu. *Vie, société frelatée.*

**frelater** *vt* ① Altérer en mêlant des substances étrangères. *Frelater du vin.* ETY Du néerl. DER **frelatage** *nm*

**frêle** *a* **1** Qui semble manquer de force, de résistance ou de vitalité. *Une frêle jeune fille.* **2** Faible. *Parler d'une voix frêle.* ETY Du lat. DER **frêlement** *av*

**frelon** *nm* Grosse guêpe dont les piqûres, très douloureuses, peuvent être dangereuses. ETY Du frq.

**frelon**

**freluquet** *nm* **1** péjor Petit jeune homme vaniteux. **2** Homme petit et mal bâti.

**Frémiet** Emmanuel (Paris, 1824 – id., 1910), sculpteur français ; neveu de Rude : *Jeanne d'Arc* (Paris, place des Pyramides).

**Fréminville** Charles de La Poix de (Lorient, 1856 – Paris, 1936), ingénieur français, auteur de tests de résistance des métaux.

**frémir** *vi* ③ **1** Être agité par des vibrations accompagnées d'un bruissement léger. *Feuillage qui frémit au vent. L'eau frémit avant de bouillir.* **2** Trembler ; avoir une réaction physique trahissant l'émotion. *Frémir d'horreur.* **3** fig Être en légère évolution. *Les loyers frémissent à la hausse.* DER **frémissant, ante** *a*

**frémissement** *nm* **1** Léger mouvement accompagné de bruissement. *Frémissement de l'eau qui va bouillir.* **2** Tremblement léger dû à l'émotion. *Un frémissement d'indignation.* **3** fig Début d'évolution, à peine marqué, d'une courbe statistique, d'un processus quelconque.

**frênaie** *nf* Lieu planté de frênes.

**Frénaud** André (Montceau-les-Mines, 1907 – Paris, 1993), poète français, tendu et désespéré : *Il n'y a pas de paradis* (1962).

**Frenay** Henri (Lyon, 1905 – Porto-Vecchio, 1988), officier et homme politique français. Résistant, il contribua à la création du réseau « Combat » et fonda le journal du même nom (1941).

**French** John Denton Pinkstone (1$^{er}$ comte d'Ypres) (Ripple Vale, Kent, 1852 – Deal Castle, Kent, 1925), maréchal anglais. Il combattit les Boers (1899-1901) et commanda les troupes brit. en France (1914-1915).

**French Shore** (mot angl. « rivage français »), côte O. de Terre-Neuve près de laquelle les Français avaient le droit de pêcher la morue.

**frêne** *nm* Grand arbre (oléacée) reconnaissable à son écorce gris-vert, à ses bourgeons noirs et à ses feuilles composées, et dont le bois, blanc et dur, est utilisé notam. pour la fabrication de manches d'outils ; le bois de cet arbre. ETY Du lat.

feuilles du **frêne** élevé (à g.) et fruits en automne (en haut, à dr.) – écorce (en bas)

**frénésie** *nf* État d'exaltation violente ; ardeur extrême. ETY Du gr. DER **frénétique** *a* – **frénétiquement** *av*

**fréon** *nm* Dérivé de composés fluorocarbonés. ETY Nom déposé, de *froid*.

**Freppel** Charles (Obernai, Bas-Rhin, 1827 – Angers, 1891), prélat et homme politique français ; évêque d'Angers (1869), député de Brest (1880). Il combattit les thèses de Renan.

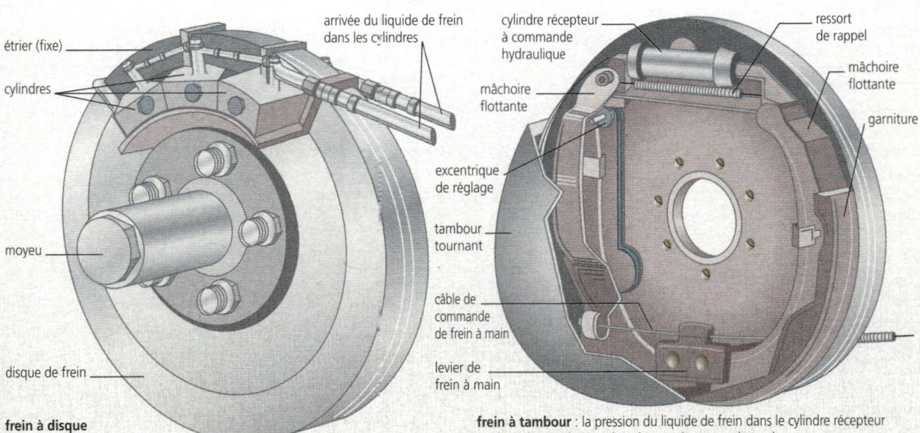


**frein à disque**

**frein à tambour** : la pression du liquide de frein dans le cylindre récepteur applique les mâchoires, donc les garnitures, sur le tambour

**frein**

**fréquence** *nf* **1** Caractère de ce qui se répète souvent, ou de ce qui se reproduit périodiquement. *La fréquence du passage des autobus.* **2** TECH Nombre d'observations statistiques correspondant à un évènement donné ou à une classe donnée. **3** PHYS Nombre de répétitions d'un phénomène périodique dans l'unité de temps. *La fréquence s'exprime en hertz, de symbole Hz ; 1 Hz = 1 cycle/seconde. Basses fréquences : entre 30 et 300 kHz ; hautes fréquences : entre 3 et 30 MHz.* **LOC** ***Fréquence fondamentale :*** correspondant au premier terme d'une série de Fourier. [ETY] Du lat.

**fréquencemètre** *nm* TECH Appareil pour la mesure des fréquences acoustiques.

**fréquent, ente** *a* Qui arrive souvent, se répète. [DER] **fréquemment** *av*

**fréquentatif, ive** *a, nm* LING Qui exprime une idée de répétition. *Verbe fréquentatif. « Criailler » est le fréquentatif de « crier ».* SYN itératif.

**fréquentation** *nf* **1** Action de fréquenter un lieu. *La fréquentation d'un club.* **2** Relation sociale habituelle ; personne fréquentée. *De mauvaises fréquentations.*

**fréquenté, ée** *a* Où il y a habituellement beaucoup de monde. *Un restaurant très fréquenté.* **LOC** ***Bien, mal fréquenté :*** se dit d'un lieu que fréquentent des gens convenables, peu recommandables.

**fréquenter** *vt* [1] **1** Aller souvent dans un lieu. *Fréquenter les cafés.* **2** Avoir de fréquentes relations avec qqn. *Fréquenter des artistes.* [ETY] Du lat. [DER] **fréquentable** *a*

**fréquentiel, elle** *a* PHYS Relatif à la fréquence.

**frère** *nm* **A 1** Celui qui est né du même père et de la même mère *(frère germain)* ou seulement du même père *(frère consanguin)* ou de la même mère *(frère utérin).* **2** Personne unie à une autre par des liens étroits. **3** Religieux non prêtre. *Frère lai, frère convers.* **4 fig** Chose considérée comme naturellement unie à une autre. *Des pays frères.* **B** *nm pl* **fig** Les êtres humains, considérés comme créés par le même Dieu, comme ayant la même origine. *Tous les hommes sont frères.* **LOC** ***Faux frère :*** celui qui trahit ses compagnons, ses amis. — ***Frère prêcheur :*** dominicain. — ***Frères d'armes :*** compagnons de combat. — ***Frères de lait :*** l'enfant de la nourrice et celui qu'elle nourrit du même lait. — ***Les frères maçons, les frères trois-points :*** les francs-maçons. — ***Grand frère :*** jeune de banlieue engagé par une administration pour s'interposer face à la violence des adolescents. [ETY] Du lat.

**Frère** Aubert (Grévillers, 1881 – camp du Struthof, 1944), général français, l'un des fondateurs de l'Organisation de résistance de l'armée (ORA) ; mort en déportation.

**frérèche** *nf* HIST Communauté familiale constituée par contrat notarial (Midi de la France, XIV-XV^e s.).

**Frère-Orban** Hubert Joseph Walthère (Liège, 1812 – Bruxelles, 1896), homme politique belge. Président du Conseil (1868-1870 et 1878-1884), il fit voter en 1879 la laïcité de l'enseignement.

**Frères Karamazov (les)** roman de Dostoïevski (1879-1880).

**Frères musulmans (les)** mouvement islamiste sunnite créé en 1928 par Hassan al-Banna en Égypte, actif au Moyen-Orient.

**Fréron** Élie (Quimper, 1718 – Paris, 1776), critique français ; adversaire des encyclopédistes et de Voltaire, qui l'attaqua avec mordant.

**frérot** *nm* **fam** Petit frère.

**Frescobaldi** Girolamo (Ferrare, 1583 – Rome, 1643), compositeur italien, le plus grand organiste (à St-Pierre de Rome) du XVII^e s. ; son œuvre pour clavier annonce celle de Bach.

**Fresnay** Pierre Laudenbach, dit Pierre (Paris, 1897 – Neuilly-sur-Seine, 1975), acteur français de théâtre et de cinéma : *Marius* (1931), *Fanny* (1932), *César* (1936), *la Grande Illusion* (1937), *le Corbeau* (1943), *Monsieur Vincent* (1947).

**Fresneau** François (Marennes, 1703 – id., 1770), ingénieur français. Il découvrit, en Guyane, l'hévéa dont il sut dissoudre le caoutchouc avec de la térébenthine.

**Fresnel** Augustin Jean (Chambrais, auj. Broglie, Normandie, 1788 – Ville-d'Avray, 1827), physicien français. Il produisit des franges d'interférence à partir d'un système de miroirs formant entre eux un angle très faible. ▷ OPT *Lentille de Fresnel* (1821) : lentille à échelons permettant d'augmenter considérablement la puissance lumineuse des phares.

**Fresnes** ch.-l. de cant. du Val-de-Marne (arr. de L'Haÿ-les-Roses) ; 25 577 hab. Industries. Prison. [DER] **fresnois, oise** *a, n*

**Fresno** v. des États-Unis (Californie) ; 494 665 hab. Marché agricole.

**fresque** *nf* **1** Manière de peindre sur des murs enduits de mortier frais, à l'aide de couleurs délayées à l'eau. *Peindre à fresque.* **2** Peinture murale exécutée de cette manière. **3 fig** Œuvre de fiction de grande envergure présentant le tableau d'une époque, d'une société. *Fresque cinématographique.* [ETY] De l'ital. *fresco,* « frais ». [DER] **fresquiste** *n*

**fressure** *nf* Ensemble des viscères de certains animaux, mouton en particulier. [ETY] Du lat. *frixura,* « poêle à frire ».

**fret** *nm* **1** Coût de location d'un navire. **2** Coût du transport de marchandises par mer, par air ou par route. **3** Cargaison transportée par un navire, un avion. *Fret aérien.* [PHO] [fʀɛt] [ETY] Du néerl.

**fréter** *vt* [14] **1** Donner en location. *Fréter un navire.* **2** Prendre en location. [DER] **fréteur** *nm*

**Fréteval** com. du Loir-et-Cher (arr. de Vendôme) ; 1 088 hab. – Victoire de Richard Cœur de Lion sur Philippe Auguste (1194). [DER] **frétevallois, oise** *a, n*

**frétiller** *vi* [1] S'agiter par de petits mouvements vifs. *Ces poissons frétillent encore.* [ETY] De l'a. fr. *freter,* « frotter ». [DER] **frétillant, ante** *a* – **frétillement** *nm*

**fretin** *nm* **1** Menu poisson négligé du pêcheur. **2 fig** Personnes ou choses de peu d'intérêt, négligeables. *C'est du menu fretin.* [ETY] De l'a. fr. *fraindre,* « briser ».

**1 frette** *nf* TECH Cercle métallique servant à renforcer une pièce cylindrique de bois, de béton, etc. [ETY] Probabl. frq. *fetur,* « chaîne ».

**2 frette** *nf* ARCHI Ornement en forme de ligne brisée. [ETY] De l'a. fr.

**fretter** *vt* [1] TECH Munir de frettes. [DER] **frettage** *nm*

**Freud** Sigmund (Freiberg, Moravie, auj. Příbor, Rép. tchèque, 1856 – Londres, 1939), psychiatre autrichien ; fondateur de la psychanalyse. Il étudia la médecine à Vienne de 1873 à 1881, et pratiqua la neurologie. En 1885, à Paris, Charcot lui enseigna la méthode hypnotique. Il ouvrit un cabinet médical à Vienne (1891), où Breuer lui fit connaître la « cure par la parole », (1895) et pratiqua sur lui-même une longue analyse, au cours de laquelle il découvrit le *complexe d'Œdipe* (1897-1902). À partir de 1902, se joignirent à Freud des disciples qui répandirent la psychanalyse dans le monde entier. Freud étendit l'investigation psychanalytique à l'art, à l'ethnologie, etc. Princ. œuvres : *l'Interprétation des rêves* (1900), *Psychopathologie de la vie quotidienne* (1901), *Trois Essais sur la théorie de la sexualité* (1905), *Totem et Tabou* (1913), *Introduction à la psychanalyse* (1916), *Au-delà du principe de plaisir* (1920), *Malaise dans la civilisation* (1930), *Moïse et le monothéisme* (posth., 1939). — **Anna** (Vienne, 1895 – Londres, 1982), fille et collab. du préc., qu'elle suivit (1938) à Londres, où elle prit la nationalité brit. ; nombr. ouvrages, relatifs notam. à l'enfance.

Fresnel

S. Freud

**Freud** Lucian (Berlin, 1922 – Londres, 2011), peintre britannique, petit-fils de S. Freud. Ses portraits et ses nus, d'inspiration naturaliste, atteignent, au-delà de leur cruauté, une humanité poignante.

**freudisme** *nm* Ensemble des conceptions et des méthodes psychanalytiques de S. Freud et de son école. [DER] **freudien, enne** *a, n*

**Freund** Karl (Königinhof, auj. Dvur Kralove, Rép. tchèque, 1890 – Santa Monica, 1969), chef opérateur allemand d'orig. austro-hongroise : *le Dernier des hommes* (1924), *Metropolis* (1927). Il émigra aux É.-U. en 1930.

**Freund** Gisèle (Berlin, 1912 – Paris, 2000), photographe française d'origine allemande, auteur de portraits d'écrivains (Colette, Joyce, Sartre, etc.) et d'essais sur la photographie.

**freux** *nm, a* Corbeau commun en Europe, long de 45 cm, à base du bec dénudée. [ETY] Du frq.

**Freycinet** Louis Claude de Saulces de (Montélimar, 1779 – Freycinet, Drôme, 1842), explorateur français ; compagnon de Duperrey et d'Arago (expédition de 1817-1820). — **Charles Louis de Saulces de** (Foix, 1828 – Paris, 1923), ingénieur et homme politique français, neveu du préc. ; président du Conseil en 1879-1880, 1882, 1886, 1890-1892. Acad. fr. (1891).

**Freyming-Merlebach** ch.-l. de cant. de la Moselle (arr. de Forbach) ; 13 523 hab. [DER] **freyming-merlebachois, oise** *a, n*

**Freyssinet** Eugène (Objat, Corrèze, 1879 – Saint-Martin-Vésubie, Alpes-Mar., 1962), ingénieur français. Il mit au point la précontrainte du béton armé, ce qui révolutionna la construction.

**Fria** v. de Guinée, au nord de Conakry, sur le fl. Konkouré ; ch.-l. de la rég. du m. nom ; 20 000 hab. Une usine traite la bauxite du gisement (proche) de Kimbo.

**friable** *a* Qui se réduit aisément en poudre, en menus fragments. *Terre friable.* [ETY] De *friare,* « broyer ». [DER] **friabilité** *nf*

**friand, ande** *a, nm* **A** *a* **1** Qui a un goût particulier pour. *Être friand de sucreries. Il est friand de louanges.* **2 vx** Qui aime la chère fine. **B** *nm* **1** Petit pâté fait avec de la chair à saucisse, entourée de pâte feuilletée. **2** Petit gâteau frais en pâte d'amandes. [ETY] De *frire,* « brûler d'envie ».

**friandise** *nf* Sucrerie ou pâtisserie délicate.

**fribourg** *nm* Type de gruyère produit dans la région de Fribourg.

**Fribourg** v. de l'O. de la Suisse ; 35 000 hab. ; ch.-l. du cant. du m. nom. Vieille cité catholique. Centre industr. – Évêché. Université cathol. Cath. goth. (III^e-XV^e s.). – Le *canton de Fribourg* (1 670 km² ; 278 500 hab., surtout francophones) a une vocation agricole et alimentaire (fromages, chocolat). [DER] **fribourgeois, oise** *a, n*

**Fribourg-en-Brisgau** v. d'Allemagne (Bade-Wurtemberg) ; 186 160 hab. Vieille ville située au pied de la Forêt-Noire. Grand centre industriel. – Université. Archevêché. Cath. gothique en grès rose (XIIe-XVe s.).

**fric** *nm* fam Argent. ETY De *fricot*.

**fricadelle** *nf* Belgique Boulette de viande hachée.

**fricandeau** *nm* **1** Tranche de veau lardée, braisée ou poêlée. **2** Darne ou filet de poisson lardé. ETY De *fricassée*.

**fricassée** *nf* **1** Viande de volaille fricassée. **2** Belgique Omelette au lard ou à la saucisse. **3** Canada Hachis de grillades de lard. **LOC** fam, vieilli ***Fricassée de museaux*** : embrassade générale.

**fricasser** *vt* ① Couper une volaille en morceaux et la faire cuire avec du beurre ou en sauce.

**fricatif, ive** *a, nf* PHON Se dit d'une consonne articulée en resserrant le chenal expiratoire et caractérisée par un bruit de frottement. ETY Du lat. *fricare*, « frotter ».

**fric-frac** *nm inv* fam, vieilli Cambriolage. ETY Onomat.

**friche** *nf* Terrain non cultivé. **LOC** ***Friche industrielle*** : terrain, bâtiment industriels laissés à l'abandon en attente d'une nouvelle activité. — ***En friche*** : inculte. ETY Du néerl.

**frichti** *nm* fam Fricot, repas. PHO [fʀiʃti] ETY De l'all.

**fricot** *nm* fam Plat grossièrement cuisiné. PHO [fʀiko] ETY De fricasser.

**fricoter** *v* ① fam **A** *vt* **1** Cuisiner un fricot. **2** Manigancer, tramer qqch. **B** *vi* Avoir des activités suspectes. *Il fricote dans l'immobilier.* DER **fricotage** *nm* – **fricoteur, euse** *n*

**friction** *nf* **1** Action de frotter vigoureusement une partie du corps. *Une friction avec un gant de crin.* **2** Massage du cuir chevelu avec une lotion. **3** TECH Frottement dur dans un mécanisme. **4** fig Heurt, désaccord. *Il y a des points de friction entre le père et le fils.* ETY Du lat.

**frictionnel, elle** *a* **1** TECH Relatif à la friction. **2** ECON Se dit d'un chômage provoqué par la rigidité du marché du travail et non par le manque de travail.

**frictionner** *vt* ① Faire une friction à qqn, à une partie du corps.

**Fridman** Aleksandr Aleksandrovitch (Saint-Pétersbourg, 1888 – id., 1925), astrophysicien russe, auteur d'un modèle d'Univers en expansion. VAR **Friedmann**

**fridolin** *nm* fam Nom donné aux Allemands pendant la Seconde Guerre mondiale. ETY Du prénom *Fritz*.

**Friedel** Charles (Strasbourg, 1832 – Montauban, 1899), chimiste et minéralogiste français. — **Georges** (Mulhouse, 1865 – Strasbourg, 1933), fils du préc. ; chimiste et minéralogiste : travaux sur les cristaux liquides.

**Friedland** (auj. *Pravdinsk*, en Russie), localité de l'ancienne Prusse, au S.-E. de Kaliningrad, sur l'Alle ; 18 000 hab. – Victoire de Napoléon sur les Russes (14 juin 1807).

**Friedlander** Lee (Aberdeen, État de Washington, 1934), photographe américain.

**Friedländer** Max Jacob (Berlin, 1867 – Amsterdam, 1958), historien d'art allemand ; spécialiste de la peinture flamande.

**Friedlingen** localité allemande au N. de Bâle, où Villars vainquit les forces impériales (14 oct. 1702).

**Friedman** Milton (New York, 1912 – San Francisco, 2006), économiste américain ; chef de l'« école de Chicago », qui prône l'ultralibéralisme. P. Nobel 1976.

**Friedman** Jerome Isaac (Chicago, 1930), physicien américain : travaux sur les quarks. P. Nobel 1990.

**Friedmann** Georges (Paris, 1902 – id., 1977), sociologue français du travail.

**Friedrich** Caspar David (Greifswald, 1774 – Dresde, 1840), peintre et graveur romantique allemand.

**Friedrichshafen** ville d'Allemagne (Bade-Wurtemberg), port et stat. balnéaire sur le lac de Constance ; 52 060 hab. Industr. automobile et aéronautique.

**Friesz** Othon (Le Havre, 1879 – Paris, 1949), peintre français ; fauve de 1903 à 1907.

**Frigg** champ d'exploitation de gaz naturel situé en mer du Nord.

**Frigg** divinité scandinave, épouse d'Odin, protectrice du foyer. VAR **Frigga**

**frigidaire** *nm* Réfrigérateur de la marque de ce nom. ETY Nom déposé.

**frigide** *a* Se dit d'une femme incapable d'éprouver du désir sexuel ou de parvenir à l'orgasme lors du coït. ETY Du lat. *frigidus*, « froid ». DER **frigidité** *nf*

**frigo** *nm* fam Réfrigérateur.

**frigorie** *nf* PHYS Anc. unité thermique (remplacée auj. par l'équivalent en joules). SYMB fg.

**frigorifier** *vt* ② **1** Soumettre au froid pour conserver les denrées alimentaires périssables. **2** Engourdir de froid. *Être frigorifié.*

**frigorifique** *a, nm* **A** *a* **1** Qui produit du froid. *Installation frigorifique.* **2** Réfrigéré par une installation frigorifique. **B** *nm* TECH Installation servant à conserver par le froid.

**frigorigène** *a* TECH Se dit d'un fluide qui produit du froid.

**frigoriste** *nm* TECH Technicien spécialisé dans les installations frigorifiques.

**frileux, euse** *a* **1** Qui craint le froid. *Un vieillard frileux.* **2** Qui dénote la sensibilité au froid. *Un geste frileux.* **3** Craintif, timide, qui dénote un manque de caractère. *Une attitude frileuse.* ETY Du lat. DER **frileusement** *av* – **frilosité** *nf*

**frimaire** *nm* HIST Troisième mois du calendrier républicain du 21/23 nov. au 20/22 déc. ETY De *frimas*.

**frimas** *nm* litt Brouillard épais qui se transforme en glace en tombant. PHO [fʀima] ETY Du frq.

**frime** *nf* **1** fam Simulation, faux-semblant. *C'est de la frime.* **2** fam Visage. ETY Du lat. *frumen*, « gosier ».

**frimer** *vi* ① fam Chercher à épater, à attirer l'attention. DER **frimeur, euse** *a, n*

**frimousse** *nf* **1** fam Visage d'un enfant ou d'une personne jeune. **2** Syn. (recommandé) de *smiley*.

**fringale** *nf* fam **1** Faim subite et irrésistible. **2** fig Envie soudaine. *Une fringale de voyages.* ETY De *faimvalle*, « grande faim ».

**fringant, ante** *a* **1** Très vif. *Cheval fringant.* **2** Alerte, de belle humeur et de mise élégante. *Jeune homme fringant.* ETY De *fringuer*, « gambader ».

**fringillidé** *nm* Oiseau passériforme à bec conique et à plumage coloré tel que le pinson et le chardonneret. PHO [fʀɛ̃ʒilide] ETY Du lat.

**fringuer (se)** *vpr* ① fam S'habiller.

**fringues** *nf pl* fam Vêtements.

**Frioul** rég. alpine du N.-E. de l'Italie. – Anc. prov. vénitienne, le Frioul appartint à l'Autriche, qui le restitua à l'Italie en 1866 et en 1919 (prov. de Gorizia). DER **frioulan, ane** *a, n*

**Frioul-Vénétie Julienne** région d'Italie et de l'UE, au N. de Venise, frontalière avec l'Autriche et la Slovénie, formée des prov. de Gorizia, Pordenone, Trieste et Udine ; 7 845 km$^2$ ; 1 210 240 hab. ; cap. *Trieste*.

**fripe** *nf* vieilli Vêtement usagé, d'occasion. ETY Du lat. *faluppa*, « chose sans valeur ».

**friper** *vt* ① **1** Chiffonner, froisser. *Friper sa robe en s'asseyant.* **2** fig Marquer par de nombreux traits. *Un visage fripé.*

**friperie** *nf* **1** Vieux habits, chiffons. **2** Commerce, boutique de fripier.

**fripier, ère** *n* Personne qui fait commerce de vêtements d'occasion.

**fripon, onne** *n, a* **A** *n* **1** fam Enfant malicieux, polisson. **2** vx Escroc, voleur. **B** *a* Qui dénote la malice, l'espièglerie. *Un air fripon.* ETY De l'anc. v. *friponner*, « voler ». DER **friponnerie** *nf*

**Friedrich** *l'Arbre aux corbeaux* ; v. 1822 – musée du Louvre

**fripouille** *nf* fam Individu malhonnête, canaille. DER **fripouillerie** *nf*

**friqué, ée** *a, n* fam Riche.

**friquet** *nm* Moineau des haies et des bosquets.

**frire** *v* 64 **A** *vt* Faire cuire dans un corps gras bouillant. *Frire du poisson.* **B** *vi* Cuire dans la friture. *Mettre des beignets à frire.* ETY Du lat.

**frisant, ante** *a* **1** Qui boucle. **2** Qui effleure une surface avec un angle d'incidence très faible. *Lumière frisante.* SYN rasant.

**frisbee** *nm* Jeu pratiqué avec un disque concave en matière plastique que les joueurs se lancent en le faisant tourner sur lui-même ; ce disque. PHO [fʀizbi] ETY Nom déposé.

**Frisch** Karl von (Vienne, 1886 – Munich, 1982), entomologiste autrichien. Il a « décodé » la danse des abeilles, par laquelle elles se communiquent des informations. P. Nobel de médecine 1973 avec K. Lorenz et N. Tinbergen.

Karl von Frisch

**Frisch** Ragnar (Oslo, 1895 – id., 1973), économiste norvégien : travaux d'économétrie. P. Nobel 1969 avec J. Tinbergen.

**Frisch** Max (Zurich, 1911 – id., 1991), écrivain suisse d'expression allemande, influencé par Brecht ; romancier (*Homo faber*, 1957) et dramaturge (*Biedermann et les incendiaires*, 1958).

**1 frise** *nf* **1** ARCHI Partie de l'entablement entre l'architrave et la corniche. **2** Surface plane formant un bandeau continu, qui comporte des motifs décoratifs. **3** THEAT Bande de décor fixée au cintre, figurant le ciel ou le plafond. **4** TECH Planche rainée et rabotée servant à constituer le plancher. ETY Du lat.

**2 frise** *nf* Toile de Hollande. ETY Du n. pr.

**Frise** (en néerl. et en all. *Friesland*), plaine côtière de la mer du Nord partagée (ainsi que les *îles Frisonnes*) entre l'Allemagne et les Pays-Bas, où elle forme la prov. de *la Frise* (3 339 km$^2$ ; 595 250 hab. ; ch.-l. *Leeuwarden*). Située le plus souvent au-dessous du niveau de la mer, la Frise est protégée par des digues. Élevage bovin (race *frisonne*). DER **frison, onne** *a, n*

**frisé, ée** *a, n* **A** *a* Qui forme des boucles fines et serrées. *Cheveux frisés.* **B** *n* Personne dont les cheveux frisent. **C** *nf* Chicorée d'une variété à feuilles frisées.

**friselis** *nm* litt Très léger frémissement. *Friselis de l'eau.* PHO [fʀizli]

**friser** *v* 1 **A** *vt* **1** Donner la forme de boucles fines et serrées à. *Friser des cheveux, une moustache.* SYN boucler. **2** Passer au ras de qqch sans le toucher ou en l'effleurant à peine. *Hirondelle qui frise le sol.* SYN frôler, raser. **3** fig Être très près de, s'approcher de. *Friser la quarantaine. Procédés qui frisent l'indélicatesse.* **B** *vi* **1** Se mettre en boucles. *Cheveux qui frisent.* **2** Avoir les cheveux qui se mettent en boucles. *Friser naturellement.*

**frisette** *nf* **1** Petite boucle de cheveux. **2** TECH Petite frise.

**frisolée** *nf* Maladie virale dégénérative de la pomme de terre, caractérisée par l'aspect frisé que prennent les feuilles. VAR **friselée**

**frison, onne** *a, n* Se dit d'une race de vaches laitières originaire de Frise.

**Frison-Roche** Roger (Paris, 1906 – id., 1999), romancier français : *Premier de cordée* (1941).

**frisotter** *vt, i* 1 Friser par menues boucles. VAR **frisoter**

**frisquet, ette** *a* fam Vif et piquant, en parlant du vent, du temps.

**frisson** *nm* **1** Tremblement convulsif et passager provoqué par une sensation plus ou moins intense de froid ou par la fièvre. *Être pris de frissons.* **2** Contraction involontaire, crispation provoquée par une émotion, une sensation vive, désagréable ou non. *Frisson de dégoût.* ETY Du lat.

**machine à compression**

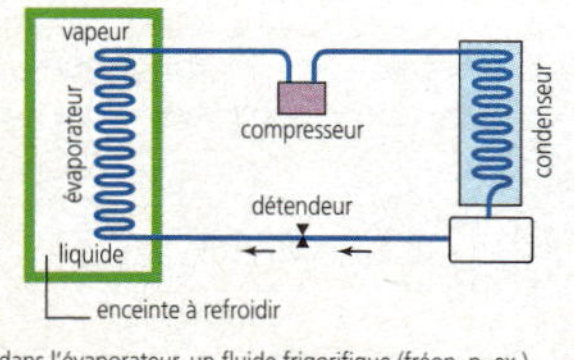


dans l'évaporateur, un fluide frigorifique (fréon, p. ex.) emprunte de la chaleur à l'enceinte pour se vaporiser ; le compresseur aspire la vapeur et le condenseur la transforme en un liquide que le détendeur réinjecte dans l'évaporateur

**machine à absorption**

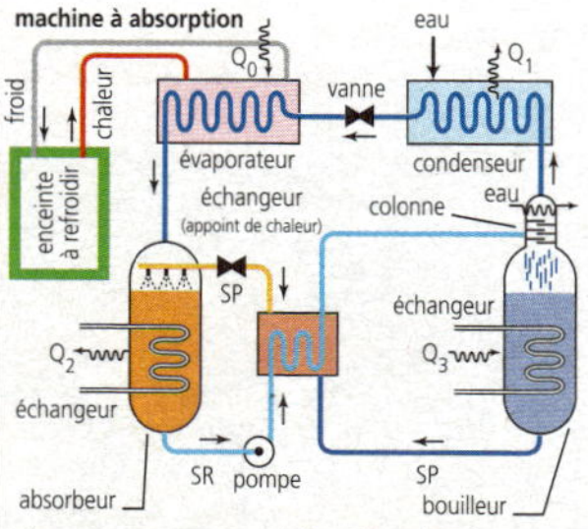


l'évaporateur emprunte sa chaleur à l'enceinte ; la vapeur cède sa chaleur à l'eau de l'absorbeur dans laquelle elle se dissout (solution riche : SR) ; solutions riche et pauvre (SP) gagnent le bouilleur ; dans la colonne, vapeur et liquide se séparent ; la vapeur condensée est réinjectée dans le circuit

**refroidissement par détente d'un gaz**
(obtention de très basses températures)

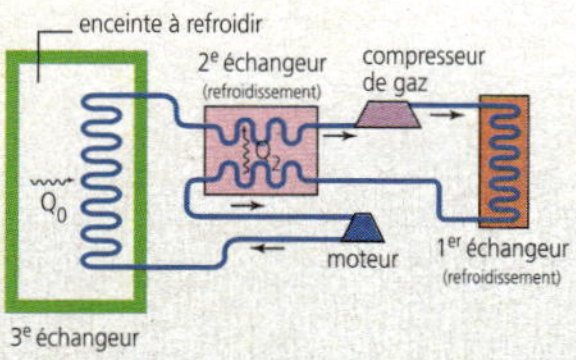


comprimé dans un compresseur, le gaz est refroidi dans 2 échangeurs successifs, puis il se détend dans un moteur, où, fournissant un travail, il subit un fort abaissement de température grâce à un 3e échangeur refroidissant une enceinte

**obtention des plus basses températures**
par désaimantation adiabatique

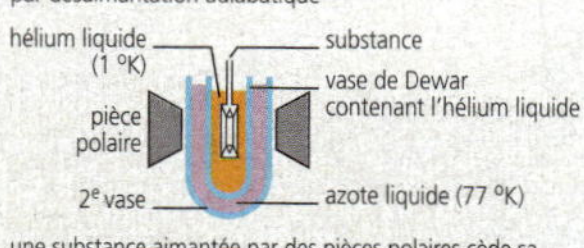


une substance aimantée par des pièces polaires cède sa chaleur à de l'hélium liquide que protège de l'azote liquide ; on fait le vide dans le 1er récipient et on désaimante la substance dont la température s'abaisse alors (par détente adiabatique) jusqu'aux environs du zéro absolu (–273,15 °C)

techniques de production du **froid**

**frissonner** *vi* 1 **1** Avoir des frissons. *Frissonner de froid, de fièvre.* **2** Trembler légèrement sous l'effet d'une émotion intense. *Frissonner d'horreur.* **3** poét Être animé par un léger tremblement. *Eau, arbre qui frissonne sous le vent.* DER **frissonnant, ante** *a* – **frissonnement** *nm*

**frisure** *nf* Façon de friser ; état d'une chevelure frisée.

**frite** *nf* Morceau de pomme de terre, fin et allongé, que l'on a fait frire. LOC fam *Avoir la frite :* être en forme.

**friter (se)** *vpr* 1 fam Se battre, se bagarrer.

**friterie** *nf* Boutique, baraque où l'on fait, où l'on vend des frites, des fritures.

**friteuse** *nf* Ustensile creux pourvu d'un couvercle et d'un panier égouttoir, pour frire les aliments.

**fritillaire** *nf* Plante liliacée dont une espèce, la *fritillaire pintade*, présente une fleur en forme de cloche tachetée violet sombre. PHO [fʀitil(l)ɛʀ] ETY Du lat. *fritillus*, « cornet à dés ».

**fritons** *nm pl* Syn. de *grattons*.

**Fritsch** (baron Werner von) (Benrath, 1880 – Varsovie, 1939), général allemand. Il commanda les forces terrestres de 1934 à 1938.

**frittage** *nm* TECH Procédé qui consiste à chauffer des poudres mélangées à un liant, et qui permet notam. la mise en forme des matériaux réfractaires. ETY De *frire*. DER **fritter** *vt* 1

**fritte** *nf* TECH Produit à base de silicate d'aluminium, utilisé dans la fabrication des céramiques.

**friture** *nf* **1** Action, manière de frire un aliment. *Friture à l'huile.* **2** Matière grasse qui sert à frire. **3** Aliments frits. *Friture de poissons.* **4** Ensemble des petits poissons frits. **5** Grésillement qui se produit parfois dans un appareil téléphonique ou un récepteur de radio. **6** Belgique, Afrique Friterie.

**fritz** *nm inv* fam, péjor, vieilli Allemand. PHO [fʀits] ETY De *Fritz*, prénom all.

**Fritz le chat** héros d'une BD « underground » de Robert Crumb (1968-1972).

**frivole** *a* Vain et léger, qui s'occupe de choses sans importance ; futile. ETY Du lat. DER **frivolement** *av*

**frivolité** *nf* **A** **1** Caractère de ce qui est frivole. *Frivolité de l'esprit.* **2** Chose, occupation, propos sans importance. *S'occuper de frivolités.* **B** *nf pl* Articles de mode, parures féminines. *Magasin de frivolités.*

**Fröbel** Friedrich (Oberweissbach, Thuringe, 1782 – Marienthal, 1852), pédagogue allemand. Il créa le premier jardin d'enfants (1837). DER **fröbélien, enne** *a*

**Frobenius** Leo (Berlin, 1873 – Biganzalo, lac Majeur, 1938), ethnologue allemand ; pionnier de la découverte des arts africains.

**Froberger** Johann Jacob (Stuttgart, 1616 – château d'Héricourt, près de Montbéliard, 1667), organiste, claveciniste et compositeur allemand.

**Frobisher** sir Martin (Altofts, Yorkshire, v. 1535 – Plymouth, 1594), navigateur anglais. Il explora l'Arctique canadien et le Groenland.

**Frobisher Bay** → **Iqaluit.**

**froc** *nm* **1** vx Partie de l'habit des moines qui couvre la tête et tombe sur les épaules et sur la poitrine. **2** fam Pantalon. LOC *Jeter le froc aux orties :* abandonner la vie monacale, se défroquer. ETY Du frq.

**Frœschwiller** com. du Bas-Rhin. Victoire des Prussiens sur Mac-Mahon (6 août 1870). DER **frœschwillerois, oise** *a, n*

**froid, froide** *a, nm* **A** *a* **1** Qui est à une température plus basse que celle du corps humain. *Un climat, un temps froid.* **2** Refroidi ou non chauffé. *Un dîner froid.* **3** fig Qui semble indifférent, insensible ; qui garde toujours la maîtrise de soi et s'extériorise peu. *Rester froid devant le malheur des autres.* **4** Qui n'éveille aucune émotion, qui manque de sensibilité. *Peinture froide, style froid.* **5** fig Qui ne se manifeste pas par les signes extérieurs habituels d'agitation, de violence. *Colère froide.* **6** fig Qui est le signe d'une certaine réserve, d'une certaine hostilité. *Accueil, ton froid.* **7** Qui évoque l'eau. *Le bleu et le vert sont des couleurs froides.* **B** nm **1** État de ce qui est à une température inférieure à celle du corps humain ; de ce qui donne une sensation de privation de chaleur ; de l'atmosphère lorsqu'elle a subi un abaissement de température. *Le froid de la glace, du marbre. Une vague de froid.* **2** Basse température produite par divers procédés frigorifiques. *Froid industriel, artificiel. La technique du froid.* **3** fig Sensation morale pénible, comparée à celle que procure le froid au plan physique. *Le froid de l'âge, de la solitude.* **4** fig Absence d'amitié, de sympathie dans les relations humaines. *Il y a un certain froid entre eux.* LOC ***À froid*** : sans chauffage préalable ; fig sans que les passions interviennent. *Prendre une décision à froid.* — ***Avoir froid*** : éprouver une sensation de froid, souffrir du froid. — ***Être en froid avec qqn*** : être brouillé avec lui. — ***Jeter un froid*** : provoquer un sentiment de malaise, de gêne. — ***N'avoir pas froid aux yeux*** : être courageux, hardi. — ***Prendre, attraper froid*** : être malade après un brusque refroidissement. ETY Du lat.

**froidement** av **1** Sans passion, en gardant la tête froide. *Envisager froidement une situation.* **2** Sans émotion, sans scrupule. *Assassiner qqn froidement.* **3** Sans chaleur, avec réserve. *Recevoir qqn froidement.* SYN fraîchement.

**froideur** nf Insensibilité, sécheresse des sentiments ; indifférence marquée.

**froidure** nf **1** litt Froid du temps, de l'air. **2** MED Forme atténuée de la gelure.

**froissable** → **froisser.**

**froissant, ante** a Qui blesse par manque de délicatesse.

**Froissart Jean** (Valenciennes, 1333 ou 1337 – Chimay, apr. 1400), poète (*Meliador*, roman courtois) et chroniqueur français. Il a une vision partiale et incomplète de son temps, mais haute en couleur.

**Jean Froissart** écrivant ses *Chroniques*, frontispice – bibliothèque de l'Arsenal

**froissement** nm **1** Action de froisser ; fait d'être froissé. **2** Bruit léger que font certaines étoffes, le papier en se froissant. **3** fig Blessure d'amour-propre, de sensibilité.

**froisser** vt ① **1** Faire prendre des plis irréguliers, nombreux et marqués. *Froisser une robe.* SYN friper. *Froisser du papier.* SYN chiffonner. **2** Blesser par un choc ou une pression violente. *Froisser un muscle.* **3** fig Choquer, blesser qqn par manque de délicatesse. *Froisser qqn dans son amour-propre. Personne qui se froisse d'un rien.* ETY Du lat. *frustrum*, « morceau ». DER **froissable** a

**froissure** nf Trace laissée sur ce qui a été froissé. *Froissure d'une étoffe.*

**frôlement** nm **1** Contact léger et rapide d'un objet passant le long d'un autre. *Frôlement d'une robe, d'une main.* **2** Léger bruit qui en résulte.

**frôler** vt ① **1** Toucher légèrement en passant. *La balle a frôlé le filet.* SYN effleurer. **2** Passer très près de. *Frôler les murs. Les voitures se sont frôlées.* **3** fig Échapper de justesse à. *Frôler la faillite.* SYN friser.

**frôleur, euse** a, n **A** a Qui frôle. **B** n Personne qui a tendance à toucher, à frôler d'autres personnes dans la recherche d'un plaisir érotique.

**fromage** nm **1** Pâte comestible au goût caractéristique faite de lait caillé, fermenté ou non ; masse mise en forme de cette pâte. *Fromage frais. Fromage à pâte molle, à pâte dure. Fromage de brebis, de chèvre.* **2** fig, fam Situation, place qui procure sans fatigue de multiples avantages. LOC fam ***En faire un fromage*** : exagérer la gravité d'un fait, ensuite, en faire tout un plat. — ***Fromage de soja*** : nom parfois donné au tofu. — ***Fromage de tête*** : pâté de tête de porc en gelée. ETY Du lat. *formaticum*, « ce qui est fait dans une forme ».

**1 fromager, ère** n, a **A** n Fabricant, marchand de fromages. **B** a Qui a trait au fromage. *Industrie fromagère.*

**2 fromager** nm Grand arbre des régions chaudes (bombacacée). SYN faux kapokier.

**fromagerie** nf Lieu où l'on fait, où l'on vend des fromages.

**froment** nm, a **A** nm **1** Blé cultivé. **2** Grain de blé séparé de la tige par le battage. *Farine de froment.* **B** a De la couleur du froment, en parlant de la robe de certains bovidés. ETY Du lat.

**Froment Nicolas** (Uzès, v. 1435 – Avignon, 1484), peintre français : triptyque du *Buisson ardent* (1475-1476, cath. d'Aix-en-Provence).

**fromental** nm Avoine fourragère, appelée aussi *avoine élevée.*

**Fromentin Eugène** (La Rochelle, 1820 – Saint-Maurice, 1876), peintre et écrivain français ; auteur de souvenirs sur l'Algérie, d'un roman intimiste (*Dominique*, 1863) et d'un essai sur l'art (*les Maîtres d'autrefois*, 1876).

**Fromentine (goulet de)** détroit entre l'île de Noirmoutier et la côte de Vendée, franchi depuis 1972 par un pont routier (700 m).

**Froment-Meurice François Désiré** (Paris, 1802 – id., 1855), orfèvre français. — **Froment-Meurice Émile** (Paris, 1837 – id., 1913), fils du préc., orfèvre.

**Fromm Erich** (Francfort-sur-le-Main, 1900 – Muralto, Tessin, 1980), philosophe et psychanalyste américain d'origine allemande. Il appartint à l'école de Francfort : *la Peur de la liberté* (1941), *la Passion de détruire* (1975).

**fronce** nf Chacun des petits plis serrés obtenus par le resserrement d'un fil coulissé, destinés à diminuer la largeur d'un tissu tout en conservant son ampleur. *Jupe à fronces.* ETY Du frq.

**froncer** vt ⑫ **1** Rider en contractant, en resserrant, plisser. *Froncer les sourcils, le front, le nez.* **2** Resserrer une étoffe par des fronces. DER **froncement** nm

**froncis** nm COUT Ensemble des fronces faites à une étoffe.

**frondaison** nf **1** BOT Apparition du feuillage aux arbres. **2** litt Feuillage. *Se promener sous les frondaisons.*

**1 fronde** nf BOT **1** Feuille fertile portant les spores des fougères. **2** Partie foliacée, de grande taille, du thalle de certaines algues. ETY Du lat. *frons*, « feuillage ».

**2 fronde** nf **1** Arme de jet utilisant la force centrifuge, constituée de deux liens réunis par un gousset contenant le projectile. **2** Jouet d'enfant utilisant la détente d'un élastique, destiné au même usage ; lance-pierres. ETY Du lat.

**Fronde (la)** troubles politiques graves qui menacèrent, de 1648 à 1653, la régence d'Anne d'Autriche et le gouvernement de Mazarin. La *Fronde parlementaire* (1648-1649) fut parisienne. Refusant les édits financiers, le parlement voulut limiter le pouvoir monarchique. Une émeute protesta contre l'arrestation d'un de ses membres, Broussel (journée des Barricades, le 26 août 1648). En janv. 1649, la régente et le roi (Louis XIV enfant) s'enfuirent à Saint-Germain, mais elle proposa la paix de Rueil (30 mars). La *Fronde des princes* (1651-1653) fut plus grave : Condé, Conti, les duchesses de Chevreuse et de Longueville, etc., étendirent la révolte aux provinces, allèrent traiter avec l'Espagne et luttèrent contre les troupes royales de Turenne. Condé entra dans Paris grâce à M^lle de Montpensier (juil. 1652), mais le peuple l'en chassa et rappela le roi, qui rentra à Paris (oct. 1652), suivi de Mazarin (fév. 1653). Cet épisode marqua profondément Louis XIV (qui, ensuite, asservit la noblesse).

**fronder** v ① **A** vi vx Lancer des projectiles avec une fronde. **B** vt Critiquer, railler ce qui est habituellement respecté. *Fronder le gouvernement.*

**frondeur, euse** n, a **A** nm ANTIQ Soldat armé d'une fronde. **B** n **1** HIST Celui, celle qui participait à la Fronde. **2** Personne qui a tendance à critiquer l'autorité, quelle qu'elle soit. **C** a Rebelle. *Humeur frondeuse.*

**fronsac** nm Bordeaux AOC rouge de la région de Libourne. ETY D'un n. pr.

**front** nm **1** Partie supérieure du visage comprise entre la racine des cheveux et les sourcils. **2** litt Tête, visage. *Le rouge au front.* **3** Ensemble de bâtiments construits le long d'une voie longeant la mer ou un fleuve. *Front de Seine.* **4** Étendue que présente, devant l'ennemi, une armée déployée. **5** Alliance entre des mouvements armés, des partis, des syndicats, etc. *Front populaire.* **6** METEO Surface de discontinuité séparant deux masses d'air de pression et de température différentes. *Front froid, chaud. Front climatique.* **7** Zone des combats (par oppos. à l'*arrière*). *Monter au front, mourir au front.* LOC ***Avoir le front de*** : l'audace de, l'insolence de. — ***De front*** : sans détour, sans biaiser ; sur un même rang ; en même temps. — ***Faire front*** : résister. — ***Front de mer*** : bande de terrain, avenue en bordure de la mer. — METEO ***Front occlus*** : résultant de la rencontre d'un front froid et d'un front chaud rejeté en altitude. — TECH ***Front de taille*** : face verticale selon laquelle progresse un chantier dans les mines. ETY Du lat.

**frontal, ale** nm, a **A** nm Bandeau, ornement qui se porte sur le front. **B** a, nm **1** ANAT Se dit de l'os impair et médian situé à la partie antérieure du crâne, soudé en arrière avec les deux pariétaux et formant une partie des cavités orbitaires. **2** INFORM Se dit d'un ordinateur que l'on interpose entre un système informatique et un réseau. **C** nf Lampe électrique qui se fixe sur la tête et qui laisse les mains libres. **D** a **1** GEOM Qui est parallèle au plan vertical de projection. *Plan frontal.* **2** Qui se produit de front. *Choc frontal.* PLUR frontaux. DER **frontalement** av

**frontalier, ère** a, n **A** a Qui est proche d'une frontière. *Ville, région frontalière.* **B** n Habitant d'une région frontalière.

**frontalité** nf didac Caractère de qqch qui se présente de face. LOC ***Loi de frontalité*** : règle de la statuaire archaïque (Égypte, Grèce préclassique) qui exigeait une symétrie absolue du corps humain.

**Front de libération nationale (FLN)** rassemblement (1954) des mouvements nationalistes algériens (à l'exclusion du MNA de Messali Hadj) qui mena la lutte armée contre la France et devint le parti unique de l'Algérie indépendante jusqu'en 1989.

**Frontenac Louis de Buade (comte de)** (Saint-Germain-en-Laye, 1620 – Québec, 1698), gouverneur de la Nouvelle-France (Canada) en 1672-1682, puis en 1689-1698. Il vainquit les Anglais et les Amérindiens.

**frontière** *nf* **1** Limite séparant deux États. *Poste, ville frontière.* **2** Limite séparant deux communautés. *Les frontières linguistiques.* **3** **fig** Limite, borne. *Faire reculer les frontières du savoir.* **LOC** ***Frontière naturelle :*** tracée par un obstacle géographique. ETY De *front.*

**frontignan** *nm* Vin blanc muscat produit dans la région de Frontignan.

**Frontignan** ch.-l. de cant. de l'Hérault (arr. de Montpellier), port fluvial sur le canal du Rhône à Sète ; 19 145 hab. Vin muscat. DER **frontignanais, aise** *a, n*

**Front islamique du salut (FIS)** mouvement intégriste et politique créé en Algérie en 1989 ; dissous en 1992.

**frontispice** *nm* **1** vx Façade principale d'un édifice. **2** IMPRIM Titre d'un ouvrage imprimé, souvent entouré de vignettes. **3** Planche illustrée en regard du titre. ETY Du lat.

**frontiste** *a, n* Qui concerne le Front national, formation politique d'extrême droite.

**Front national** le plus important des groupes de résistance créé en mai 1941 sur l'initiative du parti communiste. Ses troupes d'action furent les *Francs-Tireurs et Partisans français.*

**Front national (FN)** formation politique française, créée en 1972 sous l'impulsion de J.-M. Le Pen. Le FN prône la « préférence nationale » et s'oppose à l'union politique européenne. En 1999, Bruno Mégret a créé le groupe dissident Front national - Mouvement national (FN-MN).

**Front national de libération (FNL)** rassemblement (1960) des forces sud-vietnamiennes favorables au Viêt-nam du Nord. Nommé *Viêt-cong* par les Occid., il l'emporta, grâce aux forces du Viêt-nam du Nord en 1975.

**front-office** *nm* Dans une banque, ensemble du personnel qui est en contact avec les clients et qui génère le chiffre d'affaires. PLUR front-offices. PHO [frɔ̃tɔfis] ETY Mot angl.

**fronton** *nm* **1** Ornement généralement triangulaire couronnant la partie supérieure d'un édifice. *Fronton à jour, à pans, circulaire, brisé.* **2** Mur contre lequel on joue à la pelote basque ou contre lequel on s'entraîne au tennis. ETY De l'ital.

**front Polisario** → **Polisario.**

**Front populaire** gouvernement de gauche qui dirigea la France en 1936-1937. La crise écon., l'accession au pouvoir de Hitler (janv. 1933), le soulèvement à caractère fasciste du 6 février 1934 avaient rapproché les partis de gauche. En oct. 1934, le communiste Thorez proposa la constitution d'un « front populaire de la liberté, du travail et de la paix », qui remporta les élections de mai 1936. L. Blum, chef de la SFIO, constitua un gouv. avec les radicaux et sans le parti communiste ; les *accords Matignon* (juin 1936) entre la CGT et le patronat instituèrent les *conventions collectives*, la semaine de quarante heures, les congés payés. Mais les difficultés financières et l'opposition des conservateurs eurent raison du premier gouv. Blum, que remplaça un ministère Chautemps (juin 1937). L'échec de la grève générale de nov. 1938 annonça la fin du Front populaire.

**Front populaire** occupation d'usine en juin 1936

**Frosinone** ville d'Italie (Latium) ; 47 000 hab. ; ch.-l. de prov.

**Frost Robert Lee** (San Francisco, 1874 – Boston, 1963), poète américain : *Un arbre témoin* (1942), *Susdit* (1954).

**frottage** *nm* **1** Action de frotter. **2** TECH Procédé de reproduction d'une surface présentant un léger relief, par application d'un support mince qu'on frotte à la couleur de manière que les reliefs accrochent la couleur.

**Frotté Marie Pierre Louis (comte de)** (Alençon, 1755 – Verneuil, Eure, 1800), chef de la chouannerie normande (1795-1796). En 1800, il revint d'Angleterre avec un sauf-conduit, mais Bonaparte le fit arrêter et fusiller.

**frottement** *nm* **1** Action de frotter. **2** Contact entre deux surfaces dont l'une au moins se déplace, friction ; le bruit qui en résulte. **3** MED Bruit qui donne à l'auscultation l'impression que deux surfaces glissent rudement l'une sur l'autre et qui se produit en cas d'inflammation de la plèvre ou du péricarde. *Frottement pleural, péricardique.* **4** **fig** Heurt entre des personnes, désaccord. **LOC** PHYS ***Force de frottement :*** qui s'oppose au glissement de deux corps en contact.

**frotter** *v* ① **A** *vt* Presser, appuyer sur un corps tout en faisant un mouvement, spécial. pour nettoyer, pour faire briller. *Frotter un meuble avec un chiffon.* **B** *vi* Produire une friction, une résistance en parlant d'un corps en mouvement. *La roue frotte contre le garde-boue.* ANT glisser. **C** *vpr* **1** Frotter son corps. *Se frotter vigoureusement au gant de crin.* **2** Avoir des relations avec. *Se frotter à la bonne société.* **3** Attaquer, provoquer. **LOC fig, fam** ***Frotter les oreilles à qqn :*** le battre, le corriger. — ***Se frotter les mains :*** les frotter l'une contre l'autre ; **fig** se réjouir, se féliciter de qqch. ETY Du lat.

**frotteur, euse** *n* **A** **1** Personne qui frotte les parquets. **2** pop Frôleur. **B** *nm* TECH Pièce destinée à produire un frottement.

**frottis** *nm* **1** PEINT Légère couche de couleur transparente appliquée sur une toile. **2** MED Étalement sur une lame, pour examen au microscope, d'une sécrétion, d'un liquide. *Frottis de sang. Frottis vaginal.* PHO [fʀɔti]

**frottoir** *nm* Plaque sur laquelle on frotte les allumettes pour les enflammer.

**Froude William** (Darlington, 1810 – Simonstown, 1897), ingénieur britannique. Test des modèles par simulation.

**froufrou** *nm* **A** Bruit produit par un froissement léger. **B** *nm pl* Ornements de tissu légers et flottants d'un vêtement féminin. ETY Onomat. VAR **frou-frou**

**froufrouter** *vi* ① Produire des froufrous. DER **froufroutant, ante** *a* – **froufroutement** *nm*

**Frounzé** → **Bichkek.**

**Frounze Mikhaïl Vassilievitch** (Bichkek, 1885 – Moscou, 1925), général soviétique, chef d'état-major de l'Armée rouge (1924).

**frousse** *nf* **fam** Peur. *Avoir la frousse.* ETY Du provenç. *frous,* « bruit strident ». DER **froussard, arde** *a, n*

**FR3** → **France 3.**

**fructidor** *nm* Douzième et dernier mois du calendrier républicain du 18/19 août au 21/23 sept. ETY Du lat. *fructus,* « fruit » et du gr. *dôron,* « don ».

**fructidor an V (18)** sous le Directoire, coup d'État qu'Augereau (envoyé d'Italie par Bonaparte) exécuta sur l'ordre de trois Directeurs (Barras notam.), le 4 sept. 1797.

**fructifère** *a* BOT Qui donnera ou qui porte des fruits.

**fructification** *nf* **1** BOT Chez les phanérogames, ensemble des phénomènes qui, après la floraison et la fécondation, conduisent à la formation des fruits. **2** BOT Chez tous les autres végétaux (algues, champignons, fougères), ensemble des organes impliqués dans la reproduction sexuée. **3** Ensemble des fruits portés par un phanérogame. **4** Période où les fruits se forment.

**fructifier** *vi* ② **1** Produire des fruits, des récoltes. **2** Avoir des résultats avantageux ; produire des bénéfices. *Faire fructifier une idée. Capital qui fructifie.* ETY Du lat. *fructus,* « fruit ».

**fructose** *nm* BIOCHIM Sucre de formule $C_6H_{12}O_6$, possédant une fonction cétone. SYN lévulose.

**fructueux, euse** *a* Qui produit des résultats avantageux. *Recherches fructueuses.* DER **fructueusement** *av*

**frugal, ale** *a* **1** Qui se satisfait d'une nourriture simple et peu abondante ; qui vit simplement. **2** Qui est composé d'aliments simples, peu abondants. *Table frugale.* PLUR frugaux. ETY Du lat. DER **frugalement** *av* – **frugalité** *nf*

**frugivore** *a, nm* ZOOL Qui se nourrit de fruits.

**fruit** *nm* **A** **1** Production des phanérogames qui succède à la fleur après fécondation et qui renferme les graines. *Fruit charnu, à pépins, à noyau. Fruit comestible.* **2** Produit de l'arbre fruitier. *Fruit mûr, juteux. Coupe de fruits.* **3** **litt** Enfant né d'une union, d'un mariage. **4** Avantage, bénéfice tiré d'une activité. *Recueillir le fruit de son travail.* **B** *nm pl* Produits de la nature, en tant qu'ils servent aux hommes ; les produits de la chasse, de la pêche. *Les fruits de la terre.* **LOC** ***Avec fruit :*** avec profit, utilement. — ***Fruit défendu :*** celui de l'arbre du bien et du mal, auquel Adam et Ève ne devaient pas toucher ; **fig** chose dont il est interdit de jouir et qui en est d'autant plus désirée. — ***Fruits de mer :*** nom donné à divers crustacés et mollusques comestibles. ETY Du lat.

ENC Le fruit, résultat de l'évolution d'un carpelle ou du pistil, est spécifique des « plantes à fleurs » (phanérogames) ; il contient les graines résultant de l'évolution des ovules. On classe les fruits en 3 catégories : *fruits secs indéhiscents* (akènes, caryopse des graminées) ; *fruits secs déhiscents* (follicule, gousse, silique, etc.) ; *fruits charnus* (baies et drupes). Les *faux fruits* (ananas, fraise, etc.) sont des fruits auxquels se sont incorporées des parties de la fleur ou de l'inflorescence autres qu'un carpelle ou que le pistil. Les *fruits composés* résultent de la soudure de plusieurs fruits (une framboise résulte de la soudure de petites drupes).

**fruitages** *nm pl* **Canada** Baies comestibles qui poussent à l'état sauvage.

**fruité, ée** *a, nm* **A** *a* Qui a un goût de fruit. *Vin fruité.* **B** *nm* Caractère fruité d'un vin.

**fruiterie** *nf* Boutique où l'on vend au détail des fruits et légumes frais.

**fruitier, ère** *a, n* **A** *a* Qui produit des fruits comestibles. *Arbre fruitier.* **B** *n* Marchand, marchande de fruits au détail. **C** *nm* **1** Local où l'on conserve les fruits frais. **2** Arbre fruitier.

**fruitière** *nf* En Savoie et dans le Jura, petite fromagerie coopérative.

**Frumence (saint)** (Tyr, v. 315 – Axoum, v. 380), Syrien chrétien naufragé recueilli par le roi (négus) d'Axoum, qu'il convertit.

anone

carambole

corossol épineux

fruit de la passion

durion

litchi

jujube

papaye

mangoustan

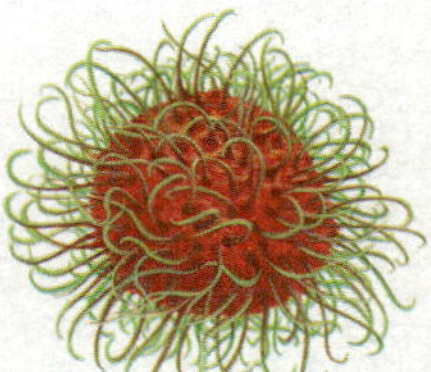
ramboutan

**frumentaire** *a* LOC ANTIQ ROM ***Lois frumentaires*:** qui règlementaient les distributions de blé à la plèbe. ETY Du lat.

**frusques** *nfpl* fam Habits en plus ou moins bon état. SYN fringues, nippes. ETY De *saint-frusquin*.

**fruste** *a* **1** Grossier, sans raffinement. *Homme fruste. Style fruste.* **2** Non poli, rugueux au toucher. *Pierre encore fruste.* **3** TECH Effacé, au relief usé. *Sculpture fruste.* ETY De l'ital. *frusto*, « usé ».

**frustration** *nf* **1** Action de frustrer. **2** PSYCHAN Situation d'un sujet qui est dans l'impossibilité de satisfaire une pulsion.

**frustratoire** *a* DR Fait pour frustrer, pour tromper.

**frustré, ée** *a, n* fam Qui se sent perpétuellement frustré, insatisfait.

**frustrer** *vt* ① **1** Priver qqn de ce qui lui est dû. **2** Décevoir qqn dans son attente. *Se sentir frustré.* ETY Du lat. DER **frustrant, ante** *a*

**frustule** *nm* BOT Enveloppe siliceuse des diatomées, constituée de deux valves s'emboîtant parfaitement. ETY Du lat.

**frutescent, ente** *a* BOT Qui tient de l'arbrisseau, ayant notam. une tige ligneuse ramifiée dès la base. ETY Du lat.

**fruticuleux, euse** *a* BOT Qui a la forme d'un petit arbre. *Lichen fruticuleux.*

**Fry** Harris Christopher, dit (Bristol, 1907 – Chichester, 2005), auteur dramatique anglais : *La dame ne brûlera pas* (1948), *Vénus au zénith* (1950).

**Frydman** René (Soumoulou, Pyr.-Atl., 1943), médecin français. Son service d'obstétrique a permis la naissance du premier enfant conçu par une fécondation in vitro en 1982.

**FSB** Sigle de *Federalnaia Sloujba Bezopasnosti*, « service fédéral de sécurité », services secrets russes depuis la dissolution du KGB (1991).

**FSH** *nf* BIOCHIM Folliculostimuline. ETY Sigle pour l'angl. *follicle stimulating hormone*.

**FSU** Sigle pour *Fédération syndicale unitaire*, organisation qui se sépare de la Fédération de l'éducation nationale (FEN) en 1992-1993.

**FTP** *nm* Protocole utilisé sur Internet pour copier des fichiers depuis et vers des ordinateurs. ETY Abrév. de l'angl. *file transfer protocol*.

**FTPF** Sigle de *Francs-Tireurs et Partisans français*. Organisation créée par le Front national (1941-1944). VAR **FTP**

**FTP-MOI** Sigle de *Francs-tireurs et Partisans-Main-d'œuvre immigrée*, groupe de résistance dirigé par Manouchian.

**Fu'ad Ier** → **Fouad.**

**Fualdès** Jean-Baptiste Antoine (Mur-de-Barrez, Rouergue, 1761 – Rodez, 1817), magistrat français assassiné dans des conditions mystérieuses (*affaire Fualdès*).

**fucacée** *nf* BOT Phéophycée (algue brune) telle que le fucus et la sargasse. *Les thalles des fucacées donnent directement des gamètes mâles et femelles, sans que des sporophytes se soient individualisés.*

**Fuchs** Lazarus (Moschin, près de Poznań, 1833 – Berlin, 1902), mathématicien allemand (équations différentielles et fonctions transcendantes).

**fuchsia** *nm, a inv* **A** *nm* Arbrisseau ornemental (œnothéracée) originaire d'Amérique centrale, cultivé pour ses fleurs diversement colorées, en forme de clochettes. **B** *a inv* Rouge violacé, pourpre. PHO [fyʃja] ETY D'un n. pr.

**fuchsine** *nf* CHIM Colorant rouge qui a donné naissance, à la fin du XIXe s., à l'industrie des colorants organiques. PHO [fyksin]

**Fucini** Neri Tanfucio, dit Renato (Monterotondo, Pise 1843 – Empoli, 1922), écrivain vériste italien : *les Veillées de Neri* (1889).

**fucus** *nm* Algue brune au thalle rubané et ramifié, un des constituants du goémon. PHO [fykys] ETY Du gr. *phûkos*, « algue ». ▶ illustr. **algue**

**Fuégiens** nom donné aux Amérindiens qui peuplaient le sud de l'Amérique (Terre de feu, Patagonie). DER **fuégien, enne** *a*

**fuel** *nm* Syn. (déconseillé) de *fioul*. PHO [fjul] VAR **fuel-oil**

**Fuentes** Carlos (Panamá, 1928 – Mexico, 2012), romancier mexicain : *la Plus Limpide Région* (1958), *Terra nostra* (1975), *Adán en Edén* (2009).

**fuero** *nm* HIST Charte qui garantissait les libertés municipales ou provinciales, en Espagne. PHO [fueʀo] ETY Mot esp.

**Fuerteventura** île montagneuse et aride de l'archipel des Canaries ; 1 659 km$^2$ ; 100 000 hab., ch.-l. *Puerto de Cabras*.

**fugace** *a* Qui disparaît rapidement, ne dure pas. *Ombre, souvenir fugace.* ETY Du lat. DER **fugacité** *nf*

**-fuge** Élément, du lat. *fugere*, « fuir » ou de *fugare*, « faire fuir ».

**Fugger** famille de riches banquiers d'Augsbourg, qui aidèrent les Habsbourg.

**fugitif, ive** *a, n* **A** Qui s'est échappé, qui a pris la fuite. **B** *a* Qui dure peu, fugace. DER **fugitivement** *av* – **fugitivité** *nf*

**fugu** *nm* Au Japon, nom du *tétrodon*, poisson à la chair très appréciée malgré la grande toxicité de ses viscères. PHO [fugu] ETY Mot jap.

**fugue** *nf* **1** Forme musicale polyphonique, basée sur l'écriture contrapuntique et dont les parties semblent se fuir dans les reprises du motif. **2** Fait de fuguer. *Faire une fugue.* ETY De l'ital.

**fugué, ée** *a* MUS Dans le style de la fugue.

**fuguer** *vi* ① Abandonner subitement le domicile habituel pour une courte période. DER **fugueur, euse** *a, n*

**Führer** *nm* Titre que prit Hitler en 1934. PHO [fyʀœʀ] ETY Mot all., « conducteur ».

**fuir** *v* ㉙ **A** *vi* **1** S'éloigner rapidement pour échapper à un danger. *Fuir devant l'ennemi.* **2** fig Se dérober, s'esquiver. *Fuir devant ses responsabilités.* **3** litt S'éloigner très vite. *Les nuages fuient.* **4** S'écouler avec rapidité, en peu de temps. *L'hiver a fui.* **5** S'échapper, couler par un trou, une fente. *Vin qui fuit d'un tonneau.* **6** Laisser passer un fluide. *Tuyau, toit qui fuit.* **B** *vt* Chercher à éviter qqn, qqch de menaçant, de désagréable. *Fuir un danger, un importun.* ETY Du lat.

**fuchsia**

**fuite** *nf* **1** Action de fuir devant un danger. *Prendre la fuite.* **2** fig Action de se dérober, de se soustraire à qqch. *Fuite devant ses obligations.* **3** Éloignement rapide. *La fuite des nuages.* **4** Écoulement dans le temps. *La fuite des années.* **5** Action de s'échapper par une fissure ; la fissure elle-même. *Fuite de gaz. Boucher une fuite.* **6** fig Indiscrétion, communication illicite de documents. *Fuites relatives à des sujets d'examen.* LOC AVIAT ***Bord de fuite*:** arête arrière d'une aile d'avion. — DR ***Délit de fuite*:** dont se rend coupable le conducteur d'un véhicule qui, se sachant responsable d'un accident, continue sa route. — ***Fuite électrique, magnétique*:** perte d'énergie électrique, de flux magnétique. — ***Fuite en avant*:** fait d'accompagner une évolution qu'on ne peut contrôler. — ***Mettre en fuite*:** faire fuir. — ***Point de fuite*:** dans un dessin en perspective, point situé à l'horizon, vers lequel convergent les projections des droites horizontales.

**fuiter** *vi* ① fam Être révélé au public, en parlant d'un document confidentiel.

**Fuji (mont)** volcan éteint du Japon (Honshū) dont le cône neigeux culmine à 3 776 m, inscrit au Patrimoine culturel mondial en 2013. VAR **Fuji-San** ou **Fuji-Yama**

le **Fuji-Yama** et le lac Kawaguchiko

**Fujian** prov. de Chine, séparée de Taiwan par le *détroit de Fujian* (ou *de Formose*) ; 120 000 km$^2$ ; 37 millions d'hab. ; ch.-l. *Fuzhou*.

**Fujimori** Alberto (Lima, 1937), homme politique péruvien. Prés. de la Rép. (1990-2000), il mena une politique libérale autoritaire. Il est condamné à 25 ans de prison en 2009 pour violation des droits de l'homme.

**Fujiwara no Sadaie** (1162 – 1241), homme politique, poète et calligraphe japonais ; auteur présumé d'un célèbre *Hyakunin-isshū* (« Choix de cent poèmes d'auteurs différents »). VAR **Fujiwara no Teika**

**Fukui** Kenishi (Nara, Honshu, 1918 – Kyoto, 1998), chimiste japonais ; il a calculé les *orbitales frontières* des molécules. P. Nobel 1981.

**Fukuoka** ville et port du Japon (Kyūshū), sur le détroit de Corée ; 2 970 000 hab. (aggl.).

**Fukushima** v. du Japon, cap. de la préf. du même nom ; 300 000 hab. – En 2011, un séisme provoque un accident nucléaire sans précédent dans la centrale située à 60 km de la ville.

**fulani** *nm* LING Syn. de *peul*.

**Fulbert de Chartres (saint)** (en Italie, v. 960 – Chartres, 1028), prélat français. Évêque de Chartres, il fit reconstruire la cathédrale. Ses *Lettres* traitent de théologie.

**Fulbert** (Le Pallet, près de Nantes, 1079 – Paris, 1142), chanoine parisien, oncle d'Héloïse. Il aurait fait mutiler Abélard.

**Fulda** v. d'Allemagne (Hesse), sur la *Fulda* ; 65 000 hab. – Cath. et chât. baroques. – Une abbaye bénédictine y fut fondée en 744.

**Fulgence (saint)** (Telepte, prés de Gafsa, v. 467 – Ruspe, Tunisie, 533), évêque romain d'Afrique. Il combattit l'arianisme.

**fulgore** *nm* ENTOM Insecte homoptère des régions chaudes, à tête prolongée en avant et aux ailes de couleurs vives.

**fulgurant, ante** *a* **1** Rapide comme l'éclair. *Démarrage fulgurant.* **2** Qui brille comme l'éclair. *Regard fulgurant.* **3** fig Qui illumine soudainement l'esprit. *Intuition fulgurante.* **4** MED Se dit d'une douleur aiguë et fugace. [DER] **fulgurance** *nf*

**fulguration** *nf* **1** PHYS Lueur électrique, non accompagnée de tonnerre, qui se produit dans la haute atmosphère, appelée cour. *éclair de chaleur.* **2** MED Action destructrice de la foudre ou de l'électricité sur l'organisme.

**fulgurer** *vi* [1] litt Briller comme l'éclair, avec éclat. [ETY] Du lat.

**fuligineux, euse** *a* **1** Qui produit de la suie. *Flamme fuligineuse.* **2** Qui évoque la suie. *Couleur fuligineuse.* **3** fig Obscur et monotone. *Style fuligineux.* [ETY] Du lat. *fuligo,* « suie ».

**fuligo** *nm* Myxomycète plus connu sous le nom de *fleur de tan.*

**fuligule** *nm* Canard plongeur. *Le morillon est un fuligule.*

**full** *nm* Au poker, réunion dans une même main d'un brelan et d'une paire. [PHO] [ful] [ETY] Mot angl. « plein ».

**full-contact** *nm* Sport de combat dans lequel les coups sont portés jusqu'au bout, avec un équipement spécial. PLUR full-contacts. [PHO] [fulkɔ̃takt] [ETY] Mot angl., « plein contact ».

**Fuller** Marie-Louise Fuller, dite Loïe (Fullersburg, près de Chicago, 1862 – Paris, 1928), danseuse américaine. Elle agitait de longs voiles sous des éclairages divers.

**Fuller** Richard Buckminster (Milton, Massachusetts, 1895 – Los Angeles, 1983), ingénieur et architecte américain. Il inventa la *coupole géodésique.*

**Fuller** Samuel (Worcester, 1912 – Los Angeles, 1997), cinéaste américain : *J'ai vécu l'enfer de Corée* (1950), *Le port de la drogue* (1953), *Shock Corridor* (1963), *Sans espoir de retour* (1989).

**fullerène** *nm* CHIM Molécule sphéroïdale constituée de 60 atomes de carbone dont les propriétés supraconductrices offrent des possibilités d'application remarquables. [ETY] De *Fuller,* n. pr.

**fulmar** *nm* Oiseau voisin des pétrels, très commun dans l'Atlantique nord, qui accompagne les chalutiers pour se nourrir de déchets de poissons. [ETY] Du lat. *fulica,* « foulque » et *mare,* « mer ».

**fulmicoton** *nm* Nitrocellulose employée dans la fabrication des poudres. SYN coton-poudre.

**fulminant, ante** *a* **1** vx Qui lance la foudre. *Jupiter fulminant.* **2** Qui est dans une colère menaçante ; qui dénote cette colère. *Regard fulminant.* **3** CHIM Détonant. *Composé fulminant.* **4** MED Se dit de formes particulièrement graves de certaines maladies.

**fulminate** *nm* CHIM Sel de l'acide fulminique. *Le fulminate de mercure est utilisé dans les détonateurs.*

**fulminer** *v* [1] **A** *vi* **1** S'emporter violemment en proférant des menaces. *Fulminer contre les mœurs du siècle.* **2** CHIM Détoner. **B** *vt* **1** DR CANON Prononcer dans les formes requises un acte comminatoire, une sanction, une condamnation. *Fulminer une excommunication.* **2** Formuler avec emportement. *Fulminer des accusations.* [ETY] Du lat. *fulminare,* « lancer la poudre ». [DER] **fulmination** *nf*

**fulminique** *a* LOC *Acide fulminique :* isomère de l'acide cyanique, de formule brute CNOH.

**Fulton** Robert (Little Britain, auj. Fulton, Pennsylvanie, 1765 – New York, 1815), ingénieur américain. Il construisit le premier sous-marin à hélice (1798) et le premier navire à vapeur (1807).

**fumable, fumage** → **fumer 1 et 2.**

**fumagine** *nf* Maladie des arbres fruitiers due à divers champignons de couleur sombre qui poussent sur les exsudats sucrés émis par différents insectes parasites. [ETY] Du lat. *fumus,* « fumée ».

**fumaison** *nf* Fumage de la viande, du poisson.

**fumant, ante** *a* **1** Qui dégage de la fumée, de la vapeur. *Cendres fumantes. Potage fumant.* **2** fig Dans une violente colère. *Fumant de rage.* **3** fig, fam Sensationnel, formidable. *Un coup fumant.* LOC CHIM *Acide fumant :* dont les vapeurs forment un brouillard au contact de la vapeur d'eau de l'atmosphère.

**fumariacée** *nf* BOT Plante dialypétale, très proche de la papavéracée, à fleur très zygomorphe. [ETY] Du lat. *fumaria,* « fumeterre ».

**fumarique** *a* LOC CHIM *Acide fumarique :* isomère de l'acide maléique, qui intervient dans le métabolisme de la cellule vivante.

**fumé, ée** *a, nm* **A** *a* **1** Qu'on a fumé. *Jambon fumé. Truite fumée.* **2** De couleur foncée. *Verre fumé.* **B** *nm* Épreuve d'essai tirée d'une gravure.

**fume-cigare** *nm* Petit tube pour fumer un cigare. PLUR fume-cigares.

**fume-cigarette** *nm* Petit tube pour fumer une cigarette. PLUR fume-cigarettes.

**fumée** *nf* **A 1** Mélange de produits gazeux et de particules solides se dégageant de corps qui brûlent ou qui sont chauffés. *La fumée d'un volcan. La fumée de cigarette.* **2** Vapeur. *Fumée qui monte d'une soupière.* **B** *nfpl* **1** litt Troubles de l'esprit provoqués par l'alcool. **2** VEN Excréments des cerfs et autres ruminants sauvages. LOC *Il n'y a pas de fumée sans feu :* il ne court pas de bruit qui n'ait quelque fondement. — *S'en aller en fumée :* ne pas aboutir, ne rien produire.

**1 fumer** *vt* [1] Épandre du fumier sur un sol pour l'amender. [DER] **fumage** *nm*

**2 fumer** *v* [1] **A** *vi* **1** Répandre de la fumée. *Cette cheminée fume.* **2** Dégager de la vapeur. *Soupe qui fume.* **3** fig Être dans une violente colère. **B** *vt* **1** Faire brûler du tabac ou une autre substance pour en aspirer la fumée. *Fumer un cigare. Fumer du haschisch. Défense de fumer.* **2** Exposer de la viande, du poisson à la fumée pour les conserver. [ETY] Du lat [DER] **fumable** *a* – **fumage** *nm*

**fumerie** *nf* Lieu où l'on fume l'opium.

**fumerolle** *nf* Émanation gazeuse sortant à haute température de crevasses du sol, dans les régions volcaniques. [ETY] De l'ital. *fumaruolo,* « orifice de cheminée ». [VAR] **fumerole** [DER] **fumerollien, enne** ou **fumerolien, enne** *a*

**fumeron** *nm* Morceau de charbon de bois mal carbonisé qui dégage beaucoup de fumée.

**fumet** *nm* **1** Arôme qui s'exhale des viandes à la cuisson. **2** Bouquet d'un vin. **3** Odeur que dégagent certains animaux. *Le fumet du gibier.* **4** CUIS Jus ou bouillon, de viande ou de poisson, qui sert de base à une sauce.

**fumeterre** *nf* Plante herbacée basse (fumariacée) aux petites fleurs roses aux propriétés dépuratives. [ETY] Du lat. *fumus terrae,* « fumée de la terre ».

**fumette** *nf* fam Fait de fumer de la marijuana.

**fumeur, euse** *n* **A 1** Personne qui a l'habitude de fumer. **2** Spécialiste du fumage des viandes, des poissons. **B** *nm* GEOL Édifice en forme de cheminée construit sur les fonds océaniques par des émissions de fluides hydrothermaux qui précipitent des sulfures polymétalliques.

**fumeux, euse** *a* **1** Qui répand de la fumée ; qui baigne dans la fumée. **2** fig Obscur, confus. *Des explications fumeuses.*

**fumier** *nm* **1** Mélange de la litière et des déjections des bestiaux qu'on laisse fermenter et qu'on utilise comme engrais. **2** fig, fam, inj Homme vil, abject. [ETY] Du lat.

**fumigant** *nm* AGRIC Pesticide qui devient actif au contact de l'air ou de l'eau.

**fumigateur** *nm* MED, AGRIC Appareil servant aux fumigations.

**fumigation** *nf* **1** MED Inhalation de vapeurs médicamenteuses. **2** Production de vapeurs désinfectantes pour assainir un local. **3** AGRIC Utilisation de fumées ou de vapeurs insecticides pour débarrasser certains végétaux de leurs parasites. [ETY] Du lat.

**fumigatoire** *a* MED, AGRIC Qui sert à faire des fumigations.

**fumigène** *a, nm* TECH Se dit d'un dispositif qui produit de la fumée.

**fumiger** *vt* [13] Exposer à des fumigations. *Fumiger des cultures de coca.*

**fumiste** *n, a* **A** *n* Personne qui entretient les appareils de chauffage et ramone les conduits de fumée. **B** *n, a* fam Se dit d'une personne peu sérieuse. [ETY] Au sens B, d'apr. un personnage de vaudeville.

**fumisterie** *nf* **1** Profession de fumiste. **2** Ensemble des appareils servant à l'évacuation des fumées. **3** fam Action, chose qui manque totalement de sérieux.

**fumivore** *a* TECH Qui absorbe la fumée. *Appareil fumivore.*

**fumoir** *nm* **1** Lieu où l'on fume les viandes, les poissons. **2** Local destiné aux fumeurs.

**fumure** *nf* AGRIC **1** Action de fumer une terre. **2** Quantité de fumier ou d'engrais nécessaire pour obtenir un bon rendement d'une terre.

**fun** *a, nm* fam **A** *a* Bien, amusant. **B** *nm* Amusement, plaisir, joie. (Mot très usuel au Québec.) [PHO] [fœn] [ETY] Mot angl.

**funaire** *nf* BOT Mousse poussant en touffes, dont le pédoncule est filiforme et la capsule globuleuse. [ETY] Du lat. *funis,* « corde ».

**funambule** *n* Acrobate qui marche, danse sur une corde au-dessus du sol. [ETY] Du lat.

**funambulesque** *a* **1** Relatif au funambule, à son art. **2** fig Excentrique, bizarre.

**funboard** *nm* SPORT Planche à voile courte permettant de sauter ; ce sport. [PHO] [fœnbɔrd] [ETY] Mot angl., « planche pour s'amuser ». [DER] **funboardeur, euse** *n*

**Funchal** port et ch.-l. de la rég. auton. de Madère ; 44 110 hab. Tourisme.

**fundus** *nm* LOC ANAT *Fundus gastrique :* portion gauche de l'estomac, comprenant la grosse tubérosité de la zone de secrétion acide. [PHO] [fɔ̃dys] [ETY] Mot lat., « fond ».

**Fundy (baie de)** golfe profond de la côte atlantique séparant le N. du Maine et le Nouveau-Brunswick de la Nouvelle-Écosse.

**funèbre** *a* **1** Qui a rapport aux funérailles. *Oraison funèbre.* **2** fig Qui fait penser à la mort, suscite la tristesse. *Une voix, une image funèbre.* [ETY] Du lat.

**funérailles** *nfpl* Ensemble des cérémonies accompagnant les enterrements. [ETY] Du lat.

**funéraire** *a* Qui concerne les funérailles. *Frais funéraires.*

**funérarium** *nm* Bâtiment ou pièce, où peuvent se réunir les personnes qui vont assister à des obsèques. [PHO] [fyneʀaʀjɔm]

**Funès** Louis de (Courbevoie, 1914 – Nantes, 1983), acteur de cinéma français : *le Gendarme de Saint-Tropez* (1964), *la Grande Vadrouille* (1967), *l'Avare* (1979). ▶ illustr. p. 663

## FUSEAUX HORAIRES

- ligne de changement de date
- fuseaux horaires dont l'heure est entière
- fuseaux horaires dont l'heure n'est pas entière
- zone sans heure légale
- • agglomération de plus de 6 millions d'habitants

*Concernant les États de l'ex-URSS, l'heure légale est sujette à modifications.*

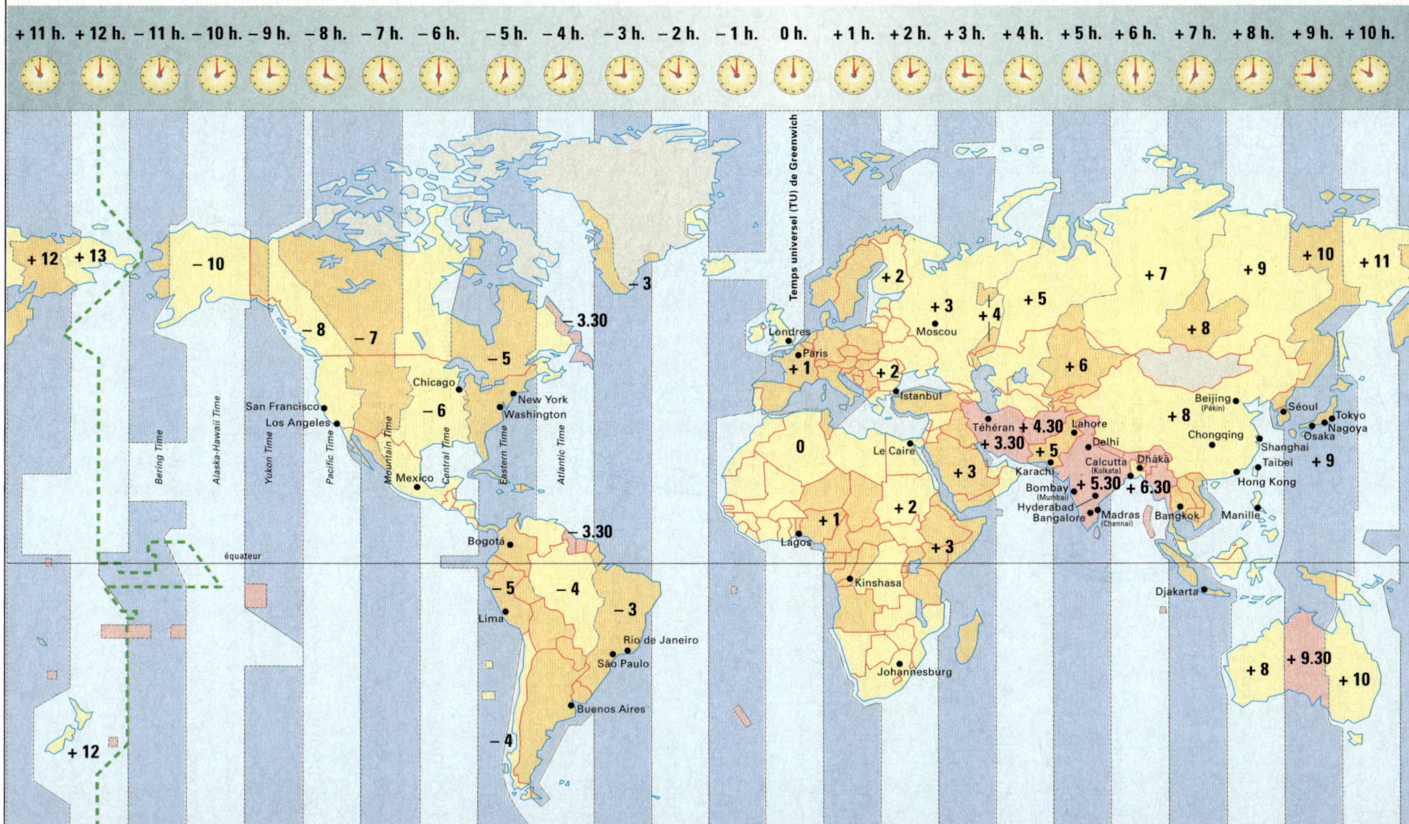

**funeste** *a* litt **1** Qui apporte la mort. *Coup, maladie funeste.* **2** Qui est source de malheur, a des conséquences désastreuses. *Erreur funeste.* ETY Du lat.

**fungie** *nf* Grand polypier solitaire dont le squelette rappelle les lamelles d'un chapeau de champignon.

**funiculaire** *n, a* **A** *nm* Chemin de fer à câble ou à crémaillère. **B** *nf* MECA Courbe utilisée en statistique graphique, dont la forme est celle d'une corde flexible et inextensible, suspendue à ses deux extrémités. **C** *a* ANAT Qui se rapporte au cordon spermatique ou au cordon ombilical. ETY Du lat. *funiculus,* « petite corde ».

**funicule** *nm* BOT Cordon contenant le faisceau libéroligneux nourricier de l'ovule et reliant celui-ci au placenta.

**funk** *nm, a inv* MUS Se dit d'un style de musique issu du funky vers 1970. PHO [fœnk]

**funky** *nm, a inv* MUS Se dit d'un style de musique des Noirs américains, mélange de rock et de jazz très rythmique. PHO [fœnki] ETY De l'amér. « malodorant ».

**funtumia** *nm* Arbre d'Afrique (apocynacée), producteur d'une sorte de caoutchouc.

**fur** *nm* LOC ***Au fur et à mesure*** : simultanément et proportionnellement ou successivement. *Apportez-moi les outils, je les rangerai au fur et à mesure.* ETY Du lat. *forum,* « marché ».

**furane** *nm* CHIM Composé organique hétérocyclique ($C_4H_4O$) dont la structure est analogue à celle du benzène et les réactions similaires à celles des composés aromatiques. ETY Du lat. *furfur,* « son (de céréales) ». VAR **furanne**

**furax** *a inv* fam Furieux.

**furet** *nm* **1** Mammifère carnivore mustélidé, variété de putois albinos ou semi-albinos, originaire d'Afrique du N., autref. dressé pour la chasse au lapin. **2** TECH Outil de plomberie servant à déboucher les canalisations. **3** Jeu de société dans lequel des joueurs se passent un objet de main en main tandis qu'un autre joueur s'efforce de deviner dans quelle main il se trouve. **4** PHYS NUCL Petit conteneur que l'on propulse dans un tube traversant le cœur d'un réacteur pour soumettre un échantillon à une irradiation de courte durée. ETY Du lat. *fur,* « voleur ».

**Furet** François (Paris, 1927 – Toulouse, 1997), historien français : *Penser la Révolution française* (1978) ; *le Passé d'une illusion, essai sur l'idée communiste au XX^e^ siècle* (1995).

**fureter** *vi* ⑱ **1** Chasser au furet. **2** Fouiller, chercher avec soin pour découvrir qqch. **3** INFORM Naviguer sur Internet, surfer, butiner. DER **furetage** *nm*

**fureteur, euse** *a, n* **A** Qui furète pour trouver qqch. **B** *nm* Canada INFORM Navigateur.

**Furetière** Antoine (Paris, 1619 – id., 1688), écrivain français. Auteur du *Roman bourgeois* (1666), il entreprit, en 1684 un *Dictionnaire universel* (posth., 1690), et l'Acad. fr. (qui l'avait élu en 1662), l'exclut en 1685.

**fureur** *nf* **1** Colère très violente. *Entrer en fureur. La fureur des flots.* **2** Passion excessive. *Aimer avec fureur.* **3** litt Délire inspiré. *Fureur poétique.* LOC ***Faire fureur*** : être fort en vogue. ETY Du lat. *furor,* « folie ».

**Fureur de vivre (la)** film de Nicholas Ray (1955) sur les bandes d'adolescents, avec James Dean et Nathalie Wood (1938-1981).

Louis de Funès

**Fureur et Mystère** recueil de René Char (1948) renfermant *Seuls demeurent* (1945), *Feuillets d'Hypnos* (1946), etc.

**furfuracé, ée** *a* **1** didac Qui ressemble à du son. **2** MED Se dit d'une lésion recouverte de petites squames.

**furfural** *nm* CHIM Aldéhyde hétérocyclique existant dans les alcools de grain. Il est utilisé comme solvant et entre dans de nombreuses synthèses (notam. dans celle du nylon). PLUR furfurals.

**furia** *nf* litt Ardeur impétueuse. ETY Mot ital.

**furibard, arde** *a* fam Furibond.

**furibond, onde** *a* **1** En proie à une fureur générale, outrée et un peu ridicule. **2** Qui exprime cette fureur. *Regards furibonds.*

**furie** *nf* **1** Colère démesurée. *Être en furie.* **2** Ardeur impétueuse. *Combattre avec furie.* **3** fig Femme très méchante et violente. ETY Du lat. *Furia,* déesse de la Vengeance.

**Furies (les)** divinités romaines assimilées aux Érinnyes grecques.

**furieux, euse** *a* **1** Qui ressent une violente colère. **2** Qui dénote une profonde colère. *Air furieux.* **3** Extrêmement véhément, impétueux. *Assaut furieux. Mer furieuse.* DER **furieusement** *av*

**furioso** *a, av* MUS Plein d'impétuosité. ETY Mot ital.

**Furka (col de la)** col des Alpes suisses, entre les hautes vallées du Rhône (Valais) et de la Reuss ; 2 431 m.

**Furnes** (en flam. *Veurne*), com. de Belgique (Flandre-Occid.) ; ch.-l. d'arr. ; 11 200 hab. – Égl. du XIV^e^ s. – Cap. de la *Belgique libre* en 1914-1918.

**furoncle** *nm* Infection, au niveau de la peau, d'un appareil pilosébacé, due au staphylocoque doré, et caractérisée par une inflammation ayant en son centre un bourbillon. ETY Du lat. DER **furonculeux, euse** *a*

**furonculose** *nf* Éruption d'une série de furoncles.

**Fürst** Walter héros suisse. Il aurait prêté, pour le cant. d'Uri, le serment de Grütli (1291).

**Fürstenberg** Franz Egon (1625 – 1682), évêque de Strasbourg (1663). — **Wilhem Egon** (Heilegenberg, 1629 – Paris, 1704), frère du préc., évêque de Strasbourg (1682), agent de Louis XIV en Allemagne.

**Furtado** Celso (Pombal, État de Paraïba, 1920 – Rio de Janeiro, 2004), économiste brésilien, spécialiste du développement.

**Fürth** v. d'Allemagne (Bavière) près de Nuremberg ; 98 200 hab. Industries.

**furtif, ive** *a* **1** Qui se fait à la dérobée, de façon à n'être pas remarqué. *Signe, regard furtif.* **2** MILIT Se dit d'un avion, d'un missile que les radars ne peuvent détecter. ETY Du lat. *furtum,* « vol ». DER **furtivement** *av* – **furtivité** *nf*

**Furtwängler** Wilhelm (Berlin, 1886 – Baden-Baden, 1954), chef d'orchestre allemand, interprète notam. de Beethoven et de Wagner.

**fusain** *nm* **1** Arbrisseau dicotylédone à fleurs dialypétales. *Le fusain d'Europe est appelé bonnet carré ou bonnet de prêtre.* **2** Crayon fait avec le charbon de fusain. **3** Dessin exécuté avec ce crayon. ETY Du lat. *fusus,* « fuseau ».

**fusaïole** *nf* Disque percé qui se plaçait à la base du fuseau. *Les fusaïoles signalent l'apparition du textile au néolithique.*

**fusant, ante** *a* TECH **1** Qui fuse. *Poudre fusante.* **2** Qui explose en l'air (par oppos. à *percutant*).

**fusariose** *nf* Maladie des plantes causée par un champignon parasite (fusarium).

**fuseau** *nm* **1** anc Petit instrument de bois, renflé en son milieu et terminé en pointe, utilisé pour tordre et enrouler le fil lorsqu'on file à la quenouille ou servant à faire de la dentelle. **2** GEOM Portion de la surface d'une sphère comprise entre deux méridiens. **3** ZOOL Mollusque gastéropode à coquille très longue en forme de fuseau. **4** Pantalon dont les jambes se rétrécissent vers le bas et se terminent par un sous-pied. LOC BIOL ***Fuseau achromatique*** : ensemble des fibres protéiques qui, au cours d'une mitose ou d'une méiose, joignent les deux asters et sur certaines desquelles s'accrochent les chromosomes. — ***Fuseau horaire*** : chacune des 24 zones de la surface terrestre à l'intérieur desquelles le temps civil est en principe égal au temps civil local du méridien central, le méridien de Greenwich étant au centre du fuseau n° 0, dont la France dépend. ETY Du lat.

**fusée** *nf* **1** Engin propulsé par la force d'expansion de gaz résultant de la combustion d'un combustible et d'un comburant. **2** Engin spatial muni d'un moteur-fusée. **3** Pièce d'artifice composée de poudre mélangée à des matières permettant d'obtenir des lumières colorées. *Fusées de feu d'artifice.* **4** MILIT Mécanisme fixé à l'ogive d'un projectile pour le faire éclater. **5** MED Trajet long et sinueux parcouru par le pus entre le foyer de l'abcès et le point d'émergence. **6** Quantité de fil qui peut être enroulée sur un fuseau. **7** AUTO Pièce conique qui reçoit la roue d'un véhicule. ETY Du lat. *fusus,* « fuseau ».

▶ illustr. **lanceur**

ENC Les fusées peuvent évoluer hors de l'atmosphère, car elles utilisent un processus propulsif indépendant de l'air. Les premières réalisations concrètes sont dues à l'Américain Robert Goddard (en 1926) et aux membres de la Société allemande de vol spatial (dont Hermann Oberth et Wernher von Braun) ; les travaux de ces derniers aboutirent au V2 (1944). Après la guerre, les Sov. et les Amér. adoptèrent le principe d'une fusée constituée de plusieurs étages, dont chacun est équipé d'un système de propulsion indépendant, ce qui économise le propergol ; les lanceurs d'engins spatiaux et les missiles intercontinentaux reposent sur ce concept. V. navette.

**fuselage** *nm* Corps principal d'un avion, sur lequel est fixée la voilure.

**fuselé, ée** *a* En forme de fuseau. *Doigts fuselés.* LOC ARCHI ***Colonne fuselée*** : renflée en bas, vers le tiers de sa hauteur.

**fuseler** *vt* ⑰ ou ⑲ TECH Donner la forme d'un fuseau à.

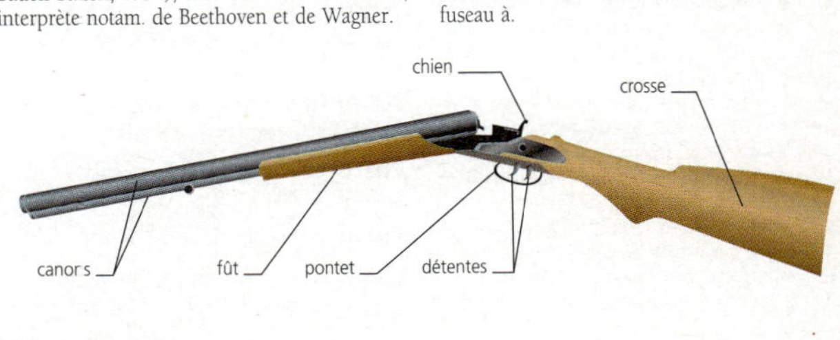


**fusil** de chasse à canons juxtaposés

**fuser** *vi* [1] **1** Jaillir. *Liquide qui fuse. Acclamations qui fusent.* **2** Se répandre en fondant. *La cire fuse.* **3** Brûler sans détoner en parlant de la poudre. [ETY] Du lat. *fundere*, « fondre ».

**fusette** *nf* Petit tube sur lequel est enroulé du fil à coudre.

**Fushun** v. de Chine (prov. de Liaoning) ; 1,5 million d'hab. (aggl.). La houille a créé un centre industriel.

**fusible** *a, nm* **A** *a* Qui peut être fondu, liquéfié. **B** *nm* **1** ELECTR Élément qui a la propriété de fondre à une température relativement basse (env. 250 °C), et servant à protéger un circuit contre les intensités trop élevées. **2** fig, fam Dans une hiérarchie, personne qui endosse une responsabilité pour protéger son supérieur. [ETY] Du lat. [DER] **fusibilité** *nf*

**fusiforme** *a* didac En forme de fuseau.

**fusil** *nm* **1** Arme à feu portative, constituée d'un canon, d'une culasse munie d'un percuteur et d'un fût. **2** Pièce d'acier contre laquelle venait frapper le silex de la batterie des anc. armes à feu. **3** Tireur au fusil. **4** Instrument en acier servant à aiguiser les couteaux. **5** Pierre pour affûter les faux. **LOC** ***Changer son fusil d'épaule*** : changer d'opinion, de manière d'agir, etc. — fam ***Coup de fusil*** : note d'un montant excessif à l'hôtel, au restaurant. — ***Fusil à pompe*** : fusil doté d'un tube coulissant placé sous le canon, servant à l'alimenter. — ***Fusil lance-harpon*** ou ***fusil-harpon*** : fusil dont le projectile est un harpon, utilisé pour la chasse sous-marine. [PHO] [fyzi] [ETY] Du lat.

**fusilier** *nm* anc Soldat armé d'un fusil. **LOC** ***Fusilier marin*** : marin entraîné pour les opérations de débarquement et chargé à bord du maintien de l'ordre et de la discipline.

**fusillade** *nf* **1** Décharge de plusieurs fusils. **2** Combat à coups de fusil, d'arme à feu. **3** Action de passer qqn par les armes.

**fusiller** *vt* [1] **1** Passer par les armes. *Fusiller un espion.* **2** fig, fam Abîmer, détériorer. *Fusiller son moteur.*

**fusil-mitrailleur** *nm* Arme légère à tir automatique, fusil pouvant tirer par rafales. PLUR fusils-mitrailleurs.

**fusion** *nf* **1** Passage d'un corps de l'état solide à l'état liquide sous l'action de la chaleur. **2** Dissolution dans un liquide. *Fusion du sucre dans l'eau.* **3** Union d'éléments distincts en un tout homogène. *Fusion de sociétés commerciales.* **4** PHYS NUCL Réunion de plusieurs atomes légers en un atome lourd d'une masse inférieure à la masse totale des atomes de départ. **5** Autre nom du *jazz-rock*. **6** Courant musical des années 1990 mêlant le rock, le rap et diverses musiques du monde. **LOC** ***En fusion*** : liquéfié en parlant d'une matière habituellement solide. — PHYS ***Fusion franche*** : passage brusque de l'état solide à l'état liquide (par oppos. à *fusion pâteuse*). [ETY] Du lat.

[ENC] La fusion nucléaire part de noyaux légers (deutérium, tritium) pour aboutir à des noyaux plus lourds (hélium) ; c'est la réaction qui se produit au cœur du soleil et des étoiles en activité. La prem. fusion nucléaire a été obtenue artificiellement en 1952 aux É.-U. (explosion de la première bombe à hydrogène). La *fusion contrôlée* est beaucoup plus difficile à obtenir. La production d'énergie par fusion contrôlée n'a pu être réalisée après un demi-siècle de recherches. Elle serait cependant beaucoup plus intéressante que par le processus de fission (abondance du deutérium, déchets radioactifs à durée de vie bien plus courte). Les machines utilisées pour ce confinement (machines à miroirs, tokamaks) permettent actuellement d'atteindre des températures de 20 millions de kelvins pendant un dixième de seconde, mais ce n'est pas suffisant. V. fission et noyau.

schématisation de la **fusion**

**fusion-acquisition** *nf* DR Mode de réunion de deux sociétés par rachat de l'une par l'autre. PLUR fusions-acquisitions.

**fusionnel, elle** *a* PSYCHO Se dit d'une relation très étroite entre deux personnes.

**fusionner** *vt* [1] Regrouper par fusion des partis, des sociétés. [DER] **fusionnement** *nm*

**Füssli** Johann Heinrich, dit Henry Fuseli en G.-B. (Zurich, 1741 – Londres, 1825), peintre suisse. Il travailla à Londres de 1764 à sa mort *(Henry Fuseli)* et influença Blake ; le *Cauchemar* (1782).

**Fust** Johann (Mayence, v. 1400 – Paris, 1466), orfèvre et imprimeur allemand. Vers 1450, il s'associa à Gutenberg. En 1455, il fit un procès à celui-ci, obtint son matériel et acheva, cette même année, l'impression de la Bible dite « de Gutenberg ». Il imprima ensuite avec Schöffer le *Psautier* (1457) de Mayence.

**Füst** Milán (Budapest, 1888 – id., 1967), écrivain hongrois ; poète (*Rue des fantômes*, 1948), dramaturge (*Catulle*, 1957), et romancier (*Histoire de ma femme*, 1942).

**fustanelle** *nf* Court jupon évasé, vêtement masculin grec traditionnel. [ETY] Du lat.

**Fustel de Coulanges** Numa Denis (Paris, 1830 – Massy, 1889), historien français : *la Cité antique* (1864) ; *Histoire des institutions politiques de l'ancienne France* (1875-1892).

**fustet** *nm* Arbuste ornemental (anacardiacée), appelé aussi *arbre à perruques* en raison de l'abondant duvet qui couvre les pédoncules de ses fruits. [ETY] De l'ar. *fustuq*, « pistachier ».

**fustibale** *nm* HIST Arme de jet, fronde emmanchée en usage jusqu'au XVI^e^ s.

**fustiger** *vt* [13] **1** vx Battre à coups de bâton, flageller. **2** fig Blâmer, stigmatiser par la parole. *Fustiger les abus.* [ETY] Du lat. *fustis*, « bâton ». [DER] **fustigation** *nf*

**fusuline** *nf* PALEONT Foraminifère en forme de fuseau, très abondant dans les calcaires carbonifères et permiens.

**fût** *nm* **1** Partie droite et dépourvue de branches du tronc d'un arbre. **2** ARCHI Partie d'une colonne, située entre la base et le chapiteau. **3** TECH Élément cylindrique d'un appareil, d'un instrument, etc. *Fût d'un candélabre. Fût d'un tambour.* **4** Monture de certains outils. *Fût de rabot.* **5** Monture du canon d'une arme à feu. **6** Tonneau. [ETY] Du lat. *fustis*, « bâton ». [VAR] **fut**

**futaie** *nf* Partie d'une forêt où on laisse les arbres atteindre une grande taille avant de les exploiter.

**futaille** *nf* **1** Tonneau. **2** Ensemble de tonneaux. *Rouler toute la futaille dans une cave.*

**futaine** *nf* anc Tissu croisé à chaîne de fil et trame de coton.

**futal** *nm* fam Pantalon. [VAR] **fute**

**futé, ée** *a, n* Fin, rusé, malin. [ETY] De l'anc. v. *se futer*, « échapper au chasseur. » [VAR] **fute-fute** fam

**futile** *a* **1** Insignifiant, sans importance. **2** Léger, vain. *Une personne futile.* [ETY] Du lat. [DER] **futilement** *av* – **futilité** *nf*

**futon** *nm* Matelas japonais traditionnel.

**Futuna** île française du Pacifique ; 115 km² avec Alofi ; 4 100 hab. Elle forme un TOM avec Alofi (Futuna et Alofi, qui est inhabitée, constituent les îles de Horn) et les îles Wallis (V. Wallis-et-Futuna).

**futur, ure** *a, n* **A** *a* **1** Qui est à venir. *Les jours futurs.* **2** Qui sera ultérieurement tel. *Les futurs époux.* **B** *nm* **1** Temps à venir (par oppos. à *passé* et à *présent*). **2** GRAM Ensemble de formes verbales indiquant que l'action ou l'état se situe dans l'avenir. *Le futur est un temps de l'indicatif.* **C** *n* vieilli Personne que l'on doit épouser. **LOC** ***Futur proche*** : construit avec le verbe aller (ex. : *il va partir*). — ***Futur antérieur*** : exprimant l'antériorité d'une action future par rapport à une autre (ex. : *je serai partie quand il viendra*). [ETY] Du lat.

**futurisme** *nm* **1** Bx-A Doctrine esthétique (1909) due à l'écrivain italien Marinetti, exaltant la beauté de la machine en mouvement, la vitesse, la violence. **2** Qualité de ce qui semble préfigurer l'état futur d'une civilisation. [DER] **futuriste** *a, n*

**futurologie** *nf* didac Discipline visant à prévoir l'avenir dans une perspective globale. SYN prospective. [DER] **futurologue** *n*

**Futuroscope** parc d'attractions consacré aux techniques audiovisuelles de pointe, ouvert en 1987 près de Poitiers.

**Fux** Johann Joseph (Hirtenfeld, Styrie, 1660 – Vienne, 1741), compositeur autrichien, auteur d'un traité de contrepoint, le *Gradus ad Parnassum* (1725).

**fuxéen** → **Foix.**

**Fuxi** figure mythique primitive de la Chine ancienne ; il inventa, avec Nugua, les rites du mariage. [VAR] **Fou-hi**

**fuyant, ante** *a* **1** Qui fuit. **2** litt Qui s'enfuit, s'échappe. *La fuyante proie.* **3** Qui n'agit pas de manière franche, insaisissable. *Caractère fuyant. Regard fuyant.* **4** Qui semble s'enfoncer vers l'arrière-plan. *Ligne fuyante.* **LOC** ***Front, menton fuyant*** : effacé vers l'arrière.

**fuyard, arde** *a, n* Qui s'enfuit. *Rallier les fuyards.*

**Fuzhou** v. et port de la Chine du S.-E. sur le Minjiang ; 2,5 millions d'hab. (aggl.) ; ch.-l. de la prov. de Fujian. Industries.

**Fuzuli** Mehmed Süleyman (Karbala id., v. 1490 – Karbala, 1556), poète turc, d'origine kurde. Il chante l'amour, la souffrance, la mort, en arabe, en persan et en turc.

**FVO** *nf* ELEV Abrév. de *farine de viande et d'os*, aliment pour le bétail, désormais interdit d'utilisation.

**Fyn** → **Fionie.**

**Fyt** Jan (Anvers, 1611 – id., 1661), peintre flamand : natures mortes. [VAR] **Fijt**

# G g

**g** *nm* **1** Septième lettre (g, G) et cinquième consonne de l'alphabet notant l'occlusive vélaire sonore [g] devant *a, o, u* (ex. *gare, gondole, guêpe*) et la fricative prépalatale sonore [ʒ] devant *e, i, y* (ex. *gelée, gifle, gypse*) ; en composition, la consonne médiopalatale nasale [ɲ], dite *n mouillé*, écrite *gn* (ex. *vigne*). **2** PHYS g : symbole du gramme. **3** PHYS g : symbole de l'accélération de la pesanteur (à Paris, g = 9,81 m/s$^2$). **4** MATH G : symbole de giga-(un milliard de fois). **5** PHYS G : symbole du gauss. **6** MUS G : notation alphabétique de la note sol.

**Ga** CHIM Symbole du gallium.

**gaba** *nm* Aminoacide, neuromédiateur important. ETY Abrév. de *gamma-aminobutyric acid.*

**gabalitain** → **Gévaudan.**

**gabardine** *nf* **1** Tissu de laine sergé, très serré. **2** Manteau imperméable fait de ce tissu. ETY De l'esp.

**gabare** *nf* **1** MAR anc Embarcation de servitude utilisée pour décharger les navires. **2** Grand filet de pêche semblable à la senne. ETY Du gascon. VAR **gabarre**

**gabarier** *vt* ② TECH **1** Fabriquer d'après un gabarit. **2** Vérifier au moyen d'un gabarit les dimensions de. *Gabarier un véhicule.* DER **gabariage** *nm*

**gabarit** *nm* **1** TECH Modèle servant à produire des séries de pièces de mêmes dimensions. **2** TECH Dispositif, outil utilisé pour contrôler une mesure. **3** TRANSP Portique destiné à vérifier que les dimensions extérieures d'un véhicule ne dépassent pas certaines valeurs. **4** Dimension réglementée d'un objet. **5** Taille, stature d'une personne, dimension physique ou morale. **LOC** CH DE F *Gabarit de voie* : qui sert à contrôler l'écartement des rails. ETY Du goth.

**gabarre** → **gabare.**

**gabbro** *nm* PETROG Roche plutonique grenue, sombre, très dense. ETY Mot florentin.

**gabegie** *nf* Gaspillage, désorganisation qui peuvent être dus à une mauvaise gestion. ETY De l'a. scand. *gabba,* « railler ».

**gabelle** *nf* anc **1** Impôt sur le sel, en France sous l'Ancien Régime. **2** Administration chargée de recouvrer cet impôt. ETY De l'ar.

**gabelou** *nm* **1** anc Commis de la gabelle. **2** péjor Douanier, employé de l'octroi.

**Gaberones** → **Gaborone.**

**Gabès** v. de Tunisie, sur l'*oued Gabès* et au fond du *golfe de Gabès* ; 92 260 hab. ; ch.-l. du gouvernorat du m. nom. Palmeraie, pêche (thon), industries.

**gabier** *nm* anc Marin chargé de l'entretien et de la manœuvre des voiles et du gréement. ETY Du provenç. *gabia,* « cage ».

**Gabin** Jean Alexis Moncorgé, dit Jean (Paris, 1904 – Neuilly-sur-Seine, 1976), acteur français : *Pépé le Moko* (1935), *la Grande Illusion* (1937), *Le Quai des brumes* (1938), *Touchez pas au grisbi* (1954), *Un singe en hiver* (1962). ▶ illustr. **Carné**

**gabion** *nm* **1** Récipient en grillage, rempli de cailloux, utilisé pour les fondations d'ouvrages ou comme protection. **2** CHASSE Hutte pour chasser le gibier d'eau à l'affût. ETY De l'ital.

**gabionnage** *nm* TECH Pose de gabions.

**gable** *nm* ARCHI Fronton triangulaire général. ajouré et sculpté, qui couronne un portail ou une fenêtre. *Gable gothique.* ETY De l'a. scand. *gafl,* « plafond ». VAR **gâble**

**Gable** Clark (Cadiz, Ohio, 1901 – Hollywood, 1960), acteur de cinéma américain : *New York-Miami* (1934), *Autant en emporte le vent* (1939), *The Misfits* (1961). ▶ illustr. **Huston.**

**Gabo** Naoum Neemia Pevsner, dit Naum (Briansk, 1890 – Waterbury, Connecticut, 1977), sculpteur américain d'origine russe, fondateur du constructivisme avec son frère Antoine Pevsner.

**Gabon (le)** estuaire d'Afrique occid. Sur sa rive dr. se situe Libreville.

**Gabon (république du)** État d'Afrique équatoriale, sur l'Atlantique ; 267 670 km$^2$ ; 1,6 million d'hab. ; cap. *Libreville.* Nature de l'État : rép. de type présidentiel. Langue off. : français. Monnaie : franc CFA. Ethnie princ. : Fangs (35 %). Relig. : animisme, christianisme, islam. DER **gabonais, aise** *a, n*
**Géographie** Traversé par l'équateur, centré sur le bassin de l'Ogooué, le Gabon est constitué d'une plaine côtière que dominent des plateaux jalonnés de hauteurs (monts de Cristal, monts du Chaillu). Couvert à 75 % par la forêt dense humide, le pays est sous-peuplé et peu urbanisé. La population augmente de 1,8 % par an.
**Économie** Le Gabon est le pays d'Afrique subsaharienne où le revenu par hab. est le plus élevé. Il exporte (notam. vers la France) pétrole, gaz et bois, ainsi que du manganèse et de l'uranium.
**Histoire** Découvert au XV$^e$ s. par les Portugais, le pays, un des centres de la traite des Noirs, fut colonisé au XIX$^e$ s. par les Français. Rattaché au Congo français (1888), le Gabon fut inclus, en 1910, dans l'A.-É.F. Rallié à la France libre en 1940, territoire d'outre-mer en 1946, répub. autonome en 1958, il accéda à l'indép. en 1960. Au président Léon M'Ba, élu en 1961, succéda en 1967 Albert Bongo (nommé Omar Bongo, après sa conversion à l'islam en 1973). En 1990, les mesures d'austérité provoquèrent des troubles. Bongo fit appel aux troupes françaises et abolit le régime du parti unique, ce qui ne l'empêcha pas d'être réélu en 1993 et en 1998. Dès lors, il a adopté de nouvelles mesures d'austérité et reçu une aide du FMI en 2000. Il est réélu en 2005. Il meurt en 2009. Son fils, Ali Bongo lui succède. ▶ carte p. 666

**Gabor** Dennis (Budapest, 1900 – Londres, 1979), physicien britannique d'origine hongroise, inventeur de l'holographie (1948). P. Nobel 1971.

**Gaboriau** Émile (Saujon, 1832 – Paris, 1873), écrivain français, le « père du roman policier » : *l'Affaire Lerouge* (1866), *le Crime d'Orcival* (1867), *le Dossier n° 113* (1867).

**Gaborone** (anc. *Gaberones*), cap. du Botswana ; 220 000 hab. (aggl.). DER **gaboronais, aise** *a, n*

**Gabriel** (en hébr., « puissance de Dieu »), archange qui, d'après saint Luc, apparut à la Vierge Marie pour lui annoncer qu'elle serait la mère du Sauveur. Selon l'islam, l'ange Gabriel révéla le Coran à Mahomet.

**Gabriel** Jacques III (Paris, 1667 – id., 1742), architecte français, très actif à Paris et en province. — **Jacques IV Ange** (Paris, 1698 – id., 1782), fils du préc., lui succéda en 1742 comme premier architecte du roi : École militaire (1751-1753), place de la Concorde (alors place Louis XV) et ses édifices (1753-1763), château de Compiègne (1752-1780), le Petit Trianon (1762-1764).

**Gabrieli** Andrea (Venise, v. 1510 – id., 1586), compositeur et organiste italien. — **Giovanni** (Venise, v. 1555 – id., 1612), neveu du préc. qui l'influença.

**Gabriel Lalemant (saint)** (Paris, 1610 – Saint-Ignace, Québec 1649), jésuite français ; un des « martyrs de la Nouvelle-France ».

**Gabrielle d'Estrées** → **Estrées (d').**

**Gabrovo** v. de Bulgarie, au N. du Balkan ; 58 000 hab. Industries.

**gâchage** → **gâcher.**

**1 gâche** *nf* TECH Boîtier métallique dans lequel s'engage le pêne d'une serrure. ETY Du frq. *gaspia,* « crampon ».

**2 gâche** *nf* **1** CONSTR Outil servant à gâcher le mortier, le plâtre. **2** Papier perdu lors du processus d'impression et de reliure. **3** Brioche vendéenne présentant une incision sur la longueur.

**gâcher** *vt*① **1** CONSTR Délayer du mortier, du plâtre. **2** fig Faire un travail sans soin. **3** Abîmer, gâter par maladresse. *Elle a gâché pas mal de tissu pour faire cette robe.* **4** Dissiper, gaspiller. *Gâcher de l'argent.* **5** Gâter, attrister. *Sa maladie a gâché nos vacances.* **LOC** ***Gâcher le métier*:** travailler pour un prix trop bas. ETY Du frq. *waskan,* « laver ». DER **gâchage** *nm*

**gâchette** *nf* **1** TECH Arrêt de pêne d'une serrure. **2** Pièce du mécanisme d'une arme à feu, maintenant le percuteur ou le chien par l'intermédiaire d'un ressort, et actionnée par la détente. **3** abusiv Détente. *Appuyer sur la gâchette.* **4** Dispositif de commande d'un outil portatif (perceuse, tronçonneuse). ETY De *gâche 1.*

**gâcheur, euse** *n* **A** *nm* CONSTR Ouvrier qui gâche le plâtre. **B** *n* fig Personne qui travaille mal.

**gâchis** *nm* **1** CONSTR Mortier bâtard. **2** Accumulation de choses gâchées, détériorées ; gaspillage. **3** fig Situation embrouillée ; désordre.

**Gad** personnage biblique, septième fils de Jacob ; il donna son nom à l'une des douze tribus d'Israël.

**Gadamer** Hans Georg (Marburg, 1900 – Heidelberg, 2002), philosophe allemand : *Vérité et Méthode* (1960).

**Gadda** Carlo Emilio (Milan, 1893 – Rome, 1973), romancier italien, virtuose verbal : *la Connaissance de la douleur* (1938-1963), *l'Affreux Pastis de la rue des Merles* (1957).

**Gaddi** Gaddo (début du XIV^e s.), peintre mosaïste florentin ; il fut l'assistant de Giotto. — **Taddeo** (Florence, vers 1300 – id., 1366), fresquiste, fils du préc., élève de Giotto. — **Agnolo** (Florence, vers 1333 – id., 1396), fresquiste, fils du préc.

**Gaddis** William (New-York 1922 – id., 1998), auteur américain de romans expérimentaux : *Reconnaissances* (1962), *J. R.* (1975).

**Gades** Antonio Esteve Ródenas, dit Antonio (Elda, 1936 – Madrid, 2004), danseur et chorégraphe espagnol. Il utilise le flamenco : *Carmen* (1983).

**gadget** *nm* **1** Objet ingénieux, utile ou non, amusant par sa nouveauté. **2** péjor Objet sans réelle utilité pratique. PHO [gadʒɛt] ETY Mot anglo-amér.

**gadgétiser** *vt*① Équiper de gadgets, donner le caractère de gadget à. DER **gadgétisation** *nf*

**gadidé** *nm* Poisson téléostéen tel que la morue, le merlan, le lieu, etc., tous marins, à l'exception de la lotte de rivière. ETY Du gr. *gados,* « morue ». VAR **gade**

**gadiforme** *nm* ICHTYOL Poisson téléostéen malacoptérygien tel que les gadidés.

**gadin** *nm* **LOC** fam ***Prendre, ramasser un gadin*:** tomber, en parlant d'une personne.

**gadjo** *a, n* Non-gitan pour les Gitans. PLUR gadjos ou gadjé.

**gadolinium** *nm* CHIM **1** Élément appartenant à la famille des lanthanides, de numéro atomique Z = 64 et de masse atomique 157,25 (symbole Gd). **2** Métal (Gd) qui fond à 1 310 °C et bout vers 3 200 °C. PHO [gadɔlinjɔm] ETY D'un n. pr.

**gadoue** *nf* **1** Mélange de déchets organiques utilisé comme engrais. **2** fam Boue.

**GAEC** *nm* Sigle pour *groupement agricole d'exploitation en commun,* forme juridique permettant à des agriculteurs de s'associer.

**gaélique** *nm* Groupe de parlers celtiques d'Écosse et d'Irlande.

**Gaëls** peuple celte dont l'implantation dans l'O. et le N.-O. des îles Britanniques remonte au I^er millénaire av. J.-C. DER **gaélique** *a*

**Gaeta** Francesco (Naples, 1879 – id., 1927), poète élégiaque italien : *Chants de liberté* (1902), *Poésies d'amour* (1920).

**Gaétan de Thiene (saint)** (Vicence, v. 1480 – Naples, 1547), fondateur italien de l'ordre des Clercs réguliers ou Théatins.

**Gaète** (en ital. *Gaeta*), v. et port d'Italie (Latium), sur le *golfe de Gaète* ; 22 610 hab. Industries. – Archevêché. – Au XII^e s., la ville entra dans le royaume de Sicile. Pie IX s'y réfugia en 1848.

**1 gaffe** *nf* **1** MAR Perche munie d'un croc à une extrémité. **2** fam Lourde maladresse, faute de tact. ETY Du provenç. *gaffar,* « saisir ».

**2 gaffe** *nf* **LOC** fam ***Faire gaffe*:** faire attention. ETY De l'anc. v. *gafer,* « surveiller ».

**gaffer** *v*① **1** *vt* MAR Accrocher avec une gaffe. **2** *vi* fam Commettre une gaffe.

**gaffeur, euse** *n* fam Personne qui a tendance à commettre des gaffes.

**Gaffiot** Félix (Liesle, Doubs, 1870 – Besançon, 1937), latiniste français, auteur d'un *Dictionnaire latin-français* (1934), toujours réédité.

**Gafsa** v. du S.-O. de la Tunisie ; 60 970 hab. ; ch.-l. du gouvernorat du m. nom. Oasis. Centre d'une rég. riche en phosphates.

**gag** *nm* **1** Effet comique, dans un film. **2** Incident amusant dans la vie. PHO [gag] ETY Mot angl. DER **gaguesque** *a*

**gaga** *a, n* fam Gâteux.

**gagaku** *nm* Musique de cour de l'ancien Japon. PHO [gagaku] ETY Mot jap.

**Gagaouzes** peuple de langue turque et de religion orthodoxe habitant en république de Moldavie. Ils descendent de Turcs des Balkans qui ont émigré aux XVIII^e-XIX^e s. DER **gagaouze** *a*

**Gagarine** Youri Alexeïevitch (Klouchino, distr. de Gjatsk, 1934 – rég. de Vladimir, 1968), aviateur et cosmonaute soviétique. Il fut le premier homme à effectuer un vol spatial (1 h 48 min, à bord de *Vostok 1*, en avril 1961).

**gage** *nm* **A 1** Objet, bien mobilier que l'on dépose en garantie entre les mains d'un créancier. **2** Ce que l'on consigne auprès d'un tiers jusqu'à ce qu'une contestation soit définitivement réglée. **3** À certains jeux, objet que les joueurs déposent à chaque faute et qu'ils ne peuvent retirer qu'après avoir subi une pénitence ; cette pénitence. **4** fig Garantie, preuve, témoignage. *Gage d'amitié.* **B** *nm pl* Rétribution d'un employé de maison. **LOC** ***À gages*:** rétribué pour un service. ETY Du frq.

**gager** *vt* [13] **1** litt Parier. *Je gage que vous avez tort.* **2** FIN Garantir par un gage. *Gager un emprunt.*

**gageure** *nf* litt Action si étrange, si difficile qu'elle semble un défi. [PHO] [gaʒyʀ] [VAR] **ga-geüre**

**gagiste** *nm* DR Personne dont la créance est garantie par un gage.

**gagman** *nm* Scénariste spécialisé dans les gags. [PHO] [gagman] [ETY] Mot angl.

**gagnable, gagnant → gagner.**

**Gagnaire** Pierre (Apinac, près de Saint-Étienne, 1950), chef cuisinier français.

**gagnant-gagnant** *a* Se dit d'une opération profitable pour toutes les parties prenantes. PLUR gagnants-gagnants.

**gagne** *nf* fam Volonté de gagner.

**gagne-pain** *nm* Ce qui permet de gagner sa vie. PLUR gagne-pains ou gagne-pain.

**gagne-petit** *nm* Personne aux revenus modestes, dépourvue d'ambition. PLUR gagne-petits ou gagne-petit.

**gagner** *v* [1] **A** *vt* **1** Acquérir par son travail ou ses activités. *Gagner de l'argent. Gagner sa vie, son pain. Candidat qui cherche à gagner des voix. Gagner l'amitié, la confiance de qqn.* **2** Voir se terminer à son avantage, faire tourner en sa faveur. *Gagner une partie de cartes, un procès.* **3** Se diriger vers, rejoindre un lieu. *Gagner la frontière.* **4** Occuper progressivement, s'étendre à. *L'incendie gagna la maison voisine. Le sommeil commençait à me gagner.* **5** Se rendre favorable, séduire qqn. *Il avait gagné son geôlier.* **B** *vi* S'améliorer du point de vue de. *Ce vin a gagné en bouquet.* LOC ***Gagner à être*** (+ adj.) : apparaître sous un jour plus favorable en étant... — MAR ***Gagner au vent*** : remonter dans le vent, avancer contre le vent. — ***Gagner du temps*** : économiser du temps ; différer l'accomplissement de qqch. — ***Gagner du terrain*** : prendre de l'avance ou diminuer son retard, dans une poursuite ; fig progresser. — ***Gagner qqn de vitesse*** : le devancer. [ETY] Du frq. *waidanjan,* « prendre du butin ». [DER] **gagnable** *a* – **gagnant, ante** *a, n*

**gagneur, euse** *n* Personne animée par la volonté de gagner.

**Gagnoa** v. de la Côte d'Ivoire ; 70 000 hab.

**Gagny** ch.-l. de cant. de la Seine-Saint-Denis ; 36 715 hab. [DER] **gabinien, enne** *a, n*

**gaguesque → gag.**

**gai, gaie** *a, nm* **A** *a* **1** Qui a de la gaieté, qui est enclin à la bonne humeur. *Être gai comme un pinson.* **2** Mis en gaieté par la boisson. *Nous n'étions pas ivres, simplement un peu gais.* **3** Qui marque, qui exprime, qui inspire la gaieté. *Un visage gai. Une chanson gaie.* **4** Clair et frais, vif. *Une couleur gaie.* **5** Contrariant, désagréable. *C'est gai !* **B** *a, nm* Syn. de *gay.* [ETY] Du goth. *gâheis,* « vif ».

**Gaia** dans la myth. gr., divinité fondamentale (la « Terre ») qui a enfanté les premiers êtres divins et de nombreuses divinités monstrueuses (Titans, Géants, Cyclopes, etc.). [VAR] **Gê**

**gaïac** *nm* Arbuste d'Amérique centrale, dont une espèce fournit un bois très dur et très dense, ainsi qu'une résine dont on tire le gaïacol. [PHO] [gajak] [ETY] De l'esp.

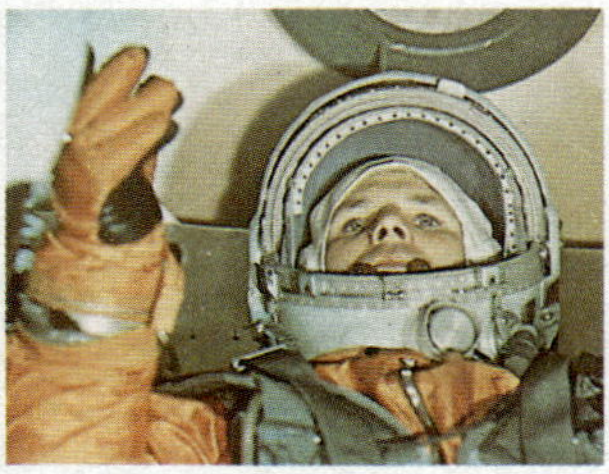

**Gagarine** dans la cabine de Vostok 1

**gaïacol** *nm* CHIM, MED Ester méthylique utilisé comme antiseptique dans le traitement des voies respiratoires.

**gaiement** *av* **1** Avec gaieté, joyeusement. *Chanter, siffler gaiement.* **2** De bon cœur, avec entrain. *Allons-y gaiement.* [PHO] [gemɑ̃] [VAR] **gaîment, gaiment**

**gaieté** *nf* **1** État d'esprit qui porte à la joie et à la bonne humeur. *Être plein de gaieté.* **2** Caractère de ce qui porte à la bonne humeur, à la joie. *Gaieté d'une pièce, d'un tableau, d'un livre.* LOC ***De gaieté de cœur*** : sans contrainte et avec un certain plaisir. [PHO] [gete] [VAR] **gaîté, gaité**

**Gaietés de l'escadron (les)** récits dialogués (1886) de Courteline.

**gaillac** *nm* Vin blanc AOC du Sud-Ouest.

**Gaillac** ch.-l. de cant. du Tarn (arr. d'Albi), sur le Tarn ; 11 073 hab. Vins. – Églises du XII^e^ s. [DER] **gaillacois, oise** *a, n*

**1 gaillard, arde** *a, n* **A** *a* **1** Qui est plein de force, de santé et de vivacité, qui est en bonne condition physique. SYN solide, vigoureux. **2** Un peu leste, grivois. *Chanson gaillarde.* **B** *n* Personne vigoureuse et pleine d'allant, décidée. **C** *nf* anc Danse à trois temps (XVI^e^ s.). [ETY] Du gallo-romain *galia,* « force ». [DER] **gaillardement** *av*

**2 gaillard** *nm* MAR anc Château, superstructure élevée à l'une ou l'autre extrémité du pont supérieur d'un navire. [ETY] De *château gaillard,* château fort.

**gaillarde** *nf* Composée vivace ou annuelle, à grands capitules vivement colorés. [ETY] D'un n. pr. [VAR] **gaillardie**

**gaillardise** *nf* vieilli Propos, geste, comportement gaillard, grivois. *Dire des gaillardises.*

**gaillet** *nm* Plante herbacée, annuelle ou vivace, des régions tempérées, à fleurs blanches ou jaunes (rubiacée). *Les sommités du gaillet jaune, ou caille-lait, renferment une sorte de présure.* [ETY] Du gr. *galion* et de *caille-lait.*

**gaillette** *nf* Houille en morceaux de moyenne grosseur. [ETY] Mot wallon.

**gain** *nm* **1** Fait de gagner. *Gain d'un procès, d'une bataille.* **2** Ce que l'on gagne ; salaire, profit, bénéfice. *L'appât du gain. Gain de place, de temps.* LOC ***Avoir, obtenir gain de cause*** : l'emporter dans un litige. — RADIOELECTR ***Gain d'un amplificateur*** : rapport entre la grandeur caractéristique du signal de sortie et celle du signal d'entrée.

**gaine** *nf* **1** Étui épousant étroitement la forme de l'objet qu'il contient et protège. *Gaine d'un couteau, d'un peigne.* **2** Sous-vêtement féminin en tissu élastique enserrant les hanches et la taille. **3** ANAT Enveloppe souple d'un nerf, d'un muscle. **4** Piédestal en forme de pyramide tronquée renversée. **5** BOT Base élargie du pétiole de certaines feuilles, qui entoure la tige. LOC ***Gaine d'ascenseur*** : espace dans lequel se déplace la cabine. — CONSTR ***Gaine de ventilation*** : conduit qui assure la circulation de l'air. [ETY] Du lat.

**gaine-culotte** *nf* Sous-vêtement féminin associant gaine et culotte. PLUR gaines-culottes.

**gainer** *vt* [1] **1** TECH Mettre une gaine à. **2** Mouler étroitement. *Robe qui gaine un corps.* **3** Recouvrir un objet d'un matériau souple. [DER] **gainage** *nm* – **gainant, ante** *a*

**gainerie** *nf* Artisanat, commerce des gaines, des étuis.

**gainier** *nm* Syn. d'*arbre de Judée.*

**Gainsborough** Thomas (Sudbury, Suffolk, 1727 – Londres, 1788), peintre et dessinateur anglais : portraits, paysages.

**Gainsbourg** Lucien Ginsburg, dit Serge (Paris, 1928 – id., 1991), chanteur, auteur-compositeur et cinéaste français.

▶ illustr. p. 669

**Gai Savoir (le)** œuvre philosophique de Nietzsche écrite, à partir de 1881, en vers et en prose (aphorismes).

**gaize** *nf* Grès, à ciment d'opale, riche en spicules d'éponge. [ETY] Mot des Ardennes.

**gal** *nm* Anc. unité d'accélération (système CSG) valant 1 cm/s$^2$. (On utilise auj. le m/s$^2$ du SI.) [ETY] De *Galilée* n. pr.

**gala** *nm* Réception, ensemble de réjouissances, généralement de caractère officiel. [ETY] Mot esp. ou ital.

**Galaad** pays de l'anc. Judée, la partie N.-O. de la Jordanie actuelle.

**Galaad** personnage du roman breton, héros du roman en prose *la Queste del Saint-Graal* (v. 1220), fils naturel de Lancelot et de la fille du Roi Pêcheur.

**galact(o)-** Élément, du gr. *galaktos,* « lait ».

**galactique** *a* ASTRO De la Galaxie ou d'une galaxie.

**galactogène** *a* PHYSIOL Qui détermine la sécrétion lactée. *Hormone galactogène.*

**galactomètre** *nm* TECH Appareil pour mesurer la densité du lait.

**galactophore** *a* LOC ANAT ***Canaux galactophores*** : canaux de la glande mammaire qui amènent le lait au mamelon.

**galactopoïèse** *nf* PHYSIOL Sécrétion de lait par les glandes mammaires.

**galactorrhée** *nf* MED Écoulement anormal de lait par le mamelon.

**galactose** *nm* BIOCHIM Sucre (hexose cyclique) isomère du glucose, avec lequel il se combine pour former le lactose.

**galactosémie** *nf* Maladie héréditaire rare du nouveau-né, caractérisée par la présence de galactose dans le sang.

**galago** *nm* Petit mammifère lémurien arboricole nocturne à longue queue, qui vit en Afrique tropicale.

**galalithe** *nf* Première matière plastique, obtenue (1879) à partir de la caséine traitée par le formol. [ETY] Nom déposé.

**galamment → galant.**

**galandage** *nm* TECH **1** Cloison de briques posées de chant. **2** Remplissage en matériaux légers d'une cloison en pan de bois. [ETY] De l'a. fr. *garlander,* « pourvoir de créneaux ».

**Thomas Gainsborough** *Portrait de Mrs. Lowndes-Stone* – fondation Gulbenkian, Lisbonne

**galanga** *nm* Rhizome aromatique et stimulant d'une zingibéracée (alpinia), utilisé comme épice dans la cuisine orientale.

**galant, ante** *a, nm* **A** *a* **1** Qui fait preuve de galanterie. *Geste galant.* **2** vieilli Obligeant, délicat. *Agir en galant homme.* **3** litt Qui a trait à la vie amoureuse. *Rendez-vous galant, intrigue galante.* **B** *nm* vieilli, plaisant Amoureux, bon ami. *Son galant lui a envoyé des fleurs.* **LOC** péjor ***Fille, femme galante*** : qui fait commerce de ses charmes. — litt ***Vert galant*** : homme agé mais toujours entreprenant auprès des femmes ; surnom donné à Henri IV. ETY De l'anc. v. *galer,* « s'amuser » DER **galamment** *av*

**galanterie** *nf* **1** Délicatesse, prévenance envers les femmes. **2** Empressement dicté par la volonté de séduire. **3** litt Parole flatteuse, compliment adressé à une femme. *Dire des galanteries.*

**galantine** *nf* Charcuterie composée de viandes désossées et coupées, servies froides dans de la gelée. ETY Du lat.

**Galápagos (îles)** (off. *Archipiélago de Colón*), archipel volcanique du Pacifique, à 900 km env. à l'O. de l'Équateur, dont il dépend ; 7 812 km² ; 10 000 hab. ; ch.-l. *Puerto Baquerizo* (1 300 hab.) – Faune remarquable (tortues géantes, iguanes, etc.), qu'étudia Darwin. – Parc naturel dep. 1959.

archipel des **Galápagos** : au premier plan, l'île Bartolomé

**galapiat** *nm* fam rég Vaurien, malappris.

**Galata** quartier populaire d'Istanbul, au N. de la Corne d'Or.

**Galatée** dans la myth. gr., une des Néréides, qui préféra le berger sicilien Acis au cyclope Polyphème.

**galathée** *nf* ZOOL Crustacé décapode vivant en mer à différentes profondeurs, à grandes pinces et dont l'abdomen réduit se replie sous le thorax. ETY Du lat. VAR **galatée**

**Galaţi** v. et port de Roumanie orientale, sur le Danube (r. g.) ; 286 110 hab. ; ch.-l. du district du m. nom. Sidérurgie, constr. navales.

**Galatie** anc. pays au centre de l'Asie Mineure occupé par des peuplades gauloises (les *Galates*) au IIIe s. av. J.-C. et soumis par Rome en 25 av. J.-C. DER **galate** *a, n*

**galaxie** *nf* **1** Vaste ensemble d'étoiles, dont la taille et la morphologie varient d'un spécimen à l'autre, et que l'on détecte jusqu'aux confins de l'Univers visible. **2** (Avec une majuscule.) Galaxie à laquelle appartient le Soleil et dont la trace, dans le ciel nocturne, est la Voie lactée. **3** fig Vaste ensemble aux contours flous. *La galaxie libérale.* ETY Du gr. *gala,* « lait ».

ENC En 1925, l'astronome américain Hubble a distingué quatre classes de galaxies. 1. Les *spirales* (env. 63 % des galaxies) sont formées d'un bulbe central ellipsoïdal et d'un disque plat, structuré en bras spiraux, riche en matière interstellaire (environ 10 % de la masse visible de la galaxie) et en étoiles bleues (donc jeunes). La structure en bras se développe parfois aux extrémités d'une barre d'étoiles traversant le bulbe de la galaxie (sous-classe des *spirales barrées*). 2. Les *lenticulaires* (env. 21 % des galaxies) diffèrent des précédentes en ceci que le disque est dépourvu de structure et pauvre en matière interstellaire. 3. Les *elliptiques* (env. 13 % des galaxies), dont la forme générale est un ellipsoïde plus ou moins aplati, ne contiennent quasiment pas de matière interstellaire ni d'étoiles bleues. 4. Les *irrégulières* (env. 3 % des galaxies) n'ont pas de structures bien définies ; elles sont riches en matière interstellaire et en étoiles bleues. Les différents types de galaxies ne correspondent pas à des stades, mais à des différences dans les rythmes d'évolution. Les distances entre les galaxies sont considérables ; la galaxie la plus proche de la nôtre est le Grand Nuage de Magellan, à env. 165 000 années de lumière ; la grande galaxie spirale d'Andromède, la galaxie la plus lointaine visible à l'œil nu, est à env. 2,2 millions d'années de lumière. Les galaxies ont des dimensions fort différentes : les elliptiques géantes renferment plus de 10 000 milliards de masses solaires dans un diamètre de plus de 300 000 années de lumière ; les elliptiques naines, quelques millions de masses solaires sur 5 000 années de lumière. La distribution des galaxies dans l'Univers suggère une concentration en *amas,* eux-mêmes associés en *superamas,* qui semblent se répartir sur les faces et les arêtes d'immenses polyèdres dont l'intérieur serait presque vide.
La Galaxie dont fait partie le Soleil est très certainement une galaxie spirale, dont le disque mesure env. 100 000 années de lumière de diamètre et 1 000 années de lumière d'épaisseur ; la trace du disque galactique dans le ciel nocturne est la *Voie lactée* ; le Soleil est situé à 28 000 années de lumière du centre. La Galaxie renferme env. 100 milliards d'étoiles ; les plus jeunes (en particulier les étoiles bleues) sont concentrées dans des amas *(amas ouverts)* répartis préférentiellement le long des bras spiraux du disque galactique. La Galaxie est entourée d'un halo sphérique qui renferme des étoiles vieilles (généralement rouges), souvent groupées en amas sphériques *(amas globulaires),* contenant de 10 000 à un million d'étoiles. Les étoiles de la Galaxie décrivent un mouvement orbital autour du centre de masse de la Galaxie (*centre galactique*) ; au niveau du Soleil, une révolution complète s'effectue en quelque 200 millions d'années. La *poussière interstellaire* interdit aux télescopes d'observer certains objets situés à plus de 10 000 années de lumière. La radioastronomie n'a pu vérifier si le centre galactique renfermait un trou noir géant, ce qui paraît très vraisemblable.

**Galba** Servius Sulpicius (Terracina, v. 5 av. J.-C. – Rome, 69 apr. J.-C.), empereur romain, successeur de Néron en 68 apr. J.-C. ; assassiné par les prétoriens.

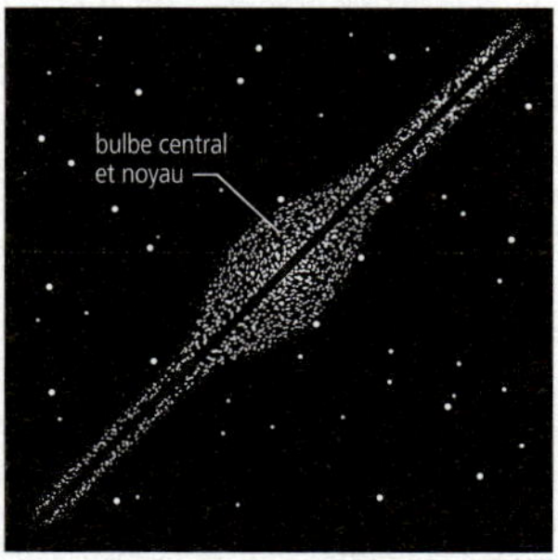


structure de la **Galaxie** vue par la tranche

la structure de la **Galaxie**, déduite d'observations pratiquées dans le domaine des ondes radio

**galbe** *nm* **1** Profil, contour arrondi d'un objet d'art, d'une partie du corps humain. **2** TECH Partie galbée, profil chantourné d'une pièce de menuiserie. ETY De l'ital.

**galbé, ée** *a* **LOC** ARCHI ***Colonne galbée*** : dont le fût est renflé au tiers de sa hauteur.

**galber** *vt* 1 Donner du galbe à qqch.

**Galbraith** John Kenneth (Iona Station, Ontario, 1908 – Cambridge, Mass., 2006), économiste américain : *l'Ère de l'opulence* (1958), *le Nouvel État industriel* (1967), *Anatomie du pouvoir* (1985).

**Galdós** → **Pérez Galdós.**

**gale** *nf* **1** Maladie cutanée due à un acarien *(sarcopte),* caractérisée par une lésion spécifique (sillon) et une vive démangeaison. **2** Personne méchante, teigne. **LOC** ***Gale du ciment*** : dermatose professionnelle des ouvriers cimentiers, caractérisée par des papules et un prurit. ETY De *galle,* « excroissance ».

**galéasse** *nf* Lourde galère dont les bancs de nage étaient surmontés d'un pont pour faciliter la manœuvre des voiles. ETY De l'ital. VAR **galéace**

**galéjade** *nf* rég Plaisanterie destinée à mystifier qqn. ETY Du provenç.

**galéjer** *vi* 14 rég Dire des galéjades.

**galène** *nf* MINER Sulfure naturel de plomb, principal minerai de ce métal. ETY Du gr. *galênê,* « plomb ».

**galénique** *a* Se dit de la forme d'un médicament présentée en pharmacie.

**galénisme** *nm* Doctrine médicale de Galien.

**galéniste** *n* Spécialiste de la mise en forme d'un médicament pour le présenter à la vente.

**galéopithèque** *nm* Mammifère d'Asie du S.-E. (dermoptère) caractérisé par une membrane joignant les pattes et la queue, qui lui permet de planer. ETY Du gr. *galeos,* « belette ».

**galère** *nf, a* **A** *nf* **1** anc Navire long et bas sur l'eau, allant ordinairement à rames et quelquefois à voiles, qui fut utilisé de l'Antiquité jusqu'au XVIIIe s. comme bâtiment de guerre. **2** fig, fam Situation de qqn qui galère, qui se retrouve sans emploi ni logement. **B** *nfpl* anc Peine de ceux qui étaient condamnés à ramer sur les galères du roi. **C** *a* fam Pénible, sans intérêt. *Il ne trouve que des boulots galères.* **LOC** ***Vogue la galère !*** : advienne que pourra ! ETY Du catalan.

**Galère** (en lat. *Caius Galerius Valerius Maximianus*) (Illyrie, v. 250 – Rome, 311), empereur romain de 305 à 311 ; césar en 293, auguste en 305 après l'abdication de Dioclétien. Il persécuta les chrétiens, puis opta pour la tolérance (311).

**galérer** *vi* 14 fam **1** Éprouver de graves difficultés personnelles ou professionnelles. **2** Chercher du travail sans en trouver ; faire un travail pénible et mal payé.

**galerie** *nf* **1** Passage couvert situé à l'intérieur d'un bâtiment ou, à l'extérieur, le long de la façade, et servant à la communication, à la promenade, etc. **2** Balcons les plus élevés, dans un théâtre. *Premières, secondes galeries.* **3** Lieu où est exposée une collection artistique ou scientifique ; la collection elle-même. **4** Magasin spécialisé dans la vente d'objets d'art. **5** Le monde, les hommes considérés comme spectateurs, critiques. *Poser, parler pour la galerie. Amuser la galerie.* **6** Passage, couloir souterrain. **7** MINES Ouvrage souterrain servant à la circulation du matériel. **8** MILIT Chemin souterrain creusé pour s'approcher d'une place ennemie. **9** Petit chemin que creusent sous terre divers animaux. **10** Porte-bagages fixé au toit d'une automobile. **LOC** ***Galerie marchande*** : passage piétonnier bordé de boutiques. ETY De l'ital.

**galérien** *nm* anc Forçat condamné à ramer sur une galère.

**galeriste** *n* Personne qui tient une galerie d'art.

**galerne** *nf* rég Vent froid et humide du nord-ouest, qui souffle sur l'ouest de la France. ETY Du gaul.

**galéruque** *nf* Insecte coléoptère (chrysomélidé) très nuisible à certains arbres (ormes, saules, etc.) dont il ronge les feuilles.

**galet** *nm* **1** Caillou arrondi et poli par le frottement dû à l'action des eaux (mer, rivière, etc.). **2** TECH Cylindre, disque de roulement. **LOC** PREHIST ***Galet aménagé*** : galet rendu acéré ou tranchant par enlèvement de matière. ETY De l'a. fr. *gal*, « caillou ».

**galetas** *nm* vx Logement exigu et misérable. ETY De *Galata*, tour de Constantinople.

**galette** *nf* **1** Gâteau rond et plat, cuit au four. **2** Canada Petite pâtisserie ronde et plate dont la pâte est moins sèche que celle du biscuit. **3** Crêpe à base de farine de sarrasin. **4** Objet quelconque plat et circulaire en forme de galette. **5** fam Disque, CD ou cédérom. **6** fam Argent. **LOC** ***Galette des Rois*** : dans laquelle on glisse une fève et que l'on mange à l'occasion de l'Épiphanie. ETY De *galet*.

**galeux, euse** *a, n* **1** Qui a la gale. *Chien galeux.* **2** Sordide, misérable. *Rue galeuse.*

**galgal** *nm* ARCHEOL Monticule de pierres sèches recouvrant une crypte de l'époque mégalithique. PLUR galgals. ETY Du gaélique.

**Galgala** anc. v. de Judée, non loin de Jéricho, sanctuaire hébreu primitif. VAR **Gilgal**

**galhauban** *nm* MAR Chacun des haubans capelés en tête de mât ou à la partie supérieure du mât (par oppos. aux *bas-haubans*). ETY Altér. de *cale-hauban*.

**Galibier (col du)** col des Hautes-Alpes (2 645 m) ; il unit Briançon à la Maurienne.

**Galibis** peuple amérindien de la Guyane française. DER **galibi, ie** *a*

**galibot** *nm* vx MINES Jeune manœuvre employé au service des voies dans les houillères.

**Galice** (en esp. *Galicia*), communauté auton. du N.-O. de l'Espagne, et Région de l'UE, sur l'Atlantique, formée des prov. de La Corogne, Lugo, Orense et Pontevedra ; 29 434 km$^2$ ; 2 914 500 hab. ; cap. *Saint-Jacques-de-Compostelle*. Élevage bovin ; polyculture ; importante région de pêche ; industr. portuaires ; tourisme. DER **galicien, enne** *a, n*

**Galicie** rég. d'Europe orientale située au N. des Carpates. – Elle fut souvent disputée et démembrée, entre la Russie, la Pologne et l'Autriche (à partir de 1772). En 1919, l'O. revint à la Pologne, puis l'E. en 1923. En 1945, la Pologne garda la Galicie occid. (v. princ. *Cracovie*), et l'Ukraine la Galicie orient. (v. princ. *Lvov*). DER **galicien, enne** *a, n*

**galicien** *nm* Langue romane employée dans le N.-O. de l'Espagne, proche du portugais.

**galidie** *nf* Mammifère carnivore de Madagascar, voisin des genettes. ETY Du gr. *galideus*, « chaton ».

**Galien Claude** (Pergame, v. 131 – Rome ou Pergame, v. 201), médecin grec. Sa théorie des humeurs fut universelle jusqu'au XVII$^e$ s.

**Galigaï Eleonora Dori,** dite (Florence, v. 1576 – Paris, 1617), favorite de Marie de Médicis. Tombée en disgrâce après l'assassinat de son époux, Concini, elle fut exécutée comme sorcière.

**Galilée** région du N. de la Palestine, entre le lac de Tibériade et la Méditerranée, auj. dans l'État d'Israël. Jésus y passa sa jeunesse et une partie de sa vie publique. Villes princ. : Capharnaüm, Nazareth, Naïm, Magdala. DER **galiléen, enne** *a, n*

**Galilée Galileo Galilei,** dit (Pise, 1564 – Arcetri, 1642), physicien, mathématicien et astronome italien. Il établit les lois du pendule, découvrit grâce à une lunette à oculaire divergent perfectionnée par lui les phases de Vénus et les 4 principaux satellites de Jupiter, inventa le thermomètre. Proclamant que la Terre tourne autour du Soleil, il fut poursuivi par l'Inquisition et dut se rétracter, mais murmura, dit-on : « Et pourtant, elle tourne. » Il a publié notam. : *le Messager astral* (1610) et *Discours sur deux sciences nouvelles* (1638). DER **galiléen, enne** *a*

S. Gainsbourg

Galilée

**1 galiléen, enne** *a, n* De la Galilée. **LOC** ***Le Galiléen*** : Jésus-Christ.

**2 galiléen, enne** *a* didac Qui se rapporte à Galilée. **LOC** ***Repères galiléens*** : systèmes de points animés les uns par rapport aux autres d'un mouvement de translation rectiligne et uniforme.

**Galileo** Système européen de géopositionnement par satellite.

**galimatias** *nm* litt Discours, écrit confus et embrouillé, peu intelligible. PHO [galimatja]

**galion** *nm* MAR anc Grand bâtiment de charge armé en guerre, utilisé par les Espagnols pour le transport de l'or et de l'argent provenant de leurs colonies d'Amérique. ETY De l'a. fr. *galie*, « galère ».

**galiote** *nf* MAR anc Caboteur à voiles, de forme arrondie à l'avant et à l'arrière, à fond plat et dérives latérales, utilisé par les Hollandais.

**galipette** *nf* fam Culbute, cabriole.

**galipot** *nm* TECH Colophane.

**Galitzine** famille princière russe d'origine lituanienne. — **Alexandre Mikhaïlovitch** (1718-1783), général, se distingua contre les Turcs. VAR **Golitsyn**

**gall(o)-** Élément, du lat. *gallus*, « coq ».

**Gall Franz Josef** (Tiefenbronn, Bade, 1758 – Montrouge, 1828), médecin allemand. Fondateur de la phrénologie, il étudia les fonctions du cerveau et leurs localisations.

**Galland Antoine** (Rollot, Picardie, 1646 – Paris, 1715), orientaliste français, auteur d'une traduction édulcorée des *Mille et Une Nuits* (12 vol., 1704-1717).

**Galla Placidia** (?, v. 390 – Rome, 450), princesse romaine, fille de Théodose I$^{er}$ le Grand. Elle gouverna l'empire d'Occident pendant la minorité de son fils Valentinien III. Son mausolée est à Ravenne.

**Gallas** → **Oromos.**

**Gallas Matthias** (Trente, 1584 – Vienne, 1647), général autrichien. Il vainquit les Suédois en Bavière (1634).

**galle** *nf* BOT Hypertrophie, excroissance d'un tissu végétal provoquée par la présence d'un parasite (champignon, bactérie, larve d'insecte, etc.). SYN cécidie. **LOC** ***Noix de galle*** : galle des feuilles de chêne produite par la larve d'un cynips et dont on extrait du tanin. ETY Du lat.

**Galle** v. et port de Sri Lanka ; 80 000 hab. ; ch.-l. de prov. Industr. chimique.

**Galle André** (Saint-Étienne, 1761 – Paris, 1844), créateur de médailles français ; inventeur d'une chaîne sans fin à maillons articulés.

**Galle Johann Gottfried** (Pabsthaus, Prusse, 1812 – Potsdam, 1910), astronome allemand. En 1846, il observa Neptune, dont Le Verrier avait prévu l'existence par le calcul.

**Gallé Émile** (Nancy, 1846 – id., 1904), verrier, céramiste et ébéniste français de l'école de Nancy ; promoteur de l'art dit « 1900 ».

**gallec** → **gallo.**

**Gállego (río)** riv. d'Espagne (190 km), affl. de l'Èbre (r. g.). Centr. hydroélectrique.

**Gallegos Rómulo** (Caracas, 1884 – id., 1969), romancier vénézuélien : *Doña Barbara* (1929). Il situa aussi quelques romans dans ses pays d'exil. Élu président de la Rép. en 1947, il fut renversé en 1948.

**gallérie** *nf* Papillon appelé aussi *fausse teigne*, dont la chenille se nourrit de cire et provoque des dégâts dans les ruches. ETY Du lat.

**Galles (pays de)** (en angl. *Wales*), Région de l'O. de la G.-B. et de l'UE 20 768 km$^2$ ; 3 millions d'hab. ; v. princ. *Cardiff*. C'est une rég. de plateaux (alt. max. 1 085 m), aux côtes rocheuses très découpées. Le climat est océanique. L'élevage, ovin notam., prédomine. Le S. a été industrialisé dès le XIX$^e$ s. grâce à la houille. Tourisme. Celtique, le pays de Galles fut conquis par l'Angleterre de 1277 à 1284 et intégré à elle par Henri VIII (1536 et 1542). En 1997, les Gallois se sont prononcés, à une faible majorité, pour la création d'un Parlement local (élu en 1999). DER **gallois, oise** *a, n*

**Galles (prince de)** titre porté par le fils aîné du roi ou de la reine d'Angleterre depuis 1301.

**Galles du Sud** → **Nouvelle-Galles du Sud.**

**gallicanisme** *nm* RELIG CATHOL Doctrine politico-religieuse, exprimée d'abord en France sous Louis XIV, qui, tout en reconnaissant au pape la primauté d'honneur et de juridiction, conteste sa toute-puissance au bénéfice des conciles généraux dans l'Église et des souverains dans leurs États. ETY Du lat. *gallicanus*, « gaulois ». DER **gallican, ane** *a, n*

**gallicisme** *nm* LING Idiotisme, forme de construction particulière à la langue française

**galles** de g. à dr., bédégar, « balais de sorcier », galles du chêne et leurs parasites respectifs (ex. *en être de sa poche*). ETY Du lat. *gallicus*, « gaulois ».

**gallicole** *a* ZOOL Se dit d'un insecte qui vit dans une galle, qui provoque sa formation.

**Gallien** (en lat. *Publius Licinius Egnatius Gallienus*) (?, v. 218 – Milan, 268), empereur romain, associé à Valérien, son père (253-260), puis seul (260-268). Poète et philosophe, il manqua d'autorité.

**Gallieni** Joseph Simon (Saint-Béat, Haute-Garonne, 1849 – Versailles, 1916), général français. Il s'illustra dans les colonies. Gouverneur de Paris, en 1914, il contribua à la victoire de la Marne. Ministre de la Guerre en 1915-1916 ; maréchal à titre posthume en 1921.

**Galliera (palais)** hôtel construit en 1878-1888 par Ginain, offert à la Ville de Paris par la duchesse de Galliera (1811-1888). C'est le musée de la Mode et du Costume dep. 1977.

**Galliffet** Gaston Auguste (marquis de) (Paris, 1830 – id., 1909), général français. Il se distingua à Sedan (1870) et réprima la Commune (1871). Ministre de la Guerre (1899-1900), il contribua à la révision du procès de Dreyfus.

**galliforme** *nm* Oiseau aux ailes courtes, aux pattes et au bec puissants, de mœurs terrestres, granivore et sédentaire, tel que le tétras, le faisan, le dindon, le poulet, la pintade, etc.

**Gallimard** Gaston (Paris, 1881 – id., 1976), éditeur français ; cofondateur de la *Nouvelle Revue française* (1908), il fonda la maison d'édition du même nom (devenue Librairie Gallimard en 1919).

**gallinacé** *nm* Syn. anc. de *galliforme*.

**Gallipoli** (en turc *Gelibolu*), v. de Turquie, en Europe, dans la *presqu'île de Gallipoli* qui limite à l'O. les Dardanelles ; 22 000 hab. – En 1915, les Alliés tentèrent en vain de l'atteindre.

**gallique** *am* **LOC** CHIM *Acide gallique :* acide triphénol extrait principalement de la noix de galle, utilisé dans l'industrie des colorants.

**gallium** *nm* CHIM **1** Élément métallique de numéro atomique Z = 31 et de masse atomique 69,72 (symbole Ga). **2** Métal (Ga) gris clair, qui fond à 30 °C et bout à 2 400 °C. PHO [galjɔm] ETY Du lat. *gallus*, « coq », du n. de *Lecoq* de Boisbaudran.

**gallo** *nm* Parler de langue d'oïl de l'E. de la Bretagne. VAR **gallot** ou **gallec**

**gallodrome** *nm* Enceinte aménagée pour les combats de coqs.

**gallois** *nm* Langue celtique du pays de Galles.

**galloisant, ante** *a, n* De langue galloise.

**gallon** *nm* Unité de capacité anglo-saxonne, qui vaut 4,54 l en G.-B. et au Canada, et 3,785 l aux É.-U. ETY Mot angl.

**gallo-romain, aine** *a, n* Qui appartient à la Gaule romaine (I^er^ au V^e^ s.).

**gallo-roman, ane** *a, nm* Se dit des dialectes romans parlés dans l'ancienne Gaule.

**Gallup** George Horace (Jefferson, Iowa, 1901 – Tschingel, Suisse, 1984), statisticien américain. Il est le promoteur des sondages d'opinion (longtemps nommés *gallups*).

**Gallus** Caius Vibius Trebonianus (m. en Ombrie en 253 apr. J.-C.), empereur romain (251-253). Il lutta contre les Goths.

**galoche** *nf* Grosse chaussure de cuir à semelle de bois. **LOC** *Menton en galoche :* fortement accusé et relevé vers l'avant. ETY Du gaul. *gallos*, « pierre plate ».

**Galois** Évariste (Bourg-la-Reine, 1811 – Paris, 1832), mathématicien français, tué en duel. Il appliqua la théorie des groupes à la résolution des équations algébriques.

Évariste Galois

**galon** *nm* **1** Ruban tissé serré, pour border ou orner. **2** Marque portée sur l'uniforme, qui, dans l'armée, sert à distinguer différents grades. **LOC** fam *Prendre du galon :* monter en grade.

**galonné, ée** *n* fam Officier ou sous-officier.

**galonner** *vt* ① Border, orner d'un galon. ETY De l'anc. v. *galoner*, « orner les cheveux de rubans ».

**galop** *nm* **1** La plus enlevée et la plus rapide des allures des mammifères quadrupèdes, comportant un temps de suspension pendant lequel l'animal perd tout contact avec le sol. *Cheval au galop.* **2** anc Danse à deux temps, d'un mouvement très vif ; air accompagnant cette danse. **LOC** *Au galop :* en courant ; très vite. — MED *Bruit de galop :* troisième bruit cardiaque (surajouté aux deux bruits normaux) donnant un rythme à trois temps et témoignant d'une insuffisance ventriculaire. — *Galop d'essai :* qui sert à tester un cheval ; fig épreuve destinée à tester qqch.

**galopant, ante** *a* Qui s'accroît très rapidement, en parlant de certains phénomènes. *Inflation galopante.*

**galoper** *vi* ① **1** Aller au galop, en parlant des animaux. **2** Courir, se précipiter, en parlant des personnes. ETY Du frq. DER **galopade** *nf*

**galopeur, euse** *n* Cheval, jument qui a des aptitudes pour le galop, ou spécialisé(e) dans les courses de galop (par oppos. à *trotteur*).

**galopin** *nm* fam Garnement, jeune garçon turbulent et effronté.

**galoubet** *nm* Flûte provençale à trois trous.

**Galswinthe** (v. 540 – 568), fille d'Athanagild, roi des Wisigoths ; sœur de Brunehaut. Elle épousa Chilpéric I^er^ (567). Frédégonde la fit étrangler.

**Galsworthy** John (Coombe, Surrey, 1867 – Londres, 1933), écrivain anglais. Ses romans, *la Saga des Forsyte* (1906-1928), et son théâtre *Justice* (1910), *Loyautés* (1922), critiquent la haute bourgeoisie. P. Nobel 1932.

**Galtier-Boissière** Jean (Paris, 1891 – id., 1966), journaliste et dessinateur français. Il fonda en 1915 la revue *le Crapouillot* qui fut, après la guerre, une revue de l'avant-garde artistique et littéraire.

**Galton** sir Francis (Birmingham, 1822 – Haslemere, 1911), naturaliste anglais ; cousin de Darwin, grand voyageur (Afrique du Sud).

**galuchat** *nm* Peau de raie ou de requin, tannée et préparée pour la reliure, la maroquinerie, etc. ETY D'un n. pr.

**Galuppi** Baldassare (Venise, 1706 – id., 1785), compositeur italien d'opéras bouffes (notam. en collab. avec Goldoni).

**galurin** *nm* fam Chapeau. ETY Du lat. VAR **galure**

**galvan(o)-** Élément, tiré du nom de *L. Galvani*.

**Galvani** Luigi (Bologne, 1737 – id., 1798), physicien et médecin italien. Il découvrit (sur des grenouilles décérébrées) *le galvanisme*, mais ne sut l'interpréter. (V. Volta)

**galvanisation** *nf* **1** Action de galvaniser. **2** MED Utilisation de courants électriques continus de faible intensité.

**galvaniser** *vt* ① **1** TECH Recouvrir une pièce métallique d'une couche protectrice de zinc. **2** fig Enthousiasmer, remplir d'ardeur. SYN électriser.

**galvanisme** *nm* MED Ensemble des effets produits par le courant électrique continu sur les organes vivants (muscles, nerfs). DER **galvanique** *a*

**galvanocautère** *nm* MED Cautère électrique.

**galvanomagnétique** *a* PHYS Qui concerne les interactions entre courant électrique et champ magnétique.

**galvanomètre** *nm* ELECTR Appareil pour mesurer l'intensité des courants faibles.

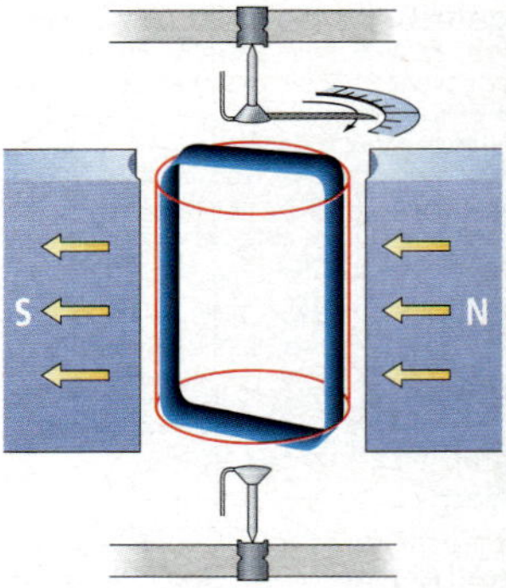


placé entre les pôles N (nord) et S (sud) d'un aimant, le cadre (rectangulaire) subit un couple proportionnel à l'intensité qui le traverse

**galvanomètre** à cadre mobile

**galvanoplastie** *nf* TECH Opération qui consiste à déposer par électrolyse une couche de métal sur un support conducteur (protection contre l'oxydation notam.). DER **galvanoplastique** *a*

**galvanotype** *nm* IMPR Cliché typographique en relief obtenu par galvanotypie.

**galvanotypie** *nf* IMPR Procédé de galvanoplastie appliqué à la production de clichés typographiques.

**galvauder** *vt* ① Gâcher, avilir par un mauvais usage. *Galvauder son génie, sa réputation.* ETY De l'a. fr. *gale*, « s'amuser », et *vauder*, « aller ». DER **galvaudage** *nm*

**Galway** port de la côte O. de l'Eire, sur la *baie de Galway* ; 47 100 hab. ; ch.-l. du comté du m. nom. Industries.

**Gama** Vasco de (Sines, Alentejo, v. 1469 – Cochin, Inde, 1524), navigateur portugais. Le prem., il atteignit par mer les Indes (1498) en doublant le cap de Bonne-Espérance. Lors d'un deuxième voyage (1502), il créa des comptoirs au Mozambique et au Dekkan. En 1524, il devint vice-roi des Indes portugaises.

Vasco de Gama

**Gamaliel** (I^er^ s.), docteur juif ; chef d'une école rabbinique. Il fut le maître de saint Paul.

**gamay** *nm* Cépage noir du Beaujolais et de Touraine. [ETY] De *Gamay*, hameau de la Côte-d'Or.

**gamba** *nf* Grosse crevette. [ETY] Mot catalan.

**gambader** *vi* [1] Faire des mouvements vifs et désordonnés des jambes ou des pattes, des cabrioles, en parlant d'un enfant ou d'un jeune animal qui s'ébat. [ETY] Du provenç. *cambo*, « jambe ». [DER] **gambade** *nf*

**gambe** *nf* **LOC** MUS ***Viole de gambe*** : instrument à cordes frottées, ancêtre du violoncelle en usage jusqu'au milieu du XVIII^e s. [ETY] De l'ital. *gamba*, « jambe ». [DER] **gambiste** *n*

**gamberger** *vi* [13] arg, fam Réfléchir. [DER] **gamberge** *nf*

**Gambetta Léon** (Cahors, 1838 – Ville-d'Avray, 1882), avocat et homme politique français. Député en 1869, il contribua à la chute du Second Empire (sept. 1870) et fut ministre dans le gouv. de la Défense nationale. Chef du parti républicain à l'Assemblée nationale, il pratiqua une polit. dite « opportuniste » pour faire voter les lois qui, en 1875, instaurèrent la république. Il fut président du Conseil de nov. 1881 à janv. 1882.

Gambetta

**1 gambette** *nm* Chevalier (charadriiforme), oiseau migrateur, commun en France et en Europe, aux pattes et au bec rouges, long de 30 cm. [ETY] De l'a. fr. *gambe*, « jambe ».

**2 gambette** *nf* fam Jambe.

**Gambie (la)** fl. d'Afrique occid. (1 130 km) ; naît dans le Fouta-Djalon, se jette dans l'Atlant. par un vaste estuaire.

**Gambie (république de)** (*Republic of the Gambia*), État d'Afrique occidentale, sur l'Atlantique, enclavé dans la rép. du Sénégal ; 11 290 km² ; 1,9 million d'hab. ; cap. *Banjul*. Nature de l'État : république. Langue off. : angl. Monnaie : dalasi. Princ. ethnies : Malinkés (40 %), Peuls (19 %), Wolofs (15 %), Diolas (10 %). Relig. : islam. [DER] **gambien, enne** *a, n*

**Géographie** Le pays est une étroite plaine tropicale parcourue par le fl. Gambie. Le peuplement est dense, rural, à la forte croissance. La Gambie vit de l'arachide, du tourisme et de contrebande ; elle fait partie des pays les moins avancés.

**Histoire** Le comm. à l'embouchure de la Gambie attira les Portugais (XV^e s.), puis les Anglais. Colonie britannique en 1843, la Gambie fut indép. en 1965. En 1981, Jawara fit appel à l'armée sénégalaise pour se maintenir à la tête de l'État. Le 1^er janvier 1982, les deux pays formèrent une confédération : la Sénégambie, qui éclata en 1989. Plusieurs fois réélu à la présidence, Jawara fut renversé en juil. 1994 par une junte qui a porté au pouvoir le colonel Yahya Jammeh. Celui-ci a été élu président de la Rép. en 1996 et réélu trois fois depuis. En 2013, la Gambie se retire du Commonwealth. ▶ carte **Sénégal**

**Gambier (îles)** archipel de la Polynésie française ; 36 km² ; 600 hab. ; ch.-l. *Rikitea* (dans l'île Mangareva). – Découvertes par les Anglais en 1797, ces îles sont françaises depuis 1881. Elles dépendent des îles Tuamotu.

**gambiller** *vi* [1] vielli, fam Danser.

**gambiste** → **gambe.**

**gambit** *nm* Aux échecs, sacrifice volontaire d'une pièce. [ETY] De l'ital. *gambetto*, « croc-en-jambe ».

**gambusie** *nf* Petit poisson téléostéen originaire d'Amérique dont une espèce a été acclimatée dans les eaux douces de nombreux pays chauds pour détruire les larves d'anophèle.

**-game, gaméto-, -gamie** Éléments, du gr. *gamos*, « union, mariage ».

**gamelan** *nm* Orchestre indonésien à base d'instruments à percussion.

**Gamelin Maurice Gustave** (Paris, 1872 – id., 1958), général français ; chef d'état-major de la Défense nationale en 1938, commandant des forces franco-britanniques en sept. 1939, remplacé par Weygand le 19 mai 1940.

**gamelle** *nf* **1** anc Grande écuelle dans laquelle plusieurs soldats mangeaient ensemble. **2** Récipient individuel dans lequel les soldats en campagne reçoivent leur ration. **3** Récipient métallique à couvercle qui sert à transporter, à réchauffer, un repas tout préparé. **4** arg THEAT, CINE Projecteur. **LOC** fam ***Ramasser une gamelle*** : faire une chute ; fig subir un échec. [ETY] Du lat. *camella*, « coupe ».

**gamétange** *nm* BOT Organe dans lequel se forment les gamètes chez les végétaux inférieurs.

**gamète** *nm* BIOL Cellule reproductrice mâle ou femelle. *Chez les animaux, les gamètes sont le spermatozoïde et l'ovule.* [DER] **gamétique** *a*

**gamétocyte** *nm* BIOL Cellule à l'origine des gamètes.

**gamétogenèse** *nf* BIOL Élaboration des gamètes.

**gamétophyte** *nm* BOT Individu haploïde, sexué ou hermaphrodite, se développant à partir de spores et producteur de gamètes.

**gameur, euse** *n* Personne qui s'adonne aux jeux vidéo en ligne. [ETY] Mot angl. [VAR] **gamer**.

**gamin, ine** *n, a* **A** *n* **1** fam Enfant, adolescent(e). **2** fam, péjor Homme, femme très jeune. **B** *a* Qui a l'espièglerie de l'enfance. *Un comportement gamin.*

**gaminerie** *nf* fam Action de gamin, digne d'un gamin ; enfantillage.

**gamma** *nm* Troisième lettre de l'alphabet grec (Γ, γ). *En physique, γ est le symbole de l'accélération.* **LOC** ASTRO ***Point gamma*** : syn. de *point vernal*. — PHYS NUCL ***Rayons gamma*** : rayons très pénétrants émis lors de la désintégration des corps radioactifs.

**gammaglobuline** *nf* BIOCHIM Nom donné aux protéines sériques qui migrent le plus lentement lors d'une électrophorèse, dont le groupe a pour représentants les immunoglobulines.

**gammagraphie** *nf* TECH Radiographie industrielle utilisant les différences d'absorption des rayons gamma par les matériaux à tester.

**gammare** *nm* ZOOL Crustacé amphipode très commun appelé aussi *crevette d'eau douce* ou *crevettine*. [ETY] Du lat.

**gammathérapie** *nf* MED Traitement par rayons gamma.

**gamme** *nf* **1** Suite ascendante ou descendante de notes conjointes, disposées selon les lois de la tonalité sur l'étendue d'une octave. *Gamme diatonique, chromatique.* **2** fig Ensemble de couleurs, de teintes qui s'ordonnent comme une gradation. *La gamme des bleus.* **3** fig Ensemble de produits de même catégorie, que l'on compare du point de vue de leur qualité, de leur prix, etc. **LOC** ***Bas de gamme*** : de mauvaise qualité. — ***Faire ses gammes*** : s'exercer pour s'améliorer. — ***Haut de gamme*** : de luxe, de prestige. [ETY] Du gr.

**gammée** *af* **LOC** ***Croix gammée*** : croix symbolique dont chaque branche a la forme d'un gamma majuscule (Γ). *La croix gammée, emblème de l'Allemagne nazie.*

**gamo-** Élément, du gr. *gamos*, « union, mariage ».

**gamone** *nf* BIOL Nom générique des substances dites *hormones de fécondation*.

**gamonte** *nm* Stade du développement de certains protozoaires parasites, dont l'hématozoaire du paludisme, qui conduit à la formation de cellules qui fusionnent pour donner un œuf, à l'origine des sporozoïtes infestants.

**gamopétale** *a, nf* BOT Se dit d'une fleur dont les pétales sont soudés entre eux (notam. les fleurs des primulacées, des labiées, des solanacées, etc.). ANT dialypétale.

**gamosépale** *a* BOT Se dit d'une fleur dont les sépales sont soudés. ANT dialysépale.

**Gamow George Anthony** (Odessa, 1904 – Boulder, Colorado, 1968), physicien nucléaire américain d'origine russe, auteur d'ouvrages de vulgarisation.

**gan** *nm* Dialecte chinois parlé au Jiangxi. [PHO] [gan]

**ganache** *nf* **1** Région postérieure de la mâchoire inférieure du cheval. **2** fig, fam Personne incapable, peu intelligente. **3** Crème au chocolat et à la crème fraîche. *Crème ganache.* [ETY] De l'ital.

**ganaderia** *nf* Élevage, troupeau de taureaux de combat. [ETY] Mot esp. [VAR] **ganadéria**

**Gance Abel** (Paris, 1889 – id., 1981), cinéaste français. Inventeur de techniques nouvelles (notam. projection multiple, perspective sonore), il a fait preuve de lyrisme : *J'accuse* (1918, refait en 1937), *la Roue* (1923), *Napoléon* (1927, sonorisé en 1934), *Un grand amour de Beethoven* (1937), *Austerlitz* (1960).

**Gand** (en néerl. *Gent*), v. et port de Belgique, au confl. de l'Escaut et de la Lys, relié à la mer du Nord par le canal de Terneuzen ; 248 000 hab. ; ch.-l. de la Flandre-Orientale. Centre industriel. – Université. Évêché. Cath. St-Bavon (XII^e-XIV^e s., renferme *l'Agneau mystique* de Van Eyck). Égl. St-Nicolas (XI^e-XIV^e s., portail roman). Maisons médiévales. Musée des Beaux-Arts. – La ville fut un grand centre de l'industr. drapière du XII^e au XV^e s. [DER] **gantois, oise** *a, n*

**Gand** le quai aux herbes

**Gandas** ethnie dominante de l'Ouganda. Ils parlent une langue bantoue. [VAR] **Bagandas** [DER] **ganda** ou **baganda** *a*

**Gander** ville du Canada (Terre-Neuve) ; 10 300 hab. Aéroport.

**Gāndhāra** anc. province de l'Inde, auj. au Pākistān (district de Peshāwar). Vestiges des I^er au IV^e s., à forte empreinte hellénistique.

**Gandhi Mohandas Karamchand,** dit **le Mahātmā** (« la Grande Âme ») (Porbandar, 1869 – New Delhi, 1948), philosophe, ascète et homme politique indien. Avocat, il exerça notam. en Afrique du Sud (avant 1914). Il obtint l'indépendance de l'Inde par la non-violence active : boycottage des denrées brit., grève de la faim, etc. Nehru (leader du parti du Congrès à partir de 1929) l'assista. Gandhi fut assassiné par un fanatique hindou. Autobiographie : *Mes expériences avec la vérité* (1927). [DER] **gandhien, enne** *a*

le Mahātmā Gandhi

**Gandhi Indira** (Allahābad, 1917 – New Delhi, 1984), femme politique indienne, fille de Nehru. Premier ministre de 1966 à 1977, elle entreprit la « révolution verte » et mena une politique de grandeur (guerre contre le Pākistān, annexion du Sikkim, développement de la force nucléaire, etc.). Battue aux élections de 1977, elle remporta celles de 1980 et fut assassinée par des soldats sikhs. — **Rajiv** (Bombay, 1944 – Sriperumbudur, près de Madras, 1991), fils de la préc. Premier ministre en 1984, à la mort de sa mère, jusqu'en 1989 ; assassiné lors de la campagne électorale de 1991.

**gandin** *nm* vieilli, iron Jeune homme d'une élégance affectée et quelque peu ridicule. [ETY] De *Gand*, n. anc. du Boulevard des Italiens à Paris.

**Gandja** (anc. *Kirovabad*), ville d'Azerbaïdjan, sur le *Gandja*, en Transcaucasie ; 261 000 hab. Industries.

**gandoura** *nf* Longue tunique sans manches des pays d'Afrique du Nord et du Proche-Orient. [ETY] Mot ar.

**Ganelon** personnage de *la Chanson de Roland ;* beau-père du héros, il le trahit.

**Ganesha** divinité hindoue, fils de Çiva et de Pārvatī ; dieu destructeur des obstacles, représenté avec une tête d'éléphant.

**gang** *nm, nf au Canada* **1** Association de malfaiteurs. **2** Canada fam Groupe de personnes réunies. [PHO] [gɑ̃g] [ETY] Mot anglo-amér.

**ganga** *nm* Oiseau columbiforme (ptéroclidé), dont une espèce vit dans la Crau.

**Gange (le)** fl. de l'Inde et du Bangladesh (2 700 km) ; naît dans l'Himalaya à 4 200 m d'alt. et pénètre dans une immense plaine, densément peuplée ; arrose Bénarès, Allahābad et Patnā ; se jette dans le golfe du Bengale par un vaste delta. Fleuve sacré de l'Inde. [DER] **gangétique** *a*

**ganglion** *nm* Petit corps arrondi situé sur le trajet d'un vaisseau lymphatique ou d'un nerf. [ETY] Du gr. [DER] **ganglionnaire** *a*

**gangrène** *nf* **1** Nécrose et putréfaction des tissus. **2** fig, litt Ce qui corrompt, désorganise, détruit. *La gangrène du mauvais exemple.* **LOC** ***Gangrène gazeuse :*** due au développement de bactéries anaérobies dans une plaie profonde et caractérisée par une mortification des tissus, s'accompagnant d'une production de gaz. — ***Gangrène humide :*** où les phénomènes de putréfaction dominent. — ***Gangrène sèche :*** due à une insuffisance circulatoire. [ETY] Du gr. *gaggraina*, « pourriture ». [DER] **gangreneux, euse** ou **gangréneux, euse** *a*

**gangrener** *vt* [16] **1** Atteindre de gangrène. *Membre qui se gangrène.* **2** fig, litt Corrompre, pourrir. [VAR] **gangréner** *vt* [14]

**gangster** *nm* **1** Membre d'un gang, malfaiteur. **2** fig Individu malhonnête, escroc. [PHO] [gɑ̃gstɛʀ] [ETY] Mot anglo-amér.

**gangstérisme** *nm* Banditisme.

**Gangtok** v. de l'Inde, dans l'Himalaya, cap. du Sikkim ; 37 000 hab. – À proximité, monastère bouddhiste de Rumtek.

**gangue** *nf* **1** Enveloppe rocheuse des pierres précieuses, des minerais. **2** fig Ce qui est de peu de valeur et qui enveloppe, cache qqch de précieux. [ETY] De l'all. *Gang*, « filon ».

**Ganivet Ángel** (Grenade, 1865 – Riga, 1898), écrivain espagnol, auteur de romans et de drames réalistes et humoristiques et d'essais (*Idearium español*, 1897).

**ganja** *nf* Cannabis. [PHO] [gɑ̃nʒa]

**Gannat** ch.-l. de cant. de l'Allier (arr. de Vichy) ; 6 031 hab. – Égl. romanes (XI$^{e}$ et XII$^{e}$ s.). [DER] **gannatois, oise** *a, n*

**ganoïde** *a* Se dit d'une écaille épaisse telle que celles des esturgeons. [ETY] Du gr. *ganos*, « éclat ».

**ganse** *nf* Cordonnet ou ruban qui sert d'ornement, de bordure dans le costume, l'ameublement. [ETY] Du gr. *gampsos*, « courbé ».

**ganser** *vt* [1] TECH Orner, border d'une ganse.

**Gansu** prov. de la Chine du N.-O., arrosée par le Huanghe ; 530 000 km$^2$ ; 26 millions d'hab. ; ch.-l. *Lanzhou*.

**gant** *nm* **1** Pièce d'habillement qui couvre la main et chaque doigt séparément. *Gants de chirurgien.* **2** Objet qui couvre la main et qui sert à divers usages. *Gants de boxe.* **LOC** ***Aller comme un gant :*** convenir parfaitement. — ***Gant de crin :*** en crin tricoté, pour les frictions. — ***Gant de toilette :*** poche en tissu-éponge pour faire sa toilette. — ***Jeter le gant :*** lancer un défi. — ***Prendre des gants :*** prendre des précautions. — ***Relever le gant :*** relever le défi. [ETY] Du frq.

**ganté, ée** *a* Qui porte des gants.

**gantelet** *nm* **1** anc Pièce de l'armure protégeant la main. **2** Pièce de cuir qui protège la main, dans certains métiers.

**ganter** *v* [1] **A** *vt* **1** Mettre des gants à qqn. **2** S'adapter à la main de qqn. *Ce modèle vous gante parfaitement.* **B** *vi* Avoir comme pointure de gants. *Je gante du 7.*

**ganterie** *nf* Fabrication ou commerce des gants. [DER] **gantier, ère** *n*

**gantois** → **Gand.**

**Ganymède** dans la myth. gr., fils de Tros (fondateur de Troie) et de la nymphe Callirrhoé ; Zeus, amoureux de lui, se changea en aigle pour l'emmener sur l'Olympe.

**Ganymède** le plus gros satellite de Jupiter (5 276 km de diamètre), découvert par Galilée en 1610. Révolution : 7,2 jours.

**Ganz Bruno** (Zurich, 1941), acteur suisse. *Les Ailes du désir* (1987), *la Chute* (2004).

**Gao** v. du Mali, sur le Niger ; 43 000 hab. ; ch.-l. de la rég. du m. nom. Centre comm. – Cap. de l'Empire songhay (XI$^{e}$-XVI$^{e}$ s.). – Tombeau (XVI$^{e}$ s.) des Askias, dynastie qui régna de 1492 à 1591.

**Gao Xingjian** (Ganzhou, Jiangxi, 1940), écrivain et peintre français d'orig. chinoise. Romans : *la Montagne de l'âme* (1990), *le Lion d'un homme seul* (2000). Nombr. pièces de théâtre, en chinois :*Arrêt de bus* (1988), qui le contraignit à fuir en France, puis en français : *Quatre Quators pour un week-end* (1998). Prix Nobel 2000.

**Gaoxiong** v. et port du S.-O. de Taiwan ; 1,6 million d'hab. (aggl.). Centre industriel. [VAR] **Kaosiung**

**gap** *nm* didac Différence importante entre des personnes, des pays, des choses. SYN fossé, écart. [ETY] Mot angl., « fossé ».

**Gap** ch.-l. des Hautes-Alpes, à 740 m d'alt., sur la Luye, affl. de la Durance ; 41 659 hab. – Évêché. [DER] **gapençais, aise** *a, n*

**gaperon** *nm* Fromage auvergnat au lait de vache, aromatisé à l'ail.

**gâpette** *nf* fam Casquette.

**Garabit (viaduc de)** pont en fer franchissant la Truyère (Cantal), conçu par Boyer et construit par Eiffel (1882-1884) ; longueur : 564 m ; hauteur max. : 122 m.

**garage** *nm* **1** Action de garer un véhicule. **2** Construction, local destinés au remisage des véhicules. **3** Établissement commercial où l'on peut remiser les automobiles, les faire entretenir et réparer. **LOC** ***Voie de garage :*** voie où l'on gare les trains, les wagons, à l'écart de la voie principale ; fig, fam situation, fonction sans avenir dans laquelle qqn est relégué.

**garage music** *nf* Courant de la house music inspiré par la musique soul et intégré à la musique techno. [PHO] [gaʀaʒmjuzik]

**garagiste** *n* Personne qui tient un garage.

**garamond** *nm* TYPO Caractère à fins jambages et empattements triangulaires. [ETY] Du n. pr.

**Garamond Claude** (Paris, 1499 – id., 1561), fondeur et graveur français, créateur d'un caractère d'imprimerie.

**garance** *nf, a inv* **A** *nf* Plante rubiacée dont une espèce, *la garance des teinturiers*, était autrefois cultivée pour le colorant rouge tiré de ses racines ; ce colorant. **B** *a inv* De la couleur rouge vif de la garance. *Des pantalons garance.* [ETY] Du frq.
▶ illustr. **teinture**

**garant, ante** *n* **A** DR Personne qui cautionne une dette, une obligation. **B** *nm* **1** Indice sûr, preuve. *Sa conduite passée vous est un sûr garant de sa fidélité.* **2** MAR Cordage d'un palan. **LOC** ***Être, se porter garant de :*** répondre de. [ETY] Du frq.

**garantie** *nf* **1** DR Obligation légale en vertu de laquelle une personne doit en défendre une autre d'un dommage éventuel, ou l'indemniser d'un dommage éprouvé. **2** Engagement pris par le fabricant ou le vendeur de prendre à sa charge les frais de réparation ou le remplacement d'une marchandise défectueuse. **3** fig Ce qui donne une assurance pour le présent ou l'avenir, ce qui protège contre l'imprévu. *Son expérience professionnelle est la meilleure des garanties.* **LOC** ***Breveté sans garantie du gouvernement (SGDG) :*** sans que l'État garantisse la valeur de l'invention ou du produit breveté. — ***Garanties individuelles :*** qui assurent au citoyen, par des moyens légaux, une protection contre les actes arbitraires du pouvoir.

**garantir** *vt* [3] **1** DR S'engager à payer à la place du débiteur, dans le cas où celui-ci serait défaillant. *Garantir une dette.* SYN cautionner. **2** Assurer un droit, un avantage à. *Cette législation garantit à tous les salariés le droit à la retraite.* **3** Donner pour vrai, pour certain. *Je vous garantis que je l'ai.* SYN affirmer, certifier. **4** S'engager à prendre à sa charge la réparation ou le remplacement d'une marchandise défectueuse. **5** Protéger qqn ou qqch. *La digue garantit la ville de l'inondation.* SYN défendre, préserver.

**Garbo Greta Gustafson,** dite **Greta** (Stockholm, 1905 – New York, 1990), actrice de cinéma suédoise naturalisée américaine. Découverte par Mauritz Stiller (*la Légende de Gösta Berling*, 1924) elle devint « la Divine » à Hollywood : *Grand Hôtel* (1932), *la Reine Christine* (1933), *le Roman de Marguerite Gautier* (1937), *Ninotchka* (1939), *la Femme aux deux visages* (1941).

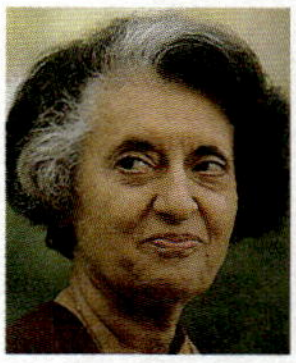
Indira Gandhi

Greta Garbo

**Garborg** Arne (Time, 1851 – Asker, 1924), écrivain norvégien en lutte contre le conservatisme : *Un libre-penseur* (1878).

**garbure** *nf* Dans le Sud-Ouest, potage épais, fait avec du pain de seigle, du chou, du lard, du confit d'oie, etc. ETY Du gascon.

**garce** *nf* **1** fam, péjor Fille ou femme sans moralité ou méchante. **2** fig , fam Maudite. *Garce de pluie !* ETY De *gars*.

**garcette** *nf* MAR Petit cordage tressé servant notam. à réduire la surface d'une voile.

**Garches** ch.-l. de cant. des Hauts-de-Seine (arr. de Nanterre) ; 18 200 hab. Import. centre hospitalier. DER **garchois, oise** *a, n*

**Garchine** Vsevolod Mikhaïlovitch (Voronej, 1855 – Saint-Pétersbourg, 1888), nouvelliste russe : *les Quatre Jours* (1877), *la Fleur rouge* (1883).

**García Calderón** Ventura (Lima, Pérou, 1886 – Paris, 1959), diplomate et écrivain péruvien : *la Vengeance du condor* (contes, 1924).

**García Gutiérrez** Antonio (Chiclana, prov. de Cadix, 1813 – Madrid, 1884), auteur espagnol, de drames romantiques : *le Trouvère* (1836), dont Verdi fit un opéra (1853) *les Noces de Doña Sancha* (1843), *Juan Lorenzo* (1865).

**García Lorca** Federico (Fuente Vaqueros, Grenade, 1899 – Grenade, 1936), poète et auteur dramatique espagnol, inspiré par le folklore andalou : *Romancero gitan* (1928). Théâtre : *Noces de sang* (1933), *Yerma* (1934), *la Maison de Bernarda* (1936). Il fut fusillé par les franquistes.

F. García Lorca

**García Márquez** Gabriel (Aracataca, au S. de Barranquilla, 1928 – Mexico, 2014), journaliste et écrivain colombien : *Cent Ans de solitude* (1967), *l'Automne du patriarche* (1975), *Chronique d'une mort annoncée* (1982), *Journal d'un enlèvement* (1997). Prix Nobel 1982.

G. García Márquez

**Garcilaso** (Tolède, 1501 ou 1503 – Nice, 1536), soldat et poète espagnol (sonnets, *canciones* dans le goût italien) ; mortellement blessé au siège de Fréjus. VAR **García Laso de la Vega**

**Garcilaso de la Vega,** dit l'Inca (Cuzco, 1539 – Cordoue, 1616), historien péruvien ; fils d'un conquistador et d'une princesse inca, il utilisa les traditions incas : *Florida del Inca* (1605), *Histoire générale du Pérou* (1609).

**garçon** *nm* **1** Enfant mâle. **2** Adolescent, jeune homme. **3** Homme jeune. *Son mari est un brave garçon.* **4** Homme célibataire. *Enterrer sa vie de garçon.* **5** Employé d'un artisan, d'un commerçant, etc. *Garçon coiffeur.* **6** Serveur dans un café, un restaurant. ETY Du frq.

**Garçon** Maurice (Paris, 1889 – id., 1967), avocat et écrivain français : *le Diable* (1926). Acad. fr. (1946).

**garçonne** *nf* LOC *Coiffure à la garçonne :* cheveux courts et nuque rasée, coiffure féminine de l'époque 1925.

**Garçonne (la)** roman de V. Margueritte (1922), dont le féminisme fit scandale.

**garçonnet** *nm* Petit garçon.

**garçonnier, ère** *a* vieilli Qui conviendrait plutôt à un garçon, en parlant du langage, des manières, de l'allure d'une fille.

**garçonnière** *nf* Petit appartement pour une personne seule.

**Gard (le)** rivière de France (133 km), affluent du Rhône (r. dr.), formée par la réunion de torrents ; un pont-aqueduc romain, le *pont du Gard* (Ier s. apr. J.-C.), le franchit au N.-E. de Nîmes : long de 273 m, haut de 49 m, 3 rangs d'arcades.

le pont du Gard

**Gard** dép. français (30) ; 5 848 km$^2$ ; 733 200 hab. ; 125,4 hab./km$^2$ ; ch.-l. *Nîmes* ; ch.-l. d'arr. *Alès* et *Le Vigan*. V. Languedoc-Roussillon. DER **gardois, oise** *a, n*

**Gardafui** → **Guardafui.**

**Gardanne** ch.-l. de cant. des Bouches-du-Rhône (arr. d'Aix-en-Provence) ; 20 200 hab. Lignite. Métallurgie (alumine). DER **gardannais, aise** *a, n*

**1 garde** *nf* **A 1** Action de surveiller, de protéger, d'interdire l'accès à un lieu, ou la sortie d'un lieu. *La garde des frontières. Chien de garde.* **2** Guet, surveillance en vue de prévenir un danger. *Monter la garde.* **3** Permanence, service de surveillance ou de sécurité. *La garde de nuit est assurée par un interne.* **4** SPORT Position d'attente qui permet aussi bien l'attaque que la défense ou la riposte (boxe, escrime, etc.). **5** Groupe de personnes qui gardent. **6** Groupe de soldats en faction. *Relever la garde.* **7** Corps de troupe chargé de la protection d'un chef d'État ou du maintien de l'ordre. *Garde républicaine.* **8** TECH Partie d'une arme blanche qui forme saillie entre la poignée et la lame et qui protège la main. **B** *nf pl* Pièces d'une serrure qui empêchent qu'on fasse jouer le mécanisme avec une autre clé que celle prévue à cet effet. LOC ***Corps de garde :*** troupe chargée d'une garde. — ***De garde :*** affecté, à son tour, à un tel service. — ***Être, se mettre, se tenir sur ses gardes :*** faire attention, se méfier. — ***Garde au sol :*** distance entre le plancher d'un véhicule et le sol. — ***Garde à vue :*** mesure qui permet à un officier de police judiciaire de retenir un temps réglementé, dans les locaux de la police, tout individu pour les nécessités d'une enquête. — ***Garde rapprochée :*** les plus proches collaborateurs d'un leader politique. — ***Pages de garde :*** pages au début et à la fin d'un livre cartonné qui assurent le maintien du corps de l'ouvrage dans la couverture. — ***Prendre garde à :*** faire attention à. — litt ***Prendre garde de :*** prendre les précautions pour ne pas... *Prenez garde de tomber !* — litt ***Prendre garde que :*** s'assurer que. *Prenez garde que la porte soit bien fermée.* — fig ***Vieille garde :*** partisans les plus fidèles et les plus anciens d'un homme politique, d'un régime.

**2 garde** *n* **1** Personne qui garde, surveillant. *Garde forestier.* **2** Personne qui en escorte une autre et veille à sa sécurité. *Garde du corps.* **3** Soldat d'une garde chargée de la sécurité publique, du maintien de l'ordre, etc. **4** Personne dont le métier est de garder les malades, les enfants. LOC ***Garde des Sceaux :*** en France, ministre de la Justice.

**Garde** (lac de) lac du N.-E. de l'Italie, ayant pour exutoire le Mincio ; 370 km$^2$ (le plus grand lac ital.). Tourisme.

**Garde (La)** com. du Var (arr. de Toulon) ; 25 329 hab. DER **gardéen, enne** *a, n*

**gardé, ée** *n* LOC DR ***Gardé(e) à vue*** : personne en situation de garde à vue.

**garde-à-vous** *nm inv* Position réglementaire (debout, immobile, tête droite, bras le long du corps, talons joints) prise sur commandement militaire. *Se mettre au garde-à-vous.*

**garde-barrière** *n* Personne chargée de la manœuvre d'un passage à niveau non automatisé. PLUR gardes-barrières.

**garde-bœuf** *nm* Petit héron blanc insectivore d'Afrique et d'Asie. PLUR gardes-bœufs.

**garde-boue** *nm* Pièce incurvée qui protège la roue d'une bicyclette, d'une motocyclette, etc. PLUR garde-boues ou garde-boue.

**garde champêtre** *n* Agent chargé de la police dans une commune rurale. PLUR gardes champêtres. VAR **garde-champêtre**

**garde-chasse** *nm* Gardien d'une chasse privée. PLUR gardes-chasses.

**garde-chiourme** *nm* **1** anc Gardien des galériens, puis des forçats. **2** fig Personne autoritaire, brutale. PLUR gardes-chiourmes ou gardes-chiourme.

**garde-corps** *nm inv* **1** Parapet, balustrade empêchant de tomber dans le vide. SYN garde-fou. **2** MAR Corde tendue sur le pont d'un navire, servant d'appui aux matelots, aux passagers.

**garde-côte** *nm* **1** anc Soldat chargé de surveiller le littoral. PLUR gardes-côtes. **2** Petit navire affecté à la surveillance des côtes. PLUR garde-côtes ou gardes-côtes.

**Garde de fer** parti roumain fasciste, fondé en 1931 par Codreanu, interdit en 1936. Il reparut en 1940 et soutint Antonescu, qui l'interdit en 1941.

**garde-feu** *nm* Écran placé devant une cheminée pour arrêter les étincelles, les escarbilles. SYN pare-étincelles. PLUR garde-feux ou garde-feu.

**garde-fou** *nm* **1** Balustrade, parapet empêchant de tomber dans le vide. SYN garde-corps. **2** fig Ce qui sert de guide, empêche les erreurs. PLUR gardes-fous ou garde-fous.

**garde-française** *nm* HIST Soldat du *régiment des gardes françaises*, chargé de la garde des édifices royaux de Paris (1563-1789). PLUR gardes-françaises.

**garde-frontière** *n* Militaire installé dans un poste frontalier pour contrôler ou interdire le franchissement de la frontière. PLUR gardes-frontières.

**Gardel** Maximilien, dit Gardel l'Aîné (Mannheim, 1741 – Paris, 1787), danseur et chorégraphe français ; interprète de Rameau.

**Gardel** Charles Gardés, dit Carlos (Toulouse, 1890 – Medellín, 1935), chanteur et auteur-compositeur argentin d'orig. franç. ; le maître du tango : *Mano a mano, la Cumparsita.*

**garde-magasin** *nm* Magasinier militaire. SYN fam garde-mites. PLUR gardes-magasins.

**garde-malade** *n* Personne qui garde et soigne les malades. PLUR gardes-malades.

**garde-manger** *nm* Petite armoire mobile ou petit placard aéré où l'on conserve les aliments. PLUR garde-mangers ou garde-manger.

**garde-meuble** *nm* Lieu où l'on peut laisser des meubles en garde. PLUR garde-meubles.

**gardénal** *nm* Médicament utilisé comme anticonvulsif, somnifère et sédatif, toxique à fortes doses. SYN phénobarbital. ETY Nom déposé.

**Garde nationale** milice civique bourgeoise créée le 13 juil. 1789 pour maintenir l'ordre dans Paris. Le 14, elle s'associa à la prise de la Bastille ; le 15, La Fayette la commanda ; en déc., dans tous les dép., les milices se généralisèrent (V. Fédération [fête de la]). En 1795 (journée du 13 vendémiaire), Bonaparte l'écrasa, mais Napoléon restaura cette institution (1805). Elle participa à la révolution de juillet 1830, puis soutint Louis-Philippe. Lors de la révolution de 1848, elle fut divisée. En mars 1871 elle rejoignit la Commune et fut dissoute le 30 août 1871.

**Garde nationale mobile** corps constitué en 1868 par les hommes que le tirage au sort avait exemptés du service militaire. Il servit le gouv. de la Défense nationale (1871).

**garden-center** *nm* Syn. de *jardinerie*. PLUR garden-centers. PHO [gardɛnsɛntœr] ETY Mot angl.

**gardénia** *nm* Arbrisseau à grandes fleurs ornementales (rubiacée), originaire de Chine. ETY De *Garden*, botaniste écossais du XIII<sup>e</sup> s.

**garden-party** *nf* Réception élégante donnée dans un jardin. PLUR garden-partys. PHO [gardɛnparti] ETY Mot angl.

**1 garde-pêche** *nm* Agent qui surveille les cours d'eau et les étangs et assure la protection contre le braconnage. PLUR gardes-pêches.

**2 garde-pêche** *nm* Petit navire de police qui assure la protection des zones de pêche côtières. PLUR garde-pêches ou garde-pêche.

**garde-port** *nm* ADMIN Agent chargé de la surveillance des ports fluviaux ainsi que de la réception et du placement des marchandises déchargées. PLUR gardes-ports.

**garder** *v* ① **A** *vt* **1** Rester près de qqn, d'un animal, d'une plante pour en prendre soin. *Garder les chèvres. Gardez mes plantes vertes pendant les vacances.* **2** Surveiller pour empêcher de s'enfuir. *Garder à vue un suspect.* SYN détenir. **3** Surveiller, veiller à la protection, à la sécurité de. *Des gendarmes gardent l'arsenal. Chasse, pêche gardée.* **4** Préserver. *Dieu vous garde d'un tel malheur !* SYN protéger, sauver. **5** Ne pas se dessaisir de. *Gardez bien ces papiers.* **6** Continuer de posséder. *Garder sa fortune.* **7** Continuer d'avoir une attitude. *Garder son sérieux.* **8** Continuer d'avoir à son service. *Garder un employé.* **9** Conserver dans tel état. *Garder intact son patrimoine.* **10** Continuer de porter, d'avoir sur soi. *Garder son chapeau.* **11** Réserver, mettre de côté. *Je vous ai gardé cette chambre.* **12** Ne pas divulguer. *Garder un secret.* **B** *vpr* **1** litt Se prémunir, se protéger contre. *Se garder du froid.* **2** S'abstenir de. *Gardez-vous de parler.* LOC ***Garder la chambre, garder le lit*** : rester chez soi, rester au lit, quand on est malade. ETY Du germ.

**garde-rat** *nm* Disque métallique enfilé sur les amarres d'un navire à quai pour empêcher les rats de monter à bord. PLUR garde-rats.

**Garde républicaine** corps de la gendarmerie nationale dont l'origine remonte au XIII<sup>e</sup> s., qui sert les hautes personnalités de l'État.

**garderie** *nf* **1** SYLVIC Étendue de bois surveillée par un garde forestier. **2** Garde des enfants en dehors des heures de classe, dans une école maternelle.

**garde-rivière** *nm* Agent chargé du respect de la règlementation concernant les cours d'eau. PLUR gardes-rivières.

**garde-robe** *nf* **1** Armoire où l'on garde les vêtements. SYN penderie. **2** Ensemble des vêtements que possède une personne. PLUR garde-robes.

**Gardes rouges** organisation chinoise, comprenant surtout des jeunes gens, qui joua un grand rôle dans la « révolution culturelle » (1966-1967).

**garde-temps** *nm inv* TECH Chronomètre de précision servant à la détermination des mesures de temps et de référence unique pour les calculs astronomiques.

**gardeur, euse** *n* Personne qui garde des animaux.

**garde-voie** *nm* CH DE F Agent chargé de la surveillance d'un secteur de voie ferrée. PLUR gardes-voies.

**gardian** *nm* Gardien de taureaux ou de chevaux, en Camargue. ETY Mot provenç.

**gardien, enne** *n, a* **A** *n* **1** Personne qui garde, qui surveille. *Gardien de prison, de musée. Gardien d'immeuble.* **2** fig Défenseur, protecteur. *Les gardiens de la tradition.* **B** *a* Se dit de celui des parents divorcés qui a la garde des enfants. LOC Belgique ***École gardienne*** : école maternelle. — SPORT ***Gardien de but*** : joueur qui garde le but au football, au hockey, au water-polo, etc. SYN goal. — ***Gardien de la paix*** : agent de police. — ***Gardien du temple*** : personne qui garantit par son autorité l'intégrité d'une doctrine, d'une institution.

**gardiennage** *nm* Service de garde et de surveillance assuré par des gardiens professionnels.

**gardienné, ée** *a* Pourvu d'un service de gardiennage. *Parking gardienné.*

**Gardiner** Stephen (Bury Saint Edmunds, v. 1483 – Whitehall, 1555), prélat et homme politique anglais ; chancelier d'Angleterre sous Marie Tudor.

**Gardiner** John Eliot (Fontmel Magna, Dorset, 1943), chef d'orchestre britannique, spécialiste du baroque.

**Gardner** Ava (Smithfield, Caroline du Nord, 1922 – Londres, 1990), actrice de cinéma américaine : *Pandora* (1951), *la Comtesse aux pieds nus* (1955), *la Nuit de l'iguane* (1964).

Ava Gardner

**gardois** → **Gard.**

**1 gardon** *nm* Petit poisson d'eau douce (cyprinidé), commun en Europe.

**2 gardon** *nm* rég Petit torrent. ETY Mot des Cévennes.

**1 gare** *nf* **1** Sur une ligne de chemin de fer, ensemble des installations et des bâtiments destinés au trafic des voyageurs et des marchandises, ainsi qu'au triage des wagons, à la régulation du trafic. **2** Sur une voie navigable, endroit élargi où les bateaux peuvent se garer, se croiser. LOC ***Gare maritime*** : située, dans un port, sur le quai où accostent les navires. — ***Gare routière*** : pour le trafic des autocars et des camions.

**2 gare !** *interj* S'emploie pour avertir d'avoir à se ranger, d'avoir à faire attention. *Gare à la pluie ! Gare à toi si tu désobéis.* LOC ***Sans crier gare*** : sans prévenir.

**garenne** *nf* **1** Zone plus ou moins boisée où les lapins sauvages sont abondants. **2** Réserve de pêche. **3** Lapin de garenne. ETY Du germ.

**Garenne-Colombes (La)** ch.-l. de cant. des Hauts-de-Seine (arr. de Nanterre). 24 067 hab. Industries.

**garer** *vt* ① **1** Ranger un véhicule à l'abri, ou à l'écart de la circulation. *Garer sa voiture le long du trottoir. Le car s'est garé devant l'école.* **2** fam Mettre à l'abri, hors d'atteinte. *Garer son bien. Se garer des calomnies.* ETY Du germ.

**Garfield** James Abram (Orange, Ohio, 1831 – Long Branch, New Jersey, 1881), homme politique américain. Élu président (républicain) des É.-U. en 1880, il fut assassiné par un solliciteur éconduit.

**Gargallo** Pablo (Maella, Saragosse, 1881 – Reus, Tarragone, 1934), sculpteur espagnol : œuvres en métal cubistes.

**Gargamelle** chez Rabelais, fille du roi de Parpaillos, épouse de Grandgousier, mère de Gargantua.

**Gargano** massif du S.-E. de l'Italie (1 056 m), sur l'Adriatique, l'« éperon de la Botte ».

**Gargantua** chez Rabelais, héros de la *Vie inestimable du grand Gargantua, père de Pantagruel* (1534), fils du géant Grandgousier et de Gargamelle, géant lui-même, capable d'enlever les cloches de N.-D. de Paris pour les accrocher au collier de sa jument, mais lettré et pacifiste. DER **gargantuesque** *a*

**gargariser (se)** *vpr* 1 **1** Se rincer la gorge et l'arrière-bouche avec un gargarisme. **2 fig, fam** Se délecter de. *Se gargariser de louanges.* ETY Du gr.

**gargarisme** *nm* Action de se rincer la gorge avec un liquide médicamenteux ; ce liquide lui-même.

**Garges-lès-Gonesse** ch.-l. de cant. du Val-d'Oise (arr. de Montmorency), v. résidentielle ; 40 058 hab. DER **gargeois, oise** *a, n*

**gargote** *nf* **fam, péjor** Restaurant médiocre où l'on mange à bas prix. ETY De l'anc. v. *gargoter,* « manger salement ». DER **gargotier, ère** *n*

**gargouille** *nf* Conduite horizontale, autref. ornée d'un motif architectural, servant à rejeter les eaux pluviales en avant d'un mur. ETY De l'anc. fr. *goule,* « gueule ».

**gargouiller** *vi* 1 Faire entendre un bruit analogue à celui d'un liquide qui s'écoule irrégulièrement. DER **gargouillement** ou **gargouillis** *nm*

**gargoulette** *nf* Récipient poreux dans lequel le liquide se rafraîchit par évaporation. ETY De *gargouille.*

**gargousse** *nf* **anc** Charge de poudre à canon, dans son enveloppe. ETY Du provenç.

**gari** *nm* **Afrique** Farine ou semoule de manioc.

**Garibaldi** Giuseppe (Nice, 1807 – Caprera, 1882), révolutionnaire italien ; l'un des artisans de l'unité italienne. Il combattit contre l'Autriche (1859), contre les Deux-Siciles (expédition des *Mille* ou des *Chemises rouges* en 1860), puis, mais en vain, contre la papauté (1867). Il servit la France en 1870-1871. — **Ricciotti** (Montevideo, 1847 – Rome, 1924), général, fils du préc., forma en 1914 la *Légion garibaldienne* au service de la France. DER **garibaldien, enne** *a, n*

Garibaldi

**Garifunas** nom local d'une pop. de la côte E. de l'Amérique centrale, issue du métissage d'Afro-Américains des Antilles et d'Amérindiens.

**Garigliano (le)** petit fl. d'Italie, à l'E. de Gaète. – Bayard y défendit seul un pont contre les Espagnols (1503). En 1944, le général Juin y perça le front all.

**gariguette** *nf* Variété de fraise allongée et parfumée.

**garimpeiro** *nm* Au Brésil, chercheur d'or, orpailleur.

**Garin de Monglane** héros d'une chanson de geste (XIII$^{e}$ s.) appartenant au cycle des Loherins et reliée au cycle de Guillaume d'Orange. Garin est le grand-père d'Aymeri de Narbonne.

**Garizim** mont de Palestine, non loin de l'anc. Sichem, souvent cité dans la Bible. – Les Samaritains au IV$^{e}$ s. av. J.-C., y élevèrent un temple, concurrent de celui de Jérusalem.

**Garland** Frances Gumm, dite Judy (Grand Rapids, Minnesota, 1922 – Londres, 1969), chanteuse et actrice de cinéma américaine : *le Magicien d'Oz* (1939), *Une étoile est née* (1954).

**Garmisch-Partenkirchen** v. d'Allemagne (Bavière) ; 27 700 habitants. Grande stat. clim. et de sports d'hiver (alt. 708-2 963 m).

**Garneau** François-Xavier (Québec, 1809 – id., 1866), historien québécois : *Histoire du Canada* (1845-1852).

**Garneau** Hector de Saint-Denys (Montréal, 1912 – Sainte-Catherine, 1943), poète québécois : *Regards et jeux dans l'espace* (1937) ; *Solitudes* (réunies aux *Poésies complètes* posth., 1949) ; *Journal* (posth., 1954).

**garnement** *nm* Enfant turbulent, polisson. ETY De l'a. fr. *guarnement,* « équipement d'un soldat ».

**Garner** Erroll (Pittsburgh, Pennsylvanie, 1921 – Los Angeles, 1977), pianiste et arrangeur de jazz américain.

**Garnerin** Jean-Baptiste (Paris, 1766 – id., 1845), et son frère — **André Jacques** (Paris, 1769 – id., 1823), aéronautes français qui perfectionnèrent le parachute. En 1797, André Jacques sauta d'un ballon situé à 1 000 m d'alt. – Son épouse — **Jeanne Geneviève Labrosse** ((1775 – 1847)), et sa nièce — **Élisa** (Paris, 1791 – apr. 1836), pratiquèrent le parachutisme.

**garni, ie** *a, nm* **A** *a* **1** Rempli. *Avoir la bourse bien garnie.* **2** Servi avec une garniture. *Escalope garnie.* **B** *nm* Logement meublé.

**Garnier** Robert (La Ferté-Bernard, 1544 – Le Mans, 1590), poète dramatique français ; précurseur de la tragédie classique : *Antigone* (1580), *Sédécie ou les Juives* (1583).

**Garnier** Charles (Paris, 1825 – id., 1898), architecte français : Opéra de Paris (1862-1874), casino de Monte-Carlo.

**Garnier** Marie Joseph François, dit Francis (Saint-Étienne, 1839 – Hanoi, 1873), officier de marine français. Il explora le Mékong (1869) et fut tué par les Pavillons-Noirs (mercenaires chinois).

**Garnier** Tony (Lyon, 1869 – Carnoux-en-Provence, 1948), architecte français : projet de cité industrielle (1901-1904) ; à Lyon, hôpital nommé auj. Édouard-Herriot (1915-1930).

**garniérite** *nf* MINER Hydrosilicate de magnésium et de nickel. ETY D'un n. propre.

**Garnier-Pagès** Étienne Joseph Louis (Marseille, 1801 – Paris, 1841), homme politique français ; l'un des chefs du parti républicain sous Louis-Philippe. — **Louis Antoine** (Marseille, 1803 – Paris, 1878), frère du préc., il fut membre du gouv. provisoire en 1848 et du gouv. de la Défense nationale en 1870.

**garnir** *vt* ③ **1** Munir de ce qui protège ou de ce qui orne. *Garnir de cuir les coudes d'une veste.* **2** Couvrir en servant d'ornement, décorer. *Des tapisseries garnissent les murs.* **3** Pourvoir de choses nécessaires. *Garnir une bibliothèque de livres.* SYN munir. **4** Remplir, occuper un espace. *Les spectateurs qui garnissent les tribunes du stade.* ETY Du frq. DER **garnissage** *nm*

**garnison** *nf* Troupe casernée dans une ville, une place forte ; ville où sont casernées des troupes.

**garniture** *nf* **1** Ce qui garnit pour protéger, renforcer ou orner. **2** CUIS Ce que l'on sert avec un mets, ce qui l'accompagne. **3** MECA Élément à fort coefficient de frottement qui garnit une pièce transmettant des forces par friction. *Garniture de frein, d'embrayage.* **4** TECH Pièce assurant l'étanchéité autour d'un organe mobile.

**Garofalo** Benvenuto Tisi, dit il (Garofalo, près de Ferrare, 1481 – Ferrare, 1559), peintre italien ; ami de Raphaël, qui l'influença.

**Garonne (la)** fl. qui naît dans la Maladeta (Pyrénées espagnoles), à 1 872 m d'alt. et draine le S.-O. de la France ; 647 km (avec la Gironde) ; arrose Toulouse, Bordeaux, et conflue au bec d'Ambès avec la Dordogne pour former la Gironde (75 km). Ses princ. affl. (r. dr.) sont issus du Massif central : Tarn, Lot. Son régime est irrégulier. Son aménagement hydroél. est faible.

**Garonne** (Haute-) dép. franç. (31) ; 6 309 km$^2$ ; 1 298 700 hab. ; 205,8 hab./km$^2$ ; ch.-l. *Toulouse* ; ch.-l. d'arrondissement *Muret* et *Saint-Gaudens*. V. Midi-Pyrénées. DER **haut-garonnais, aise** *a, n* ▶ carte p. 675

**garou** *nm* Arbrisseau à fleurs blanches odorantes du sud de la France, dont les graines et l'écorce sont utilisées respectivement comme purgatif et comme révulsif. SYN sainbois. ETY Du provenç.

**Garoua** ville du Cameroun, sur la Bénoué ; 265 600 hab. ; ch.-l. de prov.

**Garouste** Gérard (Paris, 1946), peintre français figuratif.

**Garrett (Almeida)** → **Almeida Garrett.**

**Garrick** David (Hereford, 1717 – Londres, 1779), comédien anglais. Il excella dans l'interprétation de Shakespeare ; auteur de la comédie *le Valet menteur* (1740).

**Garrigou-Lagrange** Marie Aubin Gontran (en relig. *R. P. Reginald*) (Auch, 1877 – Rome, 1964), dominicain français, auteur de *la Synthèse thomiste* (1947).

**garrigue** *nf* **1** Formation végétale discontinue et buissonneuse (chênes verts, cistes, romarins notam.) des régions méditerranéennes, forme dégradée de la forêt. **2** Terrain couvert par la garrigue. ETY Du provenç.

**garrocher** *v* ① Canada fam **A** *vt* Lancer avec force ou avec violence ; abandonner, laisser tomber qqch ou qqn. **B** *vpr* Se précipiter.

**Garros** Roland (Saint-Denis, la Réunion, 1888 – près de Vouziers, 1918), aviateur français. Il traversa la Méditerranée (1913). Il mourut dans un combat aérien.

**1 garrot** *nm* Saillie des vertèbres dorsales à l'aplomb des membres antérieurs, chez les grands quadrupèdes (cheval, tigre, etc.). ETY Mot provenç., « jarret ».

**2 garrot** *nm* **1** TECH Morceau de bois que l'on passe dans une corde pour la serrer en tordant. *Garrot d'une scie.* **2** Lien dont on entoure un membre blessé pour comprimer l'artère et arrêter l'hémorragie. **3** anc Instrument de supplice composé d'un collier de fer se serrant au moyen d'une vis, avec lequel on étranglait les condamnés à mort, en Espagne. ETY D'un anc. v. *garokier*, « tordre », du frq.

**3 garrot** *nm* Canard plongeur (anatidé) à tête noire des régions arctiques.

**garrotter** *vt* ① Attacher, lier fortement et étroitement. VAR **garroter** DER **garrottage** ou **garrotage** *nm*

**gars** *nm* fam **1** Garçon, jeune homme. **2** Homme vigoureux et résolu. PHO [ga]

**Gartempe (la)** riv. de France (190 km), affl. de la Creuse (r. g.).

**garum** *nm* Condiment de l'Antiquité romaine, saumure à base de poisson fermenté. PHO [gaʀɔm] ETY Mot lat.

**Gary** v. des É.-U. (Indiana), sur le lac Michigan ; 80 300 hab. Sidérurgie.

**Gary** Romain Kacew, dit Romain (Vilna, auj. Vilnius, 1914 – Paris, 1980), romancier français : *les Racines du ciel* (1956) ; sous le pseudonyme d'Émile Ajar, *la Vie devant soi* (1975).

**garzette** *nf* Variété d'aigrette, qui passe en France en été, espèce protégée.

**gasba** *nf* Flûte du Maghreb.

**Gascogne (golfe de)** autref. *golfe de Biscaye*, golfe de l'Atlantique, entre la France et l'Espagne.

**Gascogne** anc. rég. de France, entre les Pyrénées, la Garonne et l'Atlantique ; cap. *Auch*. – Au VI$^e$ s., elle fut envahie par les Vasconii (Basques), d'où son nom. Le duché (formé au VII$^e$ s.) fut réuni à l'Aquitaine en 1036. DER **gascon, onne** *a, n*

**Gascoigne** George (Cardington, v. 1535 – Bernack, 1577), poète et dramaturge anglais : *les Supposés* (1566), prem. comédie angl. en prose.

**gascon, onne** *n* **A** vieilli Fanfaron, hâbleur. **B** *nm* Ensemble des parlers d'oc de Gascogne. LOC *Promesse de Gascon* : qu'on ne peut pas tenir.

**gasconnade** *nf* litt Fanfaronnade.

**Gascoyne** David (Harrow, 1916 – île de Wight, 2001), écrivain anglais : *Bref Exposé du surréalisme* (1935), *Pensées nocturnes* (1956).

**Gaskell** Elizabeth (Chelsea, 1810 – Holyburn, 1865), romancière anglaise : *Mary Barton* (1848), *les Dames de Cranford* (1853).

**Gasnier** Louis J. (Paris, 1882 – Hollywood, 1963), cinéaste français. Il tourna aux É.-U. : *les Mystères de New York* (1914-1917).

**gas-oil** → **gazole.**

**gaspacho** *nm* Potage espagnol à base de concombres, tomates, piments et ail, servi froid. PHO [gaspatʃo] ETY Mot esp.

**gaspard** *nm* fam Rat. ETY Du prénom.

**Gaspard** un des trois rois mages.

**Gaspard de la nuit** recueil de 52 poèmes en prose (posth., 1842) d'Aloysius Bertrand. ▷ MUS *Gaspard de la nuit*, œuvre pour piano de Ravel (1909).

**Gaspard des montagnes** roman régionaliste de Henri Pourrat.

**Gasparini** Francesco (Camaiore, 1668 – Rome, 1727), compositeur italien : 60 opéras, mus. relig., auteur d'un traité de basse continue.

**Gasparri** Pietro (Capovalloza de Ussita, 1852 – Rome, 1934), prélat italien. Cardinal, il fut l'un des principaux promoteurs du traité du Latran, qu'il signa (1929) au nom de Pie XI.

**Gaspé** port du Québec (Gaspésie-Îles-de-la-Madeleine), au fond de la *baie de Gaspé*, à l'O. de la Gaspésie ; 15 200 hab. – Jacques Cartier y débarqua en 1534.

**Gasperi** → **De Gasperi.**

**Gaspésie** péninsule du Québec, entre l'estuaire du Saint-Laurent et la baie des Chaleurs. Pêche ; tourisme. DER **gaspésien, enne** *a, n*

**Gaspésie-Îles-de-la-Madeleine** rég. admin. du Québec qui comprend la Gaspésie et l'archipel des îles de la Madeleine ; 94 100 hab. V. princ. : *Gaspé*.

**gaspiller** *vt* ① Dépenser sans utilité et avec excès ; dilapider. *Gaspiller sa fortune.* ETY Du provenç. *gaspilha*, « grappiller ». DER **gaspillage** *nm* – **gaspilleur, euse** *a, n*

**Gassendi** Pierre Gassend, dit (Champtercier, près de Digne, 1592 – Paris, 1655), philosophe, astronome et mathématicien français. Adversaire du cartésianisme, influencé par Épicure, fidèle aux dogmes chrétiens : *De vita et moribus Epicuri* (1647), *Syntagma philosophiæ Epicuri* (1649). DER **gassendiste** *a*

**Gasser** Herbert Spencer (Platteville, Wisconsin, 1888 – New York, 1963), physiologiste américain : travaux sur les fibres nerveuses. P. Nobel de médecine 1944 avec J. Erlanger.

**Gassmann** Vittorio (Gênes, 1922 – Rome, 2000), acteur italien : *Riz amer* (1949), *Nous nous sommes tant aimés* (1974).

**gastérale** *nf* BOT Champignon basidiomycète gastromycète dont la glèbe est entourée d'une enveloppe qui persiste à maturité tel que la vesse-de-loup.

**gastéro-, gastr(o)-, -gastre, -gastrie** Éléments, du gr. *gastêr, gastros*, « ventre, estomac ».

**gastéromycète** *nm* Champignon basidiomycète dont la fructification massive ne s'ouvre pas, tel que le scléroderme et le lycoperdon. VAR **gastromycète**

**gastéropode** *nm* ZOOL Mollusque se déplaçant par reptation au moyen de son pied, organe musculeux qui sécrète un mucus abondant. VAR **gastropode**

ENC Les gastéropodes constituent la classe de mollusques la plus nombreuse ; ce sont des espèces marines, dulcicoles et terrestres, munies le plus souvent d'une coquille (escargot) ou parfois sans coquille (limace).

**Gaston III de Foix,** dit Phébus (1331 – Orthez, 1391), comte de Foix. Il lutta contre le comte d'Armagnac. À sa cour d'Orthez, il protégea les arts et les lettres. Il légua ses territoires à la couronne de France en 1390.

**Gaston Lagaffe** héros d'une bande dessinée créée en 1957 par A. Franquin.

**gastralgie** *nf* MED Douleur localisée à l'estomac. DER **gastralgique** *a*

**gastrectomie** *nf* CHIR Ablation totale ou partielle de l'estomac.

**gastrine** *nf* BIOL Hormone sécrétée par la muqueuse de l'estomac, et facilitant la digestion.

**gastrique** *a* De l'estomac. *Artère gastrique.*

**gastrite** *nf* MED Inflammation de la muqueuse de l'estomac, aux causes variées (ulcère, alcoolisme, carences alimentaires).

**gastroentérite** *nf* MED Inflammation aiguë des muqueuses gastrique et intestinale, caractérisée par des vomissements et une diarrhée (« grippe intestinale »). DER **gastroentéritique** *a*

**gastroentérologie** *nf* Médecine du tube digestif. DER **gastroentérologique** *a* – **gastroentérologue** *n*

**gastrofibroscopie** *nf* Fibroscopie de la cavité gastrique.

**gastro-intestinal, ale** *a* MED De l'estomac et de l'intestin. PLUR gastro-intestinaux.

**gastromycète** → **gastéromycète.**

**gastronomie** *nf* Art de bien manger, de la bonne chère. DER **gastronome** *n* – **gastronomique** *a*

**gastroplastie** *nf* CHIR Opération consistant à mettre en place un anneau au niveau de l'estomac afin de restreindre l'apport alimentaire.

**gastropode** → **gastéropode.**

**gastrorésistant, ante** *a* Se dit d'un médicament dont l'enveloppe résiste à l'acidité gastrique et qui ne se dissout que dans l'intestin.

**gastroscope** *nm* Sonde œsophagienne servant à examiner la paroi interne de l'estomac.

**gastroscopie** *nf* MED Examen de l'estomac au moyen du gastroscope. DER **gastroscopique** *a*

**gastrula** *nf* EMBRYOL Embryon animal chez lequel les feuillets fondamentaux, ectoblaste et endoblaste, sont en train de se mettre en place (processus de la *gastrulation*). V. embryogenèse (encycl.). ETY Du lat.

**Gatchina** (*Krasnogvardeisk* de 1929 à 1944), ville de Russie, au S.-O. de Saint-Pétersbourg ; 74 000 hab. – Château d'Orlov (XVIIIe s.).

**1 gâteau** *nm* **1** Pâtisserie, généralement sucrée, faite le plus souvent avec de la farine, du beurre et des œufs. *Gâteaux secs. Gâteau de riz.* **2** Suisse Tarte. **3** Masse aplatie d'une matière compacte. *Gâteau de plomb.* **4** Masse constituée par les alvéoles d'une ruche. *Gâteau de cire, de miel.* LOC ***Avoir sa part du gâteau*** : partager le profit, l'aubaine. — fam ***C'est du gâteau*** : c'est facile. ETY Du frq. *wastil*, « nourriture ».

**2 gâteau** *a inv* LOC fam ***Papa, grand-mère***, etc., ***gâteau*** : qui gâte beaucoup les jeunes enfants. ETY De *gâter*.

**gâte-bois** *nm inv* Chenille du cossus, qui creuse des galeries dans le bois des arbres

**gâter** *v* ① **A** *vt* **1** Endommager. *La grêle a gâté les vignes.* **2** Corrompre. *Un fruit pourri gâte tous les autres.* **3** Altérer, troubler. *Cet incident a gâté notre plaisir.* **4** Priver de ses vertus, de ses qualités. *Ses échecs lui ont gâté le caractère.* **5** Traiter avec trop de complaisance, d'indulgence un enfant. **6** Combler d'attentions, de cadeaux ; choyer. *Il gâte beaucoup sa femme.* **B** *vpr* **1** S'altérer, se corrompre. *Ces raisins se gâtent.* **2** Mal tourner. *Ça se gâte.* ETY Du lat. *vastare*, « ravager ».

**gâterie** *nf* **1** Menu cadeau ; attention gentille. **2** Friandise.

**Gates** William, dit Bill (Seattle, 1955), informaticien américain, fondateur avec Paul Allen de la société Microsoft en 1975.

**gâte-sauce** *nm* Marmiton. PLUR gâte-sauces.

**Gateshead** v. de G.-B., sur la Tyne, faubourg industriel de Newcastle ; 196 500 hab.

**gâteux, euse** *a, n* **1** Dont les facultés, notam. les facultés mentales, sont amoindries par l'âge ou la maladie. **2** Rendu comme bête. *Il est gâteux devant son petit-fils.*

**Gâtha** ensemble des textes sacrés attribués à Zoroastre.

**gâtifier** *vi* ② fam Devenir gâteux, bêtifier.

**Gâtinais** rég. du Bassin parisien, drainée par le Loing. Le *Gâtinais orléanais* a pour v. princ. Montargis, le *Gâtinais français* Nemours. DER **gâtinais, aise** *a, n*

**gâtine** *nm* rég Terre au sous-sol imperméable, mal drainée et stérile.

**Gatineau** v. du Québec, banlieue N. d'Ottawa, sur la *Gatineau* (440 km), affluent de l'Outaouais (r. g.) ; 228 052 hab. Import. papeterie. DER **gatinois, oise** *a, n*

**gâtion, onne** *n* Suisse fam Enfant gâté.

**gâtisme** *nm* État d'une personne gâteuse.

**Gatsby le Magnifique** roman de Fitzgerald (1925). ▷ CINE Film de Jack Clayton, en 1974, avec Robert Redford.

**GATT** acronyme pour *General Agreement on Tariffs and Trade*, « Accord général sur les tarifs douaniers et le commerce », signé en 1947 à Genève. Cette institution organisa le *Kennedy Round* (1964-1968), le *Tokyo Round* (1973-1979) et l'*Uruguay Round* (1986-1994). En 1995, l'OMC l'a remplacée.

**Gattamelata (le)** statue équestre de bronze de Donatello (1447, à Padoue), qui représente le condottiere Erasmo da Narni.

**gatte** *nf* MAR Chacun des compartiments qui reçoivent les chaînes des ancres, à bord d'un navire. ETY Du frq. *whata*, « guet ».

**Gatti** Armand (Monaco, 1924), dramaturge français (*la Vie imaginaire de l'éboueur Auguste G.*, 1962) et cinéaste (*l'Enclos*, 1961).

**gattilier** *nm* Arbrisseau méditerranéen (verbénacée), aux fleurs en grappes violettes ou blanches. ETY De l'esp.

**Gaubert** Philippe (Cahors, 1879 – Paris, 1941), flûtiste, chef d'orchestre et compositeur français : *Alexandre le Grand* (1937).

**gauche** *a, n* **A** *a* **1** Qui n'est pas plan ; déformé. *Cadre, poutre gauche.* **2** GEOM Dont tous les points ne sont pas contenus dans le même plan. *L'hélice est une courbe gauche.* **3** fig Qui manque d'aisance, d'adresse. *Des manières gauches.* SYN embarrassé, malhabile. ANT gracieux, habile. **4** Qui est situé du côté du corps de l'homme où se trouve le cœur. *La main gauche.* **5** Qui est situé du côté de la main gauche, pour un observateur tourné dans une direction déterminée. *La rive gauche d'un fleuve.* ANT droit. **B** *nm* Poing gauche ou pied gauche. *Un direct du gauche.* **C** *nf* **1** Le côté gauche. *Sur la gauche, à votre gauche, vous voyez la mairie.* **2** Ensemble des députés et des sénateurs qui, traditionnellement en France, siègent à la gauche du président de l'Assemblée et qui représentent les partis désireux de changements politiques et sociaux ; ensemble des partis et des citoyens qui veulent ces changements. *Être plutôt de gauche.* LOC ***Jusqu'à la gauche*** : jusqu'à l'extrême limite, complètement. — ***Mettre de l'argent à gauche*** : épargner. — ***Se lever du pied gauche*** : s'éveiller de mauvaise humeur. — ***Surface gauche*** : engendrée par une droite, non développable sur un plan. ETY De *gauchir*.

**gauchement** *av* De façon maladroite.

**gaucher, ère** *a, n* Qui se sert habituellement de sa main gauche.

**Gaucher (maladie de)** *nf* Maladie génétique due au déficit d'une enzyme nécessaire à la dégradation des lipides à l'intérieur des cellules.

**gaucherie** *nf* **1** Manque d'aisance ou d'adresse. **2** Action, parole maladroite. **3** PSYCHO Fait d'être gaucher.

**Gauchet** Marcel (Poilley, Manche, 1946), philosophe français. *Le désenchantement du monde* (1985).

**gauchir** *v* ③ **A** *vi* Se déformer, se voiler. *Panneau qui gauchit.* **B** *vt* **1** Déformer une surface plane. *L'humidité a gauchi cette planche.* **2** fig Altérer, fausser. *Gauchir le sens d'un texte.* ETY De l'a. fr. *gauchier*, « fouler ». DER **gauchissement** *nm*

**gauchisant, ante** *a* Qui a des opinions politiques proches de celles de la gauche.

**gauchisme** *nm* Attitude des partisans des solutions extrêmes, dans un parti de gauche. DER **gauchiste** *n, a*

**gaucho** *nm* Gardien de troupeaux des pampas, en Amérique du Sud. ETY Mot esp., de l'araucan.

**gaude** *nf* Réséda européen des sols sablonneux qui fournit une teinture jaune et des essences utilisées en parfumerie. ETY Du germ.

**Gaudin** Martin Michel Charles (duc de Gaète) (Saint-Denis, 1756 – Gennevilliers, 1841), financier et homme politique français. Ministre des Finances (1799-1814), il réorganisa le système fiscal et créa le cadastre.

**Gaudí y Cornet** Antonio (Reus, 1852 – Barcelone, 1926), architecte espagnol influencé par les styles goth. catalan et mudéjar : Casa Vicens (1878-1880), Casa Güell (1885-1889), égl. de la Sagrada Familia (commencée en 1884, inachevée) à Barcelone.

**Gaudi y Cornet** église de la Sagrada Familia, Barcelone

**gaudriole** *nf* fam **1** Propos gai et frivole ; plaisanterie un peu leste. **2** Libertinage, débauche. ETY De l'a. fr. *gaudir*, « se réjouir ».

**gaufre** *nf* **1** Pâtisserie légère, cuite entre deux fers qui lui impriment un relief alvéolé. **2** Gâteau de cire fabriqué par les abeilles. ETY Du frq.

**gaufrer** *vt* ① TECH Imprimer des dessins en relief ou en creux sur du cuir, des étoffes, etc. DER **gaufrage** *nm*

**gaufrerie** *nf* Établissement qui fabrique et vend des gaufres.

**gaufrette** *nf* Petit biscuit sec.

**gaufrier** *nm* Moule composé de deux plaques quadrillées entre lesquelles on fait cuire les gaufres.

**gaufrure** *nf* TECH Empreinte laissée par le gaufrage.

**Gauguin** Paul (Paris, 1848 – Atuona, îles Marquises, 1903), peintre français. À Pont-Aven (1886 et 1888), à Arles avec Van Gogh (1888), en Polynésie (Tahiti, de 1895 à 1901, puis Marquises), il élabora le synthétisme, pratiqua le « cloisonnement » (taches délimitées par des cernes) et annihila la dimension de la profondeur spatiale.

**Gauguin** *Vahine no te vi (la Femme au mango)*, 1892 – museum of Art, Baltimore

**Gauhati** v. de l'Inde (Assam), sur le Brahmapoutre ; 150 000 hab. Centre comm.

**gaulage** → **gauler.**

**gaule** *nf* **1** Grande perche. **2** Canne à pêche. (ETY) Du frq.

**Gaule** nom que les Romains donnèrent au territoire limité par la Méditerranée et les Pyrénées au S., les Alpes et le cours du Rhin jusqu'à son embouchure à l'E. et au N., l'océan Atlantique à l'O. *(Gaule transalpine).* – *Gaule cisalpine* (en deçà des Alpes, par rapport à Rome) : partie de l'Italie septent. (plaine du Pô) occupée par les Celtes (v. 400 av. J.-C.) et soumise par Rome au IIIe s. av. J.-C. (DER) **gaulois, oise** *a, n*
**Histoire** Les Celtes, qui s'infiltrèrent dans le N. du pays au Ier millénaire av. J.-C., se répandent dans le centre à l'époque de La Tène (VIe-Ve s. av. J.-C.), puis, v. la fin du IIIe s. av. J.-C., imposent leur domination aux autochtones. Tous ces peuples furent nommés *Gaulois* par les Romains. Agriculteurs, ils développent le commerce, notam. sur l'axe Rhône-Saône. À partir du IIe s. av. J.-C., la Gaule est menacée par les peuples germaniques au N., par les Romains au S. Vers 150 av. J.-C., les Arvernes imposent leur hégémonie aux peuples gaulois voisins, mais Rome intervient fréquemment en Provence et finalement conquiert la région méditerranéenne (121 av. J.-C.). Entre 58 et 51 av. J.-C., César vient à bout de toute résistance, bien que l'Arverne Vercingétorix ait soulevé le pays contre lui (52 av. J.-C.). Il pratique une politique d'assimilation, poursuivie par Auguste (division du territ. en quatre prov. : la Narbonnaise, c.-à-d. la Provence, l'Aquitaine, la Lyonnaise ou Celtique, la Gaule Belgique). (V. gallo-romain.)

**gauleiter** *nm* HIST Administrateur d'un district, dans l'Allemagne nazie. (PHO) [gawlajtœʀ] (ETY) Mot all., de *Gau*, « district », et *Leiter*, « chef ».

**gauler** *vt* ① Battre un arbre, ses branches avec une gaule pour en faire tomber les fruits. *Gauler un pommier.* **LOC** fam ***Se faire gauler*** : se faire prendre, arrêter. (DER) **gaulage** *nm*

**gaulis** *nm* SYLVIC Taillis dont les jets sont devenus des tiges très hautes mais de faible diamètre ; chacun de ces jets. (PHO) [goli]

**1 2** et **3** Monnaies gauloises ; musée des Antiquités nationales, Saint-Germain-en-Laye
**4** Dieu au sanglier d'Euffigneix (Haute-Marne) portant le torque (collier), période de la Tène ; musée des Antiquités nationales, Saint-Germain-en-Laye
**5** Casque d'Amfreville (cuivre, fer, or, décoré de spirales) ; musée des Antiquités nationales, Saint-Germain-en-Laye
**6** Tête en chêne sculpté d'une divinité gauloise portant le torque, v. le Ier s. ; découverte à Luxeuil-les-Bains ; musée des Beaux-Arts et d'Archéologie, Besançon

art de la **Gaule**

**Gaulle** Charles de (Lille, 1890 – Colombey-les-Deux-Églises, 1970), général et homme politique français. Sous-secrétaire d'État à la Guerre en 1940, il refusa l'armistice et partit pour Londres, d'où il lança un appel à la résistance le 18 juin 1940. Ayant dirigé la résistance franç. contre l'occupant allemand, il forma à Alger, en mai 1944, le Gouvernement provisoire de la Rép. française et assuma le pouvoir après son entrée à Paris, le 25 août 1944. Il démissionna de la présidence du gouv. provisoire en janv. 1946 et fonda en 1947 le Rassemblement du peuple français (RPF). En 1953, il se retira (« traversée du désert »). En 1958 (évènements d'Algérie), il fut appelé par le président Coty à former un gouv. (1er juin) et fit approuver par référendum (28 sept.) une Constitution qui instaurait la Ve République ; le Parlement l'élut président en déc. Il mit fin à la guerre d'Algérie (accords d'Évian, 1962). Réélu en 1965 (cette fois, au suffrage universel), il dut faire face à la crise de mai 1968 et démissionna en 1969 après l'échec d'un référendum sur la réforme du Sénat. Écrivain, il est l'auteur d'ouvrages militaires (*Vers l'armée de métier*, 1934) et de *Mémoires* (publication 1954-1959 et 1970-1971). (DER) **gaullien, enne** *a*

**gaullisme** *nm* Ensemble des conceptions et des attitudes politiques des partisans du général de Gaulle. (DER) **gaulliste** *a, n*

**gaulois, oise** *a, n* **A** *a* **1** Caractéristique de la France, de ses traditions dans la continuité des Gaulois. **2** Qui a une gaieté gaillarde, un peu licencieuse. *Plaisanterie gauloise.* **B** fam Dans les cités de banlieue, jeune d'origine française (par oppos. aux *beurs* et aux *blacks*). **C** *nm* Langue celtique parlée par les Gaulois. **D** *nf* Cigarette brune de marque française. (DER) **gauloisement** *av*

**gauloiserie** *nf* Parole leste, gaillarde.

**gaultheria** *nm* BOT Arbrisseau (éricacée) d'Amérique du Nord, aux feuilles odorantes. (ETY) D'un n. pr. (VAR) **gaulthérie**

**Gaultier** Jean-Paul (Arcueil, 1952), couturier français au caractère avant-gardiste.

**Gaultier de Laguionie** Jules Achille de (Paris, 1858 – Boulogne-sur-Seine, 1942), philosophe français : *De Kant à Nietzsche* (1900), *le Bovarysme* (1902).

**Gaultier-Garguille** Hugues Guéru, dit (Sées, v. 1573 – Paris, 1634), comédien français, partenaire de Gros-Guillaume et Turlupin.

**Gaumont** Léon (Paris, 1864 – Sainte-Maxime, 1946), industriel français ; fondateur en 1895 de la société cinématographique Gaumont, qui existe encore. En 1902, il synchronisa l'image et un disque.

**gaupe** *nf* vx, fam Femme de mauvaise vie. (ETY) De l'all. *Walpe*, « femme sotte ».

**gaur** *nm* Bœuf sauvage d'Asie du S.-E., à la robe sombre et aux cornes arquées. (ETY) De l'hindi.

**gaura** *nm* Plante vivace (onagracée) à grands épis garnis de fleurs blanches et rouges.

**Gaurisankar** un des sommets de l'Himalaya (7 145 m), au Népal.

**gauss** *nm* PHYS Unité CGS de champ magnétique (symbole G), remplacée auj. par le tesla, unité SI (1 G = $10^{-4}$T). ETY Du n. pr.

**Gauss** Carl Friedrich (Brunswick, 1777 – Göttingen, 1855), mathématicien, physicien et astronome allemand. Il inventa la méthode des moindres carrés, eut l'idée de géométries non euclidiennes, étudia les nombres congrus, inventa en optique la méthode d'approximation de Gauss, calcula les orbites de planètes et de comètes. ▷ STATIS *Loi de Gauss* ou *loi de Laplace-Gauss* ou *loi normale :* loi donnant la probabilité d'une variable aléatoire continue ; la courbe a la forme d'une cloche. DER **gaussien, enne** *a*

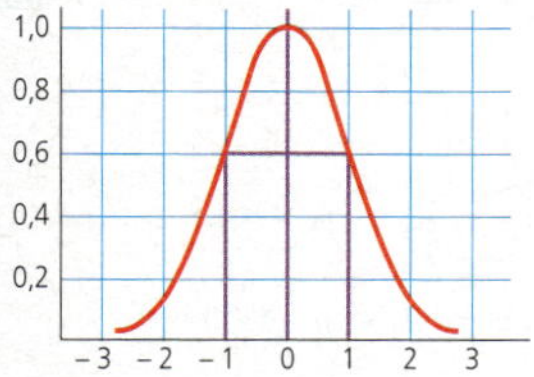


courbe de **Gauss**, dite « en cloche » ; courbe d'équation $y = \exp(-x^2/2\sigma^2)$ ; quand $y(x)$ est une loi de probabilité, σ est appelé déviation standard

courbe de **Gauss**

**gausser (se)** *vpr* ① litt Se moquer de qqn.

**Gautama** → **Bouddha.**

**Gauteng** province d'Afrique du Sud créée en 1994, située dans l'anc. prov. de Transvaal.

**Gautier** Théophile (Tarbes, 1811 – Neuilly-sur-Seine, 1872), poète français, romantique, puis adepte de « l'art pour l'art », il influença toute l'école du Parnasse : *Émaux et Camées* (1852). Romans : *Mademoiselle de Maupin* (1835), *le Capitaine Fracasse* (1863).

**Ch. de Gaulle**

**T. Gautier**

**Gautier** Marguerite héroïne d'A. Dumas fils, *la Dame aux camélias.*

**Gautier de Coincy** (Coincy, 1177 ou 1178 – Soissons, 1236), bénédictin et poète français : *Miracles de Notre-Dame,* recueil de légendes.

**Gautier Sans Avoir** (Boissy-Sans-Avoir, près de Montfort-l'Amaury, ? – Civitot, près de Nicée, 1096 ou 1097), chevalier français qui dirigea une partie de la 1re croisade.

**Gauvain** personnage du roman breton, chevalier de la Table ronde, fils du roi Loth et d'Anne, la sœur d'Arthur. VAR **Gawain**

**GAV** *nf* Abrév. courante de *garde à vue.*

**gavage** *nm* **1** Action de gaver. **2** MED Introduction d'aliments dans l'estomac à l'aide d'une sonde.

**gavant, ante** *a* fam Exaspérant.

**Gavarni** Sulpice Guillaume Chevalier, dit Paul (Paris, 1804 – id., 1866), dessinateur, lithographe et aquarelliste français. Il fut collaborateur du *Charivari.*

**Gavarnie (cirque de)** vaste site en forme d'amphithéâtre des Hautes-Pyrénées, au S. de la com. de Gavarnie. Le gave de Pau s'en échappe.

**gave** *nm* rég Torrent pyrénéen.

**Gaveau** Joseph (Romorantin, 1824 – Paris, 1903), facteur de pianos français, fondateur de la *maison Gaveau* (1847).

**gaver** *v* ① **A** *vt* **1** Faire manger qqn de façon excessive. **2** Faire manger beaucoup et de force des animaux pour les engraisser. *Gaver des oies.* **3** fig Combler, emplir à l'excès. *Gaver de connaissances.* **4** fam Énerver, exaspérer. **B** *vpr* Se gorger de nourriture. ETY Du prélatin, *gaba,* « gorge ».

**gavial** *nm* Reptile crocodilien aux mâchoires longues et étroites. PLUR gavials. ETY De l'hindi.

**gaviiforme** *nm* Oiseau dont l'ordre renferme les plongeons. ETY Du lat. *gavia,* « mouette ».

**Gävle** (anc. *Gefle*), port de Suède, sur le golfe de Botnie ; 91 700 hab. ; ch.-l. de län.

**gavotte** *nf* anc Danse française ; musique sur laquelle elle se danse. ETY Du provenç.

**Gavrinis** île du golfe du Morbihan. Un tumulus préhistorique abrite des blocs de pierre gravés vieux de 6 000 ans.

**gavroche** *nm, a inv* vieilli Gamin de Paris frondeur et moqueur. SYN titi. *Une allure gavroche.* ETY Du n. pr.

**Gavroche** personnage des *Misérables* de Victor Hugo (1862). Fils aîné des Thénardier, enfant narquois, il meurt sur les barricades lors de l'insurrection de juin 1832.

**Gaxotte** Pierre (Revigny, 1895 – Paris, 1982), historien français : *le Siècle de Louis XV* (1933). Acad. fr. (1953).

**gay** *nm, a* Homosexuel masculin. *La communauté gay.* SYN gai. PHO [ge] ETY Mot angl., « gai ».

**Gay** John (Barnstaple, 1685 – Londres, 1732), poète anglais ; auteur d'une comédie satirique, *l'Opéra du gueux* (1728), dont Brecht a tiré son *Opéra de quat' sous.*

**Gay** Delphine → **Girardin.**

**Gayā** v. sacrée de l'Inde (Bihār) ; 380 000 hab.

**gayal** *nm* Bœuf sauvage d'Inde et de Birmanie à robe noire et à cornes courtes, facile à domestiquer. PLUR gayals.

**Gaye** Marvin Pentz Gay Jr dit Marvin (Washington, 1939 – Los Angeles, 1984), auteur-compositeur et chanteur américain de jazz et de soul.

**Gay-Lussac** Louis Joseph (Saint-Léonard-de-Noblat, 1778 – Paris, 1850), physicien et chimiste français. Il découvrit le bore. ▷ PHYS *Loi de Gay-Lussac :* le coefficient de dilatation des gaz parfaits est indépendant de la température et de la pression. ▷ CHIM *Loi de Gay-Lussac :* lorsque deux gaz se combinent pour former un composé, leurs volumes, à même pression et même température, sont dans un rapport simple. – *Degré Gay-Lussac* V. degré.

**Gay-Lussac**

**gaytitude** *nf* Fait d'être gay, homosexuel. ETY De *gay* et *attitude.*

**gaz** *nm* **A** **1** Substance impalpable qui tend à occuper la totalité de l'enceinte qui la contient ; fluide expansible et compressible dont les molécules peuvent se déplacer librement les unes par rapport aux autres. *L'oxygène est un gaz.* **2** Gaz à usage industriel ou domestique. *Gaz de ville, gaz naturel.* **3** Toute substance toxique, gazeuse, liquide ou solide utilisée comme arme chimique. *Gaz de combat.* **4** fam Impression de vide ressentie par un alpiniste qui escalade une paroi. **B** *nm pl* **1** Mélange détonant d'air et de vapeurs de combustible brûlé dans les cylindres d'un moteur à explosion. *Mettre, donner les gaz.* **2** Substances gazeuses se formant dans l'intestin ou l'estomac et provoquant une douleur. LOC ***À pleins gaz :*** à pleine puissance — ***Gaz à l'eau :*** mélange combustible d'hydrogène et d'oxyde de carbone obtenu en décomposant la vapeur d'eau par le coke porté à température élevée. — ***Gaz de pétrole liquéfié (GPL) :*** mélange de butane et de propane liquéfiés, utilisé comme carburant. — ***Gaz de schiste :*** gaz naturel des sous-sols riches en schistes sédimentaires, exploité en tant que ressource énergétique. — ***Gaz hilarant :*** hémioxyde d'azote. — ***Gaz naturel véhicules (GNV) :*** gaz de ville utilisé comme carburant automobile. — ***Gaz parfait :*** gaz idéal dans lequel on suppose nulles les interactions moléculaires (par oppos. à *gaz réel*). — ***Gaz rare :*** chacun des gaz de la dernière colonne de la classification périodique des éléments : hélium, néon, argon, krypton, xénon et radon. SYN (conseillé) gaz inerte. — fam ***Il y a de l'eau dans le gaz :*** la discorde s'installe. ETY Mot de Van Helmont, d'apr. le latin *chaos.*

ENC Les gaz obéissent aux lois de Mariotte, de Gay-Lussac et de Chasles, qui relient par des proportionnalités simples la pression, le volume et la température. Ces trois grandeurs physiques traduisent l'agitation et les chocs entre les molécules. Domaines d'étude : chimie (gaz naturel), industrie (gazoduc, lampe à gaz, machine à vapeur, moteur à gaz, moteur à explosion, air liquide), climatologie (atmosphère, gaz à effet de serre, couche d'ozone), astrophysique (gaz interstellaire).

**Gaza** territ. de Palestine ; 363 km² ; 1 500 000 hab. ; ch.-l. *Gaza.* Sous contrôle israélien depuis 1967, la *bande de Gaza* est devenue une zone de colonisation en 1987. L'accord conclu en 1993 entre Israël et l'OLP concédant aux Palestiniens l'autonomie de Gaza et de Jéricho est entré en vigueur en 1994. En 2004, le Parlement vote l'évacuation des colonies de Gaza, qui a lieu en 2005. Israël maintient un blocus. Les conflits restent nombreux entre le territoire et Israël (2008, 2012, 2014). DER **gazaouite** ou **gazaoui, ie** *a, n*

**gazage** *nm* **1** TECH Passage des fils de certains tissus à la flamme pour les débarrasser de leur duvet. **2** Intoxication, extermination par un gaz.

**gazania** *nm* Plante vivace (composée) à grands capitules très colorés.

**Gaz de France** établissement public, créé en 1946 pour commercialiser le gaz, transformé en société anonyme en 2004 ; fusionne avec Suez en 2008 (*GDF Suez*).

**gaze** *nf* **1** Étoffe légère et transparente de laine, de soie ou de coton. **2** Cette étoffe stérilisée, utilisée pour nettoyer ou panser une plaie. ETY De *Gaza,* v. de Palestine.

**gazé, ée** *a, n* Qui a été soumis à l'action d'un gaz nocif (notam. *gaz de combat*).

**gazéifier** *vt* ② **1** TECH Transformer en gaz. **2** Dissoudre du dioxyde de carbone dans un liquide. DER **gazéification** *nf*

**gazelle** *nf* Petite antilope au pelage beige des zones désertiques d'Afrique et d'Asie. LOC ***Gazelle-girafe :*** guérénouk. ETY De l'ar.
▶ illustr. p. 680

**gazer** *v* ① **A** *vt* **1** Intoxiquer, exterminer par un gaz nocif. **2** Asperger qqn de gaz lacrymogène. **B** *vi* fam Aller vite, à pleins gaz. LOC ***Ça gaze :*** ça marche bien.

**gazette** *nf* **1** vx Publication périodique, journal contenant diverses nouvelles. **2** vieilli Personne qui se plaît à répandre les nouvelles. ETY De l'ital. *gazetta,* « petite monnaie ».

**Gazette (la)** périodique hebdomadaire créé en 1631 à Paris par Théophraste Renaudot. En 1762, cette publication devint un organe officiel et parut 2 fois par semaine. Elle disparut en 1914.

**gazeux, euse** *a* **1** De la nature des gaz, à l'état de gaz. **2** Qui contient du gaz. *Eau gazeuse.*

**Gaziantep** v. de Turquie, proche de la Syrie ; 850 000 hab. ; ch.-l. de l'il du m. nom.

**gazier, ère** *nm, a* **A** *nm* **1** Personne qui travaille dans une usine à gaz, une compagnie du gaz. **2** Industriel du gaz. **3** Navire spécialisé dans le transport du gaz. **4 fam, vieilli** Individu. **B** *a* Relatif au gaz. *Industrie gazière.*

**gazinière** *nf* Cuisinière à gaz.

**gazoduc** *nm* TECH Canalisation servant au transport du gaz. (PHO) [gazodyk]

**gazogène** *nm* TECH Appareil servant à fabriquer un gaz combustible à partir du bois ou du charbon.

**gazole** *nm* Produit de la distillation du pétrole, utilisé comme carburant (diésels) ou comme combustible. (VAR) **gas-oil** ou **gasoil**

**gazoline** *nf* TECH Produit le plus volatil tiré du pétrole brut.

**gazomètre** *nm* **anc** Réservoir de stockage du gaz de ville.

**gazométrie** *nf* MED Mesure des taux de gaz dans le sang (oxygène, gaz carbonique).

**gazon** *nm* **1** Herbe courte et menue. **2** Terre plantée, couverte de cette herbe. (ETY) Du frq.

**gazonner** *v* ① **A** *vt* Revêtir de gazon. **B** *vi* Pousser en gazon, se couvrir de gazon. (DER) **gazonnage** ou **gazonnement** *nm*

**gazonnière** *nf* Entreprise qui produit du gazon en plaques ou en rouleaux.

**gazouiller** *vi* ① **1** Faire entendre un petit bruit doux et agréable, notam. en parlant des oiseaux. **2** Babiller en parlant des petits enfants. (ETY) Onomat. (DER) **gazouillant, ante** *a* – **gazouillement** ou **gazouillis** *nm*

**Gazprom** société russe spécialisée dans la production et le transport de gaz naturel.

**Gbagbo** Laurent (Gagnoa, 1945), homme politique ivoirien. Élu prés. de la République en 2000, il est battu en 2010 par A. Ouattara, mais refuse sa défaite. Il est finalement arrêté en avril 2011 et est incarcéré à La Haye.

**Gd** CHIM Symbole du gadolinium.

**Gdańsk** (autref., en all., *Dantzig* ou *Danzig*), princ. port de Pologne, sur la *baie de Gdańsk* ; 468 000 hab. ; ch.-l. de la voïévodie de Poméranie. Centre industr. (constr. navales, notam.), scientif. et culturel. – Hist. V. Dantzig.

**Gdynia** port de Pologne, créé en 1924 à l'extrémité du couloir de Dantzig (Gdańsk).

**Ge** CHIM Symbole du germanium.

**Gê** → **Gaia.**

**geai** *nm* Oiseau passériforme (corvidé) à plumage beige tacheté de blanc, de bleu et de noir. *Le geai jase* ou *cajole.* (ETY) Du bas lat.

**gazelle**

**géant, ante** *n, a* **A** *n* **1** MYTH Être fabuleux, de taille colossale, fils de la Terre et du Ciel. **2** Être colossal des contes et des légendes. **3** Personne de stature anormalement élevée. **4 fig** Personne qui se distingue par des dons exceptionnels, par une destinée hors du commun. *Les géants de l'art, de la politique.* **B** *a* **1** Dont la taille surpasse de beaucoup celle des êtres ou des choses comparables. *Raie géante.* **2 fam** Très beau, extraordinaire. *Ce film, c'est géant.* **LOC** ***Aller à pas de géant*** : à grandes enjambées, très vite ; **fig** faire des progrès rapides. — ***Étoile géante*** : de très grand rayon et de forte luminosité. (ETY) Du gr. *Gigas*, personnage mythologique.

**géantiste** *n* Skieur de slalom géant.

**Géants (monts des)** (en tchèque *Krkonoše*, en polonais *Karkonosze*, en all. *Riesengebirge*), massif du N.-E. de la Bohême (1 603 m), entre la Rép. tchèque et la Pologne.

**Géants** dans la myth. gr., êtres issus du sang d'Ouranos. Ils se révoltèrent contre l'Olympe, mais Zeus et Héraclès les anéantirent. La *lutte des Géants* (ou *gigantomachie*) est l'un des grands thèmes de l'art grec et de la litt. grecque et latine.

**géaster** *nm* BOT Champignon gastromycète non comestible qui s'ouvre en étoile. (PHO) [ʒeastɛʀ] (ETY) Du gr. *gê*, « terre », et *aster*, « étoile ».

**Geber** Djābir ibn Ḥayyān aṣ-Ṣūfī, dit (Kufah, Irak, fin VIII^e s. – Tūs, Iran, déb. IX^e s.), alchimiste et philosophe arabe : *Summa perfectionis*. Il découvrit les acides sulfurique et nitrique, et projeta la transmutation des métaux.

**Gébrésélassié** Hailé (prov. d'Arsi, 1973), athlète éthiopien ; coureur de fond.

**gecko** *nm* Reptile saurien aux doigts munis de lamelles adhésives. (ETY) Mot malais.

**gecko**

**Gédéon** (XII^e – XI^e s. av. J.-C.), cinquième juge d'Israël ; il délivra les Hébreux du joug des Madianites (Bible : Juges, VI-VIII).

**Gédymin** (1275 – 1341) prince lituanien (1316 – 1341), fondateur de l'État lituanien.

**geek, geekette** *n, a* **fam** **A** *n* Passionné d'informatique, de jeux vidéo, de communication par Internet, etc. **B** *a* Qui concerne les geeks. *La culture geek.* (PHO) [gik] (ETY) Mot angl.

**Geel** v. de Belgique (Anvers), sur la Nèthe ; 31 460 hab. Centre agricole et industriel.

**Geelong** v. et port d'Australie (État de Victoria) ; 147 100 hab. Centre pétrolier.

**Geertgen tot Sint Jans** (en fr. *Gérard de Saint-Jean*) (Leyde, v. 1465 – Haarlem, v. 1495), peintre néerlandais, réaliste et fantastique.

**Geertz** Clifford (San Francisco, 1926 – Philadelphie, 2006), ethnologue américain, critique du culturalisme.

**Geffroy** Gustave (Paris, 1855 – id., 1926), critique d'art français, défenseur des naturalistes et des impressionnistes.

**géhenne** *nf* **1** Enfer, dans la Bible. **2 litt** Souffrance intense. (ETY) De l'hébreu.

**Gehry** Franck (Toronto, 1929), architecte américain : musée Guggenheim de Bilbao, 1997.

**Geiger** Hans (Neustadt, Rhénanie-Palatinat, 1882 – Berlin, 1945), physicien allemand. Il inventa un compteur de particules (1913), qu'il perfectionna avec Müller (1928), composé d'un tube rempli d'un gaz ionisable et d'un compteur d'impulsions.

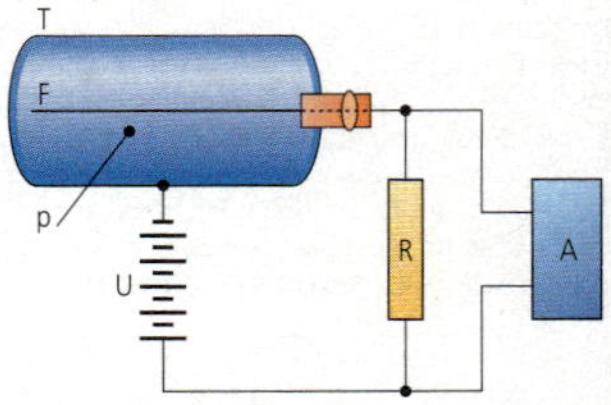


A : amplificateur et compteur d'impulsions
p : particule ionisante
F : fil porté au potentiel U par rapport au tube T
R : résistance

compteur **Geiger-Müller**

**geignard, arde** *a* **fam** Qui se plaint sans cesse et sans raison. *Ton geignard.* (PHO) [ʒɛɲaʀ, aʀd]

**Geijer** Erik Gustav (Ransäter, 1783 – Stockholm, 1847), écrivain suédois ; poète (*le Viking*, 1811 ; *le Paysan*, 1811) et historien (*Annales de l'histoire de Suède*, 1825).

**geindre** *vi* ⑤⑤ **1** Se plaindre en émettant des sons faibles et inarticulés. *Geindre de douleur.* SYN gémir. **2 fam** Se plaindre à tout propos et sans raison. SYN pleurnicher. (ETY) Du lat. (DER) **geignement** *nm*

**Geiséric** (m. en 477), premier souverain vandale d'Afrique (428 – 477). Il prit Rome en 455. (VAR) **Genséric**

**geisha** *nf* Au Japon, danseuse, musicienne et chanteuse traditionnelle, qui joue le rôle d'hôtesse, de dame de compagnie. (PHO) [gejʃa] (ETY) Mot jap.

**Geissler** Heinrich (Igelshieb, Thuringe, 1814 – Bonn, 1879), physicien allemand. ▷ PHYS *Tube de Geissler* : tube contenant un gaz raréfié qui s'illumine lorsque l'on fait jaillir une étincelle entre ses électrodes.

**gel** *nm* **1** Abaissement de la température atmosphérique entraînant la congélation de l'eau. *Le gel a fait éclater les tuyaux.* **2** Eau gelée ; verglas, givre. *Une couche de gel.* **3** CHIM Précipité gélatineux colloïdal. *Gel de silice.* **4** Préparation translucide pharmaceutique ou cosmétique, à base d'eau. **5 fig** Blocage, suspension. *Gel des crédits, des négociations.* (ETY) Du lat.

**Gela** v. et port d'Italie (Sicile), sur la Méditerranée ; 77 209 hab. Gisements de pétrole. – La ville antique fut détruite au III^e s. av. J.-C.

**Gélase I^er (saint)** pape de 492 à 496, originaire d'Afrique ; adversaire des manichéens et des ariens. — **Gélase II (Jean de Gaète)** (1058 – Cluny, 1119), pape en 1118, chassé de Rome par Henri V en 1119.

**gélatine** *nf* Matière albuminoïde à l'aspect de gelée, obtenue en faisant bouillir dans de l'eau certaines substances animales (os) ou végétales (algues). *On utilise la gélatine dans l'industrie alimentaire, dans la préparation des colles, en photographie, en microbiologie.* (ETY) De l'ital.

**gélatiné, ée** *a* Enduit de gélatine.

**gélatineux, euse** *a* **1** Qui a la consistance, l'aspect de la gélatine. **2** Qui contient de la gélatine. *Os gélatineux.*

**gélatinobromure** *nm* TECH Préparation utilisée en photographie, contenant du bromure d'argent en suspension dans de la gélatine.

**Gelboé** (auj. *Djebel Fuqu'a*), mont de Palestine, à l'O. du Jourdain, où, selon la Bible, périrent Saül et ses fils, vaincus par les Philistins.

**Gelée** Claude → **Lorrain (le).**

**gelée** *nf* **1** Gel. *Gelées de printemps.* **2** Bouillon de viande qui se solidifie en refroidissant et qui sert à chemiser un moule, à glacer ou à napper une viande, une volaille, etc. *Poulet en gelée.* **3** Jus de fruits cuits avec du sucre, qui se solidifie en refroidissant. *Gelée de groseille.* **4** Substance d'aspect gélatineux. LOC *Gelée blanche*: mince couche de cristaux de glace provenant de la congélation de la rosée, qui recouvre le sol et la végétation avant le lever du soleil. — *Gelée royale*: avec laquelle les abeilles nourrissent les larves de reines.

**geler** *v* ⑰ **A** *vt* **1** Transformer en glace, faire passer à l'état solide par l'abaissement de la température. *Le froid a gelé l'étang.* **2** Durcir par le froid. *L'hiver a gelé la terre.* **3** Faire mourir ou nécroser par un froid excessif. *Geler les pieds.* **4** Causer une impression de froid à qqn. *Ce petit vent me gèle.* **5** fig Bloquer. *Geler les prix.* **B** *vi* **1** Se transformer en solide, devenir dur sous l'action du froid. *Le mercure gèle à –39 °C.* **2** Être perturbé dans ses fonctions vitales, mourir, se nécroser sous l'action du froid. *Les oliviers ont gelé.* **3** Avoir très froid. *On gèle, ici!* **C** *vi impers* S'abaisser au-dessus de 0°C en parlant de la température. *Il gèle.* ETY Du lat.

**gélif, ive** *a* didac Susceptible de se fendre sous l'effet de la gelée. *Arbre gélif.* ETY Du lat.

**gélifié** *nm* Bonbon à base de sucre et de gélifiant, aromatisé et coloré.

**gélifier** *vt* ② CHIM Transformer en gel. DER **gélifiant, ante** *a, nm* – **gélification** *nf*

**Gélimer** dernier roi vandale d'Afrique (530-534); il se rendit à Bélisaire.

**gélinotte** *nf* Oiseau galliforme d'Europe et d'Asie, à allure de perdrix. ETY De l'a. fr. *géline*, « poule ». VAR **gelinotte**

**gélivure** *nf* Fente dans une pierre ou dans un arbre, causée par le gel.

**Gell-Mann** Murray (né en 1929), physicien américain. Il postula l'existence des quarks dans le cadre de sa théorie de la *symétrie unitaire*. P. Nobel en 1969.

**Gellée** Claude → **Lorrain (le).**

**Gélon** (Gela, 540 – Syracuse, 478 av. J.-C.), tyran de Gela et de Syracuse de 485 à 478 av. J.-C.; maître de toute la Sicile après sa victoire sur les Carthaginois à Himère (480).

**gélose** *nf* TECH Syn. de *agar-agar*.

**Gelsenkirchen** v. d'Allemagne (Rhén.-du-N.-Westphalie), dans la Ruhr; 283 560 hab. Grand centre industriel.

**Geluck** Philippe (Bruxelles, 1954), humoriste, dessinateur et scénariste de BD (*le Chat*).

**gélule** *nf* Petite capsule en gélatine durcie contenant une substance médicamenteuse. ETY De *gélatine* et *capsule*.

**gelure** *nf* Lésion des tissus due au froid.

**Gemayel** Pierre (Bikfaya, 1905 – id., 1984), homme politique libanais. Il fonda en 1936 les *Kataeb*, parti des Phalanges libanaises; au début de la guerre civile, à partir de 1976, il dirigea le Front libanais (droite chrétienne). — **Amine** (Bikfaya, 1942), fils du préc., fut président de la Rép. de 1982 à 1988. — **Bachir** (Beyrouth, 1947 – id., 1982), frère du préc., fut élu président de la Rép. en août 1982 et assassiné avant son entrée en fonction.

**Gembloux-sur-Orneau** com. de Belgique (Namur); 17 000 hab. Faculté des sciences agronomiques de l'État.

**Gémeaux (les)** constellation zodiacale de l'hémisphère boréal, dont les jumeaux Castor et Pollux sont les étoiles les plus brillantes. – Signe du zodiaque (22 mai-21 juin); n. scientif.: *Gemini, Geminorum.*

**gémellaire** *a* didac Qui a trait aux jumeaux. *Grossesse gémellaire.*

**gémellipare** *a* BIOL Qui donne naissance à des jumeaux. DER **gémelliparité** *nf*

**gémellité** *nf* **1** État de jumeaux. **2** Caractère de deux choses semblables. ETY Du lat.

**Gémier** Firmin Tonnerre, dit Firmin (Aubervilliers, 1869 – Paris, 1933), acteur et directeur de théâtre français. Il dirigea le Théâtre Antoine (1909-1919), l'Odéon (1922-1930) le TNP (1920-1933), qu'il avait fondé.

**gémination** *nf* didac **1** État de ce qui est disposé par paires. *Gémination des pistils.* **2** RHET Répétition d'un mot. **3** LING Doublement d'une syllabe ou d'un phonème dans des formations familières. *« Mémère » est une gémination.*

**géminé, ée** *a* didac **1** Double, groupé par paire. *Feuilles géminées. Arcades géminées.* **2** PHON Se dit de deux consonnes successives identiques que l'on prononce (ex. *ll* dans *illumination*). ETY Du lat.

**Geminiani** Francesco (Lucques, 1687 – Dublin, 1762), violoniste et compositeur italien, pédagogue; élève de Corelli.

**gémir** *vi* ③ **1** Exprimer la douleur par des plaintes faibles et inarticulées. *Blessé qui gémit. Gémir sur son sort.* **2** Pousser son cri, en parlant de certains oiseaux au cri plaintif. *La colombe gémit.* **3** Produire un son comparable à une plainte. *Le vent gémit dans la cheminée.* ETY Du lat. DER **gémissant, ante** *a* – **gémissement** *nm*

**gemmail** *nm* Assemblage artistique de fragments de verre translucide de couleurs différentes, noyés dans un liant incolore vitrifié. PLUR gemmaux. ETY De *gemme* et *vitrail*.

**gemmation** *nf* **1** BOT Développement des gemmes, des bourgeons; époque où se produit ce développement. **2** Ensemble des bourgeons. **3** ZOOL, BOT Gemmiparité.

**gemme** *nf* **1** Pierre précieuse ou pierre fine transparente. **2** SYLVIC Suc résineux qui s'écoule des entailles faites aux pins. **3** BOT Partie d'un végétal qui, séparée de la plante mère, est susceptible de redonner un végétal complet par multiplication végétative. **4** ZOOL Chez certains animaux inférieurs, partie de l'organisme qui est à l'origine d'un phénomène de multiplication végétative. ETY Du lat.

**gemmer** *vt* ① Entailler un pin pour en recueillir la résine. DER **gemmage** *nm* – **gemmeur, euse** *n*

**Gemmi (la)** col des Alpes bernoises (2 314 m), près de Loèche-les-Bains.

**gemmifère** *a* **1** MINER Contenant des pierres précieuses. **2** BOT Qui produit des bourgeons. **3** Qui produit de la gemme. ETY Du lat.

**gemmiparité** *nf* BOT, ZOOL Multiplication végétative par gemmes.

**gemmologie** *nf* didac Science concernant les gemmes. DER **gemmologique** *a* – **gemmologue** *n*

**gemmothérapie** *nf* MED Traitement faisant appel à des extraits de bourgeons.

**gemmule** *nf* BOT **1** Bourgeon de la plantule. **2** Embryon d'une graine.

**gémonies** *nfpl* LOC *Vouer qqn aux gémonies*: l'accabler de mépris. ETY Du lat. *gemoniae (scalae)*, « escalier de gémissements ».

**gênant** → **gêner.**

**gencive** *nf* Muqueuse buccale qui recouvre les mâchoires et enserre chaque dent au collet. ETY Du lat.

**gendarme** *nm* **1** Militaire appartenant au corps de la gendarmerie. **2** fig Personne autoritaire. **3** fig Organisme qui remet de l'ordre dans une situation trouble. **4** Hareng saur. **5** Saucisse de section rectangulaire. **6** TECH Défaut dans un diamant. **7** Nom cour. d'une punaise rouge et noire (pyrrhocoris) très fréquente en France. **8** ALPIN Pointe rocheuse difficile à escalader. ETY De *gens d'armes*.

**gendarmer (se)** *vpr* ① **1** litt S'emporter avec excès pour une cause légère. **2** Se fâcher.

**gendarmerie** *nf* **1** Corps militaire spécialement chargé du maintien de l'ordre et de la sécurité publique, de la recherche et de la constatation de certaines infractions à la loi et de l'exécution des décisions judiciaires. *Gendarmerie mobile.* **2** Caserne et bureaux de chacune des différentes unités de ce corps.

**gendarmesque** *a* fam Relatif aux gendarmes. *La hiérarchie gendarmesque.*

**gendre** *nm* Mari de la fille, par rapport au père et à la mère de celle-ci. ETY Du lat.

**Gendre de M. Poirier (le)** comédie en 5 actes d'Augier et J. Sandeau (1854).

**-gène** Élément, du gr. *genês*, de *genos*, « naissance, origine ».

**gène** *nm* BIOL Unité constituée d'ADN, qui, portée par les chromosomes, conserve et transmet les propriétés héréditaires des êtres vivants. DER **génique** *a*

ENC Juste avant les divisions cellulaires (mitose ou méiose) les molécules d'ADN sont reproduites, semblables à elles-mêmes; chaque molécule d'ADN est partagée en deux parties égales dans les deux cellules filles, ce qui assure la constance de l'information génétique. Une *mutation* correspond à une anomalie dans la reproduction de l'ADN initial. Les organismes diploïdes comprennent deux exemplaires de chaque gène; chaque exemplaire est porté par un des deux chromosomes homologues; ces deux gènes sont des *allèles*. Lorsque les deux allèles sont semblables, l'individu est dit *homozygote*; s'ils sont dissemblables, il est dit *hétérozygote*; dans ce cas, ou bien les deux allèles sont *équivalents*, et le caractère gouverné prend alors une forme intermédiaire, ou bien l'un des deux allèles est *récessif*, l'autre étant *dominant* et s'exprimant seul dans le *phénotype*.

**gêne** *nf* **1** Souffrance légère, malaise ressenti dans l'accomplissement d'un mouvement, d'une fonction. *Sentir de la gêne dans la respiration.* **2** Embarras, contrainte désagréable. *Gêne occasionnée par des travaux.* **3** Confusion, trouble. *Allusion qui cause de la gêne.* **4** Manque d'argent. *Une famille dans la gêne.* ETY De l'a. fr. *gehine*, « torture ».

**gêné, ée** *a* **1** Troublé, mal à l'aise. Un air gêné. **2** À court d'argent. **3** Canada Timide, complexé.

**généalogie** *nf* **1** Suite d'ancêtres qui établit une filiation. *Dresser la généalogie d'une famille.* **2** Science qui a pour objet l'étude, la recherche des filiations. ETY Du bas lat. DER **généalogique** *a* – **généalogiste** *n*

**genépi** *nm* Armoise montagnarde aromatique, utilisée pour parfumer des eaux-de-vie; boisson faite avec ces plantes. ETY Mot savoyard. VAR **génépi**

**gêner** *v* ① **A** *vt* **1** Causer une gêne, un malaise à. *Mes souliers me gênent.* **2** Entraver, faire obstacle au mouvement, à l'action de. *Gêner la circulation.* **3** Créer de la difficulté, causer de l'embarras à. *Gêner qqn dans ses projets.* **4** Troubler, mettre mal à l'aise. *Son regard me gêne.* **5** Réduire à une certaine pénurie d'argent. *Cette dépense risque de nous gêner.* **B** *vpr* Se contraindre par discrétion ou par timidité. *Entre amis, on ne va pas se gêner!* DER **gênant, ante** *a*

**1 général, ale** *a* **1** Qui s'applique, convient à un grand nombre de cas ou d'individus. *Caractères généraux. Idée générale.* ANT individuel, particulier. **2** Qui concerne la totalité ou la plus grande part des éléments d'un ensemble, des personnes d'un groupe. *Agir dans l'intérêt général.* **3** Qui intéresse l'organisme entier. *État général. Médecine générale.* **4** Qui embrasse l'ensemble d'une administration, d'un service public, d'un commandement. *Direction générale.* **5** Avec un nom de charge, de dignité, indique un rang supérieur. *Procureur général.* PLUR généraux. **LOC** ***En général*** : le plus souvent, dans la plupart des cas. SYN généralement. — THEAT ***Répétition générale*** ou ***la générale*** : la dernière répétition avant la première séance publique, réservée à la presse et à des spectateurs admis sur invitation. [ETY] Du lat.

**2 général, ale** *n* **A** *nm* **1** Chef militaire. **2** Officier des plus hauts grades dans les armées de terre et de l'air. **3** Supérieur de certaines congrégations religieuses. *Le général des jésuites.* PLUR généraux. **B** *nf* **1** Supérieure de certains ordres religieux féminins. **2** Femme d'un général. **3** Femme ayant le grade de général. [ETY] De *capitaine général.*

**généralat** *nm* Dignité de supérieur d'un ordre religieux.

**généralement** *av* **1** D'une manière générale, en général. **2** Ordinairement, communément.

**Generalife (le)** anc. palais des rois maures, à Grenade, décoré au XIV^e^ s.

**généraliser** *v* [1] **A** *vt* **1** Étendre à l'ensemble ou à la majorité des individus, des cas. *Généraliser des pratiques.* SYN universaliser. **2** Étendre à toute une classe ce qui a été observé sur un nombre limité d'éléments appartenant à cette classe. *Généraliser des idées.* **3** Raisonner en allant du particulier au général. *C'est un cas d'espèce, ne généralisons pas.* **B** *vpr* **1** Devenir commun, se répandre. *Opinion qui se généralise.* **2** S'étendre par étapes, d'une partie à l'ensemble. *Infection qui se généralise.* [DER] **généralisable** *a* – **généralisateur, trice** ou **généralisant, ante** *a* – **généralisation** *nf*

**généralissime** *nm* Général commandant en chef toutes les troupes d'un pays ou de pays alliés en temps de guerre. [ETY] De l'ital.

**généraliste** *a, n* **A** *a* **1** didac Non spécialiste. *Informaticien généraliste.* **2** Se dit d'un média qui traite de tous les sujets, pour tous les publics (par oppos. à *ciblé* ou *thématique*). **B** *n* Médecin qui soigne toutes les maladies et sollicite, si besoin est, l'intervention d'un spécialiste. SYN omnipraticien.

**1 généralité** *nf* **A** Caractère de ce qui est général. **B** *nfpl* péjor Propos, discours qui paraissent banals, sans originalité par leur caractère général et trop vague. *Se perdre dans des généralités.*

**2 généralité** *nf* **1** HIST Circonscription financière placée sous l'autorité d'un intendant, sous l'Ancien Régime. **2** Circonscription administrative, en Espagne.

**General Motors** société américaine de construction automobile fondée en 1908.

**générateur, trice** *a, n* **A** *a* **1** Qui concerne la génération, la reproduction. *Organe générateur.* **2** fig Qui produit certains effets. *Situation économique génératrice de chômage.* **3** GEOM Qui engendre par son mouvement une ligne, une surface, un volume. **B** *nf* TECH Machine servant à produire du courant continu. **C** *nm* TECH **1** Appareil qui transforme une énergie quelconque en un autre type d'énergie, spécial. en énergie électrique. **2** Dispositif qui produit, génère qqch. *Générateur de caractères d'un caméscope.*

**génératif, ive** *a* didac Qui a rapport à la génération. **LOC** LING ***Grammaire générative*** : ensemble fini de règles permettant d'engendrer toutes les phrases grammaticales d'une langue et de leur associer une description formalisée.

**génération** *nf* **1** Fonction par laquelle les êtres vivants se reproduisent. *Organes de la génération.* **2** GEOM Formation d'une ligne, d'une surface, d'un volume par le mouvement d'un point, d'une ligne, d'une surface. **3** LING Production de phrases par un locuteur. **4** Chacun des degrés de filiation successifs dans une même famille. **5** Espace de temps qui sépare, en moyenne, chaque degré de filiation (environ 30 ans). **6** Stade d'évolution technologique. *Une nouvelle génération de navettes spatiales.* **7** Ensemble d'individus ayant approximativement le même âge en même temps. *La nouvelle génération.* **LOC** ***Théorie de la génération spontanée*** : théorie antérieure aux travaux de Pasteur, selon laquelle des êtres vivants peuvent naître à partir de matières organiques ou minérales en l'absence de tout germe bactérien ou d'embryon. [ETY] Du lat.

**générationnel, elle** *a* Qui concerne les rapports entre les générations.

**générer** *vt* [14] Faire naître, produire, engendrer. *Sa présence génère des conflits.*

**généreux, euse** *a* **1** vieilli Qui a un caractère noble et magnanime. *Un cœur généreux.* ANT mesquin. **2** Qui donne volontiers et largement. *Avoir la main généreuse.* SYN charitable, libéral. **3** Qui produit beaucoup. *Terre généreuse.* **LOC** ***Avoir des formes généreuses*** : être bien en chair, avoir des formes arrondies. — ***Vin généreux*** : capiteux et ayant du corps. [ETY] Du lat. *generosus*, « de bonne race ». [DER] **généreusement** *av*

**1 générique** *a, nm* **A** *a* **1** didac Qui appartient au genre. *Caractère générique.* ANT spécifique. **2** Relatif à un type de produit. *Publicité générique.* **3** Se dit d'un vin dont l'appellation couvre toute une région, par oppos. aux vins *de cru* ou *d'appellation communale.* **4** LING Se dit d'un terme dont le sens englobe un ensemble d'êtres ou de choses ayant chacun leur appellation spécifique. *Serpent, mammifère sont des termes génériques.* **B** *a, nm* PHARM Se dit d'un médicament dont la formule est tombée dans le domaine public, et qui est vendu sous sa dénomination commune à un prix plus bas que le médicament de référence. [ETY] Du lat.

**2 générique** *nm* Séquence d'un film dans laquelle sont énumérés, avec leurs fonctions, les auteurs, comédiens et collaborateurs divers.

**génériquer** *vt* [1] Produire un médicament générique à côté de l'original tombé dans le domaine public. [DER] **génériquable** *a* – **génériqueur** *nm*

**générosité** *nf* **A** **1** Noblesse de caractère. *Agir avec générosité.* **2** Disposition à donner largement, sans compter. *Il abuse de ma générosité.* **B** *nfpl* litt Dons, bienfaits. *Il vit de mes générosités.*

**Gênes** (en ital. *Genova*), v. et princ. port d'Italie ; ch.-l. de la Ligurie et de la prov. du m. nom, sur le *golfe de Gênes* ; 742 440 hab. Industr. – Université. Nombreux palais. Cath. (XI^e^-XVIII^e^ s.). Le *Campo santo* (cimetière) a une statuaire exceptionnelle. [DER] **génois, oise** *a, n* **Histoire** Indépendante en 1100 (rép. de Saint-George), la cité devint un grand centre du comm. européen. En 1284, Pise lui céda la Corse et la Sardaigne. Ses nombr. possessions en Méditerranée orient., acquises à partir du XIII^e^ s., lui furent disputées par Venise (XIV^e^ s.) et par les Turcs (XV^e^ s.). Gênes fut rattaché au roy. de Sardaigne en 1815.

**Génésareth (lac de)** nom donné dans les Évangiles au lac de Tibériade.

**-genèse, -génèse, -génésie** Éléments du grec *genesis*, « naissance ».

**genèse** *nf* **1** Ensemble des processus donnant naissance à qqch. *La genèse d'un livre.* **2** BIOL Formation, développement d'un organe, d'un être vivant.

**Genèse (la)** le premier livre du Pentateuque et donc de la Bible. Nommé en hébreu *Bereshit* (« Au commencement »), il raconte la Création (*genèse*), l'expulsion d'Adam et d'Ève hors du Paradis, le meurtre d'Abel par Caïn, le déluge universel, l'histoire d'Abraham, de ses fils, Ismaël et Isaac, de Jacob et d'Ésaü, fils d'Isaac, des 12 fils de Jacob, pères des 12 tribus d'Israël, et le séjour en Égypte de Joseph.

**génésiaque** *a* Relatif à la Genèse. *Récit génésiaque de la Bible.*

**génésique** *a* Relatif à la génération, à la procréation.

**Genest (saint)** chrétien martyrisé dans la région d'Arles au IV^e^ s. [VAR] **Genès**

**genêt** *nm* Arbrisseau à fleurs jaunes (papilionacée). [ETY] Du lat.

**Genet** Jean (Paris, 1910 – id., 1986), écrivain français. Révolté, exclu, il a transfiguré l'expérience du mal (V. *Saint Genet, comédien et martyr*, 1952, par Sartre) : *Notre-Dame-des-Fleurs* (1948), *Miracle de la Rose* (1946), *Journal du voleur* (1949). Théâtre : *les Bonnes* (1947), *le Balcon* (1956), *les Nègres* (1958), *les Paravents* (1961).

Jean Genet

**généthliaque** *a* ASTROL Relatif à l'horoscope. [ETY] Du gr.

**génétique** *a, nf* **A** *a* **1** Qui concerne la genèse de qqch. **2** BIOL Relatif aux gènes et à l'hérédité. *Code génétique. Manipulation génétique.* **B** *nf* Science qui concerne les lois de l'hérédité. **LOC** LITTER ***Critique génétique*** : analyse d'un texte à partir des brouillons et du manuscrit. [ETY] Du gr. [DER] **généticien, enne** *n* – **génétiquement** *av*

ENC Le terme de *génétique* fut créé en 1906. Il signifiait *science de l'hérédité* et concernait la transmission des caractères des ascendants aux descendants. V. Mendel. En 1910, Morgan introduisit la notion de gène et montra que le chromosome est une séquence linéaire de gènes, mais la génétique physiologique ne se développa réellement qu'à partir de 1930, grâce au microscope électronique. En 1944, on découvrait que le constituant essentiel du matériel héréditaire est l'ADN (V. désoxyribonucléique). En 1953, Watson et Crick établissaient le schéma de la structure en double hélice de l'ADN. Peu après, on découvrit que la synthèse des protéines est commandée par des triplets de bases azotées de l'ADN. Jacob et Monod montraient que l'ARN messager transfère l'information génétique contenue dans les chromosomes. Ainsi est née la *génétique physiologique* ou *génétique moléculaire* qui étudie la structure et le mode de fonctionnement des gènes. Auj., on sait réaliser la recombinaison génétique (V. clone), manipuler des enzymes de restriction, qui constituent des « bistouris » miniatures ; on peut découper l'ADN en de nombreux fragments et isoler ainsi un gène ou une séquence génique particulière. Ce gène est recombiné avec un ADN vecteur au moyen d'une enzyme spéciale et on l'injecte dans une bactérie : celle-ci devient une « usine » productrice de protéines. Les perspectives ouvertes par la manipulation des gènes sont immenses : fabrication de certaines hormones, correction de défauts génétiques (*thérapie génique*), mise au point de plantes capables d'utiliser l'azote de l'air (ce qui rendrait inutiles les engrais azotés) ou de résister à un insecte ravageur, développement de bactéries capables de synthétiser des enzymes qui détruiraient les déchets, etc. (V. génie génétique). Ces manipulations sont du domaine de la recherche et nécessitent un contrôle rigoureux (V. bioéthique).

**génétisme** *nf* PHILO Théorie selon laquelle la perception n'est pas innée mais acquise (par oppos. à *nativisme*).

**genette** *nf* Mammifère carnivore d'Europe et d'Afrique (viverridé), long de 50 cm environ, au pelage clair taché de noir. [ETY] De l'ar.

**Genette** Gérard (Paris, 1930), critique littéraire français : *Figures* (1966-1972).

**gêneur, euse** *n* Personne qui gêne, importun.

**Genève (lac de)** nom parfois donné, mais à tort, au lac Léman.

**Genève** v. de Suisse, sur le Rhône et sur le lac Léman ; 164 400 hab. (aggl.) ; ch.-l. du cant. du m. nom (282 km²; 414 300 hab.). Industr. de précision et de luxe (horlogerie, orfèvrerie). Banques. Tourisme. – Université. Temple St-Pierre (XIIe s.). Musée d'Art et d'Histoire. Jardin anglais. DER **genevois, oise** *a, n*
**Histoire** Ayant rejeté la tutelle épiscopale et savoyarde, la ville adopta la Réforme (1536) et fut gouvernée par Calvin. En 1814, elle entra dans la Confédération helvétique.
**Le rôle international de Genève** La Croix-Rouge y a ses instances sup., qui établirent les diverses *conventions de Genève* (1864, 1906, 1929 et 1949), relatives aux blessés et aux prisonniers de guerre. Après avoir été le siège de la SDN, Genève abrite de nombr. institutions de l'ONU. – *La conférence de Genève* (1954) mit fin à la guerre d'Indochine et partagea le Viêtnam en deux républiques.

Genève

**Geneviève (sainte)** (Nanterre, v. 422 – Paris, v. 502), patronne de Paris. Elle fit construire la première église Saint-Denis et soutint le courage des Parisiens à l'approche d'Attila, qu'elle aurait convaincu de ne pas envahir Paris.

**Geneviève de Brabant** héroïne de récits populaires du Moyen Âge et de la *Légende dorée*. Épouse accusée d'adultère, elle prouva son innocence. ▷ LITTER *Vie et mort de sainte Geneviève,* drame de Tieck (1811) ; *Geneviève,* drame de Hebbel (1848).

**Genevoix Maurice** (Decize, Nièvre, 1890 – près de Jávea, prov. d'Alicante, 1980), écrivain français : *Raboliot,* roman du terroir (1925). Acad. fr. (1946).

**genévrier** *nm* Petit conifère à feuilles persistantes épineuses, dont les fausses baies de couleur sombre sont utilisées pour parfumer diverses eaux-de-vie (gin, genièvre).

genévrier

**Gengis khān** titre signif. « le puissant khān », porté par *Temüjin* (v. 1162 – 1227), fondateur du premier Empire mongol. Après avoir unifié les tribus mongoles (v. 1206), il conquit la Chine du N. (1211-1215), l'Iran, le S. de la Russie et l'Afghānistān.

**génial, ale** *a* **1** Inspiré par le génie. *Idée géniale.* **2** Qui a du génie. *Artiste génial.* PLUR géniaux. DER **génialement** *av* – **génialité** *nf*

**géniculé, ée** *a* ANAT En forme de genou coudé. SYN genouillé.

**-génie** Élément, du gr. *geneia,* « formation ».

**1 génie** *nm* **1** ANTIQ Esprit bon ou mauvais présidant à la destinée de chaque homme, ou protégeant certains lieux. **2** Être imaginaire, féerique. *Les génies des eaux.* SYN lutin, gnome. **3** Figure allégorique, personnification d'une idée abstraite. *Le génie de la liberté.* **4** Talent, aptitude particulière pour une chose. *Avoir le génie des affaires.* **5** Caractère propre et distinctif. *Le génie d'une langue.* **6** Aptitude créatrice extraordinaire, surpassant l'intelligence humaine normale. *Trait de génie.* **7** Personne géniale. **LOC** ***Être le bon, le mauvais génie de qqn :*** exercer une bonne, une mauvaise influence sur lui. ETY Du lat. *genius,* « divinité tutélaire ».

**2 génie** *nm* **1** Dans l'armée, arme et service dont le rôle est de faciliter la progression des troupes alliées, de créer et de fournir des installations et des équipements. **2** Ensemble des connaissances et des techniques de l'ingénieur. **LOC** ***Génie civil :*** ensemble des techniques et des procédés de construction d'infrastructures, de superstructures et d'ouvrages d'art. — ***Génie génétique*** ou ***ingénierie génétique :*** ensemble des techniques visant à transformer les caractères héréditaires d'une cellule en modifiant son génome par l'introduction d'ADN provenant d'une autre cellule. — ***Génie rural :*** service responsable de l'aménagement des voies d'eau non navigables et de l'espace rural.
ENC Le terme de *génie génétique* (ou *ingénierie génétique,* ou encore *manipulation génétique*) a été introduit dans les années 1970 pour désigner un ensemble de techniques consistant à modifier le génome d'un organisme en y introduisant un fragment d'ADN provenant d'un autre organisme. Il associe des techniques dérivées de la biologie moléculaire : recombinaison génétique de l'ADN *in vitro,* clonage de gènes, hybridation moléculaire (qu'il faut distinguer de l'hybridation cellulaire : V. hybridome), détermination des séquences de nucléotides dans l'ADN, introduction d'ADN étranger dans les cellules.

**Génie du christianisme** ouvrage de Chateaubriand (1802).

**génie rural, des eaux et des forêts (École nationale du)** école d'enseignement supérieur créée en 1965 par fusion de l'École du génie rural et de l'École des eaux et forêts.

**genièvre** *nm* **1** Genévrier commun. **2** Fausse baie de cet arbrisseau utilisée comme condiment. **3** Eau-de-vie de grain aromatisée avec les fausses baies du genévrier. ETY Du lat.

**Genil (le)** riv. d'Espagne (211 km) ; affl. du Guadalquivir (r. g.) ; traverse Grenade.

**génique** → **gène.**

**génisse** *nf* Jeune vache qui n'a pas encore vêlé. ETY Du lat.

**Gengis khān** sur son trône, enluminure (détail), XIVe s. – BN

**Génissiat** écart de la commune d'Injoux-Génissiat (Ain), sur le Rhône. Centrale hydroélectrique. (V. Bellegarde-sur-Valserine.)

**génital, ale** *a* **1** ANAT, PHYSIOL Qui sert à la génération ou qui s'y rapporte. *Organes génitaux.* **2** PSYCHAN Se dit du stade du développement caractérisé par le primat des organes génitaux en tant que zone érogène. PLUR génitaux. ETY Du lat.
ENC *L'appareil génital* est constitué, chez l'homme, par les testicules, le pénis, les vésicules séminales, la prostate, les conduits génitaux (spermiducte, urêtre) ; chez la femme, par les ovaires, les trompes, l'utérus, le vagin. Il élabore des gamètes : spermatozoïdes ou ovules ; il est le lieu de la fécondation (trompe) et du développement de l'embryon (utérus). Des hormones mâles ou femelles commandent son fonctionnement. ▶ pl. p. 684

**géniteur, trice** *n* **A** Celui, celle qui a engendré. **B** *nm* Mâle destiné à la reproduction.

**génitif** *nm* Cas exprimant l'appartenance ou la dépendance, dans les langues à flexion.

**génito-** Élément, de *génital.*

**génito-urinaire** *a* ANAT Relatif aux fonctions génitales et à l'excrétion de l'urine. *Appareil génito-urinaire.* SYN urogénital.

**Genji monogatari** roman-fleuve de Murasaki Shikibu, qui l'écrivit v. l'an 1000, subtile description (« proustienne ») de la vie à la cour du Japon. VAR **le Dit du Genji**

**Genk** com. de Belgique (Limbourg), près du canal Albert ; 61 500 hab. Centre industr.

**Genlis Stéphanie du Crest (comtesse de)** (Champcéri, 1746 – Paris, 1830), auteur français d'ouvrages sur l'éducation.

**gennaker** *nm* MAR Grande voile d'avant ultralégère. PHO [zenakɛʀ] ETY Mot angl.

**Gennes Pierre-Gilles de** (Paris, 1932 – Orsay, 2007), physicien français, spécialiste des milieux condensés. P. Nobel 1991.

**Gennevilliers** ch.-l. de canton des Hauts-de-Seine (arr. de Nanterre), sur la Seine, au N. de Paris ; 44 818 hab. Port fluvial et centre industriel. DER **gennevillois, oise** *a, n*

**géno-** Élément, du gr. *genos,* « origine, race ».

**génocidaire** *a, n* **A** *a* Relatif à un génocide. **B** *n* Personne qui participe à un génocide.

**génocide** *nm* Crime contre l'humanité, extermination systématique d'un groupe humain du fait de sa race, de sa nationalité ou de sa religion.

**génocider** *vt* ① Exterminer par un génocide. DER **génocideur, euse** *a, n*

**génois, oise** *a, n* **A** De Gênes. **B** *nm* MAR Grand foc à bordure basse. **C** *nf* **1** Pâte à biscuits servant de base à de nombreux gâteaux. **2** ARCHI Double ou triple rangée de tuiles rondes formant corniche, sur la façade des maisons de certaines régions.

**génome** *nm* BIOL Ensemble des gènes portés par les chromosomes, patrimoine génétique. (V. désoxyribonucléique).
ENC En 2001 a été publié l'état des travaux relatifs au décodage du *génome humain.* Celui-ci comprend env. 3 milliards de paires de bases azotées. Le nombre est invariant, quelle que soit la « race » humaine considérée, ce qui ôte toute justification scientifique au racisme. Un gène étant, en moyenne, une séquence de 100 000 paires de bases, le génome humain comprendrait env. 30 000 gènes. Jusqu'à présent, le nombre de 100 000 gènes était avancé. Probablement, tout gène humain a plusieurs fonctions. (V. désoxyribonucléique).

**génomique** *nf, a* **A** *nf* Partie de la génétique qui étudie le génome. **B** *n* Relatif au génome, à la génomique.

**génomiste** *n* Spécialiste de génomique.

**génopathie** *nf* Syn. de *maladie génétique.*

**génopôle** *nm* Ensemble scientifique et industriel destiné au développement de médicaments pour le traitement des maladies génétiques. ETY Nom déposé. VAR **génopole** *nf*

**génothérapie** *nf* Thérapie génique.

**génotoxique** *a* Qui est toxique au niveau du gène. DER **génotoxicité** *nf*

**génotypage** *nm* BIOL Établissement d'un génotype.

**génotype** *nm* BIOL Ensemble des gènes portés par l'ADN chromosomique d'une cellule vivante. *Le génotype constitue le patrimoine génétique, héréditaire, des individus.* DER **génotypique** *a*

**genou** *nm* **1** Articulation unissant la jambe et la cuisse. **2** ZOOL Chez les équidés et les camélidés, articulation du membre antérieur reliant le radius aux os carpiens et métacarpiens. **3** TECH Articulation constituée d'une sphère se déplaçant dans une cavité hémisphérique. PLUR genoux. **LOC** ***À genoux :*** les genoux posés à terre. — fam ***Être à genoux devant qqn :*** avoir pour lui une admiration immodérée. — fam ***Être sur les genoux :*** très fatigué. — ***Faire du genou à qqn :*** toucher son genou avec son propre genou en signe de connivence, d'invite amoureuse. ETY Du lat.

**genouillé, ée** *a* Syn. de *géniculé.*

**genouillère** *nf* **1** anc Partie de l'armure servant à protéger le genou. **2** Morceau de cuir, d'étoffe servant à protéger ou à maintenir le genou. **3** TECH Joint articulé.

**genre** *nm* **1** Ensemble d'éléments présentant des caractères communs ; espèce, sorte. *Travaux en tout (tous) genre(s).* **2** BIOL Unité de taxinomie inférieure à la famille et supérieure à l'espèce. *Le chat domestique, famille des félidés, genre* Felis, *espèce* domestica. **3** LITTER, Bx-A Sorte d'œuvres caractérisées par leur sujet, leur style, etc. *Genre épique, épistolaire, dramatique.* **4** Façon de se comporter, de s'habiller ; manières. *Avoir bon genre, mauvais genre.* **5** LING Classification morphologique de certaines catégories grammaticales (nom, pronom, etc.) réparties, en français, en masculin et féminin. **6** SOCIOL Ce qui est lié à la distinction biologique, en partic. sexuelle, et à l'inégalité sociale et symbolique des statuts homme (masculin) et femme (féminin). **LOC** ***Confusion, mélange des genres :*** action de faire intervenir des considérations inopportunes. — ***Faire du genre :*** avoir des manières affectées. — ***Genre de vie :*** ensemble des comportements d'une personne ou d'un groupe social. — ***Le genre humain :*** l'ensemble des humains. — ***Tableaux de genre :*** représentant une scène familière, une nature morte, un animal. ETY Du lat. *genus,* « origine ».

**1 gens** *npl* Personnes, individus en nombre indéterminé. (L'adj. qui précède immédiatement *gens* prend la forme du féminin, sauf lorsque *gens* est suivi de *de* et d'un nom exprimant l'état, la qualité, etc.). *Ces gens sont bien vieux. De vieilles gens. De durs gens de mer.* **LOC** ***Droit des gens :*** droit qui régit les rapports entre les nations. — ***Gens d'affaires, gens d'Église, gens de lettres,*** etc. : personnes exerçant telle ou telle activité. — ***Gens de maison :*** domestiques. — ***Jeunes gens :*** filles et garçons jeunes et célibataires ; plur. de *jeune homme.* PHO [ʒɑ̃] ETY Plur. de *gent 1.*

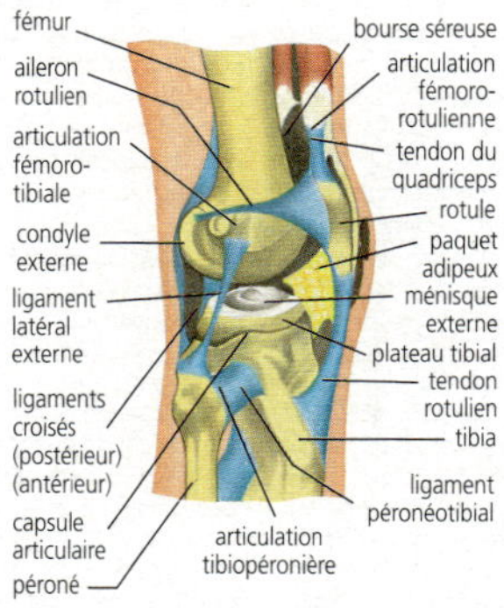

face externe du **genou** (profil)

**2 gens** *nf* ANTIQ ROM Groupe de familles dont les chefs sont issus d'un ancêtre commun de condition libre. *La gens Julia.* PLUR gentes. PHO [ʒɛ̃s] ETY Mot lat.

**Gens de Dublin** nouvelles de Joyce (1914). ▷ CINE Film de John Huston (1987), d'après la nouvelle *les Morts.*

**Genséric → Geiséric.**

**Gensonné** Armand (Bordeaux, 1758 – Paris, 1793), homme politique franç. ; président de la Convention ; guillotiné avec les Girondins.

**1 gent** *nf* vx Race, espèce. *La gent trotte-menu* (les souris). PHO [ʒɑ̃]

**2 gent, gente** *a* litt, plaisant Gentil, joli parce que noble. *Gentes dames.* PHO [ʒɑ̃, ʒɑ̃t] ETY Du lat. *genitus,* « de naissance noble ».

**gentiane** *nf* **1** Plante de montagne à fleurs jaunes, bleues ou violettes. *La racine de la gentiane jaune est amère et apéritive.* **2** Liqueur amère préparée à partir de cette plante. PHO [ʒɑ̃sjan] ETY Du lat.

**gentianes** bleues

**1 gentil** *nm* **1** Non-juif, chez les anciens Hébreux. **2** Païen, chez les premiers chrétiens. PHO [ʒɑ̃ti] ETY Du lat. *gentiles,* correspondant à l'hébreu *gôïm.*

**2 gentil, ille** *a* **1** Joli, gracieux, d'une fraîcheur plaisante. *Elle n'est pas vraiment belle, mais elle est gentille.* **2** Charmant, coquet. *Un gentil petit studio.* **3** Agréable, mais sans grande portée, sans grande profondeur. *Une gentille œuvre.* **4** Qui a des dispositions à être agréable à autrui, obligeant. *Un homme très gentil.* **5** Sage, tranquille, docile, en parlant d'un enfant. **6** De quelque importance. *Une gentille somme.* ETY Du lat. *gentilis,* « de race ». DER **gentiment** *av*

**Gentil** Émile (Volmunster, 1866 – Bordeaux, 1914), explorateur franç. de la région du lac Tchad (1895-1898) ; fondateur de Port-Gentil.

**gentilé** *nm* Nom que portent les habitants d'une ville, d'une région, d'un pays, etc. *« Stéphanois » est le gentilé des habitants de Saint-Étienne.*

**Gentile da Fabriano** Francisco di (Fabriano, rég. d'Ancône, v. 1370 – Rome, 1427), peintre italien, maître de J. Bellini.

**Gentile** Giovanni (Castelvetrano, Sicile, 1875 – Florence, 1944), philosophe et homme politique italien. Son système néohégélien (*Théorie générale de l'Esprit comme acte pur,* 1916) devint la doctrine du fascisme. Il fut exécuté.

**Gentileschi** Orazio Lomi, dit (Pise, 1563 – Londres, 1639), peintre italien, influencé par le Caravage. — **Artemisia** (Rome, 1597 – Naples, v. 1655 ?), fille du préc., accentua le caravagisme de son père.

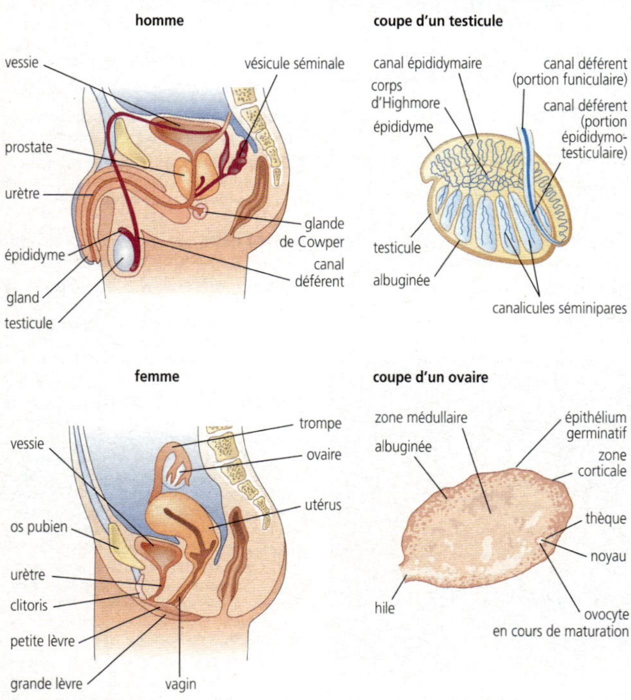

appareil **génital**

## Les surfaces ou aires planes. S = surface à calculer

**parallélogramme**

$S = B \times h$

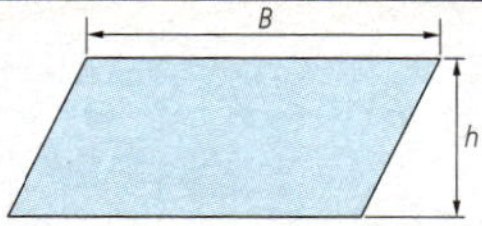


**polygone régulier de *n* côtés**

$S = \dfrac{n \times c \times a}{2}$

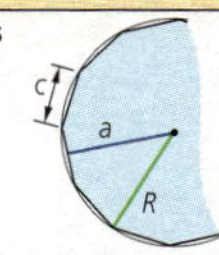


**trapèze**

$S = \dfrac{B + b}{2} \times h$

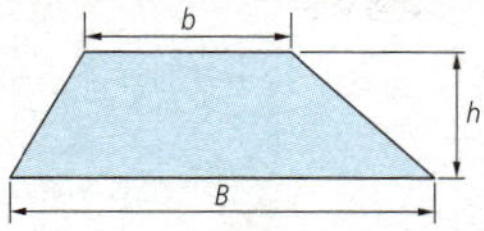


**cercle**

$S = \pi R^2 = \dfrac{\pi D^2}{4}$

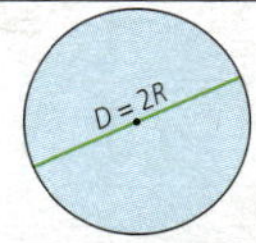


**triangle rectangle**

$S = \dfrac{b \times h}{2}$

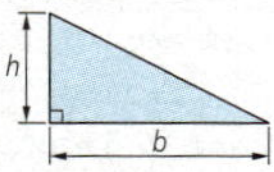


**triangle isocèle**

$S = \dfrac{b \times h}{2}$

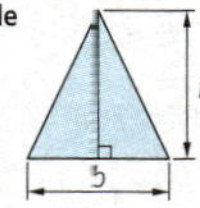


**secteurs circulaires de α degrés**

$S = \pi R^2 \dfrac{\alpha}{360}$

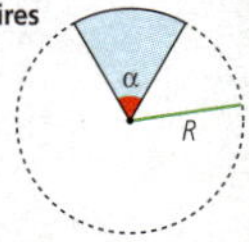


**secteurs circulaires de α radians**

$S = \dfrac{1}{2} R^2 (\alpha - \sin\alpha)$

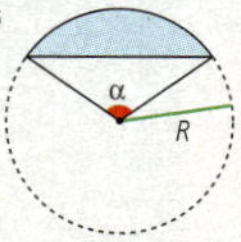


**triangles quelconques**

$S = \dfrac{b \times h}{2}$

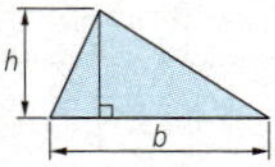


$S = \dfrac{b \times h}{2}$

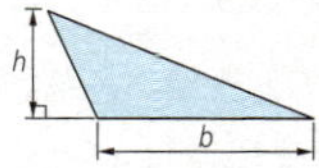


$S = \dfrac{a \times h}{2}$

$S = \sqrt{p(p-a)(p-b)(p-c)}$ avec $p = \dfrac{a + b + c}{2}$

$S = p \times r$

$S = \dfrac{a \times b \times c}{4R}$

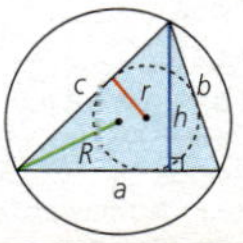


**couronne circulaire**

$S = \pi (R^2 - r^2) = \pi \dfrac{(D^2 - d^2)}{4}$

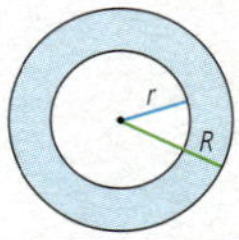


**ellipse**

$S = \pi ab$

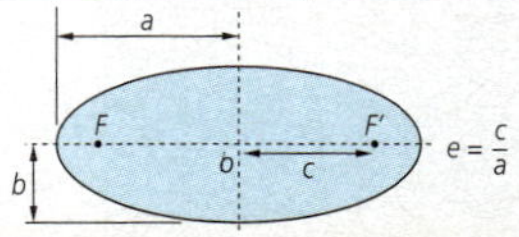


## Les volumes et surfaces non planes. V = volume à calculer ; S = surface à calculer

**parallélépipède rectangle**

$S = 2(Ll + lh + Lh)$

$V = Llh$

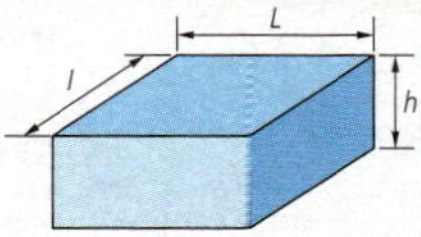


**sphère**

$S = 4\pi R^2 = \pi D^2$

$V = \dfrac{4}{3} \pi R^3$

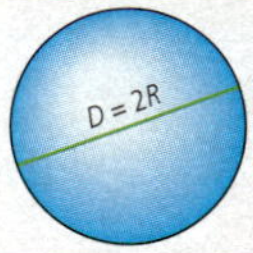


**pyramide régulière à *n* faces**

$S \text{ latérale} = \dfrac{c \times a \times n}{2}$

S totale = S latérale + $B$

$V = B \dfrac{h}{3}$

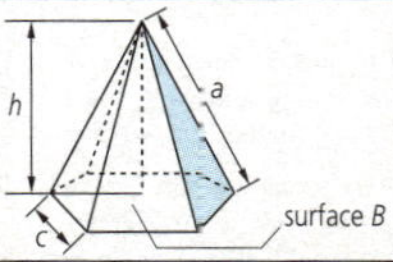


**zone sphérique**

$S = 2\pi Rh$

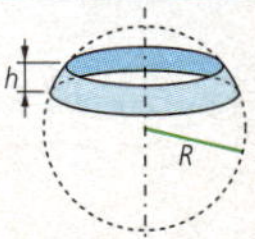


**tronc de pyramide régulière à *n* faces**

$S \text{ latérale} = \dfrac{(C + c) a \times n}{2}$

S totale = S latérale + $B + b$

$V = \dfrac{h}{3}(B + b + \sqrt{bB})$

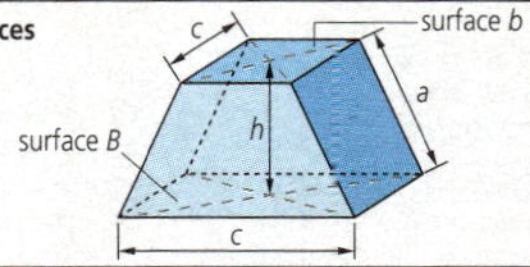


**fuseau**

$S = \pi R^2 \dfrac{\alpha}{90}$

(α en degrés)

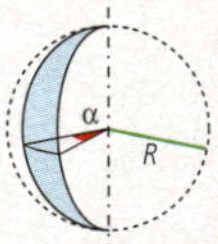


**cylindre**

S latérale = $2\pi Rh$

S totale = $2\pi R(R + h)$

$V = \pi R^2 h$

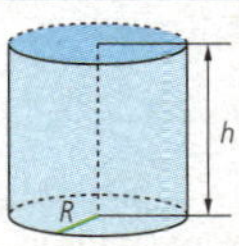


**tore de révolution**

$S = 4\pi^2 Rr = \pi^2 Dd$

$V = 2\pi^2 r^2 R$

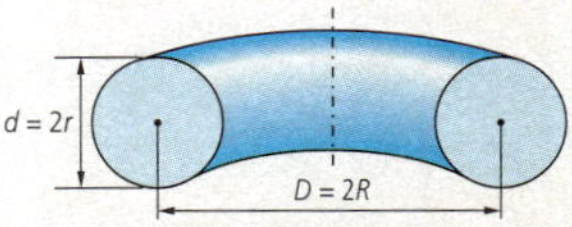


**cône**

S latérale = $\pi Ra$

S totale = $\pi R(a + R)$

$V = \dfrac{1}{3} \pi R^2 h$

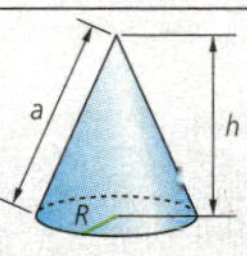


**ellipsoïde**

$V = \dfrac{4}{3} \pi abc$

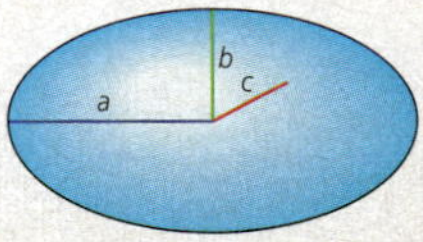

**gentilhomme** *nm* Homme de naissance noble. PLUR gentilshommes. (PHO) [ʒɑ̃tijɔm, ʒɑ̃tizɔm]

**gentilhommière** *nf* Petit château à la campagne.

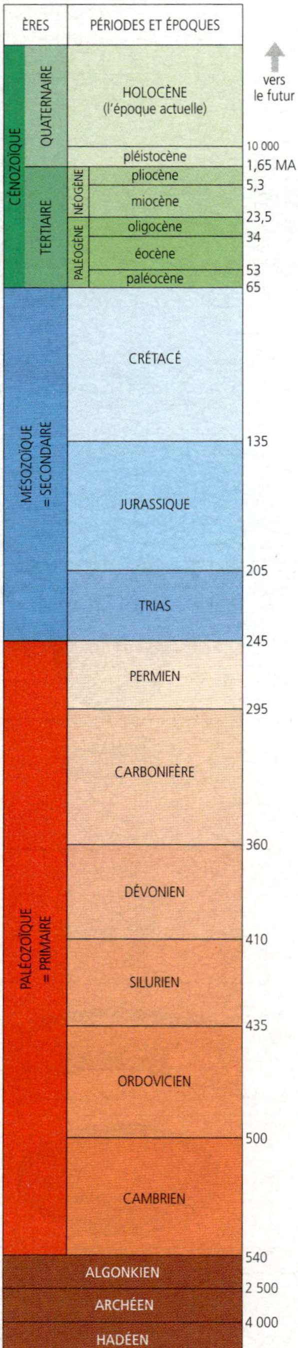

l'échelle des temps (en millions d'années : MA) correspond aux travaux les plus récents

**géologie**

**gentilité** *nf* litt L'ensemble des gentils.

**gentillesse** *nf* **1** Qualité d'une personne gentille, obligeante. **2** Action, parole gentille. *Dire des gentillesses.*

**gentillet, ette** *a* **1** Assez gentil. **2** Coquet, mignon. **3** Agréable mais sans portée. *Un livre gentillet.*

**Gentilly** com. du Val-de-Marne ; 16 600 hab. (DER) **gentilléen, enne** *a, n*

**gentiment** *av* **1** De façon gentille, aimable. **2** Suisse, Belgique Calmement, tranquillement.

**gentleman** *nm* Homme bien élevé, qui se conduit en toutes circonstances avec tact et élégance. PLUR gentlemans ou gentlemen. (PHO) [dʒɛntləman] (ETY) Mot angl., calque du fr. *gentilhomme.*

**gentleman-farmer** *nm* Propriétaire foncier qui vit sur ses terres, du revenu de leur exploitation. PLUR gentlemans-farmers ou gentlemen-farmers. (PHO) [dʒɛntləmanfaʀmœʀ]

**gentleman's agreement** *nm* **1** Accord diplomatique entre deux peuples, ayant la valeur d'un engagement de principe conclu entre gens d'honneur. **2** fig Accord verbal. PLUR gentlemen's agreements. (PHO) [dʒɛntləmanzagʀimɑ̃t]

**gentrification** *nf* SOCIOL Embourgeoisement, en partic. transformation d'un quartier populaire qui se peuple de nantis. (VAR) **gentryfication**

**gentry** *nf* HIST Petite noblesse anglaise. (PHO) [dʒɛntʀi] (ETY) Mot angl.

**génuflexion** *nf* Flexion d'un genou, des genoux en signe d'adoration ou de respect.

**géo-** Élément, du gr. *gê*, « terre ».

**géobiologie** *nf* Étude de l'effet des courants telluriques et des ondes magnétiques et électriques sur les êtres vivants. (DER) **géobiologique** *a* – **géobiologue** *n*

**géobotanique** *nf, a* didac Partie de la biogéographie consacrée plus particulièrement aux végétaux. SYN phytogéographie.

**géocaching** *nm* Chasse au trésor pratiquée à l'aide d'un GPS. (DER) **géocacheur, euse** *n*

**géocentrique** *a* ASTRO Qui a la Terre pour centre. LOC *Mouvement géocentrique d'une planète :* son mouvement apparent, vu de la Terre.

**géocentrisme** *nm* Ancienne conception cosmologique abandonnée à partir du XVI^e s., plaçant la Terre au centre de l'Univers.

**géochimie** *nf* didac Étude des éléments chimiques constitutifs de l'écorce terrestre. (DER) **géochimique** *a* – **géochimiste** *n*

**géochronologie** *nf* Branche de la géologie consacrée à la détermination de l'âge des roches et à la chronologie des évènements marquants de l'histoire de la géologie. (DER) **géochronologique** *a*

**géocroiseur** *nm* ASTRO Astéroïde dont la trajectoire est susceptible de croiser celle de la Terre.

**géode** *nf* **1** PETROG Masse minérale sphérique ou ovoïde, creuse, dont l'intérieur est tapissé de cristaux. **2** MED Cavité pathologique dans un tissu (osseux, pulmonaire, etc.).

**géodésie** *nf* Science qui a pour objet de déterminer la forme, les dimensions et le champ de gravité de la Terre. (ETY) Du gr. *geôdaisia*, « partage de la Terre ». (DER) **géodésien, enne** *n*

**géodésique** *a, nf* **A** *a* didac Relatif à la géodésie. *Satellite géodésique.* **B** *nf* GEOM Ligne la plus courte entre deux points d'une surface.

**géodynamique** *nf, a* Étude des modifications du globe terrestre dues aux agents externes (érosion) ou internes (volcanisme, séismes, etc.). (DER) **géodynamicien, enne** *n*

**géoéconomie** *nf* Géographie économique.

**Geoffrin** Marie-Thérèse Rodet (M^me) (Paris, 1699 – id., 1777), riche bourgeoise française, amie des encyclopédistes.

**Geoffroi V le Bel** dit Plantagenêt (1113 – 1151), comte d'Anjou, époux de Mathilde, fille de Henri I^er ; père de Henri II.

**Geoffroi de Monmouth** (Monmouth, v. 1100 – Saint-Asaph, 1155), prélat et écrivain gallois. Son *Histoire des rois de Bretagne*, c-à-d. des îles Britanniques, qui vante le passé des Celtes, est à l'origine du roman breton.

**Geoffroy Saint-Hilaire** Étienne (Étampes, 1772 – Paris, 1844), zoologiste français. Montrant la parenté des squelettes de tous les vertébrés, il ouvrit la voie au transformisme : *Histoire des mammifères* (avec Frédéric Cuvier).

**géographie** *nf* **1** Science qui a pour objet l'observation, la description et l'explication des phénomènes physiques et humains à la surface du globe, et l'étude de leur répartition. **2** Ensemble des réalités complexes propres à une région. *La géographie du Massif central.* **3** Répartition spatiale d'un phénomène. *Géographie linguistique.* (DER) **géographe** *n* – **géographique** *a* – **géographiquement** *av*

**Géographie universelle** ouvrage monumental conçu par Vidal de La Blache et réalisé, après sa mort (1918), de 1927 à 1948 (23 vol., minutieuse description du monde).

**géoïde** *nm* GEOL Volume théorique dont la surface, perpendiculaire à la verticale en chaque point du globe terrestre, passe par le niveau moyen des mers.

**géo-ingénierie** *nf* Techniques qui pourraient être employées pour manipuler certains mécanismes de la biosphère afin de répondre aux besoins de l'homme. (DER) **géo-ingénieriste** ou **géo-ingénieur** *n*

**geôle** *nf* litt Prison. (PHO) [ʒol] (ETY) Du lat. *cavea.*

**geôlier, ère** *n* litt Gardien de prison.

**géolocaliser** *vt* [1] TELECOM Localiser très précisément un téléphone mobile au moyen d'un GPS. (DER) **géolocalisation** *nf*

**géologie** *nf* **1** Science qui étudie l'écorce terrestre, ses constituants, son histoire et sa genèse. **2** Ensemble des terrains étudiés par la géologie. *La géologie de la Bretagne.* (DER) **géologique** *a* – **géologiquement** *av* – **géologue** *n*

ENC La géologie est l'ensemble des *sciences de la Terre.* Considérant la Terre en tant que réalité minérale, elle utilise et comprend : la *minéralogie*, la *géochimie*, la *pétrographie*, la *tectonique*, la *géodynamique*, la *géophysique*, etc. Considérant la Terre comme le milieu où vivent et ont vécu des êtres vivants, elle est en rapport avec la *biologie* et, plus étroitement, avec la *paléontologie animale et végétale*, et avec la théorie de l'évolution. Elle recourt aux méthodes de *datation absolue* (par le carbone 14, notam.) et de *chronologie relative* (par la stratigraphie). Les *temps géologiques* sont divisés en ères (précambrien, primaire, secondaire, tertiaire, quaternaire), elles-mêmes divisées en systèmes, en séries, puis en étages. Science appliquée, elle joue un rôle économique considérable, car elle détecte et étudie les gisements métalliques et d'hydrocarbures, et assiste la construction de barrages, tunnels ; elle évalue aussi les risques géologiques (séismes, volcans).

**géomagnétisme** *nm* GEOL Magnétisme terrestre. (DER) **géomagnéticien, enne** *n* – **géomagnétique** *a*

**géomancie** *nf* Divination au moyen de figures formées par de la terre ou des cailloux jetés au hasard sur une surface plane. (DER) **géomancien, enne** *n*

**géomarketing** *nm* Géographie appliquée au marketing.

**géomembrane** *nf* TECH Mince film isolant synthétique utilisé pour empêcher la pollution du sous-sol.

**géométral, ale** *a, nm* didac Qui représente un objet par sa projection sur un plan horizontal ou vertical. *Un dessin géométral.* PLUR géométraux.

**géomètre** *n* **1** Spécialiste de géométrie. **2** Spécialiste qui exécute des levers de plans, établit des nivellements, détermine des surfaces foncières. **3** ENTOM Chenille d'un papillon nocturne (géométridé) ; ce papillon.

**géométridé** *nm* ENTOM Lépidoptère nocturne dont les chenilles sont dites *arpenteuses*, ou *géomètres*.

**géométrie** *nf* Branche des mathématiques qui étudie les propriétés de l'espace. **LOC** ***À géométrie variable :*** se dit d'un avion dont la flèche de voilure peut être modifiée ; **fig, fam** qui peut varier, s'adapter selon les circonstances. — AUTO ***Géométrie de direction :*** disposition des roues directrices d'un véhicule par rapport au sol. ▶ illustr. p. 685

ENC La géométrie *analytique* étudie les courbes et les surfaces par leurs équations ; la géométrie *vectorielle* étudie les espaces vectoriels ; la géométrie *affine* étudie les espaces de points ; la géométrie *pure* étudie les propriétés des figures sans utiliser leurs équations. La géométrie *algébrique*, qui utilise les axes de coordonnées, s'est séparée au XVII$^{e}$ s. de la géométrie *différentielle*, qui relève du calcul infinitésimal. La géométrie *descriptive* fournit aux architectes la représentation spatiale des solides. On distingue : les géométries *euclidiennes*, qui acceptent les postulats d'Euclide et qui sont celles de notre vie courante ; les géométries *non euclidiennes* (par ex., de Lobatchevski et de Riemann), qui remplacent tel postulat euclidien par un autre axiome.

**géométrique** *a* **1** Qui appartient à la géométrie. **2** Qui a l'aspect des figures simples étudiées par la géométrie (cercle, carré, triangle, etc.). *Motifs géométriques d'un tissu.* **3** Qui procède avec méthode et rigueur. *Esprit géométrique.* DER **géométriquement** *av*

**géométriser** *vt* ① **didac** Représenter de façon géométrique. DER **géométrisation** *nf*

**géométrisme** *nm* Tendance d'un art vers des formes géométriques.

**géomicrobiologie** *nf* BIOL Étude des interactions entre le minéral et le vivant.

**géomorphologie** *nf* GEOL Science qui étudie les reliefs terrestres actuels et leur évolution. DER **géomorphologique** *a* – **géomorphologue** *n*

**géophagie** *nf* PSYCHOPATHOL Pratique qui consiste à manger de la terre. DER **géophage** *a, n*

**géophile** *nm* Millepatte au corps long et grêle, fréquent dans les sols riches en humus.

**géophone** *nm* Instrument utilisé en sismographie pour déceler les vibrations du sous-sol.

**géophysique** *nf, a* GEOL Étude des phénomènes physiques naturels qui affectent le globe terrestre et son atmosphère. DER **géophysicien, enne** *n*

ENC La géophysique, ou *physique du globe*, utilise la *géodésie*, la *météorologie*, l'*hydrologie*, l'*océanographie*, la *géothermie*, la *sismologie*, la *tectonique des plaques*, la *paléogéographie*, le *magnétisme terrestre* et la *gravimétrie*. V. plaque et terre.

**géophyte** *nm* BOT Plante qui ne conserve que ses organes souterrains pendant la saison froide.

**géopolitique** *nf, a* Étude de l'influence des facteurs géographiques sur la politique internationale. DER **géopoliticien, enne** *n*

**géopositionnement** *nm* Système de localisation d'un objet à la surface de la Terre. *Géopositionnement par satellite.*

**George I$^{er}$** (Osnabrück, 1660 – id., 1727), roi de Grande-Bretagne et d'Irlande (1714-1727), Électeur de Hanovre (1698-1727) ; il succéda à la reine de G.-B. Anne Stuart en vertu de l'Acte d'établissement (1701). — **George II** (Herrenhausen, Hanovre, 1683 – Kensington, 1760), roi de G.-B. et d'Irlande, Électeur de Hanovre (1727-1760) ; fils du préc. ; ses princ. ministres furent Walpole et Pitt. — **George III** (Londres, 1738 – Windsor, 1820), roi de G.-B. et d'Irlande (1760-1820), Électeur puis roi de Hanovre (1815-1820) ; petit-fils du préc. Il devint fou. — **George IV** (Londres, 1762 – Windsor, 1830), fils du préc., régent en 1811 (son père étant devenu fou), roi de G.-B. et d'Irlande, roi de Hanovre (1820-1830). — **George V** (Londres, 1865 – Sandringham, 1936), roi de G.-B. (1910-1936), empereur des Indes ; fils d'Édouard VII. — **George VI** (Sandringham, 1895 – id., 1952), roi de G.-B. (1936-1952), fils du préc., frère et successeur d'Édouard VIII.

**George** Marguerite Weimer, dite **M$^{lle}$** (Bayeux, 1787 – Passy, 1867), actrice française qui interpréta la tragédie classique et le drame romantique.

**George** Stefan (Büdesheim, 1868 – Minusio, 1933), poète allemand : *le Tapis de la vie* (1900), *le Septième Anneau* (1907), *l'Étoile d'alliance* (1914), *le Nouveau Règne* (1928).

**George Cross** décoration anglaise créée en sept. 1940 pour récompenser les civils.

**George Lloyd** → **Lloyd George.**

**Georges** (saint) soldat romain martyrisé comme chrétien, v. 303, en Palestine. Patron de l'Angleterre et des cavaliers ; sa légende le représente terrassant un dragon.

**saint Georges** bois polychrome, XVII$^{e}$ s. – galerie Tretiakov, Moscou

**Georges de Poděbrady** (Poděbrady, 1420 – Prague, 1471), roi de Bohême de 1458 à 1471. Hussite, il prit Prague en 1448 et fut élu roi à la mort de Ladislas le Posthume.

**Georges I$^{er}$** (Copenhague, 1845 – Thessalonique, 1913), roi de Grèce (1863-1913) ; fils de Christian IX de Danemark. Il fut assassiné. — **Georges II** (Athènes, 1890 – id., 1947), petit-fils du préc., fils de Constantin I$^{er}$, roi de Grèce (1922-1923), détrôné puis rappelé (1935-1942), exilé puis restauré (1946-1947).

**George Town** → **Penang.**

**Georgetown** cap. et port de la Guyana, sur l'Atlantique ; 240 000 hab (aggl.).

**Géorgie** (détroit de) bras de mer formé par le Pacifique entre l'île de Vancouver et la Colombie-Britannique (Canada).

**Géorgie** (en angl. *Georgia*), État du S.-E. des É.-U., sur l'Atlantique ; 152 488 km$^{2}$ ; 9 700 000 hab. ; cap. *Atlanta.* – Une vaste plaine, au climat chaud et humide, dominée au N. par les Appalaches, fut le fief du coton, puis de l'arachide, du maïs, du tabac et de l'élevage porcin. Au textile se sont ajoutées les industr. du bois et du papier. – L'État, colonie britannique en 1732, ratifia la Constitution fédérale en 1788. Il fit sécession en 1861. DER **géorgien, enne** *a, n*

**Géorgie** État du Caucase, sur la côte E. de la mer Noire, entouré de la Turquie et de l'Arménie au S., de l'Azerbaïdjan à l'E., de la Russie au N. et à l'E. ; 69 700 km$^{2}$ ; 4 500 000 hab. ; cap. *Tbilissi.* Nature de l'État : république parlementaire. Langue off. : géorgien. Monnaie : lari. Pop. : Géorgiens (70 %), Arméniens (8 %), Azéris (5,7 %), minorités ossète et abkhaze. Relig. : orthodoxes (rite géorgien). DER **géorgien, enne** *a, n*

**Géographie** Bordée au N. par la chaîne du Grand Caucase et au S. par les montagnes de Transcaucasie, la Géorgie comporte une dépression orientée O.-E. que drainent le Rion (Colchide) et la Koura à l'O. La Géorgie cultive : riz, coton, tabac, vigne, agrumes, thé, grâce à son climat chaud et humide. Elle possède du manganèse. Minée par la guerre civile, l'économie géorgienne a été en faillite, mais a su se rétablir à partir de 2010.

**Histoire** Dans l'Antiquité, le pays abritait deux royaumes : la Colchide et l'Ibérie. Au IV$^{e}$ s. av. J.-C., il fut soumis par Alexandre le Grand et recouvra son indép. après la mort de celui-ci. Au I$^{er}$ s. av. J.-C., la Colchide est tombée sous la domination romaine et l'Ibérie sous la domination perse. Le christianisme fut adopté au IV$^{e}$ s. Unifiée à la fin du X$^{e}$ s., la Géorgie a eu son apogée sous le règne de la reine Thamar (1184-1213). Elle subit une invasion mongole au XIV$^{e}$ s. Soumise au joug turc en 1736, la Géorgie sollicita la protection de la Russie (1783), qui l'annexa (1801). En 1918, elle proclama son indépendance. Réintégrée à la Russie au sein de la fédération de la Transcaucasie (1921), elle voit une résistance armée se poursuivre jusqu'en 1924. En 1936, elle devient une république fédérée de l'URSS. Indép. depuis le 9 avril 1991, la Géorgie est menacée par le séparatisme de l'Ossétie, de l'Abkhazie (conflit en août 2008), voire de l'Adjarie. Le régime, dirigé par Édouard Chevarnadzé, a dû se résigner à adopter une politique prorusse, conduisant à l'entrée dans la CEI (1993) et à la signature d'un accord de défense (1995). En 2003, sous la pression de manifestations populaires, É. Chevarnadzé est contraint à la démission. Le chef de l'opposition Mikhaïl Saakachvili est élu triomphalement prés. en 2004. Il parvient à éradiquer la corruption et à redresser l'économie. Il est réélu en 2008, mais en 2013, Guiorgui Margvelachvili, candidat de l'opposition, est élu prés. ▶ carte **Caucase.**

**Géorgie du Sud** île brit. de l'Atlantique Sud, dépendant des Falkland ; 3 756 km$^{2}$ ; inhabitée (centre baleinier abandonné en 1966).

**géorgien** *nm* Langue caucausienne parlée en Géorgie.

**Géorgienne** (baie) baie du lac Huron (partie orient.), au Canada.

**géorgique** *a* **litt** Relatif aux travaux champêtres, à la vie rurale.

**Géorgiques (les)** poème didactique en 4 chants de Virgile à la gloire des agriculteurs.

**géosciences** *nfpl* GEOL Ensemble des sciences de la Terre (géologie, géophysique, géochimie, volcanologie, sismologie, etc.).

**géostationnaire** *a* ESP Se dit d'un satellite artificiel dont la position par rapport à la Terre ne varie pas.

**géostatistique** *nf, a* Statistique appliquée à la recherche minière.

**géostratégie** *nf* MILIT Données générales de la stratégie (terrain, climat, météorologie, démographie, économie). DER **géostratégique** *a*

**géostrophique** *a* METEO Se dit d'un vent déterminé par la force de Coriolis.

**géosynchrone** *a* ESP Se dit d'un satellite artificiel dont la période de révolution est égale à celle de la Terre.

**géosynclinal** *nm* GEOL Vaste dépression de l'écorce terrestre, dont le fond s'enfonce sous le poids des sédiments. *La notion de géosynclinal est aujourd'hui remplacée par celle de tectonique des plaques.* PLUR géosynclinaux

**géotechnique** *nf, a* Géologie appliquée. *La géotechnique s'applique surtout dans le domaine de la construction.* [DER] **géotechnicien, enne** *n*

**géotectonique** *nf, a* Étude de la tectonique au niveau du globe terrestre. *Évolutions géotectoniques.*

**géotextile** *nm* Textile artificiel imputrescible utilisé pour les drains, armatures, etc.

**géothermal, ale** *a* GEOL Qui concerne la chaleur interne de la Terre. PLUR géothermaux.

**géothermie** *nf* didac **1** Chaleur interne de la Terre ; chaleur de l'écorce terrestre. **2** Étude de la chaleur de l'écorce terrestre et de son utilisation comme source d'énergie.

ENC L'intérieur de la Terre est chaud. On nomme *gradient géothermique* l'élévation de température correspondant à une augmentation de profondeur de 1 km ; les valeurs moyennes de ce gradient sont de 20 à 30 °C par km (elles décroissent avec la profondeur). L'énergie géothermique est utilisable quand un fluide lui sert de vecteur : dans des régions volcaniques, la température de l'eau peut atteindre 150 °C et même dépasser 350 °C. L'eau est directement utilisée (bains) ou bien elle alimente des installations de chauffage ou des centrales qui transforment l'énergie géothermique en énergie électrique.

**géothermique** *a* didac Relatif à la géothermie. LOC ***Degré géothermique*** **:** profondeur (env. 30 m) à laquelle on doit s'enfoncer dans le sol pour constater une élévation de température de 1 °C.

**géothermiste** *n* Spécialiste de géothermie.

**géotropisme** *nm* BOT, ZOOL Orientation de la croissance des végétaux sous l'action de la pesanteur.

**géotrupe** *nm* ENTOM Coléoptère scarabéidé noirâtre du groupe des bousiers.

**géotrupe**

**Gépides** peuple germanique qui se rendit indép. des Huns au V$^{e}$ s. et se fixa en Dacie. Les Lombards et les Avares l'exterminèrent (v. 567). [DER] **gépide** *a*

**Ger (pic de)** sommet des Pyrénées-Atlant. (2 612 m), entre l'Aubisque et la frontière esp.

**Gera** v. d'Allemagne (Thuringe), sur l'Elster Blanche ; 126 790 hab. Industries.

**gérable** → **gérer.**

**Géraldy** Paul Le Fèvre, dit Paul (Paris, 1885 – Neuilly-sur-Seine, 1983), poète français : *Toi et Moi* (1913).

**gérance** *nf* Fonction de gérant ; temps que dure cette fonction.

**géraniacée** *nf* BOT Plante dont la famille comprend notam. le géranium et le pélargonium.

**géraniale** *nf* BOT Plante dicotylédone à pétales séparés dont l'ordre comprend notam. le géranium et la capucine.

**géranium** *nm* Plante dicotylédone sauvage, aux feuilles très découpées et aux fleurs roses. *Le géranium ornemental est un pélargonium.* [PHO] [ʒeʀanjɔm] [ETY] Du gr. *geranos,* « grue ».

**gérant, ante** *n* Personne qui gère, qui administre pour le compte d'autrui. *Gérant d'un magasin, d'une société.*

**Gérard** François (baron) (Rome, 1770 – Paris, 1837), peintre français, portraitiste de la famille impériale, de Louis XVIII et de Charles X.

**Gérard** Maurice Étienne (comte) (Damvillers, Lorraine, 1773 – Paris, 1852), maréchal de France. Il se distingua à Ligny (1815). Il prit Anvers aux Néerlandais (1832) ; président du Conseil en 1834.

**Gérardmer** ch.-l. de cant. des Vosges (arr. de Saint-Dié), à l'E. du *lac de Gérardmer* 122 ha) ; 8 845 hab. Stat. clim. et de sports d'hiver. Industries. Fromages *(munster).* Festival du film fantastique (dep. 1994). [DER] **géromois, oise** *a, n*

**Gerasa** v. de Palestine (auj. *Djarach,* Jordanie). – Vest. romains et chrétiens des V$^{e}$ et VI$^{e}$ s.

**Gerbault** Alain (Laval, 1893 – Dili, île de Timor, 1941), navigateur français. Seul à bord d'un voilier, le *Firecrest,* il fit le tour du monde (1923-1929).

**gerbe** *nf* **1** Faisceau de tiges de céréales coupées et liées. **2** Assemblage, botte de fleurs coupées. **3** Assemblage en faisceau de choses, de formes allongées. *Gerbe d'eau.* **4** MILIT Ensemble des trajectoires parcourues par des projectiles. **5** PHYS NUCL Faisceau de particules électrisées. [ETY] Du frq.

**gerbée** *nf* Botte de paille où il reste encore quelques épis.

**gerber** *v* [1] **A** *vt* **1** Mettre en gerbe. **2** TECH Disposer en tas, empiler. *Gerber des tôles.* **B** *vi* fam Vomir. [DER] **gerbage** *nm*

**gerbera** *nm* BOT Plante composée, à grands capitules allant du jaune au pourpre, d'origine sud-américaine, dont de nombreuses espèces sont ornementales. [PHO] [ʒɛʀbeʀa] [ETY] D'un n. pr.

**Gerbert d'Aurillac** (en Auvergne, v. 938 – Rome, 1003), moine clunisien ; théologien, archevêque de Reims (981), pape de 999 à 1003 sous le nom de Sylvestre II. Célèbre par l'étendue de son érudition.

**gerbeur, euse** *a, nf* **A** *a* AGRIC Qui sert à gerber. *Un chariot gerbeur.* **B** *nf* TECH Engin de manutention servant à gerber des marchandises.

**gerbier** *nm* Meule de gerbes.

**Gerbier-de-Jonc (mont)** sommet du Vivarais (1 551 m), où la Loire prend sa source.

**gerbille** *nf* ZOOL Petit rongeur muridé des régions arides d'Afrique et d'Asie. [ETY] Du lat.

**Gerbillon** Jean (Verdun, 1654 – Pékin, 1707), jésuite français ; missionnaire en Chine (1689-1707).

**gerboise** *nf* ZOOL Petit rongeur d'Afrique et d'Asie, au pelage brun, qui progresse par bonds sur ses pattes postérieures allongées. [ETY] De l'ar.

**gerboise** d'Égypte

**gerce** *nf* **1** Teigne qui ronge les papiers et les étoffes. **2** CONSTR Fente dans une pièce de bois, due à la dessication.

**gercer** *v* [12] **A** *vt* Faire de petites fentes ou crevasses à. *Le froid gerce les lèvres.* **B** *vi, vpr* Se fendiller, se crevasser. *Les mains (se) gercent en hiver.* [ETY] Du gr. *kharassein,* « entailler ». [DER] **gercement** *nm*

**gerçure** *nf* **1** Crevasse douloureuse sur la peau. **2** Fente dans le bois d'un arbre, dans la terre.

**Gerdt** Pavel Andreïevitch (près de Saint-Pétersbourg, 1844 – en Finlande, 1917), danseur russe ; employé par Petipa ; maître de Nijinski.

**Geremek** Bronislaw (Varsovie, 1932 – Nowy Tomysl, 2008), historien et homme politique polonais. Cofondateur de Solidarnosc, il s'est intéressé aux pauvres et aux marginaux dans l'Europe du XV$^{e}$ au XVII$^{e}$ s. : *les Fils de Caïn* (1980-1991).

**gérer** *vt* [14] **1** Administrer, diriger pour son propre compte ou pour le compte d'autrui. *Gérer un domaine, un portefeuille.* **2** fig Dominer au mieux une situation difficile. *Gérer une crise.* [ETY] Du lat. [DER] **gérable** *a*

**gerfaut** *nm* Grand falconidé des régions septentrionales, long d'environ 50 cm, au plumage clair. [ETY] Du germ.

**Gergovie** anc. cap. des Arvernes, à 6 km de Clermont-Ferrand, où Vercingétorix contraignit César à lever le siège (52 av. J.-C.).

**Gerhardt** Charles (Strasbourg, 1816 – id., 1856), chimiste français. Il fut le promoteur de la notation atomique.

**gériatrie** *nf* MED Branche de la médecine qui s'occupe des maladies des personnes âgées. [ETY] Du gr. *gerôn,* « vieillard ». [DER] **gériatre** *n* – **gériatrique** *a*

**Géricault** Théodore (Rouen, 1791 – Paris, 1824), peintre français. Il introduisit le mouvement, la couleur, la réalité. *Le Radeau de la Méduse* (1819, Louvre) fit scandale.

**Gering** Ulrich (Constance, v. 1440 – Paris, 1510), imprimeur allemand. Il établit en 1470 (avec Friburger et Crantz), à Paris, dans la Sorbonne, la prem. imprimerie connue en France.

**Gérin-Lajoie** Antoine (Yamachiche, 1824 – Ottawa, 1882), romancier québécois du terroir : *Jean Rivard le défricheur* (1862), *Jean Rivard économiste* (1864).

**Gerlach** Walther (Biebrich, 1889 – Munich, 1979), physicien allemand : travaux de physique quantique (notam., avec O. Stern).

**Gerlache de Gomery** Adrien de (Hasselt, 1866 – Bruxelles, 1934), navigateur belge ; il explora l'Antarctique (1897-1899).

**Gerlachovsky (pic)** point culminant des Carpates (2 655 m), dans les Tatras (Slovaquie).

**1 germain, aine** *a, n* Né du même père et de la même mère. *Frère germain. Sœur germaine.* LOC ***Cousins germains*** **:** dont le père ou la mère de l'un a pour frère ou sœur le père ou la mère de l'autre. — ***Cousins issus de germains*** : dont les parents sont cousins germains. ETY Du lat.

**2 germain** → **Germanie et Germains.**

**Germain (saint)** (Autun, 496 – Paris, 576), évêque de Paris. Fondateur de l'église Saint-Vincent qui deviendra Saint-Germain-des-Prés.

**Germain Pierre** (Paris, v. 1646 – id., 1684), orfèvre français. — **Thomas** (?, 1673 – Paris, 1748), fils du préc., exécuta une toilette d'or pour Marie Leczinska. — **François Thomas** (Paris, 1726 – id., 1791), fils du préc., cisela un service de table pour le roi du Portugal.

**Germain Sophie** (Paris, 1776 – id., 1831), mathématicienne française. Elle étudia la vibration des surfaces élastiques.

**Germain d'Auxerre (saint)** (Auxerre, v. 378 – Ravenne, 448), évêque d'Auxerre (418). Il fut envoyé en Grande-Bretagne par le pape Célestin Ier pour combattre le pélagianisme.

**Germaine Germaine Cousin (sainte)** (Pébrac, v. 1582 – id., 1601), paysanne infirme, maltraitée par sa belle-mère, elle offrait à Dieu ses souffrances en compensation des dégâts attribués aux protestants.

**Germains** nom par lequel les Romains du Ier s. av. J.-C. désignaient les peuples indo-européens installés à l'E. du Rhin et au N. du Danube. Au cours du IIe millénaire av. J.-C., ils semblent avoir habité le S. de la Scandinavie. Entre 1000 et 500 av. J.-C., ils occupèrent l'Allemagne du N., entre le Rhin et la Vistule. En 102-101 av. J.-C., ils pénétrèrent en terre romaine, mais, vaincus par Marius et César, ils ne revinrent qu'au IIIe s. apr. J.-C. Aurélien refoula alors les Vandales et les Alamans ; puis Probus, les Francs, les Vandales et les Sarmates. Aux IVe et Ve s. apr. J.-C., les invasions germaniques s'étendirent sur toute l'Europe occid. romanisée ; divers États barbares, notam. celui des Francs en Gaule, se constituèrent ; une civilisation nouvelle prenait naissance. DER **germain, aine** *a*

**german(o)-** Élément, du lat. *Germanus*, « Germain ».

**germandrée** *nf* BOT Plante (labiée) à fleurs roses, violettes ou blanchâtres, fréquente dans les endroits arides, appelée cour. *sauge des bois*. ETY Du gr.

**Germanicus Julius Caesar** (Rome, 15 av. J.-C. – près d'Antioche, 19 apr. J.-C.), général romain, petit-neveu d'Auguste qui le fit adopter par Tibère. Celui-ci l'envoya en Orient où il mourut, peut-être empoisonné. Époux d'Agrippine l'aînée, il fut le père de Caligula.

**Géricault** *Officier de chasseurs à cheval de la garde impériale chargeant*, 1812 – musée du Louvre

**Germanie** anc. région de l'Europe du N., qui fut occupée, vers la fin du Ier millénaire av. J.-C., par les Germains ; extérieure à l'Empire romain, elle était limitée à l'O. par le Rhin, au N. par la mer du Nord et la Baltique, au S. par les Alpes et les Carpates, à l'E. par la Vistule. – *Germanie supérieure* et *Germanie inférieure* : noms de deux provinces romaines constituées par Auguste, sur la rive gauche du Rhin, v. 7 av. J.-C. DER **germain, aine** *a, n*

**Germanie (royaume de)** État formé en 843 (traité de Verdun) et comprenant les territ. carolingiens situés à l'E. du Rhin. Ses limites varièrent. Au XIe s., l'expression tomba en désuétude. (V. Allemagne.)

**germanique** *a* **1** Relatif aux Germains. *Langues germaniques.* **2** Relatif à l'Allemagne et aux Allemands.

**germanisant, ante** *n* Germaniste.

**germaniser** *vt* ① **1** Rendre germanique ; imposer le caractère germanique à. **2** Donner une forme allemande à un mot, un nom propre. DER **germanisation** *nf*

**germanisme** *nm* didac **1** Mot, tour ou expression propre à la langue allemande. **2** Mot ou tour emprunté à l'allemand ou introduit dans une autre langue. **3** Esprit germanique, allemand ; culture, civilisation ou influence allemande.

**germaniste** *n* didac Spécialiste des langues, de la civilisation germaniques.

**germanium** *nm* CHIM **1** Élément de numéro atomique Z = 32 et de masse atomique 72,59 (symbole Ge). **2** Semi-métal (Ge) qui fond à 937 °C, utilisé comme semiconducteur.

**germanophile** *a, n* Qui aime l'Allemagne, les Allemands. DER **germanophilie** *nf*

**germanophobe** *a, n* Qui n'aime pas l'Allemagne les Allemands. DER **germanophobie** *nf*

**germanophone** *a, n* Qui est de langue allemande.

**germanopratin** → **Saint-Germain-des-Prés.**

**germano-soviétique (pacte)** pacte de non-agression signé le 23 août 1939 entre l'Allemagne hitlérienne et l'URSS (qui n'avait pu s'entendre avec la France et la G.-B.). Il prévoyait le partage de l'Europe nord-orientale (Pologne notam.) entre les deux puissances. Hitler prépara dès 1940 l'invasion de l'URSS, déclenchée en juin 1941.

**germe** *nm* **1** Rudiment d'un être vivant, tel l'œuf, l'embryon, la plantule, etc. **2** Première pousse issue de la graine, du tubercule, etc. *Germes de soja.* **3** Bactérie, virus, spore, etc. *Germes pathogènes.* **4** PHYS Substance qui provoque la cristallisation d'une solution sursaturée, ou la solidification d'un liquide surfondu. *Les germes sont à l'origine de la formation du verglas.* **5** fig Principe, élément à l'origine de qqch. *Les germes d'une révolution.* ETY Du lat.

**germen** *nm* BIOL Ensemble des cellules reproductrices d'un être vivant, par oppos. à *soma*. PHO [ʒɛʀmɛn] ETY Mot lat.

**germer** *vi* ① **1** En parlant des semences, des bulbes, etc., commencer à se développer. *Des pommes de terre germées.* **2** fig Se former, commencer à se développer. *Un projet a germé dans son esprit.*

**Germer Lester Halbert** (Chicago, 1896 – Gardiner, État de New York, 1971), physicien américain, collaborateur de C. J. Davisson.

**germicide** *a, nm* MICROB Qui tue les germes microbiens.

**1 germinal, ale** *a* BIOL Relatif au germe. PLUR germinaux.

**2 germinal** *nm* HIST Septième mois du calendrier républicain, du 21/22 mars au 19/20 avril.

**germinal (journée du 12)** journée (1er avr. 1795) au cours de laquelle des émeutiers envahirent la Convention thermidorienne, accusée d'organiser la famine. La garde nationale les chassa et l'Assemblée vota la déportation des députés montagnards.

**Germinal** roman de Zola (1885), qui narre une grève dans une mine de charbon.

**germination** *nf* BOT Ensemble des phénomènes qui se produisent quand la plantule passe de la vie ralentie à la vie active, et qui aboutissent à la formation de la jeune plante. DER **germinatif, ive** *a*

**Germiston** v. d'Afrique du Sud (Transvaal) ; 155 740 hab. Mines d'or. Industries.

**germoir** *nm* TECH **1** Local dans lequel on fait germer des semences. **2** Caisse où l'on fait germer des graines avant de les semer.

**germon** *nm* Thon blanc de l'Atlantique.

**Gernsback** Hugo (Luxembourg, 1884 – New York, 1967), ingénieur et écrivain américain. Il énonça le principe du radar. Il créa le terme *science-fiction* (1911).

**géromé** *nm* Fromage AOC des Vosges, au lait de vache, proche du munster. ETY Prononc. rég. de *Gérardmer*.

**gérondif** *nm* GRAM **1** Mode latin, déclinaison de l'infinitif. **2** En français, forme verbale en *-ant*, précédée de *en*, et qui sert à exprimer des compléments de circonstance. ETY Du lat.

**Gérone** (en esp. *Girona*), v. d'Espagne (Catalogne) ; 97 600 hab. ; ch.-l. de la prov. du m. nom. Fonderies. – Cath. gothique XIVe- XVe s.

**Geronimo** (cañon No-Doyohn, auj. Clifton, Arizona, 1829 – Fort Sill, près de Lawton, Oklahoma, 1908), chef apache qui, de 1860 à 1886, résista aux troupes des É.-U.

**géront(o)-** Élément, du gr. *gerôn*, « vieillard ».

**géronte** *nm* fam, vx Vieillard.

**Géronte** nom de divers vieillards crédules, notam. chez Molière.

**gérontocratie** *nf* didac Gouvernement, prépondérance politique des vieillards. DER **gérontocratique** *a*

**gérontogène** *nm* GENET Gène impliqué dans le vieillissement.

**gérontologie** *nf* MED Étude de la vieillesse, des différents phénomènes liés au vieillissement. DER **gérontologique** *a* – **gérontologue** *n*

**gérontoxon** *nm* didac Cercle blanc autour de la cornée, apparaissant chez les personnes très âgées. ETY Du gr. *toxon*, « arc ».

**gerris** *nm* Insecte (hétéroptère) aquatique carnivore, appelé aussi *puce* ou *araignée d'eau*, très commun à la surface des eaux douces, sur lesquelles il glisse. PHO [ʒeris] ETY Du lat.

**Gers (le)** riv. de Gascogne (178 km), affl. de la Garonne (r. g.) ; naît sur le plateau de Lannemezan, arrose Auch.

**Gers** département franç. (32) ; 6 291 km² ; 190 300 hab. ; 30,2 hab./km² ; ch.-l. *Auch* ; ch.-l. d'arr. *Condom* et *Mirande*. V. Midi-Pyrénées. DER **gersois, oise** *a, n* ▶ carte p. 689

**Gershwin** George (Brooklyn, 1898 – Los Angeles, 1937), compositeur américain. Il fit des emprunts à la country et au jazz : *Rhapsody in Blue* (1924), *Un Américain à Paris* (1928), *Porgy and Bess* (opéra, 1935).

**Gerson** Jean Charlier, dit Jean de (Gerson, Ardennes, 1363 – Lyon, 1429), théologien français ; chancelier de l'université de Paris en 1398. Au concile de Constance (1414-1418), il tenta de résoudre le schisme d'Occident.

**Gersonides** Levi Ben Gerson, dit (Bagnols-sur-Cèze, 1288 – Perpignan, v. 1345), philosophe juif, influencé par Aristote, dans la lignée de Maimonide.

**Gertrude la Grande** (sainte) (Eisleben, v. 1255 – Helfta, Saxe, v. 1301), moniale et mystique allemande. Elle narre ses révélations dans le *Livre de la grâce spéciale*.

**Gervais** → **Protais.**

**Géryon** dans la myth. gr., monstre à trois têtes et à trois troncs ; Héraclès le tua.

**GES** *nm* Sigle de *gaz à effet de serre*.

**Gesell** Arnold (Alma, Wisconsin, 1880 – New Haven, Connecticut, 1961), psychologue américain ; spécialiste de la petite enfance.

**gésier** *nm* Seconde poche de l'estomac des oiseaux, aux parois musculeuses très dures, qui broient les aliments. ETY Du lat.

**gésine** *nf* LOC vx *En gésine* : qui est sur le point d'accoucher.

**gésir** *vi* 37 (Usité seulement au présent, à l'imparfait de l'indicatif et au participe présent.) **1** Être étendu, en parlant d'un malade, d'un blessé, d'un mort. **2** Être tombé, abandonné sur le sol. *Des débris gisaient çà et là.* **3** fig Se trouver. *C'est là que gît la difficulté.* LOC *Ci-gît* : ici est enterré (formule d'épitaphe). ETY Du lat. *jacere*.

**Gesner** Conrad (Zurich, 1516 – id., 1565), médecin suisse, auteur d'une *Histoire des animaux*.

**gesnériacée** *nf* BOT Plante tropicale dont la famille comprend notam. le gloxinia et le saintpaulia. ETY D'un n. pr.

**gesse** *nf* Plante grimpante (papilionacée), fourragère ou ornementale. LOC *Gesse odorante* : pois de senteur.

**Gessler** Hermann (XIVe s.), bailli au service des Habsbourg, personnage légendaire qui persécuta Guillaume Tell, lequel le tua.

**Gessner** Salomon (Zurich, 1730 – id., 1788), peintre et poète bucolique suisse d'expression allemande : *Idylles* (1756 et 1772).

**gestalt** *nf* PSYCHO Ensemble structuré dans lequel les parties, les processus partiels, dépendent du tout. PHO [geʃtalt] ETY Mot all., « forme ».

**gestaltisme** *nm* PSYCHO Théorie psychologique qui considère les phénomènes comme des ensembles. SYN psychologie ou théorie de la forme. DER **gestaltiste** *a, n*

**gestapiste** *a, n* Qui relève de la Gestapo, membre de la Gestapo. *Méthodes gestapistes.*

**Gestapo (la)** abrév. de *Geheime Staatspolizei*, « police secrète d'État ». Police politique du IIIe Reich, créée en 1933, réorganisée en 1936 par H. Himmler et R. Heydrich. Elle sévit en Allemagne et dans tous les territoires occupés.

**gestation** *nf* **1** État d'une femelle de mammifère qui porte son ou ses petits. *Être en gestation.* **2** Durée de cet état, variable selon les espèces. **3** fig Élaboration, genèse d'un ouvrage de l'esprit. *Roman en gestation.* DER **gestationnel, elle** *a*

**gestatrice** *nf* Mère porteuse.

**1 geste** *nm* **1** Mouvement volontaire ou instinctif d'une partie du corps, notam. des bras et des mains, pour faire ou exprimer qqch. **2** Action généreuse. *Avoir un beau geste.* ETY Du lat. *gestus*.

**2 geste** *nf* LITTER Groupe de poèmes épiques du Moyen Âge, consacrés aux exploits d'un héros. *La Geste de Charlemagne.* LOC LITTER *Chanson de geste* : poème épique appartenant à cet ensemble. — *Faits et gestes de qqn* : ses actions, sa conduite. ETY Du lat. *gesta*.

G. Gershwin

**gesticuler** *vi* 1 **1** Faire de grands gestes dans tous les sens. **2** fig Se livrer à des manifestations spectaculaires mais inefficaces. DER **gesticulant, ante** *a* – **gesticulation** *nf*

**gestion** *nf* **1** Action d'administrer, d'assurer la rentabilité d'une entreprise. *Cette société a une bonne gestion financière.* **2** TECH Contrôle du fonctionnement de qqch (périphérique, base de données). LOC FIN *Gestion de portefeuille* : activité d'une banque ou d'un agent de change qui gère les valeurs d'un client. ETY Du lat.

**gestionnaire** *a, n* **A** *a* Qui concerne la gestion. **B** *n* Spécialiste de la gestion d'une entreprise, d'un établissement. **C** *nm* INFORM Logiciel assurant une tâche de gestion.

**gestique** *nf* Étude sémiotique du geste.

**gestualité** *nf* didac Syn. de *gestuelle*.

**gestuel, elle** *a, nf* **A** *a* Qui a rapport aux gestes, aux mouvements du corps. **B** *nf* **1** Ensemble de gestes signifiants. **2** Manière de s'exprimer par les gestes, par le corps, caractéristique d'un acteur, d'un danseur. SYN gestualité.

**Gesualdo** Carlo (prince de Venosa) (Naples, v. 1560 – id., 1613), luthiste et compositeur italien : *Madrigaux* à cinq et six voix.

**Geta** Publius Septimius (189 – 212), empereur romain de 211 à 212, fils de Septime Sévère. Son frère aîné Caracalla, avec qui il partageait le pouvoir, le fit assassiner.

**Gethsémani** jardin à l'E. de Jérusalem, au pied du mont des Oliviers, où Jésus fut arrêté.

**getter** *nm* ELECTRON Substance permettant de parfaire le vide à l'intérieur d'un tube électronique. PHO [getɛʀ] ETY Mot angl.

**Gets (Les)** commune de Haute-Savoie ; 1 300 hab. Station de sports d'hiver.

**Getty Center** musée et centre culturel construit en 1997 à Los Angeles par Richard Meier (né en 1934) pour la fondation Jean Paul Getty (1892 – 1976) industriel, mécène et collectionneur américain. C'est le plus grand musée privé du monde.

**Gettysburg** v. des É.-U. (Pennsylvanie) ; 7 600 hab. – Importante victoire des nordistes sur les sudistes de Lee (1er-3 juil. 1863).

**Gétules** anc. peuple berbère qui nomadisait dans le S. de l'Afrique du Nord. Il combattit les Romains au Ier s. av. J.-C. DER **gétule** *a*

**Gétulie** anc. rég. de l'Afrique du Nord, à la lisière du Sahara, pays des Gétules.

**Getz** Stanley, dit Stan (Philadelphie, 1927 – Los Angeles, 1991), saxophoniste de jazz américain, créateur d'un quartet : *Jazz Samba* (1961).

**Geulincx** Arnold (Anvers, 1624 – Leyde, 1669), philosophe flamand néo-cartésien : *Metaphysica vera, Ethica, Physica vera*.

**Gevaert** François Auguste (baron) (Huysse, Flandre-Orientale, 1828 – Bruxelles, 1908), compositeur et musicologue belge.

**Gévaudan** ensemble de plateaux cristallins du Massif central (alt. max. 1 500 m), proche de l'Aubrac. Élevage ovin et bovin ; forêts. – Entre 1765 et 1768, la *bête du Gévaudan* (sans doute un loup) tua 50 personnes. DER **gabalitain, aine** *a, n*

**gevrey-chambertin** *nm inv* Bourgogne rouge, très estimé. ETY D'un n. pr.

**gewurztraminer** *nm* VITIC Cépage blanc d'Alsace ; vin, fruité, issu de ce cépage. PHO [gevyʀtstʀaminœʀ] ETY Mot all.

**gex** *nm* Fromage de vache AOC, à moisissures internes, fabriqué dans le Jura.

**Gex** ch.-l. d'arr. de l'Ain, au pied du Jura, à 650 m d'alt. ; 11 200 hab. – Le petit *pays de Gex* fut réuni à la France en 1601. Cette rég. constitue auj. une zone franche. (DER) **gexois, oise** *a, n*

**geyser** *nm* Source chaude caractérisée par une projection intermittente d'eau, accompagnée de dégagement de vapeur. (PHO) [ʒezɛʀ] (ETY) Mot angl., de l'islandais.

**geysérite** *nf* Variété fibreuse et spongieuse d'opale qui se forme dans les dépôts des geysers.

**Gezelle** Guido (Bruges, 1830 – id., 1899), prêtre et poète belge d'expression néerlandaise : *Collier de rimes* (1897).

**Gezireh (la)** région du Soudan, entre le Nil Blanc et le Nil Bleu (culture du coton).

**Ghab** dépression du N.-O. de la Syrie, où coule l'Oronte. (VAR) **Rhab**

**Ghadamès** oasis de Libye, dans le Fezzan occid., 7 500 hab. (VAR) **Rhadamès**

**Ghāghra** → **Gogra.**

**Ghālib** Mirza Asad ullah Khān (Āgra, 1796 – Delhi, 1869), poète musulman de l'Inde. Mystique et lyrique, il a écrit en persan et en urdu. Sa *Correspondance* (1869) a exercé une grande influence.

**Ghana** (royaume puis empire du) le plus ancien État d'Afrique noire connu par les historiens situé entre les fleuves Sénégal et Niger. Il dut sa richesse à ses mines d'or (haut Sénégal et haut Niger) et au commerce transsaharien. Mis à part ce fait fondamental, on sait peu de chose sur le Ghana, État qui fut constitué par des Sarakholés (dits aussi Soninkés), probablement au VIIIe s., peut-être avant. À la fin du Xe s., cet État puissant grâce à sa cavalerie soumit Aoudaghost, qui devint son princ. centre caravanier, mais qui fut pris par les Almoravides en 1054. En 1077, le royaume susu se libéra de l'emprise du Ghana, qui se disloqua. Au début du XIIIe s., les Susus, conduits par Soumangourou Kanté, s'emparèrent de cet empire affaibli mais furent vaincus en 1235 par le Mandingue Soundiata Keita, qui acheva en 1240 la conquête du Ghana et fonda l'empire du Mali. – Le nom de Ghana a été repris en 1957 par la Côte-de-l'Or, première colonie d'Afrique subsaharienne qui accéda à l'indépendance, pour commémorer le « premier » État africain bien que son territoire ne fût pas celui de l'anc. empire.

**Ghana** (république du) (*Republic of Ghana*), anc. *Côte-de-l'Or* (en angl. *Gold Coast*), État d'Afrique occid. ; 238 540 km$^2$ ; 27 millions d'hab., accroissement naturel : 2,5 % par an ; cap. *Accra*. Nature de l'État : république membre du Commonwealth. Langue off. : angl. Monnaie : cedi. Princ. ethnies : Ashantis, Dagombas, Éwés. Religions : christianisme (24,1 %), traditionnelles (38,2 %), islam (29,7 %). (DER) **ghanéen, enne** *a, n*

**Géographie** Des plateaux dominent les plaines littorales du S. et la cuvette de l'E., où le lac Volta (le plus grand lac artificiel du monde), collecte les eaux des Voltas noire, rouge, blanche, retenues par le barrage d'Akosombo. Au S.-O., le plateau Ashanti, humide et forestier, concentre la pop. Le S.-E. et le N., plus secs, sont peu peuplés. L'urbanisation est faible.

**Économie** L'agriculture et l'industrie sont en progrès et le tourisme en essor. Aux exportations de cacao, d'or et de bois, s'ajoutent désormais des fruits, du maïs, de l'aluminium et du pétrole. Adopté en 1983, le programme d'ajustement structurel du FMI, a provoqué la croissance. Le pays constitue un exemple en Afrique subsaharienne. En 2000, les investissements étrangers ont repris et le pays a connu une croissance économique significative.

**Histoire** Après les Portugais (XVe s.), Hollandais, Danois, Prussiens et Anglais s'installent, dès le XVIe s, dans cette rég., où sévit le trafic des esclaves. Elle devient colonie britannique en 1874, mais les Ashantis ne sont soumis qu'en 1901. La Côte-de-l'Or est la première colonie africaine qui obtient son indépendance, en 1957, sous le nom de Ghana. Leader du pays dep. 1951, K. Nkrumah se fait le champion du panafricanisme (conférence d'Accra, déc. 1958). Il proclame la rép. au sein du Commonwealth (1960). Son autoritarisme et la régression écon. suscitent un coup d'État militaire (février 1966). Sa succession connaît de multiples péripéties, jusqu'à la dictature du général Acheampong (1972-1978), renversé par le général Akuffo. En juin 1979, un Conseil révolutionnaire des forces armées, conduit par le capitaine Jerry Rawlings, prend le pouvoir et le remet en sept. aux civils ; le docteur Hilla Limann est élu président. En déc. 1981, Jerry Rawlings reprend le pouvoir. Sa dictature redresse l'écon. (avec l'aide du FMI). En 1992, Rawlings instaure le multipartisme. En 1996, il remporte l'élection présidentielle. En 2000, il ne peut constitutionnellement se représenter. Le candidat de l'opposition, John Kufuor, lui succède. Fort de la croissance économique, il est réélu en déc. 2004. Le candidat de l'opposition, John Atta-Mills, est élu président en 2008. À sa mort en 2012, le vice-président John Dramani Mahama est élu président.

**Ghani** Ashraf (prov. du Logar, 1949), homme politique afghan. Prés. de la République depuis 2014.

**Gharb** plaine du N.-O. du Maroc, sur l'Atlantique, drainée par l'oued Sebou. (VAR) **Rharb**

**Ghardaïa** v. et oasis d'Algérie, dans le Mzab ; ch.-l. de la wil. du même nom ; 93 400 hab. Dattes. Tourisme.

Ghardaïa

**Ghatak** Ritwik (Dacca, 1925 – Calcutta, 1976), cinéaste indien : *l'Homme-auto* (1958), *l'Étoile cachée* (1960).

**Ghāts** chaînes côtières de l'Inde, sur les rebords occid. et orient. du Dekkan. Les *Ghāts occidentaux* sont les plus élevés (2 695 m. au mont

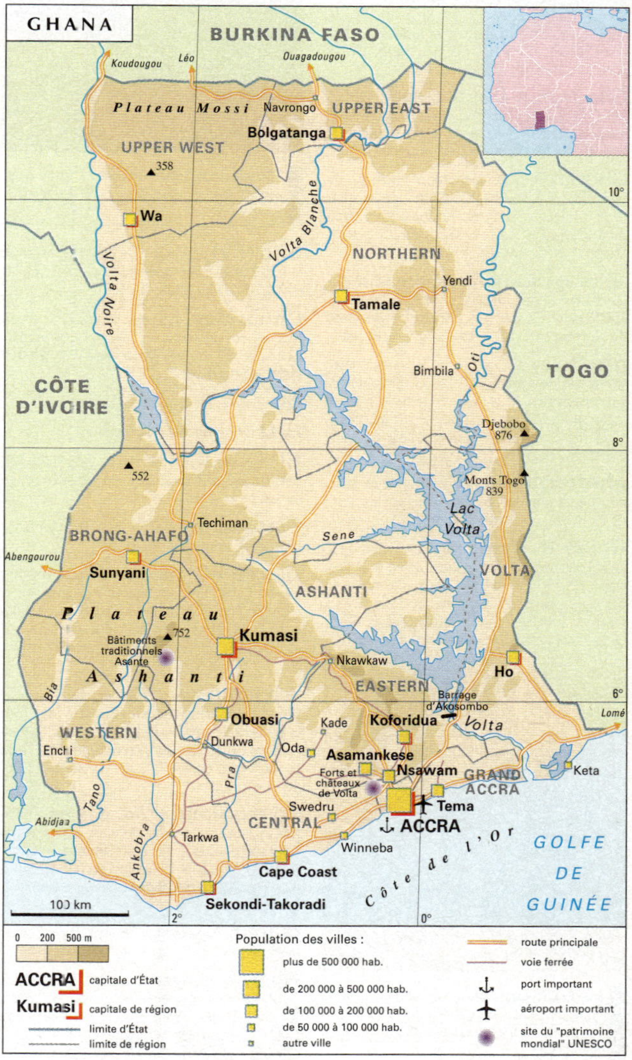

Aneimudi). Les *Ghats orientaux* s'étendent le long du golfe du Bengale. VAR **Ghâtes**

**Ghazali (al-)** dit **Algazel** (Tûs, Khorâsân, 1058 – id., 1111), philosophe, juriste et théologien arabe. Il enseigna à Bagdad, voyagea dans le Proche-Orient et s'installa à Damas, où il écrivit *Revivification des sciences de la religion*. Il revint à Bagdad et se retira à Tûs. Princ. œuvres : *Incohérence des philosophes* ; *Ce qui délivre de l'erreur, ô jeune homme !*

**Ghazawet** (*Nemours* de 1844 à 1962), v. d'Algérie (wilaya de Tlemcen) ; 29 790 hab. Port de pêche et de comm. Métallurgie.

**Ghaznévides** dynastie musulmane turque (Xe-XIIe s.) qui eut pour cap. *Ghaznî* (Afghânistân) et étendit, au XIe s., sa domination jusqu'en Iran et en Inde (Pendjab). Elle disparut au XIIe s. VAR **Rhaznévides** DER **ghaznévide** ou **rhaznévide** *a*

**GHB** *nm* Abrév. de *gamma-hydroxybutyrate*, drogue de synthèse euphorisante, utilisée par les culturistes, et surnommée « drogue du violeur ».

**Ghelderode** **Adhemar Martens,** dit **Michel de** (Ixelles, 1898 – Bruxelles, 1962), dramaturge belge d'expression française : *Don Juan* (1928), *Barabbas* (1931), *Fastes d'enfer* (1942), *la Farce des ténébreux* (1952).

**Gheorghiu-Dej** **Gheorghe** (Bîrlad, 1901 – Bucarest, 1965), homme politique roumain ; secrétaire général du parti communiste (1949) ; chef de l'État de 1961 à sa mort.

**Gherardesca** **Ugolino della,** dit **Ugolin** (m. à Pise en 1289), chef des gibelins de Pise qui régna par la terreur. Renversé, il mourut de faim en prison, avec ses enfants, que, selon Dante, il aurait tenté de dévorer.

**Gherassimov** **Alexandre Mikhaïlovitch** (Mitchourinsk, 1881 – Moscou, 1963), peintre soviétique ; principal représentant du réalisme socialiste : *Lénine à la tribune* (1932).

**ghetto** *nm* **1** Quartier où les juifs étaient contraints de résider. **2** Lieu où une minorité se trouve regroupée et isolée du reste de la population. **3 fig** Groupe social replié sur lui-même. *Ghetto intellectuel.* PHO [geto] ETY Mot ital., du n. d'un quartier de Venise.

**ghettoïsation** *nf* Évolution d'un quartier, d'une population, qui est coupé du reste de la société. DER **ghettoïser** *vt* 1

**Ghiberti** **Lorenzo** (Florence, 1378 – id., 1455), orfèvre, sculpteur et architecte italien. Il cisela de 1403 à 1424 la deuxième porte en bronze du baptistère de Florence et de 1425 à 1452 la troisième porte, qui marqua le début de la Renaissance. Il a laissé des *Commentaires*.

**Lorenzo Ghiberti** *Salomon et la reine de Saba*, bas-relief de la porte orientale du baptistère de Santa Maria del Fiore, bronze doré (1425-1450), Florence

**Ghil** **René** (Tourcoing, 1862 – Niort, 1925), poète français d'orig. belge, symboliste et expérimental : *Traité du verbe* (1886) ; *Dire du mieux* (9 vol., 1889-1897) ; *De la poésie scientifique* (1909).

**ghilde** → **guilde.**

**Ghilizane** (anc. *Relizane*), v. d'Algérie ; ch.-l. de la wilaya du même nom ; 130 000 hab. Pétrole dans la plaine du Chélif.

**Ghirlandaio** **Domenico di Tommaso Bigordi,** dit **Domenico** (Florence, 1449 – id., 1494), peintre italien qui a fait évoluer la perspective. VAR **Ghirlandajo**

**Domenico Ghirlandaio** *Portrait d'un vieillard et d'un jeune garçon*, 1488 – musée du Louvre

**Ghor (le)** dépression de Palestine, où coule le Jourdain et où se trouvent le lac de Tibériade (au N.) et la mer Morte (au S.).

**Ghourides** dynastie musulmane (XIIe-XIIIe s.) qui supplanta les Ghaznévides, prenant Ghaznî en 1151. VAR **Rhurides** DER **ghouride** ou **rhuride** *a*

**G8** → **G7.**

**GHz** PHYS Symbole du gigahertz.

**GI** *nm inv* **fam** Soldat américain. PHO [dʒiaj] ETY Sigle de l'angl. *Government Issue,* « fourniture du gouvernement ».

**Giacomelli** **Mario** (Senigallia, 1925 – id., 2000), photographe italien.

**Giacometti** **Alberto** (Stampa, Grisons, 1901 – Coire, 1966), sculpteur et peintre suisse. Venu en France (1921), il fut surréaliste (*l'Objet invisible*, 1934). À partir de 1943-1945, ses personnages en bronze sont filiformes et tourmentés.

**Gia Long** (Hui, 1762 – id., 1820), empereur du Viêt-nam (1802-1820). Avec l'appui de la France, il conquit la majeure partie du Viêt-nam actuel, fondant un nouvel empire, qu'il baptisa Viêt-nam en 1802. Il ouvrit son pays à l'influence française.

**Giambologna** **Giovanni da Bologna** (Douai [?], 1529 – Florence, 1608), sculpteur et architecte d'origine flamande ; maniériste : *Mercure volant* (1580). Il vécut à la cour des Médicis. VAR **Jean de Bologne** ou **de Boullongne**

**giaour** *nm* **anc** Infidèle chrétien, pour les musulmans turcs. PHO [zjaur] ETY Mot turc.

**Giap** **Vô Nguyên** (An Xa, 1912 – Hanoï, 2013), général et homme politique vietnamien. Il vainquit les Français à Diên Biên Phu (1954) ; ministre de la Défense de 1960 à 1980 (du Viêt-nam Nord, puis du Viêt-nam unifié).

**Giauque** **William Francis** (Niagara Falls, Canada, 1895 – Oakland, 1982), chimiste et physicien américain. Spécialiste des basses températures, il découvrit l'ozone en 1929. P. Nobel de chimie 1949.

**gibberella** *nf* BOT Champignon ascomycète parasite dont une espèce provoque le gigantisme du riz. PHO [zibeʀɛl(l)a] ETY Du lat. *gibbus,* « bosse ».

**gibbérilline** *nf* BOT Substance, sécrétée par des champignons, qui, appliquée sur une plante, provoque sa croissance démesurée.

**gibbeux, euse** *a* **didac** Qui a une bosse ; en forme de bosse. *Échine gibbeuse.* ETY Du lat. *gibbus,* « bosse ».

**gibbon** *nm* Singe anthropomorphe de l'Indochine et de la Malaisie, dépourvu de queue et à longs bras. ETY D'une langue de l'Inde.

**gibbon**

**Gibbon** **Edward** (Putney, 1737 – Londres, 1794), historien anglais. Son *Histoire de la décadence et de la chute de l'Empire romain* (1776-1788) a fait date.

**Gibbons** **Orlando** (Oxford, 1583 – Canterbury, 1625), organiste et compositeur anglais : motets, madrigaux, pavanes.

**Gibbons** **Cedric** (New York, 1893 – Los Angeles, 1960), décorateur américain de cinéma. Il aurait dessiné l'Oscar.

**gibbosité** *nf* **1 didac** Bosse produite par une déformation de la colonne vertébrale. **2** Saillie en forme de bosse.

**Gibbs** **James** (Aberdeen, 1682 – Londres, 1754), architecte anglais, influencé par le baroque italien : bibliothèque Radcliffe à Oxford (1739-1749).

**Gibbs** **Josiah Willard** (New Haven, Connecticut, 1839 – id., 1903), physicien américain ; pionnier de la thermodynamique.

**gibbule** *nf* Petit gastéropode à coquille nacrée fréquent sur les côtes rocheuses. ETY Du lat. *gibbus,* « bosse ».

**gibecière** *nf* **1** Sac que les chasseurs portent généralement en bandoulière et où ils placent le menu gibier. SYN carnassière. **2 vieilli** Cartable que les écoliers portent sur l'épaule. ETY De l'a. fr. *gibecier,* « aller à la chasse ».

**gibelin, ine** *n, a* HIST Dans l'Italie du XIIIe au XVe s., partisan de l'empereur romain germanique, par oppos. à *guelfe*.

**gibelotte** *nf* Fricassée de lapin au vin blanc. ETY De l'a. fr. *gibelet,* « plat d'oiseaux ».

**giberne** *nf* **anc** Boîte de cuir dans laquelle les soldats mettaient leurs cartouches.

**gibet** *nm* Potence servant à la pendaison. ETY Du frq.

**gibier** *nm* **1** Ensemble des animaux susceptibles d'être chassés. *Gibier à plume, à poil.* **2** Viande d'animal tué à la chasse. **LOC** ***Gibier de potence :*** individu malhonnête, digne de la potence. — ***Gros gibier :*** sangliers, cerfs, etc. ETY Du frq.

**giboulée** *nf* Pluie soudaine et brève, souvent mêlée de grêle ou de neige. *Giboulées de mars.*

**giboyeux, euse** *a* Qui abonde en gibier.

**Gibraltar (détroit de)** détroit qui unit l'Atlantique à la Méditerranée et sépare l'Espagne du Maroc ; largeur : 15 km ; profondeur : 350 m. – Nommé *colonnes d'Hercule* dans l'Antiquité.

**Gibraltar** territ. britannique, à l'extrémité mérid. de l'Espagne, sur le détroit du même nom ; 6 km$^2$ ; 29 000 hab. Port de guerre (base aéronavale) et de comm. Tourisme. Paradis fiscal. – Un rocher (423 m) surplombe la ville, le *djabal al-Tariq* (V. Tariq ibn Ziyad), qui a donné le nom *Gibraltar*. – Cette place stratégique, brit. depuis 1704, est revendiquée par l'Espagne.

Gibraltar

**Gibran Khalil** (en ar. Djubran Khalil Djubrān) (Bécharré, Liban, 1883 – New York, 1931), poète et peintre libanais. Sa prose poétique, en arabe et en angl., est mélancolique et colorée : *le Prophète* (en angl., 1923).

**Gibson Ralph** (Los Angeles, 1939), photographe américain.

**gibus** *nm* anc Chapeau haut de forme à ressorts, que l'on peut aplatir. SYN claque. PHO [ʒibys] ETY Du n. de l'inventeur.

**GIC** *n* Sigle de *grand invalide civil.* PHO [ʒeise]

**giclée** *nf* Jet de liquide qui gicle.

**gicler** *vi* ① Jaillir soudainement ou avec force, en éclaboussant, en parlant d'un liquide. ETY Du provenç. DER **giclement** *nm*

**gicleur** *nm* TECH Organe muni d'un dispositif spécial, calibré, destiné à régler le débit d'un combustible liquide.

Alberto Giacometti

**Gide Charles** (Uzès, 1847 – Paris, 1932), économiste français, théoricien du coopératisme. — **André** (Paris, 1869 – id., 1951), écrivain français, neveu du préc. D'abord symboliste : *les Cahiers d'André Walter* (1891), *Paludes* (1895), *les Nourritures terrestres* (1897), *Prométhée mal enchaîné* (1899). Il a parlé avec véracité de son homosexualité (*Corydon*, 1911-1924 ; *Si le grain ne meurt*, 1920-1924 ; *Journal* tenu de 1889 à 1949 ; *Et nunc manet in te*, posth., 1951), dénoncé le colonialisme (*Voyage au Congo*, 1927), le stalinisme (*Retour de l'URSS*, 1936, retouché en 1937). Il a abordé le récit (*l'Immoraliste*, 1902 ; *la Porte étroite*, 1909), le roman (*les Caves du Vatican*, « sotie », 1914 ; *la Symphonie pastorale*, 1919 ; *les Faux-Monnayeurs*, 1926), le théâtre (*Œdipe*, 1931). P. Nobel 1947. DER **gidien, enne** *a* ▶ illustr. p. 694

**GIE** *nm* Sigle de *groupement d'intérêt économique.*

**GIEC** sigle de *Groupe d'experts intergouvernemental sur l'évolution du climat*, institution de l'ONU chargée de synthétiser les travaux sur l'évolution du climat. P. Nobel de la paix 2007.

**Gielgud sir Arthur John** (Londres, 1904 – Aylesbury, 2000), metteur en scène de théâtre et acteur anglais (Shakespeare).

**Gien** ch.-l. de cant. du Loiret (arr. de Montargis), sur la Loire ; 15 200 hab. Vins ; faïencerie. – Chât. du XV$^e$ s. (musée de la chasse). DER **giennois, oise** *a, n*

**Giens (presqu'île de)** presqu'île du Var, liée au continent par deux langues de sable.

**Gier (le)** riv. de France (44 km), affl. du Rhône (r. dr.) ; conflue à Givors.

**Gierek Edward** (Porąbka, 1913 – Cieszyn, 2001), homme politique polonais ; chef du POUP (Parti ouvrier unifié polonais) de 1970 à 1980 ; emprisonné en 1981-1982.

**Giers Nikolaï Karlovitch de** (Radzivilov, 1820 – Saint-Pétersbourg, 1895), diplomate russe. Ministre des Affaires étrangères (1882-1895), il conclut l'alliance franco-russe (1891).

**Gieseking Walter** (Lyon, 1895 – Londres, 1956), pianiste allemand.

**Giessen** v. minière d'Allemagne (Hesse) ; 75 300 hab. – Université.

**Giffard Henry** (Paris, 1825 – id., 1882), ingénieur et aéronaute français. Il construisit en 1852 le premier dirigeable (propulsé par une hélice qu'entraînait un moteur à vapeur).

**gifle** *nf* **1** Coup donné sur la joue avec le plat ou le revers de la main. SYN claque. **2** fig Affront, humiliation. *Ce refus a été pour lui une gifle.* ETY Du frq.

**gifler** *vt* ① **1** Donner une gifle à qqn. **2** Frapper, fouetter. *Un vent qui gifle le visage.*

**Gif-sur-Yvette** ch.-l. de cant. de l'Essonne (arr. de Palaiseau), dans la vallée de Chevreuse ; 21 400 hab. CNRS. École supérieure d'électricité. DER **giffois, oise** *a, n*

**Gifu** v. du Japon (Honshū) ; 411 740 hab. ; ch.-l. du ken du m. nom. Célèbres fabriques de lanternes transparentes. Textiles.

**GIG** *n* Sigle de *grand invalide de guerre.* PHO [ʒeiʒe]

**giga-** Élément, du gr. *gigas, gigantos*, « géant », qui, placé devant une unité, la multiplie par un milliard (symbole : G).

**gigahertz** *nm* PHYS Unité de fréquence valant 1 milliard de hertz (symbole : GHz).

**gigantesque** *a* **1** Qui tient du géant. *Taille gigantesque.* ANT minuscule. **2** fig Qui dépasse de beaucoup la moyenne. *Entreprise gigantesque.* ETY De l'ital.

**gigantisme** *nm* **1** MED Affection caractérisée par un accroissement exagéré du squelette, dû à une hypersécrétion de l'hypophyse. **2** Caractère de ce qui est gigantesque. *Le gigantisme des villes américaines.* ETY Du lat. *gigas, gigantis*, « géant ».

**gigantomachie** *nf* MYTH Combat fabuleux des Géants contre les dieux de l'Olympe.

**gigantostracé** *nm* PALEONT Arthropode mérostome fossile de l'ordovicien au permien, d'abord marin, puis d'eau saumâtre ou douce, ressemblant à un gros scorpion.

**gigaoctet** *nm* Capacité de mémoire d'ordinateur équivalent à 1024 ($2^{10}$) mégaoctets.

**Gigi** roman de Colette (1944). ▷ CINE Films de : la Française Jacqueline Audry (1908 – 1977), en 1948, avec Danièle Delorme (1926 – 2015) ; V. Minnelli, en 1958, avec Leslie Caron.

**Gignoux Maurice** (Lyon, 1881 – Grenoble, 1955), géologue français (Alpes).

**gigogne** *a* Se dit de meubles, d'objets qui s'emboîtent les uns dans les autres. *Tables, poupées gigognes.* ETY De *Dame Gigogne*, personnage de théâtre.

**gigolo** *nm* fam Jeune amant d'une femme plus âgée qui l'entretient. ETY De *gigue*, « jambe ».

**gigondas** *nm* Côtes-du-Rhône AOC rouge, corsé et puissant. ETY D'un n. pr.

**gigot** *nm* Cuisse de mouton, d'agneau, de chevreuil, coupée pour la table. **LOC** ***Manches gigot :*** manches longues qui bouffent sur le haut du bras. ETY De l'a. fr. *gigue*, « instrument à cordes ».

**gigoter** *vi* ① fam Remuer en tous sens les membres, le corps. DER **gigotement** *nm*

**gigoteuse** *nf* Sorte de pyjama pour bébés, en forme de sac, dans lequel ils peuvent remuer les jambes. SYN turbulette.

**1 gigue** *nf* **1** VEN, CUIS Cuisse de chevreuil. **2** fam Jambe. **LOC** fam ***Grande gigue :*** grande fille dégingandée. ETY De *gigot.*

**2 gigue** *nf* **1** Danse au rythme vif, d'origine anglaise (XVI$^e$ s.), caractérisée par un mouvement rapide des jambes et des pieds. **2** MUS Air sur lequel on exécute cette danse. ETY De l'angl. *jig.*

**Gijón** port d'Espagne (Asturies), sur le golfe de Gascogne ; 274 300 hab. Centre industr.

**Gil Gilberto** (Salvador, Bahia, 1942), musicien brésilien, initiateur d'un mouvement contestataire, ministre de la Culture (de 2003 à 2008) dans le gouvernement Lula.

**Gilbert (îles)** → **Kiribati.**

**Gilbert William** (Colchester, 1544 – Londres, 1603), physicien et médecin anglais ; pionnier de l'électricité et du magnétisme.

**Gilbert Nicolas** (Fontenoy-le-Château, 1750 – Paris, 1780), poète français. Il mourut d'une chute de cheval (et non dans la misère, comme le veut Vigny dans *Stello*).

**Gilbert Walter** (Boston, 1932), chimiste américain. P. Nobel de chimie 1980 pour ses travaux sur les gènes, avec P. Berg et F. Sanger.

**Gilbert & George Gilbert Prousch** (Saint-Martin-de-Thurn, Italie, 1943) et **George Passmore** (Plymouth, 1942), dits, artistes anglais. Œuvre qui emprunte à l'art conceptuel et à l'art corporel.

**Gil Blas de Santillane (Histoire de)** roman picaresque de Lesage (1715-1735).

**Gilbreth Frank Bunker** (Fairfield, Maine, 1868 – Montclair, New Jersey, 1924), promoteur américain de l'organisation du travail.

**Gilda** film de Charles Vidor, en 1946, avec Rita Hayworth et Glenn Ford.

**Gildas (saint)** dit **le Sage** (Dumbarton, Écosse, v. 500 – île d'Houat, Morbihan, 570), missionnaire britannique, auteur du premier ouvrage hist. sur la G.-B. Il fonda un monastère à Rhuis (Morbihan).

**gilet** *nm* **1** Veste courte et sans manches que les hommes portent sous un veston. **2** Veste à manches longues, en tricot. **3** vieilli Sous-vêtement couvrant le torse. *Gilet de flanelle.* **LOC** ***Gilet de sauvetage*** : brassière de sécurité maintenant hors de l'eau la tête d'une personne immergée. — ***Gilet pare-balles*** : gilet de protection à l'épreuve des balles. ETY Du turc, par l'esp.

**giletier, ère** *n* Personne qui confectionne des gilets.

**Gilgal** → **Galgala.**

**Gilgamesh** roi sumérien du III^e millénaire. Composée vers 1700 av. J.-C., son épopée (où se trouve le premier récit du Déluge) a d'abord été connue par les tablettes de la bibliothèque d'Assurbanipal à Ninive. Depuis, de nombreux fragments ont complété ce texte.

**Gilioli** Émile (Paris, 1911 – id., 1977), sculpteur français abstrait.

**Gillard** Julia (Barry, R.-U., 1961), femme politique australienne (Parti travailliste). Premier ministre de 2010 à 2013.

**Gillebert** → **Gislebert.**

**Gilles (saint)** moine athénien qui fonda v. 700 l'abbaye et la ville de Saint-Gilles, à l'O. d'Arles.

**Gilles** Jean, dit de Tarascon (Tarascon, 1669 – Avignon, 1705), compositeur français : *Messe des morts.*

**Gilles** personnage du théâtre de foire, tendre et naïf (du nom de *Gilles le Niais,* qui créa le rôle au XVII^e s.). ▷ *Gilles,* peinture de Watteau (1721, Louvre) dont le titre est auj. *Pierrot,* qui représente peut-être Watteau lui-même. VAR **Gille**

**Gillespie** John Birks, dit Dizzy (Cheraw, Caroline du Sud, 1917 – Englewood, New Jersey, 1993), trompettiste, chanteur et chef d'orchestre de jazz américain (école « be-bop »).

**Gilolo** → **Halmahera.**

**Gilson** Étienne (Paris, 1884 – Cravant, Yonne, 1978), philosophe français, exégète de Thomas d'Aquin.

**gimmick** *nm* fam Gadget, objet destiné à attirer l'attention. PHO [gimik] ETY Mot amér.

**Gimone (la)** riv. du Bassin aquitain, née sur le plateau de Lannemezan (122 km), affl. de la Garonne (r. g.).

**gin** *nm* Eau-de-vie de grain aromatisée au genièvre. PHO [dʒin] ETY Mot angl.

**gin-fizz** *nm inv* Cocktail au gin et au jus de citron, additionné d'eau gazeuse. PHO [dʒinfiz]

**gingembre** *nm* Plante herbacée (zingibéracée) originaire d'Asie, dont le rhizome donne un condiment à la saveur piquante. ETY D'un mot indien, par le lat.

**gingival, ale** *a* ANAT Relatif aux gencives. PLUR gingivaux. ETY Du lat. *gingiva,* « gencive ».

**gingivite** *nf* MED Inflammation des gencives.

**ginguet** *am, nm* **LOC** rég ***Vin ginguet*** : légèrement aigre. *Boire du ginguet.* ETY De *guinguer,* « sauter ».

**ginkgo** *nm* Arbre (préphanérogame) originaire de Chine aux feuilles en éventail, appelé aussi *arbre aux quarante écus.* PHO [ʒinko] ou [ʒɛ̃ko] ETY Mot chinois. VAR **ginkyo**

**Ginsberg** Allen (Newark, New Jersey, 1926 – New York, 1997), poète américain de la « beat generation » : *Howl* (1956), *Kaddish* (1961), *Cosmopolitan Greetings* (1994).

**ginseng** *nm* **1** Plante herbacée (araliacée) originaire de Chine. **2** Racine de cette plante ; médicament, drogue que l'on tire de cette racine. *Les propriétés toniques du ginseng.* PHO [ʒinsɑ̃g] ou [dʒinsɛŋ] ETY Mot chinois.

**Ginzburg** Carlo (Turin, 1939), historien italien des mentalités ; *Mythes, emblèmes, traces : morphologie et histoire* (1986).

**Gioberti** Vincenzo (Turin, 1801 – Paris, 1852), homme politique italien ; partisan d'une fédération italienne présidée par le pape.

**Giolitti** Giovanni (Mondovi, 1842 – Cavour, 1928), homme politique italien. Il dirigea de nombr. gouv. entre 1892 et 1921.

**Giono** Jean (Manosque, 1895 – id., 1970), romancier français ; chantre de la haute Provence : *Colline* (1929), *Un de Baumugnes* (1929), *Regain* (1930), *le Hussard sur le toit* (1951).

André Gide

Jean Giono

**Giordano** Luca (Naples, 1634 – id., 1705), peintre italien de tendance baroque

**Giorgi** Giovanni (Lucques, 1871 – Castiglioncello, 1950), physicien italien ; créateur du système d'unités MKSA (mètre, kilogramme, seconde, ampère), auj. abandonné.

**Giorgione** Giorgio da Castelfranco, dit (Castelfranco Veneto, v. 1477 – Venise, 1510), peintre italien. Ses formes se diluent dans une atmosphère vaporeuse (*la Tempête,* Venise). Sa production est peu abondante ; *le Concert champêtre* (Louvre), fut achevé par Titien, son élève.

**Giotto di Bondone** (Colle di Vespignano, Mugello, v. 1266 – Florence, 1337), peintre, mosaïste et architecte italien. Élève de Cimabue, il s'éloigna du hiératisme byzantin et créa l'espace pictural à trois dimensions et aux personnages réalistes : *la Vie de saint François* (Assise, v. 1296-1299), *Scènes de la vie du Christ et de la Vierge* (chapelle des Scrovegni, Padoue, 1303-1305), *Scènes de la vie de saint François* (Santa Croce, Florence, apr. 1317). DER **giottesque** *a*

**Giovanni da Udine** (en fr. *Jean d'Udine*) (Udine, 1487 – Rome, 1564), peintre et stucateur italien. Il collabora avec Raphaël.

**Giovanni Pisano** (Pise, v. 1245 – Sienne [?], apr. 1314), sculpteur et architecte italien ; fils de Nicola Pisano ; maître d'œuvre du dôme de Sienne.

ginkgo

**GIR** *nm* Sigle de *groupement d'intervention régional,* structure policière rassemblant des policiers, des gendarmes, des fonctionnaires des impôts et des douanes.

**Gir** → **Giraud Jean.**

**girafe** *nf* **1** Grand mammifère ongulé ruminant des savanes africaines, au pelage roux réticulé de jaune, au long cou. **2** CINE Perche munie d'un microphone, servant aux prises de son. **LOC** fam ***Peigner la girafe*** : faire un travail long et absurde ; ne rien faire. ETY De l'ar. par l'ital.

**girafeau** *nm* Petit de la girafe. VAR **girafon**

girafe

**Giotto di Bondone** *le Baptême de Jésus,* fresque, 1303-1305 – chapelle des Scrovegni, Padoue

**Giorgione** *la Tempête,* v. 1507 – galerie de l'Académie, Venise

**Giralda (la)** tour de Séville (94 m), minaret d'une mosquée du XII$^{e}$ s.

la Giralda

**girandole** *nf* **1** Chandelier à plusieurs branches. **2** Assemblage de diamants porté en pendant d'oreille. **3** Guirlande de lanternes, d'ampoules électriques. ETY De l'ital.

**Girard** Philippe de (Lourmarin, Provence, 1775 – Paris, 1845), industriel français ; inventeur d'une machine à filer le lin (1810).

**Girard** René (Avignon, 1923 – Stanford, 2015), philosophe et anthropologue français, analyste des mythes et fictions romanesques : *la Violence et le Sacré* (1972). Acad. fr. (2005).

**Girardin** Émile de (Paris, 1806 – id., 1881), journaliste et homme politique français ; l'un des fondateurs de la presse moderne. — **Delphine Gay** (Aix-la-Chapelle, 1804 – Paris, 1855), épouse du préc., écrivit des chroniques parisiennes.

**Girardon** François (Troyes, 1628 – Paris, 1715), sculpteur français, collaborateur de Le Brun à Versailles.

**Girart de Vienne** chanson de geste (fin XII$^{e}$-déb. XIII$^{e}$ s.) : Girart défie Charlemagne qui assiège Vienne (Isère).

**girasol** *nm* MINER Variété d'opale aux reflets rouges et bleus. PHO [ʒiʀasɔl] ETY De l'ital.

**giration** *nf* didac Mouvement giratoire.

**giratoire** *a, nm* **A** *a* Se dit d'un mouvement circulaire. *Sens giratoire.* **B** *nm* Carrefour aménagé en rond-point. *L'automobiliste arrivant à un giratoire n'a pas la priorité.* ETY Du lat. *gyrare*, « tourner ».

**Giraud** Henri (Paris, 1879 – Dijon, 1949), général français. Fait prisonnier par les Allemands en 1940, il s'évada (1942) et partit pour Alger, où de Gaulle l'évinça en 1943.

**Giraud** Jean (Nogent-sur-Marne, 1938 – Paris, 2012), dessinateur et scénariste français de bandes dessinées, créateur du personnage du lieutenant Blueberry (sous le nom de **Gir**) et de séries de science-fiction (l'*Incal*) sous le nom de **Moebius**.

**Giraudoux** Jean (Bellac, 1882 – Paris, 1944), écrivain et diplomate français : *Suzanne et le Pacifique* (1921), *Siegfried et le Limousin* (1922), *Bella* (1926), etc. Théâtre : *Siegfried* (1928), *La guerre de Troie n'aura pas lieu* (1935), *Électre* (1937), *la Folle de Chaillot* (posth., 1945).

Jean Giraudoux

**giraumon** *nm* Variété de courge. VAR **giraumont**

**giraumonade** *nf* Purée épicée de giraumon (cuisine antillaise).

**giravion** *nm* AVIAT Aéronef à voilure tournante (autogyre, hélicoptère, etc.).

**girelle** *nf* Petit poisson téléostéen côtier de Méditerranée, dont le mâle se distingue par des couleurs vives. ETY Du provenç.

**girie** *nf* fam, vieilli **A** Jérémiade. **B** *nfpl* Manières affectées ETY De l'a. fr. *girer*, « tourner ».

**girl** *nf* Danseuse d'une troupe de music-hall. PHO [gœʀl] ETY Mot angl.

**Giro (il)** le Tour cycliste d'Italie créé en 1909. Le leader porte un maillot rose.

**Girod** Paul (Fribourg, Suisse, 1878 – Cannes, 1951), industriel français ; pionnier de l'électrométallurgie à Ugine en 1908.

**Girodet-Trioson** Anne Louis Girodet de Roucy, dit (Montargis, 1767 – Paris, 1824), peintre français néoclassique.

**girofle** *nm* Bouton floral du giroflier, appelé plus souvent *clou de girofle* et employé comme épice. ETY Du gr.

girofle

**giroflée** *nf* Plante vivace (crucifère) ornementale, à fleurs très odorantes.

**giroflier** *nm* Arbre toujours vert (myrtacée), originaire des Moluques, qui produit le girofle.

**girolle** *nf* Champignon basidiomycète comestible très recherché, de couleur jaune orangé. VAR **girole** ▶ pl. champignons

**giron** *nm* **1** Partie du corps allant de la ceinture aux genoux, quand on est assis. *Se réfugier dans le giron maternel.* **2** CONSTR Profondeur d'une marche d'escalier, mesurée au milieu de la marche. **3** HERALD Pièce triangulaire dont la pointe aboutit au centre de l'écu. ETY Du frq.

**girond, onde** *a* **1** fam Joli, bien fait, en parlant d'une femme. **2** Bien en chair.

**Gironde (la)** estuaire (75 km) formé par la Garonne et la Dordogne, après leur confluence au bec d'Ambès.

**Gironde** dép. franç. (33) ; 10 000 km$^{2}$ ; 1 505 500 hab. ; 150,6 hab./km$^{2}$ ; ch.-l. *Bordeaux* ; ch.-l. d'arr. *Blaye, Langon, Lesparre-Médoc* et *Libourne*. V. Aquitaine. DER **girondin, ine** *a, n* ▶ carte p. 696

**girondin** → **Gironde et Girondins.**

**Girondins (les)** sous la Révolution, groupe de députés plus tard nommés ainsi (V. *Histoire des Girondins* de Lamartine, 1847) parce que certains étaient des élus de la Gironde (Vergniaud, Guadet, Gensonné) ; on les nommait alors *Brissotins*, leur leader étant Brissot. Autres membres : Roland, Condorcet, Pétion de Villeneuve, Isnard. Ils se réunissaient dans le salon de M$^{me}$ Roland et fréquentaient le club des Jacobins. Ils siégèrent à gauche dans l'Assemblée législative, où ils disputèrent le pouvoir aux Feuillants. Ils appelèrent le peuple à manifester le 20 juin 1792. Après le 10 août, leur action révolutionnaire s'émoussa. À la Convention (dite d'abord *girondine*), les Montagnards les tinrent responsables des défaites du printemps 1793. Les émeutes parisiennes des 31 mai-2 juin 1793, dirigées contre eux, aboutirent à leur mise hors la loi : 21 Girondins furent exécutés le 31 oct. ; plus. autres se suicidèrent (notam. Roland et Pétion). DER **girondin, ine** *a*

**gironné, ée** *a* En forme de trapèze.

**Girotte (la)** lac des Alpes (Hte-Savoie), à 1 720 m d'alt. Réservoir hydroélectrique.

**girouette** *nf* **1** Plaque mobile autour d'un axe vertical servant à indiquer la direction du vent. **2** fig, fam Personne versatile. ETY De l'anc. normand.

**gisant, ante** *a, nm* **A** *a* litt Qui gît. *Un blessé gisant sur la route.* **B** *nm* Bx-A Effigie couchée, sculptée sur un tombeau. ETY De *gésir.*

**Giscard d'Estaing** Valéry (Coblence, 1926), homme politique français. Ministre de l'Économie et des Finances (1962-1966 et 1969-1974). Élu président de la Rép. en 1974, grâce au ralliement de J. Chirac, il choisit celui-ci pour Premier ministre puis, en août 1976, Raymond Barre. Candidat à un second septennat, il fut battu par Fr. Mitterrand en mai 1981. Acad. fr. (2003). DER **giscardien, enne** *a, n*

**Giscon** (III$^{e}$ s. av. J.-C.), général carthaginois tué v. 239 av. J.-C. par des mercenaires révoltés.

**giselle** *nf* Mousseline imitant la guipure.

**Giselle** (ou *les Wilis*), ballet romantique en 2 actes (1841) d'Adolphe Adam (1803 – 1856), chorégr. de J. Perrot et J. Coralli.

**gisement** *nm* **1** Disposition d'un amas minéral, d'un filon dans le sol. SYN gîte. **2** fig Public, clientèle visés par un média, une entreprise. **3** fig Richesses potentielles pouvant être exploitées. **4** MAR, AVIAT Angle formé par une direction avec l'axe du bateau ou de l'avion. ETY De *gésir.*

**Gish** Lillian (Springfield, 1896 – New York, 1993), actrice américaine. Vedette de Griffith (*Naissance d'une nation*, 1915 ; *Intolérance*, 1916 ; *le Lys brisé*, 1919 ; *À travers l'orage*, 1920), de Sjöström (*le Vent*, 1928), de Laughton (*la Nuit du chasseur*, 1955), elle tourna jusqu'en 1987.

**Gislebert** (XII$^{e}$ s.), sculpteur de l'école romane bourguignonne : tympan de la cathédrale d'Autun. VAR **Gislebertus** ou **Gillebert**

**Gisors** ch.-l. de cant. de l'Eure, sur l'Epte ; 11 500 hab. – Vest. d'un château fort (XI$^{e}$-XII$^{e}$ s.). Église St-Gervais-et-St-Protais (XIII$^{e}$-XVI$^{e}$ s.). DER **gisorsien, enne** *a, n*

**Gissing** George Robert (Wakefield, 1857 – Saint-Jean-de-Luz, 1903), romancier anglais : *la Rue des meurt-de-faim* (1891).

**gît** → **gésir.**

**Gitaï** Amos (Haifa, 1950), cinéaste israélien : *Kaddosh* (1998), *Kippour* (2000).

**gitan, ane** *n, a* **A** Bohémien d'Espagne. **B** *nf* Cigarette brune de marque française. ETY De l'esp. *gitano*, de *Egiptano*, « Égyptien ».

**gîte** *n* **A** *nm* **1** Lieu où l'on demeure, où l'on couche. **2** Lieu où se retire le lièvre. **3** En boucherie, morceau de bœuf correspondant à la partie inférieure de la cuisse. **4** GEOL Syn. de *gisement.* **B** *nf* MAR Inclinaison d'un navire sur le côté. *Prendre, donner de la gîte.* LOC *Gîte d'étape :* lieu aménagé, destiné à accueillir des randonneurs. — *Gîte rural :* logement destiné à recevoir des hôtes payants en milieu rural. ETY De *gésir.* VAR **gite**

**gîter** *vi* ① **1** vieilli Demeurer, trouver refuge. *Le lièvre gîte dans les buissons.* **2** MAR En parlant d'un navire, s'incliner sur un bord. VAR **giter**

**gîtologie** *nf* Science qui étudie les gisements (ou gîtes) de minerais exploitables.

**giton** *nm* litt Jeune homosexuel entretenu. ETY De *Giton*, personnage du *Satiricon* de Pétrone.

**Giuliano da Maiano** (Maiano, 1432 – Naples, 1490), architecte et sculpteur italien, successeur de Brunelleschi : palais Spannochi, à Sienne ; cathédrale de Faenza. — **Benedetto**

**da Maiano** (Maiano, 1442 – Florence, 1497), frère et collab. du préc., il entreprit le palais Strozzi à Florence.

**Giulini** Carlo Maria (Barletta, 1914 – Brescia, 2005), chef d'orchestre italien.

**Giulio Romano** → **Romain.**

**Giunta** famille d'imprimeurs florentins des XVe et XVIe s. VAR **Junte** ou **Zonta**

**Giusti** Giuseppe (Monsummano, 1809 – Florence, 1850), poète satirique italien, hostile à la domination de l'Autriche.

**Giverny** com. de l'Eure (arr. d'Évreux) ; 524 hab. Propriété de Monet, qui y peignit les *Nymphéas*. DER **givernois, oise** *a, n*

**Givet** ch.-l. de cant. des Ardennes (arr. de Charleville-Mézières), port sur la Meuse ; 6 876 hab. Industries. DER **givetois, oise** *a, n*

**Givors** ch.-l. de cant. du Rhône (arr. de Lyon), sur le Rhône ; 19 442 hab. DER **givordin, ine** *a, n*

**givrage** *nm* Formation de givre sur les ailes d'un avion, sur le pare-brise d'un véhicule, etc.

**givrant, ante** *a* LOC METEO ***Brouillard givrant :*** qui conduit à la formation de givre.

**givre** *nm* **1** Mince couche de glace qui se forme par condensation du brouillard sur une surface. **2** CHIM Couche de glace qui se produit à la surface des récipients à la suite d'un refroidissement dû à l'évaporation d'un liquide ou à la détente d'un gaz. ETY D'orig. prélatine.

**givré, ée** *a* **1** Couvert de givre. *Pare-brise givré.* **2** Se dit d'un fruit dont l'intérieur est fourré de glace. *Citron givré.* **3** fam Fou. LOC ***Verre givré :*** dont le bord est couvert de sucre en poudre.

**givrer** *vt* 1 **1** Couvrir de givre. **2** Couvrir d'une substance ayant l'aspect du givre.

**givreux, euse** *a* TECH Se dit d'une pierre précieuse qui porte une givrure.

**givrure** *nf* TECH Petite tache, défaut d'une pierre précieuse. SYN glace.

**Gizeh** (en ar. *El-Djīzah*), v. d'Égypte, sur la rive gauche du Nil, banlieue résidentielle du Caire ; 1 870 510 hab. ; ch.-l. du gouvernorat du m. nom. – Au sortir de la ville s'élèvent les grandes pyramides (Chéops, Chéphren, Mykérinos) et le grand sphinx.

**Gizeh** le grand sphinx et la pyramide de Chéphren, IVe dynastie.

**Gjellerup** Karl (Roholte, 1857 – Klotzsche, 1919), écrivain danois spiritualiste. Romans : *le Moulin* (1896), *les Amis de Dieu* (1916). Tragédie : *Brunehilde* (1884). P. Nobel en 1917.

**glabelle** *nf* ANAT Espace situé entre les deux arcades sourcilières ETY Du lat. *glaber,* « glabre ». DER **glabellaire** *a*

**Glaber** Raoul (?, v. 1000 – ?, v. 1050), auteur bourguignon d'une chronique qui couvre le Xe s. et la prem. moitié du XIe s.

**glabre** *a* **1** Dépourvu de poils, de duvet. *Feuille glabre.* **2** Imberbe. *Visage glabre.*

**glaçant, ante** *a* fig Qui rebute par sa froideur. *Un ton glaçant.*

**glace** *nf* **1** Eau solidifiée par l'action du froid. *La densité de la glace est égale à 0,917 à 0 °C.* **2** Canada Glaçon. *Servir de l'eau avec de la glace.* **3** Surface recouverte de glace sur laquelle on pratique certains sports, notam. le hockey. **4** Crème aromatisée servie congelée. *Glace à la vanille.* **5** CUIS En pâtisserie, mélange de sucre glace et de blanc d'œuf dont on recouvre certains gâteaux et friandises. **6** Jus de viande réduit. **7** Plaque de verre épaisse. *Laver les glaces d'une voiture.* **8** Miroir. *Se regarder dans une glace.* **9** En joaillerie, tache mate dans une pierre. LOC ***Rester de glace :*** très réservé. — ***Rompre la glace :*** faire cesser la réserve, la gêne. ETY Du lat.

**Glace (mer de)** grand glacier du massif du Mont-Blanc (Haute-Savoie), long de 14 km.

la **mer de Glace**

**glacé, ée** *a* **1** Gelé. *Rivière glacée.* **2** Très froid. *Avoir les mains glacées.* **3** fig Hostile ou indifférent. *Politesse glacée.* ANT chaleureux. **4** TECH Brillant. *Papier glacé.* **5** CUIS Recouvert de sucre glace et de blanc d'œuf. *Marrons glacés.*

**glacer** *vt* 12 **1** Convertir en glace, congeler. **2** Causer une vive sensation de froid à. *La bise nous glaçait le visage.* **3** fig Paralyser, décourager par sa froideur. *Son abord vous glace.* **4** Frapper de stupeur. *Glacer d'effroi.* **5** TECH Donner une apparence brillante à un papier, une étoffe. **6** CUIS Recouvrir d'une couche de sucre, de jus, de gelée. DER **glaçage** *nm*

**glacerie** *nf* Syn. de *miroiterie.*

**glaceux, euse** *a* En joaillerie, se dit d'une pierre qui a des taches. SYN givreux.

**glaceuse** *nf* TECH Appareil servant à glacer les épreuves photographiques.

**glaciaire** *a* Relatif à un glacier, à une glaciation. *Calotte glaciaire. Période glaciaire.*

**glaciairiste** → **glaciériste.**

**glacial, ale** *a* **1** Extrêmement froid, glacé. *Vent glacial.* **2** fig D'une grande froideur, hostile. *Accueil glacial.* ANT chaleureux. PLUR glacials ou glaciaux. DER **glacialement** *av*

**glaciation** *nf* GEOL Période pendant laquelle les glaciers ont recouvert une région.

ENC L'étude des sédiments glaciaires alpins a permis d'établir l'existence de quatre glaciations durant le quaternaire européen. Ce sont, de la plus ancienne à la plus récente : le *Günz,* le *Mindel,* le *Riss,* le *Würm* (des noms de quatre affluents du Danube). Pendant les trois périodes interglaciaires, le retrait des glaciers s'est accompagné d'un réchauffement du climat.

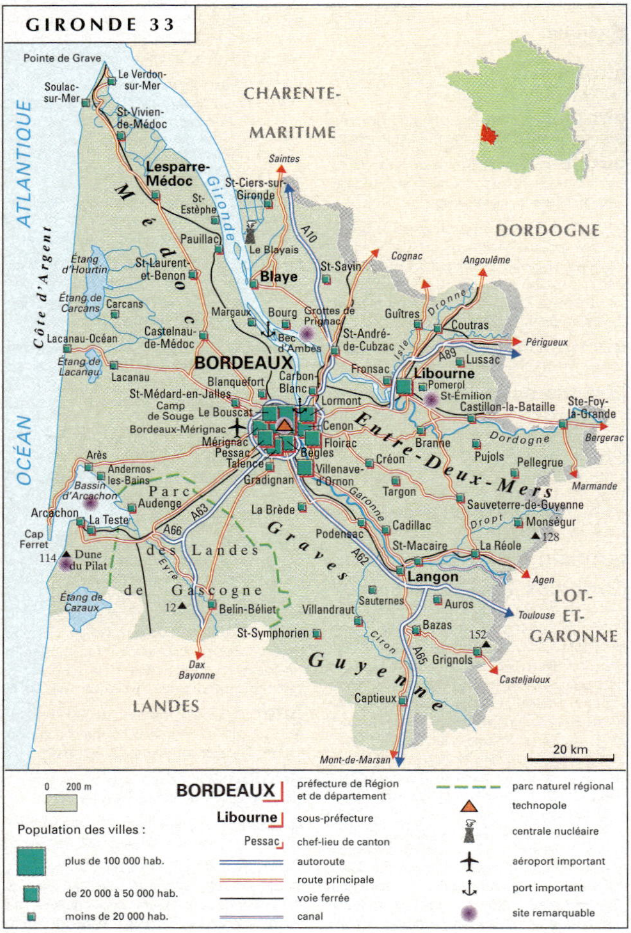

**glaciel, elle** *a, nm* **A** *a* GEOGR Qui concerne les glaces flottantes (icebergs, banquise). **B** *nm* Ensemble de glaces flottantes.

**1 glacier** *nm* Vaste masse de glace formée en montagne ou dans les régions polaires par l'accumulation de la neige.

**2 glacier** *nm* Personne qui confectionne, qui vend des glaces, des sorbets.

**glacière** *nf* **1** Appareil refroidi par de la glace, servant à conserver des denrées. **2** fig, fam Lieu où il fait très froid.

**glaciériste** *n* Alpiniste spécialiste de l'escalade de paroi de glace. VAR **glaciairiste** DER **glaciérisme** *nm*

**glaciologie** *nf* didac Science des glaciers et des régions englacées. DER **glaciologique** *a* – **glaciologue** *n*

**1 glacis** *nm* **1** FORTIF Pente douce allant de la crête d'une fortification jusqu'au sol. **2** POLIT Zone de protection constituée par des pays liés à une puissance. **3** GEOL Pente douce et unie. **4** ARCHI Pente prévue dans une corniche pour l'écoulement des eaux.

**2 glacis** *nm* Bx-A Très mince couche de peinture, destinée à jouer par transparence avec la couleur sèche du fond sur laquelle on la pose.

**glaçon** *nm* **1** Morceau de glace. *La rivière charrie des glaçons. Un verre d'eau avec des glaçons.* **2** Canada Accumulation de glace en forme de stalactite sur le bord d'un toit, d'une surface quelconque. **3** fig Personne froide, sans enthousiasme.

**glaçure** *nf* TECH Enduit vitrifié recouvrant les poteries.

**gladiateur** *nm* ANTIQ ROM Homme qui combattait dans l'amphithéâtre pour le divertissement du peuple. ETY Du lat.

**Gladstone** William Ewart (Liverpool, 1809 – Hawarden, Flintshire, 1898), homme politique britannique ; chef du parti libéral (1865), Premier ministre (1868-1874, 1880-1885, 1886, 1892-1894). Il accomplit des réformes sociales et prôna la paix. En 1886, il ne put établir le Home Rule pour l'Irlande.

**glagolitique** *a* Se dit d'un ancien alphabet slave des Balkans. ETY Du slavon *glagol*, « parole ».

**glaïeul** *nm* Plante ornementale (iridacée), à longues feuilles pointues. PHO [glajœl] ETY Du lat. *gladius*, « glaive ».

**glaire** *nf* **1** Blanc d'œuf cru. **2** MED Sécrétion, normale ou pathologique, d'un liquide incolore filant par les muqueuses. *Glaires intestinales.* ETY Du lat. *clarus*, « clair ». DER **glaireux, euse** *a*

**glairer** *vt* ① TECH Frotter le cuir de la couverture d'un livre avec une préparation à base de blanc d'œuf, avant de la lustrer ou de la dorer.

**glaise** *nf, a* Terre argileuse. ETY Du gaul. DER **glaiseux, euse** *a*

**glaiser** *vt* ① **1** Enduire de glaise. *Glaiser un bassin pour qu'il tienne l'eau.* **2** Amender une terre avec de l'argile.

**glaisière** *nf* Lieu d'où l'on tire la glaise.

**glaive** *nm* Courte épée à deux tranchants. ETY Du lat.

**Glåma (le)** → **Glommen.**

**Glamorgan** région du pays de Galles, anc. comté divisé auj. en 3 comtés : Mid Glamorgan, South Glamorgan et North Glamorgan.

**glamour** *nm, a* **A** *nm* Charme sophistiqué, plein de sensualité. **B** *a* fam Séduisant. *Un film glamour.* ETY Mot angl.

**glamoureux, euse** *a* Caractérisé par le glamour, le charme, la séduction. DER **glamoureusement** *av*

**glamouriser** *vt* ① Rendre glamour, charmant, séduisant. *Éviter de glamouriser la cigarette.* DER **glamourisation** *nf*

**gland** *nm* **1** Fruit du chêne, akène très riche en fécule, enchâssé dans une cupule. **2** Passementerie en forme de gland. **3** ANAT Portion terminale du pénis. **4** fam Sot, lourdaud. *Quel gland !* ETY Du lat.

**glandage** *nm* anc Droit de glandée.

**glande** *nf* **1** ANAT Organe sécréteur. **2** Ganglion lymphatique enflammé. LOC *Glandes endocrines* : qui sécrètent des hormones dans le sang (thyroïde, surrénales). — *Glandes exocrines* : dont le produit est excrété à l'extérieur du corps ou dans le tube digestif par un canal (glandes salivaires, lacrymales, etc.). — *Glandes mixtes* : à sécrétion double (exocrine et endocrine) telles que celles du foie et du pancréas. ETY Du lat. DER **glandulaire** ou **glanduleux, euse** *a*

**glandée** *nf* Récolte des glands.

**glander** *vi* ① très fam Ne rien faire, traîner, perdre son temps. VAR **glandouiller** DER **glandouille** *nf* – **glandeur** ou **glandouilleur, euse** *n*

**glandule** *nf* Petite glande.

**1 glane** *nf* **1** Quantité d'épis glanés après la moisson. **2** Fruits, oignons, etc, liés ensemble.

**2 glane** *nm* Grand silure des eaux douces d'Europe.

**glaner** *vt* ① **1** Ramasser dans les champs les produits du sol abandonnés après la moisson. **2** fig Ramasser, recueillir de-ci, de-là. *Glaner des renseignements.* ETY Du bas lat. DER **glanage** *nm* – **glaneur, euse** *n*

**Glanum** cité gauloise de l'époque hellénistique, puis ville gallo-romaine (détruite au V$^{e}$ s.) ; proche de Saint-Rémy-de-Provence.

**Glanum** maison des Antes

**glanure** *nf* AGRIC Ce que l'on glane.

**Glaoui** Madani al- (?, vers 1860 – Marrakech, 1918), seigneur de la tribu berbère des Glaoua. — **Thami-al-Glawi** (Telouet, vers 1875 – Marrakech, 1956), frère du préc., pacha de Marrakech, il fit déposer Mohammed V. VAR **Glawi**

**glapir** *vi* ③ **1** Émettre des jappements aigus et répétés en parlant du renard, des jeunes chiens, etc. **2** fig Crier, chanter d'une voix aigre. ETY De *glatir*. DER **glapissant, ante** *a* – **glapissement** *nm*

**glaréole** *nf* Oiseau charadriiforme qui vit dans les marais du sud de la France. SYN perdrix de mer. ETY Du lat. *glarea*, « gravier ».

**Glaris** (en all. *Glarus*), com. de Suisse, sur la Linth, dans les *Alpes de Glaris* ; 5 800 hab. ; ch.-l. du cant. du m. nom (684 km$^{2}$ ; 36 400 hab.). Textiles. Le cant. entra dans la Confédération en 1352. Zwingli fit de la v. un bastion de la Réforme. DER **glaronnais, aise** *a, n*

**glas** *nm* Tintement lent et répété des cloches pour annoncer des funérailles. LOC *Sonner le glas de* : annoncer la fin de. PHO [gla] ETY Du lat. *classicum*, « sonnerie de trompette ».

**Glaser** Donald Arthur (Cleveland, 1926), physicien américain. Il mit au point la chambre à bulles. P. Nobel 1960.

**Glasgow** v. et port d'Écosse (rég. de Strathclyde), sur la Clyde ; 696 570 hab. Princ. centre industr. et comm. de l'Écosse. – Université. Archevêché cathol. Cath. goth. (XIV$^{e}$ s.). Musée des beaux-arts. DER **glasvégien, enne** *a, n*

**Glashow** Sheldon Lee (New York, 1932), physicien américain. Il a fait progresser la théorie des quarks. P. Nobel 1979 avec A. Salam et S. Weinberg.

**glasnost** *nf* HIST Transparence des institutions, des structures bureaucratiques, etc., voulue par M. Gorbatchev en URSS. ETY Mot russe, de *glasny*, « rendu public ».

**Glass** Philip (Chicago, 1937), compositeur américain ; musique répétitive.

**glatir** *vi* ③ Pousser son cri, en parlant de l'aigle. ETY Du lat.

**Glauber** Johann Rudolph (Karlstadt, 1604 – Amsterdam, 1670), médecin et alchimiste allemand. Il donna son nom au sulfate de sodium hydraté (*sel de Glauber*).

**glaucienne** *nf* Plante (papavéracée) à grandes fleurs jaunes, appelée également pavot cornu. ETY Du gr. *glaukion*, « pavot ».

**glaucome** *nm* MED Affection oculaire, caractérisée par l'augmentation de la pression intraoculaire, qui se traduit par une diminution de l'acuité visuelle pouvant entraîner la cécité. ETY Du lat. DER **glaucomateux, euse** *a, n*

**glauconite** *nf* MINER Silicate de fer et de potassium, vert foncé.

**glaucophane** *nm* MINER Silicate naturel du groupe des amphiboles.

**glauque** *a* **1** De couleur vert bleuâtre. *Yeux glauques.* **2** fig, fam Peu sympathique, louche. *Une ambiance glauque.* ETY Du lat.

**glaviot** *nm* très fam Crachat. ETY De *claviot*, « pus » et de *glaire*.

**Glazounov** Alexandre Konstantinovitch (Saint-Pétersbourg, 1865 – Neuilly-sur-Seine, 1936), compositeur russe : poèmes symphoniques (*Stenka Razine*, 1885), symphonies, concertos et ballets (*les Saisons*, 1900). Il termina *le Prince Igor* de Borodine.

**glèbe** *nf* **1** litt Terre cultivée. **2** FEOD Fonds de terre auquel étaient attachés les serfs. **3** BOT Tissu interne, producteur de spores de certains champignons tels que la truffe. ETY Du lat.

**gléchome** *nm* BOT Petite plante (labiée) à fleurs violettes, appelée aussi *lierre terrestre*, très commune en France. VAR **glécome**

**gléditschia** *nm* Syn. de *févier*.

**Glé-Glé** Badou, dit (m. en 1889), roi d'Abomey en 1858, père de Béhanzin.

**Gleizes** Albert (Paris, 1881 – Saint-Rémy-de-Provence, 1953), peintre français ; théoricien du cubisme.

**Glénan** (îles) groupe de neuf îlots de l'Atlantique, au S.-O. du Finistère (com. de Fouesnant). Importante école de voile.

**glène** *nf* ANAT Cavité de l'extrémité d'un os où s'articule un autre os. ETY Du gr.

**Glen More** dépression du N.-O. de l'Écosse dans laquelle fut creusé le canal calédonien en 1822. Elle comprend le loch Ness.

**Glenn** John (Cambridge, Ohio, 1921), le premier astronaute américain qui effectua un vol spatial (fév. 1962).

**glénoïdal, ale** *a* ANAT Se dit de la cavité de l'omoplate qui s'articule avec la tête de l'humérus. PLUR glénoïdaux. VAR **glénoïde**

**Glenrothes** v. d'Écosse, ch.-l. de la rég. de Fife ; 32 700 hab.

**gley** *nm* PEDOL Type de sol imprégné d'eau en permanence. ETY Mot russe.

**glie** *nf* Névroglie. DER **glial, ale, aux** *a*

**Glière Reïngold Moritsevitch** (Kiev, 1875 – Moscou, 1956), compositeur soviétique : opéras, symphonies, ballets. VAR **Glier**

**Glières (plateau des)** plateau du Chablais (Haute-Savoie), où des maquisards résistèrent aux Allemands et à la Milice, qui les anéantirent (fév.-mars 1944).

**Glinka Mikhaïl Ivanovitch** (Novospasskoïe, 1804 – Berlin, 1857), compositeur russe. Il fonda l'opéra national russe : *la Vie pour le tsar* (1836), *Rouslan et Lioudmila* (1842).

**glioblastome** *nm* MED Forme grave de tumeur maligne du cerveau.

**gliome** *nm* MED Tumeur du système nerveux central.

**glissade** *nf* **1** Action de glisser ; mouvement fait en glissant. *Faire des glissades.* **2** AVIAT Mouvement de descente latérale, en vol acrobatique.

**glissage** *nm* Action de faire descendre par des glissoirs les troncs abattus en montagne.

**glissance** *nf* didac État d'une surface glissante.

**glissando** *nm* MUS Technique de passage d'un intervalle à un autre, en glissant rapidement sur tous les intervalles intermédiaires conjoints. ETY Mot ital.

**glissant, ante** *a* Où l'on glisse facilement. *Chaussée glissante.* LOC ***Terrain glissant*** : situation où il est difficile de se maintenir. — MATH ***Vecteur glissant*** : qui se déplace sur son support. SYN glisseur.

**Glissant Édouard** (Sainte-Marie, Martinique, 1928 – Paris, 2011), romancier français des Antilles : *la Lézarde* (1958), *le Quatrième Siècle* (1964) ; *le Discours antillais* (1981), essai.

**glisse** *nf* **1** Capacité d'un matériel de glisser sur une surface. *Ces skis ont une bonne glisse.* **2** fam Le fait de glisser sur l'eau, la neige, le macadam, etc., avec des engins appropriés. LOC ***Sports de glisse*** : ensemble des sports où l'on glisse (ski, bobsleigh, planche à voile, etc.).

**glissement** *nm* **1** Action de glisser ; son résultat. *Glissement de terrain.* **2** fig Action de tendre insensiblement vers. *La majorité a opéré un glissement vers la gauche.* **3** ELECTR Variation relative de la vitesse angulaire du champ induit d'un moteur synchrone par rapport à celle du champ inducteur. LOC STATIS ***En glissement*** : se dit de l'évolution d'un salaire, d'un prix, etc., mesurée en comparant son niveau à deux dates de référence (généralement une année).

**glisser** *v* ① **A** *vi* **1** Se déplacer d'un mouvement continu, volontaire ou accidentel, sur une surface lisse. *Glisser sur la glace. Le plat lui a glissé des mains.* **2** fig Se diriger insensiblement vers. *Glisser vers l'extrémisme politique.* **3** fig Passer sur qqch, ne pas insister. *Glissons sur ce sujet, voulez-vous ?* **4** Ne produire aucune impression, aucun effet sur qqn. *Mes remontrances ont glissé sur lui.* **5** Présenter une surface glissante. *Après la pluie, la chaussée glisse.* **B** *vt* Introduire, transmettre adroitement ou furtivement. *Glisser une pièce dans la main de qqn.* **C** *vpr* Pénétrer, s'introduire habilement ou subrepticement. *Les voleurs s'étaient glissés parmi les invités. Une erreur s'est glissée dans le texte.* LOC ***Glisser entre les mains de qqn*** : lui échapper. ETY D l'a. fr. *glier*, du frq.

**glisseur** *nm* MATH Syn. de *vecteur glissant.*

**glissière** *nf* Ce qui sert à guider un mouvement de glissement. *Glissière d'une porte à coulisse.* LOC ***Fermeture à glissière*** : fermeture à dentures qui s'emboîtent à l'aide d'un curseur. — ***Glissière de sécurité*** : barrière métallique disposée le long d'une route ou d'une autoroute pour retenir les véhicules qui viendraient à quitter la chaussée.

**glissoir** *nm* Couloir permettant le glissage des troncs abattus.

**glissoire** *nf* Chemin ménagé sur la glace, où l'on s'amuse à glisser.

**Gliwice** (en all. *Gleiwitz*), v. de Pologne (Silésie) ; 213 080 hab. Centre culturel, minier (houille) et industriel.

**global, ale** *a* Pris dans son ensemble, en bloc ; considéré dans sa totalité. *Chiffre global.* PLUR globaux. LOC PEDAG ***Méthode globale*** : méthode d'apprentissage de la lecture consistant à apprendre aux enfants à reconnaître d'abord l'ensemble du mot avant de le décomposer en syllabes et en lettres. DER **globalement** *av* – **globalité** *nf*

**globalisation** *nf* **1** Action de globaliser. **2** Mondialisation de l'économie, des échanges.

**globaliser** *vt* ① didac Rendre global ; prendre, présenter dans sa totalité. DER **globalisant, ante** ou **globalisateur, trice** *a*

**globalisme** *nm* PHILO Doctrine qui attribue à un ensemble des qualités que ne possèdent pas ses éléments constituants.

**globe** *nm* **1** Corps sphérique. *Le globe de l'œil.* **2** La Terre. *Faire le tour du globe.* **3** Sphère creuse, ou calotte sphérique en verre. *Le globe d'une lampe.* LOC ***Globe terrestre, céleste*** : sphère sur laquelle figure la représentation de la Terre, du Ciel. — ***Mettre sous globe*** : conserver précieusement. ETY Du lat.

**globe-trotteur, euse** *n* Voyageur qui parcourt le monde. PLUR globe-trotteurs, euses. PHO [glɔbtʀɔtœʀ] ou [glɔbtʀɔtœʀ] ETY De l'angl. *trotter*, « coureur ». VAR **globe-trotter**

**globicéphale** *nm* Cétacé odontocète (delphinidé) long de 4 à 6 m, presque entièrement noir, à la tête très bombée, qui vit en troupeaux.

**globigérine** *nf* ZOOL Foraminifère perforé, caractérisé par une coquille calcaire composée de loges sphériques disposées en spirale.

**globine** *nf* BIOCHIM Constituant protéique de l'hémoglobine.

**globulaire** *a* **1** Qui a la forme d'un globe. **2** BIOL Relatif aux globules du sang. LOC ASTRO ***Amas globulaire*** : amas d'étoiles d'aspect sphérique, généralement situé dans le halo des galaxies. — BIOL ***Numération globulaire*** : compte des éléments figurés du sang par $mm^3$.

**globule** *nm* BIOL **1** Très petit corps sphérique. *Globules gras du lait.* **2** Élément de nature cellulaire présent dans certains liquides organiques. LOC BIOL ***Globule blanc*** : leucocyte. — ***Globule polaire*** : petite cellule éliminée lors de la maturation d'un ovocyte. — ***Globule rouge*** : hématie.

**globuleux, euse** *a* Qui a la forme d'une petite sphère. LOC ***Yeux globuleux*** : saillants.

**globuline** *nf* BIOCHIM Protéine globulaire du sérum, de poids moléculaire élevé.

**globulinémie** *nf* MED Concentration du sérum en globulines.

**glockenspiel** *nm* MUS Instrument à percussion composé d'un clavier actionnant des marteaux qui frappent des lames d'acier. PHO [glɔkənʃpil] ETY Mot all.

**gloire** *nf* **1** Grande renommée, réputation illustre acquise par des actes remarquables. *Se couvrir de gloire.* **2** Personne célèbre, illustre. *Il est l'une des gloires de son pays.* **3** Éclat, splendeur. *La cour royale dans toute sa gloire.* **4** Bx-A Auréole lumineuse enveloppant le corps du Christ dans sa totalité ; couronne de rayons émanant du triangle symbolisant la Trinité, de la colombe symbolisant le Saint-Esprit. **5** THEOL Béatitude des élus. LOC ***Dire, publier qqch à la gloire de qqn*** : qqch qui exalte sa valeur, ses mérites. — ***Pour la gloire*** : sans profit, pour le seul prestige. — ***Rendre gloire à*** : rendre hommage à. — ***Se faire gloire de, tirer gloire de*** : tirer vanité, fierté de. ETY Du lat.

**Gloire de mon père (la)** recueil de souvenirs de Pagnol (1957), auquel succèdent *le Château de ma mère* (1958), *le Temps des secrets* (1960) et *le Temps des amours* (posth., 1977). ▷ CINE Films d'Yves Robert (1990).

**glome** *nm* MED VET Plaque cornée latérale de la fourchette du sabot des équidés. ETY Du lat. *glomus*, « peloton, boule ».

**glomérule** *nm* **1** ANAT Petit amas glandulaire ou vasculaire. **2** BOT Type d'inflorescence où les pédoncules floraux sont très courts et insérés très près les uns des autres. LOC ANAT ***Glomérule de Malpighi*** : petit amas de capillaires du rein, qui assure la filtration du sang. DER **glomérulaire** *a*

**glomérulonéphrite** *nf* MED Atteinte des glomérules rénaux.

**Glommen (le)** le plus long fl. de Norvège (570 km), tributaire du Skagerrak. VAR **Glåma** ou **Glomma**

**gloria** *nm inv* Hymne de la messe en latin, qui commence par les mots *Gloria in excelsis Deo* (« Gloire à Dieu dans les cieux »). ETY Mot lat.

**gloriette** *nf* **1** Pavillon, cabinet de verdure dans un parc. **2** Grande cage à oiseaux.

**glorieux, euse** *a* **1** Qui donne, procure de la gloire. *Combat glorieux.* **2** Qui est empreint de gloire, de splendeur. *Période glorieuse de l'histoire.* **3** Qui s'est acquis de la gloire. *Combattants glorieux.* **4** vieilli Qui est plein de vanité, de gloriole. **5** RELIG Qui participe de la gloire divine. LOC HIST ***Les Trente Glorieuses*** : période de croissance économique entre 1945 (fin de la guerre) et 1974 (premier choc pétrolier). — ***Les Trois Glorieuses*** : les journées révolutionnaires des 27, 28 et 29 juillet 1830, qui virent la chute de Charles X. DER **glorieusement** *av*

**glorifier** *v* ② **A** *vt* Rendre gloire à, honorer. *Glorifier les héros.* **B** *vpr* Se faire gloire de, tirer vanité de. DER **glorifiant, ante** *a* – **glorificateur, trice** *a, n* – **glorification** *nf*

**gloriole** *nf* Vanité qui a pour objet de petites choses ; gloire vaine.

**gloriosa** *nm* Plante grimpante (liliacée) d'origine tropicale, cultivée comme ornementale.

**glose** *nf* **1** Note explicative destinée à éclaircir le sens d'un passage dans un texte. **2** Explication d'un terme rare ou spécialisé d'une langue par des termes appartenant à l'usage courant. **3** Commentaire critique ou malveillant. ETY Du lat. *glosa*, du gr. *glôssa*, « langue ».

**gloser** *v* ① **A** *vt* Éclaircir par une glose. *Gloser un texte.* **B** *vti* Faire de longs commentaires stériles ou défavorables.

**gloss** *nm* Sorte de fard pour les joues et les lèvres. ETY Mot angl., « brillant ».

**glossaire** *nm* **1** Dictionnaire des termes anciens, rares ou spécialisés d'une langue, d'un texte. **2** Ensemble des mots propres à une activité, un métier. **3** Lexique, à la fin d'un ouvrage. ETY Du lat.

**glossateur** *nm* didac Auteur d'une glose.

**-glosse, gloss(o)-** Éléments, du gr. *glôssa*, « langue ».

**glossématique** *nf* LING Théorie linguistique élaborée par L. Hjelmslev, dans laquelle les unités linguistiques sont étudiées et classées de façon strictement fonctionnelle.

**glossine** *nf* Mouche africaine vivipare qui se nourrit de sang, telle la mouche tsé-tsé.

**glossite** *nf* MED Inflammation de la langue.

**glossolalie** *nf* **1** PSYCHIAT Trouble du langage chez certains malades mentaux qui croient inventer un nouveau langage. **2** THEOL Émission, dans un état extatique, de sons inintelligibles pour tous ceux qui n'ont pas le charisme de l'interprétation.

**glossopharyngien, enne** *a* ANAT Qui concerne la langue et le pharynx.

**glossotomie** *nf* CHIR Ablation d'une partie de la langue.

**glottal, ale** *a* PHON Qui met en jeu la glotte en tant qu'organe de la phonation. PLUR glottaux.

**glotte** *nf* Orifice du larynx, compris entre les bords libres des cordes vocales, qui joue un rôle essentiel dans l'émission de la voix. *Coup de glotte.* ETY Du gr. *glôtta,* « langue ». DER **glottique** *a*

**Glotz** Gustave (Haguenau, 1862 – Paris, 1935), historien français : *la Cité grecque* (1928).

**Gloucester** v. et port de G.-B., sur la Severn ; 91 800 hab. ; ch.-l. de comté. Industries. Cath XI^e^-XV^e^ s.

**glouglou** *nm* **1** fam Bruit intermittent fait par un liquide qui s'écoule du goulot d'une bouteille, d'un orifice étroit. **2** Cri du dindon, de la dinde. ETY Onomat.

**glouglouter** *vi* ① **1** fam Produire un glouglou. **2** Pousser son cri, en parlant de la dinde, du dindon.

**glousser** *vi* ① **1** Pousser son cri, en parlant de la poule. *La poule glousse pour appeler ses petits.* **2** Pousser de petits cris, rire en émettant de petits cris. ETY Du lat. DER **gloussant, ante** *a* – **gloussement** *nm*

**glouton, onne** *a, n* **A** Qui mange avec excès et avidité. **B** *nm* Mammifère carnivore (mustélidé) des régions arctiques, massif, à queue courte et à pelage brun. ETY Du lat. *gluttus,* « gosier ». DER **gloutonnement** *av* – **gloutonnerie** *nf*

**gloxinia** *nm* BOT Plante bulbeuse (gesnériacée) originaire du Brésil, à grandes feuilles et à fleurs très colorées en forme de cloche.

**glu** *nf* **1** Matière visqueuse, molle et tenace, extraite de l'écorce du houx épineux, du gui. **2** fig, fam Personne dont il est difficile de se débarrasser. ETY Du lat.

**gluant, ante** *a* **1** Qui a l'aspect, la consistance de la glu. **2** Qui est collant comme de la glu.

**gluau** *nm* Petite branche enduite de glu pour prendre les oiseaux.

**Glubb pacha** sir John Bagot Glubb, dit (Preston, Lancashire, 1897 – Mayfield, Sussex, 1986), général britannique ; successeur (1939) de Peake à la tête de la Légion arabe, limogé par Hussein de Jordanie en 1956.

**glucagon** *nm* BIOCHIM Hormone sécrétée par une partie du pancréas et dont l'action fait augmenter la glycémie.

**glucide** *nm* BIOCHIM Nom générique de composés organiques ternaires qui constituent une partie importante de l'alimentation. DER **glucidique** *a*

ENC Les glucides, nommés cour. *sucres,* se divisent en deux groupes. 1. Les *oses,* composés non ramifiés dont tous les carbones sauf un portent une fonction alcool, le dernier carbone portant une fonction aldéhyde ou cétone, comprennent notam. le glucose, le fructose, le galactose. 2. Les *osides* sont formés par la réunion de deux oses (lactose, saccharose, etc.), ou de nombreux oses (glycogène, amidon, cellulose, etc.). Les glucides, qui constituent un facteur énergétique important, sont utilisés immédiatement, ou stockés dans le foie sous forme de glycogène. Le sucre ordinaire est le saccharose (extrait de la canne à sucre et de la betterave).

**Gluck** Christoph Willibald (chevalier von) (Erasbach, Haut-Palatinat, 1714 – Vienne, 1787), compositeur allemand. Il se dégagea à Vienne de l'influence italienne : *Orphée et Eurydice* (1762), *Alceste* (1767), *Hélène et Pâris* (1770). À Paris, il triompha des partisans de la mus. italienne, (Piccinni) : *Iphigénie en Aulide* (1774), *Orphée* (1774), *Armide* (1777).

**gluco-, glyc(o)-** Éléments, du gr. *glukus,* « doux ».

**glucocorticoïde** *nm* PHARM Corticoïde doué d'une puissante activité anti-inflammatoire.

**glucomètre** *nm* Instrument destiné à mesurer la concentration en sucre d'un moût.

**glucose** *nm* BIOCHIM Sucre simple de formule $C_6H_{12}O_6$ présent dans certains fruits et constituant des glucides.

ENC Le glucose, présent dans le sang (1 g par litre de plasma) et, sous forme de glycogène, dans le foie et dans les muscles, est le carburant de base des oxydations respiratoires. Le taux plasmatique du glucose et ses mouvements dans l'organisme dépendent d'hormones : insuline, corticoïdes, adrénaline, ACTH, thyroxine, etc.

**glucosé, ée** *a* didac Additionné de glucose.

**glucoserie** *nf* Usine de glucose, industrie du glucose.

**glucoside** *nm* BIOCHIM Nom générique des hétérosides qui peuvent, par hydrolyse, donner naissance à du glucose.

**gluer** *v* ① Enduire de glu ou d'une matière gluante.

**glume** *nf* BOT Bractée située à la base de chaque épillet d'un épi de graminée ou de cypéracée. ETY Du lat. *gluma,* « balle des céréales ».

**glumelle** *nf* BOT Chacune des deux bractées qui enveloppent la fleur des graminés.

**gluon** *nm* PHYS NUCL Boson médiateur de l'interaction qui lie les quarks.

**glutamate** *nm* BIOCHIM Sel de l'acide glutamique. *Le glutamate de sodium est utilisé comme condiment, notam. dans la cuisine asiatique.*

**glutamique** *a* LOC BIOCHIM ***Acide glutamique*** : diacide aminé, stimulant de la cellule nerveuse.

**glutathion** *nm* BIOL Enzyme qui joue un rôle de protection de la cellule contre les agents oxydants.

**gluten** *nm* Protéine végétale, constituant essentiel, avec l'amidon, des graines de céréales. PHO [glytɛn] ETY Mot lat., « colle ».

**glutineux, euse** *a* **1** didac Gluant, visqueux. **2** Qui contient du gluten.

**glycémie** *nf* PHYSIOL Concentration en glucose du sérum sanguin, normalement entre 0,8 et 1,1 g par litre, à jeun. DER **glycémique** *a*

**glycéride** *nm* CHIM Ester résultant de la réaction du glycérol avec un ou plusieurs acides gras.

**glycérie** *nf* BOT Graminée aquatique à longues feuilles. ETY Du gr. *glukus,* « doux ».

**glycérine** *nf* CHIM Liquide sirupeux de saveur sucrée, à base de glycérol. *La glycérine est utilisée dans l'industrie pharmaceutique et la chimie des matières plastiques.*

**glycériner** *vt* ① Enduire ou additionner de glycérine.

**glycérique** *a* CHIM Qui est dérivé de la glycérine. *Acide aldéhyde glycérique.*

**glycérol** *nm* CHIM Trialcool de formule $CH_2OH\text{-}CHOH\text{-}CH_2OH$ qui donne la glycérine.

**glycérophosphate** *nm* CHIM, PHARM Sel de l'acide glycérophosphorique, utilisé comme tonique du système nerveux.

**glycérophosphorique** *a* LOC CHIM ***Acide glycérophosphorique*** : obtenu par combinaison de l'acide phosphorique et de la glycérine.

**glycérophtalique** *a* CHIM Se dit des résines artificielles à base de glycérine et d'anhydride phtalique, utilisées comme constituants des peintures laques.

**glycine** *nf* **1** Plante originaire de Chine, grimpante (papilionacée), qui produit de longues grappes de fleurs odorantes blanches ou mauves. **2** BIOCHIM Syn. de *glycocolle.*

**glycocolle** *nm* BIOCHIM Le plus simple des acides aminés, indispensable au métabolisme cellulaire, constituant des acides nucléiques. SYN glycine.

**glycogène** *nm* BIOCHIM Composé glucidique constituant une réserve de glucose dans le foie et les muscles.

**glycogenèse** *nf* PHYSIOL Production de glucose dans le foie à partir du glycogène.

**glycogénique** *a* PHYSIOL Relatif à la formation du glucose à partir du glycogène.

**glycol** *nm* **1** CHIM Nom générique des dialcools. **2** Dialcool de formule $CH_2OH$ – $CH_2OH$, employé comme solvant et antigel, et dans la fabrication du tergal.

**glycolyse** *nf* BIOCHIM Dégradation métabolique du glucose. DER **glycolytique** *a*

**glycoprotéine** *nf* BIOCHIM Protéine comprenant un groupement glucidique.

**glycosurie** *nf* MED Présence anormale de sucre dans les urines, l'un des signes du diabète sucré.

**Glyndebourne** (Festival de) festival d'opéra fondé en 1934.

**glyphe** *nm* **1** ARCHI Trait gravé en creux dans une moulure. **2** Signe graphique de certaines écritures précolombiennes. ETY Du gr.

**glyphosate** *nm* AGRIC Désherbant total très utilisé.

**glyptique** *nf* didac Art de la gravure sur pierres fines.

**glypto-** Élément, du gr. *gluptos,* « gravé ».

**glyptographie** *nf* didac Étude des pierres gravées de l'Antiquité.

**glyptothèque** *nf* didac Lieu, musée où l'on conserve des collections de pierres gravées ou de sculptures.

**GMT** Temps moyen de Greenwich. ETY Sigle de l'angl. *Greenwich Mean Time.*

**gnangnan** *a inv* fam Mou et geignard. *Elles sont très gnangnan.* PHO [ɲɑ̃ɲɑ̃] ETY Onomat.

**gnaque** *nf* fam Pugnacité, rage de vaincre. VAR **niaque**

**-gnathe** Élément, du gr. *gnathos,* « mâchoire ». ETY Onomat.

**gnaule** → **gnôle.**

**Gneisenau** August (comte Neidhardt von) (Schildau, Saxe, 1760 – Posen, auj. Poznań, 1831), maréchal prussien, chef d'état-major de Blücher (1813-1814).

**gneiss** *nm* Roche métamorphique de même composition que le granite, constituée de lits de quartz, de feldspath et de mica. PHO [gnes] ETY Mot all. DER **gneissique** *a*

**gnétophyte** *nf* Plante gymnosperme évoluée telle que l'éphédra et la welwitschia. PHO [gnetɔfit]

**Gniezno** v. de Pologne, au N.-E. de Poznań ; 61 000 hab. Industries. – Siège des primats de Pologne depuis le XV^e^ s.

**gniole** → **gnôle.**

**gnocchi** *nm* Petite quenelle à base de purée de pommes de terre, de pâte à choux ou de semoule. [PHO] [ɲɔki] [ETY] Mot ital.

**gnognote** *nf* **LOC** fam *De la gnognote :* une chose de peu de valeur ou de mauvaise qualité. [PHO] [ɲɔɲɔt] [ETY] Onomat. [VAR] **gnognotte**

**gnôle** *nf* fam Eau-de-vie. [PHO] [ɲol] [VAR] **gniole, gnaule, niôle**

**gnome** *nm* **1** Génie souterrain que la tradition représente sous la forme d'un nain contrefait. **2** Homme petit et difforme. [PHO] [gnom]

**gnomique** *a* didac Qui est, s'exprime sous forme de sentences. *Poète gnomique.* [ETY] Du gr.

**gnomon** *nm* Cadran solaire horizontal, utilisé depuis l'Antiquité. [PHO] [gnɔmɔ̃]

**gnon** *nm* famCoup ; marque laissée par un coup. *Recevoir un gnon. Il a fait un gnon à sa voiture.* [PHO] [ɲɔ̃] [ETY] De *oignon.*

**-gnose, -gnosie, -gnostique** Éléments, du gr. *gnôsis,* « connaissance ».

**gnose** *nf* **1** HIST Syncrétisme religieux qui se répandit dans les derniers siècles de l'Antiquité et qui prétendait donner accès à la connaissance suprême. **2** didac Tout savoir qui se pose comme connaissance suprême. [PHO] [gnoz]

**gnoséologie** *nf* PHILO Théorie de la connaissance. [DER] **gnoséologique** *a*

**gnosticisme** *nm* didac Ensemble des différentes doctrines de la gnose. [PHO] [gnɔstisism] [DER] **gnostique** *a, n*

**gnou** *nm* Bovidé africain aux cornes très recourbées, qui vit en grands troupeaux. [PHO] [gnu]

**gnou** bleu

**GNV** *nm* Sigle pour *gaz naturel véhicules.*

**1 go** *nm* Jeu d'origine chinoise, qui se joue à deux, avec des pions noirs et blancs que l'on pose sur les intersections d'un quadrillage tracé sur un plateau (go-ban), dans le but de former des territoires aussi vastes que possible. [ETY] Mot japonais.

**2 go (tout de)** *av* fam Sans façon, d'une manière abrupte, directe. *Il lui a dit tout de go sa façon de penser.* [ETY] De *gober.*

**Goa** État de l'Inde (créé en 1987), sur la côte de Malabar ; 3 702 km$^2$ ; 1 168 600 hab. ; ch.-l. *Panaji.* – Cette rég., colonie portugaise (avec Damān et Diu), fut annexée par l'Inde en 1962. [DER] **goan, ane** *a, n*

**goal** *nm* SPORT Syn. de *gardien de but.* [PHO] [gol] [ETY] Mot angl.

**goal-average** *nm* SPORT Au football, décompte des buts marqués par une équipe et des buts marqués contre elle au cours d'un championnat, pour départager les ex æquo. PLUR goal-averages. [PHO] [golaveʀaʒ] [ETY] Mot angl.

**gobelet** *nm* **1** Récipient pour boire, de forme cylindrique, sans anse et sans pied. **2** Ustensile de même forme utilisé pour les tours de prestidigitation ou pour lancer les dés.

**gobeleterie** *nf* Fabrication de récipients en verre creux (gobelets, verres, carafes, etc.) [VAR] **gobelèterie** [DER] **gobeletier, ère** ou **gobelétier, ère** *n*

**Gobelins (manufacture nationale des)** manufacture de tapisseries fondée à Paris par Colbert en 1662. Auj. les ateliers des Gobelins travaillent princ. pour l'État.

**gobe-mouche** *nm* Oiseau passériforme qui chasse les insectes au vol et dont les espèces européennes hivernent en Afrique. PLUR gobe-mouches.

**gober** *vt* [1] **1** Avaler en aspirant et sans mâcher. *Gober un œuf.* **2** fig, fam Croire sans discernement. *On lui fait tout gober.* **LOC** vieilli *Ne pas gober qqn, qqch :* ne pas le supporter, le détester. [ETY] D'un rad. gaul. *gobbo-,* « bouche ». [DER] **gobeur, euse** *n*

**goberger (se)** *vpr* [13] fam, vieilli Faire bonne chère, se prélasser.

**Gobi** vaste désert d'Asie centrale, s'étendant en Mongolie et en Chine (Xinjiang et Gansu). Situé à 800-1200 m d'altitude, il a un climat froid.

**gobie** *nm* Petit poisson téléostéen dont les diverses espèces vivent près des côtes, fixées sur les rochers par leurs nageoires pectorales en forme de ventouse. [ETY] Du lat.

**Gobineau Joseph Arthur (comte de)** (Ville-d'Avray, 1816 – Turin, 1882), diplomate et écrivain français. Son *Essai sur l'inégalité des races humaines* (1853-1855) a été exploité par les pangermanistes et les nazis. Romans : *le Prisonnier chanceux* (1847), *les Pléiades* (1874) ; *Nouvelles asiatiques* (1876).

**Gobseck** vieil usurier dans de nombr. romans de Balzac.

**godaille** *nf* PECH Poissons de second choix que le marin-pêcheur rapporte chez lui. [ETY] Du lat.

**godailler** → **goder.**

**Godard Eugène** (Clichy, 1827 – Bruxelles, 1890), et son frère — **Louis** (Clichy, 1829 – Paris, 1885), aéronautes français. Ils organisèrent la poste aérienne pendant le siège de Paris (1870-1871).

**Godard Jean-Luc** (Paris, 1930), cinéaste français ; la plus forte personnalité de la « nouvelle vague » : *À bout de souffle* (1959), *Vivre sa vie* (1962), *le Mépris* (1963), *Pierrot le fou* (1965), *Je vous salue Marie* (1985), *JLG* (1995).

**Jean-Luc Godard** *À bout de souffle,* 1959, avec J.-P. Belmondo et Jean Seberg

**godasse** *nf* fam Chaussure.

**Godāvari (la)** fleuve sacré de l'Inde (1 500 km) ; naît dans les Ghātes occid. ; se jette dans le golfe du Bengale par un grand delta. [VAR] **Godavéry**

**Godbout Jacques** (Montréal, 1933), écrivain et cinéaste québécois. Romans : *l'Aquarium* (1962), *Une leçon de chasse* (1997).

**Goddard Robert Hutchings** (Worcester, Massachusetts, 1882 – Baltimore, 1945), physicien américain. Pionnier de l'astronautique, il élabora la théorie des fusées à étages.

**Goddard Marion Levy, dite Paulette** (Great Neck, État de New York, 1905 – Rosco, Suisse, 1990), actrice américaine, partenaire (et épouse) de Chaplin dans *les Temps modernes* (1936) et *le Dictateur* (1940).

**Godefroi de Bouillon** (Baisy, Brabant, v. 1061 – Jérusalem, 1100), duc de Basse-Lorraine (1089-1095). Il vendit ses domaines et fut l'un des chefs de la 1$^{re}$ croisade. Élu roi de Jérusalem (1099) après la prise de cette ville, il préféra le titre modeste d'« avoué du Saint-Sépulcre ».

**Godeheu de Zaimont Charles** (né en Bretagne, XVIII$^e$ s.), administrateur français. Successeur de Dupleix aux Indes, il signa en 1754 un traité désastreux avec les Anglais.

**Gödel Kurt** (Brünn, auj. Brno, 1906 – Princeton, New Jersey, 1978), mathématicien et logicien américain d'origine autrichienne ; auteur d'une d'arithmétisation de la syntaxe.

**Godelier Maurice** (Cambrai, 1934), anthropologue français.

**godelureau** *nm* fam, péjor Jeune homme qui fait le galant.

**godemiché** *nm* Instrument de forme phallique destiné au plaisir sexuel.

**godendart** *nm* Canada Longue scie dont on se sert à deux pour débiter les troncs d'arbres. [ETY] De l'a. fr.

**goder** *vi* [1] Faire des faux plis, en parlant d'un vêtement. [VAR] **godailler**

**godet** *nm* **1** Petit verre à boire sans pied ni anse. **2** Petit récipient de forme analogue servant à délayer les couleurs, recueillir la résine, etc. **3** TECH Petite auge d'une roue hydraulique, d'une noria, etc. **LOC** COUT ***Jupe à godets :*** formée de lés taillés dans le biais et très évasée dans le bas. [ETY] Du moy. néerl.

**godétia** *nm* Œnothère de Californie, à grandes fleurs blanches ou rouges. [ETY] D'un n. pr.

**godiche** *a, nf* fam Empoté, maladroit. *Avoir l'air godiche. Quelle godiche !*

**godille** *nf* **1** Aviron placé à l'arrière d'une embarcation, auquel on imprime un mouvement hélicoïdal qui permet la propulsion. **2** SPORT À skis, enchaînement de petits virages dans la ligne de plus grande pente. **LOC** fig, fam ***À la godille :*** mal agencé, inefficace. *Un système à la godille.*

**godiller** *vi* [1] **1** Faire avancer une embarcation à l'aide de la godille. **2** SPORT À skis, pratiquer la godille.

**godillot** *nm* **1** Soulier de soldat à tige courte. **2** fam Grosse chaussure. **3** fam, péjor Personne qui suit un chef sans discuter. [ETY] D'un n. pr.

**Godin Jean-Baptiste André** (Esquéhéries, 1817 – Guise, 1888), fabricant français de poêles. Disciple de Fourier, il légua son usine à ses ouvriers (Familistère de Guise).

**godiveau** *nm* CUIS Farce à base de viande de veau, servant à faire des quenelles. [ETY] D'après *veau,* de l'anc. *godebillaux,* « tripes de bœuf ».

**Godoy Álvarez de Faria Manuel** (Castuera, 1767 – Paris, 1851), homme politique espagnol ; amant de la reine Marie-Louise et Premier ministre sous Charles IV (1792-1798, 1800-1808).

**godron** *nm* **1** Ornement, de forme allongée, aux extrémités arrondies, qui décore le pourtour d'un plat, d'une moulure, etc. **2** anc Pli cylindrique d'une fraise, d'un jabot. [ETY] Dimin. de *godet.* [DER] **godronner** *vt* [1]

**God Save The King, The Queen** (« Dieu protège le roi » ou « la reine »), hymne national britannique.

**Godthåb** → **Nuuk.**

**Godwin William** (Wisbech, 1756 – Londres, 1836), écrivain anglais ; *Aventures de Caleb Williams* (roman, 1794). — **Mary Wollstonecraft** (Hoxton, 1759 – Londres, 1797), épouse du préc., féministe : *Revendications des droits de la femme* (1792) ; elle mourut en donnant le jour à Mary Shelley.

**Godwin Austen** → **K2.**

**Goebbels Joseph Paul** (Rheydt, 1897 – Berlin, 1945), homme politique allemand. Ministre de la Propagande et de l'Information (1933-1945), il organisa la propagation systématique de l'idéologie nazie, notam. de l'antisémitisme. Il se suicida, avec sa famille, dans Berlin assiégé. VAR **Göbbels**

**goéland** *nm* Grand oiseau (lariforme) au cri rauque caractéristique, piscivore, vivant sur les côtes, au plumage blanc avec les ailes grises ou noires. ETY Du bas breton.

**goélette** *nf* Navire à deux mâts. ETY De *goéland.*

**goémon** *nm* Algue marine telle que les fucus et les laminaires. SYN varech. ETY Du breton.

**goémonier, ère** *a, n* **A** *a* Relatif au goémon. **B** *n* Personne ou bateau qui ramasse des algues en mer.

**Goeppert-Mayer Maria** (Katowice, 1906 – San Diego, 1972), physicienne américaine. Elle étudia la structure en couches des noyaux atomiques. P. Nobel 1963.

**Goerg Édouard** (Sydney, 1893 – Callian, Var, 1969), peintre, dessinateur et graveur français de tendance expressionniste.

**Goering Hermann** (Rosenheim, 1893 – Nuremberg, 1946), maréchal et homme politique allemand. Aviateur (1914-1918), nazi dès 1922, ministre de l'Air en 1933, il devint le deuxième personnage du Reich. Condamné à mort à Nuremberg (1946), il se suicida. VAR **Göring**

**Goes** → **Van der Goes.**

**Goethe Johann Wolfgang von** (Francfort-sur-le-Main, 1749 – Weimar, 1832), écrivain allemand. Proche du « Sturm und Drang », Goethe exprime sa révolte dans un roman épistolaire, *les Souffrances du jeune Werther* (1774), dans trois drames : *Götz von Berlichingen* (1774), *Clavigo* (1774), *Stella* (1776) et dans la prem. version de *Faust* (dite *Urfaust*, 1773-1775). Installé à la cour de Weimar en 1775, Goethe se réconcilie avec l'ordre universel : *Iphigénie en Tauride* (en prose, 1779 ; en vers, 1787), *Egmont* (1787), *Torquato Tasso* (1789), *les Années d'apprentissage de Wilhelm Meister* (roman, version définitive, 1796), *Hermann et Dorothée* (épopée bourgeoise, 1797). Il écrit aussi des ballades (*la Fiancée de Corinthe, l'Apprenti sorcier*, etc.). En 1808, il publie la prem. partie définitive de *Faust* (dite aussi *la Tragédie de Marguerite*) et en 1809 *les Affinités électives*, roman autobiographique. Les poèmes du *Divan occidental et oriental* ont édités en 1819. Des travaux scientifiques, *les Années de voyage de Wilhelm Meister* (1821-1829), ses mémoires (*Poésie et Vérité* posth., 1833), le *Second Faust* (1832), qui conte les amours de Faust et de l'antique Hélène, complètent son œuvre. (V. aussi Eckermann.) DER **goethéen, enne** *a*

**goétie** *nf* Magie faisant appel aux esprits infernaux, dite aussi *magie noire*, par oppos. à *théurgie.* PHO [gɔesi]

**Goffman Erving** (Manville, Alberta, 1922 – Philadelphie, 1982), sociologue canadien : *les Rites d'interaction* (1967).

**Gog et Magog** puissances ennemies de Dieu, dans la Bible (Ézéchiel et Apocalypse).

**goglu** *nm* Canada Passereau chanteur d'Amérique, au plumage noir à taches blanches et beiges.

**1 gogo** *nm* fam Personne naïve, crédule. ETY Du nom d'un personnage de théâtre.

**2 gogo (à)** *av* fam En abondance. ETY De l'a. fr. *gogue*, « liesse ».

**Gogol Nikolaï Vassilievitch** (Sorotchintsy, prov. de Poltava, 1809 – Moscou, 1852), écrivain russe. Il obtint vite le succès avec trois recueils de nouvelles : *les Veillées du hameau près de Dikanka* (1831-1832), *Mirgorod* (1835), qui contient le récit historique « Tarass Boulba », et *Arabesques*, qui mêle essais et nouvelles (notam. le « Journal d'un fou »). En 1836, il donna une comédie acerbe, *le Revizor*. Ses trois chefs-d'œuvre sont les nouvelles *le Manteau* (1841) et *le Nez* (1843), et le roman inachevé *les Âmes mortes* (1re partie : 1842).

Goethe

Gogol

**Gogra (la)** riv. de l'Inde (1 030 km) ; affl. du Gange (r. g.). VAR **Ghāghra**

**goguenard, arde** *a* Qui a une expression moqueuse, narquoise ; qui dénote la moquerie. *Un air goguenard.* ETY De l'a. fr. *gogue*, « liesse ». DER **goguenardise** *nf*

**goguenots** *nmpl* fam Cabinets, latrines. VAR **gogues**

**goguette** *nf* LOC fam *En goguette* : de bonne humeur, un peu ivre ; bien décidé à faire la fête. ETY De l'a. fr. *gogue*, « liesse ».

**goï, goïm** → **goy.**

**Goiânia** v. du Brésil, cap. de l'État de Goiás ; 928 050 hab. – Archevêché.

**Goiás** État du centre du Brésil ; 355 386 km² ; 4 659 000 hab. ; cap. *Goiânia*. Élevage. Nickel. – L'État de Tocantins s'en est détaché en 1988.

**goinfre** *n, a* Personne qui mange voracement et avec excès. DER **goinfrer (se)** *vpr* 1 – **goinfrerie** *nf*

**Gois (passage du)** route (3 km) qui, à marée basse, mène à l'île de Noirmoutier.

**Goito** com. d'Italie, au N.-O. de Mantoue ; 9 100 hab – Victoire des Piémontais sur les Autrichiens (mai 1848).

**goitre** *nm* Grosseur siégeant à la face antérieure du cou, due à une tuméfaction de la thyroïde. ETY Du lat. DER **goitreux, euse** *a, n*

**Gökçeada** (grec *Imbros*), île de Turquie, gardant le détroit des Dardanelles ; 225 km² ; 15 000 hab. ; ch.-l. *Gökçe*. VAR **Imroz**

**Golan (plateau du)** rég. du S.-O. de la Syrie ; occupé par Israël en 1967, théâtre de violents combats en 1973, annexé par Israël en 1981.

**Golconde** v. forte du Dekkan (Inde), auj. en ruine ; célèbre par ses richesses ; pillée et détruite au XVIIe s. par Aurangzeb.

**Gold Coast** (« Côte-de-l'Or ») nom du Ghana au temps de la colonisation britannique.

**golden** *nf* Variété de pomme à peau jaune. PHO [gɔldɛn] ETY Mot angl., « doré ».

**goldenboy** *nm* Jeune et talentueux agent de change. PHO [gɔldənbɔj] ETY Mot amér.

**Golden Gate** (« porte d'Or ») détroit faisant communiquer la baie de San Francisco et le Pacifique franchi par un pont de 2 530 m.

**Goldin Nan** (Washington, 1953), photographe américaine, initiatrice de la photo comme journal intime.

**Golding William** (Saint Columb Minor, Cornouailles, 1911 – près de Falmouth, id., 1993), romancier anglais : *Sa Majesté des Mouches* (1954), *la Nef* (1964). P. Nobel 1983.

**Goldman Jean-Jacques** (Paris, 1951), auteur-compositeur et chanteur français.

**Goldmann Nahum** (Wiszniew, Lituanie, 1895 – Bad Reichenhall, RFA, 1982), dirigeant sioniste. Il participa au plan de partage de la Palestine (1947). Président du Congrès juif mondial de 1951 à 1977.

**Goldmann Lucien** (Bucarest, 1913 – Paris, 1970), philosophe français ; marxiste, disciple de Lukács : *le Dieu caché* (1956).

**Goldoni Carlo** (Venise, 1707 – Paris, 1793), auteur italien de comédies : *la Locandiera* (1753), *les Rustres* (1760), *Barouf à Chioggia* (1762), *le Bourru bienfaisant* (en français, 1771), etc. et de *Mémoires* en français (1784-1787).

**gold point** *nm* ECON Cours extrême du change au-delà duquel on a intérêt à exporter ou à importer de l'or. PHO [gɔldpɔjnt] ETY Mot angl., de *gold*, « or ».

**Goldsmith Oliver** (Pallasmore, Irlande, 1728 – Londres, 1774), écrivain anglais : *le Vicaire de Wakefield* (1766), roman sentimental ; *Elle s'abaisse pour vaincre* (1773), comédie.

**Goléa (El-)** → **Menia (Al-).**

**golem** *nm* Sorte d'automate à forme humaine de la tradition juive et des légendes d'Europe centrale. PHO [gɔlɛm] ETY Mot hébreu.

**golf** *nm* **1** Sport qui consiste à placer successivement, au moyen d'un *club*, une balle dans une série de trous répartis le long d'un parcours plus ou moins accidenté. **2** Terrain sur lequel on pratique ce sport. LOC *Golf miniature* : jeu imité du golf se déroulant sur un petit parcours jalonné d'obstacles. SYN mini-golf. ETY Mot angl. DER **golfeur, euse** *n* – **golfique** *a*

**golf** Tiger Woods

**golfe** *nm* Vaste échancrure d'une côte. LOC *Le Golfe* : le golfe Persique. ETY De l'ital.

**Golfe (guerre du)** nom de deux conflits qui se déroulèrent près du golfe Persique. – Le premier opposa l'Iran et l'Irak, de l'offensive irakienne en sept. 1980 au cessez-le-feu de juil. 1988. – Le second débuta en janv. 1991 après l'invasion du Koweït en août 1990 par l'Irak, que combattit une coalition de 30 pays (Arabie Saoudite, Argentine, Australie, Bahreïn, Bangladesh, Belgique, Canada, Danemark, Égypte,

Émirats arabes unis, Espagne, États-Unis, France, Grèce, Honduras, Italie, Koweït, Maroc, Niger, Norvège, Oman, Pākistān, Pays-Bas, Portugal, Royaume-Uni, Sénégal, Sierra Leone, Syrie, Tchécoslovaquie, Turquie). Les alliés occupèrent le Koweït le 28 fév. et un cessez-le-feu intervint le 3 mars 1991.

**Golfe-Juan** stat. balnéaire des Alpes-Maritimes (com. de Vallauris). – Napoléon y débarqua à son retour de l'île d'Elbe (1er mars 1815).

**Golgi** Camillo (Corteno, près de Brescia, 1843 ou 1844 – Pavie, 1926), médecin italien : travaux sur le paludisme. P. Nobel 1906 avec S. Ramón y Cajal. ▷ *Appareil de Golgi* : dictyosome.

**Golgotha** (forme gr. du mot araméen *gulgolta*, « lieu du crâne »), nom initial de la colline où Jésus fut crucifié, également appelée *le Calvaire*. ▶ illustr. **Caravage**

**goliath** *nm* Grande cétoine de la forêt dense africaine, le plus lourd des insectes. ETY Du n. pr.

**Goliath** personnage biblique ; géant philistin tué d'un coup de fronde par David.

**Golitsyn** → **Galitzine.**

**golmote** *nf* Nom cour. de l'*amanite vineuse* ou *amanite rougissante*, comestible quand elle est cuite. VAR **golmotte**

**Golo (le)** princ. fl. de Corse (75 km) ; se jette dans la Méditerranée, au S. de Bastia.

**golpe** *nm* Putsch, dans les pays hispaniques. PHO [gɔlpe] ETY Mot esp.

**Gomar** François (Bruges, 1563 – Groningue, 1641), théologien néerlandais. Pasteur calviniste, il fit condamner la thèse d'Arminius sur la prédestination au synode de Dordrecht (1618-1619). VAR **Gomarus**

**gomarisme** *nm* Doctrine de Gomar. DER **gomariste** *a, n*

**Gombaud** → **Gondebaud.**

**Gombauld** Jean Oger de (Saint-Just, Saintonge, v. 1588 – Paris, v. 1666), poète précieux français. Acad. fr. (dès 1634).

**Gombert** Nicolas (Bruges, v. 1490 – ?, v. 1560), musicien franco-flamand : messes, motets, magnificat, chansons.

**Gomberville** Marin Le Roy de (Paris, 1600 – id., 1674), écrivain français, pionnier de l'exotisme : *l'Exil de Polexandre et d'Éricl ée* (1629, roman). Acad. fr. (1635).

**gombo** *nm* Plante des régions chaudes (malvacée) dont on consomme le fruit comme légume. ETY D'une langue africaine.

**Gombrich** Ernst Hans (Vienne, 1909 – Londres, 2001), théoricien de l'art brit. d'orig. autrichienne : *l'Art et l'Illusion* (1960).

**Gombrowicz** Witold (Małoszyce, près de Radom, 1904 – Vence, 1969), écrivain polonais. Angoisse et écriture complexe caractérisent ses romans : *Ferdydurke* (1938), *la Pornographie* (1960), *Cosmos* (1961), son théâtre et son *Journal* (1953-1969).

**Gomel** v. de Biélorussie ; ch.-l. de la prov. du m. nom ; 465 000 hab.

**goménol** *nm* Huile végétale tirée d'une myrtacée exotique, le niaouli, antiseptique des voies respiratoires. ETY Nom déposé. DER **goménolé, ée** *a*

**Gomera (île de)** île de l'archipel des Canaries ; 378 km$^2$ ; 28 000 hab.

**Gómez de la Serna** Ramón (Madrid, 1888 – Buenos Aires, 1963), romancier espagnol : *le Rastro* (1915-1931), *la Veuve blanche et noire* (1917), *les Trois Grâces* (1949).

**gomina** *nf* Pommade pour les cheveux, brillantine. ETY Nom déposé. DER **gominé, ée** *a*

**gommage** *nm* **1** Action de gommer ; son résultat. **2** Action d'éliminer de la peau les impuretés et les peaux mortes, par frottement avec un produit cosmétique granuleux. **3** TECH Altération d'une huile lubrifiante qui prend la consistance d'une gomme sous l'action du froid.

**gomme** *nf* **A 1** Substance visqueuse qui s'écoule de certains arbres. *Les gommes diffèrent des résines et des latex par leur solubilité dans l'eau.* **2** Pâte à mâcher. *Boule de gomme.* **3** Petit bloc de caoutchouc ou de matière synthétique servant à effacer. *Gomme à crayon, à encre.* **4** MED Nodosité infectieuse siégeant dans l'hypoderme, dont l'ouverture donne lieu à un ulcère profond. **B** *nfpl* fam Pneus d'une voiture de course. LOC fam ***À la gomme*** : sans intérêt, sans valeur. — ***Gomme adragante*** : tirée de certains astragales. — ***Gomme arabique*** : provenant de divers acacias. — fam ***Mettre la gomme, toute la gomme*** : augmenter au maximum la vitesse d'un véhicule ; mettre toutes ses forces à qqch. ETY Du gr.

**gomme-cogne** *nm* fam Syn. de *flashball*. PLUR gommes-cognes.

**gomme-gutte** *nf* Résine de couleur jaune, produite par divers arbres d'Asie et utilisée dans la fabrication des vernis et des peintures. PLUR gommes-guttes.

**gomme-laque** *nf* Résine exsudée par divers arbres, employée dans la fabrication des vernis à l'alcool. PLUR gommes-laques.

**gommer** *vt* 1 **1** Enduire de gomme. **2** Effacer avec une gomme. **3** fig Atténuer, faire disparaître. *Gommer un détail gênant.*

**gomme-résine** *nf* Mélange de gomme et de résine, insoluble dans l'eau mais soluble dans l'alcool. PLUR gommes-résines.

**gommette** *nf* Petit morceau de papier coloré autocollant.

**gommeux, euse** *a, nm* **A** *a* De la nature de la gomme. **B** *nm* fam, vieilli Jeune homme prétentieux, d'une élégance outrée.

**gommier** *nm* **1** Nom cour. des arbres qui produisent de la gomme. **2** Antilles Embarcation creusée dans un tronc d'arbre.

**gommose** *nf* Maladie des arbres caractérisée par des émissions de gomme.

**Gomorrhe** anc. ville de Palestine, au S.-E. de la mer Morte, détruite par le feu du ciel en même temps que Sodome, selon la Genèse. DER **gomorrhéen, enne** *a, n*

**Gompers** Samuel (Londres, 1850 – San Antonio, Texas, 1924), syndicaliste américain. Il créa en 1881 une fédération de syndicats de métiers, qui devint en 1886 l'AFL (American Federation of Labor).

**gomphide** *nm* BOT Champignon basidiomycète à lamelles, voisin du bolet, comestible.

**Gomułka** Władysław (Krosno, 1905 – Varsovie, 1982), homme politique polonais. Secrétaire du Parti ouvrier unifié polonais de 1943 à 1948, il fut emprisonné (1951-1954), puis gouverna à nouveau (1956-1970).

**gonade** *nf* ANAT Glande génitale. *Le testicule est la gonade mâle, l'ovaire la gonade femelle.* ETY Du gr. *gonê*, « semence ». DER **gonadique** *a*

**gonadostimuline** *nf* PHYSIOL Hormone sécrétée par l'hypophyse et le placenta, qui stimule l'activité fonctionnelle des gonades. SYN gonadotrophine.

**gonadotrope** *a* PHYSIOL Qui agit sur les gonades. *Hormones gonadotropes.*

**gonadotrophine** *nf* Syn. de *gonadostimuline*. VAR **gonadotropine**

**Gonaïves** v. et port d'Haïti, dans le N. du *golfe de Gonaïves*, qui baigne l'O. d'Haïti ; 70 000 hab. (aggl.) ; ch.-l. de dép.

**gonakié** *nm* Acacia africain dont les gousses sont utilisées pour tanner le cuir. SYN gommier rouge. ETY Mot wolof. VAR **gonakier**

**Gonçalves** Nuno (mort v. 1480), peintre portugais, au service d'Alphonse V.

**Gonçalves Dias** Antonio (Faxias, 1823 – en mer, 1864), poète romantique brésilien : *Primeiros Cantos* (1846) ; l'un des prem. qui s'intéressa à la culture amérindienne.

**Goncourt** Edmond Huot de (Nancy, 1822 – Champrosay, 1896), et son frère **Jules Huot de Goncourt** (Paris, 1830 – id., 1870), écrivains français. Stylistes de l'école naturaliste (« écriture artiste »), ils ont écrit en collab. des romans et *l'Art du XVIIIe siècle* (1859-1875). Après la mort de Jules, Edmond a publié plus. romans et le *Journal des Goncourt*. Par testament, il créa l'*académie Goncourt*. V. académie (encycl.).

les frères **Goncourt**

**gond** *nm* Pièce métallique autour de laquelle pivotent les pentures d'une porte ou d'une fenêtre. LOC fam ***Sortir de ses gonds*** : s'emporter. ETY Du lat. *gomphus*, « cheville, clou ».

**Gondar** v. d'Éthiopie ; 95 000 hab. – Elle eut rang de cap. du XVIe au XIXe s.

**Gondebaud** (m. à Genève, 516), roi des Burgondes (v. 480-516). VAR **Gombaud** ou **Gondobald**

**Gondi** famille florentine dont une branche s'installa en France au XVIe s. (V. Retz.)

**gondolant, ante** *a* fam Très drôle.

**gondole** *nf* **1** Barque vénitienne longue et plate à un seul aviron, dont les extrémités sont relevées et recourbées. **2** Long meuble à rayons superposés, utilisé dans les magasins en libre-service pour présenter les marchandises. LOC ***Siège en gondole*** : au dossier incurvé et enveloppant, descendant sur les côtés. ETY Du vénitien.

**gondoler** *v* 1 **A** *vi, vpr* Se gonfler, se gauchir. *Bois qui gondole.* **B** *vpr* fig, fam Se tordre de rire. DER **gondolage** ou **gondolement** *nm*

**gondolier, ère** *n* **1** Batelier qui conduit une gondole. **2** Employé chargé de réassortir les gondoles d'un hypermarché.

**Gonds** population tribale du centre de l'Inde ; 8 millions de personnes.

**Gondwana (le)** continent issu de la Pangée, qui aurait regroupé l'Amérique du Sud, l'Afrique, Madagascar, l'Arabie, l'Inde, l'Australie et l'Antarctique et qui se serait disloqué il y a 240 millions d'années, lors de la formation des océans.

**gone** *nm* rég À Lyon, gamin, gosse.

**gonelle** *nf* Poisson téléostéen des côtes rocheuses de la Manche, appelé aussi *papillon de mer*, long d'environ 20 cm, aux flancs tachés de noir. VAR **gonnelle**

**Gonesse** ch.-l. de cant. du Val-d'Oise (arr. de Montmorency) ; 24 721 hab. Cultures florales. Industries. DER **gonessien, enne** *a, n*

**gonfanon** *nm* HIST Étendard de guerre à deux ou trois pointes, au Moyen Âge. VAR **gonfalon**

**gonfanonier** *nm* HIST Celui qui portait le gonfanon. LOC *Gonfanonier de justice* : chef de certaines républiques italiennes, au Moyen Âge. VAR **gonfalonier**

**gonflé, ée** *a* LOC *Être gonflé* : montrer une assurance exagérée, avoir du culot. — fam *Gonflé à bloc* : rempli d'ardeur.

**gonflement** *nm* **1** Action de gonfler. **2** Enflure d'une partie du corps. **3** fig Exagération ; augmentation trop importante. *Le gonflement des effectifs.*

**gonfler** *v* 1 **A** *vt* **1** Distendre, augmenter le volume d'un corps en l'emplissant d'air, de gaz. *Gonfler un ballon.* **2** fig Remplir, combler. *Son cœur est gonflé de joie.* **3** très fam Ennuyer, exaspérer. *Tu commences à me gonfler.* **4** fig Exagérer, grossir. *Gonfler une facture.* **5** TECH Augmenter la puissance d'un moteur. **B** *vi* Augmenter de volume. *Cette pâte gonfle à la cuisson.* **C** *vpr* **1** Devenir enflé. *Veines qui se gonflent sous l'effort.* **2** fig Être empli. *Il se gonfle d'orgueil.* ETY Du lat. *conflare*, « souffler ». DER **gonflable** *a* – **gonflage** *nm* – **gonflant, ante** *a*

**gonflette** *nf* fam **1** Méthode de musculation visant à obtenir des muscles volumineux. **2** Musculation des animaux de boucherie obtenue grâce à des anabolisants.

**gonfleur** *nm* TECH Appareil servant à gonfler les pneus, les ballons, etc.

**Gonfreville-l'Orcher** ch.-l. de cant. de la Seine-Maritime (arr. du Havre), sur le canal de Tancarville ; 9 223 hab. Centre pétrolier. DER **gonfrevillais, aise** *a, n*

**gong** *nm* **1** Instrument de percussion formé d'un plateau de métal sonore sur lequel on frappe avec une baguette à tampon. **2** Timbre utilisé pour donner un signal dans un match de boxe. PHO [gɔ̃g] ETY Mot malais. ▶ pl. musique

**Góngora y Argote** Luis de (Cordoue, 1561 – id., 1627), poète et ecclésiastique espagnol. Aumônier de Philippe III (1617), il écrivit la *Fable de Polyphème et Galatée* (1612) et *Solitudes* (1613) ; style recherché (*gongorisme*).

**gongorisme** *nm* didac Préciosité, maniérisme de l'écriture ; affectation de style. DER **gongoriste** *a, n*

**Gong Xian** (actif à Nankin de 1652 à 1682), peintre chinois : paysages de montagnes au lavis d'encre noire. VAR **Kong Hien**

**gonie** *nf* BIOL Terme général pour désigner les cellules initiales de la lignée germinale, ovogonies et spermatogonies.

**gonio-, -gone** Éléments, du gr. *gônia*, « angle ».

**goniomètre** *nm* **1** TECH Appareil servant à la mesure des angles en topographie, en optique, etc. **2** RADIO Appareil récepteur servant à déterminer la direction d'une émission radioélectrique.

**goniométrie** *nf* TECH **1** Ensemble des procédés de mesure des angles. **2** Syn. de radiogoniométrie. DER **goniométrique** *a*

**gonochorisme** *nm* BIOL État d'une espèce animale dans laquelle il existe des individus exclusivement mâles et des individus exclusivement femelles. ANT hermaphrodisme. PHO [gɔnokɔʀism] DER **gonochorique** *a*

**gonococcie** *nf* MED Infection due au gonocoque. PHO [gɔnɔkɔksi]

**gonocoque** *nm* MICROB Diplocoque agent de la blennorragie.

**gonocyte** *nm* BIOL Cellule sexuelle primitive donnant naissance aux gamètes.

**gonorrhée** *nf* MED Blennorragie.

**Gontcharov** Ivan Alexandrovitch (Simbirsk, 1812 – Saint-Pétersbourg, 1891), romancier russe : *Une simple histoire* (1847) ; *Oblomov* (1859), son chef-d'œuvre ; *la Falaise* (1869).

**Gontcharova** Natalia Sergheïevna (Ladychkino, près de Toula, 1881 – Paris, 1962), peintre russe ; créatrice, avec son mari Larionov, du rayonnisme.

**Gontran** (saint) (?, v. 545 – Chalon-sur-Saône, 592), deuxième fils de Clotaire I^er ; roi de Bourgogne de 561 à 592.

**Gonzague** famille princière d'Italie, qui régna à Mantoue (1328-1708).

**Gonzague** Anne de dite la Princesse Palatine (Paris, 1616 – id., 1684), célèbre pour son esprit et son rôle dans la Fronde.

**González** Julio (Barcelone, 1876 – Arcueil, 1942), sculpteur espagnol. Sculptures de métal, souvent abstraites : *l'Ange* (1933).

**González Márquez** Felipe (Séville, 1942), homme politique espagnol. Secrétaire général du Parti socialiste ouvrier espagnol (PSOE) de 1974 à 1997, Premier ministre de 1982 à 1996, il modernisa son pays.

**Gonzalo de Berceo** (Berceo, v. 1198 – mort apr. 1264), premier poète espagnol de langue castillane : poèmes religieux.

**Gonzalve de Cordoue** Gonzalo Fernández de Córdoba (Montilla, 1453 – Grenade, 1515), général espagnol. Il conquit sur les Français le royaume de Naples (1503).

**gonze** *nm* fam, vx Homme, individu.

**gonzesse** *nf* fam Femme, jeune femme.

**Goodman** Benjamin David, dit Benny (Chicago, 1909 – New York, 1986), clarinettiste et chef d'orchestre de jazz américain. Il lança le style « swing » (1935).

**Goodyear** Charles (New Haven, Connecticut, 1800 – New York, 1860), inventeur américain de la vulcanisation du caoutchouc (1839). La société *Goodyear*, qui fabrique des pneumatiques, fut fondée en 1898.

**Google** société américaine d'informatique (moteur de recherche sur Internet) créée en 1998.

**googliser** *vt* 1 Chercher un renseignement sur le web avec le moteur de recherche Google. PHO [guglize] VAR **googleiser, googler**

**Goose Bay** v. du Canada (Labrador), au S. du lac Melville ; 7 600 hab. Anc. base aérienne.

**Göppingen** v. industrielle d'Allemagne (Bade-Wurtemberg) ; 56 000 hab.

**gopura** *nm* Monument pyramidial des temples hindous de l'Inde du Sud.

**Gorakhpur** v. industrielle et universitaire de l'Inde (Uttar Pradesh) ; 671 000 hab.

**Goranes** → **Zaghawas.**

**Goranis** Slaves islamisés des Balkans.

**Gorbatchev** Mikhaïl Sergeïevitch (Privolnoïe, territ. de Stavropol, 1931), homme politique soviétique. Secrétaire général du PCUS (1985-1991), il établit la *perestroïka* (« restructuration »), mettant entre autres un terme à la Guerre froide. Il fut élu prés. de l'URSS en 1989. Il essuya une tentative de coup d'État mené par les communistes conservateurs. Affaibli par les difficultés écon. du pays et le démantèlement du bloc soviétique, il démissionna en 1991. P. Nobel de la paix 1990. DER **gorbatchévien, enne** *a*

Mikhaïl Sergeïevitch Gorbatchev

**Gordes** ch.-l. de cant. du Vaucluse (arr. d'Apt) ; 2 056 hab. – Chât. (XVI^e s.). (V. aussi Sénanque et Vasarely.) DER **gordien, enne** *a, n*

**Gordias** (VIII^e s. av. J.-C.), nom présumé d'une dynastie de Phrygie, alternant au pouvoir avec celle de Midas.

**1 gordien** *am* LOC MYTH *Nœud gordien* : lien inextricable qui fixait le joug au timon du char de Gordias, roi de Phrygie. (Le temple de Zeus à Gordion le recélait. Alexandre le trancha en 333 av. J.-C.) — *Trancher le nœud gordien* : mettre fin, par une décision brutale, à une situation de crise, apparemment insoluble.

**2 gordien** *nm* ZOOL Ver filiforme des eaux douces, parfois très long (1m), dont les adultes forment des pelotons enchevêtrés.

**Gordien I^er** (en latin *Marcus Antonius Gordianus Sempronianus*) (Rome, v. 157 – Carthage, 238), empereur romain (238) durant huit semaines. Il se tua à la mort de son fils Gordien II. — **Gordien II** (?, v. 192 – Carthage, 238), empereur romain en même temps que son père Gordien I^er. — **Gordien III le Pieux** (Rome, v. 224 – Zaïtha, près de l'Euphrate, 244), petit-fils de Gordien I^er ; empereur romain de 238 à 244, renversé et tué par Philippe l'Arabe.

**Gordimer** Nadine (Springs, 1923 – Johannesburg, 2014), écrivaine sud-africaine d'expression anglaise. Ses œuvres dépeignent la vie au Transvaal : *Un monde d'étrangers* (1979), *Fille de Burger* (1982), *Un caprice de la nature* (1990). P. Nobel 1991.

**Gordion** cap. de la Phrygie antique. Le temple de Zeus y abritait le nœud gordien.

**Gordon** Charles (Woolwich, 1833 – Khartoum, 1885), officier britannique. Il servit le gouv. chinois contre les Taiping (1860). Gouverneur du Soudan égyptien (*Gordon pacha*), il fut tué lors de la prise de Khartoum.

**Gordon** Dexter (Los Angeles, 1923 – Philadelphie, 1990), saxophoniste de jazz américain.

**Gordon Bennett** → **Bennett.**

**gore** *a, nm* Se dit d'un type de fiction (littérature, cinéma) se signalant par des scènes sanglantes et horribles. ETY Mot angl., « sang séché ».

**Gore** Albert Arnold, dit Al (Washington, 1948), homme politique américain (démocrate). Prix Nobel de la paix 2007 pour son action écologiste.

**Gorée** îlot côtier du Sénégal, à 4 km de Dakar. Comptoir franç. import. au XVIII^e s. – Vieille ville témoignant du comm. des esclaves.

**goret** *nm* **1** Jeune porc. **2** fig, fam Enfant sale.

**goretex** *nm* Tissu résistant qui protège du vent et de la pluie et qui permet l'évaporation de la sueur. ETY Nom déposé. VAR **gore-tex**

**gorfou** *nm* ZOOL Manchot des mers australes qui possède des touffes de plumes jaunes au-dessus des yeux. ETY Du danois.

**gorge** *nf* **1** Partie antérieure du cou. *Couper la gorge à qqn.* **2** Gosier, cavité située en arrière de la bouche. *Avoir mal à la gorge.* **3** Partie supérieure de la poitrine, seins d'une femme. **4** GEOMORPH Vallée étroite et très profonde. **5** ARCHI Moulure concave. **6** MILIT Entrée d'une fortification, du côté des défenseurs. **7** TECH Orifice ou cannelure. LOC *Avoir la gorge sèche* : avoir soif. — *Faire des gorges chaudes de qqch* : s'en moquer ostensiblement. — *Faire rentrer à qqn ses paroles dans la gorge* : l'obliger à se taire ou à se rétracter. — *Mettre le couteau sur la gorge à qqn* : chercher à obtenir de lui qqch par la menace. — *Prendre à la gorge* : produire une sensation d'étouffement.

— ***Rendre gorge*** : restituer sous la contrainte ce qui avait été pris injustement. — ***Rire à gorge déployée*** : très fort. [ETY] Du lat. *gurges*, « gouffre ».

**gorge-bleue** *nf* Petit passereau (turdidé) migrateur qui niche en France entre avril et septembre. PLUR gorges-bleues.

**gorge-de-pigeon** *a inv* D'une couleur à reflets changeants.

**gorgée** *nf* Quantité de liquide avalée en une seule fois. *Boire à petites gorgées.*

**gorgeon** *nm* fam Consommation dans un café.

**gorger** *v* [13] **A** *vt* **1** Faire manger avec excès. **2** Imprégner, saturer. *Un terrain gorgé d'eau.* **B** *vpr* Absorber en quantité. *Se gorger de café.*

**gorgerette** *nf* anc Collerette que portaient les femmes.

**gorgerin** *nm* **1** anc Partie du heaume couvrant la gorge. **2** ARCHI Étranglement d'une colonne ionique, au-dessous du chapiteau.

**gorget** *nm* TECH Rabot servant à faire des gorges (moulures).

**Gorgias** (Leontium, Sicile, v. 487 – Larissa, v. 380 av. J.-C.), sophiste grec : *Sur le non-être et la nature.* Dans le dialogue de Platon *Gorgias ou De la rhétorique* (v. 395-v. 391 av. J.-C.), Socrate reproche à Gorgias son art superficiel.

**gorgone** *nf* ZOOL Cnidaire octocoralliaire vivant en colonie dans les mers chaudes, à squelette corné en éventail, de couleurs variées.

**Gorgones** dans la myth. gr., monstres au visage effroyable dont la chevelure était formée par des serpents. Elles étaient trois sœurs : Sthéno, Euryale et Méduse (la plus redoutable), filles du dieu marin Phorcys et de Céto.

**gorgonzola** *nm* Fromage de vache italien, sorte de bleu crémeux. [ETY] Du n. d'une ville ital.

**Gorgulov** Pavel, dit Paul (Labinskaïa, 1895 – Paris, 1932), extrémiste russe qui assassina Paul Doumer pour protester contre la reconnaissance de l'URSS par la France. Il fut condamné et exécuté.

**gorille** *nm* **1** Le plus grand des singes pongidés, au pelage noir, très puissant, pouvant atteindre 2 m de haut et peser 250 kg. **2** fig, fam Garde du corps. [ETY] Du lat.

**gorille** de montagne

**Göring** → **Goering.**

**Gorizia** (en all. *Görz*, en serbe *Gorica*), v. d'Italie (Frioul-Vénétie Julienne), sur l'Isonzo, à la frontière de la Slovénie ; ch.-l. de la prov. du m. nom ; 37 000 hab. Archevêché. – Le traité de paix de 1947 partagea la ville entre la Slovénie (yougoslave) et l'Italie.

**Gorki** Alexeï Maximovitch Pechkov, dit Maxime (Nijni-Novgorod, 1868 – Moscou, 1936), écrivain russe. Orphelin vagabond (*Ma vie d'enfant*, 1913-1914 ; *En gagnant mon pain*, 1915-1916 ; *Mes universités*, 1923), il connut le succès avec *Foma Gordeiev* (roman, 1899). Il se montra favorable aux idées révolutionnaires (*la Mère*, roman, 1907) et sacrifia au réalisme socialiste (*Vie de Klim Samguine*, 1927). Théâtre : *les Petits-Bourgeois* (1902), *les Bas-Fonds* (1902).

M. Gorki

**Gorky** Vosdanig Adoian, dit Arshile (Hayotz Dzore, Arménie turque, 1904 – New York, 1948), peintre américain qui pratiqua un expressionnisme gestuel.

**Görlitz** ville d'Allemagne, sur la Neisse ; 55 000 hab.

**Gorlovka** ville d'Ukraine, dans le Donbass ; 342 000 hab. Industrie lourde.

**goron** *nm* Suisse Vin rouge du Valais.

**Gorostiza** José (Villahermosa, 1901 – Mexico, 1973), diplomate et poète mexicain : *Chants pour les marins* (1925), *Mort sans fin* (1939).

**Gort** John Vereker (vicomte) (Londres, 1886 – id., 1946), maréchal britannique (1943) ; commandant des forces brit. en France (1939-1940), haut-commissaire en Palestine et en Transjordanie (1944-1945).

**Gortchakov** Alexandre Mikhaïlovitch (prince) (Haspal, 1798 – Baden-Baden, 1883), homme politique russe. Ministre des Affaires étrangères (1856-1882), il dirigea la polit. d'alliances de son pays.

**Gortyne** v. de la Crète anc. ; rivale de Cnossos aux IV$^e$ et III$^e$ s. av. J.-C. – *Les lois de Gortyne* (sur pierre) constituent un document précieux.

**Gorzów Wielkopolski** v. de Pologne, sur la Warta ; 125 000 hab. ; ch.-l. de voïévodie.

**Goscinny** René (Paris, 1926 – id., 1977), maître français de la bande dessinée, auteur des textes d'*Astérix* (dessin : Uderzo) et de *Lucky Luke* (dessin : Morris).

**gosette** *nf* Belgique Chausson fourré à la compote de fruits.

**gosier** *nm* **1** Arrière-gorge et pharynx. **2** Organe vocal. *Crier à plein gosier.* LOC fam ***Avoir le gosier sec*** : avoir soif. [ETY] Du gaul.

**Gosier (Le)** ch.-l. de cant. de la Guadeloupe (arr. de Pointe-à-Pitre) ; 27 051 hab.

**Goslar** ville d'Allemagne (Basse-Saxe) ; 40 000 hab. Tourisme. – Vestiges du Moyen Âge.

**gospel** *nm* Chant religieux des Noirs d'Amérique du Nord. [ETY] Mot amér.

**Gossaert** Jan dit Mabuse (Maubeuge, v. 1478 – Middelburg, v. 1535), peintre flamand, qui apprit son art à Rome. [VAR] **Gossart**

**gosse** *n* fam Enfant. LOC ***Beau gosse, belle gosse*** : beau garçon, belle fille. [ETY] De *gonze.*

**Gossec** François Joseph Gossé, dit (Vergnies, Hainaut, 1734 – Paris, 1829), compositeur français ; l'un des créateurs de la forme symphonique.

**gossypol** *nm* Pigment présent dans les graines de cotonnier, toxique pour les non-ruminants.

**Göta älv (le)** fl. de Suède (93 km) ; émissaire du lac Vänern ; se jette dans le Kattégat.

**Götaland** région mérid. de Suède, la plus fertile ; v. princ. *Göteborg.* [VAR] **Gothie**

**Göteborg** v. et port de Suède, à l'embouchure du Göta älv ; 704 050 hab. (aggl.). Grand centre industr. – Université. Musées.

**gotha** *nm* Ensemble des familles et des personnes nobles ou des personnalités en vue. *Le gotha du sport.* [ETY] De l'almanach de *Gotha.*

**Gotha (almanach de)** annuaire généalogique, diplomatique et statistique qui a paru à Gotha, de 1764 à 1944.

**Gotha** v. d'Allemagne (Thuringe) ; 46 000 hab. Porcelaine. – Cath. (XIV$^e$ et XV$^e$ s.). Chât. des Friedenstein (XVII$^e$ s.). – Anc. cap. du duché de Saxe-Cobourg-Gotha. – Le *congrès de Gotha* (1875) créa le parti social-démocrate allemand.

**Gothie** → **Götaland.**

**gothique** *a, n* **A** *nf, a* Écriture à caractères droits, à angles et à crochets, qui remplaça l'écriture romaine vers le XII$^e$ s. et fut abandonnée au XV$^e$ s. **B** *a, nm* **1** Bx-A Se dit de la forme d'art, et partic. d'art architectural, répandue en Europe du XII$^e$ au XVI$^e$ s. *Cathédrale gothique.* **2** Se dit d'un type de fiction né en Angleterre au XVIII$^e$ s., qui mêle le fantastique et le roman noir. **3** Se dit d'un mouvement culturel et musical né en Grande-Bretagne, dans la lignée punk, marqué par le fantastique, le macabre, voire le satanisme. **C** *n* Adepte de ce mouvement.

[ENC] Le nom de gothique a d'abord été donné, péjorativement (les Goths étaient des barbares), à l'art *ogival.* L'architecture gothique, née en France et en Angleterre au début du XII$^e$ siècle, s'impose dans presque toute l'Europe jusqu'au XVI$^e$ s. Employant la croisée d'ogives, elle se substitue au style roman : l'arc brisé se généralise, les supports gagnent en hauteur, les vides (ouvertures garnies de vitraux) l'emportent sur les pleins. Le *gothique primitif* va de 1140 à 1200 : cathédrales de Noyon, de Sens, basilique de Saint-Denis ; le *gothique à lancettes* va de 1200 à 1250 : cathédrales de Paris, Reims, Chartres, Bourges, et Sainte-Chapelle de Paris. Le *gothique rayonnant* (XIV$^e$ s.) éclaire l'édifice d'immenses « roses » : cathédrales de Strasbourg, Metz, Cologne. Dans le *gothique flamboyant* (XV$^e$-XVI$^e$ s.), la décoration l'emporte : cathédrale de Beauvais, églises St-Maclou à Rouen, St-Gervais et St-Merri à Paris, St-Pierre à Avignon. Ont aussi adopté le style ogival l'architecture civile (maison de Jacques Cœur à Bourges, hôtel de Cluny à Paris) et l'architecture militaire (châteaux forts d'Angers, de Combourg, palais des Papes à Avignon, enceintes fortifiées de Carcassonne et de Saint-Malo).

**Goths** peuple germanique installé au I$^{er}$ s. av. J.-C. sur les rives de la Vistule. En 375, l'arrivée des Huns les poussa vers l'O. et ils se divisèrent en Ostrogoths (« Goths brillants ») et en Wisigoths (« Goths sages »). [DER] **gothique** *a*

**gotique** *nm* LING Langue germanique ancienne parlée par les Goths.

**Gotland** prov. et île suédoise de la Baltique ; 3 173 km$^2$ ; 56 170 hab. ; ch.-l. *Visby.*

**Gotlib** Marcel Gotlieb, dit (Paris, 1934), auteur de bandes dessinées, créateur de la revue *l'Écho des savanes* (1972).

**goton** *nf* vx Femme de mauvaise vie. [ETY] De *Margoton.*

**Gottfried de Strasbourg** (fin du XII$^e$ s. – déb. du XIII$^e$ s.), poète épique allemand : *Tristan*, grand poème inachevé.

**Göttingen** v. d'Allemagne (Basse-Saxe), sur la Leine ; 120 000 hab. Industries. – Université célèbre, fondée en 1737.

**Gottschalk** (près de Mayence, v. 805 – Hautvillers, v. 868), théologien allemand ; emprisonné en 848 pour ses thèses sur la prédestination et la grâce. [VAR] **Gotescalc d'Orbais**

**Gottwald** Klement (Dědice, 1896 – Prague, 1953), homme politique tchécoslovaque. Président du Conseil (1946) communiste, il organisa le « coup de Prague » (fév. 1948) et devint président de la République.

**Gottwaldov** → **Zlín.**

**gouache** *nf* Peinture pâteuse préparée à l'aide de couleurs délayées dans de l'eau avec de la gomme ; œuvre peinte à la gouache. ETY De l'ital.

**gouacher** *vt* 1 Peindre ou retoucher à la gouache.

**gouaille** *nf* Moquerie teintée de vulgarité.

**gouailler** *vi* 1 vieilli Railler, se moquer avec gouaille. DER **gouaillerie** *nf* – **gouailleur, euse** *a*

**goualante** *nf* fam, vieilli Rengaine, refrain populaire.

**goualeuse** *nf* fam, vx Chanteuse. ETY De l'arg.

**gouape** *nf* vieilli, fam Voyou. ETY Du provenç.

**Goubert** Pierre (Saumur, 1915 – Issy-les-Moulineaux, 2012), historien français : *Louis XIV et vingt millions de Français* (1966) ; *Mazarin* (1990).

**gouda** *nm* Fromage de Hollande au lait de vache, à pâte plus ou moins étuvée.

**Gouda** ville des Pays-Bas (Hollande-Méridionale), sur l'Ijsel ; 62 320 hab. Fromages. Faïences. – Église et hôtel de ville du XV$^e$ s.

**Goudéa** (XXI$^e$ s. av. J.-C.), gouverneur sumérien de Lagash.

**Goudimel** Claude (Besançon, v. 1520 – Lyon, 1572), compositeur français. Il écrivit deux versions musicales du psautier huguenot. Il fut assissiné lors de la Saint-Barthélemy.

**goudrelle** *nf* Canada Sorte de gouge que l'on fixe sur un érable pour en recueillir la sève.

**goudron** *nm* Émulsion épaisse et noirâtre qui provient de la pyrogénation de la houille ou du bois, de la distillation du pétrole brut, etc. *Les goudrons servent à fabriquer les huiles et le brai utilisés dans le revêtement des chaussées.* ETY De l'ar. *qatrān.* DER **goudronneux, euse** *a*

**goudronner** *vt* 1 Enduire de goudron. DER **goudronnage** *nm* – **goudronneur** *nm*

**goudronneux, euse** *a, nf* **A** *a* didac De la nature du goudron. **B** *nf* TECH Véhicule servant au goudronnage des routes.

**Goudsmit** Samuel Abraham (La Haye, 1902 – Reno, 1978), physicien américain d'origine néerl. Il établit, avec Uhlenbeck, la théorie du spin de l'électron (1925).

**gouet** *nm* Nom cour. de l'arum tacheté. PHO [gwɛ] ETY Du lat.

**Gouffé** Jules (Paris, 1807 – Neuilly-sur-Seine, 1877), cuisinier français : *le Livre de cuisine* (1872), *le Livre des soupes et potages* (1875).

**gouffre** *nm* **1** Dépression naturelle très profonde aux parois abruptes. SYN aven. **2** fig Danger, désastre. *Le pays est au bord du gouffre.* **3** fig Ce dans quoi l'on engloutit beaucoup d'argent. *Cette voiture est un gouffre !* ETY Du gr. *kolpos*, « golfe ».

**gouge** *nf* TECH Ciseau droit ou coudé à tranchant semi-circulaire. ETY Du lat.

**gougère** *nf* Gâteau salé au gruyère.

**Gouges** Marie Olympe Gouze (dame Aubry), dite Olympe de (Montauban, 1748 – Paris, 1793), féministe française (*Déclaration des droits de la femme et de la citoyenne*, 1791). Elle prit la défense de Louis XVI et fut guillotinée.

**gougnafier** *nm* fam Bon à rien. PHO [guɲafje]

**Gouin** sir Lomer (Grondines, Québec, 1861 – Québec, 1929), homme politique québécois, Premier ministre (libéral) du Québec de 1905 à 1920.

**Gouin** Félix (Peypin, Bouches-du-Rhône, 1884 – Nice, 1977), homme politique français. Socialiste, il fut le chef du Gouvernement provisoire de la Rép. française de janv. à juin 1946.

**gouine** *a, nf* vulg, péjor Femme homosexuelle.

**goujat** *nm* Homme grossier, mufle. DER **goujatement** *av* – **goujaterie** *nf*

**1 goujon** *nm* Petit poisson cyprinidé comestible des eaux courantes d'Europe. ETY Du lat.

**2 goujon** *nm* TECH Pièce cylindrique aux extrémités taraudées, servant à assembler deux éléments. ETY De *gouge*.

**Goujon** Jean (en Normandie [?], v. 1510 – Bologne, v. 1564 ou 1569), sculpteur et architecte français ; une des plus grandes figures de la Renaissance : bas-reliefs des *Saisons* (façade du musée Carnavalet actuel, v. 1544), fontaine des Innocents à Paris (1549), cariatides de la tribune des Musiciens (1550, Louvre).

**goujonner** *vt* TECH Assembler au moyen de goujons.

**goujonnette** *nf* CUIS Petit filet de poisson. *Goujonnettes de sole.*

**goujonnière** *af* LOC *Perche goujonnière :* grémille commune.

**goulache** → **goulasch.**

**goulag** *nm* HIST Camp de travail forcé, dans l'URSS stalinienne. ETY Du russe.

**Goulart** João (São Borja, 1918 – Mercedes, Argentine, 1976), homme politique brésilien ; président (1961-1964) renversé par l'armée.

**goulasch** *nm, f* CUIS Plat hongrois, fait de bœuf mijoté avec des oignons et du paprika. PHO [gulaʃ] ETY Mot hongrois. VAR **goulache**

**Gould** Glenn (Toronto, 1932 – id., 1982), pianiste canadien au toucher subtilement détaché : *Variations Goldberg* de J. S. Bach (version 1981-1982). Nombr. écrits, notam. *le Dernier Puritain* (1983).

**Gould** Stephen Jay (New York, 1941– id., 2002), paléontologue américain ; auteur, avec Niles Eldredge, de la théorie des *équilibres ponctués* : l'évolution procède par bonds.

**goule** *nf* Vampire féminin des légendes orientales. ETY De l'ar.

**goulée** *nf* **1** fam Grosse gorgée. **2** Quantité d'air aspirée en une fois.

**goulet** *nm* **1** Passage étroit et encaissé. **2** Chenal, entrée étroite d'un port. ETY De l'a. fr. *goule*, « gueule ».

**Goulette (La)** (auj. *Halq el-Oued*), v. de Tunisie, à l'entrée du canal maritime de Tunis ; 61 610 hab. Port de comm. Stat. baln.

**gouleyant, ante** *a* Qui se boit facilement, frais et léger, en parlant d'un vin.

**goulot** *nm* Col d'un vase, d'une bouteille à orifice étroit. ETY De l'a. fr. *goule*, « gueule ».

**goulotte** *nf* **1** Rigole pour l'évacuation des eaux. **2** TECH Conduit incliné pour la manutention des marchandises ou des matériaux. **3** ALP Étroit couloir de glace dans une paroi rocheuse.

**goulu, ue** *a, n* Vorace, glouton. LOC HORTIC *Pois goulus* ou *gourmands :* que l'on mange avec les cosses. ETY De l'a. fr. *goule*, « gueule ». DER **goulûment** ou **goulument** *av*

**Goulue** Louise Weber, dite la (entre 1866 et 1869 – Paris, 1929), danseuse de french cancan au Moulin-Rouge (à partir de 1889) qui inspira Toulouse-Lautrec ; morte dans la misère.

**goum** *nm* HIST Formation auxiliaire recrutée par la France, de 1908 à 1956, parmi la population d'Afrique du Nord. ETY De l'ar.

**goumier** *nm* HIST Cavalier appartenant à un goum.

**Goumiliev** Nikolaï Stepanovitch (Cronstadt, 1886 – Petrograd, 1921), poète russe : *Fleurs romantiques* (1908), *la Colonne de feu* (1921) ; fusillé par les bolcheviks.

**Gounod** Charles (Paris, 1818 – Saint-Cloud, 1893), compositeur français, surtout connu pour ses opéras : *Faust* (1859), *Mireille* (1864) et *Roméo et Juliette* (1867). ▶ illustr. p. 707

**goupil** *nm* vx Renard. PHO [gupi(l)] ETY Du bas lat. *vulpiculus*.

**goupille** *nf* TECH Tige métallique conique, ou constituée par deux branches que l'on rabat, servant à immobiliser une pièce. ETY De *goupil*.

**goupiller** *vt* 1 **1** TECH Fixer avec une goupille. **2** fam Arranger, manigancer. *C'est lui qui a goupillé tout ça.*

**goupillon** *nm* **1** Tige garnie de poils pour nettoyer les bouteilles. **2** Tige garnie de poils ou surmontée d'une boule creuse à trous, qui sert à asperger d'eau bénite. LOC fam, péjor *Alliance du sabre et du goupillon :* de l'armée et du clergé, en politique. ETY Du néerl.

**Goupta** → **Gupta.**

**gour** *nm* GEOL Butte rocheuse isolée par l'érosion, typique de certains reliefs désertiques. ETY De l'ar.

**goura** *nm* Gros pigeon à huppe de Nouvelle-Guinée. ETY Nom indigène.

**gouragué** *nm* Langue sémitique parlée au sud de l'Éthiopie.

**gourami** *nm* ICHTYOL Poisson téléostéen comestible des lagunes asiatiques dont les petites espèces sont élevées dans les aquariums. ETY Mot des îles de la Sonde.

**gourance** *nf* fam Fait de se gourer, erreur. VAR **gourante**

**Gouraud** Henri Eugène (Paris, 1867 – id., 1946), général français. Il captura Samory Touré (1898), seconda Lyautey au Maroc (1912-1914), fut haut-commissaire en Syrie et au Liban (1919-1923), et gouverneur milit. de Paris (1923-1937).

**gourbi** *nm* **1** Cabane, hutte, en Afrique du Nord. **2** fam Logement sale et exigu. ETY De l'ar.

**gourd, gourde** *a* Engourdi, paralysé par le froid. *Avoir les doigts gourds.*

**1 gourde** *nf* **1** Plante grimpante (cucurbitacée) originaire de l'Inde, dont le fruit, comestible, est la calebasse. **2** Récipient fait d'une calebasse séchée. **3** Bouteille conçue pour résister aux chocs, fermant hermétiquement, et servant à transporter de la boisson. ETY Du lat. *cucurbita*.

**2 gourde** *nf, a* fam Personne niaise, maladroite. *Il est un peu gourde.* ETY De *gourd*.

**3 gourde** *nf* Monnaie d'Haïti. ETY De l'esp. *gordo*, « gros ».

**gourdin** *nm* Gros bâton noueux, servant à frapper. ETY De l'ital.

**Gourdon** ch.-l. d'arr. du Lot ; 4 810 hab. Industr. alim. – Égl. (XIV$^e$-XV$^e$ s.). DER **gourdonnais, aise** *a, n*

**Gourdon de Genouillac** Nicolas (Paris, 1826 – id., 1898), héraldiste et romancier français : *l'Art héraldique* (1890).

**gouren** *nm* Variété de lutte pratiquée en Bretagne. PHO [gurɛ̃] ETY Mot breton.

**gourer (se)** *vpr* 1 fam Se tromper.

**gourgandine** *nf* fam, vieilli Femme facile et dévergondée.

**gourgane** *nf* Canada Légumineuse cultivée pour ses grosses fèves rouges.

**Gourgaud** Gaspard (baron) (Versailles, 1783 – Paris, 1852), général français ; auteur, avec Montholon, des *Mémoires pour servir à l'histoire de France sous Napoléon* (1822-1825).

**Gouriev** (auj. *Atyraou*) v. et port du Kazakhstan sur la Caspienne ; 145 000 hab. ; ch.-l. de la rég. du m. nom (pétrolière).

**Gourkha** → **Gurkha.**

**gourmand, ande** *a, n* **A** Qui aime la bonne chère. **B** *a* **1** fig Avide, exigeant. *Il réclame mille francs, il est trop gourmand.* **2** Qui concerne la gastronomie. *Étape gourmande.* **C** *nm* BOT **1** Stolon du fraisier. **2** Branche inutile qui pousse au-dessous d'une greffe ou d'une branche à fruits.

**gourmander** *vt* ① litt Réprimander.

**gourmandise** *nf* **1** Caractère, défaut d'une personne gourmande. **2** Friandise.

**gourme** *nf* **1** vieilli Nom cour. donné à l'impétigo et à l'eczéma du visage et du cuir chevelu. **2** MED VET Maladie infectieuse des équidés se traduisant par une inflammation des voies respiratoires. **LOC** vieilli ***Jeter sa gourme*** **:** se dit d'un jeune homme qui fait ses premières frasques. ETY Du frq.

**gourmé, ée** *a* litt Guindé, qui affecte la gravité.

**gourmet** *nm* Connaisseur en vins, en cuisine. ETY De l'a. fr. *gromet,* « valet ».

**gourmette** *nf* **1** TECH Chaîne réunissant les deux branches du mors de la bride d'un cheval. **2** Bracelet formé d'une chaîne à mailles aplaties.

**Gourmont** Remy de (Bazoches-au-Houlme, Orne, 1858 – Paris, 1915), écrivain français ; romancier (*Sixtine,* 1890) et essayiste (*les Promenades littéraires,* 1904-1913).

**Gournay** Marie Le Jars de (Paris, 1566 – id., 1645), femme de lettres française. « Fille d'alliance » de Montaigne, elle publia la prem. édition posth. des *Essais* (1595).

**Gournay** Jean-Claude Marie Vincent (seigneur de) (Saint-Malo, 1712 – Cadix, 1759), économiste français, pionnier du libéralisme (« laissez faire, laissez passer »).

**Gouros** peuple de Côte d'Ivoire, parlant une langue mandé. DER **gouro** *a*

**gourou** *n* **1** Guide spirituel, en Inde. **2** Maître à penser. **3** Analyste financier réputé. PLUR gourous. PHO [guru] ETY De l'hindi. VAR **guru**

**Goursat** Édouard Jean-Baptiste (Lanzac, Lot, 1858 – Paris, 1936), mathématicien français : travaux d'analyse.

**Goussainville** ch.-l. de canton du Val-d'Oise (arr. de Montmorency) ; 27 356 hab. DER **goussainvillois, oise** *a, n*

**gousse** *nf* Fruit sec, typique des légumineuses, contenant des graines en plus ou moins grand nombre, et s'ouvrant à maturité par deux fentes de déhiscence. **LOC** ***Gousse d'ail*** **:** chacune des parties d'une tête d'ail.

**gousset** *nm* **1** Petite poche de pantalon ou de gilet. *Tirer une montre de son gousset.* **2** TECH Pièce triangulaire plane servant à renforcer un assemblage de profilés, à supporter une tablette, etc. **3** HERALD Pièce triangulaire qui se termine en pal à la pointe de l'écu.

**goût** *nm* **1** Sens par lequel on perçoit les saveurs. **2** Saveur d'un aliment. *Un goût sucré.* **3** Appétit, désir. *Il n'a de goût pour rien.* **4** Faculté de discerner et d'apprécier le bon, le beau, les qualités et les défauts d'une œuvre. *Il n'a aucun goût.* **5** Bon goût. *Un intérieur décoré avec goût.* **6** Inclination pour qqch, plaisir éprouvé à faire qqch. *Avoir le goût de la lecture.* **LOC** ***Au goût du jour*** **:** conforme à la mode du moment. — ***Dans le goût de*** **:** à la manière de. *Un tableau dans le goût de Raphaël.* — ***Faire passer à qqn le goût du pain*** **:** le tuer ; lui ôter l'envie de recommencer. — ***Prendre goût à qqch*** **:** commencer à l'aimer. ETY Du lat. VAR **gout**

**Goutéens** → **Goutis.**

**1 goûter** *v* ① **A** *vt* **1** Apprécier par le sens du goût. *Goûter une sauce.* **2** Belgique, Canada Avoir un goût de. *La sauce goûte un peu trop l'ail.* **3** fig, litt Apprécier ; aimer. *Ne pas goûter une plaisanterie.* **4** fig Savourer, jouir de. *Goûter les charmes de la campagne.* **B** *vti* **1** Boire ou manger un peu d'une chose pour juger de sa saveur. *Goûter à un plat.* **2** fig Tâter de. *Il a goûté d'un peu tous les métiers.* **C** *vi* Prendre une collation au milieu de l'après-midi. VAR **gouter**

**2 goûter** *nm* Collation prise au milieu de l'après-midi. VAR **gouter**

**Goûter** nom de deux sommets, voisins, du massif du Mont-Blanc : le *dôme du Goûter* (4 304 m) et l'*aiguille du Goûter* (3 838 m).

**goûteur, euse** *n* Personne chargée de goûter un produit alimentaire. VAR **gouteux, euse**

**goûteux, euse** *a* Qui a du goût, savoureux. SYN goûtu. VAR **gouteur, euse**

**Gouthière** Pierre (Bar-sur-Aube, 1732 – Paris, 1813 ou 1814), ciseleur-doreur français.

**Goutis** peuple de l'Asie occidentale ancienne, originaire des montagnes du Zagros, qui ravagea le royaume d'Akkad au IIIe millénaire av. J.-C. VAR **Goutéens**

**1 goutte** *nf* **A** **1** Toute petite quantité de liquide, de forme arrondie. *Des gouttes de pluie.* **2** Très petite quantité de liquide. *Une goutte de liqueur.* **3** ARCHI Ornement en forme de cône sur une corniche ou à la base d'un triglyphe dans l'entablement dorique. **B** *nfpl* Médicaments qui s'administrent par gouttes. **LOC** ***Avoir la goutte au nez*** **:** le nez qui coule. — ***Goutte à goutte*** **:** goutte après goutte ; peu à peu. — fam ***La goutte*** **:** alcool, eau-de-vie. — ***Ne... goutte*** **:** ne... rien, ne... pas. *On n'y voit goutte ici.* — ***Une goutte d'eau dans l'océan, la mer*** **:** une chose infime, insignifiante. ETY Du lat.

**2 goutte** *nf* Maladie métabolique due à l'accumulation d'acide urique dans l'organisme, qui se traduit par des atteintes articulaires, partic. du gros orteil, et parfois par une lithiase rénale. DER **goutteux, euse** *a, n*

**goutte-à-goutte** *nm inv* MED Appareil qui sert à la perfusion du sérum ou de liquides médicamenteux ; perfusion avec cet appareil.

**gouttelette** *nf* Petite goutte.

**goutter** *vi* ① Laisser tomber des gouttes ; couler goutte à goutte. *Robinet qui goutte. Eau qui goutte.*

**gouttereau** *am* **LOC** ARCHI ***Mur gouttereau*** **:** dans une église romane ou gothique, mur latéral couronné par une gouttière. ETY De *gouttière.*

**goutteur** *nm* Dispositif d'arrosage qui débite l'eau goutte à goutte.

**gouttière** *nf* **1** Conduit qui sert à recueillir les eaux de pluie le long d'une toiture. SYN chéneau. **2** CHIR Appareil qui sert à immobiliser un membre fracturé. **LOC** ***Chat de gouttière*** **:** chat de race indéfinie.

**goûtu, ue** *a* fam Goûteux. VAR **goutu, ue**

**gouvernail** *nm* **1** Dispositif à l'arrière d'un navire, d'un avion permettant de le diriger. **2** fig Direction, conduite. *Tenir le gouvernail de l'État.*

**gouvernance** *nf* **1** Gestion rigoureuse d'une entreprise, d'un État, etc. **2** Au Sénégal, siège des services administratifs d'une région.

**gouvernant, ante** *a, n* **A** *a* Qui gouverne. **B** *nmpl* Ensemble de ceux qui détiennent le pouvoir, par oppos. à *gouvernés.* **C** *nf* **1** Femme chargée de garder, d'éduquer des enfants. **2** Femme qui tient la maison d'une personne seule, partic. d'un homme seul.

**gouverne** *nf* **1** MAR Direction d'une embarcation. **2** Dispositif de conduite d'un avion, d'une fusée. **LOC** litt ***Pour ta gouverne*** **:** pour ton information.

**gouvernement** *nm* **1** Action de gouverner, d'administrer un pays, un État. **2** Régime politique d'un État. *Gouvernement démocratique.* **3** Pouvoir qui dirige un État ; ensemble des ministres. *La formation du nouveau gouvernement.* **4** vieilli Territoire, ville placés sous l'autorité d'un gouverneur.

**gouvernemental, ale** *a* **1** Du gouvernement. *Projet gouvernemental.* **2** Partisan du gouvernement. *La presse gouvernementale.* PLUR gouvernementaux

**Gouvernement provisoire de la République française** (GPRF), gouvernement formé à Alger, en mai 1944, par de Gaulle. Le 20 janv. 1946, de Gaulle, démissionnaire, fut remplacé par F. Gouin, puis par G. Bidault (juin) et enfin par L. Blum (oct.-janv. 1947).

**Gouvernement provisoire de 1848** formé à la fin des journées de Février (22-24 fév. 1848). Il proclama la rép. (ce m. 24 fév.), le suffrage universel (2 mars) et céda le pouvoir (10 mai) à une Assemblée constituante élue le 23 avril.

**gouverner** *vt* ① **1** MAR Diriger un navire à l'aide du gouvernail. **2** Diriger, administrer un pays, un État. **3** vieilli, litt Dominer, exercer un pouvoir sur. *Gouverner les esprits. Gouverner ses passions.* **4** LING Régir tel cas ou tel mode. *Ce verbe gouverne l'accusatif.* ETY Du lat. DER **gouvernable** *a*

**gouvernés** *nmpl* Ensemble de ceux qui sont gouvernés, par oppos. à *gouvernants.*

**gouverneur** *n* **A** **1** Fonctionnaire de haut rang ayant une fonction administrative ou politique. *Gouverneur de la Banque de France.* **2** Aux États-Unis, chef du pouvoir exécutif d'un État de l'Union. **3** En Belgique, fonctionnaire placé à la tête d'une province. **B** *nm* **1** anc Chef d'une province, d'une place militaire. **2** Représentant de l'État dans les anciennes colonies françaises. **3** HIST Précepteur. **LOC** Canada ***Gouverneur général*** **:** chef officiel de l'État canadien, représentant du souverain britannique. VAR **gouverneure** *nf*

**gouvernorat** *nm* **1** Circonscription administrative d'un gouverneur ; fonction de gouverneur. **2** Division administrative, en Égypte et en Tunisie.

**Gouvion-Saint-Cyr** Laurent (marquis de) (Toul, 1764 – Hyères, 1830), maréchal de France en 1812. Ministre de la Guerre (1817-1819), il réorganisa l'armée.

**Govoni** Corrado (Tamara, 1884 – Rome, 1965), poète italien, futuriste puis surréaliste.

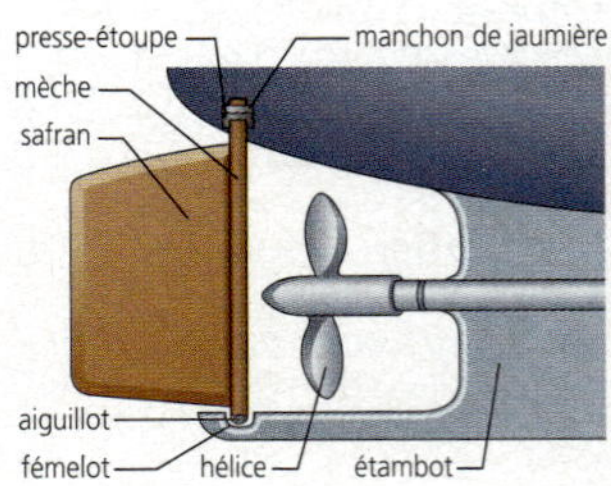


**gouvernail**

**Gowon** Yakubu (Jos, 1934), général et homme politique nigérian ; chef de l'État (1966-1975) renversé par l'armée.

**goy** *nm* Pour les israélites, non-juif. PLUR goys ou goyim. PHO [gɔj] ETY Mot hébreu. VAR **goï, goïm**

**goyave** *nf* Fruit comestible du goyavier à chair blanche ou rose parfumée. ETY Du caraïbe.

**goyavier** *nm* **1** Arbre (myrtacée) originaire d'Amérique centrale qui produit les goyaves. **2** À la Réunion, petit fruit rouge comestible d'un arbuste subspontané.

goyavier

**Goya y Lucientes** Francisco de (Fuendetodos, Saragosse, 1746 – Bordeaux, 1828), peintre et graveur espagnol. Il devint sourd à 47 ans. Son œuvre est tantôt violente (*l'Enterrement de la Sardine* 1808) ou dramatique (*le Deux Mai 1808, le Trois Mai 1808*, 1814), tantôt raffinée (*la Maja nue*, v. 1804). Peintre officiel de la cour, il protesta contre l'invasion des Français (*les Désastres de la guerre*, 1810-1814), puis composa avec eux et fut exilé en 1814. DER **goyesque** *a*

**Goytisolo** Juan (Barcelone, 1931), romancier espagnol : *Jeux de mains* (1954), *Danses d'été* (1964), *Makkara* (1980).

**Gozo** île proche de Malte, dont elle dépend ; 67 km² ; 24 000 hab. VAR **Gozzo**

**Gozzano** Guido (Aglie Canavese, Turin, 1883 – id., 1916), poète italien crépusculaire : *la Voie du refuge* (1907), *Colloques* (1911).

**Gozzi** Carlo (Venise, 1720 – id., 1806), écrivain italien, auteur de *fiabe* (fables transcrites pour la scène) : *l'Amour des trois oranges* (1761).

**Gozzoli** Benozzo di Lese, dit Benozzo (Florence, 1420 – Pistoia, 1497), peintre italien. Il travailla avec Ghiberti à Florence et avec Fra Angelico au Vatican.

**GPA** *nf* Sigle de *gestation pour autrui*, autre nom de la pratique des mères porteuses, interdite en France.

**GPL** *nm* Gaz de pétrole liquéfié.

**GPRS** *nm* TELECOM Standard de téléphonie mobile, à débit très rapide, et qui est destiné à remplacer le GSM. ETY Abrév. de l'angl. *general packet radio service.*

**GPS** *nm* Appareil connecté à un ensemble de satellites et permettant de se positionner précisément sur la Terre. ETY Sigle de *géopositionnement par satellite* ou de l'angl. *global positioning system.*

**gr** GEOM Symbole de grade.

**GR** *nm* Sentier de grande randonnée. PHO [ʒeɛR]

**Graal (le)** vase mystérieux qui apparaît dans le *Perceval* de Chrétien de Troyes (fin du XII^e s.). Peu après, *l'Estoire dou Graal* de Robert de Boron narre que Jésus, lors de la dernière pâque, se sert de ce vase, puis que Joseph d'Arimathie y recueille le sang coulant du flanc du Christ. Cette *Estoire* a deux *Continuations* au début du XIII^e s. Ensuite la *Queste du Saint Graal* (anonyme, vers 1215) fait intervenir Galaad, fils de Lancelot. V. breton (roman).

**grabat** *nm* Très mauvais lit. ETY Du lat.

**grabataire** *a, n* MED Se dit d'un malade qui ne peut quitter son lit.

**grabatiser** *vt* ① MED Rendre grabataire. DER **grabatisation** *nf*

**Grabbe** Christian (Detmold, 1801 – id., 1836), dramaturge allemand : *Don Juan et Faust* (1829), *l'Empereur Frédéric Barberousse* (1830).

**graben** *nm* GEOMORPH Fossé d'effondrement, par oppos. à *horst.* ETY Mot all.

**grabuge** *nm* fam Dispute, bagarre bruyante ; dégâts qui en résultent.

**Gracchus** famille plébéienne de la gens Sempronia parvenue à la noblesse par les magistratures. — **Tiberius Sempronius Gracchus** (vers 210 – 150 avant J.-C.), tribun du peuple (v. 187), eut de Cornelia, fille de Scipion l'Africain deux fils, dits en fr. *les Gracques* : **Tiberius** (162 – 133 av. J.-C.), et **Caius** (154 – 121 av. J.-C.), dont les lois agraires voulurent réformer la société romaine. La noblesse fomenta des troubles. Tiberius fut assassiné ; Caius fut massacré avec 3 000 de ses partisans.

**grâce** *nf, interj* **A** *nf* **1** Faveur accordée volontairement. *Solliciter, accorder une grâce.* **2** Remise de peine, pardon accordé volontairement. *Demander grâce.* **3** THEOL Don surnaturel que Dieu accorde aux hommes pour les conduire au salut. *État de grâce.* **4** Attrait, agrément, charme. *Cette danseuse a de la grâce.* **5** Titre d'honneur donné en Angleterre aux ducs et aux évêques anglicans. **B** *nfpl* Prière faite après un repas. *Dire les grâces.* **C** *interj* Pitié ! LOC ***Action de grâces*** : remerciements à Dieu. — ***De bonne grâce*** : de bon gré. — ***De grâce*** : s'il vous plaît. — ***De mauvaise grâce*** : à contrecœur. — ***Droit de grâce*** : droit, que détient le chef de l'État, de réduire ou de commuer une peine. — ***État de grâce*** : fait d'être particulièrement inspiré ; période qui suit une victoire électorale. — ***Être dans les bonnes grâces de qqn*** : jouir de sa faveur. — ***Faire des grâces*** : avoir des manières aimables ou affectées. — ***Faire grâce à qqn de qqch*** : l'en dispenser, le lui épargner. — ***Grâce à*** : avec l'aide de. *Le projet a réussi grâce à son intervention.* — ***Rendre grâce*** : reconnaître une faveur accordée. — ***Trouver grâce auprès de qqn*** : lui plaire, gagner sa bienveillance. ETY Du lat.

**Grâces (les trois)** déesses romaines (*Gratiae*) de la Beauté, appelées *Charites* par les Grecs. Elles étaient trois : Aglaé, Euphrosyne et Thalie.

**Gracián y Morales** Baltasar (Belmonte, près de Calatayud, 1601 – Tarazona, 1658), écrivain et jésuite espagnol, tenant du cultisme (V. Góngora) : *Finesse et art du bel esprit* (1642-1648) ; *l'Homme de Cour* (1647).

**gracier** *vt* ② Remettre ou commuer la peine d'un condamné. DER **graciable** *a*

**gracieuseté** *nf* litt Action, parole aimable.

**gracieux, euse** *a* **1** Qui a de la grâce, du charme. *Un profil gracieux.* **2** Aimable. *Avoir des manières gracieuses.* **3** Accordé bénévolement, gratuit. *Offre gracieuse.* LOC ***À titre gracieux*** : gratuitement. — DR ***Recours gracieux*** : recours non contentieux auprès d'une autorité administrative. DER **gracieusement** *av*

**gracile** *a* litt De forme élancée et délicate. *Un corps gracile.* ETY Du lat. DER **gracilité** *nf*

**gracioso** *av* MUS Avec grâce. ETY De l'ital.

**Gracq** Louis Poirier, dit Julien (Saint-Florent-le-Vieil, Maine-et-Loire, 1910 – id., 2007), romancier français influencé par le surréalisme : *Au château d'Argol* (1938), *la Littérature à l'estomac* (pamphlet, 1950), *le Rivage des Syrtes* (1951), *la Presqu'île* (1970).

C. Gounod

J. Gracq

**Gracques (les)** → **Gracchus.**

**gradation** *nf* **1** Augmentation ou diminution progressive. *Procéder par gradations.* **2** MUS Changement de ton progressif et ascendant. **3** RHET Figure de style consistant en une succession d'expressions allant par progression de sens croissante ou décroissante. **4** TECH Caractéris-

Goya *le Trois Mai 1808*, v. 1814 – musée du Prado

tique de sensibilité d'une émulsion photographique.

**-grade** Élément, du lat. *gradi,* « marcher ».

**grade** *nm* **1** Degré dans la hiérarchie. *Monter en grade. Le grade de sergent.* **2** GEOM Unité d'arc et d'angle (symbole gr). *1 grade = 0,9 degré.* **3** TECH Degré de viscosité d'une huile de graissage. **LOC** ***En prendre pour son grade*** : se faire réprimander. — ***Grade universitaire*** : titre, diplôme décerné par l'Université. ETY Du lat.

**gradé, ée** *a, n* Qui a un grade dans l'armée.

**grader** *nm* TECH Engin de terrassement qui sert à niveler les terrains. SYN (recommandé) niveleuse. PHO [gʀadœʀ] ETY Mot angl.

**gradient** *nm* **1** PHYS Taux de variation d'une grandeur en fonction d'un paramètre. *Gradient géothermique.* **2** BIOL Variation biochimique ou physiologique le long d'un axe d'un organisme. **LOC** MATH ***Gradient d'une fonction*** : vecteur ayant pour composantes les dérivées partielles de la fonction par rapport à chacune des coordonnées. ETY Du lat. *gradus,* « grade ».

**Gradignan** ch.-l. de cant. de la Gironde (arr. de Bordeaux) ; 22 115 hab. Vins des Graves. DER **gradignanais, aise** *a, n*

**gradin** *nm* **1** Banc étagé avec d'autres dans un amphithéâtre, un stade. **2** TECH Petite marche formant étagère sur un meuble. **3** Chacun des niveaux d'un terrain. ETY De l'ital.

**gradiné, ée** *a* Construit en gradins.

**Gradiva** nouvelle de W. Jensen (1903), commentée par Freud : *Délire et rêves dans la « Gradiva » de Jensen* (1907).

**gradualisme** *nm* **1** didac Attitude de celui qui préconise des changements graduels. **2** BIOL Dans la théorie de l'évolution, hypothèse darwinienne qui voit dans les variations génétiques un processus progressif. DER **gradualiste** *a, n*

**gradualité** → **graduel 2.**

**graduat** *nm* Belgique Diplôme non universitaire sanctionnant un cycle d'études techniques ou administratives ; ce cycle d'études.

**graduation** *nf* **1** TECH Division en degrés, en repères. **2** Action de graduer.

**gradué, ée** *a* **1** Progressif. *Exercices gradués.* **2** TECH Muni d'une graduation.

**1 graduel** *nm* **1** LITURG CATHOL Chant qui précède l'épître puis l'évangile pendant la messe. **2** Livre qui renferme les chants pour la messe.

**2 graduel, elle** *a* Qui va par degrés, progressif. *Augmentation graduelle.* DER **graduellement** *av* – **gradualité** *nf*

**graduer** *vt* ① **1** Augmenter par degrés, par étapes. *Graduer les problèmes.* **2** TECH Diviser au moyen de repères l'échelle d'un instrument de mesure. *Graduer un thermomètre.* ETY Du lat.

**Graf** Urs (Soleure, v. 1485 – Bâle, v. 1527), peintre et graveur suisse, influencé par Dürer.

**Graf** Steffi (Brühl, 1969), joueuse de tennis allemande qui domina son sport de 1987 à 1996.

**graff** *nm* Fresque de rue composée de graffitis, de tags. VAR **graf** DER **graffeur, euse** *n*

**graffer** *vt* ① Recouvrir une surface d'un graff.

**graffiter** *vt* ① Faire des graffitis sur. *Ils ont graffité la palissade.* DER **graffiteur, euse** *n*

**graffiti** *nm* **1** ARCHEOL Dessin, inscription, etc., tracé sur les murs des édifices des villes antiques. *Les graffitis de Pompéi.* **2** Dessin, inscription tracé à la main ou à la bombe sur les murs. *Les graffitis du métro.* ETY Mot ital.

**graffitiste** *n* Artiste qui s'exprime par le graffiti. VAR **graffiti-artiste**

**Graham (terre de)** péninsule de l'Antarctique, au S. du cap Horn. VAR **terre** ou **péninsule de Palmer** ou **O'Higgins**

**Graham** Thomas (Glasgow, 1805 – Londres, 1869), chimiste écossais. ▷ PHYS *Loi de Graham* : la vitesse de diffusion d'un gaz à travers une cloison poreuse est inversement proportionnelle à la racine carrée de sa masse volumique.

**Graham** Martha (Pittsburgh, 1894 – New York, 1991), danseuse et chorégraphe américaine. Elle fonda la danse moderne sur l'expression corporelle.

**graille** *nf* fam Nourriture.

**1 grailler** *vi* ① **1** Émettre son cri, en parlant de la corneille. **2** Émettre un son rauque. DER **graillement** *nm*

**2 grailler** *vt* ① fam Manger.

**1 graillon** *nm* fam Crachat. ETY Du germ.

**2 graillon** *nm* Odeur de graisse ou de viande brûlée. ETY De *griller.*

**1 graillonner** *vi* ① fam Tousser en crachant.

**2 graillonner** *vi* ① Prendre un goût, une odeur de graillon.

**Grailly** Jean III de, (captal de Buch) (?, 1343 – Paris, 1377), homme de guerre au service des Anglais, vaincu par Du Guesclin (1364).

**grain** *nm* **1** Toute graine de céréales ou fruit de petite taille, plus ou moins globuleux. *Un grain de riz, de raisin.* **2** Corps très petit en forme de grain. *Grain de chapelet. Grain de sel.* **3** Aspect d'une surface qui présente de petites aspérités. *Le grain d'un cuir.* **4** anc Unité de poids, correspondant à 54 mg. **5** TECH Dimension des particules d'une émulsion photographique. **6** Bref coup de vent accompagné d'averses. **LOC** fam ***Avoir, donner du grain à moudre*** : de quoi réfléchir, occuper son temps. — fam ***Avoir un grain*** : être un peu fou, excentrique. — ***Grain de beauté*** : petite tache ou saillie foncée sur la peau. SYN lentigo. — fam ***Mettre son grain de sel*** : intervenir sans en avoir été prié. — ***Poulet de grain*** : nourri avec du blé, du maïs, etc. — ***Un grain de*** : un peu de, une petite quantité de. *Un grain de folie. Ne pas avoir un grain de bon sens.* — ***Veiller au grain*** : se tenir sur ses gardes. ETY Du lat. *granum.*

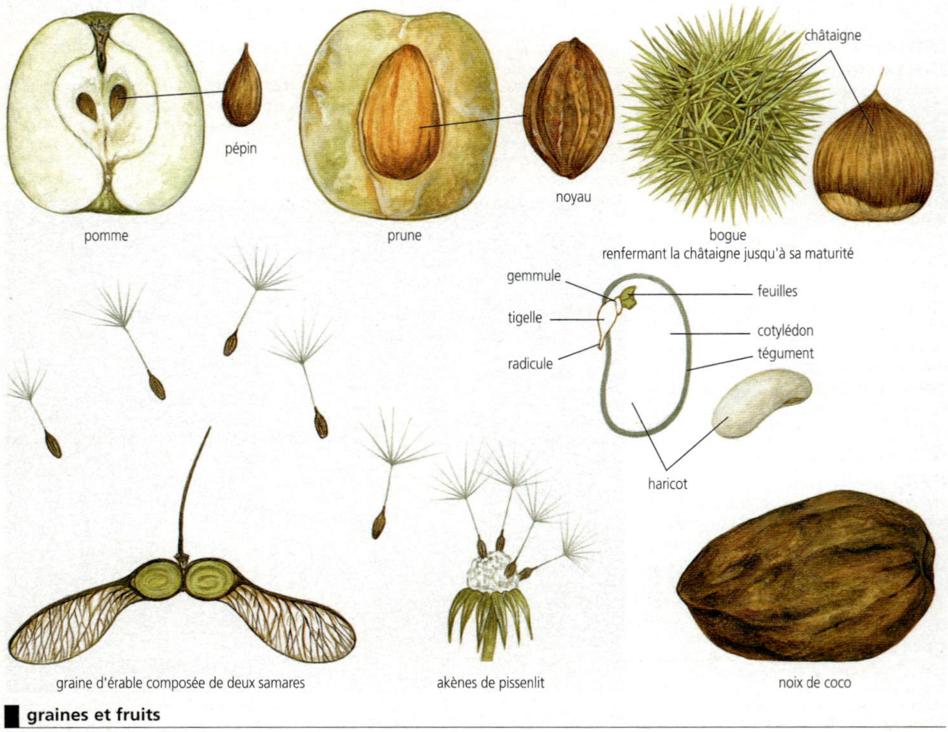


**graines et fruits**

**grainage** *nm* TECH **1** Opération par laquelle on donne au cuir un grain régulier. **2** Opération qui consiste à réduire une substance en grains. VAR **grenage**

**graine** *nf* **1** Organe de reproduction des plantes phanérogames. **2** Œuf du bombyx du mûrier dont la chenille est le ver à soie, destiné à la reproduction. **3** GEOPH Partie interne du noyau de la Terre. **LOC** fam *Casser la graine:* manger. — fam *En prendre de la graine:* prendre en exemple. — fam *Mauvaise graine:* mauvais sujet. ETY Du lat. *grana.*

ENC La graine provient de l'évolution de l'ovule après sa fécondation par le pollen; dans le fruit (qui résulte chez les angiospermes du développement du carpelle ou de l'ovaire), elle vit, au ralenti, sous forme d'amande. À maturité, une graine contient un embryon ou plantule (tigelle, radicule et cotylédons); des réserves sont accumulées dans les cotylédons ou dans l'albumen, tissu qui enveloppe l'embryon. La graine est entourée de deux téguments, marqués par le hile, point d'attache de l'ovule sur le placenta et que perfore le micropyle. À la germination, l'embryon se développe à partir des réserves, alors que la jeune racine sort par le micropyle. On classe les graines selon leur princ. composé de réserve: *graines amylacées,* riches en amidon (céréales, haricot); *graines oléagineuses,* riches en lipides (colza, cacahuète, tournesol); *graines à albumen riche en protéines* (soja). V. cotylédon, dicotylédone, monocotylédone.

**grainer** *vi* ① AGRIC Produire des graines. VAR **grener** *vi* ⑯

**graineterie** *nf* Magasin où l'on vend des graines. DER **grainetier, ère** *n*

**grainier, ère** *n* **A** Personne qui vend des graines de semences. **B** *nm* Local où l'on conserve les graines.

**Graisivaudan** région fertile du Dauphiné, entre les massifs de la Grande-Chartreuse (à l'O.) et de Belledonne (à l'E.). VAR **Grésivaudan**

**graisse** *nf* **1** Substance onctueuse d'origine animale, végétale ou minérale. **2** PHYSIOL Substance adipeuse contenue dans le tissu conjonctif. **3** Altération de certaines boissons alcoolisées, qui deviennent huileuses et filantes. *Graisse du cidre.* **4** IMPRIM Épaisseur du trait d'un caractère d'imprimerie. ETY Du lat. *crassus,* « épais ».

**graisser** *v* ① **A** *vt* **1** Frotter de graisse, d'une substance grasse, lubrifier. *Graisser ses bottes.* **2** Souiller de graisse. *Cette poêle graisse les mains.* **B** *vi* Devenir huileux. *Ce vin graisse.* **LOC** fam *Graisser la patte à qqn:* le soudoyer. DER **graissage** *nm*

**graisseur, euse** *a, nm* **A** *a* Qui graisse. **B** *nm* **1** Ouvrier préposé au graissage. **2** Appareil servant à répartir un lubrifiant à l'intérieur d'un mécanisme.

**graisseux, euse** *a* **1** De la nature de la graisse. *Corps graisseux.* **2** Taché de graisse. *Vêtement graisseux.*

**gram** *nm inv* **LOC** BIOL *Méthode* ou *coloration de Gram:* méthode d'analyse bactérienne qui consiste à colorer les microbes de manière à pouvoir distinguer ceux qui restent colorés, dits *gram positifs* (gram +), et ceux qui se décolorent, dits *gram négatifs* (gram –). ETY Du n. pr.

**Gram** Hans Christian Joachim (Copenhague, 1853 – id., 1938), bactériologiste danois. Il mit au point, en 1884, une méthode de coloration des bactéries (V. gram).

**Gramat** ch.-l. de cant. du Lot (arr. de Gourdon); 3 580 hab. – *Causse de Gramat,* au N. du Lot. DER **gramatois, oise** *a, n*

**graminée** *nf* BOT Plante monocotylédone annuelle ou vivace, dont la tige, aérienne et cylindrique, est creuse, emplie de pulpe comme le maïs, la canne à sucre, ou ligneuse et haute comme le bambou. *Les graminées forment une très vaste famille.* VAR **graminacée**

**grammage** *nm* TECH Poids en grammes par mètre carré d'un papier, d'un carton.

**grammaire** *nf* **1** Ensemble des règles d'usage qu'il faut suivre pour parler et écrire correctement une langue. **2** LING Étude descriptive de la morphologie, de la syntaxe d'une langue. *Grammaire historique, comparée.* **3** Livre qui traite de la grammaire. ETY Du lat. DER **grammairien, enne** *n*

**Grammaire générale et raisonnée** dite **de Port-Royal** ouvrage de Cl. Lancelot et A. Arnauld (1660) d'une surprenante modernité.

**grammatical, ale** *a* **1** Relatif à la grammaire. *Analyse grammaticale.* **2** Qui suit les règles de la grammaire. *Une phrase grammaticale.* PLUR grammaticaux. DER **grammaticalement** *av*

**grammaticaliser** *vt* ① LING Transformer une unité lexicale en unité grammaticale. DER **grammaticalisation** *nf*

**grammaticalité** *nf* LING Caractère d'une phrase qui est conforme aux règles syntaxiques d'une langue.

**-gramme** Élément, du gr. *gramma,* « lettre, écriture », signifiant *lettre* (ex. *télégramme*) ou *graphique* (ex. *encéphalogramme, cardiogramme*).

**gramme** *nm* **1** Unité de masse (symbole g), valant un millième de la masse du kilogramme-étalon international. **2** fig Quantité minime. *Il n'a pas un gramme d'imagination.* ETY Du gr.

**Gramme** Zénobe (Jehay-Bodegnée, prov. de Liège, 1826 – Bois-Colombes, 1901), électricien belge. Il inventa en 1871 la première dynamo (appelée *machine de Gramme*).

**Grammont** Jacques Delmas de (La Sauvetat, 1796 – Miramont, 1862), général et homme politique français. Il fit voter la loi sur la protection des animaux (1850).

**Gramont** Antoine III (duc de) (Hagetmau, 1604 – Bayonne, 1678), maréchal de France. Auteur de *Mémoires.* — **Philibert (comte de Gramont)** (?, 1621 – Paris, 1707), frère du préc., célèbre libertin. Hamilton, son beau-frère, a écrit ses *Mémoires.* — **Armand** (1638 – Kreuznach, 1673), fils d'Antoine III, général; héros d'aventures galantes.

**Gramont** Antoine Agénor (duc de) (Paris, 1819 – id., 1880), diplomate français; ministre des Affaires étrangères, il contribua à entraîner la France dans la guerre de 1870.

**gramophone** *nm* vx Syn. de *phonographe.* ETY Nom déposé.

**Grampian** Région d'Écosse; 8704 km²; 525 936 hab.; ch.-l. *Aberdeen.*

**Grampians (monts)** massif cristallin d'Écosse; 1 343 m au Ben Nevis, point culminant de la Grande-Bretagne.

**Gramsci** Antonio (Ales, Sardaigne, 1891 – Rome, 1937), philosophe et homme politique italien. Premier secrétaire du parti communiste italien, il fut arrêté en 1926. Il mourut dans une infirmerie pénitentiaire. Ses *Cahiers de prison,* ses *Lettres de prison* et ses *Écrits politiques* constituent un apport essentiel au marxisme.

Antonio Gramsci

**grana** *nf* Fromage italien, proche du parmesan.

**Granados y Campiña** Enrique (Lérida, 1867 – en mer, 1916), compositeur espagnol, inspiré par le folklore: *Goyescas* (1911), *douze Danses espagnoles* pour piano (1892-1900), *Tonadillas* (mélodies populaires, 1913).

**Granby** v. du Québec; 42 800 hab. Jardin zoologique. DER **granbyen, enne** *a, n*

**Gran Chaco** → **Chaco.**

**grand, grande** *a, n* **A 1** De taille élevée. *Un grand arbre. Une grande femme.* **2** Qui a atteint la taille adulte. *Les grandes personnes.* **3** Plus âgé par rapport à d'autres, en parlant d'un enfant. *La classe des grands.* **4** Qui a une importance politique, sociale, économique. *Un grand de ce monde.* **B** *a* **1** Qui occupe beaucoup d'espace. *Une grande ville.* **2** Abondant, intense, qui dépasse la mesure. *Un grand bruit.* **3** Important. *Un grand jour. Les grandes dates de l'histoire de France.* **4** Qui surpasse d'autres choses, d'autres personnes comparables. *Les grands écrivains contemporains.* **LOC** *En grand:* sur une grande échelle, en grande quantité. *Il veut faire les choses en grand.* — *Les Grands:* les grandes puissances du monde. — *Voir grand:* avoir de grands projets. ETY Du lat.

**grand-angle** *nm* Objectif à courte distance focale, qui couvre un angle très important. PLUR grands-angles. VAR **grand-angulaire**

**Grand Bassin** rég. semi-désertique des É.-U., entre la sierra Nevada et les monts Wasatch. Riche sous-sol: cuivre, zinc, plomb, etc.

**Grandbois** Alain (Saint-Casimir-de-Portneuf, 1900 – Québec, 1975), écrivain québécois: *les Îles de la nuit* (poèmes, 1944), *Avant le chaos* (nouvelles, 1945), *l'Étoile pourpre* (1957).

**Grand Canyon** gorges du Colorado, dans l'Arizona (É.-U.). Parc national.

Grand Canyon

**grand-chose** *pr indéf, n inv* **LOC** *Pas grand-chose:* peu de chose, presque rien. — fam *Un(e) pas grand-chose:* une personne qui n'est guère recommandable, un(e) propre-à-rien.

**Grand-Colombier** sommet du Jura mérid. (1 531 m), dans le Bugey.

**Grand-Combe (La)** ch.-l. de cant. du Gard (arr. d'Alès); 5 300 hab. Autref., houille.

**Grand Corps Malade** Fabien Marsaud dit (Le Blanc-Mesnil, 1977), artiste français, promoteur du slam.

**Grand-Couronné (le)** plateau, à l'E. de Nancy, où Castelnau arrêta l'avance all. (5-12 sept. 1914).

**grand-croix** *nf inv, nm* **A** *nf inv* Grade le plus élevé dans les principaux ordres de chevale-

GRANDE-BRETAGNE
Les comtés de l'Angleterre
(ceux de l'Écosse, du Pays de Galles et de l'Irlande sont indiqués en toutes lettres)
1 Avon
2 Bedfordshire
3 Berkshire
4 Buckinghamshire
5 Cambridgeshire
6 Cheshire
7 Cleveland
8 Cornwall
9 Cumbria
10 Derbyshire
11 Devon
12 Dorset
13 Durham
14 East Sussex
15 Essex
16 Gloucestershire
17 Greater London
18 Greater Manchester
19 Hampshire
20 Hereford and Worcester
21 Hertfordshire
22 Humberside
23 Isle of Wight
24 Kent
25 Lancashire
26 Leicestershire
27 Lincolnshire
28 Merseyside
29 Norfolk
30 Northamptonshire
31 Northumberland
32 North Yorkshire
33 Nottinghamshire
34 Oxfordshire
35 Shropshire
36 Somerset
37 South Yorkshire
38 Staffordshire
39 Suffolk
40 Surrey
41 Tyne and Wear
42 Warwickshire
43 West Midlands
44 West Sussex
45 West Yorkshire
46 Wiltshire
Sites du "patrimoine mondial" UNESCO :
1 Paysage industriel de Blaenavon
2 Le palais et l'abbaye de Wesminster et l'église Sainte-Marguerite, la Tour de Londres
3 Méridien de Greenwich
4 Village industriel de Saltaire
100 km
0 100 500 1 000 m
LONDRES capitale d'État
Belfast capitale de pays
Population des villes :
plus de 1 000 000 d'hab.
de 500 000 à 1 000 000 d'hab.
de 250 000 à 500 000 hab.
de 50 000 à 250 000 hab.
autre ville
limite d'État
limite de pays
limite de comté
autoroute
route
voie ferrée
canal important
port important
aéroport important
site du "patrimoine mondial" UNESCO
Yell
Unst
Mainland
Lerwick
Îles Shetland
Mainland
Cœur néolithique des Orcades
Îles Orcades
Hoy
Pentland Firth
Thurso
Lewis
Harris
Uist Nord
Uist Sud
Îles Hébrides
Île de St-Kilda
Skye
Rhum
Mull
Jura
Islay
Ben Hope 927
B. More Assynt 998
Loch Shin
Highland
Ben Wyvis 1 045
Moray Firth
Inverness
Spey
Grampian
Don
Dee
Aberdeen
Highlands du Nord
Loch Ness
Glen More
Ben Macdhui 1 311
Monts Grampians
Ben Nevis 1 343
ÉCOSSE
Tayside
Ben Lawers 1 214
Loch Tay
Tay
Dundee
Saint-Andrews
Loch Awe
Central
Forth
Stirling
Bannockburn
Dunfermline
Fife
Firth of Forth
Grangemouth
Clydebank
Paisley
Glasgow
Édimbourg
Lothian
Arran
Ayr
Firth of Clyde
Strathclyde
Clyde
Borders
Tweed
Highlands du Sud
Nith
Dumfries and Galloway
Monts Cheviot
Mur d'Hadrien
Newcastle upon Tyne
South Shields
Sunderland
Gateshead
Cathédrale et château de Durham
Chaussée des Géants et sa côte
Londonderry
Antrim
IRLANDE DU NORD
Ballymena
Lac Neagh
Tyrone
Belfast
Fermanagh
Armagh
Down
Sligo
Lac Erne
Dublin
IRLANDE (EIRE)
Man
Douglas
Carlisle
Solway Firth
Eden
Tyne
Lake District
Pic Scafell 980
Cross Fell 881
Chaîne Pennine
Stockton-on-Tees
Middlesbrough
Yorkshire Moors
Scarborough
Cap Flamborough
Barrow-in-Furness
Abbaye de Fountains
Harrogate
York
Lancaster
Blackpool
Blackburn
Burnley
Bradford
Leeds
Kingston upon Hull
Preston
Rochdale
Halifax
Wakefield
Bolton
Huddersfield
Wigan
Oldham
Doncaster
Grimsby
Humber
Liverpool
Manchester
Stockport
Sheffield
Wallasey
Birkenhead
Warrington
Chesterfield
Lincoln
Anglesey
Holyhead
Snowdon 1 085
Clwyd
Stoke-on-Trent
Mansfield
Nottingham
The Wash
Derby
Trent
Welland
Châteaux et enceintes du roi Edouard
Gwynedd
Shrewsbury
Stafford
ANGLETERRE
Norfolk
Norwich
Great Yarmouth
Telford
Walsall
Leicester
Baie de Tremadoc
Gorge d'Iron Bridge
Dolgellau
Wolverhampton
Coventry
Peterborough
Monts Cambriens
Dudley
Birmingham
Rugby
Ouse
Ely
Baie de Cardigan
Powys
Worcester
Northampton
Bedford
Cambridge
Ipswich
Cardigan
PAYS DE GALLES
Stratford-upon-Avon
Milton Keynes
Stevenage
Fishguard
Dyfed
Cheltenham
Palais de Blenheim
Luton
St Albans
Harlow
Colchester
Chelmsford
Basildon
Gloucester
Hemel Hempstead
Oxford
Tamise
LONDRES
Southend-on-Sea
Milford Haven
Glamorgan
Gwent
Newport
Severn
Swansea
Port Talbot
Rhondda
Bristol
Reading
Windsor
Thurrock
Chatham
Margate
Canterbury
Cardiff
Bath
Epsom and Ewell
Croydon
Canal de Bristol
Stonehenge, Avebury
Guildford
Ashford
Douvres
Winchester
Crawley
Folkestone
Pas de Calais
Exe
Salisbury
Southampton
Chichester
Hove
Hastings
Cornouailles
Bournemouth
Cowes
Portsmouth
Worthing
Brighton
Eastbourne
Tunnel Transmanche
Exeter
Poole
Wight
Baie de Lyme
Bec de Portland
Plymouth
Torbay
MER D'IRLANDE
Baie de Liverpool
Canal St George
MER DU NORD
MANCHE
Land's End
Penzance
Îles Scilly
Aurigny
Îles Anglo-Normandes
Herm
Guernesey
Sercq
Jersey
OCÉAN ATLANTIQUE
FRANCE
58°
56°
54°
52°
50°
8°
6°
4°
2°
0°
2°

rie. *La grand-croix de la Légion d'honneur.* **B** *nm* Dignitaire qui est arrivé à ce grade. PLUR grands-croix.

**grand-duc** *nm* **1** Prince souverain d'un grand-duché. **2** anc Prince de la famille impériale de Russie. **LOC** fam *Faire la tournée des grands-ducs :* des restaurants, des bars, des cabarets. DER **grand-ducal, ale, aux** *a*

**grand-duché** *nm* Pays dont le souverain est un grand-duc, une grande-duchesse. *Grand-duché de Luxembourg.* PLUR grands-duchés.

**Grande (Rio)** fl. des É.-U. (2 900 km); naît dans les montagnes Rocheuses, traverse le Nouveau-Mexique, sépare le Texas et le Mexique, se jette dans le golfe du Mexique. VAR **Rio Grande del Norte** ou **Rio Bravo**

**Grande Barrière** → **Barrière (Grande).**

**Grande-Bretagne et d'Irlande du Nord (Royaume-Uni de)** *(United Kingdom of Great Britain and Northern Ireland)*, État insulaire d'Europe occid. au N.-O. de la France (dont la sépare la Manche) et au S.-O. de la Norvège (dont la sépare plus largement la mer du Nord); 244 023 km$^2$; 62 700 000 hab. *(Britanniques)*; cap. *Londres.* Nature de l'État : monarchie constitutionnelle. Langue : anglais. Monnaie : livre sterling. Relig. : anglicanisme et protestantisme (80 %). Le Royaume-Uni est constitué d'une grande île, la Grande-Bretagne (229 903 km$^2$), divisée en trois pays : l'Angleterre, le pays de Galles et l'Écosse, à laquelle s'ajoute l'Irlande du Nord (14 120 km$^2$). DER **britannique** *a, n*

**Géographie** Le pays s'étire sur env. 1 000 km du N. au S. Le climat océanique humide, doux en hiver, frais en été, est propice aux herbages. Les hautes terres, rudes, ventées, humides, occupent le N. et l'O. Ces vieux massifs peu élevés ont été modelés par les glaciers quaternaires : lacs allongés d'Écosse (les lochs), littoral rocheux et découpé. Ils groupent 10 % des hab., sur 50 % de l'île. Les bas pays, moins humides et plus fertiles, concentrent pop. et villes : Lowlands d'Écosse, bassins houillers centraux (Yorkshire, Lancashire, Midlands), bassin de Londres. Le littoral rectiligne, bas ou à falaises, a de grands estuaires (Tamise). Le pays a connu une urbanisation précoce et intense (92 % de citadins). L'émigration, importante de 1930 à 1975, a été suivie d'une immigration importante à partir de 1930 ; les ressortissants du Commonwealth ont afflué de 1950 à 1975. La pop. compte 2 millions d'étrangers. La croissance démographique est faible.

**Économie** Auj. 6$^e$ puissance écon. mondiale, après avoir dominé le monde au siècle dernier, la G.-B. a une économie avancée, l'activité tertiaire (71 % des actifs) produisant 64 % du PNB (finance internationale, courtage, assurances, communication, culture). L'agriculture (2 % des actifs) est compétitive. Berceau de la révolution industrielle, le pays a connu, dès les années 1960, une grave désindustrialisation. L'exploitation du pétrole et du gaz de la mer du Nord, à partir de 1974, a dynamisé le Nord-Est (Aberdeen). Auj., l'industrie (22 % des actifs) s'est reconvertie dans la haute technologie et bénéficie des implantations japonaises qui pénètrent l'UE Le « tchatchérisme » (coupes budgétaires, lutte contre les syndicats, privatisations) a été efficace, mais le niveau de vie des classes pop. a baissé. L'écon. brit. a marqué longtemps son indépendance vis-à-vis de la CEE, dont elle est membre depuis 1973 ; son économie s'arrime à celle de l'UE (50 % des échanges), le tunnel sous la Manche, ouvert en 1994, a renforcé l'intégration, mais la G.-B. n'a pas adopté l'euro.

**Histoire** L'ANTIQUITÉ Les Celtes envahirent les îles Britanniques v. 500 av. J. -C. (Pictes, Scots, Bretons). En 55 av. J. -C., César fit un raid dans l'île *Britannia*, que Rome conquit au I$^{er}$ s. apr. J.-C. L'évangélisation commença au IV$^e$ s. La prov. de Bretagne, abandonnée par les Romains (407), fut envahie par les Angles et les Saxons, qui repoussèrent les Celtes vers l'ouest et s'installèrent en Angleterre. Une partie des Celtes passèrent alors en Armorique, qu'ils nommèrent Bretagne.

LE MOYEN ÂGE Ravagée par les Vikings, l'île fut soumise par les Danois de Knud le Grand (1017-1035), puis par les Normands de Guillaume le Conquérant qui, vainqueur à Hastings (1066), fonda le puissant royaume anglo-normand. Dès le XII$^e$ s., les Plantagenêts s'opposèrent aux rois de France, dont, en France, ils étaient les vassaux. Après sa défaite à Bouvines (1214), Jean sans Terre octroya aux barons révoltés la Grande Charte (1215), que suivirent les provisions d'Oxford (1258). L'Angleterre conquit l'Irlande en 1175, et le pays de Galles en 1284. Edouard III, revendiquant la couronne française, déclencha la guerre de Cent Ans (1337-1453), mais l'Angleterre perdit ses biens continentaux. La guerre des Deux-Roses (1450-1485) donna le pouvoir aux Tudors (1485). Henri VIII (1509-1547) fonda l'Église anglicane (Acte de suprématie, 1534). Sa fille Élisabeth I$^{re}$ (1558-1603) affermit la puissance maritime anglaise, notamment contre l'Espagne.

LA MONARCHIE CONSTITUTIONNELLE Élisabeth I$^{re}$ mourut sans enfant et Jacques I$^{er}$ Stuart, roi d'Écosse, devint roi d'Angleterre (1603-1625). Le catholicisme et l'absolutisme des Stuarts amenèrent la première révolution anglaise (1642-1649). Le « puritain » Cromwell fit exécuter Charles I$^{er}$ pour établir une république (1649-1653) et devint « lord-protecteur » (1653-1658). Restaurés en 1660, les Stuarts renoncèrent à l'absolutisme mais le catholicisme de Jacques II (1685-1688) provoqua son remplacement par Guillaume d'Orange, roi en 1689. Ainsi naquirent la monarchie constitutionnelle et le régime parlementaire (Déclaration des droits, en angl. *Bill of rights*, de 1689). En 1701, l'Acte de succession promit la couronne à la famille de Hanovre : George I$^{er}$ monta sur le trône en 1714. En 1707, l'Acte d'Union unit l'Écosse à l'Angleterre.

UNE PUISSANCE MONDIALE À partir de 1750, une révolution agric. et industr. plaça le pays à la tête du progrès technique et la G.-B. développa sa puissance coloniale. Les traités d'Utrecht (1713) et de Paris (1763) lui donnèrent les possessions françaises en Amérique et aux Indes. À l'inverse, les colonies anglaises d'Amérique, avec l'aide armée de la France, obtinrent leur indép. en 1783. En 1800, la G.-B. devint le Royaume-Uni de Grande-Bretagne et d'Irlande. La G.-B. fut la principale responsable de la chute de Napoléon I$^{er}$ et devint la plus grande puissance mondiale. Le long règne de Victoria (1837-1901) vit l'apogée de l'Empire britannique. Alliée de la France, la G.-B. remporta la Première Guerre mondiale (1914-1918) contre l'Allemagne et l'Autriche, mais la crise économique commença dès 1920.

LE DÉCLIN La plus grande partie de l'Irlande forma un État libre en 1922. L'Empire acheva de se transformer en Commonwealth (1931). Après des hésitations à l'égard de l'Allemagne nazie (Munich sept. 1938), la G.-B. lui déclara la guerre en sept. 1939. W. Churchill fut Premier ministre de 1940 à 1945. Les réformes du travailliste Attlee (1945-1951) accentuèrent l'affaiblissement dû à la guerre. En outre, la G.-B. perdit son vaste empire. Élisabeth II succéda à son père George VI, en 1952. Les conservateurs (1951-1964, 1970-1974) alternèrent avec les travaillistes ; ils votèrent en 1971 l'entrée de la G.-B. dans la CEE Tous ces gouv. durent faire face à la crise écon. et au conflit des cathol. et des protestants en Irlande du Nord depuis 1969. M. Thatcher (Premier ministre conservateur de 1979 à 1990) a appliqué brutalement une politique libérale et la « Dame de fer » a repris les Falkland à l'Argentine (1982). Moins intransigeant, son successeur John Major (1990-1997) est devenu impopulaire, alors que Tony Blair, à partir de 1994, modernisait le parti travailliste, favorable à certaines thèses libérales. Premier ministre de 1997 à 2007, il a réglé (en partie) la question irlandaise et accordé un parlement à l'Écosse et au pays de Galles. Il s'est montré « européen » (sans adopter l'euro) et est parvenu à faire baisser le chômage. Lors de la crise irakienne (2002-2003), T. Blair se range aux côtés des É.-U. Des attentats terroristes sont commis à Londres en 2005. En 2007, Gordon Brown succède à T. Blair. À l'issue des législatives de 2010, David Cameron (conservateur) est nommé Pr. ministre. Il instaure un plan de rigueur.

**Grande Brière** → **Brière.**

**Grande Comore** → **Ngazidja.**

**Grande del Norte** (Rio) → **Grande (Rio).**

**grande-duchesse** *nf* **1** Femme, fille d'un grand-duc. **2** Souveraine d'un grand-duché. PLUR grandes-duchesses.

**Grande-Grèce** ensemble des établissements fondés par les Grecs en Italie du S. et en Sicile à partir du VIII$^e$ s. av. J.-C.

**Grande Illusion (la)** film de Jean Renoir (1936), écrit par Ch. Spaak, avec J. Gabin, P. Fresnay, E. von Stroheim, Dalio.

**grandelet, ette** *a* fam Assez grand. *Fille déjà grandelette.*

**Grande Loge de France** l'une des obédiences de la franc-maçonnerie française, fondée en 1894 ; elle rompit avec le Grand Orient.

**Grande Loge nationale française** (GLNF) organisation de la franc-maçonnerie française fidèle au rite régulier, fondée en 1913 ; la seule obédience reconnue par la Grande Loge d'Angleterre.

**grandement** *av* **1** Beaucoup, tout à fait. *Avoir grandement raison.* **2** litt Avec grandeur, générosité. *Agir grandement.*

**Grande-Motte (La)** com. de l'Hérault (arr. de Montpellier), au fond du golfe d'Aigues-Mortes ; 8 522 hab. Stat. balnéaire.

**Grande Neste** → **Neste d'Aure.**

**Grande Nive** → **Nive.**

**Grande Peur des bien-pensants (la)** pamphlet de Bernanos (1931).

**Grandes Baigneuses** œuvres de grandes dimensions (au nombre de trois) que Cézanne peignit à la fin de sa vie (1895 ?-1906).

**Grandes Espérances (les)** roman de Dickens (1861). ▷ CINE Films de : l'Américain Stuart Walker (1890 – 1941), en 1934 ; David Lean, en 1946.

**Grandes Manœuvres (les)** film de René Clair (1955), avec G. Philipe et M. Morgan.

**Grande-Synthe** ch.-l. de cant. du Nord (arr. de Dunkerque) ; 21 166 hab. Industries. DER **grand-synthois, oise** *a, n*

**Grande-Terre** une des deux îles de la Guadeloupe ; ch.-l. *Pointe-à-Pitre.*

**grandeur** *nf* **1** Caractère de ce qui est grand dans les diverses dimensions. *La grandeur d'un palais.* **2** Importance. *Grandeur d'un acte.* **3** Dignité, noblesse morale, élévation. *Grandeur d'âme.* **4** MATH Tout ce à quoi on peut affecter une valeur, dans un système d'unités de mesure. **LOC** ASTRO ***Étoile de première grandeur :*** très brillante. — ***Folie des grandeurs :*** ambition démesurée. — ***Grandeur nature :*** aux dimensions réelles. *Un portrait grandeur nature.*

**Grandgousier** personnage de Rabelais, géant marié à Gargamelle et père de Gargantua.

**Grand-Guignol (le)** théâtre parisien (1897-1962) spécialisé dans l'épouvante.

**grand-guignolesque** *a* Digne du Grand-Guignol, d'une horreur invraisemblable, outrancier. PLUR grand-guignolesques.

**Grand Hôtel** roman (1931) de l'Autrichienne Vicki Baum (Vienne, 1888 – Hollywood, 1960). ▷ CINE Film de l'Américain Edmund Goulding (1891 – 1959), en 1932 ; avec Greta Garbo, Joan Crawford.

**Grandidier** Alfred (Paris, 1836 – id., 1921), voyageur et naturaliste français. Il a exploré Madagascar (1865-1870).

**Grandier** Urbain (Bouère, près de Sablé, 1590 – Loudun, 1634), ecclésiastique français. Accusé d'avoir « envoûté » les ursulines de Loudun, il fut brûlé vif.

**grandiloquence** *nf* Éloquence pompeuse, emphase. ETY Du lat. *grandis*, « sublime », et *loqui*, « parler ». DER **grandiloquent, ente** *a*

**grandiose** *a* Imposant, majestueux. *Paysage grandiose.* ETY De l'ital.

**grandir** *v* ③ **A** *vi* **1** Devenir plus grand, croître en hauteur. *Arbre qui grandit vite.* **2** Augmenter, s'intensifier. *La rumeur grandit.* **B** *vt* **1** Rendre plus grand, faire paraître plus grand. *Cette coiffure la grandit.* **2** fig Élever moralement, ennoblir. *Les épreuves l'ont grandi.* DER **grandissant, ante** *a*

**grandissime** *a* fam Très grand. ETY De l'ital.

**Grand Jeu (le)** revue littéraire fondée en 1928 par Roger Gilbert-Lecomte, R. Daumal, R. Vailland et le peintre Josef Sima (3 numéros, 1928-1930). Elle prônait, après Rimbaud, le « dérèglement de tous les sens ».

**Grand Lac Salé** (en angl. *Great Salt Lake*), nappe d'eau salée (4 690 km² env.) des É.-U., au N. de l'Utah. Sur ses rives s'est établie, au XIXᵉ s., la secte des mormons.

**Grand-Lieu (lac de)** marais à 12 km au S. de Nantes ; 70 km². Réserve ornithologique.

**grand-livre** *nm* **1** FIN Liste de tous les créanciers de l'État. **2** COMPTA Registre de comptabilité, sur lequel on reporte toutes les opérations du journal. PLUR grands-livres.

**Grand Londres** (*Greater London*), comté du S.-E. de l'Angleterre ; 1 579 km² ; 6 767 500 hab. ; ch.-l. *Londres.*

**grand-maman** *nf* fam Grand-mère. PLUR grands-mamans.

**Grand Manchester** (*Greater Manchester*), comté du N.-O. de l'Angleterre ; 1 287 km² ; 2 454 800 hab. ; ch.-l. *Manchester.*

**Grand Meaulnes (le)** roman d'Alain-Fournier (1913).

**grand-mère** *nf* **1** Mère du père ou de la mère. **2** fam Vieille femme. PLUR grands-mères.

**grand-messe** *nf* **1** Messe chantée solennelle. **2** Manifestation destinée à affirmer et à consoler la cohésion d'un groupe. PLUR grands-messes.

**grand-oncle** *nm* Frère du grand-père ou de la grand-mère. PLUR grands-oncles. PHO [gʀɑ̃tɔ̃kl]

**Grand Orient de France** la plus anc. (1773) des obédiences de la franc-maçonnerie française. Elle supprima en 1877 la référence au Grand Architecte de l'Univers (Dieu) et la Grande Loge d'Angleterre rompit avec elle.

**grand-papa** *nm* fam Grand-père. PLUR grands-papas. LOC *De grand-papa* : désuet, dépassé. *L'agriculture de grand-papa.*

**Grand-Paradis** → **Paradis (Grand-).**

**grand-peine (à)** *av* Avec beaucoup de peine, très difficilement.

**grand-père** *nm* **1** Père du père ou de la mère. **2** fam Vieillard. PLUR grands-pères.

**Grand-Place** place rectangulaire située au centre de Bruxelles. Face à l'hôtel de ville goth. (XVᵉ s.), la maison du Roi (ou Halle au Pain) a été reconstruite au XIXᵉ s. Les maisons des corporations complètent le pourtour.

**Grand-Pressigny (Le)** ch.-l. de cant. d'Indre-et-Loire (arr. de Loches) ; 1 119 hab. – Station préhist. du néolithique final. DER **pressignois, oise** *a, n*

**grand-prêtre** *nm* Chef de la caste sacerdotale chez les Hébreux. PLUR grands-prêtres.

**grand-public** *a* Destiné au plus grand nombre. *La presse grand-public.* PLUR grands-publics.

**Grand-Quevilly (Le)** ch.-l. de cant. de la Seine-Maritime (arr. de Rouen), sur la Seine ; 26 679 hab. Centre industriel. DER **grand-quevillais, aise** *a, n*

**Grand Rapids** ville des É.-U. (Michigan) ; 626 400 hab. (aggl.). Industries.

**grand-rue** *nf* Rue principale d'un village, d'un bourg. PLUR grands-rues.

**Grands Lacs (les)** nom donné à cinq vastes lacs d'Amérique du Nord, les lacs Supérieur, Huron, Michigan, Érié, Ontario.

**Grands Lacs** nom donné à l'ensemble des grands lacs d'Afrique de l'Est ; les princ. sont les lacs Victoria et Tanganyika.

**Grand Sommeil (le)** roman noir de Chandler (1939) ▷ CINE Film de H. Hawks (1946), avec H. Bogart et L. Bacall.

**Grandson** v. de Suisse (Vaud), sur le lac de Neuchâtel ; 1 900 hab. – Victoire des Suisses sur Charles le Téméraire (1476). VAR **Granson**

**grands-parents** *nm pl* Le grand-père et la grand-mère paternels et maternels.

**grand-tante** *nf* Sœur du grand-père ou de la grand-mère. PLUR grands-tantes.

**Grandville** Jean Ignace Isidore Gérard, dit (Nancy, 1803 – Paris, 1847), dessinateur et graveur français. Ses dessins fantastiques et satiriques annoncent le surréalisme.

**grand-voile** *nf* Voile principale du grand mât. PLUR grands-voiles.

**Granet** François (Aix-en-Provence, 1775 – id., 1849), peintre français ; il préfigure Corot.

**Granet** Marcel (Luc-en-Diois, Drôme, 1884 – Paris, 1940), sinologue français : *la Civilisation chinoise* (1929), *la Pensée chinoise* (1934).

**grange** *nf* Bâtiment où l'on abrite les récoltes, la paille, le foin. ETY Du lat. *granum*, « grain ».

**Grangemouth** port de G.-B. (Écosse), sur le Forth ; 25 000 hab. Centre pétrolier.

**Granges** (en all. *Grenchen*), ville de Suisse (Soleure) ; 17 000 hab. Centre horloger.

**Granique (le)** petit fleuve de Mysie (Asie Mineure), parfois identifié au Kocabaş (Turquie). Alexandre le Grand emporta sur le Perse Darius III la *bataille du Granique* (334 av. J.-C.).

**granit** *nm* **1** Toute roche dure que l'on peut polir pour l'utiliser en ornementation. **2** litt Symbole de la dureté. *Cœur de granit.* PHO [gʀanit] ETY De l'ital. *granito*, « grenu ».

**granite** *nm* GEOL Roche cristalline magmatique, composée de quartz, de feldspath et de mica. *Le granite constitue le soubassement de tous les continents.* ETY De *granit.*

**granité, ée** *a, nm* **A** *a* Qui présente un aspect grenu. **B** *nm* **1** Tissu à gros grains. **2** Sorte de sorbet granuleux.

**graniter** *vt* ① Peindre en imitant le granit.

**graniteux, euse** *a* Qui contient du granite. *Sable graniteux.*

**granitique** *a* De la nature du granit ; formé de granit. *Roche granitique.*

**granitoïde** *a, nm* **A** *a* MINER Qui a l'aspect du granite. **B** *nm* GEOL Roche plutonique apparentée au granite.

**granivore** *a, nm* ZOOL Se dit des oiseaux qui se nourrissent de graines.

**Granja (palais de la)** palais construit par Philippe V au S.-E. de Ségovie.

**granny-smith** *nf inv* Pomme à peau verte, à la chair ferme. PHO [granismis] ETY Mot amér.

**granole** *n* Canada fam Farouche partisan de l'alimentation naturelle.

**Gran Sasso d'Italia** massif des Abruzzes, où culmine l'Apennin (2 912 mètres au Corno Grande).

**Granson** → **Grandson.**

**Grant** Ulysses Simpson (Point Pleasant, Ohio, 1822 – Mount McGregor, État de New York, 1885), général et homme politique américain. Chef des armées nordistes durant la guerre de Sécession (1861-1865), il fut président (républicain) des É.-U. de 1869 à 1877.

**Grant** Archibald Alexander Leach, dit Cary (Bristol, 1904 – Davenport, Iowa, 1986), acteur américain d'origine anglaise, *Indiscrétions* (1941), *Arsenic et vieilles dentelles* (1944), *la Mort aux trousses* (1959). ▶ illustr. **Capra**

**granulat** *nm* CONSTR Ensemble des matériaux inertes (sable, gravier, etc.) d'un mortier, d'un béton.

**granulation** *nf* **1** TECH Fragmentation ou agglomération d'une substance en petits grains. **2** Petit grain sur une surface, dans une masse. *Les granulations d'un crépi.* **3** MED Nodosité de petite taille, habituellement d'origine tuberculeuse.

**granule** *nm* Petit grain, petite pilule. *Médicament administré en granules.* ETY Du lat. DER **granulaire** *a*

**granulé, ée** *a, nm* **A** *a* Qui présente une granulation. **B** *nm* **1** Corps réduit en petits grains. **2** Médicament présenté en petits grains.

**granuler** *vt* ① TECH Réduire en petits grains, en granules. DER **granulage** *nm*

**granuleux, euse** *a* **1** Formé de petits grains. *Terre granuleuse.* **2** MED Qui possède, présente des granulations.

**granulite** *nf* GEOL Roche métamorphique constituée essentiellement de quarz et de feldspath.

**granulocyte** *nm* BIOL, HISTOL Leucocyte polynucléaire. DER **granulocytaire** *a*

**granulome** *nm* MED Formation tumorale d'origine inflammatoire.

**granulométrie** *nf* didac Mesure de la taille et étude de la répartition statistique, selon leur grosseur, des éléments d'une substance granuleuse ou pulvérulente. DER **granulométrique** *a*

**Granvelle** Nicolas Perrenot de (Ornans, Franche-Comté, 1486 – Augsbourg, 1550), ministre franc-comtois de Charles Quint (1530). — **Antoine** (Besançon, 1517 – Madrid, 1586), fils du préc., cardinal ; ministre de Charles Quint et de Philippe II, il échoua aux Pays-Bas (1563). Vice-roi de Naples (1571-1575).

**Granville** ch.-l. de cant. de la Manche ; 12 687 hab. Port de pêche et de commerce. Stat. balnéaire. DER **granvillais, aise** *a, n*

**Granville** George Leveson-Gower (2ᵉ comte) (Londres, 1815 – id., 1891), homme politique brit. ; ministre des Affaires étrangères de Gladstone (1870-1874 et 1880-1885).

**grape-fruit** *nm* Syn. de *pomélo*. PLUR grape-fruits. PHO [grepfrut] ETY Mot amér. VAR **grapefruit**

**graph(o)-, -graphe, -graphie, -graphique** Éléments, du gr. *graphein*, « écrire ».

**graphe** *nm* MATH **1** Partie du produit cartésien de deux ensembles, dans la théorie des ensembles. **2** Figure constituée d'arcs reliés entre eux et représentant un parcours, un ensemble de tâches à accomplir, etc. LOC ***Graphe d'une application f d'un ensemble X dans un ensemble Y*** : ensemble des couples [x, f (x)] pour x appartenant à X. ETY De *graphique*.

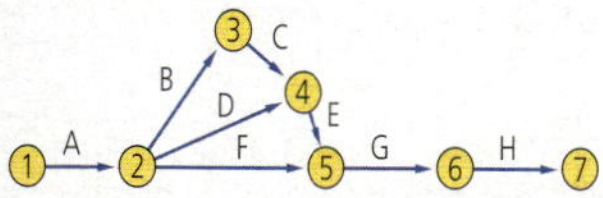


les sommets 1 à 7 représentent des évènements, les arcs A à H qui les lient représentent des tâches successives ou simultanées qui mènent d'un évènement à l'autre

**graphe**

**graphème** *nm* LING La plus petite unité distinctive d'un système d'écriture.

**graphène** *nm* CHIM Cristal de carbone bidimensionnel formé de cellules hexagonales. *Le graphène, un matériau très prometteur pour ses applications électroniques.*

**grapheur** *nm* INFORM Logiciel de gestion de graphiques.

**graphie** *nf* LING Manière d'écrire un mot. ETY Du gr. *graphein*, « écrire ».

**graphiose** *nf* BOT Maladie cryptogamique de l'orme.

**graphique** *a, n* **A** *a* **1** Qui décrit, représente par des figures. **2** BX-A Se dit de lignes nettes, de couleurs franches, donnant une impression de simplicité. **B** *nm* TECH Tracé d'un diagramme, d'un plan, d'une coupe, etc. **C** *nf* Technique de représentation des phénomènes par des graphiques, des schémas, etc. LOC ***Arts graphiques*** : le dessin, et, par ext., tous les arts où il intervient. — MATH ***Procédé graphique*** : résolution d'équations par intersection de courbes représentatives. ETY Du gr. *graphikos*.

**graphiquement** *av* À l'aide du dessin, de l'écriture.

**graphisme** *nm* **1** Façon particulière d'écrire de qqn. **2** BX-A Manière de dessiner particulière à un artiste. *Le graphisme de Picasso.* **3** Aspect d'une écriture, d'un dessin, sur le plan esthétique.

**graphiste** *n* Dessinateur spécialisé dans les arts graphiques.

**graphite** *nm* Carbone naturel cristallisé en lamelles hexagonales, presque pur. DER **graphiteux, euse** ou **graphitique** *a*

ENC Le graphite est bon conducteur du courant électrique et difficilement fusible ; pour sa résistance à la chaleur il est ajouté à certains lubrifiants ; il entre dans la fabrication des fours électriques ; il constitue la mine des crayons. On l'utilise comme ralentisseur de neutrons dans les réacteurs nucléaires (filière uranium-gaz-graphite), comme réducteur dans les hauts-fourneaux, comme cathode en électrolyse.

**graphiter** *vt* ① TECH Incorporer du graphite.

**graphologie** *nf* Étude de l'écriture manuscrite, qui a pour but soit d'identifier l'auteur d'un texte, soit d'analyser sa personnalité. DER **graphologique** *a* – **graphologue** *n*

**graphomanie** *nf* Manie compulsive d'écrire. DER **graphomane** *n*

**graphomètre** *nm* TECH Appareil que les arpenteurs utilisaient pour mesurer des angles.

**graphométrie** *nf* Étude de l'écriture fondée sur l'analyse d'indices statisques.

**grappa** *nf* Eau de vie italienne fabriquée avec du marc de raisin.

**grappe** *nf* **1** Ensemble de fleurs ou de fruits portés par des pédoncules sur une tige commune. *Grappe de raisin.* **2** Ensemble de choses ou de personnes serrées en forme de grappe. ETY Du frq.

**Grappelli** Stéphane (Paris, 1908 – id., 1997), violoniste de jazz français, créateur, avec Django Reinhardt, du quintette du Hot Club de France (1934).

**grappiller** *v* ① **A** *vi* Cueillir les grappes de raisin qui restent après la vendange. **B** *vt* **1** Cueillir de-ci, de-là, par petites quantités. **2** fig Récolter au hasard. *Grappiller des informations.* **3** fig Réaliser de petits profits, licites ou non. *Grappiller quelques euros.* DER **grappillage** *nm* – **grappilleur, euse** *n*

**grappillon** *nm* Petite grappe de raisin ; partie de grappe.

**grappin** *nm* **1** MAR Petite ancre d'embarcation à branches recourbées. **2** TECH Benne preneuse pour la manutention des matériaux. LOC fam ***Jeter, mettre le grappin sur qqch, qqn*** : s'en emparer, l'accaparer. ETY Du frq.

**graptolite** *nm* PALEONT Animal marin fossile classé dans les stomocordés qui vécut en colonies flottantes du cambrien au silurien.

**gras, grasse** *a, nm, av* **A** *a* **1** Qui est constitué de graisse, en contient ou en est imprégné. *Viande grasse.* **2** Se dit d'un aliment préparé avec de la viande ou de la graisse. *Bouillon gras.* **3** Se dit de qqn ou d'un animal qui a beaucoup de graisse. **4** Souillé, maculé de graisse. *Papiers gras.* **5** Dont l'aspect, la consistance fait penser à la graisse. *Terre grasse. Encre grasse.* **6** Épais. *Caractère typographique gras.* **7** fig Abondant, riche. *Grasse récompense.* **8** fig Graveleux, obscène. *Plaisanterie grasse.* **9** Se dit d'un vin qui a du corps, de la puissance. **B** *nm* **1** Partie grasse de la viande. *Retirer le gras.* **2** Partie charnue, musculeuse. *Le gras de la jambe.* **C** *av* De manière grasse. *Manger gras.* LOC ***Acides gras*** : acides non ramifiés, comportant un nombre pair d'atomes de carbone. — CHIM ***Corps gras*** : esters du glycérol. — ***Crayon gras*** : dont la mine laisse un trait épais. — ***Faire la grasse matinée*** : se lever tard. — ***Jour gras*** : où les catholiques étaient autorisés à manger de la viande, par oppos. à *jour maigre*. *Mardi gras.* — ***Plantes grasses*** : à tige ou à feuilles charnues. — ***Toux grasse*** : accompagnée d'expectorations. — ***Voix grasse*** : grasseyante, pâteuse. ETY Du lat. *crassus*, « épais ».

**Gras** Félix (Malemort, Vaucluse, 1844 – Avignon, 1901), poète et conteur français de langue d'oc. : *lou Romancero provençau* (1887).

**gras-double** *nm* Panse de bœuf cuisinée. *Gras-double à la lyonnaise.* PLUR gras-doubles.

**Grass** Günter (Dantzig, 1927 – Lübeck, 2015), romancier allemand : *Le Tambour* (1959), *les Années de chien* (1963) , *le Turbot* (1977). P. Nobel 1999).

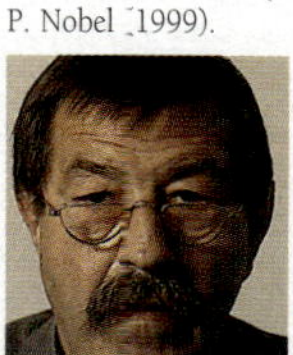

Günter Grass

**Grasse** ch.-l. d'arr. des Alpes-Maritimes ; 52 100 hab. Cap. de la parfumerie. Stat. climatique. – Anc. cathédrale (XII$^{e}$ s). DER **grassois, oise** *a, r*

**Grasse** François Joseph Paul (comte de) (Le Bar, 1722 – Paris, 1788), marin français. Il participa à la guerre d'Indép. amér. et à la victoire de Yorktown (1781).

**Grassé** Pierre Paul (Périgueux, 1895 – Carlux, Dordogne, 1985), zoologiste français qui a dirigé un monumental traité de zoologie.

**grassement** *av* Largement, généreusement. *Payer grassement.* LOC ***Rire grassement*** : d'une voix grasse ; grossièrement.

**grasset** *nm* ZOOL Articulation du membre postérieur des mammifères, correspondant au genou de l'homme.

**Grasset** Eugène (Lausanne, 1845 – Sceaux, 1917), peintre et dessinateur français d'origine suisse, représentant de l'Art nouveau.

**Grasset** Joseph (Montpellier, 1849 – id., 1918), médecin français, adepte du vitalisme : *les Limites de la biologie* (1902).

**Grasset** Bernard (Chambéry, 1881 – Paris, 1955), éditeur français (à partir de 1907).

**grassette** *nf* Petite plante carnivore vivace des marais.

**grasseyer** *vi* ① Prononcer la lettre *r* de façon gutturale. DER **grasseyant, ante** *a* – **grasseyement** *nm*

**grassouillet, ette** *a* Un peu gras, dodu. *Bébé grassouillet.*

**gratelle** *nf* **1** La Réunion, Haïti Syn. de *démangeaison*. **2** Petite méduse urticante.

**grateron** → **gratteron.**

**graticuler** *vt* ① TECH Diviser un dessin en carrés égaux pour le reproduire. ETY Du lat. *craticula*, « petite grille ». DER **graticulation** *nf*

**Gratien** (en lat. *Flavius Gratianus*) (Sirmium, Pannonie [auj. Sremska Mitrovica, Serbie], 359 – Lyon, 383), fils de Valentinien I$^{er}$ ; empereur d'Occident de 375 à 383.

**Gratien** (Chiusi, Toscane, fin XI$^{e}$ s. – Bologne, v. 1160), moine italien. Sa compilation de textes canoniques est nommée *Décret de Gratien*.

**gratification** *nf* **1** Somme d'argent accordée à qqn en plus de son salaire. **2** PSYCHO Sentiment de satisfaction, de valorisation du sujet à ses propres yeux.

**gratifier** *vt* ② **1** Faire don, accorder, octroyer. *Gratifier qqn d'un pourboire.* **2** iron Donner, coller. *On l'a gratifié d'une punition.* **3** Donner psychologiquement satisfaction à. ETY Du lat. *gratificari*, « faire plaisir ». DER **gratifiant, ante** *a*

**gratin** *nm* **1** Mets recouvert de chapelure ou de fromage râpé et passé au four. *Macaronis au gratin. Gratin de pommes de terre.* **2** fig, fam La haute société, l'élite. ETY De *gratter*.

**gratiné, ée** *a, nf* **A** *a* **1** Couvert d'une croûte grillée. **2** fig, fam Qui surprend par son côté singulier ou excessif ; osé. **B** *nf* Soupe à l'oignon gratinée.

**gratiner** *v* ① **A** *vi* Se couvrir d'une croûte grillée. *Plat qui gratine au four.* **B** *vt* Accommoder au gratin. *Gratiner des pâtes.*

**gratiole** *nf* Petite plante (scrofulariacée) des lieux humides, aux fleurs blanches ou roses. PHO [gʀasjɔl] ETY Du lat.

**gratis** *av, a inv* **A** *av* Gratuitement. *Entrer gratis.* **B** *a inv* Gratuit. *Des places gratis.* PHO [gʀatis] ETY Mot lat. VAR **gratos** fam

**gratitude** *nf* Reconnaissance pour une aide, un service rendu. *Témoigner sa gratitude.*

**gratouiller** *vt* ① fam Gratter légèrement. VAR **grattouiller**

**Gratry** Alphonse (Lille, 1805 – Montreux, Suisse, 1872), oratorien français hostile à l'infaillibilité pontificale. Acad. fr. (1867).

**gratte** *nf* **1** Sarcloir. **2** fam Petit profit illicite. **3** fam Guitare. **4** Syn. courant de *ciguatera*.

**gratte-ciel** *nm* Immeuble d'une très grande hauteur, tour. PLUR gratte-ciels ou gratte-ciel.

**gratte-cul** *nm* fam Nom cour. du cynorhodon, fruit de l'églantier. PLUR gratte-culs.

**gratte-dos** *nm inv* Baguette à l'une des extrémités de laquelle est fixée une petite main sculptée.

**grattement** *nm* Bruit produit par ce qui gratte.

**gratte-papier** *nm* fam, péjor Petit employé de bureau. PLUR gratte-papiers.

**gratter** *v* ① **A** *vt* **1** Racler de manière à entamer la surface de. *Gratter un meuble.* **2** Faire disparaître en raclant. *Gratter une inscription.* **3** Frotter une partie du corps avec les ongles pour calmer une démangeaison. *Se gratter le bras.* **4** fam Causer des démangeaisons. *Ce vêtement me gratte.* **5** fam Distancer à la course, dépasser. **6** fig, fam Faire de menus profits, souvent illicites. *Gratter quelques euros.* **B** *vi* fam Travailler. LOC *Gratter à une porte*: faire entendre un grattement, au lieu de frapper. — *Gratter de la guitare*: en jouer de temps en temps, en amateur, ou en jouer mal. DER **grattage** *nm* – **grattant, ante** *a* – **gratteur, euse** *n*

**gratteron** *nm* BOT Gaillet très répandu, dont la tige et les fruits sont couverts de poils en forme de crochets. VAR **grateron**

**gratteux, euse** *a* Canada fam Avare.

**grattoir** *nm* **1** Outil servant à gratter. **2** Instrument qui sert à gratter le papier pour y effacer une inscription, une tache. **3** Frottoir d'une boîte d'allumettes.

**grattons** *nmpl* rég Petits morceaux de viande de porc, d'oie, etc., cuits lors de l'extraction de la graisse, que l'on sert salés.

**grattouiller** → **gratouiller.**

**gratture** *nf* TECH Débris provenant du grattage d'un métal.

**gratuit, uite** *a, nm* **A** *a* **1** Qu'on donne sans faire payer ; qu'on reçoit sans payer. *Billet gratuit.* **2** fig Qui n'a pas de fondement, de motif. *Méchanceté gratuite.* **B** *nm* Journal d'informations générales financé par la publicité et distribué gratuitement. LOC *Acte gratuit*: qui semble échapper à tout mobile logique. — *À titre gratuit*: sans contrepartie. ETY Du lat. DER **gratuité** *nf* – **gratuitement** *av*

**grau** *nm* rég Chenal traversant un cordon littoral, dans le bas Languedoc. ETY Mot occitan.

**Grau Delgado** Jacinto (Barcelone, 1877 – Buenos Aires, 1958), écrivain espagnol, auteur de drames : *Don Juan de Carillana* (1913).

**Graufesenque (la)** site archéologique proche de Millau (Aveyron) : ateliers de céramique gauloise et gallo-romaine.

**Graulhet** ch.-l. de canton du Tarn (arr. de Castres) ; 12 663 hab. Industrie du cuir. DER **graulhétois, oise** *a, n*

**Graunt** John (Londres, 1620 – id., 1674), administrateur anglais. Il établit les premières statistiques sur la population de Londres.

**gravage** *nm* Action de graver, ce qui est gravé. *Le gravage d'un numéro sur le cadre du vélo.*

**gravats** *nmpl* **1** Débris provenant de démolitions. **2** TECH Résidu du plâtre après criblage.

**grave** *a, nm, av* **A** *a* **1** Qui peut avoir des conséquences funestes. *Grave maladie. Situation grave.* **2** Qui a de l'importance, qui ne peut être négligé. *Question grave.* **3** Sérieux, digne ; qui dénote le sérieux, la dignité. *Une figure grave.* **4** très fam Très bête, idiot, nul. **B** *a, nm* Se dit d'un son d'une fréquence peu élevée, bas dans l'échelle tonale. *Une voix grave. Passer du grave à l'aigu.* ANT aigu. **C** *av* très fam Adverbe à valeur intensive. *Les clopes, ça nuit grave.* ETY Du lat. DER **gravement** *av*

**Grave (pointe de)** petit cap situé, face à Royan, sur la r. g. de la Gironde. Débarcadère du bac de Royan.

**graveleux, euse** *a* **1** GEOL Mêlé de gravier. *Terre graveleuse.* **2** BOT Se dit d'un fruit dont la pulpe contient des petits grains très durs. *Poire graveleuse.* **3** fig Licencieux et vulgaire. *Chanson graveleuse.*

**Gravelines** ch.-l. de cant. du Nord (arr. de Dunkerque) sur l'Aa ; 12 430 hab. Port de pêche et de comm. Centrale nucléaire. – Victoire des Espagnols sur les Français (1558). DER **gravelinois, oise** *a, n*

**gravelle** *nf* MED vx Lithiase urinaire.

**gravelot** *nm* Oiseau marin (charadriiforme) à collier de plumes noires, hivernant en Afrique.

**Gravelot** Hubert François Bourguignon, dit (Paris, 1699 – id., 1773), peintre, dessinateur et graveur français ; auteur d'un *Traité de perspective*.

**Gravelotte** com. de Moselle (arr. de Metz-Campagne) ; 652 hab. – Violents combats en 1870 (16 et 18 août).

**graver** *vt* ① **1** Tracer en creux sur une surface dure. *Graver une épitaphe dans le marbre.* **2** Tracer des traits, des caractères, des figures sur une surface dure pour les reproduire. *Graver à l'eau-forte.* **3** fig Rendre durable. *Ses paroles sont gravées dans ma mémoire.* LOC *Graver un disque*: graver la matrice qui servira à la reproduction de l'enregistrement sur un disque. ETY Du frq.

**graves** *n* **A** *nfpl* GEOL Terrain formé de sable, de gravier alluvionnaire et d'argile, dans le Bordelais. **B** *nm* Vin provenant des vignes qui poussent sur les graves.

**Graves (les)** région du Bordelais (r. g. de la Garonne), formée de graves. Viticulture.

**Graves** Robert Ranke-Graves, dit Robert (Wimbledon, 1895 – Deya, Majorque, 1985), écrivain anglais ; poète, auteur de romans hist. (*Moi, Claude, Empereur*, 1934 ; *la Toison d'or*, 1944) et d'essais.

**Gravesande** Willem Jacob 'S (Bois-le-Duc, 1688 – Leyde, 1742), physicien et philosophe néerlandais, adepte du sensualisme anglais ▷ PHYS *Anneau de 'S Gravesande*: dispositif qui permet d'observer la dilatation des solides dans les trois dimensions.

**gravettien, enne** *a, nm* PREHIST Se dit de l'industrie du paléolithique supérieur entre l'aurignacien et le solutréen, de 27 000 à 20 000 ans avant notre ère.

**graveur, euse** *n* **A** **1** Personne dont la profession est de graver. **2** Artiste qui réalise des gravures. **B** *nm* Appareil servant à enregistrer des cédéroms.

**gravide** *a* didac En état de gestation. *Femelle gravide.* DER **gravidité** *nf*

**gravidique** *a* MED Relatif à la grossesse.

**gravier** *nm* **1** GEOL Roche détritique constituée de petits galets et de sable grossier. **2** Ensemble de très petits cailloux. *Le gravier d'une cour.* ETY Dér. anc. de *grève 1*.

**gravière** *nf* Lieu d'extraction du gravier.

**gravillon** *nm* Gravier fin et anguleux obtenu par concassage.

**gravillonner** *vt* ① Couvrir de gravillons. DER **gravillonnage** *nm*

**gravimètre** *nm* PHYS Appareil de précision utilisé en gravimétrie.

**gravimétrie** *nf* **1** PHYS Mesure de l'intensité du champ de la pesanteur. **2** CHIM Méthode d'analyse par pesée d'un précipité. DER **gravimétrique** *a*

**Gravina** Federico Carlos (duc de) (Palerme, 1756 – Cadix, 1806), amiral espagnol. Il fut blessé mortellement à Trafalgar.

**gravir** *vt* ③ Parcourir en montant avec effort ; escalader. *Gravir une montagne.* LOC *Gravir les échelons*: monter en grade. ETY Du frq.

**gravissime** *a* Extrêmement grave.

**gravitaire** → **gravité.**

**gravitation** *nf* PHYS Attraction universelle, qui s'exerce entre tous les corps. DER **gravitationnel, elle** *a*

ENC C'est la force d'attraction des corps entre eux, sous l'effet de leur masse, et l'une des quatre forces de la nature (V. force). C'est en étudiant les effets de la gravitation (chute des corps, mouvement des planètes) que Galilée, Kepler et Newton ont fondé la mécanique classique. La loi de Newton s'énonce ainsi : *deux particules de masses* M *et* M' *placées à une distance* d *s'attirent avec une force f dont la direction est portée par la droite joignant* M *et* M', *et dont l'intensité est proportionnelle aux masses et inversement proportionnelle au carré de la distance* ($f = G\frac{MM'}{d^2}$) ; la constante G de gravitation est d'environ $6{,}67.10^{-11}$ (dans le système SI). Dans la théorie de la *relativité générale*, énoncée par Einstein en 1916, la gravitation est une propriété de l'espace-temps, qui se déforme sous l'action des masses.

**gravité** *nf* **1** Pesanteur, force de gravitation. *Centre de gravité.* **2** Caractère d'une personne grave, sérieuse ; attitude grave, réservée. *La gravité d'un visage.* **3** Importance, sérieux. *La gravité de la conversation.* **4** Caractère de ce qui peut avoir des conséquences graves, fâcheuses ou dangereuses. *Gravité d'une blessure, d'une maladie.* ETY Du lat. DER **gravitaire** *a*

**graviter** *vi* ① **1** PHYS Décrire une orbite autour de qqch selon les lois de la gravitation. **2** fig Évoluer dans l'entourage de qqn. *Les courtisans gravitaient autour du roi.*

**graviton** *nm* PHYS Particule hypothétique de masse nulle, associée aux ondes de gravitation.

**gravlax** *nm* CUIS Saumon cru mariné (spécialité scandinave).

**gravois** *nmpl* TECH Gravats.

**gravure** *nf* **1** Action, art de graver. *Gravure sur bois.* **2** Ouvrage, travail du graveur ; estampe. **3** Image, illustration. *Livre orné de gravures.* **4** Action de graver un disque.

**gray** *nm* PHYS Unité SI d'absorption des rayonnements ionisants, communication d'une énergie de 1 joule à une masse de 1 kg (symbole Gy). PHO [gʀɛ]

**Gray** ch.-l. de cant. de la Haute-Saône (arr. de Vesoul), port sur la Saône ; 6 773 hab. Industries. – Égl. (XVe s.). Chât. (XVIIe s.). DER **graylois, oise** *a, n*

**Gray** Stephen (Londres, 1670 – id., 1736), physicien anglais. Pionnier de l'électricité, il sut distinguer les conducteurs et les isolants.

**Gray** Thomas (Londres, 1716 – Cambridge, 1771), poète anglais ; précurseur du romantisme : *Élégie écrite dans un cimetière de campagne* (1751).

**Gray** Eileen (Enniscorthy, 1878 – Paris, 1976), architecte et designer irlandaise : *Villa E-1027*.

**Graz** (autref. *Gratz* en fr.), v. d'Autriche, cap. de la Styrie, sur la Mur ; 232 150 hab. Centre industriel. – Université (depuis 1586). Cath. XVe s. Tour de l'Horloge (XVIe s.).

**Graziani** Rodolfo (marquis de Neghelli) (Filettino, prov. de Frosinone, 1882 – Rome, 1955), maréchal italien, vice-roi d'Éthiopie (1936-1937), vaincu par les Britanniques en Libye (1940).

**Graziella** épisode des *Confidences* (1849) de Lamartine, publié à part en 1852.

**GRC** Sigle de *Gendarmerie royale du Canada*, service de police municipal, provincial et national.

**gré** *nm* LOC *Au gré de qqn* : à son goût. *Trouver qqch à son gré.* — ***Au gré des évènements, des circonstances*** : sans pouvoir modifier le cours des choses ou sans chercher à le faire. — ***Bon gré, mal gré*** : qu'on le veuille ou non, malgré soi. — ***Contre le gré de*** : en s'opposant à, contre la volonté de. *Il a fait cela contre mon gré.* — ***De gré à gré*** : à l'amiable, par entente mutuelle. — ***De gré ou de force*** : volontairement ou sous la contrainte. — ***De son plein gré, de bon gré*** : sans être contraint, de sa propre volonté. *Il est venu de son plein gré.* — ***Faire qqch à son gré*** : selon son bon plaisir. — ***Savoir gré, savoir bon gré à qqn de qqch*** : lui en être reconnaissant. — ***Savoir mauvais gré à qqn de qqch*** : lui en tenir rigueur. ETY Du lat. *gratum*, « agréable ».

**Great Eastern** paquebot brit. (210 m de long) qui posa le premier câble sous-marin entre l'Europe et les É.-U. (1865-1866).

**Great Yarmouth** → **Yarmouth.**

**Gréban** Arnoul (Le Mans, v. 1420 – id., 1471), poète dramatique français. Son *Mystère de la Passion* (v. 1450), compte 35 000 vers.

**grèbe** *nm* Oiseau aquatique piscivore dont les pattes sont garnies de lobes festonnés formant une palmure incomplète. *Les grèbes construisent des nids flottants.* ETY Mot savoyard.

**grèbe** huppé

**grébiche** *nf* TECH Reliure munie de fils tendus le long du dos, où l'on passe des cahiers à volonté. VAR **grébige**

**grec, grecque** *a, n* **A** De la Grèce. **B** *nm* Langue indo-européenne parlée en Grèce. *Grec ancien, moderne.* **C** *nf* **1** ARCHI Ornement formé d'une suite de lignes brisées à angle droit, rentrant sur elles-mêmes. **2** TECH En reliure, scie servant à faire des encoches au dos des volumes à coudre ; encoche ainsi pratiquée. LOC CUIS ***À la grecque*** : cuit dans une sauce à base d'huile, de vin blanc, de tomates et d'aromates. — ***Profil grec*** : dans lequel l'arête du nez prolonge le front.

**Grèce (république de)** *(Hellênikê Dêmokratia)*, État d'Europe méridionale, occupant le S. de la péninsule balkanique ; 131 990 km² ; 11 000 000 hab. ; cap. *Athènes*. Nature de l'État : rép. parlementaire. Langue off. : grec. Monnaie : euro. Relig. : Église orthodoxe grecque (off., 97 %). DER **grec, grecque** *a, n*

**Géographie** La Grèce continentale, dont le S. forme le Péloponnèse (séparé du N. par le détroit de Corinthe), est montagneuse (mont Olympe : 2 911 m). Le climat méditerranéen est tempéré par l'altitude. Les îles grecques correspondent à 20 % de la superficie totale : îles Ioniennes, Cyclades, Sporades, Dodécanèse, Crète. 70 % des Grecs vivent sur les littoraux et dans les plaines, torrides en été (Thrace, Macédoine, Thessalie, Attique). L'aggl. d'Athènes-Le Pirée groupe 35 % des hab. L'accroissement est faible. L'émigration a cessé en 1975.

**Économie** L'agric. reste une polyculture traditionnelle (céréales, vigne, fruits et légumes, élevage ovin, huile d'olive, tabac). Les princ. ressources du sous-sol sont le lignite et la bauxite. L'industrie est peu compétitive. La Grèce tire d'importants revenus du tourisme, de sa flotte marchande et du rapatriement de fonds des Grecs de l'étranger. Malgré l'aide massive de l'UE, la crise écon. a été aiguë jusqu'en 1997 et la Grèce n'a pu utiliser l'euro qu'à partir de 2001. L'endettement demeure fort et provoque à partir de 2010 une grave crise écon.

**Histoire** À partir du XIX^e^ s. av. J.-C., alors que la civilisation minoenne est déjà en plein essor, pénètrent en Grèce continentale des peuples indo-européens, Ioniens et Achéens. Au XV^e^ s., les royaumes achéens (Mycènes, notam.) dominent la Crète et s'étendent vers l'Asie Mineure. La légendaire guerre de Troie correspond à l'un des raids menés en Asie Mineure au XIII^e^ s. av. J.-C. Au XII^e^ s., d'autres peuples venus du N., les Doriens, repoussent les Achéens en Ionie (littoral de l'Asie Mineure), en Arcadie, dans les îles médit. La période XII^e^–IX^e^ s. av. J.-C. est obscure. Au IX^e^ s. av. J.-C. (siècle d'Homère), la Grèce apparaît découpée en un nombre important de *polis*, cités rivales. À partir du VIII^e^ s. av. J.-C., les cités d'Asie Mineure, puis de Grèce (Corinthe) se lancent sur les mers, refoulent les Phéniciens, fondent des colonies en Sicile, Italie du Sud, mer Noire, etc. À partir du VI^e^ s., Athènes devient la princ. colonisatrice. Dans le Péloponnèse, Sparte assure son hégémonie. La révolte de l'Ionie contre la Perse (ou *Médie*) est à l'origine des *guerres médiques* (V^e^ s.). Après les défaites perses de Marathon (490), Salamine (480) et Platées (479), Athènes, qui domine la *ligue de Délos*, devient la première puissance de la Méditerranée orientale et développe la démocratie. Périclès, qui dirige Athènes de 457 à 429, donne son nom à cet âge d'or, écon., intellectuel, artistique (« siècle de Périclès »). Au terme de la guerre du Péloponnèse (431-404), la victoire du Spartiate Lysandre sur l'Ægos-Potamos (405) abat Athènes, mais Sparte s'incline devant Thèbes (victoire d'Épaminondas à Leuctres 371).

LA MACÉDOINE ET LA CIVILISATION HELLÉNISTIQUE Écrasant les armées athénienne et thébaine (alliées) à Chéronée (338), Philippe II de Macédoine domine les cités. Il est assassiné (336). Son fils, Alexandre le Grand, part conquérir l'Asie (334). Il soumet l'Égypte, la Perse, atteint les Indes en 327. La création de plus de 70 villes, la mise en circulation d'une monnaie grecque œuvrent à l'hellénisation de l'Orient. À la mort d'Alexandre (323), la Thrace et l'Asie reviennent à Lysimaque, la Macédoine à Cassandre, l'Égypte à Ptolémée, le reste (Syrie, Mésopotamie, Perse, Inde) à Séleucos. La rivalité de ces ensembles va durer trois siècles, mais une nouvelle civilisation, dite hellénistique (Alexandrie, Antioche, Pergame), étend la culture et la langue grecques sur tout l'Orient. La Macédoine maintient la Grèce sous sa tutelle. En 148-146 av. J.-C., les Romains conquièrent la Grèce.

L'ÈRE CHRÉTIENNE La conversion de la Grèce au christianisme à partir du I^er^ s. est un évènement capital ; en effet, le christianisme va être profondément marqué par la civilisation grecque hellénistique. À partir de 250 env., les cités grecques sont pillées par les Barbares (incursion des Goths à Athènes en 267). Au IV^e^ s., un empire chrétien s'installe à Byzance (ville anc. sur l'emplacement de laquelle Constantin fonde Constantinople en 330) et, en 395, la Grèce est intégrée à l'empire d'Orient (V. byzantin). La Grèce byzantine est soumise aux invasions barbares (V^e^-VI^e^ s.). Dès le VII^e^ s., les Arabes prennent certaines îles (Chypre, 649 ; Rhodes, 654). Aux Bulgares, aux Normands (X^e^-XI^e^ s.), aux Vénitiens, aux Latins (venus à la suite des croisades) et aux Génois succèdent les Turcs, qui conquièrent la Grèce de 1391 à 1461 et la dominent pendant près de quatre siècles.

L'INDÉPENDANCE Avec l'aide de la France, de la G.-B. et de la Russie, la Grèce entreprend une guerre sanglante de libération en 1821. Elle obtient l'autonomie en 1829 (traité d'Andrinople) et l'indép. en 1832. La Grèce est érigée en royaume. Otton I^er^ (1833-1862), prince all., est remplacé par un prince danois, Georges I^er^ (1863-1913). La Grèce s'agrandit du S. de l'Épire et de la Thessalie (1881) à la suite de la guerre russo-turque. Sa participation aux guerres balkaniques (1912-1913) lui permet d'incorporer notam. la Crète et une partie de la Macédoine. Venizélos, partisan des Alliés, triomphe de Constantin I^er^, allié de l'Allemagne, qui abdique en 1917. Par les traités de Sèvres (1919) et de Neuilly (1920), la Grèce reçoit la Thrace et la côte d'Ionie, mais entreprend la guerre contre la Turquie (1920-1922), qui rejette ces traités ; en outre, la Grèce doit accueillir un million et demi de réfugiés d'Asie Mineure. Après Constantin I^er^, rappelé (1920-1922), son fils Georges II (1922-1924) est renversé et la république est instaurée (1924-1935), puis Georges II est rappelé (1935) mais le général Metaxás exerce le pouvoir (1936-1941).

LA GUERRE ET L'APRÈS-GUERRE La Grèce repousse les Italiens en 1940 mais les Allemands l'occupent en 1941. Elle est libérée en 1944 par les partisans de l'ELAS, armée populaire grecque de libération. Une guerre civile intermittente (1944-1949) se termine par la victoire des gouvernementaux sur les anciens partisans communistes. Paul I^er^ succède en 1947 à son frère Georges II (exilé de 1941 à 1946). La Grèce s'accroît en 1947 (traité de Paris) du Dodécanèse, perdu par l'Italie. En avril 1967, un coup d'État militaire fonde le « régime des colonels » et, en juillet 1973, la république est proclamée. En 1974, à la suite du conflit chypriote, Caramanlis, appelé au pouvoir, rétablit les libertés et fait approuver la république (référendum de déc.). Aussi la Grèce peut-elle entrer dans la CEE (1^er^ janv. 1981).

LA GRÈCE « EUROPÉENNE » À partir de 1981, le PASOK, mouvement socialiste panhellénique mené par Andhrés Papandréou (1981-1989, 1993-1996), puis Costas Simitis (1996-2004) et enfin Georges Papandréou (2009-2011) alterne au pouvoir avec le parti conservateur de la Nouvelle Démocratie (1989-1993, 2004-2009 et 2012-2015). Ces années sont plusieurs fois marquées par de graves crises politiques laissant le pays des mois durant sans gouvernement (1989, 2011). Ces différents gouvernements se montrant impuissants face à la crise économique qui frappe la Grèce depuis 2010, le nouveau parti de gauche radicale Syriza connaît une large victoire aux législatives de 2015 mettant fin ainsi à plus de trente ans d'alternance. Alexis Tsipras, leader de Syriza, est nommé Premier ministre.

▶ cartes p. 716, p. 718, illustr. p. 717

**Grèce centrale** Région de la Grèce et de l'UE, au N. d'Athènes ; 15 549 km² ; 545 000 hab. ; cap. *Lamia*.

**Grèce occidentale** Région de la Grèce et de l'UE, formée du S.-O. de la Grèce continentale et du N.-O. du Péloponnèse ; 11 350 km² ; 680 000 hab. ; cap. *Patras*.

**gréciser** *vt* 1 **didac** Donner une forme grecque à un mot, un nom.

**grécité** *nf* **didac** Caractère de ce qui est grec.

**gréco-** Élément, du latin *græcus*, « grec ».

**Greco** Dhominikos Theotokópoulos, dit le (Candie, auj. Hêraklion, 1541 – Tolède, 1614), peintre espagnol d'origine crétoise. Formé en Italie par Titien et le Tintoret, il se fixa à Tolède. Mysticisme et fièvre contemplative animent ses personnages, caractérisés par un allongement maniériste : *l'Enterrement du comte d'Orgaz* (1586, égl. Santo Tomé, Tolède).

▶ illustr. p. 716

**Gréco** Juliette (Montpellier, 1927), chanteuse et actrice française.

**gréco-bouddhique** *a* Relatif à l'art du Gândhâra fortement influencé par l'art grec.

**gréco-catholique** *a, n* RELIG Syn. de *uniate*. PLUR gréco-catholiques.

**gréco-latin, ine** *a* Relatif à l'Antiquité grecque et latine. *Les langues gréco-latines.*

**le Greco** *l'Annonciation*, v. 1575 – musée du Prado

**gréco-romain, aine** *a* Qui est commun aux Grecs et aux Romains.

**grecque** → **grec.**

**grecquer** *vt* ① TECH En reliure, pratiquer avec une petite scie des encoches au dos d'un volume pour y insérer les ficelles des coutures et les dissimuler. (DER) **grecquage** *nm*

**gredin, ine** *n* Crapule, vaurien. (ETY) Du moy. néerl. *gredich*, « avide ». (DER) **gredinerie** *nf*

**gréement** *nm* **1** Ensemble de ce qui est nécessaire pour mettre un navire en état de naviguer. **2** Disposition des mâts et des voiles. (PHO) [gʀemɑ̃]

**green** *nm* Aire gazonnée qui entoure un trou, au golf. (PHO) [gʀin] (ETY) Mot angl.

**Green** Julien (Paris, 1900 – *id.*, 1998), écrivain américain d'expression française, catholique : *Adrienne Mesurat* (1927), *Léviathan* (1929), *Moïra* (1950). Son *Journal*, entrepris en 1919, a été publié à partir de 1938. Acad. fr. (1971).

**Julien Green**

**Greenaway** Peter (Newport, 1942), peintre et cinéaste britannique : *Meurtre dans un jardin anglais* (1982) ; *le Ventre de l'architecte* (1987) ; *The Pillow Book* (1997).

**Greenberg** Joseph (New York, 1915 – Palo Alto, 2001), linguiste américain. Il a renouvelé profondément la typologie des langues africaines et amérindiennes ainsi que la réflexion sur les universaux du langage et l'origine des langues.

**Greene** Robert (Norwich, v. 1558 – Londres, 1592), dramaturge anglais élisabéthain : *Frère Bacon et frère Bungay* (v. 1589) ; auteur de romans : *Meanphon* (1589).

**Greene** Graham (Great Berkhamstead, 1904 – Vevey, 1991), romancier anglais : *la Puissance et la Gloire* (1940), *le Troisième Homme* (1950), *le Capitaine et l'Ennemi* (1989).

**Greenpeace** (« paix verte »), mouvement pacifiste et écologiste international, créé à Vancouver en 1971.

**Greenwich** faubourg S.-O. de Londres ; 200 800 hab. – Anc. observatoire dont le méridien a été adopté comme méridien zéro. – École navale ; musée de la Marine ; deux navires de plaisance sont devenus des musées.

**gréer** *vt* ⑪ Munir un bateau de son gréement ; disposer, mettre en place un élément du gréement. (PHO) [gʀee] (ETY) De l'anc. scand.

**Grées (Alpes)** province romaine, créée au IIe s.

**greffage** → **greffer.**

**1 greffe** *nm* Lieu où sont conservées les minutes de jugements et où se font les déclarations concernant les procédures. *Le greffe du tribunal d'instance.* (ETY) Du lat. *graphium*, « stylet ».

**2 greffe** *nf* **1** Opération qui consiste à insérer une partie vivante d'une plante (œil, branche,

## CULTURE DE LA GRÈCE ANTIQUE

| ÉPOQUE | ARCHITECTURE | SCULPTURE, PEINTURE, ARTS MINEURS | VIE SOCIALE ET INTELLECTUELLE |
|---|---|---|---|
| **civilisation minoenne** *2400-1400 av. J.-C.* arrivée des Grecs v. 1800-1700 | 2100-1700 : premiers palais crétois (Cnossos, Phaïstos) 1700-1400 : seconds palais | statuettes, céramique à décor végétal et animalier (vase au poulpe) ; glyptique fresques murales, notam. à Cnossos *(la Parisienne, l'Oiseau bleu)* et à Théra | l'écriture syllabique, dite linéaire A, n'est pas déchiffrée |
| **civilisation mycénienne** *1500-1150 av. J.-C.* | palais et villes fortifiées : Mycènes, Tirynthe, Pylos ; tombes à coupole (trésor d'Atrée) ; apparition du mégaron : pièce à foyer central | fresques murales ; ivoires travail du métal : masques funéraires en or armes à incrustations | l'écriture syllabique, dite linéaire B, est à usage administratif. Elle sert à noter la langue grecque |
| **« Moyen-Âge » grec ou « temps obscurs »** *XII^e-VIII^e s. av. J.-C.* | multiplication des demeures seigneuriales avec mégaron | statues de culte en bois (xoana) statuettes de bronze ivoires céramique à décor géométrique | organisation du monde grec en cités *l'Iliade* et *l'Odyssée* sont rédigées en écriture alphabétique v. 800-750 Hésiode (après 750) : *la Théogonie, les Travaux et les Jours* |
| **époque archaïque** *VII^e-V^e s. av. J.-C.* les Grecs fondent des colonies, de la mer Noire à l'Espagne | *en Grèce d'Asie :* temple d'Artémis à Éphèse, d'Héra à Samos *en Grèce :* aménagement des grands sanctuaires : temple d'Héra à Olympie ; temple d'Apollon à Delphes ; les « trésors » des cités. | statuaire de pierre : *Dame d'Auxerre* (v. 650), *Héra de Samos* (v. 580), séries des kouros et korès technique de la fonte à cire perdue pour les statues de bronze céramique orientalisante (VIII^e-VI^e s.) à Rhodes, Corinthe, Athènes ; céramique à figures noires à Corinthe et Athènes (VII^e-VI^e s.), puis à figures rouges à Athènes (fin du VI^e s.) | usage de la monnaie après 650 *littérature :* Ésope et Sappho (VII^e- VI^e s.) Anacréon (VI^e s.) *science et philosophie :* Thalès de Milet (VII^e-VI^e s.) Pythagore Héraclite d'Éphèse (VI^e s.) Parménide (VI^e-V^e s.) |
| **époque classique** *V^e-IV^e s. av. J.-C.* confédération maritime athénienne, dite de Délos (477-404) conquête de la Grèce par le royaume de Macédoine (356-338) | temple de Zeus à Olympie (468-456) travaux sur l'Acropole d'Athènes dirigés par Phidias : Parthénon (447-438) Propylées (437-432) Érechthéion (421-106) temple d'Apollon à Bassæ (fin du V^e s.) théâtre d'Épidaure (IV^e s.) tholos de Delphes (IV^e s.) reconstr. du temple d'Apollon à Delphes (après 366) | *Aurige* de Delphes, en bronze (v. 475), *Discobole* de Myron (1^re moitié du V^e s.), *Doryphore* de Polyclète (id .), statue de Poséidon, en bronze, dite de l'Artémision (v. 450) Phidias décore l'Acropole d'Athènes (frise et frontons du Parthénon, 438-432) et réalise les statues chryséléphantines de Zeus à Olympie d'Athéna pour le Parthénon et la céramique attique à figures rouges s'impose au monde méditerranéen après 460, la décoration peinte est dite de « style libre » puis de « style fleuri » sculpture et peinture (notam. sur vases) évoluent vers un art expressionniste, voire passionné : frise du mausolée d'Halicarnasse (Scopas et d'autres), *Aphrodite de Cnide* de Praxitèle (390-330), *Apoxyomène* de Lysippe (390-310) | *littérature :* Pindare (518-438), Eschyle (525-456) Sophocle (495-406), Euripide (480-406) Aristophane (455-386), Hérodote (484-420), Thucydide (465-395), Xénophon (430-355), Isocrate (436-338), Démosthène (384-322) *médecine :* Hippocrate (460-377) *philosophie :* Zénon d'Élée Empédocle d'Agrigente (V^e s.) les sophistes (Protagoras, Gorgias, etc.), Socrate (470-399) Démocrite d'Abdère (460-370) Platon (458-347) Diogène le Cynique (413-327) Aristote (334-322) |
| **période hellénistique** *fin du IV^e-I^er s. av. J.-C.* conquête de l'Empire perse par Alexandre le Grand (334-323) nombreuses fondations de villes intervention puis conquête romaine (212-30 av. J.-C.) | fondation d'Alexandrie d'Égypte (332) construction du phare et du musée d'Alexandrie d'É ypte (v. 290-280) travaux d'urbanisme dans toutes les grandes villes des royaumes : Alexandrie, Antioche, Séleucie, Pergame, etc. reconstruction des temples anciens : d'Artémis à Magnésie et à Éphèse, d'Apollon à Didymes embellissement des villes anciennes : Athènes (Agora, Olympieion), sanctuaires de Délos | nombreux portraits d'Alexandre le Grand par Lysippe et le peintre Apelle ; le *Colosse de Rhodes*, en bronze, par Charès de Lindos (v. 300) ; production des figurines en terre cuite de Tanagra la multiplication des cités grecques entraîne une production abondante d'œuvres d'art, réalisées parfois en série ; quelques œuvres majeures en émergent : *Victoire de Samothrace* (v. 200), *Vénus de Milo* (v. 125-100) Alexandrie impose ses modèles dans les arts mineurs : orfèvrerie, verrerie, objets décoratifs dans les palais (Pella) et les demeures bourgeoises (Délos), développement de la mosaïque sculpture décorative qui accompagne les grandes réalisations urbaines : bas-reliefs de l'autel de Zeus à Pergame (197-159) | *littérature :* Ménandre (342-292) Callimaque (310-235) Théocrite (315-250) Apollonios de Rhodes (295-230) Polybe (200-120) *philosophie :* Théophraste (372-287) Épicure (341-270) Zénon de Cittium (335-264) Arcésilas (316-241) mécénat de souverains : le musée d'Alexandrie *sciences :* Euclide (IV^e-III^e s.) Aristarque de Samos (310-230) Archimède (287-212) Ératosthène (284-192) |
| **période gréco-romaine** *I^er s. av. J.-C-III^e s. apr. J.-C.* | Rome poursuit la politique d'urbanisme des rois hellénistiques ; la plupart des monuments sont restaurés ou bâtis à l'époque romaine : Éphèse par ex. Hadrien (117-138) donne à Athènes de nouveaux monuments et un nouveau quartier | Alexandrie demeure un centre international de production d'objets d'art en Égypte et en Phénicie, développement de l'industrie du verre partout des ateliers de sculpture multiplient copies et répliques demandées par l'Occident quelques créations majeures : le groupe de *Laocoon* (v. 50 av. J.-C.) généralisation du décor de fresques et de mosaïques | *littérature :* Plutarque (50-125) Lucien (125-192) *sciences :* Ptolémée (90-168) *philosophie :* Épictète (50-125) Marc-Aurèle (121-180) Plotin (205-270) |

bourgeon), appelée *greffon*, dans une autre plante (le *porte-greffe* ou *sujet*) ; le greffon lui-même. **2** CHIR Transplantation d'un tissu, d'un organe ; tissu, organe transplanté. **3** **fig** Arrivée de personnes dans un groupe pour le renouveler, le modifier. ETY De *greffe 1*.

ENC La greffe est une opération chirurgicale par laquelle on transplante sur un sujet un *greffon*, dit aussi *transplant*. Le greffon peut provenir : du même individu *(autogreffe)*, d'un autre individu de même espèce *(allogreffe)*, d'un individu d'une espèce différente *(hétérogreffe* ou *xénogreffe)*. La tolérance d'une allogreffe par le receveur dépend : 1° de la situation et de la vascularisation du greffon ; 2° du degré de différence génétique existant entre le donneur et le receveur, autrement dit entre les *antigènes d'histocompatibilité* (HL-A) portés par les cellules du greffon et par celles de l'hôte.

**greffé, e** *n* Personne qui a subi une greffe.

**greffer** *v* ① **A** *vt* **1** Insérer un greffon sur un porte-greffe. *Greffer un amandier sur un prunier.* **2** MED Faire une greffe. *Greffer un rein.* **3** Pratiquer une greffe sur un patient. *Greffer un insuffisant cardiaque.* **B** *vpr* **fig** S'ajouter, s'insérer. *Nouvelles lois qui se greffent sur les anciennes.* DER **greffage** *nm*

**greffeur, euse** *n* Chirurgien spécialiste des greffes.

**greffier, ère** *n* **A** Fonctionnaire préposé au greffe. *Les greffiers assistent les magistrats.* **B** *nm* **fam** Chat.

**greffoir** *nm* AGRIC Couteau à greffer.

**greffon** *nm* **1** Partie d'une plante destinée à être greffée sur une autre. **2** CHIR Tissu, organe transplanté ou destiné à être transplanté. *Les greffons sont conservés au froid.*

**Greg** Michel Régnier, dit (Ixelles, 1931 – Neuilly-sur-Seine, 1999), auteur belge de bandes dessinées : *Achille Talon* (1963).

**grégaire** *a* Qui vit ou se développe en groupe. *Animaux grégaires.* **LOC** *Instinct grégaire* : instinct qui pousse les animaux à former des groupes ; **fig** instinct qui pousse les individus à adopter les conduites, les opinions du groupe auquel ils appartiennent. ETY Du lat. *grex, gregis*, « troupeau ».

**grégarine** *nf* Grand protozoaire parasite du tube digestif de divers invertébrés.

**grégarisé, ée** *a* **didac** Qui est passé de la phase solitaire à la phase grégaire.

**grégarisme** *nm* **didac** Tendance à vivre en groupe ; instinct grégaire.

**grège** *a, nm* Beige clair. **LOC** *Soie grège* : brute, telle qu'elle sort du cocon. ETY De l'ital.

**grégeois** *am* **LOC** *Feu grégeois* : mélange incendiaire utilisé au Moyen Âge dans les sièges et les combats navals. ETY De l'a. fr., « grec ».

**Grégoire** nom porté par plusieurs papes. — **Grégoire Ier le Grand** (saint) (Rome, vers 540 – id., 604), pape de 590 à 604, docteur de l'Église. Il s'imposa à Rome comme un souverain ; le premier, il fit de l'évêque de Rome celui de toute la chrétienté, supérieur donc aux patriarches orientaux, et s'opposa à la création d'Églises nationales chez les Barbares. — **Grégoire III** (saint) (? – Rome, 741), pape de 731 à 741 ; il rechercha vainement la protection de Charles Martel contre les Lombards. — **Grégoire VII** (saint) (Soana, Toscane, vers 1020 – Salerne, 1085), pape de 1073 à 1085, d'abord moine à Cluny sous le nom de Hildebrand. Il refusa aux princes de conférer les dignités ecclésiastiques (querelle des Investitures) ; aussi excommunia-t-il l'empereur Henri IV (1076), qui se soumit à Canossa (1077), mais la lutte reprit et finalement (1084) le pape dut quitter Rome. — **Grégoire IX** Ugolino de Segni (Anagni, vers 1170 – Rome, 1241), pape de 1227 à 1241 ; il lutta contre l'empereur Frédéric II. — **Grégoire XI** Pierre Roger de Beaufort (Rosiers-d'Égletons, 1329 – Rome, 1378), pape de 1370 à 1378 ; d'abord pape d'Avignon, il rétablit la papauté à Rome en 1377. — **Grégoire XII** Angelo Correr (Venise, v. 1325 – Recanati, 1417), pape de 1406 à 1415. Au concile de Constance (1414-1418), sa démission, suivie en 1417 de l'élection de Martin V, mit fin au schisme d'Occident. — **Grégoire XIII** Ugo Boncompagni (Bologne, 1502 – Rome, 1585), pape de 1572 à 1585 ; on lui doit le calendrier civil moderne. — **Grégoire XV** Alessandro Ludovisi (Bologne, 1554 – Rome, 1623), pape de 1621 à 1623, fondateur de la congrégation de la Propagation de la foi. — **Grégoire XVI** Bartolomeo Alberto Cappellari (Belluno, 1765 – Rome, 1846), pape de 1831 à 1846 ; il réprima les insurrections dans les États pontificaux en faisant appel à l'Autriche (1831) et à la France (1832).

**Grégoire** Henri, dit l'Abbé (Vého, près de Lunéville, 1750 – Paris, 1831), ecclésiastique et homme politique français ; évêque constitutionnel de Blois (1791), promoteur de l'abolition de l'esclavage (1794), il s'opposa à l'Empire.

**Grégoire de Nazianze** (saint) (Arianze, Cappadoce, près de l'actuel Gelveri, Turquie, v. 330 – id., v. 390), Père et docteur de l'Église. Au concile de Constantinople (381), il fait condamner définitivement l'arianisme.

**Grégoire de Nysse** (saint) (Césarée de Cappadoce, auj. Kayseri, Turquie, v. 335 – Nysse, auj. Sultanhisar, Turquie, v. 395), Père et docteur de l'Église d'Orient ; évêque de Nysse (371) ; adversaire de l'arianisme ; frère de saint Basile le Grand.

**Grégoire de Tours** Georges Florent (saint) (Clermont, v. 538 – Tours, v. 594), historien et théologien français ; évêque de Tours en 573. Auteur d'une *Histoire des Francs*.

**Grégoire le Thaumaturge** (saint) (Néo-Césarée, Pont, auj. *Niksar*, Turquie, v. 213 – id., 270), évêque de Néo-Césarée, auteur légendaire de nombreux miracles.

**Grégoire l'Illuminateur** (saint) (?, v. 250 – mont Sébon, v. 328), premier patriarche de l'Église d'Arménie.

**Grégoire Palamas** → **Palamas.**

LA GRÈCE EN 432 AV. J.-C.

**Gregori** Johann Gottfried (XVII^e s.), écrivain russe d'origine allemande ; auteur de tragédies (*Judith*, *le Jeune Tobie*).

**grégorien, enne** *a* Se dit des réformes liturgiques introduites au VI^e s. par Grégoire I^er. **LOC** ***Calendrier grégorien*** : calendrier julien réformé par le pape Grégoire XIII. — ***Chant grégorien*** : musique liturgique de l'Église romaine, strictement monodique, et utilisant une échelle tonale à six degrés.

**Gregory** James (Aberdeen, 1638 – Édimbourg, 1675), mathématicien et opticien écossais, inventeur d'un télescope à réflexion.

**grègues** *nf pl* Hauts-de-chausses. ETY Du provenç. *grega*, « grecque ».

**Greifswald** v. d'Allemagne, sur la Baltique ; 61 390 hab. Centre industr. – Import. université, fondée en 1456.

**Greimas** Algirdas Julien (Toula, Lituanie, 1917 – Paris, 1992), linguiste et sémioticien français d'origine lituanienne : *Sémantique structurale* (1966), *Du sens* (1970).

**1 grêle** *a* **1** Long et menu. *Jambes grêles.* ANT trapu. **2** Aigu et faible, en parlant d'un son. *Voix grêle.* **LOC** ANAT ***Intestin grêle*** : partie longue et mince de l'intestin, comprise entre le pylore et le cæcum. ETY Du lat. *gracilis*.

**2 grêle** *nf* **1** Pluie de petits glaçons de forme arrondie. **2** fig Chute abondante de qqch. *Grêle de coups, d'injures.*

**grêlé, ée** *a* Marqué par la variole. *Visage grêlé.*

**grêler** *v impers* ① Tomber, en parlant de la grêle. ETY Du frq.

**grelin** *nm* ① Gros cordage, formé par le commettage de droite à gauche de trois ou quatre torons autour d'une mèche. ETY Du néerl.

**grelinette** *nf* Outil de jardinage, sorte de fourche-bêche. ETY Nom déposé.

**grêlon** *nm* Glaçon constitutif de la grêle.

**grelot** *nm* **1** Petite boule métallique creuse et percée contenant un morceau de métal libre qui la fait tinter à chaque mouvement. **2** fam Téléphone. *Un coup de grelot.* **LOC** fam ***Avoir les grelots*** : avoir peur, trembler de peur. PHO [gʀəlo] ETY Du moyen haut all. *grell*, « aigu ».

**grelotter** *vi* ① Trembler. *Grelotter de froid, de peur.* VAR **greloter** DER **grelottant, ante** ou **grelotant, ante** *a* – **grelottement** ou **grelotement** *nm*

**greluche** *nf* fam, péjor Jeune femme sotte.

**greluchon** *nm* fam Petit jeune homme fade, freluquet.

**grémil** *nm* fam Plante (borraginacée) dont une espèce, appelée *herbe aux perles*, est utilisée en pharmacie. ETY De *grès* et *mil*.

**grémille** *nf* Poisson appelé aussi *perche goujonnière*, qui habite les rivières à fond de gravier. ETY Du lat. *grumulus*, « petit tas ».

**Grémillon** Jean (Bayeux, 1902 – Paris, 1959), cinéaste français : *l'Étrange M. Victor* (1938), *Remorques* (1941), *Lumière d'été* (1943), *Le ciel est à vous* (1944), *Pattes blanches* (1948), *l'Amour d'une femme* (1953).

**grenache** *nm* VITIC Cépage noir de Provence et de la vallée du Rhône ; vin doux issu de ce cépage. ETY De l'ital *Vernazza*, n. pr.

**1 grenade** *nf* Fruit du grenadier, comestible, renfermant de nombreux grains à pulpe rouge, aigrelets et sucrés. ETY Du lat.

**2 grenade** *nf* **1** Projectile explosif, incendiaire, fumigène ou lacrymogène, lancé à la main ou avec un fusil. **2** Insigne de certains corps, figurant une grenade sphérique avec sa mèche allumée stylisée. **LOC** ***Grenade sous-marine*** : engin explosif utilisé contre les submersibles en plongée.

**Grenade** (en esp. *Granada*), v. d'Espagne (Andalousie), sur le Genil ; 268 670 hab. ; ch.-l. de la prov. du m. nom. Centre agric. et industr. Tourisme. – Université. Cath. baroque (XVI^e et XVIII^e s.) renfermant les tombeaux des Rois Catholiques. Églises du XVIII^e s. (baroques). Palais de Charles Quint (XVI^e-XVII^e s.) ; palais mauresque de l'Alhambra (XIII^e-XIV^e s.) et jardins du Generalife. – La ville fut la cap. (1235-1492) d'un royaume arabe fondé au XI^e s. Sa conquête par les Rois Catholiques, en 1492, marqua la fin de la Reconquista. DER **grenadin, ine** *a, n* ▶ illustr. **Alhambra**

**Grenade (la)** État des Petites Antilles, membre du Commonwealth ; il est formé de l'île de Grenade et d'une partie des Grenadines mérid. ; 344 km² ; 100 000 hab. ; cap. *Saint George's*. Nature de l'État : république. Langue off. : anglais. Monnaie : dollar des Caraïbes de l'Est. Population : Noirs, métis. Relig. : protestantisme, cathol. Ressources : noix de muscade, banane, cacao, pêche, tourisme. DER **grenadien, enne** *a, n*
**Histoire** Découverte par Christophe Colomb (1498), qui la baptisa *Concepción*, l'île de Grenade fut française (1650) puis brit. (de 1762 à 1779 et à partir de 1783). Indépendante en 1974, elle a connu, de 1979 à 1983, une expérience de type castriste, interrompue par une intervention militaire des États-Unis. ▶ carte **Antilles**

**grenadeur** *nm* MAR Dispositif permettant de larguer des grenades sous-marines.

**1 grenadier** *nm* Arbre (punicacée) des pays méditerranéens, à fleurs rouge vif et dont le fruit est la grenade.

grenadier

**2 grenadier** *nm* **1** Soldat entraîné au lancement des grenades. **2** Soldat de corps d'élite de l'infanterie. **3** Poisson gadiforme marin abyssal au corps globuleux et à la queue effilée, qui fait l'objet d'une pêche au chalut profond.

**grenadière** *nf* vx Giberne à grenades.

**grenadille** *nf* Fruit d'une passiflore.

**1 grenadin** → **Grenade.**

**2 grenadin** *nm* **1** Variété d'œillet, très parfumé. **2** Fine tranche de veau piquée de lard.

**grenadine** *nf* Sirop à base de jus de grenade, ou rappelant par sa couleur rouge le jus de grenade.

**Grenadines** îlots des Petites Antilles, dépendant de la Grenade et de Saint-Vincent.

**grenage** → **grainage.**

**grenaille** *nf* **1** TECH Métal réduit en menus grains. **2** Rebut de grain donné aux volailles. **3** Pommes de terre de très petite taille.

**grenailler** *vt* **1** TECH Réduire en grenaille. **2** Écrouir une surface par projection de petites billes de métal ou de verre. DER **grenaillage** *nm*

**grenaison** *nf* AGRIC Formation des graines.

**grenat** *nm, a inv* **A** *nm* **1** MINER Silicate métallique double naturel cristallisant dans le système cubique, d'une grande dureté. **2** Pierre fine de couleur pourpre. **B** *a inv* Qui a la couleur rouge sombre du grenat. *Soie grenat.* PHO [gʀəna] ETY De l'a. fr. *grenate*, « de la couleur de la grenade ».

**Grenchen** → **Granges.**

**grené, ée** *a, nm* TECH Qui présente des petits points rapprochés. *Le grené d'un cuir.* DER **grenure** *nf*

**grèneler** *vt* ⑰ ou ⑲ TECH Préparer un cuir, un papier de manière qu'il paraisse couvert de grains. PHO [gʀɛnle]

**Grenelle** anc. com., réunie à Paris en 1860 (XV^e arr.).

**grenelle** *nm* POLIT Discussion globale sur un problème entre les acteurs sociaux. *Les associations réclament un grenelle du logement.* ETY Des « accords de Grenelle », signés en 1968 entre les syndicats et le patronat.

**grener** → **grainer.**

**grènetis** *nm* TECH Succession de petits grains ornant le bord d'une pièce de monnaie, d'une médaille.

**grenier** *nm* **1** Lieu où l'on conserve le grain, le fourrage, le sel, etc. **2** fig Région fertile en céréales. *La Sicile fut le grenier de Rome.* **3** Étage le plus élevé d'une maison, sous les combles. **LOC** ***De la cave au grenier*** : dans toute la maison. ETY Du lat.

**Grenier** Roger (Caen, 1919), écrivain et journaliste français ; *le Palais d'Hiver* (1965).

**Grenoble** ch.-l. du dép. de l'Isère, sur l'Isère et le Drac ; 158 746 hab. (400 000 dans l'aggl.) Aéroport (*Saint-Geoirs*). – Centre industriel important. Nombr. instituts de recherche. – Évêché. Université. Cath. (XII^e-XIII^e s.) remaniée. Deux églises des XI^e-XII^e s. Musée des Beaux-Arts. Musée Stendhal. Siège des J.O. d'hiver 1968. DER **grenoblois, oise** *a, n*

Grenoble

**grenouillage** *nm* fam, péjor Lutte d'influence, manœuvres douteuses, combines. DER **grenouiller** *vi*

**grenouille** *nf* Amphibien anoure, sauteur et nageur, à peau lisse, insectivore. *La grenouille coasse.* **LOC** fam ***Manger la grenouille*** : s'approprier des fonds communs, la caisse. ETY Du lat. *ranucula*. ▶ illustr. p. 720

**grenouillère** *nf* Combinaison pour bébé, dont les chaussons sont solidaires des jambes.

**grenouillette** *nf* **1** Renoncule aquatique à fleurs blanches. **2** MED Petit kyste liquidien d'origine salivaire situé sous la langue.

**grenu, ue** *a* **1** BOT Qui porte beaucoup de graines. **2** PETROG Se dit de roches à cristaux visibles, granite notam. **3** Marqué de grains, d'aspérités. *Cuir grenu.*

**Grenville** George (Wotton Hall, Buckinghamshire, 1712 – Londres, 1770), homme politique britannique. Premier ministre (1763-1765), il fit voter la loi du timbre (1765), qui souleva les colonies américaines.

**grès** *nm* **1** PETROG Roche détritique formée de grains de nature variable (quartz, feldspath, calcaire, etc.) agglomérés par un ciment siliceux, calcaire, ferrugineux, etc. **2** Céramique dure à base d'argile et d'un élément siliceux. ETY Du frq. DER **gréseux, euse** *a*

**Grès** Germaine Czerekow, dite Mme (Paris, 1903 – La-Valette-du-Var, 1993), couturière française.

**Gresham** sir Thomas (Londres, 1519 – id., 1579), financier anglais. Il fonda la Bourse de Londres (Royal Exchange) en 1571.

**grésil** *nm* Pluie de petits granules formés de glace et de neige. ETY De *grès*.

**1 grésiller** *v impers* 1 Tomber du grésil. ETY Du frq.

**2 grésiller** *vi* 1 Crépiter légèrement. *La friture grésille.* ETY De *griller*. DER **grésillement** *nm*

**Grésivaudan** → **Graisivaudan.**

**Gresset** Jean-Baptiste Louis (Amiens, 1709 – id., 1777), écrivain français : *le Méchant* (1747), comédie. Acad. fr. (1748).

**gressin** *nm* Petit pain allongé et croquant. ETY De l'ital.

**Gretchaninov** Alexandre Tikhonovitch (Moscou, 1864 – New York, 1956), compositeur russe néoclassique.

**Gretchko** Andreï Antonovitch (Godolaïevsk, près de Rostov, 1903 – Moscou, 1976), maréchal soviétique. Commandant en chef des troupes du pacte de Varsovie, il envahit la Tchécoslovaquie en août 1968.

**Grétry** André Modeste (Liège, 1741 – Montmorency, 1813), compositeur français d'origine belge : opéras-comiques (*Richard Cœur de Lion*, 1784).

**greubons** *nm pl* Suisse CUIS Petits morceaux qui restent après la fusion du lard, la cuisson d'une viande. ETY De l'all.

**Greuze** Jean-Baptiste (Tournus, 1725 – Paris, 1805), peintre français : scènes de genre au moralisme pesant, portraits expressifs.

**1 grève** *nf* **1** Plage de gravier, de sable, le long de la mer ou d'un cours d'eau. **2** Banc de sable qui se déplace. ETY Du gaul.

**2 grève** *nf* Cessation de travail concertée pour la défense d'intérêts communs à un groupe professionnel, à des salariés. LOC ***Grève de la faim*** : refus prolongé de se nourrir, destiné à attirer l'attention des autorités et de l'opinion sur une situation, sur des revendications, etc. — ***Grève du zèle*** : qui consiste à faire son travail en appliquant tous les règlements à la lettre, pour en ralentir le plus possible l'exécution. — ***Grève perlée*** : succession concertée d'interruptions ou de ralentissements de l'activité d'une entreprise à un stade de la production. — ***Grève sauvage*** : décidée directement par les salariés sans mot d'ordre syndical. — ***Grève sur le tas*** : qui s'accompagne de l'occupation des lieux de travail par les grévistes. — ***Grève tournante*** : qui affecte successivement les divers ateliers d'une usine, les divers départements d'une grande entreprise. — ***Piquet de grève*** : groupe de grévistes placé à l'entrée d'un lieu de travail pour en interdire l'accès aux salariés qui voudraient continuer à travailler. ETY Du n. de la place de *Grève*, à Paris, où les ouvriers attendaient l'embauche. DER **gréviste** *n, a*

**grenouille**

**Grève (place de)** nom que portait, avant 1806 (par allusion à la berge de la Seine), une partie de l'actuelle place de l'Hôtel-de-Ville de Paris, où avaient lieu les exécutions et où se réunissaient les ouvriers sans travail.

**grever** *vt* 16 Soumettre à des charges financières, à des servitudes. *Maison grevée d'hypothèques.* ETY Du lat. *gravare*, « accabler ».

**grévilléa** *nm* Arbuste ornemental originaire d'Australie, à floraison hivernale et printanière, aux coloris éclatants.

**Grévin (musée)** galerie de figures de cire créée en 1882 par le caricaturiste *Alfred Grévin* (Épineuil, Yonne, 1827 – Saint-Mandé, 1892), située boulevard Montmartre, à Paris.

**Grevisse** Maurice (Rulles-en-Gaume, Hainaut, 1895 – La Louvière, 1980), auteur belge d'une grammaire normative et descriptive du français : *le Bon Usage* (1936, nombr. éditions).

**gréviste** → **grève 2.**

**Grévy** Jules (Mont-sous-Vaudrey, Jura, 1807 – id., 1891), homme politique français. Président de la Rép. en 1879, réélu en 1885, il se démit en 1887 (« scandale des décorations », dont son gendre, Wilson, avait fait trafic).

**Grey** Charles (comte) (Fallodon, Northumberland, 1764 – Howick House, Northumberland, 1845), homme politique britannique. Premier ministre (1830-1834), il fit abolir l'esclavage dans les colonies britanniques.

**Grey** lady Jane → **Jeanne Grey.**

**Griaule** Marcel (Aisy-sur-Armançon, 1898 – Paris, 1956), ethnologue français : *Masques dogons* (1938), *Dieu d'eau* (1948).

**Gribeauval** Jean-Baptiste Vaquette de (Amiens, 1715 – Paris, 1789), ingénieur et général français. Il mit au point de nouveaux canons, utilisés de 1792 à 1815.

**gribiche** *a* LOC CUIS ***Sauce gribiche*** : sauce vinaigrette additionnée d'œuf dur écrasé, de fines herbes, de câpres et de cornichons.

**Griboïedov** Alexandre Sergueïevitch (Moscou, 1795 – Téhéran, 1829), diplomate et écrivain russe. Sa comédie satirique *le Malheur d'avoir trop d'esprit* (1824) est l'ancêtre du grand théâtre russe.

**Gribouille** personnage imaginaire, symbole de la maladresse brouillonne. ▷ Prov. *Il fait comme Gribouille, il se jette à l'eau par peur de la pluie.* ▷ Loc. fam. *La politique de Gribouille*, qui aboutit à la situation catastrophique qu'elle prétend éviter. ▷ CINE *Gribouille* : film de Marc Allégret (1937), avec Raimu et Michèle Morgan.

**gribouiller** *v* 1 **A** *vi* Faire des dessins informes faits de lignes tracées au hasard. **B** *vt* Dessiner ou écrire grossièrement, hâtivement. SYN griffonner. ETY Du néerl. DER **gribouillage** ou **gribouillis** *nm* – **gribouilleur, euse** *n*

**grief** *nm* Motif de plainte, reproche. *Faire grief de qqch à qqn.* PHO [gʀijɛf] ETY De *grever*.

**Grieg** Edvard (Bergen, 1843 – id., 1907), compositeur norvégien : *Danses et chansons norvégiennes* (1870), *Pièces lyriques* pour piano (1867-1901), musique de scène pour *Peer Gynt* d'Ibsen (1876).

**Grierson** John (Kilmadock, 1898 – Bath, 1972), cinéaste britannique, créateur d'une école internationale du documentaire, promoteur (à partir de 1939) du cinéma canadien.

**grièvement** *av* LOC ***Grièvement blessé*** : gravement.

**griffe** *nf* **1** Ongle acéré et crochu de certains animaux (reptiles, oiseaux, mammifères). *Un coup de griffe.* **2** BOT Souche fasciculée composée de racines courtes et charnues. *Griffes d'asperge.* **3** TECH Outil, ustensile en forme de griffe. *Griffe de jardinier. Griffe de tapissier.* **4** ARCHI Ornement reliant la base d'une colonne à son socle. **5** Empreinte imitant une signature ; instrument pour exécuter cette empreinte. **6** Marque commerciale apposée sur un objet. *La griffe d'un grand couturier.* **7** fig Marque caractéristique de qqn. *Ce tableau porte la griffe du maître.* LOC MED ***Maladie des griffes du chat*** : maladie infectieuse consécutive à une griffure de chat, caractérisée par une atteinte ganglionnaire (*lymphoréticulose*). — ***Rogner les griffes de qqn*** : l'empêcher de nuire. — ***Tomber dans les griffes de qqn*** : être sous sa domination.

**griffer** *vt* 1 **1** Égratigner avec les griffes ou les ongles ; érafler. **2** Apposer sa griffe en parlant d'un créateur, d'un vendeur. **3** Ameublir la terre avec une griffe. ETY Du frq. DER **griffage** *nm* – **griffeur, euse** *a, n*

**Griffith** Arthur (Dublin, 1872 – id., 1922), homme politique irlandais. Il fonda le mouvement Sinn Féin (vers 1902).

**Griffith** David Wark (Floydsfork, auj. Crestwood, Kentucky, 1875 – Los Angeles, 1948), cinéaste américain. Il contribua puissamment (travelling, retour en arrière, lumière artificielle) à libérer le cinéma du théâtre : *Naissance d'une nation* (1915), *Intolérance* (1916), *le Lys brisé* (1919), *la Rue des rêves* (1921),etc.(V. Gish Lilian). Il ne fit que deux films parlants.

**Griffith** *la Chute de Babylone*, un des quatre épisodes d'*Intolérance*, 1916

**griffoir** *nm* Accessoire pour chat d'appartement, afin qu'il se fasse les griffes.

**griffon** *nm* **1** Animal fabuleux, lion ailé à bec et à serres d'aigle. **2** Endroit où jaillit une source d'eau minérale. **3** Chien de chasse ou d'agrément à poil long. **4** Vautour fauve. ETY Du gr. *grups*, « vautour ». ▶ pl. chiens

**griffonnement** *nm* Bx-A Ébauche ; petit modèle de cire ou de terre.

**griffonner** *vt* [1] **1** Écrire mal, peu lisiblement. **2** Dessiner grossièrement. SYN gribouiller. **3** Rédiger à la hâte. *Griffonner quelques lignes.* [DER] **griffonnage** *nm*

**griffu, ue** *a* Armé de griffes. *Doigts griffus.*

**griffure** *nf* Blessure causée par une griffe ; égratignure.

**Grignan** ch.-l. de cant. de la Drôme (arr. de Nyons) ; 1 353 hab. – Église du XVI$^e$ s. renfermant le tombeau de M$^{me}$ de Sévigné. Château (XVI$^e$ s.) où elle mourut ; résidence de sa fille Françoise Marguerite (Paris, 1646 – Mazargues, 1705), épouse (1669) du comte de Grignan. [DER] **grignanais, aise** *a, n*

**Grignard** Victor (Cherbourg, 1871 – Lyon, 1935), chimiste français. Il découvrit les composés contenant au moins une liaison carbone-magnésium. P. Nobel de chimie (1912) avec P. Sabatier.

**grigne** *nf* TECH **1** Inégalité du feutre. **2** Fente en long faite sur le pain par le boulanger.

**grigner** *vi* [1] TECH Goder, faire des faux plis, en parlant des étoffes. [ETY] Du frq.

**Grignion de Montfort** → **Louis Marie Grignion de Montfort (saint).**

**Grignon (école de)** École nationale supérieure agronomique fondée à Thiverval-Grignon (Yvelines) en 1826.

**Grignon** Claude Henri (Sainte-Adèle, Québec, 1894 – id., 1976), écrivain québécois : *Un homme et son péché* (1933).

**grignons** *nmpl* Tourteau restant après la pression des olives, et dont on peut extraire par solvant l'*huile de grignons.*

**grignoter** *vt* [1] **1** Manger en rongeant. **2** Manger par très petites quantités, en partic. entre les repas. **3** fig Diminuer, détruire peu à peu. *Grignoter son héritage.* **4** fig, fam Rattraper, gagner peu à peu. *Ce coureur a réussi à grignoter quelques secondes.* [ETY] De *grigner.* [DER] **grignotage** ou **grignotement** *nm*

**grignoteur, euse** *a, nf* **A** *a* Qui grignote. **B** *nf* Machine-outil qui découpe en feuille le bois ou le métal.

**grignotines** *nfpl* Canada Amuse-gueules, snacks, biscuits pour l'apéritif.

**Grigny** ch.-l. de cant. de l'Essonne (arr. d'Évry) ; 24 512 hab. – Grand ensemble de La Grande-Borne, par l'architecte É. Aillaud. [DER] **grignois, oise** *a, n*

**Grigny** Nicolas de (Reims, 1672 – id., 1703), organiste et compositeur français.

**Grigorovitch** Youri Nikolaïevitch (Leningrad, 1927), danseur et chorégraphe russe ; directeur du Bolchoï de 1964 à 1995.

**grigou** *nm* fam Homme avare. [ETY] Mot languedocien.

**gri-gri** *nm* **1** Amulette, talisman, en Afrique noire. **2** Porte-bonheur quelconque. PLUR gris-gris. [VAR] **grigri**

**Grijalva** Juan de (Cuéllar, fin XV$^e$ s. – en Amérique centrale, 1527), navigateur espagnol. Il explora la côte du Yucatán (1518).

**gril** *nm* **1** Ustensile de cuisine composé de tiges de métal parallèles ou d'une plaque en fonte striée sur lesquelles on fait griller la viande, le poisson. **2** anc Grille de fer sur laquelle on étendait un condamné pour le brûler. **3** TECH Claire-voie en amont d'une vanne d'écluse. **4** Plafond de théâtre à claire-voie pour le passage des décors. **5** MAR Plate-forme de carénage à claire-voie. LOC fam ***Être sur le gril :*** être angoissé, anxieux. — fam ***Mettre sur le gril :*** soumettre qqn à des questions insistantes et inquiétantes. [PHO] [gʀil]

**grill** *nm* Restaurant spécialisé dans les grillades. [PHO] [gʀil] [ETY] De l'angl. *grill-room.*

**grillade** *nf* **1** Manière d'apprêter la viande ou le poisson en les grillant. **2** Viande grillée.

**grilladerie** *nf* Canada Rôtisserie, grill.

**1 grillage** *nm* Treillis métallique. *Clôturer un jardin avec du grillage.*

**2 grillage** *nm* **1** Action de griller. *Grillage du café.* **2** METALL Opération consistant à chauffer un minerai en présence d'air sans le fondre, en vue de l'oxyder. **3** TECH Action de passer une étoffe à la flamme pour en éliminer le duvet. SYN flambage.

**grillager** *vt* [13] Garnir d'un grillage.

**grille** *nf* **1** Assemblage à claire-voie de barreaux servant de clôture, de séparation dans un édifice, etc. *La grille d'une prison.* **2** Châssis métallique à claire-voie sur lequel on dispose le combustible d'un foyer de fourneau, de chaudière, etc. **3** ELECTRON Électrode d'un tube électronique qui, placée entre l'anode et la cathode, permet de régler le flux d'électrons. **4** Carton ajouré, document de référence (tableau, etc.) servant à coder ou à décoder un message, à exploiter les résultats d'un test. **5** Support, tableau quadrillé. *Grille de mots croisés.* **6** Tableau quadrillé comportant des informations organisées et/ou chiffrées ; ces informations elles-mêmes. *Grille des programmes de télévision. Grille de salaires.* LOC ***Grille de lecture :*** document servant au décryptage d'un message codé ; fig idéologie permettant d'interpréter un texte, un évènement. [ETY] Du lat. *craticula,* « petit gril ».

**grille-écran** *nf* ELECTRON Grille d'un tube électronique, placée au voisinage de l'anode. PLUR grilles-écrans.

**grille-pain** *nm* Appareil servant à faire griller des tranches de pain. PLUR grille-pains.

**1 griller** *vt* [1] CONSTR Protéger, fermer au moyen d'une grille. *Griller des fenêtres.*

**2 griller** *v* [1] **A** *vt* **1** Rôtir sur le gril ou cuire sur la braise. *Griller des marrons.* **2** Torréfier. *Griller du café.* **3** METALL Soumettre au grillage. *Griller du minerai.* **4** Chauffer vivement, dessécher. *Les vents grillaient la végétation.* SYN brûler. **5** fam Mettre hors d'usage un appareil électrique en l'utilisant sous une tension trop forte, en l'utilisant trop longtemps, etc. **6** fig, fam Dépasser sans s'arrêter. *Griller un feu rouge.* **7** fig Supplanter. *Griller un adversaire.* **8** fig, fam Démasquer qqn. **B** *vi* **1** Cuire, rôtir sur un gril. *La viande grille.* **2** fig Avoir très chaud. *On grille ici.* **3** fam Être mis hors d'usage après avoir été utilisé sous une tension trop forte ou trop longtemps, en parlant d'un appareil électrique. **4** fig Être très désireux, impatient de. *Il grillait de tout lui raconter.*

**grillon** *nm* Insecte orthoptère, omnivore, sauteur, long de 1 à 4 cm. *Le grillon mâle stridule en frottant ses élytres l'un contre l'autre.* [ETY] Du lat.

**grillon** domestique

**Grillon du foyer (le)** l'un des *Contes de Noël* (1843-1846) de Dickens.

**Grillparzer** Franz (Vienne, 1791 – id., 1872), dramaturge autrichien : *la Toison d'or* (trilogie, 1818-1821), *la Juive de Tolède* (1855).

**grimace** *nf* **A** **1** Contorsion du visage. **2** Faux pli d'une étoffe, d'un habit. **B** *nfpl* litt Manières feintes, affectées. LOC ***Faire la grimace :*** marquer du déplaisir. [ETY] Du frq. *grima,* « masque ».

**grimacer** *vi* [12] **1** Faire des grimaces. **2** Faire des faux plis. *Corsage qui grimace.* [DER] **grimaçant, ante** *a*

**grimacier, ère** *a, n* Qui fait des grimaces.

**Grimal** Pierre (Paris, 1912 – id., 1996), historien français : *le Siècle des Scipions* (1953), *l'Amour à Rome* (1979), *Cicéron* (1986).

**Grimaldi** grottes italiennes voisines de Menton, site préhistorique. ▷ PREHIST *Type de Grimaldi : Homo sapiens* trouvé en ce lieu, prognathe et dolichocéphale.

**Grimaldi** famille génoise qui s'exila en 1270 et dont descendent les princes de Monaco.

**grimaud** *nm* vieilli, péjor Mauvais écrivain.

**Grimault** Paul (Neuilly-sur-Seine, 1905 – Le Mesnil-Saint-Denis, Yvelines, 1994), réalisateur français de dessins animés poétiques : *la Bergère et le Ramoneur* (1947-1953), devenu *le Roi et l'Oiseau* (en 1979).

**Grimbergen** com. de Belgique (Brabant, banlieue de Bruxelles) ; 32 040 hab. Industries. – Abb. de prémontrés, égl. baroque.

**grimer** *vt* [1] Maquiller, farder un acteur. [DER] **grimage** *nm*

**Grimm** Melchior (baron de) (Ratisbonne, 1723 – Gotha, 1807), écrivain allemand ; ami de Diderot et de J.-J. Rousseau, avec lequel il se brouilla. Sa *Correspondance littéraire* (1754-1773) informait les souverains étrangers sur la vie intellectuelle à Paris.

**Grimm** Jacob (Hanau, 1785 – Berlin, 1863), philologue et écrivain allemand. En collab. avec son frère **Wilhem** (Hanau, 1786 – Berlin, 1859), il écrivit *Contes d'enfants et du foyer* (1812) et une *Histoire de la langue allemande* (1848).

**Grimmelshausen** Hans Jakob Christofell von (Gelnhausen, v. 1620 – Renchen, Bade, 1676), écrivain allemand. *La Vie de l'aventurier Simplicius Simplicissimus* (1669), roman picaresque sur la guerre de Trente Ans, inspira à Brecht *Mère Courage* (1941).

**Grimoald** (? – Paris, 656), maire du palais d'Austrasie (642-656), fils de Pépin de Landen.

**Grimod de La Reynière** Alexandre (Paris, 1758 – Villiers-sur-Orge, 1838), gastronome français, éditeur de l'*Almanach des gourmands ou Calendrier nutritif* (1803-1812).

**grimoire** *nm* **1** Livre de sorcellerie. **2** Ouvrage confus et illisible. *Comment déchiffrer ce grimoire ?* [ETY] De *grammaire.*

**grimpant, ante** *a, nf* Se dit des plantes dont la tige grêle, très longue, s'appuie sur divers supports auxquels elle s'accroche par des vrilles, des crampons, des racines, etc. *Le lierre, la vigne, les liserons sont des plantes grimpantes.*

**grimpe** *nf* fam Escalade.

**grimpée** *nf* fam Grimpette.

**1 grimper** *v* [1] **A** *vi* **1** Monter en s'aidant des pieds et des mains. *Grimper dans un arbre.* **2** Monter jusqu'en un lieu élevé. *Grimper au sommet de la colline.* **3** Se jucher, monter. *Grimper sur une chaise pour atteindre le placard.* **4** Pousser vers le haut en s'enroulant ou en s'accrochant, en parlant d'une plante. **5** Présenter une pente raide. *Rues qui grimpent.* **6** fig Augmenter rapidement et fortement. *Les cours ont grimpé.* **B** vt Gravir. *Grimper les étages en courant.* LOC fam ***Grimper au(x) rideau(x)*** : se mettre en colère, prendre la mouche ; jouir au cours de l'acte sexuel. ETY De *gripper.*

**2 grimper** *nm* SPORT Exercice par lequel on grimpe à la corde ou aux agrès.

**grimpereau** *nm* Oiseau passériforme au bec fin et arqué, qui grimpe le long des arbres. ETY De *grimper 1.*

**grimpette** *nf* **1** Chemin court qui grimpe fort. **2** fam Action de grimper, grimpée.

**grimpeur, euse** *a, n* **A** *a* Qui grimpe. **B** *n* **1** SPORT Personne qui pratique l'escalade. **2** Coureur cycliste qui monte bien les côtes dures et longues, en montagne.

**grimpion, onne** *n* Suisse fam Arriviste.

**Grimsby** v. et princ. port de pêche de la G.-B., sur l'estuaire de la Humber ; 92 150 hab.

**Grimsel** col des Alpes bernoises (2 164 m), entre les hautes vallées du Rhône et de l'Aar.

**grinçant, ante** *a* **1** Qui grince. **2** fig Amer, irrité. *Un ton grinçant.*

**grincer** *vi* ⑫ Produire par frottement un bruit strident et désagréable. *La porte grince.* LOC ***Grincer des dents*** : faire frotter ses dents du bas contre celles du haut ; fig être très mécontent. ETY Du frq. DER **grincement** *nm*

**grincheux, euse** *a, n* Grognon, revêche.

**Grindelwald** com. de Suisse (Berne) ; 3 500 hab. Station d'été et de sports d'hiver.

**gringalet** *nm* péjor Homme petit et fluet. ETY Du suisse all.

**gringo** *nm* péjor En Amérique latine, Nord-Américain. PHO [gʀingo] ETY Mot esp.

**Gringoire** personnage du roman de Victor Hugo *Notre-Dame de Paris* (1831), inspiré à l'auteur par le poète dramatique Gringore.

**Gringore** Pierre (Thury-Harcourt, v. 1475 – en Lorraine, v. 1538), poète dramatique français : *le Jeu du prince des Sots et de la mère Sotte* (sotie, 1512), farces, poèmes moraux.

**gringue** *nm* LOC fam ***Faire du gringue à*** : faire la cour à, tenter de séduire.

**griot, ote** *n* Membre de la caste des poètes musiciens, dépositaires des traditions orales, en Afrique de l'Ouest. PHO [gʀijo] ETY Du portug. DER **griotique** *a*

**griotte** *nf* **1** Petite cerise noire aigre. **2** CONSTR Marbre rouge cerise tacheté de brun. ETY De l'a. provenç. *agre,* « aigre ».

**griottier** *nm* Cerisier qui produit la griotte.

**grip** *nm* **1** Revêtement antiglisse d'une partie d'un ustensile, d'un appareil. **2** Position des mains sur un club de golf.

**Gripari** Pierre (Paris, 1925 – id. 1990), écrivain français : *Pierrot la lune* (1963), *Contes de la rue Broca* (1967).

**grippage** *nm* **1** TECH Adhérence anormale de surfaces métalliques. **2** fig Défectuosité d'un mécanisme, d'un fonctionnement.

**grippe** *nf* Maladie infectieuse, épidémique, contagieuse, caractérisée par de la fatigue, de la fièvre, des douleurs musculaires, des troubles pulmonaires et parfois digestifs. LOC ***Grippe aviaire*** : maladie virale des oiseaux, très contagieuse, appelée aussi *peste aviaire* ou *influenza aviaire.* — ***Prendre en grippe*** : avoir de l'aversion, de l'antipathie pour. DER **grippal, ale, aux** *a* ▶ illustr. **virus**

ENC L'agent de la grippe est le virus *influenza*, dont on connaît trois types, divisés en de nombr. sous-groupes. La maladie est en général bénigne ; mais certaines épidémies peuvent être graves : la « grippe espagnole », épidémie mondiale, fit 20 millions de morts en 1918-1919. Le vaccin antigrippal immunise, durant un temps limité, contre un virus particulier.

**Grippeminaud** personnage de Rabelais, juge corrompu, rapace, devenu Raminagrobis chez La Fontaine.

**gripper** *vi, vpr* ① TECH Adhérer, se bloquer, en parlant des pièces d'une machine. ETY Du frq.

**grippe-sou** *nm* fam Avare qui fait de petits gains sordides. PLUR grippe-sou ou grippe-sous.

**gris, grise** *a, nm* **A** *a* **1** D'une couleur résultant d'un mélange de blanc et de noir. **2** fig Terne, triste, maussade. *Faire grise mine.* **3** Qui est à moitié ivre, éméché. **4** fig Se dit d'un secteur qui échappe aux contrôles officiels, aux statistiques, aux règles en vigueur. **B** *nm* Couleur grise. *Le gris clair est salissant. Gris fer. Gris perle. Gris souris.* LOC fam ***Matière grise*** : intelligence, réflexion. — ANAT ***Substance grise*** : constituant notam. l'écorce cérébrale et la partie centrale de la moelle épinière. — ***Temps gris*** : couvert. — ***Vin gris*** : vin rosé très peu coloré. ETY Du frq.

**Gris** José Victoriano González, dit Juan (Madrid, 1887 – Boulogne-sur-Seine, 1927), peintre espagnol cubiste.

**Juan Gris** *Arlequin à la guitare,* 1919 – MNAM

**grisaille** *nf* **1** Bx-A Peinture ne comprenant que des tons gris. **2** fig Caractère de ce qui est gris, terne, morne. *La grisaille quotidienne.*

**grisard** *nm* **1** Peuplier gris. **2** Jeune goéland qui a gardé son plumage gris-brun.

**grisâtre** *a* Qui tire sur le gris.

**grisbi** *nm* fam, vieilli Argent.

**gris-de-lille** *nm inv* Syn. de *vieux-lille.*

**grisé** *nm* TECH Teinte grise donnée à un dessin, une gravure, etc.

**griser** *vt* ① **1** Rendre gris, colorer de gris. **2** Enivrer. *Ce vin m'a grisé. Se griser au champagne.* **3** fig Étourdir ou exciter. *Le succès l'a grisé. Se griser de paroles.* DER **grisant, ante** *a*

**griserie** *nf* **1** État comparable à une légère ivresse. *La griserie provoquée par la vitesse.* **2** fig Exaltation qui émousse la faculté de juger. *La griserie de la gloire.*

**griset** *nm* Requin de couleur grise, long d'environ 5 m, à six paires de fentes branchiales, commun dans l'Atlantique et en Méditerranée.

**grisette** *nf* **1** vieilli Jeune ouvrière coquette et galante. **2** BOT Amanite dépourvue d'anneau, au pied mince, à chapeau gris, comestible cuite.

**Grisi** Giuditta (Milan, 1805 – Robecco d'Oglio, 1840), cantatrice italienne. — **Giulia** (Milan, 1811 – Berlin, 1869), soeur de la préc., cantatrice. — **Carlotta** (Visinada, 1819 – Saint-Jean, 1899), cousine des préc., danseuse romantique ; elle créa *Giselle* (1841).

**Gris-Nez (cap)** cap du Pas-de-Calais, à 34 km des côtes anglaises. Falaises. Phare.

**grisoller** *vi* ① Chanter en parlant de l'alouette. ETY Onomat.

**1 grison, onne** *a, n* **A** Du canton suisse des Grisons. **B** *nm* Langue romanche parlée dans les Grisons.

**2 grison** *nm* litt Âne.

**grisonner** *vi* ① **1** Devenir gris en parlant de la barbe, des cheveux. **2** Avoir la barbe, les cheveux qui deviennent gris. *Commencer à grisonner.* DER **grisonnant, ante** *a* – **grisonnement** *nm*

**Grisons (les)** (en all. *Graubünden*), le plus grand des cantons suisses (entré dans la Confédération en 1803 seulement), région de montagnes et de hautes vallées au S.-E. du pays ; 7 109 km$^2$ ; 187 000 hab. ; ch.-l. *Coire.* Langues : all., ital., romanche. Ressources : tourisme (Saint-Moritz, Davos, etc.), hydroélectricité. DER **grison, onne** *a, n*

**Grisons (viande des)** *nf* Viande de bœuf séchée, servie en tranches très fines.

**grisou** *nm* Méthane libéré par la houille. LOC ***Coup de grisou*** : explosion du grisou. ETY Forme wallonne de *grégeois.* DER **grisouteux, euse** *a*

**grisoumètre** *nm* Appareil servant à mesurer la teneur de l'air en grisou.

**Grivas** Georgios Ghéorghios (Trikomo, Chypre, 1898 – Limassol, Chypre, 1974), général et homme politique grec. Il contribua à l'indépendance de Chypre (1959) mais lutta pour l'*enôsis* (ou « union » avec la Grèce). VAR **Ghrívas**

**grive** *nf* Oiseau passériforme, voisin du merle, aux ailes brunes, à la poitrine blanche tachetée de noir. ETY De l'a. fr. *griu,* « grec ».

**grive** draine

**grivelé, ée** *a* Tacheté de noir et de blanc, comme le poitrail de la grive.

**grivèlerie** *nf* DR Délit consistant à se faire servir par un restaurateur, un cafetier que l'on ne pourra pas payer. ETY De *grive.*

**grivet** *nm* ZOOL Syn. de *vervet.*

**griveton** *nm* fam Simple soldat. ETY De l'a. fr. *grive,* « guerre ».

**grivois, oise** *a* Jovial et licencieux. SYN égrillard. ETY De l'a. fr. *grive,* « guerre ». DER **grivoiserie** *nf*

**grizzly** *nm* Grand ours gris des montagnes Rocheuses. ETY De l'amér. *grizzly,* « grisâtre ». VAR **grizzli**

**Grock** Adrien Wettach, dit (Loveresse, près de Reconvilier, 1880 – Imperia, Italie, 1959), clown suisse.

**Groddeck** Walter Georg, dit Georg (Bad Kösen, 1866 – Zurich, 1934), médecin et psychanalyste allemand, pionnier de la médecine psychosomatique : *le Livre du Ça* (1923).

**Grodno** v. de Biélorussie, sur le Niémen ; 247 000 hab. ; ch.-l. de la prov. du m. nom. – En 1793, la Diète polonaise y signa un traité avec la Russie (second partage de la Pologne).

**grœnendael** *nm* Chien de berger belge à poil long. PHO [grœnendal] ETY D'un n. pr.

**Groenland** (en danois *Grønland*, « pays vert » ; en esquimau, *Kalaallit Munaat*), État autonome dépendant du Danemark, situé au N.-E. de l'Amérique ; 2 175 600 km$^2$ (2 650 km de long, 1 200 km de large) ; 49 630 hab. (Esquimaux, en grande partie métissés, et Danois) ; cap. *Nuuk* (anc. *Godthåb*). C'est un vaste plateau, couvert, sauf au S. et au S.-O., de glace (inlandsis) d'une épaisseur moyenne de 1 500 m. Princ. ressource : la pêche ; le sous-sol est riche (zinc, plomb, etc.). DER **groenlandais, aise** *a, n*
**Histoire** L'île fut découverte en 982 par l'Islandais Erik le Rouge et colonisée dans le S.-O. par les Norvégiens, tandis que les Esquimaux l'abordaient par le N.-O. « Oubliée » et redécouverte en 1578, explorée après 1721, elle devint une colonie danoise en 1814. Les É.-U. y avaient une base milit. (1951-1992). En 1953, le Groenland devint une prov. danoise. En 1979, il a obtenu l'autonomie interne. Le premier Parlement a été élu en 1984. Après référendum (1982), le pays se retire de la CEE en 1985.

**grog** *nm* Boisson composée de rhum ou d'eau-de-vie, d'eau chaude sucrée et de citron. PHO [gʀɔg] ETY Du surnom de Vernon, *Old Grog*, qui obligea ses marins à étendre d'eau leur ration de rhum.

**groggy** *a inv* **1** Se dit d'un boxeur qui a perdu en partie conscience. **2** fam Ébranlé par un choc physique ou moral ; très fatigué. PHO [gʀɔgi] ETY Mot angl.

**grognard** *nm* **1** HIST Soldat de la Vieille Garde sous le Premier Empire. **2** fig, fam Militant de la première heure, ferme sur les principes.

**grognasse** *nf* vulg, péjor Femme vulgaire, laide et acariâtre.

**grogne** *nf* fam Mauvaise humeur, mécontentement.

**grogner** *vi* ① **1** Pousser son cri en parlant du porc, du sanglier, de l'ours, etc. **2** Exprimer son mécontentement par des paroles plus ou moins désagréables. **3** Faire entendre un grondement sourd. *Le chien grogne.* ETY Du lat. DER **grognement** *nm*

**grognon, onne** *a, n* Qui a l'habitude de grogner, maussade.

**grognonner** *vi* ① fam Grogner continuellement.

**groin** *nm* Museau du porc, du sanglier.

**groisil** *nm* TECH Syn. de *calcin.* ETY De *grésil.*

**Groix (île de)** île de Bretagne (Morbihan, arr. de Lorient), cant. d'une seule com. (Groix) ; 15 km$^2$ ; 2 265 hab. Pêche. Tourisme. DER **groisillon, onne** *a, n*

**grole** *nf* fam Chaussure. VAR **grolle**

**Gromaire** Marcel (Noyelles-sur-Sambre, 1892 – Paris, 1971), peintre français, cubiste et expressionniste.

**grommeler** *v* ⑰ ou ⑲ Se plaindre ; murmurer entre ses dents. ETY Du moy. néerl. DER **grommèlement** ou **grommellement** *nm*

**Gromov** Mikhail (Boksitogorsk, 1943), mathématicien français d'orig. russe. Prix Abel 2009.

**Gromyko** Andreï Andreïevitch (Minsk, 1909 – Moscou, 1989), homme politique soviétique, ministre des Affaires étrangères de 1957 à 1985, puis président du Présidium du Soviet suprême de 1985 à 1988.

**Gronchi** Giovanni (Pontedera, prov. de Pise, 1887 – Rome, 1978), homme politique italien ; cofondateur, avec De Gasperi, du Parti populaire (1919) ; président de la Rép. de 1955 à 1962.

**gronder** *v* ① **A** *vi* **1** Faire entendre un son sourd et menaçant. *Le chien gronde.* **2** Faire entendre un son prolongé sourd et grave. *La mer grondait.* **3** fig Menacer. *La révolte gronde.* **B** *vt* Réprimander. *Gronder un enfant.* ETY Du lat. DER **grondant, ante** *a* – **grondement** *nm*

**gronderie** *nf* vieilli Réprimande.

**grondeur, euse** *a* **1** Qui a l'habitude de gronder, de réprimander. **2** Bougon.

**grondin** *nm* Poisson téléostéen gris ou rose, à tête volumineuse, vivant près des côtes. ETY De *gronder*, à cause du grondement que ce poisson émet. ▶ illustr. **rouget**

**Groningue** (en néerl. *Groningen*), v. du N.-E. des Pays-Bas ; 168 000 hab. ; ch.-l. de la prov. du m. nom (2 337 km$^2$ ; 560 000 hab.). Centre comm. et industr. Gaz naturel à Slochteren. – Célèbre univ. fondée en 1614.

**groom** *nm* Jeune commis en livrée d'un hôtel. PHO [gʀum] ETY Mot angl.

**Groote** Geert, dit Gérard le Grand (Deventer, 1340 – id., 1384), mystique néerlandais, chef spirituel des « frères (cathol.) de la vie commune ».

**groove** *nm* MUS Dans le rap et la techno, rythme qui revient de manière répétitive. PHO [gʀuv] ETY Mot angl.

**Gropius** Walter (Berlin, 1883 – Boston, 1969), architecte et urbaniste américain d'origine allemande ; fondateur du Bauhaus à Weimar (1919) ; émigré aux É.-U. en 1937. Il enseigna et construisit à Boston le Backbay Center (1953).

Walter Gropius

**gros, grosse** *a, av, n* **A** *a* **1** Dont la surface ou le volume est supérieur à la moyenne. *Un gros chat. Faire de grosses taches.* **2** Corpulent, épais. *Un gros garçon. Avoir de grosses mains.* **3** Important. *Jouer gros jeu. Une grosse entreprise.* **4** Grossier, sans finesse. *Cet argument est un peu gros.* **5** fam, vieilli Enceinte. *Elle est grosse de trois mois.* **B** *n* **1** Personne grosse, corpulente. **2** fam Personne riche, importante. **C** *av* **1** Beaucoup. *Gagner gros. Il y a gros à parier que...* **2** En grand. *Écrire gros.* **D** *nm* **1** Partie la plus importante de qqch. *Le gros des troupes. Le gros de l'affaire.* **2** Commerce par grandes quantités directement chez le fabricant par oppos. à *détail. Faire un prix de gros.* **3** Poisson de grande taille. *Pêche au gros.* LOC fam ***Avoir la grosse tête*** : être imbu de soi-même, vaniteux. — ***Avoir le cœur gros*** : de la peine. — ***En gros*** : par grandes quantités par oppos. à *au détail* ; sans donner de détails. — ***Faire les gros yeux*** : froncer les sourcils pour intimider un enfant. — ***Gros mot*** : mot grossier. — METEO ***Gros temps*** : mauvais temps. — MAR ***Mer grosse*** : dont les vagues atteignent en moyenne 6 à 9 m (*très grosse*, 9 à 14 m). ETY Du lat.

**Gros** Antoine (baron) (Paris, 1771 – Meudon, 1835), peintre français, précurseur du romantisme : *les Pestiférés de Jaffa* (1804, Louvre).

**gros-bec** *nm* Oiseau passériforme d'Europe (fringillidé), à plumage brun et noir, doté d'un bec qui lui permet de broyer les noyaux. PLUR gros-becs.

**Grosbois** localité du Val-de-Marne (com. de Boissy-Saint-Léger). – Chât. (XVI$^e$-XVII$^e$ s.) qui appartint au maréchal Berthier.

**groschen** *nm* Centième du schilling autrichien. PHO [gʀɔʃən]

**gros-cul** *nm* fam Camion, poids lourd. PLUR gros-culs.

**groseille** *nf* Petite baie rouge, rose ou blanche, comestible, fruit du groseillier. *Gelée, sirop de groseille.* LOC ***Groseille à maquereau*** : fruit du groseiller épineux, plus gros et moins acide que la groseille. ETY Du frq.

**groseillier** *nm* Arbuste dont les fleurs en grappes donnent les groseilles.

groseillier

**Groseilliers** Médard Chouart (sieur des) (Charly-sur-Marne, 1618 – ?, v. 1688), explorateur français de la Nouvelle-France (Canada).

**gros-grain** *nm* **1** Tissu soyeux à grosses côtes. **2** Ruban de ce tissu. PLUR gros-grains.

**Gros-Guillaume** Robert Guérin, dit (?, v. 1554 – Paris, 1634), comédien français, partenaire de Turlupin.

**Gros-Jean** *nm* LOC ***Être Gros-Jean comme devant*** : ne pas être plus avancé qu'auparavant.

**Grosjean** Jean (Paris, 1912 – Versailles, 2006), poète français de tendance chrétienne : *la Gloire* (1969), *le Messie* (1974).

**Gros-Morne** com. de la Martinique (arr. de Fort-de-France) ; 10 665 hab.

**gros-plant** *nm* Cépage blanc de la région de Nantes ; vin blanc, léger et parfumé, issu de ce cépage. PLUR gros-plants.

**gros-porteur** *nm* Avion de grande capacité. PLUR gros-porteurs.

**grosse** *nf* **1** DR Copie d'une décision judiciaire ou d'un acte notarié qui comporte la formule exécutoire. **2** COMM Douze douzaines. *Une grosse de boutons.*

**grossesse** *nf* État de la femme enceinte, qui dure neuf mois, de la conception à l'accouchement. LOC ***Grossesse multiple*** : donnant naissance à plusieurs enfants. — ***Grossesse nerveuse*** : état morbide présentant des signes de grossesse en l'absence de fécondation.

**Grosseto** ville d'Italie (Toscane) ; 69 560 hab. – Cath. (XIII$^e$ s.).

**grosseur** *nf* **1** Corpulence. **2** Circonférence, volume. *Des ballons de grosseurs différentes.* **3** Enflure sous la peau.

**Grossglockner** point culminant de l'Autriche (3 798 m), près de Salzbourg.

**grossier, ère** *a* **1** Sans raffinement, de fabrication rudimentaire. *Un grossier individu. Des vêtements grossiers.* **2** Sommaire, imparfait. *Imitation grossière.* **3** Rude, inculte. **4** Qui relève d'une certaine ignorance ; flagrant. *Des fautes grossières.* **5** Qui choque en contrevenant à la bienséance. *Vocabulaire grossier.* DER **grossièrement** *av*

**grossièreté** *nf* **1** Caractère de ce qui est grossier, rudimentaire. *Grossièreté d'une étoffe.* **2** Indélicatesse, impolitesse. *Répondre avec grossièreté.* **3** Parole grossière, qui choque.

**grossir** *v* 3 **A** *vi* **1** Devenir plus gros, prendre de l'embonpoint. *Elle a peur de grossir.* **2** Devenir plus gros, plus important ; augmenter. *Rumeur qui grossit.* **B** *vt* **1** Rendre plus gros. *Les pluies grossissent le torrent.* **2** Faire paraître plus gros. *Ce vêtement la grossit.* **3** Accroître le nombre, l'importance de. *Les agneaux vont grossir le troupeau.* **4** Faire paraître plus important, exagérer. *Grossir les faits.*

**grossissant, ante** *a* **1** Qui devient plus gros. **2** Qui fait paraître plus gros. *Verre grossissant.*

**grossissement** *nm* **1** Action de grossir. **2** fig Exagération. *Le grossissement des faits.* **3** Rapport entre le diamètre apparent de l'image vue à travers un instrument d'optique et le diamètre apparent de l'objet vu sans instrument.

**grossiste** *n* Commerçant en gros par opp. à *détaillant.*

**Grossman** Vassili Semionovitch (Berditchev, 1905 – Moscou, 1964), écrivain soviétique : *Le peuple est immortel* (1942), sur la guerre ; *Tout passe* (1956-1963), roman contestataire ; *Vie et destin* (1980).

**grosso modo** *loc av* Approximativement, sans faire le détail. ETY Mots lat.

**Grosz** Georg (Berlin, 1893 – id., 1959), peintre et caricaturiste américain d'orig. all., membre du groupe dada de Berlin (1918).

**grotesque** *n, a* **A** *a* Ridicule, bizarre, extravagant. *Costume grotesque.* **B** *nm* Genre grotesque, burlesque. **C** *nfpl* **1** Motifs ornementaux comprenant des figures bizarres, découverts aux XVe et XVIe s. dans les ruines romaines. **2** Figures bizarres, fantastiques. ETY De l'ital. *grotta,* « grotte ». DER **grotesquement** *av*

**Grotewohl** Otto (Brunswick, 1894 – Berlin, 1964), homme politique allemand. Fondateur du parti socialiste unifié (SED, 1946), chef du gouv. de RDA (1949-1964).

**Grothendieck** Alexander (Berlin, 1928 – Saint-Girons, 2014), mathématicien français d'origine allemande : travaux sur les espaces vectoriels. Médaille Fields (1966).

**Grotius** Hugo de Groot, dit (Delft, 1583 – Rostock, 1645), juriste et historien néerlandais. Son *De jure belli ac pacis* (« Du droit de guerre et de paix », 1625) a fondé le droit international.

**Grotowski** Jerzy (Rzeszów, 1933 – Pontedera, près de Pise, 1999), metteur en scène et directeur de théâtre polonais, à Wroclaw (1965-1985) puis en Italie : *Vers un théâtre pauvre* (1968), *Teksty and Performer* (1990).

**grotte** *nf* Excavation profonde, naturelle ou creusée par l'homme, dans la roche. ETY Du lat. *crypta,* « crypte », par l'ital.

**Grouchy** Emmanuel (marquis de) (Paris, 1766 – Saint-Étienne, 1847), maréchal français. Il ne sut empêcher la jonction des Prussiens et des Anglais à Waterloo.

**grouiller** *v* 1 **A** *vi* **1** S'agiter en tous sens de façon confuse, et en grand nombre. *Abeilles qui grouillent dans la ruche.* **2** Fourmiller, être plein de. *Ce fromage grouille de vers.* **B** *vpr* fam Se hâter. *Grouille-toi !* ETY De *grouler,* forme rég. de *crouler.* DER **grouillant, ante** *a* – **grouillement** *nm*

**grouillot** *nm* **1** Jeune employé à la Bourse. **2** fam Garçon de courses ; employé subalterne.

**groupage** *nm* **1** Action de grouper des colis envoyés au même destinataire. **2** MED Détermination d'un groupe sanguin ou tissulaire.

**groupal, ale** *a* PSYCHO D'un groupe. *Thérapies groupales.* PLUR groupaux.

**groupe** *nm* **1** Ensemble de personnes réunies au même endroit. *Un groupe de badauds.* **2** SOCIOL Ensemble d'individus ayant un certain nombre de caractères communs et dont les rapports obéissent à une dynamique spécifique. **3** Réunion de choses qui forment un ensemble. *Un groupe de maisons.* **4** BX-A Ensemble d'êtres ou d'objets considérés comme le sujet d'une œuvre d'art. **5** MATH Ensemble muni d'une loi de composition interne associative, admettant un élément neutre et dont tout élément possède son symétrique. *Les entiers relatifs (…, –1, 0, +1, …) munis de l'addition forment un groupe.* **6** TECH Ensemble monobloc formé de machines accouplées mécaniquement. *Groupe électrogène.* LOC MILIT ***Groupe de combat :*** unité d'infanterie d'une douzaine d'hommes. — INFORM ***Groupe de discussion :*** syn. de *forum.* — ***Groupe financier :*** regroupant des banques d'affaires. — ***Groupe parlementaire :*** formé par les membres d'une assemblée parlementaire ayant les mêmes options politiques. — ***Groupe de pression :*** groupement d'intérêts économiques ou idéologiques, organisé pour influencer l'État et l'opinion publique. SYN lobby. — ***Groupe de projet :*** syn. (recommandé) de *task-force.* — ***Groupe de réflexion :*** syn. (recommandé) de *think tank.* — MED ***Groupe sanguin :*** catégorie où l'on range tous les individus selon la variété d'antigènes ou d'anticorps que portent leurs hématies et leur sérum. ETY De l'ital. *gruppo,* « nœud ».

**groupement** *nm* **1** Action de grouper des choses, des personnes. **2** Réunion de personnes ayant un but, un intérêt commun. *Groupement politique.* LOC DR, ECON ***Groupement d'intérêt économique*** (GIE) **:** personne morale permettant à plusieurs sociétés de développer en commun leurs activités économiques. — ***Tir de groupement :*** servant à régler une arme. — MILIT ***Groupement tactique :*** constitué en vue d'une opération.

**Groupe 47** groupe d'écrivains germanophones (1947-1967), antinazis et soucieux de défendre les valeurs démocratiques. H. Böll et G. Grass en firent partie.

**grouper** *v* 1 **A** *vt* **1** Disposer en groupe. **2** Réunir, assembler. *Grouper des mots pour les analyser.* **B** *vpr* **1** S'assembler. *Se grouper en association.* **2** Avoir le corps ramassé en boule, dans la pratique d'un sport.

**groupie** *n* **1** Personne qui admire fanatiquement un chanteur de pop music et qui le suit partout. **2** Partisan fanatique d'un homme politique, d'un écrivain. ETY Mot angl.

**groupuscule** *nm* péjor Groupement politique qui ne compte qu'un très petit nombre d'adhérents. DER **groupusculaire** *a*

**groupware** *nm* Travail de groupe réalisé grâce à l'informatique et aux télécommunications. PHO [grupwɛʀ] ETY Mot angl.

**grouse** *nf* Lagopède d'Écosse. ETY Mot angl.

**Grousset** René (Aubais, Gard, 1885 – Paris, 1952), historien et orientaliste français : *Histoire de l'Extrême-Orient* (1928-1929), *Vie de Gengis khān* (1944). Acad. fr. (1946).

**growler** *nm* MAR Bloc de glace détaché d'un iceberg, dangereux pour la navigation. PHO [grolœʀ] ETY Mot angl.

**Groznyï** v. de Russie, cap. de la Tchétchénie ; 277 400 hab. Centre d'une région pétrolière. La ville a été éprouvée par les bombardements russes (1994-1995), puis quasiment anéantie (1999-2000).

**GRS** *nf* Sigle de *gymnastique rythmique et sportive.*

**gruau** *nm* **1** Grain de céréale débarrassé du péricarpe par une mouture grossière. **2** Canada Épaisse bouillie de flocons d'avoine. LOC ***Farine de gruau :*** fine fleur de farine. ETY Du frq.

**Gruber** Francis (Nancy, 1912 – Paris, 1948), peintre français expressionniste.

**Grüber** Klaus (près de Mosbach, 1941 – Belle-Île-en-Mer, 2008), metteur en scène de théâtre allemand, adepte de l'austérité.

**Grudziądz** (en all. *Graudenz*), v. de Pologne, sur la Vistule ; 98 000 hab. Métallurgie.

**grue** *nf* **1** Oiseau (gruiforme) migrateur de grande taille (1,20 m de haut), à longues pattes, au long cou et au bec pointu, vivant dans les marais. *La grue cendrée hivernant en Afrique traverse l'Europe deux fois par an.* **2** TECH Engin de levage de grande dimension comportant un bâti et une flèche. **3** AUDIOV Appareil assurant le déplacement, notam. vertical, d'une caméra. **4** vieilli Prostituée, fille légère. LOC fam ***Faire le pied de grue :*** attendre longtemps debout. ETY Du lat.

**grue** cendrée

**Grue (la)** constellation de l'hémisphère austral ; n. scientif : *Grus, Gruis.*

**Gruel** Henri (Mâcon, 1923 – 2007), réalisateur français de films d'animation : *Astérix et Cléopâtre* (1968), *Lucky Luke* (1970).

**gruger** *v* 3 **A** *vt* **1** TECH Débiter des tôles, des profilés. **2** fig Tromper qqn pour le dépouiller ; duper. **B** *vi* fam Frauder à un examen, dans les transports, etc. ETY Du néerl. *gruizen,* « écraser ». DER **gruge** *nf*

**gruiforme** *nm* ORNITH Oiseau dont l'ordre comprend les grues, les râles, les poules d'eau, les outardes, etc.

**grume** *nf* **1** Tronc d'arbre abattu et ébranché mais non écorcé. *Bois en grume.* **2** rég Grain de raisin. ETY Du lat. *gluma,* « écorce ».

**grumeau** *nm* Petite masse solide coagulée. ETY Du lat. *grumus,* « motte de terre ».

**grumeler (se)** *v pr* 17 ou 19 Se former en grumeaux.

**grumeleux, euse** *a* **1** Plein de grumeaux. *Crème grumeleuse.* **2** Qui a des granulations. *Bois grumeleux.*

**grumier** *nm* Camion ou bateau conçu pour transporter du bois en grumes.

**Grün** Anton Alexander von Auersperg, dit Anastasius (Laibach, 1806 – Graz, 1876), poète et homme politique autrichien. Hostile à Metternich (*Promenades d'un poète viennois,* 1831).

**Grundtvig** Nikolai (Udby, 1783 – Copenhague, 1872), pasteur et écrivain romantique danois : *Mythologie des pays nordiques* (1808-1832). *Chants pour l'Église danoise* (1837-1841).

**Grünewald** Mathis Nithart ou Gothardt dit Matthias (Würzburg, entre 1460 et 1470 – Halle, 1528), peintre allemand, un des maîtres du réalisme gothique : *Retable d'Issenheim* (v. 1512-1515).

**grunge** *nm, a* Mouvement de mode anti-mode, se manifestant dans l'aspect vestimentaire et dans un style de musique rock. (PHO) [grœndʒ] (ETY) Mot angl.

**Grunitzky** Nicolas (Atakpamé, 1913 – Paris, 1969), homme politique togolais ; Premier ministre (1956), renversé en 1958 ; président de la Rép. (1963), renversé en 1967.

**Grunwald** village de l'anc. Prusse-Orientale, auj. en Pologne. – En 1410, les Polonais et les Lituaniens de Ladislas II Jagellon y vainquirent les chevaliers Teutoniques (bataille dite aussi « de Tannenberg »).

**Gruppen** composition pour 3 orchestres de Stockhausen (1958).

**gruppetto** *nm* MUS Ornement de trois ou quatre notes conjointes, autour de la note principale. PLUR gruppettos ou gruppetti. (ETY) Mot ital.

**Gruss** famille française d'artistes de cirque originaires de l'est de la France ; le dernier descendant, Alexis (Bart, Doubs, 1944), dirige un cirque depuis 1974.

**gruter** *vt* ① Déplacer au moyen d'une grue. (DER) **grutage** *nm*

**grutier, ère** *n* Personne qui manœuvre une grue.

**Grütli (le)** prairie de Suisse (cant. d'Uri), sur la rive S.-E. du lac des Quatre-Cantons. – Selon la légende, le 1er août 1291, les patriotes de Schwyz, d'Uri et d'Unterwalden y prêtèrent le serment de délivrer leur pays du joug autrichien (*serment de Grütli*). (VAR) **Rütli**

**gruyère** *nm* **1** Fromage cuit, au lait de vache, à pâte ferme à trous et à croûte lavée, fabriqué dans la Gruyère. **2** Nom générique donné en France aux fromages de ce type (emmenthal, fribourg, comté, beaufort, etc.). **3 fig, fam** Ce qui évoque les trous du gruyère. *Une prison gruyère*

**Gruyère (la)** pays des Préalpes suisses (cant. de Fribourg). Fromages. La com. de *Gruyères* a 1 250 hab. (DER) **gruérien, enne** *a, n*

**gryphée** *nf* ZOOL Huître dont le sommet de la valve gauche (creuse) est recourbé en crochet. (ETY) Du lat. *gryphus*, « recourbé ».

**Gryphius** Andreas Greif, dit Andreas (Glogau, Silésie, 1616 – id., 1664), auteur allemand de *Sonnets*, pessimistes et de tragédies baroques : *Catherine de Géorgie* (1651), *Charles Stuart ou le Roi assassiné* (1657).

**Gsell** Stéphane (Paris, 1864 – id., 1932), historien et archéologue français : *Histoire ancienne de l'Afrique du Nord* (1913-1929).

**G7** groupe des 7 pays les plus industrialisés du monde, ceux dont le PNB est le plus élevé (chiffre global, et non pas par hab.) ; dans l'ordre : États-Unis, Japon, Allemagne, France, Italie, Grande-Bretagne, Canada. Ils se réunissent régulièrement. En 1997, la Russie s'est jointe à eux formant le G8.

**GSM** *nm* Norme européenne de radiotéléphonie numérique, commercialisée en 1992 pour le téléphone mobile. (ETY) Abrév. de *groupes systèmes mobiles*.

**Gstaad** com. de Suisse (Berne) ; 1 700 hab. Station de sports d'hiver (alt. 1 100-3 000 m).

**guacamole** *nm* Mets mexicain, purée d'avocats, d'oignons et de piments assaisonnée au citron. (ETY) Mot nahuatl.

**Guadalajara** v. d'Espagne (Castille-la Manche), près de Madrid ; 63 570 hab. ; ch.-l. de la prov. du m. nom. – Palais de l'Infantado (XVe s.). Églises. – Victoire des républicains sur un corps expéditionnaire italien en 1937.

**Guadalajara** v. du Mexique, à 1 600 mètres d'alt. ; 4 millions hab. (aggl.) ; cap. de l'État de Jalisco. Industries. – Université. Archevêché. Cath. (XVIe-XVIIe s.) Musées.

**Guadalcanal** une des îles Salomon ; 35 000 hab. Occupée par les Japonais (juil. 1942), reprise par les Américains (fév. 1943) après de durs combats.

**Guadalquivir (le)** (altération de l'ar. *Wādi-Kebīr*, « le Grand Fleuve »), fl. du S.-O. de l'Espagne, en Andalousie (680 km) ; arrose Cordoue, Séville et rejoint l'Atlantique.

**Guadalupe (sierra de)** massif du centre de l'Espagne (Estrémadure) ; 1 740 m.

**Guadarrama (sierra de)** massif d'Espagne, entre les deux Castille ; 2 430 m.

**Guadeloupe** groupe d'îles des Antilles françaises (Petites Antilles) formant un dép. franç. d'outre-mer (971) depuis 1946 et une Rég. depuis 1982 ; 1 627 km$^2$ ; 407 719 hab. : mulâtres (plus de deux tiers), Noirs (plus de 25 %), créoles (moins de 8 %) ; 251 hab./km$^2$ ; ch.-l. *Basse-Terre* ; ch.-l. d'arr. *Pointe-à-Pitre*, *Saint-Martin*, *Saint-Barthélemy*. (DER) **guadeloupéen, enne** *a, n*

**Géographie** Basse-Terre (ou Guadeloupe proprement dite, 848 km$^2$) et Grande-Terre (588 km$^2$) sont séparées par un étroit bras de mer, la *rivière Salée*, franchi par un pont. Petites îles : la Désirade, Marie-Galante, les archipels des Saintes et de la Petite-Terre. Seule la Basse-Terre est montagneuse (la Soufrière, 1 467 m).

**Matthias Grünewald** retable d'Issenheim (1512-1516) – musée Unterlinden, Colmar

Le climat tropical est plus humide sur les reliefs « au vent ». L'île connaît de violents cyclones.
**Économie** La cult. de la canne à sucre et des bananes régresse, les cult. vivrières sont insuffisantes et les industr. (surtout alim.) peu nombreuses. L'assistance de la métropole est indispensable. L'émigration, très forte, a stabilisé la croissance de la population. Les échanges se font par Pointe-à-Pitre. Le tourisme est en expansion.
**Histoire** La Guadeloupe, découverte par Christophe Colomb en 1493, colonisée par les Français (1635), occupée à plusieurs reprises par les Anglais, revint à la France en 1816. En 2003, Saint-Barthélemy et Saint-Martin se prononcent en faveur de leur détachement et deviennent des collectivités d'outre-mer en 2007.

**Guadet** Marguerite Élie (Saint-Émilion, 1758 – Bordeaux, 1794), homme politique français. Girondin proscrit le 2 juin 1793, il tenta de soulever la Normandie et fut guillotiné.

**Guadiana (le)** fl. d'Espagne et du Portugal (801 km) ; draine l'Estrémadure espagnole, se jette dans l'Atlantique.

**Guaira (La)** v. du Venezuela (District fédéral), port de Caracas ; 270 800 hab. Aéroport.

**Guam** île princ. de l'archipel des Mariannes, possession américaine depuis 1898 ; 541 km$^2$ ; 159 400 hab. ; ch.-l. *Agaña*. Base aéronavale. – Occupée par les Japonais (déc. 1941-août 1944).

**Guanabara** baie du Brésil, sur laquelle est situé Rio de Janeiro. – L'*État de Guanabara* a fusionné en 1975 avec celui de Rio de Janeiro.

**guanaco** *nm* Espèce de lama sauvage, au pelage roux. PHO [gwanako] ETY Du quechua.

**Guangdong** prov. maritime du S. de la Chine ; 197 100 km$^2$ ; 86 420 000 hab. ; cap. *Canton*. Cette riche rég. agricole (canne à sucre), arrosée par de nombr. fleuves, est devenue l'une des grandes zones industrielles de la Chine à partir de 1980.

**Guangxi** région autonome du S. de la Chine ; 220 400 km$^2$ ; 49 250 000 hab. ; ch.-l. *Nanning*. Province montagneuse arrosée par le Xijiang et ses affl. ; thé, riz, canne à sucre ; antimoine, manganèse.

**Guangzhou** → **Canton.**

**Guangzhouwan** baie du S. de la Chine (E. de la presqu'île de Leizhou), cédée à bail à la France (1899-1943).

**guanine** *nf* BIOCHIM Base purique des acides nucléiques. PHO [gwanin]

**guano** *nm* **1** Engrais constitué par les excréments d'oiseaux marins très riches en phosphates et en azote. **2** Engrais d'origine animale. *Guano de poisson, de viande.* PHO [gwano] ETY Du quechua.

**guanosine** *nf* BIOCHIM Dérivé oxydé de la guanine, précurseur des *guanosines phosphates* (coenzymes du cycle de Krebs).

**Guantánamo** v. du S.-E. de Cuba, près de la *baie de Guantánamo* ; ch.-l. de la prov. du même nom ; 208 000 hab. Sucreries. – La base navale, américaine depuis 1903, est revendiquée par Cuba ; elle comprend un camp de détention.

**guarana** *nm* Liane d'Amérique du sud utilisée dans l'alimentation et comme stimulant.

**guarani** *nm* **1** Langue amérindienne des Andes. **2** Unité monétaire du Paraguay. PHO [gwaʀani]

**Guaranis** Indiens d'Amérique du Sud (groupe linguistique tupi-guarani) vivant principalement au Paraguay. DER **guarani, ie** *a*

**Guardafui (cap)** cap d'Afrique orientale, sur la côte de la Somalie, à l'entrée du golfe d'Aden. VAR **Gardafui**

**Guardi** Francesco (Venise, 1712 – id., 1793), peintre italien ; élève de Canaletto, auteur des *vedute* (« vues ») des bords de la lagune à Venise.

**Guardian (The)** hebdomadaire britannique créé à Manchester en 1821, quotidien en 1855, national en 1959.

**Guarini** Gian Battista (Ferrare, 1538 – Venise, 1612), diplomate et écrivain italien : *le Pasteur fidèle* (1580), tragicomédie qui fut imitée dans toute l'Europe.

**Guarini** Guarino (Modène, 1624 – Milan, 1683), religieux, mathématicien et philosophe italien, le plus grand architecte baroque d'Italie du Nord : égl. Saint-Laurent-des-Théatins (v. 1670, Turin), palais Carignano (1680, Turin).

**Guarnerius** Giuseppe Antonio, dit del Gesù (Crémone, vers 1698 – id., vers 1744), luthier de Crémone. VAR **Guarneri**

**Guatemala** cap. du Guatemala, à 1 480 mètres d'alt. ; 2,9 millions d'hab. Principal centre économique du pays. Industr. alimentaire et textile. Manufactures de tabac. VAR **Ciudad de Guatemala** DER **guatémalien, enne** *a, n*

**Guatemala (république du)** (*República de Guatemala*), État de l'Amérique centrale, au sud du Mexique ; 108 889 km$^2$ ; 16,2 millions d'hab. ; croissance démographique : 2 % par an ; cap. *Guatemala*. Nature de l'État : rép. de type présidentiel. Langue off. : esp. Monnaie : quetzal. Population : Amérindiens (env. 50 %), Ladinos (métis d'Indiens et d'Espagnols et Indiens urbanisés, de langue esp.), très peu de Blancs. Relig. : catholique (officielle, 47 %). DER **guatémaltèque** *a, n*
**Géographie** Les hautes terres groupent encore la majorité des habitants, dont les petites exploitations produisent maïs, haricots, piments. Elles dominent, au S., les plaines tropicales humides et fertiles du littoral du Pacifique où règnent les grandes plantations : canne à sucre, café, bananes exportés. Au N., le Petén, vaste plateau tropical couvert de forêts denses, est encore presque vide. L'industrie, embryonnaire, concerne l'agroalimentaire et le textile ; le tourisme est important. La plus grande partie de la pop. connaît une pauvreté extrême.
**Histoire** Pays de civilisation maya, le Guatemala fut conquis par Pedro de Alvarado, lieutenant de Cortés (1523-1524). Il dépendit, à partir de 1544, de la capitainerie générale de Guatemala. Indépendant de l'Espagne en 1821, inclus dans l'Empire mexicain (1822-1823), puis centre des Provinces-Unies d'Amérique centrale, il forma un État indépendant en 1839. L'emprise écon. des É.-U. s'exerça dès la fin du XIX$^e$ s., notam. sous les dictatures de M. Estrada Cabrera (1898-1920) et de J. Ubico (1931-1944). Dans les années 50, le président J. Arbenz Guzmán distribua 900 000 ha à 100 000 familles, mais il fut chassé par un coup d'État militaire organisé à Washington (1954). Dans les années 1960, une guérilla castriste se développe, parallèlement à la répression et à la violence d'extrême droite. En mars 1982, un coup d'État porte à la présidence le général E. Ríos Montt, renversé en août 1983 par le général Mejía. Une terrible répression fait reculer la guérilla. En déc. 1985, le démocrate-chrétien Vinicio Cerezo est élu président de la Rép., l'armée continuant à contrôler la situation politique. Jorge Serrano, du centre droit, élu président en 1991, est déposé en 1993 et remplacé par Ramiro de Léon Carpio. En 1996, le candidat de la « droite progressiste », Alvaro Arzu, est élu. Il signe des accords de paix avec la guérilla. En 2000, Alfonso Portillo, du Front républicain, lui succède. Mais son maigre bilan a amené l'opposition au pouvoir en 2003. En 2011, la droite revient au pouvoir avec l'élection d'Otto Pérez Molina à la prés. de la Rép. Impliqué dans un scandale financier, il démissionne en 2015. Jimmy Morales (conservateur) lui succède.
▶ carte : **Amérique centrale**

**Guattari** Félix (Villeneuve-les-Sablons, Oise, 1930 – Cour-Cheverny, Loir-et-Cher, 1992), psychanalyste français. Il écrivit plusieurs essais en coll. avec Deleuze, notam. *l'Anti-Œdipe* (1972).

**Guayaquil** princ. port de l'Équateur, sur le *golfe de Guayaquil* ; 2 700 000 hab. ; ch.-l. de prov. Centre comm., bancaire. et industriel.

**Guayasamín** Oswaldo (Quito, 1919 – Baltimore, É.-U., 1999), peintre équatorien de tendance expressionniste.

**Gubbio** v. d'Italie (Ombrie) ; 32 600 hab. – Anc. *Iguvium*, ville étrusque et romaine (tables de bronze, écrits en étrusque et en latin). Cath. (XIII$^e$ s.). Palais (XV$^e$ s.). Faïence (majolique).

**Guderian** Heinz (Kulm, auj. Chełmno, 1888 – Schwangau, Bavière, 1954), général allemand. Il créa les divisions blindées allemandes à partir de 1935.

**Gudule (sainte)** (m. 712), aristocrate, du Brabant, élevée par sainte Gertrude de Nivelles. Patronne de Bruxelles.

**1 gué** *nm* Endroit d'une rivière où l'eau est assez basse pour qu'on puisse passer à pied. *Traverser à gué.* **LOC** fam **Au milieu du gué :** dans le cours d'un processus. *Réforme abandonnée au milieu du gué.* ETY Du frq. DER **guéable** *a*

**2 gué** *interj* Expression de gaieté dans des refrains de chansons. *J'aime mieux ma mie, ô gué !* ETY Var. de *gai*.

**guébiste** *a, n* HIST Du KGB.

**Guèbres** populations iraniennes qui refusèrent au VII$^e$ s. d'embrasser l'islam (*gabr.* signifie en persan « infidèle »), conservant la religion de Zoroastre. Beaucoup émigrèrent. Leurs descendants vivent : en Iran dans les prov. de Yezd et de Kermān (env. 30 000 personnes) ; en Inde, dans la rég. de Bombay, sous le nom de Parsis (200 000). DER **guèbre** *a*

**Guebwiller (ballon de)** point culminant des Vosges ; 1 424 m. VAR **le Grand Ballon**

**Guebwiller** ch.-l. d'arr. du Haut-Rhin, sur la Lauch ; 11 700 hab. Vin. Industries. Deux égl. des XIII$^e$-XIV$^e$ s. DER **guebwillerois, oise** *a, n*

**guède** *nf* Plante (crucifère) appelée aussi pastel des teinturiers, qui donne une couleur bleue. ETY Du germ.

**guédille** *nf* Canada Pain à hot-dog grillé garni de légumes.

**guéer** *vt* [1] Traverser à gué.

**guègue** *nm* Dialecte albanais parlé dans le nord du pays et au Kosovo.

**guéguerre** *nf* fam Petite guerre.

**Guéhenno** Marcel, dit Jean (Fougères, 1890 – Paris, 1978), universitaire et essayiste français : *Caliban parle* (1929), *Journal des années noires* (1946). Acad. fr. (1962).

**Gueldre** (en néerl. *Gelderland*), prov. des Pays-Bas, dont le S. est est drainé par le Rhin et la Meuse ; 5 012 km$^2$ ; 2 millions d'hab. ; ch.-l. *Arnhem*.

**Guelfand** Izraïl Moisseïevitch (Krasnyé Okny, Ukraine, 1913 – New Brunswick, 2009), mathématicien ukrainien : travaux d'analyse fonctionnelle et sur les espaces vectoriels.

**guelfe** *nm* HIST Partisan des papes dans l'Italie du XIII$^e$ au XV$^e$ s. contre les gibelins impériaux. ETY De *Welfe*, n. d'une famille allemande.

**Guelma** v. d'Algérie orientale ; ch.-l. de la wilaya du même nom ; 157 300 hab. – Ruines romaines de l'antique *Calama*.

**Guelph** v. du Canada (Ontario) ; 87 970 hab. Centre industriel.

**guelte** *nf* vx Prime accordée à un vendeur en fonction du montant de ses ventes. (ETY) De l'all. *Geld,* « argent ».

**Guénégaud Henri de (marquis de Plessis-Belleville)** (1609 – Paris, 1676), financier français, secrétaire de la Maison du roi (1643-1649).

**Guenièvre** personnage du roman breton, fille de Léodagan, roi de Carmélide, épouse d'Arthur et amante de Lancelot. (VAR) **Genièvre**

**guenilles** *nfpl* Haillons, vieilles hardes.

**guenon** *nf* **1** Femelle du singe. **2** fig, fam, péjor Femme très laide.

**Guénon René** (Blois, 1886 – Le Caire, 1951), essayiste français naturalisé égyptien. Selon lui, une tradition unique a donné le jour aux diverses religions

**guépard** *nm* Félidé d'Afrique tropicale et du Moyen-Orient, long de 80 cm sans la queue, svelte et rapide, au pelage tacheté et aux longues pattes à griffes non rétractiles. (ETY) De l'ital. *gattopardo,* « chat-léopard ».

**guépard**

**Guépard (le)** roman de Tomasi di Lampedusa (posth., 1958). ▷ CINE Film de Visconti (1963), avec B. Lancaster, A. Delon, C. Cardinale.

**guêpe** *nf* **1** Insecte hyménoptère porte-aiguillon, à l'abdomen jaune rayé de noir, mesurant 1 à 2 cm. **2** Tout hyménoptère vespiforme. *La plupart des guêpes vivent en société dans des nids faits de fibres de bois mâchées.* LOC fam ***Pas folle la guêpe*** : se dit à propos de qqn qui ne se laisse pas duper facilement. — ***Taille de guêpe*** : taille très fine. (ETY) Du lat. *vespa.*

**guêpe** européenne commune

**Guépéou (la)** police politique soviétique, créée en 1922 (pour succéder à la Tcheka) et absorbée en 1934 par le NKVD.

**guêpier** *nm* **1** ORNITH Oiseau coraciadiforme au bec arqué long d'environ 25 cm, au plumage de couleurs vives, qui se nourrit d'hyménoptères (guêpes, abeilles, bourdons) et aussi de libellules. **2** Nid de guêpes. **3** fig Mauvaise affaire. *Tomber dans un guêpier.*

**guêpier**

**guêpière** *nf* Corset très étroit qui étrangle la taille.

**Guérande** ch.-l. de cant. de la Loire-Atlantique ; 13 603 hab. – Enceinte (XIVe-XVe s.), percée de quatre portes. Église (XIIe-XVIe s.). (DER) **guérandais, aise** *a, n*

**Guéranger dom Prosper** (Sablé, 1805 – Solesmes, 1875), bénédictin français. Il restaura l'ordre de Saint-Benoît à Solesmes (1837).

**Guérard Michel** (Vétheuil, 1933), chef cuisinier français.

**Guerchin Giovanni Francesco Barbieri,** dit en fr. **le** (Cento, près de Bologne, 1591 – Bologne, 1666), peintre italien, élève de L. Carrache, influencé par Caravage.

**guère** *adv* LOC ***Ne... guère*** : peu, pas beaucoup. — ***Ne... plus guère*** : presque plus. — ***Ne... guère que*** : presque. (ETY) Du frq.

**guérénouk** *nm* Gazelle d'Afrique orientale à cou très long, appelée aussi *gazelle-girafe.*

**guéret** *nm* Terre labourée et non ensemencée. (ETY) Du lat. *vervactum,* « jachère ».

**Guéret** ch.-l. du dép. de la Creuse ; 14 123 hab. Industries. – Anc. capitale de la Marche. (DER) **guérétois, oise** *a, n*

**Guericke Otto von** (Magdebourg, 1602 – Hambourg, 1686), physicien allemand. Il fit une expérience sur le vide *(hémisphères de Magdebourg)* et inventa une machine pneumatique.

**guéridon** *nm* Petite table ronde à un seul pied. (ETY) Du n. d'un personnage de farce.

**guérilla** *nf* **1** Guerre de partisans, de francs-tireurs. **2** fig Harcellement permanent. *Guérilla médiatique.* (PHO) [gerija] (ETY) Mot esp.

**guérilléra** *nf* Combattante d'une guérilla.

**guérilléro** *nm* Combattant d'une guérilla, partisan, franc-tireur. (PHO) [gerijero]

**Guérin Robert** → **Gros-Guillaume.**

**Guérin Gilles** (Paris, 1606 – id., 1678), sculpteur français : *les Chevaux du Soleil abreuvés par les Tritons* (parc du chât. de Versailles).

**Guérin Pierre Narcisse (baron)** (Paris, 1774 – Rome, 1833), peintre français néo-classique.

**Guérin Maurice de** (château du Cayla, près d'Albi, 1810 – id., 1839), poète romantique français : *le Centaure* (1840), *Journal.* — **Guérin Eugénie** (château du Cayla, 1805 – id., 1848), sœur du préc., dont traite son *Journal.*

**Guérin Camille** (Poitiers, 1872 – Paris, 1961), vétérinaire et biologiste français. Il mit au point, avec Albert Calmette, un vaccin antituberculeux (BCG).

**guérir** *v* ③ **A** *vt* **1** Redonner la santé à qqn, délivrer qqn d'une maladie. **2** fig Délivrer d'un mal moral. *Guérir qqn de ses préjugés.* **B** *vi, vpr* **1** Recouvrer la santé. *Il guérira.* **2** Disparaître, en parlant d'un mal physique. *Sa blessure guérit.* **3** fig Se délivrer de. *Se guérir de ses préjugés.* (ETY) Du germ. (DER) **guérissable** *a*

**guérison** *nf* **1** Recouvrement de la santé. *Garder la chambre jusqu'à complète guérison.* **2** Disparition. *La guérison d'une peine.*

**guérisseur, euse** *n* Personne qui traite, sans avoir le titre de médecin, par des méthodes extramédicales.

**guérite** *nf* **1** Abri d'une sentinelle. **2** Petite loge qui sert d'abri. *Guérite d'une vendeuse de billets de loterie.* (ETY) Du provenç.

**Guerman Alexei** (Leningrad, 1938 – Saint-Pétersbourg, 2013), cinéaste russe : *Vingt Jours sans guerre* (1976), *Mon ami Ivan Lapchine* (1985).

**Guermantes (les)** famille aristocratique de *À la recherche du temps perdu,* de Proust, comprenant : Gilbert et Marie-Gilbert, prince et princesse de Guermantes ; Basin (cousin de Gilbert) et Oriane, prince et princesse des Laumes, puis duc et duchesse de Guermantes ; Palamède, baron de Charlus, frère de Basin ; Mme de Marsantes, sœur de Basin, mère de Robert de Saint-Loup.

**Guernesey** (en angl. *Guernsey*), une des îles Anglo-Normandes ; 63 km$^2$ ; 58 860 hab. ;

*Guernica* de Pablo Picasso, 1937 – musée du Prado

## L'EUROPE EN 1914

minorités nationales

500 km

## LE FRONT DE L'OUEST : 1914-1918

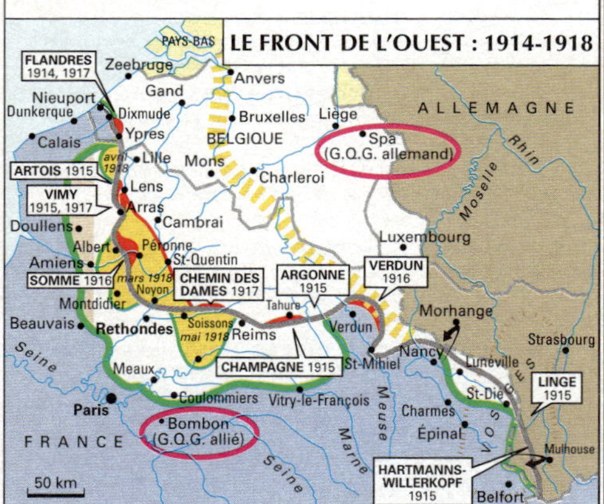


- avance extrême des Allemands (septembre 1914)
- front stabilisé (fin 1914-printemps 1918)
- repli volontaire des Allemands sur la ligne Siegfried (mars 1917)
- offensive allemande de 1918 et gains territoriaux
- le front le 11 novembre 1918
- offensives françaises de l'été 1914
- VERDUN 1916 : principales batailles
- gains territoriaux
- frontières actuelles
- frontières avant la guerre

## LES FRONTS D'EUROPE CENTRALE ET ORIENTALE, ET DU PROCHE-ORIENT (1914-1918)

- puissances centrales
- puissances alliées
- conquêtes des puissances centrales
- offensives et mouvements des Alliés avant 1918
- offensives et mouvements des Alliés en 1918
- offensives et mouvements des puissances centrales
- oct. 1915 : date d'entrée en guerre
- avance allemande en Russie ( décembre 1917)
- ligne de front automne 1917 (Russie), fin 1918 (autres fronts)
- offensive des Alliés de 1915

## L'EUROPE AU 1er SEPTEMBRE 1939

- puissances de l'Axe et leurs possessions en 1937
- annexions de l'Axe en 1938, 1939
- annexions de la Hongrie et de la Pologne
- territoires contrôlés par l'Axe
- territoires contrôlés par la France et le Royaume-Uni
- la Pologne, alliée de la France et du Royaume-Uni

## L'EUROPE À LA FIN DE 1941

- l'Allemagne, ses annexions et protectorats
- les alliés de l'Allemagne et leurs annexions Italie - Bulgarie Roumanie - Hongrie
- territoires perdus en mars 1940 et récupérés par la Finlande
- territoires occupés par l'Allemagne et ses alliés
- territoires occupés par le Royaume-Uni

## L'EUROPE À LA FIN DE 1942

- l'Allemagne, ses annexions et protectorats
- territoires occupés par l'Allemagne et ses alliés (fin 1942)
- extension maximale des pays de l'Axe, octobre-décembre 1942
- territoires occupés ou libérés par les Alliés (fin 1942)
- pays neutres

## L'EUROPE EN MAI 1945

- l'Allemagne, ses alliés et territoires occupés
- les Alliés
- territoires libérés par les Alliés en 1944
- le front à la fin de 1944
- territoires contrôlés par l'armée allemande le 8 mai 1945
- offensives de l'été 1944 sur le territoire français

ch.-l. *Saint-Pierre.* Primeurs. Tourisme. – De 1855 à 1870, V. Hugo y vécut en exil, dans sa maison de Hauteville House, auj. musée. (DER)

**guernesiais, aise** *a, n*

**Guernica** peinture monumentale de Picasso (1937, annexe du Prado) dénonçant l'anéantissement de Guernica y Luno par l'aviation nationaliste ; commandée par le gouv. de la Rép. espagnole pour son pavillon de l'Exposition universelle. ▷ CINE court-métrage de Resnais (1950), commentaire de Paul Éluard.

▶ illustr. p. 727

**Guernica y Luno** v. d'Espagne (Biscaye), à l'E. de Bilbao ; 18 130 hab. – Cité sainte du Pays basque espagnol, ravagée en 1937 par l'aviation allemande au service de Franco.

**guerre** *nf* **1** Conflit armé entre des nations, des États, des groupes humains. *Être en guerre avec tel pays.* **2** Hostilité, lutte. *Faire la guerre à qqn, à propos de qqch.* **LOC** ***À la guerre comme à la guerre*** : il faut s'adapter aux circonstances. — ***De bonne guerre*** : conformément aux usages de la compétition, de la polémique. — ***De guerre lasse*** : après une longue résistance. — ***Guerre civile, intestine*** : entre citoyens d'un même pays. — ***Guerre des nerfs*** : psychologique. — ***Nom de guerre*** : pseudonyme. — ***Petite guerre*** : manœuvres simulant un combat, une guerre. (ETY) Du frq.

**guerre (drôle de)** la guerre de position qui, de sept. 1939 au printemps 1940, se caractérisa par une étrange (« drôle ») absence de combats. Le 10 mai 1940, l'Allemagne déclencha la *guerre éclair.*

**guerre (De la)** ouvrage de C. von Clausewitz (posth., 1832) prônant deux principes : l'effet de surprise et l'économie des forces.

**Guerre des boutons (la)** roman de L. Pergaud (1912). ▷ CINE Film d'Yves Robert (1962).

**Guerre des étoiles (la)** film de George Lucas (1977), que suivirent *L'empire contre-attaque* (1980) et *le Retour du Jedi* (1983).

**Guerre des mondes (la)** roman d'anticipation de H. G. Wells (1898). ▷ CINE Film de l'Américain Byron Haskin (1899 – 1984), en 1952.

**guerre de Troie n'aura pas lieu (La)** pièce en 2 actes de Giraudoux (1935).

**Guerre du feu (la)** roman de J.-H.-Rosny aîné (1911). ▷ CINE Film de J.-J. Annaud (1981).

**Guerre et Paix** roman de Tolstoï (1865-1869) qui enchevêtre l'histoire de 3 familles (Bolkonski, Rostov et Bezoukhov) à l'époque de l'invasion napoléonienne. ▷ CINE Films : de King Vidor, en 1956, avec H. Fonda et Audrey Hepburn (1929 – 1993) ; du Soviétique Sergueï Bondartchouk (1920 – 1994), en 1966-1967.

**guerre froide** conflit latent qui opposa de la fin de la Seconde Guerre mondiale à 1990 les É.-U. et l'URSS (et, de façon plus générale, l'Occident au bloc communiste). La mort de Staline (1953) et, surtout, le dialogue entre Kennedy et Khrouchtchev (1961-1962) créèrent une certaine *détente.*

**Guerre mondiale (Première)** guerre qui éclata dans l'été 1914 (V. Sarajevo) et s'acheva en nov. 1918. Princ. déclarations de guerre : 28 juil., de l'Autriche-Hongrie à la Serbie ; 1er puis 3 août, de l'Allemagne à la Russie puis à la France ; 4 août, de la G.-B. à l'Allemagne ; 23 août, du Japon à l'Allemagne. La Turquie (1914) et la Bulgarie (1915) rejoignent les *Empires centraux* ; l'Italie (1915) et les É.-U. (1917) rejoignent les Alliés. En France, l'invasion all. est arrêtée sur la Marne (24 août-3 sept. 1914) ; à

**LES CONQUÊTES JAPONAISES (1942-début 1943)**

**LE REFLUX DU JAPON (1943-1945)**

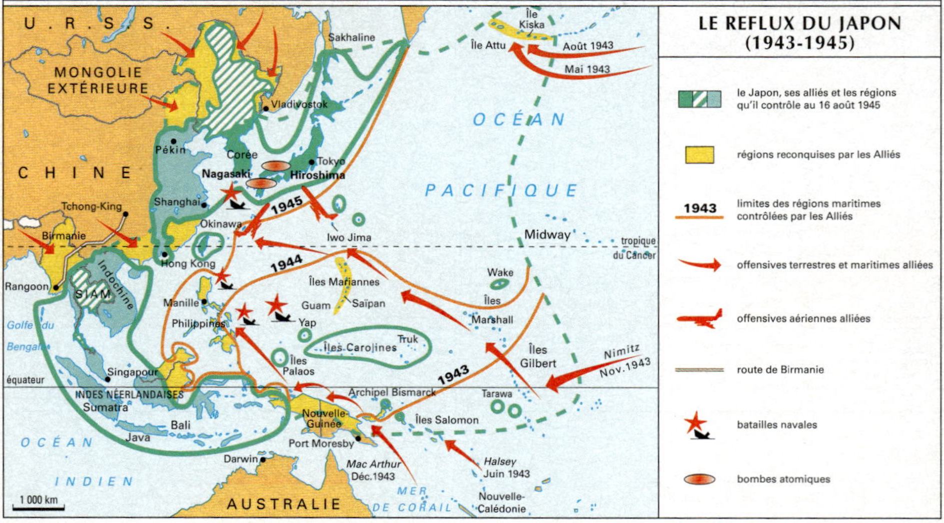

cette *guerre de mouvement* succède une longue *guerre de position* dans les tranchées, cette *guerre d'usure* (V. Verdun [bataille de]) qui prend fin avec les dernières offensives allemandes et la contre-offensive de Foch (mars-oct. 1918). Le 11 nov. 1918, l'armistice est signé à Rethondes. 10 millions d'hommes sont morts. L'Europe ravagée est bouleversée par l'effondrement des Empires russe, allemand et austro-hongrois. Le traité de paix est signé à Versailles le 28 juin 1919. VAR **guerre de 1914-1918**
▶ carte p. 728

**Guerre mondiale** (Seconde) guerre déclenchée par l'Allemagne nazie, qui (après avoir signé le pacte germano-soviétique) envahit la Pologne le 1er sept. 1939. Le 3 sept., la France et la G.-B. déclarent la guerre à l'Allemagne. L'armée allemande écrase la Pologne (sept. 1939). Sur le front occid., à une guerre de position (*drôle de guerre*) succède une *guerre éclair* : l'Allemagne envahit le Danemark et la Norvège (9 avr. 1940), la Belgique, les Pays-Bas et le Luxembourg (10 mai), enfin la France (mai-juin 1940), soumet l'Europe centrale et les Balkans. Le 10 juin, l'Italie déclare la guerre à la France. Pendant 3 ans, l'Allemagne nazie domine l'Europe (occupation de la France 1940-1944), en dépit des mouvements de résistance (V. Résistance), exterminant 10 % de la pop. tsigane et 6 millions de Juifs. L'invasion de l'URSS (21 juin 1941) et l'entrée en guerre des É.-U. après le bombardement de Pearl Harbor (Hawaï) par l'aviation jap. (7 déc. 1941) brisent l'isolement de la G.-B. L'armée et les partisans sov. infligent à l'Allemagne un terrible revers à Stalingrad (sept. 1942-fév. 1943). Le 10 juil. 1943, les Alliés débarquent en Sicile. Après le débarquement anglo-américain en Normandie (6 juin 1944), l'Allemagne, ravagée par les bombardements aériens, est envahie à l'E. et à l'O. Elle capitule le 8 mai 1945. Le Japon capitule après l'explosion de bombes atomiques à Hiroshima et à Nagasaki (6 et 9 août 1945). La guerre s'est étendue à tous les continents, sauf l'Amérique, et à tous les océans. Elle a tué 50 millions de personnes, civiles et militaires. La plupart des pays d'Europe sont en ruine ; É.-U. et URSS se partagent l'hégémonie mondiale (V. Yalta). VAR **guerre de 1939-1945** ▶ carte p. 729

**guerre 1914-1918 et 1939-1945** (croix de) décorations françaises créées en 1915 et en 1939 pour récompenser des actions militaires.

**guerrier, ère** *n, a* **A** *n* Personne qui fait la guerre. **B** *a* Belliqueux, martial. *Humeur guerrière.*

**guerroyer** *vi* 23 **1** Faire la guerre contre qqn sporadiquement. **2** fig Se battre contre qqch. *Guerroyer contre les injustices.*

**Guesclin (Du)** → **Du Guesclin.**

**Guesde** Jules Bazile, dit Jules (Paris, 1845 – Saint-Mandé, 1922), homme politique français. Princ. fondateur du parti ouvrier socialiste français (1879), il se voulut plus révolutionnaire que Jaurès. En 1914, il se rallia à l'Union sacrée et fut ministre d'État de 1914 à 1916. DER **guesdiste** *a, n*

**guest-star** *nf* Artiste ou personnalité invitée à une manifestation. PLUR guest-stars. PHO [geststar] ETY Mot angl. VAR **gueststar**

**guet** *nm* **1** Action de guetter, d'épier. *Faire le guet.* **2** anc Surveillance exercée la nuit dans une ville.

**guet-apens** *nm* **1** Embûche préméditée pour voler, tuer qqn. *Tomber dans un guet-apens.* **2** fig Machination. PLUR guets-apens. PHO [getapɑ̃]

**guêtre** *nf* Jambière d'étoffe ou de cuir, à boutons ou crochets. LOC fam *Traîner ses guêtres* : flâner. ETY Du frq.

**guetter** *vt* 1 **1** Épier. *Le chat guette sa proie.* **2** Attendre avec impatience. *Guetter un signal.* **3** Attendre qqn dans une intention hostile. *Guetter l'ennemi.* **4** Être à l'affût de qqch. *Guetter l'occasion, le moment d'agir.* ETY Du frq.

**guetteur, euse** *n* **A** *nm* Personne qui guette. **B** *nm* anc Celui qui sonnait l'alarme, dans un beffroi, en cas d'attaque, d'incendie, etc.

**Gueugnon** ch.-l. de cant. de Saône-et-Loire (arr. de Charolles) ; 8 563 hab. DER **gueugnonnais, aise** *a, n*

**gueulante** *nf* fam Cri de colère, de protestation. LOC *Pousser une gueulante* : protester bruyamment.

**1 gueulard** *nm* METALL Orifice par où s'effectue le chargement d'un haut-fourneau.

**2 gueulard, arde** *a, n* fam **1** Gourmand. **2** Braillard.

**gueule** *nf* **1** Bouche des animaux carnivores, des poissons. *Gueule d'un chien, d'un crocodile, d'un requin.* **2** fam Bouche ; visage humain. *Une belle gueule.* **3** Ouverture. *Canon chargé jusqu'à la gueule.* LOC fam *Avoir de la gueule* : avoir de l'allure, en parlant des choses. — fam *Avoir la gueule de bois* : la gorge sèche et la bouche pâteuse après s'être enivré. — fam *Faire la gueule* : bouder. — fam *Fermer sa gueule* : se taire. — fam *Fine gueule* : gourmet. — fam *Grande gueule, fort en gueule* : personne qui a l'habitude de parler très fort, ou qui parle avec assurance mais sans agir efficacement. — fam *Gueule cassée* : nom donné aux anciens combattants blessés de la face. — fam *Gueule noire* : mineur, dans le Nord. — fam *Se casser la gueule* : tomber. — fam *Se jeter dans la gueule du loup* : se mettre dans une situation dangereuse, par imprudence. ETY Du lat.

**gueule-de-loup** *nf* Muflier. PLUR gueules-de-loup.

**gueuler** *vt, vi* 1 fam Crier très fort. *Gueuler des injures.* DER **gueulement** *nm*

**gueules** *nm* HERALD Couleur rouge de l'écu.

**gueuleton** *nm* Bon repas. DER **gueletonner** *vi* 1

**1 gueuse** *nf* METALL Lingot de fonte brute. ETY De l'all.

**2 gueuse** *nf* Bière belge. ETY De *gueux*. VAR **gueuze**

**3 gueuse** → **gueux.**

**Gueuse (la)** nom trivial donné à la République française par les royalistes après 1873.

**gueux, gueuse** *n* **A** **1** vx Mendiant, pauvre. **2** Coquin, fripon. **B** *nf* vx Prostituée. LOC vieilli *Courir la gueuse* : mener une vie de débauche. ETY Du moy. néerl. *guit*, « fripon ». DER **gueuserie** *nf*

**gueux (révolte des)** dans le N. des Pays-Bas espagnols, révolte (1566-1573) des nobles et des calvinistes qui, au cours d'un banquet patriotique (5 avril 1566), se déguisèrent en gueux. De 1567 à 1573, l'envoyé de Philippe II d'Espagne, le duc d'Albe, réprima sévèrement la révolte. Aidés par la flotte anglaise, les *gueux de mer* permirent à Guillaume Ier de Nassau de soulever victorieusement la Hollande et la Zélande (1572-1573). Les 7 provinces du Nord conclurent en 1579 l'Union d'Utrecht, prélude à la rép. des Provinces-Unies, qui correspond aux Pays-Bas actuels et que l'Espagne reconnut seulement en 1648.

**Guevara** → **Vélez de Guevara.**

**Guevara** Ernesto, dit Che (Rosario, 1928 – en Bolivie, 1967), révolutionnaire latino-américain de nationalité argentine. En 1956, il gagna le maquis de F. Castro. De 1961 à 1965, il fut ministre de l'Industrie à Cuba, puis il organisa la guérilla en Amérique latine. Il fut tué par l'armée bolivienne. En 1997, l'État bolivien découvrit ses restes et les remit à Cuba. DER **guévariste** *a*

**Guèvremont** Germaine (Saint-Jérôme, 1893 – Montréal, 1968), écrivain québécois : *le Survenant* (1945), *Marie-Didace* (1947).

**Guez de Balzac** → **Balzac Jean-Louis Guez (seigneur de).**

**guèze** *nm* LING Langue chamito-sémitique du royaume d'Aksoum (IVe-Xe s.) dont dérive l'amharique, qui demeure la langue liturgique des chrétiens éthiopiens.

**Guggenheim** (musée) musée d'art contemporain construit à New York par F. L. Wright (1956-1959) sur une commande de Solomon Guggenheim (1861-1949), homme d'affaires et mécène américain. – *Fondation Guggenheim* : musée vénitien d'art moderne fondé par Peggy Guggenheim (1898-1979), nièce de Solomon. – Musée Guggenheim à Bilbao (F. Gehry).

**gugusse** *nm* **1** vieilli Clown qui joue les naïfs. **2** fam, péjor Personne quelconque. ETY De *Auguste*.

**gui** *nm* Plante parasite de certains arbres, dont les baies blanches, toxiques, étaient utilisées pour la confection de la glu, et les feuilles en médecine. ETY Du lat.

gui

**Gui** (saint) (m. en 303), martyr en Lucanie (Italie mérid.) ; on invoquait son aide, au Moyen Âge, contre la maladie nerveuse appelée *danse de Saint-Guy* (chorée). VAR **Guy**

**Guibert** Joseph Hippolyte (Aix-en-Provence, 1802 – Paris, 1886), prélat français. Archevêque de Paris (1871), il fonda en 1876 l'Institut catholique.

**Guibert** Hervé (Saint-Cloud, 1955 – Clamart, 1991), écrivain français : *À l'ami qui ne m'a pas sauvé la vie* (1990).

**Guibert de Nogent** (Clermont, Beauvaisis, 1053 – Nogent-sous-Coucy, v. 1130), bénédictin, théologien et historien français ; auteur d'une histoire des croisades.

**Guibert de Ravenne** (Parme, 1023 – Civita Castellana, 1100), antipape (1080-1100) sous le nom de Clément III.

**guibole** *nf* fam Jambe. VAR **guibolle**

**guibre** *nf* MAR anc Charpente en saillie sur l'avant de l'étrave d'un navire en bois, soutenant le beaupré. ETY De l'anc. mot *guivre*, « serpent ».

Che Guevara

**Guichardin** François (en ital. *Francesco Guicciardini*) (Florence, 1483 – Arcetri, 1540), historien italien : *Histoire d'Italie* (1537-1540).

**guiche** *nf* Mèche de cheveux frisés sur le front en accroche-cœur. ETY Du frq.

**guichet** *nm* **1** Petite ouverture pratiquée dans une porte, un mur. **2** Petite ouverture derrière laquelle se tiennent les employés, dans une poste, une banque, etc. **LOC** *Les guichets du Louvre* : les passages sous les galeries qui donnent accès aux cours intérieures. — *Scie à guichet* : à lame très étroite. ETY De l'a. scand.*vik*, « cachette ».

**guichetier, ère** *n* Personne préposée à un guichet.

**guidage** *nm* **1** Action de guider. **2** TECH Ensemble des pièces qui, dans un puits de mine, guident le mouvement de la cage d'extraction. **3** TECH Ensemble des pièces qui guident le mouvement d'un organe de machine. **4** Action de guider un avion, une fusée, etc., par radio ou par un autre procédé.

**guidance** *nf* PSYCHO Méthode destinée à aider les enfants à s'adapter à leur milieu. *Centre de guidance.*

**Gui d'Arezzo** (en ital. *Guido d'Arezzo*) (Arezzo, v. 990 – Fonte d'Avellana [?], v. 1050), bénédictin italien. Il créa la notation musicale (portée musicale, clés d'*ut* et de *fa*, bémol à la clé).

**guide** *n* **A** *nm* **1** Personne qui montre le chemin. *Guide de haute montagne. Guide de musée.* **2** fig Personne qui en dirige, en conseille d'autres. *Un guide spirituel.* **3** Ce qui dirige un être humain dans ses actions. *Sa conscience est son seul guide.* **4** Ouvrage didactique. *Guide touristique.* **5** Ouvrage décrivant une ville, une région, etc. *Guide des rues de Paris.* **6** TECH Organe qui permet d'imposer une trajectoire à un organe mobile. **7** MILIT Soldat sur lequel les autres doivent régler leurs mouvements. **B** *nf pl* Longue rêne servant à diriger les chevaux attelés. **C** *nf* Jeune fille faisant partie d'un groupe de scoutisme. **LOC** TELECOM *Guide d'ondes* : tuyau métallique servant à transporter des ondes radioélectriques de très haute fréquence. ETY De l'a. provenç.

**Guide** Guido Reni, dit le (Calvenzano, 1575 – Bologne, 1642), peintre italien ; disciple des Carrache.

**guide-âne** *nm* **1** fam Aide-mémoire, pense-bête. **2** Papier réglé servant à écrire droit par transparence. PLUR guide-ânes.

**Gui de Dampierre** (?, 1225 – Pontoise, 1305), comte de Namur (1263) et de Flandre (1278), vaincu et capturé en 1300 par Philippe le Bel.

**Gui de Lusignan** → **Lusignan.**

**guider** *v* ① **A** *vt* **1** Conduire, montrer le chemin à. *Le chien guide l'aveugle. Guider un élève dans ses études.* **2** Mettre sur la bonne voie. *Les traces guident les chasseurs.* **3** fig Diriger, mener, faire agir. *C'est son ambition qui le guide.* **B** *vpr* Se diriger d'après. *Se guider sur l'étoile polaire.*

**guiderope** *nm* Cordage assez lourd, servant à freiner un aérostat. ETY Mot angl.

**guidon** *nm* **1** MAR Pavillon à deux pointes ou triangulaire. **2** Tube métallique cintré servant à orienter la roue avant d'un véhicule à deux ou trois roues. **3** TECH Pièce saillante située à l'extrémité du canon d'une arme et servant à prendre la ligne de mire. ETY De l'ital.

**guifette** *nf* Oiseau marin (lariforme) hivernant en Afrique.

**guignard** *nm* Espèce de pluvier qui niche dans le nord de l'Europe. ETY De l'a. fr., « qui cligne de l'œil ».

**Guignard** Léon (Mont-sous-Vaudrey, Jura, 1852 – Paris, 1928), pharmacien et botaniste français. Il découvrit la double fécondation chez les angiospermes.

**1 guigne** *nf* Cerise noirâtre à chair ferme. **LOC** fam *S'en soucier comme d'une guigne* : ne pas s'en soucier, n'y prêter aucune attention. ETY Du haut. all.

**2 guigne** *nf* fam Malchance. ETY De *guignon*.

**guigner** *vt* ① **1** Regarder du coin de l'œil. *Guigner le jeu du voisin.* **2** fig, fam Convoiter. *Guigner un emploi.* ETY Du frq.

**guignier** *nm* Cerisier dont le fruit est la guigne.

**guignol** *nm* **1** Marionnette à gaine. **2** Théâtre de marionnettes. **3** fig, fam Individu grotesque, fantoche. *Faire le guignol.* ETY Du n. du canut lyonnais devenu héros des marionnettes.

**Guignol** personnage du théâtre français de marionnettes, inventé par le Lyonnais Laurent Mourguet (1769 – 1804). Vêtu d'une veste courte, coiffé d'une toque, ami de Gnafron, il affronte le juge et le gendarme.

**guignolade** *nf* fam Affaire peu sérieuse, situation grotesque.

**guignolée** *nf* Canada Collecte de nourriture, d'argent, etc., au profit des pauvres, effectuée de maison en maison pendant la période des fêtes.

**guignolet** *nm* Liqueur de guigne.

**guignon** *nm* fam Malchance. ETY De *guigner*.

**Guignon** Jean-Pierre (Turin, 1702 – Paris, 1774), compositeur et violoniste français d'origine italienne ; « roi des violons » de Louis XV.

**Guilbert** Yvette (Paris, 1867 – Aix-en-Provence, 1944), chanteuse française d'esprit « canaille » : *le Fiacre, Madame Arthur*.

**Guilboa** Amir (Radzivilov, auj. Tchernonoarmeisk, Ukraine, 1917), poète israélien : *les Sept Autorités* (1949), *Chant du matin* (1953).

**guilde** *nf* **1** HIST Au Moyen Âge, association entre corporations d'artisans, de commerçants, etc. **2** Association commerciale offrant à ses adhérents des avantages particuliers. **3** ECOL Groupe d'espèces animales qui occupent un même habitat dont elles exploitent les ressources en commun. ETY Du moy. néerl. VAR **ghilde** ou **gilde**

**Guildford** v. d'Angleterre, au S.-O. de Londres (Surrey) ; 121 500 hab. Monuments des XII$^e$-XIII$^e$ s.

**Guildhall** (en fr. *salle des Guildes* ou *Gildes*), hôtel de ville de la Cité de Londres, bâti de 1411 à 1435 (restauré).

**Guilin** v. de Chine (Guangxi), sur le Guijan (bordé de collines superbes) ; env. 500 000 hab.

**Guillain** Simon (Paris, 1581 – id., 1658), sculpteur français. Bronzier, il décora de nombreuses églises parisiennes.

**guillaume** *nm* TECH Rabot de menuisier dont le fer, très étroit, a la largeur du fût. ETY D'un n. pr.

**Guillaume le Grand (saint)** (?, v. 755 – Gellone, Languedoc, 812), comte de Toulouse. Il combattit les Sarrasins en Espagne et fonda à Gellone le monastère nommé, au XII$^e$ s., Saint-Guilhem-le-Désert. Il a fourni le modèle historique de Guillaume d'Orange, héros d'un cycle de chansons de geste.

## Achaïe

**Guillaume I$^{er}$ de Champagne** (mort en 1209), sire de Champlitte. Il fonda la principauté d'Achaïe, qu'il gouverna de 1205 à 1208. — **Guillaume II de Villehardouin** (mort en 1278), prince d'Achaïe (1246-1278), fils de Geoffroi I$^{er}$.

## Allemagne

**Guillaume de Hollande** (Leyde, 1227 – en Frise, 1256), empereur germanique (1254-1256). Comte de Hollande, élu roi des Romains dès 1247 par les adversaires de Frédéric II, il dut attendre la mort de Conrad IV (1254), fils de ce dernier, pour être définitivement reconnu empereur.

**Guillaume I$^{er}$** (Berlin, 1797 – id., 1888), roi de Prusse (1861-1888), empereur des Allemands (1871-1888). Succédant à son frère Frédéric-Guillaume IV, il prit pour chancelier Bismarck (1862), qui réalisa l'unité allemande et le fit proclamer empereur d'Allemagne à Versailles après la victoire sur la France. — **Guillaume II** (chât. de Potsdam, 1859 – Doorn, Pays-Bas, 1941), empereur des Allemands (1888-1918), petit-fils du préc., développa la puissance écon. et milit. de l'Allemagne, mais la défaite de celle-ci entraîna son abdication.

**Guillaume II** d'Allemagne

## Angleterre et Grande-Bretagne

**Guillaume I$^{er}$ le Conquérant** ou **le Bâtard** (Falaise, vers 1027 – Rouen, 1087), duc de Normandie (1035-1087), roi d'Angleterre (1066-1087). Successeur désigné du roi d'Angleterre, Édouard le Confesseur, il vainquit et tua l'usurpateur Harold II à Hastings (1066). Il fortifia le pouvoir royal et décréta la gigantesque enquête du « Domesday Book » (livre cadastral achevé en 1090). — **Guillaume II le Roux** (?, vers 1056 – New Forest, 1100), deuxième fils de Guillaume I$^{er}$ le Conquérant ; roi d'Angleterre (1087-1100). — **Guillaume III** (La Haye, 1650 – Kensington, 1702), stathouder des Provinces-Unies (1672-1702), roi d'Angleterre, d'Écosse et d'Irlande (1689-1702), fils posthume de Guillaume II de Nassau et d'Henriette Stuart. En 1677, il épousa sa cousine Marie, fille du futur Jacques II. Prince protestant, il fut proclamé roi d'Angleterre avec sa femme en 1689, évinçant du trône son beau-père, catholique. VAR **Guillaume III de Nassau** — **Guillaume IV** (Londres, 1765 – Windsor, 1837), roi de Grande-Bretagne, d'Irlande et de Hanovre (1830-1837), fils de George III. Sa nièce, Victoria, lui succéda.

couronnement de **Guillaume I$^{er}$ le Conquérant** à Westminster (1066), extrait d'un manuscrit de 1470-1480 – British Museum

## Écosse

**Guillaume I$^{er}$ le Lion** (?, 1143 – Stirling, 1214), roi d'Écosse (1165-1214). Soumis en 1174 par l'Angleterre, il racheta en 1189 l'indépendance de l'Écosse.

Hollande

**Guillaume Ier de Nassau,** dit le Taciturne (chât. de Dillenburg, 1533 – Delft, 1584), stathouder des Provinces-Unies (1572-1584). Il dirigea dès 1566 la lutte des révoltés des Pays-Bas contre Philippe II d'Espagne (V. gueux [révolte des]) et fut assassiné. Fondateur de la branche d'Orange-Nassau. — **Guillaume II de Nassau** (La Haye, 1626 – id., 1650), stathouder de Hollande (1647-1650), fils de Frédéric-Henri et gendre de Charles Ier d'Angleterre ; l'Espagne reconnut l'indép. de son pays en 1648.

Pays-Bas

**Guillaume Ier** (La Haye, 1772 – Berlin, 1843), roi des Pays-Bas et grand-duc de Luxembourg (1815-1840), désigné par le congrès de Vienne. La Belgique fit sécession en 1830. Il abdiqua. — **Guillaume II** (La Haye, 1792 – Tilburg, 1849), fils de Guillaume Ier ; roi des Pays-Bas et grand-duc de Luxembourg (1840-1849), il accorda une Constitution (1848). — **Guillaume III** (Bruxelles, 1817 – chât. de Loo, 1890), fils de Guillaume II ; roi des Pays-Bas et grand-duc de Luxembourg (1849-1890).

Sicile

**Guillaume Ier le Mauvais** (1120 – 1166), roi de Sicile (1154-1166), fils de Roger II. Il lutta victorieusement contre l'empereur d'Orient, Manuel Ier Comnène. — **Guillaume II le Bon** (1154 – 1189), fils de Guillaume Ier ; roi de Sicile (1166-1189). Il voulut conquérir l'Égypte.

≪≪≫≫

**Guillaume** Charles Édouard (Fleurier, Suisse, 1861 – Sèvres, 1938), physicien suisse qui créa l'*invar* et l'*élinvar* (alliages de nickel et d'acier à dilatation presque nulle). P. Nobel (1920).

**Guillaume** Gustave (Paris, 1883 – id., 1960), linguiste français. Il fonda la psychosystématique (étude des rapports de la langue et de la pensée).

**Guillaume** Paul (Paris, 1893 – id., 1934), marchand de tableaux, critique d'art et collectionneur français (art africain, Modigliani, Soutine, Derain).

**Guillaume de Champeaux** (Champeaux, près de Melun, v. 1070 – ?, 1121), théologien et philosophe français. Son disciple Abélard devint son adversaire.

**Guillaume de Lorris** (Lorris-en-Gâtinais, v. 1200 – ?, v. 1238), poète français ; auteur de la première partie du *Roman de la Rose* (env. 4 000 vers).

**Guillaume de Machaut** (Machault, Champagne, v. 1300 – Reims, 1377), musicien et poète français, chanoine de Reims. Il composa la première messe polyphonique (*À Notre-Dame*), des ballades, rondeaux et virelais. VAR **Guillaume de Machault**

enluminure (1584) d'un poème d'amour de **Guillaume de Machaut** – BN

**Guillaume de Nangis** (m. v. 1300), chroniqueur français, moine de Saint-Denis. Sa *Chronique universelle* va des débuts de l'humanité à 1301.

**Guillaume de Saint-Amour** (Saint-Amour, Franche-Comté, 1202 – id., 1272), théologien français ; à la Sorbonne, il attaqua les ordres mendiants.

**Guillaume de Tyr** (Syrie, v. 1130 – ?, v. 1185), prélat et chroniqueur de Terre sainte ; auteur d'une histoire de l'Orient latin au XIIe s.

**Guillaume d'Occam** (Ockham, Surrey, fin XIIIe s. – Munich, v. 1349), théologien et philosophe scolastique anglais ; le plus grand penseur nominaliste du Moyen Âge. Ses thèses annoncent l'empirisme de Locke et de Hume. VAR **Guillaume d'Ockham**

**Guillaumet** Henri (Bouy, Marne, 1902 – en Méditerranée, 1940), aviateur français, un des premiers qui traversèrent l'Atlantique Sud et les Andes. Son avion disparut lors d'un vol vers la Syrie.

**Guillaume Tell** héros légendaire de l'indép. suisse (XIVe s.). La légende (probabl. d'orig. scandinave) veut que les autorités habsbourgeoises l'aient contraint, parce qu'il n'avait pas salué le bailli Gessler, à percer d'une flèche une pomme posée sur la tête de son fils, ce qu'il fit. Par la suite, il tua Gessler. ▷ LITTER Les prem. textes datent de la fin du XVe s. Le prem. drame, en vers, est dû à l'Allemand Jakob Ruof (mil. XVIe s.). En 1804, Schiller écrivit *Guillaume Tell*, tragédie qui inspira à Rossini un opéra en 4 actes (1829).

**Guillaumin** Armand (Paris, 1841 – id., 1927), peintre français proche des impressionnistes.

**guilledou** *nm* LOC fam, vieilli *Courir le guilledou :* aller à la recherche d'aventures amoureuses. ETY De l'a. fr. *guiller,* « séduire ».

**Guillem** Sylvie (Paris, 1965), danseuse classique française.

**guillemet** *nm* Signe typographique (« » ou " ") qu'on utilise pour mettre en valeur un mot ou un groupe de mots en citation. *Ouvrir, fermer les guillemets.* ETY De *Guillaume,* n. de l'inventeur.

**guillemeter** *vt* ⑱ ou ⑳ Mettre entre guillemets.

**Guillemin** Roger (Dijon, 1924), médecin américain d'origine française : travaux sur les hormones sécrétées par le cerveau. P. Nobel (1977) avec A. Schally et R. Yalow.

**guillemot** *nm* Oiseau marin (alcidé) voisin du pingouin. PHO [gijmo] ETY De *Guillaume.*

**Guillén Álvarez** Jorge (Valladolid, 1893 – Málaga, 1984), poète espagnol : *Cantico* (1928), *Clamor* (1957-1963).

**Guillén y Battista** Nicolás (Camagüey, 1902 – La Havane, 1989), poète cubain : *Motifs de bruit* (1930) ;, *Espagne, poème en quatre angoisses et une espérance* (1937) ;, *J'ai* (1964).

**Guilleragues** Gabriel de Lavergne (sieur de) (Bordeaux, 1628 – Constantinople, 1685), magistrat et écrivain français, auteur des *Lettres portugaises* (1669), longtemps attribuées à Mariana Alcoforado.

**guilleret, ette** *a* **1** Plein de vivacité, de gaieté. *Air guilleret.* **2** Libre, leste. *Conte guilleret.* ETY Même orig. que *guilledou.*

**Guillet** Pernette du (Lyon, v. 1520 – id., 1545), poétesse française, muse de Maurice Scève ; peut-être morte de la peste.

**Guillet** Léon (Saint-Nazaire, 1873 – Paris, 1946), ingénieur français : travaux sur les alliages.

**Guillevic** Eugène (Carnac, 1907 – Paris, 1997), poète français, matérialiste et lyrique : *Terraqué* (1942), *Carnac* (1961), *Sphère* (1963), *Possibles futurs* (1996).

**guilloche** *nf* TECH Outil servant à guillocher.

**guillocher** *vt* ① TECH Orner de traits gravés entrecroisés de manière régulière. ETY De l'ital. *goccia,* « goutte », ornement d'architecture. DER **guillochage – guillocheur** *nm*

**guillochis** *nm* TECH Ornement formé par des traits gravés entrecroisés de manière régulière. PHO [gijɔʃi]

**guillochure** *nf* TECH Chacun des traits qui composent un guillochis.

**Guillotière (La)** quartier de Lyon, très peuplé, sur la r. g. du Rhône.

**Guillotin** Joseph Ignace (Saintes, 1738 – Paris, 1814), homme politique et médecin français. Député aux états généraux en 1789, il fit adopter l'instrument (qu'il n'avait pas inventé) nommé ensuite *guillotine.*

**guillotine** *nf* Instrument de supplice destiné à trancher la tête des condamnés à mort au moyen d'un couperet glissant le long de deux montants verticaux. LOC *Fenêtre à guillotine :* dont le châssis glisse verticalement entre deux rainures. ETY De *Guillotin,* n. pr.

**guillotiner** *vt* ① Décapiter au moyen de la guillotine. DER **guillotiné, ée** *n* – **guillotineur, euse** *n*

**Guilloux** Louis (Saint-Brieuc, 1899 – id., 1980), romancier français : *la Maison du peuple* (1927), *le Sang noir* (1935), *le Jeu de patience* (1949).

**Guilvinec** ch.-l. de cant. du Finistère (arr. de Quimper), sur l'Atlantique ; 3 042 hab. Pêche. Station balnéaire. DER **guilviniste** *a, n*

**Guimarães** v. du Portugal (Braga) ; 21 950 hab. – Prem. cap. du Portugal. Chât. du Xe s.

**Guimarães Rosa** João (Cordisburgo, 1908 – Rio de Janeiro, 1967), écrivain brésilien : *les Nuits sur Sertão* (1956), *Diadorim* (1964).

**Guimard** Hector (Lyon, 1867 – New York, 1942), architecte et décorateur français. Ses entrées en fonte du métropolitain (1899-1904) ont fait nommer « style métro » l'*art nouveau.*

**guimauve** *nf* **1** Plante herbacée (malvacée) dont les racines, les tiges et les feuilles ont des propriétés émollientes et sédatives ; pâte, sirop faits avec sa racine **2** fig, péjor Sentimentalité outrée, d'une grande mièvrerie. *Romans à la guimauve.* ETY Du lat. *hibiscus,* et de *mauve.*

**guimbarde** *nf* **1** Instrument de musique composé d'une branche de fer recourbée et d'une languette d'acier. **2** TECH Petit rabot de menuisier, d'ébéniste, de sculpteur, servant à égaliser le fond des creux. **3** péjor, fam Vieille voiture ; mauvaise voiture. ETY Du provenç. *guimba,* « sauter ».

**Guimet (musée)** (auj. dép. des Arts asiatiques des Musées nationaux), musée des arts de l'Extrême-Orient, fondé à Lyon (1879) par Émile Guimet (Lyon, 1836 – Fleurieu-sur-Saône, 1918), qui le transféra à Paris (1884) et en fit don à l'État.

**guimpe** *nf* **1** anc Pièce d'étoffe encadrant le visage des religieuses. **2** Plastron qui masque en partie le décolleté d'une robe. **3** Chemisette sans manches à col haut. ETY Du frq.

**guincher** *vi* ① fam Danser. ETY Du frq.

**guindaille** *nf* Belgique, fam Partie de plaisir, beuverie d'étudiants. DER **guindailler** *vi* ①

**guindant** *nm* MAR Dimension verticale, par oppos. à *battant,* d'un pavillon, d'une voile.

**guindé, ée** *a* **1** Qui manque de naturel, gêné. *Avoir l'air guindé.* **2 fig** Affecté et solennel. *Style guindé.*

**guindeau** *nm* MAR Treuil à axe horizontal qui sert notam. à la main-d'œuvre des chaînes d'ancre. ETY De *guinder.*

**guinder** *v* [1] **1** TECH Élever au moyen d'un engin de levage. **2 fig, litt** Donner une rigueur affectée à. *Guinder son style.* ETY Du scand. DER **guindage** *nm*

**guinée** *nf* Ancienne monnaie anglaise, dont les premières pièces furent frappées avec de l'or de Guinée. *La guinée valait 21 shillings.* ETY De l'angl.

**Guinée** nom donné autref. à la rég. côtière d'Afrique comprise entre l'estuaire de la Casamance et celui du Gabon. Cette rég. est baignée en partie par le *golfe de Guinée*, qui s'étend de la Côte d'Ivoire au Gabon.

**Guinée (république de)** État d'Afrique occid., sur l'Atlantique ; 245 860 km² ; 11,6 millions d'hab. ; accroissement naturel : 2,7 % par an ; cap. *Conakry*. Nature de l'État : rép. de type présidentiel. Langue off. : français. Monnaie : franc guinéen. Princ. groupes ethniques : Foulbés (38,7 %), Malinkés, Soussous, Kissis, Bagas. Religions : islam (85 %), traditionnelles (7 %). DER **guinéen, enne** *a, n*
**Géographie** La plaine côtière humide est dominée par le massif du Fouta-Djalon, château d'eau de l'Afrique de l'O. Ces régions fortement peuplées sont prolongées : à l'E., par un haut plateau couvert de savane ; au S.-E., par des massifs à la forêt dense (1 752 m au mont Nimba). La population est à 64 % rurale.
**Économie** L'agriculture occupe les deux tiers des actifs : manioc, riz et maïs ; pour l'exportation, café, arachide et ananas. La bauxite occupe le 1er rang mondial (60 % du PIB, 90 % des exportations). L'hydroélectricité a permis la création d'une usine d'alumine à Fria. Le port de Conakry est le principal pôle économique. La Guinée appartient aux pays les moins avancés.
**Histoire** Au XVIIIe s., le Fouta-Djalon s'organisa en un État musulman, qui, au XIXe s., ne résista guère à la colonisation française, contrairement au Mandingue Samory Touré qui se bâtit un empire musulman (Mali et N. de la Guinée). En 1893, la France fit de la Guinée une colonie. Territoire d'outre-mer en 1946, la Guinée fut le premier pays de l'A.-O.F. à accéder à l'indépendance. Sékou Touré instaura un régime dictatorial sanglant. Après sa mort en 1984, un coup d'État militaire porta au pouvoir le colonel Lansana Conté, élu en 1988. Il remporta en 1993 la première élection pluraliste (réélu en 1999 et en 2003) mais ne parvint pas à instaurer de stabilité pol. À sa mort en 2008, la junte militaire s'empare du pouvoir avec Dadis Camara à sa tête et réprime violemment l'opposition. Camara renonce au pouvoir en 2010 après avoir été victime d'un attentat. Alpha Condé devient président à l'issue d'élections démocratiques.

**Guinée (Nouvelle-)** → **Nouvelle-Guinée.**

**Guinée-Bissau (république de)** (*República de Guiné-Bissau*), État d'Afrique occid., sur l'Atlantique ; 36 125 km² à marée basse (28 000 km² à marée haute) ; 1,7 million d'habitants ; cap. *Bissau*. Langue off. : portug. Monnaie : franc CFA. Pop. : Balantes, Peuls, Mandjaks, Mandingues. Religions : traditionnelles (65 %), islam (30,1 %). DER **bissau-guinéen, enne** *a, n*
**Géographie** Une plaine littorale densément peuplée, au climat tropical humide et forestier, s'adosse aux bas plateaux de l'intérieur. Les cultures vivrières et la pêche sont les principales ressources d'une population qui augmente de 2,5 % par an. La Guinée-Bissau fait partie des pays les moins avancés.
**Histoire** Territoire portug. depuis le XVe s., colonie séparée du Cap-Vert en 1879, la *Guinée portugaise* lutta pour l'indépendance sous la conduite du parti africain pour l'indép. de la Guinée et des îles du Cap-Vert (PAIGC), que dirigea Amilcar Cabral de 1959 à son assassinat (1973). Son demi-frère Luis négocia l'indépendance avec le Portugal (1974) et fut président de la Rép. Son renversement, en 1980, par un

GUINÉE, GUINÉE-BISSAU, SIERRA LEONE ET LIBERIA

coup d'État entraîna la rupture du pays avec le Cap-Vert (dont les Cabral étaient originaires). Le nouveau chef de l'État, le général Joao Bernardo Vieira, mena une politique libérale. Il instaura le multipartisme en 1991 et fut réélu en 1994, mais renversé par l'armée en 1999. En 2000, Kumba Yalla a été élu prés. ; en 2003, il est chassé par l'armée qui instaure un gouv. d'unité nationale. En 2005, Vieira est réélu prés. Il est assassiné en 2009. M. B. Sanha, proche de Vieira, est élu, mais la situation reste tendue. À la mort de Sanha en 2012, R. Pereira assure la prés. par intérim. Un coup d'État empêche les élections qui devaient avoir lieu en avril 2012. Le retour à la stabilité se fait en 2014 avec l'élection de José Mário Vaz.

**Guinée équatoriale (république de)** État d'Afrique, sur le golfe de Guinée, formé d'une partie continentale, le Mbini (ancien *Rio Muni*), et d'une partie insulaire, les îles principales étant Bioko (ancienne *Fernando Pó*) et Annobón (ancienne *Pagalu*) ; 28 050 km² ; 800 000 hab. ; cap. *Malabo*. Nature de l'État : rép. de type présidentiel. Langue off. : esp. Monnaie : franc CFA. Pop. : Fangs, Bubis, émigrés nigérians. Relig. : cathol. majoritaire. DER **équato-guinéen, enne** *a, n*
**Géographie** Montagneux, couvert de forêt dense, isolé et faiblement peuplé, le pays vit de cultures vivrières et d'exportation de pétrole (en plein essor), de cacao, de café et de bois. Il appartient au groupe des pays les moins avancés. 75 % des hab. vivent dans la misère.
**Histoire** Territoire esp. en 1778, la *Guinée espagnole* devient une rép. autonome (1964), puis indépendante (1968) sous la présidence de Francisco Macias Nguema qui institua un régime de terreur et fut renversé en 1979 par un coup d'État dirigé par le colonel Teodoro Obiang Nguema Mbasogo. En 1992, il instaura le multipartisme et en 1993 l'ex-parti unique remporta les élections législatives boycottées par les principaux partis de l'opposition. En 1996, il remporta la prem. présidentielle pluraliste. Depuis, il est réélu à chaque fois. ▶ carte : **Gabon**

**Guinegatte** (auj. *Enguinegatte*), localité du Pas-de-Calais. En 1479, Louis XI fut battu par Maximilien d'Autriche *(journée des Démanchés)*. En 1513, l'armée française fut vaincue par Henri VIII d'Angleterre et Maximilien d'Autriche *(journée des Éperons)*.

**Guingamp** ch.-l. d'arrondissement des Côtes-d'Armor, sur le Trieux ; 8 088 hab. Industries. – Basilique (XIVe-XVIe s.). – Anc. cap. du Penthièvre. DER **guingampais, aise** *a, n*

**guingois (de)** *av fam* De travers. *Une maison de guingois.*

**guinguette** *nf* vieilli Petit café populaire, généralement en plein air, où l'on boit et où l'on danse. ETY De l'a. fr. *giguer*, « sauter ».

**Guinier André** (Nancy, 1911 – Paris, 2000), physicien français (cristallographie).

**Guinizelli Guido** (Bologne, v. 1235 – Monselice, 1276), poète italien. Sa vision idéaliste de l'amour *(dolce stil nuovo)* annonce Dante.

**Guinness sir Alec** (Londres, 1914 – Midhurst, Sussex, 2000), acteur anglais : *Noblesse oblige* (1949), *Tueur de dames* (1955), *le Pont de la rivière Kwai* (1957), *la Guerre des étoiles* (1977).

**guipage** *nm* **1** TECH Action de guiper. **2** ELECTR Gaine isolante d'un conducteur électrique.

**Guipavas** ch.-l. de cant. du Finistère (arr. de Brest) ; 14 052 hab. – Aéroport de Brest. DER **guipavasien, enne** *a, n*

**guiper** *vt* ① **1** TECH Torsader. *Guiper des cordons.* **2** ELECTR Entourer un conducteur électrique d'un isolant. ETY Du frq.

**guipoir** *nm* Outil pour faire des torsades.

**guipure** *nf* Dentelle sans fond représentant des fleurs, des arabesques.

**Guipúzcoa** prov. basque d'Espagne, montagneuse ; 1 997 km² ; 709 600 hab. ; ch.-l. *Saint-Sébastien*. Élevage bovin ; hydroélectricité.

**guirlande** *nf* **1** Couronne, feston de fleurs et de feuilles naturelles ou artificielles servant à décorer. **2** Dessin, sculpture représentant une guirlande. **3** Ce qui présente l'aspect d'une guirlande. *Guirlandes de lampes colorées.* ETY De l'ital.

**Guirlande de Julie (la)** recueil de 62 pièces de vers composé en 1634 (ou 1641) par le duc de Montausier et des familiers de l'hôtel de Rambouillet comme cadeau à Julie d'Angennes, fille de la marquise de Rambouillet.

**Guisan Henri** (Mézières, cant. de Vaud, 1874 – Pully, près de Lausanne, 1960), général suisse, chef des armées de 1939 à 1945.

**guisarme** *nf* anc Arme d'hast à un ou deux crochets aigus. PHO [g(y)izaʀm]

**Guiscard → Robert Guiscard.**

**guise** *nf* LOC *À sa guise* : à son gré. — *En guise de* : au lieu de, comme, pour. *Il a reçu de l'argent en guise de récompense.* ETY Du germ.

**Guise** ch.-l. de cant. de l'Aisne (arr. de Vervins), sur l'Oise ; 5 293 hab. Industries. – Anc. cap. de la Thiérache. DER **guisard, arde** *a, n*

**Guise Claude Ier (premier duc de)** (Condé, 1496 – Joinville, 1550), fils de René II de Lorraine. Il reçut de François Ier le comté de Guise, érigé en duché. — **Guise François Ier** (Bar, 1519 – Saint-Mesmin, 1563), fils du préc., s'illustra contre Charles Quint et par la prise de Calais (1558). Chef des catholiques, il fut assassiné. — **Guise Henri Ier, dit le Balafré** (?, 1550 – Blois, 1588), fils du préc., lutta contre les protestants (Jarnac, Moncontour, etc.). Chef de la Ligue en 1576, il vainquit les protestants (1587) et prétendit au trône. Henri III l'attira à Blois, où il le fit assassiner. — **Guise Louis II** (Dampierre, 1555 – Blois, 1588), frère du préc. ; cardinal de Lorraine ; assassiné le lendemain de la mort de son frère.

**Guisui → Hohhot.**

**guitare** *nf* Instrument de musique à cordes pincées, à manche et à corps aplati des deux côtés. LOC *Guitare basse* : guitare électrique à quatre cordes. SYN basse. *Guitare électrique* : reliée directement au système d'amplification, par oppos. à *guitare sèche*. ETY De l'ar. par l'esp. DER **guitariste** *n* – **guitaristique** *a* ▶ pl. **musique**

**Guiton Jean** (La Rochelle, 1585 – id., 1654), armateur français. Maire de La Rochelle assiégée par Richelieu (1628), il dirigea avec énergie la résistance de la ville.

**guitoune** *nf* fam Abri de fortune, cabane, tente. ETY De l'ar.

**Guitry Lucien** (Paris, 1860 – id., 1925), acteur français ; il créa le rôle de Flambeau dans *l'Aiglon* (1900). — **Guitry Sacha** (Saint-Pétersbourg, 1885 – Paris, 1957), fils du préc. ; acteur, auteur dramatique et cinéaste français : *Faisons un rêve* (1916), *Mon père avait raison* (1919), *N'écoutez pas, mesdames* (1943), etc. Films : *le Roman d'un tricheur* (1935), *Si Versailles m'était conté* (1953).

**Guitton Jean** (Saint-Étienne, 1901 – Paris, 1999), philosophe français : *le Temps et l'éternité chez Plotin et saint Augustin* (1955), *les Pouvoirs mystérieux de la foi* (1994). Paul VI le nomma observateur au concile Vatican II. Acad. fr. (1961).

**Guittone d'Arezzo** (Santa Firmina, v. 1230 – Florence, 1294), poète italien ; auteur de *canzoni* moraux que critiqua Guinizelli.

**Guiyang** v. de la Chine du S.-O. ; cap. de la prov. de Guizhou ; 4 322 000 hab. (aggl.).

**Guizhou** prov. autonome de la Chine du S.-O., arrosée par le Wujiang ; 174 000 km² ; 34 750 000 hab. ; cap. *Guiyang*. Cultures tropicales. Houille, fer, mercure.

**Guizot François** (Nîmes, 1787 – Val-Richer, Calvados, 1874), homme politique et historien français. Ministre de l'Instruction publique (1832-1837), il organisa l'enseignement primaire (*loi Guizot,* 1833). De 1840 à 1848, il dirigea le gouv. ; conservateur, il provoqua la révolution de 1848. Œuvres : *Histoire de la révolution d'Angleterre* (1826-1827), *Mémoires pour servir à l'histoire de mon temps* (1858-1867). Acad. fr. (1836). ▶ illustr. p. 736

**Gujan-Mestras** com. de la Gironde, sur le bassin d'Arcachon ; 20 748 hab. Ostréiculture. DER **gujanais, aise** *a, n*

**Gujerāt** État du N.-O. de l'Inde, sur la mer d'Oman ; 195 984 km² ; 65 100 000 hab. ; cap. *Gāndhīnagar* (1,4 million d'hab.). Coton, céréales. En 2001, un séisme fait 20 000 victimes.

**gujerati** *nm* Langue indo-aryenne, officielle au Gujerat.

**Gujrānwāla** v. du Pākistān, au N. de Lahore ; 2 000 000 hab. (aggl.). Text. (coton, laine).

**Gu Kaizhi** (Wuxi, v. 344 – v. 406), peintre chinois de l'époque des Six Dynasties. On lui attribue le rouleau *Conseils d'une monitrice aux dames de la cour*. VAR **Kou K'ai-tche**

**Gül Abdulhah** (Kayseri, 1950), homme politique turc (AKP), président de la République de 2007 à 2014.

**Gulbenkian Calouste Sarkis** (Istanbul, 1869 – Lisbonne, 1955), homme d'affaires britannique d'origine arménienne. Il acquit une

portrait des trois ducs de **Guise** : (de g. à dr.) Claude Ier, Henri Ier et François Ier, école française du XVIe s. – musée des Beaux-Arts, château de Blois

multitude d'œuvres d'art, rassemblées en 1960 dans le *musée Gulbenkian* de Lisbonne.

**Guldberg** Cato (Christiania, 1836 – id., 1902), chimiste norvégien. Waage et lui formulèrent la loi d'action de masse (1864) et fondèrent la cinétique chimique.

**Gulf Stream** (« Courant du golfe »), courant chaud de l'Atlantique N. né dans la mer des Antilles. Longeant les côtes amér., il éclate au niveau de Terre-Neuve en plusieurs branches, dont certaines viennent réchauffer les côtes européennes (dérive nord-atlantique).

**Gulistan** (« la Roseraie »), poème du Persan Saadi (XIII^e s.), traité de savoir-vivre et de sagesse mêlant prose et vers. VAR **Golestan**

**Gulliver** héros et narrateur du roman satirique de J. Swift *les Voyages de Gulliver* (1726), critique génialement corrosive de la société anglaise et des humains. ▷ CINE *Les Voyages de Gulliver*, dessin animé de l'Américain Dave Fleischer (1894 – 1980).

**Gullstrand** Allvar (Landskrona, près de Hälsingborg, 1862 – Stockholm, 1930), médecin suédois ; spécialiste d'optique. P. Nobel de médecine (1911).

**gummifère** *a* BOT Qui produit de la gomme. *Arbre gummifère.*

**Gumri** (anc. *Leninakan*), v. d'Arménie dans le bassin de l'*Akhourian*, détruite par un séisme en 1988 ; 145 000 hab.

**Gundulić** Ivan (Raguse, auj. Dubrovnik, v. 1589 – id., 1638), poète croate influencé par le Tasse : *Osman* (épopée).

**Güney** Yilmaz (Adana, 1937 – Paris, 1984), acteur, scénariste et cinéaste turc. Depuis sa prison, il dirigea trois films qu'il avait écrits : *le Troupeau* (1978), *l'Ennemi* (1979), *Yol* (1980). Il s'évada (1981) et tourna en France *le Mur* (1983).

**gunite** *nf* CONSTR Mélange de sable et de ciment réalisé à sec et destiné à être projeté pour constituer un revêtement. ETY Mot angl. de *gun*, « canon ».

**gunnère** *nf* Plante herbacée, vivace, à très grandes feuilles poilues, d'origine américaine, utilisée comme plante d'ornement. VAR **gunnera** *nm*

**Guntūr** ville de l'Inde (Āndhra Pradesh) ; 647 500 hab. Cotonnades ; tabac.

**günz** *nm* GEOL Première des quatre glaciations d'Europe au quaternaire. PHO [gyntz] ETY N. d'une rivière all.

**Günz (le)** riv. d'Allemagne (75 km), affl. (r. dr.) du Danube. A donné son nom à la première glaciation du quaternaire.

**Guomindang** (« Parti national du peuple »), parti nationaliste chinois fondé par Sun Zhongshan (Sun Yat-sen) en 1900. Sun Zhongshan le rénova en 1923 sur le modèle du parti communiste soviétique. À sa mort (1925), Jiang Jieshi (Tchang Kaï-chek) regroupa les anticommunistes (1927). Les communistes luttèrent avec lui contre le Japon (1937-1946) puis le vainquirent (1949). Il se réfugia à Taiwan qu'il gouverna jusqu'en 2000. VAR **Kouo-min-tang**

**Guo Moruo** Guo Kaizhen, dit (prov. de Sichuan, 1892 – Pékin, 1978), écrivain et homme politique chinois, proche des communistes : *Feuilles mortes* (poèmes, 1928), *la Vague* (récit, 1932). VAR **Kouo Mo-jo**

**Guo Xi** (XI^e s.), peintre chinois, paysagiste. VAR **Guoxi**

**guppy** *nm* Petit poisson d'aquarium aux couleurs vives, originaire d'Amérique du S., également élevé dans les étangs pour lutter contre les larves de moustiques. ETY D'un n. pr.

**Gupta** dynastie indienne (III^e-VI^e s. apr. J.-C.) qui fonda v. 320 un grand empire dans l'Inde du N. et l'Inde centrale. Âge d'or de la peinture et de la sculpture hindouistes et bouddhistes (site d'Ajantā). VAR **Goupta**

**gur** *nm* Groupe de langues nigéro-congolaises (en partic. le mossi) parlées du nord de la Côte d'Ivoire au Nigeria. SYN voltaïque. VAR **gour**

**Gurdjieff** George Ivanovitch (Alexandropol, 1877 – Paris, 1949), écrivain russe ésotérique qui vécut en France : *Rencontres avec des hommes remarquables* (1956).

**gurdwara** *nm* Temple sikh.

**Gurkha** caste militaire du Népal qui a alimenté l'armée britannique. VAR **Gourkha**

**Gürsel** Cemal (Erzurum, 1895 – Ankara, 1966), général et homme politique turc ; auteur du coup d'État de 1960, élu président de la République (1961-1966).

**guru** → **gourou.**

**Gurunsis** populations du Burkina Faso, de Côte d'Ivoire, du Ghana et du Togo. Ils parlent des langues nigéro-congolaises du groupe *gur* (sous-groupe *gurunsi*). VAR **Gourounsis** DER **gurunsi** ou **gourounsi** *a*

**Gurvitch** Georges (Novorossisk, 1894 – Paris, 1965), sociologue français d'origine russe : *les Cadres sociaux de la connaissance* (1966).

**gus** *nm* fam Type, gars. PHO [gys]

**Gusenbauer** Alfred (Sankt Pölten, 1960), homme politique autrichien (social-démocrate), chancelier de 2007 à 2008.

**gustatif, ive** *a* Qui concerne le goût. *Papilles gustatives.* ETY Du lat. *gustare*, « goûter ».

**gustation** *nf* Perception des saveurs par le goût.

**Gustave I^er Vasa** (Lindholm, 1496 – Stockholm, 1560), roi de Suède (1523-1560). Il libéra son pays des Danois (1520-1523) et devint roi. Ayant introduit le luthéranisme, il sécularisa les biens du clergé et développa l'économie. — **Gustave II Adolphe** (Stockholm, 1594 – Lützen, 1632), roi de Suède (1611-1632), petit-fils du préc. Il fit de son armée une des meilleures d'Europe et lutta avec succès contre les Habsbourg (1631-1632) : il vainquit Tilly à Breitenfeld et Wallenstein à Lützen, où il fut tué. — **Gustave III** (Stockholm, 1746 – id., 1792), roi de Suède (1771-1792). En 1772, une nouvelle Constitution fit de lui un despote éclairé (liberté de la presse, tolérance religieuse). Il fut assassiné. — **Gustave IV Adolphe** (Stockholm, 1778 – Saint-Gall, 1837), roi de Suède (1792-1809), fils du préc. ; renversé par l'armée. — **Gustave V** (château de Drottningholm, 1858 – id., 1950), roi de Suède (1907-1950), fils d'Oscar II. — **Gustave VI Adolphe** (Stockholm, 1882 – Helsingborg, 1973), roi de Suède (1950-1973), fils du préc.

**Gutaï** groupe de peintres japonais pratiquant l'abstraction gestuelle, fondé à Osaka en 1951.

**Gutenberg** Johannes Gensfleisch, dit (Mayence, entre 1394 et 1399 – id., 1468), imprimeur allemand. Il perfectionna l'imprimerie en mettant au point les caractères typographiques de métal mobiles. Il travailla à Strasbourg entre 1430 et 1444. Il regagna alors Mayence, où, v. 1450, il s'associa avec Fust qui lui fit un procès, s'appropria son matériel et acheva seul, en 1455, l'impression de la Bible dite « à quarante-deux lignes » ou « Bible de Gutenberg ». (V. Fust.) Protégé par Adolphe de Nassau, archevêque de Mayence, Gutenberg fonda, en 1465, une nouvelle imprimerie.

**Guterres** Antonio (Lisbonne, 1949), homme politique portugais. Chef du parti socialiste (1992), Premier ministre de 1995 à 2001.

**Guth** Paul (Ossun, 1910 – Ville-d'Avray, 1997), écrivain français humoristique : *le Naïf aux quarante enfants* (1955).

**Guthrie** Woody (Okemah, Oklahoma, 1912 – New York, 1967), auteur-compositeur et chanteur américain : chansons folk protestataires.

**Gutland (le)** rég. mérid. du Luxembourg.

**gutta-percha** *nf* Substance chimiquement proche du caoutchouc, extraite du latex d'un arbre d'Asie tropicale. PLUR guttas-perchas. PHO [gytapɛrka] ETY Du malais.

**guttural, ale** *a, nf* **A** **1** ANAT Du gosier. **2** Qui part du gosier. *Voix gutturale.* **B** *a, nf* PHON Se dit d'une consonne qui se prononce depuis le gosier ([g], [k]). PLUR gutturaux. ETY Du lat. *guttur*, « gosier ».

**Gutzkow** Karl (Berlin, 1811 – Sachsenhausen, 1878), écrivain allemand, membre de la « Jeune-Allemagne » : *Wally la sceptique* (roman, 1835), *Uriel Acosta* (tragédie, 1847).

**Guy** George, dit Buddy (Lettsworth, Louisiane, 1936), jazzman américain, guitariste et chanteur de blues.

**Guyana (république de)** (*Republic of Guyana*), État du N.-E. de l'Amérique du Sud, sur l'Atlantique (anc. *Guyane britannique*) ; 214 970 km$^2$ ; 800 000 hab. ; accroissement naturel : 1,6 % par an ; cap. *Georgetown*. Nature de l'État : rép. parlementaire. Langue off. : angl. Monnaie : dollar de Guyana. Pop. : Indiens originaires de l'Inde (50,3 %), origines africaines (36 %), métis (8 %), Amérindiens (4,2 %), origines europ. et Chinois. Relig. : protestantisme, hindouisme. DER **guyanien, enne** *a, n*
**Géographie** La plaine côtière, où débouche le fleuve Essequibo, concentre les cultures et la pop. Plateaux et montagnes de l'intérieur (2 835 mètres au Roraima) portent une forêt dense inhospitalière. Le pays, qui exporte de la bauxite, du sucre, du riz, de l'or et des diamants, a connu la crise dans les années 1980, l'austérité et la reprise de 1992 à 1997, puis une croissance moindre. La pauvreté frappe 50 % de la pop.
**Histoire** Britannique depuis 1803, colonie en 1831, le territ. acquit son indép. en 1966 et forme depuis 1970 une rép. marquée par la division entre Indiens et Noirs ; le PNC (*People National Congress*), se réclamant du marxisme, parti des Noirs, a gouverné de 1970 à 1992 ; en 1989, en accord avec le FMI, il a décrété l'austérité. En 1992, le candidat indien, Cheddi Jagan, a remporté l'élection présidentielle. Depuis, le Parti progressiste du peuple (parti indien) a remporté toutes les élections présidentielles et législatives. En 2015, l'élection du candidat du Congrès national du Peuple (CNP) met fin à cette hégémonie.

**Guyancourt** com. des Yvelines (arr. de Versailles), intégré à Saint-Quentin-en-Yvelines ; 28 100 hab. DER **guyancourtois, oise** *a, n*

**Guyane (la)** rég. du N.-E. de l'Amérique du Sud, sur l'Atlantique, partagée entre le Venezuela, la Guyana (anc. *Guyane britannique*), le Surinam (anc. *Guyane néerlandaise*), la France et le Brésil. Son climat est équat. Elle comprend surtout le *massif des Guyanes*, d'accès difficile, qui renferme des richesses minérales, peu exploitées.
**Histoire** Reconnue dès 1500 par les Européens, colonisée au XVII^e s., cette rég. fut très

F. Guizot

Gutenberg

disputée au XVIIIe s. entre Hollandais, Britanniques et Français, qui conclurent un partage en 1814. Le Venezuela et le Brésil contestent encore les frontières.

**Guyane française** département français d'outre-mer (973) depuis 1946 et Région depuis 1982, entre le Suriname et le Brésil ; 90 000 km$^2$ ; 229 040 hab., dont plus de la moitié sont d'orig. étrangère ; 2,5 hab./km$^2$ ; ch.-l. *Cayenne* (56 002 hab.) ; ch.-l. d'arr. *Saint-Laurent-du-Maroni.* – La pop. (80 % de Noirs et de métis) se concentre sur la plaine côtière ; les bas plateaux de l'intérieur sont couverts par la forêt dense équatoriale, biotope exceptionnel, aujourd'hui menacé par l'exploitation sauvage de la forêt et surtout de l'or (pollution des cours d'eau par le mercure). L'économie est très dépendante de la métropole et du centre spatial installé en 1967 à Kourou, lieu de lancement de la fusée Ariane depuis 1982. Un parc national, le Parc amazonien de Guyane, a été créé en 2007. – Définitivement française depuis 1817, la Guyane a été un lieu de déportation polit. (1794-1805), puis on y installa le bagne de Cayenne (1852-1945). En 2010, les Guyanais se prononcent pour la collectivité unique. DER **guyanais, aise** *a, n*

**Guyane néerlandaise** → **Surinam.**

**Guy** Alice, Mme Herbert Blaché, (Saint-Mandé, 1873 – Washington, 1968), cinéaste française, la première au monde : *la Fée aux choux* (1896).

**Guye** Charles Eugène (Saint-Christophe, cant. de Vaud, 1866 – Genève, 1942), physicien suisse. Il mesura la variation de la masse des électrons en fonction de leur vitesse.

**Guyenne** nom qui désigna les possessions des rois d'Angleterre en Aquitaine, de 1258 à 1453, puis l'Aquitaine.

**Guynemer** Georges (Paris, 1894 – en combat aérien au-dessus de Poelkapelle, Belgique, 1917), aviateur français. Pendant la guerre de 1914-1918, il remporta 53 victoires.

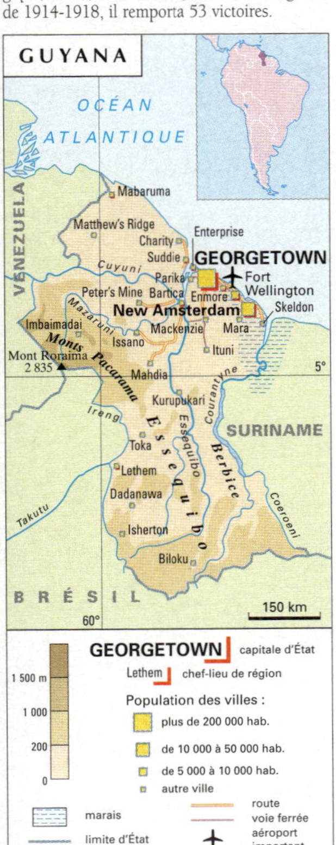


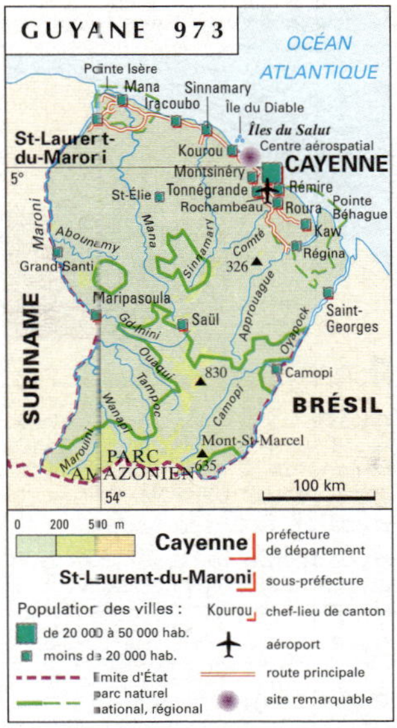


**Guyon** Félix (Saint-Denis, la Réunion, 1831 – Paris, 1920), chirurgien français. Il fit progresser l'urologie en France.

**Guyon du Chesnoy** Jeanne-Marie Bouvier de La Motte, Mme (Montargis, 1648 – Blois, 1717), mystique française. Elle professa le quiétisme, condamné par Rome. Fénelon la défendit en vain (1697).

**1 guyot** *nm* GÉOL Volcan sous-marin, à sommet plat. ETY D'un n. pr.

**2 guyot** *nf* Variété de poire. ETY Du n. du premier producteur.

**3 guyot** *nm* Système de taille de la vigne consistant à laisser deux rameaux sur la souche. ETY D'un n. pr.

**Guyotat** Pierre (Bourg-Argental, Loire, 1940), écrivain français : *Tombeau pour 500 000 soldats* (1967), *Prostitution* (1975), *le Livre* (1984), *Progénitures* (2000), *Coma* (2006).

**Guys** Constantin (Flessingue, Pays-Bas, 1802 – Paris, 1892), dessinateur et aquarelliste français : *le Peintre de la vie moderne* (essai de Baudelaire, 1853).

**Guyton de Morveau** Louis Bernard (baron) (Dijon, 1737 – Paris, 1816), chimiste et magistrat français ; membre du Comité de salut public : il réforma la nomenclature chimique.

**guzla** *nf* Violon monocorde des Balkans. ETY Mot croate.

**Guzmán de Alfarache** roman picaresque de M. Alemán (1599 et 1603), adapté par Lesage (1732).

**Guzmán y Franco** Martín Luis (Chihuahua, 1887 – Mexico, 1976), romancier mexicain : *l'Aigle et le Serpent* (1928), *Mémoires de Pancho Villa* (1938-1939).

**G20** forum économique réunissant 19 États et l'UE créé en 1999 pour réguler l'économie internationale.

**Gwālior** v. de l'Inde (Madhya Pradesh), au S. d'Āgra ; 1 230 000 hab. Centre industr. – Restes d'une nécropole royale, temples, palais moghol.

**Gwent** comté du pays de Galles ; 1 376 km$^2$ ; 432 300 hab. ; ch.-l. *Newport.*

**Gweru** ville du centre du Zimbabwe ; 100 000 hab. Cap. d'une prov. Centre minier et métallurgique.

**gwerz** *nm* Chant traditionnel breton, sans accompagnement musical. ETY Mot breton.

**Gwynedd** comté du pays de Galles ; 3 869 km$^2$ ; 238 600 hab. ; ch.-l. *Carnarvon.*

**Gy** PHYS Symbole du gray.

**Gygès** (v. 687 – v. 652 av. J.-C.), berger légendaire devenu roi de Lydie grâce à un anneau d'or qui lui permettait de se rendre invisible. (V. Mermnades).

**Gylippos** (Ve s. av. J.-C.), général spartiate ; vainqueur des Athéniens en Sicile (413).

**gym** *nf* fam Gymnastique.

**gymkhana** *nm* Fête en plein air comportant des épreuves d'adresse, et notam. des courses d'obstacles. PHO [ʒimkana] ETY Mot hindi, par l'angl.

**gymn(o)-** Élément, du gr. *gumnos,* « nu ».

**gymnase** *nm* **1** ANTIQ GR Lieu où les athlètes s'entraînaient. **2** Vaste salle aménagée et équipée pour la pratique des sports. **3** École secondaire, lycée, en Suisse. ETY Du lat. d'orig. gr.

**gymnasial, ale** *a* Suisse Relatif au gymnase, au lycée. PLUR gymnasiaux.

**gymnasien, enne** *a* Suisse Élève d'un gymnase, lycéen.

**gymnaste** *n* **1** ANTIQ GR Instructeur des athlètes. **2** Athlète pratiquant la gymnastique.

**gymnastique** *nf* **1** Discipline de compétition qui comprend, pour les hommes, le saut de cheval (longitudinal), des exercices au sol, aux barres parallèles, à la barre fixe, aux anneaux, au cheval d'arçons, et, pour les femmes, le saut de cheval (transversal), des exercices au sol, aux barres asymétriques et à la poutre. **2** Éducation physique. **3** fig Manœuvre compliquée pour arriver à un résultat. *Gymnastique intellectuelle.* LOC ***Gymnastique aquatique :*** pratiquée dans l'eau. — ***Gymnastique rythmique et sportive*** (GRS) : discipline olympique féminine, constituée d'enchaînements utilisant des ballons, des massues, des cerceaux et des cordes, avec accompagnement musical. — ***Pas gymnastique :*** pas de course cadencé.

**gymnastique** Nadia Comaneci

**gymnique** *a, nf* **A** *a* Relatif à la gymnastique. **B** *nf* Art des exercices athlétiques.

**gymnosophiste** *nm* didac Ascète hindou qui vivait nu.

**gymnosperme** *nf* BOT Plante phanérogame dont les ovules, non enfermés dans des carpelles clos (V. angiospermes), sont à nu et dont les graines ne sont donc pas enfermées dans un fruit.

**gymnote** *nm* Poisson téléostéen d'Amérique du Sud, allongé comme une anguille, dépourvu de nageoire dorsale et possédant des organes électriques (décharges de 500 volts). ETY Du gr.

**gynandrie** *nf* **1** BOT Disposition de la fleur dont les étamines sont soudées au pistil. **2** PHYSIOL Traits morphologiques masculins chez certaines femmes.

**gynandromorphe** *a* ZOOL Se dit d'un insecte qui présente des caractères mâles ou femelles suivant les régions du corps, le plus souvent moitié droite d'un sexe et moitié gauche de l'autre.

**gynécée** *nm* **1** ANTIQ GR Appartement des femmes. **2** BOT Ensemble des carpelles d'une fleur, organisés en pistil ou libres.

**gynéco-, gyn(é)-, -gyne** Éléments, du gr. *gunê, gunaikos,* « femme ».

**gynéco** *n* fam Gynécologue.

**gynécologie** *nf* MED Étude de l'anatomie, de la physiologie, de la pathologie des organes génitaux féminins. DER **gynécologique** *a* – **gynécologue** *n*

**gynécomastie** *nf* MED Augmentation pathologique du volume des seins.

**gynérium** *nm* BOT Graminée ornementale dont les épis très velus, en panache, sont nommés cour. *herbe des pampas.* PHO [ʒineʀjɔm]

**gynogamone** *nf* BIOL Groupe de substances chimiques sécrétées par les ovules pour favoriser la fécondation.

**gynostème** *nm* BOT Colonne portant à la fois les étamines et le pistil chez certaines orchidées.

**Györ** (en all. *Raab*), v. de Hongrie, sur un bras du Danube ; 102 350 hab. ; ch.-l. de comté. Industries. – Nombr. monuments baroques.

**Gyp Sibylle de Riqueti de Mirabeau (comtesse de Martel de Janville)** dite (chât. de Koëtsal, Morbihan, 1849 – Neuilly-sur-Seine, 1932), romancière française : *le Mariage de Chiffon* (1894).

**gypaète** *nm* Très grand vautour, dont la tête est garnie d'un plumage beige et noir, vivant dans les montagnes d'Eurasie et d'Afrique et qui se nourrit de charognes. ETY Du gr. *gups,* « vautour », et *aetos,* « aigle ».

**gypaète** barbu

**gypse** *nm* Roche saline constituée de sulfate naturel hydraté de calcium ($CaSO_4$, $2H_2O$). *Chauffé vers 200 °C, le gypse donne du plâtre.* ETY Du lat. d'orig. gr. DER **gypseux, euse** *a*

**gypsier, ère** *n* Suisse Plâtrier.

**gypsophile** *nf* BOT Plante herbacée (caryophyllacée) dont les tiges très fines portent de nombreuses petites fleurs blanches.

**gyre** *nm* Tourbillon océanique entraînant la remontée d'eaux froides de profondeur.

**gyr(o)-, -gyre** Éléments, du gr. *guros,* « cercle ».

**gyrin** *nm* Coléoptère qui tournoie à la surface des eaux douces et calmes. PHO [ʒiʀɛ̃] ETY Du lt. d'orig. gr.

**gyrobroyeur** *nm* Appareil servant à débroussailler les sous-bois.

**gyrocompas** *nm* TECH Compas qui indique la direction du nord géographique au moyen d'un gyroscope électrique.

**gyromagnétique** *a* PHYS NUCL Se dit du rayonnement électromagnétique produit par le mouvement des électrons à l'intérieur d'un accélérateur de particules.

**gyromètre** *nm* AVIAT Instrument mesurant les changements de direction d'un avion.

**gyromitre** *nm* BOT Ascomycète voisin de la morille, au chapeau contourné comme des replis de cervelle et qui est mortel consommé cru.

**gyrophare** *nm* TECH Phare rotatif équipant le toit de certains véhicules (ambulances, voitures de pompiers, de police, etc.).

**gyropilote** *nm* Compas gyroscopique qui permet le pilotage automatique des avions.

**gyropode** *nm* Véhicule électrique autoporteur monoplace muni d'un système de stabilisation gyroscopique et d'un manche pour le guidage, dont l'utilisateur se tient debout sur une plate-forme reposant sur une roue centrale ou deux roues latérales. ETY Du gr. *gyro,* « cercle » et *pode,* « pied ».

**gyroscope** *nm* TECH Appareil constitué d'un volant monté dans une armature, dont l'axe de rotation, placé dans une direction quelconque, s'y maintient indéfiniment si aucune force supplémentaire ne lui est appliquée. DER **gyroscopique** *a*

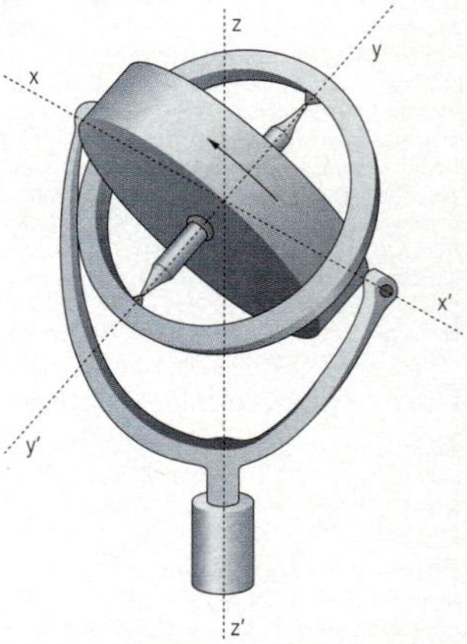


grâce à un système de suspension à la Cardan, le volant de gyroscope possède trois degrés de liberté (autour des axes x, y et z)

**gyroscope**

**gyrostat** *nm* didac Tout solide animé d'un mouvement de rotation lui conférant les propriétés de stabilité directionnelle du gyroscope.

**gyrovague** *nm* HIST Moine errant, des premiers siècles de la chrétienté, qui n'appartenait à aucune communauté.

**Gythio** v. et port de Grèce (Péloponnèse) ; 4 050 hab. – Port maritime de l'anc. Sparte.

**Gyulai Ferencz (comte de Maros-Németh et Nádaska)** (Pest, 1798 – Vienne, 1868), général hongrois ; commandant de l'armée autrichienne vaincue à Magenta (1859).

# H h

**h** *nm* **1** Huitième lettre (h, H) et sixième consonne de l'alphabet, ne se prononçant pas, l'*h* dit abusiv. « aspiré » ([ʾ] en phonétique) notant un hiatus (ex. *des heaumes* [deʾom]), l'*h* muet n'empêchant ni l'élision ni la liaison (ex. *l'homme; les hommes* [lezɔm]), ou se combinant avec les consonnes *c* et *p* dans les groupes *ch* [ʃ ou k] et *ph* [f]. **2** PHYS h : symbole de hecto (« cent »). **3** h : symbole de l'heure. **4** h ou *ħ* : constante de Planck. **5** H : symbole du champ magnétique. **6** ELECTR H : symbole du henry (unité d'inductance). **7** CHIM H : symbole de l'hydrogène. **LOC** ***Bombe H :*** bombe à hydrogène ou thermonucléaire.

**ha** Symbole de l'hectare.

**ha** *interj, nm inv* **A** Marque la surprise. *Ha ! vous voilà ! Pousser un grand ha !* **B** *interj* Figure le rire. *Ha, ha, ha !* (PHO) [ʾa] (ETY) Onomat. (VAR) **ah**

**Haakon** nom de sept rois de Norvège du X^e au XX^e siècle. — **Haakon IV** (Skarpsborg, 1204 – Kirkwall, 1263), roi de Norvège (1217-1263). Il soumit l'Islande (1262). — **Haakon VII** (Charlottenlund, Danemark, 1872 – Oslo, 1957), roi de Norvège (1905-1957). Fils cadet de Frédéric VIII de Danemark, il fut élu roi après la séparation de la Suède et de la Norvège. Quand les Allemands envahirent son pays il se réfugia en G.-B. d'où il organisa la résistance (1940-1945).

Haakon VII

**Haardt** → **Hardt.**

**Haarlem** v. des Pays-Bas, ch.-l. de la Hollande-Sept. ; 148 740 hab. Cultures florales. Industries. – Musée Frans Hals. – Federico, fils du duc d'Albe, assiégea la ville et s'en empara (1572-1573).

**Haarlemmermeer** vaste commune des Pays-Bas (Hollande-Sept.), sur le polder du m. nom ; 91 370 hab.

**Haavelmo** Trygve (Skedsmo, 1911 – Eiksmarka, près d'Oslo, 1999), économiste norvégien, pionnier de l'économétrie. P. Nobel 1989.

**Habacuc** (fin du VI^e s. av. J.-C.), l'un des douze petits prophètes juifs, auteur du *Livre de Habacuc*, contemporain de l'Exil. (VAR) **Habaquq**

**habanera** *nf* **1** Danse d'origine espagnole ou cubaine. **2** MUS Air qui accompagne cette danse, exécutée sur un rythme à 2/4 très syncopé. (PHO) [ʾabaneʀa] (ETY) Mot esp., « havanaise ». (VAR) **habanera**

**Habaquq** → **Habacuc.**

**habeas corpus** *nm* Loi anglaise qui garantit la liberté individuelle. (PHO) [abeaskɔʀpys] (ETY) Mots lat., « que tu aies le corps ».

ENC Voté sous Charles II (1679), l'*Habeas Corpus Act* garantit la liberté individuelle : tout accusé a le droit d'être entendu dans les 24 heures qui suivent son arrestation et d'attendre en liberté son jugement, moyennant une caution. Cette loi a été inscrite dans la Constitution des États-Unis.

**Habeneck** François (Mézières, 1781 – Paris, 1849), violoniste et chef d'orchestre français, interprète de Beethoven.

**Haber** Fritz (Breslau, 1868 – Bâle, 1934), chimiste allemand. Il réalisa la synthèse industrielle de l'ammoniac. P. Nobel 1918.

**Habermas** Jürgen (Düsseldorf, 1929), philosophe allemand ; continuateur de l'école de Francfort : *la Technique et la Science comme idéologie* (1968), *Morale et Communication* (1986).

**habile** *a* **1** Qui sait bien exécuter qqch ; adroit, expert. *Un mécanicien habile. Être habile en affaires.* **2** Qui témoigne d'une certaine adresse, d'une certaine ingéniosité. *Une décision habile.* **3** DR Qui remplit les conditions juridiques requises pour l'exercice d'un acte. *Habile à hériter.* (ETY) Du lat. (DER) **habilement** *av*

**habileté** *nf* **1** Qualité d'une personne habile. *Une broderie exécutée avec habileté.* **2** Manière d'agir, procédé habile.

**habilitation** *nf* **1** DR Action d'habiliter qqn ; capacité légale à faire qqch. **2** Diplôme de l'enseignement supérieur qui habilite à diriger des travaux de recherche et permet de postuler au titre de professeur.

**habilité** *nf* DR vx Aptitude légale à faire qqch.

**habiliter** *vt* ① DR Rendre qqn légalement habile, apte à accomplir un acte juridique.

**habillage** *nm* **1** Action d'habiller qqn. **2** TYPO Disposition d'un texte autour des illustrations. **3** Revêtement décoratif destiné à masquer un radiateur, des tuyauteries, des poutres, etc. **4** fig Présentation destinée à tromper. *Habillage comptable.*

**habillé, ée** *a* **1** Vêtu. **2** Qui porte des habits de cérémonie, de soirée. *Être très habillé.* **LOC** ***Soirée habillée :*** pour laquelle les vêtements de soirée sont de rigueur.

**habillement** *nm* **1** Action d'habiller qqn. *Habillement des recrues.* **2** Ensemble des vêtements que l'on porte. *Un habillement somptueux.* **3** Secteur économique du vêtement.

**habiller** *v* ① **A** *vt* **1** Mettre des vêtements à qqn. *Habiller un enfant en costume de Pierrot. Être habillé de neuf.* **2** Aller, en parlant des vêtements que l'on porte. *Cette robe l'habille à ravir.* **3** Couvrir, envelopper qqch. *Habiller un meuble d'une housse.* **4** AGRIC Raccourcir les racines et la partie aérienne d'une plante que l'on transplante pour éliminer les blessures dues à l'arrachage et réduire l'évaporation par les feuilles. **5** TECH Ajouter des accessoires à une pièce. **6** TYPO Disposer le texte autour des illustrations. **7** TECH Préparer telle ou telle marchandise pour la vendre. *Habiller une volaille.* **B** *vpr* **1** Se vêtir. *S'habiller chaudement.* **2** Revêtir des vêtements de cérémonie. *S'habiller pour l'Opéra.* (ETY) De *bille*, « pièce de bois », avec infl. de *habit*. (DER) **habillable** *a*

**habilleur, euse** *n* **1** PECHE Ouvrier qui prépare les morues avant de les saler. **2** Personne qui aide les acteurs à s'habiller et qui s'occupe de leurs costumes.

**habit** *nm* **A** Vêtement de cérémonie masculin, noir, à basques et revers de soie. **B** *nm pl* Vêtements. *Des habits de deuil.* **LOC** ***Habit d'Arlequin :*** confectionné avec des pièces disparates. — ***Habit de lumière :*** costume brodé de fils brillants des toréros ; costume de scène. — ***Habits neufs :*** nouvelle présentation de qqn ou de qqch qui, au fond, est resté identique. — ***Habit vert :*** costume officiel des membres de l'Institut. — ***Prendre l'habit :*** se faire religieux, religieuse. (PHO) [abi] (ETY) Du lat. *habitus*, « manière d'être ».

**habitable** *a* **1** Qui peut être habité. *Logement habitable immédiatement.* **2** Où l'on peut vivre. *La région est habitable.* (DER) **habitabilité** *nf*

**habitacle** *nm* **1** Partie d'un véhicule terrestre, aérien ou spatial réservée aux passagers, ou au pilote et à l'équipage. **2** MAR Logement qui abrite les instruments de route à bord d'un navire. *Habitacle de compas.*

**habitant, ante** *n* **1** Personne qui a sa demeure en un endroit. *Cette ville a 100 000 habitants.* **2** litt Personne, animal qui est établi quelque part. *Les habitants de l'air, des eaux* **3** Canada HIST Particulier établi à demeure sur une terre qui lui a été léguée par le roi pour qu'il en assure le défrichement et la culture. **4** Canada, Antilles Paysan, cultivateur.

**habitat** *nm* **1** SC NAT Lieu où l'on rencontre une espèce animale ou végétale. **2** Mode de peuplement d'une région par l'homme. *Habitat urbain.* **3** Façon dont sont logés les habitants d'une ville, d'une région, etc. *Habitat collectif, individuel.*

**habitation** *nf* **1** Action d'habiter en un lieu ; séjour qu'on y fait habituellement. *L'humidité de cette maison s'oppose à son habitation.* **2** Lieu où l'on habite ; maison, logis, demeure. **3** Antilles Exploitation agricole.

**habité, ée** *a* **1** Où il y a des habitants. **2** fig Qui exprime une vie intérieure intense. *Regard habité.*

**habiter** *v* ① **A** *vt* **1** Être installé en un endroit. *Il habite Paris, la province.* **2** fig, litt Résider dans. *Un être habité par le démon.* **B** *vi* Demeurer, séjourner, vivre en un endroit. *Habiter chez ses parents.* ETY Du lat.

**habituation** *nf* BIOL Affaiblissement d'une réponse à un stimulus donné, résultant d'une accoutumance à ce dernier. ETY Mot angl.

**habitude** *nf* **1** Manière d'agir, état d'esprit acquis par la répétition fréquente des mêmes actes, des mêmes faits. *Avoir l'habitude de fumer.* **2** Coutume. *Les habitudes de la maison, d'une province.* LOC ***D'habitude*** : ordinairement, le plus souvent. ETY Du lat.

**habitué, ée** *n* Personne qui va habituellement en un endroit. *Un habitué de l'Opéra.*

**habituel, elle** *a* **1** Passé à l'état d'habitude. *Un défaut habituel.* **2** Fréquent, ordinaire, normal. *Cette réaction n'est pas habituelle chez lui.* DER **habituellement** *av*

**habituer** *vt* ① Entraîner, endurcir, accoutumer. *Habituer le corps à la fatigue. S'habituer à travailler méthodiquement.*

**habitus** *nm* **1** MED Aspect général du corps, tel qu'il manifeste l'état de santé d'un individu. **2** ZOOL Aspect général d'un animal. **3** SOCIOL Comportement caractéristique d'un groupe social. PHO [abitys] ETY Mot lat.

**Habit vert (l')** comédie en 4 actes de R. de Flers et G. A. de Caillavet (1912), satire de l'Académie française.

**hâbleur, euse** *n, a* litt Personne qui parle beaucoup, avec vantardise. PHO [ˈɑblœʀ, øz] ETY De l'esp. *hablar*, « parler ». DER **hablerie** *nf*

**Habré** Hissène (Faya-Largeau, 1936), homme politique tchadien. Ancien rebelle (1972) puis Premier ministre (1978), il s'empara du pouvoir en 1982 et fut renversé en 1990. En 2008, il est condamné à mort par contumace.

**Habsbourg** dynastie qui régna sur l'Autriche de 1278 à 1918. Elle tirait son nom du chât. de Habichtsburg, situé en Argovie (Suisse), et assit sa domination en Suisse et en Alsace au XII^e^ s. Rodolphe I^er^, roi des Romains en 1273, acquit en 1278 l'Autriche, la Styrie et la Carniole, fondant ainsi la *maison d'Autriche*, qui donna tous les empereurs du Saint Empire à partir de 1440, hormis entre 1741 et 1745. En 1556, la maison d'Autriche se scinda en deux branches régnantes, l'une en Espagne, qui s'éteignit en 1700, l'autre en Autriche. Celle-ci se transforma en maison de Habsbourg-Lorraine par le mariage (1736) de Marie-Thérèse d'Autriche, héritière de l'empereur Charles VI, avec François de Lorraine, empereur en 1745 ; elle régna sur l'Autriche puis l'Autriche-Hongrie (1867) jusqu'en 1918. DER **habsbourgeois, oise** *a*

**Hácha** Emil (Trhové Sviny, 1872 – Prague, 1945), homme politique tchécoslovaque. Président de la Rép. (nov. 1938), il accepta en mars 1939 que la Bohême-Moravie devienne un protectorat allemand et présida celui-ci jusqu'en 1945. Il mourut en prison.

**hache** *nf* Instrument pour couper et fendre, composé d'une lame épaisse et lourde, et d'un manche. LOC ***Enterrer (déterrer) la hache de guerre*** : faire la paix (la guerre). — ***Fait, taillé à la hache, à coups de hache*** : grossièrement. — fig ***Porter la hache dans qqch*** : y faire de profondes réformes. PHO [ˈaʃ] ETY Du frq.

**Hache (défilé de la)** défilé, au sud de Carthage, où Hamilcar extermina les mercenaires révoltés (237 av. J.-C.).

**haché, ée** *a, nm* **A** *a* **1** Coupé en menus morceaux. *Un steak haché.* **2** fig Entrecoupé. *Style haché.* **B** *nm* Viande hachée.

**hache-légume** *nm* Instrument servant à hacher les légumes. PLUR hache-légumes.

**Hachémites** famille arabe émanant de *Hāšim ibn 'Abd Manāf*, l'aïeul de Mahomet. Gardienne des lieux saints de l'islam jusqu'en 1924, elle régna sur l'Irak de 1920 à 1958 et règne sur la Jordanie depuis 1921. VAR **Hachimites** DER **hachémite** ou **hachimite** *a*

**hache-paille** *nm* AGRIC **1** Machine pour hacher la paille. **2** Fourrage destiné à l'alimentation du bétail. PLUR hache-pailles ou hache-paille.

**hacher** *vt* ① **1** Couper en petits morceaux. **2** Endommager, détruire en déchiquetant. *La grêle a haché les blés.* **3** fig Couper, interrompre sans cesse. *Hacher un discours d'applaudissements.* DER **hachage** ou **hachement** *nm*

**hachereau** *nm* TECH Petite hache dont un côté sert de marteau.

**hachette** *nf* Petite hache.

**Hachette** Jeanne Laisné ou Fourquet, dite Jeanne (Beauvais, v. 1456 – id., ?), héroïne française qui, armée d'une hache, défendit Beauvais, que Charles le Téméraire assiégeait (1472).

**Hachette** Louis Christophe (Rethel, 1800 – chât. du Plessis-Piquet, auj. Le Plessis-Robinson, 1864), éditeur français qui, à partir du fonds de la librairie Brédif, acheté en 1826, créa la Librairie Hachette, qui allait constituer la plus importante maison française d'édition et de distribution de livres, puis le premier groupe de communication français.

Louis Hachette

**hacheur** *nm* Dispositif électronique servant à contrôler le courant délivré par une source.

**hache-viande** *nm* Appareil servant à hacher la viande. PLUR hache-viandes ou hache-viande.

**Hachinoe** v. et port du Japon, sur le Pacifique ; 241 430 hab. VAR **Hachinohe**

**hachis** *nm* CUIS **1** Mets préparé avec de la viande ou du poisson haché. **2** Légume haché menu. LOC ***Hachis parmentier*** : surmonté d'une purée gratinée. PHO [ˈaʃi]

**hachish** → **haschisch.**

**hachoir** *nm* **1** Grand couteau à lame très large ou appareil servant à hacher la viande, les légumes, les fines herbes, etc. **2** Table ou planche épaisse sur lesquelles on hache la viande.

**hachure** *nf* Chacun des traits parallèles ou croisés servant à ombrer une partie d'un dessin. *Hachures figurant un relief sur une carte.* PHO [ˈaʃyʀ]

**hachurer** *vt* ① Tracer des hachures sur.

**hacienda** *nf* Grande exploitation agricole, en Amérique du Sud. PHO [asjɛnda] ETY Mot esp.

**hacker** *vt* ① Pirater un programme informatique. PHO [ˈake]

**hackeur, euse** *n* Personne qui cherche à s'introduire frauduleusement dans un système informatique. SYN fouineur. PHO [ˈakœʀ, øz] ETY Mot angl. VAR **hacker**

**hackle** *nm* PECHE Plume de coq destinée au montage des mouches. PHO [ˈakl] ETY Mot angl.

**Hacks** Peter (Breslau, 1928 – Gross Machnow, 2003), dramaturge allemand, influencé par Brecht : *l'Ouverture de l'ère indienne* (1955).

**hadal, ale** *a* Qui se rapporte aux grands fonds marins, en dessous de 6 000 m. PLUR hadaux. PHO [ˈadal] ETY De *Hadès*.

**Hadamard** Jacques (Versailles, 1865 – Paris, 1963), mathématicien français : travaux sur les fonctions analytiques, le calcul fonctionnel, la théorie des nombres.

**Hadar** système double d'étoiles de la constellation du Centaure dont la composante principale est une géante bleue.

**haddock** *nm* Églefin fumé. PHO [ˈadɔk] ETY Mot angl.

**Haddock (le capitaine)** personnage de bande dessinée, ami de Tintin ; marin âgé de 40 à 50 ans, barbu, impulsif, buveur de whisky.

**hadéen, enne** *a, nm* GEOL Des premiers âges de la Terre, il y a plus de quatre milliards d'années. PHO [ˈadeɛ̃, ɛn] ETY De *Hadès*.

**Hadès** dans la myth. gr., fils de Cronos et de Rhéa ; dieu des Enfers ; le Pluton des Romains.

**Hadid** Zaha (Bagdad, 1950), architecte britannique d'origine irakienne. Prix Pritzker 2004.

**hadith** *nm* Récit relatif à la vie de Mahomet, à ses paroles, à ses actes. *L'ensemble des hadiths constitue la Tradition, faisant autorité immédiatement après le Coran.* PHO [ˈadit] ETY Mot ar.

**hadj** *n* **A** Musulman, musulmane qui a accompli le pèlerinage à La Mecque. **B** *nm* Le pèlerinage lui-même. PLUR hadjs ou hadjis. PHO [ˈadʒ] ETY Mot ar.

**Hadj Omar (El-)** (v. 1797 – 1864), empereur toucouleur. Chef d'une confrérie musulmane, il conquit un empire sur les rives de Niger, dans le Mali actuel. À partir de 1854, il résista à la colonisation française. En 1862, il conquit le royaume. Il disparut dans des conditions mystérieuses. VAR **Al-Hadj** ou **Omar**

**HADOPI** sigle de *Haute Autorité pour la diffusion des œuvres et la protection des droits sur Internet*, institution publique indépendante créée en 2009.

**Hadramaout** rég. montagneuse du Yémen, sur le golfe d'Aden et la mer d'Oman.

**Hadriana (villa)** maison de plaisance de l'empereur romain Hadrien (déb. du II^e^ s.), à Tivoli. Des monuments gr. et égypt. la décoraient.

**Hadrien** (en lat. *Publius Aelius Hadrianus*) (Italica, v. auj. en ruine près de Séville, 76 – Baïes, Campanie, 138), empereur romain (117-138), successeur de Trajan, qui l'avait adopté. Il voulut la paix et fit fortifier les frontières. De culture grecque, il embellit Rome et l'Empire de nombr. monuments. Son Édit perpétuel (131) fut le premier code de lois applicables à tout l'Empire. Le *mausolée d'Hadrien*, à Rome, est l'actuel chât. Saint-Ange. VAR **Adrien**

**hadron** *nm* PHYS NUCL Particule caractérisée par des interactions fortes. *Les hadrons comprennent les mésons et les baryons.* PHO [ˈadʀɔ̃] ETY Du gr. *hodros*, « fort » et de *électron*. DER **hadronique** *a*

**hadronthérapie** *nf* MED Traitement anticancéreux par dépôt sur la tumeur d'un faisceau d'ions carbone issus d'un synchrotron.

**hadrosaure** *nm* Gros dinosaure herbivore, du crétacé supérieur. ETY Du gr. *hadros*, « épais ».

**Hadrumète** anc. v. d'Afrique du Nord, romaine après la chute de Carthage. Elle fut détruite par les Vandales. – Ruines près de Sousse. VAR **Adrumète**

**Haeckel** Ernst (Potsdam, 1834 – Iéna, 1919), biologiste allemand, favorable aux thèses de Darwin (*Morphologie générale des organismes,*

1866). Il forgea le terme « écologie » et proposa le premier arbre généalogique des êtres vivants.

**Haendel** Georg Friedrich (Halle, 1685 – Londres, 1759), compositeur allemand, naturalisé anglais. Son œuvre très abondante, comporte des pièces pour orgue, pour clavecin, des pièces orchestrales (*Water Music,* 1715), des opéras (*Giulio Cesare,* 1724 ; *Alcina,* 1734), des oratorios : *le Messie* (1742), *Judas Maccabée* (1746), *Jephté* (1751). VAR **Händel**

Hadrien

G. F. Haendel

**Hafiz** Chams al-Dīn Muhammad, dit (Chirāz, 1320 – id., 1389), le plus grand poète persan, avec Khayyām. Son *Divan* (recueil) renouvelle tous les genres classiques et développe le *ghazal* (poème d'amour). VAR **Hafez**

**Hafiz** (Fès, 1875 – Enghien-les-Bains, 1937), sultan alaouite du Maroc (1908-1912). Il abdiqua en faveur de son frère Youssef.

**hafnium** *nm* CHIM **1** Élément métallique de numéro atomique Z = 72 et de masse atomique 178,49 (symbole Hf). **2** Métal (Hf) de densité 13,3, utilisé dans des alliages spéciaux. PHO [ˈafnjɔm] ETY De *(Kjoeben)havn,* « Copenhague ».

**Hafsides** dynastie berbère qui gouverna l'Ifriqiyya de 1228 à 1574. Elle tire son nom d'Abu Hafs Omar, artisan de la grandeur des Almohades. Les Hafsides développèrent une civilisation brillante, mais furent vaincus par les Turcs, qui prirent Tunis (1574). DER **hafside** *a*

**Haganah** organisation juive de Palestine. Lors de la fondation de l'État d'Israël (1948), elle constitua le noyau de ses forces armées.

**hagard, arde** *a* Qui a une expression farouche, effarée, égarée. *Des yeux hagards.* PHO [ˈagaʀ, aʀd] ETY Du germ.

**Hagedorn** Friedrich von (Hambourg, 1708 – id., 1754), poète allemand, influencé par La Fontaine : *Fables et Contes* (1738).

**Hagen** v. industr. d'Allemagne (Rhén.-du-N.-Westphalie), dans la Ruhr ; 187 300 hab.

**Haggada (la)** partie du*Talmud* étudiant les récits bibliques d'un point de vue éthique.

**Haggaï** → **Aggée.**

**haggis** *nm* CUIS Estomac de mouton farci, plat national écossais. PHO [ˈagis]

**Hagiographes (les)** ensemble de 12 livres de la Bible (Ancien Testament), dont ils constituent la 3$^{e}$ partie (après le Pentateuque et les Prophètes).

**hagiographie** *nf* didac **1** Biographie d'un saint, des saints. **3** Récit biographique qui embellit la réalité. ETY Du gr. *hagios,* « sacré ». DER **hagiographe** *n* – **hagiographique** *a*

**Hague (la)** cap à l'extrémité N.-O. du Cotentin. Usine de retraitement de déchets nucléaires.

**Haguenau** ch.-l. d'arr. du Bas-Rhin, sur la Moder, au S. de la *forêt de Haguenau* ; 35 000 hab. Industries – Ch.-l. de la Décapole (XIV$^{e}$-XVII$^{e}$ s.). – Égl. XII$^{e}$-XIII$^{e}$ s. et XIV$^{e}$-XV$^{e}$ s. DER **haguenovien, enne** *a, n*

**Hahn** Reynaldo (Caracas, 1875 – Paris, 1947), compositeur français : *Ciboulette* (opérette, 1923).

**Hahn** Otto (Francfort-sur-le-Main, 1879 – Göttingen, 1968), chimiste allemand. Il découvrit en 1938 la fission de l'uranium. P. Nobel de chimie 1944.

**Hahnemann** Christian Friedrich Samuel (Meissen, Saxe, 1755 – Paris, 1843), médecin allemand, fondateur de l'homéopathie. Œuvre princ. : *Organon de l'art de guérir* (1810). DER **hahnemannien, enne** *a*

**hahnium** *nm* PHYS Un des noms qui avaient été proposés pour l'élément artificiel de numéro atomique Z = 105, obtenu en 1970, maintenant appelé dubnium. PHO [ˈanjɔm] ETY Du n. pr.

**Haïdas** Amérindiens du N. de la Colombie-Britannique et de l'île du Prince-de-Galles (Canada). Ils ont laissé des masques, des figures de proue, des mâts totémiques, etc. DER **haïda** *a*

**Haïder-Ali** → **Haydar Ali khān Bahādur.**

**haïdouk** *nm* HIST Hors-la-loi chrétien qui, dans les Balkans, faisait partie des bandes qui luttèrent contre les Turcs du XVII$^{e}$ au XIX$^{e}$ s. PHO [ˈajduk] ETY Mot hongrois.

**haie** *nf* **1** Clôture faite d'arbustes, d'épines ou de branchages entrelacés. **2** Obstacle artificiel disposé pour certaines courses. *Le 110 mètres haies.* **3** Série de personnes disposées selon une ligne droite. *Faire la haie, une haie d'honneur.* PHO [ˈɛ] ETY Du frq.

**Haïfa** (anc. *Caïffa*), princ. port d'Israël ; ch.-l. du distr. du m. nom ; 1,1 million d'hab. Centre culturel, universitaire et industriel. VAR **Haiffa**

**Haig** Douglas (1$^{er}$ comte) (Édimbourg, 1861 – Londres, 1928), maréchal britannique. Il commanda l'armée brit. en France (1915-1918).

**Haigneré** Jean-Pierre (Paris, 1948), spationaute français. Il a effectué deux missions, en 1993 et 1999, à bord de la station Mir. — **Claudie,** son épouse, née **André-Deshays** (Le Creusot, 1957), spationaute, médecin et femme politique, est la première Française à avoir accompli un vol spatial en 1996. Ministre de la Recherche de 2002 à 2004.

**Haihe** fl. de la Chine du N. (450 km) qui passe près de Pékin et à Tianjin.

**haïk** *nm* Grande pièce de tissu rectangulaire que portent les femmes musulmanes d'Afrique du Nord par-dessus leurs vêtements. PHO [ˈaik] ETY Mot ar. d'Algérie.

**Haikou** v. de Chine, ch.-l. de l'île de Hainan ; 1 800 000 hab.

**haïku** *nm* LITTER Court poème japonais de trois vers le premier et le dernier de cinq syllabes, le deuxième de sept. PHO [ˈajku]

**Hailé Sélassié I$^{er}$** Tafari Makonnen (empereur sous le nom de) (Harar, 1892 – Addis-Abeba, 1975), empereur d'Éthiopie à partir de 1930 (régent dès 1917). Détrôné par l'armée ital. (1935), il fut rétabli par l'armée brit. (1941). Malgré son prestige, l'armée le déposa en 1974. Il a été assassiné.

Hailé Sélassié I$^{er}$

**haillon** *nm* Vêtement usé, déchiré ; vieux lambeau d'étoffe. *Être en haillons.* PHO [ˈajɔ̃] ETY De l'all. *hadel,* « lambeau ».

**haillonneux, euse** *a* Vêtu de haillons.

**Hainan** île chinoise du golfe du Tonkin ; prov. de Chine ; 34 000 km$^2$ ; 8,7 millions d'hab. ; ch.-l. *Haikou.* Fer, uranium.

**Hainaut** comté de l'Empire germanique. Fondé au IX$^{e}$ s., il s'étendait en Belgique et en France. En 1428, il fit partie des États bourguignons, dont il suivit le sort. En 1659 et en 1678 (traités des Pyrénées et de Nimègue), la France acquit le S. du comté : *Hainaut français* (v. princ. : Valenciennes, Le Quesnoy, Maubeuge, Avesnes-sur-Helpe). Le nord forme auj. la prov. belge du Hainaut. – Cette rég. doit son nom à la *Haine,* affl. de l'Escaut (r. dr.) ; 72 km. DER **hainuyer** ou **hennuyer, ère** *a, n*

**Hainaut** prov. de Belgique, limitrophe de la France ; 3 790 km$^2$ ; 1 334 000 hab. ; ch.-l. *Mons.* – Bas plateau fertile, le Hainaut possède de nombr. industr., basées sur les cult. industr. et les ressources minérales. La fermeture des houillères du Borinage et le déclin de l'industr. lourde ont créé une crise grave. DER **hainuyer** ou **hennuyer, ère** *a, n*

**haine** *nf* **1** Sentiment violent qui pousse à désirer le malheur de qqn ou à lui faire du mal. *Prendre qqn en haine.* **2** Aversion violente, dégoût profond que l'on éprouve à l'égard de qqch. *Avoir de la haine pour, avoir la haine de l'hypocrisie.* LOC fam *Avoir la haine :* être submergé par la colère, l'indignation, la révolte. PHO [ˈɛn]

**haineux, euse** *a* **1** Qui est naturellement porté à la haine. *Caractère haineux.* **2** Inspiré par la haine ; rempli de haine. *Paroles haineuses.* DER **haineusement** *av*

**Hains** Raymond (Saint-Brieuc, 1926 – Paris, 2005), artiste conceptuel français.

**Haiphong** port du Viêt-nam, au N. du delta du fleuve Rouge ; 1 075 000 hab. Prem. centre industriel du pays. – Cible des bombardements amér. de 1966 à 1972.

**haïr** *vt* ㉕ Éprouver de la haine, de l'aversion, du dégoût pour qqn ou qqch. SYN détester. PHO [ˈaiʀ] ETY Du frq. DER **haïssable** *a*

**haire** *nf* anc Vêtement de crin ou de poil de chèvre, que l'on portait par esprit de mortification et de pénitence. PHO [ˈɛʀ] ETY Du frq.

**Haïti** (anc. *Hispaniola* ou *Saint-Domingue*), île montagneuse partagée entre la république d'Haïti à l'O. et la république Dominicaine à l'E. DER **haïtien, enne** *a, n*

**Haïti (république d')** État d'Amérique centrale, dans la partie occid. de l'île d'Haïti ; 27 750 km$^2$ ; 10,9 millions d'hab. ; cap. *Port-au-Prince.* Nature de l'État : rép. de type présidentiel. Langues off. : français et créole. Monnaie : gourde. Pop. : origines africaines (95,1 %), mulâtres (4,9 %). Relig. : catholicisme, vaudou. DER **haïtien, enne** *a, n*

**Géographie** Deux axes montagneux, culminant à 2 674 mètres, encadrent le golfe de Gonaïves qui baigne la façade occidentale de l'île. La pop. se groupe dans les vallées et les plaines intérieures et sur le littoral. Le climat est tropical, humide et les cyclones sont fréquents. Les densités sont fortes, 52 % des hab. sont ruraux. La croissance démogr. est de 1,6 % par an, l'émigration est forte (1 million d'expatriés).

**Économie** Les cultures vivrières et la pêche restent les bases de l'économie, café, cacao et canne à sucre étant exportés. L'exploitation minière a cessé et l'industrialisation est médiocre. Le chômage frapperait plus de 60 % des actifs. Naguère florissant, le tourisme est en régression, la croissance des années 2000 a fait place à la récession et le niveau de vie, l'un des plus bas du monde, chute constamment.

**Histoire** LA COLONIE Découverte en 1492 par Christophe Colomb, qui l'appela Hispaniola, l'île fut colonisée par les Espagnols (Saint-Domingue) dans sa partie orientale. Les Français s'implantèrent à l'O. au cours du XVII$^{e}$ s. et acquirent cette rég. en 1697 (traité de Ryswick). La colonie française prospéra ; au XVIII$^{e}$ s., elle comptait 600 000 hab., dont

500 000 esclaves noirs. Suivant la décision de l'Assemblée constituante de donner aux Noirs des droits politiques, Toussaint Louverture mena à la victoire la révolte des esclaves contre les colons (1791-1794). En 1802, Bonaparte rétablit l'esclavage dans les Antilles. Toussaint est arrêté, mais Dessalines reprend la lutte et vainc le général français Rochambeau (nov. 1803).

**L'INDÉPENDANCE** Haïti proclame son indépendance le 1^er^ janv. 1804. En 1806, Dessalines est assassiné. En 1807, deux hommes se partagent le pays : dans le Nord, Henri Christophe, roi jusqu'à sa mort (1820) ; dans le Sud, Anne Alexandre Pétion, qui préside une république. En 1818, il meurt. Boyer lui succède et annexe le Nord en 1820, puis la partie E., espagnole (qui avait déjà appartenu à l'O. de 1795 à 1808). En 1843, il est renversé. En 1844, l'E. se soulève contre Haïti et proclame la République dominicaine. En Haïti, Faustin I$^{er}$ fonde un empire éphémère (1849-1859). Le pays s'endette, ce qui suscite l'intervention des É.-U. en 1915 ; leur occupation milit. cessa en 1934. L'armée porta au pouvoir le colonel P. Magloire (1950-1956), à qui succéda en 1957, le docteur François Duvalier (« Papa Doc »).

**L'ÈRE DUVALIER ET L'APRÈS-DUVALIER** Duvalier, qui se fit nommer président à vie en 1964, instaura un régime dictatorial s'appuyant sur des milices armées (les « tontons macoutes »). Son fils, Jean-Claude, lui succéda à sa mort (1971). En 1986, un soulèvement pop. le contraignit à l'exil. Après quatre ans de troubles, le candidat de gauche, le père Jean-Bertrand Aristide, fut élu président de la Rép. (1990). En sept. 1991, l'armée reprit le pouvoir. Les forces américaines débarquèrent en 1994 et réinstallèrent Aristide dans ses fonctions. René Préval lui succéda en 1996. Il ne parvint jamais à constituer un gouv. stable. En 2000, les élections législatives, remportées par le parti d'Aristide, n'ont pas permis de sortir du marasme politique et de la crise économique. En nov. 2000, Aristide a été élu président au terme d'un scrutin contesté. Il entreprend de gouverner en s'appuyant sur des milices armées (les chimères). En 2004, il est chassé du pouvoir par des milices adverses et une force d'interposition mandatée par l'ONU est mise en place. Les élections de 2006 remettent au pouvoir R. Préval mais la crise pol. continue. Un important séisme détruit Port-au-Prince en 2010 (250 000 morts). En 2011, Michel Martelly (droite) est élu prés. À la fin de son mandat, en 2016, une crise pol. s'installe.

**Haitink** **Bernard** (Amsterdam, 1929), chef d'orchestre néerlandais.

**Hajdu** (Cluj, 1907 – Paris, 1996), sculpteur français d'origine roumaine, abstrait.

**haka** *nm* Chant guerrier tribal entonné avant chaque match par les rugbymans néo-zélandais ou tonguiens. (PHO) [ˈaka] (ETY) Mot polynésien.

**Hakim** (985 – 1021), calife fatimide de 996 à sa mort ; révéré par les Druzes.

**Hakim** (Alexandrie, 1898 – Le Caire, 1987), écrivain égyptien. Son théâtre puise ses sujets dans la mythologie (*Œdipe-Roi*, 1949) ; ses romans, dans la vie quotidienne (*Journal d'un substitut de campagne*, 1937).

**hakka** *nm* Dialecte chinois parlé dans le sud-est de la Chine et à Taïwan. (PHO) [ˈaka]

**Hakodate** port du Japon, au S. de l'île de Hokkaidō ; 319 190 hab.

**Hakone** localité du Japon (Honshu), située sur le flanc du mont Fuji. Parc national. Musée d'art moderne (sculpture) en plein air.

**Hal** (en néerl. *Halle*), com. de Belgique (Brabant), sur la Senne ; 38 300 hab. Industries. – Basilique goth. (pèlerinage).

**Halacha (la)** ensemble des lois rabbiniques régissant la vie sociale du judaïsme traditionnel intégré au Talmud. (VAR) **Halaka, Halakha** (DER) **halachique** *a*

**halal** *a inv, nm inv* **didac** Se dit de la viande des animaux abattus selon les rites musulmans. (PHO) [ˈalal] (ETY) Mot ar., « licite ».

**Halberstadt** v. d'Allemagne (Saxe-Anhalt), au N. du Harz ; 40 400 hab. Industries.

**halbran** *nm* Jeune canard sauvage. (PHO) [ˈalbʀɑ̃] (ETY) De l'all.

**Halbwachs** **Maurice** (Reims, 1877 – Buchenwald, 1945), sociologue français : *la Classe ouvrière et les niveaux de vie* (1913), *les Cadres sociaux de la mémoire* (1925).

**Haldane** **John** (Oxford, 1892 – Bhubaneswar, 1964), biologiste indien, l'un des princ. tenants du néo-darwinisme ; il développa la génétique des populations.

**Haldas** **Georges** (Genève, 1917 – Lausanne, 2010), poète suisse d'expression française. Il chante la vie simple : *Chronique de la rue Saint-Ours* (1973).

**HALDE** acronyme de *Haute autorité de lutte contre les discriminations et pour l'égalité*, autorité admin. indépendante franç. de 2004 à 2011.

**hâle** *nm* Teinte brune que prend la peau sous l'effet du soleil et du grand air. (PHO) [ˈɑl]

**Hale** **George Ellery** (Chicago, 1868 – Pasadena, 1938), astronome américain, inventeur (en même temps que le Français Deslandres) du spectrohéliographe.

**halecret** *nm* HIST Cuirasse articulée en usage de la fin du Moyen Âge au XVI^e^ s. (PHO) [ˈalkʀɛ] (ETY) Du néerl.

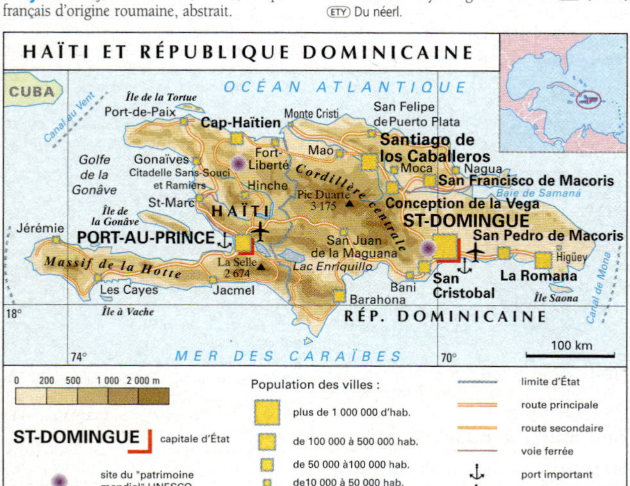


**haleine** *nf* **1** Air qui sort des poumons pendant l'expiration ; odeur qui s'exhale par la bouche. **2** Faculté de respirer, souffle. **3** Temps écoulé entre deux inspirations. **LOC** ***À perdre haleine*** : sans s'arrêter — **fig** ***De longue haleine*** : qui demande beaucoup de temps et d'efforts. — **litt** ***D'une haleine, tout d'une haleine*** : sans interruption, sans reprendre haleine. — ***Être hors d'haleine*** : très essoufflé. — ***Tenir en haleine*** : retenir l'attention. (ETY) Du lat.

**halener** *vt* ⑰ CHASSE Flairer l'odeur du gibier, pour un chien.

**haler** *vt* ① **1** MAR Tirer à soi avec force. *Haler un cordage.* **2** Faire avancer un bateau en le tirant. (PHO) [ˈale] (ETY) De l'anc. néerl. (DER) **halage** *nm* – **haleur, euse** *n*

**hâler** *vt* ① Rendre le teint plus foncé, en parlant du soleil et du grand air. **SYN** bronzer. (PHO) [ˈɑle] (ETY) Du lat. *assare*, « rôtir », et néerl. *hael*, « desséché ».

**Hales** **Stephen** (Bekesbourne, Kent, 1677 – Teddington, Middlesex, 1761), naturaliste et physicien angl. Il découvrit le sulfure d'hydrogène et le dioxyde de carbone. Il mesura, le premier, la pression sanguine (sur des chevaux) et les forces qui font monter la sève dans les plantes.

**haletant, ante** *a* **1** Qui halète, essoufflé. **2** Qui tient en haleine. *Un film haletant.*

**haleter** *vi* ⑱ Respirer bruyamment et à un rythme précipité, être hors d'haleine. (ETY) Du lat. (DER) **halètement** *nm*

**Halévy** **Élias Lévy,** dit **Jacques Fromental** (Paris, 1799 – Nice, 1862), compositeur français : *la Juive* (opéra, 1835). — **Halévy** **Ludovic** (Paris, 1834 – id., 1908), écrivain français, neveu du préc. ; auteur de comédies, en collab. avec H. Meilhac, d'opéras-comiques (*Carmen* de Bizet, 1875) et d'opérettes (mus. d'Offenbach) : *la Belle Hélène* (1864), *la Vie parisienne* (1866). Acad. fr. (1884).

**Haley** **William,** dit **Bill** (Highland Park, Michigan, 1925 – Harlingen, Texas, 1981), chanteur américain de rock and roll que lança le film *Rock Around the Clock* (1954).

**half-court** *nm* Variété de tennis pratiqué sur un petit terrain. **PLUR** half-courts. (PHO) [ˈalfkuʀt] (ETY) Mot angl. (VAR) **halfcourt**

**halfpipe** *nm* SPORT Au skateboard et au snowboard, discipline acrobatique qui se pratique sur une sorte de gouttière géante. (PHO) [ˈalfpajp] (ETY) Mot angl.

**half-track** *nm* MILIT Véhicule blindé et équipé de chenilles à l'arrière. **PLUR** half-tracks. (PHO) [ˈalftʀak] (ETY) Mot amér., « semi-traction ». (VAR) **halftrack**

**Halicarnasse** (auj. *Bodrum*, Turquie), anc. v. de Carie (Asie Mineure), capitale du roi Mausole. Ruines des remparts.

**halicte** *nm* Insecte hyménoptère apidé très proche des abeilles, qui construit des nids souterrains. (ETY) Du lat.

**halieutique** *a, nf* **didac A** *a* Qui concerne la pêche. **B** *nf* Science et technique de la pêche en mer. (ETY) Du gr. (DER) **halieute** *n*

**Halifax** v. et port du Canada, cap. de la Nouvelle-Écosse, sur l'Atlantique ; 390 100 hab. (aggl.). Centre industriel et universitaire. (DER) **haligonien, enne** *a, n*

**Halifax** v. de G.-B. (West Yorkshire) ; 82 100 hab. Centre textile.

**Halifax** **George Savile (marquis de)** (Thornhill, 1633 – Londres, 1695), homme politique et écrivain anglais. Jacques II le disgracia, et il contribua à l'accession au trône de Guillaume III de Nassau.

**Halifax** **Edward Frederick Lindley Wood (comte de)** (Powderham Castle, Devonshire, 1881 – Garrowby Hall, près de York, 1959), homme politique britannique ; vice-roi des Indes (1926-1931).

**haliotide** *nf* ZOOL Ormeau. (ETY) Du grec *halios*, « marin » et *ous, ôtos*, « oreille ».

**haliple** *nm* Insecte coléoptère carnassier qui vit au bord des mares et des étangs. (ETY) Du gr.

**halite** *nf* GEOL Syn. de *sel gemme*. (ETY) Du gr. *halos*, « sel ».

**hall** *nm* **1** Vaste salle située à l'entrée d'un bâtiment. **2** Vaste atelier. *Hall d'assemblage d'une usine de construction aéronautique.* (PHO) ['ol] (ETY) Mot angl.

**Hall** Granville Stanley (Ashfield, Massachusetts, 1844 – Worcester, Massachusetts, 1924), psychologue américain. Il étudia en partic. l'enfance, l'adolescence, l'éducation.

**Hall** Edwin Herbert (Gorham, 1855 – Cambridge, Massachusetts, 1938), physicien américain. ▷ PHYS *Effet Hall* : apparition d'une différence de potentiel U entre les bords d'une plaquette conductrice traversée par un courant I et placée dans un champ magnétique.

**Halladj** (Tûr, près d'Al-Beyda, S. de l'Iran, 858 – Bagdad, 922), poète mystique musulman torturé à mort parce qu'il affirmait que l'âme et Dieu sont unis.

**hallali** *nm* VEN Cri de chasse ou sonnerie du cor annonçant que la bête poursuivie est aux abois. (PHO) ['alali] (ETY) Du frq *hara*, « par ici ».

**halle** *nf* **A** Lieu public, fermé et couvert, où se tient un marché, un commerce en gros de marchandises. **B** *nfpl* Bâtiment, endroit réservé au marché principal des produits alimentaires d'une ville. (PHO) ['al] (ETY) Du frq.

**Halle** v. d'Allemagne (Saxe-Anhalt), sur la Saale ; 232 620 hab. Centre culturel (université fondée en 1694) et industriel.

**Halle** → **Hal.**

**hallebarde** *nf* anc Arme d'hast dont la pointe porte d'un côté un fer en forme de hache, de l'autre un fer en forme de crochet. LOC *Il tombe des hallebardes* : il pleut à verse. (PHO) ['albard] (ETY) De l'all. par l'ital.

**hallebardier** *nm* anc Soldat portant une hallebarde.

**Hallelujah !** film de King Vidor (1929), mélodrame musical, le prem. film amér. dont les héros sont des Noirs.

**Haller** Albrecht von (Berne, 1708 – id., 1777), biologiste et écrivain suisse d'expression allemande : *les Alpes* (poèmes, 1729).

**Haller** Józef (Jurczyce, près de Cracovie, 1873 – Londres, 1960), général polonais ; chef des forces polonaises qui combattirent en France (1918) ; ministre du gouv. polonais de Londres (1939-1945).

**Halles (les)** autref., marché central principal de Paris (Ier arr.). Décidé en 1962, le transfert de leurs activités à Rungis a été effectué en 1969. Les halles de Baltard (V. ce nom) ont donc été démolies.

**Halley** Edmund (Haggerston, 1656 – Greenwich, 1742), astronome anglais. Il découvrit la périodicité des comètes et, en 1682, prévit le retour pour 1758 de la comète qui porte son nom (période d'env. soixante-seize ans).

**hallier** *nm* Ensemble de buissons très épais. (PHO) ['alje] (ETY) Du frq.

**Halloween** Aux États-Unis et au Canada, fête traditionnelle célébrée le 31 octobre. (Les enfants déguisés vont de maison en maison quémander des friandises.)

**Hallstatt** bourg de Haute-Autriche, dans le Salzkammergut, célèbre par sa station protohistorique. Le nom de la localité a été donné à la prem. période de l'âge du fer (Hallstatt I, env. 800 à 600 av. J.-C. ; Hallstatt II, env. 600 à 500 av. J.-C.). (DER) **hallstattien, enne** *a, n*

**Hallström** Per (Stockholm, 1866 – id., 1960), poète suédois symboliste : *Oiseaux égarés* (nouvelles, 1894).

**hallucinant, ante** *a* Très étonnant.

**hallucination** *nf* Perception dont le sujet a l'intime conviction qu'elle correspond à un objet réel alors que nul objet extérieur n'est propre à déclencher cette sensation. (DER) **hallucinatoire** *a*

**halluciné, ée** *a, n* **1** Qui a des hallucinations. **2** Hagard. *Un regard halluciné.*

**halluciner** *vi* ① fam Être extrêmement étonné. (ETY) Du lat.

**hallucinogène** *a, nm* Se dit d'une substance qui perturbe le psychisme et provoque des manifestations hallucinatoires et oniriques.

**hallucinose** *nf* PSYCHIAT Hallucination reconnue comme telle par le sujet.

**Halluin** com. du Nord (arr. de Lille), à la frontière belge ; 20 301 hab. Industr. textile.

**Hallyday** Jean-Philippe Smet, dit Johnny (Paris, 1943), chanteur et acteur de cinéma français. Il contribua à populariser en France, à partir de 1959, le rock and roll.

Johnny Hallyday

**Halmahera** princ. île des Moluques (Indonésie) ; 16 000 km² ; 60 000 hab. ; v. princ. *Gilolo.* (VAR) **Gilolo**

**Halmstad** v. et port de Suède, sur le Kattégat ; ch.-l. de län ; 77 210 hab.

**halo-** Élément, du gr. *hals, halos*, « sel ».

**halo** *nm* **1** Cercle lumineux que l'on observe autour du Soleil et de la Lune lorsque ceux-ci sont voilés par des nuages constitués de cristaux de glace. **2** Auréole diffuse autour d'une source lumineuse. *Le halo des phares dans le brouillard.* **3** fig Ce qui semble émaner de qqn, de qqch. *Un halo de mystère.* LOC ASTRO *Halo galactique* : ensemble sphérique autour des galaxies, composé d'étoiles souvent groupées en amas globulaires. (PHO) ['alo] (ETY) Mot grec.

**halobios** *nm* BIOL Ensemble des organismes vivant dans les mers. (PHO) [alobjos]

**halogénation** *nf* CHIM Introduction d'un halogène dans une molécule.

**halogène** *a, nm* **1** CHIM Se dit du fluor, du chlore, du brome, de l'iode et de l'astate, éléments de l'av.-dernière col. de la classification périodique des éléments possédant des propriétés communes. **2** Se dit d'une lampe à incandescence contenant des vapeurs d'iode ou de brome qui réduisent le noircissement de l'ampoule.

époque de **Hallstatt** : glaive court et fers de lance en bronze, poterie

**halogéné, ée** *a* CHIM Se dit d'un composé qui contient un ou plusieurs halogènes.

**halographie** *nf* didac Étude des sels.

**hâloir** *nm* Local où s'effectue le séchage du lin et du chanvre avant le broyage, de certains fromages à pâte molle avant l'affinage.

**halomorphe** *a* PEDOL Se dit d'un sol à forte teneur en sel.

**halon** *nm* CHIM Dérivé halogéné d'un hydrocarbure.

**Halonen** Tarja (Helsinki, 1943), femme politique finlandaise, du parti social-démocrate ; présidente de la Rép. de 2000 à 2012.

**halopéridol** *nm* Neuroleptique utilisé pour ses propriétés antihallucinatoires et sédatives.

**halophile** *a* BIOL Se dit d'un organisme qui vit dans des sols salins.

**halophyte** *nf* BOT Plante halophile.

**Halpern** Bernard (Tarnos-Ruda, Ukraine, 1904 – Paris, 1978), médecin français d'origine russe : travaux sur les allergies.

**Hals** Frans (Anvers, v. 1580 – Haarlem, 1666), peintre hollandais : portraits individuels (*Descartes*, Louvre) et collectifs (*les Régents de l'hôpital Sainte-Élisabeth* 1641, Haarlem, *les Régentes de l'hospice des vieillards* 1664, Haarlem).

**Frans Hals** *la Bohémienne*, 1628-1630 – musée du Louvre

**Hälsingborg** v. et port de Suède, face à Elseneur (Helsingør) et au N. de Malmö ; 105 470 hab. Centre industriel. – Égl. XIIIe s. Ville anc. fortifiée. (VAR) **Helsingborg**

**halte** *nf, interj* **A** *nf* **1** Moment d'arrêt au cours d'une marche, d'un voyage, etc. *Faire halte.* **2** Lieu fixé pour la halte. **3** CH DE F Point d'arrêt entre deux gares, réservé aux trains de voyageurs. **B** *interj* Ordonne l'arrêt. *Halte !, halte-là ! Halte aux scandales !* (PHO) ['alt] (ETY) De l'all.

**halte-garderie** *nf* Crèche admettant des enfants pour un court temps et occasionnellement. PLUR haltes-garderies.

**haltère** *nm* Instrument de culture physique constitué de deux disques métalliques plus ou moins lourds, réunis par une barre permettant de les soulever. (ETY) Du gr. *haltêres*, « balancier ».

**haltérophilie** *nf* Sport des poids et haltères. *Les épreuves olympiques d'haltérophilie comprennent l'arraché et l'épaulé-jeté.* (DER) **haltérophile** *n*

**halva** *nm* Confiserie turque à base de graines de sésame broyées et de sucre ou de miel. (PHO) ['alva] (ETY) Mot turc.

**Ham** ch.-l. de cant. de la Somme (arr. de Péronne), sur la Somme ; 5 239 hab. – Égl. abbat.

(XII^e-XIII^e s.). Ruines d'un chât. fort du XV^e s., qui servait de prison ; Louis Napoléon Bonaparte, enfermé en 1840, s'en évada en 1846. DER **hamois, oise** *a, n*

**Hama** v. de Syrie, sur l'Oronte, dans une oasis ; 198 160 hab. Artisanat (text.), centre comm.

**hamac** *nm* Toile ou filet suspendu par ses deux extrémités, qui sert de lit. PHO [ˈamak] ETY Du caraïbe, par l'esp.

**hamada** *nf* Plateau rocheux dans les régions désertiques du Sahara et de l'Arabie (par oppos. à *erg* et à *reg*). PHO [ˈamada] ETY Mot ar.

**Hamadhan** v. d'Iran, à 1 650 mètres d'alt., au S.-O. de Téhéran ; 234 000 hab. ; ch.-l. de la prov. du m. n. (19 784 km$^2$ ; 1 534 000 hab.). – Anc. *Ecbatane.*

**Hamadhani (Al-)** (Hamadhan, 969 – Harāt, Afghānistān, 1008), écrivain arabo-iranien. Il inventa la *maqāma* (« séance » ou « entretien »), prose rimée dans le style du Coran.

**hamadryade** *nf* MYTH Nymphe des bois, identifiée à un arbre, vivant en lui, naissant et mourant avec lui. ETY Du gr.

**hamadryas** *nm* ZOOL Babouin d'Éthiopie et d'Arabie, à l'épaisse crinière, long de 70 cm sans la queue. PHO [amadʀijas]

hamadryas

**Hamamatsu** v. du Japon, sur la côte E. de Honshū ; 818 500 hab. Industries.

**hamamélis** *nm* BOT Plante dicotylédone arbustive des régions tropicales, dont l'écorce et les feuilles ont des propriétés vasoconstrictrices. PHO [amamelis] ETY Mot gr.

**Hamann** Johann Georg (Königsberg, 1730 – Münster, 1788), écrivain et philosophe allemand de tendance mystique : *Métacritique du purisme de la raison pure* (1784).

**Hamas** mouvement politique et religieux palestinien créé en 1987. Il a rejeté l'accord signé à Washington en 1993 entre Arafat et Israël. Il remporte les législatives de janvier 2006.

**Hambourg** (en all. *Hamburg*), deuxième v. et princ. port d'All., au fond de l'estuaire de l'Elbe, à 130 kilomètres de la mer du Nord ; 1,8 million d'hab. (aggl.) ; cap. du Land du même nom, qui est une Région de l'UE ; (755 km$^2$) ; il a pour avant-port *Cuxhaven.* Une forte industr. s'est développée liée aux activités portuaires. – Université. Musée de peinture et de sculpture. – Princ. centre, avec Lübeck, de la Hanse teutonique, Hambourg, ville libre en 1510, connut son apogée au XVII^e s. (premier port européen). Très endommagé par les bombardements alliés de 1943 et handicapé par le partage de l'Allemagne, il se releva rapidement. DER **hambourgeois, oise** *a, n*

**hamburger** *nm* Bifteck haché assaisonné généralement servi dans un petit pain rond. PHO [ˈɑ̃bœʀgœʀ] ETY Mot amér.

**Hamburger** Jean (Paris, 1909 – id., 1992), médecin et écrivain français. Spécialisé dans l'étude du rein, il a également consacré des ouvrages à la réflexion bioéthique : *la Puissance et la fragilité* (1972). Acad. fr. (1986).

**hameau** *nm* Petit groupe isolé d'habitations rurales, ne formant pas une commune. PHO [ˈamo] ETY Du frq.

**hameçon** *nm* Petit crochet qu'on fixe au bout d'une ligne et qu'on garnit d'un appât pour prendre du poisson. LOC *Mordre à l'hameçon :* se laisser séduire. ETY Du lat.

**hameçonnage** *nm* Envoi de courriers électroniques trompeurs conduisant le destinataire à divulguer des informations personnelles confidentielles. SYN phishing.

**hameçonner** *vt*① PECHE **1** Garnir d'hameçons. **2** Prendre avec un hameçon.

**Hamelin** Ferdinand Alphonse (Pont-l'Évêque, 1796 – Paris, 1864), amiral français. Il s'illustra pendant la guerre de Crimée et fut ministre de la Marine (1855-1860).

**Hamelin** Octave (Le Lion-d'Angers, Maine-et-Loire, 1856 – Hucket, Landes, 1907), philosophe néo-kantiste français : *Essai sur les éléments principaux de la représentation* (1907).

**Hamerling** Rupert Hammerling, dit Robert (Kirchberg am Walde, 1830 – Graz, 1889), poète épique autrichien : *Ahasvérus à Rome* (1866) *le Roi de Sion* (1869).

**Hamhūng-Hūngnam** conurbation industr. de la Corée du Nord ; 800 000 hab.

**Hamilcar,** dit Barca (« l'Éclair ») ( ?, v. 290 – Elche, 229 av. J.-C.), général carthaginois, père d'Hannibal. Il fut battu par les Romains en Sicile (241 av. J.-C.), écrasa les mercenaires révoltés contre Carthage (240-237) et conquit une partie de la péninsule Ibérique (237-229). VAR **Amilcar Barca**

**Hamilton** fl. du Canada (1 000 km), dans le Labrador ; se jette dans l'Atlantique par un long estuaire. Import. centrale à Grand Falls. VAR **Churchill River**

**Hamilton** v. du Canada (Ontario), à l'extrémité O. du lac Ontario ; 728 000 hab. (aggl.). – Université.

**Hamilton** v. de Nouvelle-Zélande (île du Nord) ; ch.-l. de province ; 143 000 hab. Industr. alimentaires (région d'élevage).

**Hamilton** → **Churchill Falls.**

**Hamilton** Antoine (comte de) (comté de Tipperary, Irlande, 1646 – Saint-Germain-en-Laye, 1720), écrivain irlandais d'expression française : *Mémoires du comte de Gramont* (son beau-frère) (1713).

**Hamilton** Alexander (Nevis, Antilles, 1755 – New York, 1804), homme politique américain. Collaborateur de Washington, corédacteur de la Constitution amér., il fonda le parti fédéraliste.

**Hamilton** sir William (Glasgow, 1788 – Édimbourg, 1856), philosophe écossais. Il tenta de concilier les théories de Reid et de Kant.

sir William Hamilton

**Hamilton** sir William Rowan (Dublin, 1805 – Dunsink, 1865), mathématicien et astronome irlandais, inventeur d'un système de quantités complexes exprimées à l'aide de quatre unités : les *quaternions.*

**Hamilton** Richard (Londres, 1922 – Oxford, 2011), peintre britannique, pionnier du pop'art.

**Hamites** (« Fils de Cham »), nom sous lequel on groupait autref., abusivement, des peuples de la Corne de l'Afrique (Éthiopiens, Somalis, etc.), d'Afrique du Nord (Berbères et Touareg) et des Canaries (Guanches). Leurs langues étaient insérées dans la famille des langues *chamito-sémitiques*, dites auj. *afro-asiatiques.* VAR **Chamites** DER **hamite** ou **chamite** *a*

**Hamlet** prince devenu légendaire du Jutland. ▷ LITTER Drame en 5 actes, en vers et en prose, de Shakespeare (v. 1601), qui s'est inspiré de légendes danoises véhiculées en Europe occid. dep. le XII^e s. : dans le chât. d'Elseneur, le spectre du roi du Danemark apparaît à son fils Hamlet pour lui révéler que sa femme et son frère, amants, l'ont assassiné ; Hamlet doit le venger. Il feint la folie pour mieux assumer ce tragique devoir, qui causera sa perte. ▷ CINE Films de et avec Laurence Olivier (1948), d'A. Kaurismaki (*Hamlet Goes Business,* 1987).

**Hamm** v. industrielle d'Allemagne (Rhén.-du-N.-Westphalie), dans la Ruhr ; 165 960 hab.

**hammam** *nm* Établissement où l'on prend des bains de chaleur ou de vapeur à la façon turque. PHO [ˈamam] ETY Mot ar.

**Hammamet** v. de Tunisie, sur le *golfe d'Hammamet* (au S. du cap Bon) ; 12 000 hab. Stat. baln. Vieux village pittoresque.

**Hammam-Lif** v. de Tunisie (gouvernorat de Tunis) ; 73 580 hab. Stat. therm. et baln.

**Hammarskjöld** Dag (Jönköping, 1905 – Ndola, Zambie, 1961), homme politique suédois. Secrétaire général de l'ONU à partir de 1953, il trouva la mort dans un accident d'avion lors d'une mission. P. Nobel de la paix 1961, à titre posthume.

**Hamme** commune de Belgique (Flandre-Orientale) ; 30 440 hab. Industr. textile.

**Hammerfest** port de Norvège, la ville la plus septentr. d'Europe ; 7 000 hab.

**hammerless** *nm* Fusil de chasse muni d'un percuteur central. PHO [ˈamɛʀlɛs] ETY Mot angl., « sans marteau ».

**Hammett** Dashiell (Saint Mary's County, Maryland, 1894 – New York, 1961), écrivain américain, le pionnier du roman noir : *la Moisson rouge* (1929), *le Faucon maltais* (1930), *la Clé de verre* (1931).

**Hammourabi** (chronologie controversée : 1792, 1750 ou 1730 – 1686 av. J.-C.), roi de Babylone. Il créa l'Empire babylonien en soumettant Sumer et Akkad, puis l'Assyrie. Son *Code*, gravé sur la stèle trouvée à Suse en 1901-1902 (Louvre), témoigne de l'importance son règne. VAR **Hammourapi**

**Hampâté Bâ** Amadou (Bandiagara, Mali, v. 1901 – Abidjan 1991), écrivain malien. Il transcrivit la littérature orale peule et fit œuvre de poète, d'historien et de philosophe, publia un roman : *l'Étrange Destin de Wangrin* (1973) et ses *Mémoires* (2 vol., 1991-1994).

**Hampden** John (Londres, v. 1595 – Thame, Oxfordshire, 1643), homme politique anglais ; adversaire de l'absolutisme royal. Son arrestation (1642) précipita la révolution.

**1 hampe** *nf* **1** Longue tige par laquelle on saisit certaines armes, certains outils, ou qui sert de support à un drapeau. *Hampe d'une hallebarde, d'un pinceau.* **2** BOT Tige dépourvue de feuilles et qui porte des fleurs à son sommet. **3** Partie de certaines lettres (*p, b, h,* etc.) qui dépasse vers le haut ou le bas. PHO [ˈɑ̃p] ETY Croisement du lat. *hasta,* « lance » et du frq. *haunt,* « main ».

**2 hampe** *nf* **1** VEN Poitrine du cerf. **2** En boucherie, partie latérale supérieure du ventre du bœuf, vers la cuisse. PHO [ɑ̃p] ETY De l'anc. all.

**Hampi** → **Vijayanagar.**

**Hampshire** comté du S. de l'Angleterre, sur la Manche ; 3 772 km² ; 1 511 900 hab. ; ch.-l. *Winchester.* Élevage ovin et porcin. Les v. côtières : Southampton, Portsmouth, Fawley, sont des centres industr.

**Hampton** aggl. du S.-O. de Londres. – *Hampton Court Palace :* château dont Henri VIII fit une résidence royale et qui est auj. un musée d'art (endommagé par un incendie en 1986).

**Hampton** port des É.-U. (Virginie), partie d'un ensemble portuaire abrité dans une rade *(Hampton Roads),* qui débouche dans la baie de Chesapeake ; 133 790 hab.

**Hampton Lionel** (Louisville, Kentucky, 1908 – New York, 2002), vibraphoniste et chef d'orchestre de jazz américain.

**hamster** *nm* Rongeur pourvu de vastes abajoues, à queue courte et velue, qui creuse à l'état sauvage un terrier compliqué et dont une espèce, le hamster doré, au pelage fauve et blanc, est un animal familier. PHO ['amstɛʀ] ETY Mot all.

**Hamsun Knut Pedersen,** dit **Knut** (Garmostraeet, 1859 – Nörholm, 1952), romancier norvégien. Réaliste, il aspire à un monde surréel : *la Faim* (1890), *Pan* (1894). P. Nobel 1920.

**Hamy Ernest** (Boulogne-sur-Mer, 1842 – Paris, 1908), anthropologue et ethnologue français ; fondateur du musée d'ethnographie du Trocadéro (1880, auj. musée de l'Homme).

**1 han** *interj* Imite le cri d'une personne qui fait un effort. PHO ['ɑ̃] ETY Onomat.

**2 han** → **Hans.**

**Han** fleuve de Corée du Sud (467 km) qui arrose Séoul.

**Han (grottes de)** réseau (3 km) de cavernes souterraines creusées dans le calcaire ardennais (Belgique, com. de Han-sur-Lesse).

**Han (dynastie des)** la deuxième et la plus longue dynastie de la Chine impériale (206 av. J.-C. – 220 apr. J.-C.). On distingue les *Han antérieurs* ou *occidentaux* (206 av. J.-C. – 8 apr. J.-C.) et les *Han postérieurs* ou *orientaux* (23 – 220).

**hanafisme, hanafite** → **hanéfite.**

**hanap** *nm* anc Grand vase à boire, en usage au Moyen Âge. PHO ['anap] ETY Du frq.

**Hanau** v. d'Allemagne (Hesse), sur le Main ; 85 220 hab. Orfèvrerie.

**hanbalite** *a* Se dit, dans l'islam sunnite, d'une école juridique qui se livre à une interprétation stricte du Coran, fondée au IXe s. par Ahmad ibn Hanbal et remise à l'honneur au XVIIIe s. par les Wahhabites. PHO ['ɑ̃balit] ETY D'un n. pr. DER **hanbalisme** *nm*

code de **Hammourabi** : le roi adorant le dieu Shamash, stèle en basalte noir, XVIIIe s. av. J.-C. – musée du Louvre

**hanbok** *nm* Costume traditionnel coréen. PHO ['anbɔk] ETY Mot coréen.

**hanche** *nf* **1** Partie latérale du corps, entre la taille et le haut de la cuisse. **2** EQUIT Partie de l'arrière-train du cheval, allant des reins au jarret. **3** ENTOM Segment des pattes des insectes s'articulant avec le thorax. **4** MAR Partie supérieure de la coque d'un navire, à proximité de l'arrière. LOC *Articulation de la hanche :* articulation unissant la tête du fémur à une cavité de l'os iliaque. — *Mettre les poings sur les hanches :* pour exprimer la résolution ou le défi. PHO ['ɑ̃ʃ] ETY Du germ.

**hanché, ée** *a* Se dit d'une position dans laquelle, le poids du corps étant supporté par une seule jambe, la hanche correspondante est en saillie et l'autre effacée. DER **hanchement** *nm*

**hancher** *v* ① **A** *vi* Prendre une position hanchée. **B** *vt* BX-A Représenter un personnage dans une position hanchée.

**Hancock Herbie** (Chicago, 1940), jazzman américain, pianiste et compositeur.

**hand** *nm* fam Handball. PHO [ɑ̃d]

**handball** *nm* Sport opposant deux équipes de 7 joueurs qui se joue uniquement avec les mains. PHO ['ɑ̃dbal] ETY Mot all. DER **handballeur, euse** *n* ▶ pl. sport

**Händel** → **Haendel.**

**handicap** *nm* **1** Désavantage imposé à un concurrent, à un cheval, pour équilibrer les chances de victoire ; épreuve où les chances sont ainsi équilibrées. **2** Ce qui défavorise, met en position d'infériorité. **3** Infirmité physique ; déficience mentale. PHO ['ɑ̃dikap] ETY Mot angl.

**handicaper** *vt* ① **1** Imposer un handicap. **2** fig Mettre en état d'infériorité, désavantager. *Sa timidité l'a handicapé.* DER **handicapant, ante** *a* – **handicapé, ée** *a, n*

**handiphobie** *nf* Hostilité envers les handicapés, réticence à les intégrer à la vie sociale. DER **handiphobe** *n, a*

**handisport** *a inv, nm* **A** *a inv* Qui concerne les sports pratiqués par les handicapés physiques. **B** *nm* Ensemble de ces sports.

**handisport** athlétisme : 500 m en chaise roulante

**Handke Peter** (Griffen, Carinthie, 1942), écrivain autrichien. Il exprime l'angoisse dans des romans (*le Colporteur,* 1967) au théâtre (*le Malheur indifférent,* 1972) et au cinéma (*la Femme gauchère,* 1978 ; *le Recommencement,* 1986).

**hanéfite** *a* RELIG Se dit de l'école d'interprétation de la loi islamique qui fait appel au raisonnement individuel, représentée surtout dans les pays de l'ancien Empire ottoman et en Inde. ETY D'un n. pr. VAR **hanafite** DER **hanéfisme** ou **hanafisme** *nm*

**Haneke Michael** (Munich, 1942), cinéaste autrichien : *la Pianiste* (2001), *le Ruban blanc* (2009).

**Han Gan** (actif v. 750), peintre chinois, célèbre pour ses représentations de chevaux.

**hangar** *nm* **1** Construction ouverte formée d'un toit élevé sur des piliers ; entrepôt. **2** Vaste abri fermé destiné à recevoir des avions, des hélicoptères, etc. PHO ['ɑ̃gaʀ] ETY Du frq.

**hangul** *nm* Alphabet coréen. PHO ['ɑ̃gul]

**Hangzhou** grand port de Chine, cap. du Zhejiang, au S.-O. de Shanghai ; 2,8 millions d'hab. (aggl.) – Cap. des Song du Sud (1127-1276).

**Hankou** v. de Chine (Hubei), dans l'aggl. de Wuhan, au confl. du Hanshui et du Yangzijiang.

**hanneton** *nm* Insecte coléoptère, aux élytres bruns, au vol lourd, aux antennes se terminant en lamelles, commun en Europe. PHO ['antɔ̃] ETY Du frq. *hano,* « coq ».

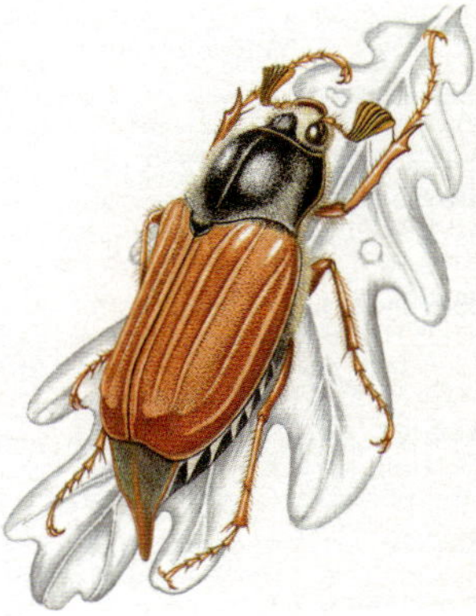

**hanneton** commun

**hannetonner** *vi, vt* ① AGRIC Rechercher et détruire des hannetons. *Hannetonner un verger.* PHO ['antɔne] DER **hannetonnage** *nm*

**Hannibal** (Carthage, v. 247 – Bithynie, 183 av. J.-C.), général et homme d'État carthaginois. Fils d'Hamilcar Barca, élu chef de l'armée (221 av. J.-C.) après l'assassinat de son beau-frère Hasdrubal, il partit d'Espagne (219 av. J.-C.), traversa les Pyrénées puis les Alpes et vainquit l'armée romaine plusieurs fois, notam. sur les rives de la Trébie (218) et du lac Trasimène (217), puis, après avoir renoncé à marcher sur Rome, à Cannes (216), dans le S. de l'Italie, où il se retira. Rappelé à Carthage (203), il fut vaincu par Scipion à Zama, en Numidie (202), et s'enfuit en Orient. Les Romains le menacèrent à nouveau et il s'empoisonna. VAR **Annibal**

**Hannibal**

**Hannon** (VIe ou Ve s. av. J.-C.), navigateur carthaginois. Il aurait exploré les côtes d'Afrique occidentale (selon le *Périple d'Hannon*).

**Hannon le Grand** (IIIe s. av. J.-C.), général carthaginois. Chef du parti aristocratique, opposé à Hannibal, il traita avec Scipion.

**Hanoi** cap. du Viêt-nam, port sur le delta du fleuve Rouge ; 4,2 millions d'hab (aggl.). Centre industriel – Université. – Fondée en 599, cap. du royaume d'Annam jusqu'en 1802, la ville fut prise par Fr. Garnier en 1873. Cap. de l'Indochine française (1887-1954), puis du Viêt-nam du Nord, Hanoi subit de terribles bombardements amér. (1966-1972). ▶ illustr. p. 746

**Hanotaux Gabriel** (Beaurevoir, 1853 – Paris, 1944), historien et homme politique français : *Histoire de la France contemporaine* (1903-1908), *Histoire illustrée de la guerre de 1914*

(17 vol., 1915-1926) ; ministre des Affaires étrangères de 1894 à 1898. Acad. fr. (1897).

**Hanoukka** fête juive (« fête des Lumières »), célébrée en décembre, commémorant la victoire de Judas Maccabée.

**Hanovre** (en all. *Hannover*), anc. État d'Allemagne du N. inclus en 1945 dans le Land de Basse-Saxe. – L'électorat de Hanovre, créé en 1692, occupé par les Franç. (1803-1814), devint un royaume (1814) que la Prusse annexa en 1866. – La *dynastie de Hanovre* régna sur la G.-B. à partir de 1714 ; les souverains actuels descendent, par les femmes, de cette dynastie. (V. Windsor.) DER **hanovrien, enne** *a, n*

**Hanovre** (en all. *Hannover*), v. d'Allemagne, cap. de la Basse-Saxe, sur la Leine ; 505 720 hab. Centre industr. et comm. (foires).

**hanovrien, enne** *a, nm* Se dit d'un cheval de selle d'une race allemande appréciée pour le dressage et le saut d'obstacles. PHO [anɔvʀijɛ̃]

**Hanriot François** (Nanterre, 1761 – Paris, 1794), révolutionnaire français. Il participa aux massacres de sept. 1792 et commanda la force armée de Paris (1793). Il fut guillotiné.

**Hans** population qui constitue plus de 90 % du peuple chinois. Leur habitat primitif était le cours inférieur du Huang He. DER **han** *a*

**hanse** *nf* HIST Ligue de marchands, au Moyen Âge. PHO [ɑ̃s] ETY De l'anc. all. *hanser*, « troupe ». DER **hanséatique** *a*

**Hansen Gerhard Armauer** (Bergen, 1841 – id., 1912), médecin norvégien. Il isola en 1874 le bacille de la lèpre *(bacille de Hansen)*.

**Hanse teutonique** ligue de marchands formée à partir de 1241 par Lübeck, Hambourg, Minden, des ports de la Baltique et de la mer du Nord (en tout 85 villes), pour résister à toute agression et commercer avec l'étranger. Elle atteignit son apogée aux XIVe-XVe s. et disparut au cours du XVIIe s.

**Hanshui (le)** (anc. *Han Kiang*), riv. de Chine (1 700 km), affl. du Yangzijiang (r. g.).

**Hansi Jean-Jacques Waltz,** dit (Colmar, 1873 – id., 1951), dessinateur français auteur d'ouvrages illustrés, sur l'occupation allemande en Alsace (1871-1914).

**Hanska Eveline Rzewuska (comtesse)** (près de Kiev, 1800 – Paris, 1882), correspondante polonaise de Balzac à partir de 1832 ; devenue veuve, elle l'épousa en 1850.

**Hanslick Eduard** (Prague, 1825 – Baden, près de Vienne, 1904), esthéticien et critique musical autrichien, hostile à Wagner.

**Hantaï Simon** (Bia, 1922 – Paris, 2008), peintre français, de tendance abstraite.

**hantavirus** *nm* Virus à ARN, responsable d'une fièvre hémorragique.

**hanter** *vt* ① **1** litt Fréquenter une personne, un lieu. **2** Apparaître dans un lieu en parlant des fantômes. **3** fig Obséder. *La crainte de la maladie le hante.* PHO [ɑ̃te] ETY De l'anc. scand.

**Hanoi** l'ancien pont Paul-Doumer sur le fleuve Rouge

**hantise** *nf* **1** litt Action de fréquenter. **2** fig Inquiétude obsédante. *Il a la hantise d'échouer.*

**haoussa** *nm* LING Une des grandes langues de communication en Afrique de l'Ouest.

**Haoussas** populations islamisées qui vivent dans le N. du Nigeria (env. 20 millions de personnes), le S. du Niger (4,5 millions) et le N. du Cameroun (160 000). Le *haoussa*, langue afro-asiatique du groupe tchadique, est utilisé comme langue véhiculaire par une pop. plus importante encore. – Les Haoussas ont formé dès le XIIe s. des cités-États puissantes qui atteignirent leur apogée aux XIVe et XVe s. Au début du XIXe s., des Peuls se sont emparés du pouvoir dans les États haoussa, dont ils ont adopté la langue et les coutumes. DER **haoussa** *a*

**Haouz** plaine fertile du S.-O. du Maroc, au pied du Haut Atlas ; v. princ. *Marrakech*.

**hapax** *nm* LING Mot, forme, expression dont on ne possède qu'un exemple à une époque donnée. ETY Mot gr.

**haplo-** Élément, du gr. *haploûs*, « simple ».

**haploïde** *a, nm* BIOL Qui ne possède que la moitié du nombre de chromosomes propre à l'espèce. *Les gamètes sont haploïdes.* ANT diploïde.

**haplologie** *nf* PHON Omission de l'une de deux articulations semblables qui se suivent (ex. *tragicomédie* pour *tragicocomédie*).

**haplonte** *nm* BIOL Individu haploïde.

**haplophase** *nf* BIOL Se dit de la période du cycle de reproduction d'un être vivant pendant laquelle les cellules sont haploïdes.

**happe** *nf* TECH Crampon métallique servant à assembler deux pièces. PHO [ap]

**happening** *nm* **1** Manifestation artistique dont l'improvisation implique une participation physique du public. **2** Évènement qui tient du happening. PHO [apəniŋ] ETY Mot angl., « évènement ».

**happer** *vt* ① **1** Saisir avidement d'un coup de gueule ou de bec. *Les hirondelles happent les insectes.* **2** fig Attraper, saisir soudainement, avec violence. *La machine a happé son bras.* PHO [ape] ETY Du germ. DER **happement** *nm*

**happy end** *nm, nf* Conclusion heureuse d'une œuvre. PLUR happy ends. PHO [apiɛnd] ETY Mot angl., « heureuse fin ».

**happy few** *n pl* litt Les quelques privilégiés qui ont accès à qqch. PHO [apifju] ETY Mot angl.

**happy hour** *nf* Tranche horaire pendant laquelle les boissons alcooliques sont vendues moins cher dans certains bars. PHO [apiawœʀ] ETY Mot angl., « heure heureuse ».

**haptique** *a* didac Relatif à la sensibilité cutanée. ETY Du gr. *haptein*, « toucher ».

**haptonomie** *nf* PSYCHO Méthode qui privilégie le contact tactile dans la construction de la relation affective.

**haquebute** *nf* Arquebuse. ETY Du néerl.

**haquenée** *nf* vx Cheval ou jument facile à monter et allant l'amble. PHO [akne] ETY De l'angl. *Hackney*, n. d'un village.

**hara-kiri** *nm* Mode de suicide rituel, particulier aux Japonais, consistant à s'ouvrir le ventre. (En japonais, *hara-kiri* est vulgaire ; le terme correct est *seppuku*.) *Se faire hara-kiri.* PLUR hara-kiris. PHO [aʀakiʀi] ETY Mot jap. VAR **harakiri**

**Harald II Blåtand** (vers 910 – vers 986), roi du Danemark (936 ? – 986 ?) ; il favorisa l'implantation du christianisme.

**Harald III Hårdråde** (?, vers 1015 – Stamford Bridge, 1066), roi de Norvège (1047-1066). Il voulut conquérir l'Angleterre. — 

**Harald V** (Asker, 1937), roi de Norvège depuis 1991, à la mort de son père Olav V.

**haram** *nm* Dans l'islam, territoire sacré, interdit aux non-musulmans ; plus généralement désigne tout ce qui est illicite, par oppos. à *halal*. PHO [aʀam] ETY Mot ar.

**harangue** *nf* **1** Discours solennel prononcé à l'intention d'un personnage officiel, d'une assemblée, d'une troupe. **2** péjor Discours ennuyeux. PHO [aʀɑ̃g] ETY Du frq. par l'ital.

**haranguer** *vt* ① Adresser une harangue à qqn. *Haranguer la foule.* DER **harangueur, euse** *n*

**Harar** v. d'Éthiopie orientale ; 62 160 hab. ; ch.-l. de prov.

**Harare** (anc. *Salisbury*), cap. du Zimbabwe ; 1,5 million d'hab. (aggl.). DER **hararéen, enne** ou **hararais, aise** *a, n*

**haras** *nm* Lieu, établissement où l'on élève des juments et des étalons. PHO [aʀa] ETY De l'anc. scand. *hârr*, « qui a le poil gris ».

**harasse** *nf* TECH Caisse à claire-voie, pour emballer la porcelaine, le verre, etc. PHO [aʀas]

**harasser** *vt* ① Fatiguer à l'excès. *Cette longue route m'a harassé.* SYN épuiser. PHO [aʀase] DER **harassant, ante** *a* – **harassement** *nm*

**Harbin** v. de la Chine du N.-E., ch.-l. du Heilongjiang ; 2 800 000 hab. Centre industriel. VAR **Ha'erbin** ou **Kharbine**

**harcèlement** *nm* Action de harceler. *Tir de harcèlement.* LOC ***Harcèlement moral*** **:** persécution d'un employé par son supérieur hiérarchique. — ***Harcèlement sexuel*** **:** délit consistant à profiter d'une situation hiérarchique pour imposer à qqn des relations sexuelles. PHO [aʀsɛlmɑ̃]

**harceler** *vt* ⑰ **1** Poursuivre de petites attaques renouvelées. *Harceler l'ennemi.* **2** Importuner sans cesse ; tourmenter. PHO [aʀsəle] ETY De *herser*, « tourmenter ». DER **harcelant, ante** *a* – **harceleur, euse** *n*

**Harcourt Raoul d'** (mort à Paris, 1307), chanoine qui fonda le collège d'Harcourt (1280).

**Harcourt Henri de Lorraine (comte d')** dit **Cadet la Perle** (?, 1601 – Royaumont, 1666), général français. Il défit les Espagnols à Valenciennes et captura Condé (1649).

**hard** *a inv, nm* **A** *a inv* **1** fam Très pénible. *Il est hard, ce mec !* **2** Se dit d'un film pornographique dans lequel les acteurs pratiquent réellement des actes sexuels. **B** *nm* **1** Film hard, cinéma hard. **2** Hard rock. **3** INFORM Hardware. PHO [aʀd] ETY Mot angl.

**hard discount** *nm* Pratique des hard discounters. SYN maxidiscompte. PHO [aʀdiskaunt] ETY Mots angl.

**hard discounter** *nm* COMM Grande surface pratiquant des prix très bas. SYN maxidiscompteur. PHO [aʀdiskauntœʀ] ETY Mots angl.

**1 harde** *nf* VEN Troupeau de bêtes sauvages. PHO [aʀd] ETY Du frq.

**2 harde** *nf* VEN **1** Lien attachant les chiens quatre à quatre ou six à six. **2** Réunion de plusieurs couples de chiens attachés ainsi. PHO [aʀd]

**Hardellet André** (Vincennes, 1911 – Paris, 1974), poète français (*Sommeils* 1960), auteur de récits fantastiques (*Lourdes, lentes* 1973).

**Hardenberg Karl August (prince von)** (Essenrode, Hanovre, 1750 – Gênes, 1822), homme d'État prussien. Chancelier en 1810, il fit abolir le servage (1811) et réorganisa la Prusse sur le modèle napoléonien.

**hardes** *nf pl* litt Vieux vêtements. PHO [aʀd] ETY De l'a. fr. *fardes*, « fardeau », de l'ar.

**hardeur, euse** *n* Acteur de films pornographiques. VAR **hardeux, euse** fam

**hardi, ie** *a, interj* **A** *a* **1** Qui est audacieux, entreprenant, intrépide. *Une entreprise hardie.* **2**

vieilli Qui heurte par sa liberté d'allures ; insolent, effronté. ANT réservé, modeste. **3** Qui est d'une originalité audacieuse ; libre, franc, aisé. *Coup de pinceau hardi.* **B** interj Employée pour encourager. *Hardi, les gars !* PHO [ˈardi] ETY De l'a. fr. *hardir,* « rendre dur ». DER **hardiment** av

**hardiesse** nf litt **1** Caractère d'une personne hardie, de ce qui est hardi. **2** vieilli Insolence, impudence, effronterie. *Il a eu la hardiesse de me répondre.* **3** Franchise, originalité à propos d'une œuvre d'art. **4** Parole, action hardie.

**Harding** Warren Gamaliel (Caledonia, Ohio, 1865 – San Francisco, 1923), homme politique américain ; président (républicain) des É.-U. à partir de 1921, isolationniste.

**Hardouin-Mansart** → **Mansart.**

**hard rock** nm inv Courant très violent de la musique rock. SYN heavy metal. PHO [ˈardrɔk]

**Hardt (la)** massif forestier de France (Alsace et Lorraine) et d'Allemagne (Palatinat), au N. des Vosges ; 687 m au Donnersberg. VAR **Haardt**

**hard-top** nm Toit en tôle, amovible, d'une voiture décapotable. PLUR hard-tops. PHO [ˈardtɔp] ETY Mot angl., « dessus dur ».

**hardware** nm INFORM Matériel, par oppos. à *software.* PHO [ˈardwɛr] ETY Mot amér.

**Hardy** Alexandre (Paris, v. 1570 – id., v. 1632), auteur français de tragédies : *Marianne* (1600), *Didon se sacrifiant* (1603).

**Hardy** Thomas (Upper Bockhampton, Dorset, 1840 – Max Gate, Dorchester, 1928), écrivain anglais : *Tess d'Urberville* (1891).

**Hardy** Oliver (Harlem, Georgie, 1892 – Hollywood, 1957), acteur comique américain associé avec Stan Laurel.

**Hardy** Françoise (Paris, 1944), auteure-compositrice et chanteuse française.

**harem** nm **1** Appartement propre aux femmes, chez les peuples musulmans. **2** Ensemble des femmes qui y habitent. PHO [ˈarɛm] ETY De l'ar. *harām,* « défendu ».

**hareng** nm Poisson téléostéen clupéiforme, long de 20 à 30 cm, au dos bleu-vert et au ventre argenté pêché dans le nord de l'Atlantique. *Hareng saur.* LOC fam ***Sec comme un hareng :*** maigre et dégingandé. — ***Serrés comme des harengs :*** très serrés. PHO [ˈarɑ̃] ETY Du frq.

**hareng**

**harengaison** nf PÊCHE Pêche au hareng ; époque où elle a lieu.

**harengère** nf fam Femme grossière, poissarde.

**harenguet** nm Syn de *sprat.*

**harenguier** nm Bateau spécialisé dans la pêche au hareng.

**haret** am, nm Se dit d'un chat domestique retourné à l'état sauvage. PHO [ˈarɛ] ETY De l'a. fr. *harer,* « traquer ».

**harfang** nm Grande chouette arctique, au plumage blanc. PHO [ˈarfɑ̃] ETY Mot suédois.

**Harfleur** com. de Seine-Mar. (arr. du Havre) ; 8 271 hab. – Anc. port romain, port le plus important de Normandie jusqu'au XVIe s. DER **harfleurais, aise** a, n

**Hargeisa** v. de Somalie ; 760 000 hab. – Anc. cap. de la Somalie britannique.

**hargne** nf Mauvaise humeur qui se manifeste par un comportement agressif. PHO [ˈarɲ] ETY De l'anc. v. *hargner,* « quereller ». DER **hargneusement** av – **hargneux, euse** a, n

**haricot** nm **1** Plante potagère (papilionacée), à tige herbacée, en général volubile, dont on consomme les gousses vertes et les graines. *Haricots nains. Haricots à rames. Haricot d'Espagne.* **2** Gousse verte *(haricots verts)* ou graine *(haricots blancs, rouges),* comestibles, de cette plante. *Un gigot aux haricots.* LOC ***C'est la fin des haricots :*** la fin de tout. — fam ***Des haricots :*** rien du tout. — ***Haricot de mouton :*** ragoût de mouton accompagné de divers légumes. PHO [ˈariko] ETY De l'a. fr. *harigoter,* « couper en morceaux », du frq.

**haricot** mangetout

**haridelle** nf Cheval maigre et sans force. PHO [ˈaridɛl] ETY Du rad. de *haras.*

**harijan** n En Inde, intouchable. PHO [ˈariʒan] ETY Mot sanscrit, « enfant de Dieu », terme dû à Gandhi.

**Haring** Keith (Reading, Pennsylvanie, 1958 – New York, 1990), artiste américain, figure du pop'art.

**harira** nf Chez les musulmans, soupe de lentilles, pois chiches et mouton servie pendant le ramadan. ETY Mot ar.

**Hariri** (Bassorah, Irak, 1054 – id., 1122), auteur arabe de cinquante *maqāmāt,* saynètes de la vie quotidienne (V. Hamadhani).

**Hariri** Rafic (Sayda, 1944 – Beyrouth, 2005), homme politique libanais, Premier ministre (1992-1998 ; 2000-2004). Il fut assassiné.

**Harī Rūd** → **Héri Roud.**

**harissa** nf Condiment fait de piment rouge broyé dans l'huile d'olive, employé dans la cuisine d'Afrique du Nord. PHO [ˈarisa] ETY Mot ar.

**harki, ie** a, nm **A** a Relatif aux harkis ou à leurs descendants. *La communauté harkie.* **B** nm Militaire algérien qui combattait comme supplétif dans l'armée française pendant la guerre d'Algérie. PHO [ˈarki] ETY Mot ar.

**Harlay** Achille de (comte de Beaumont) (Paris, 1536 – id., 1619), premier président du parlement de Paris, adversaire des ligueurs durant les guerres de Religion.

**Harlay de Champvallon** François de (Paris, 1625 – Conflans, 1695), prélat français, archevêque de Paris (1671) ; hostile aux protestants et aux jansénistes. Acad. fr. (1671).

**harle** nm Oiseau plongeur (anatidé) au corps fuselé, au plumage noir et blanc. PHO [ˈarl]

**Harlem** quartier de New York, habité presque exclusivement par des Noirs.

**Harley** Robert (comte d'Oxford) (Londres, 1661 – id., 1724), homme politique anglais ; chef du gouv. (1710-1714), il signa le traité d'Utrecht (1713).

**Harlow** Harlean Carpenter, dite Jean (Kansas City, 1911 – Los Angeles, 1937), actrice américaine : *la Blonde platine* (1931).

**harmattan** nm Vent d'hiver, chaud et sec, en Afrique occid. PHO [ˈarmatɑ̃] ETY Mot africain.

**Harmodios** (m. à Athènes en 514 av. J.-C.), jeune Athénien qui, avec son ami Aristogiton, tua Hipparque (514 av. J.-C.) et fut exécuté.

**harmonica** nm Instrument de musique composé d'un petit boîtier métallique renfermant une série d'anches libres mises en résonance par le souffle. ETY Du lat. *harmonicus,* « harmonieux ». DER **harmoniciste** n

**harmonie** nf **1** Ensemble de sons sonnant agréablement à l'oreille ; concours heureux de sons, de mots, de rythmes, etc. *L'harmonie des vers de Racine.* **2** MUS Science de la formation et de l'enchaînement des accords. *Lois de l'harmonie.* **3** MUS Orchestre composé d'instruments à vent, à anche et à embouchure. *L'harmonie municipale donne un concert.* **4** Effet produit par un ensemble dont les parties s'accordent, s'équilibrent bien entre elles. *Harmonie de couleurs.* **5** Concordance, correspondance entre différentes choses. *Harmonie de points de vue.* SYN conformité. **6** Bonnes relations entre des personnes. SYN entente. ETY Du lat.

**harmonieux, euse** a **1** Qui sonne agréablement, qui flatte l'ouïe. *Musique harmonieuse.* **2** Qui a de l'harmonie. *Mélange harmonieux.* DER **harmonieusement** av

**harmonique** a, nm **A** a Relatif à l'harmonie. **B** nm MUS Se dit d'un son musical dont la fréquence est un multiple d'une fréquence de base, appelée *fréquence fondamentale.* LOC GEOM ***Division harmonique :*** position, sur une même droite, de quatre points A, B, M et N telle que $\frac{MA}{MB} = -\frac{NA}{NB}$. DER **harmoniquement** av

**harmoniser** vt [1] **1** Mettre en harmonie. *Harmoniser des tons. Leurs caractères s'harmonisent bien.* **2** MUS Composer, sur l'air d'une mélodie, une ou plusieurs parties vocales ou instrumentales. DER **harmonisation** nf

**harmoniste** n MUS Personne qui connaît et applique les lois de l'harmonie.

**harmonium** nm Instrument de musique à soufflerie, sans tuyaux d'orgue, à anches libres et à clavier, d'une étendue de cinq octaves pleines.

**harnacher** vt [1] **1** Mettre un harnais à un cheval. **2** fig Accoutrer ridiculement. PHO [ˈarnaʃe] DER **harnachement** nm

**harnais** nm **1** anc Armure complète d'un homme d'armes. **2** Équipement d'un cheval de selle ou d'attelage et de tout animal de trait. **3** Dispositif formé de sangles entourant le corps, qui répartit en plusieurs points le choc occasionné par une chute ou par une projection violente vers l'avant. *Harnais de parachutiste, d'alpiniste.* **4** TECH Ensemble des organes d'un métier à tisser. PHO [ˈarnɛ] ETY De l'a. scand.

**Harnes** ch.-l. de cant. du Pas-de-Calais (arr. de Lens), sur la Deûle ; 12 335 hab. Textiles. DER **harnésien, enne** a, n

**Harnoncourt** Nikolaus (Berlin, 1929 – Sankt Georgen im Attergau (Autriche), 2016), violoncelliste et chef d'orchestre autrichien qui prôna l'utilisation des instruments anciens.

**haro** interj, nm DR FEOD Cri que le témoin d'un crime pouvait pousser pour requérir l'assistance de ceux qui étaient présents et arrêter le coupable. LOC ***Crier haro sur qqn :*** se dresser avec indignation contre qqn. PHO [ˈaro]

**Haroche** Serge (Casablanca, 1944), physicien français. P. Nobel 2012 avec D. Wineland.

**Harold Ier** dit Harefoot (« Pied de Lièvre ») (mort à Oxford, 1040), roi d'Angleterre (1037-1040), fils illégitime de Knud le

Grand. — **Harold II** (?, vers 1022 – Hastings, 1066), usurpa la couronne d'Angleterre (1066) ; il fut défait et tué par Guillaume le Conquérant à Hastings.

**Harold en Italie** symphonie de Berlioz (1834), inspirée par *le Pèlerinage de Childe Harold* (1812-1818) de Byron.

**Haroun al-Rachid** → **Harun ar-Rachid.**

**Haro y Sotomayor** Luis Méndez de (Valladolid, 1598 – Madrid, 1661), homme d'État espagnol, Premier ministre de 1643 à 1651 ; il négocia la paix des Pyrénées (1659).

**harpagon** *nm* litt Individu extrêmement avare. ETY Du n. pr.

**Harpagon** personnage princ. de *l'Avare* (1668) de Molière, nom passé dans la langue pour désigner un avare.

**harpail** *nm* VEN Troupe de biches. PHO [ˈaʀpaj] ETY De l'anc. v. *harpailler,* « séparer ». VAR **harpaille**

**harpe** *nf* **1** Instrument à cordes pincées, de forme triangulaire. **2** ZOOL Genre de mollusque gastéropode des mers chaudes. PHO [ˈaʀp] ETY Du germ. DER **harpiste** *n* ► pl. **musique**

**Harper** Stephen (Toronto, 1959), Premier ministre (conservateur) du Canada de 2006 à 2015.

**harpie** *nf* **1** MYTH Monstre à visage de femme, au corps d'oiseau de proie. **2** Femme acariâtre et criarde. **3** ORNITH Grand aigle (falconiforme) à tête huppée, d'Amérique du S., aux serres puissantes. PHO [ˈaʀpi] ETY Mot gr.

**harpie**

**Harpignies** Henri (Valenciennes, 1819 – Saint-Privé, Yonne, 1916), peintre français, paysagiste qui fréquenta l'école de Barbizon.

**Harpocrate** divinité égyptienne (Harpekhrad) assimilée par les Grecs et les Romains au dieu du Silence.

**harpon** *nm* **1** TECH Crochet, instrument muni d'un dard pour accrocher, piquer. **2** Large fer de flèche barbelé fixé à une hampe, servant à prendre les gros poissons ou les cétacés. **3** MAR Grappin tranchant utilisé autref. pour couper les cordages d'un navire ennemi. PHO [ˈaʀpɔ̃] ETY De l'a. scand.

**harponner** *vt* ① **1** Accrocher avec un harpon. **2** fig, fam Saisir, arrêter par surprise. *Il s'est fait harponner à la sortie.* DER **harponnage** ou **harponnement** *nm* – **harponneur, euse** *n*

**Harriman** William Averell (New York, 1891 – Yorktown Heights, État de New York, 1986), financier et homme politique américain, artisan du plan Marshall (1948 – 1950).

**Harris** Zellig Sabbetai (Balta, Ukraine, 1909 – New York, 1992), linguiste américain. Il formalisa les méthodes d'analyse distributionnelle puis créa, avant Chomsky, une linguistique transformationnelle.

**Harrisburg** v. des É.-U., cap. de la Pennsylvanie, sur la Susquehanna ; 49 500 hab. (aggl. urb. 570 200 hab.). Métallurgie.

**Harrison** John (Foulby, Yorkshire, 1693 – Londres, 1776), horloger anglais ; inventeur d'un pendule compensateur.

**Harrison** William Henry (Berkeley, Virginie, 1773 – Washington, 1841), homme d'État américain ; élu président (républicain) des États-Unis en 1840. — **Benjamin** (North Bend, Ohio, 1833 – Indianapolis, 1901), homme d'État américain, petit-fils du préc., président (républicain) des États-Unis (1889-1893).

**Harrison** Jim (Grayling, Michigan, 1937), écrivain américain, poète, nouvelliste et romancier. *Wolf* (1971), *Sorcier* (1981), *Retour en terre* (2007).

**Harrogate** v. de G.-B. (North Yorkshire) ; 76 000 hab. Stat. balnéaire.

**Harrow** fbg N.-O. de Londres ; 194 300 hab. – Célèbre collège fondé en 1571.

**Harry Potter** héros d'une série de romans pour la jeunesse, créé par J. K. Rowling en 1997.

**Hartford** v. des É.-U., cap. du Connecticut, sur le Connecticut ; 125 000 hab. (aggl. urb. 1 030 400 hab.). Centre industriel et financier.

**Harth (la)** forêt domaniale (14 000 ha) de la plaine d'Alsace, dans le Haut-Rhin.

**Härtling** Peter (Chemnitz, 1933), poète et romancier allemand : *Niembsch* (1964).

**Hartmannswillerkopf** sommet des Vosges mérid. (956 m), théâtre de violents combats en 1915.

**Hartmann von Aue** (Souabe, v. 1168 – v. 1210), chevalier et écrivain allemand, auteur de poésies courtoises et de deux romans : *Erec* (v. 1185), *Iwein* (v. 1205).

**Hartung** Hans (Leipzig, 1904 – Antibes, 1989), peintre français d'origine allemande, représentant de l'abstraction lyrique.

**Hartzenbusch** Juan Eugenio (Madrid, 1806 – id., 1880), auteur espagnol de drames romantiques : *les Amants de Teruel* (1837).

**Harun ar-Rachid** (Al-Rayy, Perse, 763 ou 766 – Tūs, Khorāsān, 809), cinquième calife abbasside (786-809). Il fit de Bagdad un centre prestigieux (arts, lettres, sciences). Il vainquit Byzance et eut des échanges avec Charlemagne. – Ses deux fils lui succédèrent : *Al-Amīn* (809-814) et *Al-Ma'mun* (814-833). V. Ma'mun (Al-). VAR **Haroun al-Rachid**

**Harunobu** Hozumi Jihei dit Suzuki (Tōkyō, 1725 – id., 1770), peintre japonais de l'ukiyo-e, maître de l'estampe.

**haruspice** → **aruspice.**

**Harvard** (université) université américaine fondée en 1636 à Cambridge (Massachusetts). ▷ ASTRO *Classification de Harvard* : classification spectrale effectuée en fonction de la température des étoiles.

**Harvey** William (Folkestone, 1578 – Hampstead, 1657), médecin anglais. Physiologiste, il affirma le premier, et démontra, l'existence de la circulation sanguine.

**Haryana** État du N.-O. de l'Inde, détaché en 1966 du Pendjab ; 44 222 km$^2$ ; 25 351 000 hab. ; cap. *Chandigarh.* Céréales, coton.

**Harz** massif anc. d'Allemagne centr. (1 142 m. au Brocken). Mines de plomb, de zinc, de cuivre.

**hasard** *nm* **1** litt Risque, péril. *Les hasards de la guerre.* **2** Concours de circonstances imprévu et inexplicable ; évènement fortuit. *Quel heureux hasard !* **3** Ce qui échappe à l'homme et qu'il ne peut ni prévoir ni expliquer rationnellement ; cause personnifiée d'évènements apparemment fortuits. *Le hasard a voulu que...* **LOC** ***À tout hasard :*** en prévision de tout ce qui pourrait arriver. — ***Au hasard :*** à l'aventure, sans but. — ***Au hasard de :*** selon les aléas de. — ***Coup de hasard :*** évènement inattendu. — ***Jeu de hasard :*** où l'intelligence, le calcul n'ont aucune part. — ***Par hasard :*** fortuitement, accidentellement. — ***Parler, agir au hasard :*** inconsidérément, sans méthode. PHO [ˈazaʀ] ETY De l'ar. *az-āhr,* « les dés ».

**hasardé, ée** *a* litt **1** À la merci du hasard, risqué. *Entreprise hasardée.* **2** Sans fondement, difficile à justifier. *Proposition hasardée.*

**hasarder** *v* ① **A** *vt* **1** litt Exposer, livrer au hasard, et aux risques qu'il implique. *Hasarder sa fortune.* **2** Se risquer à dire, à exprimer. *Hasarder une plaisanterie, une hypothèse.* **B** *vpr* Se risquer dans une entreprise, un lieu dangereux.

**hasardeux, euse** *a* Qui comporte des risques. *Entreprise hasardeuse.* DER **hasardeusement** *av*

**has been** *n, a inv* **A** *n* fam Personnalité quelque peu oubliée. **B** *a* Qui est ringard. PHO [ˈazbin] ETY Mots angl., « qui a été ».

**haschisch** *nm* Stupéfiant tiré du chanvre indien. *Fumer du haschisch.* PHO [ˈaʃiʃ] ETY De l'ar. VAR **hachisch** ou **hasch**

**Haschischins** → **Assassins.**

**Hasdrubal** nom de plusieurs généraux carthaginois. — **Hasdrubal le Beau** (vers 270 – 221 avant J.-C.), général carthaginois, beau-frère d'Hannibal ; fondateur de Carthagène. — **Hasdrubal Barca** (vers 245 – 207 avant J.-C.), général carthaginois, frère d'Hannibal ; il fut vaincu et tué au Métaure. — **Hasdrubal Haedus** (« le Bouc ») (IIIe siècle avant J.-C.), général carthaginois ; il conclut la paix avec Rome après la défaite de Zama (202 avant J.-C.). — **Hasdrubal** (IIe s. av. J.-C.) général carthaginois ; il défendit Carthage contre Scipion Émilien (149 avant J.-C.) et se rendit. VAR **Asdrubal**

**hase** *nf* CHASSE Femelle du lièvre, du lapin de garenne. PHO [ˈaz] ETY Mot all.

**Hašek** Jaroslav (Prague, 1883 – Lipnice, 1923), journaliste et écrivain tchèque. Son roman *les Aventures du brave soldat Chveik au temps de la Grande Guerre* (1921-1923) montre avec humour la résistance passive à l'oppression.

**hashtag** *nm* INFORM Synonyme de *mot-clic.* PHO [ˈaʃtag] ETY Mot angl. de *hash,* « dièse » et *tag* « balise ».

**Haskil** Clara (Bucarest, 1895 – Bruxelles, 1960), pianiste roumaine naturalisée suisse.

**Haskovo** v. industr. de Bulgarie, dans le bassin de la Maritza ; 87 600 hab. ; ch.-l. de distr.

**Hassan** (v. 625 – 670), fils aîné de Ali et Fatima, deuxième imam des chiites.

**Hassan Ier** (vers 1830 – 1894), souverain alaouite du Maroc de 1873 à 1894. VAR **Hasan Ier** — **Hassan II** (Rabat, 1929 – id., 1999), arrière-petit-fils du préc., roi du Maroc (1961-

**William Harvey**

1999). Usant souvent de méthodes autoritaires, il a voulu moderniser son pays et a joui d'un grand prestige international. VAR **Hasan II**

**Hassanal Bolkiah** (Brunei, 1946), sultan de Brunei dep. 1967.

**Hassan ibn al-Sabbah** (m. à Alamūt, Iran, 1124), fondateur de la secte des Haschischins, surnommé *le Vieux de la montagne*.

**Hasse** Johann Adolf (Bergedorf, près de Hambourg, 1699 – Venise, 1783), compositeur allemand ; opéras : *Ezio* (1730), *Arminio* (1730).

**Hassel** Odd (Oslo, 1897 – id., 1981), chimiste norvégien : travaux sur l'analyse conformationnelle des molécules. P. Nobel 1969 avec D. H. Barton.

**Hasselt** v. de Belgique, ch.-l. du Limbourg, sur la Demer, affl. de la Dyle ; 65 100 hab. Eau-de-vie réputée.

**hassid** *nm* Adepte du hassidisme. PLUR hassidim. PHO [asid] ETY Mot hébreu, « pieux ».

**hassidisme** *nm* Courant mystique et ascétique du judaïsme traditionnel qui se développa aux XII^e et XIII^e s. et fut restauré au XVIII^e s. DER **hassidique** *a*

**Hassi-Messaoud** centre pétrolier du Sahara algérien, au S.-E. d'Ouargla, relié par oléoducs à Bejaia, Skikda et Arzew.

**Hassi-R'Mel** gisement de gaz du Sahara algérien, au N.-O. de Ghardaïa, relié par gazoducs à Arzew, Oran et Alger.

**hassium** *nm* Élément radioactif artificiel de numéro atomique Z=108 et de masse atomique 265 (symbole Hs).

**Hassler** Hans Leo (Nuremberg, 1564 – Francfort-sur-le-Main, 1612), compositeur allemand : messes, psaumes, motets.

**hast** *nm* Toute arme offensive montée sur une hampe. *Arme d'hast.* PHO [ast] ETY Du lat.

**hasté, ée** *a* BOT Se dit d'une feuille dont les deux lobes de la base figurent une hallebarde.

**Hastings** v. et port de G.-B. (Sussex), sur le pas de Calais ; 78 100 hab. Pêche. Stat. baln. réputée. – Victoire de Guillaume le Conquérant sur Harold II (14 oct. 1066).

**Hastings** Warren (Churchill, Oxfordshire, 1732 – Daylesford, 1818), administrateur britannique. Gouverneur général de l'Inde (1773-1785), accusé de malversations, il sortit acquitté d'un retentissant procès (1788-1795).

**Hatchepsout** → **Hatshepsout.**

**hâte** *nf* Promptitude, diligence dans l'action. *Mettre trop de hâte à se préparer.* LOC ***À la hâte :*** avec précipitation et sans soin. — ***Avoir hâte (de, que) :*** être pressé, impatient (de, que). — ***En hâte :*** avec une grande promptitude. ETY Du frq. *haist*, « violence ».

**hâtelet** *nm* Petite tige ornementée que l'on pique sur une préparation culinaire pour la décorer. PHO [atalɛ] ETY De l'a. fr. *hâte*, « broche ».

**hâter** *v* ① **A** *vt* **1** Accélérer, rendre plus rapide. *Hâter le pas.* **2** litt Presser, faire arriver plus vite. *Hâter son départ.* **B** *vpr* Se dépêcher de. LOC ***Hâter des fruits :*** les faire mûrir vite. PHO [ate]

**Hathaway** Henri Léopold de Fiennes, dit Henry (Sacramento, 1898 – Los Angeles, 1985), cinéaste américain : *Peter Ibbetson* (1935), *Niagara* (1953).

**Hathor** déesse égyptienne symbolisant la demeure du dieu Horus (le Soleil), vache dont les cornes enserrent le disque solaire.

**hâtier** *nm* Grand chenet de cuisine muni de crochets pour appuyer les broches. PHO [atje]

**hâtif, ive** *a* **1** Qui est en avance par rapport au développement normal. *Fruit hâtif.* **2** Fait trop vite, à la hâte. *Un compte rendu hâtif.* DER **hâtivement** *av*

**Hatoyama** Yukio (Tokyo, 1947), homme politique japonais ; Prem. ministre (Parti démocrate) de sept. 2009 à juin 2010.

**Hatshepsout** (m. en 1483 av. J.-C.), reine d'Égypte de la XVIII^e dyn. Succédant à Thoutmès II, son demi-frère et époux, elle régna de 1504 à 1483. Elle fit construire le temple de Deir el-Bahari (voué au culte d'Amon). VAR **Hatchepsout**

**Hatteras (cap)** cap de la côte atlantique des É.-U. (Caroline du Nord).

**hattéria** *nm* ZOOL Syn. de *sphénodon*.

**Hatti** royaume d'Anatolie centrale, soumis au II^e millénaire av. J.-C. par les Hittites.

**Hattousa** ancienne capitale de l'Empire hittite. V. Boğazkale.

**Hatzfeld** Adolphe (Paris, 1824 – id., 1900), lexicographe français : *Dictionnaire général de la langue française* (1890-1900, en collab. avec Darmesteter et Thomas).

**hauban** *nm* **1** MAR Chacun des câbles métalliques assujettissant le mât d'un navire. **2** TECH Barre ou câble servant à assurer la rigidité d'une construction, d'un appareil. PHO [obɑ̃] ETY De l'anc. scand.

**haubaner** *vt* ① **1** MAR, AVIAT Consolider à l'aide de haubans. **2** TECH Assujettir à l'aide de haubans. DER **haubanage** *nm*

**haubert** *nm* Longue tunique de mailles portée au Moyen Âge par les hommes d'armes. PHO [obɛʀ] ETY Du frq., « ce qui protège le cou ».

**Haubourdin** ch.-l. de cant. du Nord (arr. de Lille), sur la Deûle ; 14 965 hab. DER **haubourdinois, oise** *a, n*

**Haudricourt** (Paris, 1911 – id., 1996), anthropologue et linguiste français : *L'Homme et les plantes cultivées* (1945), *la Notation des langues* (1967).

**Haug** Émile (Drusenheim, 1861 – Niederbronn, 1927), géologue français, il fit progresser la compréhension de l'orogenèse.

**Haugwitz** Christian (comte von) (Peuke, Silésie, 1752 – Venise, 1832), diplomate prussien. Il négocia avec la France le traité de Bâle (1795).

**Hauptman** Herbert Aaron (New York, 1917 – Buffalo, 2011), minéralogiste américain. Il a appliqué les mathématiques à la cristallographie. P. Nobel de chimie 1985.

**Hauptmann** Gerhart (Obersalzbrunn, Silésie, 1862 – Agnetendorf, id., 1946), écrivain allemand dramaturge naturaliste (*les Tisserands*, 1893), romancier panthéiste (*l'Hérétique de Soana*, 1918) et poète épique (*le Grand Rêve*, 1942). P. Nobel 1912.

**Hausdorff** Felix (Breslau, 1868 – Bonn, 1942), mathématicien allemand : travaux sur la topologie et la théorie des groupes.

**Hauser** Kaspar (?, v. 1812 – Ansbach, 1833), personnage énigmatique qui apparut dans le duché de Bade en 1828 sans qu'on sache son origine.

**Hausmann** Raoul (Vienne, 1886 – Limoges, 1971), artiste autrichien. Dadaïste à Berlin (1918), il inventa le poème phonétique (*f m s b w t ö z ä u*, 1918) et le photomontage.

**hausse** *nf* **1** Ce qui sert à hausser. *Mettre une hausse aux pieds d'une table.* **2** TECH Appareil servant à prendre la ligne de mire et à régler le tir d'une arme à feu. **3** CONSTR Montant servant à soutenir un remblai. **4** Action de hausser ; son résultat. *Hausse des matières premières. Hausse des valeurs boursières.* PHO [os]

**hausse-col** *nm* MILIT anc Pièce de métal en croissant qui protégeait le devant du cou, et qui devint au XIX^e s. l'insigne des officiers de l'infanterie. PLUR hausse-cols.

**hausser** *vt* ① **1** Élever, augmenter la hauteur, l'intensité, le prix de. *Hausser un mur. Hausser la voix.* **2** Mettre en position plus élevée, soulever. *Hausser une charge.* **3** fig Élever, rendre plus grand qqn. *Un acte qui l'a haussé dans l'opinion de ses concitoyens.* LOC ***Hausser les épaules :*** manifester du mépris, de l'indifférence. — ***Hausser le ton :*** parler plus fort, pour manifester sa colère, son impatience. — fam ***Se hausser du col :*** prendre des airs importants, se mettre en avant. PHO [ose] ETY Du lat. DER **haussement** *nm*

**haussier, ère** *a, n* FIN **A** *a* Relatif à la hausse des cours. *Tendance haussière.* **B** *n* Spéculateur qui joue à la hausse sur les valeurs.

**Haussmann** Georges Eugène (baron) (Paris, 1809 – id., 1891), administrateur et homme politique français. Préfet de la Seine (1853-1870), il transforma Paris : création de gares, de parcs et de boulevards ; destruction de vieux quartiers ; rattachement à Paris d'Auteuil, Passy, Grenelle, Vaugirard et Montmartre. DER **haussmannien, enne** *a*

**haut, haute** *a, nm, av* **A** *a* **1** D'une certaine dimension dans le sens vertical. *Un arbre haut de six mètres.* **2** Situé à un niveau supérieur à celui qui est habituel, ou à celui des choses semblables. *Les eaux du fleuve sont hautes. Une haute montagne. La ville haute et la ville basse.* **3** Se dit de la région d'un pays la plus éloignée de la mer et de la partie d'un cours d'eau la plus voisine de sa source. *La haute Loire. La haute Normandie.* **4** Très éloigné dans le temps. *La haute Antiquité.* **5** Élevé, important en intensité, en valeur. *Parler à voix haute.* **6** Qui possède la prééminence, la supériorité, hiérarchiquement. *La haute magistrature. Un haut fonctionnaire. Les hautes cartes, dans un jeu.* **7** Excellent. *Avoir une haute opinion de qqn. Ouvrage de haute qualité.* **B** *nm* **1** Dimension verticale, hauteur, altitude. *Le mont Blanc a 4 808 mètres de haut.* **2** Partie élevée de qqch ; sommet. *Le haut d'une tour.* **3** Pièce de vêtement qui couvre le buste. **C** *av* **1** À une très grande hauteur. *L'aigle s'élève très haut.* **2** Précédemment, plus loin en reculant dans le temps. *Revenir plus haut.* **3** Fort, à haute voix. **4** fig À un degré très élevé sur l'échelle des valeurs sociales, morales, etc. *Un monsieur très haut placé. Estimer très haut ses collaborateurs.* **5** D'une manière importante en matière de prix, de valeurs. *L'or est monté très haut.* LOC ***Avoir la haute main sur :*** exercer une autorité absolue sur qqch. — ***De haut :*** d'un point, d'une partie élevés. — ***Des hauts et des bas :*** alternances de périodes favorables et difficiles. — ***En haut :*** dans la partie la plus haute, audessus. — PHYS NUCL ***Hautes énergies :*** énergies supérieures à 1 MeV. — ***Haut la main :*** facilement. — ***Haut les cœurs ! :*** sert à encourager. — ***Haut les mains ! :*** ordre de lever les mains en l'air, donné à qqn que l'on veut mettre hors d'état d'agir. — ***Haut mal :*** épilepsie. — fam ***La haute :*** les hautes classes de la société. — fig ***La tête haute :*** sans craindre de reproche. — fig ***Le prendre de haut :*** répondre avec arrogance. — CH DE F ***Locomotive haut le pied :*** qui circule sans être attelée à un train. — ***Parler haut :*** avec assurance, autorité. — MAR ***Pavillon haut :*** hissé au sommet du mât. — ***Regarder qqn de haut en bas :*** avec mépris et arrogance. — ***Tomber de son haut :*** tomber de toute sa hauteur ; fig éprouver une surprise désagréable. — ***Voir les choses de haut :*** sans s'arrêter aux détails. — ***Voir plus haut :*** voir ce qui précède dans le texte. PHO [o, 'ot] ETY Du lat.

**hautain, aine** *a* Arrogant, dédaigneux. *Un homme hautain. Des paroles hautaines.*

**haut-alpin** → **Alpes (Hautes-).**

**hautbois** *nm* Instrument de musique à vent, en bois, à tuyau conique et à anche double. PHO [obwa] DER **hautboïste** *n* ▶ pl. musique

**haut-commissaire** *n* Titre de certains hauts-fonctionnaires. PLUR hauts-commissaires. (DER) **haut-commissariat** *nm*

**haut-de-chausses** *nm* anc Partie du vêtement masculin qui allait de la ceinture aux genoux. PLUR hauts-de-chausses. (PHO) [odʃos]

**haut-de-forme** *nm* Haut chapeau d'homme, cylindrique. PLUR hauts-de-forme.

**haut-de-jardin** *nm* Étage d'un immeuble dominant un jardin. PLUR hauts-de-jardin.

**Hautecombe** abbaye bénédictine, d'orig. cistercienne (XII^e s.), sépulture de la maison de Savoie, en bordure du lac du Bourget.

**haute-contre** *n* MUS **A** *nf* La plus aiguë des voix de ténor souvent utilisée dans le répertoire des XVI^e siècle et XVII^e siècle. **B** *nm* Celui qui a cette voix. PLUR hautes-contre. (VAR) **hautecontre**

**Haute-Corse** → **Corse (Haute-).**

**Haute Cour de justice** juridiction politique française, seule compétente pour juger le président de la République, s'il est accusé par le Parlement de haute trahison, et les membres du gouvernement. Elle est composée de députés et de sénateurs élus par chaque assemblée. (VAR) **Haute Cour**

**Haute-Égypte** → **Thébaïde.**

**haute-fidélité** *nf* **1** Qualité des appareils électro-acoustiques qui assure une restitution très fidèle des sons. *Des chaînes haute-fidélité.* Abrév. : hi-fi. **2** Ensemble des techniques ayant pour but d'obtenir une telle qualité. (VAR) **hautefidélité**

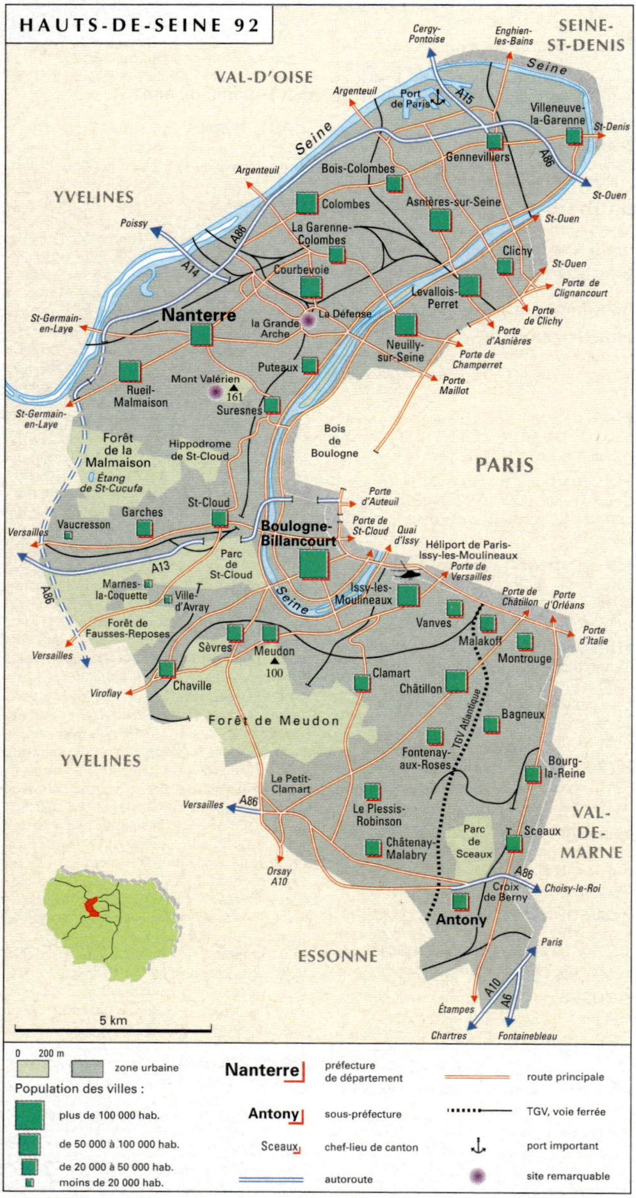


**Hautefort** ch.-l. de cant. de la Dordogne (arr. de Périgueux) ; 1 184 hab. – Chât. des XVI^e et XVII^e s. (DER) **hautefortais, aise** *a, n*

**Hautefort** Marie de (Hautefort, 1616 – Paris, 1691), fille d'honneur d'Anne d'Autriche, qui inspira une passion à Louis XIII. Elle épousa le duc de Schomberg-Halluin (1646).

**Haute-Garonne** → **Garonne (Haute-).**

**Haute-Loire** → **Loire (Haute-).**

**Haute-Marne** → **Marne (Haute-).**

**hautement** *av* **1** fig Ouvertement, de manière que cela se sache. *Proclamer hautement son innocence.* **2** Fortement, supérieurement. *Un ouvrier hautement qualifié.*

**Haute-Normandie** → **Normandie (Haute-).**

**Hauterives** com. de la Drôme (arr. de Valence) ; 1 333 hab. – *Palais idéal* (1879-1912), construction naïve du facteur Cheval.

**Hautes-Alpes** → **Alpes (Hautes-).**

**Haute-Saône** → **Saône (Haute-).**

**Haute-Savoie** → **Savoie (Haute-).**

**hautes études** (École pratique des) établissement d'enseignement supérieur créé par Duruy en 1868 et réorganisé en 1980. Elle comporte auj. 3 sections : sc. nat. ; sc. hist. et ling. ; sc. religieuses.

**hautes études en sciences sociales** (École des) école détachée en 1975 de l'École pratique des hautes études.

**Hautes-Pyrénées** → **Pyrénées (Hautes-).**

**hautesse** *nf* anc Titre honorifique que l'on donnait au sultan de Turquie. (PHO) [ˈotes]

**haute-tige** *nf* ARBOR Jeune arbre haut de 1 mètre au moins. PLUR hautes-tiges.

**hauteur** *nf* **1** Dimension verticale d'un corps, de bas en haut. *La hauteur d'un arbre. La tour Eiffel a 320 m de hauteur.* **2** GEOM Distance d'un point à une droite ou à un plan. **3** GEOM Segment de droite perpendiculaire au côté d'un triangle et passant par le sommet opposé. **4** Profondeur. *Hauteur de l'eau d'une rivière.* **5** Caractère de ce qui est très haut. *Une tour repérable par sa hauteur.* **6** ASTRO Angle que fait la direction d'un astre avec le plan horizontal en un lieu et à un moment donnés. **7** Lieu élevé, éminence. *Habiter sur les hauteurs.* **8** PHYS Fréquence moyenne d'un son. **9** METEO Épaisseur de la couche d'eau recueillie dans un pluviomètre. *Hauteur des précipitations.* **10** Caractère supérieur, élévation d'ordre moral. *Une grande hauteur de vues.* **11** péjor Arrogance, dédain, attitude orgueilleuse. LOC ***À hauteur de :*** à la valeur de, au degré de. *Se porter garant à hauteur de 20 000 francs.* — ***Être à la hauteur de la situation :*** être à même d'y faire face. — ***Être à la hauteur de qqch :*** être capable de faire qqch. — ***Être à la hauteur de qqn :*** avoir les mêmes capacités, la même valeur que lui. — fam ***Ne pas être à la hauteur :*** être incapable, médiocre. — ***Tomber de sa hauteur :*** de tout son long ; fig être très surpris.

**Haute-Vienne** → **Vienne (Haute-).**

**Haute-Volta** → **Burkina Faso.**

**haut-fonctionnaire** *n* Fonctionnaire de rang élevé, nommé directement par le gouvernement. PLUR hauts-fonctionnaires.

**haut-fond** *nm* Éminence rocheuse ou sableuse du fond marin, recouverte de très peu d'eau. PLUR hauts-fonds.

**haut-fourneau** *nm* Four à cuve de plusieurs dizaines de mètres de hauteur destiné à l'élaboration de la fonte par fusion et réduction du minerai de fer. PLUR hauts-fourneaux.

**haut-garonnais** → **Garonne (Haute-).**

**hautin** *nm* VITIC **1** Vigne dont les branches sont très hautes au-dessus du sol. **2** Échalas, arbre supportant le hautin. PHO [otɛ̃] VAR **hautain**

**Haut-Karabakh** → **Karabakh (Haut-).**

**Haut-Kœnigsbourg** château (XVe s.) du Bas-Rhin, à Orschwiller, sur un piton. Guillaume II le fit « reconstituer » (1900-1908).

**haut-le-cœur** *nm inv* **1** Nausée. **2** fig Dégoût.

**haut-le-corps** *nm inv* Brusque mouvement, réflexe du haut du corps marquant l'indignation, la surprise, la répulsion.

**haut-marnais** → **Marne (Haute-).**

**Hautmont** ch.-l. de canton du Nord, centre industriel, sur la Sambre ; 14 706 hab. DER **hautmontois, oise** *a, n*

**haut-parleur** *nm* Appareil qui transforme en ondes sonores les signaux électriques d'un amplificateur. PLUR haut-parleurs. VAR **hautparleur**

**haut-pyrénéen** → **Pyrénées (Hautes-).**

**haut-relief** *nm* Bx-A Sculpture où les figures, presque entièrement détachées du fond, sont vues dans la quasi-totalité de leur épaisseur (par oppos. à *bas-relief*). PLUR hauts-reliefs.

**Haut-Rhin** → **Rhin (Haut-).**

**haut-rhinois** → **Rhin (Haut-).**

**haut-savoyard** → **Savoie (Haute-).**

**Hauts de Hurlevent (les)** roman d'Emily Brontë (1847). ▷ CINE Film de W. Wyler (1939), avec M. Oberon et L. Olivier ; film mexicain de L. Buñuel (1953).

**Hauts-de-Seine** dép. franç. (92) ; 175 km² ; 1 572 943 hab. ; 8 874 hab./km² ; ch.-l. *Nanterre* ; ch.-l. d'arr. *Boulogne-Billancourt* et *Nanterre*. V. Île-de-France (Rég.). DER **altoséquanais, aise** *a, n*

**hauturier, ère** *a* MAR De la haute mer. *Pêche hauturière. Navire hauturier.* PHO [otyʀje, ɛʀ]

**haut-viennois** → **Vienne (Haute-).**

**Haüy** abbé **René Just** (Saint-Just-en-Chaussée, Picardie, 1743 – Paris, 1822), minéralogiste français. Il créa la cristallographie. — **Valentin** (Saint-Just-en-Chaussée, 1745 – Paris, 1822), philanthrope et éducateur français, frère du préc. Il inventa des caractères en relief à l'usage des aveugles et fonda (1784) l'Institution nationale des jeunes aveugles.

**havanais** *nm* Chien de petite taille au poil long et soyeux. PHO [avanɛ]

**havane** *nm, a inv* **A** *nm* Tabac de La Havane ; cigare fait avec ce tabac. **B** *a inv* De couleur brun-roux. *Robe havane.* PHO [avan]

**Havane (La)** (en esp. *La Habana*), cap. de Cuba, port sur le détroit de Floride ; 2,2 millions d'hab (aggl.). Centre industr. et comm. de Cuba. Cigares renommés. Fut avant 1959 une célèbre ville de plaisirs. DER **havanais, aise** *a, n*

**Havas** **Charles** (Rouen, 1783 – Paris, 1858), publiciste français ; fondateur de l'agence parisienne d'informations appelée *Bureau Havas*, avant de devenir l'*Agence Havas*.

**hâve** *a* litt Pâli, émacié par la faim, la souffrance. PHO [ɑv] ETY Du frq.

**Havel (la)** riv. d'Allemagne (341 km), affl. de l'Elbe (r. dr.) ; arrose Berlin et Potsdam.

**Havel** **Václav** (Prague, 1936 – Hradecek, 2011), écrivain, dramaturge et homme politique tchèque. En 1977, il fonda *la Charte 77*, mouvement de défense des droits de l'homme, et fut plusieurs fois emprisonné. Prés. de la République tchécoslovaque (1989-1992), puis de la République tchèque (1993-2003).

**haveneau** *nm* PECHE Filet à crevettes. ETY De l'a. scand. VAR **havenet**

**haver** *vt* ① TECH Abattre le minerai en pratiquant une saignée le long de la taille. PHO [ave] ETY De l'a. fr. *caver*, « creuser ». DER **havage** *nm* – **haveur** *nm*

**Havers** médecin anglais du XVIIe s. ▷ HISTOL *Canaux de Havers* : fins canaux traversant le tissu osseux et parcourus par les vaisseaux sanguins et les nerfs.

**haveuse** *nf* TECH Machine servant à haver.

**havre** *nm* **1** vx rég Petit port bien abrité. **2** fig, litt Lieu calme et protégé, refuge. *Un havre de paix, de bonheur.* ETY Du néerl.

**Havre (Le)** ch.-l. d'arr. de la Seine-Maritime, à l'embouchure de la Seine (r. dr.) ; 179 783 hab. (250 062 hab. dans l'aggl.). Le Havre est le 2e port franç. de comm. ; le pétrole (notam. dans l'avant-port d'Antifer) constitue les 4/5 de son trafic. C'est aussi un port de voyageurs et un centre industriel. – Fondée en 1517 (sous le nom de *Havre-de-Grâce*), la ville prit son essor au XIXe s. et fut ravagée lors de la Seconde Guerre mondiale. – Musée des beaux-arts. DER **havrais, aise** *a, n*

**havresac** *nm* Sac à bretelles, porté sur le dos. PHO [avʀəsak] ETY De l'all. *Habersack*, « sac à avoine ».

**Hawaii (îles)** (anc. *Sandwich*), archipel volcanique du Pacifique (Polynésie), État des É.-U., formé de vingt îles, dont Hawaii, la plus grande (10 400 km², 185 000 hab.) ; 16 705 km² ; 1 374 000 hab. ; cap. *Honolulu*, dans l'île Oahu. La pop. est formée en majorité de métis (brassage des Polynésiens autochtones avec des Asiatiques). – Princ. ressources : canne à sucre, ananas et, surtout, tourisme. Bases militaires, dont Pearl Harbor. – Découvert par Cook en 1778, l'archipel devint territ. amér. en 1898 et le 50e État de l'Union en 1959. VAR **Hawaï** DER **hawaiien** ou **hawaïen, enne** *a, n* ▶ carte : **Océanie**

**hawaiien, enne** *a* GEOL Se dit d'un volcan dont les éruptions se font sans projections, par débordement d'une lave basaltique très fluide qui s'étale largement et constitue un cône très aplati. PHO [awajɛ̃, ɛn] VAR **hawaïen**

**hawala** *nm* Dans les pays musulmans, réseau informel de transfert de fonds, fondé sur la confiance.

La Havane

**Hawkes** **John** (Stamford, Connecticut, 1925 – Providence, Rhode Island, 1998), romancier américain : *le Cannibale* (1949), *le Hibou* (1954), *Aventures dans le commerce des peaux en Alaska* (1986) *la Grenouille* (1996).

**Hawking** **Stephen** (Oxford, 1942), physicien et astronome britannique, spécialiste des trous noirs.

**Hawkins** sir **John** (Plymouth, 1532 – dans la mer des Antilles, 1595), amiral anglais. Il organisa la traite des Noirs. VAR **Hawkyns**

**Hawkins** **Coleman** (Saint Joseph, Missouri, 1904 – New York, 1969), saxophoniste de jazz américain (saxophone ténor).

**Hawks** **Howard** (Goshen, Indiana, 1896 – Palm Springs, Californie, 1977), cinéaste américain : *Scarface* (1932), *Seuls les anges ont des ailes* (1939), *le Grand Sommeil* (1946), *Les hommes préfèrent les blondes* (1953), *Rio Bravo* (1959).

**Haworth** sir **Walter Norman** (Chorley, 1883 – Barnt Green, 1950), biochimiste anglais. Il synthétisa la vitamine C. Prix Nobel de chimie 1937 avec P. Karrer.

**Hawran** plateau fertile de Syrie (alt. max. 1 839 m) occupé par les Druzes. VAR **Havran**

**Hawthorne** **Nathaniel** (Salem, 1804 – Plymouth, 1864), romancier américain. La hantise du mal (il descendait d'une famille puritaine calviniste) domine son œuvre : *la Lettre écarlate* (1850), *la Maison aux sept pignons* (1851).

**Haxo** **François Nicolas Benoît** (Lunéville, 1774 – Paris, 1838), général et ingénieur français. Il dirigea le siège d'Anvers (1832).

**Hayange** ch.-l. de cant. de la Moselle ; 15 703 hab. DER **hayangeois, oise** *a, n*

**Haydar Alī khān Bahādur** (Devanhalli, 1717 – Arcot, 1782), chef musulman de l'État de Mysore (Inde), allié aux Français contre les Anglais et les Mahrattes (hindouistes), qui finalement le vainquirent. VAR **Haïder-Ali**

**Haydn** **Joseph** (Rohrau, Basse-Autriche, 1732 – Vienne, 1809), compositeur autrichien. Il a porté à maturité le quatuor à cordes, la sonate et la symphonie. On lui doit : des concertos pour piano, pour violon, pour violoncelle, etc. ; une soixantaine de sonates pour piano ; des trios ; 77 quatuors à cordes ; 104 symphonies ; des oratorios (*la Création du monde* 1798 , *les Saisons* 1801) ; des messes ; des lieder ; des cantates ; des opéras (*Il Mondo della luna*, livret de C. Goldoni, 1779).

Václav Havel

Joseph Haydn

**Haye (La)** (en néerl. *Den Haag*, anc. *'s Gravenhage*), v. des Pays-Bas, près de la mer du Nord ; ch.-l. de la Hollande-Méridionale et cap. administrative de l'État (résidence du souverain) ; 800 000 hab. (aggl.). Siège de la Cour internationale de justice. – Grande Église (XVe s.) ; palais royaux des XVIIe-XVIIIe s. et du XVIIIe s. ; Cabinet royal de peinture dans le palais Mauritshuis. DER **haguenais, aise** *a, n*

**Hayek** **Friedrich August von** (Vienne, 1899 – Fribourg, 1992), économiste britannique d'origine autrichienne. Hostile aux thèses de Keynes, il se fit le défenseur d'un monétarisme strict. (*Prix et Production*, 1931). P. Nobel 1974.

**Hayes** Rutherford Birchard (Delaware, Ohio, 1822 – Fremont, Ohio, 1893), homme politique américain ; président (républicain) des États-Unis (1877-1881).

**Haykal** Muhammad Hussein (Tantah, 1888 – Le Caire, 1956), écrivain égyptien ; auteur du premier roman arabe : *Zaynab* (1914) sur la vie paysanne en Égypte.

**Haÿ-les-Roses (L')** ch.-l. d'arr. du Val-de-Marne ; 30 588 hab.. Célèbre roseraie. [DER] **l'haÿssien, enne** *a, n*

**hayon** *nm* **1** TECH Claie amovible disposée à chacune des extrémités d'une charrette. **2** Porte pivotant autour d'un axe horizontal et fermant l'arrière de certains véhicules automobiles. [PHO] [ajɔ̃] [ETY] De *haie*.

**Hayworth** Margarita Carmen Cansino, dite Rita (New York, 1918 – id., 1987), actrice de cinéma américaine : *Gilda* (1946), *la Dame de Shanghai* ( 1948).

**hazan** *nm* RELIG Chantre officiant dans une synagogue. [PHO] [azɑ̃] [ETY] Mot hébreu

**Hazaras** minorité religieuse (chiite) et ethnique (turco-mongole) vivant dans le centre de l'Afghanistan, ainsi qu'au Pakistan et en Iran. [DER] **hazara** *a*

**Hazard** Paul (Noordpeene, Nord, 1878 – Paris, 1944), historien français de la littérature du XVIII$^{e}$ s. : *la Crise de la conscience européenne, 1680-1715* (1935). Acad. fr. (1940).

**Hazebrouck** ch.-l. de cant. du Nord (arr. de Dunkerque) ; 22 218 hab. Industries. [DER] **hazebrouckois, oise** *a, n*

**Hazin** (en ar. *Ibn al-Haytam*, parfois francisé en*Alhazen*) (Bassorah, 965 – Le Caire, 1039), mathématicien et astronome arabe. Il aurait inventé la preuve par neuf. Son *Optique* et son *Traité des courbes géométriques* sont célèbres.

**Hazlitt** William (Maidstone, Kent, 1778 – Londres, 1830), critique anglais : *les Personnages des pièces de Shakespeare* (1817).

**Hazoumé** Paul (Porto Novo, 1890 – Cotonou, 1980), écrivain béninois, auteur d'un grand roman historique : *Doguicimi* (1938)

**HCFC** *nm* Abrév. de *hydro-chloro-fluorocarbone*, produit de substitution aux CFC qui sont trop dangereux pour l'environnement.

**HCR** Sigle pour *Haut-Commissariat des Nations Unies pour les réfugiés*, organisation internationale créée en 1951 et qui siège à Genève. P. Nobel de la paix 1954 et 1981.

**HD** *nf, a inv* Définition d'une image vidéo supérieure à la définition standard. *La télévision HD.* [ETY] Sigle de *haute définition*.

**HDL** *nm* Fraction du cholestérol qui ne provoque pas le développement de l'athérosclérose (contrairement au LDL). [ETY] Abrév. de *high density lipoprotein*, « lipoprotéine de haute densité ».

**He** CHIM Symbole de l'hélium.

**hé !** *interj* fam **1** Pour appeler, interpeller. *Hé ! toi, viens ici !* **2** iron Marque la surprise, l'approbation, l'ironie. *Hé ! vous voilà bien pressé !* [PHO] [e,] ou [he]

**Heaney** Seamus (Castledawson, comté de Derry, 1939), poète irlandais : *Mort d'un naturaliste* (1966), *Porte vers le noir* (1969), *Endurer l'hiver* (1972), *Nord* (1979). P. Nobel 1995.

**Hearst** William Randolph (San Francisco, 1863 – Beverly Hills, 1951), homme d'affaires américain, patron de presse, un des créateurs de la presse à sensation.

**Heartfield** Helmut Herzfeld, dit John (Berlin-Schmargendorf, 1891 – Berlin, 1968), photographe allemand : *Photomontages antinazis* (recueil posth., 1979).

**Heath** Edward (Broadstairs, Kent, 1916 – Salisbury, 2005), homme politique britannique. Premier ministre conservateur (1970-1974), il fit entrer la G.-B. dans la CEE (1973).

**Heathrow** fbg de l'ouest de Londres. Princ. aéroport de l'aggl. londonienne.

**heaume** *nm* Casque couvrant la tête et le visage, muni d'une ouverture pour les yeux, porté au Moyen Âge par les hommes d'armes. [PHO] [om] [ETY] Du frq.

**Heaviside** Oliver (Londres, 1850 – Torquay, 1925), mathématicien et physicien anglais. Il a donné son nom à la couche ionisée de l'atmosphère qui réfléchit les ondes hertziennes.

**heavy metal** *nm* Syn. de *hard rock*. [PHO] [evimetal] [ETY] Mot angl.

**Hebbel** Friedrich (Wesselburen, 1813 – Vienne, 1863), poète dramatique allemand romantique : *Judith* (1839), les *Nibelungen* (1861).

**hebdo** *nm* fam Hebdomadaire.

**hebdomadaire** *a, nm* **A** *a* Relatif à la semaine ; qui se renouvelle chaque semaine. *Repos hebdomadaire.* **B** *nm* Publication qui paraît chaque semaine. [ETY] Du gr. [DER] **hebdomadairement** *av*

**hébé** *nf* Plante ornementale arbustive à fleurs bleues ou violettes, voisine des véroniques. [ETY] Du n. pr.

**Hébé** dans la myth. gr., déesse de la Jeunesse ; fille de Zeus et d'Héra.

**Hebei** prov. de Chine septent., sur le golfe du Bohai, qui englobe notam. Pékin ; 190 000 km$^2$ ; 71 850 000 hab. (Pékin exclu) ; ch.-l. *Shijiazhuang*. La plaine de l'E. est fertile. Les plateaux du N., fertiles mais élevés (2 000 m), recèlent de la houille et du fer. Nombreuses industries.

**hébélome** *nm* Champignon basidiomycète à lamelles et spores beiges, commun dans les forêts, comestible médiocre. [ETY] Du gr.

**hébéphrénie** *nf* PSYCHOPATHOL Trouble mental schizophrénique touchant surtout les adolescents. [ETY] Du gr. *hêbê*, « jeunesse » et *pihrên*, « esprit » par l'all. [DER] **hébéphrénique** *a, n*

**hébergeant, ante** *n* Personne qui déclare accepter d'héberger un étranger.

**héberge** *nf* DR Niveau à partir duquel un mur cesse d'être mitoyen lorsque les deux constructions qui y sont adossées sont inégales.

**héberger** *vt* [13] **1** Recevoir, loger chez soi. *Héberger des amis. Pays qui héberge des réfugiés.* **2** INFORM Réserver à qqn un espace mémoire afin qu'il stocke et distribue des données (ordinateur, serveur). [ETY] Du frq. [DER] **hébergement** *nm*

**hébergeur** *nm* Personne ou société qui héberge un site Internet.

**Hébert** Jacques René (Alençon, 1757 – Paris, 1794), journaliste et homme politique français. Fondateur du *Père Duchesne* (1790), journal extrémiste, il contribua à la chute de la royauté (1792) et des Girondins (1793). Les *hébertistes* (Chaumette, Chabot, Collot d'Herbois, etc.) dénoncèrent la modération de Robespierre qui les fit guillotiner. [DER] **hébertiste** *a, n*

**Hébert** Georges (Paris, 1875 – Deauville, 1957), inventeur français d'une méthode d'éducation physique qui prône les mouvements naturels. [DER] **hébertiste** *a, n*

**Hébert** Anne (Sainte-Catherine-de-Fossambault, 1916 – Montréal, 2000), écrivain québécois, auteur de poèmes et de romans (*Kamouraska* 1970, *les Fous de Bassan* 1982).

**hébéter** *vt* [14] Rendre stupide, ahuri. *Être hébété de joie.* [ETY] Du lat. *hebetare*, « émousser ». [DER] **hébètement** ou **hébétement** *nm*

**hébétude** *nf* **1** MED Engourdissement des facultés intellectuelles, sans modification des perceptions sensorielles. **2** Hébètement.

**hébraïque** *a* Qui appartient aux Hébreux, partic. à leur langue.

**hébraïsant, ante** *n* didac Spécialiste de l'hébreu. [VAR] **hébraïste**

**hébraïser** *vt* [1] Marquer, revêtir des caractères de la culture hébraïque.

**hébraïsme** *nm* Expression, tournure propre à l'hébreu.

**hébreu** *nm, am* **A** *nm* Langue sémitique parlée en Israël. **B** *am* Relatif aux Hébreux, à leur langue. *L'alphabet hébreu.* (Au fém., on emploie *hébraïque*.) **LOC** fam ***C'est de l'hébreu :*** c'est incompréhensible.

**Hébreux** nom donné dans la Bible aux Araméens qui, sédentarisés en Syrie depuis le XIX$^{e}$ ou le XVIII$^{e}$ s. av. J.-C., traversèrent l'Euphrate, au XVII$^{e}$ ou au XVI$^{e}$ s. av. J.-C., et parvinrent en terre de Canaan (la Palestine). Selon la *Genèse*, Abraham les dirigeait. Ils s'appelaient les Ibrim, ou Hébreux, soit parce que leur ancêtre légendaire était Eber, soit parce qu'ils venaient d'au-delà du grand fleuve, l'Euphrate. Ces immigrants des plaines surpeuplées de la Mésopotamie ont séjourné entre le sud du pays de Canaan et l'Égypte, et ont pratiqué l'endogamie, évitant ainsi de se mêler aux populations locales. Vers le XVI$^{e}$ s. av. J.-C., le séjour de certains Hébreux en Égypte se retourna contre eux : ils furent réduits en esclavage. Moïse les souleva et leur fit quitter le pays. Au cours d'un long séjour dans le désert du Sinaï, Moïse jeta les fondements d'un système éthique dicté par Yahveh. V. Commandements (les Dix). Les tribus pénétrèrent dans le pays convoité : la *terre promise*. Ce fut la période des « juges », chefs spirituels et militaires. Le système politique restait tribal. Au XII$^{e}$ s. av. J.-C., l'invasion des Philistins inspira aux Hébreux un système plus fort : Saül fut le premier roi (XI$^{e}$ s. av. J.-C.) ; David lui succéda et régna de 1015 (env.) à 975 av. J.-C. Dès lors, les Hébreux portent le nom de Juifs.

**Hébrides (îles)** archipel du nord-ouest de l'Écosse, formé d'environ 500 îles ou îlots, 2 898 km$^2$ ; 31 600 hab. ; îles princ. : *Lewis, Skye*. Élevage ovin, pêche, tourisme. [VAR] **Western Islands**

**Hébron** (auj. *al-Khalīl*), v. de Cisjordanie, au S. de Jérusalem ; ch.-l. du distr. du m. nom ; env. 42 000 hab. – Occupée par Israël depuis 1967, la ville fut cédée aux Palestiniens en 1997 (statut d'autonomie partielle).

**HEC** Sigle de *École des hautes études commerciales*. Institution fondée en 1881 et administrée par la Chambre de commerce de Paris. Installée à Jouy-en-Josas.

**Hécate** dans la myth. gr., divinité lunaire et infernale ; assimilée à la déesse rom. Trivia ; souvent représentée avec trois têtes.

**Hécatée de Milet** (VI$^{e}$ – V$^{e}$ av. J.-C.), historien et géographe grec, le premier qui préféra la réalité aux légendes, mais ses œuvres sont perdues.

**hécatombe** *nf* **1** ANTIQ Sacrifice de cent bœufs. **2** Massacre, tuerie d'êtres humains ou d'animaux. **3** fig Nombre important d'échecs. *Seulement dix pour cent de reçus au concours, quelle hécatombe !* [ETY] Du grec *hekatombê*, « sacrifice de cent bœufs ».

**Hecht** Ben (New York, 1894 – id., 1964), écrivain et cinéaste américain. Romancier (*Un juif amoureux* 1931), scénariste de *Scarface* (1932), *les Enchaînés* (1946) ; il réalisa quelques films expressionnistes.

**Heckel** Erich (Döbeln, 1883 – Bonn, 1970), peintre et graveur expressionniste allemand, membre du mouvement Die Brücke.

**hect(o)-** Élément, du gr. *hekaton*, « cent ».

**hectare** *nm* Unité de superficie valant 100 ares (10 000 $m^2$) (symbole ha).

**hectique** *a* MED *Fièvre hectique*, caractérisée par de larges oscillations de températures et un amaigrissement prononcé. ETY Du gr.

**hectisie** *nf* MED **1** Fièvre hectique. **2** Amaigrissement extrême. VAR **étisie**

**hecto** *nm* Abrév. de *hectolitre* ou de *hectogramme*.

**hectogramme** *nm* Unité de masse valant 100 grammes (symbole hg).

**hectolitre** *nm* Unité de mesure de capacité valant 100 litres (symbole hl).

**hectomètre** *nm* Unité de mesure de longueur valant 100 mètres (symbole hm). DER **hectométrique** *a*

**hectopascal** *nm* PHYS Unité de mesure de pression valant 100 Pa (symbole hPa).

**Hector** héros de l'*Iliade* ; fils aîné de Priam et d'Hécube, époux d'Andromaque. Il tua Patrocle et fut tué par Achille.

**hectowatt** *nm* PHYS Unité de mesure de puissance équivalant à 100 watts (symbole hW).

**Hécube** personnage de la myth. gr. Seconde femme du roi de Troie Priam, elle lui a donné 19 enfants, dont Hector, Pâris, Cassandre et Polyxène. Euripide a montré ses malheurs dans *Hécube* et dans *les Troyennes*.

**Heda Willem Claesz** (Haarlem, 1594 – id., 1680), peintre néerlandais de natures mortes. Son rival, Pieter Claesz, n'est pas son parent.

**Hedāyat Sadeq** (Téhéran, 1903 – Paris, 1951), écrivain iranien : *la Chouette aveugle*.

**hédéracée** *nf* BOT Syn. de *araliacée*.

**hedge fund** *nm* Syn. (déconseillé) de *fonds spéculatif*. PHO [edʒfœnd]

**Hedjaz** prov. occid. d'Arabie Saoudite, escarpement qui domine la mer Rouge ; 400 000 $km^2$ ; 1 754 000 hab. ; ch.-l. *La Mecque* ; v. princ. *Médine, Djedda*. Élevage de chameaux ; dattes. Tourisme. – Libéré du joug ottoman en 1916, le Hedjaz s'unit au Nadjd en 1926 pour constituer l'Arabie Saoudite.

**hédonique** *a* Qui procure du plaisir. *Drogues douces et produits hédoniques.*

**hédonisme** *nm* **1** PHILO Doctrine qui fait de la recherche du plaisir le fondement de la morale. **2** ECON Doctrine qui fait de la recherche du maximum de satisfactions le moteur de l'activité économique. ETY Du grec *hêdonê*, « plaisir ». DER **hédoniste** *n, a* – **hédonistique** *a*

**hédychium** *nm* Plante herbacée (zingibéracées) vivace, ayant des épis floraux vivement colorés. PHO [edikjɔm] ETY Du gr. *hedus*, « doux » et *khion*, « flocon ».

**Heerlen** v. des Pays-Bas (Limbourg) ; 94 320 hab. Anc. centre houiller. Industries.

**Hefei** v. de Chine, ch.-l. de la prov. de Anhui, sur le Yangzijiang ; 1 541 250 hab. (aggl.).

**Hegel Georg Wilhem Friedrich** (Stuttgart, 1770 – Berlin, 1831), philosophe allemand. Il étudia la philosophie au séminaire de théologie protestante de Tübingen (1788-1790) et enseigna à Iéna (1805-1807), à Nuremberg (1809-1815), à Heidelberg (1816-1818), puis à Berlin, où il mourut du choléra. Princ. œuvres : *Phénoménologie de l'esprit* (1807), *Science de la logique* (1812-1816), *Principes de la philosophie du droit* (1821). Ses cours ont été publiés après sa mort : *Philosophie de l'histoire, Esthétique, Philosophie de la religion, Histoire de la philosophie.* S'opposant au dualisme de Kant, pour qui l'esprit et la nature sont extérieurs l'un à l'autre, Hegel professe que l'esprit est immanent à la nature et à l'histoire. Il se manifeste historiquement, selon un processus dialectique : tour à tour, il se nie dans ce qui est autre que lui (la matière, par ex.) et s'affirme ; il se dépasse en se conservant (*aufheben*). La dialectique hégélienne est souvent représentée par la triade : *thèse* (toute réalité se pose d'abord en soi), *antithèse* (elle se développe ensuite hors de soi), *synthèse* (elle retourne en soi comme négation de la négation, réconciliant les contraires au sein d'une réalité plus haute). Marx dans son opposition (matérialiste) à l'idéalisme hégélien est l'héritier direct de Hegel.

**hégélianisme** *nm* PHILO **1** Doctrine de Hegel. **2** Mouvement de pensée issu de la philosophie de Hegel. DER **hégélien, enne** *a, n*

**hégémonie** *nf* Suprématie, domination. *L'hégémonie des grandes puissances.* ETY Du gr. DER **hégémonique** *a*

**hégémonisme** *nm* POLIT Système reposant sur l'hégémonie ; tendance à l'hégémonie.

**hégire** *nf* Ère des musulmans, qui commence en 622 de l'ère chrétienne, date du départ de Mahomet de La Mecque pour Médine. ETY De l'ar. *hedjra*, « exode ». DER **hégirien, enne** *a*

**Heiberg Peter Andreas** (Vordingborg, 1758 – Paris, 1841), écrivain danois : *les Aventures d'un billet de banque* (roman-feuilleton, 1787-1793), *les « Jan » et les « Von »* (1793). — **Johan Ludvig** (Copenhague, 1791 – Bonderup, 1860), fils du préc., auteur dramatique : *les Inséparables* (1827), *la Colline aux elfes* (1828).

**Heidegger Martin** (Messkirch, Bade, 1889 – id., 1976), philosophe allemand. *L'Être et le Temps* (1927) développe les thèmes de l'angoisse, du néant et rejette l'humanisme : l'objet essentiel de la philosophie n'est pas l'homme, mais l'Être (non divin). L'adhésion de Heidegger au nazisme a provoqué des polémiques. Œuvres princ. : *Qu'est-ce que la métaphysique ?* (1929), *Introduction à la métaphysique* (1935), *Qu'appelle-t-on penser ?* (1954). DER **heideggerien, enne** *a, n*

Hegel

Heidegger

**Heidelberg** v. d'Allemagne (Bade-Wurtemberg), sur le Neckar ; 136 230 hab. – Université, fondée en 1386, haut lieu de la Réforme au XVIe s. Chât. (XVe-XVIIe s.). Maisons anc.

**Heidenstam Verner von** (Olshammar, près d'Örebro, 1859 – Stockholm, 1940), écrivain suédois : (*Hans Alienus* roman en vers, 1890) *les Carolins* (nouvelles, 1897-1898). P. Nobel 1916.

**Heifetz Jascha** (Vilna, auj. Vilnius, 1901 – Los Angeles, 1987), violoniste américain d'origine russe.

**Heilbronn** v. d'Allemagne (Bade-Wurtemberg), port sur le Neckar ; 111 710 hab.

**Heilongjiang** → **Amour.**

**Heilongjiang** prov. de la Chine du N.-E., séparée de la Russie par l'Amour (*Heilongjiang* en chinois) et voisine et de la Mongolie ; 463 600 $km^2$ ; 33 110 000 hab. ; ch.-l. *Harbin*. – Montagneuse au N. et à l'O., plaine fertile à l'E., cette prov. est riche en houille et en fer (sidérurgie). – Partie de l'anc. Mandchourie, la rég. fut occupée par les Japonais de 1932 à 1945.

**Heim Roger** (Paris, 1900 – id., 1979), botaniste français. Il a fait progresser l'étude des champignons.

**hein** *interj* fam **1** Pour signifier que l'on a mal compris les propos de qqn, ou pour manifester l'impatience. *Hein ? qu'est-ce que tu dis ?* **2** Renforce une interrogation, un ordre, une menace, etc. *Et ne recommence pas, hein !* PHO [ɛ̃]

**Heine Heinrich** (Düsseldorf, 1797 – Paris, 1856), poète lyrique allemand. Après *Voyage dans le Harz* (1826) et *le Livre des chants* (1827) il s'installa à Paris (1831). Il a donné une forme classique au romantisme. Ses lieder et ballades comptent parmi les plus beaux poèmes de la langue allemande (*la Lorelei, les Tisserands de Silésie*).

Heine

**Heinemann Gustav** (Schwelm, Westphalie, 1899 – Essen, 1976), homme politique allemand ; chrétien-démocrate puis social-démocrate ; président de la R.F.A. de 1969 à 1974.

**Heinkel Ernst** (Grunbach, Wurtemberg, 1888 – Stuttgart, 1958), ingénieur et industriel allemand ; constructeur d'avions utilisés notam. pendant la Seconde Guerre mondiale.

**Heinsius Anthonie** (Delft, 1641 – La Haye, 1720), grand pensionnaire de Hollande (1689-1720). Il organisa contre Louis XIV la grande alliance de La Haye (1701).

**Heisenberg Werner** (Würzburg, 1901 – Munich, 1976), physicien allemand, auteur de travaux sur la mécanique quantique de l'atome. P. Nobel 1932. ▷ PHYS NUCL *Principe d'incertitude de Heisenberg* : il n'est pas possible de mesurer simultanément la position et la vitesse (donc la quantité de mouvement) d'une particule.

**Hekla** volcan actif du sud de l'Islande, à l'E. de Reykjavík ; 1 491 m.

**Hel** petit port de pêche polonais, au bout de la *presqu'île de Hel*, près de Gdańsk.

**hélas !** *interj* Exprime la plainte, la tristesse, le désespoir, la commisération, le regret ou le déplaisir. *Il a, hélas ! perdu toute sa famille. Hélas ! il ne lui reste plus rien !* PHO [elas]

**Helder (Le)** (en néerl. *Den Helder*), v. des Pays-Bas (Hollande-Septentrionale), sur le détroit de Marsdiep ; 62 370 hab. Pêche. Base navale.

**Helena** v. des É.-U., cap. du Montana, à 1 400 mètres d'alt. ; 24 500 hab.

**Hélène** dans la myth. gr., fille de Léda, sœur de Castor et de Pollux. Épouse de Ménélas, célèbre par sa beauté, elle fut enlevée par le Troyen Pâris, ce qui provoqua la guerre de Troie. ▷ LITTER Immortalisée par l'*Iliade* d'Homère (IXe s. av. J.-C.), Hélène inspira Hésiode, Eschyle, Euripide, Catulle, Horace, Ovide, Virgile, Sénèque, Marot, Ronsard, Malherbe. Elle redevient symbole chez Gœthe (*Second Faust* 1827), Offenbach et Giraudoux.

**Hélène (sainte)** (en lat *Flavia Julia Helena*) (Drepanum, près de Nicomédie, en Bithynie [auj. Izmit, en Turquie], v. 247 – Nicomédie [?], v. 328), mère de l'empereur Constantin le Grand. Convertie au christianisme, elle fit effectuer à Jérusalem des fouilles qui auraient permis de retrouver la vraie Croix.

**hélénium** *nm* Plante vivace (composée) à tiges rameuses et à fleurs jaunes ou rouges. PHO [elenjɔm] VAR **hélénie** *nf*.

**hélépole** *nf* ANTIQ Grande tour mobile, utilisée pour assiéger une ville.

**héler** *vt* [14] 1 MAR Appeler à l'aide d'un porte-voix. 2 Appeler de loin. *Héler un taxi.* [ETY] De l'angl.

**Helgoland** îlot allemand, au large de l'estuaire de l'Elbe. Importante base de sous-marins pendant les deux guerres mondiales. – L'îlot fut danois (1714-1807), brit. (1807-1890), puis all. [VAR] **Héligoland**

**Héli** (XIe s. av. J.-C.), personnage biblique. Grand prêtre des Juifs, il éleva Samuel enfant. [VAR] **Éli**

**hélianthe** *nm* Plante (composée) originaire d'Amérique, à grands capitules jaunes, telle que le tournesol, le topinambour. [ETY] Mot grec.

**hélianthème** *nm* Plante ornementale (cistacée) à tige grêle et à grandes fleurs blanches ou jaunes.

**hélianthine** *nf* CHIM Colorant synthétique utilisé comme indicateur de pH. SYN méthylorange.

**héliaque** *a* ASTRO Se dit du lever ou du coucher d'un astre qui se produit un peu avant le lever ou un peu après le coucher du Soleil.

**Hélias Pierre Jakez** (Pouldreuzic, Finistère, 1914 – Quimper, 1995), écrivain français d'expression française et bretonne : *le Cheval d'orgueil* (1975).

**héliaste** *nm* ANTIQ GR Juge du tribunal populaire de l'Héliée.

**hélicase** *nf* BIOL Enzyme qui ouvre la double hélice d'ADN, en séparant de façon transitoire les deux chaînes qui la forment.

**hélice** *nf* 1 GEOM Courbe engendrée par une droite s'enroulant régulièrement sur un cylindre. *Pas, spires d'une hélice.* 2 ARCHI Petite volute d'un chapiteau corinthien. 3 Organe de propulsion ou de traction constitué par des pales en forme d'hélicoïde, fixées sur un élément moteur. *Hélice de navire, d'avion.* 4 Élément constitué de pales reliées à un axe. *Hélice d'un ventilateur, d'un presse-purée.* LOC *En hélice* : en spirale. [ETY] Du gr. *helix*, « spirale ».

**héliciculture** *nf* Élevage des escargots. [DER] **héliciculteur, trice** *n* – **hélicicole** *a*

**hélicidé** *nm* ZOOL Mollusque gastéropode pulmoné, à coquille univalve en hélice, tel que l'escargot.

**hélico** *nm* fam Hélicoptère.

**hélicoïdal, ale** *a* didac En forme d'hélice ou d'hélicoïde. PLUR hélicoïdaux. LOC MECA *Mouvement hélicoïdal* : mouvement d'un solide qui tourne autour d'un axe avec une vitesse angulaire constante, tout en étant animé d'un mouvement de translation uniforme parallèlement à cet axe.

**hélicoïde** *a, nm* **A** *a* didac En forme d'hélice. **B** *nm* Surface engendrée par une ligne animée d'un mouvement hélicoïdal.

**hélicon** *nm* Volumineux instrument à vent en cuivre, à embouchure et à pistons, constitué d'un tube conique enroulé en spirale que l'on peut passer autour du tronc et appuyer sur l'épaule. [ETY] Du gr. *helikos*, « qui s'enroule ».

**Hélicon** montagne de Grèce (1 748 m), en Béotie. – Dans l'Antiquité, le mont était consacré au culte d'Apollon et des Muses.

**hélicoptère** *nm* Appareil plus lourd que l'air dont la sustentation et la propulsion sont assurées par une ou plusieurs voilures tournantes (ou *rotors*). [ETY] Du gr. *helix, helicos*, « spirale », et *pteron*, « aile ».

[ENC] La voilure d'un hélicoptère est mise en mouvement par un moteur (à explosion ou à turbine). La réaction de la voilure sur le fuselage est compensée par un rotor de queue, par un gouvernail de direction ou par deux voilures *contrarotatives* (« qui tournent en sens inverse »). On distingue : la commande cyclique de variation de pas, pour le vol en translation ; la commande collective de variation de pas, pour le vol vertical ; le palonnier, qui agit sur le rotor de queue ou sur le gouvernail.

**-hélie, hélio-** Éléments, du gr. *hêlios*, « soleil ».

**Héliée** tribunal populaire des héliastes qui, dans l'anc. Athènes, était ouvert à tous, en plein air, et jugeait la plupart des procès, excepté les affaires relevant de l'Aréopage.

**héligare** *nf* Aérogare pour hélicoptères.

**Héligoland** → **Helgoland.**

**Hélinand de Froidmont** (Pronleroy, v. 1170 – abb. de Froidmont, v. 1230), moine et trouvère picard (*les Vers de la mort*).

**héliocentrisme** *nm* ASTRO Système cosmologique qui prend le Soleil, et non la Terre, comme centre de référence (opposé à *géocentrisme*). [DER] **héliocentrique** *a*

**héliodore** *nm* MINER Pierre fine, variété de béryl jaune.

**Héliodore** (m. v. 175 av. J.-C.), ministre du roi de Syrie Séleucos IV Philopator. Il voulut piller le temple de Jérusalem (Bible, IIe livre des Maccabées), mais un miracle l'en empêcha.

**Héliodore** (Émèse, Syrie, IIIe ou IVe s. apr. J.-C.), romancier grec : *les Éthiopiques ou Théagène et Chariclée* (en 10 livres).

**Héliogabale** → **Élagabal.**

**héliographe** *nm* METEO Appareil pour mesurer la durée de l'insolation.

**héliographie** *nf* IMPRIM Procédé de gravure photographique. [DER] **héliographique** *a*

**héliogravure** *nf* TECH 1 Procédé d'impression utilisant des plaques ou des cylindres gravés en creux. 2 Illustration, image obtenue par ce procédé. [DER] **héliograveur, euse** *n* ▶ illustr. **imprimerie**

**héliomarin, ine** *a* MED Qui utilise simultanément l'action thérapeutique des rayons du soleil et de l'air marin.

**héliomètre** *nm* ASTRO Appareil pour mesurer le diamètre apparent des corps célestes.

**hélion** *nm* PHYS NUCL Noyau de l'atome d'hélium, appelé aussi *particule alpha*.

**Hélion Jean** (Couterne, Orne, 1904 – Paris, 1987), peintre français, influencé par Fernand Léger.

**héliopause** *nf* ASTRO Limite supposée de l'héliosphère, au niveau de laquelle le champ magnétique solaire a une intensité égale à celle du champ interstellaire.

**héliophysique** *nf, a* Étude des phénomènes physiques liés à l'énergie solaire.

**héliophyte** *nf* BOT Plante qui ne se développe qu'au soleil.

**Héliopolis** fbg N.-E. du Caire. – Dans l'Antiquité, grand centre consacré aux cultes d'Aton et de Rê ; obélisque de Sésostris Ier. – Victoire de Kléber sur les Turcs (1800).

**Hélios** dans la myth. gr., dieu du Soleil ; fils d'Hypérion et de Théia. [VAR] **Hêlios**

**hélicoptère**

**héliosismologie** *nf* Étude des oscillations du Soleil, pour déterminer sa structure interne.

**héliosphère** *nf* ASTRO Domaine magnétique du Soleil, dont le champ s'excerce sur le système solaire avec une intensité supérieure à celle du champ interstellaire.

**héliostat** *nm* TECH Miroir mobile qui capte l'énergie solaire. [PHO] [eljɔsta]

**héliosynchrone** *a* ESP Se dit d'un satellite de la Terre qui décrit une orbite à ensoleillement constant (le plan de l'orbite fait un angle constant avec la droite Terre-Soleil).

**héliothérapie** *nf* MED Traitement par exposition aux rayons ultraviolets.

**héliothermie** *nf* TECH Utilisation de la chaleur produite par l'énergie solaire. [DER] **héliothermique** *a*

**héliotrope** *nm* 1 Plante vivace (borraginacée) à fleurs odorantes, commune dans les régions chaudes et tempérées. 2 MINER Calcédoine verte veinée de rouge.

**héliotropine** *nf* CHIM Composé obtenu à partir de l'essence de sassafras, utilisé en parfumerie pour son odeur d'héliotrope. SYN pipéronal.

**héliotropisme** *nm* 1 BIOL Propriété des plantes de se tourner vers le soleil. 2 fig, fam Attirance des vacanciers pour le soleil estival. [DER] **héliotropique** *a*

**héliport** *nm* Aéroport qui reçoit des hélicoptères effectuant des vols commerciaux.

**héliportage** *nm* Transport par hélicoptère. [DER] **héliporté, ée** *a*

**héliski** *nm* Descente à skis à partir d'un sommet où l'on a été déposé par un hélicoptère.

**hélitreuiller** *vt* [1] TECH Lever par hélicoptère, une charge ou une personne, au moyen d'un treuil. [DER] **hélitreuillage** *nm*

**hélium** *nm* CHIM 1 Élément de numéro atomique Z = 2 et de masse atomique 4,0026 (symbole He), très abondant dans l'Univers. 2 Gaz inerte (He) de l'air, qui se liquéfie à – 268,93 °C et se solidifie à – 272,2 °C sous 26 bars. [PHO] [eljɔm] [ETY] Du gr. *hêlios*, « soleil ».

[ENC] L'hélium a été découvert en 1868, lors d'une éclipse, par Lockyer qui étudiait les raies du spectre solaire. Ses utilisations sont nombr. : comme fluide produisant une très basse température ; dans la fabrication de mélanges respiratoires à la place de l'azote ; comme agent de transfert de chaleur ; dans les réacteurs nucléaires ; comme gaz inerte dans la métallurgie. Les rayons α obtenus dans les transmutations radioactives sont des noyaux d'hélium, ou *hélions*. Les réactions de fusion thermonucléaire au cœur des étoiles transforment les noyaux d'hydrogène en noyaux d'hélium. (V. étoile).

**hélix** *nm* 1 ANAT Repli bordant le pavillon de l'oreille externe. 2 ZOOL Nom scientif. de l'escargot. [ETY] Mot gr. « spirale ».

**Hellade** nom homérique du sud de la Thessalie, qui s'est ensuite étendu à la Grèce entière. [DER] **hellène** *a, n*

**hellébore** → **ellébore.**

**Hellen** dans la myth. gr., fils de Deucalion et de Pyrrha ; ancêtre éponyme des Hellènes ou Grecs. Ses fils auraient été à l'origine des Doriens, Éoliens, Achéens et Ioniens.

**hellénique** *a* Qui appartient à la Grèce.

**helléniser** *vt* [1] didac Donner le caractère grec à. [DER] **hellénisation** *nf*

**hellénisme** *nm* 1 HIST Civilisation de la Grèce ancienne. 2 Influence que cette civilisation a exercée sur les peuples non grecs, partic. après la mort d'Alexandre (323 av. J.-C.). 3 LING Forme particulière à la langue grecque.

**helléniste** *n* didac Spécialiste de la langue, de la culture et de la civilisation de la Grèce ancienne. [VAR] **hellénisant, ante**

**hellénistique** *a* **didac** Se dit de tout ce qui concerne l'histoire grecque, depuis la mort d'Alexandre jusqu'à la conquête romaine.

ENC À partir de 338 av. J.-C. (victoire de Philippe de Macédoine à Chéronée), la Grèce perd son importance politique par rapport à la Macédoine puis aux royaumes orientaux, de culture grecque, issus des conquêtes d'Alexandre. La civilisation grecque se diffuse alors du golfe de Ligurie à l'Inde et de l'Ister (Danube) à l'Égypte. La fusion des éléments grecs et indigènes crée une civilisation complexe, dite auj. *hellénistique*. Athènes demeure la cap. spirituelle de la Grèce, mais Rhodes, Byzance, Éphèse, Antioche, Séleucie du Tigre, Pergame et, surtout, Alexandrie d'Égypte deviennent les foyers de la vie écon. et intel. La doctrine d'Épicure de Samos et celle de Zénon de Cittium, fondateur du stoïcisme, puis le néo-platonisme d'Alexandrie (Plotin, Porphyre) s'imposent aux esprits cultivés. Parallèlement, progressent des sciences exactes, en mathématiques avec Euclide d'Alexandrie et Archimède de Syracuse, en astronomie avec Aristarque de Samos et Hipparque de Nicée.

**Hellens** Frédéric Van Ermenghem, dit Franz (Bruxelles, 1881 – id., 1972), poète et romancier belge d'expression française ; cofondateur de la revue *le Disque vert* (1920).

**Hellespont** nom donné par les Anciens aux Dardanelles.

**Hellman** Lillian (La Nouvelle-Orléans, 1905 – Vineyard Haven, Massachusetts, 1984), écrivain américain : *les Petits Renards* (1939).

**hello !** *interj* **fam** Sert à appeler, à saluer. PHO [ɛlo] ETY Mot angl.

**Hellzapoppin** film burlesque (1942) de l'Américain H. C. Potter (1904 – 1977) avec Ole Olsen et Chic Johnson.

**Helmholtz** Hermann Ludwig Ferdinand von (Potsdam, 1821 – Charlottenburg, 1894), physiologiste et physicien allemand : travaux sur la vue, l'ouïe (et l'acoustique), les muscles, les fibres nerveuses, l'influx nerveux, la conservation de l'énergie, etc.

**helminthe** *nm* Ver parasite de l'intestin de l'homme et des animaux. ETY Du gr.

**helminthiase** *nf* MED Maladie causée par la présence d'helminthes.

**helminthique** *a* Se dit des médicaments employés pour combattre les helminthes.

**helminthologie** *nf* ZOOL Étude des vers parasites.

**Helmond** v. des Pays-Bas (Brabant-Septentrional) ; 65 310 hab. – Chât. XIII$^{e}$ s.

**hélobiale** *nf* BOT Plante monocotylédone aquatique tels le butome, l'élodée, la zostère. ETY Du gr. *helos*, « marécage ». VAR **hélobiée**

**hélodée** → **élodée.**

**héloderme** *nm* Saurien d'Amérique, long de 70 cm, marbré, le seul lézard venimeux. SYN monstre de Gila. ETY Du gr. *hêlos*, « excroissance ».

**héloderme** à queue courte

**Héloïse** (Paris, 1101 – couvent du Paraclet, près de Nogent-sur-Seine, 1164), nièce du chanoine Fulbert. Elle aima son précepteur Abélard, l'épousa en secret et en eut un fils. Après leur séparation, elle entra au couvent. La correspondance en latin d'Héloïse et d'Abélard fut traduite en 1870.

**hélophyte** *nf* Plante des marécages dont les bourgeons restent enfouis dans la vase pendant la mauvaise saison.

**Helouan** v. d'Égypte, près du Caire ; 204 000 hab. Industries. Stat. thermale. VAR **Hulwān**

**Helsingborg** → **Hälsingborg.**

**Helsingør** → **Elseneur.**

**Helsinki** (en suédois *Helsingfors*), cap. de la Finlande, port sur le golfe de Finlande ; 497 640 hab. (1 million d'hab. dans l'aggl.) Princ. centre industr. du pays. – Évêché cathol. Université. Musées. Stade olympique. – *Accords d'Helsinki* : accords signés en 1975 et portant notam. sur la libre circulation des hommes et des idées dans toute l'Europe (y compris l'Europe de l'Est). DER **helsinkien, enne** *a, n*

**Helsinki** la cathédrale Saint-Nicolas

**helvelle** *nf* Champignon ascomycète des bois comestible dont le chapeau membraneux, très ondulé, a des lobes irrégulièrement rabattus sur le pied. ETY Du lat. *helvella*, « petit chou ».

**Helvètes** anc. habitants de l'Helvétie. Vers 58 av. J.-C., sous la pression des Germains, ils voulurent s'installer en Gaule celtique. César saisit ce prétexte pour intervenir en Gaule. DER **helvète** *a*

**Helvétie** prov. de l'anc. Gaule, correspondant à peu près à la Suisse actuelle. DER **helvète** *a, n*

**helvétique** *a* De la Suisse.

**helvétisme** *nm* LING Manière de s'exprimer, tournure propres aux Suisses de langue française.

**Helvétius** Claude Adrien (Paris, 1715 – Versailles, 1771), philosophe français ; mécène des encyclopédistes. Son ouvrage *De l'esprit* (1758), qui exprime un matérialisme athée et affirme l'égalité naturelle des hommes, fut condamné par le Conseil du roi et le parlement de Paris.

**hem !** *interj* Employée pour attirer l'attention ou pour exprimer le doute, la défiance. PHO [ɛm]

**Hem** com. du Nord (arr. de Lille), dans la banlieue E. de Roubaix ; 19 675 hab. DER **hémois, oise** *a, n*

**héma-, hémat(o)-, hémo-** Éléments, du gr. *haima, haimatos*, « sang ».

**hémagglutination** *nf* PHYSIOL Agglutination des hématies par des hémagglutinines.

**hémagglutinine** *nf* BIOL Variété d'immunoglobuline capable d'agglutiner les hématies.

**hémarthrose** *nf* MED Épanchement de sang dans une cavité articulaire.

**hématémèse** *nf* MED Vomissement de sang provenant des voies digestives.

**hématie** *nf* PHYSIOL Globule rouge du sang, cellule dépourvue de noyau, et dont la fonction essentielle est d'assurer le transport de l'oxygène. PHO [emasi] ▶ illustr. **sang**

**hématimètre** *nm* MED Appareil servant à compter les globules du sang.

**hématine** *nf* BIOCHIM Dérivé de l'hémoglobine qui renferme du fer à l'état trivalent.

**hématique** *a* Qui a rapport au sang.

**hématite** *nf* MINER Oxyde de fer trivalent naturel brun (hydraté) ou rouge (anhydre).

**hématoblaste** *nm* PHYSIOL Cellule jeune, médullaire, de la lignée sanguine.

**hématocrite** *nm* MED Pourcentage des volumes globulaires par rapport au volume sanguin total, qui s'abaisse en cas d'anémie.

**hématoencéphalique** *a* LOC *Barrière hématoencéphalique* : séparation entre le système nerveux et la circulation sanguine. VAR **hématoméningée** *af*

**hématogène** *a* PHYSIOL Qui est d'origine sanguine.

**hématologie** *nf* MED Étude du sang sur le plan histologique, fonctionnel et pathologique. DER **hématologique** *a* – **hématologiste** ou **hématologue** *n*

**hématome** *nm* MED Collection sanguine bien délimitée, consécutive à la rupture d'un vaisseau. *Hématome cutané, intracérébral.*

**hématophage** *a* **1** ZOOL Se dit d'un animal qui se nourrit de sang. **2** MED Se dit d'un leucocyte qui détruit les globules rouges.

**hématopoïèse** *nf* PHYSIOL Formation des cellules sanguines (hématies, leucocytes, plaquettes), qui s'opère dans la moelle osseuse. PHO [ematopɔjɛz] ETY Du gr. *poiein*, « faire ». DER **hématopoïétique** *a*

**hématose** *nf* PHYSIOL Conversion du sang veineux carbonaté en sang artériel oxygéné, par échange gazeux au niveau des alvéoles.

**hématozoaire** *nm* ZOOL, MED Parasite animal vivant dans le sang, en part. plasmodium du paludisme.

**hématurie** *nf* MED Présence de sang dans les urines.

**hème** *nm* BIOCHIM Partie de l'hémoglobine au niveau de laquelle se fixe l'oxygène.

**Hemel Hempstead** v. de G.-B. au N.-O. de Londres ; 77 580 hab. – Égl. romane.

**hémélytre** *nm* ENTOM Aile antérieure des hétéroptères, coriace et rigide à la base, membraneuse à l'apex.

**héméralopie** *nf* MED Baisse anormalement forte de la vision lorsque la lumière diminue. ETY Du gr. *hêmera*, « jour » et *ops*, « œil ».

**hémérocalle** *nf* Plante ornementale à bulbe (liliacée), cultivée pour ses fleurs colorées. ETY Du gr. *hêmerokalles*, « belle d'un jour ».

**hémi-** Élément, du gr. *hêmi*, « à moitié ».

**hémianopie** *nf* MED Diminution ou perte totale de la vue affectant une moitié du champ visuel. VAR **hémianopsie** ou **hémiopie**

**hémiascomycète** *nm* BOT Champignon ascomycète dont le groupe comprend les levures et divers parasites de végétaux.

**hémicellulose** *nf* BOT Substance présente dans la membrane des cellules végétales.

**hémicordé** *nm* ZOOL Syn. anc. de *stomocordé*.

**hémicrânie** *nf* MED Migraine. DER **hémicrânien, enne** *a*

**hémicryptophyte** *nf* Plante dont les bourgeons sont au ras du sol pendant la mauvaise saison.

**hémicycle** *nm* Salle, espace semi-circulaire généralement entouré de gradins.

**hémicylindrique** *a* **didac** Qui a la forme d'un demi-cylindre.

**hémiédrie** *nf* MINER Caractère de certains cristaux qui ne présentent de modifications que sur la moitié des arêtes ou des angles semblables, et non sur tous, par exception à la loi de symétrie cristalline. DER **hémièdre** ou **hémiédrique** *a*

**Hemingway** Ernest Miller (Oak Park, Illinois, 1899 – Ketchum, Idaho, 1961), romancier américain de la « lost generation ». Il s'interroge sur l'action, l'échec et la mort : *Le soleil se lève aussi* (1926) ; *l'Adieu aux armes* (1929) ; *Mort dans l'après-midi* (1932) ; *Pour qui sonne le glas* (1940) ; *le Vieil Homme et la mer* (1952). P. Nobel 1954.

Ernest Hemingway

**hémione** *nm* ZOOL Équidé asiatique sauvage qui ressemble à la fois au cheval et à l'âne. ETY Du gr. *hêmionos*, « demi-âne ».

**hémiparasite** *nm* BOT Plante parasite qui effectue sa propre photosynthèse, tel le gui.

**hémiplégie** *nf* MED Paralysie frappant une moitié du corps à la suite d'une lésion des centres moteurs cérébraux ou du faisceau pyramidal. DER **hémiplégique** *a, n*

**hémiptère** *nm* ENTOM Anc. nom des hétéroptères.

**hémiptéroïde** *nm* ZOOL Insecte piqueur et suceur dont le superordre comprend les hétéroptères et les homoptères.

**hémisphère** *nm* **1** Moitié d'une sphère. **2** ASTRO Moitié du globe d'une planète, en partic. de la Terre. *L'hémisphère Nord, boréal. L'hémisphère Sud, austral.* **LOC** ANAT ***Hémisphères cérébraux :*** les deux moitiés symétriques, droite et gauche, du cerveau. — PHYS ***Hémisphères de Magdeburg :*** hémisphères creux à l'intérieur desquels on fait le vide avant de mesurer la force d'arrachement. DER **hémisphérique** *a*

**hémistiche** *nm* VERSIF **1** Chacune des deux moitiés d'un vers (spécial. d'un alexandrin) coupé par une césure. **2** Césure du milieu du vers, entre deux mots. ETY Du gr. *stikhos*, « rangée ».

**hémisynthèse** *nf* CHIM Synthèse associant une fermentation et un processus chimique. DER **hémisynthétique** *a*

**hémitropie** *nf* MINER Caractère d'un cristal constitué par deux moitiés réunies en sens inverse de leur position normale.

**hémobiologie** *nf* Spécialité médicale concernant la transfusion sanguine. DER **hémobiologique** *a*

**hémochromatose** *nf* Maladie, souvent d'origine génétique, caractérisée par un excès de fer dans l'organisme.

**hémocompatible** *a* MED Dont le groupe sanguin est compatible avec un autre. DER **hémocompatibilité** *nf*

**hémoconcentration** *nf* MED Diminution du volume du plasma sans diminution de celui des globules.

**hémoculte** *nm* MED Recherche de sang dans les selles en vue du dépistage de cancers colorectaux. ETY Nom déposé.

**hémoculture** *nf* MED Culture bactériologique d'une certaine quantité de sang prélevée chez un sujet, en vue de déterminer les microbes susceptibles de s'y trouver.

**hémocyanine** *nf* Hétéroprotéine riche en cuivre qui, dans le sang des mollusques et des crustacés, joue le rôle de pigment respiratoire.

**hémocytoblaste** *nm* BIOL Cellule de la moelle osseuse aux fonctions hématopoïétiques.

**hémodérivé** *nm* MED Dérivé sanguin destiné à la transfusion.

**hémodialyse** *nf* MED Méthode thérapeutique de purification du sang permettant d'éliminer les déchets toxiques qu'il renferme en le filtrant à travers une membrane sélective. DER **hémodialysé, ée** *n*

**hémodilution** *nf* MED Augmentation du volume du plasma sans augmentation de celui des globules.

**hémodynamique** *nf, a* PHYSIOL Étude de l'écoulement du sang dans les vaisseaux en fonction du débit cardiaque.

**hémoglobine** *nf* BIOCHIM Pigment rouge des hématies des vertébrés qui transporte l'oxygène des alvéoles pulmonaires vers les tissus. ENC Hétéroprotéine synthétisée par les érythroblastes, l'hémoglobine est constituée d'une partie protéique, la *globine*, et de l'*hème*. La globine est formée de quatre chaînes polypeptidiques identiques deux à deux ; chaque chaîne est combinée à une molécule d'hème. L'hémoglobine chargée d'oxygène, ou oxyhémoglobine, délivre l'oxygène dans les tissus où la pression partielle d'oxygène est faible.

**hémoglobinopathie** *nf* Maladie génétique affectant l'hémoglobine, telle que la drépanocytose et la thalassémie.

**hémogramme** *nm* MED Étude qualitative et quantitative des éléments figurés du sang.

**hémolymphe** *nf* BIOL Liquide intérieur des arthropodes, jouant les rôles de sang et de lymphe.

**hémolyse** *nf* MED Destruction normale ou pathologique des globules rouges. DER **hémolytique** *a*

**hémolysine** *nf* MED Substance qui provoque une hémolyse.

**Hémon** Louis (Brest, 1880 – Chapleau, Ontario, 1913), romancier français : *Maria Chapdelaine, récit du Canada français* (posth., 1916), *Monsieur Ripois et la Némésis* (posth., 1950).

**hémopathie** *nf* MED Terme générique désignant toutes les maladies du sang. *Les anémies, les leucémies sont des hémopathies.*

**hémophilie** *nf* MED Maladie héréditaire, transmise par les femmes mais n'atteignant que les hommes, due à l'absence de certains facteurs plasmatiques de la coagulation et caractérisée par une tendance aux hémorragies répétées et abondantes. DER **hémophile** *a, n*

**hémoptysie** *nf* Expectoration de sang rouge, venant des voies respiratoires. ETY Du gr. *ptuein*, « cracher ». DER **hémoptysique** *a, n*

**hémorragie** *nf* **1** Écoulement de sang hors d'un vaisseau sanguin. **2** *fig* Déperdition importante. *Hémorragie de capitaux.* DER **hémorragique** *a*

**hémorroïde** *nf* MED Varice formée par la dilatation des veines de l'anus ou du rectum. ETY Mot gr. « afflux de sang ». DER **hémorroïdaire** *a, n* – **hémorroïdal, ale, aux** *a*

**hémosidérose** *nf* MED Accumulation anormale de fer dans le sang.

**hémostase** *nf* MED, CHIR Arrêt spontané ou provoqué d'une hémorragie. DER **hémostatique** *a, nm*

**hémothorax** *nm* MED Épanchement de sang dans la plèvre.

**hémovigilance** *nf* MED Surveillance du sang destiné à la transfusion.

**Henan** prov. de Chine, au sud du Huanghe ; 167 000 km² ; 77 130 000 hab. ; ch.-l. *Zhengzhou.* – L'O., montagneux (Qinling), s'oppose à la plaine fertile de l'E. Houille, fer ; sidérurgie.

**Hénault** Jean-François (Paris, 1685 – id., 1770), magistrat et écrivain français : *Abrégé de l'histoire de France* (1744). Acad. fr. (1723).

**hénaurme** *a fam* Variante plaisante et intensive de *énorme.*

**Hench** Philip Showalter (Pittsburgh, 1896 – Ocho Rios, Jamaïque, 1965), médecin américain : recherches sur la cortisone. P. Nobel 1950 avec E. C. Kendall et T. Reichstein.

**Hendaye** ch.-l. de cant. des Pyrénées-Atlantiques (arr. de Bayonne), sur la Bidassoa, à la frontière espagnole ; 12 596 hab. Stat. baln. DER **hendayais, aise** *a, n*

**hendéca-** Élément, du gr. *hendeka*, « onze ».

**hendécagone** *nm* GEOM Polygone qui a onze angles et onze côtés.

**hendécasyllabe** *nm* Vers de onze syllabes.

**hendiadys** *nm* RHET Figure consistant à exprimer une idée par deux noms reliés par *et*, au lieu de l'exprimer par un nom suivi d'un adjectif ou d'un complément. PHO [ɛ̃djadis] ETY Mot gr., « un grâce à deux ». VAR **hendiadyin**

**Hendricks** Barbara (Stephens, Arkansas, 1948), soprano suédoise d'origine américaine.

**Hendrix** James Marshall, dit Jimi (Seattle, 1942 – Londres, 1970), guitariste de rock américain.

**Hengelo** v. des Pays-Bas (Overijssel), proche de la frontière all. ; 76 720 hab. Sel gemme.

**Henie** Sonja (Oslo, 1912 – en avion, 1969), patineuse norvégienne, championne olympique de 1928 à 1936, et actrice de films américains.

**Hénin-Beaumont** ch.-l. de cant. du Pas-de-Calais (arr. de Lens) ; 25 178 hab. Anc. centre houiller. DER **héninois, oise** *a, n*

**Henlein** Konrad (Maffersdorf, 1898 – Pilsen [?], 1945), homme politique allemand. Chef hitlérien des Allemands des Sudètes (Bohême), il facilita la réunion de cette rég. au Reich (1938). Capturé par les Alliés, il se suicida.

**Henley** William Ernest (Gloucester, 1849 – Woking, Londres, 1903), poète anglais, chantre de l'impérialisme britannique.

**henné** *nm* **1** Arbuste exotique dont les feuilles fournissent une teinture jaune ou rouge. **2** Cette teinture, utilisée notam. pour les cheveux. PHO ['ene] ETY De l'ar.

**Hennebique** François (Neuville-Saint-Vaast, 1842 – Paris, 1921), ingénieur français. Il réalisa en 1898 le premier immeuble en béton armé, à Paris (1, rue Danton, VIᵉ arr.).

**Hennebont** ch.-l. de cant. du Morbihan (arr. de Lorient), sur le Blavet ; 13 412 hab. Industries. Haras. – Église XVᵉ-XVIᵉ s. DER **hennebontais, aise** *a, n*

**Henne-Morte (la)** gouffre profond de 500 m, près d'Arbas (Hte-Gar.), exploré par N. Casteret en 1940.

**Hennig** Willi (Dürrenhersdorf, Saxe, 1913 – Ludwigsburg, 1976), biologiste allemand. Il est le père du cladisme, méthode comparative de classification développée dans sa *Théorie de la systématique phylogénétique* (1950).

**hennin** *nm anc* Coiffure de femme des XIVᵉ et XVᵉ s., formée d'un haut cône tendu d'étoffe. PHO ['enɛ̃] ETY Du néerl. *henninck*, « coq ».

**hennir** *vi* 3 Pousser son cri (cheval). PHO ['eniʀ] ETY Du lat. DER **hennissement** *nm*

**hennuyer** → **Hainaut.**

**Hénoch** → **Énoch.**

## Allemagne

**Henri Ier l'Oiseleur** (?, vers 876 – Memleben, 936), roi de Germanie (919-936) ; il combattit les Slaves, les Hongrois et les Danois. Il fonda la dynastie saxonne. — **Henri II le Saint** ou le Boiteux (Abbach, Bavière, 973 – Grona, 1024), arrière-petit-fils du préc. ; empereur germanique de 1002 à 1024, protecteur du monachisme ; canonisé en 1146. — **Henri III le Noir** (?, 1017 – Bodfeld, 1056), empereur germanique de 1039 à 1056 ; il intervint dans les élections pontificales. — **Henri IV** (Goslar [?], vers 1050 – Liège, 1106), fils du préc. ; empereur germanique de 1056 à 1106, il fut entraîné dans la *querelle des Investitures* contre Grégoire VII, qui l'excommunia (1076). Il obtint son pardon à Canossa (1077), puis reprit la lutte contre la papauté. Il fut déposé par son fils. — **Henri V** (?, 1081 – Utrecht, 1125), fils du préc. ; empereur germanique de 1106 à 1125 ; il mit fin à la querelle des Investitures en signant avec Calixte II le concordat de Worms (1122). — **Henri VI le Sévère** ou le Cruel (Nimègue, 1165 – Messine, 1197), fils de Frédéric Barberousse ; empereur germanique de 1190 à 1197, il poursuivit la politique de son père ; roi de Sicile (1194) par son mariage avec Constance de Sicile (1186). — **Henri VII de Luxembourg** (Valenciennes [?], vers 1275 – près de Sienne, 1313), empereur germanique de 1308 à 1313.

## Angleterre

**Henri Ier Beauclerc** (Selby, Yorkshire, 1069 – près de Gisors, 1135), roi d'Angleterre de 1100 à 1135, duc de Normandie (1106-1135) ; quatrième fils de Guillaume le Conquérant, il succéda à son frère Guillaume le Roux. — **Henri II** (Le Mans, 1133 – Chinon, 1189), roi d'Angleterre de 1154 à 1189, duc de Normandie (1150-1189), comte d'Anjou (1151-1189) et duc d'Aquitaine (1152-1189) par son mariage avec Aliénor ; fils de Geoffroi Plantagenêt et de Mathilde, fille d'Henri Ier. Pour affirmer son autorité sur l'Église, il fit assassiner Thomas Becket en 1170. Ses fils se révoltèrent contre lui (1173, 1183 et 1186), notam. Jean sans Terre (1188-1189), soutenu par le roi de France. — **Henri III** (Winchester, 1207 – Westminster, 1272), roi d'Angleterre de 1216 à 1272, duc d'Aquitaine ; fils aîné de Jean sans Terre. Ses barons révoltés, que dirigeait Simon de Montfort, lui imposèrent les *Provisions d'Oxford* (1258). Saint Louis lui prit le Poitou, la Saintonge et l'Auvergne (1259). — **Henri IV** (Bolingbroke, 1367 – Westminster, 1413), roi d'Angleterre de 1399 à 1413 ; petit-fils d'Édouard III ; fondateur de la dynastie des Lancastre, il détrôna Richard II. ▷ LITTER *Henri IV,* drame en vers et en prose de Shakespeare (1597 et 1598), surtout consacré à la jeunesse de Henri V. — **Henri V** (Monmouth, 1387 – Vincennes, 1422), fils d'Henri IV ; roi de 1413 à 1422, il battit les Français à Azincourt (1415). Le traité de Troyes (1420) le fit régent de France et héritier de Charles VI, dont il épousa la fille. ▷ LITTER *Henri V*drame en 5 actes, en vers et en prose, de Shakespeare (1600). — **Henri VI** (Windsor, 1421 – Londres, 1471), fils d'Henri V ; roi d'Angleterre de 1422 à 1461. Il perdit toutes ses possessions en France (sauf Calais) et le début de la guerre des Deux-Roses (1455) entraîna sa chute, son incarcération (1466), puis son assassinat. — **Henri VII** (Pembroke, 1457 – Richmond, 1509), roi d'Angleterre de 1485 à 1509, le premier souverain de la dynastie des Tudor. Vainqueur de Richard III à Bosworth (1485), il mit fin à la guerre des Deux-Roses. — **Henri VIII** (Greenwich, 1491 – Westminster, 1547), fils d'Henri VII ; roi d'Angleterre de 1509 à 1547, un des grands princes de la Renaissance. Il rattacha définitivement le pays de Galles au royaume (1536) et il se fit proclamer roi d'Irlande (1541). Il développa la marine angl. Rompant avec Rome (le pape refusait d'annuler son mariage avec Catherine d'Aragon), il créa l'Église anglicane : l'Acte de suprématie (1534) le fit chef de l'Église d'Angleterre. Il épousa six femmes : Catherine d'Aragon, Anne Boleyn, Jane Seymour, Anne de Clèves, Catherine Howard, Catherine Parr. Il fit décapiter Anne Boleyn et Catherine Howard. ▷ LITTER *Henri VIII,* drame historique en 5 actes, de Shakespeare (1612-1613). ▷ CINE *La Vie privée d'Henri VIII* (1933) d'Alexander Korda (1893-1956) avec Charles Laughton.

**Henri VIII** d'Angleterre

## Castille et Léon

**Henri Ier** (?, 1204 – Palencia, 1217), roi de Castille et de Léon de 1214 à 1217 ; fils d'Alphonse VIII. — **Henri II le Magnifique** (Séville, 1333 – Burgos, 1379), comte de Trastamare, roi de Castille et de Léon de 1369 à 1379. Fils naturel d'Alphonse XI, il tua son frère Pierre le Cruel. — **Henri III le Maladif** (Burgos, 1379 – Tolède, 1406), roi de Castille et de Léon de 1390 à 1406, fils de Jean Ier. — **Henri IV l'Impuissant** (Valladolid, 1425 – Madrid, 1474), roi de Castille et de Léon de 1454 à 1474, fils de Jean II ; il dut reconnaître comme héritière sa sœur, Isabelle Ire la Catholique.

## Constantinople

**Henri de Flandre et Hainaut** (1174 – 1216), second empereur latin d'Orient (1206-1216). Il succéda à son frère Baudouin.

## France

**Henri Ier** (?, 1008 – Vitry-aux-Loges, 1060), roi de France (1031-1060), fils de Robert II le Pieux. Il céda la Bourgogne à son frère Robert (1032). Vers 1051, il épousa Anne de Kiev. Guillaume le Conquérant le vainquit (1054 et 1058). — **Henri II** (Saint-Germain-en-Laye, 1519 – Paris, 1559), roi de 1547 à 1559, fils de François Ier et de Claude de France ; il épousa Catherine de Médicis (1533). Il combattit le calvinisme et affermit l'admin. de l'État. Contre les Habsbourg, il s'allia aux princes protestants allemands et s'empara des Trois-Évêchés : Metz, Toul et Verdun (1552). Le roi d'Espagne Philippe II, allié aux Anglais, le vainquit en 1557 et lui imposa la paix du Cateau-Cambrésis (1559) : la France renonçait à ses prétentions sur l'Italie. Henri II mourut accidentellement, blessé à l'œil par Montgomery dans un tournoi. — **Henri III** (Fontainebleau, 1551 – Saint-Cloud, 1589), roi de 1574 à 1589, fils du préc. Élu roi de Pologne (1573), il quitta ce pays pour succéder, en France, à Charles IX. Les guerres de Religion marquèrent le règne de ce prince intelligent et cultivé, entouré de favoris, les « mignons ». La paix de Monsieur (1576), signée avec les protestants, fut dénoncée par la Ligue catholique, que mena Henri de Guise. Après la mort de son frère le duc d'Alençon (1584), Henri III choisit comme héritier Henri de Navarre, le chef des calvinistes (Henri IV). Aussi, les Guise, avec l'appui des Espagnols, obligèrent le roi à quitter Paris (1588). Henri III fit assassiner le duc de Guise à Blois (1588) et, avec Henri de Navarre, il fit le siège de Paris ; il fut alors tué par un moine fanatique, Jacques Clément. — **Henri IV** (Pau, 1553 – Paris, 1610), roi de Navarre sous le nom de Henri III (1572-1610) et roi de France (1589-1610) ; fils d'Antoine de Bourbon et de Jeanne d'Albret. Il reprit la direction de l'Union calviniste après une abjuration forcée lors de la Saint-Barthélemy (1572). Successeur légitime, mais contesté, d'Henri III, il vainquit la Ligue catholique en 1589 et 1590, puis les Espagnols (1595). Il abjura le protestantisme (1593), fut sacré roi à Chartres, le 27 fév. 1594, et entra dans Paris le 22 mars. Le 13 avril 1598, il proclama l'édit de Nantes, qui consacrait la paix religieuse en France ; le 2 mai 1598, il signa la paix avec les Espagnols. Aidé par Sully, il donna au pays, ruiné, une économie saine. Il avait épousé en 1572 Marguerite de Valois. Après annulation de ce mariage, il épousa en 1600, Marie de Médicis, mais le « Vert Galant » eut de nombr. aventures. Il fut assassiné par Ravaillac. — **Henri V** V. Chambord (comte de).

**Henri II** de France

**Henri III** de France

**Henri IV** de France

## Luxembourg

**Henri de Luxembourg** (chât. de Betzdorf, 1955), grand-duc de Luxembourg dep. l'abdication de son père Jean (2000).

## Portugal

**Henri de Bourgogne** (Dijon, v. 1057 – Astorga, 1114), comte de Portugal (1097-1114) ; prince capétien de la maison de Bourgogne. Il servit Alphonse VI de Castille contre les Maures. Gendre du roi, il reçut le comté de Portugal (1097), qu'il déclara indépendant en 1109. — **Henri** le Navigateur (Porto, 1394 – Sagres, 1460), infant de Portugal ; fils du roi Jean Ier, il favorisa les voyages d'exploration des côtes d'Afrique occid. dès 1417. — **Henri** le Cardinal (Lisbonne, 1512 – Almeirim, 1580), roi de Portugal (1578-1580) ; fils de Manuel Ier le Grand. Après sa mort, la couronne de Portugal revint au roi d'Espagne, Philippe II.

## Saxe

**Henri le Lion** (Ravensburg, 1129 – Brunswick, 1195), duc de Saxe (1142-1180) et de Bavière (1156-1180). Frédéric Barberousse lui confisqua presque toutes ses possessions.

≪ ≪ ≫ ≫

**Henriade (la)** poème épique en 10 chants de Voltaire (1723 et 1728), à la gloire d'Henri IV.

**Henriette-Anne d'Angleterre** (Exeter, 1644 – Saint-Cloud, 1670), fille de Charles Ier Stuart et d'Henriette-Marie de France ; elle devint *Madame* par son mariage (1661) avec Philippe d'Orléans (*Monsieur*), frère de Louis XIV. Bossuet prononça l'*Oraison funèbre de Madame*.

**Henriette-Anne de France** (Versailles, 1727 – id., 1752), fille aînée de Louis XV et de Marie Leczinska.

**Henriette-Marie de France** (Paris, 1609 – Colombes, 1669), fille d'Henri IV et de Marie de Médicis ; reine d'Angleterre par son mariage (1625) avec Charles I$^{er}$.

**Henriot** Émile (Paris, 1889 – id., 1961), écrivain français, critique littéraire du *Temps* puis du *Monde*. Acad. fr. (1945).

**Henriot** Philippe (Reims, 1889 – Paris, 1944), homme politique français. Collaborateur, chef de la Milice, ministre de l'Information (janv. 1944), tué par la Résistance en juin 1944.

**henry** *nm* ELECTR Unité d'inductance du système SI, égale à l'inductance d'un circuit fermé dans lequel une force électromotrice de 1 volt est produite lorsque l'intensité du courant électrique varie de 1 ampère par seconde (symbole H). ETY Du n. du physicien *Joseph Henry*.

**Henry** William (Manchester, 1775 – Pendlebury, 1836), chimiste et physicien anglais. ▷ PHYS *Loi de Henry :* loi qui détermine la solubilité d'un gaz dans un liquide.

**Henry** Joseph (Albany, État de New York, 1797 – Washington, 1878), physicien américain. Il découvrit l'auto-induction.

**Henry** Michel (Haiphong, 1922 – Albi, 2002), philosophe français : *Philosophie et phénoménologie du corps* (1965).

**Henry** Pierre (Paris, 1927), compositeur français, l'un des pères de la musique électroacoustique : *Symphonie pour un homme seul* (1950), *Messe pour le temps présent* (ballet de M. Béjart, 1967).

**Henze** Hans Werner (Gütersloh, 1926 – Dresde, 2012), compositeur allemand, auteur de sept symphonies et de nombreux opéras : *Boulevard Solitude* (1951), *la Chatte anglaise* (1983).

**hep !** *interj* Employé pour appeler, héler. *Hep ! taxi !* PHO [ˈɛp] ou [hɛp]

**héparine** *nf* Substance anticoagulante d'origine hépatique ou synthétique. *L'héparine est utilisée pour le traitement des phlébites.*

**1 hépatique** *a, n* **A** *a* ANAT, MED Relatif au foie. *Artère, canal hépatique.* **B** *a, n* Qui souffre d'une maladie du foie.

**2 hépatique** *nf* **1** Renonculacée à feuilles trilobées autref. employée comme remède contre les maladies du foie. **2** Bryophyte à structure très simple, constituant des peuplements denses dans les lieux humides.

**hépatisation** *nf* MED Transformation d'un tissu qui prend l'aspect du tissu hépatique.

**hépatique** feuilles trilobées et fleurs

**hépatite** *nf* MED Affection inflammatoire du foie. *Hépatite d'origine infectieuse, d'origine allergique. Hépatite virale.* LOC *Hépatite A :* à virus à ARN, bénigne, dont la contamination se fait par les selles du sujet contaminé. — *Hépatite B :* à virus à ADN, la plus grave des hépatites, transmise par le sang, la salive et le sperme. — *Hépatite C :* souvent transmise par du sang contaminé.

**hépato-** Élément, du gr. *hêpar, hêpatos,* « foie ».

**hépatocarcinome** *nm* MED Cancer du foie.

**hépatocyte** *nm* BIOL Volumineuse cellule du foie. DER **hépatocytaire** *a*

**hépatologie** *nf* MED Étude de la physiologie et des maladies du foie. DER **hépatologique** *a* – **hépatologue** *n*

**hépatomégalie** *nf* MED Augmentation du volume du foie.

**Hepburn** Katharine (Hartford, Connecticut, 1907 – Fenwick, 2003), actrice américaine : *les Quatre Filles du docteur March* (1933), *l'Impossible M. Bébé* (1938), *The African Queen* (1952), *Soudain l'été dernier* (1959).

**Katharine Hepburn**

**Hepburn** Audrey (Bruxelles, 1929 – Tolochenar, Suisse, 1993), actrice américaine au charme juvénile : *Vacances romaines* (1953), *Diamants sur canapé* (1961).

**hepcidine** *nf* BIOL Hormone qui régule le métabolisme du fer.

**Héphaïstos** dans la myth. gr., dieu du Feu et des Forgerons ; fils d'Héra ; assimilé par les Romains à Vulcain.

**Hepplewhite** George (? – Londres, 1786), ébéniste anglais, créateur d'un style original qui assagit le rococo.

**hepta-** Élément, du gr. *hepta,* « sept ».

**heptacorde** *a, nm* MUS Échelle musicale à sept tons.

**heptaèdre** *nm* GEOM Polyèdre à sept faces. DER **heptaédrique** *a*

**heptagone** *nm* GEOM Polygone qui a sept angles et sept côtés. DER **heptagonal, ale, aux** *a*

**Heptaméron** recueil de nouvelles (posth., 1559) de Marguerite d'Angoulême.

**heptamètre** *nm, a* VERSIF Se dit d'un vers, grec ou latin, de sept pieds.

**heptane** *nm* CHIM Hydrocarbure saturé de formule $C_7H_{16}$.

**Heptarchie** nom donné depuis le XVI$^e$ s. aux sept royaumes anglo-saxons de Kent, Sussex, Wessex, Northumbrie, Est-Anglie et Mercie, qui se formèrent du VI$^e$ au IX$^e$ s. mais qui n'eurent pas d'existence simultanée.

**heptathlon** *nm* SPORT Discipline féminine qui combine trois courses (100 m haies, 200 m et 800 m) et quatre concours (poids, hauteur, longueur, javelot). DER **heptathlonienne** ou **heptathlète** *nf*

**Hepworth** Barbara (Wakefield, 1903 – Saint Ives, 1975), sculpteur anglais abstrait.

**Héra** dans la myth. gr., déesse du Mariage et de la Maternité ; épouse de Zeus ; assimilée à Junon par les Romains.

**Héraclée** nom de plusieurs villes de l'Antiquité. — **Héraclée de Lucanie** aujourd'hui *Policoro* (Italie du Sud), ville de la Grande-Grèce près de laquelle Pyrrhus défit les Romains en 280 avant J.-C. — **Héraclée du Pont** aujourd'hui *Ereğli* (Turquie), ville de Bithynie, sur la mer Noire, prospère au IV$^e$ siècle avant J.-C.

**Héraclès** héros de la myth. gr. que les Latins ont nommé Hercule. Né, à Thèbes, de Zeus et d'Alcmène, il est doué d'une force surhumaine et soumet le monde sauvage. Il accomplit 12 travaux (V. Hercule). Sa fin fut atroce (V. Nessos). ▷ LITTER Homère (l'*Iliade*, VIII$^e$ s. av. J.-C.), Hésiode (*le Bouclier d'Héraclès,* VIII$^e$-VII$^e$ s. av. J.-C.), Stésichore, Pindare (*Épinicies,* V$^e$ s. av. J.-C.) voient donc en lui l'un des grands constructeurs du monde civilisé. Sophocle (*les Trachiniennes,* v. 455 av. J.-C.) et Euripide (*Héraclès furieux,* v. 424 av. J.-C.) l'ont magnifié. VAR **Héraklès**

**Héraclès** tuant l'hydre de Lerne, vase attique, V$^e$ s. av. J.-C. – musée du Louvre

**Héraclides** héros grecs, descendants légendaires d'Héraclès ; on a donné ce nom aux conquérants doriens du Péloponnèse.

**Héraclides** dynastie d'empereurs d'Orient qui régna sur Byzance aux VII$^e$ et VIII$^e$ s.

**Héraclite** (Éphèse, v. 540 – id., v. 480 av. J.-C.), philosophe grec. Sa doctrine, assez hermétique, oppose l'*être* et le *devenir :* « On ne se baigne jamais deux fois dans le même fleuve. » Nous ne possédons de son œuvre que des fragments d'une grande force poétique. DER **héraclitéen, enne** *a*

**Héraclius I$^{er}$** (en Cappadoce, vers 575 – Constantinople, 641), empereur byzantin (610-641) ; fondateur de la dynastie des Héraclides (610-711). Il vainquit les Perses mais les Arabes envahirent la Syrie, la Palestine, la Mésopotamie et l'Égypte. — **Héraclius II** (618 – 645), fils du préc. Empereur d'Orient (641), il abdiqua aussitôt.

**Héraklès** → **Héraclès.**

**Héraklion** (en gr. mod. *Iraklion ;* anc. *Candie*), port de l'île de Crète (Grèce) ; ch.-l. du nome du m. nom ; 101 630 hab. – Ce port, très actif au Moyen Âge, fut vénitien de 1204 à 1669. VAR **Hêraklion**

**héraldique** *nf, a* Science du blason, des armoiries. ETY Du lat. *heraldus,* « héraut ». DER **héraldiste** *n* ▶ illustr. p. 760

**Herāt** v. d'Afghānistān, proche du Turkménistan et du Khorāsān ; ch.-l. de la prov. du m. nom ; 400 000 hab.

**Hérault (l')** fl. de France (160 km) ; il naît au pied de l'Aigoual et se jette dans la Méditerranée, près d'Agde.

**Hérault** dép. franç. (34) ; 6 224 km$^2$ ; 1 092 300 hab. ; 175,5 hab./km$^2$ ; ch.-l. *Montpellier* ; ch.-l. d'arr. *Béziers* et *Lodève*. V. Languedoc-Roussillon. [DER] **héraultais, aise** *a, n*

**Hérault de Séchelles** Marie Jean (Paris, 1759 – id., 1794), homme politique français. Montagnard, membre du Comité de salut public, il fut exécuté avec Danton.

**héraut** *nm* **1** HIST Au Moyen Âge, officier qui était chargé de faire des proclamations solennelles, de signifier les déclarations de guerre, etc. **2** fig, litt Messager, annonciateur. [PHO] [ˈeʀo] [ETY] Du frq. *heriwald*, « chef d'armée ».

**herbacé, ée** *a* BOT Qui a l'apparence ou la structure de l'herbe (par oppos. à *ligneux*).

**herbage** *nm* Prairie destinée au pâturage.

**1 herbager, ère** *n, a* **A** *n* ELEV Éleveur, éleveuse qui engraisse les bestiaux sur des herbages. **B** *a* Qui est caractérisé par des herbages. *Région herbagère.*

**2 herbager** *vt* [13] ELEV Mettre à l'herbage du bétail. [DER] **herbagement** *nm*

**Herbart** Johann Friedrich (Oldenburg, 1776 – Göttingen, 1841), philosophe et pédagogue allemand ; disciple de Pestalozzi.

**herbe** *nf* **1** BOT Plante fine, verte, non ligneuse, à tige molle, qui s'élève peu au-dessus du sol et dont les parties aériennes meurent chaque année. **2** Végétation peu élevée formée par la réunion de plantes herbacées. *Se coucher dans l'herbe. Un brin d'herbe.* **3** fam Haschisch, marijuana. **LOC** ***En herbe*** : qui est encore vert, qui n'est pas arrivé à maturité, en parlant d'une céréale ; fig qui montre des dispositions pour une activité, qui s'y destine, spécial. en parlant des enfants. — ***Fines herbes*** : herbes aromatiques employées comme assaisonnement (ciboule, estragon, etc.). — ***Herbe à bison*** : flouve. — ***Herbe à éléphant*** : miscanthus. — ***Herbe aux chats*** : cataire ou valériane. — ***Herbe aux écus*** : lunaire. — ***Herbe aux femmes battues*** : tamier. — ***Herbe aux perles*** : grémil. — ***Herbe aux goutteux*** : ægopodium. — ***Herbe aux verrues*** : chélidoine. — ***Herbe des pampas*** : gynérium. — ***Herbes folles*** : qui croissent en tout sens. — ***Herbes médicinales, officinales*** : utilisées pour leurs propriétés thérapeutiques. — ***Mauvaises herbes*** : plantes herbacées nuisibles aux cultures ; fig (au sing) jeune dont on n'attend rien de bon, vaurien. [ETY] Du lat.

**Herbert** George (Montgomery, 1593 – Bemerton, 1633), poète anglais d'inspiration religieuse : *le Temple* (posth., 1634).

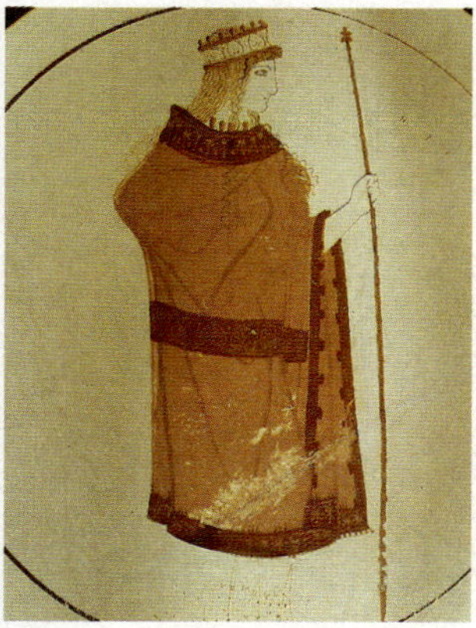

**Héra** détail d'une coupe à vin attique – coll. des Antiques, Munich

**Herbert** Frank (Tacoma, 1920 – Madison, 1986), écrivain américain de science-fiction : *Dune* (trilogie, 1965-1976).

**herbeux, euse** *a* Où il pousse de l'herbe. *Plateau herbeux.*

**herbicide** *a, nm* didac Qui détruit les mauvaises herbes. *Le chlorate de sodium est un herbicide.*

**herbier** *nm* **1** Collection de plantes séchées où chaque spécimen est conservé entre des feuillets de papier. **2** Collection de planches représentant des plantes. **3** Banc d'herbes aquatiques dans un cours d'eau, un lac, etc. ; prairie sous-marine.

**Herbiers (Les)** ch.-l. de cant. de la Vendée (arr. de La Roche-sur-Yon) ; 16 500 hab. [DER] **herbretais, aise** *a, n*

**Herbin** Auguste (Quiévy, Nord, 1882 – Paris, 1960), peintre français ; représentant de l'abstraction géométrique.

**herbivore** *a, nm* Qui se nourrit d'herbes, de végétaux verts. *Les ruminants sont des herbivores.*

**Herblay** ch.-l. de cant. du Val-d'Oise (arr. d'Argenteuil), sur la Seine ; 27 900 hab. [DER] **herblaysien, enne** *a, n*

**herboriser** *vi* [1] Cueillir des plantes pour les étudier, constituer un herbier ou les employer en herboristerie. [DER] **herborisation** *nf*

**herboriste** *n* Personne qui vend des plantes médicinales. [DER] **herboristerie** *nf*

**herbu, ue** *a* Où l'herbe est épaisse.

**herbue** *nf* **1** AGRIC Terre légère dont on se sert pour le pâturage. **2** METALL Fondant argileux qu'on ajoute à un minerai de fer trop calcaire. [VAR] **erbue**

**hercher** *vi* [1] MINES Pousser à bras des wagonnets chargés de houille ou de minerai. [PHO] [ˈɛʀʃe] [ETY] Mot wallon, du lat. *hirpex*, « herse ». [VAR] **herscher** [DER] **herchage** ou **herschage** *nm* – **hercheur, euse** ou **herscheur, euse** *n*

**Herculano** Alexandre (Lisbonne, 1810 – près de Santarém, 1877), poète romantique portugais : *la Voix du prophète* (1836) et auteur d'une *Histoire du Portugal* (1846-1853).

**Herculanum** v. de la Campanie antique, près de Pompéi, ensevelie, en 79 apr. J.-C., lors d'une éruption du Vésuve. Ses ruines furent découvertes en 1711. Les fouilles commencèrent en 1738 mais ne furent méthodiques qu'après 1927. ▶ illustr. **atrium**

**hercule** *nm* Homme d'une force exceptionnelle.

**Hercule (Colonnes d')** nom donné dans l'Antiquité au mont Calpé, européen, et au rocher Abyla, africain, qui marquent l'entrée orientale du détroit de Gibraltar. Selon les Anciens, Hercule avait posé ces bornes du monde.

**Hercule** demi-dieu de la myth. latine assimilé à l'Héraclès grec. Provenant de la myth. grecque, les *Douze Travaux d'Hercule* consistèrent à : étrangler le lion de Némée ; tuer l'hydre de Lerne ; capturer le sanglier d'Érymanthe ; capturer la biche de Cérynie ; abattre les oiseaux du lac Stymphale ; dompter un taureau furieux qui désolait la Crète ; s'emparer des juments du roi de Thrace, Diomède ; prendre sa ceinture à Hippolyte, reine des Amazones ; nettoyer les écuries d'Augias, en y détournant un fleuve ; capturer les bœufs de Géryon ; s'emparer des pommes d'or du jardin des Hespérides ; descendre aux Enfers pour capturer Cerbère. ▷ LITTER *Hercule furieux* (I$^{er}$ s. apr. J.-C.) et *Hercule sur l'Œta* (id), pièces de Sénèque. ▷ CINE *Les Travaux d'Hercule* (1958), « péplum » de l'Italien Pietro Francisci (né en 1906), avec l'Américain Steve Reeves (né en 1926). [DER] **herculéen, enne** *a, n*

**Hercule (l')** constellation de l'hémisphère boréal ; n. scientif. : *Hercules, Herculis.*

**hercynien, enne** *a* GEOL Se dit des plissements géologiques de la fin de l'ère primaire, qui constituent aujourd'hui une chaîne érodée et dont les vestiges forment les « massifs anciens ». [ETY] De *Hercynia Sylva*, n. lat. de la Forêt-Noire.

**herd-book** *nm* ELEV Registre généalogique officiel des races bovines, qui atteste la filiation des individus de bonne race. PLUR herd-books. [PHO] [ˈɛʀdbuk] [ETY] Mot angl., « livre de troupeau ».

**Herder** Johann Gottfried (Mohrungen, Prusse-Orientale, 1744 – Weimar, 1803), écrivain allemand, membre du Sturm und Drang : *Idées sur la philosophie de l'histoire de l'huma-*

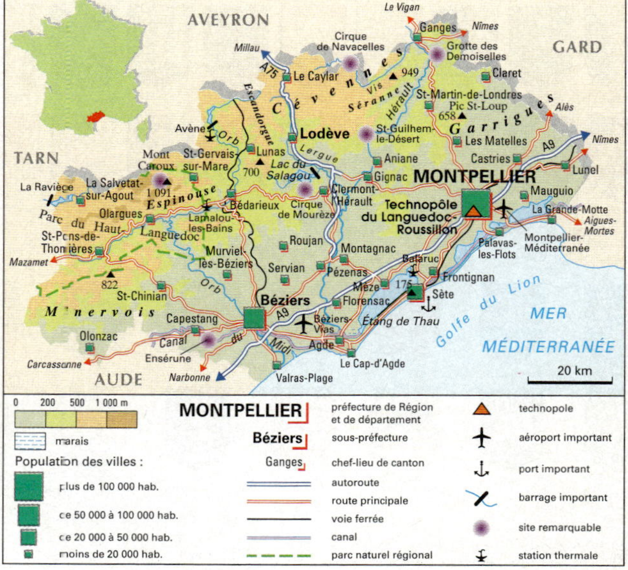

## DIVISIONS DE L'ÉCU

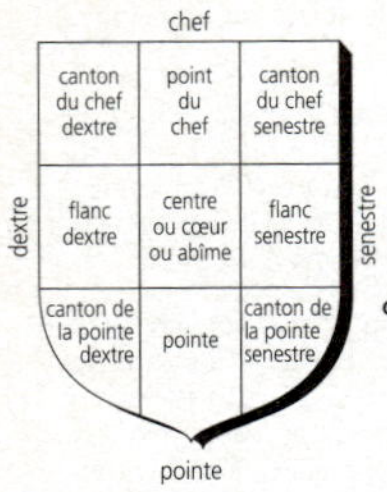


## DIFFÉRENTES FORMES DE L'ÉCU

## ÉMAUX

## PARTITIONS

## CROIX

## PIÈCES ET REBATTEMENTS

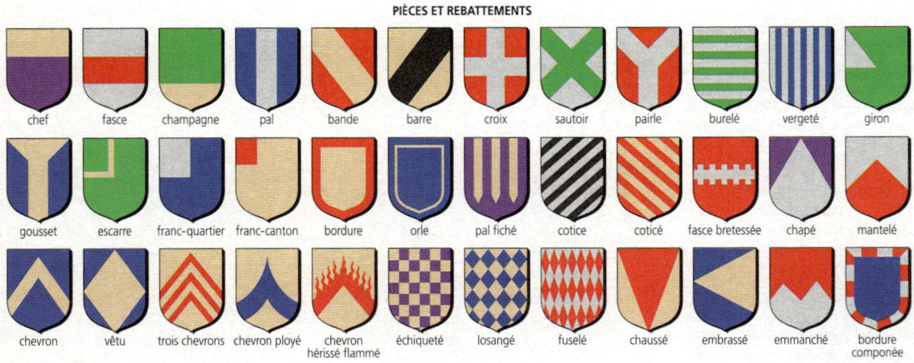


## MEUBLES

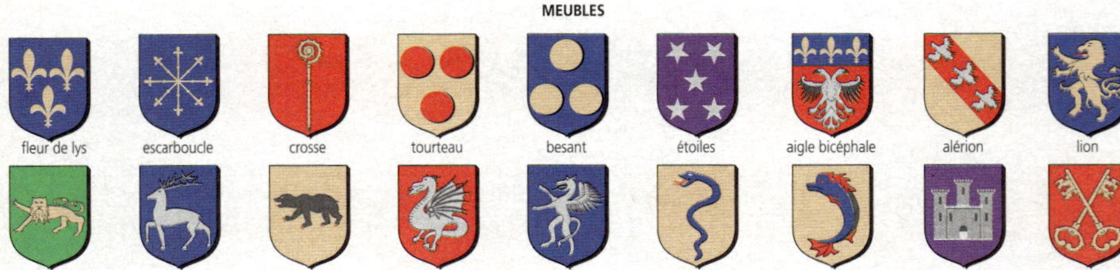

*nité* (1784-1791), *Essai sur l'origine du langage* (1770).

**1 hère** *nm* **LOC** ***Un pauvre hère*:** un pauvre homme misérable. PHO [ɛʀ] ETY De l'all. *Herr*, « seigneur ».

**2 hère** *nm* VEN Jeune cerf âgé de six mois à un an, qui ne porte pas de bois. PHO [ɛʀ] ETY Du néerl.

**Héré** Emmanuel (Nancy, 1705 – Lunéville, 1763), architecte français ; il acheva la place Stanislas (à Nancy) peu avant sa mort.

**Heredia** José Maria de (La Fortuna, Cuba, 1842 – chât. de Bourdonné, près de Houdan, 1905), poète parnassien français : *les Trophées* (recueil de sonnets, 1893). Acad. fr. (1894).

**héréditaire** *a* **1** DR Qui se transmet par droit de succession. *Titre héréditaire.* **2** BIOL Transmis par hérédité. *Maladie héréditaire.* **3** Qui se transmet de génération en génération. *Une haine héréditaire de la dictature.* DER **héréditairement** *av*

**hérédité** *nf* **1** DR Caractère de ce qui se transmet par droit de succession. *Le principe de l'hérédité du trône.* **2** BIOL Transmission, sans modification, de certains caractères non acquis, parfois pathologiques, des ascendants aux descendants par la voie de la reproduction sexuée. *Les lois de l'hérédité.* **3** Ensemble de caractères transmis des parents aux enfants. ETY Du lat.

**Hereford** v. d'Angleterre (Midlands de l'O.), sur la Wye, affl. de la Severn ; 49 800 hab. – Cath. XI^e-XII^e s. Le comté d'*Hereford and Worcester* a pour ch.-l. Worcester.

**Hereros** peuple de la Namibie et du Botswana, de langue bantoue, qui résista longtemps à la colonisation (*guerre des Hereros*, 1904 – 1907). DER **herero** *a*

**hérésiarque** *nm* didac Auteur d'une hérésie ; chef d'une secte hérétique.

**hérésie** *nf* **1** RELIG Doctrine contraire à la foi, condamnée par l'Église. *L'hérésie arienne.* **2** Doctrine contraire aux dogmes établis, au sein d'une religion quelconque. **3** Opinion, doctrine, pratique en opposition avec les idées communément admises. *Une hérésie scientifique. Ce mélange de couleurs est une hérésie.* ETY Du gr. *hairesis*, « choix ».

ENC Dès l'aube du christianisme, l'Église affronte et condamne des hérésies « judaïsantes » ou « hellénisantes », portant sur les natures humaine ou divine du Christ. Aux IV^e et V^e s., apparaissent les hérésies trinitaires, dont la plus connue, l'*arianisme*, n'accorde la nature divine qu'au Père. Suivent les hérésies *christologiques* des V^e et VI^e s. : *nestorianisme* et *monophysisme* qui, toutes, sont condamnées par les sept prem. conciles œcuméniques. À partir du XI^e s., les hérésies ne portent plus sur la doctrine, désormais fixée, mais sur la pratique religieuse et sur l'organisation de l'Église ; elles ont une moindre envergure ; en Bohême, les hussites sont des bogomiles dualistes ; dans le S.-O. de la France, les cathares ou albigeois sont manichéens. Les religions réformées du XVI^e s. (« protestantisme »), considérées par Rome et par l'orthodoxie comme hérétiques, ont consommé un schisme qu'elles ne souhaitaient pas (V. Réforme) et auquel le dialogue œcuménique actuel tente de trouver une solution.

**hérétique** *a, n* **A** *a* Entaché d'hérésie. *Doctrine hérétique.* **B** *a, n* Qui professe, qui soutient une hérésie. *Secte hérétique.*

**Herford** ville d'Allemagne (Rhénanie-du-Nord-Westphalie) ; 59 500 hab. – Égl. XV^e s.

**Hergé** Georges Rémi, dit (Etterbeek, près de Bruxelles, 1907 – Bruxelles, 1983), dessinateur belge ; créateur (1929) du personnage de Tintin.

**Hériat** Raymond Payelle, dit Philippe (Paris, 1898 – id., 1971), acteur et romancier français : *les Enfants gâtés* (1939), *la Famille Boussardel* (1946).

**Héricourt** ch.-l. de cant. de la Haute-Saône (arr. de Lure) ; 10 133 hab. – Victoire des Suisses sur les Bourguignons (1474). Victoire allemande sur l'armée de Bourbaki (janv. 1871). DER **héricourtois, oise** *a, n*

**Héri Roud (le)** fl. d'Afghānistān (env. 1 000 km), qui arrose Harāt et se perd dans le S. du Kara-Koum. VAR **Harī Rūd**

**Herisau** v. de Suisse (Appenzell), ch.-l. des Rhodes-Extérieures ; 14 500 hab. Industries.

**hérisser** *v* ① **A** *vt* **1** Dresser ses poils, ses plumes. **2** Se dresser sur, en parlant de choses saillantes. *Des rochers hérissent la côte.* **3** Garnir de choses pointues, saillantes. *Hérisser de tessons de bouteilles le haut d'un mur.* **4** fig Horripiler, faire réagir qqn vivement sous le coup de l'irritation. *Ces propos le hérissaient.* **B** *vpr* **1** Se dresser en parlant des poils ou des plumes. *Ses cheveux se hérissèrent d'horreur. Cheveux, poils hérissés.* **2** Dresser ses poils ou ses plumes. *Le chat s'est hérissé devant le chien.* **3** fig Réagir vivement, avoir une réaction de défiance ou de défense. *Il se hérisse quand on lui parle de cela.* PHO [eʀise] DER **hérissement** *nm*

**hérisson** *nm* **1** Mammifère insectivore au corps couvert de piquants. **2** TECH Brosse métallique circulaire pour le ramonage des conduits de cheminée. **3** Rouleau garni de pointes pour écraser les mottes de terre dans un champ labouré. **4** TRAV PUBL Fondation de chaussée réalisée avec des moellons posés de chant. **5** MILIT Point d'appui isolé susceptible d'être défendu de tous côtés. **LOC** ***Hérisson de mer*:** oursin. PHO [eʀisɔ̃] ETY Du lat.

**hérisson**

**hérissonne** *nf* Nom cour. de la chenille velue de nombreux papillons.

**Héristal** → **Herstal.**

**héritabilité** *nf* BIOL Fait pour un caractère donné de pouvoir se transmettre génétiquement. DER **héritable** *a*

**héritage** *nm* **1** Action d'hériter ; biens transmis par succession. *Faire un héritage.* **2** fig Ce qui est transmis de génération en génération. *Un lourd héritage de superstitions.*

**hériter** *v* ① **A** *vi* Recueillir par héritage. *Je suis riche, j'ai hérité. Hériter de son père.* **B** *vt* (Seulement lorsqu'il y a deux compléments.) Recevoir en héritage. *Il a hérité cinq mille euros de sa tante.* **C** *vti* **1** Acquérir un bien par héritage. *Hériter d'une maison.* **2** Recevoir un héritage de. *Hériter de son père.* **3** fig Recevoir de ses parents, de ses ancêtres. *Il a hérité du bon sens de ses parents.* ETY Du lat.

**héritier, ère** *n* **1** DR Personne qui est appelée de droit à recueillir une succession. **2** Personne qui hérite des biens d'une personne décédée. **3** fig Personne à qui a pu bénéficier qqch. *Les héritiers d'une longue tradition.*

**Hermandad** (« Fraternité »), ligue armée créée au XV^e s. pour purger l'Espagne de ses brigands. VAR **Sainte-Hermandad**

**Hermann** → **Arminius.**

**Hermann et Dorothée** poème en 9 chants et en hexamètres de Goethe (1797).

**hermaphrodite** *nm, a* **1** ZOOL Se dit d'un animal qui possède normalement des glandes génitales mâles et femelles fonctionnelles. **2** BOT Se dit d'une plante dont les fleurs possèdent simultanément étamines et pistil. **3** Se dit d'un animal, d'un humain qui présente des caractères apparents des deux sexes. SYN bisexué. ANT unisexué. ETY Du n. pr. DER **hermaphrodisme** *nm*

ENC L'hermaphrodisme est très répandu dans le monde vivant, notam. chez les espèces les moins évoluées ; cependant, les cas d'autofécondation (entre les gamètes mâles et femelles provenant d'un même individu) sont extrêmement rares, et il existe de nombreux dispositifs anatomiques et physiologiques, chez les végétaux et chez les animaux, qui favorisent la fécondation des ovules par des gamètes mâles d'un autre individu.

**Hermaphrodite** dans la myth. gr., fils d'Hermès (Mercure) et d'Aphrodite (Vénus). Les dieux confondirent son corps et celui d'une nymphe, donnant naissance à un être à la fois masculin et féminin.

**Hermas** (II^e s. apr. J.-C.), Père apostolique qui écrivit un traité de la pénitence.

**herméneutique** *nf, a* **1** Science de l'interprétation des livres sacrés et, en général, de tous les textes anciens. **2** Théorie de l'interprétation des symboles en action dans l'inconscient, dans le rêve, dans tout discours humain, écrit ou non. ETY Du gr.

**hermès** *nm* SCULP Statue, tête d'Hermès ou de Mercure. PHO [ɛʀmɛs]

**Hermès** dans la myth. gr., fils de Zeus et de Maia ; messager et interprète des dieux ; il protège le commerce, les marchands, les voyageurs, mais également les voleurs. Assimilé à Mercure dans la myth. latine. ▶ illustr. **Orphée**

**Hermès Trismégiste** (c.-à-d., en fr. « trois fois très grand »), nom donné par les Grecs au dieu égyptien Thot, source de tout le savoir humain. Les alchimistes voyaient en Hermès Trismégiste le fondateur de leur art.

**hermétique** *a, nf* **A** *a* **1** Qui ferme parfaitement ; qui assure une fermeture parfaitement étanche. *Récipient hermétique.* **2** fig Obscur, difficile à comprendre. *Poésie hermétique.* **B** *nf* Science et doctrine ésotériques de l'alchimie. **LOC** ***Livres hermétiques*:** attribués à Hermès Trismégiste. ETY De *Hermès* Trismégiste. DER **herméticité** *nf* – **hermétiquement** *av*

**hermétisme** *nm* **1** Ensemble des doctrines occultes des alchimistes. **2** Caractère obscur, impénétrable. DER **hermétiste** *n*

**hermine** *nf* **1** Carnivore mustélidé d'Europe et d'Asie, long d'env. 25 cm, dont la fourrure, fauve en été, devient blanche en hiver, à l'exception de l'extrémité de la queue, toujours noire. **2** Fourrure blanche de l'hermine. *Manteau d'hermine.* **3** Bande de fourrure que portent certains magistrats et professeurs. **4** HERALD Fourrure blanche à mouchetures de sable en forme de petites croix. ETY Du lat. *armenius (mus)*, « (rat) d'Arménie ».

**hermine**

**herminette** *nf* TECH Hachette à tranchant recourbé et perpendiculaire à l'axe du manche. VAR **erminette**

**Hermione** dans la myth. gr., fille de Ménélas et d'Hélène, épouse de Pyrrhus (dit aussi Néoptolème), jalouse d'Andromaque, car celle-ci eut un enfant de lui ; elle s'enfuit avec Oreste. Racine, dans *Andromaque*, a modifié ces faits.

**hermitage** *nm* Cru renommé des côtes du Rhône du Nord.

**Hermite** Charles (Dieuze, 1822 – Paris, 1901), mathématicien français. Il sut résoudre l'équation du cinquième degré et étudia les espaces vectoriels.

**Hermon** massif montagneux qui prolonge, au S., l'Anti-Liban (2 814 m au djebel al-Chaykh), aux confins du Liban, de la Syrie et d'Israël.

**Hermopolis la Grande** (auj. *El-Achmounein,* prov. d'Assiout), v. de l'anc. Égypte où l'on adorait le dieu Thot. (V. Hermès Trismégiste.)

**Hermosillo** v. du N. du Mexique ; cap. de l'État de *Sonora ;* 449 470 hab. Centre minier (cuivre, or).

**Hermoupolis** port de Grèce (île de Syros) ; ch.-l. du nome des Cyclades ; 14 000 hab. Tourisme. VAR **Ermoúpolis**

**Hernández** Gregorio (Pontevedra, Galice, v. 1576 – Valladolid, 1636), sculpteur espagnol qui annonce le baroque, actif à Valladolid. VAR **Fernández**

**Hernández** José (San Martín, 1834 – Buenos Aires, 1886), poète argentin. Son épopée *Martín Fierro* (1872-1879) à la gloire des gauchos, a exercé une influence considérable.

**Hernández** Miguel (Orihuela, 1910 – Alicante, 1942), poète et auteur dramatique espagnol, mort dans les prisons franquistes.

**Hernani ou l'Honneur castillan** drame en 5 actes et en vers de Victor Hugo (1830). La première, le 25 fév. 1830, vit s'affronter classiques et romantiques *(bataille d'Hernani).*

**Herne** ville industr. d'Allemagne (Rhénanie-du-N.-Westphalie), dans la Ruhr ; 171 270 hab.

**hernie** *nf* **1** Masse circonscrite formée par un organe ou une partie d'organe, le plus souvent l'intestin, sorti de la cavité qui le contient normalement. **2** TECH Excroissance à la surface d'une chambre à air, due à l'usure ou à un défaut dans l'épaisseur du caoutchouc. **LOC** ***Hernie discale :*** susceptible de comprimer douloureusement le nerf sciatique. — ***Hernie étranglée :*** dans laquelle s'exerce une constriction qui entraîne une ischémie de l'organe. — ***Hernie hiatale :*** hernie de l'estomac à travers l'hiatus œsophagien du diaphragme. PHO [ˈɛʀni] ETY Du lat. DER **herniaire** *a* – **hernieux, euse** *a, n*

**Herniques** peuple du Latium, soumis par Rome en 306 av. J.-C.

**Hérode Ier le Grand** (Ascalon, 73 – Jéricho, 4 avant J.-C.), roi des Juifs de 37 à 4 avant J.-C., fils d'Antipatros l'Iduméen. S'appuyant sur les Romains, il restaura le temple de Jérusalem. On lui impute le « massacre des Innocents », destiné à faire disparaître Jésus nouveau-né. — **Hérode Philippe** (mort à Julias en 34 après J.-C.), fils du préc. ; tétrarque juif de 4 avant J.-C. à 34 après J.-C., premier époux de sa nièce Hérodiade, père de Salomé. — **Hérode Antipas** (vers 20 avant J.-C. – vers 39 après J.-C.), frère du préc. ; tétrarque de Galilée de 4 à 39 après J.-C., il fit mettre à mort saint Jean-Baptiste. Pilate lui envoya Jésus pour qu'il le jugeât. — **Hérode Agrippa Ier** (10 avant J.-C. – 44 après J.-C.), roi des Juifs de 41 à 44 ; selon les Actes des Apôtres, il fit exécuter saint Jacques le Majeur et emprisonner saint Pierre. — **Hérode Agrippa II** (?, 27 – Rome, vers 100), roi de Chalcis (50) ; il se rangea du côté des Romains en 66-70 et se retira à Rome après la chute de Jérusalem.

**Hérode Atticus** Tiberius Claudius (Marathon, v. 101 –?, v. 177), administrateur athénien. Richissime, il fit bâtir des monuments, notam. le théâtre (ou odéon) d'Hérode.

**Hérodiade** (7 av. J.-C. – 39 apr. J.-C.), princesse juive, épouse d'Hérode Philippe puis d'Hérode Antipas. Sa fille Salomé et elle obtinrent d'Antipas la mise à mort de saint Jean-Baptiste, qui avait condamné son union, adultérine et incestueuse. VAR **Hérodias**

**Hérodote** (Halicarnasse, v. 484 – Thourioi, v. auj. disparue, au S.-E. de la Calabre actuelle, v. 420 av. J.-C.), historien grec, surnommé « le Père de l'Histoire ». Ses neuf livres d'*Histoires* ont pour thème central la rencontre des civilisations grecque et perse. Il étudia également l'Égypte. On retrouve chez Hérodote un esprit religieux analogue à celui qui domine les poèmes d'Homère.

**Hérodote**

**héroïcomique** *a* LITTER Qui tient à la fois du genre héroïque et du genre comique.

**1 héroïne** *nf* Stupéfiant dérivé de la morphine *(diacétyl-morphine),* qui se présente sous forme de poudre blanche. ETY De l'all.

**2 héroïne** *nf* **1** Femme douée d'un courage hors du commun, de vertus exceptionnelles. **2** Femme qui tient le rôle principal dans l'action d'une œuvre littéraire, dramatique ou cinématographique. **3** Femme qui joue le principal rôle dans une aventure réelle.

**héroïnomane** *n* Toxicomane qui utilise l'héroïne. DER **héroïnomanie** *nf*

**héroïque** *a* **1** Relatif aux héros mythologiques. *Les temps héroïques.* **2** LITTER Qui chante les hauts faits des héros. *Poésie héroïque.* **3** Qui montre de l'héroïsme, valeureux. *Femme héroïque.* **4** Qui dénote l'héroïsme. *Une décision héroïque.* DER **héroïquement** *av*

**héroïser** *vt* ① didac Donner un statut de héros à qqn, à un groupe. DER **héroïsation** *nf*

**héroïsme** *nm* **1** Vertu, courage exceptionnels, qui sont propres aux héros. *Pousser le dévouement jusqu'à l'héroïsme.* **2** Caractère de ce qui est héroïque. *L'héroïsme de son geste.*

**Hérold** Louis Joseph Ferdinand (Paris, 1791 – id., 1833), compositeur français d'opéras-comiques : *Zampa* (1831), *le Pré-aux-Clercs* (1832).

**Hérold** Jacques (Piatra, 1910 – Paris, 1987), peintre et sculpteur français d'orig. roumaine, influencé par le surréalisme. *Les Têtes* (1933), *le Grand Transparent* (bronze).

**héron** *nm* **1** Grand oiseau ciconiiforme vivant au bord des eaux et se nourrissant de petits animaux aquatiques. **2** ZOOL Nom générique des oiseaux ciconiiformes tels que le butor, l'aigrette. PHO [ˈeʀɔ̃] ETY Du frq.

**Héron l'Ancien** (Ier s. apr. J.-C.), mathématicien grec ; inventeur d'automates et d'une machine à réaction utilisant la pression de la vapeur d'eau. VAR **Héron d'Alexandrie**

**héronnière** *nf* Lieu où nichent des hérons ; élevage de hérons. PHO [ˈeʀɔnjɛʀ]

**héros** *nm* **1** MYTH Demi-dieu. *Achille, Hercule sont des héros.* **2** Celui qui s'est rendu célèbre par son courage et son succès dans les faits d'armes. *Un héros de la guerre de 14.* **3** Celui qui se distingue par sa grandeur d'âme exceptionnelle, son dévouement total, etc. *Les héros de la science.* **4** Personnage principal d'une œuvre littéraire, dramatique ou cinématographique. **5** Personnage principal d'un évènement. *Le héros de la fête.* PHO [ˈeʀo] ETY Du gr.

**Héroult** Paul Louis Toussaint (Thury-Harcourt, Calvados, 1863 – Antibes, 1914), ingénieur métallurgiste français. Il inventa le four électrique à arc *(four Héroult).*

**Hérouville-Saint-Clair** ch.-l. de cant. du Calvados (arr. de Caen) ; 24 025 hab. DER **hérouvillais, aise** *a, n*

**herpès** *nm* Éruption de la peau ou des muqueuses due à un virus et formée de vésicules groupées qui siègent le plus souvent au pourtour des orifices et sur les organes génitaux. *L'herpès génital est classé dans les MST.* PHO [ɛʀpɛs] ETY Mot gr. DER **herpétique** *a, n*

**herpestidé** *nm* ZOOL Mammifère carnivore tel que la mangouste.

**herpèsvirus** *nm* Groupe de virus comprenant les virus de l'herpès, du zona, de la varicelle et le cytomégalovirus.

**herpétologie, herpétologique, herpétologue** → **erpétologie.**

**Herrade de Landsberg** (?, v. 1125 – Sainte-Odile, 1195), abbesse et érudite allemande : *Hortus deliciarum* (« le Jardin des délices »), ouvrage encyclopédique éducatif.

**Herrera** Juan de (Mobellán, Santander, 1530 – Madrid, 1597), architecte espagnol ; il collabora à la construction de l'Escurial.

**Herrera** Fernando de (Séville, 1534 – id., 1597), poète lyrique espagnol : *la Bataille de Lépante* (1571).

**Herrera** Francisco, dit **Herrera le Vieux** (Séville, vers 1585 – Madrid, après 1657), peintre espagnol, représentant de la peinture baroque sévillane. — **Francisco,** dit Herrera le Jeune (Séville, 1622 – Madrid, 1685), fils du préc., peintre et architecte : plan de l'église Nuestra Señora del Pilar à Saragosse.

**Herreweghe** Philippe (Gand, 1947), chef d'orchestre belge, spécialiste de la musique vocale de l'époque baroque.

**Herrick** Robert (Cheapside, 1591 – Dean Prior, Devon, 1674), poète anglais : *les Hespérides* (pièces religieuses et profanes, 1648).

**Herriot** Édouard (Troyes, 1872 – Saint-Genis-Laval, Rhône, 1957), homme politique et

**héron** cendré

écrivain français. Président du parti radical (1919-1957), chef du gouv. en 1924-1925 (Cartel des gauches) et en 1932, maire de Lyon (1905-1955). Acad. fr. (1946).

**Herrmann** Bernard (New York, 1911 – Londres, 1975), auteur américain de musiques de film : *Citizen Kane* (1940), *Psychose* (1960).

**Hers** nom de deux riv. d'Aquitaine : l'*Hers-Vif*, affl. de l'Ariège (120 km), et l'*Hers-Mort*, affl. de la Garonne (90 km).

**Herschbach** Dudley Robert (San Jose, 1932), chimiste américain. P. Nobel 1986 avec Lee pour leurs travaux concernant la dynamique des réactions chimiques.

**Herschel** sir William (Hanovre, 1738 – Slough, Buckinghamshire, 1822), astronome anglais d'origine allemande. Il découvrit en 1781 la planète Uranus et en 1789 deux satellites de Saturne. — **Caroline Lucrèce** (Hanovre, 1750 – id., 1848), sœur du préc., l'aida dans ses travaux. — **John Frederick William** (Slough, 1792 – Collingwood, Kent, 1871), fils de sir William, astronome, étudia les nébuleuses.

sir William Herschel

**herse** *nf* **1** AGRIC Instrument aratoire formé d'un châssis muni de fortes dents et qui sert, après le labour, à briser les mottes. **2** anc Grille mobile armée de pointes, à l'entrée d'un château ou d'une forteresse, qui pouvait être abaissée pour en défendre l'accès. **3** TECH Grille servant à arrêter les corps flottant sur un cours d'eau. **4** LITURG Chandelier triangulaire hérissé de pointes sur lesquelles on pique des cierges. **5** THEAT Appareil d'éclairage dissimulé dans les cintres. (PHO) [ɛʀs] (ETY) Du lat.

**herser** *vt* ① AGRIC Passer la herse sur un sol. *Herser un champ.* (PHO) [ɛʀse] (DER) **hersage** *nm*

**Hersey** John (T'ien-tsin, 1914 – Key West, 1993), journaliste et romancier américain inspiré par la guerre : *Une cloche pour Adano* (1944), *la Muraille* (1950).

**Hershey** Alfred (Owosso, Michigan, 1908 – Syosset, New York, 1997), biologiste américain : travaux de virologie. P. Nobel de médecine 1969 avec M. Delbrück et S. Luria.

**Herstal** com. de Belgique (Liège), sur la Meuse ; 39 530 hab. Industries. – Anc. *Héristal*, domaine de Pépin, maire d'Austrasie et bisaïeul de Charlemagne. (DER) **herstalien, enne** *a, n*

**Hertel** Rodolphe Dubé, dit François (Rivière-Ouelle, 1905 – Montréal, 1985), écrivain québécois : *Un Canadien errant* (récit, 1953). Poèmes : *Cosmos* (1945).

**Hertfordshire** comté de G.-B., au nord de Londres ; 1 634 km² ; 1 100 000 hab. ; ch.-l. *Hertford* (21 410 hab.). Céréales.

**hertz** *nm* PHYS Unité de fréquence (symbole Hz). *1 Hz est la fréquence d'un phénomène dont la période est de 1 seconde.* (ETY) Du n. pr.

**Hertz** Heinrich Rudolf (Hambourg, 1857 – Bonn, 1894), physicien allemand. Il détermina (1887) la vitesse de propagation des ondes électromagnétiques, qui est celle de la lumière, prouvant ainsi le caractère électromagnétique de la lumière. Ses travaux ouvrirent la voie aux télécommunications. — **Gustav** (Hambourg, 1887 – Berlin-Est, 1975), neveu du préc., physicien, connu pour ses travaux sur la luminescence. Prix Nobel 1925 avec J. Franck.

**hertzien, enne** *a* TELECOM Relatif aux ondes utilisées dans les télécommunications.

**Hertzsprung** Ejnar (Frederiksberg, 1873 – Tølløse, 1967), astronome danois. ▷ - ASTRO *Diagramme de Hertzsprung-Russell* (par abrév. *H.-R.*) : diagramme qui associe le type spectral d'une étoile (ou sa température de surface) et sa magnitude absolue, pour étudier son évolution. ▶ illustr. **étoile**

**Hérules** peuple de la Germanie qui prit Rome, sous la conduite d'Odoacre, en 476. (DER) **hérule** *a*

**herve** *nm* Fromage belge au lait de vache, à pâte tendre fermentée, au goût puissant.

**Hervé** Florimond Ronger, dit (Houdain, 1825 – Paris, 1892), compositeur français d'opérettes : *Mam'zelle Nitouche* (1883).

**Herzberg** Gerhard (Hambourg, 1904 – Ottawa, 1999), physicien et chimiste canadien d'origine allemande. Prix Nobel de chimie en 1971 pour ses travaux sur la géométrie des molécules. Pionnier de la cosmochimie.

**Herzégovine** rég. de Bosnie-Herzégovine ; v. princ. *Mostar.* – Conquise par les Turcs (1465), rattachée à la Bosnie (1482), elle fut le foyer de la révolte de 1875-1878 contre les Ottomans.

**Herzen** (en russe *Ghertsen*) Alexandre Ivanovitch (Moscou, 1812 – Paris, 1870), écrivain, journaliste et homme politique russe. Il prôna un « socialisme russe ».

**Herzl** Theodor (Budapest, 1860 – Edlach, Autriche, 1904), écrivain juif autrichien d'expression allemande ; fondateur du mouvement sioniste (1897). Il a exposé ses thèses dans *l'État juif* (1896).

**Herzog** Maurice (Lyon, 1919 – Neuilly-sur-Seine, 2012), alpiniste et homme politique français. Il vainquit l'Annapūrnā (1950), avec Lachenal.

**Herzog** Roman (Landshut, 1934), homme politique allemand, membre de la CDU ; président de la Rép. de 1994 à 1999.

**Herzog** Werner Stipetic, dit Werner (Munich, 1942), cinéaste allemand baroque : *Aguirre, la colère de Dieu* (1972), *Fitzcarraldo* (1982), *Cerro Torre* (1992).

**Hesbaye (la)** plaine fertile de Belgique, entre la Campine et la Meuse.

**Hésiode** (mil. du VIIIᵉ s. av. J.-C.), poète grec ; le fondateur de la poésie didactique : *les Travaux et les Jours* vantent l'agriculture et la justice ; *la Théogonie* dresse la généalogie des dieux.

**hésitant, ante** *a, n* **1** Qui hésite, qui montre de l'indécision. *Un caractère hésitant. Persuader les hésitants.* **2** Mal assuré. *Un pas hésitant.*

**hésitation** *nf* **1** Fait d'hésiter. *Se décider après bien des hésitations.* **2** Temps d'arrêt dans l'action, qui manifeste l'indécision. *Parler sans hésitations.*

**hésiter** *vi* ① **1** Être dans un état d'irrésolution quant au parti que l'on doit prendre. *Hésiter à venir.* **2** Marquer son irrésolution, son indécision par un temps d'arrêt dans l'action. *Hésiter dans ses réponses.* (ETY) Du lat.

**Hespérides (îles)** îles que les Anciens situaient « au bout du monde » (au couchant : en gr. *hesperis*) et qu'on identifie aux Canaries ou aux îles du Cap-Vert.

H. R. Hertz

**Hespérides** dans la myth. gr., surnom des trois (ou sept) filles d'Atlas et d'Hespéris, gardiennes, avec le dragon Ladon, d'un jardin où poussaient des pommiers dont les fruits d'or rendaient immortel. Héraclès les cueillit.

**Hess** Walter Rudolf (Frauenfeld, 1881 – Zurich, 1973), physiologiste suisse. Ses travaux de neurologie lui valurent le prix Nobel de médecine 1949 avec A. C. Moniz.

**Hess** Victor Franz (Waldstein, Styrie, 1883 – New York, 1964), physicien américain d'origine autrichienne : travaux sur les rayons cosmiques. P. Nobel 1936 avec C. D. Anderson.

**Hess** Rudolf (Alexandrie, Égypte, 1894 – prison de Spandau, Berlin, 1987), homme politique allemand. Fidèle de Hitler dès 1920, il contribua à la rédaction de *Mein Kampf* et devint l'adjoint de Hitler en 1933. En 1941, il gagna la G.-B., où il fut interné. Au procès de Nuremberg, il fut condamné à la prison à vie.

**Hess** Harry Hammond (New York, 1906 – Woods Hole, Mass. 1969), géologue américain. Il émit l'hypothèse de l'expansion des fonds océaniques à partir des dorsales.

**Hesse** (en all. *Hessen*), Land d'All. et Région de l'UE ; 21 114 km² ; 6 092 000 hab. ; cap. *Wiesbaden.* Située entre le Rhin et la Weser et drainée par le Main, c'est une rég. montagneuse (Taunus, Vogelsberg), coupée de bassins fertiles. Francfort-sur-le-Main, est le grand pôle écon. – . Dirigée par un landgrave à partir de 1292, la Hesse fut très souvent divisée. Au XIXᵉ s., elle comprenait : la *Hesse-Darmstadt,* la *Hesse-Cassel* et la *Hesse-Hombourg,* qui, annexées par la Prusse en 1866, furent intégrées en 1868 à Hesse-Nassau. Le Land, formé en 1945, correspond à cette prov. (DER) **hessois, oise** *a, n*

**Hesse** Hermann (Calw, Wurtemberg, 1877 – Montagnola, Tessin, 1962), romancier suisse d'orig. allemande : *Demian* (1919), *le Loup des steppes* (1927), *Narcisse et Goldmund* (1930), *le Jeu des perles de verre* (1943). P. Nobel 1946.

**Hessel** Stéphane (Berlin, 1917 – Paris, 2013), diplomate et militant politique français. *Indignez-vous !* (2010).

**Hestia** dans la myth. gr., fille de Cronos et de Rhéa, déesse du Foyer domestique ; assimilée à la Vesta des Romains.

**Heston** Charlton (Evanston, 1923 – Beverly Hills, 2008), acteur américain : *les Dix commandements* (1956), *Ben Hur* (1959).

**hésychasme** *nm* RELIG Méthode de contemplation mystique, en faveur dans le monachisme oriental du XIVᵉ s. (PHO) [ezikasm] (ETY) Du gr. *hêsukhia*, « silence (de l'Union à Dieu) ».

**hétaïre** *nf* Courtisane, chez les anc. Grecs. (PHO) [etaiʀ] (ETY) Du gr.

**hétairie** *nf* **1** ANTIQ GR Société politique à caractère plus ou moins occulte. **2** Au XIXᵉ s., en Grèce, société culturelle aux tendances nationalistes (lutte contre les Turcs). **3** Société politique ou littéraire, en Grèce. (PHO) [eteʀi] (ETY) Du gr. (VAR) **hétérie**

**hétér(o)-** Préfixe, du gr. *heteros*, « autre ».

**hétéro** *a, n* fam Hétérosexuel(elle).

**hétérocerque** *a* ZOOL Se dit de la nageoire caudale de divers poissons (requin, esturgeon, etc.) dont le lobe dorsal est beaucoup plus développé que le lobe ventral. ANT homocerque.

**hétérochromosome** *nm* BIOL Syn. de *allosome.*

**hétéroclite** *a* **1** Qui s'écarte des règles de l'art. *Une construction hétéroclite.* **2** Fait d'un assemblage de pièces et de morceaux disparates. *Un fatras hétéroclite d'objets.* **3** Issu de milieux très différents. *Une clientèle hétéroclite.*

**hétérocyclique** *a* CHIM Se dit d'un composé organique à chaine fermée dont le cycle comporte des atomes autres que du carbone.

**hétérodontie** *nf* ZOOL Caractère d'un vertébré évolué dont les dents sont différenciées en incisives, canines et molaires. ANT homodontie. DER **hétérodonte** *a, nm*

**hétérodoxe** *a* didac Qui s'écarte de la doctrine, des idées reçues, spécial. en matière de religion. ANT orthodoxe. DER **hétérodoxie** *nf*

**hétérodyne** *nf* RADIOELECTR Oscillateur local utilisé dans un récepteur superhétérodyne pour améliorer la sélectivité.

**hétérogamétique** *a* BIOL Se dit des individus qui produisent deux types de gamètes, les uns porteurs du sexe mâle, les autres du sexe femelle. *Dans l'espèce humaine, c'est le mâle qui est hétérogamétique.*

**hétérogamie** *nf* BIOL Fécondation dans laquelle le gamète mâle est très différent du gamète femelle. ANT isogamie.

**hétérogène** *a* **1** Qui est formé d'éléments ou de parties de nature différente. *Roche hétérogène.* **2** fig Qui n'a pas d'unité, qui est composé d'éléments fort dissemblables. *Œuvre hétérogène.* ANT homogène. DER **hétérogénéité** *nf*

**hétérogenèse** *nf* **1** HIST Ancienne théorie selon laquelle la production d'êtres vivants est due à la décomposition de matières organiques, sans le concours d'individus préexistants de même espèce. **2** BIOL Apparition brutale, par mutation, de types nouveaux et stables.

**hétérogreffe** *nf* BIOL Greffe pratiquée entre sujets d'espèces différentes. ANT homogreffe.

**hétérologue** *a* MED, BIOL **1** Se dit des tissus, des sérums, des cellules provenant d'un individu d'une espèce différente. **2** Qui est différent de l'ensemble tissulaire auquel il appartient. **3** Se dit de deux chromosomes qui n'appartiennent pas à la même paire.

**hétérométabole** *a* Qualifie les insectes dont les métamorphoses ne comportent pas de stade nymphal.

**hétéromorphe** *a* **1** BIOL Se dit d'une espèce à l'intérieur de laquelle les différences morphologiques sont très marquées. **2** MINER Se dit des minéraux de même nature chimique mais de structures différentes. DER **hétéromorphie** *nf* – **hétéromorphisme** *nm*

**hétéronome** *a* didac Dont la conduite est régie par des lois reçues de l'extérieur. ANT autonome. DER **hétéronomie** *nf*

**hétéronyme** *nm* LITTER Pseudonyme auquel l'écrivain s'est efforcé de donner une existance (biographie, œuvre, etc.).

**hétérophorie** *nf* MED Déviation des axes visuels, due à des causes musculaires.

**hétéroprotéine** *nf* BIOCHIM Protéine complexe dont l'hydrolyse produit des peptides et des substances non protéiques assemblées en un groupement prosthétique.

**hétéroptère** *nm* ENTOM Insecte pourvu de pièces buccales adaptées à la piqûre et de deux paires d'ailes dont la première est formée d'hémélytres. *La punaise est un hétéroptère.*

**hétérosexuel, elle** *a, n* Qui trouve la satisfaction de ses désirs sexuels avec des sujets du sexe opposé. Abrév. fam hétéro. ANT homosexuel. DER **hétérosexualité** *nf*

**hétéroside** *nm* BIOCHIM Oside dont l'hydrolyse donne des oses et des substances non glucidiques.

**hétérosis** *nf* BIOL Vigueur de certains hybrides, plus grande que celle des parents. PHO [eterozis] ETY Mot gr., « changement ».

**hétérothallisme** *nm* BOT Condition des végétaux inférieurs chez lesquels la fécondation ne peut s'effectuer qu'entre un gamète mâle et un gamète femelle provenant de deux gamétophytes différents. ANT homothallisme. VAR **hétérothallie** *nf*

**hétérotherme** *a, nm* ZOOL Se dit des mammifères qui abaissent leur température interne pour passer en hibernation, tel le loir. DER **hétérothermie** *nf*

**hétérotopie** *nf* MED Présence d'un élément anatomique à un endroit où il n'existe pas normalement. DER **hétérotopique** *a*

**hétérotrophe** *a* BIOL Qui ne peut se nourrir qu'à partir d'aliments organiques déjà synthétisés par d'autres organismes. *Tous les animaux et tous les végétaux non chlorophylliens sont hétérotrophes.* ANT autotrophe.

**hétéroxène** *nm* BIOL Parasite dont le cycle requiert plusieurs hôtes.

**hétérozygote** *a, nm* BIOL Se dit d'un être vivant diploïde dont au moins un des couples de gènes allèles est constitué par deux gènes non identiques, l'un des deux allèles ayant muté. ANT homozygote. DER **hétérozygotie** *nf*

**hetman** *nm* HIST **1** Chef militaire en Pologne et en Lituanie du XVI$^{e}$ s. jusqu'aux partages du XVIII$^{e}$ s. **2** Chef de clan élu des Cosaques du Caucase. (On dit aussi *ataman*). ETY Mot polonais.

**hêtraie** *nf* Lieu planté de hêtres.

**hêtre** *nm* Grand arbre dont le fruit (faîne) est enchâssé dans une cupule (fagacée), à écorce lisse, à tronc droit, à bois blanc, dur et cassant des zones tempérées humides ; bois de cet arbre. PHO [ɛtʀ] ETY Du frq.

**hêtre** en haut, feuilles en automne (à g.) et en été (à dr.) – en bas, faînes (à g.) et écorce (à dr.)

**Hetzel** Jules (Chartres, 1814 – Monte-Carlo, 1886), écrivain et éditeur français. Républicain, il fut proscrit après le coup d'État de 1851. Il publia Hugo, Stendhal, etc., et découvrit le génie de Jules Verne. Il écrivit avec Musset *Voyage où il vous plaira* (1842-1843).

**heu !** *interj* Marque le doute, l'hésitation, la gêne, ou une difficulté d'élocution. PHO [ø]

**heuchera** *nm* Plante ornementale (saxifragacée) vivace, à feuilles en rosette et à grappes de fleurs roses. ETY D'un n. pr. VAR **heuchère** *nf*

**heur** *nm* LOC litt *Avoir l'heur de* : la chance de. *Avoir l'heur de plaire à qqn.* ETY Du lat. *augurium*, « présage ».

**heure** *nf* **1** Division du temps d'une durée égale à la vingt-quatrième partie du jour, soit soixante minutes. *Être payé dix euros de l'heure. La semaine de trente-cinq heures. Un quart d'heure.* **2** Durée jugée excessive. *Il y a une, deux heures que je vous attends !* **3** ASTRO Unité de mesure d'angle, égale au 1/24 de la circonférence, soit 15°. **4** Moment déterminé du jour exprimé par un chiffre de 0 à 12 ou de 0 à 23 (symbole : h). *Quelle heure est-il ? Il est une heure moins cinq. Deux heures quinze, deux heures et quart ou deux heures un quart.* **5** Horaire convenu, fixé. *Soyez à l'heure. Partir avant l'heure.* **6** Moment déterminé de la journée dont on évoque certaines caractéristiques. *L'heure du déjeuner.* **7** (Avec un poss.) Moment habituellement consacré à une activité précise. *Il doit être sur le chemin du retour, c'est son heure.* **8** Moment, période de la vie d'une personne, d'une société donnée. *Il a traversé des heures difficiles. Les problèmes de l'heure.* **9** (Avec un poss.) Moment de faire une chose, moment décisif. *Écrivain qui a eu son heure de gloire.* LOC ***À cette heure*** : présentement, en ce moment-ci. — ***À la bonne heure*** : au moment propice. — ***À la bonne heure !*** : c'est parfait, voilà qui est très bien. — ***À la première heure*** : très tôt le matin, le plus tôt possible. — ***À l'heure qu'il est*** : au moment où nous parlons ; dans la situation actuelle. — fam ***À pas d'heure*** : très tard. — ***À toute heure*** : à n'importe quel moment de la journée, sans interruption. — ***Dans quarante-huit heures*** : dans deux jours. — ***De bonne heure*** : tôt ; avant le moment prévu. — ***De la première heure*** : qui a été tel depuis le commencement. *Résistants de la première heure.* — ***Heure H*** : celle prévue pour le déclenchement des opérations militaires, pour entreprendre qqch. — ***Heures canoniales*** ou ***heures*** : celles où l'on récite les diverses parties de l'office divin. — ***Heures supplémentaires*** : heures de travail effectuées en plus de la durée de travail hebdomadaire légale. — fam ***L'heure du laitier*** : très tôt le matin. — ***Livre d'heures*** : qui renferme les prières de l'office divin. — ***Ne pas avoir d'heure*** : ne pas respecter un horaire, un emploi du temps régulier. — fam ***Remettre les pendules, les montres à l'heure*** : adapter son attitude à une situation nouvelle. — ***Son heure viendra*** : il sera enfin récompensé de ses efforts. — ***Son heure, sa dernière heure est venue*** : il va mourir. — ***Sur l'heure*** : aussitôt, immédiatement. — ***Tout à l'heure*** : dans un moment, un peu plus tard ; il y a quelques instants. — ***Une grande, une petite heure*** : un peu plus, un peu moins d'une heure. ETY Du lat.

ENC *L'heure, unité de temps.* On distingue l'heure *sidérale* et l'heure *solaire*, respectivement égales à la vingt-quatrième partie du jour sidéral et du jour solaire. L'heure sidérale est un peu plus brève que l'heure solaire. Dans la vie courante, on utilise des heures solaires moyennes. Le jour solaire moyen est le temps qui s'écoulerait entre deux passages du Soleil au méridien, s'il parcourait l'écliptique d'un mouvement uniforme.
*L'heure, mesure du temps écoulé.* Le jour solaire utilisé en astronomie commence à midi. Dans la vie pratique, on calcule l'heure à partir de minuit (heure *civile*). L'heure civile *locale* changeant avec la longitude du lieu (à cause de la rotation de la Terre), on a été amené à définir une heure *légale*. En France, l'heure légale est celle du fuseau d'Europe centrale ; elle est en avance d'une heure sur l'*heure de temps universel* (TU), heure locale du méridien de Greenwich (autref. appelée *heure GMT*) ; l'*heure d'été* est en avance d'une heure sur l'heure légale, et donc de deux heures sur l'heure TU ; elle a été instituée pour économiser de l'énergie électrique.

**Heure espagnole (l')** comédie lyrique en un acte de Ravel (1907), sur un livret de Franc-Nohain.

**heureusement** *av* **1** D'une manière avantageuse ; avec succès. *Régler heureusement un conflit.* **2** D'une manière ingénieuse. **3** Par bonheur. *Heureusement, il avait pris ses précautions.*

**heureux, euse** *a, n* **A** *a* **1** Favorisé par le sort. *Être heureux au jeu.* **2** Opportun, favorable, propice. *Un heureux hasard.* **3** Qui réussit, qui trouve une issue favorable. *Une heureuse décision.* **4** Qui laisse prévoir une issue favorable. *Heureux présage.* **5** Ingénieux, justement choisi. *Une heureuse combinaison de couleurs.* **6** Qui marque, exprime le bonheur. *Air, visage heureux.* **7** Rempli de bonheur. *Une existence heureuse.* **8** Qui apporte le bonheur. *Souhaiter une heureuse année à qqn.* **B** *a, n* Qui jouit du bonheur. *Rendre qqn heureux. Faire un heureux.* **LOC** ***Avoir la main heureuse*** **:** avoir de la chance dans les choix que l'on fait, réussir ce que l'on entreprend. — ***Encore heureux que*** **:** c'est une chance que. — ***Il est heureux pour lui que...*** **:** c'est une chance pour lui que... ETY De *heur.*

**heuristique** *a, nf* didac **A** *a* **1** Qui favorise la découverte de faits, de théories. *Méthode heuristique.* **2** HIST Relatif à la collecte des documents. **B** *nf* Partie du savoir scientifique qui étudie les procédures de découverte. ETY Du gr. *heuriskein,* « trouver ».

**heurt** *nm* **1** Coup, choc brutal de corps qui se rencontrent. *Heurt des volets qui battaient au vent.* **2** Friction entre des personnes, désaccord. *Leur voisinage ne va pas sans heurts.* **3** fig Contraste violent entre des sons, des couleurs, etc. PHO [œR]

**heurté, ée** *a* PEINT **1** Dont les teintes ne sont pas fondues. *Tons heurtés.* **2** Brutal dans le rythme et l'opposition des nuances. *Exécution heurtée. Style heurté.*

**heurter** *v* ① **A** *vt* **1** Cogner contre, rencontrer rudement. *Son front a heurté le pare-brise. Les deux véhicules se sont heurtés.* **2** fig Contrarier, blesser, offenser, aller à l'encontre. *Vos refus successifs l'ont heurté. Heurter de front l'opinion publique.* **B** *vti* **1** vieilli Entrer en collision avec. *Le bateau heurta contre un écueil.* **2** Donner intentionnellement des coups contre, sur. *Heurter au carreau, à la porte.* **C** *vpr* **1** Se cogner contre qqch. *Se heurter à un meuble.* **2** fig Rencontrer un obstacle. *Se heurter aux préjugés.* **3** fig Être en violente opposition. *Leurs caractères se heurtent. Des tons qui se heurtent.* ETY Du frq. *hurt,* « bélier ».

**heurtoir** *nm* **1** Marteau fixé au vantail de la porte d'entrée d'une maison, et qui sert à frapper pour s'annoncer. **2** CH DE F Butoir.

**Heuss** Theodor (Brackenheim, Wurtemberg, 1884 – Stuttgart, 1963), homme politique allemand du parti libéral ; premier président de la RFA (1949-1959).

**Heuyer** Georges (Pacy-sur-Eure, 1884 – Paris, 1977), psychiatre français, promoteur de la psychiatrie infantile.

**Hève (cap de la)** cap crayeux au N. de l'estuaire de la Seine (Seine-Maritime).

**hévéa** *nm* Arbre de grande taille (euphorbiacée) originaire d'Amérique du Sud, cultivé pour son latex, dont on tire le caoutchouc. ETY Mot quechua.

**Hevelius** Johannes Hevel, dit en lat. (Gdansk, 1611 – id., 1687), astronome polonais. Il étudia le Soleil (taches solaires), la Lune, les comètes.

**Hevesy de Heves** Georg (Budapest, 1885 – Fribourg-en-Brisgau, 1966), chimiste suédois d'origine hongroise. Il découvrit le hafnium. P. Nobel 1943.

**Hewish** Antony (Fowey, Cornouailles, 1924), physicien britannique : travaux de radioastronomie. P. Nobel de physique 1974 avec M. Ryle.

**Heydrich** Reinhard (Halle, 1904 – Prague, 1942), homme politique allemand, nazi ; *protecteur* de Bohême-Moravie (1941), abattu par des résistants.

**hexa-** Élément, du gr. *heks,* « six ».

**hexachlorophène** *nm* PHARM Antiseptique à usage externe.

**hexachlorure** *nm* CHIM Chlorure dont la molécule contient six atomes de chlore.

**hexacoralliaire** *nm* ZOOL Cnidaire anthozoaire caractérisé par un nombre de tentacules égal à six ou à un multiple de six, tel que l'anémone de mer.

**hexacorde** *nm* MUS Gamme du plain-chant, composée de six notes, utilisée jusqu'au XVII$^e$ s.

**hexadécimal, ale** *a* INFORM Se dit d'un système de numération à base 16 qui utilise dix chiffres (de 0 à 9) et six lettres (de A à F). PLUR hexadécimaux.

**hexaèdre** *a, nm* GEOM **A** *a* Qui a six faces planes. **B** *nm* Polyèdre à six faces. *L'hexaèdre régulier est le cube.* DER **hexaédrique** *a*

**hexafluorure** *nm* CHIM Fluorure dont la molécule contient 6 atomes de fluor.

**hexagonal, ale** *a* **1** GEOM Qui a la forme d'un hexagone. **2** Qui a pour base un hexagone. *Solide hexagonal.* **3** Qui concerne la France, l'Hexagone. PLUR hexagonaux.

**hexagone** *nm* GEOM Polygone à six angles et à six côtés. **LOC** ***L'Hexagone*** **:** la France métropolitaine, dont le territoire est approximativement de forme hexagonale.

**hexagramme** *nm* didac Chacune des 64 figurines formées par la combinaison de trigrammes, utilisées dans la divination chinoise.

**hexamètre** *nm* VERSIF Vers de six pieds, ou de six mesures.

**hexapode** *a* ZOOL Qui a six pattes.

**hexose** *nm* CHIM Sucre simple (ose) à six atomes de carbone, tel que le glucose et le fructose.

**Heymans** Cornelius (Gand, 1892 – Knokke-le-Zoute, 1968), médecin et pharmacologue belge. P. Nobel de médecine 1938 pour ses travaux sur la respiration.

**Heyrovský** Jaroslav (Prague, 1890 – id., 1967), chimiste tchèque. Il découvrit une méthode d'analyse des métaux (1922). P. Nobel 1959.

**Heyse** Paul von (Berlin, 1830 – Munich, 1914), romancier allemand : *l'Arrabbiata* (« la Femme en colère », nouvelles, 1855), *les Enfants du monde* (1873). P. Nobel 1910.

**Heyting** Arend (Amsterdam, 1898 – Lugano, 1980), logicien néerlandais.

**Heywood** Thomas (Lincolnshire, v. 1570 – Londres, 1641), dramaturge anglais : *Une femme tuée par la douceur* (comédie, 1603), *le Viol de Lucrèce* (drame hist., 1608).

**Hezbollah (le)** (en ar. *ḥizbullāh,* « parti de Dieu »), mouvement chiite libanais, fondé en 1982 qui se désigne aussi comme le *Djihad islamique* et combat Israël.

**Hf** CHIM Symbole du hafnium.

**HF** ELECTR Sigle de *haute fréquence.*

**HFC** *nm* Sigle de *hydrofluorocarbones,* gaz frigorigènes utilisés dans l'industrie, mais qui contribuent à l'effet de serre.

**Hg** CHIM Symbole du mercure. ETY Abrév. du lat. *hydrargyrum,* « eau d'argent ».

**hg** Symbole d'hectogramme.

**hi !** *interj* Dont la répétition note le rire ou les pleurs. PHO ['i] ou [hi]

**hiatal, ale** *a* MED D'un hiatus. *Hernie hiatale.* PLUR hiataux.

**hiatus** *nm* **1** Suite de deux voyelles contiguës appartenant à des syllabes différentes, soit à l'intérieur d'un mot (aréopage), soit entre deux mots (il *a été*). **2** fig Discontinuité, coupure dans une suite de choses, dans une chose. **3** ANAT Orifice anatomique. *Hiatus œsophagien du diaphragme.* PHO [jatys] ETY Mot lat., « fente ».

**hibernal, ale** *a* didac **1** De l'hibernation. *Sommeil hibernal.* **2** Qui a lieu pendant l'hiver. *Plante à floraison hibernale.* PLUR hibernaux.

**hibernation** *nf* État de torpeur et d'insensibilité dans lequel demeurent certains animaux, soit en hiver, soit au cours de périodes défavorables. **LOC** MED ***Hibernation artificielle*** **:** état de vie ralentie de l'organisme, obtenu par l'emploi conjugué de médicaments paralysant le système nerveux végétatif et une réfrigération totale du corps, qui facilite certaines interventions chirurgicales prolongées et difficiles. ETY Du lat.

**Hibernatus** homme momifié, découvert en 1991 dans le glacier Similaun (Autriche), qui vivait vers 3300 av. J.-C. Des objets en bronze l'accompagnaient.

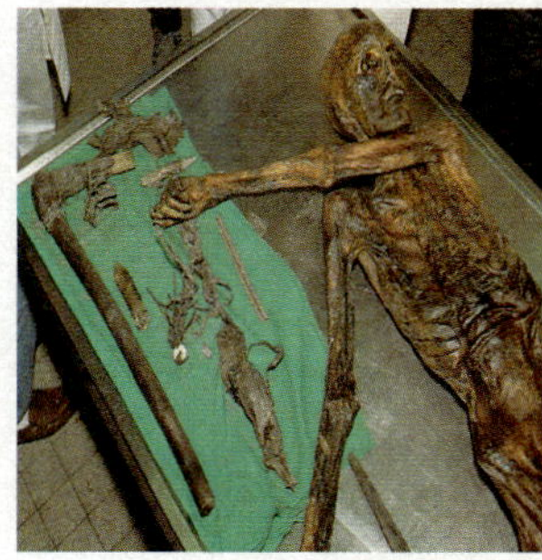

Hibernatus

**hiberner** *vi* ① Passer la saison froide en hibernation. *Le loir, le hamster hibernent.*

**hibernie** *nf* Phalène d'hiver dont les chenilles sont très nuisibles aux arbres fruitiers et forestiers.

**hibiscus** *nm* Plante tropicale (malvacée), à grosses fleurs, utilisée comme plante ornementale. PHO [ibiskys] ETY Mot lat.

**hibiscus** *syriacus*

**hibou** *nm* **1** Oiseau rapace nocturne (strigiforme), dont la tête est pourvue de deux aigrettes, contrairement aux chouettes, qui en sont dépourvues. *La plupart des hiboux sont également nommés ducs. Les hiboux huent, ululent.* **2** fig, fam, vieilli Homme mélancolique qui fuit la société. *Un vieux hibou.* PLUR hiboux. PHO ['ibu] ETY Onomat. ▶ illustr. p. 766

**hic** *nm inv* fam Point délicat, difficile d'une question, d'une affaire. PHO ['ik] ETY Du lat. *hic (est questio),* « ici (est la question) ».

**hic et nunc** *av* litt Ici et maintenant.

**hickory** *nm* BOT Grand arbre proche du noyer au bois élastique. PHO ['ikɔRi] ETY De l'algonquin.

**Hicks** sir John Richard (Leamington Spa, Warwickshire, 1904 – Blockley, Gloucestershire,

1989), économiste britannique : *Valeur et capital* (1939). P. Nobel 1972 avec K. Arrow.

**hidalgo** *nm* Noble espagnol. ETY Mot esp.

**Hidalgo y Costilla** Miguel (Corralejo, 1753 – Chihuahua, 1811), prêtre mexicain. Instigateur, en 1810, de la lutte pour l'indép., il fut fusillé par les Espagnols.

**Hidden Peak** sommet de l'Himalaya (8 068 m), dans le Karakoram.

**hideux, euse** *a* Dont la laideur est horrible, repoussante. *Visage, spectacle hideux. Vices hideux.* PHO [idø, øz] ETY De l'a. fr. *hisde*, « horreur ». DER **hideur** *nf* – **hideusement** *av*

**Hideyoshi** Toyotomi (Nakamura, 1536 – Fushimi, 1598), homme politique japonais. Premier ministre de 1581 à sa mort, il pacifia et organisa le pays, réduisant les féodaux. Il tenta de conquérir la Corée (1592-1598).

**hidjab** *nm* Foulard porté par les femmes musulmanes. PHO [idʒab] ETY Mot ar. VAR **hidjeb**

**hidrosadénite** *nf* MED Abcès d'une glande sudoripare, souvent localisé à l'aisselle.

**hie** *nf* TECH Masse qui sert à enfoncer les pavés. SYN dame, demoiselle. PHO [i] ETY Du néerl.

**hièble** *nf* BOT Herbe voisine du sureau, atteignant 2 à 3 m de haut, aux propriétés médicinales. ETY Du lat. VAR **yèble**

**hiémal, ale** *a* didac **1** Qui se produit en hiver. *Sommeil hiémal du loir.* **2** Qui croît en hiver. *Plante hiémale.* PLUR hiémaux. PHO [jemal,o] ETY Du lat.

**hier** *av* **1** Jour qui précède immédiatement celui où l'on est, où l'on parle. *Il est parti hier, hier matin, hier soir, hier au soir.* **2** Dans un passé récent, à une date récente. ETY Du lat.

**hiér(o)-** Élément, du gr. *hieros*, « sacré, saint ». PHO [jeʀo]

**Hiérapolis** anc. v. d'Asie Mineure, en Phrygie, près du Méandre, non loin de Laodicée. Import. ruines romaines. – L'apôtre Philippe y fut crucifié.

**hiérarchie** *nf* **1** Organisation d'un groupe, d'un corps social, telle que chacun de ses éléments se trouve subordonné à celui qu'il suit. *La hiérarchie militaire. Être en haut, en bas de la hiérarchie.* **2** Répartition des éléments d'une série selon une gradation établie en fonction de normes déterminées. *Hiérarchie des valeurs sociales.* PHO [jeʀaʀʃi] DER **hiérarchique** *a* – **hiérarchiquement** *av*

**hiérarchiser** *vt* ① Organiser hiérarchiquement. PHO [jeʀaʀʃize] DER **hiérarchisation** *nf*

**hibou** grand duc

**hiérarque** *nm* **1** Membre important d'une hiérarchie. *Les hiérarques d'un parti.* **2** RELIG Haut dignitaire de l'Église orthodoxe. PHO [jeʀaʀk]

**hiératique** *a, nf* **A** *a* **1** didac Qui concerne les choses sacrées ; qui a le caractère formel des traditions liturgiques. **2** Majestueux, d'une raideur figée, comme réglé par une tradition sacrée. *Pose hiératique.* **B** *a, nf* Se dit de la plus ancienne des deux écritures cursives des anciens Égyptiens. PHO [jeʀatik] DER **hiératiquement** *av* – **hiératisme** *nm*

**hiérogamie** *nf* didac Union de deux divinités ; union d'un dieu ou d'un humain divinisé avec une déesse. PHO [jeʀogami]

**hiéroglyphe** *nm* **A** Signe, caractère fondamental de l'écriture des anciens Égyptiens. **B** *nm pl* fig Écriture illisible, signes très difficiles à déchiffrer. DER **hiéroglyphique** *a*

**hiéroglyphes** en relief, calcaire polychrome, hypogée de Séthi I$^{er}$, XIV$^{e}$-XIII$^{e}$ s. av. J.-C. – Vallée des Rois

ENC Utilisant non pas des lettres mais des dessins stylisés d'hommes, d'animaux, de végétaux et d'objets quotidiens, les hiéroglyphes (env. 700) peuvent avoir deux fonctions dans l'écriture : l'*idéogramme*, représentation d'objets matériels et d'actions physiques dont la seule figuration évoque l'idée signifiée ; le *phonogramme*, hiéroglyphe évoquant un son qui permet d'écrire tous les mots du langage. Champollion, le premier, déchiffra les hiéroglyphes : *Précis du système hiéroglyphique* (1824).

**Hiéron I$^{er}$** (m. vers 466 av. J.-C.), tyran de Syracuse de 478 à sa mort ; lettré ; vainqueur des Étrusques et des Carthaginois. — **Hiéron II** (Syracuse, vers 306 – id., 215 avant J.-C.), roi de Syracuse de 265 à sa mort ; lettré ; ennemi puis allié des Romains.

**hiéronymite** *nm* Religieux d'un des ordres qui ont pris pour patron saint Jérôme. PHO [jeʀonimit]

**hiérophante** *nm* ANTIQ GR Prêtre de Déméter qui présidait aux mystères d'Éleusis. PHO [jeʀofɑ̃t] ETY Mot gr.

**hiérosolymitain** → **Jérusalem.**

**hi-fi** *nf inv* Haute-fidélité. *Chaîne hi-fi.* PHO [ifi] ETY Mot angl., abrév. de *high fidelity*. VAR **hifi**

**Higelin** Jacques (Brou-sur-Chantereine, 1940), auteur-compositeur et chanteur français.

**Higgins Clark** Mary (New York, 1931), auteur américain de romans policiers : *la Nuit du renard* (1973), *Ni vue ni connue* (1997).

**Highland** rég. d'Écosse ; 25 391 km$^2$ ; 196 000 hab. ; ch.-l. *Inverness.*

**Highlands** (« Hautes Terres »), partie septentrionale et montagneuse de l'Écosse. Économie pauvre. Tourisme.

**Mary Higgins Clark**

**Highsmith** Patricia (Fort Worth, 1921 – Locarno, 1995), romancière américaine ; maître du suspense : *l'Inconnu du Nord-Express* (1950), *Monsieur Ripley* (1955), *Catastrophe* (1988).

**high-tech** *a inv, nm inv* Se dit de tout ce qui relève d'une technique de pointe. *Une usine high-tech.* PHO [ajtɛk] ETY Mots angl., abrév. de *high technology*.

**higoumène** *nm* didac Supérieur d'un monastère d'hommes orthodoxe. ETY Du gr. *hêgemonios*, « guide ».

**Higuchi** Ichiyō (Tōkyō, 1872 – id., 1896), écrivain japonaise, auteur de nouvelles réalistes : *Take karabe* (« Comparaison de tailles », 1895-1896). Son *Journal* a plus de 40 vol.

**hi-han** *interj, nm* Onomatopée imitant le cri de l'âne. PLUR hi-hans. PHO [iɑ̃] VAR **hihan**

**Hikmet** Nâsim Hikmet Ran, dit Nazim (Salonique, 1902 – Moscou, 1963), écrivain communiste turc. Son œuvre (romans, pièces de théâtre et, surtout, poèmes) dénonce l'injustice et chante la lutte sociale : *Paysages humains* (1942-1950), *C'est un dur métier que l'exil* (1957).

**hilaire** → **hile.**

**Hilaire (saint)** (Poitiers, v. 315 – id., v. 367), évêque de Poitiers (v. 350), Père et docteur de l'Église. Il lutta contre l'arianisme.

**Hilaire (saint)** (en Sardaigne, ? – Rome, 468), pape de 461 à 468. Il lutta contre les hérésies.

**Hilaliens** tribu d'Arabie qui émigra en Haute-Égypte au X$^{e}$ s. et s'établit au Maghreb au XI$^{e}$ s. VAR **Banu Hilal**

**hilarant, ante** *a* Qui excite la gaieté, provoque le rire.

**hilare** *a* **1** Qui est dans un état de parfait contentement, d'euphorie. *Homme hilare.* **2** Qui exprime cet état. *Visage hilare.* ETY Du lat.

**Hilarion (saint)** (près de Gaza, v. 291 – Chypre, v. 371), anachorète. Il fonda la vie monastique en Palestine.

**hilarité** *nf* Accès brusque de gaieté qui se manifeste par le rire.

**Hilbert** David (Königsberg, 1862 – Göttingen, 1943), mathématicien allemand, l'un des fondateurs de l'axiomatique moderne. Auj., on nomme *espace hilbertien* l'espace vectoriel euclidien.

**Hildebrand** → **Grégoire VII.**

**Hildebrandt** Johann Lukas von (Gênes, 1668 – Vienne, 1745), architecte autrichien ; grand représentant du baroque : palais du Belvédère (1714-1724, Vienne).

**Hildegarde (sainte)** (Bermersheim, près d'Alzey, 1098 – Rupertsberg, près de Bingen, 1179), abbesse bénédictine de Disibodenberg.

**Hildesheim** ville d'Allemagne (Basse-Saxe) ; 100 560 hab. Industries. – Cath. avec parties du XI$^{e}$ s. Maisons anc.

**hile** *nm* **1** BOT Zone où le cordon nourricier se soude aux téguments de l'ovule. **2** Cicatrice laissée sur la graine par cette soudure. **3** ANAT Zone, généralement déprimée, de pénétration des vaisseaux et des nerfs dans un viscère. PHO [il] DER **hilaire** *a*

**Hilferding** Franz (Vienne, 1710 – id., 1768), danseur et chorégraphe autrichien, spécialiste du ballet-pantomime.

**Hilferding** Rudolf (Vienne, 1877 – Paris, 1941), homme politique allemand d'origine autrichienne. Social-démocrate, il fut un théoricien du marxisme. Arrêté par la Gestapo, il se suicida.

**Hillary** sir Edmund (Auckland, 1919 – id., 2008), alpiniste néo-zélandais ; vainqueur de l'Everest (1953), avec le sherpa Tensing.

**Hilmend (le)** fl. d'Afghānistān (1 200 km), tributaire du lac Hāmūn (Séistan). VAR **Hilmand**

**hiloire** *nf* MAR Bordure verticale, faisant office de brise-lame, autour d'un panneau de pont, d'un cockpit de bateau à voiles, etc. PHO [ilwaʀ] ETY Du néerl. *slœrie*, « plat-bord ».

**hilote → ilote.**

**Hilsz** Maryse (Levallois-Perret, 1903 – Moulin-des-Ponts, Ain, 1946), aviatrice et parachutiste française ; morte en mission.

**Hilversum** v. des Pays-Bas (Hollande-Septentrionale) ; 85 150 hab. Stat. de radiotélévision.

**Himāchal Pradesh** État himalayen de l'Inde ; 55 673 km$^2$ ; 5 111 070 hab. ; cap. *Simla*. Thé, céréales (dans les vallées).

**Himalaya** (en sanskrit, « Séjour des neiges »), puissante chaîne montagneuse d'Asie, au N. de l'Inde ; longue de 2 800 km ; large de 250 à 500 km ; 8 850 m à l'Everest (point culminant du globe), au Népal. Plus de cent sommets dépassent 7 000 m (notam. au Népal). Cette chaîne, plissée au tertiaire et au quaternaire, est comprise entre les Siwāliks, au S., et le haut plateau du Tibet au N. ; l'ensemble compris entre le Zangbo et le Tibet porte le nom de *Transhimalaya*. Les profondes et nombr. vallées (Indus, Gange, Zangbo ou Brahmapoutre, etc.) sont peuplées. DER **himalayen, enne** *a*

**Himalaya** chaînes tibétaines

**himalayisme** *nm* Pratique de l'alpinisme dans l'Himalaya. DER **himalayiste** *a, n*

**Himeji** v. du Japon (Honshū) ; 453 000 hab. – Château dit du *Héron blanc* (XVII$^e$ siècle).

**Himère** anc. v. de Sicile, sur la mer Tyrrhénienne, à l'embouchure du fleuve Himera ; fondée au VII$^e$ s. av. J.-C. par des Grecs ; détruite par les Carthaginois en 409 av. J.-C.

**Himes** Chester Bomar (Jefferson City, 1909 – Alicante, 1984), écrivain américain. Ses romans policiers dénoncent le racisme blanc et l'aliénation des Noirs : *la Reine des pommes* (1958).

**Himilcon** (V$^e$ s. av. J.-C.), navigateur carthaginois. Il explora la côte atlantique et les îles Britanniques, à la recherche de métaux.

**Himmler** Heinrich (Munich, 1900 – Lunebourg, 1945), homme politique allemand. Chef des SS de 1929 à 1945, chef de la Gestapo (1934), il fit massacrer les SA (« nuit des longs couteaux ») le 30 juin 1934. Chef de l'ensemble des forces de police (1938), ministre de l'Intérieur (1943), il organisa l'élimination des Juifs, des Tsiganes et des opposants. Il se suicida peu après son arrestation.

**Hinault** Bernard (Yffiniac, 1954), coureur cycliste français, vainqueur du Tour de France 1978, 1979, 1981, 1982, et 1985.

**Hincmar** (?, v. 806 – Épernay, 882), archevêque de Reims en 845, conseiller de Charles le Chauve. Théologien, il accomplit une œuvre de réformateur (morale du mariage, notam.).

**Hindemith** Paul (Hanau, Hesse, 1895 – Francfort-sur-le-Main, 1963), compositeur américain d'origine all., qui évolua vers le néo-classicisme : *Mathis le peintre* (symphonie, 1934-1935).

**Hindenburg** Paul von Beneckendorff und von (Posen, 1847 – Neudeck, Prusse-Orientale, 1934), maréchal et homme politique allemand. Chef des forces all. et autrich. (1916-1918), président de la Rép. en 1925, réélu en 1932, il prit Hitler comme chancelier (1933).

**hindi** *nm* Langue de l'Inde du Nord, devenue en 1949 la langue officielle de l'Inde. PHO [indi]

**hindou, oue** *a, n* Qui concerne l'hindouisme, qui pratique l'hindouisme.

**hindouisme** *nm* Ensemble de courants religieux surtout répandus en Inde, reposant sur les Védas et une organisation sociale particulière (système des castes). DER **hindouiste** *a, n*

ENC Pour nommer leur foi, les hindous utilisent exclusivement l'expression sanscrite de *sanātana dharma* (approximativement, « la Loi permanente »), dont l'histoire, vieille de plusieurs millénaires, comprend trois phases : védisme, brahmanisme et hindouisme, correspondant à des adaptations successives. Les rites domestiques et individuels ont survécu, inchangés, mais la plupart des dieux célébrés par le Véda ont cédé la prééminence à deux grandes divinités qui, de nos jours, partagent la collectivité hindouiste en deux branches principales : le culte de Vishnu et celui de Çiva. Deux sortes de textes sont essentiels pour comprendre les multiples aspects de l'hindouisme contemporain : les *purāna* et les *tantra*. Les çivaïtes accordent moins d'importance aux rites et sont plus intéressés par la réalisation *(sādhanā)* de la Délivrance ; les vichnouites, plus nombreux, mettent davantage l'accent sur la *bhakti*, l'amour et la dévotion dont l'objet est Krishna ou Rāma, avatars de Vichnou. Les deux obédiences ont la même finalité : l'union *(yoga)* consciente avec le Principe suprême.

**hindouité** *nf* POLIT Affirmation identitaire, voire nationaliste, hindoue.

**Hindou Kouch** chaîne montagneuse au N. de l'Afghānistān, prolongement occid. de l'Himalaya ; 7 680 m au Tirich Mir.

**Hindoustan** nom donné à la plaine indo-gangétique.

**hindoustani** *nm* Nom donné autrefois à la langue parlée dans l'Inde du Nord, auj. appelée hindi (Inde) ou ourdou (Pakistan).

**hinoki** *nm* Cyprès du Japon, au bois imputrescible utilisé en menuiserie.

**Hinshelwood** sir Cyril (Londres, 1897 – id., 1967), chimiste anglais ; spécialiste de cinétique chimique. P. Nobel 1956.

**hinterland** *nm* GEOGR Arrière-pays. PHO [intɛʀlɑ̃d] ETY Mot all.

**Hintikka** Jaako (Vantaa, 1929), philosophe, linguiste et logicien finlandais.

**hip-hop** *nm, a inv* Mouvement répandu dans la jeunesse des banlieues des années 1990, et qui s'exprime par la danse (smurf), la musique (rap), le graphisme (tags, graffs), la tenue vestimentaire. DER **hip-hopeur, euse** *n*

**hipp(o)-** Élément, du gr. *hippos*, « cheval ».

**hipparchie** *nf* ANTIQ GR Corps de cavalerie d'env. cinq cents cavaliers, commandé par un hipparque. DER **hipparque** *nm*

**hipparion** *nm* Équidé fossile dont les pattes étaient munies de trois doigts et qui vécut en Eurasie et en Afrique au pliocène et au pléistocène.

**Hipparque** (VI$^e$ s. av. J.-C.), tyran d'Athènes de 527 à 514 av. J.-C. Il partagea le pouvoir avec son frère Hippias ; il fut assassiné par Harmodios et Aristogiton. Hippias le vengea.

**Hipparque (l')** ouvrage de Xénophon (v. 365 av. J.-C.) sur l'équitation.

**Hipparque de Nicée** (en Bithynie, II$^e$ s. av. J.-C.), astronome et mathématicien grec. Il calcula les éclipses de la Lune et du Soleil.

**Hippias** (m. en 490 av. J.-C.), tyran d'Athènes de 527 à 510 av. J.-C. ; fils et successeur (avec son frère cadet Hipparque) du tyran Pisistrate. Il vengea le meurtre d'Hipparque.

**hippiatrie** *nf* Art de soigner les chevaux. VAR **hippiatrique** DER **hippiatre** *n*

**hippie** *n, a* Se dit d'un membre d'un mouvement informel non violent né aux États-Unis sur la côte californienne, dont les adeptes tentaient de remettre en question par leur mode de vie la « société de consommation » américaine et son conformisme. *Le phénomène hippie. La mode hippie.* PHO [ipi] ETY Mot amér. VAR **hippy**

**hippique** *a* Qui a rapport aux chevaux, aux courses de chevaux.

**hippisme** *nm* Ensemble des activités relatives aux courses de chevaux ; sport équestre.

**hippocampe** *nm* **1** MYTH Animal fabuleux qui avait un corps de cheval et une queue recourbée de poisson. **2** Poisson marin long d'env. 15 cm, dont la tête est perpendiculaire à l'axe du corps, et qui est doté d'une queue préhensile lui permettant de s'accrocher verticalement dans les algues. **3** ANAT Cinquième circonvolution du lobe temporal de l'encéphale. ETY Du gr.

**hippocampe**

**hippocastanacée** *nf* BOT Plante dicotylédone dialypétale telle que le marronnier d'Inde.

**Hippocrate** (île de Cos, 460 av. J.-C. – Larissa, Thessalie, 377 av. J.-C.), le plus grand médecin de l'Antiquité, le maître de la médecine occidentale. Il a composé un grand nombre de traités (traduits en fr. par Littré, 1839-1861). Sa théorie des *humeurs* exerça une influence jusqu'au XVIII$^e$ s. Le *serment d'Hippocrate* (que prêtent les médecins d'auj.) résume sa morale. DER **hippocratique** *a*

**Hippocrène** (« fontaine du Cheval »), fontaine du mont Hélicon (Béotie) que Pégase aurait fait jaillir d'un coup de sabot et autour de laquelle les Muses venaient danser.

**Hippodamos de Milet** (V$^e$ s. av. J.-C.), architecte grec ; le premier, dit-on, qui donna un plan aux villes (plan en damier).

**hippodrome** *nm* **1** ANTIQ Lieu aménagé pour les courses de chevaux et de chars. **2** Champ de courses.

**Hippocrate**

**hippogriffe** *nm* litt Animal fantastique, cheval ailé à tête de griffon.

**hippologie** *nf* **didac** Étude du cheval. DER **hippologique** *a* – **hippologue** *n*

**Hippolyte** dans la myth. gr., reine des Amazones, vaincue par Héraclès, qui la tua (ou la donna comme épouse à Thésée).

**Hippolyte** dans la myth. gr., fils de Thésée et d'une Amazone (Antiope). Sa belle-mère, Phèdre, qui l'aimait et qu'il avait repoussée, l'accusa d'avoir voulu la séduire. Il périt, emporté sur les rochers par ses chevaux qu'avait effrayés un monstre marin. ▷ LITTER *Hippolyte porte-couronne* (428 av. J.-C.), tragédie d'Euripide. Racine dans *Phèdre* (1677) lui fait aimer Aricie. ▷ MUS *Hippolyte et Aricie* (1733), d'apr. la *Phèdre* de Racine, tragédie lyrique de Rameau.

**Hippolyte (saint)** (?, v. 170 – en Sardaigne, 235), théologien romain, martyr ; l'un des premiers commentateurs chrétiens de la Bible.

**hippomobile** *a* Qui est mû par un cheval, par oppos. à *automobile*.

**Hippone** anc. v. de Numidie, dont saint Augustin fut évêque de 396 à 430. Ruines aux environs d'Annaba (Algérie).

**hippophaé** *nm* BOT Arbrisseau épineux, utilisé pour fixer les dunes. SYN argousier. ETY Mot gr.

**hippophagie** *nf* Utilisation de la viande de cheval comme aliment. DER **hippophagique** *a*

**hippopotame** *nm* **1** Mammifère herbivore d'Afrique tropicale long de 3 à 4 m, pesant de 2,5 à 3 tonnes, qui passe la plus grande partie de sa vie dans les fleuves. **2** **fig, fam** Personne obèse, énorme. ETY Du lat. d'orig. gr. *hippopotamus*, « cheval de fleuve ».

**hippopotame**

**hippopotamesque** *a* **fam** Très lourd. *Plaisanteries hippopotamesques.*

**hippotechnie** *nf* Technique de l'élevage et du dressage du cheval.

**hippurique** *a* BIOCHIM *Acide hippurique* : acide présent dans l'urine des herbivores.

**hippy** → **hippie.**

**hiragana** *nm* Syllabaire japonais, employé en particulier pour transcrire les formants grammaticaux.

**Hiram I^er^** roi de Tyr (969-935 av. J.-C.). Il procura à son allié Salomon les matériaux indispensables au Temple de Jérusalem.

**Hirohito** (après sa mort, *Shōwa tennō*) (Tōkyō, 1901 – id., 1989), empereur du Japon (1926-1989). Il incarna la politique du clan militaire jusqu'à la capitulation de 1945. Il renonça alors à ses prérogatives « divines » et accepta une Constitution démocratique.

**hirondeau** *nm* Petit de l'hirondelle.

**hirondelle** *nf* **1** Oiseau passériforme (hirundinidé), migrateur, au vol léger et rapide, à la queue fendue en V. **2** **fam, vieilli** Agent de police circulant à bicyclette. **LOC** *Hirondelle de mer* : sterne. — CUIS *Nid d'hirondelle* : nid de salangane, mets apprécié dans la cuisine chinoise. ETY De l'a. fr. *arondelle*, refait d'apr. lat. *hirendo*.

**hirondelle**

**Hiroshige** Tokutarō, dit Andō (Edo, auj. Tōkyō, 1797 – id., 1858), peintre japonais de l'ukiyo-e ; paysagiste, maître de l'estampe.

**Hiroshima** v. et port du Japon, au S.-E. de l'île de Honshū ; 2,2 millions d'hab. (aggl.) ; ch.-l. du ken du m. nom. Industries. – Le 6 août 1945, l'aviation américaine lança la première bombe atomique, qui détruisit la ville, faisant plus de 100 000 victimes.

**Hiroshima mon amour** film d'Alain Resnais (1959), écrit par Marguerite Duras avec Emmanuelle Riva (née en 1927).

**Hirschman** Albert (Berlin, 1915 – Township, New Jersey, 2012), économiste américain d'origine allemande, spécialiste de l'économie du développement.

**Hirson** ch.-l. de cant. de l'Aisne (arr. de Vervins), à la frontière belge ; 9 756 hab. DER **hirsonnais, aise** *a, n*

**Hirst** Damien (Bristol, 1965), artiste britannique (œuvre dominée par le goût du morbide).

**hirsute** *a* **1** **didac** Garni de poils longs et fournis. **2** Ébouriffé, échevelé, hérissé. *Une barbe hirsute. Un enfant hirsute.* ETY Du lat.

**hirsutisme** *nm* MED Développement exubérant du système pileux chez la femme, associé à des troubles génitaux et lié à un mauvais fonctionnement des surrénales.

**hirudine** *nm* Substance anticoagulante sécrétée par la sangsue.

**hirudinée** *nf* ZOOL Syn. de *achète*.

**hirudiniculture** *nf* Élevage des sangsues.

**hispan(o)-** Élément, du latin *hispanus*, « espagnol ».

**Hispanie** dans l'Antiquité, nom de la péninsule Ibérique.

**Hispaniola** nom que Christophe Colomb donna à l'île d'Haïti.

**hispanique** *a, n* **1** De l'Espagne, des pays de langue espagnole. **2** Aux États-Unis, personne originaire d'Amérique latine.

**hispanisant, ante** *n* Personne qui étudie la langue, la culture espagnoles. VAR **hispaniste**

**hispanisme** *nm* LING Locution, tournure propre à la langue espagnole.

**hispanité** *nf* **didac** Fait d'être espagnol ; caractère de ce qui est propre aux Espagnols.

**hispano-américain, aine** *a, n* Des pays d'Amérique hispanophone. PLUR hispano-américains.

**hispano-américaine (guerre)** guerre menée par les É.-U., en 1898, contre l'Espagne, qui venait d'écraser la révolte des Cubains (1895-1897). Proclamant l'indépendance de Cuba (19 avr.), les É.-U. détruisirent le 1^er^ mai la flotte esp. des Philippines et le 3 juil. la flotte esp. de Cuba. Le traité de Paris (déc.) consacra l'indép. de Cuba et l'annexion par les É.-U. de Porto Rico, des Philippines et de Guam.

**hispano-moresque** *a* Qui concerne la période de la domination arabe sur l'Espagne. *Art des faïences hispano-moresques.* VAR **hispano-mauresque** ou **hispano-arabe**

**hispanophone** *a, n* Qui parle l'espagnol.

**hispide** *a* BOT Couvert de poils rudes et épais. *Tige hispide.* ETY Du lat.

**hisser** *v* ① **A** *vt* **1** Élever au moyen d'un cordage, d'un filin. *Hisser une voile.* **2** Faire monter, en tirant ou en poussant. *Hisser un enfant sur ses épaules.* **B** *vpr* **1** S'élever avec effort, grimper. *Se hisser au sommet du mur.* **2** **fig** Parvenir à une situation élevée. *Il se hissa au faîte du pouvoir.* PHO ['ise] ETY Du bas all.

**hist(o)-** Élément, du gr. *histos*, « tissu ».

**histamine** *nf* BIOCHIM Amine dérivée de l'histidine, qui, présente dans les divers tissus animaux, provoque la sécrétion du suc gastrique, contracte les artères, dilate les capillaires et joue aussi un rôle de médiateur chimique dans les réactions allergiques. DER **histaminique** *a*

ENC Substance extrêmement toxique, l'histamine est présente dans toutes les cellules sous forme d'un composé inactif. Sous l'influence de diverses agressions, partic. de la réaction antigène-anticorps, elle se trouve libérée et diffuse sous sa forme active dans les liquides circulants, provoquant l'état de choc anaphylactique. Les anti-histaminiques naturels sont des hormones : l'adrénaline et la cortisone.

**histidine** *nf* BIOCHIM Acide aminé cyclique présent dans la plupart des protéines.

**histocompatibilité** *nf* Compatibilité entre les tissus d'un greffon et ceux d'un hôte, étroitement liée à leur appartenance à des groupes tissulaires génétiquement définis.

ENC Les molécules qui font reconnaître le tissu greffé comme étranger à l'organisme récepteur sont appelées « antigènes du complexe majeur d'histocompatibilité ». Ces molécules sont présentes sur les membranes plasmiques des cellules. Pour cette raison, tout individu est unique (seuls les vrais jumeaux ont exactement les mêmes antigènes) et, par exemple, rejette le greffon provenant d'un autre individu. Pour qu'un greffon ne soit pas rejeté, il faut administrer au sujet qui le reçoit des immunodépresseurs.

**histogenèse** *nf* BIOL **1** Formation de tissus divers à partir de cellules indifférenciées, au cours du développement embryonnaire. **2** Partie de l'embryologie qui étudie le développement des tissus. **3** Étude de la formation des tissus malades. PHO [istoʒənez]

**histogramme** *nm* STATIS Représentation graphique, par des bandes rectangulaires juxtaposées, d'une série statistique.

**histoire** *nf* **1** Récit d'actions, d'évènements relatifs à une époque, à une nation, à une bran-

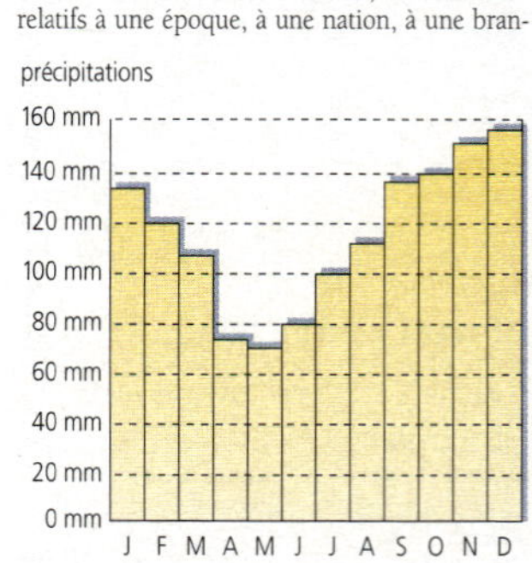


**histogramme**

che de l'esprit humain, qui sont jugés dignes de mémoire. *Histoire moderne. Histoire de France. Histoire sociale, économique, politique.* **2** Science de la connaissance du passé. *Cours, professeur d'histoire. L'histoire jugera.* **3** Partie du passé de l'humanité commençant avec l'invention de l'écriture (fin de la préhistoire) et divisée traditionnellement en quatre périodes (ancienne, médiévale, moderne et contemporaine). **4** Suite des évènements vus rétrospectivement. *Les enseignements de l'histoire.* **5** Relation d'actions, d'évènements, d'aventures, réels ou inventés. *Raconter une histoire à un enfant.* **6** Récit inventé pour tromper, mensonge. *Ce sont des histoires.* **LOC** ***C'est de l'histoire ancienne :*** se dit de qqch qu'on veut oublier. — ***C'est toute une histoire :*** ce serait long à raconter, ou à obtenir, à réaliser. — ***C'est une autre histoire :*** il s'agit d'autre chose. — ***En voilà une histoire :*** en parlant d'une nouvelle fâcheuse. — ***Faire des histoires :*** faire des embarras. — ***Histoire à dormir debout :*** invraisemblable. — ***Histoire de*** (+ inf.) : pour. *J'ai dit ça, c'était histoire de plaisanter.* — ***Histoire de fou(s) :*** aventure absurde. — vieilli ***Histoire naturelle :*** sciences naturelles. — ***La petite histoire :*** récit anecdotique sur une période du passé. — fam ***Le plus beau de l'histoire :*** le fait le plus remarquable. ETY Du lat. *historia*, du gr. *histôr*, « qui sait ».

**Histoire comique des États et Empires de la Lune** roman utopique de Cyrano de Bergerac (posth., 1657), que suit *Histoire comique des États et Empires du Soleil* (inachevé, posth., 1662).

**Histoire de France** œuvre de Michelet (6 vol., 1833-1846, puis 12 vol., 1855-1867).

**Histoire de France** œuvre de Lavisse (19 vol., 1900-1928).

**Histoire de l'art** ouvrage d'Élie Faure en 4 vol. : *l'Art antique* (1909), *l'Art médiéval* (1911), *l'Art renaissant* (1914), *l'Art moderne* (1921).

**Histoire de l'invention de la vraie Croix** fresques de Piero della Francesca, dans l'église Saint-François, à Arezzo (1452-1459).

**Histoire de Marie de Médicis** série de 21 peintures de Rubens (1622-1625, au Louvre dep. 1815).

**Histoire des Treize** titre regroupant 3 récits de Balzac : *Ferragus, chef des Dévorants, la Duchesse de Langeais* et *la Fille aux yeux d'or.* Les Treize sont une société secrète.

**Histoire d'O** récit érotique (1954) de Pauline Réage, pseudonyme longtemps opaque de Dominique Aury (1907 – 1998).

**Histoire du soldat** spectacle ambulant en 2 parties de Stravinski (1918), sur un texte fr. de Ramuz.

**Histoire naturelle** œuvre conçue et entreprise par Buffon (première éd., 36 vol., 1749-1789 ; 2^e^ éd. complétée par Lacépède, 44 vol., 1804). *Sept Époques de la nature* constituent le supplément de 1778.

**Histoires** ouvrage d'Hérodote (V^e^ s. av. J.-C.). Les 5 derniers des 9 livres narrent les guerres médiques.

**Histoires** œuvre de Tacite (v. 106 ) qui fait suite aux *Annales.*

**Histoires** recueil poétique de Prévert (1948 ; 1963, éd. définitive).

**Histoires extraordinaires** (*Tales of the Grotesque and Arabesque*), récits fantastiques d'Edgar Poe (1840-1845) traduits par Baudelaire (*Histoires extraordinaires*, 1856 ; *Nouvelles Histoires extraordinaires*, 1857 ; *Histoires grotesques et sérieuses*, 1865).

**histologie** *nf* BIOL Étude des tissus de l'organisme visant à identifier leur structure, leur morphologie, leur mode de formation et leur rôle. DER **histologique** *a*

**histolyse** *nf* BIOL Destruction des tissus.

**histone** *nf* BIOCHIM Protéine qui, liée à l'ADN des noyaux cellulaires, joue un rôle important dans la synthèse des protéines.

**historial** *nm* Musée consacré à une période, un personnage historique. PLUR historiaux.

**historicisme** *nm* Tendance à privilégier l'histoire dans l'explication globale du monde. DER **historiciste** *a*

**historicité** *nf* didac Caractère de ce qui est historique. *L'historicité d'un fait.*

**historien, enne** *n* Spécialiste de l'histoire.

**historier** *vt* 2 Bx-A Enjoliver de divers petits ornements. *Bible historiée.*

**historiette** *nf* Courte histoire, anecdote.

**historiographe** *n* Écrivain nommé officiellement pour écrire l'histoire de son temps.

**historiographie** *nf* didac **1** Art, travail de l'historiographe. **2** Ensemble des documents historiques concernant une période donnée.

**historique** *a, nm* **A** *a* **1** Qui concerne l'histoire. *Recherches historiques.* **2** Qui appartient à l'histoire et non à la légende. *Des faits historiques.* **3** Qui est particulièrement important, marquant dans l'évolution d'un processus. *Le dollar a atteint un cours historique.* **4** Dont le sujet est tiré de l'histoire. *Roman historique.* **5** Se dit d'une entreprise présente dès l'origine dans un secteur donné. *Les opérateurs historiques.* **B** *nm* **1** Exposé chronologique de faits, d'évènements. *Faire l'historique des débats.* **2** INFORM Fichier stockant les pages consultées. **LOC** ***L'historique d'un mot :*** rappel de ses formes et de ses sens successifs. DER **historiquement** *av*

**histrion** *nm* **1** ANTIQ Acteur comique. **2** péjor, litt Mauvais comédien, cabotin. ETY Du lat.

**Hitachi** v. du Japon (Honshū), au N. de Tokyo ; 206 070 hab. Centre industriel utilisant les gisements de cuivre, soufre, zinc, or.

**hit** *nm* fam Chanson, film à succès. PHO ['it] ETY Mot angl.

**Hitchcock Alfred** (Londres, 1899 – Hollywood, 1980), cinéaste anglais naturalisé américain ; maître du film à suspense. En G.-B. : *l'Homme qui en savait trop* (1934), *les 39 Marches* (1935), *Une femme disparaît* (1938). Aux É.-U. : *Rebecca* (1940), *les Enchaînés* (1946), *l'Inconnu du Nord-Express* (1951), *Sueurs froides* (1958), *la Mort aux trousses* (1959), *Psychose* (1960), *les Oiseaux* (1963), *Frenzy* (1971). DER **hitchcockien, enne** *a*

**Hitler Adolf** (Braunau, Haute-Autriche, 1889 – Berlin, 1945), homme politique allemand. Caporal durant la guerre de 1914-1918, il devint chef (1921) du Parti national-socialiste allemand des travailleurs (NSDAP : V. nazisme [encycl.]), doté d'une formation paramilitaire. Après le putsch manqué de Munich (1923), il passa neuf mois en prison, y dicta à R. Hess des fragments qui devinrent *Mein Kampf* (« Mon combat »), exposé des théories du nazisme qu'il mit en application après 1933 : suprématie de la « race aryenne », extermination des Juifs, nécessité de l'« espace vital » pour le peuple allemand, dont le « destin » serait de dominer l'Europe. Servi par la crise écon. de 1929 et par la division des partis de gauche, le parti nazi devint prépondérant, et le président Hindenburg appela Hitler à la chancellerie en janv. 1933. Par la violence et la ruse, il assura sa dictature, le plébiscite de 1934 le reconnaissant Führer (« guide ») de l'État allemand. Il déclencha la Seconde Guerre mondiale. Il se suicida le 30 avril 1945, mais son corps ne fut pas retrouvé.

▶ illustr. p. 770

**hitlérisme** *nm* Doctrine et action de Hitler. SYN nazisme. DER **hitlérien, enne** *a, n*

**hit-parade** *nm* Classement, par ordre de popularité, des chansons, des films, etc., récemment sortis. SYN palmarès. PLUR hit-parades. PHO ['itpaʀad] ETY Mot angl., de *hit*, « succès » et *parade.*

**hittiste** *n* En Algérie, jeune chômeur.

**hittite** *nm* Langue indo-européenne qui était parlée par les Hittites. PHO ['itit]

**Hittites** peuple d'Anatolie centrale qui exerça sa domination sur l'Asie Mineure du XVI^e^ au XIII^e^ s. av. J.-C. Il résulte de la fusion des Hattis, ou Proto-Hittites, et des peuplades indo-européennes qui survinrent successivement au déb. du II^e^ millénaire. De nombr. objets et vestiges architecturaux, découverts depuis 1893, permet-

**Alfred Hitchcock** en 1963

**Hiroshima** deux mois après l'explosion de la bombe atomique

tent d'apprécier la richesse de l'art hittite. DER **hittite** *a*

art des **Hittites** : assaut d'une place forte, pierre de fondation sculptée, XIIIe s. av. J.-C., prov. d'Alaca Höyük, basalte – musée des Civilisations anatoliennes, Ankara

**Hittorf** Johann Wilhelm (Bonn, 1824 – Münster, 1914), physicien et chimiste allemand. Il découvrit les rayons cathodiques (1869) et étudia l'électrolyse.

**Hittorff** Jacques (Cologne, 1792 – Paris, 1867), architecte français d'origine allemande : fontaines de la place de la Concorde (1846), gare du Nord (1861-1863), aménagement du bois de Boulogne.

**HIV** *nm* MED Syn. de *VIH*. ETY Sigle de l'angl. *Human Immunodeficiency Virus.*

**hiver** *nm* **1** Saison la plus froide de l'année dans l'hémisphère boréal, du 22 décembre au 20 mars. **2** poét Vieillesse. *L'hiver de la vie.* ETY Du lat.

**hivernage** *nm* **1** MAR Temps de relâche pendant la mauvaise saison. **2** Saison des orages et des pluies dans les régions tropicales. **3** AGRIC Labour effectué avant ou pendant l'hiver. **4** Séjour du bétail à l'étable, des abeilles dans la ruche, pendant l'hiver.

**hivernal, ale** *a, nf* **A** *a* D'hiver. *Station hivernale.* **B** *nf* ALPIN Ascension en haute montagne pendant l'hiver. PLUR hivernaux.

**hivernant, ante** *a, n* **A** *a* Qui hiverne. **B** *n* Personne qui passe l'hiver dans un endroit dont le climat est doux.

**hiverner** *v* ① **A** *vi* Passer la mauvaise saison à l'abri ou dans des régions tempérées. *Les hirondelles hivernent en Afrique.* **B** *vt* AGRIC Rentrer le bétail à l'étable, protéger les ruches, mettre une plante à l'abri pendant l'hiver.

**Hjelmslev** Louis Trolle (Copenhague, 1899 – id., 1965), linguiste danois. Il élabora la glossématique, ou distributionalisme : *Prolégomènes à une théorie du langage* (1943).

**hl** Symbole d'hectolitre.

**HLA** *nm* MED Ensemble d'antigènes communs aux leucocytes et aux plaquettes, définissant des groupes tissulaires. V. histocompatibilité. ETY Sigle pour l'angl. *Human Leucocyte Antigens.*

**HLM** *nm, nf* Immeuble d'habitation aux loyers peu coûteux, construit sous l'impulsion des pouvoirs publics et réservé aux personnes qui ont un revenu modeste. ETY Sigle de *habitation à loyer modéré.*

**hm** Symbole d'hectomètre.

**Hmongs** → **Méos.**

**Ho** CHIM Symbole de l'holmium.

**ho !** *interj* Sert à appeler, à témoigner de l'étonnement, de l'indignation, de la douleur, etc. *Ho ! venez par ici !* PHO ['o]

**hoax** *nm* INFORM fam Rumeur, canular diffusé sur Internet. PHO ['ɔks]

**hoazin** *nm* Oiseau d'Amazonie galliforme, qui évoque un faisan et dont le jeune a des ailes comportant des griffes crochues. PHO [ɔazɛ̃] ETY D'une langue indienne onomatopéique.

**Hobart** v. d'Australie, cap. et princ. port de la Tasmanie ; 128 000 hab. Industries.

**Hobbema** Meindert (Amsterdam, 1638 – id., 1709), peintre hollandais ; paysagiste disciple de Ruysdael.

**Hobbes** Thomas (Westport, Malmesbury, 1588 – Hardwick, 1679), philosophe anglais. Sa pensée politique (*De cive* 1642, *Léviathan* 1651), qui découle de l'empirisme, prône le despotisme. Il a fait des « objections » aux *Méditations* de Descartes.

A. Hitler

T. Hobbes

**hobby** *nm* Violon d'Ingres, passe-temps. PLUR hobbys ou hobbies. PHO ['ɔbi] ETY Mot angl.

**hobereau** *nm* **1** Petit faucon d'Europe, long de 35 cm. **2** Gentilhomme campagnard de la petite noblesse. PHO ['ɔbʀo] ETY Du moyen néerl. *hoblelen*, « bouger ».

**Hoboken** anc. com. industrielle de Belgique, rattachée à Anvers en 1983.

**Hobsbawm** Eric (Alexandre, 1927 – Londres, 2012), historien britannique : *l'Ère du capital* (1975).

**Hobson** John Atkinson (Derby, 1858 – Hampstead, 1940), économiste britannique qui préconise l'intervention de l'État.

**Hocart** Arthur Maurice (banlieue de Bruxelles, 1883 – Le Caire, 1939), ethnologue britannique qui a comparé les organes du pouvoir dans diverses sociétés.

**hocco** *nm* Oiseau galliforme d'Amérique centrale et du Sud, de forte taille, huppé, au plumage sombre. ETY Mot de la Guyane.

**Hoceima (Al-)** v. du Maroc, sur la Méditerranée ; 55 000 hab. ; ch.-l. de la prov. du m. nom. Tourisme. VAR **Husaymah (Al-)**

**Hoche** Lazare (Versailles, 1768 – Wetzlar, Prusse, 1797), général français. Commandant l'armée de Moselle (1793), il repoussa les Autrichiens et les Prussiens. Incarcéré comme suspect, il fut libéré après le 9 Thermidor. De 1794 à 1796, il pacifia la Vendée et vainquit les royalistes à Quiberon. Il échoua en Irlande (1796), puis commanda l'armée de Sambre-et-Meuse.

**Hochelaga** village amérindien sur l'emplacement duquel fut bâtie Montréal.

**hochepot** *nm* vx rég Ragoût, longuement mijoté, de viande et de légumes. PHO ['ɔʃpo]

**hochequeue** *nm* Syn. de *bergeronnette.*

**hocher** *vt* ① *Hocher la tête*, la remuer, en signe d'assentiment, de dénégation, de doute. PHO ['ɔʃe] DER **hochement** *nm*

**hochet** *nm* **1** Jouet que les enfants en bas âge peuvent secouer et qui fait du bruit. **2** fig Chose futile qui flatte ou qui distrait. *Les hochets de la vanité.* PHO ['ɔʃɛ] ETY Du frq.

**hocheur** *nm* ZOOL Cercopithèque d'Afrique équatoriale.

**Hochhuth** Rolf (Eschwegge, Hesse, 1931), dramaturge allemand : *le Vicaire* (1963).

**Hô Chi Minh** (« le Lumineux ») Nguyên Ai Quoc, dit (Kiem Lem, prov. de Nghê An, 1890 – Hanoi, 1969), homme politique et écrivain vietnamien ; fondateur du parti communiste indochinois (1930) et du Viêt-minh (1941). Président de la Rép. vietnamienne (1946), il dirigea la lutte contre les Français. Président, à partir de 1954, de la Rép. dém. du Viêt-nam du Nord, il soutint les forces opposées au régime de Saigon. Il a laissé de nombr. écrits polit. et des *Poèmes de prison* (1940) en chinois classique.

Hoche

Hô Chi Minh

**Hô Chi Minh-Ville** (*Saigon* jusqu'en 1975), la plus grande ville du Viêt-nam, à 80 km de la mer de Chine, port import. sur la rivière de Saigon, bras du Mékong ; 7 330 000 hab. (avec Cholon, faubourg peuplé de Chinois) – La ville prit son essor sous Gia Long, à la fin du XVIIIe s. Occupée par les Français en 1859, capitale de la Cochinchine, puis du Sud-Viêt-nam (de 1954 à 1975), Saigon connut alors un afflux massif de réfugiés. Après l'entrée des troupes communistes (avril 1975), la ville fut rebaptisée, et le nouveau pouvoir adopta des mesures autoritaires.

**Höchstädt** localité d'Allemagne (Bavière), sur le Danube. – Victoires de Villars sur les Autrichiens (1703), de Marlborough et du Prince Eugène sur les Français (1704).

**hockey** *nm* Jeu et sport d'équipe pratiqué sur gazon ou sur glace. LOC ***Hockey sur gazon*** : pratiqué sur gazon par deux équipes de onze joueurs et dont les règles dérivent du football. — ***Hockey sur glace*** : sport pratiqué sur une patinoire par deux équipes de six joueurs, qui consiste à s'emparer d'un disque de caoutchouc épais (*palet* ou, au Canada, *rondelle*) à l'aide d'une crosse (*bâton* au Canada). PHO ['ɔkɛ] ETY Mot angl., de l'a. fr. *hoquet*, « crochet ». DER **hockeyeur, euse** ▶ pl. sport

**Hockney** David (Bradford, 1937), peintre et dessinateur anglais dont l'inspiration procède du pop'art.

**Hocquart** Gilles (Mortagne-sur-Sèvre, 1695 – Brest, 1783), intendant de la Nouvelle-France (1731-1748), qu'il fit prospérer.

**Hodeïda** port du Yémen, sur la mer Rouge ; ch.-l. de prov. ; 500 000 hab.

**Hodgkin** Thomas (Tottenham, 1798 – Jaffa, 1866), médecin anglais. ▷ MED *Maladie de Hodgkin* : lymphogranulomatose maligne, dont l'extension se fait par contiguïté.

**Hodgkin** Dorothy Crowfoot, Mrs. (Le Caire, 1910 – Shipston-on-Stour, Warwickshire, 1994), chimiste britannique. Elle a déterminé, par les rayons X, la structure de la pénicilline et de la vitamine B12. P. Nobel de chimie 1964.

**Hodgkin** sir Alan Lloyd (Banbury, Oxfordshire, 1914 – Cambridge, 1998), neurologue anglais. P. Nobel 1963 de médecine, avec J. C. Eccles et A. F. Huxley, pour avoir décrit les processus ioniques qui régissent la transmission de l'influx nerveux.

**Hodja** Enver (Gjirokastër, 1908 – Tirana, 1985), homme politique albanais. Fondateur du Parti du travail (communiste) en 1941, il lutta contre l'occupation italo-allemande puis fut le chef autoritaire du pays, rompant avec Moscou (1961) et avec Pékin (1978). VAR **Hoxha**

**hodjatoleslam** *nm* Dans l'islam chiite, théologien ou juriste.

**Hodler** Ferdinand (Berne, 1853 – Genève, 1918), peintre suisse : paysages alpestres.

**Hodna (chott el-)** chott des hauts plateaux d'Algérie orient., au S. des *monts du Hodna* (1 890 m au djebel Bou-Taleb).

**hodomètre** → **odomètre.**

**Hoëdic** île de l'Atlantique, au large de Quiberon, commune du Morbihan (arr. de Lorient) ; 121 hab. DER **hoëdicais, aise** *a, n*

**Hoel** Sigurd (Nord-Odal, 1890 – Oslo, 1960), romancier norvégien : *Quinze jours avant les nuits de gel* (1935), *le Cercle magique* (1958).

**Hoffman** Dustin (Los Angeles, 1937), acteur américain. *Macadam Cowboy* (1969), *Little Big Man* (1970), *Lenny* (1975), *Rain Man* (1988).

**Hoffmann** Friedrich (Halle, 1660 – id., 1742), médecin et chimiste allemand. ▷ PHARM *Liqueur d'Hoffmann* : éther officinal alcoolisé.

**Hoffmann** Ernst Theodor Wilhelm, puis Amadeus (Königsberg, 1776 – Berlin, 1822), écrivain et compositeur romantique allemand, auteur de contes et romans fantastiques : *Kreisleriana* (1814), *les Élixirs du diable* (1815-1816), *le Chat Murr* (1820-1822). Princ. œuvres musicales : *Ondine* (opéra, 1814), sonates pour piano, lieder.

**Hoffmann** Josef (Pirnitz, Moravie, 1870 – Vienne, 1956), architecte autrichien, disciple d'Otto Wagner, l'un des représentants de l'Art nouveau (*Sezessionstil*) et du fonctionnalisme (*palais Stoclet*, 1905-1911, Bruxelles).

**Hoffmann** Roald (Zlázow, Pologne, 1937), chimiste américain d'origine polonaise. Il a forgé (avec R. B. Woodward) le concept de « conservation de la symétrie des orbitales moléculaires ». P. Nobel 1981 avec K. Fukui.

**Hoffmann** Jules (Echternach, 1941), biologiste français d'orig. luxembourgeoise. Il est colauréat du P. Nobel de médecine en 2011 pour ses travaux sur l'immunité innée.

**Hofmannsthal** Hugo von (Vienne, 1874 – Rodaun, près de Vienne, 1929), poète et dramaturge autrichien néo-romantique. Poèmes : *la Mine de Falun* (1899). Drames (mis en mus. par R. Strauss) : *Électre* (1903), *Ariane à Naxos* (1910), *le Chevalier à la rose* (1911).

**Hofstadter** Robert (New York, 1915 – Stanford, Californie, 1990), physicien américain. Il étudia la distribution des charges électriques dans les particules. P. Nobel 1961.

**hogan** *nm* Maison traditionnelle des Indiens Navahos, de forme ronde. PHO [ɔgan]

**Hogarth** William (Londres, 1697 – id., 1764), peintre et graveur anglais. Portraitiste plein de verve (*la Marchande de crevettes*, 1759), il excelle dans la scène de genre satirique (*la Carrière d'une prostituée*, 1731).

**Hoggar** massif du Sahara central (Algérie), habité par les Touareg (2 918 m au Tahat) ; ville principale : *Tamanrasset*. VAR **Ahaggar**

**Hohenlinden** localité de Bavière où Moreau battit les Autrichiens (3 déc. 1800).

**Hohenlohe** Chlodwig (prince von Hohenlohe-Schillingsfürst) (Rotenburg, 1819 – Ragaz, Suisse, 1901), homme politique allemand ; chancelier d'Empire (1894-1900).

**Hohenstaufen** maison allemande, originaire de Souabe, qui donna cinq empereurs (1138-1254) dont Frédéric Ier Barberousse.

**Hohenzollern** maison allemande, originaire de Souabe, connue dès le XIe s. En 1227, elle se divisa en deux branches. Celle de Franconie acquit le duché de Prusse (XVIe s.), royaume en 1701. Celle de Souabe tint les principautés de *Hohenzollern-Hechingen* et *Hohenzollern-Sigmaringen*, réunies à la Prusse en 1849.

**Hohhot** v. de Chine, ch.-l. de la Mongolie-Intérieure ; 1 206 290 hab. (aggl.). Textiles. VAR **Houhehot, Guisui**

**ho ! hisse !** *interj* Cri que poussent des personnes en train de hisser, de tirer qqch, pour rythmer et coordonner leurs efforts. PHO [ois]

**Hohneck** sommet des Vosges (1 362 m), qui domine le col de la Schlucht.

**Hohokam** site de l'Arizona riche en vestiges (IIIe s. av. J.-C.-Xe s.).

**Hôi An** v. du Viêt-nam, au S. de Da Nang ; 120 000 hab. Port autref. florissant dont l'architecture traditionnelle a été préservée. Tourisme.

**hoir** *nm* DR anc Héritier en ligne directe. PHO [waʀ] ETY Du lat., « héritier ».

**hoirie** *nf* DR anc Héritage, succession. *Avancement d'hoirie.* PHO [waʀi] ETY Du lat.

**hoki** *nm* Poisson marin abyssal (gadiforme) qui fait l'objet d'une pêche au chalut profond, et qui est menacé de disparition.

**Hokkaidō** (anc. *Yeso*), île septent. du Japon ; 78 515 km² ; 5 700 000 hab. ; ch.-l. *Sapporo*. Montagneuse (alt. max. 2 290 m), couverte de forêts, au climat rude, elle fut mise en valeur à partir de 1890 : pêche, céréales, bois, hydroélectricité. Un tunnel ferroviaire sous-marin relie Hokkaidō à Honshū, dep. 1988 (23,3 km).

**Hokusai** Katsushika (Edo, auj. Tōkyō, 1760 – id., 1849), peintre et dessinateur japonais. Il créa v. 1812 le « paysage réaliste », qui annonce l'expressionnisme : *Cent vues du mont Fuji* (1834-1835), dont l'une est *la Vague*.
▶ illustr. p. 772

**holà !** *interj* **1** Sert à appeler. *Holà ! je suis là !* **2** Sert à arrêter qqn, à le modérer. *Holà ! pas tant de bruit !* LOC ***Mettre le holà à*** : mettre fin à qqch de fâcheux. PHO [ɔla]

**Holan** Vladimir (Prague, 1905 – id., 1980), poète tchèque : *Triomphe de la mort* (1930), *la Ronde nocturne du cœur* (1963).

**Holbach** Paul Henri Dietrich (baron d') (Edesheim, Palatinat, 1723 – Paris, 1789), philosophe français d'origine all. ; ami de Diderot, collaborateur de l'*Encyclopédie* ; il professa le matérialisme : *le Christianisme dévoilé* (1761), *Système de la nature* (1770). DER **holbachique** *a*

**Holbein** Hans, dit le Vieux ou l'Ancien (Augsbourg, vers 1465 – Issenheim, 1524), peintre allemand ; auteur de retables, marquant la transition entre le gothique et la Renaissance. — **Hans** dit Holbein le Jeune (Augsbourg, 1497 – Londres, 1543), fils du préc. ; peintre et graveur, portraitiste de la cour d'Angleterre (à partir de 1532). Il conserve la rigueur gothique : *Érasme, Anne de Clèves*, planches pour l'*Éloge de la folie* d'Érasme.

**Holberg** Ludvig (baron) (Bergen, 1684 – Copenhague, 1754), écrivain danois d'origine norvégienne : comédies inspirées de Molière (*le Voyage souterrain de Niels Klim*, roman, 1741).

**Hölderlin** Friedrich (Lauffen, Wurtemberg, 1770 – Tübingen, 1843), poète allemand. Précepteur chez le banquier Gontard à Francfort (1795-1798), il s'éprit de Suzanne Gontard, la mère de ses élèves, qui devint la Diotima de son roman épistolaire *Hyperion* (1797 et 1799). Il laissa inachevée une tragédie, *la Mort d'Empédocle* (1798-1799) puis composa les *Odes* et les *Élégies*. Atteint de folie dès 1802, il s'isola du monde de 1804 à sa mort.

**holding** *nm, nf* FIN Société de portefeuilles dont l'activité consiste à gérer un avoir constitué par des actions, des valeurs mobilières. PHO [ɔldiŋ] ETY Mot angl., de *to hold*, « posséder ».

**hold-up** *nm inv* Agression à main armée pour dévaliser une banque, un magasin, un convoi, etc. PHO [ɔldœp] ETY Mot amér. VAR **holdup**

**Holguín** v. du N.-O. de Cuba, ch.-l. de prov. ; 216 580 hab. Industr. alim. ; tabac.

**Holiday** Eleonora McKoy, dite Billie, dite aussi Lady Day (Baltimore, 1915 – New York, 1959), chanteuse de jazz américaine, avec Count Basie et Artie Shaw, puis soliste.
▶ illustr. p. 773

**holisme** *nm* didac Théorie selon laquelle les phénomènes sont des totalités irréductibles à la somme ou même à l'association structurelle de leurs composantes. PHO [ɔlism] ETY Du gr. *holos*, « entier ». DER **holiste** *a, n* – **holistique** *a*

**hollandaise** *af, nf* Se dit d'une race de vaches pie-noire ou pie-rouge d'origine hollandaise, excellentes laitières. SYN frisonne.

**hollande** *n* **A** *nf* **1** Toile très fine fabriquée en Hollande. **2** Porcelaine de Hollande. **3** Variété de pomme de terre à chair jaune très farineuse. **B** *nm* **1** Fromage de vache à pâte cuite dure recouvert d'une croûte cireuse rouge. **2** Papier de luxe.

**Hollande** rég. des Pays-Bas, sur la mer du Nord, la plus riche et la plus peuplée du pays. Située en grande partie au-dessous du niveau de la mer, elle possède de nombreux polders et des

**Hogarth** *l'Élection* – Soane Museum, Londres

voies fluviales denses. Elle est divisée en deux provinces : la *Hollande-Méridionale* (2 907 km$^2$ ; 3 208 000 hab. ; ch.-l. *La Haye* ; v. princ. *Rotterdam*) et la *Hollande-Septentrionale* (2 657 km$^2$ ; 2 353 000 hab. ; ch.-l. *Haarlem* ; v. princ. *Amsterdam*). DER **hollandais, aise** *a, n*
**Histoire** La Hollande fut à l'origine de la formation des Provinces-Unies (1579). Sa capitale, La Haye, fut celle de la République, et son stathouder, le commandant des armées.

**Hollande (guerre de)** guerre menée par Louis XIV (déjà victorieux en 1668 : V. Dévolution), avec l'appui de la Suède, contre les Provinces-Unies, alliées à l'Espagne et au Saint-Empire. En juin 1672, les armées franç. entrèrent en Hollande ; en juin 1673, elles prirent Maastricht, mais la coalition anti-française se renforça et une longue guerre européenne s'installa. Les 3 traités de Nimègue (1678-1679) consacrèrent la victoire de Louis XIV, qui obtint notam. la Franche-Comté.

**Hollande François** (Rouen, 1954), homme politique français. Premier secrétaire du parti socialiste de 1997 à 2008. Il est élu prés. de la République en 2012 au 2$^e$ tour face à Nicolas Sarkozy, prés. sortant.

François Hollande

**Hollerith Herman** (Buffalo, 1860 – Washington, 1929), ingénieur américain ; il inventa la machine à cartes perforées.

**Hollywood** fbg N.-E. de Los Angeles (Californie), princ. centre de l'industr. du cinéma et de la télévision des É.-U., auj. concurrencé par d'autres villes (New York, notam.).

**Hokusai** portrait de Sei Shônagon – coll. part., Paris

**hollywoodien, enne** *a* **1** De Hollywood. **2** fig Qui évoque le faste de la vie à Hollywood. *Un décor hollywoodien.* PHO [ɔliwudjɛ̃, ɛn]

**Holm Johanna Eckert,** dite **Hanya** (Worms, 1898 – New York, 1992), danseuse et chorégraphe américaine d'origine allemande.

**Holmes → Sherlock Holmes.**

**holmium** *nm* CHIM **1** Élément appartenant à la famille des lanthanides, de numéro atomique Z = 67 et de masse atomique 164,93 (symbole Ho). **2** Métal rare qui fond à 1 474 °C et bout à 2 695 °C PHO [ɔlmjɔm] ETY De *Stockholm*.

**holo-** Élément, du gr. *holos*, « entier ».

**holocauste** *nm* **1** HIST RELIG Sacrifice en usage chez les juifs, au cours duquel l'animal sacrifié était entièrement consumé par le feu ; animal ainsi sacrifié. **2** (Avec une majuscule.) Massacre des Juifs par les nazis. V. Shoah. ETY Du lat. *holocaustum*, « brûlé tout entier ».

**holocène** *nm, a* GEOL Époque la plus récente du quaternaire qui succède au paléolithique supérieur (de 8 000 av. J.-C. à nos jours).

**holocéphale** *nm* ICHTYOL Poisson cartilagineux des grandes profondeurs, aux nageoires très développées, tel que la chimère.

**holocrine** *a* BIOL Se dit des glandes (par ex. sébacées) dont la sécrétion résulte d'une fonte cellulaire.

**holocristallin, ine** *a* GEOL Se dit d'une roche dont tous les minéraux sont cristallisés.

**holoenzyme** *nf* BIOCH Ensemble enzymatique formé par la protéine (apoenzyme) et les groupes prosthétiques (coenzymes).

**hologramme** *nm* TECH Cliché photographique transparent qui donne l'illusion du relief lorsqu'il est illuminé sous un certain angle.

**holographie** *nf* TECH Technique de réalisation des hologrammes. DER **holographique** *a*

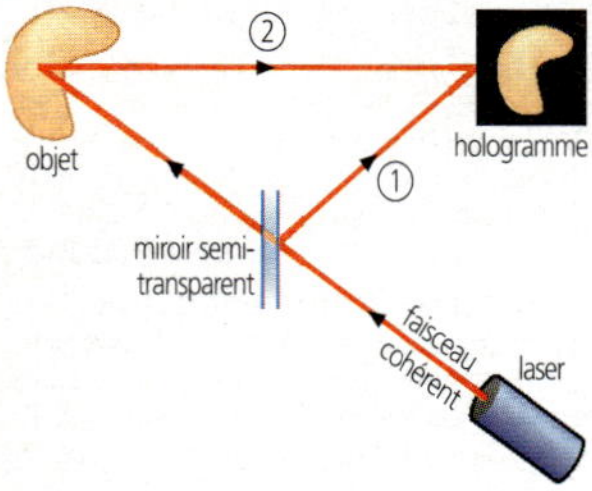


l'hologramme s'obtient en faisant interférer un faisceau de référence (1) provenant directement d'un laser et un faisceau (2) réfléchi et diffracté par l'objet à représenter

**holographie**

**holométabole** *a, nm* ZOOL Insecte supérieur à métamorphose complète, dont les larves sont très différentes de l'adulte et chez lequel l'imago se forme après un stade de nymphe.

**holomorphe** *a* MATH *Fonction holomorphe* : fonction d'une variable complexe, dérivable en tout point de son domaine de définition.

**holoparasite** *a* **1** BIOL Se dit d'un être vivant qui ne peut vivre qu'en parasite. **2** BOT Se dit d'une plante parasite devenue inapte à la photosynthèse.

**Holopherne** personnage biblique ; général assyrien décapité pendant son sommeil par Judith lors du siège de Béthulie.

**holophrastique** *a* LING Se dit des langues (eskimo, par ex.) où la phrase entière ne consiste qu'en un seul mot.

**holoprotéine** *nf* BIOCHIM Protéine constituée uniquement d'acides aminés.

**holoside** *nm* BIOCHIM Glucide dont l'hydrolyse complète fournit exclusivement des oses.

**holothurie** *nf* Échinoderme au corps mou, recouvert de spicules calcaires rugueux et appelé aussi *concombre de mer*. ETY Du gr.

**holotriche** *nm* ZOOL Infusoire cilié au corps uniformément couvert de cils, tel que la paramécie. ETY Du gr.

**holotype** *nm* BIOL Spécimen de référence ayant servi à la description d'une espèce végétale ou animale.

**holstein** *a, nf* Se dit d'une race de bovins à robe pie noir, très bonnes laitières. PHO [ɔlʃtɛjn] ETY Du n. pr.

**Holstein** anc. État d'Allemagne du Nord, possession personnelle du roi de Danemark à partir de 1460. La Prusse l'annexa avec le Schleswig en 1866. (V. Duchés (guerres des) et Schleswig-Holstein.)

**holster** *nm* Étui d'une arme de poing, qui se porte sous l'aisselle. PHO [ˈɔlstɛʀ] ETY Mot angl.

**holter** *nm* MED Électrocardiogramme enregistré en continu pendant 24 heures, permettant de déceler certains troubles passagers.

**Holz Arno** (Rastenburg, 1863 – Berlin, 1929), écrivain allemand naturaliste : *Papa Hamlet* (nouvelles, en collab. avec Johannes Schlaf, 1889).

**Homais (Monsieur)** personnage du roman de Flaubert *Madame Bovary*, pharmacien voltairien, vaniteux et méchant, « guidé par l'amour du progrès et la haine des prêtres ».

**homard** *nm* Crustacé marin aux énormes pinces, dont le corps, à la carapace bleue et jaune, peut atteindre 50 cm, et dont la chair est très estimée. PHO [ˈɔmaʀ] ETY De l'a. nordique.

**homard** américain

**homarderie** *nf* Vivier où l'on élève des homards.

**Hombourg-Haut** com. de la Moselle (arr. de Forbach) ; 7 746 hab. – Ruines des fortifications du XVII$^e$ s. DER **hombourgeois, oise** *a, n*

**hombre** *nm* Anc. jeu de cartes espagnol. PHO [ɔ̃bʀ] ETY Mot esp., « homme ».

**home** *nm* vieilli Foyer, chez-soi. *L'intimité du home.* **LOC** vieilli ***Home d'enfants*** : maison qui accueille des enfants en pension ou en vacances. PHO [ˈom] ETY Mot angl., « maison ».

**homecinéma** *nm* Combiné audiovisuel destiné à obtenir à domicile une projection techniquement équivalente à celle d'une salle de cinéma. ETY Mots angl.

**Homécourt** ch.-l. de canton de Meurthe-et-Moselle (arr. de Briey), sur l'Orne ; 6 450 hab. DER **homécourtois, oise** *a, n*

**homejacking** *nm* Agression à main armée au domicile de qqn pour lui voler sa voiture ou sa carte de crédit. PHO [omdʒakiŋ] ETY Mot angl.

**homélie** *nf* **1** Leçon simple sur un point de doctrine religieuse. **2** Sermon fait sur un ton familier. **3** péjor Discours moralisant et ennuyeux. *Une homélie sur la noblesse du travail.* ETY Du gr.

**homéo-** Élément, du gr. *homoios*, « semblable ».

**homéogène** *nm* GENET Gène homéotique.

**homéomorphisme** *nm* MATH Application bijective et continue d'un espace topologique sur un autre. DER **homéomorphe**

**homéopathie** *nf* Méthode thérapeutique qui consiste à traiter les maladies par des doses infinitésimales de produits capables (à plus fortes doses) de déterminer des symptômes identiques aux troubles que l'on veut supprimer. ANT allopathie. DER **homéopathe** *n*

ENC En 1790, Hahnemann énonça les trois lois de l'homéopathie. 1. Loi de similitude : analogie entre les symptômes du malade et ceux qui apparaissent chez un sujet sain auquel est administrée une substance médicamenteuse donnée. 2. Loi des doses infinitésimales : on prépare des dilutions successives au 1/100 ou au 1/10 ; en outre, l'agitation du flacon *(dynamisation)* est capitale. 3. Loi concernant le « terrain morbide » : il n'y a pas des maladies (à caractère universel) ni des malades (tous identiques), mais un malade, global et fortement individualisé, dont il faut stimuler le système de défense.

**homéopathique** *a* **1** Qui a rapport à l'homéopathie. **2** fig Se dit d'une quantité très faible. *Une baisse homéopathique des taux d'intérêt.* DER **homéopathiquement** *av*

**homéostasie** *nf* BIOL Faculté qu'ont les êtres vivants de maintenir ou de rétablir certaines constantes physiologiques (concentration du sang, pression artérielle, etc.) quelles que soient les variations du milieu extérieur. DER **homéostatique** *a*

**homéotherme** *a, nm* ZOOL Qualifie les animaux, dits aussi « à sang chaud », qui maintiennent la température de leur corps constante. ANT poïkilotherme. DER **homéothermie** *nf*

**homéotique** *a* GENET Se dit de gènes qui contrôlent le plan d'organisation du corps des animaux, assurant que les organes sont formés à la bonne place.

**homepage** *nf* INFORM Syn. de *page d'accueil.* PHO [ompeidʒ] ETY Mot angl.

**Homère** nom donné au plus célèbre des poètes grecs, considéré comme l'auteur de l'*Iliade* et de l'*Odyssée*. L'Antiquité crut à son existence, mais on ne sait rien sur sa vie. Selon Hérodote, il aurait vécu en Ionie v. 850 av. J.-C. Selon la tradition, devenu vieux et aveugle, il allait encore de ville en ville, chantant ses poèmes. Il serait mort à Íos (une des Cyclades). L'*Iliade*, épopée en 24 chants, narre un épisode de la guerre de Troie (Ilion) : *la Colère d'Achille* rend incertaine l'issue du combat, et Patrocle puis Hector périssent. L'*Odyssée* (en gr. *Odusseus*, « Ulysse »), poème épique en 24 chants, raconte les aventures d'Ulysse revenant à Ithaque, son royaume, après la prise de Troie. L'œuvre d'Homère regroupe des morceaux d'âges et de styles différents ; l'ensemble du texte a été fixé par écrit au VIe s. av. J.-C. DER **homérique** *a*

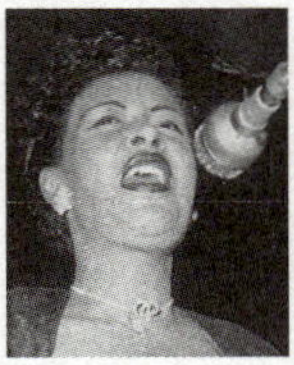

Billie Holiday

Homère

**homérique** *a* Spectaculaire, épique. *Une bataille homérique.*

**Home Rule** (« autonomie »), régime revendiqué par l'Irlande de 1870 à 1912, date à laquelle il fut voté par le Parlement britannique.

**homespun** *nm* Tissu de grosse laine, d'orig. écossaise. PHO [ompsœn] ETY Mot angl. « filé *(spun)* à la maison *(home)* »

**home-studio** *nm* Matériel informatique constituant une installation privée d'enregistrement musical. PLUR home-studios. ETY Mot angl. VAR **homestudio**

**home-trainer** *nm* Appareil de gymnastique permettant de s'entraîner à domicile (rameur, bicyclette fixe, etc.) PLUR home-trainers. PHO [ɔmtrenœr] ETY Mot angl. VAR **hometrainer**

**1 homicide** *n, a* **A** *n* Personne qui tue un être humain. **B** *a* **1** Qui cause la mort d'un ou de plusieurs êtres humains. *Une fureur homicide.* **2** Qui tend au meurtre. *Haine homicide.*

**2 homicide** *nm* Meurtre, action de tuer un être humain. *Homicide par imprudence.*

**hominidé** *nm* Primate tel que l'homme et ses ancêtres.

**hominien** *nm* Primate dont la lignée s'étend des hommes fossiles aux hommes actuels.

ENC Le groupe des hominiens ne comporte que le genre *Homo*, lequel renferme : des australopithèques, dont les restes n'ont été découverts qu'en Afrique ; tous les pithécanthropes *(Homo erectus)*, de Java, de Chine (Zhoukoudian), de Mauritanie et d'Europe ; les néanderthaliens *(Homo sapiens neanderthalensis)*, qui subsistèrent un certain temps avec *Homo sapiens sapiens*, l'homme actuel. L'*Homo habilis* est un australopithèque apparu il y a 1 800 000 ans ; ses restes, découverts en Afrique, sont associés à des outils. *Homo sapiens sapiens* remonterait à 100 000 ans env. Le stade princ. de l'hominisation fut l'acquisition de la station verticale, qui libéra les mains de la fonction locomotrice et favorisa l'augmentation constante du volume du cerveau, donc le développement du psychisme. L'industrie lithique est l'apanage d'*Homo sapiens sapiens*. Précisons que la préhistoire, c.-à-d. l'« histoire » des premières activités industrielles et artistiques du genre *Homo*, ne couvre que la partie la plus récente de l'histoire des hominidés.

**hominisation** *nf* ANTHROP Processus par lesquels l'espèce humaine s'est constituée à partir de primates. DER **hominisé, ée** *a*

**hominoïde** *a, nm* Se dit des primates supérieurs dépourvus de queue tels que l'homme et ses ancêtres fossiles ainsi que les singes anthropomorphes.

**hommage** *nm* **A 1** HIST Acte par lequel le vassal se reconnaissait homme lige du suzerain dont il allait recevoir un fief. **2** Acte, marque de soumission, de vénération, de respect. *Je rends hommage à votre loyauté.* **3** Offrande faite à qqn en signe de respect, de considération. *Hommage d'un livre par l'auteur, par l'éditeur.* **B** *nm pl* Salutations respectueuses. *Mes hommages, madame.*

**hommage** d'Édouard III, roi d'Angleterre, à Philippe VI, roi de France, pour l'investiture de la Guyenne, enluminure, 1375-1380 – BN

**hommasse** *a* péjor Se dit d'une femme qui a une allure virile.

**homme** *nm* **1** Être humain. *L'homme appartient à la classe des mammifères, à l'ordre des primates, à la famille des hominidés et à l'espèce « Homo sapiens sapiens ».* **2** Être humain de sexe masculin. *Les caractéristiques qui différencient l'homme de la femme.* **3** fam Amant, mari. *C'est mon homme.* **4** Être humain de sexe masculin et adulte. *Ce n'est plus un enfant, c'est un jeune homme. Un homme bien bâti, musclé, malingre. Un bel homme.* LOC ***Comme un seul homme*** : tous ensemble, en accord parfait. — ***D'homme à homme*** : directement, franchement. — ***Être (un) homme à*** (+ inf.) : capable de ou digne de. — ***Être, se montrer un homme*** : énergique, courageux. — ***Homme à femmes*** : qui a des succès féminins. — ***Homme de loi*** : magistrat, avocat. — ***Homme de main*** : exécuteur stipendié. — ***Homme de mer*** : marin. — ***Homme de paille*** : prête-nom. — ***Homme de peu*** : digne de mépris. — ***Homme d'État*** : celui qui dirige ou a dirigé un État. — ***Homme de troupe*** : militaire qui n'est ni officier ni sous-officier. — HIST ***Homme lige*** : vassal. ETY Du lat. ▶ illustr. p. 774, p. 775, p. 776, p. 777

**Homme** (musée de l') musée d'anthropologie et d'ethnologie (section du Muséum national d'histoire naturelle), fondé en 1937 à Paris (palais de Chaillot).

**homme-grenouille** *nm* Plongeur muni d'un scaphandre autonome. PLUR hommes-grenouilles.

**Homme invisible (l')** roman de H. G. Wells (1897). ▷ CINE Film (1933) de l'Américain James Whale (1896-1957).

**Homme-machine (l')** essai philosophique de La Mettrie (1748) qui fit scandale : l'âme dépend du corps (la machine).

**homme-orchestre** *nm* **1** Musicien qui joue de plusieurs instruments en même temps. **2** fig Homme qui cumule plusieurs fonctions, ou qui a des talents variés. PLUR hommes-orchestres.

**Homme qui en savait trop (l')** film policier anglais (1934) de Hitchcock, qui en fit un remake américain (1956), avec James Stewart et Doris Day (née en 1924).

**Homme qui rit (l')** roman de Victor Hugo (1869). ▷ CINE Film de l'Allemand Paul Leni (1885 – 1929) en 1928, avec Conrad Veidt (1893 – 1943).

**Homme révolté (l')** essai d'Albert Camus (1951) opposant révolte et révolution au nom de l'humanisme.

**homme-sandwich** *nm* Homme qui se promène dans les rues en portant deux panneaux publicitaires, l'un sur la poitrine, l'autre sur le dos. PLUR hommes-sandwichs.

**Homme sans qualités (l')** roman inachevé de Musil : tomes I et II publiés en 1930 et 1933 ; très importants fragments publiés après sa mort, dès 1943.

**Hommes de bonne volonté (les)** cycle romanesque en 27 vol. (1932-1947) de Jules Romains, vaste panorama de la vie en France, entre 1908 et 1933.

**hommes préfèrent les blondes (Les)** film de H. Hawks (1953) avec Marilyn Monroe et Jane Russell (1921 – 2011).

**Homme unidimensionnel (l')** essai de Marcuse (1964) sur l'aliénation dans la société industrielle avancée.

**homo-** Élément, du gr. *homos*, « semblable, le même ».

**1 homo** *nm* **1** Nom de genre de l'espèce humaine (*homo sapiens*) et de diverses espèces voisines qui ont disparu. **2** Suivi d'un adj. latin, désigne un type humain servant de référence, souvent de façon plaisante. *Homo economicus.*

**2 homo** *a, n* fam Homosexuel(elle).

**homocentre** *nm* GEOM Centre commun à plusieurs cercles concentriques.

**homocentrique** *a* **1** GEOM Concentrique. **2** PHYS Se dit d'un faisceau lumineux dont les rayons passent par un même point.

muscles

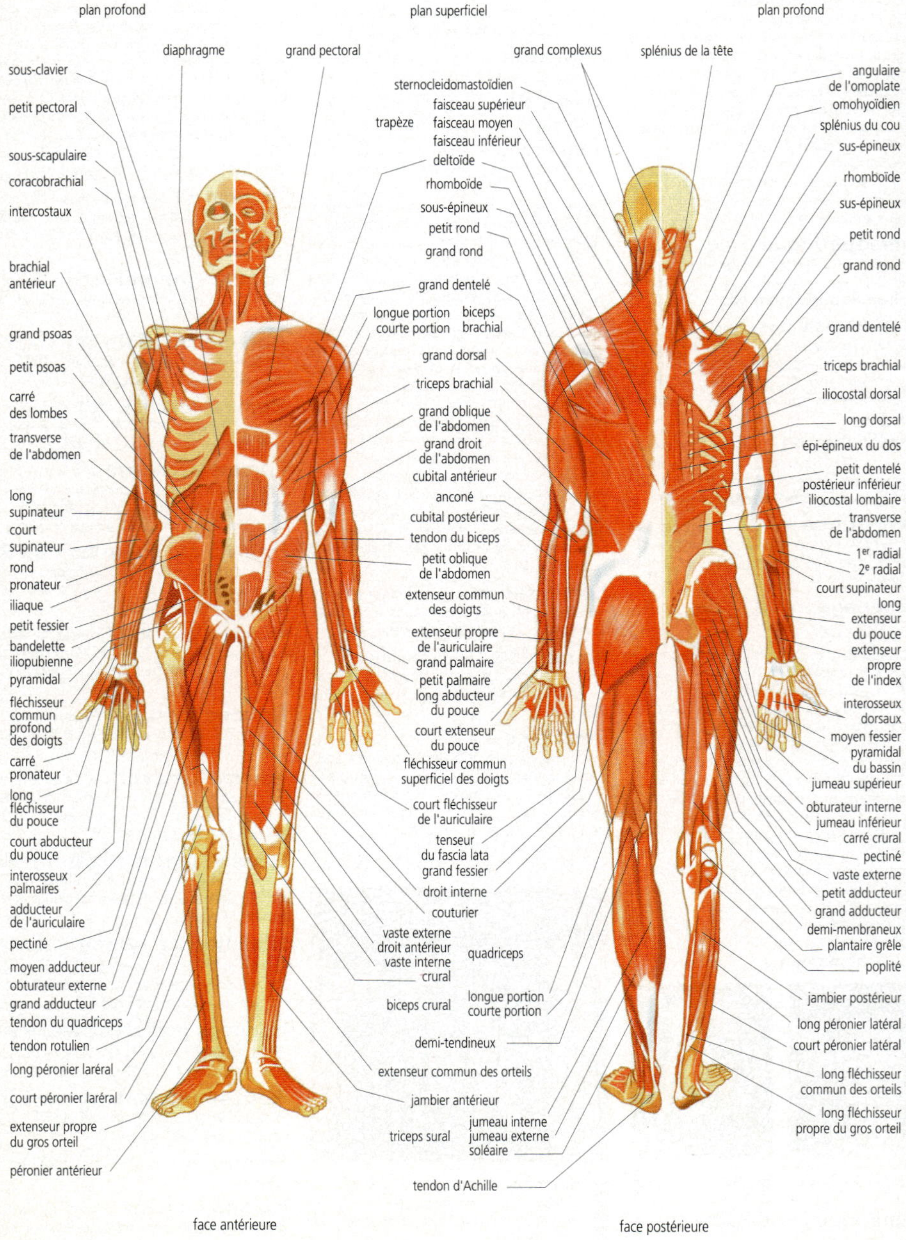
plan profond
plan superficiel
plan profond
diaphragme
grand pectoral
grand complexus
splénius de la tête
sous-clavier
petit pectoral
sous-scapulaire
coracobrachial
intercostaux
brachial antérieur
grand psoas
petit psoas
carré des lombes
transverse de l'abdomen
long supinateur
court supinateur
rond pronateur
iliaque
petit fessier
bandelette iliopubienne
pyramidal
fléchisseur commun profond des doigts
carré pronateur
long fléchisseur du pouce
court abducteur du pouce
interosseux palmaires
adducteur de l'auriculaire
pectiné
moyen adducteur
obturateur externe
grand adducteur
tendon du quadriceps
tendon rotulien
long péronier laréral
court péronier laréral
extenseur propre du gros orteil
péronier antérieur
sternocleidomastoïdien
trapèze
faisceau supérieur
faisceau moyen
faisceau inférieur
deltoïde
rhomboïde
sous-épineux
petit rond
grand rond
grand dentelé
biceps brachial
longue portion
courte portion
grand dorsal
triceps brachial
grand oblique de l'abdomen
grand droit de l'abdomen
cubital antérieur
anconé
cubital postérieur
tendon du biceps
petit oblique de l'abdomen
extenseur commun des doigts
extenseur propre de l'auriculaire
grand palmaire
petit palmaire
long abducteur du pouce
court extenseur du pouce
fléchisseur commun superficiel des doigts
court fléchisseur de l'auriculaire
tenseur du fascia lata
grand fessier
droit interne
couturier
quadriceps
vaste externe
droit antérieur
vaste interne
crural
biceps crural
longue portion
courte portion
demi-tendineux
extenseur commun des orteils
jambier antérieur
triceps sural
jumeau interne
jumeau externe
soléaire
tendon d'Achille
angulaire de l'omoplate
omohyoïdien
splénius du cou
sus-épineux
rhomboïde
sus-épineux
petit rond
grand rond
grand dentelé
triceps brachial
iliocostal dorsal
long dorsal
épi-épineux du dos
petit dentelé postérieur inférieur
iliocostal lombaire
transverse de l'abdomen
1er radial
2e radial
court supinateur
long extenseur du pouce
extenseur propre de l'index
interosseux dorsaux
moyen fessier
pyramidal du bassin
jumeau supérieur
obturateur interne
jumeau inférieur
carré crural
pectiné
vaste externe
petit adducteur
grand adducteur
demi-menbraneux
plantaire grêle
poplité
jambier postérieur
long péronier latéral
court péronier latéral
long fléchisseur commun des orteils
long fléchisseur propre du gros orteil
face antérieure
face postérieure

squelette face et profil

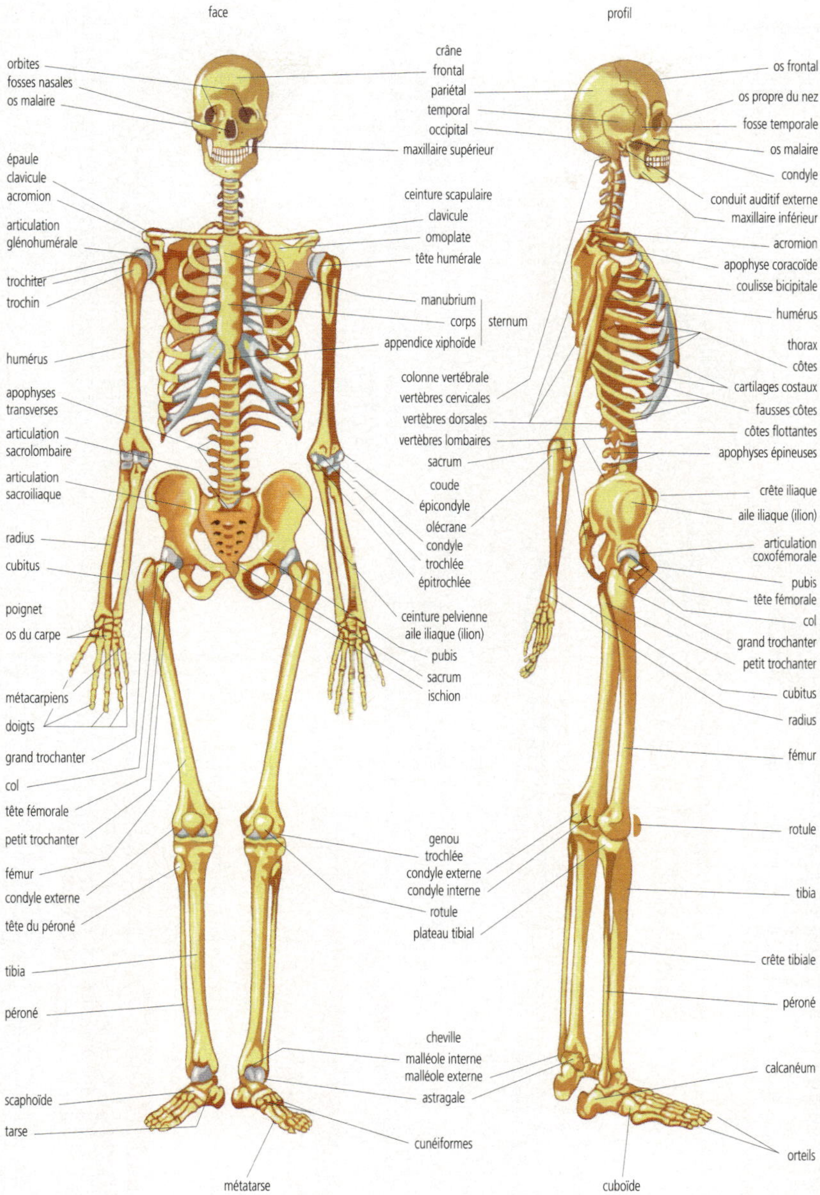

## Système nerveux

### système nerveux périphérique

en vert : trajet profond
en blanc : trajet superficiel

1 n facial
2 plexus brachial
3 n radial
4 n médian
5 n cubital
6 n musculocutané
7 n brachial cutané interne
8 n accessoire du brachial cutané interne
9 n grand abdominogénital

n : nerf

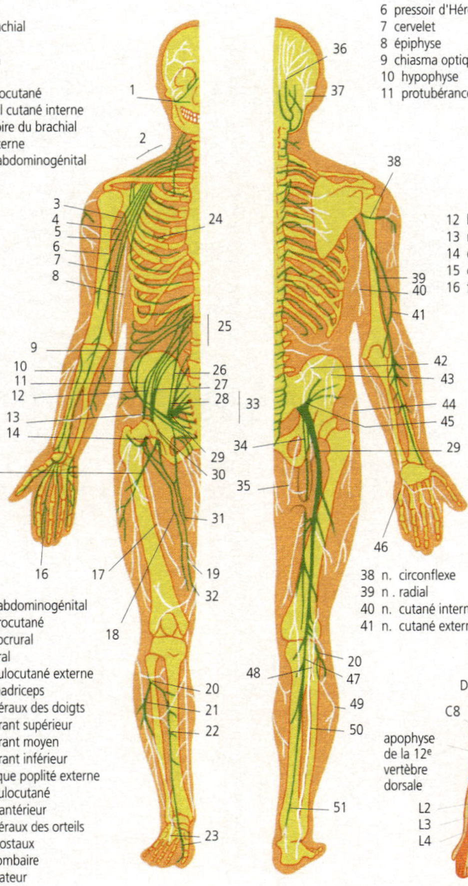


10 n petit abdominogénital
11 n fémorocutané
12 n génitocrural
13 n fémoral
14 n musculocutané externe
15 n du quadriceps
16 n collatéraux des doigts
17 n perforant supérieur
18 n perforant moyen
19 n perforant inférieur
20 n sciatique poplité externe
21 n musculocutané
22 n tibial antérieur
23 n collatéraux des orteils
24 n intercostaux
25 plexus lombaire
26 n obturateur
27 n crural
28 tronc lombosacré
29 n grand sciatique
30 n musculocutané interne
31 n saphène interne
32 n jambier
33 plexus sacré
34 n petit sciatique
35 n périnéal
36 grand nerf sous-occipital d'Arnold
37 branche mastoïdale (4e paire)

38 n. circonflexe
39 n . radial
40 n. cutané interne
41 n. cutané externe

42 rameaux du plexus lombaire
43 rameau perforant du 12e intercostal
44 rameaux fémoraux du fémorocutané
45 n fessier supérieur
46 branche cutanée dorsale du cubital
47 n sciatique poplité interne
48 n accessoire du saphène externe
49 n cutané péronier
50 n saphène externe
51 n tibial postérieur

### système nerveux central

1 sinus longitudinal supérieur
2 corps caleux
3 septum lucidum
4 commissure blanche postérieure
5 commissure blanche antérieure
6 pressoir d'Hérophile
7 cervelet
8 épiphyse
9 chiasma optique
10 hypophyse
11 protubérance annulaire

axe cérébro-spinal en coupe sagittale
(partie gauche de la coupe)

N.B. : les vertèbres sont désignées par leur initiale
C = cervicale
D = dorsale
L = lombaire
S = sacrée

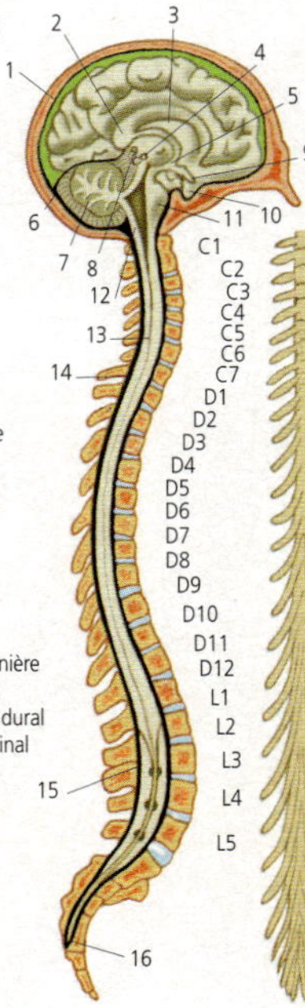


12 bulbe
13 moelle épinière
14 dure-mère
15 cul-de-sac dural
16 filum terminal

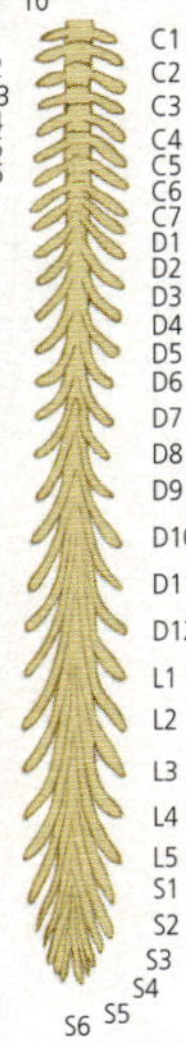


racines rachidiennes (aux fonctions motrices et sensitives) et segments médullaires correspondants

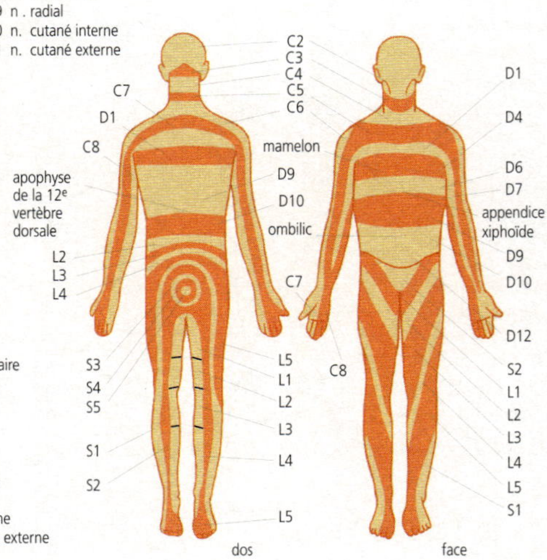


topographie radiculaire de la sensibilité superficielle

appareil circulatoire

a. artère (en rouge)
v. veine (en bleu)

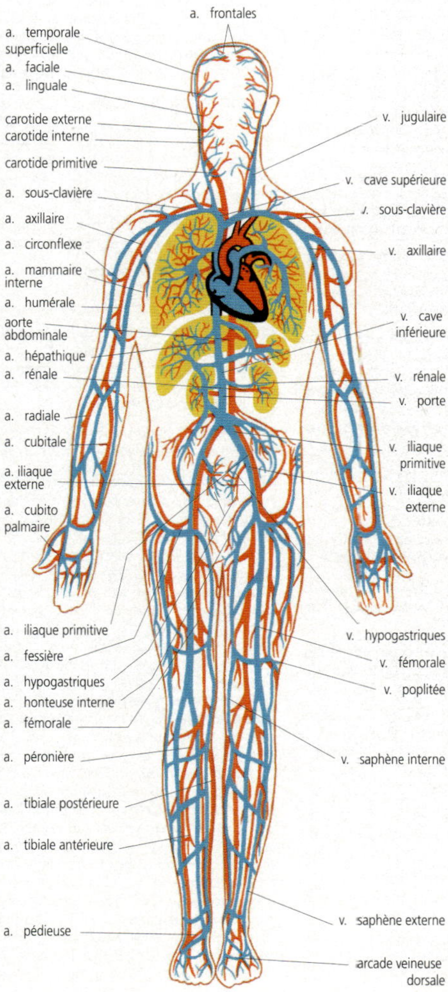


**circulation sanguine**

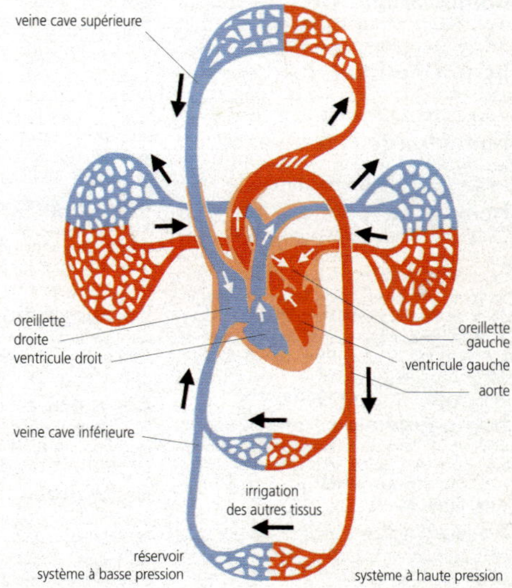


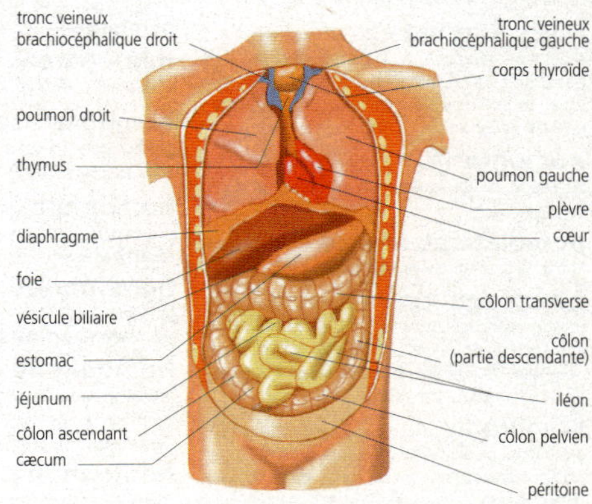


(les aponévroses et le grand épiploon ont été enlevés)

**viscères du thorax et de l'abdomen**

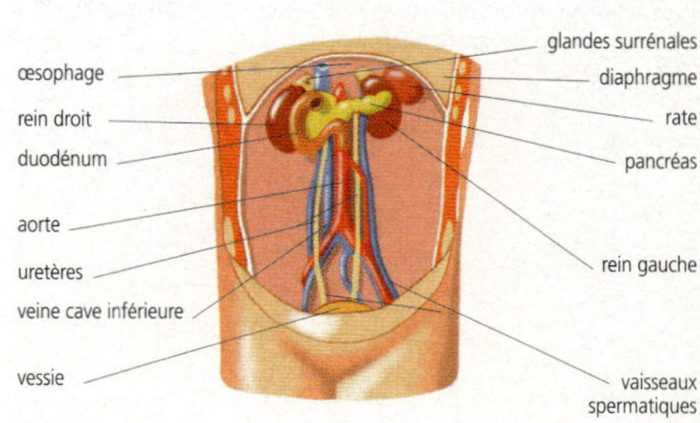


(l'estomac, le foie et les intestins ont été enlevés)

**paroi postérieure de l'abdomen**

**homocerque** *a* ZOOL Se dit de la nageoire caudale des poissons quand elle comporte deux lobes égaux. ANT hétérocerque.

**homochromie** *nf* BIOL Caractère des espèces vivantes dont la couleur, analogue à celle du milieu, leur permet de se camoufler.

**homocinétique** *a* **1** MECA Se dit d'un joint placé entre deux arbres tournant à la même vitesse. **2** PHYS Animé de la même vitesse.

**homodontie** *nf* ZOOL Caractère d'un vertébré dont toutes les dents sont de même forme. ANT hétérodontie. DER **homodonte** *a, nm*

**homogène** *a* **1** De la même nature, formé d'une même substance. *Des corps homogènes. Une pâte homogène.* **2** fig Cohérent, qui n'est pas formé d'éléments disparates. *Une documentation solide et homogène.* LOC PHYS ***Formule homogène*** : dont les deux membres représentent la même grandeur. — MATH ***Polynôme homogène*** : somme de monômes du même degré. — ***Substance homogène*** : dont on ne distingue pas à l'œil nu les différents constituants. DER **homogénéité** *nf*

**homogénéiser** *vt* ① **1** TECH Rendre homogène. **2** Réduire la grosseur des globules gras, pour allonger la conservation. *Lait homogénéisé.* VAR **homogénéifier** *vt* ② DER **homogénéisation** *nf*

**homographe** *a, nm* LING Se dit de mots ayant la même orthographe. *Dans « les poules du couvent* [kuvɑ̃] *couvent* [kuv] *», les mots « couvent » et « couvent » sont homographes.*

**homographie** *nf* **1** LING Caractère des mots homographes. **2** MATH Application qui transforme une droite d'un premier espace vectoriel en une droite d'un second. DER **homographique** *a*

**homogreffe** *nf* MED Greffe dans laquelle le greffon est emprunté à un donneur de même espèce.

**homolatéral, ale** *a* didac Qui concerne le même côté du corps. PLUR homolatéraux.

**homologation** *nf* **1** DR Approbation judiciaire, administrative. **2** SPORT Constatation et enregistrement officiels d'une performance. *Homologation d'un record.* **3** TECH Action d'homologuer un produit, une pièce.

**homologie** *nf* **1** didac Relation qui existe entre deux éléments homologues. **2** GEOM Application transformant toute figure dans l'espace par une figure équivalente. **3** Caractère des composés homologues. ETY Du gr. *homologia.*

**homologique** *a* **1** GEOM Relatif à l'homologie. **2** MATH Se dit de deux figures pour lesquelles existe une homologie transformant l'une des figures en l'autre. LOC ***Algèbre homologique*** : qui consiste à associer des groupes à des objets mathématiques, de façon à obtenir des invariants des objets mathématiques étudiés.

**homologue** *a, n* **A** *a* **1** GEOM Qualifie deux points ou deux figures géométriques homologiques. **2** CHIM Se dit de composés dont les formules brutes ne diffèrent que par le nombre des groupes $CH_2$. **3** BIOL Se dit des organes d'espèces et de groupes différents qui ont la même origine embryologique. *Chez les vertébrés, les bras, les pattes antérieures, les ailes et les nageoires pectorales sont homologues.* **B** *n* Personne, groupe, chose qui se trouve comparé à un autre de même nature. *Le ministre français des Finances a rencontré son homologue allemand.* ETY Du gr.

**homologuer** *vt* ① **1** DR Donner l'homologation à un acte. *Homologuer une sentence arbitrale.* **2** SPORT Enregistrer officiellement. *Homologuer un record.* **3** TECH Reconnaître officiellement la conformité d'un objet à certaines normes.

**homomorphie** *nf* BIOL Type de mimétisme par lequel les animaux et les végétaux présentent une forme semblable à celle d'un élément de leur milieu. DER **homomorphique** *a*

**homoncule** *nm* **1** Petite créature à l'image de l'homme, que les alchimistes prétendaient pouvoir fabriquer. **2** fam Homme petit et malingre. ETY Du lat. VAR **homuncule**

**homonyme** *a, nm* LING **A** Se dit de mots homophones, qui sont ou non homographes, et ont des significations différentes. *« Pair » et « père » sont homonymes.* **B** *nm* Personne, chose portant le même nom qu'une autre. ETY Du gr. *onoma,* « nom ». DER **homonymie** *nf* – **homonymique** *a*

**homoparent** *nm* L'un des conjoints d'une famille homoparentale.

**homoparental, ale** *a* Se dit d'un couple homosexuel ayant des enfants à charge. PLUR homoparentaux. DER **homoparentalité** *nf*

**homophile** *a, n* Qui est favorable aux homosexuels, par oppos. à *homophobe.* DER **homophilie** *nf*

**homophobe** *a, n* Caractérisé par l'hostilité envers les homosexuels. *Législation homophobe.* DER **homophobie** *nf*

**homophone** *a, nm* LING Se dit de mots de même prononciation mais d'orthographe et de signification différentes. *« Comte », « compte » et « conte » sont des homophones.*

**homophonie** *nf* **1** LING Répétition des mêmes sons représentés par des signes différents. **2** MUS Concert de plusieurs voix chantant à l'unisson. ANT polyphonie.

**homoptère** *nm* ENTOM Insecte suceur de sève aux quatre ailes membraneuses ou non, dont l'ordre comprend les cigales, les cicadelles, les pucerons, etc.

**homosexuel, elle** *a, n* Qui trouve la satisfaction de ses désirs sexuels avec des sujets du même sexe. Abrév. fam : homo. ANT hétérosexuel. DER **homosexualité** *nf*

**homosphère** *nf* METEO Région de l'atmosphère située à une altitude inférieure à 100 km, où la composition de l'air reste constante.

**homothétie** *nf* GEOM Propriété de deux figures telles que leurs points se correspondent deux à deux sur des droites menées par un point fixe et que le rapport des distances de ce point à deux points correspondants quelconques soit constant. *Centre d'homothétie.* PHO [omotesi] ETY Du gr. *thésis,* « position ». DER **homothétique** *a*

**homozygote** *a, nm* BIOL **1** Chez les organismes diploïdes, se dit d'un caractère commandé par deux gènes allèles identiques. **2** Se dit de jumeaux provenant du même œuf et ayant donc rigoureusement les mêmes gènes. ANT hétérozygote. DER **homozygotie** *nf*

**Homs** (anc. *Émèse*), v. de Syrie, sur l'Oronte ; 900 000 hab. Cultures irriguées. Industries.

**homuncule** → **homoncule.**

**Hondo** → **Honshū.**

**Hondschoote** ch.-l. de cant. du Nord (arr. de Dunkerque) ; 3 815 hab. – Égl. et hôtel de ville Renaissance. – Victoire des Français sur les Anglais et les Autrichiens (6-8 sept. 1793). DER **hondschootois, oise** *a, n*

**Honduras (golfe du)** baie de la mer des Antilles, au S.-E. de la presqu'île du Yucatán.

**Honduras (république du)** (*República de Honduras*), État d'Amérique centrale ayant une étroite façade sur le Pacifique et s'ouvrant largement sur la mer des Antilles, entouré par le Guatemala (N.-O.), le Salvador (S.-O.) et le Nicaragua (S.-E.) ; 112 090 km² ; 8,6 millions d'hab. ; accroissement naturel : 2,2 % par an ; cap. *Tegucigalpa.* Nature de l'État : rép. de type présidentiel. Langue off. : espagnol. Monnaie : lempira. Pop. : métis de Blancs et d'Indiens (89,8 %), Amérindiens (7,1 %), mulâtres et origines européennes. Relig. : cathol. majoritaire. DER **hondurien, enne** *a, n*
**Géographie** Pays montagneux culminant à 2 849 m., le Honduras a un climat tropical tempéré par l'altitude. La pop., rurale à 51 %, se concentre à l'ouest, sur les plateaux, dans les vallées fertiles et sur le littoral atlantique. Elle vit de cultures vivrières, d'élevage et de pêche. Les bananes, le café et les crustacés sont exportés. Le tourisme est en progression, mais la situation économique et sociale est catastrophique.
**Histoire** Pays de civilisation maya, reconnu par C. Colomb en 1502, le Honduras fut conquis par les Espagnols à partir de 1523. Indépendant en 1821, il fit partie de la féd. des États d'Amérique centrale (1824-1838). Son hist. a été jalonnée par des coups d'État militaires. Un conflit armé avec le Salvador (1969) eut des séquelles, mais la pression des É.-U. a amené un traité de paix (oct. 1980), ainsi que la formation d'un gouvernement à majorité civile (1981). Dans les années 80, le pays fut la base des mouvements nicaraguayens antisandinistes (« contras ») soutenus par les É.-U. Le mandat du centriste Carlos Roberto Reina (1993-1997) a amélioré sensiblement la situation. Conservateurs et libéraux alternent au pouvoir. En 2005, le libéral Manuel Zelaya est élu président, mais il est déchu en juin 2009. En nov., Porfirio Lobo (Parti national) est élu prés. Son dauphin, Juan Orlando Hernandez, est élu en 2013. ▶ carte **Amérique centrale**

**Honduras britannique** → **Belize.**

**Honecker Erich** (Wiebelskirchen, Sarre, 1912 – Santiago, 1994), homme politique allemand ; chef de l'État de la RDA de 1976 à 1989.

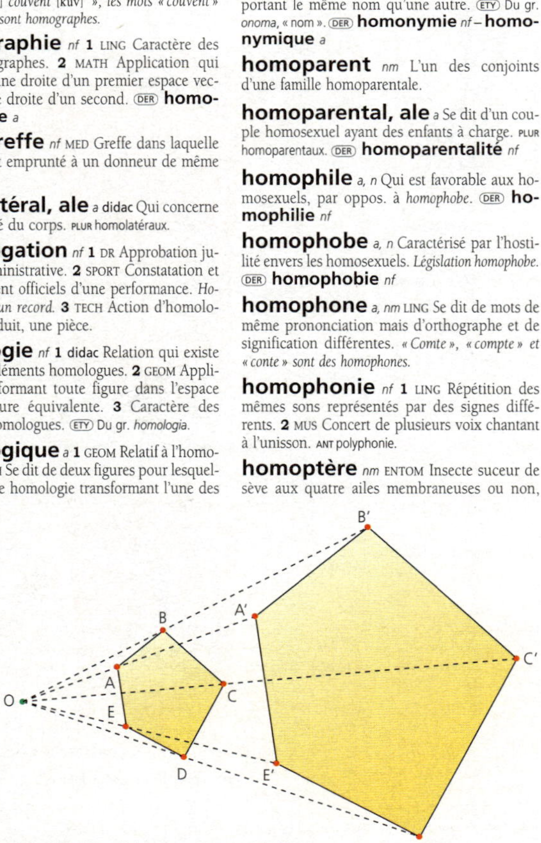


le polygone A' B' C' D' E' se déduit du polygone A B C D E par une homothétie de centre O et de rapport k (sur la fig., k = 2,3) :
$\overrightarrow{OA'} = k\,\overrightarrow{OA} = 2{,}3\,\overrightarrow{OA}$ ; $\overrightarrow{OB'} = k\,\overrightarrow{OB} = 2{,}3\,\overrightarrow{OB}$ ; etc.

**homothétie**

**Honegger** Arthur (Le Havre, 1892 – Paris, 1955), compositeur suisse du groupe des Six : *Pacific 231* (1923), poème symphonique ; *le Roi David* (1921), *Jeanne d'Arc au bûcher* (1935).

Arthur Honegger

**Honfleur** ch.-l. de cant. du Calvados (arr. de Lisieux), sur l'estuaire de la Seine (r. g.) ; 8 118 hab. – Église XV^e^ et XVI^e^ s. Musée Eugène-Boudin. – Le port de comm. fut import. avant le développement du Havre (XVII^e^ s.). DER **honfleurais, aise** *a, n*

**Hông Gai** port du Viêt-nam, sur la baie d'Along. Houille exploitée à ciel ouvert.

**Hong Kong** territoire de la Chine mérid. (province de Guangdong), qui occupe l'île du m. nom (76 $km^2$), la presqu'île de Kowloon (10 $km^2$) et les Nouveaux Territoires (959 $km^2$) ; au total, 1 045 $km^2$ et env. 7 200 000 hab. ; cap. *Victoria*. – La ville n'était qu'un centre de pêche et de piraterie lorsque les Britanniques décidèrent d'en faire une base stratégique. Le traité de Nankin (1842) entérina l'annexion. Colonie dirigée par un gouverneur, elle assura le transit entre la Chine et l'Europe. Occupée par les Japonais en 1941, elle redevint brit. en 1945. Après la révolution chin. de 1949, la colonie constitua le princ. pôle d'échanges de la Chine avec l'extérieur. La pop. chin. à 98 %, a doublé depuis la fin des années 1950 mais s'accroît moins actuellement. Adoptant un modèle de développement « à la japonaise », fondé sur la production massive d'articles d'exportation (textile, électronique), Hong Kong a aussi développé la métallurgie, les chantiers navals et les services. La ville est devenue un grand port à conteneurs et une place financière majeure. Le 1^er^ juil. 1997, Hong Kong est rétrocédé à la Chine pop. Pékin met alors en place ses propres administrateurs bien que, à terme, le chef de l'exécutif doive être élu au suffrage universel. Les nombreuses manifestations (2003 à 2006, puis 2014) pour obtenir plus de démocratie et l'application du suffrage universel n'ont pas encore permis à Hong Kong d'éviter la mainmise de Pékin sur la région. VAR **Hongkong** DER **hongkongais, aise** *a, n*

**hongre** *a, nm* Châtré, en parlant du cheval. PHO [ʒɔ̃ʀ]

**Hongrie (république de)** (*Magyar Köztarsasag*), État d'Europe centrale, entouré par la

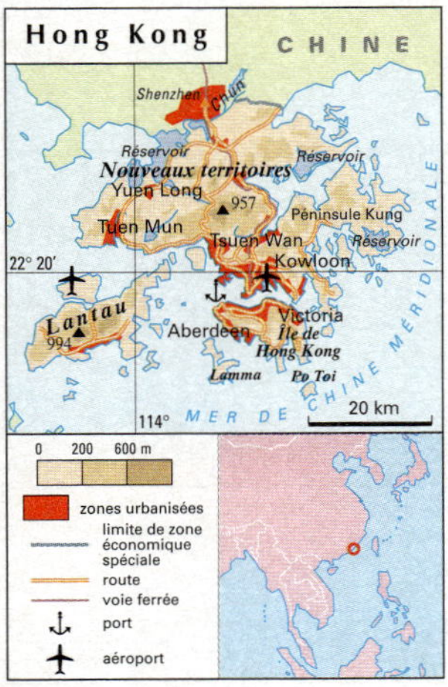


Slovaquie (au N.), l'Ukraine, la Roumanie (à l'E.), la Serbie, la Croatie (au S.), la Slovénie et l'Autriche (à l'O.) ; 93 030 $km^2$ ; 9,9 millions d'hab. ; cap. *Budapest*. Nature de l'État : république parlementaire. Langue off. : hongrois. Monnaie : forint. Relig. : catholicisme (67,5 %), protestantisme (24,9 %). DER **hongrois, oise** *a, n*

**Géographie** Au N. du bassin pannonien, que drainent le Danube et la Tisza, la Hongrie est un pays de plaines où le climat continental sec entretient une végétation de steppe, vouée à l'élevage extensif. Des hauteurs, plus humides, rompent cette monotonie : dorsale hongroise au N., massifs et collines de Transdanubie au S.-O. Le peuplement est dense (114 hab./$km^2$) et très homogène (97 % de Magyars) ; 60 % des Hongrois sont citadins et la natalité est très faible.

**Économie** Dès 1968, après deux décennies d'étatisation, diverses réformes ont développé l'initiative privée. En 1990, une vaste privatisation a été entreprise. L'économie hongroise est diversifiée, les bases agricoles et industrielles sont honorables, le tourisme international est important. Toutefois, la faiblesse du secteur tertiaire (moins de 40 % des actifs) et la productivité médiocre témoignent des retards sur l'Europe occidentale. La dette extérieure est forte et l'inflation élevée, mais les investisseurs occidentaux apprécient que la main d'œuvre soit peu onéreuse et de qualité. Mais à partir de 2009, ils commencent à se désengager. En 2010, les négociations avec le FMI sont interrompues.

**Histoire** LES ORIGINES La région connut de nombr. invasions, notam. celles des Celtes (III^e^ s. av. J.-C.) et des Daces. Au I^er^ s. après J.-C., les Romains créèrent les deux provinces de Pannonie. Après les invasions germaniques, ce fut l'établissement des Huns et des Avares (568-796). En 896 arrivèrent les Magyars, sous la conduite d'Arpad. Sa dynastie christianisa le pays, assurant ainsi son unité, sous le roi saint Étienne I^er^ (997-1038). Au XIII^e^ et au XIV^e^ s., la Hongrie conquit la Slovaquie, la Transylvanie et la Croatie. Aux XIV^e^ et XV^e^ s., la couronne élective échut aux maisons d'Anjou puis de Luxembourg. De 1458 à 1490, la Hongrie atteignit son apogée avec Mathias Corvin.

LA DOMINATION AUTRICHIENNE Passant au roi de Bohême en 1490, elle fut possession des Habsbourg d'Autriche de 1526 à 1918. Les Turcs, victorieux à Mohács (1526), conquirent une grande partie du pays (la plaine danubienne, avec Buda). La reconquête s'effectua au XVII^e^ s. (traité de Karlowitz, 1699). Le mouvement d'indép. de 1848, conduit par Kossuth, fut écrasé en 1849 avec l'aide de l'armée russe, puis Vienne accorda une large autonomie à la Hongrie (1867). Ce régime dualiste, que symbolisait le nom d'Autriche-Hongrie, prit fin en 1918. Proclamée le 16 nov. 1918, la rép. connut un régime communiste (mars-août 1919) avec Béla Kun, puis la dictature du régent Horthy (1920-1944). Le traité de Trianon (1920) amputa la Hongrie des 2/3 de son territ. L'alliance avec l'Allemagne, favorisée par le pro-nazi Szálasi, permit de récupérer (1938-1941) divers territ., à nouveau perdus en 1945. Entrée en guerre contre l'URSS en 1941, la Hongrie fut envahie par l'armée sov. (1944-1945), et un gouv. provisoire déclara la guerre à l'Allemagne (1944).

LE COMMUNISME On proclama la rép. (1946) ; on nationalisa la terre et les grandes entreprises (1946-1948). Le parti communiste imposa une rép. populaire (1949). Au stalinien Rákosi succéda le libéral Imre Nagy (1953-1955). Le remplacement de Nagy par Hegedüs provoqua l'explosion d'octobre 1956, le retour de Nagy, la répression soviétique, l'emprisonnement puis l'exécution de Nagy. János Kádár, un communiste « national », fut mis au pouvoir par l'URSS. Il entreprit, avec son accord, une lente libéralisation du régime et, en 1968, assouplit la politique écon. Lors des bouleversements amorcés en 1988, Kádár fut remplacé. La Hongrie servit de relais aux Est-Allemands qui voulaient gagner la RFA.

LE POST-COMMUNISME En 1990, J. Antall, chef du Forum démocratique, parti conservateur, a formé un gouvernement de coalition qui a décidé un renversement d'alliance et les privatisations, créant hausse des prix et chômage. Les élections législatives de 1994 portent au pouvoir le Parti socialiste hongrois (nouveau nom du PC). Gyula Horn, Prem. ministre, applique avec succès une politique d'austérité. En 1998, le FIDESZ, parti nationaliste, remporte les élections et le Prem. ministre Viktor Orban poursuit la politique d'austérité. La Hongrie intègre l'OTAN en 1999 et l'Union européenne en 2004. De 2002 à 2010, les législatives placent des socialistes à la tête du gouv. Mais en 2010, le nationaliste V. Orban retrouve le pouvoir qu'il conserve après les élections de 2014. Le pluralisme et la liberté des médias sont menacés. ▶ illustr. p. 780

**hongrois** *nm* Langue finno-ougrienne parlée par les Hongrois.

**Hongwu** empereur de Chine (1368-1398) qui fonda la dynastie Ming.

**Honiara** cap. des îles Salomon, dans l'île de Guadalcanal ; 64 600 hab. (aggl.).

**honnête** *a* **1** Qui ne cherche pas à s'approprier le bien d'autrui ou à faire des profits illicites. *Commerçant honnête.* ANT voleur. **2** Qui se conforme à la loi morale, fait preuve de droiture. *Des honnêtes gens. Un arbitre honnête. Une conduite honnête.* **3** Qu'on estime suffisant, satisfaisant. *Un salaire honnête.* **4** vieilli Civil, poli. *Des manières honnêtes.* **LOC** litt ***Honnête homme*** **:** homme qui a une culture générale étendue et les qualités sociales propres à le rendre agréable, conformément à l'idéal du XVII^e^ s. ETY Du lat. DER **honnêtement** *av* – **honnêteté** *nf*

**honneur** *nm* **A 1** Disposition morale incitant à agir de manière à obtenir l'estime des autres en conservant le respect de soi-même. *Un homme d'honneur.* **2** Considération dont jouit qqn qui agit selon ce principe. *Sauver l'honneur. Donner sa parole d'honneur, jurer sur l'honneur.* **3** Gloire retirée d'une action, d'un mérite remarquable. *Avoir tout l'honneur d'une affaire.* **4** Marque extérieure de considération, témoignage d'estime. *Préparer un repas soigné en l'honneur de ses invités.* **5** Dans des formules de politesse. *Faites-moi l'honneur d'accepter cette invitation. J'ai l'honneur de vous annoncer, de vous informer que...* **6** JEU Nom donné aux figures à certains jeux de cartes. **B** *nm pl* Dignités, titres qui permettent de se distinguer socialement. *Rechercher les honneurs. Rendre de grands honneurs aux vainqueurs.* **LOC** ***Demoiselle, garçon d'honneur*** **:** qui, dans un mariage, assistent les mariés. — ***Être à l'honneur*** **:** être mis au premier plan en signe de respect, d'admiration, d'estime. — ***Être en honneur*** (choses) **:** être apprécié. — ***Être l'honneur de sa famille, de son siècle*** **:** être pour eux un sujet d'orgueil. — ***Faire honneur à qqn*** **:** lui valoir de l'honneur, de l'estime. — ***Faire honneur à ses engagements, à sa signature*** **:** remplir ses engagements. — fam ***Faire honneur à un repas*** **:** y manger copieusement. — ***Faire les honneurs d'une maison*** **:** y recevoir avec courtoisie. — ***Honneurs funèbres*** **:** cérémonie des funérailles. — ***Honneurs militaires*** **:** saluts, sonneries, salves d'artillerie pour honorer un chef, le drapeau. — ***Les honneurs de la guerre*** **:** les conditions de reddition permettant à une garnison de se retirer librement, avec armes et bagages. ETY Du lat.

**honnir** *vt* 3 Couvrir publiquement de honte, flétrir. **LOC** vieilli, litt ***Être honni de, par qqn*** **:** lui inspirer de la haine et du mépris. — ***Honni soit qui mal y pense !*** **:** honte à celui qui y voit du mal (devise de l'ordre de la Jarretière, en Angleterre). PHO [ɔniʀ] ETY Du frq.

**Honolulu** cap. de l'État d'Hawaii (É.-U.), dans l'île Oahu ; grand port du Pacifique ; 953 200 hab. Tourisme important.

**honorable** *a* **1** Qui mérite d'être honoré, considéré. *Un honorable commerçant.* **2** Par politesse, dans le langage parlementaire. *Mon honorable collègue.* **3** Qui attire le respect, qui est garant de l'honneur. *Un métier honorable.* **4** Suffisant, assez satisfaisant. *Élève qui obtient des notes honorables.* (DER) **honorablement** *av* – **honorabilité** *nf*

**honoraire** *a* **1** Qui, après avoir exercé certaines charges, en conserve le titre et les prérogatives honorifiques. *Inspecteur honoraire.* **2** Qui porte un titre honorifique sans exercer la fonction correspondante. *Président honoraire.* (ETY) Du lat.

**honoraires** *nmpl* Rétribution donnée aux personnes qui exercent des professions libérales.

**honorariat** *nm* didac Condition d'une personne qui garde le titre d'une fonction qu'elle n'exerce plus.

**Honorat (saint)** (Gaule Belgique, v. 350 – ?, v. 429), fondateur du monastère de Lérins (v. 400) ; archevêque d'Arles en 427.

**honorée** *nf* COMM **LOC** ***Votre honorée du...*** : votre lettre du...

**honorer** *v* ① **A** *vt* **1** Manifester du respect pour qqn, qqch ; traiter avec honneur. *Honorer le mérite.* **2** Gratifier qqn d'un honneur, d'une distinction. *Honorer qqn de sa confiance.* **3** Valoir de l'honneur, de l'estime à. *Votre courage vous honore.* **4** S'acquitter de. *Honorer ses engagements. Honorer un chèque, une dette.* **B** *vpr* Tirer honneur et fierté de qqch. *Je m'honore de son amitié.* (ETY) Du lat.

**honorifique** *a* Qui confère un honneur mais aucun autre avantage. *Titre honorifique.*

**honoris causa** *a, av* Se dit des titres et grades conférés à des personnalités qui méritent d'en être honorées bien qu'elles ne remplissent pas les conditions habituellement exigées. (PHO) [ɔnɔʀiskoza] (ETY) Mots lat., « pour l'honneur ».

**Honorius** Flavius (Constantinople, 384 – Ravenne, 423), premier empereur d'Occident (395-423). Il ne sut empêcher le sac de Rome (410) par Alaric, roi des Wisigoths.

**Honorius** nom de quatre papes et d'un antipape. — **Honorius Ier** (mort en 638), pape de 625 à 638 ; il essaya de rapprocher des catholiques les monothélistes d'Orient. — **Honorius II** (près de Vérone, vers 1009 – ?, 1072), antipape de 1061 à 1064. — **Honorius II** (Fagnano, ? – Rome, 1130), pape de 1124 à 1130 ; évêque d'Ostie, il avait négocié le concordat de Worms (1122). — **Honorius III** Cencio Savelli (Rome, ? – id., 1227), pape de 1216 à 1227 ; il lutta contre les albigeois. — **Honorius IV** Giacomo Savelli (Rome, 1210 – id., 1287), petit-neveu du préc. ; pape de 1285 à 1287.

**Honshū** la plus grande des îles du Japon : 230 862 km² ; 96 687 000 hab. ; v. princ. : *Tōkyō, Yokohama, Ōsaka.* L'île s'étire sur 1 000 kilomètres env. Le centre est occupé par des montagnes volcaniques (3 776 m au Fuji). La pop. est concentrée dans les plaines côtières, qui occupent de grandes villes industr. Un tunnel ferroviaire relie Honshū à Hokkaidō. – C'est à Honshū, autour de Kyōto (au S. de l'île), que s'est formée la civilisation japonaise. (VAR) (autref., en Occident) **Hondo**

**honte** *nf* **1** Sentiment pénible causé par la conscience d'avoir commis une faute, par le fait de se sentir déshonoré, inférieur ou ridicule. *Avoir honte d'une mauvaise action, d'une infirmité, d'une tenue vestimentaire.* **2** Timidité, embarras. *N'avoir pas honte de dire telle chose.* **3** Ce qui déshonore, humilie. *Couvrir qqn de honte.* **4** Fait honteux, acte scandaleux. *C'est une honte !* **LOC** ***Avoir perdu toute honte, avoir toute honte bue*** : être insensible au déshonneur. — ***Faire honte à qqn*** : lui faire des reproches pour qu'il ait honte ; être un motif de honte pour qqn. — ***Fausse honte*** : honte que rien ne justifie. (PHO) [ʼɔ̃t] (ETY) Du frq.

**Honte (le)** bras principal de l'estuaire de l'Escaut, aux Pays-Bas (le bras oriental a été fermé par des digues). (VAR) **Escaut occidental**

**honteux, euse** *a* **1** Qui cause de la honte, du déshonneur. *Il est honteux de mentir. Trafic honteux.* **2** ANAT Qui a rapport aux organes génitaux. *Artères honteuses.* **3** Qui éprouve de la honte. *Être honteux de ses échecs.* **4** Qui, par timidité, n'ose pas révéler son état, ses convictions. **LOC** vieilli ***Les parties honteuses*** : les organes génitaux. — ***Maladie honteuse*** : maladie vénérienne. (PHO) [ʼɔ̃tø, øz] (DER) **honteusement** *av*

**Hooch** Pieter De (Rotterdam, 1629 – Amsterdam, v. 1684), peintre hollandais. Ses scènes d'intérieur, peintes à Delft, l'apparentent à Vermeer. (VAR) **Hoogh** ou **Hooghe**

**Hooft** Pieter Cornelisz (Amsterdam, 1581 – La Haye, 1647), poète, dramaturge et historien hollandais : *Chroniques néerlandaises* (27 vol.).

**Pieter De Hooch** *les Joueurs de cartes,* 1665-1668 – musée du Louvre

**Hooghly** bras occid. du delta du Gange (env. 250 km) ; arrose Calcutta. VAR **Hugli**

**Hooke** Robert (Freshwater, île de Wight, 1635 – Londres, 1703), physicien et astronome anglais. ▷ PHYS *Loi de Hooke :* l'allongement d'une barre est proportionnel à l'effort de traction et inversement proportionnel à la section de la barre.

**Hooker** John Lee (Clarksdale, 1917 – San Francisco, 2001), jazzman américain, guitariste et chanteur de blues.

**hooligan** → **houligan.**

**Hoorne** → **Hornes.**

**Hoover** Herbert Clark (West Branch, Iowa, 1874 – New York, 1964), homme politique américain, président (républicain) des É.-U. de 1929 à 1933. Il ne put remédier aux désastres dus à la crise écon. de 1929.

**Hoover** John Edgar (Washington, 1895 – id., 1972), haut fonctionnaire américain qui dirigea le FBI de 1924 à sa mort.

**Hoover Dam** puissant barrage sur le Colorado, à la frontière du Nevada et de l'Arizona.

**hop !** *interj* Incite à faire un mouvement vif et rapide. *Hop là !* PHO ['ɔp]

**Hope** Thomas Charles (Édimbourg, 1766 – id., 1844), chimiste et médecin écossais. Il découvrit le strontium (1792) et montra que la masse volumique de l'eau est maximale à 4 °C.

**Hopis** Indiens Pueblos établis dans l'Arizona, aux États-Unis. DER **hopi, ie** *a*

**hôpital** *nm* Établissement public ou privé aménagé de manière à pouvoir dispenser tous les soins médicaux et chirurgicaux. PLUR hôpitaux. **LOC** ***Hôpital de jour :*** service hospitalier qui ne prend en charge les malades que pendant la journée. ETY Du lat. *hospitalis domus,* « maison d'hôte ».

**Hopkins** Gerard Manley (Stratford, 1844 – Dublin, 1889), poète anglais. Jésuite, son œuvre poétique, d'une haute spiritualité, a des aspects novateurs.

**Hopkins** sir Frederick Gowland (Eastbourne, 1861 – Cambridge, 1947), biochimiste anglais. Il découvrit les vitamines du lait. P. Nobel de médecine 1929 avec C. Eijkman.

**hoplite** *nm* ANTIQ GR Fantassin de l'infanterie lourde. ETY Du gr. *hoplon,* « arme ».

**hoplostète** *nm* Poisson pélagique à la chair estimée, menacé de disparition à cause de la surpêche.

**Hopper** Edward (New York, 1882 – id., 1967), peintre américain dont le réalisme photographique annonce le pop'art.

**hoquet** *nm* Contraction spasmodique du diaphragme qui détermine une brusque inspiration d'air et s'accompagne d'un bruit caractéristique lors de la fermeture de la glotte. PHO ['ɔkɛ] ETY Onomat.

**hoqueter** *vi* 18 ou 20 Avoir le hoquet, émettre des sons ressemblant au hoquet. PHO ['ɔkte]

**hoqueton** *nm* Casaque brodée portée par certains hommes d'armes aux XIV^e et XV^e s. PHO ['ɔktɔ̃] ETY De l'ar. *al-qot(o)n,* « le coton ».

**Horace** (en lat. *Quintus Horatius Flaccus*) (Venosa, Apulie, 65 – ?, 8 av. J.-C.), poète latin. Ses premières œuvres (*Satires, Épodes*) lui valurent l'amitié de Virgile et la protection (v. 39 av. J.-C.) de Mécène ; il dut sa gloire de poète lyrique à ses *Odes*. Dans ses *Épîtres* en vers, écrites de 30 av. J.-C. à sa mort, il développa une morale épicurienne. DER **horacien, enne** *a*

**Horace** tragédie en 5 actes et en vers (1640) de Corneille, qui s'inspire de la légende des trois Horaces en leur donnant une sœur, Camille, fiancée à l'un des Curiaces : désespérée de le savoir mort, elle se révolte et son frère la tue.

**Horaces (les trois)** frères romains légendaires du VII^e s. av. J.-C. désignés pour être les champions de Rome face aux trois frères *Curiaces*, champions d'Albe (les deux villes étant en guerre). Deux des Horaces furent tués, mais le troisième feignit la fuite et tua ses adversaires un à un. (√. Horace.)

**horaire** *a, nm* **A** *a* **1** Qui correspond à une durée d'une heure. *Salaire horaire.* **2** Qui a lieu toutes les heures. *Halte horaire.* **3** Qui a rapport aux heures. **B** *nm* **1** Tableau donnant les heures de départ et d'arrivée des trains, des avions, etc. **2** Ces heures elles-mêmes. *L'horaire du dernier train est incommode.* **3** Emploi du temps. **LOC** ***Horaire mobile, flottant, flexible*** ou ***à la carte :*** système dans lequel le salarié peut, à l'intérieur de certaines limites, choisir ses heures d'arrivée et de départ. — PHYS ***Sens horaire :*** celui des aiguilles d'une montre.

**Horatius Cocles** (« le Borgne »), (VI^e s. av. J.-C.), héros légendaire romain qui défendit seul, face à l'armée du roi étrusque Porsenna, le pont d'accès dans Rome.

**horde** *nf* **1** Peuplade, groupement d'hommes errants. **2** SOCIOL Chez Durkheim, groupement humain temporaire et instable. **3** péjor Groupe d'individus turbulents, destructeurs. *Une horde de voyous.* PHO ['ɔRd] ETY Du tartare.

**hordéacé, ée** *a* Qui concerne l'orge. ETY Du lat.

**Horde d'Or** État mongol fondé au XIII^e s. dans le S. de la Sibérie et de la Russie par Batū khān, petit-fils de Gengis khān. Il s'émietta dès le XIV^e s. En 1783, la Russie en annexa le dernier bastion (en Crimée).

**Horeau** Hector (Versailles, 1801 – Paris, 1872), architecte français. Ce pionnier prôna l'utilisation du fer et du verre.

**Horeb** autre nom du Sinaï dans la Bible.

**Horemheb** (fin du XIV^e s. av. J.-C.), dernier pharaon de la XVIII^e dynastie.

**Horgen** com. de Suisse (Zurich), sur le lac de Zurich ; 16 700 hab. Industries.

**horion** *nm* vieilli, litt Coup asséné rudement à qqn. PHO ['ɔRjɔ̃] ETY De l'a. fr. *oreillon,* « coup sur l'oreille ».

**horizon** *nm* **1** Ligne circulaire constituant la limite du champ de vision d'un observateur et qui semble séparer le ciel et la terre. **2** ASTRO Plan perpendiculaire à la verticale et tangent à la surface de la Terre. **3** Parties du ciel et de la terre voisines de l'horizon. *Bateaux à l'horizon.* **4** Étendue visible autour de soi. *Horizon limité par un mur.* **5** fig Domaine où s'exerce l'action, la pensée de qqn. *Son horizon intellectuel est borné. Faire un tour d'horizon.* **6** Perspectives d'avenir. *L'horizon est sombre.* **7** PEDOL Chacune des couches superposées constitutives d'un sol. *Tous les points d'un horizon ont sensiblement la même composition chimique.* **LOC** AVIAT ***Horizon artificiel :*** appareil donnant la position de l'horizontale. ETY Du gr. *horizein,* « borner ».

**horizontal, ale** *a, nf* **A** *a* Parallèle à l'horizon ; perpendiculaire à la verticale. **B** *nf* Ligne, position horizontale. PLUR horizontaux. DER **horizontalement** *av* – **horizontalité** *nf*

**Horkheimer** Max (Stuttgart, 1895 – Nuremberg, 1973), philosophe allemand, membre de l'école de Francfort : *Dialectique de la raison* (en collaboration avec Th. Adorno, 1947).

**Horla (le)** nouvelle de Maupassant (1887) décrivant une plongée dans la folie.

**horloge** *nf* Instrument servant à mesurer le temps. *Regarder l'heure à l'horloge.* **LOC** ***Être réglé comme une horloge :*** avoir des habitudes très régulières. — ***Horloge astronomique :*** horloge électrique servant à établir les étalons de temps. — ***Horloge atomique :*** horloge d'une extrême précision, réglée sur la fréquence d'un phénomène se produisant dans un atome. — ***Horloge biologique :*** ensemble des mécanismes assurant la régulation temporelle des activités des êtres vivants. — ***Horloge moléculaire :*** mesure du taux de mutation supposée de l'ADN mitochondrial, permettant aux généticiens de dater la séparation entre deux espèces. — ***Horloge parlante :*** service téléphonique qui donne l'heure. ETY Du gr.

**Horloge (l')** constellation de l'hémisphère austral ; n. scientif. : *Horologium, Horologii.*

**horloger, ère** *n, a* **A** *n* Personne qui fabrique, qui vend ou qui répare des horloges, des montres, etc. **B** *a* Qui concerne l'horlogerie. *Industrie horlogère.*

**horlogerie** *nf* **1** Fabrication, industrie des horloges, des montres. **2** Commerce, magasin d'un horloger.

**hormis** *prép* litt Excepté. *Tous, hormis l'aîné.* PHO ['ɔRmi]

**Hopper** *Chambre à Brooklyn,* 1932 – Museum of Fine Arts, Boston

**Hormisdas (saint)** pape de 514 à 523. Il rapprocha Constantinople et Rome.

**hormone** *nf* **1** BIOL Substance produite par une glande endocrine et transportée dans le sang vers l'organe cible où elle agit. **2** BOT Nom donné abusivement aux facteurs de croissance des végétaux. LOC ***Hormone de croissance*** : somatotrophine. ETY Du gr. *hormân*, « exciter ». DER **hormonal, ale, aux** *a*

ENC On distingue quatre types d'hormones selon leurs caractères chimiques : les *hormones stéroïdes* dérivées du cholestérol (ex : testostérone), les *hormones peptidiques* (ex : insuline), les *hormones dérivées d'acides aminés* (ex : hormone thyroïdienne), les *hormones dérivées des lipides* (ex : prostaglandines). Sécrétées dans le sang, elles y agissent à des concentrations infimes : elles transmettent une information à laquelle sont uniquement sensibles les cellules pourvues de récepteurs membranaires spécifiques ou de protéines cytoplasmiques capables de véhiculer la molécule hormonale informative.

**hormoné, ée** *a* Se dit d'un animal d'élevage auquel on a administré des hormones pour accélérer sa croissance.

**hormonodépendant, ante** *a* MED Conditionné par la présence de certaines hormones. *Cancer hormonodépendant.*

**hormonothérapie** *nf* MED Thérapeutique consistant à administrer des hormones.

**Horn (cap)** pointe australe de l'Amérique du S., dans l'archipel de la Terre de Feu (Chili).

**hornblende** *nf* MINER Silicate du groupe des amphiboles. PHO [ˈɔʀnblɛ̃d] ETY De l'all. *Horn*, « corne » et *blenden*, « briller ».

**Horne** Marilyn (Bradford, Pennsylvanie, 1934), cantatrice américaine, mezzo-soprano.

**Hornes** Philippe II de Montmorency (comte de) (Nevele, v. 1524 – Bruxelles, 1568), gouverneur de la Gueldre sous Charles Quint ; décapité, avec Egmont. VAR **Hoorne**

**Horney** Karen (Hambourg, 1885 – New York, 1952), psychanalyste américaine d'origine allemande. Elle insista (en contradiction avec Freud) sur les causes sociales et culturelles des névroses.

**horo-** Élément, du gr. *hôra*, « heure ».

**horodater** *vt* ① Indiquer automatiquement la date et l'heure sur un document. DER **horodatage** *nm*

**horodateur, trice** *a, nm* Qui imprime l'heure et la date sur des documents, des colis, etc. *Horloge horodatrice.*

**horokilométrique** *a* TECH Se dit d'un appareil qui mesure ou enregistre la distance parcourue et le temps écoulé.

**horoptère** *nm* OPT Droite passant par le point d'intersection des axes optiques d'un appareil et parallèle à la ligne des yeux.

**horoscope** *nm* ASTROL **1** Document astrologique représentant les signes du zodiaque sur lequel on reporte la position des planètes à un moment et en un lieu donnés, ceux de la naissance d'un sujet en particulier. *Dresser un horoscope.* **2** Prédiction de l'avenir que certains prétendent tirer de ce document. *Horoscope favorable.*

**Horowitz** Vladimir (Kiev, 1904 – New York, 1989), pianiste américain d'origine ukrainienne.

**horreur** *nf* **1** Réaction d'effroi, de répulsion provoquée par qqch d'affreux. *Être saisi d'horreur.* **2** Sentiment d'aversion, de répugnance. *Avoir horreur du lait.* **3** Caractère de ce qui inspire une telle réaction. *Envisager la situation dans toute son horreur.* **4** Ce qui inspire l'épouvante, le dégoût. SYN monstruosité. *Écrire des horreurs. Les horreurs de la guerre.* **5** fam Personne, chose très laide. ETY Du lat.

**horrible** *a* **1** Qui inspire de l'horreur. *Supplice horrible.* **2** Qui est difficile à supporter, qui déplaît vivement. *Temps horrible. Robe horrible.*

**horriblement** *av* **1** De façon horrible. *Horriblement défiguré.* **2** Extrêmement. *Horriblement pâle.*

**horrifier** *vt* ② Provoquer l'horreur. DER **horrifiant, ante** ou **horrifique** *a*

**horripilant, ante** *a* Qui agace.

**horripilateur** *am, nm* ANAT Se dit du muscle qui permet à chaque poil de se redresser.

**horripiler** *vt* ① **1** Agacer vivement, exaspérer. *Sa façon de parler m'horripile.* **2** PHYSIOL Provoquer l'érection des poils dans le frisson. ETY Du lat. imp. *horripilare*, « avoir le poil hérissé ». DER **horripilation** *nf*

**hors** *prép* **1** En dehors de. *Gravure hors texte. Footballeur hors jeu. Exemplaire hors commerce. Objet hors série. Être hors concours.* **2** vieilli À l'exception de. *Tous, hors lui et moi.* LOC ***Être hors de soi*** : violemment agité, partic. par la colère. — ***Hors de*** : à l'extérieur de, en dehors de. *Hors de la ville. Hors de cause.* — ***Hors d'ici !*** : sortez d'ici ! — ***Hors ligne, hors pair*** : au-dessus du commun. — ***Longueur hors tout d'un édifice*** : sa longueur maximale, tout compris. — ***Surface hors œuvre*** : délimitée par les faces extérieures de l'édifice. PHO [ˈɔʀ] ETY De *dehors*.

**horsain** *nm* Étranger au village, en partic. résident secondaire. VAR **horsin**

**hors-bilan** *nm* Engagements donnés ou reçus par une entreprise qui n'apparaissent pas dans le bilan. PLUR hors-bilans ou hors-bilan.

**hors-bord** *nm* Canot rapide dont le moteur est placé à l'arrière, en dehors de la coque. PLUR hors-bords.

**hors-champ** *a, nm* AUDIOV Qui se trouve en dehors du champ de la caméra. PLUR hors-champs ou hors-champ.

**hors-concours** *nm* Personne qui ne peut concourir parce qu'elle fait partie du jury ou parce qu'elle est manifestement très supérieure à ses concurrents.

**hors-cote** *nm* FIN Marché des valeurs mobilières non inscrites à la cotation et non réglementé. PLUR hors-cotes ou hors-cote.

**hors-d'œuvre** *nm inv* **1** ARCHI Pièce qui fait saillie, dans un édifice. **2** Mets servi au début du repas.

**horse-ball** *nm* Sport opposant deux équipes de six cavaliers qui se disputent un ballon à poignées. PLUR horse-balls. PHO [ˈɔʀsbal] ETY Mot angl.

**horse-guard** *nm* Soldat du régiment des gardes à cheval en Angleterre. PLUR horse-guards. PHO [ˈɔʀsg(w)aʀd] ETY Mot angl., de *horse*, « cheval », et *guard*, « garde ».

**Horsens** port du Danemark, à l'E. du Jylland oriental, sur le *fjord d'Horsens* ; 55 080 hab..

**horse power** *nm inv* PHYS Unité angl. de puissance (symbole HP) valant 745,7 W ou 1,013 ch. PHO [ˈɔʀspɔwœʀ] ETY Mots angl., « puissance du cheval ».

**hors-jeu** *nm* SPORT **1** Au football, au rugby, etc., position irrégulière d'un joueur par rapport au but adverse et aux adversaires. **2** La faute elle-même, sanctionnée par l'arbitre. PLUR hors-jeux ou hors-jeu.

**hors-la-loi** *nm inv* Individu que ses actions ont mis en dehors de la loi, qui enfreint la loi.

**hors-média** *nm* Secteur de la publicité constitué par les gratuits, les prospectus, le publipostage, etc. PLUR hors-médias ou hors-média.

**hors-normes** *a inv* Très inhabituel, atypique. *Une aventure hors-normes.*

**hors-piste** *nm* Ski pratiqué en dehors des pistes balisées. PLUR hors-pistes ou hors-piste.

**hors-série** *a inv, nm* Se dit d'une publication qu'un organe de presse fait paraître en sus de ses numéros réguliers. PLUR hors-séries ou hors-série.

**hors-service** *a inv* Qui ne fonctionne plus. *Distributeur de boissons hors-service.*

**hors-sol** *a, nm* AGRIC Se dit d'une culture ou d'un élevage pratiqués sans recourir au sol de l'exploitation. PLUR hors-sols ou hors-sol.

**hors-statut** *n* Salarié(e) ne bénéficiant pas du statut de ses collègues de travail. PLUR hors-statuts ou hors-statut.

**horst** *nm* GEOL Zone élevée entre deux failles (par oppos. à *graben*). PHO [ˈɔʀst] ETY Mot all., « butoir ».

**Horst** Horst P. (Weissenfels, 1906 – Palm Beach, 1999), photographe américain d'origine allemande : *le Corset* (1939).

**hors-texte** *nm* Gravure intercalée dans un livre et qui ne porte pas de numéro de folio. PLUR hors-textes.

**Horta** Victor (baron) (Gand, 1861 – Bruxelles, 1947), architecte belge ; représentant de l'art nouveau et précurseur du fonctionnalisme ; auteur de mobilier. Plusieurs de ses constructions furent détruites (Maison du peuple, 1896-1900, et magasins Innovation, à Bruxelles). La maison qu'il se construisit à Bruxelles (1898) est devenue en 1969 le musée Horta.

**Hortense de Beauharnais** (Paris, 1783 – Arenenberg, Suisse, 1837), reine de Hollande (1806-1810) par son mariage avec Louis Bonaparte ; fille d'Alexandre de Beauharnais et de la future impératrice Joséphine ; mère de Napoléon III et du duc de Morny (fils du comte de Flahaut).

**hortensia** *nm* Arbrisseau (saxifragacée) à grosses ombelles de fleurs diversement colorées, non odorantes, originaire de Chine et du Japon. ETY Du prénom *Hortense*.

**Hortensius Hortalus** Quintus (114 – 50 av. J.-C.), orateur romain ; d'abord rival de Cicéron, il plaida avec lui après 63.

**Horthy de Nagybánya** Miklós (Kenderes, 1868 – Estoril, Portugal, 1957), amiral et homme politique hongrois, régent du royaume de Hongrie de 1920 à 1944. Il se rapprocha de l'Italie et de l'Allemagne, agrandit le territoire hongrois, fut renversé en 1944 par un parti fasciste et put s'enfuir.

**horticulture** *nf* **1** Art de cultiver les jardins. **2** Culture des légumes, fruits et fleurs de jardin. ETY Du lat. *hortus*, « jardin ». DER **horticole** *a* – **horticulteur, trice** *n*

**hortillonnage** *nm* rég En Picardie, marais de la basse vallée de la Somme aménagé pour les cultures maraîchères ; ces cultures. ETY Du lat. *hortus*, « jardin ».

**Horton** Lester (Indianapolis, 1906 – Los Angeles, 1953), chorégraphe américain.

**Horus** divinité solaire de l'anc. Égypte, représentée sous la forme d'un faucon ou d'un homme à tête de faucon. ▶ illustr. **Isis**

**Horváth** Ödön von (Fiume, 1901 – Paris, 1938), écrivain autrichien contestataire : *Légendes de la forêt viennoise*, comédie amère (1931).

**Hōryūji** monastère bouddhique du Japon, l'un des plus anc., construit près de Nara au VIIe s.

**hosanna** *nm* **1** LITURG Couplet d'invocation que les juifs chantent à la fête des Tabernacles. **2** Hymne chantée par les chrétiens, notam. le jour des Rameaux. **3** litt Cri, chant de triomphe, de joie. PHO [ozan(n)a] ETY Mot hébr., « sauve(-moi) s'il te plaît ».

**hospice** *nm* **1** Établissement public ou privé accueillant les personnes âgées, les orphelins, les handicapés, etc. **2** VX Maison où les religieux donnent l'hospitalité aux voyageurs. *Hospice du Grand-Saint-Bernard.* (ETY) Du lat.

**Hospital** Michel de L' → **L'Hospital.**

**Hospitalet de Llobregat (L')** v. d'Espagne (Catalogne), fbg S.-O. de Barcelone ; 279 780 hab. Centre industriel.

**hospitalier, ère** *a, n* **A** *a* **1** Relatif aux hospices, aux hôpitaux. *Centre hospitalier.* **2** Qui exerce volontiers l'hospitalité. *Famille, peuplade hospitalière.* **3** Où l'on a envie de s'installer. *Terre hospitalière.* SYN accueillant. **B** *nm* Religieux qui soignait les malades, hébergeait les pèlerins. **C** *n* Membre du personnel des hôpitaux. *Une grève des hospitaliers.*

**hospitaliser** *vt* ① Faire entrer qqn dans un établissement hospitalier. *Hospitaliser un blessé.* (DER) **hospitalisation** *nf* – **hospitalisé, ée** *n*

**hospitalisme** *nm* MED Ensemble des effets nocifs dus à un séjour prolongé en milieu hospitalier, partic. chez les enfants.

**hospitalité** *nf* **1** Libéralité qu'on exerce en logeant gratuitement un étranger. *Demander l'hospitalité.* **2** Fait d'accueillir chez soi généreusement, aimablement. *Avoir le sens de l'hospitalité.*

**hospitalocentrisme** *nm* Fait d'organiser les systèmes de soins autour de l'hôpital, considéré comme le lieu principal, voire unique, de toute thérapeutique.

**hospitalo-universitaire** *a* LOC *Centre hospitalo-universitaire* (CHU) : hôpital auquel est attaché un centre d'enseignement de la médecine. *Des centres hospitalo-universitaires.*

**hospodar** *nm* HIST Titre donné par le sultan de Turquie aux princes régnants de Valachie et de Moldavie. (PHO) [ɔspɔdaʀ] (ETY) Mot slave, « maître ».

**Hossegor** écart de la commune de Soorts-Hossegor (Landes), sur l'Atlant., près de l'*étang d'Hossegor.* Station balnéaire.

**Hossein** Robert Hosseinhoff, dit Robert (Paris, 1927), acteur et metteur en scène français. Il réalisa quelques films noirs puis monta de grands spectacles théâtraux (*les Misérables,* 1980).

**hosta** *nm* Plante ornementale (liliacée), au feuillage décoratif et à l'abondante floraison blanche ou mauve.

**hostellerie** *nf* Var. de *hôtellerie,* quand il s'agit d'un restaurant élégant.

**hostie** *nf* LITURG Pain sous la forme d'une petite rondelle blanche de froment sans levain, destiné à la communion sacramentelle. (ETY) Du lat. *hostia,* « victime ».

**hostile** *a* **1** Qui a ou dénote une attitude inamicale. *Des paroles hostiles.* **2** Qui ne convient pas à. *Nature, climat hostile à l'homme.* **3** Opposé à. *Hostile aux réformes.* (ETY) Du lat. *hostis,* « ennemi ». (DER) **hostilement** *av*

**hostilité** *nf* **A** Disposition hostile. *L'hostilité de la bourgeoisie contre la noblesse.* **B** *nf pl* Actes, opérations de guerre. *Cessation des hostilités.*

**hosto** *nm* fam Hôpital.

**hot** *a, nm inv* **1** Se dit d'une manière expressionniste de jouer le jazz. **2** fam D'une sensualité débridée. *Un téléfilm hot.* (PHO) [ɔt] (ETY) Mot angl., « chaud ».

**Hotchkiss** Benjamin Berkeley (Watertown, Connecticut, 1828 – Paris, 1885), ingénieur américain. Il s'installa en France ; l'État acheta en 1875 son usine d'armement, qui produisit aussi des automobiles de luxe de 1904 à 1951.

**hot-dog** *nm* Sandwich garni d'une saucisse chaude. PLUR hot-dogs. (PHO) [ɔtdɔg] (ETY) Mot amér., « chien chaud ». (VAR) **hotdog**

**1 hôte** *n* **1** Personne qui reçoit l'hospitalité. *Bien traiter ses hôtes.* **2** LITTER Personne, animal qui occupe un lieu. LOC *Chambre d'hôte :* chambre louée à un voyageur par un particulier. — *Table d'hôte :* table d'un restaurant où l'on sert à heure et à prix fixes des repas pris en commun ; Canada menu à prix fixe offrant un choix pour chaque partie du repas.

**2 hôte, hôtesse** *n* **A** Personne qui donne l'hospitalité. *Un hôte accueillant.* **B** *nf* Jeune femme chargée de l'accueil des visiteurs dans une entreprise, une foire, un salon, etc. **C** *nm* BIOL Organisme qui héberge un parasite. LOC *Hôtesse de l'air :* membre féminin du personnel commercial navigant, qui veille au bien-être des passagers. — *Hôte, hôtesse de caisse :* caissier, caissière dans une grande surface.

**hôtel** *nm* **1** Établissement où l'on peut louer une chambre meublée pour une nuit ou plus. *Chambre d'hôtel. Descendre à l'hôtel.* **2** Demeure somptueuse dans une ville. *L'hôtel Sully.* **3** Nom donné à certains édifices publics. *Hôtel des ventes.* LOC *Hôtel de ville :* mairie d'une grande ville. — *Hôtel particulier :* occupé dans sa totalité par un riche particulier. (ETY) Du lat. *hospitale,* « chambre pour les hôtes ».

**hôtel-club** *nm* Hôtel réservé aux clients d'un club de voyages. PLUR hôtels-clubs.

**Hôtel de Ville de Paris** siège de la municipalité de Paris, sur la r. d. de la Seine, face à la Cité. Détruit sous la Commune, il fut reconstruit (1872-1882) par Ballu et Deperthes.

**hôtel-Dieu** *nm* Hôpital principal de certaines villes. PLUR hôtels-Dieu.

**Hôtel-Dieu** le plus anc. hôpital de Paris, entièrement reconstruit (1868-1878) sur le côté N. du parvis de Notre-Dame.

**Hôtel du Nord** roman de Dabit (1929) qui dépeint les hôtes d'un petit hôtel. ▷ CINE Film de Marcel Carné (1938), dialogue de H. Jeanson, avec Arletty et Louis Jouvet.

**hôtelier, ère** *a, n* **A** *a* Relatif à l'hôtellerie. *Industrie hôtelière.* **B** *n* Personne qui tient un hôtel.

**hôtellerie** *nf* **1** anc Hôtel pour voyageurs. **2** Hôtel ou restaurant élégant, au cadre campagnard. SYN hostellerie. **3** Profession de l'hôtelier. **4** Industrie hôtelière. **5** Partie de la gestion d'un hôpital qui concerne l'accueil des malades. LOC *Hôtellerie de plein air :* secteur de l'industrie hôtelière concernant le camping et le caravaning.

**hôtesse** → **hôte 2.**

**hotline** *nf* Numéro téléphonique permettant l'accès immédiat à un service d'assistance pour l'utilisation d'un produit. (PHO) [ɔtlajn] (VAR) **hot line**

**hotliner** *n* Personne qui répond aux appels sur une hotline. (PHO) [ɔtlajnɛʀ] (ETY) Mot angl.

**hotte** *nf* **1** Grand panier muni de bretelles, qu'on porte sur le dos. *Hotte de vendangeur.* **2** CONSTR Ouvrage en forme de tronc de pyramide situé au-dessus du manteau d'une cheminée, à l'intérieur duquel se trouve le conduit de fumée. **3** Caisson collectant et évacuant les fumées, odeurs et buées, dans une cuisine. (PHO) [ɔt] (ETY) Du frq.

**hottée** *nf* Contenu d'une hotte. (PHO) [ɔte] (ETY) Du wallon.

**hottentot** *nm* Langue des Hottentots, agglutinante, de la famille khoisan. (PHO) [ɔtɑ̃to]

**Hottentots** peuple d'Afrique du Sud, de Namibie et du Botswana. Il est difficile d'évaluer leur nombre (env. 200 000) car ils se sont assimilés aux autres populations d'Afrique australe. Leur langue, le *khoi,* qui appartient à la famille des langues khoisan, est caractérisée par des clics (*Hottentot* est un mot d'origine néerlandaise qui signifie « bégayeur »). Les Hottentots seraient issus du brassage (entre le VI<sup></sup>e et le XIII e s.) de deux types anthropologiques très différents. (VAR) **Khoïs** (DER) **hottentot, ote** *a*

**hotu** *nm* Poisson cyprinidé d'eau douce, long d'env. 40 cm, dont les lèvres cornées tranchantes bordent une bouche très ventrale. (PHO) [ɔty] (ETY) Du wallon.

**hou !** *interj* **1** Pour faire peur ou pour huer. **2** (Doublé) Pour appeler. *Hou ! hou ! Par ici !* (PHO) [ʼu]

**Houat** île de l'Atlant., au large de Quiberon ; 335 hab. Pêche. Stat. balnéaire. (DER) **houatais, aise** *a, n*

**houblon** *nm* Plante grimpante (cannabinacée), vivace, cultivée pour ses inflorescences femelles ou cônes, utilisées pour parfumer la bière. (PHO) [ʼublɔ̃] (ETY) Du frq. par le néerl.

**houblon** tige avec feuilles et cônes

**houblonner** *vt* ① AGRIC Mettre du houblon dans la bière. (DER) **houblonnage** *nm*

**houblonnier, ère** *a, n* AGRIC **A** *a* Qui concerne le houblon ; qui produit du houblon. **B** *n* Personne qui cultive le houblon. **C** *nf* Champ planté de houblon.

**Houchard** Jean Nicolas (Forbach, 1740 – Paris, 1793), général français. Vainqueur des Anglais à Hondschoote (1793), il fut guillotiné pour avoir ménagé l'ennemi.

**Hou Che** → **Hu Shi.**

**Houdan** ch.-l. de cant. des Yvelines (arr. de Mantes-la-Jolie) ; 3 112 hab. Égl. (XV e-XVI e s.). Donjon (XII e s.). Maisons anciennes. (DER) **houdanais, aise** *a, n*

**Houdar de La Motte** Antoine, dit aussi La Motte-Houdar (Paris, 1672 – id., 1731), écrivain français. Il ranima la querelle des Anciens et des Modernes en 1713. Acad. fr. (1710).

**Houdetot** Élisabeth de La Live de Bellegarde (comtesse d') (Paris, 1730 – id., 1813), dame qui tint un salon littéraire. Rousseau, qui s'éprit d'elle, l'évoque dans ses *Confessions* et dans *la Nouvelle Héloïse.*

**Houdin** → **Robert-Houdin.**

**Houdon** Jean-Antoine (Versailles, 1741 – Paris, 1828), sculpteur français néo-classique qui excella dans les bustes : *Voltaire, Diderot, Benjamin Franklin, Buffon, Mirabeau, Washington.* ▶ illustr. **Diane**

**Houdry** Eugène (Domont, 1892 – Upper Darby, Pennsylvanie, 1962), ingénieur français. Il inventa le craquage par catalyse.

**houe** *nf* Pioche à large fer courbé servant à remuer la terre. PHO ['u] ETY Du frq.

**Houei-tsong** → **Huizong.**

**Houellebecq** Michel (Saint-Pierre, La Réunion, 1958), écrivain français : *Les Particules élémentaires* (1998), *La Possibilité d'une île* (2005).

**Hougue (La)** fort de l'E. du Cotentin, au large duquel la flotte anglo-hollandaise endommagea celle de Tourville (1692).

**Houhehot** → **Hohhot.**

**Hou Hsiao-Hsien** (Meixian, 1947), cinéaste taïwanais : *la Cité des douleurs* (1989), *Three Times* (2005).

**houille** *nf* Charbon de terre, roche sédimentaire de couleur noirâtre, à cassure brillante, que l'on utilise comme combustible. LOC ***La houille blanche :*** l'énergie des cours d'eau, l'hydroélectricité. PHO ['uj] ETY Du frq. par le wallon.

**houiller, ère** *a, n* **A** *a* **1** Qui renferme de la houille. *Terrain houiller.* **2** Relatif à la houille. **B** *nf* Mine de houille. PHO ['uje, ɛʀ]

**Houilles** ch.-l. de cant. des Yvelines ; 31 292 hab. DER **houillessais, aise** ou **ovillois, oise** *a, n*

**houka** *nm* Narguilé. PHO ['uka] ETY Mot ar.

**Houlgate** com. du Calvados ; 2 035 hab. Stat. balnéaire. DER **houlgatois, oise** *a, n*

**houle** *nf* Mouvement ondulatoire de la mer formant des lames longues et élevées qui ne déferlent pas ; ces lames elles-mêmes. PHO ['ul] ETY Du germ. *hol,* « creux ».

**houlette** *nf* **1** VX Bâton de berger muni d'une plaque de fer servant à jeter de la terre aux moutons qui s'écartent du troupeau. **2** Crosse épiscopale. **3** Ustensile de jardinier. LOC ***Sous la houlette de qqn :*** sous sa direction. PHO ['ulɛt]

**houleux, euse** *a* **1** Animé par la houle. *Mer houleuse.* **2** FIG Agité, mouvementé. *Assemblée houleuse.* PHO ['ulø, øz]

**houligan** *nm* Jeune qui se livre à des actes de violence et de vandalisme lors des compétitions sportives. PHO ['uligan] ETY De l'angl. par le russe. VAR **hooligan**

**houliganisme** *nm* Comportement de houligan ; phénomène social lié à ce comportement. VAR **hooliganisme**

**houlomoteur, trice** *a* Se dit de l'énergie fournie par la houle.

**houlque** *nf* Graminée fourragère voisine de l'avoine. PHO ['ulk] ETY Du lat. *holcus,* « orge sauvage ». VAR **houque**

**houmous** *nm* CUIS Purée de pois chiches, spécialité du Moyen-Orient. ETY Mot turc.

**houngan** *nm* À Haïti, prêtre du culte vaudou. PHO ['ungan]

**Hounsfield** Godfrey Newbold (Newark, 1919 – Kingston-upon-Thames, 2004), ingénieur britannique ; inventeur du scanner. P. Nobel de médecine 1979.

**Houphouët-Boigny** Félix (Yamoussoukro, 1905 – id., 1993), homme politique ivoirien. Député et ministre français, cofondateur du Rassemblement démocratique africain (1946), il fut élu sept fois président de la rép. de Côte d'Ivoire de 1960 à sa mort.

**houppe** *nf* **1** Touffe de fils de laine, de soie, etc. *Houppe à poudre.* **2** ZOOL Touffe de cheveux. SYN toupet. **3** Syn. de *huppe.* **4** ANAT Papilles nerveuses terminant certains petits nerfs. PHO ['up] ETY Du frq *huppo,* « touffe ».

**houppelande** *nf* ANC Vêtement de dessus, long et ample. PHO ['uplɑ̃d] ETY De l'anc. angl. *hoppâda,* « pardessus ».

**houppette** *nf* Petite houppe. PHO ['upɛt]

**houppier** *nm* **1** Arbre élagué dont seules demeurent les branches de la cime. **2** Sommet d'un arbre, ensemble des branches et des feuilles au-dessus du fût. PHO ['upje]

**houque** → **houlque.**

**hourd** *nm* Construction en bois des fortifications médiévales, élevée en encorbellement au sommet d'une tour ou d'un mur. PHO ['uʀ] ETY Du frq.

**hourder** *vt* ① CONSTR **1** Maçonner grossièrement. **2** Garnir de hourdis. *Hourder un plancher.* PHO ['uʀde] DER **hourdage** *nm*

**hourdis** *nm* CONSTR Maçonnerie légère ou élément de remplissage qui garnit les vides d'un colombage ou les intervalles entre les solives d'un plancher. PHO ['uʀdi]

**houri** *nf* Femme très belle promise par le Coran aux musulmans qui iront au paradis. PHO ['uʀi] ETY Mot persan, de l'ar.

**hourra !** *interj, nm* **A** *interj* Manifeste la joie ou l'enthousiasme. *Hip hip hip, hourra !* **B** *nm* **1** Cri d'acclamation traditionnel dans la marine, dans certaines armées. **2** Cri d'enthousiasme. *Pousser des hourras.* PHO ['uʀa] ETY De l'angl., d'orig. onomat. VAR **hurrah !**

**Hourrites** peuple asiatique établi en haute Mésopotamie dès le III^e^ mill., qui fonda le royaume du Mitanni (XV^e^ s. av. J.-C.) ; l'Empire hittite l'annexa v. 1355 av. J.-C. DER **hourrite** *a*

**Hourtin** com. de la Gironde (arr. de Lesparre-Médoc), près de l'*étang d'Hourtin* ; 3 052 hab. Stat. baln. DER **hourtinais, aise** *a, n*

**hourvari** *nm* **1** VEN Cri du chasseur pour faire revenir les chiens ; ruse de la bête qui met le chien en défaut en revenant à son point de départ. **2** FIG, LITT Grand bruit, tumulte.

**houseau** *nm* Guêtre enveloppant seulement le mollet. PLUR houseaux. PHO ['uzo] ETY Du germ.

**house-boat** *nm* Bateau aménagé pour les vacanciers. PLUR house-boats PHO ['awzbot]

**house-music** *nf* Courant musical issu de la disco au milieu des années 1980, caractérisé par le sampling. PHO ['awzmjuzik] ETY Mot angl. VAR **house**

**houspiller** *vt* ① Réprimander, harceler de reproches. PHO ['uspije] ETY De *housser,* « frapper », et *pigner,* « peigner ».

**houssaie** *nf* Lieu où croissent des houx. PHO ['usɛ]

**Houssay** Bernardo Alberto (Buenos Aires, 1887 – id., 1971), physiologiste argentin. Il établit la relation entre l'hypophyse et le diabète. P. Nobel de méd. 1947 avec les époux Cori.

**Houssaye** Arsène Housset, dit Arsène (Bruyères, près de Laon, 1815 – Paris, 1896), écrivain français ; poète, critique d'art et romancier : *la Couronne de bleuets* (1836), *les Femmes du diable* (1876).

**housse** *nf* **1** Couverture couvrant la croupe d'un cheval. **2** Enveloppe souple dont on recouvre qqch. pour le protéger. *Housse de fauteuil, de sièges d'automobile.* PHO ['us] ETY Du frq.

**housser** *vt* ① Couvrir d'une housse.

**Houston** v. des É.-U. (Texas), reliée par un canal de 70 km au golfe du Mexique ; 4 600 000 hab. (aggl.). Grand port. Import. centre industr., comm. (coton, pétrole), culturel (universités, recherche) et spatial (NASA).

**Houthalen-Helchteren** com. de Belgique (Limbourg), en Campine ; 24 920 hab.

**Houthulst** com. de Belgique (Flandre-Occid.), au N. de la *forêt de Houthulst* (combats en 1914-1918) ; 9 000 hab.

**houx** *nm* Arbre ou arbuste aux feuilles coriaces, persistantes et épineuses, dont les fleurs blanches produisent des baies rouges et dont l'écorce sert à fabriquer la glu. PHO ['u] ETY Du frq.

**Hovas** l'une des nombr. castes qui composent les Mérinas, pop. de la partie centrale du plateau de Madagascar. DER **hova** *a*

**Hove** v. de G.-B., près de Brighton (East Sussex) ; 82 500 hab. Station balnéaire.

**hovercraft** *nm* Syn. (déconseillé) de *aéroglisseur.* PHO ['ɔvœʀkʀaft] ETY Mot angl., de *to hover,* « planer », et *craft,* « embarcation ».

**Howard** famille anglaise qui acquit le duché de Norfolk au XV^e^ s. Catherine Howard fut la cinquième épouse de Henri VIII.

**Howard** John Winston (Sydney, 1939), homme politique australien ; Premier ministre de 1996 à 2007.

**howea** *nm* Syn. de *kentia.*

**Howells** William Dean (Martins Ferry, Ohio, 1837 – New York, 1920), romancier américain réaliste : *les Hasards d'une rencontre* (1873), *la Dame en lambeaux* (1899), *Mrs. Farrell* (1921).

**Howrah** v. de l'Inde (Bengale-Occidental), sur l'Hooghly ; 1 744 450 hab. Faubourg industriel de Calcutta.

**Hoxha** → **Hodja Enver.**

**hoyau** *nm* AGRIC Houe à lame aplatie en biseau. PHO ['ɔjo] ETY De *houe.*

**Hoyle** sir Fred (Bingley, 1915 – Bournemouth, 2001), astronome britannique ; auteur de romans de science-fiction : *le Nuage noir* (1957), *Inferno* (1973).

**Hozier** Pierre d' (Marseille, 1592 – Paris, 1660), auteur français de *Généalogie des principales familles de France* (150 vol. manuscrits).

**HP** PHYS Symbole du horse power.

**hPa** PHYS Symbole de l'hectopascal.

**HQE** *a* Sigle de *haute qualité environnementale.*

**Hrabal** Bohumil (Brno, 1914 – Prague, 1997), écrivain tchèque. Romans sur les gens simples : *Trains étroitement surveillés* (1965).

**Hradec Králové** v. de la Rép. tchèque dans l'E. de la Bohême ; 97 000 hab. Industries. – Cath. XIV^e^ s.

**HS** *a* FAM Très fatigué ou très malade. PHO ['aʃɛs] ETY Abrév. de *hors service.*

**html** *nm* INFORM Langage de programmation utilisé pour créer des documents multimédias accessibles par Internet. ETY Sigle de *hypertext mark-up language.*

**http** *nm* INFORM Protocole de transmission des données sur Internet. ETY Sigle de *hypertext transfer protocol.*

**Hua Guofeng** (dans le Shanxi, v. 1921 – Pékin, 2008), homme politique chinois. Premier ministre (1976-1980), président du parti communiste (1976-1981), il a été écarté par Deng Xiaoping.

**Huai (la)** fl. de Chine (env. 1 000 km) ; traverse la prov. d'Anhui ; régulé par des barrages-réservoirs, il se jette dans la mer Jaune.

**Huainan** v. de Chine (Anhui), sur la Huai ; 1 400 000 hab. (aggl.). Houille.

**Huambo** (anc. *Nova Lisboa*), v. du centre de l'Angola ; ch.-l. de distr. ; 250 000 hab. Aéroport.

**Huancayo** v. du Pérou central (Andes), proche de Lima ; ch.-l. de dép. ; 190 230 hab. Centre agric. (vallée du Mantaro) ; artisanat.

**Huang Gongwang** (1269 – 1354), lettré et peintre chinois ; l'un des « quatre maîtres » de l'époque Yuan.

**Huanghe** (en chinois « fleuve Jaune »), fl. du N. de la Chine (5 200 km) ; naît dans l'E. du Tibet, v. 4 500 m d'alt. ; se jette dans la mer Jaune (golfe de Bohai). Charriant des masses de limon jaunâtre, il a des crues redoutables et alimente de grands barrages. VAR **Huang He**

**huard** *nm* Canada **1** Plongeon (oiseau). **2** fam Pièce d'un dollar. PHO [ɥaʀ] ETY De *huer*. VAR **huart**

**Huascarán (mont)** sommet des Andes (6 768 m), point culminant du Pérou.

**Huaxtèques** peuple du Mexique qui apparut vers le X^e^ s. Leur art (princ. leur sculpture) est plus archaïque que celui des Mayas, dont ils sont parents. DER **huaxtèque** *a*

**hub** *nm* **1** Aéroport dévolu à une compagnie qui l'utilise comme nœud de correspondances. **2** Plate-forme d'échanges d'une compagnie de transports routiers ou maritimes. **3** fig Point d'interconnexion de plusieurs sites, de plusieurs appareils numériques, etc. ; carrefour, échangeur. PHO [œb] ETY Mot angl.

**Hubble** Edwin Powell (Marshfield, Missouri, 1889 – San Marino, Californie, 1953), astronome américain. ▷ ASTRO *Constante de Hubble* : la vitesse de fuite des galaxies est proportionnelle à la distance qui nous en sépare.

Edwin Powell Hubble

**Hubble** Grand télescope spatial de la NASA et de l'ESA, opérant dans le visible et l'ultraviolet, mis en orbite en 1990.

**Hubei** prov. de Chine centrale, drainée par le Yangzijiang ; 180 000 km$^2$ ; 57 240 000 hab. ; ch.-l. et pôle industr. : *Wuhan*. – À la rég. montagneuse (1 560 m) de l'O. succède, à l'E., une plaine fertile, sillonnée par le Yangzijiang.

**Huber** Robert (Munich, 1937), biochimiste allemand ; travaux d'analyse des protéines. P. Nobel de chimie 1988.

**Hubert (saint)** (m. à Liège v. 727), évêque de Tongres, Maastricht et Liège, apôtre des Ardennes ; patron des chasseurs.

**Hubertsbourg (traité de)** à la fin de la guerre de Sept Ans, traité par lequel la Silésie, autrichienne, fut cédée à la Prusse (1763).

**Hubli-Dharwar** v. de l'Inde (Karnataka) ; 648 000 hab. Industries.

**hublot** *nm* **1** Ouverture généralement circulaire, munie d'un verre épais, qui sert à donner de l'air et de la lumière à l'intérieur d'un navire. **2** Fenêtre étanche d'un avion, d'une capsule spatiale, etc. PHO [yblo] ETY De l'a. fr. *huve*, « bonnet ».

**Huc** Régis Évariste (Caylus, Tarn-et-Garonne, 1813 – Paris, 1860), lazariste français, auteur de *Souvenirs d'un voyage dans la Tartarie* (1850).

**huche** *nf* Grand coffre de bois à couvercle plat dans lequel on rangeait le pain, les provisions, les vêtements, etc. **LOC** ***Huche à pétrir*** : pétrin. PHO [yʃ] ETY Du lat. médiév.

**Huddersfield** ville de G.-B. (West Yorkshire) ; 124 000 hab. Centre industriel.

**Hudson (l')** fl. des É.-U. (500 km), tributaire de l'Atlantique ; il relie, par un canal, New York aux Grands Lacs.

**Hudson** Henry (?, v. 1550 – en mer, 1611), navigateur anglais. Cherchant un passage vers la Chine, il découvrit le fleuve (1609), le détroit et la baie (1610) qui portent son nom. Son équipage, mutiné, l'abandonna sur un canot. – *Baie d'Hudson* : vaste mer intérieure, au N. du Canada ; communique avec l'Atlantique par le *détroit d'Hudson*.

**hue !** *interj* Cri des charretiers pour faire avancer leurs chevaux ou pour les faire aller à droite. **LOC** ***À hue et à dia*** : dans des directions opposées ; avec des moyens contradictoires. PHO [y]

**Hue** Robert (Cormeilles-en-Parisis, 1946), homme politique français, secrétaire national (1994-2001) puis président (2001-2002) du Parti communiste.

**Huê** v. du Viêt-nam ; 260 490 hab. – Située à la frontière nord du royaume champa, la ville devint à la fin du XVII^e^ s. la capitale des seigneurs Nguyên, et la capitale du pays tout entier quand Gia Long monta sur le trône en 1802. Il la dota de trois enceintes et de nombr. monuments. – La ville fut accordée au Viêt-nam du Sud en 1954 ; en 1968 (*offensive du Têt*) et en 1972, l'armée nord-vietnamienne tenta en vain de la prendre.

Huê

**huées** *nf pl* Clameurs de dérision ou d'hostilité. *Accueillir qqn par des huées.* PHO [ɥe]

**Huelgoat** ch.-l. de cant. du Finistère (arr. de Châteaulin), près de la *forêt d'Huelgoat* ; 1 627 hab. DER **huelgoatais, aise** *a, n*

**Huelva** port d'Espagne (Andalousie) ; ch.-l. de la prov. du m. nom ; 141 000 hab.

**huer** *v* 1 **A** *vt* Pousser des huées contre qqn, le conspuer. *Huer un orateur.* **B** *vi* Pousser son cri, en parlant d'un oiseau de nuit. PHO [ɥe] ETY Onomat.

**huerta** *nf* GEOGR Plaine irriguée où l'on pratique une culture intensive, en Espagne. PHO [ɥɛʀta] ETY Mot esp.

**Huesca** v. d'Espagne (Aragon) ; ch.-l. de prov. ; 42 800 hab. – Cath. (XIII^e^-XVI^e^ s.).

**Huet** Pierre Daniel (Caen, 1630 – Paris, 1721), prélat français ; auteur de l'édition expurgée des classiques latins dite *ad usum Delphini* (« à l'usage du Dauphin »). Acad. fr. (1674).

**Huet** Paul (Paris, 1803 – id., 1869), peintre et graveur français ; paysagiste romantique.

**Hufuf** v. d'Arabie Saoudite, dans l'oasis du m. nom, à l'E. de Riyad ; 101 270 hab.

**Huggins** Charles Brenton (Halifax, 1901 – Chicago, 1997), médecin américain. Il a étudié les processus endocrinologiques dans les cancers. P. Nobel 1966 avec F. P. Rous.

**Hughes** David Edward (Londres, 1831 – id., 1900), ingénieur américain d'origine anglaise ; inventeur du microphone (1878).

**Hughes** Howard (Houston, 1905 – en avion, 1976), industriel, producteur de cinéma et cinéaste américain.

**Hugli** → **Hooghly.**

**Hugo** Victor (Besançon, 1802 – Paris, 1885), écrivain français. Fils d'un général d'Empire, il fait ses études à Paris, au lycée Louis-le-Grand. En 1822, il épouse Adèle Foucher, dont il aura cinq enfants. Entre 1827 (*Préface* de son drame *Cromwell*) et 1830 (représentation d'*Hernani*), il devient le chef du romantisme. De 1830 à 1840, il publie : un roman historique, *Notre-Dame de Paris* (1831) ; des drames, *Marion de Lorme* (1831), *Le roi s'amuse* (1832), *Marie Tudor* (1833), *Lucrèce Borgia* (1833), *Ruy Blas* (1838) ; des recueils de poésies : *les Feuilles d'automne* (1831), *les Chants du crépuscule* (1835), *les Voix intérieures* (1837), *les Rayons et les Ombres* (1840). En 1833, il rencontre Juliette Drouet ; leur liaison durera jusqu'à la mort de celle-ci (1883). En 1843, sa fille Léopoldine se noie à Villequier. Député en 1848, Hugo s'oppose au coup d'État du 2 déc. 1851 et s'exile (Bruxelles, Jersey, Guernesey) jusqu'en 1870. Années fécondes : *Napoléon le Petit* (pamphlet, 1852), *les Châtiments* (poèmes satiriques, 1853), *les Contemplations* (lyriques, 1856), *la Légende des siècles* (épiques, 1859-1883) ; romans : *les Misérables* (1862), *les Travailleurs de la mer* (1866), *l'Homme qui rit* (1869). Viennent ensuite : *l'Année terrible* (poèmes, 1872), *Quatre-vingt-treize* (roman, 1874) et *l'Art d'être grand-père* (poèmes, 1877). Acad. fr. (1841). DER **hugolien, enne** *a*

Victor Hugo

**huguenot, ote** *n, a* péjor Surnom donné par les catholiques aux calvinistes, en France, aux XVI^e^ et XVII^e^ s. *Faction huguenote.* PHO [ygno, ɔt] ETY De l'all. *Eidgenossen*, « confédérés ».

**Huguenots (les)** opéra en 5 actes de G. Meyerbeer (1836), sur un livret de Scribe et Deschamps.

**Hugues Capet** (v. 941 – 996), roi de France (987-996), fils aîné d'Hugues le Grand. Il fut proclamé roi en place de l'héritier carolingien grâce à l'appui du clergé. Dès 987, il fit sacrer son fils Robert, assurant ainsi l'hérédité du pouvoir à la dynastie qu'il fonda. (V. Capétiens.)

**Hugues de Cluny (saint)** (Semur-en-Brionnais, 1024 – Cluny, 1109), abbé de Cluny (1049-1109).

**Hugues le Grand** (v. 897 – Dourdan, 956), comte de Paris et duc de France ; fils de Robert I^er^ ; père de Hugues Capet. Il aida Louis IV puis l'affronta.

**Hugues de Payns** (chât. de Payns, près de Troyes, v. 1070 – en Palestine, 1136), chevalier français qui fonda l'ordre des Templiers (1119).

**Hugues de Saint-Victor** (près d'Ypres, fin XI^e^ s. – Paris, 1141), théologien français : *Des sacrements de la foi chrétienne.*

**Huidobro** Vicente (Santiago, 1893 – Cartagena, 1948), poète chilien, fondateur du *creacionismo* : *Horizon carré* (1917), *le Citoyen de l'oubli* (1941).

**huile** *nf* **1** Liquide gras, onctueux et inflammable, d'origine végétale, animale ou minérale. *Les huiles végétale et animale sont des mélanges d'esters de la glycérine ; l'huile minérale est un mélange d'hydrocarbures. Huile de table, de graissage.* **2** Peinture dont le liant est l'huile. *Peindre à l'huile.* **3** Tableau exécuté à l'huile. **4** fig, fam Personnage influent. *Recevoir des huiles.* **LOC** Canada fam ***Huile de chauffage*** : mazout. — fam ***Huile de coude*** : dépense d'énergie musculaire. — ***Huile vierge*** : extraite de grains ou de fruits écrasés à froid. —

***Jeter de l'huile sur le feu*** : exciter des passions déjà vives. — ***Mer d'huile*** : parfaitement calme. — ***Mettre de l'huile dans les rouages, dans les engrenages*** : user de diplomatie pour éviter les heurts entre les personnes. ETY Du lat. *oleum*.

**huiler** *vt* ① Enduire, frotter d'huile ; lubrifier avec de l'huile. DER **huilage** *nm*

**huilerie** *nf* TECH Fabrique, magasin, commerce d'huile.

**huileux, euse** *a* **1** De la nature de l'huile. *Liquides huileux.* **2** Qui semble imbibé d'huile. *Cheveux huileux.* SYN gras.

**huilier, ère** *a, nm* **A** *a* Relatif à l'huile et à sa fabrication. **B** *nm* **1** Fabricant d'huile. **2** Ustensile portant des burettes contenant de l'huile et du vinaigre. *Huilier d'argent.*

**huis** *nm* VX Porte. LOC ***À huis clos*** : les portes étant fermées ; sans que le public soit admis. *Le procès aura lieu à huis clos. Demander le huis clos.* PHO [ɥi] ETY Du lat. *ostium*, « porte ».

**Huis** minorité musulmane de Chine, de langue chinoise, descendant de commerçants perses et arabes ; env. 10 millions. DER **hui** *a inv*

**Huis clos** pièce métaphysique en un acte de Sartre (1944).

**Huisne (l')** riv. de France (130 km), affl. de la Sarthe (r. g.) ; arrose Nogent-le-Rotrou.

**huisserie** *nf* CONSTR Bâti formant l'encadrement d'une porte, d'une fenêtre.

**huissier, ère** *n* **1** Personne chargée d'accueillir et d'annoncer les visiteurs dans les ambassades, les ministères, etc. **2** Fonctionnaire subalterne préposé au service des séances d'une assemblée. **3** Officier ministériel qui signifie les actes et les exploits et qui exécute les décisions de justice. (On dit aussi *huissier de justice*.) LOC ***Huissier audiencier*** : chargé de la police des audiences d'un tribunal.

**huit** *a inv, nm inv* **A** *a num inv* **1** Sept plus un (8). *Huit ans.* **2** Huitième. *Charles VIII. Le huit septembre.* **B** *nm inv* **1** Le nombre huit. *Cinq et trois font huit.* **2** Chiffre représentant le nombre huit (8). **3** Numéro huit. *Habiter au huit.* **4** JEU Carte portant huit marques. *Le huit de cœur.* **5** SPORT En aviron, embarcation manœuvrée par huit rameurs. LOC ***D'aujourd'hui en huit*** : dans une semaine à compter d'aujourd'hui. — ***Donner ses huit jours à un employé*** : le congédier en lui payant une semaine de dédommagement. PHO [ɥit] devant une voyelle ou un h muet – [ɥi] devant une consonne ou un h aspiré. ETY Du lat. *octo*.

**huitain** *nm* VERSIF **1** Pièce de poésie de huit vers. **2** Stance de huit vers. PHO [ɥitɛ̃]

**huitaine** *nf* **1** Quantité de huit ou d'env. huit. **2** Huit jours. *Remettre une cause à huitaine.*

**huitante** *a num* rég, Suisse Quatre-vingts. PHO [ɥitɑ̃t]

**Huit et demi** film de Fellini (1963), avec Marcello Mastroianni.

**huitième** *a, n* **A** *a num ord, n* Dont le rang est marqué par le nombre 8. *La huitième fois.* **B** *nm* Chaque partie d'un tout divisé en huit parties égales. *Le huitième d'un volume.* PHO [ɥitjɛm] DER **huitièmement** *av*

**huître** *nf* Mollusque lamellibranche, à deux valves inégales de forme irrégulière, qui est élevé pour sa chair. LOC ***Huître perlière*** : pinctadine. ETY Du gr. VAR **huitre**

**huit-reflets** *nm inv* Haut-de-forme en soie.

**1 huîtrier, ère** *a, nf* **A** *a* Relatif à l'huître. *Industrie huîtrière.* **B** *nf* Banc d'huîtres. VAR **huitrier**

**2 huîtrier** *nm* Oiseau charadriiforme qui se nourrit de coquillages. LOC ***Huîtrier pie*** : noir et blanc, au bec rouge, long d'env. 40 cm, commun sur les plages atlantiques. VAR **huitrier**

**Huizinga** Johan (Groningue, 1872 – De Steeg, 1945), historien néerlandais : *l'Automne du Moyen Âge* (1919), *Érasme* (1924).

**Huizong** (1082 – 1135), dernier empereur des Song du N., célèbre peintre d'oiseaux et de fleurs. VAR **Houei-tsong**

**Hu Jintao** (Shanghai, 1942), secrétaire général du Parti communiste chinois de 2002 à 2012.

**Hūlāgū** (?, v. 1217 – Marāgha, Iran, 1265), premier prince mongol d'Iran (1251-1265) ; petit-fils de Gengis khān. Il renversa les Abbassides de Bagdad (1258).

**Hull** → **Kingston-upon-Hull.**

**Hull** ville du Québec, fusionnée avec Gatineau en 2002. DER **hullois, oise** *a, n*

**Hull** Cordell (Olympus, Tennessee, 1871 – Bethesda, Maryland, 1955), homme politique américain ; secrétaire d'État de Roosevelt (1933-1944), l'un des fondateurs de l'ONU. Prix Nobel de la paix 1945.

**Hull** Clark Leonard (Akron, État de New York, 1884 – New Haven, Connecticut, 1952), psychologue américain ; auteur de tests d'aptitude.

**Hulme** Thomas Ernest (Endon, Staffordshire, 1883 – Nieuport, France, 1917), écrivain anglais : *Spéculations* (posth., 1924).

**hulotte** *nf* Grande chouette d'Europe, au hululement sonore, commune dans les bois et les parcs, et appelée également *chat-huant.* PHO ['ylɔt] ETY De l'a. fr. *huler*, « hurler ».

**hululer** *vi* ① Pousser son cri, en parlant des oiseaux rapaces nocturnes. PHO ['ylyle] ETY Du lat. VAR **ululer** DER **hululement** ou **ululement** *nm*

**hum !** *interj* Exprime le doute, l'hésitation, la défiance, le mécontentement.

**humage** *nm* Action de humer, d'inhaler des vapeurs médicinales.

**humain, aine** *a, nm* **A** *a* **1** De l'homme, relatif à l'homme. *Corps humain. Esprit humain. Nature humaine.* **2** Propre à l'homme, par oppos. à divin. *Justice humaine. Les voies humaines.* **3** Propre à l'homme, à sa nature. *L'erreur est humaine.* **4** Qui concerne l'homme, s'applique à l'homme. *Sciences humaines. Géographie humaine.* **5** Qui a tous les caractères de l'homme, avec ses forces et ses faiblesses. *Personnage profondément humain.* **6** Bon, généreux, compatissant à l'égard d'autrui. *Se montrer humain.* **B** *nm* **1** Homme, personne humaine. **2** Ce qui appartient en propre à l'homme. *Cela dépasse l'humain.* ETY Du lat.

ENC Les sciences qui étudient l'homme et son activité constituent deux groupes. 1. Des sciences étudient l'espèce humaine : zoologie, anthropologie physique, paléontologie, biologie, physiologie, médecine, médecine sociale. 2. D'autres étudient la société humaine et ses produits : géographie humaine, histoire, archéologie, sociologie, anthropologie sociale et culturelle, ethnologie, sciences politiques, psychologie, démographie, linguistique, philosophie. Ce deuxième groupe constitue les sciences humaines proprement dites, que recouvre le terme anglais d'*anthropology*.

**huître** perlière

**humainement** *av* **1** Du point de vue de l'homme ; selon les possibilités, les pouvoirs de l'homme. *La chose est humainement impossible.* **2** Avec humanité. *Traiter humainement des prisonniers.*

**humaniser** *vt* ① **1** Rendre plus civilisé, plus sociable. *Sa profession l'a humanisé. Son caractère s'humanise.* **2** Rendre moins dur, plus supportable. *Humaniser un régime pénitentiaire. Un environnement qui s'humanise.* **3** BIOL Adapter à la biologie humaine. *Anticorps humanisé en vue d'une greffe.* DER **humanisation** *nf*

**humanisme** *nm* **1** Doctrine, savoir et éthique des humanistes de la Renaissance. **2** PHILO Doctrine, système qui affirme la valeur de la personne humaine et vise à l'épanouissement de celle-ci.

**humaniste** *a, n* **A** *a* Relatif à l'humanisme. **B** *nm* **1** À l'époque de la Renaissance, érudit versé dans la connaissance des langues et des littératures anciennes, considérées comme le fondement de la connaissance de l'homme. **2** PHILO Personne qui professe un humanisme.

**humanitaire** *a, n* **A** *a* **1** Qui vise au bien-être, au bonheur de l'humanité. *Théorie humanitaire.* **2** Qui concerne l'action des ONG. *Convoi humanitaire.* **B** *nm* Travail dans les organisations humanitaires, les ONG. **C** *n* Membre d'une organisation humanitaire.

**humanitarisme** *nm* Idées humanitaires considérées comme naïves ou dangereuses.

**humanité** *nf* **A** **1** Nature humaine. *Humanité et divinité du Christ.* **2** Genre humain. *Rendre service à l'humanité.* **3** Altruisme, bienveillance à l'égard des autres. *Traiter qqn avec humanité.* **B** *nf pl* vieilli Études classiques supérieures jusqu'à la philosophie. *Faire ses humanités.*

**Humanité (l')** quotidien fondé par J. Jaurès en 1904, organe du parti socialiste jusqu'au congrès de Tours (1920) puis du Parti communiste.

**humanoïde** *a, n* **1** Se dit de ce qui présente des caractères ou des formes humaines. **2** En science-fiction, être « non humain » ressemblant à l'homme.

**Humber (la)** profond estuaire de l'Ouse et de la Trent, sur la côte anglaise de la mer du Nord. Voie très fréquentée.

**Humberside** comté du N.-E. de l'Angleterre ; 3 512 km$^2$ ; 835 200 hab. ; ch.-l. *Kingston-upon-Hull.*

**Humbert Ier** (Turin, 1844 – Monza, 1900), roi d'Italie (1878-1900) ; fils de Victor-Emmanuel II. Il fut tué par l'anarchiste Bresci. — **Humbert II** (Racconigi, 1904 – Genève, 1983), roi d'Italie du 9 mai au 2 juin 1946 ; fils de Victor-Emmanuel III. Il abdiqua après le référendum qui instaurait la république.

**Humbert II** (?, 1313 – Clermont, 1355), dauphin de Viennois (1333-1349). Il vendit le Dauphiné à Philippe VI de France (1349).

**humble** *a, nm pl* **A** *a* **1** Qui fait preuve d'humilité par modestie, respect ou soumission. SYN effacé, modeste, soumis. **2** Qui marque le respect, la déférence. *Humbles excuses.* **3** De condition sociale modeste. *Des personnes très humbles.* **4** litt, (avant le n.) Médiocre, modeste, sans éclat. *Une humble chaumière.* **B** *nm pl* Ensemble des personnes de condition sociale modeste. PHO [œ̃bl] ETY Du lat. *humilis*, « près de la terre ». DER **humblement** *av*

**Humboldt (courant de)** courant froid du Pacifique qui longe, du S. au N., le Chili et le Pérou, et crée des déserts côtiers.

**Humboldt** Wilhelm von (Potsdam, 1767 – chât. de Tegel, près de Berlin, 1835), linguiste et anthropologue prussien. Il fonda l'université de Berlin (1809). — **Alexander von** (Berlin, 1769 – id., 1859), frère du préc. ; explorateur (Amérique tropicale, Asie centrale) et géographe : *Cosmos. Essai d'une description physique du monde* (1845-1858), traité novateur de climatologie et de biogéographie.

Alexander von Humboldt

**Hume** David (Édimbourg, 1711 – id., 1776), philosophe et historien écossais : *Traité de la nature humaine* (1739) ; *Essais moraux et politiques* (1741-1742) ; *Essais sur l'entendement humain* (1748) ; *Enquête sur les principes de la morale* (1751) ; *Histoire d'Angleterre* (1754-1762). Après Locke et Berkeley, Hume analyse le domaine de l'expérience ; il est le plus célèbre empiriste anglais. La *causalité*, par ex., est une *habitude* de l'esprit, qui se fonde sur la liaison constante observée entre la cause et l'effet.

**Hume** John (Londonderry, 1937), homme politique d'Irlande du Nord. Catholique, il a participé aux négociations de 1997-1998 avec les protestants et la G.-B. Prix Nobel de la paix 1998.

**humecter** *vt* ① Rendre humide, mouiller légèrement. *Humecter du linge. Ses yeux s'humectent de larmes.* ETY Du lat. DER **humectage** *nm*

**humecteur** *nm* TECH Appareil servant à humecter.

**humer** *vt* ① **1** vx Avaler en aspirant. **2** Aspirer profondément pour sentir. *Humer le parfum d'un rôti.* PHO ['yme] ETY Onomat.

**humérus** *nm* ANAT Os unique du bras qui s'articule en haut avec l'omoplate et en bas avec le cubitus et le radius. PHO [ymeʀys] ETY Mot lat. DER **huméral, ale, aux** *a*

**humeur** *nf* **A 1** MED Liquide situé dans un organe, une articulation, un abcès. **2** Disposition affective due au tempérament ou à un état passager. *Être de bonne, de mauvaise humeur.* **3** Disposition chagrine, se traduisant notamment par un comportement agressif. *Geste d'humeur.* **B** *nfpl* vx Le sang, le flegme (ou pituite), la bile jaune et la bile noire, dont l'altération était considérée par la médecine ancienne comme la cause de toutes les maladies. LOC ***Être d'humeur à :*** être disposé à. — ANAT ***Humeur aqueuse :*** liquide situé entre la cornée et le cristallin. — ***Humeur vitrée :*** liquide situé entre le cristallin et la rétine. ETY Du lat. *humor*, « liquide ».

**humide** *a, nm* **A** *a* **1** vx ou poét De la nature de l'eau, liquide, aqueux. *L'humide élément.* **2** Imprégné d'un liquide, d'une vapeur. *Linge humide. Saison, climat humide. Avoir les yeux humides.* ANT sec. **B** *nm* Ce qui est humide. *L'humide et le sec.* ETY Du lat.

**humidificateur** *nm* Appareil servant à humidifier l'air.

**humidifier** *vt* ② Rendre humide ; augmenter la teneur en eau. DER **humidification** *nf*

**humidifuge** *a* didac Qui repousse l'humidité. *Tissu humidifuge.*

**humidité** *nf* État de ce qui est humide. *L'humidité du sol.* LOC ***Humidité absolue :*** masse d'eau contenue dans l'air, exprimée en g/m$^3$. — ***Humidité relative*** ou ***degré hygrométrique :*** rapport, exprimé en pourcentage, entre la masse d'eau contenue dans l'air et celle que contiendrait le même volume s'il était saturé.

**humifère** *a* didac Riche en humus.

**humification** *nf* PEDOL Ensemble des transformations chimiques (notam. hydrolyse des lignines et celluloses) conduisant de la matière végétale à l'humus vrai.

**humiliation** *nf* **1** Action d'humilier ou de s'humilier ; état d'une personne humiliée. SYN honte. **2** Ce qui humilie, vexe. *Infliger une humiliation à qqn.* SYN affront.

**humilier** *vt* ② Blesser qqn dans son amour-propre en le couvrant de honte ou de confusion. SYN mortifier, vexer. ETY Du lat. DER **humiliant, ante** *a* – **humilié, ée** *n*

**humilité** *nf* **1** Sentiment de petitesse, de faiblesse, qui pousse à ravaler toute espèce d'orgueil. SYN modestie. **2** Soumission, déférence. *Parler avec humilité.* ANT hauteur, arrogance.

**Hummel** Johann Nepomuk (Presbourg, 1778 – Weimar, 1837), compositeur et pianiste virtuose allemand ; élève de Mozart.

**humoral, ale** *a* MED **1** Relatif aux humeurs. **2** Se dit du type d'immunité causée par la production d'anticorps spécifiques. PLUR humoraux.

**humoriste** *a, n* **A** *a* Qui a de l'humour. **B** *n* Écrivain, dessinateur, auteur pratiquant le genre humoristique.

**humour** *nm* Forme d'ironie plaisante, souvent satirique, consistant à souligner avec esprit les aspects drôles ou insolites de la réalité. *Avoir le sens de l'humour.* LOC ***Humour noir :*** qui tire sa force comique de rencontres cruelles, macabres et en même temps drôles. ETY Mot angl., de l'a. fr. *humor*, « humeur ». DER **humoristique** *a* – **humoristiquement** *av*

**Humperdinck** Engelbert (Siegburg, Rhénanie, 1854 – Neustrelitz, 1921), compositeur allemand : *Hänsel und Gretel* (opéra, 1893).

**humus** *nm* Matière brun-noir d'aspect terreux formée de débris végétaux plus ou moins décomposés. *L'humus des sous-bois.* PHO [ymys] ETY Mot lat. DER **humique** *a*

**Humphrey** Doris (Oak Park, 1895 – New York, 1958), danseuse et chorégraphe américaine.

**Hunan** prov. du sud de la Chine ; 210 000 km$^2$ ; 56 220 000 hab. ; ch.-l. *Changsha*. – Le relief est montagneux (alt. max. 1 000 m), sauf dans le N.-E., rizicole et urbanisé. Le sous-sol recèle des métaux non ferreux.

**Hundertwasser** Friedrich Stowasser, dit (Vienne, 1928 – à bord du Queen Elizabeth, 2000), artiste autrichien, de tendance onirique.

**hune** *nf* MAR Plate-forme semi-circulaire fixée à la partie basse des mâts, dans les anciens navires. PHO ['yn] ETY De l'anc. scand.

**Hunedoara** v. de Roumanie (Transylvanie) ; 88 510 hab. Sidérurgie.

**hunier** *nm* MAR anc Voile carrée située au-dessus des basses voiles. PHO ['ynje]

**Huningue** ch.-l. de cant. du Haut-Rhin ; 6 097 hab. DER **huninguois, oise** *a, n*

**Huns** peuplade, p.-ê. d'orig. mongole et de langue altaïque, venue en Europe aux IV$^e$ et V$^e$ s. apr. J.-C. Au V$^e$ s., sous la conduite d'Attila, les Huns passèrent le Rhin à Mayence, pénétrèrent en Gaule de l'E., allant jusqu'à Orléans. Défaits par le Romain Aetius en Champagne (bataille des champs Catalauniques, 451), ils quittèrent la Gaule pour l'Italie du N. En 453, Attila regagna la Pannonie (Hongrie), où il mourut la même année. L'empire qu'il avait constitué s'effondra après lui. Une seconde branche, les *Huns Hephthalites*, gagna, également au V$^e$ s., le Turkestan, l'Iran et l'Inde du N.-O. avant d'être arrêtée, v. 530, en Inde centrale. DER **hunnique** *a*

**Hun Sen** (Stung Trang, près de Kompong Cham, 1951), homme politique cambodgien ; Khmer rouge (1970-1975), puis pro-vietnamien ; Premier ministre dep. 1985.

**Hunsrück** rebord mérid. du Massif schisteux rhénan, sur la r. g. du Rhin.

**Hunt** William Holman (Londres, 1827 – id., 1910), peintre anglais. Il fonda avec Millais et Rossetti l'école des préraphaélites.

**Hunter** Evan → **McBain.**

**Huntsville** ville des É.-U. (Alabama) ; 159 780 hab. Centre d'études spatiales.

**Huntziger** Charles (Lesneven, Finistère, 1880 – près du Vigan, 1941), général français ; ministre de la Guerre de Vichy. Il périt dans un accident d'avion.

**Hunyadi** famille noble de Transylvanie. — **Jean** (vers 1407 – près de Belgrade, 1456), voïévode de Transylvanie (1440) et régent de Hongrie sous Ladislas V (1446-1453). Il vainquit les Turcs devant Belgrade (1456). Son fils, Mathias Corvin, fut élu roi de Hongrie.

**Huon de Bordeaux** chanson de geste française (déb. du XIII$^e$ s.) en décasyllabes assonancés. V. Oberon.

**huppe** *nf* **1** Oiseau coraciadiforme, au long bec arqué et à la tête garnie d'une touffe de plumes. **2** Touffe de plumes ornant la tête de certains oiseaux. SYN houppe. PHO ['yp] ETY Du lat.

**huppe** commune d'Europe

**huppé, ée** *a* **1** Qui porte une huppe. *Alouette huppée.* **2** fig Riche et distingué. *Des gens huppés.* PHO ['ype]

**Huppert** Isabelle (Paris, 1953), actrice française : *Violette Nozière* (1978), *La Cérémonie* (1994), *La pianiste* (2000), *Huit femmes* (2001).

Isabelle Huppert

**Hurault** Louis (Attray, Loiret, 1886 – Vincennes, 1973), général français. Il présida à la fondation de l'Institut géographique national, en 1940.

**hurdleur, euse** *n* Athlète spécialiste de la course de haies. PHO [œʀdlœʀ] VAR **hurdler**

**hure** *nf* **1** Tête de quelques animaux ; partic., tête coupée. *Hure de sanglier, de brochet.* **2** Galantine farcie de morceaux de hure de porc. **3** litt Visage truculent, trogne. PHO ['yʀ]

**hurlement** *nm* **1** Cri du loup, du chien. **2** Cri aigu et prolongé. *Hurlement de douleur. Les hurlements du vent.* PHO ['yʀləmɑ̃]

**hurler** *v* ① **A** *vi* **1** Pousser des hurlements. *Les loups hurlent. Hurler de douleur.* **2** Crier, parler, chanter très fort. *Ne hurle pas, je ne suis pas sourd !* **3** Produire un son semblable à un hurlement. *Sirène qui hurle.* **4** fig Former un contraste violent, jurer. *Couleurs qui hurlent ensemble.* **B** *vt* Dire qqch en criant. *Hurler des injures.* LOC ***Hurler avec les loups*** : imiter ceux avec qui on vit. PHO [ˈyʀle] ETY Du lat. DER **hurlant, ante** *a*

**hurleur, euse** *a, nm* **A** *a* Qui hurle. **B** *nm* ZOOL Singe des forêts denses sud-américaines (platyrhinien) dont le sac vocal osseux (os hyoïde) peut émettre des cris très puissants, audibles à plusieurs kilomètres.

**hurluberlu, ue** *n* Personne étourdie, au comportement extravagant. ETY De *hurelu,* « ébouriffé », et *berlu,* « qui a la berlue ».

**huron, onne** *n, a* **A** *n* VX Personne grossière. **B** *nm* Langue, de la famille iroquoienne, parlée par les Hurons. PHO [ˈyʀɔ̃, ɔn]

**Huron** un des Grands Lacs américains (61 797 km²), entre le Canada et les É.-U.

**huronien, enne** *a* GEOL Se dit de l'orogenèse qui a affecté surtout l'Amérique du N. et la Scandinavie au précambrien PHO [ˈyʀɔnjɛ̃, ɛn]

**Hurons** tribu amérindienne d'Amérique du N., installée entre les lacs Huron et Ontario, et à Loretteville (Québec). Alliés des Français, les Hurons furent quasiment exterminés par les Iroquois au XVIIᵉ s. DER **huron, onne** *a*

**hurrah → hourra.**

**hurricane** *nm* Cyclone dans la mer des Caraïbes. PHO [ˈyʀikɛn] ETY Mot angl., du caraïbe.

**Hurtado de Mendoza** Diego (Grenade, 1503 – Madrid, 1575), diplomate et écrivain espagnol. On lui attribue, peut-être à tort, le roman picaresque *Lazarillo de Tormes.*

**Hus** Jan (Husinec, Bohême, vers 1370 – Constance, 1415), réformateur religieux tchèque. Recteur de l'université de Prague (1409), il fixa l'orthographe et la langue littéraire tchèques. Prédicateur, il dénonça les vices du clergé. Excommunié (1411-1412), il se rendit devant le concile de Constance (1414), protégé par le sauf-conduit de l'empereur Sigismond, mais fut condamné et brûlé vif. Ses partisans menèrent les guerres hussites contre le pape et l'empereur jusqu'en 1437. DER **hussite** *a*

supplice de **Jan Hus**, enluminure, XVᵉ s. – bibliothèque nationale de l'Université, Prague

**Husák** Gustáv (Bratislava, 1913 – id., 1991), homme politique tchécoslovaque ; secrétaire du parti communiste installé par l'URSS (1969-1987) ; président de la Rép. (1975-1989).

**Husayn** Ḥusayn (v. 626 – 680), second fils de Ali et Fatima, 3ᵉ imam des chiites. Il fut tué à Karbala par l'armée des Omeyyades.

**Husayn → Hussein.**

**Husaynides** dynastie turque qui gouverna la Tunisie de 1705 à 1957. V. Lamine bey.

**Hu Shi** (Shanghai, 1891 – Taibei, 1962), écrivain chinois : *la Renaissance chinoise* (1934). Il suivit Tchang Kaï-chek. VAR **Hou Che**

**husky** *nm* Chien de traîneau aux yeux souvent bleu clair. PLUR huskies. PHO [œski] ETY Mot angl. ▶ pl. chiens

**hussard** *nm* **1** HIST Cavalier appartenant à un corps levé au XVᵉ s. par les Hongrois pour combattre les Turcs. **2** Militaire appartenant à l'un des régiments de cavalerie légère qui tenaient leur origine des compagnies d'auxiliaires hongrois recrutés par la France au XVIIᵉ s. **3** Militaire appartenant à l'une des unités blindées qui ont succédé aux anciennes unités montées de hussards. PHO [ˈysaʀ] ETY Du hongrois par l'all.

**hussarde** *nf* Danse hongroise. LOC ***À la hussarde*** : d'une manière cavalière et brutale. PHO [ˈysaʀd]

**Hussards (les)** groupe d'écrivains français qui préféraient le dandysme à l'engagement : Nimier, Déon, Blondin, Jacques Laurent.

**Hussein** (Smyrne, v. 1765 – Alexandrie, 1838), le dernier dey d'Alger. Il rompit en 1829 les négociations avec la France, qui s'empara d'Alger (4 juil. 1830). VAR **Husayn ibn al-Husayn**

**Hussein** Taha (Maghagha, 1889 – Le Caire, 1973), écrivain égyptien : *le Livre des jours* (1929), roman autobiographique. VAR **Husayn**

**Hussein Iᵉʳ** (Amman, 1935 – *id.*, 1999), roi de Jordanie (1952 – 1999). Il succéda à son père Talāl, déposé pour maladie mentale. En 1958, il obtint le départ des troupes britanniques. Dès lors, il dut faire face au problème palestinien et israélien. En 1988, il renonça à la Cisjordanie pour qu'un État palestinien soit possible. En 1994, il signa un accord de paix avec Israël. VAR **Husayn Iᵉʳ**

**Hussein** Saddam (Tikrit, 1937 – Bagdad, 2006), homme politique irakien. Musulman sunnite, secrétaire général du Baas et chef de l'État irakien (1979 à 2003), il a attaqué l'Iran (première guerre du Golfe : 1980-1982), puis il a envahi le Koweït en août 1990 (seconde guerre du Golfe : janv.-mars 1991). L'ONU l'a accusé de dissimuler des stocks d'armes chimiques. Plusieurs mois après la fin de l'intervention anglo-américaine, il est fait prisonnier par les Américains (déc. 2003), condamné à mort par un tribunal irakien, et exécuté. VAR **Husayn**

**Hussein ibn Ali** (?, v. 1856 – Amman, 1931), roi du Hedjaz (1916), après s'être uni aux Alliés (colonel Lawrence) contre les Turcs. L'émir du Nadjd, Saoud, le déposséda en 1924. VAR **Husayn ibn Ali**

**Husserl** Edmund (Prossnitz, Moravie, 1859 – Fribourg-en-Brisgau, 1938), philosophe allemand. En réaction contre le subjectivisme et l'irrationalisme du déb. du siècle, il élabora une *phénoménologie,* science descriptive des essences. Princ. œuvres : *Recherches logiques* (1900-1901), *Logique formelle et logique transcendantale* (1929), *Méditations cartésiennes* (1932).

**hussite** *a, n* Se dit d'un chrétien partisan des doctrines de Jan Hus. PHO [ˈysit]

**Huston** John (Nevada, Missouri, 1906 – Fall River, 1987), cinéaste américain : *le Faucon maltais* (1941), *Quand la ville dort* (1950), *The African Queen* (1952), *The Misfits* (1960), *Au-dessous du volcan* (1984), *Gens de Dublin* (1987).

**Huston** Nancy (Calgary, Alberta, 1953), écrivaine canadienne, d'expression française et anglaise : *Ligne de faille* (2006).

**hutte** *nf* Petite cabane rudimentaire faite avec de la terre, des branches, etc. PHO [ˈyt] ETY Du moyen all.

**Hutten** Ulrich von (chât. de Steckelberg, près de Fulda, 1488 – île d'Ufenau, lac de Zurich, 1523), écrivain et théologien allemand ; propagandiste ardent de la Réforme.

**Hutton** James (Édimbourg, 1726 – id., 1797), géologue écossais, chef de file du plutonisme, théorie selon laquelle les roches résultent de l'activité des volcans.

**Hutus** ethnie du Burundi et du Rwanda. Dans chacun de ces deux pays, ils représentent entre 80 % et 85 % de la pop. Ils parlent des langues bantoues : le kirundi au Burundi et le kinyarwanda au Rwanda. Depuis l'indépendance, de sanglants conflits ont, à plusieurs reprises, opposé les Hutus et les Tutsis, tant au Rwanda qu'au Burundi. Deux thèses s'opposent : 1. Hutus et Tutsis ne sont pas deux ethnies distinctes, puisqu'ils parlent la même langue. 2. pasteurs nomades d'origine nilotique, les Tutsis se sont fixés dans la région des Grands Lacs, où ils ont soumis les Hutus et adopté leur langue. DER **hutu** *a*

**Huveaune (l')** fl. côtier de Provence, qui se jette dans la Méditerranée à Marseille ; 52 km.

**Huxley** Thomas Henry (Ealing, Middlesex, 1825 – Londres, 1895), biologiste anglais ; partisan de Darwin. — **Sir Julian Sorell** (Londres, 1887 – id., 1975), petit-fils du préc., zoologiste, prem. directeur de l'Unesco (1946-1948). — **Aldous** (Godalming, Surrey, 1894 – Los Angeles, 1963), frère du préc., écrivain pessimiste : *Contrepoint* (roman, 1928), *le Meilleur des mondes* (roman, 1932). — **Andrew Fielding** (Hampstead, Londres, 1917), demi-frère des préc., neurologue. Prix Nobel de médecine 1963 avec Hodgkin et Eccles.

**Huy** com. de Belgique (Liège), sur la Meuse ; 18 000 hab. Raff. ; Industries. – Citadelle (XIXᵉ s.). DER **hutois, oise** *a, n*

**Huygens** Christiaan (La Haye, 1629 – id., 1695), physicien, géomètre et astronome néerlandais. Il travailla en France de 1665 à 1680. Il fit progresser le calcul des probabilités, inventa le balancier régulateur à ressort spiral, mit au point une lunette (étude de Saturne, Mars, etc.), attribua à la lumière le caractère ondulatoire (*Traité de la lumière,* 1678). VAR **Huyghens**

**E. Husserl**

**C. Huygens**

**Huyghe** René (Arras, 1906 – Paris, 1997), historien d'art français : *Dialogue avec le visible* (1955), *l'Art et l'Homme* (1958-1961). Acad. fr. (1960).

**Huysmans** Georges Charles, dit Joris-Karl (Paris, 1848 – id., 1907), écrivain français ; romancier naturaliste (*les Sœurs Vatard,* 1879, *En ménage,* 1881, *À vau-l'eau* 1882) adepte de l'idéal « décadent » (*À rebours,* 1884) puis de l'occultisme (*Là-bas,* 1891) et enfin catholique (*En route,* 1895, *la Cathédrale,* 1898)

**Huyssens** Frère Pierre (Bruges, 1577 – id., 1637), jésuite et architecte flamand, baroque : égl. Saint-Charles-Borromée (Anvers).

**Huston** *The Misfits,* 1961, avec Marilyn Monroe, Montgomery Clift et Clark Gable

**Hvar (île)** île croate de l'Adriatique. Tourisme.

**hW** PHYS Symbole de l'hectowatt.

**hyacinthe** *nf* **1** BOT Anc. nom de la jacinthe. **2** MINER Variété de zircon transparent, rouge ou orangé. PHO [jasɛt] ETY Du lat.

**hyal(o)-** Élément, du gr. *hualos*, « verre ».

**hyalin, ine** *a* **1** didac Qui a l'aspect, la transparence du verre. **2** MED Présent dans les tissus conjonctifs et de soutien. *Substance hyaline.*

**hyalite** *nf* **1** MINER Variété transparente d'opale. **2** TECH Verre noir de Bohême. **3** MED Inflammation du corps vitré de l'œil.

**hyaloclastite** *nf* Roche volcanique résultant de la rencontre d'une coulée de lave avec de l'eau.

**hyaloïde** *a* ANAT Qui a la transparence du verre. *Membrane hyaloïde de l'œil.*

**hyaloplasme** *nm* BIOL Solution colloïdale hyaline, dans laquelle baignent les organites et diverses inclusions cellulaires.

**hyaluronique** *a* **LOC** *Acide hyaluronique* : polysaccharide constitutif des mucus et sérosités, ainsi que du tissu conjonctif.

**hybride** *nm, a* **A** *nm* BIOL Animal ou végétal qui résulte du croisement de deux sujets d'espèces différentes. *Le bardot est un hybride de cheval et d'ânesse.* **B** *a* **1** fig Qui participe de genres, de styles différents ; fait d'éléments mal assortis. *Une solution hybride.* **2** LING Formé de radicaux empruntés à des langues différentes. *« Bigame », formé du latin « bis » et du grec « gamos », est un mot hybride.* **3** AUTO Se dit d'une voiture qui peut fonctionner à l'essence et à l'électricité. ETY Du lat.

ENC Les hybrides proviennent de croisements entre des animaux ou végétaux très proches des points de vue systématique et morphologique. Les hybrides d'espèces différentes, dits *interspécifiques* (mule, mulet, etc.), ou de genres différents, sont souvent stériles parce que les chromosomes des parents ont des structures différentes. Les hybrides de même espèce mais de races ou de variétés différentes, dits *interraciaux* ou *intraspécifiques*, sont fertiles. Lorsqu'un hybride présente une vigueur supérieure à celle de ses parents, on dit qu'il présente une *vigueur hybride* (ou *hétérosis*). Ce phénomène est utilisé par l'homme ; agronomie, agriculture, élevage.

**hybrider** *vt* ① BIOL Réaliser le croisement d'espèces différentes. DER **hybridation** *nf* – **hybrideur, euse** *n*

**hybridisme** *nm* BIOL Caractère, état d'un hybride. VAR **hybridité** *nf*

**hybridome** *nm* BIOL Cellule hybride constituée par la fusion d'un lymphocyte et d'une cellule cancéreuse.

ENC L'une des deux cellules hybridées est un globule blanc traité par un antigène et donc producteur de l'anticorps correspondant à cet antigène ; l'autre cellule provient d'une tumeur maligne (d'où la terminaison en *ome*). L'hybridome hérite de la cellule cancéreuse la propriété de se multiplier indéfiniment et, du globule blanc, celle de fabriquer un anticorps spécifique. Mis en culture, l'hybridome forme un amas de cellules au génome identique : c'est un clone cellulaire. L'anticorps produit, dit *monoclonal*, est parfaitement pur et réagit spécifiquement face à un antigène donné.

**hydarthrose** *nf* MED Épanchement d'un liquide séreux dans la cavité synoviale d'une articulation.

**hydatide** *nf* MED Vésicule résultant de la prolifération larvaire de l'échinocoque, qui se développe dans les tissus (notam. foie et poumons) en formant un kyste (*hydatidose*). DER **hydatique** *a*

**Hyde Ann** (1637 – 1671), première épouse (1660) du futur Jacques II d'Angleterre et mère de Marie Ire et Anne Stuart.

**Hyde Park** parc de Londres (146 ha), à l'O. de la ville, traversé par la Serpentine River.

**Hyderābād** v. de l'Inde, cap. de l'Āndhra Pradesh ; 6,6 millions d'hab. (aggl.). Grand centre industriel. VAR **Haidarābād**

**Hyderābād** v. du Pākistān ; 1,5 million d'hab. (aggl.). Marché agricole. Textiles.

**hydne** *nm* BOT Champignon basidiomycète comestible dont le chapeau est tapissé sur sa face inférieure de petits tubercules cylindriques. SYN pied-de-mouton. ETY Du gr. *hudnon*, « tuberculose ».
▶ pl. champignons

**hydr(o)-, -hydre** Éléments, du gr. *hudôr*, « eau »

**Hydra** île grecque de la mer Égée, en face de l'Argolide ; 2 560 hab. (*Hydriotes*).

**hydracarien** *nm* Acarien aquatique.

**hydracide** *nm* CHIM Acide non oxygéné résultant de la combinaison de l'hydrogène avec un ou plusieurs éléments non métalliques.

**hydraire** *nm* ZOOL Hydrozoaire dépourvu de squelette.

**hydrangea** *nm* Nom scientifique de l'*hortensia* et des plantes voisines.

**hydrant** *nm* Belgique, Suisse Borne d'incendie.

**hydrargyrisme** *nm* Intoxication par le mercure.

**hydratation** *nf* **1** CHIM Fixation d'eau sur une molécule. **2** Formation d'un hydrate. **3** MED Apport d'eau à l'organisme, aux tissus.

**hydrate** *nm* CHIM Composé qui résulte de la fixation de molécules d'eau sur une molécule d'un corps. **LOC** *Hydrate de carbone* : syn. anc. de *glucide*. — *Hydrate de gaz* : composé solide de gaz (méthane) et d'eau qui se forme à pression élevée et à basse température dans les sédiments marins. SYN clathrate.

**hydrater** *v* ① **A** *vt* **1** CHIM Combiner un corps avec l'eau. **2** MED Apporter de l'eau à un organisme, un tissu. **B** *vpr* Passer à l'état d'hydrate. DER **hydratable** *a* – **hydratant, ante** *a, nm*

**hydraulicien, enne** *n, a* TECH Se dit d'un spécialiste de l'hydraulique.

**hydraulicité** *nf* TECH **1** Rapport entre le débit moyen annuel et le débit moyen calculé sur une longue période des eaux courantes. **2** Qualité des liants hydrauliques.

**hydraulique** *a, n* **A** *a* **1** Qui est mû par l'eau ; qui utilise l'eau ou un liquide pour son fonctionnement. *Frein hydraulique. Vérin hydraulique.* **2** Qui a pour objet de conduire, d'élever, de distribuer l'eau ou un liquide. *Ouvrages hydrauliques.* **B** *nf* **1** Science des lois de l'écoulement des liquides. **2** Ensemble des techniques de captage, de distribution et d'utilisation des eaux. **3** Ensemble des techniques utilisant les liquides pour la transmission des forces. **C** *nm* Énergie hydraulique, ensemble des installations concernées, secteur industriel constitué par cette énergie.

**hydravion** *nm* Avion qui décolle et se pose sur l'eau, grâce à des flotteurs.

**hydravion** à coque-fuselage

**hydrazine** *nf* Composé basique $H_2N\text{-}NH_2$ utilisé comme carburant des moteurs-fusées.

**hydre** *nf* **1** fig Mal qui semble se développer en proportion des efforts qu'on fait pour le détruire ; mal monstrueux. *L'hydre du fascisme, de l'anarchie.* **2** ZOOL Petit cnidaire hydrozoaire, dépourvu de squelette, polype vivant en eau douce, pourvu de 8 à 10 tentacules et qui régénère rapidement les parties qui lui sont enlevées.

**hydre**

**Hydre (l')** serpent fabuleux des marais de Lerne dont les sept têtes repoussaient quand on les coupait. Héraclès le tua en tranchant d'un seul coup ses sept têtes. ▶ illustr. **Héraclès**

**Hydre femelle (l')** vaste constellation de l'hémisphère S., qui se prolonge dans l'hémisphère N ; n. scientif. : *Hydra, Hydrae.*

**Hydre mâle (l')**, constellation de l'hémisphère S ; n. scientif. : *Hydrus, Hydri.*

**hydrémie** *nf* MED Taux d'eau dans le sang.

**hydrique** *a* didac Relatif à l'eau. **LOC** MED *Diète hydrique* : régime ne comportant que des apports d'eau.

**hydroalcoolique** *a* Se dit d'une solution cutanée antiseptique. *Un gel hydroalcoolique.*

**hydrobase** *nf* Base d'hydravions.

**hydrobiologie** *nf* Science consacrée aux organismes aquatiques. DER **hydrobiologique** *a* – **hydrobiologiste** *n*

**hydrocarbonate** *nm* CHIM Carbonate hydraté.

**hydrocarbure** *nm* CHIM Corps composé exclusivement de carbone et d'hydrogène. *Le méthane, le benzène sont des hydrocarbures. Le pétrole contient des hydrocarbures.*

**hydrocèle** *nf* MED Épanchement de sérosité dans la tunique qui entoure les testicules et le cordon spermatique.

**hydrocéphalie** *nf* MED Augmentation de volume du liquide céphalorachidien provoquant une dilatation des ventricules cérébraux et parfois une augmentation du volume du crâne. DER **hydrocéphale** *a, n*

**hydrocharis** *nm* BOT Plante monocotylédone aquatique à feuilles flottantes rappelant le nénuphar, dont les fleurs ont trois sépales et trois pétales. SYN morène, petit nénuphar. PHO [idrokaris]

**hydroclasseur** *nm* MINES Appareil utilisant l'eau pour le triage des minerais.

**hydrocoralliaire** *nm* ZOOL Hydrozoaire à squelette calcaire.

**hydrocortisone** *nf* BIOCHIM Hormone corticosurrénale que l'on peut obtenir par synthèse, proche de la cortisone, mais plus active.

**hydrocraquage** *nm* TECH Craquage en présence d'hydrogène (procédé de raffinage du pétrole).

**hydrocution** *nf* MED Syncope brutale pouvant entraîner la mort, déclenchée, lors d'une immersion brusque dans l'eau froide, par un trouble vasomoteur réflexe.

**hydrodynamique** *nf, a* Étude des liquides en mouvement et des forces qui réduisent la résistance à l'avancement dans les liquides.

**hydroécologie** *nf* Connaissance et gestion physique des milieux aquatiques. [DER] **hydroécologique** *a* – **hydroécologue** *n*

**hydroélectricité** *nf* TECH Électricité d'origine hydraulique. [DER] **hydroélectrique** *a*

**hydrofoil** *nm* Syn. de *hydroptère*. [PHO] [idʀofɔjl] [ETY] Mot angl., de *foil*, « surface plane ».

**hydrofuger** *vt* [13] Rendre imperméable à l'humidité, à l'eau. [DER] **hydrofuge** *a, nm*

**hydrogel** *nm* CHIM Colloïde à l'état de gel en milieu aqueux.

**hydrogène** *nm* CHIM **1** Élément de numéro atomique Z = 1 et de masse atomique 1,008 (symbole H). **2** Gaz ($H_2$ : dihydrogène) de densité 0,069, qui se liquéfie à – 252,7 °C et se solidifie à –259,2 °C.

[ENC] On connaît trois isotopes de l'hydrogène : l'hydrogène léger (99,984 % de l'hydrogène naturel), l'hydrogène lourd ou deutérium (0,016 %) et le tritium (traces infimes). Le noyau de l'atome d'hydrogène léger *(protium)* est formé uniquement d'un proton. L'hydrogène est de loin l'élément le plus abondant de l'Univers. Il entre dans de nombr. combinaisons, l'eau ($H_2O$) notam., et représente la quasi-totalité de la matière interstellaire. Il se combine avec presque tous les éléments, en donnant des hydrures ; c'est un excellent réducteur. Les carburants synthétiques sont obtenus par hydrogénation. L'hydrogène est utilisé dans les chalumeaux oxhydrique et à hydrogène atomique. L'hydrogène liquide sert de carburant dans les moteurs-fusées. La fusion de noyaux d'hydrogène (donc de protons) libère une forte énergie (V. étoile et fusion). La production d'hydrogène par décomposition de l'eau à haute température pourrait fournir un combustible de choix.

**hydrogéner** *vt* [14] CHIM Combiner avec l'hydrogène. [DER] **hydrogénation** *nf* – **hydrogéné, ée** *a*

**hydrogéologie** *nf* Étude des eaux souterraines et de leurs résurgences. [DER] **hydrogéologique** *a* – **hydrogéologue** *n*

**hydroglisseur** *nm* Bateau à fond plat propulsé par une hélice aérienne.

**hydrographie** *nf* didac **1** Étude des milieux occupés par les eaux à la surface du globe (hydrosphère). **2** Ensemble des cours d'eau et des lacs d'une région. [DER] **hydrographe** *n*

**hydrographique** *a* didac Relatif à l'hydrographie. LOC MAR ***Service hydrographique et océanographique de la marine (SHOM)*** : service de la Marine nationale chargé de l'établissement des cartes marines et des informations nautiques.

**hydrolase** *nf* BIOCHIM Enzyme qui détache des molécules les ions $OH^-$, les ions $H^+$ et les molécules d'eau.

**hydrolien** *nm* Production d'énergie électrique grâce aux hydroliennes.

**hydrolienne** *nf* Machine qui utilise l'énergie des courants marins pour produire de l'électricité. [ETY] De *hydraulique* et *éolienne*.

**hydrolithe** *nf* CHIM Hydrure de calcium qui réagit avec l'eau en donnant de l'hydrogène.

**hydrologie** *nf* didac Science qui traite des eaux, de leurs propriétés et de leur utilisation. [DER] **hydrologique** *a* – **hydrologiste** ou **hydrologue** *n*

**hydrolyse** *nf* CHIM Décomposition d'un corps par fixation des ions $H^+$ et $OH^-$ provenant de la dissociation de l'eau.

**hydrolyser** *vt* [1] CHIM Décomposer par hydrolyse. [DER] **hydrolisable** *a*

**hydromassage** *nm* Massage pratiqué au moyen de projections d'eau sous pression.

**hydromécanique** *a* TECH Mû par l'eau.

**hydromel** *nm* Boisson faite d'eau et de miel, fermentée ou non, goûtée des Anciens.

**hydrométéore** *nm* METEO Météore aqueux (brouillard, goutte de pluie, flocon de neige, morceau de glace, etc.).

**hydrométéorologie** *nf* Spécialité mettant en relation l'hydrologie et les prévisions météorologiques afin d'évaluer les risques d'inondations. [DER] **hydrométéorologique** *a* – **hydrométéorologue** *n*

**hydromètre** *nm* Insecte hétéroptère au corps et aux pattes allongés, qui marche sur l'eau. SYN araignée d'eau.

**hydrométrie** *nf* didac Science qui étudie les liquides, et notam. les eaux naturelles. [DER] **hydrométrique** *a*

**hydrominéral, ale** *a* didac Qui concerne les eaux minérales. PLUR hydrominéraux.

**hydronéphrose** *nf* MED Distension des cavités excrétrices du rein et du parenchyme rénal, due à une obstruction des voies urinaires.

**1 hydrophile** *a* **1** Qui absorbe l'eau, un liquide. *Coton hydrophile.* **2** CHIM Qui a de l'affinité pour l'eau, soluble dans l'eau.

**2 hydrophile** *nm* ENTOM Insecte coléoptère noirâtre, long d'env. 4,5 cm, qui vit dans les eaux stagnantes.

**hydrophobe** *a* **1** Qui a une crainte morbide de l'eau. **2** CHIM Non soluble dans l'eau. **3** TEXT Qui ne se laisse pas mouiller par l'eau.

**hydrophobie** *nf* MED Peur, crainte morbide de l'eau.

**hydrophore** *a, n* Bx-A Se dit d'un personnage portant un vase rempli d'eau qui s'écoule.

**hydrophyte** *nf* BOT Plante aquatique.

**hydropisie** *nf* MED Nom anc. de l'œdème et de l'œdème généralisé (anasarque). [DER] **hydropique** *a, n*

**hydropneumatique** *a* MECA Qui fonctionne à l'aide d'un liquide et d'un gaz comprimé. *Frein hydropneumatique.*

**hydroponique** *a* AGRIC LOC ***Culture hydroponique*** : dans laquelle une solution nutritive remplace la terre. [ETY] Du gr. *ponos*, « artificiel ».

**hydropression** *nf* Projection d'eau à très forte pression. *Nettoyage par hydropression.*

**hydroptère** *nm* MAR Navire à ailes portantes, très rapide. SYN hydrofoil.

**hydroptère**

**hydropulseur** *nm* Appareil d'hygiène buccodentaire projetant un jet d'eau.

**hydroquinone** *nf* Diphénol de formule $HO\text{-}C_6H_4\text{-}OH$ utilisé en photographie comme révélateur.

**hydroraffinage** *nm* Procédé de raffinage du pétrole par hydrogénation catalytique.

**hydrosilicate** *nm* CHIM Silicate hydraté.

**hydrosol** *nm* CHIM Solution colloïdale formée avec l'eau.

**hydrosoluble** *a* didac Soluble dans l'eau.

**hydrospeed** *nm* SPORT Descente de rapides, à plat ventre, le corps dans l'eau, sur une sorte de luge. [PHO] [idʀospid] [ETY] De l'angl.

**hydrosphère** *nf* GEOGR Ensemble des milieux aquatiques du globe terrestre : océans, mers, fleuves, etc. (par oppos. à l'*atmosphère* et à la *lithosphère*).

**hydrostatique** *nf, a* PHYS Partie de la physique qui étudie les conditions d'équilibre des liquides. LOC ***Principe fondamental de l'hydrostatique*** : selon lequel la différence de pression entre deux points d'un liquide en équilibre est égale au poids d'une colonne de liquide ayant pour section l'unité de surface et pour hauteur la distance verticale des deux points.

**hydrothérapie** *nf* MED Thérapeutique utilisant les vertus curatives de l'eau sous toutes ses formes. [DER] **hydrothérapeute** *n* – **hydrothérapique** *a*

**hydrothermalisme** *nm* GEOL Circulation de fluides chauds dans la croûte océanique, intervenant dans le métamorphisme et dans le magnatisme. [DER] **hydrothermal, ale, aux** *a*

**hydrotimétrie** *nf* CHIM Mesure de la dureté d'une eau. [DER] **hydrotimètre** *nm* – **hydrotimétrique** *a*

**hydroxy-** CHIM Préfixe indiquant la présence du radical hydroxyle OH.

**hydroxyde** *nm* CHIM Composé métallique de formule générale $M(OH)_n$, où M est un métal.

**hydroxylamine** *nf* CHIM Composé basique de formule $NH_2OH$.

**hydroxylase** *nf* BIOCHIM Enzyme qui favorise la fixation d'un groupement OH sur une molécule.

**hydroxylation** *nf* CHIM Formation de radicaux hydroxyles sur une molécule.

**hydroxyle** *nm* CHIM Radical OH.

**hydrozoaire** *nm* ZOOL Cnidaire colonial ou solitaire, sans cloisons internes.

**hydrure** *nm* CHIM Composé binaire hydrogéné dans lequel l'hydrogène possède le degré d'oxydation – 1.

**hyène** *nf* Mammifère carnivore d'Afrique et d'Asie, au garrot plus haut que la croupe, à pelage gris ou fauve, qui se nourrit de charognes. *L'hyène rayée, tachetée.* [PHO] [jɛn] [ETY] Du gr.

**hyène** tachetée

**hyénidé** *nm* ZOOL Mammifère carnivore et charognard des savanes de l'Ancien Monde, dont la famille comprend l'hyène tachetée, l'hyène rayée et l'hyène brune, ainsi que le protèle. [PHO] [jenide] [ETY] Du gr.

**Hyères** ch.-l. de cant. du Var (arr. de Toulon), à 4 km de la mer ; 56 020 hab. Stat. climatique. – Anc. commanderie de l'ordre des

Templiers (déb. XIIIe s.). Vest. d'une enceinte (XIIIe s.). – Dépendent de cette com. les *îles d'Hyères*, petit archipel qui ferme la *rade d'Hyères* : Porquerolles, Port-Cros, l'île du Levant. Tourisme. DER **hyérois, oise** *a, n*

**hygiaphone** *nm* Guichet transparent et ajouré qui laisse passer les sons tout en protégeant l'employé de la contamination microbienne du public. ETY Nom déposé.

**Hygie** dans la myth. gr., déesse de la Santé.

**hygiène** *nf* Branche du savoir qui traite des règles et des pratiques nécessaires pour conserver et améliorer la santé ; ensemble de ces règles et de ces pratiques. *Hygiène du corps. Hygiène mentale.* ETY Du gr. *hugieinon*, « santé ».

**hygiénique** *a* **1** Qui concerne l'hygiène, les soins du corps ; qui est conforme à l'hygiène. *Mesures hygiéniques. Activité hygiénique.* **2** Qui a rapport aux soins corporels intimes. *Papier, serviette hygiénique.* DER **hygiéniquement** *av*

**hygiénisme** *nm* Souci exclusif de l'hygiène.

**hygiéniste** *a, n* **A** *n* Spécialiste des problèmes d'hygiène. **B** *a, n* Qui relève de l'hygiénisme.

**hygro-** Élément, du gr. *hugros*, « humide ».

**hygroma** *nm* MED Atteinte inflammatoire des bourses séreuses.

**hygromètre** *nm* PHYS Appareil servant à mesurer le degré d'humidité de l'air.

**hygrométricité** *nf* METEO Teneur en eau de l'atmosphère.

**hygrométrie** *nf* PHYS Étude et mesure du degré d'humidité de l'air.

**hygrométrique** *a* PHYS Relatif à l'hygrométrie. LOC ***Corps hygrométrique*** : sensible aux variations de l'hygrométricité de l'air. — ***Degré hygrométrique de l'air*** : rapport entre la pression de la vapeur d'eau dans l'air et la pression de la vapeur saturante à la même température. SYN humidité relative.

**hygrophile** *a* BOT Qui aime, recherche l'humidité.

**hygrophobe** *a* BOT Qui craint l'humidité, les lieux humides.

**hygrophore** *nm* BOT Champignon basidiomycète à lamelles, diversement coloré selon l'espèce, à spores blanches.

**hygroscope** *nm* Hygromètre utilisant le changement de couleur d'une substance (chlorure de cobalt) sous l'action de l'humidité.

**hygroscopique** *a* PHYS **1** Relatif à l'hygroscope. **2** Qui absorbe la vapeur d'eau contenue dans l'air.

**hygrostat** *nm* TECH Appareil de climatisation servant à maintenir constante l'humidité relative d'une atmosphère.

**Hyksos** peuple originaire de la haute Syrie qui envahit l'Égypte au XVIIIe s. av. J.-C. Ils y fondèrent les XVe et XVIe dynasties. Vers 1580 av. J.-C., le prince Ahmôsis, de Thèbes, s'empara de leur capitale, Avaris, et les expulsa.

**hylochère** *nm* Grand sanglier de la forêt dense africaine, au pelage brun noir. ETY Du gr. *humên*, « membrane ».

**hymén(o)-** *nm* Élément, du gr. *humên*, « membrane ».

**1 hymen** *nm* ANAT Membrane qui obture en partie l'entrée du vagin et qui est déchirée lors du premier rapport sexuel. PHO [imɛn] ETY Du gr. *humên*, « membrane ».

**2 hymen** *nm* litt Mariage. PHO [imɛn] ETY Du gr. *Hûmen*, nom du dieu du mariage. VAR **hyménée**

**hyménium** *nm* BOT Assise cellulaire fertile de certains champignons (ascomycètes et basidiomycètes), constituée essentiellement par les cellules productrices de spores. PHO [imenjɔm]

**hyménomycète** *nm* Champignon chez lequel l'hyménium est à nu. ANT gastéromycète.

**hyménoplastie** *nf* Opération chirurgicale visant à restaurer l'hymen.

**hyménoptère** *nm* Insecte pourvu de deux paires d'ailes membraneuses inégales, et dont l'abdomen est le plus souvent pédonculé tel que l'abeille, la guêpe, la fourmi.

**Hymette (mont)** mont (1 425 m) au S.-E. d'Athènes, réputé pour son miel et son marbre.

**hymne** *n* **A** *nm* **1** ANTIQ Poème chanté en l'honneur d'un dieu, d'un héros. **2** Chant national. *« La Marseillaise » est l'hymne de la France.* **3** Poème lyrique, œuvre musicale exprimant l'enthousiasme. **B** *nm, f* LITURG Chant religieux. *Un(e) hymne à la gloire de Dieu.* ETY Du gr.

**Hymne à la joie (l')** mouvement final de la *Neuvième Symphonie* de Beethoven (1822-1824), alliant la musique à l'Ode à la joie de Schiller (1785). Beethoven y célèbre la fraternité humaine et la concorde universelle à conquérir.

**hyoïde** *a, nm* ANAT Se dit de l'os de la partie supérieure du cou, au-dessus du larynx. PHO [jɔid] ETY Du gr. *huoeidês*, « en forme d'u ». DER **hyoïdien, enne** *a*

**hypallage** *nf* RHET Figure de style par laquelle on attribue à un mot d'une phrase ce qui convient à un autre (ex. *descendant noble d'une famille* pour *descendant d'une famille noble*). ETY Mot gr., « échange ».

**Hypatie** (Alexandrie, v. 370 – id., v. 415), philosophe et mathématicienne grecque ; fille de Théon d'Alexandrie.

**hype** *a, nf* fam Qui est à l'avant-garde de la mode. *Un magazine très hype. Une boutique représentative de la hype.* PHO [ajp] ETY Mot angl.

**hyper-** Élément, du gr. *huper*, « au-dessus, au-delà », indiquant l'excès.

**hyper** *nm* fam Hypermarché.

**hyperacidité** *nf* Acidité excessive.

**hyperacousie** *nf* MED Sensibilité exagérée au bruit.

**hyperactif, ive** *a, n* PSYCHO Se dit d'une personne, d'un enfant jugé trop remuant. DER **hyperactivité** *nf*

**hyperalgie** *nf* MED Exagération de la sensibilité à la douleur.

**hyperbare** *a* TECH Dont la pression est supérieure à la pression atmosphérique mesurée au niveau de la mer.

**hyperbate** *nf* RHET Figure de grammaire consistant à intervertir l'ordre habituel des mots. *« Le long d'un clair ruisseau buvait une colombe » (La Fontaine) est une hyperbate.*

**hyperbole** *nf* **1** RHET Figure de style consistant à employer une expression exagérée pour frapper l'esprit (ex. *verser des torrents de larmes*). **2** GEOM Courbe à deux branches et deux asymptotes, lieu des points dont la différence des distances à deux points fixes, appelés *foyers*, est constante. ETY Mot gr. ▶ illustr. **courbe**

**hyperbolique** *a* **1** RHET Très exagéré dans son expression. **2** GEOM En forme d'hyperbole. **3** MATH Qualifie certaines fonctions déduites de fonctions exponentielles.

**hyperboloïde** *nm* GEOM **1** Quadrique dont les asymptotes forment un cône. **2** Solide engendré par cette surface. LOC ***Hyperboloïde de révolution*** : engendré par une demi-hyperbole tournant autour de l'un de ses axes.

**hyperboréen, enne** *a* litt Qui est à l'extrême Nord. ETY Du gr. *boreas*, « vent du nord ».

**hypercalcémie** *nf* MED Excès de calcium dans le sang.

**hypercalciurie** *nf* MED Taux anormal de calcium dans les urines.

**hypercentre** *nf* Cœur du centre-ville.

**hyperchlorhydrie** *nf* MED Excès d'acide chlorhydrique dans le suc gastrique, se traduisant par la dyspepsie.

**hypercholestérolémie** *nf* MED Excès de cholestérol dans le sang.

**hypercoagulabilité** *nf* MED Vitesse excessive de la coagulation du sang.

**hypercorrection** *nf* LING Reconstruction erronée d'un mot, fondée sur des arguments pseudoscientifiques.

**hypercritique** *a* PHYS Se dit d'un fluide porté à une température et une pression supérieures à celles de son point critique.

**hyperdocument** *nm* INFORM Ensemble de documents interconnectés par des liens, articulés autour d'un document pivot.

**hyperdulie** *nf* RELIG CATHOL Culte rendu à la Sainte Vierge (par oppos. au culte de *dulie*, rendu aux autres saints, et au culte de *latrie*, rendu à Dieu). ETY Du lat.

**hyperémotivité** *nf* PSYCHO Exagération de l'émotivité. DER **hyperémotif, ive** *a, n*

**hyperespace** *nm* Espace fictif à plus de trois dimensions.

**hyperesthésie** *nf* MED Exaspération de la sensibilité.

**hyperfocal, ale** *a, nf* PHOTO Se dit de la distance à partir de laquelle tous les objets sont nets jusqu'à l'infini. PLUR hyperfocaux.

**hyperfréquence** *nf* TELECOM Fréquence comprise dans la gamme de 300 mégahertz à 300 gigahertz.

**hyperglycémie** *nf* MED Excès de glucose dans le sang. LOC ***Hyperglycémie provoquée*** : examen servant à dépister le diabète. DER **hyperglycémiant, ante** *a*

**hypergol** *nm* TECH Réunion d'un combustible et d'un carburant liquides produisant une combustion spontanée, utilisée pour la propulsion des fusées.

**hypergonar** *nm* Objectif photographique, inventé par Henri Chrétien, permettant l'anamorphose des images et qui est à l'origine du cinémascope. ETY Nom déposé ; du gr. *gônia*, « angle ».

**hyperhémie** *nf* MED Congestion locale des vaisseaux sanguins. VAR **hyperémie**

**hypéricacée** *nf* BOT Plante dicotylédone dialypétale dont certains organes contiennent des poches ou canaux sécréteurs, telle que le millepertuis. ETY Du gr.

**Hypéride** (Athènes, v. 389 – dans le Péloponnèse, 322 av. J.-C.), orateur athénien ; disciple de Platon et émule de Démosthène.

**Hyperion** ou *(l'Ermite de la Grèce)*, roman épistolaire autobiographique de Hölderlin (2 parties : 1797 et 1799).

**hyperkaliémie** *nf* MED Excès de potassium dans le sang.

**hyperleucocytose** *nf* MED Excès de globules blancs dans le sang à la suite d'une infection.

**hyperlien** *nm* INFORM Chacun des liens servant à structurer un texte.

**hyperlipidémie** *nf* MED Taux trop élevé de lipides dans le sang.

**hypermarché** *nm* Magasin en libre-service dont la surface est supérieure à 2 500 $m^2$.

**hypermédia** *nm* INFORM Ensemble de documents (textes, images, sons) issus d'une base documentaire multimédia, consultables à la manière de l'hypertexte.

**hypermédiatisation** *nf* Médiatisation extrême d'un fait, d'un évènement. *L'hypermédiatisation du sport de haut niveau.*

**hypermétropie** *nf* Mauvaise perception des objets rapprochés, due à un défaut de réfraction du cristallin. ANT myopie. DER **hypermétrope** *a, n*

**hypermnésie** *nf* PSYCHO Activité anormalement intense de la mémoire.

**hypéron** *nm* PHYS NUCL Particule lourde (baryon) de masse supérieure à celle du proton.

**hyperonyme** *nm* LING Mot dont le sens inclut celui d'autres mots. *« Aliment » est un hyperonyme de « pain ».* ANT hyponyme. DER **hypéronymie** *nf*

**hyperostose** *nf* MED Épaississement d'un ou de plusieurs os.

**hyperparasite** *a, nm* ZOOL Se dit d'un animal parasite d'un autre, lui-même parasite.

**hyperparathyroïdie** *nf* MED Sécrétion anormale des glandes parathyroïdes, entraînant des anomalies osseuses.

**hyperplan** *nm* MATH Sous-espace vectoriel à $n-1$ dimensions d'un espace vectoriel à $n$ dimensions.

**hyperplasie** *nf* MED Prolifération anormale de cellules. DER **hyperplasique** *a*

**hyperprésident, ente** *n* POLIT Président qui concentre tous les pouvoirs entre ses mains. DER **hyperprésidence** *nf* – **hyperprésidentialisme** *nm*

**hyperpuissance** *nf* POLIT État prépondérant sur le plan mondial.

**hyperréalisme** *nm* Mouvement artistique né aux États-Unis dans les années 1967-1968. DER **hyperréaliste** *a, n*

**hyperréalisme** *Cafeteria*, de Richard Estes

**hypersécrétion** *nf* MED Sécrétion excessive d'une glande ou d'une cellule.

**hypersensibilité** *nf* **1** Sensibilité excessive. **2** MED Exagération de la sensibilité à un produit. DER **hypersensible** *a, n*

**hypersomnie** *nf* MED Augmentation pathologique du temps de sommeil.

**hypersonique** *a* AVIAT Se dit d'une vitesse supérieure à mach 5.

**hyperstatique** *a* TECH Se dit d'un système dont les réactions d'appui doivent être déterminées en faisant intervenir les déformations élastiques.

**hypersustentateur** *a, nm* Se dit de mécanismes assurant l'hypersustentation.

**hypersustentation** *nf* AVIAT Augmentation de la portance.

**hypertélie** *nf* ZOOL Évolution aboutissant à l'élaboration d'organes démesurés ou nuisibles (par ex. : les bois de certains cervidés).

**hypertenseur** *am, nm* Syn. de *hypertensif.*

**hypertensif, ive** *a, nm* **A** *a* MED De l'hypertension. *Une poussée hypertensive.* **B** *a, nm* Qui provoque l'hypertension. SYN hypertenseur.

**hypertension** *nf* MED Tension artérielle excessive. DER **hypertendu, ue** *a, n*

**hypertexte** *nm* INFORM Système constitué par un ensemble de textes et par des liens qui les unissent, permettant à l'utilisateur de naviguer de l'un à l'autre. DER **hypertextualité** *nf* – **hypertextuel, elle** *a*

**hyperthermie** *nf* MED Élévation de la température du corps, fièvre.

**hyperthermophile** *a* BIOL Se dit de micro-organismes qui sont apparus et se sont épanouis dans les conditions extrêmes de température des cheminées hydrothermales.

**hyperthyroïdie** *nf* MED Hypersécrétion hormonale de la thyroïde.

**hypertonie** *nf* **1** MED Tonus excessif d'un ou de plusieurs muscles. **2** PHYS État d'une solution dont la concentration est supérieure à celle du milieu dont elle est séparée par une paroi semi-perméable. DER **hypertonique** *a*

**hypertrophier** *vt* ② didac **1** Produire le développement excessif d'un organe ou d'une partie du corps. *L'alcoolisme hypertrophie souvent le foie.* **2** fig Accroître qqch excessivement. *Hypertrophier certaines industries.* DER **hypertrophie** *nf* – **hypertrophique** *a*

**hyperuricémie** *nf* MED Taux excessif d'acide urique dans le sang.

**hypervitaminose** *nf* MED Trouble dû à l'apport excessif de vitamines.

**hyphe** *nf* Filament formé de cellules placées bout à bout, constitutif du mycélium des champignons supérieurs. ETY Du gr. *huphos,* « tissu ».

**hypholome** *nm* BOT Champignon basidiomycète vert et brun, poussant en touffes sur les souches. ETY De *hyphe,* et gr. *lôma,* « frange ».

**hypn(o)-** Élément, du gr. *hupnos,* « sommeil ».

**hypnagogique** *a* Qui conduit au sommeil ; qui concerne les états de conscience qui précèdent immédiatement le sommeil.

**hypnogène** *a* Qui provoque le sommeil.

**hypnologie** *nf* didac Étude de la physiologie du sommeil. DER **hypnologue** *n*

**hypnose** *nf* État psychique proche du sommeil, provoqué par suggestion.

**hypnothérapeute** *nf* Médecin qui utilise l'hypnose.

**hypnotique** *a, nm* **1** MED Qui provoque le sommeil. *Médicament hypnotique.* **2** Relatif à l'hypnose, à l'hypnotisme.

**hypnotiser** *vt* ① **1** Plonger qqn dans un sommeil hypnotique. **2** fig Fasciner, éblouir. *Être hypnotisé par un spectacle.* DER **hypnotiseur, euse** *n*

**hypnotisme** *nm* **1** Branche du savoir qui traite des phénomènes d'hypnose. **2** Ensemble des moyens, des techniques mis en œuvre pour provoquer le sommeil hypnotique.

**hypo-** Élément, du gr. *hupo,* « au-dessous, en deçà », qui exprime l'infériorité, le manque.

**hypoacousie** *nf* MED Diminution de l'acuité auditive.

**hypoallergénique** *a* MED Qui ne contient pas de substances allergéniques.

**hypoallergique** *a* MED Peu susceptible de provoquer une allergie.

**hypobare** *a* TECH Dont la pression est inférieure à la pression atmosphérique. *Caisson hypobare.*

**hypocagne** *nf* Première année de classe préparatoire au concours d'entrée à l'École normale supérieure (lettres). VAR **hypokhâgne**

**hypocalcémie** *nf* MED Insuffisance de calcium dans le sang.

**hypocalorique** *a* didac Qui fournit peu de calories.

**hypocapnie** *nf* MED Diminution du taux de dioxyde de carbone dans le sang.

**hypocauste** *nm* ARCHEOL Fourneau souterrain qui chauffait les bains ou les chambres de bains.

**hypocentre** *nm* GEOL Lieu d'origine, en profondeur, des ondes sismiques lors d'un séisme.

**hypochloreux** *am* CHIM Qualifie l'anhydride $Cl_2O$ et le monoacide HClO.

**hypochlorhydrie** *nf* MED Diminution de la teneur du suc gastrique en acide chlorhydrique.

**hypochlorite** *nm* CHIM Sel de l'acide hypochloreux.

**hypocholestérolémiant, ante** *a, nm* MED Qui provoque une baisse de la cholestérolémie.

**hypocondre** *nm* ANAT Chacune des parties latérales de l'abdomen, située au-dessous des côtes.

**hypocondrie** *nf* PSYCHOPATHOL Préoccupation obsessionnelle d'un sujet pour son état de santé. DER **hypocondriaque** *a, n*

**hypocoristique** *a, nm* LING Qui exprime l'affection. *Redoublement hypocoristique (Popaul, fifille). Diminutif hypocoristique (Jacquot).* ETY Du gr. *hupokoristikos,* « caressant ».

**hypocotyle** *nm* BOT Partie de la tige située au-dessus des cotylédons, lors de la germination.

**hypocras** *nm* Boisson faite de vin sucré, de cannelle et d'aromates, très goûtée au Moyen Âge. PHO [ipokʀas] ETY Du nom d'*Hippocrate.*

**hypocrisie** *nf* **1** Attitude qui consiste à affecter une vertu, un sentiment noble qu'on n'a pas. **2** Caractère de ce qui est hypocrite. **3** Acte hypocrite. ETY Du gr., « action de jouer un rôle ». DER **hypocrite** *a, n* – **hypocritement** *av*

**hypocycloïde** *nf* GEOM Courbe engendrée par un point d'un cercle roulant sans glisser à l'intérieur d'un cercle fixe.

**hypoderme** *nm* **1** Tissu cellulaire sous le derme. **2** Insecte diptère dont les larves vivent dans l'hypoderme des ruminants, rendant leur cuir inutilisable. DER **hypodermique** *a*

**hypodermose** *nf* Affection des ruminants (notam. bovins) due aux larves d'hypodermes.

**hypofertile** *a* MED Qui ne parvient pas spontanément à concevoir (personne, couple). DER **hypofertilité** *nf*

**hypogastre** *nm* ANAT Partie inférieure de l'abdomen, située au-dessus du pubis. DER **hypogastrique** *a*

**hypogé, ée** *a* Qui se développe sous la terre. ANT épigé.

**hypogée** *nm* **1** ARCHEOL Chambre souterraine. **2** ANTIQ Construction souterraine où les Anciens déposaient les morts.

**hypoglosse** *a, n* ANAT Se dit du nerf moteur de la langue.

**hypoglycémie** *nf* MED Diminution ou insuffisance du taux de glucose dans le sang. DER **hypoglycémiant, ante** *a, nm*

**hypogyne** *a* BOT Qui est inséré sous l'ovaire.

**hypoïde** *a* Se dit d'un couple d'engrenages coniques à denture spirale et à axes orthogonaux.

**hypokaliémie** *nf* MED Baisse du taux de potassium dans le sang.

**hypokhâgne** → **hypocagne.**

**hypolipidémie** *nf* MED Diminution du taux de lipides dans le sang. [DER] **hypolipidémiant** ou **hypolipémiant, ante** *a, nm*

**hypomanie** *nf* PSYCHIAT État évoquant l'accès maniaque sous une forme atténuée. [DER] **hypomaniaque** *a*

**hyponatrémie** *nf* MED Baisse du taux sanguin de sodium.

**hyponyme** *nm* LING Mot dont le sens est inclus dans celui d'un autre mot. *Rose est un hyponyme de fleur.* ANT hyperonyme.

**hypophosphate** *nm* CHIM Sel de l'acide hypophosphorique.

**hypophosphite** *nm* CHIM Sel de l'acide hypophosphoreux.

**hypophosphoreux** *am* CHIM Se dit de l'acide le moins oxygéné du phosphore, le monoacide $H_3PO_2$.

**hypophosphorique** *am* CHIM Se dit de l'acide $H_4P_2O_6$ qui se forme par l'action de l'air humide.

**hypophyse** *nf* ANAT, PHYSIOL Glande endocrine logée dans la selle turcique (sous le cerveau) au-dessous de l'hypothalamus et qui, sécrétant les stimulines qui agissent sur les autres glandes endocrines, joue un rôle majeur dans la régulation des sécrétions hormonales. [ETY] Du gr. *hupophusis*, « croissance en dessous ». [DER] **hypophysaire** *a*

[ENC] Grosse comme un pois, l'hypophyse comprend deux parties. Le *lobe postérieur*, ou *posthypophyse*, d'origine nerveuse, ne constitue qu'un prolongement de l'hypothalamus. Il sécrète deux hormones : la vasopressine, antidiurétique, et l'ocytocine. Le *lobe antérieur*, ou *antéhypophyse*, dérive d'un bourgeon de la cavité buccale embryonnaire qui s'accole au lobe postérieur. Il se différencie en divers types de cellules épithéliales ; chaque type sécrète une stimuline, qui agit sur les diverses glandes endocrines. L'hypophyse subit deux sortes d'influences : 1. les sensations, les émotions, les tensions enregistrées par le cortex cérébral retentissent au niveau de l'hypophyse par l'intermédiaire de l'hypothalamus *(complexe hypothalamo-hypophysaire)* ; 2. les besoins hormonaux périphériques de l'organisme sont transmis par le sang qui baigne largement l'hypophyse.

**hypoplasie** *nf* MED Réduction du développement d'un organe ou d'un tissu.

**hyposécrétion** *nf* MED Sécrétion insuffisante ou inférieure à la normale.

**hyposodé, ée** *a* CHIM Qui contient peu de sodium.

**hypospadias** *nm* MED Malformation congénitale de l'urètre, dont l'orifice est situé sur la face intérieure de la verge. [PHO] [ipospadjas]

**hypostase** *nf* **1** PHILO Sujet réellement existant, substance. **2** THEOL Le Père, le Fils, l'Esprit saint, chacun d'eux en tant que personne distincte mais consubstantielle des deux autres dans la Trinité. **3** MED Dépôt d'un liquide organique (sang, urine).

**hypostatique** *a* THEOL Substantiel ; qui forme une substance, une personne.

**hypostyle** *a* ARCHI Dont le plafond est soutenu par des colonnes.

**hyposulfite** *nm* CHIM Syn. de thiosulfate.

**hyposulfureux** *am* CHIM Syn. de thiosulfurique.

**hypotension** *nf* MED Tension artérielle inférieure à la normale. [DER] **hypotendu, ue** *a, n* – **hypotenseur** *a, nm*

**hypoténuse** *nf* GEOM Côté opposé à l'angle droit d'un triangle rectangle. [ETY] Du gr. *hupoteinousa*, « se tendant sous ».

**hypothalamus** *nm* ANAT Région du diencéphale située sous le thalamus et au-dessus de l'hypophyse. *L'hypothalamus joue un rôle fondamental dans les mécanismes du sommeil, l'activité sympathique et a thermorégulation.* [PHO] [ipotalamys] [DER] **hypothalamique** *a*

**hypothénar** *ainv* ANAT **LOC** ***Éminence hypothénar :*** saillie de la partie interne de la paume de la main, formée par les muscles moteurs du petit doigt. [ETY] Du gr. *hupothenar*, « creux de la main ».

**hypothèque** *nf* **1** DR Droit réel consenti à un créancier sur les biens d'un débiteur pour garantir l'exécution d'une obligation (prêt, créance, etc.), sans que le propriétaire soit dépossédé des biens grevés. **2** fig Entrave au développement de qqch. *Situation de crise qui fait peser une lourde hypothèque sur l'expansion économique.* [ETY] Du gr. *hupothêkê*, « ce qu'on met en dessous » d'où « gage ». [DER] **hypothécaire** *a*

**hypothéquer** *vt* [14] **1** DR Soumettre qqch à hypothèque. *Hypothéquer une maison.* **2** Garantir par hypothèque. *Hypothéquer une créance.* **3** fig Engager en faisant peser une menace sur. *Hypothéquer l'avenir.* [DER] **hypothécable** *a*

**hypothermie** *nf* MED Abaissement de la température du corps au-dessous de la normale.

**hypothèse** *nf* **1** MATH Point de départ d'une démonstration logique, posé dans l'énoncé et à partir duquel on se propose d'aboutir à la conclusion de la démonstration. **2** Dans les sciences expérimentales, explication plausible d'un phénomène naturel, provisoirement admise et destinée à être soumise au contrôle méthodique de l'expérience. *Hypothèse confirmée, infirmée par l'expérience.* **3** Supposition, conjecture que l'on fait sur l'explication ou la possibilité d'un évènement. *Émettre une hypothèse.*

**hypothéticodéductif, ive** *a* LOG Qui part des propositions posées comme hypothèses et en déduit logiquement les conséquences. *Des raisonnements hypothéticodéductifs.*

**hypothétique** *a* **1** LOG Qui exprime ou qui contient une hypothèse, qui affirme sous condition. *Proposition hypothétique.* **2** Douteux, incertain. *Une réponse à cette lettre paraît hypothétique.* [DER] **hypothétiquement** *av*

**hypothyroïdie** *nf* MED Insuffisance de fonctionnement de la thyroïde.

**hypotonie** *nf* **1** MED Diminution du tonus musculaire **2** PHYS État d'une solution dite *hypotonique*, dont la pression osmotique est inférieure à celle de référence, spécial. à celle du sang. [DER] **hypotonique** *a*

**hypotrème** *nm* Poisson chondrichtyen dont les fentes branchiales sont ventrales, telles les raies, les torpilles et les poissons-scies. ANT pleurotrème.

**hypotrophie** *nf* MED Développement insuffisant du corps ou d'un organe. [DER] **hypotrophique** *a*

**hypovigilance** *nf* PSYCHO Baisse de la vigilance.

**hypovitaminose** *nf* MED Carence en vitamines.

**hypoxie** *nf* MED Diminution de l'oxygénation des tissus. [DER] **hypoxique** *a*

**hypsodonte** *a* ZOOL Se dit d'une dent à croissance indéfinie, comme les défenses des éléphants. ANT brachyodonte.

**hypsomètre** *nm* PHYS Appareil permettant de déterminer l'altitude d'un lieu d'après la température à laquelle l'eau y entre en ébullition. [ETY] Du gr. *hupsos*, « hauteur ».

**hypsométrie** *nf* PHYS Mesure de l'altitude d'un lieu.

**hypsométrique** PHYS Relatif à l'hypsométrie. **LOC** ***Cartes hypsométriques :*** cartes qui représentent les différences d'altitude, par l'emploi de teintes variées. — ***Courbes hypsométriques :*** courbes de niveau.

**hyracoïde** *nm* ZOOL Mammifère ongulé tel que le daman. [ETY] Du gr. *hurax*, « souris ».

**Hyrcan Ier** (mort en 104 avant J.-C.), grand prêtre et prince des Juifs (135 – 104 avant J.-C.) ; fils et successeur de Simon Maccabée. [VAR] **Jean Hyrcan** — **Hyrcan II** (110 – 30 avant J.-C.), fils d'Alexandre Jannée et petit-fils du préc. ; grand prêtre et ethnarque des Juifs (47 – 41 avant J.-C.) ; détrôné par Antigonos ; tué sur l'ordre d'Hérode le Grand.

**Hyrcanie** vaste contrée de l'Asie anc. (auj. en Iran), sur la côte S.-E. de la Caspienne.

**hysope** *nf* BOT Plante arbustive (labiée) des régions arides, dont les fleurs et les feuilles sont utilisées en infusion pour leurs vertus stimulantes. [ETY] Du gr.

**hystér(o)-** Élément, du gr. *hustera*, « utérus ».

**hystérectomie** *nf* CHIR Ablation, totale ou partielle, de l'utérus. **LOC** ***Hystérectomie totale :*** ablation de l'utérus et des ovaires.

**hystérésis** *nm* PHYS, CHIM Retard dans l'évolution d'un phénomène physique ou chimique. [PHO] [isterezis]

**hystérie** *nf* **1** PSYCHIAT Névrose se présentant sous des formes cliniques diverses, et reposant sur un mode de représentation, certains mécanismes concernant le conflit œdipien, et des caractéristiques libidinales particulières. **2** Grande excitation, agitation bruyante. *Chanteur qui déchaîne l'hystérie de la foule.* **LOC** ***Hystérie d'angoisse :*** se manifestant par des phobies. — PSYCHAN ***Hystérie de conversion :*** où les symptômes sont d'apparence organique. [DER] **hystérique** *a, n*

**hystériforme** *a* MED Qui évoque l'hystérie, ressemble à l'hystérie.

**hystériser** *vt* [1] Donner un comportement hystérique.

**hystérographie** *nf* MED Examen radiographique de l'utérus.

**hystérotomie** *nf* MED Incision de l'utérus, pour en extraire le fœtus (césarienne) ou en retirer une tumeur.

**hystricomorphe** *nm* ZOOL Rongeur tel que le porc-épic, le chinchilla. [ETY] Du gr.

**Hz** PHYS Symbole du hertz.

# I i

**i** *nm* **1** Neuvième lettre (i, I) et troisième voyelle de l'alphabet, notant : la voyelle palatale non arrondie [i] (ex. *ami*) ou la semi-voyelle yod [j] (ex. *pied*) ; le son [ɛ̃] ou i nasal (ex. *imbu, inclus*) ; et, en composition, les sons [wa] (ex. *roi*) et [ɛ] (ex. *air*). **2** I : chiffre romain qui vaut 1. *Chapitre I.* **3** MATH i : symbole représentant la partie imaginaire d'un nombre complexe $\sqrt{-1}$ (dit autref. *imaginaire*). **4** PHYS I : symbole de l'intensité d'un courant électrique, du moment d'inertie, de l'impulsion. **5** CHIM I : symbole de l'iode. **LOC** ***Droit comme un i*** : très droit. — ***Mettre les points sur les i*** : faire connaître sans équivoque sa manière de voir. PHO [i]

**Iablonovyï** chaîne montagneuse granitique de Sibérie orientale (culmine à 1 600 m).

**Iacopo della Quercia** → **Jacopo.**

**Iacopone da Todi** → **Jacopone.**

**IAD** *nf* Sigle de *insémination artificielle avec donneur*, technique d'assistance médicale à la procréation.

**Iago** personnage de l'*Othello* de Shakespeare (1604). Il instille en son maître Othello une jalousie tragique.

**Iakoutes** peuplade d'origine turque qui s'installa en Sibérie orient. au XV^e^ s. DER **iakoute** *a*

**Iakoutie (rép. auton. de)** rép. autonome de Russie, au N.-E. de la Sibérie ; 3 103 200 km² ; 1 037 000 hab. (Iakoutes [360 000], Russes, Ukrainiens) ; cap. *Iakoutsk.* – Cette région de forêts et de toundra vit de l'agric. (blé, orge), de l'élevage (bovins, rennes), de la pêche et des ressources minières (houille, étain, mica, or, diamants). DER **iakoute** *a, n*

**Iakoutsk** cap. de la rép. de Iakoutie (Russie), sur la r. g. de la Lena ; 184 000 hab. Centre comm., industriel et universitaire.

**Ialta** → **Yalta.**

**iambe** *nm* **1** METR ANC Pied composé de deux syllabes, la première brève et la seconde longue. **2** LITTER Pièce de vers satirique où alternent des vers de douze pieds et des vers de huit pieds. PHO [jɑ̃b] ETY Du gr. DER **iambique** *a*

**Ianomanis** → **Yanomanis.**

**Iapygie** contrée de l'anc. Italie, en Apulie (Pouilles actuelles), où des colons spartiates fondèrent Tarente au VIII^e^ s. av. J.-C. DER **iapyge** *a, n*

**Iaroslav Vladimirovitch,** dit **le Sage** (?, 978 – Vyssogrod, 1054), fils de Vladimir I^er^ (m. en 1015) ; grand-prince de l'empire de Kiev (1017-1054) après une sévère lutte pour la succession. Il fonda Iaroslavl (1026) et étendit son autorité jusqu'à la Baltique.

**Iaroslavl** v. de Russie, sur la Volga ; 639 000 hab. ; ch.-l. de la région du m. nom. Centre industriel.

**Iaşi** v. de Roumanie (Moldavie) ; 310 000 hab. ; ch.-l. du dép. du m. nom. Industries. – Anc. cap. de la Moldavie (XVI^e^-XIX^e^ s.). Université. Évêché cathol. Églises du XVII^e^ s.

**iatr(o)-, -iatre, -iatrie** Éléments, du gr. *iatros*, « médecin ».

**iatrogène** *a* MED Se dit d'une maladie provoquée par le traitement d'un médecin. VAR **iatrogénique** *a*

**Iaxarte** → **Syr-Daria.**

**Ibadan** v. du Nigeria ; cap. de l'État d'*Oyo* ; 2,4 millions d'hab. (aggl.). Cette anc. cap. du royaume Oyo dut son développement aux Britanniques. – Université.

**Ibagué** v. de Colombie, à 1 320 mètres d'altitude ; 269 950 hab. ; ch.-l. de dép. Centre comm. (café).

**Ibarruri Dolores Ibarruri Gómez (M^me^ Julián Ruiz)** dite **la Pasionaria** (Gallarta, Biscaye, 1895 – Madrid, 1989), femme politique espagnole. Dirigeante du parti communiste, l'un des porte-parole des républicains durant la guerre civile, elle s'exila en URSS de 1939 à 1977. ▶ illustr. p. 796

**Ibères** peuple qui s'installa en Europe occid. (Italie, Espagne, îles Britanniques) au néolithique. Sa civilisation, qui avait pour centre la région d'Almería, subit l'influence des colons phéniciens (VIII^e^ s. av. J.-C.) puis grecs (VI^e^-V^e^ s. av. J.-C.), et s'étendit dans les régions de l'Èbre et de l'Aquitaine (VI^e^-III^e^ s. av. J.-C.). Ils se mélangèrent aux envahisseurs celtes (V^e^ s. av. J.-C.) pour former les Celtibères, soumis par les Romains en 133 av. J.-C.

**Iberia** série de 12 pièces pour piano (1905-1908) d'Albéniz.

**Ibéria** série de 3 pièces pour orchestre (1908) de Debussy.

**Ibérie** un des anc. noms de l'Espagne et de toute la péninsule Ibérique.

**ibérique** *a, n* **1** HIST Relatif aux Ibères. **2** Relatif à l'Espagne et au Portugal. ETY Du gr. VAR **ibère**

**Ibérique (cordillère)** ensemble de massifs montagneux, dans le N.-E. de l'Espagne, qui séparent le bassin de l'Èbre et la Castille.

**Ibérique (péninsule)** la partie S.-O. de l'Europe, au sud des Pyrénées : Espagne et Portugal.

**ibérisme** *nm* **didac** Caractère, particularité ibérique.

**Ibert Jacques** (Paris, 1890 – id., 1962), compositeur français néoclassique : *le Roi d'Yvetot* (opéra-comique, 1928).

**ibidem** *av* **didac** Au même endroit d'un texte. ABREV ibid. PHO [ibidɛm] ETY Mot lat.

**ibijau** *nm* Gros engoulevent gris des forêts d'Amérique tropicale.

**ibis** *nm* Oiseau ciconiiforme, long d'env. 60 cm, à long bec courbé vers le bas. PHO [ibis]

**Ibiza** la plus occid. des trois grandes îles Baléares ; 572 km² ; 67 000 hab. ; ch.-l. *Ibiza* (25 340 hab.). Vignes ; oliviers. Tourisme.

**-ible** Suffixe, du lat. *-ibilis*, qui exprime la possibilité d'être et qui sert à former des adjectifs.

**IBM** sigle pour *International Business Machines*, société américaine née en 1911 de la *Tabulating Machine Corporation*. Fondée en 1896, cette société exploitait des machines à cartes perforées. Auj., IBM est l'une des plus grandes sociétés d'informatique du monde.

**Ibn al-Arabi Muḥyī al-Dīn** (Murcie, Espagne, 1165 – Damas, 1240), l'un des plus grands mystiques (soufiste) de l'islam, auteur fécond.

**Ibn al-Haytham** → **Hazin.**

**Ibn Badjdja** → **Avempace.**

**Ibn Battuta Abū 'Abd Allāh** (Tanger, 1304 – Fès, v. 1377), géographe arabe. Sa *Rihla* décrit les nombr. pays qu'il visita en Afrique et en Asie (Chine, Perse, Inde).

**Ibn Khaldun 'Abd ar-Raḥmān** (Tunis, 1332 – Le Caire, 1406), philosophe arabe de l'histoire. Sa *Muqaddima* (« préface », « prolégomènes ») affirme sa méthode : de l'examen des faits il faut dégager des lois (économiques, sociologiques, etc.).

**Ibn Séoud, Ibn Sa'ud** → **Séoud.**

**ibo** *nm* Langue kwa parlée au Nigeria.

**Ibos** ethnie du Nigeria orient. Christianisés, ils entrèrent en conflit armé (1966) avec d'autres ethnies (musulmanes) de la fédération ; ce fut la *guerre du Biafra* (1967-1970). VAR **Igbos** DER **ibo** ou **igbo** *a*

**Ibrahim** (Constantinople, 1616 – id., 1648), sultan ottoman (1640-1648). Il conclut la paix avec le Saint Empire (1641) et prit La Canée aux Vénitiens.

**Ibrahim Ier ibn al-Aghlab** (m. à Kairouan, 812), gouverneur de l'Ifriqiyya (800-812) ; il fonda la dynastie des Aghlabides.

**Ibrahim bey** (en Circassie, 1735 – Dongola, Soudan, 1816), ancien esclave devenu gouverneur du Caire ; chef des mamelouks d'Égypte lors de l'expédition de Bonaparte.

**Ibrahim Pacha** (Cavalla, Macédoine, 1789 – Le Caire, 1848), vice-roi d'Égypte (1848) à l'abdication de son père, Méhémet-Ali. Il battit les Wahhabites (1816-1819) et conquit la Morée (1826).

**Ibsen** Henrik (Skien, 1828 – Christiania, auj. Oslo, 1906), dramaturge norvégien. Son œuvre comprend des drames historiques (*les Guerriers de Helgeland,* 1858), philosophiques (*Brand,* 1866 ; *Peer Gynt,* 1867), réalistes et moraux (*Maison de poupée,* 1879 ; *les Revenants,* 1881), enfin symboliques (*le Canard sauvage,* 1884 ; *Hedda Gabler,* 1890). DER **ibsénien, enne** *a*

D. Ibarruri

H. Ibsen

**Ica** v. du Pérou ; 128 390 hab. ; ch.-l. du dép. du m. nom. Industries alimentaires, textiles.

**Icare** dans la myth. gr., fils de Dédale. Enfermé, ainsi que son père, dans le Labyrinthe, il s'échappa avec lui au moyen d'ailes fixées aux épaules par de la cire, qui fondit quand il s'approcha du Soleil ; il périt dans la mer Égée. (V. Icarie.)

**Icarie** île égéenne, à l'O. de Samos ; 255 km$^2$ ; 11 000 hab. – Le cadavre d'Icare aurait échoué sur ses rives. DER **icarien, enne** *a, n*

**icaunais → Yonne.**

**Icaza** Jorge (Quito, 1906 – id., 1978), romancier équatorien : *la Fosse aux Indiens* (1934), *l'Homme de Quito* (1958).

**iceberg** *nm* Bloc de glace non salée qui s'est détaché des glaciers polaires et flotte dans la mer, ne laissant émerger que le dixième environ de sa masse. LOC ***La partie immergée de l'iceberg*** : l'aspect caché mais le plus important d'une affaire. PHO [isbɛʀg] ou [ajsbɛʀg] ETY Du norv.

**iceberg** sur la côte ouest du Groenland

**ice-cream** *nm* Crème glacée. PLUR ice-creams. PHO [ajskʀim] ETY Mot amér.

**icefield** *nm* GEOGR Banquise des continents polaires, résultant de la congélation de l'eau de mer. PHO [ajsfild] ETY Mot angl.

**icelui, icelle** *pr dém* DR Celui-ci, celle-ci. PLUR iceux, icelles.

**Ichikawa** v. du Japon (île de Honshū) ; 397 800 hab.

**Ichikawa** Kon (Ise, 1915 – id., 2008), cinéaste japonais : *la Harpe de Birmanie* (1956), *l'Étrange Obsession* (1959), *Feux dans la plaine* (1960), *les Quatre Saisons* (1983).

**ichneumon** *nm* **1** Mangouste. **2** Insecte hyménoptère, aculéate, au corps long et grêle, dont la larve parasite les chenilles. PHO [iknømɔ̃] ETY Du gr. *ikhneumôn*

**Ichthys** monogramme qui désigne le Christ ; il est composé des initiales des mots gr. *Iesous Christos Théou Yios* (ou *Uios*) *Sôter* (« Jésus-Christ fils de Dieu sauveur »), soit *ikhthus,* mot gr. qui signifie « poisson ». VAR **Ichthus**

**ichtyo-** Élément, du gr. *ikhthus,* « poisson ». PHO [iktjo]

**ichtyocolle** *nf* TECH Colle de poisson.

**ichtyologie** *nf* Partie de la zoologie qui traite des poissons. DER **ichtyologique** *a* – **ichtyologiste** ou **ichtyologue** *n*

**ichtyornis** *nm* Oiseau marin fossile du crétacé de l'Amérique du N. PHO [iktjɔʀnis]

**ichtyosaure** *nm* Reptile marin fossile à allure de poisson.

**ichtyose** *nf* MED Maladie héréditaire de la peau, caractérisée par une sècheresse des téguments et une desquamation.

**ici** *av* **1** Dans le lieu défini par la personne qui parle. *Venez ici.* **2** À l'endroit indiqué dans le texte. *Ici l'acteur marque un silence.* LOC ***D'ici*** : à partir de maintenant jusqu'à... ; de cette région, de ce pays. — ***D'ici là*** : du moment présent à une date ultérieure. — ***Jusqu'ici*** : jusqu'au moment présent. — ***Par ici*** : dans les environs. ETY Du lat.

**ici-bas** *av* Sur terre. *Les choses d'ici-bas.*

**Ickx** Jacky (Bruxelles, 1945), coureur automobile belge, 6 fois vainqueur des 24 H du Mans.

**icon(o)-** Élément, du gr. *eikôn,* « image ».

**icône** *nf* **1** Image sacrée des religions orthodoxes. **2 fig, fam** Stéréotype socioculturel accepté inconditionnellement par une partie de l'opinion. **3** INFORM Symbole graphique apparaissant sur un écran et que l'on peut désigner avec la souris pour appeler un programme. **4** LING Signe qui ressemble à l'objet qu'il désigne. ETY Du gr. VAR **icone**

**iconique** *a* LING De l'icône, image en tant que signe.

**iconoclasme** *nm* **1** HIST Doctrine, mouvement religieux et politique des iconoclastes. **2 fig** Fait d'être iconoclaste, de vouloir détruire les traditions.

ENC Conflit théologique et politique, l'iconoclasme opposa pendant plus d'un siècle partisans et adversaires de la représentation de Jésus et des saints. Le culte des images (ou icônes) dans l'Église d'Orient étant apparu comme païen, l'empereur Léon III l'interdit en 730. Face à la protestation populaire, répression et restauration du culte alternèrent. Il fut définitivement restauré, en 843, par Théodora.

**iconoclaste** *n, a* **1** HIST Se dit d'un sectaire chrétien de Constantinople (VIIIe-IXe s.) qui condamnait comme idolâtre le culte des images. **2** Se dit d'un vandale destructeur d'œuvres d'art. **3 fig** Se dit d'une personne qui cherche à détruire les opinions reçues, les idées établies. ETY Du gr.

**iconographe** *n* **1** Spécialiste d'iconographie. **2** Personne chargée de l'iconographie d'un ouvrage imprimé. **3** Peintre d'icônes.

**iconographie** *nf* **didac 1** Étude des représentations figurées d'un sujet (peintures, sculptures, etc.) ; ensemble de ces représentations. **2** Ensemble des illustrations d'un ouvrage imprimé. DER **iconographique** *a*

**iconolâtrie** *nf* HIST Adoration d'images sacrées. DER **iconolâtre** *n*

**iconologie** *nf* **1 didac** Art de la représentation allégorique. **2** Connaissance des symboles, des emblèmes qu'elle utilise. **3** Étude des attributs des divinités et des personnages mythologiques. DER **iconologique** *a* – **iconologiste** ou **iconologue** *n*

**iconoscope** *nm* AUDIOV En télévision, système qui analyse l'image.

**iconostase** *nf* **didac** Dans les églises de rite oriental, cloison ornée d'images sacrées, d'icônes, derrière laquelle l'officiant s'isole pour la consécration.

**iconostase** de l'église de la Transfiguration, île de Kiji, Carélie, bois sculpté et doré, XVIIIe s.

**iconothèque** *nf* Lieu où sont conservées des collections d'images (gravures, dessins, estampes, photographies, etc.).

**icosaèdre** *nm* GEOM Polyèdre régulier à 20 faces constituées par des triangles, et à 12 sommets. PHO [ikɔzaɛdʀ] ETY Du gr. *eikosi,* « vingt », et *edra,* « face ».

**ICSI** *nf* MED Injection intracytoplasmique de sperme, technique de traitement de la stérilité masculine. ETY Acronyme.

**ictère** *nm* MED Coloration jaune de la peau et des muqueuses, appelée cour. *jaunisse,* symptomatique d'une accumulation anormale de pigments biliaires dans ces tissus. ETY Du gr. DER **ictérique** *a, n*

**Ictinos** (seconde moitié du Ve s. av. J.-C.), architecte grec. Il travailla à la construction du Parthénon. On lui attribue le temple d'Apollon Epikourios à Bassæ.

**ictus** *nm* **1** METR ANC Battement de la mesure dans le vers. **2** MED Manifestation pathologique brutale s'accompagnant très souvent d'une perte de connaissance. *Ictus apoplectique.* PHO [iktys] ETY Mot lat., « coup ».

**id.** Abrév. de *idem.*

**Ida** (auj. *Kaz Dağ*), chaîne de montagnes d'Asie Mineure dominant la plaine de Troie.

**Ida (mont)** mont de Crète (2 456 m) où la légende localise la naissance de Zeus.

**Idaho** État de l'O. des É.-U. ; 216 412 km$^2$ ; 1 007 000 hab. ; cap. *Boise City.* – S'étendant sur des plateaux arides au S., sur les Rocheuses au N., cet État a des ressources minières. Cult. irriguées de la vallée de la Snake River. Industries. – Cette rég. se développa lors de la découverte de gisements aurifères (1860). Créé en 1863, le territoire de l'Idaho devint État en 1890.

**idared** *nf* Variété de pomme croquante, légèrement acidulée.

**-ide** Élément, du gr. *eidos,* « aspect, forme », indiquant la ressemblance, la formation.

**ide** *nm* Poisson cyprinidé d'eau douce, rouge doré. (ETY) Du suédois.

**-idé** Suffixe du gr. *idês*, « forme », servant à désigner des familles zoologiques.

**idéal, ale** *a, nm* **A** *a* **1** Qui n'existe que dans l'entendement ; créé par l'imagination, la pensée. *Monde idéal.* **2** Qui atteint le plus haut degré de perfection imaginable, concevable. *Pureté idéale.* SYN absolu. **3** Parfait, rêvé. *C'est le compagnon de voyage idéal. Des élèves idéals ou idéaux.* **B** *nm* **1** Modèle absolu de la perfection dans un domaine. *Idéal de beauté.* **2** But élevé que l'on se propose d'atteindre. *Homme sans idéal.* **3** Ensemble abstrait de toutes les perfections ; conception de la perfection. *Recherche de l'idéal.* **4** Ce qu'il y a de mieux, de plus satisfaisant. *L'idéal serait de partir à temps. Des idéals ou des idéaux.* LOC MATH ***Idéal à gauche*** (ou ***à droite***) ***d'un anneau*** *A* : sous-groupe additif *J* de cet anneau tel que, pour tout élément *a* de *A* et pour tout élément *j* de *J*, l'élément *aj* (ou *ja*) appartient à *J*. — ***Idéal bilatère*** : qui est à la fois un idéal à gauche et un idéal à droite. (ETY) Du lat. (DER) **idéalement** *av* – **idéalité** *nf*

**idéaliser** *vt* ① Représenter sous une forme idéale. SYN embellir. (DER) **idéalisateur, trice** *a, n* – **idéalisation** *nf*

**idéalisme** *nm* **1** PHILO Doctrine qui tend à ramener la réalité des choses aux idées ou à la conscience du sujet qui les pense. *L'idéalisme transcendantal de Kant.* **2** Attitude consistant à subordonner son action, sa conduite à un idéal. **3** didac Conception de l'art comme traduction d'un idéal, et non comme une simple représentation du réel. **4** Attitude, manière peu réaliste d'envisager les choses. (DER) **idéaliste** *a, n*

**idéation** *nf* PSYCHO Processus de la formation des idées.

**idée** *nf* **A** **1** Représentation d'une chose dans l'esprit ; notion. *L'idée d'arbre. Le mot et l'idée.* **2** Conception de l'esprit, pensée ; manière de concevoir une action ou de se représenter la réalité. *Idée fondamentale d'un livre. Idées neuves, hardies.* **3** Inspiration. *L'idée première d'une œuvre.* **4** Intention, projet. *J'ai changé d'idée.* **5** Rapide aperçu, notion sommaire. *Donnez-moi une idée de votre livre.* **6** Esprit, conscience. *J'ai dans l'idée que...* **B** *nfpl* **1** Produit de l'inspiration, pensées originales. *Ce scénario est plein d'idées.* **2** Opinions. *Ce n'est pas dans ses idées.* LOC ***Idée fixe*** : pensée qui obsède l'esprit. — ***Idée force*** : pensée, conception susceptible de guider la conduite. — ***Idée reçue*** : idée banale, toute faite, souvent fausse. — ***Se faire des idées*** : des illusions, avoir des craintes non fondées. (ETY) Du gr. *idein*, « voir ».

**idéel, elle** *a* PHILO Relatif aux idées et à l'idéation.

**idem** *av* La même chose, de même. ABREV id. (PHO) [idem] (ETY) Mot lat.

**idempotent, ente** *a* MATH Qualifie un élément *e* d'un ensemble *E* muni d'une loi de composition interne, tel que e + e = e. *L'entier 1 est idempotent pour la multiplication* (1 × 1 = 1) *et 0 est idempotent pour l'addition* (0 + 0 = 0). (ETY) Du lat. *idem*, et *potens*, « puissant ».

**identifiable** → **identifier.**

**identifiant** *nm* didac Code permettant d'identifier qqn ou qqch.

**identificateur** *nm* INFORM Symbole qui précise la nature d'une donnée.

**identification** *nf* **1** Action d'identifier, de s'identifier. **2** PSYCHAN Processus psychique par lequel un sujet prend pour modèle une autre personne et s'identifie à elle. **3** TECH Mesure, par des capteurs, des différents paramètres définissant l'état d'un système cybernétique. (DER) **identificatoire** *a*

**identifier** *v* ② **A** *vt* **1** Considérer comme identique, comprendre sous une même idée. *Identifier Dieu et le monde.* **2** Reconnaître, trouver l'identité de. *Il n'a pas pu identifier son agresseur.* **3** Établir la nature, l'origine de. *Identifier un bruit.* **B** *vpr* Se considérer comme semblable à qqn, s'assimiler mentalement à qqn. (ETY) Du lat. *idem*, « le même », et *facere*, « faire ». (DER) **identifiable** *a*

**identique** *a* **1** Se dit d'objets ou d'êtres distincts qui, en tous points, sont semblables. **2** Qui ne change pas. SYN constant. LOC MATH ***Application identique*** : qui associe à tout élément ce même élément. (ETY) Du lat. *idem*, « le même ». (DER) **identiquement** *av*

**identitaire** *a* Qui concerne l'identité profonde de qqn, d'un groupe social. *Crise identitaire.*

**identitarisme** *nm* Caractère identitaire d'une idéologie.

**identité** *nf* **1** Caractère de ce qui est identique ou confondu. **2** MATH Égalité vérifiée quelles que soient les valeurs des paramètres, notée par le signe ≡. **3** État d'une chose qui reste toujours la même. **4** PSYCHO Conscience de la persistance du moi. **5** Ensemble des éléments permettant d'individualiser qqn. *Carte d'identité.* LOC ***Identité judiciaire*** : service annexé à la police judiciaire pour la recherche et l'identification des malfaiteurs. — LOG ***Principe d'identité*** : « ce qui est, est ; ce qui n'est pas, n'est pas ». (ETY) Du lat. *idem*, « le même ».

**idéo-** Élément, du gr. *idea*, « idée ».

**idéogramme** *nm* didac Signe notant globalement une idée, un concept et non un son. *Les caractères chinois sont des idéogrammes.*

**idéographie** *nf* didac Système d'écriture par idéogrammes. (DER) **idéographique** *a*

**idéologie** *nf* **1** PHILO Doctrine élaborée par Destutt de Tracy pour remplacer la métaphysique traditionnelle par l'étude scientifique des idées, entendues au sens large de *faits de conscience.* **2** didac Ensemble des idées philosophiques, sociales, politiques, morales, religieuses, etc., propres à une époque ou à un groupe social. *L'idéologie du siècle des Lumières. Idéologie officielle, minoritaire.* **3** péjor Philosophie vague spéculant sur des idées creuses. (DER) **idéologique** *a* – **idéologiquement** *av*

**Idéologie allemande (l')** ouvrage de Marx et Engels écrit à Bruxelles en 1845-1846 qui attaque les philosophes néo-hégéliens au nom du matérialisme historique.

**idéologue** *n* **1** PHILO Adepte de l'idéologie. **2** Personne qui formule la doctrine d'un groupe. **3** péjor Rêveur qui reste dans l'abstrait, coupé du réel.

**idéomoteur, trice** *a* MED Relatif au lien qui unit l'intention et la réalisation d'un mouvement corporel.

**ides** *nfpl* ANTIQ Dans le calendrier romain, quinzième jour des mois de mars, mai, juillet et octobre, et treizième jour des autres mois.

**id est** *conj* C'est-à-dire. ABREV i.e. (PHO) [idest] (ETY) Loc lat.

**Idfu** → **Edfou.**

**IDH** *nm* ECON Sigle de *indice de développement humain*, intégrant, outre la richesse nationale, des indicateurs de santé et d'éducation.

**IDHEC** acronyme pour *Institut des hautes études cinématographiques* qui, de 1943 à 1986, préparait aux métiers du cinéma. V. FEMIS.

**idio-** Élément, du gr. *idios*, « qui appartient en propre à qqn ou à qqch ».

**idiolecte** *nm* LING Utilisation d'une langue propre à un individu. (DER) **idiolectal, ale, aux** *a*

**idiomatique** *a* LING **1** Relatif aux idiomes. **2** Propre à une langue, à un idiome. LOC ***Expression idiomatique*** : idiotisme.

**idiome** *nm* LING Langue propre à une nation, une province. *Idiome germanique, picard.* (ETY) Du gr.

**idiopathique** *a* MED Se dit d'une maladie qui existe par elle-même, hors de tout autre état morbide défini.

**idiosyncrasie** *nf* **1** MED Mode de réaction particulier de chaque individu à l'égard d'un agent étranger (médicament notam.). **2** didac Tempérament propre à chaque individu. (DER) **idiosyncrasique** ou **idiosyncratique** *a*

**idiot, idiote** *a, n* **A** Se dit d'une personne dépourvue d'intelligence, de finesse, de bon sens. *Elle est idiote d'accepter tout cela.* SYN stupide, bête. **B** *a* Qui marque de la stupidité. *Donner une réponse idiote.* **C** *n* MED Atteint d'idiotie. (ETY) Du lat. (DER) **idiotement** *av*

**Idiot (l')** roman de Dostoïevski (1868). ▷ CINE Films du Français Georges Lampin (1901 – 1979), en 1945, avec Gérard Philipe ; de Kurosawa, en 1951.

**idiotie** *nf* **1** Caractère d'une personne ou d'une chose stupide, absurde. **2** Parole, action idiote. *Dire, faire des idioties.* **3** MED Dernier degré de l'arriération mentale. (PHO) [idjɔsi]

**idiotisme** *nm* **1** LING Expression ou construction particulière à une langue, intraduisible dans une autre langue ou qui s'introduit telle quelle dans une autre langue (par ex. gallicisme, anglicisme, hellénisme). **2** Fait de langue particulier à une région de la francophonie (par ex. québécisme, belgicisme).

**Idistaviso** plaine de la Germanie anc. où Germanicus vainquit Arminius (16 ap. J.-C.).

**idoine** *a* litt Approprié. *Trouver le mot idoine.* (ETY) Du lat.

**idolâtrer** *v* ① **A** *vt* litt Aimer avec excès, adorer. *Idolâtrer son enfant.* **B** *vi* Adorer les idoles. (ETY) Du gr. (DER) **idolâtre** *a, n* – **idolâtrie** *nf* – **idolâtrique** *a*

**idole** *nf* **1** Figure, statue représentant une divinité et exposée à l'adoration. **2** fig Personne ou chose à laquelle est rendue une manière de culte. *La gloire est son idole.* (ETY) Du gr. *eidôlon*, « image ».

**Idoménée** roi légendaire de Crète, petit-fils de Minos ; l'un des héros de l'*Iliade.*

**idothée** *nf* Crustacé isopode fréquent sur les côtes, parmi les algues. (ETY) D'un n. myth.

**Idris Ier** (mort vers 792), sultan marocain ; il construisit Fès. — **Idris II** (793 – 828), sultan marocain ; fils posth. du préc., il continua son œuvre.

**Idris Ier al-Sanoussi** (Djaraboub, 1890 – Le Caire, 1983), roi de Libye (1951-1969). Émir en Cyrénaïque, chassé par les Italiens, il s'allia aux Brit. et put accéder au trône (1947-1951). Le colonel Kadhafi le renversa.

**Idrisi (al-)** (Ceuta, v. 1099 – Sicile, ap. 1165), géographe arabe, attaché à la cour de Roger II de Sicile ; auteur de cartes. (VAR) **el-Edrisi**

**Idrisides** dynastie marocaine (789-974) dont les origines remontent à Ali, cousin et gendre de Mahomet. (VAR) **Idrissides** (DER) **idrisside** ou **idrisside** *a*

**IDS** Sigle de *Initiative de défense spatiale.* Programme américain de défense spatiale ; annoncé en 1983 par R. Reagan, il a été baptisé « guerre des étoiles » par les médias et abandonné en 1993.

**Idumée** contrée au S.-E. de la Palestine, soumise par David ; réunie en 70 apr. J.-C. à l'Empire romain. (VAR) **Édom**

**idylle** *nf* **1** LITTER Petit poème d'amour bucolique. **2** fig Aventure amoureuse naïve et tendre. (ETY) Du gr. *eidos*, « forme ».

**Idylles** recueil de 30 poèmes (env. 2 000 vers) de Théocrite (IIIe s. av. J.-C.).

**idyllique** *a* **1** LITTER Relatif à l'idylle. **2** fig Qui évoque l'idylle par son calme bucolique, son caractère tendre. *Des moments idylliques.*

**i.e.** Abrév. de *id est.*

**Iegorov** Alexandre Ilitch (?, 1883 – en déportation, apr. 1940), maréchal soviétique ; chef d'état-major général (1931), victime de la « purge » de 1938.

**Iekaterinbourg** → **Ekaterinbourg.**

**Iekaterinodar** → **Krasnodar.**

**Iekaterinoslav** → **Dniepropetrovsk.**

**Ielgava** (en letton *Jelgava,* anc. *Mitau*), v. de Lettonie, sur l'Aa ; anc. cap. de la Courlande ; 60 000 hab. Industr. textiles. – Le futur Louis XVIII y résida de 1798 à 1807.

**Ieltstine** → **Eltsine.**

**Iéna** (all. *Jena*), v. d'Allemagne, sur la Saale ; 104 950 hab. Industries. – Université célèbre fondée en 1558. – Le 14 oct. 1806, Napoléon y battit les Prussiens.

**Ienisseï** fl. de Sibérie ; 3 800 km. Né dans les monts Saïan (Mongolie), il se jette dans la mer de Kara (océan Arctique) par un vaste delta. Centrales hydroélectriques.

**Iermak** (m. en 1585), chef cosaque qui, appelé par les Stroganov, entreprit la conquête de la Sibérie (1581-1582).

**Ieyasu** → **Tokugawa.**

**if** *nm* Conifère aux feuilles vert sombre longues et étroites, aux fruits (arilles) rouge vif, cultivé comme arbre d'ornement. [ETY] Du gaul.

**if** commun

**If** îlot méditerranéen, inhabité, à 2 km de Marseille ; 0,06 km$^2$. François I$^{er}$ y bâtit un château qui servit de prison d'État.

**Ife** v. de l'O. du Nigeria (Région-Occidentale) ; 215 000 hab. Ville anc. (activités relig. remontant au XIII$^e$ s.). Gisements d'or. – Des portraits en pierre, en terre cuite ou en bronze constituent l'art de la *culture d'Ife* (XIII$^e$-XIV$^e$ s.), qui est celle du peuple yorouba. La technique du bronze née à Ife se répandit hors du territ. yorouba.

**Ifni** région du S.-O. du Maroc, sur la côte atlant. – Fut espagnole de 1860 à 1969.

**IFOP** sigle pour *Institut français d'opinion publique,* créé en 1938. Il effectue des sondages.

**IFP** sigle pour *Institut français du pétrole,* établissement publié créé en 1979.

**Ifremer** acronyme pour *Institut français de recherche pour l'exploitation de la mer,* établissement public créé en 1984.

**Ifriqiyya** nom donné par les conquérants arabes au territoire correspondant auj. à la Tunisie et à l'Algérie. [VAR] **Ifriqiya**

**iftar** *nm* Pendant le ramadan, repas du soir que l'on prend après le coucher du soleil. [ETY] Mot ar.

**Igarka** v. de Sibérie ; 16 000 hab. Port fluvial sur l'Ienisseï, débouché d'une région minière.

**Igbos** → **Ibos.**

**igloo** *nm* Construction hémisphérique en neige gelée, abri des Esquimaux. [PHO] [iglu] [ETY] De l'esquimau. [VAR] **iglou**

**IGN** sigle de *Institut géographique national.* Établissement civil, fondé en 1940, chargé d'exécuter les cartes officielles de la France.

**Ignace de Loyola** (saint) (Azpeitia, Pays basque esp., 1491 – Rome, 1556), gentilhomme espagnol, fondateur de la Compagnie de Jésus (l'ordre des Jésuites). À la fois mystique et réaliste, il organisa à Paris, en 1534, dans l'anc. abb. de Montmartre, une société destinée à convertir les infidèles de Palestine, constituée en ordre en 1540. Auteur d'un célèbre guide de méditations, les *Exercices spirituels.* [DER] **ignacien, enne** *a*

Ignace de Loyola

**igname** *nf* Plante tropicale (dioscoréacée) cultivée pour ses énormes tubercules comestibles, à chair farineuse ; chacun de ces tubercules. [PHO] [iɲam] ou [ignam]

**ignare** *a, n* Très ignorant, inculte. [ETY] Du lat.

**igné, ée** *a* litt Qui est de feu, produit par le feu. *Matière, roche ignée.* [PHO] [iɲe] ou [igne]

**igni-** Élément, du lat. *ignis,* « feu ». [PHO] [iɲi] ou [igni]

**ignifuger** *vt* ⑬ TECH Rendre incombustible ou très peu combustible. *Des tissus ignifugés.* [DER] **ignifugation** *nf* – **ignifuge** ou **ignifugeant, ante** *a, nm*

**ignimbrite** *nf* Roche volcanique formée de débris soudés à chaud, résultant d'éruptions explosives. [PHO] [ignɛ̃bʀit] [ETY] Du lat. *imbris,* « pluie ».

**ignition** *nf* PHYS État des corps qui dégagent de la chaleur et de la lumière en brûlant.

**ignitron** *nm* ELECTRON Tube électronique servant à produire, à partir d'un courant alternatif, un courant continu d'intensité réglable.

**ignoble** *a* **1** Très vil, bas. *Ignoble individu.* SYN infâme. **2** D'une saleté répugnante. SYN immonde. [ETY] Du lat. *ignobilis,* « non noble ». [DER] **ignoblement** *av*

**ignominie** *nf* **1** Grand déshonneur, infamie. *Être couvert d'ignominie.* SYN opprobre. **2** Procédé, action infamants. *Souffrir de grandes ignominies.* [ETY] Du lat. [DER] **ignominieusement** *av* – **ignominieux, euse** *a*

**ignorance** *nf* **1** Fait de ne pas savoir ; état de celui qui ne sait pas, ne connaît pas qqch. *Nous étions dans l'ignorance des évènements.* **2** Absence de connaissances intellectuelles, de savoir. *Il est d'une ignorance crasse.* [ETY] Du lat. [DER] **ignorant, ante** *a, n*

**ignorantin** *nm, am* Surnom mi-familier, mi-moqueur, donné aux frères des écoles chrétiennes aux XVIII$^e$ et XIX$^e$ s. [ETY] De l'ital.

**ignorer** *vt* ① **1** Ne pas savoir, ne pas connaître. *Nul n'est censé ignorer la loi.* **2** Ne témoigner aucune considération à qqn, feindre de ne pas le connaître. **3** N'avoir pas l'expérience ou la pratique de. *Ignorer la flatterie.* [ETY] Du lat. [DER] **ignoré, ée** *a*

**IGP** *nf* Abrév. de *indication géographique de provenance,* label européen garantissant le lien entre un produit alimentaire et un terroir.

**IGS** sigle pour *Inspection générale des services,* service du ministère de l'Intérieur qui contrôle les divers services de police, d'où son nom cour. de « police des polices ».

**Iguaçu** (en esp. *Iguazú*), rivière du Brésil (1 320 km), affl. du Paraná (r. g.), avec lequel il conflue à la frontière argentine. Né dans la Serra do Mar, il est coupé de chutes puissantes.

**iguane** *nm* Reptile saurien d'Amérique tropicale, long de 1 à 2 m, au dos muni d'une crête épineuse. [PHO] [igwan] [ETY] Mot des Caraïbes.

**iguane** rhinocéros

**iguanodon** *nm* PALEONT Reptile dinosaurien ornithopode, herbivore, long d'une dizaine de mètres, aux membres postérieurs très développés, qui vécut au crétacé. [PHO] [igwanɔdɔ̃] [ETY] De *iguane* et du gr. *odons,* « dent »

**igue** *nm* dial Gouffre. [ETY] Mot du Quercy

**IHS** « Jésus, sauveur des hommes ». [ETY] Initiales pour *Iesus, Hominum Salvator.*

**Ijevsk** cap. de la rép. auton. des Oudmourtes ; 643 000 hab. Métallurgie.

**Ijmuiden** v. des Pays-Bas ; 61 000 hab. Avant-port d'Amsterdam, sur la mer du Nord.

**Ijos** peuple du delta du Niger, parlant une langue kwa ; 5 millions de personnes. [VAR] **Ijaws** [DER] **ijo** ou **ijaw** *a*

**IJssel** riv. des Pays-Bas (116 km). Bras du Rhin, il s'en détache en amont d'Arnhem et se jette par un delta dans le *lac d'IJssel,* ou *IJsselmeer,* lac d'eau douce séparé depuis 1932 de la mer des Wadden par une digue. C'est l'anc. Zuiderzee ; une partie fut aménagée en polders (*polders d'IJsselmeer :* 1 262 km$^2$).

**ikastola** *nf* rég École où l'enseignement se fait en basque. [ETY] Mot basque.

**ikat** *nm* **1** Procédé de teinture des textiles consistant à ligaturer certaines parties d'un écheveau, ce qui les préserve de la pénétration du colorant. **2** Tissu teint par ce procédé. [PHO] [ikat] [ETY] Mot malais.

**ikebana** *nm* Art floral japonais, obéissant à une codification symbolique très précise. [PHO] [ikebana] [ETY] Mot japonais.

**Ike no Taiga** (Kyōto, 1723 – id., 1776), peintre japonais ; il excelle dans les paysages.

**Ikor** Roger (Paris, 1912 – id., 1986), romancier français : cycle des *Fils d'Avron* (1955-1985), dont *les Eaux mêlées* (1955).

**il-** → **in-.**

**1 il** *pr pers* **1** Employé comme sujet masc. de la 3^e^ pers. *Il me fuit, le lâche. Où sont-ils ?* **2** Employé comme sujet des verbes impers. *Il pleut. Il neige.* PLUR ils. ETY Du lat. *ille,* « celui-là ».

**2 il** *nm* Division administrative, en Turquie. PLUR iller. ETY Mot turc

**ilang-ilang** *nm* Arbre d'Asie tropicale (anonacée) dont la fleur fournit une essence utilisée en parfumerie. PLUR ilangs-ilangs. PHO [ilɑ̃lɑ̃] ETY Mot d'une langue des Moluques. VAR **ylang-ylang**

**Ildefonse (saint)** (Tolède, v. 605 – id., 667), théologien espagnol ; archevêque de Tolède.

**île** *nf* Espace de terre entouré d'eau. *La Corse est une île. Les îles Britanniques.* LOC *Île flottante :* dessert composé de blancs d'œufs battus en neige ferme et pochés, flottant sur une crème. ETY Du lat. VAR **ile**

**Île au trésor (l')** roman de Stevenson (1883). ▷ CINE Films de : Maurice Tourneur, en 1920 ; Victor Fleming, en 1934, avec Wallace Beery (1886 – 1949) ; l'Anglais John Hough (né en 1941), en 1971, avec Orson Welles.

**Île-de-France** région historique de France autour de laquelle l'unité nationale s'est constituée. À l'avènement du roi Hugues Capet (987), la majeure partie du territ. appartenait à des vassaux. Le roi entreprit de rattacher ces terres au domaine royal, que ses successeurs agrandirent.

**Île-de-France** Région française et de l'UE, formée des dép. de Paris, de l'Essonne, des Hauts-de-Seine, de Seine-et-Marne, de la Seine-Saint-Denis, du Val-de-Marne, du Val-d'Oise et des Yvelines ; 12 001 km$^2$ ; 11 671 585 hab. cap. *Paris.* DER **francilien, enne** *a, n*

**Géographie** Située au cœur du réseau de la Seine, l'Île-de-France occupe le centre du Bassin parisien, qui porte de riches cultures (céréales, plantes sarclées, oléagineux, fourrages). Le maraîchage et l'arboriculture ont prospéré dans les vallées. L'Île-de-France est la Région la plus peuplée de France : 19 % de la pop., 21 % des actifs, sur 2,2 % du territoire national. La création de villes nouvelles et un réseau de transports rapides a déconcentré Paris et sa proche banlieue : 20 millions de déplacements quotidiens. L'Île-de-France offre 4,7 millions d'emplois, dont 75 % dans le tertiaire. Paris, la première ville de tourisme du monde, demeure actif. Malgré l'absence d'industries lourdes, l'Île-de-France assure 25 % de la production industrielle et produit 28 % du PNB de la France.

**Île-de-Sein** com. du Finistère (arr. de Quimper) ; 242 hab. Pêche. DER **sénan, ane** *a, n*

**Île du docteur Moreau (l')** roman de H. G. Wells (1896).

**Île-d'Yeu (L')** ch.-l. de cant. de la Vendée (une seule com., arr. des Sables-d'Olonne) qui correspond à l'île d'Yeu ; 23 km$^2$ ; 4 788 hab. Pêche. – Le maréchal Pétain y fut interné jusqu'à sa mort (1945-1951). DER **ogien, enne** *a, n*

**Île mystérieuse (l')** roman d'aventures de Jules Verne (1874), contant la fin de Nemo.

**Île nue (l')** film (1960) du Japonais Shindo Kaneto (né en 1912).

**iléocæcal, ale** *a* ANAT Relatif à l'iléon et au cæcum. PLUR iléocæcaux PHO [ileosekal]

**iléon** *nm* ANAT Troisième partie de l'intestin, qui s'abouche au cæcum. ETY Du gr. *eileîn,* « enrouler ».

**Île-Rousse (L')** ch.-l. de cant. de la Haute-Corse (arr. de Calvi), au N. de Calvi ; 2 774 hab. Stat. baln. et port de voyageurs. DER **isolani, ie** *a, n*

**îlet** *nm* Antilles Petit village. VAR **ilet**

**iléus** *nm* MED Occlusion intestinale aiguë ou chronique. PHO [ileys] ETY Du gr. *eileîn,* « enrouler ».

**Ili** fl. d'Asie (1 400 km) qui, né en Chine, dans le Tianshan, se jette par un delta dans le lac Balkhach (Kazakhstan).

**Iliade** épopée en 24 chants et en vers (hexamètres dactyliques) attribuée à Homère. Troie (ou Ilion) est assiégée, depuis 9 ans, par les Achéens. Une querelle, qui survient entre leur chef Agamemnon et Achille, amène celui-ci à se retirer des combats (chant I). Désireux de venger son ami Patrocle tué par le Troyen Hector (chant XVI), il se réconcilie avec Agamemnon (chant XIX) et contribue puissamment à la victoire des Achéens.

**iliaque** *a* ANAT Des flancs. *Artères iliaques.* LOC *Fosse iliaque :* région de la cavité abdominale contenant les uretères, le cæcum et l'appendice, le côlon pelvien, et, chez la femme, les ovaires et les trompes utérines. — *Os iliaque :* chacun des deux os qui forment le pelvis. ETY Du lat. *ilia,* « flanc ».

**îlien, enne** *a, n* Qui habite une île. SYN insulaire. VAR **ilien**

**Iliescu Ion** (Oltenița, 1930), homme politique roumain. Apparatchik communiste, il contribue au renversement de Ceaușescu (1989). Il fut président de la Rép. de 1990 à 1996 et de 2000 à 2004.

**ilion** *nm* ANAT Partie supérieure de l'os iliaque. PHO [iljɔ̃] VAR **ilium** [iljɔm]

**Ilion** autre nom de Troie.

**Iliouchine Sergueï Vladimirovitch** (Diljalevo, 1894 – Moscou, 1977), ingénieur soviétique. Il mit au point, à partir de 1932, une cinquantaine de modèles d'avions.

**ilium → ilion.**

**Ill** riv. d'Autriche (75 km), affl. du Rhin supérieur (r. dr.) ; naît dans le Vorarlberg.

**Ill** riv. de France (200 km), affl. du Rhin (r. g.) ; née dans le N. du Jura, elle se jette dans le Rhin au N. de Strasbourg.

**Illampu** volcan des Andes de Bolivie ; 6 550 mètres.

**Ille** affl. (r. dr.) de la Vilaine (45 km).

**Ille-et-Vilaine** dép. franç. (35) ; 6 758 km$^2$ ; 970 580 hab. ; 143,6 hab./km$^2$ ; ch.-l. *Rennes* ; ch.-l. d'arr. *Fougères, Redon* et *Saint-Malo.* V. Bretagne (Rég.).

**illégal, ale** *a* Qui est contraire à la loi. PLUR illégaux. ETY Du lat. DER **illégalement** *av* – **illégalité** *nf*

**illégitime** *a* **1** Qui ne remplit pas les conditions requises par la loi. *Mariage illégitime.* **2** Contraire au droit naturel, au sens moral, à l'équité. *Décision illégitime.* **3** Dépourvu de fondement, injustifié. *Requête illégitime.* LOC *Enfant illégitime :* né hors du mariage. ETY Du lat. DER **illégitimement** *av* – **illégitimité** *nf*

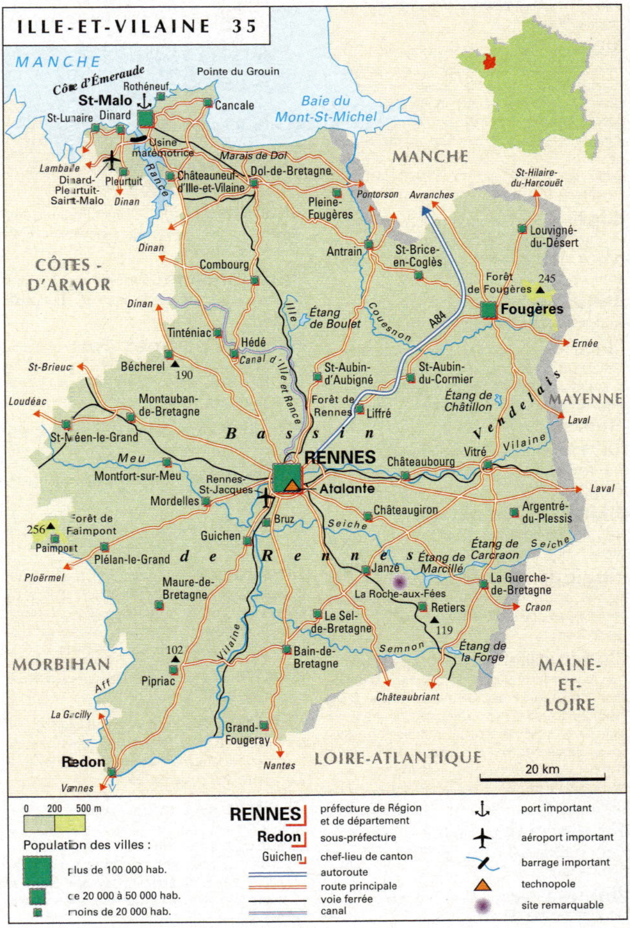

**iller** → **il 2.**

**Iller** riv. d'Allemagne (170 km), affl. du Danube (r. dr.) ; conflue près d'Ulm.

**illettré, ée** *a, n* Qui ne sait ni lire ni écrire. *Alphabétiser les illettrés.*

**illettrisme** *nm* État d'une personne qui, bien qu'ayant été scolarisée, a perdu l'usage habituel de la lecture et de l'écriture.

**Illich** Ivan (Vienne, 1926 – Brême, 2002), essayiste américain d'origine autrichienne : *Une société sans école* (1971), *Némésis médicale* (1975), *$H_2O$ et les eaux de l'oubli* (1988).

**illicite** *a* Défendu par la loi ou par la morale. *Plaisir, gain illicite.* SYN prohibé. ETY Du lat. DER **illicéité** *nf* – **illicitement** *av*

**illico** *av* fam Immédiatement, sans délai. ETY Mot lat.

**Illiers-Combray** ch.-l. de cant. d'Eure-et-Loir (arr. de Chartres), sur le Loir ; 3 226 hab. – Proust donna le nom de *Combray* au village (Illiers) où il passa son enfance ; nommé off. *Illiers-Combray* en 1971. DER **islérien, enne** *a, n*

**Illimani (mont)** massif volcanique de Bolivie, dominant La Paz ; 6 458 m.

**illimité, ée** *a* Sans limites, sans bornes. *Espace illimité. Congé illimité.*

**Illinois** riv. des É.-U. (440 km), affl. du Mississippi (r. g.) ; communique avec Chicago par le *canal de l'Illinois.*

**Illinois** État du centre-nord des É.-U. ; 146 075 km$^2$ ; 11 431 000 hab. ; cap. *Springfield* ; v. princ. *Chicago.* – Plaine alluviale, au cœur du *Corn Belt,* l'Illinois est une riche région agric. dont les ressources minières ont favorisé le développement de l'industrie. – Exploré par les Français (1673), cédé à la G.-B. (1763), l'Illinois devint territ. autonome en 1809 et un État de l'Union en 1818.

**illipé** *nm* Arbre (sapotacée) d'Inde et de Malaisie dont les graines fournissent une matière oléagineuse employée comme substitut du beurre de cacao.

**illiquidité** *nf* DR Impossibilité d'effectuer un paiement, faute d'argent liquide.

**illisible** *a* **1** Qu'on ne peut pas déchiffrer. *Écriture illisible.* **2** Dont on ne supporte pas la lecture. *Roman illisible.* **3** fig Incompréhensible. *Une politique illisible.* DER **illisibilité** *nf* – **illisiblement** *av*

**illite** *nf* MINER Minéral argileux potassique à trois feuillets, avec une structure de mica. ETY Mot angl., de *Illinois.*

**Illkirch-Graffenstaden** ch.-l. de cant. du Bas-Rhin (arr. de Strasbourg-Campagne) ; 27 047 hab. Industries.

**illogique** *a* Non conforme aux règles de la logique ; qui manque de logique. *Raisonnement, esprit illogique.* DER **illogiquement** *av* – **illogisme** *nm*

**illumination** *nf* **A 1** THEOL Grâce spéciale que Dieu donne à l'âme d'un homme et qui procure connaissance et amour surnaturels. **2** fig Inspiration soudaine et extraordinaire qui se répand dans l'esprit. **3** Action d'illuminer. *Illumination des monuments.* **B** *nf pl* Ensemble des lumières disposées sur les monuments, dans les rues, etc., à l'occasion d'une fête. *Les illuminations du 14 Juillet.* ETY Du lat.

**Illuminations** recueil de 44 poèmes en prose de Rimbaud (écrits de 1872 à 1875, publiés en 1886).

**illuminé, ée** *a, n* **A** *a* Éclairé par une vive lumière, par des illuminations. *Rue illuminée.* **B** *a, n* **1** RELIG fig Qui a une vision ; inspiré. **2** péjor Personne qui obéit aveuglément à ses inspirations et à ses croyances.

**illuminer** *vt* ① **1** Éclairer, répandre de la lumière sur. *Le soleil illumine la lune.* **2** Orner de multiples lumières. *Illuminer un monument.* **3** fig Donner un éclat particulier à. *La joie illuminait son visage.* **4** RELIG Éclairer qqn de la lumière divine.

**illuminisme** *nm* HIST Courant philosophique et religieux qui eut son apogée au XVIII$^e$ s., fondé sur l'idée d'une inspiration directement insufflée par Dieu.

**illusion** *nf* **1** Perception erronée due à une apparence trompeuse. **2** Interprétation erronée d'une sensation réellement perçue. **3** Apparence trompeuse dénuée de réalité. *Théâtre d'illusions.* **4** Jugement erroné, croyance fausse, mais séduisants pour l'esprit. *Se faire des illusions. Dissiper les illusions de qqn.* LOC ***Faire illusion*** : tromper en présentant une apparence flatteuse. — ***Illusion d'optique*** : perception erronée de certaines qualités des objets (forme, dimensions, couleur, etc.). ETY Du lat. *illudere,* « se jouer, se moquer de ».

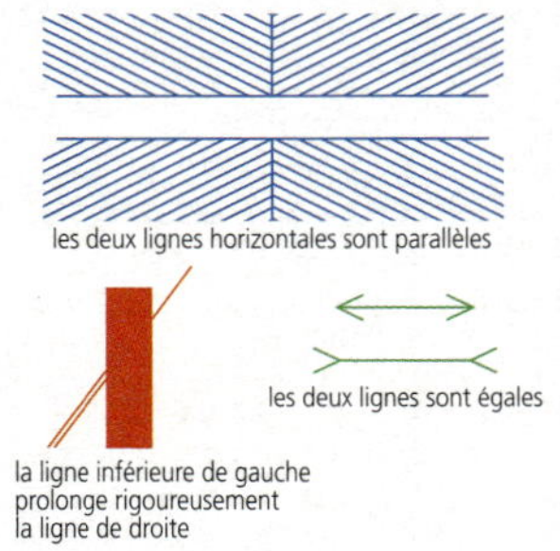


**illusions** d'optique

**Illusion comique (l')** comédie en 5 actes et en vers (1636) de Corneille.

**illusionner** *v* ① **A** *vt* Faire illusion à qqn, séduire par des apparences trompeuses. **B** *vpr* Se faire des illusions, s'abuser.

**illusionnisme** *nm* Art de créer l'illusion par des tours de prestidigitation. DER **illusionniste** *n*

**Illusions perdues (les)** roman de Balzac en 3 parties : *les Deux Poètes* (1837), *Un grand homme de province à Paris* (1839), *les Souffrances de l'inventeur* (1843).

**illusoire** *a* Vain, chimérique ; qui ne se réalise pas. *Promesse illusoire.*

**illustrateur, trice** *n* Artiste qui illustre des textes.

**illustratif, ive** *a* **1** Qui rend plus explicite. **2** Qui illustre un ouvrage.

**illustration** *nf* **1** didac Action d'illustrer, de rendre plus explicite. **2** Action d'illustrer, d'orner de gravures, de photographies. **3** Image (dessin, gravure, photographie, etc.) ornant un texte. ETY Du lat. *illustratio,* « action d'éclairer ».

**illustre** *a* Célèbre par l'éclat de ses œuvres, de son mérite, de son savoir.

**illustré, ée** *a, nm* **A** *a* Orné d'illustrations. *Livre illustré.* **B** *nm* **1** Périodique comportant de courts textes et de nombreuses illustrations. **2** Journal de bandes dessinées.

**illustrer** *vt* ① **1** litt Rendre célèbre, illustre. *Illustrer son nom. S'illustrer dans une bataille par son courage.* **2** Rendre plus clair, plus explicite. *Illustrer un texte d'exemples et de commentaires.* **3** Orner un ouvrage d'images (gravures, dessins, photographies, etc.). ETY Du lat. *illustrare,* « mettre en lumière ».

**Illustre-Théâtre** nom de la troupe que Molière fonda en 1643 avec les Béjart ; ce fut un échec.

**illustrissime** *a* vx, plaisant Très illustre.

**Illyés** Gyula (Rácegres, 1902 – Budapest, 1983), écrivain hongrois, surréaliste à Paris (1919-1925), puis auteur de poèmes (*Terre lourde,* 1928) et de récits (*Ceux des pusztas,* 1936) consacrés au monde paysan.

**Illyrie** anc. nom de la partie N. des Balkans, auj. répartie entre la Croatie, la Slovénie et l'Albanie. Colonisée par les Grecs (VIII$^e$ s. av. J.-C.), puis par les Romains (27 av. J.-C.), envahie par les Slaves à partir du VI$^e$ s. Napoléon I$^{er}$ rattacha les *Provinces Illyriennes* à l'Empire français (1809-1813). DER **illyrien, enne** *a, n*

**illyrisme** *nm* HIST Mouvement nationaliste, né au début du XIX$^e$ s., précurseur du mouvement qui, en 1918, créa la Yougoslavie.

**Illzach** ch.-l. de cant. du Haut-Rhin (arr. de Mulhouse), au confl. de l'Ill et de la Doler ; 14 947 hab. Industries.

**Ilmen (lac)** lac de Russie (prov. de Saint-Pétersbourg) ; 1 100 km$^2$ ; relié au lac Ladoga.

**ilménite** *nf* MINER Titanate de fer, fréquent dans les roches éruptives. ETY D'un n. pr.

**Il ne faut jurer de rien** « proverbe » en 3 actes de Musset (1836).

**Iloilo** v. et port des Philippines (île de Panay) ; 309 500 hab. ; ch.-l. de prov.

**Ilorin** v. de l'O. du Nigeria ; 282 000 hab. ; cap. de l'État de Kwara. Centre comm. et industr.

**îlot** *nm* **1** Très petite île. **2** Groupe de maisons entouré de rues. **3** ANAT Groupement de cellules différenciées au sein d'un tissu ou d'un organe. *Îlots de Langerhans du pancréas.* VAR **ilot**

**îlotage** *nm* ADMIN Système de surveillance et de sécurité urbain faisant intervenir les îlotiers. VAR **ilotage**

**ilote** *n* **1** HIST À Sparte, esclave appartenant à l'État. **2** fig, litt Personne méprisée, réduite au dernier degré de la misère et de l'ignorance. ETY Du gr. VAR **hilote** DER **ilotisme** ou **hilotisme** *nm*

**îlotier, ère** *n* Agent de police chargé de la surveillance d'un îlot de maisons. VAR **ilotier**

**Il pleut, il pleut bergère** chanson française (1782) écrite par Fabre d'Églantine ; un certain Simon composa la musique. VAR **l'Orage**

**im-** → **in-.**

**IMA** acronyme pour *Institut du monde arabe,* fondation (à Paris, 5$^e$ arr.) chargée de développer en France la connaissance de la civilisation arabo-islamique. Le bâtiment, dû à J. Nouvel, a été inauguré en 1987.

**image** *nf* **1** Représentation d'une personne, d'une chose par la sculpture, le dessin, la photographie, etc. *Un livre d'images.* **2** Estampe, gravure coloriée. **3** Représentation visuelle d'un objet donnée par une surface réfléchissante. *Regarder son image dans un miroir.* **4** Représentation d'une réalité matérielle ou abstraite en termes d'analogie, de similitude. *Elle est la vivante image du bonheur.* **5** Ce qui évoque qqch, ressemblance. *Cet enfant est l'image de son père.* **6** Métaphore. *Un style aux images audacieuses.* **7** Description, représentation. *Son récit est l'image parfaite de ce que nous avons vécu.* **8** Représentation mentale d'une chose, d'une perception antérieure. *Cette image le hante.* **9** PHYS Représentation d'un objet donnée par un système optique. **10** MATH Dans une application, élément de l'ensemble d'arrivée correspondant à un élément de l'ensemble de départ. LOC ***Image de marque*** : représentation, notoriété auprès du public. — ***Image d'Épinal*** : image populaire coloriée produite à Épinal depuis le XIX$^e$ s. ; fig banalité, cliché naïfs. — INFORM ***Image de synthèse*** : image artificielle créée à partir de données numériques, visualisable sur écran. — PHYS *Image virtuelle :* dont les points se trouvent dans le prolongement géométrique des rayons lumineux, par oppos. à *image réelle.* — *Sage comme une image :* tranquille, calme. ETY Du lat.

**imagé, ée** *a* litt Orné d'images, de métaphores. *Langage, style imagé.*

**imager** *vt* 13 Représenter au moyen de l'imagerie médicale.

**imagerie** *nf* **1** Industrie, commerce des images. *Imagerie d'Épinal.* **2** Ensemble d'images représentant des faits, des personnages, etc. LOC MED *Imagerie médicale :* ensemble des procédés de diagnostic utilisant la radiographie, l'échographie, la scanographie, l'IRM ; ensemble des images ainsi produites.

**imagerie** d'Épinal

**imageur** *nm* Appareil qui permet d'obtenir des images à partir de données informatiques, en partic. en imagerie médicale.

**imagier, ère** *n* **A 1** Sculpteur, peintre du Moyen Âge. *Les imagiers des cathédrales.* **2** Personne qui fabrique, vend des images. **B** *nm* (nom déposé). Livre d'images.

**imaginaire** *a, nm* **A** *a* Qui n'existe que dans l'imagination, fictif. *Mal imaginaire. Pays imaginaire.* **B** *nm* Domaine, activité de l'imagination. LOC MATH *Nombre imaginaire :* nombre complexe dont la partie réelle est nulle. — *Partie imaginaire d'un nombre complexe* $z = x + iy$ *:* le nombre $iy$ dans lequel $i$ est une quantité imaginaire telle que $i^2 = -1$.

**imaginaison** *nf* ENTOM Émergence de l'imago lors de la dernière mue d'un insecte, la mue imaginale.

**imaginal** → **imago.**

**imaginatif, ive** *a, n* Qui imagine aisément. *Esprit imaginatif. Cet enfant est un imaginatif.*

**imagination** *nf* **1** Faculté qu'a l'esprit de reproduire les images d'objets déjà perçus ou de créer de nouvelles images. *Avoir de l'imagination, une imagination débordante.* **2** Pouvoir d'invention ; faculté d'inventer, de concevoir en combinant des idées. **3** litt Idée sans fondement. *Ce sont de pures imaginations !*

**imaginer** *v* 1 **A** *vt* **1** Se représenter à l'esprit. *J'imagine votre joie à l'annonce de cette nouvelle.* **2** Supposer, croire. *J'imagine qu'il a pris la fuite.* **3** Inventer, créer. *Imaginer de nouvelles machines.* **B** *vpr* **1** Se figurer, se représenter. *Imagine-toi un ciel toujours bleu.* **2** Se figurer à tort. *S'imaginer être un poète.* ETY Du lat. DER **imaginable** *a*

**imagisme** *nm* Mouvement poétique qui, refusant le maniérisme symboliste, voulait donner une image adéquate de l'objet. (De 1912 à 1917, il réunit E. Pound, A. Lowell, T. E. Hulme, Frank Stewart Flint, Hilda Doolittle, dite H. D., mariée à Richard Adlington. DER **imagiste** *a, n*

**1 imago** *nm* ENTOM Forme définitive de l'insecte après sa dernière mue. ETY Mot lat., « image ». DER **imaginal, ale, aux** *a*

**2 imago** *nf* PSYCHAN Selon Jung, prototype inconscient élaboré dans l'enfance à partir des premières relations avec l'entourage familial, qui détermine le mode d'appréhension d'autrui.

**imam** *nm* **1** Titre donné à tous les héritiers de Mahomet chez les sunnites, et seulement aux douze fondateurs du chiisme, chez les chiites. **2** Chef de la communauté religieuse chiite. **3** Ministre du culte qui, dans une mosquée, conduit la prière en commun. LOC *Imam caché :* dans le chiisme, dernier imam reconnu qui demeure miraculeusement vivant jusqu'à ce qu'il se manifeste à nouveau. PHO [imam] ETY Mot arabo-turc.

**imamat** *nm* Titre, fonction d'imam.

**Imamura Shohei** (Tokyo, 1926 – id., 2006), cinéaste japonais : *Cochons et Cuirassés* (1961) ; *la Ballade de Narayama* (1983) ; *l'Anguille* (1997).

**IMAO** *nm* Acronyme de *inhibiteur de la monoamine-oxydase,* médicament antidépresseur.

**Imbaba** v. d'Égypte ; 341 000 hab. Faubourg du Caire, sur la r. g. du Nil. – La ville fut prise par Bonaparte au terme de la bataille des Pyramides (21 juil. 1798). VAR **Embabèh**

**imbattable** *a* Qui ne peut être dépassé.

**imbécile** *a, n* Sot, dépourvu d'intelligence. *Rire imbécile.* ETY Du lat. *imbecillus,* « faible ». DER **imbécilement** *av*

**imbécillité** *nf* **1** Bêtise, absence d'intelligence. **2** Action, parole, comportement imbécile. *Faire, raconter des imbécillités.* VAR **imbécilité**

**imberbe** *a* Sans barbe, dont la barbe n'a pas encore poussé.

**imbiber** *v* 1 **A** *vt* Imprégner d'un liquide. *Imbiber d'eau une éponge, un linge. Un tampon qui s'imbibe d'encre.* **B** *vpr* fam Boire à l'excès, s'alcooliser. DER **imbibition** *nf*

**imbitable** *a* fam Incompréhensible.

**imbrication** *nf* Disposition de choses imbriquées. *Imbrication des situations.*

**imbriquer** *v* 1 **A** *vt* Disposer en faisant se chevaucher. **B** *vpr* S'entremêler de manière indissociable, en parlant de sentiments, de situations, etc. ETY Du lat. *imbrex,* « tuile ».

**imbroglio** *nm* **1** Embrouillement, situation confuse. **2** Pièce de théâtre dont l'intrigue est très compliquée. *Imbroglio à l'espagnole.* PHO [ɛ̃bʀɔglijo] ou [ɛ̃bʀɔljo] ETY Mot ital.

**Imbros** → **Gökçeada.**

**imbrûlés** *nm pl* TECH Parties non brûlées d'un combustible. VAR **imbrulés**

**imbu, ue** *a* Pénétré, imprégné d'idées, de sentiments, etc. *Être imbu de préjugés.* LOC *Être imbu de soi-même :* prétentieux, vaniteux. ETY Du lat. *imbuere,* « imbiber ».

**imbuvable** *a* **1** Qui n'est pas buvable ; mauvais au goût. *Café imbuvable.* **2** fig, fam Insupportable. *Une personne imbuvable.*

**1 IMC** *n* Sigle de *infirme moteur cérébral,* personne handicapée par suite d'une encéphalopathie postnatale.

**2 IMC** *nm* Sigle de *indice de masse corporelle,* calculé en divisant le poids par le carré de la taille. *L'obésité commence à un IMC de 30.*

**Imérina** région du plateau central de Madagascar arrosée par la Betsiboka et l'Ikopa. Riziculture. Berceau des Mérinas.

**IMG** *nf* Sigle de *interruption médicale de grossesse* dite aussi avortement thérapeutique.

**Imhotep** (v. 2800 av. J.-C.), médecin, architecte et lettré égyptien de la III^e dynastie ; ministre du pharaon Djoser. Il fut identifié au dieu guérisseur grec Asclépios. Il a construit la première pyramide à degrés (Saqqarah).

**imidazole** *nm* CHIM Composé aromatique hétérocyclique de formule $C_3H_4N_2$.

**imidazolé** *nm* Famille de médicaments à base d'imidazole, regroupant des antifongiques, des antibiotiques et des antiparasitaires.

**imide** *nm* CHIM Composé dérivant d'un acide carboxylique par substitution d'un groupement =NH aux deux groupements hydroxyles OH. ETY De *amide.*

**imine** *nm* CHIM Composé basique dérivant d'un aldéhyde ou d'une cétone par substitution d'un groupement =NH à l'atome d'oxygène. ETY De *amine.*

**imitateur, trice** *a, n* **A** *a, n* Qui imite. *Le singe est imitateur.* **B** *n* Artiste de music-hall qui imite la voix et les gestes de personnalités.

**imitatif, ive** *a* Qui imite. *Harmonie imitative.*

**imitation** *nf* **1** Action d'imiter ; son résultat. **2** Contrefaçon. *Une imitation de Raphaël. Imitation d'une signature.* **3** Matière, objet artificiel qui imite une matière, un objet plus précieux. *Imitation de diamant. Un sac imitation cuir.* **4** MUS Répétition d'un thème musical déjà utilisé dans une autre partie de l'œuvre. *L'imitation est la base du canon.* LOC *À l'imitation de :* sur le modèle de.

**Imitation de Jésus-Christ** traité de piété chrétienne, écrit en lat. au XV^e s., ouvrage attribué au mystique Thomas A. Kempis.

**imiter** *vt* 1 **1** Reproduire ou s'efforcer de reproduire ce qu'on voit faire. *Imiter les manières de qqn.* **2** Prendre pour modèle. *Imiter les Anciens.* **3** Copier, contrefaire. *Imiter la signature de qqn.* **4** Ressembler à, faire le même effet que. *Bijou qui imite l'or.* ETY Du lat. DER **imitable** *a*

**Im Kwon-taek** (Changsong, 1936), cinéaste coréen : *la Chanteuse de pansori* (1993), *Ivre de femmes et de peinture* (2002).

**immaculé, ée** *a* **1** Très pur, sans souillure morale. **2** Sans tache. *Blancheur immaculée.* ETY Du lat. *macula,* « tache ».

**Immaculée Conception (l')** recueil collectif en prose de Breton et Éluard, expériences d'écriture automatique (1930).

**immaîtrisable** *a* Qu'il est impossible de maîtriser. *Dépenses immaîtrisables.* VAR **immaitrisable**

**immanent, ente** *a* **1** PHILO Qui existe, agit à l'intérieur d'un être et ne résulte pas d'une action extérieure. *« Dieu est la cause immanente de toutes choses »* (Spinoza). ANT transcendant. **2** Qui est inhérent à la nature même de. LOC *Justice immanente :* qui est inscrite dans l'ordre naturel des choses, et qui fait que le coupable est puni par les conséquences mêmes de sa faute. ETY Du lat. *immanere,* « résider dans ». DER **immanence** *nf*

**immanentisme** *nm* PHILO Doctrine selon laquelle Dieu ou tout autre absolu est immanent à l'homme, à la nature. ANT transcendantalisme. DER **immanentiste** *a, n*

**immangeable** *a* Non comestible.

**immanquable** *a* Qui ne peut manquer de se produire. *Succès immanquable.* DER **immanquablement** *av*

**immarcescible** *a* litt Qui ne peut se flétrir. ETY Du bas lat.

**immatérialisme** *nm* PHILO Système métaphysique qui nie radicalement l'existence de la matière. DER **immatérialiste** *n*

**immatériel, elle** *a* **1** PHILO Qui n'est pas constitué de matière. **2** Qui ne concerne pas le corps, les sens. *Plaisir immatériel.* DER **immatérialité** *nf*

**immatriculer** *vt* ① Inscrire sur un registre officiel et public en vue d'identifier ; attribuer un numéro d'identification à. *Immatriculer un étudiant.* [DER] **immatriculation** *nf*

**immature** *a* Qui manque de maturité. *Un adolescent immature.* [DER] **immaturité** *nf*

**immédiat, ate** *a, nm* **1** PHILO Qui agit, est atteint ou se produit sans intermédiaire. *Cause immédiate.* **2** Qui précède ou suit sans intermédiaire ; qui suit instantanément. *Prédécesseur immédiat. Effet immédiat.* **LOC** CHIM ***Analyse immédiate*** : séparation des corps purs présents dans un échantillon. — ***Dans l'immédiat*** : pour le moment. [ETY] Du lat. *medius*, « intermédiaire ». [DER] **immédiatement** *av* – **immédiateté** *nf*

**Immelmann** Max (Dresde, 1890 – Salaumines, 1916), aviateur allemand ; as de la chasse pendant la Première Guerre mondiale.

**immémorial, ale** *a* Qui date d'une époque très lointaine ; très ancien. *Temps immémoriaux. Usage immémorial.* PLUR immémoriaux

**immense** *a* **1** didac Que l'on ne peut mesurer, illimité. *L'immense sagesse de la divinité.* **2** Très étendu, considérable. [ETY] Du lat. [DER] **immensément** *av*

**immensité** *nf* **1** didac Caractère de ce qui est immense. **2** Très vaste étendue. *L'immensité des océans.* **3** Très grande quantité.

**immensurable** *a* litt Qui ne peut être mesuré.

**immergé, ée** *a* Plongé dans un liquide ; recouvert d'eau. **LOC** ***Économie immergée*** : qui échappe au contrôle de l'Administration (travail au noir, activités délictueuses, etc.).

**immerger** *v* ⑬ **A** *vt* Plonger dans un liquide, dans la mer. **B** *vpr* **fig** Se plonger totalement dans un milieu étranger pour l'étudier ou en apprendre la langue. [ETY] Du lat.

**immérité, ée** *a* Qui n'est pas mérité.

**immersion** *nf* **1** Action d'immerger. **2 fig** Fait de s'immerger dans un milieu étranger. **3** ASTRO Entrée d'un astre derrière un autre astre lors d'une occultation.

**immettable** *a* Que l'on ne peut pas mettre, en parlant d'un vêtement démodé, usé, etc. [PHO] [ɛ̃metabl]

**immeuble** *a, nm* **A** *a* DR Qui ne peut être déplacé, en parlant d'un bien. **B** *nm* Édifice, grande maison à plusieurs étages. [ETY] Du lat. *immobilis*, « qui ne se meut pas ».

**immigrer** *vi* ① Entrer dans un pays autre que le sien pour s'y établir. [ETY] Du lat. [DER] **immigrant, ante** *a, n* – **immigration** *nf* – **immigré, ée** *a, n*

**imminent, ente** *a* Qui va avoir lieu très bientôt. *Nomination imminente.* [ETY] Du lat. [DER] **imminence** *nf*

**immiscer (s')** *vpr* ⑫ S'ingérer dans, se mêler mal à propos de. *Vous vous immiscez dans une affaire qui ne vous regarde pas.* [ETY] Du lat. [DER] **immixtion** *nf*

**immobile** *a* Qui ne se meut pas ; fixe. *Immobile comme une statue.* [DER] **immobilité** *nf*

**immobilier, ère** *a, nm* **A** *a* **1** DR Composé d'immeubles ; qui est immeuble ou considéré comme tel. *Biens immobiliers.* **2** Relatif à un immeuble, aux immeubles. *Saisie, vente immobilière.* **B** *a, nm* Qui a pour objet le commerce d'immeubles. *Travailler dans l'immobilier.*

**immobilisation** *nf* **A 1** Action de rendre immobile. *Immobilisation d'un membre fracturé.* **2** DR Procédé permettant de traiter les biens meubles comme des biens immeubles. **B** *nfpl* FIN Biens d'une entreprise qui sont utilisés de manière permanente et qui figurent à l'actif de son bilan.

schéma de la coordination entre immunité de type humoral et immunité cellulaire

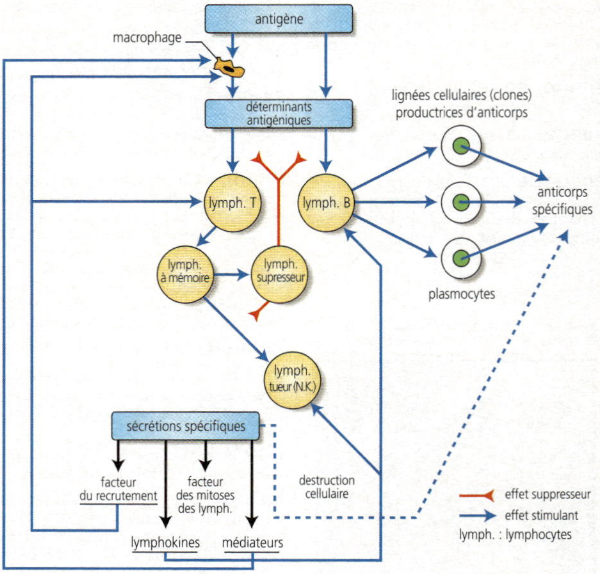


**immunité**

**immobiliser** *vt* ① **1** Rendre immobile ; empêcher de se mouvoir. *Immobiliser un membre blessé.* **2** FIN Rendre indisponible une somme d'argent en l'investissant. **3** DR Conférer fictivement à un bien mobilier la qualité d'immeuble.

**immobilisme** *nm* Attitude de celui qui refuse systématiquement toute transformation de l'état présent, toute innovation. [DER] **immobiliste** *a, n*

**immobilité** → **immobile.**

**immodéré, ée** *a* Qui dépasse la mesure. SYN excessif. *Dépenses immodérées.* [DER] **immodérément** *av*

**immodeste** *a* **vieilli** Qui manque à la pudeur ; contraire à la modestie. *Propos immodestes.* [DER] **immodestement** *av* – **immodestie** *nf*

**immoler** *v* ① **A** *vt* **1** Tuer en sacrifice à un dieu. *Immoler un animal, un être humain.* **2 litt** Faire périr, massacrer. **3 fig, litt** Sacrifier. *Immoler sa vie personnelle à la vie publique.* **B** *vpr* **1** Offrir sa vie en sacrifice. *S'immoler par le feu.* **2** Sacrifier sa vie, ses intérêts à. [ETY] Du lat. [DER] **immolateur, trice** *n* – **immolation** *nf*

**immonde** *a* **1** RELIG Impur. *Animaux immondes.* **2** D'une extrême saleté, ignoble, dégoûtant. **3** D'une immoralité ignoble, révoltante. *Un être immonde.* [ETY] Du lat. *mundus*, « propre ».

**immondices** *nfpl* Ordures.

**immontrable** *a* Impossible à montrer, honteux. [PHO] [ɛ̃mɔ̃tʀabl]

**immoral, ale** *a* Qui viole les règles de la morale ; contraire à la morale. *Un livre immoral.* PLUR immoraux. [DER] **immoralement** *av* – **immoralité** *nf*

**immoralisme** *nm* **didac** Doctrine qui critique et rejette les valeurs morales. [DER] **immoraliste** *a, n*

**Immoraliste (l')** récit de Gide, découverte de la transgression (1902).

**immortaliser** *vt* ① Rendre immortel dans la mémoire des hommes.

**immortel, elle** *a, n* **A** *a* **1** Qui n'est pas sujet à la mort. *L'âme est immortelle.* **2** Impérissable, qu'on suppose devoir durer éternellement. *Une œuvre immortelle.* **3** Dont le souvenir survivra toujours dans la mémoire des hommes. *Exemples immortels de courage.* **B** *n* **1** Académicien(ne). **2** Divinité du paganisme. *L'Olympe, séjour des immortels.* [DER] **immortalité** *nf*

**immortelle** *nf* Plante dont les fleurs, une fois desséchées, conservent leur aspect, telle le xéranthème, le statice.

**immortelle** à bractées, dite des jardins

**immotivé, ée** *a* Qui n'est pas motivé.

**immuable** *a* **1** Qui n'est pas sujet à changement. *La loi immuable de la pesanteur.* **2 fig** Ferme, constant. *Volonté immuable.* [ETY] De l'a. fr. *muable*, « qui peut changer ». [DER] **immuabilité** ou **immutabilité** *nf* – **immuablement** *av*

**immun, une** *a, nm* **didac** Se dit d'une personne, d'un organisme immunisé. [PHO] [imœ̃, yn]

**immuniser** *vt* ① **1** MED Rendre réfractaire à une maladie infectieuse, à un agent pathogène. **2 fig** Rendre insensible à qqch de nocif. *Immuniser qqn contre une passion.* [DER] **immunisant, ante** *a, nm* – **immunisation** *nf*

**immunitaire** *a* MED, BIOL Relatif à l'immunité. *Réaction immunitaire.*

**immunité** *nf* **1** HIST, FEOD Privilège d'un domaine soustrait à l'impôt et à l'autorité directe du roi. **2** Privilège, prérogative accordés à certaines personnes. **3** BIOL Propriété que possède un organisme vivant de développer des moyens spécifiques de défense contre un agent pathogène extérieur ou contre un corps étranger ; état d'un organisme immunisé. **LOC** ***Immunité diplomatique :*** qui soustrait les membres du corps diplomatique à la juridiction du pays où ils sont en poste. — ***Immunité parlementaire :*** inviolabilité judiciaire, sauf en cas de flagrant délit, accordée à un parlementaire et qui ne peut être levée que par l'Assemblée.

ENC L'immunité dépend de deux types de systèmes : humoral (anticorps et complément) ; cellulaire (lymphocytes, macrophages). Toute immunité, antibactérienne par ex., est acquise naturellement (transmission par la mère, acquisition lors d'une infection atténuée ou d'une grossesse) ou artificiellement (vaccination, transfusion). Elle provoque l'éviction des corps étrangers de l'organisme en déclenchant divers systèmes : phagocytose, neutralisation, élaboration d'anticorps. L'immunité est déprimée en cas d'hémopathie maligne, de cancer, de sida ou lors de certains traitements ; une telle dépression favorise les infections. Dans l'immunité de greffe, le rejet du greffon incompatible constitue une réponse spécifique de l'organisme hôte au greffon qui se comporte en antigène. (V. histocompatibilité et greffe.)

**immuno-** Préfixe tiré de *immunité*.

**immunocompétent, ente** *a* BIOL Se dit des cellules capables d'intervenir dans les phénomènes d'immunité. DER **immunocompétence** *nf*

**immunodéficience** *nf* MED Immunodépression. DER **immunodéficitaire** *a*

**immunodépresseur** *am, nm* MED, BIOL Se dit de tout procédé capable de provoquer une diminution ou une abolition des réactions immunitaires. VAR **immunosuppresseur**

**immunodépression** *nf* MED, BIOL Réduction ou disparition des réactions immunitaires de l'organisme contre un antigène. SYN immunodéficience ou immunosuppression. VAR **immunodéficit** *nm* DER **immunodépressif, ive** *a*

**immunodéprimé, ée** *a, n* MED Se dit d'un sujet en état d'immunodépression.

**immunogène** *a* BIOL Qui immunise.

**immunogénétique** *nf, a* BIOL Étude des facteurs génétiques de l'immunité.

**immunoglobuline** *nf* MED, BIOL Globuline du plasma jouant le rôle d'anticorps.

**immunohématologie** *nf* Branche de l'immunologie qui s'occupe des cellules sanguines et des composants sanguins.

**immunologie** *nf* MED, BIOL Partie de la médecine et de la biologie qui étudie l'immunité, les réactions immunitaires. DER **immunologique** *a* – **immunologiquement** *av* – **immunologiste** *n*

**immunomodulateur, trice** *a, nm* MED Qui modifie le déroulement des réactions immunitaires.

**immunoscintigraphie** *nf* MED Scintigraphie dans laquelle on utilise un anticorps radioactif monoclonal de la tumeur.

**immunostimulant, ante** *a, nm* Qui stimule les défenses immunitaires. DER **immunostimulation** *nf*

**immunosuppression** *nm* MED Immunodépression. DER **immunosuppresseur** *am, nm* – **immunosuppressif, ive** *a*

**immunotechnologie** *nf* Technologie concernant la fabrication des anticorps entrant en jeu dans l'immunité. DER **immunotechnologique** *a*

**immunothérapie** *nf* MED Méthode thérapeutique visant à renforcer les défenses de l'organisme en créant une immunisation globale, ou en agissant contre un agent déterminé.

**immunotolérant, ante** *a* Qui ne présente pas de réaction immunitaire à une substance. DER **immunotolérance** *nf*

**immunotoxique** *a* MED Qui est toxique au niveau du système immunitaire. DER **immunotoxicité** *nf*

**i-mode** *nm* Technologie permettant l'accès à des services interactifs, informatifs et ludiques à partir d'un téléphone mobile. ETY Nom Déposé.

**Imola** v d'Italie (Émilie), 60 010 hab. Industries. – Circuit automobile.

**impact** *nm* **1** Choc, collision, heurt. **2** fig Effet produit par qqch, influence sur l'opinion de qqn, d'un évènement. *Son discours a eu un impact important.* **LOC** ***Étude d'impact :*** étude prévisionnelle des effets sur l'environnement de travaux d'aménagement importants. — ***Point d'impact :*** endroit où un projectile vient frapper. ETY Du lat. *impingere*, « heurter ».

**impactant, ante** *a* PUB Qui a un grand impact sur le public. *Slogan impactant.*

**impacter** *vt* 1 fam Avoir une influence négative sur qqch. ETY De l'angl. *to impact*.

**impactite** *nf* GEOL Roche métamorphique résultant d'un impact météoritique.

**1 impair, aire** *a* MATH **1** Qui ne peut être divisé en deux nombres entiers égaux. *Nombres impairs.* **2** Qui porte un numéro impair. *Le côté impair d'une rue.* **LOC** MATH ***Fonction, application impaire :*** telle que $f(-x) = -f(x)$.

**2 impair** *nm* Bévue, maladresse. *Commettre un impair.*

**impala** *nm* Antilope africaine dont le mâle porte des cornes en forme de lyre.

**impalpable** *a* Trop ténu pour donner une impression au toucher. *Poudre impalpable.*

**impaludé, ée** *a* MED **1** Atteint de paludisme. **2** Se dit d'une région où sévit le paludisme. DER **impaludation** *nf*

**impanation** *nf* THEOL Consubstantiation.

**imparable** *a* Inévitable.

**impardonnable** *a* Qui ne peut être pardonné, inexcusable.

**imparfait, aite** *a, nm* **A** *a* Qui n'est pas parfait ; défectueux, inachevé. *Ouvrage imparfait. Guérison imparfaite.* **B** *nm* GRAM Temps passé du verbe, indiquant une action inachevée ou une action prolongée, habituelle ou répétée dans le passé. DER **imparfaitement** *av*

**imparipenné, ée** *a* BOT Se dit des feuilles composées pennées dont la nervure axiale est terminée par une foliole impaire. PHO [ɛ̃paripene]

**imparisyllabique** *a, nm* GRAM Se dit des mots latins qui n'ont pas le même nombre de syllabes au nominatif et au génitif singuliers.

**imparité** *nf* didac Caractère impair.

**impartageable** *a* Qui ne peut être partagé.

**impartial, ale** *a* Qui n'est pas partial, partisan ; équitable. *Juge impartial.* PLUR impartiaux. PHO [ɛ̃parsjal, o] DER **impartialement** *av* – **impartialité** *nf*

**impartir** *vt* 3 Accorder, attribuer. *On leur a imparti un délai très court.*

**impasse** *nf* **1** Petite rue sans issue, cul-de-sac. **2** fig Situation sans issue favorable. *Les négociations sont dans une impasse.* **3** Dans certains jeux de cartes, technique de jeu qui consiste à jouer une carte inférieure à la carte maîtresse d'une fourchette, en supposant que le joueur suivant ne détient pas la carte intermédiaire. *Tenter l'impasse.* **LOC** ***Faire l'impasse sur qqch :*** ne pas en tenir compte, en prenant un risque. — FIN ***Impasse budgétaire :*** déficit volontaire évalué lors de la préparation du budget de l'État et dont on espère la couverture par des ressources de trésorerie. ETY De *passer*.

**impassible** *a* Qui ne s'émeut, ne se trouble pas ; qui ne laisse paraître aucune émotion. *Rester impassible devant le danger.* ETY Du lat. *pati*, « souffrir ». DER **impassibilité** *nf* – **impassiblement** *av*

**impatience** *nf* **A 1** Manque de patience ; incapacité d'attendre, de patienter. *L'impatience naturelle des enfants.* **2** Incapacité à supporter qqn ou qqch. *Avoir un geste d'impatience.* **B** *nfpl* MED Fourmillements, douleurs affectant une région du corps, en partic. les jambes (syndrome des jambes sans repos).

**impatiens** *nf* BOT Syn. de *balsamine*. PHO [ɛ̃pasjɑ̃s] VAR **impatiente**

**impatient, ente** *a, n* **A** Qui manque de patience. **B** *a* Qui attend et a hâte de... *Il est impatient de partir.* DER **impatiemment** *av*

**impatienter** *v* 1 **A** *vt* Faire perdre patience, énerver, irriter. *Sa lenteur m'impatiente.* **B** *vpr* Perdre patience.

**impatrié, ée** *a, n* Cadre étranger travaillant en France.

**impatroniser (s')** *vpr* 1 litt Se poser, s'établir en maître quelque part. DER **impatronisation** *nf*

**impavide** *a* litt Qui ne se laisse pas ébranler par la peur.

**impayable** *a* fam Extraordinaire ; comique ou ridicule. *Une histoire impayable.*

**impayé, ée** *a, nm* Qui n'a pas été payé. *Le recouvrement des impayés.*

**impeachment** *nm* POLIT Aux États-Unis, mise en accusation du président ou du vice-président par la Chambre des représentants, pour crime ou violation de la Constitution. PHO [impitʃment] ETY Mot angl.

**impeccable** *a* **1** RELIG Incapable de pécher. **2** Irréprochable, parfait, sans défaut. *Une tenue impeccable. Il a été impeccable avec nous.* ETY Du lat. *peccare*, « commettre une faute ». DER **impeccablement** *av*

**impécunieux, euse** *a* litt Qui manque d'argent. ETY Du lat. *pecunia*, « argent ». DER **impécuniosité** *nf*

**impédance** *nf* ELECTR Rapport (exprimé en ohms) entre la tension appliquée aux bornes d'un circuit et le courant alternatif qui le traverse. ANT admittance. ETY De l'angl.

**impédimenta** *nmpl* **1** vieilli Matériel encombrant retardant la marche d'une armée. **2** litt Ce qui retarde le mouvement, l'activité. PHO [ɛ̃pedimɛ̃ta] ETY Mot lat. VAR **impedimenta**

**impénétrable** *a* **1** Qui ne peut être pénétré, traversé. *Forêt impénétrable.* **2** fig Qu'on ne peut expliquer, connaître ; obscur. *Mystères, desseins impénétrables.* **3** Dont on ne peut deviner les sentiments. *Il est impénétrable.* DER **impénétrabilité** *nf*

**impénitent, ente** *a* **1** RELIG Qui ne se repent pas ; endurci dans le péché. *Pécheur impénitent.* **2** Qui persiste dans ses habitudes, dans son vice. *Bavard, ivrogne impénitent.* DER **impénitence** *nf*

**impenne** *nm* ORNITH Syn. anc. de *sphénisciforme*. VAR **impenné**

**impensable** *a* Inconcevable.

**impensé** *nm* PHILO Ce qui n'a pas encore été pensé, conceptualisé.

**impenses** *nfpl* DR Dépenses faites pour l'entretien ou l'amélioration d'un immeuble par la personne qui en a la jouissance. ETY Du lat.

**imper** *nm* fam Imperméable.

**impératif, ive** *a, nm* **A** *a* **1** Qui a le caractère d'un ordre absolu ; qui marque le commandement. *Donner des consignes impératives. Ton impératif.* **2** Impérieux. *Obligation impérative.* **B** *nm* **1** GRAM Mode du verbe qui exprime le commandement, l'exhortation, la défense *« Sortez ! » est à l'impératif.* **2** Prescription impérieuse. **LOC** PHILO ***Impératif catégorique :*** commandement moral qui n'est subordonné à aucune condition, chez Kant. [ETY] Du lat. *imperare,* « commander ». [DER] **impérativement** *av*

**impératrice** *nf* **1** Femme d'un empereur. **2** Femme qui gouverne un empire.

**imperceptible** *a* **1** Qui ne peut être perçu par les sens ; à peine perceptible. *Odeur imperceptible.* **2** fig Qui échappe à l'attention. *Progrès imperceptibles.* [DER] **imperceptibilité** *nf* – **imperceptiblement** *av*

**imperdable** *a, nm* **A** Qu'on ne peut perdre. *Procès imperdable.* **B** *nm* Suisse Épingle de sûreté.

**imperfectible** *a* Qu'on ne peut perfectionner.

**imperfectif, ive** *a, nm* LING Se dit des formes verbales exprimant une action considérée dans sa durée. ANT perfectif.

**imperfection** *nf* **1** État de ce qui est imparfait. **2** Partie, détail défectueux. *Les imperfections d'une broderie.*

**imperforation** *nf* MED Occlusion congénitale d'un orifice normalement libre.

**Imperia** v. d'Italie (Ligurie) ; ch.-l. de prov. ; 41 840 hab. Port et stat. baln. Industries.

**impérial, ale** *a, n* **A** *a* **1** Qui appartient à un empereur, à un empire. *La garde impériale.* **2** litt Majestueux. *Une allure impériale.* PLUR impériaux. **B** *nf* **1** Étage supérieur de certains véhicules transportant des voyageurs. **2** Touffe de poils garnissant la lèvre inférieure. **3** Grosse bouteille de vin, équivalant à dix bouteilles ordinaires. **C** *nm pl* HIST Troupes des empereurs du Saint Empire, du XVI$^e$ s. jusqu'en 1806. [ETY] Du lat. *imperium,* « empire ». [DER] **impérialement** *av*

**impérialisme** *nm* Politique d'un État qui cherche à étendre sa domination politique ou économique au détriment d'autres États. [DER] **impérialiste** *n, a*

**impérieux, euse** *a* **1** Qui commande de façon absolue ; autoritaire. *Personne impérieuse. Geste, ton impérieux.* **2** Qui oblige à céder ; pressant, irrésistible. *Besoins impérieux.* [ETY] Du lat. *imperium,* « empire ». [DER] **impérieusement** *av*

**impérissable** *a* Qui ne saurait périr ; qui dure longtemps. *Souvenir impérissable.*

**impéritie** *nf* litt Incapacité, inaptitude dans l'exercice d'une fonction. [PHO] [ɛ̃peʀisi] [ETY] Du lat. *peritus,* « expérimenté ».

**impérium** *nm* **1** HIST Dans l'Antiquité romaine, pouvoir détenu par celui qui gouverne l'État. **2** fig Pouvoir, puissance. *L'imperium intellectuel d'un philosophe.* [PHO] [ɛ̃peʀjɔm] [ETY] Mot lat. [VAR] **imperium**

**impermanence** *nf* Concept du bouddhisme selon lequel tout est en devenir.

**imperméabiliser** *vt* [1] Rendre imperméable. *Imperméabiliser un tissu.* [DER] **imperméabilisation** *nf*

**imperméable** *a, nm* **A** *a* **1** Qui ne se laisse pas traverser par un liquide, par l'eau. **2** fig Insensible, indifférent. *Imperméable aux reproches.* **B** *nm* Vêtement fait de matière imperméable à l'eau. [DER] **imperméabilité** *nf*

**impersonnel, elle** *a* **1** Dépourvu de marque personnelle, d'originalité. *Une œuvre impersonnelle.* **2** Qui n'appartient pas à une personne en particulier. *La science est impersonnelle.* **LOC** ***Modes impersonnels :*** qui ne reçoivent pas d'indication de personnes comme l'infinitif, le participe. — GRAM ***Verbe impersonnel :*** qui ne s'emploie qu'à la troisième personne du singulier et à l'infinitif. (Ex. : il faut, il neige, il convient que.) [DER] **impersonnalité** *nf* – **impersonnellement** *av*

**impertinence** *nf* **1** Comportement impertinent. **2** Parole, action impertinente.

**impertinent, ente** *a, n* Qui manque de respect, de politesse. SYN insolent. [ETY] Du bas lat. *impertinens,* « qui ne convient pas ». [DER] **impertinemment** *av*

**imperturbable** *a* Que rien ne peut troubler. [DER] **imperturbabilité** *nf* – **imperturbablement** *av*

**impesanteur** *nf* ESP Absence apparente de pesanteur, observée à l'intérieur d'un véhicule dont le mouvement s'effectue sous la seule action de la gravitation.

**impétigo** *nm* Affection contagieuse de la peau, fréquente chez l'enfant, caractérisée par des pustules qui forment des croûtes suintantes. [ETY] Mot lat., de *impetere,* « attaquer ».

**impétrant, ante** *n* DR Personne qui obtient de l'autorité qui le décerne un titre, un diplôme, etc.

**impétrer** *vt* [14] DR Obtenir qqch à la suite d'une requête. [ETY] Du lat.

**impétueux, euse** *a* **1** litt Dont le mouvement est à la fois violent et rapide. *Torrent impétueux.* **2** Qui est plein de fougue, ardent. *Désirs impétueux.* [DER] **impétueusement** *av* – **impétuosité** *nf*

**Imphāl** v. de l'Inde, cap. du Manipur, sur le fl. du m. nom ; 156 620 hab.

**impie** *a, n* Qui manifeste de l'indifférence ou du mépris à l'égard de la religion. *Paroles impies.* [ETY] Du lat. *pius,* « pieux ».

**impiété** *nf* vieilli **1** Mépris pour la religion. **2** Action, parole impie.

**impitoyable** *a* Qui est sans pitié. [DER] **impitoyablement** *av*

**implacable** *a* **1** Dont on ne peut apaiser la violence, adoucir la cruauté. *Ennemi implacable.* **2** À quoi l'on ne peut échapper. *Mal implacable.* [ETY] Du lat. *placare,* « fléchir ». [DER] **implacabilité** *nf* – **implacablement** *av*

**implant** *nm* MED Fragment de tissu, prothèse ou substance que l'on place dans le tissu souscutané ou un autre tissu dans un but thérapeutique. **LOC** ***Implant dentaire :*** dispositif enraciné dans la mâchoire et sur lequel on fixe une prothèse.

**implanté** *n* Opéré muni d'un implant (stimulateur cardiaque, implant cochléaire, etc.).

**implanter** *v* [1] **A** *vt* **1** Planter, insérer, introduire dans. **2** CHIR Pratiquer un implant ; poser un implant à qqn. **3** CONSTR Définir, puis matérialiser sur le terrain les contours d'un ouvrage. **4** fig Introduire, établir quelque part. *Implanter une usine dans une zone d'activité industrielle.* **B** *vpr* Se fixer en un lieu ; s'installer. *Doctrine qui s'implante.* [DER] **implantable** *a* – **implantation** *nf*

**implantologie** *nf* Réalisation et mise en place des implants. *Implantologie dentaire, intraoculaire.* [DER] **implantologique** *a* – **implantologue** *n*

**implémenter** *vt* [1] INFORM Adapter un logiciel particulier à de nouveaux besoins. [ETY] De l'angl. *to implement,* « exécuter, réaliser ». [DER] **implémentation** *nf*

**implication** *nf* **A** **1** Action d'impliquer, fait d'être impliqué dans. *Son implication dans cette affaire criminelle a été prouvée.* **2** Fait de s'impliquer dans une activité, motivation. **3** MATH Relation qui établit qu'une proposition, appelée *hypothèse,* en entraîne une autre, appelée *conclusion,* telle que si la proposition P s'énonce : « x se termine par zéro » et si la proposition Q s'énonce « x est multiple de 5 », l'implication P ⇒ Q est vraie. **B** *nf pl* Conséquence inévitable. *Les implications économiques du développement industriel.*

**implicite** *a* Qui, sans être exprimé formellement, peut être déduit de ce qui est exprimé. *Condition implicite d'un marché.* ANT explicite. [ETY] Du lat. [DER] **implicitement** *av*

**impliquant, ante** *a* Se dit d'une activité, d'une action où il faut s'impliquer.

**impliquer** *v* [1] **A** *vt* **1** Mêler qqn à une affaire fâcheuse. *Impliquer qqn dans un complot.* **2** Comporter implicitement, avoir pour conséquence. *La politesse implique l'exactitude.* **3** Faire participer activement qqn, un groupe à une activité. *Un projet impliquant les habitants du village.* **4** MATH Entraîner. *La proposition P implique la proposition Q (P ⇒ Q).* **B** *vpr* Mettre toute son énergie dans qqch. *Il s'est impliqué dans cette affaire.* [ETY] Du lat. *implicare,* « plier dans ».

**implorer** *vt* [1] **1** Supplier humblement. *Implorer les dieux.* **2** Demander avec humilité et insistance. *Implorer une aide.* [ETY] Du lat. *plorare,* « pleurer ». [DER] **implorant, ante** *a* – **imploration** *nf*

**implosif, ive** *a, nf* LING Se dit d'une consonne articulée moins distinctement, à la fin d'une syllabe.

**implosion** *nf* **1** PHYS Éclatement d'un corps creux sous l'action d'une pression plus forte à l'extérieur qu'à l'intérieur. **2** fig Destruction d'un système, d'une organisation par dissolution interne. *L'implosion d'un régime corrompu.* [DER] **imploser** *vt* [1]

**impluvium** *nm* ANTIQ Dans les maisons romaines, bassin aménagé au centre de l'atrium pour recevoir les eaux de pluie. [PHO] [ɛ̃plyvjɔm]

**impoli, ie** *a, n* Qui manque de politesse. [DER] **impoliment** *av*

**impolitesse** *nf* **1** Manque de politesse. **2** Procédé impoli.

**impondérable** *a, nm* Qui est difficile à prévoir, à imaginer, mais qui peut avoir des conséquences importantes. *Des économies impondérables. Les impondérables électoraux.* [DER] **impondérabilité** *nf*

**impopulaire** *a* Qui n'est pas aimé, apprécié du peuple, d'un groupe. *Ministre, loi impopulaire. Professeur très impopulaire.* [DER] **impopularité** *nf*

**1 importable** *a* Qualifie un vêtement que l'on ne peut porter.

**2 importable** → **importer 2.**

**importance** *nf* **1** Caractère d'une personne, d'une chose importante. *L'importance d'un auteur, d'un livre.* **2** Autorité, influence, prestige. **LOC** vieilli ***D'importance :*** très fort. *Je l'ai tancé d'importance.*

**importance d'être constant (De l')** comédie d'Oscar Wilde (1895).

**important, ante** *a, n* **A** Qui a une valeur, un intérêt très grands ; considérable. *Œuvre, somme, découverte, importante.* **B** *nm* Ce qui est important, essentiel. *C'est cela l'important.* **C** *a, n* Qui a de l'influence, du pouvoir. *Visiteur important. Faire l'important(e).*

**1 importer** *vti, vi* [1] (Empl. seulement à l'inf. et aux 3$^e$ pers.). Être important, digne d'intérêt. *Cela m'importe peu. Il importe de savoir manœuvrer.* **LOC** ***Qu'importe ! Peu importe ! :*** cela est indifférent. V. aussi n'importe. [ETY] De l'ital.

**2 importer** *vt* [1] **1** Introduire dans un pays des biens, des services ou des éléments culturels de l'étranger. *Importer des marchandises. Importer un style de vie.* ANT exporter. **2** INFORM Sauvegarder des données provenant d'un autre format ou d'un autre support. [ETY] De l'angl. [DER] **importable** *a* – **importateur, trice** *n, a* – **importation** *n, f*

**import-export** *nm inv* Commerce des importations et des exportations. *Société spécialisée dans l'import-export.*

**importun, une** *a, n* Qui ennuie, dérange. *Fuir les importuns. Question importune.* ANT opportun. [ETY] Du lat. *importunus,* « inabordable ». [DER] **importunément** *av* – **importunité** *nf*

**importuner** *vt* [1] Déranger, gêner. *Voisin, bruit qui importune.*

**imposable** *a* Assujetti à l'impôt.

**imposant, ante** *a* **1** Qui inspire le respect, l'admiration. *Une allure imposante.* **2** Qui frappe par ses vastes proportions. *Architecture imposante.*

**imposé, ée** *a* **1** Fixé par voie d'autorité. *Prix imposé.* **2** Soumis à l'impôt. **3** SPORT Se dit de figures que tous les concurrents d'une compétition de gymnastique ou de patinage artistique doivent exécuter par oppos. à figures *libres.*

**imposer** *v* [1] **A** *vt* **1** Faire accepter en contraignant. *Imposer une tâche, le silence.* **2** Soumettre à l'impôt. *Imposer les contribuables.* **B** *vpr* **1** Se contraindre à. *S'imposer des sacrifices.* **2** Être indispensable. *Cette démarche s'impose.* **3** Se faire accepter par la force ou par ses qualités personnelles. *Un chef qui s'impose.* **LOC** ***En imposer*** *:* susciter le respect, l'admiration. — LITURG ***Imposer les mains*** *:* les mettre sur la tête de qqn selon un rite sacramentel. — TYPO ***Imposer une feuille*** *:* placer les pages de composition de sorte que, après pliage, elles se trouvent dans l'ordre voulu. [ETY] De *poser,* d'apr. le lat. *imponere.*

**imposition** *nf* **1** Impôt, contribution. **2** TYPO Action d'imposer une feuille ; manière dont les pages sont imposées. **LOC** LITURG ***Imposition des mains*** *:* action d'imposer les mains.

**impossible** *a, nm* **A** *a* **1** Qui ne peut exister, qui ne peut se faire. *Changement impossible.* **2** Très difficile à faire. *Accomplir une mission impossible.* **3** Insupportable, pénible. *Un caractère impossible.* **4** fam Bizarre, extravagant. *Des goûts impossibles.* **B** *nm* Ce qui est à la limite du possible. *Tenter l'impossible.* **LOC** ***Par impossible*** *:* en supposant réalisée une chose très improbable. [ETY] Du lat. [DER] **impossibilité** *nf*

**Impossible M. Bébé (l')** film de Howard Hawks (1938) avec Cary Grant et Katharine Hepburn, prototype de la comédie américaine.

**imposte** *nf* **1** ARCHI Pierre en saillie d'une arcade sur laquelle prend appui la retombée de l'arc. **2** CONSTR Élément, généralement vitré, qui surmonte une porte ou une croisée. [ETY] De l'ital.

**imposteur** *nm* Personne qui trompe autrui en se faisant passer pour qqn d'autre. [ETY] Du lat. *imponere,* « tromper ».

**imposture** *nf* Action de tromper par de fausses apparences.

**impôt** *nm* Contribution exigée par l'État ou les collectivités locales pour subvenir aux dépenses publiques. *Impôts directs, indirects.*

[ENC] On distingue les impôts *directs* (impôts sur le revenu des personnes physiques, taxes sur les plus-values, impôts sur les sociétés, etc.) et les impôts *indirects* (taxe à la valeur ajoutée, taxes sur les alcools, les carburants, etc.). Des impôts *locaux* sont perçus à l'échelon de certaines subdivisions administratives (commune, par ex.).

**impotent, ente** *a, n* Qui ne peut se mouvoir qu'avec difficulté. *Vieillard impotent. Des installations pour les impotents.* [ETY] Du lat. *impotens,* « impuissant ». [DER] **impotence** *nf*

**impraticable** *a* **1** Que l'on ne peut mettre en pratique. *Une idée impraticable.* **2** Où l'on passe très difficilement. *Chemin impraticable.* [DER] **impraticabilité** *nf*

**imprécateur, trice** *a, n* Se dit d'une personne qui profère des imprécations.

**imprécation** *nf* litt Malédiction, souhait de malheur contre qqn. [ETY] Du lat. *precari,* « prier ». [DER] **imprécatoire** *a*

**imprécis, ise** *a* Qui manque de précision. [DER] **imprécision** *nf*

**imprédictible** *a* didac Qui échappe à la prévision. [DER] **imprédictibilité** *nf*

**imprégnation** *nf* **1** Action d'imprégner. *Imprégnation des bois.* **2** Pénétration d'une idée dans l'esprit d'une personne, d'un groupe. **3** ZOOL Marque déterminante de l'influence d'un être ou d'une chose, reçue lors d'une période précoce et précise du développement. **4** MED Intoxication aiguë ou chronique par l'alcool, le cannabis, etc.

**imprégner** *vt* [14] **1** Imbiber, faire pénétrer un liquide, une odeur dans un corps. *Imprégner un linge de produit nettoyant. L'odeur de friture imprègne les vêtements.* **2** fig Faire pénétrer une idée dans l'esprit de qqn, influencer. [ETY] Du bas lat. *impraegnare,* « féconder ».

**imprenable** *a* Qui ne peut être pris. *Forteresse imprenable.* **LOC** ***Vue imprenable*** *:* que d'éventuelles constructions nouvelles ne peuvent masquer ; très belle vue.

**impréparation** *nf* Manque de préparation.

**imprésario** *nm* Personne qui s'occupe des engagements, des contrats d'un artiste. PLUR imprésarios ou impresarii. [PHO] [ɛ̃presaʀjo] [ETY] Mot ital. [VAR] **impresario**

**imprescriptible** *a* **1** DR Qui n'est pas susceptible de prescription. *Des biens imprescriptibles.* **2** fig Immuable. *Les droits imprescriptibles de la nature.* [DER] **imprescriptibilité** *nf*

**impression** *nf* **1** Action d'imprimer des figures, des caractères. *Fautes d'impression dans un livre.* **2** Marque laissée par qqch, empreinte. **3** TECH Première couche de peinture. **4** Sensation, effet produit par une action extérieure. *Une impression de confort.* **5** Sentiment, opinion sur qqn, qqch après un premier contact. *Faire bonne, mauvaise impression.* **LOC** ***Avoir l'impression de, que*** *:* croire que. — ***Faire impression*** *:* faire de l'effet ; étonner. [ETY] Du lat. *impressio,* « action de presser ».

**impressionnable** *a* **1** Qui ressent vivement les impressions, les émotions. **2** PHOTO Qui peut être impressionné. *Surface impressionnable.* [DER] **impressionnabilité** *nf*

**impressionner** *vt* [1] **1** Faire une vive impression sur qqn. **2** PHYSIOL Agir sur un organe de manière à produire une sensation. *Les ondes lumineuses impressionnent la rétine.* **3** TECH Produire une impression matérielle sur une surface sensible. [DER] **impressionnant, ante** *a*

**impressionnisme** *nm* **1** Bx-A Mouvement pictural qui se développa dans le dernier quart du XIX$^e$ s. en réaction contre les conceptions académiques de l'art. **2** Tendance artistique qui privilégie les impressions ressenties.

[ENC] L'impressionnisme repose sur la division des tons (un ton vert, par ex., résulte du voisinage d'un bleu et d'un jaune) ; dès lors, la touche concourt à la dissolution des formes dans l'atmosphère. La première exposition du groupe, à Paris, en 1874, fit scandale ; un critique, raillant la toile de Monet *Impression, soleil levant,* inventa le sobriquet « impressionnistes » pour qualifier les peintres de cette école dont les principaux furent Renoir, Degas, Monet, Manet, Sisley, Pissarro. Dans les années 1880, divers peintres, s'appuyant sur l'acquis de l'impressionnisme, développèrent une œuvre personnelle : Seurat, Van Gogh, Toulouse-Lautrec, Gauguin, Cézanne ; c'est abusivement qu'on les classe parfois dans les impressionnistes. En revanche, dans l'Europe entière, apparurent de très nombreux artistes post-impressionnistes.

**impressionniste** *n, a* **A** *n* Écrivain, musicien dont l'art, fondé sur l'évocation d'impressions fugitives, présente des affinités avec l'impressionnisme. **B** *a* **1** De l'impressionnisme. **2** fig Qui procède par nuances délicates, subtiles, parfois floues. *Un récit impressionniste.*

**Impressions d'Afrique** roman expérimental de Raymond Roussel (1910), qui publiera en 1932 *Nouvelles Impressions d'Afrique.*

**Impression, soleil levant** peinture de Monet (1872, musée Marmottan, Paris) qui, exposée le 15 avril 1874, chez le photographe Nadar, suscita l'emploi (par le critique Louis Leroy) du mot « impressionniste ».

**imprévisible** *a* Qu'on ne peut prévoir. [DER] **imprévisibilité** *nf* – **imprévisiblement** *av*

**imprévision** *nf* litt Manque de prévision. **LOC** DR ***Théorie de l'imprévision*** *:* selon laquelle certains faits résultant de l'instabilité économique peuvent entraîner la révision des clauses d'un contrat.

**imprévoyant, ante** *a* Qui manque de prévoyance. [DER] **imprévoyance** *nf*

**imprévu, ue** *a, nm* Qui arrive sans qu'on l'ait prévu. *Une rencontre imprévue. Un imprévu fâcheux.*

**imprimable** → **imprimer.**

**imprimant, ante** *a, nf* **A** *a* TECH Qui imprime. *Forme imprimante.* **B** *nf* INFORM Organe périphérique d'un ordinateur servant à imprimer sur un support physique les résultats d'un traitement.

**offset :**
procédé d'impression tous usages :
édition, presse, publicité, etc.

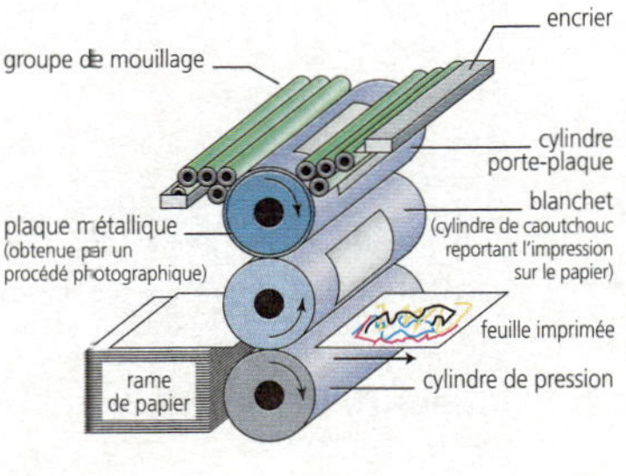


**héliogravure :**
pour la presse et les gros tirages

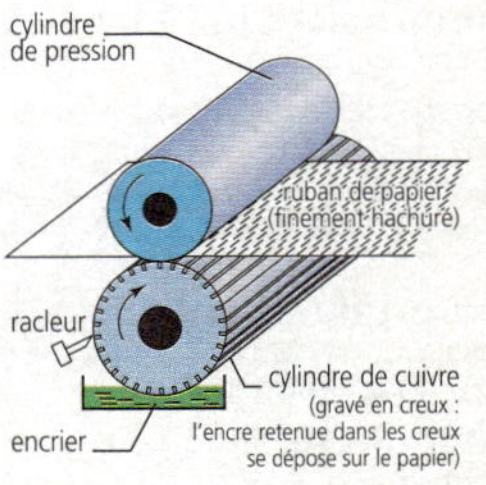


**imprimerie**

**imprimatur** *nm* Permission d'imprimer un ouvrage, accordée par l'autorité ecclésiastique ou, autrefois, par l'Université. ETY Mot lat.

**imprimé, ée** *a, nm* **A** *a* Reproduit par une impression. *Un motif imprimé.* **B** *nm* **1** Livre, brochure, feuille imprimée, etc. ANT manuscrit. **2** Tissu imprimé. *Un imprimé à fleurs.*

**imprimer** *vt* ① **1** Reporter sur un support des signes, des dessins. *Imprimer une gravure, une étoffe.* **2** Reproduire des caractères graphiques, des signes par les techniques de l'imprimerie. *Imprimer un livre.* **3** Publier une œuvre, un auteur. *Imprimer un poète.* **4** Faire, laisser une empreinte. *Traces de roues imprimées dans la boue.* **5** fig Imprégner de, fixer. *Souvenir imprimé dans la mémoire.* **6** Communiquer un mouvement. *Vitesse que le vent imprime aux voiliers.* ETY Du lat. *imprimere,* « empreindre ». DER **imprimable** *a*

**imprimerie** *nf* **1** Technique de la fabrication des ouvrages imprimés. *L'invention de l'imprimerie.* **2** Établissement où l'on imprime. *Fonder une imprimerie.* ▶ illustr. p. 805

**Imprimerie nationale** établissement de l'État chargé d'imprimer les documents officiels de la République française, créé en 1538 par François Ier *(imprimerie du Roy).*

**imprimeur** *nm* Personne qui dirige une imprimerie ; ouvrier d'une imprimerie.

**improbable** *a* **1** Qui a peu de chances de se produire. **2** Difficile à imaginer, très étonnant, inattendu. *Un couple improbable.* DER **improbabilité** *nf*

**improbité** *nf* litt Défaut de probité.

**improductif, ive** *a* **1** Qui ne produit rien. *Capital improductif.* **2** Qui ne participe pas directement à la production. *Personnel improductif.* DER **improductivité** *nf*

**impromptu, ue** *av, a, nm* **A** *av* litt Sur-le-champ, sans préparation. *Parler impromptu.* **B** *a* Non préparé, improvisé. *Concert impromptu.* **C** *nm* **1** LITTER Petite pièce de vers improvisée. **2** MUS Composition instrumentale peu développée et de forme libre. PHO [ɛ̃pʀɔ̃pty] ETY Du lat. *in promptu,* « en évidence ».

**imprononçable** *a* Qui ne peut être prononcé.

**impropre** *a* **1** Qui ne convient pas pour exprimer la pensée. **2** Qui ne convient pas pour, inadéquat. *Eau impropre à la consommation.* DER **improprement** *av*

**impropriété** *nf* **1** Caractère d'un mot, d'une expression impropre. **2** Mot, expression impropre.

**improuvable** *a* Qu'on ne peut prouver.

**improviser** *v* ① **A** *vt* Composer sur-le-champ et sans préparation. *Improviser un discours. Improviser une fête. Improviser à l'orgue.* **B** *vpr* Remplir sans préparation la fonction, la tâche de. *S'improviser cuisinier.* ETY De l'ital. DER **improvisateur, trice** *n* – **improvisation** *nf*

**improviste (à l')** *loc av* Soudainement, de manière imprévue. *Arriver à l'improviste.*

**imprudence** *nf* **1** Manque de prudence. **2** Action imprudente. *Commettre une imprudence.* **3** DR Manque de précaution ou de prévoyance, engageant la responsabilité de son auteur. *Homicide par imprudence.*

**imprudent, ente** *a, n* Qui manque de prudence. *Un automobiliste imprudent.* ETY Du lat. DER **imprudemment** *av*

**impubère** *a, n* Qui n'a pas encore atteint la période de la puberté.

**impubliable** *a* Qu'on ne peut publier.

**impudemment** → **impudent.**

**impudence** *nf* **1** Effronterie extrême ; cynisme. *Mentir avec impudence.* **2** Action, parole impudente.

**impudent, ente** *a, n* Qui a ou dénote de l'impudence. *Des paroles impudentes. L'impudent peut se montrer cynique ou flatteur.* ETY Du lat. DER **impudemment** *av*

**impudeur** *nf* Manque de pudeur, de décence.

**impudique** *a, n* Qui manque de pudeur, indécent. *Un comportement impudique. Une impudique provocante.* DER **impudicité** *nf* – **impudiquement** *av*

**impuissant, ante** *a, nm* **A** *a* Qui n'a pas un pouvoir suffisant pour faire qqch. *Il est resté impuissant devant l'ampleur du désastre.* **B** *am, nm* Se dit d'un homme incapable physiquement de pratiquer le coït. DER **impuissance** *nf*

**impulser** *vt* ① Donner une impulsion à.

**impulsif, ive** *a, n* Qui agit, qui est fait par impulsion, sans réfléchir. *Enfant impulsif. Mouvement impulsif.* ETY Du lat. *impellere,* « pousser vers ». DER **impulsivement** *av* – **impulsivité** *nf*

**impulsion** *nf* **1** Action d'imprimer un mouvement à un corps ; ce mouvement. *Donner une légère impulsion.* **2** PHYS Variation de la quantité de mouvement. **3** ELECTR Passage d'un courant dans un circuit. **4** Incitation à l'activité. *Donner une impulsion à une entreprise.* **5** Désir soudain et impérieux d'accomplir un acte. *Suivre ses impulsions.*

**impunément** *av* **1** Sans subir de punition. *Voler impunément.* **2** Sans inconvénient. *On ne joue pas impunément avec sa santé.*

**impuni, ie** *a* Qui demeure sans punition. *Crime impuni.* DER **impunité** *nf*

**impur, ure** *a* **1** Qui est altéré par des substances étrangères. *Des eaux impures.* **2** litt Contraire à la pureté des mœurs ; impudique. *Pensées impures.* **3** RELIG Souillé et frappé d'interdit. *Animal impur.*

**impureté** *nf* **1** Caractère d'un corps impur. *Impureté d'un métal.* **2** Ce qui rend un corps impur. *Des impuretés dans un cristal.* **3** RELIG Acte impur aux yeux de la loi religieuse. **4** vieilli, litt Action, parole impudique.

**imputabilité** *nf* **1** Caractère de ce qui est imputable. **2** Canada Transparence dans l'action publique, obligation de rendre des comptes.

**imputer** *vt* ① **1** Attribuer une action, une chose répréhensible à qqn. *Imputer un accident à qqn.* **2** FIN Affecter une somme à un compte. **3** Considérer telle action comme. *Imputer à honte, à faute.* ETY Du lat. *imputare,* « porter au compte ». DER **imputable** *a* – **imputation** *nf*

**imputrescible** *a* Qui ne peut pourrir, se putréfier. DER **imputrescibilité** *nf*

**Imroz** → **Gökçeada.**

**in-** Élément, du lat. *in-,* qui indique la négation, la privation (devant *l, in* devient *il-* ; devant *b, m, p, im-* ; devant *r, ir-*). VAR **il-, im-, ir-**

**in** *a inv* fam, vieilli Á la mode. ANT out. *Il va danser dans les boîtes in.* PHO [in] ETY Mot angl.

**In** CHIM Symbole de l'indium.

**INA** acronyme pour *Institut national de l'audiovisuel.* Établissement public, créé en 1974, chargé de la conservation et de l'exploitation des archives de la radiodiffusion et de la télévision.

**inabordable** *a* **1** Où l'on ne peut aborder. *Rivage inabordable.* **2** D'un abord difficile, en parlant d'une personne. **3** D'un prix très élevé.

**inabouti, ie** *a* Qui n'a pas abouti, qui a échoué. *Projet inabouti.*

**inabrogeable** *a* DR Qui ne peut être abrogé.

**in abstracto** *av, a* didac Dans l'abstrait. *Raisonnement in abstracto.* PHO [inapstʀakto] ETY Mots lat.

**inaccentué, ée** *a* LING Qui n'est pas accentué ; atone.

**inacceptable** *a* Qu'on ne peut, qu'on ne doit pas accepter.

**inaccessible** *a* **1** Auquel on ne peut accéder. *Sommet inaccessible.* **2** fig Difficile à comprendre, à acquérir. *Des connaissances inaccessibles.* **3** Difficile à approcher, à aborder. *Personnage inaccessible.* **4** Insensible à certains sentiments. *Inaccessible à la pitié.* DER **inaccessibilité** *nf*

**inaccompli, ie** *a* litt Qui n'est pas accompli. SYN inachevé. DER **inaccomplissement** *nm*

**inaccordable** *a* Qu'on ne peut octroyer, accorder.

**inaccoutumé, ée** *a* Qui n'a pas coutume de se faire, inhabituel. *Un silence inaccoutumé.*

**inachevé, ée** *a* Qui n'est pas achevé, terminé. DER **inachèvement** *nm*

**inactif, ive** *a, n* **A** Qui n'a pas d'activité. *Il n'est pas resté inactif.* **B** *a* **1** Qui n'agit pas, qui est sans effet. *Remède inactif.* **2** PHYS Se dit d'un corps qui ne fait pas tourner le plan de polarisation de la lumière. DER **inactivement** *av* – **inactivité** *nf*

**inactinique** *a* PHYS Se dit d'un rayonnement qui n'a pas d'action appréciable sur une surface sensible.

**inaction** *nf* Absence d'action, d'occupation.

**inactiver** *vt* ① BIOL Supprimer l'activité d'une substance, d'un micro-organisme. *Inactiver des agents infectieux.* DER **inactivation** *nf*

**inactuel, elle** *a* Qui n'est pas d'actualité. DER **inactualité** *nf*

**inadaptable** *a* Qui ne peut être adapté.

**inadaptation** *nf* **1** Manque d'adaptation. **2** PSYCHO État des sujets, notam. des enfants, qui ne peuvent pas se conformer aux exigences de la vie en société, en raison d'une arriération mentale, de conflits affectifs.

**inadapté, ée** *a, n* **1** Qui n'est pas adapté. **2** PSYCHO Qui souffre d'inadaptation.

**inadéquat, ate** *a* Qui n'est pas adéquat, qui ne convient pas. PHO [inadekwa, at] DER **inadéquation** *nf*

**inadmissibilité** *nf* **1** Caractère de ce qui est inadmissible. **2** Situation du candidat qui n'est pas admis à un examen, un concours.

**inadmissible** *a* Qui ne peut être admis, accepté.

**inadvertance** *nf* Défaut d'attention. LOC ***Par inadvertance*** : par étourderie. ETY Du lat. *advertere,* « tourner vers ».

**inaliénable** *a* DR Qui ne peut être cédé ou vendu. DER **inaliénabilité** *nf*

**inaliénation** *nf* DR État de ce qui n'est pas aliéné.

**inalliable** *a* METALL Se dit d'un métal qui ne peut s'allier avec un autre.

**inaltérable** *a* **1** Qui ne peut s'altérer. *Métal inaltérable.* **2** fig Invariable, constant. *Patience inaltérable.* DER **inaltérabilité** *nf*

**inaltéré, ée** *a* Qui n'a pas été altéré, modifié.

**inamendable** *a* Qui ne peut être amendé. *Projet de loi inamendable.*

**inamical, ale** *a* Qui n'est pas amical. PLUR inamicaux.

**inamissible** *a* THEOL Qui ne peut se perdre. *Grâce inamissible.* ETY Du lat.

**inamovible** *a* DR ADMIN Qui ne peut être déplacé, révoqué. *Fonctionnaire inamovible.* [DER] **inamovibilité** *nf*

**inanalysable** *a* Qu'on ne peut analyser.

**inanimé, ée** *a* **1** Qui n'est pas doué de vie. *Êtres, objets inanimés.* **2** Qui a perdu ou semble avoir perdu la vie. *Corps inanimé.*

**inanité** *nf* litt Caractère de ce qui est inutile, vain. *Inanité d'une remarque.* [ETY] Du lat.

**inanition** *nf* Épuisement de l'organisme dû à une profonde carence alimentaire. *Mourir d'inanition.* [PHO] [inanisjɔ̃] [ETY] Du lat. *inanis*, « vide ».

**inapaisable** *a* litt Qui ne peut être apaisé.

**inaperçu, ue** *a* Qui n'est pas aperçu, remarqué. *Passer inaperçu.*

**inapparent, ente** *a* Qui n'est pas apparent.

**inappétence** *nf* didac **1** Défaut d'appétit. **2** fig Manque de désir, de besoin.

**inapplicable** *a* Qui ne peut être appliqué. *Méthode inapplicable.*

**inapplication** *nf* didac, litt **1** Manque d'application, d'attention. **2** Caractère de ce qui n'est pas mis en application. *Inapplication d'une découverte.*

**inappliqué, ée** *a* **1** Qui manque d'application. *Un élève inappliqué.* **2** Qui n'a pas été appliqué. *Une règlementation inappliquée.*

**inappréciable** *a* **1** Inestimable. **2** Trop minime pour pouvoir être perçu, évalué. *Un ralentissement inappréciable.*

**inapprivoisable** *a* Qui ne peut être apprivoisé.

**inapprivoisé, ée** *a* Qui n'est pas apprivoisé.

**inapprochable** *a* Qu'on ne peut approcher.

**inapproprié, ée** *a* Qui ne convient pas, inadéquat, inadapté.

**inapte** *a* **1** Qui manque d'aptitude pour faire qqch. *Inapte au travail manuel.* **2** Qui n'a pas les aptitudes requises pour le service militaire armé. [DER] **inaptitude** *nf*

**Inari** lac de Finlande, en Laponie ; 1 085 km². Relié par le Paatsjoki à l'océan Arctique.

**inarticulé, ée** *a* Qui n'est pas ou qui est mal articulé. *Mot inarticulé.*

**inassimilable** *a* Qui n'est pas assimilable.

**inassimilé, ée** *a* Qui n'est pas assimilé. *Minorités inassimilées.*

**inassouvi, ie** *a* Qui n'est pas assouvi. [DER] **inassouvissement** *nm*

**inassumable** *a* Impossible à assumer.

**inassurable** *a* Dont le risque est trop élevé pour pouvoir être assuré.

**inattaquable** *a* Qu'on ne peut attaquer.

**inatteignable** *a* Impossible à atteindre, inaccessible.

**inattendu, ue** *a* Qui arrive sans qu'on s'y attende ; imprévu. *Évènement inattendu.*

**inattention** *nf* Défaut d'attention, étourderie, distraction. *Faute d'inattention.* [DER] **inattentif, ive** *a*

**Inaudi Giacomo** (Onorato, 1867 – Champigny-sur-Marne, 1950), calculateur italien, prodige doué d'une mémoire exceptionnelle.

**inaudible** *a* **1** Impossible ou difficile à entendre. **2** Déplaisant à écouter.

**inaugurer** *vt* [1] **1** Marquer par une cérémonie la mise en service de. *Inaugurer un pont, un monument.* **2** fig Appliquer, employer pour la première fois. *Inaugurer une nouvelle méthode.* **3** fig Marquer le début de. *Cette réussite inaugura une période faste.* [ETY] Du lat. *inaugurare*, « prendre les augures ». [DER] **inaugural, ale, aux** *a* – **inauguration** *nf*

**inauthentique** *a* Qui n'est pas authentique. [DER] **inauthenticité** *nf*

**inavouable** *a* Qui n'est pas avouable.

**inavoué, ée** *a* Qu'on n'a pas avoué ; qu'on ne s'avoue pas.

**INC** Sigle pour *Institut national de la consommation*, établissement public créé en 1966 pour la défense des consommateurs.

**incalculable** *a* **1** Qui ne peut être calculé. *Le nombre incalculable des étoiles.* **2** Qui ne peut être évalué, apprécié. *Conséquences incalculables.*

**incandescent, ente** *a* Devenu lumineux sous l'effet d'une chaleur intense. *Lave incandescente.* [ETY] Du lat. *incandescens*, « qui est en feu ». [DER] **incandescence** *nf*

**incantation** *nf* Formule récitée ayant pour but de produire des sortilèges, des enchantements. [ETY] Du lat. [DER] **incantatoire** *a*

**incapable** *a, n* **A** *a* Qui n'est pas capable. *Incapable d'attention. Incapable de parler.* **B** *a, n* **1** Personne qui n'a pas les compétences requises pour un travail, une activité donnés. **2** DR Qui n'a pas la capacité légale pour l'exercice ou la jouissance de certains droits. *Un(e) incapable majeur(e).*

**incapacitant, ante** *a, nm* MILIT Qui rend momentanément incapable de combattre, sans tuer ni provoquer de troubles durables. *Gaz incapacitant.*

**incapacité** *nf* État d'une personne incapable. **LOC** ***Incapacité de travail*** **:** état d'une personne qui ne peut exercer une activité à la suite d'une blessure, d'une maladie.

**incarcérer** *vt* [14] Mettre en prison. [ETY] Du lat. *carcer*, « prison ». [DER] **incarcérable** *a* – **incarcération** *nf*

**incarnat, ate** *a, nm* D'un rouge clair et vif. [ETY] De l'ital. *incarnato*, « couleur de la chair ».

**incarnation** *nf* **1** RELIG Action d'une divinité qui s'incarne. **2** Mystère fondamental de la foi chrétienne, par lequel Dieu s'est fait homme en la personne de Jésus-Christ. **3** Image, représentation. *C'est l'incarnation de la bonté.*

**incarné, ée** *a* **1** RELIG Qui s'est incarné. **2** Personnifié. *C'est la méchanceté incarnée.* **LOC** ***Ongle incarné*** **:** qui est entré dans la chair.

**incarner** *v* [1] **A** *vt* **1** Être l'image matérielle de qqch d'abstrait. *Le Conseil constitutionnel incarne la loi.* **2** Interpréter le rôle de. *Acteur qui incarne le Cid.* **B** *vpr* Prendre un corps de chair, pour une divinité. [ETY] Du lat.

**incartade** *nf* Écart de conduite. *Il a encore fait des incartades.* [ETY] De l'ital.

**Incas** tribu du peuple quechua. Organisée en dynastie, elle fonda v. 1200, à Cuzco (dans le Pérou actuel), un puissant empire qui, au XVᵉ s., engloba le Pérou, l'Équateur et la Bolivie actuels. Il fut anéanti en quelques années (1527-1533) par les conquistadors espagnols. Les Incas furent des bâtisseurs et des administrateurs : aqueducs, canaux d'irrigation, terrasses de culture, forteresses (Sacsahuamán) et palais (Machupicchu). [DER] **inca** ou **incasique** *a*

**incasable** *a* Qu'on ne peut caser nulle part.

**incassable** *a* Qu'on ne peut casser.

**Ince Thomas Harper** (Newport, 1882 – Hollywood, 1924), cinéaste américain qui transforma le western en épopée : *Civilisation* (1916).

**incendiaire** *a, n* **A** *a* **1** Destiné à allumer un incendie. *Bombe incendiaire.* **2** fig Propre à échauffer les esprits, à susciter des troubles. *Discours incendiaire.* **B** *n* Personne qui cause volontairement un incendie.

**incendie** *nm* Grand feu destructeur. [ETY] Du lat.

**incendier** *vt* [2] **1** Provoquer l'incendie de. *Incendier une voiture.* **2** fam Blâmer qqn avec violence. *Se faire incendier.*

**incertain, aine** *a, nm* **A** *a* **1** Qui n'est pas certain ; douteux. *Guérison incertaine. Résultat incertain.* **2** Variable. *Temps incertain.* **3** Qui se présente sous une forme vague, peu distincte. *Contours incertains.* **4** Qui doute de qqch. *Incertain du succès. La démarche incertaine d'un convalescent.* **B** *nm* FIN En matière de change, cours d'une monnaie étrangère, exprimé en monnaie nationale, pour une quantité constante de monnaie étrangère.

**incertitude** *nf* **1** Caractère, état de ce qui est incertain. *L'incertitude de la victoire.* **2** PHYS Erreur entachant une mesure. **3** État d'une personne qui doute. *Être dans l'incertitude.*

**incessamment** *av* Sans délai, sous peu. *Il doit partir incessamment.* **LOC** fam, plaisant ***Incessamment sous peu*** **:** très bientôt.

**incessant, ante** *a* Qui dure, se répète continuellement. *Bruit incessant.*

**incessible** *a* DR Qui ne peut être cédé. [DER] **incessibilité** *nf*

**inceste** *nm* Relations sexuelles entre personnes dont le degré de parenté interdit le mariage. [ETY] Du lat. *castus*, « chaste ».

**incestueux, euse** *a, n* **A** **1** Qui a commis un inceste. **2** fig, fam Se dit de relations considérées comme inacceptables. **B** *a* **1** Qui a le caractère de l'inceste. *Désirs incestueux.* **2** Né d'un inceste. *Enfant incestueux.* [DER] **incestueusement** *av*

**inch Allah !** *interj* Advienne que pourra ! [PHO] [inʃala] [ETY] Mots ar., « si Dieu le veut ».

**inchangé, ée** *a* Qui est demeuré sans changement. *Situation inchangée.*

**inchauffable** *a* Qui ne peut être chauffé.

**inchavirable** *a* Construit spécialement pour ne pas chavirer.

**inchiffrable** *a* Qui ne peut être chiffré, évalué.

**inchoatif, ive** *a* LING Qui exprime le commencement, la progression d'une action. *« S'endormir » est un verbe inchoatif.* [PHO] [ɛ̃kɔatif, iv] [ETY] Du lat. *inchoare*, « commencer ».

**Inchon** (anc. *Chemulpo*), v. de la Corée du Sud ; 2 660 000 hab. Port sur la mer de Chine. Industr. lourdes (aciéries) et textiles.

**incidemment** *av* Par hasard, au passage. *Dire qqch incidemment.*

**incidence** *nf* **1** Influence, répercussion. *L'incidence de la dévaluation sur les exportations.* **2** PHYS Direction suivant laquelle un rayon, un corps arrive sur une surface. **3** MED Nombre de cas pathologiques nouveaux dans une population donnée pendant une période donnée. **LOC** PHYS ***Angle d'incidence*** **:** angle du rayon et de la perpendiculaire à la surface au point de rencon-

l'architecture des **Incas** : la cité de Machupicchu

tre. — ***Incidence normale*** : d'angle nul. — ***Incidence rasante*** : dont l'angle d'incidence est légèrement inférieur à 90°.

**1 incident** *nm* **1** Évènement fortuit, peu important mais souvent fâcheux, qui survient au cours d'une action, d'une entreprise. **2** Petit évènement pouvant avoir de graves conséquences sur les relations internationales. *Incident diplomatique.* **3** DR Contestation accessoire troublant le déroulement d'un procès. ETY Du lat. *incidere*, « survenir ».

**2 incident, ente** *a, nf* **A** *a* **1** Accessoire, annexe, secondaire. *Intervenir de façon incidente.* **2** DR Qui surgit accessoirement ; occasionnel. *Remarque incidente.* **3** PHYS Qualifie un rayon qui atteint une surface par oppos. à *réfléchi* ou *réfracté*. **B** *a, nf* GRAM Se dit d'une proposition insérée dans une autre sans lien de dépendance.

**incinérateur** *nm* TECH Appareil servant à brûler les déchets et les ordures.

**incinérer** *vt* (14) Réduire en cendres. *Incinérer des ordures. Incinérer un cadavre.* ETY Du lat. *cinis*, « cendre ». DER **incinérable** *a* – **incinération** *nf*

**incipit** *nm* Premiers mots d'un livre, d'un manuscrit. PHO [ɛ̃sipit] ETY Mot lat. « il commence ».

**incise** *nf, af* **A** GRAM Proposition très courte intercalée dans une autre : *« dit-il » est souvent employé en incise.* **B** *nf* MUS Ensemble de notes formant une unité rythmique.

**inciser** *vt* (1) Faire, avec un instrument tranchant, une entaille, une fente dans. *Inciser un hévéa pour en extraire le latex.* ETY Du lat. *incidere*, « couper ». DER **incision** *nf*

**incisif, ive** *a* Acerbe, mordant. *Critique incisive.* DER **incisivement** *av*

**incisive** *nf* Chacune des quatre dents médianes et antérieures, portées par chaque maxillaire.

**inciter** *vt* (1) Déterminer, induire à. *Inciter à la révolte.* ETY Du lat. DER **incitateur, trice** *n* – **incitatif, tive** *a* – **incitation** *nf*

**incivil, ile** *a* **vieilli** Qui manque de civilité.

**incivilité** *nf* **1** **litt** Manque de civilité. **2** Délit mineur (insulte, fraude, vandalisme, etc.).

**incivique** *a, n* **A** *a* Qui fait preuve d'incivisme. **B** *n* **Belgique** HIST Collaborateur (1939-1945).

**incivisme** *nm* Manque de civisme.

**inclassable** *a* Qui ne peut être classé.

**inclément, ente** *a* Rude, rigoureux (climat, température). *Hiver inclément.* DER **inclémence** *nf*

**inclinable** *a* Qui peut être mis dans une position oblique.

**inclinaison** *nf* **1** État de ce qui est incliné, oblique. *Inclinaison du sol.* **2** ASTRO Angle que fait l'orbite d'une planète avec l'écliptique. **3** PHYS Angle que fait le vecteur d'induction magnétique avec le plan horizontal, mesuré notam. à l'aide d'une boussole.

**inclination** *nf* **1** Disposition, penchant naturel qui porte vers qqch, qqn. *Inclination à la bienveillance.* **2** Action d'incliner le corps, la tête. *Inclination respectueuse.*

**incliner** *v* (1) **A** *vt* **1** Mettre dans une position oblique, pencher. *Incliner un parasol. Incliner la tête.* **2** Porter, inciter à. *Tout l'incline à pardonner.* **B** *vti* Être porté, enclin à. *J'incline naturellement au pardon.* **C** *vpr* **1** Courber le corps, se pencher. *S'incliner respectueusement.* **2** S'avouer vaincu, se soumettre, céder. *S'incliner devant la force.* ETY Du lat. *inclinare*, « pencher vers ».

**inclinomètre** *nm* TECH Appareil servant à mesurer la pente d'un terrain.

**inclure** *vt* (78) **1** Enfermer, insérer dans. *Inclure un document dans une lettre.* **2** Comporter, impliquer. *Mon accord n'inclut pas celui de mon associé.*

**inclus, use** *a, n* **A** *a* **1** Compris dans. *Lire jusqu'à la page 50 incluse.* **2** MATH Se dit d'un ensemble ou d'un sous-ensemble dont tout élément est aussi un élément d'un autre ensemble. *A est inclus dans B* ($a \subset b$). **B** *n* Personne qui est bien insérée dans la société (par oppos. aux *exclus*). **LOC** ***Ci-inclus, ci-incluse*** : inclus, incluse dans cet envoi. *La facture ci-incluse. Veuillez trouver ci-inclus copie de.* ETY Du lat. *includere*, « enfermer ».

**inclusif, ive** *a* **didac** Qui renferme, comprend en soi. ANT exclusif.

**inclusion** *nf* **1** Action d'inclure ; son résultat. **2** MATH Propriété d'un ensemble ou d'un élément inclus dans un autre ensemble. **3** BIOL Élément hétérogène contenu dans une cellule ou un tissu. **4** BIOL Opération consistant à inclure le tissu à étudier dans une matière dure pour pouvoir le couper en lamelles très minces. **5** MINER Corps étranger enfermé dans un cristal.

**inclusivement** *av* Y compris ce dont on parle. *Jusqu'à ce jour inclusivement.*

**incoercible** *a* **litt** Qu'on ne peut contenir, contrôler. *Rire, toux incoercible.* PHO [ɛ̃kɔɛʀsibl] DER **incoercibilité** *nf*

**incognito** *av, nm* **A** *av* En agissant de manière à ne pas être connu, reconnu. *Voyager incognito.* **B** *nm* Situation de qqn qui garde secrète son identé. *Garder l'incognito.* PHO [ɛ̃kɔɲito] ETY Mot ital., « inconnu ».

**incohérent, ente** *a* Qui manque de cohérence, de lien logique, d'unité. *Discours incohérent. Gestes incohérents.* DER **incohérence** *nf*

**incollable** *a* **1** Qui ne colle pas en cuisant. *Riz incollable.* **2** **fam** Qui répond à toutes les questions. *Candidat incollable.*

**incolore** *a* **1** Qui n'a pas de couleur. *Verre incolore.* **2** **fig** Sans éclat, insipide.

**incomber** *vti* (1) Revenir, être imposé à qqn, en parlant de charges, d'obligations. *Ce soin vous incombe.* ETY Du lat. *incumbere*, « peser sur ».

**incombustible** *a* Qui ne peut être consumé par le feu, brûlé. DER **incombustibilité** *nf*

**incommensurable** *a* **1** Qui est sans mesure, ne connaît pas de limites. *Sa bêtise est incommensurable.* **2** MATH Qualifie deux grandeurs de même nature qui n'ont pas de sous-multiple commun. *La diagonale d'un carré est incommensurable avec son côté.* DER **incommensurabilité** *nf* – **incommensurablement** *av*

**incommode** *a* **1** Mal adapté à l'usage auquel il est destiné, peu pratique. *Appartement incommode.* **2** Qui cause de la gêne. *Position incommode.* **LOC** DR ***Établissements incommodes, insalubres ou dangereux*** : établissements industriels susceptibles de nuire à l'environnement et dont la création est précédée d'une enquête *de commodo et incommodo.* ETY Du lat. DER **incommodément** *av* – **incommodité** *nf*

**incommoder** *vt* (1) Causer une gêne physique à qqn. *Depuis qu'elle a cessé de fumer, la fumée l'incommode.* DER **incommodant, ante** *a*

**incommunicable** *a* **1** Qui ne peut être communiqué. *Droits incommunicables.* **2** Qu'on ne peut exprimer, faire partager. *Angoisse incommunicable.* DER **incommunicabilité** *nf*

**incommutable** *a* DR **LOC** ***Propriétaire incommutable*** : qui ne peut être dépossédé. — ***Propriété incommutable*** : qui ne peut changer de propriétaire. DER **incommutabilité** *nf*

**incomparable** *a* Tellement supérieur que rien ne peut lui être comparé. *Beauté incomparable.* DER **incomparablement** *av*

**incompatible** *a* **1** Qui n'est pas compatible, ne peut pas s'accorder, s'associer avec autre chose. *Des rêves incompatibles avec la réalité. Des caractères incompatibles.* **2** MATH Qualifie un système d'équations dont l'ensemble des solutions est vide. **3** DR Se dit de fonctions qui ne peuvent être exercées par un même individu. **4** MED Se dit de groupes sanguins ou de tissus qui ne permettent pas la transfusion ou la greffe d'un individu à un autre. **5** PHARM Se dit de médicaments qui ne peuvent être employés ensemble sans risque d'accident. DER **incompatibilité** *nf*

**incompétent, ente** *a* **1** Qui n'a pas l'aptitude, les connaissances requises. **2** DR Se dit d'une juridiction qui n'a pas la capacité légale pour statuer sur certaines affaires. DER **incompétence** *nf*

**incomplet, ète** *a* Qui n'est pas complet, auquel il manque qqch. *Ouvrage incomplet.* DER **incomplètement** *av*

**incomplétude** *nf* **1** **didac** État de ce qui est incomplet. **2** LOG Caractère d'une théorie qui n'est ni démontrable, ni réfutable. **LOC** PSYCHO ***Sentiment d'incomplétude*** : sentiment d'inachèvement, d'insuffisance propre à certains malades.

**incompréhensible** *a* **1** Impossible ou très difficile à comprendre. *Texte incompréhensible.* **2** Inexplicable, déconcertant. *Personnage incompréhensible. Acte incompréhensible.* DER **incompréhensibilité** *nf*

**incompréhensif, ive** *a* Qui manque de compréhension à l'égard d'autrui.

**incompréhension** *nf* Incapacité à comprendre qqch ou qqn.

**incompressible** *a* **1** PHYS Qui ne peut pas être comprimé. *L'eau est incompressible.* **2** Qui ne peut pas être réduit. *Dépense incompressible. Peine incompressible.* DER **incompressibilité** *nf*

**incompris, ise** *a, n* Dont le mérite, la valeur ne sont pas reconnus. *Artiste incompris.*

**inconcevable** *a* **1** Que l'esprit ne peut concevoir, comprendre. *Mystère inconcevable.* **2** Qu'on ne peut expliquer, imaginer, admettre. *Conduite inconcevable.* DER **inconcevablement** *av*

**inconciliable** *a* Se dit de personnes, de choses qui ne peuvent se concilier. *Adversaires, thèses inconciliables.*

**inconditionné, ée** *a* PHILO Qui n'est soumis à aucune condition ; absolu.

**inconditionnel, elle** *a, n* **A** *a* Indépendant de toute condition. *Obéissance inconditionnelle.* **B** *a, n* Qui se plie sans discussion aux décisions d'un homme, d'un parti. *Un partisan inconditionnel. Les inconditionnels de droite, de gauche.* DER **inconditionnalité** *nf* – **inconditionnellement** *av*

**inconduite** *nf* Mauvaise conduite, dévergondage.

**inconfort** *nm* Manque de confort.

**inconfortable** *a* Qui n'est pas confortable. DER **inconfortablement** *av*

**incongelable** *a* TECH Qui n'est pas congelable.

**incongru, ue** *a* Déplacé, inconvenant. *Une remarque, une attitude incongrue.* ETY Du lat. DER **incongruité** *nf* – **incongrûment** ou **incongrument** *av*

**inconnaissable** *a, nm* Qui ne peut être connu.

**inconnu, ue** *a, n* **A** *a* **1** Qui n'est pas connu. *Découvrir une terre inconnue.* **2** Sur lequel, sur quoi on n'a pas d'informations. *Le Soldat inconnu. Origine inconnue.* **3** Qu'on n'a jamais éprouvé. *Plaisir inconnu.* **B** *n* Personne que l'on ne connaît pas. *Aborder un inconnu.* **C** *nm* Ce que l'on ignore. *Aller du connu à l'inconnu.* **D** *nf* MATH

Quantité que l'on détermine par la résolution d'une équation.

**Inconnu du Nord-Express (l')** film de Hitchcock (1951), d'ap. un roman de P. Highsmith (1950).

**inconscience** *nf* **1** État d'une personne inconsciente, privée de sensibilité. *Sombrer dans l'inconscience sous l'effet d'un anesthésique.* **2** Manque de discernement qui se manifeste par des conduites déraisonnables.

**inconscient, ente** *a, n* **A** *a* **1** Qui n'est pas conscient, évanoui. **2** Dont on n'a pas conscience. *Geste inconscient.* **B** *a, n* Qui ne mesure pas l'importance des choses, la gravité de ses actes. *Il faut être inconscient pour rouler à cette vitesse !* **C** *nm* PSYCHAN Domaine du psychisme échappant à la conscience. *Le rêve et les actes manqués sont des manifestations de l'inconscient.* DER **inconsciemment** *av*

ENC L'inconscient, pour Freud, est le réservoir des instincts fondamentaux que l'homme hérite de sa nature animale : pulsions, libido. Chargé fortement d'énergie psychique, il tente d'envahir la conscience, mais rencontre des résistances d'origine sociale ou morale (refoulement, censure) qui, le plus souvent, lui permettent de s'exprimer seulement dans les rêves, les actes manqués, les névroses, que la cure analytique tente de décoder ; en effet, « *l'inconscient est structuré comme un langage* » (Jacques Lacan).

**inconséquent, ente** *a* **1** Qui manque de logique, de cohérence. *Un raisonnement inconséquent.* **2** Qui se conduit avec légèreté ; irréfléchi. *Des jeunes gens inconséquents.* DER **inconséquence** *nf*

**inconsidéré, ée** *a* Qui dénote un manque de réflexion. *Propos inconsidérés.* DER **inconsidérément** *av*

**inconsistant, ante** *a* **1** Qui manque de consistance, de fermeté. *Crème inconsistante.* **2** fig Qui manque de solidité, de suite, de cohérence. *Style inconsistant. Caractère inconsistant.* DER **inconsistance** *nf*

**inconsolable** *a* Qui ne peut être consolé.

**inconsolé, ée** *a* litt Qui n'est pas consolé.

**inconsommable** *a* Qui ne peut être consommé ; impropre à la consommation.

**inconstant, ante** *a* **1** Dont les opinions, les sentiments changent facilement. *Amant inconstant.* **2** litt Changeant, variable. *Temps inconstant.* DER **inconstance** *nf*

**inconstitutionnel, elle** *a* DR Qui n'est pas conforme à la Constitution. DER **inconstitutionnalité** *nf* – **inconstitutionnellement** *av*

**inconstructible** *a* DR Où l'on n'a pas le droit de construire.

**incontestable** *a* Qui ne peut être contesté, mis en doute. *Progrès incontestable.* DER **incontestabilité** *nf* – **incontestablement** *av*

**incontesté, ée** *a* Qui n'est pas contesté. *Supériorité incontestée.*

**incontinence** *nf* **1** vx Manque de retenue face aux plaisirs charnels. **2** Tendance incontrôlée à parler trop. **3** MED Émission incontrolée d'urine, de matières fécales.

**1 incontinent** *av* litt Immédiatement, sur-le-champ. ETY Du lat. *in continenti (tempore)*, « dans le temps qui suit ».

**2 incontinent, ente** *a, n* MED Atteint d'incontinence. ETY Du lat.

**incontournable** *a, nm* Qu'on ne peut éviter, contourner, dont il faut tenir compte absolument.

**incontrôlable** *a* Que l'on ne peut contrôler.

**incontrôlé, ée** *a* Qui n'est pas contrôlé ; qui échappe à tout contrôle. *Bandes incontrôlées.*

**inconvenant, ante** *a* Qui blesse les convenances, la bienséance. *Propos inconvenants.* DER **inconvenance** *nf*

**inconvénient** *nm* **1** Désavantage, défaut de qqch. *Les avantages et les inconvénients d'un projet.* **2** Désagrément, résultat fâcheux d'une situation, d'un acte. *Si vous n'y voyez pas d'inconvénients...* ETY Du lat.

**inconvertible** *a* FIN Qui n'est pas convertible en or, en espèces métalliques, etc. DER **inconvertibilité** *nf*

**incoordination** *nf* didac Absence, défaut de coordination. MED *Incoordination motrice.*

**incorporel, elle** *a* Qui n'a pas de corps, qui n'est pas matériel. *L'âme est incorporelle.* DER **incorporalité** ou **incorporéité** *nf*

**incorporer** *vt* ① **1** Unir plusieurs choses en un seul corps. *Incorporer une substance à une autre. La cire s'incorpore aisément à la gomme.* **2** Faire entrer une partie dans un tout. *Incorporer un article dans un ouvrage.* **3** Faire entrer une recrue dans son unité d'affectation. ETY Du lat. *corpus*, « corps ». DER **incorporable** *a* – **incorporation** *nf*

**incorrect, ecte** *a* **1** Qui n'est pas correct ; mauvais. *Style incorrect.* **2** Qui manque de correction, grossier. *Vous avez été très incorrect avec lui.* DER **incorrectement** *av*

**incorrection** *nf* **1** Manquement aux règles de la correction, de la bienséance. *L'incorrection d'un procédé.* **2** Faute de grammaire.

**incorrigible** *a* Qu'on ne peut pas corriger. *Un incorrigible bavard. Sa vantardise incorrigible.* DER **incorrigiblement** *av*

**incorruptible** *a, n* **1** Qui ne se corrompt pas ; inaltérable. *Matière incorruptible.* **2** fig Incapable de se laisser corrompre pour agir contre ses devoirs. *Magistrat incorruptible.* DER **incorruptibilité** *nf*

**incrédibilité** *nf* litt Caractère de ce qui est incroyable. *L'incrédibilité d'une histoire.*

**incrédule** *a, n* **1** Qui ne croit pas, qui met en doute les dogmes religieux. **2** Difficile à persuader ; sceptique. *Esprit incrédule. Un sourire incrédule.* DER **incrédulité** *nf*

**incréé, ée** *a* RELIG Qui existe sans avoir été créé. *Dieu seul est un être incréé.*

**incrément** *nm* INFORM Quantité dont on augmente la valeur d'une variable lors de l'exécution d'un programme. ETY De l'angl. DER **incrémentiel, elle** *a*

**incrémenter** *vt* ① INFORM Augmenter d'une quantité donnée. DER **incrémentation** *nf*

**increvable** *a* **1** Qui ne peut être crevé. *Pneu increvable.* **2** fig, fam Infatigable. *Ce garçon est décidément increvable.*

**incriminer** *vt* ① Mettre en cause, accuser qqn. *Incriminer qqn pour les propos qu'il a tenus.* ETY Du lat. DER **incriminable** *a* – **incrimination** *nf*

**incrochetable** *a* TECH Qu'on ne peut crocheter. *Serrure incrochetable.*

**incroyable** *a* **1** Impossible ou difficile à croire. *Un récit incroyable.* **2** Peu commun, extraordinaire, inimaginable. *Développer une activité incroyable.* DER **incroyablement** *av*

**Incroyables (les)** sous le Directoire, sobriquet donné à de jeunes royalistes qui s'habillaient et parlaient d'une façon excentrique.

**incroyant, ante** *n, a* Personne qui n'a pas de foi religieuse. DER **incroyance** *nf*

**incrustant, ante** *a* Qui a la propriété de couvrir les corps d'une croûte minérale. *Source, eau incrustante.* SYN pétrifiant.

**incrustation** *nf* **1** Action d'incruster ; ornement incrusté. *Incrustations d'or.* **2** GEOL Couche pierreuse qui se dépose sur les objets ayant séjourné dans une eau calcaire. **3** TECH Dépôt calcaire à l'intérieur d'une installation de chauffage à eau chaude. **4** AUDIOV Apparition sur une image télévisée d'une image d'un autre programme occupant une partie de l'écran.

**incruster** *v* ① **A** *vt* **1** Orner un objet en y insérant des fragments d'une autre matière. *Coffret d'ébène incrusté de nacre.* **2** TECH Couvrir d'un dépôt calcaire. **B** *vpr* **1** Adhérer fortement à la surface d'une chose en y pénétrant. *Coquillages qui s'incrustent dans les rochers.* **2** fam S'installer chez qqn et y demeurer de manière inopportune. ETY Du lat.

**incubateur, trice** *a, nm* **A** TECH Qui sert à incuber les œufs. *Poche incubatrice. Un appareil incubateur.* **B** *nm* **1** Appareil destiné à permettre le développement des enfants prématurés dans un milieu protégé. SYN couveuse. **2** ECON Structure destinée à aider les projets industriels innovants.

**incubation** *nf* **1** Action de couver ; développement dans l'œuf de l'embryon des ovipares. *Incubation naturelle, artificielle.* **2** MED Période comprise entre la contamination et l'apparition des premiers symptômes de la maladie.

**incube** *nm* Démon mâle qui était censé abuser des femmes endormies, par oppos. à *succube*.

**incuber** *vt* ① didac Opérer l'incubation de. SYN couver. ETY Du lat. *incubare*, « être couché sur ».

**inculper** *vt* ① DR Mettre en examen. ETY Du lat. *inculpare*, « blâmer ». DER **inculpation** *nf* – **inculpée, ée** *n*

**inculquer** *vt* ① Imprimer dans l'esprit de façon profonde et durable. *Inculquer à qqn les rudiments du latin.* DER **inculcation** *nf*

**inculte** *a* **1** Qui n'est pas cultivé. *Terres incultes.* **2** Peu soigné en parlant de la barbe et des cheveux. **3** Dépourvu de culture intellectuelle. *Un homme totalement inculte.*

**incultivable** *a* Qui ne peut être cultivé.

**inculture** *nf* Manque de culture intellectuelle.

**incunable** *a, nm* Se dit d'un ouvrage imprimé entre la découverte de l'imprimerie (1438) et 1500. ETY du lat. *incinabulum*, « berceau ».

**incurable** *a, n* **1** Qui ne peut être guéri. *Maladie incurable. Malade incurable.* **2** fig Qu'on ne peut changer, incorrigible. *Il est d'une bêtise incurable.* DER **incurabilité** *nf* – **incurablement** *av*

**incurie** *nf* Défaut de soin, négligence. *Incurie administrative.*

**incurieux, euse** *a* litt Qui n'est pas curieux ; indifférent. DER **incuriosité** *nf*

**incursion** *nf* **1** Courte irruption armée dans une région, un pays. *Les incursions répétées de bandes de pillards.* **2** Entrée soudaine dans un lieu. **3** Travail, études en dehors de son domaine habituel. *Les incursions de ce physicien dans le domaine de la poésie.* ETY Du lat.

**incurver** *vt* ① Donner une forme courbe à. *Latte de bois qui s'incurve sous l'effet de l'humidité.* ETY Du lat. DER **incurvation** *nf*

**incuse** *af, nf* TECH Se dit d'une médaille ou d'une monnaie frappée en creux sur l'une de ses faces, le même thème pouvant apparaître en relief et inversé sur l'autre face.

**indatable** *a* Qu'on ne peut dater.

**Inde (république de l')** (*Bharat Inktarashtra*), État d'Asie mérid. constituant un sous-continent séparé du reste de l'Asie par l'Himalaya ; 3 287 782 km$^2$ ; environ 1 296 millions d'hab., la 2e pop. du monde après la Chine ; accroissement naturel : 1,5 % par an ; cap. *New Delhi*. Nature de l'État : rép. fédérale membre du Commonwealth (25 États et 7 territoires). Langue off. : hindi (avec l'anglais). Monnaie : roupie. Relig. : hindouisme (83 %), islam (13 %), christianisme, bouddhisme, sikhisme. DER **indien, enne** *a, n*

**Géographie** Trois ensembles naturels constituent le territoire indien. 1. L'Himalaya, puissante barrière montagneuse, surtout présente au N.-O. et au N.-E. du pays, compte une série de sommets de 8 000 m ; le K2 est le point culminant du territoire (8 620 m). 2. La plaine indo-gangétique, plus au S., est un ancien golfe marin remblayé de sédiments et d'alluvions arrachés à la montagne par les puissants fleuves himalayens (Indus et Gange, princ.). Elle se termine sur le golfe du Bengale par le plus grand delta du monde. 3. Le Dekkan, élément de l'ancien continent Gondwana, a été fracturé à l'ère tertiaire et recouvert au N.-O. de vastes épanchements de basalte (*trapps*). Sur les bords, les Ghāts dominent une étroite plaine littorale à l'O. (côte de Malabar) ; moins élevées à l'E., elles s'abaissent vers une plaine côtière plus large. Le climat, rythmé par la mousson, oppose une saison sèche d'hiver (nov.-mai) à une saison des pluies d'été (juin-sept.). On distingue une *Inde humide* (à l'O., au S. et au N.-E.), qui concentre les plus fortes densités humaines du pays, et une *Inde sèche* (Dekkan intérieur, au N.-O.), moins peuplée. À l'extrême N.-O. du pays s'étend le Thar, désertique.

**La population** Les plus anc. hab. sont les Dravidiens, à la peau noire. Au nombre de 110 millions, ils occupent le Sud. Les 900 millions d'autres personnes descendent d'une souche hypothétique, les Aryens, venus du N. entre 1700 et 1000 av. J.-C. On dénombre auj. plus de 1 600 langues et dialectes, dont 15 sont importants. L'hindi, langue officielle, est en progrès (30 % de la pop.), mais l'anglais, parlé par l'élite, reste la langue véhiculaire. L'hindouisme, religion majoritaire, s'accompagne du système des castes, qui demeure, bien que Gandhi l'ait aboli. Malgré le planning familial, l'excédent démographique dépasse 18 millions de personnes par an. Près de 70 % des Indiens sont encore des ruraux et l'exode entraîne une explosion urbaine.

**L'économie** L'Inde est l'une des dix premières puissances économiques mondiales. Sur le legs britannique, elle a bâti un système original faisant coexister un secteur public puissant et de grands groupes privés. De 1984 à 1996, l'État a libéralisé l'économie, mais le Front uni et le BJP ont suspendu cette politique. L'agriculture emploie encore 60 % des actifs : cultures *kharif*, de saison des pluies (riz, millet, jute, coton), et *rabi*, de saison sèche (blé, orge, colza) ; le thé et le bois sont exportés. Le cheptel est considérable mais sous-utilisé pour des raisons religieuses ; la pêche apporte un complément. L'Inde bénéficie auj. de l'autosuffisance céréalière, mais 40 % des ruraux vivent encore dans la misère ; seul le Nord a réussi son décollage. Les ressources du sous-sol sont relativement abondantes : houille, hydrocarbures, fer, bauxite, manganèse. Le pays renforce son potentiel hydroélectrique et nucléaire. Les industries lourdes sont contrôlées par l'État et le pays apparaît comme une puissance industrielle évoluée à faible compétitivité internationale. L'Inde dispose d'une recherche de haut niveau. Elle produit plus de films qu'Hollywood. Les difficultés (fort endettement, inflation élevée) sont compensées par une croissance élevée. 400 millions d'Indiens vivent sous le seuil de pauvreté.

**Histoire** LES ORIGINES La protohistoire de l'Inde est marquée par une civilisation urbaine, dite de l'Indus (2500-1500 av. J.-C.). L'introduction de la civilisation aryenne apr. le XVe s. av. J.-C. nous est connue par le *Veda* (recueil littéraire et religieux). Au VIIe s. av. J.-C., cette civilisation, profondément marquée par le pouvoir religieux des brahmanes, s'étend vers l'E. et se développe. Au VIe s. av. J.-C., en réaction contre le système des castes du brahmanisme, naissent le jaïnisme et, surtout, le bouddhisme. À la fin de ce siècle, le Perse Darius Ier conquiert la vallée de l'Indus. À la fin du IVe s. av. J.-C., Alexandre met l'Inde en contact direct, mais bref, avec le monde grec. Chandragupta fonde en 321 av. J.-C. la dynastie des Maurya, repousse Séleucos Ier, lieutenant d'Alexandre, et établit un empire que son fils, le roi bouddhiste Açoka (v. 264-226 av. J.-C.), élargit. Après la chute de l'empire des Maurya (déb. du IIe s. av. J.-C.), l'Inde subit une invasion indo-scythe et le royaume des Kushāna se forme, accordant un rôle considérable à la culture hellénique (Ier-IIIe s. apr. J.-C.). L'Empire āndhra des Çātakarni s'établit en même temps dans le Dekkan. Avec la formation de l'Empire gupta (IVe-VIe s.), l'Inde retrouve unité et éclat culturel. L'ÉCLATEMENT L'invasion des Huns, au VIe s., provoque l'éclatement politique de l'Inde du Nord ; le Dekkan bénéficie d'un bel essor de l'hindouisme (art d'Ajantā, de Tellora). La conquête musulmane, commencée par le Turc Mahmūd de Ghaznī (999-1030), est poursuivie par le prince iranien Muhammad de Ghor à la fin du XIIe s. Le sultanat de Delhi, qui avait rendu à l'Inde son unité, ne résiste pas à l'invasion de Tamerlan (1398-1399). Les nombr. principautés musulmanes et hindoues sont en lutte perpétuelle. Grâce aux contacts avec le monde arabe, les échanges commerciaux, intellectuels et artistiques sont en plein essor ; en 1498, Vasco de Gama débarque à Calicut à la recherche d'épices. Un descendant de Tamerlan, Bāber, fonde l'Empire moghol, qui atteint son apogée de 1556 à 1707, puis l'Inde est à nouveau morcelée. Depuis la fin du XVe s., les contacts avec les Portugais, puis les Hollandais, enfin les Français et les Anglais, avaient été commerciaux. LA COLONISATION Au XVIIIe s., Dupleix, gouverneur des Établissements français en Inde, voulut créer un empire colonial. Désavoué par le roi de France, il laissa le champ libre à la Compagnie anglaise des Indes, qui l'emporta définitivement après la défaite de Lally-Tollendal (1761). Devenue une colonie rattachée à la Couronne (1858) après la révolte des soldats à la solde des Européens (1857-1858), l'Inde est transformée par les Anglais (qui confient des postes import. aux Indiens) : impôt foncier, justice, voies ferrées. En 1877, la reine Victoria est proclamée impératrice des Indes. Mais le parti du Congrès demande le statut de dominion (1885), une participation politique et la création d'une industrie nationale. Gandhi, porté à la tête du mouvement national, refuse la violence et préconise la « désobéissance civile ». Il place Nehru à la tête de son parti, le Parti du Congrès en 1929. L'INDÉPENDANCE L'indépendance est accordée en 1947, mais l'antagonisme entre les hindouistes et les musulmans oblige les Anglais à partager l'anc. empire des Indes en deux États : l'Union indienne et le Pākistān (lui-même constitué de deux parties distinctes, au N.-O. et au S.-E. de l'Inde). Ce partage créera de terribles conflits. Après l'assassinat de Gandhi (janv. 1948), l'Inde se donne comme chef du gouvernement le pandit Nehru, qui crée une puissante industrie lourde. Champion du neutralisme, il donne à l'Inde une place capitale dans le tiers monde. En 1962 éclate un conflit avec la Chine au sujet du Tibet. Après la mort de Nehru (1964) et de son successeur, Shastri (1966), Indira Gandhi, fille de Nehru, devient Premier ministre. Elle se heurte à l'opposition des « grands féodaux » et des révolutionnaires. En 1971, une nouvelle guerre (après celle de 1965) contre le Pākistān, donne naissance au Bangladesh (ex-Pākistān oriental). En mai 1974, l'Inde fait exploser sa première bombe atomique. En 1975, le Sikkim est annexé. Face à la contestation, I. Gandhi instaure l'état d'urgence (1975-1977). Vaincue aux élections de 1977, elle remporte triomphalement celles de 1980. Alors se dessine un essor économique régulier, mais l'accentuation des particularismes culturels culmine en 1984 avec l'agitation sikhe et Indira Gandhi est assassinée. L'INSTABILITÉ GOUVERNEMENTALE Le fils d'Indira Gandhi, Rajiv Gandhi, qui lui succède, remporte les élections de déc. 1984. En 1986, l'Arunachal Pradesh et, en 1987, le Mizoram et le territoire de Goa deviennent États de l'Union indienne. En 1989, R. Gandhi est battu aux élections, mais joue un grand rôle polit. jusqu'à son assassinat lors des législatives de 1991, que remporte le parti du Congrès : Narasimha Rao devient Premier ministre. Suite à l'effondrement de l'URSS, N. Rao accélère l'ouverture du pays sur l'Occident et la libéralisation de l'économie. À partir de 1990, la montée du fondamentalisme hindou, qui s'est traduite par les succès électoraux du parti Bharatiya Janata (BJP), est à l'origine de violents affrontements entre hindous et musulmans. En mai 1996, le BJP remporte les législatives, mais le Front uni (regroupant quatorze partis de gauche et de centre gauche) forme le gouv., dont l'instabilité entraîne de nouv. élections. En fév.-mars 1998, le BJP les remporte ; la gauche s'est effondrée. Un modéré du BJP, Atal Bihari Vajpayee, forme le gouvernement. En mai 1999, il se livre à des essais nucléaires qui mécontentent la communauté internationale. En 2004, une coalition de gauche menée par le Parti du Congrès de Sonia Gandhi remporte les législatives. Manmohan Singh est nommé Prem. ministre. Il est reconduit dans ses fonctions à l'issue des législatives de 2009. En 2014, le BJP mené par le nationaliste conservateur Narendra Modi retrouve le pouvoir.

**Inde (Établissements français dans l')** comptoirs fondés par la France entre la fin du XVIIe s et le milieu du XVIIIe s. : Pondichéry, Chandernagor, Kārikāl, Mahé et Yanaon ; zones portuaires à Dacca, Calicut, Surat, etc. Ils furent restitués à l'Inde en 1954.

**indéboulonnable** *a* fam Qu'on ne peut destituer. *Un président indéboulonnable.*

**indécelable** *a* Impossible à déceler, indétectable.

**indécence** *nf* **1** Manque de correction. *Il a eu l'indécence de venir tout de même.* **2** Caractère de ce qui est contraire à la décence, impudicité. *L'indécence de ses propos choqua l'assistance.*

**indécent, ente** *a* Contraire à la décence, inconvenant ou impudique. *Tenue indécente.* (DER) **indécemment** *av*

**indéchiffrable** *a* Qui ne peut être déchiffré ; obscur, inintelligible. *Écriture indéchiffrable.*

**indéchirable** *a* Qui ne peut être déchiré.

**indécidable** *a* LOG Qui ne peut être ni démontré, ni réfuté.

**indécis, ise** *a, n* **A** *a* **1** Douteux, incertain. *Question, victoire indécise.* **2** Difficile à distinguer ; flou, imprécis. *Traits indécis.* **B** *a, n* Qui ne se décide pas, qui hésite ; irrésolu. *Caractère indécis. Tenter de convaincre les indécis.* (ETY) Du lat. *indecius*, « non tranché ». (DER) **indécision** *nf*

**indéclinable** *a* GRAM Qui ne se décline pas.

**indécodable** *a* Qui ne peut être décodé.

**indécollable** *a* Impossible à décoller.

**indécomposable** *a* Qu'on ne peut décomposer

**indécrottable** *a* fam Incorrigible. *Cancre indécrottable.* (DER) **indécrottablement** *av*

**indéfectible** *a* litt **1** Qui ne peut cesser d'être, qui dure toujours. *Amitié indéfectible.* **2** Qui ne peut être pris en défaut. *Un courage indéfectible.* (DER) **indéfectibilité** *nf* – **indéfectiblement** *av*

**indéfendable** *a* **1** Qu'on ne peut défendre. *Forteresse indéfendable.* **2** fig Qu'on ne peut soutenir. *Cause, thèse indéfendable.*

**indéfini, ie** *a, nm* **A** *a* **1** Dont les limites ne peuvent être déterminées. *Temps, espace indéfini.* **2** Qui n'est pas défini, vague, imprécis. *Sentiment indéfini.* **B** *a, nm* GRAM Désigne une catégorie de déterminants et de pronoms qui présentent le nom de manière générale ou indéterminée. *Un, une, des sont des articles indéfinis ; quelque, chaque sont des adjectifs indéfinis ; quelqu'un, chacun, des pronoms indéfinis.* (ETY) Du lat. (DER) **indéfiniment** *av*

**indéfinissable** *a* **1** Qu'on ne peut définir. **2** Dont on ne peut rendre compte ; qu'on ne sait expliquer. *Charme indéfinissable.*

**indéformable** *a* Qui ne se déforme pas.

**indéfrichable** *a* Qui ne peut être défriché.

**indéfrisable** *nf* vieilli Syn. de *permanente.*

**indéhiscent, ente** *a* BOT Qui ne s'ouvre pas spontanément à maturité. *Fruits indéhiscents.* (PHO) [ēdeisɑ̃, ɑ̃t] (DER) **indéhiscence** *nf*

**indélébile** *a* **1** Qui ne peut être effacé. **2** fig Qui ne disparaît pas, perpétuel. *Traumatisme indélébile.* (ETY) Du lat. (DER) **indélébilité** *nf*

**indélibéré** *a* didac Qui n'est pas délibéré, réfléchi. *Acte involontaire et indélibéré.*

**indélicat, ate** *a* **1** Qui manque de délicatesse dans les sentiments, le comportement. **2** Malhonnête. *Un comptable indélicat. Procédé indélicat.* (DER) **indélicatement** *av* – **indélicatesse** *nf*

**indémaillable** *a, nm* Se dit d'un tissu dont les mailles ne peuvent se défaire.

**indémêlable** *a* Impossible à démêler, à élucider.

**indemne** *a* Qui n'a souffert aucun dommage, aucune blessure. *Sortir indemne d'un accident.*

**indemniser** *vt* ① Dédommager qqn des frais, des pertes subies, des troubles causés, etc. *Indemniser des sinistrés.* (DER) **indemnisable** *a* – **indemnisation** *nf*

**indemnitaire** *n, a* DR **A** *n* Personne qui a droit à une indemnité. **B** *a* Qui relève de l'indemnité. *Forfait indemnitaire.*

**indemnité** *nf* **1** Ce qui est alloué à qqn en dédommagement d'un préjudice. *Indemnité d'expropriation.* **2** Allocation attribuée en compensation de certains frais. *Indemnité de résidence.* (ETY) Du lat.

**indémodable** *a* Qui n'est pas susceptible de se démoder.

**indémontable** *a* Qui ne peut pas être démonté.

**indémontrable** *a* Qu'on ne peut démontrer.

**indène** *nm* CHIM Hydrocarbure aromatique bicyclique $C_9H_8$ extrait des goudrons de houille. (ETY) Du lat. *indicum*, « indigo ».

**indéniable** *a* Qu'on ne peut dénier, réfuter ; incontestable. (DER) **indéniablement** *av*

**indénombrable** *a* Qui ne peut être dénombré.

**indentation** *nf* didac Échancrure comparable à une morsure. *Les indentations d'une côte rocheuse.*

**indépassable** *a* Qui ne peut être dépassé.

**indépendamment** *av, prép* **A** *av* De façon indépendante, séparément. **B** *prép* **1** Sans égard à, en faisant abstraction de. *Indépendam-*

*ment des évènements.* **2** En outre, en plus de. *Indépendamment de son traitement, il perçoit des indemnités.*

**indépendance** *nf* **1** État d'une personne indépendante. **2** Refus de toute sujétion. *Indépendance d'esprit, d'opinion.* **3** Statut international d'un État dont la souveraineté est reconnue par les autres États. *L'indépendance nationale. Déclaration d'indépendance.* **4** Absence de relations entre des choses, des phénomènes. *Indépendance statistique.*

**Indépendance américaine (guerre de l')** guerre qui, de 1775 à 1782, opposa les treize colonies anglaises d'Amérique du Nord à leur métropole. Après des troubles durement réprimés (1770-1775), Washington prit la tête de l'armée des colonies ; l'indépendance fut déclarée en 1776, le 4 juil. (auj. fête nationale). Les Anglais, vaincus à Saratoga (1777), reprirent l'offensive, mais, grâce à l'aide que Franklin obtint de la France, l'armée des *Insurgents* triompha des Anglais, qui capitulèrent à Yorktown (1781). Le traité de Versailles (1783) ratifia l'indépendance des États-Unis.

**indépendant, ante** *a* **1** Libre de toute sujétion, de toute dépendance. *Peuple indépendant.* **2** Qui refuse toute sujétion, toute dépendance. *C'est un garçon très indépendant.* **3** Qui jouit de l'indépendance, de l'autonomie. **4** Qui n'a pas de rapport avec. *C'est un point indépendant de la question.* **LOC** GRAM ***Proposition indépendante*** *:* qui ne dépend d'aucune autre et dont aucune ne dépend. — MATH ***Variable indépendante*** *:* variable qui peut prendre n'importe quelle valeur, quelle que soit celle des autres variables.

**indépendantisme** *nm* Revendication de l'indépendance politique. (DER) **indépendantiste** *a, n*

**indépendants (Société des artistes)** société fondée à Paris en 1884 pour permettre aux peintres et aux sculpteurs de présenter leurs œuvres, chaque année, au Salon des indépendants, sans passer par un jury.

**indépendants et paysans (Centre national des) (CNIP)** parti politique de tendance libérale et conservatrice, fondé en 1948, avec notam. Paul Reynaud et Antoine Pinay. En 1962, une minorité, animée par V. Giscard d'Estaing, quitta le CNIP pour former le groupe des républicains indépendants et l'audience du parti s'amenuisa.

**Inde portugaise** établissements portugais sur la côte occid. de l'Inde (Goa, Damão, île de Diu), repris par l'Inde en 1961.

**indéracinable** *a* Qu'on ne peut déraciner, détruire. *Préjugé indéracinable.*

**indéréglable** *a* Qui ne peut se dérégler.

**Indes (Compagnie française des)** compagnie commerciale créée en 1719 par Law, qui reprit les privilèges de la Compagnie française des Indes orientales ; elle disparut lors de la banqueroute de Law (1721) et fut reconstituée en 1722. La Bourdonnais colonisa la Réunion et l'Île-de-France (auj. île Maurice) et Dupleix créa les Établissements français dans l'Inde. Supprimée en 1769, reconstituée en 1785, elle fut supprimée par la Convention en 1793-1794.

**indescriptible** *a* Qui ne peut être décrit.

**Indes galantes (les)** opéra-ballet en un prologue et 4 entrées de Rameau (1735) sur un livret de Louis Fuzelier (1672 – 1752).

**indésirable** *a, n* **A** *a* Non désiré. *Effet indésirable d'un médicament.* **B** *a, n* Dont on refuse la présence dans un pays, au sein d'une communauté, d'un groupe.

**Indes néerlandaises** nom des anc. colonies néerlandaises qui constituent auj. l'Indonésie. (VAR) **Indes orientales**

**Indes occidentales** nom donné par Christophe Colomb aux îles américaines qu'il découvrit.

**Indes occidentales (Compagnie hollandaise des)** compagnie commerciale, créée en 1621, qui reçut le monopole du trafic comm. en Amérique et en Afrique occidentale. Elle fut dissoute en 1674. Une nouvelle compagnie lui succéda la même année, se consacrant à la traite des Noirs, et disparut en 1791.

**Indes occidentales (fédération des)** îles du Commonwealth situées dans la mer des Antilles et réunies en un État de 1958 à 1962 : Jamaïque, la Barbade, Trinité et Tobago, etc. (VAR) **fédération des Caraïbes**

**Indes orientales (Compagnie anglaise des)** compagnie créée sous Élisabeth I^re^ en 1599 pour le commerce avec l'Inde. Elle fut dissoute en 1858, l'Inde étant devenue une colonie britannique.

**Indes orientales (Compagnie hollandaise des)** compagnie créée en 1602 pour l'établissement du commerce avec les pays de l'océan Indien ; dissoute en 1798.

**indestructible** *a* Qui ne peut être détruit. (DER) **indestructibilité** *nf* – **indestructiblement** *av*

**indétectable** *a* Qu'on ne peut détecter.

**indéterminable** *a* Qu'on ne peut déterminer.

**indétermination** *nf* **1** Fait d'être indéterminé ; doute, irrésolution. *Être dans l'indétermination.* **2** Caractère de ce qui est indéterminé, flou, vague. *L'indétermination du sens d'un texte.* **3** MATH Caractère d'un système d'équations qui admet un nombre infini de solutions.

**indéterminé, ée** *a* **1** Qui n'est pas déterminé, fixé ; flou, imprécis. *Date indéterminée.* **2** PHILO Qui n'est pas soumis au déterminisme.

**indétrônable** *a* Dont la supériorité ne peut être mise en cause ; indépassable.

**index** *nm inv* **1** Deuxième doigt de la main, le plus rapproché du pouce. *Pointer l'index.* **2** TECH Aiguille, repère mobile sur un cadran ou une échelle graduée. **3** Table alphabétique à la fin d'un ouvrage. *Index des noms cités.* **4** STATIS Indice. *Index de mortalité, de morbidité.* **LOC** ***Mettre à l'index*** *:* exclure, condamner. (PHO) [ɛ̃dɛks] (ETY) Mot lat., « indicateur ».

**Index (l')** catalogue des livres dont le pape interdisait la lecture aux catholiques. Le prem. *Index* promulgué par le concile de Trente en 1564 et nommé pour cette raison *tridentin*, établit une législation, mise à jour en 1897. En 1966, l'Église abolit cette institution. (VAR) **Index librorum prohibitorum**

**indexer** *vt* ① **1** Lier l'évolution d'une valeur aux variations d'une autre valeur ou d'un indice pris comme référence. *Indexer un loyer sur l'indice des prix.* **2** Réaliser l'index d'un ouvrage. **3** Mettre un élément à son ordre dans un index. (DER) **indexage** *nm* ou **indexation** *nf*

**indexeur, euse** *n* Spécialiste de l'indexage de documents.

**Indiana** État du centre-ouest des É.-U. (Middle West) ; 93 993 km² ; 5 544 000 hab. ; cap. *Indianapolis.* – Cette riche rég. agricole possède des gisements de houille et de pétrole qui ont permis une import. industrialisation. – Exploré par les Français au XVII^e^ s., cédé aux Anglais en 1763, l'Indiana entra dans l'Union en 1816.

**Indianapolis** v. des É.-U., cap. de l'Indiana, sur un bras de la White River ; 1,4 million d'hab. (aggl.). Centre industriel et commercial. Courses automobiles.

**indianisation** *nf* HIST Influence de la civilisation indienne dans le sud-est asiatique.

**indianisme** *nm* **1** Étude des langues et des civilisations de l'Inde. **2** Courant de la littérature brésilienne qui prônait un retour aux sources indigènes (fin du XIX^e^ s.). (DER) **indianiste** *n*

**indic** *nm* fam Indicateur de police. (PHO) [ɛ̃dik]

**indicateur, trice** *n, a* **A** *n* Personne qui, en échange d'avantages divers, renseigne la police. **B** *nm* **1** Livre, brochure, etc., qui contient des renseignements. *Indicateur des chemins de fer, des rues d'une ville.* **2** TECH Instrument de mesure fournissant des indications utiles à la conduite, au contrôle d'une machine ou d'un appareil. *Indicateur de vitesse, de pression, d'altitude.* **3** ECON POLIT Élément significatif d'une situation économique et sociale, qui permet d'établir des prévisions d'évolution. *Indicateurs socio-économiques.* **C** *a* Qui indique, donne un renseignement. *Poteau indicateur.* **LOC** CHIM ***Indicateur coloré*** *:* substance dont la couleur varie en fonction du pH du milieu dans lequel on la plonge. — FIN ***Indicateur de tendance*** *:* qui permet d'évaluer les variations des cours lors d'une séance à la Bourse.

**indicatif, ive** *a, nm* **A** *a* Qui indique. *Je vous dis cela à titre indicatif.* **B** *nm* **1** TELECOM Groupe de signaux conventionnels servant à identifier un poste émetteur. **2** AUDIOV Formule, air musical, etc., permettant d'identifier une émission de radio ou de télévision. **3** LING Mode du verbe qui exprime l'état, l'existence, l'action d'une manière réelle, objective.

**indication** *nf* **1** Action d'indiquer. *J'y suis allée sur l'indication d'un ami.* **2** Signe, indice. *Son embarras est l'indication de sa culpabilité.* **3** Renseignement. *Donner, fournir des indications.* **4** MED Maladie, cas pour lesquels tel traitement est indiqué. ANT contre-indication.

**indice** *nm* **1** Signe apparent rendant probable l'existence d'une chose. *Certains indices laissent penser qu'il s'agit d'un crime.* **2** MATH Lettre ou chiffre placé en bas à droite d'un autre signe pour le caractériser. *a indice 1 se note* $a_1$. **3** PHYS Nombre exprimant un rapport entre deux grandeurs. *Indice d'octane d'un carburant.* **4** MATH Petit chiffre placé entre les branches - ou à gauche en exposant - d'un radical pour indiquer le degré de la racine. (Ex. : $\sqrt[3]{A}$, racine cubique de A). **LOC** ECON ***Indice des prix*** *:* chiffre exprimant l'évolution générale des prix en fonction de l'évolution de ceux de certains produits par rapport à une période choisie comme base. — ***Indice d'une crème solaire*** *:* son degré de filtrage des rayons ultraviolets. — ***Indice d'octane*** *:* qui mesure le pouvoir antidétonant d'un carburant. (ETY) Du lat. (DER) **indiciaire** ou **indiciel, elle** *a*

**indicible** *a* litt Qu'on ne saurait exprimer, ineffable. *Une joie indicible.* (DER) **indiciblement** *av*

**indien, enne** *a, n* **1** De l'Inde. *Sous-continent indien.* **2** Relatif aux indigènes d'Amérique.

**Indien (l')** n. scientif. : *Indus, Indi,*, constellation de l'hémisphère austral.

**Indien (océan)** (anc. *mer des Indes*), océan situé entre l'Afrique, l'Asie et l'Australie ; le 3^e^ océan du monde par sa superficie (74 900 000 km²) ; sa profondeur maximale est de 7 455 m (Java). Il est soumis au régime des vents de mousson, princ. entre l'Inde et l'Afrique. Très nombreuses îles, surtout dans le Sud (Madagascar, la Réunion, l'île Maurice, les Comores, etc.) – En déc. 2004, un séisme d'ampleur exceptionnelle au large de Sumatra provoqua la formation d'un tsunami qui causa la mort de plus de 300 000 personnes, princ. en Indonésie, au Sri Lanka, en Inde et en Thaïlande.

**indienne** *nf* Étoffe de coton peinte ou imprimée, qui fut d'abord fabriquée en Inde.

**indifféremment** *av* Sans distinction, sans faire de différence. *Un ambidextre se sert indifféremment des deux mains.*

**indifférence** *nf* **1** État d'une personne qui ne désire ni ne repousse une chose. *Indifférence en matière de religion.* **2** Insensibilité, froideur.

**indifférencié, ée** *a* Qui n'est pas différencié. DER **indifférenciation** *nf*

**indifférent, ente** *a, n* **A** *a* **1** Qui ne présente aucun motif de préférence. *Il est indifférent de suivre ce chemin ou l'autre. Cela m'est indifférent.* **2** Peu important, sans intérêt. *Conversation indifférente.* **B** *a, n* Insensible, qui ne s'émeut pas, ne s'intéresse pas. *Il est indifférent à ses intérêts.* **LOC** PHYS ***Équilibre indifférent*** : état d'un corps qui reste dans la position qu'on lui donne, par oppos. à *équilibre stable* et à *équilibre instable*. ETY Du lat.

**Indifférent (l')** peinture de Watteau (1717, Louvre).

**indifférentisme** *nm* Attitude systématique d'indifférence ; refus de tout engagement. DER **indifférentiste** *a, n*

**indifférer** *vt* 14 Ne pas intéresser, laisser insensible. *Ça m'indiffère prodigieusement.*

**indigénat** *nm* **1** Régime spécial appliqué aux indigènes dans les anciennes colonies. **2** Suisse Droit de cité dans un canton.

**indigence** *nf* **1** Grande pauvreté, misère. **2** fig Pauvreté intellectuelle.

**indigène** *a, n* **A** *a* Qui est originaire du pays, de l'endroit où il se trouve. *Population indigène. Plantes indigènes.* **B** *n* **1** Autochtone. **2** Personne originaire d'une ancienne colonie.

**indigénisme** *nm* Mouvement politico-culturel qui insiste sur l'importance des civilisations indiennes en Amérique latine. DER **indigéniste** *a, n*

**indigent, ente** *a, n* **A** Qui est dans l'indigence, très pauvre. *Famille indigente.* **B** *a* fig Insuffisant. *Une argumentation indigente.* ETY Du lat.

**indigeste** *a* **1** Difficile à digérer. **2** fig Difficile à assimiler. *Ouvrage indigeste.* ETY Du lat.

**indigestion** *nf* Indisposition, souvent accompagnée de nausées, due à une mauvaise digestion. **LOC** fam ***Avoir une indigestion de qqch*** : en être dégoûté par un usage excessif.

**Indighirka** fl. de Sibérie extrême-orientale (1 790 km), qui traverse la Iakoutie et se jette par un delta dans l'océan Arctique.

**indignation** *nf* Sentiment de colère et de mépris provoqué par une injustice, une action honteuse. *Frémir d'indignation.*

**indigne** *a* **1** Qui ne mérite pas, qui n'est pas digne de. *Il est indigne de votre estime.* **2** Qui ne sied pas à qqn. *Cette conduite est indigne de vous.* **3** Qui n'est pas digne de sa charge, de sa fonction. *Mère indigne.* **4** Odieux, méprisable. *Traitement indigne.* DER **indignement** *av*

**indigné** *n* Personne participant à un mouvement pacifique mondial de protestation en vue d'obtenir une société plus démocratique et équitable. *Les campements d'indignés en Espagne.*

**indigner** *v* 1 **A** *vt* Provoquer l'indignation de qqn. *Votre conduite cruelle l'indigne.* **B** *vpr* Éprouver et manifester de l'indignation. *S'indigner contre qqn. S'indigner de qqch.*

**indignité** *nf* **1** Caractère d'une personne, d'un acte indigne. *Il a été exclu pour cause d'indignité.* **2** Action indigne, odieuse. *Commettre des indignités.* **LOC** HIST ***Indignité nationale*** : peine comportant la privation de tous les droits civiques et politiques, infligée à certains Français coupables de collaboration avec l'ennemi pendant l'occupation allemande de 1940-1944.

**indigo** *nm* **1** Matière colorante bleue de synthèse, autref. tirée de l'indigotier ; cette couleur bleue. **2** Une des couleurs fondamentales du spectre solaire. ETY Mot esp., du lat. *indicus*, « indien ».

**indigotier** *nm* BOT Papilionacée originaire de l'Inde dont une espèce servait jadis à préparer l'indigo. ▶ illustr. **teinture végétale**

**indigotine** *nf* CHIM Matière colorante bleue, appelée aussi *indigo*.

**indiqué, ée** *a* **1** Approprié, en parlant d'une médication. ANT contre-indiqué. **2** fig Adéquat, opportun. *Cela n'est pas très indiqué dans votre situation*

**indiquer** *vt* 1 **1** Montrer, désigner de manière précise. *Indiquer qqch du doigt.* **2** Faire connaître en donnant des renseignements. *Indiquer le chemin à qqn. Indiquer un bon restaurant.* **3** Dénoter, révéler. *Le vert indique la voie libre.* **4** Esquisser, représenter sans donner les détails. *Indiquer les situations, les personnages.* ETY Du lat.

**indirect, ecte** *a* Qui n'est pas direct ; qui emprunte des voies détournées. *Parcours indirect. Critique indirecte.* **LOC** GRAM ***Complément indirect*** : introduit par une préposition. — DR ***Ligne indirecte*** : collatérale. DER **indirectement** *av*

**indiscernable** *a* **1** Qu'on ne peut distinguer d'une autre chose. *L'original et la copie sont indiscernables.* **2** Qu'on ne peut discerner ; imperceptible. *Des traces indiscernables à l'œil nu.* DER **indiscernabilité** *nf*

**indisciplinable** *a* vieilli Qui ne peut être discipliné.

**indiscipline** *nf* Manque de discipline ; désobéissance.

**indiscipliné, ée** *a* Qui n'est pas discipliné.

**indiscret, ète** *a, n* **1** Qui manque de discrétion, de réserve. *Question indiscrète.* **2** Qui ne sait pas garder un secret. *Ami indiscret. Des propos indiscrets.* DER **indiscrètement** *av*

**indiscrétion** *nf* **1** Manque de discrétion. *L'indiscrétion d'une question.* **2** Acte, parole qui révèle ce qui devait rester caché, secret. *Apprendre qqch par des indiscrétions.*

**indiscriminé, ée** *a* Qui ne fait pas de discriminations, de distinctions. *Un attentat sanglant et indiscriminé.*

**indiscutable** *a* Qui n'est pas discutable, qui s'impose par son évidence. *Preuve indiscutable.* DER **indiscutablement** *av*

**indiscuté, ée** *a* Qui n'est discuté par personne. *Une compétence indiscutée.*

**indispensable** *a, nm* Absolument nécessaire, dont on ne peut se passer. *Objets indispensables. N'emporter avec soi que l'indispensable.*

**indisponible** *a* Qui n'est pas disponible. *Matériel indisponible. Personne indisponible.* DER **indisponibilité** *nf*

**indisposé, ée** *a* **A** Légèrement malade, incommodé. **B** *af* Se dit d'une femme qui a ses règles. DER **indisposition** *nf*

**indisposer** *vt* 1 **1** Mettre dans une disposition défavorable, fâcher. *Votre attitude l'a indisposé.* **2** Rendre légèrement malade, incommoder.

**indissociable** *a* Dont les éléments ne peuvent être dissociés. *Ces trois problèmes sont indissociables.* DER **indissociablement** *av*

**indissoluble** *a* didac Qui ne peut être dissous, délié ; dont on ne saurait se dégager. *Considérer le mariage comme indissoluble.* DER **indissolubilité** *nf* – **indissolublement** *av*

**indistinct, incte** *a* Qui n'est pas bien distinct ; imprécis. *Bruits indistincts.*

**indistinctement** *av* **1** De manière indistincte. *Parler indistinctement.* **2** Sans faire de distinction. *Tirer indistinctement sur la population.*

**indium** *nm* CHIM **1** Élément métallique de numéro atomique Z = 49 et de masse atomique 114,8 (symbole In). **2** Métal blanc, qui fond à 155 °C, utilisé dans les alliages. PHO [indjɔm]

**individu** *nm* SC NAT, BIOL **1** Tout être organisé, animal ou végétal, qui fait partie d'une espèce. *Le genre, l'espèce, l'individu.* **2** Être humain considéré isolément par rapport à la collectivité. *L'individu et la société.* **3** péjor Personne quelconque que l'on ne peut nommer ou que l'on méprise. *Qu'est-ce que c'est que cet individu ? Un sinistre individu.* ETY Du lat. *individuus*, « indivisible ».

**individualiser** *vt* 1 **1** Distinguer en fonction des caractères individuels. ANT généraliser. **2** Adapter aux caractères individuels ; personnaliser. DER **individualisation** *nf*

**individualisme** *nm* **1** Théorie, conception qui voit dans l'individu la réalité, la valeur la plus élevée. **2** Égoïsme, manque de discipline sociale ou d'esprit de solidarité. DER **individualiste** *a, n*

**individualité** *nf* **1** PHILO Ce qui caractérise un être en tant qu'individu. *L'homme considéré dans son individualité.* **2** Originalité propre d'une personne, d'une chose. *Sa poésie est d'une grande individualité.* **3** Personne qui fait preuve de beaucoup de caractère. *C'est une forte individualité !*

**individuation** *nf* PHILO Ensemble des qualités particulières constituant l'individu. **LOC** ***Principe d'individuation*** : ce qui donne à un être une existence concrète et individuelle, chez Leibniz.

**individuel, elle** *a* **1** De l'individu. *Liberté individuelle.* **2** Propre à un individu, qui ne concerne qu'un individu. *Dérogation individuelle.* DER **individuellement** *av*

**indivis, ise** *a* DR **1** Possédé à la fois par plusieurs personnes sans être divisé matériellement. *Succession indivise.* **2** Qui possède un bien en commun. *Propriétaires indivis.* **LOC** ***Par indivis*** : sans être divisé, en commun. PHO [ẽdivi, iz] DER **indivisément** *av*

**indivisaire** *n* DR Propriétaire par indivis.

**indivisible** *a* Qui ne peut être divisé. DER **indivisibilité** *nf* – **indivisiblement** *av*

**indivision** *nf* DR État de ce qui est indivis ; situation de personnes indivises.

**indo-** Préfixe, du lat. *Indus*, « de l'Inde ».

**indo-aryen, enne** *a* LING Se dit des langues indo-européennes parlées en Inde, telles que l'hindi, le bengali, le mahratte, etc.

**Indochine** grande péninsule du S.-E. du continent asiatique, entre l'Inde et la Chine (2 074 041 km$^2$). Baignée par le golfe du Bengale et la mer d'Andaman à l'O., la mer de Chine méridionale à l'E. et séparée de Sumatra par le détroit de Malacca, elle comprend la Birmanie, la Thaïlande, le Laos, le Viêt-nam, le Cambodge et la partie continentale de la Malaisie. DER **indochinois, oise** *a, n*

**Indochine française** nom donné après 1888 aux pays d'Indochine colonisés par la France : Annam, Cochinchine et Tonkin (qui forment auj. le Viêt-nam), Cambodge, Laos et le territ. chinois de Guangzhouwan (cédé à bail pour 99 ans par la Chine). La colonisation, entreprise sous le Second Empire (Cochinchine orientale, 1862 ; Cambodge, 1863 ; Cochinchine occidentale, 1867), fut poursuivie sous la III^e République (conquête de l'Annam et du Tonkin, 1883-1884). En 1887 était réalisée l'*Union générale indochinoise*, à laquelle furent adjoints le Laos (1893) et Guangzhouwan (1900). Ces territoires étaient des protectorats (mais la Cochinchine était une colonie). En 1943, Guangzhouwan redevint chinois. Après un long et violent conflit avec les forces du Viêt-minh, dit *guerre d'Indochine* (1946-1954), la France abandonna ces territoires. En 1953, elle reconnut l'indépendance du Cambodge et du Laos, et, au terme de la conférence de Genève

INDONÉSIE, BRUNEI, MALAISIE ET TIMOR ORIENTAL
Population des villes :
plus de 5 000 000 d'hab.
de 1 000 000 à 5 000 000 d'hab.
de 100 000 à 1 000 000 d'hab.
de 50 000 à 100 000 hab.
autre ville
limite d'État
route principale
voie ferrée
port important
aéroport important
site du "patrimoine mondial" UNESCO
marécages
DJAKARTA capitale d'État
0 200 500 1 000 2 000 m
200 km
BIRMANIE
THAÏLANDE
LAOS
CAMBODGE
VIÊT-NAM
PHILIPPINES
PALAU
AUSTRALIE
MER D'ANDAMAN
Golfe de Thaïlande
MER DE CHINE MÉRIDIONALE
MER DE SULU
MER DES CÉLÈBES
MER DES MOLUQUES
MER DE BANDA
MER DE JAVA
MER DE FLORES
MER DE SAVU
MER DE TIMOR
MER D'ARAFURA
OCÉAN PACIFIQUE
OCÉAN INDIEN
MALAISIE
BRUNEI
SINGAPOUR
INDONÉSIE
TIMOR ORIENTAL
Sumatra
Java
Bornéo
Kalimantan
Sarawak
Sabah
Célèbes (Sulawesi)
Îles Moluques
Petites Îles de la Sonde
Irian Jaya (Nouvelle-Guinée)
KUALA LUMPUR
BANDAR SERI BEGAWAN
DJAKARTA
DILI
Banda Aceh
Aceh
Leuser 3 381
Medan
Pematang Siantar
Lac Toba
George Town
Kota Baharu
Kuala Terengganu
Ipoh
Tahan 2 190
Chukai
Mersing
Anson
Kelang
Johore Bahru
Détroit de Malacca
Dumai
Pakanbaru
Padang
Kerinci 3 801
Telanaipura
Palembang
Baturaja
Tanjung Karang
Nias
Natal
Archipel Mentawai
Archipel Lingga
Anambas
Natuna
Bangka
Belitung
Détroit de Karimata
Pontianak
Ketapang
Liku
Kuching
Simanggang
Sibu
Bintulu
Parc national du Gunung Mulu
Kota Kinabalu
Kudat
Détroit de Balabac
Parc national du Kinabalu
Kinabalu 4 101
Sandakan
Tawau
Weston
Sangkulirang
Samarinda
Balikpapan
Raja 2 278
Palangka Raya
Kumai
Sampit
Banjarmassin
Mahakam
Kapuas
Rajang
Buarito
Mendawai
Détroit de Makassar
Mamuju
Palu
Golfe de Tomini
Luwuk
Gorontalo
Manado
Tondano
Palopo
Rantekombola 3 455
Watampone
Ujungpandang (Makassar)
Kendari
Butung
Baubau
Kabia
Talaud
Sangihe
Morotai
Halmahera
Waigeo
Misool
Sorong
Obi
Sula
Buru
Céram
Binaija 3 055
Amboine (Ambon)
Manokwari
Kwoka 3 000
Archipel Shouten
Sarmi
Jayapura
Mamberamo
Pic Jaya 5 030
Pic Mandala 4 702
Kaimana
Parc national de Lorentz
Digul
Merauke
Archipel Aru
Archipel Kai
Archipel Tanimbar
Archipel Damar
Babar
Leti
Wetar
Alor
Baucau
Timor
2 920
Kupang
Roti
Sawu
Sumba
Flores
2 365
Pante Makassar
Parc national de Komodo
Sumbawa
Lombok
Agung 3 142
Bali
Denpasar
Malang
Surabaya
Madura
Kangean
Rembang
Madiun
Sangiran
Surakarta
Jogjakarta
Prambanan
Borobudur
Semarang
Pekalongan
Cirebon
Bandung
Bogor
Ujung Kulon
Krakatoa
Détroit de la Sonde
Îles Christmas (Australie)
Îles Cocos (Australie)
Hat Yai
équateur
10°
0°
100°
110°
130°
140°

(26 avr.-21 juil. 1954), celle du Viêt-nam, divisé en deux États. (DER) **indochinois, oise** *a, n*

**indocile** *a* Qui n'est pas docile, qui refuse d'obéir. *Enfant indocile.* (DER) **indocilité** *nf*

**indo-européen, enne** *nm, a* **A** *nm* LING Langue reconstituée par la linguistique comparée, qui serait à l'origine de nombreuses langues européennes et asiatiques. **B** *a* Se dit des langues issues de l'indo-européen. *Le sanskrit, le grec, le latin, les langues slaves sont des langues indo-européennes.*

ENC L'indo-européen est le groupe de langues le mieux étudié. Son territoire s'étend de l'Oural aux Açores et de l'Islande à l'Inde. Depuis quelques siècles, ces langues ont pénétré aussi en Amérique, en Afrique et en Océanie. Des langues anciennes comme le hittite, le sanskrit, l'iranien, le grec ancien, le latin, appartiennent à la famille indo-européenne. Parmi les langues parlées actuellement, on distingue deux domaines. I. Le domaine indo-iranien est scindé en deux. 1. La branche iranienne comprend le persan (Iran), le béloutche (Iran, Pākistān), le pachtou ou afghan (Afghānistān) et le kurde (Iran, Irak, Turquie). 2. La branche indienne (Pākistān, Inde, Sri Lanka, Népal) se caractérise par une grande variété de langues (env. 22) et de dialectes. L'hindi en est un représentant typique. II. Le domaine européen est scindé en quatre. A. La branche slave occupe l'est de l'Europe, du golfe de Poméranie à Trieste, à l'exception de deux enclaves (roumain et hongrois). Le russe en est le princ. représentant, suivi du bulgare, du polonais, du tchèque, du slovaque, du serbo-croate, du slovène, du macédonien, etc. B. La branche balte ne comprend que le letton et le lituanien. C. La branche italique-celtique se divise en deux. 1. Le groupe italique, qui comprend toutes les langues romanes (issues du latin) : italien, français, espagnol, portugais, roumain, catalan, etc. 2. Le groupe celtique : breton, gallois et gaélique (Irlande, Écosse). D. La branche germanique qui occupe le nord-ouest de l'Europe : allemand, anglais, néerlandais, langues scandinaves. Trois langues : le grec, l'arménien et l'albanais, ne peuvent être rattachées à un groupe plus important.

**Indo-Gangétique (plaine)** ensemble formé par les plaines de l'Indus et du Gange, au Pākistan et en Inde entre l'Himalaya et le Dekkan.

**indol** *nm* CHIM Composé de formule $C_8H_7N$, que l'on trouve dans les essences de jasmin et de fleur d'oranger. (VAR) **indole**

**indolent, ente** *a* Mou, apathique. *Un élève indolent.* (ETY) Du lat. (DER) **indolemment** *av* – **indolence** *nf*

**indolore** *a* Qui n'est pas douloureux.

**indomptable** *a* **1** Qu'on ne peut pas dompter. **2** *fig* Qu'on ne peut pas contenir, abattre. *Courage indomptable.* (PHO) [ɛ̃dɔ̃tabl]

**indompté, ée** *a* Qui n'a pas été dompté.

**Indonésie (république d')** (*Republik Indonesia*) État d'Asie du Sud-Est constitué par un archipel de plus de 3 000 îles qui s'étire d'O. en E., sur plus de 5 000 km, entre l'océan Indien et l'océan Pacifique. Les îles les plus import. sont : Sumatra, Java, Bornéo (dont l'Indonésie possède la majeure partie : Kalimantan), les Célèbes (ou Sulawesi), les Moluques, l'Irian Jaya (ouest de la Nouvelle-Guinée) ; au total, 1 919 270 km² ; 251,5 millions d'hab. ; accroissement naturel : 1,4 % par an ; cap. *Djakarta.* Nature de l'État : rép. de type présidentiel. Langue off. : indonésien (forgé à partir du malais). Monnaie : roupie indonésienne. Pop. : malaise en grande majorité. Relig. : islam (88 %), christianisme (9 %), bouddhisme, hindouisme. (DER) **indonésien, enne** *a, n*

**Géographie** On distingue deux ensembles : Bornéo et les îles proches sont faiblement immergées (50 à 75 m) ; Célèbes et les îles de la Sonde (Sumatra, Java, Bali, Lombok, Sumbawa, Flores, Timor, Céram) correspondent aux sommets d'une chaîne qui, bordée au S. par de profondes fosses marines (fosse de Java), constitue la plus importante guirlande volcanique du monde (120 des 500 volcans sont en activité). Le climat équatorial, chaud et pluvieux, entretient une forêt dense, mais le défrichement est de plus en plus important.

**La population** La répartition de la pop. est très inégale. Java groupe 55 % des hab. sur 7 % du territoire ; ses zones rizicoles ont les densités rurales les plus fortes du monde ; à l'opposé, l'Irian Jaya groupe moins de 1 % des hab. sur 22 % du territoire. La composition ethnique est très variée : Proto-Malais, Malais, Mélanésiens (Papous d'Irian Jaya), Négritos de Célèbes, etc., et 4 millions de Chinois. L'Indonésie est le plus vaste État musulman du monde. L'essor urbain est réel : 50 % de la pop. (contre 30 % en 2000).

**L'économie** Jusqu'en 1997, l'Indonésie a fait figure de « nouveau dragon » dans la zone Pacifique : forte croissance, réduction des déséquilibres extérieurs, succès de l'ouverture à l'étranger. L'agriculture emploie encore plus de 50 % des actifs. Le riz a bénéficié des progrès de la révolution verte (deux à trois récoltes par an) : surpeuplée, Java couvre ses besoins. Les cultures de plantation sont nombreuses : hévéa, café, thé, canne à sucre, tabac, coprah, arachide, huiles essentielles, épices. L'Indonésie est le prem. exportateur de bois tropicaux du monde. Le pétrole, le gaz naturel (à Sumatra, dans la mer de Java et au sud-est de Bornéo) et l'exploitation minière assurent des recettes. À partir de 1988, le développement industriel a bénéficié de la privatisation partielle et de l'ouverture aux capitaux étrangers (japonais et américains surtout) qu'attirait une main-d'œuvre peu coûteuse. En 1997, la tempête boursière qui a soufflé sur l'Asie du Sud-Est a abattu l'écon. indonésienne plus qu'aucune autre. La croissance est revenue dès 1999, mais dans cet intervalle la dette a été multipliée par 2,5. C'est l'une des plus fortes dettes du monde. En 2000-2001, l'inflation a été maîtrisée.

**Histoire** LES ORIGINES Le peuplement de l'Indonésie a été précoce (pithécanthrope du N.-E. de Sumatra : 500 000 ans av. J.-C.). Les Malais qui pratiquaient la culture sur brûlis (*ladang*) ont repoussé dans les montagnes les groupes négroïdes au néolithique (début du IIe millénaire av. J.-C.). Ensuite vinrent des Malais qui maîtrisaient les techniques de la rizière irriguée, du fer et de la navigation. Par la suite, les migrations ont été faibles numériquement, mais importantes culturellement : les Chinois ont noué des liens comm. ; l'hindouisme et le bouddhisme vinrent de l'Inde. Des princes chassés du S. de l'Inde par les conquêtes des Gupta fondèrent à Java et à Sumatra des royaumes ; celui de Shrivijaya (VIIe-XIVe s.), à son apogée, s'étendait jusqu'au Cambodge, à Ceylan et aux Philippines. Au XIVe s., l'empire de Madjapahit réunit l'Indonésie et la péninsule malaise, à une époque où l'islam pénétrait le nord de Sumatra. Les principautés qui s'insurgèrent contre le Madjapahit marquèrent, par leur victoire, le triomphe de l'islam en Indonésie (1520).

LA COLONISATION. Au début du XVIe s., des Portugais, puis des Hollandais rencontrèrent des princes locaux. De la fin du XVIe s. jusqu'en 1940, les Néerlandais colonisèrent l'Indonésie qui expédia en métropole épices, café, thé, sucre, hévéa, coton, tabac, prod. miniers. Cette exploitation asservit les populations rurales. À partir de 1877, une relative autonomie fut accordée, en même temps que naissaient des mouvements nationalistes et révolutionnaires (Union sociale indonésienne, Parti communiste indonésien, Parti national indonésien de Sukarno). Après l'occupation japonaise (de 1942 à 1945), Sukarno proclama l'indépendance indonésienne (17 août 1945), et les Néerlandais intervinrent militairement, provoquant une guérilla. En 1949, la conférence de La Haye reconnut la création des États-Unis d'Indonésie.

SUKARNO ET SUHARTO. Le centralisme excessif de Djakarta a renforcé les revendications autonomistes, sévèrement réprimées, notam. aux Moluques (1955), à Sumatra et aux Célèbes (1958). En 1963, l'Irian fut réunie à l'Indonésie. À l'exté-

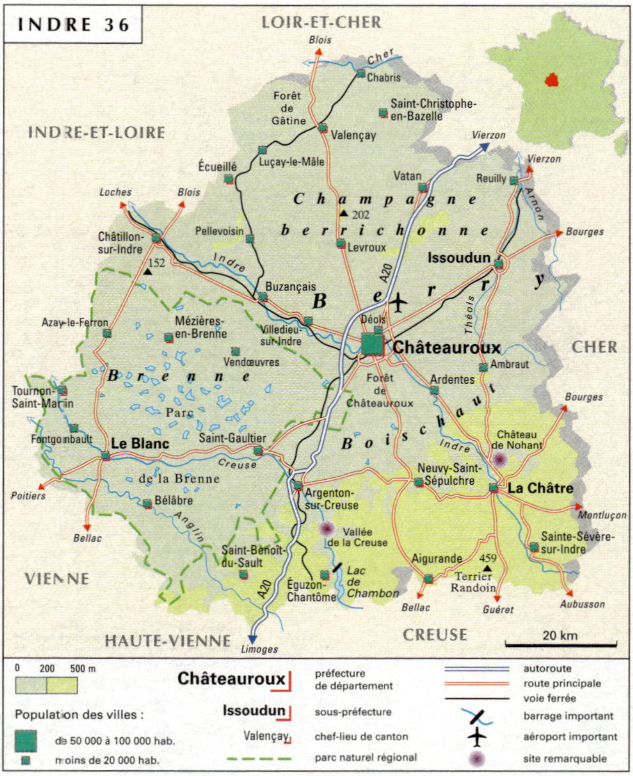

rieur, Sukarno se fit le champion du non-alignement (conférence de Bandung en 1955). En 1965, dirigée par le général Suharto, l'armée prit le pouvoir de façon sanglante. Élu président en 1968 et sans cesse réélu, Suharto s'est rapproché des É.-U., et il a ouvert son pays à l'écon. libérale. L'île de Timor, annexée en 1976, au prix de massacres, mène la guérilla. Sumatra connaît une agitation islamique. Les classes moyennes apparues à la suite de la forte croissance écon. revendiquent la démocratisation du régime (émeutes de Djakarta en déc. 1996).

**LA CRISE.** Fin 1997, un gigantesque incendie embrase Bornéo ; une crise financière sans précédent frappe l'écon. indonésienne. L'inflation suscite en fév. 1998 des émeutes. En mai, Suharto démissionne, mais l'agitation durera jusqu'à l'élection à la présidence, en 1999, d'Abdurrahman Wahid, personnalité populaire. Les mouvements séparatistes se sont renforcés, notam. à Ambon (dans les Moluques), à Atjeh (dans le N. de Sumatra), au Timor oriental, qui a obtenu son indépendance dans des conditions tragiques (1999-2001), au Timor occidental, en Irian-Jaya, dans les Célèbes. En outre, les inégalités sociales et l'accusation de corruption qui pèse sur de nombr. dirigeants créent un climat conflictuel. En 2001, A. Wahid est destitué par le Parlement et remplacé par la vice-présidente Megawati Sukarnoputri. En 2004, S. B. Yudhoyono, général à la retraite, remporte les premières présidentielles au suffrage universel. Il est réélu en 2009, mais est battu en 2014 par Joko Widodo du parti démocrate indonésien de lutte.

**indonésien** *nm* LING **1** Ensemble de langues de la famille austronésienne parlées en Indonésie, et qui comprend notam. le javanais. **2** Langue officielle de l'Indonésie, issue du malais.

**indoor** *a inv* SPORT Se dit d'une compétition en salle. (PHO) [indɔr] (ETY) Mot angl., « d'intérieur ».

**Indo-Pacifique** vaste région marine formée par l'océan Pacifique, l'océan Indien, la mer Rouge et le golfe Persique.

**indophénol** *nm* CHIM Nom générique de matières colorantes bleues utilisées en teinturerie.

**Indore** ville de l'Inde (Madhya Pradesh) ; 2 millions d'hab. Industr. textiles (coton).

**in-douze** *a inv, nm inv* IMPRIM Se dit du format d'impression où les feuilles sont pliées en douze feuillets (24 pages). *Livre in-douze.* (PHO) [induz]

**Indra** dieu védique de l'« Étendue illimitée du ciel » ; maître de la pluie et des saisons. Son attribut princ. est la foudre.

**Indre** riv. de France (265 km), affl. de la Loire (r. g.) ; traverse Châteauroux.

**Indre** com. de la Loire-Atlantique (arr. et aggl. de Nantes) ; 4 100 hab. À *Indret*, île faisant partie de la com., arsenal maritime.

**Indre** dép. français (36) ; 6 824 km² ; 228 100 hab. ; 33,4 hab./km² ; ch.-l. *Châteauroux* ; ch.-l. d'arr. *Le Blanc, La Châtre* et *Issoudun*. V. Centre-Val de Loire (Rég.). (DER) **indrien, enne** *a, n* ▶ illustr. p. 815

**Indre-et-Loire** dép. français (37) ; 6 126 km² ; 600 300 hab. ; 98 hab./km² ; ch.-l. *Tours* ; ch.-l. d'arr. *Chinon* et *Loches*. V. Centre-Val de Loire (Rég.).

**indri** *nm* Grand lémurien de Madagascar, à la queue très courte et au pelage brun.

**indu, ue** *a, nm* litt **A** *a* Qui est contre la règle, l'usage. **B** *nm* DR Ce qui n'est pas dû. **LOC** ***À une heure indue :*** inhabituelle.

**indubitable** *a* Dont on ne peut douter, certain. *Un succès indubitable.* (ETY) Du lat. (DER) **indubitablement** *av*

**inductance** *nf* ELECTR Coefficient qui caractérise la propriété d'un circuit de produire un flux à travers lui-même.

**inducteur, trice** *a, nm* **A** *a* **1** PHILO Qui sert de point de départ à une induction. **2** ELECTR Qui produit l'induction. *Champ inducteur.* **3** didac Qui induit, déclenche un processus. *Substance inductrice de troubles gastriques.* **B** *nm* **1** Ensemble d'électro-aimants servant à produire un champ inducteur. **2** BIOL, MED Substance qui, par sa présence, réalise une induction.

**inductif, ive** *a* **1** PHILO Relatif à l'induction. *Méthode inductive.* **2** ELECTR Se dit d'un dispositif où se produit une auto-induction. **3** MATH Se dit d'un ensemble ordonné E dans lequel toute partie P totalement ordonnée de cet ensemble admet un majorant.

**induction** *nf* **1** PHILO Raisonnement consistant à inférer une chose d'une autre, à allier des faits particuliers aux lois qui les régissent. *Raisonner par induction.* ANT déduction. **2** TECH Entraînement d'un fluide par un autre fluide. **3** BIOL Phénomène de facilitation, par une enzyme ou par un tissu, d'une réaction biochimique. **4** MED Déclenchement d'un phénomène physiologique ou pathologique. *L'induction d'une maladie.* **LOC** ELECTR ***Induction électrique*** ou ***électrostatique :*** syn. de *influence électrique.* — ***Induction électromagnétique :*** caractérisée par la production d'une force électromotrice sous l'effet d'une variation de flux magnétique dans un circuit. — ***Induction embryonnaire :*** action d'un tissu sur un groupe cellulaire, provoquant la différenciation de celui-ci en un autre tissu. — ***Table de cuisson à induction :*** dont le champ magnétique permet de chauffer un récipient sans flamme ni surface brûlante. (ETY) Du lat. *inductio,* « action d'amener ».

**induire** *vt* (69) **1** didac Entraîner, causer, provoquer. *Le dopage induit une inégalité entre les participants.* **2** PHILO Trouver par induction. **3** ELECTR Produire une induction. **4** BIOCHIM Réaliser une induction. *Induire un processus expérimental.* **LOC** ***Induire en erreur :*** tromper. (ETY) Du lat.

**induit, ite** *a, nm* **A** *a* **1** Qui découle automatiquement de qqch. *Les effets induits d'une mesure économique.* **2** ELECTR Qualifie les effets d'un phénomène d'induction, ou un dispositif où se produit une induction. **B** *nm* ELECTR Partie d'une machine électrique où l'on produit une force électromotrice par induction électromagnétique.

**indulgence** *nf* **1** Facilité à excuser, à pardonner. *Traiter qqn avec indulgence.* **2** RELIG CATHOL Remise partielle ou totale de la peine attachée au péché. *Indulgence plénière, indulgence partielle.*

**Indulgences (querelle des)** conflit qui, au début du XVI^e^ s., opposa en Allemagne le dominicain Johannes Tetzel et Martin Luther au sujet de la promulgation par Léon X d'un système d'aumônes (destinées à la construction de St-Pierre de Rome), lesquelles donnaient droit à une indulgence. Ce commerce fut donc à l'origine de la Réforme ; le concile de Trente (1563) l'abolit.

**indulgencier** *vt* (2) RELIG CATHOL Attacher une indulgence à une action, un objet de piété.

**indulgent, ente** *a* **1** Qui pardonne aisément. **2** Qui marque de la bienveillance. (ETY) Du lat.

**Indulgents (les)** sous la Convention montagnarde (1793-1794), sobriquet donné par les partisans de Robespierre à ceux qui voulaient abolir la Terreur (Danton, notam.).

**induline** *nf* CHIM Matière colorante bleue appelée industriellement bleu Coupier. (ETY) De indigo.

**indult** *nm* **1** RELIG CATHOL Dérogation, prérogative accordée par le pape. **2** HIST En Espagne, droit levé par l'État sur les marchandises arrivant d'Amérique. PHO [ɛdylt] ETY Du lat. *indulgere*, « être indulgent, permettre ».

**indûment** *av* À tort. DER **indument**

**Indurain Miguel** (Villava, Navarre, 1964), coureur cycliste espagnol, 5 fois vainqueur du Tour de France de 1991 à 1995.

**indurer** *vt* ① MED Durcir. LOC ***Chancre induré*** : devenu dur et épais. ETY Du lat. DER **induration** *nf*

**Indus** (anc. *Sind*), fl. né dans le plateau tibétain, sur le versant N. de l'Himalaya (3 180 km). Il traverse le Cachemire puis le Pākistān, où il draine le Pendjab (le « Pays des cinq rivières », les affl. de l'Indus) et la région désertique du Sind, avant de se jeter par un vaste delta dans la mer d'Oman, à Karāchi. Ses rives furent le berceau d'une civilisation antérieure à la civilisation aryenne (2500-1500 av. J.-C.). DER **indusien, enne** *a*

civilisation de l'**Indus** : buste en stéatite, prov. de Mohenjo-Dāro, vers 2400-2000 av. J.-C. – Musée national, Karāchi

**industrialiser** *vt* ① **1** Appliquer les méthodes industrielles à. *Industrialiser l'agriculture.* **2** Implanter des industries dans. *Industrialiser une région.* DER **industrialisation** *nf*

**industrialisme** *nm* Système qui attribue à l'industrie une importance sociale prépondérante. DER **industrialiste** *a, n*

**industrie** *nf* **1** vx Art, métier. *Exercer son industrie.* **2** Ensemble des entreprises ayant pour objet la transformation des matières premières et l'exploitation des sources d'énergie. *Industries alimentaires. Industrie de production.* LOC ***Industrie du spectacle*** : ensemble des activités commerciales concourant à la production de représentations artistiques. SYN (déconseillé) show-business. ETY Du lat. *industria*, « activité ».

**industriel, elle** *a, n* **A** *a* **1** En rapport avec l'industrie. **2** Qui provient de l'industrie. *Produits industriels.* **B** *n* Personne qui possède une entreprise industrielle. *Un gros industriel du Nord.* LOC fam ***(En) quantité industrielle*** : (en) grande quantité. — ***Société, civilisation industrielle*** : fondée sur la transformation de matières premières en biens de consommation. DER **industriellement** *av*

**industrieux, euse** *a* litt Ingénieux, efficace. *L'abeille est industrieuse.*

**Indy Vincent d'** (Paris, 1851 – id., 1931), compositeur français néo-classique. Il enseigna de 1896 à sa mort à la Schola cantorum. Auteur d'opéras (*Fervaal* 1889-1893), de variations symphoniques, de quatuors.

**-ine** Suffixe servant à désigner des substances isolées ou obtenues synthétiquement.

**inébranlable** *a* **1** litt Qui ne peut être ébranlé. **2** fig Qui ne se laisse pas abattre, constant. *Courage inébranlable.* **3** fig Que l'on ne peut changer, ferme. *Sa résolution est inébranlable.* DER **inébranlablement** *av*

**inéchangeable** *a* Que l'on ne peut échanger.

**inécoutable** *a* Qui ne peut être écouté en raison de sa mauvaise qualité.

**INED** *Institut national d'études démographiques*, établissement public créé en 1945.

**inédit, ite** *a, nm* **1** Qui n'a pas été publié, édité. **2** Qui n'a pas encore été vu, nouveau. *Spectacle inédit. Voilà de l'inédit.* ETY Du lat.

**inéducable** *a* Que l'on ne peut éduquer.

**ineffable** *a* Qui ne peut être exprimé par la parole, indicible en parlant de choses agréables. *Joie ineffable.* ETY Du lat. *effari*, « formuler ». DER **ineffablement** *av*

**ineffaçable** *a* Qui ne peut être effacé. DER **ineffaçablement** *av*

**inefficace** *a* Qui n'est pas efficace, ne produit pas l'effet attendu. *Remède inefficace.* DER **inefficacement** *av* – **inefficacité** *nf*

**inefficient, ente** *a* Sans effet, sans résultat. *Des mesures inefficientes.*

**inégal, ale** *a* **1** Qui n'est pas égal. *Des chances inégales.* **2** Se dit d'une surface qui n'est pas unie. *Chemin inégal.* **3** Qui n'est pas régulier. *Mouvement inégal.* **4** Changeant. *Humeur inégale.* **5** Qui est tour à tour bon et mauvais. *Style inégal. Artiste inégal.* PLUR inégaux. DER **inégalement** *av*

**inégalable** *a* Qui ne peut pas être égalé.

**inégalé, ée** *a* Qui n'a pas été égalé.

**inégalitaire** *a* Qui n'est pas égalitaire.

**inégalité** *nf* **1** Défaut d'égalité. *Les inégalités sociales.* **2** MATH Expression qui traduit que deux quantités ne sont pas égales. *L'inégalité est exprimée par les signes : ≠ différent de, > strictement supérieur à, < strictement inférieur à.* **3** Irrégularité. *Les inégalités d'un terrain.* **4** litt Changement, caprice. *Inégalités d'humeur.*

**inélastique** *a* Sans élasticité.

**inélégant, ante** *a* **1** Qui n'est pas élégant ; mal habillé. **2** Sans distinction, sans grâce. *Une façon de se tenir inélégante.* **3** Inconvenant, grossier. DER **inélégamment** *av* – **inélégance** *nf*

**inéligible** *a* Qui ne peut être élu. DER **inéligibilité** *nf*

**inéluctable** *a* Se dit de ce contre quoi on ne peut lutter ; inévitable. *Conséquence inéluctable.* ETY Du lat. *eluctari*, « sortir en luttant ». DER **inéluctabilité** *nf* – **inéluctablement** *av*

**inemploi** *nm* Syn. euphémique de *chômage*.

**inemployable** *a* Que l'on ne peut employer.

**inemployé, ée** *a* Que l'on n'utilise pas, que l'on n'emploie pas. *Capacités inemployées.*

**inénarrable** *a* **1** Qui ne peut être raconté. **2** Extraordinairement cocasse. *Des mimiques inénarrables.* ETY Du lat.

**inentamable** *a* Que rien ne peut entamer, ébranler.

**inentamé, ée** *a* Qui n'a pas été entamé.

**inenvisageable** *a* Qui ne peut être envisagé.

**inéprouvé, ée** *a* Qui n'a pas été éprouvé, ressenti.

**inepte** *a* Stupide. *Raisonnement inepte.* ETY Du lat. *ineptus*, « qui n'est pas approprié ».

**ineptie** *nf* **1** Sottise, stupidité. *Des propos d'une ineptie totale.* **2** Action, parole inepte. *Dire des inepties.* PHO [inɛpsi]

**inépuisable** *a* Que l'on ne peut épuiser. *Source inépuisable. Patience inépuisable.* DER **inépuisablement** *av*

**inépuisé, ée** *a* Non épuisé.

**inéquation** *nf* MATH Inégalité contenant des variables et qui n'est généralement satisfaite que pour certaines valeurs de ces variables.

**inéquitable** *a* Qui manque d'équité.

**inéquité** *nf* Syn. euphémique de *injustice*.

**inerme** *a* **1** BOT Qui n'a ni aiguillons ni épines. **2** ZOOL Qui n'a pas de crochet. *Ténia inerme.* ETY Du lat. *inermis*, « sans défense ».

**inertage** *nm* **1** Enrobage d'un déchet toxique dans un verre ou un liant pour empêcher la contamination. **2** Injection d'un gaz inerte (azote) dans un contenant avant son remplissage. DER **inerter** *vt* ①

**inerte** *a* **1** Qui n'est pas en mouvement. *Corps inerte.* **2** CHIM Se dit d'un corps qui ne joue aucun rôle dans une réaction donnée. *L'azote de l'air est inerte dans une combustion.* **3** Qui n'est pas vivant ; inorganique. *Matière inerte et matière vivante.* **4** Qui n'agit pas. *Il assistait, inerte, à la ruine de ses espérances.* **5** Peu enclin à prendre des initiatives ; indolent. *Esprit inerte.* ETY Du lat. *iners*, « sans énergie ».

**inertie** *nf* **1** État de ce qui est inerte. *Inertie d'une masse.* **2** CHIM Caractère d'un corps inerte. **3** Absence de mouvement, d'activité, d'énergie. *Vivre dans l'inertie.* LOC ***Force d'inertie*** : force apparente qui se manifeste dans un repère non galiléen (la force centrifuge, par ex.) ; fig résistance passive consistant principalement à ne pas exécuter les ordres reçus. — PHYS ***Principe de l'inertie*** : selon lequel un système soumis à des forces de somme nulle a son centre de masse immobile ou animé d'un mouvement rectiligne uniforme. PHO [inɛʀsi]

**inertiel, elle** *a* PHYS Qui a rapport à l'inertie. LOC AERON ***Guidage inertiel*** : utilisé pour les avions, les sous-marins, etc., afin de comparer leur trajectoire réelle, calculée selon leurs accélérations, à leur trajectoire idéale, et de corriger les erreurs de position.

**INES (échelle)** *nf* Échelle internationale de mesure de la gravité d'un accident nucléaire. ETY Sigle de *international nuclear event scale*.

**Inès de Castro** (?, v. 1320 – Coïmbre, 1355), dame castillane, maîtresse de l'infant Pierre de Portugal. Elle l'épousa en secret, et son beau-père, Alphonse IV, la fit assassiner. La légende prétend que, devenu roi, son mari fit couronner sa dépouille mortelle. ▷ LITTER Elle a inspiré le Portugais António Ferreira (1528 – 1569), les Français Houdar de La Motte et Montherlant (*la Reine morte*, 1942).

**inespéré, ée** *a* Que l'on n'espérait pas, que l'on n'osait espérer. *Un succès inespéré.*

**inessentiel, elle** *a* Peu important, secondaire.

**inesthétique** *a* Peu esthétique, laid.

**inestimable** *a* **1** Dont la valeur est au-delà de toute estimation. *Une œuvre de Rembrandt inestimable.* **2** fig Qu'on ne peut assez estimer, très précieux. *La santé est un bien inestimable.*

**inétendu, ue** *a* MATH Dont l'aire est nulle. *Le point géométrique est inétendu.*

**inévitable** *a* Que l'on ne peut éviter. DER **inévitablement** *av*

**inexact, acte** *a* **1** Qui manque de ponctualité. *Il était inexact à notre rendez-vous.* **2** Qui contient des erreurs. *Calcul inexact.* DER **inexactement** *av* – **inexactitude** *nf*

**inexaucé, ée** *a* litt Qui n'a pas été exaucé.

**inexcitable** *a* didac Qui ne peut recevoir d'excitation. [DER] **inexcitabilité** *nf*

**inexcusable** *a* Qui ne peut être excusé.

**inexécutable** *a* Qui ne peut être exécuté.

**inexécution** *nf* didac Absence d'exécution.

**inexercé, ée** *a* litt Qui n'est pas exercé, formé. *Une main inexercée.*

**inexigible** *a* DR Que l'on ne peut exiger. [DER] **inexigibilité** *nf*

**inexistant, ante** *a* **1** Qui n'existe pas. **2** fam Qui n'a aucune valeur, nul. *Argument inexistant.* **3** Effacé, que l'on ne remarque pas. *Un petit bonhomme inexistant.*

**inexistence** *nf* **1** DR Défaut d'existence. *Inexistence d'un testament.* **2** Caractère de ce qui est peu significatif, peu remarquable.

**inexorable** *a* **1** Qu'on ne peut fléchir par des prières. *Se montrer inexorable.* **2** Extrêmement rigoureux. *Loi inexorable.* **3** Implacable. *Destin inexorable.* [DER] **inexorablement** *av* – **inexorabilité** *nf*

**inexpérience** *nf* Manque d'expérience.

**inexpérimenté, ée** *a* Qui n'a pas d'expérience. *Photographe inexpérimenté.*

**inexpert, erte** *a* Qui manque d'expérience. *Je suis tout à fait inexpert dans ce domaine.*

**inexpiable** *a* **1** Qui ne peut être expié. *Crime inexpiable.* **2** Qui ne peut être apaisé. *Haine inexpiable.*

**inexplicable** *a* Qui ne peut être expliqué ; incompréhensible. *Conduite inexplicable.* [DER] **inexplicablement** *av*

**inexpliqué, ée** *a* Qui n'a pas été expliqué. *Un phénomène inexpliqué.*

**inexploitable** *a* Qu'on ne peut exploiter.

**inexploité, ée** *a* Qui n'est pas exploité.

**inexplorable** *a* Qu'on ne peut explorer.

**inexploré, ée** *a* Qui n'a pas été exploré.

**inexplosible** *a* Qui ne peut exploser.

**inexportable** *a* Qu'on ne peut exporter. *Un trésor national inexportable.*

**inexpressif, ive** *a* Qui manque d'expression. *Visage inexpressif.*

**inexprimable** *a* Que l'on ne peut exprimer.

**inexprimé, ée** *a* Qui n'est pas exprimé.

**inexpugnable** *a* litt Qu'on ne peut prendre d'assaut.

**inexpulsable** *a* DR Se dit d'un étranger qui ne peut être expulsé. [DER] **inexpulsabilité** *nf*

**inextensible** *a* Qui n'est pas extensible. [DER] **inextensibilité** *nf*

**in extenso** *a, av* Complètement, intégral, en parlant d'un texte. *Publication in extenso d'un discours.* [PHO] [inɛkstɛ̃so] [ETY] Mots lat.

**inextinguible** *a* **1** Qu'on ne peut éteindre. *Feu inextinguible.* **2** fig Qu'on ne peut apaiser, arrêter. *Soif, rire inextinguible.* [ETY] Du lat.

**inextirpable** *a* Qu'on ne peut extirper.

**in extremis** *av* **1** DR Aux derniers moments de la vie ; à l'article de la mort. *Mariage in extremis.* **2** Au dernier moment, à la dernière minute. *J'ai pu prendre mon train in extremis.* [PHO] [inɛkstʀemis] [ETY] Mots lat. [VAR] **in extrémis**

**inextricable** *a* Que l'on ne peut démêler, très embrouillé. *Situation inextricable.* [DER] **inextricablement** *av* – **inextricabilité** *nf*

**infaillibilité** *nf* **1** Caractère de ce qui est certain. **2** Caractère d'une personne qui ne peut se tromper. **LOC** RELIG CATHOL ***Dogme de l'infaillibilité pontificale*** : proclamé en 1870, selon lequel le pape ne peut se tromper quand il tranche *ex cathedra* une question de foi ou de mœurs.

**infaillible** *a* **1** Qui ne peut se tromper. *Nul n'est infaillible.* **2** Certain, assuré. *Remède infaillible.* [DER] **infailliblement** *av*

**infaisable** *a* Qui ne peut être fait. *Cette ascension passe pour infaisable.* [PHO] [ɛ̃fəzabl]

**infalsifiable** *a* Qui ne peut être falsifié.

**infamant, ante** *a* Déshonorant. *Accusation infamante.*

**infâme** *a* **1** Avilissant, honteux. *Action infâme.* **2** Répugnant. *Taudis infâme.* **3** Abominable. *Infâme individu.* [ETY] Du lat. *infamis,* « sans renommée ».

**infamie** *nf* **1** vx DR ROM Flétrissure publique de l'honneur. **2** litt Caractère d'une personne infâme. **3** Action, parole infâme, vile.

**infant, ante** *n* Titre des enfants puînés des rois d'Espagne et du Portugal. [ETY] De l'esp.

**infanterie** *nf* **1** anc Ensemble des fantassins, des troupes combattant habituellement à pied. **2** mod Ensemble des troupes chargées de la défense, de la conquête et de l'occupation du terrain. *Infanterie de marine.* [ETY] De l'ital.

**infanticide** *a, n* **A** Qui commet, qui a commis un meurtre d'enfant. **B** *nm* Meurtre d'un enfant, spécial. d'un enfant nouveau-né.

**infantile** *a* **1** Des enfants en bas âge. *Mortalité infantile.* **2** MED Qui souffre d'infantilisme, en parlant d'un adulte. **3** péjor Puéril. *Caprice infantile.* [ETY] Du lat.

**infantiliser** *vt* [1] didac Donner une mentalité d'enfant, rendre infantile. *Le manque de responsabilité infantilise.* [DER] **infantilisant, ante** *a* – **infantilisation** *nf*

**infantilisme** *nm* **1** MED Persistance anormale de caractères infantiles chez l'adulte, sur les plans somatique et psychologique. **2** Conduite puérile, infantile.

**infarci, ie** *a* MED Atteint d'infarctus en parlant d'un tissu, d'un organe.

**infarctus** *nm* MED Atteinte d'un territoire vasculaire oblitéré par une thrombose. **LOC** ***Infarctus du myocarde*** : entraînant la nécrose de la paroi musculaire du cœur. [PHO] [ɛ̃faʀktys] [ETY] Du lat. *inferire,* « farcir ».

[ENC] L'infarctus peut siéger au niveau de tous les organes (cœur, foie, rein, rate, poumon, intestin). Les plus fréquents sont l'infarctus du myocarde et l'infarctus pulmonaire. L'*infarctus du myocarde* est provoqué, dans la majorité des cas, par l'oblitération soudaine d'une artère coronaire, avec secondairement la formation d'un caillot (thrombose). Il survient plus souvent chez l'homme que chez la femme. Il est rare avant 40 ans. Il se manifeste par une douleur atroce, constrictive, de longue durée, irradiant dans les mâchoires, le dos et les deux bras. Il s'accompagne de signes de choc (V. choc). Le traitement doit être institué d'urgence. L'*infarctus pulmonaire* a le plus souvent pour origine une embolie consécutive à une intervention chirurgicale, une fracture, une phlébite ou encore une cardiopathie.

**infatigable** *a* Que rien ne fatigue. *Esprit, zèle infatigable.* [DER] **infatigablement** *av*

**infatuer (s')** *vpr* [1] litt Avoir un sentiment de satisfaction de soi démesuré. *Un personnage arrogant et infatué.* [ETY] Du lat. *fatuus,* « sot ». [DER] **infatuation** *nf*

**inféc ond, onde** *a* **1** Qui n'est pas fécond ; stérile. *Terre inféconde.* **2** Qui n'a pas eu d'enfant. *Couple infécond.* [DER] **infécondité** *nf*

**infect, ecte** *a* **1** Qui répand une odeur repoussante. *Haleine infecte.* **2** Très mauvais. *Vin infect.* **3** Très sale. *Un recoin infect.* **4** fam Qui suscite le dégoût, répugnant. *Personnage infect.* [ETY] Du lat. *inficere,* « imprégner, infecter ».

**infectant, ante** *a* MED Qui produit une infection. *Piqûre infectante de moustique.*

**infecter** *vt* [1] **1** Contaminer de germes infectieux. *Une plaie qui s'infecte.* **2** INFORM Pénétrer et se propager dans un système informatique, en parlant d'un virus. **3** vieilli Corrompre par des exhalaisons malsaines. *Cet égout infecte l'air.* [ETY] Du lat. *infectio,* « salissure ».

**infectieux, euse** *a* MED Qui se rapporte au développement localisé ou généralisé d'un germe pathogène dans l'organisme. [PHO] [ɛ̃fɛksjø, øz] [DER] **infectiosité** ou **infectivité** *nf*

**infectiologie** *nf* Étude des maladies infectieuses. [DER] **infectiologique** *a* – **infectiologue** *n*

**infection** *nf* **1** Développement localisé ou généralisé d'un germe pathogène dans l'organisme. *Foyer d'infection.* **2** vieilli Grande puanteur. **3** fam Chose répugnante, malodorante. *Enlevez ça d'ici, c'est une véritable infection.* **4** Pénétration d'un virus dans un système informatique.

**inféoder** *v* [1] **A** *vt* HIST Donner à un vassal pour être tenu en fief. *Inféoder une terre.* **B** *vpr* S'attacher par un lien étroit. *S'inféoder à un parti.* [ETY] Du lat. médiév. *feudum,* « fief ». [DER] **inféodation** *nf*

**infère** *a* BOT Se dit d'un ovaire situé audessous du plan d'insertion des autres pièces florales. ANT supère.

**inférence** *nf* LOG Raisonnement consistant à admettre une proposition du fait de sa liaison avec d'autres propositions antérieurement admises. [DER] **inférentiel, elle** *a*

**inférer** *vt* [14] didac Tirer une conséquence d'une proposition, d'un fait, etc. [ETY] Du lat. *inferre,* « être la cause de ».

**inférieur, eure** *a, n* **A** *a* **1** Placé audessous, en bas. *Mâchoire inférieure.* **2** Le plus éloigné de la source d'un fleuve. *Le cours inférieur de la Seine.* **3** ASTRO Se dit des planètes Mercure et Vénus, plus proches du Soleil que la Terre. **4** BIOL Dont l'organisation est rudimentaire. *Les cryptogames sont les végétaux inférieurs ; les poissons, les amphibiens et les reptiles sont les vertébrés inférieurs.* **5** GEOL Se dit de la partie la plus ancienne d'une période géologique. *Dévonien inférieur.* **6** MATH Plus petit que. *a inférieur ou strictement inférieur à b* ($a<b$). *a inférieur ou égal à b* ($a \leqslant b$). **B** *n* Personne qui est au-dessous d'une autre en rang, en dignité ; subordonné. [ETY] Du lat. [DER] **inférieurement** *av* – **infériorité** *nf*

**inférioriser** *vt* [1] Donner un sentiment d'infériorité à. [DER] **infériorisant, ante** *a* – **infériorisation** *nf*

**infermentescible** *a* Non susceptible de fermenter.

**infernal, ale** *a* **1** litt De l'enfer, des Enfers. *Dieux infernaux.* **2** Digne de l'enfer. *Chaleur infernale, vacarme infernal.* **3** fig Qui dénote la ruse, la méchanceté perverse. *Une infernale perfidie.* **4** fam Très turbulent. *Une gamine infernale.* PLUR infernaux. [ETY] Du lat.

**inférovarié, ée** *a* BOT Dont l'ovaire est infère. ANT supérovarié.

**infertile** *a* Stérile, infécond. *Sol infertile. Esprit infertile.* [DER] **infertilité** *nf*

**infester** *vt* [1] **1** vieilli Désoler par des actes de violence. *Les pirates infestaient les côtes.* **2** Envahir en abondance, en parlant d'animaux ou de plantes nuisibles. *Cave infestée de rats.* **3** MED Pénétrer dans l'organisme, s'agissant de parasites non microbiens. [ETY] Du lat. *infestus,* « hostile ». [DER] **infestation** *nf*

**infeutrable** *a* Spécialement traité pour ne pas feutrer. *Laine infeutrable.*

**infibuler** *vt* [1] didac Fixer à demeure un anneau traversant le prépuce de l'homme ou les petites lèvres de la femme, ou coudre ces dernières, qui adhèrent ainsi de façon permanente (opération toujours pratiquée dans certaines sociétés africaines). [ETY] Du lat. *fibula,* « agrafe ». [DER] **infibulation** *nf*

**inficher, ue** *a* fam Incapable de. *Infichu de prendre une décision.* [VAR] **infoutu, ue**

**infidèle** *a, n* **A 1** vieilli Qui ne respecte pas ses engagements, qui trompe la confiance. *Dépositaire infidèle.* **2** Qui n'est pas constant dans ses affections. *Ami infidèle.* **3** Qui n'est pas fidèle en amour. *Mari infidèle.* **4** vx Qui ne professe pas la religion tenue pour vraie à un moment donné, dans un lieu donné. *Peuple d'infidèles.* **B** *a* **1** Sur quoi l'on ne peut compter. *Mémoire infidèle.* **2** Inexact, qui manque à la vérité. *Traduction, récit infidèle.* [ETY] Du lat. *infidelis,* « inconstant », puis « mécréant ». [DER] **infidèlement** *av*

**infidélité** *nf* **1** Manque de fidélité. **2** Action manifestant le manque de fidélité, et notam. le manque de fidélité en amour. *Faire des infidélités à qqn.* **3** Manque d'exactitude ; erreur. *Les infidélités d'une traduction.*

**infiltration** *nf* **1** Passage lent d'un liquide à travers les interstices d'un corps solide. **2** MED Injection thérapeutique d'une substance dans un tissu ou une articulation. **3** Envahissement d'un tissu sain par des cellules, malignes ou non. **4** MILIT Pénétration, en arrière des lignes adverses, de petits groupes armés.

**infiltrer** *v* [1] **A** *vt* **1** MED Faire pénétrer une sustance dans l'organisme. **2** S'introduire clandestinement dans. *Infiltrer une organisation.* **B** *vpr* **1** Pénétrer à travers les pores, les interstices d'un corps solide. *L'eau s'infiltre dans le bois.* **2** fig Pénétrer peu à peu, s'insinuer. *Le doute s'infiltre dans son esprit.*

**infime** *a* Très petit, insignifiant. *Détails infimes.* [ETY] Du lat. *infimus,* « le plus bas ».

**infinançable** *a* Impossible à financer, trop cher.

**in fine** *av* **1** À la fin du livre, du paragraphe. *Se reporter chapitre X, in fine.* **2** En fin de compte. *In fine il l'a emporté sur ses concurrents.* [PHO] [infine] [ETY] Mots lat.

**infini, ie** *a, nm* **A** *a* **1** Qui n'a ni commencement ni fin. *Dieu est infini.* **2** Qui n'a pas de limites, sans bornes. *Espace infini.* **3** D'une quantité, d'une intensité, d'une grandeur très considérable. *La distance infinie des astres. Une voix d'une infinie douceur.* SYN extrême. **B** *nm* **1** Ce qui est ou ce que l'on suppose être sans limites. *Tenter d'imaginer l'infini.* **2** Ce qui paraît infini. *L'infini de la steppe.* **LOC** *À l'infini :* sans qu'il y ait de fin. — MATH *Ensemble infini :* ensemble E tel qu'il existe une partie $P_2$ de E qui contienne strictement une partie quelconque $P_1$ de E. *Plus l'infini (symbole : + ∞), moins l'infini (symbole : – ∞).* [ETY] Du lat.

[ENC] La notion abstraite d'infini a fait l'objet de discussions métaphysiques pendant deux millénaires, et différents philosophes lui font recouvrir les notions d'absolu et de perfection. Depuis le XIX$^{e}$ s., l'infini est l'objet de définitions mathématiques dépourvues d'ambiguïté. En analyse mathématique, l'infini apparaît dans les problèmes où une quantité variable dépasse toute quantité fixe donnée à l'avance. En géométrie classique, l'introduction de points à l'infini, de droites à l'infini, de plans à l'infini, etc., entre dans le cadre de la géométrie projective. Le concept d'infini utilisé en théorie des ensembles se distingue des points de vue précédents. On sait attacher à tout ensemble E une propriété, appelée cardinal de E, qui est tout simplement le nombre d'éléments de E : 0, + 1, + 2,..., + ∞. Les cardinaux infinis, qui jouent un rôle analogue à celui des entiers naturels, sont souvent appelés *nombres transfinis.* Le plus petit nombre transfini est l'ensemble N des nombres entiers naturels ; on le note $\aleph_0$ (lire « aleph zéro »). Les ensembles équipotents à une partie de l'ensemble N sont dits *dénombrables ;* ex. : l'ensemble Z des entiers relatifs et l'ensemble Q des nombres rationnels.

**infiniment** *av* **1** Sans bornes, sans mesure. **2** Extrêmement. *Je vous remercie infiniment.* **LOC** MATH *Quantité infiniment grande* ou *infiniment petite :* qui tend vers l'infini.

**infinité** *nf* **1** didac Caractère de ce qui est infini. *L'infinité de Dieu.* **2** Quantité infinie. **3** Quantité considérable. *Il passe ici une infinité de gens.*

**infinitésimal, ale** *a* **1** MATH Qui concerne les quantités infiniment petites. **2** Très petit. *Dose infinitésimale.* PLUR infinitésimaux. **LOC** *Calcul infinitésimal :* partie des mathématiques comprenant le calcul différentiel et le calcul intégral. SYN analyse. [ETY] De l'angl. par le lat.

**infinitif, ive** *nm, a* Mode impersonnel qui exprime d'une manière indéterminée ou générale l'idée marquée par le verbe. *C'est l'infinitif des verbes qui figure à la nomenclature des dictionnaires français.* **LOC** *Infinitif historique* ou *de narration,* employé avec la préposition de (ex. : *« Et grenouilles de se plaindre »,* La Fontaine). — *Infinitif substantivé :* utilisé comme nom. (ex. : *le boire et le manger*). — *Proposition infinitive :* dont le verbe est à l'infinitif (ex. *j'entends les oiseaux chanter*). [ETY] Du lat.

**infinitude** *nf* Qualité de ce qui est infini.

**infirmatif, ive** *a* DR Qui infirme, annule.

**infirme** *a, n* Atteint d'une infirmité, d'infirmités. *Rester infirme à la suite d'un accident.* SYN handicapé, invalide. [ETY] Du lat. *infirmus,* « faible ».

**infirmer** *vt* [1] **1** Réfuter, démentir qqch. *Infirmer une preuve, une déclaration.* ANT confirmer. **2** DR Déclarer nul. *Infirmer un jugement.* [ETY] Du lat. [DER] **infirmation** *nf*

**infirmerie** *nf* Local où l'on soigne les malades, les blessés, dans une communauté.

**infirmier, ère** *n, a* **A** *n* Personne habilitée à donner aux malades les soins nécessités par leur état et à participer à diverses actions liées à la préservation de la santé. **B** *a* Qui concerne les infirmiers leur activité. *Soins infirmiers.* [ETY] De l'a. fr. *enferm,* « malade ».

**infirmité** *nf* **1** Indisposition ou maladie habituelle. *Les infirmités de la vieillesse.* **2** Absence, altération ou perte d'une fonction, l'individu jouissant par ailleurs d'une bonne santé.

**infixe** *nm* GRAM Élément qui, dans certaines langues, s'insère au milieu d'une racine, pour certaines formes. [ETY] Du lat.

**inflammable** *a* **1** Qui s'enflamme facilement. *L'éther est inflammable.* **2** fig Qui se passionne facilement. *Cœur inflammable.* [DER] **inflammabilité** *nf*

**inflammation** *nf* **1** Fait de s'enflammer, de prendre feu. *Inflammation d'un mélange gazeux.* **2** MED Réaction locale de l'organisme contre un agent pathogène, caractérisée par la rougeur, la chaleur et la tuméfaction. [ETY] Du lat.

**inflammatoire** *a* MED Qui cause une inflammation, qui tient de l'inflammation.

**inflation** *nf* **1** ECON Phénomène économique qui se traduit par une hausse des prix généralisée, dû à un déséquilibre entre l'offre et la demande globale des biens et des services disponibles sur le marché. ANT déflation. **2** fig Augmentation excessive. *Inflation du nombre des fonctionnaires.* **3** MED Gonflement d'un tissu, d'un organe. [ETY] Du lat. *inflatio,* « enflure ». [DER] **inflationniste** *a*

**infléchi, ie** *a* **1** Légèrement courbé. **2** BOT Courbé du dehors en dedans. *Rameaux infléchis.*

**infléchir** *v* **A** *vt* [3] **1** Fléchir, courber. *L'atmosphère infléchit les rayons lumineux.* **2** fig Modifier l'orientation de. *Infléchir sa ligne de conduite.* **B** *vpr* Dévier. *La ligne s'infléchit à droite.* [DER] **infléchissable** *a* – **infléchissement** *nm*

**inflexible** *a* **1** Qu'on ne peut fléchir, courber. *Métal inflexible.* **2** Qui ne se laisse pas émouvoir, inexorable. *Être inflexible aux prières.* SYN inébranlable. [DER] **inflexibilité** *nf* – **inflexiblement** *av*

**inflexion** *nf* **1** Action d'infléchir. *Inflexion de la tête.* **2** PHYS Déviation. *L'inflexion des rayons lumineux par un prisme.* **3** Changement de ton, d'accent dans la voix. *Avoir des inflexions touchantes.* **4** fig Changement d'orientation, de comportement, de politique, etc. **5** LING Modification du timbre d'une voyelle sous l'influence d'un phonème voisin. **LOC** MATH *Point d'inflexion d'une courbe :* où la courbure change de sens. [ETY] Du lat.

**infliger** *vt* [13] **1** Frapper qqn d'une peine. *Infliger une amende à un automobiliste.* **2** Faire subir. *Il nous a infligé un discours ennuyeux.* [ETY] Du lat.

**inflorescence** *nf* BOT Disposition des fleurs d'une plante les unes par rapport aux autres. *La grappe, l'épi, le corymbe, le capitule et la cyme sont des inflorescences.* [ETY] Du lat.

**influence** *nf* **1** Action exercée sur. *Avoir une bonne, une mauvaise influence sur qqn. Agir sous l'influence de la colère.* SYN emprise, ascendant. **2** Crédit, autorité. *Un homme sans influence.* **LOC** PHYS *Influence électrique* ou *influence électrostatique :* modification de la répartition des charges électriques portées par un corps sous l'effet d'un champ électrique. [ETY] Du lat.

**influencer** *vt* [12] Exercer une influence sur. *Influencer l'opinion.* [DER] **influençable** *a* – **influençabilité** *nf*

**influent, ente** *a* Qui a de l'influence, du crédit. *Personnage très influent.*

**influenza** *nf* vx Grippe. [PHO] [ɛ̃flyɛnza] [ETY] De l'ital.

**influer** *vi* [1] Exercer sur qqch une action qui tend à la modifier. *La lumière influe sur la végétation. Mes conseils ont influé sur sa décision.* [ETY] Du lat.

**influx** *nm* **LOC** PHYSIOL *Influx nerveux :* courant électrique qui, en se propageant le long des fibres nerveuses, transmet les commandes motrices ou les messages sensitifs. [PHO] [ɛ̃fly]

**info** *nf* fam Information.

**infobulle** *nf* INFORM Message qui apparaît spontanément à l'écran lors du passage de la souris et qui contient une information sur l'objet pointé.

**infogérance** *nf* Gestion de l'informatique d'une entreprise.

**infographie** *nf* **1** Informatique appliquée aux graphiques et à l'image. **2** Présentation graphique d'informations par tableaux, diagrammes, graphiques, etc. [ETY] Nom déposé [DER] **infographique** *a* – **infographiste** *n*

**infoline** *nf* Messagerie électronique.

**in-folio** *a inv, nm inv* IMPRIM Dont les feuilles sont pliées en deux (4 pages). *Un livre in-folio* ou *un in-folio.* [PHO] [infɔljo] [ETY] Du lat.

**infomercial** *nm* Film télévisé publicitaire caractérisé par la présence sur l'écran d'un numéro de téléphone que le téléspectateur peut appeler. PLUR infomerciaux. [ETY] De *information* et *commercial.*

**infondé, ée** *a* Qui n'est pas fondé. *Une rumeur infondée.*

**informateur, trice** *n* Personne qui informe, qui donne des renseignements.

**informaticien → informatique.**

**informatif, ive** *a* Qui informe. *Brochure informative.*

**information** *nf* **A 1** Action de donner connaissance d'un fait. *La presse est un moyen d'information.* **2** Renseignement, documentation sur qqn ou qqch. *Prendre des informations.* **3** DR Instruction. **4** INFORM Élément de connaissance, renseignement élémentaire susceptible d'être transmis et conservé grâce à un support et un code. **B** *nf pl* Ensemble des nouvelles communiquées par la presse, la radio, la télévision, etc. *Écouter les informations.* **LOC** MATH *Théorie de l'information :* qui étudie les divers modes d'émission, de réception, de traitement des informations que comporte tout message. (DER) **informationnel, elle** *a*

ENC L'information est une production sociale : pour qu'un fait devienne une information, il faut qu'il soit communiqué à un public. Aussi, les producteurs d'information (celle-ci pouvant être officielle, scientifique, publicitaire, etc.) utilisent des techniques de communication qui ont évolué très rapidement au cours du XX$^{e}$ s. Après la Première Guerre mondiale, la radio est venue enrichir le réseau de la presse ; puis la télévision est apparue à partir de 1945. Les années 80 ont vu naître ce que l'on nomme encore « les nouveaux modes de communication » : câble, satellites, réseaux utilisés par la télématique (Minitel). L'infrastructure de ces modes de transmission repose de plus en plus sur l'informatique. Des banques ou bases de données se créent. Au début des années 90, une révolution radicale s'opère par le développement mondial d'Internet, qui transmet des informations par des réseaux d'ordinateurs formant une « toile » (le Web) sans cesse plus dense. L'information devient universelle, tant par sa forme que par son fond. En outre, l'interactivité modifie le contenu de l'information : le multimédia, dont le succès inquiète les inconditionnels et les industriels du livre, permet maintenant de mener une recherche interactive « multicritères » (fondée sur plusieurs mots-clés) à partir d'une source liant de nombreux documents, quelle que soit leur nature (texte, photo, extrait de film, extrait musical, animation didactique, etc.). L'information est devenue une marchandise rentable que l'on code, stocke, exporte, traite selon des besoins particuliers ou pour la rendre accessible à toutes les cultures, dans toutes les langues, à tous les budgets. Qu'ils concernent les loisirs, les services ou la formation, les nouveaux supports de l'information (cédérom, réseaux) pénètrent un nombre de plus en plus important de foyers, grâce à l'ordinateur, font naître de nouveaux métiers, permettent le télétravail.

**informatique** *nf, a* **A** *nf* Technique du traitement automatique de l'information au moyen des calculateurs et des ordinateurs. *Informatique de gestion.* **B** *a* Relatif à cette technique. *Traitement par des moyens informatiques.* **LOC** ***Informatique en nuage :*** fait d'utiliser des données et des applications informatiques à partir de serveurs distants, et non localement. SYN cloud computing. (ETY) De *information* et *automatique*. (DER) **informaticien, enne** *n* – **informatiquement** *av*

ENC L'informatique est apparue avec le développement des calculateurs électroniques à grande capacité, les ordinateurs (le mot « informatique » date de 1962). La rapidité de l'accès à l'information et de son traitement, l'automatisme du fonctionnement des ordinateurs et la systématique des résolutions ont ouvert un très vaste champ d'application à l'informatique : recherche scientifique ; industrie (conception assistée par ordinateur, contrôle et commande des machines, des processus) ; gestion des entreprises (opérations administratives, simulation, recherche opérationnelle) ; enseignement programmé ; documentation, banques d'informations ; informatique individuelle. La liaison des ordinateurs entre eux accroît la puissance de leur traitement, la télématique assurant la transmission (V. information, télématique, ordinateur). Face aux menaces que font peser les nouvelles technologies sur les libertés individuelles, une « Commission nationale de l'informatique et des libertés » a été créée en France en 1978.

**Informatique et des libertés (Commission nationale de l')** institution indép. créée en France en 1978 pour veiller à ce que l'informatisation des renseignements personnels ne porte atteinte aux libertés.

**informatiser** *vt* ① Soumettre aux méthodes, aux techniques de l'informatique. *Informatiser la gestion.* (DER) **informatisable** *a* – **informatisation** *nf*

**informe** *a* **1** Sans forme précise. *Masse informe.* **2** Incomplet, inachevé. *Notes informes.*

**informé, ée** *a, nm* **A** *a* Qui a pris ou reçu des informations. **B** *nm* DR Information judiciaire. **LOC** ***Un plus ample informé :*** un complément d'information.

**informel, elle** *a, n* **A** *a* Qui n'est pas organisé avec rigueur, qui n'est pas soumis à des règles strictes. *Réunions informelles.* **B** *nm* BX-A Art abstrait issu de l'abstraction lyrique et consacrant la disparition de toute forme reconnaissable. **C** *a, n* De l'art informel, artiste informel.

**informer** *v* ① **A** *vt* **1** PHILO Doter d'une forme, d'une structure ; donner une signification. **2** Avertir, mettre au courant. *Informer le public des évènements.* **B** *vpr* S'enquérir. *S'informer de la santé de qqn.* **C** *vi* DR Faire une instruction, une information. *Informer sur un crime.* (ETY) Du lat. *informare*, « façonner ».

**informulable** *a* Impossible à formuler.

**informulé, ée** *a* Qui n'est pas formulé.

**infortune** *nf* litt **1** Mauvaise fortune, adversité. *Tomber dans l'infortune.* **2** Revers de fortune, désastre. *Il m'a raconté ses infortunes.* (ETY) Du lat. (DER) **infortuné, ée** *a, n*

**infothèque** *nf* Bibliothèque de logiciels, cédéroms, manuels d'informatique, etc.

**infoutu → infichu.**

**infra-** Élément, du lat. *infra*, « au-dessous ».

**infra** *av* didac Renvoie à un passage plus loin dans le texte. *Voyez infra.* ANT supra. (ETY) Mot lat.

**infraction** *nf* Transgression, violation d'une règle, d'un ordre, etc. *Infraction à la loi. Être en infraction.* (ETY) Du lat. *frangere*, « briser ». (DER) **infractionnel, elle** *a*

**infractionniste** *a, n* Qui commet des infractions. *Conducteur infractionniste.*

**infradien, enne** *a* BIOL Se dit d'un rythme biologique plus lent que le rythme circadien. ANT ultradien.

**infraliminal, ale** *a* Syn. de *subliminal.* PLUR infraliminaux. (VAR) **infraliminaire**

**infralittoral, ale** *a* Se dit du milieu marin submergé en permanence jusqu'à une profondeur d'environ 40 m. PLUR infralittoraux.

**infranchissable** *a* Qu'on ne peut franchir.

**infrangible** *a* litt Qui ne peut être brisé. (ETY) Du lat. *frangibilis*, « fragile ».

**infrarouge** *a, nm* Se dit d'un rayonnement dont la longueur d'onde est comprise entre 0,8 et 1 000 micromètres et que sa fréquence place en deçà du rouge dans la partie du spectre non visible à l'œil.

ENC Tout corps chauffé émet un rayonnement infrarouge. Les applications des infrarouges sont très nombreuses : astronomie (étude de la constitution des étoiles), météorologie (photographies prises par les satellites), observation de nuit (lunette à infrarouge), détection des missiles en vol, étude de la végétation, recherches archéologiques, etc.

image **infrarouge** de la ville de Washington enregistrée par satellite

**infrason** *nm* PHYS Vibration sonore de faible fréquence (de 2 à 16 Hz) non perçue par l'oreille humaine. (DER) **infrasonore** *a*

**infrastructure** *nf* **1** Ensemble des ouvrages et des équipements au sol destinés à faciliter le trafic routier, aérien, maritime ou ferroviaire. **2** MILIT Ensemble des installations et des services nécessaires au fonctionnement d'une force armée. **3** SOCIOL Ensemble des forces productives et des rapports de production qui constituent la base matérielle de la société et sur lesquels s'élève la superstructure (idéologie et institutions). (DER) **infrastructurel, elle** *a*

**infréquentable** *a* Qu'on ne peut fréquenter.

**infroissable** *a* Qui ne se froisse pas.

**infructueux, euse** *a* Qui ne donne pas de résultat, sans profit. *Efforts infructueux.* SYN stérile. (DER) **infructueusement** *av*

**infrutescence** *nf* BOT Ensemble des fruits issus des fleurs d'une même inflorescence.

**infumable** *a* Qu'on ne peut fumer, qui est très désagréable à fumer.

**infundibuliforme** *nf* didac En forme d'entonnoir. (PHO) [ɛ̃fɔ̃dibylifɔʀm] (ETY) Du lat.

**infus, use** *a* litt Répandu naturellement dans l'âme. *Sagesse infuse.* SYN inné. ANT acquis. **LOC** ***Avoir la science infuse :*** être savant sans avoir étudié. — THEOL ***Science infuse :*** reçue par Adam de Dieu. (ETY) Du lat.

**infuser** *vt* ① Laisser macérer une substance dans un liquide bouillant afin que celui-ci se charge de principes actifs.

**infusette** *nf* Petit sachet de plantes à infuser. (ETY) Nom déposé.

**infusible** *a* TECH Qui n'est pas susceptible de fondre. (DER) **infusibilité** *nf*

**infusion** *nf* **1** Action d'infuser. *Infusion à chaud.* **2** Produit de cette opération. *Boire une infusion de tilleul.* **3** THEOL Communication à l'âme de grâces exceptionnelles ou de dons surnaturels. (ETY) Du lat. *infundere*, « verser dans ».

**infusoire** *nm* ZOOL Protiste de grande taille (0,2 mm pour la paramécie), muni d'un macronucléus et d'un micronucléus.

**ingagnable** *a* Qu'on ne peut gagner. *Procès ingagnable.*

**ingambe** *a* Alerte. *Vieillard encore ingambe.*

**Inge William Motter** (New York, 1913 – Los Angeles, 1973), auteur dramatique américain : *Pique-nique* (1953), *Bus stop* (1955).

**Ingeborg** (1176 – 1236), fille du roi de Danemark Valdemar I$^{er}$, épouse (1193) de Philippe II Auguste, roi de France, qui la répudia le lendemain de leurs noces. (VAR) **Ingeburge** ou **Isambour**

**Ingegneri Marcantonio** (Vérone [?], v. 1547 – Crémone, 1592), compositeur italien, maître de Monteverdi : messes, madrigaux.

**Ingen-Housz Johannes** ou **Jan** (Breda, 1730 – Bowood, Angleterre, 1799), physicien néerlandais ; l'un de ceux qui découvrirent la photosynthèse végétale (1779).

**ingénier (s')** *vpr* ② Chercher à, tâcher de trouver un moyen pour. *Il s'ingéniait à relancer la conversation.* SYN s'évertuer. (ETY) Du lat. *ingenium*, « esprit, talent ».

**ingénierie** *nf* didac **1** Ensemble des activités ayant pour objet la conception rationnelle et fonctionnelle des ouvrages ou des équipements techniques et industriels, l'établissement du projet, la coordination et le contrôle de la réalisation. SYN (déconseillé) engineering. **2** Profession de celui qui exerce une telle activité. **LOC** ***Ingénierie génétique :*** génie génétique. (PHO) [ɛ̃ʒeniʀi] (DER) **ingénieriste** *n*

**ingénieur** *n* Personne capable, grâce à ses connaissances et ses compétences techniques et scientifiques, de concevoir des ouvrages et des machines, d'organiser ou de diriger des unités de production ou des chantiers. *Ingénieur des mines, des travaux publics.* **LOC** ***Ingénieur civil :*** qui n'appartient pas au corps des ingénieurs de l'État. — *Ingénieur du son* : ingénieur spécialiste qui dirige et supervise un enregistrement sonore. — Canada *Ingénieur forestier* : spécialiste de la forêt et de son exploitation. — *Ingénieur maison* : technicien qui a reçu, dans son entreprise, une formation lui permettant de remplir les fonctions d'ingénieur, et qui en porte le titre. ETY De l'a. fr. *engin*, « machine de guerre ». VAR **ingénieure** *nf*

**ingénieur-conseil** *n* Ingénieur établi à son compte, capable d'apporter des conseils lors de la conception et de la réalisation d'ouvrages et d'installations. PLUR ingénieurs-conseils. VAR **ingénieure-conseil** *nf*

**ingénieux, euse** *a* **1** Plein d'esprit d'invention. *Homme ingénieux.* SYN astucieux, habile. **2** Qui dénote de l'adresse, de l'imagination. *Invention ingénieuse.* DER **ingénieusement** *av* – **ingéniosité** *nf*

**ingénu, ue** *a, n* **A** D'une franchise innocente et candide. *Fillette ingénue. Air ingénu.* SYN naïf. **B** *nf* THEAT Rôle de jeune fille naïve. ETY Du lat. *ingenuus*, « né libre » et, par ext. « noble, franc ». DER **ingénuité** *nf* – **ingénument** *av*

**Ingénu (l')** conte satirique de Voltaire (1767) : le bon sauvage dans notre société.

**1 ingérable** → **ingérer.**

**2 ingérable** *a* Qui ne peut être géré ou qui est très difficile à gérer. *Un projet ingérable par une seule personne.*

**ingérence** *nf* **1** Action de s'ingérer. SYN intrusion. **2** POLIT Intervention d'un État dans les affaires intérieures d'un autre État. *Devoir d'ingérence.* **3** DR Délit commis par un fonctionnaire ou un magistrat qui prend un intérêt dans les adjudications ou les entreprises dont il a l'administration.

**ingérer** *v* 14 **A** *vt* Introduire par la bouche dans le tube digestif. *Ingérer des aliments.* **B** *vpr* Se mêler indûment de qqch. *Vous vous ingérez dans une affaire qui ne vous regarde pas.* SYN s'immiscer. ETY Du lat. *ingerere*, « porter dans ». DER **ingérable** *a* – **ingestion** *nf*

**Ingouches** peuple musulman du N. du Caucase qui compte env. 270 000 personnes, établies principalement en Ingouchie. DER **ingouche** *a*

**Ingouchie** rép. de la Fédération de Russie, dans le N. du Caucase ; env. 330 000 hab. ; cap. *Magas*. – Faible minorité de la rép. de Tchétchéno-Ingouchie (créée en 1936 au sein de la Rép. soc. féd. sov. de Russie), les Ingouches, comme les Tchétchènes, furent déportés massivement en 1944 par Staline. En 1992, quand la Tchétchénie proclama son indépendance (non reconnue par Moscou), ils formèrent la rép. d'Ingouchie (au sein de la Russie) et Moscou reconnut celle-ci. Les Ingouches désirent qu'on leur restitue la partie de leur territoire que Staline rattacha en 1944 à l'Ossétie du N. et où se trouve leur anc. capitale *Vladikavkaz*. DER **ingouche** *a, n*

**ingouvernable** *a* Qui ne peut être gouverné.

**Ingram Rex** (Dublin, 1892 – Los Angeles, 1950), cinéaste américain d'origine irlandaise : *les Quatre Cavaliers de l'Apocalypse* (1921), avec R. Valentino. Il ne réalisa qu'un film parlant.

**ingrat, ate** *a, n* **A** Qui n'a pas de reconnaissance pour les bienfaits reçus. *Fils ingrat. Obliger des ingrats.* **B** *a* **1** Qui ne dédommage pas des peines qu'on se donne. *Sol ingrat. Travail ingrat.* **2** Qui manque de charme, de grâce. *Visage ingrat.* ETY Du lat. DER **ingratitude** *nf*

**ingrédient** *nm* Substance qui entre dans la composition d'un mélange. ETY Du lat. *ingredi*, « entrer dans ».

**Ingres Jean Auguste Dominique** (Montauban, 1780 – Paris, 1867), peintre français. Ses portraits (*Portrait de Monsieur Bertin*, 1832 Louvre), ses nus (*la Grande Odalisque*, 1814 ; *le Bain turc*, 1862 Louvre), ses dessins à la mine de plomb le situent entre le néoclassicisme et le romantisme. DER **ingriste** *a*

**Ingres** *Mademoiselle Rivière*, 1805 – musée du Louvre

**Ingrie** anc. nom d'une prov. de la Finlande méridionale, peuplée par les Inghers (Finnois) ; russe (XIIIe s.), puis suédoise (1617), elle fut cédée définitivement à la Russie en 1721. Pierre le Grand y fonda Saint-Pétersbourg. DER **ingrien, enne** *a, n*

**inguérissable** *a* Qui ne peut être guéri. SYN incurable.

**inguinal, ale** *a* ANAT Relatif à l'aine. *Hernie inguinale.* PLUR inguinaux. PHO [ɛ̃gɥinal, o] ETY Du lat.

**ingurgiter** *vt* 1 **1** Absorber, avaler. **2** Avaler avec avidité, voracité. *Ingurgiter une grande quantité d'alcool.* ETY Du lat. DER **ingurgitation** *nf*

**inhabile** *a* **1** VX Malhabile. *Artiste inhabile.* **2** DR Qui n'est pas apte juridiquement à accomplir un acte. *Inhabile à contracter, à tester.* DER **inhabilement** *av* – **inhabileté** *nf*

**inhabilité** *nf* DR Incapacité.

**inhabitable** *a* Qui ne peut être habité.

**inhabité, ée** *a* Qui n'est pas habité, inoccupé.

**inhabituel, elle** *a* Qui n'est pas habituel, inaccoutumé, accidentel. DER **inhabituellement** *av*

**inhalateur** *nm* Appareil qui sert pour les inhalations.

**inhalation** *nf* **1** Action d'inhaler. **2** MED Absorption, à des fins thérapeutiques, de certaines substances gazeuses (anesthésiques, désinfectants, etc.) par les voies respiratoires ; préparation ainsi absorbée.

**inhaler** *vt* 1 Inspirer, absorber par les voies respiratoires. ETY Du lat. DER **inhalable** *a*

**inharmonieux, euse** *a* Qui manque d'harmonie.

**inhérent, ente** *a* Lié inséparablement et nécessairement à un être, une chose. *Des responsabilités inhérentes à une fonction.* ETY Du lat. DER **inhérence** *nf*

**inhiber** *vt* 1 **1** PHYSIOL Suspendre l'activité d'un organe, d'un tissu ou d'une cellule. **2** PSYCHO Bloquer les fonctions intellectuelles ou l'émotivité. **3** CHIM Diminuer la vitesse d'une réaction. ETY Du lat. *inhibere*, « retenir ». DER **inhibant, ante** *a*

**inhibiteur, trice** *a, nm* **A** *a* Qui produit l'inhibition. *Un processus inhibiteur. Une enzyme inhibitrice.* **B** *nm* BIOL Substance qui bloque une réaction chimique ou biochimique, un processus physiologique. LOC *Inhibiteur calcique* : médicament antihypertenseur abaissant le tonus des parois du muscle cardiaque et des artères.

**inhibition** *nf* **1** PHYSIOL Suspension temporaire ou définitive de l'activité d'un organe, d'un tissu ou d'une cellule. **2** PSYCHO Blocage des fonctions intellectuelles ou de certains actes ou conduites, dû le plus souvent à un interdit affectif. **3** CHIM Diminution de la vitesse d'une réaction.

**inhospitalier, ère** *a* **1** Qui ne pratique pas l'hospitalité. *Peuple inhospitalier.* **2** Qui réserve un mauvais accueil. **3** Se dit d'une terre, d'une région où il n'y a guère de ressources.

**inhumain, aine** *a* **1** Sans humanité, sans pitié. SYN cruel. *Un régime politique inhumain.* **2** Qui n'appartient pas à la nature humaine, qui n'est pas d'un être humain. *Pousser un cri inhumain.* **3** Trop pénible pour l'homme. *Des conditions d'existence inhumaines.* DER **inhumainement** *av* – **inhumanité** *nf*

**inhumer** *vt* 1 Enterrer un corps humain avec les cérémonies d'usage. ETY Du lat. *in*, « dans », et *humare*, « couvrir de terre ». DER **inhumation** *nf*

**inimaginable** *a* Qu'on ne peut imaginer. SYN inconcevable.

**inimitable** *a* Qu'on ne saurait imiter. *Talent inimitable.*

**inimité, ée** *a* Qui n'a pas été imité.

**inimitié** *nf* Hostilité, aversion. *Encourir l'inimitié de qqn.* ANT amitié.

**ininflammable** *a* Qui ne peut s'enflammer. DER **ininflammabilité** *nf*

**Inini** riv. de la Guyane, affluent du Maroni.

**inintégrable** *a* Qu'il est impossible d'intégrer. *Minorités réputées inintégrables.*

**inintelligent, ente** *a* Qui manque d'intelligence. DER **inintelligemment** *av* – **inintelligence** *nf*

**inintelligible** *a* Incompréhensible. SYN confus, abscons. DER **inintelligibilité** *nf* – **inintelligiblement** *av*

**inintéressant, ante** *a* Qui n'est pas intéressant, ne présente aucun intérêt.

**inintérêt** *nm* Manque d'intérêt.

**ininterrompu, ue** *a* Qui n'est pas interrompu. *Vacarme ininterrompu.* SYN permanent.

**inique** *a* litt Injuste à l'excès ; contraire à l'équité. ETY Du lat. DER **iniquement** *av*

**iniquité** *nf* **1** RELIG Corruption des mœurs, péché. **2** Manque d'équité ; grave injustice. **3** Acte d'iniquité, d'injustice. *Commettre une iniquité.*

**initial, ale** *a, nf* **A** *a* Qui marque le début, qui est au commencement de qqch. *Vitesse initiale d'un projectile.* PLUR initiaux. **B** *nf* Première lettre d'un mot ou d'un groupe de mots. **C** *nfpl* Première lettre du prénom et première lettre du nom. PHO [inisjal, o] ETY Du lat.

**initialement** *av* Au commencement, à l'origine.

**initialer** *vt* 1 Canada Parapher.

**initialiser** *vt* 1 INFORM Remplacer par des valeurs nulles les valeurs de certaines variables. DER **initialisation** *nf*

**initiateur, trice** *n, a* **A** *n* Personne qui initie. **B** *n, a* Qui crée qqch, met en œuvre un processus.

**initiation** *nf* **1** Action d'initier. *Rites d'initiation. Initiation à la peinture.* **2** Canada Cérémonie d'accueil des nouveaux étudiants par les anciens dans une université, un cégep, marquée par des jeux, des brimades amusantes, etc. PHO [inisjasjɔ̃] ETY Du lat. DER **initiatique** *a*

**initiative** *nf* **1** Action de celui qui propose ou entreprend le premier qqch. *Prendre l'initiative d'une lutte.* **2** POLIT Pouvoir reconnu à une autorité de proposer à un organe étatique un acte législatif en vue de son adoption. *Droit d'initiative.* **3** Qualité d'une personne disposée à entreprendre, à agir. *Faire preuve d'initiative.* LOC ***Initiative populaire*** : en Suisse, proposition de loi légitimée par un nombre suffisant de signatures et soumise au vote populaire.

**initié, ée** *n* **1** Personne qui a reçu l'initiation, admise à la connaissance de certains mystères. **2** Personne qui connaît bien une question, une spécialité, des usages particuliers. *Seuls les initiés ont compris l'allusion.* **3** Personne qui a connaissance d'informations confidentielles dans le domaine des affaires.

**initier** *vt* 2 **1** Admettre à la connaissance, à la pratique de certains cultes secrets. *Initier un profane aux mystères d'une religion.* **2** Recevoir au sein d'un groupe fermé. **3** Mettre au fait d'une science, d'un art, d'une pratique, etc. *Initier qqn aux affaires.* **4** Ouvrir un domaine de connaissance nouveau. **5** Entamer un processus. *Initier une réaction chimique.* **6** Être l'initiateur de qqch, commencer à le mettre en œuvre. *Initier un projet.* ETY Du lat. *initiare,* « commencer ».

**injecter** *vt* 1 **1** Introduire un liquide dans le corps par voie veineuse, intramusculaire, sous-cutanée ou articulaire. *Injecter du sérum. Yeux qui s'injectent de sang.* **2** Faire pénétrer un liquide par pression. *Injecter du ciment liquide dans un terrain meuble.* **3** fig, fam Investir. *Injecter des capitaux dans une affaire.* ETY Du lat. DER **injectable** *a*

**injecteur, trice** *nm, a* **A** Se dit d'un appareil servant à injecter. *Sonde injectrice.* **B** *nm* TECH Organe qui pulvérise un carburant à l'intérieur d'une chambre de combustion.

**injectif, ive** *a* LOC MATH ***Application injective*** : où tout élément de l'ensemble d'arrivée est l'image d'un élément, et d'un seul, de l'ensemble de départ, ou d'aucun des éléments de cet ensemble. ▶ illustr. **application**

**injection** *nf* **1** Action d'injecter un liquide ou un fluide ; liquide ou fluide ainsi injecté. *Injection intraveineuse. Injections en ampoules.* **2** CHIM Procédé qui consiste à couler des résines thermoplastiques dans un moule et qui permet d'obtenir des formes finies parfois très complexes. **3** MATH Application injective. LOC ***Moteur à injection*** : alimenté en carburant par un injecteur.

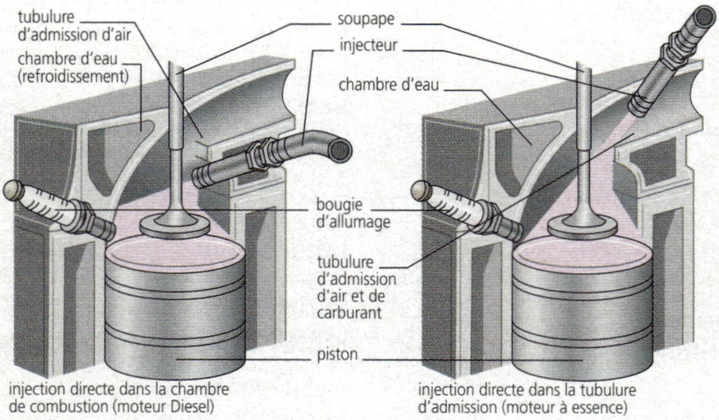


**injection**

**injoignable** *a* fam Impossible ou très difficile à joindre, à contacter.

**injonctif, ive** *a* didac Qui contient une injonction. *Mesure injonctive.*

**injonction** *nf* Action d'enjoindre ; ordre formel, exprès. LOC DR ***Injonction de payer*** : procédure simplifiée concernant les petites créances. ETY Du lat.

**injouable** *a* Qui ne peut être joué, interprété. *Un drame romantique injouable.*

**injure** *nf* **1** litt Dommage causé par le temps, le sort, les éléments, etc. *L'injure du temps.* **2** vieilli Offense, outrage. **3** Parole offensante. **4** DR Expression outrageante, terme de mépris qui ne renferme l'imputation d'aucun fait.

**injurier** *vt* 2 Offenser par des paroles outrageantes. ETY Du lat. *injuriari,* « faire du tort ».

**injurieux, euse** *a* Qui comporte une ou des injures, qui est de la nature de l'injure. DER **injurieusement** *av*

**injuste** *a* **1** Qui n'est pas juste, qui agit contre la justice. *Se montrer injuste envers qqn.* **2** Contraire à l'équité. **3** Mal fondé. *Soupçons injustes.* DER **injustement** *av*

**injustice** *nf* **1** Défaut, manque de justice. **2** Parole, acte contraire à la justice.

**injustifiable** *a* Qu'on ne peut justifier.

**injustifié, ée** *a* Qui n'est pas justifié.

**Inkerman** faubourg de Sébastopol. – Victoire franco-anglaise sur le russe Menchikov lors de la guerre de Crimée (5 nov. 1854).

**inlandsis** *nm* GEOGR Nom donné à la calotte glaciaire couvrant les terres polaires. PHO [inlɑ̃dsis] ETY Mot scand.

**inlassable** *a* Qui ne se lasse pas. SYN infatigable. DER **inlassablement** *av*

**inlay** *nm* Bloc métallique coulé, incrusté dans une cavité dentaire et servant à l'obturer. PHO [inlɛ] ETY Mot angl.

**inlouable** *a* Qu'il est impossible de louer. *Appartement inlouable.*

**in memoriam** *av* En souvenir de, dédicace à la mémoire d'un défunt. PHO [inmemɔʀjam] ETY Mots lat.

**Inn** riv. de Suisse et d'Autriche (525 km), affl. du Danube (r. dr.) ; naît dans les Alpes des Grisons, forme la pittoresque vallée de l'Engadine puis arrose Innsbruck.

**inné, ée** *a, nm* **A** Que l'on possède en naissant. *Sentiment, disposition innés. L'inné et l'acquis.* SYN infus. **B** *a* PHILO Se dit d'idées qui seraient en nous dès notre naissance et n'auraient pas été acquises par l'expérience. ETY Du lat.

**innégociable** *a* Qu'il est hors de question de négocier. PHO [ɛ̃negɔsjabl]

**innéisme** *nm* PHILO Doctrine qui soutient l'existence d'idées, de structures mentales innées. *L'innéisme de Platon, de Descartes.*

**innéité** *nf* PHILO Qualité de ce qui est inné.

**innervation** *nf* ANAT Ensemble des nerfs d'une région anatomique ou d'un organe ; leur mode de distribution.

**innerver** *vt* 1 ANAT Se distribuer dans un organe, dans un tissu, en parlant de fibres nerveuses.

**innocence** *nf* **1** État de l'être qui est incapable de faire le mal sciemment ; pureté. **2** THEOL État de l'homme avant le péché originel. **3** Naïveté, ignorance. **4** litt État de ce qui est inoffensif. **5** Absence de culpabilité d'un accusé.

**innocent, ente** *a, n* **A** **1** Pur, exempt de malice ; qui ignore le mal. *Enfant innocent.* **2** litt Inoffensif. *Agneau innocent.* **3** Crédule, d'une grande naïveté. *Tu es innocent de le croire !* **4** Qui n'est pas coupable. *Condamner un(e) innocent(e).* **B** *a* Qui n'est pas répréhensible. *Jeux, plaisirs innocents.* LOC ***Aux innocents les mains pleines*** : la fortune favorise les simples. — ***Faire l'innocent*** : faire semblant d'ignorer qqch. PHO [inɔsɑ̃] ETY Du lat. *nocens,* « nuisible, pernicieux ». DER **innocemment** *av*

**Innocent** nom de treize papes. — **Innocent I**er (saint) (Albano, ? – Rome, 417), pape de 401 à 417 ; il condamna Pélage. — **Innocent III** Giovanni Lotario (comte de Segni) (Anagni, 1160 – Rome, 1216), pape de 1198 à 1216. Il intervint dans les affaires des plus puissants souverains (Angleterre, France, Saint Empire), déclencha la 4e croisade et la croisade contre les albigeois (1209). Il institua l'Inquisition. Il convoqua le quatrième concile du Latran (1215). — **Innocent IV** Sinibaldo Fieschi (Gênes, vers 1195 – Naples, 1254), pape de 1243 à 1254. Il excommunia et déposa l'empereur Frédéric II (1245). — **Innocent X** Giambattista Pamphili (Rome, 1574 – id., 1655), pape de 1644 à 1655. Il condamna cinq propositions de Jansénius. — **Innocent XI** Benedetto Odescalchi (bienheureux) (Côme, 1611 – Rome, 1689), pape de 1676 à 1689. Il soutint contre Louis XIV, à propos du droit de régale, une lutte très vive. — **Innocent XII** Antonio Pignatelli (Spinazzola, 1615 – Rome, 1700), pape de 1691 à 1700. Il mit fin à la lutte avec Louis XIV.

**Innocent III** – mosaïque romaine

**innocenter** *vt* 1 **1** Déclarer innocent. *Innocenter un accusé.* **2** Garantir l'innocence de qqn.

**Innocents (massacre des)** selon saint Matthieu, massacre de tous les enfants de moins de deux ans ordonné par Hérode Ier le Grand. Il aurait ainsi voulu faire disparaître Jésus-Christ.

**Innocents (square des)** petite place de Paris (créée en 1859) où existaient au XIIe s. une église et un cimetière. Fontaine des Innocents, de Pierre Lescot et Jean Goujon (XVIe s.).

**innocuité** *nf* Qualité de ce qui n'est pas nuisible. *Innocuité d'un vaccin.* ETY Du lat.

**innombrable** *a* Qui ne peut se compter ; en très grand nombre.

**innommable** *a* **1** litt Qui ne peut pas être nommé. **2** Trop répugnant pour qu'on le nomme. **3** Inqualifiable. *Conduite innommable.*

**innommé, ée** *a* litt Qui n'a pas reçu de nom. VAR **innomé, ée**

**innover** *vi* ① Introduire qqch de nouveau dans un système établi. *Innover en littérature.* ETY Du lat. DER **innovant, ante** *a* – **innovateur, trice** *n, a* – **innovation** *nf*

**Innsbruck** v. d'Autriche, sur l'Inn, à 600 mètres d'alt. ; 234 940 hab. (aggl.) ; cap. du Tyrol. Centre industriel et commercial. Tourisme. JO d'hiver de 1964 et de 1976. – Évêché. Université. Hofburg (palais impérial) du XVIe s., transformé au XVIIIe s. en chât. de style rococo. Maisons anc.

**Ino** dans la myth. gr., déesse marine, fille de Cadmos, qui allaita Dionysos.

**inobservable** *a* Qui ne peut être observé.

**inobservance** *nf* litt Fait de ne pas observer des prescriptions religieuses, médicales, morales, etc.

**inobservation** *nf* DR Manque d'obéissance aux lois, aux règles, inexécution des engagements pris.

**inobservé, ée** *a* DR Qui n'a pas été observé.

**inoccupation** *nf* **1** litt État d'une personne sans occupation. **2** État d'une chose, d'un lieu inoccupé.

**inoccupé, ée** *a* **1** Qui n'est occupé par personne. *Place inoccupée.* **2** Désœuvré.

**in-octavo** *a inv, nm* IMPRIM Dont les feuilles sont pliées en huit feuillets (16 pages). *Un livre in-octavo* ou *un in-octavo.* ABREV in-8°. PHO [inɔktavo] ETY Mots lat.

**inoculer** *vt* ① **1** MED Introduire dans l'organisme des germes ou une toxine pathogène. *Inoculer le vibrion cholérique à un cobaye.* **2** fig Communiquer, faire pénétrer dans l'esprit. *Inoculer des idées pernicieuses à la jeunesse.* ETY De l'angl. *to inoculate,* « greffer en écusson ». DER **inoculable** *a* – **inoculation** *nf*

**inocybe** *nm* BOT Basidiomycète à lamelles et spores ocres, dont plusieurs espèces sont vénéneuses.

**inodore** *a* Sans odeur.

**inoffensif, ive** *a* Qui ne nuit à personne.

**inondation** *nf* **1** Débordement des eaux qui submergent un terrain, un pays ; ces eaux elles-mêmes. *L'inondation s'étend sur des dizaines de kilomètres carrés.* **2** fig Invasion, afflux considérable. *Une inondation de prospectus publicitaires.*

**inonder** *vt* ① **1** Submerger par un débordement des eaux. *Le fleuve a inondé la plaine.* **2** Baigner. *Les larmes inondaient son visage.* **3** fig Envahir. *Joie qui inonde le cœur.* ETY Du lat. DER **inondable** *a*

**Inönü Ismet pacha,** dit **Ismet** (Izmir, 1884 – Ankara, 1973), général et homme politique turc. Il vainquit les Grecs à Inönü (janv. 1921), nom qu'il adopta. Premier ministre (1923-1924 et 1925-1937), président de la Rép. à la mort de Mustafa Kemal Atatürk (1938-1950), il maintint la neutralité de son pays durant la Seconde Guerre mondiale. Il fut président du Conseil de 1961 à 1965.

**inopéable** *a* ECON Se dit d'une entreprise inaccessible aux OPA.

**inopérable** *a* Se dit d'un malade ou d'une affection pour lesquels l'acte chirurgical serait préjudiciable ou inefficace.

**inopérant, ante** *a* Qui ne produit pas d'effet.

**inopiné, ée** *a* Imprévu, inattendu. ETY Du lat. DER **inopinément** *av*

**inopportun, une** *a* Qui n'est pas opportun. DER **inopportunément** *av* – **inopportunité** *nf*

**inopposable** *a* DR Qui ne peut être opposé. *Décisions judiciaires inopposables.* DER **inopposabilité** *av*

**inorganique** *a* didac **1** Qui n'a pas l'organisation d'un être vivant. **2** Dont l'origine n'est ni animale ni végétale. *Matière inorganique.*

**inorganisation** *nf* Absence d'organisation ; état de ce qui est inorganisé.

**inorganisé, ée** *a, n* Qui n'appartient pas à une organisation, à un syndicat.

**inoubliable** *a* Qu'on ne peut oublier.

**Inoue Yasushi** (Asahikawa, Hokkaido, 1907 – Tōkyō, 1991), écrivain japonais : *le Fusil de chasse* (1949), *Histoire de ma mère* (1977).

**inouï, ïe** *a* **1** litt Dont on n'a jamais entendu parler. **2** Extraordinaire, sans précédent.

**inox** *nm* Acier inoxydable. PHO [inɔks]

**inoxydable** *a, nm* **A** *a* **1** Qui n'est pas susceptible de s'oxyder. *Acier inoxydable.* **2** fig, fam Qui reste populaire malgré des circonstances défavorables. **B** *nm* Acier allié contenant plus de 12,5 % de chrome. ABREV inox.

**in partibus** *a* **1** HIST RELIG Se dit d'un évêque titulaire d'un évêché situé en pays non chrétien. **2** fig, didac Qui n'a que le titre d'une fonction. *Préfet in partibus.* PHO [inpaʀtibys] ETY Abrév. de la loc. lat. *in partibus infidelium,* « dans les pays des infidèles ».

**in petto** *av* litt, plaisant Au fond de soi-même, à part soi. PHO [inpeto] ETY Mots ital.

**in-plano** *a inv, nm inv* IMPRIM Dont les feuilles imprimées au recto et au verso ne sont pas pliées. *Un livre in-plano* ou *un in-plano.* ETY Mots lat.

**input** *nm* **1** INFORM Entrée des données dans un système de traitement informatique (par oppos. à *output*). **2** ECON Syn. de *intrant.* PHO [input] ETY Mot angl.

**inqualifiable** *a* Qui ne peut être qualifié, scandaleux. *Procédé inqualifiable.*

**inquantifiable** *a* Que l'on ne peut quantifier. *Financement inquantifiable.*

**in-quarto** *a inv, nm* IMPRIM Se dit d'un livre dont les feuilles sont pliées en quatre (8 pages). ABREV in-4°. PHO [inkwarto] ETY Mots lat.

**inquiet, ète** *a* **1** Troublé par la crainte, l'incertitude. *Inquiet de son sort.* **2** Qui marque le trouble, l'appréhension. *Regards inquiets.* ETY Du lat. *inquietus,* « agité ».

**inquiétant, ante** *a* **1** Qui rend inquiet, qui cause du souci. *Son état est inquiétant.* **2** Étrange et peu rassurant. *Personnage inquiétant.*

**inquiéter** *vt* ⑭ **1** Rendre inquiet. *Cette nouvelle l'inquiète.* **2** Troubler, causer du tracas à. *Les douaniers ne l'ont pas inquiété.* **3** Harceler. *Inquiéter l'ennemi.*

**inquiétude** *nf* État d'une personne inquiète ; trouble, appréhension. *Sa maladie me cause, me donne de l'inquiétude.*

**inquisiteur, trice** *nm, a* **A** *nm* HIST Juge de l'Inquisition. **B** *a* Qui cherche en scrutant avec indiscrétion. ETY Du lat. *inquirere,* « rechercher ».

**inquisition** *nf* litt Enquête arbitraire menée de manière vexatoire.

**Inquisition (l')** institution chargée entre le XIIIe et le XIXe s. de réprimer l'hérésie dans certains États catholiques. Les prem. inquisiteurs connus, deux moines de l'ordre de Cîteaux, furent désignés en 1198 par Innocent III lors de l'hérésie cathare (V. albigeois). Les conciles du Latran (1215) et de Toulouse (1229) firent de l'Inquisition une institution permanente, confiée aux dominicains (1231). À partir de 1252, elle utilise la torture. Au XVe s., les progrès de la centralisation royale firent tomber en désuétude les tribunaux d'Inquisition en France ; leur importance déclina aussi dans le reste de l'Europe, sauf en Espagne, où l'Inquisition resta vigoureuse jusqu'au XVIIIe s.

**inquisitoire** *a* **1** didac Qui concerne une inquisition. **2** DR Se dit d'une procédure dirigée par le juge.

**inquisitorial, ale** *a* **1** HIST Qui concerne l'Inquisition. **2** litt Qui rappelle les procédés de l'Inquisition ; arbitraire et vexatoire. *Pouvoir inquisitorial.* PLUR inquisitoriaux.

**INRA** Sigle pour *Institut national de la recherche agronomique,* établissement public français, fondé en 1946.

**inracontable** *a* Qu'on ne peut raconter.

**inratable** *a* fam Impossible à rater, facile.

**inrayable** *a* Impossible à rayer.

**inrésumable** *a* Qu'il est impossible de résumer. *Film inrésumable.*

**INRI** (Initiales des mots lat. *Iesus Nazarenus Rex Iudæorum,* « Jésus de Nazareth roi des Juifs ».) Inscription placée sur la Croix, par dérision, sur l'ordre de Pilate.

**INRIA** sigle pour *Institut national de recherche en informatique et automatique,* établissement public français créé en 1979.

**insaisissable** *a* **1** DR Qui ne peut faire l'objet d'une saisie. **2** Que l'on n'arrive pas à capturer, à arrêter. *Malfaiteur insaisissable. Animal insaisissable.* **3** fig Imperceptible. *Différences insaisissables.* DER **insaisissabilité** *nf*

**In-Salah** oasis du Sahara algérien, dans le Tidikelt ; 19 000 hab.

**insalivation** *nf* Imprégnation des aliments par la salive.

**insalubre** *a* Qui n'est pas salubre, malsain. *Climat, logement insalubre.* DER **insalubrité** *nf*

**insane** *a* litt Dénué de sens, de raison. *Des propos insanes.* ETY Mot angl.

**insanité** *nf* **1** Absence de raison. **2** Action, parole insane. *Proférer des insanités.*

**insatiable** *a* Qui ne peut être rassasié. *Faim insatiable.* PHO [ɛ̃sasjabl] ETY Du lat. DER **insatiabilité** *nf* – **insatiablement** *av*

**insatisfaction** *nf* Absence de satisfaction, déplaisir.

**insatisfaisant, ante** *a* Qui n'est pas satisfaisant.

**insatisfait, aite** *a* Qui n'est pas satisfait.

**insaturé, ée** *a* CHIM Qui n'est pas saturé.

**inscriptible** *a* GEOM Qui peut être inscrit (à l'intérieur d'un cercle, d'un polygone).

**inscription** *nf* **1** Action d'inscrire sur une liste, dans un registre. *Inscription sur les listes électorales.* **2** Ce qui est inscrit. *Inscription sur un monument.* LOC DR *Inscription des privilèges et des* *hypothèques* : mention, faite sur les registres du conservateur, des hypothèques dont une propriété est grevée. — MAR ***Inscription maritime*** : anc. appellation des *Affaires maritimes*.

**inscrire** *v* [67] **A** *vt* **1** Écrire, coucher sur le papier. *Inscrire (le nom de) qqn sur la liste du jury.* **2** Écrire en creusant une matière dure, graver. *Inscrire une maxime sur un monument.* **3** GEOM Tracer une figure géométrique à l'intérieur d'une autre, de façon que ses sommets soient sur la circonférence ou sur le périmètre de celle-ci, ou qu'elle soit tangente à ses côtés. *Inscrire un hexagone dans un cercle, un cercle dans un carré.* **B** *vpr* Inscrire son nom, s'affilier à. *S'inscrire à l'université.* **LOC** DR ***S'inscrire en faux (contre qqch)*** : soutenir en justice qu'un acte authentique, produit par la partie adverse, est faux ; opposer un démenti. [ETY] Du lat.

**inscrit, ite** *a, n* **1** Au Parlement, se dit d'un député qui s'est fait porter par le président de l'Assemblée sur la liste des orateurs. **2** Dont le nom est inscrit sur une liste ; qui est adhérent d'une organisation.

**inscrivant, ante** *n* DR Personne qui requiert l'inscription d'une hypothèque.

**insculper** *vt* [1] TECH Marquer avec un poinçon. [ETY] Du lat.

**insécable** *a* Qui ne peut être partagé en plusieurs éléments. *Comprimé insécable.* [DER] **insécabilité** *nf*

**insectarium** *nm* Établissement scientifique où l'on élève des insectes. [PHO] [ɛ̃sɛktaʀjɔm]

**insecte** *nm* Petit animal arthropode dont le corps, en trois parties (tête, thorax, abdomen), porte trois paires de pattes, dont la respiration est trachéenne et qui subit le plus souvent des métamorphoses. [ETY] Du gr. *entomos,* « entaillé », à cause des étranglements dans la forme du corps.

[ENC] La classe des insectes constitue de loin le plus grand ensemble du règne animal par le nombre d'espèces (plus d'un million) et d'individus. Apparus au dévonien, dérivant très probablement des myriapodes (mille-pattes), ils se sont diversifiés au carbonifère, où ils avaient déjà acquis leur structure actuelle, c.-à-d. un corps en trois parties. La *tête* porte des yeux à facettes, une paire d'antennes et des pièces buccales qui, primitivement broyeuses, se sont plus ou moins modifiées selon le régime alimentaire (lécheur, suceur, piqueur). Le *thorax* est constitué de trois segments (d'avant en arrière : prothorax, mésothorax, métathorax), portant chacun une paire de pattes, les deux segments postérieurs portant le plus souvent chacun une paire d'ailes ; la structure de celles-ci est le critère principal choisi par les zoologistes pour établir la classification des insectes. L'*abdomen* a, au plus, onze segments, dont certains portent latéralement des *stigmates,* orifices respiratoires où débouchent les trachées ; il est terminé chez les mâles par un appareil copulateur, en général caché, et chez les femelles par un appareil de ponte *(ovipositeur)* plus ou moins apparent ; il peut présenter chez les deux sexes divers prolongements. Les insectes sont généralement ovipares ; le cuticule rigide et inextensible qui recouvre leur épiderme impose une croissance par mues ; le passage de la larve ou du jeune à l'adulte (imago) se fait soit progressivement au cours des diverses mues, soit brutalement, avec ou sans *nymphose.*

**insecticide** *a, nm* Se dit d'un produit qui détruit les insectes.

**insectivore** *a, nm* ZOOL **A** Qui se nourrit principalement d'insectes. **B** *nm* Mammifère placentaire primitif se nourrissant d'insectes, dont les molaires sont hérissées de pointes et dont l'ordre comprend les musaraignes, les taupes et les hérissons.

**insécuriser** *vt* [1] Provoquer un sentiment d'insécurité. [DER] **insécurisant, ante** *a*

**insécurité** *nf* Absence, manque de sécurité.

**INSEE** acronyme pour *Institut national de la statistique et des études économiques,* organisme public, créé en 1946, pour recenser la population, établir l'indice des prix, etc.

**inselberg** *nm* GEOGR Relief résiduel isolé. [PHO] [inselbɛʀg] [ETY] Mot norvégien

**inséminateur, trice** *a, n* didac **A** *a* Qui insémine ; qui sert à inséminer. **B** *n* Spécialiste de l'insémination artificielle.

**insémination** *nf* BIOL Dépôt de la semence mâle dans les voies génitales femelles. **LOC** ***Insémination artificielle*** : pratiquée hors accouplement, chez les animaux domestiques pour réaliser une amélioration des espèces, et chez l'être humain lorsqu'il lui est impossible d'avoir naturellement des enfants.

**inséminer** *vt* [1] BIOL Féconder au moyen de l'insémination artificielle. [ETY] Du lat.

**insensé, ée** *a, n* Contraire à la raison, extravagant. *Discours insensé.*

**insensibiliser** *vt* [1] MED Anesthésier. [DER] **insensibilisation** *nf*

**insensible** *a* **1** Qui a perdu la sensibilité physique. *Insensible au froid.* **2** Qui n'a pas de sensibilité morale. *Insensible aux malheurs d'autrui.* **3** Imperceptible, difficile à percevoir. *Progrès insensible.* [DER] **insensibilité** *nf* – **insensiblement** *av*

**inséparable** *a, n* **A 1** Qu'on ne peut séparer. **2** Qui ne se quittent jamais. *Amis inséparables.* **B** *nf pl* Nom donné aux perruches qui ne peuvent être élevées que par couples. [DER] **inséparablement** *av*

**insérer** *v* [14] **A** *vt* Introduire. *Insérer un feuillet dans un livre, un article dans un journal.* **B** *vpr* SC NAT Avoir son insertion. *Ce muscle s'insère sur tel os.* **LOC** ***Un*** (ou ***une***) ***prière d'insérer*** : notice sur un livre qu'un éditeur soumet aux critiques pour être insérée dans une publication. [ETY] Du lat. [DER] **insérable** *a*

**INSERM** sigle pour *Institut national de la santé et de la recherche médicale,* organisme, fondé en 1964, chargé de développer et de coordonner la recherche médicale.

**insermenté** *am* HIST Syn. de *réfractaire.* ANT assermenté.

**insert** *nm* **1** Brève séquence introduite dans une émission de radio ou de télévision, dans un film. **2** Dispositif que l'on installe dans une cheminée et qui fonctionne comme un poêle. **3** TECH Pièce que l'on inclut dans une autre au moment de la fabrication. [PHO] [ɛ̃sɛʀ]

**insertion** *nf* **1** Action d'insérer, de s'insérer. *Insertion d'une clause dans un contrat.* **2** Intégration harmonieuse d'une personne dans un milieu. *Insertion professionnelle, sociale.* **3** SC NAT Attache d'un organe, d'une partie du corps sur l'organisme. **LOC** DR ***Insertion légale*** : publication dans un journal, en vertu de la loi.

**insidieux, euse** *a* **1** Qui tend un piège. *Question insidieuse.* **2** MED Plus grave qu'il ne paraît d'abord. *Fièvre insidieuse.* [ETY] Du lat. *insidias,* « embûches ». [DER] **insidieusement** *av*

**1 insigne** *a* litt Remarquable. *Une faveur insigne.*

**2 insigne** *nm* **1** Attribut d'un grade, d'un rang, d'une fonction. **2** Marque distinctive d'un groupe. *Insignes scouts.*

**insignifiant, ante** *a* **1** Sans intérêt particulier. *Personne insignifiante.* **2** Sans importance. *Détail insignifiant.* [DER] **insignifiance** *nf*

**in silico** *av* Au moyen de l'outil informatique. *Construire un modèle in silico.*

**insinuer** *v* [1] **A** *vt* Laisser entendre, suggérer souvent en mauvaise part. *Elle insinue que tu as tort.* **B** *vpr* litt S'infiltrer, se glisser. *S'insinuer dans un groupe.* **LOC** ***S'insinuer dans les bonnes grâces de qqn*** : les gagner adroitement. [ETY] Du lat. [DER] **insinuant, ante** *a* – **insinuation** *nf*

**insipide** *a* **1** Qui n'a pas de goût, fade. **2** fig Sans agrément, sans intérêt. *Roman insipide.* [ETY] Du lat. [DER] **insipidité** *nf*

**insister** *vi* [1] **1** Souligner qqch, appuyer avec force sur telle ou telle question. *Insister sur les résultats obtenus.* **2** Persévérer à demander qqch. *Inutile d'insister.* [ETY] Du lat. *insistere,* « se poser sur, s'attacher à ». [DER] **insistance** *nf* – **insistant, ante** *a*

**in situ** *av* didac Dans son milieu naturel. *Étudier une plante in situ.* [PHO] [insity] [ETY] Mots lat.

**insituable** *a* Difficile à situer, à localiser, à définir. *Un romancier insituable.*

**insociable** *a* litt Qui n'est pas sociable. *Caractère insociable.* [DER] **insociabilité** *nf*

**insolateur** *nm* TECH Appareil servant à utiliser l'énergie thermique des rayons solaires.

**insolation** *nf* **1** didac Exposition à l'action des rayons solaires, de la lumière. *Sécher des plantes par insolation.* **2** Ensemble de troubles dus à une exposition au soleil (brûlures, céphalées, vertiges, déshydratation). **3** METEO Durée totale, exprimée en heures, au cours de laquelle le soleil a été visible. *L'insolation annuelle est à Paris d'environ 1 870 heures.*

**insolence** *nf* **1** Manque de respect. **2** Parole, action insolente. *Dire des insolences.*

**insolent, ente** *a, n* **A** Qui manque de respect, effronté. *Remarque insolente.* **B** *a* Qui choque par un excès insolite, provocant. *Chance insolente.* [ETY] Du lat. [DER] **insolemment** *av*

**insoler** *vt* [1] TECH Soumettre à l'action des rayons solaires, de la lumière. [ETY] Du lat.

**insolite** *a, nm* Qui surprend par son caractère inhabituel. *Un fait insolite. Aimer l'insolite.* [ETY] Du lat.

**insolubiliser** *vt* [1] didac Rendre un corps insoluble.

**insoluble** *a* **1** Qu'on ne peut dissoudre. *Corps insoluble.* **2** Qu'on ne peut résoudre. *Difficulté insoluble.* [ETY] Du lat. [DER] **insolubilité** *nf*

**insolvable** *a, n* DR Qui n'a pas de quoi payer ce qu'il doit. [DER] **insolvabilité** *nf*

**insomnie** *nf* Trouble du sommeil. *Insomnie due à l'anxiété, à l'abus des excitants.* [ETY] Du lat. [DER] **insomniaque** *a, n*

**insondable** *a* Qu'on ne peut sonder, dont on ne peut mesurer la profondeur. *Gouffre insondable.*

**insonore** *a* **1** Qui n'est pas sonore. **2** Qui amortit les sons. [DER] **insonorité** *nf*

**insonoriser** *vt* [1] Amortir les sons à l'aide de matériaux qui les absorbent. *Insonoriser un studio d'enregistrement.* [DER] **insonorisation** *nf*

**insortable** *a* fam Qui n'est pas sortable, mal élevé.

**insouciant, ante** *a, n* Qui ne se soucie, ne s'inquiète de rien. *Jeunesse insouciante. Insouciant du lendemain.* [DER] **insouciance** *nf*

**insoucieux, euse** *a* vieilli, litt Qui ne prend pas souci de. *Être insoucieux de ses intérêts.*

**insoulevable** *a* Impossible à soulever, très lourd.

**insoumis, ise** *a, nm* **A** *a* Qui n'est pas soumis. *Peuplades insoumises.* **B** *nm* DR Se dit d'un soldat qui n'a pas rejoint son corps dans le délai prescrit par l'autorité militaire. *Les déserteurs et les insoumis.* [DER] **insoumission** *nf*

**insoupçonnable** *a* Au-dessus de tout soupçon. *Probité insoupçonnable.*

**insoupçonné, ée** *a* Qu'on ne soupçonne pas. *Difficultés insoupçonnées.*

**insoutenable** *a, nm* **1** Qu'on ne peut soutenir, justifier. *Opinion insoutenable.* **2** Que l'on ne peut supporter. *Spectacle insoutenable. Une douleur à la limite de l'insoutenable.*

**inspecter** *vt* ① **1** Examiner dans le but de surveiller, de contrôler. *Inspecter des troupes, des travaux.* **2** Examiner attentivement. *Inspecter un vêtement.* ETY Du lat.

**inspecteur, trice** *n* Agent ou fonctionnaire chargé d'effectuer des contrôles, des vérifications dans les administrations, les entreprises. *Inspecteur des impôts.*

**inspection** *nf* **1** Action d'inspecter. *Inspection d'une école.* **2** ADMIN Charge d'inspecteur. *Obtenir une inspection.* **3** Corps de fonctionnaires chargé de la surveillance de tel ou tel secteur de l'Administration. *Inspection générale des services* (de la police, IGS). **LOC** ***Inspection du travail*** : chargée de veiller à l'application de la législation du travail dans les entreprises. — ***Inspection générale des Finances***, chargée de contrôler la gestion de tous les comptables publics.

**inspectorat** *nm* ADMIN Fonction d'inspecteur.

**inspirant, ante** *a* Qui donne de l'inspiration. *Un dilemme peu inspirant.*

**inspirateur, trice** *a, n* **1** Qui donne l'impulsion créatrice ; dont on s'inspire. *Passion inspiratrice.* **2** ANAT Qui permet d'inspirer l'air. *Muscles inspirateurs.*

**inspiration** *nf* **1** Phase de la respiration au cours de laquelle l'air entre dans les poumons. **2** Action d'inspirer qqch à qqn. *J'ai agi sur votre inspiration.* **3** Idée venant soudain à l'esprit. *J'ai eu une bonne inspiration en l'invitant.* **4** Impulsion créatrice. *Attendre l'inspiration.* **5** État d'illumination sous l'empire duquel il serait possible de recevoir les révélations de puissances surnaturelles. *Inspiration prophétique.* **6** Influence littéraire, artistique. *Chanson d'inspiration folklorique.*

**inspiratoire** *a* **didac** Relatif à l'inspiration de l'air dans les poumons.

**inspiré, ée** *a* **1** Qui a reçu l'inspiration. *Poète inspiré. Prophète inspiré.* **2** Qui dénote l'inspiration. *Air inspiré.* **3** Qui a pris tel modèle. *Architecture inspirée de l'Antiquité.* **LOC** ***Être bien inspiré*** : avoir une bonne inspiration, une bonne idée.

**inspirer** *v* **A** Faire entrer l'air dans ses poumons. **B** *vt* **1** Faire naître une pensée, un sentiment, un comportement chez qqn. *Inspirer de l'amour.* **2** Éveiller, stimuler les facultés créatrices de qqn. *La nature inspire les poètes.* **3** Communiquer un état d'illumination à, en parlant d'une puissance surnaturelle. *Dieu a inspiré les prophètes.* **C** *vpr* Prendre comme modèle. *Auteur qui s'est inspiré des œuvres classiques.* ETY Du lat. *in*, « dans », et *spirare*, « souffler ».

**instable** *a, n* **A** *a* Qui n'est pas stable. *Échafaudage instable.* **B** *a, n* Dont l'humeur, le comportement changent fréquemment. *Un enfant instable.* DER **instabilité** *nf*

**installateur, trice** *n* **1** Personne qui effectue des installations. *Installateur de chauffage central.* **2** Bx-A Artiste auteur d'installations.

**installation** *nf* **1** Action d'installer qqch. *Installation de l'électricité.* **2** Ensemble des objets, des appareils installés. *Réparer des installations sanitaires.* **3** Action, manière de s'installer. *L'installation des nouveaux locataires.* **4** INFORM Procédure visant à rendre opérationnels un système informatique, un périphérique ou un logiciel. **5** Bx-A Dans l'art contemporain, œuvre constituée d'éléments divers disposés dans un espace. SYN environnement.

**installer** *v* ① **A** *vt* **1** Mettre qqch en place, en service. *Installer un appartement. Installer un logiciel. Installer le téléphone.* **2** Procéder à une installation. **3** Placer, loger qqn dans un endroit. *Installer un employé dans un bureau.* **4** ADMIN Établir officiellement qqn dans ses fonctions. *Installer un magistrat.* **B** *vpr* **1** S'établir, se fixer. *S'installer à la campagne.* **2** Se mettre à une place, dans une position déterminée. *S'installer confortablement sur un canapé. S'installer dans la médiocrité.* ETY Du lat. *installare*, « mettre dans sa stalle ».

**instamment** *av* De façon pressante.

**instance** *nf* **1** Sollicitation pressante. *Sur les instances de ses parents.* **2** DR Ensemble des actes de procédure nécessaires pour intenter, instruire et juger un procès. *Tribunal d'instance, de grande instance.* **3** Tribunal, organisme ayant pouvoir de juger, de décider. *L'instance suprême.* **4** Autorité, organisme ayant le pouvoir de discuter, d'examiner ou de décider. *Les instances de l'ONU.* **LOC** ***Affaire en instance*** : non réglée. — ***Première instance*** : poursuite d'une action devant le premier degré de juridiction.

**1 instant, ante** *a* litt Pressant, insistant. *Prière instante.* ETY Du lat. *instare*, « serrer de près ».

**2 instant** *nm* Moment très court. *S'arrêter un instant.* **LOC** ***À chaque instant, à tout instant*** : continuellement, sans cesse. — ***À l'instant*** : il y a très peu de temps. — ***Dans un instant*** : dans très peu de temps. — ***Dès l'instant que, où*** : du moment que, où. ETY De *instant 1*.

**instantané, ée** *a, nm* **A** *a* **1** Qui ne dure qu'un instant. *L'éclair est instantané.* **2** Qui se produit immédiatement. *Riposte instantanée.* **3** Se dit d'un produit alimentaire consommable après réhydratation. **B** *a, nm* Se dit d'une photographie effectuée avec un temps de pose très court. DER **instantanéité** *nf* – **instantanément** *av*

**instar de (à l')** *prép* À l'exemple de, de même que. ETY Du lat.

**instaurer** *vt* ① Établir, instituer. *Instaurer un nouveau régime politique.* ETY Du lat. DER **instaurateur, trice** *n* – **instauration** *nf*

**instigateur, trice** *n* Personne qui pousse à faire qqch.

**instigation** *nf* Incitation à faire qqch. *Commettre un crime à l'instigation de qqn.* ETY Du lat.

**instiguer** *vt* ① **Belgique** Pousser, inciter qqn à faire qqch. ETY Du lat.

**instiller** *vt* ① **1** Verser goutte à goutte. *Instiller un collyre entre les paupières.* **2** fig Faire pénétrer lentement, insidieusement ou avec précaution. ETY Du lat. *stilla*, « goutte ». DER **instillation** *nf*

**instinct** *nm* **1** Ensemble des tendances innées et contraignantes qui déterminent certains comportements spécifiques et immuables, communs à tous les individus d'une même espèce du règne animal. *Instinct sexuel.* **2** Intuition, connaissance spontanée, chez l'homme. *Se fier à son instinct.* **3** Aptitude naturelle. *Avoir l'instinct des affaires.* **LOC** ***D'instinct*** : spontanément, sans réfléchir. PHO [ɛ̃stɛ̃] ETY Du lat.

**instinctif, ive** *a, n* **A** *a* Qui naît de l'instinct. *Réaction instinctive.* **B** *a, n* Qui a tendance à obéir à son instinct, à son intuition plutôt qu'à sa raison. DER **instinctivement** *av*

**instinctuel, elle** *a* PSYCHO Qui procède de l'instinct.

**instit** *n* fam Instituteur. PHO [ɛ̃stit] VAR **insti**

**instituer** *v* ① **A** *vt* **1** Établir une chose nouvelle et durable. *Instituer le suffrage universel.* **2** DR Nommer par testament. *Instituer un légataire.* **B** *vpr* Se poser en, s'ériger en. *S'instituer moraliste.* ETY Du lat.

**institut** *nm* **1** Corps constitué de gens de lettres, de savants, etc. **2** Nom de certains établissements d'enseignement, de recherche. *Institut universitaire de technologie* ABREV IUT. *L'Institut Pasteur.* **3** Nom de certains établissements de soins. *Institut dentaire. Institut de beauté.* **4** Règle de vie d'une congrégation religieuse à sa fondation. ETY Du lat. *institutum*, « ce qui est établi ».

**Institut catholique de Paris** établissement privé d'enseignement supérieur qui a succédé, en 1876, à l'école des Carmes.

**Institut de France** réunion officielle des cinq Académies : française, des sciences, des sciences morales et politiques, des inscriptions et belles-lettres, des beaux-arts. (V. académie.) – *Palais de l'Institut* ou, absol., *l'Institut* : monument de Paris situé sur le quai Conti. Construit par Le Vau, Lambert et d'Orbay de 1663 à 1672, pour abriter une fondation posthume de Mazarin (le Collège des Quatre-Nations), il fut affecté à l'Institut de France en 1806.

**Institutes** manuel de droit romain. Les *Institutes de Gaïus* (mil. IIe s. av. J.-C.) traitent des personnes, des biens, de la procédure, de même que les *Institutes de Justinien* (533 ap. J.-C.).

**instituteur, trice** *n* Personne chargée d'enseigner dans les classes du premier degré.

**institution** *nf* **A** **1** Action d'instituer qqch. *L'institution du suffrage universel en France.* **2** Organisme établissant les règles pour une communauté. *Les institutions politiques et religieuses.* **3** Maison de retraite ou centre de soins pour personnes dépendantes ou handicapées. **4** vx Établissement d'enseignement privé. *Institution de jeunes filles.* **B** *nfpl* Lois fondamentales régissant la vie politique et sociale d'un pays.

**Institution de la religion chrétienne (l')** ouvrage de Calvin en lat. (1536) puis en fr. (1541). Les 4 parties traitent de Dieu, de l'homme, pécheur dont Jésus assura le rachat, de la Grâce, due au seul désir de Dieu (théorie de la prédestination), de l'Église.

**institutionnaliser** *vt* ① Élever au rang d'institution. *Institutionnaliser un usage.* DER **institutionnalisation** *nf*

**institutionnel, elle** *a, nm* **A** *a* **1** Relatif aux institutions. **2** Qui a pour cadre une institution, un collectif. *Pédagogie institutionnelle. Psychothérapie institutionnelle.* **B** *nm* **1** Investisseur institutionnel. **2** Personne qui représente les institutions, l'État.

**Institut national de la consommation** → **INC.**

**Institut national de la recherche agronomique** → **INRA.**

**Institut national de la santé et de la recherche médicale** → **INSERM.**

**Institut national de la statistique et des études économiques** → **INSEE.**

**Institut national de l'audiovisuel** → **INA.**

**instructeur, trice** *n* **1** Personne qui instruit. **2** Personne chargée de l'instruction des soldats. *Officier instructeur.*

**instructif, ive** *a* Qui instruit. *Livre instructif.*

**instruction** *nf* **A** **1** Action d'instruire qqn. *Instruction de la jeunesse.* **2** Enseignement officiel. *Instruction publique.* **3** Culture, connaissances acquises. *Manquer d'instruction.* **4** DR Ensemble des recherches et formalités relatives à une affaire, en vue de son jugement. **B** *nfpl* **1** Indications, directives pour mener à bien une mission, utiliser correctement qqch. *Les instructions ministérielles. Les instructions d'un mode d'emploi.* **2** INFORM Suite de caractères parfois précédée par une adresse ou un numéro, qui définit les opérations à effectuer par l'ordinateur.

**instruire** *v* ⑮ **A** *vt* **1** Donner un enseignement, une formation à qqn. *Instruire des enfants, des soldats. L'exemple nous instruit.* **2** Aviser qqn de qqch. *Instruire qqn de ses intentions.* **3** DR Mettre une affaire en état d'être jugée. *Instruire un procès.* **B** *vpr* Acquérir des connaissances. *S'instruire dans une science.* ETY Du lat. *instruere*, « construire ».

**instruit, ite** *a* **1** Qui a des connaissances. **2** Qui est informé de.

**instrument** *nm* **1** Outil, appareil servant à effectuer un travail, une mesure, une opération, à observer un phénomène, etc. *Instruments d'optique, de chirurgie.* **2 fig** Personne ou chose dont on se sert pour parvenir à ses fins. *Faire de qqn, de qqch, l'instrument de sa réussite.* **LOC** ***Instrument de musique :*** avec lequel on produit des sons musicaux. [ETY] Du lat. *instruere,* « munir ».

**instrumentaire** *a* **LOC** DR ***Témoin instrumentaire :*** dont la signature est nécessaire pour la validité d'un acte.

**instrumental, ale** *a, nm* **A** *a* **1** Qui sert d'instrument. **2** Qui concerne l'instrument, les instruments. **3** MUS Qui est exécuté par des instruments. *Musique instrumentale* (par oppos. à *musique vocale*). **4** MED Qui se fait à l'aide d'instruments. **B** *a, nm* Se dit d'un cas qui exprime le complément de moyen. **PLUR** instrumentaux.

**instrumentaliser** *vt* [1] **1** Réduire qqn ou qqch au rôle d'instrument, le manipuler. **2** Effectuer une opération à l'aide d'instrument. *Instrumentaliser la procréation.* [DER] **instrumentalisation** *nf*

**instrumentalisme** *nm* PHILO Doctrine pragmatique suivant laquelle toute théorie est un outil, un instrument pour l'action. [DER] **instrumentaliste** *a, n*

**instrumentation** *nf* **1** MUS Art d'utiliser les possibilités techniques et sonores de chaque instrument dans l'élaboration d'une œuvre musicale. **2** Ensemble d'instruments, d'appareils destinés à des opérations spécifiques. *L'instrumentation médicale.*

**instrumenter** *v* [1] **A** *vt* **1** Doter un système, un engin d'instruments de contrôle, d'une instrumentation. *Instrumenter un avion.* **2** MUS Syn. rare d'*orchestrer.* **B** *vi* DR Dresser un acte authentique (constat, exploit, etc.).

**instrumentiste** *n* **1** MUS Personne qui joue d'un instrument. **2** CHIR Infirmier, infirmière spécialisés qui, au cours d'une intervention, passe au chirurgien les différents instruments.

**insu** *prép* **LOC** ***À l'insu de qqn :*** sans qu'il le sache, sans qu'il s'en doute. *Faire qqch à l'insu de sa famille. Il a agi à mon insu.* [ETY] De *savoir.*

**insubmersible** *a, nm* Qui ne peut être submergé ; qui ne peut couler (navires). *Canot de sauvetage insubmersible.* [DER] **insubmersibilité** *nf*

**insubordination** *nf* Défaut de subordination ; désobéissance. *Acte d'insubordination.*

**insubordonné, ée** *a* Indiscipliné.

**insuccès** *nm* Absence de succès, échec. *Insuccès d'une pièce.*

**insuffisance** *nf* **1** Caractère d'une personne, d'une chose insuffisante. **2** MED Défaillance aiguë ou chronique d'un organe, d'une glande, d'une fonction. *Insuffisance cardiaque, surrénale.*

**insuffisant, ante** *a, n* **A** *a* **1** Qui ne suffit pas. *Lumière insuffisante pour lire.* **2** Qui manque d'aptitude, de compétence. *Être insuffisant pour une tâche.* **B** *n* Malade atteint d'une insuffisance. *Un insuffisant respiratoire.* [DER] **insuffisamment** *av*

**insufflateur, trice** *a, nm* **A** *a* Qui insuffle. **B** *nm* MED Syn. de *respirateur.*

**insuffler** *vt* [1] **1** RELIG Faire pénétrer par le souffle divin. *Dieu modela dans l'argile une forme à son image et lui insuffla la vie.* **2 litt** Inspirer, transmettre. *Insuffler du courage.* **3** MED Introduire de l'air, un mélange gazeux dans l'organisme à des fins thérapeutiques. [ETY] Du lat. [DER] **insufflation** *nf*

**insulaire** *a, n* **A** Qui habite une île. *Peuple insulaire. Les insulaires de Chypre.* **B** *a* Relatif à une île. *Climat insulaire.* [ETY] Du lat.

**insularité** *nf* **1** État d'un pays formé d'une ou de plusieurs îles. **2** Fait d'être insulaire.

**Insulinde** nom donné autref. aux îles qui forment l'Indonésie et les Philippines.

**insuline** *nf* MED Hormone sécrétée par certaines cellules des îlots de Langerhans du pancréas. [ETY] Du lat. *insula,* « île », par l'angl. [DER] **insulinique** *a*

[ENC] L'insuline abaisse la glycémie (transformation du glucose en glycogène), favorise la pénétration du glucose dans les cellules et freine la dégradation du glycogène au niveau du foie ; sa sécrétion dépend de la glycémie, qu'elle maintient constante, sous l'action de facteurs hormonaux, nerveux, métaboliques. C'est au niveau du foie qu'a lieu la destruction de l'insuline. (V. diabète.)

**insulinodépendance** *nf* MED État du diabétique qui ne peut se passer d'administration régulière d'insuline. [DER] **insulinodépendant, ante** *a, n*

**insulinorésistance** *nf* MED Résistance d'un diabète à l'insuline. [DER] **insulinorésistant, ante** *a, n*

**insulinothérapie** *nf* MED Traitement par l'insuline.

**insulte** *nf* Parole ou action volontairement offensante. *Débiter des insultes.*

**insulter** *v* [1] **A** *vt* Offenser volontairement qqn par des insultes. *Insulter publiquement qqn.* **B** *vti* **litt** Constituer une insulte pour qqn, qqch par son insolence. *De tels propos insultent à sa mémoire.* [DER] **insultant, ante** *a* – **insulté, ée** *n* – **insulteur, euse** *n*

**insupportable** *a* **1** Qu'on ne peut supporter. *Souffrance insupportable.* **2** Qui a un caractère, un comportement très désagréable ; très turbulent. *Un enfant insupportable.* [DER] **insupportablement** *av*

**insupporter** *vt* [1] **fam** Exaspérer, irriter.

**insurgé, ée** *a, n* **A** *a* Qui s'est insurgé. **B** *n* Agitateur, révolté, révolutionnaire.

**insurger (s')** *vpr* [13] Se révolter contre qqn, qqch. *S'insurger contre le pouvoir.* [ETY] Du lat. *insurgere,* « se dresser ».

**insurmontable** *a* Qu'on ne peut surmonter. *Difficulté insurmontable.*

**insurpassable** *a* Impossible à surpasser.

**insurrection** *nf* Action de s'insurger ; soulèvement en masse contre le pouvoir établi, révolte. [DER] **insurrectionnel, elle** *a*

**intact, acte** *a* **1** Qui n'a pas été touché. *Dépôt intact.* **2 fig** Qui n'a souffert aucune atteinte. *Réputation intacte.* **3** Entier, qui n'a pas subi d'altération. [PHO] [ɛ̃takt] [ETY] Du lat.

**intaille** *nf* Bx-A Pierre dure gravée en creux. [ETY] De l'ital.

**intangible** *a* Que l'on ne doit pas toucher, modifier. *Loi intangible.* [DER] **intangibilité** *nf*

**intarissable** *a* **1** Qui ne peut être tari. *Source intarissable.* **2 fig** Qui ne s'arrête pas, en parlant d'un discours, de qqn qui parle. [DER] **intarissablement** *av*

**intégrable** *a* **1** Que l'on peut intégrer. **2** MATH Se dit d'une fonction dont on peut calculer l'intégrale.

**intégral, ale** *a, nf* **A** *a* Dont on n'a rien retranché. *Texte intégral.* **PLUR** intégraux. **B** *nf* **1** Édition complète des œuvres d'un musicien, d'un écrivain, etc. **2** MATH Fonction qui admet pour dérivée une fonction donnée. **SYMB** ∫. **LOC** MATH ***Calcul intégral :*** ensemble des méthodes de calcul des primitives. [ETY] Du lat. *integer,* « entier ». [DER] **intégralement** *av* – **intégralité** *nf*

**intégrant, ante** *a* Se dit des parties qui sont nécessaires à l'intégrité d'un tout.

**intégrase** *nf* BIOCHIM Enzyme qui permet l'intégration du matériel génétique du virus du sida dans le génome des cellules hôtes.

**intégrateur, trice** *a, nm* **A** *a* **didac** Qui intègre. **B** *nm* TECH Appareil qui totalise des valeurs continues.

**intégratif, ive** *a* Qui vise à une intégration. *Politique intégrative.*

**intégration** *nf* **1** Action d'intégrer, de s'intégrer dans un groupe, un pays, etc. *L'intégration des travailleurs immigrés.* **2** Fait pour plusieurs nation de créer un espace économique commun. **3** ECON Rattachement à une industrie principale d'industries annexes. **4** PHYSIOL Coordination des activités de différents organes. **5** MATH Détermination de la valeur des inconnues d'une équation différentielle ou des intégrales des fonctions.

**intégrationniste** *a, n* Partisan de l'intégration politique, économique, sociale ou culturel. *Intégrationnistes et communautaristes.*

**intègre** *a* D'une extrême probité. [ETY] Du lat. *integer,* « entier ». [DER] **intègrement** *av*

**intégré, ée** *a* **1** Qui est conçu pour former un ensemble cohérent. *Cuisine intégrée.* **2** ELECTRON Se dit d'un circuit constitué de composants formés à partir d'un bloc semiconducteur et contenus sur une pastille de silicium de faibles dimensions. **3** INFORM Se dit d'une gestion assurant la liaison entre les différents types de comptabilité.

**intégrer** *v* [14] **A** *vt* **1** Faire entrer dans un tout. *Intégrer un dialogue dans un scénario.* **2** Assimiler des connaissances, des influences, des conduites. **3** MATH Procéder à l'intégration de. *Intégrer une fonction.* **B** *vt, vti* Entrer dans une grande école. *Il a intégré (à) Polytechnique.* **C** *vpr* S'adapter à un environnement. *S'intégrer à, dans un milieu social.* [ETY] Du lat. *integrare,* « réparer, refaire ».

**intégrisme** *nm* Attitude, opinion de ceux qui souhaitent maintenir dans son intégrité, sans qu'il évolue, un système doctrinal donné. [ETY] De *intègre,* d'après l'esp.

**intégriste** *a, n* **1** Relatif à l'intégrisme, partisan de l'intégrisme. **2** Qui fait preuve d'une intransigeance, d'un purisme, d'un conservatisme excessifs. *Les intégristes de la valeur travail.*

**intégrité** *nf* **1** État d'une chose à laquelle il ne manque rien. *Conserver l'intégrité du territoire.* **2** Probité irréprochable.

**intellect** *nm* Faculté de comprendre, de connaître, par oppos. à *sensibilité.* **SYN** entendement. [PHO] [ɛ̃telɛkt] [ETY] Du lat.

**intellection** *nf* PHILO Acte, exercice de l'intellect par lequel il conçoit, saisit les idées.

**intellectualiser** *vt* [1] **didac, litt** **1** Revêtir d'un caractère conceptuel, intellectuel. **2** Trans-

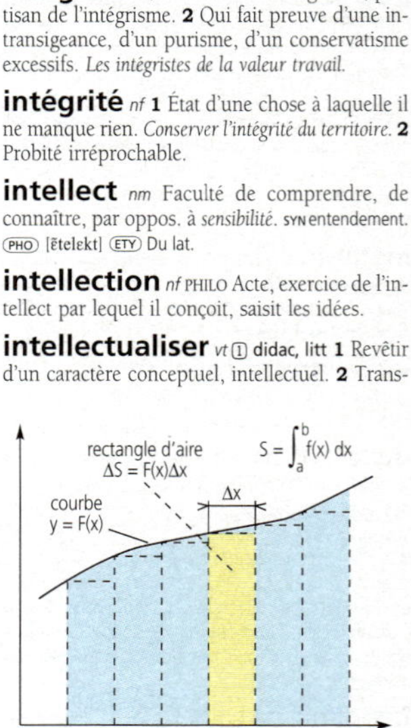

l'intégrale S représente l'aire coloriée sur la courbe ; elle peut être considérée comme la limite d'une somme d'un grand nombre de quantités infinitésimales ΔS

**intégrale**

former, élaborer grâce à l'intellect. [DER] **intellectualisation** *nf*

**intellectualisme** *nm* **1** PHILO Doctrine qui affirme la prééminence de l'entendement sur l'affectivité et la volonté. **2** péjor Travers de ceux qui privilégient l'intellect au détriment de la spontanéité. [DER] **intellectualiste** *a, n*

**intellectualité** *nf* didac, litt **1** Caractère intellectuel d'une personne, d'une attitude. **2** Ensemble des facultés intellectuelles.

**intellectuel, elle** *a, n* **A** *a* Qui se rapporte à l'intelligence. *Facultés intellectuelles.* **B** *n, a* Qui s'adonne de façon prédominante, par goût ou par profession, à la vie intellectuelle. [ETY] Du lat. [DER] **intellectuellement** *av*

**intelligence** *nf* **A 1** Faculté de comprendre, de découvrir des relations entre les faits et les choses. **2** Aptitude à comprendre facilement, à agir avec discernement. **3** Personne intelligente. **4** Capacité ou fait de comprendre une chose particulière. *L'intelligence des affaires.* **5** Entente, communauté d'idées, de sentiments. *Vivre en bonne intelligence.* **6** Connivence. *Être, agir d'intelligence avec qqn.* **B** *nfpl* Correspondance, communication secrète. *Intelligences avec l'ennemi.* LOC ***Intelligence artificielle (IA)*** : ensemble des méthodes permettant la réalisation de logiciels capables de reproduire certains aspects de l'activité intelligente humaine (apprentissage et raisonnement par inférence, notamment). — ***Intelligence économique*** : recherche de renseignements économiques sans sortir de la légalité, à la différence de l'espionnage industriel. [ETY] Du lat. *intellegere*, « comprendre ».

[ENC] L'intelligence artificielle est le domaine de l'informatique qui concerne la réalisation de logiciels capables de reproduire certains aspects de l'activité intelligente humaine, notam. l'apprentissage et le raisonnement par inférence. Les applications sont multiples : analyse des images et de la parole, reconnaissance des formes, représentation des connaissances, conception assistée par ordinateur (CAO), programmation de robots, interprétation du langage naturel et création de langages pour faciliter la communication homme-machine, jeux, etc.

**Intelligence Service** service de renseignements britannique.

**intelligent, ente** *a* **1** Qui a de l'intelligence ; qui dénote l'intelligence. *Élève intelligent.* **2** Pourvu d'un système informatique qui assure automatiquement certaines opérations. *Immeuble intelligent.* [DER] **intelligemment** *av*

**intelligentsia** *nf* **1** HIST Classe des intellectuels, dans la Russie tsariste. **2** Ensemble des intellectuels d'un pays. *L'intelligentsia française.* [PHO] [ɛ̃teliʒɛntsja] [ETY] Mot russe.

**intelligible** *a* **1** Qui peut être compris. *Passage peu intelligible.* **2** PHILO Qui est connaissable par le seul entendement (par oppos. à *sensible*). **3** Qui peut être entendu distinctement. *Parler à haute et intelligible voix.* [ETY] Du lat. [DER] **intelligibilité** *nf* – **intelligiblement** *av*

**intello** *a, n* fam Intellectuel.

**intellocratie** *nf* POLIT Ensemble des intellectuels considérés comme un pouvoir dans l'État. [DER] **intellocrate** *n*

**Intelsat** organisation internationale créée en 1964, à la demande des É.-U., pour développer les télécommunications par satellites. Le prem. satellite a été mis en orbite en 1965.

**intempérance** *nf* vieilli Défaut d'une personne intempérante. LOC ***Intempérance de langage*** : liberté excessive dans l'expression.

**intempérant, ante** *a* vieilli Qui manque de sobriété, de modération, dans le manger et le boire. [ETY] Du lat.

**intempéries** *nfpl* Mauvais temps ; pluie, gel, vent, etc. [ETY] Du lat.

**intempestif, ive** *a* **1** litt Qui n'est pas fait à propos, en son temps. **2** Qui est inopportun, déplacé. *Démarche intempestive.* [ETY] Du lat. [DER] **intempestivement** *av*

**intemporel, elle** *a, nm* **A** *a* Qui est étranger au temps, en dehors de la durée. *La vérité est intemporelle.* **B** *nm* Domaine des choses intemporelles. [DER] **intemporalité** *nf*

**intenable** *a* **1** Où l'on ne peut demeurer, tenir. *Situation intenable.* **2** Dont on ne peut se faire obéir, très turbulent. *Enfant intenable.*

**intendance** *nf* **1** Fonction d'intendant. **2** Corps des intendants. *Intendance universitaire.* **3** MILIT Service de l'armée ayant pour rôle de ravitailler les troupes, de vérifier les comptes des corps de troupes et d'effectuer les paiements. **4** Ensemble des services dirigés par un intendant ; bâtiment qui les abrite. **5** HIST Territoire dépendant d'un intendant. **6** fig, fam Trésorerie. *Avoir des problèmes d'intendance en fin de mois.*

**intendant, ante** *n* **A 1** Personne qui administre les affaires, le patrimoine d'une collectivité, d'un particulier. **2** Fonctionnaire responsable de l'administration matérielle et financière d'un établissement public. **B** *nm* HIST Représentant du pouvoir royal chargé d'administrer la justice, la police et les finances d'une généralité. **C** *nf* Femme d'un intendant. [ETY] Du lat. *intendere*, « veiller ».

**intense** *a* **1** Qui agit avec force. **2** Grand, fort, vif. *Froid intense.* **3** Considérable, important. *Circulation intense.* [ETY] Du lat. [DER] **intensément** *av*

**intensif, ive** *a* **1** Qui met en œuvre la totalité des moyens disponibles. **2** Qui fait l'objet d'une activité, d'un effort intenses. *Apprentissage intensif d'une langue étrangère.* **3** LING Qui renforce l'idée exprimée. *Extra- est un préfixe intensif.* **4** ECON Qui vise à obtenir des rendements élevés dans des exploitations d'étendue restreinte ou moyenne, par oppos. à *extensif.* [DER] **intensivement** *av*

**intensifier** *vt* [2] Rendre plus intense, augmenter. *Intensifier la production.* [DER] **intensification** *nf*

**intension** *nf* LOG Ensemble des caractères qui constituent un concept (par oppos. à *extension*). [DER] **intensionnel, elle** *a*

**intensité** *nf* **1** Degré d'activité, d'énergie, de puissance. *Intensité d'un séisme. L'intensité d'une passion.* **2** ELECTR Quantité d'électricité qui traverse un circuit dans l'unité de temps, dont l'unité est l'ampère SYMB A. LOC PHYS ***Intensité lumineuse*** : quotient du flux lumineux émis dans un cône par l'angle solide de ce cône, dont l'unité est la candela SYMB cd.

**intenter** *vt* [1] DR Engager contre qqn une action en justice. [ETY] Du lat.

**intention** *nf* Acte de la volonté par lequel on se fixe un but ; ce but lui-même. *Bonne, mauvaise intention.* LOC ***À l'intention de qqn*** : spécialement pour qqn. — MED ***De première, de seconde intention*** : qui concerne la phase initiale, ou non initiale, d'un traitement médical.

**intentionnalité** *nf* **1** Caractère intentionnel d'un acte. *Intentionnalité d'un délit.* **2** PHILO Fait, pour la conscience, de se donner un objet.

**intentionné, ée** *a* LOC ***Bien, mal intentionné*** : qui a de bonnes, de mauvaises intentions.

**intentionnel, elle** *a* Qui est fait délibérément. *Omission intentionnelle.* [DER] **intentionnellement** *av*

**inter-** Élément, du latin *inter*, « entre », qui marque la séparation ou la réciprocité.

**inter** *nm* SPORT Joueur de football placé entre l'ailier et l'avant-centre.

**interactif, ive** *a* **1** didac Relatif à l'interaction. *Phénomènes interactifs.* **2** INFORM Qui permet une interactivité. **3** Se dit d'une production médiatique donnant lieu à un échange avec le public. [DER] **interactivement** *av*

**interaction** *nf* **1** Action réciproque de deux ou plusieurs phénomènes. **2** PHYS Chacun des types d'action réciproques s'exerçant entre particules élémentaires. [DER] **interactionnel, elle** *a*

[ENC] On appelle *interactions* les quatre forces naturelles : l'*interaction gravitationnelle* (V. gravitation) ; l'*interaction électromagnétique* (V. électromagnétisme) ; l'*interaction forte,* qui s'exerce de façon attractive entre tous les hadrons (V. particule) et qui explique notam. la cohésion du noyau de l'atome ; l'*interaction faible,* qui intervient dans les processus de désintégration. La théorie électrofaible (1967) unifie les interactions électromagnétique et faible dans une même définition. La recherche de l'unification se poursuit en vue d'unir aux deux premières l'interaction forte et par la suite l'interaction gravitationnelle (V. force).

**interactionnisme** *nm* SOCIAL Analyse de la société qui privilégie l'interaction entre les individus. [DER] **interactionniste** *a, n*

**interactivité** *nf* INFORM Dialogue, échange entre l'utilisateur et un programme.

**interagir** *vi* [3] Exercer une interaction.

**interallié, ée** *a* Qui concerne les pays alliés dans leurs rapports mutuels.

**interarmées** *a inv* MILIT Qui groupe des éléments de plusieurs corps d'armées.

**interarmes** *a inv* MILIT Qui groupe des éléments de plusieurs corps d'armes.

**interbancaire** *a* Qui concerne les relations entre banques. [DER] **interbancarité** *nf*

**intercalaire** *a, n* **A** *a* Qu'on intercale. **B** *nm* Fiche, feuillet ou carte, d'un format particulier, qu'on intercale dans un ensemble de format différent. LOC ***Jour intercalaire*** : jour ajouté au mois de février des années bissextiles, afin que l'année civile coïncide avec l'année astronomique.

**intercaler** *v* [1] **1** Ajouter un jour intercalaire. **2** Placer entre deux choses ou en alternance. *S'intercaler entre deux rendez-vous.* **3** Faire entrer après coup dans une série, un ensemble, un texte. *Intercaler une clause dans un contrat.* [ETY] Du lat. [DER] **intercalation** *nf*

**intercéder** *vi* [14] Intervenir en faveur de qqn. *Intercéder en faveur d'un coupable.* [ETY] Du lat.

**intercellulaire** *a* BIOL Qui est entre les cellules. *Espace intercellulaire.*

**intercepter** *vt* [1] **1** Interrompre qqch dans son cours, sa transmission. *Écran insonore qui intercepte les bruits.* **2** Prendre par surprise ce qui est destiné à un autre. *Intercepter un message.* **3** MAR, AERON Attaquer un navire, un avion, un missile pour l'empêcher d'atteindre son objectif. **4** GEOM En parlant d'un angle dont le sommet est le centre d'un cercle et dont les côtés délimitent un arc sur le cercle. *L'angle α intercepte l'arc ab.* [ETY] Du lat. *interceptio*, « soustraction ». [DER] **interception** *nf*

**intercepteur** *nm* AERON Avion destiné à intercepter les appareils ennemis.

**intercesseur** *nm* RELIG litt Personne qui intercède.

**intercession** *nf* **1** litt Action d'intercéder. **2** RELIG Intervention des saints auprès de Dieu en faveur des hommes, des pécheurs.

**interchangeable** *a* Se dit de choses, de personnes qui peuvent être mises à la place l'une de l'autre. [ETY] De l'angl. [DER] **interchangeabilité** *nf*

**interclasse** *nm* Court moment de repos entre deux séquences d'enseignement.

**interclasser** *vt* [1] Réunir, en une seule série, plusieurs séries d'éléments classés. *Interclasser des dossiers.* [DER] **interclassement** *nm*

**interclassiste** *a* POLIT Se dit d'un parti qui recrute dans plusieurs classes sociales.

**interclubs** *a inv* SPORT Qui se dispute entre plusieurs clubs.

**intercom** *nm* Dispositif de communication à courte distance.

**intercommunal, ale** *a* Qui est commun à plusieurs communes, qui relève de plusieurs communes. PLUR intercommunaux.

**intercommunalité** *nf* **1** Caractère intercommunal. **2** Structure administrative regroupant plusieurs communes limitrophes.

**intercommunautaire** *a* **didac** Qui concerne plusieurs communautés humaines.

**intercommunion** *nf* RELIG Participation en commun à l'eucharistie de membres d'Églises séparées.

**intercompréhension** *nf* Compréhension entre groupes linguistiques.

**interconfessionnel, elle** *a* Qui est commun à plusieurs confessions religieuses.

**interconnecter** *vt* [1] TECH Procéder à la connexion entre deux réseaux de distribution, de circulation. [DER] **interconnectable** *a*. – **interconnexion** *nf*

**intercontinental, ale** *a* **1** Qui concerne les rapports entre deux continents. **2** MILIT Qui peut aller d'un continent à l'autre. *Missile intercontinental.* PLUR intercontinentaux.

**intercostal, ale** *a* ANAT Situé entre deux côtes. *Nerf intercostal.* PLUR intercostaux.

**intercotidal, ale** *a* Syn. de *intertidal*.

**intercourse** *nf* DR MARIT Droit accordant la libre pratique réciproque de certains ports aux navires de deux nations. [ETY] Mot angl.

**interculture** *nf* AGRIC Période qui sépare la récolte d'une culture et le semis d'une autre culture sur un même sol.

**interculturel, elle** *a* Qui concerne les rapports entre plusieurs cultures. [DER] **interculturalité** *nf*

**intercurrent, ente** *a* MED Se dit d'une maladie qui se déclare au cours d'une autre maladie. [ETY] Du lat. *currere*, « courir ».

**interdentaire** *a* Qui est entre les dents.

**interdépartemental, ale** *a* Qui relève de plusieurs départements.

**interdépendant, ante** *a* En situation de dépendance réciproque. [DER] **interdépendance** *nf*

**interdiction** *nf* **1** Action d'interdire. *Interdiction de fumer.* **2** ADMIN, RELIG Action d'interdire qqn. *Interdiction d'un prêtre.* **LOC** ***Interdiction de séjour*** : défense faite à certains condamnés de paraître dans certaines villes, certains départements après leur libération. — ***Interdiction légale*** : privation de l'exercice des droits civils entraînée par toute condamnation à une peine afflictive et infamante. — MILIT ***Tir d'interdiction*** : destiné à stopper le mouvement de l'ennemi.

**interdigital, ale** *a* ANAT Situé entre deux doigts. PLUR interdigitaux.

**interdire** *vt* [65] **1** Défendre qqch à qqn. *Interdire tout effort à un malade.* **2** ADMIN, RELIG Faire défense à qqn d'exercer ses fonctions, son ministère. *Interdire un fonctionnaire.* [ETY] Du lat.

**interdisciplinaire** *a* Qui concerne plusieurs disciplines. *Connaissances interdisciplinaires.* [DER] **interdisciplinarité** *nf*

**interdit, ite** *a, nm* **A** *a* **1** Défendu. **2** Déconcerté, décontenancé. *Demeurer interdit.* **B** *a, n* Qui fait l'objet d'un interdit, d'une interdiction. *Prêtre interdit. Un interdit de séjour. Un interdit bancaire.* **C** *nm* **1** DR CANON Sentence qui interdit la célébration du culte en certains lieux ou qui interdit à un ecclésiastique d'exercer ses fonctions. **2** Règle sociale qui proscrit de manière plus ou moins rigoureuse une pratique, un comportement. *Les interdits touchant l'inceste.* SYN tabou. **LOC** ***Jeter l'interdit sur*** : prononcer l'exclusive contre. — ***Lever l'interdit*** : mettre fin à une interdiction, une censure.

**interentreprises** *a inv* Qui a lieu, qui est organisé entre des entreprises. *Une cantine interentreprises.*

**intéressant, ante** *a, n* **A** *a* **1** Qui éveille l'intérêt, l'attention de qqn. *Cours, professeur intéressant.* **2** Qui inspire de la sympathie. *Des gens intéressants.* **3** Avantageux matériellement. *Salaire intéressant.* **B** *n* Personne qui essaie d'attirer l'attention. *Faire son intéressant.*

**intéressé, ée** *a, n* **A** Qui est en cause. *Les parties intéressées. Signature de l'intéressé(e).* **B** *a* Qui n'a en vue que son intérêt personnel. *Ami intéressé.*

**intéressement** *nm* Attribution d'une partie des profits de l'entreprise aux salariés.

**intéresser** *v* [1] **A** *vt* **1** Retenir l'attention, susciter l'intérêt de qqn. *Ce sujet m'intéresse.* **2** Inspirer de la bienveillance, de la sympathie. *Ses malheurs n'intéressent personne.* **3** Concerner qqn, qqch. *Loi qui intéresse les propriétaires.* **4** Faire participer qqn aux profits d'une entreprise. *Être intéressé dans une affaire.* **B** *vpr* Prendre intérêt à qqch. *S'intéresser aux arts.* [ETY] Du lat.

**intérêt** *nm* **1** Ce qui est utile, profitable à qqn. *Sacrifier ses intérêts personnels à l'intérêt public.* **2** Recherche égoïste de ce qui est avantageux pour soi. *Agir par intérêt.* **3** Attention bienveillante envers qqn. *Marques d'intérêt.* **4** Attention, curiosité que l'on porte à qqch. *Lire un article avec intérêt.* **5** Qualité de ce qui est digne d'attention. *Découverte d'un grand intérêt.* **6** FIN Somme due au prêteur par l'emprunteur pour l'usage d'un capital pendant une période déterminée et versée sous forme de revenu. **LOC** ***Avoir des intérêts dans une affaire*** : y avoir placé de l'argent en vue d'en tirer des bénéfices. — FIN ***Intérêt composé*** : résultant de l'addition au capital initial des intérêts acquis successivement. — FIN ***Intérêt simple*** : tel que le capital reste le même au cours du prêt. [ETY] Du lat. *interest*, « il importe ».

**interethnique** *a* **didac** Qui se produit entre ethnies.

**interface** *nf* **1** **didac** Limite commune à deux systèmes. **2** Interlocuteur privilégié entre deux services, deux entreprises, etc. **3** INFORM Dispositif matériel et logiciel grâce auquel s'effectuent les échanges d'informations entre deux systèmes. **LOC** INFORM ***Interface graphique*** : affichage dynamique, sous forme d'icônes, de menus, de boutons, des commandes accessibles à l'utilisateur d'un ordinateur. — ***Interface utilisateur*** : ensemble des moyens de dialogue entre l'utilisateur et l'ordinateur. [ETY] Mot angl. [DER] **interfacial, ale, aux** *a*

**interfacer** *vt* [12] **didac** Connecter deux systèmes par une interface. [DER] **interfaçage** *nm*

**interfécondité** *nf* BIOL Possibilité d'une conjonction sexuelle donnant des produits viables et féconds entre deux représentants d'une espèce, ou de deux espèces voisines. [DER] **interfécond, onde** *a*

**interfédéral, ale** *a* Qui concerne plusieurs fédérations. PLUR interfédéraux.

**interférence** *nf* **1** PHYS Phénomène qui résulte de la superposition de deux mouvements vibratoires de fréquence et d'amplitude voisines. **2** **fig** Fait d'interférer. *Il y a interférence entre le politique et le social.* [ETY] De l'angl. [DER] **interférentiel, elle** *a*

[ENC] Il y a interférence lorsque deux ondes de même fréquence se rencontrent, créant des zones où les ondes s'ajoutent, alternant avec des zones où elles s'annulent. On rencontre ce phénomène en acoustique (tuyaux sonores, cordes vibrantes), en optique (franges d'interférence, anneaux de Newton, coloration des lames minces) et en radioélectricité (ondes stationnaires, interférences des ondes hertziennes). Les applications sont très nombreuses : spectroscopie, contrôle des surfaces, holographie, radionavigation, etc. (V. interférométrie).

**interférent, ente** *a* PHYS Qui présente des interférences.

**interférer** *vi* [14] **1** PHYS Produire des interférences. **2** **fig** Se mêler en se renforçant ou en se contrariant. *Son intervention a interféré avec celle de son collègue.*

**interférogramme** *nm* Cliché obtenu par interférométrie.

**interféromètre** *nm* PHYS Appareil qui sert à produire des franges d'interférence, à les repérer et à mesurer les distances entre les franges.

**interférométrie** *nf* PHYS Technique de mesure des franges d'interférence. [DER] **interférométrique** *a*

[ENC] L'interférométrie consiste à produire l'interférence de deux faisceaux électromagnétiques émis par deux sources différentes. La mesure du *pas* de ce réseau (interfrange) permet de déterminer la distance angulaire de ces deux sources. L'application la plus spectaculaire concerne la radioastronomie.

**interféron** *nm* BIOCHIM Cytokine sécrétée par les cellules hôtes en réponse à la présence de virus.

**interfluve** *nm* GEOMORPH Relief séparant deux vallées. [ETY] Mot angl.

**intergalactique** *a* ASTRO Situé entre des galaxies.

**intergénérationnel, elle** *a* Qui concerne plusieurs générations.

**interglaciaire** *a, nm* GEOMORPH **A** *a* Se dit des dépôts qui se sont formés durant la période comprise entre deux glaciations. **B** *nm* Cette période elle-même.

**intergouvernemental, ale** *a* Qui concerne plusieurs gouvernements. PLUR intergouvernementaux.

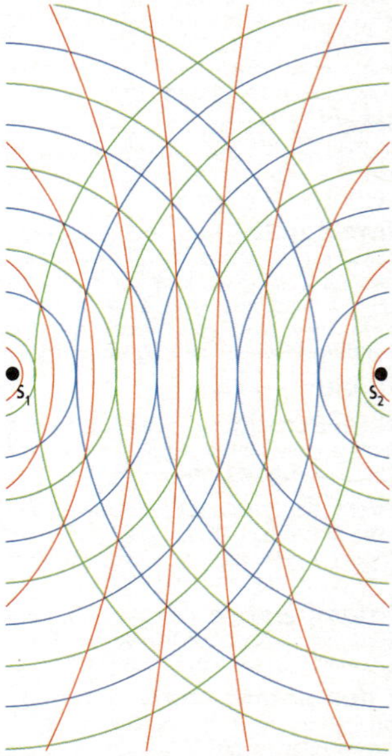


on a tracé les lignes de crêtes (cercles verts) et les lignes de creux (cercles bleus) des deux ondes (ayant pour sources $S_1$ et $S_2$) à un moment donné

**interférences** de deux ondes circulaires

**intergroupe** *a, nm* **A** *a* Qui réunit, qui est commun à plusieurs groupes parlementaires. *Réunion intergroupe.* **B** *nm* POLIT Groupe formé de membres du Parlement appartenant à des familles politiques différentes, mais s'intéressant à une même question économique, sociale, etc.

**interhumain, aine** *a* Qui a lieu d'un homme à un autre. *La transmission interhumaine d'une maladie.*

**intérieur, eure** *a, nm* **A** *a* **1** Qui est situé au-dedans, entre les limites de qqch. *Mer intérieure. La politique intérieure d'un État.* **2** fig Qui est du domaine de l'esprit, des sentiments. *Vie intérieure.* **B** *nm* **1** Le dedans. *L'intérieur d'une voiture.* **2** Logement, foyer. *Un intérieur accueillant.* **3** Ensemble des affaires intérieures d'un État. *Ministère de l'Intérieur.* LOC *À l'intérieur (de)* : au-dedans (de). ETY Du lat.

**Intérieure (mer)** mer dépendant de l'océan Pacifique, comprise entre les îles japonaises de Honshū, Shikoku et Kyūshū.

**intérieurement** *av* **1** À l'intérieur, au-dedans. **2** Dans le cœur, l'esprit. *Être touché intérieurement.*

**intérim** *nm* **1** Laps de temps pendant lequel une charge vacante est exercée par une autre personne que le titulaire ; exercice de cette charge. *Président par intérim.* **2** Activité du personnel intérimaire. PHO [ẽteʀim] ETY Adv lat., « pendant ce temps-là ».

**intérimaire** *a, n* Qui remplit une fonction par intérim. LOC *Personnel intérimaire* : détaché dans une entreprise par une entreprise de travail temporaire.

**interindividuel, elle** *a* didac Qui a trait aux rapports entre individus.

**intérioriser** *vt* ① **1** Rendre plus intérieur une émotion, un sentiment. **2** PSYCHO Ramener au moi. *Intérioriser un conflit.* DER **intériorisation** *nf*

**intériorité** *nf* État de ce qui est intérieur.

**interjectif, ive** *a* GRAM Qui exprime une interjection. *Locution interjective.*

**interjection** *nf* **1** GRAM Mot invariable qui renseigne sur l'attitude du locuteur, ou dont la fonction est phatique. (Ex. : *bof !, ah !, ciel !*, etc.) **2** DR Action d'interjeter un appel. ETY Du lat.

**interjeter** *vt* ⑳ LOC DR *Interjeter appel* : faire appel d'un jugement.

**Interlaken** v. de Suisse (Berne), sur l'Aar, entre les lacs de Thoune et de Brienz ; 4 900 hab. Tourisme.

**interleukine** *nf* BIOCHIM Cytokine sécrétée par les lymphocytes, qui active les leucocytes et déclenche la sécrétion d'interféron. ETY De l'angl.

**interligne** *n* **A** *nm* **1** Espace compris entre deux lignes écrites ou imprimées. **2** DR Ce que l'on écrit dans un interligne. *La loi interdit tout interligne dans un acte authentique.* **B** *nf* IMPRIM Lame de métal servant à séparer les lignes entre elles.

**interligner** *vt* ① **1** Écrire dans les interlignes. **2** IMPRIM Séparer par des interlignes. DER **interlignage** *nm*

**interlinéaire** *a* didac Écrit dans l'interligne. *Note interlinéaire.*

**interlock** *nm* **1** TECH Machine à tricoter. **2** Tissu à mailles fines identiques sur les deux faces, obtenu avec cette machine. ETY Mot angl., « croiser ».

**interlocuteur, trice** *n* **1** litt Personnage introduit dans un dialogue. **2** Personne qui converse avec une autre. **3** Personne qui est en négociation avec une autre.

**interlocutoire** *a, nm* DR Se dit d'un jugement qui ordonne une mesure d'instruction pour parvenir au jugement définitif, mais qui préjuge le fond.

**interlope** *a* **1** Dont l'activité consiste en un trafic illégal. *Navire, commerce interlope.* **2** fig Louche, équivoque. *Milieux interlopes.* ETY De l'angl.

**interloquer** *vt* ① Déconcerter, stupéfier. *Cette remarque l'a interloqué.* ETY Du lat. *interloqui*, « couper la parole, interrompre ».

**interlude** *nm* **1** MUS Petite pièce instrumentale, entre deux morceaux plus importants. **2** Divertissement d'une fugue. **3** À la radio, à la télévision, divertissement comblant une attente entre deux émissions ou pendant une coupure imprévue. ETY Mot angl.

**intermède** *nm* **1** Divertissement (musique, ballet, etc.) exécuté entre les actes d'une pièce de théâtre, d'un spectacle. **2** Ce qui se place entre deux parties, ce qui interrompt la continuité d'un tout. *L'intermède des vacances.* ETY Du lat.

**intermédiaire** *a, n* **A** *a* **1** Qui se trouve au milieu, entre deux. *Espace intermédiaire.* **2** Qui assure une transition. *Stade intermédiaire.* **B** *nm* Entremise, truchement, transition. *Je lui en ai fait part par l'intermédiaire d'un ami.* **C** *n* Personne qui s'entremet dans une négociation. LOC TECH *Produit intermédiaire* : objet achevé destiné à la fabrication d'un produit fini.

**intermédiation** *nf* **1** Rôle d'intermédiaire. *La fonction d'intermédiation politique des élus.* **2** ECON Fonction des banques en tant qu'intermédiaires entre le public et les entreprises.

**intermezzo** *nm* MUS Composition de forme libre. PHO [ẽtɛʀmedzo] ETY Mot ital.

**interminable** *a* Qui ne peut ou ne semble pas pouvoir se terminer, très long. *Discours interminable.* ETY Du lat. DER **interminablement** *av*

**interministériel, elle** *a* Commun à plusieurs ministres ou à plusieurs ministères.

**intermittence** *nf* **1** Caractère de ce qui est intermittent. **2** MED Intervalle entre les accès d'une fièvre ou d'une maladie. **3** Statut des travailleurs intermittents. LOC MED *Intermittence du cœur, du pouls* : arrêt périodique dans la série régulière des pulsations. — *Par intermittence* : par périodes, irrégulièrement.

**intermittent, ente** *a, n* **A** *a* Qui cesse et reprend par intervalles. *Fièvre intermittente. Source intermittente.* **B** *a, n* Qui exerce une activité salariée avec des intervalles de chômage. *Les intermittents du spectacle.* ETY Du lat. *intermittere*, « discontinuer ».

**intermodal, ale** *a* Relatif à la liaison entre différents modes de transport (rail, route, air, eau). PLUR intermodaux. DER **intermodalité** *nf*

**intermoléculaire** *a* PHYS, CHIM Qui est situé entre les molécules d'un corps.

**intermusculaire** *a* Situé entre les muscles. *Tissu intermusculaire.*

**internaliser** *vt* ① **1** ECON Inclure dans le prix d'un produit des coûts extérieurs à sa fabrication (pollution par ex). **2** GEST Transférer à l'intérieur de l'entreprise certaines activités confiées jusque là à des prestataires extérieurs. DER **internalisation** *nf*

**internat** *nm* **1** État d'un élève interne. **2** Établissement qui accueille des internes. **3** Fonction d'interne des hôpitaux. **4** Concours donnant le titre d'interne.

**international, ale** *a, n* **A** *a* Qui a lieu, qui se passe de nation à nation, entre les nations. *Le commerce international.* **B** *n* Sportif qui participe à des compétitions internationales. PLUR internationaux. DER **internationalement** *av* – **internationalité** *nf*

**Internationale (l')** nom courant de l'Association internationale des travailleurs, fondée à Londres en sept. 1864 par des organisations ouvrières qui adoptèrent les princ. thèses de Marx. Les anarchistes de Bakounine, qui l'avaient rejointe en 1867, furent exclus en 1872. Cette *I*[re] *Internationale* fut dissoute en 1876. Le congrès de Paris (1889) des organisations ouvrières reconstitua une *II*[e] *Internationale* aux nombr. *sections* nationales ; ainsi, en 1905, naquit la Section française de l'Internationale ouvrière (SFIO). (V. Parti socialiste.) En 1914, les réformistes acceptèrent la guerre, renonçant à l'idéal internationaliste. Fondé par Lénine en mars 1919, le *Komintern* (la *III*[e] *Internationale* communiste) fit sécession. En 1938, Trotski fonda, contre le Komintern stalinien, une *IV*[e] *Internationale*. En mai 1943, Staline mit fin au Komintern pour montrer sa bonne volonté aux Alliés. En 1947, il créa le *Kominform*, que la « déstalinisation » abolit (1956).

**Internationale (l')** poème révolutionnaire écrit en prison par le communard Eugène Pottier (1871) et mis en mus. par le Belge Pierre Degeyter (1888). Ce chant devint l'hymne des partis socialistes et communistes. L'URSS en fit son hymne national jusqu'en 1941.

**internationaliser** *vt* ① **1** Rendre international. **2** Placer un territoire, une zone sous régime international. DER **internationalisation** *nf*

**internationalisme** *nm* Doctrine préconisant les ententes internationales par-delà les divers intérêts nationaux, partic. l'union internationale des peuples par-delà les frontières. DER **internationaliste** *a, n*

**internaute** *n* Personne qui utilise couramment le réseau Internet. SYN cybernaute, netsurfeur.

**interne** *a, n* **A** *a* **1** Qui est situé à l'intérieur, au-dedans. *Partie interne d'un récipient.* **2** ANAT Qui est situé vers l'axe médian du corps. *Face interne d'un membre.* **B** *n* **1** Élève logé(e) et nourri(e) dans l'établissement scolaire qu'il(elle) fréquente. **2** Étudiant(e) en médecine qui, après avoir passé le concours de l'internat, exerce des responsabilités hospitalières. LOC PHYS *Énergie interne* : somme des énergies cinétiques et potentielles des molécules. — MATH *Loi de composition interne* : application de E × E dans E. ETY Du lat.

**interné, ée** *a, n* Enfermé, spécial. en parlant des aliénés.

**internégatif** *nm* PHOTO Duplicata du négatif à partir duquel on tire les copies d'un film pour éviter d'abîmer l'original.

**interner** *vt* ① **1** DR Supprimer la liberté d'aller et venir par mesure administrative. *Interner des réfugiés politiques.* **2** Enfermer dans un hôpital psychiatrique, dans un asile. DER **interné, ée** *a, n* – **internement** *nm*

**Internet** réseau télématique issu des recherches de l'armée américaine (*Arpanet*, 1969) et repris par les universités des États-Unis pour permettre aux chercheurs d'échanger, à titre gratuit, des données de toutes sortes (textes, images, etc.). Ce réseau permet de mettre en communication des dizaines de millions d'utilisateurs, dans le monde entier, dans les domaines les plus divers (données scientifiques, loisirs, services, etc.). (V. information.)

**interniste** *n* Médecin spécialiste de médecine interne, ayant acquis des compétences dans plusieurs spécialités.

**internonce** *nm* RELIG CATHOL Celui qui fait fonction de nonce auprès d'un État où il n'y en a pas.

**interocéanique** *a* GEOGR Qui est situé, qui se fait entre deux océans.

**intéroceptif, ive** *a* PHYSIOL Se dit de la sensibilité des organes internes et plus partic. ceux des fonctions végétatives, par oppos. à *sensibilité extéroceptive.*

**interopérabilité** *nf* 1 MILIT Capacité de troupes à opérer ensemble. 2 TECH Capacité de matériels électroniques de pouvoir fonctionner ensemble. 3 INFORM Possibilité de lire une œuvre sur n'importe quel support ou n'importe quel logiciel. DER **interopérable** *a*

**interpellateur, trice** *n* Personne qui interpelle.

**interpellation** *nf* 1 Action d'interpeller. 2 Demande d'explication adressée, en séance, par un membre du Parlement à un ministre. 3 DR Sommation faite à qqn par un officier public de s'expliquer ou de faire qqch. PHO [ɛ̃tɛʀpelasjɔ̃] DER **interpellatif, ive** *a*

**interpeller** *vt* [1] 1 Adresser la parole à qqn pour lui demander qqch, pour le sommer de s'expliquer. 2 fig Poser un problème urgent, préoccuper. *Cet état de fait l'interpelle.* 3 DR Procéder à une interpellation. PHO [ɛ̃tɛʀpəle] ETY Du lat. *interpellare*, « déranger ». VAR **interpeler** [17] ou [19]

**interpénétrer (s')** *vpr* [14] Se pénétrer réciproquement. DER **interpénétration** *nf*

**interpersonnel, elle** *a* Qui concerne les relations entre les personnes.

**interphase** *nf* BIOL Phase de duplication de la masse d'ADN dans la cellule. V. mitose.

**interphone** *nm* Installation téléphonique intérieure. ETY Nom déposé.

**interplanétaire** *a* Qui est, qui a lieu entre les planètes. *Espaces, voyages interplanétaires.*

**Interpol** acronyme pour *Organisation internationale de police criminelle*, organisme international créé en 1923 pour établir la coopération des polices criminelles.

**interpolation** *nf* 1 Action d'interpoler dans un texte ; résultat de cette action. *Les interpolations dans les hymnes homériques.* 2 MATH Évaluation de la valeur d'une fonction entre deux points de valeurs connues. LOC ***Interpolation linéaire*** : qui assimile à un segment de droite l'arc de la courbe représentative de la fonction.

**interpoler** *vt* [1] 1 Insérer par ignorance ou par fraude un mot ou un passage étranger dans un texte. 2 MATH Pratiquer une interpolation.

**interposé, ée** *a* Placé entre. LOC ***Par personne interposée*** : par l'entremise de qqn.

**interposer** *v* [1] **A** *vt* 1 Placer entre deux choses. 2 Faire intervenir. *Interposer son crédit.* **B** *vpr* Intervenir comme médiateur, dans une discussion, pour mettre fin à une dispute. *Ils allaient en venir aux mains, je me suis interposé.* ETY Du lat.

**interpositif** *nm* PHOTO Copie positive tirée à partir du négatif original d'un film, destinée à la réalisation de truquages ou à la fabrication de l'internégatif.

**interposition** *nf* 1 Situation d'un corps interposé. 2 fig Action de s'interposer. *Force d'interposition entre les belligérants.* LOC DR ***Interposition de personne*** : procédé illégal qui consiste en l'utilisation d'un prête-nom pour faire bénéficier qqn d'avantages auxquels il n'a pas droit.

**interprétariat** *nm* Fonction d'interprète.

**interprétatif, ive** *a* didac Qui interprète ; explicatif. *Déclaration interprétative.*

**interprétation** *nf* 1 Action d'interpréter ; explication. *Interprétation d'un songe.* 2 Action de donner un sens à qqch. *Interprétations opposées d'un évènement.* 3 Façon dont est jouée une œuvre dramatique ou musicale.

**interprète** *n* 1 Personne qui explique le sens d'un texte. *Les interprètes de l'Ancien Testament.* 2 Traducteur par l'entremise duquel des personnes ne parlant pas la même langue peuvent communiquer oralement. 3 Personne qui fait connaître les intentions, les sentiments d'une autre. *Soyez mon interprète auprès de lui.* 4 Personne qui joue un rôle dans une œuvre théâtrale ou cinématographique. 5 Personne qui exécute une œuvre musicale.

**interpréter** *vt* [14] 1 Expliquer, clarifier ce qui est obscur. *Interpréter les rêves.* 2 Donner la signification de, attribuer tel ou tel sens à. *Interpréter un texte de loi. Interpréter les intentions de qqn.* 3 Jouer un rôle. 4 Exécuter un morceau de musique. ETY Du lat. *interpretari*, « traduire ». DER **interprétable** *a*

**interpréteur** *nm* INFORM Programme exécutant un autre programme qui se présente sous la forme d'un texte écrit dans un langage donné.

**interprofession** *nf* Ensemble des professions réunies dans un organisme commun. DER **interprofessionnel, elle** *a*

**interracial, ale** *a* Qui se produit entre individus de races différentes. *Mariage interracial.* PLUR interraciaux.

**interréaction** *nf* Réaction réciproque entre des corps ou des systèmes.

**interrégional, ale** *a* Qui concerne plusieurs régions. PLUR interrégionaux.

**interrègne** *nm* didac 1 Intervalle de temps entre deux règnes. 2 fig Intervalle de temps pendant lequel un État est sans chef. ETY Du lat.

**interrelation** *nf* didac Relation entre des individus, des groupes, des disciplines, etc.

**interreligieux, euse** *a* Qui se produit entre des gens de religions différentes. *Conflits interreligieux.*

**interrogateur, trice** *a, n* **A** *a* Qui interroge. *Regard interrogateur.* **B** *n* Examinateur.

**interrogatif, ive** *a, nf* Qui sert à interroger ; qui exprime une interrogation. *Pronom interrogatif. Une proposition interrogative ou une interrogative.* DER **interrogativement** *av*

**interrogation** *nf* 1 Action d'interroger, question, demande. 2 Ensemble de questions posées à un élève, à un candidat à un examen. *Interrogation écrite.* 3 GRAM Construction utilisée pour interroger. *L'interrogation est directe quand la phrase interrogative est indépendante ; elle est indirecte quand elle forme une proposition subordonnée, après « demander », par ex.* LOC ***Point d'interrogation*** : signe de ponctuation (?) qui indique une interrogation directe.

**interrogatoire** *nm* 1 DR Ensemble des questions que pose un magistrat à une personne impliquée dans une affaire. *L'interrogatoire d'un prévenu.* 2 Toute action d'interroger prolongée et systématique. *Interrogatoire d'un malade.*

**interroger** *v* [13] **A** *vt* 1 Questionner qqn pour vérifier ses connaissances ou pour s'informer. *Interroger un élève. Interroger qqn sur son passé.* 2 fig Consulter, examiner. *Interroger sa conscience.* **B** *vpr* Se poser des questions, examiner en soi-même. *Je m'interroge sur mon avenir.* ETY Du lat. DER **interrogeable** *a*

**interrompre** *v* [53] **A** *vt* 1 Rompre la continuité de. *Interrompre des vacances.* 2 Couper la parole à qqn. **B** *vpr* Cesser de faire une chose. *S'interrompre dans son travail.* ETY Du lat. *interrumpere*, « mettre en morceaux ».

**interrupteur** *nm* ELECTR Appareil destiné à interrompre ou à rétablir le passage du courant électrique dans un circuit.

**interruption** *nf* 1 Action d'interrompre. *L'interruption d'un processus.* 2 Paroles, cris destinés à interrompre. *Un orateur troublé par d'incessantes interruptions.* DER **interruptif, ive** *a*

**intersaison** *nf* Période qui sépare deux saisons touristiques, sportives, etc. DER **intersaisonnier, ère** *a*

**interscolaire** *a* Qui concerne plusieurs écoles.

**intersecté, ée** *a* 1 ARCHI Entrelacé. 2 GEOM Coupé.

**intersection** *nf* 1 Rencontre de deux lignes, de deux surfaces, etc., qui se coupent. 2 Croisement, rencontre de deux voies de circulation. LOC MATH ***Intersection de deux ensembles*** : ensemble des éléments qui appartiennent à la fois à ces deux ensembles. *Si C est l'intersection des ensembles A et B, on écrit* $C = A \cap B$ *(A inter B).* — GEOM ***Point d'intersection*** : celui où deux lignes se coupent. ETY Du lat.

**intersession** *nf* Temps compris entre deux sessions d'une assemblée.

**intersexué, ée** *a, nm* BIOL 1 Se dit d'un individu qui commence son développement avec un sexe et le poursuit avec l'autre. 2 Qui présente simultanément des caractères des deux sexes. VAR **intersexuel, elle**

**intersidéral, ale** *a* ASTRO Qui se produit, qui s'étend entre les astres. PLUR intersidéraux.

**intersigne** *nm* Lien mystérieux qui semble unir deux faits se produisant au même moment.

**interspécifique** *a* BIOL Qui concerne les relations entre les espèces.

**interstellaire** *a* ASTRO Qui est situé, qui se produit entre les étoiles.
ENC Le milieu interstellaire, où se forment les étoiles de notre Galaxie, est perpétuellement enrichi de matière (gaz et poussière) que les étoiles expulsent. Le *gaz interstellaire* est constitué d'hydrogène et d'hélium ionisés. La *matière interstellaire,* qui représente environ 10 % de la masse de toute la Galaxie, est organisée en grands nuages groupés le long des bras spiraux dans le plan du disque galactique.

**interstice** *nm* Très petit espace, écart entre les éléments constitutifs d'un tout. *Les interstices d'un plancher.* ETY Du bas lat.

**interstitiel, elle** *a* didac Situé dans les interstices. LOC ***Faune interstitielle*** : qui vit entre les particules d'un sédiment. — ANAT ***Tissu interstitiel*** : qui entoure les éléments différenciés d'un organe. PHO [ɛ̃tɛʀstisjɛl]

**intersubjectivité** *nf* PHILO Communication entre les consciences individuelles. DER **intersubjectif, ive** *a*

**intersyndical, ale** *a, nf* Qui concerne, qui réunit plusieurs syndicats. *Un comité de lutte intersyndical ou une intersyndicale.* PLUR intersyndicaux.

**intertextualité** *nf* LITTER Ensemble des relations qui existent entre des textes. DER **intertextuel, elle** *a*

**intertidal, ale** *a* Se dit de la zone comprise entre les niveaux extrêmes des plus basses et plus hautes mers. PLUR intertidaux. ETY Mot angl.

**intertitre** *nm* 1 Titre de paragraphe ou de toute partie d'un article de journal. 2 CINE Texte apparaissant entre les plans ou séquences d'un film.

**intertribal, ale** *a* didac Qui concerne les relations entre tribus. PLUR intertribaux.

**intertrigo** *nm* MED Lésion infectieuse siégeant au niveau des plis cutanés. ETY Mot lat., « écorchure ».

**intertropical, ale** *a* GEOGR Situé entre les tropiques. PLUR intertropicaux.

**interurbain, aine** *a, nm* **A** Qui relie plusieurs villes entre elles. **B** *nm* Réseau téléphonique interurbain. ABREV inter.

**intervalle** *nm* 1 Distance séparant un lieu, un élément d'un autre. *Intervalle entre deux poteaux.* 2 MUS Écart existant entre deux notes (degrés) dans la gamme diatonique ou chromatique. 3 Espace de temps qui sépare deux faits, deux époques. *Un intervalle de deux heures. Dans l'intervalle.* 4 MATH Partie P d'un ensemble ordonné E tel que, pour tout couple (a,b) d'éléments de P, a étant inférieur à b, tout élément x de E compris entre a et b appartient à P. *Intervalle fermé, ouvert.* LOC *Par intervalles :* de temps à autre. ETY Du lat.

**intervenant, ante** *a, n* Se dit de qqn qui intervient dans un procès, un débat, etc.

**intervenir** *vi* 36 **1** Prendre part à une action en cours. *Intervenir dans une négociation.* **2** Interposer son autorité dans un différend, une dispute ; entrer en action, jouer un rôle influent. **3** DR Devenir, se rendre partie dans un procès. **4** Jouer un rôle ; agir. *Ces facteurs n'interviennent pas dans ce cas.* **5** Se produire. *Un incident est intervenu.* ETY Du lat.

**intervention** *nf* **1** Action d'intervenir. *Intervention d'un personnage influent, d'un orateur dans un débat. Forces d'intervention de l'ONU.* **2** MED Opération chirurgicale. **3** DR Action d'intervenir, de devenir partie dans un procès. **4** BX-A Mode d'expression artistique qui prend comme matériau l'environnement spatial ou social.

**interventionnel, elle** *a* MED Syn. de *invasif.*

**interventionnisme** *nm* ECON, POLIT Doctrine préconisant l'intervention soit de l'État dans les affaires privées, soit d'une nation dans un conflit entre d'autres pays. DER **interventionniste** *a, n*

**intervertébral, ale** *a* didac Qui est entre deux vertèbres. PLUR invertébraux.

**intervertir** *vt* 3 Déranger, renverser l'ordre des parties d'un tout, des éléments d'un ensemble. *Intervertir l'ordre des mots d'une phrase.* ETY Du lat. DER **interversion** *nf*

**interview** *nf* Entretien au cours duquel un journaliste ou un enquêteur interroge une personne sur sa vie, ses opinions, etc. PHO [ɛ̃tɛʀvju] ETY Mot angl., du fr. *entrevue.*

**interviewer** *vt* 1 Soumettre qqn à une interview. PHO [ɛ̃tɛʀvjuve] DER **interviewé, ée** *a, n* – **interviewer** ou **intervieweur, euse** *n*

**intervocalique** *a* LING Placé entre deux voyelles. *Consonne intervocalique.*

**interzone** *a* Qui concerne plusieurs zones.

**intestat** *a inv, n* DR Qui n'a pas fait de testament. *Mourir intestat.* ETY Du lat. jurid.

**1 intestin, ine** *a* litt Qui a lieu à l'intérieur d'un corps social. *Guerre intestine.* ETY Du lat. *intestinus.*

**2 intestin** *nm* Portion du tube digestif comprise entre l'estomac et le rectum. ETY Du lat. *intestina,* « entrailles ». DER **intestinal, ale, aux** *a*

ENC L'intestin comprend, de haut en bas (dans le sens du transit alimentaire) : l'intestin grêle (long d'env. 7 m chez l'homme) formé par le duodénum, le jéjunum et l'iléon, qui s'abouche, au niveau du cæcum, dans le gros intestin, ou côlon, lequel se subdivise en côlon droit (ascendant), côlon transverse et côlon gauche (descendant), prolongé par le sigmoïde et terminé par le rectum et l'anus. Les maladies de l'intestin peuvent avoir des causes mécaniques (occlusion), inflammatoires (colite, appendicite, entérite, entérocolite), infectieuses (amibiase), tumorales et cancéreuses. ▶ illustr. appareil digestif

**Intifada** (en ar. « soulèvement »), soulèvement populaire et nationaliste des Palestiniens à Gaza et en Cisjordanie (1987-1993). Une deuxième Intifada a éclaté en sept. 2000.

**intime** *a, n* **A** *a* **1** Intérieur et profond ; qui fait l'essence d'une chose, d'un être. *Nature intime.* **2** Qui existe au plus profond de soi. *L'intime conviction des jurés.* **3** Qui est tout à fait privé. *Vie intime.* **4** Qui ne réunit que des proches. *Dîner intime.* **5** Qui concerne les organes génitaux. *Toilette intime.* **B** *a, n* Qui est lié par un sentiment profond. *Amis intimes.* ETY Du lat. *intimus,* superl. de *interior,* « intérieur ». DER **intimement** *av*

**intimé, ée** *a, n* DR Se dit d'un défendeur, d'une défenderesse que l'on cite en cour d'appel.

**intimer** *vt* 1 **1** Signifier avec autorité. *Intimer un ordre à qqn.* **2** DR Signifier légalement. **3** DR Assigner qqn devant une juridiction supérieure. ETY Du lat. *intimare,* « publier ». DER **intimation** *nf*

**intimider** *vt* 1 **1** Inspirer de la crainte, de l'appréhension à qqn. *Intimider qqn par des menaces.* **2** Troubler, inspirer de la gêne, de la timidité à qqn. DER **intimidable** *a* – **intimidant, ante** *a* – **intimidateur, trice** *a* – **intimidation** *nf*

**intimiste** *a, n* **1** Se dit d'un écrivain qui décrit les sentiments et la vie intimes sur un ton de confidence. **2** Se dit d'un peintre de scènes d'intérieur. DER **intimisme** *nm*

**intimité** *nf* **1** litt Caractère de ce qui est intime, intérieur. *L'intimité de la conscience.* **2** Liaison étroite. *Vivre avec qqn dans l'intimité.* **3** Vie privée, cercle étroit des intimes. *Recevoir dans la plus stricte intimité.* **4** Caractère de ce qui convient au confort de la vie intime. *L'intimité d'un salon.*

**intine** *nf* BOT Couche interne de la paroi du grain de pollen.

**intitulé** *nm* **1** Titre d'un livre, d'un chapitre. **2** DR Formule en tête d'un jugement, d'une loi, d'un acte.

**intituler** *v* 1 **A** *vt* Donner un titre à. **B** *vpr* Avoir pour titre. ETY Du bas lat.

**intolérable** *a* **1** Que l'on ne peut tolérer, insupportable. *Douleurs intolérables.* **2** Qu'on ne saurait tolérer, inadmissible. *Comportement intolérable.* DER **intolérablement** *av*

**intolérance** *nf* **1** Manque de tolérance ; disposition haineuse envers ceux qui ont d'autres opinions que soi. *Intolérance religieuse.* **2** MED Incapacité d'un organisme à tolérer un produit, un aliment ou un médicament particulier. DER **intolérant, ante** *a, n*

**Intolérance** film de D. W. Griffith (1916).

**intonation** *nf* **1** Ton que l'on prend en parlant ou en lisant. *Voix aux intonations chaudes.* **2** MUS Manière d'émettre un son en rapport avec sa hauteur. *Trouver l'intonation juste.* ETY Du lat. *intonare,* « tonner ». DER **intonatif, ive** *a*

**intouchable** *a, n* **A** *a* **1** Qui ne peut être l'objet d'aucune sanction, d'aucune condamnation. *Politicien intouchable grâce à ses appuis.* **2** fam Injoignable. **3** fam Que sa supériorité met à l'abri de toute surprise face à un outsider. **B** *n* Individu qui appartient à la classe des parias, en Inde.

**intox** *nf* fam Fait d'intoxiquer les esprits.

**intoxication** *nf* **1** MED Affection due à l'action d'un produit toxique, soit élaboré par l'organisme et non excrété, soit provenant de l'extérieur. *Intoxication endogène, exogène.* **2** fig Action insidieuse sur les esprits par certains moyens de propagande.

**intoxiquer** *vt* 1 **1** Causer une intoxication à un être vivant. *S'intoxiquer au gaz.* **2** fig Influencer par une propagande insidieuse. ETY Du lat. *toxicum,* « poison ». DER **intoxicant, ante** *a* – **intoxiqué, ée** *a, n*

**intra-** Élément, du lat. *intra,* « à l'intérieur de ».

**intra-atomique** *a* PHYS, CHIM Qui se produit à l'intérieur de l'atome.

**intra-auriculaire** *a, nm* Se dit d'une prothèse qui se place à l'intérieur du pavillon de l'oreille.

**intracardiaque** *a* didac Qui concerne les cavités du cœur.

**intracellulaire** *a* BIOL Qui est, qui se produit à l'intérieur d'une cellule.

**intracérébral, ale** *a* MED Qui se produit à l'intérieur du cerveau. PLUR intracérébraux.

**intracommunautaire** *a* didac Qui est intérieur à une communauté, spécial. à la Communauté européenne.

**intracrânien, enne** *a* Qui concerne l'intérieur du crâne. *Traumatisme intracrânien.*

**intradermique** *a* MED Situé, pratiqué dans l'épaisseur du derme. *Injection intradermique.*

**intradermoréaction** *nf* MED Injection intradermique d'une substance, que l'on pratique pour étudier la réaction de l'organisme à cette substance.

**intrados** *nm* **1** ARCHI Partie intérieure et concave d'une voûte, d'un arc. **2** AVIAT Face inférieure de la voilure d'un avion. ANT extrados.

**intraduisible** *a* Impossible à traduire. *Jeu de mots intraduisible.*

**intraitable** *a* **1** Avec qui l'on ne peut traiter, très rigoureux, inflexible. *Il est intraitable sur ce point.* **2** Qu'il est impossible de traiter, de soigner. *Une insuffisance cardiaque intraitable.*

**intramoléculaire** *a* Relatif à l'intérieur de la molécule.

**intra-muros** *av* En dedans des murs de la ville ; dans les limites administratives de la ville. *Habiter intra-muros.* PHO [ɛ̃tʀamyʀos] ETY Mots lat.

**intramusculaire** *a, nf* À l'intérieur d'un muscle. *Une (injection) intramusculaire.*

**intranet** *nm* Réseau électronique de services interne à une entreprise, fonctionnant avec les mêmes outils qu'Internet.

**intranquillité** *nf* litt Défaut de tranquillité, agitation, désordre. DER **intranquille** *a*

**intransigeant, ante** *a* Qui ne transige pas, qui n'accepte pas d'accommodement. ETY Du lat. par l'esp. DER **intransigeance** *nf*

**intransitif, ive** *a, nm* GRAM Se dit d'un verbe exprimant une action, un état concernant le seul sujet, et dont la construction n'admet en principe pas de complément d'objet direct ou indirect (ex. *dormir*). DER **intransitivement** *av* – **intransitivité** *nf*

**intransmissible** *a* Qui ne peut être transmis. DER **intransmissibilité** *nf*

**intransportable** *a* Qui ne peut être transporté. *Malade intransportable.*

**intrant** *nm* ECON Élément entrant en jeu dans la production d'un bien. SYN input.

**intranucléaire** *a* Qui concerne l'intérieur du noyau d'un atome, d'une cellule.

**intraoculaire** *a* didac Qui concerne l'intérieur de l'œil.

**intrapsychique** *a* PSYCHAN Interne au psychisme.

**intraspécifique** *a* BIOL Qui se produit au sein d'une espèce particulière.

**intra-utérin, ine** *a* MED Qui se passe à l'intérieur de l'utérus. *La vie intra-utérine.*

**intraveineux, euse** *a, nf* À l'intérieur des veines. *Une (injection) intraveineuse.*

**intrépide** *a, n* Qui ne craint pas le danger. ETY Du lat. DER **intrépidement** *av* – **intrépidité** *nf*

**intrication** *nf* Enchevêtrement de choses, d'idées. ETY Du lat. *intricare,* « embrouiller ».

**1 intrigant, ante** *a, n* Qui se plaît à l'intrigue, qui recourt à l'intrigue.

**2 intrigant, ante** *a* Qui intrigue, excite la curiosité, étonnant. *Une personnalité intrigante.*

**intrigue** *nf* **1** Menées secrètes pour faire réussir ou échouer une affaire. *Intrigue politique.* **2** vieilli Liaison secrète. *Avoir une intrigue avec* *qqn.* **3** Combinaison des différents incidents qui forment le sujet d'une pièce, d'un roman, d'un film. *Le fil, le nœud de l'intrigue.* (ETY) De l'ital.

**intriguer** *v* ① **A** *vt* Exciter la curiosité de. *Cette histoire m'intrigue.* **B** *vi* Nouer des intrigues, mener des machinations. *Intriguer pour obtenir qqch.* (ETY) Du lat. *intricare,* « embrouiller », par l'ital..

**intrinsèque** *a* didac Qui appartient en propre à ce dont on parle, lui est essentiel. *Propriétés intrinsèques.* (ETY) Du lat. *intrinsecus,* « au-dedans ». (DER) **intrinsèquement** *av*

**intriquer** *v* ① **A** *vt* Enchevêtrer, entremêler. **B** *vpr* Se mêler étroitement. (ETY) Du lat.

**intro-** Élément, du lat. *intro,* « dedans ».

**intro** *nf* fam Introduction, début d'une chanson, d'un morceau de musique.

**introducteur, trice** *n* Personne qui introduit un objet, un usage nouveau.

**introductif, ive** *a* DR Qui sert de commencement à une procédure.

**introduction** *nf* **1** Action d'introduire qqn. *Lettre d'introduction.* **2** Action d'introduire qqch. *Introduction de marchandises dans un pays.* **3** Ce qui introduit à la connaissance de qqch ; ouvrage qui donne les premiers éléments d'un art, d'une science, d'une technique. *Introduction à l'astronomie.* **4** Préface, discours préliminaire. **5** MUS Mouvement lent qui précède l'allegro d'une symphonie, d'une ouverture. **6** MUS Partie musicale précédant les paroles d'une chanson. **7** FIN Inscription d'un titre en Bourse. **8** SPORT Au rugby, mise du ballon en jeu.

**Introduction à la psychanalyse** traité de Freud (1916) résumant et commentant la totalité de son expérience et de ses théories à l'intention du grand public.

**Introduction à la vie dévote** ouvrage de saint François de Sales (1604).

**Introduction à l'étude de la médecine expérimentale** œuvre de Claude Bernard (1865).

**introduire** *v* ⑥⑨ **A** *vt* **1** Faire entrer qqn dans un lieu. *Introduire un visiteur. Introduire qqn auprès d'un personnage important.* **2** Faire entrer qqch dans une autre chose, quelque part. *Introduire la clef dans la serrure.* **3** fig Faire accepter, faire adopter. *Introduire de nouvelles coutumes.* **4** DR Commencer une procédure. *Introduire une instance devant un tribunal.* **B** *vpr* Entrer. *Un cambrioleur s'est introduit dans la maison. Le doute s'introduit dans son esprit.* (ETY) Du lat.

**introït** *nm* Prière d'introduction à la messe. (PHO) [ɛ̃tʀɔit] (ETY) Du lat. *introitus,* « entrée ».

**introjection** *nf* PSYCHAN Incorporation inconsciente de l'image d'une personne au moi et au surmoi. (DER) **introjectif, ive** *a* – **introjecter** *vt* ①

**intromission** *nf* didac Action par laquelle on introduit une chose dans une autre. (ETY) Du lat. *intromittere,* « faire entrer dedans ».

**intron** *nm* GENET Séquence non codante d'un gène (par oppos. à *exon*).

**introniser** *v* ① **1** Placer solennellement sur le trône. **2** Introduire qqn dans une association, une confrérie. *Introniser qqn dans l'ordre des chevaliers du Tastevin.* (ETY) Du gr. *thronos,* « trône ». (DER) **intronisation** *nf*

**introrse** *a* BOT Se dit d'une étamine dont l'anthère s'ouvre vers le centre de la fleur. ANT extrorse.

**introspection** *nf* PSYCHO Étude, observation de la conscience par elle-même. (ETY) Mot angl., du lat. *introspicere,* « regarder à l'intérieur ». (DER) **introspectif, ive** *a*

**introuvable** *a* Qu'on ne peut trouver. *Pièce de collection introuvable.*

**introversion** *nf* PSYCHO Tendance à donner plus d'importance à la subjectivité qu'au monde extérieur. (ETY) Mot all., du lat. *introversus,* « tourné vers l'intérieur ». (DER) **introverti, ie** *a, n*

**intrus, use** *n* Personne qui s'introduit quelque part sans y être conviée. (ETY) Du lat. *intrusus,* « introduit de force ».

**intrusif, ive** *a* **1** GEOL Se dit des roches éruptives qui ont été injectées à l'état liquide dans les roches superficielles. **2** didac Qui constitue une intrusion, vise à une intrusion.

**intrusion** *nf* **1** Fait de s'introduire contre le droit ou sans titre dans une dignité, une charge, une société, etc. **2** Fait de s'introduire en un lieu sans y être convié. **3** GEOL Pénétration d'une roche dans une couche d'une autre nature.

**intuber** *vt* ① MED Pratiquer l'introduction, par la bouche ou par le nez, d'une sonde dans la trachée, pour assurer la liberté des voies aériennes, notam. au cours d'une anesthésie. *Intuber un malade.* (DER) **intubation** *nf*

**intuition** *nf* **1** Connaissance directe et immédiate, sans recours au raisonnement. **2** Pressentiment. *Avoir l'intuition de ce qui va arriver.* (ETY) Du lat. *intueri,* « regarder attentivement ». (DER) **intuitif, ive** *a, n* – **intuitivement** *av*

**intuitionnisme** *nm* PHILO Doctrine selon laquelle la connaissance repose essentiellement sur l'intuition. *L'intuitionnisme de Bergson.*

**intuitu personæ** *av* DR Exprime que la qualité des personnes avec lesquelles on conclut un contrat est essentielle. (PHO) [ɛ̃tɥitupɛʀsɔne]

**intumescence** *nf* **1** Gonflement d'une partie du corps. **2** PHYS En mécanique des fluides, onde de surface dans un canal découvert de faible profondeur. (ETY) Du lat. *intumescere,* « se gonfler ». (DER) **intumescent, ente** *a*

**Inuits** peuple autochtone des régions les plus septentrionales du Canada, du Groenland et de l'Alaska. Dans leur langue, l'inuktitut, *Inuit* signifie « les hommes ». Les Inuits n'acceptent pas l'appellation traditionnelle « Esquimaux » qu'ils jugent péjorative. (DER) **inuit, ite** *a*

**inuktitut** *nm* Langue des Inuits.

**inule** *nf* Plante composée à fleurs jaunes en capitule. (ETY) Du lat.

**inuline** *nf* BIOCHIM Sucre complexe, polymère du fructose, qui constitue la substance de réserve de nombreux végétaux.

**inusable** *a* Qui ne s'use pas.

**inusité, ée** *a* Qui n'est pas ou presque pas usité. *Mot inusité.*

**inusuel, elle** *a* litt Qui n'est pas usuel.

**in utero** *locav* didac Dans l'utérus, pendant la gestation. *Réactions du fœtus in utero.* (ETY) Mots lat.

**inutile** *a, n* **1** Qui n'est d'aucune utilité. *Meuble inutile.* **2** Qui ne se rend pas utile. (DER) **inutilement** *av* – **inutilité** *nf*

**inutilisable** *a* Qui ne peut être utilisé.

**inutilisé, ée** *a* Qui n'est pas utilisé. (DER) **inutilisation** *nf*

**Inuvik** v. la plus septentrionale du Canada (Territoires du Nord-Ouest) ; 3 200 hab.

**invagination** *nf* **1** BIOL Repliement en doigt de gant d'une cavité sur elle-même. **2** MED Repliement de l'intestin, provoquant une occlusion. (ETY) Du lat. *vagina,* « gaine ».

**invaincu, ue** *a* Qui n'a jamais été vaincu.

**invalidant, ante** *a* Qui rend invalide. *Maladie invalidante.*

**invalide** *a, n* **A** *a, n* Empêché par une infirmité de mener une vie normalement active. **B** *nm* Soldat que l'âge ou les blessures empêchent de servir. **C** *a* DR Qui n'a pas les qualités requises par la loi. *Acte invalide.* (ETY) Du lat. (DER) **invalidité** *nf*

**invalider** *vt* ① **1** DR Déclarer invalide, rendre nul. *Invalider une élection, un candidat.* **2** MED Rendre invalide, handicaper. (DER) **invalidation** *nf*

**Invalides (hôtel des)** monument de Paris édifié à l'initiative de Louis XIV (1670) en vue d'assurer un asile aux soldats mutilés. Sa construction, entreprise d'après les plans de Libéral Bruant, fut achevée par Jules Hardouin-Mansart, auteur du dôme (1679-1706). En 1840 on a creusé dans la chapelle Saint-Louis une crypte pour accueillir le tombeau de Napoléon Ier.

dôme de l'hôtel des **Invalides**, vu du pont Alexandre-III

**invar** *nm* METALL Acier à 36 % de nickel qui possède un coefficient de dilatation presque nul. (ETY) Nom déposé.

**invariable** *a* **1** Qui ne change pas. *Ordre invariable des saisons.* **2** GRAM Dont la forme reste toujours identique. *Les adverbes sont des mots invariables.* (DER) **invariabilité** *nf* – **invariablement** *av*

**invariant, ante** *a, nm* **A** *a* **1** GEOM Se dit d'une fonction qui conserve la même valeur lors d'une transformation. **2** PHYS NUCL Se dit d'une grandeur ou d'une loi qui se conserve après une transformation. **B** *nm* Grandeur, élément, propriété qui restent constants. (DER) **invariance** *nf*

**invasif, ive** *a* **1** MED Se dit d'un processus pathologique tendant à la généralisation. **2** MED Se dit d'un examen ou d'un traitement nécessitant une lésion de l'organisme. SYN interventionnel. **3** didac Qui a tendance à envahir le milieu environnant. *Plante invasive.*

**invasion** *nf* **1** Irruption de l'armée d'un État dans un autre État. **2** Pénétration massive, accompagnée de destructions et de violence, d'un peuple étranger sur un territoire donné. *Les invasions des Barbares.* **3** fig Envahissement. *Invasion de moustiques. L'invasion du mauvais goût.* **4** MED Période qui mène des premiers symptômes à la période d'état d'une maladie. (ETY) Du lat. *invadere,* « envahir ».

**invective** *nf* Parole violente contre qqch, qqn. *Se répandre en invectives.* (ETY) Du lat. *invehi,* « attaquer ».

**invectiver** *v* ① **A** *vt* Lancer des invectives contre. *Invectiver les passants.* **B** *vi* litt Proférer des invectives. *Invectiver contre le luxe.*

**invendable** *a* Qu'on ne peut vendre.

**invendu, ue** *a, nm* Se dit d'une marchandise qui n'a pas été vendue.

**inventaire** *nm* **1** Dénombrement de tous les biens d'une personne, d'une succession, ainsi que des éléments de son passif (dettes, etc.). **2** Dénombrement, état des marchandises en stock, des valeurs disponibles et des créances, permettant d'évaluer les pertes et les profits. **3** Dénombrement, recensement. *Faire l'inventaire des connaissances humaines.* LOC ***Inventaire à la Prévert*** : énumération hétéroclite. (ETY) Du lat. *invenire,* « trouver ».

**inventer** *vt* ① **1** Trouver, imaginer qqch de nouveau. *Inventer un nouveau type de moteur.* **2**

Imaginer, forger de toutes pièces. *Inventer des histoires invraisemblables.* **LOC** ***Cela ne s'invente pas*** : c'est tellement extravagant que ce ne peut être que vrai.

**inventeur, trice** *n* **1** Personne qui invente, découvre qqch de nouveau. **2** Personne qui retrouve un objet caché, un trésor enfoui. ETY Du lat. *invenire*, « trouver ».

**inventif, ive** *a* Qui a la faculté, le goût d'inventer. *Esprit inventif.* DER **inventivité** *nf*

**invention** *nf* **1** RELIG Découverte d'une relique. *Invention de la sainte Croix.* **2** DR Découverte d'une chose cachée, enfouie. *Invention d'un trésor.* **3** Action d'inventer ; chose inventée ; produit de l'imagination. **4** Mensonge, chimère. *C'est de la pure invention !* **5** MUS Petite pièce en forme de fugue. ETY Du lat.

**inventorier** *vt* 2 Faire l'inventaire de. DER **inventoriage** *nm*

**invérifiable** *a* Qui ne peut être vérifié.

**Inverness** v. et port de G.-B., au N. de l'Écosse, sur le Moray Firth ; 61 740 hab. ; ch.-l. de la rég. de Highland. Pêche. Tourisme.

**inversable** *a* Qui ne peut se renverser.

**inverse** *a, nm* **A** *a* Renversé par rapport au sens, à l'ordre naturel, habituel. *En sens inverse. Dans un ordre inverse.* **B** *nm* Ce qui est inverse, opposé. *Faire, dire l'inverse.* **LOC** ***À l'inverse (de)*** : au contraire (de). — GEOM ***Figures inverses*** : qui se déduisent l'une de l'autre par inversion. — CHIM ***Inverses optiques*** : chacune des deux formes d'une substance dont la configuration moléculaire n'est pas superposable à son image spéculaire. — MATH ***Nombres inverses*** : nombres dont l'un est le quotient de l'unité par l'autre (ex. : 3 et 1/3). — LOG ***Proposition inverse*** : dont les termes sont renversés par rapport à une autre proposition. ETY Du lat. *invertere*, « retourner ». DER **inversement** *av*

**inverser** *vt* 1 **1** Mettre dans l'ordre, le sens, la position inverse. **2** TECH Changer le sens d'un courant électrique, d'un mouvement, etc.

**inverseur** *nm* ELECTR Appareil destiné à changer le sens d'un courant. **LOC** AERON, ESP ***Inverseur de jet, de poussée*** : du réacteur ou du moteur-fusée d'un avion, d'un engin spatial.

**inversible** *a* PHOTO Qui permet d'obtenir un cliché positif à partir d'un film positif ou un négatif à partir d'un négatif.

**inversion** *nf* **1** GRAM Renversement, changement dans l'ordre habituel des mots ; construction qui en résulte. *Inversion du sujet dans les tournures interrogatives (ex. : où suis-je ?).* **2** GEOM Transformation d'une figure en une autre telle que, si M est un point de la première figure et O un point fixe (appelé *pôle d'inversion*), le transformé M' de M soit situé sur la droite OM et que l'on ait $\overrightarrow{OM}.\overrightarrow{OM'} = R$ (R étant un nombre réel non nul appelé *puissance d'inversion*). **3** PHOTO Opération qui permet d'obtenir une image positive dès la prise de vue. **4** MED Anomalie congénitale dans laquelle un ou plusieurs organes sont situés du côté opposé à celui qu'ils occupent normalement. **5** MED Retournement d'un organe sur lui-même. **LOC** GEOL ***Inversion de relief*** : transformation résultant d'une action de l'érosion qui creuse les anticlinaux et épargne les synclinaux. — CHIM ***Inversion du sucre*** : dédoublement du saccharose en glucose et lévulose. — METEO ***Inversion de température*** : augmentation de la température avec l'altitude.

**invertase** *nf* BIOCHIM Enzyme qui hydrolyse spécifiquement le saccharose en glucose et fructose. SYN saccharase.

**invertébré, ée** *a, nm* ZOOL Animal qui n'a pas de vertèbres.

**inverti, ie** *n* vx Homosexuel, elle.

**invertir** *vt* 3 **1** vx Renverser symétriquement. **2** CHIM Transformer par inversion le saccharose en glucose. ETY Du lat. *invertere*, « retourner ».

**investigateur, trice** *n, a* Personne qui fait des investigations. *Esprit investigateur.*

**investigation** *nf* Recherche suivie et approfondie. *Journalisme d'investigation.* ETY Du lat. DER **investigatif, ive** *a*

**investiguer** *vt* 1 Mener des investigations sur un sujet, enquêter.

**investir** *v* 3 **A** *vt* **1** Conférer à qqn un titre, un pouvoir avec certaines formalités. *Investir un général des fonctions de commandant en chef.* **2** Entourer de troupes un objectif militaire. **3** ECON Acquérir des moyens de production. **4** Placer des capitaux pour en tirer un profit. *Investir des millions dans l'immobilier.* **B** *vi* PSYCHAN Reporter une certaine quantité d'énergie psychique sur une représentation ou sur un objet. **C** *vpr, vi* Mettre toute son énergie dans. *S'investir dans son activité professionnelle. Investir dans le sport.* ETY Du lat. *investire*, « garnir ».

**investissement** *nm* **1** Action d'investir un objectif militaire. **2** FIN Action d'investir des capitaux dans une affaire pour la développer, accroître les moyens de production ; capitaux investis. **3** PSYCHAN Fait d'investir son énergie psychique. **4** fig Fait de s'investir, de s'impliquer dans qqch

**investisseur, euse** *n, a* Se dit d'un organisme ou d'une personne qui investit des capitaux. **LOC** FIN ***Investisseur institutionnel*** : organisme financier effectuant des placements boursiers sur une grande échelle (caisse des dépôts, caisse d'assurances, de retraite, etc.). — ***Investisseur providentiel*** : syn. (recommandé) de *business angel*.

**investiture** *nf* **1** DR ANC, DR CANON Mise en possession d'un fief ou d'un bien ecclésiastique. **2** POLIT Vote par lequel l'Assemblée investissait de ses fonctions le président du Conseil, dans la Constitution de la IVe République. **3** Désignation officielle par un parti d'un candidat à des élections.

**Investitures (querelle des)** conflit qui opposa le Saint Empire et la papauté à propos de l'investiture des évêques. Élu en 1073, le pape Grégoire VII interdit aux souverains d'effectuer ces investitures. L'empereur Henri IV se révolta (malgré l'entrevue de Canossa en 1077). En 1122, son fils Henri V accepta la volonté du pape (concordat de Worms).

**invétéré, ée** *a* **1** Qui s'est enraciné, fortifié avec le temps. **2** péjor Qui est tel depuis longtemps et de manière quasi irrémédiable. *Tricheur invétéré.* ETY Du lat. *inveterare*, « laisser vieillir ».

**invincible** *a* **1** Qu'on ne saurait vaincre. *Armée invincible.* **2** fig Insurmontable, irrésistible. *Une invincible attirance pour qqn.* ETY Du bas lat. DER **invincibilité** *nf* – **invinciblement** *av*

**inviolable** *a* **1** Que l'on ne saurait violer ou enfreindre. *Asile inviolable. Loi inviolable.* **2** DR Qui est à l'abri de toute poursuite. *Les ambassadeurs sont inviolables dans l'État où ils sont accrédités.* ETY Du lat. *violare*, « outrager ». DER **inviolabilité** *nf*

**inviolé, ée** *a* litt Que l'on n'a pas violé ; que l'on n'a pas profané. *Une sépulture inviolée.*

**invisible** *a, nm* **1** Qui échappe à la vue par sa nature, sa distance, etc. **2** Qui ne veut pas être vu. ETY Du bas lat. DER **invisibilité** *nf*

**invitation** *nf* **1** Action d'inviter ; son résultat. **2** Parole, lettre par laquelle on invite. *J'ai bien reçu votre invitation.* **3** Action d'engager, d'inciter. *Une invitation à parler.* ETY Du lat.

**invite** *nf* Appel discret, invitation plus ou moins déguisée à faire qqch.

**inviter** *vt* 1 **1** Prier d'assister à, convier à. *Inviter à une soirée, à dîner.* **2** Engager, inciter à. *Je vous invite à réfléchir. Le temps nous invite à sortir.* ETY Du lat. DER **invitant, ante** *a* – **invité, ée** *n*

**in vitro** *av* didac En laboratoire, en dehors de l'organisme vivant. ANT in vivo. **LOC** ***Fécondation in vitro*** : V. fivete. PHO [invitʀo] ETY Mots lat., « dans le verre ».

**invivable** *a* Qui n'est pas vivable, qui est très pénible, insupportable. *Une situation invivable.*

**in vivo** *av* didac Dans l'organisme vivant. ANT in vitro. PHO [invivo] ETY Mots lat., « dans le vivant ».

**invocation** *nf* **1** Action d'invoquer. **2** RELIG Protection, patronage. *Sous l'invocation de la Vierge.* ETY Du lat.

**invocatoire** *a* litt Qui sert à invoquer.

**involontaire** *a* Qui n'est pas volontaire. ETY Du bas lat. DER **involontairement** *av*

**involucelle** *nm* BOT Involucre des ombellules.

**involucre** *nm* BOT Ensemble de bractées groupées à la base de certaines inflorescences, ombelles et capitules, notam. ETY Du lat. *involucrum*, « enveloppe ». DER **involucré, ée** *a*

**involuté, ée** *a* BOT Dont les bords sont roulés en dedans en forme de volute, en parlant des feuilles. ETY Du lat. *involvere*, « enrouler ».

**involutif, ive** *a* Relatif à une involution. **LOC** MATH ***Application involutive*** : application f d'un ensemble E dans lui-même, telle que f ∘ f soit l'application identité sur E. — GEOM ***Transformation involutive*** : dans laquelle tout point est lui-même la transformation de son homologue.

**involution** *nf* **1** BOT État d'un organe involuté. **2** MATH Application involutive. **3** GEOM Transformation homographique involutive. **4** PHILO Processus, inverse de la différenciation, qui conduit de la pluralité à l'unité, de l'hétérogénéité à l'homogénéité, de la diversité à l'uniformité. **5** MED Modification régressive d'un organe sain ou malade, d'une tumeur, de l'organisme.

**invoquer** *vt* 1 **1** Appeler à son secours Dieu, un saint, une puissance surnaturelle. **2** fig En appeler à, recourir à. *Les arguments que vous invoquez sont pertinents.* ETY Du lat.

**invraisemblable** *a* **1** Qui n'est pas vraisemblable. **2** Qui choque par son caractère excessif, inhabituel, extravagant. *Il arrivait à des heures invraisemblables.* DER **invraisemblablement** *av*

**invraisemblance** *nf* **1** Défaut de vraisemblance. *L'invraisemblance d'une nouvelle.* **2** Chose invraisemblable. *Drame plein d'invraisemblances.*

**invulnérable** *a* **1** Non vulnérable, qui ne peut être blessé. **2** fig Qu'on ne peut moralement toucher. *Être invulnérable aux médisances.* DER **invulnérabilité** *nf*

**Io** dans la myth. gr., fille d'Inachos, prêtresse d'Héra ; elle fut aimée de Zeus, qui la changea en génisse pour duper Héra. Piquée par un taon, Io erra, passant notam. par le Bosphore (le « Passage de la vache »).

**Io** satellite de Jupiter (3 640 km de diamètre) découvert par Galilée en 1610. Il parcourt en 1,8 jour une orbite dont le rayon mesure 421 600 km. Plusieurs volcans actifs y ont été repérés par la sonde interplanétaire *Voyager 1*.

**Ioánnina** v. de Grèce (Épire), sur le *lac de Ioánnina* ; 45 000 hab. ; ch.-l. du nome du m. nom. Centre comm. – Archevêché. Mosquée du XVIIe s. (auj. musée). VAR **Jannina**

**Iochkar-Ola** cap. de la rép. auton. des Maris ; 231 000 hab. Industries.

**iodate** *nm* CHIM Sel de l'acide iodique.

**iode** *nm* CHIM **1** Élément de la famille des halogènes, de numéro atomique Z = 53 et de masse atomique 126,904 (symbole I). **2** Corps simple, solide, gris foncé, qui fond à 113,7 °C et se sublime à la température ordinaire en émettant des vapeurs violettes. ETY Du gr. *iôdês*, « violet ».
ENC L'iode se trouve à l'état d'iodures dans l'eau de mer et le sel gemme. Il est utilisé en photographie (l'iodure d'argent noircit à la lumière) et en pharmacie (la teinture d'iode et l'iodoforme sont des antiseptiques). L'iode est indispensable à la fonction de la thyroïde et au métabolisme des êtres vivants.

**iodé, ée** *a* Qui contient de l'iode. *Sirop iodé.*

**ioder** *vt* 1 CHIM Combiner avec l'iode.

**iodhydrique** *a* **LOC** CHIM ***Acide iodhydrique*** : de formule HI.

**iodique** *a* **LOC** CHIM ***Acide iodique*** : de formule $HIO_3$.

**iodisme** *nm* MED Intoxication par l'iode.

**iodler → jodler.**

**iodoforme** *nm* CHIM Antiseptique dérivé de l'iode, de formule $CHI_3$.

**iodure** *nm* CHIM **1** Sel de l'acide iodhydrique. **2** Composé de l'iode avec un corps simple. DER **ioduré, ée** *a*

**Iole** dans la myth. gr., fille d'Eurytos, roi d'Œchalie ; elle fut enlevée par Héraklès, à qui sa femme Déjanire, jalouse, envoya alors la tunique de Nessos.

**ion** *nm* CHIM, PHYS NUCL Atome ou molécule qui a perdu ou gagné un ou plusieurs électrons. **LOC** TECH ***Échangeur d'ions*** : substance permettant de remplacer des ions en solution par d'autres. ETY Mot angl., du gr. *ienai*, « aller ». DER **ionique** *a*
ENC Un ion est positif *(cation)* lorsque l'atome perd un ou plusieurs électrons et acquiert ainsi une ou plusieurs charges positives ; il est négatif *(anion)* lorsque l'atome gagne des électrons et acquiert ainsi des charges négatives. L'eau de mer contient d'immenses quantités d'ions chlorures (Cl–) et sodium (Na+). Dans la matière vivante, de nombreuses espèces chimiques en solution sont dissociées en ions. Dans l'Univers (et en laboratoire), l'*état ionisé*, dit *plasma*, est le quatrième état de la matière (Soleil).

**Ionesco** Eugène (Slatina, Roumanie, 1909 – Paris, 1994), auteur dramatique français d'origine roumaine, représentant du « théâtre de l'absurde » : *la Cantatrice chauve* (1950), *la Leçon* (1951), *les Chaises* (1952), *Rhinocéros* (1959), *Le roi se meurt* (1962). Acad. fr. (1970).

Eugène Ionesco

**Ionie** nom donné à la rég. côtière centrale de l'Asie Mineure lorsque les Ioniens, chassés de la Grèce au XI^e s. av. J.-C. par les Doriens, s'y installèrent. Princ. cités : Samos, Éphèse, Milet, Phocée, Téos, Clazomènes, Myonte et Érythrées. La civilisation ionienne connut son apogée aux VII^e-VI^e s. av. J.-C. DER **ionien, enne** *a, n*

**ionien** *nm* Dialecte des Grecs fixés en Ionie et dont l'attique est une des formes.

**Ionienne (mer)** partie de la Méditerranée centrale, au S. de l'Adriatique, séparant la Calabre et la Sicile de la Grèce.

**ionienne (école)** école philosophique (présocratique) et scientifique des VI^e et V^e s. av. J.-C., représentée par Anaxagore, Thalès, Anaximandre, Anaximène et Héraclite. Selon elle, la réalité résulte de la combinaison des quatre éléments (air, terre, eau et feu).

**Ioniennes (îles)** archipel grec de la mer Ionienne, proche de la côte occid. de la Grèce. Région de la Grèce et de l'UE ; 2 307 km² ; 210 500 hab. ; cap. *Corfou*. Princ. îles (du N. au S.) : Corfou, Leucade, Ithaque, Céphalonie, Zante, Cythère. – Occupées par les rois normands de Sicile et de Naples (XI^e-XII^e s.), par les Vénitiens (XIV^e-XV^e s.), par les Turcs et les Russes (1799), les Français (1807), les Brit. (1815), elles furent rendues à la Grèce en 1864.

**1 ionique → ion.**

**2 ionique** *a, nm* ARCHI Se dit de l'un des trois ordres de l'architecture grecque, caractérisé par une colonne, plus élancée que la colonne dorique, dressée sur une base moulurée, surmontée d'un chapiteau à volutes.

**ionisant, ante** *a* Se dit des radiations produisant une ionisation.

**ionisateur** *nm* Appareil servant à ioniser des produits alimentaires.

**ionisation** *nf* **1** PHYS NUCL, CHIM Formation d'ions. **2** MED Introduction dans l'organisme des éléments d'une substance chimique décomposée par électrolyse. **3** TECH Stérilisation des aliments par des radiations ionisantes qui détruisent micro-organismes et insectes et arrêtent la germination des tubercules végétaux. DER **ioniser** *vt* 1

**Ionisation** composition musicale pour percussions seules de Varèse (1931).

**ioniseur** *nm* Appareil qui régénère l'air en produisant des ions négatifs.

**ionogramme** *nm* BIOCHIM Formule indiquant les concentrations des principaux ions dans le plasma sanguin.

**ionosphère** *nf* METEO Partie de l'atmosphère située au-dessus de la stratosphère, approximativement entre 60 et 600 km d'altitude, où se produisent des phénomènes d'ionisation. DER **ionosphérique** *a*

**Iorga** Nicolae (Botoșani, 1871 – Strejnicu, 1940), historien et homme politique roumain. Président du Conseil (1931-1932), conseiller du roi (1938-1940), il fut assassiné par la Garde de fer : *Histoire des Roumains* (10 vol., 1936-1939).

**Íos** petite île de la mer Égée (Cyclades), au S.-O. de Naxos. Homère y serait mort. VAR **Niós**

**Iosseliani** Otar (Tbilissi, 1934), cinéaste géorgien. Films russophones : *Il était une fois un merle chanteur* (1971), *Pastorale* (1976). En France : *les Favoris de la lune* (1984), *Lundi matin* (2001).

**iota** *nm* **1** Neuvième lettre de l'alphabet grec (Ι, ι) correspondant à *i*. **2** fig Très petit détail. *Sans changer un iota.*

**iotacisme** *nm* **1** LING Emploi fréquent du son [i]. *L'iotacisme du grec moderne.* **2** MED Mauvaise prononciation du son [ʒ] en [j].

**Iouchtchenko** Viktor (Khoroujivka, 1954), homme politique ukrainien, opposé au régime russe. Président de la Rép. de 2005 à 2010.

**iouler → jodler.**

**Iowa** État du centre des É.-U. ; 145 790 km² ; 3 046 000 hab. ; cap. *Des Moines*. – Drainée par les affl. du Mississippi à l'E. (Iowa, Des Moines) et du Missouri à l'O., cette rég. de plaine se consacre à l'agric., à l'élevage et à l'industr. agroalim. – Cédé par la France (1803), territ. autonome (1838), l'Iowa intègre l'Union en 1846.

**ipé** *nm* Arbre d'Amérique tropicale (bignoniacée) au bois dur et lourd, appelé aussi *ébène verte*.

**ipéca** *nm* Nom cour. de diverses plantes (rubiacées) dont les racines ont des propriétés vomitives. ETY Mot portug., du tupi.

**Iphigénie** dans la myth. gr., fille d'Agamemnon et de Clytemnestre, sacrifiée par son père à Artémis afin d'obtenir le vent favorable à la flotte des Grecs partant pour Troie. ▷ LITTER *Iphigénie à Aulis* (405 av. J.-C.), *Iphigénie en Tauride* (414 av. J.-C.), tragédies d'Euripide ; *Iphigénie*, tragédie de Racine (1674) ; *Iphigénie en Tauride*, drame de Goethe. ▷ MUS *Iphigénie en Aulide* (1774) et *Iphigénie en Tauride* (1779), opéras de Gluck.

**Ipoh** v. de la Malaisie, cap. de l'État de Perak ; 600 000 hab. Centre minier (étain).

**ipomée** *nf* BOT Plante grimpante (convolvulacée), dont une espèce ornementale, le volubilis, est fréquente dans les jardins et dont une autre espèce, la patate douce, est alimentaire. ETY Du gr. *ips*, « ver », et *omoios*, « semblable ».

**Ipousteguy** Jean Robert (Dun-sur-Meuse, 1920 – id., 2006), peintre et sculpteur français à la violence baroque.

**ippon** *nm* SPORT Au judo, prise parfaitement exécutée (étranglement, immobilisation, projection) qui met fin au combat et donne la victoire à son auteur. PHO [ipɔn] ETY Mot jap.

**ipséité** *nf* PHILO Ce qui fait qu'un être est lui-même, ce qui est essentiel dans l'individualité d'un être. ETY Du lat. *ipse*, « soi-même ».

**ipsilatéral, ale** *a* didac Situé du même côté du plan de symétrie d'un être vivant. PLUR ipsilatéraux.

**ipso facto** *loc av* Par le fait même, par là même. *Il s'est enfui, prouvant ipso facto sa culpabilité.* ETY Mots lat.

**Ipsos** ville de Phrygie (Asie Mineure), auj. *Ipsili*, en Turquie, près de laquelle les généraux d'Alexandre se livrèrent la « bataille des rois » (301 av. J.-C.) où périt Antigonos Monophthalmos. L'empire d'Alexandre fut démembré.

**Ipswich** port de comm. de G.-B., ch.-l. du Suffolk ; 133 500 hab. Centre agricole.

**Iqaluit** (anc. *Frobisher Bay*), capitale et port du Nunavut (Canada) ; 6 300 hab.

**Iqbāl** sir Muhammad (Sialkot, Pendjab, 1873 – Lahore, 1938), poète et philosophe musulman de l'Inde. Ses écrits polit. sont à l'origine de la création du Pākistān (1947).

**Iquique** v. et port du Chili, en bordure du désert d'Atacama ; 230 000 hab. ; ch.-l. de prov. Exportation de nitrates, de guano et de farine de poisson.

**Iquitos** v. du N.-E. du Pérou, port sur le río Marañón ; 370 800 hab. ; ch.-l. de dép.

**ir- → in-.**

**Ir** CHIM Symbole de l'iridium.

**IRA** acronyme pour *Irish Republican Army* (« Armée républicaine irlandaise »). Force militaire nationaliste, fondée en 1919, qui, après le traité de Londres (1921), poursuivit la lutte pour l'indépendance de toute l'Irlande. Interdite depuis 1939, elle se scinda en 1969 en deux fractions, « officielle » et « provisoire ». En Ulster, à partir de 1969, l'IRA « provisoire » mena une action terroriste contre les protestants et l'armée britannique. En 2005, l'IRA décide de mettre fin à la lutte armée. (V. Irlande.)

**Irak (république démocratique et populaire d')** État du Moyen-Orient, entre la Syrie, la Turquie, l'Iran et l'Arabie Saoudite ; 435 000 km² ; 35,1 millions d'hab. ; accroissement naturel : 2,6 % par an ; cap. *Bagdad*. Nature de l'État : rép. présidentielle. Langue off. : arabe. Monnaie : dinar irakien. Pop. : Arabes (70 % env.), Kurdes (20 % env.), Turkmènes, Assyriens, Iraniens, Égyptiens. Relig. : islam (90 % ; chiite, pour plus de la moitié, et sunnite, surtout dans les villes) ; nombreuses Églises orientales, notam. rites assyrien et chaldéen (10 %). VAR **Iraq** DER **irakien** ou **iraquien, enne** *a, n*
**Géographie** La plaine de Mésopotamie, ouverte au S. sur le golfe Persique, est encadrée à

l'E. et au N. par les massifs du Zagros et du Taurus, et à l'O. par le plateau syrien. C'est le lit alluvial de l'Euphrate et du Tigre (aux crues parfois désastreuses), qui confluent au S. de Bagdad, pour former le Chatt al-Arab et ses immenses marécages. Le climat, torride en été, froid en hiver, produit une végétation steppique ; au N., les montagnes ont des forêts. La pop., citadine à 71 %, se concentre dans le couloir mésopotamien et au N., où vit la minorité kurde.

**Économie** L'Irak est favorisé : terres arables, ressources en eau, 10 % des réserves mondiales de pétrole. Jusqu'en 1980, le développement écon., favorisé par la rente pétrolière, a fait de l'Irak un modèle dans le monde arabe, mais l'importation alimentaire excédait 2 milliards de dollars par an. La guerre contre l'Iran (1980-1988) a coûté 150 milliards de dollars ; la reconstruction, 60 milliards. Dès 1985, l'Irak a retrouvé ses capacités de production pétrolière de 1980 mais le cours du brut avait baissé et l'endettement atteignait 80 milliards de dollars en 1990. Les ravages dus aux guerres du Golfe et aux violences internes ont créé une situation tragique.

**Histoire** Berceau des plus anc. civilisations du Moyen-Orient, la Mésopotamie prit le nom d'Irak lors de la conquête arabe (637). Le règne des Abbassides, fondateurs de Bagdad, marqua l'âge d'or de la civilisation arabo-islamique (VIII$^e$-X$^e$ s.), que suivit un long déclin ; à la fin du XIV$^e$ s., Tamerlan porta le coup de grâce au pays. En 1534, l'Irak devint une prov. de l'Empire ottoman, que lui disputèrent les Perses séfévides au XVII$^e$ s. puis, dès le XIX$^e$ s., les puissances occidentales ; à partir de 1903, les Allemands construisirent le chemin de fer de Bagdad. La guerre de 1914-1918 mit fin à l'Empire ottoman, allié de l'Allemagne. L'Irak, placé sous mandat brit. (1920), devint une monarchie constitutionnelle (1921) et accéda à l'indépendance (1932). Sous Faysal I$^{er}$ (1921-1933), le premier roi hachémite, et sous Ghazi I$^{er}$ (1933-1939), les Kurdes se soulevèrent plus. fois ; la G.-B. s'empara du pétrole mais restaura le réseau d'irrigation abandonné depuis cinq siècles. Sous la régence d'Abd al-Ilah, oncle de Faysal II (1939-1958), le coup d'État de Rachid Ali, favorable à l'Axe, fut écrasé par les Britanniques.

**DE 1945 À 1979** À partir de 1945, l'Irak s'engagea dans une politique pro-occidentale : Noury Saïd signa le pacte de Bagdad (1955) et s'allia à la Jordanie (Fédération arabe, 1958), face à l'union de l'Égypte et de la Syrie. Cette politique suscita la révolution du 14 juil. 1958, menée par les militaires ; le roi et son entourage furent assassinés ; le général Kassem proclama la république. Il chercha l'alliance soviét. et, très vite, réprima les partisans de Nasser, les autonomistes kurdes (menés par Bārzānī), puis les communistes. Kassem fut renversé et exécuté par le Baas (fév. 1963), qui porta au pouvoir le colonel Abd as-Salam Arif. Arif puis (1966) son frère Abd al-Rahman se rapprochèrent de l'Égypte, créèrent un parti unique, l'Union socialiste arabe, et amnistièrent les Kurdes condamnés (1966). Un nouveau coup d'État du Baas (juil. 1968) porta au pouvoir le général Hassan al-Bakr, qui signa avec l'URSS un traité d'amitié (1972) et accorda aux Kurdes (1972) une autonomie qu'ils jugèrent insuffisante.

**L'IRAK DE SADDAM HUSSEIN** En 1979, Saddam Hussein remplaça Al-Bakr. Craignant l'influence de la révolution iranienne sur les chiites irakiens, il attaqua l'Iran (sept. 1980) avec un armement fourni par l'Occident et par l'URSS. En juil. 1988, les deux pays signèrent un cessez-le-feu sous l'égide de l'ONU : cette première guerre du Golfe avait fait un million de morts et 2 millions de blessés. Saddam Hussein massacra et déporta les Kurdes (dont une grande partie se réfugia en Turquie). En août 1990, l'Irak envahit le Koweït, suscitant l'offensive d'une coalition de 30 pays : la deuxième guerre du Golfe (15 janv.-3 mars 1991) ravagea l'Irak qui, toutefois, put mater une rébellion chiite dans le Sud et une rébellion des Kurdes dans le Nord. Il dut ouvrir son pays aux experts de l'ONU chargés de contrôler le désarmement (notam. nucléaire). L'embargo décidé par l'ONU dès 1990 a gravement affecté la pop. civile irakienne, sans déstabiliser S. Hussein. À partir de 1993, de nombr. États ont demandé que l'embargo soit levé, pour des raisons humanitaires, et l'Irak a renoncé officiellement à ses prétentions sur le Koweït (nov. 1994), mais le veto des É.-U. est demeuré inflexible. En oct. 1995, S. Hussein a été réélu par 99,95 % des voix. En mai 1996, l'embargo de l'ONU a été partiellement levé, mais les souffrances du peuple irakien n'ont pas cessé. En 1997-1998, les désaccords ont une nouvelle fois porté sur le contrôle, par l'ONU, de l'armement chimique de l'Irak. Les É.-U. étaient désireux d'intervenir militairement, mais la France, la Chine et la Russie ont préconisé la voie diplomatique. En 2002, l'ONU vote une résolution sur le désarmement de l'Irak, mais les É.-U. et la G.-B. accusent le régime de S. Hussein de détenir des armes interdites et d'aider le terrorisme islamiste. Engagée en 2003 sans l'aval de l'ONU, la guerre ne dure que quelques semaines et S. Hussein est arrêté. La victoire des partis chiites et l'adoption de la nouvelle Constitution en 2005 ne permettent pas de stabiliser la situation. De vives tensions entre les différentes communautés génèrent une succession de crises pol. et des vagues d'attentats. En 2014, les djihadistes prennent le contrôle du nord du pays.

## Iran (république islamique d')

**Iran (république islamique d')** État d'Asie occidentale, à l'O. de l'Afghānistān et du Pākistān, au S. du Turkménistan, à l'E. de l'Irak ; 1 648 000 km$^2$ ; 78,5 millions d'hab. ; accroissement naturel : 1,4 % par an ; cap. *Téhéran*. Nature de l'État : rép. islamique. Langue off. : persan. Monnaie : rial iranien. Population : Persans (env. 50 %), Azéris (24 %), Kurdes (8 %), plusieurs minorités arabophones. Relig. off. : islam chiite (84 %). DER **iranien, enne** *a, n*

**Géographie** L'Iran est un haut plateau (800 à 1 500 m), ponctué de dépressions désertiques, bordé au N. par la chaîne de l'Elbourz (5 671 m) et à l'O. par celles du Zagros et du Baloutchistan. Le climat continental aride (steppes et déserts) s'atténue dans la bordure caspienne et sur les hauteurs. Ces régions concentrent la pop. L'explosion démographique s'accompagne de l'urbanisation (71 % de citadins).

**Économie** La guerre contre l'Irak (1980-1988) a ruiné l'O. et le S. ; le tremblement de terre de 1990 a ravagé le N. L'agric. emploie 30 % des actifs et couvre 70 % des besoins : blé, orge, riz, dattes ; betterave, canne à sucre, coton, tabac. L'élevage ovin itinérant constitue l'activité princ. des régions sèches. Les ressources du sous-sol représentent la grande richesse du pays : 9 % et 12 % des réserves mondiales de pétrole et de gaz ; en outre : charbon, fer, cuivre et plomb. L'endettement s'accroît.

**Histoire** (Pour les périodes antérieures au XX$^e$ s., V. Perse.) En 1907, le nord de la Perse revint à la Russie, le S. à la G.-B. Celle-ci acheta la majorité des actions de l'Anglo-Persian Oil Company. En 1921, le chef de la brigade cosaque Rīza khān Pahlavi s'empara du pouvoir. Il déposa la dynastie des Qādjārs (1925), se proclama chah et entreprit d'unifier et de moderniser le pays, qu'il nomma Iran en 1935. Favorable à l'Allemagne, il dut abdiquer (1941) au profit de son fils Muhammad Rīza. Dans la période troublée d'après 1945 (révoltes en Azerbaïdjan et au Kurdistān), URSS et G.-B. se retirèrent (1946). Le Premier ministre Mossadegh nationalisa l'Anglo-Iranian Company en 1951 et mena une politique antibritannique. En 1953, le chah mit fin à ses pouvoirs ; un accord international partagea les revenus du pétrole entre l'Iran et un consortium. Le chah lança la « révolution blanche » (1962) : réforme agraire, enseignement, libéralisation du statut de la femme. En 1973, il obtint la totale maîtrise du pétrole (4$^e$ prod. mondiale). Il se rapprocha de l'URSS (1965) et de la Chine (1970), et exerça un pouvoir tyrannique. Après de nombr. insurrections durement matées, le chah fut contraint à l'exil en janv. 1979.

**LA RÉPUBLIQUE ISLAMIQUE** Revenu d'exil (en France), l'ayatollah Khomeyni dirigea le pays jusqu'à sa mort (1989). Il fit proclamer la république islamique (avril 1979) et rompit avec les É.-U. en faisant prendre en otage le personnel de l'ambassade amér. (nov. 1979). Abol Hassan Bani Sadr fut élu premier président de la Rép. en janv. 1980, mais les *comités islamiques* continuèrent d'obéir au seul Khomeyni. En sept., l'Irak attaqua le pays. L'Iran libéra, en janv. 1981, les otages amér. En juin 1981, Khomeyni fit destituer Bani Sadr, qui se réfugia en France. En oct., Ali Khamenei, chef du Parti républicain islamique, fut élu. La répression intérieure, menée par les *pasdarans* (« gardiens de la révolution »), s'intensifia contre les moudjahidin du peuple (extrême gauche islamique, écrasée en 1982), les autres opposants et les Kurdes. Épuisé par le blocus écon. occidental, l'Iran dut signer un cessez-le-feu avec l'Irak en juil. 1988. En 1989, Ali Akbar Hachemi Rafsandjani a été élu président (juil.). Après l'invasion du Koweit (août 1990), l'Irak s'est assuré la neutralité iranienne en laissant à l'Iran l'estuaire du Chatt al-Arab. Malgré le pouvoir des religieux, Rafsandjani a réalisé des réformes démocratiques. Il a été réélu président en 1993, alors que les difficultés écon. s'accroissaient. En 1995, les É.-U. ont décrété un embargo commercial. En mai 1997, un religieux modéré, Mohamed Khatami, a été élu président. Il a accentué les réformes démocratiques de Rafsandjani et il a été réélu triomphalement en 2001. Mais, les conservateurs, soutenus par les instances religieuses (qui contrôlent la justice), continuent de s'opposer aux réformes. En 2004, ils prennent le parlement au terme d'élections biaisées et en 2005, leur leader Mahmoud Ahmadinejad est élu prés. Sa décision de reprendre l'enrichissement de l'uranium est condamnée par les pays occidentaux. Les conservateurs renforcent leur pouvoir aux législatives de 2008 et Ahmadinejad est réélu en 2009. Les élections sont à nouveau contestées et les mouvements de protestation s'intensifient. Le modéré Hassan Rohani est élu président en 2013. La levée progressive des sanctions internationales se fait à partir de 2016.

**iranien** *nm* **1** Groupe de langues indo-européennes comprenant le persan, le kurde, le tadjik, le pachto, etc. **2** Syn. de *persan*.

**Iraq** → **Irak.**

**iraquien** → **Irak.**

**irascible** *a* Prompt à la colère. (PHO) [irasibl] (ETY) Du lat. (DER) **irascibilité** *nf*

**Irbid** v. de Jordanie, proche de la Syrie, ch.-l. de la prov. du m. nom ; 650 000 hab. (Palestiniens en majorité). Marché agricole.

**IRCAM** acronyme pour *Institut de recherche et de coordination acoustique-musique.* Organisme créé en 1976 dans le cadre du Centre Georges-Pompidou ; dirigé par P. Boulez de 1975 à 1991.

**IRD** → **ORSTOM.**

**ire** *nf* vx Colère, courroux.

**Irène** (Athènes, v. 752 – Lesbos, 803), impératrice d'Orient (797-802). Elle détrôna son fils Constantin VI et lui fit crever les yeux (797). Favorable au culte des images, elle fut canonisée par l'Église orthodoxe.

**Irénée (saint)** (en Asie Mineure, v. 130 – Lyon, v. 208), évêque de Lyon (v. 177) ; Père et docteur de l'Église, adversaire des gnostiques ; probablement martyrisé.

**irénisme** *nm* **1** RELIG Attitude visant à rétablir la concorde entre chrétiens de différentes confessions. **2** fig Attitude conciliante, évitant la polémique. (ETY) Du gr. *eirênikos,* « pacifique ». (DER) **irénique** *a*

**Irgoun** (abrév. de *Irgoun Zvaï Leoumi*), organisation militaire sioniste, nationaliste extrémiste, fondée en Palestine par des dissidents de la Haganah (1931) pour lutter contre les Arabes puis contre les Brit. ; dirigée par M. Begin à partir de 1943, dissoute en sept. 1948.

**Irian Jaya** nom indonésien de la partie occid. de la Nouvelle-Guinée, qui forme une prov. de l'Indonésie ; 421 981 km$^2$ ; 3 600 000 hab. ; ch.-l. *Djayapura.* Cocotiers ; pétrole (dans la presqu'île de Vogelkop). – Colonie néerlandaise depuis 1885, placée sous le contrôle de l'ONU (1962) puis de l'Indonésie, sous le nom d'Irian Barat (1963), puis, après référendum, sous le nom d'Irian Jaya (1969). La Papouasie en réclame la restitution. Le courant séparatiste est fort, notam. depuis la chute de Suharto en 1998. (DER) **irianais, aise** *a, n*

**Iriarte** Tomás de (Orotava, Tenerife, 1750 – Madrid, 1791), écrivain et compositeur espagnol, défenseur du classicisme : *Fábulas literarias* (« Fables littéraires », 1782).

**iridacée** *nf* Plante monocotylédone inférovariée, herbacée ou vivace, à bulbe ou à rhizome, aux fleurs régulières (iris, crocus, glaïeul, etc.).

**iridescent, ente** *a litt* Qui a des reflets irisés. PHO [iʀidɛsɑ̃, ɑ̃t]

**iridié, ée** *a* CHIM Qui contient de l'iridium. *Platine iridié.*

**iridium** *nm* **1** CHIM Élément métallique de numéro atomique Z = 77, de masse atomique 192,2, de densité 22,4 (symbole Ir). **2** Métal (Ir) de densité 22,4, qui fond à 2 435 °C et bout vers 5 000 °C, servant à fabriquer des alliages d'une grande dureté. PHO [iʀidjɔm] ETY Du lat. *iris*, « arc-en-ciel ».

**iridologie** *nf* Méthode de dépistage des maladies et dysfonctionnements par le seul examen de l'iris de l'œil, censé représenter l'ensemble de l'organisme. DER **iridologique** *a* – **iridologue** *n*

**iris** *nm* **1** Plante (iridacée) à grandes fleurs régulières, dont les étamines portent une lame foliacée vivement colorée et qui est utilisée en parfumerie. **2** Partie colorée de l'œil, formée par une membrane musculeuse qui joue le rôle d'un diaphragme. **3** PHOTO Diaphragme dont l'ouverture se règle par le déplacement de lamelles radiales. **LOC** MINER *Pierre d'iris* : variété de quartz présentant des irisations. PHO [iʀis] ETY Du gr. DER **irien, enne** *a*

**iris** germanica

**Iris** dans la myth. gr., messagère d'Héra et de Zeus ; personnification de l'arc-en-ciel, elle était représentée avec des ailes et un caducée.

**irisation** *nf* Séparation à la surface d'un objet, d'un corps, des couleurs constitutives de la lumière blanche ; les reflets ainsi produits, présentant les couleurs de l'arc-en-ciel.

**iriser** *v* ① **A** *vt* Colorer des couleurs de l'arc-en-ciel. **B** *vpr* Prendre les couleurs de l'arc-en-ciel.

**Irish** William (New York, 1903 – id., 1968), auteur américain de romans policiers : *La mariée était en noir* (1940), *la Sirène du Mississippi* (1947), *J'ai épousé une ombre* (1949).

**irish coffee** *nm* Boisson faite de café et de whisky, nappée de crème fraîche. PHO [ajʀiʃkɔfi] ETY Mots. angl., « café irlandais ».

**iritis** *nf* MED Inflammation de l'iris. PHO [iʀitis]

**Irkoutsk** v. de Sibérie, sur l'Angara, au S.-O. du lac Baïkal ; 618 000 hab. ; ch.-l. de la rég. du m. nom (782 000 km$^2$ ; 2,5 millions d'hab.). Centre industriel. Centrale hydroél. Université.

**irlandais** *nm* Langue celtique parlée en Irlande.

**Irlande (mer d')** mer bordière de l'océan Atlantique, séparant la G.-B. et l'Irlande.

**Irlande** la plus occidentale des îles Britanniques, séparée de la Grande-Bretagne par la mer d'Irlande ; 83 500 km$^2$ ; env. 6 millions d'hab. Divisée en 1921, elle comprend l'*Irlande du Nord* ou *Ulster* (au N.-E.), qui fait partie du Royaume-Uni, et la *république d'Irlande* ou *Eire*, État indépendant. DER **irlandais, aise** *a, n*

**Géographie** Socle de roches primaires limité par un littoral de 3 200 km, l'Irlande est bordée de massifs peu élevés. Le centre est une plaine tourbeuse où coule le Shannon. Modelée par les glaciers quaternaires, l'île a un climat océanique, doux et pluvieux, propice au bocage et aux herbages. La pop. demeure rurale à 40 %. Sa croissance (0,8% par an) est l'une des plus fortes d'Europe, mais la natalité baisse. L'émigration séculaire (l'Irlande avait 8 200 000 hab. en 1841) se tarit depuis 1970.

**Histoire** DES ORIGINES À LA CONQUÊTE ANGLAISE D'origine proto-celte, les Gaëls arrivèrent au IV$^e$ s. av. J.-C. Au V$^e$ s., saint Patrick christianisa l'île, dont la foi rayonna sur l'Europe occid. aux VI$^e$ et VII$^e$ s. (par l'entremise de saint Colomban, notam.). Ravagée par les Norvégiens (VIII$^e$-X$^e$ s.), l'île fut conquise par les Anglais au XI$^e$ s. La conquête systématique date des Tudors (XVI$^e$ s.). Aux XVII$^e$ et XVIII$^e$ s., les grands propriétaires fonciers anglais (les landlords) confièrent l'admin. de leurs domaines à des régisseurs sans scrupules et l'on interdit les fonctions publiques aux catholiques. Les révoltes ne cessèrent pas (massacre de Drogheda par Cromwell en 1649). Après le soulèvement malheureux de Wolfe Tone (1798), l'Irlande fut rattachée au Royaume-Uni (acte d'Union, 1800).

L'INDÉPENDANCE Grâce à l'action de l'avocat O'Connell, les catholiques furent émancipés. À la fin du XIX$^e$ s., des réformes agraires rendirent peu à peu la terre aux Irlandais. Dirigés par des parlementaires comme Parnell et animés par les premiers mouvements terroristes (fenians), les Irlandais réclamèrent l'autonomie (Home Rule). La lutte prit rapidement un caractère sanglant (création du Sinn Fein qui demandait l'indépendance). L'application du Home Rule, voté en 1914, fut remise à la fin de la guerre. Le Sinn Fein suscita la « révolte de Pâques » (23-29 avril 1916). Victorieux aux élections de 1918, il proclama l'indépendance (janv. 1919). Après trois ans de guérilla, le traité du 6 déc. 1921 créa un État d'Irlande ayant le statut de dominion, l'Ulster, à majorité protestante, restant attachée au Royaume-Uni. Le Sinn Fein n'accepta pas ce statut et continua la lutte armée. (V. Irlande [république d'].)

**Irlande (République d')** (en gaélique *Eire*) État d'Europe occid. ; 68 895 km²; 4 500 000 hab. ; cap. *Dublin*. Nature de l'État : rép. parlementaire. Langues off. : irlandais (gaélique) et anglais. Monnaie : euro. Relig. : catholicisme (91 %). DER **irlandais, aise** *a, n*
**Économie** Depuis l'entrée de l'Irlande dans la CEE en 1973, l'économie a connu une évolution rapide. L'élevage fournit 90 % des recettes agric. Tourbe, charbon, gaz couvrent 50 % des besoins. L'industrie s'est développée et diversifiée. Les entreprises étrangères sont attirées par une main-d'œuvre bon marché et qualifiée, et par des avantages fiscaux. L'Irlande exporte agroalimentaire, matériel électrique, électronique, chimie et pharmacie, biens d'équipement. La zone franche de Shannon (dans l'O.) et Dublin sont les princ. centres industriels. Le tourisme est international. Les services emploient plus de 60 % de la pop. active. L'économie est devenue forte : croissance du PIB ; balance comm. excédentaire ; le chômage est fortement réduit. Mais le pays subit de plein fouet la crise mondiale de 2008-2009. Plan de sauvetage mené par le FMI et austérité sont mis en place en 2010.
**Histoire** Le Sinn Fein n'accepta pas le traité de 1921(V. Irlande) et l'IRA mena la guérilla jusqu'en 1923. Le gouv. modéré de Cosgrave (1921-1932) ne satisfit pas les revendications paysannes. En 1927, De Valera fonda le Fianna Fáil, parti nationaliste, qui rompit avec le Sinn Fein extrémiste. En 1932, il succéda à Cosgrave et obtint l'indépendance, mais l'Irlande demeurera un dominion jusqu'à la proclamation de la rép. le 21 déc. 1948. Toutefois, le Fine Gael (parti conservateur fondé par Cosgrave en 1923) remporta les élections de 1948. Les deux partis alterneront au pouvoir mais, depuis 1992, le parti travailliste constitue une troisième force. En 1997, le Fianna Fail et les démocrates progressistes ont vaincu la coalition « arc-en-ciel » (Fine Gael, parti travailliste et gauche démocratique) et Bertie Ahern est nommé Prem. ministre. Après la victoire de son parti en 2007, Bertie Ahern est reconduit, mais il démissionne en 2008. Brian Cowen lui succède. Cette même année, l'Irlande rejette le traité de Lisbonne qu'elle finit par ratifier en 2009. En 2011, le Fianna Fail connaît une défaite cuisante aux législatives et Enda Kenny (Fine Gael) constitue un gouv. de coalition avec le parti travailliste. ▶ carte p. 837

**Irlande du Nord** partie du Royaume-Uni de Grande-Bretagne et d'Irlande du Nord ; 13 600 km²; 1 685 000 hab. ; ch.-l. *Belfast*. Relig. : protestantisme (50 %), cathol. (officiellement 30 % ; peut-être 40 %). VAR **Ulster**
DER **irlandais, aise** *a, n*
**Économie** Cette rég. d'élevage exporte vers la G.-B. Les industries régressent. Le chômage est important. L'aide brit. est indispensable.
**Histoire** Depuis les grandes émeutes de Belfast et de Londonderry en 1968 et 1969, le conflit entre les protestants et les catholiques est devenu violent. La G.-B., dont l'armée assurait le maintien de l'ordre depuis 1969, a mis fin à l'autonomie de l'Irlande du N. (1972) et l'a administrée directement, sans faire cesser la violence. Des négociations entre la G.-B. et le Sinn Fein (aile officielle de l'IRA, l'« Armée républicaine irlandaise »), secrètes (1993) puis publiques (déc. 1994), ont déçu l'IRA, qui a repris les hostilités en 1996. En 1997, après l'accession au pouvoir du travailliste T. Blair, la G.-B. a entamé de nouvelles négociations. En 1998, les protestants et les catholiques ont conclu un accord, approuvé par référendum dans les deux Irlandes. Élue en 1998, l'Assemblée semi-autonome d'Ulster a désigné un Premier ministre protestant, David Trimble. En 2003, la victoire des extrémistes des deux camps a durci la situation. En 2005, la renonciation à la violence proclamée par l'IRA a permis le rétablissement d'une assemblée autonome en 2006. Depuis 2007, la province est dirigée par un catholique et un protestant. ▶ carte Grande-Bretagne

**IRM** *nf* **1** Ensemble des techniques de radiographie fondées sur le principe de la résonance magnétique nucléaire. **2** Examen pratiqué par ce moyen. *Le médecin prescrit une IRM.* **3** Appareil servant à ces examens. *Installation d'une IRM.* ETY Sigle de *imagerie par résonance magnétique*.

**Iroise (mer d')** mer bordière comprise entre Ouessant et la côte du Finistère.

**iroko** *nm* Arbre d'Afrique tropicale (moracée) dont le bois est utilisé en menuiserie.

**irone** *nm* CHIM Principe odorant extrait de la racine d'iris.

**ironie** *nf* **1** Forme de raillerie consistant à dire le contraire de ce qu'on veut faire entendre. *Ironie mordante, cruelle.* **2** Manière d'être, de s'exprimer, correspondant à cette forme de raillerie. **LOC** ***Ironie du sort*** : contraste entre la réalité et ce à quoi l'on pouvait s'attendre. — PHILO ***Ironie socratique*** : procédé dialectique employé par Socrate, consistant à amener l'adversaire, par une série de questions concertées, à se contredire ou à aboutir à une absurdité évidente. ETY Du gr. *eirôneia*, « *action d'interroger* ».

**ironique** *a* **1** Où il y a de l'ironie. *Ton ironique.* **2** Qui emploie l'ironie. *Se montrer ironique.* DER **ironiquement** *av*

**ironiser** *vi* ① Railler avec ironie.

**ironiste** *n* Personne qui pratique l'ironie.

**iroquoïen, enne** *a, nm* Se dit de la famille linguistique amérindienne regroupant les Iroquois, les Mohawks et les Hurons.

**iroquois** *nm* Langue parlée par les Iroquois. ETY D'un mot de cette langue, signif. « vraie vipère ».

**Iroquois** peuple amérindien du groupe linguistique iroquoïen, qui habite la vallée du Saint-Laurent, l'Ontario et les États-Unis. La nation iroquoise regroupait au XVIIe s., dans une Confédération des Cinq Nations, les Mohawks, les Oneidas, les Onondagas, les Cayugas et les Senecas. DER **iroquois, oise** *a*

**IRPP** *nm* Abrév. de *impôt sur le revenu des personnes physiques*.

**irradiateur** *nm* Installation (réacteur ou accélérateur) servant à irradier les substances.

**irradiation** *nf* **1** Mouvement, effet prenant naissance en un point et rayonnant dans toutes les directions. *Irradiation d'une douleur.* **2** PHYS NUCL Action de soumettre à un rayonnement ionisant. **3** Exposition accidentelle ou à des fins thérapeutiques ou scientifiques d'une personne, d'un organisme, à l'action de rayonnements ionisants. ETY Du bas lat.

**irradier** *v* ② **A** *vi* Se propager, se répandre en rayonnant à partir d'un point. *Les rayons du Soleil irradient sur la Terre. La joie irradiait de ses yeux.* **B** *vt* PHYS NUCL Soumettre à l'action d'un rayonnement ionisant. ETY Du lat. *radius*. DER **irradiant, ante** *a* – **irradié, ée** *n*

**irraisonné, ée** *a* Qui n'est pas raisonné. *Acte irraisonné.*

**irrationalisme** *nm* **1** didac Hostilité au rationalisme. **2** PHILO Doctrine qui n'attribue à la raison qu'un rôle secondaire dans la connaissance. DER **irrationaliste** *a, n*

**irrationnel, elle** *a, n* **A** *a* Non conforme à la raison. *Démarche irrationnelle.* **B** *nm* Ce qui est irrationnel. *L'irruption de l'irrationnel rend ses propos incohérents.* **LOC** MATH ***Nombre irrationnel*** : que l'on ne peut mettre sous la forme $\frac{p}{q}$ (p et q étant deux nombres entiers). DER **irrationalité** *nf* – **irrationnellement** *av*

**irrattrapable** *a* Qui ne peut pas être rattrapé.

**Irrawaddy** princ. fleuve de Birmanie (2 250 km), qu'il draine du N. au S., formé par la réunion de la Mali et de la Nmai ; il se jette dans le golfe du Bengale. VAR **Ayeyarwadi**

**irréalisable** *a* Qui ne peut se réaliser. *Projet irréalisable.*

**irréalisé, ée** *a* Non réalisé. *Rêves irréalisés.*

**irréaliste** *a, n* Qui n'est pas réaliste. DER **irréalisme** *nm*

**irréalité** *nf* Caractère de ce qui est irréel.

**irrecevable** *a* Que l'on ne peut prendre en considération. *Demande irrecevable.* DER **irrecevabilité** *nf*

**irréconciliable** *a* Qu'on ne peut réconcilier. *Ennemis irréconciliables.*

**irrécouvrable** *a* DR Qu'on ne peut recouvrer. *Créances irrécouvrables.*

**irrécupérable** *a* Que l'on ne peut récupérer.

**irrécusable** *a* Qui ne peut être récusé.

**irrédentisme** *nm* **1** HIST Doctrine politique au nom de laquelle l'Italie unifiée réclamait l'annexion à son territoire d'un certain nombre de contrées qu'elle considérait comme siennes, notam. l'Istrie et le Trentin. **2** Théorie des partisans de l'annexion à leur pays de populations de même origine ou de même langue. ETY Du lat. *redemptus*, « racheté ». DER **irrédentiste** *a, n*

**irréductible** *a, n* **A** *a* Qui n'est pas réductible ; qui ne peut être ramené à quoi que ce soit d'autre. *Oxyde irréductible.* **B** *a, n* Se dit d'une personne qui n'admet aucune concession. *Être irréductible sur une question.* SYN intransigeant, intraitable. **LOC** MATH ***Fraction irréductible*** : qui ne peut être réduite à une fraction égale dont les termes seraient plus petits (ex. : $\frac{22}{13}$). — CHIR ***Fracture, luxation irréductible*** : dont on ne peut remettre les parties en place sans intervention. DER **irréductibilité** *nf* – **irréductiblement** *av*

**irréel, elle** *a, nm* **A** *a* Qui n'a pas de réalité, qui est en dehors de la réalité. *Monde irréel.* **B** *nm* Ce qui est irréel. *Avoir un sentiment d'irréel.* **C** *a, nm* GRAM Se dit d'une forme verbale exprimant une supposition contraire à la réalité présente (*irréel du présent* par oppos. à *potentiel*) ou passée (*irréel du passé*).

**irréfléchi, ie** *a* **1** Dit ou fait sans réflexion. *Actes irréfléchis.* **2** Qui ne réfléchit pas. *Esprit irréfléchi.*

**irréflexion** *nf* Manque de réflexion.

**irréformable** *a* didac Qu'on ne peut réformer. *Jugement irréformable.*

**irréfragable** *a* didac Qu'on ne peut contredire, récuser. *Une preuve irréfragable.* ETY Du lat. *refragari*, « s'opposer à ».

**irréfutable** *a* Qu'on ne peut réfuter. *Preuve irréfutable.* SYN irrécusable. DER **irréfutablement** *av* – **irréfutabilité** *nf*

**irréfuté, ée** *a* litt Qui n'a pas été réfuté.

**irrégularité** *nf* **1** Caractère de ce qui n'est pas régulier. *L'irrégularité des saisons.* **2** Action irrégulière, contraire à la loi, aux règles établies. *Irrégularités d'une gestion administrative.* **3** Chose irrégulière. *Irrégularités du terrain.*

**irrégulier, ère** *a, n* **A** *a* **1** Non conforme aux règles établies. *Procédure irrégulière.* **2** GRAM Non conforme à un modèle type. *Conjugaison, verbes irréguliers.* **3** Qui n'est pas régulier en quantité, en qualité, dans le rythme, dans la forme, etc. *Travail irrégulier. Pouls irrégulier.* SYN inégal. **B** *a, n* Se dit de combattants qui n'appartiennent pas à l'armée régulière. DER **irrégulièrement** *av*

**irréligion** *nf* Manque de religion, d'esprit religieux. DER **irréligieux, euse** *a*

**irrémédiable** *a, nm* À quoi l'on ne peut remédier. *Mal, faute irrémédiable.* DER **irrémédiablement** *av*

**irrémissible** *a* **1** Pour quoi il n'y a pas de rémission, de pardon. *Crime irrémissible.* **2** litt Irrémédiable. *Un jugement irrémissible.* (DER) **irrémissiblement** *av*

**irremplaçable** *a* Qui ne peut être remplacé.

**irréparable** *a, nm* Qui ne peut être réparé. *Dommage irréparable. Provoquer l'irréparable.* (DER) **irréparablement** *av*

**irrépréhensible** *a* litt Irréprochable, où il n'y a rien à reprendre, à blâmer.

**irreprésentable** *a* Qu'on ne peut se représenter, inimaginable.

**irrépressible** *a* Qu'on ne peut réprimer. *Désir irrépressible.*

**irréprochable** *a* À qui, à quoi l'on ne peut rien reprocher. *Employé irréprochable. Tenue irréprochable.* (DER) **irréprochabilité** *nf* – **irréprochablement** *av*

**irrésistible** *a* À qui, à quoi l'on ne peut résister. *Femme irrésistible. Penchant irrésistible.* (DER) **irrésistibilité** *nf* – **irrésistiblement** *av*

**irrésolu, ue** *a, n* **A** *a* Non résolu. *Problème irrésolu.* **B** *a, n* Qui a peine à se déterminer, indécis. *Caractère irrésolu.* (DER) **irrésolution** *nf*

**irrespect** *nm* Manque de respect. (DER) **irrespectueusement** *av* – **irrespectueux, euse** *a*

**irrespirable** *a* **1** Que l'on ne peut respirer. *Gaz irrespirable.* **2** Où l'on respire mal. *Leur mésentente rend l'atmosphère irrespirable.*

**irresponsable** *a, n* **1** Qui n'est pas responsable de ses actes devant la loi. *L'enfant est irresponsable.* **2** DR Qui n'a pas à répondre de ses actes. *Le chef de l'État est irresponsable devant l'Assemblée nationale.* **3** Qui agit sans assumer de responsabilités. (DER) **irresponsabilité** *nf*

**irrétrécissable** *a* Qui ne peut rétrécir.

**irrévérence** *nf* **1** Manque de révérence, de respect. SYN irrespect. **2** Action, parole irrévérencieuse. *Commettre des irrévérences.* (DER) **irrévérencieusement** *av* – **irrévérencieux, euse** *a*

**irréversible** *a* **1** TECH Qui ne fonctionne que dans une position déterminée. *Connecteur irréversible.* **2** Qui ne peut exister, se produire que dans un seul sens. *Réaction chimique irréversible.* (DER) **irréversibilité** *nf* – **irréversiblement** *av*

**irrévocable** *a* **1** Qui ne peut être révoqué. *Donation irrévocable.* **2** Définitif. *Décision irrévocable.* **3** litt Qui ne peut revenir. *La fuite irrévocable des ans.* (DER) **irrévocabilité** *nf* – **irrévocablement** *av*

**irrigant** *nm* Agriculteur qui irrigue ses terres.

**irrigateur** *nm* **1** MED Appareil servant à envoyer un liquide dans une cavité naturelle de l'organisme. **2** Dispositif qui permet l'arrosage diffus des plantes.

**irrigation** *nf* **1** Arrosage artificiel d'une terre. **2** Circulation du sang dans un organe, une partie de l'organisme. *Irrigation de la cuisse par l'artère fémorale.* **3** MED Fait de verser de l'eau sur une partie malade ; injection dans une cavité naturelle.

**irriguer** *vt* ① **1** Arroser, fournir artificiellement de l'eau à une terre. **2** fig Favoriser l'activité économique. *Rocade ferroviaire destinée à irriguer la banlieue.* **3** MED Arroser les tissus de l'organisme, en parlant du sang et des liquides organiques. (ETY) Du lat. *rigare*, « faire couler ». (DER) **irrigable** *a*

**irritable** *a* **1** BIOL Qui réagit à une stimulation. *Fibres irritables.* **2** Porté à s'irriter, à se fâcher. SYN irascible. (DER) **irritabilité** *nf*

**irritant, ante** *a* **1** Qui excite la colère. *Critiques irritantes. Personne irritante.* SYN agaçant. **2** Qui détermine de l'irritation. *Médicament irritant.*

**irritation** *nf* **1** Colère sourde. **2** Légère inflammation. *Irritation des gencives.* (DER) **irritatif, ive** *a*

**irriter** *vt* ① **1** Provoquer l'irritation, l'impatience de qqn. *Ta conduite m'irrite. Il s'irrite facilement.* **2** Rendre légèrement enflammé. *Ce produit irrite la peau.* (ETY) Du lat.

**irruption** *nf* **1** Invasion soudaine d'ennemis dans un pays, dans une place. **2** Entrée brusque et inattendue. *Faire irruption chez qqn.* **3** Débordement, envahissement. *Irruption des eaux d'un fleuve en crue.* (ETY) Du lat.

**Irtych** rivière de Sibérie (3 000 km), affluent de l'Ob (r. g.) ; naît dans l'Altaï, arrose Omsk et Tobolsk. Import. centrale à Oskemen.

**Irún** v d'Espagne (prov. de Guipúzcoa), sur la Bidassoa à la frontière franç. ; 53 500 hab.

**Irving** Washington (New York, 1783 – Sunnyside, Tarrytown, État de New York, 1859), romancier, essayiste et historien américain : *Histoire de New York par Knickerbocker* (1809), *le Livre des esquisses, comprenant l'hist. de Rip Van Winkle, qui dormit 20 ans* (1819).

**Irving** John (Exeter, New Hampshire, 1942), écrivain américain : *le Monde selon Garp* (1980), *l'Hôtel New Hampshire* (1982).

**Isaac** patriarche hébreu, le premier fils d'Abraham et de Sara, sauvé au moment où son père allait le sacrifier. Rébecca, sa cousine, lui donna deux fils, Ésaü et Jacob.

**Isaac** Jules (Rennes, 1877 – Aix-en-Provence, 1963), historien français, auteur de manuels d'histoire (en collab. avec Malet).

**Isaac I^er^ Comnène** (?, vers 1005 – Studios, 1061), empereur d'Orient (1057-1059) ; il renversa Michel VI et abdiqua en faveur de Constantin X Doukas. — **Isaac II Ange** (v. 1155 – 1204), empereur d'Orient (1185-1195 et 1203-1204), renversé par son frère Alexis III Ange ; rétabli par les Vénitiens, il fut détrôné par Alexis V Doukas, qui le fit assassiner.

**Isaak** Heinrich (Flandres, v. 1450 – Florence, 1517), compositeur flamand ; organiste à la cour de Laurent de Médicis, auteur de messes brèves à quatre voix. (VAR) **Isaac**

**Isabeau de Bavière** (Munich, 1371 – Paris, 1435), reine de France (1385-1422). Fille du duc Étienne II de Bavière, épouse de Charles VI, elle assuma la régence quand celui-ci devint fou (1392). Maîtresse de Louis d'Orléans, son beau-frère, elle se rallia aux Bourguignons et reconnut le roi d'Angleterre comme héritier du trône de France (traité de Troyes, 1420).

**isabelle** *a inv* D'une couleur jaune très claire, en parlant de la robe des chevaux. (ETY) Du prénom esp. *Isabel*.

**Isabelle I^re^ la Catholique** (Madrigal de las Altas Torres, 1451 – Medina del Campo, 1504), reine de Castille (1474-1504) ; fille de Jean II. Son mariage (1469) avec Ferdinand d'Aragon prépara l'unité de l'Espagne. Les époux, que le pape nomma *Rois Catholiques*, repoussèrent Alphonse V de Portugal, qui avait envahi la Castille (1475-1479), achevèrent la *Reconquista* (conquête de Grenade, 1492), encouragèrent le voyage de Christophe Colomb (1492). En 1478, Isabelle I^re^ organisa l'Inquisition en Castille. — **Isabelle II** Marie-Louise, dite (Madrid, 1830 – Paris, 1904), reine d'Espagne (1833-1868). Elle succéda à son père, Ferdinand VII, son oncle Don Carlos ayant été écarté du trône. Au terme d'un règne troublé, le général Prim la força à abdiquer (1868) en faveur de son fils Alphonse XII.

**Isabelle d'Angoulême** (1186 – Fontevrault, 1246), reine d'Angleterre, épouse de Jean sans Terre (1200-1216).

**Isabelle d'Anjou** (1169 – 1205), , reine de Jérusalem (1192-1205). Fille d'Amaury I^er^, roi de Jérusalem, elle épousa en quatrièmes noces (1197) Amaury II, roi de Chypre (dont elle fit, par son mariage, le roi de Jérusalem).

**Isabelle d'Autriche** Claire-Eugénie de Habsbourg (Ségovie, 1566 – Bruxelles, 1633), gouvernante des Pays-Bas (1599-1633), fille de Philippe II d'Espagne. Son époux (1598), Albert d'Autriche, gouverna avec elle jusqu'à sa mort (1621).

**Isabelle de France** (Paris, 1292 – Hertford, près de Londres, 1358), fille de Philippe IV le Bel ; reine d'Angleterre par son mariage (1308) avec Édouard II. Avec l'aide de Roger Mortimer, elle fit déposer puis assassiner (1327) son mari et prit la régence. Elle fut emprisonnée à vie par son fils Édouard III (1330).

**Isabelle de Hainaut** (Lille, 1170 – ?, 1190), reine de France par son mariage (1180) avec Philippe Auguste, auquel elle apporta des villes (Lens, Arras, etc.).

**Isabelle de Portugal** (Évora, 1397 – Nieppe, Flandre, 1471), fille de Jean I^er^ de Portugal ; épouse (1429) de Philippe le Bon, duc de Bourgogne, mère de Charles le Téméraire.

**Isabey** Jean-Baptiste (Nancy, 1767 – Paris, 1855), peintre français, auteur de miniatures sur ivoire représentant les membres de la famille impériale. — **Eugène** (Paris, 1804 – Montévrain, 1886), fils du préc., paysagiste romantique.

**Isaïe** (VIII^e^ s. av. J.-C.), le premier des 3 grands prophètes juifs. Le *Livre d'Isaïe* narre la vocation du prophète et insiste sur la sainteté de Dieu, qui doit devenir celle des Juifs pour que naisse le royaume du Messie. (VAR) **Ésaïe**

**isallobare** *a* METEO Se dit des lignes d'égale variation de pression atmosphérique. (ETY) De *isobare*, et du gr. *allos*, « autre ».

**Isambour** → **Ingeborg.**

**Isar** riv. d'Europe centrale (352 km), affl. du Danube (r. dr.) ; naît dans le Tyrol et draine la Bavière (Munich).

**isard** *nm* Chamois des Pyrénées. (ETY) Du prélatin *izar*, « étoile ». (VAR) **izard**

isard

Isabelle la Catholique

**isatis** *nm* **1** BOT Pastel. **2** ZOOL Renard gris-bleu des régions arctiques, dont le pelage blanchit en hiver. (ETY) Mot gr., « pastel ».

**Isaurie** anc. région d'Asie Mineure, au S. du Taurus, soumise par Rome au I$^{er}$ s. av. J.-C.

**Isauriens** dynastie byzantine, qui, fondée par Léon III, régna de 716 à 802. (DER) **isaurien, enne** *a*

**isba** *nf* Petite maison en bois des paysans russes. (ETY) Mot russe.

**ISBN** *nm* Numéro international d'identification attribué à toute publication. (ETY) Sigle de *international standard book number.*

**Iscariote** surnom de l'apôtre Judas (probabl. d'après l'hébreu *ish Qeriyyot,* « l'homme de Qeriyyot », ou de l'araméen *ishqarya,* « faux », « menteur », « hypocrite »).

**ischémie** *nf* MED Insuffisance de la circulation artérielle dans un organe, un tissu. (PHO) [iskemi] (ETY) Du gr. *iskhaimos,* « qui arrête le sang ». (DER) **ischémique** *a, n*

**Ischia** île volcanique italienne, à l'entrée du golfe de Naples ; 46,4 km$^2$ ; 19 700 hab. ; v. princ. *Ischia.* Tourisme.

**ischiojambier** *nm* ANAT Muscle reliant l'ischion à la jambe.

**ischion** *nm* ANAT Partie inférieure de l'os iliaque, situé au niveau de la fesse. (PHO) [iskjɔ̃] (ETY) Mot gr. (DER) **ischiatique** *a*

**Ise** v. du Japon (île Honshū sur la *baie d'Ise,* proche de Nagoya), 130 100 hab. Sanctuaires shintoïstes, les plus anc. du Japon, reconstruits à l'identique tous les 20 ans.

**Isée** (v. 420, v. 430 av. J.-C.), orateur athénien. Démosthène fut peut-être son élève.

**Isengrin** l'un des princ. personnages du *Roman de Renart* (XII$^e$ s.), loup brutal que berne Renart. (VAR) **Ysengrin**

**Iseo (lac d')** lac d'Italie (Lombardie), entre les lacs de Côme et de Garde ; 65 km$^2$.

**Iseran (col de l')** col de Savoie (2 770 m), entre les vallées de l'Arc et de l'Isère.

**Isère** riv. de France (290 km), affl. du Rhône (r. g.) ; naît au pied de l'Iseran, draine la vallée de Tignes, la Tarentaise et le Graisivaudan, puis arrose Grenoble. Nombr. centrales.

**Isère** dép. franç. (38) ; 7 467 km$^2$ ; 1 235 000 hab. ; 165,4 hab./km$^2$ ; ch.-l. *Grenoble* ; ch.-l. d'arr. *La Tour-du-Pin* et *Vienne.* V. Rhône-Alpes. (DER) **isérois, oise** *a, n*

**Iseult** personnage de la légende et des romans de *Tristan et Iseult* (XII$^e$ s.) ainsi que de l'opéra de Wagner *Tristan et Isolde* (1857-1859). Un philtre l'avait rendue amoureuse de Tristan, mais elle dut épouser le roi Marc de Cornouailles. Tristan en épousa donc une autre. Victime d'un stratagème de l'épouse jalouse, Iseult ne retrouva son amant que sur son lit de mort, et s'éteignit à son tour. (VAR) **Iseut, Yseult** ou **Yseut**

**ISF** *nm* Abrév. de *impôt de solidarité sur la fortune.*

**Isfahani** (Ispahan, 897 – Bagdad, 967), écrivain arabe ; son *Kitāb al-Aghānī* (« Livre des chansons ») renseigne sur la littérature arabe.

**Isherwood Christopher** (High Lane, Cheshire, 1904 – Santa Monica, Californie, 1986), romancier américain d'origine anglaise : *Un homme au singulier* (1964), *le Vedanta* (1969).

**Ishtar** dans la tradition sémite, déesse du Ciel et de la Fécondité, assimilée à l'Ashtart des Phéniciens et à l'Astarté des Grecs (qui confondirent son culte avec celui d'Aphrodite). (VAR) **Istar**

**isiaque** → **Isis.**

**isidie** *nf* BOT Forme de propagation végétative des lichens.

**Isidore de Milet** (VI$^e$ s. apr. J.-C.), architecte et mathématicien byzantin. Il construisit avec Anthémios de Tralles la basilique Sainte-Sophie de Constantinople (537).

**Isidore de Séville (saint)** (Carthagène, v. 560 – Séville, 636), archevêque de Séville (601), docteur de l'Église, auteur d'une somme encyclopédique, les *Étymologies.* Il organisa l'Église d'Espagne.

**Isigny-sur-Mer** ch.-l. de cant. du Calvados (arr. de Bayeux), à 2,5 km de la Manche ; 2 700 hab. Industries alimentaires. (DER) **isignais, aise** *a, n*

**Isis** divinité de l'anc. Égypte, l'une des plus anc. et des plus import. ; adorée comme déesse du Mariage et du Foyer domestique. Divinité mère (notam. d'Horus), elle rendit la vie à Osiris (« né d'Isis ») et fut sa compagne. Elle était représentée soit par une vache, soit par une femme à tête de vache ou dont la tête surmontée de cornes enserrait un globe lunaire. (DER) **isiaque** *a*

**Isis,** Osiris, Horus, triade d'Osorkon, sculptures en or et lapis-lazuli, XXII$^e$ dyn. – musée du Louvre

**Iskander Fazil** (Soukhoumi, 1929), écrivain abkhaze d'expression russe : *la Constellation du chèvraurochs* (1966), contre la bureaucratie sov. ; *Sandro de Tchéguème* (1981).

**Iskăr** riv. de Bulgarie (300 km), affl. du Danube (r. dr.), qui traverse la rég. de Sofia. Barrage import. pour l'irrigation. (VAR) **Isker**

**Iskenderun** (anc. *Alexandrette*), port de comm. import. de Turquie, près de la Syrie, au fond du *golfe d'Iskenderun* ; 177 300 hab. Centre industriel.

**islam** *nm* **1** Religion des musulmans, fondée par le prophète arabe Mahomet et qui repose sur sa révélation. **2** Ensemble des pays et des peuples musulmans, des civilisations musulmanes. (ETY) Mot ar., « soumission à Dieu ». (DER) **islamique** *a*

ENC Vers 610, Mahomet commença à recevoir, par l'intermédiaire de l'ange Gabriel, la parole de Dieu sous forme de textes qu'il était invité à réciter. Le recueil de ces messages sacrés, constitué après la mort du Prophète, est le Coran. L'islam s'inscrit dans la lignée des religions monothéistes (judaïsme, christianisme), et Mahomet, selon la foi musulmane, est le « sceau des prophètes ». Les principaux dogmes de l'islam sont : la croyance en un Dieu unique, créateur et incréé, dont les anges sont les ministres ; la croyance en la vie future, la résurrection et le jugement dernier. Les obligations cultuelles sont au nombre de cinq : les cinq « piliers » *(arkān).* 1° La profession de foi *(shahāda)* : « (J'atteste que) il n'y a pas de divinité si ce n'est Allah (et que) Mahomet est l'envoyé d'Allah. » 2° La prière rituelle *(salāt),* qui a lieu cinq fois par jour, doit être précédée d'ablu-

tions purificatrices et se fait le visage tourné vers La Mecque. 3° L'aumône *(zakāt)*, en espèces ou en nature, au profit des musulmans démunis. 4° Le jeûne *(sawm)* du mois du Ramadan, qui va du lever au coucher du soleil. 5° Le pèlerinage *(ḥadj)*, obligatoire une fois dans la vie si le musulman en a les moyens, s'effectue collectivement à La Mecque. Toute la législation ne pouvant être tirée du Coran, les musulmans ont cherché des règles de vie dans les actes et les paroles du Prophète : ce sont le *hadith* et la *sunna*, consignés après sa mort. Le monde islamique, ou Islam, comprend aujourd'hui un milliard de croyants majoritairement sunnites, princip. répartis en Orient, en Afrique et en Asie. La minorité chiite, 125 millions de croyants, prédomine en Iran et en Iraq.

**Islamabad** cap. du Pākistān, à 15 km de Rawalpindi ; 1 049 000 hab (aggl.). Université. – Elle remplace depuis 1967 l'anc. cap., Karachi.

**islamisant, ante** *n* Spécialiste de l'islam.

**islamiser** *vt* ① **1** Faire embrasser l'islam à qqn. **2** Répandre l'islam dans un pays. **3** Intégrer à la communauté islamique. DER **islamisation** *nf*

**islamisme** *nm* **1** vieilli Islam. **2** Mouvement religieux et politique qui prône l'islamisation générale des institutions et du gouvernement dans les pays musulmans. DER **islamiste** *a, n*

**islamité** *nf* Fait d'être musulman.

**islamologie** *nf* Étude scientifique de l'islam. DER **islamologique** *a* – **islamologue** *n*

**islamophobie** *nf* Hostilité systématique envers l'islam, les musulmans. DER **islamophobe** *a, n*

**islandais** *nm* Langue scandinave, issue du norvégien ancien, parlée en Islande.

**Islande (république d')** État insulaire de l'Atlantique nord ; 102 829 km² ; 300 000 hab. ; accroissement naturel : 0,9 % par an ; cap. *Reykjavík*. Nature de l'État : rép. parlementaire. Langue off. : islandais. Monnaie : couronne islandaise. Relig. : luthéranisme. DER **islandais, aise** *a, n*

**Géographie** Île volcanique (volcans actifs, geysers, sources chaudes), l'Islande compte plus de 5 000 kilomètres de côtes, très découpées au nord. C'est une terre arctique mais la dérive nord-atlantique (qui provient du Gulf Stream) adoucit son climat. Des glaciers couvrent 12 % du territoire, domaine de la toundra. La pop. vit à 90 % dans les villes du littoral.

**Économie** La pêche est la princ. ressource (salaison, conserveries, congélation) : 20 % des actifs et 70 % des exportations ; les prises par hab. (6 t) constituent un record mondial. Le milieu est surtout propice à l'élevage ovin. 80 % de la population est chauffée par géothermie ; l'hydroélectricité permet de produire de l'aluminium (en partie exporté). Le tourisme est notable. La croissance était supérieure à celle de l'UE avant la crise de 2008-2009.

**Histoire** Découverte par des moines irlandais (VIIIe s.), colonisée par les Vikings (IXe s.), l'Islande resta indép. jusqu'au XIIIe s. : une assemblée d'hommes libres (Althing) la gouvernait. Passée sous l'autorité du roi Haakon IV de Norvège (1262), puis des Danois (1380), qui imposèrent le luthéranisme (XVIe s.) et monopolisèrent le comm. (XVIIe s.), elle se dépeupla. Son statut polit. se modifia au XIXe s. : rétablissement de l'Althing (1843), institution de deux chambres (1874). Auton. en 1904, indép. en 1918, elle garda la monnaie danoise. Le 17 juin 1944, la Rép. islandaise fut proclamée après référendum. La vie polit. de l'Islande (membre de l'OCDE depuis 1948, de l'OTAN depuis 1949, de l'AELE dep. 1959) a vu alterner des coalitions de centre gauche et de centre droit. En 1975, elle a porté ses eaux territoriales à 200 milles. En juin 1980, Vigdís Finnbogadóttir a été la première femme, dans le monde, élue présidente de la République (réélue en 1984-1988, reconduite [seule candidate] en 1992). En 1996, Olafur Ragnar Grimsson lui a succédé. Cette même année, la surgescence d'une énorme coulée de lave a provoqué des dégâts extrêmes. La coalition de centre droit menée par Grimsson a été battue par une coalition de gauche avec J. Sigurdardottir à sa tête lors des législatives de 2009, mais Grimson est réélu en 2012.

**Isle** riv. de France (235 km), affl. de la Dordogne (r. dr.) ; naît dans le Limousin et traverse Périgueux.

**Isle-Adam (L')** ch.-l. de cant. du Val-d'Oise (arr. de Pontoise), sur l'Oise, au N. de la forêt du m. nom ; 11 163 hab. – Église (XVe-XVIe s.). DER **adamois, oise** *a, n*

**Isle-d'Abeau (L')** com. de l'Isère (arr. de Vienne) ; 12 034 hab. Cœur d'une ville nouvelle en pleine expansion. DER **lilot, ote** *a, n*

**Isle-sur-la-Sorgue (L')** ch.-l. de cant. du Vaucluse (arr. d'Avignon), sur la Sorgue ; 16 971 hab. – Égl. XVIIe s. Musée René-Char. DER **islois, oise** *a, n*

**Isly (oued)** riv. du Maroc oriental. – Victoire de Bugeaud sur les Marocains soutenant Abd el-Kader (août 1844).

**Ismaël** fils d'Abraham et de sa servante égyptienne, Agar. Après la naissance d'Isaac, Sara demanda à Abraham de chasser Agar et Ismaël, que la Bible présente comme l'ancêtre des Arabes.

**ismaélien, enne** *n, a* HIST, RELIG Se dit d'un membre d'une secte musulmane qui se forma à l'intérieur du chiisme au VIIIe s., qui considère Isma'il comme son dernier imam, accorde une large place à l'illumination intérieure. VAR **ismaïlien, enne** DER **ismaélisme** *nm*

**Isma'il** (m. à Médine en 762), fils de l'imam Djafar as-Sadiq, qui l'avait désigné pour lui succéder, mais il mourut avant son père. Il est considéré comme le dernier imam par la secte chiite des ismaéliens.

**Isma'il Ier** (Ardabīl, 1487 – id., 1524), chah de Perse (1501-1524), fondateur de la dynastie des Séfévides. Il conquit l'Azerbaïdjan (1501), mais le sultan ottoman Sélim Ier arrêta son expansion. Il fit du chiisme la religion d'État.

**Ismaïlia** v. d'Égypte, sur le lac Timsah et le canal de Suez ; 214 000 hab. ; port pétrolier.

**Isma'il pacha** (Le Caire, 1830 – Istanbul, 1895), vice-roi puis khédive d'Égypte (1863-1879). Fils d'Ibrahim pacha, il modernisa le pays. Il traita le percement du canal de Suez, dut accepter le contrôle financier franco-anglais (1878) puis abdiqua après l'échec du mouvement nationaliste qu'il suscita.

**Ismène** dans la myth. gr., fille d'Œdipe et de Jocaste, sœur d'Antigone.

**iso-** Élément, du gr. *isos*, « égal ».

**ISO** acronyme pour l'angl. *International Standard Organisation*, qui élabore des normes applicables mondialement. Elle a son siège à Genève.

**isoagglutination** *nf* MED Phénomène d'agglutination survenant entre les sangs d'individus de même espèce mais de groupes sanguins différents.

**isobare** *a, n* **A** *a* PHYS D'égale pression. **B** *a, nm* CHIM, PHYS NUCL Se dit des éléments qui ont le même nombre de masse, mais des numéros atomiques différents. **C** *a, nf* Se dit d'une ligne qui relie, sur une carte météorologique, les points de même pression atmosphérique, à un moment précis. ETY Du gr. *baros*, « pesanteur ».

**isobathe** *a, nf* GEOGR Se dit d'une courbe joignant les points d'égale profondeur. ETY Du gr. *bathos*, « profondeur ».

**isobutène** *nm* Hydrocarbure produit lors du raffinage du pétrole, très utilisé en pétrochimie.

**isocarde** *nm* Mollusque lamellibranche dont la coquille, à deux valves égales, est en forme de cœur. ETY Du gr. *kardia*, « cœur ».

**isocèle** *a* GEOM Qui a deux côtés ou deux faces égales. *Triangle, trièdre isocèle.* ETY Du gr. *skelos*, « jambe ».

**isochore** *a* PHYS Se dit d'une transformation qui s'effectue à volume constant. PHO [izɔkɔʀ] ETY Du gr. *khôra*, « emplacement ».

**isochromatique** *a* TECH De teinte uniforme.

**isochrone** *a* PHYS De même durée. *Les oscillations isochrones du pendule.* SYN tautochrone. VAR **isochronique** DER **isochronisme** *nm*

**isoclinal, ale** *a* GEOL Se dit d'un pli dont les flancs ont la même inclinaison. PLUR isoclinaux.

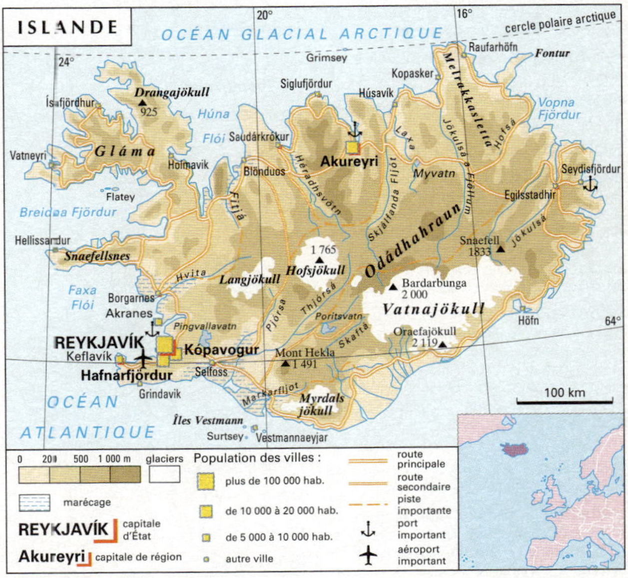

**isocline** *a, nf* PHYS, GEOGR Se dit d'une ligne reliant les points d'un terrain qui ont la même inclinaison. ETY Du gr. *klinein,* « pencher ».

**Isocrate** (Attique, 436 – Athènes, 338 av. J.-C.), orateur athénien. Il fut le chantre de l'union des Grecs, contre les Perses notam. (*Panégyrique d'Athènes,* 380, *Sur la paix,* 356, *À Philippe,* 346), et affronta Démosthène, qui ne voulait pas que Philippe de Macédoine réalise cette union.

**isodynamie** *nf* PHYSIOL Équivalence calorique d'aliments différents.

**isodynamique** *a* **1** PHYS Se dit d'une force équilibrée par une autre. **2** Se dit d'une ligne reliant les points d'égale intensité d'un champ magnétique terrestre. PLUR isoclinaux.

**isoélectrique** *a* CHIM Se dit de la valeur particulière du pH d'une solution acido-basique soumise à l'électrophorèse, pour laquelle il ne se produit aucune migration.

**isoète** *nm* Ptéridophyte, plante aquatique ou des terrains humides aux longues feuilles en aiguilles. ETY Du gr. *etos,* « année ».

**isoflavone** *nf* BIOCHIM Enzyme cytochrome contenue dans le soja, à effet antioxydant.

**isogamie** *nf* BOT Fécondation entre deux gamètes rigoureusement semblables, processus primitif de reproduction caractérisant diverses thallophytes. ANT hétérogamie. DER **isogame** *a*

**isoglosse** *a, nf* LING Se dit d'une ligne délimitant un domaine où se produit le même phénomène linguistique. ETY Du gr. *glôssa,* « langue ».

**isoglucose** *nm* BIOCHIM Sirop de glucose provenant de l'hydrolyse de l'amidon des céréales et contenant une proportion variable de fructose.

**isogone** *a, nf* PHYS Se dit d'une ligne reliant les points d'égale déclinaison magnétique.

**isohyète** *a, nf* METEO Se dit d'une ligne qui relie sur une carte les points où la hauteur des pluies a été la même pendant une période donnée. PHO [izojɛt] ETY Du gr. *huetos,* « pluie ».

**isohypse** *a* GEOGR Qui est de même altitude. **LOC** ***Ligne isohypse*:** courbe de niveau. PHO [izoips] ETY Du gr. *hupsos,* « hauteur ».

**iso-immunisation** *nf* BIOL Immunisation contre un antigène provenant d'un individu différent appartenant à la même espèce.

**iso-ionique** *a* CHIM Qui contient le même nombre d'ions.

**Isola 2000** station de sports d'hiver des Alpes-Maritimes.

**isolable** *a* Qui peut être isolé.

**isolant, ante** *a, nm* Se dit de ce qui s'oppose à la propagation du son, de l'électricité ou de la chaleur. *Matériaux isolants. Isolants phoniques, électriques.* **LOC** LING ***Langues isolantes*:** qui n'emploient pas de formes liées et dans lesquelles les rapports grammaticaux sont indiqués par l'intonation et la place des mots dans la phrase.

**isolat** *nm* **1** didac Groupe humain ou animal isolé du fait des conditions naturelles. **2** ETHNOL Groupe ethnique restreint dont les membres sont contraints à l'endogamie par l'isolement géographique ou sous la pression d'interdits religieux, raciaux, etc. **3** BIOL Ensemble de cellules isolées aux fins d'expérimentation médicale. PHO [izɔla]

**isolateur** *nm* Accessoire en matière isolante qui supporte un conducteur électrique.

**isolation** *nf* **1** Action d'isoler une pièce, un bâtiment, etc., thermiquement ou phoniquement ; son résultat. **2** Action d'isoler un objet, un corps qui conduit l'électricité.

**isolationnisme** *nm* POLIT Attitude, doctrine d'un pays qui se refuse à participer aux affaires internationales. ETY De l'amér. DER **isolationniste** *a, n*

**isolé, ée** *a, n* **A** *a* **1** Séparé des choses de même nature. *Un arbre isolé.* **2** Qui n'est pas en contact avec un corps conducteur d'électricité. **3** Vers quoi ou à partir de quoi la chaleur, le froid ou le son se propage mal. *Une pièce bien isolée.* **4** Situé à l'écart des lieux fréquentés, habités. *Maison isolée.* **5** **fig** Qui ne fait pas partie d'un phénomène général ou collectif. *Fait, cas isolé.* SYN unique. **B** *a, n* Personne seule. ETY De l'ital. *isolato,* « séparé comme une île ».

**isolement** *nm* **1** État d'une personne, d'une chose isolée. *Vivre dans l'isolement.* **2** Qualité, état d'un conducteur électrique isolé. SYN isolation.

**isolément** *av* Séparément, individuellement. *Question considérée isolément.*

**isoler** *vt* ① **1** Séparer de ce qui environne ; empêcher le contact. *Un vaste parc isole le palais de la ville.* **2** Rendre une chose indépendante des influences extérieures, en interposant un matériau isolant entre elle et ce qui l'environne. *Isoler un studio d'enregistrement.* **3** CHIM Séparer un corps d'un mélange ou d'une combinaison. **4** Mettre qqn à l'écart. *Isoler un malade contagieux. S'isoler pour réfléchir.* **5** **fig** Considérer à part, en soi. *Isoler un fait de son contexte.*

**isoleucine** *nf* BIOL Acide aminé isomère de la leucine, constituant essentiel des protéines.

**isoloir** *nm* Cabine où l'électeur met sous enveloppe son bulletin de vote à l'abri de tout regard.

**isomérase** *nf* BIOCHIM Enzyme qui catalyse l'isomérisation de certaines molécules.

**isomère** *a, nm* CHIM Se dit de corps ayant la même formule brute, mais une formule développée différente dans l'espace, et donc des propriétés différentes. DER **isomérie** *nf* – **isomérique** *a*

**isomérisation** *nf* CHIM Transformation d'un composé en un isomère.

**isométrie** *nf* MATH Bijection d'un espace métrique E sur un espace E'.

**isométrique** *nf* **1** MATH Se dit d'espaces tels qu'il existe une isométrie de l'un sur l'autre. **2** PHYSIOL Se dit d'une contraction musculaire qui n'a pas d'influence sur la longueur du muscle.

**isomorphe** *a* **1** CHIM Qui affecte la même forme cristalline. **2** MATH Qualifie deux ensembles E et E' reliés par un morphisme bijectif. DER **isomorphisme** *nm*

**isoniazide** *nm* MED Antibiotique antituberculeux.

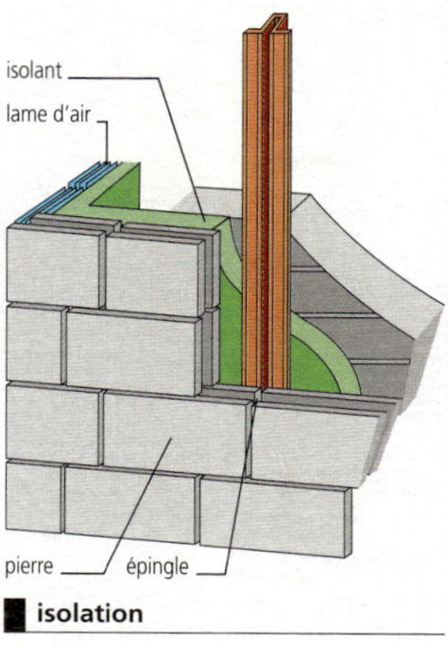

**isolation**

**Isonzo** fl. de Slovénie et d'Italie (138 km) ; naît dans les Alpes juliennes, arrose la Vénétie et se jette dans le golfe de Trieste. – Combats en 1915-1917.

**isopet** → **ysopet.**

**isopièze** *a, nf* GEOL Se dit d'une courbe reliant les points où le niveau piézométrique a la même valeur pour une nappe phréatique.

**isopode** *nm* ZOOL Crustacé au corps aplati, aux pattes toutes semblables, dont l'ordre comprend notam. le cloporte.

**isoprène** *nm* CHIM Carbure liquide qui, polymérisé, donne un produit élastique servant à faire divers caoutchoucs synthétiques, des résines et des matières plastiques.

**isoptère** *nm* Insecte du groupe des termites dont l'ordre compte environ 2 000 espèces.

**isoséiste** *a, nf* Se dit d'une courbe joignant les points où un séisme à la même intensité.

**isostasie** *nf* GEOPH Théorie de l'équilibre entre les diverses masses constituant la croûte terrestre du fait de leur différence de densité. ETY Du gr. *stasis,* « stabilité ». DER **isostatique** *a*

**isostémone** *a* BOT Se dit d'une fleur ayant autant d'étamines que de pétales.

**isotherme** *a, nf* **A** *a* **1** PHYS D'égale température. **2** Qui s'effectue à température constante. *Transformation isotherme.* **3** TECH Où est maintenue une température constante. *Un wagon isotherme.* **B** *a, nf* GEOGR Se dit d'une ligne qui, sur une carte, relie les points où règne la même température.

**isotonie** *nf* BIOL Équilibre de solutions de même tension osmotique ou de même concentration moléculaire. ETY Du gr. *tonos,* « tension ». DER **isotonique** *a*

**isotope** *a, nm* PHYS NUCL Se dit d'éléments dont les noyaux ont le même nombre de protons mais un nombre différent de neutrons. *Deux isotopes ont le même numéro atomique mais un nombre de masse différent.* ETY Du gr. *topos,* « lieu ».

ENC La plupart des corps simples se rencontrent dans la nature sous la forme d'un mélange de divers isotopes, dont l'un est nettement plus abondant que tous les autres. Ayant le même nombre de protons et d'électrons, ils ont donc le même numéro atomique, occupent la même place (d'où leur nom d'*isotope*) dans la classification des éléments et sont désignés par le même symbole chimique. On les différencie par leur nombre de masse ; ainsi, les isotopes 13, 14 et 15 du carbone ($^{12}_{6}C$) s'écrivent $^{13}_{6}C$, $^{14}_{6}C$ et $^{15}_{6}C$; du fait que le corps simple carbone, par ex., est un mélange de ces 4 isotopes, la masse du carbone n'est pas 12 (masse du princ. isotope), mais 12,01. Deux isotopes ont les mêmes propriétés chimiques mais des propriétés physiques différentes. La séparation des isotopes enrichit un élément (uranium, par ex.) en l'un de ses isotopes. Les isotopes sont utilisés en partic. comme traceurs radioactifs.

**isotopique** *a* PHYS NUCL Relatif aux isotopes. **LOC** ***Teneur isotopique*:** rapport entre le nombre des atomes d'un isotope d'un élément et le nombre total des atomes constitutifs du corps simple qui correspond à cet élément. — GEOL ***Zone isotopique*:** où les conditions de sédimentation sont les mêmes.

**isotrope** *a* PHYS Se dit d'un corps homogène et qui présente les mêmes propriétés physiques dans toutes les directions. DER **isotropie** *nf*

**Isou** Isidore Goldstein, dit Isidore (Botoşani, 1925 – Paris, 2007), poète français d'origine roumaine ; fondateur et animateur du mouvement lettriste.

**Ispahan** v. d'Iran, au S. de Téhéran, sur le piémont oriental du Zagros, à 1 530 m d'alt. ; 1,5 million d'hab. (aggl.) ; ch.-l. de la prov. du même nom (104 650 km² ; 2 770 000 hab). Industr. textile. – Archevêchés cathol. et arménien. Nombr. palais des XVI^e^-XVII^e^ s. Grande Mosquée (XI^e^-XVIII^e^ s.). – Anc. cap. du pays sous les Seldjoukides (XIe-XIIIe s.) et les Séfévides (XVIe-XVIIIe s).

**Israël** dans la Bible, surnom (« champion de Dieu ») donné à Jacob après son combat contre l'ange. Le terme désigne aussi : les tribus issues de ses douze fils (les *douze tribus d'Israël*, dont descend l'ensemble du peuple juif) ; le territoire où ces tribus s'étaient établies dans l'anc. pays de Canaan (la Terre promise) ; le peuple de l'Ancienne et de la Nouvelle Alliance.

**Israël (royaume d')** royaume constitué par Saül quand les douze tribus l'eurent reconnu comme roi (v. 1030). David le reconstitua (v. 1010 av. J.-C.). À la mort de son successeur, Salomon (931 av. J.-C.), Israël ne désigna plus que les dix tribus du Nord, sous Jéroboam. En 721 av. J.-C., le roi d'Assyrie, Sargon II, prit leur cap., Samarie, et le royaume disparut. Ensuite, le terme d'Israël a désigné l'État sacerdotal créé au retour de l'Exil (538 av. J.-C.), correspondant au territoire de Juda, avec Jérusalem pour cap., et que Pompée conquit (63 av. J.-C.).

**Israël (république d')** [plus cour. État d'] (*Medinat Yisrael*), État du Proche-Orient, sur la Méditerranée ; env. 21 000 $km^2$ ; 7,9 millions d'hab. ; accroissement naturel : 1,6 % par an (les territ. occupés depuis 1967 ont env. 7 400 $km^2$ et env. 1 700 000 hab.) ; cap. *Jérusalem* (non reconnue par de nombr. pays étrangers, qui ont leur ambassade à Tel-Aviv). Nature de l'État : rép. parlementaire. Langues off. : hébreu et arabe. Monnaie : shekel. Pop. dans les frontières d'avant 1967 : Juifs (80 %), Arabes (20 %). Relig. : judaïsme, minorités musulmane et chrétienne. DER **israélien, enne** *a, n*

**Géographie** Étiré sur 450 km du N. au S., large au plus de 112 km, le pays a une arête montagneuse centrale (monts de Galilée, de Samarie et de Judée). Bordée d'une plaine littorale à l'O., cette arête domine, à l'E., la dépression du Ghor (le lac de Tibériade, la vallée du Jourdain et la mer Morte). Le climat est méditerranéen ; au S., le désert du Néguev couvre 50 % du pays. La pop., jeune, issue de l'immigration d'après-guerre, vit dans les villes de la côte méditerr. (90 %).

**Économie** Israël a développé une agriculture moderne et intensive sur une terre aride qui appartient à l'État. On distingue les *kibboutzim*, exploitations collectives, et les *moshavim*, coopératives. Israël exporte agrumes, avocats, un peu de vin. Les ressources du sous-sol sont modestes : phosphates, potasse. L'approvisionnement en eau est assuré par d'importants aménagements. L'industrie est diversifiée : aéronaut., armement, construct. électr. et électron., textile, agroalimentaire ; la haute technol. est en pleine expansion. Les revenus du tourisme sont importants. La forte croissance des années 2000 connaît un net recul depuis 2010.

**Histoire** LES ORIGINES La colonisation juive en Palestine débuta à la fin du XIXe s. et s'organisa sous l'impulsion de la doctrine sioniste. En 1917, la déclaration Balfour admit en Palestine la fondation d'un foyer national juif. Provoquant de vives tensions avec la pop. arabe, l'immigration juive fut limitée par la G.-B., puissance mandataire en Palestine (1920-1948) ; cette politique, à l'époque même de la montée du nazisme, provoqua une forte résistance juive (V. Irgoun). Après la décision de l'ONU (nov. 1947) de diviser la Palestine en deux États (arabe et juif), la déclaration de l'indép. d'Israël (14 mai 1948) fut suivie du prem. conflit opposant les pays de la Ligue arabe au jeune État, vainqueur en juil. 1949.

**Ispahan** portiques en mosaïque de la Grande Mosquée

LE GOUVERNEMENT DE GAUCHE (1948-1977) Israël reçut un million d'immigrants de 1948 à 1958. L'hist. du pays est dominée par le problème palestinien (plus d'un million d'exilés hors des frontières de l'anc. Palestine) et par les conflits avec ses voisins : campagne du Sinaï (oct.-nov. 1956), aux côtés de la France et de la G.-B. après la nationalisation du canal de Suez ; guerre des Six Jours (juin 1967), avec l'Égypte. Israël, vainqueur, occupe le Golan, la Cisjordanie, Gaza et le Sinaï. Il remporte difficilement la guerre du Kippour (oct. 1973), déclenchée par l'Égypte et la Syrie. En 1964, l'Organisation de libération de la Palestine avait été fondée et des commandos de fedayin avaient lancé les premiers raids en Israël. (V. israélo-arabes [guerres].) La polit. intérieure est d'abord marquée par la prépondérance du Mapai, parti d'inspiration socialiste, devenu le parti travailliste israélien après fusion avec deux autres partis (1968). Exercent le pouvoir : Ben Gourion (1948-1953, 1955-1963), Moshé Sharett (1953-1955), Lévi Eshkol (1963-1969), Golda Meir (1969-1974), Yitzhak Rabin (1974-1977).

LA MONTÉE DU LIKOUD Les élections de 1977 donnent la victoire au rassemblement nationaliste de centre droit (Likoud), dont le leader, Menahem Begin, devient Premier ministre. En nov. 1977, le président égyptien Sadate se rend à Jérusalem pour entamer une négociation qui aboutit aux accords de Camp David, aux É.-U. (sept. 78) ; le traité de paix israélo-égyptien, signé à Washington le 26 mars 1979, fut dénoncé par les autres pays arabes et l'OLP. L'invasion du Liban par l'armée israélienne (1982-1985) a chassé l'OLP de Beyrouth et Israël a pu établir une zone de protection le long de la frontière libanaise. Les élections de 1984 et de 1988 n'ont pas départagé le Likoud et le parti travailliste : le pouvoir a été exercé par le travailliste Shimon Peres et, deux ans plus tard, par le conservateur Itzhak Shamir. En 1988, I. Shamir est resté Premier ministre. L'occupation israélienne dans les territoires de Cisjordanie et de Gaza y a déclenché, en 1987, une résistance civile arabe, l'Intifada.

L'ACCORD ISRAÉLO-PALESTINIEN En sept. 1991, pour la prem. fois depuis 1947, le gouv. israélien et les Palestiniens (sans l'OLP, mais en présence de leurs alliés arabes) se sont rencontrés. Après le succès des travaillistes aux législatives de juin 1992, Y. Rabin a légalisé les contacts avec l'OLP. L'accord signé à Washington en sept. 1993 (complété par celui du Caire en mai 1994) entre l'OLP et le gouv. Rabin établit un plan d'autonomie partielle à Gaza et à Jéricho (ainsi qu'à Naplouse, en 1995, et à Hébron, en 1997). En avril 1994, le Saint-Siège et Israël nouent des relations diplomatiques. En oct. 1994, un accord de paix israélo-jordanien est signé à Jérusalem par Rabin et le roi Hussein. Parallèlement, Israël poursuit des négociations sur le Golan avec la Syrie. Mais les extrémistes palestiniens et la droite israélienne contestent la paix israélo-palestinienne. En nov. 1995, un extrémiste israélien a assassiné Rabin, à qui S. Peres a succédé.

LES DIFFICULTÉS En mai 1996, S. Peres a organisé des élections anticipées. Pour la première fois, le Premier ministre était élu au suffrage universel et le leader du Likoud, Benyamin Netanyahou, l'a emporté de justesse. Le Likoud, de son côté, n'a pas obtenu la majorité absolue et B. Netanyahou a dû faire entrer dans son gouvernement des représentants des partis religieux. En sept. 1996, il a repris l'implantation de colonies juives dans les territoires palestiniens. Les É.-U. ont pesé sur lui pour sauver la paix, mais en vain. La fragilité de la coalition gouv. s'est accentuée et en 1999, le travailliste Ehoud Barak a remporté les élections anticipées. Il a repris les négociations avec les Palestiniens et la Syrie, et a évacué le Sud-Liban. La paix l'emportant sur la guerre, la croissance écon. a repris. En 2000, le nouveau leader du Likoud, Ariel Sharon, a « visité » l'esplanade des Mosquées à Jérusalem, déclenchant la deuxième Intifada. Malgré les efforts des É.-U., Barak n'a pu s'entendre avec Arafat. Élu en 2001 à la tête d'un gouv. d'union nat., Ariel Sharon mène une politique très dure contre le terrorisme palestinien, mais le cycle des attentats suivis de représailles ne débouche sur rien. En 2004, il fait voter par le Parlement un plan de désengagement unilatéral de Gaza (sept. 2005). Cela provoque une levée de boucliers chez les colons et une crise au sein du Likoud qu'Ariel Sharon quitte en nov. 2005 pour fonder le Kadima. En déc. 2005, à la suite de l'atteinte cérébrale d'Ariel Sharon, Ehoud Olmert devient Premier ministre et leader du Kadima qui remporte les législatives de 2006. Il cherche à se rapprocher du prés. de l'Autorité palestinienne, M. Abbas. Malgré la victoire du Kadima aux législatives de 2009, B. Netanyahou est chargé de former un nouveau gouv. Il remporte une faible victoire aux législatives anticipées de 2013.

▶ illustr. p. 844

**israélite** *n, a* **1** HIST Relatif au royaume d'Israël. **2** De religion juive.

**Israélo-arabes (guerres)** guerres qui ont opposé certains États arabes et Israël. L'hostilité des États arabes (Égypte, Jordanie, Irak, Liban, Syrie) à la création de l'État d'Israël, en 1948, a provoqué quatre guerres. La première (mai 1948-janv. 1949) se termine par la victoire d'Israël, qui obtient le Néguev et la Galilée, et dont le territoire passe de 14 100 $km^2$ à 20 770 $km^2$. La deuxième (oct.-nov 1956) oppose Israël (qui soutient l'intervention franco-britannique sur le canal de Suez) à l'Égypte ; Israël doit se replier du Sinaï, l'ONU rétablit les frontières de 1949. La troisième (offensive israélienne, 5-10 juin 1967), dite guerre des Six Jours, voit la défaite sévère de l'Égypte, de la Jordanie et de la Syrie : Israël occupe le Sinaï, Gaza, la Cisjordanie, la partie arabe de Jérusalem, le plateau du Golan. La quatrième (oct. 1973), dite guerre du Kippour, se solde par l'échec de l'offensive égyptienne et syrienne. Par les accords de Washington (1979) entre Israël et l'Égypte, celle-ci récupère le Sinaï (1982). En 1993, des accords entre Israël et l'OLP portent sur les territoires occupés en 1967. (V. Israël.)

**ISS** Sigle de *International Space Station*, plateforme internationale en orbite autour de la Terre, en cours de développement depuis 1998.

**Issas** peuple somali de langue couchitique, vivant dans la république de Djibouti, en Somalie et en Éthiopie. DER **issa** *a*

**Issenheim** com. du Haut-Rhin (arr. de Guebwiller) ; 3 493 hab. – Couvent des Antonites (le *Polyptyque d'Issenheim*, dû à Grünewald, se trouve auj. au musée de Colmar). DER **issenheimois, oise** *a, n*

**-issime** Suffixe tiré du latin, à valeur intensive (ex. *grandissime*).

**Issoire** ch.-l. d'arr. du Puy-de-Dôme, dans la *Limagne d'Issoire* ; 14 475 hab. Industr. de l'aluminium. – Égl. romane St-Austremoine (XIIe s.). DER **issoirien, enne** *a, n*

**Issos** anc. v. de Cilicie (au N.-O. de l'actuelle *Dörtyol*) près de laquelle Alexandre le Grand vainquit Darios III (333 av. J.-C.). VAR **Issus**

**Issoudun** ch.-l. d'arr. de l'Indre ; 13 452 hab. DER **issoldunois, oise** *a, n*

**issu, ue** *a* **1** Né, sorti de telle lignée, telle famille, tel milieu. *Il est issu de la bourgeoisie.* **2** fig Qui provient, résulte de. *Courant politique issu des conditions historiques.* ETY De l'anc. v. *issir*, du lat. *exire*, « sortir ».

**issue** *nf* **A 1** Passage, ouverture qui permet de sortir. *Issue de secours.* **2** fig Moyen pour sortir d'une affaire, pour trouver une solution. *Situation sans issue.* **3** Évènement final sur lequel débouche une situation, une action. *L'issue de la bataille.* **B** *nfpl* **1** En meunerie, ce qui reste des moutures, après séparation de la farine. **2** En boucherie, abats non comestibles. **LOC** ***À l'issue de*** : à la sortie, à la fin de. — ***Issue fatale*** : mort. — ***Voie sans issue*** : qui ne mène nulle part ; impasse.

**Issyk-Koul (lac)** lac du Kirghizstan, dans les monts Tianshan, à 1 609 m d'alt. ; 6 200 km$^2$.

**Issy-les-Moulineaux** ch.-l. de cant. des Hauts-de-Seine ; 65 178 hab. Industries. – L'héliport dit « d'Issy-les-Moulineaux » appartient à Paris. (DER) **isséen, enne** *a, n*

**IST** *nf* Sigle de *infection sexuellement transmissible*, expression officiellement destinée à remplacer *maladie sexuellement transmissible* (MST).

**Istanbul** (anc. *Byzance*, puis *Constantinople*), princ. v. et port de Turquie, sur le Bosphore et la mer de Marmara ; ch.-l. de l'il du m. nom ; 12 459 000 hab. La ville est située de part et d'autre de la Corne d'Or (baie de la ville européenne) et du Bosphore. On distingue : sur la rive européenne, l'anc. ville franque, avec les faubourgs de Galata et de Péra, et, au sud, la ville turque (ancienne Byzance) ; sur la rive asiatique, Üsküdar (Scutari), ville turque. Centre comm. et industr. – Universités. Basilique Sainte-Sophie (532-537). Mosquée du sultan Bāyazīd (1501). Mosquée Süleymaniye (1550-1557). Palais Topkapi. – Prise par les Turcs (1453), l'anc. Constantinople devint Istanbul, cap. de l'Empire ottoman jusqu'en 1923. (DER) **stambouliote** ou **istanbuliote** *a, n*

**Istanbul** au centre, la mosquée bleue

**isthme** *nm* **1** Étroite bande de terre, entre deux mers ou deux golfes, réunissant deux terres. **2** ANAT Partie rétrécie de certains organes. **LOC** ***Isthme de l'utérus*** : entre le corps et le col de l'utérus. — ***Isthme du gosier*** : qui fait communiquer la bouche avec la trachée. (PHO) [ism] (ETY) Du gr. (DER) **isthmique** *a*

**Isthmiques (jeux)** dans la Grèce antique, jeux que la v. de Corinthe organisait tous les 4 ans en l'honneur du dieu Poséidon.

**Istiqlal** (en ar., « indépendance »), parti nationaliste marocain né en 1937 d'une scission de l'Action marocaine. Il mena la lutte pour l'indépendance et fut dans l'opposition de 1963 à 1976 ; il soutint l'annexion du Sahara occidental.

**Istrati Panait** (Brăila, 1884 – Bucarest, 1935), écrivain roumain de langue française : *la Vie d'Adrien Zograffi* (cycle romanesque, 1924-1933), *les Chardons du Baragan* (1928), *Vers l'autre flamme* (pamphlet antisoviétique, 1929).

**Istres** ch.-l. d'arr. des Bouches-du-Rhône, sur l'étang de Berre ; 43 651 hab. Centre industriel. Base aéron. militaire. (DER) **istréen, enne** *a, n*

**Istrie** presqu'île calcaire de la Croatie, près de la frontière italienne. – Conquise par Venise à partir du XI$^e$ s., sauf Trieste, la rég. passa à l'Autriche en 1797. L'Italie l'annexa en 1920 et la céda à la Yougoslavie en 1947 (sauf Trieste).

**Itaipú** site d'une centrale hydroél. sur le Paraná, à la frontière entre le Brésil et le Paraguay, qui se partagent l'énergie produite.

**italia** *nm* Raisin de table, à gros grains ambrés.

**italianisant, ante** *n* Spécialiste de la langue et de la culture italiennes.

**italianiser** *vt* (1) Donner une tournure, un caractère italien à. (DER) **italianisation** *nf*

**italianisme** *nm* **1** LING Expression, tournure propre à la langue italienne. **2** Emprunt à l'italien.

**Italie (république d')** État d'Europe méridionale qui comprend une partie continentale, au N., une longue péninsule orientée N.-O.-S.-E., et deux grandes îles (Sicile et Sardaigne) ; 301 262 km$^2$ ; 59 800 000 hab. ; accroissement naturel : -0,1 % par an ; cap. *Rome*. Nature de l'État : rép. parlementaire. Langue off. : italien. Monnaie : euro. Relig. : cathol. (99,6 %). (DER) **italien, enne** *a, n*

**Géographie** Les Alpes forment en Italie septentrionale un arc long de 1 000 km env. Les Alpes piémontaises, à l'O., portent les plus hauts sommets (mont Rose, 4 638 m). Les massifs centraux (Alpes lombardes), compacts, précèdent les Alpes dolomitiques et vénètes, plus basses. Des cols ont toujours permis les liaisons avec les États voisins. Au pied des Alpes, la large plaine du Pô (50 000 km$^2$) s'ouvre sur l'Adriatique. L'Italie péninsulaire comporte : une chaîne centrale ; à l'E., une étroite plaine côtière ; à l'O., trois bassins (Toscane, Latium et Campanie). L'Italie connaît de fréquents séismes et un volcanisme actif (Vésuve, Stromboli, Etna). Le climat, continental dans la plaine du Pô, méditerranéen en Italie péninsulaire, a une sècheresse croissante vers le S. et en Sicile. La pop., en augmentation rapide jusque dans les années 1970, est groupée dans la plaine du Pô et sur les littoraux. Le taux d'urbanisation approche 70 %. L'exode des ruraux du S. (Mezzogiorno) vers le N. s'est tari. Le solde migratoire est devenu positif : un million d'étrangers séjourneraient clandestinement.

**Économie** L'Italie est la 8$^e$ puissance économique du monde (après la France, la Grande-Bretagne et le Brésil) ; elle produit 18 % du PIB de l'Union européenne. L'agriculture (9 % des actifs) oppose un secteur exportateur : légumes, fruits, soja, blé, riz, maïs, betterave, vigne (1$^{er}$ vignoble du monde), à l'agriculture peu compétitive des montagnes et des îles. L'élevage ne suffit pas au pays, qui importe viande et produits laitiers. Le secteur industriel a accru son dynamisme dep. 1985 : grands groupes publics et privés, et nombreuses PME, compétitives, réalisent des produits d'exportation de haute valeur ajoutée : électronique, bureautique, chaussures, confection, produits de luxe. Le tertiaire occupe 60 % des actifs. Le tourisme, l'un des plus importants dans le monde, représente 7 % du PNB. L'économie italienne bénéficie d'une sous-traitance importante et le « travail au noir » (20 % des actifs ?) produirait 150 milliards de dollars par an. Entre le « triangle lourd » Gênes, Milan, Turin (50 % des richesses nationales) et le Mezzogiorno (Sud et îles), une « troisième Italie » est née dans le quadrilatère Venise, Bologne, Florence, Rome. Des faiblesses demeurent : dette publique élevée, administration inefficace, dépendance énergétique, puissance de la Mafia.

**Histoire** En 476, Odoacre, roi des Hérules, met fin à l'empire d'Occident, héritier de l'Empire romain(V. Rome). Mais les Ostrogoths, conduits par Théodoric depuis l'Europe de l'Est, conquièrent toute la péninsule (489-493). À partir de 535, l'empereur d'Orient Justinien réoccupe une partie de l'Italie, qui devient une prov. de l'Empire (cap. Ravenne). Les Lombards envahissent le N. et le centre du pays. Le pape Étienne II fait alors appel au roi des Francs, Pépin le Bref, qui, après deux expéditions (754 et 756), reprend Ravenne, le duché de Pentapole et celui de Rome. Le don de Rome au pape constitue le noyau du futur État pontifical. Charlemagne bat aussi les Lombards, dont il se proclame roi (774). En 800, il reçoit du pape Léon III la couronne d'empereur d'Occident.

**DU IX$^e$ AU XV$^e$ SIÈCLE** L'Italie étant ravagée par les Normands et les Sarrasins, le pape Jean XII fait appel au roi de Germanie, Otton le Grand, couronné empereur en 962 : le Saint Empire romain germanique est né. Pendant deux siècles, sa lutte contre le Sacerdoce (la papauté) bouleversera l'Italie. En 1190, un fils de l'empereur Frédéric Barberousse, Henri VI Hohenstaufen, épouse l'héritière du royaume de Sicile (constitué par le Normand Robert Guiscard et comprenant tout le Sud). Leur fils, Frédéric II, réunit les deux royaumes et lutte à partir de 1236 contre les villes de Toscane et de Lombardie, qui se sont émancipées de la tutelle impériale. Il rencontre l'opposition des papes (Grégoire IX, Innocent IV). Une longue lutte s'engage entre les partisans du pape, les guelfes, et ceux de l'empereur, les gibelins. De riches cités (Venise, Gênes, Florence, Milan), souvent rivales, deviennent des cités-États dont la civilisation rayonne sur l'Europe occid. (XV$^e$-XVI$^e$ s.).

**DU XVI$^e$ SIÈCLE À 1850** Alors que la France, après les « guerres d'Italie » (commencées en 1494), renonce (1559) à toute incursion au-delà des Alpes, les Espagnols dominent pendant deux siècles la Péninsule, à l'exception de la rép. de

Venise et du duché de Savoie. À l'issue de la guerre de la Succession d'Espagne (1701-1714), l'Italie du N. échoit aux Habsbourg d'Autriche, les Bourbons d'Espagne ne conservant que le royaume des Deux-Siciles et le duché de Parme et Plaisance. Les campagnes de Bonaparte (1796, 1800) aboutissent à une domination française. Les traités de 1815 rétablissent les anc. monarchies. Un mouvement intellectuel puis politique (le *Risorgimento*, « Résurrection ») impose l'idée de l'unité italienne, mais le roi de Piémont-Sardaigne, Charles-Albert, est battu par les Autrichiens à Novare (1849).

**L'INDÉPENDANCE ET L'UNITÉ** Son successeur, Victor-Emmanuel II, qui prend pour ministre Cavour, acquiert l'alliance de la France, qui pourtant avait aboli la Rép. romaine en 1849 ; il lutte victorieusement contre la maison d'Autriche (Magenta, Solférino) et libère la Lombardie (1859). En 1860, les pop. d'Italie centrale votent leur réunion au Piémont, la France reçoit Nice et la Savoie, Garibaldi libère la Sicile et le royaume de Naples (expédition des Mille). En fév. 1861, à Turin, le Parlement proclame Victor-Emmanuel roi d'Italie. La Vénétie est réunie au royaume après que la Prusse a battu l'Autriche à Sadowa (1866). En 1870, les troupes ital. pénètrent dans Rome, faite cap. de l'Italie.

**DE 1870 À 1945** L'Italie, qui s'est alliée à l'Allemagne et à l'Autriche (1882), veut bâtir un empire colonial : elle conquiert l'Érythrée en 1889, mais elle est vaincue par l'Éthiopie en 1896. De 1900 à 1914, le gouvernement de Giolitti se rapproche de la France et développe l'économie. L'Italie, qui de 1915 à 1918 a fait la guerre aux côtés des Alliés, s'agrandit du Trentin et de l'Istrie (avec Trieste). En 1922, alors que le pays est en proie à l'agitation sociale, Mussolini et les fascistes marchent sur Rome. Cette manifestation est un échec, mais la bourgeoisie, qui redoute le désordre social, presse le roi d'appeler Mussolini au gouv. Progressivement, celui-ci instaure une dictature. En 1929, les accords du Latran règlent la question romaine. La politique extérieure est aventureuse : conquête de l'Éthiopie (1935-

1914, le gouvernement de Giolitti se rapproche

1936), intervention en Espagne au côté de Franco (1936-1939), annexion de l'Albanie (1939). L'alliance Berlin-Rome, esquissée à partir de 1936, devient l'Axe en 1939. L'Italie combat dans les Balkans et en Afrique. En juil. 1943, le débarquement des Alliés en Sicile entraîne l'arrestation de Mussolini ; libéré par les Allemands le 12 sept., ce dernier forme dans le N., à Salo, un gouv. républicain fasciste. Badoglio, qui, à Rome, avait succédé à Mussolini, se range aux côtés des Alliés contre l'Allemagne, qui impose à l'Italie un dur régime d'occupation. Le 26 avril 1945, Mussolini est arrêté par des partisans antifascistes et fusillé le 27 avril.

**LE POUVOIR DÉMOCRATE-CHRÉTIEN** La rép. est proclamée par référendum (2 juin 1946). En 1947, le pays perd toutes ses possessions extérieures. Ruiné, il se relève lentement, dirigé par la démocratie chrétienne, dont le chef est De Gasperi jusqu'en 1953. Puis se succèdent de nombr. gouv. de coalition autour de la démocratie chrétienne. L'économie connaît un essor spectaculaire et l'Italie adhère à la CECA (1951) puis à la CEE (1957). Dans les années 1970, face à l'agitation contestataire et à l'instabilité des gouv. de coalition, le parti communiste (devenu la deuxième force politique du pays) propose un « compromis historique » aux démocrates-chrétiens. Le terrorisme, né à la fin des années 1960, culmine en 1978 avec l'enlèvement et l'assassinat, par les Brigades rouges, d'Aldo Moro, président de la démocratie chrétienne. Malgré les scandales (liés ou non à la Mafia), et le chômage, le pays connaît, de 1983 à 1987, sous le gouv. du socialiste B. Craxi, une période de stabilité exceptionnelle. Le parti communiste italien s'est transformé en parti démocrate de la gauche (Sigle italien : DS) en 1990. Les gouv. ont une vie de plus en plus brève, les partis se sont affaiblis, des mouvements régionalistes (Ligues) sont nés dans le Nord. En 1993, la magistrature a lancé une opération « mains propres », envoyant en prison responsables polit. et écon.

**APRÈS LA DÉMOCRATIE CHRÉTIENNE** Le magnat de la presse écrite et audiovisuelle, Silvio Berlusconi, crée un front avec les Ligues et le parti néofasciste, remporte les élections de 1994 et forme un gouv. inefficace : il démissionne en déc. En janvier 1995, Lamberto Dini forme un gouv. de « techniciens ». En 1996, la crise ministérielle reprend. Les élections anticipées portent au pouvoir une coalition de gauche et du centre, et Romano Prodi devient prés. du Conseil. Sans que la coalition se défasse, il cède la place à Massimo D'Alema, leader de la DS. Répondant aux « critères de Maastricht », l'Italie a pu utiliser l'euro à partir du 1er janv. 1999. En avril 2000, D'Alema subit une défaite aux élections régionales et le socialiste modéré Giuliano Amato le remplace. En 2001, S. Berlusconi, à la tête d'une coalition regroupant son parti (Forza Italia), la Ligue du Nord et un parti néofasciste, remporte les élections et redevient prés. du Conseil. R. Prodi revient au pouvoir en 2006, mais il démissionne en 2008 suite au désaveu de sa politique voté par le Sénat. Les nouvelles élections portent S. Berlusconi au pouvoir. Ce dernier démissionne en nov. 2011, laissant la place à Mario Monti qui démissionne à son tour en déc. 2012. Au terme des élections de 2013, Enrico Letta (démocrate) est nommé président du Conseil. Il forme un gouv. de coalition mais, désavoué par son propre parti, il démissionne en fév. 2014. Matteo Renzi devient prés. du Conseil.

▶ illustr. p. 845

**Italie (campagne d')** menée en Italie du N. sur l'ordre du Directoire, contre l'Autriche et le Piémont en 1796-1797. Victorieux, Bonaparte imposa le traité de Campoformio (oct. 1797). Premier Consul, il mena une 2e campagne (mai-juin 1800) pour reprendre des territoires que l'Autriche avait occupés en 1799 et il imposa à celle-ci le traité de Lunéville (fév. 1801).

**Italie (campagne d')** menée par les Alliés en 1943-1945 contre les forces italo-allemandes puis, quand l'Italie capitula (8 sept. 1943), contre la seule Allemagne. Venus d'Afrique du Nord, les Alliés débarquèrent en Sicile le 10 juil. 1943, franchirent le détroit du Messine le 3 sept., prirent Rome le 4 juin 1944 et Turin le 1er mai 1945.

**Italie (royaume d')** royaume créé par Napoléon Ier (1805-1814) pour lui-même. Il remplaçait la rép. Cisalpine, créée en 1797.

**italien** *nm* Langue romane parlée en Italie.

**Italienne à Alger (l')** opéra bouffe en 2 actes de Rossini (1813).

**italique** *a, n* **A** Relatif à l'anc. Italie. *Populations italiques (Latins, Samnites, etc.).* **B** *a, nm* TYPO Se dit des caractères d'imprimerie inclinés vers la droite, créés par l'Italien Alde Manuce au XVIe s. (ETY) Du lat.

**Itar** acronyme de l'agence de presse russe qui a succédé à l'agence Tass.

**Itard Jean** (Oraison, 1775 – Paris, 1838), médecin français. Il s'intéressa aux enfants souffrant de handicaps mentaux.

**-ite** Suffixe, du gr. *-itis*, et du lat. *itus*, servant à former les noms d'affections inflammatoires (ex. *bronchite, gingivite*), des noms de minéraux (ex. *calcite*), des composés chimiques (ex. *sulfite*).

**-ité** Suffixe postposé à un nom désignant un groupe et indiquant l'appartenance (ex. *francité, judéité*).

**1 item** *av* COMM De même, et encore (dans un compte, un état). (PHO) [itɛm] (ETY) Mot lat.

**2 item** *nm* **1** didac Élément, objet considéré à part. **2** PSYCHO Question, dans un test ou dans un questionnaire d'enquête. (PHO) [itɛm]

**itératif, ive** *a, nm* **A** *a* didac Qui est fait, répété plusieurs fois. *Traitement itératif.* **B** *a, nm* LING Syn. de *fréquentatif*. (DER) **itérativement** *av*

**itération** *nf* **1** didac Répétition. **2** MATH, INFORM Répétition d'un calcul, permettant d'obtenir un résultat approché satisfaisant. **3** PSYCHOPATHOL Répétition incessante et stéréotypée d'un mouvement, d'une expression verbale. (ETY) du lat.

**Ithaque** une des îles Ioniennes ; 96 km$^2$ ; 5 000 hab. ; v. princ. *Itháki*. – Selon les poèmes d'Homère, Ulysse en était le roi.

**Ithôme (mont)** montagne (802 m) de l'anc. Messénie, dans le Péloponnèse. Les Messéniens s'y retranchaient pour résister aux Spartiates (VIIe-Ve s. av. J.-C.).

**ithyphallique** *a* Bx-A Qui représente un phallus en érection.

**itinéraire** *nm, a* **A** *nm* Route à suivre ou suivie pour aller d'un lieu à un autre. *Notre itinéraire passe par Lyon.* **B** *a* didac Relatif aux routes, aux chemins. *Le kilomètre, unité itinéraire.* (ETY) Du lat.

**Itinéraire de Paris à Jérusalem** œuvre de Chateaubriand (1811).

**itinérance** *nf* **1** Caractère de ce qui est itinérant, de qqn qui se déplace souvent. **2** TELECOM Fait pour un opérateur de téléphonie mobile d'acheminer les appels passés par les abonnés des concurrents.

**itinérant, ante** *a, n* **A** **1** Qui se déplace, qui va de lieu en lieu, pour exercer ses fonctions. *Ambassadeur itinérant.* **2** Canada Personne sans domicile fixe", sans-abri, clochard. **B** *a* Qui a lieu successivement dans plusieurs lieux différents. *Exposition itinérante.*

**Iton** riv. de France (118 km), affl. de l'Eure (r. g.) ; arrose Évreux.

**itou** *av* fam, vieilli De même. *Et moi itou.* (ETY) De l'a. fr. *et a tout*, « aussi » et de *itel*, « pareillement ».

**ITT** *nf* Sigle de *interruption temporaire de travail.*

**ITT** Sigle pour *International Telephone and Telegraph Corporation*, société amér. créée en 1910 pour développer le téléphone et le télégraphe. Ses activités se sont puissamment diversifiées. Elle éclate en trois sociétés en 2011.

**-itude** Suffixe postposé à un nom désignant un groupe et exprimant une très forte appartenance, une spécificité (ex. *punktitude, négritude*).

**Iturbide Agustín de** (Valladolid, auj. Morelia, Mexique, 1783 – Padilla, 1824), général espagnol et homme politique du Mexique. Il négocia avec les insurgés nationalistes (1821) et se fit proclamer empereur (1822) sous le nom d'Agustín Ier. Le soulèvement républicain de Santa Anna (1823) le contraignit à l'exil. Il revint secrètement au Mexique et fut fusillé (1824).

**Iturée** contrée montagneuse de l'anc. Asie antérieure, située au N.-E. de la Palestine.

**IUFM** *nm* Sigle pour *Institut universitaire de formation des maîtres*, structure universitaire créée en 1991 pour unifier la formation des enseignants du primaire, du secondaire et du technique, et remplacée en 2013 par l'*École supérieure du professorat et de l'éducation* (ESPE).

**iule** *nm* ZOOL Mille-pattes vivant sous les pierres ou dans la mousse et qui s'enroule en spirale en cas de danger. (ETY) Du gr.

**iule** de la Trinité, en position de défense (en bas)

**Iule** → **Ascagne.**

**IUT** *nm* Sigle pour *Institut universitaire de technologie*, établissement d'enseignement assurant la formation de techniciens supérieurs.

**Ivajlo** (m. en 1280), roi de Bulgarie (1277-1279). Paysan, il se fit proclamer tsar pour repousser les Mongols et fut assassiné.

**Ivan Ier Kalita** (?, vers 1304 – Moscou, 1341), grand-prince de Moscou et de Vladimir (1328-1340), le premier à avoir porté ce titre. Il rechercha l'alliance avec les Mongols. — **Ivan II le Doux** (1326 – 1359), fils du préc., grand-prince de 1353 à 1359. — **Ivan III le Grand** (Moscou, 1440 – id., 1505), grand-prince de Moscou et de toute la Russie de 1462 à 1505. Il rejeta la suzeraineté mongole (1480). — **Ivan IV le Terrible** (1530 – 1584), tsar de Russie (1533-1584), le fondateur de la Russie moderne. À partir de 1564, il fit régner un régime de terreur, décimant notam. les boyards. — **Ivan V** (1666 – 1696), tsar en 1682. Débile mental, il partagea le titre de tsar avec son demi-frère Pierre (futur Pierre le Grand), sous la régence de leur sœur Sophie. En 1689, Pierre prit la totalité du pouvoir. — **Ivan VI** (Saint-Pétersbourg, 1740 – Schlüsselbourg, auj. Petrokrepost, 1764), tsar en 1740. Élisabeth, fille de Pierre le Grand, lui prit le pouvoir en 1741 et Catherine II le fit assassiner.

**Ivan IV le Terrible**

**Ivanhoé** roman historique de W. Scott (1820). ▷ CINE Film de Richard Thorpe (1952), avec Elizabeth Taylor.

**Ivan le Terrible** film d'Eisenstein (1942-1946), biographie épique du tsar Ivan IV, inachevée, mutilée par Staline ; avec Nikolaï Tcherkassov (1903 – 1966).

**Ivanov** Viatcheslav Ivanovitch (Moscou, 1866 – Rome, 1949), écrivain russe ; poète (*les Étoiles pilotes* 1903) ; auteur de drames philosophiques (*Tantale* 1905 ; *Prométhée* 1912).

**Ivanovo** v. de Russie, au N.-E. de Moscou ; ch.-l. de prov. ; 474 000 hab. Industr. textile.

**ive** *nf* BOT Bugle à fleurs roses et jaunes des terrains arides, appelée aussi *petit if.* ETY De *if.* VAR **ivette**

**Ivens** Joris (Nimègue, 1898 – Paris, 1989), cinéaste néerlandais, chantre de la lutte des peuples : *Borinage* (1933), *Terre d'Espagne* (1937), *Indonesia Calling* (1946), *Comment Yukong déplaça les montagnes* (12 films sur la Chine, 1976).

**ivermectine** *nf* Substance synthétique utilisée comme vermifuge et dans le traitement de l'onchocercose et autres parasitoses.

**Ives** Charles (Danbury, Connecticut, 1874 – New York, 1954), compositeur américain ; autodidacte, il annonce Stravinski et Bartók : symphonies, sonates pour violon, mélodies, etc.

**IVG** *nf* Sigle de *interruption volontaire de grossesse.* SYN avortement.

**Ivoi** Paul Charles Philippe Éric Deleutre, dit Paul d' (Paris, 1856 – id., 1915), auteur français de romans d'aventures : *les Cinq Sous de Lavarède* (1894).

**ivoire** *nm, a inv* **A** *nm* **1** Matière dure d'une blancheur laiteuse, variété de tissu très fortement minéralisé constituant les défenses de l'éléphant et les dents et les défenses de certains animaux (hippopotame, narval, etc.). **2** ANAT Partie dure des dents. **3** Objet sculpté en ivoire. *Une collection d'ivoires anciens.* **B** *a inv* De la couleur blanche laiteuse de l'ivoire. **LOC** ***Ivoire végétal :*** autre nom du *corozo.* — TECH ***Noir d'ivoire :*** poudre noire utilisée en peinture, faite d'ivoire et d'os calcinés ; couleur noire préparée avec cette poudre. ETY Du lat.

**ivoirien** → **Côte d'Ivoire.**

**ivoirier, ière** *n* Artisan qui travaille l'ivoire. DER **ivoirerie** *nf*

**ivoirin, ine** *a* litt D'ivoire ; qui a l'aspect de l'ivoire. SYN éburné.

**ivoirité** *nf* POLIT Appartenance à l'entité ivoirienne, forme du nationalisme ivoirien.

**Ivory** James (Berkeley, 1928), cinéaste américain : *Shakespeare Wallah* (1965), *Chambre avec vue* (1985), *les Vestiges du jour* (1993).

**ivraie** *nf* Graminée des régions tempérées envahissante dans les céréales, dont les graines, toxiques, provoquent une sorte d'ivresse. **LOC** ***Ivraie vivace :*** ray-grass utilisé pour les prairies artificielles et les gazons. — litt ***Séparer le bon grain de l'ivraie :*** les bons des méchants, le bien du mal. ETY Du lat. *elrius,* « ivre ».

**ivre** *a* **1** Dont le comportement, les réactions sont troublés par les effets de l'alcool. SYN fam soûl. **2** fig Exalté, transporté hors de soi. *Ivre de jalousie.* **LOC** ***Ivre mort :*** ivre au point d'avoir perdu toute conscience.

**Ivrée** (en ital. *Ivrea*), v. d'Italie (Piémont), sur la Doire Baltée ; 27 690 hab. – Ch.-l. du dép. français de la Doire, sous l'Empire.

**ivresse** *nf* **1** État d'une personne dont le comportement, les réactions sont troublés par les effets de l'alcool ; intoxication alcoolique. **2** fig Exaltation causée par une émotion violente, une passion. *L'ivresse de l'amour.* **LOC** ***Ivresse morphinique :*** due à l'action de la morphine. ETY Du lat.

**ivressomètre** *nm* Canada Syn. de *éthylomètre* et de *éthylotest.*

**ivrogne** *a, n* péjor Qui a l'habitude de boire avec excès, de s'enivrer. **LOC** fam ***Serment d'ivrogne :*** que l'on fait à la légère et qui ne sera pas tenu. DER **ivrognerie** *nf* – **ivrognesse** *nf*

**Ivry-la-Bataille** com. de l'Eure (arr. d'Évreux), sur l'Eure ; 2 614 hab. – Église (XIIIe-XVIIe s.). – Victoire d'Henri IV sur les ligueurs du duc de Mayenne (14 mars 1590). DER **ivryen, enne** *a, n*

**Ivry-sur-Seine** ch.-l. de canton du Val-de-Marne (arr. de Créteil), sur la r. g. de la Seine ; 57 710 hab. Centre industr. DER **ivryen, enne** *a, n*

**Iwaki** v. du Japon, dans l'île de Honshū, au N. de Tōkyō ; 350 570 hab. Centre industr.

**iwan** *nm* ARCHI Dans l'art musulman, salle voûtée en berceau, fermée sur trois côtés, et s'ouvrant sur le quatrième par un arc. PHO [iwan] ETY Mot ar.

**Iwaszkiewicz** Jarosław (Kalnik, Ukraine, 1894 – Varsovie, 1980), poète et essayiste polonais. Récits : *la Mère Jeanne des Anges* (1945), *les Amants de Marone* (1961).

**Iwo** v. du Nigeria, au N.-E. d'Ibadan ; 262 000 hab. Centre commercial (cacao).

**Iwo Jima** une des îles Volcano (Pacifique occidental). – Base de l'aviation japonaise, conquise par les Américains en fév. 1945.

**Ixelles** (en flam. *Elsene*), com. de Belgique (arr. et aggl. de Bruxelles) ; 76 000 hab. Industries. – Abbaye de la Cambre (bâtiments du XVIIIe s.) fondée en 1201.

**ixer** *vt* ① Déclarer officiellement qu'un film est pornographique (classé X). DER **ixage** *nm*

**ixia** *nf* BOT Iridacée à grandes fleurs très décoratives. ETY Mot lat.

**ixième** *a* Qui désigne un nombre indéterminé, mais élevé. VAR **xième**

**Ixion** dans la myth. gr., roi des Lapithes. Il voulut séduire Héra, et Zeus le précipita dans le Tartare, attaché, au milieu de serpents, sur une roue enflammée qui tournait sans cesse.

**ixode** *nm* ZOOL Nom scientifique des acariens de la famille de la tique. ETY Du gr. *ixôdês,* « gluant ».

**izard** → **isard.**

**Izegem** com. de Belgique (Flandre-Occidentale) ; 26 400 hab. – Industries.

**Izetbegovic** Alia (Samac, Bosnie-Herzégovine, 1925 – Sarajevo, 2003), homme politique bosniaque. Fondateur du parti de l'action démocratique qui unit les musulmans, prés. de la République de Bosnie-Herzégovine en 1990, membre de la présidence collégiale du pays à partir de 1996.

**Izis** Israëlis Bidermanas dit (Marijampole, 1911 – Paris, 1980), photographe français d'origine lituanienne (reportages, portraits).

**Izmir** (anc. *Smyrne*), port de Turquie au fond du *golfe de Smyrne,* sur la mer Égée ; ch.-l. de l'il du m. nom ; 2,7 millions d'hab. (aggl.). Centre industr. et comm. Musée archéologique.

**Izmit** (anc. *Nicomédie*), v. de Turquie, sur la rive orientale de la mer de Marmara ; ch.-l. de l'il de Kocaeli ; 233 340 hab. Raffinerie. Port militaire de *Gëlcük.*

**iznik** *nm* Céramique ottomane à décor floral provenant des ateliers d'Iznik (anc. Nicée).

**Izoard (col de l')** col des Hautes-Alpes (2 360 m), entre le Queyras et le Briançonnais.

**Izumo** sanctuaire shintoïste, l'un des plus anc. du Japon (v. 500), dans le S. de Honshū, au bord de la mer du Japon.

**Izvestia** (en russe « Les Nouvelles »), journal du gouvernement russe, puis soviétique, créé le 13 mars 1917.

# J j

**j** *nm* **1** Dixième lettre (j, J) et septième consonne de l'alphabet, notant une fricative sonore prépalatale [ʒ], provenant du latin : soit de la semi-consonne yod (ex. *jument* de *iumentum*, *jour* de *diurnum*), soit de la palatalisation du g (ex. *jambe* de *gamba*), son autrefois transcrit *i* et dont la figuration actuelle en franç. date du XVI^e s. **2** PHYS J : symbole du joule. **LOC** MILIT ***Jour J :*** jour où doit se dérouler une opération ; jour où qqch d'important doit avoir lieu. PHO [ʒi]

**jab** *nm* En boxe, coup sec porté de près et de haut en bas.

**Jabalpur** v. de l'Inde (Madhya Pradesh) ; 1,2 million d'hab. (aggl.). Industries. VAR **Jubbulpore**

**Jabès** Edmond (Le Caire, 1912 – Paris, 1991), écrivain français. De famille juive installée en Égypte, il en fut chassé pour son activité antifasciste. Son œuvre de poète est une longue quête sur le judaïsme : *le Livre des questions* (1963-1973), *le Livre des ressemblances* (1976).

**jabiru** *nm* Grand oiseau des régions chaudes, voisin de la cigogne, dont le bec est légèrement courbé vers le haut. ETY Mot tupi.

**jable** *nm* Rainure pratiquée dans les douves d'un tonneau pour y emboîter le fond. ETY Du gallo-roman *gabulum*, « gibet ».

**jabloir** *nm* Outil servant à creuser les jables des tonneaux. VAR **jabloire** ou **jablière** *nf*

**jaborandi** *nm* BOT Arbuste (rutacée) qui est une des espèces du pilocarpe ; feuille de cet arbuste, contenant un alcaloïde, la pilocarpine. ETY Mot tupi.

**jabot** *nm* **1** Poche glanduleuse de l'œsophage des oiseaux, dans laquelle les aliments séjournent avant de passer dans l'estomac. **2** Plissé de dentelle ou de mousseline ornant le devant d'une chemise, d'un corsage. ETY Du prélatin.

**JAC** → **MRJC.**

**Jaca** v. d'Espagne (Huesca), sur le *río Aragón* ; 11 000 hab. – Cath. (1040-1063). Citadelle (XVI^e-XVII^e s.). – Première cap. de l'Aragon.

**jacana** *nm* Oiseau charadriiforme des marais tropicaux qui, grâce à ses doigts allongés, marche sur les nénuphars. ETY Mot tupi-guarani.

**jacaranda** *nm* Arbre des régions chaudes (bignoniacée) à fleurs violettes, dont le bois est très apprécié. ETY Mot tupi-guarani.

**jacasser** *vi* 1 **1** Pousser son cri, en parlant de la pie. **2** fam Parler, bavarder avec volubilité de choses insignifiantes. ETY De *Jacques*, appellation pop. du geai, de la pie. DER **jacassement** *nm* – **jacasseur, euse** *n, a*

**Jaccottet** Philippe (Moudon, canton de Vaud, 1925), écrivain suisse d'expression française, poète (*À la lumière d'hiver* 1977), essayiste (*Rilke* 1970) et traducteur (Rilke, Musil).

**J'accuse** article de Zola publié, sous la forme d'une lettre ouverte au président de la République, dans l'*Aurore* du 13 janv. 1898. Il porta l'affaire Dreyfus devant l'opinion publique.

**jacée** *nf* Centaurée à capitules violacés. ETY Du lat. *jacea*, « menthe ».

**jachère** *nf* **1** État d'une terre labourable qu'on laisse volontairement reposer en ne l'ensemençant pas. *Terre en jachère.* **2** Cette terre. *Labourer des jachères.* ETY Du gaul.

**jacinthe** *nf* Plante bulbeuse (liliacée) dont une espèce ornementale, est cultivée pour ses fleurs en grappe colorées et parfumées. **LOC** ***Jacinthe d'eau :*** plante aquatique flottante et envahissante des régions chaudes, dont les fleurs ressemblent à celles de la jacinthe. — ***Jacinthe des bois :*** endymion. ETY Du gr. ▶ illustr. p. 850

**jack** *nm* ELECTR Fiche de connexion à deux broches coaxiales. ETY Mot anglo-amér.

**jacko** → **jaco.**

**jackpot** *nm* **1** Combinaison gagnante qui, déclenchant un mécanisme, libère l'argent accumulé dans une machine à sous ; cet argent. **2** La machine elle-même. **3** fig, fam Profit important rapporté par une action, pactole, gros lot. PHO [ʒakpɔt] ETY Mot angl.

**Jackson** ville des É.-U., cap. du Mississippi ; 382 400 hab. (aggl). Centre industriel.

**jacana**

**Jackson** Andrew (Waxhaw, Caroline du Nord, 1767 – Hermitage, près de Nashville, Tennessee, 1845), homme politique américain. Anc. général, gouverneur de la Floride, il fut élu président (démocrate) en 1828 et réélu en 1832. Il renforça le pouvoir central.

**Jackson** John Hughlings (Green Hammerton, Yorkshire, 1835 – Londres, 1911), neurologue anglais. Il étudia notam. l'épilepsie et l'aphasie.

**Jackson** Mahalia (La Nouvelle-Orléans, 1911 – Chicago, 1972), chanteuse américaine de negro spirituals et de gospels.

**Jackson** Michael (Gary, Indiana, 1958 – Los Angeles, 2009), chanteur de pop américain, extrêmement spectaculaire sur scène.

**Michael Jackson**

**Jacksonville** v. et port des É.-U. (Floride), sur l'estuaire de la *Saint John's River* ; 635 200 hab. Centre industriel, commercial et touristique.

**jaco** *nm* Perroquet gris à queue rouge d'Afrique occidentale et centrale, qui passe pour le meilleur parleur de tous les perroquets. VAR **jacot** ou **jacko** ou **jacquot**

**jaco**

**Jacob** patriarche hébreu, second fils d'Isaac et de Rébecca, père de douze fils, éponymes des douze tribus d'Israël ; cette descendance lui fut annoncée en songe par Dieu, alors que l'*échelle de Jacob* réunissait la terre au ciel. Il mourut en Égypte, où Joseph, son fils, était devenu ministre du pharaon.

**Jacob** Georges (Cheny, Bourgogne, 1739 – Paris, 1814), ébéniste français ; il créa des sièges à pieds « en console ». — **Georges,** dit **l'Aîné** (Paris, 1768 – id., 1803), fils et collab. du préc. — **François Honoré** (Paris, 1770 – id., 1841), frère du préc., fonda avec son père la firme Jacob-Desmalter (du nom d'une propriété familiale) et travailla avec Percier et Fontaine. — **Georges Alphonse** (Paris, 1799 – id., 1870), fils du préc., céda l'entreprise familiale à Janselme en 1847.

**Jacob** Max (Quimper, 1876 – camp de concentration de Drancy, 1944), poète français. Il cultiva la satire et la fantaisie (*le Cornet à dés* 1917). D'autres œuvres relèvent d'un mysticisme naïf. D'origine juive, il se convertit au catholicisme en 1915.

Max Jacob

**Jacob** François (Nancy, 1920 – Paris, 2013), médecin, biologiste et essayiste français. La découverte du rôle de l'ARN messager et de la régulation génétique lui a valu le P. Nobel de médecine 1965 avec J. Monod et A. Lwoff. Œuvre princ. : *la Logique du vivant* (1970).

**Jacoba de Bavière** → **Jacqueline de Bavière.**

**jacobée** *nf* Séneçon des bois et des prés appelé aussi *fleur* (ou *herbe*) de saint Jacques. ETY Du lat.

**Jacobi** Carl (Potsdam, 1804 – Berlin, 1851), mathématicien allemand : travaux sur les fonctions elliptiques.

**jacobin, ine** *n, a* **1** HIST (Avec une majuscule.) Membre du club des Jacobins, sous la Révolution. **2** Fervent partisan des idées républicaines. **LOC** ***Esprit jacobin :*** partisan d'une centralisation administrative.

**jacinthe** d'eau

**jacobinisme** *nm* **1** HIST Doctrine, théorie politique des jacobins. **2** POLIT Opinion préconisant notamment la centralisation étatique.

**Jacobins (Club des)** sous la Révolution, société polit. qui siégeait dans l'anc. couvent des Jacobins, rue Saint-Honoré (Paris, 1er). En 1791, les modérés formèrent avec La Fayette le *Club des Feuillants*, tandis que les Jacobins, avec Robespierre, voulaient la république. En outre les Jacobins étaient partisans du centralisme (jacobinisme). Sous la Convention, le Club dirigea la Montagne, qui élimina les Girondins et instaura la Terreur. Il fut fermé après Thermidor (11 nov. 1794).

**1 jacobite** *n* HIST Partisan de Jacques II et des Stuarts après la révolution anglaise de 1688.

**2 jacobite** *a, n* RELIG Se dit des membres de l'Église syrienne orthodoxe d'Orient qui doit son nom de *jacobite* à Jacques Baradée ou Baradaï (v. 500 – 578), protégé de l'impératrice Théodora qui rassembla des communautés chrétiennes de Syrie et d'Asie Mineure.

**Jacobs** Edgar Pierre (Bruxelles, 1904 – Lasne, 1987), auteur belge de la bande dessinée *Blake et Mortimer* (à partir de 1946).

**Jacobs** René (Gand, 1946), chef d'orchestre et chanteur (contre-ténor) belge, spécialiste du répertoire baroque.

**Jacobsen** Jens Peter (Thisted, 1847 – id., 1885), poète danois (*Poésies* posth., 1886), auteur de romans de mœurs : *Niels Lyhne* (1880).

**Jacobsen** Arne (Copenhague, 1902 – id., 1971), architecte danois, élève de Le Corbusier ; auteur de meubles.

**Jacopo della Quercia** (Sienne, v. 1375 –? 1438), sculpteur italien, l'un des plus import. du Quattrocento. VAR **Iacopo della Quercia**

**Jacopone da Todi** Jacopo dei Benedetti, dit (Todi, v. 1230 – Collazone, 1306), franciscain et poète italien : *Laudes*, comportant de nombreux dialogues. VAR **Iacopone da Todi**

**jacot** → **jaco.**

**jacquard** *nm* **1** TECH Métier à tisser inventé par Jacquard. **2** Tricot dont les dessins imitent les étoffes tissées au jacquard.

**Jacquard** Joseph-Marie (Lyon, 1752 – Oullins, 1834), mécanicien français. Le métier à tisser *Jacquard*, qu'il mit au point, utilisait des cartes perforées ; automatisant le tissage, il suscita l'opposition des canuts de Lyon.

**Jacqueline de Bavière** (Le Quesnoy, 1401 – Teilingen, 1436), comtesse de Hainaut, de Hollande, de Frise et de Zélande (1417-1428). Elle dut abandonner ses terres familiales à Philippe le Bon, duc de Bourgogne. VAR **Jacoba de Bavière**

**jacquemart** → **jaquemart.**

**Jacquemart** Nélie (Mme Édouard André) (Paris, 1840 – id., 1912), peintre française. Elle légua à l'Institut de France son hôtel parisien, devenu le musée *Jacquemart-André* (œuvres françaises et italiennes du XVIIIe s.).

**Jacquemart de Hesdin** (actif de 1384 à 1410-1411), enlumineur français, au service du duc de Berry : *Petites Heures du duc de Berry* (v. 1402).

**Jacquemont** Victor (Paris, 1801 – Bombay, 1832), botaniste et voyageur français (Amérique du Nord, Inde, Tibet).

**jacquerie** *nf* HIST Soulèvement de paysans. ENC Insurrection rurale due à la misère, la Jacquerie éclata dans la rég. de Beauvais (Oise) pendant la captivité de Jean le Bon en mai 1358. Dirigés par Guillaume Karle, la révolte des *jacques* (paysans) se propagea à la Picardie et à la Champagne. En juin, Karle fut capturé et les insurgés massacrés. Par la suite, on nomma *jacqueries* d'autres révoltes de ce type.

**jacques** *nm* **1** HIST Sobriquet du paysan français, sous l'Ancien Régime. **2** Membre de la Jacquerie. **LOC** fam ***Faire le jacques :*** faire le niais.

**Jacques (saint),** dit **le Majeur** (Bethsaïde, Galilée, ? – Jérusalem, 44 apr. J.-C.), un des douze apôtres, frère de saint Jean l'Évangéliste. Il est vénéré à Compostelle.

**Jacques (saint),** dit **le Juste** ou **le Mineur** (m. v. 62 apr. J.-C.), un des douze apôtres, cousin germain de Jésus-Christ ; premier évêque de Jérusalem ; il fut lapidé.

**Angleterre**

**Jacques Ier** (Édimbourg, 1566 – Theobalds Park, Hertfordshire, 1625), roi d'Écosse (sous le nom de Jacques VI, 1567-1625), roi d'Angleterre et d'Irlande (1603-1625), fils de Marie Stuart. Sa lutte contre les catholiques et les puritains, et la faveur accordée au duc de Buckingham mécontentèrent ses sujets. — **Jacques II** (Londres, 1633 – Saint-Germain-en-Laye, 1701), roi d'Écosse (Jacques VII), d'Angleterre et d'Irlande (1685-1688), frère de Charles II. Sa conversion au catholicisme, son absolutisme, son rapprochement avec Louis XIV lui aliénèrent l'opinion. Il fut détrôné par son gendre, Guillaume de Nassau, et s'enfuit en France. — **Jacques Édouard Stuart** dit **le Chevalier de Saint-Georges** ou **le Prétendant** (Londres, 1688 – Rome, 1766), fils de Jacques II ; reconnu roi par Louis XIV, il tenta en vain de reconquérir le trône.

**Jacques II** roi d'Angleterre

**Aragon**

**Jacques Ier le Conquérant** (Montpellier, vers 1208 – Valence, 1276), roi d'Aragon (1213-1276), fils de Pierre II. Il conquit les Baléares (1229-1235), les royaumes de Valence (1231-1238) et de Murcie (1265), puis Ceuta (1273). — **Jacques II le Juste** (vers 1260 – Barcelone, 1327), roi d'Aragon (1291-1327) et de Sicile (1285-1295), fils de Pierre III. Il dut céder la Sicile à la maison d'Anjou (1295).

**Écosse**

**Jacques Ier Stuart** (Dunfermline, 1394 – Perth, 1437), roi d'Écosse (1406, puis 1424-1437), fils de Robert III ; prisonnier des Anglais (1406-1424), assassiné par ses barons. — **Jacques II** (Holyrood, 1430 – Roxburgh Castle, 1460), fils du préc., roi d'Écosse de 1437 à 1460. Il soutint les Lancastre dans la guerre des Deux-Roses. — **Jacques III** (1452 – Sauchieburn, près de Stirling, 1488), fils du préc., roi d'Écosse de 1460 à 1488 ; assassiné par ses barons. — **Jacques IV** (1473 – Flodden, 1513), fils du préc., roi d'Écosse de 1488 à 1513. Il épousa, en 1503, Marguerite Tudor, fille d'Henri VII d'Angleterre. Henri VIII lui infligea le désastre de Flodden (1513). — **Jacques V** (Linlithgow, 1512 – Falkland, 1542), fils du préc., roi d'Écosse de 1513 à 1542. Il se débarrassa du parti anglophile, au pouvoir pendant la régence, et se rapprocha de la France, mais fut vaincu par Henri VIII (1542). — **Jacques VI** V. Jacques Ier d'Angleterre. — **Jacques VII** V. Jacques II d'Angleterre.

≪≪≫≫

**Jacques de Vitry** (Vitry-sur-Seine, v. 1170 – Rome, 1240), historien et prédicateur français. Il prêcha la croisade contre les albigeois et prit part à la 5ᵉ croisade.

**Jacques de Voragine** (bienheureux) (Gênes, v. 1228-1230 – id., 1298), dominicain italien, archevêque de Gênes (1292). Sa *Vie des saints* fut popularisée sous le nom de *Légende dorée*.

**Jacques le Fataliste et son maître** roman de Diderot (posth., 1796).

**Jacques Vingtras** trilogie romanesque et autobiographique de Jules Vallès : *l'Enfant* (1879), *le Bachelier* (1881) et *l'Insurgé* (posth., 1886).

**jacquet** *nm* Jeu de dés, variété de trictrac, qui consiste à faire avancer des pions sur une tablette à deux compartiments où sont figurées vingt-quatre flèches de deux couleurs différentes, opposées pointe à pointe. ETY Du prénom Jacques.

**Jacquet de La Guerre** Elisabeth (Paris, 1666 ou 1667 – id., 1729), compositrice et claveciniste française : *Céphale et Procris* (1694), tragédie lyrique.

**jacquier** → **jaquier.**

**jacquot** → **jaco.**

**Jacquou le Croquant** roman (1899) d'Eugène Le Roy (1836 – 1907).

**1 jactance** *nf* **litt** Manière arrogante de parler en se vantant. ETY Du lat.

**2 jactance** *nf* **fam** Bavardage. ETY De *jacter.*

**jacter** *vi* ① **fam** Parler, bavarder. ETY De *jacasser.*

**jaculatoire** *a* RELIG **LOC** ***Oraison jaculatoire :*** prière courte et fervente. ETY Du lat. *jaculari*, « lancer le javelot ».

**jacuzzi** *nm* Grande baignoire équipée d'un système produisant des remous. ETY Nom déposé.

**jade** *nm* **1** Pierre fine très dure (jadéite ou néphrite), d'un vert plus ou moins prononcé. **2** Objet sculpté en jade. ETY De l'esp. *piedra de la ijade*, « pierre des flancs ».

**Jade (golfe du)** golfe de la mer du Nord, près de l'embouchure de la Weser en Allemagne.

**jadéite** *nf* MINER Silicate naturel d'aluminium et de sodium, variété de jade.

**Jadida (El-)** (anc. *Mazagan*), port du Maroc, près de Casablanca ; ch.-l. de la prov. du m. nom ; 164 000 hab. (aggl.). – Les Portugais l'occupèrent de 1502 à 1769.

**jadis** *av* Autrefois, il y a longtemps. PHO [ʒadis] ETY Du lat.

**Jadis et Naguère** recueil de poèmes de Verlaine (1884). Il renferme *l'Art poétique* : « De la musique avant toute chose ».

**Jaén** v. d'Espagne (Andalousie) ; ch.-l. de la prov. du m. nom ; 117 000 hab. Industries. – Évêché. Cathédrale (XVIᵉ s.).

**jaffa** *nf* Variété d'orange sucrée et juteuse. ETY Du lat.

**Jaffa** anc. v. d'Israël, sur la Méditerranée, fbg S. de Tel-Aviv. Industries. – De fondation très anc., la ville fut prise par Bonaparte (1799). Elle fut dévastée lors du premier conflit israélo-arabe (1948). VAR **Yafo**

**Jaffna** port du Sri Lanka, dans le N. de l'île ; ch.-l. de prov. ; 133 000 hab.

**Jagellon** famille lituanienne à l'origine de la dynastie lituano-polonaise qui, fondée par Ladislas II Jagellon, régna de 1386 à 1572 en Pologne, en Bohême et en Hongrie.

**jaguar** *nm* Grand félin des régions tropicales de l'Amérique du S., au pelage tacheté d'ocelles, voisin de la panthère. PHO [ʒagwaʀ] ETY Du tupi.

**Jahvé** → **Yahvé.**

**jaï alaï** *nm* Terrain doté de frontons sur trois de ses côtés, sur lequel se pratique la cesta punta. ETY Mots basques, « fête joyeuse ».

**jaillir** *vi* ③ **1** Sortir impétueusement, en parlant d'un liquide, d'un fluide. *Le sang jaillit de la blessure.* **2** Sortir soudainement. *Un cri d'horreur jaillit de toutes les poitrines.* **3 fig** Se manifester soudainement. *Faire jaillir la vérité.* ETY Du gaul. DER **jaillissant, ante** *a* – **jaillissement** *nm*

**jaïnisme** *nm* RELIG Mouvement réformateur du brahmanisme, qui se développa au VIᵉ s. av. J.-C. à l'initiative du prince Vardhamana, nommé *Mahavira* (« grand héros ») ou *Jina* (« victorieux »), et qui propose la délivrance par l'ascèse et par la non-violence. VAR **djaïnisme** DER **jaïn** ou **jaïna** ou **djaïn** *n, a*

**Jaipur** v. de l'Inde, capitale du Rājasthān ; 3 470 000 hab. (aggl.). Industries. Artisanat (ivoire, pierres précieuses). – Anc. centre du Rājputāna.

**jais** *nm* Variété de lignite d'un noir brillant, utilisée en bijouterie. **LOC** ***Yeux, cheveux de jais :*** très noirs. PHO [ʒɛ] ETY Du gr. *gagates*, « pierre de Gages », v. d'Asie Mineure.

**Jakarta** → **Djakarta.**

**Jakobson** Roman (Moscou, 1896 – Boston, 1982), linguiste américain d'origine russe. Fondateur, avec Troubetskoy, de la phonologie moderne, animateur du Cercle de Prague (1926-1939), il émigra en 1941 aux É.-U. *Essais de linguistique générale* en fr. (1963-1973), *Langage enfantin et aphasie* (1980).

**jalap** *nm* Plante dicotylédone d'Amérique (convolvulacée) dont la racine est purgative. ETY Du n. pr.

**Jalapa** v. du Mexique central ; cap. de l'État de Veracruz ; 430 000 hab. Rég. agricole et centre industriel. VAR **Jalapa Enríquez**

**Jalisco** État du Mexique, au N.-O. de Mexico, bordé par le Pacifique ; 80 836 km² ; 7 350 000 hab. Cap. *Guadalajara.* – La civilisation du Jalisco, côtière, est datée des IVᵉ-VIIᵉ s.

**jalon** *nm* **1** Fiche de bois ou de métal que l'on plante en terre pour prendre un alignement, marquer une direction. **2 fig** Point de repère. *Planter les jalons d'une entreprise.*

**jalonner** *vt* ① **1** Déterminer, marquer le tracé, l'alignement, l'itinéraire de qqch au moyen de jalons ou de repères. *Jalonner une allée dans un jardin.* **2 fig** Délimiter, déterminer. *Les succès ont jalonné sa carrière.* DER **jalonnement** *nm*

**jalouser** *vt* ① Considérer avec envie et dépit la situation ou les avantages d'une personne, cette personne. *Jalouser la promotion d'un collègue.*

**jalousie** *nf* **1** Sentiment de dépit mêlé d'envie, dû à ce qu'un autre obtient ou possède ce que l'on aurait voulu obtenir ou posséder. **2** Disposition de celui qui voue un amour possessif et exclusif à qqn et vit dans l'inquiétude et le soupçon permanents de son infidélité. **3** TECH Treillis en bois ou en métal au travers duquel on peut voir sans être vu. **4** Persienne constituée de lamelles parallèles qui donnent plus ou moins de jour selon leur orientation.

**jaloux, ouse** *a, n* **A** *a* **1** Qui est très attaché à qqch. *Il est jaloux de ses prérogatives.* **2** Se dit de ce qui marque cet attachement. *Soins jaloux.* **B** *a, n* Qui éprouve de la jalousie. *Sa réussite va faire des jaloux.* ETY Du gr. *zêlos*, « zèle ». DER **jalousement** *av*

**Jaloux** Edmond (Marseille, 1878 – Lutry, Suisse, 1949), critique littéraire et romancier français. Acad. fr. (1936).

**jam** → **jam-session.**

**Jamaïque** (*Jamaica*), État insulaire de l'Atlantique, membre du Commonwealth, situé, dans les Grandes Antilles, au sud de Cuba ; 10 990 km² ; 2,7 millions d'hab. ; accroissement naturel : 1 % par an ; cap. *Kingston.* Nature de l'État : rép Langue off. : angl. Monnaie : dollar jamaïquain. Pop. : Noirs (75 %), métis (15 %), Asiatiques et Européens. Relig. : anglicanisme. DER **jamaïcain, aine** *a, n*

**Géographie** Montagneux, l'E. de l'île culmine à 2 292 m, l'O. est un plateau calcaire. Le climat tropical, plus humide au N. qu'au S., entretient une végétation de forêts. Le surpeuplement est dramatique ; l'émigration s'est ralentie. Les Jamaïcains ont développé un culte original, mélange de rites chrétiens et de musique (reggae), fondé sur le retour mythique vers l'Afrique des ancêtres (ses adeptes sont les rastas).

**Économie** L'agriculture est dominée par les plantations, dues à la colonisation ; on exporte sucre, bananes, rhum et café. 50 % de la bauxite (4ᵉ production mondiale) est auj. transformée sur place. Le tourisme progresse. La dette est importante. Le trafic de drogue est à l'origine d'une criminalité importante.

**Histoire** Découverte par C. Colomb (1494) et occupée par les Espagnols, l'île fut conquise par les Anglais (1655-1658), qui en firent une colonie prospère. Elle accéda à l'indépendance en 1962. Deux partis s'affrontent, parfois violemment : le Parti travailliste (JLP), de tendance libérale, et le Parti national populaire (PNP), social-démocrate, dont le chef, Michael Manley, a gouverné de 1972 à 1980, tentant une expérience inspirée du castrisme. En 1989, il a retrouvé le pouvoir. En 1992, Percival Patterson lui a succédé dans son parti et comme Premier ministre. Il réprime sévèrement les émeutes de 1999. Les élections de 2007 mettent provisoirement fin au règne du PNP qui retrouve le pouvoir en 2011.

**jamais** *av* **1** (Avec un sens affirmatif.) En un temps quelconque, passé ou futur ; un jour. *Si jamais vous le voyez...* **2** (Dans une phrase négative.) En aucun temps. *Je ne l'ai jamais vu. Jamais plus je ne ferai cela.* **3** (Avec un sens négatif.) À aucun moment, en aucun cas. *Trahir ? jamais !* **LOC** ***À jamais, à tout jamais, pour jamais :*** pour toujours, éternellement. — ***Jamais de la vie :*** en aucune façon. ETY Du lat. *jam*, « déjà » et *magis*, « plus ».

**jamais-vu** *nm* **LOC** ***Du jamais-vu :*** fait exceptionnel que l'on n'a encore jamais vu.

**Jamal** Ahmad (Pittsburgh, 1930), pianiste et compositeur de jazz américain. *Poinciana* (1963).

**jambage** *nm* **1** Chacun des traits verticaux dans le tracé des lettres *m*, *n* et *u*. **2** CONSTR Chacune des deux assises de pierre ou de maçonnerie qui supportent le manteau d'une cheminée, le linteau d'une porte, etc.

**jambe** *nf* **1** ANAT Partie de chacun des deux membres inférieurs de l'homme comprise entre le genou et le pied. **2** Membre inférieur tout entier. **3** Patte des quadrupèdes. **4** Partie des membres postérieurs du cheval, entre le bas de la cuisse et le jarret. **5** TECH Ce qui sert à porter, à soutenir. **6** Chacune des deux branches d'un compas. **LOC** ***À toutes jambes :*** le plus vite possible. — **fam** ***Faire qqch par-dessous*** (ou ***par-dessus***) ***la jambe :*** avec désinvolture. — **fam** ***Faire une belle jambe à qqn :*** ne rien apporter à qqn, en parlant d'une situation. — ***Jambe de bois :*** pièce de bois façonnée pour servir de prothèse à un amputé. — CONSTR ***Jambe de force :*** pièce inclinée qui soutient une poutre et en divise la portée. — AVIAT ***Jambe de train d'atterrissage :*** organe reliant la cellule d'un avion aux roues du train d'atterrissage. — **fam** ***Prendre ses jambes à son cou :*** s'enfuir en courant. — **fam** ***Se mettre en jambes :*** s'échauffer avant un effort physique. — ***Syndrome des jambes sans repos :*** impatiences affectant les jambes, en partic. pendant la nuit. — **fam** ***Tenir la jambe à qqn :*** l'importuner en le retenant par ses discours. — ***Traîner la jambe :*** marcher avec difficulté. ETY Du gr. *gamba*, « jarret ».

**jambette** *nf* CONSTR Petit élément vertical qui soutient l'arbalétrier d'une charpente.

**jambier, ère** *a, nm* ANAT Se dit des muscles de la jambe.

**jambière** *nf* **1** HIST Partie de l'armure protégeant la jambe. **2** Pièce de vêtement qui entoure la jambe pour couvrir ou protéger.

**Jamblique** (Chalcis, v. 250 – ?, 330), philosophe grec néoplatonicien.

**Jambol** v. de Bulgarie ; 86 200 hab.

**jambon** *nm* Cuisse ou épaule, salée ou fumée, du porc. *Jambon cru, cuit. Tranche de jambon.*

**jambon-beurre** *nm* Sandwich au beurre et au jambon. *Un jambon-beurre en guise de repas.* PLUR jambons-beurres.

**jambonneau** *nm* **1** Petit jambon fait avec les pattes de devant du porc. **2** Mollusque lamellibranche marin, à grande coquille triangulaire (jusqu'à 75 cm). SYN pinne.

**jambonnette** *nf* CUIS Viande de volaille présentée roulée.

**jamboree** *nm* Réunion internationale de scouts. PHO [ʒɑ̃bɔʀi] ou [ʒɑ̃bɔʀɛ] ETY De l'hindi. VAR **jamborée**

**jambose** *nf* Fruit du jambosier.

**jambosier** *nm* Arbre originaire de l'Inde (myrtacée), dont les baies rouges comestibles ont une odeur de rose. ETY D'un mot malais.

**Jambyl** → **Taraz.**

**James (baie)** prolongement de la baie d'Hudson vers le S., entre le Québec et l'Ontario.

**James William** (New York, 1842 – Chocorua, New Hampshire, 1910), philosophe américain. Son *Précis de psychologie* (1890) fonde le pragmatisme, qui est un empirisme radical. — **Henry** (New York, 1843 – Londres, 1916), écrivain américain, naturalisé anglais en 1915, frère du préc. Longtemps méconnu, précurseur de Proust, de Joyce, il exerça une influence majeure sur la littérature occidentale. Romans : *les Européens* (1878), *les Ailes de la colombe* (1902), *les Ambassadeurs* (1903), etc. Nouvelles : *le Tour d'écrou* (1898), *la Bête dans la jungle* (1903). Il consacra la fin de sa vie à ses *Mémoires*. DER **jamesien, enne** *a*

**James Phyllis Dorothy James,** dite **P.D.** (Oxford, 1920 – id., 2014), auteur britannique de romans policiers : cycles Adam Dalgliesh (*Meurtres en blouse blanche*, 1971).

**Jamestown** ch.-l. de l'île Sainte-Hélène ; 1 600 hab.

**Jamison Judith** (Philadelphie, 1944), danseuse et chorégraphe américaine.

**jammer** *vi* ① Participer à une jam-session.

**Jammes Francis** (Tournay, 1868 – Hasparren, 1938), poète français. Il exprime, avec fraîcheur et simplicité, son amour pour la vie et la nature. Il fut converti au catholicisme par Claudel.

**Jammu** ville de l'Inde ; 503 700 hab. Cap., avec Srinagar, de l'État de *Jammu-et-Cachemire*, qui constitue la partie indienne du Cachemire (222 236 km$^2$ ; 12,5 millions d'hab.).

**Jamna** → **Yamunā.**

**Jāmnagar** ville de l'Inde (Gujerāt) ; 529 300 hab. Centre industriel.

**jam-session** *nf* Réunion de jazzmen improvisant librement. SYN fam bœuf. PLUR jam-sessions. PHO [dʒamsɛsjɔ̃] ETY Mot amér., de *jam*, « foule » et *session*, « assemblée ». VAR **jam**

**Jamshedpur** ville de l'Inde (Bihār) ; 1,4 million d'hab. (aggl.). Centre sidérurgique.

**jan** *nf* **1** Table d'un jeu de trictrac. **2** Coup qui fait perdre ou gagner des points à ce jeu.

**Janáček Leoš** (Hukvaldy, Moravie, 1854 – Ostrava, 1928), compositeur tchèque : *Jenufa* (1894-1903), *la Petite Renarde Rusée* (1921-1923), opéras ; *Messe glagolitique* (1926).

**Jancsó Miklós** (Vác, 1921 – Budapest, 2014), cinéaste hongrois : *les Sans-Espoir* (1965), *Rouges et Blancs* (1967), *Psaume rouge* (1972), *l'Aube* (1985).

**Jane Eyre** roman de Charlotte Brontë (1847). ▷ CINE Film de l'Américain Robert Stevenson (1905 – 1986), avec Joan Fontaine (1917 – 2013) et Orson Welles.

**Janequin Clément** (Châtellerault, v. 1485 – Paris, 1558), compositeur français ; maître de la chanson polyphonique au XVI$^e$ s.

**Janet Paul** (Paris, 1823 – id., 1899), philosophe français, spiritualiste. — **Pierre** (Paris, 1859 – id., 1947), neurologue et psychologue français, neveu du préc. : *Névroses et idées fixes* (1898), *De l'angoisse à l'extase* (1928).

**jangada** *nf* Grand radeau de bois utilisé par les pêcheurs du nord du Brésil. ETY Mot portug.

**Janicule** colline de Rome (r. dr. du Tibre).

**Janin Jules** (Saint-Étienne, 1804 – Paris, 1874), écrivain français romantique ; critique : *Histoire de la littérature dramatique* (1853-1858). Acad. fr. (1870).

**janissaire** *nm* HIST Fantassin turc appartenant à un corps chargé de la garde du sultan du XIV$^e$ au XIX$^e$ s. ETY Du turc *geni çeri*, « nouvelle milice », par l'ital.

**Jankélévitch Vladimir** (Bourges, 1903 – Paris, 1985), philosophe français. Il mêle philosophie du *moi* psychologique et réflexion sur l'éthique : *le Je-ne-sais-quoi et le Presque-rien* (1957 et 1980), *la Musique et l'Ineffable* (1961).

**Jan Mayen** île volcanique norvégienne de l'Arctique (2 340 m), entre le Spitzberg et l'Islande ; 372 km$^2$. Station météorologique.

**Jannina** → **Ioánnina.**

**janotisme** *nm* didac Construction vicieuse d'une phrase donnant lieu à des ambiguïtés. *« Aller chercher une pizza chez le boulanger qu'on a fait cuire » est un janotisme.* ETY Du prénom *Jeannot*. VAR **jeannotisme**

**jansénisme** *nm* HIST RELIG **1** Doctrine de Jansénius. **2** Mouvement religieux animé par ses partisans. DER **janséniste** *a, n*

ENC Le jansénisme est essentiellement une doctrine de la prédestination ; il minimise le rôle du libre arbitre de l'homme dans la recherche du salut, qu'il fait dépendre de la seule grâce de Dieu *(grâce efficace)*. Jansénius exposa cette doctrine dans son *Augustinus* (1640) ; il interprétait les thèses de saint Augustin sur la grâce avec un pessimisme systématique. Un grand débat théologique s'ensuivit, opposant les solitaires de Port-Royal, adeptes de Jansénius, aux jésuites ; ces derniers soutenaient la doctrine catholique selon laquelle chacun reçoit la grâce nécessaire *(grâce suffisante)* lui permettant de faire son salut. Pascal, dans ses *Lettres provinciales* (1656-1657), défendit les thèses jansénistes. Craignant que cette fronde religieuse, qui perdurait, ne nourrisse une nouvelle Fronde politique, Louis XIV ordonna la destruction de l'abbaye janséniste de Port-Royal (1710). Le pape Clément XI condamna définitivement le jansénisme comme hérétique par la bulle *Unigenitus* (1713). Toutefois, l'esprit janséniste imprégna, tout au long du XVIII$^e$ s., les milieux intellectuels.

**Jansénius Corneille Jansen,** dit (Acquoy, près de Leerdam, 1585 – Ypres, 1638), théologien hollandais ; évêque d'Ypres (1635). Son *Augustinus* (posth., 1640) promut la doctrine qui porte son nom : le *jansénisme.*

**Jansénius**

**Jansky Karl Guthe** (Norman, Oklahoma, 1905 – Red Bank, New Jersey, 1950), radioélectricien américain, pionnier de la radioastronomie.

**Janssen Jules** (Paris, 1824 – Meudon, 1907), physicien et astronome français. Il découvrit l'hélium (en même temps que Lockyer et Frankland) en observant une protubérance solaire (1868).

**jante** *nf* Pièce circulaire, de bois ou de métal, qui constitue la partie extérieure d'une roue. ETY Du gaul. *cambo*, « courbe ».

**janthine** *nf* Gastéropode marin à coquille globuleuse violette qui flotte en surface et s'échoue parfois sur les côtes. ETY Du gr. *ianthinos*, « violet ».

**Janus** divinité italique et romaine. Saturne lui ayant donné la faculté de connaître le passé et l'avenir, il fut représenté avec deux visages tournés en sens contraire. Il garde les portes (qui ont une double face).

**janvier** *nm* Premier mois de l'année, comprenant trente et un jours. ETY De *Janus*, dieu lat.

**Janvier (saint)** (Naples, v. 250 – Pouzzoles, v. 305), évêque de Bénévent ; patron de Naples. Un peu de son sang coagulé (qui se liquéfierait parfois) est vénéré à Naples.

**Japhet** dans la Bible, troisième fils de Noé, dont les sept fils peuplèrent de leurs descendants l'Europe et une partie de l'Asie.

**japon** *nm* **1** Porcelaine du Japon. **2** Papier résistant, blanc crème, utilisé pour les éditions de luxe.

**Japon (mer du)** partie du Pacifique séparant le Japon de la Corée et de la Russie. VAR **mer de l'Est, mer Orientale**

**Japon (empire du)** État d'Extrême-Orient, formé de 3 400 îles et îlots dispersés en arc de cercle au large des côtes orientales de l'Asie, et baigné à l'O. par la mer du Japon et à l'E. par l'océan Pacifique. On compte quatre îles princ., du N. au S. : Hokkaidō, Honshū (60 % du territoire), Shikoku et Kyūshū. En totalité : 377 832 km$^2$ ; 127,1 millions d'hab. ; cap. *Tōkyō* (dans Honshū). Nature de l'État : monarchie constitutionnelle. Langue off. : japonais. Monnaie : yen. Relig. : shintoïsme et bouddhisme. VAR **Empire nippon** DER **japonais, aise** *a, n*

**Géographie** Le Japon est un arc montagneux récent s'élevant brutalement au-dessus de la mer (3 776 m au mont Fuji). Situé à la limite des plaques du Pacifique et de l'Asie, bordé à l'E. par de profondes fosses marines, l'archipel est une zone instable : plus de 400 séismes majeurs depuis l'an mil (destruction de Tōkyō en 1923) ; des centaines de volcans, dont 67 en activité ; des tsunamis ravageant les côtes. Les plaines couvrent 16 % du territoire. Le climat est soumis à la double influence de la mousson d'hiver, froide et humide, et de la mousson d'été, chaude et humide. Au N. (Hokkaidō et N. de Honshū), la forêt de conifères et de bouleaux correspond à un climat tempéré aux hivers froids ; le centre, aux hivers moins marqués, est le domaine de la forêt mixte ; dans le S., aux étés moites, s'étend la forêt subtropicale. Les montagnes, inhabitées, sont boisées (la forêt couvre 68 % du territoire).

**La population** La pop. se concentre sur moins de 20 % du pays. 91 % des Japonais vivent dans des aires métropolitaines. La côte est d'Honshū est une succession de mégapoles. Le peuplement est très homogène : les occupants primitifs, les Aïnous (Blancs), ont été refoulés dans le N. par des peuples venus d'Asie et d'Insulinde. Le bouddhisme, le shintoïsme (pratiqué, souvent en même temps que le bouddhisme, par près de 95 % des hab.), la morale confucianiste renforcent la cohésion sociale. Au malthusianisme qui a précédé l'ère Meiji a succédé, après 1868, une forte croissance : 35 millions d'hab. en 1868, 74 millions en 1941. Après 1945, une politique antinataliste a été adoptée.

**Économie** État exigu, ruiné par la défaite de 1945, dépendant de l'extérieur pour le pétrole, le charbon et la plupart des métaux, à 60 % pour les produits alim., le Japon est auj. la 3e puissance écon. après les É.-U. et la Chine : 15 % du PNB de la planète, contre 4 % en 1960, mais les années 1990 ont amené le pays au bord de la récession. Le Japon occupe les prem. places dans les industries traditionnelles (1er rang mondial pour la construction auto.) : construction navale, sidérurgie, chimie, textile, et dans la haute technologie : électronique, robotique, biotechnologies, nouveaux matériaux, audiovisuel. Ces succès ont plusieurs causes : la cohésion sociale (homogénéité ethnique, hiérarchie, culte du travail) ; la synergie d'énormes conglomérats bancaires et industriels et d'un vaste réseau de PME ; le protectionnisme (déguisé) ; l'autofinancement dû à des excédents comm. (les plus élevés du monde) ; une épargne élevée des ménages ; une forte hausse du yen dans les années 1990-2000. L'État joue un rôle essentiel par l'intermédiaire du MITI (ministère du Commerce International et de l'Industrie). Les activités tertiaires occupent près de 7 Japonais sur 10 et privilégient communication, loisirs et culture. Le Japon a su s'implanter dans les pays proches (Corée du S., Taiwan, Singapour, Hong Kong), puis dans une ceinture plus lointaine (Thaïlande, Malaisie, Indonésie, Philippines, Australie), de sorte que la crise fin. qui a frappé l'Asie du S.-E. en 1997 a retenti sur l'écon. jap. Ce n'est qu'en 2004 que la croissance a réellement repris. La crise mondiale de 2008 a plongé le pays dans la récession. L'économie du pays doit en plus faire face aux dégâts du tsunami et du séisme de 2011.

**Histoire** LES ORIGINES À la période néolithique (5000-300 av. J.-C.), caractérisée par la pêche, la chasse et la poterie « cordée », succède la période protohistorique (300 av. J.-C.-300 apr. J.-C.) : de Chine proviennent la riziculture et l'utilisation du bronze et du fer. À partir du Ier s. apr. J.-C., l'influence de la culture chinoise par l'intermédiaire de la Corée est constante ; introduit en 538, le bouddhisme se mêle au shintoïsme. Dès la fin du VIe s., les pouvoirs de l'empereur (dont l'origine, légendaire, remonterait au VIIe s. av. J.-C. par filiation avec la déesse solaire), qui siège à Nara, puis à Kyōto, sont limités par le développement de la féodalité. Jusqu'au XVIe s., de grandes familles se partagent le pouvoir : les Fujiwara, les Taira et les Minamoto.

**LE SHŌGUNAT (1603-1867)** En 1603, le daimyo d'Edo (auj. Tōkyō), Ieyasu Tokugawa, défait tous les opposants et prend le titre de shōgun (« général en chef »), créé à la fin du XIIe s. ; il unifie le Japon ; l'empereur n'est plus que le grand prêtre du shintō. La dictature des shōguns Tokugawa connaît la stabilité : gouvernement fort et centralisé à Edo, hiérarchie sociale très rigide, fermeture du Japon aux influences extérieures ; la bourgeoisie commerçante prospère, l'art se dégage de l'influence chinoise (grande période des estampes) ; la litt., l'une des plus importantes du monde, donne des chefs-d'œuvre. En 1854, l'Américain M. Perry, à la tête d'une escadre armée, fait ouvrir sous la menace deux ports japonais. Bientôt, le Japon s'ouvre à l'étranger.
**L'IMPÉRIALISME JAPONAIS** Le 9 nov. 1867, l'empereur Mutsuhito (1867-1912) oblige le dernier shōgun à se retirer. La monarchie absolue est rétablie et la capitale établie à Edo, rebaptisée Tōkyō. L'ère Meiji (des Lumières) place le Japon à l'école occidentale pour rattraper son retard technologique, culturel, scientifique. Il bâtit une infrastructure industr., une armée et une flotte modernes. Il défait la Chine en 1895 et annexe Formose, puis il bat la Russie en 1904-1905 et lui prend la péninsule du Liaodong ; il entreprend son expansion coloniale (Corée, 1910). L'empereur Yoshihito (1912-1926), fils de Mutsuhito, fait entrer le Japon dans la guerre aux côtés des Alliés. Son fils Hirohito (1926-1989) subit l'influence d'un cercle de généraux dont le nationalisme est analogue à celui de l'Italie fasciste et de l'Allemagne hitlérienne. La Mandchourie est envahie (1931), puis le N.-E. de la Chine (1937). En 1940, le Japon s'allie à l'Allemagne et à l'Italie, et occupe de nombr. pays asiatiques (Singapour, Java, Viet-nam, Philippines). Le bombardement de la base amér. de Pearl Harbor (Hawaï), le 7 déc. 1941, suscite l'entrée en guerre des É.-U. Ceux-ci subissent d'abord des revers, puis acculent à la défaite le Japon, qui capitule sans conditions (14 août 1945) après l'utilisation par les Américains de l'arme nucléaire sur Hiroshima (6 août) et Nagasaki (9 août).
**LE JAPON D'AUJOURD'HUI** Les É.-U. aident le Japon à se relever. Une nouv. Constitution (1946) a instauré une monarchie parlementaire. Dominé par les milieux d'affaires, le parti libéral-démocrate (PLD) gouverne le pays. À la mort de Hirohito (1989), son fils, Akihito, est devenu empereur. Désireux d'ouverture, le Japon a une intense activité diplomatique et vise un siège permanent au Conseil de sécurité de l'ONU. En 1993, le PLD a perdu les élections, mais la coalition de centre gauche avait une faible stabilité et le PLD a repris le contrôle de la vie politique dès 1994. En janv. 1995, le tremblement de terre de Kōbe a fait douter du système de protection. Cette même année, un gaz meurtrier répandu dans le métro de Tōkyō a attiré l'attention sur le danger que représentent les sectes, dont l'une (nommée *Aum*) fut incriminée. Culminant en 1998, la crise écon. a fait douter de l'aptitude de l'État à imposer des remèdes énergiques. Le PLD garde le pouvoir avec différents Prem. ministres qui se succèdent sur fond de crise politique. En 2009, l'opposition (parti démocrate) prend le pouvoir. Mais à nouveau, les Premiers ministres se succèdent. En 2011, un violent séisme suivi d'un tsunami détruit les côtes nord-est du pays et provoque de très graves explosions dans la centrale nucléaire de Fukushima. ▶ carte p. 853

**japonais** *nm* Langue ouralo-altaïque parlée au Japon.

**japonaiserie** *nf* Bibelot, gadget en provenance du Japon. VAR **japonerie**

**japonisant, ante** *n* Spécialiste de la langue, de la civilisation du Japon.

**japonisme** *nm* Mouvement culturel suscité par le découverte en Occident de la civilisation japonaise après l'ouverture du Japon en 1854.

**japper** *vi* ① Pousser des aboiements brefs et aigus. ETY Onomat. DER **jappement** *nm*

**Japurá (le)** riv. née en Colombie (sous le nom esp. de *Yapurá*) qui se jette au Brésil dans l'Amazone (r. g.) ; 2 800 km.

**jaque** *nm* Fruit du jaquier.

**jaquemart** *nm* Figure de métal représentant un homme d'armes frappant les heures avec un marteau sur la cloche d'une horloge. ETY De *Jacques*, prénom. VAR **jacquemart**

**Jaques-Dalcroze** Émile (Vienne, 1865 – Genève, 1950), compositeur suisse ; il créa une méthode de gymnastique rythmique.

**Jaquet-Droz** Pierre (La Chaux-de-Fonds, 1721 – Bienne, 1790), mécanicien suisse. Il perfectionna les mécanismes d'horlogerie.

**1 jaquette** *nf* **1** Veste de cérémonie pour hommes, à pans ouverts, descendant jusqu'aux genoux. **2** Veste de femme ajustée. **3** TECH Enveloppe extérieure, en tôle, d'une chaudière, d'un four, formant isolant thermique et carrosserie. ETY Du prénom *Jacques*.

**2 jaquette** *nf* **1** Couverture légère qui protège la reliure d'un livre. **2** Revêtement qui remplace l'émail de la couronne dentaire. ETY De l'angl.

**jaquier** *nm* Arbre d'Australie et d'Asie du S. (moracée), voisin de l'arbre à pain, qui produit de gros fruits comestibles (jaques) aux graines riches en amidon. ETY Du tamoul. VAR **jacquier**

**jard** *nm* Sable de rivière, mêlé de gravier. ETY Du gallo-roman *carra*, « pierre ». VAR **jar**

**jarde** *nf* Tumeur osseuse de la face externe du jarret, chez le cheval. ETY De l'ital. *giarda*, de l'ar. VAR **jardon** *nm*

**jardin** *nm* **1** Terrain, le plus souvent clos, où l'on cultive des légumes, des fleurs, des arbres. **2** Région agricole riche et riante. *La Touraine, jardin de la France.* **3** Plantation de théiers. **LOC** THEAT ***Côté jardin :*** côté de la scène à droite de l'acteur regardant la salle par oppos. à *côté cour*. — ***Jardin à la française :*** jardin d'agrément régulier et symétrique. — ***Jardin anglais :*** aménagé pour donner l'illusion de la nature sauvage. — ***Jardin d'enfants*** ou ***d'éveil :*** établissement d'éducation qui reçoit de très jeunes enfants. — ***Jardin d'hiver :*** serre à l'intérieur d'une habitation. — ***Jardin du souvenir :*** lieu où sont dispersées les cendres des défunts après la crémation. — ***Jardin japonais :*** bac dans lequel des plantes, des cailloux, etc., sont disposés de manière à former un jardin en miniature. — ***Jardin ouvrier :*** potager partagé en petites parcelles, situés près d'une ville, et loué à des gens aux revenus modestes. — ***Jardin partagé :*** jardin potager géré par des habitants d'une ville, d'un quartier. — ***Jardin public :*** jardin d'agrément ouvert à tous. — ***Jardin secret de qqn :*** son domaine intime. — ***Jeter une pierre dans le jardin de qqn :*** lui jeter une pique au cours d'une conversation. ETY Du frq.

**1 jardinage** *nm* **1** Culture des jardins. **2** SYLVIC Coupe des arbres nuisibles ou inutiles pour maintenir le bon état d'une forêt.

**2 jardinage** *nm* TECH Défaut d'une pierre jardineuse.

**Jardin d'acclimatation** parc parisien, près du bois de Boulogne, créé en 1860 pour abriter des animaux et des végétaux exotiques.

**Jardin des délices** triptyque de Jérôme Bosch (v. 1500-1505, musée du Prado).

**Jardin des Plantes** partie originelle du Muséum national d'histoire naturelle, qui, située au bord de la Seine (Paris 5e), comprend un jardin, des serres, une ménagerie, des collections paléontologiques et autres, etc.

**jardiner** *v* ① **A** *vi* S'adonner à la culture des jardins. **B** *vt* SYLVIC Exploiter une forêt selon le système du jardinage.

**jardinerie** *nf* COMM Établissement commercial où sont vendus des plantes ainsi que des produits et des outils pour le jardinage.

**jardinet** *nm* Petit jardin.

**jardineux, euse** *a* TECH Se dit d'une pierre précieuse qui présente des taches, des défauts de coloration.

**jardinier, ère** *n, a* **A** *n* Personne qui cultive un jardin. **B** *nf* **1** Meuble supportant une caisse où l'on cultive des fleurs. **2** Bac dans lequel on cultive des plantes, des fleurs. **3** Mets composé d'un mélange de légumes cuits. **4** Éducatrice dans un jardin d'enfants. **5** Nom cour. du carabe doré, prédateur de nombreux parasites des jardins. **C** *a* Relatif aux jardins. *Cultures jardinières.*

**jardon → jarde.**

**Jargeau** ch.-l. de cant. du Loiret (arr. d'Orléans), sur la Loire ; 4 586 hab. – Jeanne d'Arc y vainquit les Anglais (juin 1429). DER **gergolien, enne** *a, n*

**1 jargon** *nm* **1** Langage déformé, incompréhensible. **2** Vocabulaire particulier aux personnes exerçant le même métier, la même activité. *Le jargon des médecins.* **3** Langue qu'un groupe social se forge en modifiant la langue commune, pour ne pas être compris des étrangers au groupe. *Le loucherbem, jargon des bouchers.* **4** Cri du jars. ETY Du rad. onomat. *garg-*, « gosier ».

**2 jargon** *nm* **1** Très petite pierre d'Auvergne ayant l'aspect de l'hyacinthe. **2** Zircon jaune. ETY Du lat.

**jargonaphasie** *nf* PSYCHIAT Forme d'aphasie caractérisée par un discours volubile plein de paraphasies et de néologismes. DER **jargonaphasique** *a, n*

**jargonner** *vi* ① **1** Parler un jargon. **2** Crier, en parlant du jars, de l'oie. DER **jargonnant, ante** ou **jargonneux, euse** *a*

**Jarmo** site du néolithique mésopotamien (auj. dans le Kurdistān irakien), découvert en 1948, l'un des plus riches et des plus anc. du Proche-Orient (VIe millénaire av. J.-C.).

**Jarmusch** Jim (Akron Ohio, 1953), cinéaste américain : *Stranger than Paradise* (1984), *Down by Law* (1986), *Dead Man* (1996), *Ghost Dog* (1999), *Coffee and cigarettes* (2003).

**Jarnac** ch.-l. de cant. de la Charente (arr. de Cognac) ; 4 680 hab. – Victoire des cathol. du duc d'Anjou sur les protestants du prince de Condé, qui mourut (1569). DER **jarnacais, aise** *a, n*

**Jarnac** Guy Chabot (baron de) (1509 – apr. 1572), gentilhomme français qui, au cours d'un duel (1547), blessa mortellement La Châtaigneraie d'un coup au jarret, inattendu mais loyal. ▷ *Coup de Jarnac :* coup décisif donné par surprise et, par ext., par traîtrise.

**Jarnes Millán** Benjamin (Codo, 1888 – Madrid, 1950), romancier espagnol précieux : *le Convive de papier* (1928), *Euphrosyne ou la Grâce* (1949).

**jarnicoton !** *interj* vx Juron. ETY Adopté par Henri IV sur le conseil de son confesseur le père *Coton*.

**jarosite** *nf* MINER Sulfate hydraté naturel de fer et de potassium. ETY D'un n. pr.

**jarosse** *nf* Nom cour. de diverses gesses cultivées. VAR **jarousse**

**jarovisation** *nf* AGRIC Syn. de *vernalisation*. ETY Du russe *jarovoïe*, « blé de printemps ».

**1 jarre** *nf* Grand vase de terre cuite, de grès, à large ventre et à anses, destiné à contenir de l'eau, de l'huile, etc. ETY De l'ar., par le provenç.

**2 jarre** *nm* Poil long et dur, plus épais que les autres, dans la fourrure des animaux. ETY Du frq.

**Jarre** Maurice (Lyon, 1924 – Los Angeles, 2009), compositeur français, auteur de musiques de films : *le Docteur Jivago* (1965). — **Jean-Michel** (Lyon, 1948), fils du préc., compositeur de musique électronique visant une large audience.

**Jarrell** Randall (Nashville, 1914 – Chapel Hill, Caroline du Nord, 1965), poète américain : *Sang pour un étranger* (1942), *le Monde perdu* (1965).

**Jarres (plaine des)** plaine du Laos, proche de la frontière N. du Viêt-nam, âprement disputée lors des deux guerres du Viêt-nam.

**jarret** *nm* **1** Partie du membre inférieur située derrière le genou. **2** ZOOL Articulation du milieu de la jambe chez le cheval, de la patte chez la vache, etc. **3** En boucherie, morceau correspondant à la partie moyenne des membres. *Du jarret de veau.* [ETY] Du gaul.

**jarreté, ée** *a* MED VET Se dit d'un animal dont les pattes postérieures sont tournées en dedans, les jarrets se touchant presque. [ETY] Du gaul.

**jarretelle** *nf* Ruban élastique muni d'une pince, servant à fixer les bas à la gaine ou au porte-jarretelles.

**jarretière** *nf* Ruban élastique fixant le bas sur la jambe.

**Jarretière (très noble ordre de la)** le plus anc. et le plus élevé des ordres de chevalerie anglais, institué par le roi Édouard III v. 1348. Il a pour devise (en franç.) *« Honni soit qui mal y pense ».*

**Jarrett** Keith (Allentown, Pennsylvanie, 1945), pianiste et compositeur de jazz américain.

**Jarry** Alfred (Laval, 1873 – Paris, 1907), écrivain français. Il annonce Dada, le surréalisme et le théâtre de l'absurde. Romans : *les Jours et les Nuits* (1897), *le Surmâle* (1902), *Gestes et opinions du Dr Faustroll, pataphysicien* (posth., 1911). Théâtre : *Ubu roi* (écrit en 1888, créé en 1896), *Ubu cocu* (écrit en 1888), *Ubu enchaîné* (1900) et *Ubu sur la butte* (1906).

affiche pour l'ouverture d'*Ubu roi* d'**Alfred Jarry**

**jars** *nm* Mâle de l'oie. [ETY] Du frq.

**Jaruzelski** Wojciech (Kurów, près de Lublin, 1923 – Varsovie, 2014), général et homme politique polonais. Il dirigea le gouv. (1981), le parti ouvrier et l'État (1985) jusqu'à l'instauration de la démocratie (1989-1990).

**jas** *nm* **rég** Bergerie, dans le Midi et les Alpes. [PHO] [ʒa] [ETY] Du lat. *jacium*, « lieu où l'on est couché ».

**jaser** *vi* [1] **1** Babiller. **2** Commettre des indiscrétions. **3** Médire. *Sa conduite a fait jaser dans le village.* **4** Jacasser. *La pie jase.* [ETY] Onomat. *gas.*

**jaseran** *nm* **1 Anc** Cotte de maille. **2** Chaîne d'or ou d'argent à fines mailles, portée en collier. [ETY] D'un nom. *ar.* [VAR] **jaseron**

**jaseur, euse** *a, nm* **A** *a* Qui jase. **B** *nm* ORNITH Oiseau passériforme d'Europe du N., de la taille d'un étourneau, qui vient parfois en Europe de l'Ouest.

**jasione** *nf* Petite plante des montagnes (campanulacée) à fleurs violettes en grappes globuleuses. [ETY] Du gr.

**jasmin** *nm* **1** Arbuste (oléacée) à tige longue et grêle et à fleurs jaunes ou blanches très odorantes ; fleur de cet arbuste. **2** Parfum extrait du jasmin. [ETY] De l'arabo-persan.

**jasmin** officinal

**Jasmin** Jacques Boé, dit (Agen, 1798 – id., 1864), poète français de langue d'oc : *las Papillotos* (*les Papillotes* 1835-1863).

**Jason** dans la myth. gr., héros thessalien, fils d'Éson ; chef des Argonautes, il s'empara, en Colchide, de la Toison d'or, grâce à l'aide de Médée. Il épousa celle-ci et la répudia plus tard pour Créüse, fille du roi Créon.

**Jaspar** Henri (Schaerbeek, Bruxelles, 1870 – Uccle, Bruxelles, 1939), homme politique belge. Premier ministre (catholique) de 1926 à 1931, il constitua un cabinet d'union nationale pour lutter contre la crise économique.

**jaspe** *nm* MINER Calcédoine impure, colorée par bandes ou par taches, que l'on trouve dans les terrains métamorphiques, utilisée en joaillerie. [ETY] Du gr.

**jaspé, ée** *a, nm* Bigarré comme du jaspe. *Marbre jaspé.* **LOC** TECH ***Acier jaspé*** : présentant une jaspure obtenue par la trempe dite *au jaspé.*

**jasper** *vt* [1] TECH Bigarrer de couleurs pour imiter le jaspe.

**Jasper (parc national de)** parc du Canada (Alberta), dans les montagnes Rocheuses.

**Jaspers** Karl (Oldenburg, 1883 – Bâle, 1969), philosophe allemand. Influencé par Kierkegaard, il affirma l'originalité irréductible du sujet humain : *Philosophie* (3 vol., 1932), *Philosophie de l'existence* (1938).

**jaspiner** *vi* [1] **fam** Bavarder.

**jaspure** *nf* **1 litt** Aspect, couleur de ce qui est jaspé. **2** TECH Marbrure donnée par la trempe à certains aciers.

**jass** *nm* **Suisse** Jeu de cartes apparenté à la belote. [PHO] [jas] [ETY] Mot all.

**jataka** *nm* Récit populaire des vies antérieures de Bouddha. [ETY] Mot sanscrit, « naissance ».

**jati** *nm* En Inde, caste ou sous-caste. [ETY] Mot sanscrit.

**jatte** *nf* Récipient rond sans rebord ; son contenu. *Boire une jatte de lait.* [ETY] Du lat.

**Jaubert** Maurice (Nice, 1900 – Azerailles, Meurthe-et-Moselle, 1940), compositeur français : mus. de scène et de films (*Quatorze Juillet*, 1933 ; *Quai des brumes*, 1938).

**Jaucourt** Louis (chevalier de) (Paris, 1704 – Compiègne, 1780), écrivain français ; proche collab. de Diderot pour l'*Encyclopédie*.

**Jaufré Rudel** prince de Blaye, troubadour du XIIe s. Il se serait épris, sans l'avoir vue, de la comtesse de Tripoli et serait parti pour la croisade afin de la rencontrer.

**jauge** *nf* **1** Capacité que doit avoir un récipient pour être conforme à une norme donnée. **2** MAR Volume intérieur d'un navire, exprimé en tonneaux de jauge (2,83 $m^3$). **3** Règle graduée mesurant la hauteur ou la quantité de liquide contenu dans un réservoir. **4** TECH Instrument servant à contrôler les dimensions d'une pièce, et notam. les dimensions intérieures d'une pièce creuse. **5** ARBOR Tranchée destinée à recevoir de jeunes plants d'arbres avant leur plantation définitive. **LOC** ***Jauge brute*** : qui traduit les dimensions hors tout du navire. — MECA ***Jauge de contrainte*** : mesurant les variations de longueur d'un solide sous les sollicitations auxquelles il est soumis. — ***Jauge nette*** : qui représente la capacité d'utilisation d'un navire. [ETY] Du frq.

**jauger** *v* [13] **A** *vt* **1** Déterminer la jauge d'un récipient, d'un navire. **2 fig** Apprécier la valeur, les capacités de qqn. *Jauger un homme au premier coup d'œil.* **B** *vi* Avoir telle jauge, en parlant d'un navire. *Cargo qui jauge 10 000 tonneaux.* [DER] **jaugeage** *nm*

**jaugeur** *nm* Appareil pour jauger.

**jaumière** *nf* Ouverture pratiquée dans la coque d'un navire pour faire passer la mèche du gouvernail. [ETY] Du moy. néerl.

**jaunâtre** *a* Qui tire sur le jaune.

**jaune** *a, n* **A** *a* Qui est de la couleur commune au citron, à l'or, au safran, etc. **B** *nm* **1** Couleur du spectre visible dont la longueur d'onde est comprise entre 0,5 et 0,6 µm. **2** Colorant jaune. **C** *n* **1 péj** (Avec une majuscule.) Personne ayant la peau cuivrée et les yeux bridés. **2 péjor** Personne qui ne prend pas part à une grève. **LOC** ***Fièvre jaune*** : maladie causée par le virus amaril. — ***Jaune d'œuf*** : partie centrale, jaune et globuleuse, de l'œuf des oiseaux, constituant l'ovule. — ***Rire jaune*** : sans gaieté et en se forçant. [ETY] Du lat.

**Jaune (fleuve)** → **Huanghe.**

**Jaune (mer)** partie du Pacifique, entre la Chine et la Corée. Le Huanghe s'y jette, donnant aux eaux une couleur jaunâtre.

**jaunet, ette** *a* Un peu jaune.

**jaunir** *v* [3] **A** *vt* Rendre jaune. *Le temps a jauni les pages de ce livre.* **B** *vi* Devenir jaune. *Herbe qui jaunit.* [DER] **jaunissant, e** *a* – **jaunissement** *nm*

**jaunisse** *nf* Syn. cour. de *ictère.* **LOC** ***Faire une jaunisse de*** : éprouver un dépit très violent du fait de.

**Jaurès** Jean (Castres, 1859 – Paris, 1914), homme politique et écrivain français. Il fonda le Parti socialiste français (1901), le journal *l'Humanité* (1904) puis dirigea, avec J. Guesde et É. Vaillant, le parti socialiste SFIO créé en 1905. Hostile à la polit. coloniale et à la guerre, il fut assassiné par le nationaliste Raoul Villain (31 juil. 1914). Œuvres princ. : *Histoire de la Révolution française* (1898) et *Histoire socialiste 1789-1900* (1901 à 1908). ▶ illustr. p. 856

**1 java** *nm* INFORM Langage de programmation utilisé sur Internet. [ETY] Nom déposé.

**2 java** *nm* **Afrique** Cotonnade imprimée dont la teinture est de mauvaise qualité.

**3 java** *nf* Danse de bal populaire, à trois temps, de cadence rapide ; musique qui l'accompagne. **LOC fam** ***Faire la java*** : faire la noce.

**Java (mer de)** mer peu profonde (67 m max.) comprise entre Java, Sumatra et Bornéo.

**Java** île d'Indonésie, la plus riche et la plus peuplée du pays, au S.-E. de Sumatra ; 128 754 $km^2$ ; 120 000 000 hab. Cette île volcanique (alt. max. 3 676 m), au climat équat., a des sols très fertiles : riz, canne à sucre, tabac, café, thé, hévéa, épices, kapok. Le sous-sol contient surtout du pétrole. L'industrialisation touche les grandes villes (Djakarta, Surabaya, Bandung), qui sont aussi des ports actifs. (V. Indonésie.) DER **javanais, aise** *a, n*

**javanais** *nm* **1** Langue indonésienne parlée à Java et à Sumatra. **2** Jargon consistant à intercaler dans les mots les syllabes *va* devant les consonnes et *av* devant les voyelles (*manger*, par ex., devient *mavangeaver*).

**Javari (le)** rivière d'Amérique du Sud (1 050 km), affl. de l'Amazone (r. dr.) qui forme la frontière entre le Brésil et le Pérou.

**javart** *nm* Nécrose infectieuse de la partie inférieure des membres du cheval, du bœuf, etc.

**javascript** *nm* Langage de programmation servant à ajouter des fonctions aux pages web pour les rendre interactives. ETY Nom déposé.

**javeau** *nm* Île de sable ou de limon qui se forme lors d'une inondation. ETY De *javelle*.

**javel** *nf* Solution salée d'hypochlorite de sodium, utilisée comme antiseptique ou comme décolorant. On dit aussi *eau de Javel*. ETY De *Javel*, quartier de Paris.

**javelé, ée** *a* LOC AGRIC *Avoines javelées* : mouillées par la pluie et dont le grain est devenu noir et pesant.

**javeler** *vt* (17) ou (19) AGRIC Mettre les céréales, le sel en javelles. DER **javelage** *nm* – **javeleur, euse** *n*

**javeline** *nf* HIST Arme de jet longue et mince.

**javelle** *nf* **1** AGRIC Quantité de céréales que le moissonneur coupe en un coup de faux et qu'il met en petits tas sur le sillon avant le liage. **2** TECH Petit tas de sel retiré du marais salant. ETY Du gaul.

**javelliser** *vt* (1) Stériliser l'eau par la javel. DER **javellisation** *nf*

**javelot** *nm* **1** HIST Arme de trait, lance. **2** Instrument de lancer en forme de lance, utilisé en athlétisme ; lancer de javelot.

**Javert** personnage des *Misérables* de Victor Hugo (1862), policier qui sans fin traque Jean Valjean. Il se suicide.

**Javouhey Anne-Marie** (bienheureuse) (Jallanges, 1779 – Paris, 1851), religieuse française ; elle fonda l'ordre des sœurs de Saint-Joseph de Cluny.

**Jay John** (New York, 1745 – Bedford, État de New York, 1829), magistrat et homme politique américain. Président de la Cour suprême, il conclut en 1794 un accord avec l'Angleterre (« traité Jay »).

**Jayadeva** (XII$^{e}$ s.), poète indien ; auteur de la *Gītā-Govinda* (« Chant du pâtre »), récit mystique et érotique de la jeunesse de Krishna.

**Jayapura** (anc. *Hollandia*), v. d'Indonésie, ch.-l. de l'Irian Jaya ; 250 000 hab. VAR **Djayapura**

**Jayawardene Junius Richard** (Colombo, 1906 – id., 1996), homme politique du Sri Lanka ; leader du parti conservateur ; président de la Rép. (1978-1989).

**Jazy Michel** (Oignies, Pas-de-Calais, 1936), athlète français ; il détint les records mondiaux du mile, du 2 000 m, du 3 000 m et du 2 miles.

**jazz** *nm* Genre musical créé par les Noirs des É.-U., caractérisé notam. par un très large recours à l'improvisation et une manière particulière de traiter le tempo musical. PHO [dʒaz] ETY Mot anglo-amér. DER **jazzique** ou **jazzistique** *a*

**jazz-band** *nm* Orchestre de jazz. PLUR jazz-bands. PHO [dʒazbɑ̃d] ETY Mot anglo-amér.

**jazzman** *nm* Musicien de jazz. PLUR jazzmans ou jazzmen. PHO [dʒazman]

**jazz-rock** *nm* Courant musical des années 1970, mélange d'électronique, de funk et de jazz joué sur le mode de la virtuosité. SYN fusion

**jazzwoman** *nf* Musicienne de jazz. PHO [dʒazwuman]

**jazzy** *a inv* fam Qui évoque le jazz. PHO [dʒazi]

**Jdanov → Marioupol.**

**Jdanov Andreï Alexandrovitch** (Marioupol, 1896 – Moscou, 1948), homme politique soviétique. Membre du Politburo (1939), il codifia notam. les normes du réalisme socialiste en art et en littérature (*jdanovisme*).

**je** *pr pers* pronom personnel de la 1$^{re}$ pers. du sing., au masc. et au fém. en fonction du sujet. *Où suis-je ? J'écris, j'hésite.* ETY Du lat. *ego*.

**jean** *nm* **1** Blue-jean. **2** Pantalon ayant la coupe d'un blue-jean. **3** Denim utilisé pour la confection des blue-jeans, à l'origine bleu indigo. PLUR jeans. PHO [dʒin] ETY Mot amér., de *Gênes*, n. pr. VAR **jeans**

**Saints**

**Jean (saint), dit le Précurseur** (m. en Palestine v. 28), fils du prêtre Zacharie et d'Élisabeth. Il baptisa Jésus et le désigna comme le Messie. Emprisonné sur l'ordre d'Hérode Antipas, tétrarque de Galilée, il fut décapité sur les instances de Salomé et de sa mère, Hérodiade, épouse d'Hérode. VAR **Jean-Baptiste** ou **Jean Baptiste**

**Jean (saint)** (Galilée, ? – Éphèse, v. 100), fils de Zébédée, l'un des douze apôtres et le disciple préféré du Christ, dont il partagea toute la vie publique. Ses souvenirs forment la trame du quatrième Évangile, écrit en grec et dit *de saint Jean* ; on lui attribue aussi l'Apocalypse et trois épîtres du Nouveau Testament. VAR **Jean l'Évangéliste**

**Jean-Baptiste de La Salle (saint)** (Reims, 1651 – Rouen, 1719), prêtre français ; il fonda la congrégation des frères des Écoles chrétiennes.

**Jean Bosco (saint)** (Becchi, près d'Asti, 1815 – Turin, 1888), prêtre italien qui fonda la congrégation des Prêtres de Saint-François-de-Sales, ou des Salésiens (1859), et celle des Filles de Marie-Auxiliatrice, ou des Salésiennes (1872).

**Jean Chrysostome (saint)** (Antioche, v. 344 – en Cappadoce, 407), Père de l'Église d'Orient. Élu patriarche de Constantinople en 398, il s'attaqua au luxe de la cour. Cet orateur fut surnommé Bouche d'Or (*chrusostomos*, en gr.). Docteur de l'Église.

**Jean Damascène (saint)** (Damas, fin du VII$^{e}$ s. – près de Jérusalem, v. 749), docteur de l'Église, adversaire des iconoclastes. Son princ. ouvrage, *la Source de la connaissance*, laisse pressentir la scolastique médiévale.

**Jean de Capistran (saint)** (Capistrano, 1386 – Ilok, Croatie, 1456), franciscain italien. Il prêcha une croisade contre les Turcs et contribua à délivrer Belgrade, qu'ils assiégeaient (1456).

**Jean de Dieu (saint)** (Montemor-o-Novo, Portugal, 1495 – Grenade, 1550), fondateur de l'ordre des Frères hospitaliers (1537).

**Jean de la Croix (saint)** (en esp. *Juan de Yepes*) (Fontiveros, 1542 – Ubeda, 1591), mystique espagnol. Avec sainte Thérèse d'Ávila (1567), il réforma l'ordre de Notre-Dame-du-Mont-Carmel. Œuvres : *la Montée du Carmel, la Nuit obscure, la Vive Flamme d'amour, le Cantique spirituel*. Docteur de l'Église.

**Jean de Matha (saint)** (Faucon, près de Barcelonnette, 1160 – Rome, 1213), fondateur de l'ordre des Trinitaires.

**Jean Eudes (saint)** (Ri, près d'Argentan, 1601 – Caen, 1680), religieux et prédicateur français ; il fonda la congrégation séculière de Jésus-et-Marie (eudistes) et celle des Filles de Notre-Dame-de-la-Charité.

**Jean Fisher (saint)** (Beverley, v. 1469 – Londres, 1535), évêque et cardinal anglais. Henri VIII le fit décapiter parce qu'il s'opposait à son divorce d'avec Catherine d'Aragon. Il fut canonisé en 1935.

**Jean François Régis (saint)** (Fontcouverte, 1597 – Lalouvesc, 1640), jésuite français. Il convertit des protestants du Vivarais.

**Papes**

**Jean** nom de vingt-trois papes et d'un antipape. — **Jean I$^{er}$ (saint)** (en Toscane, vers 470 – Ravenne, 526), pape de 523 à 526. — **Jean II Mercurius** (Rome, vers 470 – id., 535), pape de 533 à 535 ; il condamna les nestoriens. — **Jean VIII** (Rome, vers 820 – id., 882), pape de 872 à 882 ; il sacra l'empereur Charles le Chauve (875), puis Charles le Gros (881). — **Jean XII Ottaviano** (Rome, 937 – id., 964), pape de 955 à 964 ; il mena une vie scandaleuse et sacra empereur Otton I$^{er}$ (962). — **Jean XXII Jacques Duèse** ou **d'Euze** (Cahors, 1245 – Avignon, 1334), pape de 1316 à 1334 ; il condamna le panthéisme de maître Eckart. — **Jean XXIII Baldassare Cossa** (Naples, vers 1370 – Florence, 1419), antipape de 1410 à 1415 ; déposé par le concile de Constance. — **Jean XXIII Angelo Giuseppe Roncalli** (Sotto il Monte, 1881 – Rome, 1963), pape de 1958 à 1963 ; dans un souci d'*aggiornamento* (« mise à jour ») de l'Église, il convoqua le concile œcuménique Vatican II et publia notamment l'encyclique *Pacem in terris* (1963).

Jean Jaurès

Jean XXIII

**Empire d'orient**

**Jean I$^{er}$ Tzimiskès** (Hiérapolis, Arménie, 925 – Constantinople, 976), empereur d'Orient (969-976). Il annexa la Bulgarie orientale (970-971). — **Jean II Comnène** (?, 1088 – Taurus, 1143), empereur d'Orient de 1118 à 1143. Il défendit l'Empire contre les Turcs. — **Jean III Doukas Vatatzès** (Didymotique, 1193 – Nymphaion, aujourd'hui Kemalpaşa, 1254), empereur de Nicée (1222-1254). Il tenta de reconstituer l'Empire byzantin, détruit par les croisés en 1204. — **Jean V Paléologue** (1332-1391), empereur d'Orient (de 1341 à sa mort, avec des interruptions). Son rival, Jean Cantacuzène, chercha des appuis auprès des Turcs et des Slaves (1341-1347), et les puissances étrangères intervinrent constamment dans l'Empire byzantin, amputé de nombreux territoires par les Turcs. — **Jean VI Cantacuzène** (Constantinople, vers 1293 – Mistra, 1383), empereur d'Orient, tuteur et rival de Jean V Paléologue, qu'il supplanta de 1347 à 1355, grâce aux Turcs. — **Jean VII Paléologue** (?, vers 1366 – mont Athos, vers 1420), empereur d'Orient de 1399 à 1402. —

**Jean VIII Paléologue** (?, 1390 – Constantinople, 1448), empereur byzantin (1425-1448). Après leur victoire de Varna (1444), les Turcs firent de Jean VIII leur vassal.

**Angleterre**

**Jean sans Terre** (Oxford, 1167 – chât. de Newark, Nottinghamshire, 1216), roi d'Angleterre (1199-1216). Il succéda à son frère Richard Cœur de Lion au détriment de son neveu Arthur de Bretagne, qu'il assassina (1203). Déchu de ses fiefs français par Philippe Auguste (1202), il entra dans une lutte intermittente avec la France. Après sa défaite à La Roche-aux-Moines et celle de ses alliés à Bouvines (1214), il dut accorder à ses barons révoltés la *Magna Carta* (Grande Charte des libertés anglaises, 1215), mais ne la respecta pas, ce qui provoqua une guerre civile (1215-1217).

**Aragon**

**Jean I$^{er}$** (Perpignan, 1350 – id., 1395), roi d'Aragon (1387-1395), fils de Pierre IV le Cérémonieux. Il reconquit la Sardaigne révoltée (1391). — **Jean II** (Medina del Campo, 1398 – Barcelone, 1479), roi de Navarre (1425-1479), par son mariage avec Blanche de Navarre, et roi d'Aragon (1458-1479) à la mort de son frère Alphonse le Magnanime. En échange du Roussillon, il demanda l'aide de Louis XI (1462) pour reconquérir la Catalogne (1472).

**Bohême**

**Jean I$^{er}$ de Luxembourg** dit **l'Aveugle** (?, 1296 – Crécy, 1346), roi de Bohême (1310-1346), fils de l'empereur Henri VII. Il soutint la France contre les Flamands (1328), puis aida les Teutoniques (1329). Aveugle en 1340, il fut tué à la bataille de Crécy dans le camp français.

**Bourgogne**

**Jean sans Peur** (Dijon, 1371 – Montereau, 1419), duc de Bourgogne (1404-1419), fils de Philippe le Hardi. Il fit assassiner le duc d'Orléans (1407), ce qui provoqua la guerre civile entre Armagnacs et Bourguignons ; maître de Paris (1408), il laissa agir les Cabochiens (1413) mais fut chassé par les Armagnacs. Allié aux Anglais après Azincourt (1415), il tenta de se rapprocher du futur Charles VII, dont un partisan l'assassina.

**Bretagne**

**Jean IV de Montfort** (?, 1293 – Hennebont, 1345), duc de Bretagne en 1341, fils d'Arthur II. Ayant usurpé le duché à sa nièce Jeanne de Penthièvre (1341), il affronta la France et fut tué dans Hennebont assiégé.

**Bulgarie**

**Jean I$^{er}$ Asen** (mort en 1196), roi de Bulgarie (1186-1196). Il fonda le second Empire bulgare après avoir soulevé le pays contre l'empereur byzantin Isaac II Ange, qu'il vainquit en Thrace (1187 et 1196). — **Jean II Kalojan Asen** (mort à Thessalonique, 1207), frère du préc. ; roi de Bulgarie (1197-1207). Il prit la Thrace à l'empereur latin Baudouin I$^{er}$ (vaincu à Andrinople, 1205). — **Jean III Asen II** (mort en 1241), fils de Jean I$^{er}$, roi de Bulgarie (1218-1241).

**Castille et León**

**Jean I$^{er}$** (Epila, 1358 – Alcalá de Henares, 1390), roi de Castille et de León (1379-1390). Il dut renoncer au Portugal au profit de Jean I$^{er}$ le Grand (1385). — **Jean II** (Toro, 1405 – Valladolid, 1454), roi de Castille et de León (1406-1454), père d'Isabelle I$^{re}$ la Catholique.

**France**

**Jean I$^{er}$ le Posthume** (Paris, 15-19 novembre 1316), fils posthume de Louis X et de Clémence de Hongrie ; roi de France à sa naissance. — **Jean II le Bon** (près du Mans, 1319 – Londres, 1364), roi de France (1350-1364), fils de Philippe VI de Valois. Il se brouilla (1355-1356) avec son gendre Charles le Mauvais, roi de Navarre, favorable aux Anglais qui le vainquirent à Poitiers (1356) et l'emmenèrent à Londres. Son fils (V. Charles V), régent, affronta la révolte d'Étienne Marcel et la Jacquerie et dut signer la paix de Calais (1360). Libéré (1362) contre une fabuleuse rançon et la prise en otage de deux de ses fils, Jean II donna la Bourgogne à son fils Philippe le Hardi (1363). Il se constitua prisonnier à Londres (1364), son fils Louis d'Anjou s'étant enfui. ▶ illustr. p. 858

**Luxembourg**

**Jean de Luxembourg** (chât. de Berg, 1921), grand-duc de Luxembourg (1964-2000). Il a abdiqué en faveur de son fils Henri.

**Pologne**

**Jean I$^{er}$ Albert** (Cracovie, 1459 – Toruń, 1501), roi de Pologne (1492-1501), vaincu par la Moldavie, alliée des Ottomans. — **Jean III Sobieski** (Olesko, Galicie, 1624 – Wilanów, 1696), roi de Pologne (1674-1696). Il battit plusieurs fois les Turcs, notamment à Kahlenberg lors du siège de Vienne (1683).

**Portugal**

**Jean I$^{er}$ le Grand** (Lisbonne, 1357 – id., 1433), roi de Portugal (1385-1433). Fils naturel de Pierre I$^{er}$ le Justicier, il battit Jean I$^{er}$, roi de Castille (Aljubarrota, 1385), assurant ainsi l'indépendance du Portugal, dont il fit une grande puissance. Il s'allia à l'Angleterre (1386) et prit Ceuta aux Maures (1415). — **Jean II le Parfait** (Lisbonne, 1455 – Alvor, 1495), roi de Portugal (1481-1495), fils d'Alphonse V l'Africain. Il obtint le Brésil par le traité de Tordesillas (1494). — **Jean III le Pieux** (Lisbonne, 1502 – Alvor, 1557), roi de Portugal (1521-1557), fils de Manuel I$^{er}$ le Grand. Il introduisit l'Inquisition (1531) et organisa la mise en valeur du Brésil. — **Jean IV le Fortuné** (Vila Viçosa, 1604 – Lisbonne, 1656), roi de Portugal (1640-1656). Ayant repris le Portugal à l'Espagne avec l'appui de Richelieu (1640), il reconquit le Brésil et l'Angola sur les Hollandais. — **Jean V le Magnanime** (Lisbonne, 1689 – id., 1750), roi de Portugal (1706-1750), fils de Pierre II. Pendant la guerre de la Succession d'Espagne, il fut battu par les Français (Almança, 1707) et signa la paix d'Utrecht (1713). — **Jean VI le Clément** (Lisbonne, 1767 – id., 1826), roi de Portugal (1816-1826), régent de 1792 à 1816. Fuyant les armées de Napoléon I$^{er}$ (1807), il se réfugia au Brésil jusqu'en 1821. En 1822, le Brésil se déclara indépendant et, en 1825, donna la couronne à son fils aîné, Pierre I$^{er}$.

≪≪≫≫

**Jean Michaëlle** (Port-au-Prince, 1957), diplomate canadienne, secrétaire générale de l'OIF depuis 2015.

**Jean Bodel** (région d'Arras, v. 1165 –?, 1210), trouvère français : *la Chanson des Saisnes*, poème épique ; *le Jeu de saint Nicolas*, miracle.

**Jeanbon Saint-André** **André Jeanbon**, dit (Montauban, 1749 – Mayence, 1813), homme politique français. Membre du Comité de salut public (juil. 1793), il réorganisa la marine. En 1801, il fut nommé commissaire général des dép. de la rive gauche du Rhin et préfet du Mont-Tonnerre.

**Jean-Christophe** cycle romanesque en 10 vol. (1904-1912) de Romain Rolland : la vie mouvementée d'un musicien de génie.

**Jean de Chelles** (XIII$^{e}$ s.), l'un des bâtisseurs de Notre-Dame de Paris.

**Jean de Leyde** **Jan Beukels**, dit (Leyde, 1509 – Münster, 1536), réformateur hollandais. Anabaptiste, il prit la tête de la communauté de Münster, où il imposa un partage communautaire et la polygamie. Les troupes épiscopales prirent la ville et le torturèrent à mort.

**Jean de Meung** **Jean Clopinel** ou **Chopinel**, dit (Meung-sur-Loire, v. 1240 –?, v. 1305), écrivain français. Il continua (près de 20 000 vers) *le Roman de la Rose* commencé par Guillaume de Lorris. (VAR) **Jean de Meun**

**Jean d'Udine** → **Giovanni da Udine.**

**jeanerie** *nf* Magasin spécialisé dans les jeans, les vêtements en jean. (PHO) [dʒinʀi]

**jeaneur** *nm* Fabricant de vêtement en jean. (PHO) [dʒinœʀ]

**jean-foutre** *nm inv* fam, péjor Homme incapable. (VAR) **jeanfoutre**

**Jean Hyrcan** → **Hyrcan I$^{er}$.**

**jean-le-blanc** *nm inv* Circaète européen.

**Jean le Prêtre** personnage légendaire du Moyen Âge. Souverain converti au christianisme, il aurait régné aux confins de la Chine et de la Mongolie, ou sur l'Abyssinie. (VAR) **Prêtre-Jean**

**Jean-Marie Vianney (saint)** (Dardilly, près de Lyon, 1786 – Ars-sur-Formans, Ain, 1859), prêtre français, dit le *curé d'Ars*, paroisse où il vécut en ascète de 1818 à 1859.

**Saintes**

**Jeanne d'Arc (sainte)** dite **la Pucelle d'Orléans** (Domrémy, Lorraine, 1412 – Rouen, 1431), héroïne française. Issue d'une famille modeste, nommée *Darc* (elle ne fut jamais bergère), Jeanne entend vers 1425 la « voix de Dieu », qui lui ordonne d'aller au secours du roi de France Charles VII, dont le royaume subit l'occupation anglaise et dont la légitimité est contestée. En fév. 1429, Robert de Baudricourt, qui commandait la ville de Vaucouleurs, lui accorde une petite escorte pour l'accompagner à Chinon, où résidait le roi. Après avoir convaincu Charles VII de sa mission, elle délivre Orléans assiégée par les Anglais (8 mai), dont les défaites permettent à Charles VII de gagner Reims, où il est sacré (17 juil.). Il renonce alors au soutien de Jeanne, qui mène des actions isolées. Elle est capturée devant Compiègne (23 mai 1430) par les Bourguignons, qui la livrent aux Anglais (nov.) ; ceux-ci lui intentent un procès en sorcellerie, de façon à discréditer le sacre de Charles VII. Le procès se déroule à Rouen, à huis clos, sous la conduite de l'évêque Cauchon (9 janv.-28 mars 1431), et Jeanne est brûlée vive dans cette même ville, le 30 mai, sans avoir renié ses « voix ». La révision de son procès commence dès 1450. En 1456, elle est réhabilitée. Elle sera béatifiée en 1909 et canonisée en 1920. ▷ LITTER Avant même sa mort, Gerson et Christine de Pisan (1429) la célèbrent, puis, du XV$^{e}$ s. à nos jours : Villon (dans *Ballade des dames du temps jadis*), Schiller (*la Pucelle d'Orléans*, drame, 1801), Péguy (*Mystère de la charité de Jeanne d'Arc* 1910), G. B. Shaw (*Sainte Jeanne*, comédie dramatique, 1923), J. Delteil (*Jeanne d'Arc* 1925), Claudel (*Jeanne au bûcher*, drame, 1938), Anouilh (*l'Alouette*, drame, 1953). ▷ CINE Plus. films évoquent sa vie : *Jeanne d'Arc* de Cecil B. De Mille (1916) ; *la Passion de Jeanne d'Arc* de Carl Dreyer (1928), d'après Delteil ; *Jeanne d'Arc* de Victor Fleming (1948), avec Ingrid Bergman ; *Jeanne au bûcher* de Roberto Rossellini (1954), d'apr. Claudel, avec Ingrid Bergman ; *Sainte Jeanne* d'Otto Preminger (1957), d'apr. G. B. Shaw ; *le Procès de Jeanne d'Arc* de Robert Bresson (1963). ▶ illustr. p. 858

**Jeanne de France (sainte)** (?, 1464 – Bourges, 1505), reine de France en 1498. Fille de Louis XI, elle épousa le futur Louis XII, qui, devenu roi, la répudia à cause de sa laideur. Elle fonda, à Bourges, l'ordre de l'Annonciade. Canonisée en 1950. (VAR) **Jeanne de Valois**

**Jeanne-Françoise Frémyot de Chantal (sainte)** (Dijon, 1572 – Moulins,

1641), religieuse française. Veuve en 1600, elle fonda, en 1610, à Annecy, avec François de Sales, l'ordre de la Visitation de Marie (visitandines).

**Jeanne Jugan** (bienheureuse) (Cancale, 1793 – Saint-Servan, 1879), religieuse française ; elle fonda la congrégation des Petites Sœurs des pauvres.

### Angleterre

**Jeanne Grey** (Bradgate, Leicestershire, 1537 – Londres, 1554), reine d'Angleterre en 1553. Petite-nièce d'Henri VIII, elle fut désignée par Édouard VI, mourant, comme son héritière. Mais Marie Tudor fit reconnaître ses droits, et Jeanne Grey fut décapitée.

**Jeanne Seymour** (Wolf Hall, 1509 – Hampton Court, 1537), reine d'Angleterre (1536), morte peu après avoir donné un fils, le futur Édouard VI, à son époux Henri VIII.

### Bretagne

**Jeanne de Penthièvre la Boiteuse** (1319-1384), duchesse de Bretagne de 1337 au traité de Guérande (1365), qui accorda la Bretagne à Jean IV de Montfort.

### Castille

**Jeanne la Folle** (Tolède, 1479 – Tordesillas, 1555), reine de Castille (1504-1555). À la mort de son mari, Philippe le Beau (1506), elle sombra dans la démence ; la régence fut exercée par Cisneros (jusqu'à sa mort, en 1516) puis par le père de la reine, Ferdinand d'Aragon. À partir de 1516, le futur Charles Quint, fils de Jeanne, partagea le trône avec elle.

### France

**Jeanne Ire de Navarre** (Bar-sur-Seine, 1273 – Vincennes, 1305), reine de France. Elle apporta à son mari, Philippe IV le Bel (qu'elle avait épousé en 1284), la Champagne et la Navarre.

### Naples

**Jeanne Ire d'Anjou** (Naples, 1326 – Aversa, 1382), reine de Naples (1343-1382). Elle fit sans doute périr son premier mari et fut assassinée par Charles d'Anjou, son neveu et héritier. — **Jeanne II** (Naples, 1371 – id., 1435), reine de Naples (1414-1435). Sa succession opposa Alphonse V d'Aragon à René d'Anjou, qu'elle avait adopté (1434).

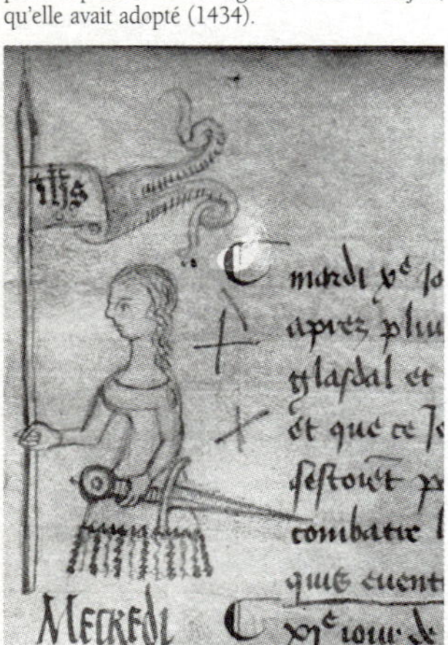

**Jeanne d'Arc** en armes (unique représentation connue réalisée de son vivant) – Archives nationales, Paris

### Navarre

**Jeanne III d'Albret** (Saint-Germain-en-Laye, 1528 – Paris, 1572), reine de Navarre (1555-1572), épouse du duc de Clèves puis d'Antoine de Bourbon (1548), auquel elle donna un fils, le futur Henri IV (1553). Elle favorisa le protestantisme dans ses États.

≪≪≫≫

**Jeanne (la Papesse)** femme légendaire qui aurait occupé en 855 le Saint-Siège sous le nom de Jean l'Anglais.

**Jeanne Hachette** → **Hachette.**

**1 jeannette** *nf* Planchette montée sur un pied, utilisée pour les repassages délicats.

**2 jeannette** *nf* Fillette d'une organisation de scoustime catholique. ETY De *Jeanne d'Arc.*

**Jeannin Pierre,** dit **le Président** (Autun, 1540 – Paris, v. 1622), magistrat et diplomate français. Ministre d'Henri IV, il négocia avec les Provinces-Unies (1608) et avec l'Espagne (trêve de Douze Ans, 1609).

**jeannotisme** → **janotisme.**

**Jean-Paul** nom de deux papes. — **Jean-Paul Ier Albino Luciani** (Forno di Canale, Vénétie, 1912 – Rome, 1978), élu pape le 26 août 1978, il n'exerça son pontificat que 33 jours. — **Jean-Paul II Karol Wojtyła** (Wadowice, 1920 – Rome, 2005), pape depuis 1978. Archevêque (1964) de Cracovie, cardinal en 1967, premier pape polonais de l'histoire, il imposa au monde sa forte personnalité et, à l'intérieur de l'Église, défendit la doctrine traditionnelle.

**Jean II le Bon**

**Jean-Paul II**

**Jean-Paul Johann Paul Richter,** dit (Wunsiedel, 1763 – Bayreuth, 1825), écrivain romantique allemand. Admirateur de J.-J. Rousseau, il laisse une œuvre autobiographique abondante : *la Loge invisible* (1793), *Hesperus* (1795), *Quintus Fixlein* (1796), *le Titan* (1800-1803).

**Jean Renart** poète français actif au tout début du XIIIe s. dans la rég. de Liège : *l'Escoufle* et *Guillaume de Dole,* romans d'aventures en vers ; *le Lai de l'ombre,* conte courtois.

**jeans** → **jean.**

**Jeans sir James Hopwood** (Londres, 1877 – Dorking, Surrey, 1946), astronome, physicien et mathématicien anglais. Il émit l'hypothèse (fausse) que, passant à proximité du Soleil, une étoile déclencha la formation des planètes.

**Jeanson Henri** (Paris, 1900 – Équemauville, Calvados, 1970), scénariste et dialoguiste français : *Pépé le Moko* (1937), *Hôtel du Nord* (1938), *Fanfan la Tulipe* (1952).

**Jean Valjean** héros du roman de Victor Hugo *les Misérables* (1862).

**Jébuséens** peuple de la terre de Canaan, soumis par David. VAR **Jébusiens**

**jeep** *nf* Voiture tout-terrain d'origine américaine, utilisée en partic. au cours de la Seconde Guerre mondiale. PHO [dʒip] ETY Mot amér., des initiales G.P. prononc. [dʒipi], de *general purpose,* « tous usages » ; nom déposé.

**Jeffers John Robinson** (Pittsburgh, 1887 – Carmel, Californie, 1962), poète américain : *Donne ton cœur aux faucons* (1933).

**Jefferson Thomas** (Shadwell, Virginie, 1743 – Monticello, id., 1826), homme politique américain, un des auteurs de la Déclaration d'indépendance de 1776. Fondateur du premier parti républicain (antifédéraliste), il fut élu président des É.-U. en 1800 et réélu en 1804. Il acheta la Louisiane à la France (1803). DER **jeffersonien, enne** *a*

**Thomas Jefferson**

**Jefferson City** v. des É.-U., sur le Missouri ; 35 480 hab. ; cap. de l'État du Missouri.

**Jeffreys George (lord)** (Acton Park, 1648 – Londres, 1689), chancelier d'Angleterre. Il se fit l'instrument des vengeances de Charles II et de Jacques II. Arrêté en 1688, il mourut dans la Tour de Londres.

**Jéhovah** transformation du tétragramme sacré YHWH (V. Yahvé), pour éviter de prononcer le nom sacré de Dieu.

**Jéhovah (Témoins de)** mouvement religieux fondé en 1874 aux É.-U. par Charles Taze Russell (1852-1916). Ils sont attachés à une lecture très littérale de la Bible qu'ils appliquent dans leur vie quotidienne et ne voient dans le Christ qu'un messager de Dieu. Très actifs, ils sont plus de 4 millions répartis dans le monde entier.

**Jéhu** (IXe s. av. J.-C.), roi d'Israël. Il fit périr son prédécesseur Joram et les adeptes de Baal.

**Jéhu (Compagnons de)** royalistes qui pourchassèrent les Jacobins après le 9 Thermidor (1794) dans le S.-E. de la France.

**jéjuno-iléon** *nm* ANAT Partie de l'intestin grêle formée par le jéjunum et l'iléon. PLUR jéjuno-iléons.

**jéjunum** *nm* ANAT Partie de l'intestin grêle comprise entre le duodénum et l'iléon. PHO [ʒeʒynɔm] ETY Du lat. *jejunum intestinum,* « intestin à jeun ». DER **jéjunal, ale, aux** *a*

**Jelačić de Bužim Josip (comte)** (Peterwardein, auj. Petrovaradin, 1801 – Zagreb, 1859), général croate, au service de l'Autriche. Il participa, avec Alfred Windischgraetz, à l'écrasement de la révolution hongroise (1848).

**Jelev** → **Želev.**

**Jelgava** → **Ielgava.**

**Jelinek Elfriede** (Mürzzuschlag, 1946), romancière autrichienne, iconoclaste et provocatrice. *La pianiste.* Prix Nobel 2004.

**Jellicoe John Rushworth (lord)** (Southampton, 1859 – Londres, 1935), amiral britannique. Il s'illustra lors de la bataille du Jutland (juin 1916) et dirigea l'Amirauté (1917).

**Jellicoe Patricia Ann** (Middlesborough, Yorkshire, 1927), dramaturge anglaise : *The Knack* (*le Truc,* 1961), *Shelley* (1965).

**Jemappes** (anc. *Jemmapes*), anc. com. de Belgique (Hainaut), sur le canal de Condé, auj. intégrée à Mons. Centre industriel. – Victoire de Dumouriez sur les Autrichiens (6 nov. 1792).

**je-m'en-fichisme** *nm* fam, péjor Insouciance blâmable, laisser-aller. PLUR je-m'en-fichismes. VAR **je-m'en-foutisme** DER **je-m'en-fichiste** ou **je-m'en-foutiste** *a, n*

**je-ne-sais-quoi** *nm inv* Chose indéfinissable. *Son charme tient à un je-ne-sais-quoi.*

**Jenner Edward** (Berkeley, Gloucestershire, 1749 – id., 1823), médecin anglais. Il fit le rapprochement entre la vaccine et la variole, et pratiqua la première vaccination. DER **jennérien, enne** *a*

**Jenney** William Le Baron (Fairhaven, Massachusetts, 1832 – Los Angeles, 1907), architecte américain ; l'un des promoteurs de l'école architecturale de Chicago.

**jenny** *nf* TECH Machine à filer le coton. ETY Mot angl.

**Jensen** Wilhelm (Heiligenhafen, Holstein, 1837 – Thallkirchen, Bavière, 1911), écrivain allemand. Sa nouvelle *la Gradiva* (1903) onirique, a été étudiée par Freud (1907).

**Jensen** Johannes Vilhelm (Farsø, Jylland, 1873 – Copenhague, 1950), écrivain danois. Romans : *Einar Elkaer* (1898), *Gudrun* (1936). Histoire romancée : *le Long Voyage* (1908-1922). Essais : *Mythes* (1907-1944). P. Nobel 1944.

**Jensen** Hans (Hambourg, 1907 – Heidelberg, 1973), physicien allemand ; il montra la structure en couches des noyaux atomiques. P. Nobel 1963 avec M. Goeppert-Mayer et E. Wigener.

**Jephté** (XII$^{e}$ s. av. J.-C.), juge d'Israël qui délivra son peuple du joug des Ammonites. Il fit le vœu d'offrir à Dieu la première personne qu'il rencontrerait après sa victoire. Ce fut sa fille : il la sacrifia.

**jérémiade** *nf* fam (le plus souvent au plur.) Lamentation continuelle, plainte geignarde et inopportune. ETY De *Jérémie*, à cause du poème des *Lamentations*.

**Jérémie** (Anatot, v. 645 – Égypte, v. 580 av. J.-C.), prophète juif, l'un des trois grands prophètes de la Bible. Il assista à la disparition du royaume de Juda et du Temple. Le livre biblique des Prophéties de Jérémie (52 chapitres) comprend une partie biographique, peut-être rédigée par Baruch, son secrétaire. Les poèmes des *Lamentations*, postérieurs à la ruine de Jérusalem (587 av. J.-C.), sont d'un auteur non identifié.

**jerez** → **xérès.**

**Jerez de la Frontera** v. d'Espagne (prov. de Cadix) ; 185 000 hab. Vins (xérès, sherry, manzanilla). – Alcazar (XI$^{e}$-XIII$^{e}$ s.).

**Jéricho** (en ar. *Ariḥā*), v. de Cisjordanie (prov. de Jérusalem) ; env. 65 000 hab. Gisements de phosphates. – Très anc. cité dont il reste une enceinte cyclopéenne remontant au VII$^{e}$ millénaire, prise par les Hébreux que commandait Josué (les murailles se seraient écroulées au son des trompettes, XIV$^{e}$-déb. XIII$^{e}$ s. av. J.-C.). – Occupée par Israël depuis 1967, Jéricho a obtenu en 1994, avec Gaza, la possibilité de s'administrer. (V. Palestine.)

**jerk** *nm* Danse des années soixante, qui consiste à agiter le corps et les membres de secousses rythmiques. PHO [dʒɛʀk] ETY Mot angl.

**Jerne** Niels Kaj (Londres, 1911 – Castillon-du-Gard, Gard, 1994), biologiste danois. P. Nobel de médecine 1984 avec C. Milstein et G. Köhler pour avoir mis au point la production artificielle d'anticorps.

**jéroboam** *nm* Bouteille de vin ou de champagne dont la contenance est égale au quadruple de celle de la bouteille normale, soit 3 l. PHO [ʒeʀɔbɔam] ETY Du n. pr.

**Jéroboam I$^{er}$** (mort en 910 avant J.-C.), premier roi d'Israël (930 à 910), idolâtre. — **Jéroboam II** (mort en 743 avant J.-C.), roi d'Israël (783 à 743 avant J.-C.), idolâtre ; il étendit ses États.

**Jérôme** (saint) (en latin *Sophronius Eusebius Hieronymus*) (Stridon, Slovénie, v. 347 – Bethléem, v. 420), Père et docteur de l'Église, auteur de la trad. latine des Écritures qu'on appelle la Vulgate. Nombreux ouvrages d'histoire ecclés., traités, lettres, etc.

**Jérôme Bonaparte** Napoléon Joseph Charles Paul, dit le prince Jérôme (Trieste, 1822 – Rome, 1891), fils de Jérôme Bonaparte, sénateur du Second Empire, puis ministre des Colonies (1858) ; connu pour ses idées libérales.

**Jérôme de Prague** (Prague, v. 1380 – Constance, 1416), réformateur religieux ; disciple de Jan Hus. Il mourut sur le bûcher.

**Jerome K. Jerome** Jerome Klapka, dit (Walsall, 1859 – Northampton, 1927), écrivain humoriste anglais : *Loisirs d'un oisif* (1889), *Trois Hommes dans un bateau* (1889).

**jerricane** *nm* Réservoir parallélépipédique portatif, contenant env. 20 litres. ETY De l'angl. *Jerry*, surnom donné par les Américains aux Allemands, et *can*, « récipient ». VAR **jerrycan**

**jersey** *nm* **1** Tissu élastique de laine, de fil ou de soie. **2** Corsage, tricot moulant le buste, fait avec ce tissu. PHO [ʒɛʀzɛ]

**Jersey** la plus grande des îles Anglo-Normandes (Manche) ; 116 km$^2$ ; 84 080 hab. ; ch.-l. *Saint-Hélier*. Le climat favorise les cult. maraîchères et florales, et l'élevage. Tourisme. L'île jouit d'un statut d'autonomie dans le cadre de la communauté britannique. DER **jersiais, aise** *a, n*

**Jersey City** v. des É.-U. (New Jersey), séparée de la ville de New York par l'Hudson ; 223 000 hab. Centre industriel.

**jersiais, aise** *a, n* Se dit d'une race bovine de petite taille mais très bonne laitière. PHO [ʒɛʀzjɛ, ʒɛʀzjɛz]

**Jérusalem** (en ar. *al-Quds*, en hébreu *Yerushalaïm*, « la Ville de la paix »), v. sainte de Palestine ; 630 000 hab. (aggl.). Partagée en 1948 entre la Jordanie et Israël, elle fut proclamée capitale de l'État d'Israël le 23 janv. 1950 ; ce statut est contesté par une partie de la communauté internationale. La ville anc., construite sur deux collines séparées du mont des Oliviers par le torrent du Cédron, domine les quartiers modernes du N. et de l'O., qu'animent des activités industr. variées. Mais Jérusalem est surtout un centre culturel (université hébraïque) et religieux. DER **hiérosolymitain, aine** *a, n*

**Histoire** Antique cité remontant au III$^{e}$ millénaire, Jérusalem n'entre véritablement dans l'hist. du peuple juif qu'avec David (X$^{e}$ s. av. J.-C.), qui la conquiert sur les Jébuséens, en fait sa cap. et y installe l'*Arche d'alliance*. Salomon l'embellit (construction du Temple, d'un palais royal, etc.). Le schisme des tribus du N. en fait la cap. du royaume de Juda, mais elle est ravagée par les Babyloniens (586 av. J.-C., destruction du temple de Salomon). Au I$^{er}$ s. av. J.-C., Hérode fait construire un temple dont il ne reste auj. qu'une partie de l'enceinte : le *Mur des lamentations*. En 70 apr. J.-C., Titus prend la ville, l'incendie et l'intègre à l'Empire romain. Lieu de la mort du Christ, elle attire, dès le II$^{e}$ s., de nombr. pèlerins chrétiens. L'occupation arabe (638) et la construction, au VII$^{e}$ s., de la Coupole du Rocher (souvent dite, improprement, mosquée d'Omar), à l'emplacement du Temple, en fait le lieu sacré de la 3$^{e}$ religion monothéiste : l'islam.

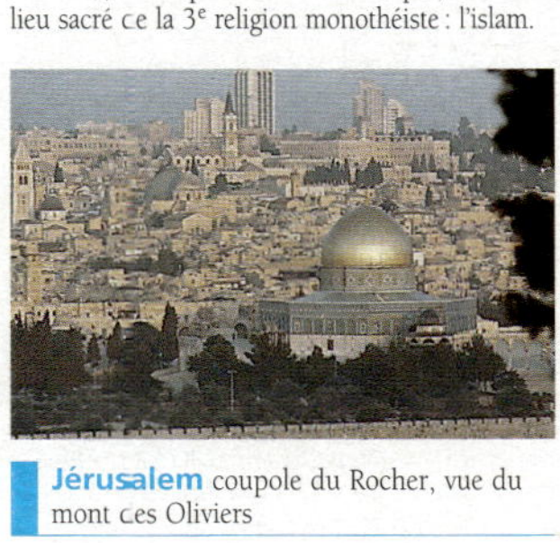

**Jérusalem** coupole du Rocher, vue du mont des Oliviers

**Jérusalem** (royaume latin de) État fondé en 1099, lors de la I$^{re}$ croisade, par Godefroy de Bouillon et détruit par Saladin I$^{er}$ en 1187.

**Jérusalem délivrée (la)** poème épique en 20 chants de Tasse (1581), qui en donna en 1593 une version remaniée en 24 chants : *la Jérusalem conquise*.

**Jespersen** Otto (Randers, 1860 – Copenhague, 1943), linguiste danois ; créateur d'une langue artificielle internationale, le *novial*.

**Jessé** petit-fils de Booz et père de David, donc ancêtre de Jésus. (V. Arbre de Jessé.)

**jésuite** *nm, a* **1** Relatif à un membre de la Compagnie de Jésus. *Un père jésuite. Méthode jésuite.* **2** péjor Se dit d'une personne hypocrite et astucieuse. LOC ART ***Style jésuite :*** style architectural baroque qui apparut en France à l'époque de la Contre-Réforme catholique.

**jésuitisme** *nm* **1** Système de conduite que l'on prête aux jésuites. **2** péjor Hypocrisie, fourberie dans la façon d'agir ou de répondre. DER **jésuitique** *a* – **jésuitiquement** *av*

**jésus** *nm* **1** Représentation de l'Enfant Jésus. **2** Format de papier, qui portait en filigrane le monogramme de Jésus, I.H.S. **3** Saucisson gros et court, fabriqué notam. en Alsace, dans le Jura, en Suisse.

**Jésus-Christ** (Jésus, forme grecque du nom hébr. *Josué*, signif. *Dieu sauve ;* Christ, du mot gr. *Khristos*, signifie *oint*) fondateur de la relig. chrétienne. Jésus est né à Bethléem, non pas en l'an 753 de Rome (chronologie usuelle), mais quelques années auparavant, v. 5 ou 4 av. le déb. de l'ère chrétienne. Sa prédication, transmise dans les Évangiles, paraît avoir duré trois ans. On ne connaît rien de sa vie entre sa douzième et sa trentième année. Il fut condamné à mort et crucifié à Jérusalem le vendredi 14 du mois de nisan (7 avril) de l'an 30, ou bien le 3 avril 33. Selon les Évangiles, Jésus est le Sauveur, le Fils de Dieu, le Messie, annoncé par les prophètes, et la deuxième personne de la Trinité. Conçu par l'opération du Saint-Esprit dans le sein de la Vierge Marie, épouse de Joseph, il vint au monde dans une étable de Bethléem. Pour le soustraire au massacre des nouveau-nés ordonné par le roi Hérode, ses parents l'emmenèrent en Égypte. Quelques années plus tard, la famille s'établit à Nazareth, en Galilée. Jean-Baptiste, le Précurseur, donne à Jésus le baptême et le désigne à la foule comme le Messie. Jésus parcourt alors la Galilée et la Judée, prêchant une éthique qui se veut plus universelle que celle du judaïsme de l'époque : « Aimez-vous les uns les autres » ; « Dieu est Amour, annoncez la *bonne nouvelle* (en gr. *euaggelion*, d'où *évangile*) au monde », demandera-t-il à ses disciples. Sans rompre avec le judaïsme, il développe des thèmes nouveaux (la rédemption, notam.). S'adressant aux humbles, il utilise des paraboles. Il opère des miracles. Simon (le futur saint Pierre) et onze autres disciples seront ses apôtres. De retour à Jérusalem, Jésus voit se dresser contre lui les prêtres, les pharisiens, etc. Trahi par l'un de ses apôtres, Judas, il est amené devant le grand prêtre Caïphe, qui le condamne à mort comme blasphémateur pour s'être déclaré fils de Dieu. Ponce Pilate, procurateur romain de Judée, se refuse à confirmer cet arrêt, tout en abandonnant Jésus à son sort. Celui-ci est crucifié sur le mont Calvaire (Golgotha) entre deux larrons. Détaché de la croix, il est enseveli. Le troisième jour après sa mort, un dimanche matin (le jour de Pâques des chrétiens), le tombeau est vide ; ensuite, Jésus apparaît plusieurs fois à ses disciples pour leur donner diverses instructions. Quarante jours après sa résurrection, il monte au ciel (Ascension), apparaissant pour adresser un dernier message : il ne demande pas qu'on l'imite servilement, mais il laisse sa Parole et son Esprit. VAR **Jésus**

▶ illustr. p. 860

**Jésus (Compagnie de)** en lat. *Societas Jesu*, d'où le nom de *Société* qu'on donne aussi, parfois, à cet ordre de clercs réguliers fondé en 1540 par Ignace de Loyola (1534, premiers vœux à Montmartre ; 1540, approbation des statuts par le pape Paul III). Les jésuites font vœu de chasteté, de pauvreté et d'obéissance. À la tête de la Compagnie, très structurée, se trouve un « préposé général » élu à vie. Les jésuites se consacrent princ. à l'apostolat et à l'enseignement. Ils ont étendu leur action au Japon (François Xavier), à la Chine (père Ricci), à l'Amérique latine, au Canada.

**1 jet** *nm* **1** Action de jeter, de lancer. *Jet d'une balle.* **2** Émission d'un fluide sous pression. *Jet de vapeur.* **3** TECH Action de couler dans le moule le métal en fusion. **4** SYLVIC Pousse droite et vigoureuse. **LOC** ***Arme de jet*** : servant à lancer (arc, fronde, etc.) ou qu'on lance (javelot, flèche). — ***D'un (seul) jet*** : d'une seule coulée du métal en fusion dans le moule ; fig d'une seule traite, sans arrêt. — ***Jet d'eau*** : gerbe d'eau projetée verticalement par une fontaine ; CONSTR traverse inférieure d'un vantail de fenêtre, façonnée de manière à rejeter l'eau de pluie vers l'extérieur. — ***Premier jet*** : essai, ébauche. (PHO) [ʒɛ]

**2 jet** *nm* Avion à réaction. (PHO) [dʒɛt] (ETY) Mot angl.

**jetable** *a, nm* Conçu pour être jeté après utilisation. (ETY) De l'angl.

**jetage** *a, nm* VETER Mucosité qui s'écoule par les naseaux des animaux atteints de la morve, de la gourme.

**1 jeté** *nm* **1** En haltérophilie, deuxième phase de l'épaulé-jeté. **2** CHOREGR Saut lancé par une jambe et reçu par l'autre. **3** Pièce de tissu destinée à recouvrir un lit, une table, etc. **4** COUT Fil que l'on passe sur l'aiguille sans le tricoter. **LOC** CHOREGR ***Jeté battu*** : où les jambes se croisent pendant le saut.

**2 jeté, ée** *a* fam Fou, cinglé.

**jetée** *nf* **1** Construction s'avançant dans la mer ou dans un fleuve, destinée à limiter le chenal d'accès à un port, à diriger le courant, à permettre l'accostage des navires, etc. **2** Construction allongée qui relie le corps d'une aérogare à un poste de stationnement d'avion.

**jeter** *v* ⑳ **A** *vt* **1** Lancer. *Jeter des pierres.* **2** Faire tomber ou laisser tomber. *Jeter des objets par la fenêtre.* **3** Se débarrasser de, mettre au rebut. *Jeter de vieux papiers.* **4** Renverser. *Jeter qqn à terre.* **5** Émettre, envoyer en faisant sortir de soi. *Jeter un cri.* **6** Pousser, porter avec force vers. *Épaves que les vagues jettent sur la grève.* **7** Asseoir, établir, poser. *Jeter les bases de qqch.* **8** Construire une passerelle, un pont. **9** Mettre, déposer en hâte ou négligemment sur. *Jeter un châle sur ses épaules.* **B** *vpr* **1** Se précipiter, se porter vivement vers, dans, contre, etc. *Il s'est jeté sur moi. Se jeter dans les bras, au cou de qqn.* **2** Confluer avec, en parlant d'un cours d'eau. *La Saône se jette dans le Rhône à Lyon.* **LOC** fam ***En jeter*** : avoir de l'allure, faire grosse impression. — litt ***Jeter bas qqch*** : le démolir. — ***Jeter l'éponge*** : pour un boxeur, abandonner le combat ; fig renoncer, capituler. — ***Jeter les hauts cris*** : se récrier hautement, s'indigner.

*Jésus apparaît à Madeleine*, tableau de Véronèse – Grenoble

*le Serment du Jeu de paume*, d'après Jacques Louis David – musée Carnavalet, Paris

— fam ***Se faire jeter*** : se faire renvoyer, exclure, rabrouer. — ***Se jeter à la tête de qqn*** : lui faire des avances, s'imposer à lui. — fam ***S'en jeter un*** : boire un verre. (ETY) Du lat.

**jeteur, euse** *n* **LOC** ***Jeteur (euse), de sort*** : personne censée envoûter en jetant un sort.

**jetlag** *nm* Troubles causés par le décalage horaire, induits par les longs voyages aériens. (PHO) [dʒɛtlag] (ETY) Mot angl.

**jeton** *nm* **1** Pièce plate et ronde, symbolisant une valeur quelconque ou servant à faire fonctionner une machine automatique. *Jeton de téléphone.* **2** fam Coup. *Recevoir un jeton.* **LOC** fam ***Avoir les jetons*** : avoir peur. — fam ***Faux jeton*** : fourbe, hypocrite. — ***Jeton de présence*** : indemnisation qui rémunère les administrateurs d'une société présents aux séances du conseil d'administration. (ETY) De *jeter*, « calculer ».

**jet-set** *nf* Ensemble des personnes de la vie mondaine ou des affaires internationales. (PHO) [dʒɛtsɛt] (ETY) De l'angl. *jet 2.* (VAR) **jet-society**

**jetsetteur, euse** *n* Membre de la jet-set. (VAR) **jetsetter**

**jetski** *nm* Petite embarcation propulsée par un moteur à turbine, se pilotant debout ; sport pratiqué au moyen de cet engin. (PHO) [dʒɛtski] (ETY) Nom déposé.

**jet-stream** *nm* METEO Vent très rapide circulant en altitude (10 à 15 km). SYN courant-jet. PLUR jet-streams. (PHO) [dʒɛtstʀim] (ETY) Mots angl.

**jeu** *nm* **1** Activité intellectuelle ou gestuelle qui n'a d'autre fin que l'amusement de la personne qui s'y livre. *Jeux de société.* **2** Cette activité en tant qu'elle est soumise à certaines règles. *Jeu télévisé.* **3** Chez les anciens Grecs, concours sportif. **4** Chez les Romains, spectacle du cirque (combats de gladiateurs, etc.). **5** TENNIS Chacune des parties d'un set. **6** Ensemble d'objets qui servent à jouer. *Jeu de cartes, de dames.* **7** Ensemble des cartes qu'un joueur a en main. *Avoir un beau jeu.* **8** Lieu où l'on joue. *Un vaste jeu de boules.* **9** Assortiment d'objets, de pièces de même nature. *Un jeu de clefs.* **10** Manière dont un acteur interprète son rôle. **11** Manière de jouer d'un instrument de musique. *Un excellent jeu d'archet.* **12** fig Manière de faire, méthode. *Jeu d'un avocat.* **13** Mouvement d'un organe, d'un mécanisme qui tend à produire un effet. *Le jeu d'un ressort.* **14** fig Fonctionnement. *Le jeu des institutions.* **15** Espace nécessaire au mouvement de deux pièces. *Donner du jeu à un mécanisme.* **16** LITTER Pièce en vers du Moyen Âge. **LOC** ***Avoir beau jeu de, à*** : être dans des circonstances favorables pour. — ***D'entrée de jeu*** : dès le début. — ***Entrer dans le jeu de qqn*** : s'associer à sa manière d'agir. — ***Entrer en jeu*** : commencer à jouer ; fig intervenir. — ***Être en jeu*** : en cause. — fam ***Être vieux jeu*** : démodé. — ***Faire le jeu de qqn*** : agir sans le vouloir dans son intérêt. — ***Jeu d'eau, de lumière*** : diversité des formes que l'on fait prendre à des jets d'eau ou variété d'éclairages destinées à produire un effet esthétique. — SPORT ***Jeu décisif*** : syn. (recommandé) de *tie-break*. — COMPTA ***Jeu d'écritures*** : procédé qui consiste à passer des écritures purement formelles. — ***Jeu d'enfant*** : chose très facile à faire. — ***Jeu de scène*** : mouvement des acteurs. — ***Jeu d'orgue(s)*** : série de tuyaux de même nature, ayant le même timbre. — ***Jeux d'arcade(s)*** : ensemble diversifié de jeux payants (flippers, jeux video) installé dans un lieu public. — ***Maison de jeu(x)*** : où l'on joue à des jeux de hasard pour de l'argent. — ***Mettre en jeu*** : faire intervenir. — MATH ***Théorie des jeux*** : partie de la recherche opérationnelle qui étudie les stratégies en les assimilant à celles de joueurs qui s'affrontent. (ETY) Du lat. *jocus*, « plaisanterie ».

ENC En 1921, Émile Borel entreprit d'établir une *théorie des jeux* où l'intelligence des joueurs intervient (échecs, dames). En 1928, Johann von Neumann énonça le « théorème du minimax » : dans tout duel stratégique fini, les espérances des deux adversaires sont égales. La parution en 1944 de l'ouvrage de J. von Neumann et O. Morgenstern, *la Théorie des jeux et le comportement économique* donna un grand développement à cette théorie, qui peut être appliquée à des problèmes militaires, économiques, politiques, notam. par des moyens informatiques.

**Jeu d'Adam** le prem. drame écrit en français (v. 1150-1170), à caractère semi-liturgique.

**Jeu de l'amour et du hasard (le)** comédie en 3 actes de Marivaux (1730).

**Jeu de la feuillée** drame d'Adam de La Halle (1276), empreint de merveilleux.

**Jeu de paume (serment du)** serment solennel, prêté le 20 juin 1789 à Versailles (dans une salle ordinairement réservée au jeu de paume) par les députés du tiers état, qui s'engageaient à ne pas se séparer avant d'avoir donné une Constitution à la France.

**Jeu de paume (galerie nationale du)** anc. annexe du Louvre (à l'emplacement de l'anc. jeu de paume, auj. dans le jardin des Tuileries), consacrée à des expositions temporaires d'art contemporain.

**Jeu de Robin et Marion** idylle pastorale d'Adam de La Halle (1275).

**Jeu de saint Nicolas** drame de Jean Bodel (v. 1200), empreint de merveilleux.

**jeudi** *nm* Quatrième jour de la semaine, qui suit le mercredi. **LOC** ***Jeudi saint*** : le jeudi qui précède le dimanche de Pâques. — fam ***La semaine des quatre jeudis*** : jamais. (ETY) Du lat. *Jovis dies*, « jour de Jupiter ».

**Jeumont** com. du Nord (arr. d'Avesnes-sur-Helpe), sur la Sambre ; 10 775 hab. Industries. (DER) **jeumontois, oise** *a, n*

**jeun (à)** *av* Sans avoir mangé. *Prendre un médicament à jeun.* PHO [aʒœ̃] ETY Du lat.

**jeune** *a, n* **A** *a* **1** Qui n'est pas avancé en âge. *Un jeune homme.* **2** Par oppos. à *aîné* et à *ancien. Pline le Jeune.* **3** Propre à la jeunesse, juvénile. *Garder un cœur jeune.* **4** Qui est composé de jeunes gens, de jeunes filles. *Un public jeune.* **5** Qui n'a pas beaucoup d'ancienneté. *Être jeune dans le métier.* **6** Se dit d'un animal, d'une plante, d'une chose peu âgé, récent, nouveau. *Un jeune chien. Vin jeune.* **B** *n* **1** Personne jeune. **2** Animal non encore adulte. LOC THEAT ***Jeune premier, jeune première :*** comédien, comédienne jouant des rôles importants (premiers rôles) de jeunes gens. — ***Le jeune âge :*** la jeunesse. — fam ***Un peu jeune :*** un peu insuffisant. ETY Du lat.

**Jeune Captive (la)** ode de Chénier (posth., 1794). Aimée Franquetot de Coigny (1769-1820), incarcérée, comme Chénier, en 1794, mais libérée apr. le 9 Thermidor (27 juil.), en est l'héroïne.

**Jeune Parque (la)** poème (512 vers) de Valéry (1917).

**jeûner** *vi* 1 **1** Être privé de nourriture. **2** S'abstenir de nourriture, partic. pour des motifs religieux. PHO [ʒøne] ETY Du lat. VAR **jeuner** DER **jeûne** *nm* – **jeûneur** ou **jeuneur, euse** *n*

**Jeunes Gens en colère** (angl. *Angry Young Men*), mouvement litt. britannique (1955-1965) qui contestait les valeurs traditionnelles de la G.-B. Princ. représentant : J. Osborne.

**jeunesse** *nf* **1** Partie de la vie comprise entre l'enfance et l'âge mûr. **2** Période de développement d'un animal, d'une plante, d'une chose. **3** Ensemble des personnes jeunes. **4** fam Jeune fille ou femme très jeune. *Il a épousé une jeunesse.* **5** Fraîcheur, vigueur. *Une œuvre pleine de jeunesse.* LOC ***Il faut que jeunesse se passe :*** il faut être indulgent pour les fautes dues à la vivacité, à l'inexpérience des jeunes gens. — ***La première jeunesse :*** l'adolescence.

**Jeunesses musicales de France (JMF)** mouvement créé en 1939 par des mélomanes pour promouvoir l'amour de la mus. classique dans les milieux populaires.

**Jeunes-Turcs** membres de la société Jeune-Turquie. – On appelle aussi Jeunes-Turcs les membres du groupe Union et Progrès qui ont fomenté la révolution de palais de 1909 et poussé la Turquie à participer à la Première Guerre mondiale au côté de l'Allemagne.

**Jeunet** Jean-Pierre (Roanne, 1953), réalisateur et scénariste français : *Delicatessen* (1991), *Le fabuleux destin d'Amélie Poulain* (2001).

**Jeune-Turquie** société secrète ottomane, fondée par Midhat pacha en 1868 et dont l'objectif était d'adapter à l'islam des institutions politiques et sociales européennes.

**jeunet, ette** *a* fam Tout jeune.

**jeunisme** *n* Idéologie qui exalte la jeunesse. DER **jeuniste** *a*

**jeunot, otte** *a, nm* **A** *a* fam Jeune. **B** *nm* Jeune homme.

**Jeux** ballet en un acte de Debussy (1913).

**jeux Floraux** concours de poésie organisé chaque année à Toulouse et à Barcelone depuis 1323.

**Jeux interdits** film de René Clément (1951) avec Brigitte Fossey (née en 1947) et Georges Poujouly (1940 – 2000).

**jeux Olympiques → olympique.**

**Jevons** William Stanley (Liverpool, 1835 – Bexhill, 1882), économiste anglais, adepte du marginalisme.

**Jézabel** (IX$^{e}$ s. av. J.-C.), femme d'Achab, roi d'Israël, et mère d'Athalie. Elle fut défenestrée et Jéhu fit jeter son cadavre aux chiens.

**Jhelum (la)** riv. du Cachemire et du Pākistān (720 km) ; née dans l'Himalaya, au pied du col de Banihāl, elle se jette dans la Chenāb (r. dr.). Hydroélectricité. VAR **Jhelum**

**Jiang Jieshi → Tchang Kaï-chek.**

**Jiang Jingguo → Tchang Kaï-chek (Tchang King-kouo).**

**Jiang Qing** (Zhuchang, 1914 – Pékin, 1991), femme politique chinoise. Actrice, épouse de Mao Zedong, elle et ses alliés de la « Bande des Quatre » furent arrêtés en 1976 après la mort de Mao. Condamnée à mort (1980), graciée, elle mourut en prison.

**Jiangsu** prov. maritime de la Chine orientale, 102 000 $km^2$ ; 62 130 000 hab. ; cap. *Nankin* ; v. princ. *Shanghai.* Arrosé au S. par le Yangzijiang et par la Huai, parsemé de lacs et de canaux, le Jiangsu est une riche terre agric. densément peuplée.

**Jiangxi** prov. du S.-E. de la Chine ; 164 800 $km^2$ ; 34 600 000 hab. ; cap. *Nanchang.* Rég. montagneuse arrosée au N. par le Yangzijiang, le Jiangxi renferme de la houille et du tungstène, et produit riz, coton et thé.

**Jiang Zemin** (Yangzhou, 1926), homme politique chinois. Secrétaire général du Parti communiste chinois (1989-2002), président de la République (1993-2003), il occupe la première place après la mort de Deng Xiaoping.

**Jiaozhou** anc. possession allemande en Chine (Shandong) ; acquise en 1898 (avec le port de Qingdao), elle fut prise par les Japonais en 1914 et restituée à la Chine en 1922.

**jiaozi** *nm* Ravioli en demi-lune, consommé en partic. lors du Nouvel an chinois. ETY Mot chinois.

**jihad → djihad.**

**Jijel** (anc. *Djidjelli*), v. et port d'Algérie ; 69 270 hab. ; ch.-l. de wilaya. Stat. balnéaire.

**jilbab** *nm* Longue robe traditionnelle portée par certaines femmes musulmanes, qui ne laisse apparaître que les mains et le visage.

**Jilin** v. de la Chine du N.-E. située dans la prov. du m. nom ; 2,3 millions d'hab. (aggl.). Centre industriel. – La *prov. de Jilin* a 290 000 $km^2$ et 22 980 000 hab. ; ch.-l. *Changchun.* Gisements de houille et de fer. VAR **Kirin**

**Jilong** ville et port du N. de Taiwan ; 324 040 hab. VAR **Keelung**

**Jiménez** Juan Ramón (Moguer, Huelva, 1881 – San Juan, Porto Rico, 1958), poète espagnol, lyrique et spiritualiste : *Éternités* (1917), *Unité* (1925). Prix Nobel de littérature 1956.

**Jinan** v. de Chine, cap. du Shandong, près du Huanghe ; 2 700 000 hab. (aggl.). Centre industriel.

**Jing** (littéral. la « trame »), ensemble de textes chinois rédigés du XI$^{e}$ au III$^{e}$ s. av. J.-C. Les principaux sont au nombre de cinq : le *Yi-jing*, ou Classique des divinations ; le *Shujing*, ou Classique des documents ; le *Shijing*, ou Classique des odes ; le *Lijing*, ou Livre des rites ; le *Chunqiu*, ou Chronique des printemps et des automnes. VAR **King**

**jingle** *nm* Courte phrase musicale associée à un slogan publicitaire. SYN (recommandé) sonal. PHO [dʒiŋgœl] ETY Mot angl.

**Jinja** ville de l'Ouganda, ch.-l. du distr. du m. nom ; 60 000 hab. Centre industriel.

**Jinmen → Quemoy.**

**Jinnah** Mohammed 'Alī (Karāchi, 1876 – id., 1948), homme politique pakistanais. Chef de la Ligue musulmane, il contribua à la création du Pākistān, qu'il dirigea (1947-1948).

**Jinzhou** v. du N.-E. de la Chine (Liaoning) ; 4 448 460 hab. (aggl.). Industr. textiles.

**Jitomir → Jytomir.**

**jitterburg** *nm* Aux États-Unis, avant 1940, danse au rythme rapide et syncopé. ETY Mot amér.

**Jiu (le)** riv. de Roumanie (300 km), affl. du Danube (r. g.) ; naît dans les Carpates mérid.

**jiu-jitsu → jujitsu.**

**Jivaros** Indiens vivant en Amazonie (versant oriental des Andes, sur l'équateur), connus pour leur coutume de réduire la tête de leurs ennemis tués. DER **jivaro** *a*

**Jivkov → Živkov.**

**JLD** *n* Abrév. de *juge des libertés et de la détention.*

**JMF** Sigle de *Jeunesses musicales de France.*

**JO** *nm* **A** Journal officiel. **B** *nm pl* Jeux Olympiques. PHO [ʒio]

**Joab** (X$^{e}$ s. av. J.-C.), général et neveu de David. Il tua son rival, Abner, puis le fils de David, Absalon, qui s'était révolté. David le fit assassiner par Salomon.

**Joachaz** (IX$^{e}$-VIII$^{e}$ s. av. J.-C.), roi d'Israël (814 à 798), fils et successeur de Jéhu.

**Joachaz** (VII$^{e}$ s. av. J.-C.), roi de Juda, fils et successeur de Josias ; détrôné et emmené captif en Égypte par le pharaon Néchao II.

**Joachim (saint)** selon la tradition, époux de sainte Anne et père de la Vierge Marie.

**Joachim I$^{er}$** (fin du VII$^{e}$ siècle avant J.-C.), roi de Juda ; fils de Josias et successeur de Joachaz. VAR **Éliacim — Joachim II** (début du VI$^{e}$ siècle avant J.-C.), fils du préc. ; dernier roi de Juda (598-597 avant J.-C.), emmené en captivité par Nabuchodonosor.

**Joachim** Joszef (Kittsee, 1831 – Berlin, 1907), violoniste et chef d'orchestre allemand d'origine hongroise ; pédagogue influent.

**Joachim de Flore** (Celico, Calabre, v. 1130 – San Giovanni in Fiore, 1202), mystique italien. Selon sa doctrine, le règne du Saint-Esprit devait succéder au règne du Fils, qui avait lui-même dépassé le règne du Père.

**Joad** (IX$^{e}$ s. av. J.-C.), grand prêtre des Juifs. Il détrôna et fit périr Athalie pour que Joas règne.

**joaillerie** *nf* **1** Art du joaillier. **2** Commerce du joaillier. **3** Articles fabriqués ou vendus par le joaillier. **4** Boutique du joaillier. PHO [ʒɔajʀi]

**joaillier, ère** *n, a* **A** *n* Personne qui travaille les joyaux, ou en fait le commerce. **B** *a* Qui concerne la joaillerie. VAR **joailler, ère**

**Joanne** Adolphe (Dijon, 1813 – Paris, 1881), auteur français de guides. En 1910, les *guides Joanne* devinrent les *Guides bleus.*

**João Pessoa** v. et port du N.-E. du Brésil, à l'embouchure du Paraíba ; 397 720 hab. ; cap. de l'État de Paraíba. Industries. – Université.

**Joas** (v. 835 – 796 av. J.-C.), roi de Juda, fils d'Ochosias et petit-fils d'Athalie ; placé sur le trône de Juda par Joad. Il périt assassiné.

**Joas** roi d'Israël (v. 796 – 783 av. J.-C.), fils et successeur de Joachaz.

**job** *nm, (nf au Canada)* fam **1** Emploi rémunéré. *Chercher un job.* **2** Occupation importante, poste de responsabilité. PHO [dʒɔb] ETY Mot angl.

**Job** personnage de la Bible. Dieu l'ayant accablé de malheurs, il se révolta, puis il accepta sa misère, de sorte que Dieu lui rendit la prospérité. Le *Livre de Job* (V$^{e}$ s. av. J.-C.), livre de « sagesse », est un magnifique poème.

**jobarder** *vt* 1 fam Tromper, duper.

**jobarderie** *nf* fam Crédulité, naïveté confinant à la niaiserie. ETY De *Job*, personnage biblique. VAR **jobardise** DER **jobard, arde** *a, n*

**Jobim** Antonio Carlos (Rio de Janeiro, 1927 – New York, 1994), auteur-compositeur brésilien, l'un des fondateurs de la bossa-nova.

**jobiste** *n* **Belgique fam** Personne qui exerce ou qui recherche un emploi temporaire.

**Jobourg (nez de)** promontoire rocheux situé à côté de la petite stat. baln. de Jobourg (Manche), en face de l'île d'Aurigny.

**Jobs** Steve (San Francisco, 1955 – Palo Alto, Californie, 2011), homme d'affaires américain. Il a créé la société Apple en 1976.

**JOC** Sigle pour *Jeunesse ouvrière chrétienne.* Mouvement d'action catholique fondé en Belgique par l'abbé Joseph Cardijn (1925), et en France, à Clichy (1927), par l'abbé Guérin. DER **260jociste** *a, n*

**Jocaste** dans la myth. gr., femme de Laïos, roi de Thèbes, et mère d'Œdipe, qu'elle épousa après la mort de Laïos, ignorant qu'il était son fils. D'après Sophocle, elle se pendit quand elle apprit la vérité.

**Jocelyn** poème romanesque en 9 époques de Lamartine (1836).

**Jōchō** (m. à Kyōto en 1057), sculpteur japonais, auteur du célèbre Bouddha Amida en bois laqué doré que renferme le temple du Byōdō-in de Uji (environs de Kyōto).

**jockey** *nm* Personne qui fait métier de monter les chevaux dans les courses. PHO [ʒɔkɛ] ETY Mot angl.

**Joconde (la)** peinture de Léonard de Vinci (v. 1503-1506, Louvre), portrait d'une dame (en laquelle on a vu Mona Lisa, l'épouse de Francesco del Giocondo) dont le sourire tranquille est à peine esquissé.

**jocrisse** *nm* **litt** Benêt qui se laisse gouverner. ETY Nom d'un personnage de théâtre.

**Jodelle** Étienne (Paris, 1532 – id., 1573), poète français ; un des membres de la Pléiade. Sa pièce, en décasyllabes *Cléopâtre captive* (1553) annonce la tragédie classique.

**Jodhpur** ville de l'Inde (Rājasthān) ; 649 000 hab. Industries. Centre commercial.

**Jodhpur** ancienne fortification

**jodhpurs** *nmpl* Pantalon de cheval, serré au-dessous du genou. PHO [ʒɔdpyʀ] ETY Mot angl., du n. pr.

**Jodl** Alfred (Würzburg, 1890 – Nuremberg, 1946), général allemand ; directeur des opérations de guerre de 1938 à 1945 ; condamné à mort par le tribunal de Nuremberg.

**jodler** *vi* ① Chanter à la manière des Tyroliens en vocalisant sans paroles, passant de la voix de poitrine à la voix de tête. PHO [jɔdle] ETY De l'all. VAR **iodler** ou **iouler** ou **yodler**

**Joël** (v. 400 av. J.-C.), un des 12 petits prophètes juifs. Le *Livre de Joël* décrit une invasion de sauterelles, puis annonce l'effusion de l'Esprit-Saint sur tous les juifs et le *Jour de Yahvé,* accompagné de prodiges cosmiques.

**Joffre** Joseph (Rivesaltes, 1852 – Paris, 1931), maréchal de France. Il remporta la victoire de la Marne (sept. 1914). Généralissime (1915), il fut remplacé par Nivelle et promu maréchal de France en déc. 1916. Acad. fr.

le maréchal Joffre

**jogger** *nm* Chaussure de jogging. PHO [dʒɔgœʀ]

**joggeur, euse** *n* Personne qui pratique le jogging. PHO [dʒɔgœʀ, øz]

**jogging** *nm* **1** Course à pied pratiquée pour se maintenir en forme. **2** Syn. de *survêtement.* PHO [dʒɔgiŋ] ETY Mot angl.

**Jogjakarta** v. d'Indonésie, dans l'île de Java ; 480 000 hab. ; ch.-l. de la prov. du m. nom. Centre industriel. Université.

**Johannesburg** v. d'Afrique du Sud (Witwatersrand) ; 3,6 millions d'hab. (aggl.). Première ville du pays par sa pop., Johannesburg en est le princ. centre économique.

**johannique** *a* RELIG Relatif à l'apôtre Jean, à l'Évangile de Jean. PHO [ʒɔanik] ETY Mot angl.

**Johannot** Tony (Offenbach, 1803 – Paris, 1852), peintre et graveur français, illustrateur de livres romantiques.

**John** Elton (Pinner, Middlesex, 1947), auteur-compositeur et chanteur britannique de pop music.

**John Bull** → **Bull.**

**Johnny Guitar** film de Nicholas Ray (1953) avec Sterling Hayden (1916-1986) et Joan Crawford.

**Johns** Jasper (Augusta, Géorgie, 1930), peintre et sculpteur américain. Créateur, avec R. Rauschenberg, du pop'art.

**Johnson** Samuel (Lichfield, 1709 – Londres, 1784), écrivain anglais : *Dictionnaire de la langue anglaise* (1755) ; *Vies des poètes anglais les plus célèbres* (1779-1881). Boswell écrivit sa biographie (1791-1793).

**Johnson** Andrew (Raleigh, Caroline du Nord, 1808 – Carter's Station, Tennessee, 1875), homme politique américain. Élu vice-président (républicain) des É.-U. en 1864, il succéda à Lincoln, assassiné en 1865.

**Johnson** James Weldon (Jacksonville, 1871 – Wiscasset, Maine, 1938), écrivain américain, attaché à la cause de ses frères noirs : *Élevez la voix et chantez* (1900), *les Trombones du Seigneur* (1927).

**Johnson** Philip (Cleveland, 1906 – New Canaan, Connect., 2005), architecte américain néo-classique : New York State Theater (1964).

**Johnson** Lyndon Baines (près de Stonewall, Texas, 1908 – San Antonio, id., 1973), homme politique américain. Élu vice-président (démocrate) des É.-U. en 1960, il succéda à J. F. Kennedy, assassiné en nov. 1963, et fut élu président en 1964. Il intensifia l'engagement militaire des É.-U. au Viêt-nam.

**Johnson** Daniel (Danville, Québec, 1915 – Barrage Manic 5, Manicouagan, 1968), homme politique québécois ; Premier ministre du Québec de 1966 à sa mort. — **Daniel** (Montréal, 1944), fils du préc., Premier ministre du Québec (janv.-sept. 1994). — **Pierre Marc** (Montréal, 1946), frère du préc., Premier ministre du Québec (oct.-déc. 1985).

**Johnson** Uwe (Cammin, Poméranie, 1934 – Sheerness, Angleterre, 1984), romancier allemand qui quitta la RDA pour la RFA : *la Frontière* (1959), *Deux Points de vue* (1965).

**Johnson** Earvin, dit Magic (Lansing, Michigan, 1959), basketteur américain. Il a dominé le jeu dans les années 1980-1990 au sein des *Los Angeles Lakers.*

**Johnson** Michael (Oak Cliff, Texas, 1967), athlète américain. Il a dominé le 200 m et le 400 m de 1991 à 1996.

**Johnson Sirleaf** Ellen (Monrovia, 1938), économiste et femme politique libérienne. Elle est élue prés. de la Rép. en 2006. Prix Nobel de la Paix (2011).

**Johore** État de Malaisie, au S. de la presqu'île de Malacca ; 18 985 km² ; 1 835 000 hab. ; cap. *Johore Bahru* (250 000 hab.). Productions : étain, bauxite, caoutchouc, ananas.

**joie** *nf* **A 1** État de satisfaction intense. *Cris de joie.* **2** Gaieté, bonne humeur. *La joie des convives.* **B** *nfpl* **1** Plaisirs, satisfactions. *Les joies de la vie.* **2** iron Ennuis, inconvénients. *Les joies du service militaire.* **LOC** ***Faire la joie de qqn :*** être pour lui un sujet de profonde satisfaction. — ***Se faire une joie de :*** se réjouir à l'idée de. ETY Du lat.

**joignable** *a* **fam** Qu'on peut joindre, en partic. par téléphone. DER **joignabilité** *nf*

**Joigny** ch.-l. de cant. de l'Yonne (arr. d'Auxerre) ; 10 767 hab. Vignoble. Deux églises et maisons des XV^e^ et XVI^e^ s. DER **jovinien, enne** *a, n*

**joindre** *v* ㊻ **A** *vt* **1** Approcher des objets de sorte qu'ils se touchent ; unir solidement. *Joindre des tôles par une soudure.* **2** Ajouter, mettre avec. *Joindre des pièces à une réclamation.* **3 fig** Allier, associer. *Joindre l'utile à l'agréable.* **4** Faire communiquer, relier. *Service aérien qui joint Paris à Madrid.* **5** Atteindre, être en contact avec qqn. *Joindre qqn par téléphone.* **B** *vi* Se toucher sans laisser d'interstices. *Volets qui joignent mal.* **C** *vpr* S'associer à d'autres personnes en vue d'une action. *Nous nous joignons à vous pour protester.* **LOC** DR ***Joindre deux instances :*** les juger en même temps. ETY Du lat.

**1 joint, jointe** *a, nm* **A** *a* **1** Qui est joint, qui se touche. *Planches mal jointes.* **2** Mis avec, ensemble ; conjugué. *Efforts joints.* **3** Ajouté. *Pièce jointe à une lettre.* **B** *nm* **1** Articulation, endroit où deux os se joignent. *Joint de l'épaule.* **2** MECA Dispositif servant à transmettre un mouvement. **3** TECH Endroit où s'accolent deux éléments contigus d'une maçonnerie, d'une construction ou d'un assemblage. **4** Intervalle entre ces éléments. **5** Face la plus étroite d'une planche. **6** Dispositif ou matériau intercalé entre deux pièces et qui sert à rendre leur raccordement étanche ou à leur permettre de se dilater. **LOC fam** ***Trouver le joint :*** le moyen de résoudre un problème.

**2 joint** *nm* **fam** Cigarette de haschisch. ETY Mot arg. amér.

**jointé** *am* **LOC** MED VET ***Cheval court-jointé, long-jointé :*** dont le paturon est trop court, trop long.

**jointer** *vt* ① TECH Réunir deux pièces, deux surfaces. DER **jointage** *nm*

**jointif, ive** *a* Qui est joint sans intervalle. *Planches jointives.*

**jointoyer** *vt* ㉓ CONSTR Remplir avec du mortier, du ciment, du plâtre les joints de. *Jointoyer des moellons.* DER **jointoiement** *nm*

**jointure** *nf* **1** Articulation. *Faire craquer ses jointures.* **2** Endroit où se joignent deux éléments ; manière dont ils se joignent. *Jointure d'un parquet.*

**joint-venture** *nm* ECON Syn. (déconseillé) de *coentreprise.* PLUR joint-ventures. PHO [dʒɔjntventʃœʀ] ETY Mot angl.

**Joinville** Jean (sire de) (v. 1224 – 1317), chroniqueur français. Sénéchal de Champagne, il accompagna Louis IX en Égypte (1248). Ses *Mémoires* racontent l'histoire de ce roi, en témoin naïf, mais doué d'un sens aigu de l'observation.

**Joinville** François Ferdinand d'Orléans (prince de) (Neuilly, 1818 – Paris, 1900), troisième fils du roi Louis-Philippe. Amiral, il se distingua pendant la conquête de l'Algérie.

**Joinville-le-Pont** ch.-l. de canton du Val-de-Marne (arr. de Nogent-sur-Marne), sur la Marne ; 17 117 hab. Studios de cinéma et de télévision. (DER) **joinvillais, aise** *a, n*

**jojo** *nm, a inv* **A** *nm* **1** fam Enfant turbulent, insupportable. *Affreux jojo.* **2** Drôle de personnage. **B** *a inv* Joli. *C'est pas très jojo.*

**jojoba** *nm* BOT Arbuste des régions désertiques dont les graines contiennent une huile servant de substitut au blanc de baleine. (ETY) Mot esp. du Mexique.

**joker** *nm* **1** Carte à jouer qui prend la valeur que lui attribue le joueur qui la détient. **2** fig, fam Élément qui assure un succès inattendu. (PHO) [ʒokɛʀ] (ETY) Mot angl.

**Jolas** Betsy (Paris, 1926), compositeur français de tendance post-sérielle : *Quatuor II* (1964), *Stances* (1978), *le Cyclope* (opéra, 1986).

**joli, ie** *a, nm* **A** *a* **1** Qui plaît par ses qualités esthétiques, ses formes harmonieuses agréable à voir, à entendre. *Une jolie femme. Un joli paysage.* **2** fam Qui présente des avantages, qui mérite de retenir l'attention. *Une jolie situation. Une jolie fortune.* **3** iron Peu recommandable ; déplaisant, blâmable. *Du joli monde !* **B** *a, nm* Se dit de ce qui est plaisant, amusant, piquant. *Faire un joli mot d'esprit. Le joli de l'affaire.* LOC ***C'est du joli !*** : c'est mal. (ETY) De l'a. scand. *jôl*, nom d'une grande fête.

**joliesse** *nf* litt Caractère de ce qui est joli.

**Joliet** → **Jolliet.**

**Joliette** v. du Québec, sur la rivière *Assomption* ; 17 390 hab. Industries. – Évêché.

**joliment** *av* **1** D'une manière jolie, plaisante. *Écrire joliment.* **2** fam Beaucoup, considérablement. *Joliment bête.* **3** Très mal. *Vous voilà joliment vêtu !*

**Joliot-Curie** Frédéric Joliot, dit Joliot-Curie après son mariage (Paris, 1900 – id., 1958), physicien nucléaire français ; premier haut-commissaire à l'Énergie atomique (1946), relevé de ses fonctions en 1950 pour son appartenance au Parti communiste. Prix Nobel avec son épouse. — **Irène** (Paris, 1897 – id., 1956), physicienne, fille de Pierre et Marie Curie, épouse (1926) du préc., avec qui elle reçut le prix Nobel de chimie 1935 ; sous-secrétaire d'État à la Recherche scientifique en 1936, dans le cabinet L. Blum.

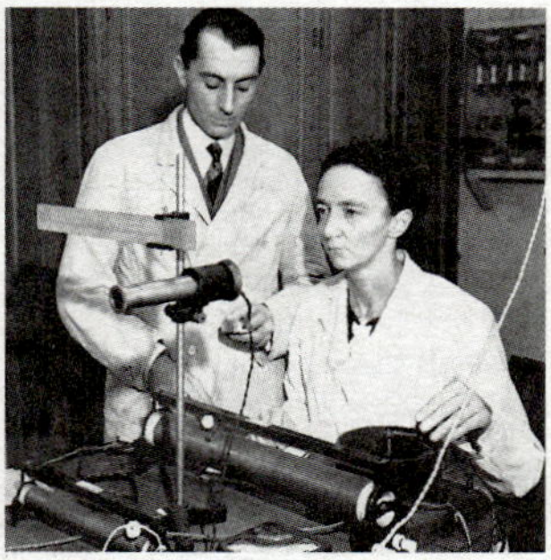

**Frédéric et Irène Joliot-Curie**

**Jolivet** André (Paris, 1905 – id., 1974), compositeur français : *Mana* (pour piano, 1935), *la Vérité de Jeanne* (oratorio, 1956).

**Jolliet** Louis (Québec, 1645 – Joliet, au Québec, 1700), explorateur français. Il reconnut le cours du Mississippi (1672-1673). (VAR) **Joliet**

**Jomini** Henri (baron de) (Payerne, 1779 – Paris, 1869), général et écrivain suisse. Il servit l'Empire puis la Russie (1813-1843). Son *Précis de l'art de la guerre* (1837) eut une grande influence.

**Jommelli** Niccolò (Aversa, 1714 – Naples, 1774), compositeur italien : nombr. *opera seria*.

**jomon** *a, n* Qui concerne une civilisation néolithique japonaise caractérisée par des céramiques à décors de cordes torsadées (VIIIe millénaire-300 av. J.-C.).

**jonagold** *nf* Variété de pomme croquante et acidulée.

**Jonas** (VIIIe s. av. J.-C.), l'un des douze petits prophètes juifs (à ne pas confondre avec le personnage du *Livre de Jonas*).

**Jonas (Livre de)** livre biblique de la fin du IVe s. av. J.-C. Écrit très populaire, prônant la tolérance et l'universalisme, il raconte notam. comment Jonas fut avalé par un énorme poisson qui le régurgita vivant trois jours plus tard.

**Jonathan** personnage biblique, aîné des trois fils de Saül. Ami fidèle de David, Jonathan l'avertit des desseins criminels de Saül. Il fut tué avec ses frères à la bataille de Gelboé (vers 1035), où Saül se donna la mort.

**jonc** *nm* **1** Plante herbacée vivace qui pousse dans les lieux humides et dont la tige est droite et flexible ; cette tige, utilisée en vannerie. **2** Canne faite avec la tige du jonc d'Inde (rotang). **3** Bague ou bracelet dont le cercle est de grosseur uniforme. (PHO) [ʒɔ̃] (ETY) Du lat.

**joncacée** *nf* BOT Plante monocotylédone à rhizome, proche des liliacées, telle le jonc.

**jonchaie** *nf* Lieu planté de joncs. (VAR) **jonchère**

**joncher** *vt* ① **1** Recouvrir le sol de branchages, de feuilles, etc. *Joncher le sol de fleurs.* **2** Couvrir en grande quantité. *Papiers qui jonchent le sol.*

**jonchet** *nm* **A** Chacun des petits bâtons de bois, d'os, d'ivoire, etc., jetés pêle-mêle sur une table et qu'il faut retirer un à un sans faire bouger les autres. **B** *nm pl* Jeu d'adresse pratiqué avec ces bâtons.

**jonction** *nf* **1** Action de joindre, de se joindre ; son résultat. *La jonction de deux colonnes blindées.* **2** Point où deux choses se joignent. *À la jonction des deux autoroutes.* **3** ELECTR Connexion, liaison entre deux conducteurs. **4** ELECTRON Dans un semi-conducteur, zone de transition de faible épaisseur qui sépare les domaines caractérisés respectivement par un excès d'électrons (région N) et par un défaut d'électrons (région P). LOC DR ***Jonction d'instance, de cause*** : réunion de deux causes en une seule afin que le tribunal statue sur les deux en un seul jugement. (ETY) Du lat.

**Jones** Inigo (Londres, 1573 – id., 1652), architecte anglais, influencé par Palladio : Queen's House à Greenwich (1618-1635), Banqueting House à Whitehall (1619-1622).

**Jones** Ernest (Gowerton, 1879 – Londres, 1958), psychanalyste britannique, auteur d'une monumentale biographie de Freud (3 vol., 1953-1958).

**Jones** James (Robinson, Illinois, 1921 – Southampton, État de New York, 1977), romancier américain : *Tant qu'il y aura des hommes* (1951), *Joli mois de mai* (1971).

**Jones** Elvin (Pontiac, Michigan, 1927 – Englewood, New Jersey, 2004), chef d'orchestre et batteur de jazz américain.

**Jones** Everett LeRoi (Newark, 1934), écrivain et militant noir américain. *Le Peuple du blues* (essai, 1963). Théâtre : *le Métro fantôme* (1964), *la Mort de Malcolm X* (1969).

**Jongen** Joseph (Liège, 1873 – Sart-lez-Spa, 1953), compositeur et organiste belge, influencé par Debussy.

**Jongkind** Johan Barthold (Latrop, 1819 – Grenoble, 1891), peintre et graveur hollandais ; précurseur de l'impressionnisme.

**jongler** *vi* ① **1** Lancer en l'air plusieurs objets que l'on rattrape et que l'on relance alternativement. *Jongler avec des balles.* **2** fig Manier avec dextérité. *Jongler avec les chiffres, les mots.* (ETY) Du lat. *joculari*, « plaisanter ». (DER) **jonglage** *nm*

**jonglerie** *nf* **1** Tour de passe-passe. **2** Art du jongleur. **3** fig, péjor Manœuvre destinée à duper. **4** Manifestation de virtuosité. *Les jongleries verbales d'un poète.*

**jongleur, euse** *n* **1** HIST Ménestrel qui allait de château en château, de ville en ville. **2** Artiste de cirque, de music-hall, qui fait métier de jongler.

**Jongkind** *Estacade sur l'Escaut*, 1866 – musée du Louvre

**Jongleur de Notre-Dame (le)** fabliau anonyme du XII$^{e}$-XIII$^{e}$ s. ▷ MUS *Le Jongleur de Notre-Dame,* opéra-comique (1902) de Massenet.

**Jönköping** v. de Suède, sur le lac Vättern ; 107 360 hab ; ch.-l. de län. Centre industriel.

**jonque** *nf* Navire de pêche ou de transport à voiles lattées, très haut de l'arrière, typique de l'Extrême-Orient. ETY Du javanais.

**jonque** dans la baie de Hong Kong

**Jonquière** v. du Québec sur le *Saguenay* ; devenue partie intégrante de la nouvelle ville de Saguenay en 2002. DER **jonquiérois, oise** *a, n*

**jonquille** *n, a inv* **A** *nf* Narcisse à collerette profonde et à fleurs jaunes. **B** *nm, a inv* De couleur jaune clair. ETY De l'esp.

plant avec bulbe de la **jonquille** des jardins ou pseudo-narcisse (à g.) et variété cultivée (à dr.)

**Jonson** Benjamin, dit Ben (Westminster, 1572 – Londres, 1637), dramaturge anglais ; l'un des principaux représentants du théâtre élisabéthain : *Volpone ou le Renard* (1605), *l'Alchimiste* (1610), *Le diable est un âne* (1616).

**Jonzac** ch.-l. d'arr. de la Charente-Maritime ; 3 831 hab. – Château (XIV$^{e}$-XVI$^{e}$ s.). DER **jonzacais, aise** *a, n*

**Jooss** Kurt (Wasseralfingen, Wurtemberg, 1901 – Heilbronn, 1979), danseur et chorégraphe allemand, expressionniste, auteur de *la Grande Ville* (1932-1935).

**Joplin** Scott (Texarkana, Texas, 1868 – New York, 1917), pianiste et compositeur américain, l'un des grands noms du ragtime.

**Joplin** Janis (Port-Arthur, Texas, 1943 – Los Angeles, 1970), chanteuse américaine de rock, figure emblématique des années 1960. Elle mourut d'une overdose.

**Joram** roi d'Israël (v. 851-843 av. J.-C.), fils d'Achab et de Jézabel, tué par son général Jéhu.

**Joram** roi de Juda (v. 849-841 av. J.-C.), fils et successeur de Josaphat, époux d'Athalie.

**Jorasses (Grandes-)** sommets du massif du Mont-Blanc (4 206 m à la pointe Walker).

**Jorat (massif du)** collines de Suisse, au N.-E. de Lausanne ; 928 m.

**Jordaens** Jacob (Anvers, 1593 – id., 1678), peintre flamand. Influencé par Rubens, il allia un style baroque au réalisme flamand : séries *Le roi boit !* et *le Satyre et le Paysan.*

*la Famille **Jordaens** dans un jardin* – musée du Prado

**Jordan** Camille (Lyon, 1838 – Paris, 1922), mathématicien français : travaux de géométrie et d'analyse.

**Jordan** Michael Jeffrey, dit Air (Brooklyn, 1963), basketteur américain, vedette de l'équipe des *Chicago Bulls* (1984-1993).

**Jordanie (royaume hachémite de)** (*al-Mamlaka al-'Urdunniya al-Hāshimiyyah*), État du Proche-Orient bordé à l'O. par Israël, au N. par la Syrie et à l'E. par l'Irak et l'Arabie Saoudite ; 97 740 km$^{2}$ ; 6,3 millions d'hab. ; accroissement naturel : 3 % par an ; cap. *Amman.* Nature de l'État : monarchie constitutionnelle. Langue off. : arabe. Monnaie : dinar jordanien. Pop. : Arabes (dont env. 50 % de réfugiés palestiniens). Relig. : islam, christianisme (8 %). DER **jordanien, enne** *a, n*

**Géographie** Aux plateaux calcaires de la Palestine s'oppose une vaste dépression longitudinale, occupée par la vallée du Jourdain et par la mer Morte, et surmontée à l'E. par les plateaux de Transjordanie (qui culminent à 1 700 m). Le climat, très chaud dans la vallée du Jourdain, devient aride vers l'E. et le S. Les dépressions irriguées du Jourdain et du Yarmouk, son affl., fournissent la quasi-totalité du blé, des légumes, des fruits et de l'huile d'olive ; ailleurs, env. 100 000 nomades élèvent chèvres et moutons. Seules ressources minières : phosphates, potasse. L'aide arabe s'est tarie, ainsi que les transferts des émigrés, et les échanges vitaux avec l'Irak ont pris fin en 1990.

**Histoire** Artificiellement créé sur les ruines de l'Empire ottoman (1921), l'émirat de Transjordanie reçoit son indépendance de la G.-B. en 1946. Son souverain, Abd Allah, participe aux combats contre Israël (1948-1949). En 1949, son excellente armée (la « Légion arabe » créée en 1928 par les Anglais) annexe la Cisjordanie (à l'O. du Jourdain) et nomme Jordanie le nouvel État. La Ligue arabe, qui l'accuse d'accepter le *statu quo* avec Israël, l'exclut. En 1951, Abd Allah est assassiné. En août 1952, Hussein succède à son père Talāl, déposé pour maladie mentale. L'histoire de la Jordanie sera dominée par le problème des Palestiniens. En 1956, Hussein soutient l'Égypte lors de la crise de Suez, mais, en 1957, il congédie les éléments favorables à Nasser et entre dans une union jordano-irakienne (févr. 1958), que brise la révolution de Bagdad (juil.). Se sentant menacé, il fait appel à l'Occident. Allié de l'Égypte lors de la guerre des Six Jours (5-10 juin 1967), il doit céder à Israël la Cisjordanie et la partie arabe de Jérusalem ; 250 000 réfugiés affluent. Dès lors, les fedayin palestiniens tentent une mainmise sur le royaume. En 1970-1971, il les combat (« septembre noir », 1971), ce qui l'isole au sein du monde arabe. En 1980, il rompt avec la Syrie. En 1989, le mécontentement populaire dû à la crise écon. oblige le roi à concéder les premières élections dep. 20 ans. Un puissant courant islamiste se manifeste. Quand, en 1990, l'Irak envahit le Koweït, la majorité de la pop. (suivie par le roi lui-même) prend parti pour le gouv. irakien. En juin 1991, le pluralisme est adopté et la loi martiale (en vigueur dep. 1967) est abolie en juillet. Un accord de paix est conclu avec Israël en oct. 1994, mais le durcissement de la politique israélienne depuis l'accession au pouvoir de B. Netanyahou, en 1996, inquiète la Jordanie. À la mort d'Hussein (1999), son fils Abd Allah II lui succède. Il parvient à contenir les manifestations populaires du printemps arabe de 2011 (notam. par des mesures sociales), sans pouvoir toutefois les enrayer. Les élections législatives de 2013 ont été boycottées par l'oppos.

**Jorn** Asger Jørgensen, dit Asger (Vejrum, 1914 – Århus, 1973), peintre et graveur danois ; cofondateur du mouvement Cobra, adepte de l'expressionnisme abstrait ; membre de l'« Internationale situationniste ». ▶ illustr. **cobra**

**Jos** v. du centre du Nigeria ; 600 000 hab.

**Josabeth** (IX$^{e}$ s. av. J.-C.), fille du roi Joram, épouse de Joad et tante de Joas.

**Josaphat (vallée de)** vallée, proche de Jérusalem, parcourue par le Cédron, que la tradition désigne comme le lieu du Jugement dernier.

**Josaphat** roi de Juda (v. 870-848 av. J.-C.). Il s'allia avec Israël pour vaincre les Moabites.

**joseph** *a inv* LOC TECH ***Papier joseph*** : papier mince et transparent utilisé comme filtre en chimie. ETY De *Joseph* de Montgolfier, industriel fr.

**Joseph** selon la Genèse, patriarche hébreu, 11$^{e}$ fils de Jacob et prem. fils de Rachel. Vendu par ses frères, il devint intendant de Putiphar, officier du pharaon. Calomnié par la femme de Putiphar, il est jeté dans la prison royale. Le pharaon lui demande alors d'interpréter deux rêves qu'il fit : 7 vaches grasses, puis 7 vaches maigres ; Joseph explique que 7 années de disette succèderont à 7 années prospères. Le pharaon fait alors de lui son ministre. Par la suite, Joseph reçut son père et ses frères, chassés de leur pays par la famine.

**Joseph (saint)** charpentier de Nazareth, époux de la Vierge Marie, père nourricier de l'Enfant Jésus.

**Joseph d'Arimathie (saint)** (Arimathie, auj. Rantis, Israël, I$^{er}$ s.), Juif de Jérusalem qui, selon une légende, obtint de Pilate le corps du Christ pour l'ensevelir et aurait recueilli le sang de Jésus dans le Graal.

**Joseph Ier** (Vienne, 1678 – id., 1711), fils de Léopold Ier, empereur germanique (1705-1711). — **Joseph II** (Vienne, 1741 – id., 1790), empereur germanique (1765-1790). Monté sur le trône à la mort de son père, François Ier, il ne régna vraiment qu'à la mort de sa mère, Marie-Thérèse (1780). Despote éclairé, il centralisa l'administration de ses États, accorda la liberté religieuse, intervint dans les affaires ecclésiastiques (joséphisme), supprima le servage et la torture.

**Joseph Ier le Réformateur** (Lisbonne, 1714 – id., 1777), roi de Portugal (1750-1777). Il laissa gouverner le marquis de Pombal.

**Joseph** François Joseph Le Clerc du Tremblay, en relig. le Père (Paris, 1577 – Rueil, 1638), capucin français. Le rôle qu'il joua auprès de Richelieu (à partir de 1624) lui valut le surnom d'*Éminence grise*.

**Joséphine** Marie Josèphe Rose Tascher de La Pagerie (Trois-Îlets, Martinique, 1763 – la Malmaison, 1814), impératrice des Français. Mariée au vicomte de Beauharnais, elle eut de lui deux enfants, Eugène et Hortense. Veuve en 1794, elle épousa le général Bonaparte en 1796 et fut sacrée impératrice (1804). Napoléon la répudia en 1809 parce qu'elle ne lui donnait pas d'héritier.

l'impératrice **Joséphine**

**joséphisme** *nm* HIST Ensemble des mesures prises au XVIIIe s. par l'empereur Joseph II pour subordonner l'Église à l'État. DER **joséphiste** *a*

**Josephson** Brian David (Cardiff, 1940), physicien britannique, spécialiste de la supraconduction. Prix Nobel 1973.

**Josias** (m. en 609 av. J.-C.), roi de Juda (640-609), fils et successeur d'Amon. Néchao II, roi d'Égypte, le vainquit et le tua.

**Jospin** Lionel (Meudon, 1937), homme politique français ; premier secrétaire du Parti socialiste de 1981 à 1988 et de 1995 à 1997, battu par J. Chirac au deuxième tour de la présidentielle de 1995. La « gauche plurielle » ayant remporté les législatives de 1997, il devient Premier ministre. Aux élections présidentielles de mai 2002, il est, à la surprise générale, devancé par le candidat d'extrême droite J.-M. Le Pen.

**Lionel Jospin**

**Josquin Des Prés** → **Des Prés.**

**Josselin** ch.-l. de cant. du Morbihan (arr. de Pontivy), sur l'Oust ; 2 558 hab. – Égl. N.-D.-du-Roncier (XIIe-XVIe s.). Château XVe-XVIe s. – Site du *combat des Trente* (1351) pour la succession de Bretagne. DER **josselinais, aise** *a, n*

**Josué** (fin du XIIIe s. av. J.-C.), successeur de Moïse, chargé de conquérir la terre de Canaan. Il prit Jéricho et vainquit les Amalécites à Gabaon en arrêtant, selon la légende, le Soleil pour la durée de la bataille. Le *Livre de Josué* est le prem. des livres historiques de la Bible (24 chapitres).

**jota** *nf* **1** Danse populaire espagnole écrite sur une mesure à trois temps. **2** Son guttural espagnol, noté dans cette langue par la lettre *j*. PHO [xɔta] ETY Mot esp.

**Jotunheim** chaîne de montagnes du S. de la Norvège (2 469 m au Galdhøpiggen, point culminant de la Scandinavie).

**jouabilité** *nf* Évaluation du caractère ludique d'un jeu vidéo (intérêt, facilité d'utilisation, etc.).

**jouable** *a* **1** Qui peut être joué. *Cette pièce n'est pas jouable.* **2** fig Qui peut être tenté, faisable.

**joual** *nm* Variété de français québécois caractérisée par un ensemble de traits phonétiques et lexicaux considérés comme incorrects. ETY Prononciation populaire de *cheval*.

**Jouarre** com. de Seine-et-Marne (arr. de Meaux) ; 3 292 hab. – De l'abbaye de Jouarre, fondée au VIIe s., il reste une crypte contenant des sarcophages mérovingiens. DER **jotrancien, enne** *a, n*

**jouasse** *a* fam Joyeux, content.

**joubarbe** *nf* Plante grasse (crassulacée) à fleurs jaunes ou roses en cymes. ETY Du lat. *Jovis barba*, « barbe de Jupiter ».

**Joubert** Joseph (Montignac, Dordogne, 1754 – Villeneuve-sur-Yonne, 1824), écrivain français subtil dont Chateaubriand publia en 1838 les *Pensées*.

**Joubert** Petrus Jacobus (Cango, Natal, 1831 – Pretoria, 1900), général boer. Commandant en chef des armées des Boers, il tint en échec les Britanniques au Natal (1881 et 1899) et dans la prov. du Cap (1899).

**joue** *nf* **1** Partie latérale du visage comprise entre le nez et l'oreille, l'œil et le maxillaire inférieur. **2** Partie latérale de la face de certains animaux. *Les joues du cheval.* **3** TECH Chacune des deux flasques constituant la cage d'une poulie. **4** MAR Partie renflée de la coque d'un navire, de chaque côté de l'avant. LOC ***Mettre en joue qqch, qqn :*** le viser en appuyant la crosse du fusil contre la joue. ETY Du prélatin.

**jouée** *nf* TECH Épaisseur d'un mur au droit d'une baie.

**Joué-lès-Tours** ch.-l. de cant. d'Indre-et-Loire (arr. de Tours) ; 36 517 hab. Industries. DER **jocondien, enne** *a, n*

**jouer** *v* ① **A** *vi* **1** Se divertir, s'occuper à un jeu. *Les enfants jouent dans la cour.* **2** Se mouvoir, en parlant d'une pièce, d'un mécanisme. *Ce piston ne joue pas bien.* **3** Ne plus joindre parfaitement, se déboîter ou avoir trop de jeu. *Rivet qui joue.* **4** Se déformer sous l'effet de l'humidité, de la dessiccation. *Les panneaux de la porte ont joué.* **5** Intervenir, agir. *Ces considérations ont joué dans ma décision.* **6** Produire un effet particulier en parlant de la lumière, des couleurs. *Lumière qui joue sur une étoffe moirée.* **B** *vti* **1** S'adonner à tel jeu, tel sport. *Jouer aux cartes. Jouer au rugby.* **2** Miser de l'argent. *Jouer à la roulette. Jouer à la bourse.* **3** Se servir de tel instrument, tel outil, telle arme. *Jouer du couteau. Jouer du violon.* **C** *vt* **1** Faire une partie à tel jeu ou sport. *Jouer une partie de tarot, un match de rugby.* **2** fam Disputer un match contre qqn, une équipe. *Jouer un adversaire difficile.* **3** Miser. *Jouer cent francs sur le favori.* **4** fig Compter sur qqch pour obtenir un résultat. *Le gouvernement joue la prudence.* **5** Exécuter, faire entendre au moyen d'un instrument de musique. *Jouer (du) Mozart.* SYN interpréter. **6** Représenter sur la scène. *Jouer une comédie.* **7** Feindre d'être, se faire passer pour ce qu'on n'est pas. *Jouer les durs.* **D** *vpr* **1** Se moquer de qqn, le duper. **2** Triompher aisément de qqch. *Se jouer des difficultés.* LOC ***Faire jouer :*** faire fonctionner, mettre en action. — ***Jouer avec sa santé :*** commettre des imprudences qui peuvent lui porter atteinte. — ***Jouer gros jeu :*** jouer de grosses sommes ; fig prendre de gros risques. — fam ***Jouer la montre :*** temporiser. — ***Jouer le jeu :*** jouer conformément aux règles, à l'esprit du jeu ; fig respecter des conventions explicites ou tacites. — ***Jouer une carte :*** la jeter. — ***Jouer un pion :*** le déplacer. — fam ***La jouer à qqn :*** essayer de lui en imposer. — fam ***Se la jouer :*** avoir tel type de comportement ; imiter telle personnalité en vogue, frimer, crâner, la ramener. ETY Du lat. *jocari*, « plaisanter ».

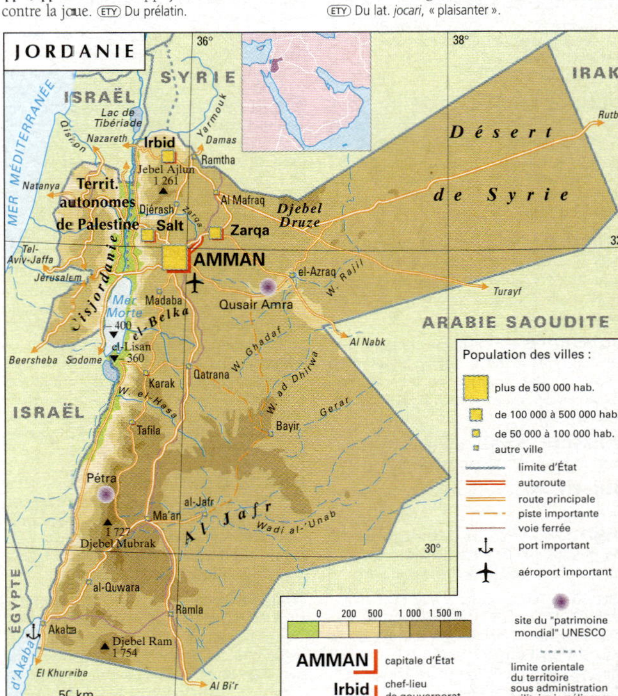

**jouet** *nm* **1** Objet avec lequel un enfant joue ; objet fabriqué à cet usage. **2 fig** Personne dont on se joue, dont on se moque. *Être le jouet d'un intrigant.* **3 fig** Personne victime d'une tromperie, d'une illusion. *Être le jouet des évènements.*

**joueur, euse** *n, a* **A** *n* **1** Personne qui joue à un jeu de façon occasionnelle ou régulière. *Joueur d'échecs. Joueur de rugby.* **2** Personne qui a la passion des jeux d'argent. **3** Personne qui joue d'un instrument de musique. **B** *a* Qui aime jouer. **LOC** ***Beau joueur :*** qui sait accepter une éventuelle défaite. — ***Mauvais joueur :*** qui n'aime pas perdre.

**Joueur (le)** comédie en 5 actes et en vers de Regnard (1696).

**Joueur (le)** roman de Dostoïevski (1866). ▷ CINE Film de Claude Autant-Lara (1958), avec Gérard Philipe.

**Joueurs de cartes (les)** titre de cinq tableaux de Cézanne (v. 1890-1895) traitant le même sujet. Celui du musée d'Orsay (Paris) est le plus abouti.

**joufflu, ue** *a* Qui a de grosses joues.

**Jouffroy** Théodore (Les Pontets, Doubs, 1796 – Paris, 1842), philosophe spiritualiste français : *Mélanges philosophiques* (1833), *Cours d'esthétique* (1843).

**Jouffroy d'Abbans** Claude François (marquis de) (Roches-sur-Rognon, Champagne, 1751 – Paris, 1832), ingénieur français. Il construisit en 1776 le premier bateau à vapeur.

**joug** *nm* **1** Pièce de bois que l'on place sur la tête ou l'encolure des bœufs pour les atteler. **2 fig** Sujétion, contrainte matérielle ou morale. *Le joug du mariage.* **3** ANTIQ ROM Pique attachée horizontalement au bout de deux autres piques plantées en terre, sous laquelle on faisait passer les ennemis vaincus en signe de soumission. (PHO) [ʒu] (ETY) Du lat.

**Jouhandeau** Marcel (Guéret, 1888 – Rueil-Malmaison, 1979), écrivain français : *Monsieur Godeau intime* (1926), *Chaminadour* (3 vol., 1934-1941), *Mémorial* (6 vol., 1948-1958), *Journaliers* (1961-1983).

**Jouhaux** Léon (Paris, 1879 – id., 1954), syndicaliste français. Secrétaire général de la CGT de 1909 à 1940, déporté en Allemagne, à nouveau secrétaire général de la CGT en 1945, il la quitta (en désaccord avec la majorité communiste) et fonda la CGT-FO Prix Nobel de la paix 1951.

**jouir** *v* ③ **A** *vti* **1** Avoir l'usage, la possession, le profit de. *Jouir d'une bonne santé.* **2** Tirer grand plaisir de ; vivre dans le plaisir. *Jouir de l'embarras d'un adversaire. Jouir de la vie.* **B** *vi* Éprouver l'orgasme. (ETY) Du lat.

**jouissance** *nf* **1** Fait de jouir de qqch, d'en avoir l'usage, la possession, le profit. *Jouissance d'un droit.* **2** Plaisir de l'esprit ou des sens. *Jouissance que procure une œuvre d'art.* **3** Plaisir sexuel, orgasme.

**jouisseur, euse** *n, a* Se dit de qqn qui ne songe qu'à jouir des plaisirs matériels.

**jouissif, ive** *a* **fam** Qui procure un intense plaisir.

**joujou** *nm* **1** Jouet, dans le langage enfantin. **2 fig, plaisant** Objet très perfectionné ou très coûteux. PLUR joujoux. **LOC fam** ***Faire joujou :*** jouer.

**Joukov** Gheorghi Konstantinovitch (Strelkovka, 1896 – Moscou, 1974), maréchal soviétique. Chef d'état-major de l'armée Rouge (1940), il sauva Moscou (1941), défendit Stalingrad (1943) et dirigea l'offensive sov. vers l'Ouest. Ministre de la Défense (1955-1957), il fut écarté par Khrouchtchev.

**Joukovski** Vassili Andreïevitch (district de Michenkoïe, 1783 – Baden-Baden, 1852), poète lyrique russe : *le Barde au Kremlin* (ode, 1816). Précepteur du tsar Alexandre II, il l'engagea à libérer les serfs.

**Joukovski** Nikolaï Iegorovitch (Orekhovo, Vladimir, 1847 – Moscou, 1921), physicien russe ; spécialiste d'aérodynamique.

**joule** *nm* PHYS Unité d'énergie équivalant au travail d'une force de 1 newton dont le point d'application se déplace de 1 mètre dans sa propre direction (symb. : J). (ETY) De J. P. *Joule*, n. pr.

**Joule** James Prescott (Salford, 1818 – Sale, 1889), physicien et industriel anglais. Il détermina, à l'aide d'une expérience célèbre, l'équivalence entre la chaleur et le travail (1 calorie = 4,186 J). ▷ PHYS *Loi de Joule :* concernant le rapport entre certaines caractéristiques d'un gaz parfait et sa température. ▷ ELECTR *Effet Joule :* dégagement de chaleur dû au passage d'un courant électrique dans un conducteur.

**Joumblatt** Kamal (Moukhatara, 1917 – près de Beyrouth, 1977), homme politique libanais. Chef de la communauté druze, il fut le leader de la gauche au début de la guerre civile. Il mourut dans un attentat. — **Walid** (Beyrouth, 1947), fils du préc., à qui il succéda à la tête de la communauté druze.

**Jounieh** (en ar. *Djūniya*), v. du Liban, au N. de Beyrouth ; env. 100 000 hab.

**jour** *nm* **A 1** Lumière du soleil. *Il fait jour.* **2** Manière dont la lumière éclaire un objet. **3 fig** Manière dont qqch ou qqn se présente, est considéré. *Je ne le connaissais pas sous ce jour.* **4** Ouverture, fenêtre. *Jours ménagés dans les murs d'un bâtiment.* **5** Ouverture pratiquée dans une étoffe en groupant plusieurs fils par des points de broderie. **6** Période de clarté entre le lever et le coucher du soleil. *En décembre, les jours sont courts.* **7** Espace de temps de vingt-quatre heures correspondant à une rotation complète de la Terre sur elle-même. *Les sept jours de la semaine.* **8** Époque, espace de temps considéré relativement aux évènements qui l'occupent, à l'emploi que l'on en fait. *Jour de pluie.* **9** Moment présent, époque actuelle. *C'est au goût du jour.* **B** *nm pl* Durée de l'existence. *Ses jours sont comptés.* **LOC** ***À jour :*** exact, en règle, effectué en totalité au jour considéré. — ***Au jour, au grand jour :*** au vu et au su de tous. — ***Au jour le jour :*** avec le gain de chaque jour ; **fig** sans souci du lendemain. — ***Beaux jours :*** les jours où il fait beau, le printemps, l'été. — ***Clair comme le jour :*** très clair ; **fig** très facile à comprendre. — ***De nos jours :*** à l'époque actuelle. — ***Être dans un bon, un mauvais jour :*** être de bonne, de mauvaise humeur. — ***Faux jour :*** lumière qui éclaire mal, qui donne aux objets un aspect qui n'est pas le leur. — ***Jour civil :*** de minuit à minuit. — ASTRO ***Jour sidéral :*** durée comprise entre deux passages consécutifs d'une même étoile au méridien d'un même lieu (1 jour sidéral = 23 h 56 min 4 s). — ***Jour solaire moyen :*** durée du jour solaire pour un Soleil fictif qui se déplacerait d'un mouvement uniforme. — ***Jour solaire vrai :*** durée qui sépare deux passages supérieurs consécutifs du Soleil au méridien d'un lieu. — ***Se faire jour :*** apparaître progressivement. — ***Un de ces jours :*** prochainement. — ***Un jour ou l'autre :*** à un moment non précisé. — LITTER ***Voir le jour :*** naître. (ETY) Du lat.

**Jourdain (le)** fleuve du Proche-Orient (360 km) ; né dans l'Hermon libanais, il traverse le lac de Tibériade, en Israël, puis emprunte le fossé d'effondrement du Ghor et se jette dans la mer Morte. Il sépare la Jordanie, à l'est, de la Cisjordanie, à l'ouest.

**Jourdain** Frantz dit aussi Frantz-Jourdain (Anvers, 1847 – Paris, 1935), architecte et critique d'art français d'origine belge, propagateur de l'art nouveau : magasins de la Samaritaine (Paris). Il fonda le Salon d'automne (1903). — **Francis** (Paris, 1876 – id., 1958), peintre, décorateur et mémorialiste, fils du préc. Il fonda les Ateliers modernes (1912), fabrique de meubles peu coûteux.

**Jourdain (Monsieur)** personnage princ. du *Bourgeois gentilhomme* de Molière (1670).

**Jourdan** Mathieu Jouve, dit Jourdan Coupe-Tête (Saint-Just, 1749 – Paris, 1794), révolutionnaire français. Responsable d'atrocités à Avignon (1791) ; il fut guillotiné.

**Jourdan** Jean-Baptiste (comte) (Limoges, 1762 – Paris, 1833), maréchal de France. Victorieux à Wattignies (1793) et à Fleurus (1794), il servit ensuite Joseph Bonaparte (en Espagne), les Bourbons et Louis-Philippe.

**Jour de colère** film de Carl Dreyer (1943). (VAR) **Dies Iræ**

**Jour de fête** film de et avec Jacques Tati (1949).

**Jour le plus long (le)** film produit par Darryl Zanuck (1963), réalisé par lui et par 5 autres metteurs en scène.

**journal** *nm* **1** Cahier dans lequel une personne note régulièrement ses réflexions, les évènements dont elle a été témoin, les actions qu'elle a accomplies, etc. *Tenir un journal.* **2** COMM Registre dans lequel on inscrit jour par jour les opérations comptables que l'on effectue. (On dit aussi *livre journal.*) **3** Publication périodique destinée à un public donné ou traitant de questions relatives à un ou à plusieurs domaines particuliers. **4** Publication quotidienne qui relate et commente l'actualité dans tous les domaines. **5** Bulletin d'informations diffusé à heures fixes par la radio, la télévision. *Journal télévisé.* PLUR journaux. **LOC** MAR ***Journal de bord :*** registre dans lequel sont consignées toutes les circonstances relatives à la navigation et à la marche du navire. — ***Journal de rue :*** journal vendu par des SDF pour subvenir à leurs besoins. (ETY) Du bas lat. *diurnalis*, « de jour ».

**Journal de Genève** quotidien suisse fondé en 1789.

**Journal des débats** quotidien français fondé sous l'Assemblée nationale constituante en 1789. Il parut jusqu'en août 1944.

**Journal des Goncourt** œuvre (1851-1896) des frères Goncourt, Jules et Edmond, qui le tint seul après la mort de Jules (1870) et publia 9 vol. de 1887 à 1896.

**Journal des savants** journal fondé en 1665, dont l'Académie des inscriptions et belles-lettres assure la publication depuis 1908 ; il traite de l'archéologie et de l'histoire ancienne.

**Journal de voyage en Italie par la Suisse et l'Allemagne** œuvre de Montaigne (posth., 1774) qui voyagea de juin 1580 à nov. 1581.

**Journal d'un curé de campagne** roman de Bernanos (1936). ▷ CINE Film de Robert Bresson (1951), avec Claude Laydu (né en 1927).

**Journal d'une femme de chambre** roman de Mirbeau (1900) en forme de journal. ▷ CINE Film américain de Jean Renoir (1946) avec Paulette Goddard ; film franç. de Luis Buñuel (1964) avec Jeanne Moreau.

**Journal d'un fou** nouvelle de Gogol (dans le recueil *Arabesques*, 1835).

**journalier, ère** *a, n* **A** *a* Qui se fait, se produit chaque jour. *Tâche journalière.* **B** *n* Ouvrier agricole payé à la journée.

**journalisme** *nm* **1** Profession, travail de journaliste. **2 vieilli** Milieu de la presse, des journalistes. **3** Mode d'expression propre à la presse. *C'est du bon journalisme.* (DER) **journalistique** *a*

**journaliste** *n* **1** Personne qui fait métier d'écrire dans un journal. **2** Personne qui fait métier d'informer à travers les médias. *Journaliste de la presse écrite, télévisée.*

**Journal officiel de la République française (JO)** publication officielle (contrôlée par le ministre de l'Intérieur) des textes des lois et décrets, des débats parlementaires, etc. Il succéda en 1848 au *Moniteur universel.*

**journée** *nf* **1** Durée correspondant à un jour. *Une belle journée.* **2** Temps compris entre le lever et le coucher d'une personne, et l'emploi qu'elle en fait. *J'ai eu une dure journée.* **3** Temps consacré au travail pendant la journée. **4** Salaire du travail d'un jour. *Gagner sa journée.* **LOC** fam ***À longueur de journée, toute la sainte journée*** : continuellement. — ***Journée continue*** : dans laquelle le temps consacré au déjeuner est très réduit, pour cesser plus tôt.

**journellement** *av* **1** Tous les jours. **2** vieilli Fréquemment.

**Jour se lève (le)** film de Marcel Carné (1939), écrit par J. Prévert, avec Jean Gabin, Arletty, Jules Berry.

**joute** *nf* **1** anc Combat courtois opposant deux cavaliers armés de lances garnies d'une morne. **2** fig Lutte. *Joute oratoire.* **LOC** ***Joute sur l'eau*** : jeu sportif opposant deux hommes debout chacun dans une barque, et qui cherchent à se faire tomber au moyen de longues perches.

**jouter** *vi* ① **1** anc Participer à une joute. **2** mod Participer à une joute sur l'eau. **3** fig, litt Rivaliser. ETY Du lat. *juxtare*, « toucher à ». DER **jouteur, euse** *n*

**Jouve Pierre Jean** (Arras, 1887 – Paris, 1976), poète français. Il mêle références chrétiennes et freudisme : *Sueur de sang* (1933), *Diadème* (1949), *Moires* (1962). Romans : *Paulina 1880* (1925), *Hécate* (1928), *Vagadu* (1931).

**jouvence** *nf* **LOC** ***Bain de jouvence*** : de jeunesse, de vitalité. — ***Fontaine de Jouvence*** : fontaine légendaire dont les eaux rendent la jeunesse. ETY Du lat.

**jouvenceau, elle** *n* vx, plaisant Jeune homme, jeune fille.

**Jouvenel Henry de Jouvenel des Ursins, dit Henry de** (Paris, 1876 – id., 1935), homme politique et journaliste français. Il fut l'époux de Colette. — **Robert** (Varetz, 1881 – Paris, 1924), frère du préc., auteur d'essais politiques : *la République des camarades* (1913). — **Bertrand** (Paris, 1903 – id., 1987), fils d'Henry de Jouvenel, essayiste : *la Crise du capitalisme américain* (1933), *Du pouvoir* (1945-1972).

**Jouvenel des Ursins** → **Juvénal (Jean Ier).**

**Jouvenet Jean-Baptiste** (Rouen, 1644 – Paris, 1717), peintre français. Il décora les chap. de Versailles et des Invalides.

**Jouvet Louis** (Crozon, Finistère, 1887 – Paris, 1951), acteur et metteur en scène de théâtre français ; directeur du théâtre de l'Athénée (1934-1951). Au cinéma : *Drôle de drame* (1937), *Hôtel du Nord* (1938), *Quai des Orfèvres* (1947), etc. ▶ illustr. **Clouzot**

**Joux (vallée de)** vallée de l'Orbe supérieur (Suisse) qui se termine par le *lac de Joux.*

**Joux (fort de)** fort situé sur la r. dr. du Doubs, près de Pontarlier, qui commande les communications avec la Suisse. – Anc. prison d'État.

**jouxter** *vt* ① litt Se trouver près de. *Le jardin qui jouxte la maison.* PHO [ʒukste]

**Jouy-en-Josas** com. des Yvelines (arr. de Versailles), sur la Bièvre ; 8 432 hab. – Siège d'une anc. et célèbre manuf. de toiles imprimées créée par Oberkampf en 1759 *(toiles de Jouy)*, la ville abrite plusieurs institutions (école HEC, etc.). DER **jovacien, enne** *a, n*

**Jouy-le-Moutier** ch.-l. de cant. du Val-d'Oise (arr. de Pontoise), sur l'Oise ; 16 552 hab. DER **jocassien, enne** *a, n*

**Jovellanos Gaspar Melchor de** (Gijón, 1744 – Vega, 1811), magistrat et écrivain espagnol, épris d'humanisme : *le Délinquant honnête* (1774), comédie ; *Munuza* (1792), drame.

**jovial, ale** *a* Qui est porté à une gaieté familière et bonhomme. *Humeur joviale.* ANT morose. PLUR joviaux. ETY Du lat. *jovialis*, « de Jupiter », à cause de l'influence bénéfique de cette planète. DER **jovialement** *av* – **jovialité** *nf*

**jovien, enne** *a* ASTRO Relatif à la planète Jupiter.

**Jovien** (en lat. *Flavius Claudius Iovianus*) (Singidunum, auj. Belgrade, v. 331 – Bithynie, 364), empereur romain (363-364). Il rétablit le christianisme, qu'avait rejeté Julien l'Apostat.

**joyau** *nm* **1** Ornement fait de matière précieuse (or, pierreries). *Les joyaux de la Couronne.* **2** fig Ce qui a une grande valeur, une grande beauté. *La cathédrale de Reims, joyau de l'art gothique.* PHO [ʒwajo] ETY Du lat. *jocus*, « jeu ».

**Joyce James** (Rathgar, banlieue de Dublin, 1882 – Zurich, 1941), écrivain irlandais. Il quitta définitivement son pays en 1906 et se fixa à Trieste. En 1907, il publia *Musique de chambre* (poèmes) puis entreprit une œuvre romanesque : *Gens de Dublin* (nouvelles, 1914), *Dedalus, portrait de l'artiste en jeune homme* (1914 puis 1916), *les Exilés* (drame, 1918). *Ulysse*, écrit de 1914 à 1921, publié à Paris en 1922, fut interdit, pour pornographie, en G.-B. et aux É.-U., et révolutionna la littérature du XXe s. De 1922 à 1939, Joyce élabora *Finnegans Wake* (« la Veillée de Finnegan », cabaretier ivre), immense jeu de mots dans une quinzaine de langues, épopée stylistique qui recrée l'histoire des civilisations.

**Joyeuse Anne (duc de)** (?, 1561 – Coutras, 1587), amiral français, favori et beau-frère d'Henri III ; mort en combattant le futur Henri IV. — **François** (?, 1562 – Avignon, 1615), frère du préc. ; cardinal en 1583, il négocia la réconciliation d'Henri IV avec le pape.

**Joyeuses Commères de Windsor (les)** comédie en 5 actes, en prose mêlée de vers, de Shakespeare (v. 1600-1601).

**joyeuseté** *nf* litt Fait, parole, action qui met en joie, qui amuse. PHO [ʒwajøzte]

**joyeux, euse** *a* **1** Qui éprouve de la joie, gai. *Il était tout joyeux.* ANT triste, morose. **2** Qui exprime la joie. *Cris joyeux.* **3** Qui inspire la joie. *Joyeux Noël !* DER **joyeusement** *av*

**joystick** *nm* Manette montée sur une rotule, qui sert à commander un dispositif électronique. PHO [dʒɔjstik] ETY Mot angl.

**József Attila** (Budapest, 1905 – Balatonszárszó, 1937), poète hongrois d'inspiration prolétarienne : *Ce n'est pas moi qui crie* (1925), *Nuit des faubourgs* (1932).

**JT** *nm* Abrév. courante de *journal télévisé.* PHO [ʒite]

**Juan (don)** → **Don Juan.**

**Juan Carlos Ier** (Rome, 1938), roi d'Espagne (1975-2014). Petit-fils d'Alphonse XIII et fils de **Juan de Bourbon (comte de Barcelone)** (1913-1993), Juan Carlos fut préféré à son père par Franco en 1969 pour monter sur le trône d'Espagne à sa mort. Il a épousé Sophie de Grèce en 1962. Il abdique en 2014 en faveur de son fils Felipe (Philippe VI).

**Juan d'Autriche (don)** (Ratisbonne, 1545 – Bouges, près de Namur, 1578), fils naturel de Charles Quint. Grand capitaine, il s'illustra à la bataille de Lépante (1571). Gouverneur des Pays-Bas insurgés (1576), il fut empoisonné.

**Juan d'Autriche (don)** (Madrid, 1629 – id., 1679), fils naturel de Philippe IV d'Espagne. Vice-roi des Pays-Bas (1656), il fut vaincu par Turenne à la bataille des Dunes (1658). Il négocia la paix de Nimègue (1678).

**Juan de Fuca (détroit de)** détroit du Pacifique entre l'île de Vancouver (Canada) et le continent (É.-U., État de Washington).

**Juan Fernández (îles)** archipel chilien du Pacifique, situé à 600 km env. de Valparaíso, où Selkirk fit naufrage en 1704.

**Juan-les-Pins** station baln. des Alpes-Maritimes (com. d'Antibes).

**Juan Manuel (don)** (Escalona, 1283 – ?, 1348), prince castillan, auteur de traités moraux et de contes. Il fut régent du royaume de Castille (1312-1329).

**Juárez García Benito** (San Pablo Guelatao, Oaxaca, 1806 – Mexico, 1872), homme politique mexicain. Élu président en 1861, il vainquit Maximilien d'Autriche (1867).

**Juba** cap. du Soudan du Sud ; 120 000 hab. VAR **Djouba**

**Juba Ier** (mort en 46 avant J.-C.), roi de Numidie, partisan de Pompée ; défait par César, il se donna la mort. — **Juba II** (vers 52 avant J.-C. – vers 23 après J.-C.), fils du préc. ; roi de Maurétanie de 25 avant J.-C. à sa mort.

**jubarte** *nf* ZOOL Baleine à bosse.

**Jubbulpore** → **Jabalpur.**

**jubé** *nm* ARCHI Galerie haute, en bois ou en pierre, qui sépare le chœur de la nef dans certaines églises gothiques. ETY De la prière *jube, Domine*, « ordonne, Seigneur ».

**jubilaire** *a, n* **A** *a* Qui concerne le jubilé. **B** *a, n* Qui est en fonction depuis cinquante ans ; qui fête un jubilé.

**jubilé** *nm* **1** RELIG Dans le judaïsme, année qui, tous les cinquante ans, était consacrée au repos et à l'action de grâce. **2** RELIG CATHOL Année sainte, qui revient tous les vingt-cinq ans et qui est marquée par des pèlerinages à Rome, des pratiques de dévotion. **3** Indulgence plénière accordée par le pape aux pèlerins qui viennent alors à Rome. **4** Fête en l'honneur d'une personne qui exerce une activité depuis cinquante ans. ETY De l'hébr. *yobhel*, « corne servant de trompe ».

**jubiler** *vi* ① Éprouver une joie intense. DER **jubilant, ante** *a* – **jubilation** *nf* – **jubilatoire** *a*

**Juby (cap)** promontoire de la côte atlantique du Maroc, au N. de Tarfaya.

**Júcar (le)** fl. d'Espagne (506 km) ; né dans les Montes Universales, se jette dans la Médit. au S. de Valence.

**juchée** *nf* Branche où juchent les faisans.

**jucher** *v* ① **A** *vi* Se poser sur une perche, une branche, pour dormir, en parlant de certains oiseaux. **B** *vt* Placer dans un endroit élevé. *Se jucher sur une échelle.* ETY Du frq.

**juchoir** *nm* Endroit où juchent les volailles.

**Juda** quatrième fils de Jacob et de Lia ; ancêtre d'une des douze tribus d'Israël, la tribu de Juda.

James Joyce

Juan Carlos Ier

**Juda (royaume de)** royaume (cap. *Jérusalem*) constitué au S. de la Palestine par les tribus de Juda et de Benjamin v. 931 av. J.-C., à la mort de Salomon, quand Jéroboam eut provoqué le schisme du N. Ce royaume fut conquis en 587 av. J.-C. par Nabuchodonosor.

**judaïcité** → **judaïté.**

**judaïque** *a* Des juifs, de la religion juive. *La loi judaïque.*

**judaïser** *v* [1] didac **A** *vi* Observer la loi judaïque, les usages religieux juifs. **B** *vt* **1** Convertir au judaïsme. **2** Rendre juif. **3** Faire occuper une région par des juifs. [DER] **judaïsation** *nf*

**judaïsme** *nm* **1** Religion juive. **2** Fait d'appartenir à la communauté juive. **3** Communauté juive.

[ENC] Historiquement, le judaïsme est la prem. des grandes religions monothéistes révélées. Il a pour fondement l'Alliance de Dieu avec Abraham, un Chaldéen de la ville d'Ur, au XIX^e s av. J.-C. Par cette première Alliance, Abraham et ses descendants reçoivent la *Terre promise*, le pays de Canaan (l'actuelle Terre sainte), vers laquelle ils émigrent. L'Alliance est renouvelée avec Moïse, qui reçoit de Dieu les *Dix Commandements* et la Loi. De ce peuple, élu par Dieu pour observer sa Loi, doit naître le Messie sauveur. Après la destruction du temple de Jérusalem en 70 apr. J.-C., le peuple juif se disperse *(Diaspora)* parmi les nations, mais continue, au cours des siècles, de vivre sa foi. Un mouvement de retour vers la terre des origines, amorcé à la fin du XIX^e s., puis la tragédie du génocide *(Shoah)* perpétré contre les Juifs par le régime nazi au cours de la Seconde Guerre mondiale, aboutissent à la création de l'État d'Israël en 1948. À l'instar de la foi chrétienne, qui découle de la foi juive par sa reconnaissance du Messie attendu en la personne de Jésus-Christ, et à l'instar de la foi musulmane, le judaïsme atteste une fidélité radicale à un Dieu unique d'une transcendance absolue. La foi juive s'appuie sur la Torah (la Loi, transmise par Moïse) et sur le Talmud (la Loi « orale », recueil des commentaires sur la Torah). Le jour du *sabbat* (du vendredi soir au samedi soir), consacré à Dieu, est marqué par l'observance d'un repos absolu. Les deux fêtes majeures du judaïsme sont *Pessah* (la Pâque) et *Yom Kippour* (jour des Expiations). D'origine séfarade ou ashkénaze, traversée auj. par divers courants, laïques, orthodoxes, conservateurs ou libéraux, la population juive mondiale compte, à l'aube du XXI^e s., environ 20 millions de fidèles. V. notam. Hébreux et Bible.

**judaïté** *nf* didac Condition de juif ; fait d'être juif. [VAR] **judaïcité**

**judas** *nm* **1** Traître. **2** fig Petite ouverture dans une porte pour voir sans être vu. [ETY] De *Judas*, n. pr.

**Judas Iscariote** apôtre qui trahit Jésus en le vendant aux prêtres juifs pour trente deniers (V. Iscariote). Pris de remords, il jeta ensuite l'argent et se pendit.

**Judas Maccabée** → **Maccabée.**

**Judd Donald** (Excelsior Springs, Missouri, 1928 – New York, 1994), artiste américain, représentant de l'art minimal.

**Jude (saint)** surnommé *Thaddée*, l'un des douze apôtres. La tradition lui attribue, à tort, une épître de 25 versets.

**Judée** prov. mérid. de la Palestine, située entre la Méditerranée et la mer Morte. Quand les Juifs revinrent de leur captivité à Babylone (VI^e s. av. J.-C.), ce nom fut donné au territoire qui couvrait à peu près l'anc. royaume de Juda.

**Judée (arbre de)** *nm* Arbre (césalpiniacée) des régions méditerranéennes, aux belles fleurs roses. SYN gainier.

**judéité** *nf* didac Ensemble des traits de civilisation qui fondent l'identité du peuple juif.

**judelle** *nf* ZOOL Autre nom de la *foulque.*

**judéo-** Élément, du lat. *judæus*, « juif ».

**judéo-allemand, ande** *a, nm* **A** *a* Relatif aux Juifs d'Allemagne. **B** *nm* LING Yiddish.

**judéo-arabe** *a, n* Relatif aux communautés juives des pays arabes.

**judéo-christianisme** *nm* **1** Doctrine du début du christianisme, selon laquelle il fallait être initié au judaïsme pour être admis dans l'Église du Christ. **2** Ensemble des croyances et des principes moraux communs au judaïsme et au christianisme. [DER] **judéo-chrétien, enne** *a, n*

**judéo-espagnol, ole** *a, nm* **A** *a* Relatif aux Juifs d'Espagne, à leur culture. **B** *nm* Parler des Juifs d'Espagne. SYN ladino.

**judéophobie** *nf* Hostilité systématique envers le judaïsme, les juifs ; antisémitisme. [DER] **judéophobe** *a, n*

**Judex** film de Louis Feuillade (1917), en 12 épisodes, avec René Cresté.

**Judicaël (saint)** (m. v. 637), roi de Bretagne, qui se retira dans un monastère.

**judicature** *nf* HIST Dignité de juge.

**judiciaire** *a* **1** Relatif à la justice, à son administration. *Organisation judiciaire.* **2** Fait en justice, par autorité de justice. *Enquête judiciaire.* [DER] **judiciairement** *av*

**judiciariser** *vt* [1] DR Faire dépendre un problème de l'instance judiciaire. *Judiciariser la vie internationale.* [DER] **judiciarisation** *nf*

**judicieux, euse** *a* Apte à bien juger, à apprécier avec justesse. *Personne judicieuse. Choix judicieux.* [ETY] Du lat. *judicium*, « jugement ». [DER] **judicieusement** *av*

**Judith** héroïne juive qui tua Holopherne, général de Nabuchodonosor dont l'armée assiégeait Béthulie (en Palestine). Il crut la séduire, mais elle l'enivra et lui trancha la tête (*Livre de Judith*, II^e ou I^er s. av. J.-C.).

**Judith de Bavière** (?, v. 800 – Tours, 843), seconde femme de Louis le Débonnaire et mère de Charles le Chauve.

**judo** *nm* Sport de combat d'origine japonaise se pratiquant à main nue, le but du combat consistant à immobiliser ou à faire tomber l'adversaire. *Le judo, créé vers 1880 par Jigorō Kano, dérive de l'ancien art martial du jujitsu.* [ETY] Mot jap., de *jū*, « souplesse », et *dō*, « méthode ».

**judogi** *nm* Kimono de judoka.

**judoka** *n* Personne qui pratique le judo. *Une judoka ceinture noire.* [VAR] **judokate** *nf*

**jugal, ale** *a* PLUR jugaux. LOC ANAT *Os jugal* : os qui constitue la pommette de la joue. SYN malaire, zygomatique. [ETY] Du lat. *jugum*, « joug ».

**Jugan** → **Jeanne Jugan.**

**jugeable** → **juger.**

**juge** *n* **1** Magistrat ayant pour fonction de rendre la justice. **2** DR Magistrat appartenant à une juridiction du premier degré, par oppos. aux conseillers des cours d'appel et de la Cour de cassation. **3** Personne appelée à se prononcer en tant qu'examinateur, en tant qu'arbitre. *Les juges d'un concours.* **4** Personne à qui l'on demande son opinion. *Je vous fais juge.* LOC ***Être bon, mauvais juge en qqch*** : capable, incapable de porter un jugement sur qqch. — ***Être juge et partie*** : être à la fois arbitre et directement concerné dans une affaire. — ***Juge consulaire*** : juge au tribunal de commerce. — ***Juge de la mise en état*** : chargé d'établir l'information et de surveiller la marche de la procédure dans les procès au civil. — ***Juge de l'application des peines*** : chargé de veiller à l'application des peines prononcées contre les condamnés, de surveiller les modalités du traitement pénitentiaire (libération anticipée, etc.). — ***Juge de paix*** : anc. dénomination du *juge d'instance* ; fig personne ou chose qui départage des concurrents. — ***Juge de proximité*** : personne nommée pour sept ans, placée sous l'autorité d'un magistrat, chargée de trancher les litiges et les contraventions mineurs. — ***Juge des libertés et de la détention (JLD)*** : juge qui statue sur le placement d'un mis en examen en détention provisoire. — ***Juge des référés*** : chargé de prendre les décisions en référé. — SPORT ***Juge de touche*** : personne chargée d'assister l'arbitre d'un match de football, de rugby ou de tennis, en signalant les hors-jeu, les sorties en touche, etc. — ***Juge d'instance*** : du tribunal d'instance. — ***Juge d'instruction*** ou ***juge instructeur*** : chargé d'instruire une affaire pénale. [ETY] Du lat.

**jugé (au)** *av* D'une façon approximative. LOC *Tirer au jugé* : sans viser. [VAR] **juger (au)**

**jugement** *nm* **1** Action de juger un procès, un accusé ; son résultat. **2** DR Décision rendue par les tribunaux du premier degré, par oppos. aux arrêts des cours d'appel et de la Cour de cassation. **3** Faculté de juger, d'apprécier les choses avec discernement. *Manquer de jugement.* **4** Opinion, avis. *Le jugement d'un critique sur un film.* **5** LOG Fonction ou acte de l'esprit consistant à affirmer ou à nier une existence ou un rapport. LOC DR ***Jugement contradictoire*** : prononcé en présence des parties ou de leurs représentants. — anc ***Jugement de Dieu*** : épreuve de justice, ordalie. — RELIG ***Jugement dernier*** : celui que Dieu doit porter, à la fin du monde, sur les vivants et sur les morts ressuscités.

**Jugement dernier (triptyque dit du)** œuvre de J. Bosch (1485-1505, Vienne).

**Jugement dernier (le)** fresque de Michel-Ange (1536-1541). Peinte au-dessus de l'autel princ. de la chapelle Sixtine, cette gigantesque composition comprend env. 400 figures. En 1564, le concile de Trente ordonna qu'on « couvre » les figures jugées « obscènes ».

**Jugendstil** style et mouvement artistiques que promut la revue *Jugend* (« Jeunesse »), fondée en Allemagne vers 1860. En France, on parle d'*art nouveau.*

**jugeote** *nf* fam Bon sens. *Manquer de jugeote.*

**juger** *v* [13] **A** *vt* **1** Prendre une décision concernant une affaire, un accusé en qualité de juge. *Juger un criminel.* **2** Décider comme arbitre. *On jugera lequel a le mieux réussi.* **3** Se faire ou émettre une opinion sur. *Juger sévèrement qqn.* **4** Croire, estimer. *Juger imprudent de...* **5** Concevoir, énoncer un jugement en logique. **B** *vti* **1** Porter une appréciation sur. *Juger de la vraisemblance d'un récit.* **2** S'imaginer, se représenter. *Jugez de ma sur-*

judo

*prise.* **C** *vpr* Se voir soi-même dans une situation, un état. *Se juger condamné par une maladie grave.* ETY Du lat. DER **jugeable** *a*

**Juges** chefs que les Hébreux élurent après la mort de Josué. – La *période des Juges* se termine, v. 1035 av. J.-C., par la consécration du premier roi hébreu, Saül. Le *Livre des Juges* est un livre de la Bible à la chronologie incertaine.

**jugeur, euse** *n* Personne qui se pose en juge.

**juglandacée** *nf* Plante dicotylédone apétale à fleurs unisexuées, telle que le noyer. ETY Du lat. *juglans, juglandis,* « noyer ».

**Juglar Clément** (Paris, 1819 – id., 1905), économiste français : *les Crises commerciales et leur Retour périodique en France, en Angleterre et aux États-Unis* (1862).

**jugulaire** *a, nf* **A** *a* ANAT De la gorge. **B** *nf* **1** Veine de la gorge. **2** Courroie qui, passée sous le menton, sert à retenir un képi, un casque. ETY Du lat. *jugulum,* « gorge ».

**juguler** *vt* ① Empêcher de se développer. *Juguler l'inflation. Juguler une épidémie.* ETY Du lat. *jugulare,* « étrangler ».

**Jugurtha** (?, v. 160 – Rome, v. 104 av. J.-C.), roi de Numidie (v. 118 av. J.-C.). Il résista héroïquement à Rome, mais fut livré à Sylla, questeur de Marius (105 av. J.-C.), et mourut de faim dans un cachot de Rome.

**juif, juive** *n, a* **A** *n* **1** Descendant des anciens Hébreux. **2** Adepte de la religion et des traditions judaïques. **B** *a* **1** Qui concerne les Juifs en tant que peuple. *La cuisine juive.* **2** Qui concerne les juifs pratiquants du judaïsme. *Les pratiques rituelles juives.* **LOC** fam *Le petit juif :* le point du coude où un heurt produit une sensation de fourmillement. ETY De l'hébr. *yehudi,* de *Yehuda,* n. pr.

**Juif errant (le)** personnage mythique, nommé Ahasvérus par un auteur allemand du XVII^e^ s. Sa légende prit corps dans un passage de l'Évangile de saint Jean : Jésus condamne un homme à errer à travers le monde sans pouvoir mettre un terme à ses voyages, ni à son existence. ▷ LITTER Cette légende a inspiré A. von Chamisso (*le Nouvel Ahasvérus,* ballade lyrique, 1831), Goethe (*le Juif errant,* poème épique inachevé, 1836), Eugène Sue (*le Juif errant,* 1844-1845).

**juillet** *nm* Septième mois de l'année, comprenant trente et un jours. ETY Du lat. *julius,* « (mois de) Jules (César) ».

**Juillet (monarchie de)** régime polit. de la France entre les révolutions de juillet 1830 et de février 1848. Le 9 août 1830, Louis-Philippe d'Orléans s'engagea à respecter la Charte de 1814 révisée, qui faisait de lui le roi des Français. Il abdiqua le 24 fév. 1848. Seuls 168 000 riches avaient le droit de vote. Guizot domina cette monarchie.

**Juillet (colonne de)** colonne en bronze surmontée d'un génie ailé (génie de la Liberté), qui fut érigée en 1833 au centre de la place de la Bastille pour honorer les victimes de Juillet 1830. La colonne actuelle date de 1840.

**juillet 1789** (journée du 14), journée au cours de laquelle une insurrection parisienne, la prem. de la Révolution française, aboutit à la prise de la Bastille. Le 14 juil. 1790, la fête de la Fédération commémora cette victoire populaire. En 1880, une telle commémoration fut décrétée fête nationale.

**juillet 1830 (révolution ou journées de)** insurrection parisienne provoquée par les 4 *ordonnances* de Charles X et Polignac qui violaient la Charte de 1814. Les journées des 27, 28 et 29 juillet (les Trois Glorieuses) aboutirent à l'avènement de Louis-Philippe. V. Juillet [monarchie de].

**juillettiste** *n* fam Personne qui prend ses vacances au mois de juillet.

**juin** *nm* Sixième mois de l'année, comprenant trente jours. ETY Du lat. *junius,* « (mois de) Junius (Brutus) ».

**Juin Alphonse** (Bône, auj. Annaba, Algérie, 1888 – Paris, 1967), maréchal de France (1952) ; commandant des troupes d'Afrique du Nord (1941), puis du corps expéditionnaire français en Italie (1944), résident général au Maroc (1947-1951). Acad. fr. (1952).

**juin 1792 (journée du 20)** journée au cours de laquelle les révolutionnaires parisiens envahirent le chât. des Tuileries, car Louis XVI avait opposé son veto à plusieurs décrets de l'Assemblée législative.

**juin 1793 (journée du 2)** journée au cours de laquelle la Commune de Paris et les Montagnards exigèrent par la violence que la Convention arrête les Girondins.

**juin 1848 (journées de)** journées (22-26 juin) au cours desquelles une insurrection ouvrière parisienne, provoquée par la fermeture des Ateliers nationaux, fut réprimée avec violence par le général Cavaignac.

**juin 1940 (appel du 18)** discours, radiodiffusé dep. Londres, que le général de Gaulle adressa aux Français pour les exhorter à poursuivre les combats ; en effet, le 17 juin, Pétain avait demandé aux Allemands l'armistice.

**juiverie** *nf* HIST Quartier habité par les juifs.

**Juiz de Fora** v. du Brésil (Minas Gerais) ; 350 690 hab. Centre industriel.

**jujitsu** *nm* Art de combat de la classe guerrière de l'ancien Japon, qui a donné naissance au judo. PHO [ʒyʒitsy] ETY Mot jap. VAR **jiu-jitsu**

**jujitsuka** *n* Sportif qui pratique le jujitsu.

**jujube** *nm* **1** Fruit comestible du jujubier. **2** Suc extrait de ce fruit, utilisé pour soigner la toux. ETY Du gr. ▶ pl. fruits exotiques

**jujubier** *nm* Arbuste (rhamnacée) dicotylédone dialypétale épineux, cultivé dans les régions méditerranéennes pour son fruit, le jujube.

**Jujuy** prov. andine du N.-O. de l'Argentine, aux frontières de la Bolivie et du Chili ; 53 219 km² ; 474 000 hab. ; ch.-l. *San Salvador de Jujuy.* Zinc, plomb ; pétrole ; canne à sucre.

**juke-box** *nm* Électrophone automatique contenant une réserve de disques. PLUR juke-boxes. PHO [dʒukbɔks] ETY Mot amér. VAR **jukebox**

**Jukun** ethnie de la haute vallée de la Bénoué, au Nigeria ; 40 000 personnes. Ils parlent une langue nigéro-congolaise du groupe Bénoué-Congo (sous-groupe « jukunoïde »).

**julep** *nm* vieilli Excipient à base d'eau et de gomme, sucré et aromatisé, dans lequel on dilue un médicament. PHO [ʒylɛp] ETY Du persan *gulāb,* « eau de rose ».

**jules** *nm* fam **1** Souteneur. **2** Amant, mari.

**Jules César** → **César (Jules).**

**Jules II Giuliano Della Rovere** (Albissola, 1443 – Rome, 1513), pape de 1503 à 1513. Il s'opposa aux conquêtes de Louis XII en Italie et à la rép. de Venise. Sur son ordre, Bramante commença la basilique Saint-Pierre, Michel-Ange fit son tombeau et Raphaël décora le Vatican. ▶ illustr. p. 870 — **Jules III Giovan Maria de' Ciocchi del Monte** (Rome, 1487 – id., 1555), pape de 1550 à 1555 ; il rouvrit le concile de Trente en 1551, mais le suspendit.

**Jules et Jim** roman (1953) d'Henri-Pierre Roché (1879 – 1959), porté à l'écran par François Truffaut (1962), avec Jeanne Moreau.

**Jules Romain** → **Romain (Giulio Pippi).**

**Julia (gens)** illustre famille romaine qui prétendait descendre de Iule, fils d'Énée (donc de Vénus), et à laquelle appartenait Jules César.

**Julia Gaston** (Sidi-Bel-Abbès, 1893 – Paris, 1978), mathématicien français.

**Julian Rodolphe** (La Palud, Vaucluse, 1839 – Paris, 1907), fondateur français d'une académie de peinture (1860). Le groupe des nabis s'y constitua en 1888.

**Juliana I^re^** (La Haye, 1909 – Soestdijk, 2004), reine des Pays-Bas (1948-1980). Elle épousa en 1937 le prince Bernhard de Lippe-Biesterfeld et abdiqua au profit de sa fille aînée, Beatrix.

**julie** *nf* fam Épouse, maîtresse, petite amie.

**Julie** (Ottaviano, 39 avant J.-C. – Regium, aujourd'hui Reggio di Calabria, 14 après J.-C.), fille d'Auguste et de Scribonia. Elle épousa Marcellus, Agrippa, puis Tibère. Auguste la bannit pour inconduite. — **Julie** (Rome, 19 avant J.-C. – Tremiti, 28 après J.-C.), fille de la préc. et d'Agrippa. Auguste la bannit pour inconduite.

**Julie** (en latin *Julia Domna*) (Émèse, vers 158 – Antioche, 217), impératrice romaine d'origine syrienne ; seconde épouse de Septime Sévère, mère de Caracalla et de Geta. Elle se laissa mourir de faim après le meurtre de Caracalla. — **Julie** (en latin *Julia Maesa*) (morte à Émèse vers 226), sœur de *Julia Domna.* Elle fut la grand-mère d'Élagabal (qu'elle fit proclamer empereur par l'armée d'Orient) et de Sévère Alexandre (qu'elle fit adopter par Élagabal).

**Julie ou la Nouvelle Héloïse** roman épistolaire de J.-J. Rousseau (1761).

**julien, enne** *a* **LOC** *Calendrier julien :* calendrier établi par Jules César, dans lequel l'année *(année julienne)* comporte en moyenne 365,25 jours.

**Julien** dit **l'Apostat** (en latin *Flavius Claudius Julianus*) (Constantinople, 331 – en Mésopotamie, 363), empereur romain (361-363), neveu de Constantin I^er^ le Grand. Il fut proclamé empereur par ses soldats à Lutèce en 361. Élevé dans le christianisme, il tenta de rétablir l'anc. polythéisme. Il mourut en combattant les Perses.

**juliénas** *nm* Cru réputé du Beaujolais.

**Julien l'Hospitalier (saint)** personnage d'une époque incertaine, meurtrier involontaire de son père et de sa mère. ▷ LITTER *La Légende de saint Julien l'Hospitalier,* l'un des *Trois Contes* de Flaubert (1877).

**julienne** *nf* **1** BOT Crucifère à fleurs blanches et odorantes, autrefois très cultivée dans les jardins. **2** CUIS Potage ou garniture que l'on prépare avec plusieurs sortes de légumes coupés en menus morceaux. **3** ZOOL Lingue.

**Juliennes (Alpes)** chaîne calcaire des Alpes méridionales, en Slovénie et à l'extrémité N.-E. de l'Italie (2 863 m au Triglav).

**Juliers** (en all. *Jülich*), v. d'Allemagne (Rhénanie-du-Nord-Westphalie) ; 30 160 hab. – Le *duché de Juliers* devint prussien en 1815.

**Juliette** personnage de fiction, toute jeune fille appartenant à une grande famille de Vérone, les Capulets, héroïne de la tragédie de Shakespeare *Roméo et Juliette* (1594-1595).

**Julio-Claudiens (les)** dynastie d'empereurs romains, les prem. issus de Jules César : Auguste, Tibère, Caligula, Claude, Néron.

**Jullian Camille** (Marseille, 1859 – Paris, 1933), historien français : *Histoire de la Gaule* (1902-1928). Acad. fr. (1924).

**Jullundur** v. de l'Inde (Pendjab), au pied des contreforts de l'Himalaya ; 408 200 hab. Industries. Artisanat.

**jumbo-jet** *nm* AVIAT Syn. de *gros-porteur.* PLUR jumbo-jets. PHO [dʒœmbodʒɛt] ETY Mot amér.

**jumeau, elle** *a, n* **A** **1** Se dit des enfants (deux ou plusieurs) nés d'un même accouchement. *Des sœurs jumelles. Elle a des jumeaux.* **2** Se dit de choses semblables groupées par deux. *Des lits jumeaux.* **B** *nm* Morceau du bœuf situé vers l'épaule. **C** *nm pl* ANAT Les deux muscles qui forment le mollet. ETY Du lat.

ENC *Les vrais jumeaux,* mieux nommés *jumeaux univitellins* ou *monozygotes,* sont issus de la division précoce d'un seul embryon ; toujours du même sexe, ils se ressemblent physiquement et psychiquement, ont la même résistance aux maladies, etc. *Les faux jumeaux,* ou *bivitellins,* ou *dizygotes,* issus de deux œufs différents, peuvent être de sexe différent et fort dissemblables.

**jumelé, ée** *a* **1** TECH Consolidé au moyen de pièces identiques. **2** Qualifie des choses groupées par deux. *Colonnes jumelées. Roues jumelées.*

**jumeler** *vt* ⑰ ou ⑲ **1** Apparier deux objets semblables. **2** Associer deux villes de pays différents en vue d'échanges culturels, touristiques, etc. DER **jumelage** *nm*

**1 jumelle** *nf* **1** (Au sing. ou au pl.) Instrument que l'on place devant les yeux pour agrandir l'image de ce que l'on voit au loin. *Regarder à la jumelle. Jumelles marines.* **2** TECH Paire de pièces identiques et semblablement disposées. *Jumelles d'une presse.*

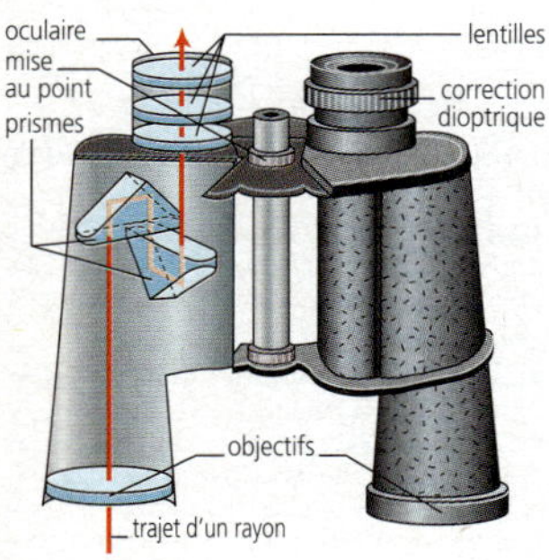


**jumelles** à prismes

**2 jumelle → jumeau.**

**jument** *nf* Femelle du cheval. ETY Du lat. *jumentum,* « bête d'attelage ».

**Jument verte (la)** roman de Marcel Aymé (1933). ▷ CINE Film de Claude Autant-Lara (1959), avec Bourvil.

**Jumièges** com. de la Seine-Maritime (arr. de Rouen) ; 1 800 hab. – Ruines d'une abbaye bénédictine (654). DER **jumiégeois, oise** *a, n*

**jumping** *nm* EQUIT Épreuve de saut d'obstacles. PHO [dʒœmpiŋ] ETY Mot angl.

**Juncker** Jean-Claude (Redange-sur-Attert, 1954), homme politique luxembourgeois, Prem. ministre (1995-2013), puis président de la Commission européenne dep. 2014.

**Juneau** cap. et port de pêche de l'Alaska, sur la côte S.-E. ; 31 300 hab. Extraction de l'or (auquel la ville doit sa fondation, en 1880).

**Jung** Carl Gustav (Kesswil, Turgovie, 1875 – Küsnacht, 1961), psychiatre suisse. Lié à Freud (1907), il rompit avec lui après la publication de son ouvrage : *Métamorphoses et Symboles de la libido* (1912), dans lequel il oppose l'*inconscient collectif* à l'*inconscient individuel*. DER **jungien, enne** *a, n*

**Jünger** Ernst (Heidelberg, 1895 – Wilflingen, Souabe, 1998), écrivain allemand. Disciple de Nietzsche, il écrivit des romans de guerre, des essais et un récit allégorique (*Sur les falaises de marbre,* 1939) qui dénonce l'hitlérisme.

**Jungfrau (la)** sommet des Alpes bernoises (Suisse) ; 4 166 m. Un chemin de fer à crémaillère atteint la stat. du *Jungfraujoch* (3 457 m).

**1 jungle** *nf* **1** Formation végétale continue, très dense, typique des pays de mousson, constituée de bambous, de lianes et de fougères arborescentes. **2** fig Milieu où règne la loi du plus fort. PHO [ʒœ̃gl] ETY De l'hindoustani.

**2 jungle** *nm* Courant musical issu du reggae et de la house, caractérisé par d'incessantes ruptures rythmiques. PHO [dʒœngɔl] ETY Mot angl.

**Junín** bourg du Pérou central. Bolívar y vainquit les Espagnols (1824).

**junior** *a, n* **A** *a* **1** Cadet. *Durand aîné et Durand junior.* **2** Des jeunes, destiné aux jeunes. *La mode junior.* **B** *n* **1** Sportif âgé de plus de 17 ans et de moins de 21 ans. **2** Débutant sur le plan professionnel. *Chef de projet junior.* **3** Enfant ou adolescent. *Publicité adressée aux juniors.* ETY Mot lat., « plus jeune ».

**junior-entreprise** *nf* Association d'étudiants dont les membres accomplissent, pour des entreprises dont l'activité correspond aux métiers qu'on leur enseigne, des travaux rémunérés. PLUR junior-entreprises. ETY Nom déposé.

**junk-bond** *nm* Titre boursier à haut rendement, mais à haut risque. PLUR junk-bonds. PHO [dʒœnkbɔnd] ETY Mot angl.

**junker** *nm* HIST Hobereau allemand. PHO [junkœR] ETY Mot all.

**Junkers** Hugo (Rheydt, 1859 – Gauting, 1935), industriel allemand. Il construisit, dès 1915, des avions entièrement métalliques.

**junkie** *n* fam Toxicomane qui prend une drogue dure. PHO [dʒœnki] ETY Mot amér., de *junk,* « drogue dure ». VAR **junky**

**Junon** déesse romaine, fille de Saturne, épouse de Jupiter ; protectrice des femmes mariées. Assimilée à l'Héra grecque. DER **junonien, enne** *a, n*

**Junon** astéroïde découvert en 1804, dont le diamètre est d'environ 200 km.

**Junot** Jean Andoche (duc d'Abrantès) (Bussy-le-Grand, Côte-d'Or, 1771 – Montbard, 1813), général français. Compagnon de Bonaparte au siège de Toulon, il participa aux campagnes d'Italie (1796) et d'Égypte (1799). Il se distingua au Portugal (1807). Il se suicida dans une crise de démence.

**junte** *nf* **1** Assemblée politique ou administrative, en Espagne, au Portugal. **2** Directoire d'origine insurrectionnelle gouvernant certains pays, notam. d'Amérique latine. *Junte militaire.* PHO [ʒœ̃t] ETY De l'esp., *junta,* « jointe ».

**jupe** *nf* **1** Vêtement féminin qui part de la taille et couvre plus ou moins les jambes. **2** TECH Surface latérale d'un piston, qui coulisse contre la paroi du cylindre. **3** Paroi inférieure souple d'un véhicule à coussin d'air. **4** Carénage aérodynamique d'un véhicule (locomotive, voiture de formule 1, fusée). ETY De l'ar.

**jupe-culotte** *nf* Culotte aux jambes très amples. PLUR jupes-culottes.

**jupette** *nf* Jupe très courte.

**Jupiter** dieu romain, assimilé au Zeus grec, maître du panthéon. Fils de Saturne et de Rhéa, époux de sa sœur Junon, il est la divinité du Ciel, de la Lumière du jour, de la Foudre et du Tonnerre. La mythologie latine consacre à ses amours, à ses exploits, à ses innombrables enfants une multitude de récits. DER **jupitérien, enne** *a*

**Jules II**

**Carl G. Jung**

**Jupiter** cinquième planète du système solaire, dont l'orbite est située entre celles de Mars et de Saturne. Jupiter est la plus grosse planète du système solaire (diamètre : 142 700 km, soit 11 fois celui de la Terre). Elle tourne autour d'elle-même en un peu moins de 10 heures et décrit son orbite en 11 ans et 315 jours. Elle est recouverte de nuages disposés en bandes sombres et en zones claires parallèles à l'équateur ; une tache rouge est située dans l'hémisphère sud. Son atmosphère est composée d'hydrogène et d'hélium. Sa température (–150 °C) devrait être encore plus basse, mais sa contraction sous l'effet des forces de gravitation (Jupiter n'ayant pas encore atteint son diamètre final) produit de la chaleur. Cette énergie interne serait à l'origine des fortes turbulences observées dans les bandes nuageuses. Jupiter est le siège d'un champ magnétique intense qui provoque des émissions radioélectriques dans les bandes des longueurs d'ondes décimétriques et centimétriques. Jupiter possède au moins 16 satellites ; les plus gros sont Ganymède, Callisto, Europe et Io (qui comprend des volcans en activité). En 1979, les sondes américaines *Voyager 1* et 2 ont révélé la présence de fins anneaux de matière autour de la planète. L'intense champ gravitationnel de la planète est utilisé pour fournir une forte impulsion (*effet Jupiter*) aux sondes spatiales qui s'en approchent. DER **jupitérien, enne** *a*

**Jupiter** vue d'ensemble

**jupon** *nm* **1** Jupe de dessous. **2** fam Les femmes.

**juponner** *vt* ① Recouvrir une table ronde d'un tissu tombant jusqu'au sol.

**Juppé** Alain (Mont-de-Marsan, 1945), homme politique français. Président du RPR (1995-1997), de l'UMP (2002-2004), Premier ministre (1995-1997).

**Jura** système montagneux de l'E. de la France (V. Franche-Comté.) et de Suisse qui se prolonge, au-delà du Rhin, en Allemagne (*Jura souabe* et *Jura franconien*). Socle ancien soulevé au tertiaire, lors de la surrection alpine, le Jura a deux aspects (tabulaire à l'O., plissé et plus élevé à l'E.) et deux vocations : forestière (industrie du bois) et herbagère (lait, fromages). Les industr. anciennes (horloges, pipes, jouets), côtoient les nouvelles, qui bénéficient de l'hydroélectricité. Le Jura allemand est formé de plateaux calcaires, au climat rude et aux sols pauvres ; l'altitude augmente du N. (*Jura franconien*) vers le S. (*Jura souabe*).

**Jura (canton du)** canton de la Suisse du N.-O., qui, francophone, s'est détaché du canton de Berne en 1979 ; 837 km$^2$ ; 71 700 hab. ; ch.-l. *Delémont.* DER **jurassien, enne** *a, n*

**Jura** dép. français (39) ; 5 053 km$^2$ ; 260 500 hab. ; 51,6 hab./km$^2$ ; ch.-l. *Lons-le-Saunier* ; ch.-l. d'arr. *Dole* et *Saint-Claude.* V. Franche-Comté. DER **jurassien, enne** *a, n*

**jurançon** *nm* Vin blanc réputé de la région de Jurançon.

**Jurançon** com. des Pyrénées-Atlantiques ; 7 287 hab. Vins blancs. DER **jurançonnais, aise** *a, n*

**jurande** *nf* anc Charge de juré dans une corporation.

**jurassien, enne** *a* GEOL Se dit d'un relief qui se développe dans une zone montagneuse sédimentaire plissée.

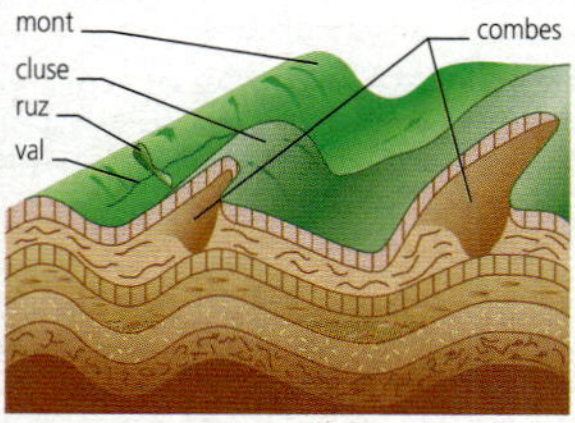


relief **jurassien**

**jurassique** *nm* GEOL Période du milieu de l'ère secondaire (entre - 205 et - 135 millions d'années) faisant suite au trias, caractérisée par l'apogée des dinosaures et l'apparition des oiseaux.

**jurat** *nm, a* HIST Nom donné sous l'ancien Régime aux consuls et aux échevins de certaines villes du Sud-Ouest. ETY Mot occitan.

**juratoire** *a* LOC DR *Caution juratoire* : serment fait en justice de se représenter ou de rapporter qqch.

**juré, ée** *a, n* **A** *a, nm* HIST Qui a prêté le serment requis pour l'exercice d'une fonction. **B** *n* **1** Membre d'un jury. **2** DR Citoyen, citoyenne appelés à siéger dans le jury d'une cour d'assises. LOC *Ennemi juré* : déclaré et irréconciliable.

**jurement** *nm* vieilli Imprécation, blasphème. ETY Mot occitan.

**jurer** *v* ① **A** *vt* **1** Promettre par serment. *Jurer fidélité. Jurer de se venger.* **2** vx, litt Prendre à témoin Dieu, une chose considérée comme sacrée par serment. *Jurer son Dieu.* **3** Assurer, certifier. *Je jure qu'il n'en est rien.* **B** *vi* **1** Faire un serment. **2** Dire des blasphèmes, des jurons. **3** Choquer, ne pas aller (bien) ensemble. *Couleurs qui jurent.* LOC fam *Jurer ses grands dieux que...* : affirmer avec force que... — *Ne jurer que par* : dire le plus grand bien de, éprouver une admiration sans réserve pour. ETY Du lat.

**jureur** *am* LOC HIST *Prêtre jureur* : prêtre qui avait prêté serment de fidélité à la nation et accepté la Constitution civile du clergé, pendant la Révolution.

**juridiction** *nf* Pouvoir d'un juge, d'un tribunal ; ressort, étendue de ce pouvoir. *Juridiction civile.* LOC *Degré de juridiction* : chacun des tribunaux devant lesquels une même affaire peut être successivement portée. ETY Du lat., *jurisdictio*, « action de dire le droit ». DER **juridictionnel, elle** *a*

**juridique** *a* **1** Fait selon le droit, dans les formes requises par le droit. *Acte juridique.* **2** Relatif au droit. *Texte juridique.* ETY Du lat. *jus, juris*, « droit ». DER **juridiquement** *av*

**juridisme** *nm* didac Formalisme juridique.

**Jurien de La Gravière** Jean Pierre Edmond (Brest, 1812 – Paris, 1892), amiral français, qui commanda l'expédition du Mexique en 1861-1862.

**Jurieu** Pierre (Mer, Loir-et-Cher, 1637 – Rotterdam, 1713), théologien calviniste français. De Rotterdam (à partir de 1682), il polémiqua avec Bossuet.

**Jurin** James (Londres, 1684 – id., 1750), physicien anglais. Il étudia la capillarité.

**jurisconsulte** *n* DR Personne versée dans la science du droit et donnant des consultations juridiques.

**jurisprudence** *nf* DR **1** Interprétation du droit et des lois par un tribunal. **2** Ensemble des décisions rendues par les tribunaux dans des cas semblables et permettant de déduire des principes de droit. *Jugement qui fait jurisprudence.* DER **jurisprudentiel, elle** *a*

**juriste** *n* **1** Spécialiste du droit. **2** Auteur d'ouvrages juridiques.

**juron** *nm* Terme, expression blasphématoire ou grossière.

**Juruá** (río) riv. de l'Amérique du Sud, affl. de l'Amazone (r. dr.) ; 3 000 km. Née au Pérou, elle coule surtout au Brésil.

**jury** *nm* **1** Ensemble des jurés d'une cour d'assises, appelés à prendre part au jugement d'une affaire criminelle. **2** Commission d'examinateurs, d'experts. *Jury du baccalauréat. Jury d'une exposition.* ETY Mot angl.

**jus** *nm* **1** Suc d'une substance végétale, généralement extrait par pression. *Jus d'orange.* **2** Suc de viande. *Jus d'un rôti.* **3** TECH Parfum. **4** fam Café noir. **5** fam Courant électrique. **6** fam Exposé, speech, laïus. **7** fam Capacité à mobiliser son énergie. LOC fam *Être, mettre au jus* : être, mettre au courant — *Jus de chaussettes* : mauvais café. PHO [ʒy] ETY Du lat.

**jusant** *nm* MAR Marée descendante. SYN reflux.

**jusqu'au-boutisme** *nm* Position extrémiste de ceux qui veulent à tout prix mener une action, quelle qu'elle soit, jusqu'au bout. DER **jusqu'au-boutiste** *a, n*

**jusque** *prép* **1** Suivi d'une prép., ou d'un adv., marquant un terme, dans l'espace ou dans le temps, que l'on ne dépasse pas. *J'ai attendu jusqu'à 5 heures. Venez jusque chez moi. Jusqu'où ?* vx, litt *Jusques à quand ?* **2** Insistant sur l'inclusion de l'élément ultime dans un tout. *Il a tout payé jusqu'au dernier centime.* LOC *Jusqu'à ce que* (+ subj.) : marquant le terme d'une durée. *J'ai marché jusqu'à ce qu'il fasse nuit.* — *Jusque-là* : jusqu'à cet endroit, jusqu'à ce moment. — *Jusques et y compris* : la limite étant incluse. ETY Du lat. *usque*.

**jusquiame** *nf* Plante herbacée (solanacée) à feuilles découpées. *La jusquiame noire, à fleurs jaunes veinées de violet ou de brun, est utilisée comme calmant.* ETY Du gr. *huoskuamos*.

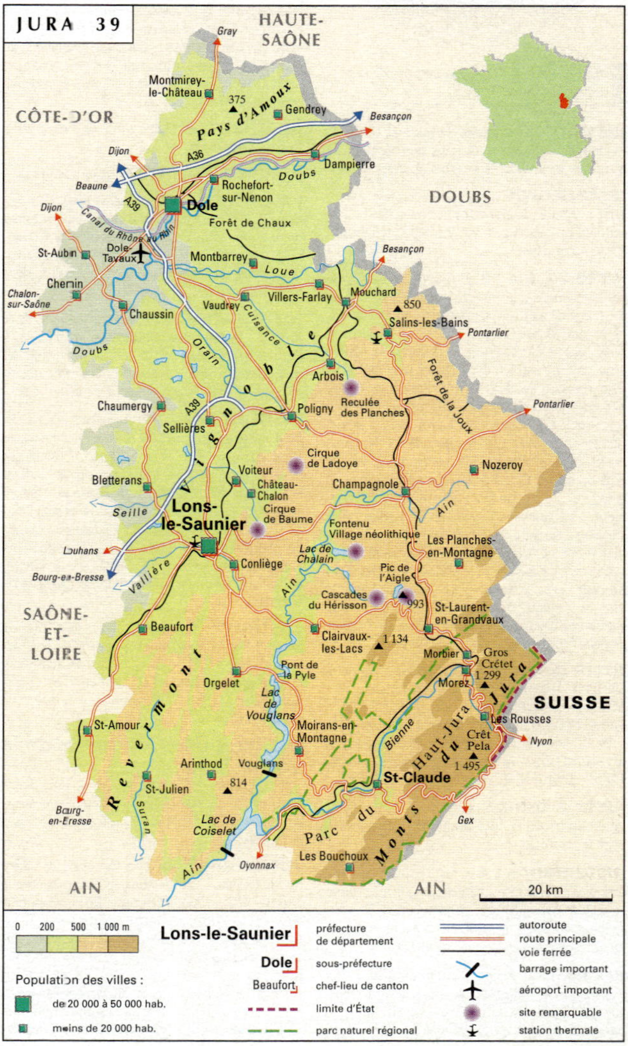

**Jussieu** Bernard de (Lyon, 1699 – Paris, 1777), botaniste français ; il imagina une méthode de classement des végétaux reposant sur l'embryon. Ses frères **Antoine** (Lyon, 1686 – Paris, 1758) et **Joseph** (Lyon, 1704 – Paris, 1779) furent également des botanistes renommés. Joseph fit des explorations en Amérique du Sud. — **Antoine Laurent** (Lyon, 1748 – Paris, 1836), botaniste, neveu des préc., dont il perfectionna la méthode de classement due à Bernard ; directeur du Muséum national d'histoire naturelle.

**Bernard de Jussieu** entouré de ses frères Antoine et Joseph

**jussion** *nf* LOC ***Lettre de jussion*** : adressée par le roi à une cour souveraine pour l'enjoindre d'enregistrer un édit. ETY Du bas lat. *jussio*, « ordre ».

**justaucorps** *nm* **1** anc Vêtement étroit, serré à la taille, comportant des manches et descendant jusqu'aux genoux. **2** Maillot collant utilisé pour la danse.

**juste** *a, n, av* **A** *a* **1** Qui agit, se comporte conformément à la justice, au droit, à l'équité. **2** Conforme au droit, à la justice ; équitable. *Décision juste.* **3** Bien fondé, légitime. *Défendre une cause juste.* **4** Conforme à la réalité, à la vérité ; exact, précis, correct. *Avoir l'heure juste. Opération juste.* SYN exact, vrai. **5** Pertinent, judicieux. *Ce que vous dites me paraît très juste.* **6** Trop ajusté, étroit en parlant des vêtements. **7** Qui suffit à peine. *Huit jours pour faire cela, c'est juste.* **B** *n* **1** Personne droite, équitable. **2** RELIG Personne qui vit en dehors du péché. **C** *av* **1** Avec exactitude, comme il convient. *Viser, chanter. Penser juste.* **2** Précisément. *C'est juste ce qu'il nous faut.* **3** À peine. *C'est tout juste si j'arrive à équilibrer mon budget.* **4** Au dernier moment. *Arriver juste.* **5** Seulement. *Il n'y avait presque personne, juste quelques habitués.* LOC ***Au juste*** : précisément. — ***Au plus juste*** : avec le plus de rigueur, d'exactitude possible et en se gardant de toute estimation excessive. — ***Comme de juste*** : comme il se doit. ETY Du lat.

**Juste (les frères Betti,** dits**)** sculpteurs d'origine florentine installés en France vers 1504. — **Antoine** (Corbignano, 1479 – Tours, 1519), auteur avec son frère Jean du mausolée de Louis XII et d'Anne de Bretagne (cath. de Saint-Denis). — **Jean** (près de Florence, 1485 – Tours, 1549), frère et collab. du préc.

**juste-à-temps** *nm* ECON Mode d'organisation du travail en flux tendu, consistant à supprimer les stocks.

**justement** *av* **1** Avec justice. *Il a été très justement acquitté.* **2** Légitimement. *Se flatter justement de qqch.* **3** Avec justesse, pertinemment. *Il en déduit très justement que...* **4** Exactement, précisément. *C'est justement ce qu'il fallait éviter.*

**justesse** *nf* **1** Qualité d'une chose juste, exacte. *Justesse d'une balance. Justesse d'un raisonnement.* **2** Qualité de ce qui est tel qu'il doit être, parfaitement approprié, adéquat. *La justesse d'une expression.* **3** Qualité de ce qui permet de faire une chose avec précision, exactitude. *Justesse du coup d'œil.* LOC ***De justesse*** : de très peu. *Éviter la catastrophe de justesse.*

**justice** *nf* **1** Vertu morale qui réside dans la reconnaissance et le respect des droits d'autrui. *Faire preuve de justice.* **2** Principe moral de reconnaissance et de respect du droit naturel (l'équité) ou positif (la Loi). *Réformes conduites par souci de justice sociale.* **3** Reconnaissance et respect des droits de chacun. *Obtenir justice.* **4** Pouvoir d'agir pour que soient reconnus et respectés les droits de chacun ; exercice de ce pouvoir. *Exercer, rendre la justice.* **5** Pouvoir judiciaire en tant qu'institution ; l'administration publique chargée de ce pouvoir. *Porter une affaire devant la justice.* **6** Ensemble des instances d'exercice du pouvoir judiciaire ; ensemble des juridictions. *Justice civile, pénale.* LOC ***Rendre justice à qqn*** : reconnaître ses mérites. — ***Se faire justice*** : se châtier soi-même en se suicidant. — ***Se faire justice soi-même*** : se venger soi-même d'un dommage qu'on a subi. ETY Du lat.

**justiciable** *a, n* **A** *a* **1** Qui relève de telle ou telle juridiction. *Crime justiciable de la cour d'assises.* **2** Qui relève de. *Maladie justiciable de la psychiatrie.* **B** *n* Individu considéré dans son rapport à l'administration du pouvoir judiciaire.

**justicier, ère** *n, a* **1** Personne qui fait régner la justice. *Saint Louis, roi justicier.* **2** Personne qui prétend exercer la justice et redresser tous les torts. *S'ériger en justicier.* LOC FEOD ***Seigneur haut justicier*** : seigneur qui avait, sur ses terres, le droit d'exercer pleinement la justice, au civil comme au pénal.

**justifiant, ante** *a* THEOL Qui rend juste. *Grâce, foi justifiante.*

**justificateur, trice** *a* Qui justifie.

**justificatif, ive** *a, nm* **A** *a* Qui justifie, qui prouve. *Pièces justificatives.* **B** *nm* **1** Pièce attestant qu'une opération a bien été exécutée. **2** Exemplaire attestant l'insertion d'un placard publicitaire, d'une photographie, d'un texte, etc., dans une publication.

**justification** *nf* **1** Action de justifier, de se justifier. *Donner la justification de sa conduite.* **2** Preuve que l'on fait d'une chose par titres, témoins, etc. *Justification d'un fait.* **3** IMPRIM Action de justifier une ligne ; longueur de cette ligne.

**justifier** *v* 2 **A** *vt* **1** Prouver l'innocence de. *Justifier qqn d'une accusation. Se justifier d'une calomnie.* SYN disculper, innocenter. **2** Rendre légitime. *La colère ne justifie pas une telle grossièreté.* **3** Montrer le bien-fondé de. *Sa découverte justifia ses craintes. Son optimisme se justifiait totalement.* **4** IMPRIM Donner à une ligne la longueur convenable au moyen de blancs entre les mots. **B** *vti* Témoigner de, constituer une preuve de. *Certificats qui justifient de l'authenticité d'un tableau.* ETY Du lat. DER **justifiable** *a*

**Justin Ier** (Bederiana, Illyrie [auj. rég. de Skopje], vers 450 – Constantinople, 527), empereur d'Orient (518-527) ; oncle de Justinien, qu'il adopta. — **Justin II** (mort en 578), empereur d'Orient (565-578), neveu et successeur de Justinien Ier.

**Justine ou les Malheurs de la vertu** roman de Sade, qui connut trois rédactions : *les Infortunes de la vertu* (écrit en 1787, prem. éd. 1930) ; *Justine ou les Malheurs de la vertu* (1791) ; *la Nouvelle Justine ou les Malheurs de la vertu* (1797).

**Justinien Ier** (en latin *Flavius Petrus Sabbatius Justinianus*) (Tauresium, près de l'actuelle Skopje, 482 – Constantinople, 565), empereur d'Orient (527-565), successeur de Justin Ier. Il fut secondé par sa femme Théodora et par ses généraux Narsès et Bélisaire. Il prôna l'orthodoxie religieuse et la toute-puissance du droit romain (faisant rédiger le *Code*, le *Digeste*, les *Pandectes*, les *Institutes*) et fit construire Sainte-Sophie de Constantinople, les églises Saint-Vital et Saint-Apollinaire de Ravenne. — **Justinien II** (?, 669 – Sinope, aujourd'hui Sinop, Turquie, 711), empereur d'Orient (685-695 et 705-711) ; il succéda à son père Constantin IV.

**jute** *nm* Fibre textile grossière tirée de l'écorce du chanvre de Calcutta, utilisée pour fabriquer des toiles d'emballage. ETY Du bengali.

**juter** *vi* 1 Rendre du jus. *Pêche qui jute.*

**Jutes** anc. peuple germanique, probabl. originaire du S. du Jylland (Jütland).

**juteux, euse** *a, nm* **A** *a* **1** Qui rend beaucoup de jus. *Poire juteuse.* **2** fig, fam Qui rapporte de l'argent. *Une affaire juteuse.* **B** *nm* fam Adjudant.

**Jütland** → **Jylland.**

**Juvarra** Filippo (Messine, 1678 – Madrid, 1736), architecte italien, l'un des maîtres du baroque. VAR **Javara**

**Juvénal** (en lat. *Decimus Junius Juvenalis*) (Aquinum, Latium, v. 60 – ?, v. 130), poète latin ; auteur de *Satires* qui brossent un tableau très réaliste des mœurs de son époque.

**Juvénal** Jean Ier (Troyes, 1360 – Poitiers, 1431), magistrat français. Prévôt des marchands de Paris (1389-1400), il contribua à faire nommer régente Isabeau de Bavière. — **Jean II** (Paris, 1388 – Reims, 1473), archevêque de Reims (1449), fils de Jean Ier ; il joua un grand rôle politique sous Charles VII. Auteur de la *Chronique de Charles VI*. — **Guillaume** (Paris, 1401 – id., 1472), frère du préc., chancelier de Charles VII (1445) et de Louis XI (1466). VAR **Jouvenel des Ursins**

**juvénat** *nm* RELIG Stage qu'accomplissent, dans certains ordres, les religieux qui se destinent à l'enseignement. ETY Du lat. *juvenis*, « jeune homme ».

**juvénile** *a, nm* **A** *a* Propre à la jeunesse. *Ardeur juvénile.* ANT sénile. **B** *nm* ELEV Animal jeune. DER **juvénilité** *nf*

**Juvisy-sur-Orge** ch.-l. de cant. de l'Essonne (arr. de Palaiseau), au confluent de l'Orge et de la Seine ; 11 937 hab. DER **juvisien, enne** *a, n*

**juxta-** Élément, du lat. *juxta*, « près de ».

**juxtalinéaire** *a* Se dit d'une traduction donnant, sur deux colonnes et ligne par ligne, les mots du texte original et ceux du texte traduit.

**juxtaposé, ée** *a* GRAM Se dit de propositions sans lien de coordination ou de subordination.

**juxtaposer** *vt* 1 Mettre l'un à côté de l'autre. *Juxtaposer des couleurs.* DER **juxtaposable** *a* – **juxtaposition** *nf*

**Jylland** (en all. *Jütland*), partie péninsulaire du Danemark ; 29 766 km$^2$ ; 2 356 960 hab. ; v. princ. *Århus, Ålborg.* Terre plate et basse, riche région agric. : bovins, volailles ; céréales. – *Bataille navale du Jylland* (plus souvent nommée *du Jütland*) : combat que se livrèrent, le 31 mai 1916, au large du Danemark, les flottes britannique et allemande.

**Jytomir** (anc. *Jitomir*), v. d'Ukraine, à l'O. de Kiev ; 300 000 hab. Centre industriel. Combats entre All. et Sov. en 1941 et 1943.

**Jyväskylä** v. de Finlande, au N. du lac Päijänne ; 67 000 hab. ; ch.-l. de län. Université.

**Justinien Ier**

# K k

**k** *nm* **1** Onzième lettre (k, K) et huitième consonne de l'alphabet, notant l'occlusive vélaire sourde [k] (ex. *kaki, kilo*). **2** PHYS K : symbole du kelvin. **3** PHYS NUCL K : symbole du kaon. **4** INFORM K : symbole de *kilo*. SYN Ko. **5** CHIM K : symbole du potassium.

**K. Joseph** personnage princ. du roman de Kafka *le Procès* (écrit en 1914-1915 ; éd. posth., 1925) et, sans le prénom Joseph, du roman *le Château* (écrit en 1922 ; éd. posth., 1926) .

**1 ka** → **kaon.**

**2 ka** *nm* Dans la religion égyptienne, élément constitutif de la personnalité, manifestation des énergies vitales. (ETY) Mot égyptien.

**Kaaba (la)** vaste édifice cubique (*ka'ba* vient du gr. *kubos*, « dé à jouer »), en pierre grise, dans la mosquée de La Mecque. Selon le Coran, l'ange Gabriel aurait donné à Abraham la Pierre noire (scellée dans l'angle oriental à 1,50 m du sol). (VAR) **Caaba, Kaba** ▶ illustr. **La Mecque**

**Kabardes** peuple caucasien vivant princ. en Kabardino-Balkirie, dont ils constituent 60 % de la pop. Relig. : islam sunnite. (DER) **kabarde** *a*

**Kabardino-Balkarie** (rép. autonome de Russie), 12 500 km$^2$ ; 724 000 hab. (V. Kabardes) ; cap. *Naltchik*.

**Kabbale** mouvement mystique juif qui s'épanouit en Espagne et dans le sud de la France au XIIIe s., puis à Safed, en Palestine, au XVIe s. La Kabbale (en hébreu *kabbalah*, « traditions ») tente de concilier la Bible, le Talmud et la philosophie grecque. Elle veut percer le secret de la Torah : la contemplation des lettres qui la composent et de leurs valeurs chiffrées aboutit à la perception du Grand Nom de Dieu et, par là, à la connaissance universelle. (VAR) **Cabale** (DER) **kabbalistique** ou **cabalistique** *a*

**kabbaliste** *n* Spécialiste de la Kabbale. (VAR) **cabaliste**

**kabig** *nm* Veste de marin breton à capuchon. (ETY) Mot breton. (VAR) **kabic**

**Kabila Laurent-Désiré** (au Katanga, 1941 – Kinshasa, 2001), homme politique de la rép. dém. du Congo. Partisan de Lumumba (1960-1962), il vécut à partir de 1963 dans le maquis. Lors d'un coup d'État en 1997, il se proclama prés. de la rép. dém. du Congo. Attaqué par ses anc. alliés, l'Ouganda et le Rwanda, il accrut la ruine du pays. Un commandant de sa garde l'assassina. — **Joseph** (au Kivu, 1970), fils du préc., lui succéda en janv. 2001.

**Kabir** (Bénarès, 1440 – ?, v. 1520), mystique indien qui voulut concilier l'hindouisme et l'islam.

**Kaboul** cap. de l'Afghānistān, sur le *Kaboul* (affl. r. dr. de l'Indus), à 1 765 m d'alt. ; 3,6 millions d'hab. (aggl.). La ville a été ruinée par la guerre civile (1989-1996). (VAR) **Kābul** (DER) **kabouli, ie** ou **kaboulien, enne** *a, n*

**kabuki** *nm* Au Japon, genre théâtral traditionnel, destiné à un public populaire, spectacle qui mêle au dialogue les chants et la danse. (PHO) [kabuki] (ETY) Mot jap. (DER) **kabukiste** *n*

**Kabuto-Cho (« quartier des Guerriers »)** nom donné à la Bourse de Tokyo.

**Kabwe** (anc. *Broken Hill*), ville de Zambie ; 144 000 hab. ; ch.-l. de prov. Important centre minier (charbon, zinc, plomb, cadmium).

**kabyle** *nm* Langue berbère parlée par les Kabyles.

**Kabyles** nom générique de tribus berbères représentant vraisemblablement la pop. primitive du nord de l'Afrique, antérieure à la domination romaine. (DER) **kabyle** *a*

**Kabylie** nom de plusieurs chaînes du Tell algérien. On distingue notam. la *Grande Kabylie*, formée d'une chaîne côtière et du massif du Djurdjura (2 308 m au Lalla Khadidja), et la *Petite Kabylie* composée de la chaîne des Babors et des Bibans orientaux. L'insuffisance des ressources (céréales, figuiers, oliviers) contraint de nombreux Kabyles à émigrer soit vers la Mitidja voisine, soit en France. (DER) **kabyle** *a, n*

**kacha** *nf* **1** Plat russe, gruau de sarrasin. **2** Plat polonais, mélange d'orge cuit dans du lait, de crème aigre et d'œufs. (ETY) Mot slave.

**Kachgar** v. de Chine (Xinjiang), dans une oasis ; 150 000 hab.

**kachina** *nm* Esprit des ancêtres, dans la mythologie des Indiens Pueblos ; masque ou statuette le représentant. (VAR) **katchina**

**Kachins** peuple tibéto-birman du N.-E. de la Birmanie et des régions contiguës de la Chine (Yunnan) et de l'Inde (Assam). (DER) **kachin** *a*

**Kaczynsky Lech** (Varsovie, 1949 – Smolensk, 2010), président de la rép. de Pologne de 2005 à 2010 (conservateur).

**kadaïf** *nm* Pâtisserie orientale, aux amandes et au miel. (ETY) Mot ar.

**Kádár János** (Fiume, auj. Rijeka, 1912 – Budapest 1989), homme politique hongrois. Premier secrétaire du parti communiste hongrois lors du soulèvement de 1956, il appuya d'abord le mouvement, puis appela l'armée sov. (nov.). Il se retira en 1988.

**Kadaré Ismaïl** (Gjirokastër, 1936), romancier albanais : *le Général de l'armée morte* (1963), *le Crépuscule des dieux de la steppe* (1981), *le Concert* (1989). Il vit en France dep. 1990.

**kaddish** *nm* RELIG Prière de la liturgie juive qui se prononce debout tourné vers Jérusalem, notam. lors de l'office des morts. (ETY) Mot araméen, « saint ».

**Kadesh** → **Qadesh.**

**Kadhafi (Al) Mu'ammar** (Syrte, 1942 – id., 2011), homme politique libyen. Prés. du Conseil du commandement de la révolution après le coup d'État de 1969, qui abolit la monarchie, il dirigea, depuis lors, le pays. Il fut capturé et tué alors que le peuple libyen se révoltait contre son régime.

le colonel Kadhafi

**Kadjars** → **Qadjars.**

**Kaduna** v. industr. du N. du Nigeria ; 1,5 million d'hab. ; ch.-l. de la rég. du m. nom.

**kafir** *n* Infidèle, dans le langage des musulmans orthodoxes.

**Kafka Franz** (Prague, 1883 – Kierling, près de Vienne, 1924), écrivain tchèque de langue allemande. Il occupe d'importantes fonctions dans une compagnie d'assurances qu'il devra quitter en 1917, atteint de tuberculose, dont il mourra. Il publie *Description d'un combat* (1909), *La Métamorphose* (1916) et *la Colonie pénitentiaire* (1919), qui expriment la culpabilité, l'aliénation, la quête impossible, comme ses autres nouvelles et ses deux romans inachevés : *le Procès* (écrit en 1914-1915) et *le Château* (écrit en 1922). Son ami Max Brod (auquel il avait demandé de brûler ses écrits) les publia en 1925 et en 1926, ainsi que *l'Amérique*, roman inachevé antérieur. De 1910 à sa mort, Kafka tint son *Journal*. (DER) **kafkaïen, enne** *a*

Franz Kafka

**Kagamé** Paul (Gitarama, 1957), chef du Front patriotique rwandais, il est élu président de la République en 2003 et réélu en 2010.

**Kagel** Mauricio (Buenos Aires, 1931 – Cologne, 2008), compositeur, chef d'orchestre et metteur en scène argentin, installé à Cologne depuis 1957 : *Acustica* (1970) ; théâtre musical : *Staatstheater* (1970), *Idées fixes* (1989).

**Kagera (la)** riv. d'Afrique (400 km) ; naît au Burundi, se jette dans le lac Victoria (Tanzanie) ; considérée comme la branche mère du Nil.

**Kagoshima** v. et port du Japon au S. de l'île de Kyūshū ; ch.-l. de la prov. du m. nom ; 530 500 hab. Industries. Centre spatial.

**kagou** *nm* Oiseau de la Nouvelle-Calédonie (ralliforme), de couleur gris cendré, au bec et aux pattes rouges, aux mœurs nocturnes, incapable de voler. VAR **cagou**

kagou

**kagura** *nm* Au Japon, théâtre dansé traditionnel lié au culte shinto. PHO [kaguʀa] ETY Mot jap.

**Kahler** Otto (Prague, 1849 – Vienne, 1893), médecin tchèque. ▷ MED *Maladie de Kahler* : cancer de la moelle osseuse.

**Kahlo** Frida (Coyoacan, Mexico, 1910 – id., 1954), peintre mexicaine. Épouse de Diego Rivera, influencée par le surréalisme et l'art populaire, elle projette dans ses autoportraits son expérience de la douleur.

**Kahn** Gustave (Metz, 1859 – Paris, 1936), écrivain français ; théoricien du *Vers libre* (1912) et l'un de ses prem. utilisateurs : *Palais nomades* (1887), *les Origines du symbolisme* (1936).

**Kahn** Albert (Gérardmer, 1861 – Paris, 1940), industriel et mécène français. Il fit faire, entre 1910 et 1930, dans le monde entier, des photographies en couleurs conservées dans son anc. demeure de Boulogne-Billancourt.

**Kahn** Louis (île d'Ösel, auj. Sarema, Estonie, 1901 – New York, 1974), architecte américain, tenant du style « forteresse » : Parlement du Bangladesh, à Dhaka (1962).

**Kahnweiler** Daniel-Henry (Mannheim, 1884 – Paris, 1979), marchand de tableaux et écrivain d'art français, d'origine allemande. Il fit connaître les fauvistes et les cubistes, princ. Picasso. Écrits : *Vers le cubisme* (1920), *Confessions esthétiques* (1963).

**Kahramanmaras** (anc. *Maras*), v. de Turquie, à l'E. de la chaîne du Taurus ; 212 200 hab. ; ch.-l. de l'il du m. nom.

**Kaifeng** v. de Chine centrale (Henan), sur la r. dr. du Huanghe ; 602 230 hab. Industries.

**kaïnite** *nf* Mélange naturel de chlorure de potassium et de sulfate de magnésium. ETY De l'all.

**Kairouan** v. de Tunisie ; ch.-l. du gouvernorat du m. nom ; 118 000 hab. Centre religieux (pèlerinage musulman) et d'artisanat (travail du cuir, tapis). – Grande Mosquée (IX$^{e}$ s.). Mosquée des Trois-Portes (866).

Kairouan la Grande Mosquée

**kaiser** *nm* Empereur d'Allemagne (de 1871 à 1918). PHO [kajzœʀ] ou [kezɛʀ] ETY Mot all.

**Kaiser** Georg (Magdeburg, 1878 – Ascona, Suisse, 1945), auteur dramatique allemand, expressionniste : *Gaz* (1918-1920), *la Fuite à Venise* (1923). Il dut s'exiler en 1933.

**Kaiser** Henry John (Sprout Brook, 1882 – Honolulu, 1967), industriel américain. Il appliqua pendant la Seconde Guerre mondiale la préfabrication à la construction navale.

**Kaiserslautern** ville d'Allemagne (Rhénanie-Palatinat), sur la Lauter ; 103 000 hab.

**kakapo** *nm* Grand perroquet de Nouvelle-Zélande à plumage vert et gris, incapable de voler, appelé également perroquet-hibou.

**kakémono** *nm* Peinture japonaise exécutée en hauteur sur un rectangle de papier ou de soie, destinée à être suspendue et qui peut s'enrouler sur les bâtons qui la bordent en haut et en bas. PHO [kakemɔno] ETY Mot jap., « chose suspendue ».

**1 kaki** *nm* Fruit charnu, très riche en vitamines, du plaqueminier du Japon. ETY Mot jap.

kaki

**2 kaki** *a inv, nm* **A** D'une couleur brune tirant sur le jaune. *Des uniformes kaki.* **B** *nm* **Afrique** Tissu grossier servant à faire des uniformes ; vêtement, uniforme de couleur kaki. ETY De l'hindoustani, « couleur de poussière ».

**Kakiemon** Sakaida Kakiemon, dit (1596 – 1666), potier japonais (porcelaines décorées), actif à Arita (Kyūshū).

**kakuro** *nm* Jeu de réflexion constitué d'une grille à remplir des chiffres de 1 à 9, de manière à ce qu'ils n'apparaissent qu'une fois dans chaque ligne et chaque colonne et que leur somme corresponde au chiffre indiqué. ETY Du jap., « additions croisées ».

**kala-azar** *nm* MED Maladie grave, endémique en Inde, en Extrême-Orient et dans le bassin méditerranéen, due à un protozoaire (leishmanie) et caractérisée notam. par l'augmentation du volume de la rate et du foie. ETY De l'assamais *tala*, « noir », et *azar*, « maladie ».

**kalachnikov** *nf, nm* Fusil d'assaut soviétique, à chargeur circulaire. PHO [kalaʃnikɔf] ETY Nom déposé.

**Kalahari (désert du)** vaste plateau du centre de l'Afrique australe (700 000 km$^2$ env.). Marécages dans le N., buissons épineux *(bush)* dans le S., où vivent les Boschimans *(Bushmen)*.

**Kalamata** v. et port de Grèce, dans le S.-O. du Péloponnèse ; 45 000 hab. ; a donné son nom à une variété d'olives.

**kalanchoe** *nm* Plante d'ornement (crassulacée) originaire d'Afrique australe, à feuilles charnues, à fleurs jaunes ou pourpres. PHO [kalãkɔe]

**kalarippayat** *nm* Art martial du sud de l'Inde. ETY Mot télougou.

**Kaldor** Nicolas (Budapest, 1908 – dans le comté de Cambridge, 1986), économiste britannique, d'inspiration néokeynésienne.

**kaléidoscope** *nm* **1** Cylindre creux contenant un jeu de miroirs et de paillettes multicolores dont les réflexions forment des motifs symétriques et variés. **2 fig** Spectacle changeant et coloré. ETY Du gr. *kalos*, « beau », et *eidos*, « aspect ». DER **kaléidoscopique** *a*

**Kalenjins** population qui vit dans l'E. de l'Ouganda, l'E. du Kenya et le centre de la Tanzanie ; 3 millions de personnes. Ils parlent une langue nilotique. DER **kalenjin** *a*

**Kalevala (le)** ensemble de chants populaires finnois recueillis par Elias Lönnrot pour former l'épopée nationale qui porte ce nom (prem. éd. : 1835).

**Kalgoorlie-Boulder** v. d'Australie (Australie-Occidentale) ; 19 850 hab. Un des trois grands gisements d'or du pays.

**kali** *nm* CHIM Syn. de *soude* (plante). ETY Mot ar.

**Kālī** divinité hindoue de la Mort et de la Destruction. Elle est *la Noire* (Kālī) qui danse sur le corps de Çiva, son époux divin.

**Kālidāsa** poète indien qui vécut probabl. au IV$^{e}$-V$^{e}$ s., auteur d'un drame célèbre : *Çakuntalā*.

**kaliémie** *nf* Taux sanguin de potassium.

**Kalimantan** nom de la partie indonésienne de l'île de Bornéo ; 539 460 km$^2$ ; 11 400 000 hab. Cult. tropicales. Pétrole.

**Kalinine** Mikhaïl Ivanovitch (près de Tver', 1875 – Moscou, 1946), homme politique soviétique ; président du præsidium du Soviet suprême de 1937 à 1946.

**Kaliningrad** (anc. *Königsberg*), port de Russie, sur la mer Baltique, à la frontière polonaise ; ch.-l. de rég. ; 420 000 hab. Industries. Base militaire. – Université. Cath. gothique (XIV$^{e}$ s.). – La *région de Kaliningrad* (15 100 km$^2$ ; 940 000 hab.), cédée par l'Allemagne à l'URSS en 1945, est enclavée dans la rép. de Lituanie. Zone franche russe en 1991.

**Kalisz** v. industr. de Pologne, sur la Prosna ; ch.-l. de la voïévodie du m. nom ; 103 880 hab.

**Kalmar** v. et port de Suède mérid. ; ch.-l. du län du m. nom ; 54 250 hab. Chantiers navals, travail du bois, industr. alim., pêche. – Château (XIII$^{e}$-XIV$^{e}$ s.). – *Union de Kalmar* (1397-1521) : traité qui réunissait la Suède, la Norvège et le Danemark en un seul royaume (danois). La Suède, menée par Gustave Vasa, la rompit (1521-1523).

**kalmia** *nm* Bel arbuste (éricacée) rustique, toujours vert, originaire d'Amérique du nord, cultivé comme ornemental. SYN laurier américain. ETY D'un n. pr.

**kalmouk** *nm* Langue parlée en Mongolie occidentale. ETY Mot mongol.

**Kalmouks** groupe de peuples mongols qui habitent en Russie dans la rép. autonome des Kalmouks, en Mongolie et en Chine (Xijiang). DER **kalmouk, ouke** *a*

**Kalmouks (rép. autonome des)** république autonome au sein de la Fédération de Russie, dans le haut Altaï ; 75 900 km$^2$ ; 325 000 hab. (50 % de Kalmouks, 35 % de Russes) ; cap. Elista. VAR **Kalmoukie**

**Kalouga** v. de Russie, sur l'Oka ; ch.-l. de rég. ; 297 000 hab. Industries.

**Kama (la)** riv. de Russie (2 000 km), affl. de la Volga (r. g.). Centrales hydroélectriques.

**Kāma** dans la myth. hindoue, divinité masculine de l'Amour.

**Kamakura** v. du Japon (Honshū), sur la baie de Sagami ; 175 500 hab. Tourisme. – Statue colossale du Bouddha (1252). Temples bouddhiques. Musée (œuvres de la période de *Kamakura*). – Anc. cap. du Japon (XIIe-XIVe s.).

**kamancheh** *nm* Violon iranien qui se joue en position verticale. PHO [kamɑ̃ʃe] ETY Mot persan.

**Kāma-sūtra (« aphorismes sur le désir »)** le plus important ouvrage sanskrit sur l'amour et l'érotisme, écrit par Vātsyāyana, probablement entre le IVe et le VIIe s.

**Kamenev** Lev Borissovitch Rosenfeld, dit (Moscou, 1883 – id., 1936), homme politique soviétique, compagnon de Lénine. Avec Staline et Zinoviev il forma, contre Trotski (son beau-frère), la Troïka (1924), dirigea avec Zinoviev et Trotski l'Opposition unifiée (1926), puis fit son autocritique (1928). Impliqué dans un des « procès de Moscou », il fut exécuté.

**Kamenski** Vassilii Vassilievitch (Perm, 1884 – Moscou, 1961), poète russe futuriste : *Filles aux pieds nus*, *Pougatchev*.

**Kamensk-Ouralski** ville de Russie, en Sibérie occidentale ; 200 000 hab. Centre minier (fer, bauxite) et industriel.

**Kamerlingh Onnes** Heike (Groningue, 1853 – Leyde, 1926), physicien néerlandais. Spécialiste des basses températures, il liquéfia l'hélium (1908) et découvrit la supraconductivité (1911). P. Nobel 1913.

**kami** *nm* RELIG Ancêtre divinisé ou esprit de la nature, dans la religion shintoïste. ETY Mot jap.

**kamichi** *nm* Oiseau (ansériforme) d'Amérique du Sud, aux formes lourdes, aux ailes armées d'éperons. ETY Mot indien du Brésil.

**kamikaze** *n* **A** *nm* **1** Avion japonais bourré d'explosifs que son pilote faisait s'écraser sur les navires ennemis (1944-1945). **2** Pilote d'un tel avion. **B** *n* Personne qui sacrifie sa vie pour une cause. ETY Mot jap., « vent divin ».

**kamis** *nm* Longue robe blanche portée par les islamistes. PHO [kamis] ETY Mot ar.

**Kamloops** v. du Canada (Colombie-Brit.) ; 80 000 hab. Nœud ferrov. Industries.

**Kampala** cap. de l'Ouganda, sur le lac Victoria ; 1 500 000 hab (aggl.). Marché agricole relié par voie ferrée à Nairobi (Kenya). Industr. alimentaires, textiles. DER **kampalais, aise** *a, n*

**kamptozoaire** *nm* ZOOL Syn. de *endoprocte*. ETY Du gr. *kamptos*, « recourbé », et de *-zoaire*.

**Kampuchéa (république populaire du)** nom off. du Cambodge (1979-1989).

**Kamtchatka** vaste presqu'île volcanique de la Sibérie, entre les mers de Béring et d'Okhotsk (métaux, pétrole, pêche).

**Kan** Naoto (Ube, 1946), homme politique japonais (PDJ), Prem. ministre de 2010 à 2011.

**kana** *nm* LING Signe syllabique de l'écriture japonaise. (Ils sont groupés en 2 syllabaires : le *katakana* et le *hiragana*.)

**Kanaks** → **Canaques.**

**Kanaky** nom donné par les indépendantistes du FLNKS à la Nouvelle-Calédonie.

**Kanami** → **Zeami.**

**Kananga** (anc. *Luluabourg*), ville de la rép. dém. du Congo, sur la Lulua ; plus d'1 million d'hab. ; ch.-l. de la province du Kasaï-Occidental.

**Kanáris** Constantin (Psará, 1790 – Athènes, 1877), amiral et homme politique grec. Il s'illustra pendant la guerre d'indépendance et fut plusieurs fois chef du gouvernement (1848, 1864, 1877). VAR **Canaris**

**Kanazawa** v. et port du Japon (Honshū) sur la mer du Japon ; chef-lieu de ken ; 430 480 hab. Industries.

**Kanchenjunga** → **Kangchenjunga.**

**Kānchīpuram** v. de l'Inde (État de Tamil Nadu) ; 130 930 hab. – Temples brahmaniques.

**Kandahar** v. de l'Afghānistān, au nord du désert de Registān ; ch.-l. de la prov. du m. nom ; 150 000 hab. Centre commercial et industriel. VAR **Qandahār**

**Kandi** v. du Bénin ; 53 000 hab. Important centre commercial.

**Kandinsky** Wassily (Moscou, 1866 – Neuilly-sur-Seine, 1944), peintre russe, naturalisé allemand puis français ; fondateur avec Franz Marc du Blaue Reiter (1911), professeur au Bauhaus de 1922 à 1933. Il peint en 1910 ses premières œuvres abstraites, gestuelles et lyriques ; à partir de 1922, les préoccupations géométriques l'emportent. Écrit théorique : *Du spirituel dans l'art* (1911).

**Kandinsky** *Lignes angulaires*, 1930 – galerie d'Art moderne, Rome

**kandjar** *nm* Sabre turc dont la lame est affilée sur la partie concave. ETY De l'ar.

**Kandy** v. de Sri Lanka ; 160 000 hab. ; ch.-l. de prov. Centre religieux et commercial (thé).

**Kane** Cheikh Hamidou (Matam, 1928), écrivain sénégalais : *l'Aventure ambiguë* (1961), *Des gardiens du Temple* (1995).

**Kanem** royaume créé au IXe s. à l'E. du lac Tchad. Au XIe s. son *mai* (roi) se convertit à l'islam. Au XIIIe s., le royaume domine le Bornou et le Ouadaï. Au XIVe s., il est envahi par un peuple venu de l'est. Le *mai* reconstitua la dynastie dans la région du Bornou et, au XVIe s., reconquit son royaume.

**Kangchenjunga** sommet de l'Himalaya, à la frontière du Népal et du Sikkim ; 8 598 m VAR **Kanchenjunga**

**kangourou** *nm* Marsupial d'Australie (macropodidé) au museau allongé, aux grandes oreilles, dont les membres postérieurs adaptés au saut permettent un déplacement très rapide par bonds. ETY D'une langue australienne.

ENC Le kangourou géant et le kangourou roux dépassent 1,60 m de haut ; les « wallabies » ont une taille inférieure ; les plus petits rats-kangourous n'atteignent pas 20 cm.

**kangourou**

**Kangxi** (Pékin, 1654 – id., 1722), deuxième empereur chinois (1662-1722) de la dynastie Qing, dont il imposa le pouvoir, militairement (victoire sur les révoltés du S., occupation de la Mongolie intérieure) et culturellement. Il autorisa le christianisme. VAR **K'ang-hi**

**kanji** *nm* Signe idéographique, d'origine chinoise, de l'écriture japonaise.

**Kankan** v. de Guinée, sur le Milo ; ch.-l. de la rég. du m. nom ; 200 000 hab. Travail du coton. – Ville reliée à Conakry par voie ferrée.

**Kankan Moussa** (m. en 1335), empereur du Mali (1312-1335). Il porta le Mali à son apogée. Son pèlerinage à La Mecque (1324-1325) est resté célèbre par le luxe qu'il déploya. VAR **Kankou Moussa**

**kannara** *nm* Langue dravidienne, officielle au Karnātaka.

**Kannon** nom donné par les Japonais à Avalokiteçvara, bodhisattva très vénéré.

**Kano** v. du Nigeria ; ch.-l. de l'État du m. nom ; 3 300 000 hab. (aggl.). Centre comm. relié par voie ferrée à Lagos. Huileries, industr. textiles. – Royaume haoussa (XIe-XIXe s.), au faîte de sa puissance au XIVe-XVe s.

**Kanō (école des)** une des grandes écoles de peinture du Japon, fondée au XVe s., à Kyōtō, par Kanō Masanobu (v. 1434 – 1530). Elle incarne, à l'origine, l'art officiel des shōgun Tokugawa et marque un retour à l'influence chinoise.

**Kānpur** (anc., en angl. *Cawnpore*), v. de l'Inde (Uttar Pradesh), sur le Gange ; 3 300 000 hab. Industries ; travail du cuir.

**Kansai** région du Japon, dans l'île de Honshū, s'étendant de Kōbe et Ōsaka au lac *Biwa*. Rég. de vieille civilisation (Kyōto, Nara). VAR **Kinki**

**Kansas (la)** riv. des É.-U. (272 km), affl. du Missouri (rive droite).

**Kansas** État du centre des É.-U., à l'O. du Missouri ; 213 063 km$^2$ ; 2 853 118 hab. ; cap. *Topeka*. – Rég. de plaines au climat continental contrasté, le Kansas cultive le blé d'hiver, et se livre, dans l'E., à l'élevage bovin. Il possède d'import. gisements d'hydrocarbures. – Cédé par la France en 1803, ce territ. fut admis dans l'Union en 1861.

**Kansas City** v. des É.-U., sur le fleuve Missouri, partagée entre les États du Kansas et du Missouri ; 1 500 000 hab. (aggl.). Centre comm. et industr.

**Kant** Emmanuel (Königsberg, auj. Kaliningrad, 1724 – id., 1804), philosophe allemand. De 1755 *(Sur le feu)*à 1770, il publia des essais scientif. À partir de 1758, il enseigna à l'université de sa ville, où il fut nommé professeur en 1770. Il publia en 1781 *Critique de la raison pure* (que « résume » *Prolégomènes à toute métaphysique future...*, 1783), qui est une interrogation sur la légitimité du savoir. Toute connaissance est l'union d'une forme et d'un contenu ; l'esprit humain fournit la forme ; le contenu ne peut venir que de l'expérience sensible. Prem. partie du livre, l'*esthétique transcendantale* établit que l'espace et le temps sont des intuitions pures, des formes *a priori* de la sensibilité (et non des propriétés objectives des choses) ; l'*analytique transcendantale* montre que les catégories de l'entendement sont des conditions *a priori* de la connaissance des objets ; la *dialectique transcendantale* établit que, privée du contrôle de l'expérience, la raison métaphysique sombre dans des contradictions insolubles (les *antinomies*). La *Critique de la raison pratique* (1788) que précède *Fondements de la métaphysique des mœurs* (1785) pose ceci : un acte n'a de valeur morale que s'il est fait « par devoir ». Le devoir s'adresse à la raison en chaque homme, au-dessus de tout intérêt et de toute passion. C'est l'impératif catégorique, par ex. celui-ci : « Agis toujours d'après une maxime telle que tu puisses vouloir en même temps qu'elle devienne une loi universelle. » Kant postule la liberté de l'homme, ainsi que l'immortalité de l'âme et l'existence de Dieu, sans nous imposer ces thèses. La *Critique du jugement* (1790)montre comment la libre production de la beauté réconcilie dans l'œuvre d'art (qui est « une finalité sans fin ») l'entendement, la volonté et la sensibilité. Par la suite, ses œuvres les plus marquantes sont : *la Religion dans les limites de la simple raison* (1793) ; *Projet de paix perpétuelle* (1795) inspiré par la Révolution française, qui l'enthousiasma ; *Métaphysique des mœurs* (1797) ; *Anthropologie du point de vue pragmatique* (1798) ; *Logique* (1800).

**Kantara (El-)** site d'Algérie, dans les Aurès. – Les *gorges d'El-Kantara* passaient, dans l'Antiquité, pour avoir été ouvertes par un coup de pied d'Hercule ; elles débouchent sur le Sahara. VAR **Al-Qantara**

**kantisme** *nm* PHILO Ensemble des théories philosophiques de Kant. DER **kantien, enne** *a, n*

**Kantō** région du Japon dans l'île de Honshū, ouverte sur le Pacifique et correspondant à la plaine où s'étend la conurbation Tōkyō-Yokohama.

**Kantor** Tadeusz (Wielopole, 1915 – Cracovie, 1990), peintre, décorateur et metteur en scène polonais ; fondateur du *Théâtre Cricot 2*. Ses mises en scène où dominent le noir et le blanc sont singulières et tragiques.

**Kantorovitch** Leonid Vitalievitch (Saint-Pétersbourg, 1912 – Moscou, 1986), économiste soviétique. Il tenta de réhabiliter la notion de profit. P. Nobel 1975 avec T. C. Koopmans.

**Kantorowwicz** Ernest (Poznan, 1895 – Princeton, 1963), historien américain d'origine all. : *Frédéric II* (1927) ; *les Deux Corps du roi* (1957-1988) sur le pouvoir au Moyen Âge.

**Kao Hsiung** v. industr. et port du S.-O. de Taïwan, 1 500 000 hab.

**Kaolack** v. du Sénégal, port sur le Saloum ; ch.-l. de la rég. du m. nom ; 140 000 hab.

**kaoliang** *nm* Variété de sorgho d'Extrême-Orient. ETY Mot chin.

**kaolin** *nm* MINER Argile très pure et blanche, composée essentiellement de la kaolinite, utilisée pour la fabrication de la porcelaine. ETY Du chin.

**kaolinisation** *nf* GEOL Processus par lequel le feldspath des roches cristallines se décompose en kaolin.

**kaolinite** *nf* MINER Silicate d'aluminium hydraté constituant principal du kaolin.

**kaon** *nm* PHYS NUCL Méson instable (symb. K). PHO [kaɔ̃] VAR **ka**

**Kaosiung** → **Gaoxiong.**

**Kapela** massif montagneux de Croatie dominant l'Adriatique au N.-O. du Velebit.

**Kapellen** com. de Belgique (prov. d'Anvers) ; 24 246 hab. Industries.

**Kapilavastu** anc. cité du N. de l'Inde (auj. *Roumindei*, au Népal). Ancienne capitale de la tribu des Cākya et ville natale de Bouddha.

**Kapitsa** Piotr Leonidovitch (Cronstadt, 1894 – Moscou, 1984), physicien soviétique ; spécialiste des basses températures et de la fusion contrôlée. P. Nobel 1978 avec A. Penzias et R. W. Wilson.

**Kaplan** Viktor (Mürzzuschlag, 1876 – Unterach, 1934), ingénieur autrichien. Il mit au point des turbines hydrauliques utilisées dans les faibles chutes à grand débit.

**Kaplan** Jacob (Paris, 1895 – id., 1994), grand rabbin de France de 1955 à 1981.

**Kapnist** Vassili Vassilievitch (Oboukhovka, 1757 – id., 1823), auteur russe de comédies satiriques : *la Chicane* (1798).

**kapo** *nm* Dans les camps de concentration nazis, détenu qui avait pour tâche de diriger les autres détenus. ETY Mot all.

**kapok** *nm* Duvet végétal contenu dans les fruits du fromager et du kapokier, matière légère, imperméable et imputrescible, utilisée pour divers rembourrages. PHO [kapɔk] ETY Du malais.

**kapokier** *nm* Grand arbre (bombacacée) qui fournit le kapok. **LOC** ***Faux kapokier*** : fromager.

**kapokier** base du tronc à g., fleur au centre et fruit déhiscent laissant échapper le duvet à dr.

**Kapoor** Anish (Bombay, 1954), sculpteur indien ; il travaille en G.-B.

**Kaposi** Moritz (Kaposvár, Hongrie, 1837 – Vienne, 1902), dermatologue hongrois. ▷ MED *Sarcome de Kaposi* : tumeur maligne rare se présentant sous forme de lésions dermiques ou disséminées sur les aires ganglionnaires, très souvent associée au sida.

**Kaposvár** v. de Hongrie, sur le Kapos ; ch.-l. de comté ; 74 000 hab. Industr. textiles.

**Kapoustine Iar** base spatiale russe, au N.-O. de la mer Caspienne sur la Volga.

**kappa** *nm* Dixième lettre de l'alphabet grec (K, κ), notant le son [k].

**Kara** (golfe ou mer de) partie de l'océan Glacial Arctique comprise entre la Nouvelle-Zemble et la presqu'île de Taïmyr (Sibérie), et dans laquelle se jette le *Kara*, petit fl. côtier.

**Karabakh** (Haut-) région rattachée à la rép. d'Azerbaïdjan en 1923 ; 4 400 km$^2$ ; 177 000 hab. ; ch.-l. *Stepanakert*. – Peuplé à près de 80 % d'Arméniens, le territoire réclame son rattachement à l'Arménie, à partir de 1988, ce qui provoque un conflit armé entre les deux républiques. En 1991, les Arméniens du Haut-Karabakh proclament unilatéralement une république. Leurs forces armées prennent le contrôle du sud-ouest de l'Azerbaïdjan en 1993. Le 20 mars 1997, le président de la rép. « indépendante du Haut-Karabakh », Robert Kotcharian, est nommé Premier ministre de l'Arménie et il est élu président de la rép. d'Arménie en 1998, mais cela n'exacerbe pas le conflit avec l'Azerbaïdjan.

**Kara-Bogaz** golfe de la mer Caspienne, dans le Turkménistan, en voie d'assèchement.

**Karāchi** port du Pākistān, à l'O. du delta de l'Indus ; ch.-l. de la prov. du Sind ; 11,6 millions d'hab. (aggl.). Princ. ville et port du pays, premier centre industr. – Cap. du Pākistān jusqu'en 1960. DER **karachite** *a, n*

**Karadžić** Vuk (Tršić, 1787 – Vienne, 1864), philologue serbe. Il réforma la langue littéraire serbe, publia des chants et poèmes populaires, et la première édition du *Dictionnaire serbe* (1818). VAR **Karadjitch**

**Karagandy** (anc. *Karaganda*), ville du Kazakhstan, sur la Noura ; ch.-l. de la région du m. nom. ; 641 000 hab. Centre industriel issu d'un riche bassin houiller.

**Karageorges** Djordje Petrović, dit Crni Djordje (« Georges le Noir ») (Viševac, Šumadija, 1752 [?] – Radovanje, près de Smederevo, 1817), fondateur de la dynastie des *Karadjordjević* (ou *Karageorgévitch*). Chef des Serbes contre les Turcs (1804-1813), il libéra Belgrade et se fit proclamer prince héréditaire des Serbes (1808). En 1813, il s'exila en Autriche ; revenu dans son pays en 1817, il fut assassiné sur ordre de Miloš Obrenović. — **Alexandre** (Topola, 1806 – Temesvár, aujourd'hui Timişoara, 1885), fils du préc. ; prince des Serbes de 1842 à 1858. Il fut contraint d'abdiquer. VAR **Karadjordge**

**Karageorgévitch** dynastie serbe fondée par Karageorges en 1808 et qui comprit les rois Pierre Ier, Alexandre Ier et Pierre II. VAR **Karadjordjević**

**Karaïtes** minorité juive qui vit surtout en Israël, originaire de Russie et d'Ukraine ; 25 000 personnes. Ils auraient quitté Bagdad au VIIIe s. Leur nom provient de l'hébreu *garaïm*, « gens de la Bible », car ils n'admettent que la Torah, rejetant le Talmud et le Mishna. VAR **Caraïtes** ou **Qaraïtes** DER **karaïte, caraïte** ou **qaraïte** *a*

**Karajan** Herbert von (Salzbourg, 1908 – id., 1989), chef d'orchestre autrichien. Il a dirigé jusqu'à sa mort le Festival de Salzbourg.

**karak** → **krak.**

Kant

Karajan

**Karakalpakie** rép. autonome d'Ouzbékistan, au S. et à l'O. de la mer d'Aral ; 165 600 km$^2$ ; 1 200 000 hab. (dont 50 % de Karakalpaks, qui parlent une langue turque et ont pour relig. l'islam sunnite) ; cap. *Noukous.* Territoire semi-désertique. DER **karakalpak** *a, n*

**Karakoram** chaîne de montagnes située à l'O. du plateau du Tibet (8 611 m au K2) sur les territ. de l'Inde, du Pākistān et de la Chine. VAR **Karakorum**

**Kara-Koum** région désertique du Turkménistan, située dans la dépression entre la mer d'Aral et la mer Caspienne.

**karakul** *nm* Mouton d'Asie centrale, dont les agneaux mort-nés fournissent l'astrakan ; cette fourrure. PHO [kaʀakyl] ETY D'un n. pr. VAR **caracul**

**Karamé** Rachid (Miriata, 1921 – mort en avion, au Liban, au cours d'un attentat, en 1987), homme politique libanais, le princ. dirigeant sunnite.

**Karamzine** Nicolaï Mikhaïlovitch (Mikhaïlovka, 1766 – Saint-Pétersbourg, 1826), écrivain et historien russe. Il épura la langue russe des archaïsmes : *Pauvre Lise* (1792), *Histoire de l'État russe* (1816-1829).

**karaoké** *nm* **1** Équipement audiovisuel permettant de chanter sur un fond musical en suivant les paroles qui défilent à l'écran. **2** Activité ludique consistant à chanter en étant accompagné d'un équipement de karaoké. **3** Bar ou restaurant où l'on pratique cette activité en public. ETY Mot jap.

**Karatchaïs-Tcherkesses (république des)** république autonome au sein de la Fédération de Russie, au N.-O. de la Géorgie ; 450 000 hab. En 1943, une grande partie de la pop. fut déportée au Kazakhstan, exil qui dura jusqu'en 1957.

**karaté** *nm* Art martial japonais, méthode de combat sans armes fondée sur l'emploi de coups portés essentiellement avec la main et le pied aux points vitaux de l'adversaire. ETY Mot jap.

karaté

**karatéka** *n* Personne qui pratique le karaté.

**Karavelov** Ljuben (Koprivštica, vers 1837 – Ruse, 1879), écrivain et révolutionnaire bulgare ; auteur de nouvelles : *les Bulgares du temps jadis* (1872), *l'Enfant gâté* (1875). — **Petko** (Koprivštica, 1840 – Sofia, 1904), frère du préc. Chef du parti libéral nationaliste, il fut président du Conseil (1880, 1884 et 1901).

**Karawanken** massif orient. des Alpes entre les hautes vallées de la Save et de la Drave (Autriche et Slovénie).

**Karbala** v. d'Irak, au S.-O. de Bagdad ; ch.-l. de gouv. ; 500 000 hab. Ville sainte des chiites. VAR **Kerbela**

**karbau** *nm* Variété malaise du buffle de l'Inde. ETY Mot malais. VAR **kérabau**

**kärcher** *nm* Appareil de nettoyage qui projette de l'eau à très forte pression. PHO [kaʀʃɛʀ] ETY Nom déposé.

**Kardec** Léon Hippolyte Denizart Rivail, dit Allan (Lyon, 1804 – Paris, 1869), occultiste français ; fondateur du spiritisme : *le Livre des médiums* (1861).

**Kardiner** Abram (New York, 1891 – Easton, Connecticut, 1981), psychanalyste américain. Il a étudié les manières de traiter l'enfant dans des sociétés différentes.

**Karens** peuple de Birmanie et de Thaïlande, se répartissant en *Karens blancs* (établis dans la plaine) et *Karens rouges* (fixés en montagne). En tout, 2 500 000 Karens ; ils parlent une langue tibéto-birmane. DER **karen** *a*

**Kariba (gorges de)** gorges du Zambèze, au N. d'Harare, où un barrage fournit la majeure partie de l'hydroélectricité du Zimbabwe et alimente aussi la Zambie.

**Kārikāl** port de l'Inde, sur la côte de Coromandel ; 228 000 hab. – Ancien comptoir français rattaché à l'Inde en 1954.

**karité** *nm* Arbre (sapotacée) d'Afrique occidentale appelé aussi *arbre à beurre,* dont les graines fournissent une graisse comestible *(beurre de karité),* également employée en cosmétologie. ETY Mot soudanais.

**karkadé** *nm* Plante du genre hibiscus, qui fournit une boisson rafraîchissante. SYN oseille de Guinée, thé rose.

**Karkamish** (auj. *Cerablus*, ou *Djarabulus*), ville de l'anc. Syrie, sur l'Euphrate. Nabuchodonosor II y battit le pharaon Néchao II en 605 av. J.-C. VAR **Karkemish**

**Karkonosze** → **Géants (monts des).**

**Karle** Jérôme (New York, 1918 – Annandale, Virginia, 2013) chimiste américain qui a fait évoluer, à l'aide de nouveaux logiciels, la nomenclature chimique. P. Nobel 1985.

**Karlfeldt** Erik Axel (Folkäma, 1864 – Stockholm, 1931), poète suédois du terroir. P. Nobel 1931.

**Karl-Marx-Stadt** → **Chemnitz.**

**Karlovy Vary** (en all. *Carlsbad*), v. de la Rép. tchèque, sur la Teplá ; 61 000 hab. Importante station thermale. Cristalleries.

**Karlowitz (traité de)** traité, signé le 26 janvier 1699 : la Turquie, vaincue, cédait à la Pologne, à la Russie et à Venise de nombr. territoires.

**Karlskrona** v. et port de Suède, sur la Baltique ; ch.-l. de län ; 59 410 hab. Industries. Port militaire. – Égl. bâtie par Tessin le Jeune.

**Karlsruhe** v. d'Allemagne (Bade-Wurtemberg), sur le Rhin ; 292 000 hab. Cette anc. résidence des ducs de Bade est devenue un port et un centre industriel importants.

**Karlstad** v. de Suède, sur le lac Vänern ; ch.-l. de län ; 62 000 hab. Industries. – En 1905, l'indépendance de la Norvège y fut signée.

**karma** *nm* RELIG Dans la religion hindoue, enchaînement des actes de chaque être et des conséquences qu'ils entraînent sur son destin tout au long de ses réincarnations successives. ETY Mot sanscrit, « acte ». VAR **karman** DER **karmique** *a*

**Karman (méthode)** *nf* Méthode permettant d'interrompre une grossesse débutante par aspiration du contenu utérin.

**Kármán** Theodor von (Budapest, 1881 – Aix-la-Chapelle, 1963), ingénieur américain d'origine hongroise : travaux d'aérodynamique et sur la résistance des matériaux.

**karmapa** *nm* Chef d'une des sectes du bouddhisme tibétain, troisième personnage dans la hiérarchie religieuse, après le dalaï-lama et le panchen-lama.

**Karnak** village de la Haute-Égypte, bâti sur les ruines de Thèbes, aux import. vestiges archéologiques (temple d'Amon). VAR **Carnac**

**Karnātaka** (anc. *Mysore*), État de l'Inde, au S. du Dekkan ; 191 773 km$^2$ ; 61 100 000 hab. ; cap. *Bangalore.* Rég. historique (nombr. monuments, pèlerinages) aux activités artisanales (soieries, ivoire) et industrielles.

**karnatique** *a* Se dit de la musique de l'Inde du Sud.

**Károlyi de Nagykároly (comte Mihály)** (Budapest, 1875 – Vence, 1955), homme politique hongrois. Président de la Rép. de janv. à mars 1919, renversé par Béla Kun.

**karoshi** *nm* Décès par surmenage d'un employé zélé. ETY Mot jap.

**Karpates** → **Carpates.**

**Karpov** Anatoli Evguenevitch (Zlataoust, 1951), joueur d'échecs russe ; plus. fois champion du monde à partir de 1975.

**Karr** Alphonse (Paris, 1808 – Saint-Raphaël, 1890), écrivain français. Il fonda la revue satirique *les Guêpes* (1839-1849).

**Karrer** Paul (Moscou, 1889 – Zurich, 1971), chimiste suisse. Il réalisa la synthèse de plusieurs vitamines. Prix Nobel 1937.

**Karroo** ensemble des plateaux gréseux d'Afrique du Sud situés à l'E. du Cap.

**Kars** v. de Turquie orientale ; ch.-l. de l'il du m. nom ; 69 290 hab.

**Karsavina** Tamara (Saint-Pétersbourg, 1885 – Beaconsfield, 1978), danseuse britannique classique d'origine russe.

**karst** *nm* GEOMORPH Relief typique des régions où les calcaires prédominent. PHO [kaʀst] ETY De *Karst,* région de Slovénie. DER **karstique** *a*

**karstification** *nf* GEOL Évolution d'un massif calcaire vers un karst.

**kart** *nm* Petit véhicule monoplace de sport à quatre roues, sans carrosserie, équipé d'un moteur de faible cylindrée. PHO [kaʀt] ETY Mot angl.

**karting** *nm* Sport pratiqué avec un kart.

**Karviná** v. de la Rép. tchèque (rég. d'Ostrava, Moravie-Septentr.) ; 78 000 hab. Industries.

**Karzaï** Hamid (Karz, 1957), homme politique afghan, président du gouvernement intérimaire en 2001, puis président de la République de 2004 à 2014.

**Kasaï** nom de deux provinces de la rép. dém. du Congo (325 183 km$^2$, 12 700 000 hab.) : le *Kasaï-Occidental*, ch.-l. *Kananga*, et le *Kasaï-Oriental*, ch.-l. *Mbuji-Mayi.* Diamants.

**Karnak** salle hypostyle du temple d'Amon, élevée par Séthi Ier et Ramsès II

**Kasavubu** Joseph (dans le Mayombé, 1913 – Boma, Congo central, 1969), homme politique du Congo Kinshasa (auj. rép. dém. du Congo). Président de la République lors de l'accession du Congo belge à l'indépendance, il s'opposa à Lumumba (1960-1961) et fut renversé par le général Mobutu (nov. 1965).

**kascher, kasher** → **casher.**

**1 kashmiri** → **Cachemire.**

**2 kashmiri** *nm* Langue indo-aryenne officielle au Cachemire.

**kashrout** → **cashrout.**

**Kasparov** Garry Weinstein, dit (Bakou, 1963), joueur d'échecs russe, plusieurs fois champion du monde à partir de 1985 (victoire sur Karpov).

**Kassel** v. d'Allemagne (Hesse), sur la Fulda ; 185 370 hab. Centre industriel. – Anc. cap. de la Hesse.

**Kassem** Abd al-Karim (Bagdad, 1914 – id., 1963), général et homme politique irakien. Il prit le pouvoir à la suite de la révolution de juillet 1958, instaura la rép. et fut renversé et fusillé.

**Kasserine** v. de Tunisie ; 22 600 hab. ; ch.-l. de gouvernorat. – En 1943, Le *col de Kasserine* fut pris par Rommel et aussitôt repris par les Alliés.

**Kassites** peuple asiatique apparu au déb. du IIe millénaire dans le Zagros mérid. Maîtres de Babylone en 1530 av. J.-C., ils furent anéantis par les Élamites en 1160 av. J.-C. DER **kassite** *a*

**Kastler** Alfred (Guebwiller, 1902 – Bandol, 1984), physicien français ; il inventa le pompage optique (à l'origine du laser). Prix Nobel 1966.

**Kästner** Erich (Dresde, 1899 – Munich, 1974), journaliste et écrivain allemand ; critique du nazisme et romancier plein d'humour (*Émile et les détectives,* 1928).

**Kastoriá** v. de Grèce (Macédoine) ; 20 270 hab. ; ch.-l. de nome. Comm. des fourrures. – Vest. d'un village préhist. (2000 av. J.-C.).

**kat** → **khat.**

**kata** *nm* Dans les arts martiaux, suite codifiée de positions ou de prises constituant une démonstration technique.

**Kataïev** Valentine Petrovitch (Odessa, 1897 – Moscou, 1986), écrivain soviétique : *la Quadrature du cercle* (comédie, 1928), *Au loin une voile* (roman, 1936).

**katakana** *nm* Syllabaire japonais, employé pour transcrire les emprunts (sauf les emprunts au chinois, transcrits en kanji).

**Katanga** (*Shaba* de 1972 à 1997), région de la rép. dém. du Congo, dans le S.-E. du pays ; 496 965 km$^2$ ; 4 342 000 hab. ; ch.-l. *Lubumbashi.* DER **katangais, aise** *a, n*

**Géographie** Cette rég. de plateaux, dont l'alt. excède 1 000 m, recèle de considérables richesses minières : cuivre surtout, étain, uranium, manganèse, charbon, zinc, cadmium, cobalt, germanium, radium, tungstène, argent. L'hydroélectricité a permis l'implantation d'une puissante métallurgie à Lubumbashi, à Likasi et à Kolwezi, mais la gestion de Mobutu l'a ruinée.

**Histoire** Peu après l'accession à l'indépendance du Congo belge (30 juin 1960), le Katanga fit sécession (11 juil.), sous la conduite de Tschombé ; les forces de l'ONU s'interposèrent en 1961, puis vainquirent les sécessionnistes (déc. 1962-janv. 1963). En 1972, Mobutu rebaptisa *Shaba* le Katanga. En mars 1977 se produisit un nouveau soulèvement, aussitôt réprimé. En fév. 1978, des rebelles venus d'Angola s'emparèrent de Kolwezi ; en juin, une force interafricaine s'interposa jusqu'en 1979. Au printemps 1997, les forces armées de L.-D. Kabila pénétrèrent dans Lubumbashi sans rencontrer de résistance et le Shaba redevint le Katanga.

**katchina** → **kachina.**

**Kateb Yacine** → **Yacine.**

**kathakali** *nm* Théâtre dansé de l'Inde du Sud.

**Kāthiāwār (péninsule de)** vaste presqu'île de l'Inde, sur le golfe d'Oman.

**katioucha** *nm* Lance-roquettes à tubes multiples.

**Katmandou** cap. du Népal ; 660 000 hab. (aggl.). Centre commercial et religieux. – Temples hindouistes et bouddhistes. VAR **Kātmāndu**

**Katmandou**

**Katona** József (Kecskemét, 1791 – id., 1830), écrivain hongrois : *Bánk Bán,* tragédie nationale créée en 1815.

**Katowice** v. de Pologne (Silésie), ch.-l. de la voïévodie du m. nom ; 362 860 hab. Centre minier (houille, zinc) et industriel.

**Katsina** v. du N. du Nigeria ; 120 000 hab. ; cap. de l'État du m. nom. – Fondée par des Haoussas, l'anc. cité-État de Katsina connut son apogée aux XIVe et XVe s.

**Katsura** villa impériale située dans la bordure de Kyōto, chef-d'œuvre de l'art des jardins (XVIIe s.).

**Kattégat** bras de mer (60 à 120 km) entre la Suède et le Danemark. VAR **Cattégat**

**Katyn** village de Russie, à l'O. de Smolensk. Dans la forêt de Katyn, les Allemands découvrirent en avril 1943 les cadavres de 4 500 officiers polonais. Les enquêtes menées après la guerre établirent la responsabilité de l'URSS (qui reconnut le fait en 1990).

**Katz** sir Bernard (Leipzig, 1911 – Londres, 2003), neurobiologiste britannique. Il a étudié le rôle de l'acétylcholine dans la transmission nerveuse. Prix Nobel de médecine 1970 avec J. Axelrod et U. S. von Euler.

**Kaunas** v. de Lituanie, sur le Niémen ; 423 900 hab. Industries. – Anc. capitale de la Lituanie. VAR **Kovno**

**Kaunda** Kenneth (Chinsali, 1924), homme politique zambien ; président de la République (1964-1991).

**Kaunitz-Rietberg** Wenzel Anton von (Vienne, 1711 – id., 1794), homme politique autrichien, chancelier d'État (de 1753 à 1792).

**Kaurismaki** Aki (Helsinki, 1957), cinéaste finlandais : *la Fille aux allumettes* (1990), *L'Homme sans passé* (2002).

**Kautsky** Karl (Prague, 1854 – Amsterdam, 1938), homme politique allemand. Secrétaire d'Engels (1881), il édita le dernier tome du *Capital* de Marx (1905-1910). Il dénonça la participation des socialistes à la guerre et attaqua le léninisme (*Terrorisme et Communisme,* 1918).

**kava** *nm* Poivrier polynésien dont la racine sert à fabriquer une liqueur enivrante ; cette liqueur. ETY Mot polynésien. VAR **kawa**

**Kavalla** port de Grèce (Macédoine), sur la mer Égée ; 46 900 hab. ; ch.-l. de nome.

**Kaverī (le)** fl. de l'Inde, tributaire du golfe du Bengale ; 760 km. VAR **Cauvery**

**kawa** → **kava.**

**Kawabata** Yasunari (Ōsaka, 1899 – Zushi, près de Yokosuka, 1972), écrivain japonais. *Pays de neige* (1935-1948), *Nuée d'oiseaux blancs* (1949-1951), *le Grondement de la montagne* (1949-1954), *Kyōto* (1962) expriment l'angoisse de la solitude et l'obsession de la mort. Il s'est suicidé. P. Nobel 1968.

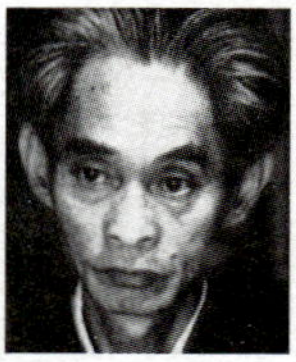

**Kawabata**

**Kawasaki** v. du Japon (Honshū), dans l'aggl. de Tōkyō ; 1 104 270 hab. L'un des plus grands complexes industr. du Japon.

**kayak** *nm* **1** Embarcation traditionnelle des Inuits, faite de peaux de phoques cousues sur une armature légère, mue à l'aide d'une pagaie. **2** Embarcation de sport à une ou deux places. PHO [kajak] ETY Mot inuit. DER **kayakiste** *n*

**kayak**

**kayakable** *a* Que l'on peut descendre en kayak (rivière).

**Kayes** v. du Mali, ch.-l. de la rég. du m. nom ; 67 000 hab. Terminus de la navigation sur le Sénégal. Huilerie.

**Kayseri** v. de Turquie, au S.-E. d'Ankara, à 1 000 m d'alt. ; ch.-l. de l'il du m. nom ; 375 940 hab. – C'est l'antique *Césarée de Cappadoce,* prise par les Turcs Seldjoukides en 1070.

**Kaysersberg** ch.-l. de cant. du Haut-Rhin (arr. de Ribeauvillé), sur la Weiss ; 2 676 hab. Vignobles. – Église (XIIe-XVe s.). Maisons anc.

**kazakh** *nm* Langue du groupe turc, parlée au Kazakhstan. ETY Mot turc.

**Kazakhs** peuple d'origine mongole, de langue turque, qui peuple le Kazakhstan. DER **kazakh, akhe** *a*

**Kazakhstan** (*Kazak Respublikasy*), État d'Asie centrale, qui fut, jusqu'en 1991, l'une des républiques fédérées de l'URSS, bordé par la mer Caspienne à l'O., la Russie au N., la Chine à l'E., le Kirghizstan, l'Ouzbékistan et le Turkménistan au S. ; 2 717 400 km$^2$ ; 16,6 millions d'hab. ; cap. *Astana*. Langues : kazakh, russe. Monnaie : tenge. Pop. : Kazakhs (41,8 %), Russes (36,8 %), Allemands (4,6 %), Ukrainiens (5,2 %). Relig. : islam sunnite majoritaire. DER **kazakh, akhe** *a, n*

**Géographie** Composé de plaines et de plateaux steppiques à l'O., l'État est bordé au N. et à l'E. par des hauteurs. Le climat est continental ; les précipitations sont assez faibles. Les cultures sont modestes (blé, riz, coton, tabac) ; l'élevage est omniprésent. Le sous-sol recèle de nombr. métaux, du charbon, du pétrole et du gaz. Le pétrole constitue un atout puissant, mais le problème de son transport est délicat, d'autant plus que les finances de l'État sont dans une situation dramatique. Depuis 2001, grâce à l'aide de nombr. compagnies étrangères, un oléoduc relie le gisement de Tenguiz au port de Novossibirsk.

**Histoire** Les Russes ne sont parvenus à dominer les Kazakhs (ou Kirghiz-Kazakhs : « Kirghiz libres »), d'origine mongole, qu'à la fin du XIX$^e$ s. Détachés de la Kirghizie en 1925, les Kazakhs formèrent une république fédérée de l'URSS en 1936. Après son indépendance, et son adhésion à la CEI (déc. 1991), le Kazakhstan refusa, par la voix de son président Noursoultan Nazarbayev (secrétaire général du Parti communiste, devenu Parti socialiste), de s'en remettre à la nouvelle autorité russe en matière nucléaire : l'URSS avait fait du pays une zone d'essais, où stationnaient des missiles. En outre, la base spatiale sov. était Baïkonour. En 1995, pour satisfaire la communauté internationale, N. Nazarbayev a renoncé au maintien d'armes nucléaires sur son territoire. La même année, une nouvelle Constitution a accru les pouvoirs du chef de l'État. En 1999, N. Nazarbayev et son parti ont facilement remporté la présidentielle (janv.) et les législatives (oct.) dans des conditions peu démocratiques. N. Nazarbayev a été réélu en 2005 et en 2011. ▶ carte **Asie centrale**

**Kazan** v. de Russie, cap. de la rép. auton. des Tatars, sur la Volga ; 1 200 000 hab. Centre commercial, universitaire et industriel. – Cap. mongole (dévastée par Ivan le Terrible en 1552). – Kremlin (1555) renfermant la cath. de l'Annonciation (XVI$^e$ s.).

**Kazan** Elia Kazanjoglous, dit Elia (Istanbul, 1909 – New York, 2003), metteur en scène de théâtre et de cinéma américain ; l'un des fondateurs de l'Actor's Studio : *Un tramway nommé Désir* (1951), *Sur les quais* (1954), *À l'est d'Eden* (1955), *Baby Doll* (1956), *le Dernier Nabab* (1976). Il a publié plusieurs romans.

**Elia Kazan** *Sur les quais*, avec Marlon Brando, 1954

**Kazantzákis** Níkos (Candie, auj. Hêraklion, 1885 – Fribourg-en-Brisgau, 1957), romancier grec : *Alexis Zorba* (1946), *le Christ recrucifié* (1954).

**Kazbek (mont)** mont du Caucase, au N. de la Géorgie ; 5 047 m.

**Kaz Dağ** → **Ida.**

**Kazvin** → **Qazvīn.**

**kcal** Symbole de la kilocalorie.

**K2 (pic)** sommet de l'Himalaya (Karakoram), vaincu par une cordée italienne (1954) ; 8 611 m (le plus haut sommet du monde après l'Everest). VAR **Godwin Austen**

**Kean** héros d'un drame d'A. Dumas (1836) inspiré par la vie de l'acteur anglais Edmund Kean (1787 – 1833). Sartre adapta cette pièce en 1954.

**Keaton** Joseph Francis, dit Buster (Piqua, Kansas, 1895 – Los Angeles, 1966), acteur et cinéaste américain, l'un des plus grands comiques (« l'homme qui ne rit jamais ») du cinéma muet : *les Lois de l'hospitalité* (1923), *le Mécano de la General* (1926), *le Cameraman* (1928).

**Buster Keaton** dans *la Croisière du Navigator*, 1924

**Keats** John (Londres, 1795 – Rome, 1821), poète romantique anglais. *Endymion* déchaîne les critiques en 1818, malgré le soutien de Shelley. Les *Odes* sont publiées en 1820. Tuberculeux, il part pour l'Italie où il meurt.

**kebab** *nm* **1** Dés de viande de mouton ou de bœuf rôtis en brochette. **2** Petit restaurant oriental. ETY Mot turc.

**kebbé** *nm* CUIS Mélange de viande hachée, de boulgour et de pignons, présenté en tourte ou en boulettes, spécialité libanaise.

**Kebir (el-)** → **Rummel.**

**Keble** John (Fairford, Gloucestershire, 1792 – Bournemouth, 1866), poète anglais, fondateur du mouvement religieux d'Oxford : *l'Année chrétienne* (1827), *Apostasie nationale* (1833).

**Kecskemét** v. de Hongrie située dans la plaine qui sépare le Danube de la Tisza ; 111 800 hab. Marché agric. et centre industriel.

**Kedah** État de Malaisie, sur le détroit de Malacca ; 9 424 km$^2$ ; 1 890 000 hab. ; cap. *Alor Setar*. Cult. tropicales (poivre, riz) ; étain.

**Keeling** → **Cocos.**

**Keelung** → **Jilong.**

**keepsake** *nm* ANC Livre élégamment relié, orné de vignettes, que l'on offrait en cadeau à l'époque romantique. PHO [kipsek] ETY Mot angl., « souvenir ».

**Keewatin** région du Canada (Territoires du Nord-Ouest) située au nord du Manitoba ; 593 216 km$^2$ ; 5 800 hab.

**Kef (Le)** v. du N.-E. de la Tunisie, dans le haut Tell ; 45 200 hab. Minerai de fer.

**keffieh** *nm* Coiffure des Bédouins et des Arabes composée d'un grand carré de tissu maintenu par un gros cordon ceignant le dessus du crâne. PHO [kefje] ETY Mot ar. VAR **kéfié**

**kéfir** *nm* Boisson légèrement gazeuse, un peu aigre, d'origine caucasienne, préparée en faisant fermenter du lait de vache ou de chèvre avec une levure spéciale. ETY Mot caucasien. VAR **képhir, képhyr**

**Kehl** v. d'Allemagne (Bade-Wurtemberg), en face de Strasbourg, ville à laquelle elle est reliée par deux ponts ; 33 900 hab. Port fluvial.

**Keihin** conurbation formée par Tōkyō, Kawasaki et Yokohama, premier ensemble portuaire et industr. du Japon.

**keikoku** *nm* Au judo, sanction pour une grave infraction au règlement. PHO [kejkoku]

**keiretsu** *nm* Au Japon, puissant groupe financier aux activités diversifiées. PHO [kejʀetsu]

**keirin** *nm* Course cycliste de vitesse sur piste, derrière un cyclomoteur qui s'écarte à 600 mètres de l'arrivée. PHO [kejrin] ETY Mot jap.

**Keiser** Reinhard (Teuchern, 1674 – Hambourg, 1739), compositeur allemand ; un des fondateurs de l'opéra allemand.

**Keita** Modibo (Bamako, 1915 – id., 1977), homme politique malien. Premier président de la Rép. (1960), il fut renversé en 1968 par un putsch militaire.

**Keitel** Wilhelm (Helmscherode, 1882 – Nuremberg, 1946), feld-maréchal allemand. Commandant suprême des forces armées de 1938 à 1945, il signa la capitulation. Le tribunal de Nuremberg le condamna à mort.

**Kekkonen** Urho Kaleva (Pielavesi, 1900 – Helsinki, 1986), homme politique finlandais ; Premier ministre (1950-1953 et 1954-1956), puis président de la Rép. (1956-1981).

**Kekulé von Stradonitz** Friedrich August (Darmstadt, 1829 – Bonn, 1896), chimiste allemand. Il découvrit la tétravalence du carbone et représenta la formule développée du benzène sous forme d'un hexagone.

**Kelantan** État de Malaisie, à la frontière thaïlandaise ; 14 931 km$^2$ ; 1 400 000 hab. ; cap. *Kota Baharu*. Pays montagneux au climat équatorial. Cult. tropicales ; minerais divers.

**Keller** Gottfried (Zurich, 1819 – id., 1890), romancier suisse d'expression allemande : *Henri le Vert* (1854-1855) ; *les Gens de Seldwyla* (c.-à-d. de Zurich, nouvelles, 1856-1873) ; *Martin Salander* (1886).

**Kellermann** François Christophe (duc de Valmy) (Strasbourg, 1735 – Paris, 1820), maréchal de France (1804). Il contribua à la victoire de Valmy (20 sept. 1792) et dirigea l'armée des Alpes. Il servit l'Empire puis se rallia aux Bourbons en 1814. — **François Étienne** (Metz, 1770 – Paris, 1835), fils du préc. ; général de cavalerie, il s'illustra à Marengo.

**Kellogg** Frank Billings (Potsdam, New York, 1856 – Saint Paul, 1937), diplomate américain ; secrétaire d'État du président Coolidge (1925-1929), il promut le *pacte Briand-Kellogg* (27 août 1928) qui condamnait la guerre. P. Nobel de la paix 1929.

**Kelly** Eugene Joseph Curran, dit Gene (Pittsburgh, 1912 – Los Angeles, 1996), danseur, acteur, chorégraphe américain (*Le Pirate*, 1948 ; *Un Américain à Paris*, 1951) et cinéaste : *Chantons sous la pluie* (avec S. Donen, 1952).

**Kelly** Ellsworth (Newburgh, 1923 – Spencertown, N.Y. , 2015), peintre et sculpteur. américain, marqué par l'abstraction géométrique.

**Kelly** Grace (Philadelphie, 1929 – Monte-Carlo, 1982), actrice américaine, interprète d'Hitchcock : *Le crime était presque parfait* (1953), *Fenêtre sur cour* (1954), *la Main au collet* (1955). En 1956, elle épousa Rainier III de Monaco.

**kelvin** *nm* PHYS Unité de température thermodynamique du système international (symb. K), égale à la fraction 1/273,16 de la température thermodynamique du point triple de l'eau. (La température absolue T, qui est exprimée en kelvins, est liée à la température t, exprimée en degrés Celsius, par la relation $T = t + 273{,}15$ ; 100 °C = 373,15 K ; 0 °C = 273,15 K.) ETY Du n. pr.

**Kelvin William Thomson (lord)** (Belfast, 1824 – Netherhall, 1907), physicien anglais, connu pour ses travaux sur la chaleur (*effet Joule-Thomson*), l'électricité (théorie des circuits oscillants) et la géophysique. ▷ ELECTR *Effet Kelvin* : effet de peau. ▷ PHYS *Échelle Kelvin* : échelle des températures partant du zéro absolu.

**Kemal Mustafa,** dit **Kemal Atatürk** (« le Père des Turcs ») (Thessalonique, 1881 – Istanbul, 1938), général et homme politique turc. Chef d'un mouvement nationaliste, il réunit à Ankara une assemblée qui vota la Constitution de 1921, puis il dénonça le traité de Sèvres et chassa les Grecs d'Asie Mineure. Après la déposition du sultan (1922), il devint le président de la Rép. et modernisa son pays.

lord Kelvin

M. Kemal

**Kemal** → **Yasar Kemal.**

**kémalisme** *nm* HIST Mouvement politique se réclamant de Mustafa Kemal. DER **kémaliste** *a, n*

**Kemerovo** ville de Russie, sur le Tom ; 527 000 hab. Centre minier (houille).

**kémia** *nm* Amuse-gueule maghrébin, servi avec l'apéritif. ETY Mot ar.

**Kemmel (mont)** hauteur de Belgique (S.-O. de la Flandre-Occidentale) ; 156 m. – Combats en 1918.

**Kemp Robert** (Paris, 1879 – id., 1959), critique littéraire français, chroniqueur au *Monde* (1944-1959). Acad. fr. (1956).

**Kempff Wilhelm** (Jüterborg, 1895 – Positano, Italie, 1991), pianiste allemand.

**Kempis** → **Thomas A. Kempis.**

**ken** *nm* Préfecture, au Japon. PHO [ken]

**Kendall Edward Calvin** (South Norwalk, Connecticut, 1886 – Princeton, 1972), biochimiste américain ; il synthétisa des hormones corticosurrénales. P. Nobel de médecine 1950 avec P. S. Hench et T. Reichstein.

**kendo** *nm* Art martial japonais, escrime qui se pratique avec des sabres de bambou. PHO [kendo] ETY Mot jap.

**Kenitra** (anc. *Port-Lyautey*), v. et port du Maroc, 449 700 hab. (aggl.). Industries.

**Kennedy Margaret** (Londres, 1896 – Adderbury, 1967), romancière anglaise : *la Nymphe au cœur fidèle* (1924).

**Kennedy John Fitzgerald** (Brookline, Massachusetts, 1917 – Dallas, 1963), homme d'État américain ; le premier président catholique des É.-U. (1961-1963). Ferme dans la crise de Cuba face à l'URSS, il scella la détente avec Khrouchtchev et intervint en Amérique latine et au Viêt-nam. À l'intérieur, il promut l'intégration raciale, la conquête de l'espace, la libéralisation du commerce (*Kennedy Round* de 1964 à 1967). Son assassinat (le 22 nov. 1963) donna lieu à une enquête qu'on estime auj. truquée. Il contribua à faire de Kennedy une figure légendaire. — **Robert Francis** (Brookline, 1925 – Los Angeles, 1968), frère du préc., assassiné alors qu'il était candidat à la présidence des États-Unis.

**Kennedy (airport)** (anc. *Idlewild*), princ. aéroport de New York.

**Kennedy (centre spatial John F.)** centre spatial américain, situé sur la côte E. de la Floride, près du cap Canaveral.

**kénotron** *nm* ELECTR Tube électronique à vide très poussé servant de redresseur de courant. ETY Du gr. *kenos,* « vide ».

**Kensington** quartier résidentiel de Londres, à l'O. de Hyde Park.

**Kent (royaume de)** l'un des sept États anglo-saxons (Ve-VIIe s.) ; cap. *Cantwaraburg* (l'actuel *Canterbury*).

**Kent** comté maritime du S.-E. de l'Angleterre, sur le pas de Calais ; 3 732 km² ; 1 427 000 hab. ; ch.-l. *Maidstone.*

**kentia** *nm* BOT Palmier originaire de Nouvelle-Guinée et d'Indonésie, dont diverses variétés sont cultivées en Europe comme plantes d'appartement. SYN howea. PHO [kɛ̃sja] ETY D'un n. pr.

**Kentucky (le)** riv. des É.-U. (410 km), affl. de l'Ohio (rive gauche).

**Kentucky** État du centre-est des É.-U., au S. de l'Ohio ; 104 623 km² ; 4 369 000 hab. ; cap. *Frankfort.* – État agric. : tabac, céréales, coton ; élevage bovin et chevaux ; le comté de Bourbon a donné son nom à une variété de whisky. Houille et hydrocarbures ont suscité l'essor industriel. – Autrefois uni à la Virginie, il s'en détacha et fut admis dans l'Union en 1792. DER **kentuckyen, enne** *a, n*

**Kenya (mont)** massif volcanique situé dans le centre du Kenya, portant un des plus hauts sommets de l'Afrique (5 199 m).

**Kenya (république du)** État d'Afrique orientale, membre du Commonwealth, bordé à l'E. par la Somalie et l'océan Indien, au S. par la Tanzanie, à l'O. par l'Ouganda et au N. par le Soudan et l'Éthiopie ; 582 646 km² ; 40 millions d'hab. ; accroissement naturel : 2,7 % par an ; cap. *Nairobi.* Nature de l'État : rép. de type présidentiel. Langues off. : anglais et swahili. Monnaie : shilling kenyan. Relig. : protestantisme (26,5 %), catholicisme (26,5 %), Églises indép. (20 %), relig. traditionnelles (21 %), islam (6 %). DER **kényan, ane** *a, n*

**Géographie** À l'O. se dressent de hautes terres montagneuses et volcaniques (5 194 m au mont Kenya), que traverse la Rift Valley, occupée au N. par le lac Turkana ; sur la frontière ougandaise, un haut plateau porte le lac Victoria. Le climat de ces hautes terres forestières s'oppose à celui de la plaine côtière du S.-E., moins arrosée, où règne la savane nue ou arborée. Le plateau du N. et du N.-E., plus sec et steppique, est peu peuplé. On dénombre une quarantaine d'ethnies ; les princ. sont : les Kikuyus (21 %), les Luhyas (14 %), les Kambas (11 %), qui parlent des langues bantoues ; les Luos (13 %), les Kalenjins (11 %), qui parlent des langues nilotiques. Les Kenyans sont ruraux à 80 % et leur croissance démo-

graphique est l'une des plus élevées du monde.
**Économie** Pays pauvre, le Kenya a un développement assez équilibré. L'agriculture repose sur le maïs, les cultures commerciales (thé, surtout) et l'élevage extensif : 11 millions de bovins, 5,5 millions d'ovins, 7,5 millions de caprins. Le bois constitue une très importante ressource. Le Kenya souffre de la sècheresse et a dû accueillir des réfugiés du Soudan et de la Somalie. L'hydroélectricité assure l'autosuffisance. Des foyers industriels (agro-alimentaires, notam.) se sont développés à Nairobi et Mombasa, le principal port ; ils sont souvent régis par des Indo-Pakistanais. Le tourisme actif, appuyé sur 18 parcs naturels et une protection sévère de la nature (lutte contre le trafic d'ivoire), assure 25 % des recettes du pays. L'aide internationale demeure indispensable.
**Histoire** LES ORIGINES Dès le Ier millénaire av. J.-C., des commerçants indonésiens et indiens se rendirent sur le littoral pour y acquérir de l'ivoire. À partir du VIIe s. apr. J.-C., des Arabes vinrent s'approvisionner en ivoire, en cuivre, en or et en esclaves. En 1498, Vasco de Gama atteignit la côte ; les Portugais se substituèrent aux Arabes, mais ne purent imposer leur domination. En 1729, ils s'en allèrent. Des Arabes originaires d'Oman élargirent, au début du XIXe s., la domination arabo-swahili sur la côte.
LA COLONISATION Dans les années 1880, Britanniques et Allemands rivalisèrent pour posséder le pays. La G.-B. établit en 1895 son protectorat sur le Kenya, qui devint une colonie en 1920. Les cultures traditionnelles périclitèrent. À partir de 1931, Jomo Kenyatta anima la résistance aux colons. Il devint en 1947 le prem. président de la Kenya African National Union (KANU). Cette m. année, le mouvement clandestin des Mau-Mau (ou Combattants de la liberté) recruta des Kikuyus. Il passa à l'action violente en 1952 ; la répression fut impitoyable, mais la G.-B. concéda des réformes. Emprisonné (1953) malgré son opposition aux violences des Mau-Mau, puis libéré (1961), Kenyatta négocia l'autonomie.
LE KENYA INDÉPENDANT Le 12 déc. 1963, le Kenya accéda à l'indépendance. En 1964, la rép. fut proclamée et Kenyatta la présida. Il surmonta les dissensions entre des factions au sein de son parti, et entre des ethnies (notam. entre les Kikuyus et les Luos en 1966). À sa mort (1978), son successeur Daniel Arap Moi dut faire face à la dégradation écon. et aux luttes interethniques. Il instaura le parti unique. En 1991, il rétablit le multipartisme. En 1992, il fut réélu et la Banque mondiale consentit de nouveau à aider le pays. Les violences interethniques ont repris ; des tensions avec les pays voisins sont apparues. En 1997, Arap Moi et son parti remportèrent la présidentielle et les législatives, mais l'opposition protesta contre les fraudes. En 1999, Arap Moi appela un opposant, le paléontologue R. Leakey, comme Premier ministre pour sortir le pays de la crise. En 2002, A. Moi se retire et le candidat de l'opposition, Mwai Kibaki est élu président. Sa réélection en 2007 est entachée de fraude et le pays plonge à nouveau dans la violence ethnique. En 2013, Uhuru Kenyatta est élu prés. face au Prem. ministre sortant Raila Odinga.

**kenyapithèque** *nm* PREHIST Primate fossile (14 millions d'années) découvert au Kenya, l'un des ancêtres possibles de l'homme.

**Kenyatta** Kamau Johnstone wa Ngengi, dit Jomo (Ichaweri, v. 1893 – Mombasa, 1978), homme politique et écrivain kenyan. Exilé à Londres (1931-1946), il publia *Au pied du mont Kenya* (1938). Cofondateur d'un parti nationaliste de la Kikuyu Central Association, il fut jugé responsable de la révolte des Mau-Mau et emprisonné (1953-1961). Premier ministre du Kenya autonome, il fut le premier président de la Rép. (1964-1978).

**Kenzan** Ogata Shinsei, dit (1663 – 1743), peintre et céramiste japonais, frère de Korin, qui décore certaines de ses poteries.

**Kenzo** Kenzo Takada, dit (Himeji, 1939), créateur de mode japonais, remarquable par sa fantaisie, son goût des couleurs.

**képhir, képhyr** → **kéfir.**

**képi** *nm* Coiffure cylindrique à fond rigide et surélevé, munie d'une visière, portée notam. par les officiers. ÉTY De l'all. de Suisse *Kappe*, « bonnet ».

**Kepler** Johannes (Weil, Wurtemberg, 1571 – Ratisbonne, 1630), astronome allemand. Utilisant les observations de Tycho Brahe, il formula trois lois relatives au mouvement des planètes (*lois de Kepler*). En outre, il fonda l'optique géométrique (notions de rayon lumineux, d'images réelle et virtuelle, *loi de la réfraction de Kepler*). DER **keplérien, enne** *a*

**Kepler (lois de)** lois relatives au mouvement des planètes autour du Soleil. *Première loi* (1605) : dans un repère ayant pour origine le centre du Soleil et des axes dirigés vers les étoiles supposées fixes, les planètes décrivent des ellipses dont le Soleil occupe l'un des foyers. *Deuxième loi* (1605) : en des temps égaux, le vecteur reliant le Soleil à une planète balaie des aires égales. *Troisième loi* (1618) : le carré de la période de révolution d'une planète autour du Soleil est proportionnel au cube du demi-grand axe de son orbite.

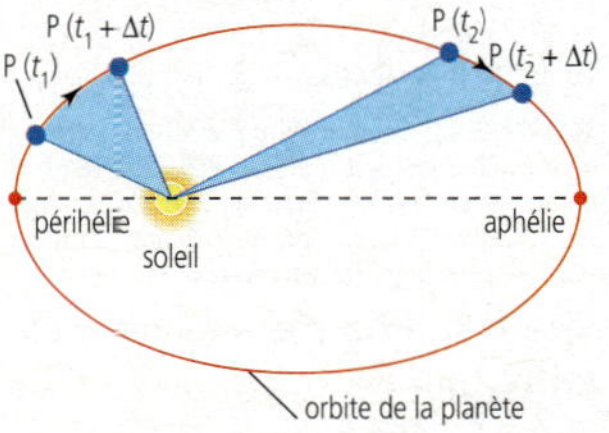


les aires correspondant à une même durée $\Delta t$ sont égales

deuxième loi de **Kepler**

**kérabau** → **karbau.**

**Kerbela** → **Karbala.**

**Kerala** État du S.-O. de l'Inde ; 38 864 km$^2$ ; 33 400 000 hab. (dont 7 millions de chrétiens) ; cap. *Trivandrum*. La pop., dravidienne, parle le malayalam. Elle occupe l'étroite plaine irriguée au pied des Ghâts : thé, café, riz, canne à sucre. L'hydroélectricité a suscité l'industrialisation.

**kérat(o)-** Élément, du gr. *keratos*, « corne ».

**kératine** *nf* BIOCHIM Protéine fibreuse, principal constituant des formations épidermiques (cornes, ongles, sabots, plumes, cheveux, poils).

**kératiniser (se)** *vpr* ① ANAT, MED Se durcir par la formation de kératine, en parlant des formations épidermiques, des muqueuses. DER **kératinisation** *nf*

**kératinocyte** *nm* CYTO Cellule de l'épiderme, constituant de la kératine.

**kératite** *nf* MED Inflammation de la cornée.

**kératoplastie** *nf* CHIR Greffe cornéenne consistant à remplacer un fragment de cornée.

**kératose** *nf* MED Hypertrophie des couches cornées de l'épiderme.

**kératotomie** *nf* Incision chirurgicale de la cornée.

**Kérékou** Mathieu (Natitingou, 1933 – Cotonou, 2015), général et homme politique béninois. Il prit le pouvoir (1972) et imposa le marxisme. Il fut élu président (1980-1991 et 1996-2006).

**Kerenski** Alexandre Feodorovitch (Simbirsk, 1881 – New York, 1970), homme politique russe. Député socialiste révolutionnaire à la Douma de 1912, chef du gouv. provisoire après la révolution de Février (août 1917), il fut renversé par la révolution d'Octobre (nov. 1917) et se retira aux É.-U.

**Kergomard** Pauline (Bordeaux, 1838 – Paris, 1925), pédagogue française ; organisatrice des écoles maternelles (1870 à 1917).

**Kerguelen (îles)** (anc. *îles de la Désolation*), archipel français de l'Antarctique faisant partie des Terres australes et antarctiques françaises ; 7 000 km$^2$ ; plus de 300 îles montagneuses (mont Ross : 1 850 m) et désertiques, balayées par des vents violents. Une base scientifique, établie à *Port-aux-Français*, étudie la riche faune (oiseaux, notam.).

**Kerguelen de Trémarec** Yves Joseph de (Quimper, 1734 – Paris, 1797), marin et explorateur français. Il découvrit, en 1772, les îles qui portent son nom.

**Kerkenna (îles)** archipel de Tunisie (gouvernorat de Sfax) ; 7 îles ; 15 000 hab. Pêche. Tourisme. VAR **Kerkennah**

**Kermadec (îles)** petit archipel d'Océanie, à 1 000 km env. au N. - N.-E. de la Nouvelle-Zélande, dont il dépend admin. ; 33 km$^2$. Station météorologique.

**Kermān** v. du S. de l'Iran à 1 850 m d'alt. ; 534 400 hab. ; ch.-l. de prov. (193 000 km$^2$, 2 600 000 hab.). VAR **Kirmān**

**Kermānchāh** (*Bākhtarān* de 1981 à 1992), v. de l'Iran, dans le Kurdistān, à 1 450 m d'alt. ; ch.-l. de prov. ; 851 400 hab. Raff. de pétrole, artisanat (tapis).

**kermès** *nm* Cochenille du chêne, dont on tirait un colorant rouge. LOC ***Chêne kermès*** ou ***chêne à cochenilles*** : petit chêne de la région méditerranéenne, à feuilles dures et persistantes. ÉTY De l'arabo-persan par l'esp.

**kermesse** *nf* **1** rég Dans les Flandres, fête patronale donnant lieu à des cortèges, des danses, etc. **2** Fête foraine en plein air. **3** Fête de plein air organisée au bénéfice d'une œuvre. ÉTY Du flam. *kerkmisse*, « messe d'église ».

**kérogène** *nm* GEOL Matériau organique sédimentaire insoluble, qui est à l'origine des combustibles fossiles.

**kérosène** *nm* Carburant obtenu par raffinage de pétrole brut, utilisé pour l'alimentation des réacteurs d'avion. ÉTY Du gr. *kêros*, « cire ».

**Kerouac** Jack (Lowell, Massachusetts, 1922 – Saint Petersburg, Floride, 1969), écrivain américain de la « beat generation » : *Sur la route* (1957), *les Clochards célestes* (1958), *les Anges vagabonds* (1965).

**Kéroualle** Louise de (duchesse de Portsmouth) (près de Brest, 1649 – Paris, 1734), dame française ; maîtresse de Charles II d'Angleterre, elle fut l'agent de Louis XIV, ce qui l'enrichit.

**Kerr** John (Ardrossan, 1824 – Glasgow, 1907), physicien écossais. ▷ OPT *Cellule de Kerr* : condensateur utilisé comme obturateur en chronophotographie.

**kerria** *nm* BOT Arbuste ornemental (rosacée) à fleurs jaune d'or, originaire du Japon. SYN corête. ÉTY D'un n. pr. VAR **kerrie** *nf*

**Kerry** John (Aurora, Colorado, 1943), homme politique américain, secrétaire d'État (2013-2016).

**Kersaint** Armand Guy Simon de Coetnempren (comte de) (Le Havre, 1742 – Paris, 1793), officier de marine français. Il s'empara des comptoirs anglais de Guyane (1782). La Révolution le fit vice-amiral, mais il fut guillotiné.

**Kertch** v. d'Ukraine, port sur le détroit de *Kertch*, entre la mer d'Azov et la mer Noire ; 145 300 hab. Centre minier et industr.

**Kertész** André (Budapest, 1894 – New York, 1985), photographe américain d'origine hongroise. Auteur de « distorsions » de nus féminins, sa vision de la réalité a toujours un aspect inattendu.

**Kertész** Imre (Budapest, 1929), écrivain hongrois : *Être sans destin* (1975), *Le Refus* (1988). P. Nobel 2002.

**kesa** *nm* Grande écharpe safran portée par les moines bouddhistes. ETY Mot tibétain.

**Kessel** Joseph (Clara, Argentine, 1898 – Avernes, 1979), romancier français : *l'Équipage* (1923), *Fortune carrée* (1930), *le Lion* (1958), *les Cavaliers* (1967). Il écrivit avec son neveu M. Druon le *Chant des partisans*. Acad. fr. (1962).

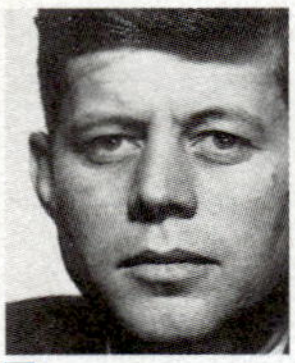

J. F. Kennedy

J. Kessel

**Kesselring** Albert (Marktsteft, Franconie, 1885 – Bad Nauheim, près de Francfort, 1960), maréchal allemand. Il dirigea le front sud (1943-1944) puis le front ouest en 1945.

**kétamine** *nf* PHARM Anesthésiant pour animaux, utilisé comme drogue.

**ketch** *nm* MAR Voilier à deux mâts, dont le mât d'artimon, plus petit, est implanté en avant de la barre à la différence du yawl. PHO [kɛtʃ] ETY Mot angl.

**ketch** *La Poste*

**ketchup** *nm* Condiment à base de purée de tomates aromatisée. PHO [kɛtʃœp] ETY Mot angl., du chin.

**ketmie** *nf* BOT Arbuste tropical ornemental (malvacée). ETY De l'ar.

**Ketteler** Wilhelm Emmanuel (baron von) (Harkotten, près de Münster, 1811 – Burghausen, Bavière, 1877), prélat allemand ; promoteur du christianisme social : *la Question ouvrière et le Christianisme* (1864).

**keuf** *nm* fam Policier. ETY Verlan irrégulier de *flic*.

**keum** *nm* fam Individu quelconque. ETY Verlan irrégulier de *mec*.

**kevlar** *nm* Fibre synthétique très résistante (aramide), légère et imputrescible. ETY Nom déposé.

**Keynes** John Maynard (1er baron) (Cambridge, 1883 – Firle, Sussex, 1946), économiste et financier britannique. Son *Traité sur la monnaie* (1930) et sa *Théorie générale de l'emploi, de l'intérêt et de la monnaie* (1936) montrent que le capitalisme contemporain engendre le chômage permanent et comment l'État peut, et doit, y remédier. Le *keynésianisme* a eu une influence considérable, réduite par le libéralisme à partir des années 1970.

**keynésianisme** *nm* Ensemble des théories économiques de J. M. Keynes. DER **keynésien, enne** *a, n*

**Key West** v. et port des É.-U. (Floride) dans une île ; 24 800 hab. Stat. baln. reliée au continent par une autoroute de 150 km.

**kF** Symbole du kilofranc.

**kg** Symbole du kilogramme.

**KGB** sigle de *Komitet Gossoudarstvennoï Bezopasnosti*, « Comité de sécurité de l'État » qui remplaça le MGB (ministère de la Sécurité d'État). Police politique et service de renseignements de l'URSS (1954-1991).

**Kgf** Symbole du kilogramme-force.

**Khabarovsk** ville de Russie (Sibérie), au confluent de l'Amour et de l'Oussouri ; 600 000 hab. Centre comm. et industr.

**Khadidja** (m. à La Mecque, 619), première épouse de Mahomet (à qui elle donna cinq enfants, dont seule Fatima survécut). Elle exerça une grande influence sur le Prophète.

**Khadra** Yasmina (Kenadsa, 1955), écrivain algérien d'expression française : *L'Attentat* (2005).

**khâgne** → **cagne.**

**khâgneux, euse** → **cagneux 1.**

**Khajurāho** site de l'Inde centrale où s'élèvent de nombreux temples (Xe-XIIIe s.) à la décoration foisonnante (thématique érotique).

**Khakassie** république autonome au sein de la Fédération de Russie, arrosée par l'Ienisseï ; 61 900 km$^2$ ; 547 000 hab. (pour une faible partie, *Khakasses*, qui parlent une langue turque) ; ch.-l. *Abakan*. DER **khakasse** *a, n*

**khalifat, khalife** → **califat, calife.**

**khalkha** *nm* Variété de mongol, langue officielle de la Mongolie.

**Khama** sir Seretse (Serowe, 1921 – Gaborone, 1980), premier président de la rép. du Botswana (1966-1980).

**Khamenei** Ali (Mechhed, 1939), chef religieux et homme politique iranien. Président de la Rép. (1981-1989), il devient à la mort de Khomeyni « guide de la République islamique ».

**khamsin** *nm* Vent brûlant qui souffle du désert, en Égypte. PHO [xamsin] ETY Mot ar., « cinquantaine ». VAR **chamsin**

**khan** *nm* Titre que prenaient les souverains mongols, et que prirent ensuite les chefs de l'Inde musulmane, de Perse, de Turquie. PHO [kɑ̃] ETY Mot turc. DER **khanat** *nm*

**Khantys** → **Ostyaks.**

**Kharbine** → **Harbin.**

**Khārezm** anc. royaume d'Asie centrale ; puissant au XIIe s., conquis par les Ouzbeks au XVIe s. Il devint un protectorat russe en 1873. VAR **Khwārazm**

**Kharg** île iranienne, dans le golfe Persique. Port pétrolier, raff. de pétrole.

**kharidjisme** *nm* RELIG Doctrine religieuse émanant d'une secte dissidente de l'islam, qui, à l'origine, regroupait les adeptes d'Ali devenus ses adversaires quand Mu'awiyah Ier le déposa. ETY Mot ar., « dissident ». DER **kharidjite** *n*

**Kharkiv** (anc. *Kharkov*), v. d'Ukraine, au N.-O. du Donbass ; 1,4 million d'hab. (aggl.) ; ch.-l. de la prov. du m. nom. Centre industriel. – Disputée entre « rouges » et « blancs » (1918-1920), cap. de la rép. d'Ukraine (1919-1934), la ville fut l'enjeu de durs combats (1941-1943).

**Khartoum** cap. du Soudan, au confl. du Nil Blanc et du Nil Bleu ; ch.-l. de la prov. du m. nom ; 4,5 millions d'hab (aggl.). Industries. – La ville, assiégée, fut prise en 1884 par les fidèles du *Mahdi*, mais les Anglais la réoccupèrent en 1898. DER **khartoumais, aise** *a, n*

**khat** *nm* Arbuste d'Afrique orient. dont les feuilles contiennent une substance hallucinogène. PHO [kat] ETY Mot ar. VAR **kat, qat**

**Khatami** Syed Mohammad (Ardakan, 1944), homme politique iranien. De tendance modérée, il est président de la République de mai 1997 à juin 2005.

**Khatchatourian** Aram Ilitch (Tiflis, auj. Tbilissi, 1903 – Moscou, 1978), compositeur soviétique. Il puisa dans les folklores. Son ballet *Gayaneh* (1942) comprend la célèbre *Danse du sabre*.

**Khayber** défilé qui fait communiquer le Pākistān et l'Afghānistān, entre Kaboul et Peshāwar. VAR **Khaybar**

**Khayr al-Din** → **Barberousse.**

**Khayyām** Omar (Nīchāpur, v. 1050 – id., v. 1123), poète, mathématicien et astronome persan. Il doit sa notoriété en Occident au poète anglais E. Fitzgerald, qui traduisit, en les adaptant (1859), ses *rubā'iyyāt* (quatrains).

**Khazars** peuple apparenté aux Turcs qui, venu du Caucase, fonda au VIIe s. un royaume sur les rives N. de la Caspienne. Les Russes et les Byzantins s'allièrent afin d'anéantir leur royaume en 1016.

**khédive** *nm* HIST Titre du vice-roi d'Égypte, de 1867 à 1914. ETY Du turco-persan. DER **khédival, ale, aux** ou **khédivial, ale, aux** *a* – **khédivat** ou **khédiviat** *nm*

**Khenchela** (anc. *Mascula*), v. d'Algérie ; 109 000 hab. ; ch.-l. de la wilaya du m. n.

**Khéops** → **Chéops.**

**Khéphren** → **Chéphren.**

**Kheraskov** Mikhaïl Matveïevitch (Pereïeslav, gouv. de Poltava, 1733 – Moscou, 1807), écrivain russe : odes, sonnets, *Stances* (1762), tragédies, comédies, poèmes épiques (*la Rossiade*, 1779 ; *Vladimir*, 1785-1797).

**Kherson** v. d'Ukraine, près de l'embouchure du Dniepr ; ch.-l. de la prov. du m. nom ; 352 000 hab. Port et centre industriel.

**khi** *nm* Vingt-deuxième lettre de l'alphabet grec (X, $\chi$) correspondant à *kh* (vélaire sourde aspirée [x]).

**Khieu Samphan** (Svay Rieng, 1931), homme politique cambodgien. Dirigeant des Khmers rouges (1967), chef de l'État (1976-1979), se soumit au gouv. cambodgien en 1998. En 2009, il est inculpé de génocide.

**Khingan** montagnes de la Chine du N.-E. : le *Petit Khingan* (en chinois *Daxing'anling*) domine le fleuve Amour ; le *Grand Khingan* (en chinois *Xiaoxing'anling*) s'étend au N.-E. du désert de Gobi.

**Khintchine** Alexandre Iakovlevitch (Kondrovo, 1894 – Moscou, 1959), mathématicien russe : travaux sur les probabilités.

**Khiva** v. d'Ouzbékistan ; 50 000 hab. ; cap. d'un khanat fondé au XVIe s., qui résista aux Russes jusqu'en 1873. Nombr. monuments islamiques.

**Khlebnikov** Victor Vladimirovitch, dit Velemir (Toundoutovo, 1885 – Santalovo, 1922), poète russe, chef de file, avec Maïakovski, du futurisme dans son pays. Sa poésie repose sur la primauté du son : *la Nuit avant les soviets* (1921).

**Khmelnitski** Bogdan Sinovi (?, 1593 – Tchiguirine, 1657), chef des Cosaques de l'Ukraine. Il affronta la Pologne (1648), puis demanda la suzeraineté de la Russie (1654).

**khmer** *nm* Langue du groupe môn-khmer, comprenant notam. le cambodgien.

**Khmers** peuple d'Indochine mérid., de souche ethnolinguistique môn-khmer, dont descendent les Cambobdgiens actuels. Son histoire comprend deux périodes : préangkorienne (du déb. du VIIe s. à la fin du VIIIe s.) et angkorienne (IXe-XVe s.), quand Angkor fut la cap. du royaume. Les Khmers durent lutter contre les Chams, qui prirent Angkor en 1177 ; cinq ans plus tard, Angkor fut repris par le plus grand monarque de l'Empire : Jayavarman VII (1181-1220 env.), qui bâtit l'un des plus fameux monuments de l'art khmer, le temple-montagne du Bayon. Au XVe s., les Khmers durent faire face aux Siamois, qui se rendirent maîtres de l'anc. Cambodge. Angkor, tombé entre leurs mains en 1431, fut abandonné et ne fut tiré de l'oubli qu'à la fin du XIXe s. par les archéologues de l'École française d'Extrême-Orient. DER **khmer, ère** *a*

**Khmers rouges** nom donné aux guérilleros communistes opposés, dans les années 1960, au gouvernement pro-américain de Lon Nol. En 1975, dirigés par Pol Pot et Khieu Samphan, ils prirent Phnom Penh, l'évacuèrent et exterminèrent plus de 2 millions de leurs compatriotes, avant d'être chassés du pouvoir par l'intervention vietnamienne de 1979. Ils poursuivirent la guérilla jusqu'à la mort de Pol Pot.

**Khnopff** Fernand (Gremberger-lez-Termonde, 1858 – Bruxelles, 1921), peintre symboliste belge : *Méduse endormie* (1896).

**Khoïs** → **Hottentots.**

**khoisan** *nm inv* LING Famille de langues pratiquées dans le S. de l'Afrique, comprenant notam. le hottentot et le boschiman, caractérisées par la présence de clics. PHO [koisan]

**khôl** *nm* Poudre utilisée en Orient et dans le monde arabe comme fard à paupières. PHO [kol] VAR **kohol**

**Khomeyni** Rūḥullāh (prov. de Khomeyn, 1902 – Téhéran, 1989), chef religieux et homme politique iranien. Exilé en France, il inspira le soulèvement populaire qui renversa le schah (1979) et instaura en Iran la République islamique, qu'il dirigea comme instance spirituelle. DER **khomeyniste** *a, n*

J.M. Keynes

Khomeyni

**Khorāsān** (« Région du soleil »), province steppique du N.-E. de l'Iran ; 314 282 km² ; 5 300 000 hab. ; ch.-l. *Mechhed.* Élevage nomade. VAR **Khurāsān**

**Khorramchahr** v. et port d'Iran (Khūzistān) ; 146 000 hab. VAR **Khurramchahr**

**Khosrô Ier** roi sassanide de Perse (531-579). Chef militaire jouissant d'une réputation de sage, il affronta Byzance et les Huns, conquérant le Yémen et allant jusqu'en Cappadoce. VAR **Chosroês Ier** — **Khosrô II** petit-fils du préc., roi de Perse (590-628), vainquit plus. fois Byzance, qui finalement l'emporta en 628.

**Khotine** v. d'Ukraine ; 14 000 hab. – Victoires de Jean Sobieski sur les Turcs (1673) et des Russes sur les Turcs (1769). – La ville fut polonaise *(Chocim* ou *Choczim)*, russe, roumaine *(Hotin)*, ukrainienne (1945).

**Khoudjand** (anc. *Leninabad*), v. du Tadjikistan, sur le Syr-Daria ; 150 000 hab. ; ch.-l. de district. Industr. textile (soie).

**Khouribga** v. du Maroc ; ch.-l. de la prov. du m. nom ; 127 180 hab. Phosphates.

**Khristov** Boris (Plovdiv, 1918 – Rome, 1993), chanteur (basse) bulgare ; célèbre interprète de *Boris Godounov*. VAR **Christoff**

**Khrouchtchev** Nikita Sergheïevitch (Kalinovka, prov. de Koursk, 1894 – Moscou, 1971), homme politique soviétique ; premier secrétaire du PCUS (1953-1964), président du Conseil des ministres (1958-1964). En 1956 (« rapport secret » sur les crimes de Staline au XXe congrès du PCUS), il amorça la déstalinisation, puis améliora les rapports avec les États-Unis et, en 1960, rompit avec la Chine. Il fut contraint de démissionner en 1964. DER **khrouchtchévien, enne** *a, n*

► illustr. p. 884

**Khulnā** v. du Bangladesh, au S.-O. de Dhākā ; ch.-l. de district ; 2 millions d'hab. (aggl.).

**Khursabad** village d'Irak à 15 km au N. de Mossoul. C'est l'anc. *Dour-Sharroukīn*, cap. du roi assyrien Sargon II (VIIIe s. av. J.-C.), dégagée à partir de 1843. VAR **Khorsabad**

**Khūzistān** (anc. *'Arabistān*), prov. d'Iran, sur le golfe Persique ; 117 713 km² ; 2 700 000 hab. ; ch.-l. *Ahwāz* ; v. princ. *Abadan.* Gisements de pétrole.

**Khwarizmi** Muhammad ibn mūsā al- (Khiva ?, fin du VIIIe s. –?, v. 850), mathématicien et astronome musulman qui écrivit en arabe des « textes fondateurs » de l'algèbre.

**kHz** Symbole du kilohertz.

**Kiarostami** Abbas (Téhéran, 1940), cinéaste iranien : *Où est la maison de mon ami ?* (1987), *Le vent nous emportera* (1999).

**kibboutz** *nm* Exploitation agricole collective, en Israël. ETY De l'hébr.

**kichenotte** → **quichenotte.**

**Kichinev** → **Chisinău.**

**kick** *nm* TECH Dispositif permettant de mettre en marche, au pied, un moteur de motocyclette. ETY De l'angl.

**kick-boxing** *nm* Sport de combat dérivé de la boxe thaï et du full-contact. PHO [kikbɔksiŋ]

**kid** *nm* fam Enfant, gamin. ETY Mot angl.

**Kid (The)** film de Charlie Chaplin (1921), avec lui-même et Jackie Coogan (1914 – 1984).

**kidnapping** *nm* Enlèvement, rapt, partic. pour obtenir une rançon. PHO [kidnapiŋ] ETY Mot angl. « enlèvement d'enfant ». DER **kidnapper** *vt* 1 – **kidnappeur, euse** *n*

**Kiefer** Anselm (Donaueschingen, 1945), artiste allemand. Son œuvre confronte des références historiques, philosophiques et mythologiques.

**Kiel** ville d'Allemagne, cap. du Schleswig-Holstein, sur la Baltique ; 237 000 hab. Centre industriel. – Par le *traité de Kiel* (1814), le Danemark céda la Norvège à la Suède. – Le *canal de Kiel* (99 km) unit la Baltique à la mer du Nord.

**Kielce** v. de Pologne, au S. de Varsovie ; 202 280 hab. ; ch.-l. de voïévodie. Industries.

**Kielland** Alexander (Stavanger, 1849 – Bergen, 1906), écrivain norvégien naturaliste.

**Kienholz** Edward (Fairfield, 1927 – Hope, Idaho, 1994), artiste américain, auteur d'installations flétrissant la vie petite-bourgeoise.

**Kierkegaard** Søren Aabye (Copenhague, 1813 – id., 1855), philosophe et théologien danois, considéré comme le père de l'existentialisme. Dès *le Concept d'ironie* (1841), il prône une « attitude poétique » contre le christianisme dogmatique. *Le Concept d'angoisse* (1844), *Étapes sur le chemin de la vie* (1845), *Traité du désespoir* (1849) montrent le tragique de l'existence quotidienne. DER **kierkegaardien** *a, n*

**kieselguhr** *nm* PETROG Diatomite pulvérulente très poreuse, utilisée dans la fabrication de la dynamite. PHO [kizɛlguʀ] ETY Mot all.

**kiesérite** *nf* MINER Sulfate naturel hydraté de magnésium. PHO [kjezeʀit] ETY D'un n. pr.

**Kiesinger** Kurt Georg (Ebingen, Bade-Wurtemberg, 1904 – Tübingen, 1988), homme politique allemand ; chancelier chrétien-démocrate de la RFA de 1966 à 1969.

**Kieślowski** Krzysztof (Varsovie, 1941 – id., 1996), cinéaste polonais : *l'Amateur* (1979), *le Décalogue* (1988, 10 films), *Bleu* (1993), *Blanc* (1994), *Rouge* (1994).

**Kiev** cap. de l'Ukraine, au confl. du Dniepr et de la Desna ; 2,9 millions d'hab (aggl.). Grand centre industr. et cult. – Université. Cath. Sainte-Sophie (1017-1037, de nombr. fois remaniée). – Première cap. de la Russie, dont l'apogée se situe sous le règne de Iaroslav Vladimirovitch (XIe s.), Kiev fut détruite par les Mongols (1240) ; du XIVe au XVIIe s., elle subit la suzeraineté de la Pologne. En 1775, elle devint la cap. de la Petite Russie. Capitale de la rép. d'Ukraine en 1918, elle perdit ce statut au profit de Kharkov entre 1923 et 1934. DER **kiévien, enne** *a, n*

**Kiev** cathédrale Sainte-Sophie, XIe-XVIIe s.

**kif** *nm* **1** Mélange de chanvre indien et de tabac en Afrique du Nord. **2** fam Fait de ressentir un vif plaisir, un désir intense. ETY Mot ar.

**kiffer** *v* 1 fam **A** *vt* Apprécier, aimer. *Il kiffe pas les gens qui la ramènent.* **B** *vi* Prendre un vif plaisir, s'éclater. **LOC** ***Faire kiffer qqn*** : lui plaire. *Ça le fait kiffer de surfer sur Internet.* VAR **kifer**

**kif-kif** *a inv* fam Pareil. *C'est kif-kif !* ETY Mot ar. VAR **kifkif**

**Kigali** cap. du Rwanda, au centre de l'État ; 1 million d'hab (aggl.). Marché agricole et centre artisanal. DER **kigalois, oise** *a, n*

**kiki** *nm* fam Cou, gorge.

**kikiwi** *nm* Oiseau passériforme commun en Guyane, brun à ventre jaune, à chant caractéristique. ETY Onomatopée.

**Kikutake** Kiyonori (Kurume, 1928 – 2011), architecte japonais qui unit tradition et modernité.

**Kikuyus** ethnie du Kenya ; 6 millions de personnes ; ils parlent une langue bantoue. V. Mau-Mau. VAR **Kikouyous** DER **kikuyu** ou **kikouyou** *a*

**Kikwit** v. de la rép. dém. du Congo, à l'E. de Kinshasa ; 350 000 hab. Nœud routier.

**Kilby** Jack St Clair (Jefferson City, 1923 – Dallas, 2005), ingénieur américain, inventeur du circuit intégré. Prix Nobel de physique 2000.

**kileuro** → **kiloeuro.**

**kilim** *nm* Tapis d'Orient en laine, dépourvu de velours, car tissé au lieu d'être noué. PHO [kilim] ETY Mot turc.

**Kilimandjaro** (auj. *pic Uhuru,* « Liberté »), massif volcanique d'Afrique (dans le N. de la Tanzanie, près de la frontière du Kenya) qui porte le point culminant du continent (5 892 m au mont Kibo). VAR **Kilimanjaro**

► illustr. p. 884

**Killy** Jean-Claude (Saint-Cloud, 1943), skieur français. Il remporta trois médailles d'or aux JO de Grenoble (1968).

**kilo-** Élément, du gr. *khilioi*, « mille ».

**kilo** *nm* Kilogramme. *Donnez-m'en trois kilos.*

**kilobase** *nm* BIOCHIM Unité, valant 1 000 bases, utilisée pour mesurer la longueur des fragments d'ADN.

**kilocalorie** *nf* PHYS Syn. anc. de *millithermie*.

**kilocycle** *nm* RADIOELECTR Unité de fréquence égale à un kilohertz.

**kiloeuro** *nm* Unité de compte valant 1 000 euros (symb. k€). VAR **kileuro**

**kilofranc** *nm* ECON Unité de compte valant 1 000 francs (symb. kF).

**kilogramme** *nm* Unité de masse du système international (symb. kg) égale à la masse de l'étalon en platine iridié du Bureau international des poids et mesures, déposé au pavillon de Breteuil, à Sèvres.

**kilohertz** *nm* Unité de mesure de fréquence des ondes radioélectriques valant 1 000 hertz (symb. kHz).

**kilométrage** *nm* **1** Action de kilométrer; son résultat. **2** Nombre de kilomètres parcourus.

**kilomètre** *nm* Unité pratique de distance (symb. km) valant 1 000 m. **LOC** ***Au kilomètre*** : se dit de la saisie d'un texte faite sans se préoccuper de la mise en lignes ni de la mise en pages. — ***Kilomètre carré*** ($km^2$) : superficie égale à celle d'un carré de 1 km de côté, soit 1 million de $m^2$. — ***Kilomètre lancé (KL)*** : épreuve de descente à skis, visant à rechercher la vitesse maximale sur un kilomètre. — ***Kilomètre par heure, kilomètre à l'heure, kilomètre-heure (km/h)*** : vitesse d'un mobile qui parcourt 1 km en 1 heure à vitesse constante. DER **kilométrique** *a*

**kilométrer** *vt* 14 **1** Jalonner de bornes kilométriques. **2** Mesurer en kilomètres.

**kilo-octet** *nm* INFORM Unité de mesure de quantité d'information utilisée aussi pour évaluer la capacité de mémoire des ordinateurs (symb. Ko). PLUR kilo-octets.

**kilotonne** *nm* Unité de puissance des explosifs nucléaires (sym. kt), équivalant à la puissance de l'explosion de 1 000 t de trinitrotoluène (TNT).

**kilowatt** *nm* PHYS Unité de puissance (symb. kW), égale à 1 000 watts. PHO [kilowat]

**kilowattheure** *nm* Unité de travail ou d'énergie (symb. kWh) ; travail ou énergie fournis par une machine d'une puissance de 1 kW pendant 1 heure (1 kWh = $3{,}6.10^6$ J).

**kilt** *nm* Jupe traditionnelle des Écossais, courte et plissée. PHO [kilt] ETY Mot angl.

**Kimbangu** Simon (prov. de Léopoldville, 1899 – Élisabethville, 1951), prédicateur congolais qui fonda en 1921 une Église chrétienne, dite ensuite *kimbanguiste*. Il mourut en prison. VAR **Kibangu**

**Kilimandjaro** parc national, au Kenya

**kimbanguisme** *nm* Mouvement chrétien messianique répandu en république démocratique du Congo et dans les pays voisins. ETY D'un n. pr. DER **kimbanguiste** *a, n*

**Kimberley** v. d'Afrique du Sud (ch.-l. de la prov. du Cap-Nord) ; 220 000 hab. Extraction et taille des diamants. Cult. florales.

**kimberlite** *nf* Roche magmatique associée aux gisements de diamant. ETY D'un n. pr.

**kimchi** *nm* Dans la cuisine coréenne, mélange de légumes salés et fermentés.

**Kim Dae-jung** (Hugwang-ri, dans le S. du pays, 1925 – Séoul, 2009), homme politique sud-coréen. Opposant de longue date (emprisonné et exilé), il a été président de la Rép. (1998-2003).

**Kim Il Sung** (Mangyongdae, près de Pyongyang, 1912 – Pyongyang, 1994), homme politique coréen. Secrétaire général du parti communiste coréen (1945), Premier ministre de Corée du Nord (1948), chef de l'État de 1972 à sa mort. — **Kim Jong-il** (Mont Paekdu, 1942 – dans un train, 2011), fils et successeur (1994) du préc., n'a été officiellement nommé chef de l'État qu'en 1998. — **Kim Jong-un** (Mont Paekdu, 1983), fils et successeur du préc. (2011).

**kimono** *nm* **1** Longue tunique japonaise à larges manches, taillée dans une seule pièce, croisée et serrée à la taille par une large ceinture. **2** Peignoir à manches non rapportées dites *manches kimono*. **3** Tenue des judokas, karatékas, etc., formée d'un pantalon et d'une veste en forte toile blanche. ETY Mot jap.

**Kimura Motoo** (Okazaki, 1924 – Mishima, 1994), généticien japonais. Sa théorie neutraliste de l'évolution moléculaire (1968) a remis en question le darwinisme.

**kina** *nm* Unité monétaire de Papouasie-Nouvelle-Guinée.

**Kinabalu (mont)** point culminant de Bornéo (4 101 m).

**kinase** *nf* BIOCHIM Enzyme qui favorise le transfert d'une liaison riche en énergie vers une liaison pauvre.

**Kindi (al-)** (v. 800 – v. 870), philosophe arabe actif à Bagdad. Bon connaisseur de Platon et d'Aristote, il a tenté de concilier la raison et la foi. Il a aussi écrit sur les sciences et la musique.

**Kindia** v. de Guinée, au N.-E. de Conakry ; 181 100 hab. ; ch.-l. de la rég. du m. nom. Centrale hydroélectrique. Bauxite.

**Kindu** v. de l'E. de la rép. dém. du Congo (région de Kivu), sur le Lualaba ; 172 300 hab. Centre comm. et industr. relié par voie ferrée au Katanga.

**kiné** *n fam* Kinésithérapeute.

**kinési-** Élément, du gr. *kinêsis*, « mouvement ».

**kinésiologie** *nf* Étude des mouvements du corps dans un but d'éducation ou de rééducation.

**kinésique** → **kinesthésie.**

**kinésiste** *n* **Belgique** Kinésithérapeute.

**kinésithérapie** *nf* Traitement de certaines affections de l'appareil de soutien (os, ligaments) et de l'appareil locomoteur (muscles, nerfs), qui utilise la mobilisation musculaire passive (massages) ou active (gymnastique). DER **kinésithérapeute** *n*

**kinesthésie** *nf* Ensemble des sensations d'origine musculaire, tendineuse, articulaire, cutanée et labyrinthique qui renseignent sur les positions et les mouvements des différentes parties du corps. DER **kinesthésique** ou **kinésique** *a*

**1 King** → **Mackenzie King.**

**2 King** → **Jing.**

**King** Ernest Joseph (Lorain, Ohio, 1878 – Portsmouth, New Hampshire, 1956), amiral américain ; commandant de la flotte amér. (1941-1945).

**King** Riley Ben dit **B.B.** (Itta Bena, Mississipi, 1925 – Las Vegas, 2015), jazzman américain. Chanteur de blues, compositeur et guitariste de génie, son style a influencé de nombr. guitaristes de blues.

**King** Martin Luther (Atlanta, 1929 – Memphis, 1968), pasteur noir américain ; leader intégrationniste, adepte de la non-violence. Il fut assassiné. P. Nobel de la paix 1964.

**Khrouchtchev**

**M. L. King**

**King** Stephen (Portland, 1947), écrivain américain, maître du récit d'épouvante (souvent porté à l'écran) : *Shining* (1977), *la Ligne verte* (1996).

**king-charles** *nm inv* Petit épagneul à poil long. PHO [kiŋʃaʀl] ETY De l'angl. *King Charles' spaniel*, « épagneul du roi Charles ».

**Kingersheim** com. du Haut-Rhin (arr. de Mulhouse) ; 13 000 hab. – Industries.

**King Kong** film (1933) des Américains Ernest Schoedsack et Merian Cooper. Remake de John Guillermin (1925 – 2015) en 1976.

**Kingsley** Charles (Holne, Devonshire, 1819 – Eversley, Hampshire, 1875), pasteur et écrivain anglais ; théoricien du socialisme chrétien : *le Ferment* (roman social, 1851), *les Bébés d'eau* (conte pour enfants, 1863).

**Kingston** v. du Canada (Ontario), port sur le Saint-Laurent ; 123 400 hab. Comm. du blé. Centre industriel. Académie militaire. – Cap. du Canada de 1841 à 1844.

**Kingston** cap. de la Jamaïque, port sur la côte S. de l'île ; 750 000 hab. (aggl.). Industries.

**Kingston-upon-Hull** grand port de pêche et de marchandises de G.-B., sur l'estuaire de la Humber (rive N.) ; 258 000 hab. Centre industriel. VAR **Hull**

**Kingstown** cap. de l'État de Saint-Vincent, port sur la côte S.-O. de l'île ; 27 000 hab.

**kinine** *nf* BIOL Hormone tissulaire ayant la propriété de diminuer la pression sanguine et de dilater les vaisseaux.

**kinkajou** *nm* Petit mammifère carnivore (procyonidé) d'Amérique du Sud, au pelage roux, au museau court, à la queue préhensile. ETY D'une langue indienne d'Amérique.

**Kinki** → **Kansai.**

**kinois** → **Kinshasa.**

**Kinsey** Alfred Charles (Hoboken, New Jersey, 1894 – Bloomington, Indiana, 1956), biologiste et sociologue américain, auteur de deux célèbres rapports : *le Comportement sexuel de l'homme* (1948), *le Comportement sexuel de la femme* (1953).

**Kinshasa** (anc. *Léopoldville*), cap. de la rép. dém. du Congo, port fluvial sur le Congo, face à Brazzaville ; 11,6 millions d'hab. Princ. centre commercial et industriel du pays ruiné par la dictature de Mobutu, Kinshasa est reliée par voie ferrée au port de Matadi. DER **kinois, oise** *a, n*

**Kinski** Klaus (Zappot, 1926 – Lagunitas, 1991), acteur allemand : *Aguirre* (1972), *Nosferatu* (1979). — **Nastassja** (Berlin, 1961), fille du préc., actrice : *Tess* (1979) ; *Paris, Texas* (1984).

**Kinugasa** Teinosuke (Mié, 1896 – Kyôto, 1982), cinéaste japonais : *la Vengeance des 47 ronins* (1932), *la Porte de l'enfer* (1954).

**kinyarwanda** *nm* Langue bantoue parlée au Rwanda.

**kiosque** *nm* **1** Pavillon ouvert, dans un jardin. *Kiosque à musique.* **2** Petit pavillon conçu pour la vente des journaux, des fleurs, etc., sur la voie publique. **3** MAR Superstructure d'un sous-marin, située au-dessus du poste central et qui sert de passerelle pour la navigation en surface. **4** **Canada** Stand dans une exposition, une foire. ETY Mot turc, « pavillon de jardin ».

**kiosquier, ère** *n* Personne qui tient un kiosque à journaux.

**kip** *nm* Unité monétaire du Laos.

**Kipling** Rudyard (Bombay, 1865 – Londres, 1936), écrivain anglais, chantre de l'impérialisme britannique (notam. en Inde) : les deux *Livres de la jungle* (1894 et 1895), recueils de récits ; *Capitaines courageux* (1897) ; *Kim* (1901). P. Nobel 1907. ▶ illustr. p. 887

**kippa** *nf* Calotte que portent les juifs pratiquants. ETY Mot hébr.

**kipper** *nm* Hareng fumé, ouvert et peu salé. PHO [kipœʀ] ETY Mot angl.

**Kippour** → **Yom Kippour.**

**Kippour (guerre du)** guerre déclenchée contre Israël le 6 octobre 1973 (jour de la fête juive du Kippour) par l'Égypte et la Syrie, gagnée par Israël après des revers. Le cessez-le-feu intervint à la suite d'une résolution américano-soviétique adoptée par l'ONU le 22 oct.

**kipungi** *nm* Singe à face noire, au pelage gris-brun, proche du babouin, vivant dans les montagnes de Tanzanie, observé pour la première fois en 2003.

**kir** *nm* Mélange de vin blanc et de liqueur de cassis. ETY Nom déposé ; du n. du chanoine *Kir*, anc. maire de Dijon.

**Kirby** Jacob Kurtzberg, dit Jack (New York, 1917 – Thousand Oaks, 1994), auteur américain de bandes dessinées : *Thor* (1962).

**Kircher** Athanasius (Geisa, Hesse, 1602 – Rome, 1680), jésuite allemand ; auteur de traités scientifiques ; fondateur d'un musée à Rome.

**Kirchhoff** Gustav Robert (Königsberg, auj. Kaliningrad, 1824 – Berlin, 1887), physicien et mathématicien allemand. Ayant inventé le spectroscope (1859), il fonda l'analyse spectrale. En outre, il calcula les intensités et les différences de potentiel dans les réseaux électriques maillés.

**Kirchner** Ernst Ludwig (Aschaffenburg, 1880 – Frauenkirch, Suisse, 1938), peintre allemand ; cofondateur du groupe Die Brücke.

**Kirchner** Nestor (Rio Gallegos, Santa Cruz, 1950 – El Calafate, 2010), homme politique argentin, prés. de la Rép. (2003-2007). — son épouse **Cristina** (La Plata, Buenos Aires, 1953), femme politique argentine, présidente de la République (2007-2015).

**kirghiz** *nm* Langue turque officielle au Kirghizstan.

**Kirghizistan** État d'Asie centrale, entouré du Tadjikistan au S., de l'Ouzbékistan à l'O., du Kazakhstan au N., et de la Chine à l'E. ; 198 500 km$^2$ ; 6 millions d'hab. (dont env. 73 % de Kirghiz, 6 % de Russes, 14 % d'Ouzbeks) ; cap. *Bichkek*. Nature de l'État : rép. parlementaire. Langues : kirghiz, russe. Monnaie : som. Relig. : islam sunnite majoritaire. VAR **Kirghizie** DER **kirghiz, ize** *a, n*

**Géographie** Région montagneuse, le Kirghizistan s'étend au N.-E. du Pamir. Élevage dans les montagnes (moutons) ; cultures fruitières et céréalières (blé) dans les vallées. Centrales hydroélectriques. Le sous-sol est riche (or, antimoine, mercure, uranium et charbon). Les réformes des années 1990 ont profité à des privilégiés. L'inflation a doublé de 1997 à 1999.

**Histoire** Les Kirghiz, peuple de langue turque, aux origines mal définies, furent persécutés par les Russes, notam. en 1916. La Kirghizie, territoire auton. (1926) séparé du Kazakhstan, devint une rép. fédérée en 1936. En 1990, Kirghiz et Ouzbeks s'affrontèrent et la Rép. proclama sa souveraineté, puis son indépendance, en août 1991, et devint membre de la CEI. Le dirigeant du Mouvement démocratique (qui regroupe les ex-communistes), Askar Akaiev, devint président de la République. En 2005, il est chassé du pouvoir par des manifestations populaires (la révolution des Tulipes). Kourmanbek Bakiev (communiste), élu en 2005, est à son tour chassé en 2010. En 2011, le nationaliste Almazbek Atambaev succède à Rosa Otounbaïeva, prés. par intérim dep. 2010. ▶ carte **Asie centrale**

Kinshasa

**Kiribati** État de Micronésie, dans l'océan Pacifique, sur l'équateur, formé par l'archipel des Gilbert et de nombr. îles et atolls ; 690 km$^2$ ; 110 400 hab. ; cap. *Bairiki*. Langues : kiribati et anglais. Monnaie : dollar australien. Religion : catholicisme majoritaire. Coprah, pêche. – Anc. *Gilbert et Ellice*, protectorat britannique à partir de 1892, indépendant depuis 1979. Ellice, auj. Tuvalu, a fait sécession en 1975. DER **kiribatien, enne** *a, n* ▶ carte **Océanie**

**Kirikkale** ville de Turquie, à l'E. d'Ankara ; 192 000 hab. Important centre industriel.

**Kirili** Alain (Paris, 1946), sculpteur français, dans la lignée de Rodin.

**Kirin** → **Jilin.**

**Kiritimati** (autref. *Christmas*), atoll du Pacifique dépendant de l'État de Kiribati.

**Kirkuk** ville d'Irak, au pied du Zagros ; 1 200 000 hab. ; ch.-l. de prov. Pétrole.

**Kirmān** → **Kermān.**

**Kirov (théâtre national)** grand opéra de Saint-Pétersbourg, créé en 1723, plusieurs fois reconstruit (1860, 1883-1886, 1969). Petipa y fonda l'école russe du ballet.

**Kirov** Sergueï Mironovitch Kostrikov, dit (près de Viatka, 1886 – Leningrad, 1934), homme politique soviétique. Son assassinat déclencha une vague de répression contre les opposants. Son nom fut donné à plus. villes.

**Kirovsk** v. de Russie, dans la presqu'île de Kola ; 27 700 hab. Phosphates.

**kirsch** *nm* Eau-de-vie de cerises aigres et de merises ayant fermenté avec leurs noyaux. PHO [kiʀʃ] ETY De l'all. *Kirschwasser*, « eau de cerise ».

**Kiruna** v. de Suède (Laponie) ; 18 200 hab. Fer. Centre de recherche aérospatiale.

**kirundi** *nm* Langue bantoue officielle au Burundi.

**Kiš** Danilo (Subotica, 1935 – Paris, 1989), romancier serbe : *Chagrins précoces* (1970).

**Kisangani** (anc. *Stanleyville*), v. du N.-E. de la rép. dém. du Congo, sur le fl. Congo ; 1 040 000 hab. ; ch.-l. de prov. Brasserie.

**Kisfaludy** Sándor (Sümeg, 1772 – id., 1844), poète hongrois, influencé par Pétrarque : *les Amours de Himfy* (1801-1807). — **Károly** (Tét, 1788 – Pest, 1830), frère du préc., poète et dramaturge romantique : *les Prétendants* (comédie, 1819), *Irène* (drame, 1820).

**Kisling** Moïse (Cracovie, 1891 – Sanary-sur-Mer, 1953), peintre français d'origine polonaise : portraits, paysages, fleurs.

**Kissinger** Henry Alfred (Fürth, 1923), diplomate américain. Collab. de Nixon et de Ford (1968-1977), il déploya une intense activité (Chine, Viêt-nam, URSS, etc.). P. Nobel de la paix 1973.

**Kistnā (la)** fl. de l'Inde (1 300 km) ; naît dans les Ghâts occidentaux, se jette dans le golfe du Bengale. VAR **Krishnā**

**Kisumu** v. et port du Kenya, sur le lac Victoria ; 410 000 hab. ; cap. de la prov. de Nyanza.

**kit** *nm* **1** Objet vendu en pièces détachées dont l'assemblage est à réaliser par l'acheteur. **2** **fig** Ensemble formant un tout fonctionnel. *Un kit de mesures contre l'exclusion.* PHO [kit] ETY Mot angl., « boîte à outils ».

**Kita-Kyūshū** conurbation industrielle du Japon (N. de l'île de Kyūshū) ; 1 053 290 hab.

**Kitano** Takeshi (Tokyo, 1947), cinéaste et acteur japonais. Il peint la violence de la société japonaise : *Hana-bi* (1997), *Zatoichi* (2003).

**Kitchener** v. du Canada (Ontario), sur la rivière Grand ; 212 200 hab. Centre industriel.

**Kitchener** lord Horatio Herbert (comte de Khartoum) (Bally Longford, Irlande, 1850 – en mer, 1916), maréchal britannique. Réorganisateur de l'armée égyptienne, il occupa le Soudan (affaire de Fachoda, 1898). De 1900 à 1902, il écrasa les Boers. Il fut ministre de la Guerre de 1914 à sa mort.

**kitchenette** *nf* Syn. de *cuisinette*. ETY De l'angl. *kitchen*, « cuisine ».

**kitesurf** *nm* Syn. de *flysurf*. PHO [kitsœʀf] ETY Mot angl. VAR **kiteboard** ou **kite** DER **kitesurfeur, euse** *n*

**kitsch** *a inv, nm* Se dit d'objets et d'œuvres démodées utilisés à contre-courant. PHO [kitʃ] ETY Mot all. VAR **kitch**

**Kitwe-Nkana** v. minière du centre de la Zambie ; 449 400 hab.

**Kitzbühel** v. d'Autriche (Tyrol) ; 8 200 hab. Stat. de sports d'hiver.

**kiva** *nf* Chambre cérémonielle des Pueblos.

**Kivi** Aleksis Stenvall, dit Aleksis (Palojoki, 1834 – Tuusula, 1872), romancier et auteur dramatique finlandais, le prem. grand écrivain d'expression finnoise : *les Sept Frères* (1870).

**Kivu (lac)** lac d'Afrique, situé entre la rép. dém. du Congo et le Rwanda, à 1 460 m d'alt., au N. du lac Tanganyika.

**Kivu (Nord-)** province de la rép. dém. du Congo ; 59 483 km$^2$ ; 6 655 000 hab. ; cap. *Goma*.

**Kivu (Sud-)** province de la rép. dém. du Congo ; 65 070 km$^2$ ; 5 772 000 hab. ; ch.-l. *Bukavu*.

**1 kiwi** *nm* **1** Ratite aptère des forêts de Nouvelle-Zélande, de la taille d'une poule, au plumage brunâtre. SYN aptéryx. **2** Fruit d'une espèce d'actinidia, à l'écorce velue et à la chair parfumée. ETY Du maori. ▶ illustr. p. 886

**2 kiwi, ie** *a, n* **fam** Néo-Zélandais.

**kiwiculteur, trice** *n* Arboriculteur spécialisé dans le kiwi.

**Kiyonaga** Torii (1752 – 1815), peintre japonais de l'*ukiyo-e* ; l'un des maîtres de l'estampe. Il appartint à l'atelier des Torii.

**Kiyonobu** Torii (1664 – 1729), peintre japonais de l'*ukiyo-e*, fondateur de l'atelier des Torii ; utilisateur de l'*urushi-e* (estampage laqué).

**Kizil Irmak (le)** fleuve de Turquie (1 182 km) ; il se jette dans la mer Noire.

**Kjølen** (monts) massif du N.-O. de la Scandinavie ; 2 111 m au Kebnekaise.

**KL** *nm* SPORT Kilomètre lancé. DER **KListe** ou **kaéliste** *n*

**Kladno** v. de la Rép. tchèque (Bohême centrale) ; 72 000 hab. Métallurgie ; charbon.

**Klagenfurt** v. d'Autriche, au N. de la vallée de la Drave ; 89 500 hab. ; cap. de la Carinthie. Université. Centre comm. et industr.

**Klaïpeda** (anc. en all. *Memel*), v. de Lituanie, port sur la Baltique ; 183 000 hab. – Fondée par les chevaliers Teutoniques (1252).

**Klaproth** Martin Heinrich (Wernigerode, 1743 – Berlin, 1817), chimiste allemand. Il découvrit l'oxyde d'uranium, $UO_2$ (1789), le titane (1795) et le cérium (1803).

**Klarsfeld** Serge (Bucarest, 1935) avocat français et Beate (Berlin, 1939), son épouse, connus pour leur recherche des criminels de guerre nazis.

**Klaus** Vaclav (Prague, 1941), homme politique tchèque. Il a négocié la partition de la Tchécoslovaquie (1992), puis est devenu Premier ministre de la Rép. tchèque (1993-1997). Il a été prés. de la République de 2003 à 2013.

**klaxon** *nm* Avertisseur sonore d'automobile. PHO [klaksɔn] ETY Nom déposé.

**klaxonner** *vi* ① Faire usage du klaxon.

**kiwi**

**kiwi** nichant au sol ; le mâle couve l'œuf

**Kléber** Jean-Baptiste (Strasbourg, 1753 – Le Caire, 1800), général français. Il se distingua en Vendée (1793) et en Allemagne (1796). En 1799, il reçut le commandement de l'armée que Bonaparte abandonnait en Égypte. Victorieux des Turcs à Héliopolis, il fut assassiné.

**klebsielle** *nf* Entérobactérie responsable d'infections nosocomiales.

**Klee** Paul (Münchenbuchsee, près de Berne, 1879 – Muralto, près de Locarno, 1940), peintre suisse ; professeur au Bauhaus (1920-1931). Il chargea son graphisme d'un humour expressif. Écrits : *Journal* (1898-1917, publié en 1957) ; *Esquisses pédagogiques* (1925).

**Paul Klee** *Architecture spatiale,* 1915 – coll. part.

**Kleene** Stephen Cole (Hartford, 1919 – Madison, 1994), logicien américain : travaux sur les automates.

**kleenex** *nm* Mouchoir en papier. PHO [klinεks] ETY Nom déposé.

**Kleiber** Erich (Vienne, 1890 – Zurich, 1956), chef d'orchestre argentin d'origine autrichienne. Il créa le *Wozzeck* de Berg (Berlin, 1925). — **Carlos** (Berlin, 1930 – Konjsica, Slovénie, 2004), fils du préc., chef d'orchestre

**Klein** Felix (Düsseldorf, 1849 – Göttingen, 1925), mathématicien allemand (géométrie).

**Klein** Melanie (Vienne, 1882 – Londres, 1960), psychanalyste britannique d'origine autrichienne. Elle travailla à Berlin puis à Londres (1926). Elle s'est surtout intéressée à l'enfance.

**Klein** Lawrence Robert (Omaha, 1920), économiste américain ; spécialiste d'économétrie. P. Nobel 1980.

**Klein** Yves (Nice, 1928 – Paris, 1962), peintre français : œuvres monochromes (bleu électrique, notam.).

**Klein** William (New York, 1928), photographe américain prônant l'« anti-photo » et cinéaste : *Qui êtes-vous Polly Magoo ?* (1965).

**Kleist** Ewald Christian von (Zeblin, Poméranie, 1715 – Francfort-sur-l'Oder, 1759), poète allemand (*le Printemps,* 1749), ami de Lessing. — **Heinrich** (Francfort-sur-l'Oder, 1777 – Wannsee, 1811), écrivain, petit-neveu du préc. Son œuvre, traversée d'éclairs de génie, est singulièrement moderne par l'importance accordée à l'inconscient et à la sexualité : *Penthésilée* (tragédie, 1808) ; *la Cruche cassée* (comédie, 1808) ; *le Prince de Hombourg* (drame, 1810) ; *Histoire de Michel Kohlhaas* (roman, 1810) ; nouvelles (*la Marquise d'O,* 1810). Il se suicida.

**Kleist** Paul Ewald von (Braunfels, Hesse, 1881 – en prison en URSS, 1954), maréchal allemand ; un des créateurs de l'armée blindée. En 1945, les Anglais le firent prisonnier, le livrèrent aux Yougoslaves, et ceux-ci aux Soviétiques.

**Klemperer** Otto (Breslau, 1885 – Zurich, 1973), chef d'orchestre allemand, naturalisé israélien en 1970.

**Klenze** Leo von (Bockenem, 1784 – Munich, 1864), architecte néo-classique allemand qui travailla surtout à Munich.

**klephte** → **clephte.**

**kleptocratie** *nf* POLIT Gouvernement dirigé par des hommes politiques qui détournent à leur profit les richesses nationales.

**kleptomanie** *nf* Impulsion morbide à commettre des vols. ETY Du gr. *kleptês,* « voleur ». VAR **cleptomanie** DER **kleptomane** ou **cleptomane** *n*

**Klerk** Michel de (Amsterdam, 1884 – id., 1923), architecte néerlandais de tendance expressionniste. À Amsterdam, il réalisa les quartiers d'Eigen Haard (1921) et de Dagenaad (1920-1922).

**Klestil** Thomas (Vienne, 1932 – id., 2004), homme politique autrichien, président de la République de 1992 à 2004.

**klezmer** *nm* Musique de danse des schtetels. PHO [klezmεʀ] ETY Mot yiddish.

**Klima** Viktor (Vienne, 1947), homme politique autrichien. Chancelier de 1997 à 2000.

**Klimt** Gustav (Vienne, 1862 – id., 1918), peintre autrichien ; cofondateur en 1897 de la « Sécession » viennoise (l'art nouveau autrich.).

**Gustav Klimt** *le Baiser,* 1908 – Österreichische Galerie, Vienne

**Kline** Franz (Wilkes-Barre, Pennsylvanie, 1910 – New York, 1962), peintre américain, adepte de l'expressionnisme abstrait.

**Klinefelter (syndrome de)** *nm* GENET Anomalie génétique correspondant à la présence de trois chromosomes sexuels XXY, qui donne au corps un aspect masculin avec des organes génitaux peu développés.

**Klinger** Friedrich Maximilian von (Francfort-sur-le-Main, 1752 – Dorpat, 1831), écrivain allemand. Son drame *Sturm und Drang* (1776) a suscité le mouvement littéraire.

**Klingsor** Léon Leclère, dit Tristan (La Chapelle-aux-Pots, Oise, 1874 – Le Mans, 1966), peintre néo-impressionniste et écrivain français, auteur de poésies élégiaques (*Schéhérazade,* 1903 ; *Humoresques,* 1921).

**Klitzing** Klaus von (Šroda Wielkoposka, auj. polonaise, 1943), physicien allemand. Il a étudié la conductivité et la résistance électr. au niveau quantique. P. Nobel 1985.

**Klondike (le)** riv. du Canada (180 km), affl. du Yukon (r. dr.), où l'on trouva de l'or (1896).

**Klopstock** Friedrich Gottlieb (Quedlinburg, 1724 – Hambourg, 1803), poète allemand : *la Messiade* (20 chants, 1748-1773), *Odes* (1771).

**Klossowski** Pierre (Paris, 1905 – id., 2001), écrivain français : *Sade mon prochain* (1947), *les Lois de l'hospitalité* (trilogie romanesque, 1965).

**Klosterneuburg** v. d'Autriche, dans la banlieue de Vienne ; 25 000 hab. – Monastère (XII^e^-XVI^e^ s.).

**Kluck** Alexander von (Münster, 1846 – Berlin, 1934), maréchal allemand, vaincu à la bataille de la Marne (sept. 1914).

**Klug** Aaron (en Lituanie, 1926), biologiste britannique d'origine lituanienne : travaux de biologie moléculaire (sur les virus, notam.). P. Nobel de chimie 1982.

**Kluge** Hans von (Posen, auj. Poznań, 1882 – près de Metz, 1944), maréchal allemand, vaincu en Normandie (1944) ; il se suicida.

**Kluge** Alexander (Halberstadt, 1932), écrivain allemand (*Vies*, 1962) et cinéaste (*le Pouvoir de l'émotion*, 1983).

**klystron** *nm* ELECTRON Tube électronique permettant de produire des hyperfréquences. ETY Du gr. *kluscein*, « envoyer un jet liquide ».

**km** Symbole du kilomètre. **LOC** ***km***$^2$ : symbole du kilomètre carré. — ***km/h*** : symbole du kilomètre par heure.

**Knesset** (la) le Parlement israélien, composé d'une seule Chambre dont les 120 représentants sont élus pour 4 ans au suffrage universel ; le mode de scrutin est proportionnel.

**Kniaseff** Boris (Saint-Pétersbourg, 1900 – Paris, 1975), danseur et chorégraphe français d'origine russe ; célèbre pédagogue.

**knikers** *nmpl* Culottes larges serrées au-dessous du genou, que l'on utilise surtout pour la marche en montagne, l'escalade, le ski de fond. PHO [knikers] ou [nikers] ETY Mot angl., n. du héros d'un roman de W. Irving. VAR **kniker**

**Knobelsdorff** Georg von (Kuckädel, 1699 – Berlin, 1753), architecte néoclassique allemand : Opéra de Berlin (1741-1743).

**Knob Lake** site minier (fer) du Québec, à la frontière du Labrador.

**knock-down** *nm inv* SPORT État du boxeur qui tombe à terre sous un coup de l'adversaire mais se relève avant dix secondes et n'est donc pas mis hors de combat. PHO [nɔkdawn] ETY Loc. angl., de *to knock*, « frapper », et *down*, « à terre ».

**Knock** (ou *le Triomphe de la médecine*), comédie en 3 actes de Jules Romains (1923). ▷ CINE Films : de et avec Jouvet (1933) ; de Guy Lefranc (1919 – 1994), en 1950, avec Jouvet.

**knock-out** *nm inv, a inv* **A** *nm inv* État du boxeur resté plus de dix secondes à terre après avoir été frappé par l'adversaire et qui se trouve de ce fait mis hors de combat. **B** *a inv* fam Assommé, très fatigué. ABREV K.-O. PHO [nɔkawt] ETY Mot angl., de *to knock*, frapper, et *out*, « dehors ». VAR **knockout**

**knockouter** *vt* ① fam Mettre qqn knock-out. PHO [nɔkawte]

**knödel** *nm* CUIS Boulette de pâte enrichie de viande ou de poisson (spécialité alsacienne). PHO [knødɛl]

**Knokke-Heist** ville de Belgique (Flandre-Occidentale) ; 30 000 hab. Stat. balnéaire de Knokke-le-Zoute.

**Knoll** Hans (Stuttgart, 1914 – La Havane, 1955), architecte allemand. Il fonda aux É.-U., avec sa femme **Florence**, née Schust (Saginaw, Michigan, 1917), la société *Knoll International* (1938), créatrice de mobilier moderne.

**Knop (liquide de)** *nm* Milieu nutritif utilisé pour la culture sans sol des plantes, contenant essentiellement des nitrates de potassium et de calcium, du phosphate monopotassique et du sulfate de magnésium.

**knout** *nm* Fouet à lanières de cuir terminées par des griffes métalliques, qui servait d'instrument de supplice dans l'ancienne Russie ; ce supplice lui-même. PHO [knut] ETY Mot russe.

**know-how** *nm inv* Savoir-faire. PHO [noaw] ETY Mot amér., de *to know*, « savoir », et *how*, « comment ».

**Knox (Fort)** camp militaire du Kentucky qui contient la réserve d'or des É.-U.

**Knox** John (près de Haddington, v. 1505 – Édimbourg, 1572), réformateur religieux écossais ; cofondateur de l'Église presbytérienne.

**Knoxville** v. des É.-U. (Tennessee), sur le Tennessee ; 589 400 hab. (aggl.). Centre comm. et industriel.

**Knud** nom de plusieurs souverains scandinaves. VAR **Knut** — **Knud le Grand** (?, 995 – Shaftesbury, 1035), roi d'Angleterre (1016-1035), après avoir débarqué et vaincu le roi anglo-saxon Æthelraed ; roi de Danemark (1018-1035) à la mort de son frère Harald, et de Norvège (1028-1035) après sa victoire sur le roi Olav. — **Knud II le Saint** (?, 1040 – Odense, 1086), roi (1080-1086) et patron du Danemark.

**Ko** INFORM Symbole du kilo-octet. SYN K.

**K.-O.** *nm inv, a* Abrév. de *knoch-out*. *Gagner par K.-O. Être K.-O.* PHO [kao]

**koala** *nm* Marsupial grimpeur d'Australie que son pelage fourni fait ressembler à un ourson, mesurant 80 cm env., qui se nourrit de feuilles d'eucalyptus. ETY De *kula*, mot d'une langue australienne.

**koala**

**koan** *nm* Dans le bouddhisme zen, phrase énigmatique ou court poème constituant le sujet d'une méditation. ETY Mot jap.

**kob** → **cobe.**

**Kobarid** → **Caporetto.**

**Kōbe** v. et port du Japon (Honshū) sur la baie d'Ōsaka ; ch.-l. de ken ; 1 419 860 hab. Import. centre industr. Un séisme a détruit partiellement la ville (1995).

**kobold** *nm* En Allemagne, esprit familier, considéré comme gardien des métaux précieux enfouis dans la terre. PHO [kɔbɔld] ETY Mot all.

**kobza** *nf* Sorte de luth d'Europe orientale, appelé aussi bandoura.

**Koch** Robert (Clausthal, près de Hanovre, 1843 – Baden-Baden, 1910), médecin allemand. Il découvrit en 1882 le bacille de la tuberculose (ou *bacille de Koch*) puis la tuberculine. Prix Nobel 1905.

**Kochanowski** Jan (Sycyna, 1530 – Lublin, 1584), poète polonais : *le Psautier* (drame lyrique en vers, v. 1575) ; *Thrènes* (élégies, 1580).

**Köchel** Ludwig von (Stein, Basse-Autriche, 1800 – Vienne, 1877), musicologue autrichien, auteur du catalogue chronologique et thématique des œuvres de Mozart (1862).

**Kocher** Emil Theodor (Berne, 1841 – id., 1917), chirurgien suisse. Spécialiste de la glande thyroïde. P. Nobel de médecine 1909.

**Kōchi** v. du Japon (Shikoku) ; 312 240 hab. ; ch.-l. de ken. Pêche.

**kochia** *nm* Plante herbacée (chénopodiacée), cultivée comme ornementale. ETY D'un n. pr.

**Koctet** *nm* INFORM Abrév. de *kilo-octet*.

**Kodály** Zoltán (Kecskemét, 1882 – Budapest, 1967), compositeur hongrois, disciple de Bartók : *Psalmus hungaricus* (1923), *Háry János* (opéra, 1926), *Te Deum* (1937).

**Kœchlin** Charles (Paris, 1867 – Le Canadel, Var, 1950), compositeur français d'inspiration classique, auteur de traités d'harmonie.

**Kœnig** Marie Pierre (Caen, 1898 – Neuilly-sur-Seine, 1970), maréchal français (à titre posthume). Il se distingua à Bir Hakeim (1942), puis commanda les FFI (1944).

**Kœnigs** Paul Xavier Gabriel (Toulouse, 1858 – Paris, 1931), mathématicien et physicien français : travaux de mécanique et de thermodynamique.

**Koestler** Arthur (Budapest, 1905 – Londres, 1983), écrivain hongrois de langue anglaise, naturalisé anglais. Ses romans : *le Zéro et l'Infini* (1940), *le Yogi et le Commissaire* (1945), sont des critiques incisives du stalinisme.

**Koetsu** Honami (Kyōto, 1558 – id., 1637), peintre et calligraphe japonais.

**Koffka** Kurt (Berlin, 1886 – Northampton, É.-U., 1941), psychologue américain d'orig. allemande ; un des fondateurs du gestaltisme.

**Kōfu** v. du Japon (Honshū) ; 202 410 hab. ; ch.-l. de ken. Verreries.

**Kohl** Helmut (Ludwigshafen, 1930), homme politique allemand. Élu président du parti démocrate-chrétien (CDU) en 1973, il fut chancelier de la RFA (1982-1990), puis de l'Allemagne réunifiée (1990-1998). Il contribua fortement à la construction européenne.

**Köhler** Wolfgang (Reval, auj. Tallinn, 1887 – Endsfield, New Hampshire, 1967), psychologue américain d'origine allemande ; un des promoteurs du gestaltisme.

**kohol** → **khôl.**

**Kohout** Pavel (Prague, 1928), écrivain tchèque, critique du communisme : *l'Exécutrice* (1978). Théâtre : *les Nuits de septembre* (1955).

**koinè** *nf* LING **1** Langue commune du monde hellénistique. **2** Langue commune à un groupe humain. *Le castillan, koinè de l'Espagne.* PHO [kɔjnɛ] ETY Du gr. *koinos*, « commun ».

**Koivisto** Mauno (Turku, 1923), homme politique finlandais, social-démocrate ; Premier ministre (1968-1970 et 1979-1981). Président de la Rép. (1982-1994).

**Koizumi** Junichiro (Tokyo, 1942), homme politique japonais. Président du Parti libéral-démocrate et Premier ministre de 2001 à 2006.

**Kojève** Aleksandr Kojevnikov, dit Alexandre (Moscou, 1902 – Bruxelles, 1968), philosophe français d'origine russe : *Introduction à la lecture de Hegel* (1947).

**R. Kipling**

**R. Koch**

**Kok** Wim (Bergambacht, 1938), homme politique néerlandais. Premier ministre (socialiste) de 1994 à 2002.

**Kokand** v. d'Ouzbékistan, près du Syr-Daria ; 220 000 hab. Centre comm. et industriel.

**Kokin-waka-shū** (*waka*, « poème » ; *shū*, « recueil »), la prem. anthologie officielle de la poésie japonaise (905), compilée par le poète Ki no Tsurayuki, qui y inséra une centaine de ses poèmes. En 1205 parut un *Shin* (« nouveau ») *Kokin-shū*. VAR **Kokin-shū**

**Kokoschka** Oskar (Pöchlarn, 1886 – Montreux, 1980), peintre expressionniste autrichien, naturalisé anglais en 1947 ; surtout connu pour ses portraits ; auteur également de poèmes et de drames : *l'Assassin, espoir des femmes* (1907).

**kola** *nf* Graine du kolatier, appelée aussi *noix de kola*, riche en caféine et en théobromine. ETY Mot soudanais. VAR **cola**

**Kola (péninsule de)** presqu'île de Russie située au-delà du cercle polaire, entre la mer Blanche au S. et l'océan Arctique au N. Gisements de phosphates, d'aluminium et de nickel. V. princ. : Mourmansk et Kirovsk.

**Kolamba** → **Colombo.**

**Kolar** Jiri (Protivin, 1914 – Prague, 2002), poète et artiste tchèque naturalisé français : collages d'inspiration surréaliste.

**kolatier** *nm* Arbre d'Afrique tropicale (sterculiacée) qui donne la kola.

**Kolding** v. et port du Danemark (Jylland orient.), au fond du *fjord de Kolding* ; 57 600 hab.

**Kolhāpur** v. de l'Inde (Mahārāshtra), au S.-E. de Bombay ; 549 300 hab. Industries.

**kolinski** *nm* Fourrure de putois ou de loutre de Sibérie. PHO [kɔlɛ̃ski] ETY Mot russe.

**Kolkata** → **Calcutta.**

**kolkhoze** *nm* HIST Exploitation agricole collective, en URSS. ETY Mot russe. DER **kolkhozien, enne** *a, n*

**Kollár** Ján (Mošovce, 1793 – Vienne, 1852), poète slovaque de langue tchèque : *la Fille de Slava* (1824-1852), épopée panslaviste.

**Kolmogorov** Andreï Nikolaïevitch (Tambov, 1903 – Moscou, 1987), mathématicien soviétique : travaux sur les probabilités.

**Köln** → **Cologne.**

**Koltchak** Alexandre Vassilievitch (Saint-Pétersbourg, 1874 – Irkoutsk, 1920), amiral russe. Il devint, en oct. 1918, à Omsk, le chef des forces contre-révolutionnaires, vaincues par les bolcheviks (1919-1920), qui le fusillèrent.

**Koltès** Bernard-Marie (Metz, 1948 – Paris, 1989), auteur dramatique français : *Combat de nègres et de chiens* (1979), *Dans la solitude des champs de coton* (1987), *Roberto Zucco* (1991).

**Kolwezi** ville de la rép. dém. du Congo, dans le Katanga ; 1 300 000 hab. Centre d'extraction du cuivre. En 1979, un commando de parachutistes fr. est intervenu contre des rebelles.

**Kolyma (la)** fl. de Iakoutie ; 2 600 km ; naît au S. des monts Tcherski et se jette dans l'océan Arctique. Gisements d'or et de lignite.

**kombu** *nm* Dans la cuisine japonaise, algue séchée en grandes feuilles noires. PHO [kɔmbu] ETY Mot jap.

**Kominform** contraction de deux mots russes désignant le bureau d'*information* des partis *communistes* du monde entier (1947-1956). V. Internationale.

**Komintern** contraction de deux mots russes désignant la IIIe Internationale (communiste), créée en mars 1919, dissoute en 1943.

**Komis (rép. des)** rép. autonome du N.-E. de la Russie d'Europe ; 415 900 km² ; 900 000 hab. ; cap. *Syktyvkar*. Recouverte par la toundra au N., boisée au S., la rép. a une pop. de *Komis* ou *Zyrianes*, chasseurs, éleveurs, pêcheurs. DER **komi, ie** *a, n*

**kommandantur** *nf* Bureaux d'un commandant de place allemand, en Allemagne ou dans un pays occupé sous l'occupation nazie. PHO [kɔmɑ̃dɑtuʀ] ETY Mot all.

**Komodo** île d'Indonésie, proche de Flores.

**Kom-Ombo** ville d'Égypte (gouvernorat d'Assouan) ; 30 000 hab. – Ruines d'un temple de l'époque ptolémaïque.

**Komorowski** Bronisław (Oborniki Slaskie, 1952), homme politique polonais (libéral conservateur), président de la République de 2010 à 2015.

**Kompong Cham** v. du Cambodge, sur le Mékong ; 64 000 hab. ; ch.-l. de prov.

**Kompong Som** (aujourd'hui *Sihanoukville*), v. du Cambodge, port sur le golfe de Thaïlande ; 150 000 hab. Port princ. du pays.

**komsomol** *n* HIST En URSS, membre de l'organisation de la jeunesse communiste. VAR **komsomole** *nf*

**Komsomolsk** v. de Russie (rég. de Khabarovsk), créée en 1932 par des *komsomols* ; 255 000 hab. Centre industriel.

**Kondhýlis** → **Condylis.**

**kondo** *nm* RELIG Bâtiment d'un monastère bouddhique japonais, où est conservée l'image de la divinité principale.

**Kondratiev** Nikolaï Dmitrievitch (1892 – 1930), économiste russe, l'un des prem. qui étudièrent les cycles économiques.

**Kong Hien** → **Gong Xian.**

**Kongo (royaume du)** anc. État de l'O. de l'Afrique équatoriale, qui s'étendit du bas Congo jusqu'au N. de l'Angola actuel. À la fin du XVe s., les Portugais entrèrent en contact avec son roi (*mani*), Nzinga Nkuwu, qui se convertit en 1491 au christianisme. Afonso Ier, roi de 1507 à 1543, fut un ardent propagateur du christianisme. Garcia II Afonso, roi de 1641 à 1661, tenta de résister au Portugal, qui écrasa militairement Antonio Ier, tué en 1665.

**Kongos** populations établies en rép. dém. du Congo, dans la prov. du Bas-Congo (env. 7 millions de personnes), en rép. du Congo (1 500 000), dans le N. de l'Angola (1 500 000) et au Gabon. Ils parlent une langue bantoue, le *kikongo*. L'art kongo montre une forte tendance au naturalisme. VAR **Bakongos** DER **kongo** ou **bakongo** *a*

**Kongzi** → **Confucius.**

**Koniev** Ivan Stepanovitch (Lodeino, Kirov, 1897 – Moscou, 1973), maréchal soviétique. Il atteignit Berlin (avr. 1945) et libéra Prague. De 1956 à 1960, il commanda les forces du pacte de Varsovie.

**Königsberg** → **Kaliningrad.**

**Königsmarck** Hans Christoffer (comte von) (Kötzlin, 1600 – Stockholm, 1663), général suédois d'origine allemande. — **Aurora** (Stade, 1662 – Quedlinburg, 1728), petite-nièce du préc. Favorite d'Auguste II, Électeur de Saxe et roi de Pologne, elle eut un fils de lui, Maurice de Saxe. — **Filip** (Stade, 1665 – Hanovre, 1694), frère de la préc. Soupçonné d'être l'amant de Sophie Dorothée, épouse de l'Électeur de Hanovre, il fut assassiné.

**Konitz** Lee (Chicago, 1927), saxophoniste de jazz américain.

**Köniz** v. de Suisse (cant. et aggl. de Berne) ; 39 800 hab. Industries.

**konkani** *nm* Langue indo-aryenne mêlée de portugais parlée officielle à Goa. VAR **konkanese**

**Konrad von Würzburg** (Würzburg, v. 1220 – Bâle, 1287), poète allemand : *la Guerre de Troie* (1277-1281, 40 000 vers).

**Konwicki** Tadeusz (Nowa Wilejka, 1926 – Varsovie, 2015), écrivain polonais (*la Petite Apocalypse*, 1979) et cinéaste (*Si loin, si près*, 1972 ; *la Vallée de l'Issa*, 1982).

**Konya** v. de Turquie, place forte située à 1 500 mètres d'alt. au S. du désert Salé ; 900 000 hab. – Nombr. mosquées du XIIIe s. ; tombeau du fondateur des derviches tourneurs.

**konzern** *nm* ECON En Allemagne, association d'entreprises qui, par des participations financières, visent au contrôle de toute une branche d'industrie. PHO [kɔntsɛʀn] ETY Mot all., « consortium ».

**kookaburra** *nm* Oiseau australien dont le cri ressemble à un rire moqueur. SYN martin-chasseur géant. PHO [kukabuʀa]

**Koolhaas** Rem (Rotterdam, 1944), architecte néerlandais. Il a développé une pensée radicale de la condition urbaine contemporaine.

**Kooning** → **De Kooning.**

**Koons** Jeff (York, Pennsylvanie, 1955), artiste conceptuel américain.

**Koopmans** Tjalling Carl ('s Graveland, Pays-Bas, 1910 – New Haven, 1985), économiste américain d'origine néerlandaise : travaux sur l'équilibre monétaire. P. Nobel 1975.

**kop** *nm* Club de supporteurs d'une équipe de football.

**Kopa** Raymond Kopaszewski, dit Raymond (Nœux-les-Mines, 1931), footballeur français ; meneur de jeu de l'équipe de France, du Stade de Reims et du Real Madrid.

**kopeck** *nm* Monnaie russe, centième partie du rouble. LOC fam ***Ça ne vaut pas un kopeck*** : c'est sans aucune valeur. ETY Mot russe.

**Köprülü** famille albanaise qui donna, de 1656 à 1710, cinq grands vizirs ottomans. VAR **Koprili**

**kora** *nf* Sorte de luth d'Afrique de l'Ouest. ETY Mot mandingue.

**Koraïchites** → **Qurayshites.**

**Korçë** ville d'Albanie, près de la frontière grecque ; 57 000 hab. Industries.

**Korčula** île croate de l'Adriatique ; 276 km² ; 3 000 hab. Pêche. Tourisme.

**Korczak** Henryk Goldszmit, dit Janusz (Varsovie, 1878 – Treblinka, 1942), pédagogue polonais. Juif, il mourut avec ses élèves juifs dans le camp de Treblinka.

**Korda** sir Alexander (Pusztaturpaszto, 1893 – Londres, 1956), cinéaste britannique d'origine hongroise : *Marius* (en France, d'après Pagnol, 1931), *la Vie privée d'Henri VIII* (1934). Il fonda en 1932 la London Films.

**Kordofan** région centrale du Soudan, soumise à la sècheresse ; 380 547 km² ; 3 100 000 hab. ; ch.-l. *El-Obeid*. Élevage itinérant, cult. du mil. – Du XIVe au XVIIIe s., il forma un royaume rattaché au Darfour au début du XVIIe s. et annexé par l'Égypte en 1820. La pop. parle des langues *kordofaniennes*, sous-famille des langues *congo-kordofaniennes*. VAR **Kurdufān**

**korê** *nf* Bx-A Statue grecque représentant une jeune fille. PLUR korês ou korai. ETY Mot gr., « jeune fille ». VAR **coré**

**Kōrin** Ogata Ichinojō, dit (Kyōto, 1658 – id., 1716), peintre et laqueur japonais, frère de Kenzan.

**Koriyama** v. du Japon (N. de Honshū) ; 327 500 hab. Industr. chimique.

**Kornai** János (Budapest, 1928), économiste hongrois, spécialiste de l'économie socialiste.

**Körner** Karl Theodor (Dresde, 1791 – près de Gadebusch, 1813), poète allemand : *Lyre et Épée* (chants patriotiques, posth., 1814), *la Gouvernante* (drame, posth., 1818).

**Kornilov** Lavr Gheorghievitch (Oust-Kamenogorsk, 1870 – Iekaterinodar, 1918), général russe. Nommé généralissime par Kerenski (août 1917), il fut révoqué (9 sept.), et marcha en vain sur Petrograd. En 1918, il affronta les bolcheviks et fut tué au combat.

**Korolenko** Vladimir Galaktionovitch (Jitomir, 1853 – Poltava, 1921), écrivain russe : *le Songe de Makar* (récit, 1885) ; *Histoire de mon contemporain* (autobiographie, 1906-1922).

**Koror** île et ancienne capitale de la république de Palau en Océanie ; 10 000 hab.

**Körös (le)** (en roumain *Criş*), riv. de Roumanie et de Hongrie, affl. de la Tisza (r. g.).

**korrigan, ane** *n* Génie malfaisant, dans les légendes bretonnes. ETY Mot breton.

**korthals** *nm* Chien de chasse proche du griffon, à la robe marron et gris à poils durs. ETY D'un n. pr.

**Kosciusko (mont)** massif du S.-E. de l'Australie, point culminant du pays (2 228 m).

**Kościuszko** Tadeusz (Mereczowszczyżna, Lituanie, 1746 – Soleure, Suisse, 1817), général et héros national polonais. Volontaire lors de la guerre d'Indépendance américaine (1775-1783), il rentra en 1794 en Pologne, où il dirigea l'insurrection contre la Russie et la Prusse ; il vainquit les Prussiens à Varsovie. Battu à Maciejowice, prisonnier des Russes de 1794 à 1796, il se réfugia en France à sa libération.

**Košice** v. industr. de Slovaquie ; ch.-l. de la prov. de Slovaquie-Orientale, sur la Hornád ; 220 210 hab. – Cath. XIVe-XVe s.

**Kosinski** Jerzy (Lodz, 1933 – New York, 1991), écrivain américain d'orig. polonaise : *l'Oiseau bariolé* (1965).

**Kosma** Jozsef, dit Joseph (Budapest, 1905 – La Roche-Guyon, 1969), compositeur français d'origine hongroise : musique de films (*les Enfants du paradis,* 1944) et de chansons (poèmes de Prévert : *les Feuilles mortes,* 1946).

**Kosovo** (anc. *Kosovo-Metohija*), État de l'Europe des Balkans, anc. prov. de Serbie qui fut de 1974 à 1990 une province autonome au sein de la Fédération yougoslave ; 10 887 km$^2$ ; 2 300 000 hab. Pop. : Albanais (plus de 80 %), Serbes (13 %) ; cap. *Priština.* DER **kosovar, are** *a, n*

**Histoire** Les Albanais proclamèrent la région « unité indépendante » en juil. 1990. Les Serbes supprimèrent l'autonomie de la prov. En 1992, les Albanais organisèrent clandestinement des élections et se donnèrent pour « chef de l'État » Ibrahim Rugova, apôtre de la non-violence. En mars 1998, des émeutes (organisées par l'Armée de libération du Kosovo : l'UCK) ont été réprimées durement, mais l'Union européenne a déclaré son hostilité à une indépendance du Kosovo. Ce même mois de mars, les Kosovars élurent un président, Ibrahim Rugova, et un Parlement contre la volonté serbe. En 1999, le président yougoslave déclenche la « purification ethnique » au Kosovo provoquant un exode massif. L'OTAN se livre alors à un bombardement systématique des positions serbes. Les forces internationales mises en place pour permettre le retour des Albanais et éviter les conflits entre ceux-ci et les Kosovars serbes se révèlent impuissantes pour faire régner la paix (flambée de violence antiserbe en mars 2004). Le décès d'I. Rugova en 2006 compromet les négociations entamées sur le statut du Kosovo. En 2008, le Kosovo déclare son indépendance qui est rejetée par la Serbie et par la Russie, mais reconnue par une grande partie de la communauté internationale. ▶ carte p.

**korê** offrant un fruit, v. 530-520 av. J.-C. – musée de l'Acropole, Athènes

**Kosovo polje** vallée du Kosovo où les Turcs écrasèrent les Serbes en 1389.

**Kossel** Albrecht (Rostock, 1853 – Heidelberg, 1927), biochimiste allemand : travaux sur les protéines. P. Nobel de médecine 1910. — **Walther** (Berlin, 1888 – Tübingen, 1956), chimiste, fils du préc. (électrovalence).

**Kossuth** Lajos (Monok, 1802 – Turin, 1894), patriote et homme politique hongrois. Il joua un rôle capital dans la révolution hongroise de 1848-1849, faisant voter par la Diète de Presbourg l'indép. politique de la Hongrie et l'institution d'un régime parlementaire (14 avr. 1849). L'écrasement de l'insurrection par les armées autrichienne et russe le contraignit à l'exil.

Kossuth

**Kossyguine** Alexeï Nikolaïevitch (Saint-Pétersbourg, 1904 – Moscou, 1980), homme politique soviétique ; président du Conseil des ministres de 1964 à sa mort.

**Kostroma** ville de Russie (rég. de Iaroslavl'), au confl. de la Volga et de la *Kostroma ;* 269 000 hab. Industries. – Cath. XIIIe s.

**Kostunica** Vojislav (Belgrade, 1944), homme politique serbe. En 2000, lors de l'élection du président de la Yougoslavie, il vainquit Milosevic qui après plusieurs semaines de manifestations populaires, dut reconnaître sa défaite.

**Kosuth** Joseph (Toledo, Ohio, 1945), artiste américain, l'un des princ. représentants de l'art conceptuel.

**Koszalin** ville de Pologne (Poméranie), près de la mer Baltique ; 101 000 hab. ; ch.-l. de la voïévodie du m. nom. Industries.

**kot** *nm* Belgique fam Chambre d'étudiant. PHO [kɔt] ETY Mot néerl.

**Kota Baharu** ville de Malaisie occidentale, cap. de l'État de Kelantan ; 167 870 hab.

**Kota Kinabalu** (anc. *Jesselton*), ville de Malaisie orient., cap. de l'État de Sabah ; 108 730 hab.

**Kotka** v. industr. et port de Finlande, sur le golfe de Finlande ; ch.-l. de län ; 56 500 hab.

**koto** *nm* Cithare japonaise sur table de bois, à 13 cordes pincées. ETY Mot jap.

**Kotor** (en ital. *Cattaro*), port du Monténégro sur l'Adriatique, au fond d'un vaste golfe (*bouches de Kotor*) ; 7 500 hab. Pêche. Base navale.

**Kotzebue** August von (Weimar, 1761 – Mannheim, 1819), auteur dramatique allemand : *Misanthropie et repentir* (1789), *la Petite Ville allemande* (1803). Agent secret du tsar, il fut assassiné par l'étudiant Karl Sand. — **Otto** (en russe *Otto Ievstafevitch Kotsebou*) (Reval, aujourd'hui, Tallinn, 1788 – id., 1846), navigateur russe d'origine allemande, fils du préc. ; il voyagea au Japon (1803-1806) et dans le Pacifique (1823-1826).

**Kouban (le)** fl. de Russie (900 km) ; né dans l'Elbrouz, il se jette dans la mer d'Azov. C'est l'*Hypanis* des Anciens.

**koubba** *nf* Chapelle cubique surmontée d'un dôme, élevée sur la tombe d'un personnage vénéré, en Afrique du Nord.

**Koubilaï khān** (1215 – 1294), empereur mongol (1260-1294), fondateur de la dynastie des Yuan. Il ajouta à l'empire de son grand-père, Gengis khān, la Chine du Sud. Marco Polo séjourna à sa cour. VAR **Kūbīlāy khān**

**Kouchner** Bernard (Avignon, 1939), médecin et homme politique français. Fondateur de *Médecins sans frontières* (1971) puis de *Médecins du monde* (1980), il est plusieurs fois ministre (action humanitaire, santé). Il est administrateur civil de l'ONU au Kosovo de 1999 à 2001.

**Koudelka** Josef (Moravie, 1938), photographe français d'origine tchèque : *Gitans, la fin du voyage* (1977).

**koudou** *nm* Grande antilope africaine dont le mâle porte des cornes spiralées.

**Koufra** groupe d'oasis du désert de Libye ; 20 000 km$^2$. – Aérodrome repris aux Italiens par la colonne Leclerc (1941).

**kouglof** *nm* CUIS Brioche alsacienne aux raisins secs. PHO [kuglɔf] VAR **kugelhof**

**Kouïbychev** → **Samara.**

**kouign-amann** *nm* Gâteau au beurre, très sucré, spécialité du Finistère. ETY Mot breton.

**Kouilou (le)** fl. du Congo (320 km) tributaire de l'Atlantique.

**Kou K'ai-tche** → **Gu Kaizhi.**

**Koukou Nor** → **Qinghai.**

**koulak** *nm* HIST Paysan russe aisé à la fin du XIXe s. et au début du XXe s. ETY Mot russe.

**Koulechov** Lev Vladimirovitch (Tambov, 1899 – Moscou, 1970), cinéaste soviétique. Créateur du Laboratoire expérimental (1920), il forma Eisenstein et Poudovkine.

**koulibiac** *nm* CUIS Mets russe, pâté de poisson que l'on consomme chaud. ETY Du russe.

**Koumassi** → **Kumasi.**

**koumis** *nm* Boisson faite avec du lait de jument fermenté, consommée en Asie centrale. PHO [kumis] ETY Mot tatar. VAR **kumys**

**Koumyks** peuple du Daguestan. Ils parlent une langue turque, le koumyk, et pratiquent l'islam sunnite. DER **koumyk** *a*

**Kouo-min-tang** → **Guomindang.**

**Kouo Mo-jo** → **Guo Moruo.**

**kouprey** *nm* Bœuf sauvage découvert au Cambodge en 1937.

**Koura (la)** fl. de Transcaucasie, tributaire de la Caspienne ; 1 515 km.

**Kourbski** Andreï Mikhaïlovitch (1528 – 1583), général et écrivain russe : *Histoire du grand-prince de Moscou* (traité polémique, 1573).

**Kourgan** ville de Sibérie occidentale, sur le Tobol ; ch.-l. de rég. ; 343 000 hab.

**kourgane** *nm* ARCHEOL Ancienne sépulture de Russie en forme de tumulus.

**Kouriles (îles)** archipel du Pacifique, longue chaîne d'îles volcaniques qui s'étire sur 1 200 km du Kamtchatka à l'île d'Hokkaidō, en bordure de la *fosse sous-marine des Kouriles* (– 10 542 m). Occupées par l'URSS en 1945, les îles Kouriles sont en partie réclamées à la Russie par les Japonais.

**Kouropatkine** Alexeï Nicolaïevitch (Kholmski, 1848 – Chechourino, 1925), général russe. Chef d'une armée en 1914, il se rallia aux bolcheviks.

**kouros** *nm* Bx-A Statue archaïque grecque représentant un jeune homme nu au visage souriant. PLUR kouros ou kouroi. PHO [kuʀos] ETY Mot gr., « jeune homme ». VAR **couros**

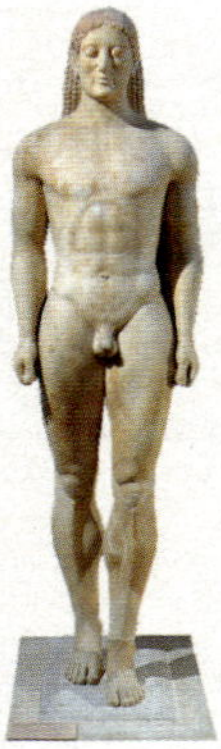

**kouros** funéraire, marbre, v. 525 av. J.-C. – musée national d'Archéologie, Athènes

**Kouro-shivo** → **Kuro-shio.**

**Kourou (le)** fl. de la Guyane française, tributaire de l'Atlantique.

**Kourou** ch.-l. de cant. de la Guyane (arr. de Cayenne), près de l'embouchure du Kourou ; 25 700 hab. – Depuis 1968, site du centre spatial guyanais d'où est lancée la fusée Ariane. DER **kouroucien, enne** *a, n*

**Kourou** centre spatial

**Kourouma** Ahmadou (Togobale, en Guinée, 1927 – Lyon, 2003), romancier ivoirien : *les Soleils des indépendances* (1968) *Monnè, outrages et défis* (1990).

**Koursk** ville de Russie, au confl. de la Seym et de la Touskara ; ch.-l. de prov. ; 420 000 hab. Aux environs, vastes gisements de fer. – Victoire sov. sur les All. en fév. 1943.

**kourtchatovium** *nm* CHIM Nom provisoire qui avait été donné à l'élément radioactif artificiel de numéro atomique Z = 104, appelé désormais *rutherfordium*. ETY D'un n. pr.

**Koush (pays de)** nom donné par les anciens Égyptiens au S. de la Nubie, dans l'actuel Soudan central. Le royaume de (ou du) Koush avait une religion et une administration calquées sur celles de l'Égypte. En 730 av. J.-C., le roi, Piankhi, fit une incursion en Égypte et se fit reconnaître roi, fondant la XXV$^{e}$ dynastie (730-663 av. J.-C.). Au milieu du V$^{e}$ s. av. J.-C., la cap. du Koush fut transférée de Napata à Méroé. Au IV$^{e}$ s. apr. J.-C., le royaume d'Axoum (éthiopien) évinça ce royaume de Méroé. VAR **Kouch, Couch** DER **koushite** *a, n*

**Koutaïssi** v. de Géorgie, sur le Rion ; 214 000 hab. Industries. – Anc. cap. de l'Imérétie, principauté féodale de l'O. du pays ; monastères du VII$^{e}$ s. et du XI$^{e}$ s. ; aux environs, monastère de Ghélaty (XI$^{e}$-XII$^{e}$ s.).

**Koutouzov** Mikhaïl Illarionovitch Golenichtchev (prince de Smolensk) (Saint-Pétersbourg, 1745 – Bunzlau, Silésie, 1813), maréchal russe. Il participa aux campagnes de Pologne, de Turquie et de Crimée. Chargé de défendre Moscou contre Napoléon, il fut vaincu à Borodino (7 sept. 1812). Ensuite, son harcèlement provoqua la débâcle française. VAR **Kutusof**

**Kouzbass** rég. industr. de Sibérie occidentale, implantée sur un import. bassin houiller.

**Kouzmine** Mikhaïl Alexeïevitch (Iaroslavl', 1875 – Leningrad, 1936), poète russe : *Chants alexandrins, Carillon de l'amour.*

**Kovalevskaïa** Sofia Vassilievna (Moscou, 1850 – Stockholm, 1891), mathématicienne russe : travaux d'analyse et de mécanique.

**Kowalski** Piotr (Lvov, 1927 – Paris, 2004), artiste français d'origine polonaise inspiré par la recherche scientifique.

**Koweït** (*Dawlat al-Kuwayt*), émirat d'Arabie, sur la côte N.-O. du golfe Persique ; 17 818 km$^{2}$ ; 3,1 millions d'hab. (dont 40 % de nationaux) ; cap. *Koweït* (aggl. 1 800 000 hab.). Nature de l'État : monarchie constitutionnelle. Langue off. : arabe. Monnaie : dinar. Relig. : islam (sunnites, 44,5 % ; chiites, 28,9 %). VAR **Kuwayt** DER **koweïtien, enne** ou **koweïti, ie** *a, n*

**Géographie** Situé au fond du golfe Persique, le Koweït est formé de terres basses, sablonneuses et désertiques. Le taux d'urbanisation dépasse 90 %. Le pays abrite plus d'étrangers que de nationaux : 1 100 000 personnes (83 % de la pop. active). L'exploitation du pétrole (env. 10 % des réserves mondiales) et du gaz a suscité à partir de 1946 une formidable industrialisation ; les placements fin. à l'étranger ont permis de grands aménagements. Le revenu par hab. est l'un des plus élevés du monde, mais les inégalités sont très fortes et le chômage frappe les Koweïtiens de souche.

**Histoire** Établie au Koweït depuis le XVIII$^{e}$ s., la dynastie Sabbah, tolérée au sein du gouvernorat ottoman de Bassora (1871), choisit en 1899 la tutelle de la G.-B. (traité déclaré illégal par le gouvernement turc), puis subit son protectorat (1914). Le contrôle britannique se renforça après le dépeçage de l'Empire ottoman (1923) : situé sur la route maritime des Indes, le Koweït était une place stratégique. L'exploitation du pétrole commença dans les années 1930. Indépendant en 1961, le Koweït repoussa (1961, 1973) les prétentions territoriales de l'Irak ; mais il a été solidaire de l'Irak contre l'Iran (1980-1988), par crainte de l'islamisme chiite. En 1975, il avait nationalisé la production pétrolière. En août 1990, l'Irak, criblé de dettes et surarmé, a envahi l'émirat ; l'armée américaine a pris aussitôt position en Arabie Saoudite. En nov., l'ONU a autorisé le recours à la force contre l'Irak, et la guerre du Golfe a commencé le 15 janv. 1991. Libéré (fin fév.), le pays avait subi d'importantes destructions, mais l'exportation de pétrole a repris dès juil. et la reconstruction du pays (fort onéreuse) a été achevée dès 1994. Les élections législatives de 1992 (les femmes étant toujours exclues du vote) ont donné la majorité aux oppositions laïque et islamique, mais les élections de 1996 ont désigné des hommes acquis au pouvoir. Les élections anticipées de 1999 ont donné la majorité à l'opposition, qui a refusé plusieurs lois présentées par le gouv. (sur le vote des femmes, notam.). Les femmes votent pour la première fois aux législ. anticipées de 2006 dont l'opposition à majorité islamiste sort vainqueur. Depuis, une grande instabilité pol. règne. Les élections législ. de 2012 renforcent le pouvoir des islamistes. ▶ carte **Arabie**

**Kowloon** (en chin. *Jiulong*), péninsule de Chine, incluant la partie continentale de la v. de Hong Kong, face à l'île de Hong Kong ; 42 km$^{2}$ ; 2 500 000 hab. Comm. et industr.

**Koyré** Alexandre (Taganrog, 1882 – Paris, 1964), philosophe français d'origine russe, l'un des maîtres de l'épistémologie : *Études galiléennes* (1940) ; *Études newtoniennes* (1964).

**Kozhikode** (anc. *Calicut*), v. et port de l'Inde (État de Kerala) ; 420 000 hab. Tissage. – La ville fut reconnue par Covilham en 1487 ; Vasco de Gama y aborda en mai 1498.

**Kr** CHIM Symbole du krypton.

**Kra (isthme de)** isthme qui unit la presqu'île de Malacca à l'Indochine.

**kraal** *nm* **1** Village de huttes défendu par une palissade, que construisent les Hottentots. **2** Enclos à bétail, en Afrique du Sud. PHO [kʀal] ETY Mot hollandais.

**krach** *nm* Chute brutale des cours des valeurs financières ou boursières. PHO [kʀak] ETY Mot all., « écroulement ».

**Kraepelin** Emil (Neustrelitz, 1856 – Munich, 1926), psychiatre allemand : travaux sur la schizophrénie et la démence précoce.

**Krafft-Ebing** Richard von (Mannheim, 1840 – Graz, 1902), médecin allemand qui étudia les perversions sexuelles.

**kraft** *nm* Papier fort obtenu par traitement de la pâte à la soude, servant essentiellement à l'emballage. ETY Mot all., « force ».

**Krajina** étroit territoire qui, en Croatie, enveloppe le N.-O. de la Bosnie-Herzégovine. Aux XVII$^{e}$-XVIII$^{e}$ s., l'Autriche y installa des Serbes. Après de durs combats, les Serbes y proclamèrent la rép. en 1992. Les Croates reprirent la région en 1995.

**krak** *nm* Forteresse construite par les croisés, au Proche-Orient. PHO [kʀak] ETY De l'arabe. VAR **karak**

**krak** des Chevaliers

**Krakatoa** île volcanique du détroit de la Sonde, entre Java et Sumatra. – Le 26 août 1883, l'éruption du volcan Perbuatan fit 40 000 victimes. VAR **Krakatau**

**kraken** *nm* Pieuvre gigantesque des légendes scandinaves. PHO [kʀakɛn] ETY Mot norvégien.

**Kramář** Karel (Vysoké, Bohême, 1860 – Prague, 1937), homme politique tchèque, premier président du Conseil de la Tchécoslovaquie (1918-1919).

**Krasicki** Ignacy (Dubieck, 1735 – Berlin, 1801), écrivain polonais, archevêque de Gniezno (1795) : *Aventures de Nicolas Doswiaczynski* (1776), *la Campagne de Chocim* (épopée, 1780).

**Krasiński** Zygmunt (comte) (Paris, 1812 – id., 1859), poète romantique polonais : *la Comédie non divine* (1835), *Psaumes de l'avenir* (1845-1848).

**Krasnodar** (anc. *Iekaterinodar*), v. de Russie, sur le Kouban ; ch.-l. de territoire ; 632 000 hab. Centre industriel d'une rég. céréalière. – Fondée par Catherine II en 1792.

**Krasnoïarsk** ville industr. de Russie, sur l'Ienisseï ; ch.-l. de territoire ; 912 000 hab.

**Krasnovodsk** → **Turkmenbachi.**

**Krasny Loutch** ville d'Ukraine, dans la rég. de Donetsk ; 111 000 hab. Houille, métallurgie.

**Krasucki** Henri (Wołomin, Pologne, 1924 – Paris, 2003), syndicaliste français ; secrétaire général de la CGT de 1982 à 1992.

**Kraus** Karl (Jičin, 1874 – Vienne, 1936), écrivain autrichien. Ses aphorismes pourfendirent le monde bourgeois dans sa revue *Die Fackel* (1899-1936). Théâtre : *les Derniers Jours de l'humanité* (1919), *les Invincibles* (1928).

**Krebs** sir Hans Adolf (Hildesheim, 1900 – Oxford, 1981), biochimiste anglais d'origine allemande. Prix Nobel de médecine 1953 avec F. A. Lipmann. ▷ BIOCHIM *Cycle de Krebs* : ensemble de phénomènes d'oxydation (notam. des carbones, transformés en $CO_2$, et des hydrogènes, transformés en $H_2O$) lors du métabolisme des glucides.

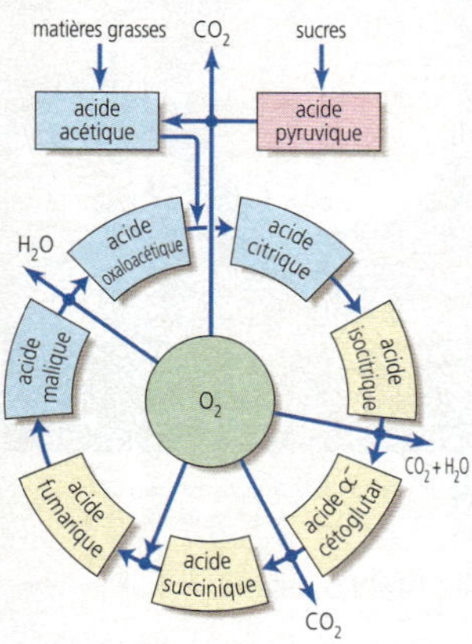


schéma simplifié de la production d'énergie par la cellule au cours du cycle de Krebs

cycle de **Krebs**

**Krefeld** v. d'Allemagne (Rhénanie-du-Nord-Westphalie), port sur le Rhin (r. g.) ; 222 000 hab. Industries.

**Kreisky** Bruno (Vienne, 1911 – id., 1990), homme politique autrichien ; chancelier (social-démocrate) de 1970 à 1983.

**Kreisler** Fritz (Vienne, 1875 – New York, 1962), compositeur et violoniste américain d'origine autrichienne.

**Kreisleriana** recueil d'essais critiques et de notes satiriques d'Hoffmann (1814), prêtés à un musicien imaginaire, *Johannes Kreisler*. ▷ MUS *Kreisleriana* de Schumann (1838), 8 pièces pour piano.

**Krementchouk** (anc. *Krementchoug*), ville industr. d'Ukraine (rég. de Poltava), port sur le Dniepr ; 224 000 hab.

**Kremikovci** v. de Bulgarie (distr. de Sofia). Centre sidérurgique.

**kremlin** *nm* Partie centrale, fortifiée, des anciennes villes russes. (PHO) [kremlɛ̃] (ETY) Du russe.

**Kremlin (le)** anc. palais impérial et citadelle de Moscou. Entouré de murailles (XV^e s., remaniées), il renferme des palais et églises (XV^e-XIX^e s.), notam. la cathédrale de l'Assomption (1479, par Fieravanti), où les tsars étaient couronnés. Après le gouv. soviétique, le gouv. russe siège au Kremlin.

le Kremlin

**Kremlin-Bicêtre (Le)** ch.-l. de cant. du Val-de-Marne (arr. de L'Haÿ-les-Roses) ; 25 739 hab. Industries. (DER) **kremlinois, oise** *a, n*

**kremlinologie** *nf* Étude des luttes de pouvoir au sommet de l'État russe (précédemment soviétique). (DER) **kremlinologue** *n*

**Krenek** Ernst (Vienne, 1900 – Palm Springs, 1991), compositeur américain d'origine autrichienne, influencé par le jazz puis par Schönberg.

**Kretschmer** Ernst (Wüstenrot, Bade-Wurtemberg, 1888 – Tübingen, 1964), psychiatre allemand qui étudia la morphologie des malades mentaux. (DER) **kretschmérien, enne** *a*

**Kreutzberg** Harald (Reichenberg, auj. Liberec, Rép. tchèque, 1902 – Berne, 1968), danseur et chorégraphe allemand, de tendance expressionniste.

**kreutzer** *nm* Ancienne monnaie allemande et autrichienne. (PHO) [krøtsɛr] (ETY) Mot all., de *kreutz*, « croix ».

**Kreutzer** Rodolphe (Versailles, 1766 – Genève, 1831), violoniste et compositeur français. Beethoven lui dédia une sonate pour violon et piano (*Sonate à Kreutzer*, 1803).

**kriek** *n* Bière belge parfumée à la cerise. (PHO) [krik]

**krill** *nm* ZOOL Petit crustacé pélagique (euphausiacé) vivant en bancs, dont se nourrissent les cétacés à fanons. (PHO) [kril] (ETY) Mot norvégien.

**Krishna** → **Kistnā.**

**Krishna** (*le Noir*), huitième incarnation de la divinité indienne Vishnu, dieu populaire de la myth. brahmanique. (VAR) **Krichna**

**Krishnamurti** Jiddu (Madanapalle, près de Madras, 1895 – Ojai, Californie, 1986), philosophe indien : *l'Éveil de l'intelligence* (1973).

**kriss** *nm* Poignard malais à lame ondulée. (ETY) Mot malais.

**Kristeva** Julia (Sofia, Bulgarie, 1941), sémioticienne et psychanalyste française : *Polylogue* (1977), *Histoires d'amour* (1983) ; roman : *Thérèse mon amour* (2008).

**Kristiansand** ville et port de Norvège ; 54 260 hab. ; ch.-l. du comté de Vest-Agder. Industries.

**Kristianstad** ville de Suède, à l'E. de la Scanie ; 69 940 hab. ; ch. l. de län. Industries.

**Krivine** Emmanuel (Grenoble, 1947), chef d'orchestre français.

**Krivoï-Rog** → **Kryvyï Rih.**

**Krk** grande île croate de l'Adriatique ; 409 km$^2$ ; 20 000 hab. Pêche, tourisme.

**Krkonose** → **Géants (monts des).**

**Krleža** Miroslav (Zagreb, 1893 – id., 1981), écrivain croate. Poésie : *Ballades de Petrica Kerempuh* (1936) ; théâtre : *Golgotha* (1922) ; roman : *le Retour de Philippe Latinovicz* (1932).

**Kroeber** Alfred Louis (Hoboken, New Jersey, 1876 – Paris, 1960), ethnologue américain : *Cultural and Natural Areas of Native North America* (1939).

**Kroetz** Franz Xaver (Munich, 1946), auteur dramatique allemand qui s'attache à l'aliénation sociale : *Concert à la carte* (1973).

**Kronecker** Leopold (Liegnitz, auj. Legnica, 1823 – Berlin, 1891), mathématicien allemand ; adversaire de la théorie des ensembles, professée par Cantor.

**Kronos** → **Cronos.**

**kronprinz** *nm* HIST Titre que portait le prince héritier, en Allemagne et en Autriche, avant 1918. LOC *Le Kronprinz* : Frédéric-Guillaume, fils aîné de Guillaume II. (PHO) [krɔnprints] (ETY) Mot all.

**Kronstadt** → **Cronstadt.**

**Kropotkine** Piotr Alexeïevitch (prince) (Moscou, 1842 – Dimitrov, 1921), officier, géographe et révolutionnaire russe. Affilié à la I^re Internationale (1872), il la quitta, préférant l'anarchisme au marxisme : *la Grande Révolution 1789-1793* (1893), *l'Anarchie, sa philosophie, son idéal* (1896). Exilé, il revint en Russie en 1917.

**Kroto** sir Harold Walter (Wisbech, 1939), chimiste britannique ; il découvrit avec son équipe les fullerènes. Prix Nobel 1996.

**kroumir** *nm* Chausson de basane que l'on porte dans des sabots.

**Kroumirie** partie de l'Atlas tellien (aux confins de l'Algérie et de la Tunisie) qui borde la Méditerranée. Le pays est habité par des pasteurs sédentarisés, les *Kroumirs*. Leurs incursions sur le territoire algérien déterminèrent la France à occuper la Tunisie (en 1881).

**Krüdener** Barbara Juliane de Vietinghoff (baronne de) (Riga, 1764 – Karasoubazar, 1824), mystique russe, influencée par Swedenborg (*Valérie*, roman, 1803). Elle aurait inspiré au tsar l'idée de la Sainte-Alliance (1815).

**Kruger** Paul (Vaalbank, Le Cap, 1825 – Clarens, Suisse, 1904), homme politique sud-africain. Président de la rép. du Transvaal (1883-1900), il anima la lutte des Boers contre les Britanniques (1899-1902). Vaincu, il s'exila.

**krugerrand** *nm* Pièce d'or sud-africaine, appréciée sur le marché financier. (PHO) [krugeRɑ̃d]

**Krugersdorp** ville d'Afrique du Sud, proche de Johannesburg ; 158 540 hab. Mines d'or.

**Krugman** Paul (Long Island, 1953), économiste américain (nouvelle théorie du commerce international). P. Nobel de l'économie (2008).

**Krull** Germaine (Wilda-Poznan, 1897 – Wetzar, 1985), photographe allemande : usines.

**Krupp** Alfred (Essen, 1812 – id., 1887), industriel allemand. Il développa l'aciérie paternelle d'Essen (bassin de la Ruhr), qui produisit des armements. En 1968, après la mort d'**Alfred Krupp von Bohlen und Halbach** (Essen, 1907 – id., 1967), dernier héritier de la dynastie, le groupe Krupp échappa à la famille.

**Krus** peuple des côtes du Liberia et de la Côte d'Ivoire. Ils parlent des langues nigéro-congolaises qui forment le *groupe kru*. (DER) **kru** *a*

**Krylov** Ivan Andreïevitch (Moscou, 1769 – Saint-Pétersbourg, 1844), fabuliste russe, imitateur de La Fontaine. Son œuvre demeure une réserve de dictons, proverbes et citations.

**krypton** *nm* CHIM **1** Élément de numéro atomique Z = 36 et de masse atomique 83,8 (symb.

Kr). **2** Gaz inerte (Kr) de l'air, qui se liquéfie à –152,3 °C et se solidifie à –156,6 °C. *On utilise le krypton dans certaines lampes à incandescence.* ETY Du gr. *kruptos,* « caché ».

**Kryvyï Rih** (anc. *Krivoï-Rog*), ville d'Ukraine (rég. de Dniepropetrovsk), sur l'Ingoulets ; 730 000 hab. Centre sidérurgique, près d'un gisement de fer.

**ksar** *nm* Village fortifié des régions sahariennes. PLUR ksars ou ksour. PHO [ksaʀ] ETY Mot berbère.

**Ksar el-Kébir (El-)** (en esp. *Alcazarquivir*), v. du Maroc (prov. de Tétouan) ; 50 000 hab. – En 1578, Al-Mansur y écrasa le roi Sébastien de Portugal.

**kshatriya** *nm* Membre de la caste indienne des guerriers. PHO [kʃatʀija] ETY Mot sanscrit.

**ksi** *nm* **1** Xi. **2** PHYS, NUCL Particule de la famille des hypérons. ETY Mot gr.

**Ksour (monts des)** grand massif de l'Atlas saharien (Algérie) ; 2 336 m au djebel Aïssa.

**kt** Symbole du kilotonne.

**Kuala Lumpur** cap. fédérale de la Malaisie et de l'État de Selangor ; 1,4 million d'hab (aggl.). Centre polit., admin., comm. et industr.

**Kuala Terengganu** ville de Malaisie, cap. de l'État de Terengganu ; 186 610 hab.

**Kubelik** Rafael (Bchory, 1914 – Lucerne, 1996), compositeur et chef d'orchestre suisse d'origine tchèque.

**Kūbīlāy khān** → **Koubilaï khān.**

**Kubin** Alfred (Leitmeritz, Bohême, 1877 – Wernstein am Inn, 1959), peintre, graveur et écrivain autrichien symboliste ; auteur d'un roman fantastique : *l'Autre Côté* (1909).

**Kubitschek de Oliveira** Juscelino (Diamantina, 1902 – près de Resende, État de Rio, 1976), homme politique brésilien. Président de la Rép. (1956 à 1961), il décida la création de Brasília.

**Kubrick** Stanley (New York, 1928 – près de Londres, 1999), cinéaste américain. Il a abordé tous les genres : *Ultime razzia* (1956), *les Sentiers de la gloire* (1957), *Spartacus* (1960), *Lolita* (1962), *Docteur Folamour* (1963), *2001 : l'Odyssée de l'espace* (1967), *Orange mécanique* (1971), *Barry Lyndon* (1975), *Shining* (1980), *Eyes Wide Shut* (1999).

**Stanley Kubrick** *2001 : l'Odyssée de l'espace*, 1967

**Kuching** ville et port de Malaisie, cap. de l'État de Sarawak, dans l'île de Bornéo ; 74 300 hab.

**kugelhof** → **kouglof.**

**Kuhlmann** Charles Frédéric (Colmar, 1803 – Lille, 1881), chimiste et industriel français. Il inventa une préparation de l'acide sulfurique.

**Kuhn** Thomas (Cincinnati, 1922 – Cambridge, 1996), philosophe américain, spécialisé dans l'épistémologie : *la Structure des révolutions scientifiques* (1962).

**Kuiper** Gerard (Harenkarspel, Pays-Bas, 1905 – Mexico, 1973), astronome américain d'origine néerlandaise ; on a donné son nom au premier cratère découvert sur Mercure.

**Ku Klux Klan** société secrète américaine fondée vers 1865 dans le S. des É.-U. pour entraver l'exercice, par les Noirs, de leurs droits nouvellement acquis. Dissoute en 1877, elle se reconstitua en 1915. Interdite en 1928, elle continua ses activités, le plus souvent terroristes.

**Kulturkampf (le)** (« combat pour la civilisation »), lutte menée par Bismarck de 1873 à 1875 contre l'influence, jugée dangereuse pour l'unité de l'Allemagne, de l'Église catholique dans les États allemands.

**Kumamoto** v. du Japon (Kyūshū), sur le Shira ; 555 700 hab. ; ch.-l. du ken du m. nom. Pèlerinage bouddhiste.

**Kumaratunga** Chandrika (Colombo, 1945), femme politique sri-lankaise. Élue présidente de la Rép. en 1994, elle nomma sa mère, S. Bandaranaike, Premier ministre ; elle fut réélue en 1999. Son mandat s'est achevé en 2005.

**Kumasi** v. du Ghāna, ch.-l. de la rég. d'Ashanti ; 1,5 million d'hab. (aggl.). Centre commercial (cacao). – Anc. cap. du royaume Ashanti, fondée en 1625 ; prise par les Brit. en 1896. VAR **Koumassi**

**Kumba** ville du S.-O. du Cameroun ; 60 000 hab. ; ch.-l. de département.

**Kumbha Mela** fête hindouiste qui se déroule tous les 12 ans à Allahabad, où le Gange et la Yamuna confluent.

**kumité** *nm* Épreuve de combat dans une compétition de karaté.

**kummel** *nm* Liqueur alcoolique aromatisée au cumin, originaire d'Allemagne et de Russie. PHO [kymɛl] ETY Mot all. *Kümmel,* « cumin ».

**Kummer** Ernst Eduard (Sorau, auj. Zary, 1810 – Berlin, 1893), mathématicien allemand. Il étudia les nombres complexes.

**kumquat** *nm* Tout petit agrume que l'on mange avec son écorce, surtout confit. PHO [kumkwat] ETY Mot cantonais.

**kumys** → **koumis.**

**Kun** Béla (Szilagycseh, 1886 – en URSS, 1939), journaliste et homme politique hongrois. Fondateur du parti communiste hongrois, il dirigea la « république des Conseils » (mars-août 1919), vaincue par l'armée roumaine. Réfugié en URSS, il fut éliminé par Staline.

**kuna** *nf* Monnaie de la Croatie.

**Kunckel** Johann (baron von Löwenstern) (Hütten, près de Rendsburg, 1630 ou 1638 – Pernau, 1703), chimiste allemand. Il découvrit l'ammoniac et sut isoler le phosphore.

**kundalini** *nm* Énergie latente que les techniques yogiques se proposent de réveiller. ETY Mot sanscrit.

**Kundera** Milan (Brno, 1929), écrivain tchèque, naturalisé français en 1981 : *La Plaisanterie* (1967), *la Valse aux adieux* (1976), *l'Insoutenable Légèreté de l'être* (1987), *l'Ignorance* (2003).

**Kundt** August (Schwerin, 1839 – Israelsdorf, 1894), physicien allemand : travaux d'acoustique et d'optique.

**Milan Kundera**

**Kunduz** v. d'Afghānistān, près de la frontière russe ; 80 000 hab. ; ch.-l. province.

**Kunersdorf** (auj. *Kunowice,* en Pologne), anc. village du Brandebourg où Frédéric II fut écrasé par les Austro-Russes en 1759.

**Küng** Hans (Sursee, 1928), théologien catholique suisse, en désaccord fréquent avec les instances de l'Église.

**kung-fu** *nm* Art martial chinois, voisin du karaté. PHO [kuŋfu] ETY Mot chinois.

**Kunlun (monts)** chaîne de montagnes d'Asie centrale séparant le Tibet du Turkestan chinois (7 546 m au Muztagh-Ata).

**Kunming** v. industr. de Chine, cap. du Yunnan ; 2,8 millions d'hab. (aggl.).

**Kunsthistorisches Museum** musée d'histoire de l'art à Vienne, l'un des plus riches du monde.

**Kuopio** v. de Finlande, sur le lac Kallavesi ; 81 590 hab. ; ch.-l. du län du m. n. Industries.

**Kupka** František, dit Frank (Opočno, Bohême, 1871 – Puteaux, 1957), peintre tchèque, l'un des promoteurs de l'art abstrait (v. 1910).

**Frank Kupka** *Fugue en rouge et bleu* (1911-1912) – Musée national, Prague

**Kurashiki** v. du Japon (S. de Honshū) ; 414 630 hab. Industr. textiles.

**Kuratowski** Casimir (Varsovie, 1896 – id., 1980), mathématicien polonais : travaux de topologie.

**kurde** *nm* Langue indo-européenne du groupe iranien parlée par les Kurdes.

**Kurdes** peuple (env. 30 millions de personnes) d'Asie occid. (S.-E. de la Turquie, N. de l'Irak, O. de l'Iran et de la Syrie), d'origine indo-aryenne, dont la majorité a pour relig. l'islam sunnite. Ils furent soumis au XVIIe s. à la Turquie. Après 1920, ils se soulevèrent de 1925 à 1928, en 1937 et en 1938. En Irak, ils constituèrent la rép. de Marhabād, qui s'effondra aussitôt (1945-1946). Leur rébellion redevint active à partir de 1961, sous la conduite du général Bārzānī ; l'accord de 1975 entre l'Iran, d'où partaient les combattants kurdes, et l'Irak fut fatal à l'action de Bārzānī. L'avènement, en 1979, de la Rép. islamique d'Iran a relancé le mouvement de rébellion soutenu, en Iran, par les Irakiens et, en Irak, par les Iraniens. En Turquie, les Kurdes se sont vu reconnaître, en 1991, le droit de parler leur propre langue, mais l'affrontement entre une rébellion déclenchée en 1984 et les militaires turcs (voire les groupes paramilitaires) gagna en violence. À la faveur de la guerre du Golfe (1991), les Kurdes irakiens ont tenté de se libérer, mais ils ont été écrasés. En Turquie, le gouv. est passé à l'offensive en 1995. Le chef du Parti des travailleurs du Kurdistan (PKK), Abdullah Ocalan, a été capturé (en Afrique) en fév. 1999 et condamné à mort, peine commuée en prison à vie. Mais l'UE fait pression sur la Turquie pour qu'elle règle avec humanité la question kurde. En 2009, le prés. turc Abdulhah Gül reconnaît que les Kurdes n'ont pas les mêmes droits, mais peu de changements ont été constatés. DER **kurde** *a, n*

**Kurdistān** région d'Asie occid. habitée par les Kurdes, sans réalité administrative. En Iran, la prov. du Kurdistān a 24 998 km$^2$, 1 million d'hab. et a pour chef-lieu *Sanandadj*.

**Kurdufān** → **Kordofan.**

**Kure** v. et port du Japon, près d'Hiroshima ; 226 490 hab. Arsenal. Constr. navale.

**Kuria Muria (îles)** archipel de la mer Rouge appartenant au sultanat d'Oman ; 72,5 km$^2$.

**Kurosawa** Akira (Tōkyō, 1910 – id., 1998), cinéaste japonais, lyrique, épique et réaliste : *la Légende du Grand Judo* (1943), *Rashōmon* (1950), *les Sept Samouraïs* (1954), *Barberousse* (1965), *Dersou Ouzala* (1975), *Kagemusha* (1980). Féru de littérature occid., il a adapté avec génie : *l'Idiot* (1951), *Macbeth* (*le Château de l'araignée*, 1957), *les Bas-Fonds* (1957), *le Roi Lear* (*Ran*, 1984).

**Akira Kurosawa** *Ran*, 1984

**Kuro-shio** (*fleuve Noir*), puissant courant chaud du Pacifique qui baigne les côtes S.-E. du Japon. VAR **Kouro-shivo**

**Kurtág** György (Lugoj, Roumanie, 1926), compositeur hongrois d'origine roumaine, influencé par Bartók et Schönberg.

**kuru** *nm* MED Type d'encéphalite observé pour la première fois dans une tribu de Nouvelle-Guinée et qui a permis la découverte des virus lents. PHO [kuʀu] ETY Mot papou.

**Kurume** v. industr. du Japon (Kyūshū), au S. de Fukuoka ; 222 850 hab.

**Kusch** Polykarp (Blankenburg, Allemagne, 1911 – Dallas, 1993), physicien américain d'origine allemande. Il détermina le moment magnétique de l'électron. P. Nobel 1955.

**Kushanas** nomades de l'Asie centrale qui parlaient le tokharien, langue indo-européenne. Aux I$^{er}$ et II$^e$ s. apr. J.-C., ils fondèrent, dans la rég. de Kaboul, un empire qui s'étendit sur le Pendjab et le Cachemire.

**Kushiro** v. et port du Japon, sur le Pacifique (Île d'Hokkaidō) ; 214 540 hab.

**Kusser** Johann Sigismund (Presbourg, 1660 – Dublin, 1727), compositeur allemand, disciple de Lully ; auteur d'opéras : *Erindo* (1693), *Scipion l'Africain* (1694). VAR **Cousser**

**Küssnacht am Rigi** com. de Suisse (cant. de Schwyz), au bord du lac des Quatre-Cantons ; 13 000 hab. – Aux env., chapelle édifiée à l'endroit où Guillaume Tell aurait refusé de saluer Gessler.

**Kusturica** Emir (Sarajevo, 1955) cinéaste serbe : *le Temps des gitans* (1989), *la vie est un miracle* (2004).

**Kütahya** v. de Turquie, à l'O. d'Ankara ; 118 770 hab. ; ch.-l. de l'il du m. nom. – Mosquées du XV$^e$ s.

**Kutchuk-Kaïnardji** (auj. *Kainarža*), village de la Dobroudja bulgare où fut signé, en 1774, le traité qui mettait fin à la guerre russo-turque (1768-1774). La Russie obtenait notam. le S. de l'Ukraine et l'accès aux Détroits.

**Kutusof** → **Koutouzov.**

**Kuwayt** → **Koweït.**

**Kuznets** Simon (Kharkov, 1901 – Cambridge, Massachusetts, 1985), économiste américain d'origine russe : *Mouvements séculaires de la production et des prix* (1930). P. Nobel 1971.

**Kvarner** golfe de Croatie (au N.-E. de l'Adriatique) ; port princ. *Rijeka*.

**kvas** → **kwas.**

**kW** Symbole de kilowatt.

**kwa** *nm* Groupe de langues nigéro-congolaises parlées sur le golfe de Guinée (Éwés, Yorubas, Ibos, Fons, etc.).

**kwacha** *nm* Unité monétaire de la Zambie et du Malawi.

**Kwakiutls** Indiens du Canada qui occupent la partie N. de l'île de Vancouver et la côte voisine. Ils pratiquaient le potlatch. DER **kwakiutl** *a*

**Kwangju** v. de la Corée du Sud ; 1,4 million d'hab (aggl.) ; ch.-l. de prov. Centre industriel.

**Kwango (le)** rivière d'Afrique équatoriale (1 026 km), affluent du Kasaï ; sert de frontière entre l'Angola et la rép. dém. du Congo.

**kwanza** *nm* Unité monétaire de l'Angola.

**kwas** *nm* Boisson russe préparée avec de la farine d'orge ou de seigle fermentée dans l'eau. PHO [kvas] ETY Mot russe. VAR **kvas**

**kwashiorkor** *nm* MED Maladie due à la malnutrition grave du jeune enfant, observée surtout en Afrique noire. PHO [kwaʃjɔʀkɔʀ] ETY Mot bantou « enfant rouge ».

**Kwásniewski** Aleksander (Bialogard, 1954), homme politique polonais social-démocrate, président de la Rép. de 1995 à 2005.

**k-way** *nm inv* Veste de nylon imperméable, repliable dans une poche. PHO [kawe] ETY Nom déposé.

**KwaZulu-Natal** province d'Afrique du Sud, créée en 1994, correspondant approximativement à l'ancien Natal et peuplée en majorité de Zoulous ; 91 481 km$^2$ ; 8 549 000 hab. ; cap. *Ulundi*. VAR **Kwazulu**
**Histoire** En 1959, l'Afrique du Sud de l'apartheid constitua le bantoustan du KwaZulu (« autonome » en 1970), dont étaient exclues les aggl. « blanches » : 32 395 km$^2$ (nombr. parcelles), env. 5 millions d'hab. (en majorité zoulous). C'était un royaume dirigé par le Premier ministre (dep. 1965) M. G. Buthelezi, chef du parti Inkatha, qui s'est opposé à l'ANC de Mandela, notamment en 1993-1994.

**kWh** Symbole de kilowattheure.

**Ky (les Trois)** l'Annam, la Cochinchine et le Tonkin (*Ky*, en vietnamien, signifie « pays »).

**kyat** *nm* Unité monétaire de la Birmanie.

**Kyd** Thomas (Londres, v. 1558 – id., 1594), auteur dramatique anglais, ami de Marlowe : *Tragédie espagnole* (1586).

**Kylian** Jiři (Prague, 1947) danseur et chorégraphe tchèque.

**kymrique** *nm* Langue celtique parlée au pays de Galles. PHO [kimʀik] VAR **cymrique**

**Kyokutei Bakin** → **Bakin.**

**Kyongju** v. du S.-E. de la Corée du Sud ; 280 000 hab. – Cap. de l'anc. roy. de Silla (VII$^e$ – X$^e$ s.).

**Kyŏngsong** → **Séoul.**

**Kyōto** v. du Japon (S. de Honshū), dans le Kansai ; ch.-l. du ken du m. nom ; 1,8 million d'hab. (aggl.). Grand centre industriel. – Université. Anc. palais des empereurs ; nombr. temples. – Cap. impériale du Japon du VIII$^e$ s. à 1868, princ. ville culturelle du pays, elle fut supplantée en 1603 par Tōkyō (alors nommée Edo) dont les shōgun firent un centre politique. – Le *protocole de Kyōto*, signé en 1997, prévoit une diminution notable des émissions de gaz à effet de serre de 38 pays industrialisés à l'horizon 2012.

**Kyōto** vue sur la ville et sur le temple Higashi Hongan

**kyrie eleison** *nm inv* **1** LITURG Invocation qui se fait à la messe en latin, qui est largement employée par les Églises catholique et orthodoxe. **2** Musique sur laquelle on chante cette invocation. PHO [kiʀijeeleisɔn] ETY Du gr. *Kurie*, « Seigneur », et *eleêson*, « aie pitié ». VAR **kyrie**

**kyrielle** *nf* Longue suite, grande quantité. *Une kyrielle d'injures.*

**kyste** *nm* **1** MED Formation pathologique constituée d'une poche, contenant une substance liquide ou solide, d'origine variable. **2** BIOL Forme que prennent certains êtres unicellulaires en se déshydratant et en s'entourant d'une coque protectrice lorsque le milieu devient défavorable à la vie. ETY Du gr. *kustis*, « poche ». DER **kystique** *a*

**kyudo** *nm* Art martial japonais du tir à l'arc. PHO [kjudo] ETY Mot jap.

**Kyūshū** la plus mérid. des grandes îles du Japon ; 35 660 km$^2$ (42 164 km$^2$ avec les îles adjacentes) ; 14 300 000 hab. Île montagneuse, volcanique, aux côtes découpées, elle a une agric. de type tropical. Le développement industr. a surtout touché le Nord.

**Kyzyl** v. de Russie ; 77 000 hab. ; cap. de la république autonome de Touva.

**Kyzyliar** (anc. *Petropavlovsk*), ville du Kazakhstan, sur l'Ichim ; ch.-l. de prov. ; 226 000 hab. Industries. VAR **Kyzyljar**

**Kyzyl-Koum** (« sable rouge »), rég. désertique du Kazakhstan et de l'Ouzbékistan, située au S.-E. de la mer d'Aral, entre le Syr-Daria et l'Amou-Daria.

**Kyzyl-Orda** (anc. *Ak Metchet*), v. du Kazakhstan, sur le Syr-Daria ; 183 000 hab. ; ch.-l. de région.

# L l

**l** *nm, f* **1** Douzième lettre (l, L) et neuvième consonne de l'alphabet, notant la dentale latérale sonore [l], simple ou redoublée, se prononçant ou non en finale (ex. *subtil* [syptil], *gentil* [ʒɑ̃ti] ; *recul* [ʀəkyl], *cul* [ky]). *Un l mouillé.* **2** L : chiffre romain qui vaut 50. **3** L ou £ : abrév. de *livre* (monnaie). **4** l : symbole du litre. **5** PHYS L : symbole de l'inductance.

**1 la** article défini ou pron. pers. fém. sing. V. le.

**2 la** *nm inv* Sixième note de la gamme d'*ut* ; signe qui figure cette note. **LOC** ***Donner le la :*** donner le ton, créer la mode. (ETY) V. ut.

**La** CHIM Symbole du lanthane.

**là** *av, interj* **A** *av* **1** Dans un lieu différent de celui où l'on se trouve ou dont on parle. *Ici il pleut, là il fait beau.* **2** À tel moment précis. *C'est là qu'il a mentionné votre nom.* **3** À tel point déterminé. *Tenez-vous-en là.* **4** Suivi d'une proposition relative. *C'est là que je vais.* **5** Renforçant un nom. *C'est là votre meilleur rôle. En ce temps-là.* **6** Renforçant un adj. ou un pron. démonstratif. *Ce cas-là. Celui-là.* **7** Au contraire. *Je ne pense pas qu'il ait raison, loin de là.* **8** fig Cela. *Qu'entendez-vous par là ?* **B** *interj* Employé pour apaiser, appeler au calme. *Là, tout doux !* **LOC** ***De-ci de-là, par-ci par-là, çà et là :*** par endroits, de place en place ; par moments, de temps en temps. — ***De là :*** de cet endroit. — ***D'ici là :*** du moment présent à tel autre. — ***Être là :*** être présent. — fam ***Être un peu là :*** se faire remarquer, faire sentir que l'on a de l'importance. — ***Loin de là :*** loin de tel endroit. — ***Par là :*** par tel endroit, tel chemin (que l'on montre ou dont on parle). (ETY) Du lat.

**Laaland** → **Lolland.**

**Laâyoune** (anc. *El-Aaiún*), v. du Maroc, dans le Sahara occidental ; 100 000 hab. ; ch.-l. de prov.

**Labadie** Jean de (Bourg, Guyenne, 1610 – Altona, 1674), mystique français. Jésuite, puis oratorien, il embrassa le calvinisme en 1650 et entreprit de le ramener à une forme de christianisme primitif *(labadisme).*

**Laban** Rudolf von (Bratislava, 1879 – Weybridge, Surrey, 1958), chorégraphe et théoricien de la danse autrichien d'orig. hongroise. Maître du ballet expressionniste, il créa une notation chorégraphique (labanotation).

**labanotation** *nf* Système de notation chorégraphique, imaginé par Rudolf von Laban.

**La Barre** Jean François Le Febvre, (chevalier de) (Abbeville, 1747 – id., 1766), gentilhomme français qui, accusé d'avoir mutilé un crucifix, fut torturé, décapité, puis brûlé, après une procédure que dénonça Voltaire.

**labarum** *nm* HIST Étendard de l'Empire romain, sur lequel Constantin aurait fait mettre une croix, le monogramme du Christ et la formule *In hoc signo vinces* (« Tu vaincras par ce signe »). (PHO) [labaʀɔm] (ETY) Mot lat.

**là-bas** *av* Au loin.

**Labat** Jean Baptiste (Paris, 1663 – id., 1738) missionnaire français, auteur de mémoires sur les Antilles.

**labbe** *nm* ZOOL Syn. de *stercoraire.*

**Labé** Louise (Lyon, v. 1524 – Parcieux-en-Dombes, 1566), poétesse française de l'école de Lyon. *La Belle Cordière* (son riche mari, Ennemond Perrin, faisait commerce de cordes) a chanté l'amour dans un *Débat de Folie et d'Amour* (prose), 3 *Élégies* et 24 *Sonnets* (1555).

**La Bédoyère** Charles Huchet (comte de) (Paris, 1786 – id., 1815), général français. Rallié à Napoléon revenu de l'île d'Elbe, il fut fusillé lors du retour des Bourbons.

**label** *nm* **1** Marque délivrée par un syndicat professionnel ou un organisme officiel, apposée sur certains articles pour attester leur qualité, leur origine ou le respect de certaines normes. **2** INFORM Étiquette. **3** Éditeur de disques. (ETY) Mot angl., « étiquette ».

**labelle** *nm* BOT Grand pétale formant la partie antérieure de la corolle des orchidées. (ETY) Du lat. *labellum,* « petite lèvre ».

**labelliser** *vt* ① Garantir par un label. *Produit labellisé* (DER) **labellisable** *a* – **labellisation** *nf*

**labeur** *nm* **1** litt Travail long et pénible. **2** IMPRIM Travail d'une certaine importance. (ETY) Du lat.

**labial, ale** *a, nf* **A** *a* Qui a rapport aux lèvres. PLUR labiaux. **B** *a, nf* Se dit d'une consonne qui s'articule avec les lèvres. *b, p, f, et v sont des labiales.* (ETY) Du lat. *labium,* « lèvre ».

**labialiser** *vt* ① PHON Donner à une lettre la prononciation d'une labiale. (DER) **labialisation** *nf*

**Labiche** Eugène (Paris, 1815 – id., 1888), auteur dramatique français ; créateur du vaudeville de mouvement : *Un chapeau de paille d'Italie* (1851), *le Voyage de M. Perrichon* (1860), *la Poudre aux yeux* (1861), *la Cagnotte* (1864). Acad. fr. (1880).

**labié, ée** *a* BOT Se dit d'une corolle gamopétale à deux lobes en forme de lèvres.

**labiée** *nf* BOT Plante dicotylédone gamopétale ayant une corolle à deux lèvres inégales et quatre étamines inégales, telle que le thym, la sauge, la lavande. SYN lamiacée. (VAR) **labiacée**

une **labiée**, la sauge des prés : en bas à g., coupe d'une fleur ; en diagonale, inflorescence ; en haut à dr., calice avec akènes

**Labienus** Titus (v. 98 – 45 av. J.-C.), général romain. Princ. lieutenant de César en Gaule, il adopta le parti de Pompée, puis de ses fils, et fut tué à Munda (Espagne).

**labile** *a* didac Sujet à se transformer, à tomber, à disparaître. *Pétales labiles. Phonème labile.* **LOC** CHIM ***Composé labile :*** peu stable. — ***Mémoire labile :*** peu fiable. (ETY) Du lat. *labi,* « glisser ». (DER) **labilité** *nf*

**labiodental, ale** *a, nf* Se dit d'une consonne prononcée avec la lèvre inférieure et les dents du haut. *f et v sont des labiodentales.* PLUR labiodentaux.

**labiopalatal, ale** *a, nf* Se dit d'une consonne qui s'articule avec une projection des lèvres, la langue touchant le devant du palais. [ɥ], *dans huile* [ɥil], *est une labiopalatale.* PLUR labiopalataux.

**Labisse** Félix (Douai, 1905 – Paris, 1982), peintre français. Influencé par le surréalisme, il traita des sujets ésotériques et érotiques.

**labium** *nm* ZOOL Partie inférieure de l'appareil buccal des insectes. PHO [labjɔm] ETY Mot lat., « lèvre ».

**labo** *nm* fam Laboratoire.

**La Boétie** Étienne de (Sarlat, 1530 – Germignan, près du Taillan-Médoc, 1563), écrivain français ; conseiller au parlement de Bordeaux, ami de Montaigne, auteur de sonnets. Le *Discours de la servitude volontaire* (posth., 1576), parfois appelé *le Contr'un*, montre que la servilité des peuples fait la force des tyrans.

**laborantin, ine** *n* Assistant, aide, dans un laboratoire.

**laboratoire** *nm* **1** Local aménagé et équipé pour mener à bien des travaux de recherche scientifique ou technique, des analyses biologiques, des travaux photographiques, etc. **2** Local distinct du magasin où travaille un boucher, un charcutier, un pâtissier. **3** METALL Partie d'un four à réverbère où l'on place les matières à fondre. **4** fig Lieu où s'élabore qqch. *Un laboratoire des techniques de demain.* LOC ***Laboratoire d'idées :*** Syn (recommandé) de *think tank.* — ***Laboratoire de langues :*** local spécialement aménagé en matériel audiovisuel et multimédia pour enseigner les langues étrangères. ETY Du lat. *laborare,* « travailler ».

**Labori** Fernand (Reims, 1860 – Paris, 1917), avocat français, défenseur de Zola pendant l'affaire Dreyfus.

**laborieux, euse** *a* **1** Qui travaille beaucoup. **2** Qui coûte beaucoup de travail, de fatigue, d'efforts. *Entreprise laborieuse.* **3** péjor Qui manque de spontanéité. *Un style laborieux.* ETY Du lat. *labor,* « travail ». DER **laborieusement** *av*

**Laborit** Henri (Hanoi, 1914 – Paris, 1995), médecin et biologiste français, analyste du comportement humain : *Biologie et Structure* (1968), *l'Agressivité détournée* (1971).

**labour** *nm* **A** Travail de labourage, façon donnée à une terre. **B** *nm pl* Terres labourées.

**La Bourdonnais** Bertrand François Mahé (comte de) (Saint-Malo, 1699 – Paris, 1753), marin et administrateur français. Gouverneur des îles de France (île Maurice) et Bourbon (la Réunion), il lutta aux Indes contre les Anglais. Critiqué par Dupleix, il fut rappelé en France et embastillé (1748).

**labourer** *vt* (1) **1** Retourner la terre avec la charrue, la bêche, la houe, etc. *Labourer un champ.* **2** Ouvrir, creuser, déchirer. *L'éclat d'obus lui avait labouré le dos.* DER **labourable** *a* – **labourage** *nm*

**laboureur** *nm* Celui qui laboure. ETY Du lat. *laborare,* « travailler ».

**Laboureur** Jean Émile (Nantes, 1877 – Pénestin, Morbihan, 1943), peintre et graveur français, illustrateur d'auteurs contemporains.

**Labour Party** → **travailliste.**

**Labov** William (Passaic, New Jersey, 1927), linguiste américain ; auteur d'importants travaux de sociolinguistique : *Sociolinguistique* (1972), *le Parler ordinaire* (1972).

**labrador** *nm* **1** Chien de chasse à poil ras et à robe noire ou fauve. **2** MINER Plagioclase à reflets chatoyants, constitutif de certains basaltes.

**Labrador** vaste presqu'île du Canada (province de Terre-Neuve-et-Labrador) bordée par la mer de Davis, l'Atlantique et la baie du Saint-Laurent. La toundra glacée fait place vers le S. à de grandes forêts de conifères. Mines de fer et hydroélectr. (Churchill Falls). ▷ OCEANOGR *Courant du Labrador :* courant froid de surface de l'Atlantique N., engendré par les eaux peu salées de l'Arctique. Au niveau de Terre-Neuve, il rencontre le Gulf Stream. Import. zone de pêche. DER **labradorien, enne** *a, n*

**labradorite** *nm* GEOL Basalte à labrador.

**labre** *nm* **1** Gros poisson (perciforme) vorace des côtes rocheuses. SYN vieille. **2** ENTOM Lèvre supérieure des insectes.

**Labrède** → **Brède (La).**

**labret** *nm* Objet circulaire inséré dans leurs lèvres par les femmes de certains peuples d'Afrique. SYN plateau. ETY Du lat. *labrum,* « lèvre ».

**labrit** *nm* Chien de berger à poil frisé du Midi de la France. ETY De *Labrit,* comm. des Landes.

**La Brosse** Gui de (Rouen, ? – ?, 1641), médecin de Louis XIII et botaniste français. Il créa le Jardin des Plantes, à Paris.

**Labrousse** Ernest (Barbezieux, Charente, 1895 – Paris, 1988), historien français. Il étudia les cycles écon. sous l'Ancien Régime.

**Labrouste** Henri (Paris, 1801 – Fontainebleau, 1875), architecte français ; pionnier de l'architecture métallique : bibliothèque Sainte-Geneviève, à Paris (1843-1850).

**La Bruyère** Jean de (Paris, 1645 – Versailles, 1696), écrivain français. En 1688, il publia les *Caractères de Théophraste traduits du grec, avec les caractères ou les mœurs de ce siècle,* dont chaque édition, jusqu'à sa mort, s'enrichit de portraits. Autres œuvres : *Discours à l'Académie française* (1693), *Dialogues sur le quiétisme* (posth., 1699). Acad. fr. (1693).

**labyrinthe** *nm* **1** ANTIQ Édifice dont la disposition était telle que ceux qui s'y engageaient parvenaient difficilement à en trouver l'issue. *Le labyrinthe où était enfermé le Minotaure.* **2** Jardin d'agrément dont les allées, bordées de haies épaisses, sont tracées selon un plan compliqué. **3** fig Ensemble compliqué, où il est difficile de se reconnaître. *Le labyrinthe de la jurisprudence.* SYN dédale. **4** ANAT Ensemble des cavités de l'oreille interne. ETY Du gr. DER **labyrinthique** ou **labyrinthien, enne** *a*

**Labyrinthe** dans la myth. gr., édifice complexe construit par Dédale dans l'île de Crète. Ceux qui s'y engageaient ne pouvaient en trouver l'issue ; emprisonné, le Minotaure les dévorait. Promis à ce sort, Thésée en sortit grâce à Ariane.

**labyrinthite** *nf* MED Inflammation de l'oreille interne.

**labyrinthodonte** *nm* PALEONT Amphibien fossile, apparu au dévonien, qui avait l'allure d'une grosse salamandre.

**lac** *nm* Grande étendue d'eau à l'intérieur des terres. *Lac de cratère, de dépression.* LOC fam ***Tomber dans le lac :*** échouer. ETY Du lat.

**Lac (le)** poème de Lamartine, inclus dans les *Méditations poétiques* (1820), sur le thème du bonheur enfui : « Ô temps ! suspends ton vol... »

**laçage** → **lacer.**

**La Caille** abbé Nicolas Louis de (Rumigny, Ardennes, 1713 – Paris, 1762), astronome français. L'Observatoire de Paris l'envoya au cap de Bonne-Espérance (1750-1754) où il dressa un riche catalogue du ciel austral.

**La Calprenède** Gautier de Costes de (près de Sarlat, v. 1610 – Le Grand-Andely, 1663), écrivain français ; auteur de tragédies (*la Mort de Mithridate* 1635) et de romans galants (*Cassandre* 1642-1645). V. Artaban.

**Lacan** Jacques (Paris, 1901 – id., 1981), médecin et psychanalyste français. Il s'est livré à une réflexion sur les fondements du freudisme : *Écrits* (1966) ; publication, à partir de 1975, de son *Séminaire.* DER **lacanien, enne** *a, n*

**Lacanau (étang de)** étang du golfe de Gascogne, qui communique avec le bassin d'Arcachon. Stat. balnéaire à *Lacanau-Océan.*

**Lacandons** peuple maya de la forêt du sud du Mexique et du Guatemala. DER **lacandon, one** *a*

**Lacarrière** Jacques (Limoges, 1925 – Paris, 2005), écrivain et essayiste français, spécialiste de la civilisation grecque : *L'Été indien* (1976).

**Lacaune (monts de)** massif du S. du Massif central (1 267 m au *pic de Montalet*).

**La Cava** Gregory (Towanda, Pennsylvanie, 1892 – Malibu, 1952) dessinateur humoristique et cinéaste américain, auteur de comédies loufoques (*Mon mari le patron,* 1935) et de drames (*Private Worlds,* 1935).

**laccolite** *nm* GEOL Masse lenticulaire de roches éruptives mises au jour par l'érosion. ETY Du gr. *lakkos* « fosse ». VAR **laccolithe**

**Lac des cygnes (le)** ballet en 3 actes et un prologue de Tchaïkovski (1876), chorégr. de J. Reisinger pour la création (1877), puis de M. Petipa (1895).

**Lacédémone** → **Sparte.**

**Lacépède** Bernard Germain Étienne de La Ville, (comte de) (Agen, 1756 – Épinay-sur-Seine, 1825), naturaliste français ; continuateur de l'œuvre de Buffon.

**lacer** *vt* (12) Fermer, serrer, assujettir au moyen d'un lacet. *Lacer ses chaussures.* ETY Du lat. DER **laçage** ou **lacement** *nm*

**lacérer** *vt* (14) Déchirer, mettre en pièces. *Lacérer une affiche.* DER **lacération** *nf*

**lacerie** *nf* TECH Tissu fin d'osier, de paille.

**lacertilien** *nm* ZOOL Syn. de *saurien.* ETY Du lat. *lacerta,* « lézard ». VAR **lacertien** [lasɛrsjɛ̃]

**lacet** *nm* **1** Cordon que l'on passe dans des œillets pour serrer un vêtement ou une chaussure. **2** Virage serré d'une route. *Route en lacet(s).* **3** Mouvement latéral d'un avion autour d'un axe vertical passant par le centre de gravité. **4** Nœud coulant utilisé pour piéger les lièvres, les perdrix, etc. *Tendre un lacet.* **5** Cordon plat en fil, utilisé en passementerie. **6** MATH Dans un graphe, chemin dont l'origine et l'extrémité sont confondues. ETY De *lacs.*

**lâchage** → **lâcher 1.**

**La Chaise** François d'Aix de, dit le Père (Saint-Martin-la-Sauveté, 1624 – Paris, 1709), jésuite français. Il fut le confesseur de Louis XIV (1675), qu'il influença profondément. Son nom a été donné à un cimetière de Paris. V. Père-Lachaise VAR **La Chaize**

**La Chalotais** Louis René de Caradeuc de (Rennes, 1701 – id., 1785), procureur général au parlement de Bretagne ; adversaire des jésuites et du gouverneur de Bretagne (1765).

**La Châtaigneraie** François de Vivonne (seigneur de) (?, 1519 – Saint-Germain-en-Laye, 1547), gentilhomme français ; tué en duel par Jarnac.

**La Chaussée** Pierre Claude Nivelle de (Paris, 1692 – id., 1754), auteur français de « comédies larmoyantes » : *le Préjugé à la mode* (1735). Acad. fr. (1736).

**lâche** *a, n* **A** *a* **1** Qui n'est pas tendu, qui n'est pas serré. *Nœud trop lâche.* **2** fig Qui manque de vigueur. *Style lâche.* **3** Qui dénote la lâcheté ;

La Bruyère

J. Lacan

vil, méprisable. *Lâches provocations.* **B** *a, n* Qui est sans courage. *Être lâche face au danger.* DER **lâchement** *av*

**lâché, ée** *a* Bx-A Qui manque de vigueur, de tenue ; négligé. *Dessin lâché.*

**Lachenal** Louis (Annecy, 1921 – massif du Mont-Blanc, 1955), alpiniste français. Il réussit la première ascension de l'Annapūrnā, en 1950, avec Maurice Herzog.

**1 lâcher** *v* ① **A** *vt* **1** Détendre, desserrer. *Lâcher une corde tendue.* **2** Cesser de tenir. *Lâcher le guidon.* **3** Laisser aller, laisser échapper. *Lâcher les chiens contre qqn.* **4** fam Abandonner qqn, cesser de le soutenir. *Lâcher ses amis.* **5** Lancer. *Lâcher un coup de fusil.* **6** SPORT Distancer. *Lâcher ses concurrents.* **7** fam Cesser d'importuner qqn. *Il ne veut pas me lâcher.* **C** *vi* Se détendre, se rompre. *La corde a lâché.* **B** *vpr* fam Se laisser aller, se décontracter. LOC ***Lâcher la bride à qqn*** : cesser de le contrôler, de le surveiller. — ***Lâcher pied*** : reculer ; fig céder. — ***Lâcher prise*** : laisser aller ce qu'on tient ; fig céder. ETY Du lat. DER **lâchage** *nm*

**2 lâcher** *nm* **1** Action de laisser aller. *Un lâcher de pigeons.* **2** En gymnastique, action de lâcher la barre.

**lâcher-prise** *nm inv* PSYCHO Thérapie fondée sur la décontraction, le relâchement des tensions psychiques.

**lâcheté** *nf* **1** Manque de courage ; poltronnerie, couardise. **2** Action lâche, indigne. *Se rendre coupable de lâchetés répétées.*

**lâcheur, euse** *n* fam Personne qui abandonne ses amis, les néglige.

**Lachine** v. du Québec, sur le Saint-Laurent, près des *rapides de Lachine,* fusionnée à Montréal en 2002 DER **lachinois, oise** *a, n*

**La Cierva y Codorníu** Juan de (Murcie, 1896 – Croydon, 1936), ingénieur espagnol. Il inventa l'autogire (1923).

**lacinié, ée** *a* BOT Se dit d'un organe découpé en lanières. ETY Du lat.

**lacis** *nm* **1** Entrelacement, réseau. **2** ANAT Entrelacement de veines, de nerfs, etc.

**Laclos** Pierre Choderlos de (Amiens, 1741 – Tarente, 1803), officier et écrivain français. Son chef-d'œuvre, *les Liaisons dangereuses* (roman épistolaire, 1782), analyse de façon incisive le cynisme et la perversité. En 1783, il publia un traité moral : *De l'éducation des femmes.*

**La Condamine** Charles Marie de (Paris, 1701 – id., 1774), voyageur et astronome français. Il rapporta de Cayenne les prem. échantillons de caoutchouc.

**Laconie** anc. contrée de la Grèce, au S.-E. du Péloponnèse, dont Sparte était la cap. – Auj. nome ; 94 900 hab. ; ch.-l. *Sparte.* DER **laconien, enne** *a, n*

**laconique** *a* Qui parle peu ; concis. *Une réponse laconique.* ETY Du gr. *lakônikos,* « de Laconie ». DER **laconiquement** *av* – **laconisme** *nm*

**Lacordaire** Henri (Recey-sur-Ource, 1802 – Sorèze, 1861), religieux français. Avocat, prêtre (1827), collab. de Lamennais (1830-1831), il rétablit l'ordre des dominicains en France (1843). Ses conférences à N.-D. de Paris (1835-1836) sont célèbres. Acad. fr. (1860).

**Lacoste** René (Paris, 1904 – Saint-Jean-de-Luz, Pyrénées-Atlantiques, 1996), joueur de tennis français, surnommé « le Crocodile » ; l'un des quatre « mousquetaires ».

**Lacq** com. des Pyrénées-Atlantiques, sur le *gave de Pau* ; 658 hab. Le gisement de gaz est en voie d'épuisement ; une usine traite le soufre extrait du gaz. DER **lacquois, oise** *a, n*

**Lacretelle** Jacques de (chât. de Cormatin, Saône-et-Loire, 1888 – Paris, 1985), romancier français : *Silbermann* (1922), *les Vivants et leur ombre* (1977). Acad. fr. (1936).

**lacrima-christi** *nm inv* Vin muscat provenant de vignobles voisins du Vésuve. PHO [lakrimakristi] ETY Mots lat., « larme du Christ ». VAR **lacryma-christi**

**Lacroix** Alfred (Mâcon, 1863 – Paris, 1948), géologue français : travaux sur les volcans et sur les roches métamorphiques.

**Lacroix** Christian (Arles, 1951), couturier français qui cultive la fantaisie.

**lacrymal, ale** *a* Relatif aux larmes. PLUR lacrymaux. ETY Du lat. *lacrima,* « larme ».

**lacrymogène** *a* Qui provoque les larmes.

**lacs** *nm* CHASSE Nœud coulant servant à prendre du gibier. PHO [lɑ] ETY Du lat., d'après *lacet.*

**lact(o)-** Élément, du latin *lac, lactis,* « lait ».

**lactaire** *nm* BOT Champignon basidiomycète à lamelles (agaricacée), qui laisse écouler un latex si on le casse. ▶ pl. **champignons**

**lactalbumine** *nf* BIOCHIM Albumine présente dans le lait.

**Lactance** (en Numidie, v. 260 – Trêves, v. 320), théologien qui écrivit (en latin) une synthèse de la doctrine chrétienne, *Institutions divines.*

**lactarium** *nm* Centre où l'on collecte du lait maternel. PHO [laktaʀjɔm]

**lactase** *nf* BIOCHIM Enzyme (hydrolase) qui scinde le lactose en galactose et glucose.

**lactate** *nm* CHIM Sel de l'acide lactique.

**lactatémie** *nf* MED Teneur du sang en acide lactique.

**lactation** *nf* PHYSIOL Sécrétion et excrétion du lait par la glande mammaire.

**lacté, ée** *a* **1** Qui a rapport au lait, qui en a la couleur. **2** Qui contient du lait. LOC ASTRO ***La Voie lactée*** : notre galaxie, telle qu'elle nous apparaît depuis la Terre.

**lactescent, ente** *a* **1** Qui a l'aspect, la couleur du lait. **2** BOT Qui contient un suc blanc, un latex. DER **lactescence** *nf*

**lactifère** *a* **1** ANAT Qui porte, amène le lait. **2** BOT Syn. de *lactescent.*

**lactique** *a* LOC ***Acide lactique*** : acide-alcool que l'on trouve dans le lait aigre et qui résulte de la fermentation de sucres. — ***Ferments lactiques*** : employés dans l'industrie laitière pour coaguler la caséine, notam. dans les yaourts.

**lactobacille** *nm* Bacille Gram positif présent dans la flore bactérienne digestive des mammifères et utilisé dans la fabrication des yaourts.

**lactodensimètre** *nm* TECH Appareil servant à mesurer la densité du lait, et spécial. sa teneur en matière grasse. SYN lactomètre.

**lactoflavine** *nf* BIOL Vitamine B2.

**lactomètre** *nm* Syn. de *lactodensimètre.*

**lactoremplaceur** *nm* Produit à base de lait écrémé et de graisses animales, destiné à l'alimentation des veaux.

**lactose** *nm* BIOCHIM Sucre constitué de galactose et de glucose, contenu dans le lait.

**lactosérum** *nm* Petit-lait. PHO [laktoseʀɔm]

**lacune** *nf* **1** vx Vide, cavité à l'intérieur d'un corps. **2** Ce qui manque pour qu'une chose soit complète. *Ses connaissances présentent des lacunes.* **3** Interruption, manque dans le texte d'un ouvrage. **4** MED En radiologie, image tumorale du tube digestif, saillante et irrégulière. **5** PHYS Emplacement laissé libre par le départ d'un électron, dans un réseau cristallin. SYN trou. **6** GEOL Absence d'une couche de terrain dans une série sédimentaire. ETY Du lat. DER **lacunaire** ou **lacuneux, euse** *a*

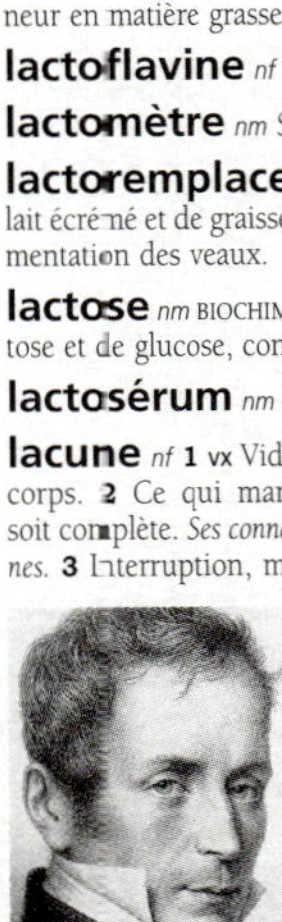

Laennec

**lacustre** *a* Qui vit au bord ou dans l'eau des lacs. *Faune lacustre.* LOC ***Cité lacustre*** : bâtie sur pilotis au bord d'un lac. — GEOL ***Roche, dépôt lacustre*** : qui s'est formé dans un lac.

**lad** *nm* Garçon d'écurie chargé du soin des chevaux de course. PHO [lad] ETY Mot angl.

**Ladākh** plateau très élevé de l'Inde (Cachemire), au N. de l'Himalaya, traversé par l'Indus. Ses hab. (150 000), les *Ladakhi,* parlent une langue tibétaine. – Nombr. monastères boudhiques. DER **ladakhi, ie** *a, n*

**ladang** *nm* GEOGR Culture sur brûlis, en Asie du Sud-Est. PHO [ladɑ̃g] ETY Mot indonésien.

**là-dessus, là-dessous, là-dedans** → **dessus, dessous, dedans.**

**ladin** *nm* LING Groupe de langues rhéto-romanes (comprenant le romanche) parlées dans les Grisons, le Tyrol et le Frioul.

**ladino** *nm* Parler des Juifs séfarades expulsés d'Espagne au XVe s. SYN judéo-espagnol.

**Ladislas Ier Árpád (saint)** (?, 1040 ou 1043 – Nitra, Slovaquie, 1095), roi de Hongrie (1077-1095).

**Ladislas le Magnanime** (?, v. 1376 – Naples, 1414), roi de Naples et de Hongrie (1390-1414). Il se heurta en Italie à l'antipape Jean XXIII et ne régna jamais sur la Hongrie.

**Ladislas Ier** (ou IV) **Łokietek** (?, 1260 – Cracovie, 1333), duc puis roi de Pologne (1320-1333). — **Ladislas II** (ou V) Jagellon Ier (?, vers 1348 – Gródek, 1434), grand-duc de Lituanie (1377-1392) et roi de Pologne (1386-1434). Il lutta avec succès contre l'ordre teutonique. — **Ladislas III** (ou **VI**) Jagellon II le Varnénien (Cracovie, 1423 – Varna, 1444), fils du préc. ; roi de Pologne (1434-1444) et de Hongrie (1440-1444). Il lutta contre les Turcs et périt à la bataille de Varna.

**ladite** → **dit 2.**

**Ladoga (lac)** lac de Russie, le plus grand d'Europe (18 400 km$^2$). Il se déverse par la Neva dans le golfe de Finlande.

**Ladoumègue** Jules (Bordeaux, 1906 – Paris, 1973), athlète français ; six fois recordman du monde (800 m, 1 500 m et mile) ; disqualifié en 1932 pour professionnalisme.

**ladre** *a, n* **A** *a* **1** vx Lépreux. **2** MED VET Se dit d'un animal dont certains tissus, notam. la langue, contiennent des cysticerques de ténia. *Porc, bœuf ladre.* **B** *a, n* litt Avare. ETY Du lat. *Lazarus,* n. du pauvre couvert d'ulcères dans la parabole de saint Luc.

**ladrerie** *nf* **1** vx Léproserie. **2** MED VET Maladie d'un animal ladre, transmissible à l'homme (par consommation de viande mal cuite). **3** litt Avarice sordide.

**lady** *nf* Titre donné en Grande-Bretagne aux femmes nobles et aux épouses des lords et des baronnets. PLUR ladies [lediz] ou ladys. PHO [ledi]

**Lady Be Good** composition musicale de Gershwin tirée d'une opérette homonyme (1924), interprétée par Ella Fitzgerald (1946).

**Laeken** anc. com. de Belgique, annexée à Bruxelles en 1921. – Chât. (XVIIIe s.), résidence royale.

**Laennec** René Théophile Hyacinthe (Quimper, 1781 – Kerlouanec, 1826), médecin français ; connu pour ses travaux sur les affections pulmonaires et hépatiques *(cirrhose de Laennec)*. Il inventa le stéthoscope (*De l'auscultation médiate*, 1819). ▶ illustr. p. 897

**Laërte** dans la myth. gr., roi d'Ithaque, père d'Ulysse.

**Laethem-Saint-Martin (école de)** ensemble de peintres flamands établis dans la ville du m. nom (prov. de Flandre-Or.) à la fin du XIX s. Un premier groupe (G. Van de Woestejine, etc.) eut une inspiration symboliste. Un second groupe, à partir de 1910 (C. Permeke, etc.), fut expressionniste.

**Laetoli** site de Tanzanie où furent mises au jour, par Mary Leakey en 1976, des traces de pas d'australopithèques, les plus anc. traces d'hominidé (il y a 3,5 millions d'années).

**Laetoli** piste faite de pas d'australopithèques (deux adultes, un enfant)

**Lafargue Paul** (Santiago de Cuba, 1842 – Draveil, 1911), homme politique français. Gendre de Karl Marx, il participa à la fondation du Parti ouvrier français (1881), avec J. Guesde. Il publia, en 1881, *le Droit à la paresse*.

**Lafayette** ville des États-Unis (Louisiane) ; 120 600 hab. La ville, fondée par les Acadiens à la fin du XVIIIe s., compte encore quelques francophones (cajuns).

**La Fayette Gilbert Motier de** (?, v. 1380 – ?, 1462), maréchal de France ; compagnon de Jeanne d'Arc et conseiller de Charles VII.

**La Fayette Marie-Madeleine Pioche de La Vergne (comtesse de)** (Paris, 1634 – id., 1693), écrivain français : *la Princesse de Clèves* (1678), le prem. roman psychologique moderne ; *Mémoires de la cour de France 1688-1689* (posth., 1731). VAR **Lafayette**

la comtesse de **La Fayette**

**La Fayette Marie Joseph Paul Yves Roch Gilbert Motier (marquis de)** (chât. de Chavaniac, Auvergne, 1757 – Paris, 1834), officier et homme politique français. Il s'illustra, aux côtés des insurgés, durant la guerre d'Indépendance américaine (1777-1779). Il joua un rôle important au début de la Révolution ; chef de la garde nationale, il prêta serment à la Constitution le 14 juil. 1790, lors de la fête de la Fédération. Il s'exila après le 10 août 1792. Commandant de la garde nationale lors de la révolution de 1830, il contribua à l'avènement de Louis-Philippe, mais devint bientôt un opposant de gauche.

**Lafcadio** héros des *Caves du Vatican* (1914) de Gide. Il prône l'« acte gratuit ».

**Laffemas Barthélemy de** (Beausemblant, Dauphiné, 1545 – Paris, v. 1612), contrôleur général du commerce sous Henri IV (1602).

**Laferrière Dany (Windsor Klébert)** (Port-au-Prince, 1953), écrivain canadien d'origine haïtienne : *l'Énigme du retour* (2009). Acad. fr. (2013).

**Laffitte Jacques** (Bayonne, 1767 – Paris, 1844), homme politique français ; gouverneur de la Banque de France (1814-1819), député libéral, il aida à l'avènement de Louis-Philippe ; président du Conseil de 1830 à 1831.

**Lafforgue Laurent** (Antony, 1966), mathématicien français. Médaille Fields 2002.

**Laffrey** com. de l'Isère (arr. de Grenoble) ; 389 hab. Station estivale sur le *lac de Laffrey*. – Le 7 mars 1815, Napoléon, revenant de l'île d'Elbe, y rallia les troupes royales.

**La Fontaine Jean de** (Château-Thierry, 1621 – Paris, 1695), poète français. Avocat au Parlement, il ne plaide pas souvent. Il se marie (1647) et reprend (1652) la charge paternelle de maître des Eaux et Forêts, se montrant fonctionnaire négligent, époux et père indifférent. Protégé par Fouquet (1658-1661), la duchesse douairière d'Orléans (1664-1672) et Mme de La Sablière (1673-1693), il publie : des poèmes de circonstance ; *Contes et Nouvelles en vers* (1665 à 1674), récits licencieux ; *les Amours de Psyché et de Cupidon* (1669), roman en prose et en vers. Ses *Fables* (12 livres parus de 1668 à 1694), inspirées d'Ésope et de Phèdre, déploient des trésors d'imagination et montrent une sublime maîtrise de la langue et du vers. Acad. fr. (1683).

**Jean de La Fontaine**

**La Fontaine Mlle Fontaine, dite de** (Paris, 1665 – id., 1738), danseuse française, la première qui dansa sur scène (auparavant, les rôles féminins étaient tenus par des travestis).

**Lafontaine sir Louis Hippolyte** (Boucherville, Québec, 1807 – Montréal, 1864), homme politique canadien. Il forma, avec Baldwin, le premier gouv. parlementaire du Canada (1842-1843, puis 1848-1851).

**La Force Jacques Nompar de Caumont (duc de)** (La Force, 1558 – Bergerac, 1652), maréchal de France. Compagnon d'Henri de Navarre, il se rebella contre Louis XIII, mais se soumit en échange du maréchalat. — **Henri** (La Force, 1582 – id., 1678), fils du préc., avec qui il combattit Louis XIII ; pendant la Fronde, il suivit un moment Condé.

**Laforgue Jules** (Montevideo, 1860 – Paris, 1887), poète symboliste français ; un des créateurs du vers libre : *les Complaintes* (1885). Prose : *Moralités légendaires* (1887).

**La Fresnaye Roger de** (Le Mans, 1885 – Grasse, 1925), peintre français. La part la plus originale de son œuvre est d'inspiration cubiste.

le marquis de **La Fayette**

**Lagache Daniel** (Paris, 1903 – id., 1972), psychanaliste français : *la Jalousie amoureuse* (1947).

**La Galissonnière Roland Michel Barrin (marquis de)** (Rochefort, 1693 – Nemours, 1756), amiral français ; gouverneur du Canada de 1747 à 1749. En 1756, il vainquit devant Minorque l'escadre anglaise de Byng.

**Lagarce Jean-Luc** (Hérincourt, 1957 – Paris, 1995), dramaturge et metteur en scène français : *Le Pays lointain* (1995).

**Lagardère** héros du roman de Féval, *le Bossu* (1858).

**Lagardère Jean-Luc** (Aubiet, Gers, 1928 – Paris, 2003), industriel français, fondateur d'un groupe dominant dans les médias et les hautes technologies.

**Lagash** (auj. *Tell al-Hiba*, Irak), anc. cité-État de la basse Mésopotamie, fondée au IIIe millénaire av. J.-C. (civilisation sumérienne).

**Lagerfeld Karl** (Hambourg, 1938), couturier français d'origine allemande, directeur artistique de la maison Chanel.

**Lagerkvist Pär** (Växjö, 1891 – Stockholm, 1974), écrivain suédois obsédé par le mal : *le Nain* (1944), *Barabbas* (1950), romans ; poèmes, drames, essais. P. Nobel 1951.

**Lagerlöf Selma** (Mårbacka, 1858 – id., 1940), romancière suédoise : *la Saga de Gösta Berling* (1891), *les Liens invisibles* (1894). P. Nobel 1909.

**lagerstrœmia** *nm* Arbuste d'ornement originaire d'Asie du Sud-Est, à fleurs blanches ou pourpres. PHO [lageRstRømja] ETY D'un n. pr.

**Laghouat** ville d'Algérie, sur l'oued Mzi ; ch.-l. de wilaya ; 145 000 hab. Palmeraie.

**Lagides** dynastie qui régna sur l'Égypte de 306 à 30 av. J.-C. Elle doit son nom à Lagos, père de Ptolémée Ier, général d'Alexandre qui prit le titre de roi d'Égypte à la mort de ce dernier. DER **lagide** *a*

**Lagny-sur-Marne** ch.-l. de cant. de Seine-et-Marne (arr. de Meaux), sur la Marne ; 20 538 hab. Industries. – Église XIIIe s. DER **laniaque** ou **latignacien, enne** *a*

**lagomorphe** *nm* ZOOL Mammifère possédant deux incisives à chaque demi-mâchoire supérieure. *Les lièvres, les lapins sont des lagomorphes.* ETY Du gr. *lagos*, « lièvre ».

**lagon** *nm* **1** Étendue d'eau isolée de la pleine mer par un récif corallien. **2** Lagune centrale d'un atoll. ETY De l'esp.

**lagopède** *nm* Oiseau galliforme aux mœurs montagnardes, appelé aussi *perdrix des neiges*.

**Lagos** v. du Nigeria et port sur le golfe du Bénin ; 11,2 millions d'hab. (aggl.). Les industr. sont concentrées dans le port d'*Apapa*. – Anc. cap. du Nigeria. DER **lagotien, enne** *a, n*

**Lagos Ricardo** (Santiago, 1938) homme politique chilien. Socialiste, il fut président de la République de 2000 à 2006.

**lagotriche** *nm* ZOOL Singe d'Amérique du Sud, appelé aussi *singe laineux*. ETY Du gr. *lâgos*, « lièvre », et *thrix, thrikhos*, « poil ». VAR **lagothrix**

**Lagoya Alexandre** (Alexandrie, 1929 – Paris, 1999), guitariste français.

**La Grange Charles Varlet (sieur de)** (Amiens, v. 1639 – Paris, 1692), comédien français de la troupe de Molière, dont il tint le registre de 1659 à 1685.

**Lagrange Joseph Louis (comte de)** (Turin, 1736 – Paris, 1813), mathématicien et astronome français. Il créa la géométrie analytique, inventa la notation des fonctions dérivées.

Œuvres : *Mécanique analytique* (1788), *Théorie des fonctions analytiques* (1797).

**Lagrange** Albert (en relig. *frère Marie Joseph*) (Bourg-en-Bresse, 1855 – Saint-Maximin-la-Sainte-Baume, 1938), dominicain français, théologien ; il fonda l'École pratique d'études bibliques de Jérusalem (1890).

**Lagrange** Léo (Bourg-sur-Gironde, 1900 – au front à Évergnicourt, Aisne, juin 1940), homme politique français ; socialiste ; prem. secrétaire d'État aux Sports et aux Loisirs (1936-1938).

**Laguiller** Arlette (Les Lilas, 1940), femme politique française, candidate du mouvement trotskiste Lutte ouvrière à l'élection présidentielle depuis 1974.

**laguiole** *nm* **1** Couteau fermant à manche de corne et à lame effilée. **2** Variété de cantal de fabrication artisanale. PHO [lajɔl] ou [lagjɔl] ETY D'une v. de l'Aveyron.

**laguis** *nm* MAR Cordage dont l'extrémité libre forme une boucle qui se serre sous le poids de la charge.

**lagunage** *nm* TECH Épuration des eaux usées dans des bassins spéciaux.

**lagune** *nf* Étendue d'eau de mer, séparée du large par une flèche de sable ou un cordon littoral. *La lagune de Venise.* ETY De l'ital. DER **lagunaire** *a*

**lahar** *nm* Coulée de boue sur le flanc d'un volcan, provoquée par une éruption. ETY Du javanais.

**La Harpe** Jean-François Delaharpe, dit de (Paris, 1739 – id., 1803), critique et auteur dramatique français, tenant du strict classicisme : *le Lycée ou Cours de littérature ancienne et moderne* (1799). Ses tragédies ne lui ont pas survécu. Acad. fr. (1776).

**La Harpe** Frédéric César de (Rolle, cant. de Vaud, 1754 – Lausanne, 1838), homme politique suisse. Membre du gouv. de la Rép. helvétique (instaurée par la France en 1798), il contribua à libérer le pays de Vaud du canton de Berne.

**là-haut** *av* **1** En tel endroit élevé. **2** fig Dans le ciel, au paradis.

**La Havane** → **Havane.**

**La Haye** → **Haye.**

**La Hire** Étienne de Vignolles, dit (Castera-Vignolles, 1390 – Montauban, 1443), gentilhomme français. Compagnon de Jeanne d'Arc en 1429, il combattit les Anglais jusqu'à sa mort. (Aux cartes, c'est le valet de cœur.)

**La Hire** Laurent de (Paris, 1606 – id., 1656), peintre classique français. VAR **La Hyre**

**La Hire** Philippe de (Paris, 1640 – id., 1718), astronome et mathématicien français. Il travailla à l'Observatoire de Paris et fit progresser la géométrie.

**Lahore** v. du Pākistān ; ch.-l. du Pendjab ; 6,3 millions d'hab. (aggl.). Industr. traditionnelles et modernes. – Université. Monuments de l'époque moghole (mosquée d'Aurangzeb, mosquée des Perles). Jardin de l'Amour (Chālīmār Bāgh).

**Lahti** v. industr. de Finlande (lān de Hāme), sur le lac Vési ; 93 400 hab.

**1 lai** *nm* LITTER Petit poème médiéval en vers octosyllabiques. ETY Du celtique.

**2 lai, laie** *a* LOC RELIG CATHOL ***Frère lai, sœur laie :*** frère convers, sœur converse. ETY Du lat. *laicus*, « laïc ».

**laïc** → **laïque.**

**laïcard, arde** *a, n* fam, péjor Se dit d'un partisan sectaire de la laïcité.

**laïcat** *nm* Ensemble des fidèles de l'Église catholique qui ne sont ni clercs ni religieux.

**laîche** *nf* Plante monocotylédone, herbacée et vivace des lieux humides, dont les feuilles coupantes fournissent un crin végétal. SYN carex. ETY Du germ. VAR **laiche**

**laïciser** *vt* ① Rendre laïque, ôter tout caractère religieux à. *Laïciser l'enseignement.* DER **laïcisation** *nf*

**laïcisme** *nm* Doctrine des partisans de la laïcité. DER **laïciste** *a, n*

**laïcité** *nf* **1** Caractère laïque, non confessionnel. **2** Principe de séparation des religions et de l'État.

**laid, laide** *a* **1** Qui heurte le sens esthétique, qui est désagréable à la vue. *Ce tableau est bien laid.* **2** Qui est contraire aux bienséances ou à la probité. *Une laide action. C'est laid de tricher.* ETY Du frq. DER **laidement** *av* – **laideur** *nf*

**laideron** *nm* Jeune femme laide. VAR **laideronne** *nf*

**1 laie** *nf* Femelle du sanglier. ETY Du frq.

**2 laie** *nf* Chemin forestier rectiligne servant notam. à transporter les bois coupés. ETY Du frq.

**3 laie** *nf* MUS Boîte renfermant les soupapes des tuyaux d'orgue. PHO [lɛ] ETY Du moy. néerl. VAR **laye**

**lainage** *nm* **1** Étoffe de laine. **2** Vêtement de laine. **3** Action de lainer un papier, un tissu.

**laine** *nf* **1** Poil doux, épais et frisé, qui constitue la toison des moutons et de quelques autres animaux tels que les chèvres angora, les lamas, les chameaux, etc., et que l'on utilise comme matière textile. **2** Fibres de différentes matières, utilisées généralement comme isolants. *Laine de verre.* **3** BOT Duvet de certaines plantes. LOC ***Se laisser manger la laine sur le dos :*** tout supporter, ne pas savoir se défendre. — fam ***Une petite laine :*** vêtement de laine. ETY Du lat.

**lainer** *vt* ① Donner un aspect pelucheux à un tissu par grattage.

**laineux, euse** *a* **1** Très fourni en laine, qui contient beaucoup de laine. *Étoffe laineuse.* **2** Qui a l'aspect de la laine. *Plante laineuse.*

**Laing** Ronald David (Glasgow, 1927 – Saint-Tropez, 1989), psychiatre écossais ; fondateur avec D. Cooper de l'antipsychiatrie : *l'Équilibre mental, la folie et la famille* (1964) ; *le Moi divisé* (1979).

**lainier, ère** *a, n* **A** *a* De la laine, relatif à la laine. **B** *n* Personne qui vend de la laine ou qui travaille la laine.

**Laïos** roi légendaire de Thèbes, père d'Œdipe, qui le tua. VAR **Laïus**

**laïque** *n, a* **A** *n* Chrétien qui n'est ni clerc ni religieux. *Conseil des laïques ou des laïcs.* **B** *a* **1** Qui concerne la vie civile, par oppos. à *confessionnel, religieux. Habit laïque.* **2** Qui n'a pas d'appartenance religieuse, qui est indépendant de toute confession. *L'enseignement laïque.* LOC ***École laïque*** ou fam ***la laïque :*** école communale publique, par oppos. à *école confessionnelle.* ETY De *lai 2.*

**Lahore** mosquée d'Aurangzeb, XVIIe s.

**laird** *nm* Propriétaire d'un grand domaine, en Écosse. PHO [lɛrd] ETY Mot écossais, « lord ».

**lais** *nm* **1** DR Terrain alluvial que les eaux maritimes ou fluviales laissent à découvert en se retirant. **2** SYLVIC Jeune baliveau conservé quand on coupe un taillis pour qu'il vienne en haute futaie.

**Laïs** (Ve s. av. J.-C.), courtisane athénienne liée à Alcibiade.

**laisse** *nf* **1** Lien servant à attacher, à conduire un chien, un petit animal. **2** LITTER Couplet, suite de vers d'une chanson de geste, terminés par une même assonance. **3** MAR Limite atteinte par les eaux à l'étale de haute mer et à l'étale de basse mer ; partie du rivage comprise entre ces limites. LOC ***Mener, tenir qqn en laisse :*** l'empêcher d'agir à sa guise.

**laissées** *nfpl* VEN Fiente du sanglier.

**laissé-pour-compte, laissée-pour-compte** *n* **A** Chose ou personne dont personne ne veut ou n'a voulu. **B** *nm* Marchandise refusée par un client. PLUR laissés-pour-compte.

**laisser** *v* ① **A** *vt* **1** Ne pas prendre ce dont on peut disposer, ce que l'on pourrait s'attribuer. *Laisser du vin dans son verre.* **2** Abandonner, quitter. *Laisser son pays, ses amis.* **3** Se séparer de qqn, de qqch qui reste dans un lieu dont on s'éloigne. *Je l'ai laissé chez lui. Laisser ses bagages à la consigne.* **4** Abandonner involontairement, par oubli. *J'ai laissé mon parapluie dans le train.* **5** Quitter qqn, en mourant. *Il laisse trois enfants en bas âge.* **6** Être à l'origine de qqch qui subsiste. *Laisser une empreinte. Voyage qui laisse de bons souvenirs. Laisser une mauvaise impression.* **7** Omettre de retirer, de supprimer. *Laisser des fautes dans un texte.* **8** Permettre à qqn, qqch de demeurer dans telle position, tel état. *Laisser qqn dans l'embarras. Laisser un champ en friche. Laisser qqn tranquille.* **9** Permettre à qqn de disposer de qqch. *Laissez les places assises aux personnes âgées.* **10** Donner en garde, confier à. *Laissez les clés au gardien.* **11** Donner, céder. *Laisser un pourboire au serveur. Je vous laisse le lot pour dix francs.* **12** Transmettre à ses héritiers, des légataires. *Laisser sa fortune à ses enfants.* **13** Ne pas empêcher de. *Laissez les enfants jouer.* **B** *vpr* **1** Subir une action sans pouvoir s'y opposer ou sans vouloir l'empêcher. *Vous vous êtes laissé distancer par vos concurrents. Se laisser mourir de faim. Se laisser tenter.* **2** fam Être agréable à. *Un gâteau qui se laisse manger.* LOC ***C'est à prendre ou à laisser :*** c'est à accepter sans condition ou à refuser. — ***Laisser à désirer :*** n'être pas entièrement satisfaisant. — ***Laisser à penser :*** susciter des réflexions. — litt ***Laisser à qqn à penser, à juger :*** lui confier le soin de juger, de décider. — fam ***Laisser des plumes :*** subir un dommage physique ou moral ; subir une perte d'argent. — ***Laisser faire :*** ne pas intervenir. — ***Laisser la vie,*** fam ***sa peau :*** mourir. — ***Laisser qqn derrière soi :*** le devancer, le dépasser ; fig lui être supérieur. — fam ***Laisser qqn en plan, en rade :*** l'abandonner, le quitter, cesser de s'en occuper. — ***Laisser tomber :*** négliger, abandonner. — ***Laisser voir :*** montrer, découvrir. — litt ***Ne pas laisser de :*** ne pas cesser, ne pas manquer de. — ***Se laisser aller :*** s'abandonner par manque d'énergie, ne pas faire d'effort. ETY Du lat. *laxare*, « relâcher ».

**laisser-aller** *nm inv* Abandon dans les manières, les attitudes ; négligence.

**laisser-faire** *nm inv* Attitude consistant à ne pas intervenir.

**laissez-passer** *nm inv* Autorisation écrite de laisser circuler qqn, une marchandise.

**lait** *nm* **1** Liquide opaque, blanc, que sécrètent les glandes mammaires de la femme et des femelles des mammifères, et dont se nourrissent les bébés, les petits ; ce liquide, produit par les femelles des animaux domestiques et servant à l'alimentation humaine. *Lait de vache, de chèvre, de brebis. Acheter un litre de lait.* **2** Liquide ayant l'aspect du lait. *Lait démaquillant.* **LOC** ***Lait concentré*** : dont on a diminué le volume par évaporation. — ***Lait de chaux*** : chaux éteinte délayée dans de l'eau. — ***Lait de coco*** : liquide comestible, contenu dans la noix de coco. — ***Lait de poule*** : lait bouillant sucré auquel on a incorporé un jaune d'œuf. — ***Lait en poudre*** : extrait sec de lait, se présentant sous forme de fins granulés à dissoudre dans de l'eau. — ***Lait végétal*** : latex blanc sécrété par divers végétaux. ETY Du lat.

**laitage** *nm* Aliment à base de lait. *Le beurre, le fromage sont des laitages.*

**laitance** *nf* Substance comestible constituée par le sperme des poissons. VAR **laite**

**laité, ée** *a* Se dit d'un poisson qui sécrète de la laitance.

**laiterie** *nf* **1** Lieu où l'on traite le lait et ses dérivés. **2** Industrie du lait et de ses dérivés.

**laiteron** *nm* Plante des champs et des marais (composée), appelée aussi *laceron* et *lait d'âne*, dont la tige laisse écouler un lait (latex) lorsqu'on la casse.

**laiteux, euse** *a* Qui a la couleur blanchâtre, l'aspect du lait.

**laitier, ère** *a, n* **A** *a* Du lait, relatif au lait. **B** *n* Personne qui fait commerce du lait et des produits laitiers. **C** *nm* **1** Agriculteur spécialisé dans la production de lait. **2** Industriel de la laiterie. **3** Silicate de calcium et d'aluminium, qui se forme dans les hauts-fourneaux. *Le laitier est utilisé dans la fabrication du ciment.* **LOC** ***Fromage laitier*** : fromage fabriqué en laiterie, par oppos. à *fermier*. — ***Vache laitière*** : vache élevée pour son lait.

**1 laiton** *nm* Alliage, ductile et malléable, de cuivre et de zinc, appelé aussi *cuivre jaune*. ETY De l'ar. *lātūn*, « cuivre ».

**2 laiton** *nm* ELEV Agneau ou chevreau non encore sevré. ETY De *lait*.

**laitonner** *vt* ① **1** TECH Garnir d'un fil de laiton. **2** Recouvrir de laiton. DER **laitonnage** *nm*

**laitue** *nf* Plante herbacée (composée) à larges feuilles dont plusieurs variétés sont cultivées pour être consommées en salade. **LOC** ***Laitue de mer*** : ulve. ETY Du lat. *lac*, « lait ».

**laïus** *nm* fam Discours, exposé généralement long et sans grand intérêt. PHO [lajys] ETY Du n. de *Laïos*, père d'Œdipe. DER **laïusser** *vi* ① – **laïusseur, euse** *a, n*

**laize** *nf* **1** TECH Syn. de *lé*. **2** MAR Bande de toile d'une voile. ETY Du lat. *latus*, « large ».

**Lajtha** László (Budapest, 1892 – id., 1963), compositeur et ethnomusicologue hongrois.

**Lakanal** Joseph (Serres, comté de Foix, 1762 – Paris, 1845), homme politique français. Membre de la Convention, puis des Cinq-Cents, il fit adopter des lois sur l'instruction publique.

**Lake District** région du N. de l'Angleterre, célèbre à cause de ses lacs.

**Lake Placid** v. des É.-U. (N. de l'État de New York), à 568 m d'alt. ; 3 000 hab. Site des JO d'hiver en 1932 et 1980.

**Lakhdaria** (anc. *Palestro*), v. d'Algérie (wilaya de Tizi Ouzou) ; 41 400 hab. À proximité, célèbres gorges.

**lakiste** *n, a* LITTER Se dit des poètes préromantiques anglais qui fréquentaient le district des lacs du N.-O. de l'Angleterre (notam. Wordsworth et Coleridge). ETY De l'angl. *lake*, « lac ».

**Lakmé** opéra-comique en 3 actes de L. Delibes (1883).

**Laksha Dvīpa** territoire indien (32 km$^2$) de la mer d'Oman, à 300 km à l'E. de la côte de Malabār ; 40 000 hab. ; ch.-l. *Kavaratti*. Il comprend notam. l'archipel des *Laquedives* (*Laksha divi*).

**La Lande** → **Delalande.**

**Lalande** Joseph Jérôme Lefrançois de (Bourg-en-Bresse, 1732 – Paris, 1807) astronome français, auteur d'un catalogue d'étoiles (1801).

**La Laurencie** Lionel de (Nantes, 1861 – Paris, 1933), musicologue français : *l'École française de violon de Lully à Viotti* (1922-1924).

**Lalibela** (anc. *Roha*), v. d'Éthiopie (prov. de Wollo). – Ville sainte des chrétiens d'Éthiopie. Lalibela y fit construire de nombr. couvents.

**Lalibela** (1172 – 1212), roi d'Éthiopie de la dynastie Lagoué ; canonisé par l'Église éthiopienne. Il fonda sa cap. à Roha, qui devait prendre le nom de Lalibela.

**-lalie** Élément, du gr. *lalein*, « parler ».

**Lalique** René (Ay, Marne, 1860 – Paris, 1945), sculpteur et verrier d'art français, représentant de l'art nouveau.

**lallation** *nf* **1** Syn. de *lambdacisme*. **2** Émission par le nourrisson de sons dépourvus de signification.

**Lallemand** André (Cirey-lès-Pontailler, Côte-d'Or, 1904 – Paris, 1978), astrophysicien français ; inventeur d'un télescope électronique.

**Lally** Thomas Arthur, baron de Tollendal (comte de) (Romans, Drôme, 1702 – Paris, 1766), officier français d'origine irlandaise. Commandant des Établissements français de l'Inde (1758), il fut vaincu par les Anglais à Madras et capitula à Pondichéry (1761). Rappelé à Paris, il fut condamné à mort pour trahison. Grâce à son fils et à Voltaire, le jugement fut révisé (1783). VAR **Lally-Tollendal**

**Lalo** Édouard (Lille, 1823 – Paris, 1892), compositeur français post-romantique : *Symphonie espagnole* (1875), *le Roi d'Ys* (opéra, 1888).

**Lam** Wifredo (Sagua la Grande, 1902 – Paris, 1982), peintre cubain. Il mêle surréalisme et références au tiers monde.

**1 lama** *nm* Mammifère ruminant (camélidé), à long cou et hautes pattes, des montagnes d'Amérique du Sud, domestiqué pour sa laine et utilisé comme animal de bât. ETY Du quichua, par l'esp.

**2 lama** *nm* Religieux bouddhiste du Tibet et de la Mongolie. ETY Mot tibétain.

**lamaïsme** *nm* RELIG Forme originale du bouddhisme, tel qu'il s'est développé au Tibet et en Mongolie. DER **lamaïque** *a* – **lamaïste** *n*

**Lamalou-les-Bains** com. de l'Hérault (arr. de Béziers) ; 2 156 hab. Stat. thermale. DER **lamalousien, enne** *a, n*

**Lalique** vase serpent, verre ambre jaune, v. 1925 – coll. part.

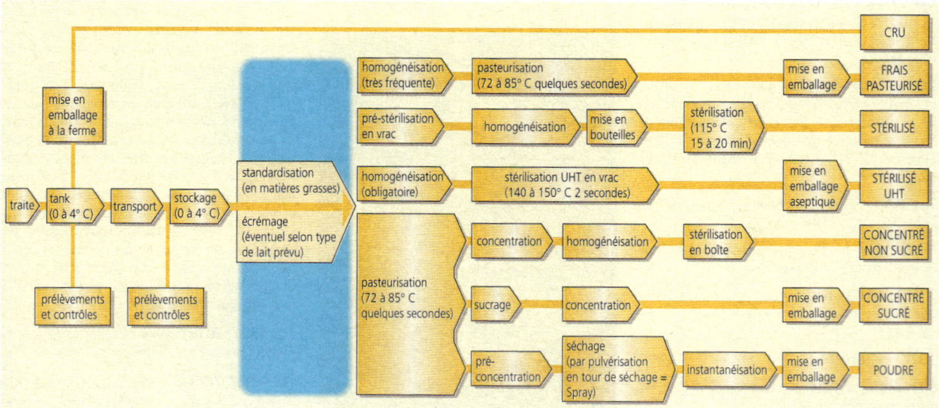


les procédés de conservation du **lait**

**lamanage** *nm* **1** MAR Mouvement des navires à l'intérieur d'un port avec un pilote à bord. **2** Opération d'amarrage à quai. ETY Du néerl. *lootsman,* « pilote ».

**lamaneur** *nm* Pilote assurant le lamanage.

**lamantin** *nm* Mammifère aquatique (sirénien) herbivore au corps massif, qui vit dans les embouchures des fleuves des régions tropicales bordant l'océan Atlantique. ETY Du caraïbe, par l'esp. et de *lamenter.*

**lamantin** de Floride

**La Marche Olivier de** (château de La Marche, Franche-Comté, v. 1426 – Bruxelles, 1502), poète et chroniqueur français de la cour de Bourgogne : *Mémoires* .

**La Marck Guillaume de,** surnommé **le Sanglier des Ardennes** (Sedan, 1446 – Maastricht, 1485). Seigneur wallon. Allié de, Louis XI, il fit tuer le prince évêque de Liège (1482). Il fut pris et décapité.

**Lamarck Jean-Baptiste Pierre de Monet (chevalier de)** (Bazentin, Picardie, 1744 – Paris, 1829), naturaliste français ; professeur de zoologie des invertébrés au Muséum de 1793 à sa mort. Il est l'auteur d'une théorie sur l'évolution des espèces : le *lamarckisme.*

**lamarckisme** *nm* **didac** Théorie de Lamarck sur l'évolution des êtres vivants. DER **lamarckien, enne** *a, n*

ENC Le lamarckisme est à la base du *transformisme,* mais il s'oppose au *darwinisme,* car il considère que les caractères qu'une espèce acquiert au cours d'une génération, sous l'influence du milieu, sont transmis à la génération suivante. Cette hypothèse est contredite par les découvertes de la génétique (mutations, notamment), mais le *néolamarckisme* demeure vivace.

**La Marmora Alfonso Ferrero (marquis de)** (Turin, 1804 – Florence, 1878), général piémontais et homme politique italien. Au service de Victor-Emmanuel, il développa l'armée et conclut un accord avec la Prusse contre l'Autriche (1866).

**Lamarque Jean Maximilien (comte)** (Saint-Sever, 1770 – Paris, 1832), général et homme politique français ; le porte-parole de l'opposition républicaine après 1815. Ses obsèques furent l'occasion d'une insurrection (5 et 6 juin 1832).

**Lamartine Alphonse de** (Mâcon, 1790 – Paris, 1869), poète romantique et homme politique français. En 1816, il rencontra Mme Julie Charles, qui sera l'Elvire des *Méditations poétiques,* publiées en 1820 avec un succès considérable. Il publie ensuite *Harmonies poétiques et religieuses* (1830), *Jocelyn* (1836) et *la Chute d'un ange* (1838). *L'Histoire des Girondins* (1847) lui valut une grande popularité. Il fut le véritable chef du gouvernement provisoire de 1848. Son échec à l'élection présidentielle du 10 déc. 1848 mit fin à sa carrière politique. Ruiné, endetté, il rédigea des récits autobiographiques (*les Confidences,* 1849 ; *les Nouvelles Confidences,* 1851) et un *Cours familier de littérature* (1856-1869). Acad. fr. (1829). DER **lamartinien, enne** *a*

**Lamarck**

**Lamartine**

**lama**

**lamaserie** *nf* Couvent de lamas.

**Lamb Charles** (Londres, 1775 – Edmonton, 1834), poète, dramaturge et essayiste anglais : *Contes tirés de Shakespeare* (1807) ; essais publiés sous le nom d'Elia (1823-1833).

**Lamb Willis Eugene** (Los Angeles, 1913 – Tucson 2008), physicien américain : travaux sur le moment magnétique de l'électron et sur les raies de l'hydrogène. P. Nobel 1955.

**lambada** *nf* Danse inspirée de rythmes latino-américains. ETY Mot portug. du Brésil.

**Lamballe** ch.-l. de cant. des Côtes-d'Armor (arr. de Saint-Brieuc) ; 10 563 hab. – Égl. goth. (XIIe-XIVe s.). Anc. prieuré (XIe-XVIe s.). – Anc. cap du comté de Penthièvre. DER **lamballais, aise** *a, n*

**Lamballe Marie-Thérèse de Savoie-Carignan (princesse de)** (Turin, 1749 – Paris, 1792), amie fidèle de Marie-Antoinette, tuée lors des massacres de Septembre.

**Lambaréné** ville du Gabon, sur l'Ogooué ; 24 000 hab. ; ch.-l. de rég. Centre médical fondé par le docteur Schweitzer.

**lambda** *nm, a inv* **A** *nm* **1** Onzième lettre de l'alphabet grec (Λ, λ) équivalant au l français. **2** PHYS NUCL Particule de la famille des hypérons. **3** ANAT Sommet de l'os occipital. **B** *a inv* **fam** Quelconque, moyen. *Le citoyen lambda.*

**lambdacisme** *nm* **didac** Trouble de la prononciation touchant électivement la consonne l. SYN lallation. PHO [lɑ̃bdasism]

**lambeau** *nm* **1** Morceau déchiré de tissu, de papier, etc. *Lambeau d'étoffe. Mettre une affiche en lambeaux.* **2** **fig** Fragment, débris. *Lambeau de territoire.* ETY Du frq.

**Lamber Juliette, Mme La Messine,** puis **Mme Edmond Adam** (Verberie, Oise, 1836 – Callian, Gers, 1936), romancière française (*Païenne,* 1883) qui tint un salon de 1870 à 1914.

**Lambersart** com. du Nord (arr. de Lille), sur la Deûle canalisée ; 28 997 hab. Industr.

**Lambert Anne Thérèse de Marguenat de Courcelles (marquise de)** (Paris, 1647 – id., 1733), femme de lettres française. Elle reçut Fénelon, Fontenelle, Montesquieu, etc.

**Lambert Jean Henri** (Mulhouse, 1728 – Berlin, 1777), mathématicien, physicien, philosophe et érudit français qui vécut en Allemagne. Il démontra l'incommensurabilité du nombre π. Il fit progresser la trigonométrie sphérique et l'optique. ▷ TECH *Système de projection Lambert :* utilisé pour établir des cartes géographiques.

**Lambert (hôtel)** hôtel bâti à Paris, dans l'île Saint-Louis, par Le Vau (1640-1642).

**Lambèse** → **Tazoult.**

**Lambeth** quartier de Londres séparé de Westminster par la Tamise. – Palais de l'archevêque de Canterbury ; tous les dix ans, depuis 1867, les *conférences de Lambeth* réunissent les évêques anglicans.

**lambi** *nm* Aux Antilles, nom du strombe géant, très apprécié en ragoût.

**lambic** *nm* Bière belge, appelée aussi *gueuze,* fabriquée avec du malt et du froment sans addition de levure. ETY Mot flam. VAR **lambick**

**lambin, ine** *n, a* **fam** Personne qui agit avec lenteur et indolence. ETY De *lambeau.*

**lambiner** *vi* ① **fam** Agir avec lenteur.

**lamblia** *nm* MED Protozoaire parasite de l'intestin, appelé aussi *giardia.* ETY De *Lambl,* n. pr.

**lambliase** *nf* MED Infection intestinale due à un lamblia.

**lambourde** *nf* **1** CONSTR Pièce de bois qui supporte les lames d'un parquet. **2** ARBOR Rameau gros et court, terminé par un bouton à fruit. ETY Du frq.

**lambrequin** *nm* **1** Bande d'étoffe festonnée bordant un ciel de lit, un dais. **2** Plaque de bois ou de tôle, découpée à jour, qui couronne un pavillon, une fenêtre, etc. ETY Du néerl.

**lambris** *nm* Revêtement de menuiserie, de marbre, de stuc, etc. sur les parois intérieures d'une pièce. PHO [lɑ̃bʀi]

**lambrisser** *vt* ① Revêtir de lambris. ETY Du lat. *lambrusca,* « vigne » (motif ornemental). DER **lambrissage** *nm*

**lambrusco** *nm* Vin rouge pétillant du nord de l'Italie (Émilie).

**lambswool** *nm* Laine légère ; tricot ou tissu fabriqué avec cette laine. PHO [lɑ̃bzwul] ETY Mot angl. « laine d'agneau ».

**lame** *nf* **1** Bande de matière dure, mince et allongée. *Lame de fer, d'argent.* **2** ANAT Partie plate et longue d'un os. *Lame vertébrale.* **3** BOT Chacun des feuillets disposés radialement sous le chapeau de certains champignons. SYN lamelle. **4** Partie tranchante d'un instrument destiné à couper, tailler, gratter ou percer. *Lame de ciseaux, de couteau, d'épée.* **5** Vague de la mer, forte et bien formée. **6** Carte du jeu de tarot. **LOC** ***Lame de fond :*** lame de forte amplitude, qui surgit inopinément ; **fig** phénomène violent qui bouleverse l'ordre des choses. — ***Lame de ressort :*** bande d'acier trempé, longue et mince, employée dans les ressorts de flexion. — ***Lame mince :*** mince tranche de roche polie, destinée à l'observation au microscope. — ***Une bonne, une fine lame :*** un escrimeur habile. ETY Du lat.

**lamé, ée** *a, nm* Se dit d'une étoffe de laine entremêlée de fils d'or, d'argent, de métal brillant.

**La Meilleraye Charles de La Porte (duc de)** (Paris, 1602 – id., 1664), maréchal de France. Il participa à la guerre de Trente Ans.

**lamellaire** *a* **didac** Qui, par sa structure, peut se diviser en lames, en lamelles.

**lamelle** *nf* **1** Petite lame, tranche très mince. **2** BOT Syn. de *lame.* **LOC** ***Champignons à lamelles :*** groupe de basidiomycètes supérieurs, tels que les agarics dont l'hyménium est porté par des lamelles disposées radialement sous le chapeau. ETY Du lat. DER **lamellé, ée** ou **lamelleux, se** *a*

**lamellibranche** *nm* ZOOL Mollusque aquatique à coquille, à branchies en lamelles recouvertes de cils vibratiles tel que l'huître, la moule, la coque, etc.

ENC De nombreux lamellibranches sont comestibles et, parmi eux, certains font l'objet de cultures (ostréiculture, mytiliculture) ; on en élève aussi pour la production de nacre, de perles fines (méléagrine), etc.

**lamellicorne** *nm* ENTOM Coléoptère à antennes courtes terminées par un groupe de lamelles, tel que le scarabée, le hanneton, etc.

**lamelliforme** *a* En forme de lamelle.

**lamellirostre** *nm* ZOOL Palmipède au bec large garni intérieurement de lamelles cornées (oies, canards, etc.)

**La Mennais** puis **Lamennais Félicité Robert de** (Saint-Malo, 1782 – Paris, 1854), prêtre et écrivain français. Ultramontain, il critiqua le gallicanisme dans son *Essai sur l'indifférence en matière de religion* (1817-1823) puis fonda un journal, *l'Avenir* (1830-1831), qui demandait la séparation de l'Église et de l'État. Rome condamna cette entreprise (1832). La Mennais professa alors un humanitarisme socialiste. — **Jean-Marie** (Saint-Malo, 1780 – Ploërmel, 1860), frère du préc., prêtre ; fondateur de diverses congrégations enseignantes.

Félicité Robert de La Mennais

**lamentable** *a* **1** Déplorable, navrant. *Une mort lamentable.* **2** Qui excite la pitié par sa médiocrité. *Un spectacle lamentable.* DER **lamentablement** *av*

**lamentation** *nf* **1** Plainte accompagnée de gémissements et de cris. **2** Récrimination geignarde.

**lamenter (se)** *vpr* ① Se plaindre ; gémir. ETY Du lat.

**Lamentin** ch.-l. de cant. de la Guadeloupe (arr. de Basse-Terre) ; 13 434 hab. DER **lamentinois, oise** *a, n*

**Lamentin (Le)** ch.-l. de cant. de la Martinique ; 35 460 hab. – Aéroport. DER **lamentinois, oise** *a, n*

**lamento** *nm* MUS Morceau d'un caractère triste, plaintif. PHO [lamento] ETY Mot ital., « plainte ».

**Lameth Alexandre** (Paris, 1760 – id., 1829), général et homme politique français. Il émigra avec La Fayette après le 10 août 1792.

**La Mettrie Julien Offroy de** (Saint-Malo, 1709 – Berlin, 1751), médecin et philosophe matérialiste français. Les thèses mécanistes de son *Histoire naturelle de l'âme* (1745), et surtout *l'Homme-machine* (1748) firent scandale.

**Lamezia Terme** ville d'Italie (Calabre), sur la mer Tyrrhénienne ; 66 130 hab.

**Lamía** v. de Grèce (Thessalie), près des Thermopyles ; ch.-l. de nome ; 42 000 hab.

**lamiacée** *nf* BOT Syn. de *labiée.*

**lamiaque (guerre)** guerre que les Athéniens et leurs alliés soutinrent, après la mort d'Alexandre le Grand (323 av. J.-C.), contre Antipatros, gouverneur de Macédoine. Ils assiégèrent en vain dans Lamia, furent vaincus à Crannon (Thessalie) en 322 av. J.-C. et se soumirent.

**lamie** *nf* **1** MYTH Monstre à buste de femme et à corps de serpent, qui passait pour dévorer les enfants. **2** Requin, long de 3 à 4 m, commun dans les mers d'Europe. SYN taupe, touille. ETY Du lat.

**lamier** *nm* Plante herbacée (labiée), commune dans les champs et les bois, appelée, suivant les espèces, ortie blanche, jaune ou rouge.

**lamifié** *nm* Matériau obtenu par pressage de feuilles ou de fibres de verre, de tissu, de bois, etc., imprégnées de résine.

**1 laminaire** *nf* Algue brune dont le thalle, en forme de ruban, peut atteindre plusieurs mètres de long. ▶ illustr. **algues**

**2 laminaire** *a* MINER Composé de lames parallèles. LOC PHYS ***Écoulement, régime laminaire*** : dans lequel les diverses couches d'un fluide glissent les unes sur les autres sans se mélanger, par oppos. à *turbulent.*

**laminé** *nm* METALL Matériau obtenu par passage au laminoir.

**Lamine bey** (?, 1882 – Tunis, 1962), dernier bey de Tunis (1943-1957), descendant des Husaynides.

**laminectomie** *nf* CHIR Résection d'une ou de plusieurs lames vertébrales.

**laminer** *vt* ① **1** Réduire la section d'une pièce de métal en la faisant passer au laminoir. **2** fig Réduire à l'extrême, écraser. *L'augmentation des prix de revient lamine les bénéfices.* DER **laminage** *nm* – **lamineur, euse** *n, a*

**laminoir** *nm* Machine composée de cylindres tournant en sens inverse, entre lesquels on fait passer une masse métallique.

**Lamizana Sangoulé** (Tounga, 1916 – Ouagadougou, 2005), homme politique voltaïque. Général, il s'empara en 1966 du pouvoir, qu'il exerça jusqu'à son renversement, en 1980.

**Lamoignon Guillaume Ier de** (Paris, 1617 – id., 1677), magistrat français ; premier président du parlement de Paris (1658). Il se montra impartial lors du procès de Fouquet. — **Guillaume II** (Paris, 1683 – id., 1772), petit-fils du préc. ; chancelier de France sous Louis XV. Père de Malesherbes.

**Lamoricière Christophe Louis Léon Juchault de** (Nantes, 1806 – près d'Amiens, 1865), général et homme politique français. Il vainquit Abd el-Kader (1847). Ministre de la Guerre en juin 1848, il s'opposa au Second Empire (1852) et commanda les troupes pontificales ; les Piémontais le vainquirent en 1860.

**La Mothe le Vayer François de** (Paris, 1588 – id., 1672), écrivain et philosophe sceptique français : *Vertu des païens* (1641, contre le jansénisme), *Soliloques sceptiques* (1670). Acad. fr. (1639).

**La Motte Jeanne de Saint-Rémy (comtesse de)** (Fontette, Languedoc, 1756 – Londres, 1791), aventurière française. Impliquée dans l'affaire du Collier de la reine, elle fut écrouée, s'évada et se réfugia à Londres.

**Lamotte-Beuvron** ch.-l. de cant. de Loir-et-Cher (arr. de Romorantin-Lanthenay), sur le Beuvron ; 4 251 hab. DER **lamottois, oise** *a, n*

**La Motte-Fouqué Friedrich (baron de)** (Brandebourg, 1777 – Berlin, 1843), écrivain allemand ; auteur de drames romantiques et d'un conte : *Ondine* (1811).

**La Motte-Houdar** → **Houdar de la Motte.**

**La Motte-Picquet Toussaint Guillaume (comte Picquet de La Motte, dit de)** (Rennes, 1720 – Brest, 1791), amiral français. Il vainquit les Anglais à la Martinique (1779) et commanda les armées navales (1781).

**Lamour Jean** (Nancy, 1698 – id., 1771), ferronnier français ; auteur des grilles de la place Stanislas à Nancy. ▶ illustr. **Nancy**

**Lamourette Adrien** (Frévent, 1742 – Paris, 1794), homme politique français, évêque constitutionnel de Rhône-et-Loire (1791). Il réconcilia (face à l'invasion) les membres de l'Assemblée législative, qui se donnèrent le *baiser Lamourette* (7 juil. 1792).

**Lamoureux Charles** (Bordeaux, 1834 – Paris, 1899), violoniste et chef d'orchestre français. Il fonda en 1881 les *Nouveaux Concerts,* qui devinrent les *Concerts Lamoureux.*

**lampadaire** *nm* Ensemble formé par un système d'éclairage et son support vertical. *Lampadaire de rue, d'appartement.* ETY Du lat.

**Lampang** v. de Thaïlande ; ch.-l. de prov. ; 47 490 hab.

**lampant, ante** *a* LOC ***Pétrole lampant*** : pétrole raffiné destiné à être utilisé pour l'éclairage.

**lamparo** *nm* rég Pharillon. ETY Mot provenç.

**lampas** *nm* Étoffe de soie à grands dessins en relief. PHO [lɑ̃pa(s)]

**lampe** *nf* **1** Ustensile d'éclairage brûlant un combustible. *Lampe à huile, à pétrole, à acétylène.* **2** Appareil d'éclairage utilisant l'électricité. *Lampe électrique, lampe de poche.* **3** Appareil dont la flamme sert à fournir de la chaleur. *Lampe à alcool. Lampe à souder.* **4** Tube électrique ou électronique, utilisé pour amplifier des signaux, produire des rayonnements, etc. LOC ***Lampe à fluorescence*** : lampe à vapeur de mercure dont la paroi interne est revêtue de substances fluorescentes. — ***Lampe (à) halogène*** : lampe à incandescence contenant des vapeurs d'iode ou de brome. — ***Lampe à incandescence*** : dans laquelle la lumière est fournie par un filament porté à incandescence. — ***Lampe à luminescence*** ou ***à décharge*** : dans laquelle la lumière est fournie par la décharge d'un courant électrique dans un gaz rare ou dans les vapeurs d'un métal. — fam ***S'en mettre plein la lampe*** : manger et boire copieusement. ETY De l'ital.

**Lampedusa** île italienne (prov. d'Agrigente), entre Malte et la Tunisie ; 20 km$^2$.

**lampée** *nf* fam Grande gorgée d'un liquide que l'on avale d'un trait.

**lamper** *vt* ① fam Boire à grands traits.

**lampe-tempête** *nf* Lampe dont la flamme est protégée du vent par un cylindre de verre. PLUR lampes-tempête.

**lampion** *nm* **1** Petit récipient dans lequel brûle une matière combustible avec une mèche, et qui sert pour les illuminations. **2** Lanterne vénitienne. LOC ***Sur l'air des lampions*** : en scandant sur le même ton les syllabes des mots de circonstance. ETY De l'ital.

**lampiste** *nm* **1** Personne chargée de l'entretien des appareils d'éclairage dans une gare, dans un théâtre. **2** fig, fam Employé subalterne sur lequel ses chefs font retomber la responsabilité de leurs fautes.

**lampourde** *nf* BOT Plante herbacée dont une espèce, dite aussi *glouteron, herbes aux écrouelles* ou *petite bardane,* a des propriétés dépuratives. ETY Du lat.

**Lamprecht Karl** (Jessen, Saxe, 1856 – Leipzig, 1915) historien allemand : travaux sur l'économie de la France et de l'Allemagne au Moyen Âge.

**lamproie** *nf* Vertébré aquatique (cyclostome), caractérisé par un corps allongé et sept paires d'orifices branchiaux visibles. ETY Du lat.

**lamprophyre** *nm* Roche magmatique filonienne, riche en minéraux ferromagnésiens noirs (micas, amphiboles, pyroxènes). ETY Du gr. *lampros,* « brillant ».

**lampsane** *nf* Plante herbacée (composée) à petits capitules jaunes. ETY Du lat.

**Lampsaque** (auj. *Lapseki,* en Turquie), anc. v. d'Asie Mineure (Mysie), sur l'Hellespont.

**lampyre** *nm* Coléoptère dont la femelle, dépourvue d'ailes, est le ver luisant. ETY Du gr.

**lampyres** le mâle (en haut) et la femelle dont l'abdomen relevé laisse voir les organes lumineux

**Lamy** François Joseph (Mougins, 1858 – Kousseri, v. du Cameroun, 1900), officier et explorateur français ; tué à la bataille de Kousseri, qu'il remporta contre Rabah.

**län** *nm inv* Division administrative de la Suède et de la Finlande. PHO [len]

**Lanaudière** rég. admin. du Québec sur le Saint-Laurent ; 476 900 hab. V. princ. *Joliette* DER **lanaudois, oise** *a, n*

**Lancashire** comté du N.-O. de l'Angleterre ; 3 043 km$^2$ ; 1 171 000 hab. ; ch.-l. *Preston* ; v. princ. *Manchester* et *Liverpool.* L'une des plus anc. régions industr. de G.-B.

**Lancaster** v. et port du N.-O. de l'Angleterre (Lancashire) ; 125 600 hab. Université.

**Lancaster** Burton Stephen Lancaster, dit Burt (New York, 1912 – Los Angeles, 1994), acteur américain : *les Tueurs* (1946), *Vera Cruz* (1954), *Elmer Gantry* (1960), *le Guépard* (1964), *1900* (1976).

**lamproie** son disque suceur à dr.

**Lancastre (maison de)** nom francisé d'une famille anglaise issue de Jean de Gand (1340-1399), quatrième fils d'Édouard III. Elle vainquit la maison d'York dans la guerre des Deux-Roses (ses armes portaient une rose rouge). Les Henri IV, Henri V et Henri VI sont des Lancastre.

**Lancastre** Jean de → **Bedford.**

**lance** *nf* **1** anc Arme offensive à longue hampe et à fer pointu. **2** Appareil constitué d'un embout ajusté à un tuyau, permettant de projeter de l'eau sous pression sur un foyer d'incendie. *Lance d'incendie.* **LOC** *Fer de lance :* pointe, fer d'une lance ; fig élément le plus dynamique d'un dispositif militaire, d'un secteur économique. — litt *Rompre une lance ou des lances avec* ou *contre qqn :* discuter âprement avec lui. ETY Du lat.

**lancé, ée** *a* Qui a atteint une certaine notoriété ; qui est à la mode. *Un artiste lancé.*

**lance-amarre** *nm* Pistolet ou fusil servant à lancer une amarre depuis un bateau. PLUR lance-amarres.

**lancée** *nf* **LOC** *Sur sa lancée :* sur son élan.

**lance-engin** *nm* Syn. de *lance-missile.* PLUR lance-engins.

**lance-flamme** *nm* Arme portative servant à projeter un liquide enflammé. PLUR lance-flammes. VAR **lance-flammes** *nm inv*

**lance-fusée** *nm* Syn. de *lance-roquette.* PLUR lance-fusées.

**lance-grenade** *nm* Arme servant à lancer des grenades. PLUR lance-grenades.

**lancelet** *nm* ZOOL Amphioxus.

**Lancelot** Claude (Paris, v. 1615 – Quimperlé, 1695), religieux janséniste français, auteur avec Arnauld de la *Grammaire générale et raisonnée,* dite *de Port-Royal* (1660).

**Lancelot du Lac** personnage du roman breton, fils de Ban de Bénoïc et d'Hélène, souverains de Bretagne armoricaine, élevé par la fée Viviane. Sa passion pour Guenièvre, épouse du roi Arthur, lui fait accomplir maints exploits narrés notam. dans *Lancelot ou le Chevalier à la charrette* (v. 1170) de Chrétien de Troyes.

**lancement** *nm* **1** Action de lancer. *Le lancement du disque.* **2** Mise à l'eau d'un navire par glissement sur le plan incliné où il a été construit. **3** Ensemble des opérations consistant à faire quitter le sol à un engin spatial. **4** TRAV PUBL Opération qui consiste à faire avancer le tablier d'un pont en construction au-dessus de l'obstacle à franchir. **5** Mise sur le marché d'un produit commercial ; campagne publicitaire qui l'accompagne.

**lance-missile** *nm* Matériel conçu pour le tir de missiles. SYN lance-engin PLUR lance-missiles.

**lancéolé, ée** *a* BOT En forme de fer de lance. **LOC** ARCHI *Gothique lancéolé :* caractérisé par l'arc en lancette.

**lance-pierre** *nm* Support à deux branches garni de deux élastiques reliés par une pochette dans laquelle on place les pierres à lancer ; fronde. PLUR lance-pierres. **LOC** fam *Manger avec un lance-pierre :* très vite. — *Payer qqn avec un lance-pierre :* très peu.

**1 lancer** *v* 12 **A** *vt* **1** Jeter avec force loin de soi. *Lancer une balle, des pierres, des flèches.* **2** Porter vivement un coup. *Lancer une ruade.* **3** Émettre avec intensité ou violence. *Lancer un cri.* **4** Faire se porter en avant avec vivacité. *Lancer sa monture.* **5** Faire démarrer, mettre en route en donnant l'impulsion initiale. *Lancer un moteur. Lancer une mode.* **6** fam Amener qqn à parler de qqch. *Lancer qqn sur un sujet.* **7** Procéder au lancement d'un navire, d'une fusée. **8** Faire connaître au public. *Lancer un artiste, un nouveau modèle.* **B** *vpr* Se jeter avec hardiesse, avec fougue. *Se lancer à la poursuite de qqn. Se lancer dans l'aventure, dans des explications.* ETY Du lat. *lanceare,* « manier la lance ».

**2 lancer** *nm* SPORT Chacune des quatre épreuves athlétiques du lancement du poids, du disque, du javelot et du marteau. **LOC** *Lancer franc :* au basket-ball, tir accordé à un joueur victime d'une irrégularité. — *Pêche au lancer :* consistant à lancer l'appât le plus loin possible et à le ramener à l'aide d'un moulinet.

**lance-roquette** *nm* Tube permettant le tir de roquettes. SYN lance-fusée. PLUR lance-roquettes.

**lance-torpille** *nm* Appareil servant à lancer des torpilles. PLUR lance-torpilles.

**lancette** *nf* CHIR Petit instrument formé d'une lame plate, très pointue et acérée. **LOC** ARCHI *Arc en lancette :* arc brisé très aigu, fréquent dans le gothique flamboyant.

**lanceur, euse** *n* **A 1** Personne qui lance qqch. **2** Athlète spécialisé dans le lancer. *Lanceur de poids.* **B** *nm* ESP Véhicule spatial permettant d'envoyer une charge utile dans l'espace. **LOC** *Lanceur d'alerte :* personne qui rend publics des faits qu'il a découverts et pouvant constituer un danger pour l'homme ou son environnement.

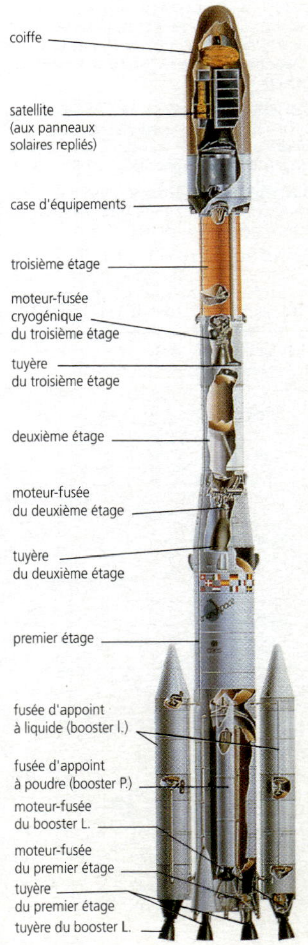


**lanceur** la fusée européenne Ariane 4

**lancier** *nm* anc Soldat de cavalerie armé de la lance. **LOC** *Quadrille des lanciers* ou *les lanciers :* quadrille croisé à cinq figures, dansé en France à partir de 1856.

**lanciner** *v* 1 **A** *vi* Faire souffrir par des élancements douloureux. *Abcès qui lancine.* **B** *vt* Tourmenter de façon insistante ; obséder. *Ce remords le lancine depuis l'enfance.* ETY Du lat. *lancinare*, « déchirer ». DER **lancinant, ante** *a* – **lancination** *nf* ou **lancinement** *nm*

**lançon** *nm* Autre nom de l'*équille.*

**Lancret** Nicolas (Paris, v. 1690 – id., 1743), peintre français de fêtes galantes.

**Land** *nm* **1** Chacun des États d'Allemagne. **2** Chacune des grandes divisions administratives en Autriche. PLUR Länder [lendœʀ] ou Lands. PHO [lɑ̃d]

**Land** Edwin Herbert (Bridgeport, Connecticut, 1909 – Cambridge, Massachusetts, 1991), physicien, inventeur et industriel américain ; fondateur de la société Polaroid.

**landammann** *nm* Suisse Président de l'exécutif de certains cantons alémaniques.

**land art** *nm* Bx-A Mouvement artistique contemporain utilisant ou transformant un lieu naturel. PHO [lɑ̃daʀt] ETY Mot amér., « art de la terre ».

ENC Apparu vers 1967-1970 aux États-Unis, le land art utilise la nature et les éléments naturels comme cadre et matériau de ses interventions : œuvres éphémères de Dennis Oppenheim, Richard Serra, Christo.

**landau** *nm* **1** anc Voiture hippomobile à quatre roues, à deux banquettes se faisant face et à double capote mobile. **2** Voiture d'enfant à caisse suspendue, munie d'une capote. ETY D'une ville all.

**Landau** v. d'Allemagne (Rhénanie-Palatinat), sur la Queisch ; 44 500 hab. – La ville fut française de 1648 à 1815.

**Landau** Lev Davidovitch (Bakou, 1908 – Moscou, 1968), physicien soviétique : travaux sur la théorie quantique des champs et sur l'état superfluide de l'hélium. P. Nobel 1962.

**lande** *nf* Terre inculte et peu fertile où ne croissent que des fougères, des ajoncs, des bruyères, etc. *Les landes de Bretagne.* ETY Du gaul.

**landerneau** *nm* fam Milieu étroit et refermé sur lui-même, agité de commérages et de querelles mesquines. *Le landerneau des marchands d'art.* PLUR landerneaux. ETY Du n. pr.

**Landerneau** ch.-l. de cant. du Finistère (arr. de Brest), sur l'estuaire de l'Élorn ; 16 100 hab. Pêche. – *Cela fera du bruit dans Landerneau* (réplique d'une comédie d'A. Duval) : ce fait soulèvera une grande émotion. DER **landernéen, enne** *a, n*

**Landes (les)** vaste région (14 000 km$^2$) du S.-O. de la France, sur l'Atlantique, où le sable forme une couche imperméable (*alios*). À l'O., un cordon de hautes dunes (100 m d'alt. au Pyla) entrave l'écoulement des eaux vers l'Océan (étangs côtiers). La plantation de pins, notam. au XIX$^e$ s., a fait de cette zone déshéritée la première forêt d'Europe (1 million d'ha). – Auj., l'agriculture, l'élevage et le tourisme complètent la sylviculture. DER **landais, aise** *a, n*

**Landes** dép. franç. (40) ; 9 236 km$^2$ ; 397 200 hab. ; 43 hab./km$^2$ ; ch.-l. *Mont-de-Marsan* ; ch.-l. d'arr. *Dax*. V. Aquitaine. DER **landais, aise** *a, n*

**landgrave** *nm* **1** HIST Titre de certains princes souverains d'Allemagne au Moyen Âge. **2** Magistrat qui rendait la justice au nom de l'empereur germanique. DER **landgraviat** *nm*

**landier** *nm* Grand chenet garni de crochets pour soutenir les broches, souvent muni d'un récipient servant à tenir au chaud les aliments.

**landolphia** *nm* Liane d'Afrique et de Madagascar (apocynacée) dont le latex fournit un caoutchouc. ETY D'un n. pr. VAR **landolphie** *nf*

**Landowska** Wanda (Varsovie, 1879 – Lakeville, Connecticut, 1959), claveciniste polonaise. Elle vécut en France de 1927 à 1939.

**Landowski** Paul (Paris, 1875 – Boulogne-sur-Seine, 1961), sculpteur français : *Christ du Corcovado* (1931, Rio de Janeiro). — **Marcel** (Pont-l'Abbé, 1915 – Paris, 1999), fils du préc., compositeur, disciple d'Arthur Honegger.

**landrace** *nm* Race de porcs à robe blanche et à oreilles tombantes.

**Landru** Henri Désiré (Paris, 1869 – Versailles, 1922), criminel français, assassin de dix femmes et d'un jeune garçon ; il fut guillotiné.

**Landry** Bernard (Saint-Jacques, près de Joliette, 1937), homme politique québécois, prés. du PQ et Premier ministre de 2001 à 2003.

**Land's End** cap situé à l'extrémité S.-O. de l'Angleterre (Cornouailles).

**Landshut** v. d'Allemagne (Bavière), sur l'Isar ; 67 500 hab. Industries. – Égl. XIV$^e$-XV$^e$ s. Palais Renaissance.

**Landsteiner** Karl (Vienne, 1868 – New York, 1943), médecin américain d'origine autrichienne. En 1900, il découvrit chez l'homme l'existence des groupes sanguins et, en 1940, le facteur rhésus. P. Nobel 1930.

**Karl Landsteiner**

**laneret** *nm* VEN Mâle du faucon lanier.

**Lanester** ch.-l. de canton du Morbihan (arr. et aggl. de Lorient), sur l'estuaire du Scorff ; 22 400 hab. Industries. VAR **lanestérien, enne** *a, n*

**Lanfranc** (Pavie, v. 1005 – Canterbury, 1089), prélat anglais. Guillaume le Conquérant fit de cet avocat italien, venu en France, l'archevêque de Canterbury (1070).

**Lanfranco** Giovanni (Terenzo, prov. de Parme, 1582 – Rome, 1647), peintre baroque italien, célèbre pour ses trompe-l'œil.

**Lang** Fritz (Vienne, 1890 – Los Angeles, 1976), cinéaste autrichien naturalisé américain. Il tourna en Allemagne ses chefs-d'œuvre expressionnistes : *le Docteur Mabuse* (1922), *les Nibelungen* (1923 et 1925), *Metropolis* (1927), *M le Maudit* (1931) ; aux É.-U., *Furie* (1936), *la Femme au portrait* (1944), *l'Ange des maudits* (1951), etc.

**Fritz Lang** *le Docteur Mabuse*, 1922

**Lang** Jack (Mirecourt, 1939) homme politique français ; socialiste ; ministre de la Culture de 1981 à 1986 et de 1988 à 1993 ; de l'Éducation nationale en 1992-93 et de 2000 à 2002.

**langage** *nm* **1** Faculté humaine de communiquer au moyen de signes vocaux ou de leur notation graphique (écriture) ; usage de cette faculté. **2** Tout système de signes, socialement codifié. *Langage des sourds-muets. Langages symboliques.* **3** Ensemble des moyens de communication que l'on observe chez certaines espèces animales. *Le langage des abeilles, des dauphins.* **4** Manière de s'exprimer propre à un ensemble social, à un individu, etc. *Langage de la rue, langage soutenu, langage technique.* **5** Contenu de l'expression orale ou écrite. *Tenir le langage de la raison. Un langage subversif.* **6** INFORM Série d'instructions utilisant divers signes, numériques et alphabétiques. **LOC** INFORM ***Langage de programmation*** : code servant à rédiger les instructions d'un programme. — ***Langage machine*** : code qui permet de simplifier l'écriture des instructions de commande. [ETY] De *langue.* [DER] **langagier, ère** *a*

**Langdon** **Harry** (Council Bluffs, Iowa, 1884 – Hollywood, 1944), acteur américain, l'un des grands comiques du muet. Son personnage évoque Pierrot.

**lange** *nm* Étoffe de laine ou de coton dont on enveloppe les nourrissons de la taille aux pieds. [ETY] Du lat. *lana,* « laine ».

**Lange** **Dorothea** (Hoboken, 1895 – San Francisco, 1965), photographe américaine ; pionnière du reportage sociopolitique.

**Langeais** ch.-l. de cant. d'Indre-et-Loire (arr. de Chinon), sur la Loire ; 4 300 hab. – Chât. (XV$^{e}$ s.) où Charles VIII épousa Anne de Bretagne. [DER] **langeaisien, enne** *a, n*

**langer** *vt* [13] Envelopper d'un lange.

**Langerhans** **Paul** (Berlin, 1847 – Funchal, Madère, 1888), physiologiste allemand. ▷ ANAT, PHYSIOL *Îlots de Langerhans* : petits massifs cellulaires du pancréas qui sécrètent l'insuline.

**Langevin** **Paul** (Paris, 1872 – id., 1946), physicien français : travaux sur le magnétisme, la détection par ultrasons et la théorie de la relativité. Il montra notam. qu'énergie et masse ne sont que deux formes d'une même réalité. Il fut un militant antifasciste.

**Langlade** **(île)** → **Saint-Pierre-et-Miquelon.**

**Langland** **William** (Herefordshire, v. 1330 –?, v. 1400), poète anglais, auteur de vers satiriques : *Pierre le laboureur* (1362-1398).

**Langlois** **Henri** (Smyrne, 1914 – Paris, 1977), journaliste français. Il fonda, avec G. Franju et P.-A. Harlé, la Cinémathèque française (1936).

**Langmuir** **Irving** (Brooklyn, 1881 – Falmouth, 1957), physicien et chimiste américain. Il inventa le chalumeau à plasma et s'intéressa aux basses températures. P. Nobel de chimie 1932.

**Langon** ch.-l. d'arr. de la Gironde, sur la Garonne ; 7 800 hab. Viticulture. [DER] **langonnais, aise** *a, n*

**langoureux, euse** *a* iron Qui marque la langueur, la tendresse ; alangui. *Des œillades langoureuses.* [DER] **langoureusement** *av*

**langouste** *nf* Crustacé marin des fonds rocheux à carapace épineuse, aux longues antennes et aux pattes terminées par des griffes, dont la chair est très estimée. [ETY] Du lat. *locusta,* « sauterelle », par le provenç.

**langoustier** *nm* **1** Filet pour la pêche de la langouste. **2** Bateau équipé pour la pêche de la langouste.

**langoustine** *nf* Petit crustacé marin, aux pinces longues et étroites.

**langoustinier** *nm* Bateau spécialisé dans la langoustine.

**langres** *nm* Fromage de vache AOC, à pâte molle, fabriqué dans la Haute-Marne.

**Langres** ch.-l. d'arr. de la Haute-Marne, sur la Bonnette et le canal de la Marne à la Saône ; 8 400 hab. Industries. – Évêché. Cath. (XII$^{e}$-XIII$^{e}$ s.). Vestiges gallo-romains (musée). – Le *plateau de Langres* est pauvre et couvert de forêts (516 m au Haut-du-Sec). La Seine et la Marne y prennent leur source. [DER] **langrois, oise** *a, n*

**Lang Son** v. du Viêt-nam, sur le Song Ki Kong ; 65 000 hab. ; ch.-l. de la prov. du m. nom. – En 1885, l'échec franç. contre la Chine fit tomber le ministère Jules Ferry.

**Langton** **Étienne** (?, v. 1150 – Slindon, Sussex, 1228), prélat et théologien anglais. Archevêque de Canterbury (1207), il fut à la tête des barons qui imposèrent au roi Jean sans Terre la Grande Charte de 1215.

**langue** *nf* **1** Organe charnu et mobile situé dans la bouche. *La langue joue un rôle capital dans la déglutition et dans l'articulation des sons du langage.* **2** Organe situé dans la bouche de certains animaux, utilisé comme abats. *Langue de bœuf.* **3** Langue, en tant qu'organe de la parole. **4** Ce qui a la forme d'une langue. *Langues de feu.* **5** Ensemble de signes vocaux ou graphiques qui constitue l'instrument de communication d'une communauté donnée. *La langue française, créole. Langue maternelle.* **6** Forme de langage propre à un milieu, à une profession, à un individu, etc. *Langue savante, poétique. La langue de Rabelais.* **7** Tout système de signes non linguistiques. *Langue algébrique. Langue des couleurs.* **LOC** fam ***Avoir avalé sa langue*** : rester silencieux. — ***Avoir la langue bien pendue*** : avoir la parole facile ou hardie. — ***Avoir un mot sur le bout de la langue*** : avoir l'impression qu'il va revenir à la mémoire. — fam ***Faire tirer la langue à qqn*** : lui faire attendre longtemps ce qu'il désire. — ***La langue verte*** : l'argot. — ***Langue de bois*** : discours dogmatique et stéréotypé. — ***Langue des signes*** : langue gestuelle utilisée par les malentendants et les sourds. — ***Langue de terre*** : portion de terre étroite et longue qui s'avance dans les eaux. — ***Langues mortes*** ou ***langues anciennes*** : celles qui ne se parlent plus. — ***Langues vivantes*** : celles qui sont toujours en usage. — ***Mauvaise langue, langue de serpent, de vipère*** : personne portée à la médisance à la calomnie. — ***Ne pas savoir tenir sa langue, avoir la langue trop longue*** : ne pas savoir taire un secret. — ***Se mordre la langue*** : retenir à temps une parole, ou se repentir de l'avoir dite. — ***Tirer la langue*** : narguer en montrant la langue ; fig, fam peiner, se trouver dans le besoin. [ETY] Du lat.

[ENC] On parle sur la Terre de trois à quatre mille langues. On ne peut avancer un nombre précis, car il est souvent difficile de décider si deux parlers sont des « langues » ou des « dialectes » de la même langue. Les linguistes se sont efforcés d'établir une classification des langues du monde (vivantes et mortes). La classification typologique, qui consiste à regrouper les langues présentant des structures grammaticales semblables, n'a pas encore donné de résultats satisfaisants. La classification génétique consiste à réunir les langues auxquelles on présume une origine commune ; ainsi, les langues indo-européennes proviendraient toutes d'une même langue mère (hypothétique) l'indo-européen commun. Parmi les princ. familles, on compte les langues : indo-européennes, afro-asiatiques (sémitiques, notam.), turco-mongoles ou altaïques, ouraliennes (finno-ougriennes, notam.), sino-tibétaines, austro-asiatiques (langues thaï, khmères, etc.), austronésiennes (dites autref. malayo-polynésiennes), nigéro-kordofaniennes (la princ. famille d'Afrique subsaharienne), nilo-sahariennes, khoisan, caucasiennes, dravidiennes, algonquines, iroquoises, sioux, mayas. Le japonais et le coréen constituent des entités autonomes.

**langouste**

**langue-de-bœuf** *nf* Nom cour. de la fistuline. PLUR langues-de-bœuf.

**langue-de-chat** *nf* Petit gâteau sec, allongé et plat. PLUR langues-de-chat.

**Languedoc** région historique du sud de la France (où se parlait la langue d'oc). – *Canal du Languedoc* : V. Midi (canal du). [DER] **languedocien, enne** *a, n*

**Histoire** Conquise par les Romains dès le II$^{e}$ s. av. J.-C., la Narbonnaise, région très prospère, passe sous la domination des Wisigoths (V$^{e}$ s.) et se morcelle. L'actuel Languedoc devient la Septimanie et les Francs le conquièrent. Au XII$^{e}$ s., il connaît un bel essor sous les comtes de Toulouse (XII$^{e}$ s.). La croisade des albigeois (1209-1229) ruine le Languedoc, rattaché à la Couronne en 1271. La révolte des protestants camisards (1702-1705) suit la révocation de l'édit de Nantes (1685). Au XIX$^{e}$ s., la monoculture de la vigne s'impose. Une mutation s'opère à partir de 1970. V. Roussillon et Languedoc-Roussillon.

**Languedoc-Roussillon** ancienne Région française et de l'UE, formée des dép. de l'Aude, du Gard, de l'Hérault, de la Lozère (Languedoc) et des Pyrénées-Orientales (Roussillon), intégrée en 2016 à la Rég. Languedoc-Roussillon-Midi-Pyrénées.

**Géographie** Adossé au Massif central et aux Pyrénées, le relief s'ordonne en gradins à partir de la Méditerranée. La plaine côtière, en partie marécageuse, concentre auj. l'essentiel des hommes et des aménagements. En arrière, collines et plateaux calcaires couverts de garrigue sont aérés de bassins et de vallées qui ont fixé l'occupation humaine. À partir des années 70, l'irrigation de 10 % des terres agricoles a substitué à la vigne fruits, légumes et fourrages, tandis qu'on visait la qualité des vins ; le tourisme balnéaire s'est développé ; des activités de pointe se sont implantées, notam. à Montpellier.

**Languedoc-Roussillon-Midi-Pyrénées** Région française et de l'UE, née de la fusion en 2016 des Régions Languedoc-Roussillon et Midi-Pyrénées ; 72 724 km$^{2}$ ; 5 684 000 hab. ; cap. *Toulouse.*

**languette** *nf* **1** Ce qui a la forme d'une petite langue. *Languette de cuir, d'une chaussure.* **2** TECH Partie mâle d'un assemblage destinée à s'encastrer dans une rainure. **3** MUS Anche libre, dans certains instruments à vent. [ETY] Dimin. de *langue.*

**langueur** *nf* **1** Apathie paralysant toute énergie ; dépression. **2** Disposition d'esprit tendre et rêveuse. *Des yeux pleins de langueur.*

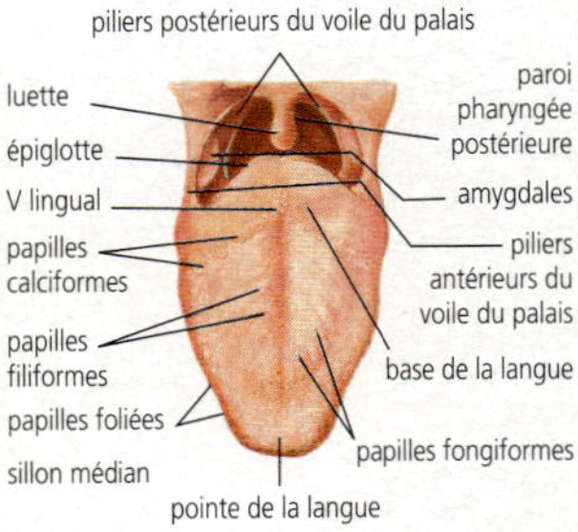


**langue**

LES LANGUES DANS LE MONDE

**languide** *a* litt Langoureux.

**languir** *v* ③ **A** *vi* **1** litt Souffrir d'un affaiblissement, se sentir déprimé. *Languir d'ennui. Languir d'amour pour qqn.* **2** Attendre avec impatience ; soupirer après qqch. *Ne me fais plus languir.* **3** Manquer d'intérêt ; traîner en longueur ; péricliter. *La conversation, l'affaire languit.* **4** AGRIC S'étioler en parlant des végétaux. **B** *vpr* S'ennuyer de, se morfondre. *Elle se languit de lui.* (ETY) Du lat. (DER) **languissamment** *av* – **languissant, ante** *a*

**langur** *nm* Syn. de *entelle.* (PHO) [lɑ̃gyʀ]

**lanice** *a* **LOC** TEXT *Bourre lanice :* partie la plus grossière de la laine.

**lanier** *nm* Faucon méditerranéen dont la femelle est appréciée pour la chasse. (ETY) De l'a. fr.

**Lanier** Sidney (Macon, Georgie, 1842 – Lynn, Caroline du Nord, 1881), musicien et écrivain américain. Il étudia les rapports entre la musique et la poésie. Son roman *Lis tigré* (1867) évoque la guerre de Sécession.

**lanière** *nf* Bande longue et étroite de cuir ou d'une autre matière. (ETY) Du frq.

**lanifère** *a* ZOOL, BOT Qui porte ou produit de la laine ou une autre matière d'aspect laineux. *Le mouton est un animal lanifère.* (VAR) **lanigère**

**laniste** *nm* ANTIQ ROM Celui qui formait, louait ou vendait des gladiateurs.

**Lanjuinais** Jean Denis (comte) (Rennes, 1735 – Paris, 1827), homme politique français. Membre de la Constituante, épris de laïcité, il fut l'un des rédacteurs de la Constitution civile du clergé (1790).

**Lannemezan (plateau de)** plate-forme située, en France, au pied des Pyrénées centrales, entre les vallées d'Aspe et du Salat ; drainée par la Baïse, le Gers et la Save.

**Lannemezan** ch.-l. de canton des Hautes-Pyrénées (arr. de Bagnères-de-Bigorre) ; 6 051 hab. Centre agric. et industr.

**Lannes** Jean, duc de Montebello (Lectoure, 1769 – Vienne, 1809), maréchal de France. Engagé en 1792, général en 1796, il servit Bonaparte puis Napoléon Ier. Il fut mortellement blessé à la bataille d'Essling.

**Lannion** ch.-l. d'arr. des Côtes-d'Armor, dans le Trégorrois ; 20 983 hab. Port sur le Léguer. Pêche. Annexe du Centre national d'études des télécommunications (CNET). – Égl. (XVIe-XVII[e] s.). (DER) **lannionnais, aise** *a, n*

**Lannoy** Charles de (Valenciennes, 1487 – Gaète, 1527), général espagnol. Nommé vice-roi de Naples (1522-1524) par Charles Quint, il vainquit François Ier à Pavie (1525) et négocia le traité de Madrid (1526).

**lanoline** *nf* Corps gras jaunâtre, extrait du suint des laines, utilisé en pharmacie et en parfumerie. (ETY) Du lat. *lana*, « laine », et *oleum*, « huile ».

**La Noue** François de, surnommé Bras de Fer (Nantes, 1531 – Moncontour, 1591), capitaine protestant. Au service du futur Henri IV, il remporta la bataille d'Ivry (1590). Il fut mortellement blessé au siège de Lamballe. Il a laissé des *Discours politiques et militaires* (1587).

**Lansdowne** Henry Keith Petty Fitzmaurice (5e marquis de) (Londres, 1845 – Newton Anmer, 1927), homme politique britannique ; gouverneur du Canada (1883-1888), vice-roi des Indes (1888-1893). Il signa avec Delcassé l'accord franco-anglais du 8 avril 1904 (Entente cordiale).

**Lansing** v. des É.-U., cap. du Michigan, sur le Grand River ; 114 600 hab. Centre industriel lié à Detroit. Université.

**Lanskoy** André (Moscou, 1902 – Paris, 1976), peintre abstrait français d'origine russe.

**Lanson** Gustave (Orléans, 1857 – Paris, 1934), critique littéraire français, qui fit autorité.

**lansquenet** *nm* HIST Fantassin mercenaire allemand (XVe-XVI[e] s.). (ETY) De l'all. *Landsknecht*, « serviteur du pays ».

**lantanier** *nm* Arbuste (verbénacée) des régions chaudes, cultivé pour ses fleurs en bouquets denses. (VAR) **lantana**

**lanterne** *nf* **A** **1** Appareil d'éclairage, boîte aux parois transparentes ou translucides dans laquelle est enfermée une lumière. **2** anc Appareil d'éclairage de la voirie. **3** ARCHI Petit dôme vitré placé au sommet d'un édifice. **4** TECH Cylindre d'engrenage à barreaux parallèles entre lesquels s'engrènent les dents d'une roue. **B** *nm pl* Lampes d'une automobiles donnant le plus faible éclairage. SYN feux de position. **LOC** *À la lanterne !* : refrain du chant *Ça ira*, pendant la Révolution française, qui réclamait qu'on pendît les aristocrates aux lanternes des rues. — ***Éclairer la lanterne de qqn*** : le renseigner. — ZOOL ***Lanterne d'Aristote*** : appareil masticateur des oursins, dont la forme rappelle une lanterne. — ***Lanterne des morts*** : édicule funéraire des XIIe et XIIIe s., constitué d'une colonne creuse couronnée d'un lanternon, à l'intérieur duquel on plaçait une lampe. — ***Lanterne magique*** : instrument d'optique projetant sur un écran l'image agrandie de figures peintes sur verre. — fam ***Lanterne rouge*** : le dernier coureur ou dernier au classement. — ***Lanterne vénitienne*** : lanterne de papier coloré, utilisée pour les illuminations. SYN lampion. — ***Prendre des vessies pour des lanternes*** : se tromper grossièrement ; s'en laisser conter. (ETY) Du lat.

**Lanterne (la)** journal satirique hebdomadaire fondé par H. Rochefort (juin 1868-nov. 1869) qui attaqua Napoléon III. Il reparut de façon sporadique sous la IIIe République.

**lanterner** *vi* ① Perdre son temps à des riens. **LOC** *Faire lanterner qqn* : le faire attendre.

**lanternon** *nm* ARCHI Petite lanterne ou cage vitrée au sommet d'un édifice, d'un comble. (VAR) **lanterneau**

**lanthane** *nm* CHIM **1** Élément métallique de numéro atomique Z = 57 et de masse atomique 138,91 (symbole La). **2** Métal (La) qui fond à 921 °C. (ETY) Du gr. *lanthanein*, « passer inaperçu ».

**lanthanide** *nm* Nom générique des éléments dont le numéro atomique est compris entre 57 et 71. *Les lanthanides constituent les terres rares.*

**Lanvin** Jeanne (Mme Melet) (Paris, 1867 – id., 1946), couturière française.

**Lanza del Vasto** Giuseppe Lanza di Trabia-Branciforte, dit (San Vito dei Normanni, Italie, 1901 – Murcie, Espagne, 1981), écrivain français d'origine ital. ; disciple cathol. de Gandhi : *le Pèlerinage aux sources* (1944).

**Lanzarote** île volcanique de l'archipel des Canaries ; 806 km² ; 42 000 hab. ; ch.-l. *Arrecife.*

**Lanzhou** v. de la Chine du N.-O., sur le Huanghe ch.-l. de la prov. du Gansu ; 2 400 000 hab. (aggl.). Centre industriel.

**Lanzmann** Claude (Paris, 1925), cinéaste français : *Shoah* (1985).

**lao** *nm* Langue du groupe thaï, parlée au Laos.

**Laocoon** héros troyen, fils de Priam et d'Hécube, prêtre d'Apollon à Troie. Puni par Apollon, il périt étouffé avec ses fils par des serpents. ▷ ART Un groupe sculpté (v. 50 av. J.-C.), restauré au XVIe s. et conservé au musée du Vatican, évoque cet épisode. ▷ LITTER *Laocoon, aux confins de la peinture et de la poésie* (1766), essai de G. Lessing.

**Laodicée** anc. ville d'Asie Mineure (Phrygie) ; proche de l'actuelle *Denizli* (Turquie).

**Laodicée** (auj. *Lattaquié*), anc. ville de la côte de Syrie.

**laogai** *nm* Organisation pénitentiaire de la République populaire de Chine.

**Laomédon** dans la myth. gr., roi de Troie et père de Priam.

**Laon** ch.-l. du dép. de l'Aisne, sur une colline (181 m) ; 26 991 hab. Marché agr. Industries. – Cath. N.-D. (XIIe-XIII[e] s.), chef-d'œuvre gothique. Égl. St-Martin (XIIe-XIII[e] s.). Remparts. – Ville forteresse, Laon fut érigée en évêché dès le Ve s. En 1332, Philippe VI de Valois prit possession de la ville. (DER) **laonnois, oise** *a, n*

**Laos** (*République démocratique populaire lao*), État du Sud-Est asiatique, le seul qui n'ait pas accès à la mer, situé entre la Chine, le Viêt-nam, le Cambodge, la Thaïlande et la Birmanie ; 236 800 km² ; 6,5 millions d'hab., accroissement naturel : 2 % par an ; cap. *Vientiane.* Nature de l'État : rép. démocratique populaire. Langue off. : lao. Monnaie : kip. Relig. : bouddhisme (58,9 %). (DER) **laotien, enne** *a, n*
**Géographie** De hautes terres occupent le N. et le centre du pays : chaîne d'Annam (alt. max. 2 820 m au pic Bia), plateau central indochinois. Dans ces régions forestières peu accessibles vivent des minorités ethniques : Khas, Méos, Yaos. Les bas pays, au peuplement dense, s'étendent dans la moitié S. : plaines de Vientiane et de Savannakhet, vallée alluviale du Mékong ; le climat de mousson (saison des pluies de mai à septembre) rythme la riziculture. On y trouve la quasi-totalité des populations de langue thaïe, dont l'ethnie majoritaire, les *Laos.* Plus de 81 % des Laotiens sont encore des ruraux.
**Économie** État le plus pauvre d'Asie du Sud-Est, le Laos appartient aux pays les moins avancés. Les terres cultivées (riziculture), situées dans les plaines du Mékong, n'occupent que 5 % du territoire. L'hydroélectricité, exportée vers la Thaïlande, le bois, le café, le gypse, l'étain et l'industrie textile, en pleine expansion, sont les princ. ressources, avec l'opium (3e producteur mondial). L'économie collectiviste, alignée sur celle du Viêt-nam, a connu depuis 1989 une ouverture libérale marquée par une reprise de l'investissement occidental et par son adhésion à l'ASEAN en 1997 ainsi qu'à l'OMC en 2012. En 1997, le Laos subit les contrecoups de la crise qui frappa les dragons de l'Asie du S.-E. ; le kip subit une dévaluation de 1000 % entre 1997 et 1999 mais la croissance s'est à peine ralentie.
**Histoire** LES ORIGINES Pays de très vieille civilisation, le Laos a suscité les convoitises de ses voisins, puis des Occidentaux. Jusqu'au XIIIe s., le territoire actuel du Laos a appartenu à l'Empire khmer, puis au royaume thaï de Sukhothai, dont l'affaiblissement a permis au prince Fa Ngum (1316-1378) de fonder en 1353 le

le **Laocoon**, dû à trois sculpteurs rhodiens, marbre, Ier s. av. J.-C., restauré en 1534 – musée Pio-Clementino, le Vatican

royaume du Lan Xang (premier État laotien). Il installa sa cap. à Luang Prabang et introduisit le bouddhisme. Au milieu du XVIe s., les Birmans imposèrent leur suzeraineté ; le roi Setthathirath (v. 1548-1571) transféra la cap. à Vientiane (1563). Le pays connut une période troublée puis Souligna Vongsa (1637-1694) rétablit l'ordre. À sa mort, le Laos éclata en trois royaumes rivaux : Vientiane, Luang Prabang et Champassak. Le Siam, qui domina ces trois royaumes dès la fin du XVIIIe s., signa plusieurs traités (1893, 1902, 1904) reconnaissant le protectorat de la France sur le Laos.

**LA COLONISATION** Le Laos fut unifié par la France qui le fit entrer dans l'Union indochinoise en 1899. En 1904, commença le long règne de Sisavang Vong, qui dura jusqu'en 1959. En avril 1945, sous la pression japonaise, il proclama l'indépendance du Laos, mais des partisans prirent le pouvoir. En 1946, l'armée française reconquit le pays, rétablit le roi et accorda l'autonomie au sein de l'Union française (1949). En 1951, le prince Souvanna Phouma devint Premier ministre. Son frère, Souphanouvong créa le Pathet Lao, de tendance communiste ; aidé par le Viêt-minh, il contrôla une partie du pays. Accordée par la France en 1953, l'indépendance fut confirmée en 1954 par la Conférence de Genève.

**LA MONARCHIE** Trois tendances s'opposèrent : la droite conservatrice (pro-américaine), les neutralistes de Souvanna Phouma et le Pathet Lao communiste (pro-Viêt-nam du Nord) de Souphanouvong. De 1964 à 1973, le Laos, par lequel passait la piste « Hô Chi Minh », subit les bombardements américains. En 1973, Souvanna Phouma constitua un gouvernement d'union nationale avec le Pathet Lao, qui, devenu le Front patriotique du Laos, prit le pouvoir, abolit la monarchie (2 déc. 1975) et proclama la Rép. pop. dém. du Laos.

**LA RÉPUBLIQUE** Le prince Souphanouvong (remplacé en 1986 par Phoumi Vongvichit) devint président de la Rép. En 1977, le Laos signa un traité de coopération avec le Viêt-nam. Après une longue période de tension, les relations avec la Thaïlande s'améliorèrent et bon nombre de Laotiens qui avaient émigré en Thaïlande revinrent au Laos. En août 1991, Kaysone Phomvihane (Premier ministre depuis 1975 et président du parti communiste) fut élu président de la République. La nouvelle Constitution se voulut démocratique mais confirma le parti unique. En 1992, Nouhak Phoumsavane succéda à Phomvihane, décédé, et poursuivit la politique d'ouverture engagée dans les années 1980, tandis que Khamtay Siphandone devint président de la Rép. en 1998. Pour remédier au désastre écon., il a effectué en 1999 des limogeages apparemment inefficaces et fait aux bailleurs de fonds des promesses qu'il n'a pas tenues. Choummaly Sayasone lui succède en 2006.

**Lao She** Shu Qingchun, dit (Pékin, 1899 – id., 1966), écrivain chinois. Son roman *le Pousse-pousse* (1936) montre le petit peuple de Pékin. Théâtre : *Maison de thé* (1957).

**Lao-tseu** (VIe s. av. J.-C. [?]), philosophe chinois dont les biographies sont en grande partie légendaires. Sa doctrine, dont l'influence sur le développement historique et intellectuel de la Chine fut parallèle à celle de Confucius, est connue sous le nom de *taoïsme*. Elle se trouve condensée dans un ouvrage en 5 000 caractères, le *Tao-tö king* (en pinyin *Daodejing*), qu'il aurait rédigé au cours du long voyage vers l'ouest de la Chine, qui marque le dernier épisode connu de sa vie. VAR **Laozi**

**Lao-tseu** sur son buffle, céramique chinoise, XVIIIe s. – musée Guimet, Paris

**lapacho** *nm* Arbre d'Amérique du Sud (bignoniacée) dont l'écorce a des propriétés médicinales.

**La Palice** Jacques II (seigneur de) (?, vers 1470 – Pavie, 1525), maréchal de France (1515). D'une complainte sur sa mort, pendant la bataille de Pavie, naïvement déformée plus tard (*Un quart d'heure avant sa mort, / il était encore en vie*), est née l'expression « une vérité de La Palisse ». VAR **La Palisse** ou **Chabannes**

**lapalissade** *nf* Vérité évidente.

**laparoscopie** *nf* CHIR Examen endoscopique de la cavité abdominale. ETY Du gr. *lapara*, « flancs ». DER **laparoscopique** *a*

**laparotomie** *nf* CHIR Incision chirurgicale de la paroi abdominale et du péritoine.

**La Pasture** Rogier de → **Van der Weyden.**

**laper** *vt* 1 Boire en tirant le liquide à coups de langue, en parlant des animaux. DER **lapement** *nm*

**lapereau** *nm* Jeune lapin. ETY De l'a. fr.

**Lapérouse** Jean-François de Galaup (comte de) (près d'Albi, 1741 – Vanikoro, Océanie, 1788), navigateur français. Il explora la côte N.-O. du Canada et de l'Alaska (1785), et fit naufrage sur la route du retour au large de l'île de Vanikoro. Il fut vraisemblablement tué par des indigènes de l'île. – *Détroit de Lapérouse* : entre les îles Hokkaidō et Sakhaline.

le comte de **Lapérouse**, préparant son voyage de 1785, reçoit des instructions de Louis XVI, par Nicolas Monsiaux, 1817 – Versailles

**Laperrine d'Hautpoul** Marie-Joseph François Henry (Castelnaudary, 1860 – dans le Sahara, 1920), général français, ami de Ch. de Foucauld. Il mourut alors qu'il tentait la traversée aérienne du désert.

**Lapicque** Louis (Épinal, 1866 – Paris, 1952), physiologiste français. Il découvrit la chronaxie.

**1 lapidaire** *n* **A** Personne qui taille ou qui vend des pierres précieuses. **B** *nm* TECH Meule servant au polissage des pierres précieuses et des pièces métalliques. ETY Du lat. *lapis, lapidis*, « pierre ».

**2 lapidaire** *a* **1** Relatif aux pierres, aux pierres précieuses. **2** Propre aux inscriptions gravées sur pierre. **3** fig Très concis. *Formule lapidaire.* LOC ***Musée lapidaire*** : où l'on conserve des pierres gravées ou sculptées.

**lapider** *vt* 1 Tuer, attaquer à coups de pierres. DER **lapidation** *nf*

**lapidicole** *a* ZOOL Se dit d'une espèce animale vivant dans les éboulis.

**lapidifier** *vt* 2 GEOL Donner la consistance de la pierre à ; transformer en roche. *Éléments minéraux qui se sont lapidifiés.* DER **lapidification** *nf*

**lapié** *nm* GEOL Rainure plus ou moins profonde dans la surface d'un karst, due à la dissolution du calcaire par les eaux de ruissellement. ETY Du lat. *lapis*, « pierre ». VAR **lapiez** ou **lapiaz**

**lapilli** *nm* GEOL Petit fragment de pierre volcanique. ETY Mot ital.

**lapin, ine** *n* **1** Petit mammifère herbivore lagomorphe (léporidé), aux longues oreilles, élevé pour sa chair ou sa fourrure. **2** Chair du lapin. *Servir du lapin.* **3** Fourrure du lapin domestique. *Veste de lapin.* **LOC** fam ***Chaud lapin :*** homme sexuellement ardent. — fam ***Coup du lapin :*** coup violent porté sur la nuque. — ***Courir comme un lapin :*** très vite. — ***Lapin de garenne :*** lapin sauvage. — ***Lapin russe :*** blanc, aux extrémités noires et aux yeux rouges. — ***Poser un lapin à qqn :*** ne pas venir à son rendez-vous.

**lapin** de garenne

**lapiner** *vi* ① En parlant de la lapine, mettre bas.

**lapinisme** *n* fam, péjor Fécondité excessive.

**lapis-lazuli** *nm* Pierre d'un bleu intense, recherchée en joaillerie, silicate double d'aluminium et de sodium. SYN lazurite, outremer, pierre d'azur. PLUR lapis-lazulis PHO [lapislazyli] VAR **lapis**

**Lapithes** dans la myth. gr., peuple de la Thessalie, célèbre par son victorieux combat contre les Centaures.

**Laplace** Pierre Simon (marquis de) (Beaumont-en-Auge, Normandie, 1749 – Paris, 1827), mathématicien, physicien et astronome, l'un des plus grands savants français. Son *Traité de mécanique céleste* (nombr. vol., 1798-1825) développe les théories de Newton. Son *Exposition du système du monde* (1796) suppose que le système solaire proviendrait d'une nébuleuse primitive. Citons aussi sa *Théorie analytique des probabilités* (1812). Acad. fr. (1816). ▷ MATH *Loi de Laplace-Gauss :* autre nom de la *loi de Gauss.* DER **laplacien, enne** *a, n*

Pierre Simon Laplace

**laplacien** *nm* MATH Opérateur différentiel noté Δ ou $\nabla^2$ (nabla) appliqué à un scalaire ou à un vecteur.

**Laplanche** Jean (Paris, 1924 – Beaune, 2012), psychanalyste français ; auteur, avec J.-B. Pontalis, du *Vocabulaire de la psychanalyse* (1967).

**Lapointe** Robert, dit Boby (Pézenas, Hérault, 1922 – id., 1972) chanteur français, auteur-compositeur de chansons reposant sur la dérision.

**lapon** *nm* Langue finno-ougrienne parlée par les Lapons.

**Laponie** rég. la plus septent. d'Europe, située près de l'océan Glacial arctique. Habitée par les Lapons, elle est partagée entre la Norvège, la Suède, la Finlande et la Russie. L'O. est montagneux et couvert de glace ; l'E. est tourbeux et marécageux. DER **lapon, one** *a, n*

**Lapons** population autochtone (*Samis* en lapon) de la Laponie, répartie entre les comtés norvégiens de Finmark, Troms et Norrland (20 000 pers.), les districts suédois de Västerbotten et Noorbotten (8 500), la province russe de Mourmansk (2 650) et la Laponie finlandaise (3 850). Ils se sont sédentarisés. DER **lapon, one** *a*

**Lapparent** Albert Cochon de (Bourges, 1839 – Paris, 1908), géologue français : *Leçons de géographie physique* (1896).

**Laprade** Victor Richard de (Montbrison, 1812 – Lyon, 1883), poète français romantique et chrétien. Acad. fr. (1858).

**Laprade** Albert (Buzançais, 1883 – Paris, 1978), architecte et urbaniste français ; auteur notam. du barrage de Génissiat.

**laps** *nm* **LOC** ***Laps de temps :*** espace de temps. PHO [laps] ETY Du lat. *lapsus*, « écoulement ».

**lapsus** *nm* Erreur que l'on commet en parlant (*lapsus linguæ*) ou en écrivant (*lapsus calami*). PHO [lapsys] ETY Mot lat., « faux pas ».

**laquais** *nm* **1** anc Valet revêtu de la livrée. **2** litt Homme servile. ETY Du turc *ulak*, « coureur ».

**laque** *n* **A** *nf* **1** Sève résineuse rouge foncé de divers arbres d'Asie. **2** Vernis coloré naturel, obtenu à partir de cette sève. **3** Peinture qui a un aspect brillant et dur. **4** Substance que l'on vaporise sur les cheveux pour les fixer. **B** *nm* Objet d'art laqué. *Une collection de beaux laques d'Extrême-Orient.* ETY De l'hindoustani, par le persan.

**laqué, ée** *a* CUIS Se dit d'une viande de canard ou de porc enduite en cours de rôtissage d'une sauce de soja sucrée et épicée. **LOC** MED ***Sang laqué :*** sang ayant subi l'hémolyse.

**Laquedives** → **Laksha Dvipa.**

**laquelle** → **lequel.**

**laquer** *vt* ① Recouvrir de laque ou de peinture brillante. DER **laquage** *nm*

**laqueur** *nm* Artisan qui enduit de laque.

**La Quintinie** Jean de (Chabanais, Angoumois, 1626 – Versailles, 1688), horticulteur et arboriculteur français (potagers de Versailles, de Chantilly, de Rambouillet).

**Larache** (en ar. *Al-'Arā'ich*), v. et port du Maroc (prov. de Tétouan), sur l'Atlantique, à l'embouchure du Loukkos ; 100 000 hab. Pêche ; industr. alim.

**laraire** *nm* ANTIQ Petite chapelle pour le culte des lares.

**Larbaud** Valery (Vichy, 1881 – id., 1957), écrivain français : *Fermina Marquez* (1911) ; sous le nom (et le titre) de *A.O. Barnabooth*, un ensemble autobiographique (1908-1913). Critique littéraire : *Jaune, bleu, blanc* (1927), *Ce vice impuni, la lecture* (1936). Il est le princ. traducteur de l'*Ulysse* de Joyce.

**larbin** *nm* **1** fam Domestique de sexe masculin. **2** fig Homme servile.

**Larche** (col de) col (1 997 m) des Alpes-Hte-Prov., reliant Barcelonnette à Cuneo (Italie). VAR **col de l'Argentière**

**larcin** *nm* Petit vol commis sans violence ; objet volé. *Cacher son larcin.*

**lard** *nm* **1** Couche épaisse, constituée de tissu conjonctif chargé de graisse, située sous la peau du porc, des cétacés. **2** Lard du porc, utilisé pour la cuisine. **LOC** fam ***Gros lard :*** homme gras et lourdaud. — fam ***Se faire du lard :*** prendre de l'embonpoint en menant une vie inactive. — fam ***Tête de lard :*** personne entêtée, peu accommodante. ETY Du lat.

**larder** *vt* ① **1** Piquer une viande de petits morceaux de lard. **2** Percer de nombreux coups ; cribler. *Larder qqn de coups de couteau.* **3** CONSTR Planter des clous dans une pièce de bois pour maintenir le plâtre dont on la recouvre.

**Lardera** Berto (La Spezia, 1911 – Paris, 1989), sculpteur français d'origine italienne : plans formés de plaques métalliques pleines et évidées.

**Larderello** local. d'Italie (prov. de Pise) où des centrales géothermiques utilisent les vapeurs (120 °C) émises par le sol.

**lardoire** *nf* CUIS Brochette à larder la viande.

**lardon** *nm* **1** Petit morceau de lard allongé avec lequel on larde la viande. **2** Petit morceau de lard dont on accommode certains mets. **3** fam Jeune enfant.

**lare** *nm* ANTIQ ROM Divinité romaine protectrice du foyer. ETY Du lat.

**La Renaudie** Godefroi de Barri (seigneur de) (m. en 1560), gentilhomme protestant français. Chef de la conjuration d'Amboise, il fut tué près de cette ville.

**La Révellière-Lépeaux** Louis Marie de (Montaigu, Vendée, 1753 – Paris, 1824), homme politique français. Membre du Directoire, il participa au coup d'État du 18 fructidor an V contre les royalistes.

**La Reynie** Gabriel Nicolas de (Limoges, 1625 – Paris, 1709), premier lieutenant général de police de Paris (1667). Il développa l'hygiène et la sécurité.

**largable, largage** → **larguer.**

**large** *a, nm, av* **A** *a* **1** Dont la largeur est importante. *Couloir large.* ANT étroit. **2** Ample. *Ce chandail est trop large.* **3** Qui a telle largeur de. *Route large de dix mètres.* **4** fig Étendu, vaste, grand. *De larges possibilités. Avoir des vues larges.* ANT restreint. **5** fig Généreux, qui donne beaucoup. *Le patron n'est pas large.* **6** fig Qui comprend autrui, qui est tolérant. *Un esprit large.* **B** *nm* **1** Largeur. *Cette table a 90 cm de large.* **2** La haute mer. **C** *av* **1** Sans serrer. *Ces mocassins chaussent large.* **2** Avec une grande ampleur de vues. *Voir large.* **LOC** ***Au large ! :*** écartez-vous ! — ***Au large de :*** en mer, en face de tel point de la côte. — ***En long et en large :*** dans tous les sens ; fig, fam complètement et en détail. — ***Être au large :*** avoir de la place ; fig avoir suffisamment de ressources. — fam ***Ne pas en mener large :*** avoir peur dans une situation fâcheuse. — ***Prendre le large :*** s'éloigner du rivage ; fig, fam s'enfuir. ETY Du lat.

**Largeau** Victor Emmanuel Étienne (Niort, 1867 – Avocourt, près de Verdun, 1916), général français. Il participa à la conquête de l'Afrique centrale.

**largement** *av* **1** D'une manière large. *Être largement payé.* **2** Au moins. *Cette valise pèse largement dix kilos.*

**Largentière** ch.-l. d'arr. de l'Ardèche, sur la Ligne ; 1 940 hab. – Les mines de plomb argentifère auxquelles la com. doit son nom ne sont plus exploitées. – Égl. gothique. DER **largentiérois, oise** *a, n*

**largesse** *nf* **A** litt Libéralité, générosité. **B** *nfpl* Dons généreux. *Combler qqn de largesses.*

**largeur** *nf* **1** Une des dimensions d'une surface, d'un volume par oppos. à *longueur, hauteur.* **2** fig Qualité de ce qui n'est pas borné, mesquin. *Largeur de vues.* **LOC** fam ***Se trromper dans les grandes largeurs :*** complètement.

**large-white** *nm inv* Race de porcs d'origine anglaise, à robe blanche et à oreilles dressées. PHO [laʀdʒwajt]

**larghetto** *av, nm* MUS **A** *av* Un peu moins lentement que largo. **B** *nm* Morceau joué larghetto. PHO [laʀgetto] ETY Mot ital.

**Largillière** Nicolas de (Paris, 1656 – id., 1746), portraitiste français.

**largo** *av, nm* MUS **A** *av* Avec un mouvement très lent et majestueux. **B** *nm* Morceau joué largo. ETY Mot ital.

**Largo Caballero** Francisco (Madrid, 1869 – Paris, 1946), homme politique espagnol. Socialiste, il participa au premier gouv. républicain (1931) et fut président du Conseil en 1936-1937.

**largonji** *nm* Argot consistant à déformer les mots en substituant à la lettre initiale un *l*, laquelle est rejetée à la fin du mot et suivie d'un suffixe. *En largonji, jargon devient largonji.* PHO [laʀgɔ̃ʒi]

**largue** *nm* MAR Allure de route d'un bateau qui reçoit le vent arrière oblique. ETY De l'ital.

**larguer** *vt* ① **1** MAR Lâcher, désamarrer et laisser aller. *Larguer une amarre.* **2** AVIAT Lâcher en cours de vol. *Larguer des bombes.* **3** fam Jeter, quitter, abandonner. *Larguer ses vieilles affaires. Elle a largué son petit ami. Se faire larguer.* **LOC** fam ***Être largué :*** être dépassé, ne plus rien comprendre. DER **largable** *a* – **largage** *nm*

**Lariboisière** Jean Ambroise Baston (comte de) (Fougères, 1759 – Königsberg, 1812), général français ; commandant de l'artillerie de la garde impériale (1807). — **Charles Honoré** (Fougères, 1788 – Paris, 1868) fils du préc. Sa femme, **Élisa Roy** (1794 – 1851), fonda à Paris l'*hôpital Lariboisière* (1846).

**lariforme** *nm* ORNITH Oiseau marin à longues ailes, tel que les mouettes, les goélands, les sternes, etc. ETY Du lat.

**larigot** *n* MUS Petit flageolet.

**Larionov** Mikhaïl Fiodorovitch, dit Michel (Tiraspol, gouv. d'Odessa, 1881 – Fontenay-aux-Roses, 1964), peintre d'origine russe naturalisé français ; créateur avec sa femme, **N. Gontcharova**, du « rayonnisme », non figuratif.

**Lárissa** v. de Grèce (Thessalie), ch.-l. du nome du m. nom ; 102 050 hab. Industries. – Archevêché. Ruines antiques.

**Lāristān (le)** région montagneuse de l'Iran, en bordure du détroit d'Ormuz. Riche région agricole.

**larme** *nf* **1** Goutte du liquide sécrété par les glandes lacrymales. *Les larmes humidifient et protègent la cornée.* **2** Humeur onctueuse sécrétée par les larmiers du cerf, avec laquelle l'animal marque son territoire. **3** fam Très petite quantité de boisson. *Versez-moi une larme de vin.* **LOC** ***Avoir des larmes dans la voix :*** parler d'une voix altérée par l'émotion. — ***Larmes de crocodile :*** larmes hypocrites. — ***Pleurer à chaudes larmes :*** pleurer beaucoup. — ***Rire aux larmes :*** beaucoup, très fort. ETY Du lat.

**larme-de-Job** *nf* Syn. de *larmille.* PLUR larmes-de-Job.

**larmier** *nm* **1** ARCHI Moulure, élément en saillie, dont la face inférieure est creusée d'une rigole qui collecte les gouttes de ruissellement et les évacue. **2** ZOOL Appareil sécréteur propre aux cervidés, situé à l'angle interne de l'œil.

**larmille** *nf* Graminée dont les grains luisants évoquent des larmes. SYN larme-de-Job.

**Larmor** sir Joseph (Magheragall, 1857 – Holywood, Irlande, 1942), physicien irlandais. Il étudia l'influence des champs magnétiques sur les particules et prouva ainsi que les électrons ont une masse.

**larmoyer** *vi* ㉓ **1** Être plein de larmes, en parlant des yeux. **2** péjor Pleurnicher, se plaindre. DER **larmoiement** *nm* – **larmoyant, ante** *a*

**Larnaca** (en gr. *Larnax*, en turc *Lârnaka*), v. et port de l'île de Chypre (côte S.-E.) ; 20 000 hab. ; ch.-l. du distr. du m. nom.

**La Roche** Mazo de → **De La Roche.**

**La Rochefoucauld** François (duc de) (Paris, 1613 – id., 1680), écrivain français. Il complota contre Richelieu, puis soutint la Fronde des princes (1648). Blessé au visage (1652), il se rallia au roi (1653). Retiré sur ses terres, il rédigea ses *Mémoires* (1662). En 1664, il publia anonymement, à La Haye, ses *Réflexions ou Sentences et Maximes morales*, au pessimisme sévère, et les réédita sous son nom.

La Rochefoucauld

**La Rochefoucauld-Liancourt** François (duc de) (La Roche-Guyon, 1747 – Paris, 1827), philanthrope et homme politique français ; fondateur à Liancourt (Oise) de l'École professionnelle des enfants de la patrie.

**La Rochejaquelein** Henri du Vergier (comte de) (près de Châtillon-sur-Sèvre, 1772 – Nuaillé-Maupertuis, Maine-et-Loire, 1794), chef vendéen. Vaincu à Cholet (oct. 1793), il poursuivit la guérilla et mourut au combat.

**La Rocque** François (comte de) (Lorient, 1885 – Paris, 1946), colonel et homme politique français. Président des Croix-de-Feu (1931), puis du Parti social français (1936), il devint résistant et fut déporté en Allemagne (1943).

**Larousse** Pierre (Toucy, Yonne, 1817 – Paris, 1875), lexicographe et éditeur français ; auteur du *Grand Dictionnaire universel du XIX^e siècle* (14 vol., 1866-1876). Il fonda la *Librairie Larousse et Boyer* en 1852 avec Augustin Boyer (1821 – 1896). DER **laroussien, enne** *a*

Pierre Larousse

**Larrey** Dominique Jean (baron) (Beaudéan, Bigorre, 1766 – Lyon, 1842), chirurgien des armées de Napoléon, surnommé « la Providence du soldat ».

**larron** *nm* **1** vx Brigand, voleur. **2** IMPRIM Défaut d'impression d'une feuille pliée accidentellement. **LOC** ***Le bon larron et le mauvais larron :*** les deux malfaiteurs qui, selon l'Évangile, furent crucifiés en même temps que le Christ. — ***Le troisième larron :*** celui qui profite du désaccord de deux autres personnes. — ***S'entendre comme larrons en foire :*** très bien s'entendre. ETY Du lat.

**Larsa** anc. v. de Mésopotamie (auj. *Senkerah*, Irak), cap. aux XIX^e-XVIII^e s. av. J.-C. d'un royaume qui rivalisa avec Ur et Hammourabi.

**larsen** *nm* **LOC** ***Effet Larsen*** ou ***larsen :*** sifflement intense, qui se produit lorsque le microphone et le haut-parleur d'un même ensemble électroacoustique sont rapprochés. PHO [laʀsɛn] ETY Du n. pr.

**Larsen** Søren Absalon (Nørre Aaby, 1871 – Gentofte, près de Copenhague, 1957), électroacousticien danois.

**Lartet** Édouard (Saint-Guiraud, Gers, 1801 – Seissan, id., 1871), géologue français, pionnier de la paléontologie humaine (dans le S.-O. de la France).

**Lartigue** Jacques-Henri (Courbevoie, 1894 – Nice, 1986), photographe français, peintre de la haute bourgeoisie.

**larvaire** *a* **1** Relatif à la larve. *La phase larvaire de la vie d'un insecte.* **2** fig Embryonnaire.

**larve** *nf* **1** ANTIQ ROM Esprit malfaisant d'un mort. **2** ZOOL Forme que prennent certains animaux entre l'état embryonnaire et l'état adulte. **3** fam, péjor Individu apathique, méprisable. ETY Du lat. *larva*, « fantôme ».

ENC Une larve, de quelque animal que ce soit (insecte, échinoderme, crustacé, amphibien, poisson, etc.), possède trois caractéristiques : elle mène une vie indépendante de ses géniteurs ; elle a des organes propres et ne possède pas tous les organes de l'adulte ; sauf rarissimes exceptions (V. axolotl), elle est inapte à la reproduction sexuée. La plupart du temps, l'alimentation, la respiration et le milieu de vie de la larve et de l'adulte sont différents. Les têtards, chenilles, asticots, vers blancs, véligères, etc. sont des larves. V. métamorphose.

**larvé, ée** *a* Qui ne se déclare pas franchement ; insidieux. *Une guerre civile larvée.*

**larvicide** *a, nm* Qui détruit les larves.

**laryng(o)-** Élément, du gr. *larugx*, « gorge ».

**laryngal, ale** *a, nf* PHON Se dit d'une consonne dont le point d'articulation est situé au niveau du larynx (par ex. la jota espagnole). PLUR laryngaux.

**laryngé** → **larynx.**

**laryngectomie** *nf* CHIR Ablation du larynx.

**laryngien** → **larynx.**

**laryngite** *nf* MED Inflammation aiguë ou chronique du larynx.

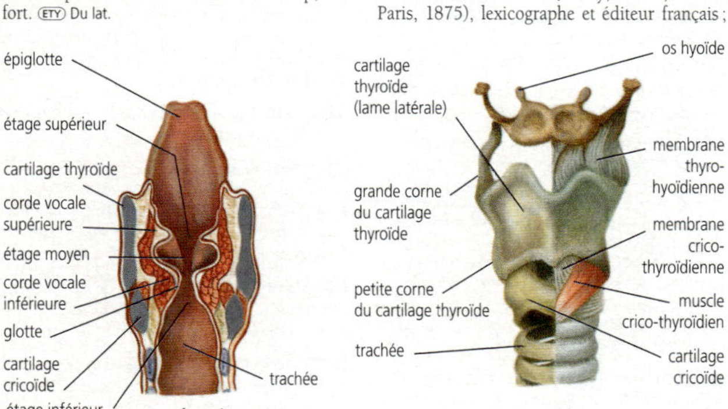


larynx

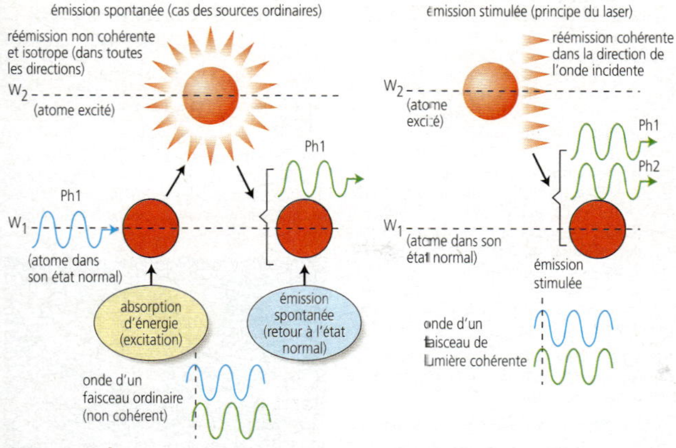


**laser**

**laryngologie** *nf* MED Partie de la médecine qui étudie le larynx et sa pathologie.

**laryngoscope** *nm* MED Appareil qui permet d'examiner le larynx.

**laryngoscopie** *nf* MED Examen du larynx à l'aide d'un laryngoscope.

**laryngotomie** *nf* CHIR Incision du larynx.

**larynx** *nm* Partie des voies aériennes supérieures situées entre la trachée et le pharynx. *Le larynx est l'organe de la phonation.* PHO [laʀɛ̃ks] ETY Du gr. DER **laryngé, ée** ou **laryngien, enne** *a*

**Larzac (causse du)** haut et vaste plateau calcaire du S. du Massif central (Aveyron). Camp militaire (dont le projet d'extension suscita des protestations (1971-1981).

**1 las !** *interj* litt Hélas ! PHO [las]

**2 las, lasse** *a* **1** Qui ressent ou exprime la fatigue. *Être las de marcher. Un air las.* **2** Ennuyé, excédé, dégoûté. *Être las de tout. Las d'espérer.* PHO [lɑ, lɑs] ETY Du lat.

**Lasa** → **Lhasa.**

**La Sablière Marguerite Hessein (Mme de)** (Paris, 1636 – id., 1693), femme de lettres française ; protectrice de La Fontaine.

**lasagne** *nf* **A** Pâte alimentaire en forme de larges plaques. **B** *nfpl* Préparation culinaire composée de ces pâtes séparées par des couches de hachis de viande et gratinée. ETY De l'ital.

**La Sale Antoine de** (en Provence, v. 1388 – ?, v. 1462), conteur français : *l'Histoire du petit Jehan de Saintré.* VAR **La Salle**

**LaSalle** v. du Québec, sur le Saint-Laurent, fusionnée à Montréal en 2002. Industries. DER **laSallois, oise** *a, n*

**La Salle René Robert Cavelier de** (Rouen, 1643 – en Louisiane, 1687), explorateur français. Parti de Nouvelle-France (Canada), il descendit le Mississippi et atteignit le golfe du Mexique, prenant possession, au nom de Louis XIV, des terres qu'il nomma la *Louisiane* (1681-1682).

**lascar** *nm* fam Homme malin, débrouillard.

**Lascaris** puissante famille byzantine (apparue dans l'histoire v. la fin du XIe s.). (V. Théodore Ier Lascaris et Théodore II Doukas Lascaris.) VAR **Laskaris**

**Lascaris Jean** (Constantinople, v. 1445 – Rome, v. 1534), érudit grec. Réfugié à Florence, puis à Paris et à Rome, il contribua à la renaissance des études helléniques (Guillaume Budé fut son élève). VAR **Laskaris**

**Las Casas Bartolomé de** (Séville, 1474 – Madrid, 1566), dominicain espagnol. Il défendit les Amérindiens : *Très brève relation de la destruction des Indes* (1542).

**Las Cases Emmanuel (comte de)** (Las Cases, près de Revel, 1766 – Passy-sur-Seine, 1842), écrivain français. Chambellan de Napoléon Ier, il l'accompagna à Sainte-Hélène, mais en fut éloigné en nov. 1816. Dans le *Mémorial de Sainte-Hélène,* il consigna ses entretiens avec l'Empereur (8 vol., 1823).

**Lascaux (grotte de)** refuge souterrain proche de Montignac (Dordogne, arr. de Sarlat). Découverte en 1940, cette grotte, ornée de très nombr. peintures et gravures pariétales, présente un des plus remarquables ensembles d'art paléolithique (magdalénien moyen, 13 000 env. av. J.-C.). Dégradée par l'afflux des touristes, elle fut fermée en 1963 et restaurée. À proximité, une reconstitution en grandeur nature est ouverte au public.

grotte de **Lascaux** : reconstitution de peintures rupestres du magdalénien – musée des Antiquités nationales, Saint-Germain-en-Laye

**lascif, ive** *a* **1** Porté à la volupté ou à la luxure. *Une nature lascive.* **2** Qui exprime la sensualité ; qui éveille le désir. *Démarche lascive.* ETY Du lat. DER **lascivement** *av* – **lasciveté** ou **lascivité** *nf*

**Lasègue Charles Ernest** (Paris, 1816 – id., 1883), neurologue et psychiatre français. ▷ PSYCHIAT *Maladie de Lasègue* : psychose hallucinatoire chronique.

**laser** *nm* Appareil qui produit un faisceau de lumière cohérente. PHO [lazɛʀ] ETY Mot angl., acronyme de *light amplification by stimulated emission of radiations.*

ENC Un laser est un générateur d'ondes électromagnétiques monochromatiques. Il se compose d'un milieu actif contenu dans une cavité résonante que délimitent deux miroirs. Son principe consiste à *exciter* les atomes d'un corps et à provoquer, lorsque les atomes reviennent à leur niveau d'énergie initial, l'émission de photons aux caractéristiques très voisines. Le rendement de cette émission augmente lorsque le nombre d'atomes possédant le niveau d'énergie le plus élevé est supérieur à celui des atomes dont le niveau d'énergie est le plus faible. Cette *inversion des populations* est notam. obtenue grâce au *pompage optique* mis au point en 1950 par A. Kastler. Le milieu actif d'un laser peut être constitué : d'ions métalliques noyés dans une matrice cristalline (laser à rubis, à néodyme) ; d'ions de terres rares en solution dans un liquide ; d'un gaz (laser à hélium-néon, à gaz carbonique, etc.) ; d'un matériau semiconducteur (arséniure de gallium, par ex.) ; d'un colorant liquide. Le faisceau lumineux émis par un laser est quasiment un cylindre de quelques mm de diamètre. Sa focalisation réalise des intensités d'éclairement considérables.
On utilise les lasers dans de très nombr. domaines : transmission d'énergie à distance, soudure et usinage, microchirurgie, ophtalmologie, interventions sur les organes sans « ouvrir » (gastéroentérologie, etc.), obtention de plasmas (notamment en vue de la fusion thermonucléaire contrôlée), photographie de phénomènes très rapides, topographie, guidage d'engins de travaux publics (boucliers destinés à forer des tunnels), transport d'informations en télécommunications, holographie, disques compacts, vidéodisques, applications aérospatiales et militaires (guidage de missiles, destruction de satellites, etc.).

**lasériser** *vt* ① Soumettre à l'action du laser.

**Lashley Karl Spencer** (Davis, Virginie, 1890 – Poitiers, 1958), biologiste américain : travaux sur le système nerveux des mammifères.

**Laskaris** → **Lascaris.**

**Lasker-Schüler Else** (Elberfeld, 1869 – Jérusalem, 1945), poétesse allemande : *Ballades hébraïques* (1913), *Mon piano bleu* (1943).

**Laskine Lily** (Paris, 1893 – id., 1988), harpiste française.

**Las Palmas** → **Palmas (las).**

**Lassalle Ferdinand** (Breslau, auj. Wrocław, 1825 – Genève, 1864), homme politique allemand. Partisan d'un socialisme autoritaire, il fonda, en 1863, l'Association générale allemande des travailleurs.

**Lassen (pic)** volcan des É.-U., dans la Sierra Nevada ; 3 188 m. Dernière éruption en 1921.

**lasser** *vt* ① Fatiguer, ennuyer, excéder. ETY Du lat. DER **lassant, ante** *a*

**lassi** *nm* Yaourt étendu d'eau et aromatisé, spécialité indienne. ETY Mot hindi.

**lassitude** *nf* **1** État ou sensation pénible de fatigue physique. **2** Ennui, découragement ; abattement moral.

**lasso** *nm* Corde à nœud coulant utilisée par les gauchos et les cow-boys pour capturer les chevaux sauvages, le bétail. ETY De l'esp.

**Lassus Roland de** (Mons, Hainaut, v. 1531 – Munich, 1594), compositeur wallon ; le plus grand musicien de la Renaissance. Il aborda tous les genres (motets, chansons, messes), maniant avec brio des formes polyphoniques complexes.

**Lasswell Harold Dwight** (Donnellson, Illinois, 1902 – New York, 1978), sociologue américain : *The Future of World Communication* (1972).

**lastex** *nm* Fil de caoutchouc gainé de textile (laine, coton, rayonne, etc.). ETY Nom déposé.

**lasure** *nf* PEINT Produit de protection du bois par imprégnation superficielle. ETY De l'all. DER **lasurer** *vt* ① – **lasurage** *nm*

**Las Vegas** ville des États-Unis (Nevada) ; 1,7 million d'hab. (aggl.). Cet anc. centre minier est devenu la cap. mondiale du jeu.

**Latakieh** → **Lattaquié.**

**latanier** *nm* Palmier d'Amérique, d'Asie et des îles de l'océan Indien dont certaines espèces, ornementales, sont cultivées comme plantes d'appartement. ETY Du caraïbe.

**Latécoère** Pierre (Bagnères-de-Bigorre, 1883 – Paris, 1943), industriel français ; constructeur d'avions ; créateur des premières lignes France-Afrique-Amérique du Sud.

**latence** *nf* **1** didac État de ce qui est latent. **2** BIOL, PSYCHO Délai qui s'écoule entre un stimulus et la réaction à ce stimulus. **LOC** PSYCHAN ***Période de latence*** : période de la sexualité infantile entre cinq ans et la puberté, marquée par un refoulement des pulsions sexuelles.

**latent, ente** *a* **1** Qui ne se manifeste pas ; qui reste caché. *Une aversion latente.* **2** MED Se dit d'une maladie dont les symptômes ne sont pas encore cliniquement perceptibles. **LOC** PHYS ***Chaleur latente*** : quantité de chaleur nécessaire pour faire passer d'un état à un autre l'unité de masse d'un corps. — PSYCHAN ***Contenu latent d'un rêve*** : son sens profond et réel, qui procède de l'inconscient, par oppos. à *contenu manifeste.* — TECH ***Image latente*** : ensemble des points d'une émulsion photographique qui donneront l'image après développement. — BIOL ***Vie latente*** : état d'un organe ou d'un organisme dont les fonctions physiologiques sont presque entièrement suspendues. ETY Du lat. *latere,* « être caché ».

**latér(o)-, -latère** Éléments, du lat. *latus, lateris,* « côté ».

**latéral, ale** *a, nf* **A** *a* Qui appartient au côté ; qui se trouve sur le côté. *Galerie latérale.* **B** *a, nf* Se dit d'une consonne articulée en laissant passer l'air de chaque côté de la langue (ex. [l]). PLUR latéraux. DER **latéralement** *av*

**latéralisation** *nf* PSYCHO Établissement progressif de la prédominance d'un hémisphère cérébral sur l'autre.

**latéralisé, ée** *a* PSYCHO Qui a acquis la latéralité. *Bien, mal latéralisé.*

**latéralité** *nf* PSYCHO Fait que l'une des deux moitiés du corps soit fonctionnellement dominante sur l'autre.

**latérite** *nf* Roche rouge ou brune des plateaux des régions tropicales, constituée d'hydroxydes d'aluminium et de fer. *La bauxite est une latérite.* ETY Du lat. *later,* « brique ». DER **latéritique** *a*

**latéritisation** *nf* GEOL Altération des roches formées de feldspath, qui conduit à la formation de latérite par lessivage de la silice.

**latex** *nm inv* Sécrétion opaque blanche ou colorée, coagulable, de divers végétaux tels que l'hévéa, le pissenlit, la laitue. **LOC** ***Latex synthétique*** : obtenu par polymérisation et servant notam. à la fabrication de caoutchouc synthétique. ETY Mot lat., « liqueur ».

**laticifère** *nm* BOT Organe sécréteur ou conducteur du latex.

**laticlave** *nm* ANTIQ ROM Large bande de pourpre qui garnissait la tunique des sénateurs ; cette tunique. ETY Du lat.

**latifolié, ée** *a* BOT À larges feuilles.

**latifundium** *nm* Très grand domaine agricole privé, souvent mal ou insuffisamment exploité. PLUR latifundiums ou latifundia. PHO [latifɔ̃djɔm] ETY Mot lat. DER **latifundiaire** *a* – **latifundiste** *n*

**Latimer** Hugh (Thurcaston, v. 1490 – Oxford, 1555), prélat et théologien anglais. Il embrassa la Réforme en 1524. Conseiller d'Henri VIII, il fut brûlé vif sous Marie Tudor.

**latin, ine** *a, n* **A 1** Originaire du Latium. **2** De la Rome ancienne ou des peuples romanisés. *Coutumes, villes latines.* **3** Qui appartient à un peuple parlant une langue romane. *Les Italiens, les Portugais sont des Latins.* **B** *a* Qui a trait à la langue latine. *Alphabet latin.* **C** *nm* Langue que parlaient les Latins et qui appartient au groupe méditerranéen des langues indo-européennes. **LOC** ***Bas latin*** : en usage après la chute de l'Empire romain et au Moyen Âge. — ***Latin classique*** : langue des plus célèbres auteurs latins, tels que César et Cicéron. — ***Latin de cuisine*** : mauvais latin ; parler qui n'a que les désinences du latin. — ***Latin ecclésiastique*** : latin de l'Église catholique romaine. — ***Latin populaire*** : latin parlé, à l'origine des langues romanes. — MAR ***Voile latine*** : voile triangulaire dont le grand côté est envergué sur une antenne. — fam ***Y perdre son latin*** : ne plus rien comprendre.

**Latina** v. d'Italie (Latium), au S.-E. de Rome, construite après l'assèchement des marais Pontins (1934) ; ch.-l. de prov. ; 92 670 hab.

**latin de Constantinople (Empire)** → **Constantinople (Empire latin de).**

**latin d'Orient (Empire)** → **Constantinople (Empire latin de).**

**Latini** Brunetto (Florence, v. 1220 – id., v. 1294), écrivain et érudit italien ; un des maîtres de Dante. Exilé en France (1260-1266), où il est connu sous le nom de *Brunet Latin,* il rédigea en langue d'oïl une encyclopédie poétique : *le Livre du Trésor* (v. 1265).

**latinisant, ante** *a, n* **1** Qui pratique la liturgie de l'Église latine dans un pays schismatique ou catholique de rite oriental. **2** Qui s'occupe d'études latines.

**latiniser** *vt* ① **1** Donner une forme, une terminaison latine à. *Latiniser son nom en lui ajoutant la terminaison -us.* **2** Donner un caractère latin à. *Les Romains latinisèrent la Gaule.* DER **latinisation** *nf*

**latinisme** *nm* **1** Construction, tour de phrase propres à la langue latine. **2** Emprunt au latin.

**latiniste** *n* Spécialiste de la langue et de la littérature latines.

**latinité** *nf* Civilisation, culture latine.

**latino** *a, n* Se dit des émigrés originaires d'Amérique latine.

**latino-américain** → **Amérique latine.**

**latins du Levant (États)** → **Levant (États latins du).**

**Latinus** roi légendaire du Latium, chanté par Virgile dans l'*Énéide.*

**latitude** *nf* **1** Faculté, liberté ou pouvoir de disposer, d'agir. *Donner, laisser (à qqn) toute latitude de faire qqch.* **2** Distance angulaire d'un lieu à l'équateur, mesurée de 0 à + ou – 90° sur le méridien par oppos. à *longitude. Orléans est situé par 48° de latitude nord.* **3** Climat, lieu. *L'homme s'adapte à toutes les latitudes.* **4** ASTRO Angle que fait la direction d'un astre avec le plan de l'écliptique. **LOC** ***Basses latitudes*** : voisines de l'équateur. — ***Hautes latitudes*** : voisines des pôles. ETY Du lat. *latitudo,* « largeur ».

**latitudinaire** *a, n* litt Qui est d'une morale relâchée.

**Latium** anc. pays de l'Italie centrale, sur la mer Tyrrhénienne, habité par les Latins dès le IIe millénaire et conquis par Rome en 338-335 av. J.-C. – Région d'Italie et de l'UE, formée des prov. de Frosinone, Latina, Rieti, Rome, Viterbe ; 17 203 km$^2$ ; 5 137 270 hab. ; cap. *Rome.* Riche région agricole et industrielle (banlieue de Rome), le Latium unit collines (monts Sabins) et plaines (plaine du Tibre, marais Pontins). DER **latin, ine** *a, n*

**latomies** *nfpl* ANTIQ Carrières utilisées comme prison.

**Latone** nom rom. de la déesse gr. Léto.

**Latouche** Hyacinthe Thabaud de Latouche, dit Henri de (La Châtre, 1785 – Val d'Aulnay, 1851), poète français romantique (*Adieux* 1843) ; éditeur de A. Chénier (1819).

**La Tour** Georges de (Vic-sur-Seille, v. 1593 – Lunéville, 1652), peintre français. Organisation savante des jeux de lumière, réalisme austère, simplification des volumes caractérisent son art, qu'influença Caravage.

**Georges de La Tour** *le Tricheur à l'as de carreau,* v. 1630 – musée du Louvre

**La Tour** Maurice Quentin de (Saint-Quentin, 1704 – id., 1788), pastelliste, peintre et dessinateur français, auteur de portraits incisifs.

**Quentin de La Tour** *Autoportrait,* pastel – musée de Picardie, Amiens

**La Tour d'Auvergne** famille originaire de Latour (auj. La Tour-d'Auvergne, Puy-de-Dôme, arr. d'Issoire). — **Henri** (Joze, 1555 – Sedan, 1623), duc (1591) de Bouillon. (V. Bouillon.) — **Théophile Malo Corret** (Carhaix, 1743 – Oberhausen, 1800), officier français que Bonaparte surnomma « le premier grenadier de France ». Son cœur est aux Invalides, son corps au Panthéon.

**La Tour du Pin** Patrice de (Paris, 1911 – id., 1975), poète français d'inspiration chrétienne : *la Quête de joie* (1933), *Une somme de poésie* (1946-1959).

**La Tour du Pin Chambly de la Charce** René (marquis de) (Arrancy, Aisne, 1834 – Lausanne, 1924), apôtre français d'un « ordre social chrétien » fondé sur le corporatisme.

**La Tour Maubourg** Victor de Fay (marquis de) (La Motte-Galaure, 1768 – Farcy-lès-Lys, 1850), général français ; gouverneur des Invalides de 1821 à 1830.

**Latran** (église Saint-Jean-de-) l'une des quatre basiliques patriarcales de Rome ; c'est la cathédrale du pape en tant qu'évêque de Rome. Construite sous le règne de Constantin, en 324, elle doit son aspect actuel (baroque) à

Borromini (1646-1650). – Attenant à la basilique, le *palais du Latran* servit de résidence aux papes avant leur exil en Avignon ; détruit par un incendie en 1308, il fut reconstruit par D. Fontana en 1586. Cinq conciles s'y sont tenus : 1123 (confirmation du concordat de Worms) ; 1139 (liquidation du schisme d'Anaclet) ; 1179 (élection du pape à la majorité des deux tiers des cardinaux) ; 1215 (condamnation définitive des albigeois et des vaudois) ; 1512-1517 (vote de divers décrets de réforme). Le 11 fév. 1929, les *accords du Latran* y furent signés par le Vatican (cardinal Gasparri) et le gouv. italien (Mussolini) ; le Saint-Siège reconnaissait l'État italien, avec Rome pour cap. ; l'État italien reconnaissait la souveraineté du pape dans l'État du Vatican.

**-lâtre, -lâtrie** Éléments, du gr. *latreuein*, « servir, adorer ».

**La Trémoille (Georges de)** (?, 1382 – Sully-sur-Loire, 1446), aristocrate français, grand chambellan de Charles VII. — **Louis II** (Thouars, 1460 – Pavie, 1525), petit-fils du préc., participa à la conquête du Milanais.

**latrie** *nf* **LOC** THEOL ***Culte de latrie*** : rendu à Dieu seul, par oppos. à *culte de dulie*.

**latrines** *nfpl* Lieux d'aisances. ETY Du lat.

**latrodecte** *nm* Araignée venimeuse telle que la veuve noire et la malmignatte. ETY Du gr.

**lats** *nm* Ancienne unité monétaire de la Lettonie.

**Lattaquié** v. et port de Syrie, ch.-l. du distr. du m. nom ; 424 400 hab. – C'est l'anc. *Laodicée* des Séleucides. VAR **Latakieh**

**latte** *nf* **A** Pièce de bois, de métal, de matière plastique, etc., longue, plate et étroite. **B** *nfpl* fam Chaussures, savates ; pieds. *Donner des coups de lattes.* ETY Du germ.

**latté** *nm* Contre-plaqué formé de lattes sur chant, collées entre elles.

**latter** *vt* ① **1** Garnir de lattes. **2** fam Frapper qqn avec le pied. DER **lattage** *nm*

**Lattes** ch.-l. du cant. de l'Hérault (arr. de Montpellier) ; 16 166 hab. Port d'orig. ancienne. DER **lattois, oise** *a, n*

**lattis** *nm* Ouvrage de lattes. PHO [lati]

**Lattre de Tassigny Jean-Marie Gabriel de** (Mouilleron-en-Pareds, Vendée, 1889 – Paris, 1952), maréchal de France à titre posthume. Il débarqua à Saint-Tropez (16 août 1944) et reçut, pour la France, à Berlin (8 mai 1945), la capitulation all. Il fut haut-commissaire en Indochine (1950-1952).

le maréchal de Lattre de Tassigny

**Latude Jean Henry de** (Montagnac, 1725 – Paris, 1805), prisonnier français (au chât. de Vincennes et à la Bastille) célèbre par ses trois évasions.

**Laube Heinrich** (Sprottau, Silésie, 1806 – Vienne, 1884), écrivain allemand ; membre de la « Jeune-Allemagne » : *les Élèves de l'école Charles.*

**Laubeuf Maxime** (Poissy, 1864 – Cannes, 1939), ingénieur français. Il mit au point en 1904 un prototype de sous-marin.

**Laud William** (Reading, 1573 – Londres, 1645), prélat anglais. Les persécutions dont il accabla puritains et presbytériens, notam. en Écosse, provoquèrent une révolte ; il fut condamné à mort par la Chambre des communes.

**Lauda Niki** (Vienne, 1949), coureur automobile autrichien ; champion du monde de Formule 1 en 1975, en 1977 et en 1984.

**laudanum** *nm* Produit dérivé de l'opium. PHO [lodanɔm] ETY Mot lat., « résine de ciste ».

**laudateur, trice** *n* litt Personne qui loue, qui décerne des louanges.

**laudatif, ive** *a* Qui loue, qui contient un éloge. *Discours laudatif. Expression laudative.* ETY Du lat. *laudare*, « louer ».

**laudes** *nfpl* LITURG CATHOL Office du matin. ETY Mot lat. « louanges ».

**Laue Max von** (Pfaffendorf, près de Coblence, 1879 – Berlin, 1960), physicien allemand : travaux sur la diffraction des rayons X par les cristaux. P. Nobel 1914.

**Lauenburg** anc. duché all., danois de 1816 à 1864, annexé par la Prusse. Il fait auj. partie du Schleswig-Holstein.

**Laughton Charles** (Scarborough, 1899 – Hollywood, 1962), acteur britannique : *la Vie privée d'Henri VIII* (1933), *les Révoltés du Bounty* (1935). Il réalisa *la Nuit du chasseur* (1955).

**Launay Bernard Jordan (marquis de)** (Paris, 1740 – id., 1789), gouverneur de la Bastille, tué lors de la prise de la forteresse.

**Laura** film d'Otto Preminger (1944), avec Gene Tierney et Dana Andrews (1909 – 1992).

**lauracée** *nf* Plante dicotylédone dialypétale telle que le laurier, le camphrier, l'avocatier.

**Lauragais** pays du Languedoc, entre Toulouse et Castelnaudary. – Le *seuil du Lauragais* ou *de Naurouze* (190 m) est la ligne de partage des eaux entre le versant atlantique et le versant méditerranéen.

**Laurana Franjo Vranjanin,** dit **Francesco** (Vrana, Dalmatie, v. 1420 – Avignon [?], v. 1502), sculpteur italien d'origine dalmate. Il vécut en Provence, à la cour du roi René d'Anjou.

**Laurasie** vaste ensemble continental de l'ère secondaire, comprenant l'Amérique du Nord, le Groenland et l'Eurasie. (V. Pangée et Gondwana.)

**laure** *nf* Monastère orthodoxe.

**Laure** héroïne du *Canzoniere* (posth., 1470) de Pétrarque. V. Noves (Laure de).

**lauréat, ate** *a, n* Qui a remporté un prix dans un concours. *Lauréat du concours général.*

**Laurel Arthur Stanley Jefferson,** dit **Stan** (Ulverston, Lancashire, 1890 – Santa Monica, Californie, 1965), acteur comique américain d'origine anglaise. De 1926 à 1950, il tourna de nombr. films avec Oliver Hardy.

**Laurencin Marie, baronne Otto von Wätjen** (Paris, 1883 – id., 1956), peintre française amie des cubistes et inspiratrice d'Apollinaire.

**Laurens Jean-Paul** (Fourquevaux, Hte-Garonne, 1838 – Paris, 1921), peintre français académique.

**Laurens Henri** (Paris, 1885 – id., 1954), sculpteur et dessinateur français. Influencé par le cubisme, il assouplit celui-ci.

**Laurent (saint)** (m. en 258), diacre de Rome d'origine espagnole. Selon la tradition, il fut brûlé vif sur un gril pour avoir refusé de livrer au préfet de Rome les biens de l'Église, qu'il distribua aux pauvres.

**Laurent Jacques** (Paris, 1919 – id., 2000), écrivain français ; l'un des « hussards », polémiste et romancier (*les Corps tranquilles*, 1948 ; *les Bêtises*, 1971), il publia la série des *Caroline chérie*, sous le nom de Cécil Saint-Laurent. Acad. fr. (1986).

**Laurent Pierre** (Paris, 1957), homme politique français, secrétaire du PCF depuis 2010.

**Laurent de Brindes (saint)** (Brindisi, 1559 – Belém, 1619), capucin italien, attaché à la conversion des juifs ; docteur de l'Église.

**Laurent de Médicis** → **Médicis.**

**Laurentides (les)** région du Canada oriental formée par une série de plateaux bordant l'E. du Bouclier canadien. Parc national. DER **laurentien, enne** *a, n*

**Laurentides** rég. admin. du Québec, au N. de Montréal ; 569 000 hab. Tourisme. Aéroport intern. de *Mirabel.* DER **laurentien, enne** *a, n*

**laurier** *nm* **A** Nom donné à des arbres très divers dont une espèce, le *laurier-sauce*, a des feuilles persistantes utilisées comme condiment ; ces feuilles. **B** *nmpl* litt Succès, gloire. *Les lauriers de la victoire.* **LOC** ***Couronne de laurier*** : couronne de feuilles de laurier décernée au vainqueur, dans l'Antiquité. — ***Laurier-cerise*** : arbre (rosacée) à feuilles persistantes. — ***Laurier-rose*** : arbuste méditerranéen ornemental (apocynacée), aux feuilles persistantes et aux fleurs colorées. — ***Laurier-tin*** : nom cour. d'une viorne (caprifoliacée). — ***Se reposer, s'endormir sur ses lauriers*** : ne pas poursuivre après un succès. ETY Du lat.

laurier-sauce

**Laurier sir Wilfrid** (Saint-Lin-des-Laurentides, Québec, 1841 – Ottawa, 1919), homme politique canadien. Premier ministre du Canada (1896-1911).

**Laurion** promontoire de Grèce (Attique), au N. du cap Sounion. Mines de plomb et d'argent, exploitées depuis l'Antiquité.

**Lauriston Jacques Alexandre Bernard Law (comte,** puis **marquis de)** (Pondichéry, 1768 – Paris, 1828), maréchal de France (1823). Il s'illustra sous l'Empire et sous la Restauration.

**Lausanne** v. de Suisse, sur la rive N. du lac Léman ; ch.-l. du cant. de Vaud ; 127 800 hab (aggl.). Centre d'affaires, ville résidentielle. Université. Industries. – Cath. (XIIIe s.). Chât. Saint-Maire (XIVe s.). – Le *traité de Lausanne*, signé le 24 juil. 1923 par les Alliés et par la Turquie, rendait à celle-ci la Thrace, Smyrne et Andrinople. DER **lausannois, oise** *a, n* ▶ illustr. p. 914

**lause** → **lauze.**

**Laussedat Aimé** (Moulins, 1819 – Paris, 1907), géomètre français. Il inventa la « métrophotographie » (c.-à-d. la photogrammétrie).

**Lautaret (col du)** col des Alpes du Dauphiné (2 058 m) reliant l'Oisans au Briançonnais.

**Lauter (la)** riv. franco-allemande (82 km) séparant l'Alsace du Palatinat ; affluent du Rhin (r. g.).

**Lautréamont** Isidore Ducasse, dit le comte de (Montevideo, 1846 – Paris, 1870), écrivain français. Ses *Chants de Maldoror* (1869), éloge sarcastique du mal, annoncent le surréalisme. En 1870, sous son nom légal, il fit paraître des *Poésies*, suite de sentences morales au « sérieux » déconcertant.

**Lautrec** Odet de Foix (vicomte de) (?, 1485 – Naples, 1528), maréchal de France. Il reconquit le Milanais (1527) mais mourut de la peste en assiégeant Naples.

**lauze** *nf* Plaque de schiste utilisée comme dalle au sol ou pour couvrir les maisons. VAR **lause**

**Lauzun** Antonin Nompar de Caumont La Force (comte, puis duc de) (Lauzun, 1633 – Paris, 1723), officier français. Hostile à son mariage avec Mlle de Montpensier, Louis XIV le fit emprisonner (1671-1680), mais les fiancés se marièrent en 1681.

**Lauzun (hôtel)** hôtel parisien construit dans l'île Saint-Louis à partir de 1656 par Le Vau.

**lavable** → **laver.**

**lavabo** *nm* **A 1** LITURG CATHOL Rite de lavement des mains, accompli par le prêtre au cours de la messe. **2** Appareil sanitaire comprenant une cuvette munie d'une robinetterie et d'un système de vidage. **B** *nm pl* Lieux d'aisances. ETY Mot lat., « je laverai ».

**lavage** *nm* Action de laver. **LOC** ***Lavage de cerveau*** : action psychologique exercée sur un individu, visant à détruire les structures de sa personnalité et à modifier ses opinions.

**Laval** ch.-l. du dép. de la Mayenne, sur la Mayenne ; 53 896 hab. Anc. cap. du Bas-Maine. Centre agric. Industries. – Évêché. Vieux Château (XIIe-XVI[e] s., auj. musée). Château Neuf (XVIe s.). Égl. XIVe-XVII[e] s. Pont-Vieux (XIIe s.). DER **lavallois, oise** *a, n*

**Laval** v. du Québec et rég. admin. du m. nom, sur l'île Jésus, voisine de l'île de Montréal ; 314 390 hab. – Université. DER **lavallois, oise** *a, n*

**Laval (université)** université créée à Québec en 1852, en hommage à F. de Montmorency Laval. DER **lavallois, oise** *a, n*

**Lausanne** cathédrale Notre-Dame, le transept et sa tour-lanterne

**Laval** François de Montmorency (Montigny-sur-Avre, 1623 – Québec, 1708), prélat français ; prem. évêque de la Nouvelle-France, il créa le séminaire de Québec (1663).

**Laval** Pierre (Châteldon, Puy-de-Dôme, 1883 – Fresnes, 1945), homme politique français. Président du Conseil (1931-1932, juin 1935-janv. 1936), il voulut rapprocher la France de l'Italie fasciste. Vice-président du Conseil (1940), il prôna la collaboration avec l'Allemagne. Il dirigea le gouv. en 1942-1944. Arrêté par les Américains en mai 1945, il fut livré à la France et condamné à mort.

**La Valette** Jean Parisot de (rég. de Toulouse, 1494 – Malte, 1568), grand maître (1557) de l'ordre de Malte. Il repoussa les Turcs qui assiégeaient Malte.

**La Vallée-Poussin** Charles de (Louvain, 1866 – Bruxelles, 1962), mathématicien belge : travaux sur la théorie des fonctions.

**lavallière** *nf, a* Cravate à large nœud flottant.

**La Vallière** Louise de La Baume Le Blanc (duchesse de) (Tours, 1644 – Paris, 1710), favorite (1661-1667) de Louis XIV, dont elle eut quatre enfants. Elle se retira au Carmel.

**lavande** *nf* **1** Plante labiée cultivée dans la région méditerranéenne pour ses feuilles et ses épis floraux bleus d'où l'on extrait une essence aromatique utilisée en parfumerie. **2** Parfum extrait de cette plante. *Savon de toilette à la lavande.* **LOC** ***Bleu lavande*** : bleu mauve assez pâle. *Des robes bleu lavande.* — ***Lavande de mer*** : nom usuel d'un *statice.* ETY De l'ital. *lavanda*, « qui sert à laver ».

**lavandière** *nf* **1** anc Femme qui lave le linge à la main. **2** Bergeronnette grise.

**lavandin** *nm* Variété hybride de lavande, cultivée pour son essence.

**Lavandou (Le)** com. du Var (arr. de Toulon), sur la Méditerranée ; 5 449 hab. Port de plaisance. Stat. balnéaire. DER **lavandourain, aine** *a, n*

**lavant** → **laver.**

**La Varende** Jean Mallard (vicomte de) (Le Chamblac, Eure, 1887 – Paris, 1959), romancier français royaliste : *Nez-de-cuir* (1937).

**lavaret** *nm* Poisson corégonidé des eaux douces profondes. ETY Du savoyard.

**lavasse** *nf* fam, péjor Breuvage insipide, trop dilué.

**Lavater** Johann Kaspar (Zurich, 1741 – id., 1801), théoricien suisse. Théologien protestant, il élabora un système d'étude des caractères d'après la constitution faciale des individus : *Fragments physiognomoniques* (1775-1778).

**lavatère** *nf* Plante herbacée (malvacée) à fleurs roses ou blanches.

**La Vaulx** (comte Henry de) (Bierville, 1870 – Hackensack Meadows, New Jersey, 1930), aéronaute français. Il fonda l'Aéro-Club de France (1898).

**lave** *nf* Roche en fusion qui sort d'un volcan lors d'une éruption et qui se solidifie en refroidissant. ETY Du lat. *labes*, « éboulement », par l'ital.

**lavé, ée** *a* **1** TECH Se dit d'un dessin teinté au lavis. **2** Se dit d'une couleur peu intense.

**lave-auto** *nm* Canada Installation pourvue du matériel nécessaire au lavage automatique des automobiles. PLUR lave-autos.

**Lavedan** pays de France formé par la haute vallée du gave de Pau.

**lave-glace** *nm* Dispositif permettant de projeter de l'eau sur le pare-brise d'une automobile pour le laver. PLUR lave-glaces.

**lave-linge** *nm* Machine à laver le linge. PLUR lave-linges ou lave-linge.

**lave-main** *nm* Petit lavabo. PLUR lave-mains. VAR **lave-mains**

**Lavelli** Jorge (Buenos Aires, 1932), metteur en scène de théâtre français, d'origine argentine, de tendance avant-gardiste.

**lavement** *nm* MED Injection par l'anus d'une solution purgative ou d'un liquide destiné à opacifier l'intestin. **LOC** LITURG ***Le lavement des pieds*** : cérémonie du jeudi saint qui commémore l'acte du Christ qui lava les pieds des apôtres.

**lave-pont** *nm* Balai-brosse à long manche. PLUR lave-ponts.

**laver** *v* ① **A** *vt* **1** Nettoyer avec de l'eau ou un autre liquide. *Laver du linge.* **2** Disculper. *Laver qqn d'une accusation.* **3** CHIM Débarrasser un gaz de ses impuretés en lui faisant traverser un liquide. **4** Débarrasser des éléments terreux. *Laver un minerai.* **B** *vpr* Laver son corps. *Se laver les cheveux.* **LOC** fam ***Laver la tête à qqn*** : lui faire une sévère réprimande. — fam ***Laver son linge sale en famille*** : régler les problèmes familiaux dans l'intimité et non en public. — ***Laver un affront, une injure dans le sang*** : se venger de manière violente. — TECH ***Laver un dessin*** : le teinter au lavis. — ***Se laver les mains de qqch*** : déclarer qu'on n'en est pas responsable. ETY Du lat. DER **lavable** *a* – **lavant, ante** *a*

**Laver** Rodney, dit Rod (Rockhampton, 1938), joueur de tennis australien. Il remporta le « grand chelem » en 1962 et 1969.

**Lavéra** local. des Bouches-du-Rhône (com. de Martigues), sur le golfe de Fos. Port pétrolier. Centre pétrochimique.

**Laveran** Alphonse (Paris, 1845 – id., 1922), médecin militaire français. Il étudia en Algérie (1878-1883) le paludisme et ses agents, protozoaires du genre *Plasmodium* dits aussi *hématozoaires de Laveran.* P. Nobel 1907.

**La Vérendrye** Pierre Gaultier de Varennes de (Trois-Rivières, 1685 – Montréal, 1749), explorateur québécois de la région comprise entre le lac Supérieur et les montagnes Rocheuses.

**laverie** *nf* **1** MINER Lieu où on lave les minerais. **2** Établissement où les clients lavent leur linge dans des machines mises à leur disposition.

**lavette** *nf* **1** Linge ou petite brosse pour laver la vaisselle. **2** fam, péjor Homme lâche, sans énergie.

**laveur, euse** *n* **A** Personne qui lave. *Laveur de carreaux.* **B** *nm* TECH Appareil servant à laver certaines substances. **C** *nf* Canada Machine à laver le linge.

**lave-vaisselle** *nm* Machine à laver la vaisselle. PLUR lave-vaisselles ou lave-vaisselle.

**Lavigerie** Charles Allemand (Bayonne, 1825 – Alger, 1892), prélat français ; archevêque d'Alger (1867), cardinal (1882), primat d'Afrique ; fondateur des Pères blancs. À l'instigation de Léon XIII, il préconisa le ralliement du clergé à la République (« toast d'Alger », 1890).

**lavignon** *nm* Mollusque lamellibranche comestible à coquille arrondie et plate qui vit dans le sable vaseux des côtes atlantiques.

**Lavilliers** Bernard Oulion, dit Bernard (Saint-Étienne, 1946), auteur-compositeur et chanteur français : *O'gringo* (1980), *Voleur de feu* (1986).

**Lavinium** v. de l'Italie anc. (auj. *Pratica di Mare*), au S. du mont Albain (Latium).

**lavis** *nm* Technique consistant à teinter un dessin avec de l'encre de Chine ou une autre substance délayée dans de l'eau ; dessin ainsi obtenu. PHO [lavi]

**Lavisse** Ernest (Le Nouvion-en-Thiérache, 1842 – Paris, 1922), historien français : *Histoire générale du IVe s. à nos jours* (avec Rambaud, 1893-1900). Il dirigea une monumentale *Histoire* *de France* (1900-1912 et 1920-1922). Acad. fr. (1892).

**lavoir** *nm* **1** ANC Bassin aménagé pour laver le linge. *Lavoir public.* **2** TECH Appareil destiné à laver certaines substances.

**Lavoisier** Antoine Laurent de (Paris, 1743 – id., 1794), chimiste français ; créateur de la chimie moderne. Il découvrit la nature et le rôle de l'oxygène, établit la composition de l'eau, montra que la respiration est une oxydation de composés carbonés. Membre de la commission du système métrique, sous la Révolution, il se constitua prisonnier en nov. 1793 lorsque la Convention ordonna l'arrestation des fermiers généraux (il était fermier général depuis 1779) et fut guillotiné.

Lavoisier

**La Vrillière** Louis Phélypeaux (duc de) (Paris, 1705 – id., 1777), magistrat français, secrétaire d'État à la Maison du roi de 1725 à 1775.

**lavure** *nf* **1** Eau qui a servi à laver. **2** TECH Action de laver certaines matières.

**Law** John (Édimbourg, 1671 – Venise, 1729), financier écossais ; contrôleur général des Finances en France (1720). En 1716, il créa à Paris une banque autorisée à émettre des billets. Elle fit faillite (déc. 1720) ; Law s'enfuit et mourut dans la misère.

**Lawfeld** (auj. *Laaffelt*), hameau de Belgique (Limbourg) où le maréchal de Saxe vainquit les Anglais (2 juillet 1747).

**Lawrence** sir Thomas (Bristol, 1769 – Londres, 1830), portraitiste anglais.

**Lawrence** David Herbert (Eastwood, 1885 – Vence, 1930), romancier anglais. Il traite l'harmonie sexuelle, le viol, la bisexualité, la solitude et l'autodestruction : *Femmes amoureuses* (1921), *le Serpent à plumes* (1926), *l'Amant de lady Chatterley* (1928, longtemps interdit en Angleterre).

D. H. Lawrence

**Lawrence** Thomas Edward, dit Lawrence d'Arabie (Tremadoc, pays de Galles, 1888 – Moreton, Dorset, 1935), aventurier, officier et écrivain anglais. Agent des services secrets brit., il contribua au soulèvement des Arabes contre les Turcs pendant la guerre de 1914-1918. Princ. œuvres : *les Sept Piliers de la sagesse* (1926), *Lettres* (posth., 1938), *la Matrice* (posth., 1955). ▷ CINE *Lawrence d'Arabie*, film de David Lean (1962), avec Peter O'Toole (né en 1932).

Lawrence d'Arabie

**Lawrence** Ernest Orlando (Canton, Dakota du Sud, 1901 – Palo Alto, Californie, 1958), physicien américain. Il inventa le cyclotron (1930). P. Nobel (1939).

**lawrencium** *nm* CHIM Élément radioactif artificiel appartenant à la famille des actinides, de numéro atomique Z = 103 et de masse atomique 260 (symbole Lr). PHO [lɔʀɑ̃sjɔm] ETY D'un n. pr.

**laxatif, ive** *a, nm* Purgatif léger. ETY Du lat. *laxare*, « lâcher ».

**laxisme** *nm* Tolérance excessive. ETY Du lat. *laxus*, « large ». DER **laxiste** *a, n*

**laxité** *nf* Distension, pathologique ou non, d'un tissu, d'un ligament.

**Laxness** Halldór Kiljan Gudjónsson, dit Halldór Kiljan (Laxness, près de Reykjavík, 1902 – id., 1998), écrivain islandais : *Salka Valka* (1931-1932), *la Cloche d'Islande* (1943-1946), romans historiques et sociaux. P. Nobel (1955).

**Laxou** ch.-l. de cant. de Meurthe-et-Moselle (arr. de Nancy) ; 15 228 hab. Industries. DER **laxovien, enne** *a, n*

**Lay (le)** fl. vendéen (125 km) ; se jette dans le Pertuis breton, au N. de La Rochelle.

**laye** → **laie 3.**

**Laye** Camara (Kouroussa, 1928 – Dakar, 1980), écrivain guinéen d'expression française : *l'Enfant noir* (1953) ; *Dramouss* (1966) ; *le Maître de la parole* (1978).

**layer** *v* ⓶ TECH **1** Tracer un chemin dans. *Layer un bois, une forêt.* **2** Marquer les arbres qui doivent être épargnés dans une coupe.

**layette** *nf* **1** TECH Petit meuble comportant de nombreux tiroirs, utilisé pour ranger de menues fournitures. **2** Linge, vêtements nécessaires à un nouveau-né. ETY De *laie 3.*

**layon** *nm* Chemin tracé en forêt. ETY De *laie 2.*

**Layon (le)** rivière de Maine-et-Loire, affl. de la Loire (r. g.) ; 90 km.

**Lazare (saint)** frère de Marthe et de Marie, ressuscité à Béthanie par Jésus ; la légende a fait de lui le premier évêque de Marseille.

**Lazare (Bernard)** (Nîmes, 1865 – Paris, 1903) écrivain et journaliste français. Sa publication, *la Vérité sur l'Affaire Dreyfus* (1898), renforça le camp des dreyfusards.

**Lazareff** Pierre (Paris, 1907 – Neuilly-sur-Seine, 1972), journaliste français. Il dirigea, de 1944 à sa mort, *France-Soir* et le magazine télévisé *Cinq Colonnes à la une* de 1959 à 1968. — **Hélène Gordon** (Rostov-sur-le-Don, Russie, 1909 – Le Lavandou, 1988), épouse du préc., fonda en 1945 le magazine *Elle.*

**lazaret** *nm* Établissement servant à isoler les voyageurs en quarantaine. ETY De l'ital.

**Lazarillo de Tormes** héros et narrateur du prem. roman picaresque espagnol, *les Aventures* (ou *la Vie*) *de Lazarillo de Tormes* (1554), que certains ont attribué à D. Hurtado de Mendoza. VAR **Lazarille de Tormès**

**lazariste** *nm* Membre de la Société des prêtres de la Mission, fondée en 1625 par saint Vincent de Paul. ETY De *Saint-Lazare*, n. d'un prieuré.

**Lazarsfeld** Paul Felix (Vienne, 1901 – New York, 1976), sociologue américain d'origine autrichienne. Il utilisa les mathématiques pour analyser les comportements sociaux.

**Lazes** peuple d'origine géorgienne mais islamisé, vivant principalement en Turquie (250 000 personnes). DER **laze** *a*

**lazurite** *nf* Syn. de *lapis-lazuli.*

**lazzi** *nm* Plaisanterie moqueuse, bouffonnerie lancée à qqn. PLUR lazzis ou lazzi. PHO [ladzi]

**LBO** *nm* ECON Rachat d'une entreprise au moyen d'un emprunt remboursé ultérieurement avec les bénéfices réalisés. ETY Sigle de l'angl. *leverage buy out*, « rachat par opération de levier ».

**LCD** *nm* Écran plat d'ordinateur ou de téléviseur utilisant le reflet de la lumière sur des cristaux liquides. ETY Sigle de l'angl. *liquid cristal display.*

**LDL** *nm* Fraction du cholestérol favorisant l'artériosclérose, par oppos. au HDL. ETY Sigle de l'angl. *low density lipoprotein*, « lipoprotéine peu dense ».

**L-dopa** → **dopa.**

**1 le, la, les** *art déf* (*Le* et *la* s'élident en *l'* devant une voyelle ou un h muet : *l'été, l'hôtel.*) Détermine un nom désignant un être ou une chose déjà connus. *Le livre qui est sur la table. La Terre. La voisine est venue me rendre visite.* ETY Du lat.

**2 le, la, les** *pr pers* (*Le* et *la*, placés devant un verbe ou un adverbe commençant par une voyelle ou un h muet, s'élident en *l'*. *Il l'aime, il l'en félicite. Nous l'humilions.*) **1** Pronom de la 3e personne, complément direct ou attribut d'un verbe, remplaçant un nom déjà exprimé. *Voici un bon livre, lisez-le. Je le vois. Je l'ai vue.* **2** Pronom neutre représentant une proposition. *Se le tenir pour dit.* ETY Du lat.

**lé** *nm* **1** TECH Largeur d'une étoffe entre les deux lisières. **2** Bande de papier peint coupée à la dimension voulue. ETY Du lat. *latus*, « large ».

**Léa** → **Lia.**

**Leach** Edmund Ronald (Sidmouth, 1910 – id., 1989), anthropologue anglais. Empiriste, il s'opposa au structuralisme de Lévi-Strauss : *les Systèmes politiques des hautes terres de Birmanie* (1954), *Critique de l'anthropologie* (1961).

**leader** *nm* **1** Chef ou personne en vue, dans une organisation, un pays. *Les leaders syndicaux.* **2** Sportif, équipe qui est en tête dans une course, un championnat. **3** Entreprise, produit qui occupe la première place sur le marché. **4** AVIAT Avion qui guide une formation aérienne au cours d'une opération ; officier chef de bord sur cet avion. LOC ***Leader d'opinion :*** personne qui influe sur l'opinion du groupe auquel elle appartient. PHO [lidœʀ] ETY Mot angl. VAR **leadeur, euse** *n*

**leadership** *nm* Commandement ; fonction de leader. PHO [lidœʀʃip] ETY Mot angl. VAR **leadeurship**

**Leahy** William Daniel (Hampton, Iowa, 1875 – Bethesda, Maryland, 1959), amiral américain ; chef d'état-major des présidents Roosevelt et Truman (1942-1949).

**Leakey** Louis Seymour Bazett (Kabete, Kenya, 1903 – Londres, 1972), paléontologiste anglais. Il découvrit, avec sa femme **Mary** (1913 – 1996), deux australopithèques : le *zinjanthrope* (1959) et l'*Homo habilis* (1960).

**Lean** David (Croydon, 1908 – Londres, 1991), cinéaste anglais : *Brève Rencontre* (1946), *Oliver Twist* (1948), *le Pont de la rivière Kwaï* (1957), *Lawrence d'Arabie* (1962), *Docteur Jivago* (1965).

**Léandre (saint)** (Carthagène, début VIe s. – Séville, v. 600), prélat espagnol, frère de saint Isidore.

**lease-back** *nm* COMM Vente d'un bien que l'on continue à utiliser, moyennant un loyer. PHO [lizbak] ETY Mot angl.

**leasing** *nm* FIN Syn. (déconseillé) de *crédit-bail.* PHO [liziŋ] ETY Mot angl.

**Léautaud** Paul (Paris, 1872 – Châtenay-Malabry, 1956), écrivain français ; mémorialiste (*Journal littéraire*, 19 vol., publié entre 1954 et 1966) et critique dramatique (*Théâtre de Maurice Boissard*, 3 vol., 1926-1958).

**Léauté** Henry (Belize, 1847 – Paris, 1916), ingénieur et mathématicien français ; pionnier de l'automatisation.

**Leavis** Frank Raymond (Cambridge, 1895 – id., 1978), critique anglais : *D. H. Lawrence, romancier* (1955).

**Leavitt** Henrietta (Lancaster, Massachusetts, 1868 – Cambridge, Massachusetts, 1921), astronome américaine, spécialiste de photométrie stellaire.

**Le Bas** Philippe (Frévent, 1765 – Paris, 1794), homme politique français. Conventionnel, membre du Comité de sûreté générale (1793), il fut arrêté le 9 Thermidor et se suicida.

**Lebaudy** Paul (Enghien-les-Bains, 1858 – Rosny-sur-Seine, 1937), industriel français. L'un de ses dirigeables effectua la première traversée de la Manche (1910).

**Lebeau** Joseph (Huy, 1794 – id., 1865), homme politique belge, de tendance libérale. En 1830, il s'opposa à ceux qui voulaient unir la Belgique indép. à la France et proposa qu'on offre le trône à Léopold I^er^. Président du Conseil en 1840-1841, il se heurta aux catholiques.

**Lebègue** Nicolas (Laon, 1631 – Paris, 1702), organiste, claveciniste et compositeur français.

**lebel** *nm* Fusil à répétition en usage dans l'armée française de 1886 à 1940. [ETY] Du n. pr.

**Le Bel** Achille (Pechelbronn, 1847 – Paris, 1930), chimiste français ; fondateur, avec Van't Hoff, de la stéréochimie.

**Lebesgue** Henri (Beauvais, 1875 – Paris, 1941), mathématicien français. Il a donné son nom à une intégrale.

**Leblanc** Nicolas (Ivoy-le-Pré, Berry, 1742 – Saint-Denis, 1806), chimiste français. Il fabriqua de la soude à partir du carbonate de sodium.

**Leblanc** Maurice (Rouen, 1864 – Perpignan, 1941), auteur français d'*Arsène Lupin, gentleman cambrioleur* (1907) et de nombr. autres romans consacrés à ce personnage.

**Lebon** Philippe (Brachay, Champagne, 1767 – Paris, 1804), ingénieur français ; inventeur de l'éclairage au gaz (provenant de la distillation du bois).

**Le Bon** Gustave (Nogent-le-Rotrou, 1841 – Marnes-la-Coquette, 1931), médecin et sociologue français ; on lui doit le concept de la « psychologie des foules ».

**Le Bras** Gabriel (Paimpol, 1891 – Paris, 1970), historien français : *les Institutions ecclésiastiques de la chrétienté médiévale* (1959-1964).

**Le Brix** Joseph (Baden, Morbihan, 1899 – près d'Oufa, Bachkirie, 1931), officier de marine et aviateur français. Il réalisa, avec Costes, un tour du monde aérien en 1927-1928.

**Le Brun** Charles (Paris, 1619 – id., 1690), peintre français. Il créa l'Académie de peinture en 1648 et décora la voûte de la galerie des Glaces à Versailles (1678-1684) et s'imposa comme le maître du classicisme français, mais la postérité lui préféra Poussin.

**Lebrun** Charles François (duc de Plaisance) (Saint-Sauveur-Lendelin, Normandie, 1739 – Saint-Mesmes, près de Paris, 1824), homme politique français, troisième consul avec Bonaparte et Cambacérès (1799), architrésorier de l'Empire (1804), il administra la Hollande de 1810 à 1813.

**Lebrun** Albert (Mercy-le-Haut, Meurthe-et-Moselle, 1871 – Paris, 1950), homme politique français. Président de la Rép. (élu en 1932, réélu en 1939), il se retira (13 juil. 1940) après l'arrivée au pouvoir du maréchal Pétain.

**Lebrun-Pindare** Ponce-Denis Écouchard Lebrun, dit (Paris, 1729 – id., 1807), poète français : *Ode à Buffon* (1779), *Odes républicaines au peuple français* (1792).

**Lecanuet** Jean (Rouen, 1920 – Neuilly-sur-Seine, 1993), homme politique français ; président de l'UDF (1978-1988), maire de Rouen (1968-1993).

**Le Carré** David John Moore Cornwell, dit John (Poole, Dorset, 1931), auteur anglais de romans d'espionnage : *L'espion qui venait du froid* (1965), *la Taupe* (1974), *la Maison Russie* (1989).

**Lecce** ville d'Italie (Pouilles) ; 91 300 hab. ; ch.-l. de la prov. du m. nom. Centre comm. Industries. Université. – Nombr. monuments baroques (XVII^e^-XVIII^e^ s.).

**Lecco** ville d'Italie (Lombardie), sur le lac de Come ; 46 000 hab.

**Lech (le)** riv. d'Allemagne et d'Autriche (267 km) ; affl. du Danube (r. dr.).

**Le Chapelier** Isaac (Rennes, 1754 – Paris, 1794), homme politique français, rapporteur de la loi (dite *Le Chapelier*) du 14 juin 1791, qui interdisait toute association de gens de même métier. Il fut guillotiné (un voyage en Angleterre en 1792 l'avait fait considérer comme émigré).

**Le Chatelier** Henry (Paris, 1850 – Miribel-les-Échelles, Isère, 1936), chimiste et métallurgiste français : travaux sur les alliages, les céramiques, les ciments. ▷ CHIM *Loi de Le Chatelier* : une augmentation de pression dans un système thermodynamique en équilibre stable tend à ramener celui-ci dans les conditions initiales.

**lèche** *nf* LOC fam ***Faire de la lèche à qqn*** : le flatter servilement.

**léché, ée** *a* Exécuté avec un soin minutieux. LOC ***Ours mal léché*** : individu bourru, mal élevé.

**lèche-botte** *n* fam Individu servile. PLUR lèche-bottes.

**lèche-cul** *n* pop Lèche-botte. PLUR lèche-culs ou lèche-cul.

**lèchefrite** *nf* Ustensile de cuisine placé sous la broche ou la grille du four pour recueillir la graisse et le jus d'une viande qui rôtit.

**lécher** *vt*[14] **1** Passer la langue sur qqch. *Lécher la cuiller. Le chat se lèche le ventre.* **2** Effleurer. *Les flammes lèchent le mur. Les vagues lèchent le sable.* LOC fam ***Lécher les bottes***, très fam ***le cul à qqn*** : être servile à son égard. — fam ***Lécher les vitrines*** : les regarder en flânant. [ETY] Du frq. [DER] **léchage** ou **lèchement** *nm*

**lécheur, euse** *n* fam, péjor Flatteur.

**lèche-vitrine** *nm* fam Passe-temps qui consiste à regarder en flânant les devantures des magasins. *Faire du lèche-vitrine.* PLUR lèche-vitrines. [VAR] **lèche-vitrines**

**lécithine** *nf* BIOCHIM Phospholipide présent dans les neurones et dans le jaune d'œuf. [ETY] Du gr. *lekithos*, « jaune d'œuf ».

**Charles Le Brun** *Portrait du chancelier Séguier*, v. 1657 – musée du Louvre

**Leclair** Jean-Marie, dit l'Aîné (Lyon, 1697 – Paris, 1764), compositeur et violoniste français : *Scylla et Glaucus* (opéra, 1746) sonates pour un et deux violons.

**Leclanché** Georges (Paris, 1839 – id., 1882), ingénieur français. Il inventa (1868) la pile électrique au bioxyde de manganèse qui porte son nom.

**Leclerc** Charles Victor-Emmanuel (Pontoise, 1772 – Cap-Français, Haïti, 1802), général français. Époux de Pauline Bonaparte (1797), il participa au coup d'État du 18 Brumaire. Il commanda l'expédition à Haïti et captura Toussaint Louverture, mais périt de la fièvre jaune.

**le maréchal Leclerc**

**Leclerc** Philippe Marie de Hauteclocque, dit (Belloy-Saint-Léonard, Somme, 1902 – près de Colomb-Béchar, 1947), maréchal de France à titre posth. (1952). Rallié à de Gaulle, il se distingua au Tchad, en Libye et en Tunisie (1940-1943). Chef de la 2^e^ division blindée, il débarqua en Normandie (1944), libéra Paris et Strasbourg, puis s'empara de Berchtesgaden. Commandant en chef en Indochine (1945) puis inspecteur des forces françaises en Afrique, il périt dans un accident d'avion.

**Leclerc** Félix (La Tuque, Québec, 1914 – Île d'Orléans, Québec, 1988), auteur-compositeur et chanteur québécois : *le P'tit Bonheur, Moi mes souliers, le Roi heureux* ; il a écrit également pour le théâtre.

**Félix Leclerc**

**Le Clézio** Jean-Marie Gustave (Nice, 1940), romancier français : *le Procès-Verbal* (1963), *la Fièvre* (1965), *Désert* (1980), *le Rêve mexicain* (1988), *le Poisson d'or* (1997). P. Nobel (2008).

**Jean-Marie Le Clézio**

**Lécluse** Charles de (Arras, 1526 – Leyde, 1609), botaniste français. Il introduisit en Europe la pomme de terre. [VAR] **Lescluse**

**Lecocq** Charles (Paris, 1832 – id., 1918), compositeur français ; auteur de nombreuses opérettes : *la Fille de M^me^ Angot* (1872).

**Lecomte du Noüy** Pierre (Paris, 1883 – New York, 1947), biologiste français. Il étudia le temps de cicatrisation, puis le temps biologique : *le Temps et la Vie* (1936).

**leçon** *nf* **1** Ce qu'un enseignant donne à apprendre à un élève. *Il ne sait pas sa leçon.* **2** Séance d'enseignement que donne un maître à un auditoire. *Les élèves écoutent la leçon de français.* **3** Chacune des divisions d'un enseignement. *Le bridge* *en dix leçons.* **4** Enseignement que l'on peut tirer d'un fait. *Tirons de cet échec une leçon pour l'avenir.* **5** Variante d'un texte. *Les diverses leçons des manuscrits grecs ou latins.* **6** LITURG CATHOL Texte sacré lu à certains offices. **LOC** ***Faire la leçon à qqn*** : lui indiquer la conduite qu'il doit tenir ; le réprimander. — MUS ***Leçons de ténèbres*** : composition pour soliste et basse continue caractéristique du baroque français, chantée à l'office de nuit du jeudi et du vendredi saint. (ETY) Du lat.

**Leçon d'anatomie du professeur Tulp (la)** peinture de Rembrandt (1632, Mauritshuis, La Haye).

**Leconte de Lisle** Charles Marie Leconte, dit (Saint-Paul, la Réunion, 1818 – Louveciennes, 1894), poète français ; chef de l'école parnassienne : *Poèmes antiques* (1852), *Poèmes barbares* (1862). Acad. fr. (1886).

**Lecoq de Boisbaudran** Paul Émile, dit François (Cognac, 1838 – Paris, 1912), chimiste français. Il découvrit le gallium (1875), le samarium (1878), le dysprosium (1886) et l'europium (1892).

**Le Corbusier** Édouard Jeanneret-Gris, dit (La Chaux-de-Fonds, 1887 – Roquebrune-Cap-Martin, 1965), architecte, urbaniste et peintre français d'origine suisse : villa Savoye, à Poissy (1929). Cité radieuse de Marseille (1946-1952), Capitole de Chandigarh (1950-1956), chapelle N.-D.-du-Haut à Ronchamp (1950-1955). Peintre, il fonda, avec Ozenfant, le purisme (Paris, 1918). Ses théories font toujours l'objet de discussions : *la Charte d'Athènes* (1931-1943), *Propos d'urbanisme* (1945), *le Modulor* (1950).

**Le Corbusier** devant une de ses fresques

**Lecourbe** Claude Jacques (comte) (Ruffey, Jura, 1758 – Belfort, 1815), général français. Il s'illustra sous la Révolution et fut destitué en 1801. Anobli par les Bourbons (1814), il se rallia à Napoléon Ier en 1815.

**Lecouvreur** Adrienne (Damery, Champagne, 1692 – Paris, 1730), tragédienne française ; maîtresse du maréchal de Saxe, elle mourut mystérieusement.

**lecteur, trice** *n* **A 1** Personne dont la fonction est de faire la lecture à haute voix devant une ou plusieurs personnes. *Le lecteur du roi.* **2** Locuteur natif adjoint à un professeur de langue vivante dans une université. **3** Personne qui lit un livre, un journal, etc. *Avis au lecteur. Les lecteurs d'un journal.* **4** Dans une maison d'édition, un théâtre, personne chargée de lire et de juger les manuscrits ou les pièces que proposent les auteurs. **B** *nm* **1** TECH Appareil destiné à reproduire des sons enregistrés sur bande, disque, etc. **2** INFORM Système effectuant le décodage d'informations.

**lectine** *nf* BIOCHIM Protéine qui se combine à certains constituants glucidiques des membranes cellulaires pour les agglutiner entre elles.

**lectorat** *nm* **1** Ensemble des lecteurs d'un journal. **2** Fonction de lecteur dans une université.

**Lectoure** ch.-l. de cant. du Gers ; 3 933 hab. – Égl. XIIe-XVIIe s. – Anc. cap. de l'Armagnac. (DER) **lectourois, oise** *a, n*

**lecture** *nf* **1** Action de lire. *Je l'ai appris par la lecture des journaux.* **2** Œuvre, texte qu'on lit. *Une lecture passionnante. Tenez, voilà de la lecture !* **3** Manière de comprendre, d'interpréter un auteur, une œuvre. *Une nouvelle lecture de Marx.* **4** En droit constitutionnel, chacune des délibérations d'une assemblée législative sur un projet ou une proposition de loi. *Texte adopté en deuxième lecture.* **5** ELECTR, INFORM Opération qui consiste à décoder les informations enregistrées sur un support et à les transformer en signaux. **LOC** ***Lecture numérique*** : procédé optique, mécanique, électrique ou magnétique de reconnaissance d'informations en données binaires. — ***Lecture optique*** : procédé optoélectronique de reconnaissance d'informations graphiques. — ***Lecture rapide*** : méthode reposant sur l'acquisition de mécanismes qui accroissent la rapidité de lecture et de compréhension des textes. — AUDIOV ***Table de lecture*** : platine d'un lecteur de disques ou de bandes magnétiques. (ETY) Du lat.

**lécythe** *nm* ARCHEOL Vase grec allongé à anse et long col, dans lequel on mettait des parfums, notam. pour les offrandes funéraires. (ETY) Du gr.

**Leczinsky** famille polonaise à laquelle appartenaient *Stanislas*, roi de Pologne, et sa fille *Marie Leczinska*, épouse de Louis XV (V. ces noms.) (VAR) **Leszczyński**

**LED** *nf* Diode électroluminescente utilisée pour l'éclairage, la signalisation, l'affichage de données. (ETY) Sigle de l'angl. *light emitting diode.*

**Léda** dans la myth. gr., fille de Thestios et d'Eurythémis, mère de deux couples de jumeaux : Castor et Clytemnestre ont pour père Tyndare, son époux légitime ; Pollux et Hélène ont pour père Zeus, métamorphosé en cygne.

**Le Daim** Olivier Necker, dit Olivier (Thielt, Flandre, ? – Paris, 1484), barbier et favori de Louis XI. Haï pour ses exactions, il fut pendu sous Charles VIII. (VAR) **Le Daim**

**Le Dantec** Félix (Plougastel-Daoulas, 1869 – Paris, 1917), biologiste français ; propagateur du lamarckisme.

**Lederman** Léon Max (New York, 1922) physicien américain : travaux sur les particules et la théorie des quarks. P. Nobel (1988).

**ledit** → **dit 2.**

**Ledoux** Claude Nicolas (Dormans, 1736 – Paris, 1806), architecte et urbaniste français ; précurseur « maudit » de l'architecture fonctionnelle : théâtre de Besançon (1778-1784) ; plan (très partiellement réalisé entre 1775 et 1779) d'une ville, à Arc-et-Senans (Doubs), autour d'une saline.

**Ledru-Rollin** Alexandre Auguste Ledru, dit (Paris, 1807 – Fontenay-aux-Roses, 1874), avocat et homme politique français. Fondateur du journal républicain *la Réforme* (1843), il fut ministre de l'Intérieur en fév. 1848 et se réfugia en Angleterre après l'émeute de juin 1849.

**Lê Duan** (prov. de Quang Tri, 1908 – Hanoi, 1986), homme politique vietnamien ; secrétaire général du parti communiste vietnamien de 1960 à sa mort.

**Leduc** René (Saint-Germain-lès-Corbeil, 1898 – Istres, 1968), ingénieur français. Dès 1947, il mit au point des avions supersoniques.

**Leduc** Violette (Arras, 1907 – Faucon, Vaucluse, 1972), écrivain français : *la Bâtarde* (1964), roman autobiographique.

**Lê Duc Tho** (prov. de Nam Ha, 1911 – Hanoi, 1990), homme politique vietnamien. Il signa les accords de Paris (1973) conduisant au retrait de l'armée amér. du Viêt-nam. Il refusa le prix Nobel de la paix qui lui fut décerné avec H. A. Kissinger (1973).

**Lee** Robert Edward (Stratford House, Virginie, 1807 – Lexington, id., 1870), général américain. Chef des armées sudistes pendant la guerre de Sécession, il capitula à Appomattox (1865).

**Lee** Yuan Tseh (Hsinchu, 1936), chimiste américain d'orig. taïwanaise. P. Nobel 1986 avec D.R. Herschbach.

**Lee** Bruce (San Francisco, 1940 – Hong Kong, 1973), acteur et cinéaste américain, héros de films de kung-fu : *la Fureur du dragon* (1972).

**Leeds** v. d'Angleterre (West Yorkshire), sur l'Aire ; 674 400 hab. Centre industriel. – Université. Évêché catholique.

**Leeuwarden** v. des Pays-Bas, ch.-l. de la Frise ; 85 170 hab. Monuments des XVIe-XVIIIe s.

**Lefebvre** François Joseph (duc de) Dantzig (Rouffach, 1755 – Paris, 1820), maréchal de France. Il aida Bonaparte lors du coup d'État du 18 Brumaire puis participa aux campagnes impériales. Il fut nommé pair par les Bourbons (1814). En 1783, il avait épousé Catherine Hubscher, blanchisseuse, dite « Madame Sans-Gêne ».

**Lefebvre** Georges (Lille, 1874 – Boulogne-Billancourt, 1959), historien français : *les Paysans du Nord et la Révolution* (1924), *la Révolution française* (1930), *Napoléon* (1935).

**Lefebvre** Henri (Hagetmau, Landes, 1901 – Pau, 1991), philosophe et sociologue français, de tendance marxiste : *Critique de la vie quotidienne* (1947-1962), *la Somme et le Reste* (1959).

**Lefebvre** Marcel (Tourcoing, 1905 – Martigny, Suisse, 1991), prélat français. Opposé aux réformes de Vatican II, il fut le chef de file des catholiques intégristes français, excommunié en 1988.

**Lefebvre-Desnouettes** Charles (comte) (Paris, 1773 – en mer, 1822), général français. Il participa aux campagnes impériales. Proscrit après les Cent-Jours, il se réfugia aux États-Unis. Louis XVIII autorisa son retour, mais son navire fit naufrage.

**Lefèvre d'Étaples** Jacques (Étaples, v. 1450 – Nérac, 1536), théologien et humaniste français ; créateur du « cénacle de Meaux » (proche de la Réforme et dispersé en 1525). Il a traduit Aristote, l'Ancien et le Nouveau Testament.

**Le Flô** Adolphe Emmanuel Charles (Lesneven, Finistère, 1804 – Néchoat, id., 1887), général français ; banni après le 2 déc. 1851, ministre de la Guerre dans le gouv. de la Défense nationale (1870).

**Claude Nicolas Ledoux** porte en rotonde de la barrière d'octroi de la Villette, XVIIIe s., Paris

**Le Fort** Gertrud von (Minden, 1876 – Oberstdorf, Bavière, 1971), romancière et poétesse allemande. *La Dernière à l'échafaud* (1931) inspira à Bernanos *Dialogues des carmélites*.

**Lefort** Claude (Paris, 1924 – id., 2010), philosophe français : *Éléments d'une critique de la bureaucratie* (1971), sur le communisme.

**Lefuel** Hector (Versailles, 1810 – Paris, 1881), architecte français. Il raccorda le Louvre aux Tuileries (1854-1857).

**Le Gac** Jean (Tamaris, Gard, 1936), artiste français, auteur de « récits » pseudo-populaires.

**légal, ale** *a* Conforme à la loi. PLUR légaux. [ETY] Du lat. [DER] **légalement** *av*

**légaliser** *vt* [1] **1** Rendre légal. **2** Authentifier. *Légaliser une signature, un acte, une copie.* [DER] **légalisation** *nf*

**légalisme** *nm* Respect scrupuleux ou trop minutieux de la loi. [DER] **légaliste** *a, n*

**légalité** *nf* **1** Caractère de ce qui est légal. **2** Ensemble des actes et des moyens autorisés par la loi. *Sortir de la légalité.*

**légat** *nm* **1** ANTIQ ROM Ambassadeur envoyé à l'étranger ; administrateur de province, sous l'Empire. **2** DR CANON Représentant du Saint-Siège. [ETY] Du lat.

**légataire** *n* Bénéficiaire d'un legs. **LOC** ***Légataire à titre universel*** : à qui a été léguée une quotité d'un héritage. — ***Légataire universel*** : auquel on lègue tous ses biens.

**Légataire universel (le)** comédie en 5 actes et en vers de Regnard (1708).

**légation** *nf* **1** DR CANON Charge, mission d'un légat ecclésiastique. **2** Mission diplomatique permanente qu'un État entretient dans un pays où il n'a pas d'ambassade ; édifice qui abrite le personnel de cette mission.

**legato** *av, nm* **A** *av* MUS En soutenant chaque note jusqu'à la suivante. **B** *nm* Passage lié. [PHO] [legato] [ETY] Mot ital. [VAR] **légato**

**lège** *a* **LOC** ***Navire lège*** : vide, sans cargaison. [ETY] Du néerl.

**légendaire** *a* **1** Qui est de la nature de la légende. SYN fabuleux. **2** Bien connu de tous. *Sa distraction légendaire.*

**légende** *nf* **1** Récit populaire qui a pour sujet soit des évènements ou des êtres imaginaires, soit des faits réels déformés et parfois mêlés de merveilleux. *La légende du Masque de fer.* **2** Texte qui donne la signification des codes, des couleurs et des signes qui figurent sur un plan, une carte, etc. **3** Texte accompagnant une figure, une photographie, un dessin, etc. [ETY] Du lat. *legenda*, « ce qui doit être lu ».

**Légende de sainte Ursule (la)** ou *la Vie de sainte Ursule*, cycle pictural de Carpaccio (1490-1496, Accademia delle Belle Arti, Venise), qui comprend 9 compositions.

**Légende des siècles (la)** recueil de poèmes de Victor Hugo publiés en 3 séries (1859, 1877, 1883), en majorité épiques.

**Légende dorée (la)** (*Legenda aurea*), ouvrage connu jusqu'au XVe s. sous le titre de *Legenda sanctorum* (« légende des saints ») composé v. 1260 par Jacques de Voragine.

**légender** *vt* [1] Compléter une illustration, une carte, un dessin par une légende. *Légender des documents iconographiques.*

**Legendre** Adrien Marie (Paris, 1752 – id., 1833), mathématicien français : travaux sur la théorie des nombres et sur les fonctions elliptiques.

**Legendre** Louis (Versailles, 1752 – Paris, 1797), révolutionnaire français. Il était boucher à Paris. Au club des Cordeliers et à la Convention, il prépara le 9-Thermidor.

**léger, ère** *a* **1** De faible poids. *Une valise légère.* ANT lourd. **2** Peu dense. *Les alliages légers.* **3** MILIT Facile à transporter, à déplacer ; très mobile. *Armes légères.* **4** Facile à digérer ou peu copieux. *Un dîner léger.* **5** Peu épais. *Étoffe, robe légère. Brume légère. Une légère couche de peinture.* **6** Gracieux, délicat. *Démarche légère.* **7** Faible, peu violent, peu perceptible. *Brise légère. Un murmure léger.* **8** Peu grave, peu important. *Blessure légère. Légère amélioration.* **9** Peu riche en principe actif, peu concentré. *Café léger.* **10** Peu réfléchi, peu sérieux. *Décision légère.* **11** Divertissant ; leste. *Histoire légère. Musique légère.* **12** Insuffisant. *C'est un peu léger !* **LOC** ***À la légère*** : sans réfléchir, étourdiment. — ***Avoir la main légère*** : agir avec mesure ou avec délicatesse. — ***Avoir le cœur léger*** : sans soucis. — ***Femme, fille légère*** ou ***de mœurs légères*** : femme, fille facile. — SPORT ***Poids léger*** : catégorie en boxe, haltérophilie et judo, variant, selon les disciplines, entre 57 et 70 kg. — ***Sommeil léger*** : peu profond. [ETY] Du lat.

**Léger** Fernand (Argentan, 1881 – Gif-sur-Yvette, 1955), peintre français. Un dessin géométrique, des couleurs vives disposées en aplats, l'opposition de gros plans et de plans réduits l'ont conduit à la mosaïque, à la céramique, au vitrail. Le *musée Fernand-Léger* de Biot (Alpes-Maritimes) est devenu musée national en 1967.

**Fernand Léger** *les Acrobates*, gouache – coll. part.

**légèrement** *av* **1** De façon légère. *Dîner légèrement.* **2** Un peu ; à peine. *Tourner légèrement la tête. Un vase légèrement fêlé.* **3** Sans réfléchir, imprudemment. *Se conduire légèrement.*

**légèreté** *nf* **1** Caractère de ce qui pèse peu. *La légèreté d'un bâti en aluminium.* **2** Agilité. *La légèreté de sa démarche.* **3** Inconstance, instabilité. *Il lui reprochait la légèreté de son esprit.* **4** Manque de réflexion, de prudence, de sérieux. *Faire preuve de légèreté dans la conduite d'une affaire.*

**leggings** *nfpl* **1** Jambières de cuir ou de toile. SYN houseaux. **2** Collants serrés à la cheville, ne couvrant pas les pieds. [PHO] [legiŋz] [ETY] Mot angl.

**leghorn** *nf* Poule d'une race italienne améliorée, excellente pondeuse. [ETY] D'un n. pr.

**légiférer** *vi* [14] Faire des lois.

**légine** *nm* Poisson des mers australes, vivant entre 300 et 1 500 m de fond.

**légion** *nf* **1** ANTIQ ROM Unité militaire romaine. *À l'époque de César, la légion, divisée en cohortes, manipules et centuries, comptait 6 000 hommes.* **2** Grand nombre d'êtres vivants. *Une légion de quémandeurs.* **LOC** ***Être légion*** : être très nombreux.

**Légion arabe** armée arabe créée en 1921 en Transjordanie par l'Anglais Peake. Glubb pacha la commanda de 1939 à 1956. Le roi Hussein fit alors de la Légion un corps jordanien.

**Légion d'honneur (ordre de la)** premier ordre national français, institué en 1802 par Bonaparte. Il comprend trois grades (chevalier, officier et commandeur) et deux dignités (grand officier et grand-croix). Le chef de l'État est le grand maître de l'ordre, que dirige un grand chancelier.

**légionelle** *nf* Bactérie agent des légionelloses.

**légionellose** *nf* MED Pneumonie grave due à la légionelle.

**Légion étrangère** formation militaire française dont les membres sont, en grande partie, étrangers. En mars 1831 la Légion étrangère fut créée en Algérie par Louis-Philippe. Elle servit surtout outre-mer. En 1962, le centre de la Légion a été transféré de Sidi-bel-Abbès (Algérie) à Aubagne (Bouches-du-Rhône).

**légionnaire** *nm* **1** Soldat d'une légion romaine. **2** Soldat de la Légion étrangère. **LOC** MED ***Maladie du légionnaire*** : légionellose.

**législateur, trice** *a, n* **A** *a* Personne qui établit des lois. **B** *nm* Pouvoir qui fait les lois.

**législatif, ive** *a* **1** Qui fait les lois. *Le pouvoir législatif. Une assemblée législative.* **2** Qui est de la nature de la loi. **LOC** HIST ***Corps législatif*** : nom de diverses assemblées françaises sous le Consulat et le Second Empire. — ***Élections législatives*** ou ***les législatives*** : élections par lesquelles sont élus les députés.

**législation** *nf* Ensemble des lois d'un pays, ou concernant un domaine précis.

**législature** *nf* Période pour laquelle une assemblée législative est élue.

**légiste** *n* **1** Personne qui connaît ou étudie les lois. **2** HIST Conseiller juridique du roi, sous l'Ancien Régime. **3** Médecin légiste. **LOC** ***Médecin légiste*** : chargé des expertises légales. [ETY] Du lat. *lex, legis*, « loi ».

**légitime** *a, nf* **A** *a* **1** Qui est consacré, reconnu par la loi. **2** Établi conformément à la Constitution ou aux traditions politiques. *Pouvoir, gouvernement légitime.* **3** Conforme à l'équité, à la morale, à la raison ; justifié. *Un désir légitime. Une inquiétude légitime.* **B** *nf* fam Épouse légitime. **LOC** ***Enfant légitime*** : né dans le mariage par oppos. à *enfant naturel*. — ***Légitime défense*** : droit de se défendre reconnu par la loi à celui qui est attaqué. [ETY] Du lat. [DER] **légitimement** *av* – **légitimité** *nf*

**légitimer** *vt* [1] **1** Rendre légitime ; faire reconnaître pour authentique. *Légitimer un pouvoir.* **2** DR Reconnaître juridiquement un enfant naturel. **3** Justifier. *Une conduite que rien ne peut légitimer.* [DER] **légitimation** *nf*

**légitimiste** *n, a* **1** Qui défend l'ordre établi, le pouvoir en place. **2** HIST En France, au XIXe s., partisan des descendants de Charles X, opposé aux *orléanistes*. [DER] **légitimisme** *nm*

**Legnano** v. d'Italie (prov. de Milan), sur l'Olona ; 60 300 hab. Industries. – En 1176, Frédéric Barberousse y fut vaincu par la Ligue lombarde.

**Legnica** (anc. *Liegnitz*), v. de Pologne (Basse-Silésie) ; ch.-l. de la voïévodie du m. nom ; 99 000 hab. Industr. – Mon. médiévaux.

**lego** *nm* Jeu de construction à pièces en matière plastique, qui s'emboîtent. [ETY] Nom déposé.

**Le Goff** Jacques (Toulon, 1924 – Paris, 2014), historien français : *la Civilisation médiévale* (1964), *la Naissance du purgatoire* (1981), *Saint Louis* (1996).

**Legouvé** Ernest (Paris, 1807 – id., 1903), auteur dramatique français : *Adrienne Lecouvreur* (en collab. avec Scribe, 1849). Acad. fr. (1855).

**Legrand** Michel (Paris, 1932), chef d'orchestre et compositeur français : nombr. musiques de films (notam. pour J. Demy).

**Le Gray** Gustave (Villiers-le-Bel, 1820 – Le Caire, 1882), photographe français des monuments historiques.

**Legrenzi** Giovanni (Clusone, 1626 – Venise, 1690), compositeur italien : opéras, motets, psaumes, oratorios, sonates (notam. pour trois instruments).

**Legros** Pierre (Chartres, 1629 – Paris, 1714), sculpteur français : sculptures pour le parc du château de Versailles.

**legs** *nm* **1** DR Action de céder la possession d'un bien à qqn par testament ; bien ainsi cédé. **2** fig Ce qui est laissé en héritage. *Ce trésor de sagesse, legs des anciens Grecs.* **LOC** ***Legs à titre particulier*** : qui porte sur un bien meuble ou un bien immeuble déterminé. — ***Legs à titre universel*** : qui porte soit sur l'ensemble, soit sur une quote-part des biens meubles ou immeubles. — ***Legs universel*** : qui porte sur la totalité des biens ou sur la totalité de la quotité disponible lorsqu'il y a des héritiers réservataires. [PHO] [lɛg] [ETY] De l'a. fr. *lais*, de *laisser*.

**léguer** *vt* [14] **1** Céder par testament. **2** fig Transmettre à ceux qui viennent ensuite. *Les Romains ont légué à l'Occident le sens de l'État.*

**légume** *nm, nf* **1** BOT Syn. de *gousse*. **2** Plante potagère dont on consomme certaines parties : graines, gousses, feuilles, tiges, racines, tubercules, fruits, fleurs. **LOC** ***Légumes secs*** : légumes riches en amidon tels que les haricots en grains, les lentilles, les pois, etc. — ***Légumes verts*** : légumes riches en cellulose tels que les salades, les haricots verts, les épinards, etc. — fam ***Grosse légume*** : personnage haut placé. [ETY] Du lat.

**légumier, ère** *a, nm* **A** *a* Relatif aux légumes. **B** *nm* **1** Plat à légumes. **2** Agriculteur spécialisé dans la production de légumes. **3** Belgique Marchand de légumes.

**légumineuse** *nf* BOT Plante dicotylédone dialypétale dont la famille comprend 12 000 espèces d'herbes et d'arbres et qui a pour fruits des gousses. (On les divise en *papilionacées*, *césalpiniacées* et *mimosacées*.)

**Lehár** Franz (Komárom, 1870 – Bad Ischl, 1948), compositeur autrichien d'origine hongroise ; auteur d'opérettes viennoises : *la Veuve joyeuse* (1905), *le Pays du sourire* (1929).

**Lehmann** Rosamond (Bourne End, Buckinghamshire, 1903 – Londres, 1990), romancière anglaise de tendance féministe : *Poussière* (1927), *la Ballade et la Source* (1944).

**Lehn** Jean-Marie (Rosheim, 1939), chimiste français : travaux sur les supermolécules. P. Nobel 1987.

**lei** *nm pl* Pluriel de *leu*.

**Leibl** Wilhelm (Cologne, 1844 – Würzburg, 1900), peintre allemand réaliste.

**Leibniz** Gottfried Wilhelm (Leipzig, 1646 – Hanovre, 1716), philosophe et mathématicien allemand. Chez lui, les idées du savant, du métaphysicien et du théologien sont trois aspects différents d'une même pensée. Méditant sur le principe de continuité en mathématique et sur la notion d'infini, il découvrit, en même temps que Newton, le calcul différentiel et intégral (1676). En physique, il substitua au *mécanisme* cartésien, qui réduisait la matière à l'étendue, une *dynamique* reposant sur la notion de force vive. Philosophe, il professe que chaque sujet (ou monade) exprime à sa manière l'univers entier, mais il ne le fait que très partiellement par des représentations *claires* et le passage du confus au clair constitue la *dynamique* intérieure de son développement. Dieu a créé les monades selon un système cohérent fondé sur une « harmonie préétablie » : bien qu'elles soient sans influence réelle les unes sur les autres, chaque monade existe en « concordance » avec toutes les autres. Pour Leibniz théologien, l'Être parfait a choisi, parmi d'innombrables combinaisons de monades, celle qui réalisait « le meilleur des mondes possibles », où le mal est le moindre mal ; ce point de vue a été ridiculisé par Voltaire (Leibniz est le Pangloss de *Candide*). Princ. œuvres : *Nouveaux Essais sur l'entendement humain* (1704), *Essais de théodicée* (1710), *Monadologie* (1714). [DER] **leibnizien, enne** *a, n*

**Leibowitz** René (Varsovie, 1913 – Paris, 1972), compositeur et musicologue français d'origine polonaise ; propagateur en France du dodécaphonisme.

**Leicester** v. d'Angleterre, sur la *Soar*, au S. de Nottingham ; ch.-l. du Leicestershire ; 270 600 hab. ; Centre industriel. – Université. Évêché. Égl. XII$^e$ s. Cath. goth. Vestiges romains.

**Leicester** famille d'Angleterre d'où sont issus Simon de Montfort et Philip Sidney.

**Leicestershire** comté de G.-B. (Midlands de l'Est) ; 2 553 km$^2$ ; 860 500 hab. ; ch.-l. *Leicester*.

**Leigh** Viviane Mary Hartley, dite Vivien (Darjiling, 1913 – Londres, 1967), actrice britannique : *Autant en emporte le vent* (1939), *Anna Karénine* (1948), *Un tramway nommé Désir* (1951).

Leibniz

Vivien Leigh

**Leine (la)** riv. d'All. (280 km), affl. de l'Aller (r. g.) ; arrose Göttingen et Hanovre.

**Leinster** (en gaélique *Laighean*), prov. du S.-E. de la république d'Irlande ; 19 632 km$^2$ ; 1 860 000 hab. ; ch.-l. *Dublin*. Région agric. (élevage) et minière (cuivre, plomb).

**léiomyome** *nm* Tumeur bénigne des muscles lisses.

**leipoa** *nm* Oiseau d'Australie (mégapodidé) qui fait éclore ses œufs en les couvrant de sable et de végétaux en décomposition. [ETY] Du gr. *leipein*, « laisser ».

**Leipzig** v. d'Allemagne (Saxe), au confluent de *l'Elster Blanche* et de *la Pleisse* ; 607 660 hab. Ses foires sont célèbres depuis le Moyen Âge. – Édition. Université fondée en 1409. – Victoire de Gustave II Adolphe sur les impériaux (1631). – Bataille meurtrière dite *des Nations*, entre Napoléon et les coalisés (16-19 oct. 1813), vainqueurs. [DER] **leipzigois, oise** *a, n*

**Leiris** Michel (Paris, 1901 – Saint-Hilaire, Essonne, 1990), écrivain et ethnologue français. Surréaliste dès 1924, il s'oriente vers l'ethnographie en 1929 (*l'Afrique fantôme*, 1934), *l'Âge d'homme* (1939), *la Règle du jeu* (*Biffures*, 1948 ; *Fourbis*, 1955 ; *Fibrilles*, 1966 ; *Frêle Bruit*, 1976), *À cor et à cri* (1988), *Journal 1922-1989* (posth., 1992) forment un ensemble autobiographique.

**leishmanie** *nf* Protozoaire flagellé parasite des globules blancs, agent de la leishmaniose.

**leishmaniose** *nf* MED Maladie due à l'infestation de l'organisme par une leishmanie, tel le kala-azar. [ETY] D'un n. pr.

**Leitha (la)** (en hongrois *Lajta*), riv. d'Autriche et de Hongrie (128 km) ; affl. du Danube (r. dr.) ; séparait, après 1867, les prov. autrichiennes *cisleithanes* des prov. hongroises *transleithanes*.

**leitmotiv** *nm* **1** MUS Motif, thème qui, caractérisant un personnage ou une situation, revient à plusieurs reprises. **2** fig Formule, idée qui revient fréquemment. [PHO] [lajtmɔtif] ou [lɛtmɔtiv] [ETY] Mot all.

**Leitz** Ernst (1843 – 1920), industriel allemand, créateur de l'appareil photo Leica.

**Leiv Eriksson** Claude, dit Leiv l'Heureux (en Islande, v. 970 – au Groenland, v. 1021), navigateur viking norvégien, fils d'Erik le Rouge. Il aurait découvert par hasard l'Amérique du Nord en l'an 1000.

**Le Jeune** Claude (Valenciennes, v. 1525 – Paris, 1600), compositeur français : psaumes, motets, chansons profanes.

**Lejeune** Jérôme (Montrouge, 1926 – Paris, 1994), médecin et généticien français. Il a décrit la trisomie 21.

**lek** *nm* Monnaie principale de l'Albanie.

**Lek (le)** bras N. du Rhin, aux Pays-Bas.

**Lekain** Henri Louis Cain, dit (Paris, 1729 – id., 1778), tragédien français hostile à l'emphase.

**Lekeu** Guillaume (Heusy, 1870 – Angers, 1894), compositeur belge ; élève de C. Franck.

**Lelouch** Claude (Paris, 1937), cinéaste français : *Un homme et une femme* (1966), *Édith et Marcel* (1983), *Itinéraire d'un enfant gâté* (1989).

**Lely** Peter Van der Faes, dit sir Peter (Soest, Westphalie, 1618 – Londres, 1680), peintre anglais de la Cour.

**Lelystad** v. industrielle des Pays-Bas ; 57 950 hab. ; ch.-l. de la prov. de Flevoland.

**Lemaire de Belges** Jean (Belges, auj. Bavay, Nord, 1473 –?, v. 1520), poète et chroniqueur wallon, à la cour de Marguerite d'Autriche puis d'Anne de Bretagne : *Illustrations de Gaule et Singularités de Troie* (1509-1512).

**Lemaistre** Antoine (Paris, 1608 – Port-Royal-des-Champs, 1658), avocat français, petit-fils d'Antoine Arnauld le père ; il se retira à Port-Royal (1638), où il écrivit une *Apologie de Saint-Cyran* (1642). — **Isaac** dit Lemaistre de Sacy (Paris, 1613 – Pomponne, 1684), frère du préc., directeur spirituel des religieuses de Port-Royal en 1649. Sa traduction de la Bible (1667) suscita des controverses.

**Lemaitre** Jules (Vennecy, Loiret, 1853 – Tavers, id., 1914), critique littéraire et auteur dramatique français : *les Contemporains* (8 vol. de chroniques, 1885-1889). Acad. fr. (1895).

**Lemaître** Antoine Louis Prosper, dit Frédérick (Le Havre, 1800 – Paris, 1876), acteur français. Il s'illustra notam. dans *l'Auberge des Adrets* (V. Robert Macaire).

**Lemaître** Mgr Georges Henri (Charleroi, 1894 – Louvain, 1966), astronome belge. Ses travaux sur la relativité l'amenèrent à concevoir le *big bang* en 1927.

**Leman** Gérard Mathieu (comte) (Liège, 1851 – id., 1920), général belge. Il défendit Liège (4-14 août 1914) contre les Allemands.

**Léman (lac)** lac franco-suisse (582 km$^2$), long de 72 km, situé à 370 m d'alt. entre le Jura au N.-O. et les Alpes du Chablais au S. Il est traversé par le Rhône, qui en sort à Genève. Tourisme, stat. clim. [DER] **lémanique** *a*

**Le May** Pamphile (Lotbinière, 1837 – Saint-Jean-Deschaillons, 1918), écrivain québécois : *les Gouttelettes* (poèmes rustiques, 1904).

**Lemercier** Jacques (Pontoise, v. 1585 – Paris, 1654), architecte français ; précurseur du classicisme : égl. de la Sorbonne, plans de l'égl. St-Roch à Paris ; il bâtit la ville de Richelieu et son château.

**Lemercier** Népomucène (Paris, 1771 – id., 1840), écrivain français néoclassique : poèmes épiques, tragédies. Acad. fr. (1810).

**Lemerle** Paul (Paris, 1903 – id., 1989), historien français, spécialiste de Byzance.

**Lemire** Jules Auguste (Vieux-Berquin, Nord, 1853 – Hazebrouck, 1928), prêtre français. Élu député de gauche (1893), il promut des lois interdisant le travail des enfants et institua les « jardins ouvriers ».

**lemmatisation** *nf* LING Détermination du lemme d'un mot, première étape de l'élaboration d'un dictionnaire. (DER) **lemmatiser** *vt* ①

**lemme** *nm* **1** LOG Proposition accessoire utilisée dans le cours d'une démonstration. **2** LING Forme d'un mot variable, choisie comme entrée dans un dictionnaire (infinitif du verbe par ex.). (ETY) Du gr.

**lemming** *nm* ZOOL Petit mammifère rongeur (muridé) des régions arctiques, à queue courte, vivant en bandes. (ETY) Mot norv.

**Lemmon** Jack (Boston, 1925 – Los Angeles, 2001), acteur américain : *Certains l'aiment chaud* (1959), *Irma la Douce* (1963).

**lemniscate** *nf* GEOM Courbe du 4^e degré, lieu des points tels que le produit de leurs distances à deux points fixes est constant. (ETY) Du lat. *lemniscus*, « ruban ».

**LeMond** Greg (Lakewood, 1960), coureur cycliste américain, triple vainqueur du Tour de France.

**Lémovices** peuple gaulois qui habitait le Limousin actuel.

**Le Moyne** François (Paris, 1688 – id., 1737), peintre français. Il travailla à Versailles. (VAR) **Le Moine**

**Lemoyne** Jean-Baptiste II, dit Lemoyne fils (Paris, 1704 – id., 1778), sculpteur français : bustes de Louis XV, Montesquieu, Réaumur.

**Le Moyne d'Iberville** Pierre (Ville-Marie, auj. Montréal, 1661 – La Havane, 1706), marin et explorateur français ; victorieux des Anglais dans la baie d'Hudson ; le premier gouverneur de la Louisiane (1699). — **Le Moyne de Bienville** Jean-Baptiste (Ville-Marie, 1680 – Paris, 1768), frère du préc., gouverneur de la Louisiane de 1713 à 1726 et de 1733 à 1743.

**lempira** *nm* Unité monétaire du Honduras.

**lémure** *nm* ANTIQ ROM Âme errante d'un mort. (ETY) Du lat., « fantôme ».

**lémurien** *nm* ZOOL Mammifère primate inférieur tel que le maki.

**Lena (la)** fl. de Sibérie (4 270 km) ; né sur la rive ouest du lac Baïkal, il arrose Iakoutsk et se jette dans l'océan Arctique par un vaste delta.

**Le Nain** nom de trois frères peintres, nés à Laon et morts à Paris — **Antoine** (entre 1600 et 1610 – 1648), — **Louis** (entre 1600 et 1610 – 1648), — **Mathieu** (vers 1610-1677), peintres qui travaillèrent en étroite collaboration. En 1629, ils sont à Paris, où ils ont vite du succès : scènes religieuses et mythologiques, « portraits collectifs » de courtisans ou de bourgeois, dans le style flamand, scènes paysannes.

**Lenard** Philipp (Presbourg, auj. Bratislava, 1862 – Messelhausen, Bade-Wurtemberg, 1947), physicien allemand. Ses travaux sur les rayons cathodiques permirent la découverte des rayons X. P. Nobel 1905.

les frères **Le Nain** *Repas de paysans*, 1642 – musée du Louvre

**Lenau** Nikolaus Niembsch von Strehlenau, dit **Nikolaus** (Csátad, Hongrie [auj. Lenauheim, Roumanie], 1802 – Oberdöbling, 1850), poète lyrique autrichien : *Chants des joncs* (1832), *Faust* (poème dramatique, 1836), *Don Juan* (poème inachevé, 1844).

**Lenclos** Anne, dite **Ninon de** (Paris, 1620 – id., 1705), femme de lettres française célèbre par son esprit, sa culture et sa beauté. Elle tint un salon où se réunissaient les libres penseurs. Ses *Lettres* ont un réel intérêt littéraire.

**lendemain** *nm* **1** Jour qui suit le jour considéré. *Le lendemain matin.* **2** Avenir. *Songer au lendemain.* **LOC** ***Du jour au lendemain*** **:** très vite, en très peu de temps. — ***Sans lendemain*** **:** sans prolongement, sans suite. (ETY) De l'a. fr. *l'endemain*.

**lendit** *nm* HIST Grande foire qui se tenait, au Moyen Âge, dans la plaine Saint-Denis, au nord de Paris. (ETY) Du lat. *indictum*, « fixé ».

**Lendl** Ivan (Prague, 1960), joueur de tennis tchèque ; nombr. victoires entre 1984 et 1987 ; vainqueur des Internationaux des États-Unis (1985, 1986, 1987) et de France (1984, 1986, 1987).

**L'Enfant** Pierre Charles (Paris, 1754 – Prince George County, Maryland, 1825), architecte et ingénieur français ; auteur du plan de la ville de Washington.

**Lenglen** Suzanne (Paris, 1899 – id., 1938), joueuse de tennis française ; victorieuse à Wimbledon de 1919 à 1923 et en 1925.

**lénifier** *vt* ② **1** MED Soulager au moyen d'un produit adoucissant. **2** fig Adoucir, calmer. (ETY) Du lat. *lenis*, « doux ». (DER) **lénifiant, ante** *a*

**Leninabad** → **Khoudjand.**

**Leninakan** → **Gumri.**

**Lénine (pic)** un des points culminants (7 134 m) du Transalaï dans le Pamir.

**Lénine** Vladimir Ilitch Oulianov, dit (Simbirsk, 1870 – Gorki, 1924), révolutionnaire russe, fondateur de l'État soviétique. Chef de la fraction bolchevique de la social-démocratie russe, c'est en exil à Genève et à Paris qu'il prépara la révolution russe en créant un parti fort et centralisé. Rentré en avril 1917 (après la révolution de Février) en Russie, par le train (grâce à l'aide des autorités allemandes), il publia son programme, nommé « thèses d'avril » : fin immédiate de la guerre impérialiste, opposition au gouvernement provisoire, nationalisation des terres, remplacement de la police et de l'armée par le peuple en armes (« tout le pouvoir aux soviets »). Organisateur de l'insurrection d'Octobre (en fait nov.) 1917, il présida le nouv. gouv., exclusivement bolchevique. La paix avec l'Allemagne fut conclue en mars 1918 à Brest-Litovsk. La dictature du prolétariat s'exprime ainsi : abolition du droit de propriété des grands propriétaires fonciers ; contrôle ouvrier sur les usines ; création d'une police politique, la Tcheka. Les tenants de l'ancien régime prirent les armes contre le pouvoir soviétique. Lénine décréta le « communisme de guerre », qui mobilisait autoritairement les hommes et les ressources. La contre-révolution fut vaincue en 1921, mais le pays était exsangue. Il fallut jeter du lest : la « nouvelle politique économique » (NEP) rétablit provisoirement une certaine liberté pour le commerce et les petites industries. En 1922, l'Union des républiques socialistes soviétiques (URSS) était fondée. En 1919, Lénine avait créé la III^e Internationale (communiste), ce qui divisa le mouvement ouvrier mondial. Frappé d'une attaque d'hémiplégie en mai 1922, il cessa ses activités en mars 1923 (nouvelle attaque). Dans ses dernières recommandations (appelées « Testament »), il demandait le remplacement de Staline au poste de secrétaire général du parti. Lénine fut un fécond théoricien du marxisme : *Que faire ?* (1902), *Matérialisme et Empiriocriticisme* (1909), *l'Impérialisme, stade suprême du capitalisme* (1917), *l'État et la Révolution* (1918), *le Gauchisme, maladie infantile du communisme* (1920). (DER) **léninien, enne** *a*

Lénine

**Leningrad** → **Saint-Pétersbourg.**

**léninisme** *nm* Doctrine de Lénine et de ses partisans. (DER) **léniniste** *a, n*

**lénitif, ive** *a, nm* **A** MED Adoucissant. **B** *a* fig, litt Qui soulage. *Des paroles lénitives.*

**Lenoir** Étienne (Mussy-la-Ville, Luxembourg, 1822 – La Varenne-Saint-Hilaire, 1900), ingénieur français. Il inventa en 1860 le moteur à explosion.

**Lenoir-Dufresne** Joseph (Alençon, 1768 – Paris, 1806), industriel français, associé de François Richard (V. ce nom).

**Lenormand** Henri-René (Paris, 1882 – id., 1951), auteur dramatique français : *Le temps est un songe* (1919), *Crépuscule du théâtre* (1934).

**Le Nôtre** André (Paris, 1613 – id., 1700), architecte et paysagiste français ; jardinier du roi (1645). Il a créé le *jardin à la française* : parcs des chât. de Vaux-le-Vicomte (1656-1661), de Versailles (1661-1668), de Chantilly, de Sceaux.

**Lens** ch.-l. d'arr. du Pas-de-Calais, sur la Deûle ; 36 206 hab. (519 000 hab. dans l'aggl.). Les industr. sidérurgiques et métallurgiques, fondées sur l'extraction charbonnière, sont relayées par d'autres industr. (DER) **lensois, oise** *a, n*

**lent, lente** *a* **1** Dont la vitesse n'est pas grande. *Véhicule lent. Une lente progression. Avoir l'esprit lent.* **2** Dont l'action ou l'effet ne se fait pas immédiatement sentir. *Un poison lent.* (ETY) Du lat. (DER) **lentement** *av* – **lenteur** *nf*

**lente** *nf* Œuf de pou.

**lenticelle** *nf* BOT Pore traversant le liège imperméable de l'écorce d'un végétal et permettant les échanges gazeux entre les tissus profonds et l'atmosphère. (ETY) Du lat. *lens, lentis*, « lentille ».

**lenticulaire** *a* Qui a la forme d'une lentille.

**lenticule** *nf* BOT Lentille d'eau.

**lentiforme** *a* Qui a la forme d'une lentille.

**lentigo** *nm* MED Tache pigmentaire de la peau, appelée couramment *grain de beauté*.

**lentille** *nf* **1** Légumineuse papilionacée, plante grimpante qui fournit une graine comestible ; la graine elle-même. *Un plat de lentilles au lard.* **2** OPT Système optique réfringent limité par des faces dont une au moins est concave ou convexe. **3** Verre de contact. *Remplacer ses lunettes par des lentilles.* **LOC** ***Lentille d'eau*** **:** plante aquatique dont les feuilles minuscules flottent sur l'eau stagnante. (ETY) Du lat.

ENC L'axe principal d'une lentille est la droite qui joint les centres de courbure des deux faces qui la délimitent. Si l'épaisseur de la lentille est faible par rapport aux rayons de courbure des faces, elle est appelée lentille *mince* et possède un *centre optique*. On distingue les lentilles *convergentes*, dont les faces sont convexes, et les lentilles *divergentes*, dont les faces sont concaves. Une lentille est *stigmatique* si à tout point objet correspond un point image (et non une tache). Une lentille possède deux *foyers*, qui

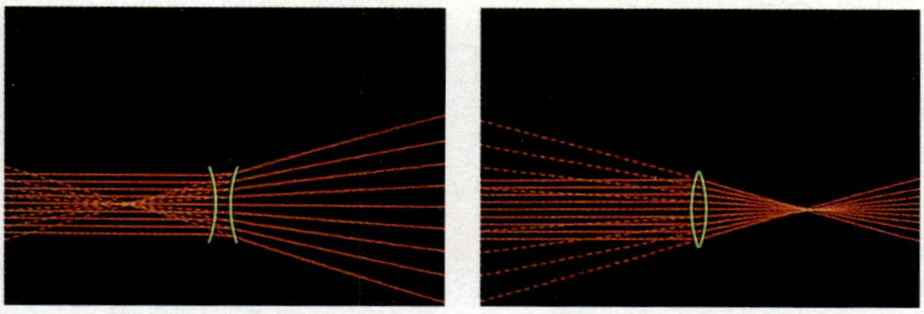

**lentille** faisceaux identiques rétractés par une lentille biconcave divergente (à g.) et biconvexe convergente (à dr.) : les rayons sont des traits pleins, leurs prolongements en pointillé ; on observe (à g.) un foyer virtuel (intersection de prolongements) et (à dr.) un foyer réel.

sont les images des points situés à l'infini de part et d'autre de la lentille. La *distance focale* d'une lentille est la distance entre l'un des deux foyers et le centre optique. Les lentilles peuvent présenter des défauts : *aberrations chromatiques* (irisation) et *géométriques* (telles que distorsions et taches). Les lentilles entrent dans la construction d'un grand nombre d'instruments d'optique. – Les *lentilles électroniques* jouent à l'égard des électrons le même rôle que les lentilles optiques à l'égard des photons (constitutifs des rayons lumineux).

**lentin** *nm* LOC *Lentin de chêne* : autre nom du *shiitaké*.

**Lentini** v. d'Italie, en Sicile (prov. de Syracuse) ; 24 200 hab. – Antique *Leontinoi* fondée par les Grecs en 729 av. J.-C., puis la *Leontium* des Romains. Détruite en 1693 par un séisme.

**lentique** *a* Qui se rapporte aux écosystèmes d'eaux douces calmes ou stagnantes. ANT lotique.

**lentisque** *nm* Arbuste voisin du pistachier dont on tire une matière résineuse appelée *mastic*.

**lentivirus** *nm* Rétrovirus tel que le VIH. DER **lentiviral, ale, aux** *a*

**lento** *av* MUS Lentement. PHO [lento] ETY Mot ital.

**Lenz** Jakob Michael Reinhold (Sesswegen, Livonie, 1751 – Moscou, 1792), auteur dramatique allemand ; un des pionniers du Sturm und Drang : *le Précepteur* (1774), *les Soldats* (1776). Il sombra dans la folie.

**Lenz** Heinrich Friedrich (Dorpat, auj. Tartou, Estonie, 1804 – Rome, 1865), physicien russe. ▷ ELECTR *Loi de Lenz* : loi qui permet de déterminer le sens du courant induit dans un circuit électrique dont le flux inducteur varie.

**Lenz** Siegfried (Lyck, Masurie, 1926 – Hambourg, 2014), écrivain allemand : *le Temps des innocents* (1961), *la Leçon d'allemand* (1968), *Une minute de silence* (2008).

**Leoben** v. d'Autriche, sur la Mur ; 35 000 hab. Centre métallurgique. – En avril 1797, Bonaparte et l'archiduc Charles y signèrent les préliminaires du traité de Campoformio.

**lentille**

**Léocharès** (IVᵉ s. av. J.-C.), sculpteur athénien ; il décora le mausolée d'Halicarnasse.

**León** v. du N.-O. de l'Espagne, sur le *rio Bernesga* ; 493 300 hab. ; ch.-l. de la prov. du m. nom. Industries. – Cath. goth. XIIIᵉ-XVᵉ s. Basilique XIᵉ-XIIᵉ s., longtemps sépulture royale. – L'anc. *royaume de León*, fondé en 914 par Ordoño, roi des Asturies, fut réuni à la Castille en 1230 par Ferdinand III.

**León** v. du Mexique central, au N.-O. de Mexico ; 1,3 million d'hab. (aggl.). Centre agric.

**León** v. du Nicaragua ; 201 000 hab. ; ch.-l. de dép. Centre industr. et comm. – Université.

**Léon (pays de)** région côtière du Finistère, spécialisée dans les cult. maraîchères et fruitières (fraises) ; v. princ. *Saint-Pol-de-Léon*. DER **léonard, arde** *a, n*

**Léon** nom de treize papes. — **Léon Iᵉʳ (saint)** surnommé **le Grand** (Volterra, ? – Rome, 461), pape de 440 à 461 ; docteur de l'Église, défenseur de l'orthodoxie ; il convoqua le concile de Chalcédoine (451). — **Léon III (saint)** (Rome, 750 – id., 816), pape de 795 à 816 ; il couronna Charlemagne empereur d'Occident en 800. — **Léon IV (saint)** (Rome, ? – id., 855), pape de 847 à 855 ; il repoussa les attaques des Sarrasins contre Rome. — **Léon IX (saint) [Bruno d'Eguisheim-Dagsburg]** (Eguisheim, Alsace, 1002 – Rome, 1054), pape de 1049 à 1054 ; il voulut réformer l'Église. — **Léon X Jean de Médicis** (Florence, 1475 – Rome, 1521), pape de 1513 à 1521. Cardinal à quatorze ans, pape à trente-huit ans, il conclut avec François Iᵉʳ le concordat de Bologne (1516), mit fin au concile du Latran et condamna Luther par la bulle *Exsurge Domine* (1520). Il fut le mécène de Michel-Ange et de Raphaël. — **Léon XII Annibale Sermattei Della Genga** (Genga, 1760 – Rome, 1829), pape de 1823 à 1829 ; il eut une activité répressive, en Europe et dans ses États (lutte contre le carbonarisme). — **Léon XIII Vincenzo Gioacchino Pecci** (Carpineto Romano, 1810 – Rome, 1903), pape de 1878 à 1903 ; il incita les catholiques français à se rallier à la république et promut le mouvement chrétien social (encyclique *Rerum novarum* 1891).

**Léon** nom de six empereurs d'Orient. — **Léon Iᵉʳ le Grand** ou **le Thrace** (Vᵉ siècle), empereur d'Orient de 457 à 474 ; il lutta vainement en Afrique contre les Vandales. — **Léon III l'Isaurien** (Germaniceia, Commagène [auj. Maraş, Turquie], vers 674 – 741), empereur d'Orient de 717 à 741. Il suscita la querelle des Images. — **Léon V l'Arménien** empereur d'Orient de 813 à 820 ; il sauva Constantinople des Bulgares (817). — **Léon VI le Sage** ou **le Philosophe** (866 – 912), empereur d'Orient de 886 à 912 ; il publia un recueil de lois, les *Basiliques*.

**Léon** nom de six rois d'Arménie (XIIᵉ-XIVᵉ siècle). — **Léon II le Grand** régna de 1187 à 1219 sur l'Arménie, qu'il érigea en royaume en 1198. — **Léon VI de Poitiers-Lusignan** (? – Paris, 1393), dernier roi d'Arménie (1373-1375) ; emmené par les Arabes en Égypte, libéré en 1382, il finit ses jours à Paris.

**Léon l'Africain** Al-Hasan ibn Muhammad al-Fa'sī, dit (Grenade, v. 1483 – en Tunisie, apr. 1554), géographe andalou (*Description de l'Afrique* en ar., 1526 ; en ital., 1550). Émigré au Maroc à la Reconquista, capturé, au cours d'un de ses voyages, par des corsaires chrétiens, il s'établit à Rome, où il se convertit au christianisme et enseigna.

**Léonard de Vinci** (en ital. *Leonardo da Vinci*) (Vinci, près de Florence, 1452 – chât. de Cloux, auj. Clos-Lucé, près d'Amboise, 1519), peintre, architecte, sculpteur, ingénieur et savant italien. Fils naturel d'un notaire au service des Médicis, il entra, en 1469, dans l'atelier de Verrocchio. *L'Annonciation* (Offices) serait de cette époque. En 1482, il s'installa à Milan, à la cour de Ludovic le More, où il dressa les plans de canaux et d'installations hydrauliques, et entreprit la statue équestre de François Sforza, qui ne fut jamais fondue. Peintre, il développa la technique du *sfumato*, modelé vaporeux des contours : *la Vierge aux rochers* (v. 1483, Louvre ; réplique, 1506, à la National Gallery).Il peignit à fresque *la Cène* (1495-1497) réfectoire du couvent de Santa Maria delle Grazie, Milan). Après l'entrée des Français à Milan (1499), il séjourna à Mantoue, à Venise, à Rome et enfin à Florence, où il travailla à *la Joconde* (v. 1503-1506, Louvre) portrait présumé de Mona Lisa, épouse de Francesco del Giocondo. À Milan (1506-1513), il peignit *la Vierge, l'Enfant Jésus et sainte Anne* (v. 1509, Louvre). En déc. 1513, il se rendit à Rome, où il se heurta à la toute-puissance de Raphaël. En 1515, il répondit aux appels de François Iᵉʳ et s'installa à Cloux, où il mourut, laissant de nombr. manuscrits, qui furent publiés sous le titre de *Carnets*. Esprit universel, Léonard étudia l'anatomie, la botanique, l'optique, la géologie, la mécanique, etc. DER **léonardesque** *a*

**Leoncavallo** Ruggero (Naples, 1858 – Montecatini, 1919), compositeur italien ; auteur d'opéras (*Paillasse*, 1892).

**Leone** Sergio (Rome, 1929 – id., 1989), cinéaste italien ; créateur du « western-spaghetti » :

**Léonard de Vinci** *l'Annonciation* – galerie des Offices, Florence

*Pour une poignée de dollars* (1964), *Il était une fois dans l'Ouest* (1969).

**Leonhardt** Gustav (Graveland, Pays-Bas, 1928 – Amsterdam, 2012), claveciniste, organiste et chef d'orchestre néerlandais, interprète de Bach.

**Leoni** Leone (Menaggio, près de Côme, vers 1509 – Milan, 1590), orfèvre, médailleur et sculpteur italien : tombeau de Jacques de Médicis (cath. de Milan, 1560-1562). — **Pompeo** (Pavie, vers 1533 – Madrid, 1608), fils du préc., médailleur et sculpteur, travailla en Espagne : groupes de Charles Quint et de Philippe II (Escorial).

**Léonidas** nom de deux rois de Sparte. Léonidas Ier (roi de 490 à 480 av. J.-C.), mourut héroïquement aux Thermopyles en luttant contre l'armée perse de Xerxès.

**Léonides** essaim d'étoiles filantes visibles chaque année à la mi-novembre.

**1 léonin, ine** *a* **1** Qui rappelle le lion. *Chevelure léonine.* **2** DR Se dit d'un partage d'un contrat par lequel l'une des parties s'attribue la part la plus avantageuse. ETY Du lat.

**2 léonin, ine** *a* **LOC** LITTER ***Vers léonins*** : vers latins dont la fin rime avec la césure du troisième pied. ETY D'un n. pr.

**Léonore I, II, III** titres donnés à 3 ouvertures que Beethoven composa en 1805-1806 pour son opéra *Fidelio,* d'abord intitulé *Léonore.*

**Leonov** Leonid Maximovitch (Moscou, 1899 – id., 1994), écrivain russe. Romans : *le Voleur* (1927), *la Forêt russe* (1953).

**Leonov** Alekseï Arkhipovitch (Listvianka, 1934), cosmonaute soviétique ; le premier homme qui effectua une sortie dans l'espace (en 1965, lors du vol Voskhod II).

**Leontief** Wassily (Saint-Pétersbourg, 1906 – New York, 1999), économiste américain d'origine russe. Il créa des tableaux de flux de production (*modèles de Leontief*), applicables aux changements commerciaux et technologiques. Prix Nobel 1973.

**léopard** *nm* **1** Syn. de *panthère.* **2** HERALD Lion représenté la tête de face, la queue ramenée au-dessus du corps. **LOC** ***Léopard de mer*** : grand phoque très vorace des mers australes, au pelage tacheté. — MILIT ***Tenue léopard*** : vêtement de camouflage tacheté, partic. utilisé par les parachutistes. ETY Du lat. *leo,* « lion », et *pardus,* « panthère ».

**Leopardi** Giacomo (comte) (Recanati, Marches, 1798 – Naples, 1837), écrivain italien. L'impossibilité d'aimer et l'hostilité de la nature ont inspiré sa prose (*Petites Œuvres morales,* 1827-1833, *Cent Onze Pensées,* posth., 1845, *Pensées diverses,* posth., 1900) et ses vers (*Canti* 1824 à 1835) empreints de pessimisme.

**Léopold Ier** (Vienne, 1640 – id., 1705), empereur du Saint Empire de 1658 à 1705. Il combattit les Turcs avec l'aide de la Pologne et fut vaincu par la France. — **Léopold II** (Vienne, 1747 – id., 1792), grand-duc de Toscane (1765-1790), empereur du Saint Empire de 1790 à 1792 ; frère de Marie-Antoinette.

**Léopold Ier** (Cobourg, 1790 – Laeken, 1865), prince de Saxe-Cobourg, premier roi des Belges, élu en 1831. Il épousa Louise-Marie d'Orléans, fille de Louis-Philippe. — **Léopold II** (Bruxelles, 1835 – Laeken, 1909), roi des Belges de 1865 à 1909, fils du préc. Dans les années 1870, il se lança dans une polit. de conquête en Afrique centrale. Propriétaire (1885) de l'*État libre du Congo,* il céda celui-ci à la Belgique en 1908. — **Léopold III** (Bruxelles, 1901 – id., 1983), roi des Belges de 1934 à 1951, fils d'Albert Ier. Il fut déporté en Allemagne en juin 1944. En 1945, une grave opposition (essentiellement wallonne) lui reprocha d'avoir fait déposer les armes devant l'Allemagne en 1940. Son frère, le prince Charles, prit la régence du royaume. En mars 1950, un plébiscite rendit le pouvoir à Léopold, qui, vivement attaqué, abdiqua en faveur de son fils Baudouin en juil. 1951.

Léopold Ier
de Belgique

Léopold II
de Belgique

**Léopoldville** → **Kinshasa.**

**léotard** *nm* Maillot de danseuse.

**Léotychidas** (m. à Tégée en 469 av. J.C.), roi de Sparte de 491 à 469. Il commanda la flotte grecque victorieuse des Perses au cap Mycale (479 av. J.-C.).

**Lépante** (auj. *Naupacte*), v. de Grèce près de laquelle don Juan d'Autriche remporta, pour le roi d'Espagne Philippe II, une import. victoire navale sur les Turcs (1571).

**Lepaon** Thierry (Caen, 1960), syndicaliste français, secrétaire général de la CGT de 2013 à janv. 2015.

**Lepaute** Jean André (Mogues, près de Sedan, 1720 – Saint-Cloud, 1789), horloger français. Il équipa les princ. observatoires européens.

**Lepautre** Antoine (Paris, vers 1621 – id., 1691), architecte français : ailes du château de Saint-Cloud, hôtel de Beauvais (1654) à Paris. — **Pierre** (Paris, 1660 – id., 1744), neveu du préc., sculpteur : *Énée et Anchise.*

**Le Peletier de Saint-Fargeau** Louis Michel (Paris, 1760 – id., 1793), homme politique français. Député de la noblesse puis conventionnel, il vota la mort du roi et fut assassiné par le royaliste Pâris.

**Le Pen** Jean-Marie (La Trinité-sur-Mer, 1928), homme politique français. Député poujadiste, il dirige de 1972 à 2011 le Front national (extrême droite). Aux présidentielles de 2002, il devance, à la surprise générale, L. Jospin ; au deuxième tour, il est battu par J. Chirac. — **Marine** (Neuilly-sur-Seine, 1968), femme politique française, fille du préc. Elle succède à son père à la tête du Front national en 2011.

**Le Pichon** Xavier (Qui Nhon, Annam, 1937), géophysicien français. Son apport à la théorie des plaques est fondamental.

**Lépide** (en lat. *Marcus Aemilius Lepidus*) (m. en 13 av. J.-C. à Circeii, auj. disparue, près du mont Circeo), homme politique romain, membre, avec Octave et Antoine, du second triumvirat (43 av. J.-C.). En 40, il gouverna l'Afrique ; déposé en 36, il mourut en exil.

**lépido-** Élément, du gr. *lepidos,* « écaille ».

**lépidodendron** *nm* PALEONT Lycopode arborescent au tronc écailleux, caractéristique des forêts du carbonifère.

**lépidoptère** *nm* ENTOM Insecte à deux paires d'ailes membraneuses couvertes d'écailles colorées, à trompe enroulée en spirale qui aspire le nectar des fleurs, dont la larve est une chenille et la nymphe une chrysalide. SYN papillon.

**Lépine** Louis (Lyon, 1846 – Paris, 1933), administrateur français. Préfet de police de Paris, il créa en 1902 un concours qui récompense chaque année des inventeurs.

**Lépine** Pierre (Lyon, 1901 – Paris, 1989), médecin français. Il réalisa, à l'Institut Pasteur, le vaccin français contre la poliomyélite.

**lépiote** *nf* Champignon basidiomycète à chapeau écailleux et à lamelles (agaricacée), comestible ou toxique selon l'espèce. ETY Du gr. *lepion,* « petite écaille ». ▶ pl. champignons

**lépisme** *nm* ENTOM Insecte thysanoure vivant dans les lieux humides des maisons, appelé cour. *poisson d'argent.* ETY Du gr. *lepis,* « écaille ».

**Le Play** Frédéric (La Rivière-Saint-Sauveur, Calvados, 1806 – Paris, 1882), ingénieur et économiste français ; auteur d'enquêtes et monographies ouvrières.

**léporidé** *nm* ZOOL Mammifère lagomorphe, à longues oreilles, dont la famille comprend les lièvres et les lapins. ETY Du lat.

**lèpre** *nf* **1** Maladie infectieuse contagieuse due au bacille de Hansen. **2** fig Creux et taches d'une surface rongée. *Mur recouvert de lèpre.* **3** fig, litt Mal qui se propage. *Une lèpre morale.* **LOC** ***Lèpre maculeuse*** : caractérisée par des taches dermiques, puis des tumeurs nodulaires (*lépromes*). — ***Lèpre mutilante*** : forme nerveuse de la lèpre, qui entraîne la chute des doigts, des orteils, etc. ETY Du lat.

**lépreux, euse** *a, n* **A** Atteint de la lèpre. **B** *a* fig Couvert de taches, dégradé. *Murs lépreux.*

**Le Prieur** Yves (Lorient, 1885 – Nice, 1963), officier de marine français, qui inventa le scaphandre autonome (1926).

**Leprince** Engrand (?, – Beauvais, 1531), peintre verrier français : vitraux des cathédrales de Beauvais, de Rouen, etc.

**Leprince de Beaumont** Jeanne-Marie (Rouen, 1711 – Annecy, 1780), écrivain français : *le Magasin des enfants* (1758), recueil de contes comprenant notam. *la Belle et la Bête.*

**Leprince-Ringuet** Louis (Alès, 1901 – Paris, 2000), physicien français ; auteur de nomb. ouvrages de vulgarisation. Acad. fr. (1966).

**léprologie** *nf* Étude de la lèpre. DER **léprologue** *n*

**léprome** *nm* MED Tumeur noduleuse caractéristique de la lèpre maculeuse.

**léproserie** *nf* Hôpital où les lépreux sont isolés et soignés.

**lept(o)-** Élément, du gr. *leptos,* « mince ».

**leptine** *nf* BIOCHIM Protéine naturelle régulatrice de l'appétit et du poids.

**Leptis** anc. villes de l'Afrique du Nord : *Leptis Magna,* auj. Lebda, en Libye ; ruines considérables. – *Leptis Parva* : auj. Lamta, en Tunisie.

**leptocéphale** *nm* ICHTYOL Forme larvaire des anguilles, des congres et des espèces voisines, à l'aspect de lame foliacée transparente et qui est appelée à se transformer en civelle.

**lepton** *nm* PHYS NUCL Particule de matière (les neutrinos, l'électron, le muon et le tau) ne subissant d'aucune interaction forte par oppos. au *hadron.* ETY Du gr. *leptos,* « mince ». DER **leptonique** *a*

**leptospire** *nm* MICROB Bactérie spiralée, responsable des leptospiroses.

**leptospirose** *nf* Maladie infectieuse due aux leptospires, transmise à l'homme par les rats et les eaux souillées.

**lepture** *nm* Petit coléoptère (cérambycidé), brun, jaune ou rouge, fréquent sur les fleurs.

**leptynite** *nf* MINER Roche métamorphique de structure massive, riche en quartz et en feldspath, pauvre en mica et en amphibole.

**lequel, laquelle** *pr rel, pr interrog* **A** *pr rel* **1** S'emploie avec la fonction de complément indirect ou circonstanciel. *L'histoire à laquelle vous faites allusion. Les personnes auxquelles tu penses. La Seine, dans laquelle vient se jeter la Marne.* **2** S'emploie pour éviter une équivoque avec la fonction de sujet ou de complément direct. *Il y a une édition de ce livre, laquelle se vend fort bien.* **B** *pr interrog* Marque un choix à faire, dans la réponse, entre deux ou plusieurs personnes, entre deux ou plusieurs choses. *Lequel des deux frères est-ce ? Duquel est-il le parent ? Dites-moi lequel des deux objets vous voulez.* (Ce pron. se combine avec à : *auquel, auquels, auquelles* et avec de : *duquel, desquels, desquelles.*) PLUR lesquels, lesquelles.

**Leray** Jean (Chautenay, près de Nantes, 1906 – La Baule, 1998), mathématicien français : travaux sur la mécanique des fluides et la topologie.

**lerche** *av fam* LOC *Pas lerche* : pas beaucoup. [ETY] Verlan de *cher.*

**Leriche** René (Roanne, 1879 – Cassis, 1955), chirurgien français ; il étudia la douleur (*la Chirurgie de la douleur* 1937).

**Le Ricolais** Robert (La Roche-sur-Yon, 1894 – Paris, 1977), ingénieur et architecte français. Le prem., il utilisa des éléments métalliques préfabriqués.

**Lérida** v. d'Espagne (Catalogne), sur le Sègre ; 131 800 hab. ; ch.-l. de la province du m. nom. Marché agric. Industries. – Cath. ancienne (1203-1278), chef-d'œuvre de l'art roman cistercien.

**Lérins (îles de)** archipel français proche de Cannes. Deux îles princ. : *Sainte-Marguerite*, où le « Masque de fer » fut emprisonné ; *Saint-Honorat*, qui doit son nom à un monastère.

**Lerma** Francisco Gómez de Sandoval y Rojas (duc puis cardinal) (?, 1553 – Tordesillas, 1623), Premier ministre de Philippe III d'Espagne. En 1609, il expulsa les morisques du royaume.

**Lermontov** Mikhaïl Iourievitch (Moscou, 1814 – Piatigorsk, Caucase, 1841), poète romantique et romancier russe : *le Novice* (1839), *Un héros de notre temps* (1840) son chef-d'œuvre en prose, *le Démon* (1841).

**Lerne** marais de l'anc. Argolide où la légende situe l'hydre que tua Héraclès.

**Leroi-Gourhan** André (Paris, 1911 – id., 1986), préhistorien français, analyste du psychisme des hommes préhistoriques : *la Civilisation du renne* (1936), *l'Homme et la Matière* (1943), *Faire l'histoire* (1974).

**lérot** *nm* Petit mammifère rongeur au pelage taché de noir. [PHO] [leʀo] [ETY] De *loir.*

**Leroux** Pierre (Bercy, 1797 – Paris, 1871), homme politique et philosophe socialiste français, influencé par le saint-simonisme : *De l'humanité, de son principe et de son avenir* (1840), *De la ploutocratie* (1848).

**Leroux** Gaston (Paris, 1868 – Nice, 1927), auteur français de romans policiers dont le héros est le reporter détective Rouletabille : *le Mystère de la chambre jaune* (1908), *le Parfum de la dame en noir* (1909), *Chéri Bibi* (1914).

**Leroy** Julien (Tours, 1686 – Paris, 1759), horloger français. Il perfectionna horloges et montres. — **Pierre** (Paris, 1717 – Vitry, 1785), fils du préc., spécialisé dans la chronométrie de marine.

**Le Roy** Eugène (Hautefort, Dordogne, 1836 – Montignac, 1907), romancier français, attaché à la paysannerie du Périgord : *Jacquou le Croquant* (1899).

**Le Roy** Édouard (Paris, 1870 – id., 1954), mathématicien et philosophe français catholique : *les Origines humaines et l'Évolution de l'intelligence* (1928). Acad. fr. (1945).

**Le Roy Ladurie** Emmanuel (Les Moutiers-en-Cinglais, Calvados, 1929), historien français : *les Paysans du Languedoc* (1966), *Montaillou, village occitan de 1294 à 1324* (1975), *l'Ancien Régime de Louis XIII à Louis XV* (1991).

**les** → **le 1 et 2.**

**lès** → **lez.**

**Lesage** Alain René (Sarzeau, 1668 – Boulogne-sur-Mer, 1747), écrivain français. Après deux comédies, *Crispin rival de son maître* (1707) et *Turcaret* (1709), satire des financiers, et un roman de mœurs, *le Diable boiteux* (1707), il publia un roman picaresque, *Gil Blas de Santillane* (4 vol., 1715-1735).

**Lesage** Jean (Montréal, 1912 – Sillery, 1980), homme politique canadien ; Premier ministre (libéral) du Québec de 1960 à 1966.

**lesbianisme** *nm* Syn. de *saphisme.*

**Lesbie** nom donné par Catulle à sa maîtresse Clodia, qui lui inspira des élégies.

**lesbien, enne** *a, n* **A** *a* Qui concerne l'homosexualité féminine. **B** *nf* Femme homosexuelle.

**Lesbos** île grecque de la mer Égée ; 2 154 km² ; 103 700 hab. ; ch.-l. *Mytilène.* Pêche. Oliveraies. Tourisme. – Génoise au XIVᵉ s. puis turque, l'île revint à la Grèce en 1913. [VAR] **Mytilène** [DER] **lesbien, enne** *a, n*

**Lescluse** → **Lécluse.**

**Lescot** Pierre (Paris, 1515 – id., 1578), architecte français ; l'un des maîtres de la Renaissance française : la façade de l'aile S.-O. de la cour Carrée du Louvre ; l'hôtel de Ligneris (Carnavalet) ; la fontaine des Innocents (aux Halles).

**Lesdiguières** François de Bonne (duc de) (Diguières, près de Champsaur, 1543 – Valence, 1626), connétable de France (1622). Chef huguenot du Dauphiné (1575), il se convertit au catholicisme.

**lèse-** Élément employé devant quelques noms féminins pour indiquer une atteinte grave à un principe. *Lèse-humanité, lèse-nation, etc.* : atteinte portée à l'humanité, à la nation, etc.

**lèse-majesté** *nf inv* LOC *Crime de lèse-majesté* : attentat contre la personne ou l'autorité du souverain.

**Le Senne** René (Elbeuf, 1882 – Paris, 1954), philosophe français : *Traité de caractérologie* (1945)

**léser** *vt* [14] **1** Causer préjudice à qqn ; causer du tort à. *Léser qqn dans ses intérêts. Léser les droits de qqn.* **2** MED Blesser de manière à produire une lésion. [ETY] Du lat. *laesus*, « blessé ».

**Lesghiens** peuple du Daghestan et d'Azerbaïdjan ; 500 000 personnes. Leur religion est l'islam sunnite. [VAR] **Lezguiens** [DER] **lesghien** ou **lezguien, enne** *a*

**lésiner** *vi* [1] Épargner avec avarice, se montrer parcimonieux. *Lésiner sur tout. Ne pas lésiner sur les moyens.* [ETY] De l'ital. *lesina*, « alêne de cordonnier ». [DER] **lésine** ou **lésinerie** *nf*

**lésion** *nf* **1** DR Préjudice subi par l'un des contractants dans un contrat à titre onéreux. *Rescision d'un contrat de vente pour cause de lésion.* **2** MED Altération des caractères anatomiques et histologiques d'un tissu, d'un organe, sous l'influence d'une cause accidentelle ou morbide. *L'étude des lésions constitue l'anatomie pathologique.* [ETY] Du lat. *laesio*, « tort ». [DER] **lésionnel, elle** *a*

**Leskov** Nikolaï Semenovitch (Gorokhovo, 1831 – Saint-Pétersbourg, 1895), romancier russe, réaliste et fervent chrétien : *Lady Macbeth au village* (1865), *Gens d'Église* (1872), *l'Ange scellé* (1873).

**Lesotho (royaume du)** (*Muso oa Lesotho*), État de l'Afrique australe, enclavé dans la rép. d'Afrique du Sud ; 30 360 km² ; 1,9 million d'hab. ; cap. *Maseru.* Nature de l'État : monarchie parlementaire, membre du Commonwealth. Langues off. : anglais, sotho. Monnaie : loti. Ethnie : Sothos (99 %). Relig. : christianisme (90 %) et islam. [DER] **lesothan, ane** *a, n*

**Géographie** Plateau volcanique découpé par l'Orange et ses affl., le Lesotho connaît un climat tropical favorable à la prairie. Les princ. ressources proviennent de l'élevage (notamment la laine mohair) et des hommes travaillant dans les mines sud-africaines. La balance agricole est fortement déficitaire. La capacité hydroélectr. sera renforcée notam. par *Lesotho Highlands Water Project* qui maîtrisera les eaux du fl. Orange d'ici 2020 et dégage déjà d'import. royalties. Depuis le coup d'État de 1986, des conditions favorables ont attiré des entreprises qui fabriquent et exportent des vêtements. Dépendant de l'Afrique du Sud, le Lesotho fait partie des pays pauvres, mais en pleine croissance.

**Histoire** LES ORIGINES Les guerres zouloues du début du XIXᵉ siècle repoussèrent les Sothos vers la haute vallée de l'Orange. Leur chef Moshoeshoe les regroupa sur le territoire du Lesotho actuel. Contre les Boers, il signa un traité de protectorat avec la G.-B. en 1868. Le Basutoland (pays des Basutos ou Sutos ou Sothos) fut annexé par la colonie du Cap en 1878 et devint en 1884 un « protectorat autonome ».

LE LESOTHO INDÉPENDANT En 1966, le Basutoland accéda à l'indépendance, sous le règne de Moshoeshoe II, et prit le nom de Lesotho. Il se constitua en monarchie constitutionnelle, membre du Commonwealth. Leader du Parti national et Premier ministre, Leabua Jonathan accapara les pouvoirs et exila le roi. En 1986, il fut renversé par le général Lekhanya, favorable à l'Afrique du Sud. En 1991, celui-ci fut renversé par un Conseil militaire, qui établit le multipartisme. En 1993, le *Basotho Congress Party* de Ntsu Mokhehle remporte les élections. En 1995, Moshoeshoe II revient sur le trône ; il meurt accidentellement en 1996. Son fils, Letsie III (qui avait occupé le trône de 1990 à 1994), lui succède. En 1998, une mutinerie de l'armée entraîne l'intervention de l'Afrique du Sud. Le parti démocrate (LCD) remporte les élections cette même année. Tom Thabane, dissident du LCD remporte les législatives de 2012 et devient Premier ministre. À l'issue d'élections anticipées, Pakalitha Mosisili devient Prem. ministre en 2015.

▶ carte **Afrique du Sud**

**Lesparre-Médoc** ch.-l. d'arr. de la Gironde ; 5 800 hab. Centre viticole. [DER] **lesparrain, aine** *a, n*

**Lespinasse** Julie de (Lyon, 1732 – Paris, 1776), femme de lettres française. Lectrice chez Mᵐᵉ du Deffand (1754-1764), elle ouvrit un salon aux Encyclopédistes. Ses *Lettres* passionnées au comte de Guibert ont été publiées en 1809.

**Lespugue** com. de la Haute-Garonne (arr. de Saint-Gaudens) ; 80 hab. – Site préhistorique : la *Vénus de Lespugue*, statuette féminine en ivoire de mammouth (20 000-18 000 ans av. J.-C.), fut découverte en 1922. ▶ illustr. p. 924

**Lesse (la)** riv. de Belgique (84 km), affl. de la Meuse (r. dr.) ; elle traverse les grottes de Han.

**Lesseps** Ferdinand Marie (vicomte de) (Versailles, 1805 – La Chênaie, Indre, 1894), diplomate et administrateur français. Consul en Égypte, il se lia avec le prince héritier Sa'id, qui, roi (1854), lui permit de percer le canal de Suez, inauguré en 1869. La même entreprise dans l'isthme de Panamá (1876-1889) aboutit à une scandaleuse faillite V. Panamá (canal de). ▶ illustr. p. 924

**Lessing** Gotthold Ephraim (Kamenz, Saxe, 1729 – Brunswick, 1781), écrivain allemand. Il voulut soustraire la philosophie et le théâtre de son pays à l'influence française : *Miss Sara Sampson* (1755), *Nathan le Sage* (1779). Essais : *la Dramaturgie de Hombourg* (1769), *Laocoon* (1766-1768), sur l'art.

**Lessing** Doris (Kermānchāh, 1919 – Londres, 2013), écrivaine anglaise d'orig. sud-africaine. Sa jeunesse inspire *les Enfants de la violence* (1952-1969) et *le Carnet d'or* (1962). P. Nobel 2007.

**lessivage** *nm* **1** Action de lessiver. **2** PEDOL Entraînement par les eaux d'infiltration des substances solubles et colloïdales d'un sol vers les couches profondes.

**lessive** *nf* **1** Produit en poudre ou liquide à base de sels alcalins, servant au nettoyage, au lavage du linge. **2** TECH Solution alcaline employée dans l'industrie du savon. **3** Action de laver du linge. *Faire la lessive.* **4** Linge qui doit être lavé ou qui vient de l'être. *Étendre la lessive.* ETY Du lat. DER **lessiviel, elle** *a*

**lessiver** *vt* ① **1** Nettoyer avec de la lessive. **2** fam Dépouiller complètement. **3** CHIM Soumettre un corps à l'action de l'eau pour le débarrasser de ses parties solubles. **4** PEDOL Produire le lessivage d'un sol. **5** fam Fatiguer, épuiser. DER **lessivable** *a*

**lessiveuse** *nf* **1** anc Grand récipient en fer galvanisé, servant à faire bouillir le linge. **2** Belgique Lave-linge.

**lessivier** *nm* Industriel fabricant de lessive.

**lest** *nm* **1** Matière lourde servant à équilibrer, à stabiliser un navire ou un avion ou à augmenter l'adhérence au sol d'un véhicule. **2** Sable en sacs, qu'on largue d'un aérostat pour gagner de l'altitude. LOC PHYSIOL ***Aliment de lest*** : élément de la ration alimentaire sans valeur nutritive. — ***Jeter, lâcher du lest*** : faire des concessions en vue de sauver une situation compromise. — MAR ***Naviguer sur lest*** : naviguer avec des cales lestées sans cargaison. PHO [lɛst] ETY Du néerl.

**leste** *a* **1** Qui a de l'agilité dans les mouvements, vif. **2** fig Libre, grivois. *Tenir des propos assez lestes.* LOC ***Avoir la main leste*** : être prompt à frapper. ETY De l'ital. DER **lestement** *av*

**lester** *vt* ① Garnir de lest. DER **lestage** *nm*

**L'Estoile** Pierre de (Paris, 1546 – id., 1611), chroniqueur français. Ses *Mémoires journaux* (1574-1610) montrent la vie quotidienne sous Henri III et Henri IV.

Ferdinand de Lesseps

Vénus de **Lespugue,** périgordien, moulage – musée de l'Homme, Paris

**Le Sueur** Eustache (Paris, 1616 – id., 1655), peintre classique français : *Vie de saint Bruno* (22 tableaux, 1645-1648, Louvre).

**Lesueur** Jean François (Drucat-Plessiel, Picardie, 1760 – Paris, 1837), compositeur français : hymnes révolutionnaires, *Marche triomphale* (pour le sacre de Napoléon Ier). VAR **Le Sueur**

**Leszczyński** → **Leczinsky.**

**let** *a inv* SPORT Au tennis ou au tennis de table, balle de service qui frappe le haut du filet avant de retomber dans le carré de service adverse. SYN (déconseillé) net, (recommandé) filet. PHO [lɛt] ETY Mot angl., « obstacle ».

**létal, ale** *a* Qui entraîne la mort. *Dose létale. Gène létal.* PLUR létaux. ETY Du lat. DER **létalité** *nf*

**letchi** → **litchi.**

**Le Tellier** Michel (seigneur de Chaville) (Paris, 1603 – id., 1685), homme d'État français. Secrétaire d'État à la Guerre (1643) puis chancelier (1677) de Louis XIV, il créa une armée moderne avec l'aide de son fils, Louvois, qui lui succéda en 1677.

**Le Tellier** Michel (Le Vast, près de Vire, 1643 – La Flèche, 1719), jésuite français. Confesseur de Louis XIV, il obtint la destruction de Port-Royal-des-Champs.

**Leterme** Yves (Wervik, 1960), homme politique belge (démocrate-chrétien et flamand). Il a été Premier ministre de 2009 à 2011 après un premier mandat en 2008 (9 mois).

**léthargie** *nf* **1** Sommeil pathologique profond et continu dans lequel les fonctions vitales sont très ralenties. *Tomber en léthargie.* **2** fig État d'engourdissement, de torpeur. *Tirer qqn de sa léthargie.* ETY Du gr. DER **léthargique** *a*

**Léthé** dans la myth. gr., un des cinq fleuves des enfers, qui séparait le Tartare des champs Élysées. Les âmes des morts, en buvant de ses eaux, oubliaient le passé.

**Léto** dans la myth. gr., fille des Titans Cœos et Phoibê ; elle eut de Zeus les jumeaux Apollon et Artémis. C'est la Latone des Romains.

**Letourneur** Louis François (Granville, 1751 – Laeken, Belgique, 1817), officier et homme politique français, l'un des membres du Directoire.

**Lette** → **Ailette.**

**letton** *nm* Langue indo-européenne du groupe baltique parlée en Lettonie. VAR **lette**

**Lettonie** (*Latvijas Republika*), État d'Europe, frontalier de l'Estonie au nord, de la Russie à l'est, de la Biélorussie et de la Lituanie au sud, sur le bord de la Baltique, qui fut jusqu'en 1991 l'une des rép. fédérées de l'URSS ; 64 490 km$^2$ ; 2 millions d'hab. ; cap. *Riga.* Nature de l'État : régime parlementaire. Langue off. : letton. Monnaie : euro. Pop. : Lettons (54,4 %), Russes (31,6 %), Biélorusses (4,2 %), Ukrainiens (2,9 %). Relig. : christianisme (protestants, catholiques, orthodoxes). DER **letton, one** *a, n*
**Géographie** Vaste plaine au climat océanique, rigoureux en hiver, la Lettonie est un pays boisé et agric. (lin, pomme de terre, céréales, élevage). Aux industr. text. et alim. s'ajoutent les industr. méca. du port de Riga et la pêche.
**Histoire** Évangélisée au XIIIe s., la Lettonie fut soumise par les chevaliers Porte-Glaive. Incorporés à l'ordre Teutonique, ces derniers donnèrent naissance à l'ordre Livonien. Après la dissolution de celui-ci (1561), le pays fut partagé entre la Pologne et la Suède, puis annexé à la Russie à la fin du XVIIIe s. En mars 1918, les bolchéviks cédèrent la Lettonie à l'Allemagne. En novembre, l'indépendance fut proclamée et la Lettonie forma avec la Lituanie et l'Estonie l'Entente baltique. Le coup d'État du leader agrarien Ulmanis mit fin à la démocratie en 1934. Envahie par l'Armée rouge en juin 1940, la Lettonie fut annexée par l'URSS le 3 août et devint une république fédérée. Occupée par les Allemands en 1941, elle fut reconquise par les Soviétiques en 1944. Elle proclama son indépendance le 21 août 1991 sans adhérer à la CEI. Les dirigeants travaillèrent à l'intégration du pays à l'OTAN et à l'UE, effective depuis 2004. Le pays souffre d'instabilité politique dep. l'indépendance, malgré un répit entre 2009 et 2013. ▶ carte pays **Baltes**

**lettrage** *nm* Forme et disposition des lettres d'un texte, d'une publicité.

**lettre** *nf* **A 1** Signe graphique, caractère d'un alphabet, que l'on utilise pour transcrire une langue. *Les vingt-six lettres de l'alphabet français.* **2** Chaque caractère de l'alphabet, tel qu'il est tracé ou imprimé, considéré dans sa forme ou dans son aspect. *Lettre majuscule, minuscule. Lettre gothique.* **3** TYPO Caractère qui représente en relief une lettre de l'alphabet. **4** Bx-A Légende indiquant le sujet d'une estampe. **5** Sens strict, littéral, par oppos. à *esprit. La lettre du discours.* **6** Écrit, généralement sous enveloppe, que l'on adresse à qqn. *Écrire, envoyer une lettre.* **7** Écrit officiel. **B** *nfpl* Connaissances et études littéraires, par oppos. à *sciences. Faculté des lettres. Licencié, docteur ès lettres.* LOC ***À la lettre, au pied de la lettre*** : au sens propre, exactement ; scrupuleusement. — ***Avant la lettre*** : avant l'état complet, définitif. — ***Avoir des lettres*** : avoir une certaine culture littéraire. — ***Avoir ses lettres de noblesse*** : avoir une origine ancienne et illustre, en parlant d'une chose. — ***En toutes lettres*** : sans abréviations ; sans chiffres. — ***Épreuve avant la lettre*** : épreuve tirée avant l'ajout de toute inscription. — ***Homme, femme de lettres*** : écrivain. — POLIT ***Lettre de cadrage*** : document que le Premier ministre adresse aux ministres en vue du débat budgétaire. — COMM, FIN ***Lettre de change*** : effet de commerce par lequel une personne (le tireur) donne ordre à une autre (le tiré) de payer à son ordre ou à celui d'une troisième personne (le bénéficiaire) une certaine somme d'argent à échéance déterminée. SYN traite. — ***Lettre de crédit*** : par laquelle un banquier invite un de ses correspondants à verser au porteur les sommes qu'il demandera, à concurrence d'un total déterminé. — HIST ***Lettre de marque*** : délivrée à un corsaire par le gouvernement dont il dépendait, l'autorisant à attaquer les navires ennemis. — ***Lettre de motivation*** : document que le postulant à un emploi joint à son CV pour expliquer à quel point il convient pour le poste en question. — ***Lettre ouverte*** : écrit adressé à qqn en particulier, que l'on fait largement diffuser par la presse. — ***Lettres de créance*** : qui accréditent un ambassadeur auprès du représentant d'un État. — ***Lettres de noblesse*** : document par lequel le roi accordait la qualité de noble à un roturier. — fam ***Passer comme une lettre à la poste*** : être ingurgité facilement en parlant d'un aliment ; être accepté sans objection, sans difficulté. — ***Rester lettre morte*** : ne pas être suivi d'effet. ETY Du lat.

**Lettre écarlate (la)** roman de Hawthorne (1850). ▷ CINE Film de Sjöström (É.-U., 1926), avec L. Gish.

**Lettre sur les aveugles à l'usage de ceux qui voient** bref essai de Diderot (1749), dont le matérialisme fut condamné.

**lettré, ée** *a, n* **1** Qui a des lettres, du savoir, de la culture. **2** Belgique, Afrique Qui sait lire et écrire.

**Lettres de Mme de Sévigné** écrites de mars 1646 à avril 1696 (éd., posth., 1726) ; à partir de 1671, leur princ. destinataire est la comtesse de Grignan, fille de l'auteur.

**Lettres de la religieuse portugaise** recueil de 5 lettres d'amour exprimant avec exaltation la déception d'une nonne séduite par un officier français. Longtemps attribuées à Mariana Alcoforado et supposées traduites (1669), elles seraient dues à Guilleragues.

**Lettres de mon moulin (les)** recueil de contes provençaux de A. Daudet (1866, dans *l'Événement*, signés Gaston-Marie, puis 1869 en vol.), *la Chèvre de M. Seguin*, *la Mule du pape*, etc.

**Lettres persanes** ouvrage de Montesquieu (1721), qui imagine que deux Persans visitent l'Europe et s'écrivent, ainsi qu'à leurs amis restés en Perse.

**Lettres philosophiques sur l'Angleterre** (ou *lettres anglaises*), ouvrage de Voltaire (1734).

**lettrine** *nf* **1** Lettre ou groupe de lettres majuscules placé en haut des pages ou des colonnes d'un dictionnaire pour indiquer les initiales des mots qui s'y trouvent. **2** Lettre majuscule, parfois ornée, au début d'un chapitre, d'un alinéa. ETY De l'ital.

**lettrisme** *nm* LITTER École poétique fondée par Isidore Isou vers 1945, qui s'attache à la musique et au graphisme des lettres et non au sens des mots. DER **lettriste** *a, n*

**1 leu** *nm* **LOC** ***À la queue leu leu*:** à la file les uns derrière les autres. ETY Forme anc. de *loup*.

**2 leu** *nm* Unité monétaire de la Roumanie. PLUR lei.

**Leu (saint)** → **Loup (saint).**

**leuc(o)-** Élément, du gr. *leukos*, « blanc ».

**Leucade** (anc. *Sainte-Maure*), île grecque de la mer Ionienne, auj. reliée au continent par un isthme marécageux ; 325 km$^2$ ; 20 900 hab. ; ch.-l. *Leucade*, ou *Leukas*.

**leucanie** *nf* ENTOM Papillon jaune pâle, noctuelle dont la chenille vit sur les graminées.

**leucanthème** *nm* Autre nom de la *grande marguerite*.

**Leucate (étang de)** étang de la côte languedocienne (80 km$^2$). Tourisme.

**leucémie** *nf* Maladie, aiguë ou chronique, caractérisée par la prolifération de globules blancs dans le sang et par la présence de cellules anormales révélant une affection grave des organes hématopoïétiques. DER **leucémique** *a, n*

ENC Les diverses formes de leucémie traduisent l'insuffisance sanguine, consécutive à l'insuffisance de la moelle osseuse. Tous les éléments normaux du sang diminuent. La diminution des leucocytes sanguins favorise les infections ; celle des plaquettes sanguines (ou thrombocytes) détermine des hémorragies ; celle des hématies provoque une anémie. En revanche, on observe dans le sang la présence d'éléments anormaux.

**leucine** *nf* BIOCHIM Acide aminé indispensable à l'homme et qui entre dans la composition de nombreuses protéines.

**Leucippe** (v. 460 – 370 av. J.-C.), philosophe grec ; disciple de Zénon d'Élée. Sa conception matérialiste et atomiste de l'Univers fut reprise par Démocrite, puis par Épicure.

**leucite** *nf* MINER Métasilicate d'aluminium et de potassium, du groupe des feldspaths.

**leucoagglutination** *nf* BIOL Agglutination des leucocytes témoignant d'une réaction antigène-anticorps.

**leucoblaste** *nm* BIOL Cellule de la moelle osseuse, précurseur des leucocytes.

**leucocyte** *nm* BIOL Cellule sanguine qui concourt à la défense de l'organisme contre les agents infectieux ou étrangers. *Leucocytes mononucléaires, polynucléaires.* SYN globule blanc. DER **leucocytaire** *a*

ENC Les leucocytes sont en nombre beaucoup plus faible que les hématies, ou globules rouges : 7 000 à 8 000 par mm$^3$ de sang. Ils prennent naissance dans la moelle osseuse, les ganglions et les tissus lymphatiques, la rate. Il en existe deux catégories : les leucocytes polynucléaires, ou granulocytes, dont le noyau, très gros, a plusieurs lobes ; les leucocytes mononucléaires, au noyau plus simple. L'augmentation du nombre de leucocytes (leucocytose) s'observe au cours de toutes les infections, de certaines parasitoses et des leucémies ; leur diminution (leucopénie), au cours des salmonelloses.

**leucocytose** *nf* MED Augmentation pathologique du nombre des leucocytes dans le sang ou dans une sérosité.

**leucocyturie** *nf* MED Présence dans les urines de leucocytes (infection urinaire).

**leucoderme** *a, n* ANTHROP VX De peau blanche.

**leucoencéphalite** *nf* Encéphalite affectant la substance blanche du cerveau.

**leucome** *nm* MED Tache blanche sur la cornée succédant à une plaie, à une ulcération.

**leucopénie** *nf* MED Diminution pathologique du nombre des globules blancs dans le sang.

**Leucopetra** anc. local. de Grèce, proche de Corinthe, où les Romains vainquirent la ligue Achéenne en 146 av. J.-C.

**leucoplasie** *nf* MED Affection chronique caractérisée par le développement de plaques blanchâtres sur une muqueuse.

**leucoplaste** *nm* BOT Plaste clair où l'amidon s'emmagasine.

**leucopoïèse** *nf* BIOL Formation des globules blancs.

**leucorrhée** *nf* MED Écoulement vulvaire blanchâtre. SYN pertes blanches.

**leucose** *nf* MED Syn. de *leucémie*.

**Leuctres** v. de l'anc. Grèce (Béotie) où les Thébains, sous la conduite d'Épaminondas, vainquirent les Spartiates (371 av. J.-C.).

**leude** *nm* HIST Homme libre, fidèle des rois mérovingiens. ETY Du frq. *leudi*, « les gens ».

**1 leur** *pr pers inv* Pronom de la 3$^e$ pers. du plur., complément d'attribution, d'objet indirect ou complément d'adjectif équivalant à *à eux*, *à elles*. *Je leur donne. Je leur en ai parlé. Il leur est fidèle.* ETY Du lat. *illorum*, « d'eux ».

**2 leur, leurs** *a, pr poss* **A** *a poss* Adjectif de la 3$^e$ pers. du plur., marquant l'appartenance. *Elles ressemblent à leur père. Ils ont pris leur parapluie.* **B** *pr poss* Celui, celle, ceux, celles qu'ils ou qu'elles possèdent. *Nous avons réuni nos amis et les leurs.* **LOC** ***Être des leurs*:** appartenir à leur groupe ; être parmi eux. — ***Les leurs*:** leurs parents, leurs proches, leurs alliés.

**leurre** *nm* **1** CHASSE Morceau de cuir rouge garni d'un appât et figurant un oiseau, pour dresser le faucon à revenir vers son maître. **2** PECHE Appât factice dissimulant un hameçon. **3** MILIT Dispositif électronique, destiné à tromper les systèmes ennemis de détection par radar. **4** Ce dont on se sert pour attirer et tromper. *Cette promesse n'est qu'un leurre.* ETY Du frq.

**leurrer** *v* ① **A** *vt* **1** CHASSE Dresser un oiseau au leurre. **2** fig, litt Attirer par quelque espérance pour tromper. **B** *vpr* Se donner à soi-même de fausses espérances ; s'abuser. *Vous vous leurrez sur ses intentions.*

**lev** *nm* Unité monétaire de la Bulgarie.

**levage** *nm* **1** TECH Action de lever, de soulever qqch. *Appareils de levage.* **2** Gonflement d'une pâte en fermentation.

**levain** *nm* **1** Pâte à pain aigrie que l'on incorpore à la pâte fraîche pour la faire lever. **2** Ferment microbien utilisé dans la fabrication des fromages, de la bière, etc. **3** fig Ce qui fait naître ou accroît tel sentiment, telle passion, etc. *Un levain de discorde.*

**levalloisien, enne** *nm, a* PREHIST Facies du paléolithique inférieur, caractérisé par la taille en éclats larges et plats.

**Levallois-Perret** ch.-l. de cant. des Hauts-de-Seine (arr. de Nanterre) ; 63 272 hab. Ville industrielle et résidentielle. – Industrie préhistorique moustérienne. DER **levalloisien, enne** *a, n*

**levant** *nm, am* Direction de l'est, oriental. *Maison exposée au levant.* **LOC** litt ***L'empire du Soleil levant*:** le Japon. — ***Le soleil levant*:** qui se lève. ANT couchant.

**Levant** ensemble des pays de la côte orientale de la Méditerranée.

**Levant (États latins du)** ensemble des États que les croisés fondèrent en Syrie et en Palestine aux alentours de l'an 1100, à Édesse, Antioche, Jérusalem et Tripoli. Les musulmans reprirent ces territ. dans la seconde moitié du XII$^e$ s. ou au XIII$^e$ s. VAR **chrétiens du Levant (États)**

**Levant (île du)** la plus orient. des îles d'Hyères (9,6 km$^2$). Centre naturiste. Station d'essais de la marine militaire française.

**levantin, ine** *a, n* vieilli Des pays de la côte orientale de la Méditerranée.

**Levassor Émile** (Marolles-en-Hurepoix, 1843 ou 1844 – Paris, 1897), ingénieur et industriel français. En 1886, en association avec René Panhard, il construisit la prem. voiture automobile à essence (1891).

**Le Vau Louis** (Paris, 1612 – id., 1670), architecte français ; l'un des maîtres du classicisme naissant : l'hôtel Lambert (1640) à Paris (île Saint-Louis) ; le château de Vaux-le-Vicomte (1655-1661) pour le surintendant Fouquet ; une des façades du Louvre (auj. disparue) ; à Versailles, prem. Orangerie (1667) et façade donnant sur le jardin (modifiée par J. Hardouin-Mansart).

**Louis Le Vau** château de Vaux-le-Vicomte

**Levavasseur Léon** (Mesnil-Val, Seine-Maritime, 1863 – Puteaux, 1922), ingénieur français. ; inventeur d'un moteur d'avion utilisé par Santos-Dumont et Farman (1906 et 1908).

**1 levé, ée** *a* Debout, sorti du lit. *À cinq heures du matin, il est déjà levé.* **LOC** ***Au pied levé*:** à l'improviste. — ***Pierre levée*:** menhir.

**2 levé** *nm* Ensemble des opérations de mesure nécessaires à l'établissement d'un plan, d'une carte. VAR **lever**

**levée** *nf* **1** Action d'ôter, d'enlever. *Levée des scellés.* **2** Action de faire cesser, d'annuler, de clore. *Levée du siège. Levée des sanctions. Levée de séance.* **3** Action de ramasser, de recueillir, de collecter. *Levée des impôts.* **4** Ramassage des lettres déposées dans une boîte publique. *La dernière levée est à 17 heures.* **5** Ensemble des cartes gagnées et ramassées à chaque coup par un joueur ou une équipe. *Nous avons fait cinq levées au cours de la partie.* SYN pli. **7** Digue en terre ou en maçonnerie, élevée généralement sur les berges d'un cours d'eau. **8** Fait pour une plante de lever, de sortir de terre. **LOC** ***Levée de boucliers*:** protestation massive et énergique. — DR ***Levée de jugement*:** action de délivrer copie d'un jugement à l'une des parties. — DR ***Levée d'option*:** action de rendre ferme, définitive une vente à option. — ***Levée du corps*** **:** enlèvement du corps d'un défunt de la maison mortuaire ; cérémonie religieuse qui accompagne cet enlèvement. — ***Levée en masse*** **:** mobilisation de tous les hommes en état de constituer rapidement une force militaire.

**lève-glace** *nm* Mécanisme servant à lever ou à baisser les glaces d'une automobile. SYN lève-vitre. PLUR lève-glaces.

**1 lever** *v* [16] **A** *vt* **1** Déplacer de bas en haut. *Lever un sac.* **2** Redresser, soulever, orienter vers le haut une partie du corps. *Lever le bras, la tête.* **3** Relever ce qui couvre de manière à démasquer. *Lever le rideau.* **4** Faire sortir le gibier de son gîte, le faire s'envoler. **5** Enlever d'un lieu. *Lever les scellés.* **6** Mettre fin à, clore. *Lever le blocus. Lever une interdiction. Lever l'audience.* **7** CUIS Prélever. *Lever des filets de poisson.* **8** Recruter, enrôler. *Lever des troupes, une armée.* **9** Percevoir un impôt. *Lever une taxe.* **10** Rassembler, recueillir des fonds. **B** *vi* **1** Sortir de terre. *Les semis commencent à lever.* **2** Gonfler, en parlant de la pâte en fermentation. *Le levain fait lever la pâte.* **C** *vpr* **1** Se mettre debout. **2** Sortir du lit. *Il se lève à sept heures.* **3** Apparaître au-dessus de l'horizon, en parlant d'un astre. *Le soleil va se lever.* **4** Commencer à souffler, en parlant du vent. *La brise se lève.* **5** S'éclaircir, en parlant du temps. **6** Se dissiper. *Le brouillard se lève.* **LOC** DR ***Lever des titres*** **:** les payer en s'en portant acquéreur au moment de la liquidation. — fam ***Lever le coude*** **:** boire. — ***Lever le masque*** **:** cesser d'agir secrètement ; se montrer sous son vrai jour. — fam ***Lever le pied*** **:** ralentir. — ***Lever les yeux sur*** **:** regarder. — ***Lever le voile sur qqch*** **:** le faire connaître, le rendre public. — ***Lever une option*** **:** rendre ferme une vente ou un achat à option. — ***Lever un plan*** **:** procéder sur le terrain aux mesures nécessaires pour l'établir. — ***Se lever de table*** **:** quitter la table. [ETY] Du lat.

**2 lever** *nm* **1** Apparition d'un astre au-dessus de l'horizon. *Un beau lever de soleil.* **2** Action de sortir du lit ; moment où l'on se lève. **3** Action de déplacer de bas en haut. **4** Syn. de *levé.* **LOC** ***Lever de rideau*** **:** pièce de théâtre en un acte que l'on joue avant la pièce principale ; match préliminaire dans une rencontre sportive.

**Leverkusen** ville d'Allemagne (Rhénanie-du-Nord-Westphalie), sur le Rhin ; 154 700 hab. Centre industriel.

**Le Verrier** Urbain (Saint-Lô, 1811 – Paris, 1877), astronome français. Il découvrit par le seul calcul l'existence de Neptune ; l'All. Galle, une semaine après la communication de Le Verrier, observa l'astre. Le Verrier dirigea l'Observatoire de Paris (1854-1870).

Urbain Le Verrier

**Lévesque** René (New Carlisle, Gaspésie, 1922 – Montréal, 1987), homme politique canadien. En 1968, il fonda le Parti québécois qui prônait la « souveraineté-association » (association écon. avec le Canada). Premier ministre (1976), il organisa, en 1980, sur cette question un référendum qui échoua, mais il ne démissionna qu'en 1985.

**lève-tard** *n inv* fam Personne qui se lève habituellement tard.

**lève-tôt** *n inv* Personne qui se lève habituellement tôt.

**lève-vitre** *nm* Syn. de *lève-glace.* PLUR lève-vitres.

**Lévezou** plateau granitique du Massif central, entre le Tarn et l'Aveyron ; 1 157 m.

**Levi** Carlo (Turin, 1902 – Rome, 1975), médecin, écrivain et peintre italien, antifasciste et néo-réaliste : *Le Christ s'est arrêté à Eboli* (1945), essai sur la misère du Sud, *Tout le miel est fini* (1964).

**Levi** Primo (Turin, 1919 – id., 1987), écrivain italien : *Si c'est un homme* (1947), sur sa déportation à Auschwitz, *la Trêve* (1963), *le Système périodique* (1975).

**Lévi** troisième fils de Jacob et de Lia ; ancêtre éponyme d'une des tribus d'Israël, qui donnait les ministres du culte *(lévites).*

**Léviathan** monstre marin de la mythologie phénicienne qui, dans la Bible, symbolise les puissances du mal.

**Léviathan** œuvre philosophique de Hobbes (1651) qui professe un matérialisme absolu et prône le despotisme.

**Levi-Civita** Tullio (Padoue, 1873 – Rome, 1941), mathématicien italien : travaux sur la mécanique céleste et la relativité.

**levier** *nm* **1** Pièce rigide, mobile autour d'un appui, sur laquelle s'exercent une force résistante et une force motrice, appliquée pour équilibrer la force résistante. **2** Organe de commande d'un mécanisme conçu sur le principe du levier ou évoquant sa forme. *Levier de vitesse.* **3** fig Moyen d'action, mobile qui pousse à agir. *L'ambition est un levier puissant.* **LOC** ECON ***Effet de levier*** **:** accroissement de la rentabilité des capitaux faisant jouer les variations des taux d'intérêt.

**léviger** *vt* [13] TECH Réduire une matière en poudre fine en la délayant dans un liquide et en la laissant se déposer. [ETY] Du lat. [DER] **lévigation** *nf*

**Lévinas** Emmanuel (Kaunas, 1905 – Paris, 1995), philosophe français : *De l'existence à l'existant* (1947), *le Temps et l'Autre* (1948), *Totalité et Infini* (1961). [VAR] **Levinas**

**lévirat** *nm* RELIG, ETHNOL Coutume des patriarches hébreux, codifiée par Moïse, toujours en usage dans certaines sociétés traditionnelles, selon laquelle le frère d'un homme mort sans enfant doit en épouser la veuve. [ETY] Du lat. *levir,* « beau-frère ».

**Lévis** famille originaire de Lévis-Saint-Nom (près de Rambouillet). — **Guy** (mort vers 1230), aristocrate français. Lors de la croisade contre les albigeois, il reçut le fief de Mirepoix (près de Pamiers). — **Gaston Charles (duc de Lévis-Mirepoix)** (Belleville, Lorraine, 1699 – Montpellier, 1757), maréchal de France (1751) ; il signa le traité de Vienne (1738). — **François Gaston (duc de)** (château d'Ajac, Languedoc, 1720 – Arras, 1787), maréchal de France (1783). Il succéda à Montcalm (sept 1759) et capitula à Montréal (sept. 1760). — **Antoine Pierre Marie** (Léran, 1884 – Lavelanet, 1981), historien français. Acad. fr. (1953).

**Lévi-Strauss** Claude (Bruxelles, 1908 – Paris, 2009), anthropologue français. Il introduisit l'analyse structurale (issue de la linguistique) dans l'étude anthropologique des mythes : *les Structures élémentaires de la parenté* (1949), *Tristes Tropiques* (1955), *Anthropologie structurale 1* et *2* (1958 et 1973), *la Pensée sauvage* (1962), *Mythologiques* (5 vol., 1964-1985). Acad. fr. (1973).

René Lévesque

Claude Lévi-Strauss

**Levitane** Isaak Ilitch (Kibartaï, Lituanie, 1861 – Moscou, 1900), peintre russe influencé par l'école de Barbizon. [VAR] **Levitan**

**lévitation** *nf* **1** Élévation, sans appui ni intervention matériels ou physiques, d'une personne au-dessus du sol. **2** PHYS Technique permettant de soustraire un objet à l'action de la pesanteur. [ETY] Du lat. *levitas,* « légèreté », par l'angl.

**lévite** *nm* RELIG Chez les Juifs de l'Antiquité, membre de la tribu de Lévi voué au service du Temple. [ETY] De l'hébr.

**léviter** *vi* [1] Être en état de lévitation.

**Lévitique (le)** troisième livre du Pentateuque. Il contient le rituel du culte confié aux lévites, le calendrier des fêtes, un code d'instruction morale.

**Levitt** Helen (New York, 1913 – id., 2009), photographe américaine : scènes de rue.

**lévogyre** *a* CHIM Qualifie une substance qui fait tourner le plan de polarisation de la lumière vers la gauche. [ETY] Du lat. *laevus,* « gauche ».

**levraut** *nm* Jeune lièvre. [VAR] **levreau**

**lèvre** *nf* **A 1** Chacune des parties charnues qui forment le rebord de la bouche. *Lèvre supérieure. Lèvre inférieure.* **2** BOT Grand pétale inférieur de certaines fleurs zygomorphes (labiées, scrofulariacées). **B** *nfpl* **1** CHIR Bords d'une plaie. **2** ANAT Replis cutanés de la vulve. *Grandes lèvres, petites lèvres.* **LOC** ***Du bout des lèvres*** **:** à contrecœur, sans conviction. — ***Être suspendu aux lèvres de qqn*** **:** l'écouter avidement. — ***Se mordre les lèvres*** **:** être dépité, en rage ; se retenir de rire. — ***S'en mordre les lèvres*** **:** regretter une chose qu'on a dite. [ETY] Du lat.

**levrette** *nf* **1** Femelle du lévrier. **2** Lévrier de petite taille, à poil très court, appelé aussi *lévrier d'Italie.* **LOC** fam ***En levrette*** **:** se dit d'une position où, lors de l'acte sexuel, l'homme se tient derrière la femme.

**lévrier** *nm* Chien aux membres longs, à la taille étroite et au ventre concave, très rapide à la course. [ETY] De *lièvre.*

**levron, onne** *n* **1** Lévrier, levrette de moins de six mois. **2** Lévrier, levrette de petite taille.

**lévulose** *nm* BIOCHIM Sucre simple, très abondant dans la cellule végétale, à l'état libre ou combiné à d'autres hexoses. [ETY] Du lat. *laevus,* « gauche ».

**levurage** *nm* Addition de levures pendant la vinification.

**levure** *nf* **1** Micro-organisme capable de produire une fermentation. **2** Substance constituée par ces micro-organismes, que l'on utilise dans la fabrication du pain, de la bière, en pâtisserie, en œnologie, etc.

[ENC] Les levures sont des champignons ascomycètes simples. Unicellulaires, elles se multiplient par bourgeonnement et sporulent lorsque les conditions de vie deviennent mauvaises ; elles sont aérobies ou anaérobies. *Saccharomyces cerevisiæ* est la *levure de bière* (ou *levure de boulanger*).

**Lévy-Bruhl** Lucien (Paris, 1857 – id., 1939), sociologue français : *les Fonctions mentales dans les sociétés inférieures* (1910), *la Mentalité primitive* (1922).

**Lewin** Kurt (Mogilno, auj. en Pologne, 1890 – Newtonville, Massachusetts, 1947), psychologue américain d'origine allemande ; l'un des fondateurs de la dynamique de groupe.

**Lewis (île)** île de G.-B., la plus septent. et la plus grande des Hébrides ; 1 994 km² ; 22 000 hab. Pêche.

Carl Lewis

**Lewis** Matthew Gregory (Londres, 1775 – en mer, près de la Jamaïque, 1818), écrivain anglais ; maître du roman noir : *le Moine* (1796). Théâtre : *le Spectre du château* (1798).

**Lewis** Gilbert Newton (Weymouth, Massachusetts, 1875 – Berkeley, 1946), physicien et chimiste américain. Il introduisit en 1913 la notion de covalence. Il définit les acides, susceptibles d'accepter un doublet d'électrons, et les bases, susceptibles de donner ce doublet.

**Lewis** Percy Wyndham (au large d'Amherst, Canada, 1882 – Londres, 1957), peintre et écrivain anglais ; fondateur du *vorticisme*. Romans : *les Singes de Dieu* (1930), *Monstre gai, fête maligne* (1955).

**Lewis** Clarence Irving (Stoneham, Massachusetts, 1883 – Cambridge, id., 1964), logicien américain : *Mind and the World Order* (1929).

**Lewis** Sinclair (Sauk Center, Minnesota, 1885 – Rome, 1951), romancier américain : *Main Street* (1920), *Babbitt* (1922), *Arrowsmith* (1925), *Elmer Gantry* (1927). P. Nobel 1930.

**Lewis** Clive Staples (Belfast, Irlande, 1898 – Oxford, 1963), écrivain anglais de science-fiction : *Cette hideuse puissance* (1945).

**Lewis** Cecil Day (Ballintogher, Irlande, 1904 – Hadley Wood, Hertfordshire, 1972), écrivain anglais : *Prélude à la mort* (1938), *Visite en Italie* (1953).

**Lewis** Oscar (New York, 1914 – id., 1970), ethnologue et sociologue américain : *les Enfants de Sanchez, autobiographie d'une famille mexicaine* (1961).

**Lewis** sir William Arthur (Castries, Sainte-Lucie, Petites Antilles, 1915 – Bridgetown, la Barbade, 1991), économiste britannique : *la Théorie de la croissance économique* (1955). P. Nobel 1979, avec T. W. Schultz.

**Lewis** Jerry (Newark, New Jersey, 1926), acteur comique et cinéaste américain : *le Tombeur de ces dames* (1961), *Dr. Jerry and Mr. Love* (1963), *T'es fou Jerry* (1982).

**Lewis** Carlton Mc Hinley, dit Carl (Birmingham, Alabama, 1961), athlète américain ; champion olympique, en 1984, du 100 m, du 200 m, du saut en longueur et du relais 4 fois 100 m ; en 1988, du 100 m et du saut en longueur ; en 1992, du saut en longueur et du relais 4 fois 100 m ; en 1996, du saut en longueur.

**LeWitt** Sol (Hartford, Connecticut, 1928 – New York, 2007), artiste américain, l'un des fondateurs de l'art minimal.

**lexème** *nm* LING Unité minimale de signification appelée aussi *morphème lexical* (par oppos. à *morphème grammatical*). *« Compt- » est un lexème qui entre dans les mots « compte », « comptage », « compter », « compteur », « décompte », « décompter ».*

**lexical** → **lexique.**

**lexicaliser (se)** *vpr* ① LING Devenir une unité lexicale autonome. *« Prêt-à-porter » s'est lexicalisé en tant que substantif masculin vers 1960.* DER **lexicalisation** *nf*

**lexicographie** *nf* Technique de la rédaction des dictionnaires de langue. DER **lexicographe** *n* – **lexicographique** *a*

**lexicologie** *nf* LING Étude des unités de signification (lexèmes, monèmes), de leurs combinaisons (mots, lexies), de leur histoire (étymologie) et de leur fonctionnement dans un système socioculturel donné. DER **lexicologique** *a* – **lexicologue** *n*

**lexie** *nf* LING Toute unité du lexique, mot unique (ex. *haricot, carotte*) ou expression lexicalisée (ex. *petits pois, pomme de terre*).

**Lexington** v. des É.-U. (Massachusetts), au N.-O. de Boston ; 31 400 hab. – Le 19 avril 1775, les indépendantistes se heurtèrent à l'armée anglaise.

**lexique** *nm* **1** Dictionnaire bilingue abrégé. *Lexique grec-français.* **2** Dictionnaire de la langue propre à un auteur, à une science, à une activité. *Lexique de Rabelais. Lexique d'art et d'archéologie.* **3** Ensemble des mots appartenant au vocabulaire d'un auteur, d'une époque, d'une science, d'une activité. *Étude du lexique de Hugo.* SYN vocabulaire. **4** LING Ensemble des mots d'une langue (par oppos. à *syntaxe*, à *grammaire*). ETY Du gr. *lexis*, « mot ». DER **lexical, ale, aux** *a*

**lexovien** → **Lisieux.**

**Leyde** (en néerl. *Leiden*), ville des Pays-Bas (Hollande-Méridionale), sur le *Vieux Rhin* ; 120 000 hab. Centre intellectuel et industriel. – Université créée en 1575 (riche bibliothèque). Égl. goth. XIVe s. Musées. Patrie de Rembrandt.

**Leyde** Jean de → **Jean de Leyde.**

**Leyre (la)** fl. des Landes (90 km), tributaire du bassin d'Arcachon. VAR **l'Eyre**

**Leysin** com. de Suisse (cant. de Vaud) ; 2 000 hab. Stat. climatique et de sports d'hiver.

**Leyte** île des Philippines (dans les Visayas) ; 6 268 km² ; 1 950 000 hab. ; ch.-l. *Tacloban.* – Occupée par les Japonais en 1942, elle fut conquise en 1944 par les Américains, qui anéantirent la flotte ennemie.

**lez** *prép* vx Près de. (S'est conservé dans des noms de lieux : *Plessis-lez-Tours.*) PHO [le] ETY Du lat. *latus*, « côté ». VAR **lès**

**Lezama Lima** José (La Havane, 1910 – id., 1976), romancier cubain : *Paradiso* (1966), suivi de *Oppiano Licario* (1977).

**lézard** *nm* **1** Reptile saurien au corps allongé, couvert d'écailles, à la longue queue effilée. **2** Peau de cet animal. *Étui à cigarettes en lézard.* **3** fam Problème, difficulté. LOC fam ***Faire le lézard*** : se chauffer paresseusement au soleil. ETY Du lat.

**lézarde** *nf* Fissure qui se produit dans un mur, une voûte, par l'effet du tassement du sol.

**lézard** vert

**1 lézarder** *vi* ① fam Se chauffer paresseusement au soleil.

**2 lézarder** *vt* ① Fissurer.

**Lezguiens** → **Lesghiens.**

**LGBT** *a inv* Relatif à la communauté homosexuelle, bisexuelle et transgenre. ETY Sigle de *lesbienne, gay, bisexuel et transgenre.*

**LGV** *nf* Sigle de *ligne à grande vitesse*, spécialement construite pour les TGV.

**LH** BIOCHIM Hormone lutéinisante. ETY Sigle de l'angl. *luteinizing hormone.*

**Lhasa** (en chinois *Lasa*), cap. et v. sainte du Tibet (Chine), sur le *Kitshu*, à 3 630 m d'alt. ; 343 240 hab. Artisanat. – Résidence du dalaï-lama jusqu'en 1959. Nombr. monastères (lamaseries). VAR **Lhassa, Lasa**

**LHC** Sigle pour *Large Hadron Collider*, « grand collisionneur de hadrons » réalisé au CERN de Genève entre 1995 et 2004.

**L'Herbier** Marcel (Paris, 1888 – id., 1979), cinéaste français expressionniste : *Eldorado* (1921), *l'Inhumaine* (1923), *l'Argent* (1928), *la Nuit fantastique* (1942).

**L'Hermite** → **Tristan L'Hermite.**

**Lhomond (abbé Charles François)** (Chaulnes, Picardie, 1727 – Paris, 1794), grammairien français ; auteur d'ouvrages initiant au latin : *De viris illustribus urbis Romæ* (vers 1775).

**L'Hospital** Michel de (Aigueperse, Auvergne, 1505 – près d'Étampes, 1573), magistrat et homme politique français. Chancelier de France (1560), il fut tolérant à l'égard des protestants. Il réforma l'administration et la justice (ordonnance de Moulins, 1566).

**L'Hospital** Guillaume de (Paris, 1661 – id., 1704), mathématicien français : travaux sur le calcul infinitésimal.

**Lhote** André (Bordeaux, 1885 – Paris, 1962), peintre français ; théoricien du cubisme (*Écrits sur la peinture*, 1946).

**Lhotse** l'un des plus hauts sommets du monde, dans l'Himalaya (Chine-Népal), au N. de l'Everest, à 8 545 m.

**Li** CHIM Symbole du lithium.

**li** *nm* Unité de distance chinoise, valant 576 mètres.

**Lia** personnage biblique ; fille de Laban ; l'une des femmes de Jacob avec sa sœur Rachel (Genèse, XXIX, 16). VAR **Léa**

**liage** → **lier.**

**liais** *nm* Pierre calcaire dure.

**liaison** *nf* **1** Assemblage, union de deux ou plusieurs objets ou substances. **2** CUIS Opération consistant à épaissir un aliment liquide. **3** CONSTR Ce qui sert à jointoyer un ouvrage en maçonnerie (mortier, plâtre, etc.). **4** TECH Alliage servant à former une soudure. **5** PHYS, CHIM Force qui unit entre eux des atomes. **6** Union logique entre les éléments d'une argumentation, d'un texte, d'une œuvre. *Paragraphe assurant la liaison entre deux parties d'une dissertation.* **7** Connexion, rapport entre des faits, des choses. *Quelle liaison établir entre ces deux évènements ?* **8** MUS Signe de notation indiquant qu'il faut prolonger le son pendant la durée des notes de même son réunies par ce signe ou que la phrase musicale doit être exécutée en une seule émission vocale ou instrumentale. **9** Prononciation de la consonne finale d'un mot placé devant un autre mot commençant par une voyelle ou un h muet (ex. : *Des fines herbes* prononcé [definzɛʀb]). **10** Relation entre des personnes ; relation amoureuse. **11** MILIT Maintien du contact entre les diverses unités ou entre les divers niveaux de la hiérarchie, au cours des opérations. *Officier de liaison.* **12** Communication entre deux lieux. *Liaisons ferroviaires, maritimes. Liaisons téléphoniques.* **LOC** PHYS NUCL ***Énergie de liaison d'un noyau :*** énergie nécessaire pour écarter les nucléons du noyau. — BIOL ***Liaison génétique :*** syn. de *linkage.* — ***Maçonnerie en liaison :*** dans laquelle chaque élément (pierre ou brique) porte sur le joint de deux autres. — ***Mots de liaison :*** prépositions et conjonctions.

ENC Les liaisons chimiques résultent des interactions qui s'établissent, au sein de la matière, entre atomes, ions et molécules. Une liaison s'établit entre deux atomes si le nouvel ensemble formé possède une énergie inférieure à celle des deux atomes pris séparément ; la différence entre ces deux énergies est l'*énergie de liaison*. Les liaisons sont dues à des échanges ou à des déplacements d'électrons appartenant aux couches les plus externes des atomes. On distingue les liaisons *fortes* et les liaisons *faibles*. – *Liaisons fortes : l'électrovalence* assure la cohésion des cristaux formés d'ions de signes opposés ; la *covalence* assure celle des atomes dans les molécules de composés non ionisés par la mise en commun de deux électrons ; la *liaison métallique* assure celle des métaux à l'état solide. – *Liaisons faibles :* les *liaisons hydrogène* sont responsables de certaines anomalies des propriétés physiques d'un corps ; les *liaisons par forces de Van der Waals* expliquent la cohésion des gaz rares et de l'hydrogène dans les cristaux, ainsi que certains phénomènes d'adsorption.

**Liaisons dangereuses (les)** roman épistolaire de Laclos (1782) : la marquise de Merteuil cultive froidement la perversité en association avec le vicomte de Valmont, son anc. amant. ▷ CINE Film américain de Stephen Frears, en 1988 ; *Valmont*, film français de Milos Forman, en 1999.

**liane** *nf* Végétal dont la tige, très flexible, croît le long d'un support (arbre, mur). *La clématite est une liane.* ETY Mot des Antilles, de *lien*.

**Liang Kai** (XIII^e s.), peintre chinois de l'époque des Song, adepte du chan (zen), l'un des plus grands artistes chinois : *Portrait imaginaire du poète Li Bo* (encre sur papier). VAR **Leang K'ai**

**liant, liante** *nm, a* **A** *nm* **1** PEINT Constituant des peintures et des vernis qui assure une bonne dispersion des pigments. **2** TRAV PUBL Produit que l'on ajoute aux granulats du corps d'une chaussée pour les faire adhérer entre eux. **3** litt Qualité d'une personne liante. **B** *a* Qui se lie facilement avec autrui, sociable. **LOC** ***Liant hydraulique :*** ciment ou laitier de haut-fourneau.

**Liaoning** prov. de Chine du N.-E. ; 230 000 km² ; 43 750 000 hab. ; ch.-l. *Shenyang*.

**liard** *nm* HIST Monnaie de cuivre valant le quart d'un sou, sous l'Ancien Régime.

**lias** *nm* GEOL Jurassique inférieur. PHO [ljas] ETY Mot angl. du fr. *liais*.

**liasse** *nf* Ensemble de journaux, de papiers, de billets de banque liés en paquet.

**libage** *nm* CONSTR Gros moellon servant aux fondations. ETY De l'a. fr. *libe*, « bloc de pierre ».

**Liban (mont)** chaîne de montagnes qui parcourt le centre du Liban ; elle culmine au N., à 3 083 m.

**Liban (république du)** (*al-Jumhuriyah al-Lubnaniyah*), État d'Asie occidentale, limité au N. et à l'E. par la Syrie, au S. par Israël, et bordé à l'O. par la Méditerranée ; 10 400 km² ; 6,2 millions d'hab. ; cap. *Beyrouth*. Nature de l'État : rép. de type présidentiel. Langue off. : arabe (le français et l'anglais étant largement parlés). Monnaie : livre libanaise. Relig. : christianisme (30 %, maronites majoritaires) ; islam (70 %, chiites pour près de la moitié, sunnites, et une minorité druze). DER **libanais, aise** *a, n*

**Géographie** Quatre régions, parallèles au littoral, se succèdent d'O. en E. : la plaine alluviale côtière (*sahel*), peuplée et urbanisée ; la chaîne du Liban, qui culmine à 3 083 m ; la haute plaine de la Bekaa (altitude moyenne : 800 m) ; la chaîne de l'Anti-Liban, qui culmine à 2 659 m. Le climat, méditerranéen sur la côte, est de plus en plus aride dans l'intérieur.
Le pays est urbanisé à 87 %. La pop. compte 85 % de Libanais et 12 % de Palestiniens. L'émigration (surtout de chrétiens) a été forte dans les années 1980. Au milieu des années 1990, un retour s'est produit ainsi qu'une élévation de la natalité.

**Économie** La côte est le domaine des agrumes ; sur les pentes en terrasses des montagnes poussent la vigne, les arbres fruitiers et des forêts de pins ; la Bekaa est consacrée aux cultures irriguées. Les forêts de cèdres ont fait place à la garrigue, résultat des coupes excessives, et à la pâture. Avant 1975, on parlait de miracle économique libanais et le pays était une place financière de premier plan. 15 années de guerre ont ruiné le pays qui peu à peu a su se reconstruire malgré un contexte politique difficile. L'endettement reste cependant très important.

**Histoire** **LES ORIGINES** Ancienne Phénicie, l'actuel Liban réunit diverses minorités ethniques et religieuses : grecque, latine, byzantine, maronite, druze et enfin arabe. La période des croisades (XI^e-XIII^e s.) fut fortement troublée : les États latins occupèrent le pays et furent chassés par les mamelouks d'Égypte (1285) qui rétablirent l'islam. Le pays retrouva son unité en 1585, avec l'émir druze Fakhr ad-Din II qui contrôla une partie de la Syrie et de la Palestine actuelles. Puis l'influence maronite (chrétienne) alla grandissant.

**L'INTERVENTION FRANÇAISE** En 1861, à la suite de troubles entre Druzes et maronites, la France intervint pour protéger les maronites et créa un gouvernorat autonome chrétien en 1864. Après la Première Guerre mondiale, l'Empire ottoman, allié des Allemands, fut démembré. Conformément à l'accord Sykes-Picot (1916), le Liban fut placé sous mandat français par la Société des Nations en 1920. La même année, elle créa le « Grand Liban » (frontières actuelles du pays). Dès lors, les nationalistes arabes souhaitèrent la création d'une « Grande Syrie ».

**L'INDÉPENDANCE** Occupé par les Britanniques en juin 1941, le Liban obtint son indépendance en 1943. Un « pacte national » maintint l'équilibre entre les communautés. La prépondérance des chrétiens donna lieu à l'élection d'un président de la Rép. maronite ; le président du Conseil était sunnite ; celui du Parlement, chiite. Le Liban participa à la fondation de la Ligue arabe en 1945. La prospérité économique accrut les inégalités sociales. La forte croissance démographique des musulmans et la présence de nombr. réfugiés palestiniens rompirent l'équilibre communautaire. L'opposition des nassériens (musulmans) et des politiciens chrétiens prooccidentaux provoqua des affrontements intercommunautaires ; le prés. C. Chamoun appela les É.-U. en 1958. Après la guerre israélo-arabe de 1967, à laquelle le Liban ne prit pas part, les Palestiniens affluèrent en masse ; en 1970, l'OLP, chassée de Jordanie, s'installa au Liban.

**LA GUERRE CIVILE** La fragile construction étatique ne put résister à ces évènements : à partir d'avril 1975, une guerre civile opposa le mouvement nationaliste, qui rassemblait de nombreux musulmans progressistes, ou nassériens, au front libanais, dirigé par la phalange maronite ; les milices palestiniennes participèrent aux affrontements. Un équilibre précaire s'instaura après l'intervention, en 1976, d'une force arabe de dissuasion, en très grande majorité syrienne. En 1978, Israël s'installa dans le Sud, puis son armée dut céder la place à une force d'interposition des Nations unies (FINUL) qui ne put empêcher la plus meurtrière intervention israélienne en 1982 (Paix en Galilée) : Beyrouth fut assiégée et les combattants palestiniens de l'OLP chassés (ils se réimplantèrent dans la région de Saïda). Les Israéliens se retirèrent en 1985, mais gardèrent le contrôle d'une bande de terrain d'env. 1 200 km² dans le sud du Liban. Amine Gemayel (maronite) devint prés. de la Rép. en 1982 et forma, en 1984, un gouv. d'union nationale soutenu par la Syrie. La guerre civile se poursuivit, compliquée par des luttes entre les deux tendances musulmanes, Amal et Hezbollah (ce dernier multipliant les prises d'otages occident.). À la fin du mandat de A. Gemayel, en 1988, les chrétiens se divisèrent. Le général chrétien Michel Aoun n'accepta pas les accords de Taef (oct. 1989) entre les musulmans et les chrétiens.

**LA II^e RÉPUBLIQUE** L'avènement de la II^e République (sept. 1990) fut suivi, un mois plus tard, de la défaite du général Aoun face à l'armée libanaise, appuyée par la Syrie. La représentation légale des communautés religieuses fut rééquilibrée (meilleure représentation des musulmans) et le calme revint dans un pays dévasté. Les pouvoirs du président chrétien (Elias Hraoui succéda à R. Moawad, assassiné quelques jours après son élection en 1989) furent diminués au profit de ceux du Premier ministre musulman. Après les élections législ. de 1992, boycottées par les chrétiens, Rafic Hariri devint Premier ministre. Il amorça la reprise écon. et la reconstruction de Beyrouth. En 1998, le général prosyrien Émile Lahoud fut élu prés. de la Rép. Il nomma Premier ministre Selim El Hoss, partisan d'une politique d'austérité. En 2000, l'armée israélienne se retira du Sud-Liban. Après les élections législ. de 2000 marquées par l'hostilité à la Syrie, É. Lahoud renomma R. Hariri Premier ministre. Celui-ci démissionna en sept. 2004. Il fut assassiné peu après. La pression nationale et internat. qui a suivi cet assassinat a conduit la Syrie à retirer ses troupes du pays en 2005. En 2006, une guerre de 34 j. oppose Israël au Hezbollah dans le S. du pays, entraînant de lourdes pertes écon. et matérielles pour le Liban et la mort de 1 400 civils. Une grave crise polit. secoue le gouvernement de 2006 à 2008. Saad Hariri, le fils de R. Hariri, est nommé Prem. ministre en 2009, mais il démissionne en 2011. Najib Mikati lui succède et démissionne à son tour en 2013. Après plusieurs mois de négociations, le modéré Tammam Salam finit par former un gouv. d'union nationale en 2014.

**libanisation** *nf* POLIT Processus de désagrégation d'un État en proie à des affrontements communautaires.

**libation** *nf* ANTIQ Pratique qui consistait à répandre, en l'honneur des dieux, une coupe de vin, de lait, etc. LOC plaisant ***Faire des libations*** **:** boire beaucoup de vin, d'alcool. ETY Du lat.

**Libby** Willard Frank (Grand Valley, Colorado, 1908 – Los Angeles, 1980), chimiste américain. Il mit au point la méthode de datation au carbone 14. P. Nobel 1960.

**libelle** *nm* Texte bref de caractère satirique, insultant ou diffamatoire. SYN pamphlet. ETY Du lat.

**libellé** *nm* Texte d'un document ; manière dont il est rédigé. *Le libellé d'une mise en demeure.*

**libeller** *vt* 1 Rédiger dans les formes requises un document financier, judiciaire ou administratif. *Libeller un mandat, un chèque.*

**libellule** *nf* Insecte odonate pourvu de deux paires d'ailes membraneuses inégales à nervation abondante, vivant près des eaux douces dormantes où vivent ses larves. ETY Du lat. *libella*, « niveau ».

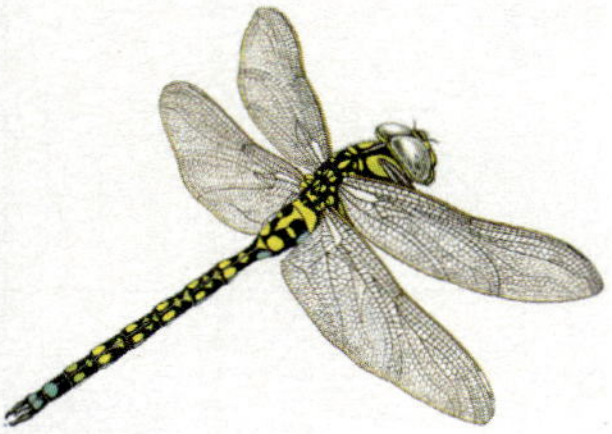

**libellule** æschne bleue

**liber** *nm* BOT Tissu conducteur de la sève élaborée, qui constitue la face interne de l'écorce. PHO [libɛʀ] ETY Mot lat.

**libérable** *a* Qui peut être libéré. LOC ***Permission libérable*** **:** qui libère le soldat quelque temps avant la date prévue.

**libéral, ale** *a, n* **A** *a* **1** litt Qui se plaît à donner. SYN généreux. **2** Tolérant, ouvert, peu autoritaire. *Une éducation libérale.* **B** *a, n* Partisan du libéralisme, en politique, en économie. PLUR libéraux. LOC ***Profession libérale*** **:** profession non manuelle et non salariée (médecins, avocats, notaires, architectes, etc.).

**libéral-démocrate (parti) (PLD)** parti de droite, lié aux milieux d'affaires, qui a gouverné le Japon de 1946 à 2009 (nommé Parti libéral de 1946 à 1955 ; en 1955, il intègre le Parti démocrate). De 1993 à 1996, il laisse le pouvoir à une coalition de centre gauche.

**libéralement** *av* Avec libéralité, généreusement.

**libéraliser** *vt* 1 Rendre plus libéral, moins autoritaire. *Libéraliser un régime politique.* DER **libéralisation** *nf*

**libéralisme** *nm* **1** HIST Au XIX$^e$ s., doctrine et système politiques de ceux qui réclamaient la liberté politique, religieuse, conformément à l'esprit des principes de 1789. **2** Attitude de ceux qui s'attachent à la défense de la démocratie politique et des libertés individuelles des citoyens. ANT totalitarisme. **3** Doctrine hostile à l'intervention de l'État dans la vie économique. ANT étatisme. **4** Attitude qui respecte la liberté d'autrui en matière d'opinion, de conduite. ANT autoritarisme.

**libéralité** *nf* **1** litt Propension à donner ; générosité. **2** (surtout plur.) litt Don généreux. *Faire des libéralités.* **3** DR Toute disposition à titre gratuit (don, donation ou legs).

**libérateur, trice** *n, a* **A** Qui libère une personne, un peuple, un territoire d'une oppression, de la servitude. ANT occupant, oppresseur. **B** *a* Qui libère d'une contrainte, d'une sensation d'oppression. *Un fou rire libérateur.*

**libération** *nf* **1** Action de libérer un prisonnier. **2** Décharge, suppression d'une obligation, d'une dette, d'une gêne. *Libération par versement anticipé.* **3** Renvoi dans ses foyers d'un soldat, à la fin de son service militaire. **4** Délivrance d'une oppression, d'un joug ; délivrance d'un territoire ou d'une ville que l'ennemi occupait. **5** Dégagement, production. *La libération d'énergie qui accompagne une réaction nucléaire.* LOC ***Libération conditionnelle*** **:** mise en liberté d'un détenu avant l'expiration de sa peine, sous certaines conditions. — FIN ***Libération du capital*** **:** mise à disposition d'une entreprise des apports de ses actionnaires. — PHARM ***Libération prolongée*** **:** diffusion lente et progressive des substances actives d'un médicament dans l'organisme. — ASTRO, ESP ***Vitesse de libération*** **:** vitesse minimale qu'il faut donner à un corps pour qu'il échappe à l'attraction d'un astre.

**Libération (la)** période de la Seconde Guerre mondiale (1943-1945) durant laquelle les forces alliées et les mouvements de résistance locaux libérèrent les pays d'Europe occupés par les troupes allemandes. En France, le débarquement des Alliés en Normandie, le 6 juin 1944, fut suivi du débarquement en Provence, le 15 août 1944. Paris, en insurrection depuis le 19 août, fut libéré par la division Leclerc le 25. Les 21, 22, 23 novembre, ce fut au tour de Mulhouse, Metz et Strasbourg.

**Libération (ordre de la)** ordre français créé, en novembre 1940, par le général de Gaulle, pour récompenser les personnes et les collectivités ayant participé à la libération de la France. La liste des *compagnons de la Libération* a été close en 1946.

**Libération** quotidien français fondé le 1$^{er}$ juil. 1941, dans la Résistance, par E. d'Astier de la Vigerie. Il cessa de paraître en 1964.

**Libération** quotidien français fondé en 1973 par d'anc. militants de mai 1968.

**libératoire** *a* DR, FIN Qui exonère d'une dette, d'un engagement.

**Libère (saint)** (Rome, ? – id., 366), pape de 352 à 366. Il combattit l'arianisme.

**Liberec** v. de la Rép. tchèque (Bohême), sur la Nissa ; 100 690 hab. Industr. textiles.

**libérer** *vt* 14 **1** Mettre en liberté. *Libérer un détenu.* **2** Décharger d'une obligation, d'une gêne, etc. *Libérer le crédits. Il n'a pu se libérer à temps.* **3** Renvoyer des soldats dans leurs foyers, à la fin du service. *Libérer une classe.* **4** Délivrer de la présence de l'occupant ennemi. **5** Délivrer d'une contrainte morale ou sociale. *Libérer sa conscience. Se libérer d'un préjugé.* **6** Dégager, produire. *Cette réaction chimique libère du gaz carbonique.* ETY Du lat.

**Liberia (république du)** État d'Afrique occidentale, bordé par l'Atlantique au S. et au S.-O., et limitrophe de la Sierra Leone au N.-O., de la Guinée au N. et de la Côte-d'Ivoire à l'E. ; 111 370 km$^2$ ; 4,1 millions d'hab. (dont près d'un million se sont réfugiés à l'étranger) ; accroissement naturel : 3,3 % par an ; cap. *Monrovia.* Nature de l'État : rép. de type présidentiel. Langue off. : anglais. Monnaie : dollar libérien. Relig. : traditionnelles (70 %), christianisme, islam. DER **libérien, enne** *a, n*

**Géographie** Un plateau ondulé de roches anciennes culmine au N.-E. à 1 752 m, dans les monts Nimba, et retombe sur l'Atlantique par une côte inhospitalière. La forêt dense qui couvre le Liberia correspond à un climat subéquatorial très humide. La pop. est rurale à plus de 50 %. On dénombre une vingtaine d'ethnies. La princ. (30 %), les Kpélés, parle une langue nigéro-congolaise du groupe mandé.

**Économie** Les ressources sont variées : produits des grandes plantations (caoutchouc, café, cacao), bois, fer et diamants, recettes tirées du « pavillon de complaisance » : le Liberia avait la deuxième flotte marchande du monde. La situation écon. devenue catastrophique avec la guerre civile renoue avec la croissance à partir de 2006.

**Histoire** Fondée en 1822 par une société américaine de colonisation pour y installer des esclaves noirs libérés, la rép. du Liberia accéda à l'indépendance en 1847. Elle connut longtemps une vie politique calme et stable (le président Tubman resta au pouvoir de 1944 à 1971) malgré l'antagonisme entre les descendants des Afro-Américains et les pop. locales. En avril 1980, un coup d'État conduit par le sergent Samuel K. Doe mit fin au régime contesté de William Tolbert (au pouvoir depuis 1972), qui fut tué. Président de la Rép. en 1985, S. Doe établit une dictature sanguinaire. En 1989, une rébellion éclata, S. Doe fut renversé et exécuté en sept. 1990. Plusieurs factions rivales s'affrontèrent. En 1997, le chef d'une des factions, le Front national patriotique, Charles Taylor, accéda à la présidence de la Rép. Accusé de crimes contre l'humanité, il dut s'exiler en 2003. Un gouv. présidé par Gyude Bryant a assuré la transition jusqu'à l'élection d'Ellen Johnson Sirleaf en nov. 2005 (prem. femme élue démocratiquement en Afrique) qui entreprend la reconstruction du pays. Elle est réélue en 2011. ▶ carte **Guinée**

**libérine** *nf* BIOL Neurohormone de l'hypothalamus, qui stimule la production hormonale de l'antéhypophyse. SYN relasing factor.

**libériste** *n* Adepte de l'aile libre, du deltaplane.

**libéro** *nm* SPORT Footballeur qui opère entre le gardien de but et la ligne de défense. ETY Mot ital. VAR **libero**

**libéroligneux, euse** *a* BOT Qui est composé de liber et de bois.

**libertaire** *a, n* Anarchiste.

**liberté** *nf* **A** **1** Condition d'une personne libre, non serve. ANT esclavage **2** État d'une personne qui n'est pas prisonnière, d'un animal qui n'est pas enfermé dans une cage ou un enclos. ANT captivité **3** Possibilité, assurée par les lois ou le système politique et social, d'agir comme on l'entend, sous réserve de ne pas porter atteinte aux droits d'autrui ou à la sécurité publique. ANT oppression. **4** État d'une personne qui n'est pas liée, engagée. **5** État d'une personne qui n'est pas gênée dans son action par le manque de temps, les préoccupations, etc. *Ce travail me laisse peu de liberté. Quelques instants de liberté.* **6** Manière aisée, non contrainte, de penser, d'agir, de parler. *Liberté d'esprit. Liberté d'allure. Liberté de langage.* **7** PHILO Possibilité qu'a l'homme d'agir de manière autonome, sans être soumis à la fatalité ni au déterminisme biologique ou social. **B** *nf pl* Droits locaux, franchises. *Libertés communales.* LOC ***Liberté civile*** **:** droit d'agir à sa guise, sous réserve de respecter les lois établies. — ***Liberté de conscience*** **:** concernant le choix d'une religion ou le refus d'avoir une religion. — ***Liberté de la presse*** **:** droit de publier des journaux, des livres sans autorisation préalable ni censure. — ***Liberté du culte*** **:** concernant l'exercice du culte public des diverses religions. — ***Liberté individuelle*** **:** droit de chaque citoyen de disposer librement de lui-même et d'être protégé contre toute mesure arbitraire ou vexatoire. — ***Liberté politique*** **:** celle d'exercer une activité politique, d'élire des représentants, etc. — ***Liberté provisoire*** **:** état d'un inculpé qui n'est pas emprisonné, tant qu'il n'est pas encore jugé. — ***Liberté surveillée*** **:** régime imposé à certains délinquants mineurs qui sont rendus à leur famille, mais sous la surveillance et le contrôle d'un délégué. — ***Liberté syndicale*** **:** droit d'adhérer à un syndicat de son choix ou de n'adhérer à aucun. — ***Prendre des libertés*** **:** agir avec désinvolture, familiarité, ou sans respect des règles. — ***Prendre la liberté de*** **:** se permettre. ETY Du lat.

**Liberté éclairant le monde (la)** statue de Bartholdi (1884-1886, 46 m de haut à partir d'un socle de 46 m), dont l'armature métallique est due à Eiffel. La France la donna aux É.-U., où elle fut érigée en 1886 sur Bedloe's Island à l'entrée du port de New York.

**Liberté guidant le peuple (la)** tableau de Delacroix (1830), glorifiant la révolution de Juillet 1830.

**liberticide** *a, n* litt Qui détruit la liberté.

**libertin, ine** *a, n* **1** vx Qui s'est affranchi de toute règle (en partic. religieuse). **2** Adonné au libertinage. *Un incorrigible libertin.* (ETY) Du lat. *libertinus*, « affranchi ».

**libertinage** *nm* Dérèglement des mœurs ; licence, inconduite.

**liberty** *nm, a inv* Étoffe légère à petites fleurs. (ETY) Du n. pr.

**liberty-ship** *nm* HIST Cargo fabriqué en grande série aux É.-U. pendant la Seconde Guerre mondiale. PLUR liberty-ships. (PHO) [libɛʀtiʃip] (ETY) De l'angl. *liberty*, « liberté », et *ship*, « navire ».

**libidineux, euse** *a* Porté à la luxure.

**libido** *nf* **1** PSYCHAN Pour les psychanalystes freudiens, énergie vitale émanant de la sexualité ; chez Jung et ses successeurs, énergie psychique en général. **2** Instinct sexuel. (ETY) Mot lat. (DER) **libidinal, ale, aux** *a*

ENC Selon Freud, la libido est « tout ce qu'on peut comprendre sous le nom d'amour » et elle est « la manifestation dynamique de la pulsion sexuelle dans la vie psychique ». Le terme recouvre aussi bien l'instinct sexuel génital que les satisfactions liées à l'exaltation des *zones érogènes* (orale, anale, génitale), très précisément à la réduction des tensions provoquées par de telles excitations. La prépondérance successive des zones érogènes définit les différents stades du développement, de l'enfant à l'adulte. La libido joue un rôle essentiel dans la formation des névroses. Freud distingue une *libido du moi* (ou *libido narcissique*) et une *libido d'objet*, selon que le sujet prend son propre corps pour objet d'amour ou qu'il reporte sa libido sur un objet extérieur.

**libitum (ad)** → **ad libitum.**

**Li Bo** (v. 701 – 762), poète chinois de la dynastie des Tang. Surnommé le *Saint de la poésie*, c'est l'un des plus grands poètes chinois. (VAR) **Li Po** ou **Li Taibo**

**Li Bo** recevant ses amis, peinture chinoise, Qiu Ying, XVIe s. – coll. part.

**libouret** *nm* PECHE Ligne à main pour la pêche en mer, comprenant plusieurs hameçons montés sur une même ligne.

**Libourne** ch.-l. d'arr. de la Gironde ; 23 966 hab. Port fluvial situé au confl. de la Dordogne et de l'Isle. Comm. des vins de Bordeaux. – Égl. en partie du XVe s. Musées. (DER) **libournais, aise** *a, n*

**libraire** *n* Personne qui fait le commerce des livres.

**librairie** *nf* **1** vx Bibliothèque. *La librairie de Montaigne.* **2** Magasin de libraire. **3** Commerce des livres. (ETY) Du lat. *liber*, « livre ».

**libration** *nf* ASTRO Balancement apparent de la face visible de la Lune de part et d'autre de sa position moyenne, dû à la trajectoire elliptique de son orbite (*libration en longitude*), à l'inclinaison de l'axe de ses pôles (*libration en latitude*) et à la rotation de la Terre (*libration diurne*). (ETY) Du lat.

**libre** *a* **1** Qui n'est pas prisonnier, captif. **2** Qui n'est pas esclave ni serf. **3** Qui a la possibilité d'agir ou non ; qui se détermine indépendamment de toute contrainte extérieure. *Les hommes naissent et demeurent libres et égaux en droit. Être libre d'agir à sa guise. Avoir l'esprit libre de soucis.* **4** Qui n'est pas soumis à l'autorité d'un gouvernement totalitaire ; qui n'est pas soumis à une puissance étrangère. **5** Qui n'est pas contrôlé par un pouvoir politique, par une autorité. *La libre entreprise. Presse libre.* **6** Qui n'est lié par aucun engagement. *Refuser un emploi pour rester libre.* **7** Qui peut disposer de son temps comme il l'entend. *Je suis libre à cinq heures.* **8** Qui manifeste de l'aisance dans son allure, dans son comportement ; simple et naturel. *Être libre avec qqn.* **9** Qui n'est pas soumis aux contraintes sociales, aux convenances. *Une conduite fort libre.* **10** Qui n'est pas occupé ; disponible, dégagé d'obstacles. *Place libre. Appartement libre.* **11** Qui n'est pas serré, attaché, fixé ; qui se meut sans difficulté. *Cheveux libres.* **12** BOT Qui n'adhère pas aux organes voisins. *Étamines libres.* **13** Dont la forme ou le contenu n'est pas imposé, que l'on peut choisir. *Sujet libre. Vers libres. Figures libres.* LOC ***Chute libre*** : mouvement d'un corps sous la seule action de son poids. — ***Enseignement libre*** (par oppos. à ***enseignement public***) : qui est assuré par des organismes privés. — ***Entrée libre*** : gratuite, ou sans obligation d'achat. (ETY) Du lat.

**libre arbitre** *nm* Pouvoir qu'a la raison humaine de se déterminer librement.

**libre arbitre (Du)** dialogues de saint Augustin (388-395) sur le bien et le mal.

**Libre Belgique (la)** quotidien belge catholique et conservateur fondé en 1884 sous le nom *le Patriote*.

**libre-échange** *nm* ECON Système qui préconise la suppression des droits de douane et de toute entrave au commerce international.

**libre-échangisme** *nm* Doctrine économique prônant le libre-échange. (DER) **libre-échangiste** *a, n*

**librement** *av* **1** En étant libre. *Aller et venir librement.* **2** Franchement, sans arrière-pensées. *Parler librement.* **3** Avec licence. **4** Sans respecter certaines contraintes. *Traduire librement un auteur.*

**libre-pensée** *nf* État d'esprit, doctrine d'une personne qui n'a aucune croyance religieuse. (DER) **libre-penseur, euse** *n*

**libre-service** *nm* **1** Système de commercialisation dans lequel les clients se servent eux-mêmes. **2** Établissement qui utilise ce système. PLUR libres-services.

**libretto** *nm* **1** MUS Syn. de *livret*. **2** CHOREGR Scénario d'un ballet. PLUR librettos ou libretti. (ETY) Mot ital. (DER) **librettiste** *n*

**Libreville** cap. du Gabon ; 700 000 hab. (aggl.). Port sur l'estuaire du Gabon, la ville traite et exporte les bois tropicaux. (DER) **librevillois, oise** *a, n*

**Libye (campagne de)** ensemble des combats qui opposèrent la G.-B. et ses alliés (Français notam.) à l'Allemagne et à l'Italie (Afrikakorps de Rommel, notam.) de sept. 1940 à janv. 1943, quand Rommel dut fuir vers la Tunisie. Princ. victoire des Alliés : à Tobrouk (1941-1942), à Bir Hakeim (1942), à El-Alamein (1942).

**Libye (désert de)** partie N.-E. du Sahara partagée entre l'Égypte et la Libye (Cyrénaïque). (VAR) **désert Libyque**

**Libye (République arabe libyenne)** État d'Afrique du Nord, bordé au N. par la Méditerranée et limité au N.-O. par la Tunisie, à l'O. par l'Algérie, au S. par le Niger et le Tchad, à l'E. par l'Égypte et le Soudan ; 1 759 540 km$^2$ ; 6,3 millions d'hab. ; cap. *Tripoli*. Nature de l'État : rép. de type socialiste. Langue off. : arabe. Monnaie : dinar libyen. Relig. officielle : islam sunnite. DER **libyen, enne** *a, n*

**Géographie** Une étroite bande côtière au climat méditerranéen (Cyrénaïque, Tripolitaine) groupe la population et les cultures (oliviers, céréales). Le reste (99 % du territoire) appartient au désert du Sahara où l'occupation se limite aux oasis du Fezzan (dattes, légumes). Jadis nomades, les Libyens se sont sédentarisés.

**Économie** La rente pétrolière (gisements du golfe de Syrte découverts en 1959) a permis d'importants investissements dans l'agriculture (irrigation), les infrastructures et l'industrie (pétrochimie) ce qui provoqua l'essor urbain (78 % de citadins) et l'arrivée de 500 000 étrangers. La baisse des prix du pétrole et l'embargo aérien (de 1992 à 1999) ont amené le pays au bord de la crise. La « Grande Rivière artificielle », inaugurée en 1991 pour fertiliser le nord de la Libye (coût total : 25 milliards de dollars), ne fournit que 20 % de l'eau prévue ; le reste s'évapore. Depuis 1999, les investisseurs ouest-européens ont repris leurs relations avec la Libye.

**Histoire** LES ORIGINES La Tripolitaine fut occupée par les Phéniciens et les Carthaginois, tandis que la Cyrénaïque, colonisée par les Grecs à partir du VII$^e$ s. av. J.-C., vécut ensuite sous la tutelle des Ptolémées d'Égypte. Les Romains unifièrent le pays, qui fut alors une riche région agricole de l'Empire. Puis la Libye passa sous la domination arabe. Au XVI$^e$ s., la Libye fut conquise par les Turcs. Vers 1710, un janissaire, Ahmed Paşa Karamanli, établit une dynastie qui gouverna le pays jusqu'en 1835, puis l'administration directe d'Istanbul fut rétablie. Les Senoussis, confrérie musulmane rigoriste, acquirent une quasi-indépendance pour la Cyrénaïque. Colonisée par les Italiens à partir de 1912, la Libye fut pendant la guerre de 1939-1945 le théâtre de combats opposant les forces de l'Axe aux Britanniques et aux Français. Elle devint indépendante en 1951 ; Idris as-Sanusi fut proclamé roi. La découverte du pétrole (1959) ébranla les structures féodales. LA LIBYE DE KADHAFI Idris I$^{er}$ est renversé par le coup d'État militaire du 1$^{er}$ sept. 1969. Le Conseil de la révolution est dirigé par Mu'ammar Al Kadhafi. Partisan du panarabisme, il cherche à s'unir avec la Tunisie, la Syrie, l'Égypte, le Maroc, mais en vain. Il condamne la politique de paix d'Anouar el-Sadate avec Israël, ce qui entraîne un bref conflit armé avec l'Égypte (1977). La Libye intervient au Tchad et prend la bande d'Aozou en 1973. Cela conduit les É.-U. à décider le boycott économique (1981), puis à bombarder le territoire libyen (1986). De sévères défaites, en 1987, contraignent la Libye à reconnaître le gouv. de H. Habré. En 1990, les bases d'une union polit. et écon. avec le Soudan ont été établies. Après la neutralité observée par le régime lors de la guerre du Golfe, la Libye s'est à nouveau retrouvée isolée en 1992 : son refus de livrer deux de ses ressortissants accusés de terrorisme a poussé l'ONU à décréter un embargo aérien et militaire. En 1994, la Cour internationale de justice de La Haye l'a condamnée à restituer au Tchad la bande d'Aozou. En 1999, l'embargo a été levé et, en 2003, l'abandon par Kadhafi de son programme nucléaire ainsi que l'indemnisation des victimes d'anciens actes terroristes ont entraîné la levée des sanctions de l'ONU et le retour de la Libye dans le concert international. En 2011, l'opposition au régime en place plonge le pays dans la guerre civile. Une coalition de pays occidentaux et arabes intervient militairement. Le régime est renversé en août et Kadhafi est tué en oct. Mais la paix ne parvient pas à s'installer : le pays est soumis à la violence générée par les conflits communautaires. En 2016, un gouv. d'union nationale est enfin formé.

**Licata** v. de Sicile (prov. d'Agrigente), port sur la Méditerranée ; 38 100 hab. Pêche.

**1 lice** *nf* **1** HIST Palissade de bois entourant un château fort ; espace qu'elle circonscrivait, où se déroulaient les courses, les joutes, les tournois. **2** Tout espace où se déroulaient de telles épreuves. **3** Palissade entourant un champ de foire, un champ de courses. **LOC** ***Entrer en lice :*** se jeter dans la lutte, entrer en compétition. ETY Du frq.

**2 lice** *nf* CHASSE Femelle d'un chien de chasse. ETY Du gr. *lukos*, « loup ».

**3 lice → lisse 2.**

**licéité** *nf* didac Caractère licite de qqch.

**licence** *nf* **1** Autorisation spéciale accordée par l'administration des douanes d'importer ou d'exporter certaines marchandises dont le commerce est réglementé. **2** Autorisation d'exercer certaines activités, de vendre certains produits. *Licence de pêche.* **3** Autorisation que donne à un tiers le titulaire d'un brevet d'invention d'exploiter celui-ci. *Contrat de licence.* **4** SPORT Autorisation de pratiquer un sport de compétition. **5** Grade universitaire qui se place entre le baccalauréat et la maîtrise. *Licence ès lettres.* **6** litt Dérèglement des mœurs. *Vivre dans la licence.* **7** Transgression de la règle et de l'usage que le poète se permet. *« Encor » pour « encore » est une licence poétique.* ETY Du lat.

**licencié, ée** *n, a* **1** Titulaire d'une licence universitaire. **2** SPORT Titulaire de la licence d'une fédération sportive. **3** Personne congédiée.

**licencier** *vt* ② **1** Congédier, renvoyer. *Licencier un employé.* **2** Protéger un produit par une licence. *Licencier un logiciel.* DER **licenciement** *nm*

**licencieux, euse** *a* Qui est contraire aux bonnes mœurs, qui offense la pudeur.

**liche** *nf* Poisson perciforme marin à longues nageoires dorsale et anale, à la chair appréciée.

**Li Che-min → Li Shimin.**

**lichen** *nm* **1** Végétal résultant de l'association symbiotique d'un champignon et d'une algue, qui pousse sur les roches, les arbres et le sol des forêts. **2** MED Dermatose bénigne caractérisée par la présence de papules agglomérées, sèches et dures. PHO [likɛn] ETY Du gr. *leikhên*, « qui lèche ». DER **lichénique** *a*

ENC Dans un lichen, le champignon, non chlorophyllien, synthétise divers produits azotés et tire des sels minéraux du support, tandis que l'algue, chlorophyllienne, synthétise des glucides ; l'ensemble peut vivre sur des supports divers où il résiste extrêmement bien aux mauvaises conditions.

**lichens** : l'usnée (en haut) vit sur les arbres – la parmélie (en bas) vit sur le sol

**Li Cheng** (actif v. 940-967), paysagiste chinois de l'époque des Cinq Dynasties dont l'art ne nous est connu que par des copies du XI$^e$ s.

**lichénification** *nf* MED Épaississement de la peau consécutif à une dermatose.

**lichénologie** *nf* BOT Étude des lichens.

**lichette** *nf* **1** fam Petit morceau, petite quantité d'un aliment. **2** Belgique Petite attache cousue sur un vêtement, un torchon pour le suspendre. ETY De *lécher*.

**Lichnerowicz André** (Bourbon-l'Archambault, 1915 – Paris, 1998), mathématicien français : travaux de physique mathématique, de géométrie différentielle, sur la théorie des champs et sur la relativité générale.

**Lichtenberg Georg Christoph** (Oberramstadt, près de Darmstadt, 1742 – Göttingen, 1799), écrivain allemand ; l'un des maîtres de l'humour noir au XVIII$^e$ s. : *Aphorismes* (posth., 1800-1806).

**Lichtenstein Roy** (New York, 1923 – id., 1997), peintre américain, représentant du pop'art.

**Roy Lichtenstein** *Stepping out*, 1978

**licier → lissier.**

**Licinius Crassus → Crassus.**

**Licinius Licinianus Publius** (m. à Thessalonique, 325), empereur romain de 308 à sa mort ; allié de Constantin, il affronta celui-ci, qui le vainquit et l'excécuta.

**Licinius Lucullus → Lucullus.**

**Licinius Murena → Murena.**

**Licinius Stolon Caius** (IV$^e$ s. av. J.-C.), tribun de la plèbe, à Rome. Il fit voter une loi qui réservait aux plébéiens une des deux charges de consul.

**licite** *a* Qui n'est pas défendu par la loi, les règlements. *Gain licite.* SYN légal, légitime. ANT illicite. ETY Du lat. DER **licitement** *av*

**liciter** *vt* ① DR Vendre aux enchères un bien indivis. DER **licitation** *nf*

**licol** *nm* Lien de cuir, de corde, passé autour du cou des bêtes de somme pour les attacher, les conduire. VAR **licou**

**licorne** *nf* Animal fabuleux, sorte de cheval à pieds fourchus et à longue corne unique implantée au milieu du chanfrein. **LOC** ***Licorne de mer :*** narval. ETY Du lat., par l'ital.

**Licorne (la)** constellation des hémisphères boréal et austral ; n. scientif. : *Monoceros, Monocerotis*.

**Licra** acronyme pour *Ligue internationale contre le racisme et l'antisémitisme.*

**licteur** *nm* ANTIQ ROM Agent public qui marchait devant les grands magistrats et les vestales et était l'exécuteur des sentences des magistrats. (ETY) Du lat.

**lidar** *nm* Sorte de radar qui émet un faisceau laser et en reçoit l'écho. (ETY) Acronyme de l'angl. *light detection and ranging,* « détection et alignement par la lumière ».

**Liddell Hart** sir **Basil** (Paris, 1895 – Marlow, 1970), historien anglais : *Histoire de la guerre de 1914-1918* (1948), *Histoire mondiale de la stratégie* (1962).

**Lidice** village de la Rép. tchèque (env. 450 hab.) que les All. anéantirent en 1942, après l'assassinat de Heydrich.

**lido** *nm* GEOGR Côte comportant des accumulations littorales avancées, parallèles à la ligne générale du rivage et délimitant des lagunes. (ETY) De *lido,* quartier de Venise.

**Lido** flèche de sable composée de sept îles, qui isole de la mer la lagune de Venise. L'une d'elles est proprement le Lido (stat. baln. où se trouve le palais du Festival de cinéma).

**lie** *nf* **1** Dépôt qu'un liquide fermenté laisse précipiter au fond du récipient qui le contient. *Lie de vin.* **2** fig, litt Ce qu'il y a de plus vil, de plus bas. *La lie du peuple.* (ETY) Du gaul.

**Lie Jonas** (Eker, près de Drammen, 1833 – Stavern, 1908), romancier norvégien réaliste : *le Pilote et sa femme* (1874).

**Lie Sophus** (Nordfjordeid, 1842 – Oslo, 1899), mathématicien norvégien. Il donna des applications nouvelles à la théorie des groupes.

**Lie Trygve Halvdan** (Oslo, 1896 – Geilo, 1968), homme politique norvégien ; secrétaire général de l'ONU de 1946 à 1952.

**Liebig Justus (baron von)** (Darmstadt, 1803 – Munich, 1873), chimiste allemand. Il mit au point le chloroforme (1831) et fonda la chimie agricole.

**Liebknecht Wilhelm** (Giessen, 1826 – Charlottenburg, 1900), homme politique allemand ; fondateur du parti social-démocrate allemand (1869) ; chef du socialisme allemand après le congrès de Gotha (1875). — **Karl** (Leipzig, 1871 – Berlin, 1919), fils du préc. ; député social-démocrate, seul parlementaire à s'opposer à la guerre (déc. 1914), il fonda la ligue Spartakus (1916), qui devint, en 1918, le parti communiste allemand. Arrêté après l'insurrection spartakiste de Berlin (1919), qu'il dirigea avec Rosa Luxemburg, il fut assassiné.

**Liechtenstein** principauté de l'Europe centrale, située entre la Suisse et l'Autriche ; 157 km$^2$ ; 40 000 hab. (dont 35 % d'étrangers, Suisses surtout) ; cap. *Vaduz.* Nature de l'État : monarchie constitutionnelle. Langue off. : allemand. Monnaie : franc suisse. Relig. : catholicisme (87,1 %). (DER) **liechtensteinois, oise** *a, n*

**Géographie** Formé des Alpes rhétiques et de la rive droite alluviale du Rhin, le Liechtenstein a un climat montagnard humide, favorable aux herbages et à l'élevage laitier. Paradis fiscal, le pays a attiré des sociétés étrangères qui en ont fait une place industrielle, financière et commerciale importante. Ces ressources et le tourisme donnent aux hab. l'un des revenus les plus élevés de la planète.

**Histoire** Formée de la réunion des seigneuries de Vaduz et de Schellenberg (1699), le Liechtenstein est élevé en 1719 au rang de principauté par l'empereur Charles VI, puis Napoléon le fait entrer dans la Confédération du Rhin en 1806. Rattachée à la Confédération germanique de 1815 à 1866, la principauté est réunie à l'Autriche par une union douanière (1876-1918), puis elle signe avec la Suisse des accords monétaires, douaniers, etc. (1921-1924). Le prince régnant (depuis 1938), François-Joseph II (mort en 1989), a transmis, en 1984, ses pouvoirs à son fils Hans-Adam II. En 1986, les femmes ont obtenu le droit de vote. En 1990, le Liechtenstein est devenu membre de l'ONU et, en 1991, de l'AELE. ▶ carte **Suisse**

**lied** *nm* **1** Romance, chanson populaire, sorte de ballade propre aux pays germaniques. **2** MUS Petite composition vocale avec ou sans accompagnement, écrite sur les paroles d'un poème. PLUR lieds ou lieder. (PHO) [lid] (ETY) Mot all.

**lie-de-vin** *a inv* Rouge violacé.

**liège** *nm* **1** Matière spongieuse, imperméable, peu dense, fournie par l'écorce de certains arbres, notam. du chêne-liège. **2** BOT Tissu protecteur secondaire des plantes dicotylédones, constitué par des cellules mortes emplies d'air. (ETY) Du lat. *levus,* « léger ».

**Liège** (en néerl. *Luik*), v. de Belgique, au confl. de la Meuse et de l'Ourthe canalisée ; ch.-l. de la prov. du m. nom ; 196 000 hab. (aggl. 600 000 hab.). Grand port fluvial, Liège est un des grands centres industr. européens que le canal Albert lie à Anvers. – Évêché. Université. Égl. X$^{e}$-XV$^{e}$ s. ; collégiale XI$^{e}$ s. ; cath. goth. St-Paul (X$^{e}$ s. et XIII$^{e}$-XV$^{e}$ s.) ; palais des Princes-Évêques (XVI$^{e}$ s.), etc. Musées. (DER) **liégeois, oise** *a, n*

**Histoire** Liège devint v. l'an 1000 le siège d'une principauté ecclésiastique appartenant au Saint Empire. Grande ville industr. (textiles, armes) et commerçante, Liège eut une vie agitée ; la pop. se révolta contre le prince-évêque en 1408 et en 1467-1468. Alors maître des Pays-Bas, Charles le Téméraire la réduisit en cendres. En 1492, l'empereur d'Autriche reconnut son indépendance (qui dura jusqu'à la conquête française, en 1792) et Liège devint un des grands centres industriels d'Europe. Son camp retranché a été le lieu de furieux combats en 1914 et en 1940.

**Liège** le palais des Princes-Évêques

**Liège (province de)** prov. de la Belgique orient. ; 3 874 km$^2$ ; 992 000 hab. ; ch.-l. *Liège.* La vallée de la Meuse et les vallées affluentes constituent l'axe industr. de la province et séparent le plateau limoneux de la Hesbaye (céréales), au N.-O., des plateaux du Condroz et du pays de Herve (élevage). Au S.-E., les Hautes Fagnes font partie de l'Ardenne. (DER) **liégeois, oise** *a, n*

**liégeois, oise** *a* LOC *Café, chocolat liégeois :* glace au café, au chocolat, nappée de crème chantilly.

**lien** *nm* **1** Bande longue, étroite et souple qui sert à attacher, à lier. *Lien d'osier.* **2** fig Ce qui unit des personnes entre elles ; ce qui attache qqn à qqch. *Lien conjugal. Le lien entre l'homme et la nature.* **3** fig Ce qui permet d'établir une liaison entre plusieurs faits. *Lien de cause à effet.* **4** INFORM Connexion sémantique et/ou logique établie entre des données informatiques. (ETY) Du lat.

**lier** *vt* ② **1** Attacher, serrer, immobiliser avec un lien. *Lier un fagot. Lier qqn avec une corde.* **2** Établir une liaison entre divers éléments solides ; donner une certaine consistance, de la cohésion à une substance. *Lier une sauce.* **3** MUS Pratiquer la liaison des sons dans l'exécution vocale ou instrumentale d'une pièce. **4** Unir juridiquement. *Contrat qui lie l'employé à l'employeur.* **5** Établir des relations entre personnes. *Lier amitié avec qqn. Lier connaissance. Lier conversation avec qqn.* LOC *Avoir les mains liées :* être réduit à l'impuissance. — *Lier deux mots :* prononcer deux mots consécutifs en faisant une liaison. (ETY) Du lat. (DER) **liage** *nm*

**lierne** *nf* **1** ARCHI Nervure unissant la clef de voûte au sommet des doubleaux ou des formerets, ou reliant de clef à clef une suite de voûtes disposées longitudinalement. **2** CONSTR Pièce de bois horizontale reliant des pièces de charpente.

**lierre** *nm* Plante ligneuse grimpante (araliacée) à feuilles persistantes, s'accrochant à un support (mur, arbre) par des racines adventives à crampons. (ETY) Du lat.

**Lierre** (en néerl. *Lier*), com. de Belgique (prov. d'Anvers), au confl. de la Grande et de la Petite Nèthe ; 31 000 hab. Industries.

**liesse** *nf* Joie. LOC litt *Foule, peuple en liesse :* en fête, qui manifeste son allégresse. (ETY) Du lat.

**Liestal** v. de Suisse, sur l'*Ergolz* ; ch.-l. du cant. de Bâle-Campagne ; 12 200 hab. Ville industrielle et militaire. – Hôtel de ville du XV$^{e}$ s.

**1 lieu** *nm* **A 1** Espace considéré quant à sa situation, à ses qualités. *Lieu écarté, humide.* **2** Portion délimitée de l'espace, où se déroule un fait, une action. *Le lieu de l'accident.* **3** Endroit considéré quant aux activités qui s'y déroulent. *Lieu public.* **B** *nm pl* **1** Endroit destiné à l'habitation. *Visiter les lieux. État des lieux.* **2** Endroit où un évènement s'est produit. LOC *Au lieu de :* à la place de, plutôt que. — *Avoir lieu :* se produire, arriver. — *Avoir lieu de :* avoir une occasion, une raison de. — *En haut lieu :* chez ceux qui détiennent l'autorité, le pouvoir. — *En premier, second, etc., lieu :* premièrement, deuxièmement, etc. — *Haut lieu :* endroit rendu célèbre par les faits qui s'y déroulèrent. — *Lieu de mémoire :* site ou monument symbolisant un moment important de l'histoire d'une communauté. — *Lieu géométrique :* ligne ou surface dont les points possèdent une même propriété. — *Lieu saint, saint lieu :* église, temple. — *Lieux d'aisances :* cabinets. — *Tenir lieu de :* remplacer. (ETY) Du lat.

**2 lieu** *nm* Poisson (gadidé) de la Manche et de l'Atlantique, à la mâchoire inférieure allongée. *Les lieus noirs sont aussi appelés colins.* (ETY) De l'anc. scand.

**lieu commun** *nm* **1** Idée banale, rebattue. **2** RHET Source habituelle d'où un orateur tire ses arguments et ses développements. PLUR lieux communs.

**lieu-dit** *nm* Lieu dans la campagne qui porte un nom particulier. PLUR lieux-dits. (VAR) **lieudit**

**lieue** *nf* Ancienne mesure de distance qui valait environ 4 km. LOC *Être à cent, mille lieues de :* être très éloigné de. — *Lieue marine :* vingtième partie du degré méridien, soit 5,555 km. (ETY) Du gaul.

**lieur, lieuse** *n* **A** Personne qui lie les gerbes. **B** *nf* Machine servant à lier les gerbes. *Moissonneuse-lieuse.*

**lieutenant** *nm* **1** Personne directement sous les ordres d'un chef et qui peut le remplacer. **2** HIST Titre que portaient, sous l'Ancien Régime, divers fonctionnaires administratifs ou judiciaires. **3** Officier dans les armées de terre, de grade inférieur à celui de capitaine. **4** Suisse Sous-lieutenant. (Le lieutenant est dit premier lieutenant.) LOC *Lieutenant de vaisseau :* officier de la marine nationale dont le grade correspond à celui de capitaine dans les armées de terre et de l'air. — HIST *Lieutenant général du royaume :* personnage qui exerçait parfois au nom du roi tout ou partie de l'autorité royale. (ETY) De *lieu* et *tenant,* « tenant lieu de ».

**lieutenant-colonel** *n* Officier dont le grade se situe avant celui de colonel et après celui de commandant. PLUR lieutenants-colonels. (VAR) **lieutenante-colonelle** *nf*

**lieutenant-gouverneur, lieutenante-gouverneure** *n* Au Canada, représentant de la couronne d'Angleterre nommé dans chaque province par le gouverneur général. PLUR lieutenants-gouverneurs, lieutenantes-gouverneures.

**lieutenante** *nf* Femme lieutenant. *Lieutenante de police.*

**Lieuvin (le)** région de Normandie située entre la Risle et la Touques ; v. princ. *Lisieux.* (DER) **lieuvinois, oise** *a, n*

**Lieux saints (les)** sites de Palestine auxquels demeure attaché le souvenir de la vie du Christ. La prise de Jérusalem par les Perses (614) puis par les Arabes (638) inquiéta la chrétienté, qui en 1099 organisa la prem. croisade pour « délivrer » les Lieux saints. À partir du XVII^e s., la France fit reconnaître par les Ottomans son rôle protecteur ; la Russie orthodoxe prétendit à la même position ; ce fut une des raisons de la guerre de Crimée (1854). La G.-B. eut ce rôle avec l'établissement de son mandat sur la Palestine (1922). La création de l'État d'Israël amena l'ONU à proclamer l'internationalisation des Lieux saints, mais, dép. 1967, les Lieux saints sont *de facto* sous la responsabilité d'Israël.

**Liévin** ch.-l. de cant. du Pas-de-Calais ; 33 022 hab. Ville industr. qui fut bâtie sur un grand centre houiller. (DER) **liévinois, oise** *a, n*

**lièvre** *nm* **1** Petit mammifère sauvage (léporidé) qui ressemble au lapin, très rapide. *La femelle du lièvre est la hase. Le lièvre vagit.* **2** Chair comestible de cet animal. *Civet, pâté de lièvre.* **3** SPORT Coureur placé en tête d'une course à laquelle il imprime un rythme soutenu, afin de permettre aux autres coureurs de réaliser des performances. LOC ***Courir deux lièvres à la fois :*** entreprendre deux affaires en même temps. — ***Lever un lièvre :*** le faire sortir du gîte ; fig soulever une question embarrassante pour l'interlocuteur. — ZOOL ***Lièvre de mer :*** mollusque marin herbivore, à longs tentacules (aplysie). (ETY) Du lat.

**lièvre** d'Europe

**Lifar Serge** (Kiev, 1905 – Lausanne, 1986), danseur et chorégraphe néo-classique français ; maître de ballet de l'Opéra de Paris (1929-1958).

**lift** *nm* SPORT Au tennis, effet donné à une balle liftée. (PHO) [lift] (ETY) Mot angl., « élever ».

**Serge Lifar** dans *Icare*, 1935

**lifter** *vt* ① **1** TENNIS Donner de l'effet à une balle en la frappant de bas en haut. **2** fam Faire un lifting à. **3** fig, fam Améliorer l'aspect de qqch, rénover, rajeunir. *Lifter son image de marque.*

**liftier, ère** *n* Personne chargée de faire fonctionner un ascenseur.

**lifting** *nm* **1** Opération de chirurgie esthétique consistant à tendre la peau du visage pour supprimer les rides. SYN (recommandé) lissage ou remodelage. **2** fig, fam Rajeunissement, rénovation de qqch. *Un lifting de théories poussiéreuses.* (PHO) [liftiŋ] (ETY) De l'angl.

**ligament** *nm* **1** ANAT Faisceau fibreux résistant, plus ou moins élastique, qui relie deux parties d'une articulation ou deux organes. **2** Repli du péritoine qui relie les organes abdominaux entre eux, ou à la paroi abdominale. **3** ZOOL Matière cornée et élastique qui sert à réunir les deux valves des coquilles des mollusques lamellibranches. (ETY) Du lat. *ligare,* « lier ». (DER) **ligamentaire** ou **ligamenteux, euse** *a*

**ligand** *nm* CHIM Syn. de *coordinat.*

**ligase** *nf* BIOCHIM Enzyme qui catalyse une réaction de synthèse en utilisant l'énergie fournie par l'ATP.

**ligature** *nf* **1** Opération consistant à serrer ou à assembler par un lien. **2** CHIR Opération qui consiste à lier un conduit ; résultat de cette action. *Ligature d'un vaisseau, des trompes.* **3** Fil avec lequel on effectue cette opération. **4** TECH Lien réalisé au moyen d'une corde, d'un fil métallique. (ETY) Du lat. *ligare,* « lier ».

**ligaturer** *vt* ① Serrer, attacher au moyen d'une ligature.

**lige** *a* FEOD Se disait du vassal lié au seigneur par une promesse de fidélité et de dévouement absolu. LOC ***Homme lige :*** qui est tout dévoué à une personne, à un parti, etc.

**ligérien** → **Loire.**

**Ligeti György** (Dicsöszentmárton, 1923 – Vienne, 2006), compositeur autrichien d'origine hongroise : mus. sérielle, électronique (*Articulation,* 1958), ensuite plus ouverte (*Atmosphères,* 1961), *le Grand Macabre* (1974-1977), opéra.

**light** *a inv* **1** Qui contient moins de sucre ou de matière grasse, moins de principes nocifs que le produit habituel. *Soda light. Cigarettes light.* **2** fig, fam Léger, superficiel, allégé. *Un emploi du temps light.* (PHO) [lajt] (ETY) Mot angl., « léger ».

**ligie** *nf* Crustacé isopode des côtes atlantiques, qui ressemble à un gros cloporte. (ETY) Du lat.

**lignage** *nm* **1** HIST, ETHNOL Ensemble des personnes issues d'un même ancêtre. **2** Nombre de lignes d'un texte imprimé.

**ligne** *nf* **1** Trait simple considéré quant à sa forme ou à sa longueur. *Ligne courbe, horizontale. Lignes de la main.* **2** GEOM Figure engendrée par le déplacement d'un point. *Ligne droite.* **3** TELECOM Droite décrite par le balayage d'une image sur un écran. **4** Trait réel ou imaginaire qui sépare deux choses ; silhouette. *Ligne de démarcation. Un corps aux belles lignes.* **5** Direction continue dans un sens donné. *Aller en ligne droite.* **6** Parcours suivi régulièrement par un véhicule, un train, un avion ; service assuré sur ce parcours. **7** Orientation, grandes options d'un parti. *Appliquer la ligne. Faire bouger les lignes.* **8** Suite de choses, de personnes disposées selon une direction donnée. *Poteaux en ligne.* **9** MILIT Succession d'ouvrages fortifiés. *Ligne Maginot.* **10** Ensemble des troupes faisant face à l'ennemi. *Monter en ligne.* **11** Ensemble des caractères rangés sur une ligne horizontale dans une page ; ce qui est écrit dans cette ligne. **12** Suite des descendants d'une famille ; filiation. *Ligne ascendante, descendante.* **13** Fil, cordeau, ficelle, tendus dans une direction donnée. **14** Cordeau, enduit d'une matière colorée, qui sert à marquer un niveau. **15** MAR Petit cordage à trois torons tressés serré. *Ligne de sonde.* **16** PECHE Fil à l'extrémité duquel est attaché un hameçon. **17** ELECTR Ensemble de conducteurs acheminant l'énergie électrique, les communications téléphoniques. **18** Canada Ancienne unité de mesure valant un huitième de pouce anglo-saxon, soit 3,175 mm. **19** Belgique Raie (dans les cheveux). LOC ***Aller à la ligne :*** faire un alinéa. — ***Dans les grandes lignes :*** sans entrer dans les détails. — INFORM, TELECOM ***En ligne :*** se dit d'un service accessible sur un microordinateur par l'intermédiaire d'une ligne téléphonique par opposs. à *hors ligne,* c'est-à-dire sur disque. — ***Faire entrer en ligne de compte :*** tenir compte de, ne pas négliger. — AVIAT ***Formation en ligne :*** d'appareils volant à la même altitude et sur un même front. — fam ***Franchir la ligne blanche, la ligne rouge*** (autrefois ***jaune***) : faire qqch d'inacceptable, transgresser un interdit. — fam ***Garder la ligne :*** rester mince. — ***Hors ligne :*** incomparable — fam ***La dernière ligne droite :*** les moments qui précèdent immédiatement l'aboutissement d'un processus. — GEOGR ***La ligne équinoxiale :*** l'équateur. — FIN ***Ligne de crédit :*** mode de crédit bancaire permettant au bénéficiaire un usage échelonné aux mêmes conditions. — MAR ***Ligne d'eau, de flottaison :*** séparation entre la partie de la coque qui est immergée et celle qui ne l'est pas. — ***Ligne de feu :*** constituée par les unités qui sont au contact de l'ennemi. — ***Ligne de niveau :*** ensemble de points situés à une même altitude. — COMM ***Ligne de produits :*** ensemble de produits répondant aux mêmes critères de technologie et d'emploi. — ***Lire entre les lignes :*** saisir ce qui, dans un écrit, reste implicite. — ***Suivre la ligne droite :*** ne pas s'écarter du chemin que le devoir impose. — ***Sur toute la ligne :*** complètement, tout à fait. *Il a raison sur toute la ligne.* (ETY) Du lat. *linea,* « (corde) de lin ».

**Ligne Charles Joseph (prince de)** (Bruxelles, 1735 – Vienne, 1814), maréchal autrichien d'origine wallonne et écrivain d'expression française. Il analysa avec finesse le déclin de l'Ancien Régime : *Mélanges militaires, littéraires et sentimentaux* (34 vol., 1795-1811).

**lignée** *nf* **1** Descendance. *Une nombreuse lignée.* **2** Filiation spirituelle, artistique, intellectuelle. *Théologien dans la lignée de saint Thomas.*

**ligner** *vt* ① Marquer de lignes parallèles.

**ligneul** *nm* TECH Fil enduit de poix, utilisé en cordonnerie.

**ligneur** *nm* Pêcheur ou bateau de pêche qui utilise des lignes.

**ligneux, euse** *a* De la nature du bois. *Plante ligneuse* (par oppos. à *herbacée*).

**ligni-** Élément, du lat. *lignum,* « bois ».

**lignicole** *a* ZOOL Qui vit dans le bois.

**lignifier (se)** *vpr* ② BOT Se charger de lignine ; se transformer en bois. (DER) **lignification** *nf*

**lignine** *nf* CHIM Substance organique qui imprègne la paroi des vaisseaux du bois et de diverses cellules végétales, et les rend résistantes, imperméables et inextensibles.

**lignite** *nm* Roche sédimentaire brunâtre, combustible, qui provient de la décomposition incomplète de divers végétaux.

**lignomètre** *nm* IMPRIM Règle servant à compter les lignes composées.

**ligoter** *vt* ① Lier, attacher solidement. *Ligoter qqn sur une chaise.* (ETY) Du lat. *ligare,* « lier », par le gascon. (DER) **ligotage** *nm*

**ligue** *nf* **1** Union, coalition d'États, liés par des intérêts communs. **2** Nom pris par certaines associations. *Ligue antialcoolique.* **3** Complot, cabale. (ETY) Du lat., par l'ital.

**Ligue arabe** → **arabe (Ligue).**

**Ligue (Sainte)** (1496 – 1509), union de Venise, de l'Aragon et de divers princes formée par le pape Alexandre VI pour chasser Charles VIII d'Italie (1496). – En 1509, le pape Jules II forma une union analogue qui chassa Louis XII d'Italie (1512).

**Ligue (Sainte)** (1571 – 1699), nom de 2 unions européennes formées par la papauté contre l'Empire ottoman qui, vaincu à Lépante en 1571 et en 1699, dut signer le traité de Karlowitz.

**Ligue (la Sainte)** (1576), confédération de catholiques français organisée par Henri de Guise en 1576 contre les protestants, mais aussi contre Henri III. Après l'assassinat d'Henri de Guise puis d'Henri III, elle lutta contre Henri IV, qui vainquit son chef, Mayenne, à Arques et à Ivry, en 1590. L'abjuration du roi (juil. 1593) entraîna le ralliement progressif des ligueurs. VAR **la Ligue**

**Ligue communiste révolutionnaire (LCR)** parti trotskiste fondé en déc. 1974 par Alain Krivine (né en 1941). Elle devient le *Nouveau parti anticapitaliste* en 2009.

**Ligue des droits de l'homme** association française qui défend les principes humanistes définis par la Déclaration des droits de l'homme et du citoyen de 1789, par celle de 1793 (et, dep. 1948, par la Déclaration universelle due à l'ONU). Elle fut fondée en fév. 1898 (procès de Zola lors de l'Affaire Dreyfus). Sa vigilance, qui s'exerçait à l'origine dans le cadre national, s'est étendue au monde entier.

**Ligue internationale contre le racisme et l'antisémitisme (Licra)** association fondée en 1927 pour lutter contre le racisme et l'antisémitisme.

**Ligue musulmane** parti politique créé en 1906 dans l'Inde britannique. En 1940, son leader, Muhammad Ali Jinnah, réclama la formation d'un État qui regroupe les musulmans de l'Inde : ce fut le Pākistān, créé en 1947.

**liguer** *vt* ① Unir en une ligue ; grouper en vue d'une action commune. *Liguer les mécontents. Se liguer contre un ennemi commun.* DER **ligueur, euse** *n, a*

**Ligugé** com. de la Vienne (arr. de Poitiers) ; 3 300 hab. – Saint Martin y fonda au mil. du IVe s. un monastère considéré comme le premier en Gaule. DER **ligugéen, enne** *a, n*

**ligule** *nf* BOT Lamelle ou poil à la jonction de la gaine et du limbe de la feuille des graminées. ETY Du lat.

**ligulé, ée** *a* BOT En forme de languette.

**liguliflore** *nf* BOT Composée dont les fleurs sont ligulées. SYN chicoracée.

**Ligures** anc. peuple installé au S.-E. de la Gaule et sur le golfe de Gênes. Les Romains ne les soumirent définitivement que v. 14 av. J.-C. DER **ligure** *a*

**Ligurie** Région du N. de l'Italie et de l'UE sur le golfe de Gênes, formée des prov. de Gênes, Imperia, Savone et La Spezia ; 5 416 km$^2$ ; 1 592 000 hab. ; cap. *Gênes.* Constituée de l'Apennin ligure et d'une étroite plaine littorale où se groupe la pop., la Ligurie est une région horticole. Les industr. se regroupent autour des grands ports de Gênes et de La Spezia. Le tourisme est florissant (Riviera). DER **ligurien, enne** *a, n*

**Ligurienne (république)** État fondé par Bonaparte en 1797, réuni à la France en 1805 et au royaume de Sardaigne en 1815.

**Li Hongzhang** (dans le Hebei, 1823 – Pékin, 1901), homme politique chinois. Dévoué à la Russie, il réprima les révoltes des Taiping et des Boxers, et signa avec les puissances européennes le traité de Pékin (1900).

**Lijing** recueil de textes « classiques » chinois, appelé en français *le Livre des rites.* V. Jing. VAR **Li King**

**Likasi** ville du S. de la rép. dém. du Congo, au Katanga ; 447 400 hab. Ville minière (cuivre, uranium).

**Likoud** en Israël, groupement polit. des partis du centre et de droite, constitué en 1973 par Begin.

**lilas** *nm, a inv* **A** *nm* Arbuste ornemental (oléacée) à fleurs en grappes, blanches ou violettes, très odorantes ; fleurs de cet arbuste. *Un bouquet de lilas.* **B** *nm, a inv* Violet plus ou moins foncé. *Un lilas pâle. Des robes lilas.* PHO [lila] ETY De l'arabo-perse.

**Lilas (Les)** ch.-l. de cant. de la Seine-St-Denis (arr. de Bobigny) ; 23 000 hab. DER **lilasien, enne** *a, n*

**liliacée** *nf* BOT Plante monocotylédone à bulbe ou à rhizome telle que le lis, la tulipe, le colchique, le muguet et l'oignon. ETY Du lat.

une **liliacée**, le lis blanc : à g., bulbe ; au centre, inflorescence ; à dr., coupe d'une fleur

**lilial, ale** *a* litt Qui évoque la blancheur, la pureté du lis. *Candeur liliale.* PLUR liliaux.

**Liliencron Detlev (baron von)** (Kiel, 1844 – Alt-Rahlstedt, près de Hambourg, 1909), poète allemand : *Chevauchées d'un aide de camp* (1883), *Poggfred* (épopée burlesque, 1896).

**Lilienthal Otto** (Anklam, 1848 – Berlin, 1896), ingénieur allemand. Il fit voler des planeurs. Il se tua au cours de son 2 000e vol.

**lilium** *nm* BOT Nom scientif. du genre lis. PHO [liljɔm] ETY Mot lat.

**Lille** ch.-l. du dép. du Nord et de la Rég. Nord-Pas-de-Calais-Picardie, sur la Deûle ; 238 000 hab. (plus d'1 million d'hab. dans l'aggl.). Aéroport (Lesquin). Centre industr. et culturel, la ville forme avec Roubaix et Tourcoing une métropole d'équilibre importante, au centre d'une région riche et active, agricole et industrielle. – Évêché. Université. Égl. XIVe s. Anc. Bourse (XVIIe s.). Musée. DER **lillois, oise** *a, n* **Histoire** Ville drapière des Flandres, Lille fut prise en 1667 par Louis XIV. En 1708, les Hollandais s'en emparèrent, mais le traité d'Utrecht rendit la ville à la France en 1713.

**Lillebonne** ch.-l. de cant. de la Seine-Maritime (arr. du Havre) ; 9 100 hab. Industries. – Ruines d'un théâtre romain et d'un château fort (XIIe-XIIIe s.). DER **lillebonnais, aise** *a, n*

**Lillehammer** v. de Norvège (comté d'Opland) ; 26 800 hab. Centre industr. et touristique. Site des JO d'hiver de 1994.

**Lilliput** le prem. pays imaginaire où séjourne Gulliver, le héros de Swift. Ses hab., les Lilliputiens, ont 13 cm de haut.

**lilliputien, enne** *a, n* Très petit. PHO [lilipysjɛ̃, ɛn] ETY De *Lilliput,* pays des *Voyages de Gulliver.*

**Lillo George** (Londres, 1693 – id., 1739), dramaturge anglais : *le Marchand de Londres ou l'Histoire de George Barnwell* (1731), drame bourgeois réaliste qui inspira Diderot.

**Li Longmian Li Gonglin,** dit (v. 1040 – 1106), lettré et peintre chinois ; paysagiste et portraitiste.

**Lilongwe** cap. du Malawi ; 905 000 hab (aggl.). Industries. Université. DER **lilongwais, aise** *a, n*

**Lima** cap. du Pérou, sur un plateau, à 14 km de Callao (son port sur le Pacifique, import. centre industr.) ; 9,9 millions d'hab. – Archevêché. Université. Cath. (tombeau de Pizarro, qui fonda la ville en 1535). Églises de style colonial baroque. Musées. DER **liménien, enne** *a, n*

**Lima** place San Martin

**limace** *nf* **1** Mollusque gastéropode pulmoné terrestre dont la coquille est interne ou absente. **2** fig, fam Personne très molle et lente. **3** très fam Chemise. ETY Du lat.

**limaçon** *nm* **1** Escargot. **2** ANAT Partie antérieure de l'oreille interne dont le conduit est enroulé autour d'un axe conique. SYN cochlée. **LOC** MATH ***Limaçon de Pascal*** : lieu géométrique des pieds des perpendiculaires abaissées d'un point fixe sur les tangentes à un cercle.

**limage → limer.**

**limagne** *nf* GEOL Fossé d'effondrement.

**Lille** la nouvelle Bourse, XXe s.

**Limagnes (les)** plaines du Massif central drainées par l'Allier. La *Grande Limagne* entoure Clermont-Ferrand.

**limaille** *nf* Poudre de métal constituée de fines particules détachées par la lime.

**liman** *nm* GEOMORPH Estuaire barré par un cordon littoral. ETY Du gr., par le russe.

**limande** *nf* Poisson plat (pleuronectidé), dont seul le côté droit, qui porte les yeux, est pigmenté. **LOC** fam ***Plate comme une limande*** : sans poitrine. ETY Du gaulois, « planche ».

**Limassol** (en gr. *Lemêssos*), v. et port de Chypre, sur le *golfe de Limassol* ; 228 000 hab. ; ch.-l. du distr. du m. nom. – Chât. XII$^{e}$ s.

**Limay** ch.-l. de cant. des Yvelines (arr. de Mantes-la-Jolie) ; 16 200 hab. – Égl. XII$^{e}$-XVI$^{e}$ s. DER **limayen, enne** *a, n*

**limbe** *nm* **A 1** Bord extérieur gradué d'un instrument de précision. *Limbe d'un sextant.* **2** ASTRO Bord du disque d'un astre. **3** BOT Partie lamellaire, mince, chlorophyllienne d'une feuille. **4** ANAT Zone périphérique circulaire. *Limbe de la cornée.* **B** *nm pl* RELIG CATHO Lieu où se trouvaient les âmes des justes avant la venue du Christ ; séjour des âmes des enfants morts sans baptême. **LOC** litt ***Être dans les limbes*** : n'être pas encore réalisé. ETY Du lat. *limbus,* « bord ».

**limbique** *a* ANAT Qui concerne un limbe. **LOC** ***Système limbique*** : partie du cerveau comprenant la circonvolution de l'hippocampe et celle du corps calleux.

**Limbour Georges** (Courbevoie, 1900 – Cadix, 1970), écrivain français, surréaliste de 1924 à 1934 : *Soleils bas* (poèmes, 1924), *les Vanilliers* (roman 1938).

**Limbourg** (en néerl. *Limburg*), prov. du N.-E. de la Belgique ; 2 422 km$^{2}$ ; 856 300 hab. ; ch.-l. *Hasselt.* Le Limbourg comprend au S. l'extrémité du plateau de Hesbaye (agric.) et au N. le plateau de la Campine (élevage et industrie).

**Limbourg** (en néerl. *Limburg*), prov. mérid. des Pays-Bas ; 2 167 km$^{2}$ ; 1 116 000 hab. ; ch.-l. *Maastricht.* Traversée par la Meuse, la prov. unit une partie du massif ardennais, des plateaux limoneux et la Campine (industrielle).

**Limbourg (les frères Pol, Hennequin et Hermann de)** (déb. XV$^{e}$ s.), miniaturistes français. Ils ont enluminé les *Belles Heures* et les *Très Riches Heures du duc de Berry,* les plus beaux manuscrits à peintures de l'art gothique.

**1 lime** *nf* **1** Outil formé d'une lame d'acier trempé hérissée de dents, qui sert à ajuster et à polir la surface des métaux, des matières dures. *Lime plate.* **2** ZOOL Mollusque lamellibranche marin qui ressemble à la coquille Saint-Jacques. ETY Du lat.

**2 lime** *nf* BOT Petit citron de couleur verte, très parfumé. SYN citron vert. ETY De l'ar. VAR **limette**

**Limeil-Brévannes** com. du Val-de-Marne (arr. de Créteil) ; 23 000 hab. Centre hospitalier et administratif. Industries. DER **brévannais, aise** *a, n*

**Limelight** (en fr. *les Feux de la rampe*), film de et avec Charlie Chaplin (1952) ; avec Claire Bloom (née en 1931).

**liménien** → **Lima.**

**limer** *vt* ① **1** Façonner à la lime. *Limer une clef.* **2** User. *Le frottement lime les étoffes.* DER **limage** *nm*

**Limerick** (en gaélique *Luimneach*), v. et port de la rép. d'Irlande (Munster), au fond de l'estuaire du Shannon ; ch.-l. du comté du m. nom ; 95 900 hab. Industries.

**limerick** *nm* litt Poème en strophes de cinq vers rimés, d'un comique absurde, en vogue en Grande-Bretagne à l'époque victorienne. ETY Du n. pr.

**limès** *nm inv* ANTIQ ROM Zone fortifiée bordant une frontière, sous l'Empire romain. PHO [limɛs] ETY Mot lat., « chemin, frontière ». VAR **limes**

**limette** → **lime 2.**

**limettier** *nm* BOT Citronnier cultivé en Europe du S. dont les fruits sont des limes.

**limeur, euse** *n, a* **A** *n* Ouvrier, ouvrière qui lime. **B** *a* Qui sert à limer. *Étau limeur.*

**limicole** *a* ZOOL Qui vit dans la vase, dans les marécages ETY Du lat. *limus,* « boue ».

**limier** *nm* **1** Chien de chasse utilisé pour dépister et rabattre le gibier. **2** fig Policier, détective. *Un fin limier.* ETY De l'a. fr. *liem,* « lien ».

**liminaire** *a* Qui est placé au début d'un livre, d'un discours. ETY Du lat. *limen,* « seuil ».

**liminal, ale** *a* PSYCHO, MED Qui est au seuil de la perceptibilité, qui est tout juste perceptible. PLUR liminaux. ETY Mot angl., du lat. *limen, liminis,* « seuil ».

**limite** *nf, a, av* **A** *nf* **1** Ce qui sépare un terrain, un territoire d'un autre ; ce qui est contigu. *Bornes qui marquent la limite d'un champ. Limite d'une forêt.* **2** Ce qui sépare deux époques ; terme d'une période. *La limite du XIX$^{e}$ et du XX$^{e}$ siècle. La limite d'âge pour la retraite.* **3** fig Point où s'arrête qqch ; borne. *Exercer une autorité sans limites.* **4** MATH Valeur vers laquelle tend une expression algébrique. **B** *a* fam Difficilement acceptable. *Un prix limite.* **C** *av* fam Assez, passablement. *Un quartier triste limite sordide.* **LOC** fam ***À la limite*** : peut-être, à la rigueur. — SPORT ***Avant la limite*** : avant la fin du temps imparti. — PHYS ***Limite d'élasticité, de rupture*** : valeur qui correspond à la perte de l'élasticité, à la rupture. ETY Du lat.

**limité, ée** *a* **1** Qui a des limites, des bornes. *Responsabilités limitées.* **2** fig, fam Peu intelligent, sans envergure intellectuelle.

**limiter** *vt* ① **1** Fixer, donner des limites à. *Limiter un terrain.* **2** Fixer un terme à. *Limiter la durée d'un voyage à huit jours.* **3** Restreindre. *Limiter des dépenses.* DER **limitable** *a* – **limitant, ante** *a* – **limitatif, ive** *a* – **limitation** *nf* – **limitativement** *av*

**limiteur** *nm* TECH Appareil servant à éviter qu'une grandeur dépasse une valeur donnée. *Limiteur de tension, de vitesse.*

les frères de **Limbourg** : *le Mois de septembre* (les vendanges au pied du château de Saumur), enluminure des *Très Riches Heures du duc de Berry* – musée Condé, Chantilly

**limitrophe** *a* **1** Qui est à la frontière, à la limite d'un pays, d'une région. **2** Qui a des limites, des frontières communes avec la région que l'on considère. *La Corrèze et les départements limitrophes.*

**limn(o)-** Élément, du gr. *limnê,* « lac ».

**limnée** *nf* Mollusque gastéropode pulmoné à coquille conique et allongée, très répandu dans les eaux douces stagnantes. VAR **lymnée**

**limnicole** *a* ECOL Se dit d'une espèce vivant dans un lac ou un étang.

**limnimètre** *nm* Appareil servant à mesurer le niveau d'un cours d'eau, d'un lac. DER **limnimétrie** *nf*

**limnique** *a* BIOL Se dit des milieux lacustres et autres biotopes lentiques.

**limnologie** *nf* GEOGR Étude des phénomènes se produisant dans les eaux douces stagnantes. DER **limnologique** *a*

**Limnos** île grecque de la mer Égée ; 475 km$^{2}$ ; 17 000 hab. ; ch.-l. *Kastro.* VAR **Lemnos**

**limoger** *vt* ⑬ Disgracier, priver de ses responsabilités, de son poste un officier, un haut fonctionnaire. ETY De *Limoges,* v. où Joffre, en sept. 1914, envoya une centaine de généraux jugés incapables. DER **limogeage** *nm*

**Limoges** ch.-l. du dép. de la Haute-Vienne ; 137 500 hab. Industr. traditionnelles (émaillerie d'art dep. le XI$^{e}$ s., porcelaines dep. le XVIII$^{e}$ s.). – Université. Cath. XIII$^{e}$-XIV$^{e}$ s. Pont XIII$^{e}$ s. Musée de la céramique. DER **limougeaud, aude** *a, n*

**Limoges** gare des Bénédictins et jardin du Champ-de-Juillet

**1 limon** *nm* Boue argilo-sableuse mêlée de matière organique, très fertile et qui s'accumule le long des berges des cours d'eau. ETY Du lat. DER **limoneux, euse** *a*

**2 limon** *nm* **1** Chacun des deux brancards entre lesquels on attelle un cheval qui tire une voiture. **2** CONSTR Pièce rampante d'un escalier qui le limite du côté du vide et qui reçoit la balustrade. ETY Du gaul.

**3 limon** *nm* Variété de citron. ETY De l'ar.

**Limón José** (Culiacán, Mexique, 1908 – Flemington, New Jersey, 1972), danseur et chorégraphe américain (modern dance) d'origine mexicaine.

**limonade** *nf* **1** Boisson faite d'eau gazeuse sucrée et acidulée au citron. **2** Commerce des limonadiers, travail des garçons de café.

**limonadier, ère** *n* **1** Personne qui fabrique de la limonade ou des boissons gazéifiées. **2** Tenancier d'un débit de boissons.

**limonage** *nm* AGRIC Épandage de limon sur une terre aux fins de fertilisation.

**limonaire** *nm* Orgue de Barbarie. ETY Du n. de l'inventeur.

**limonite** *nf* MINER Roche sédimentaire, brune ou ocre, très riche en oxyde de fer hydraté.

**Limosin** Léonard Ier (Limoges, vers 1505 – id., entre 1575 et 1577), émailleur français : portraits, tableaux d'autel (Sainte-Chapelle, Paris). — **Jean II** (vers 1561 – après 1646), neveu du préc., émailleur en grisaille.

**limougeaud** → **Limoges.**

**limousin, ine** *a, n* **A** *a* Se dit d'une race de bœufs élevés pour la boucherie. **B** *nm* Dialecte d'oc parlé dans le Limousin.

**Limousin (monts du)** plateau granitique du N.-O. du Massif central.

**Limousin** anc. prov. de France, plus petite que la Rég. actuelle. – Évangélisé au IIIe s., le Limousin fit partie du duché d'Aquitaine ; il appartint donc à l'Angleterre de 1152 à la fin du XIVe s. Il ne fut réuni à la France qu'en 1589. DER **limousin, ine** *a, n*

**Limousin** ancienne Région française et de l'UE, formée des dép. de la Corrèze, de la Creuse et de la Haute-Vienne, intégrée en 2016 à la Rég. Aquitaine-Limousin-Poitou-Charentes. DER **limousin, ine** *a, n*
**Géographie** Au N.-O. du Massif central, de hautes terres cristallines connaissent un climat océanique aux hivers marqués. La Région compte moins d'hab. qu'en 1850 (exode rural). Elle s'est spécialisée dans l'élevage ; la forêt est peu exploitée. L'industrie utilise les ressources locales : kaolin pour la porcelaine, bois pour le meuble et la papeterie, cuir pour la chaussure et la ganterie ; auj., traitement de l'uranium.

**limousine** *nf* **1** Ancien modèle de voiture dans lequel seuls les passagers de l'arrière étaient abrités. **2** mod Automobile à trois glaces latérales et quatre portes.

**Limoux** ch.-l. d'arr. de l'Aude, sur l'Aude ; 10 800 hab. Chaussures. Vin blanc mousseux (*blanquette de Limoux*). DER **limouxin, ine** *a, n*

**limpide** *a* **1** Parfaitement transparent, clair, pur. *Eau, ciel limpide.* **2** Facile à comprendre. *Style limpide.* ETY Du lat. DER **limpidité** *nf*

**Limpopo** province d'Afrique du Sud créée en 1994, située dans l'anc. prov. de Transvaal.

**Limpopo (le)** fleuve d'Afrique australe (1 600 km), qui se jette dans l'océan Indien au sud du Mozambique. Son bassin couvre 400 000 km$^2$.

**limule** *nf, nm* Animal arthropode, mérostome d'Asie du S.-E. et des Antilles, appelé à tort *crabe des Moluques.* ETY Du lat.

**lin** *nm* **1** Plante à fleurs bleues, à tige fibreuse utilisée dans le textile, cultivée également pour ses graines oléagineuses. **2** Toile, tissu faits de fibres de lin. *Torchon de lin.* **LOC** ***Gris de lin*** : couleur semblable à celle de la toile de lin écrue. ETY Du lat.

**Lin (saint)** pape de 67 à 76. Il aurait été converti par saint Pierre, à qui il succéda.

**linaigrette** *nf* Plante herbacée des régions humides (cypéracée), dont l'inflorescence porte une houppe cotonneuse luisante.

**linaire** *nf* BOT Plante herbacée (scrofulariacée), dont diverses espèces ont des feuilles semblables à celles du lin.

**Linares** v. d'Espagne, en Andalousie (prov. de Jaén) ; 61 000 hab. Minerais de zinc, de plomb, d'argent et de cuivre. Fonderies.

**Lin Biao** (Huanggang, Hubei, 1907 – dans un accident d'avion, 1971), maréchal et homme politique chinois. Chef de l'armée (1959), il fut désigné en 1969 par Mao Zedong pour lui succéder. Accusé de trahison, il périt, officiellement, en tentant de gagner l'URSS. VAR **Lin Piao**

**linceul** *nm* Pièce de toile dans laquelle on ensevelit un mort. ETY Du lat. *linteum*, « toile de lin ».

**Lincoln** v. d'Angleterre, sur la *Witham* ; ch.-l. du Lincolnshire ; 87 000 hab. – Cath. gothique (XIIe et XIIIe s.).

**Lincoln** v. des É.-U. ; capitale du Nebraska ; 258 000 hab. Centre universitaire et industriel.

**Lincoln Abraham** (près de Hodgenville, Kentucky, 1809 – Washington, 1865), homme politique américain. Fils de pionniers, avocat en 1837, il plaida des causes antiesclavagistes. En 1856, pour soutenir son action, fut créé le second Parti républicain. En 1860, son élection à la présidence des É.-U. donna le signal de la sécession des États du Sud, puis de la guerre (1861). Lincoln fit voter l'abolition de l'esclavage (1863). Réélu en 1864, il fut assassiné par un sudiste exalté, l'acteur Booth, cinq jours après la victoire nordiste (avr. 1865).

**Lincolnshire** comté agricole de G.-B. (Midlands de l'Est) ; 5 914 km$^2$ ; 1 042 000 hab. ; ch.-l. *Lincoln.*

**lindane** *nm* Insecticide organochloré très toxique, peu biodégradable. ETY D'un n. pr.

**Lindau** v. d'Allemagne (Bavière), dans une île du lac de Constance ; 24 400 hab. – Ruines romaines. Phare du XIIe s. Maisons anciennes.

**Lindbergh Charles** (Detroit, 1902 – île de Maui, Hawaii, 1974), aviateur américain. Il réussit la première traversée de l'Atlantique d'ouest en est, en 1927, sur un monoplan, le *Spirit of Saint Louis.*

Lincoln

Lindbergh

**Lindblad Bertil** (Örebro, 1895 – Stockholm, 1965), astronome suédois. Il détermina en 1927, avec J. Oort, le mouvement de rotation de notre Galaxie.

**Linde Carl Gottfried von** (Berndorf, 1842 – Munich, 1934), physicien allemand. Il mit au point en 1895 une machine à détente permettant de liquéfier l'air.

**Lindemann Ferdinand von** (Hanovre, 1852 – Munich, 1939), mathématicien allemand. Il démontra la transcendance du nombre π (1882).

lin

**Linder Gabriel Leuvielle,** dit **Max** (Saint-Loubès, Gironde, 1883 – Paris, 1925), cinéaste comique français. Acteur, scénariste et réalisateur, il a influencé Ch. Chaplin : *Sept Ans de malheur* (1921), *l'Étroit Mousquetaire* (1922), *le Roi du cirque* (1925).

**Lindet Jean-Baptiste Robert** (Bernay, 1746 – Paris, 1825), homme politique français. Député à la Convention, il rédigea le « Rapport sur les crimes imputés à Louis Capet ».

**Lindsay Nicholas Vachel** (Springfield, 1879 – id., 1931), poète américain. Il exalte l'amour de la nature en utilisant les cadences des negro-spirituals : *Le général Booth entre au Paradis* (1913).

**Línea (La)** v. d'Espagne (prov. de Cadix), port sur la Méditerranée ; 65 000 hab. Prolongement espagnol de Gibraltar.

**linéaire** *a, nm* **A** *a* **1** Qui a rapport aux lignes ; qui se fait par des lignes. *Géométrie linéaire.* **2** Dont la forme, la disposition rappelle une ligne. *Feuille linéaire.* **3** Qui évoque une ligne par sa simplicité. *Un exposé linéaire.* **B** *nm* **1** COMM Présentoir d'un rayon dans un magasin libre-service. **2** LING Nom de deux écritures (linéaires A et B) de la Grèce archaïque. **LOC** MATH ***Algèbre linéaire*** : qui étudie les applications linéaires. — MATH ***Application linéaire*** : application d'un espace vectoriel E dans un espace vectoriel K, telle que pour tout couple $(\vec{x}, \vec{y})$ de vecteurs de E et pour tout couple (α, β) de scalaires de K on a $f(\alpha\vec{x} + \beta\vec{y}) = \alpha f(\vec{x}) + \beta f(\vec{y})$. — MATH ***Fonction, équation linéaire*** : du premier degré par rapport à chacune des variables. — MATH ***Forme linéaire*** : application linéaire dans laquelle le corps K est considéré comme un espace vectoriel. — ***Mesure linéaire*** : mesure de longueur (par oppos. à *mesure de superficie* ou *de volume*). — ***Programmation linéaire*** : méthode consistant à rechercher l'optimum d'une fonction dont les variables sont liées entre elles par des équations linéaires et sont soumises à certaines contraintes. ETY Du lat. *linea*, « ligne ». DER **linéairement** *av* – **linéarité** *nf*

**linéament** *nm* **A** GEOGR Élément linéaire développé sur une distance importante et repérable sur les cartes topographiques et par télédétection. **B** *nm pl* **1** Traits élémentaires, éléments de contour d'une forme considérée dans sa globalité. *Les linéaments d'un visage.* **2** fig Ébauche, esquisse. *Les premiers linéaments d'un ouvrage.* ETY Du lat.

**linéique** *a* PHYS Qui est rapporté à l'unité de longueur. *Masse linéique d'un fil.*

**liner** *nm* **1** Paquebot de grande ligne. **2** Avion à très grosse capacité pour le transport des passagers. SYN (recommandé) gros-porteur. PHO [lajnœʀ] ETY Mot angl.

**linette** *nf* Graine de lin.

**linéus** *nm* Très grand ver marin (némertien), qui vit sur les côtes de l'Atlantique nord, (10 à 30 m de long). PHO [lineys] ETY Du lat. *linea*, « ficelle ». VAR **lineus**

**Ling Per Henrik** (Ljunga, 1776 – Stockholm, 1839), créateur de la gymnastique suédoise.

**lingala** *nm* Langue bantoue servant de langue de relation dans la région du moyen Congo.

**lingam** *nm* RELIG Pierre cylindrique figurant un phallus, évocateur de la création, symbole du dieu Çiva. PHO [lingam] ETY Mot sanskrit. VAR **linga**

**linge** *nm* **1** Étoffe utilisée à des fins domestiques diverses. *Envelopper un jambon avec un linge.* **2** Ensemble des pièces de tissu réservées à ces usages. *Armoire à linge.* **3** Pièces d'habillement portées à même la peau, sous les vêtements. *Linge de corps.* **4** Canada, Afrique Ensemble des vêtements d'une personne. **5** Suisse Serviette (de toilette, de bain). **LOC** fam *Du beau linge* : des gens importants, connus. ETY De *lin*.

**lingère** *nf* Femme chargée de l'entretien, de la distribution du linge dans une communauté, un hôtel, une maison.

**lingerie** *nf* **1** Industrie et commerce du linge de corps. **2** Lieu où l'on range et où l'on entretient le linge. **3** Ensemble des pièces de linge de corps féminin.

**lingette** *nf* Petite serviette jetable imprégnée d'un produit actif (lotion cosmétique, détergent).

**Lingolsheim** com. du Bas-Rhin (arr. de Strasbourg-Campagne) ; 16 860 hab.

**Lingons** anc. peuple de la Gaule (Champagne actuelle).

**lingot** *nm* **1** Pièce brute de métal obtenue par coulée dans un moule. **2** FIN En Bourse, morceau d'un kilogramme d'or fin. **3** IMPRIM Parallélépipède de métal utilisé pour remplir les blancs. **4** Gros haricot blanc. ETY Du lat. *lingua*, « langue », par le provenç.

**lingotière** *nf* TECH Moule destiné à la fabrication des lingots.

**lingua franca** *nf* LING Langue de relation utilisée par des groupes de langues différentes. PHO [lingwafʀɑ̃ka] ETY Mot ital.

**lingual, ale** *a* **1** ANAT Relatif à la langue. *Abcès lingual*. **2** PHON Se dit d'une consonne articulée surtout avec la langue (par oppos. à *labiale*) telle que [l], [n] et [t]. PLUR linguaux. PHO [lɛ̃gwal]

**linguatule** *nf* Crustacé vermiforme (pentastomide) de grande taille (10 cm), parasite des fosses nasales. PHO [lɛ̃gwatyl] ETY Du lat. *lingua*, « langue ».

**lingue** *nf* Poisson (gadidé) des côtes de Norvège, voisin de la morue. ETY Du néerl.

**linguiforme** *a* didac Qui a la forme d'une langue, d'une languette.

**linguine** *nm* CUIS Variété de spaghetti de section ovale. PHO [lingwine] ETY Mot it.

**linguistique** *nf, a* **A** *nf* Science du langage et des langues. **B** *a* **1** Relatif à la linguistique. **2** Qui concerne la langue, une ou plusieurs langues. **3** Qui concerne l'apprentissage des langues. *Séjour linguistique*. PHO [lɛ̃gɥistik] ETY Du lat. *lingua*, « langue ». DER **linguiste** *n* – **linguistiquement** *av*

ENC L'intérêt pour le langage remonte à l'Antiquité grecque, mais c'est seulement au XX$^e$ s. qu'est née la linguistique en tant que science. Dans son *Cours de linguistique générale*, publié en 1916 par ses élèves, F. de Saussure a défini des concepts fondamentaux que nul n'a jamais remis en cause : synchronie, système, distinction entre langue et parole, etc. Après Saussure on peut reconnaître trois grandes écoles. **1.** L'école de Prague (N. Troubetskoï, R. Jakobson) a créé dans les années 1920-1930 la phonologie, étude des sons d'une langue par leurs relations réciproques, et tenté d'adapter cette étude aux autres niveaux de la langue (morphologie et syntaxe). V. fonctionnalisme. **2.** L'école de Copenhague (L. T. Hjelmslev et Togeby) s'est appuyée sur l'idée saussurienne selon laquelle la langue est *forme* et non *substance* ; les éléments constitutifs de la langue ne sont que des faisceaux de relations. Il s'agit donc d'une algèbre de la langue. **3.** Une puissante école linguistique, dite *structurale*, s'est développée aux États-Unis, notam. sur le terrain ethnologique. L. Bloomfield (v. 1930-1940) est le principal représentant de ce courant, hostile au « mentalisme » et à la quête abusive du sens. La grande révolution est due à l'un de ses disciples, N. Chomsky, qui, à partir de 1957, a critiqué la linguistique structurale fondée sur la distribution et qui a fondé la grammaire générative et transformationnelle.

**lingule** *nf* Brachiopode pédonculé connu depuis le cambrien et vivant dans les sédiments littoraux. ETY Du lat. *lingula*, « languette ».

**linier, ère** *a, n* **A** *a* Relatif au lin. **B** *n* Ouvrier dans l'industrie du lin. **C** *nf* AGRIC Champ de lin.

**liniment** *nm* Médicament onctueux pour frictionner la peau.

**linkage** *nm* BIOL Liaison entre les gènes d'un chromosome, entraînant la transmission groupée de certains caractères. PHO [linkedʒ] ETY Mot angl.

**Linköping** v. de Suède, près du lac Roxen ; ch.-l. de län ; 140 000 hab. Industries. Université. Musée. – Cath. XII$^e$ s. ; chât. XIII$^e$-XV$^e$ s.

**links** *nm pl* Parcours de golf. PHO [links] ETY Mot écossais.

**Linné Carl von** (Råshult, 1707 – Uppsala, 1778), médecin et botaniste suédois. Il établit la nomenclature, universellement adoptée par la suite, qui désigne tout être vivant par ses deux noms latins, générique et spécifique. En 1735, sa classification des plantes, qui reposait sur leur sexualité et devait être abandonnée, avait fait scandale ; il quitta la Suède, où il revint en 1738 pour y être couvert d'honneurs. DER **linnéen, enne** *a* ▶ illustr. p. 939

**lino** *n* **A** IMPRIM Abrév. de *linogravure, linotype, linotypiste*. **B** *nm* Abrév. de *linoléum*.

**linogravure** *nf* TECH Gravure en relief sur linoléum, caoutchouc ou matière plastique. ABREV lino.

**linoléine** *nf* CHIM Ester de l'acide linoléique.

**linoléique** *a* BIOCHIM Se dit de l'acide gras diéthylénique de formule brute $C_{18}H_{32}O_2$, monoacide non saturé à chaîne normale qui entre dans la composition des lipides.

**linoléum** *nm* Revêtement de sol constitué par une toile de jute enduite d'un mélange de liège aggloméré et d'huile de lin. ABREV lino. PHO [linoleɔm] ETY Du lat., « huile de lin », par l'angl.

**linon** *nm* Toile de lin claire à chaîne et trame peu serrées.

**linotte** *nf* Petit oiseau chanteur (fringillidé) passériforme de couleur brune, dont la poitrine et le front, chez le mâle, sont rouges. **LOC** *Tête de linotte* : personne très étourdie. ETY De *lin*.

**linotype** *nf* IMPRIM Machine à composer qui fond les caractères en plomb par lignes entières (lignes-blocs). ABREV lino. ETY Mot anglo-amér ; nom déposé. DER **linotypie** *nf* – **linotypiste** *n*

**Lin Piao** → **Lin Biao.**

**linteau** *nm* CONSTR Pièce horizontale allongée reposant sur les deux jambages d'une baie et soutenant une maçonnerie. ETY Du lat.

**Linz** v. d'Autriche, port sur le Danube ; cap. de la Haute-Autriche ; 192 000 hab. Centre industriel. – Université. Nombr. égl. baroques.

**lion, lionne** *n* **1** Grand mammifère carnivore d'Afrique (félidé) au pelage fauve, à la puissante crinière chez le mâle, dont la queue se termine par une touffe de poils. *Le rugissement du lion*. **2** fig Homme d'une grande bravoure, d'un grand courage. **LOC** fam ***Avoir bouffé du lion*** : faire preuve d'une énergie inhabituelle. — ***Lion de mer*** : grosse otarie dont les mâles ont une crinière. — ***La part du lion*** : la plus grosse, celle que s'adjuge le plus fort. ETY Du gr.

**Lion (le)** constellation zodiacale de l'hémisphère boréal, qui contient notam. l'étoile Régulus ; n. scientif. : *Leo, Leonis*. – Signe du zodiaque (23 juillet-23 août).

**Lion (golfe du)** vaste golfe de la côte française de la Méditerranée, entre le delta du Rhône et les Pyrénées. Le littoral languedocien est régularisé par les alluvions du Rhône ; la côte du Roussillon est découpée.

**lionceau** *nm* Petit du lion.

**Lion de Belfort** sculpture de Bartholdi (1880), taillée dans le roc au pied de la citadelle pour symboliser la résistance de la ville en 1870. Réplique à Paris, place Denfert-Rochereau.

**Lionne Hugues de** (Grenoble, 1611 – Paris, 1671), diplomate français. Il participa aux négociations des traités de Westphalie (1648), des Pyrénées (1659), et dirigea les Affaires extérieures de 1663 à sa mort. VAR **Lyonne**

**Lionne blessée** bas-relief assyrien (env. 650 av. J.-C., British Museum), provenant d'une frise du palais du roi Assurbanipal.

**Lions Jacques Louis** (Grasse, 1928 – Paris, 2001), mathématicien français : travaux de mathématiques appliquées. — **Pierre-Louis** (Grasse, 1956), mathématicien, fils du précédent. Médaille Fields 1994.

**Lioran (col du)** col du Massif central (Cantal) qui unit les vallées de la Cère et de l'Alagnon (1 276 m). Tunnels routier et ferroviaire.

**Liotard Jean Étienne** (Genève, 1702 – id., 1789), peintre suisse ; pastelliste.

**Liouville Joseph** (Saint-Omer, 1809 – Paris, 1882), mathématicien français : travaux d'analyse. En 1851, il généralisa la notion de nombres transcendants (tels que π).

**lip(o)-** Élément, du gr. *lipos*, « graisse ».

**Lipari (îles)** → **Éoliennes (îles).**

**lipase** *nf* BIOCHIM Enzyme qui hydrolyse les graisses en acides gras et glycérol, permettant leur absorption lors de la digestion.

**Lipatti Dinu** (Bucarest, 1917 – Genève, 1950), pianiste et compositeur roumain.

**Lipchitz Chaim Jacob Lipschitz, dit Jacques** (Druskieniki, Lituanie, 1891 – Capri, 1973), sculpteur cubiste français d'origine polonaise. Arrivé en France en 1909, il se fixa aux É.-U. en 1941.

**lipdub** *nm* Séquence vidéo promotionnelle au cours de laquelle une chanson est interprétée en playback par des membres d'une communauté (entreprise, association...). *Des lipdubs diffusés sur Internet*. ETY De l'angl. *lip dub*, « lèvre » et « doublage ».

**lipémie** *nf* BIOL Taux des lipides en circulation dans le sang. VAR **lipidémie** *nf*

**Li Peng** (Chengdu, 1928), homme politique chinois, Premier ministre de 1987 à 1998.

**Lipetsk** v. de Russie, sur le *Voronej* ; ch.-l. de la rég. du m. nom ; 447 000 hab. Industries.

**lipide** *nm* CHIM Ester résultant de l'action d'un alcool sur un acide gras insoluble dans l'eau, soluble dans les solvants organiques. *Les corps gras sont des lipides, esters du glycérol*. DER **lipidique** *a*

ENC Les lipides possèdent un rôle biologique important : structural, en tant que constituants des membranes cellulaires et du tissu nerveux ; énergétique (la plus grande réserve d'énergie de l'organisme). Ils interviennent dans la coagulation sanguine, dans la vision, etc. Ils sont apportés par l'alimentation ou synthétisés par l'organisme.

**lipizzan** *nm, a* Cheval de petite taille, à robe grise s'éclaircissant chez l'adulte, prisé dans les spectacles équestres. ETY De *Lipizza*, près de Trieste.

**lion**

**Lipmann** Fritz Albert (Königsberg, auj. *Kaliningrad*, 1899 – New York, 1986), biochimiste américain d'origine allemande : travaux sur les protéines et les biocatalyseurs. P. Nobel de médecine 1953 avec H. A. Krebs.

**Li Po** → **Li Bo.**

**lipoaspiration** → **liposuccion.**

**lipodystrophie** *nf* Affection caractérisée par une perte du tissu adipeux sous-cutané au niveau du visage et des membres et par une accumulation intraviscérale de tissus adipeux.

**lipogenèse** *nf* BIOCHIM Formation des lipides dans les organismes vivants.

**lipogramme** *nm* Œuvre littéraire caractérisée par l'omission volontaire d'une lettre de l'alphabet. DER **lipogrammatique** *a*

**lipoïde** *a, nm* **A** *a* De la nature de la graisse ; qui ressemble aux graisses. **B** *nm* Substance proche des lipides, soluble dans les corps gras.

**lipolyse** *nf* BIOCHIM Hydrolyse, favorisée par la bile, des graisses en acides gras et glycérol au cours de la digestion.

**lipome** *nm* MED Tumeur sous-cutanée bénigne du tissu adipeux.

**lipophile** *a* CHIM Qui présente une affinité pour les graisses.

**lipoprotéine** *nf* Molécule constituée d'une protéine et d'un lipide, forme sous laquelle les protéines sont transportées dans le sang.

**liposoluble** *a* Soluble dans les lipides.

**liposome** *nm* BIOCHIM Vésicule artificielle constituée de phospholipides, dans laquelle on peut inclure des composés variés.

**lipostructure** *nf* Opération de chirurgie esthétique consistant à rajouter de la graisse là où se produit un affaissement des volumes du visage.

**liposuccion** *nf* Intervention de chirurgie esthétique qui consiste à supprimer du tissu adipeux par aspiration. VAR **lipoaspiration**

**lipothymie** *nf* MED Premier degré de la syncope, dans lequel la circulation et la respiration persistent.

**lippe** *nf* litt Lèvre inférieure épaisse et saillante. LOC *Faire la lippe :* bouder. ETY Du néerl.

**Lippe (la)** riv. d'Allemagne (250 km), affl. du Rhin (r. dr.). – Elle donna son nom à une principauté située à l'E. de la Westphalie (1789-1918).

**Lippe-Biesterfeld** Bernhard de (Iéna, 1911 – Utrecht, 2004), prince des Pays-Bas par son mariage (1937) avec la reine Juliana.

**lippée** *nf* vx Bouchée. LOC *Franche lippée :* bon repas qui ne coûte rien.

**Lippi** Fra Filippo (Florence, v. 1406 – Spolète, 1469), peintre et moine italien. Son art, sobre et raffiné, annonce Botticelli, dont il fut le maître. — **Filippino** (Prato, 1457 – Florence, 1504), fils du préc. Son art raffiné est voisin de celui de son père et de Botticelli.

**Lippmann** Gabriel (Hallerich, Luxembourg, 1845 – en mer, 1921), physicien français. Il inventa l'électromètre capillaire et un procédé de photographie en couleurs. P. Nobel 1908.

**lippu, ue** *a* Qui a de grosses lèvres.

**Lipschitz** Rudolf Otto Sigismund (près de Königsberg, 1832 – Bonn, 1903), mathématicien allemand : travaux sur la théorie des nombres et les équations différentielles.

**Lipscomb** William Nunn (Cleveland, 1919 – Cambridge (Massachusetts), 2011), chimiste américain. Il a étudié les liaisons chimiques déficientes en électrons. P. Nobel 1976.

**Lipse** Juste Joost Lips, dit en fr. (Overijse, Brabant, 1547 – Louvain, 1606), philosophe flamand : *De constantia* (1583), essai marqué par le stoïcisme.

**Lipset** Seymour Martin (New York, 1922 – Arlington, Virginie, 2006), sociologue américain : *l'Homme et la politique* (1960).

**liquéfier** *vt* ② **1** Faire passer à l'état liquide un gaz, un solide. **2** fig, fam Ôter toute énergie à qqn. DER **liquéfaction** *nf* – **liquéfiable** *a* – **liquéfiant, ante** *a*

**liquette** *nf* pop Chemise.

**liqueur** *nf* **1** Boisson sucrée faite à partir d'un mélange d'alcool ou d'eau-de-vie et d'essences aromatiques. *L'anisette, le cherry, le curaçao sont des liqueurs.* **2** Tout digestif. *Proposer des liqueurs après un repas.* **3** CHIM, PHARM Nom donné à diverses solutions. LOC *Vin de liqueur :* vin doux, sucré et riche en alcool. SYN mistelle. ETY Du lat.

**liquidambar** *nm* Arbre d'Asie et d'Amérique proche de l'hamamélis, dont on tire des résines aromatiques. ETY Mot esp., « ambre liquide ».

**liquidateur, trice** *n* Personne chargée de procéder à une liquidation.

**liquidatif, ive** *a* DR Qui opère la liquidation.

**liquidation** *nf* **1** DR Opération par laquelle on liquide un compte, une succession, etc. **2** fig Action de se débarrasser de qqn en le tuant. *La liquidation d'un traître.* **3** Action de mettre fin à une situation, de se débarrasser de qqch. *La liquidation d'un conflit.* **4** Vente d'une marchandise au rabais en vue d'un écoulement rapide. LOC *Liquidation des biens :* procédure entraînant la vente des éléments actifs d'une entreprise en état de cessation de paiements. — FIN *Liquidation en Bourse :* réalisation des opérations à terme conclues pour une époque déterminée.

**1 liquide** *a, n* **A** *a* **1** Qui coule ou tend à couler. *L'eau est une substance liquide. Corps à l'état liquide* (par oppos. à *solide* et à *gazeux*). **2** Liquéfié. *Gaz liquide en bouteilles.* **3** Dilué. *Sauce, pâte trop liquide.* **B** *a, nf* PHON Se dit des consonnes *l, r,* dont l'émission, après une autre consonne et dans la même syllabe (par ex. : « craie », « clef »), se fait aisément. **C** *nm* **1** Substance liquide ; tout corps à l'état liquide (par oppos. à *solide* et à *gaz*). *Le lait est un liquide.* **2** Aliment liquide. **3** ANAT Solution qui circule dans l'organisme. *Liquide céphalorachidien.* SYN humeur. LOC *Le commerce des liquides :* des boissons spiritueuses. ETY Du lat.

ENC Les liquides n'ont pas de forme propre, de même que les gaz, mais, n'étant pas expansibles, ils se rassemblent sous l'effet de la pesanteur, dans le fond des récipients, dont ils épousent la forme. À l'inverse des gaz, les liquides sont presque incompressibles. Les molécules d'un liquide sont en perpétuelle agitation thermique et retenues ensemble par les forces de viscosité.

**2 liquide** *a, nm* FIN **A** *a* Dont la valeur ou le montant est exactement déterminé. *Créance liquide.* **B** *a, nm* Se dit de l'argent, d'un bien dont on peut disposer immédiatement. *Payer en liquide.* ETY De l'ital. *liquido,* « libre de dettes ».

**liquider** *vt* ① **1** DR Procéder, après en avoir fixé le montant, au règlement de. *Liquider un compte, une succession.* **2** fig, fam En finir définitivement avec qqch. *Liquider une affaire, une situation.* **3** Vendre au rabais des marchandises, des biens pour s'en débarrasser. *Liquider un stock après inventaire.* **4** fig, pop Tuer qqn. LOC *Liquider une société commerciale :* procéder, lors de sa cessation, au règlement de son passif, et, entre les ayants droit, au partage de l'actif résiduel.

**liquidien, enne** *a* didac De nature ou de consistance liquide. *Kyste liquidien.*

**1 liquidité** *nf* État de ce qui est liquide. *La liquidité du mercure.*

**2 liquidité** *nf* **A** **1** FIN État d'un bien liquide. **2** Quantité d'actions d'une société qui s'échange chaque jour en bourse. **B** *nfpl* Valeurs liquides. *Liquidités d'une société.* LOC *Liquidités internationales :* moyens monétaires constituant les réserves de change des banques centrales.

**liquoreux, euse** *a, nm* Se dit de certains vins sucrés et riches en alcool.

**liquoriste** *n* Personne qui fait ou qui vend des liqueurs.

**1 lire** *vt* ⑥⑥ **1** Identifier par la vue des caractères écrits ou imprimés, des lettres, l'assemblage qu'elles forment en faisant le lien entre ce qui est écrit, la parole et le sens. *Apprendre à lire et à écrire. Lire les caractères hébreux.* **2** Prendre connaissance d'un texte en parcourant des yeux ce qui est écrit, par la lecture. *Lire un roman, une lettre.* **3** Énoncer à haute voix un texte écrit. *Lire un article de journal à qqn.* **4** Trouver la signification de qqch en fonction d'indications précises qu'il faut savoir interpréter, de signes qu'il faut savoir décoder. *Lire une carte, une statistique. Lire une partition.* **5** Interpréter, comprendre de telle ou telle manière. *On peut lire ces vers à plusieurs niveaux.* **6** fig Deviner, déceler qqch grâce à certains signes. *Lire l'avenir dans le marc de café.* **7** INFORM Décoder les informations enregistrées sur un support. ETY Du lat.

**2 lire** *nf* Anc. unité monétaire de l'Italie. ETY De l'ital., empr. au fr. *livre.*

**lirette** *nf* Tissage artisanal dont la trame est faite de bandes d'étoffe.

**liriodendron** *nm* BOT Syn. de *tulipier.*

**lis** *nm* **1** Plante ornementale (liliacée) à bulbe écailleux, à grandes fleurs blanches, jaunes, orangées ou rouges. **2** Lis blanc ; sa fleur, symbole de la pureté, de la blancheur. *Un teint de lis.* LOC *Fleur de lis :* figure héraldique représentant trois fleurs de lis stylisées et unies, propre aux armoiries de la monarchie française ; symbole de cette monarchie. — ZOOL *Lis de mer :* nom cour. de tous les échinodermes crinoïdes fixés par un pédoncule. PHO [lis] ETY Du lat. VAR **lys** ▶ illustr. **liliacée**

**lisage** *nm* TECH **1** Analyse d'un dessin pour tissu en vue de perforer les cartons qui sont ensuite montés dans le métier à tisser. **2** Métier utilisé pour cette opération.

**Lisbonne** (en portug. *Lisboa*), cap. du Portugal, sur l'estuaire du Tage ; 2,8 millions d'hab. (aggl.). Le port fut l'un des plus import. du monde par ses relations avec l'Amérique du Sud et avec l'Afrique. Princ. centre industr. du pays. – Archevêché. Musées. Cath. romane (XII<sup>e</sup> s.), reconstruite après le tremblement de terre de 1755, qui dévasta la ville basse, épargnant le chât. São Jorge (tours et murailles du temps des Wisigoths), le couvent des Jerónimos (XVI<sup>e</sup> s.), la tour de Belém, deux égl. XVI<sup>e</sup> s.. Le marquis de Pombal reconstruisit la ville. En 1988, un incendie endommagea un secteur du quartier historique. La ville a organisé, en 1998, la dernière exposition universelle du millénaire. DER **lisboète** ou **lisbonnin, ine** ou **lisbonnais, aise** *a, n*

**Lisbonne-Vallée du Tage** région du Portugal et de l'UE ; 11 949 km$^2$ ; 3 452 500 hab. ; chef-lieu *Lisbonne.*

Lisbonne

**lise** *nf* **rég** Sable mouvant. [ETY] Du gaul.

**liseré** *nm* **1** Ruban étroit dont on borde un vêtement. **2** Raie, d'une couleur différente de celle du fond, qui borde une pièce d'étoffe, un panneau peint. [VAR] **liséré**

**liserer** *vt* [16] TECH Garnir d'un liseré. [VAR] **lisérer** *vt* [14]

**liseron** *nm* Plante volubile grimpante (convolvulacée) aux fleurs blanches, roses ou mauves en forme d'entonnoir et dont une espèce (la belle-de-jour) est cultivée. [ETY] Dimin. de *lis*.

**lisette** *nf* Maquereau de petite taille.

**liseur, euse** *n* **A** Personne qui lit beaucoup. **B** *nf* **1** Petit coupe-papier qui sert de signet. **2** Couverture de livre. **3** Tricot léger de femme pour lire au lit. **4** Petite lampe à faisceau étroit permettant de lire sans déranger ses voisins. **5** Appareil mobile constituant le support de lecture d'un texte électronique.

**Li Shimin** (*Taizong* à titre posth.), empereur de Chine de 626 à sa mort (649). Il fonda la dynastie Tang en plaçant son père Li Yuan sur le trône (618). Grand chef militaire, il repoussa les Turcs d'Asie centrale ; il protégea les lettres et le bouddhisme. [VAR] **Li Che-min**

**lisible** *a* **1** Qui est aisé à lire, à déchiffrer. *Écriture lisible.* **2** Qui est bien composé, bien écrit. *Un ouvrage peu lisible.* **3** **fig** Dont on comprend facilement la structure ou la finalité, qui est intelligible. *Ensemble urbain déstructuré, peu lisible.* [DER] **lisibilité** *nf* – **lisiblement** *av*

**lisier** *nm* AGRIC Liquide provenant du mélange des déjections solides et de l'urine des animaux de ferme. [ETY] Mot dial. de Suisse.

**lisière** *nf* **1** Bord d'une pièce d'étoffe, de chaque côté de sa largeur. **2** Étoffe rêche, de faible largeur. **3** Partie extrême d'une région (partic. d'une région boisée). *La lisière d'un bois.*

**Lisieux** ch.-l. d'arr. du Calvados, sur la Touques ; 22 029 hab. Industries. – Égl. St-Pierre, anc. cath. (fin XII$^e$-déb. XIII$^e$ s.). Couvent des carmélites (chap. abritant les reliques de sainte Thérèse de l'Enfant-Jésus) ; basilique (1929-1952) dédiée à la sainte (pèlerinage). [DER] **lexovien, enne** *a, n*

**Lispector** Clarice (Tchetchelnick, Ukraine, 1926 – Rio de Janeiro, 1977), romancière brésilienne : *Près du cœur sauvage* (1963), *L'Heure de l'étoile* (1977).

**Lissa** (auj. *Vis*), île croate de l'Adriatique. – Victoire navale des Autrichiens, commandés par l'amiral Tegetthoff, sur les Italiens (1866).

**lissage** *nm* **1** Action de lisser **2** TECH Action de disposer les lisses d'un métier à tisser. **3** Syn (recommandé) de *lifting*.

**Lissajous** Jules (Versailles, 1822 – Plombières-lès-Dijon, 1880), physicien français : travaux sur les phénomènes vibratoires.

**1 lisse** *a* Qui ne présente aucune aspérité. *Surface lisse.* ANT rugueux. [ETY] De *lisser*.

**2 lisse** *nf* TECH Fil métallique ou textile portant un œillet dans lequel passe le fil de chaîne, dans un métier à tisser. **LOC** ***Tapisserie de basse lisse :*** dont la chaîne est tendue horizontalement. — ***Tapisserie de haute lisse :*** dont la chaîne est tendue verticalement. [ETY] Du lat. [VAR] **lice**

**3 lisse** *nf* **1** MAR Membrure longitudinale de la charpente des fonds et de la muraille d'un navire. **2** CONSTR Barre horizontale servant de garde-fou. [ETY] Du frq.

**lissé** *nm* Degré de cuisson du sucre, qui permet de l'étirer en fils.

**lisser** *vt* [1] **1** Rendre lisse. *Lisser du plâtre frais.* **2** STATIS Retracer une courbe en éliminant du tracé les écarts par rapport aux valeurs moyennes. **3** **fig** Éliminer les fluctuations, les différences. *Lisser un salaire sur l'année.* [ETY] Du lat. *lixare*, « extraire par lessivage ». [DER] **lissant, ante** *a*

**lisseuse** *nf* TECH Machine servant à lisser le cuir, le papier, etc.

**lissier, ère** *n* TECH Ouvrier, ouvrière spécialisé(e) qui monte les lisses. [VAR] **licier, ère**

**Lissitzky** Eliezer Markovitch Lissitzky, dit El (Potchinok, gouv. de Smolensk, 1890 – Moscou, 1941), peintre, architecte et affichiste soviétique, influencé par Malevitch.

**lissoir** *nm* TECH Instrument servant à lisser le papier, le ciment, le cuir, etc.

**List** Friedrich (Reutlingen, 1789 – Kufstein, 1846), économiste allemand. Il contribua à l'établissement du Zollverein (union douanière allemande), en 1834.

**listage** → **lister.**

**liste** *nf* **1** Série d'éléments analogues (noms, mots, chiffres, symboles, etc.) mis les uns à la suite des autres. *La liste des lauréats.* **2** INFORM Document qui sort d'une imprimante. SYN déconseillé listing. **LOC** ***Liste civile :*** somme attribuée annuellement à un chef d'État. — ***Liste électorale :*** liste des électeurs d'une commune. — ***Liste de mariage :*** récapitulant l'ensemble des cadeaux souhaités par les mariés. — ***Liste noire :*** liste de personnes à surveiller, à exclure, à éliminer. — ***Liste rouge :*** liste dans laquelle figurent des abonnés refusant de figurer dans l'annuaire téléphonique. — ***Scrutin de liste :*** dans lequel les électeurs votent pour plusieurs candidats groupés en une liste. [ETY] Du germ.

**listel** *nm* **1** ARCHI Petite moulure unie, de section carrée, qui en sépare deux autres, plus saillantes. **2** TECH Relief circulaire bordant le pourtour d'une pièce de monnaie. [ETY] De l'ital. [VAR] **listeau**

**lister** *vt* [1] Faire la liste de. [DER] **listage** *nm*

**Lister** Joseph (baron) (Upton, Essex, 1827 – Walmer, Kent, 1912), chirurgien anglais. Le premier, il comprit l'importance de l'asepsie.

**listeria** *nf* Bactérie pathogène pour l'homme et divers mammifères et oiseaux, agent des listérioses.

**listériose** *nf* VETER, MED Maladie infectieuse due à la listeria, fréquente chez les bovins, porcs, lapins, volailles, etc., et transmissible à l'homme, chez lequel elle peut se manifester sous forme de méningite.

**listing** *nm* Syn. (déconseillé) de *liste* ou de *listage*. [PHO] [listiŋ] [ETY] Mot angl.

**liston** *nm* MAR Moulure le long de la muraille d'un navire.

**Liszt** Franz (Doborján, près de Sopron, Hongrie [auj. Raiding, Autriche], 1811 – Bayreuth, 1886), compositeur, pianiste et chef d'orchestre hongrois ; virtuose fêté dans toute l'Europe. De sa liaison avec Marie d'Agoult naquirent trois enfants ; Cosima épousa Hans von Bülow puis Wagner. Piano : trois *Grandes Études de concert* (1848), deux *Concertos* (1849), *Sonate en « si » mineur* (1853), dix-neuf *Rhapsodies hongroises* (1846-1885). Orchestre : douze *Poèmes symphoniques* (dont les *Préludes* 1850), symphonies avec chœur (*Faust*, 1854 ; *Dante*, 1856 ; *Messe hongroise du Couronnement* (1867), requiem, oratorios, etc.

**lit** *nm* **1** Meuble sur lequel on se couche ; cadre du lit. *Lits superposés, jumeaux. Lit d'acajou.* **2** Matelas, sommier sur lequel on se couche. **3** **fig** Union conjugale. *Il a deux enfants d'un premier lit.* **4** Couche, place préparée pour que l'on puisse s'y étendre, y dormir. *S'étendre sur un lit de fougères.* **5** Couche d'épaisseur régulière d'une matière quelconque. *Saumon sur lit d'épinards.* **6** Espace occupé par les eaux d'un cours d'eau. *Lit d'un fleuve.* **LOC** ***Au saut du lit :*** dès le réveil, très tôt. — **fam** ***Faire le lit de :*** préparer la venue de qqn, l'instauration de qqch, jugées néfastes. — ***Faire un lit :*** étendre dessus les draps et les couvertures et les border. — ***Lit de camp :*** démontable et portatif. — HIST ***Lit de justice :*** large siège surélevé et surmonté d'un dais, où les rois se tenaient pour présider une séance solennelle du Parlement ; la séance elle-même. — MAR ***Lit d'un courant :*** zone où un courant est le plus violent. — MAR ***Lit du vent :*** direction où il souffle. [ETY] Du lat.

**Linné**

**Liszt**

**litage** *nm* PETROG Alternance, dans une roche détritique, de minces couches parallèles dont la composition est différente.

**Li Taibo** → **Li Bo.**

**litanie** *nf* **1** LITURG Prière qui fait alterner les invocations psalmodiées par l'officiant et les répons chantés ou récités par l'assistance. **2** **fig** Énumération monotone de griefs, de plaintes. [ETY] Du gr. [DER] **litanique** *a*

**litas** *nm* Ancienne monnaie de la Lituanie.

**lit-cage** *nm* Lit pliant à structure métallique. PLUR lits-cages.

**litchi** *nm* Arbre (sapindacée) originaire de l'Asie tropicale, au fruit comestible de saveur douce ; son fruit. [ETY] Du chinois [VAR] **letchi, lychee** ▶ pl. fruits exotiques

**-lite** → **lith(o)-.**

**liteau** *nm* **1** Bande de couleur, parallèle aux bords du tissu, qui orne certaines pièces de linge de maison. *Nappe, torchons à liteaux.* **2** TECH Pièce de bois horizontale fixée à un mur pour supporter une tablette. SYN tasseau. **3** Pièce de bois de section standardisée, utilisée notam. dans la constr. des toitures. [ETY] De *liste*.

**litée** *nf* CHASSE Réunion de plusieurs animaux dans le même gîte.

**liter** *vt* [1] TECH Disposer par lits, par couches. *Liter des poissons salés.*

**literie** *nf* Ensemble des objets dont se compose un lit ; garniture d'un lit.

**lith(o)-, -lithe, -lite, -lithique** Éléments, du gr. *lithos*, « pierre ».

**litham** *nm* Voile dont les femmes musulmanes et les Touareg se couvrent le bas du visage. [ETY] Mot ar.

**lithiase** *nf* MED Présence de calculs dans les voies excrétrices d'une glande ou d'un organe. *Lithiase rénale, biliaire.* [DER] **lithiasique** *a, n*

**lithine** *nf* CHIM Hydroxyde de lithium (LiOH).

**lithiné, ée** *a, nm* **A** *a* Qui contient de la lithine. **B** *nm* Comprimé de lithine.

**lithinifère** *a* Qui contient du lithium.

**lithique** *a* **didac** De la pierre, qui a rapport à la pierre. *Industrie lithique.*

**lithium** *nm* CHIM **1** Élément métallique de numéro atomique Z = 3 et de masse atomique 6,94 SYMB Li. **2** Métal alcalin (Li) de densité 0,534, qui fond à 180,5 °C et bout à 1 340 °C, surtout utilisé pour l'élaboration d'alliages antifriction. **LOC** ***Sels de lithium :*** utilisés dans le traitement des états maniacodépressifs. [PHO] [litjɔm] [ETY] Du lat., créé par Berzelius (1818).

**litho** *nf* **fam** Lithographie.

**lithobie** *nm* ENTOM Mille-pattes carnassier, de couleur brun-roux, fréquent sous les pierres et dans l'humus.

**lithodome** *nm* ZOOL Mollusque lamellibranche des mers chaudes et tempérées, appelé aussi *datte de mer*, qui perfore les pierres pour s'y loger.

**lithographie** *nf* Impression à la pierre lithographique ; épreuve obtenue par ce procédé. ABREV litho. DER **lithographe** *n* – **lithographier** *vt* 2

ENC Le dessin est exécuté, à l'envers, sur la pierre lithographique avec un crayon ou une plume à encre grasse. Après action de l'acide nitrique, il se forme, sauf à l'emplacement du dessin, une couche de nitrate de calcium, qui ne prend pas l'encre. L'épreuve est obtenue par impression sur un papier.

**lithographique** *a* Qui a rapport à la lithographie. LOC ***Pierre lithographique*** : pierre calcaire au grain très serré et très fin utilisée par les lithographes.

**lithologie** *nf* GEOL Nature des roches d'une formation géologique. DER **lithologique** *a*

**lithophage** *a, nm* ZOOL Se dit des animaux qui creusent les pierres pour s'y loger.

**lithophanie** *nf* TECH Procédé de décoration du verre, de la porcelaine, utilisant des effets de transparence dus aux inégalités d'épaisseur de la matière.

**lithophyte** *nm* BOT Plante qui vit sur les rochers.

**lithopone** *nm* TECH Pigment blanc utilisé en peinture, obtenu par un mélange de sulfure de zinc et de sulfate de baryum.

**lithops** *nm* BOT Petite plante grasse des déserts d'Afrique du sud, dont les feuilles au ras du sol ressemblent à des cailloux.

**lithosphère** *nf* GEOL Partie rigide de la sphère terrestre constituée de la croûte et du manteau supérieur. DER **lithosphérique** *a*

**lithothamnion** *nm* Algue rouge marine dont le thalle rameux est calcifié. ETY Du gr. *thamnios*, « buisson ». VAR **lithothamnium**

**lithothèque** *nf* Collection de roches, à but scientifique.

**lithotriteur** *nm* MED Instrument destiné à dissoudre les calculs par lithotritie.

**lithotritie** *nf* MED Destruction, sans opération chirurgicale, des calculs du rein par ondes de choc. VAR **lithotripsie**

**litière** *nf* **1** Paille que l'on répand dans les étables, les écuries pour que les animaux se couchent dessus. **2** Matière absorbante destinée à recevoir les excréments des chats. **3** PEDOL Couche superficielle de l'humus forestier, contenant des débris végétaux de grande taille. **4** anc Véhicule à deux brancards dans lequel on voyageait couché. LOC ***Faire litière de qqch*** : ne pas s'en soucier. *Il fait litière des préjugés.* ETY De *lit*.

**litige** *nm* **1** DR Contestation en justice, procès. *Arbitrer un litige.* **2** Contestation, controverse. *Point en litige.* ETY Du lat. DER **litigieux, euse** *a*

**litorne** *nf* Grive à tête et croupion gris, qui hiverne en France. ETY Du néerl.

**litote** *nf* Figure de rhétorique consistant à dire moins pour faire entendre plus. *Dans le Cid, Chimène use d'une litote quand elle dit à Rodrigue : « Va, je ne te hais point » pour lui faire comprendre qu'elle l'aime.* ETY Mot gr., « simplicité ».

**litre** *nm* **1** Unité de mesure de volume égale à un décimètre cube. SYMB l ou L. **2** Récipient contenant un litre. *Du vin en litres.* ETY Du gr.

**litron** *nm* pop Litre de vin.

**littéraire** *a, n* **A** *a* **1** Relatif aux lettres, à la littérature. **2** Qui étudie la littérature ; qui traite de la production littéraire. *Critique, histoire littéraire.* **3** Qui montre des dispositions pour les lettres. *Esprit littéraire.* **B** *n* Personne formée par des études de lettres. DER **littérairement** *av*

**littéral, ale** *a* didac **1** Strictement conforme à la lettre d'un mot, d'un texte. *Le sens littéral d'un passage de l'Écriture.* **2** Exprimé par écrit. *Preuve littérale.* PLUR littéraux. LOC MATH ***Grandeur littérale*** : exprimée par une (des) lettre(s). — ***Traduction littérale*** : mot à mot. ETY Du lat. DER **littéralité** *nf*

**littéralement** *av* **1** À la lettre. *Traduire littéralement.* **2** Au sens strict du mot. *Je suis littéralement affamé.* SYN véritablement.

**littérarité** *nf* LITTER Caractère distinguant un texte littéraire d'un autre type de texte.

**littérateur** *nm* péjor Écrivain sans envergure.

**littérature** *nf* **1** Ensemble des œuvres réalisées par les moyens du langage, orales ou écrites, considérées tant au point de vue formel et esthétique qu'idéologique et culturel. **2** Ensemble des œuvres littéraires d'un pays, d'une époque. *La littérature française du XIX^e^ s.* **3** Étude des œuvres littéraires. *Cours de littérature.* **4** Ensemble des textes qui traitent d'un sujet. *Il existe une importante littérature sur le laser.* **5** Art d'écrire ; carrière d'un écrivain. *Se lancer dans la littérature.* **6** fam, péjor Paroles brillantes mais sans rapport avec la réalité, ou inefficaces. *Tout cela n'est que littérature.* ETY Du lat. *litteratura*, « écriture » puis « érudition ».

**Littérature** revue fondée par Aragon, Breton et Soupault. (33 numéros de 1919 à 1924).

**Little Big Man** film (western) d'Arthur Penn (1969), avec Dustin Hoffman.

**Little Nemo** héros d'une BD de l'illustrateur américain Winsor McCay, *Little Nemo in Slumberland* (1905-1911).

**Little Richard** Richard Penniman, dit (Macon, Géorgie, 1935), chanteur et pianiste américain, l'un des premiers chanteurs de rock.

**Little Rock** v. des É.-U., cap. de l'Arkansas ; 197 000 hab. Bauxite.

**littoral, ale** *a, nm* **A** *a* Qui appartient aux bords de la mer, aux côtes. *Zone littorale.* **B** *nm* Zone située en bordure de mer. *Le littoral de la Manche.* SYN côte. PLUR littoraux. ETY Du lat.

**Littoral** territoire de Russie, baigné par la mer du Japon ; 165 900 km$^2$ ; 2 164 000 hab. ; ch.-l. *Vladivostok*.

**littorine** *nf* ZOOL Mollusque gastéropode littoral, dont diverses espèces sont consommées sous le nom de *bigorneau*.

**Littré** Émile (Paris, 1801 – id., 1881), médecin, philosophe et lexicographe français. Disciple d'Auguste Comte, il devint le chef de l'école positiviste, dont il refusa le mysticisme. Son œuvre princ. est le *Dictionnaire de la langue française* (1863-1873), dit cour. le *Littré*, que la Librairie Hachette édita. Acad. fr. (1871).

**Lituanie** (*Lietuvos Respublika*), État d'Europe, entre la Pologne et la Russie (région de Kaliningrad) au sud, la Biélorussie à l'est, la Lettonie au nord, baigné à l'ouest par la Baltique ; 65 300 km$^2$ ; 2,9 millions d'hab. ; cap. *Vilnius*. Nature de l'État : régime parlementaire. Langue off. : lituanien. Monnaie : euro. Pop. : Lituaniens (80,2 %), Russes (8,5 %), Polonais (7,5 %). Relig. : catholicisme. VAR **Lithuanie** DER **lituanien** ou **lithuanien, enne** *a, n*

**Géographie** Vaste plaine ponctuée à l'O. de collines de moraines, la Lituanie est un pays boisé ; mais les cult. des céréales, des pommes de terre et du lin sont import. Pêche, élevage, industries mécan. et text. complètent ces ressources. La croissance (1994-1998) qui a subi le contrecoup de la crise russe de 1998 et de la crise financière de 2008, reprend en 2011. La Lituanie adopte l'euro en 2015.

**Histoire** LES ORIGINES Au XIII^e^ s., le roi Mindaugas fédéra les princes lituaniens face à la menace des chevaliers Porte-Glaive, au nord, et face aux chevaliers Teutoniques, au sud-ouest. À la suite de la prise de Vilnius par ces derniers en 1377, une alliance polono-lituanienne fut scellée en 1385 et les chevaliers Teutoniques furent écrasés à Grunwald en 1410. En 1569, la Lituanie s'unit à la Pologne. Quand celle-ci disparut en 1795, elle fut annexée par la Russie.
LE XX^e^ SIÈCLE Occupée par les Allemands de 1915 à 1918, la Lituanie proclama son indépendance en 1918. Elle se heurta à la Pologne qui occupa Vilnius en 1920, puis forma l'Entente baltique avec l'Estonie et la Lettonie. Envahie par l'armée sov. en juin 1940, elle devint une rép. fédérée de l'URSS. Occupée par l'Allemagne en 1941, la Lituanie redevint une rép. sov. en 1944. En 1990, Vytautas Landsbergis, du parti nationaliste Sajudis, mène la Lituanie à l'indépendance que l'URSS reconnaît en 1991. Le nouvel état n'intègre pas la CEI. Depuis, de nouveaux partis se mettent en place et alternent au pouvoir. En 2004, la Lituanie entre dans l'Union européenne. En 2009, Dalia Grybauskaite, candidate indépendante soutenue par les conservateurs, est élue prés. de la Rép. Mais la gauche remporte les législatives de 2012. ▶ carte pays **Baltes**

**lituanien** *nm* Langue balte parlée en Lituanie. VAR **lithuanien**

**liturgie** *nf* **1** ANTIQ GR Service public dont les frais incombaient aux citoyens riches. **2** RELIG Culte public, ordre des offices cultuels institué par une Église. *Liturgie latine, byzantine.* ETY Du gr. DER **liturgique** *a*

**liturgiste** *n* Personne qui étudie la liturgie.

**Litvinov** Meir Moiseevitch Wallach, dit Maxime Maximovitch (Białystok, 1876 – Moscou, 1951), diplomate soviétique ; signataire du pacte franco-soviétique (1935), ambassadeur aux É.-U. (1941-1943).

**liure** *nf* **1** TECH Corde qui maintient le chargement d'une charrette. **2** MAR Amarrage constitué de plusieurs tours de cordage ou de chaîne.

**Liu Shaoqi** (Yinshan, Henan, 1898 – Kaifeng, Henan, 1969), homme politique chinois. Président de la Rép. pop. chinoise en 1959 et confirmé en 1964, il fut la principale cible de la révolution culturelle ; destitué en 1968, il mourut en prison. Il fut réhabilité en 1980. VAR **Liu Shao-shi**

**Liutprand** (m. en 744), roi des Lombards (713-744), tantôt allié, tantôt ennemi du pape.

**Liu Xiaobo** (Changchun, 1955), écrivain chinois. Militant pour la défense des droits de l'homme, il est condamné en 2009 à l'emprisonnement. Prix Nobel de la Paix (2010).

**livarot** *nm* Fromage normand AOC fermenté de lait de vache, à pâte molle. ETY Du n. pr.

**Livarot** ch.-l. de cant. du Calvados (arr. de Lisieux), dans le pays d'Auge ; 2 230 hab. Fabrication de fromage. DER **livarotais, aise** *a, n*

**live** *a inv, nm inv* AUDIOV Se dit de ce qui est enregistré en public. *Un disque, une émission live.* PHO [lajv] ETY Mot angl., « vivant ».

**livèche** *nf* Ombellifère des zones montagneuses de l'Europe méridionale, à graines dépuratives, dont les feuilles sont utilisées comme condiment. SYN ache de montagne. ETY Du lat.

**Liverpool** v. et port d'Angleterre (Merseyside), sur l'estuaire de la Mersey ; 470 000 hab. Centre industriel naguère puissant. – Université. Évêchés catholique et anglican.

**livet** *nm* MAR Ligne formée par l'intersection du pont et de la muraille du navire. ETY Du lat. *libella*, « niveau ».

**livide** *a* D'une couleur terne et plombée ; blafard. *Un visage livide.* ETY Du lat.

**lividité** *nf* État de ce qui est livide. **LOC** MED *Lividité cadavérique :* coloration violacée de la peau d'un cadavre, apparaissant quelques heures après la mort.

**Livie** (en lat. *Livia Drusilla*) (v. 55 av. J.-C. – 29 apr. J.-C.), impératrice romaine. Épouse de Tiberius Claudius Nero, dont elle eut Tibère et Drusus, elle épousa Auguste en 38 av. J.-C. et fit adopter Tibère par ce dernier.

**living-room** *nm* Syn. de *salle de séjour*. PLUR living-rooms. PHO [liviŋʀum] ETY Mot angl. VAR **living**

**Livingstone** David (Blantyre, 1813 – Chitambo, Rhodésie du Nord, 1873), missionnaire (protestant) et explorateur écossais. En 1853, il remonta le Zambèze (découvert en 1851) et atteignit les chutes Victoria (1855). Il dénonça la traite des Noirs. En 1871, il rencontra Stanley au bord du lac Tanganyika.

Émile Littré

Livingstone

**Living Theatre** compagnie de théâtre américaine fondée en 1947 par Julian Beck (1925 – 1985) et Judith Malina (1926 – 2015) : expression corporelle, improvisation, participation du public.

**Livius Andronicus** (Tarente, v. 270 av. J.-C. – Rome [?], v. 207 av. J.-C.), le premier écrivain latin. Grec amené à Rome après la prise de Tarente, il traduisit l'*Odyssée* et écrivit la première tragédie latine.

**Livonie** anc. prov. balte de la Russie, au N. de la Courlande. Domaine des chevaliers Porte-Glaive, elle appela la Pologne contre les Russes en 1557, mais la Russie l'annexa peu à peu au XVIII$^e$ s. Elle correspond à la Lettonie et l'Estonie actuelles. DER **livonien, enne** *a, n*

**Livourne** v. et port d'Italie (Toscane), sur la mer Tyrrhénienne ; 160 500 hab. ; ch.-l. de la prov. du m. nom. Acad. navale. Centre industriel. – Musée.

**livrable** *a* Qui peut être livré au destinataire.

**Livradois (le)** rég. du Massif central (Auvergne) : *monts du Livradois* (1 210 m) ; *plaine du Livradois* (ou *d'Ambert*).

**livraison** *nf* **1** Remise d'une marchandise vendue à la personne qui l'a acquise ; marchandise livrée. **2** EDITION Partie d'un ouvrage publié par fascicules.

**1 livre** *nm* **1** Assemblage de feuilles imprimées formant un volume. *Livre broché, relié.* **2** Texte imprimé d'un livre. *Lire, écrire un livre. Livre d'images, de poésie.* **3** Subdivision d'une œuvre littéraire. *Les « Fables » de La Fontaine se composent de douze livres.* SYN partie. **4** Volume dans lequel sont consignés des renseignements dont on veut conserver la trace ; registre. **5** L'imprimerie, l'édition. *Industrie du livre.* **LOC** *À livre ouvert :* à la première lecture, sans préparation. — ***Le livre saint :*** la Bible. — ***Livre animé :*** dont l'illustration est constituée ou modifiée par l'intervention du lecteur. SYN pop-up — MAR ***Livre de bord, livre de loch :*** registre tenu par l'officier de quart, où sont enregistrés tous les renseignements relatifs à la navigation ; journal de mer tenu par le commandant d'un navire, relatant son voyage. — DR ***Livre de commerce :*** dans lequel est enregistré le détail de la comptabilité d'un commerçant. — ***Livre d'or :*** registre que les visiteurs d'un lieu sont invités à signer. — ***Livre électronique ou numérique :*** ordinateur de poche dédié à la lecture d'ouvrages numérisés préalablement téléchargés ; ouvrage numérisé lisible par ce type de support. SYN e-book ETY Du lat.

**2 livre** *nf* **1** anc Unité de masse, variable selon les époques et les pays. **2** Unité de masse non officielle, valant un demi-kilogramme. *Une livre de tomates.* **3** Unité de masse anglo-saxonne (en angl. *pound*) valant 453,59 g. **4** Sous l'Ancien Régime, monnaie correspondant à l'origine à la valeur d'une livre d'argent. **5** Unité monétaire du Royaume-Uni et d'autres pays. *Livre sterling* SYMB £. ETY Du lat. *libra*, « mesure de poids ».

**Livre à venir (le)** recueil d'essais de M. Blanchot (1959) sur Mallarmé, Proust, Musil, Artaud, Beckett.

**livre-cassette** *nm* Cassette contenant l'enregistrement de la lecture à haute voix d'un livre. PLUR livres-cassettes.

**Livre de la jungle (le)** titre de 2 recueils de récits publiés par Kipling en 1894 et 1895. ▷ CINE Film de l'Anglais Zoltan Korda (1895 – 1961), en 1942, avec l'Indien Sabu ; dessin animé de Walt Disney (1967).

**« Livre » de Mallarmé (le)** plan, notes et conception d'un ouvrage mis en chantier par Mallarmé (prem. éd. 1957).

**Livre des merveilles (le)** (ou *le Devisement du monde* ou *Il Milione*) ou, récit du voyage en Extrême-Orient de Marco Polo (1298), rédigé en langue d'oïl, sous sa dictée, par Rusticien (ital. Rustichello) de Pise.

**Livre des morts (le)** recueil de rituels funéraires de l'Égypte anc., textes regroupés notam. par Karl Richard Lepsius (1810 – 1884).

**Livre des morts** (*Bardo Thödol*), manuel du tantrisme tibétain.

**Livre des rois (le)** épopée héroïque de Ferdousī (v. 1020), chef-d'œuvre de la litt. persane (env. 60 000 distiques).

**livrée** *nf* **1** Habit porté par les domestiques d'une grande maison. *Portier en livrée.* **2** ZOOL Pelage, plumage de divers animaux, qui se modifie généralement pendant la mue, la période d'activité sexuelle, etc.

**livrer** *v* ① **A** *vt* **1** Mettre à la disposition, au pouvoir de. *Livrer un coupable à la justice.* SYN remettre. **2** Donner par trahison ; dénoncer. *Livrer des plans à l'ennemi. Livrer ses complices.* **3** Abandonner, exposer à l'action de. *Livrer une ville au pillage.* **4** Donner à connaître. *Livrer ses pensées, un secret.* **5** Effectuer la livraison de qqch. *Livrer de la marchandise.* **B** *vpr* **1** S'adonner à. *Se livrer à l'étude avec ardeur.* **2** Se confier. *Se livrer à un ami.* **LOC** ***Livrer passage :*** laisser passer. — ***Livrer une bataille, un combat :*** l'engager. ETY Du lat.

**livresque** *a* Qui vient des livres.

**livret** *nm* **1** Petit livre, petit registre. *Livret scolaire, militaire. Livret de famille.* **2** MUS Texte, en vers ou en prose, destiné à être mis en musique pour la scène. SYN libretto. **3** Suisse Table de multiplication. **LOC** ***Livret de famille*** ou **(Belgique) *livret de mariage* :** remis aux nouveaux époux et destiné à recevoir mention de tous les actes d'état civil concernant la famille.

**livreur, euse** *n* Personne qui livre les marchandises vendues.

**Livry-Gargan** ch.-l. de cant. de la Seine-Saint-Denis (arr. du Raincy) ; 43 400 hab. Ville résidentielle. DER **livryen, enne** *a, n*

**lixiviat** *nm* Liquide résultant du traitement par lixiviation.

**lixiviation** *nf* **1** CHIM Extraction des parties solubles d'un corps au moyen d'un solvant. **2** METALL Traitement des minerais par un acide ou une base pour séparer les métaux de leur gangue. ETY Du lat. *lix*, « lessive ».

**Lizard (cap)** cap le plus méridional de la Grande-Bretagne.

**Ljubljana** cap. de la Slovénie, sur *la Ljubljanica* ; 279 000 hab. Centre industriel. – Archevêché. Université. Égl. XVII$^e$ s. ; cath. XVIII$^e$ s. ; hôtel de ville XVIII$^e$ s. Musée. DER **ljubljanais, aise** *a, n*

**llanos** *nm pl* GEOGR Vaste steppe herbeuse, en Amérique latine. PHO [ljanos] ETY Mot esp. VAR **lianos**

**Llivia** territ. espagnol enclavé dans le dép. des Pyrénées-Orientales ; 12 km$^2$ ; 1 400 hab.

**Llobregat (le)** fleuve côtier d'Espagne (190 km) ; il se jette dans la Méditerranée au S. de Barcelone.

**Lloyd** Harold (Burchard, Nebraska, 1893 – Beverly Hills, 1971), acteur de cinéma américain ; un des grands comiques du muet : *Monte là-dessus* (1923), *Vive le sport !* (1925), *En vitesse* (1928), *Soupe au lait* (1936).

**Lloyd George** David (1$^{er}$ comte de Dwyfor) (Manchester, 1863 – Llanystumdwy, 1945), homme politique britannique. Chef du parti libéral. Premier ministre (1916-1922). Après 1918, il joua un rôle actif dans l'organisation de la paix en Europe.

**Lloyd's** association constituée par l'ensemble des particuliers qui pratiquent les opérations d'assurances dans le centre d'affaires londonien nommé Lloyd's. Vers 1687-1688, dans la Cité de Londres, des armateurs et négociants se réunissaient dans la taverne d'Edward Lloyd (m. en 1712), qui devint une Bourse puis le centre mondial de l'assurance.

**lm** PHYS Symbole du lumen.

**LMD** *nm* Organisation du cursus universitaire, reconnue au niveau européen, reposant sur des validations à bac + 3 (licence), bac + 5 (master) et bac + 8 (doctorat).

**Loach** Kenneth, dit Ken (Nuncaton, près de Warwick, 1936), cinéaste britannique contestataire : *Family Life* (1971), *Land and Freedom* (1995), *Le vent se lève* (2006).

**loa-loa** *nf* Filaire africaine qui parasite le tissu conjonctif, transmise à l'homme par la piqûre d'un taon.

**loase** *nf* MED Filariose africaine due à la loa-loa.

**lob** *nm* SPORT Coup qui consiste à lancer la balle, le ballon par-dessus l'adversaire, hors de sa portée. ETY Mot angl.

**lobaire** *a* ANAT Constitué de lobes ; relatif aux lobes. *Affection lobaire.*

**Lobatchevski** Nikolaï Ivanovitch (Nijni-Novgorod, auj. Gorki, 1792 – Kazan, 1856), mathématicien russe, auteur d'une des premières géométries non euclidiennes.

**Lobau** île du Danube, à 12 km de Vienne, dont Napoléon I$^{er}$ fit sa base logistique lors de la bataille d'Essling (1809).

**lobby** *nm* Groupe de pression sur les pouvoirs publics, sur l'État. PLUR lobbys ou lobbies. PHO [lɔbi] ETY Mot angl., « couloir ».

**lobbysme** *nm* Pratique de ceux qui, se réclamant d'un lobby, tentent d'exercer sur les hommes politiques une influence destinée à favoriser leurs intérêts. VAR **lobbying** DER **lobbyste** ou **lobbyiste** *a, n*

**lobe** *nm* **1** ANAT Partie arrondie et bien délimitée de certains organes. *Lobes du cerveau, du foie.* **2** BOT Découpure arrondie des feuilles ou des pétales. **3** ARCHI Découpure en arc de cercle figurant dans les arcs et rosaces gothiques. **4** Partie inférieure du pavillon de l'oreille. ETY Du gr.

**lobé, ée** *a* **1** Divisé en lobes. *Feuille lobée.* **2** ARCHI Qui comporte des lobes.

**lobectomie** *nf* CHIR Ablation d'un lobe d'un organe.

**lobélie** *nf* BOT Plante aux fleurs en grappe, voisine des campanules. (ETY) D'un n. pr. (VAR) **lobelia** *nm*

**lober** *v* ① **A** *vi* SPORT Faire un lob. **B** *vt* fig Tromper qqn par un lob.

**Lobis** population du S. du Burkina Faso et du N. de la Côte d'Ivoire ; 1 500 000 personnes. Ils parlent une langue du groupe gur. (DER) **lobi, ie** *a*

**Lobito** v. et port d'Angola ; plus de 200 000 hab. Exporte notam. le cuivre de la rép. dém. du Congo et de la Zambie.

**Lob Nor** lac de Chine (Xinjiang) peu profond où vient se perdre le Tarim ; 2 000 km$^2$. Centre d'expériences nucléaires.

**lobotomie** *nf* CHIR Opération consistant à sectionner certaines fibres nerveuses du lobe frontal du cerveau.

**lobotomiser** *vt* ① Faire subir une lobotomie à qqn.

**lobule** *nm* **1** ANAT Petit lobe. *Lobule de l'oreille.* **2** Partie constituante d'un lobe. *Lobule pulmonaire.* **3** BIOL Groupement de cellules, unité histologique. *Lobule adipeux, hépatique.* (DER) **lobulaire** ou **lobulé, ée** ou **lobuleux, euse** *a*

**local, ale** *a, nm* **A** *a* **1** Propre à un lieu, à une région. *Usages locaux.* **2** Limité à un endroit déterminé ; circonscrit. *Un problème purement local. Anesthésie locale.* **B** *nm* Lieu fermé considéré quant à son état ou à sa destination. *Local commercial, professionnel, à usage d'habitation.* **C** *nm pl* fam Habitants d'une localité, d'une région. PLUR locaux. LOC ***Couleur locale*** : ce qui représente au naturel les personnes, les choses, les mœurs d'un lieu ou d'une époque. (DER) **localement** *av*

**localier** *nm* Journaliste qui tient une rubrique locale dans un quotidien régional.

**localisation** *nf* **1** Action de localiser en situant, de déterminer la position de qqch. *Localisation d'un navire en détresse.* **2** Fait d'être localisé, de se produire ou d'exister en un point précis. *La localisation très étroite d'un foyer d'épidémie.* **3** Action de localiser en limitant, de circonscrire. *La localisation rapide de l'incendie.* **4** Adaptation d'un logiciel ou d'un produit multimédia dans la langue et la culture locales. LOC ***Localisation cérébrale*** : surface du cortex affectée à une fonction donnée.

**localiser** *vt* ① **1** Déterminer la position de, situer. *Localiser l'ennemi.* **2** Limiter, empêcher l'extension de. *Localiser un incendie.* **3** Effectuer la localisation d'un logiciel. (DER) **localisable** *a*

**localisme** *nm* Repli sur les problèmes locaux au détriment d'une vision globale de la société. (DER) **localiste** *a*

**localité** *nf* Petite agglomération, village.

**Locandiera (la)** comédie en 3 actes de Goldoni (1753).

**Locarno** v. de Suisse (Tessin), au N. du lac Majeur ; 15 123 hab. Stat. clim. et tourist. Festival international de cinéma. – *Accords de Locarno* (1925) : pactes de non-agression signés par la France, la Grande-Bretagne, l'Allemagne, l'Italie, la Belgique, la Pologne et la Tchécoslovaquie ; Hitler les viola en 1936.

**locataire** *n* **1** Personne qui prend à loyer un logement, une terre. **2** fam Homme politique qui occupe provisoirement telle fonction. *Le locataire de l'Élysée.*

**Locatelli** Pietro Antonio (Bergame, 1695 – Amsterdam, 1764), compositeur et violoniste italien ; élève de Corelli.

**1 locatif, ive** *a* Relatif au locataire ou à la location. LOC ***Réparations locatives*** : à la charge du locataire. — ***Risques locatifs*** : qui engagent la seule responsabilité du locataire. — ***Valeur locative*** : revenu supputé d'un bien loué. (ETY) Du lat. *locare,* « louer ».

**2 locatif** *nm* Cas du complément de lieu, dans certaines langues à déclinaisons (latin, russe, etc.). (ETY) Du lat. *locus,* « lieu ».

**location** *nf* **1** Action de donner ou de prendre une chose à loyer. *Location d'une villa, d'une voiture.* **2** Action de louer à l'avance une place de spectacle, une chambre d'hôtel, etc.

**location-vente** *nf* Système de location qui permet au locataire de devenir propriétaire de la chose louée, moyennant versement d'un loyer majoré d'intérêts. PLUR locations-ventes.

**locavore** *a, n* Qui privilégie les aliments produits localement.

**1 loch** *nm* MAR Appareil servant à mesurer la vitesse d'un navire. (PHO) [lɔk] (ETY) Du néerl.

**2 loch** *nm* GEOGR **1** Lac très allongé occupant le fond d'une vallée, en Écosse. **2** Échancrure étroite et profonde de la côte, en Écosse. (ETY) Mot écossais.

**loche** *nf* **1** Poisson d'eau douce au corps allongé couvert de mucus. **2** Nom cour. de diverses limaces. LOC ***Loche de mer*** : motelle.

**Loches** ch.-l. d'arr. d'Indre-et-Loire, sur l'Indre ; 7 260 hab. Vignobles. – Résidence royale au XV$^e$ s. Remparts. Chât. des XII$^e$-XV$^e$ s., une des plus import. forteresses médiév. Donjon XI$^e$-XII$^e$ s. Égl. XII$^e$ s. – *Paix de Loches* : V. Monsieur (paix de). (DER) **lochois, oise** *a, n*

**Lochner** Stefan (Meersburg, v. 1410 – Cologne, 1451), peintre de l'école de Cologne : *Triptyque des Rois mages, Vierge au buisson de roses.*

**Locke** John (Wrington, Somerset, 1632 – Oates, Essex, 1704), philosophe anglais ; fondateur de l'école sensualiste et empiriste. Son *Essai sur l'entendement humain* (1690) s'oppose à la doctrine cartésienne des idées innées, son traité *Du gouvernement civil* (1690) aux théories despotiques de Hobbes. *Lettres sur la tolérance* (1689) et *Pensées sur l'éducation* (1693). (DER) **lockiste** *a*

**locked-in syndrome** *nm* NEUROL Paralysie générale totale sans perte de la conscience, ni de l'intelligence. (PHO) [lɔktin-] (ETY) Mots angl.

**lock-out** *nm inv* Fermeture d'une entreprise décidée par la direction en riposte à un mouvement de grève. (PHO) [lɔkawt] (ETY) Mot angl. (VAR) **lockout** (DER) **lockouter** *vt* ①

**Lockyer** sir Norman (Rugby, 1836 – Salcombe Regis, comté de Devon, 1920), astrophysicien anglais. Il supposa, en 1868 (en même temps que Frankland et Janssen), l'existence de l'hélium.

**Locmariaquer** com. du Morbihan (arr. de Lorient), sur le golfe du Morbihan ; 1 732 hab. Mégalithe.

**loco-** Élément, du lat. *locus,* « lieu ».

**locomobile** *nf* anc Machine à vapeur montée sur roues non mobiles, que l'on déplaçait pour entraîner des batteuses.

**locomoteur, trice** *a, nf* **A** *a* Qui sert à la locomotion. *Organe locomoteur.* **B** *nf* Véhicule de traction de moyenne puissance.

**locomotion** *nf* Mouvement par lequel on se transporte d'un lieu à un autre. *Organes de la locomotion. Locomotion à vapeur, aérienne.* (DER) **locomotif, ive** *a*

**locomotive** *nf* **1** Puissant véhicule circulant sur rails et remorquant ou poussant des rames de voitures ou de wagons. **2** fig, fam Personne, collectivité, évènement qui joue le rôle d'élément moteur dans un domaine donné.

**locorégional, ale** *a* MED Qui concerne à la fois un point précis et une région de l'organisme. *Diffusion locorégionale d'un calmant.* PLUR locorégionaux.

**locotracteur** *nm* CH DE F Véhicule de traction utilisé pour les manœuvres de gare ou sur des lignes à voie étroite.

**Locride** contrée de la Grèce anc., peuplée par les *Locriens,* entre les golfes de Corinthe et d'Eubée.

**Locronan** com. du S. du Finistère (arr. de Châteaulin) ; 837 hab. – Égl. XV$^e$ s. Chapelle du Pénity (1510-1514). Maisons de la Renaissance. Célèbre pardon. (DER) **locronanais, aise** *a, n*

**loculaire** *a* BOT Divisé en loges. (VAR) **loculé, ée** ou **loculeux, euse**

**locus** *nm* GENET Emplacement d'un gène sur un chromosome. (PHO) [lɔkys]

**locuste** *nf* Criquet migrateur. (ETY) Du lat.

**Locuste** (m. en 68 apr. J.-C.), empoisonneuse romaine, complice d'Agrippine (meurtre de Claude) et de Néron (meurtre de Britannicus) ; mise à mort sur l'ordre de Galba.

**locustelle** *nf* Petit passereau (sylviidé) au chant strident, nichant en France et hivernant en Afrique.

**locuteur, trice** *n* LING Sujet parlant, personne qui parle (par oppos. à *auditeur* et à *scripteur*). LOC ***Locuteur natif*** : personne qui domine sa langue maternelle et peut porter sur celle-ci des jugements de grammaticalité.

**locution** *nf* **1** Expression, forme de langage particulière ou fixée par la tradition. **2** Groupe de mots formant une unité quant au sens ou à la fonction grammaticale. *Locution verbale* (ex. *avoir faim*). *Locution adverbiale* (ex. *sans doute*). *Locution prépositive* (ex. *au-dessous de*). (ETY) Du lat.

**Lod** v. d'Israël ; 67 400 hab. Aéroport de Tel-Aviv. (VAR) **Lydda**

**loden** *nm* **1** Lainage imperméable, épais et feutré. **2** Manteau en loden. (PHO) [lodɛn] (ETY) Mot all.

**Lodève** ch.-l. d'arr. de l'Hérault ; 7 744 hab. Exploitation de l'uranium. – Cath. St-Fulcran (XIV$^e$ et XVI$^e$ s.). (DER) **lodévois, oise** *a, n*

**lodge** *nm* Petit hôtel rustique sur les circuits de trekking. (PHO) [lɔdʒ] (ETY) Mot angl.

**Lodi** v. d'Italie (prov. de Milan), sur l'Adda ; 44 036 hab. Industries. – Victoire de Bonaparte sur les Autrichiens (1796).

**Lods** Marcel (Paris, 1891 – id., 1978), architecte et urbaniste français ; pionnier, avec son associé Eugène Beaudouin, du préfabriqué : cités à Bagneux (1932) et à Drancy (1934).

**Łódź** v. de Pologne, ch.-l. de la voïévodie du m. nom ; 750 000 hab. Centre industr. – Université. – Combats entre Russes et Allem. en 1914.

**Loeb** Sébastien (Haguenau, 1974), pilote de rallye français, neuf fois champion du monde (de 2004 à 2012).

**lœss** *nm* GEOL Dépôt éolien, limon constitué de granules de quartz et de calcaire enrobés d'argile. (PHO) [løs] (ETY) Mot all. (DER) **lœssique** *a*

**Loetschberg** col de l'Oberland bernois qui unit les vallées de l'Aar et du Rhône. Tunnel ferroviaire (14 km).

**Loewi** Otto (Francfort-sur-le-Main, 1873 – New York, 1961), biochimiste allemand installé aux É.-U. en 1938. Il étudia les médiateurs chimiques du système nerveux. P. Nobel 1936.

**Loewy** Raymond (Paris, 1893 – Monte Carlo, 1986), designer américain d'origine française ; pionnier de l'esthétique industrielle : *La laideur se vend mal* (1952).

**lof** *nm* MAR VX Côté du navire qui reçoit le vent. LOC *Aller, venir au lof:* lofer. — *Virer lof pour lof:* virer vent arrière. ETY Du néerl.

**lofer** *vi* 1 MAR Venir à un cap plus rapproché de la direction d'où souffle le vent.

**Lofoten (îles)** archipel côtier de la Norvège septent. formé par la submersion des Alpes scandinaves ; 5 100 $km^2$ ; 25 000 hab. Pêcherie, élevage. Au S., entre l'îlot Mosken et l'île Moskensöya, se produit le tourbillon de Maelström.

**loft** *nm* Local professionnel transformé en logement. PHO [lɔft] ETY Mot angl.

**log** MATH Symbole du logarithme décimal.

**log** *nm* LOC INFORM *Log de connexion:* liaison d'une machine avec le réseau télématique, conservée par les fournisseurs d'accès.

**Logan (mont)** point culminant du Canada, dans la chaîne Saint-Élie (Yukon) ; 5 959 m.

**logarithme** *nm* MATH Exposant dont il faut, pour obtenir un nombre, affecter un autre nombre appelé *base. 2 est le logarithme de 100 dans le système à base 10* ($10^2 = 100$). LOC *Fonction logarithme:* telle que, pour tout couple $(x, y)$ de nombres réels strictement positifs, $f(xy) = f(x) + f(y)$. ETY Du gr. DER **logarithmique** *a*

ENC Le logarithme décimal de $10^2$ est 2 ($\log 10^2 = \log 100 = 2$) ; plus généralement, $x = \log 10^x$. Si on multiplie deux nombres, cela revient à ajouter leurs logarithmes, ce qui permet de simplifier les calculs complexes (en astronomie par ex.).

**loge** *nf* **1** Réduit, cellule. *Loges d'une ménagerie, d'une étable.* **2** Petit logement d'un concierge placé près de la porte d'entrée. **3** Pièce, atelier où chacun des concurrents aux concours des écoles des beaux-arts est isolé. *Entrer en loge.* **4** Petite pièce dans les coulisses d'un théâtre, où les acteurs changent de costume, se maquillent. **5** Compartiment au pourtour d'une salle de spectacle, où plusieurs spectateurs peuvent prendre place. **6** Local où ont lieu les réunions des francs-maçons ; groupe, cellule de francs-maçons. **7** ARCHI Syn. de *loggia. Les loges du Vatican.* **8** BOT Cavité du fruit, de l'ovaire, des anthères, etc. LOC *Être aux premières loges:* être bien placé pour voir, pour juger une chose. ETY Du frq.

**logeable** *a* Habitable ; spacieux, où l'on peut loger beaucoup de choses.

**logement** *nm* **1** Action de loger qqn, une population. *Indemnité de logement.* **2** Local d'habitation ; appartement. *Un logement exigu.* **3** TECH Creux ménagé pour recevoir une pièce.

**loger** *v* 13 **A** *vi* Habiter à demeure ou provisoirement. *Loger en meublé.* **B** *vt* **1** Abriter dans un logis, héberger. *Loger un ami.* **2** Mettre, placer ; faire entrer. *Loger des affaires dans un placard. Loger une balle dans l'épaule de qqn.* **3** fam Localiser un individu recherché.

**Loges (les)** galeries couvertes du Vatican (cour Saint-Damase). 52 fresques de Raphaël décorent le deuxième étage.

**Loges (les)** camp militaire dans la forêt de Saint-Germain-en-Laye.

**logeur, euse** *n* Personne qui loue des logements garnis.

**loggia** *nf* Balcon couvert, en retrait par rapport à la façade. SYN loge. PHO [lɔdʒja] ETY Mot ital.

**logging** *nm* GEOL Forage destiné à obtenir une coupe des terrains traversés. PHO [lɔgiŋ] ETY De l'amér.

**logiciel** *nm* **1** INFORM Ensemble des règles et des programmes permettant le fonctionnement d'un matériel informatique (par oppos. à *matériel*). **2** fig Manière de procéder mûrement élaborée. LOC *Logiciel contributif:* syn. de *shareware.* — *Logiciel libre:* logiciel distribué avec l'intégralité de ses programmes-sources afin que les utilisateurs puissent l'enrichir et le redistribuer à leur tour. — *Logiciel pulic:* logiciel non soumis au droit d'auteur et dont le programme-source est du domaine public. ETY De *logique* DER **logiciel, elle** *a*

**logicien, enne** *n* Spécialiste de la logique.

**logicisme** *nm* Tendance à accorder une place prépondérante à la logique en philosophie, en mathématiques, en sciences humaines.

**-logie, -logique, -logiste, -logue** Éléments, du gr. *logia,* « théorie », de *logos,* « discours ».

**1 logique** *nf* **1** Science dont l'objet est de déterminer les règles de pensée par lesquelles on peut atteindre la vérité. *Logique dialectique, mathématique.* **2** Traité sur cette science. *La « Logique de Port-Royal ».* **3** Suite dans les idées, cohérence du discours. *Une logique sans faille.* **4** Manière de raisonner ou de se conduire qui a sa cohérence propre. *La logique des malades atteints de délire de la persécution.* **5** Enchaînement nécessaire des choses. *La logique des événements.* LOC *Logique formelle:* qui opère sur des formes de raisonnements, indépendamment du contenu de ceux-ci. ETY Du gr. *logikê,* « qui concerne la raison ».

ENC Science des lois du raisonnement, la logique a favorisé le développement de l'analyse philosophique classique appliquée aux formes de la pensée (en gr. *logos*). L'étude de la raison, chez Aristote et dans toute la tradition philosophique qui s'en inspire, est fondée sur l'analyse syllogistique, notam. à des fins pédagogiques. Cependant, dès le XVIIe s., la notion de logique se transforme au contact des sciences, et spécial. des mathématiques, pour donner naissance aux logiques modernes *(logique mathématique, logique formelle).*

**2 logique** *a* **1** Conforme aux règles de la logique, cohérent. *Raisonnement logique.* **2** Qui raisonne d'une manière cohérente, conformément à la logique. *Avoir l'esprit logique. Soyez logique avec vous-même !* **3** De la logique, qui concerne la logique en tant que science. DER **logiquement** *av*

**Logique d'Aristote** nom cour. donné aux 6 traités de logique écrits par Aristote (IVe s. av. J.-C.) et également regroupés sous le nom *Organon* (en gr. « instrument »).

**Logique de Port-Royal** nom cour. donné à *La Logique ou l'Art de penser,* œuvre d'Antoine Arnauld et Pierre Nicole (1662).

**logique (Science de la)** œuvre philosophique de Hegel écrite de 1812 à 1816 et dont le contenu est résumé dans l'*Encyclopédie des sciences philosophiques* (1817).

**Logique formelle et logique transcendantale** œuvre philosophique de Husserl (1929).

**logis** *nm* litt Lieu où l'on est logé ; habitation. *Rester au logis.* LOC *La folle du logis:* l'imagination.

**-logiste** → **-logie.**

**logistique** *nf, a* **1** Partie de l'art militaire ayant trait aux activités et aux moyens qui permettent à une force armée d'accomplir sa mission (approvisionnement en vivres et munitions, maintenance du matériel, etc.). **2** Organisation matérielle d'une collectivité, d'une entreprise (approvisionnements, conditionnement, transport, gestion des stocks). ETY Du gr. *logistikos,* « arithmétique pratique ». DER **logisticien, enne** *n*

**logithèque** *nf* Bibliothèque de logiciels.

**Lognes** com. de Seine-et-Marne (arr. de Meaux), partie de Marne-la-Vallée ; 14 697 hab.

**logo-** Élément, du gr. *logos,* « parole ».

**logo** *nm* Élément graphique qui sert d'emblème à une société, à une marque commerciale. *Le H flanqué d'une grille, logo de Hachette.* VAR **logotype**

**logogramme** *nm* LING Signe graphique représentant une notion et/ou une séquence phonique. DER **logographique** *a*

**logographe** *nm* ANTIQ À Athènes, écrivain public qui se chargeait d'écrire les plaidoyers des citoyens appelés devant les tribunaux.

**logogriphe** *nm* didac **1** Énigme qui consiste en un mot dont les lettres, diversement combinées, forment d'autres mots que l'on donne à deviner (ex. : avec le mot *prince,* on peut former *pince, rince, pire, rien, cep,* etc.). **2** fig, litt Discours, écrit inintelligible.

**logomachie** *nf* litt **1** Dispute sur les mots. **2** Suite de mots creux. DER **logomachique** *a*

**Logone (le)** riv. d'Afrique centrale séparant le Cameroun et le Tchad (900 km), affluent du Chari (r. g.), qu'il rejoint à N'Djamena.

**logopédie** *nf* MED Traitement des défauts de prononciation chez l'enfant. DER **logopédique** *a* – **logopédiste** ou Belgique **logopède** *n*

**logorrhée** *nf* MED **1** Besoin irrépressible de parler. **2** Discours, propos interminables et désordonnés. DER **logorrhéique** *a*

**logos** *nm* **1** PHILO Chez les philosophes stoïciens, Dieu en tant que raison et principe actif de toutes choses. **2** Chez Philon d'Alexandrie, hypostase intermédiaire entre Dieu et le monde. **3** THEOL Le Verbe de Dieu (chez saint Jean, qui identifie le Verbe à Jésus, deuxième personne de la Trinité). PHO [lɔgɔs] ETY Du gr.

**logotype** → **logo.**

**Logroño** v. d'Espagne, sur l'Èbre ; cap. de La Rioja. 121 900 hab. Vignobles.

**-logue** → **-logie.**

**Logue Christopher** (Portsmouth, 1926 – Londres, 2011), écrivain anglais. Ses récits en vers sont accompagnés de jazz : *The Crocodile* (1976).

**loguer (se)** *vpr* 1 INFORM Se mettre en liaison avec un réseau télématique.

**Lohengrin** personnage issu d'une rencontre du *roman breton* (il est le fils de Parsifal, ou Perceval) et d'une chanson de geste. V. Loherin (Garin le). Ses exploits sont racontés dans un poème all. du XIIIe s., dont Wagner tira un drame lyrique en 3 actes (1846-1847).

**1 loi** *nf* **A 1** Règle édictée par une autorité souveraine et imposée à tous les individus d'une société. *Se conformer aux lois de son pays.* **2** DR Prescription obligatoire du pouvoir législatif. *Lois civiles, criminelles.* **3** Ensemble des lois. *Nul n'est censé ignorer la loi.* **4** fig Autorité, pouvoir. *La loi du plus fort.* **5** Ensemble des règles que tout être conscient et raisonnable se sent tenu d'observer. *La loi morale.* **6** Expression de rapports constants entre des phénomènes dans un domaine particulier. *Loi de la gravitation universelle. Lois économiques.* **B** *nfpl* Conventions régissant la vie sociale. *Les lois de l'honneur.* LOC *Faire la loi:* se conduire en maître. — *Homme de loi:* juriste. — *Loi ancienne* ou *mosaïque :* préceptes contenus dans l'Ancien Testament. — *Loi de finances:* qui fixe l'évaluation globale du budget de l'État, de ses dépenses et du rendement des impôts et qui autorise le gouvernement à recouvrer ceux-ci. — *Loi de règlement:* qui clôt l'exercice budgétaire. — *Loi d'habilitation:* autorisant le gouvernement à légiférer par ordonnances. — *Loi d'orientation:* fixant certains principes à appliquer dans certains domaines. — *Loi naturelle:* principe du bien tel qu'il se révèle à la conscience. — *Loi nouvelle:* préceptes contenus dans le Nouveau Testament : — *Loi organique:* qui concerne l'organisation des pouvoirs publics. ETY Du lat.

**2 loi** *nf* Titre auquel une monnaie doit être fabriquée. ETY Forme d'*aloi.*

**loi-cadre** *nf* Loi énonçant un principe général dont les modalités d'application sont précisées par des décrets. PLUR lois-cadres.

**loin** *av* **1** À une grande distance. *Ce chemin ne mène pas loin.* **2** À une époque éloignée dans le passé ou dans l'avenir. *Le temps dont je parle est déjà loin.* **LOC Au loin :** à une grande distance. — ***De loin :*** d'un endroit ou d'une époque éloignée ; de beaucoup. *Il est de loin le plus âgé.* — ***De loin en loin :*** à intervalles espacés. — ***De près ou de loin :*** d'une manière ou d'une autre. — ***Être loin de faire qqch :*** être dans des dispositions toutes contraires à celles qui porteraient à faire qqch. — ***Loin de :*** marque la négation. *Il est loin d'avoir compris.* ETY Du lat.

**Loing (le)** riv. du Bassin parisien (166 km), affl. de la Seine (r. g.) ; arrose Montargis. – Le *canal du Loing* longe le Loing jusqu'à Buges, d'où le canal de Briare rejoint la Loire à Briare.

**lointain, aine** *a, nm* **A** *a* **1** Qui est loin dans l'espace ou dans le temps. *La Chine est un pays lointain. L'époque lointaine de César.* **2** fig Indirect, atténué. *Une influence lointaine.* **B** *nm* **1** Les lieux que l'on voit au loin. *Distinguer un village dans le lointain.* **2** PEINT Ce qui paraît le plus éloigné dans un tableau. DER **lointainement** *av*

**loi-programme** *nf* ECON Loi de finances pluriannuelle. PLUR lois-programmes.

**loir** *nm* Rongeur nocturne à pelage gris-brun, pourvu d'une longue queue touffue, qui vit dans les arbres et hiberne six mois dans le sol. **LOC** ***Dormir comme un loir :*** très profondément.

**loir**

**Loir (le)** riv. du S.-O. du Bassin parisien (312 km) ; affl. de la Sarthe (r. g.) ; naît dans le Perche et arrose Châteaudun, Vendôme, La Flèche.

**Loire (la)** le plus long fl. de France (1 012 km), tributaire de l'Atlantique. Elle prend sa source dans le Massif central (mont Gerbier-de-Jonc, 1 551 m) et reçoit l'Allier. Dans le Bassin parisien, elle reçoit, après Tours, des riv. venues du Massif central (Cher, Indre, Vienne) et, sur la droite, la Maine. Dans le Massif armoricain, sa vallée s'encaisse puis s'élargit en un long estuaire après Nantes. La Loire a un régime pluvio-nival, très irrégulier. Son bassin couvre 120 000 km$^2$. On nomme *Val de Loire* sa vallée, jusqu'à Nantes. DER **ligérien, enne** *a*

**Loire** dép. franç. (42) ; 4 774 km$^2$ ; 756 700 hab. ; 158,5 hab./km$^2$ ; ch.-l. *Saint-Étienne* ; ch.-l. d'arr. *Montbrison* et *Roanne*. V. Rhône-Alpes. DER **ligérien, enne** *a, n*

**Loire (Haute-)** dép. franç. (43) ; 4 965 km$^2$ ; 226 200 hab. ; 45,6 hab./km$^2$ ; ch.-l. *Le Puy-en-Velay* ; ch.-l. d'arr. *Brioude* et *Yssingeaux*. V. Auvergne. DER **haut-ligérien, enne** *a, n*

**Loire (Pays de la)** rég. géogr. et hist. constituée par les terres qu'arrosent la Loire moyenne et inférieure et ses affluents.

**Loire (Pays de la)** Région française et de l'UE, formée des dép. de la Loire-Atlantique, de Maine-et-Loire, de la Mayenne, de la Sarthe et de la Vendée ; 32 126 km$^2$ ; 3 661 000 hab. ; cap. *Nantes.* DER **ligérien, enne** *a, n*

**Géographie** À cheval sur le Massif armoricain, le Bassin aquitain et le Bassin parisien, la Région a un climat océanique doux favorable au bocage et à l'herbe. Le solde migratoire n'est positif qu'en Vendée et en Loire-Atlantique. À partir de 1960, l'agriculture s'est modernisée. Les industries liées aux ports se sont restructurées. La décentralisation et l'essor du tourisme ont profité à la Région, l'une des plus prospères de France depuis les années 1990.
**Histoire** V. Anjou, Bretagne, Maine, Poitou, Vendée.

**Loire (armées de la)** armées constituées à la fin de 1870 par le gouvernement de la Défense nationale pour débloquer Paris investi par les troupes prussiennes, qui l'emportèrent au Mans (11-12 janv. 1871).

**Loire (châteaux de la)** nom donné aux habitations riches élevées aux XV^e^ et XVI^e^ s. dans les villes suivantes : Amboise, Azay-le-Rideau, Blois, Chambord, Chaumont-sur-Loire, Chenonceaux, Cheverny, Valençay et Villandry.

**Loire-Atlantique** dép. franç. (44) ; 6 893 km$^2$ ; 1 327 000 hab. ; 192,5 hab./km$^2$ ; ch.-l. *Nantes* ; ch.-l. d'arr. *Ancenis*, *Châteaubriant* et *Saint-Nazaire*. V. Loire (Pays de la) [Région].

**Loiret (le)** riv. du Bassin parisien (12 km), au sud d'Orléans, affl. de la Loire (r. g.), dont il est une résurgence.

**Loiret** dép. franç. (45) ; 6 742 km$^2$ ; 665 600 hab. ; 98,7 hab./km$^2$ ; ch.-l. *Orléans* ; ch.-l. d'arr. *Montargis* et *Pithiviers*. V. Centre-Val de Loire (Rég.).

**Loir-et-Cher** dép. franç. (41) ; 6 314 km$^2$ ; 332 000 hab. ; 52,6 hab./km$^2$ ; ch.-l. *Blois* ; ch.-l. d'arr. *Romorantin-Lanthenay* et *Vendôme*. V. Centre-Val de Loire (Rég.). DER **loir-et-chérien, enne** *a, n*

**Lois (les)** (ou *De la législation*), dialogue de Platon en 12 livres, parmi ses dernières œuvres.

**Loiseau Bernard** (Chamalières, 1951 – Seaulieu, 2003), chef cuisinier français.

**loisible** *a* **LOC** ***Il est loisible de*** (+ inf.) : il est permis, possible de.

**loisir** *nm* **A 1** Temps pendant lequel on n'est astreint à aucune tâche. *Des moments de loisir.* **2** Temps nécessaire pour faire commodément qqch. *Je n'ai pas eu le loisir d'y réfléchir.* **B** *nm pl* Activités diverses auxquelles on se livre pendant les moments de liberté. **LOC** ***À loisir, tout à loisir*** : à son aise, sans hâte. ETY Du lat.

**Loisy Alfred** (Ambrières, Marne, 1857 – Ceffonds, Hte-Marne, 1940), historien français des religions ; catholique contestataire ; pionnier de l'œcuménisme.

**Lokeren** com. de Belgique (Flandre-Orientale) ; 40 600 hab. Industr. textiles. – Église XIII^e^ s.

**Lokman** → **Luqman.**

**lokoum** → **loukoum.**

**Lola Montès** film de Max Ophuls (1955), avec Martine Carol et Peter Ustinov.

**lolita** *nf* fam Adolescente aguicheuse, nymphette. ETY Du nom d'un roman de Nabokov.

**Lolita** roman de Nabokov (1955). ▷ CINE Film de Stanley Kubrick (1962), avec Sue Lyon (née en 1946) et James Mason (1909 – 1989).

**Lolland** île du Danemark dans la Baltique ; 1 243 km$^2$ ; 60 900 hab. ; ch.-l. *Maribo.* VAR **Laaland**

**lollard** *nm* HIST **1** Hérétique anglais des XIV^e^ et XV^e^ s., qui répandait les doctrines de Wyclif. **2** Membre de confréries pénitentes d'Allemagne et des Pays-Bas. ETY Du néerl.

**Lollobrigida Luigina,** dite **Gina** (Subiaco, Italie, 1927), actrice italienne : *Fanfan la Tulipe* (1952) , *Pain, amour et fantaisie* (1954) , *Notre-Dame de Paris* (1956), *Ce merveilleux automne* (1969).

**Lomas de Zamora** v. d'Argentine (banlieue industr. de Buenos Aires) ; 510 000 hab.

**lombago** → **lumbago.**

**lombaire** *a, nf* **A** *a* Qui concerne les lombes, la région des reins. **B** *nf* Vertèbre lombaire.

**lombalgie** *nf* MED Douleur dans la région basse de la colonne vertébrale. (DER) **lombalgique** *a, n*

**lombard, arde** *a, n* **A** *nm* Dialecte italien parlé en Lombardie. **B** *a, nm* FIN Se dit du taux directeur fixé par la Bundesbank aux banques commerciales allemandes.

**Lombarde (Ligue)** union, organisée en 1167 par le pape Alexandre III, de villes du N. de l'Italie contre l'empereur Frédéric Barberousse, qui dut reconnaître cette ligue (paix de Constance, 1183). – Une autre ligue (1226-1237) fut vaincue par l'empereur Frédéric II.

**Lombardie** Région d'Italie et de l'UE, sur le versant S. des Alpes et la plaine du Pô, formée des prov. de Bergame, Brescia, Côme, Crémone, Mantoue, Milan, Pavie, Sondrio et Varese; 23 856 km$^2$; 8 886 400 hab.; cap. *Milan.* Au N., la montagne alpine, bordée d'un chapelet de lacs glaciaires (lacs Majeur, de Côme, de Garde), vit surtout d'agric. et de tourisme et produit de l'hydroélectricité. La plaine padane pratique une polyculture à hauts rendements. Puissante et diversifiée, l'industrie se concentre surtout à Milan, prem. place financière du pays. (DER) **lombard, arde** *a, n*

**Lombardo Pietro** (Carona, v. 1435 – Venise, 1515), architecte et sculpteur italien; auteur de l'égl. Santa Maria dei Miracoli à Venise.

**Lombards** peuple germanique qui, établi au I$^{er}$ s. sur l'Elbe inférieure, se déplaça vers le S., passa au VI$^e$ s. en Pannonie (Hongrie actuelle), aida Byzance contre les Ostrogoths d'Italie, puis, se retournant contre les Byzantins, pénétra en Frioul (mai 568) et conquit la plaine du Pô, Byzance conservant l'exarchat de Ravenne. Convertis au catholicisme au VII$^e$ s., les Lombards affrontèrent Rome. Quand ils prirent Ravenne (751), le pape appela Pépin le Bref, qui le sauva et créa les États pontificaux. En 774, Charlemagne s'empara de Pavie et du roi Didier, et ceignit la couronne de fer des rois lombards. (DER) **lombard, arde** *a, n*

**lombard-vénitien (Royaume)** royaume que le congrès de Vienne plaça sous la souveraineté de l'Autriche (la Lombardie de 1815 à 1859; la Vénétie de 1815 à 1866).

**lombarthrose** *nf* MED Arthrose du rachis lombaire.

**lombes** *nfpl* ANAT Région postérieure du tronc située entre les dernières côtes et les ailes iliaques. (ETY) Du lat. *lumbus,* « rein ».

**Lombok** île volcanique d'Indonésie, à l'E. de Bali; 5 450 km$^2$; env. 2 millions d'hab. Cult. du riz. – *Détroit de Lombok:* bras de mer joignant l'océan Indien et la mer de Java.

**lombosacré, ée** *a* Situé au niveau de l'articulation du rachis sacré et du rachis lombaire.

**lombostat** *nm* Corset orthopédique maintenant la région lombaire.

**lombric** *nm* Ver (annélide oligachète) de mœurs souterraines, au corps divisé en anneaux, à la peau rose légèrement visqueuse. SYN ver de terre. (PHO) [lɔ̃bʀik] (ETY) Du lat.

**lombricompost** *nm* AGRIC Compost obtenu par l'action de lombrics sur des déchets. (DER) **lombricompostage** *nm*

**lombricomposteur** *nm* AGRIC Installation de lombricompostage.

**lombriculture** *nf* AGRIC Élevage de lombrics pour la production de terreau. (DER) **lombricole** *a* – **lombriculteur, trice** *n*

**Lombroso Cesare** (Vérone, 1835 – Turin, 1909), médecin et criminaliste italien; pionnier de la criminologie moderne. Dans *l'Homme criminel* (1875) il montre que le « criminel-né » est plus un déséquilibré qu'un coupable.

**Lomé** cap. du Togo, port sur le golfe de Bénin; 1,3 million d'hab. (aggl.). Marché agric. Industries. – Archevêché catholique. – *Conventions de Lomé (1975):* accords de coopération économique, entre la CEE et de nombr. pays d'Afrique, des Caraïbes et du Pacifique. (DER) **loméen, enne** *a, n*

**Loménie de Brienne** Étienne de (Paris, 1727 – Sens, 1794), prélat et homme politique français. Archevêque de Toulouse (1763), contrôleur général des Finances (1787), il ne parvint pas à résoudre la crise financière. En 1791, il prêta serment à la Constitution civile du clergé. Il mourut néanmoins en prison. Acad. fr. (1770).

**Lomme** ch.-l. de cant. du Nord (arr. de Lille), sur la Deûle canalisée; 27 940 hab. (DER) **lommois, oise** *a, n*

**Lommel** commune de Belgique (Limbourg); 25 410 hab. Industr. (DER) **lommelois, oise** *a, n*

**Lomonossov Mikhaïl Vassilievitch** (Michaninskaïa, gouv. d'Arkhangelsk, 1711 – Saint-Pétersbourg, 1765), écrivain et physicien russe. Auteur d'odes, de traités scientifiques, d'une *Grammaire russe* (1755), de tragédies, etc., il a contribué à la création de la langue littéraire russe.

**lomp, lompe** → **lump.**

**London** v. du Canada (Ontario), sur la *Thames;* 303 160 hab. Centre industriel. – Évêché. Université.

**London John Griffith London,** dit **Jack** (San Francisco, 1876 – Glen Ellen, Californie, 1916), écrivain américain. Docker, marin, chercheur d'or, grand voyageur, il puisa dans son expérience la matière de ses récits: *l'Appel de la forêt* (1903), *Croc-Blanc* (1907), *Martin Eden* (1909) etc. *Le Peuple de l'abîme* (1903), *le Talon de fer* (1908), expriment sa révolte sociale.

Jack London

**Londonderry** (en gaélique *Dhoire*), v. et port d'Irlande du Nord; ch.-l. du district du m. nom, au fond de l'estuaire du *Foyle;* 88 000 hab. La ville a connu, de 1967 jusqu'aux années 1990, des heurts tragiques entre catholiques et protestants.

**Londres** (en angl. *London*), cap. de la Grande-Bretagne, port sur la Tamise; 8,5 millions d'hab pour le « Grand Londres ». Premier port britannique, Londres a une puissante fonc-

lombric

tion commerciale, bancaire, boursière *(Stock Exchange)*, politique, culturelle ; c'est le prem. centre industr. de G.-B. La *City*, centre des affaires et des banques, est entourée par des quartiers *(boroughs)* fort différents : à l'aristocratique West End, ponctué de parcs (Hyde Park), s'oppose l'industriel East End. De nombr. et vastes villes ont été créées dans la grande banlieue. Les rénovations entreprises en 1981 affectent 1 million de m$^2$ dans la *City* ; les *Docklands* s'étendront sur 40 km le long de la Tamise. Les principaux monuments sont voisins : tour de Londres (fin du XI$^e$ s.) et Tower Bridge (pont faisant face à la Tour, 1886-1894) ; abb. de Westminster, fondée au XI$^e$ s. (remaniée aux XIV$^e$, XV$^e$ et XVI$^e$ s.) ; Westminster Palace (siège du Parlement), néogothique (terminé en 1888) ; la cath. Saint-Paul (1675-1710) ; Buckingham Palace (XVIII$^e$ et XIX$^e$ s.), résidence officielle des souverains brit. depuis 1837. Musées d'une richesse exceptionnelle : National Gallery, British Museum, Tate Gallery (art moderne), etc. DER **londonien, enne** *a, n*

**Histoire** Bourgade celtique, Londres fut colonisée par les Romains puis exposée aux attaques anglo-saxonnes et danoises. Elle devint cap. sous Guillaume le Conquérant puis obtint une charte (1191). Dès lors, l'essor de Londres crût sans cesse, mais des catastrophes la ravagèrent au XVII$^e$ s. (peste en 1665, incendie en 1666). La révolution industr. du XIX$^e$ s. donnera à la ville son aspect victorien et son rôle international. Lors de la guerre de 1939-1945, les bombardements l'endommagèrent. La ville accueille les jeux Olympiques de 2012.

**Londres** tour Victoria, tour de l'Horloge de Wesminster Palace (Big Ben) et Tower Bridge

**Londres (Conférence internationale de)** conférence qui réunit la France, la G.-B. et la Russie de 1827 à 1832. Elle reconnut l'indépendance de la Grèce, fixa ses frontières et choisit le prince Otton de Bavière comme roi.

**Londres (Conférence internationale de)** conférence qui siégea à Londres en 1830-1831 et décréta l'indépendance de la Belgique, ainsi que sa neutralité. En juin 1831, elle proposa au pays un souverain, Léopold de Saxe-Cobourg, que le Congrès belge élut roi.

**Londres (Conférence internationale de)** conférence (1912-1913) des six grandes puissances européennes, qui mit fin à la première guerre balkanique (V. Balkans) et consacra l'indépendance de l'Albanie.

**Londres (traité de)** traité signé en 1867 à la suite d'une conférence internationale, qui garantit l'indépendance et la neutralité du grand-duché de Luxembourg.

**Londres Albert** (Vichy, 1884 – en mer, 1932), journaliste français ; grand reporter : *Au bagne* (1923), *Pêcheurs de perles* (1931).

**londrès** *nm* Cigare de La Havane, destiné, à l'origine, à l'exportation vers l'Angleterre. PHO [lɔ̃dʀɛs] ETY De l'esp., « de Londres ».

**Londrina** v. du Brésil (État de Paraná) ; 506 701 hab. Industr. alimentaires.

**long, longue** *a, n, av* **A** *a* **1** Qui présente une certaine étendue dans le sens de sa plus grande dimension (par oppos. à *court*, à *large*). *Une robe longue. Une salle très longue.* **2** Qui couvre une grande distance. *Phares à longue portée.* **3** Qui dure longtemps (par oppos. à *bref*, à *court*). *Une longue vie.* **4** Éloigné dans le passé ou dans l'avenir. *Une connaissance de longue date. Un bail à long terme.* **5** Qui met beaucoup de temps pour. *Il est long à se décider.* **6** Qui a telle longueur, telle durée. *Tapis long de deux mètres. Un règne long de dix ans.* **B** *nm* Longueur. *Des rideaux de trois mètres de long.* ANT largeur. **C** *a, nf* LING Se dit d'une syllabe, d'une voyelle dont l'émission dure longtemps. ANT brève. **D** *av* Beaucoup. *Regard qui en dit long.* **LOC** ***À la longue*** : avec le temps. — ***Au long de*** : en côtoyant. — ***Au long, tout du long*** : entièrement, complètement. — MILIT ***Coup long*** : tel que le projectile tombe au-delà de l'objectif. — ***De long en large*** : en allant et venant sans cesse. — ***De long, en long*** : dans le sens de la longueur. — ***De tout son long*** : en ayant le corps étendu sur toute sa longueur. — ***Tout au long de*** : pendant toute la durée de. ETY Du lat.

**Long Marguerite** (Nîmes, 1874 – Paris, 1966), pianiste française. Elle fonda avec J. Thibaud, en 1946, un concours international d'interprètes, qui porte son nom.

**Long Richard** (Bristol, 1945), artiste britannique, un des protagonistes du Land Art.

**longane** *nm* Fruit exotique proche du litchi.

**longanimité** *nf* litt **1** Patience avec laquelle on endure les offenses que l'on pourrait punir. **2** Patience dans le malheur.

**Long Beach** v. des États-Unis (Californie), fbg industr. et port de Los Angeles ; 462 257 hab.

**Longchamp (hippodrome de)** hippodrome de l'O. de Paris (bois de Boulogne).

**long-courrier** *nm* Navire ou avion qui effectue de longs trajets. PLUR long-courriers.

**long-drink** *nm* Boisson alcoolisée additionnée d'eau ou de soda. PLUR long-drinks. PHO [lɔ̃gdʀink] ETY Mots angl.

**1 longe** *nf* **1** Moitié de l'échine d'un veau ou d'un chevreuil, du bas des épaules à la queue. **2** Partie du porc comprenant les parties supérieures des régions cervicales, dorsales et sacrées. ETY Du lat.

**2 longe** *nf* Longue courroie qui sert à attacher ou à conduire un cheval, un animal domestique. ETY De *long*.

**longer** *vt* 13 **1** Aller le long de. *Longer la rivière.* **2** S'étendre le long de. *La route longe la voie ferrée.*

**longère** *nf* rég Dans l'ouest de la France, ensemble de bâtiments ruraux contigus, de forme basse et allongée.

**longeron** *nm* TECH Chacune des pièces longitudinales qui forment l'ossature principale d'un châssis, d'un pont métallique, etc.

**longévité** *nf* **1** Longue durée de la vie. *La longévité des carpes, des tortues.* **2** Durée de la vie. *Longévité moyenne d'une espèce.*

**Longfellow Henry Wadsworth** (Portland, Maine, 1807 – Cambridge, Massachusetts, 1882), poète américain, inspiré par l'histoire acadienne (*Evangeline*, 1847) et le folklore amérindien (*Hiawatha*, 1855).

**Longhena Baldassare** (Venise, 1598 – id., 1682), architecte italien ; princ. représentant du baroque vénitien : égl. Santa Maria della Salute (1631-1654), palais Rezzonico.

**Longhi Pietro Falca,** dit (Venise, 1702 – id., 1785) peintre italien, inspiré par la vie populaire et mondaine à Venise.

**longi-** Élément, du lat. *longus*, « long ».

**longicorne** *a, nm* ENTOM **1** Se dit d'un insecte qui a de longues antennes. *Coléoptère longicorne.* **2** Syn. de *cérambycidé*.

**longiligne** *a, n* Qui a les membres longs par rapport au tronc. ANT bréviligne.

**Longin (saint)** (I$^{er}$ s. apr. J.-C.), personnage légendaire. Soldat romain, il aurait percé le flanc du Christ avec sa lance, se serait converti et aurait été martyrisé à Césarée de Cappadoce.

**Long Island** île de la côte Atlantique des É.-U. sur laquelle sont bâtis deux quartiers industrialisés de New York : *Brooklyn* et *Queens*.

**longitude** *nf* Une des deux coordonnées qui permettent de situer un lieu à la surface du globe terrestre (l'autre est la *latitude*) ; angle, compté de 0° à 180°, que forme le plan du méridien de ce lieu avec le plan du méridien pris pour origine. *Le phare d'Eckmühl est situé par 47° 48' de latitude nord et 4° 22' de longitude ouest.* **LOC** ASTRO ***Longitude d'un astre*** : dans le système de coordonnées écliptique géocentrique, angle formé dans le plan de l'écliptique par la droite qui passe par le centre de la Terre et le point vernal, d'une part, et par la projection de la droite reliant le centre de la Terre à l'astre, d'autre part. ETY Du lat.

**longitudinal, ale** *a* Qui s'étend, qui est disposé ou pratiqué selon le sens de la longueur. *Coupe longitudinale.* PLUR longitudinaux. DER **longitudinalement** *av*

**long-jointé, ée** *a* Se dit d'une monture aux paturons trops longs. PLUR long-jointés.

**Longjumeau** ch.-l. de cant. de l'Essonne (arr. de Palaiseau), sur l'Yvette ; 21 177 hab. Industr. chim. – En 1568, la *paix de Longjumeau* termina la deuxième guerre de Religion. – Égl. XIII$^e$-XV$^e$ s. DER **longjumellois, oise** *a, n*

**Longmen** site archéologique de Chine (Henan) : monastère du V$^e$ s. et grottes contenant des sculpt. bouddhiques (500-750).

**long-métrage** *nf* Film de plus de 70 minutes. PLUR longs-métrages.

**Longo Jeannie** (Annecy, 1958), coureuse cycliste française. Entre 1985 et 2011, elle a remporté treize titres mondiaux, une médaille d'or aux JO d'Atlanta (1996) et battu 38 records du monde.

**Longpont** com. de l'Aisne ; 299 hab. – Abbaye cistercienne (XII$^e$ s.-XIII$^e$ s.).

**long-seller** *nm* Livre dont on prévoit une vente étalée sur une longue période, par opp. au *best-seller*. PLUR long-sellers. PHO [lɔ̃gselœʀ] ETY Mots angl. « vendu longtemps ». VAR **longseller**

**longtemps** *av* Pendant un long espace de temps. *Il a longtemps vécu en Suisse. Je le savais depuis longtemps.*

**Longue (île)** petite île de la rade de Brest. Importante base navale.

**Longue Marche (la)** retraite (oct. 1934-oct. 1935) organisée par Mao Zedong pour éviter le massacre de ses troupes par le Guomindang. Sur 130 000 militants partis du Jiangxi, 20 000 seulement parvinrent au Shānxi (12 000 km au N.).

**longuement** *av* Durant un long moment.

**Longuenesse** com. du Pas-de-Calais (arr. de Saint-Omer) ; 11 646 hab. DER **longuenessois, oise** *a, n*

**longuet, ette** *a, nm* **A** *a* fam Qui est un peu long dans la durée. **B** *nm* Petit pain allongé biscotté ; gressin.

**Longueuil** v. du Québec, sur le Saint-Laurent ; 385 700 hab. Constr. aéronautiques. DER **longueuillois, oise** *a, n*

**longueur** *nf* **A 1** Dimension d'une chose de l'une à l'autre de ses extrémités. *La longueur d'un fleuve.* **2** Étendue d'une chose dans sa plus grande dimension (par oppos. à *largeur*, *profondeur*, *hauteur*, *épaisseur*). *La longueur d'un parallélépipède.* **3** Dimension linéaire (par oppos. à *surface* et à *volume*). *L'unité de longueur est le mètre.* **4** Durée. *La longueur du jour est variable d'une saison à l'autre.* **5** Étendue d'un texte. *La longueur d'un poème.* **6** SPORT Distance égale à la longueur d'un cheval, d'un véhicule. *Cheval qui gagne une course d'une longueur.* **B** *nfpl* Parties superflues qui ralentissent le rythme d'une œuvre littéraire, d'un spectacle. **LOC** ***À longueur de*** : pendant tout le temps de. — fam ***Avoir une longueur d'avance*** : un avantage sur un adversaire, un concurrent. — ***En longueur*** : dans le sens de la longueur. — PHYS ***Longueur d'onde*** : distance parcourue par une vibration au cours d'une période. — MATH ***Longueur d'un vecteur*** : son module.

**Longueville** Anne Geneviève de Bourbon (duchesse de) (Vincennes, 1619 – Paris, 1679), fille d'Henri de Bourbon, prince de Condé, et épouse d'Henri de Longueville. Elle participa à la Fronde, contre Mazarin.

**longue-vue** *nf* Lunette d'approche. PLUR longues-vues.

**Longus** Lesbos (III^e ou IV^e s. apr. J.-C.), romancier grec, auteur présumé de *Daphnis et Chloé*, roman pastoral traduit en français par J. Amyot (1559), puis par P.-L. Courier (1810).

**Longwood** nom de la résidence de Napoléon I^er à Sainte-Hélène, où il mourut en 1821.

**Longwy** ch.-l. de cant. de Meurthe-et-Moselle (arr. de Briey), sur la Chiers ; 14 521 hab. Import. centre sidér. touché par la crise des années 70. Faïences. DER **longovicien, enne** *a, n*

**Lon Nol** (Kompong Leau, à l'E. de Phnom Penh, 1913 – Fullerton, Californie, 1985), homme politique et maréchal cambodgien. Premier ministre pro-américain (1966 et 1969), il renversa Norodom Sihanouk (1970), mais dut s'exiler en 1975 face à l'avancée des Khmers rouges.

**Lönnrot** Elias (Karjalohja, 1802 – Sammati, 1884), poète finlandais. Il rassembla en une épopée, *le Kalevala* (1835, éd. augmentée en 1849 : 23 000 vers), les poèmes pop. finnois.

**Lonsdale** Michael (Paris, 1931), acteur français de théâtre et de cinéma : *le Nom de la rose* (1986), *Des hommes et des dieux* (2010).

**Lons-le-Saunier** ch.-l. du dép. du Jura, sur la *Vallière* ; 18 804 hab. Petit centre comm. et industr. au contact de la plaine de la Saône et des plateaux du Jura. Stat. therm. – Égl. St-Désiré (en partie du XI^e s.) et égl. XV^e-XVI^e s. Hôpital XVIII^e s. DER **lédonien, enne** *a, n*

**loofa** → **loufa.**

**look** *nm* fam **1** Aspect physique, style. *Changer de look.* **2** Aspect d'une chose. *Le look d'un journal.* PHO [luk] ETY Mot angl.

**looké, ée** *a* fam Qui a adopté tel ou tel look. *Des ados lookés techno.* PHO [luke]

**looping** *nm* Boucle complète effectuée par un avion. PHO [lupiŋ] ETY De l'angl.

**Loos** com. du Nord (arr. de Lille), sur la Deûle canalisée ; 22 240 hab. Industries. – Abb. cistercienne (XII^e-XVIII^e s.), transformée en prison. DER **loosois, oise** *a, n*

**Loos** Adolf (Brünn, auj. Brno, 1870 – Vienne, 1933), architecte autrichien : maison Steiner à Vienne (1910), maison de Tristan Tzara à Paris (1926). Il exposa le fonctionnalisme dans la conférence *Ornement et Crime* (Vienne, 1908).

**Lopburi** v. de Thaïlande, au N. de Bangkok ; 40 000 hab. ; ch.-l. de prov. Vestiges protohistoriques. Temples des XIII^e-XIV^e s.

**Lope de Vega Carpio** Felix (Madrid, 1562 – id., 1635), poète et auteur dramatique espagnol. Ayant pratiqué tous les genres, il est surtout connu pour 1 800 comédies et 400 drames religieux. Sur 500 pièces qui nous sont parvenues, les meilleures sont ses comédies de mœurs : *l'Alcade de Zalaméa* (1600), *le Chien du jardinier* (1618), *Aimer sans savoir qui* (1630), *Le meilleur alcade, c'est le roi* (1635). Son *Nouvel Art de faire des comédies* (1609) influença Corneille et Molière.

Lope de Vega Carpio

**lopette** *nf* très fam Homme lâche, minable. VAR **lope**

**López** Carlos Antonio (Asunción, 1790 – id., 1862), homme politique paraguayen. Président de la Rép. (1844-1862), il s'allia au Brésil pour renverser l'Argentin Rosas (1852). — **Francisco Solano** (Asunción, 1827 – Cerro Corá, 1870), fils et successeur (1862-1870) du préc. Il déclencha en 1865 une guerre (pour libérer des territoires guaranis) contre le Brésil, l'Argentine et l'Uruguay, victorieux ; un million de Paraguayens furent tués.

**López de Mendoza** Iñigo (marquis de Santillana) (Carrión de los Condes, 1398 – Guadalajara, 1458), homme de guerre et poète espagnol. Il introduisit le sonnet dans la littérature espagnole et écrivit des poèmes politiques et moralistes.

**lophobranche** *nm* ZOOL Syn. ancien de *syngnathiforme.* ETY Du gr.

**lophophore** *nm* ZOOL **1** Oiseau galliforme himalayen, au plumage d'un éclat métallique. **2** Couronne de tentacules couverts de cils vibratiles, chez certains cœlomates.

**lophophorien** *nm* ZOOL Animal muni d'un lophophore buccal. *Les ectoproctes et les endoproctes sont des lophophoriens.*

**lopin** *nm* Petit morceau, portion de terrain.

**loquace** *a* Qui parle beaucoup, bavard. ETY Du lat. DER **loquacement** *av* – **loquacité** *nf*

**-loque** Élément, du lat. *loqui*, « parler ».

**loque** *nf* **A 1** Morceau d'étoffe déchirée. **2** fig Personne sans énergie. *Une loque humaine.* **3** Belgique, Afrique Chiffon, torchon, serpillière. **B** *nfpl* Haillons. *Un vagabond en loques.* ETY Du néerl.

**loquet** *nm* Fermeture de porte formée d'une clenche mobile qui vient se bloquer dans une pièce métallique fixée au chambranle. ETY De l'angl.

**loqueteau** *nm* Petit loquet.

**loqueteux, euse** *a, n* **A** En loques. *Rideaux loqueteux.* **B** *n* péjor Miséreux.

**loran** *nm* TECH Système qui permet de déterminer la position d'un aéronef ou d'un navire par rapport à deux stations terrestres émettant des impulsions radioélectriques décalées dans le temps. ETY Mot amér., abrév. de *Long Range Aid to Navigation*, « aide à la navigation à longue distance ».

**loranthacée** *nf* BOT Dicotylédone semi-parasite telle que le gui. ETY De *loranthe*, plante type de la famille.

**Lorca** ville d'Espagne (Murcie) ; 92 869 hab. – Anc. place forte. Nombr. monastères baroques.

**Lorca** → **Garcia Lorca.**

**lord** *nm* Titre porté par les pairs du royaume, les membres de la Chambre des lords et les titulaires de certaines hautes fonctions, en G.-B. *Lord Chamberlain. Lord du Sceau privé.* PHO [lɔʀd] ETY Mot angl., « seigneur ».

**Lord Jim** roman de Conrad (1900). ▷ CINE Film de Richard Brooks (1965), avec Peter O'Toole (né en 1932).

**lord-maire** *nm* Premier magistrat municipal de Londres, Édimbourg et Dublin. PLUR lords-maires.

**lordose** *nf* MED Courbure à convexité antérieure de la colonne vertébrale. ▶ illustr. **vertébral**

**lords (Chambre des)** Chambre haute du Parlement brit., composée d'un millier de membres (certains, héréditaires). Puissante à partir du XIII^e s., elle perdit progressivement ses pouvoirs qui furent, dès la fin du XVII^e s., exercés par la Chambre des communes.

**Lorelei (la)** falaise rocheuse de la r. dr. du Rhin, à 2 km en amont de Sankt Goarshausen. Une légende selon laquelle le chant d'une sirène (*la Lorelei*) attirait contre la falaise les bateliers fut popularisée par C. Brentano et surtout Heinrich Heine (1823-1824).

**Loren** Sophia Scicolone, dite Sophia (Rome, 1934), actrice de cinéma italienne : *l'Or de Naples* (1954), *la Comtesse de Hong Kong* (1966), *Une journée particulière* (1977).

**Lorentz** Hendrik Antoon (Arnhem, 1853 – Haarlem, 1928), physicien néerlandais. Ses travaux sur l'électromagnétisme permirent à Einstein d'élaborer sa théorie de la relativité. P. Nobel 1902 avec P. Zeeman.

Sophia Loren

H.A. Lorentz

**Lorenz** Konrad (Vienne, 1903 – Altenberg, Autriche, 1989), biologiste autrichien ; considéré comme le père de l'éthologie moderne : *Essais sur le comportement animal et humain* (1965). P. Nobel de médecine 1973 avec K. von Frisch et N. Tinbergen.

Konrad Lorenz

**Lorenz** Edward Norton (West Hartford, Connecticut, 1917 – Cambridge, Connecticut, 2008), météorologue américain. Selon lui, une incertitude sur les conditions initiales d'un phénomène a des conséquences exponentiellement croissantes (« effet papillon »).

**Lorenzaccio** drame en 5 actes et en prose de Musset (1834).

**Lorenzetti** Pietro (Sienne, vers 1280 – id., vers 1348), peintre siennois, influencé par Giotto : fresques de l'église inférieure d'Assise (v. 1330). — **Ambrogio** (Sienne, vers 1290 – id., 1348), frère du préc. : fresques du *Bon* et du *Mauvais Gouvernement* (Palais public de Sienne).

**Lorenzo Monaco** (Sienne, v. 1370 – Florence, apr. 1422), peintre et miniaturiste siennois, maître de Fra Angelico.

**Lorenzo Veneziano** (Venise, 1336 – id., 1373), peintre italien ; un des primitifs vénitiens.

**Lorestān** → **Luristān.**

**Lorette** (en ital. *Loreto*), v. d'Italie (prov. d'Ancône) ; 10 620 hab. Pèlerinage. – Au XV^e s. est née la croyance qu'un bâtiment de la ville était la maison de Marie (*Santa Casa*), transportée par des anges, en 1294, de Nazareth à Lorette ; au XVIe s., on construisit une égl. pour l'abriter.

**lorgner** *vt* ① **1** Regarder à la dérobée ; regarder indiscrètement ou avec insistance. *Lorgner les passantes.* **2** fig Convoiter. *Lorgner un héritage.* ETY De l'anc. fr. *lorgne,* « qui louche ».

**lorgnette** *nf* Petite jumelle utilisée surtout au spectacle. LOC ***Regarder par le petit bout de la lorgnette qqch*** : considérer qqch avec étroitesse d'esprit, ou en s'attachant à un détail qui fait perdre l'ensemble de vue.

**lorgnon** *nm* Paire de verres correcteurs avec leur monture, sans branches, maintenue sur le nez par un ressort ou munie d'un manche.

**lori** *nm* Perroquet d'Océanie, aux couleurs vives. ETY Mot malais.

**loricaire** *nm* Poisson américain, voisin du poisson-chat, dont le corps est couvert d'une cuirasse de plaques osseuses. ETY Du lat.

**Lorient** ch.-l. d'arr. du Morbihan, sur le Blavet et le Scorff ; 59 700 hab. (env. 190 000 hab. dans l'aggl.). Port de pêche (2e de France), de commerce et de guerre (base sous-marine, base aéronavale de Lann-Bihoué, écoles de la Marine), et centre industriel. DER **lorientais, aise** *a, n*

**loriot** *nm* Oiseau passériforme au chant sonore, au plumage jaune et noir (mâle) ou verdâtre (femelle). ETY Du lat. *aureolus,* « de couleur d'or ».

**loriot**

**loriquet** *nm* Perroquet voisin du lori.

**loris** *nm* Petit lémurien asiatique à gros yeux, dépourvu de queue. PHO [lɔris] ETY Du néerl. *lœris,* « clown ».

**lorisidé** *nm* ZOOL Lémurien d'Afrique et d'Asie du S.-E., de mœurs nocturnes et forestières, tel que le loris, le potto et le galago.

**Lorme** **Marion de** (Baye, Champagne, 1611 – Paris, 1650), courtisane française célèbre pour sa beauté et ses amours. Son salon réunissait les écrivains célèbres.

**Lormont** ch.-l. de cant. de la Gironde (arr. de Bordeaux), sur la Garonne ; 21 300 hab. Vignobles (entre-deux-mers). DER **lormontais, aise** *a, n*

**lorrain** *nm* Parler de la langue d'oïl en usage en Lorraine.

**Lorrain** **Claude Gelée** ou **Gellée,** dit **Claude** (Chamagne, Vosges, 1600 – Rome, 1682), peintre français. Il s'établit à Rome en 1627, où il connut Poussin. S'attachant à rendre la lumière crépusculaire dans ses paysages portuaires, il annonce Turner. VAR **le Lorrain**

**Lorraine** anc. province du N.-E. de la France, correspondant à l'ancienne Région. DER **lorrain, aine** *a, n*
**Histoire** Sous Charlemagne, la Lorraine fut la *Francia media.* Le partage de Verdun (843) la plaça dans le territoire de Lothaire Ier, qui la donna (855) à Lothaire II ; elle prit alors le nom de *Lotharingie* et s'étendait jusqu'au Brabant actuel. Déclarée indépendante de l'Empire par Charles Quint (1542), la Lorraine fut amputée, au profit de la France, des Trois-Évêchés (1552). Cédée au roi de Pologne (1738), elle échut à la France à la mort de celui-ci (1766). Dès 1770, elle exploita ses mines de fer. En 1871, l'Allemagne annexa une partie des dép. de la Meurthe et de la Moselle, que la France reprit en 1919.

**Lorraine** ancienne Région française et de l'UE, formée des dép. de Meurthe-et-Moselle, de la Meuse, de la Moselle et des Vosges, intégrée en 2016 à la Rég. Alsace-Champagne-Ardenne-Lorraine. Metz forme, avec Nancy et Thionville, une métropole d'équilibre. DER **lorrain, aine** *a, n*
**Géographie** Drainée par la Meuse et la Moselle, la Région s'étend sur l'E. du Bassin parisien et le versant occid. des Vosges ; ses hauts plateaux ont des hivers longs et rudes et des étés chauds et orageux. Bien dotée en ressources naturelles : minerai de fer, charbon, sel gemme, la Lorraine est devenue, à la fin du XIXe s., une puissante rég. d'industries lourdes, attirant une forte immigration ; les vallées vosgiennes développaient l'industrie du coton. L'industrie n'emploie auj. que le tiers des actifs ; modernisée, elle n'a pu enrayer le chômage (depuis 1970) et l'émigration. La Lorraine a créé, avec la Belgique et le Luxembourg, un pôle européen de développement.

**Lorraine (maisons de)** nom des trois familles qui régnèrent sur le duché de Lorraine : maison de *Lorraine-Alsace* (1048-1431) ; d'*Anjou-Lorraine* (1431-1473) ; de *Lorraine-Vaudémont* (1473-1736), dont sont issus les Guise.

**Lorre** **Laszlo Lowenstein,** dit **Peter** (Ružomberok, Slovaquie, 1904 – Los Angeles, 1964), acteur américain d'orig. austro-hongroise. Après *M le Maudit* (1931) , il s'exile aux É.-U. : *les Mains d'Orlac* (1934) , *le Faucon maltais* (1941) , *Casablanca* (1943).

**lorry** *nm* CH DE F Wagonnet plat servant aux travaux d'entretien des voies. PLUR lorries. ETY Mot angl.

**lors** *av* LOC ***Depuis lors*** : depuis ce moment-là. — ***Dès lors*** dès ce moment-là. — ***Dès lors que*** : à partir du moment où. — ***Lors de*** : au moment de. — ***Lors même que*** : quand bien même. *Lors même que vous le penseriez, ne le dites pas.* ETY Du lat.

**lorsque** *conj.* **1** Au moment où, quand. *Lorsque la porte s'ouvre, l'air froid entre.* **2** Alors que. « *Seul vous vous haïssez, lorsque chacun vous aime* » (Corneille).

**Los Alamos** ville des É.-U. (Nouveau-Mexique) ; 12 000 hab. – Laboratoires de physique nucléaire. La prem. bombe atomique y fut expérimentée (16 juil. 1945).

**losange** *nm* **1** GEOM Parallélogramme ayant quatre côtés de même longueur. **2** HERALD Pièce héraldique figurant un fer de lance. **3** MUS Dans la notation du plain-chant, note en forme de losange. ETY Du gaul. *lausa,* « pierre plate ». DER **losangique** *a*

**losangé, ée** *a* Divisé en losanges.

**Los Angeles** conurbation de Californie (É.-U.), sur le Pacifique ; 3,9 millions d'hab. Grand centre comm. et industriel ; cinéma dans le faubourg Hollywood. La coexistence entre diverses communautés (Européens, Latino-Américains, Noirs) pose parfois des problèmes. – Archevêché catholique. Université (UCLA). Musées. Siège des J.O. de 1932 et 1984. DER **angeleno** *a, n*

**Los Angeles** le centre ville ; au premier plan, la cathédrale St. Vibiano

**Loschmidt** **Joseph** (Putschirn, Bohême, 1821 – Vienne, 1895), physicien autrichien. ▷ *Nombre de Loschmidt* : nombre de molécules présentes dans 1 cm$^3$ de gaz à 0 °C, sous la pression atmosphérique normale.

**loser** *nm* **fam** Personne poursuivie par la malchance. PHO [luzœr] ETY Mot angl.

**Losey** **Joseph** (La Crosse, Wisconsin, 1909 – Londres, 1984), cinéaste américain. Il tourna surtout en Europe : *Temps sans pitié* (1956), *les Criminels* (1960), *The Servant* (1963), *le Messager* (1971), *Monsieur Klein* (1976), *Don Giovanni* (1979). ▶ illustr. p. 950

**lost generation** (« génération perdue »), celle des écrivains américains, tels que Hemingway et son ami Dos Passos, auxquels la Première Guerre mondiale ôta leurs illusions.

**lot** *nm* **1** Portion d'un tout à partager entre plusieurs personnes. *Lots d'une succession.* **2** Ce qui

**Claude Lorrain** *Port de mer au soleil levant,* 1639 – musée du Louvre

échoit dans une loterie à chacun des gagnants. **3** fig Ce que le sort, la destinée réserve à qqn. *Mon lot est d'être malchanceux.* **4** COMM Ensemble d'articles assortis vendus en bloc. **5** CONSTR Chacun des marchés d'entreprise. *Appel d'offres par lots séparés.* **LOC** INFORM ***Traitement par lots*** : traitement d'une suite de programmes dans un certain ordre pour obtenir une meilleure efficacité de calcul, une meilleure utilisation de la mémoire, etc. [ETY] Du frq.

**Lot (le)** riv. du S.-O. de la France (481 km), affl. de la Garonne (r. dr.) ; naît en Lozère, arrose Mende, Cahors et Villeneuve-sur-Lot.

**Lot** dép. franç. (46) ; 5 228 km$^2$ ; 173 800 hab. ; 33,2 hab./km$^2$ ; ch.-l. *Cahors* ; ch.-l. d'arr. *Figeac* et *Gourdon*. V. Midi-Pyrénées. [DER] **lotois, oise** *a, n*

**lotar** *nm* Luth à quatre cordes d'Afrique du Nord.

**lote → lotte.**

**loterie** *nf* **1** Jeu de hasard comportant la vente de marques ou de billets numérotés et le tirage au sort des numéros gagnant un lot. **2** fig Ce qui dépend du hasard. *Le bonheur est une loterie.* **LOC** ***Loterie nationale*** : loterie instituée par l'État, qui a fonctionné de 1933 à 1990. [ETY] Du néerl. ou de l'ital.

**Lot-et-Garonne** dép. franç. (47) ; 5 358 km$^2$ ; 333 200 hab. ; 62,2 hab./km$^2$ ; ch.-l. *Agen* ; ch.-l. d'arr. *Marmande*, *Nérac* et *Villeneuve-sur-Lot*. V. Aquitaine. [DER] **lot-et-garonnais, aise** *a, n*

**Loth** personnage biblique ; patriarche, neveu d'Abraham. Averti par des anges de la destruction prochaine de Sodome, il put s'enfuir avec les siens, qui ne devaient pas se retourner ; sa femme désobéit et fut changée en statue de sel. Loth s'unit à ses filles : Moab et Ammon naquirent. [VAR] **Lot**

**Lothaire** (Laon, 941 – Compiègne, 986), roi de France (954-986). Fils de Louis IV d'Outremer, il laissa gouverner son oncle Bruno et perdit l'appui d'Hugues Capet.

**Lothaire Ier** (?, 795 – Prüm, 855), empereur d'Occident (840-855). Fils aîné de Louis le Pieux, il dut partager l'Empire avec ses frères (traité de Verdun, 843). Son territoire s'étendait de Rome à Aix-la-Chapelle. — **Lothaire II** (?, vers 825 – Plaisance, 869), second fils du préc., hérita (855-869) de la partie nord du territoire, qui prit le nom de *Lotharingie*.

**Lothaire II de Supplinburg** (?, v. 1060 – Breitenwang am Lech, Tyrol, 1137), duc de Saxe en 1106 et empereur germanique (1125-1137). Il affronta les Hohenstaufen (déclenchant ainsi la querelle des guelfes et des gibelins) et soutint le pape Innocent II. [VAR] **Lothaire III**

**Lotharingie** royaume de Lothaire II, au IXe s. V. Lothaire II, Lorraine.

**Lothian** ancienne région d'Écosse qui avait pour cap. *Édimbourg*.

**Joseph Losey** *le Messager*, 1971, avec Julie Christie

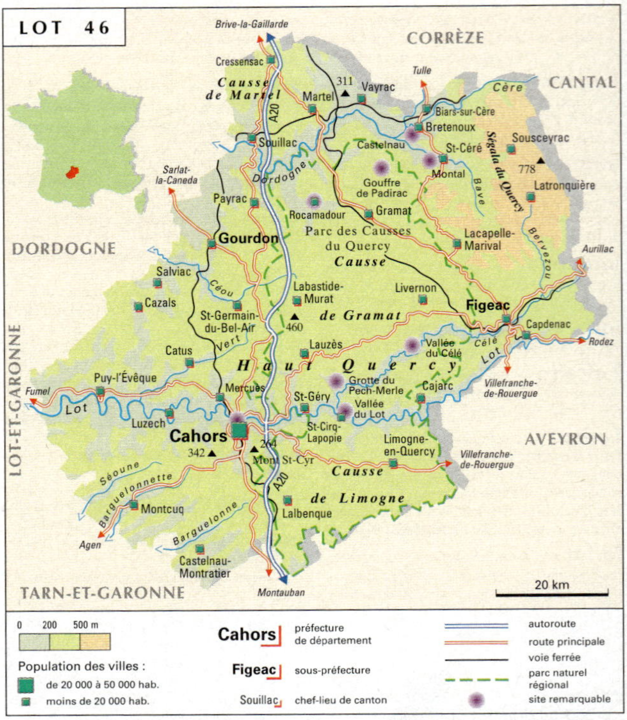


**1 loti, ie** *a* **LOC** ***Être bien*** ou ***mal loti*** : être favorisé ou défavorisé par le sort.

**2 loti** *nm* Unité monétaire du Lesotho.

**Loti Julien Viaud,** dit **Pierre** (Rochefort, 1850 – Hendaye, 1923), officier de marine français, auteur de récits autobiographiques et exotiques : *le Mariage de Loti* (1882), *Pêcheur d'Islande* (1886), *Madame Chrysanthème* (1887), *Ramuntcho* (1897). Acad. fr. (1891).

**lotier** *nm* BOT Papilionacée fourragère des prés, à fleurs jaunes. [ETY] Du lat. *lotus*, « mélilot ».

**lotion** *nf* **1** Action de répandre un liquide sur une partie du corps pour l'adoucir, la rafraîchir. **2** Liquide à employer en lotion. *Lotion après-rasage, capillaire.* [PHO] [losjɔ̃] [ETY] Du lat.

**lotionner** *vt* [1] Soumettre à une lotion. *Lotionner le cuir chevelu.*

**lotique** *a* ECOL Qui se rapporte aux écosystèmes d'eaux douces à circulation rapide. ANT lentique.

**lotir** *vt* [3] **1** Partager en lots. *Lotir un terrain.* **2** Mettre en possession d'un lot.

**lotissement** *nm* **1** Morcellement d'un terrain en parcelles destinées à la construction et vendues séparément. **2** Terrain ainsi morcelé ; chacune des parcelles d'un tel terrain.

**lotisseur, euse** *n* Personne qui lotit un terrain pour le vendre par parcelles.

**loto** *nm* **1** Jeu de hasard qui se joue avec des jetons numérotés à placer sur des cartons ; matériel avec lequel on joue à ce jeu. **2** (nom déposé) Jeu national de hasard institué en 1976, comportant la vente de billets sur lesquels les joueurs choisissent des numéros, suivie d'un tirage donnant lieu à l'attribution de lots en numéraire. **LOC** fam ***Avoir les yeux en billes de loto*** : avoir de gros yeux ronds. [ETY] De l'ital. *lotto*, « sort ».

**Lotophages** (« Mangeurs de lotus », c.-à-d. de jujubes), dans l'*Odyssée*, peuple du golfe de la Grande Syrte (probabl. de Djerba) chez qui Ulysse aborda.

**Lötschberg** tunnel ferroviaire (14,6 km) sous l'Oberland, qui dessert la région de Berne.

**lotte** *nf* Poisson téléostéen (gadidé) d'eau douce au corps allongé et à la peau grise marbrée de jaune. **LOC** ***Lotte (de mer)*** : baudroie. [ETY] Du gaul. [VAR] **lote**

**Lotto Lorenzo** (Venise, v. 1480 – Lorette, 1556), peintre italien de portraits expressifs et de compositions religieuses annonçant l'art baroque.

**lotus** *nm* Nom courant d'un nénuphar. [ETY] Du gr.

**lotus** rose de l'Inde

**Lotze Rudolf Hermann** (Bautzen, 1817 – Berlin, 1881), physiologiste allemand, considéré comme le père de la psychophysiologie : *Psychologie médicale ou Physiologie de l'âme* (1852).

**louable → louer 1** et **2.**

**louage** *nm* Location. *Voiture de louage.*

**louange** *nf* **1** Discours par lequel on loue qqn ; éloge. **2** Gloire, mérite.

**louanger** *vt* [13] Couvrir d'éloges. [DER] **louangeur, euse** *a*

**loubard** *nm* fam Jeune voyou.

**Loubas** → **Lubas.**

**loubavitch** *a, n* Se dit des adeptes d'une secte juive hassidique, ultra-orthodoxe et antisioniste, née au début du XIXe s. en Russie.

**Loubet** Émile (Marsanne, Drôme, 1838 – Montélimar, 1929), homme politique français. Président de la République (1899-1906), il eut une grande activité diplomatique (alliance avec la Russie).

**loucedé (en)** *av* fam Avec discrétion, sans se faire remarquer. ETY Verlan de *en douce*.

**1 louche** *a, nm* **A** *a* **1** vieilli Atteint de strabisme. **2** Qui n'est pas d'un ton franc. *Couleur louche.* **B** *a, nm* fig Qui ne paraît pas parfaitement honnête ; qui n'inspire pas confiance. *Une affaire louche. Il y a du louche dans cette affaire.* ETY Du lat.

**2 louche** *nf* Grande cuiller à long manche pour servir la soupe. **LOC** fam *À la louche* : approximativement — fam *En remettre, en rajouter une louche* : insister, persévérer. — fam *Serrer la louche à qqn* : lui serrer la main. ETY Du frq.

**louchébem** *nm* Argot codé utilisé par les bouchers ; largonji au suffixe en *-em*. PHO [luʃebɛm] VAR **loucherbem**

**loucher** *vi* ① **1** Être atteint de strabisme. **2** fig, fam Convoiter qqch ou qqn. *Loucher sur un objet.* DER **loucherie** *nf* ou **louchement** *nm* – **loucheur, euse** *n*

**louchet** *nm* TECH Bêche à fer long et étroit.

**Loucheur** Louis (Roubaix, 1872 – Paris, 1931), ingénieur et homme politique français ; ministre du Travail et de la Prévoyance sociale (1926-1930). La *loi Loucheur* (1928) développa le logement social.

**louchon** *nm* fam Personne qui louche.

**Loudéac** ch.-l. de cant. des Côtes-d'Armor (arr. de Saint-Brieuc), près de la *forêt de Loudéac* ; 10 134 hab. DER **loudéacien, enne** *a, n*

**Loudun** ch.-l. de cant. de la Vienne (arr. de Châtellerault) ; 7 704 hab. – Anc. égl. (chœur du XIe s.). Égl. XIVe-XVIe s. Donjon XIIe s. DER **loudunais, aise** *a, n*

**Loue (la)** riv. du Jura (125 km), affl. du Doubs (r. g.) ; résurgence d'eaux infiltrées dans le plateau jurassien.

**Loué** ch.-l. de cant. de la Sarthe ; 2 042 hab. Aviculture. DER **louésien, enne** *a, n*

**1 louer** *v* ① **A** *vt* **1** Donner ou prendre en location. *Le propriétaire loue un appartement au locataire. Chercher une maison à louer.* **2** Payer à l'avance une place de théâtre, de train, pour la réserver. **B** *vpr* vieilli Se faire embaucher pour une période déterminée. *Travailleur agricole qui se loue à la journée.* ETY Du lat. DER **louable** *a*

**2 louer** *v* ① **A** *vt* **1** Exalter qqch, qqn, en célébrer les mérites. *Louer l'habileté d'un peintre.* **2** Féliciter qqn de, pour qqch. **B** *vpr* Témoigner qu'on est satisfait de qqch, de qqn. **LOC** *Dieu soit loué !* : exclamation de contentement, de soulagement. ETY Du lat. DER **louable** *a*

**loueur, euse** *n* Personne qui fait métier de donner qqch en location.

**loufa** *nf* Plante (cucurbitacée) herbacée annuelle grimpante des régions chaudes, dont une espèce produit un fruit qui, une fois séché, est utilisé comme éponge végétale ; cette éponge. ETY De l'ar. VAR **loofa** ou **lufa** ou **luffa**

**loufiat** *nm* pop Garçon de café.

**loufoque** *a* fam **1** Fou. **2** D'une absurdité voulue. *Comédie loufoque.* ETY Transformation arg. de *fou.* VAR **louf** ou **louftingue** DER **loufoquerie** *nf*

**lougre** *nm* MAR Voilier à deux mâts, utilisé pour le cabotage et la garde des côtes (XVIIIe-XIXe s) ETY De l'angl.

**Louhans** ch.-l. d'arr. de Saône-et-Loire, au confl. de la Seille et de la Vallière ; 6 237 hab. DER **louhannais, aise** *a, n*

**Louhansk** (*Vorochilovgrad* de 1970 à 1991), ville industr. d'Ukraine, dans le Donbass ; 514 000 hab. ; ch.-l. de prov. VAR **Lougansk**

**louis** *nm* **1** Pièce d'or à l'effigie des rois de France, valant 24 livres sous la Révolution. **2** Pièce d'or de 20 francs à l'effigie de Napoléon. PHO [lwi] ETY Du n. du roi Louis XIII.

**Louis (saint)** → **Louis IX, roi de France.**

### Empereurs

**Louis Ier le Pieux, Louis Ier le Débonnaire** → **Louis Ier roi de France**

**Louis II** (?, 825 – près de Brescia, 875), fils de Lothaire Ier ; roi d'Italie en 844 et empereur d'Occident (855-875). — **Louis III l'Aveugle** (Autun, 880 – Arles, 928), petit-fils du préc. ; roi de Provence (887-928), roi d'Italie (900) et empereur d'Occident (901-905). — **Louis IV de Bavière** (Munich, 1287 – Fürstenfeld, près de Munich, 1347), roi des Romains (1314-1346) et empereur germanique (1328-1346) ; excommunié en 1323 par le pape Jean XXII ; déposé par les princes allemands en 1346 à l'instigation du pape Clément VI.

### Bavière

**Louis Ier de Wittelsbach** (Strasbourg, 1786 – Nice, 1868), roi de Bavière (1825-1848), fils de Maximilien Ier ; il abdiqua en faveur de son fils Maximilien II. — **Louis II de Wittelsbach** (Nymphenburg, 1845 – Berg, 1886), roi de Bavière (1864-1886), fils aîné de Maximilien II. Souverain extravagant et mélancolique, il protégea Wagner et fit construire des châteaux grandioses (Herrenchiemsee, 1878). Inquiets de sa prodigalité et de ses lubies, ses ministres le firent interner au château de Berg, en juin 1886 ; il se noya peu après dans le lac de Starnberg.

Louis II de Wittelsbach

### France

**Louis** nom de dix-huit rois, et de dauphins qui ne régnèrent pas. — **Louis Ier le Pieux** (Chasseneuil, 778 – près d'Ingelheim, 840), fils de Charlemagne ; empereur d'Occident et roi des Francs (814-840). Il lutta jusqu'à sa mort contre ses trois premiers fils (Pépin, Louis et Lothaire), jaloux de leur demi-frère, Charles le Chauve, fils de sa seconde femme, Judith de Bavière. VAR **le Débonnaire** — **Louis II le Bègue** (?, 846 – Compiègne, 879), fils de Charles le Chauve ; roi des Francs (877-879). — **Louis III** (?, vers 863 – Saint-Denis, 882), fils et successeur, avec son frère Carloman, du préc., roi (879-882). — **Louis IV d'Outremer** (?, 921 – Reims, 954), fils de Charles le Simple ; il devint roi (936-954) grâce à son vassal Hugues le Grand, qu'il combattit ensuite. — **Louis V le Fainéant** (?, 967 – Compiègne, 987), fils de Lothaire ; le dernier Carolingien qui ait régné en France (986-987). — **Louis VI le Gros** (?, v. 1081 – Paris, 1137), fils et successeur de Philippe Ier, roi (1108-1137). Il affermit son pouvoir en Île-de-France avec l'aide de son ministre Suger. Il lutta contre Henri Ier Beauclerc, duc de Normandie et roi d'Angleterre, et repoussa l'empereur germanique Henri V. VAR **le Batailleur** — **Louis VII le Jeune** (?, vers 1120 – Paris, 1180), fils et successeur du

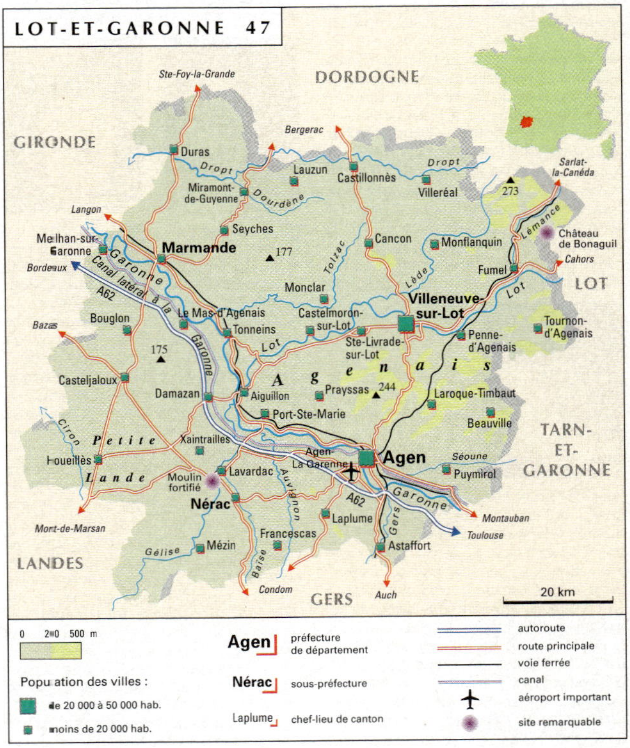

préc., roi (1137-1180). En répudiant Aliénor d'Aquitaine, qui épousa ensuite Henri Plantagenêt, futur roi d'Angleterre (Henri II), il amorça la lutte entre Capétiens et Plantagenêts. — **Louis VIII le Lion** (Paris, 1187 – Montpensier, Auvergne, 1226), fils et successeur de Philippe Auguste, roi (1223-1226). Il chassa les Anglais du S.-O. de la France (sauf de l'Aquitaine) et dirigea une croisade contre les Albigeois (1226). — **Louis IX** (1214 – 1270), fils et successeur du préc., roi (Poissy, 1226 – Tunis,

**Louis IX** miniature du registre des ordonnances de l'Hôtel du Roi, v. 1320 – Archives nationales

1270). Il régna d'abord sous la tutelle de sa mère, Blanche de Castille, qui affronta la rébellion des grands vassaux. En 1242, il triompha d'une ligue de seigneurs du Midi et de l'Ouest soutenus par Henri III d'Angleterre. Le traité de Paris (1259) suspendit le conflit franco-anglais. Dans son royaume, il voulut faire régner l'ordre et la justice. Il entreprit une croisade en Égypte (1248), où il fut fait prisonnier ; une autre vers Tunis, où il mourut de la peste. Canonisé en 1297. (VAR) **Saint Louis** — **Louis X le Hutin** (Paris, 1289 – Vincennes, 1316), fils de Philippe le Bel et de Jeanne de Navarre, roi (1314-1316). Les nobles obtinrent des chartes fixant leurs droits et leurs immunités. — **Louis XI** (Bourges, 1423 – Plessis-lez-Tours, 1483), fils de Charles VII et de Marie d'Anjou, roi (1461-1483). Dauphin, il pactisa avec les nobles contre son père. Roi, il combattit contre eux (vainquant

**Louis XI**

la ligue du Bien public en 1465) et surtout contre Charles le Téméraire, duc de Bourgogne, qui parvint à l'emprisonner à Péronne (1468). Habile, il déjoua toutes les coalitions féodales dirigées contre lui par son adversaire, qui fut battu par le duc de Lorraine et périt devant Nancy (1477). Il occupa toutes les possessions du Téméraire, sauf les Pays-Bas, apportés en dot par sa fille Marie à Maximilien d'Autriche. Par ailleurs, il hérita du comté d'Anjou (1480) et de la Provence (1481). — **Louis XII** dit le Père du peuple (Blois, 1462 – Paris, 1515), fils du poète Charles d'Orléans, cousin et successeur de Charles VIII, roi (1498-1515). Il poursuivit les guerres d'Italie, d'où il fut chassé en 1513. Il avait fait annuler en 1498 son mariage (1476) avec Jeanne de Valois, fille de Louis XI, pour s'unir (1499) avec Anne de Bretagne, veuve de Charles VIII : le duché de Bretagne resta à la France ; veuf en 1514, il épousa la très jeune Marie d'Angleterre, mais mourut sans postérité mâle. — **Louis XIII le Juste** (Fontainebleau, 1601 – Saint-Germain-en-Laye, 1643), fils d'Henri IV et de Marie de Médicis, roi (1610-1643). Gouvernèrent d'abord Marie de Médicis et Concini (1610-1617), puis, après l'assassinat de ce dernier, le favori Luynes (1617-1621), qui imposa le pouvoir royal et combattit les protestants, et enfin le cardinal de Richelieu (1624-1642), que Louis XIII soutint contre la Cour (journée des Dupes, 11 nov. 1630). Il abattit la puissance protestante en prenant La Rochelle (1629) ; il conquit l'Artois, une grande partie de l'Alsace et le Roussillon en intervenant dans la guerre de Trente Ans contre la maison d'Autriche. En 1615, il avait épousé Anne d'Autriche. — **Louis XIV le Grand** (Saint-Germain-en-Laye, 1638 – Versailles, 1715), fils du préc. ; roi (1643-1715). Sa mère, régente, Anne d'Autriche, confia le gouvernement à Mazarin. Une guerre civile, la Fronde (1648-1653), marqua le jeune Louis. À l'extérieur, la paix de Westphalie (1648) termina la guerre de Trente Ans ; la paix des Pyrénées (1659) fut signée avec l'Espagne. À partir de 1661, Louis XIV porta à son apogée la monarchie absolue. Cette année-là, il fit arrêter Fouquet et entreprit la construction du chât. de Versailles, pour que le luxe et le rituel de la Cour (à partir de 1682) asservissent la noblesse au *Roi-Soleil*. Servi par de grands « commis » : Colbert, Le Tellier et son fils Louvois, et par de grands généraux (Condé, Vauban, Turenne), il déclencha quatre longues guerres : *de Dévolution* (1667-1668), qui donna la Flandre méridionale à la France (traité d'Aix-la-Chapelle) ; *de Hollande* (1672-1678), par laquelle elle obtint la Franche-Comté (paix de Nimègue) ; *de la Ligue d'Augsbourg* (1688-1697), terminée par le traité de Ryswick ; *de la Succession d'Espagne* (1701-1713). À la paix d'Utrecht (1713), la France conservait la plupart de ses acquisitions, mais elle était lasse et ruinée. Louis XIV entra en

**Louis XIII**

**Louis XIV**

conflit avec la papauté. Il révoqua en 1685 l'édit de Nantes accordé aux protestants et persécuta les jansénistes. Époux de l'infante d'Espagne Marie-Thérèse d'Autriche (1660), il eut des liaisons « officielles » : M$^{lle}$ de La Vallière (1661), M$^{me}$ de Montespan (1667), M$^{lle}$ de Fontanges (1680) ; il épousa secrètement M$^{me}$ de Maintenon (probablement en 1683), qui le « reconvertit » à la foi chrétienne. — **Louis XV le Bien-Aimé** (Versailles, 1710 – id., 1774), arrière-petit-fils et successeur de Louis XIV, roi (1715-1774). À la Régence, présidée par Philippe d'Orléans (1715-1723), succédèrent le gouvernement du duc de Bourbon (1723-1726), qui lui fit épouser Marie Leczinska (fille du roi de Pologne) (1725), puis celui du cardinal Fleury (1726-1743), qui engagea la France dans la *guerre de la Succession de Pologne* (1733-1738). La *guerre de la Succession d'Autriche* (1740-1748) et la *guerre de Sept Ans* (1756-1763) firent perdre ses possessions de l'Inde et du Canada et la Louisiane occid. à la France, qui acquit la Lorraine (1766) et la Corse (1768). À l'intérieur, Louis XV affronta les privilégiés, qu'il ne put soumettre à l'impôt, et le parlement. Ses liaisons (M$^{me}$ de Pompadour, M$^{me}$ du Barry) lui furent reprochées. Cependant, bien administrée à la fin du règne par Choiseul, puis par Maupeou, la France connut un grand essor économique. — **Louis XVI** (Versailles, 1754 – Paris, 1793), petit-fils et successeur de Louis XV, roi (1774-1792), époux (1770) de Marie-Antoinette d'Autriche. Ni Turgot ni Necker (1777-1781) ne parvinrent à restaurer le Trésor public et à amadouer le parlement, rappelé en 1774. La participation française à la *guerre d'Indépendance américaine* (1774-1783) aggrava la dette de l'État, que Calonne, puis Loménie de Brienne et de nouveau Necker ne purent combler. Le roi dut alors convoquer les États généraux (mai 1789). En se proclamant Assemblée nationale (17 juin 1789) puis Assemblée constituante, les députés du tiers état engagèrent un processus révolutionnaire dont le roi ne saisit pas l'ampleur. Refusant la Constitution de 1791, il s'enfuit (20-21 juin 1791). Arrêté à Varennes, discrédité, il fut ramené à Paris et jura fidélité à la Constitu-

**Louis XV**

**Louis XVI**

tion, qui lui reconnaissait des pouvoirs limités (droit de veto). Escomptant la défaite des révolutionnaires, il déclara la guerre à l'Autriche (20 avril 1792), mais l'insurrection du 10 août 1792 le renversa et la Convention fit son procès (déc. 1792- janv. 1793) : Louis XVI fut guillotiné le 21 janvier 1793. Sa mort provoqua une coalition des souverains d'Europe contre la France. — **Louis XVII** (Versailles, 1785 – Paris, 1795), fils de Louis XVI et de Marie-Antoinette ; il mourut dans la prison du Temple. Certains historiens ont soutenu qu'il en fut enlevé. — **Louis XVIII** (Versailles, 1755 – Paris, 1824), frère cadet de Louis XVI ; il régna d'avril 1814 à mars 1815 (première Restauration) puis de juil. 1815 à sa mort (seconde Restauration).

**Louis XVIII**

Comte de Provence, il émigra en juin 1791 puis rentra à Paris après l'abdication de Napoléon. Pendant les Cent-Jours (mars-juin 1815), il se retira en Belgique et revint après Waterloo. La Charte qu'il avait « octroyée » en 1814 établit en France la monarchie constitutionnelle. Favorable au gouv. des libéraux (Decazes, notam.), Louis XVIII résista mal à la réaction ultraroyaliste.

### Germanie

**Louis II le Germanique** (?, v. 804 – Francfort-sur-le-Main, 876), fils de l'empereur Louis I$^{er}$ le Pieux ; roi des Francs orientaux (817 – 843), roi de Germanie (843-876) ; il s'allia à son frère Charles le Chauve contre son frère Lothaire (serments de Strasbourg) pour lui imposer le traité de Verdun. — **Louis III le Jeune** (?, 822 – Francfort-sur-le-Main, 882), roi de Germanie et de Lotharingie, fils et successeur du préc. (876-882). — **Louis IV l'Enfant** (Œttingen, 893 – Ratisbonne, 911), le dernier Carolingien qui régna sur la Germanie et la Lotharingie (900-911).

### Hongrie

**Louis I$^{er}$ le Grand** (Visegrád, 1326 – Nagyszombat, 1382), roi de Hongrie (1342-

1382) et de Pologne (1370-1382), fils de Charles-Robert d'Anjou (roi de Hongrie). Il favorisa le développement économique et culturel de la Hongrie. — **Louis II** (Buda, 1506 – Mohács, 1526), roi de Bohême et de Hongrie (1516-1526) ; vaincu à Mohács par le sultan Soliman II (1526), il tenta de fuir et se noya.

**Naples et Sicile**

**Louis Ier** (Vincennes, 1339 – Bisceglie, 1384), comte puis duc d'Anjou (1360-1384), roi de Sicile, comte de Provence et de Forcalquier (1383-1384). Deuxième fils du roi de France Jean II le Bon, il fut adopté par Jeanne Ire de Sicile (1380), et dut affronter Charles de Durazzo (roi de Naples de 1381 à 1386). — **Louis II** (Toulouse, 1377 – Angers, 1417), fils du préc. ; roi de Naples, de Sicile, de Jérusalem, duc d'Anjou, comte du Maine et de Provence (1384-1417) ; roi d'Aragon en 1410. — **Louis III** (?, 1403 – Cosenza, 1434), fils et successeur du préc. (1417-1434).

**Portugal**

**Louis Ier** (Lisbonne, 1838 – Cascais, 1889), roi de Portugal (1861-1889), successeur de son frère Pierre V. Il réalisa de nombr. réformes libérales (abolition de l'esclavage dans les colonies, 1868).

≪≪≫≫

**Louis Victor** (Paris, 1731 – id., v. 1811), architecte néoclassique français : Grand-Théâtre de Bordeaux (1773-1780), galeries du Palais-Royal à Paris (1786-1790).

**Louis Joseph Dominique (baron)** (Toul, 1755 – Bry-sur-Marne, 1837), homme politique français ; ministre des Finances sous Louis XVIII et sous Louis-Philippe.

**Louisbourg** site de Nouvelle-Écosse (île du Cap-Breton) d'une forteresse française prise par les Anglais en 1758, auj. partiellement reconstruite ; tourisme.

**Louis de Gonzague (saint)** (Castiglione delle Stiviere, 1568 – Rome, 1591), novice jésuite italien ; mourut en soignant des pestiférés.

**Louis de Mâle** (Mâle, près de Bruges, 1330 – Saint-Omer, 1384), comte de Flandre (1346-1384). Les Français l'aidèrent à mater les Gantois. Il laissa la Flandre à sa fille et à son gendre, Philippe le Hardi, duc de Bourgogne.

**Louise** drame lyrique en 4 actes et 5 tableaux de Gustave Charpentier (1900), auteur du livret (naturaliste).

**louise-bonne** *nf* Variété de poire fondante. PLUR louises-bonnes.

**Louise de Marillac (sainte)** (Paris, 1591 – id., 1660), religieuse française. Veuve en 1625, elle fonda, avec saint Vincent de Paul, la congrégation des Filles de la Charité.

**Louise de Mecklembourg-Strelitz** (Hanovre, 1776 – Hohenzieritz, 1810), reine de Prusse. Elle poussa son époux, Frédéric-Guillaume III, à s'allier à la Russie contre la France (1806).

**Louise de Savoie** (Pont-d'Ain, 1476 – Grez-sur-Loing, 1531), régente de France pendant les campagnes de son fils, François Ier, en Italie. Elle signa avec Marguerite d'Autriche la paix de Cambrai, dite *paix des Dames* (1529).

**Louise-Marie de France** (vénérable) (Versailles, 1737 – Saint-Denis, 1787), princesse française, fille de Louis XV. Elle entra au Carmel en 1770 et soutint le parti dévot.

**Louise-Marie d'Orléans** (Palerme, 1812 – Ostende, 1850), reine des Belges. Fille aînée de Louis-Philippe, elle épousa le roi des Belges Léopold Ier (1832) et fut la mère de Léopold II.

**Louisiane** immense territoire que la France posséda au centre des États-Unis actuels et dont l'axe N.-S. était la vallée du Mississippi. En 1543, l'Espagnol Hernando de Soto explora cette région, jugée sans intérêt car il n'y trouva pas d'or. Parti de la Nouvelle-France en 1681, le Français René Robert Cavalier de La Salle descendit la vallée du Mississippi jusqu'au golfe du Mexique et, en 1682, nomma *Louisiane* (en l'honneur de Louis XIV) les territ. découverts. En 1722, le territ. se donna pour cap. La Nouvelle-Orléans (fondée en 1717). Quelques centaines de Français peuplaient alors ce territ., qui devint colonie de la couronne de France en 1731. L'importation d'esclaves africains permit le développement agric. (canne à sucre et coton). Au début des années 1760, des Acadiens chassés de la Nouvelle-Écosse (Canada) par les Anglais vinrent s'installer. En 1762, par un traité secret, la France céda à l'Espagne la région située à l'O. du Mississippi. En 1763, le traité de Paris céda à l'Angleterre la région située à l'E. du fleuve, à l'exception de La Nouvelle-Orléans. À la fin du XVIIIe s., la Louisiane avait moins de 40 000 hab. (esp. et franç.). En 1800, par un nouveau traité secret, l'Espagne rendit l'Ouest à la France, qui en 1803 vendit aux É.-U., pour 80 millions de francs, ses possessions. En 1812, la Louisiane (au sens restreint) devint le dix-huitième État des États-Unis. Les immigrants imposèrent la langue anglaise, mais la langue française demeura vivace dans la communauté d'origine acadienne (Cadiens ou Cajuns).

**Louisiane** État du S. des É.-U., sur le golfe du Mexique ; 125 674 km² ; 4 220 000 hab. ; cap. *Baton Rouge* ; v. princ. : *La Nouvelle-Orléans*. DER **louisianais, aise** *a, n*
**Géographie** Sous un climat subtropical, cet État, aux sols alluviaux plats et souvent marécageux, produit de la canne à sucre, du riz, du coton, des agrumes. Les gisements d'hydrocarbures, de soufre et de sel ont suscité une puissante industrie chimique. Les ports ont développé la métallurgie.

**Louis-Marie Grignion de Montfort (saint)** (Montfort-sur-Meu, Bretagne, 1673 – Saint-Laurent-sur-Sèvre, Vendée, 1716), missionnaire français ; fondateur de plus. congrégations, notam. la congrégation des filles de la Sagesse (1703).

**Louis-Philippe Ier** (Paris, 1773 – Claremont, Grande-Bretagne, 1850), fils de Philippe d'Orléans (« Philippe Égalité »), roi des Français de 1830 à 1848. Officier de la Révolution, il s'exila en 1793. Après la révolution de 1830, qui renversa Charles X, il fut proclamé roi des Français. D'abord libéral, le régime accentua son conservatisme. De 1840 à 1848, le long ministère Guizot ne combattit pas la crise écon. et sociale, qui aboutit à la révolution de 1848. Louis-Philippe abdiqua (en vain) en faveur de son petit-fils, le comte de Paris, et se réfugia en Grande-Bretagne. DER **louis-philippard, arde** *a*

Louis-Philippe Ier

**Louisville** v. des É.-U., prem. centre industr. du Kentucky, sur la rive gauche de l'Ohio ; 962 600 hab. (aggl.).

**loukoum** *nm* Confiserie orientale faite d'une pâte sucrée et parfumée. ETY De l'ar. *rahat lokoum*, « le repos de la gorge ». VAR **lokoum** ou **rahat-loukoum**

**Louksor** → **Louxor.**

**loulou, louloute** *n* **A** *nm* **1** Chien de luxe au museau pointu et à poil long. **2** fam Loubard, voyou. **B** *n* fam **1** Terme d'affection. **2** Garçon, fille.

**Loundas** → **Lundas.**

**loup** *nm* **1** Mammifère carnivore à l'allure de grand chien (canidé), au pelage gris jaunâtre, aux yeux obliques, aux oreilles dressées. *Le petit du loup est le louveteau, la femelle est la louve.* **2** fam Terme d'affection. **3** rég Dans le Midi, syn. de *bar* (poisson). **4** Petit masque noir que l'on porte dans les bals masqués. **5** TECH Gros défaut d'une pièce. LOC fam, vieilli ***Avoir vu le loup*** : ne plus être vierge, pour une jeune fille. — ***Être connu comme le loup blanc*** : être très connu. — ***Faim de loup*** : grande faim. — fam ***Grand méchant loup*** : personnage redoutable. *Un investisseur qui passe pour un grand méchant loup.* — ***Jeune loup*** : homme jeune et plein d'ambition. — ***L'homme est un loup pour l'homme*** : il est sans pitié pour ses semblables. — fam ***(Vieux) loup de mer*** : marin expérimenté. ETY Du lat.

loup

**Loup (le)** constellation de l'hémisphère austral ; n. scientif. : *Lupus, Lupi.*

**Loup (le)** fl. côtier des Alpes-Maritimes (51 km) qui se jette dans la Méditerranée au S.-O. de Cagnes. – Gorges pittoresques.

**Loup (saint)** (Toul, v. 382 – Troyes, v. 478), évêque de Troyes qui défendit sa ville contre Attila (451). VAR **Leu**

**loup-cervier** *nm* Lynx boréal. PLUR loups-cerviers

**Loup des steppes (le)** roman expressionniste de Hermann Hesse (1927).

**loupe** *nf* **1** Défaut d'une perle ou d'une pierre précieuse. **2** Kyste sébacé. **3** Excroissance ligneuse qui se développe sur certains arbres. **4** Lentille convergente qui donne des objets une image agrandie. **5** TECH Masse de fer incandescente que l'on martèle pour en extraire les scories. ETY Du frq.

**loupé** *nm* fam Erreur, échec.

**louper** *vt* ① fam Rater, manquer. *Louper un examen, un train.* ETY De *loup*, sens 5. DER **loupage** *nm*

**loup-garou** *nm* Personnage légendaire, malfaisant qui se métamorphose la nuit en loup. PLUR loups-garous.

**loupiot, otte** *n* fam Enfant.

**loupiote** *nf* fam Petite lampe.

**loup-marin** *nm* Canada Phoque. PLUR loups-marins.

**Louqsor** → **Louxor.**

**lourd, lourde** *a, av* **A** *a* **1** Pesant. *Une lourde charge.* **2** Qui donne une sensation de pesanteur. *Des aliments lourds. Avoir la tête lourde.* **3** Qui se remue avec peine. *Devenir lourd en vieillissant.* **4** Oppressant. **5** Qui manque d'élégance, de finesse ; grossier. *Une plaisanterie lourde. Un style lourd.* **6** Qui implique des moyens importants, coûteux. *Équipement lourd.* **7** Qui pose des problèmes difficiles. *Toxicomanie lourde.* **B** *av* Beaucoup. *Peser lourd. Ne pas en savoir lourd.* LOC ***Avoir le sommeil lourd*** : profond. — PHYS NUCL *Eau* *lourde :* eau constituée par la combinaison de l'oxygène avec l'isotope de masse atomique 2 de l'hydrogène. — *Peser lourd dans la balance :* avoir beaucoup d'importance. — SPORT *Poids lourd :* boxeur pesant plus de 86,184 kg. ETY Du lat. DER **lourdement** *av* – **lourdeur** *nf*

**lourdaud, aude** *a, n* Grossier, maladroit.

**lourde** *nf* fam Porte.

**lourder** *vt* (1) fam Mettre à la porte.

**Lourdes** ch.-l. de cant. des Hautes-Pyrénées (arr. d'Argelès-Gazost), sur le gave de Pau ; 15 203 hab. – Grand centre de pèlerinage du monde catholique. – Grotte de Massabielle, où Bernadette Soubirous déclara avoir vu la Vierge Marie (1858). On a bâti deux basiliques consacrées à la Vierge : supérieure (1876), au-dessus de la grotte, et souterraine (1958). DER **lourdais, aise** *a, n*

**lourdingue** *a* fam Lourd d'apparence ou d'esprit.

**loure** *nf* Danse paysanne lente. ETY Du lat. *lura,* « sacoche », ou du scand.

**Lourenço Marques** → **Maputo.**

**lourer** *vt* (1) MUS Lier les notes en appuyant sur la première de chaque temps.

**Lou Siun** → **Lu Xun.**

**lousse** *a* Canada fam **1** Lâche, ample, flottant. *Vis lousse. Pantalon lousse.* **2** Qui est trop généreux, prodigue. ETY De l'angl.

**loustic** *nm* **1** Amuseur, farceur. **2** fam, péjor Individu. ETY De l'all. *lustig,* « gai ».

**loutre** *nf* Mammifère carnivore de mœurs aquatiques (mustélidé) aux pattes palmées, à la fourrure épaisse et brune ; fourrure de cet animal.

loutre

**Louvain** (en néerl. *Leuven*), v. de Belgique (Brabant), ch.-l. d'arr., sur la Dyle ; 85 080 hab. dans la conurbation Louvain-Malines-Bruxelles. – Célèbre université cathol. fondée en 1426. Hôtel de ville XV^e s. Égl. goth. XV^e s. Égl. baroque XVII^e s. Halles (XIV^e et XVIII^e s.). Musée. DER **louvaniste** *a, n*

**Louvain-la-Neuve** v. de Belgique, construite à partir de 1970 sur le territoire de la com. d'Ottignies (Brabant wallon, au bord de la Dyle) pour abriter la section francophone de l'université de Louvain ; 20 000 hab.

**louve** *nf* **1** Femelle du loup. **2** TECH Coin métallique utilisé pour le levage des pierres de taille.

**Louveciennes** com. des Yvelines ; 7 111 hab. – Égl. XII^e-XIII^e s. chât. XVIII^e s. Aqueduc de Marly. DER **louveciennois** ou **luciennois, oise** *a, n*

**Louvel** Louis Pierre (Versailles, 1783 – Paris, 1820), ouvrier sellier qui assassina le duc de Berry (13 fév. 1820) ; il fut guillotiné.

**Louverture** → **Toussaint Louverture.**

**louvet, ette** *a* Se dit d'un cheval dont la robe jaunâtre et noire rappelle le pelage du loup.

**louveteau** *nm* **1** Petit du loup. **2** Jeune scout de 8 à 11 ans.

**louveter** *vi* (18) ou (20) Mettre bas, en parlant de la louve.

**louvèterie** *nf* Équipage pour la chasse au loup. LOC *Lieutenant de louvèterie :* particulier qui entretient une meute et que l'État charge de la destruction des animaux nuisibles. VAR **louveterie**

**louvette** *nf* Fillette de 8 à 11 ans affiliée à un mouvement de scoutisme.

**Louvière (La)** com. de Belgique (Hainaut) ; 77 330 hab. Industrie lourde.

**Louviers** ch.-l. de cant. de l'Eure (arr. d'Évreux), sur l'Eure ; 18 328 hab. Industries. – Égl. goth. (XII^e-XVI^e s.). DER **lovérien, enne** *a, n*

**Louvois** François Michel Le Tellier (seigneur de Chaville, marquis de) (Paris, 1639 – Versailles, 1691), homme d'État français. Succédant en 1677 à son père, Michel Le Tellier, comme secrétaire d'État à la Guerre, il inspira à Louis XIV les dragonnades contre les protestants et la dévastation du Palatinat. Il fut disgracié en 1689.

**louvoyer** *vi* (23) **1** MAR Se dit d'un bateau à voiles qui tire successivement des bords tribord et bâbord pour atteindre un point au vent. **2** fig Faire de nombreux détours pour arriver à ses fins ; agir par des procédés peu francs. ETY De *lof.* DER **louvoiement** ou **louvoyage** *nm*

**Louvre (palais du)** palais de Paris qui borde la rive droite de la Seine. Au XIV^e s., Charles V transforma en résidence royale la forteresse bâtie en 1204. Elle fut reconstruite et agrandie sous François I^er (par P. Lescot), sous Henri II, Henri IV, Louis XIII (pavillon de l'Horloge, œuvre de Lemercier), Louis XIV (bâtiments élevés par Le Vau), Napoléon I^er (travaux de Percier et Fontaine) et Napoléon III (aménagements de Visconti et Lefuel). Par décret du 6 mai 1791, le Louvre devint le Muséum central des arts de la Rép. En 1988, une pyramide de verre (due à Pei) fut achevée. En 1993, le Grand Louvre fut ouvert au public.

la pyramide du **Louvre**

**Louxor** v. de Haute-Égypte, sur le Nil ; 40 000 hab. – La ville recouvre une partie de l'antique Thèbes. Vestiges d'un temple d'Amon élevé par Aménophis III ; Ramsès II ajouta un pylône flanqué de deux obélisques (dont l'un est, depuis 1836, sur la place de la Concorde, à Paris). VAR **Louksor, Louqsor**

**Louÿs** Pierre Louis, dit Pierre (Gand, 1870 – Paris, 1925), écrivain français. Poèmes en vers et en prose : *Astarté* (1893), *les Chansons de Bilitis* (1894). Romans galants : *Aphrodite* (1896), *la Femme et le Pantin* (1898), *les Aventures du roi Pausole* (1901).

**Lovecraft** Howard Phillips (Providence, Rhode Island, 1890 – id., 1937), auteur américain de récits fantastiques : *la Couleur tombée du ciel* (1927), *l'Appel de Cthulhu* (1928), *Dans l'abîme du temps* (1936).

**lovelace** *nm* litt Séducteur sans scrupules. ETY N. d'un personnage libertin d'un roman de Richardson, *Clarisse Harlowe* (1748).

**Lovelace** Richard (Woolwich, 1618 – Londres, 1657), poète lyrique anglais : *À Althée de sa prison* (1642), *À Lucasta en partant pour la guerre* (1649).

**lover** *v* (1) **A** *vt* MAR Enrouler un cordage sur lui-même. **B** *vpr* Se rouler en spirale. *Serpent qui se love.* ETY De l'all.

**low cost** *a, nm* **A** *a* **1** Se dit d'entreprises, en partic. de compagnies aériennes, dont les tarifs très bas résultent d'une réduction drastique des coûts. **2** fig Bon marché. *Un ordinateur low-cost.* **B** *nm* Pratique économique privilégiant les tarifs très bas ; discompte. PHO [lokɔst] ETY Mot angl.

**Lowe** sir Hudson (Galway, 1769 – Chelsea, 1844), général anglais ; gouverneur de Sainte-Hélène en 1815, il fut le sévère gardien de Napoléon.

**Lowell** Amy (Brookline, 1874 – id., 1925), poétesse américaine de tendance impressionniste : *Que dit l'horloge ?* (1925).

**Lowendal** Ulrich (comte de) (Hambourg, 1700 – Paris, 1755), maréchal de France d'orig. danoise. Il servit en Allemagne, en Pologne et en Russie, puis il combattit pour la France à Fontenoy. VAR **Loewendahl**

**Lowestoft** v. et port de G.-B. (Suffolk), sur la mer du Nord. Pêche. Stat. balnéaire.

**Lowie** Robert Harry (Vienne, 1883 – Berkeley, 1957), ethnologue américain ; spécialiste des Amérindiens : *Primitive Society* (1920), *Social Organization* (1948).

**Lowlands** (en fr. *Basses Terres*), dépression du centre de l'Écosse, entre les estuaires (*firths*) du Forth et de la Clyde. Princ. région écon. d'Écosse, avec Glasgow et Édimbourg.

**Lowry** Malcolm (Birkenhead, Cheshire, 1909 – Ripe, Sussex, 1957), écrivain anglais. *Au-dessous du volcan* (1947), influencé par Joyce, est le roman de la solitude, du désespoir et de l'alcoolisme. Œuvres posth. : *Écoute notre voix, ô Seigneur* (1962), *Lunar Caustic* (1963, inachevé).

**loxodromie** *nf* MAR Courbe de la sphère terrestre qui coupe tous les méridiens sous un angle constant. DER **loxodromique** *a*

**loyal, ale** *a* **1** DR Conforme à la loi. **2** Droit, sincère, honnête. *Loyal camarade. Une discussion loyale.* PLUR loyaux. PHO [lwajal, o] ETY Du lat. DER **loyalement** *av*

**Loyal (Monsieur)** au cirque, régisseur de piste qui présente les numéros et arbitre les débats des clowns.

**loyalisme** *nm* **1** Fidélité au régime établi. **2** Fidélité à une cause. DER **loyaliste** *a, n*

**loyauté** *nf* Droiture, probité, honnêteté.

**Loyauté (îles)** archipel français dépendant de la Nouvelle-Calédonie (à 100 km au N.-E.) ;

**Louxor** vestiges du temple d'Amon

2 095 km²; 15 000 hab. Trois îles : Lifou, Maré et Ouvéa.

**loyer** *nm* Prix payé par le preneur pour l'usage d'une chose louée. LOC FIN *Loyer de l'argent* : taux d'intérêt. (PHO) [lwaje] (ETY) Du lat.

**Loyola** → **Ignace de Loyola.**

**Loyson Charles,** dit **le Père Hyacinthe** (Orléans, 1827 – Paris, 1912), carme français. Il prêcha à Notre-Dame de Paris (1865), puis se sépara de Rome et fonda une Église gallicane (1879).

**Lozère (mont)** massif granitique des Cévennes, entre les vallées du Tarn et du Lot (1 699 m au *signal de Finiels*).

**Lozère** dép. français (48) ; 5 179 km² ; 76 600 hab. ; 14,8 hab./km² ; ch.-l. *Mende* ; ch.-l. d'arr. *Florac*. V. Languedoc-Roussillon. (DER) **lozérien, enne** *a, n*

**LP** *nm* Lycée professionnel.

**Lr** CHIM Symbole du lawrencium.

**LSD** *nm* Hallucinogène puissant. (ETY) Amér., sigle de l'all. *Lysergsäurediäthylamid*, « acide lysérgique diéthylamide ».

**Lu** CHIM Symbole du lutétium.

**Luanda** cap. de l'Angola, port sur l'Atlantique ; 5,1 millions d'hab. Industries. – La plus anc. ville européenne d'Afrique subsaharienne (1576). (DER) **luandais, aise** *a, n*

**Luang Prabang** v. du Laos, sur le haut Mékong ; 53 800 hab. ; ch.-l. de la prov. du m. nom. Anc. cap. royale ; grand centre religieux. (VAR) **Louang Prabang**

**Lubac Henri Sonier de** (Cambrai, 1896 – Paris, 1991), jésuite et théologien français : *Catholicisme* (1938), *Méditation sur l'Église* (1953).

**Lubango** v. d'Angola ; cap. de la prov. de Huíla ; 318 000 hab. Brosserie.

**Lubas** groupe ethnique du S. de la rép. dém. du Congo (prov. du Kasaï et du Katanga) ; env. 8 millions de personnes. Ils parlent des langues bantoues. Ils vivent de la chasse et de l'agriculture, mais bon nombre d'entre eux ont afflué dans les villes. – Les Lubas ont laissé des sculptures anthropomorphes en bois. (VAR) **Loubas, Balubas** ou **Baloubas**

**Lubbers Rudolphus** (Rotterdam, 1939), homme politique néerlandais ; chrétien-démocrate ; Premier ministre de 1982 à 1994.

**Lübeck** v. et port d'Allemagne (Schleswig-Holstein), sur la *Trave*, près de la Baltique ; 210 700 hab. Anc. capitale de la Ligue hanséatique, ville libre jusqu'en 1937, centre comm. et industr. – Cath. romane (modifiée au XVIᵉ s.). Marienkirche et Jakobkirche (égl. des XIIIᵉ et XIVᵉ s.). – Par la *paix de Lübeck* (1629), Christian IV de Danemark, vaincu, renonçait à intervenir en Allemagne.

**Luberon (chaîne du)** chaîne calcaire des Alpes du S., au N. de la Durance (1 125 m). (VAR) **Lubéron**

**lubie** *nf* Caprice bizarre, fantaisie subite. (ETY) Du lat. *lubere*, « trouver bon ».

**Lubin Germaine** (Paris, 1890 – id., 1979), la première cantatrice française qui chanta à Bayreuth.

**Lubitsch Ernst** (Berlin, 1892 – Los Angeles, 1947), cinéaste américain d'origine all. ; maître de la comédie musicale (*la Veuve joyeuse*, 1934) et de la comédie satirique (*Haute Pègre*, 1932 ; *Ninotchka*, 1939 ; *To be or not to be*, 1942).

**Lübke Heinrich** (Enkhausen, 1894 – Bonn, 1972), homme politique allemand ; chrétien-démocrate ; président de la RFA de 1959 à 1969.

**Lublin** v. de Pologne, sur la *Bystrzyca* ; 341 700 hab. ; ch.-l. de la voïévodie du m. nom. Centre industriel. – Le 1ᵉʳ juil. 1569, une diète y décréta l'*Union* (dite *de Lublin*) entre la Pologne et la Lituanie (déjà fédérée à la Pologne dep. 1386) – Siège du gouv. provisoire de la Pologne en 1944.

**lubrifier** *vt* ② Graisser, rendre glissant afin de réduire le frottement entre deux pièces mobiles. *Lubrifier un roulement à billes.* (ETY) Du lat. (DER) **lubrifiant, ante** *a, nm* – **lubrification** *nf*

**lubrique** *a* Porté à la luxure, inspiré par la luxure. *Des gestes lubriques.* (ETY) Du lat. *lubricus*, « glissant ». (DER) **lubricité** *nf* – **lubriquement** *av*

**Lubumbashi** (anc. *Élisabethville*), ville de la rép. dém. du Congo, ch.-l. de la rég. minière du Katanga ; 1,8 million d'hab. Centre industriel.

**Luc (saint)** (Antioche entre 60 et 70), disciple de saint Paul (dont les Épîtres mentionnent son nom), qu'il accompagna dans ses voyages. La tradition lui attribue la rédaction du troisième Évangile et des Actes des Apôtres.

**Lucain** (en lat. *Marcus Annæus Lucanus*) (Cordoue, 39 – Rome, 65), poète latin ; neveu de Sénèque. Son épopée, *la Pharsale*, narre le conflit qui opposa militairement César et Pompée. Impliqué dans la conspiration de Pison, Lucain s'ouvrit les veines.

**lucane** *nm* Coléoptère dont le mâle porte des mandibules en forme de grosses pinces. SYN cerf-volant. (ETY) Du lat.

**Lucanie** anc. contrée de l'Italie, qui correspond à l'actuel Basilicate. (DER) **lucanien, enne** *a, n*

**lucarne** *nf* **1** Ouverture vitrée pratiquée dans une toiture pour donner du jour. **2** SPORT Au football, chaque angle supérieur des buts. **3** fam Écran de télévision. (ETY) Du lat.

**Lucas Robert** (Yakima, Washington, 1937), économiste américain : travaux sur les politiques de prévisions écon. P. Nobel 1995.

**Lucas George** (Modesto, Californie, 1945), cinéaste et producteur américain : *American Graffiti* (1973). Il produisit, avec Spielberg, *la Guerre des étoiles* (1977), *les Aventuriers de l'arche perdue* (1981) et leurs suites.

**Lucas-Championnière Just** (Saint-Léonard, Oise, 1843 – Paris, 1913), médecin et chirurgien français ; un des pionniers de l'antisepsie.

**Lucas de Leyde** (Leyde, v. 1494 – id., 1533), peintre et graveur hollandais : paysages, portraits, scènes de genre, triptyque du *Jugement dernier*.

**Lucayes** → **Bahamas (îles).**

**Lucé** ch.-l. de cant. d'Eure-et-Loir (arr. et banlieue de Chartres) ; 16 500 hab. Industries. (DER) **lucéen, enne** *a, n*

**Luce (sainte)** → **Lucie (sainte).**

**1 lucernaire** *nm* LITURG Office du soir célébré à la lueur des lampes. (ETY) Du lat.

**2 lucernaire** *nf* Méduse acalèphe fixée des mers froides.

**Lucerne** (en all. *Luzern*), ville de Suisse, à l'extrémité N.-O. du lac des Quatre-Cantons ; 87 100 hab. ; ch.-l. du cant. du même nom ; 1 492 km², 394 600 hab. Centre tourist. et culturel, la ville a quelques industries (banlieue). –

LOZÈRE 48

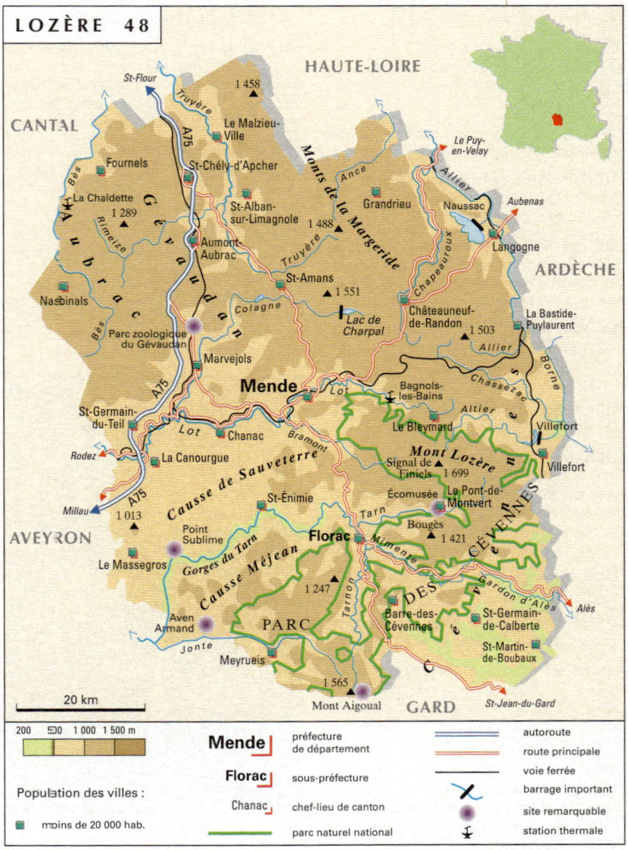

Festival international de musique. – Pont en bois couvert (XIV$^{e}$ s.) ; Tour de l'eau. Collégiale (XIV$^{e}$ et XVII$^{e}$ s.). – Le canton (1 492 km$^2$ ; 308 700 hab.) vit de polyculture et d'élevage bovin ; tourisme. [DER] **lucernois, oise** *a, n*

**Histoire** La ville se serait développée, à partir du VIII$^{e}$ s., autour d'un couvent dédié à saint Leodegar (saint Léger). Les Habsbourg l'acquirent en 1291. Contre les Habsbourg, Lucerne conclut en 1332 une alliance avec les cantons d'Uri, de Schwyz et d'Unterwald, et conquit son indépendance en 1386 (victoire de Sempach). À partir du XVI$^{e}$ s., elle fut le bastion du catholicisme face à la Réforme. L'ouverture du tunnel du Saint-Gothard (1882) fit sa fortune.

**Luchini** Robert dit Fabrice (Paris, 1951), acteur français de cinéma et de théâtre.

**Luchon** nom cour. de Bagnères-de-Luchon.

**lucicole** *a* ZOOL Se dit d'un animal qui recherche la lumière. ANT lucifuge.

**lucide** *a* **1** Qui envisage la réalité clairement et nettement, telle qu'elle est. *Esprit lucide. Un homme lucide.* **2** Pleinement conscient. *Le malade est resté lucide jusqu'à sa mort.* [ETY] Du lat. *lucidus,* « lumineux ». [DER] **lucidement** *av* – **lucidité** *nf*

**Lucie (sainte)** (Syracuse, v. 283 – id., v. 304), vierge et martyre. [VAR] **Luce**

**Lucien d'Antioche (saint)** (Samosate, v. 240 – Antioche, 312), théologien, il fut martyrisé. Il considérait que le Fils était subordonné au Père, ce qui constitua l'hérésie d'Arius.

**Lucien de Samosate** (Samosate, Syrie, v. 125 – ?, v. 192), écrivain satirique grec. Il restaura la langue attique : *Dialogues des dieux, Dialogues des morts,* contes (*l'Histoire véritable, l'Âne*). Il inspira Fénelon, Fontenelle et Paul-Louis Courier.

**Lucien Leuwen** roman inachevé de Stendhal (écrit v. 1835 ; posth., 1894 ; éd. plus complète en 1927).

**Lucifer** nom sous lequel le démon est souvent désigné par les Pères de l'Église.

**luciférase** *nf* BIOCH Enzyme du groupe des oxydases, spécifique de l'oxydation de la luciférine.

**luciférien, enne** *a, n* **A** *a* De Lucifer, digne de Lucifer. *Orgueil luciférien.* **B** *n* Membre d'une secte qui rend un culte au démon. [ETY] Du n. pr. du lat. *lux, lucis,* « lumière », et *ferre,* « porter ».

**luciférine** *nf* BIOCHIM Substance dont l'oxydation, sous l'effet d'une enzyme spécifique, la luciférase, produit la luminescence de certains insectes.

**lucifuge** *a* ZOOL Se dit d'un animal qui fuit la lumière. ANT lucicole.

**lucilie** *nf* ENTOM Mouche, d'un vert métallique, qui pond ses œufs sur la viande, appelée cour. *mouche à viande.* **LOC** ***Lucilie bouchère :*** mouche qui pond dans des plaies du bétail, que ses larves élargissent jusqu'à provoquer la mort en l'absence de soins. [ETY] Du lat.

**luciole** *nf* Coléoptère luminescent voisin du lampyre. [ETY] De l'ital.

**lucite** *nf* MED Affection de la peau, due à une trop forte exposition au soleil.

**Luckner** Nicolas (comte) (Cham, Bavière, 1722 – Paris, 1794), maréchal de France (1791). Il commanda contre les Autrichiens l'armée du Rhin, puis celle du Nord (1792). Suspecté de trahison, il fut guillotiné.

**Lucknow** v. de l'Inde, cap. de l'État d'Uttar Pradesh, sur la *Gumti* ; 2 600 000 hab. (aggl.). Industries. – Université. Évêché catholique. Musée archéologique. – Le Britannique Lawrence y résista aux cipayes révoltés (1857-1858).

**Lucky Luke** héros d'une bande dessinée belge créée en 1946 par Morris, qui s'adjoignit comme scénariste Goscinny de 1955 à 1977.

**Luçon** ch.-l. de cant. de la Vendée (arr. de Fontenay-le-Comte) ; 9 311 hab. – Évêché XIV$^{e}$-XVIII$^{e}$ s. (Richelieu y fut évêque) ; cath. gothique. [DER] **luçonnais, aise** *a, n*

**Luçon (île)** la plus grande île des Philippines ; 108 172 km$^2$ ; 23 900 000 hab. ; ville princ. *Manille.* Île volcanique au climat tropical de mousson. – Conquise par les Japonais en 1941-1942 sur les forces américaines, elle fut reprise par ces dernières en 1945. [VAR] **Luzon**

**Lucques** (en ital. *Lucca*), v. d'Italie, en Toscane ; 90 100 hab. ; ch.-l. de la prov. du m. nom. Industries. – Archevêché. Université. Remparts XVI$^{e}$ s. Cath. XI$^{e}$-XVI$^{e}$ s. Églises du XII$^{e}$ s. Palais médiévaux. [DER] **lucquois, oise** *a, n*

**lucratif, ive** *a* Qui rapporte un profit, de l'argent. *Association à but non lucratif.* [ETY] Du lat. [DER] **lucrativement** *av*

**lucre** *nm* **péjor** Gain, profit qu'on recherche avidement. *La passion du lucre.*

**Lucrèce** (m. en 509 av. J.-C.), dame romaine, épouse de Tarquin Collatin (neveu de Tarquin le Superbe). D'après la tradition, Sextus, fils de Tarquin le Superbe, la viola et elle se poignarda ; alors, une révolution abattit la royauté.

**Lucrèce** (en lat. *Titus Lucretius Carus*) (Rome, v. 98 – ?, 55 av. J.-C.), poète et philosophe latin. Son long poème inachevé, *De natura rerum,* expose la doctrine scientifique et philosophique d'Épicure. L'âme périt avec le corps, mais l'homme peut trouver le bonheur sur terre, s'il domine ses passions. Lucrèce sait exprimer poétiquement les notions les plus abstraites de la physique et de la philosophie.

**Lucrèce Borgia** → **Borgia.**

**Lucullus** Lucius Licinius (v. 106 – v. 57 av. J.-C.), général romain. Victorieux de Mithridate (87 et 69 av. J.-C.), il rentra à Rome après une révolte de ses troupes et vécut à Tusculum dans un faste légendaire (grande gastronomie).

**Lucy** nom donné à un squelette d'hominien (*Australopithecus afarensis*) femelle, découvert à Hadar (Éthiopie) en 1974. Lucy a vécu il y a environ 3,5 millions d'années.

**Lüda** conurbation portuaire et industr. du N. de la Chine, sur le golfe de Corée, qui réunit Lüshun (V. Port-Arthur) et Dalian.

**luddisme** *nm* HIST Mouvement des ouvriers anglais qui se révoltèrent (1811-1816) en détruisant des machines tenues pour responsables du chômage. [ETY] D'un n. pr.

le squelette de **Lucy**

**luddite** *nm* HIST **1** Ouvrier participant au luddisme. **2** Ouvrier qui exprime son opposition aux conséquences des progrès techniques en détruisant des machines.

**Ludendorff** Erich von (Kruszewnia, Posnanie, 1865 – Munich, 1937), général allemand. Chef d'état-major de Hindenburg, il s'illustra en 1917 et 1918.

**Lüdenscheid** v. industr. d'Allemagne (Rhénanie-du-N.-Westphalie) ; 73 440 hab.

**Ludhiāna** v. de l'Inde (Pendjab) ; 1,6 million d'hab. (aggl.). Centre industriel.

**ludiciel** *nm* INFORM Logiciel de jeu.

**ludion** *nm* Appareil de démonstration, en physique, constitué d'un corps creux lesté présentant une ouverture vers le bas, qui monte ou descend dans l'eau d'un bocal fermé par une membrane, selon la pression exercée sur cette dernière. [ETY] Du lat. *ludere,* « jouer ».

**ludique** *a* **didac** Qui concerne le jeu, qui est de la nature du jeu. *Activité ludique.*

**ludisme** *nm* PSYCHOL Comportement ludique.

**Ludlow** Edmund (Maiden Bradley, Wiltshire, 1617 – Vevey, Suisse, 1692), parlementaire anglais. Puritain, il appartint au Conseil d'État (1649), puis combattit Cromwell.

**ludoéducatif, ive** *a* Qui concerne l'enseignement par le jeu.

**ludographe** *n* Créateur de jeux pour les médias. [VAR] **ludologue**

**ludospace** *nm* Automobile monospace destinée au loisir familial et dont la forme s'inspire des véhicules utilitaires.

**ludothèque** *nf* Établissement où les enfants peuvent emprunter des jeux et des jouets. [DER] **ludothécaire** *n*

**Ludovic Sforza le More** (Vigevano, 1452 – Loches, 1508), duc de Milan de 1494 à 1500. Pour supplanter son neveu Jean Galéas, héritier légitime du duché, il s'allia à Charles VIII. Il monta sur le trône à la mort de Jean Galéas (peut-être assassiné), mais les troupes de Louis XII battirent les siennes à Novare (1500). Il fut emmené en France.

**Ludwigsburg** v. d'Allemagne (Bade-Wurtemberg) ; 76 900 hab. – Chât. baroque.

**Ludwigshafen** v. d'Allemagne (Rhénanie-Palatinat), séparée de Mannheim par le Rhin ; 152 160 hab. Port fluvial. Industries.

**luette** *nf* Appendice conique prolongeant le voile du palais. [ETY] De *l'uette,* du lat. *uva,* « grappe de raisin ».

**lueur** *nf* **1** Lumière faible ou passagère. *La lueur d'une bougie.* **2** **fig** Expression passagère du regard. *Une lueur de haine apparut dans ses yeux.* **3** **fig** Apparition passagère. *Une lueur d'espoir.* [ETY] Du lat. *lucere,* « luire ».

**lufa, luffa** → **loufa.**

**Luftwaffe (la)** nom donné, depuis 1935, à l'armée de l'air allemande.

**Lugano** v. de Suisse (Tessin), sur le *lac de Lugano* (48 km$^2$, italo-suisse) ; 27 800 hab. Tourisme. – Cath. (conçue par Bramante).

**Lugdunum** nom latin de Lyon.

**luge** *nf* **1** Petit traîneau utilisé pour descendre rapidement les pentes neigeuses. **2** Sport pratiqué avec la luge. [ETY] Mot savoyard, du gaul.

**luger** *vi* [13] **1** Faire de la luge. **2** **Suisse** Échouer. [DER] **lugeur, euse** *n*

**Lugné-Poe** Aurélien Marie Lugné, dit (Paris, 1869 – Villeneuve-lès-Avignon, 1940), acteur et metteur en scène de théâtre français, fondateur du théâtre de l'Œuvre (1893).

**Lugo** v. d'Espagne (Galice), qui domine le Miño ; 100 000 hab. ; ch.-l. de la prov. du m. nom. Marché agricole. Eaux thermales sulfureuses. – Enceinte romaine. Cath. (XIIe s.).

**Lugones** Leopoldo (Río Seco, Córdova, 1874 – Buenos Aires, 1938), homme politique argentin et poète moderniste : *les Montagnes d'or* (1897), *Odes séculaires* (1910).

**lugubre** *a* **1** litt Qui a le caractère du deuil. *Une lugubre cérémonie.* **2** Qui inspire ou qui dénote une tristesse profonde. *Un air lugubre.* SYN sinistre. ETY Du lat. *lugere*, « être en deuil ». DER **lugubrement** *av*

**lui** *pr pers* **A** À lui, à elle. *J'ai vu cette femme et je lui ai parlé.* PLUR leur. **B** (masc.) **1** Employé avec une prép. *Je partirai avec lui.* **2** Sert de pronom de renforcement et d'insistance. *C'est lui qui est le responsable.* PLUR eux. ETY Du lat. *illi*, « celui-là ».

**Luini** Bernardino (Luino [?], Lombardie, v. 1483 – Milan, 1532), peintre italien : nombr. fresques, notam. à Milan et à Saronno.

**luire** *vi* 69 **1** Briller en produisant de la lumière. *Le soleil luit.* **2** Briller en reflétant la lumière. *Une lame d'acier qui luit.* **3** fig Apparaître comme une lueur. *Un espoir luit encore.* ETY Du lat.

**luisant, ante** *a, nm* **A** *a* Qui luit, qui a des reflets. *Un métal luisant.* **B** *nm* Aspect luisant. *Le luisant du bois poli.*

**Luis de León** (Belmonte, prov. de Cuenca, 1527 – près d'Avila, 1591), religieux espagnol, poète et théologien mystique.

**Lukács** György (Budapest, 1885 – id., 1971), philosophe et homme politique hongrois. Théoricien du marxisme (*Histoire et Conscience de classe*, 1923), il fonda une esthétique (*la Théorie du roman*, 1916 ; *Balzac et le réalisme français*, 1936). Membre du PC hongrois dès 1919, il fut ministre en 1956.

**Łukasiewicz** Jan (Lemberg, auj. Lvov, 1878 – Dublin, 1956), logicien polonais ; créateur, en 1917, d'un système logique trivalent.

**Lula** → **Silva.**

**Luleå** v. et port de Suède, sur le golfe de Botnie, à l'embouchure du *Lule älv* ; 75 000 hab. ; ch.-l. de län. Exportation et traitement du fer de Narvik.

**Lulle** Ramon Llull (en fr. *le bienheureux Raymond*) (Palma de Majorque, v. 1235 – ?, 1315), théologien, philosophe et poète catalan. Surnommé *le Docteur illuminé*, il exposa dans *Ars magna* (v. 1275) une méthode universelle pour raisonner sur toute espèce de sujets. Il parcourut l'Europe et la Méditerranée, et serait mort à Bougie (auj. *Bejaia*), lapidé, ou à Majorque.

**Lully** Jean-Baptiste (Florence, 1632 – Paris, 1687), compositeur français d'origine italienne. Appelé en France par Mlle de Montpensier (1646), il reçut en 1661 la charge de surintendant de la musique. Il adapta la tradition italienne à l'esprit français et fonda l'opéra en France : ballets de cour, comédies-ballets avec Molière (*le Bourgeois gentilhomme*), tragédies lyriques (*Amadis, Roland, Armide*), grands motets (*Te Deum, Miserere, Dies iræ*). VAR **Lulli**

Jean-Baptiste Lully

**Lulu** héroïne de 2 drames expressionnistes de Wedekind : *l'Esprit de la terre* (1895) et *la Boîte de Pandore* (1904). ▷ MUS Alban Berg les fondit en un opéra sériel en 3 actes, *Lulu* (1935, inachevé). ▷ CINE *Loulou* de G. W. Pabst (1929), qui révéla Louise Brooks.

**Luluabourg** → **Kananga.**

**lumachelle** *nf* MINER Roche sédimentaire constituée par l'accumulation de coquilles de mollusques ETY De l'ital. *lumaca*, « limaçon ».

**lumbago** *nm* Douleur lombaire survenant brutalement. PHO [lɔ̃bago] ETY Du lat. *lumbus*, « rein ». VAR **lombago** [lɔ̃bago]

**Lumbini** village du Népal, à 250 km à l'O. de Katmandou, où naquit le Bouddha (vers 500 av. J.-C.). Le village s'appelait alors *Kapilavastu*.

**lumen** *nm* PHYS Unité de flux lumineux du système international ; flux émis par une source dont l'intensité lumineuse est de 1 candela dans un angle solide de 1 stéradian. SYMB lm. PHO [lymɛn] ETY Mot lat., « lumière ».

**Lumet** Sydney (Philadelphie, 1924 – New York, 2011), cinéaste américain : *Douze hommes en colère* (1957), *Network* (1976), *7h58 ce samedi-là* (2007).

**lumière** *nf* **A** *nf* **1** PHYS Ensemble de particules élémentaires (*photons*) se déplaçant à très grande vitesse (299 792,458 km/s dans le vide) et présentant les caractères d'une onde. **2** Phénomène sportanément perçu par l'œil et susceptible d'éclairer et de permettre de voir. *La lumière du soleil, du jour. La lumière d'une lampe.* **3** Ce qui sert à éclairer, lampe. *Apportez de la lumière, que je puisse lire.* **4** Bx-A Représentation de la lumière en peinture. **5** Point lumineux, tache lumineuse. *Apercevoir une lumière dans la nuit.* **6** Ce qui permet de comprendre ou de savoir. *Les lumières de la foi, de la raison.* **7** litt Homme de haute valeur intellectuelle. *Descartes, Pascal, Newton, Leibniz, ces lumières de l'Europe.* **8** ARM Orifice, pratiqué dans le canon des armes à feu, qui permettait d'enflammer la poudre. **9** TECH Dans certains instruments d'optique, petit trou servant à la visée. **10** Ouverture dans le fût d'un rabot, pour loger le fer. **11** Fente du biseau d'un tuyau d'orgue. **12** Ouverture d'admission et d'échappement dans le cylindre d'une machine à vapeur ou d'un moteur à deux temps. **13** ANAT Espace central d'un vaisseau sanguin, d'un canal de l'organisme. **B** *nf pl* **1** Connaissances. *Mes lumières sur ce sujet sont très réduites.* **2** La connaissance rationnelle (par oppos. à l'*obscurantisme*). LOC fam ***Ce n'est pas une lumière*** : il n'est pas très intelligent. — ***Faire la lumière sur une chose*** : la révéler, l'expliquer. — ASTRO ***Lumière cendrée*** : lumière solaire reçue par la Lune par effet de réflexion sur la Terre. — ***Lumière comprimée*** : dans laquelle les fluctuations aléatoires ont été diminuées par un traitement physique. — ***Lumière froide*** : émise par les corps luminescents. — ***Lumière noire*** ou ***lumière de Wood*** : rayonnement ultraviolet utilisé pour obtenir certains effets décoratifs de fluorescence. — ***Lumière zodiacale*** : lueur blanchâtre, allongée dans le plan de l'écliptique, que l'on peut voir après le coucher du soleil ou avant son lever. — ***Mettre en lumière, en pleine lumière*** : faire voir clairement, mettre en évidence. ETY Du lat.

ENC La lumière présente un double aspect, corpusculaire et ondulatoire, expliqué par la mécanique ondulatoire. À chaque particule (le *photon* pour la lumière) de quantité de mouvement *p* est associée une onde de longueur d'onde $\lambda = \frac{h}{p}$, où h est la constante de Planck égale à $6{,}63.10^{-34}$ joule-seconde. La *vitesse (ou célérité) de la lumière* dans le vide, notée c, s'élève à 299 792,458 km/s ; cette vitesse, la plus élevée qu'on connaisse dans l'Univers, sert de référence en physique (V. relativité [encycl.]). Les corps portés à haute température (comme les étoiles), les flammes, les décharges électriques dans les gaz produisent de la lumière. Il en est de même des corps luminescents. Quand elle traverse un prisme, la lumière se décompose et forme un spectre dont la structure varie avec la source (couleurs de l'arc-en-ciel pour la lumière blanche). Nous percevons la lumière grâce à nos yeux ; un œil constitue un système optique complexe (V. œil.).

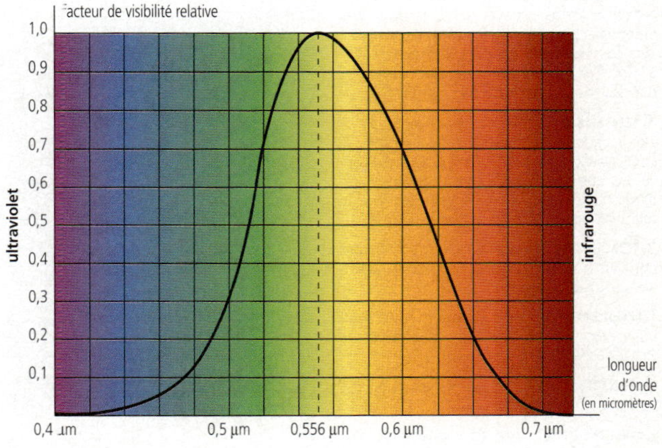


sensibilité de l'œil à la **lumière** visible

**Lumière** Louis (Besançon, 1864 – Bandol, 1948), chimiste et industriel français, inventeur du cinématographe et précurseur du septième art. Il tourna, à partir de 1895, de nombreux films : *la Sortie des usines Lumière, l'Arroseur arrosé, l'Arrivée du train à La Ciotat.* — **Auguste** (Besançon, 1862 – Lyon, 1954), frère et collab. du préc., perfectionna la photographie.

Louis et Auguste **Lumière** *l'Arroseur arrosé*

**Lumière d'août** roman de Faulkner (1932).

**Lumières (les)** au XVIIIe s., la connaissance rationnelle, en tant qu'elle rejette l'autorité arbitraire, l'absolutisme monarchique, le fanatisme (religieux, notam.) et prône le progrès des arts et des sciences. En France, les *philosophes* *des Lumières* furent Voltaire, Diderot, D'Alembert et les autres rédacteurs de l'*Encyclopédie* (ainsi que Rousseau, qui s'oppose souvent aux philosophes) ; le *siècle des Lumières* va de la mort de Louis XIV (1715) à la Révolution de 1789. En ce qui concerne l'Allemagne : V. Aufklärung.

**Lumières de la ville (les)** film muet de et avec Ch. Chaplin (1931).

**lumignon** *nm* Lampe qui éclaire peu. ETY Du gr. *ellukhnion*, avec infl. de *lumen*.

**luminaire** *nm* **1** LITURG Ensemble des cierges et des lampes que l'on utilise pendant un office. **2** Appareil d'éclairage.

**luminance** *nf* PHYS Quotient de l'intensité lumineuse qu'émet une source par sa surface apparente. *La luminance s'exprime en nits.*

**luminescence** *nf* PHYS Propriété des corps qui émettent de la lumière quand ils sont soumis, à basse température, à l'action d'un rayonnement. PHO [lyminesɑ̃s] DER **luminescent, ente** *a*

**lumineusement** *av* Avec beaucoup de clarté. *Expliquer une chose lumineusement.*

**lumineux, euse** *a, nm* **A** *a* **1** Qui émet de la lumière, qui réfléchit de la lumière. *Source lumineuse. Enseigne lumineuse.* **2** De la nature de la lumière, qui concerne la lumière. *Rayons lumineux.* **3** Clair, plein de lumière. *Ciel lumineux. Tableau lumineux.* **4** fig Très clair et très éclairant à la fois. *Un exposé lumineux.* **B** *nm* Dispositif placé sur le toit d'un taxi, allumé quand le taxi est libre.

**luminisme** *nm* BX-A Courant de la peinture caractérisé par des contrastes vigoureux de clair-obscur. DER **luministe** *a, n*

**luminosité** *nf* **1** Caractère de ce qui est lumineux. *La luminosité du ciel italien.* **2** ASTRO Énergie totale rayonnée par un astre en une seconde.

**luminothérapie** *nf* MED Traitement de certains troubles nerveux par l'exposition à la lumière. SYN luxthérapie.

**lumitype** *nf* IMPRIM Machine à composer photographiquement. ETY Nom déposé.

**lump** *nm* Poisson scorpéniforme marin dont les œufs sont préparés à la façon du caviar. PHO [lœp] ETY Du danois. VAR **lomp** ou **lompe**

**lumpenprolétariat** *nm* POLIT Pour les marxistes, frange du prolétariat trop misérable pour acquérir une conscience de classe et se rallier à la révolution prolétarienne. PHO [lumpənpʀɔletaʀja] ETY Mot all., de *Lump*, « gueux ».

**Lumumba** Patrice (Katako-Kombé, 1925 – Élisabethville, 1961), homme politique congolais. Premier ministre du Congo-Kinshasa indépendant (juin 1960), il incarna l'unité nationale. Destitué par le président Kasavubu (5 sept. 1960), il fut arrêté par le général Mobutu et transféré au Katanga, où il fut assassiné.

**1 lunaire** *a* **1** De la Lune. *Le sol lunaire.* **2** Qui évoque l'aspect désolé de la surface de la Lune. *Paysage lunaire.* **3** fig Rond et blafard. *Visage lunaire.* LOC ***Mois lunaire :*** dans certains calendriers, période de 28 ou 29 jours qui joue le même rôle que chacun de nos mois actuels.

**2 lunaire** *nf* Crucifère, dont les fruits ont une cloison médiane persistante, ronde et argentée. SYN monnaie-du-pape.

**lunaison** *nf* Durée comprise entre deux nouvelles lunes consécutives, soit en moyenne 29 j 12 h 44 min 2,8 s.

**lunatique** *a, n* Capricieux, fantasque. ETY Du lat.

**Lunceford** James Melvin, dit Jimmie (Fulton, 1902 – Seaside, 1947) saxophoniste et chef d'orchestre de jazz américain.

**lunch** *nm* Repas froid que l'on prend debout, au cours d'une réception, et qui est constitué de mets légers présentés en buffet. PLUR lunchs ou lunches. PHO [lœʃ] ou [lœnʃ] ETY Mot angl.

**Lund** v. de Suède méridionale (län de Malmö) ; 81 920 hab. Industries. – Université. Siège épiscopal. Cath. du XII^e s.

**Lundas** population de l'E. de l'Angola, présente aussi dans la rép. dém. du Congo et en Zambie. VAR **Loundas** ou **Balundas** ou **Ba-loundas** DER **lunda** ou **lounda** ou **balunda** ou **balounda** *a*

**Lundegårdh** Henrik (Stockholm, 1888 – Penningby, 1969), botaniste danois ; spécialiste de biochimie végétale.

**lundi** *nm* Premier jour de la semaine, qui suit le dimanche, généralement premier jour ouvrable de la semaine. LOC ***Lundi de Pâques, de Pentecôte :*** le lundi qui suit chacune de ces fêtes. — ***Lundi saint :*** celui de la semaine sainte. ETY Du lat. *lunæ dies*, « jour de la Lune ».

**Lundkvist** Artur (Oderljunga, 1906 – Stockholm, 1991), écrivain suédois influencé par D. H. Lawrence, Freud et les surréalistes : *Ascension* (1935), *Contrefeu* (1955), *Images de l'âme* (1982).

**Lundström** Johan Edvard (Jönköping, 1815 – id., 1888), ingénieur et industriel suédois. Il inventa l'allumette de sûreté, dite *suédoise* (1852).

**lune** *nf* **1** ASTRO (Avec une majuscule.) Unique satellite de la Terre. *Les phases de la Lune.* **2** Mois lunaire. **3** Lunaison. **4** fam Gros visage tout rond. **5** fam Derrière, fesses. LOC ***Clair de lune :*** lumière de la Lune qui éclaire la Terre, certaines nuits. — fam ***Demander, promettre la lune :*** une chose impossible. — fam ***Être dans la lune :*** être distrait, inattentif. — fam, vx ***Être dans une bonne (une mauvaise) lune :*** bien (mal) luné. — ***Lune de mer :*** syn. de *môle*. — ***Lune de miel :*** débuts du mariage, que l'on suppose être une période de bonheur ; période de bonne entente entre deux groupes, deux partis, etc. — ***Lune rousse :*** lunaison qui commence après Pâques, souvent accompagnée de gelées qui roussissent la végétation. — ***Nouvelle lune :*** période où la Lune est invisible. — ***Pleine lune :*** période où la Lune est visible sous forme d'un disque lumineux. — fam ***Vieilles lunes :*** époque révolue ; fig idées dépassées. ETY Du lat.

ENC La Lune est le seul gros satellite d'une planète tellurique. Son diamètre s'élève à 3 476 km ; sa distance moyenne à la Terre est de 380 400 km. La Lune nous présente toujours la même face, car sa période de rotation sur elle-même est exactement égale à celle de sa révolution autour de la Terre : 27 j 7 h 43 min 14,95 s. Quand la Lune est en conjonction avec le Soleil, c.-à-d. située entre le Soleil et la Terre, sa face éclairée par le Soleil est entièrement cachée ; c'est la phase de la *nouvelle lune*. De 6 jours 1/2 à 7 jours 1/2 après la nouvelle lune, le disque lunaire apparaît sous la forme d'un demi-cercle (premier quartier). Quinze jours après la nouvelle lune, celle-ci est en opposition avec le Soleil (*pleine lune*). La phase suivante est celle du dernier quartier, qui précède une nouvelle conjonction. Les *marées* terrestres sont dues à l'attraction de la Lune sur les masses océaniques ; le Soleil intervient, à un degré moindre, pour amplifier ou contrarier cette action.Le relief lunaire est constitué de vastes plaines, les *mers*, qui s'opposent à des régions tourmentées, les *continents*, dominées par des chaînes de montagnes (8 200 m au mont Leibniz). Le sol lunaire est parsemé de cratères d'origine météoritique ; certains, les *cirques*, ont un diamètre élevé : 270 km pour le cirque Bailly, 340 km pour le cirque Schiller. Nos connaissances doivent beaucoup à l'exploration spatiale : engins automatiques sov. déposés sur le sol lunaire (V. Lunik) ; programme amér. Apollo (1968-1972) qui, notam., permit de débarquer le premier homme (N. Armstrong) sur la Lune, le 20 juil. 1969. La sonde amér. *Lunar Prospector*, mise en orbite lunaire le 11 janv. 1998, a détecté la présence de glace sur les pôles ; cette eau (entre 30 et 300 millions de m$^3$) aurait été apportée par des comètes il y a plusieurs milliards d'années. Le sol lunaire est recouvert d'une couche poudreuse ou granuleuse dont la composition est intermédiaire entre celle des météorites et celle des cendres volcaniques. Les éléments princ. sont le silicium, l'aluminium, le fer, le titane, le calcium et le magnésium. Les plus vieilles roches rapportées de la Lune en 1969 ont l'âge des plus vieilles roches terrestres (4,6 milliards d'années). La pesanteur à la surface de la Lune est égale au 1/6 de la pesanteur terrestre ; aussi, la vitesse nécessaire pour qu'un corps se libère de l'attraction lunaire n'est que de 2,38 km/s, contre 11,2 km/s sur la Terre.

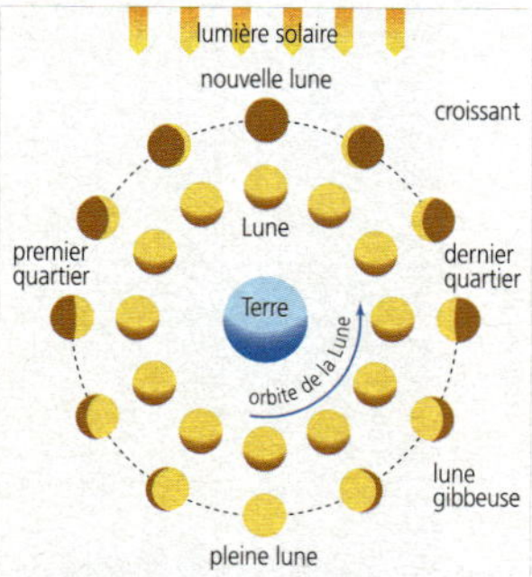

les phases de la Lune : aspects de la Lune vue de la Terre au cours d'une lunaison, en fonction des positions relatives de la Lune, de la Terre et du Soleil

**Lune**

**luné, ée** *a* LOC ***Être bien (mal) luné :*** bien (mal) disposé, de bonne (mauvaise) humeur.

**Lunebourg** (en all. *Lüneburg*), v. d'Allemagne (Basse-Saxe), sur l'Ilmenau ; 59 500 hab. Industries. – Ville hanséatique du XIV^e au XVI^e s. Belles constr. en brique (XIV^e et XV^e s.).

**Lunel** ch.-l. de cant. de l'Hérault (arr. de Montpellier) ; 22 352 hab. Vignobles (muscats). Industr. alim. DER **lunellois, oise** *a, n*

**Lünen** v. industr. d'Allemagne (Rhénanie-du-N.-Westphalie), sur la Lippe ; 84 350 hab.

**lunetier, ère** *n, a* **A** *n* Fabricant, marchand de lunettes. *Industrie lunetière.* **B** *a* Des lunettes. DER **lunetterie** *nf*

**lunette** *nf* **A** **1** ARCHI Jour, évidement, à la rencontre de deux voûtes dont les clefs ne sont pas à la même hauteur. **2** Glace arrière d'une automobile. **3** FORTIF Petite demi-lune. **4** Ouverture de la cuvette de cabinets ; le siège qui s'y adapte. **5** TECH Coussinet de filetage ; pièce servant au raccord des tuyauteries. **6** Partie d'un boîtier de montre qui retient le verre. **7** Ouverture ronde de la guillotine, qui emprisonnait le cou du condamné. **8** OPT Instrument destiné à grossir ou à rapprocher l'image d'un objet éloigné. *Lunette astronomique.* **B** *nfpl* Paire de verres fixés à une monture, servant à corriger la vue ou à protéger les yeux. *Porter des lunettes. Lunettes de soleil, de soudeur.* ETY De *lune*.

ENC Une lunette comprend deux systèmes optiques : un *objectif*, qui donne une première image (réelle) de l'objet, et un *oculaire*, sorte de loupe qui sert à observer l'image précédente. On distingue : la lunette *astronomique*, dont l'objectif et l'oculaire sont convergents (elle sert à l'observation des astres) ; la lunette *terrestre*, qui, en plus, dispose d'un système qui redresse l'image (longue-vue, jumelles à prismes) ; la lunette de *Galilée*, à oculaire divergent qui redresse l'image en même temps qu'il l'agrandit (jumelles de théâtre).

**lunetté, ée** *a* fam Qui porte des lunettes.

**Lunéville** ch.-l. d'arr. de Meurthe-et-Moselle, sur la Meurthe ; 20 200 hab. Centre industriel. Faïenceries. – Le *traité de Lunéville* (1801), entre la France et l'Autriche, confirma celui de

Campoformio. – Château XVIII$^{e}$ s. DER **lunévillois, oise** *a, n*

**Lunik** nom des premiers engins spatiaux sov. visant la Lune. Lunik 2 fut la prem. sonde qui atteignit la Lune (21 oct. 1959).

**lunisolaire** *a* ASTRO Qui a rapport à la Lune et au Soleil, qui dépend d'eux. *Calendrier lunisolaire.* VAR **luni-solaire**

**lunule** *nf* **1** GEOM Figure en forme de croissant, formée par deux arcs de cercle qui se coupent. **2** Zone blanchâtre en forme de croissant, située à la base de l'ongle.

**lunure** *nf* TECH Défaut du bois (cercles ou demi-cercles apparaissant sur la tranche).

**Luos** terme désignant des ethnies d'Ouganda, du Kenya et de Tanzanie qui parlent des langues nilotiques ; traditionnellement, ils exercent l'élevage ; en tout, plus de 10 millions de personnes. VAR **Lwos** DER **luo** ou **lwo** *a*

**Luoyang** v. de Chine (Henan) ; 1,6 million d'hab. (aggl.). – Musée archéol. ; temple du Cheval Blanc (la plus anc. fondation bouddhique de Chine) ; grottes de Longmen.

**lupanar** *nm* litt Maison de prostitution. ETY Mot lat.

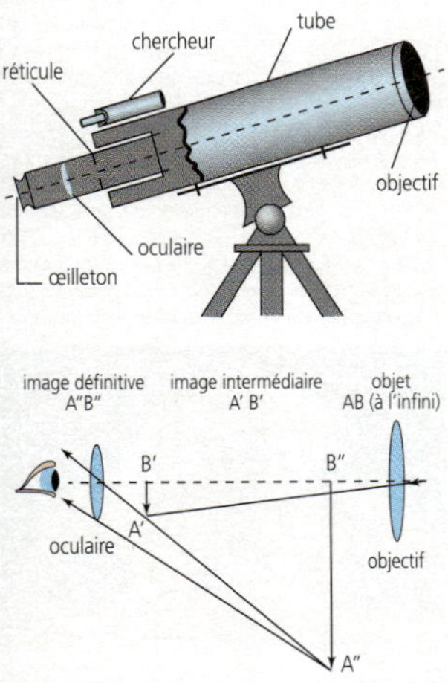


**lunette** astronomique

**lupercales** *nf pl* ANTIQ ROM Fête annuelle en l'honneur du dieu Lupercus.

**Lupercus** dans la myth. rom., nom sous lequel on fêtait le dieu Faustus, protecteur des troupeaux contre les loups.

**lupin** *nm* Plante ornementale ou fourragère (papilionacée) à feuilles palmées et à fleurs en grappes. ETY Du lat.

**lupin**

**lupome** *nm* MED Élément éruptif du lupus.

**lupulin** *nm* TECH Poussière résineuse des cônes du houblon, qui entre dans la fabrication de la bière. ETY Du lat. *lupus,* « houblon ».

**lupuline** *nf* **1** TECH Alcaloïde contenu dans le lupulin, qui donne à la bière sa saveur amère. **2** Luzerne de petite taille, à fleurs jaunes, commune dans les champs, appelée aussi *minette.*

**lupus** *nm* MED Dermatose à extension progressive et destructive, principalement localisée au visage. *Lupus acnéique, tuberculeux.* LOC ***Lupus érythémateux disséminé :*** maladie à manifestations multiples, touchant notam. la peau, les reins, les articulations, et où l'on trouve des signes biologiques d'auto-immunisation. PHO [lypys] ETY Mot lat., « loup ». DER **lupique** *a, n*

**Luqman** écrivain arabe légendaire, mentionné dans le Coran. Il serait l'auteur de fables imitées d'Ésope. VAR **Lokman**

**Lurçat Jean** (Bruyères, Vosges, 1892 – Saint-Paul-de-Vence, 1966), peintre, illustrateur et cartonnier français. Tapisseries : *l'Apocalypse* (1948, égl. d'Assy), *le Chant du monde* (1957-1964, Angers).

**Lure (montagne de)** chaînon des Préalpes françaises, à l'E. du mont Ventoux ; 1 827 m.

**Lure** ch.-l. d'arr. de la Haute-Saône ; 8 727 hab. Industries. – Une abbaye fondée au VI$^{e}$ s. est à l'origine de la ville. DER **luron, onne** *a, n*

**lurette** *nf* LOC fam ***Il y a belle lurette :*** il y a bien longtemps. ETY De *heurette,* dimin. de *heure.*

**lurex** *nm* Fil recouvert de polyester, à l'aspect métallique. ETY Nom déposé.

**Luristān** rég. montagneuse et prov. de l'Iran occid. (28 803 $km^2$ ; 1 370 000 hab.). En 1929, on découvrit dans des tombeaux mégalithiques une multitude de « bronzes du Luristān » (I$^{er}$ millénaire av. J.-C.). VAR **Lorestān**

**luron, onne** *n* Personne pleine d'insouciance, de gaieté ; bon vivant. *Un joyeux luron.*

**Lusace** (en all. *Lausitz*), région d'Allemagne aux confins de la Bohême, peuplée d'abord de Sorabes, d'origine slave (qui ont conservé leur langue). Elle culmine (1 010 m au Jested, en Rép. tchèque) dans les *monts de Lusace.*

**Lusaka** cap. de la Zambie ; 1,3 million d'hab. (aggl.). Centre comm. et industr. (coton ; montage de tracteurs). DER **lusakois, oise** *a, n*

**Lüshun** → **Port-Arthur, Lüda.**

**Lusiades (les)** poème épique en 10 chants (1 102 strophes de 8 vers) de Camoëns (1572).

**Lusignan** famille du Poitou. Les *Lusignan d'Outre-Mer* régnèrent sur Chypre et sur Jérusalem. — **Gui de** (Lusignan, vers 1129 – Nicosie, 1194), roi de Jérusalem (1186-1192) et de Chypre (1192-1194). Saladin lui prit Jérusalem en 1187 ; en 1192, il acheta Chypre à Richard Cœur de Lion et en fit un royaume latin. Ses descendants régnèrent sur l'île jusqu'en 1489.

**lusin** *nm* MAR Cordage à deux minces fils de caret, pour les petits amarrages. ETY Du néerl. VAR **luzin**

**Lusitania** paquebot anglais qui fut torpillé par un sous-marin allemand le 7 mai 1915 à son retour des É.-U. (1 200 morts).

sol lunaire photographié par Apollo 17

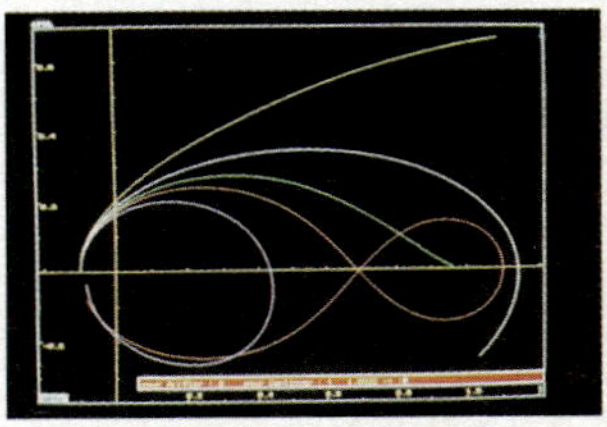

trajectoire de 5 sondes lancées à diverses vitesses depuis le voisinage de la Terre (à g.) et se dirigeant vers la Lune

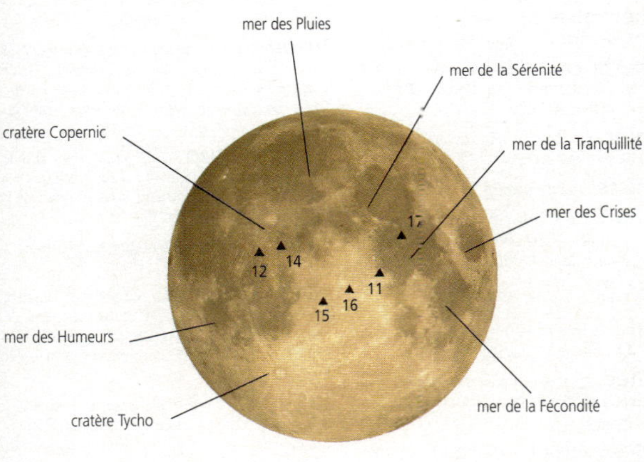


les nombres désignent les missions Apollo à l'emplacement de leur atterrissage

carte de la face visible de la **Lune**

**Lusitanie** anc. prov. romaine qui comprenait notam. le León et le Portugal actuels. DER **lusitanien, enne** ou **lusitain, aine** *a, n*

**lusophone** *a, n* didac Qui parle portugais.

**Lustiger** Jean-Marie (Paris, 1926 – id., 2007), prélat français d'origine juive polonaise ; archevêque de Paris en 1981, cardinal en 1983.

**lustral, ale** *a* litt Qui sert à purifier. PLUR lustraux. LOC *Eau lustrale* : eau de baptême.

**lustration** *nf* **1** ANTIQ Cérémonie publique ou privée de purification des personnes, des lieux, etc. **2** Aspersion d'eau lustrale. ETY Du lat.

**1 lustre** *nm* **1** litt Période de cinq ans. **2** fam Longue période. *Cela fait des lustres qu'on ne l'a revu.* ETY Du lat.

**2 lustre** *nm* **1** Brillant, poli naturel ou artificiel d'un objet, d'une matière. **2** TECH Produit utilisé pour donner ce brillant. **3** fig Éclat, relief que donne la parure, le mérite. **4** Luminaire à plusieurs lampes, que l'on suspend au plafond. ETY De l'ital.

**lustrer** *vt* ① **1** Donner du lustre à, rendre brillant. *Lustrer un meuble.* **2** TECH Traiter avec un lustre. *Lustrer des peaux. Feutre lustré.* **3** Donner le lustre du frottement, de l'usure à un vêtement. DER **lustrage** *nm*

**lustrerie** *nf* Industrie, commerce des lustres d'éclairage.

**lustrine** *nf* Tissu de coton très apprêté et lustré.

**Lustucru (le père)** type grotesque de sot dans la chanson et le vaudeville ; son nom viendrait de « l'eusses-tu cru ? ».

**lut** *nm* TECH Pâte (argile, cire, mastic, etc.) se solidifiant à la chaleur, utilisée pour boucher hermétiquement un récipient, un four, etc. PHO [lyt] ETY Du lat. *lutum,* « terre de potier ».

**lutage → luter.**

**Lutèce** v. de la Gaule, cap. des *Parisii,* dans une île de la Seine (auj. *île de la Cité* à Paris). DER **lutécien, enne** *a, n*

**lutécium** *nm* **1** CHIM Élément appartenant à la famille des lanthanides, de numéro atomique Z = 71, de masse atomique 174,97. SYMB Lu. **2** Métal rare qui fond à 1 663 °C et bout vers 3 400 °C. PHO [lytesjɔm] ETY Du n. pr.

**lutéine** *nf* **1** vx BIOL Syn. anc. de *progestérone.* **2** CHIM Pigment jaune présent dans certaines fleurs jaunes, la citrouille, le jaune d'œuf, etc. ETY Du lat. *luteus,* « jaune ». DER **lutéinique** *a*

**lutéinisant, ante** *a* LOC BIOL *Hormone lutéinisante* : gonadostimuline hypophysaire qui stimule la sécrétion de la progestérone chez la femme et des androgènes testiculaires chez l'homme. SYN lutéostimuline.

**lutéinisation** *nf* BIOL Transformation du follicule ovarien arrivé à maturité, en corps jaune sécréteur.

**lutéostimuline** *nf* BIOCHIM Hormone lutéinisante.

**luter** *vt* ① TECH Boucher, protéger avec un lut. DER **lutage** *nm*

**luth** *nm* **1** Instrument de musique à cordes pincées, à caisse bombée, dont le haut du manche forme un angle droit. **2** litt Symbole du don poétique, de la poésie. **3** Tortue marine à carapace molle, qui peut atteindre 2,50 m de longueur pour un poids de 550 kg. PHO [lyt] ETY De l'ar. ▶ pl. tortues

**Luther** Martin (Eisleben, 1483 – id., 1546), théologien et réformateur protestant allemand. Maître en philosophie de l'université d'Erfurt (1505), il entra chez les Augustins de cette ville. En 1511, à Wittenberg, il fut reçu docteur en théologie. Les écrits de saint Augustin et les Épîtres de saint Paul lui parurent résoudre la question du salut : la grâce de Dieu reçue par la foi sauve le pécheur ; seul compte le lien personnel de l'homme avec Dieu. Le 31 oct. 1517, quand le dominicain Tetzel vint prêcher une indulgence pour acquérir les fonds nécessaires à Saint-Pierre de Rome, il afficha à Wittenberg 95 thèses qui fondaient le luthéranisme. Excommunié par Léon X en 1520, mis au ban de l'Empire en 1521, il trouva refuge à la Wartburg, domaine de Frédéric III, Électeur de Saxe. De là, il diffusa sa doctrine et il entreprit de traduire la Bible en allemand ; de retour à Wittenberg en 1522, il organisa la vie de communautés. En 1525, il épousa une anc. religieuse, Katharina von Bora, et invita les seigneurs à écraser la révolte des paysans, en partie suscitée par le libéralisme de ses écrits. Ses ouvrages ont un style neuf et vigoureux : *la Captivité de Babylone* (1520), *De la liberté du chrétien* (1520), *le Petit Catéchisme* et *le Grand Catéchisme* (1529), *la Confession d'Augsbourg* (publiée par Melanchthon en 1530), *les Articles de Smalkalde* (1537), *la Formule de concorde* (posth., 1580). Le luthérianisme considère comme essentiels deux sacrements : le baptême et l'eucharistie, pour laquelle il professe la consubstantiation (contrairement à la transsubstantiation catholique). DER **luthérien, enne** *a, n*

ENC L'unité doctrinale des luthériens, qui reconnaissent la Bible comme l'unique autorité en matière de foi *(sola scriptura),* repose sur *le Grand Catéchisme, le Petit Catéchisme* de Luther (1529) *la Confession d'Augsbourg* (publiée par Melanchthon en 1530 avec l'approbation de Luther). La pierre angulaire de la croyance luthérienne est la conviction que seule la foi confiante *(sola fide)* en l'infinie bonté de Dieu sauve le fidèle. L'affirmation du salut par la foi seule, don absolument gratuit de Dieu, menait au dogme de la prédestination, notion radicalement étrangère à l'esprit de l'humanisme. Luther ne reconnaît que deux sacrements : le baptême et l'eucharistie ; en ce qui concerne celle-ci, Luther, contrairement à l'Église catholique, professe la consubstantiation, mais non la Présence réelle. On compte auj. env. 100 millions de luthériens dans le monde.

Luther

**luthéranisme** *nm* Doctrine religieuse de Luther ; ensemble des églises luthériennes.

**lutherie** *nf* **1** Fabrication des instruments de musique à cordes pincées et frottées. **2** Profession, commerce du luthier.

**luthier** *nm* Fabricant ou marchand d'instruments de musique à cordes.

**luthiste** *n* Instrumentiste qui joue du luth.

**Luthuli** Albert John (en Rhodésie, vers 1898 – Stanger, Natal, 1967), leader politique noir d'Afrique du Sud ; zoulou ; adversaire résolu, mais non violent, de l'apartheid. P. Nobel de la paix 1960.

**lutin** *nm* **1** Petit démon familier d'esprit malicieux. **2** fig Enfant vif, espiègle. ETY Du lat.

**lutiner** *vt* ① **1** vx Taquiner à la manière d'un lutin. **2** litt Harceler de familiarités galantes. *Lutiner une femme.*

**Luton** v. d'Angleterre (Bedfordshire), sur la *Lea* ; 167 300 hab. Ville industr. – Aux environs, chât. de *Luton Hoo* (XVIIIe s.).

**Lutosławski** Witold (Varsovie, 1913 – id., 1994), compositeur polonais : *Concerto pour orchestre* (1954), *Trois poèmes d'Henri Michaux* (1963), *Concerto pour piano* (1988).

**lutrin** *nm* **1** LITURG Pupitre sur lequel on pose les livres dont on se sert pour chanter l'office, dans une église. **2** Pupitre sur pied, support oblique sur lequel on pose un livre encombrant et lourd pour le consulter commodément. **3** Ensemble de ceux qui chantent au lutrin ; endroit du chœur où ils se tiennent. ETY Du lat.

**Lutrin (le)** poème héroï-comique en 6 chants de Boileau (1683).

**lutte** *nf* **1** Combat de deux adversaires qui se prennent corps à corps. **2** SPORT Sport de combat opposant deux adversaires dont chacun doit s'efforcer d'immobiliser l'autre au sol. **3** Rixe ou combat armé. *Lutte au couteau.* **4** fig Opposition ou conflit d'idées, d'intérêts, de pouvoir. *Luttes politiques.* **5** Action contre une force, un phénomène, un évènement, nuisible ou hostile. *Lutte contre le cancer.* **6** Conflit entre deux forces matérielles ou morales. LOC *De haute, de vive lutte* : par de grands efforts, par l'engagement de toute sa force ou sa volonté. — *Lutte biologique* : méthode de destruction des animaux nuisibles par leurs prédateurs ou leurs parasites. — *Lutte gréco-romaine* : dans laquelle ne sont autorisées que certaines prises entre la ceinture et la tête. — *Lutte libre* : qui comporte un plus grand nombre de prises autorisées.

ENC La lutte biologique remonte à l'Antiquité (emploi du chat ou d'autres carnivores contre les rongeurs). Au XXe s., elle prit d'abord son essor contre les insectes : lorsque la cochenille australienne *Icerya purchasi* ravagea les arbres fruitiers d'Europe, on eut l'idée d'introduire sa prédatrice naturelle en Australie, la coccinelle *Novius cardinalis.* Des escargots carnivores sont employés contre d'autres escargots, des acariens contre d'autres acariens ; des poissons sont chargés de dévorer les larves d'anophèle, etc. Mais parfois le remède est pire que le mal : une coccinelle asiatique introduite pour dévorer des pucerons s'attaque aussi aux larves des coccinelles autochtones.

**lutte** libre

**Lutte ouvrière** (LO) parti trotskiste fondé en 1968 présent aux élections présidentielles depuis 1974 (A. Laguiller).

**lutter** *vi* ① **1** Combattre corps à corps. **2** Se battre. *Lutter contre qqn.* **3** Rivaliser. *Lutter d'adresse.* **4** fig Être en lutte. *Lutter contre le vent. Lutter pour la réussite.* ETY Du lat. *luctare,* « combattre ».

**lutteur, euse** *n* **1** Athlète qui pratique la lutte. **2** fig Personne que sa nature énergique incite à lutter contre l'adversité, quelles que soient les circonstances.

**lutz** *nm* En patinage artistique, variété de saut. ETY D'un n. pr.

**Lützen** v. d'Allemagne, au S.-O. de Leipzig ; 4 540 hab. – En 1632, Gustave-Adolphe de Suède y vainquit les impériaux, mais fut tué. En 1813, Napoléon Ier vainquit les Russes et les Prussiens.

**lux** *nm* PHYS Unité d'éclairement lumineux ; éclairement d'une surface qui reçoit un flux lumineux de 1 lumen par $m^2$. SYMB lx. PHO [lyks] ETY Mot lat., « lumière ».

**luxation** *nf* MED Position permanente anormale des surfaces d'une articulation osseuse, due le plus souvent à un choc.

**luxe** *nm* **1** Magnificence, éclat déployé dans les biens, la parure, le mode de vie dispendieux ;

abondance de choses somptueuses. *Vivre dans le luxe.* **2** Qualité de ce qui est recherché, somptueux. *Le luxe d'une décoration. Produits de luxe.* **3** Bien, plaisir coûteux et superflu. *Elle va de temps en temps au théâtre, c'est son seul luxe.* **LOC** ***Ce n'est pas du luxe*** : c'est vraiment utile, nécessaire. — ***Se payer, s'offrir le luxe de*** : se permettre de faire qqch de difficile, d'agréable, de remarquable, etc. — ***Un luxe, un grand luxe de*** : une grande quantité, une profusion de. ETY Du lat.

**Luxembourg** prov. du S.-E. de la Belgique, comprenant l'Ardenne ; 4 419 km$^2$ ; 224 990 hab. ; ch.-l. *Arlon*. Élevage de bovins ; exploitation forestière. DER **luxembourgeois, oise** *a, n*

**Luxembourg** cap. du grand-duché de Luxembourg, sur *l'Alzette* ; 113 000 hab. (aggl.). Centre polit. et comm. du pays, ville industr. L'une des capitales européennes, elle abrite notam. la Cour de justice européenne, le secrétariat général du Parlement européen, la Banque européenne d'investissements. DER **luxembourgeois, oise** *a, n*

Luxembourg

**Luxembourg (grand-duché de)** État d'Europe occidentale limité par la Belgique à l'O. et au N., l'Allemagne à l'E., la France au S. ; 2 586 km$^2$ ; 500 000 hab. ; cap. *Luxembourg*. Nature de l'État : monarchie constitutionnelle. Langue nationale : luxembourgeois (dep. 1984) ; le français et l'allemand sont obligatoires dans les actes officiels. Monnaie : euro. Religion : catholicisme (94,8 %). DER **luxembourgeois, oise** *a, n*
**Géographie** Le N. du pays, l'Ösling, qui appartient à l'Ardenne, est accidenté, coupé de vallées encaissées et couvert de forêts et d'herbages (élevage bovin). Le S., le Gutland (« Bonne Terre »), prolongement du plateau lorrain, offre des terroirs fertiles et concentre la pop. Sur les gisements de fer du S. s'est développée une puissante industrie sidérurgique qui dès les années 1970 a su se reconvertir. Le secteur tertiaire emploie aujourd'hui 66,3 % des actifs, du fait des fonctions européennes et des activités financières attirées par une fiscalité avantageuse. Le revenu par habitant est l'un des plus élevés du monde, la croissance est supérieure à la moyenne de l'UE, le chômage est très faible (moins de 3 % des actifs), les étrangers constituent 25 % de la population.
**Histoire** Le grand-duché de Luxembourg est une partie de l'ancien État de Luxembourg, qui s'étendait entre la Lorraine au S., le pays de Trèves à l'E., la principauté de Liège au N. et la vallée de la Meuse à l'O. Fondé en 963, le comté de Luxembourg (duché en 1354 et grand-duché en 1815) fit longtemps partie du Saint Empire ; il passa sous la domination de la Bourgogne (1441), qui le réunit aux Pays-Bas, de l'Espagne (1555), de l'Autriche (1714). En 1795 les armées françaises l'occupèrent. Le congrès de Vienne (1815) le donna au roi des Pays-Bas dans le cadre de la Confédération germanique. En 1831, l'O. fut rattaché au nouveau royaume de Belgique (prov. du Luxembourg). À l'E., le roi des Pays-Bas laissa au grand-duché de Luxembourg une autonomie grandissante. En 1842, le Luxembourg adhéra au Zollverein allemand, ce qui accrut sa prospérité, due à la sidérurgie. En 1890, le grand-duché échut à une branche de la famille des Nassau dont descend l'actuel grand-duc Henri auquel son père, Jean, a laissé le trône en 2000. Occupé, malgré sa neutralité, par les Allemands pendant les deux guerres mondiales, le Luxembourg a conclu en mai 1947 un traité avec les Pays-Bas et la Belgique (Benelux). Abandonnant son statut de pays neutre, il adhéra à l'OTAN en 1949 et à la CEE (auj. UE) en 1957. ▶ carte **Belgique**

**Luxembourg (Radio- Télé-)** ensemble formé par : *Radio-Luxembourg*, station de radiodiffusion créée en 1931 et émettant en 6 langues (français, luxembourgeois, allemand, anglais, néerlandais et italien) et *Télé-Luxembourg*, station de télévision créée en 1955. VAR **RTL**

**Luxembourg (maison de)** famille qui tire son nom du château de Luxembourg, en Lorraine. Elle a donné à l'Allemagne des empereurs, à la Bohême des rois et à la France des hommes de guerre.

**Luxembourg François Henri de Montmorency-Bouteville (duc de)** (Paris, 1628 – Versailles, 1695), maréchal de France (1675). Il vainquit à Cassel (1677), Fleurus (1690), Steinkerque (1692) et Neerwinden (1693). Il enleva à l'ennemi tant de drapeaux qu'on le surnomma le *Tapissier de Notre-Dame*.

**Luxembourg (palais du)** palais construit à Paris, pour la reine Marie de Médicis, par S. de Brosse (1615-1626). Il abrite auj. le Sénat, que borde le *jardin du Luxembourg*.

**luxembourgeois** *nm* Dialecte allemand parlé dans le grand-duché de Luxembourg.

**Luxemburg Rosa** (Zamość, Ruthénie, 1870 – Berlin, 1919), révolutionnaire allemande ; écrivain marxiste : *l'Accumulation du capital* (1913). Elle fonda, avec Karl Liebknecht, le groupe Spartakus (1914). Lors de la révolution spartakiste, elle fut arrêtée et assassinée.

Rosa Luxemburg

**luxer** *vt* 1 Provoquer la luxation d'une articulation. *Se luxer le genou.* ETY Du lat.

**Luxeuil-les-Bains** ch.-l. de cant. de la Haute-Saône (arr. de Lure) ; 8 414 hab. Stat. therm. – Site d'une abbaye fondée au VI$^e$ s. par saint Colomban. Basilique XIV$^e$ s. DER **luxovien, enne** *a, n*

**luxmètre** *nm* PHYS Appareil servant à mesurer l'éclairement.

**luxthérapie** *nf* Syn. de *luminothérapie*.

**luxueux, euse** *a* Caractérisé par le luxe. *Installation luxueuse.* DER **luxueusement** *av*

**Lu Xun Zhou Shuren,** dit (Shaoxing, 1881 – Shanghai, 1936), écrivain chinois, réaliste : *la Véridique Histoire d'Ah Q* (1921), *Contes anciens à notre manière* (1935). VAR **Lou Siun**

**luxure** *nf* litt Pratique immodérée des plaisirs sexuels. ETY Du lat. DER **luxurieux, euse** *a*

**luxuriant, ante** *a* **1** Qui pousse avec abondance, en parlant de la végétation. **2** fig Caractérisé par l'abondance, l'exubérance. *Un style luxuriant.* ETY Du lat. *luxuriare*, « être surabondant ». DER **luxuriance** *nf*

**Luynes Charles (marquis d'Albert, duc de)** (Pont-Saint-Esprit, 1578 – Longueville, 1621), favori de Louis XIII, qu'il poussa à se défaire de Concini auquel il succéda en 1617.

**luzerne** *nf* Plante fourragère (papilionacée) à feuilles trifoliées. ETY Du provenç.

**luzernière** *nf* Champ de luzerne.

**Luzi Mario** (Florence, 1914 – id., 2005), poète italien : *la Barque* (1935), *la Vérité sur la vie* (1960).

**Luzon** → **Luçon.**

**luzule** *nf* BOT Plante voisine du jonc (juncacée) utilisée comme fourrage et comme plante de soutien des terrains en pente. ETY Du lat.

**LVF** Sigle de *Légion des volontaires français contre le bolchevisme*. Créée en juil. 1941, elle fut intégrée à l'armée allemande et combattit sur le front soviétique.

**Lvov** (en polonais *Lwów*, en all. *Lemberg*), v. d'Ukraine, à proximité de la Pologne, sur le *Peltev* ; 780 000 hab. ; ch.-l. de la prov. du m. nom. Centre industr. proche de gisements d'hydrocarbures. – Polonaise de 1349 à 1772, la ville fut ensuite la cap. de la Galicie autrichienne. Redevenue polonaise (1919), enjeu de combats entre Soviétiques et Allemands (1941-1944), elle fut ukrainienne en 1945. VAR **Lviv**

**Lvov Gheorghi Ievghenievitch (prince)** (près de Toula, 1861 – Paris, 1925), homme politique russe. Membre du parti Cadet (K.D.), monarchiste libéral, il dirigea le gouv. après la révolution de février 1917, puis Kerenski s'imposa et il se retira (août 1917).

**Lwoff André** (Ainay-le-Château, Allier, 1902 – Paris, 1994), biologiste français. Il étudia les relations entre le virus et la cellule hôte, et la transmission de l'information génétique. P. Nobel de médecine 1965 avec J. Monod et F. Jacob.

**lx** PHYS Symbole du lux.

**Lyallpur** → **Faisalabad.**

**Lyautey Louis Hubert Gonzalve** (Nancy, 1854 – Thorey, Meurthe-et-Moselle, 1934), maréchal de France (1921). Il combattit au Tonkin (1894), à Madagascar (1897), commanda dans le Sud oranais (1903) et fut résident général au Maroc de 1912 à 1925 (à l'exception d'un séjour en France comme ministre de la Guerre en 1916-1917). Il a laissé de nombreux écrits. Acad. fr. (1912).

Lyautey

**lyc(o)-** Élément, du gr. *lukos*, « loup ».

**Lycabette (le)** colline de l'Attique (277 m), qui domine Athènes.

**lycanthropie** *nf* MED Monomanie dans laquelle le malade se croit changé en loup. DER **lycanthrope** *n*

**lycaon** *nm* Mammifère canidé d'Afrique, au pelage fauve bigarré de noir et de blanc. SYN cynhyène. ETY Mot lat.

**Lycaon** dans la myth. gr., roi d'Arcadie, père de Callisto ; il fut foudroyé par Zeus, auquel il avait servi la chair d'un enfant.

**Lycaonie** anc. contrée de l'Asie Mineure centrale. Villes princ. : *Iconium* (auj. *Konya*) et *Laodicée*.

**lycée** *nm* Établissement public d'enseignement du second degré prolongeant la formation secondaire des collèges en préparant au baccalauréat. **LOC** ***Lycée professionnel (LP)*** : préparant à divers examens de l'enseignement technique. ETY Du gr. DER **lycéen, enne** *n, a*

**Lycée (mont)** (auj. *Diaforti*), montagne de l'anc. Arcadie, séjour du dieu Pan.

**Lycée (le)** le gymnase, à l'est d'Athènes, où Aristote, venu de Macédoine, enseigna sa philosophie, à partir de 336 ou 335 av. J.-C. L'école philosophique qu'il fonda est nommée le Lycée.

**lycène** *nf* Petit papillon diurne, souvent bleuté pour le mâle et brunâtre pour la femelle. SYN argus. ETY Du gr. *lukaina,* « louve ».

**lychee** → **litchi.**

**lychnis** *nm* Plante herbacée (caryophyllacée) dont plusieurs variétés sont cultivées comme ornementales. PHO [liknis] ETY Mot lat.

**Lycie** anc. pays de l'Asie Mineure méridionale, situé entre la Carie et la Pamphylie (auj. en Turquie, à l'O. du golfe d'Antalya). DER **lycien, enne** *a, n*

**Lycomédès** dans la myth. grecque, roi de Scyros.

**lycope** *nm* Plante (labiée), courante dans les lieux humides. SYN pied-de-loup.

**lycopène** *nm* Pigment caroténoïde rouge de la tomate, du poivron, etc.

**lycoperdon** *nm* Champignon gastéromycète en forme d'outre, appelé cour. *vesse-de-loup.*

**Lycophron** (Chalcis, IIIe s. av. J.-C.), poète grec. Son long poème, *Alexandra*, sur les prophéties de Cassandre, est fort obscur.

**lycopode** *nm* Ptéridophyte ressemblant à une grande mousse. SYN pied-de-loup.

lycopode

**lycopodiale** *nf* BOT Ptéridophyte dont l'ordre comporte des plantes herbacées (lycopode, sélaginelle) et de nombreuses formes fossiles arborescentes.

**lycose** *nf* Araignée qui attrape ses proies à la course et creuse des terriers, telle que la tarentule. ▶ pl. araignées

**lycra** *nm inv, a inv* Fibre textile artificielle très élastique de la marque de ce nom. ETY Nom déposé.

**lyctus** *nm* Coléoptère dont la larve attaque les bois non résineux. VAR **lycte**

**Lycurgue** personnage légendaire qui, entre le XIe et le IXe s. av. J.-C., aurait donné à Sparte les lois très sévères qui régirent son régime social et son organisation militaire.

**Lycurgue** (v. 390 – v. 324 av. J.-C.), orateur athénien, allié de Démosthène contre Philippe II de Macédoine.

**Lydda** → **Lod.**

**lyddite** *nf* Explosif à base d'acide picrique utilisé pendant la Première Guerre mondiale.

**Lydgate** John (Lydgate, Suffolk, v. 1370 – Bury Saint Edmunds, v. 1450), bénédictin et poète de cour anglais, inspiré par Chaucer et le roman français : *la Chute des princes* (1430-1438), *le Siège de Troie* (1412-1420).

**Lydie** ancien pays de l'Asie Mineure, sur la mer Égée, entre la Mysie et la Carie, conquis par les Perses sur le roi Crésus (546 av. J.-C.) ; cap. *Sardes.* DER **lydien, enne** *a, n*

**lydienne** *nf* MINER Radiolarite noire à grains très fins.

**Lyell** sir Charles (Kinnordy, 1797 – Londres, 1875), géologue écossais qui contesta les récits de la Genèse : *Principes de géologie* (1833), *l'Antiquité de l'homme prouvée par la géologie* (1859).

**Lyly** John (Canterbury, 1554 – Londres, 1606), écrivain anglais. Auteur du premier roman anglais, *Euphues ou l'Anatomie de l'esprit* (1578), suivi de *Euphues et son Angleterre* (1580), dont la préciosité reçut le nom d'euphuisme. Comédies : *Endymion* (1586), *Midas* (1589).

**Lyman** Theodore (Boston, 1874 – Cambridge, Massachusetts, 1954), physicien américain. Il a donné son nom aux raies du spectre de l'hydrogène situées dans l'ultraviolet.

**Lyme (maladie de)** *nf* Dermatose infectieuse chronique due à une bactérie transmise par les tiques.

**lymphangiome** *nm* MED Malformation congénitale caractérisée par une prolifération des vaisseaux lymphatiques.

**lymphangite** *nf* MED Inflammation aiguë ou chronique des vaisseaux lymphatiques.

**lymphatique** *a, n* **A** *a* **1** ANAT De la lymphe, qui a rapport à la lymphe. *Ganglion lymphatique.* **2** Qui a les caractères du lymphatisme. *Un tempérament lymphatique.* **B** *nm* ANAT Vaisseau lymphatique. **C** *n* Personne lymphatique.

ENC Le système lymphatique comprend : les *vaisseaux lymphatiques ;* les *ganglions lymphatiques,* petits renflements échelonnés le long des vaisseaux lymphatiques ; les *vaisseaux chylifères,* qui déversent dans la lymphe certains nutriments issus de la digestion intestinale.

**lymphatisme** *nm* État d'une personne lente et apathique.

**lymphe** *nf* BIOL Liquide clair, blanchâtre, riche en protéines et en lymphocytes, qui circule dans les vaisseaux lymphatiques. ETY Du lat. *lympha,* « eau ».

ENC La lymphe est un exsudat du plasma sanguin qui constitue le milieu intérieur nourricier des cellules (lymphe interstitielle) et que canalisent les vaisseaux lymphatiques (lymphe vasculaire). Elle contient 95 % d'eau et, dans des proportions différentes, les mêmes constituants que le plasma. Grâce aux nombreux *lymphocytes* qu'elle contient, elle joue un rôle important dans la défense immunitaire.

**lymphoblaste** *nm* BIOL Cellule jeune et normale du sang, dont on a longtemps considéré que dérivait le lymphocyte. DER **lymphoblastique** *a*

**lymphocyte** *nm* BIOL Cellule sanguine mononucléaire appartenant à la lignée blanche, présente dans le thymus, le sang, la moelle osseuse, les ganglions, la lymphe. LOC ***Lymphocytes B*** : agents de l'immunité humorale, sécréteurs des immunoglobulines. — ***Lymphocytes T*** : supports de l'immunité cellulaire.

**lymphocytose** *nf* MED Augmentation du nombre de lymphocytes dans le sang ou dans la moelle osseuse. DER **lymphocytaire** *a*

**lymphogranulomatose** *nf* MED Maladie dont la manifestation clinique initiale est un granulome qui se dissémine facilement par voie lymphatique.

**lymphographie** *nf* MED Examen radiologique des vaisseaux et des ganglions lymphatiques.

**lymphoïde** *a* LOC BIOL ***Tissu, système lymphoïde*** : ensemble constitué par les lymphocytes et les *organes lymphoïdes* (thymus, moelle osseuse, ganglions lymphatiques, amygdales, etc.) et dont dépendent les réactions d'immunité.

**lymphokine** *nf* BIOCHIM Cytokine sécrétée par les lymphocytes.

**lymphome** *nm* MED Prolifération maligne de certains éléments hématologiques.

**lymphopathie** *nf* MED Affection du système lymphatique.

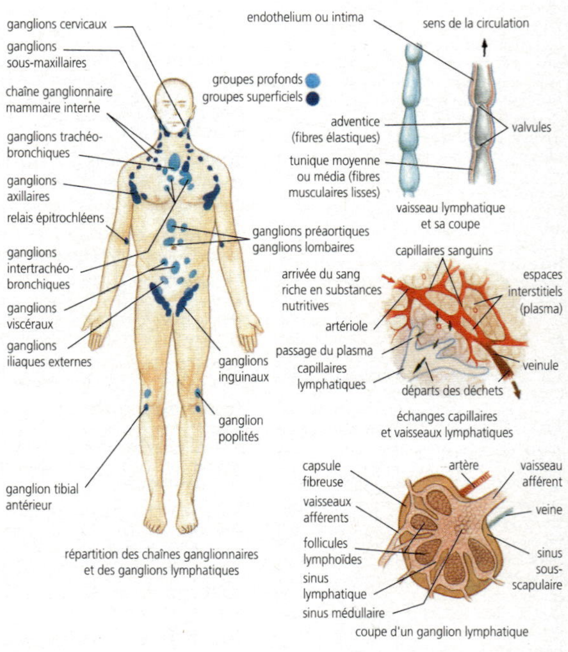


circulation **lymphatique**

**lymphopénie** *nf* MED Baisse du nombre des lymphocytes dans le sang.

**lymphopoïèse** *nf* BIOL Formation des lymphocytes dans la moelle et le tissu lymphatique.

**lymphoréticulose** *nf* MED Maladie infectieuse caractérisée par un gonflement douloureux et une tendance à la suppuration des ganglions correspondant au membre infecté, appelé aussi *maladie des griffes du chat.*

**lymphosarcome** *nm* MED Tumeur maligne qui se développe dans les organes lymphoïdes et prolifère en métastases.

**Lyncée** dans la myth. gr., nom de deux personnages. – Un des Argonautes, à la vue « de lynx » : il voyait à travers les murs. Pollux le tua. – Un des 50 fils d'Égyptos, époux de l'une des 50 Danaïdes, le seul que sa femme, Hypermnestre, épargna. Il vengea ses frères.

**Lynch John, dit Jack** (Cork, 1917 – Dublin, 1999), homme politique irlandais, leader du Fianna Fáil ; Premier ministre de 1966 à 1973 et de 1977 à 1979.

**Lynch David** (Missoula, Montana, 1946), cinéaste américain de tendance expressionniste : *Elephant Man* (1980), *Blue Velvet* (1987), *Twin Peaks* (série télévisée, 1990, puis film, 1992), *Mullholland Drive* (2001).

**lyncher** *vt* ① Exécuter sans jugement préalable une personne présumée coupable. PHO [lɛ̃ʃe] ETY De *Lynch*, n. pr. DER **lynchage** *nm* – **lyncheur, euse** *n*

**Lyndsay sir David** (Haddington, v. 1490 – en mission au Danemark [?], v. 1555), poète satirique écossais, favorable à la Réforme : *le Rêve* (1528), *Satire des trois États* (1540). VAR **Lindsay**

**lynx** *nm* Mammifère carnivore félidé d'env. 70 cm au garrot, au pelage tacheté jaunâtre, à la queue courte et avec des pinceaux de poils aux oreilles. LOC *Avoir des yeux de lynx* : la vue très perçante. PHO [lɛ̃ks] ETY Du gr.

**lynx**

**Lynx (le)** constellation de l'hémisphère boréal ; n. scientif. : *Lynx, Lyncis.*

**lyo-** Élément, du gr. *luein,* « dissoudre ».

**lyodessiccation** *nf* Syn. de *lyophilisation.*

**Lyon** v. de France, ch.-l. du dép. du Rhône et de la Région Auvergne-Rhône-Alpes ; 509 900 hab. (1,4 million d'hab. dans l'aggl.). DER **lyonnais, aise** *a, n*
**Géographie** Une excellente desserte routière, ferroviaire, fluviale (au confluent de la Saône et du Rhône) et aérienne, l'apport d'une énergie abondante (gazoduc, oléoducs, hydroélectr. alpine) expliquent son essor. L'industr. traditionnelle de la soie et du textile a cédé la place aux industries chim., pétrochim. et métall. On y a créé un métro (1978). Archevêché. Université. Musées. La vieille ville occupe, au pied de la colline de Fourvière (basilique Notre-Dame, XIXe s.), les quartiers de St-Paul et de St-Jean (cath. St-Jean, XIIe-XVe s.). Le centre est riche de monuments (du XIIe au XIXe s.).
**Histoire** Anc. *Lugdunum,* Lyon devient la cap. des Gaules puis celle du prem. roy. de Bourgogne. Au XIIIe s., deux conciles s'y tiennent : en 1245, le pape Innocent IV dépose l'empereur Frédéric II ; en 1274, le mode d'élection des papes y est fixé. En 1312, la ville est rattachée à la France. Au XVIe s., les poètes M. Scève et L. Labé y rayonnent. Sous la Révolution, la Convention assiège la ville (1793) et organise des exécutions massives. En 1831 et 1834, les canuts se soulèvent.

**Lyon** la presqu'île entre la Saône et le Rhône

**Lyonnais (monts du)** partie du rebord orient. du Massif central, au S. du Beaujolais. Ses collines (940 m) portent des vignobles.

**Lyonne Hugues de** → **Lionne.**

**lyophilie** *nf* CHIM Propriété qu'a un corps de se disperser en présence d'un liquide pour former une émulsion. DER **lyophile** *a*

**lyophilisat** *nm* Poudre obtenue par lyophilisation.

**lyophilisateur** *nm* TECH Appareil servant à la lyophilisation.

**lyophiliser** *vt* ① TECH Soumettre à la dessiccation par congélation brutale (entre – 40 °C et – 80 °C) puis à la sublimation sous vide. DER **lyophilisation** *nf*

**lyophobe** *a* CHIM Qualifie une substance insoluble dans le milieu dans lequel elle est déposée.

**Lyot Bernard** (Paris, 1897 – près du Caire, 1952), astronome et physicien français. Il inventa en 1931 un appareil pour observer la couronne solaire et étudia le sol des planètes.

**Lyotard Jean-François** (Versailles, 1924 – Paris, 1998), philosophe français qui, dans les années 1970, voulut libérer la pensée contemporaine de l'influence exercée par Marx et Freud.

**lyre** *nf* **1** Instrument de musique à cordes pincées utilisé par les Anciens. **2** ZOOL Nom cour. de divers poissons (*trigle* par ex.) et d'un oiseau (*ménure* ou *oiseau-lyre*). LOC litt *Prendre sa lyre* : se disposer à écrire des vers. ETY Du gr.

**Lyre (la)** constellation de l'hémisphère boréal qui contient l'étoile Véga ; n. scientif. : *Lyra, Lyræ.*

**lyricomane** *n* Amateur d'opéra.

**lyrics** *nm pl* Partie chantée d'une comédie musicale. ETY Mot angl.

**lyrique** *a, n* **A** *a* **1** ANTIQ Chanté avec un accompagnement de lyre. *Poème lyrique.* **2** Mis en musique pour être chanté sur scène. *Théâtre lyrique.* **3** D'inspiration ou de forme analogue à celle de la poésie lyrique antique. *Genre lyrique* (par oppos. à *épique* et à *dramatique*). **4** Relatif aux œuvres lyriques. *Poète lyrique. Artiste lyrique.* **5** Qui laisse libre cours à l'expression des sentiments personnels souvent sous forme enthousiaste. *Les envolées lyriques d'une biographie.* **B** *nm* Poète lyrique. **C** *nf* Poésie lyrique, genre lyrique. LOC *Artiste lyrique* : chanteur d'opéra ou d'opéra-comique. — *Comédie lyrique* : opéra comique. — *Drame lyrique* : opéra, oratorio. DER **lyriquement** *av*

**lyrisme** *nm* **1** Inspiration poétique lyrique. **2** Caractère lyrique. *Le lyrisme d'un discours.* **3** Expression lyrique des sentiments.

**lys** → **lis.**

**Lys (la)** (en néerl. *Leie*), riv. canalisée de France et de Belgique (214 km), affl. de l'Escaut (r. g.) à Gand.

**Lysandre** (m. en 395 av. J.-C.), général spartiate. Il vainquit les Athéniens à Ægos-Potamos (405 av. J.-C.), prit Athènes et y établit les Trente.

**Lys brisé (le)** film de D. W. Griffith (1919), avec Lillian Gish.

**Lys dans la vallée (le)** roman de Balzac (1835).

**-lyse, lys(o)-** Éléments, du gr. *lusis,* « dissolution, dissociation ».

**lyse** *nf* BIOL Dissolution, destruction d'une structure organique.

**lyser** *vt* ① BIOL Détruire par une lyse.

**lysergique** *a* LOC BIOCHIM *Acide lysergique* : alcaloïde de l'ergot de seigle, dont dérive le LSD.

**Lysias** (Athènes, v. 440 – id., v. 380 av. J.-C.), orateur athénien ; il lutta contre les Trente.

**lysimaque** *nf* Plante à fleurs jaunes (primulacée), appelée aussi *herbe aux écus.*

**Lysimaque** (Pella, v. 360 – Couroupédion, à l'O. de Sardes, en Lydie, 281 av. J.-C.), général d'Alexandre qui, après la mort de celui-ci, se proclama roi de Thrace. Il fut vaincu et tué par Séleucos.

**lysine** *nf* **1** BIOL Substance à propriétés lytiques. **2** BIOCHIM Acide aminé basique indispensable à la croissance, fourni à l'organisme par l'alimentation.

**Lysippe** (Sicyone, v. 390 – ?, apr. 310 av. J.-C.), sculpteur grec ; le dernier des grands maîtres de l'époque classique.

**Lysistrata** comédie « féministe » et pacifiste d'Aristophane (411 av. J.-C.).

**Lys-lez-Lannoy** com. du Nord (arr. de Lille) ; 13 600 hab. Industries. DER **lyssois, oise** *a, n*

**lysosome** *nm* BIOL Organelle intracellulaire, limitée par une membrane, contenant de nombreuses enzymes digestives actives lors de la phagocytose. DER **lysosomal, ale, aux** *a*

**lysozyme** *nm* BIOL Enzyme présente en particulier dans la salive et dans les larmes, capable d'hydrolyser les parois bactériennes.

**Lyssenko Trofim Denissovitch** (Karlovka, Ukraine, 1898 – Moscou, 1976), botaniste et généticien soviétique. Il soutint que les caractères acquis sous l'action du milieu peuvent devenir héréditaires, théorie que les staliniens opposèrent aux thèses de Mendel, jugées « bourgeoises ».

**-lyte, -lytique** CHIM Éléments, du gr. *lutos,* « qui peut être dissous ».

**lytique** *a* **1** BIOL Qui provoque la lyse. **2** Se dit d'un mélange médicamenteux supprimant les fonctions vitales.

**Lytton Edward George Bulwer-Lytton (baron)** (Londres, 1803 – Torquay, 1873), homme politique et écrivain anglais : *les Derniers Jours de Pompéi* (1834). Il fut secrétaire général aux colonies.

# M m

**m** *nm* **1** Treizième lettre (m, M) et dixième consonne de l'alphabet, notant l'occlusive bilabiale nasale [m], et, devant une consonne ou en finale, un son nasal (ex. *comte* [kɔ̃t], *humble* [œ̃bl], *nom* [nɔ̃]) **2** m. : abrév. de *masculin.* **3** M. : abrév. de *monsieur.* **4** M : chiffre romain qui vaut 1 000. **5** m, $m^2$, $m^3$ : symboles du *mètre*, du *mètre carré*, du *mètre cube.* **6** M : abrév. de *méga-*. **7** m : abrév. du préfixe *milli-* (millième). PHO [em]

**ma** → **mon.**

**Maalouf Amin** (Beyrouth, 1949), romancier libanais d'expression française. *Les Échelles du Levant* (1996). Acad. française (2011).

**Maastricht** v. des Pays-Bas, sur la Meuse, chef-lieu du Limbourg ; 121 000 hab. Centre industriel, relié à Rotterdam. – Cath. (XI^e^-XII^e^ s.). Basilique romane et gothique. – **Traité de Maastricht** (7 fév. 1992), instituant l'*Union européenne* des douze États membres de la CEE. V. Europe. VAR **Maëstricht** DER **maastrichtien, enne** *a, n*

**Maathai Wangari** (Nyeri, Kenya, 1940 – Nairobi, 2011), militante écologiste kényane, ministre de l'Environnement dep. 2003. P. Nobel de la paix 2004.

**Maazel Lorin** (Neuilly-sur-Seine, 1930 – Castleton, Virg., 2014), violoniste et chef d'orchestre américain.

**Mabille** bal situé avenue Montaigne à Paris, fameux sous le Second Empire.

**Mabillon Jean** (Saint-Pierremont, Ardennes, 1632 – Paris, 1707), bénédictin français ; fondateur de la diplomatique (*De re diplomatica* 1681), éditeur des œuvres de saint Bernard.

**Mably Gabriel Bonnot de** (Grenoble, 1709 – Paris, 1785), philosophe et historien français, précurseur du socialisme : *Parallèles des Romains et des Français* (1740), *le Droit public de l'Europe fondé sur les traités* (1748).

**maboul, oule** *a, n* **fam** Fou.

**Mabuse** → **Gossaert (Jan).**

**mac** *nm* **fam** Souteneur.

**Mac** mot celtique (« fils »), préfixe dans des noms propres irlandais ou écossais. VAR **Mc**

**Macabée** → **Maccabée.**

**macabo** *nm* Sorte de taro, cultivé au Cameroun.

**macabre** *a* Qui évoque des choses funèbres, la mort. *Plaisanterie macabre. Découverte macabre.* ETY De l'ar. *maqhar*, « tombe ».

**macache** *av* **fam, vieilli** Rien ; il n'y (en) a pas. *Tu veux de l'argent ? Macache !* ETY De l'ar.

**macadam** *nm* **1** Revêtement de chaussée constitué de pierres concassées agglomérées au moyen d'un liant et bloquées au rouleau compresseur. **2** Bitume ; chaussée recouverte de bitume. PHO [makadam] ETY Du n. de l'inventeur *Mac Adam.* DER **macadamiser** *vt* 1

**MacAdam John Loudon** (Ayr, 1756 – Moffat, 1836), ingénieur écossais ; inventeur du revêtement routier qui porte son nom.

**macadamia** *nm* Arbre d'Australie cultivé pour ses fruits, son bois et comme plante ornementale ; graine de cet arbre (noisette du Queensland), à chair blanche et croquante. ETY D'un n. pr.

**Macaire Robert** personnage du mélodrame *l'Auberge des Adrets* (1823) de Benjamin Antier Saint-Amand (1787 – 1870) et Paulyanthe (1797 – 1835) joué par Frédérick Lemaître.

**Macaire d'Égypte (saint)** (v. 301 – v. 391), ermite et ascète du désert de Scété (Basse-Égypte). Ses écrits dont la paternité lui est contestée, fondèrent la mystique orientale.

**McAleese Mary** (Belfast, 1951), femme politique irlandaise ; présidente de la Rép. d'Irlande de 1997 à 2011.

**Macao** territ. chinois, à l'embouchure du Xijiang, qui fut une enclave portugaise de 1557 à 1999 ; 16 km² ; 600 000 hab. (en majorité chinois). Pêche, centre industriel. Tourisme et jeux (casinos). DER **macanéen, enne** ou **macanais, aise** *a, n*

**Macapá** v. du Brésil, cap. de l'État de l'Amapá ; 415 500 hab. Port sur le delta de l'Amazone.

**macaque** *nm* **1** Singe d'Afrique et d'Eurasie de la famille des cercopithèques, trapu, haut de 50 à 75 cm, à queue réduite ou absente. **2** **fig, fam** Personne très laide. ETY Du portug.

**macaque** à barbe blanche

**macareux** *nm* Oiseau (alcidé) au bec haut et comprimé latéralement, long d'env. 30 cm, noir et blanc avec le bec bleu et rouge, qui vit en colonies et niche dans des terriers sur les rivages de l'Atlantique nord.

**macaron** *nm* **1** Pâtisserie ronde confectionnée avec de la pâte d'amande, du sucre et des blancs d'œufs. **2** Natte de cheveux roulée sur l'oreille. **3** Gros insigne de forme arrondie. *Macaron tricolore d'une voiture officielle.* **4** **fig, fam** Décoration, distinction. ETY De l'ital.

**macaronade** *nf* Spécialité traditionnelle sétoise composée de macaronis, de viande de bœuf et de sauce tomate.

**Macaronésie** ensemble d'îles de l'Atlantique nord, regroupant les Açores, Madère, les Canaries et les îles du Cap-Vert.

**macaroni** *nm* Pâte alimentaire à base de farine de blé dur, en forme de petit tube creux et allongé. ETY Mot ital.

**macaronique** *a* LITTER Se dit d'un genre poétique burlesque mêlant des mots latins et des mots pourvus de terminaisons latines.

**MacArthur Douglas** (Fort Little Rock, Arkansas, 1880 – Washington, 1964), général américain. Commandant des forces alliées en Extrême-Orient (1941-1945), il vainquit le Japon. Commandant des troupes de l'ONU en Corée (1950), il fut démis par le président Truman (avril 1951). ▶ illustr. p. 967

**macassar** *nm* Ébène brune veinée de noir. ETY Du n. pr.

**Macassar** → **Makassar.**

**Macaulay Thomas Babington (baron)** (Rothley Temple, Leicestershire, 1800 – Londres, 1859), homme politique (whig) et historien anglais : *Histoire d'Angleterre* (1848-1861).

**McBain Salvatore Lombino, dit Ed** (New York, 1926 – Weston, Connect., 2005),

**macareux** moine

auteur américain de romans policiers, connu aussi sous le nom d'Evan Hunter : *Graine de violence* (1954), *Du balai* (1956).

**Macbeth** (m. à Lumphanan, Aberdeenshire, en 1057), roi d'Écosse (1040-1057). Il assassina Duncan I^er^ et fut tué par Malcom III, le fils de sa victime. ▷ LITTER Personnage de la tragédie homonyme en 5 actes de Shakespeare (1605), qui donna une importance majeure à sa monstrueuse épouse, lady Macbeth. ▷ ART, MUS Cette tragédie inspira Verdi (*Macbeth* 1847, opéra en 4 actes sur un livret de Francesco Maria Piave et Andrea Maffei) et R. Strauss (*Macbeth* 1887, poème symphonique). ▷ CINE Films : de et avec Orson Welles (1947) ; d'Akira Kurosawa (*le Château de l'araignée* 1957) avec Mifune Toshirō, transposition dans le Japon médiéval ; de Roman Polanski (G.-B., 1971).

**Maccabée** famille juive issue d'une famille de prêtres, les Asmonéens. — **Mattathias l'Asmonéen** (mort vers 166 avant J.-C.), prêtre, se révolta contre l'hellénisation imposée par Antiochos IV. — **Judas** (?, vers 200 – Elasa, 160 avant J.-C.), obtint en 162 de Démétrios I^er^ Sôter la liberté de culte. — **Jonathan** (mort en 143 avant J.-C.), frère du préc. ; grand prêtre de 152 à 143, il mourut assassiné. — **Simon** (mort en 134 avant J.-C.), frère des préc. ; grand prêtre de 142 à 134, il obtint l'indépendance juive (142). (VAR) **Macabée**

**Maccabées (Livre des)** nom de quatre livres de l'Ancien Testament. Seuls les deux premiers font partie de la Bible cathol. Le deuxième relate l'histoire de sept frères (les sept Maccabées) martyrisés avec leur mère pour leur fidélité à la loi de Moïse, sous Antiochos IV, en 168 av. J.-C.

**McCarey** Leo (Los Angeles, 1898 – Santa Monica, 1969), cinéaste américain. Il dirigea les Marx Brothers (*Soupe au canard* 1933), Harold Lloyd (*Soupe au lait* 1936), puis tourna *Cette sacrée vérité* (1937), *Elle et Lui* (1939, remake en 1957).

**McCarthy** Joseph (Grand Chute, Wisconsin, 1908 – Bethesda, Maryland, 1957), homme politique américain. Sénateur républicain du Wisconsin de 1947 à sa mort, il créa en 1950 un comité d'enquête sénatorial qui poursuivit les « menées anti-américaines » (c.-à-d. les personnes suspectées de sympathies communistes). Le *maccarthysme* (« chasse aux sorcières ») fut condamné en 1954 par le Sénat.

**McCarthy** Mary (Seattle, 1912 – New York, 1989), romancière américaine : *Dis-moi qui tu hantes* (1942), *l'Oasis* (1949), *le Groupe* (1965), *Oiseaux d'Amérique* (1973).

**maccarthysme** *nm* HIST Politique anticommuniste systématique (dite « chasse aux sorcières ») des États-Unis, mise en œuvre par le sénateur J. McCarthy de 1950 à 1954. (DER) **maccarthyste** *a, n*

**McCay** Winsor Zenic (Springlake, 1869 – Chicago, 1934), créateur américain de la bande dessinée *Little Nemo* (1905-1907).

**macchabée** *nm* fam Cadavre. (ETY) De *macabre*.

**macchiaioli** *nm pl* Bx-A Membres d'une école picturale de tendance réaliste née à Florence v. 1860 et qui évolua vers une sorte d'impressionnisme. (PHO) [makjajɔli] (ETY) Mot ital., « faiseur de tâche ».

**McClintock** sir Francis Leopold (Dundalk, 1819 – Londres, 1907), navigateur irlandais. Il explora le N. du Canada. Le *canal McClintock* sépare l'île Victoria de l'île du Prince-de-Galles.

**McClintock** Barbara (Hartford, 1902 – Huntington, État de New York, 1992), biologiste américaine. Elle découvrit des gènes mobiles le long de la chaîne d'ADN du maïs. P. Nobel de médecine 1983.

**McClure** sir Robert John Le Mesurier (Wexford, Irlande, 1807 – Portsmouth, 1873), navigateur et explorateur britannique de l'Arctique canadien. Il découvrit le passage du Nord-Ouest en 1850-1854.

**McCormick** Cyrus Hall (Walnut Grove, Virginie, 1809 – Chicago, 1884), ingénieur et industriel américain, inventeur des faucheuses et moissonneuses mécaniques.

**MacCoy** Horace (Nashville, 1897 – Beverly Hills, 1955), auteur américain de romans « noirs » à caractère social : *On achève bien les chevaux* (1935).

**McCullers** Carson Smith (Columbus, Georgie, 1917 – Nyack, État de New York, 1967), romancière américaine, impressionniste et pessimiste : *Le cœur est un chasseur solitaire* (1940), *Reflets dans un œil d'or* (1941), *la Ballade du café triste* (nouvelles, 1951).

**MacDiarmid** Christopher Murray Grieve, dit Hugh (Langholm, 1892 – Édimbourg, 1978), poète écossais : *L'ivrogne regarde le chardon* (1926), *Premier et deuxième hymne à Lénine* (1932) ; auteur d'une anthologie : *le Trésor doré de la poésie écossaise* (1941).

**Macdonald** Jacques Alexandre (Sedan, 1765 – Courcelles, Loiret, 1840), maréchal de France. Artisan de la victoire de Wagram (1809), il fut fait duc de Tarente. En 1814, il se rallia aux Bourbons.

**Macdonald** sir John Alexander (Glasgow, 1815 – Ottawa, 1891), homme politique canadien ; un des fondateurs de la Confédération du Canada (1867) ; Premier ministre de 1867 à 1873 et de 1878 à 1891.

**MacDonald** James Ramsay (Lossiemouth, Écosse, 1866 – en mer, 1937), homme politique britannique. Premier ministre (travailliste) en 1924, puis en 1929, il affronta la crise écon. ; abandonné par son parti, il présida un gouv. d'Union nationale (1931-1935).

**MacDonald** société américaine qui se livre à la restauration rapide, implantée dans le monde entier.

**MacDonald-Wright** Stanton Van Vranken, dit Stanton (Charlottesville, Virginie, 1890 – Pacific Palisades, Californie, 1973), peintre américain, influencé par R. Delaunay ; cofondateur du *synchromisme* (1912-1913).

**Macé** Jean (Paris, 1815 – Monthiers, Aisne, 1894), journaliste français. Il fonda la Ligue française de l'enseignement (1866).

**macédoine** *nf* **1** Mets composé de plusieurs sortes de légumes ou de fruits coupés en morceaux. **2** Ensemble formé d'éléments disparates. (ETY) Du n. pr.

**Macédoine** rég. historique des Balkans (env. 66 000 km$^2$), auj. partagée entre la Grèce, la rép. de Macédoine et la Bulgarie (qui ne possède que le bassin supérieur de la Struma). (DER) **macédonien, enne** *a, n*

**Histoire** LES ORIGINES Aux VII^e^ et VI^e^ s. av. J.-C., les tribus de Macédoine sont unifiées dans un royaume qui expulse progressivement les Thraces et les Perses. Le royaume connaît son apogée au IV^e^ s. av. J.-C., quand les rois de Macédoine Philippe II et Alexandre le Grand soumettent la Grèce et conquièrent une partie de l'Asie, ainsi que l'Égypte. Mais, après la mort d'Alexandre (323 av. J.-C.), son empire se disloque. En 148 av. J.-C., le pays devient une province romaine. Au IV^e^ s. apr. J.-C., la province est rattachée à l'Empire romain d'Orient et repeuplée par des Slaves, puis christianisée par les Byzantins. Au IX^e^ s., elle est intégrée dans l'Empire bulgare. Disputée entre les Bulgares, les Byzantins et les Serbes, elle est finalement conquise par les Ottomans (1371).

LE XX^e^ SIÈCLE La première guerre balkanique (1912-1913) enlève aux Turcs la Macédoine, dont le partage entraîne la seconde guerre balkanique (1913) à l'issue de laquelle la Bulgarie conserve qu'une infime partie : la Serbie gagne les terres situées à l'O. de la Struma ; la Grèce obtient la côte de la mer Égée et la partie méridionale. De 1915 à 1918, les troupes alliées y combattent contre les forces germano-austro-bulgares. Au cours de la Seconde Guerre mondiale, la Bulgarie se range à nouveau aux côtés des Allemands et annexe les régions grecque et yougoslave, qu'elle restitue en 1947 (*traité de Paris*).

**Macédoine** (en grec, *Makedonia*), région du N. de la Grèce divisée en trois régions admin. : la *Macédoine centrale* (18 842 km$^2$ ; 1 736 000 hab. ; cap. *Thessalonique*) ; la *Macédoine occidentale* (9 448 km$^2$ ; 200 000 hab. ; cap. *Kozani*) ; la *Macédoine orientale et Thrace* (14 155 km$^2$ ; 571 000 hab. ; cap. *Komotini*). Montagneuse, coupée par des vallées fertiles, la région est située au débouché de la grande voie de passage transbalkanique entre Orient et Occident. – Agriculture intensive dans les plaines (fruits, maïs, oléagineux). (DER) **macédonien, enne** *a, n*

**Macédoine (république de)** (*Republika Makedonija*), État de la péninsule balkanique (qui fut l'une des rép. yougoslaves de 1945 à 1991), situé entre la Yougoslavie au N., la Grèce au S., l'Albanie à l'O. et la Bulgarie à l'E. ; 25 713 km$^2$ ; 2 111 000 hab. ; cap. *Skopje*. Nature de l'État : rép. parlementaire. Langue off. : macédonien. Monnaie : dinar de Macédoine. Pop. : Macédoniens (64,5 %), Albanais (21 %), Turcs (4,7 %). Relig. : orthodoxes, musulmans. (DER) **macédonien, enne** *a, n*

**Économie** L'agriculture est variée (fruits et légumes, riz, tabac). Malgré d'importantes ressources hydroélectriques, l'écon. macédonienne est gravement affectée par l'incertitude politique qui sévit dans les Balkans.

**Histoire** Longtemps disputée entre Byzantins et Bulgares, puis entre Bulgares et Ottomans, la région, essentiellement peuplée de Slaves, fut intégrée en 1918 au royaume qui allait se nommer Yougoslavie. En 1945, elle devint une rép. fédérée de la Yougoslavie. En 1991, quand la Yougoslavie a éclaté, la Macédoine s'est proclamée indépendante et a adopté une nouvelle Constitution. Le pays a été admis à l'ONU en 1993, sous le nom provisoire de *FYROM (Former Yugoslav Republic of Macedonia)*. La Grèce lui a contesté le droit d'utiliser le nom de Macédoine et le drapeau macédonien et lui a imposé en 1994 un blocus écon. levé en 1995 après un compromis sur le drapeau. En 1996, la Macédoine a signé un traité de reconnaissance mutuelle avec la République fédérale de Yougoslavie. Depuis 1997, la Macédoine a le statut d'observateur au sein de la Francophonie. En 1999 l'afflux de 300 000 Kosovars en rép. de Macédoine a accru les difficultés de ce pays soumis à la pauvreté. Les élections municipales de 2000 ont montré la violence de l'opposition entre les Slaves (au pouvoir) et les Albanais qui revendiquent un statut particulier. Une intervention de l'OTAN et de l'UE permit de régler le conflit. En 2005, l'UE accepte la candidature de la Macédoine.

**macédonien** *nm* Langue slave parlée en Macédoine.

**macédonienne (dynastie)** famille qui régna sur Byzance de 867 à 1057.

**Maceió** v. et port de comm. du Brésil ; sur l'Atlantique, au S. de Recife ; 1,1 million d'hab. (aggl.) ; cap. de l'État d'Alagoas.

**McEnroe** John (Wiesbaden, 1959), joueur de tennis américain, le plus subtil styliste des années 1980.

**macérateur** *a, n* Récipient où s'effectue une macération.

**macération** *nf* **1** RELIG Mortification que l'on s'inflige pour expier ses fautes ou celles d'autrui. **2** Opération qui consiste à laisser séjourner dans un liquide une substance pour l'accommoder, la conserver, etc. ; liquide ainsi utilisé. **3** Phase de la fabrication des vins rouges pendant laquelle la moût est en contact avec les peaux et les rafles.

**macérer** *v* [14] **A** *vt* Soumettre à la macération. *Macérer des cornichons dans du vinaigre.* **B** *vi* Séjourner longuement dans un liquide. *Macérer dans du jus de citron.* [ETY] Du lat.

**maceron** *nm* Plante herbacée (ombellifère) à fleurs jaunes réunies en ombelles, aux feuilles comestibles. [ETY] De l'ital.

**macfarlane** *nm* anc Manteau sans manches muni d'un grand collet recouvrant les épaules et les bras. [ETY] D'un n. pr.

**mach** *nm* **LOC** PHYS, AVIAT ***Nombre de Mach*** : rapport entre la vitesse d'un mobile dans un fluide et la vitesse du son dans ce même fluide. *Mach 1 représente la limite entre le vol subsonique et le vol supersonique.* [PHO] [mak]

**Mach** Ernst (Turas, Moravie, 1838 – Haar, près de Munich, 1916), physicien et philosophe autrichien. Ses travaux d'optique et d'acoustique l'amenèrent à étudier le rôle de la vitesse du son en aérodynamique.

**Machado** Bernardino (Rio de Janeiro, 1851 – Porto, 1944), homme politique portugais. Président de la Rép. (1915-1917 et 1925-1926), il fut, les deux fois, renversé.

**Machado** Antonio (Séville, 1875 – Collioure, 1939), poète lyrique espagnol. Il a chanté l'Andalousie et la Castille : *Solitudes* (1903), *les Paysages de Castille* (1912), *Nouvelles Chansons* (1924).

**Machado de Assis** Joaquim Maria (Rio de Janeiro, 1839 – id., 1908), écrivain brésilien. Son œuvre (poésie, théâtre, chroniques, contes et romans) évolua de la critique ironique au fatalisme : *Mémoires d'outre-tombe de Brás Cubas* (roman, 1881).

**Machala** v. de l'Équateur ; 123 970 hab. ; ch.-l. de la prov. d'El Oro. Export. de bananes.

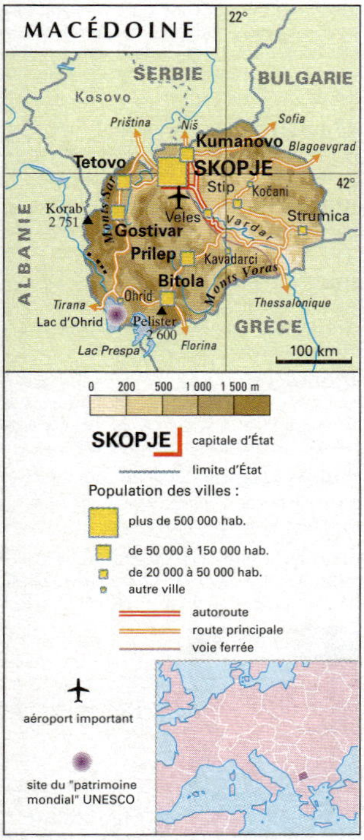


**machaon** *nm* ENTOM Grand papillon diurne d'Europe et d'Afrique du Nord aux ailes jaunes tachetées de noir, de rouge et de bleu. SYN porte-queue. [PHO] [makaɔ̃] [ETY] D'un n. myth.

**Machault d'Arnouville** Jean-Baptiste de (Paris, 1701 – id., 1794), homme d'État français. Contrôleur général des Finances (1745-1754), il tenta en 1749 de créer un impôt sur les revenus (*le vingtième*), touchant tous les ordres, mais en vain.

**Machaut** → **Guillaume de Machaut.**

**mâche** *nf* Valérianelle que l'on consomme en salade. *La doucette est une variété de mâche.*

**Machecoul** ch.-l. du cant. de la Loire-Atl. ; 5 420 hab. – Les Vendéens de Charette y écrasèrent les républicains en mars 1793. [DER] **machecoulois, oise** *a, n*

**mâchefer** *nm* Scorie provenant de la combustion de certains charbons. *Le mâchefer est utilisé pour stabiliser les sols.* [PHO] [maʃfɛʀ] [ETY] De *mâcher*, « écraser », et *fer*.

**Machel** → **Samora Machel.**

**mâcher** *vt* [1] **1** Broyer avec les dents. *Mâcher les aliments avant de les avaler.* **2** Triturer dans la bouche. *Mâcher du chewing-gum.* **3** Préparer le travail à qqn de façon qu'il puisse l'achever sans peine. **4** TECH Couper en déchirant, en arrachant. *Ciseau mal affûté qui mâche le bois.* **LOC** ***Ne pas mâcher ses mots*** : dire sans ménagement ce que l'on pense. [ETY] Du lat. [DER] **mâchement** *nm* – **mâcheur, euse** *n*

**machette** *nf* Sabre d'abattage, en Amérique du Sud et en Afrique. [ETY] De l'esp.

**machiavel** *nm* Personne peu soucieuse de moralité quant aux moyens qu'elle utilise pour atteindre son but, notam. en politique. [PHO] [makjavɛl] [ETY] Du n. pr.

**Machiavel** (en ital. *Niccolo Machiavelli*) (Florence, 1469 – id., 1527), homme politique et écrivain italien. Chargé de missions diplomatiques, il perd ses fonctions quand ses protecteurs sont chassés de Florence par les Médicis (1512). Il mène alors une existence pauvre et écrit *le Prince* (1513, publié en 1531), les *Discours sur la première décade de Tite-Live* (1513-1519), une comédie, *la Mandragore* (1520), et *Histoire de Florence* (1521-1525). Le réalisme de ses conceptions (exposées notam. dans *le Prince*) choqua. [DER] **machiavélien, enne** *a*

MacArthur

Machiavel

**machiavélique** *a* péjor Dont l'habileté perfide est celle d'un machiavel. [PHO] [makjavelik] [DER] **machiavélisme** *nm*

**mâchicoulis** *nm* Encorbellement placé en haut d'un ouvrage fortifié et percé d'ouvertures par lesquelles on laissait tomber sur l'adversaire des pierres ou des projectiles enflammés ; ces ouvertures elles-mêmes. [ETY] De *mâcher*, « écraser », et *col*, « cou »

**-machie** Élément, du gr. *makhê*, « combat ».

**machin, ine** *n* fam Mot employé pour remplacer un nom de personne ou de chose, que l'on ne connaît pas, qui échappe ou que l'on ne veut pas prononcer. SYN truc, chose.

**machinal, ale** *a* Fait sans intention consciente. *Un geste machinal.* PLUR machinaux. [DER] **machinalement** *av*

**machination** *nf* Intrigue ourdie secrètement dans le dessein de nuire.

**machine** *nf* **1** Appareil plus ou moins complexe, qui utilise une énergie pour la transformer en une autre, qui accomplit des tâches que l'homme ne pourrait pas accomplir par lui-même, ou qui rend ces tâches plus faciles. *Machine à calculer, à écrire. Machine à laver, à coudre. Machine agricole.* **2** MAR Élément moteur de l'appareil propulsif d'un navire ; l'appareil propulsif lui-même. *La salle des machines.* **3** Véhicule. *Motocycliste dont la machine est en panne.* **4** CH DE F Locomotive. **5** Être vivant qui agit de façon purement mécanique, sans intervention d'un principe irréductible aux lois de la mécanique. *Selon Descartes, les animaux sont de simples machines.* **6** Ensemble organisé qui fonctionne comme un mécanisme. *La machine bureaucratique.* **LOC** ***Machine à bois*** : qui sert au travail du bois. — ***Machine à sous*** : jeu de hasard où l'on gagne des pièces de monnaie. — ***Machine à vapeur*** : dans laquelle l'expansion de la vapeur d'eau produit la force motrice. — HIST ***Machine de guerre*** : engin utilisé pour l'attaque ou la défense des places fortes. — vieilli ***Machine infernale*** : engin combinant des armes et des explosifs. [ETY] Du lat. *machina*, « invention ».

**machine** à vapeur de Newcomen, utilisée pour l'élévation des eaux, XVIIIe s.

**Machine à explorer le temps (la)** roman d'anticipation de H. G. Wells (1895).

**machine-outil** *nf* Machine servant à façonner un matériau, à modifier la forme ou les dimensions d'une pièce, par la mise en mouvement d'un ou de plusieurs outils. PLUR machines-outils.

**Machine pneumatique (la)** constellation de l'hémisphère austral ; n. scientif. : *Antlia, Antliæ*.

**machiner** *vt* [1] vieilli Préparer par une machination. *Machiner une trahison.*

**machinerie** *nf* **1** Ensemble de machines. **2** Local où sont regroupées les machines. *Machinerie d'ascenseur, de navire.* **3** THEAT Ensemble des mécanismes utilisés pour changer les décors, pour produire des effets spéciaux, etc.

**machine-transfert** *nf* TECH Ensemble de machines-outils dans lequel les pièces à usiner passent automatiquement d'un poste de travail au suivant. *Des machines-transferts.*

**machinisme** *nm* Généralisation de l'emploi de machines en remplacement de la main-d'œuvre.

**machiniste** *n* **1** Conducteur d'un véhicule de transports en commun. **2** Personne chargée de la manœuvre des décors dans un théâtre, dans un studio de cinéma, de télévision.

**machino** *nm* fam Machiniste, à la télévision ou au cinéma.

**machisme** *nm* Comportement, idéologie du macho. PHO [ma(t)ʃism] DER **machiste** *a, n*

**machmètre** *nm* AVIAT Instrument qui sert à mesurer la vitesse des avions supersoniques en indiquant le nombre de Mach. PHO [makmetr]

**1 macho** *nm, a inv* **fam, péjor** Homme qui affecte les dehors de la virilité brutale, qui affiche une attitude de supériorité à l'égard des femmes. *Il est vaniteux et macho.* PHO [matʃo] ETY Mot esp.

**2 macho** *nm* ASTRO Objet invisible (genre naine brune) dont l'existence est établie par l'observation des mirages gravitationnels. ETY Acronyme de l'angl. *massive astrophysical compact halo object.*

**mâchoire** *nf* **1** Chacune des deux pièces osseuses dans lesquelles les dents sont implantées, chez l'homme et la plupart des vertébrés. *Mâchoire supérieure, inférieure.* **2** Mâchoire inférieure. *Bâiller à se décrocher la mâchoire.* **3** Pièces de l'appareil buccal de certains invertébrés (crabes, par ex.). **4** TECH Pièces jumelées que l'on rapproche, pour assujettir un objet. *Mâchoires d'un étau, d'une pince.* **LOC** ***Mâchoire de frein*** : pièce métallique d'un frein à tambour, qui porte la garniture.

**mâchon** *nm* **rég** À Lyon, petit restaurant servant des repas simples ; le repas lui-même.

**mâchonner** *vt* ① **1** Mâcher un aliment avec difficulté ou négligence. **2** Mordiller qqch que l'on n'avale pas. *Promeneur qui mâchonne un brin d'herbe.* **3** **fig** Prononcer de façon peu distincte. *Mâchonner ses mots.* DER **mâchonnement** *nm*

**mâchouiller** *vt* ① **fam** Mâcher, mordiller sans avaler.

**Machreq** (en ar. *al-Machriq*, « le Levant ») nom donné à l'ensemble des pays compris entre le Maghreb et le Moyen-Orient (Égypte, Libye).

**Machupicchu** site inca du Pérou, non loin de Cuzco, à 2 400 m d'altitude ; import. vestiges d'une ville fortifiée, découverts en 1911. VAR **Machu Picchu** ▶ illustr. **Incas**

**1 mâchurer** *vt* ① **vx** Maculer de noir. ETY Du lat. *mascare*, « noircir avec de la suie ».

**2 mâchurer** *vt* ① TECH Écraser par une pression exagérée. ETY De *mâcher*. DER **mâchure** *nf*

**Macías Nguema Francisco** (Río Muni, 1924 – Malabo, 1979), homme politique de la Guinée équatoriale. Président de la Rép. lors de l'indépendance (oct. 1968), il institua un régime de terreur. Il fut renversé et exécuté.

**Macina (le)** région du Mali correspondant au delta intérieur du fleuve Niger, entre Ségou et Tombouctou, vaste plaine où l'on cultive le riz et le coton. Le barrage de Sansanding a amélioré l'irrigation naturelle. – Vers 1400, Maga Dialo y fonda un État peul, qui fut annexé en 1496 par l'Empire songhay. En 1818, le marabout peul Cheikhou Amadou fonda un nouveau royaume du Macina, avec Hamdallaye pour cap. En 1862, El-Hadj Omar s'en empara et l'intégra à l'Empire toucouleur. VAR **Massina**

**macis** *nm* Écorce de la noix de muscade, utilisée en cuisine. ETY Mot lat.

**Macke August** (Meschede, 1887 – Perthes, 1914), peintre expressionniste allemand, membre du Blaue Reiter. ▶ illustr. **Blaue Reiter**

**Mackensen August von** (Haus Leipnitz, Saxe, 1849 – Burghorn, 1945), maréchal allemand. Commandant sur le front E., il fut vaincu par le corps français de Franchet d'Esperey en Macédoine (1918).

**Mackenzie (le)** le plus long fl. du Canada (4 600 km), gelé huit mois par an, qui naît dans les Rocheuses, traverse le lac de l'Esclave et se jette dans l'Arctique par un immense delta.

**Mackenzie sir Alexander** (Stornoway, île de Lewis, v. 1764 – Mulinearn, Perthshire, 1820), voyageur écossais. Il découvrit en 1789 le fleuve du Canada qui porte son nom.

**Mackenzie William Lyon** (près de Dundee, Écosse, 1795 – Toronto, 1861), homme politique canadien. Républicain actif, il tenta de soulever le Haut-Canada puis s'exila aux É.-U.

**Mackenzie King William Lyon** (Kitchener, Ontario, 1874 – Kingsmere, près d'Ottawa, 1950), homme politique canadien ; petit-fils du préc. Libéral, il fut Prem. ministre (1921-1930 ; 1935-1948) ; il fit entrer le Canada en guerre contre l'Allemagne aux côtés des Alliés.

**Mackinder Halford John** (Gainsborough, 1861 – Parkstone, 1947), géopoliticien britannique. Dans l'histoire universelle, il distingue les puissances maritimes et continentales.

**McKinley (mont)** le plus haut sommet de l'Alaska et de l'Amérique du Nord (6 194 m).

**McKinley William** (Niles, Ohio, 1843 – Buffalo, 1901), homme politique américain ; président des É.-U. (1897-1900), réélu en 1900, assassiné par un anarchiste.

**Mackintosh Charles Rennie** (Glasgow, 1868 – Londres, 1928), architecte et décorateur écossais ; chef de file de l'art nouveau en Grande-Bretagne.

**McLaren Norman** (Stirling, Écosse, 1914 – Montréal, 1987), dessinateur et cinéaste canadien d'origine britannique ; il innova dans le film d'animation.

**McLaughlin John** (Yorkshire, 1942), guitariste et compositeur de jazz britannique.

**Maclaurin Colin** (Kilmodan, 1698 – Édimbourg, 1746), mathématicien écossais. Disciple de Newton, il fit progresser la géométrie, l'algèbre et le calcul infinitésimal.

**1 macle** *nf* MINER Assemblage, selon une figure régulière, de deux ou plusieurs cristaux de même nature orientés différemment. ETY Du frq. DER **maclé, ée** *a*

**2 macle** → **macre.**

**MacLeish Archibald** (Glencoe, Illinois, 1892 – Boston, 1982), poète américain : *Terre neuve* (1930), *Conquistador* (1932), drames en vers.

**Macleod John James Rickard** (New Clunie, Tayside, 1876 – Aberdeen, 1935), physiologiste écossais. Il découvrit l'insuline avec F. G. Banting et tous deux reçurent le prix Nobel de médecine en 1923.

**Maclou** → **Malo.**

**MacLuhan Herbert Marshall** (Edmonton, 1911 – Toronto, 1980), sociologue canadien. *La Galaxie Gutenberg* (1962) montre comment l'âge des médias électroniques succède à la « civilisation du livre ».

**Mac-Mahon Edme Patrice Maurice de (duc de Magenta)** (Sully, Saône-et-Loire, 1808 – chât. de La Forêt, Loiret, 1893), maréchal de France et homme politique. Vainqueur à Sébastopol (1855), puis à Magenta (1859), il fut gouverneur général de l'Algérie (1864-1870). En 1870, il fut battu en Alsace puis à Sedan. À la tête des versaillais, il écrasa la Commune en mai 1871. Les conservateurs (monarchistes notam.) l'élurent président de la Rép. en mai 1873. Il entra en conflit dès mai 1876 avec une Assemblée nationale devenue républicaine, et démissionna le 30 janv. 1879.

**Macmillan Harold (lord Stockton)** (Londres, 1894 – Birch Grove, Sussex, 1986), homme politique britannique. Premier ministre conservateur (1957-1963), il ne put faire entrer la G.-B. dans la CEE.

**McMillan Edwin Mattison** (Redondo Beach, Californie, 1907 – El Cerrito, id., 1991), physicien américain ; un des inventeurs du synchrocyclotron (1946). Il obtint le neptunium (1940) et isola le plutonium (1941). P. Nobel de chimie 1951 avec G. T. Seaborg.

**MacMillan sir Kenneth** (Dunfermline, Écosse, 1929 – Londres, 1992), danseur et chorégraphe britannique, néoclassique.

**maçon, onne** *n, a* **A** *n* Ouvrier spécialisé dans les travaux de maçonnerie. **B** *n* Franc-maçon. **C** *a* ZOOL Se dit de certains animaux bâtisseurs. *Guêpe maçonne.* ETY Du frq.

**Macon** v. des É.-U. (Georgie) ; 91 400 hab. Centre industr. lié au coton.

**mâcon** *nm* Vin blanc ou rouge de la région de Mâcon.

**Mâcon** ch.-l. du dép. de Saône-et-Loire, port sur la Saône ; 34 400 hab. – Ruines d'une anc. cath. romane. Maison natale de Lamartine. DER **mâconnais, aise** *a, n*

**mâconnais** *nm* Fromage de chèvre bourguignon, en forme de petit cône tronqué.

**Mâconnais** anc. pays de France, situé entre la Bresse et le Charolais. Vignes. Élevage bovin. – *Monts du Mâconnais* : plateaux cristallins de l'E. du Massif central (500-700 m).

**maçonner** *vt* ① **1** Réaliser un ouvrage, un élément de construction avec des pierres, des briques, etc. *Maçonner des fondations.* **2** Obturer une ouverture au moyen d'une maçonnerie. *Maçonner une fenêtre.* **3** Revêtir d'une maçonnerie. *Maçonner un puits.* DER **maçonnage** *nm*

**maçonnerie** *nf* **1** Ouvrage en pierres, briques, moellons, agglomérés, etc., liés au moyen de plâtre ou de ciment. **2** Corps de métier du bâtiment spécialisé dans le gros œuvre. *Entreprise de maçonnerie.* **3** Franc-maçonnerie.

**maçonnique** *a* De la franc-maçonnerie. *Loge maçonnique.*

**Mac Orlan Pierre Dumarchey, dit** (Péronne, 1882 – Saint-Cyr-sur-Morin, 1970), romancier français : *le Quai des brumes* (1927), *la Bandera* (1931).

**Macpherson James** (Ruthven, 1736 – Belville, 1796), écrivain écossais. Il publia des poèmes épiques, *Fingal* (1762) et *Temora* (1763), qu'il donnait comme des traductions des poèmes d'Ossian, barde écossais du IIIe s. Ces chants influèrent sur le romantisme.

**MacQueen Steve** (Londres, 1969), plasticien et réalisateur britannique, s'exprimant par la vidéo ; *Hunger* (2008).

**macramé** *nm* Ouvrage fait de cordelettes entrelacées et nouées qui forment des motifs décoratifs. ETY Mot ar., « nœud ».

**macre** *nf* Plante des eaux claires et stagnantes, à fleurs blanches, dont les fruits comestibles sont appelés cour. *châtaignes d'eau.* ETY Mot de l'ouest de la France. VAR **macle**

**macreuse** *nf* **1** Canard marin des régions nordiques, dont plusieurs espèces hivernent en Europe de l'Ouest. **2** Morceau de viande maigre sur l'os de l'épaule du bœuf. ETY Du frison.

**Macri Mauricio** (Tandil, 1959), homme politique argentin (conservateur), élu président de la République en 2015.

**Macrin** (en lat. *Marcus Opellius Macrinus*) (Césarée, auj. Cherchell, v. 164 – Chalcédoine, 218), empereur romain (217-218). Il succéda à

Mac-Mahon

Caracalla, qu'il avait fait assassiner, mais Élagabal le vainquit et le fit tuer.

**macro-** Élément, du gr. *makros*, « grand ».

**macro** *nf* INFORM Macro-instruction.

**Macrobe** (en lat. *Ambrosius Theodosius Macrobius*) (IV^e^ – V^e^ s.), écrivain latin. Ses *Saturnales* rassemblent les connaissances du temps.

**macrobiotique** *a, nf* Se dit d'un régime alimentaire végétarien qui vise à reproduire dans la nourriture l'équilibre des deux principes constitutifs de l'univers, le yin et le yang.

**macrocéphale** *a, n* MED, ZOOL Dont le crâne est d'une taille anormalement importante. DER **macrocéphalie** *nf*

**macrocosme** *nm* PHILO Univers, par oppos. au *microcosme*, que représente l'homme. DER **macrocosmique** *a*

**macrocystis** *nm* Algue géante brune, voisine des laminaires, qui forme d'immenses forêts sous-marines. PHO [makrosistis]

**macrocyte** *nm* MED Hématie aux dimensions anormalement grandes.

**macrocytose** *nf* MED Augmentation du volume des globules rouges, notée en particulier dans l'alcoolisme.

**macroéconomie** *nf* ECON Partie de l'économie qui considère uniquement les grandes composantes de la vie économique, par oppos. à *microéconomie*. DER **macroéconomique** *a* – **macroéconomiste** *n*

**macroélément** *nm* BIOL Élément de structure qui entre pour une proportion importante dans la composition de la matière vivante, par oppos. à *oligoélément*.

**macrofaune** *nf* ECOL Ensemble des organismes animaux dont la taille est comprise entre 4 et 80 mm.

**macroglossie** *nf* MED Grosseur anormale de la langue.

**macrographie** *nf* METALL Étude de la structure macroscopique des métaux. DER **macrographique** *a*

**macro-instruction** *nf* INFORM Instruction formée d'une succession d'instructions de base, utilisée notamment en programmation. SYN macro. PLUR macro-instructions.

**macrolide** *nm* PHARM Famille d'antibiotiques actifs sur de nombreux germes.

**macromolécule** *nf* CHIM, BIOCHIM Molécule géante obtenue par polymérisation de molécules simples identiques, ou par polycondensation. DER **macromoléculaire** *a*

ENC Parmi les nombr. macromolécules naturelles, citons le caoutchouc et la cellulose. D'autres, plus complexes (protéines et acides nucléiques, par ex.), jouent un rôle biologique fondamental. La synthèse des macromolécules (polymérisation) est à la base de l'industrie des matières plastiques.

**macronucléus** *nm* Élément constitutif, avec le micronucléus, du noyau des infusoires.

**macronutriment** *nm* PHYSIOL Nutriment à valeur énergétique tel que les glucides, les lipides et les protides.

**macro-ordinateur** *nm* Syn. (recommandé) de *mainframe*.

**macrophage** *nm* BIOL Cellule dérivée des monocytes, présente dans le sang et les tissus, et ayant une fonction phagocytaire.

**macrophotographie** *nf* Photographie des objets de petites dimensions, donnant une image agrandie. SYN photomacrographie.

**macropode** *nm* Poisson tropical d'eau douce, vivement coloré. SYN poisson-paradis.

**macropodidé** *nm* ZOOL Marsupial dont la famille comprend les kangourous.

**macroscélide** *nm* Petit mammifère insectivore d'Afrique, aux pattes postérieures et à la queue très développées, au museau en forme de trompe.

**macroscopique** *a* Qui peut être observé à l'œil nu. ANT microscopique.

**macrospore** *nf* BOT Spore la plus grande, à potentialité femelle, chez les végétaux produisant deux sortes de spores.

**macrostructure** *nf* didac Structure englobant d'autres structures.

**macroure** *nm* ZOOL Crustacé décapode à l'abdomen allongé et très musculeux tel que l'écrevisse, la langouste.

**Macta (la)** région de marécages d'Algérie, près de Mostaganem, où Abd el-Kader vainquit, en 1835, les troupes françaises de Trézel.

**mactre** *nm* Mollusque bivalve marin comestible, très commun, appelé aussi *fausse palourde*. ETY Du gr.

**macula** *nf* ANAT Dépression située à la partie postérieure de la rétine, appelée aussi *tache jaune*. *La macula est le point de la rétine le plus sensible à la lumière.* ETY Mot lat., « tache ». DER **maculaire** *a*

**maculature** *nf* IMPRIM **1** Feuille de papier tachée lors de son impression. **2** Papier d'emballage avec lequel on enveloppe les rames de papier.

**macule** *nf* **1** litt Tache, souillure. **2** IMPRIM Tache d'encre. **3** IMPRIM Feuille de protection que l'on intercale entre deux feuilles fraîchement imprimées. **4** Papier grossier servant à l'emballage. **5** MED Tache rouge sur la peau. ETY Du lat.

**maculer** *vt* ① **1** Tacher. *Maculer ses habits.* **2** IMPRIM Tacher d'encre des feuilles imprimées, des estampes. DER **maculage** *nm*

**maculeux, euse** *a* MED Se dit de la peau présentant des macules.

**macumba** *nf* Culte proche du vaudou, pratiqué au Brésil ; danse rituelle de ce culte. PHO [makumba] ETY Mot brésilien.

**macvin** *nm* En Bourgogne et dans le Jura, vin de liqueur fait de moût de raisin et de vieux marc, et diversement aromatisé.

**Madách** Imre (Alsósztregova, 1823 – Balassagyarmat, 1864), poète hongrois : *la Tragédie de l'homme* (1861).

**Madagascar** (République de) État constitué par une grande île de l'océan Indien que le canal de Mozambique sépare de l'Afrique ; 587 040 km$^2$ ; 22,5 millions d'hab. ; accroissement naturel : 2,8 % par an ; cap. *Antananarivo.* Nature de l'État : rép. présidentielle. Langues off. : malgache et français. Monnaie : ariary. Population : Mérinas (26,6 %), Betsimisarakas (14,9 %), Betsiléos (11,7 %). Relig. : relig. traditionnelles (51,8 %), christianisme (41,2 %), islam sunnite (6,8 %). DER **malgache** *a, n*
**Géographie** L'île, morceau de l'ancien continent Gondwana, est occupée dans sa partie centrale par une pénéplaine latéritique élevée (800 à 1 200 m), jalonnée au N. et au centre de massifs volcaniques (points culminants : Tsaratanana, 2 886 m ; Ankaratra, 2 643 m). Ces régions jouissent d'un climat tropical tempéré par l'altitude. Les hautes terres centrales retombent brutalement à l'E. sur une étroite plaine côtière au climat tropical d'alizés, très humide, et s'inclinent, à l'O., vers une plaine plus sèche (forêt claire, savane).
**Population** Les Malgaches ont une origine complexe et mal connue. Ils sont issus princ. d'un mélange de Bantous et de Proto-Malais et parlent une langue austronésienne, le malgache. On distingue diverses populations selon leur implantation géogr., mais il ne s'agit pas d'ethnies différentes. Le centre de l'île et la côte E. concentrent la pop. L'urbanisation est encore faible.
**Économie** Les cultures vivrières (riz, manioc), l'élevage bovin extensif et la pêche occupent 74 % des actifs. Le café, la vanille (1$^{er}$ rang mondial), la girofle et la canne à sucre assurent 60 % des recettes (exportations) ; l'île produit aussi du chrome, du mica et du graphite. La voie socialiste (1975-1989) a appauvri plus encore le pays, mais la libéralisation de l'écon. n'a pas résolu les problèmes structurels : sous-équipement, misère urbaine.
**Histoire** LA COLONISATION Fréquentée par les Arabes durant le Moyen Âge, l'île fut découverte par les Portugais en 1500. Au XVII$^e$ s., la France fonda le comptoir de Fort-Dauphin. Divisée en de nombr. royaumes, l'île fut dominée à partir de la fin du XVIII$^e$ s. par le royaume mérina (ou imérina). Au début du XIX$^e$ s., des missionnaires protestants anglais commencèrent son évangélisation. La reine Ranavalona I$^{re}$ (1828-1861) chassa les Européens, qui furent rappelés par son fils Radama II. À la suite d'actions milit. et après avoir imposé son protectorat, la France annexa l'île (1896). En 1897, Gallieni déposa la reine Ranavalona III. La pacification fut achevée en 1905, mais la résistance à la colonisation fut constante. En 1947, un soulèvement fut réprimé impitoyablement (80 000 morts).
LA RÉPUBLIQUE MALGACHE Autonome en 1958, indépendante en 1960, la République eut pour président Philibert Tsiranana, tenant d'un socialisme modéré (1959-1972). Après la démission de Tsiranana et une période de troubles qui dura jusqu'en 1975, Madagascar devint (déc. 1975) une république socialiste. Didier Ratsiraka, chef de l'État en 1975, fut élu président de la Rép. en 1982. Réélu en 1989, il dut faire face à un soulèvement populaire qu'il ne put juguler en dépit de la répression (1992). L'élection d'Albert Zafy à la tête de l'État (1993) donna de vains espoirs et l'Assemblée le démit en 1996. Ratsiraka revint au pouvoir et poursuivit la libéralisation de l'écon. entamée par Zafy. Lors des présidentielles de 2002, Marc Ravalomanana, maire d'Antananarivo s'oppose au prés. sortant et s'autoproclame élu à l'issue du premier tour. Réélu en 2006, Ravalomanana dissout l'Assemblée en 2007 et obtient une large victoire aux élections. Mais il délaisse les questions sociales et provoque la colère de la population. En 2009, après plusieurs mois de combats, Andry Rajoelina prend le pouvoir et chasse Ravalomanana. Après avoir tout d'abord nommé un militaire comme Prem. ministre, A. Rajoelina met en place en nov. 2011 un gouv. d'union nationale. Son successeur, Hery Rajaonarimampianina, est élu prés. en 2013. ▶ carte p. 969

**madame** *nf* **1** Titre donné à une femme mariée et qui tend aujourd'hui à être employé pour toute femme en âge d'être mariée. **2** Titre donné à une femme remplissant certaines fonctions, même si elle n'est pas mariée. *Madame l'Inspectrice.* **3** Titre donné à la reine, à une princesse de sang royal. PLUR mesdames. ABREV M$^{me}$, M$^{mes}$. LOC *Faire la madame* : prendre de grands airs. — HIST *Madame* : la fille aînée du roi ou du dauphin ; l'épouse de Monsieur, frère du roi.

**Madame Bovary** roman de Flaubert (1857). ▷ CINE Films de : Jean Renoir (1933), avec Valentine Tessier (1892 – 1981) ; Vincente Minnelli (1949), avec Jennifer Jones (1919 – 2009) ; Claude Chabrol (1991), avec Isabelle Huppert.

**Madame Butterfly** opéra en 3 actes de Puccini (1904), livret de Luigi Illica (1857 – 1919) et Giuseppe Giacosa (1847 – 1906).

**Madame Sans-Gêne** comédie historique de V. Sardou et E. Moreau (1893). V. Lefebvre (François Joseph).

**madapolam** *nm* Toile de coton, plus lisse et plus forte que le calicot. PHO [madapɔlam] ETY De *Madapolam*, v. de l'Inde.

**Madariaga** Salvador de (La Corogne, 1886 – Locarno, 1978), diplomate et écrivain espagnol : *la Girafe sacrée* (roman, 1925).

**madécasse** *a, n* vx Malgache.

**made in** Expression anglaise précédant le nom du pays où un produit a été fabriqué. *Made in France.* PHO [mɛdin] ETY Loc. angl., « fabriqué à ».

**Madeira (le)** riv. de Bolivie et du Brésil (3 240 km), affl. de l'Amazone (r. dr.).

**1 madeleine** *nf* **1** Petit gâteau rond ou ovale à pâte molle composé de farine, de sucre et d'œufs. **2** fig, litt Ce qui fait remonter à la conscience un souvenir enfoui. ETY D'un n. pr.

**2 madeleine** *nf* Nom donné à des variétés de fruits qui mûrissent vers la Sainte-Madeleine (22 juillet). ETY De sainte *Madeleine.*

**Madeleine** (îles de la) petit archipel du Québec situé dans le golfe du Saint-Laurent. DER **madelinot, ote** ou **madelinien, enne** *a, n*

**Madeleine** (monts de la) chaîne de monts (point culminant : 1 165 m) du Massif central, au N. des monts du Forez.

**Madeleine (La)** com. du Nord (arr. et banlieue N. de Lille) ; 22 477 hab. Industries. DER **madeleinois, oise** *a, n*

**Madeleine (La)** site préhistorique de la Dordogne (com. de Tursac), sur la Vézère ; il a donné son nom *(magdalénien)* à la dernière période du paléolithique supérieur.

**Madeleine** (église de la) église de Paris (8$^e$). Commencée en 1764, transformée à partir de 1806 en temple de la Gloire par Vignon, redevenue église en 1842.

**Madeleine à la veilleuse (la)** peinture de G. de La Tour (v. 1640-1645, Louvre), la plus accomplie des trois *Madeleine* exécutées par l'artiste.

**Madeleine-Sophie Barat** (sainte) (Joigny, 1779 – Paris, 1865), religieuse française. Elle fonda en 1801 la congrégation des Dames du Sacré-Cœur.

**Madelin** Louis (Neufchâteau, Vosges, 1871 – Paris, 1956), historien français : *Histoire du Consulat et de l'Empire* (16 vol., 1937-1954).

**Madelon (la)** chanson de Camille Robert (musique) et Louis Bousquet (paroles), créée en 1914, popularisée par les soldats.

**madelonnette** *nf* Religieuse appartenant à une congrégation fondée au XIII$^e$ s. et vouée à sainte Marie-Madeleine, qui œuvrait à la réhabilitation des filles publiques.

**Madelonnettes (les)** maison de détention installée, de 1830 à 1866, sur l'emplacement d'un couvent de madelonnettes à Paris (près de la place de la République actuelle).

**mademoiselle** *nf* **1** Titre donné aux jeunes filles et aux femmes célibataires. **2** anc Titre donné aux femmes mariées dont l'époux n'était pas noble. **3** HIST Titre de la fille aînée des frères et des oncles du roi. PLUR mesdemoiselles.

**Mademoiselle (la Grande)** → **Montpensier** Anne Marie Louise.

**Mademoiselle de Maupin** roman de Th. Gautier (1835).

**Mademoiselle Julie** drame de Strindberg (1888). ▷ CINE Film du Suédois Alf Sjöberg (1903 – 1980), en 1950.

**madère** *nm* Vin liquoreux de Madère.

**Madère** (îles) archipel portugais de l'Atlantique, à 450 km au N. des îles Canaries ; 796 km$^2$ ; 269 500 hab. ; ch.-l. *Funchal*, port princ. Climat doux et humide, tropical. Vins, fruits, canne à sucre. Tourisme. DER **madérien, enne** *a, n*

**madériser (se)** *vpr* 1 En parlant d'un vin, prendre, par oxydation, le goût et la couleur du madère. DER **madérisation** *nf*

**Maderna** Bruno (Venise, 1920 – Darmstadt, 1973), compositeur et chef d'orchestre italien, adepte du dodécaphonisme.

**Maderno** Carlo (Capolago, 1556 – Rome, 1629), architecte italien. Précurseur direct du baroque, il acheva Saint-Pierre de Rome et commença le palais Barberini.

**Madhya Pradesh** État montagneux de l'Inde, dans le N. du Dekkan ; 442 841 km$^2$ ; 72 627 000 hab. ; cap. *Bhopāl.* Ressources : coton, riz, blé, sésame ; sidérurgie, textile.

**Madianites** peuple nomade de l'Arabie antique, issu de Madian, fils d'Abraham et de Cétura ; il accueillit Moïse fuyant le pharaon.

**madiran** *nm* Vin rouge AOC du Sud-Ouest.

**Madison** v. des É.-U., cap. du Wisconsin, aux limites du *Corn Belt* ; 233 200 hab. Centre agric. et industriel. – Université.

**Madison** James (Port Conway, Virginie, 1751 – Montpelier, Virginie, 1836), homme politique américain. Fondateur du parti républicain (1800) avec Jefferson, il lui succéda comme président des É.-U. (1809-1817).

**madone** *nf* **1** Sainte Vierge, en Italie. **2** Représentation peinte ou sculptée de la Vierge. ETY De l'ital. *madonna*, « madame ».

**Madonna** Louise Ciccone, dite (Detroit, 1958), chanteuse américaine de musique pop. et actrice de cinéma.

**Madoura** → **Madura.**

**madourais** → **madurais.**

**madrague** *nf* PECHE rég Grande enceinte de filets tendue en cercle pour pêcher le thon, en Méditerranée. ETY De l'ar. *medrab*, « grande tente ».

**madras** *nm* Étoffe légère à chaîne de soie et trame de coton de couleurs vives. PHO [madʀɑs] ETY De *Madras*, v. de l'Inde.

**Madras** (auj. *Chennai*), v. de l'Inde, sur la côte de Coromandel ; cap. de l'État de Tamil Nadu ; 8 700 000 hab. (aggl.). Port et centre industriel. – Premier établissement anglais aux Indes (1639). – Université. Musée (art dravidien).

**madrasa** → **medersa.**

**Madre (sierra)** nom de chaînes de montagnes qui encadrent, à l'E. et à l'O., le plateau mexicain puis forment la sierra Madre du Sud.

**madré, ée** *a, n* Rusé, matois. ETY De l'a. fr. *madre,* « excroissance de l'érable ».

**madréporaire** *nm* ZOOL Cnidaire hexacoralliaire qui vit en colonie, et dont les polypiers forment les récifs coralliens et les atolls.

**madrépore** *nm* ZOOL Cnidaire anthozoaire hexacoralliaire, représentant le type principal des madréporaires. ETY De l'ital. *madre,* « mère », et *poro,* « pore ». DER **madréporique** *a*

**Madrid** cap. de l'Espagne, sur le Manzanares ; 5,6 millions d'hab. (aggl.) ; communauté autonome du centre de l'Espagne et rég. de l'UE ; 7 995 km$^2$ ; 6 421 000 hab. Centre relig. et intellectuel, le plus grand centre industr. d'Espagne. – Archevêché. Mosquée. Université. Bibliothèque nationale. Plaza Mayor XVII$^e$ s., basilique XVIII$^e$ s., cath. XVII$^e$ s., égl. XVIII$^e$ s., couvent XVII$^e$ s. ; Palais royal XVIII$^e$ s. ; musée du Prado XVIII$^e$ s. – Madrid devint la cap. de l'Espagne en 1561. Centre de la résistance aux Français (notam. en mai 1808), la ville fut disputée avec violence pendant la guerre civile (1936-mars 1939). – Par le *traité de Madrid* (1526), le roi de France François I$^{er}$ renonçait à ses conquêtes ital., à la Flandre et à l'Artois. DER **madrilène** *a, n*

**Madrid** place de la Cibeles et fontaine du XVIII$^e$ s., commandée par Charles III

**madrier** *nm* Forte pièce de bois rectangulaire. ETY Du lat. *materia,* « bois de construction ».

**madrigal** *nm* **1** MUS Pièce vocale polyphonique sur un sujet profane. **2** LITTER Petite pièce de vers exprimant des pensées galantes, de tendres sentiments. PLUR madrigaux. ETY De l'ital.

**Madura** île d'Indonésie, au N.-E. de Java ; 5 290 km$^2$ ; 3,6 millions d'hab. Riz, maïs, arachides. Le surpeuplement a entraîné une intense immigration vers l'est de Java (région de Surabaya), vers Bornéo et l'Irian Jaya. VAR **Madoura** DER **madurais** ou **madourais, aise** *a, n*

**Madurai** (anc. *Madura*), v. de l'Inde (État de Tamil Nadu) ; 1,5 million d'hab. (aggl.). – Anc. ville sacrée de l'Inde. Grand temple brahmanique dravidien (XVII$^e$ s.).

**madurais** *nm* Langue du groupe indonésien, proche du javanais, parlée par les Madurais. VAR **madourais**

**Maduro Nicolás** (Caracas, 1962), homme politique vénézuélien (socialiste), prés. de la République depuis 2013.

**Madyan** rég. montagneuse du N. de l'Arabie Saoudite, sur la mer Rouge, entre le golfe d'Akaba et Médine ; v. et port princ. *El-Ouedj.*

**Maebashi** v. du Japon (centre de Honshū) ; 318 700 hab. ; ch.-l. de ken. Centre de la soie.

**Maeght Aimé** (Hazebrouck, 1906 – Saint-Paul-de-Vence, 1981), directeur de galerie et éditeur d'art français. *Fondation Maeght,* centre culturel construit à Saint-Paul-de-Vence par J. L. Sert (1964) : nombr. œuvres contemp.

**Maekawa Kunio** (Niigata, 1905 – Tōkyō, 1986), architecte japonais, élève de Le Corbusier ; adepte du « style international ».

**maelström** *nm* **1** Violent tourbillon marin. **2** fig, litt Tourbillon. *Il a été emporté dans le maelström de la Révolution.* PHO [malstʀøm] ETY Du n. pr. VAR **malstrom**

**Maelström** courant au large des côtes des îles Lofoten (N. de la Norvège), qui, au moment des marées, crée un tourbillon ; il se forme par grand vent d'ouest. VAR **Malstrom**

**Maelzel Johann Nepomuk** (Ratisbonne, 1772 – en mer, 1838), mécanicien autrichien ; il est l'inventeur du métronome.

**maërl** *nm* GEOGR Dépôt littoral granuleux formé par les débris d'algues marines imprégnées de calcaire. ETY Mot breton. VAR **merl** [mɛʀl]

**maestria** *nf* Grande habileté. *Conduire une affaire avec maestria.* PHO [maestʀija] ETY Mot ital.

**Maëstricht** → **Maastricht.**

**maestro** *nm* Grand compositeur, chef d'orchestre réputé. PHO [maestʀo] ETY Mot ital.

**Maeterlinck Maurice** (Gand, 1862 – Nice, 1949), écrivain belge d'expression française : poèmes symbolistes, drames (*Pelléas et Mélisande,* 1892 ; *l'Oiseau bleu,* 1908), essais (*la Vie des abeilles,* 1901). P. Nobel 1911.

**Mafate (cirque de)** dépression isolée située dans le centre de l'île de la Réunion.

**mafé** *nm* CUIS En Afrique noire, viande ou poisson cuit dans une sauce à l'arachide.

**Mafeking** v. de la rép. d'Afrique du Sud, près du Botswana ; 259 500 hab. – En 1899, Baden-Powell la défendit contre les Boers.

**Ma femme est une sorcière** film américain de René Clair (1942), avec Veronica Lake (1919 – 1973) et Fredric March (1897 – 1975).

**mafflu, ue** *a* litt Qui a de grosses joues. ETY De l'a. v. *mafler,* « manger beaucoup ».

**mafia** *nf* péjor Association secrète, clan réunissant des individus plus ou moins dénués de scrupules. *Une mafia de trafiquants et de spéculateurs.* ETY Mot sicilien. VAR **maffia** DER **mafieux** ou **maffieux, euse** *a, n*

ENC Société secrète née en 1282 (V. Vêpres [siciliennes]), la Mafia, jusqu'au XIX$^e$ s., lutta contre la tyrannie et pour le respect des traditions locales, mais, après l'unification de l'Italie, elle se tourna contre l'Administration et pratiqua le banditisme, défendant les intérêts des riches et soumettant les populations à son « impôt ». L'émigration des Siciliens l'implanta aux É.-U., où deux faits la rendirent puissante : la prohibition (1919-1933), que seule une organisation clandestine import. et structurée pouvait exploiter ; sa condamnation par Mussolini, qui entraîna une nouvelle vague d'émigration. Auj., la Mafia, tant en Sicile qu'aux É.-U., joue un rôle occulte, économique et politique, non négligeable. D'autre part, dans l'Europe de l'Est libérée du communisme, des associations mafieuses se sont développées ; certains enquêteurs affirment leurs liens avec les Mafia sicilienne et américaine.

**mafioso** *nm* Membre de la Mafia. SYN mafieux. PLUR mafiosos ou mafiosi. VAR **maffioso**

**Magadan** v. de Russie, en Sibérie extrême-orientale, sur la mer d'Okhotsk ; 200 000 hab. ; ch.-l. de la prov. du m. nom. – Port (fondé en 1932), pêche, chantiers navals, or.

**maganer** *vt* 1 Canada fam Maltraiter, abîmer. *Se maganer la vue.*

**magasin** *nm* **1** Lieu couvert où l'on entrepose des marchandises, des denrées, etc. **2** Local, ensemble de locaux servant à un commerce ; établissement commercial de vente. *Magasin de détail. Magasin à succursales multiples.* **3** THEAT Dépôt. *Magasin des accessoires, des décors.* **4** MILIT Lieu où sont entreposées les munitions. **5** TECH Cavité recevant les cartouches dans une arme à feu à répétition. **6** Boîtier d'un appareil photo d'une caméra recevant les bobines de pellicules à impression. LOC ***Grand magasin*** : comportant plusieurs niveaux et servant à la vente de marchandises variées. — ***Magasin d'usine*** : centre commercial de vente directe de produits industriels au public. — ***Magasins généraux*** : entrepôts où les négociants peuvent déposer leurs marchandises en les mettant en gage. ETY De l'ar.

**magasinage** *nm* **1** Action de déposer des marchandises dans un magasin. **2** Canada Action de magasiner. SYN shopping.

**Magasin d'antiquités (le)** roman de Dickens (1840).

**magasiner** *vi* 1 Canada Courir les magasins. *Aller magasiner.*

**magasinier, ère** *n* Personne chargée de surveiller les marchandises déposées dans un magasin et d'en assurer le contrôle comptable.

**magazine** *nm* **1** Publication périodique, le plus souvent illustrée. **2** Émission périodique à la radio, à la télévision. ETY Mot angl.

**Magdala** v. de la Palestine antique ; patrie de Marie de Magdala (Marie Madeleine).

**Magdalena (río)** fleuve de Colombie (1 700 km), tributaire de la mer des Antilles.

**magdalénien, enne** *a, nm* PREHIST Relatif à la période de la fin du paléolithique supérieur. *Les peintures de Lascaux et d'Altamira datent du magdalénien.* ETY De *La Madeleine,* en Dordogne.

**Magdeburg** ville d'Allemagne, cap. du Land de Saxe-Anhalt, sur l'Elbe ; 230 000 hab. Centre industriel. – Ville hanséatique, centre du protestantisme au XVI$^e$ s. – Archevêché (X$^e$ s). Cath. goth. XIII$^e$ s. – *Hémisphères de Magdeburg* : V. Guericke (Otto von).

**mage** *nm* **1** ANTIQ Prêtre de la relig. de Zoroastre, chez les Mèdes et les Perses. **2** Personne qui pratique la magie. LOC ***Les Rois mages*** ou ***les trois mages*** : Balthazar, Gaspard et Melchior, riches personnages qui, selon l'Évangile, vinrent, guidés par une étoile, visiter Jésus à sa naissance. ETY Du gr.

**Magellan (détroit de)** détroit découvert par Magellan, qui sépare l'Amérique du Sud de la Terre de Feu.

**Magellan (Nuages de)** nom donné aux deux galaxies les plus proches de la nôtre (le *Petit* et le *Grand Nuage de Magellan*), visibles à l'œil nu dans le ciel austral.

**Magellan Fernand de** (en portugais *Fernão de Magalhães*) (Sabrosa, 1480 – Mactan, Cebu, 1521), navigateur portugais, au service de l'Espagne à partir de 1512. Il chercha, en 1519, à passer au S. de l'Amérique et découvrit le détroit qui porte son nom (1520). Il navigua trois mois sur un océan qu'il dénomma Pacifique, et fut tué par les hab. d'une des îles Philippines.

**Maeterlinck**

**Magellan**

**Magendie** François (Bordeaux, 1783 – Sannois, 1855), physiologiste français. Il distingua, dans les nerfs rachidiens, les fibres sensitives et les fibres motrices.

**magenta** *nm, a inv* TECH Rouge cramoisi très vif, couleur complémentaire du vert. ETY Du n. pr.

**Magenta** ville d'Italie (Lombardie) ; 23 690 hab. – Victoire de Mac-Mahon sur les Autrichiens (4 juin 1859).

**Maghreb** (en ar. *al-Maghrib*, « le Couchant »), ensemble des pays d'Afrique du Nord : Tunisie, Algérie, Maroc, auxquels on adjoint parfois la Libye et la Mauritanie. Ces cinq pays ont signé un accord économique (fév. 1989) instituant l'*Union du Maghreb arabe*. DER **maghrébin, ine** *a, n*

**maghzen** → **makhzen.**

**magicien, enne** *n* **1** Personne qui pratique la magie. **2** fig Personne qui produit des effets extraordinaires, qui enchante.

**Magicien d'Oz (le)** film de Victor Fleming (1939), féerie mus. d'ap. le roman de l'Américain Frank Baum avec Judy Garland.

**magie** *nf* **1** Science occulte qui permet d'obtenir des effets merveilleux à l'aide de moyens surnaturels. **2** fig Influence puissante qu'exercent sur les sens et sur l'esprit la poésie, les passions, etc. *La magie du chant.* LOC ***Magie blanche*** : faisant appel aux esprits célestes. SYN théurgie. — ***Magie noire*** : qui a recours à l'aide supposée des esprits infernaux. SYN goétie.

**Maginot** André (Paris, 1877 – id., 1932), homme politique français. Ministre de la Guerre de 1922 à 1924 et de 1929 à 1932, il réalisa la *ligne Maginot*, système de fortifications sur les frontières est et nord-est de la France, entre 1927 et 1936. En 1940, les armées allemandes traversèrent la frontière belge, non fortifiée.

**magique** *a* **1** Qui a rapport à la magie. *Baguette magique des fées.* **2** fig Qui charme, qui enchante. *Cette musique produit sur lui un effet magique.* DER **magiquement** *av*

**magistère** *nm* **1** Autorité morale, intellectuelle ou doctrinale établie de manière absolue. *Exercer un magistère. Le magistère de l'Église.* **2** Formation universitaire sélective, de très haut niveau, mise en place en 1985. **3** Dignité de grand maître d'un ordre militaire, partic. de l'ordre de Malte. **4** Composition alchimique à laquelle on attribuait des vertus merveilleuses. ETY Du lat.

**magistral, ale** *a* **1** Qui appartient au maître. *Chaire magistrale.* **2** Donné par un maître. *Cours magistral.* **3** fig Qui porte la marque d'un maître, qui est d'une qualité remarquable. *Réussir un coup magistral. Une interprétation magistrale.* **4** Doctoral, solennel. *Ton magistral.* PLUR magistraux. ETY Du lat. DER **magistralement** *av*

**magistrat, ate** *n* **1** Fonctionnaire ou officier civil investi d'une autorité juridictionnelle, politique ou administrative. *Le président de la République, premier magistrat de l'État. Le maire, premier magistrat de la commune.* **2** Membre de l'ordre judiciaire. LOC ***Magistrat du siège*** : qui rend la justice. — ***Magistrats du parquet*** : qui requièrent, au nom de l'État, l'application de la loi.

**magistrature** *nf* **1** Dignité, fonction, charge de magistrat. *La dictature, magistrature romaine. La magistrature de procureur général.* **2** Temps pendant lequel un magistrat exerce ses fonctions. **3** Corps des magistrats de l'ordre judiciaire. *Conseil supérieur de la magistrature. École nationale de la magistrature.* LOC ***Magistrature assise*** : les magistrats du siège, inamovibles. — ***Magistrature debout*** : les magistrats du parquet, amovibles.

**magma** *nm* **1** CHIM Matière pâteuse qui reste après l'expression des parties les plus fluides d'un mélange quelconque. **2** Bouillie pâteuse. **3** GEOL Mélange pâteux, plus ou moins fluide, de matières minérales en fusion, provenant des zones profondes de la Terre, où les roches sont soumises à des pressions et à des températures très élevées. *Les laves sont des magmas.* **4** fig Mélange confus, désordonné. *Un magma de notions mal assimilées.* PHO [magma] ETY Du gr., « résidu ».

**magmatique** *a* GEOL Qui provient du magma. *Roches magmatiques.*
ENC On distingue parmi les roches magmatiques : les *roches plutoniques*, qui n'ont jamais atteint la surface à l'état liquide (certains granites) et qui sont des roches grenues ; les *roches effusives*, émises à l'état liquide en surface (basaltes, diverses laves) et qui ont une structure microlithique ou, rarement, vitreuse (obsidienne).

**magmatisme** *nm* GEOL Ensemble des phénomènes concernant les magmas.

**magnan** *n* **A** *nm* rég Ver à soie. **B** *nf* Fourmi noire carnivore très agressive d'Afrique tropicale, qui se déplace en colonnes. ETY Mot provençal.

**magnanarelle** *nf* Femme employée à l'élevage des vers à soie.

**magnanerie** *nf* **1** Bâtiment servant à l'élevage des vers à soie. **2** Élevage des vers à soie. SYN sériciculture. PHO [maɲanʀi] ETY Du provenç. *magnan*, « ver à soie ». DER **magnanier, ère** *n*

**Magnani** Anna (Alexandrie, 1908 – Rome, 1973), actrice italienne, vedette du néoréalisme, jouant avec verve les femmes du peuple : *Rome ville ouverte* (1945), puis star internationale : *le Carrosse d'or* (1953), *la Rose tatouée* (1955).

**magnanime** *a* Qui a de la générosité, de la clémence à l'égard des faibles, des vaincus. *Cœur magnanime.* ETY Du lat. *magnus*, « grand », et *animus*, « âme ». DER **magnanimement** *av* – **magnanimité** *nf*

**Magnard** Albéric (Paris, 1865 – Baron-sur-Oise, 1914), compositeur français néoclassique.

**Magnasco** Alessandro dit il Lissandrino (Gênes, v. 1667 – id., 1749), peintre italien, à la verve picaresque.

**magnat** *nm* **1** HIST Titre usité autref. en Pologne et en Hongrie pour désigner un membre de la haute noblesse. **2** Personnage très puissant par les gros intérêts financiers qu'il représente. *Les magnats de la finance.* PHO [maɲa]

**Magne** rég. montagneuse et isolée de Grèce, au S. du Péloponnèse. VAR **Maïna** DER **maniote** ou **maïnote** *a, n*

**Magnelli** Alberto (Florence, 1888 – Meudon, 1971), peintre italien, adepte de l'abstraction géométrique.

**Magnence** (en lat. *Flavius Magnus Magnentius*) (Amiens, v. 303 – Lyon, 353), empereur romain (350 à 353). Il fit tuer Constant Ier, fut vaincu par Constance II et se suicida.

**magner (se)** *vpr* ① fam (Surtout à l'inf. et à l'impératif.) Se dépêcher. *Magne-toi, on est en retard !* SYN se grouiller. ETY De *manier*. VAR **manier (se)**

**magnésie** *nf* CHIM Oxyde de magnésium ($MgO$), poudre blanche qui peut être transformée en magnésie hydratée.

**Magnésie du Méandre** anc. v. d'Ionie, auj. ruinée ; colonie thessalienne.

**Magnésie du Sipyle** (auj. *Manisa*, Turquie), anc. v. de Lydie où Scipion l'Asiatique vainquit Antiochos III en 189 av. J.-C.

**magnésite** *nf* MINER **1** Silicate naturel de magnésium. SYN écume de mer. **2** Carbonate naturel de magnésium.

**magnésium** *nm* **1** Élément alcalino-terreux de numéro atomique $Z = 12$ et de masse atomique 24,30. **2** Métal gris-blanc, de densité 1,75, qui fond à 650 °C et bout à 1 110 °C. SYMB Mg. PHO [maɲezjɔm] DER **magnésien, enne** *a*
ENC Le magnésium, qui brûle à l'air avec une flamme éblouissante, était employé dans les lampes au magnésium pour la photographie. Il entre dans la composition d'alliages ultra-légers utilisés dans la construction aéronautique. Certains de ses sels ont un usage thérapeutique.

**magnet** *nm* Petit aimant décoratif. SYN (recommandé) aimantin. PHO [maɲɛt] ETY Mot angl.

**magnétar** *nm* ASTRO Étoile à neutrons caractérisée par une activité magnétique intense.

**magnétique** *a* **1** Qui a rapport à l'aimant, qui en possède les propriétés ; qui a rapport au magnétisme. *Champ magnétique. Compas magnétique.* **2** Qui a rapport au magnétisme animal. *Passes magnétiques. Fluide magnétique.* **3** fig Qui exerce ou semble exercer une influence puissante et mystérieuse sur la volonté d'autrui. *Un regard magnétique.* **4** Se dit de tout support recouvert d'une couche d'oxyde magnétique et sur lequel on peut enregistrer des informations et les reproduire. *Bande magnétique.* **5** Qui utilise un support magnétique. *Enregistrement magnétique des données.* ETY Du lat. *magnes*, « aimant ». DER **magnétiquement** *av*

**magnétiser** *vt* ① **1** Communiquer les propriétés de l'aimant à une substance. SYN aimanter. **2** Soumettre une personne, une chose à l'action du fluide magnétique. **3** fig Exercer une influence puissante analogue à celle du fluide magnétique, subjuguer. *Sa seule présence magnétisait les foules.* DER **magnétisable** *a* – **magnétisant, ante** *a* – **magnétisation** *nf*

**magnétiseur, euse** *n* Personne qui utilise ou prétend utiliser le magnétisme animal.

**magnétisme** *nm* **1** Partie de la physique qui étudie les propriétés des aimants, des phénomènes et des champs magnétiques. **2** Ensemble de propriétés physiques dont celles de l'aimant furent les premières connues. **3** fig Attraction, fascination qu'une personne exerce sur une autre. LOC ***Magnétisme animal*** : fluide magnétique qu'auraient les êtres vivants ; influence qu'une personne pourrait exercer sur une autre en utilisant son fluide magnétique, en la soumettant à des passes magnétiques ; ensemble des pratiques utilisées pour soumettre qqn ou qqch à cette influence. — ***Magnétisme terrestre*** ou ***géomagnétisme*** : champ magnétique de la Terre, dont les pôles magnétiques sont orientés sud-nord.

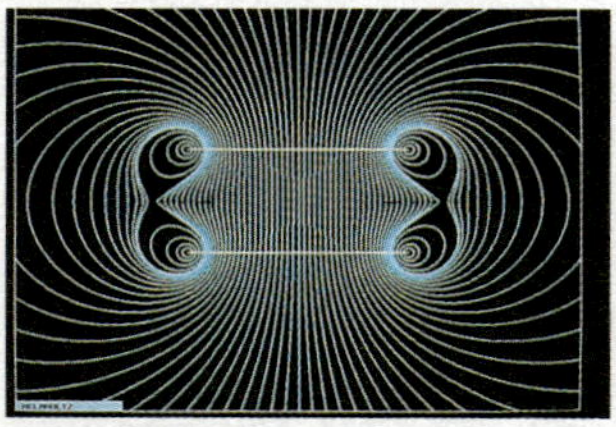

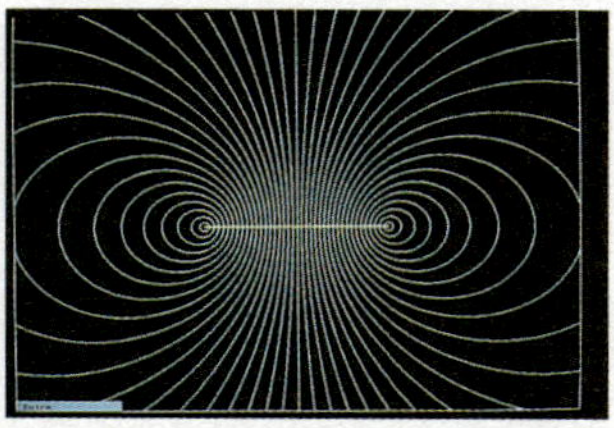

deux **champs magnétiques** : à g., celui d'une spire circulaire d'axe vertical ; à dr., celui de deux spires identiques de même axe vertical espacées d'une distance égale à leur rayon ; ce système (bobine de Helmholtz) crée en son centre un champ remarquablement uniforme

ENC Certains minéraux qui contiennent de l'oxyde de fer $Fe_3O_4$ ont la propriété d'attirer la limaille de fer ; on les appelle *aimants naturels*. Le même phénomène, appelé *magnétisme*, se produit avec des aimants *artificiels*, qui acquièrent leur aimantation au contact d'un aimant naturel ou après avoir été placés à l'intérieur d'une bobine parcourue par un courant électrique. Le magnétisme résulte d'un déplacement de charges électriques (déplacement des électrons dans l'atome ou rotation de l'électron sur lui-même). Les applications du magnétisme, et en particulier celles de l'électromagnétisme, sont considérables : boussoles et compas de navigation, prospection minière, moteurs électriques, tubes cathodiques des téléviseurs, microscope électronique, mémoires magnétiques des ordinateurs, magnétoscopes, accélérateurs de particules, confinement de plasma dans une « bouteille magnétique » (V. fusion), etc. V. électromagnétisme.

**magnétite** *nf* MINER Oxyde naturel de fer $Fe_3O_4$ qui possède la propriété d'attirer le fer.

**magnéto-** Élément, du gr. *magnês, magnêtos*, « aimant ».

**1 magnéto** *nf* Génératrice de courant alternatif comportant un induit tournant entre les pôles d'aimants permanents. *C'est une magnéto qui produit l'allumage de certains moteurs à explosion.*

**2 magnéto** *nm* fam Magnétophone

**magnétocassette** *nm* Magnétophone à cassette.

**magnétoélectrique** *a* Qui relève à la fois de l'électricité et du magnétisme.

**magnétohydrodynamique** *nf, a* PHYS Science qui étudie la dynamique des fluides conducteurs (gaz ionisés, plasmas) en présence d'un champ magnétique. ABREV MHD **LOC** ***Générateur magnétohydrodynamique*** : qui permet la production du courant à partir d'un plasma.

**magnétomètre** *nm* Instrument de mesure qui permet de comparer l'intensité des champs et des moments magnétiques. DER **magnétométrie** *nf* – **magnétométrique** *a*

**magnéton** *nm* PHYS Unité de moment magnétique utilisée en mécanique quantique.

**magnétopause** *nf* GEOPH Limite extérieure de la magnétosphère.

**magnétophone** *nm* Appareil permettant l'enregistrement et la reproduction des sons par aimantation rémanente d'une bande magnétique. *Magnétophone à cassette.*

**magnétorésistance** *nf* PHYS Propriété d'un élément semi-conducteur dont la résistance augmente avec le champ magnétique auquel il est soumis. **LOC** ***Magnétorésistance géante*** : magnétorésistance apparaissant sur des nanocouches inversées magnétiquement.

**magnétoscope** *nm* Appareil permettant d'enregistrer les images sur bande magnétique et de les reproduire sur un écran de télévision.

**magnétoscoper** *vt* ① Enregistrer au magnétoscope.

**magnétoscopie** *nm* TECH Contrôle de l'étanchéité des matériaux ferromagnétiques.

**magnétosphère** *nf* GEOPH Zone s'étendant, autour de la Terre, des limites de l'atmosphère à une distance d'env. 60 000 km, dans laquelle le champ magnétique subit l'influence de l'activité solaire.

**magnétostatique** *nf, a* Partie de la physique qui étudie les aimants et les masses magnétiques au repos.

**magnétostratigraphie** *nf* GEOL Étude de la succession des inversions de polarité du champ magnétique terrestre.

**magnétostriction** *nf* PHYS Déformation d'une substance par un champ magnétique.

**magnétothérapie** *nf* MED Méthode antalgique qui utilise des aimants.

**magnétron** *nm* ELECTRON Tube à cavité résonnante qui émet des ondes radioélectriques ultracourtes et très puissantes. *Le magnétron est un constituant du radar.*

**magnicide** *nm* POLIT Meurtre ou tentative de meurtre d'un personnage célèbre.

**magnificat** *nm inv* **1** Cantique de la Vierge Marie à l'Annonciation, qu'on chante aux vêpres. **2** MUS Musique sur le texte du magnificat. PHO [magnifikat] ou [maɲifikat] ETY Mot lat.

**magnificence** *nf* **1** litt Disposition, attitude de celui qui donne, qui dépense avec une libéralité grandiose. **2** Caractère de ce qui est magnifique ; splendeur somptueuse.

**magnifier** *vt* ② litt Célébrer, exalter la grandeur de. *Magnifier l'héroïsme de qqn.*

**magnifique** *a* **1** Somptueux, plein de grandeur, d'éclat, de luxe. *La magnifique abbaye de Cluny.* **2** Très beau. *Un bébé magnifique.* **3** Remarquable, extraordinaire. *Vous avez été magnifique.* ETY Du lat. *magnus*, « grand », et *facere*, « faire ». DER **magnifiquement** *av*

**Magnitogorsk** v. de Russie, au pied du mont *Magnitnaïa* (« Montagne aimantée »), dans le S. de l'Oural ; 422 000 hab. Mines de fer ; centre sidérurgique.

**magnitude** *nf* **1** ASTRO Grandeur servant à caractériser l'éclat d'un astre, exprimé par un nombre d'autant plus grand que l'éclat est faible. **2** GEOPH Valeur caractérisant l'énergie totale dispersée par un séisme. SYN amplitude.

**Magnol** Pierre (Montpellier, 1638 – id., 1715), médecin et botaniste français qui, le premier, a classé les plantes par familles.

**magnolia** *nm* Genre de magnoliacées groupant environ 80 espèces d'arbres ou d'arbustes.

**magnolia**

**magnoliacée** *nf* BOT Dicotylédone arborescente à grandes fleurs dont la famille comprend le magnolia, le tulipier.

**magnum** *nm* Grosse bouteille dont la contenance (1,5 litre) est celle de deux bouteilles ordinaires. PHO [magnɔm] ETY Du lat *magnus*, « grand ».

**Magnum (agence)** agence de photojournalisme fondée en 1947 à New York par R. Capa, H. Cartier-Bresson, Chim, etc. Elle a réuni depuis lors l'élite des photoreporters.

**Magnus VI Lagaböte** dit **le Législateur** (1238 – 1280), roi de Norvège (1263-1280). Il rendit la couronne héréditaire.

**Magny** Olivier de (Cahors, v. 1520 – ?, v. 1560), poète français, sensible et subtil : *Amours* (1553), *Soupirs* (1557).

**Magog** → **Gog et Magog.**

**Magon** (mort en mer, 203 av. J.-C.), général carthaginois, frère d'Hannibal et son second à Cannes (216 av. J.-C.).

**Magon Barcée** (mort à Calala, 383 av. J.-C.), général carthaginois. Il combattit les Grecs de Syracuse en 392 av. J.-C.

**1 magot** *nm* **1** Macaque sans queue d'Afrique du N. et de Gibraltar. **2** Figurine grotesque représentant généralement un petit personnage gros et laid, en terre, porcelaine, jade, etc., provenant d'Extrême-Orient et partic. de Chine. ETY De *Magog*.

**2 magot** *nm* fam Somme d'argent, économies, le plus souvent tenues cachées. ETY De l'a. fr. *mugot*, « lieu où l'on conserve les fruits ».

**magouille** *nf* fam Intrigue, manœuvre douteuse, lutte d'influence plus ou moins malhonnête. VAR **magouillage** *nm* DER **magouiller** *vi* – **magouilleur, euse** *n, a*

**magret** *nm* Partie de viande rouge se trouvant sur le ventre du canard, traitée en filets. ETY De *maigre*.

**Magritte** René (Lessines, 1898 – Bruxelles, 1967), peintre surréaliste belge. Il réalise la juxtaposition insolite d'individus et d'objets peints avec réalisme. DER **magrittien, enne** *a*

**René Magritte** *les Amants*, 1928 – coll. part.

**Maguelonne** hameau (com. de Villeneuve-lès-Maguelonne, arr. de Montpellier) sur la côte du Languedoc. – Anc. cath. romane fortifiée (XI$^e$-XII$^e$ s). – VAR **Maguelone**

**Magyars** peuple de langue finno-ougrienne qui envahit la vallée du Danube au IX$^e$ s. et s'établit en Pannonie. L'Occident les nomme *Hongrois*. (V. Hongrie). DER **magyar, are** *a*

**Mahabalipuram** site archéologique de l'Inde, près de Madras, sur la côte de Coromandel, célèbre pour ses temples brahmaniques rupestres (V$^e$-VIII$^e$ s.) ornés de reliefs sculptés caractéristiques du style des Pallava. VAR **Mavalipuram.**

**Mahābhārata (le)** œuvre la plus populaire de la littérature sanskrite, gigantesque épopée anonyme (200 000 vers) composée entre le VI$^e$ s. av. J.-C. et le IV$^e$ s. apr. J.-C. L'épisode connu sous le nom de Bhagavad-Gītā (VI$^e$ livre) a Krishna et Arjuna pour héros. ▷ CINE Film de Peter Brook (1989), d'apr. l'adaptation théâtrale de Jean-Claude Carrière.

**Mahajanga** (anc. *Majunga*), v. et port du N.-O. de Madagascar, sur le canal de Mozambique ; 85 000 hab. ; ch.-l. de la prov. du m. nom. Industries.

**Mahalla al-Kubra (Al-)** v. d'Égypte, dans le delta du Nil ; 355 000 hab. Textiles.

**Mahānadi (la)** fl. de l'Inde (820 km) qui traverse le Dekkan et se jette dans le golfe du Bengale par un immense delta.

**maharajah** *nm* Titre donné autref. aux princes de l'Inde. PHO [maaʀadʒa] ETY Mot hindi. VAR **maharaja**

**maharani** *nf* Femme d'un maharajah. PHO [maaʀani] VAR **maharané**

**Mahārāshtra** État de l'Inde, dans l'ouest du Dekkan, sur la mer d'Oman ; 307 762 km$^2$ ; 112 373 000 hab. ; cap. *Bombay*. Coton.

**mahatma** *nm* Nom attribué dans l'Inde moderne à certains chefs spirituels. *Le mahatma Gandhi.* PHO [maatma] ETY Mot hindi, « grande âme ».

**Mahaut** → **Mathilde.**

**mahayana** *nm* RELIG Bouddhisme du Grand Véhicule, qui accorde un rôle prépondérant aux bodhisattva. ETY Mot sanskrit.

**mahdi** *nm* RELIG Dans l'islam, envoyé d'Allah qui doit venir à la fin des temps pour compléter la mission de Mahomet. ETY Mot ar.

**Mahdī (le)** → **Muhammad Ahmad ibn Abdallah.**

**Mahdia** v. de Tunisie, sur la Méditerranée ; 36 830 hab. ; ch.-l. du gouvernorat du m. nom. Port, pêche. Tourisme.

**Mahé** île principale de l'archipel des Seychelles ; 153 km$^2$ ; 59 500 hab. ; ville princ. et cap. de l'État : *Victoria*.

**Mahé** v. et port de l'Inde, sur la côte de Malabār ; 20 000 hab. – Anc. comptoir français.

**Mahfouz Naguib** (Le Caire, 1911 – id., 2006), romancier égyptien : *Passage des miracles* (1947) ; trilogie (*Impasse des deux palais,* 1956 ; *Le Palais du désir,* 1957 ; *la Sucrerie,* 1957) qui décrit l'évolution de la société égyptienne entre 1917 et 1945 ; *le Mendiant* (1965), *Bonjour* (1987). P. Nobel 1988. VAR **Nadjib Mahfuz**

**mah-jong** *nm* Jeu chinois voisin des dominos. PLUR mah-jongs. PHO [maʒɔg] ETY Mot chin., « je gagne ». VAR **majong**

**Mahler Gustav** (Kalischt, auj. Kaliště, Moravie, 1860 – Vienne, 1911), compositeur et chef d'orchestre autrichien. Ses neuf symphonies, son *Chant de la Terre* (1908), de nombr. lieder font de lui le dernier des grands romantiques austro-allemands et l'un des précurseurs de la musique moderne (Schönberg, notam.).

**Mahmūd de Ghaznī** (969 – 1030), roi afghan (999-1030), fondateur de la dynastie des Ghaznévides. Il répandit l'islam en Inde.

**Mahmut I$^{er}$** (Andrinople, 1696 – Constantinople, 1754), sultan ottoman (1730-1754). — **Mahmut II** (Constantinople, 1784 – id., 1839), sultan ottoman (1808-1839). Il réforma l'armée et massacra les janissaires révoltés (1826). Les Grecs acquirent leur indépendance (1830). Méhémet-Ali le vainquit (1832 et 1839).

**Mahomet** dit **le Prophète** (en ar. *Muḥammad,* « le Loué ») (La Mecque, v. 570 – Médine, 632), prophète de l'islam. Orphelin dès sa naissance, Mahomet fut élevé par un oncle et assez tôt chargé de garder des troupeaux. Plus tard, il entra au service d'une riche veuve, Khadidja. Il accompagna ses caravanes en Syrie, et elle l'associa à ses affaires puis l'épousa. Leur fille, Fatima, épousera Ali, cousin de Mahomet, et assurera la descendance du Prophète. Mahomet avait pris l'habitude de méditations solitaires dans une grotte du mont Hira proche de La Mecque ; c'est là, par des songes d'abord, par des visions ensuite, qu'il eut, par l'intermédiaire de l'archange Gabriel, la révélation de la mission dont Dieu l'investissait (V. Coran). Son entourage reçut son message ; les riches commerçants de La Mecque repoussèrent une doctrine qui ruinait leurs intérêts, tandis que les humbles formèrent un groupe d'adeptes. En 622, Mahomet et ses disciples se réfugièrent à Yathrib, palmeraie au N.-O. de La Mecque. Cette émigration (*hidjra,* « hégire ») est le point de départ de l'ère musulmane, et Yathrib prit le nom de Al-Madīnat an-Nabī (la « ville du Prophète » : Médine). Le Prophète organisa à Médine la communauté musulmane (*umma*), formée des Muhādjirūn, émigrés mecquois, et des Anṣar, disciples de Médine. Ranimant la foi monothéiste d'Abraham (Ibrahim), il donna des racines purement arabes à l'organisation cultuelle et liturgique. Victoires et défaites militaires alternèrent contre les Mecquois, qui conclurent avec Mahomet un pacte (628) permettant le pèlerinage et stipulant une trêve de dix ans. En 630, les Mecquois ayant rompu la trêve, le Prophète s'empara de leur ville, détruisit les idoles, décréta une amnistie générale, puis retourna à Médine. Les derniers adversaires se rallièrent ; vers 632, toute l'Arabie était islamisée. Mahomet fit le pèlerinage (dit « de l'Adieu ») à La Mecque et en codifia les rites (*hadj*) ; au retour, il tomba malade et mourut le 8 juin 632. VAR **Mohammed, Muhammad**

**mahométan, ane** *n, a* vieilli Musulman(e).

**Mahón** v. et port des Baléares (Espagne) ; ch.-l. de l'île de Minorque ; 21 860 hab. Constr. navales ; pêche. – En 1756, le duc de Richelieu la prit d'assaut.

**mahonia** *nm* Arbrisseau ornemental (berbéridacée) originaire d'Amérique du Nord, à feuilles persistantes, à fleurs jaunes et à baies bleues. ETY De *Port-Mahon,* aux Baléares.

**mahorais** → **Mayotte.**

**mahous** → **maous.**

**mahratte** *nm* Langue indoaryenne, officielle dans l'État de Mahārāshtra. VAR **marathe**

**mai** *nm* **1** Cinquième mois de l'année, comprenant trente et un jours. **2** anc Arbre que l'on plantait le 1$^{er}$ mai devant la porte de qqn pour le fêter. ETY Du lat. *maius mensis,* « mois de la déesse Maïa ».

**Mai (1$^{er}$)** fête du travail (chômée en France dep. 1947), célébrée dans de nombreux pays pour commémorer une grande date de l'histoire syndicale : le 1$^{er}$ mai 1886, aux États-Unis, les organisations ouvrières firent grève pour réclamer la journée de huit heures ; elles firent à nouveau grève les 1$^{er}$ mai 1887, 1888 et 1889. Cette année-là, la II$^{e}$ Internationale, lors de son premier congrès, à Paris, fit du 1$^{er}$ mai la journée internationale de revendication.

**mai 1793 (journée du 31)** journée au cours de laquelle des révolutionnaires parisiens manifestèrent contre la Convention girondine.V. juin 1793 (journée du 2).

**mai 1877 (crise du 16)** tentative du président de la Rép. Mac-Mahon pour imposer à la Chambre un ministère conservateur après la victoire des républicains aux élections de 1876. Il décida la dissolution de l'Assemblée nationale mais les élections d'octobre donnèrent la victoire aux républicains.

**mai 1945 (le 8)** jour où, à Berlin, l'Allemagne signa sa capitulation, qui mettait fin à la Seconde Guerre mondiale en Europe. Le 7 mai, les Alliés avaient reçu cette capitulation à Reims.

**mai 1958 (journée du 13)** à Alger, journée de manifestations des partisans de l'Algérie française. Un comité de salut public se forma, présidé par le général Massu et que rejoignit le général Salan (15 mai). Le gouv. de la IV$^{e}$ Rép., dirigé par Pfimlin, ne réprima pas cette insurrection. Sollicité par Massu et Salan, le général de Gaulle apparut apte à résoudre la crise et le président Coty le contacta. Le 28 mai, le gouv. Pfimlin démissionna. Le 1$^{er}$ juin, le gouv. de Gaulle reçut l'investiture de la Chambre.

**mai 1968 (évènements de)** mouvement de contestation qui s'exprima par des manifestations des étudiants (notam. à Paris dans la nuit du 6 au 7 mai : journée des barricades au Quartier latin). La fièvre gagna le monde du travail : 10 millions de grévistes. Les 25 et 27 mai, les *négociations de Grenelle* avec le gouv. de G. Pompidou, voulues par le PCF et la CGT, aboutissent à des accords. Le 30 mai, la « majorité silencieuse » (700 000 personnes) remonte les Champs-Élysées pour montrer son appui à de Gaulle, qui dissout l'Assemblée nationale. Aux élections des 23 et 30 juin, le parti gaulliste (UDR) remporte une victoire écrasante.

**maia** *nm* Syn. de *araignée de mer.* ETY Du lat.

**Maïakovski Vladimir Vladimirovitch** (Bagdadi, auj. Maïakovski, Géorgie, 1893 – Moscou, 1930), poète soviétique futuriste (*le Nuage en pantalon* 1915) puis communiste : *150 000 000* (poème, 1920), *V. I. Lénine* (poème, 1924), *Octobre* (1927), *les Bains* (pièce satirique dirigée contre la bureaucratie stalinienne, 1929). Il se suicida.

**G. Mahler**

**V. Maïakovski**

**Maiano** → **Giuliano da Maiano.**

**maiche** *nm* Louisiane Marécage côtier.

**Maïdanek** local. de la banlieue de Lublin (Pologne) où les nazis implantèrent un camp pour les Juifs polonais. VAR **Majdanek**

**Maidstone** v. de G.-B., ch.-l. du comté de Kent ; 133 200 hab. Centre agricole.

**Maiduguri** v. du Nigeria, au S.-O. du lac Tchad ; 189 000 hab. Cap. de l'État du Bornou.

**maie** *nf* **1** Pétrin. **2** Huche à pain. ETY Du lat.

**maïeur** → **mayeur.**

**maïeuticien, enne** *n* Syn. de *sage-femme* (homme ou femme).

**maïeutique** *nf* **1** PHILO Méthode dialectique dont Socrate usait pour « accoucher » les esprits, c.-à-d. pour amener ses interlocuteurs à découvrir les vérités qu'ils portaient en eux sans le savoir. **2** Enseignement du métier de sage-femme. ETY Du gr. *maieutikê,* « art de faire accoucher ».

**1 maigre** *a, n* **A** *a* **1** Qui a peu de graisse. *Viande maigre.* **2** Dont le corps présente peu de chair autour du squelette. **3** Peu fourni. *Une maigre végétation.* **4** TYPO Se dit des lettres dont les jambages sont peu épais. **5** fig Qui manque d'ampleur, d'importance ; insuffisant. *Maigre bénéfice. Comme résultat, c'est maigre !* **B** *n* Personne maigre. **C** *nm* Partie maigre d'une viande. *Le maigre de jambon.* **D** *nm pl* Période des basses eaux. *Les maigres de la Loire.* LOC ***Faire maigre*** : ne pas manger de viande. — fam ***Maigre comme un clou, comme un chat de gouttière, comme un coup de trique*** : très maigre. ETY Du lat.

**2 maigre** *nm* ZOOL Syn. de *sciène.*

**maigrelet, ette** *a, n* fam Un peu trop maigre. VAR **maigrichon, onne** ou **maigriot, otte**

**maigrement** *av* Petitement, chichement. *Travail maigrement rémunéré.*

**Maigret Jules** personnage créé par Simenon en 1929 (*Pietr le Letton* 1930). Ce commissaire de police quinquagénaire est le héros d'une centaine de romans ou nouvelles. Nombre d'entre eux furent adaptés à l'écran.

**maigreur** *nf* **1** État d'un corps sans graisse, décharné. *La maigreur d'un malade.* **2** État de ce qui est peu productif, peu fourni. *Maigreur de la végétation.* **3** fig Manque d'ampleur, d'importance ; insuffisance. *La maigreur d'un salaire.*

**maigrir** *v* **A** *vt* Donner une apparence de maigreur. *Sa barbe le maigrit.* **B** *vi* Devenir maigre. *Elle suit un régime pour maigrir.*

**maiko** *nf* Au Japon, fillette apprentie geisha, qui s'initie à la danse, la musique, la conversation. PHO [majko] ETY Mot jap.

**Maïkop** v. pétrolière de Russie, sur la Bielaïa (affl., r. g., du Kouban) ; 140 000 hab.

**1 mail** *nm* **1** Maillet à manche flexible, servant à un jeu d'adresse ; ce jeu. **2** Promenade publique de certaines villes. **3** Dans un centre commercial, vaste espace piétonnier entouré de boutiques. ETY Du lat.

**2 mail** *nm* E-mail, courriel. PHO [mɛl] ETY Mot angl.

**mail-coach** *nm* anc Grande berline à quatre chevaux, munie de banquettes sur le toit. PLUR mail-coachs ou mail-coaches. PHO [mɛlkotʃ] ETY Mot angl. VAR **mailcoach**

**mailer** *vt* ① INFORM Envoyer une nouvelle par mail, par courrier électronique.

**Mailer Norman** (Long Branch, New Jersey, 1923 – New York, 2007), romancier américain : *les Nus et les Morts* (1948), *Un rêve américain* (1964), *les Vrais Durs ne dansent pas* (1983).

**mailing** *nm* Syn. (déconseillé) de *publipostage.* PHO [meliŋ]

**maillage** *nm* **1** Ordonnance, taille des mailles d'un filet. **2** Division d'un espace selon une structure en réseau. **3** TRAV PUBL Desserte d'une zone par un réseau de canalisations.

**Maillard Jean** bourgeois de Paris ; royaliste, il fit assassiner Étienne Marcel (1358).

**Maillart Robert** (Berne, 1872 – Genève, 1940), ingénieur et architecte suisse. Il inventa en 1908 le « pilier champignon » en béton.

**1 maille** *nf* **1** Chacune des boucles dont l'entrelacement constitue un tissu, un tricot, un filet, un grillage, etc. **2** Espace libre à l'intérieur de cette boucle. *Les poissons ont filé à travers les mailles.* **3** MINER Motif géométrique constitué par le plus petit édifice d'atomes, dont la reproduction à l'infini constitue un réseau cristallin. **4** TECH Maillon d'une chaîne. **5** CHASSE Tache sur le plumage des jeunes perdreaux, des jeunes faucons. **6** Taie sur la prunelle. ETY Du lat. *macula,* « tache ».

**2 maille** *nf* **1** HIST Petite monnaie en usage sous les Capétiens. **2** fam Argent, sous. *Avoir de la maille.* LOC *Avoir maille à partir avec qqn* : avoir un différend avec qqn. ETY Du lat. *medius,* « demi ».

**maillechort** *nm* Alliage de nickel, de cuivre et de zinc, blanc, dur et inaltérable. PHO [majʃɔr] ETY Du n. des inventeurs *Maillot* et *Chorier.*

**mailler** *v* ① **A** *vt* **1** Fabriquer en mailles. *Mailler un filet.* **2** MAR Relier à, fixer sur. *Mailler une chaîne sur une ancre.* **3** fig Recouvrir comme par les mailles d'un filet. *Les 120 000 km de sentiers balisés qui maillent le territoire français.* **4** Suisse Tordre, fausser. *Mailler une clé.* **B** *vi* **1** Bourgeonner. *La vigne commence à mailler.* **2** CHASSE Se couvrir de taches, en parlant du plumage des perdreaux. LOC *Être maillé* : se prendre dans les mailles du filet, en parlant d'un poisson.

**maillet** *nm* Marteau à deux têtes en bois dur.

**Maillet Antonine** (Bouctouche, Nouveau-Brunswick, 1929), romancière acadienne : *Pélagie la Charrette* (1979).

**Maillezais** ch.-l. de cant. de la Vendée (arr. de Fontenay-le-Comte) ; 934 hab. Ancien évêché. – Ruines d'une église abbatiale (XI$^e$-XVI$^e$ s.). DER **mallacéen, enne** *a, n*

**mailloche** *nf* **1** TECH Gros maillet. **2** MAR Maillet rainuré que l'on utilise pour entourer d'un cordage plus fin, formant protection, les cordages. **3** MUS Baguette terminée par une boule de caoutchouc, dont on se sert pour jouer de la grosse caisse, du xylophone, du vibraphone.

**Maillol Aristide** (Banyuls-sur-Mer, 1861 – id., 1944), sculpteur et peintre français. Son style se caractérise par une ordonnance architecturale traitant le corps féminin.

**Aristide Maillol** *Monument à Cézanne,* pierre, 1912-1915 – musée d'Orsay, Paris

**maillon** *nm* **1** Petite maille. **2** Anneau d'une chaîne. **3** MAR Section de chaîne de 30 m de long. LOC fig *Un maillon de la chaîne* : un des éléments d'un ensemble organisé, d'un raisonnement.

**maillot** *nm* **1** vieilli Lange et couche dont on enveloppe un bébé. **2** Vêtement de tricot qui moule le corps. *Une danseuse en maillot.* **3** Vêtement fermé qui couvre le torse. *Maillot de sport.* **4** Costume de bain. LOC *Au maillot* : en bas âge. — *Maillot de corps* : sous-vêtement masculin sans manches. — *Maillot jaune* : dans le Tour de France cycliste, premier du classement général.

**maillotin** *nm* **1** Ancienne arme en forme de maillet. **2** Pressoir à olives.

**Maillotins (les)** insurgés parisiens qui, en mars 1382, massacrèrent les percepteurs à coups de maillot (arme en forme de maillet), car les taxes avaient augmenté.

**Mailly Jean de** (Paris, 1911 – id., 1975), architecte français ; auteur (avec Zehrfuss et Camelot) du CNIT de la Défense.

**Mailly Jean-Claude** (Béthune, 1953), syndicaliste français, secrétaire général de FO dep. 2004.

**Maiman Theodore** (Denver, 1927 – Vancouver, 2007), physicien américain. En 1960, il met au point la première émission de rayon laser.

**Maimonide Moïse** (en hébr. Mosheh ben Maymon dit **Ramban ;** en ar. 'Abū 'Imrān Mūsa-bn Maymūn) (Cordoue, 1135 – Le Caire, 1204), médecin, philosophe et théologien juif, disciple d'Averroès : abrégé du Talmud (*Mishna Torah*), *Guide des égarés* qui concilie les connaissances scient. avec le sens littéral des Écritures.

**main** *nf* **1** Partie du corps humain qui termine le bras, munie de cinq doigts dont l'un (le pouce) peut s'opposer aux autres, et qui sert au toucher et à la préhension. **2** ZOOL Partie homologue de la main humaine chez certains vertébrés tétrapodes. **3** MAR Équipe de dockers assurant le chargement ou le déchargement d'une cale d'un navire. **4** IMPRIM Assemblage de vingt-cinq feuilles de papier. **5** Portion d'un régime de bananes. LOC *À la main* : manuellement. — *À main droite, à main gauche* : à droite, à gauche. — *Avoir la main* : être le premier à jouer, aux cartes ; fig avoir l'initiative, être prioritaire dans un processus. *Avoir la main heureuse* : réussir ce que l'on entreprend. — *Avoir la main lourde* : faire trop sentir son autorité. — *Avoir, tenir une chose en main* : savoir parfaitement s'en servir. — *Coup de main* : opération de faible envergure, exécutée par surprise ; fam aide apportée à quelqu'un. — *De la main à la main* : sans intermédiaire, directement. — *De longue main* : Depuis longtemps. — *De main de maître* : très bien fait, fabriqué, exécuté. — *De main en main* : d'une personne à une autre. — *Demander, obtenir, accorder la main d'une jeune fille* : la permission de l'épouser. — *De première main* : directement, sans intermédiaire. — *De seconde main* : d'occasion ; se dit d'un ouvrage de compilation. — *En bonnes mains* : sous la responsabilité d'une personne compétente. — *En main* : dans la main, à sa disposition. — *En main(s) propre(s)* : directement entre les mains de la personne concernée. — *Faire main basse sur* : s'emparer de, piller. — *Les mains liées* : dans l'impossibilité d'agir. — *Main chaude* : jeu où une personne, les yeux bandés, doit deviner qui lui frappe dans la main. — *Main courante* : dessus de la rampe d'un escalier ; dans un commissariat, registre où l'on inscrit, au fur et à mesure, les incidents signalés. — *Main de fatma* : pendentif porté par les femmes musulmanes. — HIST *Main de justice* : sceptre en forme de main, emblème de la puissance, que le roi portait le jour de son sacre. — *Main négative* : peinture pariétale préhistorique représentant une main. — fam *Main verte* : jardinier amateur mais doué. — *Mains libres* : se dit d'un téléphone utilisable sans les mains. — *Mettre la dernière main à un ouvrage* : le terminer. — *Mettre la main à l'ouvrage, à la pâte* : participer activement à un travail. — *Mettre la main sur une chose* : la trouver après l'avoir cherchée. — *Ne pas y aller de main morte* : frapper rudement ; fig user de procédés excessifs, d'expressions violentes. — *Petite main* : jeune couturière ; fig personne à qui on confie une tâche minutieuse et peu valorisante ou mal payée. — *Porter la main sur qqn* : le frapper. — *Première main* : couturière experte. — *Prendre en main(s) une affaire* : s'en charger. — *Sous la main* : à portée, non loin. — *Sous main* : secrètement. — *Tenir qqn dans sa main* : en son pouvoir. ETY Du lat.

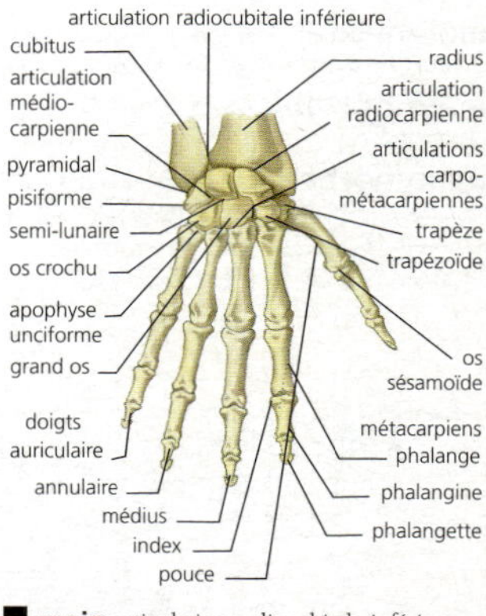


**main** articulation radiocubitale inférieure

**Main (le)** riv. d'Allemagne (524 km) ; naît en Franconie, arrose Bayreuth, Francfort et se jette dans le Rhin (r. dr.) près de Mayence.

**Maïna** → **Magne.**

**Mainard François** (Toulouse, 1582 – Aurillac, 1646), poète français, membre de l'Acad. fr. à sa création. VAR **Maynard**

**mainate** *nm* **1** Passériforme d'Asie du Sud-Est, ressemblant à un gros étourneau, capable d'imiter la voix humaine. **2** Québec Nom donné à divers passériformes. ETY Du malais.

**main-d'œuvre** *nf* **1** Façon, travail de l'ouvrier. *Facturer les pièces et la main-d'œuvre.* **2** Personnel de production. *Manque de main-d'œuvre.*

**Maine (la)** riv. de France (10 km), formée par la réunion de la Mayenne et de la Sarthe (grossie du Loir), affl. de la Loire (r. dr.).

**Maine (le)** anc. prov. de France, qui a formé les dép. de la Sarthe et de la Mayenne ; cap. *Le Mans.* – Le Maine, fief angevin, fut anglais (1154), mais Philippe Auguste le reprit (1203).

**Maine** État du N.-E. des É.-U. (Nouvelle-Angleterre), baigné par l'Atlantique, à la frontière canadienne ; 86 027 km² ; 1 228 000 hab. ; cap. *Augusta*. Forêts de conifères. Pêche. Tourisme. – Colonisé par des Français en 1604, le Maine entra dans l'Union en 1820.

**Maine** Louis Auguste de Bourbon (duc du) (Saint-Germain-en-Laye, 1670 – Sceaux, 1736), prince français ; fils légitimé de Louis XIV et de Mme de Montespan. Il conspira contre le Régent et fut emprisonné (1719-1720) avec sa femme. — **Anne Louise** (Paris, 1676 – id., 1753), épouse du préc., tint à Sceaux une véritable cour (1699-1753).

**Maine de Biran** Marie François Pierre Gontier de Biran, dit (Bergerac, 1766 – Paris, 1824), philosophe spiritualiste français : *la Décomposition de la pensée* (1805), *l'Aperception immédiate* (1807).

**Maine-et-Loire** dép. français. (49) ; 7 131 km² ; 766 659 hab. ; 107,5 hab./km² ; ch.-l. *Angers* ; ch.-l. d'arr. : *Cholet, Saumur* et *Segré*. V. Loire (Pays de la).

**main-forte** *nf* LOC ***Prêter main-forte à qqn*** : lui porter assistance pour exécuter qqch de difficile. VAR **mainforte**

**mainframe** *nm* Puissant ordinateur, susceptible de gérer des réseaux. SYN macro-ordinateur. PHO [menfrem]

**Mainfroi** → **Manfred.**

**mainlevée** *nf* DR Acte mettant fin aux mesures judiciaires de saisie, de séquestre, d'opposition, d'hypothèque.

**mainmise** *nf* Domination souvent abusive, emprise. *La mainmise de capitaux étrangers.*

**mainmortable** *a* Assujetti au droit de mainmorte.

**mainmorte** *nf* DR FEOD Situation des vassaux qui se trouvaient dans l'impossibilité légale de transmettre leurs biens par testament. LOC DR ***Biens de mainmorte*** : biens possédés par des communautés religieuses, des œuvres charitables, etc., et qui échappent aux règles des mutations par décès.

**Mains d'Orlac (les)** roman (1921) de Maurice Renard (1875 – 1939). ▷ CINE Film allemand de Robert Wiene (1924) ; remake amér. (1935) de Karl Freund, avec P. Lorre.

**Mains sales (les)** pièce en 7 tableaux de Sartre (1948), qui dénonce le stalinisme.

**maint, mainte** litt Un certain nombre de, plusieurs. *Je le lui ai dit maintes fois.* ETY Du germ.

**maintenance** *nf* **1** TECH Ensemble des opérations qui permettent de maintenir en état de fonctionnement un matériel susceptible de se dégrader. **2** MILIT Maintien des effectifs et de l'état du matériel d'une troupe au combat.

**maintenant** *av* **1** À présent, au temps où nous sommes. *Je n'ai pas le temps maintenant.* **2** Cela dit, de toute manière. *Je te dis mon avis, maintenant tu en feras à ta guise.* LOC ***Maintenant que*** : à présent que.

**mainteneur** *nm* litt Celui qui maintient qqch. *Mainteneur des traditions.*

**maintenir** *vt* 36 **1** Tenir ferme et fixe. *Cette barre maintient la charpente.* **2** Conserver dans le même état. *Maintenir la température constante. Son état de santé se maintient.* **3** Garder, défendre. *Maintenir l'ordre public.* **4** Continuer à affirmer, soutenir. *Je maintiens que cela est vrai.* ETY Du lat.

**Maintenon** ch.-l. de cant. d'Eure-et-Loir (arr. de Chartres) ; 4 440 hab. Haras. – Chât. du XVIe s. acquis par Louis XIV pour Mme de Maintenon ; parc de Le Nôtre. DER **maintenonnais, aise** *a, n*

**Maintenon** Françoise d'Aubigné (marquise de) (Niort, 1635 – Saint-Cyr, 1719), petite-fille d'Agrippa d'Aubigné. Convertie au catholicisme, en 1652, elle épousa Scarron (m. en 1660) ; en 1669, elle devint gouvernante des enfants que Louis XIV eut de Mme de Montespan. Mariée secrètement au roi (1683 ?), elle exerça une grande influence sur lui, notam. dans le domaine religieux. À sa mort (1715), elle se retira à Saint-Cyr.

la marquise de **Maintenon**

**maintien** *nm* **1** Contenance, attitude. *Avoir un maintien modeste, étudié. Prendre des leçons de maintien.* **2** Action de maintenir, de conserver dans le même état. *Maintien de l'ordre.*

**maïolique** → **majolique.**

**maïoral, maïorat** → **mayeur.**

**maire** *n* Élu(e) qui se trouve à la tête d'une commune. *Le maire est élu par les conseillers municipaux.* LOC HIST ***Maire du palais*** : majordome qui, sous les derniers rois mérovingiens, détenait la réalité du pouvoir politique. ETY Du lat. *major*, « plus grand ».

**Maire** Edmond (Épinay-sur-Seine, 1931), syndicaliste français, secrétaire général de la CFDT de 1971 à 1988.

**Mairena** Antonio Cruz Garcia, dit Antonio (Mairena, prov. de Séville, 1909 – Séville, 1983), chanteur espagnol de flamenco.

**mairesse** *nf* fam **1** Femme du maire. **2** Femme exerçant les fonctions de maire.

**Mairet** Jean (Besançon, 1604 – id., 1686), poète dramatique français : *Sophonisbe* (1634), la première tragédie qui observe la règle des trois unités.

**mairie** *nf* **1** Fonction de maire ; temps pendant lequel on exerce cette fonction. **2** Administration municipale. **3** Bureaux de cette administration ; bâtiment qui les abrite.

**mais** *conj* **1** Marque une restriction, une différence. *Elle est riche mais avare.* **2** Donne une explication. *Il a été puni mais il l'avait mérité.* **3** Marque une transition. *Mais qu'ai-je dit ?* **4** Employé avec une interjection, marque la surprise ou le mécontentement. *Ah mais !* LOC litt ***N'en pouvoir mais*** : n'y pouvoir rien. ETY Du lat. *magis*, « plus ».

**maïs** *nm* Graminée annuelle, à haute tige (2,50 m) et à grandes feuilles, cultivée pour son grain. ETY Mot d'Haïti.

en haut à g., l'ancêtre du **maïs** : *Zea maïs mexicana* – à dr., maïs cultivé – en bas, extrémité d'un épi mûr

**maïserie** *nf* Usine de transformation du maïs.

**maïsiculture** *nf* AGRIC Culture spécialisée du maïs. DER **maïsicole** *a* – **maïsiculteur, trice** *n*

**maison** *nf* **1** Bâtiment d'habitation. *Louer une maison à la campagne.* **2** Ensemble des lieux que l'on habite, où l'on vit ; les habitants de ces lieux. *Avoir une maison bien tenue. Ameuter toute la maison.* **3** Ménage, administration des affaires domestiques. *Avoir un grand train de maison.* **4** Établissement commercial, financier, industriel, etc. *Adressez-vous à une maison sérieuse.* **5** Ensemble des personnes attachées au service personnel d'un souverain, d'un chef d'État. *Maison du roi, de l'empereur.* **6** Famille noble ; famille régnante. *La maison d'Autriche.* **7** Compagnie, communauté d'ecclésiastiques, de religieux. *La maison professe des jésuites.* **8** Maison de commerce principale, par rapport à ses succursales. **9** (En appos.) Fait par la maison, et non à l'extérieur ; particulier à une entreprise. *Tarte maison. Ingénieur maison.* **10** ASTROL Chacune des douze divisions de l'écliptique qui correspondent chacune à un signe, et dont la détermination est nécessaire pour l'interprétation d'un thème de naissance. LOC *À la maison* : chez soi. — *C'est la maison du bon Dieu* : c'est une demeure hospitalière. — *La maison de Dieu* : l'église. — *Maison close* : maison de prostitution. — *Maison d'arrêt, de détention, de force* : lieux légalement désignés pour recevoir ceux qui ont été condamnés à la détention. — *Maison de jeu* : établissement où l'on joue à des jeux d'argent. — *Maison de retraite* : établissement où se retirent les personnes âgées ne travaillant plus. — *Maison de santé* : établissement regroupant professionnels et auxiliaires médicaux ou pharmaciens. — *Maison de titres* : établissement spécialisé dans le commerce et la gestion des valeurs mobilières. ETY Du lat. *manere*, « rester ».

**Maison-Blanche (la)** résidence du président des É.-U., à Washington, depuis 1800 (John Adams, président) ; édifiée par J. Hoban à partir de 1792, brûlée en 1814, restaurée. ▶ illustr. **Washington**

**Maison carrée** temple romain corinthien de Nîmes, bâti en 16 av. J.-C. par Agrippa, gendre d'Auguste ; auj. musée des Antiques.

**Maison de poupée** drame en 3 actes d'Ibsen (1879).

**maisonnée** *nf* Ensemble de ceux qui habitent une maison.

**maisonnette** *nf* Petite maison.

**Maisonneuve** Paul de Chomedey de (Neuville-sur-Vanne, Champagne, 1612 – Paris, 1676), explorateur français ; fondateur (1642) de Ville-Marie, le futur Montréal.

**Maisons-Alfort** ch.-l. de canton du Val-de-Marne (arr. de Créteil), sur la Marne ; 54 760 hab. École nationale vétérinaire. – Égl. (XIIe-XIIIe s.). DER **maisonnais, aise** *a, n*

**Maisons-Laffitte** ch.-l. de cant. des Yvelines (arr. de Saint-Germain-en-Laye), sur la Seine ; 23 664 hab. Champ de courses. – Chât. construit par Mansart (1642-1651), acquis en 1818 par le banquier Laffitte. DER **mansonnier, enne** *a, n* ▶ illustr. **Mansart**

**maistrance** *nf* MAR Ensemble des officiers mariniers, dans la marine de guerre.

**Maistre** Joseph (comte de) (Chambéry, 1753 – Turin, 1821), homme politique, écrivain et philosophe français. Adversaire de la Révolution, il affirma la toute-puissance de la Providence divine, dont le pape est l'interprète : *Considérations sur la France* (1796), *Du pape* (1819), *les Soirées de Saint-Pétersbourg* (1821). — **Xavier** (Chambéry, 1763 – Saint-Pétersbourg, 1852), écrivain, frère du préc. : *Voyage autour de ma chambre* (1795).

**Maisūr** → **Mysore.**

**maître, maîtresse** *n, a* **A** *nm* **1** Personne qui exerce son autorité, de droit ou de fait. *On ne peut servir deux maîtres à la fois.* **2** Personne qui enseigne, professeur ou instituteur. **3** Propriétaire d'un animal domestique. **B** *nm* **1** Chef, dirigeant. *Maître de ballet, de chapelle, des cérémonies.* **2** MAR Grade de la marine militaire. *Premier maître, quartier-maître, maître d'équipage.* **3** fig Expérience riche en enseignement. *Le temps est un grand maître.* **4** anc Artisan d'une corporation, qui, après avoir été apprenti, puis compagnon, accédait à un rang lui permettant d'enseigner son métier. *Maître tailleur.* **5** Artiste qui travaille avec ses élèves. *Œuvre d'atelier non signée par le maître.* **6** Artiste ancien non identifié. **7** Personne qui a excellé dans un art, une science, et sert de modèle. *Les grands maîtres de la peinture.* **8** Titre donné aux avocats, aux notaires, aux commissaires-priseurs **9** Titre donné à un écrivain, à un artiste éminent, en s'adressant à lui. *Cher Maître.* **C** *a* **1** CONSTR Qui supporte l'essentiel des efforts. *Poutre maîtresse.* **2** Dominant. *La qualité maîtresse de qqn.* LOC *Être (le) maître de faire qqch* : avoir la liberté de le faire. — *Être maître de soi* : se dominer. — *Être son maître* : ne dépendre que de soi. — *Maître auxiliaire* : enseignant non titulaire assurant un intérim. — *Maître d'armes* : qui enseigne l'escrime. — vieilli *Maître d'école* : instituteur. — *Maître de conférences* : professeur non titulaire d'une chaire dans une université. — CONSTR *Maître de l'ouvrage* : personne physique ou morale qui décide la construction d'un ouvrage, en assure le financement et confie sa réalisation à un maître d'œuvre. — *Maître de maison* : hôte, chef de famille. — *Maître d'hôtel* : qui dirige le service de table dans un hôtel ou chez des particuliers. — *Maître d'œuvre* : personne physique ou morale chargée de concevoir, d'étudier et de surveiller la réalisation d'un ouvrage ; fig responsable, coordinateur de qqch d'important. — *Maître nageur* : professeur de natation, personne qui surveille les baignades. — *Maîtresse femme* : femme énergique, qui s'impose avec autorité. — *Passer maître en qqch* : y exceller. — *Se rendre maître de* : s'emparer de. ETY Du lat. *magister*. VAR **maitre, maitresse**

**maître-à-danser** *nm* TECH Compas qui sert à mesurer les diamètres intérieurs. PLUR maîtres-à-danser. VAR **maitre-à-danser**

**maître-autel** *nm* Autel principal d'une église. PLUR maîtres-autels. VAR **maitre-autel**

**maître chanteur** → **chanteur.**

**maître-chien** *nm* Personne chargée de dresser un chien et de l'utiliser. PLUR maîtres-chiens. VAR **maitre-chien**

**Maître de Flémalle** → **Flémalle.**

**Maître de Moulins** → **Moulins.**

**Maître Jacques** personnage de *l'Avare* (1668) de Molière. Au service d'Harpagon, il cumule plusieurs fonctions ; depuis, un *maître Jacques* est celui qui s'occupe de tout dans une maison.

**maître-mot** *nm* Mot qui résume la pensée de qqn, la volonté d'un groupe. PLUR maîtres-mots. VAR **maitre-mot**

**maître-penseur** *nm* Personnalité qui exerce une forte influence idéologique. PLUR maîtres-penseurs. VAR **maitre-penseur**

**Maîtres chanteurs de Nuremberg (les)** opéra en 3 actes et 4 tableaux de Wagner (1868).

**Maîtres d'autrefois (les)** ouvrage de critique d'art de Fromentin (1876).

**maîtresse** *nf* **1** Fém. de *maître*. **2** Femme qui a des relations intimes avec un homme qui n'est pas son mari. VAR **maitresse**

**maîtrise** *nf* **1** anc Qualité de maître dans les anciennes corporations. **2** vieilli École d'instruction musicale des enfants de chœur. **3** Chœur d'enfants. SYN manécanterie. **4** Ensemble du personnel chargé de l'encadrement des ouvriers. *Agent, cadre de maîtrise.* **5** Titre universitaire supérieur à la licence et inférieur au doctorat. **6** Excellence dans un art, une science, une technique. *La maîtrise d'un musicien.* **7** Fait de maîtriser qqch, de savoir l'utiliser. *Avoir une parfaite maîtrise de l'anglais.* **8** Domination, empire. *La maîtrise des mers.* LOC *Maîtrise de soi* : contrôle de soi-même. VAR **maitrise**

**maîtriser** *vt* 1 **1** Réduire par la force, dompter. *Maîtriser un cheval fougueux.* **2** fig Dominer, contrôler. *Il faut maîtriser ses passions. Savoir se maîtriser.* **3** Savoir parfaitement conduire, traiter, utiliser. *Maîtriser son véhicule. Maîtriser son sujet.* VAR **maitriser** DER **maîtrisable** ou **maitrisable** *a*

**Maitron** Jean (Sardy-lès-Epiry, Nièvre, 1910 – Créteil, 1987), historien français, spécialiste du mouvement ouvrier français et de l'anarchisme.

**maïzena** *nf* Farine de maïs destinée aux préparations culinaires. ETY Nom déposé.

**Majdanek** → **Maïdanek.**

**majesté** *nf* **1** Grandeur suprême ; caractère auguste qui inspire le respect. *La majesté divine.* **2** Qualité de ce qui, par sa grandeur, sa noblesse, inspire admiration et respect. *La majesté du style de Bossuet.* **3** Titre donné aux souverains. *Sa Majesté. Votre Majesté. Leurs Majestés.* LOC BX-A *En majesté* : représenté assis sur un trône, dans une pose hiératique. — *Sa Majesté Catholique* : le roi d'Espagne. ETY Du lat.

**majestueux, euse** *a* Qui a de la majesté, de la grandeur, de la noblesse. *Une allure majestueuse.* DER **majestueusement** *av*

**majeur, eure** *a, n* **A** *a* **1** MUS Se dit d'un intervalle qui a un demi-ton chromatique de plus que l'intervalle mineur. **2** Plus grand. *La majeure partie du territoire.* **3** Grand, considérable. *Un intérêt majeur.* **4** Qui a atteint l'âge de la majorité légale. *Un fils majeur.* **B** *nm* Doigt du milieu, le plus long. SYN médius. **C** *nf* LOG Prémisse d'un syllogisme qui contient le terme, ayant la plus grande extension. LOC MUS *Gamme majeure* : dans laquelle la première tierce et la sixte sont majeures. — JEU *Tierce, quarte majeure* : suite de trois, quatre cartes commençant par l'as. — *Ton, mode majeur* : utilisant les notes de la gamme majeure (par oppos. à *mineur*). ETY Du lat.

**Majeur (lac)** lac de la bordure S. des Alpes centrales (Suisse et Italie), que traverse le Tessin ; 212 km². Il renferme, en Italie, les îles Borromées. Climat doux. Tourisme. Villes princ. : *Locarno* et *Stresa*.

**majolique** *nf* Faïence italienne de l'époque de la Renaissance, dont la fabrication fut introduite en Italie par des artisans des îles Baléares. ETY De l'ital. *majorica*, « de l'Île de Majorque ». VAR **maïolique**

**majong** → **mah-jong.**

**1 major** *n* **1** Officier supérieur chargé de l'administration d'un corps de troupes. *Commandant major.* **2** (En composition.) Supérieur par le rang. *Infirmière-major.* **3** Premier au concours d'une grande école. *Le major de l'X.* **4** Suisse Officier commandant un bataillon. LOC *Major de garnison* : officier qui assiste le commandant d'armes. — vieilli *Médecin-major* : médecin militaire. ETY Du lat. *major*, « plus grand ».

**2 major** *nf* Chacune des entreprises les plus importantes d'un secteur économique. *Les majors du BTP.* ETY De l'angl.

**Major** John (Brixton, 1943), homme politique britannique conservateur. Il succéda à M. Thatcher comme Premier ministre (1990-1997).

**majorant** *nm* MATH Élément de la partie d'un ensemble ordonné, tel que tous les autres éléments lui sont inférieurs. ANT minorant.

**majorat** *nf* Dotation de biens qui accompagnait la concession d'un titre de noblesse et était transmissible au fils aîné. ETY De l'esp.

**majordome** *nm* **1** Chef des domestiques de la cour d'un souverain, du pape. **2** Maître d'hôtel de grande maison. ETY De l'ital.

**Majorelle** Louis (Toul, 1859 – Nancy, 1926), décorateur français de l'école de Nancy.

**majorer** *vt* ① **1** Augmenter le nombre, le montant de. *Majorer un prix.* **2** fig, fam Exagérer, surestimer. *Majorer ses ennuis.* **3** MATH Ajouter un majorant à une partie d'un ensemble ordonné. DER **majoration** *nf*

**majorette** *nf* Jeune fille en uniforme militaire de fantaisie, qui participe à un défilé.

**Majorien** (en lat. *Flavius Julius Valerius Majorianus*) (m. près de Tortona, 461), empereur romain d'Occident (457-461). Il fut assassiné.

**majoritaire** *a* **1** Qui constitue une majorité, qui appartient à la majorité. *C'est l'opinion majoritaire.* **2** DR COMM Qui possède la majorité des actions dans une société. *Actionnaire majoritaire.* DER **majoritairement** *av*

**majorité** *nf* **1** Âge fixé par la loi pour que qqn jouisse du libre exercice de ses droits. *La majorité civile et légale est fixée en France à 18 ans.* **2** Le plus grand nombre, la majeure partie. *Dans la majorité des cas.* ANT minorité. **3** Le plus grand nombre des suffrages dans un vote. **4** Le parti, le groupe qui réunit le plus grand nombre de suffrages. *Un membre de la majorité.* LOC ***Majorité absolue*** : se composant de la moitié des voix plus une. — ***Majorité qualifiée*** : cas où il faut un pourcentage plus fort que la majorité absolue, fixé par la loi ou le règlement. — ***Majorité relative*** : qui résulte du plus grand nombre des voix obtenues. — ***Majorité silencieuse*** : partie de la population dont on invoque l'opinion conservatrice ou modérée mais non exprimée (par oppos. à *minorité agissante*).

**Majorque** (en esp. *Mallorca*), la plus grande des îles Baléares ; 3 640 km$^2$ ; 530 000 hab. ; cap. *Palma de Majorque*. Tourisme. Cultures maraîchères et fruitières. DER **majorquin, ine** *a, n*

**Majunga** → **Mahajanga.**

**Majuro** atoll des îles Marshall où se situe le siège administratif, Dalap-Uliga-Darri.

**majuscule** *a, nf* **A** Grande lettre d'une forme particulière, à l'initiale d'un nom propre ou d'un mot placé en tête de phrase, de vers, etc. SYN capitale. ANT minuscule. **B** *a* fig, fam Très important. *Une décision majuscule.*

**Makal** Mahmut (Demirci, 1930), romancier turc : *Notre village* (1960).

**Makālu (le)** sommet du Népal (Himalaya central, 8 481 m), conquis par l'expédition française de Jean Franco (1955).

**Makarenko** Anton Semionovitch (Bielopolie, Ukraine, 1888 – Moscou, 1939), pédagogue soviétique ; promoteur de méthodes de réadaptation des jeunes inadaptés et asociaux.

**Makários III** Mikhaíl Khristódhoulos Mouskos, en relig. (Anó Panaghia, Chypre, 1913 – Nicosie, 1977), archevêque et homme politique chypriote ; premier président de la République de Chypre (1959-1977).

**Makarova** Natalia (Leningrad, 1940), danseuse américaine d'origine russe. Elle quitta l'URSS en 1970.

**Makassar (détroit de)** (auj. *Ujungpandang*), passage entre les Célèbes (Sulawesi) et Bornéo (Kalimantan). VAR **Macassar**

**Makeba** Myriam (Johannesburg, 1932 – Castel Volturno, 2008), chanteuse de jazz sud-africaine qui milita activement contre l'apartheid.

**makémono** → **makimono.**

**Makhatchkala** (anc. *Petrovsk*), v. et port de Russie, sur la Caspienne ; cap. de la rép. auton. du Daghestan ; 301 000 hab.

**makhroud** *nm* Gâteau du Maghreb, fait de semoule et de dattes. ETY Mot ar.

**makhzen** *nm* Au Maroc, gouvernement autoritaire et patrimonial du roi. PHO [makzɛn] ETY Mot ar. VAR **maghzen**

**1 maki** *nm* Mammifère lémurien de Madagascar, arboricole et frugivore, à très longue queue. ETY Mot malgache.

**maki** catta

**2 maki** *nm* CUIS Sushi constitué de riz roulé dans une feuille de nori. ETY Mot jap.

**Makiivka** (anc. *Makeïevka*), v. d'Ukraine, dans le Donbass ; 451 000 hab..

**makimono** *nm* Peinture japonaise sur papier ou sur soie, plus large que haute, et qui se déroule horizontalement. ETY Mot jap., « chose que l'on roule ». VAR **makémono**

**making of** *nm inv* **1** Documentaire ayant pour sujet le tournage d'un film. **2** Texte ayant pour sujet l'élaboration d'une œuvre, la fabrication d'un journal, etc. PHO [mɛkiŋɔf] ETY Mots angl.

**makiwara** *nm* Planchette entourée de paille utilisée au karaté. ETY Mot jap.

**Makondés** population bantoue de Tanzanie, du Mozambique et du Malawi (2 millions de personnes). DER **makondé, ée** *a*

**Makonnen** (?, 1854 – Djibouti, 1906), chef éthiopien qui vainquit les Italiens à Adoua (1896). Son fils, Tafari Makonnen, devint empereur (V. Hailé Sélassié I$^{er}$).

**Makuas** population bantoue du N. du Mozambique ; 3 millions de personnes. VAR **Makouas** ou **Makwas** DER **makua** ou **makoua** ou **makwa** *a*

**1 mal** *nm* **1** Douleur, souffrance physique. *Avoir mal aux dents.* **2** Maladie. *La tuberculose n'est plus un mal incurable.* **3** Peine, souffrance morale. **4** Difficulté, peine. *Se donner beaucoup de mal.* **5** Calamité, tourment. *Les maux de la guerre.* **6** Dommage, dégât. *Il n'y a que demi-mal.* **7** Inconvénient. *La discipline est un mal nécessaire.* **8** Parole, opinion défavorable. *Dire du mal, penser le plus grand mal de qqn.* **9** Ce qui est contraire aux règles que la morale impose. *Être enclin au mal.* **10** Principe que les différents systèmes philosophiques et religieux opposent au bien, à ce qui est considéré comme désirable, souhaitable, au regard de la morale naturelle. *Lutter contre les forces du mal.* PLUR maux. LOC ***Aux grands maux les grands remèdes*** : se dit lorsque la gravité de la situation impose d'intervenir avec énergie et décision. — ***Avoir mal au cœur*** : avoir la nausée. — fam ***Ça me ferait mal*** : pour repousser une hypothèse, une éventualité. — ***En mal*** : en mauvaise part. *Prendre tout en mal.* — ***Être en mal de*** : manquer cruellement de. — ***Le mal du pays*** : la nostalgie. — ***Le mal du siècle*** : les tourments propres à une génération, partic. la mélancolie des romantiques. — ***Mal blanc*** : panaris. — ***Mal de mer, mal de l'air, mal des transports*** : malaise généralisé, souvent accompagné de nausées et de vomissements, que ressentent certaines personnes à bord d'un bateau, d'un avion, d'un véhicule en mouvement. — ***Mal de Pott*** : tuberculose de la colonne vertébrale. — ***Mal des montagnes*** : ensemble des troubles (malaise respiratoire, céphalée, nausées, vertiges, asthénie) qui surviennent en altitude. — fam ***Un mal de chien*** : une grande difficulté ou une douleur intense. ETY Du lat.

**2 mal** *av* **1** D'une manière défavorable, fâcheuse. *Les affaires vont mal.* **2** D'une manière blâmable, contraire à la morale ou aux bienséances. *Se conduire mal.* **3** D'une manière défavorable. *Parler mal de qqn.* **4** D'une manière incorrecte ou défectueuse. *Travail mal fini.* SYN imparfaitement. **5** D'une façon qui ne convient pas, ne sied pas. *S'habiller mal.* LOC ***Aller mal, être au plus mal*** : être malade, très malade. — ***De mal en pis*** : en s'aggravant. — ***Mal à propos*** : à contretemps. — ***N'être pas mal*** : avoir des qualités morales ou physiques. — ***Pas mal*** : assez bien, plutôt bien ; fam en assez grand nombre ; beaucoup. — ***Se mettre, être mal avec qqn*** : se brouiller, être brouillé avec lui.

**3 mal, male** *a* **1** VX Pernicieux, funeste, violent. *Mourir de male mort.* **2** *a inv* Contraire à la morale ou aux bienséances. *C'est mal de mentir.*

**malabar** *nm, a* fam Homme très robuste et de forte stature. ETY De *Malabar*, rég. de l'Inde.

**Malabār (côte de)** littoral du S.-O. de l'Inde, sur le golfe d'Oman, au pied des Ghāts.

**Malabo** (anc. *Santa Isabel*), cap. de la Guinée équatoriale ; 50 000 hab. (aggl.). DER **malabéen, enne** *a, n*

**malabsorption** *nf* MED Trouble digestif lié à l'absorption des aliments.

**Malacca** v. de Malaisie ; 89 000 hab. ; cap. de l'État du m. nom (1 650 km$^2$ ; 550 000 hab. env.), sur la presqu'île malaise (ou *presqu'île de Malacca*). Ce port de comm. (caoutchouc, coprah) est situé sur la côte S.-O. du *détroit de Malacca*, qui sépare la presqu'île et Sumatra, et qui relie l'océan Indien à la mer de Chine.

**Malachie (livre de)** livre biblique, attribué au dernier des douze petits prophètes ; c'est en fait un texte anonyme du V$^e$ s. av. J.-C.

**Malachie (saint)** (Armagh, v. 1094 – Clairvaux, 1148), prélat irlandais ; primat d'Irlande, ami de saint Bernard. La *Prophétie sur les papes* qu'on lui a attribuée date du XVI$^e$ s.

**malachite** *nf* Carbonate hydraté de cuivre, de couleur verte, constituant un minerai de cuivre et employé dans l'ornementation et la joaillerie. PHO [malakit] ETY Du gr. *molokhê*, « mauve ».

**malaco-** Élément, du gr. *malakos*, « mou ».

**malacologie** *nf* ZOOL Partie de la zoologie qui étudie les mollusques. DER **malacologique** *a*

**malacoptérygien** *nm* ZOOL Poisson téléostéen dont les nageoires ont des rayons mous, tel que le saumon, la morue, la carpe.

**malacostracé** *nm* ZOOL Crustacé appelé aussi *crustacé supérieur*, dont le corps porte typiquement 19 paires d'appendices, dont la sous-classe comprend de très nombreux ordres, réunissant les cloportes, les crevettes, les crabes, etc.

**malade** *a, n* **A** *a* Qui éprouve quelque altération dans sa santé. *Tomber malade.* **B** *a* **1** Qui souffre d'une contrariété. *Être malade de chagrin, d'anxiété.* **3** Qui éprouve des troubles mentaux, qui n'est pas parfaitement équilibré. *Avoir l'esprit malade.* **4** Dont l'état ou le fonctionnement est altéré. *Un poumon malade.* **5** Qui est atteint par une maladie. *Cheval malade.* **6** fam En mauvais état, mal en point. *Une économie malade.* **C** *n* Personne malade. ETY Du lat. *male habitus*, « en mauvais état ».

**Malade imaginaire (le)** comédie en trois actes et en prose (1673) de Molière, sa dernière pièce : l'interprétant, il eut sur scène un malaise mortel.

**Maladetta (la)** massif le plus élevé des Pyrénées centr., en Espagne (prov. de Huesca) ; 3 404 m au pic d'Aneto. La Garonne y prend sa source. VAR **Maladeta**

**maladie** *nf* **1** Altération de la santé. *Maladie chronique, mentale. Maladie professionnelle.* **2** Altération néfaste au développement d'une plante. **3** Altération chimique ou biochimique de certaines substances. *Maladies du vin. Maladie de la pierre.* **4** fig Ce qui est comparable à un état ou à un processus morbide. **5** fig Propension excessive ; manie. *Avoir la maladie du rangement.* LOC ***En faire une maladie*** : en être extrêmement contrarié. — ***Maladie fonctionnelle*** : due à un défaut de fonctionnement d'un organe, et non à une lésion. — vieilli ***Maladie honteuse*** : sexuellement transmissible.

**maladif, ive** *a* **1** Sujet à être malade ; de santé précaire. *Un enfant maladif.* **2** Qui est le signe d'une maladie. *Teint maladif.* **3** Qui a le caractère anormal d'une maladie. *Une susceptibilité maladive.* DER **maladivement** *av*

**maladrerie** *nf* anc Léproserie.

**maladresse** *nf* **1** Manque d'adresse. *Sauter avec maladresse.* **2** Parole, acte qui manque d'habileté, de tact. *Accumuler les maladresses.*

**maladroit, oite** *a, n* **1** Qui n'est pas adroit. *Un graveur maladroit.* **2** Qui manque d'habileté, de tact. *Un négociateur maladroit.* **3** Qui marque de la maladresse. *Geste maladroit.* DER **maladroitement** *av*

**malaga** *nm* **1** Raisin muscat de la région de Málaga. **2** Vin épais et sucré de cette région.

**Málaga** v. et port d'Espagne (Andalousie), sur la Méditerranée ; 568 200 hab. ; ch.-l. de la prov. du m. nom. Exportation de vin et de raisins. Industries. Tourisme (Costa del Sol). – Forteresses mauresques (XIVe s.). Cath. de style Renaissance.

**mal-aimé, ée** *a, n* Se dit d'une personne qui n'est pas aimée et en souffre. PLUR mal-aimé(e)s.

**malaire** *a* ANAT Relatif à la joue. *Os malaire.* SYN jugal. ETY Du lat. *mala*, « mâchoire ».

**malais** *nm* LING **1** Ensemble de langues de la famille austronésienne parlées en Malaisie, à Sumatra, à Bornéo, et dans les régions côtières de l'Asie du Sud-Est (Viêt-nam). **2** Langue off. de la Malaisie et de l'Indonésie (indonésien).

**Malais** population majoritaire en Malaisie, présente également en Indonésie à Singapour, en Thaïlande, au Cambodge, en Birmanie et au Sri Lanka. Ils sont également musulmans. Grands navigateurs, les Proto-Malais peuplèrent la Polynésie et constituèrent la base de la pop. malgache.

**malaisant, ante** *a* fam Qui provoque un malaise.

**malaise** *nm* **1** Sensation pénible d'un trouble, d'une indisposition physique. *Éprouver des malaises.* **2** fig Sentiment pénible de gêne, de trouble mal défini. *Dissiper un malaise.* **3** État d'inquiétude, de crise. *Le malaise économique.*

**malaisé, ée** *a* Qui n'est pas aisé, pas facile à faire. *Entreprise malaisée.* DER **malaisément** *av*

**Malaise dans la civilisation** bref essai de Freud (1930) sur les temps présents.

**Malaisie (fédération de)** (*Persekutuan Tanah Malaysia*), État fédéral du Sud-Est asiatique regroupant, dep. 1957, onze États du S. de la péninsule malaise et, dep. 1963, deux États (Sarawak et Sabah) du N. de l'île de Bornéo ; Singapour a fait sécession en 1965. On distingue donc la Malaisie occid. (péninsulaire) et la Malaisie orient. (insulaire) ; en tout 329 747 km$^2$ ; 30,1 millions d'hab. ; accroissement naturel : 1,3 % par an ; cap. *Kuala Lumpur* (Malaisie occid.). Nature de l'État : monarchie constitutionnelle, membre du Commonwealth ; le roi est élu pour cinq ans parmi les sultans des États de Malaisie occid. Monnaie : ringgit. Langue off. : malais (l'angl., le chinois et le tamoul sont utilisés). Relig. : islam (50 %), bouddhisme, hindouisme, taoïsme. VAR **Malaysia** DER **malaisien, enne** *a, n*

**Géographie** La péninsule malaise, à l'O., et Sarawak et Sabah, à l'E. (anc. Nord-Bornéo), ont des caractères analogues : montagnes, plaines côtières alluviales, littoraux marécageux, forêt dense. La péninsule s'ordonne sur une série de chaînes escarpées (culminant à 2 187 m), séparées par des dépressions. Les plaines côtières ont un sous-sol riche (étain, fer, bauxite, or). La Malaisie orientale comprend une large plaine côtière marécageuse (longée de gisements offshore d'hydrocarbures), une zone de collines et un arrière-pays montagneux d'accès difficile. Partout, le climat équatorial chaud est très arrosé ; la forêt dense couvre encore 60 % du territoire, malgré le défrichement. La péninsule (40% de la superficie) groupe 83 % des hab. Les Malais (souvent musulmans) constituent 50 % de la pop. ; les Chinois (35 %), qui contrôlent 80 % de l'écon., et les Indiens (près de 11 %) vivent surtout dans les villes.

**Économie** Membre de l'ASEAN, la Malaisie connaît l'une des croissances les plus fortes du monde et appartient auj. au groupe des nouveaux pays industriels. Exportateur de caoutchouc et d'huile de palme (1er producteur mondial), d'étain et de bois précieux, le pays exploite désormais son pétrole, ainsi que son gaz. Malgré l'irrigation (années 1970), l'autosuffisance en riz n'est pas totale. L'industrie est soutenue par les investissements japonais, asiatiques et américains, et encadrée par l'État. La crise de 1997 dans le S.-E. asiatique a ébranlé le pays, qui l'a surmontée sans faire appel au FMI.

**Histoire** LES ORIGINES Le peuplement malais a été très précoce (IIIe millénaire av. J.-C.). Au début de l'ère chrétienne, le bouddhisme et l'écriture viennent de l'Inde. La péninsule malaise est soumise à différents royaumes hindous, notam. à l'empire de Shrivijaya (VIIe-XIVe s.), établi à Sumatra. Un premier État malais, le roy. de Malacca, se forme en 1402. L'islam gagne le pays et les Arabes assumeront les liaisons que les Malais avaient établies entre l'Asie et l'Afrique. L'arrivée des Portugais brise la puissance de cet État malais : en 1512, Albuquerque prend Malacca qui passe aux Néerlandais en 1641, puis aux Brit. en 1824. Ceux-ci le conservent après l'occupation japonaise (1941-1945).

L'INDÉPENDANCE En 1957 est proclamée l'indépendance de la fédération de Malaisie qui devient, en 1963, fédération de Grande Malaisie, ou Malaysia, avec l'adjonction de Singapour, de Sarawak et de Sabah. Mais Singapour fait sécession en 1965. Née dans les années 1950, une guérilla communiste animée par les éléments chinois a été vaincue par les Britanniques. En 1969, des centaines de Chinois sont massacrés. En 1975, Sabah veut faire sécession. D'une façon générale, les affrontements entre musulmans et hindouistes sont fréquents. Le Dr Mahathir bin Mohamad, président du Front national (coalition de 11 partis), devient Premier ministre en 1981. En 1997, un gigantesque incendie de forêt dans l'île de Bornéo crée un désastre écologique. En 1999, le Dr Mahathir remporte à nouveau les élections. Son second, Abdullah Badawi, lui succède en 2003. Sous la pression de l'opposition, il se retire en 2009 et est remplacé par Najib Tun Razak. ▶ carte **Indonésie**

**Malakoff** ch.-l. de cant. des Hauts-de-Seine (arr. d'Antony) ; 30 767 hab. Industries de pointe DER **malakoffiot, ote** *a, n*

**Malakoff (tour)** puissante construction défendant Sébastopol, prise aux Russes, le 8 sept. 1855, par Mac-Mahon.

**Malamud Bernard** (New York, 1914 – id., 1986), romancier : *l'Homme de Kiev* (1966).

**Malan Daniel François** (Riebeek West, Le Cap, 1874 – Stellenbosch, 1959), pasteur et homme politique sud-africain ; leader du parti nationaliste. Premier ministre (1948-1954), partisan convaincu de l'apartheid.

**malandrin** *nm* vieilli, litt Vagabond, voleur, brigand. ETY De l'ital.

**Malang** v. d'Indonésie, dans l'E. de Java ; 820 000 hab. Centre agricole et industriel.

**malanga** *nm* Haïti Plante (aracée) à tubercule comestible.

**Malaparte Kurt Suckert,** dit **Curzio** (Prato, 1898 – Rome, 1957), auteur italien de récits violents sur la réalité contemp. : *Kaputt* (1944), *la Peau* (1949), *Ces sacrés Toscans* (1956). Théâtre : *Du côté de chez Proust* (1948), *Das Kapital* (1949). Film : *le Christ interdit* (1951).

**malappris, ise** *a, n* vieilli Mal élevé, impertinent.

**Mälar** lac de la Suède centrale (1 140 km$^2$) communiquant, à Stockholm, avec un bras de la mer Baltique. VAR **Mälaren**

**malard** *nm* Canard mâle. ETY De *mâle*. VAR **malart**

**malaria** *nf* vieilli Paludisme. ETY Mot ital., « mauvais air ».

**Malassis (Coopérative des)** association d'artistes (1970-1973) créée pour réaliser en commun des œuvres figuratives dans l'esprit de mai 68. Fondateurs : Henri Cueco (né en 1929), Lucien Fleury (1928-2004), Jean-Claude Latil (1932-2007), Michel Parré (1938 – 1998), Gérard Tisserand (né en 1934).

**Malatesta** famille (guelfe) de condottieri italiens. Elle posséda Rimini (à partir du XIIIe s.) et agrandit ses biens (Romagne, Ancône), qui furent réunis en 1528 aux États de l'Église. — **Sigismondo Pandolfo** (Rimini, 1417 – id., 1468), chef de guerre, fut un prince cultivé.

**Malatya** v. de Turquie, oasis au pied de l'Anti-Taurus ; 381 000 hab. ; ch.-l. d'il.

**Malaurie Jean** (Mayence, 1922), anthropologue français, spécialiste des Inuits : *les Derniers Rois de Thulé* (1955).

**Malaval Robert** (Nice, 1937 – Paris, 1980), peintre français, de l'école de Nice.

**malavisé, ée** *a* litt Qui agit ou parle mal à propos, de façon irréfléchie ou inconséquente.

**Malawi (lac)** (anc. lac *Nyassa*), grand lac de l'Afrique orientale, partagé entre le Mozambique et le Malawi ; 26 000 km$^2$.

**Malawi (république du)** État d'Afrique orientale, situé entre la Zambie, la Tanzanie et le Mozambique ; 118 484 km$^2$ ; 16,8 millions d'hab. ; cap. *Lilongwe*. Nature de l'État : rép. membre du Commonwealth. Langue off. : anglais. Monnaie : kwacha du Malawi. Population : Bantous. Relig. : christianisme. DER **malawite** ou **malawien** *a, n*

**Géographie** Le quart oriental du pays est occupé par le lac Malawi, dominé à l'O. par de hauts plateaux (alt. max. : 3 000 m au pic Mulanje). Au S., la vallée du Shiré est la zone la plus peuplée du pays. La savane boisée est due à un climat tropical tempéré par l'alt. Les cultures vivrières (maïs, riz, manioc) et d'exportation (tabac, thé, café, sucre) sont la base de l'économie. La pop., qui augmente de 2,9 % par an, est rurale à 84 %. La balance agricole est excédentaire et l'hydroélectr. assure l'autosuffisance.

**Histoire** LA COLONISATION Le pays a longtemps participé au grand commerce arabo-swahili qui remontait depuis la côte de l'océan Indien. Vers 1835, les Ngonis, chassés d'Afrique australe par les Zoulous, atteignirent la région où certains s'installèrent avec violence. En 1859, l'explorateur écossais, David Livingstone, appela *Nyassa* le pays, dont l'évangélisation commença v. 1875. En 1891, la G.-B. établit son protectorat sur le *Nyassaland*. Elle ne soumit les Ngonis (moins de 10 % de la pop.) qu'en 1904. Le nationalisme s'exprima par le biais des Églises indépendantes. En 1953, la G.-B. regroupa dans une Féd. d'Afrique centrale les deux Rhodésie et le Nyassaland. Celui-ci craignit l'extension de la discrimination raciale qui sévissait en Rhodésie du Sud. L'INDÉPENDANCE En 1960, le Dr Hastings Kamuzu Banda créa le *Malawi Congress Party* (MCP), qui obtint l'indépendance en 1964. H. K. Banda fit du MCP le parti unique. En 1971, il devint président à vie. Son pays fut le seul en Afrique à entretenir de bonnes relations avec l'Afrique du Sud. En 1992, l'Église catholique dirigea la contestation. En 1993, Banda fit approuver le multipartisme par référendum. En 1994, Bakili Muluzi, leader de l'*United Democratic Front*, fut élu président. B. Muluzi réélu en 1999 s'attaque à la corruption et obtient de bons résultats écon. Bingu wa Mutharika lui succède en 2004. Ses dérives autoritaires sont dénoncées par la population. Joyce Banda lui succède à sa mort en 2012. Elle est battue par Peter Mutharika, frère du préc. prés., en 2014 lors d'élections entachées de fraude. ▶ carte **Mozambique**

**malaxer** *vt* 1 Pétrir une substance, un mélange, pour l'amollir ou l'homogénéiser. *Malaxer une pâte.* **2** Manier, triturer. (ETY) Du lat. *malaxare*, « amollir ». (DER) **malaxage** *nm*

**malaxeur** *nm* Appareil servant à malaxer.

**malayalam** *nm* LING Langue dravidienne officielle au Kerala. (PHO) [malajalam]

**malayo-polynésien, enne** *a* LING Syn. vieilli de *austronésien*.

**Malaysia** → **Malaisie.**

**malbar** *n* À la Réunion, personne d'origine indienne. (ETY) De *Malabar*, n. pr.

**malbec** *nm* Cépage rouge à haut rendement.

**malbouffe** *nm* fam Nourriture défectueuse sur les plans diététique et gustatif.

**Malbrough** → **Marlborough.**

**malchance** *nf* **1** Mauvaise chance. *User, jouer de malchance.* SYN fam déveine, guigne. **2** Évènement par lequel se manifeste la mauvaise chance. (DER) **malchanceux, euse** *a, n*

**Malcolm** nom de quatre rois d'Écosse. — **Malcolm Ier** roi de 943 à sa mort (954). — **Malcolm II** roi de 1005 à sa mort (1034). Il unifia l'Écosse. — **Malcolm III** roi de 1057 à sa mort (1093) ; fils du roi Duncan Ier assassiné par Macbeth, qu'il tua et auquel il succéda. — **Malcolm IV** (?, 1141 – Jedburgh, 1165), roi d'Écosse de 1153 à sa mort ; petit-fils de David Ier, à qui il succéda.

**Malcolm X** **Malcolm Little,** dit (Omaha, 1925 – New York, 1965), homme politique américain. Il quitta les Black Muslims (Musulmans noirs) et fonda l'Organisation de l'unité afro-américaine (1964) ; il fut assassiné.

**malcommode** *a* Qui n'est pas commode. *Cette installation est malcommode.* ANT pratique. (DER) **malcommodément** *av*

**maldéveloppement** *nm* Développement économique s'effectuant dans de mauvaises conditions.

**Maldives (république des)** État insulaire de l'océan Indien (env. 1 200 îles, dont 200 habitées, menacées par la montée des eaux de l'océan Indien), au S.-O. du Sri Lanka ; 298 km$^2$ ; 400 000 hab. (1 342,3 hab./km$^2$) ; cap. *Mâlé*. Nature de l'État : rép. de type présidentiel. Monnaie : roupie des Maldives (rufiyaa). Pop. d'orig. indienne. Relig. officielle : islam. Langue : maldivien. Princ. ressources : pêche (75 % des exportations), confection (25 % des exportations), noix de coco, coprah ; tourisme. (DER) **maldivien, enne** *a, n*

**Histoire** Protectorat britannique en 1877, les Maldives accédèrent à l'indépendance en 1965. Le sultanat fut abrogé en 1968. En 2008, Mohamed Nasheed remporte l'élection prés. face à Maumoon Abdul Gayoom, au pouvoir depuis 1978. En 2012, sous la pression de l'opposition favorable à Gayoom, M. Nasheed est contraint de démissionner. Abdulla Yameen (parti progressiste) est élu président en 2013.

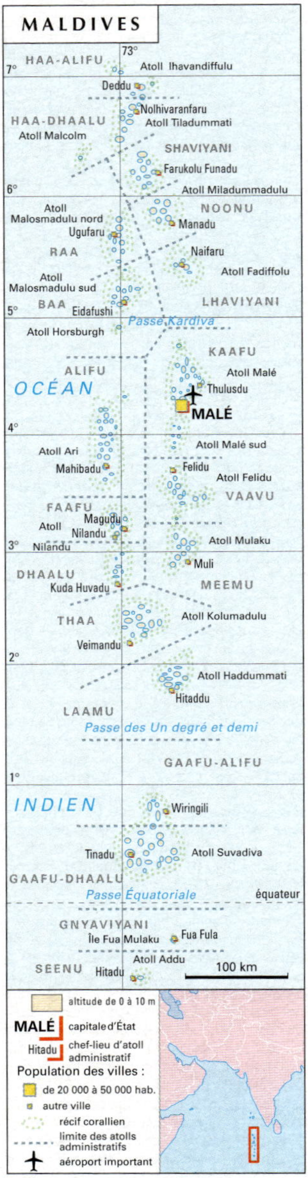


**maldonne** *nf* **1** JEU Erreur commise dans la distribution des cartes. **2** Erreur, malentendu. *Il y a maldonne.*

**Malé** cap. des Maldives ; 63 000 hab. (aggl.).

**mâle** *nm, a* **A** *nm* **1** Individu qui appartient au sexe doué du pouvoir fécondant. *Le bélier est le mâle de la brebis.* **2** fam Homme considéré dans sa force virile. *Un beau mâle.* **B** *a* **1** BIOL Qui appartient au sexe fécondant. **2** BOT Se dit d'une fleur qui ne porte que les étamines. **3** Viril. *Voix mâle. Une mâle assurance.* **4** TECH Se dit d'une pièce qui présente une saillie, une proéminence destinée à venir s'encastrer dans la cavité correspondante d'une autre pièce, dite *femelle*. *Prise électrique mâle.*

**Mâle** Émile (Commentry, 1862 – Chaalis, Oise, 1954), auteur français d'ouvrages sur l'art religieux du Moyen Âge. Acad. fr. (1927).

**Malebo Pool** (anc. *Stanley Pool*), lac (450 km$^2$) formé par un élargissement du fleuve Congo, au bord duquel sont bâtis face à face Brazzaville et Kinshasa.

**Malebranche** Nicolas de (Paris, 1638 – id., 1715), oratorien et philosophe français, disciple de Descartes. En réservant la connaissance des causes à Dieu seul, c.-à-d. à la métaphysique, tandis que la science humaine se borne à rechercher les lois de la nature, Malebranche est le premier positiviste : *Recherche de la vérité* (1674), *Traité de la nature et de la grâce* (1680), *Traité de l'amour de Dieu* (1697).

**Malec** Ivo (Zagreb, 1925), compositeur français d'origine croate : *Luminétudes* (1968), *Vox, vocis* (1979), *Arc-en-cello* (2000).

**malédiction** *nf, interj* litt **A** *nf* **1** Action de maudire ; paroles par lesquelles on maudit. *Proférer une malédiction.* **2** Réprobation divine. **3** Fatalité, destin néfaste. **B** *interj* Juron conventionnel. *Malédiction ! il s'est enfui !*

**maléfice** *nm* Opération magique destinée à nuire ; mauvais sort, enchantement. SYN sortilège.

**maléfique** *a* Qui exerce une influence surnaturelle mauvaise.

**maléique** *a* CHIM *Acide maléique* : acide de formule $CO_2H$–CH = CH–$CO_2H$, qui est utilisé pour la fabrication de matières plastiques.

**Malek** (Médine, v. 710 – id., 795), docteur de la loi islamique. Il rassembla les traditions musulmanes dans *Kitāb al-Muwaṭṭa'* (« la Voie aplanie »), fondant l'*école malékite*, vivace en Arabie, en Afrique du Nord, en haute Égypte, au Soudan. V. islam. (VAR) **Malik ibn Anas**

**malékite** *a* RELIG Se dit d'un des quatre rites de l'islam, fondé par Malek, s'inspirant de la coutume de Médine. (VAR) **malikite** (DER) **malékisme** ou **malikisme** *nm*

**malencontreux, euse** *a* Qui survient mal à propos. *Une initiative malencontreuse.* (DER) **malencontreusement** *av*

**Malenkov** Gheorghi Maximilianovitch (Orenbourg, auj. Tchkalov, Oural, 1902 – Moscou, 1988), homme politique soviétique. Secrétaire de Staline (1932), il lui succéda en 1953. Khrouchtchev l'évinça en fév. 1955.

**mal-en-point** *a inv* En mauvais état de santé ou de fortune. *Être mal-en-point.* (VAR) **mal en point**

**malentendant, ante** *a, n* Se dit d'une personne atteinte de déficience auditive.

**malentendu** *nm* Mauvaise interprétation d'une parole, d'un acte, entraînant une confusion ; situation qui en résulte. *Leur désaccord repose sur un malentendu.* SYN méprise.

**Malesherbes** Chrétien Guillaume de Lamoignon de (Paris, 1721 – id., 1794), magistrat français. Secrétaire de la Maison du roi (1775-1776), il ne put accomplir les réformes qu'il souhaitait. Il protégea les philosophes. Avocat du roi devant la Convention (1792), il fut guillotiné (1794). Acad. fr. (1774).

**Malet** Claude François de (Dole, 1754 – Paris, 1812), général français. En oct. 1812, il tenta de soulever la garnison de Paris en faisant croire que l'Empereur était mort en Russie. Il fut fusillé.

**Malet** Léon, dit Léo (Montpellier, 1909 – Châtillon-sous-Bagneux, 1996), auteur français de nombr. romans « noirs », ayant pour héros le détective Nestor Burma.

**mal-être** *nm inv* Sentiment de profond malaise.

**Malevitch Kazimir Severinovitch** (près de Kiev, 1878 – Leningrad, 1935), peintre soviétique ; créateur du suprématisme, à l'origine de l'abstraction géométrique (*Carré blanc sur fond blanc*, 1914). Sous le stalinisme, il cultiva avec talent un art plus traditionnel.

**Kasimir Malevitch** *Suprématisme*, 1917 – musée des Beaux-Arts, Krasnodar

**malfaçon** *nf* Défaut dans la confection d'un ouvrage.

**malfaisance** *nf* litt Disposition à faire du mal à autrui.

**malfaisant, ante** *a* Néfaste, nuisible. *Influence malfaisante. Animaux malfaisants.*

**malfaiteur** *nm* Homme qui vit en marge de la loi, en tirant profit d'activités délictueuses.

**malfamé → famé.**

**malformation** *nf* MED Anomalie congénitale, vice de conformation. *Malformation cardiaque.* DER **malformatif, ive** *a*

**malfrat** *nm* fam Malfaiteur, truand. ETY Du languedocien *malfar*, « mal faire ».

**malgache** *a, n* **A** De Madagascar. **B** *nm* Langue officielle de Madagascar, appartenant à la famille austronésienne.

**malgracieux, euse** *a* litt Qui manque d'amabilité, de politesse.

**malgré** *prép* Contre la volonté, le désir, la résistance de qqn ; en dépit de qqch. *Il a fait cela malgré moi. Il est sorti malgré la pluie.* SYN en dépit de, nonobstant. LOC ***Malgré que :*** bien que, quoique (emploi critiqué). *« Malgré qu'il ait obtenu tous les prix de sa classe »* (Mauriac). — litt ***Malgré que j'en aie, qu'il en ait :*** quelque mauvais gré que j'en aie, qu'il en ait ; en dépit de moi, de lui. — ***Malgré tout :*** quoi qu'il arrive, pourtant.

**malhabile** *a* Qui manque d'habileté, d'adresse. *Négociateur malhabile.* SYN maladroit. DER **malhabilement** *av*

**Malherbe François de** (Caen, 1555 – Paris, 1628), poète français. Adversaire de Desportes et de Ronsard, il condamna la préciosité, prôna l'harmonie des vers, la clarté des images et fonda ainsi le français classique : odes (*Consolation à Dupérier*, 1599), stances, chansons, sonnets. ▶ illustr. p. 982

**malherbologie** *nf* AGRIC Étude des mauvaises herbes, des moyens de les détruire. DER **malherbologique** *a*

**malheur** *nm* **1** Mauvaise fortune, sort funeste. **2** Situation douloureuse, pénible ; adversité. **3** Évènement affligeant, douloureux. LOC ***Ce n'est pas un malheur :*** ce n'est pas grave ; fam c'est heureux. — ***Faire le malheur de qqn :*** être la cause d'évènements qui l'affligent. — ***Faire un malheur :*** se livrer à une action violente, à un éclat regrettable ; avoir un succès considérable. — ***Malheur ! :*** exprimant une déception, un regret. — ***Malheur à, sur... :*** exprimant une imprécation. — ***Un malheur ne vient jamais seul*** ou ***à quelque chose malheur est bon :*** un malheur procure parfois des avantages imprévus.

**malheureusement** *av* **1** D'une manière malheureuse. *Vivre malheureusement.* **2** Par malheur. *Il n'est malheureusement pas à la hauteur.*

**malheureux, euse** *a, n* **A** **1** Qui est dans une situation pénible, douloureuse. *Être malheureux comme les pierres. Il souffre, le malheureux.* **2** Qui n'a pas de chance ; qui ne réussit pas. *Il a été plutôt malheureux dans le choix de ses collaborateurs. La malheureuse a coulé à pic.* **B** *a* **1** Pénible, douloureux, affligeant. *Être dans une situation malheureuse.* **2** Qui dénote le malheur. *Un air malheureux.* **3** Qui porte malheur. *Être né sous une malheureuse étoile.* **4** Qui a des conséquences fâcheuses ou funestes. *Parole, geste malheureux.* SYN malencontreux. **5** Qui ne réussit pas. *Une initiative malheureuse.* **6** Insignifiant, négligeable. *Il ne vous demande qu'un seul malheureux euro.* LOC ***C'est malheureux :*** c'est dommage, regrettable.

**Malheurs de Sophie (les)** roman pour la jeunesse (1864) de la comtesse de Ségur, qui forme une trilogie avec *les Petites Filles modèles* (1858) et *les Vacances* (1859).

**malhonnête** *a* **1** Qui manque à la probité. *Caissier malhonnête. Action malhonnête.* SYN indélicat. ANT honnête, intègre. **2** vieilli Contraire à la décence. *Propositions malhonnêtes.* SYN inconvenant. DER **malhonnêtement** *av*

**malhonnêteté** *nf* **1** Manque de probité. **2** Action malhonnête. *Commettre une malhonnêteté.*

**mali** *nm* Belgique Déficit. *Être en mali.*

**Mali (empire du)** empire mandingue fondé probablement v. l'an 1000 dans la région de Bamako. Au XIII$^e$ s., Soundiata, l'un des plus prestigieux souverains de toute l'histoire de l'Afrique, vainquit l'empereur du Ghana. Au début du XIV$^e$ s., Kankan Moussa porta à son apogée l'empire du Mali, qui excédait le territ. du Mali actuel. Aux XV$^e$ et XVI$^e$ s. cet empire se rétrécit, notam. sous les coups de l'Empire songhay. DER **malien, enne** *a, n*

**Mali (république du)** (anc. *Soudan français*), État intérieur de l'Afrique occid., drainé par le Niger ; 1 240 000 km$^2$ ; 15,5 millions d'hab. ; accroissement naturel : 3,1 % par an ; cap. *Bamako*. Nature de l'État : république. Langue off. : français ; princ. langue véhiculaire : bambara. Monnaie : franc CFA. Princ. ethnies : Bambaras, Foulbés, Sarakholés, Malinkés, Dogons, Touaregs, Maures. Relig. : islam (89,8 %), relig. traditionnelles (9,2 %), christianisme (1 %). DER **malien, enne** *a, n*

**Géographie** Le N., désertique, appartient au Sahara méridional, prolongé, au centre, par le Sahel, zone tropicale steppique à longue saison sèche. Ces régions d'élevage nomade des bovins et des ovins souffrent depuis les années 1970 de la sècheresse. Le S., plus peuplé, a un climat plus humide de savanes et de forêts claires ; les zones de culture (mil, riz, coton, arachide, manioc) ont été étendues par l'irrigation, dans les vallées des fleuves Niger et Sénégal ; le Mali était, jusqu'en 2000, le premier producteur de coton d'Afrique. La pêche fluviale est un appoint appréciable. Les ressources minières (or, diamant, bauxite, manganèse) sont encore peu exploitées. La pop. est rurale à 64 %. Le Mali fait partie des pays les moins avancés. En 1989, le FMI a incité l'État à libéraliser l'économie, sans que des améliorations soient sensibles.

**Histoire** Le Mali porte le nom de l'anc. empire des Mandingues, qui connaît son apogée sous le règne de Kankan Moussa (1312-1337). (V. Mali [empire du], Songhays et Macina.) L'exploration européenne commença à la fin du XVIII$^e$ s. En 1828, le Français René Caillié atteignit Tombouctou. À partir de 1857, les Français progressèrent depuis la côte. Ils se heurtèrent à trois forces : l'Empire Toucouleur, vaincu en 1893 ; celui de Samory Touré, qui en 1892 émigra vers la Côte d'Ivoire ; le royaume de Sikasso, ville du S. qui fut prise en 1898. Le Mali (sous d'autres noms, notam. celui de Soudan français), devint en 1895 une colonie française intégrée à l'AOF, mais peu mise en valeur. Autonome en 1958, le pays forme avec le Sénégal la fédération du Mali en 1959. Quand celle-ci est dissoute, en 1960, il garde le nom de Mali. Le chef de l'État, Modibo Keita, oriente le pays vers le socialisme. À la tête d'une junte militaire, Moussa Traoré le renverse en 1968. Il établit un régime présidentiel à parti unique (1974). Il est renversé par l'armée en 1991. En 1992, des élections libres portent au pouvoir Alpha Oumar Konaré. Celui-ci doit faire face à la rébellion des Touaregs (1990-1995). En 2002, le général Amadou Toumani Touré remporte l'élection prés. (réélu en 2007), mais il est chassé du pouvoir par un coup d'État en 2012. Devant l'avancée des rebelles islamistes, la France intervient militairement en 2013. Ibrahim Boubacar Keita est élu prés. la même année. ▶ carte p. 982

**Malia** site archéol. situé sur la Côte N. de la Crète, à l'E. de Cnossos : palais et nécropole des XVIII$^e$-XVII$^e$ s. av. J.-C.

**Malibran María de la Felicidad García (dame Malibran), dite la** (Paris, 1808 – Manchester, 1836), cantatrice française d'origine espagnole. Elle fut la gloire du Théâtre-Italien.

**malice** *nf* Disposition à l'espièglerie, à la taquinerie. *Enfant plein de malice.* LOC ***Sans malice :*** simple et bon, sans méchanceté, un peu naïf. ETY Lat. *malicia*, « méchanceté ».

**malicieux, euse** *a* **1** Qui a de la malice. *Enfant malicieux.* SYN taquin, espiègle. **2** Qui dénote la malice, où il entre de la malice. *Ton malicieux.* SYN railleur, narquois. DER **malicieusement** *av*

**Malick Terrence** (Waco, Texas, 1943), cinéaste canadien : *The Tree of Life* (2011).

**malignité** *nf* **1** Inclination à nuire. *La malignité du cœur humain.* SYN méchanceté, malice. **2** MED Caractère cancéreux d'une tumeur.

**Malik ibn Anas → Malek.**

**malikisme, malikite → malékite.**

**malin, maligne** *a, n* **A** Fin, rusé, astucieux. *Malin comme un singe.* SYN fam futé. *C'est un malin qui ne se laissera pas duper.* **B** *a* **1** Où il entre de la méchanceté. *Joie maligne.* **2** Mauvais, pernicieux. *La maligne influence des astres.* **3** MED Se dit d'une tumeur cancéreuse. ANT bénin. **C** *nm* Le diable. LOC fam ***Ce n'est pas malin :*** c'est stupide. — ***Ce n'était pas malin, mais il fallait y penser :*** ce n'était pas difficile à trouver. — ***C'est malin ! :*** exprimant le regret. — fam ***Faire le malin :*** faire le fanfaron, affecter un air de supériorité. ETY Du lat. *malignus*, « méchant ». DER **malignement** *av*

**Malines** (en néerl. *Mechelen*), v. de Belgique, sur la Dyle ; 77 270 hab. Cap. de la draperie flamande. Dentelles réputées. Industries. – Archevêché métropolitain de Belgique, partagé depuis 1962 avec Bruxelles. Cath. gothique (XIII$^e$ s.), halle aux draps (XIV$^e$ s.), plusieurs égl. XV$^e$ s. DER **malinois, oise** *a, n*

**Malines (ligue de)** ligue formée en 1513 par le pape, l'Autriche, l'Angleterre et l'Espagne, qui chassèrent Louis XII du Milanais (1514).

**malingre** *a, n* De constitution délicate et chétive. *Personne malingre.*

**malinké** *nm* Langue du groupe mandé, parlée par les Malinkés.

**Malinkés** ethnie de la Côte d'Ivoire, du Mali et de Guinée (V. Mandingues). DER **malinké, ée** *a*

**malinois** *nm* Chien de berger belge à poil court fauve.

**Malinovski** Rodion Iakovlevitch (Odessa, 1898 – Moscou, 1967), maréchal soviétique. Il défendit Stalingrad en 1942, prit Bucarest (1944), Budapest, Vienne (1945). Il fut ministre de la Défense de 1957 à sa mort.

**Malinowski** Bronisław (Cracovie, 1884 – New Haven, 1942), anthropologue britannique d'origine polonaise. Il étudia les mœurs sexuelles et familiales des îles Trobriand (Mélanésie) : *les Argonautes du Pacifique occidental* (1922), *la Sexualité et sa répression dans les sociétés primitives* (1927).

**malintentionné, ée** *a* Qui a de mauvaises intentions.

**Malinvaud** Edmond (Limoges, 1923), économiste français, analyste de la croissance.

**Malipiero** Gian Francesco (Venise, 1882 – Trévise, 1973), compositeur italien de tendance post-romantique.

**malique** *a* **LOC** CHIM *Acide malique :* diacide alcool de formule $CO_2H–CHOH–CH_2–CO_2H$ existant dans tous les organismes vivants. ETY Du lat. *malum*, « pomme ».

**Mallarmé** Stéphane (Paris, 1842 – Valvins, Seine-et-Marne, 1898), poète français, surnommé le « prince des poètes ». Ses prem. poèmes refusent le réel « parce que vil », et aspirent au monde idéal et absolu de l'art ; ensuite *Hérodiade* (commencé en 1864) et *l'Après-midi d'un faune* (1876) participent du symbolisme ; puis viennent ses poèmes les plus achevés (*Prose pour Des Esseintes*, 1885), les sonnets (*Tombeau d'Edgar Poe*, de *Baudelaire*, de *Verlaine*). Images, analogies, « correspondances » font appel aux ressources cachées des mots. Dans le « Livre » (plan et conception publiés en 1957), il veut soumettre à l'esprit humain le hasard, symbole de l'imperfection même de cet esprit. *Un coup de dés* (1897) long poème en vers libres, d'une typographie révolutionnaire, est l'aveu pathétique de l'échec d'une telle entreprise. Ses œuvres en prose (princ. textes réunis sous le titre de *Divagations*, 1897) permettent une approche plus aisée de son écriture. DER **mallarméen, enne** *a*

Malherbe

Mallarmé

**malle** *nf* **1** Coffre servant à enfermer les objets que l'on transporte en voyage, valise de grande dimension, portant généralement deux poignées. **2** Coffre à bagages d'une automobile. **3** anc Voiture de l'administration des postes, dans laquelle on admettait les voyageurs. SYN malle-poste. **LOC** *Faire sa malle :* préparer ses bagages ; s'apprêter à partir. — pop *Se faire la malle :* partir, s'enfuir. ETY Du frq.

**Malle** Louis (Thumeries, Nord, 1932 – Los Angeles, 1995), cinéaste français : *Ascenseur pour l'échafaud* (1957), *les Amants* (1960), *Lacombe Lucien* (1974), *Au revoir les enfants* (1987).

**malléable** *a* **1** Qui peut facilement être façonné en lames ou en feuilles par martelage. *Les métaux les plus malléables sont l'or, l'argent, l'aluminium et le cuivre.* **2** Que l'on peut façonner, modeler sans difficulté. *La cire est malléable.* **3** fig Qui se laisse facilement influencer. *Caractère malléable.* ETY Du lat. *malleus*, « marteau ». DER **malléabilité** *nf*

**Malle des Indes (la)** service de transport postal qui reliait la G.-B. aux Indes de 1839 à 1939. Il traversait la France.

**malléole** *nf* ANAT Chacune des saillies osseuses de la cheville, formées par les extrémités inférieures du tibia et du péroné. ETY Du lat. *malleus*, « marteau ». DER **malléolaire** *a*

**malle-poste** *nf* anc Syn. de *malle*. PLUR malles-postes.

**malletier** *nm* Fabricant de malles, mallettes, sacs, etc.

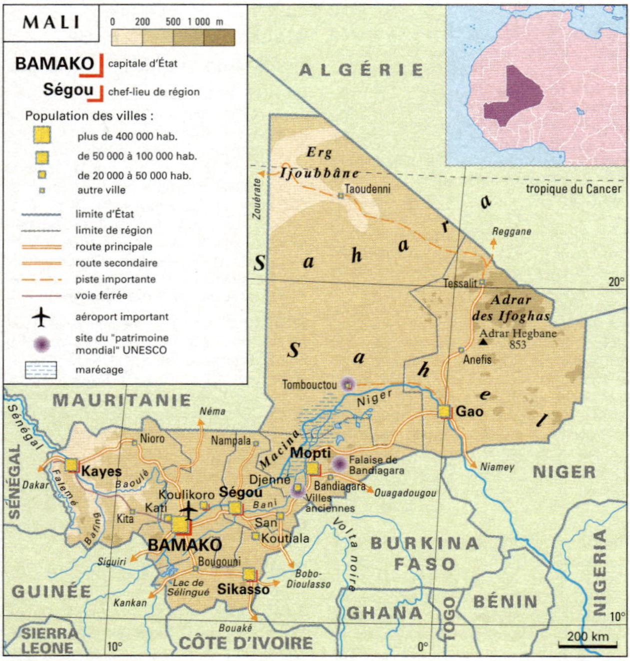


**Mallet-Joris** Françoise (Anvers, 1930), écrivain français d'origine belge : *le Rempart des Béguines* (1951), *les Mensonges* (1956), *la Maison dont le chien est fou* (1997).

**Mallet-Stevens** Robert (Paris, 1886 – id., 1945), architecte français ; un des propagateurs en France du style international.

**mallette** *nf* **1** Petite valise. **2** **Belgique** Cartable.

**mal-logé, ée** *n* Personne dont les conditions de logement sont insuffisantes. PLUR mal-logé(e)s DER **mal-logement** *nm*

**mallophage** *nm* ENTOM Insecte aptère dont l'ordre comprend les poux des oiseaux.

**malm** *nm* GEOL Jurassique supérieur. ETY De l'angl.

**Malmaison** → **Rueil-Malmaison.**

**Malmédy** commune de Belgique (Liège) ; 10 040 hab. – Ville prussienne de 1815 à 1919.

**malmenage** *nm* **LOC** *Malmenage scolaire :* rythme de travail excessif imposé aux écoliers.

**malmener** *vt* (16) **1** Traiter qqn avec rudesse, en paroles ou en actes. **2** Tenir un adversaire en échec par une action rude, énergique.

**Malmesbury** James Harris (1er comte de) (Salisbury, 1746 – Londres, 1820), diplomate anglais. Il conclut la Triple-Alliance de 1788 (Angleterre, Provinces-Unies, Prusse).

**malmignatte** *nf* Araignée noire avec des taches rouges, aux morsures dangereuses, appelée cour. *veuve noire*.

**Malmö** v. et port de la Suède mérid., sur l'Øresund ; ch.-l. de län ; 230 000 hab. Grand port de comm. et centre industriel.

**malnutrition** *nf* MED Déficience ou déséquilibre de l'alimentation provoquant un état pathologique plus ou moins grave. DER **malnutri, ie** *a, n*

**Malo (saint)** (au pays de Galles, fin du VIe s. – Saintes, v. 640), moine gallois, qui gagna le continent où il prêcha en Bretagne (à Alet près de Saint-Malo). VAR **Maclou**

**malodorant, ante** *a* Qui dégage une mauvaise odeur, qui sent mauvais.

**malolactique** *a* Se dit de la seconde fermentation du vin, qui transforme l'acide malique en acide lactique et stabilise l'acidité du vin.

**malonique** *a* **LOC** CHIM *Acide malonique :* diacide de formule $CO_2H–CH_2–CO_2H$.

**malope** *nf* Herbe annuelle (malvacée) de la région méditerranéenne, à belles fleurs roses.

**malophone** *a, n* Qui parle le malais.

**Malory** sir Thomas (Newbold Revell, 1408 – Newgate, 1471), écrivain anglais. Sa *Mort d'Arthur* (1469-1470) enrichit le roman breton.

**malossol** *nm* CUIS Cornichon aigre-doux, préparé à la russe.

**Malot** Hector (La Bouille, 1830 – Fontenay-sous-Bois, 1907), romancier populaire français : *Sans famille* (1878), *En famille* (1893).

**malotru, ue** *n* Personne qui a des manières grossières. ETY Du lat. pop. *male astruens*, « né sous un mauvais astre ».

**malouf** *nm* Genre musical d'Afrique du Nord, d'origine andalouse. ETY Mot ar.

**malouin** → **Saint-Malo.**

**Malouines** → **Falkland.**

**maloya** *nf* Musique et danse de La Réunion, née des chants des anciens esclaves.

**mal-pensant, ante** *a, n* Se dit de qqn, d'un groupe, dont les opinions s'écartent de l'idéologie dominante (celle des bien-pensants).

**Malpighi** Marcello (Crevalcore, près de Bologne, 1628 – Rome, 1694), médecin italien. Le prem., il observa les tissus humains au microscope. ▷ ANAT *Corpuscules de Malpighi* : granulations glandulaires de la rate ; glomérules constitutifs du rein. ▷ *Pyramide de Malpighi* : petit faisceau de tubes urinifères dans le rein.

**malpighie** *nf* Plante dicotylédone originaire d'Amérique du S. appelée aussi *cerisier des Antilles,* dont certaines espèces donnent des fruits comestibles. PHO [malpigi] ETY D'un n. pr.

**Malplaquet** écart de la com. de Taisnières-sur-Hon (Nord), où Villars fut vaincu par Marlborough et le prince Eugène (1709).

**malpoli, ie** *a, n* fam Impoli.

**malposition** *nf* MED Position anormale d'un organe.

**malpropre** *a, n* **A** *a* **1** Qui manque de propreté ; sale. *Un homme, un habit malpropre.* **2** fig Indécent, grivois. *Propos malpropres.* **3** fig Contraire à la droiture, malhonnête. *Des manœuvres malpropres.* **B** *n* Personne peu recommandable. *On l'a renvoyé comme un malpropre.* DER **malproprement** *av*

**malpropreté** *nf* **1** État de ce qui est malpropre. **2** fig Indécence, grivoiserie ; action ou parole indécente. *Raconter des malpropretés.* **3** fig Indélicatesse, malhonnêteté.

**Malraux** André (Paris, 1901 – Créteil, 1976), écrivain et homme politique français. Il décrivit les révolutionnaires chinois de 1926 (*les Conquérants,* 1928 ; *la Condition humaine,* 1933), lutta aux côtés des républicains espagnols (*l'Espoir,* 1937) puis dans la Résistance. Gaulliste, il fut ministre des Affaires culturelles (1959-1969). Œuvres non romanesques : *les Voix du silence* (1951), *la Métamorphose des dieux* (3 vol., 1957-1976), sur l'art ; *Antimémoires* (1967).

André Malraux

**malsain, aine** *a* **1** Qui n'est pas en bonne santé ; maladif. **2** Qui dénote un mauvais état de santé. **3** fig Qui dénote une mauvaise santé morale, mentale. *Une curiosité malsaine.* **4** Qui est nuisible à la santé. *Climat malsain.*

**malséant, ante** *a* Qui ne convient pas ; hors de propos, déplacé. *Interruption malséante.*

**malsonnant, ante** *a* litt Qui choque par sa grossièreté. *Propos malsonnants.*

**malstrom** → **maelström.**

**Malstrom** → **Maelström.**

**malt** *nm* Grains d'orge ayant subi le maltage, que l'on utilise dans la fabrication de la bière, du whisky, etc. ETY Mot angl.

**maltage** *nm* Transformation de grains d'orge en malt en les faisant germer après trempage, puis en arrêtant la germination par séchage.

**maltais, aise** *n* **A** *nm* Langue officielle de Malte, dérivée de l'arabe et écrite à l'aide d'un alphabet latin complété. SYN malti. **B** *nf* Variété tardive d'orange juteuse.

**maltase** *nf* BIOCHIM Enzyme d'origine intestinale qui hydrolyse le maltose en deux molécules de glucose.

**Malte** (république de) (*Repubblika ta'Malta ; Republic of Malta*), État insulaire de la Méditerranée, membre du Commonwealth, situé entre la Sicile et la Tunisie ; 316 km² ; 400 000 hab. ; cap. et port princ. *La Valette.* Nature de l'État : rép. parlementaire. Langues off. : maltais, anglais. Monnaie : euro. Relig. : cathol. DER **maltais, aise** *a, n*

**Géographie** Île calcaire peu élevée (258 m), au climat méditerranéen sec, Malte doit produire son eau douce en dessalant son eau de mer. Auj., la pop. s'accroît peu ; l'émigration, autref. massive, s'est tarie. La densité est extrême. L'économie est diversifiée et assez prospère : agriculture (céréales, fruits, légumes), industries, tourisme. L'inflation et le chômage sont faibles.

**Histoire** LES ORIGINES En raison de sa position stratégique, l'île fut toujours disputée ; Phéniciens, Grecs, Carthaginois et Romains l'occupèrent. Conquise par les Arabes (IXe s.) puis par les Normands de Roger de Sicile (1090), elle eut pour histoire celle du royaume de Sicile jusqu'en 1530 : Charles Quint la céda aux chevaliers de Rhodes, qui prirent le nom de *chevaliers de Malte.* L'île leur fut enlevée par Bonaparte en 1798. Les Anglais s'en emparèrent en 1800 et en firent une base militaire, plus importante encore après 1940.

L'INDÉPENDANCE Malte accéda à l'indép. en 1964, dans le cadre du Commonwealth. De 1971 à 1987, le travailliste Dom Mintoff pratiqua le non-alignement ; en 1972, il conclut avec la G.-B. la fermeture des bases, effective en 1979. En 1987, les libéraux, vainqueurs aux élections, orientèrent autrement la polit. et demandèrent en 1990 l'adhésion à la CEE. En 2004, Malte entre dans l'UE et adopte l'euro en 2007.

▶ carte Italie

**Malte** (croix de) croix à quatre branches égales allant en s'évasant, aux bras terminés par des pointes, insigne des chevaliers de Malte.

**Malte** (ordre souverain militaire et hospitalier de) ordre religieux et militaire créé en 1099 et 1113 pour défendre les pèlerins de Terre sainte, et appelé *hospitaliers de Saint-Jean de Jérusalem.* Après la prise de Saint-Jean-d'Acre, ceux-ci s'installèrent à Chypre (1291), puis à Rhodes (1308 : *chevaliers de Rhodes*) et à Malte (1530-1798 : *chevaliers de Malte*). L'ordre s'installa à Rome en 1834. Auj., sa fonction est seulement charitable.

**Malte (fièvre de)** *nf* Syn. de *brucellose.*

**malté, ée** *a* **1** Qui contient du malt. *Biscuit malté.* **2** Qui rappelle le malt. *Goût malté.*

**Malte-Brun** Konrad (Thisted, 1775 – Paris, 1826), géographe danois. Son *Précis de géographie universelle,* entrepris en 1810, fut achevé par Huot. En 1821, il fonda à Paris la Société de géographie.

**malter** *vt* ① Convertir une céréale en malt.

**malterie** *nf* Usine de transformation de l'orge en malt. DER **malteur** *nm*

**Malthus** Thomas Robert (près de Dorking, Surrey, 1766 – Haileybury, Hertfordshire, 1834), économiste anglais. Son *Essai sur le principe de population* (1798), qui préconise le contrôle des naissances, déclencha des polémiques. Il étudia aussi la monnaie, l'épargne, l'investissement.

**malthusianisme** *nm* Doctrine de Malthus selon laquelle, la population tendant à s'accroître plus rapidement que la somme des subsistances, le seul remède à l'accroissement de la misère est la limitation volontaire des naissances par abstinence. LOC ***Malthusianisme économique*** : politique consistant à restreindre volontairement la production d'un État, d'un secteur industriel. DER **malthusien, enne** *a, n*

**malti** *nm* Syn. de *maltais.*

**maltose** *nm* BIOCHIM Sucre formé de deux molécules de glucose.

**maltôte** *nf* HIST Impôt exceptionnel levé sur les ventes de marchandises, sous l'Ancien Régime. ETY De l'a. fr. *tolte,* « imposition ».

**maltraitance** *nf* Mauvais traitements infligés à un enfant, un handicapé, etc. DER **maltraitant, ante** *a, n*

**maltraiter** *vt* ① **1** Traiter d'une façon brutale ; faire subir des violences à. *Maltraiter un chien.* **2** Traiter sans aménité, rudoyer, malmener. *La critique a maltraité ce spectacle.*

**malus** *nm* **1** Augmentation du montant de la prime d'assurance d'un véhicule, en cas d'accident engageant la responsabilité du conducteur. **2** fig Élément dévalorisant, sanction, pénalité, moins. *Le malus écologique pénalise les 4 × 4.* ANT bonus. PHO [malys] ETY Mot lat., « mauvais ».

**Malus** Étienne Louis (Paris, 1775 – id., 1812), physicien français. Il découvrit la polarisation de la lumière (1808).

**malvacée** *nf* BOT Dicotylédone dialypétale des régions tempérées et tropicales dont la famille comprend des plantes herbacées, des arbustes et des arbres (mauve, cotonnier).

**malveillance** *nf* **1** Disposition à vouloir du mal à son prochain ; disposition à blâmer, à critiquer autrui. **2** Intention criminelle. *Un incendie dû à la malveillance.* ETY De *mal,* et *vueillant,* anc. ppr. de *vouloir.* DER **malveillant, ante** *a, n*

**malvenu, ue** *a* **1** litt Qui n'a pas de raison légitime pour faire qqch. *Il serait bien malvenu à (de) se plaindre.* **2** Qui n'a pas lieu d'être. *Des reproches malvenus.*

**malversation** *nf* **1** Malhonnêteté grave commise dans l'exercice d'une charge. **2** Détournement de fonds publics. ETY Du lat. *male versari,* « se comporter mal ».

**mal-vivre** *nm inv* Difficulté à vivre. *Le mal-vivre des banlieues.* VAR **mal-vie** *nf inv*

**malvoisie** *nm* **1** Vin grec liquoreux. **2** Nom de cépages méditerranéens donnant des vins liquoreux.

**malvoyant, ante** *n* Personne qui souffre d'une déficience importante de la vue.

**Mamaia** stat. baln. de Roumanie, sur la mer Noire, au N. de Constanța.

**maman** *nf* Mère (mot affectueux). *Va voir maman.*

**mamba** *nm* Grand serpent (élapidé) venimeux d'Afrique noire.

**mambo** *nm* Danse latino-américaine à quatre temps, tenant de la rumba et du cha-cha-cha. PHO [mɑ̃bo] ETY Mot esp.

**mamelle** *nf* **1** Organe glandulaire propre aux femelles des mammifères placentaires et marsupiaux, qui sécrète le lait. **2** Gros sein. ETY Du lat. *mamma,* « sein ».

**Mamelles de Tirésias (les)** drame surréaliste (mot forgé à cette occasion) d'Apollinaire (représenté le 24 juin 1917). ▷ MUS Fr. Poulenc en tira un opéra bouffe (1944).

**mamelon** *nm* **1** ANAT Saillie conique formant la pointe du sein de la femme. *Le mamelon est entouré de l'aréole.* **2** Éminence, saillie arrondie. **3** Élévation de terrain de forme arrondie. **4** TECH Raccord fileté à ses deux extrémités.

**mamelonné, ée** *a* Qui présente des protubérances en forme de mamelons.

**mamelouk** *nm* HIST **1** Soldat turco-égyptien faisant partie d'une milice destinée à la garde du sultan. **2** Soldat d'une compagnie formée pendant la campagne d'Égypte et que Napoléon Ier intégra partiellement dans la garde impériale en 1804. ETY De l'ar. VAR **mameluk**

ENC Le corps des mamelouks, constitué de jeunes esclaves, fut créé v. 1230 par le sultan d'Égypte Malik al Salih. Devenus très puissants, ils portèrent leurs chefs au pouvoir (1250) et ceux-ci s'y maintinrent malgré la conquête turque (1517).

L'expédition française d'Égypte (1798), commandée par Bonaparte, affaiblit les mamelouks. Méhémet-Ali, pacha d'Égypte, fit massacrer leurs chefs en 1811.

**mamelu, ue** *a* fam Qui a de gros seins.

**ma mère l'Oye (Contes de)** second titre du livre *Histoires ou Contes du temps passé* publié en 1697 par Ch. Perrault : *la Belle au bois dormant, le Petit Chaperon rouge, la Barbe-bleue, le Chat botté, les Fées, Cendrillon ou la Petite Pantoufle de verre, Riquet à la Houppe, le Petit Poucet*, et 3 contes en vers dont *Peau d'Âne*.

**Mamers** ch.-l. d'arr. de la Sarthe, sur la Dive ; 6 084 hab. – Égl. (XIII$^e$-XVI$^e$ s.) Couvent (XVIII$^e$ s.), auj. hôtel de ville. [DER] **mamertin, ine** *a, n*

**Mamertins** mercenaires originaires de Campanie qui conquirent Messine (v. 283 av. J.-C.). En lutte avec Carthage, ils appelèrent les Romains ; ainsi débuta la prem. guerre punique (264 av. J.-C.).

**mamie** *nf* fam (langage enfantin) Grand-mère. SYN mémé, mémère. [VAR] **mammy** ou **mamy**

**mamillaire** *a, nf* **A** *a* ANAT **1** En forme de mamelon. **2** Qui concerne le mamelon. **B** *nf* BOT Cactacée portant des mamelons épineux.

**mammaire** *a* ANAT Relatif aux mamelles.

**mammalien, enne** *a* ZOOL Relatifs aux mammifères.

**mammalogie** *nf* Partie de la zoologie qui étudie les mammifères. [DER] **mammalogique** *a* – **mammalogiste** *n*

**mammectomie** *nf* CHIR Ablation de la glande mammaire. [VAR] **mastectomie**

**Mammeri Mouloud** (Taourirt-Mimoun, 1917 – Ain-Defla, 1989), romancier et folkloriste algérien d'expression française : *la Colline oubliée* (1952), *l'Opium et le Bâton* (1965).

**mammifère** *nm* Vertébré supérieur homéotherme, portant des mamelles ou des aires mammaires. *L'homme est un mammifère.*

[ENC] Les mammifères forment la classe de vertébrés la plus évoluée. Les glandes mammaires, qui caractérisent leurs femelles, sécrètent du lait pour nourrir les jeunes. Leur cœur est divisé en quatre cavités et ils possèdent un encéphale volumineux. Leur corps est le plus souvent couvert de poils. Les organes des sens sont très développés. Les mammifères peuplent tous les milieux ; certains vivent sous terre *(taupe)*, d'autres sont amphibies *(loutre, castor)*, marins *(cétacés)*, adaptés au vol *(chauve-souris)*, arboricoles *(écureuil, singe)*. Les mammifères, issus des reptiles mammaliens, apparaissent au trias (il y a un peu plus de 200 millions d'années). La plupart des ordres actuels existent depuis le tertiaire. Les mammifères se divisent en trois sous-classes : les *protothériens*, fossiles, à l'exception de quelques rares monotrèmes *(ornithorynque)*, les *marsupiaux* ou *métathériens (kangourou, opossum)*, les *placentaires* ou *euthériens*. Ces derniers comprennent les ordres suivants : ongulés ; carnivores, fissipèdes terrestres (félidés, chiens, ours) ou pinnipèdes marins (phoques) ; cétacés à fanons (mysticètes : baleines) ou à dents (odontocètes : dauphins) ; xénarthres (tatous, paresseux) ; pholidotes (pangolins), recouverts d'écailles ; rongeurs (rats, écureuils) ; lagomorphes (lièvres, lapins) ; chiroptères (chauves-souris) ; dermoptères (galéopithèques), aptes au vol plané ; insectivores (hérissons, taupes) ; primates (tarsiens, lémuriens, singes et hominiens). Les ongulés sont considérés soit comme un super-ordre divisé en six ordres, soit comme un ordre divisé en six sous-ordres : artiodactyles (porc, bœuf, girafe), hyracoïdes (damans), périssodactyles (cheval, rhinocéros), proboscidiens (éléphant), siréniens (lamantin), tubulidentés (oryctérope).

**mammisi** *nm* Sanctuaire annexe des grands temples ptolémaïques, où l'on célébrait le mystère de la naissance du dieu.

**mammite** *nf* MED, MED VET Inflammation de la glande mammaire.

**mammobile** *nm* Unité mobile de mammographie utilisée pour dépister le cancer du sein en milieu rural.

**mammographie** *nf* MED Radiographie des seins.

**Mammon** terme araméen et hébreu désignant la richesse : *« Vous ne pouvez servir Dieu et Mammon »* (Luc, XVI, 13).

**mammoplastie** *nf* CHIR Intervention de chirurgie réparatrice ou esthétique sur les seins.

**Mammoth Cave** vaste réseau de grottes karstique (env. 350 km de galeries) dans le Kentucky (É.-U.).

**mammouth** *nm* Proboscidien fossile du quaternaire, qui possédait une toison roussâtre, de grandes défenses courbes, et mesurait 3,50 m de haut. [PHO] [mamut] [ETY] Mot russe, d'une langue sibérienne, « qui vit sous terre ».

**mammouth**

**mammy** → **mamie.**

**Mamoulian Rouben** (Tbilissi, 1898 – Hollywood, 1987), cinéaste américain d'origine géorgienne : *Dr Jekyll and Mr. Hyde* (1932), *la Reine Christine* (1933), *le Signe de Zorro* (1940).

**mamours** *nm pl* fam Démonstrations de tendresse. *Ils se font des mamours.*

**mam'selle** *nf* fam, vieilli Mademoiselle. [VAR] **mam'zelle**

**Ma'mun** (Bagdad, 786 – Tarsūs, 833), calife abbasside (813-833) ; fils de Harun ar-Rachid. Il fit traduire en arabe les œuvres grecques et développa les sciences et les arts. (V. Bagdad.)

**mamy** → **mamie.**

**Man (île de)** île anglaise de la mer d'Irlande ; 588 km$^2$ ; 69 780 hab. ; v. princ. *Douglas*. Pêche. Tourisme. [DER] **mannois, oise** *a, n*

**Man** v. de la Côte d'Ivoire ; 50 290 hab. ; ch.-l. de dép. Café, cacao.

**mana** *nm* ETHNOL Force, influence immatérielle, dans certaines religions d'Océanie. [ETY] Mot mélanésien.

**Manaar** → **Mannar.**

**manade** *nf* En Provence, troupeau de chevaux, de taureaux conduit par un gardian. [ETY] Mot provenç.

**manadier** *nm* Propriétaire d'une manade.

**Manado** v. et port d'Indonésie, dans le N. des Célèbes ; 217 520 hab. ; ch.-l. de prov. [VAR] **Menado**

**management** *nm* **1** Ensemble des techniques d'organisation et de gestion des entreprises, des sociétés commerciales, etc. **2** Ensemble des dirigeants d'une entreprise. [ETY] De l'angl. *to manage*, « diriger ».

**1 manager** *n* **1** Personne qui assure l'organisation de spectacles, qui gère les intérêts d'un artiste, d'un sportif, etc. **2** Cadre dirigeant d'une entreprise. [PHO] [manadʒɛʀ] ou [manaʒœʀ] [VAR] **manageur, euse**

**2 manager** *vt* [13] **1** SPORT Diriger l'entraînement de. **2** Diriger au sein d'une entreprise.

**managérial, ale** *a* Qui concerne le management. PLUR managériaux.

**Managua** cap. du Nicaragua, sur le *lac de Managua* ; 1,2 million d'hab. (aggl.). Industries. – Université. – Plus. fois détruite par des séismes, (1972). [DER] **managuayen, enne** *a, n*

**Manāma** cap. de Bahreïn ; 360 000 hab (aggl.). Port de cabotage. Raff. de pétrole. [VAR] **Menama** [DER] **manaméen, enne** *a, n*

**manant** *nm* **1** HIST Au Moyen Âge, personne qui était tenue de demeurer dans un bourg ou dans un village. **2** vx, péjor Paysan. **3** litt Homme grossier, mal élevé. [ETY] Du lat. *manere*, « demeurer ».

**Manaslu** mont de l'Himalaya (8 156 m), au Népal.

**Manassé** patriarche juif, fils aîné de Joseph ; ancêtre d'une des douze tribus d'Israël.

**Manassé** roi de Juda (687-642 av. J.-C.). Il favorisa le paganisme et sacrifia son fils à Moloch ; vaincu par Assurbanipal et déporté, il aurait rétabli le culte de Yahvé à sa libération.

**manat** *nm* Monnaie de l'Azerbaïdjan et du Turkménistan.

**Manaudou Laure** (Villeurbanne, 1986), nageuse française, championne olympique (2004) et championne du monde (2005 et 2007). — **Florent** (Villeurbanne, 1990), frère de la précéd., nageur français, champion olympique (2012), champion du monde (2012, 2014, 2015).

**Manaus** (anc. *Manáos*), v. du Brésil, port sur le río Negro, près de son confl. avec l'Amazone ; 1,6 million d'hab. (aggl.) ; cap. de l'État d'Amazonas. Centre comm. et industriel (zone franche). – La ville fut, à la fin du XIX$^e$ s., la cap. du caoutchouc. Nombr. monuments, vaste opéra.

**manceau** → **Mans (Le).**

**mancelle** *nf* Courroie ou chaîne qui relie le collier d'un cheval à chacun des brancards d'une voiture. [ETY] Du lat. *manus*, « main ».

**mancenille** *nf* Fruit du mancenillier, qui ressemble à une petite pomme. [ETY] Du lat. *manus*, « main ».

**mancenillier** *nm* BOT Arbre des Antilles et d'Amérique tropicale (euphorbiacée) qui sécrète un latex caustique extrêmement vénéneux. [ETY] Du lat. *manzana*, « pomme ». [VAR] **manceniller**

**1 manche** *nm* **1** Partie d'un instrument, d'un outil, par laquelle on le tient pour en faire usage. *Le manche d'un couteau.* **2** Partie découverte de l'os d'un gigot, d'une côtelette. *Découper un gigot en le tenant par le manche.* **3** MUS Partie allongée d'un instrument, sur laquelle les cordes sont tendues. *Manche de guitare.* **4** fam Personne maladroite, incapable. *Se débrouiller comme un manche.* LOC fam *Être du côté du manche* : du côté du plus fort. — *Manche à balai* : levier qui commande les gouvernes de profondeur et les ailerons d'un avion ; fig, fam personne maigre. — *Manche à gigot* : poignée adaptée à l'os d'un gigot pour le découper. [ETY] Du lat. *manus*, « main ».

**2 manche** *nf* **1** Partie du vêtement qui recouvre le bras. **2** AVIAT Cône en toile servant à indiquer la direction du vent, sur un terrain d'aviation. **3** Chacune des parties liées d'un jeu, d'une compétition. *Gagner la première manche.* LOC fam *Avoir qqn dans sa manche* : en disposer ; être protégé par lui. — *Effet de manche* : exagération rhétorique. — *Être en manches de chemise* : sans veston. — MAR *Manche à air* : tube coudé, à l'extrémité évasée, qui sert de prise d'air, sur le pont d'un navire. — *Manche à incendie* : tuyau d'incendie souple. [ETY] Du lat. *manus*, « main ».

**3 manche** *nf* fam LOC *Faire la manche* : faire la quête, mendier. [ETY] De l'ital. *mancia*, « quête ».

**Manche (la)** (en esp. *la Mancha*), pays aride d'Espagne (S.-E. de Castille-la Manche).

**Manche (la)** (en angl. *the Channel*), mer bordière de l'Atlantique, entre la France et la Cornouailles (G.-B.) ; le détroit du pas de Calais la fait communiquer avec la mer du Nord ; 75 000 km². Cette mer poissonneuse et peu profonde (55 m) constitue un axe maritime fréquenté et de plus en plus pollué. – *Tunnel sous la Manche* : triple tunnel ferroviaire qui, depuis 1994, relie la Grande-Bretagne (Cheriton) et la France (Frethun, près de Calais).

**Manche** dép. franç. (50) ; 5 947 km² ; 509 952 hab. ; 85,7 hab./km² ; ch.-l. *Saint-Lô* ; ch.-l. d'arr. *Avranches, Cherbourg* et *Coutances*. V. Normandie (Basse-). DER **manchois, oise** *a, n*

**manchego** *nm* Fromage de vache espagnol AOP, à pâte dure. VAR **manchégo**

**mancheron** *nm* **1** Manche très courte. **2** Haut d'une manche.

**Manchester** v. de G.-B. sur l'Irwell, reliée à Liverpool par canal ; 406 900 hab. ; ch.-l. du comté du Greater Manchester (2 598 000 hab.). Centre industriel (naguère text.), 2ᵉ place comm. et financière de G.-B. – Évêché. Université. Cath. (nef et chœur du XVᵉ s.). – *École de Manchester* : groupe d'économistes libéraux du XIXᵉ s., qui prônèrent le libre-échange.

**manchette** *nf* **1** Garniture fixée aux poignets d'une chemise ou au bas des manches d'une robe. *Boutons de manchettes.* **2** Demi-manche destinée à protéger celle d'un vêtement. *Manchettes de lustrine.* **3** SPORT En lutte, prise à l'avant-bras ; coup donné avec l'avant-bras. **4** IMPRIM Titre en gros caractères en première page d'un journal.

**Manchette** Jean-Patrick (Marseille, 1942 – Paris, 1995), auteur français de romans policiers.

**manchiste** *n* fam Personne qui fait la manche, mendiant.

**manchon** *nm* **1** Fourreau ouvert aux extrémités, dans lequel on met les mains pour les protéger du froid. **2** TECH Pièce, généralement cylindrique, qui relie deux tubes, deux arbres etc. **3** TECH Rouleau de feutre sur lequel on fabrique le papier. **4** CUIS Partie supérieure charnue de l'aile d'une volaille cuite.

**1 manchot, ote** *a, n* **1** Estropié de la main ou du bras. **2** fig, fam Maladroit. LOC *Ne pas être manchot* : être habile. ETY De l'a. fr. *manc.*

**2 manchot** *nm* Oiseau palmipède (sphénisciforme) qui vit dans l'Antarctique en vastes colonies, et dont les ailes, devenues inaptes au vol, se sont transformées en nageoires.

**manchot** empereur

**manchotière** *nf* Colonie de manchots.

**mancie** *nf* Science divinatoire. (N.B. Le mot *mancie* entre comme élément de composition dans les noms de pratiques occultes : *chiromancie, cartomancie*, etc.). ETY Du gr.

**Mancini** Michele Lorenzo (mort en 1656), époux de la sœur du cardinal de Mazarin, Girolama Mazarini, dont il eut cinq filles, qui suivirent leur oncle en France. — **Laure** (Rome, 1636 – Paris, 1657), duchesse de Mercœur. — **Olympe** (Rome, 1639 – Bruxelles, 1708), comtesse de Soissons, mère du prince Eugène. — **Marie** (Rome, 1640 – Pise, v. 1715), princesse Colonna ; elle fut aimée du jeune Louis XIV ; Mazarin s'opposa à leur mariage. — **Hortense** (Rome, 1646 – Chelsea, 1699), épouse du marquis de La Meilleraye qu'elle quitta (1666) pour le chevalier de Rohan. — **Marie Anne** (Rome, 1649 – Paris, 1714), duchesse de Bouillon, impliquée dans l'affaire des Poisons.

**Manco Cápac Iᵉʳ** (XIᵉ s.), fondateur légendaire de l'Empire inca. — **Cápac II** (1537), le dernier souverain inca. Il voulut chasser les Espagnols et périt assassiné.

**mandala** *nm* Image peinte, groupe de figures géométriques illustrant symboliquement, dans le bouddhisme du Grand Véhicule et le tantrisme, un aspect du monde physique en relation mystique avec le divin. ETY Mot sanskrit, « cercle ».

**Mandalay** v. du N. de la Birmanie, sur l'Irawaddy ; ch.-l. de prov. ; 532 900 hab. Textile (soie). – Cap. de la Birmanie de 1860 à 1885. – Temples bouddhiques.

**mandale** *nf* fam Gifle. ETY De l'ital.

**mandant, ante** *n* DR Personne qui donne mandat à qqn de faire qqch.

**mandarin, ine** *nm, a* **A** *nm* **1** HIST Dans l'ancienne Chine, fonctionnaire civil ou militaire recruté par concours parmi les lettrés. **2** péjor Professeur d'université attaché à ses prérogatives ; personnage qui exerce un pouvoir arbitraire dans son milieu. **3** Canard d'Extrême-Orient, au plumage bariolé, élevé en Europe comme oiseau d'ornement. **4** La plus importante des langues chinoises, parlée ou comprise dans presque tout le pays, à l'exception des régions côtières

du Sud-Est. *Le mandarin est la langue officielle de la république populaire de Chine.* **B** a Propre aux fonctionnaires de l'ancienne Chine. ETY Du malais *mantari,* « conseiller ».

**mandarinat** *nm* **1** HIST Charge, office, dignité de mandarin ; ensemble des mandarins. **2** fig, péjor Groupe social formé de gens unis par la profession ou les affinités intellectuelles et attachés au maintien de leurs privilèges ; domination qu'un tel groupe entend exercer. DER **mandarinal, ale, aux** *a*

**mandarine** *nf, ainv* **A** *nf* Fruit comestible du mandarinier, ressemblant à une petite orange. **B** *a inv* De couleur orange foncé. *Des tissus mandarine.*

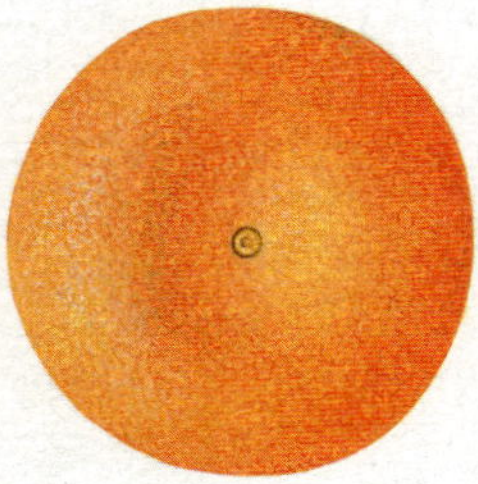

**mandarine**

**mandarinier** *nm* Arbrisseau (rutacée) originaire de Chine qui produit la mandarine.

**Mandarin merveilleux (le)** pantomime en un acte de Béla Bartók (1919), sur un livret du Hongrois Menyhert Lengyel, dit Melchior (1880 – 1974).

**mandat** *nm* **1** Acte par lequel une personne donne à une autre le pouvoir de faire une chose en son nom. *Donner mandat à qqn de faire qqch.* SYN procuration. **2** Pouvoir conféré par les membres d'une société à leurs représentants. *Il est mort avant la fin de son mandat.* **3** Charge, fonction de ce représentant ; durée de cette charge. *Mandat présidentiel. Mandat de député.* **4** HIST Pouvoir en vertu duquel un État administrait provisoirement un pays, un territoire, et lui portait assistance, sous le contrôle de la SDN. *Pays sous mandat. Mandat international.* **5** DR Ordonnance signée par le juge d'instruction. *Mandat d'amener.* **6** FIN Ordre de payer adressé par un propriétaire de fonds à son dépositaire. **7** Titre postal de paiement permettant à son destinataire de toucher une somme d'argent versée par l'expéditeur. *Envoyer, recevoir un mandat.* **LOC** ***Mandat-carte*** : à expédier comme une carte postale. — ***Mandat-lettre*** : destiné à être envoyé sous enveloppe. — ***Mandat optique*** : destiné à être exploité au moyen d'un ordinateur, par lecture optique. — ***Mandat télégraphique*** : adressé par télégramme. ETY Du lat.

**mandataire** *n* Personne chargée d'un mandat.

**mandatement** *nm* **1** Action de mandater. **2** Rédaction d'un titre de paiement par un comptable du Trésor.

**mandater** *vt* ① **1** FIN Inscrire une somme sur un mandat de paiement. **2** Confier un mandat à qqn. *Député que ses électeurs ont dûment mandaté.*

**mandature** *nf* Durée d'un mandat électif.

**Mandchoukouo (le)** nom de la Mandchourie sous la domination japonaise (1931-1945).

**Mandchourie** nom d'un anc. territ. de la Chine du N.-E. qui correspond approximativement auj. aux prov. chinoises de Heilongjiang, Jilin et Liaoning ; v. princ. *Shenyang* et *Harbin.* Le pays est riche (soja, millet, riz ; houille ; forte industr.). – Convoitée par la Russie et le Japon, la Mandchourie fut partagée en deux zones (1905). L'URSS ayant abandonné ses droits (1924), le Japon créa l'État vassal du Mandchoukouo (1932), dont le territoire revint à la Chine en 1945. DER **mandchou, oue** *a, n*

**Mandchous** peuple toungouse qui envahit la Chine au XVII^e^ s. ; il lui donna sa dernière dynastie, celle des Qing (1644-1911). DER **mandchou, oue** *a*

**mandé** *nm* LING Groupe de langues tonales parlées en Afrique noire et comprenant notam. le mandingue.

**mandéisme** *nm* RELIG Religion de la communauté des gnostiques du Moyen-Orient, qui reconnaissent Jean-Baptiste pour prophète et vouent un culte à Manda d'Haiyé, « gnose de la vie ». DER **mandéen, enne** *a, n*

**Mandel Jeroboam Rothschild, dit Georges** (Chatou, 1885 – Fontainebleau, 1944), homme politique français ; radical-socialiste ; plus. fois ministre (en mai-juin 1940, notam.). Le gouv. de Vichy l'interna et le remit en 1942 aux Allemands. Ceux-ci le livrèrent à la Milice, qui l'assassina.

**Mandela Nelson** (Umtata, 1918 – Johannesburg, 2013), homme politique sud-africain. Prés. de l'African National Congress (ANC), le plus anc. parti d'opposition en Afrique du Sud, il fut emprisonné en 1962 et condamné à la détention à perpétuité en 1964. Libéré en 1990, il a négocié avec De Klerk la fin de l'apartheid. En 1994, il a remporté avec l'ANC les prem. élections multiraciales et il est devenu le premier président noir d'Afrique du Sud jusqu'en juin 1999 où son dauphin, Thabo Mbeki, lui a succédé. P. Nobel de la paix 1993 avec De Klerk.

**Nelson Mandela**

**Mandelbrot Benoît** (Varsovie, 1924 – Cambridge, Massachusetts, 2010), mathématicien français d'origine polonaise : travaux sur les fractales et sur le chaos déterministe.

**Mandelieu-la-Napoule** ch.-l. de cant. des Alpes-Maritimes (arr. de Grasse), près de Cannes ; 21 121 hab. Stat. balnéaire. DER **mandolocien, enne** *a, n*

**Mandelstam Ossip Emilievitch** (Varsovie, 1891 – en Sibérie orientale, 1938), poète russe. Moderniste, il chante la vie avec simplicité : *la Pierre* (1913), *Tristia* (1922), *le Bruit du temps* (1925, nouvelles). Il mourut au cours de son transfert dans un camp.

**mandement** *nm* DR CANON Écrit par lequel un évêque donne des instructions pastorales à ses diocésains. *Mandement de carême.*

**mander** *vt* ① litt Demander à qqn de venir. *Votre mère vous mande près d'elle.*

**Mandeville Bernard de** (Rotterdam, 1670 – Hackney, 1733) , philosophe anglais d'origine hollandaise : *Fable des abeilles* (1714) montrant que l'égoïsme individuel peut réaliser le bien collectif.

**mandibule** *nf* **A** **1** Maxillaire inférieur. **2** ZOOL Chacune des deux pièces tranchantes constituant la première paire d'appendices buccaux des crustacés, des myriapodes et des insectes. **3** Chacune des deux pièces cornées qui forment le bec des oiseaux. **B** *nf pl* fam Mâchoires. ETY Du lat. *mandere,* « mâcher ». DER **mandibulaire** *a*

**mandingue** *nm* LING Sous-groupe des trois langues mandés dont la plus importante est le bambara, parlées au Mali, en Côte d'Ivoire et en Guinée.

**Mandingues** ensemble de populations du haut Sénégal et du haut Niger, parlant des langues nigéro-congolaises du groupe mandé. Les principales ethnies sont les Makinkés, les Bambaras, les Susus et les Dioulas. Musulmans, ils ont édifié un empire qui connut son apogée au XIV^e^ s. et disparut au XVII^e^ s. VAR **Mandings** DER **mandingue** *a*

**mandoline** *nf* **1** MUS Instrument à cordes pincées, à caisse de résonance le plus souvent bombée, plus petit que le luth, dont on joue à l'aide d'un médiator. **2** Instrument servant à couper et râper finement les légumes, les œufs, etc. ETY De l'ital. DER **mandoliniste** *n*

**mandore** *nf* Sorte de petit luth.

**mandorle** *nf* Bx-A Gloire en forme d'amande qui entoure un Christ en majesté. ETY De l'ital.

**mandragore** *nf* Plante (solanacée) dont la racine, qui évoque une silhouette humaine, possède des propriétés narcotiques et purgatives. ETY Du gr.

**Mandrake le magicien** héros d'une bande dessinée américaine (créée en 1934). Texte : Lee Falk (1905-1999) ; dessin : Phil Davis, puis Fred Fredericks.

**mandrill** *nm* Singe cynocéphale du Cameroun et du Gabon, haut d'environ 80 cm, dont la face est pigmentée de rouge et de bleu. PHO [mɑ̃dʀil] ETY D'une langue de Guinée.

**mandrill**

**mandrin** *nm* TECH **1** Poinçon. **2** Outil servant à redresser les tubes. **3** Appareil servant à fixer sur l'arbre d'une machine la pièce à usiner ou l'outil d'usinage. **4** MED Tige métallique introduite dans une aiguille ou dans une sonde pour en boucher l'ouverture. ETY Mot occitan.

**Mandrin Louis** (Saint-Étienne-de-Saint-Geoirs, Dauphiné, 1724 – Valence, 1755), contrebandier français qui exerça le banditisme sur un vaste territ., avec l'appui des populations ; il fut roué vif.

**Mandrou Robert** (Paris, 1921 – 1984), historien français : *De la culture populaire en France aux XVII^e^ et XVIII^e^ siècles* (1964), *l'Europe absolutiste, 1644-1775* (1977).

**manducation** *nf* **1** THEOL Communion eucharistique. **2** PHYSIOL Ensemble des opérations de la nutrition qui précèdent la digestion. ETY Du lat. *manducare,* « manger ».

**1 -mane** Élément, du lat. *manus,* « main ».

**2 -mane, -manie** Éléments, du gr. *mania,* « folie ».

**manécanterie** *nf* **1** École paroissiale où l'on enseigne le chant choral aux enfants de chœur. **2** Groupe d'enfants choristes. SYN maîtrise. ETY Du lat. *mane,* « le matin », et *cantare,* « chanter ».

**manège** *nm* **1** Exercice que l'on fait faire à un cheval pour le dresser. **2** Lieu où l'on dresse les chevaux et où l'on donne des leçons d'équitation. **3** TECH Appareil composé d'une poutre horizontale engrenée dans un axe vertical, à laquelle on attelle un cheval ; machine mue par ce dispositif. *Manège à puiser l'eau.* **4** Attraction foraine dans laquelle des animaux figurés ou des véhicules divers tournent autour d'un axe central. **5** fig Manière d'agir artificieuse pour parvenir à qqch. *Je ne suis pas dupe de son manège.* SYN jeu, manœuvre. [ETY] De l'ital. *maneggiare,* « dresser ».

**Manège (salle du)** salle construite v. 1726 pour Louis XV, à Paris, près des Tuileries ; siège des grandes assemblées de la Révolution, elle fut démolie en 1810.

**mânes** *nm pl* **1** ANTIQ ROM Âmes des morts considérées comme des divinités. **2** litt Âmes des morts. [ETY] Du lat.

**Manès** (près de Ctésiphon, v. 216 – Gundechâhpuhr, Susiane, v. 273), fondateur du manichéisme. Il se disait le Paraclet (l'incarnation du Saint-Esprit) annoncé par le Messie et recruta de multiples disciples (jusqu'en Inde). Il rentra en Perse v. 270. Le roi Bahrâm I^er le fit mettre à mort. [VAR] **Mani**

**Manessier Alfred** (Saint-Ouen, Somme, 1911 – Orléans, 1993), peintre français, de tendance chrétienne et d'expression abstraite.

**Manet Édouard** (Paris, 1832 – id., 1883), peintre français. Utilisant une grande liberté de touche pour se « modifier toujours dans le sens de la concision », il opéra avec *le Déjeuner sur l'herbe* (1862) et l'*Olympia* (1863) une révolution qui est à l'origine de l'impressionnisme et de nombr. tendances de la peinture moderne.

**Édouard Manet** *le Déjeuner sur l'herbe,* 1862 – musée d'Orsay, Paris

**Manéthon** (III^e s. av. J.-C.), historien égyptien, prêtre d'Héliopolis. Son classement des pharaons en 30 dynasties est toujours utilisé.

**maneton** *nm* TECH Partie d'une manivelle ou d'un vilebrequin sur laquelle agit l'effort moteur.

**manette** *nf* Petite poignée, petit levier que l'on manœuvre à la main pour actionner un mécanisme. **LOC** fam ***Être aux manettes*** : diriger une opération.

**Manfred** (?, 1232 – Bénévent, 1266), roi des Deux-Siciles (1258-1266) ; fils naturel de l'empereur germanique Frédéric II. Il fut tué par Charles d'Anjou. [VAR] **Mainfroi**

**Manfred** drame en vers de Byron (1817).

**manga** *nm* Bande dessinée japonaise.

**mangabey** *nm* Grand singe noir à favoris blancs (cercopithécidé) des forêts d'Afrique.

**mangaka** *n* Dessinateur de mangas.

**Mangalore** v. et port de l'Inde (Karnâtaka), sur la côte de Malabâr ; 273 000 hab. Exportation de café. [VAR] **Mangalure**

**manganèse** *nm* CHIM **1** Élément métallique de numéro atomique Z = 25 et de masse atomique 54,93 (symbole Mn). **2** Métal (Mn) gris, de densité 7,2, qui fond à 1 260 °C et bout à 2 100 °C. [ETY] De l'ital.

**manganeux, euse** *a* CHIM Qualifie les composés du manganèse bivalent.

**manganin** *nm* METALL Alliage de cuivre (82 %), de manganèse (15 %) et de nickel (3 %) utilisé pour les résistances électriques. [ETY] Nom déposé.

**manganique** *a* CHIM Qualifie les composés du manganèse trivalent.

**manganite** *nm* CHIM Sel dérivé du dioxyde de manganèse.

**mangeable** *a* Qui peut se manger, qui n'a pas un goût désagréable.

**mangeaille** *nf* fam Nourriture médiocre.

**mange-mil** *nm* Afrique Petit oiseau passériforme nuisible aux cultures. SYN Travailleur à bec rouge. PLUR mange-mils ou mange-mil.

**mangeoire** *nf* Récipient dans lequel on donne à manger aux animaux domestiques.

**1 manger** *v* [13] **A** *vt* **1** Mâcher et avaler un aliment. *Ce dessert est si léger qu'il se mange sans faim.* **2** Ronger, entamer. *Les mites mangent la laine. La rouille a mangé le fer.* **3** fig Dilapider. *Manger ses économies.* **4** fig Cacher en empiétant sur, en recouvrant. *Une frange de cheveux lui mangeait le front.* **B** *vi* Se nourrir, prendre ses repas. *Manger une fois par jour.* **LOC** fam ***Manger la consigne*** : l'oublier. — ***Manger ses mots*** : les prononcer indistinctement, incomplètement. — ***Manger son pain blanc le premier*** : commencer par ce qui est le plus agréable. [ETY] Du lat. *manducare,* « mâcher ».

**2 manger** *nm* **1** vieilli Action de manger. *Perdre le boire et le manger, de chagrin.* **2** Ce que l'on mange. *On peut apporter son manger.*

**mange-tout** *nm inv* **1** Variété de haricots verts sans fils. **2** Variété de pois dont on mange la cosse avec le grain. [VAR] **mangetout**

**mangeur, euse** *n* Personne qui mange, qui aime à manger. *Un mangeur de pain.*

**Mangin Charles** (Sarrebourg, 1866 – Paris, 1925), général français. Il s'illustra en 1916 devant Verdun et pendant la contre-offensive de 1918.

**mangle** *nf* Fruit du manglier. [ETY] D'une langue des Antilles.

**manglier** *nm* Palétuvier.

**mangoustan** *nm* Plante arborescente des régions tropicales dont les fruits sont comestibles. [ETY] Du malais. [VAR] **mangoustanier**

**1 mangouste** *nf* Fruit comestible du mangoustan. [VAR] **mangoustan** *nm*
▸ pl. fruits exotiques

**2 mangouste** *nf* Petit mammifère carnivore d'Asie et d'Afrique (viverridé) à pelage brun, grand destructeur de serpents. [ETY] D'une langue de l'Inde.

**mangouste**

**mangrove** *nf* GEOGR Forêt de palétuviers s'étendant sur les vasières de la bande littorale, dans les pays tropicaux. [ETY] Du malais.

**1 mangue** *nf* Fruit comestible du manguier, à la pulpe jaune très parfumée. [ETY] Du tamoul.

**2 mangue** *nf* Mammifère carnivore d'Afrique voisin de la mangouste. [ETY] De *mangouste.*

**manguier** *nm* Arbre tropical (térébinthacée) croissant en Asie, en Afrique et en Amérique.

**Manguin Henri** (Paris, 1874 – Saint-Tropez, 1949), peintre français « fauve ».

**Manhattan** île des É.-U., entre l'Hudson, l'East River et la rivière de Harlem. C'est le berceau de la ville de New York, le quartier des affaires et des activités culturelles ; Empire State Building, siège de l'ONU, etc.

**Manhattan** film de W. Allen (1979).

**Mani** → **Manès.**

**-mania** Suffixe indiquant un engouement, une mode. *La dinomania. La webmania.*

**maniabilité, maniable** → **manier.**

**maniacodépressif, ive** *a, n* PSYCHIAT Qui manifeste une alternance d'états d'exaltation et de dépression.

**maniaque** *a, n* **1** PSYCHIAT Atteint de manie ; caractéristique de la manie. *Délire maniaque.* **2** Qui a la manie de l'ordre. *Un vieux garçon maniaque.* [DER] **maniaquerie** *nf*

**manichéisme** *nm* **1** Doctrine de Manès et de ses disciples. **2** Conception morale, doctrine, attitude qui oppose le principe du bien et le principe du mal. [PHO] [manikeism] [DER] **manichéen, enne** *a, n*

[ENC] Né de la vieille religion naturiste de Babylone, du mazdéisme, du bouddhisme et du christianisme, le manichéisme fut fondé au III^e s. par le Persan Manès. Il affirmait, conjointement avec des données chrétiennes issues du Nouveau Testament, l'existence simultanée d'un principe du bien et d'un principe du mal, et la double création qui émane de chacun d'eux. Son influence semble avoir subsisté jusqu'en plein Moyen Âge, notam. dans la doctrine des bogomiles et des albigeois.

**manicle** → **manique.**

**Manicouagan (la)** riv. du Québec, affl. du Saint-Laurent (r. g.) ; 200 km. Puissantes centrales hydroélectriques.

**manie** *nf* **1** PSYCHIAT Syndrome mental caractérisé par des troubles de l'humeur à évolution cyclique. **2** Idée fixe, obsession. *Avoir la manie de l'ordre.* **3** Goût immodéré et déraisonnable pour qqch. *Avoir la manie des citations.* **4** Habitude bizarre, souvent ridicule, à laquelle on est particulièrement attaché. [ETY] Mot gr.

**maniement** *nm* **1** Action, façon de manier. **2** Région du corps d'un animal de boucherie, où s'accumule la graisse. [PHO] [manimã]

**manier** *v* [2] **A** *vt* **1** Avoir entre les mains qqch que l'on bouge. *Manier un objet fragile sans précaution.* **2** Façonner. *Forgeron qui manie bien le fer.* **3** Se servir avec plus ou moins d'adresse de qqch. *Savoir manier l'épée, le ciseau. Manier l'ironie.* **4** Diriger, mener à son gré. *Une voiture difficile à manier. Manier les esprits.* **B** *vpr* fam V. magner (se). **LOC** CUIS ***Manier le beurre*** : le pétrir en le mé-

**manguier**

langeant à de la farine. — *Manier des fonds* : faire des opérations de recettes, de placement, etc. ETY De *main.* DER **maniabilité** *nf* – **maniable** *a*

**manière** *nf* **A 1** Façon, forme particulière sous laquelle une chose, une action se présente. **2** Façon de se comporter habituelle, propre à qqn. **3** Façon de composer, de s'exprimer propre à un artiste, un groupe d'artistes. **4** litt Espèce, sorte. *« C'est une manière de bel esprit »* (Molière). **B** *pl* Façon d'être, de se comporter en société. *Apprendre les belles, les bonnes manières.* LOC ***À la manière de*** : comme. — GRAM ***Complément, adverbe de manière*** : qui indique comment est accomplie une action. — ***De manière à*** : de façon à. — ***De (telle) manière que*** : de sorte que, d'une façon telle que. — ***De toute manière*** : de toute façon, quoi qu'il en soit. — ***D'une manière générale*** : généralement, en gros. — ***En quelque manière*** : d'une certaine façon, en un certain sens. — péjor ***Faire des manières*** : agir avec affectation, se faire prier. — Bx-A ***Manière noire*** : syn. de *mezzo-tinto.* ETY Du lat.

**maniéré, ée** *a* Qui manque de simplicité, de naturel.

**maniérisme** *nm* **1** Manque de naturel, affectation, en littérature, en art. **2** Bx-A Style artistique qui fait la transition entre la Renaissance et le baroque. DER **maniériste** *a, n*

ENC Né en Italie dans la première moitié du XVI^e s., le maniérisme, qui affecte principalement la peinture, se diffusa ensuite dans toute l'Europe. Il est caractérisé par des personnages étirés et un certain irréalisme du décor. Princ. représentants : en Italie, Rosso, Jules Romain, Parmesan, Pontormo ; en France, les artistes de l'école de Fontainebleau.

**manieur, euse** *n* Personne qui manie, sait manier telle chose. LOC ***Manieur d'argent*** : financier, homme d'affaires. — ***Manieur d'hommes*** : qui a des capacités de chef.

**manif** *nf* fam Manifestation de protestation.

**manifestant, ante** *n* Personne qui participe à une manifestation.

**manifestation** *nf* **1** Action de manifester ; fait de se manifester. **2** Rassemblement public de personnes pour exprimer une protestation. **3** Réunion organisée pour présenter, vendre des œuvres, des produits.

**manifeste** *a, nm* **A** *a* Évident, indéniable. *Une erreur manifeste.* **B** *nm* **1** Liste détaillée des marchandises embarquées sur un navire. **2** Document de bord d'un avion. **3** Écrit public par lequel un mouvement explique sa ligne de conduite, ses conceptions et ses buts. DER **manifestement** *av*

**Manifeste du parti communiste** document rédigé par Marx et Engels sur la demande du II^e congrès de la Ligue des communistes (Londres, déc. 1847), publié en allemand à Londres au début 1848.

**manifester** *v* 1 **A** *vt* Rendre manifeste, faire connaître. **B** *vi* Prendre part à une manifestation. *Manifester dans la rue.* **C** *vpr* **1** Apparaître au grand jour, se montrer. **2** Donner signe de vie. ETY Du lat.

**Manifestes dada (Sept)** œuvres brèves écrites par Tristan Tzara entre 1916 et 1920.

**Manifestes du surréalisme** ensemble de textes publiés par André Breton entre 1924 et 1953 : *Manifeste du surréalisme* (1924, avec *Poisson soluble*), le texte le plus important ; *Lettre aux voyantes* (1925) ; *Second Manifeste du surréalisme* (1930) ; *Position politique du surréalisme* (1935) ; *Prolégomènes à un troisième manifeste du surréalisme ou non* (1942) ; *Du surréalisme en ses œuvres vives* (1953).

**manifold** *nm* Petit registre de feuillets détachables dans lequel sont intercalées des feuilles de papier carbone, et qui permet de consigner des notes en plusieurs exemplaires. PHO [manifɔld] ETY Mot angl.

**manigances** *nfpl* fam Manœuvres artificieuses, petites intrigues. ETY Du lat. DER **manigancer** *vt* 12

**maniguette** *nf* Condiment au goût poivré appelé aussi *graine de paradis*, qui provient d'une plante apparentée au gingembre. ETY Du lat. *melica*, « sorgho ».

**1 manille** *nf* MAR, TECH Pièce métallique en forme de U, qui sert à réunir deux longueurs de chaînes, à mailler une chaîne sur un anneau, etc. ETY Du lat.

**2 manille** *nf* Jeu de cartes où le dix, appelé *manille*, est la carte la plus forte. ETY De l'esp. *mala*, « malicieuse ».

**3 manille** *nm* **1** Cigare de Manille. **2** Chapeau de paille fabriqué à Manille.

**Manille** cap. et port des Philippines, sur la mer de Chine, dans l'île de Luçon ; 13,4 millions d'hab. (aggl.) ; ch.-l. de prov. Premier centre industriel et commercial du pays. – Universités, dont celle de Santo Tomas, créée en 1611. – La ville, fondée par les Espagnols en 1571, englobe Quezón City (1,1 million d'hab.), cap. légale de 1948 à 1979. DER **manillais, aise** *a, n*

**Manille** des taxis collectifs traversant le quartier de Baclaran

**Manin** Daniele (Venise, 1804 – Paris, 1857), patriote italien du Risorgimento ; président du gouv. provisoire de Venise lors du soulèvement de 1848. Il s'exila en France.

**manioc** *nm* Arbrisseau (euphorbiacée) cultivé dans les pays tropicaux pour ses tubercules que l'on consomme tels quels ou sous forme de tapioca. ETY Mot tupi.

**manioc**

**manip** *nf* fam **1** Manipulation scientifique. **2** Manœuvre louche. VAR **manipe**

**manipulable** → **manipuler.**

**manipulateur, trice** *n, a* **A** *n* Personne chargée de faire des manipulations. **B** *nm* TELECOM Interrupteur manuel employé en télégraphie pour former les signaux en morse. **C** *a* Qui manipule qqn. *Des démarches manipulatrices.*

**manipulation** *nf* **1** Action de manipuler. **2** Mise en œuvre de substances chimiques ou pharmaceutiques, d'appareils dans un laboratoire. **3** Partie de la prestidigitation qui se fonde uniquement sur l'habileté manuelle. **4** fig, péjor Manœuvre, pratique louche ; action de manipuler qqn. **5** MED Manœuvre manuelle destinée à rétablir la position normale et la mobilité des os d'une articulation. LOC BIOL ***Manipulation génétique*** : transformation du génome pour obtenir un organisme ayant des caractères héréditaires différents.

**manipule** *nm* **1** ANTIQ Étendard d'une compagnie militaire romaine. **2** Compagnie, unité tactique de l'armée romaine, comprenant deux centuries. ETY Du lat. *manipulus*, « poignée, gerbe ».

**manipuler** *vt* 1 **1** Manier, arranger avec précaution des substances, des appareils. **2** Manier, déplacer avec la main. **3** fig, péjor Utiliser qqn à des fins non avouées et en le trompant. *Se faire, se laisser manipuler.* DER **manipulable** *a*

**Manipur** État de l'Inde, limitrophe de la Birmanie, montagneux et forestier ; 22 356 km$^2$ ; 1 826 700 hab. ; cap. *Imphāl.*

**manipuri** *nm* Langue tibéto-birmane, officielle au Manipur.

**manique** *nf* TECH **1** Demi-gant qui protège la main, et souvent l'avant-bras, utilisé dans certains métiers. **2** Manche de plusieurs outils. ETY Du lat. VAR **manicle**

**Manitoba (lac)**, lac du Canada central (4 800 km$^2$) qui communique par la riv. Dauphin avec le lac Winnipeg, de niveau inférieur.

**Manitoba** prov. du Canada central, sur la baie d'Hudson ; 650 086 km$^2$ ; 1 091 900 hab. (53 000 francophones) ; cap. *Winnipeg.* Au S. s'étend la Prairie (blé, orge, avoine, élevage) ; au centre et au N., le Bouclier canadien, couvert de forêts. Le climat est sec et rigoureux. Le sous-sol est riche : cuivre, zinc, nickel, or, pétrole, etc. L'hydroélectr. est abondante. L'industrie se concentre autour de Winnipeg. DER **manitobain, aine** *a, n*

**Histoire** Ce terr., nommé *Rivière Rouge*, était peuplé de Métis, issus de l'union entre des commerçants français et des Amérindiennes. Ces Métis se révoltèrent en 1870. Le gouv. fédéral mata la révolte et transforma la colonie en la prov. du Manitoba (du nom du lac), unie à la Confédération. En 1885, une nouvelle révolte des Métis fut écrasée, et le gouv. fédéral encouragea l'implantation d'immigrants anglophones. Le développement des voies ferrées permit notam. celui d'une céréaliculture puissante.

**manitou** *nm* **1** ETHNOL Principe du bien ou du mal, dans les croyances de certains Indiens d'Amérique du Nord. **2** fam Personnage puissant, haut placé. *Les manitous de la haute finance.* ETY Mot d'une langue amérindienne.

**manivelle** *nf* Pièce coudée deux fois à angle droit, dans des sens opposés, qui sert à imprimer un mouvement de rotation. LOC ***Manivelle à coulisse*** : qui sert à transformer un mouvement de rotation en un mouvement rectiligne alternatif. ETY Du lat. *manibula*, « petite main ».

**Manizales** v. de Colombie, dans la vallée du Cauca ; 275 070 hab. – Archevêché.

**Mankiewicz** Joseph Leo (Wilkes-Barre, 1909 – Bedford, 1993), cinéaste américain : *Ève* (1950), *Jules César* (1953), *la Comtesse aux pieds nus* (1954), *Cléopâtre* (1963).

**Manlius Capitolinus** Marcus (m. à Rome en 384 av. J.-C.), consul romain (392 av. J.-C.). Il repoussa les Gaulois qui avaient assailli le Capitole (390 av. J.-C.) ; la garnison avait été réveillée par les cris des oies sacrées.

**Manlius Torquatus** Titus général romain, consul en 235, en 224 et en 215 av. J.-C. ; il vainquit les Carthaginois en Sardaigne.

**Mann** Heinrich (Lübeck, 1871 – Santa Monica, Californie, 1950), écrivain allemand. Son roman *le Professeur Unrat* (1905) a été adapté à l'écran par J. von Sternberg (*l'Ange bleu* 1930). — **Thomas** (Lübeck, 1875 – Zurich, 1955), écrivain, frère du préc. Ses thèmes princ. sont l'opposition entre l'action et la vie de l'esprit, les affinités entre l'art et la mort, les rapports ambigus entre la maladie et la santé. Le nazisme le contraignit à l'exil, en France, en Suisse, puis aux É.-U. Romans : *les Buddenbrook* (1901), *la Montagne magique* (1924), *Joseph et ses frères* (tétralogie, 1933-1943), *le Docteur Faustus* (1947). Nouvelles : *Tonio Kröger* (1903), *la Mort à Venise* (1913). Prix Nobel 1929. ▶ illustr. p. 991 — **Klaus** (Munich, 1906 – Cannes, 1949), fils du préc., romancier : *Mephisto* (1936). Il se suicida.

**Mann** Emil Anton Bundmann, dit Anthony (San Diego, 1906 – Berlin, 1967), cinéaste américain : *l'Appât* (1953), *Je suis un aventurier* (1955), *l'Homme de l'Ouest* (1958), *le Cid* (1961).

**Mannar** (détroit de) bras de mer entre l'Inde et Sri Lanka. VAR **Manaar**

**manne** *nf* **1** Nourriture miraculeuse qui, d'après la Bible, tomba du ciel pour nourrir les Hébreux dans le désert. **2** fig Nourriture abondante, que l'on obtient sans grande peine ou sans grande dépense. **3** Aubaine, avantage que l'on n'espérait pas. **4** BOT Matière sucrée qui exsude de certains végétaux tels que le mélèze, le frêne. **5** VITIC Grappe de raisin avant la floraison. **LOC** ***Manne des pêcheurs*** ou ***des poissons*** : éphémères qui s'abattent sur l'eau en grande quantité. ETY De l'hébr.

**Manneken-Pis** statuette en bronze qui orne une fontaine de Bruxelles, sculptée par Jérôme Duquesnoy (1617).

**1 mannequin** *nm* HORTIC Panier haut et rond, à claire-voie. ETY Du néerl.

**2 mannequin** *nm* **1** Figure articulée représentant le corps humain, qui sert de modèle aux artistes. **2** Forme humaine servant à l'essayage ou à l'exposition des vêtements. **3** fig Personne sans caractère, que l'on fait agir comme on veut. **4** Personne qui porte les créations des couturiers, pour les présenter en public ou pour des photographies de mode. ETY Du néerl. *mannekijn*, dimin. de *man*, « homme ».

**mannequinat** *nm* Activité, métier de mannequin (mode, publicité).

**Mannerheim** Carl Gustaf Emil (baron) (Villnäs, 1867 – Lausanne, 1951), maréchal et homme politique finlandais. Officier du tsar, il vainquit les bolcheviks en 1918 et assura l'indépendance de son pays, dont il fut régent (1918). Il lutta contre l'URSS de 1939 à 1944 et fut président de la Rép. de 1944 à 1946.

**Mannheim** ville et port d'Allemagne (Bade-Wurtemberg), au confl. du Rhin et du Neckar ; 294 650 hab. Centre ferroviaire et industriel. – Université Château grand-ducal (XVIIIe s.). Musée des beaux-arts.

**Manning** Henry (Totteridge, Hertfordshire, 1808 – Londres, 1892), prélat britannique. Anglican, il se convertit au catholicisme (1851) et se rapprocha des ouvriers.

**mannitol** *nm* CHIM Hexalcool saturé, de formule $CH_2OH–(CHOH)_4–CH_2OH$, que l'on extrait de la manne du frêne. VAR **mannite** *nf*

**mannois** → **Man (île de).**

**Mannoni** Maud née van der Spoel, (Courtrai, 1923 – Paris, 1998), psychanalyste française d'origine néerlandaise : *l'Enfant arriéré et sa mère* (1964), *l'Enfant, sa « maladie » et les autres* (1967), *Amour, haine, séparation* (1993).

**mannose** *nm* CHIM Sucre naturel isomère du glucose.

**mano a mano** *nm* SPORT fam Combat rapproché.

**manodétendeur** *nm* TECH Appareil servant à réduire avant utilisation la pression d'un gaz comprimé.

**manœuvrable** *a* Se dit d'un véhicule qui peut être facilement manœuvré, maniable. DER **manœuvrabilité** *nf*

**1 manœuvre** *nf* **1** Mise en œuvre d'un instrument d'une machine ; action ou opération nécessaire à son fonctionnement. **2** Action exercée à bord d'un navire, et destinée à assurer sa bonne marche ou à déterminer une évolution particulière ; cette évolution. **3** Évolution d'un véhicule, d'un aéronef ; action qui détermine cette évolution. **4** Exercice destiné à apprendre aux troupes les mouvements d'ensemble et le maniement des armes ; mouvement de troupes au combat. *Champ de manœuvres.* **5** fig Ensemble des moyens que l'on emploie pour réussir ; intrigue, combinaison. *Manœuvres électorales.* **6** MAR Cordage du gréement. **LOC** ***Fausse manœuvre*** : mal exécutée. — MILIT ***Grandes manœuvres*** : mettant en jeu de grandes unités et organisées dans des conditions très proches du combat réel. ETY Du lat.

**2 manœuvre** *nm* Ouvrier affecté à des travaux ne nécessitant aucune qualification professionnelle.

**manœuvrer** *v* ① **A** *vi* **1** Effectuer une manœuvre, à bord d'un véhicule. **2** S'exercer en faisant des manœuvres. **3** MILIT Exécuter un mouvement stratégique ou tactique, en parlant d'une troupe en campagne. **4** fig Prendre les mesures nécessaires pour arriver à ses fins. **B** *vt* **1** Agir sur un appareil, un véhicule pour le diriger, le faire fonctionner. **2** fig Influencer qqn de manière détournée pour qu'il agisse comme on le souhaite.

**manœuvrier, ère** *n, a* **1** Personne qui sait manœuvrer (un navire, des troupes, etc.). **2** fig Personne qui sait manœuvrer, qui sait conduire ses affaires avec habileté.

**manographe** *nm* Manomètre enregistreur.

**manoir** *nm* Demeure seigneuriale gentilhommière, petit château campagnard. ETY Du lat.

**Manolete** Manuel Rodríguez Sánchez, dit (Cordoue, 1917 – Linares, 1947), matador espagnol, au style dépouillé ; il fut tué dans l'arène.

**manomètre** *nm* TECH Appareil servant à mesurer la pression d'un gaz ou d'un liquide. ETY Du gr. *manos*, « peu dense ». DER **manométrie** *nf* – **manométrique** *a*

**Manon Lescaut (Histoire du chevalier Des Grieux et de)** roman de l'abbé Prévost (1731, vol. VII des *Mémoires et aventures d'un homme de qualité*). ▷ MUS *Manon*, opéra-comique de Massenet, sur un livret de Meilhac et F. Gille (1884) ; *Manon Lescaut*, opéra de Puccini (1893). ▷ CINE *Manon* de Clouzot (1948), modernisation du roman, avec Cécile Aubry (née en 1929) et Michel Auclair (1922 – 1990).

**manoque** *nf* **1** Petite botte de feuilles de tabac séchées et triées. **2** MAR Écheveau de petit filin léger. ETY Mot picard, de *manus*, « main ».

**Manosque** ch.-l. de cant. des Alpes-de-Haute-Provence (arr. de Forcalquier) ; 21 924 hab. Industries. – Deux égl. XIIe-XIIIe s. Vestiges de l'enceinte (XIVe s.). DER **manosquin, ine** *a, n*

**manostat** *nm* TECH Appareil servant à maintenir constante la pression d'un fluide dans une enceinte.

**Manou** → **Manu.**

**manouche** *n* Gitan nomade. ETY Du tsigane *mnouch*, « homme ».

**Manouchian** Missak (Adiyaman, Turquie, 1910 – Suresnes, 1944), ouvrier et journaliste arménien. Membre de l'amicale « Main-d'œuvre immigrée » (MOI), il organisa la guérilla urbaine, à Paris, contre les Allemands, qui l'arrêtèrent et le fusillèrent avec ses compagnons.

*l'Affiche rouge* : diffamation du groupe **Manouchian** par la propagande nazie, fév. 1944

**manquant, ante** *a, n* Qui manque ; qui est absent.

**manque** *nm* **1** Défaut, absence de ce qui est nécessaire. *Manque de pain.* **2** Ce qui manque. **3** JEU À la roulette, première moitié des 36 numéros, de 1 à 18 inclus (par oppos. à *passe*). **LOC** fam ***À la manque*** : médiocre, défectueux, mauvais. — ***État de manque*** : état d'angoisse et de souffrance physique d'un toxicomane privé de sa drogue. — ***Manque à gagner*** : gain que l'on aurait pu réaliser.

**1 manqué, ée** *a* **1** Qui n'est pas réussi. *Une soirée manquée.* **2** À quoi l'on n'a pas été présent. *Rendez-vous manqué.* **3** Qui n'a pas suivi la voie qu'il aurait dû suivre ; qui a une vocation mais pas l'état. *Comédien, cuisinier manqué.* **LOC** PSYCHAN ***Acte manqué*** : qui est consécutif à un refoulement, à une censure exercée par l'inconscient de son auteur. — ***Garçon manqué*** : fille qui a des goûts, des comportements de garçon.

ENC Freud, dans *Psychopathologie de la vie quotidienne* (1904), étudie : l'oubli des noms propres, de mots étrangers, de mots et de suites de mots, de souvenirs d'enfance ; les souvenirs erronés ; les lapsus, les erreurs de lecture et d'écriture ; l'oubli d'impressions et de projets ; les méprises et maladresses, etc. Formes bénignes et passagères de l'amnésie ou de l'aphasie, ces fautes de notre activité psychique sont dues au refoulement ou à la censure que notre inconscient exerce à l'encontre d'objets dont l'évocation est désagréable ou douloureuse.

**2 manqué** *nm* CUIS Gâteau à pâte souple pouvant être garni de fruits confits.

**manquement** *nm* Fait de manquer à un engagement, à un devoir. *Manquement à la discipline.*

**manquer** *v* ① **A** *vi* **1** Faire défaut. *L'eau manque.* **2** Être absent. *Plusieurs élèves manquent.* **3** Ne plus remplir sa fonction. *Cordage qui manque* **4** Échouer. *La tentative a manqué.* **B** *vti* **1** Ne pas manifester à qqn le respect, les égards qu'on lui doit. *Manquer gravement à qqn.* **2** Négliger une obligation, s'y soustraire ; omettre de. *Manquer de, à tenir un engagement. Manquer à sa parole.* **3** Faire défaut, par son absence, à qqn. *Sa fille lui manque.* **4** Être sur le point de. *Il a manqué de tomber.* **C** *vt* **1** Ne pas réussir, ne pas obtenir. *Manquer son affaire.* **2** Ne pas atteindre un but ne pas réussir à tuer. *Manquer un lièvre.* **3** Ne pas parvenir à rencontrer qqn. **4** Être absent, arriver trop tard pour assister, participer à qqch. *Manquer la classe. Un spectacle à ne pas manquer.* **5** Laisser échapper qqch d'intéressant. *Manquer une bonne occasion.* **6** Arriver trop tard pour prendre un train, un avion. ETY De l'ital.

**Man Ray** → **Ray (Man).**

**Manrique** Jorge (Parades de Nava, 1440 – Cuerica, 1479), poète espagnol : *Stances sur la mort de Don Rodrigue* (1476).

**Mans (Le)** ch.-l. du dép. de la Sarthe, au confl. de la Sarthe et de l'Huisne ; 148 169 hab., 191 000 dans l'aggl. Centre industriel. Circuit automobile (les Vingt-Quatre Heures du Mans, depuis 1923). – Évêché. Remparts gallo-romains. Cath. XI$^e$-XV$^e$ s. Deux égl. des XI$^e$-XIII$^e$ s. Musées. DER **manceau, elle** *a, n*

**mansarde** *nf* **1** Comble brisé. **2** Pièce ménagée sous un comble brisé, dont un mur au moins, constitué par le dessous du toit, est incliné. ETY D'un n. pr. DER **mansardé, ée** *a*

**Mansart** François (1598 – 1666), architecte français ; élève de S. de Brosse. Il créa un style national lié à la doctrine classique : égl. de la Visitation-de-Sainte-Marie (1632, Paris), hôtel de la Vrillière (1635-1638, Banque de France, Paris), chât. de Maisons-Laffitte (1642-1651). — **Hardouin-Mansart** Jules (Paris, 1646 – Marly, 1708), petit-neveu du préc. ; architecte français ; continuateur du classicisme, architecte de Louis XIV : chât. de Clagny (1674-1683), de Marly (1679-1686), de Dampierre (1680), partie princ. du chât. de Versailles (façade sur le parc, galerie des Glaces : 1678-1684), dôme des Invalides (1680), Grand Trianon (1687), place des Conquêtes (1698, auj. place Vendôme, Paris).

**François Mansart** château de Maisons-Laffitte

**manse** *n* Au Moyen Âge, unité d'exploitation agricole suffisante pour faire vivre une famille. ETY Du lat. *manere,* « demeurer ».

**Mansfield** v. d'Angleterre (Nottinghamshire) ; 98 800 hab. Industries. – Égl. XIII$^e$-XV$^e$ s.

**Mansfield** Kathleen Mansfield Beauchamp, dite Katherine (Wellington, Nouvelle-Zélande, 1888 – Fontainebleau, 1923), auteur anglais de nouvelles marquées par une vive sensibilité : *Félicité* (1920), *la Garden Party* (1922), *Journal* (posth, 1927).

**mansi** *a, n* Syn. de *vogoule.*

**mansion** *nf* LITTER Chacun des lieux scéniques d'un même décor, dans le théâtre médiéval.

**Mansour** deuxième calife abbasside (754-775). Il fonda Bagdad en 762. Il combattit les chiites et les kharidjites. VAR **Mansur**

**Mansour** Muhammad ibn Abi Amir, surnommé Al- (m. en 1002), chef militaire musulman. Il gouverna Cordoue de 978 à 1002 et accomplit des incursions dans les États chrétiens d'Espagne. VAR **Mansur**

**Mansourah** ville d'Égypte, sur le delta du Nil ; ch.-l. de gouvernorat ; 360 000 hab. – Saint Louis y fut capturé.

**Manstein** Erich von Lewinski, dit Erich von (Berlin, 1887 – Irschenhausen, Bavière, 1973), maréchal allemand. Il dressa le plan de campagne contre la France en 1940. Il prit la Crimée (1942) et échoua à Stalingrad.

**mansuétude** *nf* litt Clémence, indulgence. ETY Du lat.

**1 mante** *nf* anc Manteau de femme ample et sans manches. ETY Du lat.

**2 mante** *nf* **1** Insecte dictyoptère carnassier des régions chaudes et tempérées, au corps étroit et allongé, cour. appelé *mante religieuse.* **2** Grande raie pélagique de l'Atlantique, appelée aussi *raie cornue* ou *diable de mer.* **LOC** ***Mante religieuse :*** femme cruelle avec les hommes qu'elle séduit. ETY Du gr.

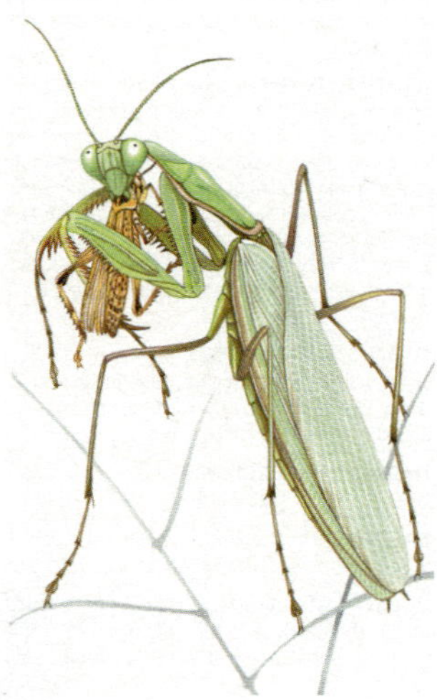

**mante** religieuse

**manteau** *nm* **1** Vêtement qui se porte par-dessus les autres habits. **2** fig Ce qui recouvre, dissimule. *Un manteau de neige.* **3** ZOOL Région dorsale d'un animal quand elle est d'une autre couleur que celle du reste du corps. **4** Repli de peau qui enveloppe le corps et dont la face externe sécrète la coquille, chez les mollusques. **5** GEOL Couche du globe terrestre située entre l'écorce et le noyau. **6** Partie d'une cheminée construite en saillie au-dessus du foyer. **LOC** ***Manteau d'arlequin :*** encadrement d'une scène de théâtre simulant une draperie. — ***Sous le manteau :*** de façon clandestine. ETY Du lat.

**Manteau (le)** récit de Gogol (1843), réaliste, fantastique et tragique

**Mantegna** Andrea (Isola di Carturo, près de Padoue, 1431 – Mantoue, 1506), peintre et graveur italien. Ses effets de perspective (*le Christ mort,* Brera, Milan) et sa plastique corporelle (*Saint Sébastien,* Louvre) influencèrent les Vénitiens et le monde germanique.

**Andrea Mantegna** retour d'exil de Louis III Gonzague (son cheval, ses valets, ses chiens), v. 1474 – détail d'une des fresques de la chambre des Époux, Mantoue

**mantelé, ée** *a* ZOOL Dont le dos est d'une couleur différente de celle du reste du corps.

**mantelet** *nm* **1** LITURG Manteau de cérémonie, sans manches, de certains prélats. **2** anc Petit manteau court porté par les femmes.

**mantellique** *a* GEOL Du manteau.

**Mantes-la-Jolie** ch.-l. d'arr. des Yvelines ; 42 365 hab. Industries. – Égl. XII$^e$-XIV$^e$ s. Tour XV$^e$-XVI$^e$ s. DER **mantais, aise** *a, n*

**Mantes-la-Ville** ch.-l. de cant. des Yvelines (arr. de Mantes-la-Jolie) ; 19 321 hab. DER **mantevillois, oise** *a, n*

**mantille** *nf* Écharpe de dentelle ou de soie couvrant la tête et les épaules d'une femme. ETY De l'esp.

**Mantinée** anc. v. d'Arcadie où Épaminondas triompha des Spartiates en 362 av. J.-C. et trouva la mort.

**mantique** *nf* Pratique de la divination. ETY Du gr.

**mantisse** *nf* MATH Partie décimale du logarithme d'un nombre. ETY Du lat. *mantissa,* « surplus de poids ».

**Mantoue** (en ital. *Mantova*), v. d'Italie (Lombardie) ; 61 000 hab. – Palais ducal (XIII$^e$-XVI$^e$ s., fresques de Mantegna). Cath. XIV$^e$ s. à façade baroque. – De 1328 à 1708, les Gonzague gouvernèrent la ville. Passée à l'Autriche en 1708, Mantoue fut rattachée au royaume d'Italie en 1866. DER **mantouan, ane** *a, n*

**mantra** *nm* RELIG Dans le brahmanisme et le bouddhisme, formule sacrée, prière. ETY Mot sanskrit, « moyen de pensée ».

**Manu** nom de 14 personnages légendaires de l'Inde qui doivent régner à tour de rôle jusqu'au renouvellement du monde. Le 7$^e$ Manu, qui règne sur la présente humanité, serait l'auteur du *Mānava-Dharma-Çāstra* (« lois de Manu »), code rédigé un peu avant l'ère chrétienne. VAR **Manou**

**manualité** *nf* didac Prédominance d'une main sur l'autre dans l'accomplissement de certains gestes.

**Manuce** Alde (Bassiano, 1449 – Venise, 1515), imprimeur italien de la Renaissance. Établi à Venise, il est le créateur du caractère italique et du format in-octavo.

**manucure** *n* **A** Personne qui donne des soins de beauté aux mains, aux ongles. **B** *nf* Ensemble de ces soins. ETY Du lat. DER **manucurie** *nf* – **manucurer** *vt*

**1 manuel, elle** *a, n* **A** *a* **1** Qui se fait avec la main, qui concerne la main. *Travail manuel. Habileté manuelle.* **2** Réalisé par une intervention de l'homme. ANT automatique. **B** *a, n* Qui fait un métier manuel. ANT intellectuel. ETY Du lat. DER **manuellement** *av*

**2 manuel** *nm* Ouvrage qui présente l'essentiel des notions d'un art, d'une science, etc. *Manuel scolaire.*

**Manuel Ier Comnène** (vers 1122 – 1180), empereur byzantin (1143-1180). Ses guerres (contre les Slaves et les Vénitiens, notamment) affaiblirent l'Empire. Les Turcs l'écrasèrent à Myriokêphalon (1176). — **Manuel II Paléologue** (1348 – 1425), empereur byzantin (1391-1425). Contre les Turcs, il fit appel aux croisés, défaits à Nicopolis (1396). En 1424, il dut accepter la suzeraineté du sultan.

**Manuel Ier le Grand** (Alcochete, 1469 – Lisbonne, 1521), roi du Portugal (1495-1521). Il favorisa les grandes expéditions maritimes (Vasco de Gama, Cabral, Albuquerque) et fut un grand bâtisseur. VAR **le Fortuné** — **Manuel II** (Lisbonne, 1889 – Twickenham, 1932), dernier roi du Portugal (1908-1910), renversé par l'armée.

**Manuel d'Épictète** recueil de maximes d'Épictète effectué par Flavius Arrien, auteur des *Entretiens avec Épictète.*

**Manuel Deutsch Niklaus** (Berne, 1484 – id., 1530), peintre et graveur suisse ; maniériste à l'inspiration « fantastique ».

**manuélin, ine** *a* BX-A Se dit d'un style décoratif et architectural qui apparut au Portugal à la fin du XVe s. (sous Manuel Ier) et s'y développa jusqu'en 1545.

**manufacture** *nf* **1** HIST Vaste établissement, dans lequel la fabrication des produits s'effectuait essentiellement à la main. **2** Établissement où l'on fabrique des produits de luxe ou des produits exigeant un haut niveau de finition. ETY Du lat.

**manufacturer** *vt* ① Transformer une matière première en un produit fini. DER **manufacturable** *a*

**manufacturier, ère** *a, nm* **A** *a* Relatif à l'industrie de transformation des produits bruts. **B** *nm* Nom donné à certains industriels, en partic. ceux du caoutchouc.

**manu militari** *av* En utilisant la force armée, la contrainte physique. *Il l'a fait sortir manu militari.* PHO [manymilitaʀi] ETY Mots lat.

**Manus** île princ. des îles de l'Amirauté (archipel Bismarck) ; 1 600 km². – Base militaire des É.-U. (1942-1945).

**manuscrit, ite** *a, nm* **A** *a* Écrit à la main. *Page manuscrite.* **B** *nm* **1** Livre ancien écrit à la main. **2** Original d'un texte imprimé ou destiné à l'être. ETY Du lat.

**Manuscrit trouvé à Saragosse** roman fantastique (1804) écrit en français par Jan Potocki. ▷ CINE Film du Polonais Wojciech Has (1925 – 2000), en 1965.

**manutention** *nf* **1** Déplacement de marchandises, de produits industriels, sur de courtes distances. **2** Local où ont lieu ces opérations. ETY Du lat. DER **manutentionnaire** *n* – **manutentionner** *vt* ①

**Manytch (dépression de)** région de Russie, entre la mer d'Azov et le N. de la Caspienne, drainée par le *Manytch oriental* (300 km), tributaire de la Caspienne, et par le *Manytch occidental* (280 km), affl. du Don (r.g.).

**Manzanares (le)** riv. d'Espagne (85 km), sous-affl. du Tage ; arrose Madrid.

**manzanilla** *nm* Vin blanc sec d'Espagne, variété de xérès. PHO [manzanija] ETY Mot esp.

**Manzanillo** v. du S. de Cuba, port sur la mer des Antilles ; 104 870 hab. Industries.

**Manzoni Alessandro** (Milan, 1785 – id., 1873), écrivain italien ; chef du mouvement romantique en Italie. Son unique roman, *les Fiancés* (1825-1827 ; 2e éd. revue, 1840-1842), décrit la réalité sociale du Milanais sous l'occupation espagnole (1628-1630). Autres œuvres : poèmes (*la Colère d'Apollon* 1816-1818, *Hymnes sacrés* 1822), drames (*le Comte de Carmagnole* 1820).

**Mao Dun** (Wu, Zhejiang, 1896 – Pékin, 1981), écrivain chinois ; romancier (*Minuit* 1933), essayiste, critique littéraire ; ministre de la Culture de 1949 à 1965.

**maoïsme** *nm* Doctrine, pensée politique de Mao Zedong. DER **maoïste** *a, n*

**maori** *nm* Langue polynésienne parlée par les Maoris.

**Maoris** population polynésienne de la Nouvelle-Zélande (701 700 individus auj., plus de dix fois plus qu'à la fin du XIXe s.). – Leur art est riche et complexe. DER **maori, ie** *a*

**maous, ousse** *a* fam Gros, d'une taille considérable. PHO [maus] VAR **mahous**

**Mao Zedong** (Shaoshan, Hunan, 1893 – Pékin, 1976), homme politique chinois. Militant marxiste dès 1918, l'un des fondateurs du parti communiste chinois, il le dirigea à partir de 1935. Allié (1937-1941) puis adversaire de Tchang Kai-chek (Jiang Jieshi) contre les Japonais, il reconquit la Chine continentale (1946-1949) et devint président de la rép. pop. de Chine (1954-1959) ; après 1959, il fut le président du parti communiste et inspira la révolution culturelle pour se maintenir au pouvoir (1966). Sa pensée (nombr. traités : *De la contradiction* 1937) a été résumée dans le *Petit Livre rouge,* massivement diffusé. Il a aussi écrit des poèmes. VAR **Mao Tsé-toung, Mao Tsö-tong**

Th. Mann

Mao Zedong

**mappemonde** *nf* **1** Carte du globe terrestre sur laquelle les deux hémisphères sont représentés côte à côte, en projection plane. **2** Globe représentant la surface de la Terre. ETY Du lat.

**Mapplethorpe Robert** (New York, 1946 – Boston, 1989), photographe américain underground : *New American Nudes* (1982).

**Mapuches** Amérindiens du S. du Chili ; plus de 500 000 personnes. Ils ne furent soumis qu'au XIXe s. Auj. leurs droits sont en partie reconnus. VAR **Araucans** DER **mapuche** ou **araucan** *a*

**Maputo** (anc. *Lourenço Marques*), cap. du Mozambique et port dans la *baie de Maputo* ; 1,6 million d'hab (aggl.). Débouché du Zimbabwe et des prov. industr. de l'Afrique du Sud, le port a un bel avenir. DER **maputais, aise** *a, n*

**maqam** *nm* Mode musical arabe, déterminant à la fois l'échelle modale et son impact sur la sensibilité. ETY Mot ar. VAR **maquam**

**maquée** *nf* Fromage blanc de vache fabriqué en Belgique.

**maquer (se)** *vp* ① fam Se mettre en ménage avec qqn. *Elle est maquée avec Untel.*

**1 maquereau, elle** *n* fam **A** Personne qui tire profit de la prostitution des femmes, qui en vit ; proxénète. **B** *nf* Tenancière de maison close. *Mère maquerelle.* ETY Du néerl. *makelâre,* « courtier ».

**2 maquereau** *nm* Poisson marin perciforme comestible au corps fusiforme, au dos bleu-vert rayé de noir. ETY Emploi fig. de maquereau 1 (légende des maquereaux servant d'« entremetteurs » aux harengs).

**maquette** *nf* **1** Représentation à échelle réduite d'une œuvre d'architecture, d'une machine, d'une construction, d'un décor, etc. **2** Modèle original, simplifié ou complet, d'un ouvrage imprimé, d'une mise en page. *Maquette d'affiche.* **3** Avant-projet de disque. ETY Du lat.

**maquetter** *vt* ① Faire la maquette d'une publication.

**maquettiste** *n* **1** Réalisateur de maquettes ou de modèles réduits. **2** Technicien spécialisé dans la réalisation de maquettes pour l'imprimerie, l'édition.

**maquignon** *nm* **1** Marchand de bétail. **2** fig Personne peu scrupuleuse en affaires, qui use de procédés indélicats. ETY De *maquereau 1.*

**maquignonnage** *nm* **1** Métier de maquignon. **2** fig Procédés, manœuvres illicites.

**maquignonner** *vt* ① Cacher les défauts d'une bête pour la vendre.

**maquillage** *nm* **1** Action de maquiller. **2** Ensemble des produits que l'on utilise pour maquiller. **3** Modification de l'aspect d'une chose dans une intention malhonnête ou frauduleuse.

**maquiller** *vt* ① **1** Modifier à l'aide de fards, de produits colorés, l'apparence d'un visage. *Maquiller un acteur.* **2** Modifier qqch pour tromper qqn, pour frauder. *Maquiller des cartes à jouer. Maquiller la vérité.* ETY Du néerl. *maken,* « faire ».

**maquilleur, euse** *n* Personne qui fait métier de maquiller (au théâtre, au cinéma, dans un institut de beauté).

**maquis** *nm* **1** Formation végétale dense, buissonneuse et épineuse, propre aux terrains siliceux des régions méditerranéennes. **2** fig Ce qui est ou paraît impénétrable, inextricable. *Le maquis de la procédure.* **3** Afrique Bar mal famé. **4** HIST Sous l'Occupation allemande (1940-1944), régions rurales d'accès difficile (le Vercors par ex.) où les résistants menèrent une guerre de francs-tireurs contre les Allemands ; l'ensemble de ces résistants. LOC ***Gagner, prendre le maquis :*** s'y réfugier. ETY Du lat. *macula,* « tache ».

**maquisard** *nm* HIST Résistant combattant dans le maquis, franc-tireur, pendant la guerre de 1939-1945.

**1 mara** *nf* LOC ***Mara des bois :*** variété de fraise très parfumée et fondante. ETY Nom déposé.

**2 mara** *nf* En Amérique centrale, gang de jeunes très violents. ETY De *marabunta,* « migration massive et destructrice de fourmis légionnaires ».

**marabout** *nm* **1** Mystique musulman qui mène une vie contemplative et se livre à l'étude du Coran. **2** Dans les pays musulmans d'Afrique, homme connu pour ses pouvoirs de devin et de guérisseur. **3** Koubba, petite chapelle élevée sur la tombe d'un marabout. **4** Grand oiseau ciconiiforme d'Asie et d'Afrique, charognard au bec puissant et au cou déplumé enfoncé entre les ailes ; plume de la queue de cet oiseau. ETY De l'ar.
▶ illustr. p. 992

**marabouter** *vt* ① Afrique Envoûter qqn par l'intermédiaire d'un marabout. DER **maraboutage** *nm*

**maraboutisme** *nm* Courant islamique fondé sur le culte des marabouts, de leurs tombeaux. DER **maraboutique** *a*

**Maracaibo** v. du Venezuela, port sur la rive O. du *lac de Maracaibo* (vaste baie, gisements de pétrole) ; capitale de l'État de Zulia ; 2,2 millions d'hab. (aggl.) Grand centre pétrolier.

**Maracana (stade)** stade de Rio de Janeiro (football) ; 150 000 places.

**maracas** *nm pl* Paire de boules creuses munies chacune d'un manche et remplies de petits corps durs, que l'on agite pour scander le rythme. PHO [maʀakas] ETY Mot esp. d'Argentine.

**Maracay** v. du Venezuela, au S.-O. de Caracas ; cap. de l'État *d'Aragua ;* 825 760 hab. (aggl.). Industries.

**maracudja** *nm* Syn. de *fruit de la Passion.* PHO [maʀakudʒa] ETY Mot indien du Brésil.

**Maradona Diego** (Lanus, Buenos Aires, 1960), footballeur argentin, champion du monde 1986 avec l'équipe d'Argentine.

**marae** *nm* En Polynésie, enceinte destinée à certains rites cérémoniels. PHO [maʀae] ETY Mot polynésien.

**maraîchage** *nm* Culture maraîchère. VAR **maraichage**

**maraîcher, ère** *n, a* **A** *n* Personne qui pratique la culture intensive des légumes et des primeurs. **B** *a* Qui concerne cette culture. ETY De *marais.* VAR **maraicher**

**maraîchin, ine** *a, n* GEOGR Du Marais breton, poitevin ou vendéen. VAR **maraichin**

**marais** *nm* **1** Étendue d'eau stagnante de faible profondeur, envahie par la végétation aquatique. **2** Terrain humide ou irrigable propre à la culture maraîchère. **3 fig** État, situation, activité, où l'on risque de s'enliser, bourbier. **LOC** ***Gaz des marais :*** méthane. — METEO ***Marais barométrique :*** zone de pression uniforme, voisine de la normale et sans gradient bien défini. — ***Marais salant :*** petit bassin peu profond où l'on recueille le sel après évaporation de l'eau. ETY Du germ.

**Marais (le)** quartier de Paris (IIIe et IVe arr.), délimité par l'ancien lit de la Seine, qu'occupaient au Moyen Âge des jardins maraîchers. Il s'urbanisa sous Henri IV et Louis XIII (place Royale, auj. place des Vosges).

**Marais (le)** pendant la Révolution fr., nom donné au parti modéré sous l'Assemblée législative et sous la Convention. VAR **la Plaine**

**Marais Marin** (Paris, 1656 – id., 1728), violiste et compositeur français ; élève de Lully. Il écrivit pour la viole : *Ariane et Bacchus* (1696), *Alcyone* (1706), *Sémélé* (1709).

**Marais Jean Alfred Villain-Marais,** dit **Jean** (Cherbourg, 1913 – Cannes, 1998), acteur français : *l'Éternel Retour* (1943), *la Belle et la Bête* (1945), *le Bossu* (1959), *Fantômas* (1964-1966).

**Marais breton** région d'élevage, d'ostréiculture et de salines, en Vendée et en Loire-Atlantique. VAR **Marais vendéen**

**Marais poitevin** région d'élevage qui s'étend sur une partie du littoral en Vendée et en Charente-Maritime. Parc naturel régional.

**marabout** africain

**Marajó** île du Brésil (État de Pará), entre l'embouchure de l'Amazone et celle du río Tocantins ; 40 000 km².

**Maramureş** massif cristallin des Carpates, en Roumanie (Transylvanie) ; 2 305 m dans les monts de Rodna. – La *rég. du Maramureş* (543 260 hab. ; ch.-l. *Baia Mare*), forestière, est célèbre pour son architecture du bois.

**Maran René** (Fort-de-France, 1887 – Paris, 1960), romancier français d'origine guyanaise, l'un des premiers qui s'interrogèrent sur la négritude : *Batouala* (1921), *M'bala, l'éléphant* (1944).

**Maranhão** État du N.-E. du Brésil, sur l'Atlantique ; 328 663 km² ; 4 978 000 hab. ; cap. *São Luís de Maranhão* (fondée par les Français en 1612).

**Marañón (le)** la princ. des branches mères de l'Amazone (1 800 km), née dans les Andes du Pérou.

**Marañón y Posadillo Gregorio** (Madrid, 1887 – id., 1960), médecin espagnol : travaux sur les surrénales, la thyroïde, etc. En outre, il écrivit de nombr. ouvrages d'histoire.

**maranta** *nf* Plante monocotylédone tropicale voisine des balisiers, cultivée pour ses rhizomes, dont on extrait l'arrow-root. ETY D'un n. pr. VAR **marante**

**Maras → Kahramanmaras.**

**1 marasme** *nm* **1** MED Maigreur extrême consécutive à une longue maladie. **2** Apathie, découragement. **3 fig** Activité très ralentie, stagnation. *Marasme des affaires.* ETY Du gr.

**2 marasme** *nm* BOT Champignon basidiomycète à lamelles, comestible, dont l'espèce la plus courante est le *faux mousseron* ou *mousseron d'automne* ou *petit mousseron des prés.*

**marasque** *nf* Cerise acide des régions méditerranéennes. ETY Du lat.

**marasquin** *nm* Liqueur de marasque.

**Marat Jean-Paul** (Boudry, cant. de Neuchâtel, 1743 – Paris, 1793), médecin, écrivain et homme politique français. Né en Suisse d'une humble famille d'origine sarde, il fit ses études de médecine en France et les termina en Angleterre, où il publia, en angl., des essais philosophiques et politiques. Il exerça la médecine à Paris à partir de 1777. En 1789, il fonda le journal *l'Ami du peuple*, qui prôna des mesures extrêmes. Il porte une part de responsabilité dans les massacres de Septembre (1792). Conventionnel montagnard, il contribua à la chute des Girondins (juin 1793) ; pour cette raison, Charlotte Corday l'assassina.

**Marat assassiné** toile de David (1793, Musées royaux des Beaux-Arts, Bruxelles).

**Marathes** population de l'État indien du Maharashtra. Au XVIIe s., ils se libérèrent de l'Empire moghol et fondèrent un empire que les Anglais annexèrent au terme de trois guerres, de 1779 à 1817. DER **marathe** *a*

**marathi** *nm* Langue indo-aryenne, officielle au Maharastra.

**marathon** *nm* **1** Épreuve de course à pied de grand fond sur une distance de 42,195 km. **2 fig** Compétition, séance, négociation, prolongée et éprouvante. *Marathon parlementaire.* ETY Du n. pr. DER **marathonien, enne** *n*

**Marathon** village de l'Attique où les Athéniens, commandés par Miltiade, vainquirent les Perses (490 av. J.-C.). Pour annoncer la nouvelle, le *coureur de Marathon* aurait couru jusqu'à Athènes (env. 40 km) et serait mort d'épuisement au pied de l'Acropole.

**marâtre** *nf* **1 péjor** Belle-mère, pour les enfants d'un premier lit. **2** Mauvaise mère. ETY Du lat.

**maraud, aude** *n* vx Coquin, fripon. ETY Mot dial., « matou ».

**maraude** *nf* **1** Vol de denrées commis par des soldats de passage. **2** Vol des produits de la terre avant leur récolte. SYN maraudage. **3** Tournée effectuée en voiture pour secourir les personnes sans abri. **LOC** ***Taxi en maraude :*** qui roule lentement à la recherche de clients.

**marauder** *vi* ① **1** Se livrer à la maraude. **2** Être en maraude. DER **maraudage** *nm* – **maraudeur, euse** *n, a*

**maravédis** *nm* Ancienne monnaie de billon espagnole. PHO [maʀavedis]

**Marbella** v. et port d'Espagne, au S.-O. de Málaga (Andalousie) ; 65 570 hab. Stat. baln.

**Marbeuf Louis Charles René (comte de)** (Rennes, 1712 – Bastia, 1786), général français. Il participa à la conquête de la Corse (1768-1769), dont il fut gouverneur.

**Marboré (massif du)** massif des Pyrénées centrales (3 355 m au *mont Perdu*). Le *pic du Marboré* domine le cirque de Gavarnie.

**marbot** *nf* Variété de noix vendue fraîche.

**marbre** *nm* **1** Calcaire cristallin métamorphique, souvent veiné, dont les colorations variées sont dues à diverses impuretés. *Palais, plaque de marbre.* **2** Morceau, objet, statue de marbre. *Le marbre d'une cheminée. Un marbre de Rodin.* **3** TECH Table, plaque métallique parfaitement plane, servant à divers usages. *Marbre de mécanicien.* **4** TYPO Grande table sur laquelle on étale les formes pour les corriger et faire la mise en page. *Texte sur le marbre,* prêt pour l'impression. **LOC** ***De marbre :*** impassible. ETY Du lat.

**marbré, ée** *a, nm* **A** *a* Veiné comme le marbre. *Bois marbré.* **B** *nm* **1** Gâteau au chocolat dont la pâte dessine des marbrures. **2** Poisson téléostéen perciforme gris à rayures sombres, commun près des côtes, à chair estimée.

**marbrer** *vt* ① **1** Décorer de dessins imitant les veines du marbre. **2** Produire des marques semblables aux veines du marbre. *Le froid marbrait son visage de taches violacées.*

**marbrerie** *nf* **1** Art, métier du marbrier. **2** Atelier de marbrier.

**marbrier, ère** *nm, a* **A** *nm* Spécialiste du travail du marbre et des pierres dures. **B** *a* Relatif au marbre, à son traitement. *Industrie marbrière.*

**marbrière** *nf* Carrière de marbre.

**marbrure** *nf* **1** Imitation des veines du marbre sur des boiseries, du papier, etc. **2** Marque sur la peau évoquant le veinage du marbre.

**Marburg** v. d'Allemagne (Hesse), sur la Lahn ; 77 110 hab. – Université. Château des margraves de Hesse (XIIIe-XVe s.).

**1 marc** *nm* Ancien poids équivalant à huit onces. **LOC** DR ***Au marc le franc :*** en proportion de la créance ou de l'intérêt de chacun dans une affaire. PHO [maʀ] ETY Du frq.

**2 marc** *nm* **1** Résidu de fruits, de végétal dont on a extrait le suc. *Marc de raisin, de pommes. Lire l'avenir dans le marc de café.* **2** Eau-de-vie obtenue par distillation du marc de raisin. ETY Déverbal de *marcher,* « piétiner ».

**Marc (saint)** (Ier s.), l'un des quatre évangélistes ; son Évangile est le second Évangile synoptique après celui de Matthieu, dont il reprit la version primitive et influença la version définitive. Compagnon de Paul, puis de Pierre, Marc serait mort en Égypte. Ézéchiel aurait entrevu le saint sous forme d'un lion ailé.

**Marc Franz** (Munich, 1880 – Verdun, 1916), peintre allemand ; animateur, avec Kandinsky, du Blaue Reiter.

**Marc (le roi)** dans la légende de Tristan et Iseult, roi de Cornouailles, époux d'Iseult la blonde, oncle de Tristan.

**Marc Antoine** → **Antoine.**

**marcassin** *nm* Petit du sanglier, au dos rayé longitudinalement. ETY Mot picard.

**marcassite** *nf* MINER Variété de pyrite ($FeS_2$) jaune, à éclat métallique, cristallisant en prismes allongés. ETY Du persan.

**Marc Aurèle** (en lat. *Marcus Annius Verus,* puis *Marcus Aurelius Antoninus*) (Rome, 121 – Vindobona, auj. Vienne, 180), empereur romain (161-180). Il lutta contre les Parthes (161) et les Germains (166-169) ; habile administrateur, il protégea les arts et les lettres. D'abord tolérant à l'égard des chrétiens, il les fit ensuite persécuter. Il a laissé un recueil de *Pensées*, sorte de journal intime professant un stoïcisme pratique.

J.-P. Marat

Marc Aurèle

**Marceau** François Séverin Marceau-Desgraviers, dit (Chartres, 1769 – Altenkirchen, 1796), général français. Il vainquit les Vendéens (1793), les Austro-Hollandais (1794), les Autrichiens (1795). Il mourut au combat.

**Marceau** Louis Carette, dit Félicien (Cortenberg, Belgique, 1913 – 2012), écrivain français d'origine belge : romans, essais, théâtre (*l'Œuf*, 1956 ; *la Bonne Soupe*, 1958). Acad. fr. (1975).

**Marceau** Marcel Mangel, dit Marcel (Strasbourg, 1923 – Paris, 2007), mime français.

le mime **Marceau**

**marcel** *nm* fam Maillot de corps en coton, à grosses côtes.

**Marcel** Étienne (?, v. 1316 – Paris, 1358), prévôt des marchands de Paris à partir de 1355. Il tenta d'organiser Paris sur le modèle des villes flamandes (1358) ; face à l'opposition du Dauphin (le futur Charles V), il appela Charles le Mauvais, roi de Navarre, ce qui mécontenta le peuple. Un partisan du Dauphin l'assassina.

**Marcel** Gabriel (Paris, 1889 – id., 1973), philosophe français, proche de l'existentialisme chrétien : *Journal métaphysique* (1923), *Être et Avoir* (1933). Théâtre : *Rome n'est plus dans Rome* (1951).

**Marcellin (saint)** (m. à Rome en 304), pape de 296 à 304. Il aurait été martyrisé.

**Marcello** Benedetto (Venise, 1686 – Brescia, 1739), compositeur italien : *Estro Poetico-Armonico* (paraphrases sur les cinquante premiers psaumes).

**Marcellus** Marcus Claudius (41 – 23 av. J.-C.), fils d'Octavie, sœur de l'empereur Auguste qui fit de lui son héritier, mais il mourut prématurément.

**marcescent, ente** *a* BOT Qui se fane sans se détacher de la plante. *Les feuilles marcescentes du chêne.* ETY Du lat. DER **marcescence** *nf*

**March** Ausiàs (Gandia [?], v. 1397 – Valence, 1459), poète espagnol de langue catalane. Il créa la poésie catalane en renonçant au provençal : *Chants d'amour* et *Chants de mort.*

**Marchais** Georges (La Hoguette, Calvados, 1920 – Paris, 1997), homme politique français ; secrétaire général du PCF de 1972 à 1994.

**Marchal** André (Paris, 1894 – Saint-Jean-de-Luz, 1980), organiste français.

**marchand, ande** *n, a* **A** *n* Personne qui fait profession d'acheter et de revendre avec bénéfice. *Marchand en gros, au détail.* **B** *a* Relatif au commerce. *Valeur marchande. Rue marchande.* LOC ***Marchand de biens :*** qui achète des terres, des immeubles, pour les revendre, ou qui sert d'intermédiaire entre vendeurs et acheteurs de ces biens. — ***Marchand de canons :*** fabricant d'armes. — ***Marchand de sable :*** dans les histoires pour enfants, personnage qui apporte le sommeil. — péjor ***Marchand de soupe :*** propriétaire d'un mauvais restaurant ; fig personne peu scrupuleuse, qui ne considère son métier que comme une source de profits. — ***Marchand de sommeil :*** personne qui met en location des logements insalubres et dangereux. — fam ***Marchand de tapis :*** personne qui marchande mesquinement. — ***Marchand du temple :*** personne qui fait commerce de choses liées à la religion. — ***Prix marchand :*** auquel les marchands se vendent les produits entre eux. — ***Qualité marchande :*** courante, par oppos. à *supérieure.* ETY Du lat.

**Marchand** Louis (Lyon, 1669 – Paris, 1732), organiste et compositeur français : livres d'orgue, livres de clavecin, airs de cour.

**Marchand** Jean-Baptiste (Thoissey, Ain, 1863 – Paris, 1934), général et explorateur français. Chef de la mission Congo-Nil, qui traversa l'Afrique, il atteignit Fachoda en 1898. Face aux Anglais de Kitchener, il dut se replier sur ordre du gouvernement.

**marchandage** *nm* **1** Action de marchander. **2** péjor Tractation peu scrupuleuse. *Marchandage électoral.* **3** DR Forme de contrat par lequel un sous-entrepreneur s'engage (envers un entrepreneur) à faire exécuter un travail par des personnes payées et dirigées par lui. *Délit de marchandage.*

**Marchand de Venise (le)** comédie en 5 actes, en vers et en prose, de Shakespeare (1596).

**marchander** *vt* ① **1** Débattre le prix de qqch pour l'obtenir à meilleur compte. *Marchander un tableau.* **2** fig Accorder qqch à contrecœur. *Ne pas marchander les compliments.* **3** DR Conclure un marchandage.

**marchandeur, euse** *n* **1** Personne qui marchande. **2** DR Sous-entrepreneur qui traite dans un contrat de marchandage.

**marchandisage** *nm* COMM Technique visant à présenter à l'acheteur éventuel, dans les meilleures conditions matérielles et psychologiques, le produit à vendre. SYN (déconseillé) merchandising.

**marchandisation** *nf* Prise en compte de considérations mercantiles. *La marchandisation du sport.* DER **marchandiser** *vt* ①

**marchandise** *nf* Objet, produit qui se vend ou s'achète. LOC ***Faire valoir sa marchandise :*** vanter ses propres mérites, ce que l'on possède.

**marchant, ante** *a* LOC MILIT ***Aile marchante :*** celle qui marche (par oppos. à celle qui sert de pivot dans un mouvement tournant) ; fig courant le plus actif, le plus combatif d'un parti, d'un mouvement religieux.

**marchantia** *nf* BOT Hépatique à thalle des lieux humides. ETY D'un n. pr.

**1 marche** *nf* **1** Mode de locomotion de l'homme et de certains animaux ; enchaînement des pas. **2** Trajet que l'on parcourt en marchant. *Le refuge est à deux heures de marche du col.* **3** Mouvement d'un groupe de personnes qui marchent. **4** Pièce de musique destinée à régler le pas d'une troupe, d'un cortège. *La « Marche funèbre » de Chopin.* **5** Mouvement d'un corps, d'un véhicule qui se déplace, d'un mécanisme qui fonctionne. *Mettre un appareil, une voiture en marche.* **6** fig Fait de suivre son cours ou de fonctionner. *La marche du temps. La bonne marche d'une usine.* **7** Élément plan et horizontal d'un escalier, sur lequel on pose le pied. LOC ***Faire marche arrière :*** reculer ; fig revenir sur une prise de position. — ***Marche à suivre :*** façon de procéder pour obtenir ce que l'on désire ; mode d'emploi. — MUS ***Marche d'harmonie :*** progression régulière et uniforme d'accords sur un mouvement de base. — ***Ouvrir, fermer la marche :*** marcher en tête, en queue d'un cortège.

**2 marche** *nf* **1** HIST Province frontière d'un État, organisée militairement pour repousser d'éventuels envahisseurs. **2** Province frontière. ETY Du frq.

**Marche (la)** anc. prov. française, dans le N.-O. du Massif central, qui comprenait la *Basse-Marche* (cap. Bellac) et la *Haute-Marche* (cap. Guéret) ; rattachée à la Couronne en 1531.

**marché** *nm* **1** Lieu couvert ou en plein air où l'on met en vente des marchandises. *Marché aux poissons, aux fleurs.* **2** Ville, endroit qui est le centre d'un commerce important. *Les grandes villes sont en général des marchés d'intérêt national (MIN).* **3** Débouché économique. *Industries concurrentes qui se disputent un marché.* **4** Ensemble des transactions portant sur tels biens, tels services ; ensemble de ceux qui se livrent à ces transactions. *Le marché du travail.* **5** Convention concernant les conditions d'une vente, d'un travail à exécuter. *Conclure un marché.* **6** Accord, pacte quelconque entre plusieurs personnes. LOC ***Bon marché :*** à un prix avantageux. — ***Économie de marché :*** où la loi de l'offre et de la demande régule la production et les prix (par oppos. à *économie planifiée, à économie dirigée*). — ***Étude de marché :*** analyse des besoins des consommateurs en vue de la fabrication et de la vente d'un produit. — ***Faire bon marché de qqch :*** ne pas lui reconnaître beaucoup d'importance. — ***Faire son marché :*** acheter des denrées. — ***Marché à option :*** marché à terme où l'on se réserve le droit d'annuler le marché à l'échéance. — ***Marché à prime :*** avec versement d'une prime en cas d'annulation. — ***Marché à règlement mensuel :*** où des valeurs ne sont payées et livrées qu'à des échéances mensuelles, et qui remplace l'ancien marché à terme. — FIN, COMM ***Marché à terme :*** dont le prix était fixé à la transaction, la livraison et le paiement s'effectuant selon un calendrier (par oppos. à *marché au comptant*). — ***Marché captif :*** réservé à un petit nombre de concurrents. — ***Marché de gré à gré :*** contrat administratif impliquant la liberté de choix du cocontractant par l'Administration. — ***Marché ferme :*** où l'acheteur est en droit d'exiger la livraison. — FIN ***Marché financier :*** où se négocient, en Bourse, les valeurs cotées. — ***Marché gris :*** cotation et échange d'un titre avant son admission à la cote officielle. — ***Marché libre :*** où les banquiers négocient les valeurs sans cote officielle. — ***Marché monétaire :*** ensemble des transactions qu'effectuent entre elles les banques pour faire face à leurs besoins en liquidités. — ***Marché***

*noir* : achat et vente clandestins, à un prix anormalement élevé, de produits recherchés. — *Marché officiel* : qui s'effectue sur des valeurs cotées en Bourse. — *Marché public* : contrat administratif concernant la fourniture de biens ou de services à une collectivité publique. — *Mettre à qqn le marché en main* : l'obliger à accepter ou refuser un marché. — fam *Par-dessus le marché* : de plus, en outre. — FIN *Second marché* : où les exigences concernant les valeurs immobilières sont moindres que celles de la cote officielle. ETY Du lat.

**Marché commun** nom qui fut donné à la Communauté économique européenne.

**Marché commun de l'Amérique du Sud** → **Mercosur.**

**Marche-en-Famenne** ville de Belgique (Luxembourg), à l'E. de Dinant ; 14 120 hab. – Église romane de Waha (XIe s.).

**Marche funèbre** composition musicale de Chopin (1837).

**Marche nuptiale** composition musicale de Mendelssohn, la pièce no 9 du *Songe d'une nuit d'été* (mus. de scène, 1843).

**marchepied** *nm* **1** Dernier degré de l'estrade d'un trône ou d'un autel. **2** Marche ou série de marches permettant de monter dans un véhicule. **3** Petite échelle d'appartement, escabeau. **4** fig Moyen de parvenir à une charge supérieure.

**marcher** *vi* ① **1** Se déplacer par la marche, aller d'un point à un autre en faisant des pas. **2** fig, fam Accepter de participer à une affaire, à une action. *Je ne marche pas !* **3** fig Se laisser duper. *La farce a réussi, tout le monde a marché.* **4** Se déplacer, pour un véhicule. *Ce train marche à 130 km à l'heure.* **5** Fonctionner. *Ce magnétophone ne marche plus.* **6** Prospérer, avoir du succès. *Affaire, spectacle qui marche.* **7** Poser le pied sur, dans qqch. *Marcher sur une peau de banane, dans une flaque boueuse.* LOC *Faire marcher* : lui faire croire des choses fausses. ETY Du frq.

**Marches (les)** rég. d'Italie et de l'UE, sur l'Adriatique, formée des prov. d'Ancône, d'Ascoli, de Macerata et de Pesaro et Urbino ; 9 694 km$^2$ ; 1 428 560 hab. ; cap. *Ancône*. Ressources : agriculture intensive, pêche, tourisme.

**marche sur Rome (la)** manifestation organisée par Mussolini pour intimider Victor-Emmanuel III : le 28 oct. 1922, 40 000 militants fascistes, venus de plus. villes ital., pénétrèrent dans Rome. Le roi demanda à Mussolini de former le gouvernement.

**marchette** *nf* Canada Déambulateur.

**marcheur, euse** *n* Personne qui marche. *Un bon marcheur.*

**Marciac** ch.-l. de cant. du Gers ; 1 342 hab. Festival annuel international de jazz.

**Marciano** Rocco Francis Marchegiano, dit Rocky (Brockton, Massachusetts, 1923 – Des Moines, Iowa, 1969), boxeur américain. Champion du monde des poids lourds de 1952 à 1956, il se retira invaincu.

**Marcien** (en lat. *Marcianus Flavius*) (Thrace, v. 390 – ?, 457), empereur d'Orient (450-457). Il s'opposa au versement du tribut à Attila et réunit le concile de Chalcédoine (451), qui condamna le monophysisme.

**Marcinelle** anc. com. de Belgique (Hainaut) rattachée à Charleroi. Catastrophe minière en 1956 (263 victimes).

**Marcion** (Sinope, auj. Sinop, Turquie, v. 85 – ?, v. 160), philosophe gnostique et hérésiarque, fondateur de l'Église *marcionite*. Il ne retenait de l'Ancien Testament que l'Évangile de Luc et dix épîtres de saint Paul.

**Marck** Guillaume de La → **La Marck.**

**Marckolsheim** ch.-l. de cant. du Bas-Rhin (arr. de Sélastat-Erstein), sur le grand canal d'Alsace ; 4 303 hab. Centrale hydroél. DER **marckolsheimois, oise** *a, n*

**Marcomans** anc. peuple germanique, du groupe des Suèves. Ils envahirent le N. de l'Italie au IIe s. ; Marc Aurèle les repoussa.

**marconi** *a inv* MAR Se dit d'un type de gréement dont une grand-voile triangulaire se hisse au moyen d'une seule drisse. ETY Du n. pr.

**Marconi** Guglielmo (Bologne, 1874 – Rome, 1937), physicien italien. Ses travaux sur la radioélectricité permirent d'établir, dès 1899, la première liaison radio entre la France et l'Angleterre. P. Nobel 1909 avec K. F. Braun.

**Marco Polo** → **Polo.**

**Marcos** Ferdinand (Sarrat, île de Luçon, 1917 – Honolulu, 1989), homme politique philippin. Élu président de la Rép. en 1965, il se comporta en dictateur, proclama en 1972 la loi martiale, la leva en 1981, fut alors réélu, mais il perdit les élections de 1986 et s'exila.

**marcotte** *nf* Organe végétal aérien qui s'enterre et s'enracine avant de se séparer de la plante mère. ETY Du lat. *marcus*, « espèce de cep ».

**marcotter** *vt* ① Susciter artificiellement la formation de marcottes. *Marcotter la vigne.* DER **marcottage** *nm*

**Marcoule** écart des com. de Chusclan et Codolet (Gard), sur le Rhône. Centrale nucléaire.

**Marcoussis** com. de l'Essonne (arr. de Palaiseau) ; 7 992 hab. Centre de recherches électriques et électroniques. – Égl. (XVe-XVIe s., Vierge du XVe s.).

**Marcoussis** Ludwik Markus, dit Louis (Varsovie, 1878 – Cusset, 1941), peintre français d'origine polonaise. Il participa au mouvement cubiste.

**Marcq-en-Barœul** ch.-l. de cant. du Nord (arr. de Lille) ; 39 726 hab. Industr. alimentaire ; constr. mécaniques. DER **marcquois, oise** *a, n*

**Marcus** Rudolf Arthur (Montréal, 1923), chimiste américain d'origine canadienne : travaux sur les échanges d'électrons entre les molécules. Prix Nobel 1992.

**Marcuse** Herbert (Berlin, 1898 – Starnberg, Allemagne, 1979), philosophe américain d'origine allemande. Son œuvre est une critique freudo-marxiste des sociétés industrielles : *Éros et Civilisation* (1955), *l'Homme unidimensionnel* (1964).

**Mar del Plata** ville et port d'Argentine, sur l'Atlant., au S. du río de la Plata ; 600 000 hab. Stat. balnéaire. Pêche. Industr. alimentaires.

**mardi** *nm* Deuxième jour de la semaine, qui suit le lundi. LOC *Mardi gras* : la veille du premier jour de carême (dit mercredi des Cendres), où les cathol. fervents font encore gras. — *Mardi saint* : le mardi de la semaine sainte. ETY Du lat. *Martis dies*, « jour de Mars ».

**Mardochée** (Ve s. av. J.-C.), personnage de la Bible. Oncle ou cousin d'Esther, il éleva la jeune fille, qui devint la favorite d'Assuérus.

**Mardonios** (m. en 479 av. J.-C.), général perse ; gendre de Darios Ier. Il fut vaincu et tué à Platées.

**Mardouk** dieu de Babylone, le plus puissant. VAR **Marduk**

**Mardrus** Joseph Charles (Le Caire, 1868 – Paris, 1949), médecin et orientaliste français ; traducteur des *Mille et Une Nuits* (1898-1904) et du *Coran* (1925).

**mare** *nf* **1** Petite étendue d'eau stagnante, naturelle ou artificielle. **2** Grande quantité de liquide répandue sur le sol. *Une mare de sang.* ETY Du frq.

**Maré** Rolf de (Stockholm, 1888 – Kiambu, Kenya, 1964), mécène suédois ; fondateur des Ballets suédois (1920) et des Archives internationales de la danse (1931).

**Mare au diable (la)** roman de George Sand (1846).

**marécage** *nm* Étendue d'eau dormante peu profonde, marais. ETY De *maresc*, anc. forme de *marais*. DER **marécageux, euse** *a*

**maréchal** *nm* **1** anc Officier chargé de veiller sur les écuries d'un prince. **2** anc Officier supérieur au service du roi. **3** mod Officier général investi de la plus haute dignité militaire. *Maréchal de France.* PLUR maréchaux. LOC *Maréchal de camp* : officier général de l'ancienne monarchie. — *Maréchal des logis* : sous-officier dont le grade correspond à celui de sergent, dans la cavalerie, l'artillerie, le train des équipages et la gendarmerie. ETY Du frq.

**Maréchal** Sylvain (Paris, 1750 – Montrouge, 1803), écrivain français. Théoricien du communisme selon Babeuf : *Manifeste des Égaux* (1796), *Voyages de Pythagore* (1799), *Dictionnaire des athées anciens et modernes* (1800).

**maréchalat** *nm* Dignité de maréchal de France.

**maréchale** *nf* Femme d'un maréchal de France.

**maréchalerie** *nf* TECH Profession du maréchal-ferrant ; son atelier.

**maréchal-ferrant** *nm* Artisan qui ferre les chevaux. PLUR maréchaux-ferrants.

**maréchaussée** *nf* **1** anc Corps de cavaliers placé sous les ordres d'un prévôt des maréchaux et chargé de la sécurité publique. **2** fam, plaisant Les gendarmes.

**marée** *nf* **1** Mouvement périodique des eaux de la mer, qui s'élèvent et s'abaissent chaque jour à des intervalles réguliers, dû à l'attraction qu'exercent sur les masses fluides du globe terrestre les masses de la Lune et du Soleil. **2** Poissons de mer, coquillages, crustacés qui viennent d'être pêchés. **3** Sortie en mer d'un bateau de pêche. LOC *Marée basse* : fin du reflux. — *Marée descendante* : reflux, jusant. — *Marée haute* : fin du flux. — *Marée humaine* : foule considérable en mouvement. — *Marée montante* : flux, flot. — *Marée noire* : couche d'hydrocarbures répandus accidentellement ou non à la surface de la mer. — *Marée verte* : pollution causée par une prolifération d'algues vertes. ETY De *mer*.

ENC La marée est due à l'attraction qu'exercent sur les masses fluides du globe terrestre les masses de la Lune et du Soleil. Leur intensité dépend également du relief des fonds marins, de la viscosité de l'eau, de la morphologie des régions côtières, de celle des continents et de la rotation de la Terre. L'attraction de la Lune, à cause de sa proximité, est prépondérante (2,17 fois celle du Soleil). Elle est maximale lorsque la Lune est située dans le plan du méridien, ce qui se produit toutes les 24 heures 50 minutes. Toutes les 12 heures 25 minutes, la mer monte, reste étale quelques instants, puis redescend.

**marégraphe** *nm* TECH Appareil enregistrant les variations du niveau de la mer selon la marée.

**marelle** *nf* Jeu d'enfants qui consiste à pousser un palet dans des cases numérotées tracées sur le sol, en sautant à cloche-pied ; figure tracée pour ce jeu. ETY Du préroman *marr*, « pierre ».

**Maremme** région marécageuse du littoral tyrrhénien, en Italie centrale.

**marémoteur, trice** *a* TECH Qui concerne ou qui utilise l'énergie des marées. *Centrale, usine marémotrice.*

**marengo** *nm, a inv* **A** *nm* **1** CUIS Veau ou poulet cuit dans de la matière grasse avec des tomates et des champignons. **2** Drap épais, brun et tacheté de petits points blancs. **B** *a inv* Rouge foncé. [ETY] Du n. pr.

**Marengo** village d'Italie (Piémont), près d'Alexandrie, où Bonaparte vainquit les Autrichiens (14 juin 1800).

**marennes** *nf* Huître de l'élevage de Marennes.

**Marennes** ch.-l. de cant. de la Charente-Mar. ; 4 685 hab. Ostréiculture. [DER] **marennais, aise** *a, n*

**Marenzio Luca** (Coccaglio, Brescia, v. 1553 – Rome, 1599), compositeur italien ; maître du madrigal polyphonique.

**Mareth (ligne)** ligne de défense construite (1934-1939) par les Français dans le sud de la Tunisie.

**Maréotis** → **Mariout.**

**Marey Étienne Jules** (Beaune, 1830 – Paris, 1904), médecin et physiologiste français. Il utilisa les enregistrements graphiques pour étudier des phénomènes physiologiques. Pour analyser le vol des oiseaux, il mit au point la chronophotographie (1882), ancêtre du cinématographe.

fusil chronographique de **Marey** (1882) ; longueur : 84,5 cm ; largeur : 12 cm ; hauteur : 38,4 cm

**mareyeur, euse** *n* Marchand en gros de poisson et de fruits de mer. [ETY] De *marée.* [DER] **mareyage** *nm*

**margaille** *nf* **Belgique, fam** Rixe, bagarre, désordre.

**margarine** *nf* Mélange de graisses transformées, pour la plupart d'origine végétale. [ETY] Du gr. *margaron,* « perle », à cause de sa couleur.

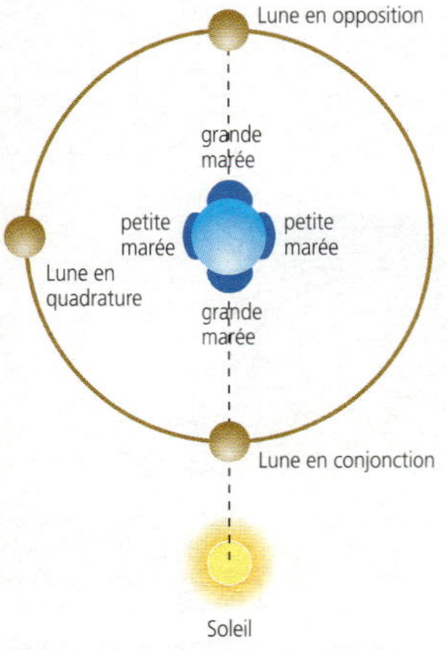


quand le Soleil et la Lune sont en conjonction ou en opposition (époque des syzygies), leurs attractions se combinent pour amplifier le mouvement périodique des eaux de la mer ; au contraire, quand les deux astres sont en quadrature, leurs effets se contrarient et l'amplitude des marées est plus faible

**marée**

**margarinier, ère** *a, nm* **A** *a* Relatif à la margarine. **B** *nm* Industriel de la margarine.

**margarita** *nm* Cocktail à base de tequila et de jus de citron.

**Margarita (île)** île du Venezuela, dans la mer des Antilles ; 1 045 km$^2$ ; 119 000 hab. ; ch.-l. *La Asunción.* [VAR] **île Marguerite**

**Margate** v. de G.-B. (Kent), sur la mer du Nord ; 53 280 hab. Station balnéaire.

**margauder** → **margoter.**

**margaux** *nm* Bordeaux rouge très apprécié. [ETY] D'un n. pr.

**margay** *nm* Chat sauvage d'Amérique du sud, au pelage tacheté. [ETY] Mot tupi.

**marge** *nf* **1** Espace blanc autour d'un texte, d'une gravure, d'une photographie, etc. *Annotations en marge.* **2 fig** Latitude, liberté d'action relative ; intervalle de temps dont on dispose. *Tolérer une marge d'erreur.* **3** FIN Différence entre le prix de vente et le prix d'achat d'une marchandise. **4** GEOL Partie immergée d'un continent, formé de la plate-forme et du talus continental. **5** BOT Rebord d'un organe végétal. **LOC** ***En marge de qqch :*** en dehors de qqch. *Vivre en marge de la société.* — COMM ***Marge arrière :*** facturation par le distributeur d'avantages commerciaux accordés au fournisseur des produits. [ETY] Du lat.

**margelle** *nf* Assise de pierre formant le rebord d'un puits.

**marger** *v* [13] **A** *vt* **1** Prévoir une marge sur une feuille de papier. **2** IMPRIM Placer la feuille à imprimer dans la bonne position. **B** *vi* ECON Dégager une marge, un bénéfice.

**Margeride (monts de la)** massif granitique du Massif central, entre l'Allier et le Lot, culminant à 1 551 m au signal de Randon.

**margeur** *nm* **1** Machine ménageant des marges de part et d'autre d'une feuille de papier. **2** Dispositif d'une machine à écrire servant à régler les marges.

**Marggraf Andreas Sigismund** (Berlin, 1709 – id., 1782), chimiste allemand. Il fut le premier à extraire de la betterave du sucre à l'état solide (1747).

**marginal, ale** *a, n* **A** *a* **1** Qui est en marge d'un texte. **2** Qui n'est pas essentiel, qui n'est pas principal. *Une œuvre marginale.* **B** *a, n* Qui vit en marge de la société. *Groupe marginal.* PLUR marginaux. **LOC** ECON ***Coût marginal d'un produit :*** coût de production d'une unité supplémentaire de ce produit. [DER] **marginalement** *av*

**marginaliser** *vt* [1] Rendre marginal une personne ou un groupe. [DER] **marginalisation** *nf*

**marginalisme** *nm* ECON Théorie qui définit la valeur par son utilité marginale (par oppos. à la théorie marxiste de la valeur fondée sur le temps social moyen de production). [DER] **marginaliste** *a, n*

**marginalité** *nf* État de celui, de ce qui est en marge de la société.

**Margot (la reine)** → **Marguerite de Valois.**

**margoter** *vi* [1] Pousser son cri, en parlant de la caille. [ETY] De *margot,* nom anc. de divers oiseaux. [VAR] **margotter** ou **margauder**

**margouillat** *nm* Lézard (agamidé) d'Afrique occidentale, qui se pare de couleurs vives à l'époque de la reproduction. [ETY] De l'a. fr. *margouiller,* « souiller ». ▶ illustr. **agame**

**margouillis** *nm* **fam, vx** Boue souillée d'ordures ; mélange informe, dégoûtant. [ETY] De l'a. fr.

**margoulette** *nf* **pop** Mâchoire, bouche. **LOC** ***Se casser la margoulette :*** tomber. [ETY] Du lat. *gula,* « gueule », avec infl. de *margouiller.*

**margoulin, ine** *n* **fam** Individu malhonnête en affaires. [ETY] De *goule,* « gueule ».

**margrave** *n* **A** *nm* HIST Titre de certains princes souverains d'Allemagne dont les principautés étaient des marches. **B** *nf* Femme d'un margrave. [ETY] De l'all. [DER] **margraviat** *nm*

**Margrethe II** (Copenhague, 1940), reine de Danemark. Elle succéda à son père Frédéric IX en 1972.

**marguerite** *nf* **1** Plante (composée) dont le capitule porte des fleurs centrales jaunes et des ligules blanches ; le capitule lui-même. *La petite marguerite* est aussi appelée *pâquerette.* **2** TECH Tête d'impression de certaines machines à écrire et imprimantes. **LOC** ***Effeuiller la marguerite :*** pour savoir si on est aimé d'une personne, en disant au fur et à mesure que l'on arrache les pétales : « Il (ou elle) m'aime un peu, beaucoup, passionnément, à la folie, pas du tout », et reprise. [ETY] Du gr.

**Marguerite (île)** → **Margarita.**

**Marguerite** héroïne de la prem. partie du *Faust* (1808) de Goethe, cour. nommée *la Tragédie de Marguerite.*

**Angleterre**

**Marguerite d'Anjou** (Pont-à-Mousson, 1430 – Dampierre, Anjou, 1482), reine d'Angleterre ; fille de René d'Anjou, épouse d'Henri VI de Lancastre (1445).

**Danemark, Norvège et Suède**

**Marguerite Valdemarsdotter** (Sáborg, 1353 – Flensburg, 1412), reine de Danemark, de Norvège et de Suède. Fille du roi de Danemark Valdemar IV, elle épousa (1363) Haakon VI de Norvège. Après la mort de son mari et de son fils (Olav V), elle devint reine (1387) et réalisa l'union de Kalmar (1397).

**Flandre**

**Marguerite de Dampierre** (Mâle, 1350 – Arras, 1405), duchesse de Bourgogne. Elle épousa en 1369 Philippe II le Hardi, apportant à la maison de Bourgogne l'héritage de son père, Louis de Mâle, comte de Flandre. [VAR] **Marguerite de Flandre**

**France**

**Marguerite de Provence** (?, 1221 – Saint-Marcel, près de Paris, 1295), reine de France ; épouse (1234) de Saint Louis, qu'elle accompagna en Égypte.

**Marguerite de Bourgogne** (?, 1290 – Château-Gaillard, 1315), reine de Navarre. Elle épousa en 1305 le futur Louis X le Hutin, qui, devenu roi de France (1314), la fit arrêter pour adultère puis étouffer.

**Marguerite Stuart** (?, v. 1424 – Châlons-en-Champagne, 1445), fille de Jacques I$^{er}$ d'Écosse, première épouse (1436) du futur Louis XI.

**Navarre**

**Marguerite d'Angoulême** (Angoulême, 1492 – Odos, Bigorre, 1549), reine de Navarre ; sœur de François I$^{er}$, épouse du duc d'Alençon, puis, en 1527, d'Henri d'Albret, roi de Navarre. Elle protégea les poètes, les humanistes, les réformés, et écrivit des poèmes, des contes (*l'Heptaméron,* publié en 1559) et des comédies. [VAR] **Marguerite de Navarre**

**Marguerite d'Angoulême**

**Marguerite de Valois** (Saint-Germain-en-Laye, 1553 – Paris, 1615), reine de Navarre puis de France, surnommée la *reine Margot*. Fille d'Henri II et de Catherine de Médicis, elle épousa en 1572 Henri de Navarre. Devenu Henri IV, roi de France, il fit annuler son mariage (1599). Elle a laissé des poèmes et des mémoires. VAR **Marguerite de France**

Pays-Bas

**Marguerite d'Autriche** (Bruxelles, 1480 – Malines, 1530), gouvernante des Pays-Bas (1507-1515 et 1518-1530) ; fille de l'empereur Maximilien et de Marie de Bourgogne. Elle négocia la ligue de Cambrai (1508) et la paix des Dames (1529). (V. Bron.)

**Marguerite de Parme** (Oudenaarde, 1522 – Ortona, 1586), gouvernante des Pays-Bas sous Philippe II (1559-1567) ; fille naturelle de Charles Quint, épouse (1538) du futur duc de Parme. VAR **Marguerite d'Autriche**

Savoie

**Marguerite de France** (Saint-Germain-en-Laye, 1523 – Turin, 1574), fille de François I$^{er}$, épouse du duc de Savoie (1559).

≪≪≫≫

**Marguerite Bourgeoys (sainte)** (Troyes, 1620 – Montréal, 1700), religieuse française. Elle créa la première école (pour jeunes filles) de Montréal (1658) et fonda la congrégation de Notre-Dame de Montréal (1670). Elle a été canonisée en 1982.

**Marguerite d'Youville (sainte)** (Varennes, Québec, 1701 – Montréal, 1771), religieuse québécoise. Elle fonda un groupe laïque qui devint, en 1753, la congrégation des Sœurs de la Charité. Elle a été canonisée en 1990.

**Marguerite-Marie Alacoque (sainte)** (Verosvres, Charolais, 1647 – Paray-le-Monial, 1690), religieuse visitandine ; propagatrice de la dévotion au Sacré-Cœur de Jésus.

**Margueritte Victor** (Blida, 1866 – Monestier, Allier, 1942), romancier français : *la Garçonne* (1922).

**marguillier** *nm* Membre du conseil de fabrique d'une paroisse. ETY Du lat. VAR **marguiller**

**mari** *nm* Homme uni à une femme par le mariage. SYN conjoint, époux.

**Mari** anc. v. de Mésopotamie, sur le moyen Euphrate (site archéologique de Tell Hariri, Syrie). Contemporaine d'Ourouk (v. 3 000 av. J.-C.), elle fut détruite par le Babylonien Hammourabi (XVIII$^{e}$ s. av. J.-C.).

**mariable** → **marier.**

**Maria Chapdelaine** roman de L. Hémon (1916).

**mariachi** *nm* Au Mexique, musicien des rues.

**mariage** *nm* **1** Union légitime de deux personnes. **2** Célébration du mariage. *Assister à un mariage.* **3** fig Union, alliance, assortiment de deux ou plusieurs choses. *Un heureux mariage de couleurs.* **4** Jeu de cartes qui consiste à réunir dans une même main le roi et la dame de la même couleur. LOC ***Mariage blanc :*** non consommé.

**Mariage de Figaro (le)** → **Figaro.**

**marial, ale** *a* Relatif à la Vierge Marie. *Culte marial.* PLUR mariaux.

**Mariamne** (Jérusalem, v. 60 – ?, 29 av. J.-C.), épouse d'Hérode I$^{er}$ ; celui-ci, persuadé à tort de son infidélité, la fit mettre à mort avec ses deux fils.

**Mariana Juan de** (Talavera de la Reina, 1536 – Tolède, 1624), jésuite et historien espagnol : *Histoire de l'Espagne* (1592).

**marianiste** *nm* Membre de la Société de Marie, congrégation religieuse qui se consacra à l'enseignement, fondée en 1817, à Bordeaux, par l'abbé Chaminade.

**Marianne** nom donné à la République française et à ses représentations (notam. bustes de jeune femme en bonnet phrygien).

**Marianne (la Vie de)** roman inachevé (1731-1741) de Marivaux.

**Mariannes (îles)** (anc. îles des Larrons), archipel du Pacifique Nord (Micronésie), formé de quinze îles. Guam, la princ., est territoire américain dep. 1898 ; les autres forment le Commonwealth des Mariannes du Nord, État associé aux É.-U. ; 404 km$^2$ ; 19 600 hab. ; cap. *Saipan.* ▷ OCEANOGR *Fosse des Mariannes :* la plus grande profondeur connue (–11 516 m).
**Histoire** Vendues par l'Espagne aux Allemands en 1899, les Mariannes du N. passèrent sous mandat jap. en 1919. Une import. bataille aéronavale s'y déroula en 1944. De 1947 à 1975, elles ont été sous tutelle américaine.

**Mariano Luis** (Irun, 1914 – Paris, 1970), ténor espagnol qui s'est illustré dans l'opérette.

**Mariánské Lázně** (en all. *Marienbad*), ville de la Rép. tchèque (Bohême-Occidentale), au S. de Karlovy Vary ; 20 500 hab. Stat. therm.

**Maribor** ville de Slovénie, sur la Drave ; 106 110 hab. – Cath. XII$^{e}$ s. et XVIII$^{e}$ s.

**Marica** → **Maritza.**

**marié, ée** *n* Celui, celle dont on célèbre le mariage. LOC ***Se plaindre que la mariée est trop belle :*** se plaindre de ce dont on devrait plutôt se réjouir.

**Marie (sainte)** mère de Jésus-Christ, fille d'Anne et de Joachim. Dans l'Évangile de Luc, l'ange Gabriel vient lui annoncer sa conception virginale de Jésus. Luc ne reparle de Marie qu'après la Résurrection. Jean évoque deux fois sa présence : aux noces de Cana et pendant la Crucifixion. Les dogmes cathol. de l'Immaculée Conception (1854) et de l'Assomption (1950) ont renforcé le culte de Marie, à qui les protestants dénient toute participation à l'œuvre du Christ. VAR **la Vierge Marie** ou **la Sainte Vierge** ou (en art) **la Vierge**

**Marie l'Égyptienne (sainte)** (m. en Égypte v. 420), courtisane repentie qui se retira dans le désert où elle aurait vécu plus de 50 ans.

Angleterre

**Marie I$^{re}$ Tudor** (Greenwich, 1516 – Londres, 1558), reine d'Angleterre et d'Irlande (1553-1558) ; fille d'Henri VIII et de Catherine d'Aragon, épouse de Philippe II d'Espagne. Attachée au catholicisme, elle persécuta les protestants, *Marie la Sanglante (Bloody Mary).* ▷ LITTER *Marie Tudor*, drame de Victor Hugo (1833).

Marie I$^{re}$ Tudor

**Marie II Stuart** (Londres, 1662 – id., 1694), reine d'Angleterre, d'Irlande et d'Écosse (1689-1694). Fille de Jacques II, elle accéda au trône à l'abdication de son père, conjointement avec son époux Guillaume de Nassau, qui devint le roi Guillaume III.

Bourgogne

**Marie de Bourgogne** (Bruxelles, 1457 – Bruges, 1482), fille de Charles le Téméraire ; épouse de Maximilien d'Autriche (1477), à qui elle apporta les Pays-Bas et la Franche-Comté.

Écosse

**Marie de Lorraine** (Bar, 1515 – Édimbourg, 1560), reine d'Écosse ; fille de Claude de Lorraine, duc de Guise. Épouse (1538) de Jacques V, elle assura la régence à la mort du roi (1542).

**Marie I$^{re}$ Stuart** (Linlithgow, Écosse, 1542 – Fotheringhay, Angleterre, 1587), reine d'Écosse (1542-1567) ; fille de Jacques V d'Écosse. Élevée en France, elle fut également reine de France (1559-1560) par son mariage (1558) avec le futur François II ; elle revint en Écosse (1561) après la mort du roi. Elle épousa (1565) Henry Stuart, lord Darnley, chef des catholiques, puis Bothwell (1567), l'un des responsables de l'assassinat de lord Darnley (1567) ; le soulèvement provoqué par ce mariage entraîna son abdication. En 1586, Élisabeth I$^{re}$ la fit traduire devant un tribunal qui la condamna à mort. ▷ LITTER Son destin inspira deux tragédies, à Alfieri (1789) et à Schiller (1800).

Marie I$^{re}$ Stuart

France

**Marie de Brabant** (Louvain, v. 1254 – Murel, près de Nantes, 1321), reine de France ; épouse de Philippe III le Hardi (1274). Elle protégea les trouvères.

**Marie d'Anjou** (?, 1404 – Châtellier, Poitou, 1463), reine de France ; fille de Louis d'Anjou, roi de Sicile, épouse de Charles VII (1422).

**Marie de Médicis** (Florence, 1573 – Cologne, 1642), reine de France. Fille du grand-duc François I$^{er}$ de Toscane, elle épousa Henri IV (1600). Régente à la mort du roi (1610), elle se laissa mener par Concini (que le jeune Louis XIII fit assassiner en 1617), se révolta contre son fils (1617-1620) et se réconcilia avec lui (1622). Alors admise au Conseil, elle y fit entrer Richelieu en 1624 ; ayant en vain essayé de le faire disgracier (journée des Dupes, 1630), elle dut s'exiler. Elle fit bâtir le palais du Luxembourg.

Marie de Médicis

**Marie Leczinska** (Breslau, 1703 – Versailles, 1768), reine de France ; fille de Stanislas Leczinsky, roi de Pologne, épouse de Louis XV (1725), dont elle eut dix enfants.

Portugal

**Marie I$^{re}$ de Bragance** (Lisbonne, 1734 – Rio de Janeiro, 1816), fille de Joseph I$^{er}$, reine de Portugal (1777-1816) ; en 1760, elle épousa son oncle Pierre de Portugal, qu'elle associa ensuite au trône sous le nom de Pierre III. Son second fils (Jean VI) fut régent à partir de 1792, quand sa mère eut perdu la raison à la suite de la mort de son mari et de son fils aîné. — **Marie II de Bragance** (Rio de Janeiro, 1819 – Lisbonne, 1853), reine de Portugal (1826-1828 et 1833-1853), fille de Pierre Ier (Pedro Ier), empereur du Brésil. Elle épousa en 1836 Ferdinand de Saxe-Cobourg-Gotha (Ferdinand II).

≪≪≫≫

**Marie-Adélaïde de Savoie** (Turin, 1685 – Versailles, 1712), fille du duc de Bourgogne ; mère de Louis XV.

**Marie-Amélie de Bourbon** (Caserte, 1782 – Claremont, 1866), fille du roi des Deux-Siciles ; reine des Français (1830-1848) par son mariage (1809) avec Louis-Philippe.

**Marie-Antoinette d'Autriche** (Vienne, 1755 – Paris, 1793), reine de France ; fille de l'empereur François Ier et de Marie-Thérèse. Elle épousa le futur Louis XVI en 1770. Elle eut une grande impopularité (que l'affaire du Collier renforça). Enfermée avec le roi au Temple (1792), puis à la Conciergerie, elle fit preuve de dignité ; condamnée à mort, elle fut guillotinée (16 oct. 1793).

Marie-Antoinette d'Autriche

**Marie-Caroline** (Vienne, 1752 – Schönbrunn, 1814), reine de Naples par son mariage avec Ferdinand IV (1768) ; sœur de la reine Marie-Antoinette.

**Marie-Christine de Bourbon** (Naples, 1806 – Sainte-Adresse, Seine-Maritime, 1878), reine d'Espagne par son mariage avec Ferdinand VII (1829) ; fille de François Ier, roi des Deux-Siciles. Régente (1833) pour sa fille Isabelle, elle réprima l'insurrection carliste (1833-1839) ; chassée du pouvoir (1840), elle y revint (1843) et s'exila en 1854.

**Marie-Christine de Habsbourg-Lorraine** (Gross-Seelowitz, Moravie, 1858 – Madrid, 1929), fille de l'archiduc Ferdinand-Charles, épouse (1879) d'Alphonse XII, roi d'Espagne ; régente de 1885 à 1902.

**Marie de France** (1154 – 1189), poétesse française qui vécut en Angleterre ; auteur de *Lais* et de *Fables*, elle enrichit le roman breton.

**Marie de l'Incarnation (bienheureuse), Barbe Avrillot** puis **Mme Acarie**, dite (Paris, 1599 – Pontoise, 1672), religieuse française. Elle implanta les carmélites en France.

**Mariée mise à nu par ses célibataires, même (la)** peinture sur verre, œuvre inachevée de Marcel Duchamp (1915-1923, Philadelphie). VAR **le Grand Verre**

**Marie-Galante** île des Antilles françaises, à 26 km au S.-E. de la Guadeloupe, dont elle dépend ; 158 km² ; 13 512 hab. ; ch.-l. *Grand-Bourg*. Canne à sucre ; distilleries.

**marie-jeanne** *nf inv* fam Marijuana.

**Marie-Josèphe de Saxe** (Dresde, 1731 – Versailles, 1767), fille du roi de Pologne Auguste III, épouse du Dauphin Louis (1747), fils de Louis XV ; mère de Louis XVI, Louis XVIII et Charles X.

**marie-louise** *nf* Moulure fixée sur le bord inférieur d'un cadre. PLUR maries-louises.

**Marie-Louise (les)** appellation ironique des conscrits de moins de 20 ans appelés sous les drapeaux en 1813 par un décret qu'avait signé l'impératrice Marie-Louise.

**Marie-Louise de Habsbourg-Lorraine** (Vienne, 1791 – Parme, 1847), impératrice des Français ; fille de François II, empereur d'Autriche. Elle épousa Napoléon Ier (1810), dont elle eut un fils, le roi de Rome. Elle se remaria secrètement avec le comte de Neipperg (1821) puis avec le comte de Bombelles (1834). De 1815 à sa mort, elle régna sur Parme, Plaisance et Guastalla.

l'impératrice Marie-Louise de Habsbourg-Lorraine

**Marie-Madeleine (sainte)** (Ier s. apr. J.-C.), sainte honorée dès le Ier s. Sous ce nom et ce culte uniques sont en fait confondues trois personnes : la pécheresse qui oignit de parfum les pieds du Christ et obtint son pardon ; Marie de Magdala, qui reconnut Jésus ressuscité près de son tombeau ; Marie de Béthanie, sœur de Lazare et de Marthe, qu'une légende fait aborder aux Saintes-Maries-de-la-Mer.

**Marienbad** → **Mariánské Lázně**.

**marier** *vt* 2 **1** Unir deux personnes par les liens du mariage. *Se marier à l'église.* **2** Donner en mariage ; organiser le mariage de. *Il a marié sa fille.* **3** Participer aux cérémonies de mariage de. *Ils marient un de leurs cousins.* **4** fig Unir, allier, assortir. *Marier les couleurs.* ETY Du lat. DER **mariable** *a*

**marie-salope** *nf* MAR Chaland destiné à recevoir les vases draguées dans les ports et dans les rivières. PLUR maries-salopes.

**Marie-Thérèse** (Vienne, 1717 – id., 1780), impératrice d'Autriche (1740), reine de Hongrie (1741) et de Bohême (1743). Fille de l'empereur Charles VI, à qui elle succéda, elle épousa en 1736 François de Lorraine, empereur en 1745. Grâce à l'Angleterre, elle conserva son héritage (guerre de la Succession d'Autriche, 1740-1748). Elle perdit la guerre de Sept Ans, (1756-1763). Elle prit part au premier partage de la Pologne (1772). Elle eut quinze enfants, dont Joseph II, Léopold II et Marie-Antoinette.

l'impératrice Marie-Thérèse

**Marie-Thérèse d'Autriche** (Madrid, 1638 – Versailles, 1683), reine de France ; fille de Philippe IV d'Espagne, épouse de Louis XIV (1660).

**Mariette Auguste** (Boulogne-sur-Mer, 1821 – Le Caire, 1881), égyptologue français. Il découvrit le serapeum de Memphis (1851) ; directeur général des fouilles en Égypte (1858).

**marieur, euse** *n* Personne qui s'entremet pour favoriser un mariage.

**Marie-Victorin Conrad Kirouac (frère)** (Kingsey Falls, Québec, 1885 – Saint-Hyacinthe, Québec, 1944), botaniste québécois. Il fonda le jardin botanique de Montréal.

**Marignan** (en ital. *Melegnano*), v. d'Italie, près de Milan ; 18 480 hab. – Victoire de François Ier sur les Suisses qui servaient le duc de Milan (1515).

**Marignane** ch.-l. de cant. des Bouches-du-Rhône (arr. d'Istres), près de l'étang de Berre ; 34 006 hab. Aéroport de Marseille. Industr. DER **marignanais, aise** *a, n*

**Marigny Enguerrand de** (Lyons-la-Forêt, v. 1260 – Paris, 1315), homme d'État français ; gardien du Trésor sous Philippe le Bel. Très riche, accusé de prévarication, il fut pendu.

**marigot** *nm* Dans les pays tropicaux, dépression de terrain inondée pendant la saison des pluies, ou bras mort d'un cours d'eau. ETY Mot caraïbe.

**Marigot** com. de l'île Saint-Martin, ch.-l. d'arr. de la Guadeloupe.

**marijuana** *nf* Stupéfiant préparé à partir du chanvre indien. *Cigarette de marijuana.* PHO [maʀiʀwana] ETY Mot esp. d'Amérique. VAR **marihuana**

**Marillac Michel de** (Paris, 1563 – Châteaudun, 1632), homme d'État français. Garde des Sceaux en 1629, adversaire de Richelieu, il s'exila après la journée des Dupes (1630). — **Louis** (en Auvergne, 1573 – Paris, 1632) frère du préc. ; maréchal de France, il conspira contre Richelieu et fut décapité.

**marimba** *nm* Sorte de xylophone d'Afrique Noire. ETY Du portug.

**1 marin, ine** *a* **1** Qui vient de la mer, qui y habite ; qui concerne la mer. *Sel marin. Animaux marins.* **2** Qui concerne la navigation en mer. *Carte marine.* **3** TECH Se dit de travaux effectués au-delà du rivage. *Prospection marine*, ou *en mer* (recommandé pour *off-shore*). LOC ***Avoir le pied marin*** : être à l'aise sur un bateau. ETY Du lat.

**2 marin** *nm* **1** Personne dont la profession est de naviguer en mer. **2** Homme d'équipage. *Les officiers et les marins.* **3** Vent du littoral méditerranéen français, venu du sud et chargé de pluie. LOC ***Col marin*** : grand col carré dans le dos, en pointe devant. — ***Costume marin*** : costume bleu rappelant l'uniforme des marins, à col marin.

**Marin (Le)** ch.-l. d'arr. de l'île de la Martinique ; 7 267 hab.

**Marin Ier** (Gallese, ? – Rome [?], 884), pape de 882 à 884. Une erreur des chroniques le nomme aussi *Martin II*. — **Marin II** (Rome, ? – id., 946), pape de 942 à 946, dit aussi *Martin III*.

**Marin Louis** (La Tronche, Isère, 1931 – Paris, 1992), philosophe et historien français. Il étudia les systèmes de représentation, notam. au XVIIe s. : *le Portrait du roi* (1981).

**Marin de Tyr** (fin du Ier s.), géographe et mathématicien grec d'origine romaine.

**marina** *nf* Complexe touristique comportant des logements attenants à des installations portuaires de plaisance. ETY De l'ital. *marina*, « plage ».

**marinade** *nf* Mélange composé de vin, de vinaigre, de sel et d'aromates, dans lequel on laisse tremper une viande ou un poisson ; mets ainsi préparé.

**1 marine** *n, a* **A** *nf* **1** Ce qui concerne l'art de la navigation sur mer. *Instrument de marine.* **2** Ensemble des navires, des équipages. *Marine marchande.* **3** Puissance navale, marine militaire d'un État. *Officier de marine.* **4** Bx-A Tableau qui a la mer pour sujet ; genre constitué par de tels tableaux. **B** *a inv, nm* Se dit du bleu foncé qui ressemble à celui des uniformes de la Marine nationale. *Des cabans (bleu marine).* LOC ***Format marine*** : format de châssis de tableau dont la hauteur est inférieure à la largeur. — ***Marine nationale*** : marine de guerre de la France.

**2 marine** *nm* Soldat de l'infanterie dans les armées britannique et américaine.

**Marine (musée de la)** musée parisien fondé en 1827 (au Louvre), installé en 1943 dans le palais de Chaillot.

**mariner** *v* ① **A** *vt* Mettre un poisson, de la viande dans une marinade pour les conserver, les attendrir ou leur donner un arôme particulier. **B** *vi* **1** Être placé dans une marinade. *Poisson qui marine depuis deux heures.* **2** fam Attendre ; rester longtemps dans une situation désagréable. *Faire mariner qqn.*

**Mariner** série de sondes spatiales américaines destinées à l'étude des planètes.

**Marinetti Filippo Tommaso** (Alexandrie, Égypte, 1876 – Bellagio, 1944), poète italien ; fondateur du futurisme, dont il publia le manifeste en 1909 (en français, dans *le Figaro*).

**maringouin** *nm* Canada Nom cour. de divers moustiques. ETY Du tupi-guarani.

**Marini Marino** (Pistoia, 1901 – Viareggio, 1980), sculpteur italien inspiré notam. par l'art des Cyclades (thème du Cavalier).

**Marinides** → **Mérinides.**

**marinier, ère** *a, n* **A** *a* Qui appartient à la marine. **B** *n* Personne qui conduit des péniches, des chalands ou des remorqueurs sur les rivières et les canaux. LOC ***Officier marinier :*** sous-officier de la Marine nationale.

**marinière** *nf* **1** Manière de nager sur le côté. *Nager (à) la marinière.* **2** Vêtement, blouse ample, que l'on enfile par la tête. LOC CUIS ***Moules (à la) marinière :*** cuites dans leur jus, avec du vin blanc, des échalotes et du persil.

**mariniser** *vt* ① **A** Adapter aux conditions de la haute mer.

**marinisme** *nm* LITTER Courant précieux du XVII^e^ s., inspiré par G. Marino.

**Marino Giambattista** (Naples, 1569 – id., 1625), poète italien : *l'Adonis,* poème mythologique de 45 000 vers dédié à Louis XIII. Son style recherché suscita en France et en Italie une littérature précieuse, le *marinisme.* VAR **Marini** ou **le Cavalier Marin**

**marin-pêcheur** *nm* Salarié ou artisan qui travaille sur un bateau de pêche. PLUR marins-pêcheurs.

**mariol** *a, n* pop Malin, rusé. *Faire le mariol.* ETY De l'ital. VAR **mariolle, mariole**

**mariologie** *nf* didac Partie de la théologie consacrée à la Vierge Marie.

**Marion de Lorme** → **Lorme.**

**marionnette** *nf* **A** **1** Figurine qu'on actionne à l'aide de ficelles ou à la main. *Marionnette à fils, à gaine.* **2** fig Personne qu'on manœuvre comme on veut. *Cet homme politique n'est qu'une marionnette.* **B** *nf pl* Théâtre ou spectacle de marionnettes. *Aimer les marionnettes.* ETY De *Marion,* dimin. de *Marie,* « statuette de la Vierge ». DER **marionnettiste** *n*

**mariophanie** *nf* Apparition de la Vierge.

**Mariotte abbé Edme** (près de Dijon, v. 1620 – Paris, 1684), physicien français ; créateur de l'expérimentation en physique. Il étudia notam. l'état des corps (solide, liquide, gazeux) et utilisa le baromètre pour prévoir le temps. ▷ *Loi de Mariotte :* pour une masse donnée de gaz et à température constante, le produit de la pression d'un gaz par son volume reste constant (loi rigoureuse pour les gaz parfaits).

**Marioupol** (anc. *Jdanov*), v. industr. et port d'Ukraine, sur la mer d'Azov ; 522 000 hab.

**Mariout** petit lac d'Égypte, séparé de la Méditerranée par une langue de terre sur laquelle est bâtie Alexandrie. VAR **Maréotis**

**Maris (république des)** rép. autonome de Russie, située à l'E. de Nijni-Novgorod ; 23 200 km$^2$ ; 738 000 hab. ; cap. *Iochkar-Ola.*

**Maris** peuple finno-ougrien qui vit, en Russie, dans la rép. des Maris et les rép. voisines ; 700 000 personnes. VAR **Tchérémisses** DER **mari** ou **tchérémisse** *a*

**marisque** *nf* MED Petite tuméfaction du pourtour de l'anus due à la transformation fibreuse d'une hémorroïde externe. ETY Du lat. *marisca,* « figue sauvage ».

**mariste** *n* Membre d'une des congrégations religieuses vouées à la Vierge Marie. *Pères, sœurs, frères maristes.*

**Maritain Jacques** (Paris, 1882 – Toulouse, 1973), philosophe français adepte du thomisme : *Primauté du spirituel* (1927), *Humanisme intégral* (1947).

**marital, ale** *a* Du mari. *Autorisation maritale.* PLUR maritaux.

**maritalement** *av* Comme des époux mais sans être mariés. *Vivre maritalement.*

**maritime** *a* **1** Qui est en contact avec la mer, qui subit son influence. *Populations, plantes maritimes. Climat maritime.* **2** Qui se fait par mer. *Transport, commerce maritime.* **3** Qui concerne la navigation sur mer, la marine. *Grande puissance maritime.* ETY Du lat.

**Maritza (la)** (anc. *Hèbre*), fl. de Bulgarie et de Grèce (490 km) ; se jette dans la mer Égée. Son bassin recèle de la houille. VAR **Marica**

**Marius Caius** (Cereatae, près d'Arpinum, auj. Arpino, 157 – Rome, 86 av. J.-C.), général et homme politique romain. D'origine modeste, élu tribun du peuple en 119 av. J.-C., préteur (116), consul (107), il vainquit le roi de Numidie, Jugurtha, en 105 et fut réélu consul de 104 à 100. Ses victoires en Gaule sur les Teutons (102) et les Cimbres (101) accrurent son prestige, mais Sulla parvint à le faire proscrire. Revenu à Rome alors que Sulla combattait en Orient, Marius, allié à Cinna, fit massacrer ses adversaires. Il entamait un septième consulat (86 av. J.-C.), quand il mourut.

**Marius** pièce en 4 actes de Pagnol (1929) suivie par *Fanny* (1932) et *César* (écrite pour le cinéma en 1936). ▷ CINE *Marius* d'Alexander Korda en 1931 ; *Fanny* de Marc Allégret, en 1932 ; *César* de Pagnol, en 1936, avec Pierre Fresnay (Marius), Raimu (César), Orane Demazis (Fanny).

**maritorne** *nf* fam Femme laide et malpropre. ETY D'un n. pr.

**marivauder** *vi* ① **1** S'exprimer avec affectation, préciosité dans son style. **2** Faire preuve de galanterie raffinée, d'affectation dans l'expression des sentiments amoureux. ETY Du n. de l'écrivain fr. *Marivaux.* DER **marivaudage** *nm*

**Marivaux Pierre Carlet de Chamblain de** (Paris, 1688 – id., 1763), écrivain français. Au théâtre, son style subtil, qui a reçu le nom de *marivaudage,* exprime l'ambiguïté des rapports humains (maître et valet, amant et amante) : *Arlequin poli par l'amour* (1720), *la Surprise de l'amour* (1722), *la Double Inconstance* (1723), *le Jeu de l'amour et du hasard* (1730), *les Fausses Confidences* (1737). Romans réalistes (inachevés) : *la Vie de Marianne* (1731-1741) et *le Paysan parvenu* (1734-1735). Acad. fr. (1743). DER **marivaudesque** *a*

Marivaux

**marja** *nm* Chef spirituel suprême des musulmans chiites, dont les préceptes s'imposent à la communauté.

**marjolaine** *nf* Plante aromatique (labiée). SYN origan. ETY Du lat.

marjolaine

**mark** *nm* Anc. unité monétaire de l'Allemagne. LOC ***Mark finlandais :*** markka. ETY Du frq.

**Marker Christian Bouche-Villeneuve, dit Chris** (Neuilly-sur-Seine, 1921 – Paris, 2012), cinéaste français : *Dimanche à Pékin* (1936), *Cuba si !* (1961), *la Jetée* (1963).

**marketer** *vt* ⑱ Vendre un produit grâce aux techniques du marketing.

**marketeur, euse** *n* Spécialiste du marketing.

**marketing** *nm* ECON Ensemble des démarches et des techniques fondées sur la connaissance du marché, ayant pour objet la stratégie commerciale sous tous ses aspects. SYN (recommandé) mercatique. LOC ***Marketing viral :*** technique de vente fondée sur le bouche-à-oreille par voie électronique. PHO [maʀketiŋ] ETY Mot amér., « commercialisation ». VAR **markéting**

**Markevitch Igor** (Kiev, 1912 – Antibes, 1983), chef d'orchestre et compositeur français.

**Markham (mont)** sommet de l'Antarctique, dans la terre Victoria ; 4 350 m.

**markhor** *nm* Grande chèvre sauvage d'Asie centrale.

**markka** *nm* Anc. unité monétaire de la Finlande. SYN mark finlandais.

**Markov Andreï Andreïevitch** (Riazan, 1856 – Petrograd, auj. Saint-Pétersbourg, 1922), mathématicien russe : travaux sur la théorie des probabilités.

**Markova Lilian Alicia Marks, dite Alicia** (Londres, 1910 – id., 2004), danseuse anglaise ; interprète des ballets romantiques.

**Markowitz Harry** (Chicago, 1927), économiste américain : travaux sur les problèmes financiers des entreprises. Prix Nobel 1990.

**Marlborough John Churchill (1^er^ duc de)** (Musbury, Devonshire, 1650 – près de Windsor, 1722), général anglais. Pendant la guerre de la Succession d'Espagne, il vainquit les Français en Allemagne et aux Pays-Bas (victoires de Blenheim, d'Oudenaarde, de Malplaquet). Une chanson française le raille sous le nom de Malbrough.

**Marley Robert Nesta Marley, dit Bob** (Rhoden Hall, 1945 – Miami, É.-U., 1981), chanteur et compositeur jamaïcain ; princ. figure du reggae et du mouvement rasta.

**marli** *nm* TECH Bord intérieur d'un plat, d'une assiette. ETY D'un n. pr.

**marlin** *nm* Gros poisson téléostéen des mers chaudes, recherché pour son rostre.

**marlou** *nm* pop, vieilli Souteneur. ETY Mot du Nord, « matou ».

**Marlowe Christopher** (Canterbury, 1564 – Londres, 1593), poète dramatique anglais ; le plus important devancier de Shakespeare : *Tamerlan le Grand* (1587), *la Tragique Histoire du docteur Faust* (1588), *le Juif de Malte* (1589), *Édouard II* (v. 1592). Il fut assassiné.

**Marlowe Philip** héros du *Grand Sommeil* (1939) et de plus. autres romans de Raymond Chandler, détective privé sarcastique.

**Marly** com. du Nord ; 11 400 hab. Industries.

**Marly-le-Roi** ch.-l. de cant. des Yvelines (arr. de Saint-Germain-en-Laye), sur la Seine, près de la *forêt de Marly* ; 17 000 hab. – Chât. construit par Hardouin-Mansart pour Louis XIV, détruit sous le premier Empire. Les deux groupes des *Chevaux de Marly* (1745), sculptés par Coustou, ornaient l'abreuvoir. DER **marlychois, oise** *a, n*

**marmaille** *nf* fam Ensemble, groupe de petits enfants.

**Marmande** ch.-l. d'arr. du Lot-et-Garonne, sur la Garonne ; 18 700 hab. Cult. maraîchères ; vignoble. – Égl. XIII^e^-XIV^e^ s. DER **marmandais, aise** *a, n*

**Marmara (mer de)** (anc. *Propontide*), partie de la Méditerranée reliée à la mer Égée par les Dardanelles, et à la mer Noire par le Bosphore.

**marmelade** *nf* Préparation de fruits sucrés et très cuits, presque réduits en bouillie. *Marmelade d'oranges.* LOC *En marmelade* : se dit d'un aliment trop cuit et presque en bouillie ; fig, fam en très mauvais état. ETY Du portug. *marmelada*, « confiture de coings ».

**marmenteau** *am, nm* SYLVIC Se dit de bois de haute futaie qu'on ne coupe pas. *Bois marmenteaux.* ETY Du lat.

**marmite** *nf* Récipient fermé d'un couvercle, dans lequel on fait cuire les aliments ; son contenu. LOC GEOL *Marmite de géants* : cavité dans le lit rocheux d'un cours d'eau, creusée par le mouvement tourbillonnaire de débris rocheux charriés par le courant. — TECH *Marmite de Papin* : récipient clos dans lequel on utilise la force d'expansion de la vapeur grâce à une température très élevée de l'eau. ETY De l'a. fr. *marmite*, « hypocrite ».

**marmitée** *nf* Contenu d'une marmite.

**marmiton** *nm* Jeune aide de cuisine.

**Marmolada** massif montagneux d'Italie ; point culminant des Dolomites (3 342 m).

**marmonner** *vt* ① Murmurer, dire entre ses dents. DER **marmonnement** *nm*

**Marmont Auguste Frédéric Louis Viesse de (duc de Raguse)** (Châtillon-sur-Seine, 1774 – Venise, 1852), maréchal de France. Il servit Napoléon I^er^ puis les Bourbons.

**Marmontel Jean-François** (Bort-les-Orgues, 1723 – Abloville, 1799), écrivain français ; *Contes moraux* (1761-1765), romans (*Bélisaire* 1767, *les Incas* 1777), *Mémoires d'un père pour servir à l'instruction de ses enfants* (1804). Il collabora à l'*Encyclopédie*. Acad. fr. (1763).

**marmoréen, enne** *a* **1** De la nature du marbre ou qui en a l'apparence. **2** fig, litt Qui a la blancheur, la fermeté ou la froideur du marbre. *Impassibilité marmoréenne.* ETY Du lat.

**marmot** *nm* **1** fam Petit enfant. **2** anc Figurine grotesque en métal, qui servait de heurtoir. LOC fam *Croquer le marmot* : attendre longtemps et en vain. ETY De l'a. fr. *marmote*, « guenon ».

**Marmottan Monet (musée)** musée de Paris (XVI^e^ arr.) installé dans un hôtel particulier, légué, avec ses peintures (*Nymphéas* de Monet, notamm.), à l'Institut de France (1932) par Paul Marmottan.

**marmotte** *nf* **1** Mammifère rongeur (sciuridé) à fourrure épaisse, vivant dans les Alpes, en Amérique du N. et dans l'Himalaya. **2** Valise à échantillons des voyageurs de commerce. LOC *Dormir comme une marmotte* : profondément.

marmotte

**marmotter** *vt* ① Dire confusément et entre ses dents. ETY Onomat. DER **marmottement** *nm*

**marmouset** *nm* **A 1** Figurine grotesque. **2** Chenet de fonte surmonté d'un marmouset. **3** fam Petit garçon ; homme petit. **B** *nm pl* HIST Conseillers de Charles V, rappelés en 1388 par Charles VI, surnommés ainsi par dérision par les ducs de Bourgogne et de Berry. ETY De *marmot*.

**Marmoutier** ch.-l. de cant. du Bas-Rhin (arr. de Saverne) ; 2 800 hab. – Église abbat. bénédictine (façade romane du XII^e^ s., nef gothique des XIII^e^ et XIV^e^ s., chœur du XVIII^e^ s.). DER **maurimonastérien, enne** *a, n*

**Marmoutier** abb. bénédictine, proche de Tours ; fondée par saint Martin v. 372, rebâtie aux XI^e^-XII^e^ s. ; il en reste un clocher, quatre tours et un portail.

**1 marnage** *nm* AGRIC Apport de marne destiné à amender un sol.

**2 marnage** *nm* Variation du niveau de la mer entre marée basse et marée haute.

**marne** *nf* Roche sédimentaire argileuse très riche en calcaire, utilisée pour amender les sols acides et pour fabriquer le ciment. ETY Mot gaulois. DER **marneux, euse** *a*

**Marne (la)** riv. de France (525 km), affl. de la Seine (r. dr.) ; naît sur le plateau de Langres ; arrose Châlons-en-Champagne, Meaux ; rejoint la Seine à Charenton-le-Pont (dép. du Val-de-Marne). Navigable en aval d'Épernay, elle est doublée d'un canal latéral, que prolongent le *canal de la Marne à la Saône* et le *canal de la Marne au Rhin* (à Strasbourg).

**Marne** dép. franç. (51) ; 8 162 km^2^ ; 570 000 hab. ; 69,8 hab./km^2^ ; ch.-l. *Châlons-en-Champagne* ; ch.-l. d'arr. *Épernay, Reims, Sainte-Menehould* et *Vitry-le-François*. V. Champagne-Ardenne. DER **marnais, aise** *a, n*

**Marne (batailles de la)** les deux batailles livrées sur la Marne pendant la Première Guerre mondiale. 1. Joffre arrêta l'avance all. (24 août-13 sept. 1914) ; le 5 sept., Gallieni employa mille taxis parisiens (les « taxis de la Marne ») pour transporter des troupes casernées à Paris. 2. Foch résorba la poche allemande de Château-Thierry (18 juil.-6 août 1918).

**Marne (Haute-)** dép. franç. (52) ; 6 211 km^2^ ; 181 500 hab. ; 29,2 hab./km^2^ ; ch.-l. *Chaumont* ; ch.-l. d'arr. *Langres* et *Saint-Dizier*. V. Champagne-Ardenne. DER **haut-marnais, aise** *a, n* ▶ carte p. 1000

**Marne-la-Vallée** v. nouvelle de la banlieue E. de Paris, créée à partir de 1966. Parc de loisirs Disneyland-Paris.

**1 marner** *v* ① **A** *vt* Amender un sol en y incorporant de la marne. **B** *vi* fam Travailler dur.

**2 marner** *vi* ① rég Monter, en parlant de la mer. ETY Var. de *marge*.

**marnière** *nf* Carrière d'où l'on tire la marne.

**Marnix Philippe de, baron de Sainte-Aldegonde** (Bruxelles, 1540 – Leyde, 1598), écrivain flamand. Il attaqua l'Église catholique avec truculence : *Tableau des différens de la religion* (en fr., posth., 1599).

**Maroc (royaume du)** (*al-Mamlaka al-maġribiyya*), État d'Afrique du Nord, sur l'Atlantique et la Méditerranée, limitrophe de l'Algérie ; 458 730 km$^2$ (710 000 km$^2$ avec l'ancien Sahara espagnol) ; 33,3 millions d'hab. ; accroissement naturel : 1,5 % par an ; pop. urbaine à 59 % ; cap. *Rabat*. Nature de l'État : monarchie constitutionnelle. Langue off. : arabe (un tiers de la pop. parle le berbère). Monnaie : dirham marocain. Pop. : Arabes (env. 70 %), Berbères. Relig. : islam sunnite (98,6 %). DER **marocain, aine** *a, n*

**Géographie** Au N.-O. s'étend le Maroc atlantique, région de plateaux et de plaines (Plateau central, Gharb, Chaouïa), au climat méditerranéen humide ; il groupe les deux tiers de la population. Au N., la chaîne du Rif retombe sur la Méditerranée par un littoral escarpé qui est séparé du Maroc oriental, sec et peu peuplé, par les chaînes de l'Atlas : Moyen Atlas, Haut Atlas (culminant à 4 165 m), Anti-Atlas qui ferme, au S., la vallée du Sous. Au-delà, dans le Grand Sud, commence le Sahara marocain.

**Économie** L'agriculture emploie 36 % des actifs et produit moins de 20 % du PNB. Les modernes et vastes exploitations des plaines atlantiques, qui exportent vers l'Europe vins, agrumes, fruits et légumes, coexistent avec une agric. traditionnelle de l'intérieur et des montagnes. La pêche est importante (sardines surtout). Les phosphates (Plateau central et Sahara occidental) sont la grande ressource minière du pays (3$^e$ producteur et 1$^{er}$ exportateur mondial) et ont créé l'industrie chimique (engrais, acide phosphorique) ; s'ajoutent à cela d'autres industries et l'artisanat. L'axe Casablanca-Rabat-Kénitra constitue la première région industrielle. Le Maroc a développé un tourisme balnéaire et culturel : plus de 20 % des recettes extérieures. La balance comm. est déficitaire car le pays importe du pétrole, des céréales et des biens d'équipement. La croissance, quasiment disparue en 1999, reprend peu à peu. Le chômage frappe 20 % des actifs. Mais l'inflation et le déficit budgétaire sont maîtrisés.

**Histoire** LES ORIGINES La région reçut l'apport des Phéniciens, dès le XI$^e$ s. av. J.-C., des Carthaginois, puis des Romains, qui annexèrent le royaume des Maures (partie N. du Maroc) et créèrent la prov. de Maurétanie Tingitane (42 apr. J.-C.), avec Tingis (Tanger) pour cap. Le pays, envahi par les Vandales (V$^e$ s.), conquis et islamisé par les Arabes (déb. du VIII$^e$ s.), connut son apogée sous les dynasties berbères des Almoravides et des Almohades qui régnaient aussi sur l'Espagne musulmane (XI$^e$ et XII$^e$ s.). Après 1660, la dynastie arabe des Alaouites, qui règne encore, assit sa domination.

LA COLONISATION Miné par ses divisions internes, le Maroc subit la pression des Européens dès le XVIII$^e$ s. La France l'emporta malgré l'opposition all. (conférence d'Algésiras, 1906 incident d'Agadir, 1911) et imposa son protectorat en 1912, laissant à l'Espagne le Rif et le territoire d'Ifni. Lyautey pacifia et organisa le pays, mais c'est Pétain qui écrasa la révolte d'Abd el-Krim dans le Rif (1921-1926). Le mouvement nationaliste se développa grâce à l'Istiqlal. Le sultan Mohammed V, déposé en 1953 par la France, fut rétabli en 1955 et obtint l'indépendance (1956).

LE RÈGNE D'HASSAN II À la mort de Mohammed V (1961), son fils Hassan II lui succéda. Il pratiqua une politique diplomatique active. La crise franco-marocaine née en 1965 (affaire Ben Barka) se résorba, de même que les problèmes frontaliers avec l'Algérie. Le roi obtint le consensus national grâce à sa politique saharienne : les revendications marocaines sur le Sahara occidental (« marche verte », à laquelle participèrent 350 000 volontaires en nov. 1975) aboutirent à une occupation militaire. Les combattants sahraouis du Front Polisario reçurent l'aide de l'Algérie. Malgré le cessez-le-feu et l'acceptation par les deux parties d'un référendum d'autodétermination proposé par l'ONU et l'OUA (1988), le règlement du conflit demeure bloqué. Critiqué à l'extérieur pour son absolutisme, Hassan II a intensifié l'union nationale : libération de prisonniers politiques, levée de la censure, élection, reconnaissance des partis de l'opposition. En 1997, les Marocains ont élu, pour la première fois, l'ensemble de leurs députés au suffrage universel. Nommé par Hassan II, le socialiste Abderrahmane El Youssoufi prend la tête d'un gouv. de coalition. À la mort du roi (1999), son fils Mohammed VI lui succède. À la suite des mouvements de protestation dans le monde arabe en 2011, une nouvelle Constitution accordant davantage de pouvoir au Parlement et au chef du gouv. est promulguée en juillet. Les islamistes remportent les législatives de novembre.

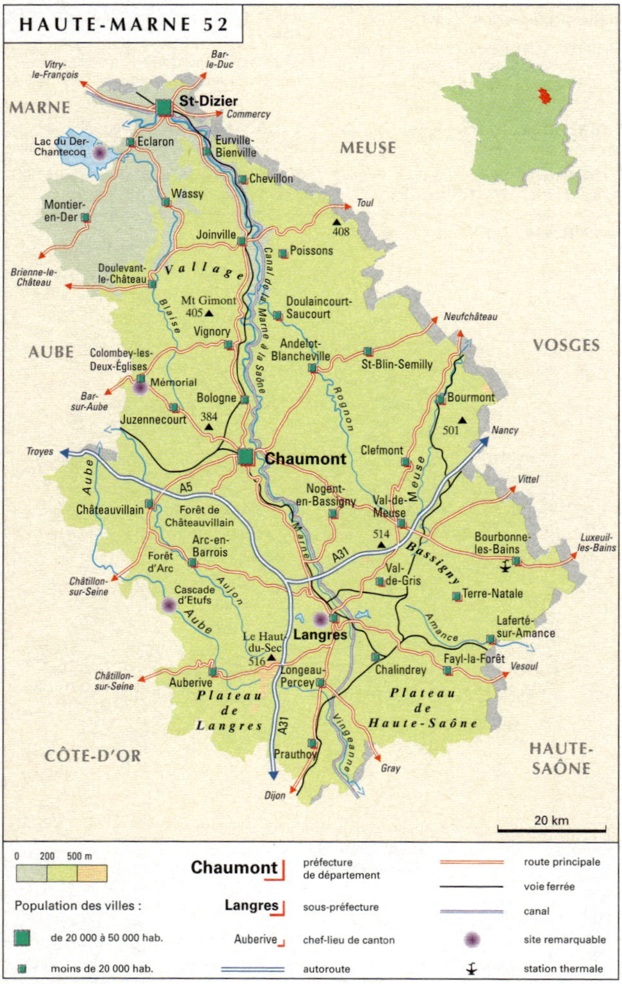


**maroilles** *nm* Fromage AOC de vache fabriqué dans le département du Nord. PHO [maʀwal] ETY D'un n. pr.

**Marois Pauline** (Québec, 1949), femme politique québécoise. Première ministre du Québec de 2012 à 2014 (Parti québécois).

**marollien** *nm* Argot bruxellois, mélange de français et de flamand.

**Maromme** ch.-l. de cant. de la Seine-Maritime (arr. et banlieue de Rouen) ; 11 359 hab. DER **marommais, aise** *a, n*

**Maroni (le)** fl. séparant la Guyane française du Surinam (680 km) ; arrose *Saint-Laurent-du-Maroni*.

**maronite** *n, a* Catholique oriental de rite syrien. ETY De saint *Maron*, anachorète du V$^e$ s.

ENC Érigée, au VIII$^e$ s., en patriarcat *ad honorem* d'Antioche, l'Église maronite se rapprocha de la papauté à partir du XII$^e$ s. et son rite subit l'influence latine. Auj., les maronites sont env. 1,5 million ; la moitié vit au Liban ; l'autre moitié est émigrée en Afrique et en Amérique. Leur langue liturgique est le syriaque.

**maronner** *vi* ① fam Maugréer, grogner. *Faire maronner qqn.* ETY Mot du N.-O., « miauler ».

**maroquin** *nm* **1** Cuir de chèvre tanné et teint du côté du poil. **2** fam Portefeuille, poste ministériel. ETY De *Maroc.*

**maroquiner** *vt* ① TECH Apprêter un cuir à la façon du maroquin. *Maroquiner du mouton, du veau.* DER **maroquinage** *nm*

**maroquinerie** *nf* **1** Art, industrie de la préparation du maroquin, de la fabrication des objets en maroquin ou en cuir fin. **2** Commerce de ces objets ; magasin où on les vend. DER **maroquinier, ière** *n*

**Maros** → **Mureş.**

**Marot** Jean des Mares, dit (v. 1450 – Cahors [?], vers 1526), poète, français (grand rhétoriqueur) à la cour d'Anne de Bretagne puis de François Ier. — **Clément** (Cahors, 1496 – Turin, 1544), poète, fils du préc. Protégé de Marguerite de Navarre, mais soupçonné de luthéranisme, enfermé au Châtelet (1526), poursuivi de nouveau en 1534 (affaire des Placards) et en 1542, il gagne Genève et meurt pauvre à Turin. Ses rondeaux, ballades, etc. respectent les formes traditionnelles mais la postérité a surtout retenu les pièces où il laisse libre cours à sa verve : épigrammes, églogues (*Églogue au roi* 1538), élégies, épîtres (*Épître à Lyon Jamet* 1526, *Épître au roi pour le délivrer de prison* 1527). DER **marotique** *a*

Clément Marot

**marotte** *nf* **1** Sceptre surmonté d'une tête coiffée d'un capuchon bigarré et garni de grelots. *La marotte d'un bouffon.* **2** Tête de femme, sorte de mannequin qui sert à exposer des chapeaux, des modèles de coiffure. **3** Marionnette montée sur une tige de bois. **4** fig Manie. ETY Dimin. de *Marie*.

**Maroua** ville du Cameroun ; 81 900 hab. ; ch.-l. du dép. de Diamaré. Travail du coton.

**marouette** *nf* Petit oiseau ralliforme qui niche au bord de l'eau. ETY D'un dimin. de *Marie*.

**maroufle** *nf* TECH Colle forte. ETY De *maraud*.

**maroufler** *vt* ① **1** TECH Coller une toile peinte sur une toile de renfort, un panneau de bois, un mur, etc., avec de la maroufle. **2** Renforcer un assemblage en l'entourant d'une bande de toile enduite de colle. DER **marouflage** *nm*

**Marozia** (v. 892 – v. 937), princesse toscane. Elle fit exécuter le pape Jean X, en 928, et élire un de ses fils (Jean XI) en 931.

**marquage** *nm* **1** Action d'appliquer une marque. *Le marquage des bêtes d'un troupeau.* **2** SPORT Action de marquer un joueur adverse. **3** PHYS Introduction d'un isotope radioactif dans une molécule afin de suivre son évolution.

**marquant, ante** *a* Qui marque par sa singularité ou par le souvenir qu'il laisse.

**marque** *nf* **A 1** Signe particulier mis sur une chose pour la distinguer. *Marque à la craie.* **2** HIST Signe infamant fait sur la peau d'un condamné. **3** Signe distinctif appliqué au fer rouge ou peint sur la peau d'un animal. *Marque à chaud.* **4** Signe d'attestation d'un contrôle effectué, de droits payés, etc. *Marque de la douane.* **5** Signe distinctif d'un produit, d'un fabricant, d'une entreprise. *Marque de fabrique, de commerce.* **6** Entreprise industrielle ou commerciale ; ses produits. *Une grande marque de meubles.* **7** SPORT Dispositif où les coureurs calent leurs pieds pour prendre le départ d'une course de vitesse. SYN starting-block. **8** Trace, empreinte. **9** Tout moyen, tout objet de reconnaissance, de repérage, d'évaluation. *Mettre une marque entre les pages d'un livre.* **10** Jeton, fiche qu'on met au jeu au lieu d'argent ; jeton qui sert à marquer les points. **11** Décompte. *Il y a dix points à la marque.* **12** Signe, preuve, témoignage. **B** *nf pl* **1** Repères choisis par un athlète avant l'action. **2** fig Repères permettant de se situer par rapport à un environnement social ou politique. *Chercher, trouver ses marques.* **3** CHASSE Empreintes qui permettent l'identification d'une bête. LOC *De marque* : de qualité, éminent. — *Marque déposée* : qui assure une protection juridique à celui qui la dépose (au tribunal de commerce). — COMM *Marque de distributeur* : produit bon marché dans sa catégorie, qu'une grande surface vend sous sa marque, ou sans marque. — HERALD *Marques d'honneur* : pièces que l'on met hors de l'écu. — *Ouvrir la marque* : marquer le (ou les) premier(s) point(s).

**marqué, ée** *a* **1** Qui porte une marque. *Arbre marqué.* **2** Très apparent, très net ; accusé. *Avoir des préférences marquées.* **3** LING Qui porte une marque distinctive. *«Les chats» (pl) est marqué par rapport à «le chat» (sing.).* LOC *Être marqué* : engagé dans qqch, déterminé par ses choix. — *Marqué par le destin* : poursuivi par la fatalité. — BIOL *Substance marquée* : qui contient un isotope radioactif permettant de suivre son déplacement dans un organisme. — *Taille marquée* : soulignée, accentuée par l'habit. — *Visage marqué* : qui porte les marques de l'âge, de la fatigue ou de la maladie.

**Marquenterre (le)** plaine de Picardie, le long de la Manche, entre les estuaires de la Canche et de la Somme. Parc ornithologique.

**marque-page** *nm* Signet permettant de retrouver une page. PLUR marque-pages.

**marquer** *v* ① **A** *vt* **1** Mettre une marque sur. *Marquer du linge. Marquer le bétail.* **2** Signaler par une marque, un repère. *Marquer une séparation.* **3** Faire ou laisser une trace, une empreinte sur, dans. *Le coup l'a marqué au front.* **4** fig Laisser une trace psychologique. *Ces épreuves l'ont marqué.* **5** Inscrire, noter. *Marquer un rendez-vous.* **6** Indiquer. *L'horloge marque midi.* **7** SPORT Inscrire à la marque. *Marquer un but, un essai.* **8** SPORT Demeurer à côté d'un adversaire, pour contrôler ou empêcher son action. *Marquer un joueur.* **9** Indiquer en soulignant, en accentuant. *Marquer la mesure du geste. Habit qui marque la taille.* **10** Manifester, témoigner, exprimer. *Marquer son intérêt pour le cinéma.* **11** BIOL Introduire un isotope radioactif dans une substance. **B** *vi* **1** Laisser une marque, une trace. **2** fig Impressionner, influencer durablement. *Personne, évènement qui marque.* LOC fig, fam *Marquer à la culotte* : surveiller qqn de très près, sans lui laisser aucune marge de manœuvre. — fam *Marquer le coup* : souligner l'importance d'un évènement ; réagir par rapport à qqch. — MILIT *Marquer le pas* : conserver sur place la cadence du pas, sans avancer ; fig ralentir, stagner. — vieilli, fam *Marquer mal* : faire mauvaise impression. — *Marquer un point* : obtenir un avantage dans une discussion, une négociation, etc. ETY De l'a. norm. *merki*.

**Marquet** Albert (Bordeaux, 1875 – Paris, 1947), peintre français, paysagiste. D'abord « fauve », il joua sur le fondu de la touche.

**marqueterie** *nf* **1** Ouvrage d'ébénisterie constitué de placages de bois, d'ivoire, etc., de différentes couleurs et formant un motif décoratif. *Table en marqueterie.* **2** fig Ensemble disparate. PHO [markɛtʀi] ou [maʀkətʀi] VAR **marquèterie** DER **marqueter** *vt* ⑱ ou ⑳ – **marqueteur, euse** ou **marquéteur, euse**

**Marquette** Jacques (Laon, 1637 – sur les bords du lac Michigan, 1675), jésuite et explorateur français. Il descendit le Mississippi jusqu'à son confluent avec l'Arkansas.

**Marquette-lez-Lille** com. du Nord (arr. de Lille) ; 10 822 hab.

**marqueur, euse** *n* **A 1** Personne qui marque les marchandises, le bétail, etc. **2** Personne qui tient le compte des points au jeu, en sport. **3** SPORT Joueur qui marque un but, un essai, etc. **B** *nf* Machine imprimant une marque sur des articles industriels. **C** *nm* **1** Crayon-feutre à pointe épaisse. **2** MED Substance permettant de déceler un état pathologique. **3** PHYS Syn. de *traceur radioactif*. **4** fig Point de repère caractéristique. *Le verlan joue un rôle important de marqueur identitaire.* **5** BIOL Caractère héréditaire porté par un segment d'ADN, permettant de différencier des individus ou des groupes. **6** Indice permettant de dater un faciès préhistorique ou archéologique.

**marquis** *nm* **1** HIST Seigneur franc préposé à la garde des marches. **2** Titre de noblesse entre celui de duc et celui de comte. ETY Du frq.

**marquisat** *nm* Fief, terre, titre de marquis.

**marquise** *nf* **1** Femme d'un marquis. **2** Auvent ou vitrage au-dessus d'un perron, d'une entrée, etc. **3** Bague au chaton oblong. **4** Bergère à dossier bas, pour deux personnes.

**Marquises (îles)** archipel volcanique de la Polynésie française, à 1 400 km au N.-E. de Tahiti ; 1 274 km$^2$ ; 7 350 hab. ; ch.-l. *Taiohae.* – Ressources très faibles. Tourisme. Découvertes par les Espagnols dès 1595, elles furent occupées par la France en 1842. Les anc. Marquisiens développaient un art original. DER **marquisien, enne** ou **marquésan, ane** *a, n*

îles **Marquises**

**marquoir** *nm* TECH **1** Instrument pour marquer. **2** Modèle de lettre à marquer le linge.

**marraine** *nf* **1** Femme qui présente un enfant, une personne au baptême et s'engage à veiller à son éducation religieuse. **2** Femme qui préside au baptême d'une cloche, d'un navire, etc. LOC ***Marraine de guerre*** : correspondante attitrée d'un soldat du front. ETY Du lat. *mater,* « mère ».

**Marrakech** v. du Maroc mérid., dans la plaine du Haouz, au pied N. du Haut Atlas ; 1 026 000 hab. (aggl.) ; ch.-l. de la prov. du m. nom. Grand marché du Sud. Tourisme. – Nombr. mosquées, dont la Kutubiyyah (XII$^e$ s.). Porte Bab Agnau (entrée de la casbah). Palais. Tombeaux des Saadiens. – Fondée en 1062 par les Almoravides, elle fut la capitale des Almohades (XII$^e$-XIII$^e$ s.). DER **marrakchi, ie** *a, n*

**Marrakech** place Jemaa el Fna

**marrane** *n* HIST Juif d'Espagne et du Portugal, converti de force au catholicisme, et qui continuait à pratiquer clandestinement sa religion. ETY De l'ar. *mahram,* « interdit ».

**marrant, ante** *a, n* **A** fam Drôle, amusant. **B** *a* Curieux, étonnant. *C'est marrant qu'il ne t'ait pas prévenu.*

**Marrast** Armand (Saint-Gaudens, 1801 – Paris, 1852), journaliste et homme politique français ; membre du gouv. provisoire de 1848 et maire de Paris (1848-1849).

**marre** *av* LOC fam ***En avoir marre*** : en avoir assez, être excédé.

**marrer (se)** *vpr* ① fam Rire, s'amuser. ETY De l'a. v. *se marrir,* « s'affliger ».

coucher du soleil sur **Mars**, photo retraitée par ordinateur

**marri, ie** *a* litt Affligé, attristé.

**1 marron** *nm, a inv* **A** *nm* **1** Fruit comestible d'une variété de châtaignier. **2** Couleur marron. *Le marron vous va bien.* **3** fam Coup de poing. **B** *a inv* D'une couleur brun-rouge. *Des yeux marron.* LOC ***Être marron*** : être attrapé, dupé. — ***Marron d'Inde*** : graine non comestible du marronnier d'Inde. — ***Marron glacé*** : confit dans du sucre. — ***Tirer les marrons du feu*** : prendre des risques au seul profit d'un autre. ETY D'un rad. préroman *marr,* « caillou ».

**2 marron, onne** *a* **1** HIST Se dit d'un esclave noir fugitif, dans les colonies d'Amérique. **2** Qui exerce sans titre ou en marge de la légalité. *Courtier, avocat marron.* ETY Mot des Antilles, de l'esp.

**marronnage** *nm* HIST Fuite des esclaves noirs dans la forêt, la montagne.

**marronnier** *nm* **1** Variété de châtaignier. **2** fam Article de journal sur un sujet qui revient périodiquement. LOC ***Marronnier d'Inde*** : grand arbre ornemental, à fleurs en grappes blanches, roses ou rouges.

**Marrou** Henri Irénée (Marseille, 1904 – Paris, 1977), historien français : *Saint Augustin et la fin de la culture antique* (1937), *Histoire de l'éducation dans l'Antiquité* (1948).

**marrube** *nm* Plante aromatique (labiée) à fleurs blanches. ETY Du lat.

**mars** *nm* Troisième mois de l'année. *Les giboulées de mars.* PHO [mars] ETY Du lat. *martius,* de Mars.

**Mars** dans la myth. lat., dieu de la Guerre et de la Végétation (*Mars Silvanus*), identifié au dieu grec Arès ; fils de Junon ; père de Romulus et Remus, enfantés par la vestale Rhea Silvia ; amant de Vénus.

**Mars** Quatrième planète du système solaire (système interne), dédiée au dieu romain de la Guerre du fait de sa teinte rougeâtre. L'excentricité de son orbite, inclinée de 1° 51' par rapport au plan de l'écliptique, est très supérieure à celle de la Terre : sa distance au Soleil est de 206 650 000 km au périhélie et de 249 230 000 km à l'aphélie. Dans le cas le plus favorable, la distance entre Mars et la Terre se réduit à 56 millions de km (dernier rapprochement le 7 janvier 1993, prochain le 27 août 2003). La planète, qui parcourt son orbite en 687 jours et 23 h, effectue un tour sur elle-même en 24 h 37 min 22,7 s (jour sidéral martien), tandis que le jour solaire martien (appelé *sol* depuis que la mission *Viking* explora la surface de Mars en juillet 1976) vaut 24 h 39 min 35 s. Le diamètre équatorial de Mars atteint 6 794 km, soit un peu plus de la moitié de celui de la Terre ; sa masse représente 0,107 fois celle de notre globe ; sa gravité, environ le tiers de la gravité terrestre. Avec un axe de rotation incliné de 24° sur le plan orbital (23° 26' dans le cas de la Terre), la planète connaît, comme la Terre, des saisons marquées. Son atmosphère est très ténue (la pression atmosphérique au niveau du sol martien est de l'ordre de 6 hectopascals, soit 6/1 000 de la pression atmosphérique terrestre) ; elle comprend 95 % de dioxyde de carbone, 2,7 % d'azote et des traces d'autres gaz (dont 0,03 % de vapeur d'eau). Recevant 2,3 fois moins d'énergie solaire que la Terre (en raison de sa distance au Soleil), Mars est plus froide qu'elle (minimum -143 °C au pôle Sud, maximum +22 °C à l'équateur) ; les grands écarts thermiques entre le jour et la nuit provoquent des vents parfois très violents. Au niveau des pôles se trouvent des calottes de glace et de neige carbonique. Le relief comprend des cratères et des bassins d'impact analogues à ceux de la Lune, des chaînes volcaniques (le volcan martien *Olympus Mons,* qui s'étend sur 600 km et s'élève à 26 km est le plus grand volcan connu du système solaire), des dunes et des rivières fossiles, preuve qu'un liquide (certainement de l'eau) a coulé jadis sur la surface de la planète. Mars possède deux petits satellites, *Phobos* et *Deimos,* sans doute des astéroïdes capturés il y a plus de trois milliards d'années. En 1997, une sonde amér. dépose sur Mars un robot qui transmet des images de la planète à la Terre. En 2012, le robot *Curiosity* est envoyé sur Mars pour déterminer, à partir d'échantillons de roches, si la vie microbienne a pu y exister. DER **martien, enne** *a*

**Mars** Anne Boutet, dite M$^{lle}$ (Paris, 1779 – id., 1847), actrice française ; interpréta ingénues et coquettes à la Comédie-Française.

**Marsa (La)** v. de Tunisie, près de Carthage ; 35 120 hab. – Le *traité de La Marsa* confirma le protectorat français en Tunisie (1883).

**Marsais** César Chesneau (sieur Du) (Marseille, 1676 – Paris, 1756), grammairien français. Il collabora à l'*Encyclopédie.* Son *Traité des tropes* (1730), c.-à-d. des « tournures » (de style), annonce la stylistique moderne.

**marsala** *nm* Vin doux produit en Sicile.

**Marsala** port de Sicile, à l'extrémité O. de l'île ; 79 090 hab. Vin renommé. – La ville fut fondée par les Carthaginois (IV$^e$ s. av. J.-C.). Garibaldi y débarqua le 11 mai 1860.

**Marsalis** Ellis (La Nouvelle-Orléans, 1934), pianiste de jazz américain. — **Brandford** (La Nouvelle-Orléans, 1960), fils du préc. ; saxophoniste et compositeur de jazz. — **Wynton** (La Nouvelle-Orléans, 1961), frère du préc. ; trompettiste et compositeur de jazz.

**marsannay** *nm* Bourgogne rouge ou rosé de la côte de Nuits. ETY D'un n. pr.

**marsanne** *nf* Cépage blanc des Côtes du Rhône du Nord. ETY D'un n. pr.

**marsault** *nm* Saule des lieux humides. ETY Du lat.

**Marseillaise (la)** hymne national français. Ce chant fut composé à Strasbourg, en avril 1792, par l'officier du génie Rouget de Lisle, qui l'intitula *Chant de guerre pour l'armée du Rhin.* Des fédérés marseillais montés à Paris le chantèrent (août 1792) et on le nomma la *Marseillaise.* Décrété chant national par la Convention (1795), il tomba en disgrâce sous tous les régimes autoritaires. Une loi votée le 14 février 1879 fit de lui l'hymne national.

**Marseillaise (la)** haut-relief de F. Rude (1832-1835), l'un des 4 trophées des pieds-droits de l'arc de triomphe de l'Étoile, à Paris. VAR **Départ des volontaires de 1792**

**Marseille** ch.-l. du dép. des Bouches-du-Rhône et de la Rég. Provence-Alpes-Côte d'Azur, 1er port de la Méditerranée ; 864 300 hab., 1 500 000 hab. pour l'aggl. qu'elle forme avec Aix-en-Provence et Fos. Le trafic lourd (pétrole, surtout) s'est reporté vers l'étang de Berre et Fos (au N.-O.), ainsi que les industr. de base. Un métro y a été inauguré en 1978. – Archevêché. Univ. Églises médiév. Forts du XVIIe s. Basilique N.-D.-de-la-Garde (consacrée en 1864). Musées. DER **marseillais, aise** *a, n*
**Histoire** La ville (*Massalia*) fut fondée par une colonie phocéenne au VIe s. av. J.-C. Port florissant jusqu'à la conquête des Gaules (49 av. J.-C.), elle fut à nouveau très prospère au temps des croisades, déclina ensuite et retrouva sa puissance après l'ouverture du canal de Suez (1869).

**Marseille** le Vieux-Port

**marselan** *nm* Cépage rouge, hybride issu du cabernet-sauvignon et du grenache.

**Marshall (îles)** archipel du Pacifique Nord (Micronésie), à environ 3 500 km au sud-ouest d'Hawaii. Les îles Marshall constituent un État librement associé aux É.-U. depuis 1983 ; 181 km$^2$ ; 60 000 hab. ; ch.-l. *Majuro* ; 34 îles, réparties en deux chaînes parallèles distantes d'environ 200 km, les îles Ratak et Ralik. DER **marshallais, aise** *a, n*
**Histoire** Ces îles, all. de 1885 à 1914, jap. de 1920 à 1944, furent conquises en 1944 par les Amér., qui les administrèrent (sur décision de l'ONU) de 1947 à 1980. De 1946 à 1956, ils firent des expériences nucléaires sur les atolls de Bikini et d'Eniwetok.

**Marshall** Alfred (Londres, 1842 – Cambridge, 1924), économiste anglais, maître de Keynes.

**Marshall** George Catlett (Uniontown, Pennsylvanie, 1880 – Washington, 1959), général et homme politique américain. Secrétaire d'État de Truman (1947-1948), il est l'auteur d'un plan d'assistance écon. à l'Europe (*plan Marshall*, 1948), adopté par dix-sept pays et appliqué jusqu'en 1952 (V. Europe). P. Nobel de la paix 1953.

**marshmallow** *nm* Cube de guimauve, de couleur pastel. PHO [marʃmalo] ETY Mot angl.

**Marsile de Padoue** (Padoue, v. 1280 – Munich, v. 1345), théologien italien qui contestait au pape son pouvoir temporel : *Defensor pacis* (1325). Il fut excommunié.

**marsilia** *nf* Petite fougère aquatique dont les feuilles à quatre folioles font penser à des trèfles « à quatre feuilles ». ETY D'un n. pr.

**marsouin** *nm* **1** Mammifère cétacé odontocète (delphinidé), dont une espèce, commune dans l'Atlantique Nord, se rencontre souvent dans le sillage des navires. **2** fam Soldat de l'infanterie de marine.

**Marston** John (Coventry, v. 1575 – Londres, 1634), poète dramatique anglais : *le Mécontent* (1604), *le Parasite* (1606), *Holà ! vers l'Orient* (*Eastward Hoe*, en collab. avec Chapman et Ben Jonson, 1605).

**marsupial, ale** *a, nm* ZOOL **A** *a* Relatif au marsupium **B** *nm* Mammifère primitif de la sous-classe des métathériens, caractérisé par un développement embryonnaire inachevé à la naissance, qui s'achève dans le marsupium. PLUR marsupiaux.

**marsupium** *nm* Repli cutané ventral des marsupiaux, contenant les mamelles. PHO [marsypjɔm] ETY Mot lat., « bourse ».

**Marsyas** dans la myth. gr., satyre de Phrygie qui, avec sa flûte, osa défier Apollon et sa lyre. Vaincu, il fut écorché vif par le dieu.

**martagon** *nm* Lis de montagne à fleurs roses tachetées de brun. ETY De l'esp.

**marte** → **martre.**

**marteau** *nm* **1** Outil composé d'une tête en métal, munie d'un manche, qui sert à battre les métaux, enfoncer des clous, etc. **2** Pièce d'horlogerie qui sonne les heures en frappant un timbre. **3** Heurtoir d'une porte. **4** MUS Pièce qui vient frapper, sous l'action de la touche, la corde d'un piano. **5** ANAT Un des osselets de l'oreille moyenne. **6** SPORT Sphère métallique (7,257 kg) reliée à une poignée par un fil d'acier, que l'athlète doit projeter le plus loin possible. *Le lancer du marteau.* LOC fam ***Être marteau*** : être un peu fou. — ***Marteau piqueur*** : engin comportant un piston actionné par l'air comprimé ou l'électricité, muni d'une pointe qui sert à défoncer les matériaux durs. — ZOOL ***Marteau*** ou ***requin marteau*** : poisson sélacien dont les yeux sont portés par des expansions latérales de la tête. ETY Du lat.

**marteau-pilon** *nm* Machine servant à forger les pièces de métal de grande dimension. PLUR marteaux-pilons.

**marteau-piolet** *nm* Piolet à manche court, à pointe coupante et à panne massive, utilisé en paroi rocheuse ou glacée. PLUR marteaux-piolets.

**Marteau sans maître (le)** recueil de poèmes (1934) de René Char. ▷ MUS Cycle de pièces vocales de Boulez (1953-1955).

**martel** *nm* LOC ***Se mettre martel en tête*** : se tourmenter, se faire du souci.

**Martel** Charles → **Charles Martel.**

**Martel** Édouard (Pontoise, 1859 – Montbrison, 1938), spéléologue français. Il découvrit et explora le gouffre de Padirac.

**Martel** comte Thierry de (Maxéville, près de Nancy, 1876 – Paris, 1940), chirurgien français ; pionnier de la neurochirurgie.

**martelage** *nm* **1** Action de marteler, notam. pour préparer ou mettre en forme des métaux. **2** SYLVIC Marquage au marteau des arbres à abattre ou à conserver.

**martèlement** *nm* **1** Action de marteler. **2** Bruit scandé et sonore comme celui d'un marteau.

**marteler** *vt* 17 **1** Battre ou façonner à coups de marteau. *Marteler du cuivre.* **2** Frapper à coups répétés. *Marteler les positions ennemies.* **3** fig Articuler, prononcer avec force. *Marteler ses phrases.*

**marteleur, euse** *n* Personne qui travaille au marteau.

**Martellange** Étienne Ange Martel dit (Lyon, 1549 – Paris, 1641), architecte français. Père jésuite, il édifia un grand nombre d'églises et de collèges de son ordre.

**Martelly** Michel (Port-au-Prince, 1961), musicien et homme politique haïtien. Il a été prés. de la République de 2011 à 2016.

**Martenot** Maurice (Paris, 1898 – Clichy, 1980), musicien français, inventeur d'un instrument de musique électronique à clavier, appelé *ondes Martenot*.

**Martens** Wilfried (Sleiding, 1936 – Lokeren, 2013), homme politique belge. Leader du parti social-chrétien flamand, Premier ministre (1979-1992).

**martensite** *nf* METALL Solution solide sursaturée de carbone dans le fer, constituant des aciers trempés. ETY Du n. pr.

**Marthe (sainte)** sœur de Lazare et de Marie de Béthanie, dite aussi Marie-Madeleine. Selon une légende, tous trois vinrent en Provence.

**Marti** José (La Havane, 1853 – Dos Ríos, 1895), patriote et écrivain cubain : *Vers simples* (1891). Grand artisan de l'indépendance cubaine, il fut tué lors du soulèvement de 1895.

**1 martial, ale** *a* Guerrier ; combatif, décidé. *Un air, un discours martial.* PLUR martiaux. LOC ***Arts martiaux*** : disciplines individuelles d'attaque et de défense, d'origine japonaise, telles que le judo, le karaté, l'aïkido, etc. — ***Cour martiale*** : tribunal militaire d'exception. — ***Loi martiale*** : qui autorise l'emploi de la force armée pour le maintien de l'ordre. PHO [marsjal, o] ETY De *Mars*, dieu de la Guerre.

**2 martial, ale** *a* MED Relatif au fer de l'organisme. *Carence martiale.* PLUR martiaux.

**Martial (saint)** (IIIe s.), premier évêque de Limoges.

**Martial** (en lat. *Marcus Valerius Martialis*) (Bilbilis, Espagne, v. 40 – id., v. 104), poète latin. Ses *Épigrammes* (80-102) dépeignent, dans un style cru et vif, les mœurs contemporaines.

**martien** → **Mars.**

**Martignac** Jean-Baptiste Sylvère Gay (comte de) (Bordeaux, 1778 – Paris, 1832), homme politique français. Princ. ministre de Charles X (1828-1829), il tenta des réformes modérées.

**Martigny** v. de Suisse (Valais), au pied du col du Grand-Saint-Bernard ; 17 200 hab. Carrefour routier. Tourisme. DER **martignerain, aine** *a, n*

**Martigues** ch.-l. de canton des Bouches-du-Rhône (arr. d'Istres), sur la rive S. de l'étang de Berre ; 48 500 hab. Port pétrolier ; pêche. DER **martégal, ale, aux** *a, n*

**martin** *nm* Oiseau passériforme voisin de l'étourneau, au plumage brun sombre et au bec jaune, originaire de l'Inde, introduit au XVIIIe s. à Madagascar et aux Mascareignes. ETY Du prénom.

**Martin (saint)** (Sabaria, Pannonie [auj. Szombathely, Hongrie], v. 316 – Candes, Touraine, 397), soldat chrétien de l'armée romaine en garnison à Amiens qui aurait, d'après la légende, partagé son manteau avec un pauvre. Devenu évêque de Tours (371), il fonda de nombr. monastères (Marmoutier, Ligugé) et fut le princ. évangélisateur de la Gaule.

**Martin Ier (saint)** (Todi, Toscane, vers 590 – Chersonèsos, Crimée, 655), pape de 649 à 655 ; il condamna le monothélisme au concile du Latran, et l'empereur Constant II l'exila. — **Martin IV** Simon de Brion (?, vers 1210 – Pérouse, 1285), pape de 1281 à 1285 ; il soutint Charles d'Anjou. — **Martin V** Oddone Colonna (Genazzano, 1368 – Rome, 1431), pape de 1417 à 1431 ; son élection mit un terme au grand schisme d'Occident.

**Martin** Nicolas (Paris, 1768 – Lyon, 1837), chanteur français ; baryton léger.

**Martin** Pierre (Bourges, 1824 – Fourchambault, Nièvre, 1915), ingénieur français ; inventeur du procédé d'affinage de l'acier et du four qui portent son nom.

**Martin** Franck (Genève, 1890 – Naarden, 1974), compositeur suisse néoclassique.

**Martin** Archer (Londres, 1910 – id., 2002), biochimiste anglais ; inventeur, avec R. L. M. Synge, de la chromatographie sur papier (1944). P. Nobel de chimie (1952) avec Synge.

**Martin** Jacques (Strasbourg, 1921 – Pully, 2010), auteur français de bandes dessinées ; créateur d'*Alix* (1948) et de *Lefranc* (1952).

**Martin** Paul (Windsor, Ontario, 1938), homme politique canadien, Premier ministre (libéral) de déc. 2003 à janv. 2006.

**martin-chasseur** *nm* Oiseau coraciadiforme, proche du martin-pêcheur, qui se nourrit d'insectes, de crustacés et de petits reptiles. PLUR martins-chasseurs.

**Martin du Gard** Roger (Neuilly-sur-Seine, 1881 – Bellême, Orne, 1958), écrivain français. Romans : *Jean Barois* (1913) ; *les Thibault* (8 vol., 1922 – 1940). P. Nobel (1937).

**Martin Eden** roman de Jack London (1909), semi-autobiographique.

**1 martinet** *nm* Fouet à plusieurs brins de cuir. ETY D'un n. pr.

**2 martinet** *nm* Oiseau aux grandes ailes (apodiforme), ressemblant à l'hirondelle.

**martinet** noir

**Martinet** André (Saint-Alban-des-Villards, Savoie, 1908 – Châtenay-Malabry, 1999), linguiste français, influencé par l'école de Prague.

**Martínez Campos** Arsenio (Ségovie, 1831 – Zarauz, 1900), maréchal et homme politique espagnol. Il écrasa les carlistes (1870-1874) et plaça Alphonse XII sur le trône (1874).

**Martínez de la Rosa** Francisco (Grenade, 1787 – Madrid, 1862), diplomate et écrivain espagnol ; poète romantique et dramaturge : *la Veuve de Padilla* (1814), *la Conjuration de Venise* (1834).

**martingale** *nf* **1** Courroie qui relie la sangle, sous le ventre du cheval, à la bride. **2** Demi-ceinture qui retient l'ampleur du dos d'un vêtement. **3** JEU Action par laquelle on mise sur chaque coup le double de sa perte du coup précédent ; système de jeu prétendument toujours gagnant. ETY Du provenç.

**martini** *nm* Cocktail constitué de gin et de vermouth blanc sec.

**Martini** Simone (Sienne, v. 1284 – Avignon, 1344), peintre italien, maître du gothique à Sienne, influencé par Duccio : *Maesta* (1315), *Annonciation* (1333).

**Simone Martini** *l'Annonciation*, détrempe sur bois, 1333 – galerie des Offices, Florence

**Martini** Francesco di Giorgio (Sienne, 1439 – id., 1501), architecte, peintre et sculpteur italien qui travailla à Urbino à partir de 1477.

**Martini** Giovanni Battista Martini, dit le père (Bologne, 1706 – id., 1784), moine cordelier italien, compositeur (notam. pour orgue et clavecin) ; auteur d'une *Histoire de la musique* (3 vol., 1757-1781).

**Martini** Arturo (Trévise, 1889 – Milan, 1947), sculpteur italien ; d'abord futuriste ; le sculpteur officiel de l'Italie fasciste.

**Martinique (île de la)** île des Antilles françaises (Petites Antilles) formant un dép. franç. d'outre-mer (972) dep. 1946 et une Rég. dep. 1982 ; 1 102 km$^2$ ; 403 820 hab. ; 366,4 hab./km$^2$ ; ch.-l. *Fort-de-France* ; ch.-l. d'arr. *La Trinité* et *Le Marin*. DER **martiniquais, aise** *a, n*
**Géographie** Les plaines côtières sont peu étendues. Des montagnes volcaniques occupent l'intérieur (montagne Pelée, 1 397 m, dont l'éruption détruisit Saint-Pierre, en 1902 ; pitons du Carbet, 1 196 m). Le climat est chaud et très humide dans le N.-E. La population est composée de Noirs, de créoles, de métis, de métropolitains (15 000). 50 % des Martiniquais ont moins de 20 ans. L'émigration est forte vers la France.
**Économie** L'assistance multiforme de la métropole est fondamentale, vient ensuite l'agriculture (grandes exploitations, en crise). La canne à sucre régresse au profit des bananes (dont la subvention est condamnée par l'OMC). On développe le tourisme (proximité des É.-U.). Les industries traitent les produits agricoles (conserveries, distilleries, rhumeries).
**Histoire** Découverte par C. Colomb lors de son quatrième voyage (1502), colonisée au XVII$^e$ s. par la Compagnie des îles d'Amérique, l'île fut souvent disputée à la France par les Anglais. La traite des Noirs modifia son peuplement ; le maintien de l'esclavage à l'époque révolutionnaire (à la différence de la Guadeloupe) créa de nombreuses révoltes entre 1816 et 1848. En 2010, les Martiniquais se prononcent pour la collectivité unique.

**Martinon** Jean (Lyon, 1910 – Paris, 1976), compositeur français, néoclassique, et chef d'orchestre.

**martin-pêcheur** *nm* Oiseau coraciadiforme aux couleurs vives, qui vit au bord de l'eau et se nourrit de poissons. PLUR martins-pêcheurs.

**Martinson** Harry (Jämshög, 1904 – Stockholm, 1978), écrivain suédois. Poèmes : *Vaisseau fantôme* (1929), *Vents alizés* (1945). Romans : *Voyages sans but* (1932), *le Jaguar perdu* (1941). P. Nobel (1974) avec E. Johnson.

**Martinů** Bohuslav (Polička, Bohême, 1890 – Liestal, Suisse, 1959), compositeur tchèque de l'école de Paris.

**Martonne** Emmanuel de (Chabris, 1873 – Sceaux, 1955), géographe français : *Traité de géographie physique* (1909).

**martre** *nf* **1** Mammifère carnivore (mustélidé) au corps long et souple et au pelage brun. *La fouine et la zibeline sont des martres.* **2** Fourrure de martre. *Col de martre.* VAR **marte**

**martre** commune

**Marty** André (Perpignan, 1886 – Toulouse, 1956), homme politique français. Officier mécanicien, il participa en avril 1919 à la mutinerie de la mer Noire. Député communiste (1924-1928 et 1929-1939), il fut inspecteur des Brigades internationales pendant la guerre d'Espagne et fit exécuter les trotskistes et les anarchistes (« boucher d'Albacete »). Il fut exclu du PCF en 1953.

**martyr, e** *n, a* **A** *n* Personne qui est morte ou qui a beaucoup souffert par fidélité à sa religion, à son idéal. **B** *n, a* Qui subit des mauvais traitements. *Se donner des airs de martyr. Un enfant martyr.* ETY Du gr. *martus,* « témoin de Dieu ».

**martyre** *nm* **1** Mort, tourments endurés par un martyr pour sa religion, sa foi en une cause. *Le martyre de saint Sébastien.* **2** fig Très grande souffrance physique ou morale. *Souffrir le martyre.* ETY Du lat.

**Martyre de saint Sébastien (le)** musique de scène pour voix solistes, chœur et orchestre de Debussy (1911), sur un mystère de D'Annunzio.

**martyriser** *vt* ① **1** Livrer au martyre. *Néron fit martyriser de nombreux chrétiens.* **2** Faire souffrir durement ; maltraiter. *Martyriser un animal.*

**martyrium** *nm* Crypte contenant le tombeau, les reliques d'un martyr ; église dédiée à un martyr. PHO [maʀtiʀjɔm] ETY Mot lat.

**martyrologe** *nm* Catalogue des martyrs ; liste de personnes qui sont mortes ou ont souffert pour une cause, un idéal.

**Martyrs canadiens (saints)** missionnaires français massacrés par des Amérindiens entre 1642 et 1649 ; canonisés en 1930.

**Marvejols** ch.-l. de cant. de la Lozère, au N.-O. de Mende ; 5 501 hab. – Portes monumen-

**martin-pêcheur** d'Europe

tales (XIVe s.). Maisons anciennes. DER **marvejolais, aise** *a, n*

**Marville** Charles (Paris, 1816 – id., 1878), photographe français. Sous le Second Empire, il prit des milliers de photographies de Paris avant les grands travaux d'Haussmann.

**Marx** Karl (Trèves, 1818 – Londres, 1883), philosophe allemand. Issu d'une famille juive convertie au protestantisme, il fait des études de droit et de philosophie. Dès 1837, il lit Hegel, soutient à Iéna (1841) une thèse sur Démocrite et Épicure. En 1842, il s'intéresse au matérialisme de Feuerbach et prend la direction de *la Gazette rhénane*, interdite en 1843. À Paris, il collabore aux *Annales franco-allemandes* (qui publient, en 1844, *Sur la question juive* et *Contribution à la critique de la philosophie du droit de Hegel*), se lie d'amitié avec Engels, prend contact avec des groupes ouvriers. Expulsé de France (1845), il s'installe à Bruxelles. Engels l'y rejoint ; ils écrivent ensemble *la Sainte Famille* (1845), *l'Idéologie allemande* (1845-1846), *Manifeste du parti communiste* (publié à Londres en 1848). Chassé de Belgique en 1848, il s'établit définitivement à Londres en 1849 avec sa femme Jenny et ses trois enfants. Vivant misérablement, il se tue au travail : *Travail salarié et capital* (1849), *Contribution à la critique de l'économie politique* (1859), *le Capital* (tome I, 1867 ; le tome II, 1885, et le tome III, 1894, inachevé, furent publiés par Engels d'après ses brouillons), *les Luttes de classes en France* (1850), *la Guerre civile en France* (sur la Commune de Paris, 1871). En 1864, Marx dirige la Ire Internationale* ; après la dissolution de celle-ci (1876), il réduit son activité politique. DER **marxien, enne** *a* ▶ illustr. p. 1007

**Marx Brothers (les)** trio comique du music-hall et du cinéma américain, constitué par les frères *Marks*, nés à New York de parents allemands et morts à Los Angeles. — **Leonard** dit Chico (1891 – 1961), joueur de pipeau et pianiste. — **Arthur** dit Harpo (1893 – 1964), mime, harpiste. — **Julius** dit Groucho (1895 – 1977), leur chef, moustachu, rhéteur intarissable. Princ. films : *Monnaie de singe* (1931), *Soupe au canard* (1933), *Une nuit à l'Opéra* (1935), *Go West* (1940), *Une nuit à Casablanca* (1946). – Un quatrième frère, **Herbert,** dit Zeppo (1901 – 1979), compléta le groupe jusqu'en 1932.

les Marx Brothers

**marxisant, ante** *a* Proche du marxisme.

**marxisme** *nm* Doctrine philosophique, politique et économique de Karl Marx, Friedrich Engels et de leurs continuateurs. DER **marxiste** *a, n*

ENC Pour Marx, ce qui prime ce sont les rapports qu'entretiennent les hommes entre eux : possession des moyens de production et d'échange, répartition des richesses, force de travail. Ces rapports déterminent la forme socio-économique des sociétés : antique (esclavage), féodal (servage), puis bourgeois capitaliste (salariat). Les forces productives forment l'*infrastructure* de la société, sur quoi s'élève une *superstructure* juridique et politique (la machine d'État, le Droit), mais aussi idéologique (la religion, la morale, la philosophie, qui légitiment les rapports de production). Selon Marx, « l'histoire de toute société n'a été que l'histoire de la *lutte des classes* ».
À un certain degré de développement de la production et de la circulation des marchandises, l'argent se transforme en capital : on achète pour *vendre*, pour faire un profit. Cet accroissement de la valeur primitive de l'argent, Marx l'appelle *plus-value*. La plus-value est le profit du capitaliste dont se trouve frustré le travailleur. La circulation capitaliste de l'argent tend vers l'accumulation du capital. Ce système aboutit à d'insurmontables contradictions qui sont autant d'« armes forgées par le capitalisme contre lui-même », et qui opposent de manière aiguë les deux classes : bourgeoisie et prolétariat. La résolution de ces contradictions, selon Marx, passe nécessairement par une transformation radicale des structures socio-économiques : ce sera la révolution prolétarienne, dite aussi socialiste, qui doit inéluctablement aboutir, à terme, à l'avènement d'une nouvelle forme de société : la société *communiste*. V. encycl. socialisme, communisme.

**marxisme-léninisme** *nm* POLIT Doctrine de Lénine, et de ses partisans, inspirée du marxisme. DER **marxiste-léniniste** *a, n*

**Mary (puy)** sommet du Massif central (1 787 m), dans le Cantal.

**Mary** (anc. *Merv*), v. du Turkménistan, dans une oasis ; 126 100 hab. ; ch.-l. de région. Coton.

**maryland** *nm* Tabac à fumer originaire du Maryland. PHO [maʀilɑ̃d]

**Maryland** État de l'est des É.-U., sur l'Atlantique ; 27 394 km$^2$ ; 5 930 000 hab. ; cap. *Annapolis* ; v. princ. *Baltimore*. Des contreforts appalachiens retombent, à l'E., sur une plaine côtière enserrant la baie de Chesapeake. Princ. ressources : cultures maraîchères, destinées à la Megalopolis ; céréales ; pêche ; tabac. Les ports (Baltimore, notam.) concentrent l'industrie.
**Histoire** Donné par Charles Ier d'Angleterre à lord Baltimore (1632), colonie royale en 1692, le Maryland se déclara indép. en 1776 et ratifia la Constitution féd. en 1788. Il resta neutre pendant la guerre de Sécession.

**Marzouki** Moncef (Grombalia, près de Tunis, 1945), médecin et homme politique tunisien. Militant historique pour la défense des droits de l'homme, il est élu prés. de la République (2011-2014) après la chute du régime de Ben Ali.

**mas** *nm inv* Dans le Midi, ferme ou maison de campagne. PHO [mɑ] ou [mas] ETY Mot provenç.

**Masaccio** Tommaso di Ser Giovanni, dit (San Giovanni Valdarno, 1401 – Rome, 1428), peintre italien. Par ses recherches sur les volumes et la perspective, il est le premier génie de la Renaissance toscane : *Scènes de la vie de saint Pierre* (chap. Brancacci, égl. Santa Maria del Carmine, Florence, 1426-1428). ▶ illustr. p. 1006

**Masada** → **Massada.**

**Masais** → **Massaïs.**

**masala** *nm* CUIS Mélange d'épices en poudre, condiment de base de la cuisine indienne.

**Masan** port comm. de la Corée du Sud, sur le détroit de Corée ; 449 250 hab. ; ch.-l. de prov.

**Masaryk** Tomáš Garrigue (Hodonín, Moravie, 1850 – près de Prague, 1937), homme politique tchécoslovaque. Député à Vienne (1891), exilé pendant la guerre de 1914-1918, il organisa la lutte pour l'indépendance. Il fut le premier président de la Rép. (1918-1935). — **Jan** (Prague, 1886 – id., 1948), fils du préc. ; ministre des Affaires étrangères, il se suicida (ou fut assassiné) peu après le coup d'État communiste de fév. 1948.

**Mascagni** Pietro (Livourne, 1863 – Rome, 1945), compositeur italien : *Cavalleria rusticana*, opéra vériste (1890).

**mascara** *nm* Cosmétique utilisé pour colorer et épaissir les cils. ETY De l'ital. *maschera*, « masque ».

**Mascara** (auj. *Mouaskar*, en ar. *Mu'askar*), v. d'Algérie (région d'Oran) ; ch.-l. de la wilaya du m. nom ; 70 450 hab. Vins.

**mascarade** *nf* **1** Réunion, défilé de gens masqués et déguisés. **2** Accoutrement bizarre et ridicule. **3** fig Actions hypocrites ; mise en scène trompeuse. ETY De l'ital.

**Mascareignes** (îles) archipel de l'océan Indien comprenant la Réunion et les îles Maurice, Rodrigues et Saint-Brandon.

**mascaret** *nm* Haute vague qui remonte certains fleuves au moment de la marée montante. ETY Mot gascon.

**mascaron** *nm* ARCHI Figure sculptée, d'aspect fantastique ou grotesque, placée à l'orifice d'une fontaine, sous un balcon, etc. ETY De l'ital.

**mascarpone** *nm* **1** Fromage blanc italien enrichi en crème. **2** Fromage à pâte molle, mélange de ce fromage et de gorgonzola. ETY Mot ital.

**Mascate** v. et port de la péninsule arabique, cap. du sultanat d'Oman, sur la côte S. du golfe d'Oman ; 600 000 hab (aggl.). DER **mascatais, aise** *a, n*

**mascotte** *nf* Être ou objet considéré comme portant bonheur ; fétiche. ETY Du provenç. *mascoto*, « sortilège ».

**Mascotte (la)** opérette en 3 actes (1880) d'Edmond Audran (1842 – 1901) sur un livret de Chivot et Duru.

**masculin, ine** *a, nm* **A** *a* **1** Qui appartient au mâle, à l'homme ; qui a ses qualités, ses caractères ou ceux qu'on lui prête traditionnellement. *Le sexe masculin. Femme aux allures masculines.* **2** Qui appartient au genre grammatical qui s'applique aux êtres mâles et à une partie des noms de choses. *Un substantif masculin.* **B** *nm* Genre grammatical masculin. LOC ***Rime masculine :*** qui ne se termine pas par un e muet. ETY Du lat. *masculus*, « mâle ». DER **masculinité** *nf*

**masculiniser** *vt* ① **1** Rendre masculin ; donner des manières viriles à. **2** GRAM Attribuer le genre masculin. **3** BIOL Provoquer l'acquisition de caractères sexuels masculins par l'action d'hormones. DER **masculinisation** *nf*

**Masaccio** *la Sainte Trinité*, Santa Maria Novella, Florence

**Mas-d'Azil (Le)** ch.-l. de cant. de l'Ariège (arr. de Pamiers) ; 1 117 hab. Anc. bastide, haut lieu de la Réforme. Gisement préhistorique magdalénien.

**Masefield** John Edward (Ledbury, Herefordshire, 1878 – près d'Abingdon, 1967), auteur anglais de drames réalistes : *la Tragédie de Nan* (1909), *la Miséricorde éternelle* (1911).

**maser** *nm* PHYS Générateur d'ondes électromagnétiques, utilisé comme amplificateur ou comme oscillateur. PHO [mazɛʀ] ETY Acronyme de l'angl. *microwave amplification by stimulated emission of radiations.*

**Maseru** cap. du Lesotho ; au N.-O. du pays ; 120 000 hab. Centre agric. Taille des diamants. DER **maserois, oise** *a, n*

**Masina** Giulietta (San Giorgio di Piano, 1921 – Rome, 1994), actrice italienne, épouse et interprète de F. Fellini : *La Strada* (1954), *Les Nuits de Cabiria* (1956), *Juliette des esprits* (1965), *Ginger et Fred* (1986).

**Masinissa** ( ?, v. 238 – Cirta ?, v. 148 av. J.-C.), roi des Numides orientaux ; allié des Carthaginois, puis des Romains contre Carthage et contre Syphax, roi des Masaesyles (Numides occidentaux). VAR **Massinissa**

**Maskelyne** Nevil (Londres 1732 – Greenwich, 1811), astronome anglais. Il calcula l'accélération due à la pesanteur ainsi que la masse de la Terre.

**maskinongé** *nm* Canada Grand brochet d'eau douce (2 m de long, 40 kg) d'Amérique du Nord. ETY Mot algonquin.

**maso** *a inv, n* Abrév. fam. de *masochiste.*

**masochisme** *nm* **1** PSYCHO Perversion sexuelle dans laquelle le sujet ne peut atteindre au plaisir qu'en subissant une humiliation ou une souffrance physique. **2** Comportement d'une personne qui semble prendre plaisir à provoquer des situations dommageables ou humiliantes pour elle. ETY D'un n. pr. DER **masochiste** *a, n*

**Masolino da Panicale** Tommaso di Cristoforo Fini, dit (Panicale in Valdarno, 1383 – ?, av. 1447), peintre italien ; il travailla avec Masaccio dans la chap. Brancacci.

**Masovie** région de Pologne, dans le bassin de la Vistule moyenne, correspondant à peu près à la voïevodie de Varsovie. – Duché vassal de la Pologne (XII$^{er}$-XVII$^{er}$ s.), elle lui fut rattachée en 1526. VAR **Mazovie**

**Maspero** Gaston (Paris, 1846 – id., 1916), égyptologue français ; directeur des fouilles en Égypte (1881) ; il dégagea le Sphinx de Gizeh, le temple de Louxor, etc. — **Henri** (Paris, 1883 – Buchenwald, 1945), sinologue français, fils du préc. : *la Chine antique* (1927).

**masquage** *nm* **1** Action de masquer qqch. **2** PHOTO Technique de retouche utilisant des masques.

**masquant, ante** *a* PHARM Se dit d'un produit qui empêche de détecter la présence d'un autre produit, en partic. d'un produit dopant.

**masque** *nm* **1** Faux visage en carton, en plastique, etc., dont on se couvre la face pour se déguiser ou pour dissimuler son identité. *Masque de carnaval.* **2** vieilli Personne qui porte un masque. **3** fig Apparence trompeuse sous laquelle on s'efforce de cacher ses véritables sentiments, sa véritable nature. *Se couvrir du masque de la vertu. Arracher le masque à qqn.* **4** Aspect particulier d'une physionomie. *Masque tragique d'un acteur.* **5** Moulage du visage. **6** Dispositif couvrant et protégeant le visage. *Masque de soudeur, d'escrimeur.* **7** Accessoire de plongée sous-marine, protégeant les yeux et le nez, permettant de voir sous l'eau. **8** MED Pièce de tissu ou de matière jetable placée devant le nez et la bouche pour éviter la contamination microbienne. *Le masque du chirurgien.* **9** MED Appareil pour administrer un anesthésique ou de l'oxygène par voie respiratoire. **10** Préparation cosmétique qu'on applique et qu'on laisse sécher sur le visage, sur la chevelure. *Masque de beauté.* **11** MILIT Dispositif formant écran pour dissimuler des hommes ou des ouvrages à la vue de l'ennemi. **12** PHOTO Image transparente qui, superposée à une autre, permet de filtrer la source lumineuse pour améliorer des contrastes ou des teintes. **13** ZOOL Labium articulé des larves de libellules qui leur sert à capturer les proies. LOC ***Lever, tomber le masque :*** ne plus déguiser ses vrais sentiments. — ***Masque à gaz :*** appareil destiné à protéger le visage, les yeux, les organes respiratoires des effets des gaz nocifs. — MED ***Masque de grossesse :*** chloasma. ETY De l'ital.

**masqué, ée** *a* **1** Couvert d'un masque. *Bandit masqué.* **2** fig Caché. *Une porte masquée. Des intentions masquées.* LOC ***Bal masqué :*** où l'on se déguise.

**Masque de fer** (l'homme au) mystérieux prisonnier d'État, interné à Pignerol (1679), dans l'île Sainte-Marguerite (1687-1698) et à la Bastille (1698-1703), où il mourut. Un masque de velours noir et de métal cachait son visage.

**masquer** *vt* ① **1** Couvrir d'un masque. **2** fig Cacher sous des apparences trompeuses. *Masquer ses desseins.* **3** Dissimuler, cacher à la vue. *Ce mur masque la vue du parc.*

**Massa** v. d'Italie (Toscane) ; 65 730 hab. ; ch.-l. de la prov. de *Massa e Carrara*. Carrières de marbre.

**Massachusetts** État de l'est des É.-U. (Nouvelle-Angleterre), sur l'océan Atlantique ; 21 386 km$^2$ ; 6 016 000 hab. ; cap. *Boston*. – C'est une région de montagnes (Appalaches) et de collines, drainée par le Connecticut. La côte est très découpée. Princ. ressources : élevage, pêche, hydroélectricité. Les industr. de pointe relaient les industr. traditionnelles. – Les pèlerins du *Mayflower* s'y installèrent en 1620 (à New Plymouth). La colonie prit la tête du mouvement pour l'indépendance (1775). Elle ratifia la Constitution fédérale en 1787.

**Massachusetts Institute of Technology** (MIT) université américaine créée en 1861 à Boston et installée en 1916 à Cambridge. Elle développe la recherche dans de nombr. domaines.

**massacrant, ante** *a* LOC ***Être d'une humeur massacrante :*** de très mauvaise humeur.

**massacre** *nm* **1** Action de massacrer. **2** fig Action d'endommager, de détériorer qqch, de rater une opération. *En voulant se couper les cheveux lui-même, il a fait un massacre.* **3** CHASSE Ramure d'un cerf avec la partie de crâne qui la supporte. *Massacre qui orne un mur.* LOC ***Jeu de massacre :*** jeu forain qui consiste à abattre au moyen de balles des poupées à bascule.

**massacrer** *vt* ① **1** Tuer en grand nombre et avec sauvagerie des êtres sans défense. **2** fig Mettre à mal un adversaire nettement inférieur. *Boxeur qui massacre son adversaire. Se faire massacrer.* **3** fig Mettre qqch en très mauvais état. **4** Gâter par une exécution maladroite une œuvre musicale, théâtrale, etc. ETY Du lat. *matteuca*, « massue ». DER **massacreur, euse** *n*

**massacres de Scio** (Scènes des) peinture de Delacroix (1824, Louvre), figurant l'extermination des hab. de l'île de Chio par les Turcs, en avril 1822.

**Massada** forteresse palestinienne située sur la rive occid. de la mer Morte, construite en grande partie par Hérode. Après la chute de Jérusalem (70), des zélotes insoumis s'y réfugièrent. Les Romains firent le siège (72-73). Les défenseurs se suicidèrent. VAR **Masada**

**massage** *nm* Action de masser. **LOC** ***Massage cardiaque*** : manœuvre de réanimation d'urgence pratiquée en cas d'arrêt cardiaque et qui consiste à comprimer rythmiquement le cœur.

**Massagètes** peuple scythe installé à l'E. de la mer Caspienne. Ils résistèrent aux Perses (VIe s. av. J.-C.), Alexandre les soumit.

**Massaïs** peuple vivant au Kenya et en Tanzanie. Ce sont des pasteurs nomades qui parlent une langue nilotique. Ils vinrent du Soudan au XVIIe siècle. (VAR) **Masais** (DER) **massaï** ou **masai** *a*

**Massaoua** v. et port d'Érythrée, sur la mer Rouge ; 37 000 hab.

**1 masse** *nf* **A 1** Quantité importante de matière, d'un seul tenant et sans forme précise. *Une masse rocheuse. La masse d'eau qui déferle après rupture d'un barrage.* **2** Bloc que constitue une matière. *Statue taillée dans la masse.* **3** Ensemble constitué de choses de même nature. *J'ai pris celui-là au hasard dans la masse.* **4** Totalité d'une chose. *La masse sanguine.* **5** Ensemble constitué de nombreux éléments distincts réunis. **6** fam Grande quantité. *Il n'y a pas des masses d'argent à gagner dans cette affaire.* **7** Somme d'argent affectée à une catégorie de dépenses particulières. *Masse salariale.* **8** Ensemble des cotisations d'un atelier d'artiste ; caisse ainsi constituée. **9** DR Argent, créances, réunis dans certaines conditions. **10** Grand nombre de personnes rassemblées. *La masse des réfugiés.* **11** Le plus grand nombre des hommes ; par oppos. à *l'élite*. *Plaire à la masse.* **12** PHYS, MECA Grandeur fondamentale liée à la quantité de matière que contient un corps et qui intervient dans les lois de son mouvement. *Le kilogramme, unité de masse SI.* **13** ELECTR Parties conductrices d'un appareil, d'une machine, par lesquelles s'effectue le retour du courant au générateur. **B** *nfpl* Les couches populaires. *Les masses laborieuses.* **LOC** ***Comme une masse*** : comme un corps inanimé, pesamment. — ***De masse*** : concernant la grande majorité de la société. — ***En masse*** : en grand nombre. — fam ***Être à la masse*** : être déphasé, déboussolé. — CHIM ***Masse atomique molaire*** : nombre qui mesure la masse d'un nombre N d'atomes, N désignant le nombre d'Avogadro soit $6{,}02.10^{23}$. — ***Masse critique*** : masse de matière fissile au-delà de laquelle une réaction en chaîne peut s'amorcer ; **fig** seuil à partir duquel qqch peut se produire. — METEO ***Masse d'air*** : région de l'atmosphère très étendue dont les propriétés présentent une certaine homogénéité. — CHIM ***Masse moléculaire molaire*** : masse d'un nombre N de molécules. — ECON ***Masse monétaire*** : ensemble de la monnaie immédiatement disponible et de la quasi-monnaie. — PHYS ***Masse volumique*** ou, anc, *spécifique* : masse de l'unité de volume exprimé en $kg/m^3$. — ELECTR ***Mettre à la masse*** : relier un bâti à ses parties conductrices. — PHYS NUCL ***Nombre de masse*** : nombre total des protons et des neutrons d'un atome. — ARCHI ***Plan de masse*** ou ***plan-masse*** : qui ne représente que les contours extérieurs d'une construction ou d'un ensemble de constructions. (ETY) Du gr. *maza*, « pâte ».

ENC Masse et poids sont deux grandeurs différentes. La masse est une quantité qui caractérise l'inertie d'un corps, c.-à-d. la résistance que ce corps oppose à un changement de vitesse ; elle est indépendante du lieu où l'on effectue la mesure. Le poids est une force qui s'exerce sur un corps placé dans un champ de gravitation (dû à une planète, une étoile, etc.) ; elle est proportionnelle à l'intensité de ce champ. En un lieu donné, la masse m et le poids p d'un corps sont liés par la relation p = mg, g étant l'accélération de la pesanteur en ce lieu ; g = 9,81 $m/s^2$ à Paris.

**2 masse** *nf* **1** Marteau à tête très lourde et sans panne. **2** Bâton à tête d'or ou d'argent, porté par un huissier qui précède un personnage de marque, dans certaines cérémonies. **3** Gros bout d'une queue de billard. **LOC** HIST ***Masse d'armes*** : arme composée d'un manche et d'une tête garnie de pointes, en usage au Moyen Âge. (ETY) Du lat.

**massé** *nm* Au billard, coup où l'on masse la boule.

**Massé** Félix Marie, dit **Victor** (Lorient, 1822 – Paris, 1884), compositeur français. Opéras-comiques : *les Noces de Jeannette* (1853).

**masselotte** *nf* **1** METALL Cavité ménagée au sommet d'un moule, dans laquelle on coule du métal pour compenser les effets du retrait. **2** TECH Petite pièce agissant par inertie dans un mécanisme. *Masselotte d'une montre automatique.*

**Masséna** André (Nice, 1758 – Paris, 1817), maréchal de France. Il s'illustra à Rivoli (1797), Zurich (1799), Gênes (1800), Essling et Wagram (1809)..

Karl Marx

Masséna

**Massenet** Jules (Montaud, près de Saint-Étienne, 1842 – Paris, 1912), compositeur français. Opéras : *Manon* (1884), *Werther* (1892), *Thaïs* (1894), *le Jongleur de Notre-Dame* (1902).

**massepain** *nm* Pâtisserie à base d'amandes pilées et de sucre. (ETY) De l'ital.

**1 masser** *v* **A** *vt* ① Disposer en grand nombre. *Masser des troupes.* **B** *vpr* Se rassembler en masse. *Badauds qui se massent devant une vitrine.*

**2 masser** *vt* ① Pétrir, presser différentes parties du corps de qqn avec les mains ou des instruments spéciaux. *Se faire masser le dos.* (ETY) De l'ar. *mass*, « toucher ».

**3 masser** *vt* ① Au billard, frapper la boule avec la queue perpendiculairement à la table pour donner un effet particulier.

**masséter** *nm* ANAT Muscle élévateur du maxillaire inférieur. (ETY) Mot gr.

**massette** *nf* **1** TECH Petite masse à long manche pour casser, tailler les pierres. **2** Roseau aquatique aux inflorescences brunâtres et veloutées groupées en épis compacts, appelé aussi *roseau-massue* et *typha*.

**masseur, euse** *n* **A** *n* Personne qui pratique des massages. **B** *nm* Appareil pour masser. **LOC** ***Masseur-kinésithérapeute*** : habilité à pratiquer les massages thérapeutiques.

**Massey** Charles Vincent (Toronto, 1887 – Londres, 1967), homme politique canadien, le premier Canadien qui fut gouverneur général du Canada (1952 à 1959).

**1 massicot** *nm* CHIM Poudre jaune, utilisée en peinture et dans la préparation des mastics, constituée par de l'oxyde de plomb (PbO). (ETY) De l'ar. par l'ital.

**2 massicot** *nm* TECH Machine à couper le papier. (ETY) Du n. pr. (DER) **massicoter** *vt* ①

**1 massier** *nm* Huissier qui porte une masse.

**2 massier, ère** *n* Élève d'un atelier des beaux-arts, qui tient la masse, recueille les cotisations (masse).

**massif, ive** *a, nm* **A** *a* **1** Qui est ou paraît épais, compact, lourd. *Porte massive.* **2** Se dit d'un ouvrage d'orfèvrerie, d'ébénisterie, dont tous les éléments sont taillés dans la masse, ne sont ni creux, ni plaqués. *Bijou en or massif. Meuble en acajou massif.* **3** Qui a lieu, se produit, est fait en masse, en grande quantité. *Attaque massive de l'aviation. Dose massive.* **B** *nm* **1** CONSTR Ouvrage de maçonnerie qui sert de fondement à un édifice, un poteau, etc. **2** Assemblage d'arbustes, de fleurs plantés pour produire un effet décoratif. – *Massif de roses.* **3** GEOGR Ensemble montagneux, par oppos. à *chaîne*. (DER) **massivement** *av* – **massivité** *nf*

**Massif central** ensemble de hautes terres qui couvre près du sixième de la France (80 000 $km^2$), dans le Centre et le Sud. Formé par le plissement hercynien, aplani puis recouvert en partie de sédiments, il fut relevé au tertiaire et fracturé par le plissement alpin, ce qui édifia des volcans. Il est auj. partagé administrativement en six Régions. L'agric. et l'élevage bovin dominent. L'artisanat est en déclin (dentelles, coutellerie). La grande industr. utilise l'hydroélectricité : métallurgie (Le Creusot, Saint-Étienne), textile (Roanne, Saint-Étienne), caoutchouc (Clermont-Ferrand [Michelin]). À ces ressources s'ajoute le tourisme, surtout dans les stations thermales (Vichy, notam.).

**massifier** *vt* ② didac Adapter un domaine de connaissance, une activité au plus grand nombre. (DER) **massification** *nf*

**Massignon** Louis (Nogent-sur-Marne, 1883 – Paris, 1962), orientaliste français : *la Passion d'Al-Hallādj, martyr mystique de l'islam* (1922).

**Massillon** Jean-Baptiste (Hyères, 1663 – Beauregard, 1742), prélat et prédicateur français : oraisons funèbres du Grand Dauphin, de Louis XIV. Acad. fr. (1719).

**Massina** → **Macina.**

**Massine** Léonide (Moscou, 1896 – Borken, 1979), danseur et chorégraphe américain d'origine russe, néoclassique.

**massique** *a* PHYS Qui se rapporte à la masse ou à l'unité de masse.

**mass média** *nmpl* Ensemble des médias. (ETY) Mot amér.

**Masson** André (Balagny-sur-Thérain, Oise, 1896 – Paris, 1987), peintre français surréaliste, puis gestuel.

Masson *les Constellations*, huile, 1925 – coll. part.

**massore** *nf* RELIG Exégèse sur le texte hébreu de la Bible, due à des docteurs juifs. (ETY) De l'hébr. (VAR) **massorah**

**massorète** *nm* RELIG Docteur juif ayant collaboré à la rédaction de la massore (VIe-XIIe s.). (DER) **massorétique** *a*

**Mas-Soubeyran** écart de la com. de Sainte-Croix-de-Caderle (Gard), haut lieu de la résistance des camisards dans les Cévennes.

**Massoud** Ahmed Chah (Panchir, 1953 – id., 2001), homme politique afghan. Chef militaire d'origine tadjike, en lutte contre le régime des talibans, il est assassiné le 9 septembre 2001.

**massue** *nf* Bâton noueux beaucoup plus gros à un bout qu'à l'autre et servant d'arme. LOC *Argument massue* : décisif, qui laisse l'interlocuteur sans réplique. — *Coup de massue* : coup brutal, décisif ; catastrophe accablante.

**Massy** ch.-l. de cant. de l'Essonne ; 46 600 hab. ; ville résidentielle. Industries de pointe (technopole de Massy-Saclay). Nœud ferroviaire. DER **massicois, oise** *a, n*

**Massys** → **Matsys.**

**mastaba** *nm* Tombeau de l'Égypte antique en forme de pyramide tronquée. ETY Mot ar.

**mastard** *nm* fam Homme grand et fort.

**mastectomie** → **mammectomie.**

**1 master** *nm* Diplôme national de niveau bac + 5, reconnu au niveau européen dans le cadre du LMD. ETY Mot angl. VAR **mastère.**

**2 master** *nm* Disque ou bande matrice permettant de réaliser un moule à partir duquel sont produites les copies commercialisables. PHO [master] ETY Mot angl.

**masterclasse** *nf* Enseignement délivré par un artiste renommé accueillant des élèves de très haut niveau. ETY De l'angl. VAR **master class**

**mastère** *nm* Diplôme de haut niveau sanctionnant une année d'études postérieures à l'obtention d'un diplôme d'enseignement supérieur. ETY De l'angl. *master,* « maître ».

**mastérisation** *nf* Recrutement des enseignants au niveau du master (bac + 5).

**Masters** Edgar Lee (Garnett, 1869 – Melrose Park, 1950), écrivain américain.

**mastic** *nm, a inv* **A** *nm* **1** Résine jaunâtre qui s'écoule du lentisque. **2** Pâte à base de blanc d'Espagne et d'huile de lin, durcissant à l'air, utilisée pour certaines opérations de rebouchage et de scellement. *Mastic de vitrier.* **3** TYPO Erreur de composition consistant à intervertir plusieurs lignes ou groupes de lignes. **B** *a inv* D'une couleur gris-beige clair. *Imperméable mastic.* ETY Du gr.

**masticage** → **mastiquer 1.**

**masticateur, trice** *a* Qui sert à la mastication. *Muscles masticateurs.*

**masticatoire** *nm, a* **A** *nm* MED Substance à mâcher destinée à exciter la sécrétion salivaire. **B** *a* Destiné à être mâché. *Pâte masticatoire.*

**mastiff** *nm* Grand chien au corps trapu et au poil ras, voisin du dogue.

**1 mastiquer** *vt* ① Joindre, boucher avec du mastic. DER **masticage** *nm*

**2 mastiquer** *vt* ① Mâcher, broyer avec les dents. *Mastiquer de la viande.* ETY Du lat. DER **mastication** *nf*

**mastite** *nf* MED Inflammation de la glande mammaire.

**mast(o)-, -mastie** Éléments du gr. *mastos,* « mamelle ».

**mastoc** *a inv* fam Lourd, épais, sans grâce.

**mastocyte** *nm* BIOL Cellule du sang et du tissu conjonctif qui joue un rôle important dans les phénomènes de cicatrisation et les réactions allergiques.

**mastodonte** *nm* **1** PALEONT Grand mammifère herbivore fossile (proboscidien) du tertiaire et du quaternaire, voisin de l'éléphant. **2** fig Personne d'une taille démesurée. **3** Objet, machine énorme.

**mastoïde** *a, nf* LOC ANAT *Apophyse mastoïde* ou *mastoïde* : éminence de l'os temporal, située en arrière du conduit auditif externe. DER **mastoïdien, enne** *a*

**mastoïdite** *nf* MED Inflammation de la muqueuse mastoïdienne, en général consécutive à une otite.

**mastopathie** *nf* MED Affection du sein.

**Mastroianni** Marcello (Fontana Liri, près de Frosinone, 1924 – Paris, 1996), acteur italien ; interprète de Fellini, notam. (*la Dolce Vita, Huit et demi,* etc.). ▶ illustr. **Antonioni**

**mastroquet** *nm* fam, vieilli **1** Patron d'un débit de boissons. **2** Débit de boissons, bistrot.

**masturbation** *nf* **1** Attouchement des parties génitales, destiné à procurer le plaisir sexuel sur qqn. **2** fig Action de se livrer avec complaisance à des réflexions stériles. ETY Du lat. *manus,* « main » et *strupatio,* « souillure ». DER **masturbatoire** *a*

**masturber** *v* ① **A** *vt* Pratiquer la masturbation. **B** *vpr* Se livrer à la masturbation sur soi-même.

**m'as-tu-vu** *n inv, a inv* **A** *n inv* Individu vaniteux. **B** *a inv* Prétentieux. *Cette robe est un peu m'as-tu-vu.*

**Mas'udi** (Bagdad, ? – Le Caire, v. 956), historien et géographe arabe ; *les Prairies d'or* rassemblent toutes les connaissances de son temps.

**Masur** Kurt (Brieg, Silésie, 1927 – Greenwich (Connecticut), 2015), chef d'orchestre allemand, directeur de l'Orchestre national de France de 2002 à 2008.

**masure** *nf* Maison misérable, délabrée. ETY Du lat. *mansura,* « demeure ».

**Masurie** → **Mazurie.**

**1 mat** *nm, a inv* **A** *nm* Aux échecs, échec imparable qui met fin à la partie. *Faire mat.* **B** *a inv* Se dit d'un joueur qui a perdu la partie. PHO [mat] ETY De l'ar. *mât,* « il est mort ».

**2 mat, mate** *a* **1** Qui réfléchit peu la lumière, qui ne brille pas. *Peinture mate.* **2** Se dit d'un son assourdi. LOC *Teint mat* : plutôt foncé, opposé à *teint clair.* ETY Du lat. DER **matité** *nf*

**mât** *nm* **1** MAR Longue pièce de bois ou de métal destinée à porter les voiles, les pavillons d'un bateau, les antennes de radio, etc. **2** Perche lisse utilisée en gymnastique. LOC *Mât de charge* : appareil de levage servant au chargement et au déchargement d'un navire. ETY Du frq.

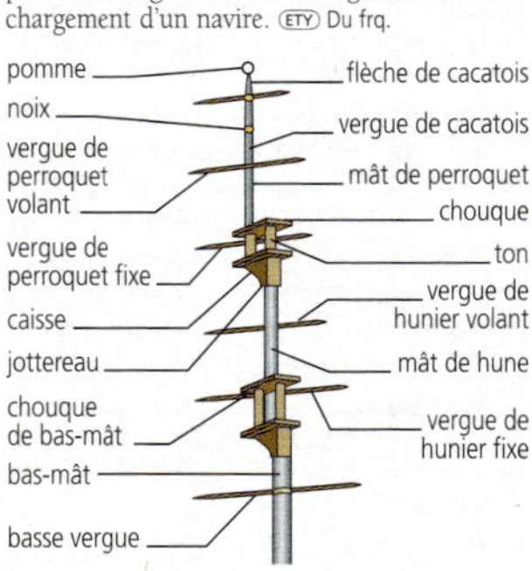


**mât** vu de bâbord arrière

**Matabélés** peuple bantou de l'Afrique australe, établi entre le Limpopo et le Zambèze (Zimbabwe) dans le Matabeleland du N. (73 537 km$^2$ ; 890 000 hab.) et le Matabeleland du S. (66 390 km$^2$ ; 520 000 hab.). VAR **Ndébélés, Tébélés**

**matabiche** *nm* Afrique fam Bakchich, pot-de-vin. ETY Mot portug.

**Matadi** v. de la Rép. dém. du Congo, port sur le bas Congo ; 306 100 hab. ; ch.-l. de région.

**matador** *nm* Torero qui met à mort le taureau dans une corrida. ETY Mot esp., « tueur ».

**mataf** *nm* fam Matelot.

**matage** → **mater 2.**

**Mata Hari** Margaretha Geertruida Zelle, dite (Leeuwarden, 1876 – Vincennes, 1917), danseuse et aventurière néerlandaise. Espionne au service de l'Allemagne, elle fut fusillée. ▷ CINE *Mata Hari* de l'Américain George Fitzmaurice (1885 – 1940), en 1932, avec Greta Garbo.

**mât-aile** *nm* MAR Mât mobile sans haubans, reposant sur le fond de la coque et pouvant s'orienter de 45° à 90° selon la force du vent. PLUR mâts-ailes.

**matamata** *nf* Tortue carnivore à tête triangulaire des eaux douces de Guyane et d'Amazonie. ETY Mot esp.

**matamore** *nm* Faux brave, fanfaron.

**Matamore** personnage de *l'Illusion comique* (1636) de Corneille, traîneur de sabre poltron qui prend des allures de brave.

**Matamoros** v. du Mexique (État de Tamaulipas), sur le río Grande del Norte, à la frontière américaine ; 405 300 hab.

**Matanzas** v. et port de la côte N.-E. de Cuba ; 143 700 hab. ; ch.-l. de prov. Cigares.

**Matapan (cap)** (anc. *cap Ténare*), cap du S. du Péloponnèse. – Victoire navale des Anglais sur les Italiens (1941).

**Mataró** v. et port d'Espagne (Catalogne) ; 124 900 hab. Pêche. Industries.

**match** *nm* Compétition opposant deux adversaires ou deux équipes. *Match de boxe, de rugby.* PLUR matchs ou matches. PHO [matʃ] ETY Mot angl.

**match-play** *nm* Compétition de golf au cours de laquelle le joueur évolue trou par trou. ETY Mot angl. VAR **matchplay**

**maté** *nm* Arbuste d'Amérique du Sud voisin du houx, dont les feuilles infusées fournissent une boisson tonique ; cette boisson.

**Maté** Rudolph Matheh, dit (Cracovie, 1898 – Los Angeles, 1964), chef opérateur et cinéaste américain d'orig. polonaise : *la Passion de Jeanne d'Arc* (1928) et *Vampyr* (1932) de Dreyer ; aux É.-U., *Gilda* (1946).

**matefaim** *nm* Crêpe épaisse.

**matelas** *nm* **1** Élément de literie constitué par un grand coussin rembourré, généralement posé sur un sommier. **2** fig Couche épaisse, souple ou meuble, servant à amortir les chocs. LOC CONSTR *Matelas d'air* : couche d'air entre deux parois. — *Matelas pneumatique* : grand coussin fait d'une enveloppe étanche, gonflée d'air. ETY De l'ar. par l'ital.

**matelassé, ée** *a, nm* Se dit d'un tissu garni d'une doublure ouatinée maintenue par des piqûres.

**matelasser** *vt* ① Rembourrer qqch à la façon d'un matelas.

**matelassier, ère** *n* Personne qui confectionne, qui répare les matelas.

**matelassure** *nf* Ce qui sert à matelasser, à rembourrer.

**matelot** *nm* **1** Homme d'équipage d'un navire. **2** MILIT Grade le plus bas dans la marine. LOC MAR *Matelot d'avant, matelot d'arrière* : bâtiment de guerre qui, placé dans une ligne, suit ou précède immédiatement un autre bâtiment. ETY Du moy. néerl. *mattenoot,* « compagnon ».

**matelotage** *nm* Technique de la confection des nœuds.

**matelote** *nf* Mets composé de morceaux de poissons cuits dans du vin rouge avec des oignons. *Matelote d'anguille.*

**1 mater** *vt* ① **1** Aux échecs, mettre le roi en position mat ; faire mat. **2** fig Soumettre, réprimer. *Mater les fortes têtes. Mater une rébellion.*

**2 mater** *vt* ① TECH **1** Syn. de *matir.* **2** Refouler un métal. *Mater un rivet, une soudure.* DER **matage** *nm*

**3 mater** *vt* ① fam **1** Observer sans être vu, épier. **2** Regarder. ETY De l'esp. *matar*, « tuer ».

**mâter** *vt* ① Munir un navire de son ou ses mâts.

**Matera** v. d'Italie (Basilicate) ; ch.-l. de prov. ; 60 000 hab. – Des habitations et des sanctuaires sont creusés dans la roche. Cath. XIIIe s.

**mâtereau** *nm* Petit mât.

**matérialisation** *nf* **1** Action de matérialiser, de se matérialiser. **2** PHYS NUCL Création d'une paire électron-positon à partir d'un photon.

**matérialiser** *v* ① **A** *vt* **1** Donner une apparence ou une réalité matérielle à une chose abstraite ; concrétiser. *Matérialiser un espoir.* **2** litt Signaliser, baliser. *Matérialiser un passage protégé sur la chaussée.* **B** *vpr* Prendre une forme concrète. *Projet qui se matérialise.*

**matérialisme** *nm* **1** PHILO Doctrine qui affirme que la seule réalité fondamentale est la matière. ANT idéalisme, spiritualisme. **2** Attitude de celui qui recherche uniquement des satisfactions matérielles. DER **matérialiste** *a, n*

**matérialité** *nf* Caractère matériel.

**matériau** *nm* **A** Toute matière utilisée pour fabriquer ou construire. **B** *nm pl* **1** Ensemble des éléments qui entrent dans la construction d'un bâtiment. *La pierre, le bois, les tuiles sont des matériaux.* **2** fig Documentation d'un ouvrage de l'esprit, d'une recherche. *Rassembler des matériaux.*

**matériel, elle** *a, n* **A** *a* **1** Formé de matière. *Le monde matériel.* ANT spirituel. **2** PHILO Qui concerne la matière, par oppos. à *formel*. *Cause matérielle.* **3** Qui relève de la réalité concrète, objective. *Être dans l'impossibilité matérielle, ne pas avoir le temps matériel de faire qqch.* **4** Relatif aux nécessités de l'existence, à l'argent. *Problèmes matériels.* **5** Incapable de sentiments élevés. *Esprit bassement matériel.* **6** Qui concerne les choses et non les personnes. *Dégâts matériels.* **B** *nm* **1** Ensemble des objets, tels que machines, engins, mobilier, etc. utilisés par une entreprise, un service public, par oppos. à *personnel*. **2** Ensemble des objets que l'on utilise dans une activité, un travail déterminés. *Matériel de cuisine.* **3** INFORM Ensemble des éléments physiques employés pour le traitement de l'information, par oppos. à *logiciel*. **C** *nf* fam, vieilli Ce qui est nécessaire à la subsistance de qqn. *Assurer la matérielle.* ETY Du lat.

**matériellement** *av* **1** Du point de vue matériel, financier. *Situation matériellement avantageuse.* **2** Réellement, effectivement. *C'est matériellement impossible.*

**maternel, elle** *a, nf* **1** Propre à une mère. *Instinct maternel.* **2** Qui a ou évoque l'attitude d'une mère. *Gestes maternels.* **3** Relatif à la mère, en ce qui concerne les liens de parenté. *Grand-père maternel.* LOC ***École maternelle*** ou ***la maternelle*** : école où l'on reçoit les enfants de 2 à 5 ans. — ***La langue maternelle*** : la première langue parlée par un enfant. ETY Du lat. *mater*, « mère ». DER **maternellement** *av*

**Maternelle (la)** roman populiste de Léon Frapié (1863 – 1949), prix Goncourt 1904.

**materner** *vt* ① **1** Avoir une attitude maternelle à l'égard de qqn, protéger excessivement. **2** PSYCHAN Recréer autour du patient un climat affectif maternel dans un but thérapeutique. DER **maternage** *nm*

**maternisé, ée** *a* LOC ***Lait maternisé*** : lait animal traité pour se rapprocher le plus possible du lait de la femme.

**maternité** *nf* **1** État, qualité de mère. **2** Fait de porter un enfant, de lui donner naissance. **3** Hôpital, clinique où les femmes accouchent. **4** BX-A Tableau, dessin représentant une mère avec son enfant dans les bras.

**math** *nf pl* Abrév. fam. de *mathématiques*. PHO [mat] VAR **maths**

**Mathan** personnage biblique ; prêtre de Baal, mis à mort sur l'ordre du grand prêtre juif Joad v. 870 av. J.-C.

**Mathathias** → **Mattathias.**

**mathématicien, enne** *n* Spécialiste des mathématiques.

**mathématique** *a, nf pl* **A** *a* **1** Relatif à la science du calcul et de la mesure des grandeurs. *Raisonnement mathématique.* **2** fig Rigoureux, précis. *Exactitude mathématique.* **B** *nf pl* **1** Ensemble des sciences qui appliquent des opérations logiques aux concepts de nombre, de forme et d'ensemble. **2** Nom donné à certaines classes de lycées. LOC anc ***Mathématiques appliquées*** : qui opèrent sur des grandeurs concrètes, effectivement mesurées, telles que l'astronomie, la mécanique, l'informatique, la statistique. — ***Mathématiques élémentaires*** : classe qui préparait au baccalauréat de mathématiques et sciences exactes. ABREV math. élém. — ***Mathématiques pures*** : qui opèrent sur des quantités abstraites. — ***Mathématiques spéciales*** : classe où l'on prépare les candidats aux grandes écoles scientifiques. ABREV math. spé. — ***Mathématiques supérieures*** : classe qui précède celle de mathématiques spéciales. ABREV math. sup. ETY Du gr. *mathêma*, « science ».

ENC La mathématique (mot singulier qu'on préfère auj. à celui de mathématiques) est une science abstraite, qui se construit par le seul raisonnement. Sans elle les sciences et de nombr. techniques seraient impossibles. La *logique* est un préliminaire indispensable aux théories mathématiques, auxquelles elle donne les moyens de condenser et d'enchaîner l'exposition des résultats. La *théorie des ensembles* vient après la logique : son langage, simplificateur et normalisateur, s'applique à toutes les branches des mathématiques. L'*arithmétique*, mieux nommée auj. *théorie des nombres*, fait partie de l'*algèbre*, qui a pour objet principal l'étude des structures et qui trouve son application dans de multiples domaines. L'algèbre moderne utilise comme outils le calcul matriciel et le calcul tensoriel. L'*analyse* s'occupe des infiniment petits et constitue un outil indispensable dans tous les domaines des mathématiques appliquées. La *géométrie* étudie les propriétés de l'espace. La période contemporaine a été marquée par deux grands phénomènes : – la réduction de la géométrie à l'algèbre et à l'analyse ; – l'apparition de géométries non euclidiennes (V. géométrie). La *topologie* est l'étude de la continuité en géométrie et du maintien de cette continuité dans les transformations. La *trigonométrie* constitue l'outil principal de la géodésie et de l'astronomie de position. Le *calcul des probabilités* étudie la fréquence des éléments incertains (relatifs, par ex., aux jeux de hasard). Il est utilisé dans la *statistique*, qui trouve ses applications dans de nombr. domaines (démographie, économie, physique nucléaire, biologie etc.).

**mathématiquement** *av* **1** Selon les règles des mathématiques. **2** Rigoureusement, exactement. **3** Inévitablement, nécessairement, fatalement.

**mathématiser** *vt* ① didac Appliquer dans un domaine des méthodes mathématiques. DER **mathématisation** *nf* – **mathématisable** *a*

**matheux, euse** *n* fam Personne qui a des dons, du goût pour les mathématiques.

**Mathias (saint)** (m. en 61 ou 64), disciple de Jésus. Il fut désigné par le sort pour remplacer Judas. VAR **Matthias**

**Mathias** (Vienne, 1557 – id., 1619), roi de Bohême et de Hongrie, empereur germanique (1612-1619). Il tenta de concilier catholiques et protestants, mais le fanatisme de ses agents en Bohême provoqua une révolte (défenestration de Prague, 1618) qui fut à l'origine de la guerre de Trente Ans.

**Mathias Ier Corvin** (Kolozsvár, 1440 – Vienne, 1490), roi de Hongrie (1458-1490). Ses conquêtes (Silésie, Moravie, etc.) ne lui survécurent pas. Il fonda l'université de Pozsony (auj. Bratislava, 1465), la bibliothèque Corvina.

**Mathieu (saint)** → **Matthieu.**

**Mathieu Georges** (Boulogne-sur-Mer, 1921 – Boulogne-Billancourt, 2012), peintre français, représentant de l'« abstraction lyrique ».

**Mathieu de la Drôme Philippe Antoine** (Saint-Christophe, Drôme, 1808 – Romans, 1865), météorologiste français.

**Mathiez Albert** (La Bruyère, Haute-Saône, 1874 – Paris, 1932), historien français. Il étudia la Révolution française, notam. l'action de Robespierre, qu'il exalta.

**Mathilde (sainte)** (Westphalie, v. 890 – Quedlinburg, Saxe, 968), reine de Germanie ; femme de Henri Ier l'Oiseleur, mère d'Otton le Grand. Elle fonda plusieurs monastères.

**Mathilde** (m. en 1083), reine d'Angleterre en 1066. Fille de Baudouin V, comte de Flandre, elle épousa (1053) Guillaume le Bâtard, duc de Normandie, roi d'Angleterre. On lui attribue, à tort, la tapisserie de Bayeux. VAR **Mahaut**

**Mathilde** (?, 1046 – Bondeno di Roncore, 1115), comtesse de Toscane (1055-1115). Elle soutint la papauté contre le Saint Empire (Henri IV se soumit au pape dans son chât. de Canossa) et légua ses États au Saint-Siège. VAR **Mahaut**

**Mathilde** (Londres, 1102 – Rouen, 1167), fille de Henri Ier d'Angleterre ; impératrice du Saint Empire par son mariage (1114) avec Henri V. Veuve en 1125, elle épousa (1128) Geoffroi V Plantagenêt, roi d'Angleterre en 1135. Veuve (1151), elle défendit sa couronne contre Étienne de Blois. Mère d'Henri II. VAR **Mahaut**

**Mathilde** (m. en 1329), comtesse d'Artois, fille de Robert II (frère de Saint Louis), à qui elle succéda en Artois (1302 – 1329). Elle protégea les arts. VAR **Mahaut**

**Mathurā** v. de l'Inde (Uttar Pradesh), sur la Yamunā ; 455 000 hab. – La ville donna son nom à l'un des grands styles de la statuaire de l'Inde. Musée archéologique. Dans la myth. hindoue, patrie de Krishna. VAR **Muttra**

**mathusalem** *nm* Grande bouteille de vin équivalant à 8 bouteilles, soit 6 litres. ETY Du n. pr.

**Mathusalem** patriarche biblique, fils d'Énoch et grand-père de Noé ; il aurait vécu 969 ans. VAR **Mathusala**

**matière** *nf* **1** PHILO Substance constituant les corps, par oppos. à *esprit, âme*. **2** PHYS Substance composée d'atomes et possédant une masse. *États solide, liquide, gazeux, ionisé, de la matière.* **3** Substance considérée du point de vue de ses propriétés, de ses utilisations, etc. *Une matière fragile.* **4** Ce dont une chose est faite. *La matière de cette robe est de la soie.* **5** Ce sur quoi on écrit, on parle, on travaille. *La matière d'un roman. Matières scolaires.* **6** Sujet, occasion. *Fournir matière à rire.* **7** DR Domaine du droit. *En matière civile, criminelle.* LOC FIN ***Comptabilité matières*** : qui porte sur les matières premières et les matières consommables. — ***En matière de*** : en ce qui concerne, en fait de. — ASTRO ***Matière noire*** : matière qui serait constituée d'éléments invisibles, sans rayonnement, qui se manifesterait par ses effets gravitationnels et qui fournirait une part importante de la masse critique de l'Univers. — ***Matières consommables*** : produits utilisés en cours de fabrication pour alimenter des machines ou les faire fonctionner, tels que gazole, électricité, graisse, etc. — TECH ***Matières premières*** : éléments bruts ou semi-ouvrés qui sont utilisés au début d'un cycle de fabrication. — BIOL ***Matière vivante*** : ensemble des substances organiques et minérales constituant les cellules d'un être vivant. — ***Table des matières*** : dans un livre, liste des sujets abordés, des divers chapitres. ETY Du lat.

ENC Le constituant fondamental de la matière est l'atome, formé d'un noyau et d'électrons périphériques. Le noyau est lui-même formé de nucléons (protons et neutrons), particules soumises à des interactions qui assurent leur cohésion. Dans l'*état solide*, les atomes sont liés les uns aux autres de façon rigide. Dans l'*état liquide*, les molécules sont agitées d'un mouvement rapide et désordonné, en étant voisines les unes des autres. L'*état gazeux* est aussi caractérisé par l'agitation des molécules, mais celles-ci sont éloignées les unes des autres, ce qui confère aux gaz élasticité et compressibilité. Les *plasmas* sont constitués d'atomes ionisés (électrons négatifs et ions positifs).

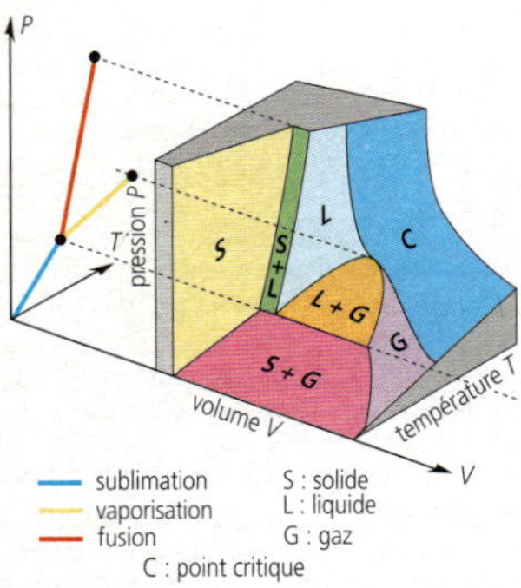


équation d'état de la **matière**

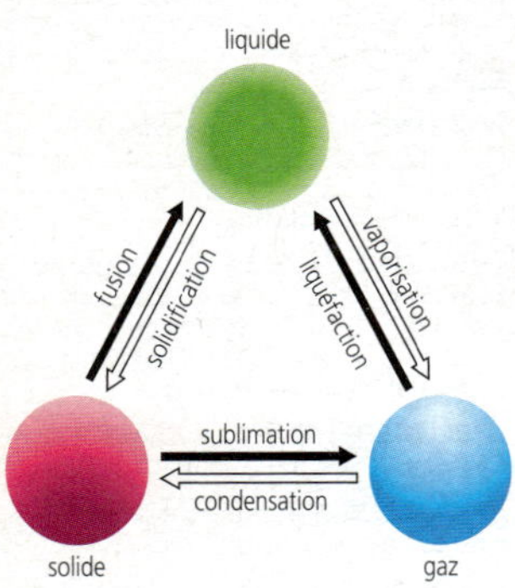


noms des transitions (dites changements d'état) entre les trois états classiques de la **matière**

**matiérisme** *nm* BX-A Tendance de la peinture contemporaine, qui privilégie les matières travaillées sur le support. DER **matiériste** *a, n*

**Matif** acronyme pour *Marché à terme international de France*, créé en 1986 pour permettre aux investisseurs de protéger la valeur de leur actif, notam. lors des fluctuations des taux de change.

**matifier** *vt* ② Rendre mat. *Un fond de teint qui matifie l'épiderme.* DER **matifiant, ante** *a*

**Matignon (hôtel)** hôtel parisien situé rue de Varenne (VIIe arr.) ; construit à partir de 1721 par Jean Courtonne, acheté par Charles-Auguste de Goyon Matignon, devenu en 1935 le siège de la présidence du Conseil (auj. du Premier ministre). – *Accords Matignon* : signés en juin 1936 (sous le gouvernement du Front populaire) entre la CGT et le patronat, qui concédait la semaine de 40 heures et les congés payés.

**matin** *nm, av* **A** *nm* **1** Première partie du jour, après le lever du soleil. **2** Partie de la journée qui va du point du jour à midi. *Le matin et l'après-midi.* **3** Espace de temps compris entre minuit et midi. *Une heure du matin.* **B** *av* **1** vieilli Tôt. *Se lever matin.* **2** Dans la matinée. *Tous les lundis matin.* **LOC** ***Ce matin*** : le matin du jour où l'on est. — ***De bon, de grand matin*** : très tôt. — ***Être du matin*** : aimer se lever tôt. — ***Un matin, un beau matin*** : un jour parmi les autres. ETY Du lat.

**1 mâtin** *nm* Gros chien de garde. ETY Du lat. *mansuetus*, « apprivoisé ».

**2 mâtin, ine** *n* fam, vieilli Personne délurée, malicieuse.

**matinal, ale** *a, nf* **A** *a* **1** Du matin. *Fraîcheur matinale.* **2** Qui se lève tôt. *Être matinal.* PLUR matinaux. **B** *nf* Émission d'information, à la radio ou à la télévision, qui a lieu le matin. DER **matinalement** *av*

**Matin calme (le pays du)** la Corée.

**mâtiné, ée** *a* **1** De race croisée, en parlant d'un chien. **2** fig Mélangé. *Un français mâtiné de patois.*

**matinée** *nf* **1** Temps qui s'écoule entre le lever du soleil et midi. *Au cours de la matinée.* **2** Spectacle ayant lieu l'après-midi.

**matines** *nfpl* LITURG CATHOL Première partie de l'office divin, que l'on récite la nuit ou à l'aube.

**matir** *vt* ③ Rendre mat un métal. SYN mater.

**Matisse Henri** (Le Cateau-Cambrésis, 1869 – Nice, 1954), peintre français. Il anima le fauvisme, puis remit « de l'ordre dans la sensation colorée » et simplifia la forme. Le Cateau et Nice (Cimiez) ont un musée Matisse.

**Matisse** *les Tapis rouges*, 1906 – musée de Grenoble

**matité** → **mat 2.**

**Matlock** v. de G.-B. ; 19 400 hab.

**Mato Grosso** État du Brésil, limitrophe de la Bolivie et du Paraguay ; 881 001 km$^2$ ; 1 660 000 hab. ; cap. *Cuiabá*. C'est un vaste plateau semi-désertique, voué à l'élevage extensif. Le sous-sol contient du manganèse.

**Mato Grosso do Sul** État du Brésil, détaché du Mato Grosso ; 350 548 km$^2$ ; 1 729 000 hab. ; cap. *Campo Grande*.

**matois, oise** *a, n* litt Rusé, finaud.

**maton, onne** *n* fam Gardien, gardienne de prison. ETY De *mater 3*.

**matos** *nm* fam Matériel. PHO [matos]

**matou** *nm* Chat domestique mâle non castré.

**Matra (monts)** massif du N. de la Hongrie ; culmine à 1 015 mètres au *Kékes*.

**matraque** *nf* Arme pour frapper, en forme de bâton court. ETY De l'ar.

**matraquer** *vt* ① **1** Donner des coups de matraque à qqn. **2** fig, fam Demander un prix trop élevé à qqn. **3** Multiplier les opérations publicitaires pour lancer une vedette, un produit, etc. DER **matraquage** *nm* – **matraqueur, euse** *a, n*

**matriarcat** *nm* **1** Régime social ou juridique basé sur la seule filiation maternelle. **2** Régime social dans lequel la mère, la femme joue un rôle prépondérant ou exerce une grande autorité. ETY Du lat. *mater*, « mère ». DER **matriarcal, ale, aux** *a*

**matriarche** *nf* Femme ou femelle qui joue le premier rôle au sein d'une famille, d'une communauté, d'un troupeau. ETY Du lat. *mater*, « mère » et de *patriarche*.

**matricaire** *nf* BOT Composée dont une espèce est la *camomille officinale*, utilisée autrefois contre les douleurs de la matrice.

**matrice** *nf* **1** vieilli Utérus. **2** TECH Moule, généralement métallique, qui présente une empreinte destinée à donner une forme à une pièce. **3** MATH Tableau de nombres permettant de représenter une application linéaire, chaque nombre étant affecté de deux indices, l'un relatif à la ligne et l'autre à la colonne sur lesquelles il se trouve. **4** FIN Registre d'après lequel sont établis les rôles des contributions. **5** Document du cadastre énumérant les parcelles de la commune et leurs propriétaires. ETY Du lat. DER **matriciel, elle** *a*

**matricer** *vt* ⑫ Forger une pièce par application contre une matrice. DER **matriçage** *nm*

**matricide** *nm* Crime de la personne qui a tué sa mère.

**matricule** *n* **A** *nf* Registre où est noté et numéroté le nom des personnes qui entrent dans certains corps, certains établissements ; extrait de ce registre. *Les matricules d'un régiment, d'une prison.* **B** *nm* Numéro sous lequel une personne est inscrite sur une matricule. *Le matricule d'un soldat.*

**matrilinéaire** *a* ETHNOL Qualifie un mode de filiation et d'organisation sociale reposant sur la seule ascendance maternelle. ANT patrilinéaire.

**matrilocal, ale** *a* ETHNOL Se dit d'un mode de résidence qui impose aux couples de venir habiter après le mariage dans la famille de la femme. SYN uxorilocal. PLUR matrilocaux.

**matrimonial, ale** *a* Qui concerne le mariage. PLUR matrimoniaux. **LOC** ***Agence matrimoniale*** : qui organise des rencontres entre personnes cherchant à se marier. ETY Du lat. DER **matrimonialement** *av*

**matriochka** *nf* Boîte gigogne figurant une poupée. ETY Mot russe.

**matrone** *nf* **1** ANTIQ Femme d'un citoyen, à Rome. **2** péjor Femme d'un certain âge, corpulente et autoritaire. **3** Accoucheuse.

**matronymat** *nm* SOCIOL Système où le nom de la mère se transmet à ses descendants. ANT patronymat.

**matronyme** *nm* Nom de famille transmis par la mère. DER **matronymique** *a*

**Matsushima** archipel du Japon (850 îlots), le long de la côte E. de Honshu. *(baie de Matsushima)*. Temple du XVIIe s.

**Matsuyama** v. du Japon (Shikoku), près de la mer Intérieure ; ch.-l. de prov. ; 427 000 hab. Pétrochimie.

**Matsys Quinten** ou **Quentin** (Louvain, 1465 ou 1466 – Anvers, 1530), peintre flamand. Il introduisit dans la peinture du Nord l'expression psychologique : *le Changeur et sa femme* (1514, Louvre). VAR **Massys, Metsys, Metzys** ou **Messys**

**Matta Roberto** (Santiago, 1911 – Civitta-vecchia, 2002), peintre chilien surréaliste. Il vise à une « symphonie cosmique ».

**Mattathias** (IIe s. av. J.-C.), père des Maccabées. VAR **Mathathias**

**matte** *nf* METALL Produit résultant de la calcination d'un minerai sulfuré.

**Mattei** Enrico (Acqualagna, 1906 – accident d'avion, 1962), homme d'affaires italien, responsable de la politique énergétique de l'Italie d'après guerre.

**Matteotti** Giacomo (Fratta Polesine, 1885 – Rome, 1924), homme politique italien ; secrétaire général du parti socialiste (1924), assassiné par les fascistes.

**Matterhorn** → **Cervin.**

**Matthias (saint)** → **Mathias.**

**Matthieu (saint)** (I^er^ s.), un des douzes apôtres (aussi nommé Lévi), publicain à Capharnaüm. Son Évangile, longtemps considéré comme le premier en date, est en fait postérieur à celui de Marc. VAR **Mathieu**

**matthiole** *nf* BOT Crucifère ornementale cour. appelée *giroflée des jardins,* à fleurs odorantes, simples ou doubles.

**maturation** *nf* **1** Ensemble des phénomènes conduisant à la maturité. *Maturation des fruits.* **2** MED Évolution d'un abcès vers sa maturité. **3** Évolution d'une viande de boucherie après l'abattage de la bête, d'un fromage après sa fabrication, etc. **4** fig Fait de mûrir. *Maturation d'un projet.*

**mature** *a* **1** BIOL Se dit d'une cellule vivante arrivée à son complet développement. **2** Se dit des poissons femelles prêts à pondre. **3** Se dit d'une viande à maturation satisfaisante. SYN rassis. **4** fig Qui manifeste de la maturité d'esprit. ETY Du lat. *maturus,* « mûr ».

**mâture** *nf* Ensemble des mâts d'un navire.

**maturer** *vi* ① Arriver à maturation, s'agissant d'un produit alimentaire (viande, fromage, crème fraîche).

**Maturin** Charles Robert (Dublin, 1782 – id., 1824), écrivain irlandais ; maître du roman « noir » : *Melmoth ou l'Homme errant* (1820). Théâtre : *Bertram* (tragédie, 1816), *Fredolfo* (1819).

**Quentin Matsys** *le Changeur et sa femme,* 1514 – musée du Louvre

**maturité** *nf* **1** État de ce qui est mûr. *Fruit à maturité.* **2** Époque de la vie, entre la jeunesse et la vieillesse où l'être humain atteint la plénitude de son développement physique et intellectuel. **3** fig Plénitude qui est l'aboutissement d'une évolution. *Ses dons artistiques sont arrivés à maturité.* **4** Prudence, sagesse qui vient avec l'âge et l'expérience. **5** Suisse Diplôme qui couronne les études secondaires, baccalauréat.

**Matute** Ana María (Barcelone, 1926), romancière espagnole : *Plaignez les loups* (1962).

**matutinal, ale** *a* litt Du matin. PLUR matutinaux.

**maubèche** *nf* Espèce de bécasseau.

**Maubeuge** ch.-l. de canton du Nord (arr. d'Avesnes-sur-Helpe), port sur la Sambre ; 33 546 hab. Industries. – Fortifications de Vauban. – Le traité de Nimègue (1678) restitua la ville à la France. DER **maubeugeois, oise** *a, n*

**Mauchly** John William (Cincinnati, 1907 – Ambles, Pennsylvanie, 1980), ingénieur américain. En 1946, il créa avec J. Eckert l'un des premiers ordinateurs.

**maudire** *vt* ⑧ **1** Vouer qqn au malheur ; prononcer des imprécations contre. *Maudire sa pauvreté.* **2** RELIG Condamner à la damnation. ETY Du lat.

**maudit, ite** *a, n* **A 1** Voué à la damnation éternelle. **2** Sur qui s'abat une malédiction. **B** *a* Détestable, haïssable. *Cette maudite époque.* LOC *Le Maudit :* le diable.

**Mauduit** Jacques (Paris, 1557 – id., 1627), compositeur français : œuvres profanes (chansons) et religieuses.

**Mauges (les)** plateau ondulé du Massif armoricain (210 m au *puy de la Garde*) ; v. princ. : Cholet. VAR **Choletais**

**Maugham** William Somerset (Paris, 1874 – Saint-Jean-Cap-Ferrat, 1965), écrivain anglais ; peintre amer de la société anglaise. Romans : *Servitude humaine* (1915), *le Fil du rasoir* (1944). Théâtre : *le Cercle* (1921), *la Lettre* (1927).

**maugréer** *vi* ① Témoigner son mécontentement en pestant entre ses dents. ETY De l'a. fr. *maugré,* « déplaisir ».

**Mauguio** ch.-l. de cant. de l'Hérault (arr. de Montpellier), près de l'*étang de Mauguio ;* 14 847 hab. Viticulture. DER **mauguiolin, ine** ou **melgorien, enne** *a, n*

**maul** *nm* Au rugby, regroupement d'au moins trois joueurs qui se disputent un ballon porté à la main. ETY Mot angl.

**Maulbertsch** Franz Anton (Langenhargen, 1724 – Vienne, 1796), peintre autrichien, baroque, actif dans les églises et abbayes d'Autriche. VAR **Maulpertsch**

**Mau-Mau (révolte des)** mouvement kikuyu (1952-1956), dirigé contre les Européens pour reprendre leurs terres. À l'origine du mouvement, J. Kenyatta condamna ses violences. La répression fit des milliers de victimes.

**Maumusson (pertuis de)** détroit (env. 500 m) entre le S. de l'île d'Oléron et la côte charentaise.

**Mauna Kea** volcan éteint d'Hawaii, point culminant de l'île (4 205 m), proche du *Mauna Loa,* volcan actif (4 168 m).

**Maunick** Édouard (Flacq, 1931), poète mauricien : *les Manèges de la mer* (1964), *Toi, laminaire* (1990).

**Maunoury** Joseph (Maintenon, 1847 – près d'Artenay, Loiret, 1923), maréchal de France. Il contribua à la victoire de la Marne (sept. 1914).

**Maupas** Philippe (Toulon, 1939 – Tours, 1981), médecin français. Il élabora le vaccin contre l'hépatite B avec d'autres chercheurs.

**Maupassant** Guy de (chât. de Miromesnil, Tourville-sur-Arques, Seine-Maritime, 1850 – Paris, 1893), écrivain français. Dirigé par Flaubert (ami d'enfance de sa mère), il exprima son pessimisme dans ses 300 nouvelles naturalistes, réunies dans des recueils : *la Maison Tellier* (1881), *Mademoiselle Fifi* (1882), *Contes de la bécasse* (1883), *Toine* (1885), *le Horla* (1887), *le Rosier de Mme Husson* (1888). *Boule-de-Suif* parut dans le recueil collectif des *Soirées de Médan* (1880). Romans : *Une vie* (1883), *Bel-Ami* (1885), *Pierre et Jean* (1888). Il mourut de la syphilis.

**Guy de Maupassant**

**Maupeou** René Nicolas Charles Augustin de (Paris, 1714 – Le Thuit, Eure, 1792), chancelier de France de 1768 à 1774. Il entreprit avec l'abbé Terray et d'Aiguillon des réformes, abolies à l'avènement de Louis XVI.

**Maupertuis** Pierre Louis Moreau de (Saint-Malo, 1698 – Bâle, 1759), géomètre et mathématicien français. En 1736-1737, il se rendit en Laponie, où ses mesures confirmèrent l'aplatissement du globe terrestre. Acad. fr.

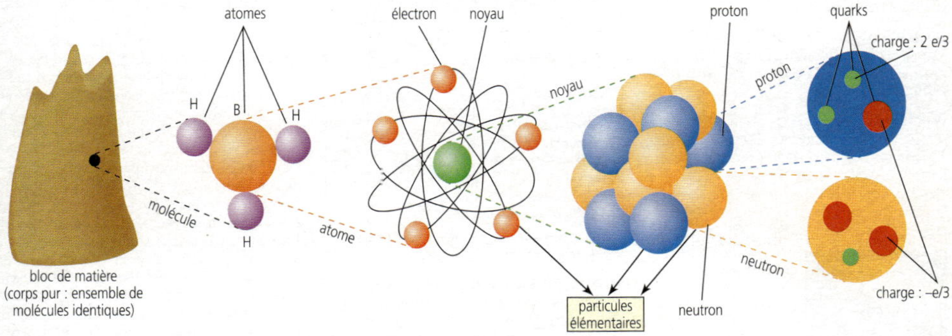


les divers niveaux d'organisation de la matière. Nous avons pris pour exemple de matière un corps pur (ensemble de molécules identiques) : l'hydrure de bore $BH_3$ ; l'atome de bore a 5 électrons ; son noyau contient 5 protons et 6 neutrons

**matière**

(1743). ▷ PHYS *Principe de Maupertuis* ou *de moindre action* : le mouvement d'un point physique dans un champ de forces s'effectue de façon que l'action de ce point soit minimale.

**Maur (saint)** (av. le IXe s.), abbé de Glanfeuil, identifié par erreur à Maur *(Maurus)*, disciple de saint Benoît de Nursie.

**maurandie** *nf* BOT Plante grimpante ornementale à grandes fleurs (scrofulariacée). (ETY) D'un n. pr.

**maure** *a* **1** HIST De la Maurétanie ancienne. **2** HIST Dans l'Espagne médiévale, musulman. **3** Relatif aux Maures. (VAR) **more**

**Maurepas** ch.-l. de cant. des Yvelines (arr. de Rambouillet) ; 19 260 hab. C'est un élément de Saint-Quentin-en-Yvelines. – Vest. d'un chât. fort XIIe s. (DER) **maurepasien, enne** *a, n*

**Maurepas Jean Frédéric Phélypeaux (comte de)** (Versailles, 1701 – id., 1781), homme politique français. Secrétaire d'État à la Maison du roi (1718-1749), ainsi qu'à la Marine (1723-1749), disgracié, rappelé par Louis XVI comme ministre d'État (1774).

**Maures (les)** massif gréseux et schisteux du littoral provençal (Var), entre Hyères et Fréjus ; culmine au *signal de la Sauvette* (780 m).

**Maures** au temps de la Rome antique, les Berbères, notam. ceux qui peuplaient la Maurétanie. Après la conquête arabe (VIIe s.), ce nom désigna les musulmans, arabes ou berbères, qui peuplaient l'Afrique du Nord, notam. ceux qui envahirent l'Espagne et l'occupèrent en partie jusqu'au XVe s. À l'époque contemp., il désigne la population blanche, souvent métissée de Noirs, du Sahara occidental, de la Mauritanie, ainsi que du Mali et du Sénégal ; l'usage de ce mot tend à disparaître. (DER) **maure** ou **more** *a*

**mauresque** *nf, a* **A** *nf* **1** anc Femme musulmane d'Espagne ou du Maghreb. **2** Pastis additionné de sirop d'orgeat. **B** *a* Propre aux Maures. *Art mauresque*. (VAR) **moresque**

**Maurétanie** ancien territoire berbère qui s'étendait, à l'O. de la Numidie, jusqu'à l'Atlantique. En 42 après J.-C., l'ensemble était annexé par Rome, qui bientôt le divisa en *Maurétanie Césarienne* (à l'E.) et *Maurétanie Tingitane* (à l'O.), cette dernière, correspondant au N. du Maroc actuel, avec Tingis (Tanger) pour cap. Sous Dioclétien (IIIe s. apr. J.-C.) fut créée la prov. romaine de *Maurétanie Sitifienne*, correspondant à la partie la plus orientale de la Maurétanie Césarienne, avec Sitifis (Sétif) pour cap. Envahie par les Vandales (Ve s.), soumise à la domination byzantine (VIe s.), la Maurétanie fut entièrement conquise par les Arabes à la fin du VIIe s. (VAR) **Mauritanie.** (DER) **maure** *a, n*

**Mauriac** ch.-l. d'arr. du Cantal ; 4 022 hab. Marché agricole (prod. de l'élevage). Basilique romane (en partie du XIIe s.). (DER) **mauriacois, oise** *a, n*

**Mauriac François** (Bordeaux, 1885 – Paris, 1970), écrivain français. Dans une optique chrétienne, il décrivit la bourgeoisie provinciale : *Genitrix* (1924), *Thérèse Desqueyroux* (1927), *le Nœud de vipères* (1932), *le Mystère Frontenac* (1933). Théâtre : *Asmodée* (1938), *les Mal-Aimés* (1945). Citons aussi : *Journal* (1934-1951), *Bloc-Notes* (1958-1971). Acad. fr. (1933). Prix Nobel 1952.

François Mauriac

**Maurice (république de)** (en angl. *Mauritius*), État insulaire de l'océan Indien s'étendant sur l'une des îles Mascareignes, à 900 km à l'E. de Madagascar ; 1 865 km$^2$ (2 040 km$^2$ avec les îles Rodrigues, Agalega et Saint-Brandon) ; 1,3 million d'hab., cap. *Port-Louis*. Nature de l'État : rép. au sein du Commonwealth. Langue off. : angl. ; le français et le créole d'origine française sont cour. parlés. Monnaie : roupie mauricienne. Pop. : Indo-Pakistanais (68,2 %), créoles, Chinois. Relig. : hindouisme (51,8 %), catholicisme (25,7 %), islam sunnite (16,5 %). (DER) **mauricien, enne** *a, n*

**Géographie** Cette île volcanique, densément peuplée (628 hab./km$^2$), qui produit traditionnellement canne à sucre et thé, a connu un essor écon., dans les années 1980, car le statut de zone franche attira les investisseurs. Le tourisme et le développement des activités bancaires assurent le plein emploi, mais la croissance spectaculaire s'est amenuisée dans les années 1990 (à cause de la concurrence de pays aux bas salaires).

**Histoire** L'île fut découverte par les Portugais en 1507. Les Néerlandais s'y installèrent après 1598 et lui donnèrent le nom latin de *Mauritius* pour honorer Maurice de Nassau. En 1715, les Français occupèrent l'île, qu'ils appelèrent *île de France* (c'est l'île de *Paul et Virginie*). Prise en 1810 par les Anglais, qui la conservèrent en 1814, elle connut une crise écon. après l'abolition de l'esclavage (1835) et dut faire venir de nombreux Indiens. L'île est devenue indépendante en 1968. Le leader travailliste Seewoosagur Ramgoolam fut Premier ministre jusqu'en 1982. À cette date, Aneerood Jugnauth remporte les élections législatives et gouverne jusqu'en 1995. En 1992, l'île Maurice devient une république. Depuis, les travaillistes et les socialistes alternent à la tête du gouvernement.

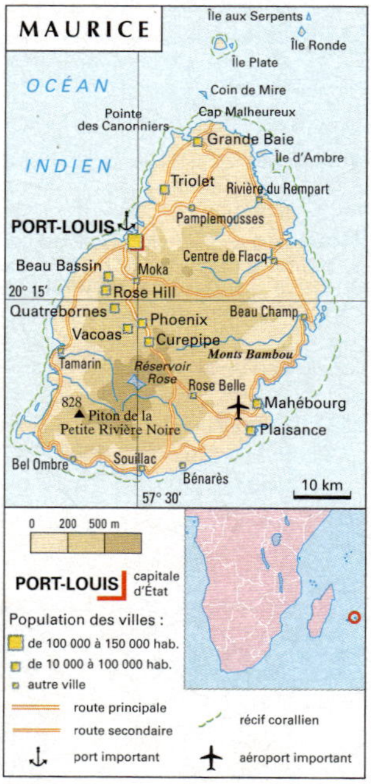


**Maurice (saint)** (m. v. 287), chrétien qui, selon la légende, commanda la légion envoyée par l'empereur Maximien pour combattre les Bagaudes. Il aurait été massacré avec ses frères d'armes chrétiens dans le Valais. Il est le saint patron de la Suisse et de l'Autriche.

**Maurice** (en lat. *Flavius Mauricius Tiberius*) (Arabissos, Cappadoce [v. ruinée près d'Afşin, Turquie], v. 539 – ?, 602), empereur d'Orient (582-602). Il résiste aux Perses, mais fut assassiné par ses soldats.

**Maurice de Nassau** (Dillenburg, 1567 – La Haye, 1625), stathouder des Provinces-Unies (1584-1625) ; fils de Guillaume le Taciturne. En 1619, il élimina le grand pensionnaire Oldenbarnevelt, favorable au maintien de la paix avec l'Espagne (trêve de douze ans), et le fit exécuter.

**Maurice de Saxe** → **Saxe.**

**Mauricie** région admin. du Québec qui s'étend dans la vallée du Saint-Maurice sur la rive N. du Saint-Laurent ; 268 000 hab. V. princ. *Trois-Rivières*. (DER) **mauricien, enne** *a, n*

**Maurienne** rég. de Savoie correspondant à la vallée de l'Arc ; voie de passage entre la France et l'Italie. L'hydroélectr. alimente l'industrie. Tourisme. (DER) **mauriennais, aise** *a, n*

**Mauritanie** → **Maurétanie.**

**Mauritanie (république islamique de)** État d'Afrique au S.-O. du Sahara occidental, sur l'Atlantique ; 1 032 460 km$^2$ ; 4 millions d'hab. accroissement naturel : 2,6 % par an ; cap. *Nouakchott*. Nature de l'État : république de type présidentiel. Langue off. : arabe. Monnaie : ouguiya. Pop. : Arabo-Berbères dits Maures (81,5 %), Wolofs (7 %), Toucouleurs (5 %), Sarakolés (3 %). Relig. off. : islam. (DER) **mauritanien, enne** *a, n*

**Géographie** Les trois quarts du pays font partie du Sahara occidental. Au S., la zone sahélienne steppique, un peu plus arrosée, groupe 90 % des hab. du pays. Les vagues de sécheresse et l'avancée du désert depuis 1973 ont provoqué l'afflux de nomades vers Nouakchott.

**Économie** L'agriculture vivrière (mil, riz, dattes) et l'élevage extensif (ovins, bovins, dromadaires) constituent la base. Le pays compte 59 % de ruraux. Les grandes ressources d'exportation sont le poisson, et le fer de Zouérate, acheminé vers le port de Nouadhibou, par l'unique voie ferrée du pays. La Mauritanie fait partie des pays les moins avancés qui, depuis 1999, bénéficient d'une réduction de leur dette. L'aide étrangère est indispensable.

**Histoire** LES ORIGINES Peuplée d'agriculteurs noirs, la région fut envahie à partir du IVe s. par des nomades berbères disposant du chameau. La région fut englobée dans l'empire Almoravide, du Sénégal à l'Espagne, et islamisée (XIe-XIIe s.). Les Arabes ne pénétrèrent le pays qu'après 1400. Au XVe s., des contacts furent amorcés sur la côte avec les Européens qui recherchaient des esclaves, du sel et de la gomme. Partis du Sénégal, les Français occupèrent le pays en 1902 et n'en firent une colonie qu'en 1920. Longtemps en dissidence, elle devint colonie de l'A-OF seulement en 1920 et la pacification ne fut totalement obtenue qu'en 1934.

LA RÉPUBLIQUE ISLAMIQUE En 1958, la Mauritanie fut proclamée rép. islamique et acquit son indépendance en 1960 sous la présidence de Moktar Ould Daddah. En nov. 1975, la Mauritanie, qui redoutait l'expansionnisme marocain, s'entendit (accord de Madrid) avec le Maroc pour annexer le S. d'un Sahara occidental partagé ; mais les Sahraouis, groupés au sein du Front Polisario, menèrent la guérilla. En juil. 1978, Moktar Ould Daddah fut renversé par un comité militaire de salut national (CMSN). En août 1979, la Mauritanie signe la paix, à Alger, avec le Polisario. Le CMSN changea plusieurs fois de chef. Le colonel Khouna Ould Haidalla exerça tous les pouvoirs à partir de janv. 1980, mais en 1984 le CMSN le remplaça par le colonel Maawiyah Sid Ahmed Ould Taya. Les militaires poursuivirent l'arabisation du pays (élimination des Noirs des postes milit. et civils). Les massacres de Maures au Sénégal, au printemps 1989, provoquèrent de violentes représailles contre les Noirs. En 1991, une Constitution approuvée par référendum établit le multipartisme. Depuis, les élections multipartites (1992, 1997 et 2003) ont confirmé Ould

Taya à la prés. En août 2005, le Conseil militaire pour la justice et la démocratie, dirigé par Ely Ould Mohamed Vall, chasse Ould Taya. Mais son parti reprend le pouvoir lors des prés. de 2007 qui placent Sidi Ould Cheikh Abdallahi à la tête du pays. Ce dernier est chassé du pouvoir en 2008 lors d'un coup d'État mené par le général Ould Abdel Aziz, qui est élu président en juillet 2009, réélu en 2014.

**Maurois** Émile Herzog, dit André (Elbeuf, 1885 – Neuilly-sur-Seine, 1967), écrivain français : *les Silences du colonel Bramble* (1918), *Climats* (1928) ; nombr. biographies. Acad. fr. (1938).

**Mauron** Charles (Saint-Rémy-de-Provence, 1899 – id., 1966), critique littéraire français : *Mallarmé l'obscur* (1938), *l'Inconscient dans l'œuvre et la vie de Racine* (1954).

**Mauroy** Pierre (Cartignies, Nord, 1928 – Clamart, 2013), homme politique français ; socialiste, maire de Lille (1973-2001), Prem. ministre (1981-1984).

**Maurras** Charles (Martigues, 1868 – Saint-Symphorien, près de Tours, 1952), écrivain français. Il défendit son nationalisme monarchiste dans l'*Action française* (1908-1944), soutint le gouvernement de Vichy et fut emprisonné en 1945 (gracié en 1952). Acad. fr. (1938, radié en 1945). DER **maurrassien, enne** *a, n*

**Maurya** dynastie de l'Inde fondée à la fin du IVe s. av. J.-C. par Chandragupta et dont Açoka fut le souverain le plus illustre ; Pushyamitra la renversa v. 185 av. J.-C.

**mauser** *nm* MILIT **1** Fusil adopté par l'armée allemande en 1871 et utilisé jusqu'en 1945. **2** Modèle de pistolet automatique. PHO [mozɛʀ] ETY D'un n. pr.

**Mauser** Wilhelm (Oberndorf, Wurtemberg, 1834 – id., 1882), armurier allemand. Il mit au point le fusil qui porte son nom.

**Mausole** (m. en 353 av. J.-C.), satrape de Carie (377-353 av. J.-C.) ; sa sœur et épouse Artémise II fit élever à Halicarnasse son tombeau (le *Mausolée*), une des Sept Merveilles du monde.

**mausolée** *nm* Grand et riche monument funéraire. *Le mausolée d'Hadrien, à Rome.* ETY De *Mausole*, n. pr.

**Mauss** Marcel (Épinal, 1872 – Paris, 1950), sociologue et ethnologue français, neveu et disciple de Durkheim : *Essai sur le don, forme archaïque de l'échange* (1925).

**maussade** *a* **1** Désagréable, qui dénote la mauvaise humeur. *Visage maussade.* **2** Ennuyeux, sombre, triste. *Un temps maussade.* ETY De *mal*, et a. fr. *sade*, « savoureux ». DER **maussadement** *av* – **maussaderie** *nf*

**Mauthausen** village d'Autriche, sur le Danube, près de Linz. Les nazis y installèrent de 1938 à 1945 un camp de concentration où périrent près de 120 000 personnes.

**mauvais, aise** *a, n, av* **A** *a* **1** Imparfait, défectueux. *Avoir une mauvaise vue.* **2** Qui n'a pas les qualités requises pour son emploi, sa destination. *Fournir de mauvais arguments. Un mauvais administrateur.* **3** Défavorable, susceptible de causer du désagrément, des ennuis. *Être en mauvaise posture. Préparer un mauvais coup.* **4** Contraire à la morale. *Mauvaise action.* **5** Désagréable. *Être de mauvaise humeur.* **6** Insuffisant, d'un mauvais rapport. *Mauvaise récolte.* **7** D'un goût désagréable. **8** Sans moralité. *Un mauvais garçon.* **9** Méchant, malfaisant. *Des gens mauvais.* **B** *nm* Ce qu'il y a de défectueux dans qqch, qqn. *Il y a du bon et du mauvais dans cette affaire.* **C** *n* Personne méchante. LOC ***Femme de mauvaise vie*** : prostituée. — ***Il fait mauvais*** : le temps est désagréable. — fam ***La trouver, l'avoir mauvaise*** : ne pas trouver qqch à son goût, être dépité. — ***Mauvaise tête*** : personne au caractère difficile. — ***Mauvais œil*** : regard qui est censé porter malheur, faculté de porter malheur. — ***Mer mauvaise*** : agitée, dangereuse. — ***Sentir mauvais*** : exhaler une odeur désagréable ; fig tourner mal, en parlant d'une affaire, d'un évènement. ETY Du lat. *malifatius*, « qui a un mauvais sort ».

**mauve** *n, a* **A** *nf* Petite plante (malvacée) à fleurs blanches, roses ou violettes, ornementale et médicinale. **B** *a, nm* De couleur violet pâle. *Des robes mauves. Une étoffe d'un mauve délicat.* ETY Du lat.

**mauve**

**mauvéine** *nf* Matière colorante, première couleur d'aniline employée industriellement.

**mauviette** *nf* **1** Alouette grasse. **2** fam Personne frêle, chétive. ETY De *mauvis*.

**mauvis** *nm* Grive du nord de l'Europe.

**Mavalipuram** → **Mahabalipuram.**

**Ma vie** récit autobiographique de Wagner : 1870-1880 ; dicté à Cosima de 1865 à 1880 ; prem. éd. publique : 1911.

**Ma vie** autobiographie de Trotski (1929).

**Ma vie d'enfant** récit autobiographique de Gorki (1913-1914), prem. vol. d'une trilogie comprenant *En gagnant mon pain* (1915-1916) et *Mes universités* (1923). ▷ CINE Donskoi a porté la trilogie à l'écran (1938, 1939 et 1940).

**Mavrocordato** Alexandre (Istanbul, 1791 – Égine, 1865), homme politique grec. Il présida la prem. Assemblée nationale (Épidaure, 1822) et dirigea plusieurs fois le gouvernement. VAR **Aléxandros Mavrokordhátos**

**Maxence** (en lat. *Marcus Aurelius Valerius Maxentius*) (?, 280 – pont Milvius, Rome, 312), empereur romain (306-312) ; fils de Maximien. Il fut vaincu par Constantin au pont Milvius.

**maxi-** Élément, du lat. *maximus*, superlatif de *magnus*, « grand ». *Maxibouteille. Maxi-jupe.*

**1 maxi** *a inv, av* fam Abrév. de *maximal* et de *maximum*. *Vitesse maxi. Je l'ai vu il y a dix jours maxi.*

**2 maxi** *nm* Disque (CD ou vinyle) de longueur moyenne.

**maxidiscompte** *nm* Syn. de *hard discount*.

**maxidiscompteur** *nm* Syn. de *hard discounter*.

**maxillaire** *nm, a* **A** *nm* ANAT Chacun des os qui forment les mâchoires. *Maxillaire supérieur. Maxillaire inférieur.* **B** *a* Qui se rapporte aux maxillaires, aux mâchoires. PHO [maksilɛʀ] ETY Du lat. *maxilla*, « mâchoire ».

**maxille** *nm* ZOOL Mâchoire des arthropodes antennates. PHO [maksil]

**maxillipède** *nm* ZOOL Appendice masticateur des crustacés, situé en arrière des maxilles. SYN patte-mâchoire.

**Maxim** sir Hiram (Brockway's Mills, 1840 – Streatham, 1916), ingénieur britannique d'origine amér. Un canon, une mitrailleuse et un fusil-mitrailleur portent son nom (1884).

**maxima** → **maximum.**

**maximal, ale** *a* Qui atteint un maximum, qui est à son plus haut degré. *Température maximale.* PLUR maximaux.

**maximaliser** *vt* ① didac Donner la plus haute valeur à. *Maximaliser les chances.* (VAR) **maximiser** (DER) **maximalisation** ou **maximisation** *nf*

**maximalisme** *nm* didac Attitude de ceux qui préconisent des solutions extrêmes, en politique notamment ; radicalisme, intransigeance. (DER) **maximaliste** *a, n*

**maxime** *nf* **1** Principe, fondement dans un art, dans une science ; règle de conduite. **2** Sentence qui résume une maxime. (ETY) Du lat. *maxima sentencia*, « sentence la plus générale ».

**Maxime** (en lat. *Magnus Clemens Maximus*) (m. en 388), usurpateur romain. Proclamé empereur d'Occident par les légions de Bretagne, il battit Gratien et le fit tuer (383), prit l'Italie à Valentinien II (387), mais Théodose le vainquit et le fit tuer.

**Maximes** titre usuel des *Réflexions ou Sentences et Maximes morales* de La Rochefoucauld ; prem. éd. anonyme, 1664 ; dernière éd., 1678.

**Maximien** (en lat. *Aurelius Valerius Maximianus*) (Pannonie, v. 250 – Marseille, 310), empereur romain (286-305 et 306-310). Associé à l'Empire par Dioclétien (286), qui le contraignit à abdiquer en 305, il se dressa contre lui, puis contre Constantin, et se donna la mort.

**Maximilien Ier** (Wiener Neustadt, 1459 – Wels, 1519), empereur germanique (1493-1519). Fils de Frédéric III, il épousa en 1477 Marie de Bourgogne, fille de Charles le Téméraire. Ayant vaincu Louis XI, en 1479, à Guinegatte, il put garder la Franche-Comté et les Pays-Bas (traité d'Arras, 1482) que Marie lui avait apportés en dot. — **Maximilien II** (Vienne, 1527 – Ratisbonne, 1576), empereur germanique (1564-1576), petit-fils du préc. Son règne fut dominé par la lutte contre les Turcs.

**Maximilien Ier de Wittelsbach** (Munich, 1573 – Ingolstadt, 1651), duc puis Électeur de Bavière (1597-1651). Il engagea son pays aux côtés de Ferdinand II d'Autriche dans la guerre de Trente Ans.

**Maximilien Ier Joseph de Wittelsbach** (Schwetzingen, 1756 – Nymphenburg, 1825), Électeur (1799), puis prem. roi de Bavière (1806-1825). Allié de Napoléon Ier (qu'il abandonna en 1813), il prit des territ. à l'Autriche. — **Maximilien II Joseph** (Munich, 1811 – id., 1864), roi de Bavière (1848-1864) fils de Louis Ier. Il voulut unir les petits États allemands contre l'Autriche et la Prusse.

**Maximilien Ier Ferdinand Joseph Maximilien de Habsbourg** (Vienne, 1832 – Querétaro, Mexique, 1867), frère de l'empereur François-Joseph et archiduc d'Autriche. En 1864, Napoléon III fit de lui l'empereur du Mexique ; le pays se souleva et il fut fusillé.

**Maximilien** (Baden-Baden, 1867 – Constance, 1929), prince allemand. Chancelier de Guillaume II (oct.-nov. 1918), il négocia l'armistice et céda la place à Ebert. (VAR) **Max de Bade**

**Maximin** (en lat. *Caius Julius Verus Maximinus*) (en Thrace, 173 – devant Aquilée, 238), empereur romain (235-238). Il assassina Sévère Alexandre, qu'il remplaça, et fut tué par ses propres soldats.

**Maximin Daia** (en lat. *Galerius Valerius Maximinus*) (m. à Tarse en 313), empereur romain (308-313). Il persécuta les chrétiens ; vaincu par Licinius, il s'empoisonna.

**maximisation, maximiser** → **maximaliser.**

**maximum** *nm, a* **A** *nm* **1** La plus grande valeur qu'une quantité variable puisse prendre. PLUR maximums ou maxima. **2** DR Peine la plus élevée. **B** *a* Le plus élevé. *Tarif maximum.* (Dans le langage scientifique, on emploie *maximal.*) **LOC** ***Au maximum*** : au plus. — MATH ***Maximum d'une fonction*** : valeur de cette fonction, supérieure à toutes les valeurs voisines. (PHO) [maksimɔm] (ETY) Mot lat., « le plus grand ».

**maxwell** *nm* PHYS Unité de flux magnétique du système électromagnétique CGS. SYMB Mx. (ETY) Du n. pr.

**Maxwell** James Clerk (Édimbourg, 1831 – Cambridge, 1879), physicien anglais. ▷ - ELECTR *Règle de Maxwell* : un tire-bouchon (hypothétique), placé dans l'axe d'une bobine parcourue par un courant électrique et tournant sur lui-même dans le sens du courant, entre par la face sud de la bobine. ▷ *Équations de Maxwell* : équations relatives à la propagation du champ électromagnétique.

**Maximilien Ier**

**Maxwell**

**May** Karl Hohenthal, dit Karl (Hohenstein-Ernstthal, 1842 – Radebeul, 1912), auteur allemand de romans d'aventures situés en Amérique du Nord (*la Trahison des Comanches*) ou au Proche-Orient.

**maya** *nm* LING Famille de langues parlées en Amérique centrale.

**Mayagüez** v. et port de Porto Rico ; 102 260 hab. Zone franche.

**Mayapán** localité du Mexique (Yucatán) ; vestiges d'une ville maya, fondée en 1007 et détruite en 1441.

**Mayas** peuple indien d'Amérique centrale, auj. peu nombreux et regroupé princ. au Yucatán, fondateur d'une civilisation précolombienne très évoluée. On distingue trois périodes : une période « formative » (IVe s. av. J.-C. – IVe s. après J.-C.), l'Ancien Empire (320-987) et le Nouvel Empire (987-1697). Les VIIe, VIIIe et IXe s. marquent son apogée. Princ. sites mayas : au Guatemala, Tikal (palais, temples-pyramides, dont l'un a 58 m de haut) ; au Honduras, Copán (stèles colossales, escalier hiéroglyphique, etc.) ; au Chiapas, Palenque (temples de la Croix-Feuillue, du Soleil, etc.), Bonampak (fresques) ; au Yucatán, Uxmal (palais du Gouverneur, Grande Pyramide), Chichén Itzá (pyramide El Castillo, temple maya-toltèque des Guerriers). (DER) **maya** *a*

**mayen** *nm* Suisse Dans le Valais, ferme de moyenne montagne où le bétail pâture au printemps et en automne. (ETY) Du lat. *maius*, « mai ».

**Mayence** (en all. *Mainz*), v. et port d'Allemagne, au confl. du Main et du Rhin ; ch.-l. du Land de Rhénanie-Palatinat ; 189 010 hab. Industries. – Évêché. Université. Cath. XIe-XIIIe s. Musée Gutenberg. – La ville fut occupée en 1792 par les Français. En 1793, Kléber résista héroïquement aux Prussiens, qui l'emportèrent. (DER) **mayençais, aise** *a, n*

**Mayenne (la)** riv. de France (200 km), qui s'unit à la Sarthe (r. dr.) pour former la Maine ; arrose Laval.

**Mayenne** ch.-l. d'arr. de la Mayenne, sur la Mayenne ; 13 724 hab. Industries. – Basilique gothique ; égl. romane. Vestiges d'un chât. XIIIe et XVe s. (DER) **mayennais, aise** *a, n*

**Mayenne** dép. franç. (53) ; 5 171 km² ; 309 106 hab. ; 59,8 hab./km² ; ch.-l. *Laval* ; ch.-l. d'arr. *Château-Gontier* et *Mayenne*. V. Loire (Pays de la). (DER) **mayennais, aise** *a, n*

**Mayenne** Charles de Lorraine (duc de) (Alençon, 1554 – Soissons, 1611), chef de guerre français. Fils de François de Guise et l'un des chefs de la Ligue, il fut vaincu par Henri IV à Arques et à Ivry, et se soumit (1595).

**Mayer** Julius Robert von (Heilbronn, 1814 – id., 1878), physicien et médecin allemand. Il énonça clairement le principe de conservation de l'énergie.

**Mayer** Eliezer Mayer, dit Louis B. (Minsk, 1885 – Los Angeles, 1957), producteur américain. Il dirigea la Metro-Goldwyn-Mayer, de 1924 à 1951, développant le culte de la star.

**Mayerling** local. d'Autriche, proche de Vienne, où, dans un pavillon de chasse, on trouva, le 30 janv. 1889, les cadavres de l'archiduc Rodolphe et de la baronne Marie Vetsera.

**Mayas** temple des Inscriptions à Palenque

**mayeur** *nm* Belgique Bourgmestre. (VAR) **maïeur** (DER) **mayoral** ou **maïoral, ale, aux** *a* – **mayorat** ou **maïorat** *nm*

**Mayflower** (« Fleur de mai »), navire qui, en 1620, transporta de Southampton vers le territoire correspondant au Massachusetts actuel 102 puritains anglais ; ils fondèrent les premières colonies anglaises d'Amérique du Nord.

**Maynard** → **Mainard.**

**Mayne** Thom (Waterbury, Connect. 1944), architecte américain. Prix Pritzker 2005.

**Mayne Reid** Thomas Mayne Reid, dit le capitaine (Ballyroney, 1818 – Londres, 1883), officier anglais, auteur de romans d'aventures en Amérique du Nord : *les Chasseurs de chevelure* (1851), *le Chef blanc* (1859).

**Mayol** Félix (Toulon, 1872 – id., 1941), chanteur français, une des gloires du café-concert : *Viens poupoule.*

**mayonnaise** *nf* CUIS Sauce froide et épaisse composée d'huile émulsionnée avec un jaune d'œuf et relevée de moutarde ou de citron. **LOC** fam ***Faire prendre la mayonnaise*** : réussir une opération compliquée où plusieurs facteurs entrent en jeu. (ETY) De *Port-Mahon*, n. pr.

**mayoral, mayorat** → **mayeur.**

**Mayotte** île française de l'archipel des Comores, dans l'océan Indien, au N.-O. de Madagascar, formant une collectivité d'outre-mer ; 374 km$^2$ ; 217 100 hab. ; ch.-l. *Dzaoudzi* (Petite-Terre) ; siège du conseil général *Mamoudzou* (Grande-Terre). Cultures tropicales. – Quand les Comores accédèrent à l'indép. (1975), Mayotte décréta par référendum son maintien dans la Rép. française. L'île est un département fr. dep. 2011. (DER) **mahorais, aise** *a, n*

**Mayr** Ernst (Kempten, 1904 – Bedford, 2005), biologiste américain d'origine allemande : travaux sur les bases génétiques de la spéciation.

**Ma Yuan** (actif entre 1190 et 1225), paysagiste chinois de l'époque des Song.

**Mazagan** → **Jadida (El-).**

**mazagran** *nm* **1** vieilli Café servi dans un verre. **2** Récipient en faïence, à petit pied, dans lequel on sert le café. (ETY) De *Mazagran*, v. d'Algérie.

**Mazagran** anc. ville d'Algérie, auj. intégrée à la com. de Mostaganem. – Siège soutenu par les 123 soldats francs du capitaine Lelièvre contre les troupes d'Abd el-Kader (fév. 1840).

**Mazamet** ch.-l. de cant. du Tarn (arr. de Castres), au pied de la Montagne Noire ; 10 544 hab. Centre de délainage des peaux. Industries. (DER) **mazamétain, aine** *a, n*

**Mazar-i Charif** ville d'Afghānistān ; 105 000 hab. ; ch.-l. de la prov. de Balkh. – Mosquée (XV$^e$ s.) construite sur le tombeau prétendu du calife Ali ; pèlerinage.

**Mazarin** Jules (en ital. *Giulio Mazarini*) (Pescina, Abruzzes, 1602 – Vincennes, 1661), prélat et homme d'État français d'origine italienne. Richelieu le remarqua (1630) et le fit nommer cardinal (1641). Il succéda à Richelieu comme ministre (1643). Au nom de la régente, Anne d'Autriche (que peut-être il épousa secrètement), il fit triompher l'absolutisme en écrasant la Fronde (1648-1653), dirigée contre lui, et en luttant contre les jansénistes. Il abaissa l'Autriche, assit la prépondérance française (traités de Westphalie, 1648 ; traité des Pyrénées, 1659), accrut son territoire (Alsace et Roussillon, notam.). Mais, à sa mort, le trésor royal était vide. Il fut un actif mécène : V. Mazarin (palais).

Mazarin

**Mazarin (palais)** l'Institut, primitivement collège des Quatre-Nations à Paris.

**mazarinade** *nf* HIST Chanson qui raillait Mazarin, pendant la Fronde.

**Mazarine (bibliothèque)** bibliothèque nationale de France, dans le palais de l'Institut, à Paris ; elle appartenait à Mazarin.

**Mazatlán** port du Mexique (État de Sinaloa), sur le Pacifique, à l'entrée du golfe de Californie ; 438 400 hab.

**mazdéisme** *nm* Religion de la Perse ancienne, appelée aussi *zoroastrisme.* (ETY) De l'anc. perse *mazda*, « sage ». (DER) **mazdéen, enne** *a, n*

ENC Les auteurs de l'Antiquité et la tradition iranienne ont vu en Zoroastre (ou Zarathoustra, VII$^e$ s. av. J.-C.) le fondateur de la religion mazdéenne : il est le dépositaire de la vérité que lui a directement révélée Ahura Mazdâ ou Ormuzd, le dieu du Bien. Celui-ci est en lutte perpétuelle contre Ahriman, le dieu du Mal. Les livres sacrés du mazdéisme constituent l'*Avesta*. En Inde, une petite communauté reste fidèle à cette religion manichéenne.

**Mazen Abou** → **Abbas Mahmoud.**

**Mazeppa** Ivan Stepanovitch (près de Kiev, v. 1644 – Bendery, Moldavie, 1709), chef des Cosaques d'Ukraine. Allié de Pierre le Grand puis, pour assurer l'autonomie ukrainienne, de Charles XII de Suède, il fut vaincu par les Russes à Poltava (1709). (VAR) **Mazepa**

**mazette !** *interj* Marque l'étonnement, l'admiration. (ETY) Du norm.

**mazout** *nm* Combustible liquide visqueux obtenu par raffinage du pétrole. (PHO) [mazut] (ETY) Mot russe.

**mazouter** *v* ① **A** *vi* MAR Faire le plein de mazout. **B** *vt* Polluer par le mazout. *Rivage mazouté. Oiseaux mazoutés.* (DER) **mazoutage** *nm*

**Mazovie** → **Masovie.**

**Mazowiecki** Tadeusz (Plock, 1927 – Varsovie, 2013), homme politique polonais. L'un des principaux dirigeants de Solidarnosc, il fut Prem. ministre (1989-1990) et démissionna quand Walesa remporta contre lui l'élection prés.

**Mazu** archipel côtier de la Chine, appartenant à l'État de Taiwan.

**Mazurie** région lacustre de l'anc. Prusse-Orientale, rattachée à la Pologne en 1945 ; autref. peuplée de Slaves germanisés. (VAR) **Masurie**

**mazurka** *nf* **1** Danse d'origine polonaise à trois temps ; air de cette danse où le deuxième temps est marqué. **2** Composition musicale sur le rythme de la mazurka.

**Mazzini** Giuseppe (Gênes, 1805 – Pise, 1872), patriote italien ; promoteur de l'unité italienne. Fondateur d'une société secrète (la Jeune-Italie), il conspira, à l'étranger, contre l'Autriche. En 1848, il fit partie du triumvirat qui devait proclamer la république à Rome (1849).

**MBA** *nm* Diplôme commercial de haut niveau. (PHO) [embie] (ETY) Mot angl. abrév. de *Master of business administration.*

**M'Ba** Léon (Libreville, 1902 – Paris, 1967), homme politique gabonais ; président de la Rép. de 1961 à sa mort.

**Mbabane** cap. du Swaziland ; 65 500 hab. Reliée par voie ferrée à Maputo (Mozambique). (DER) **mbabanais, aise** *a, n*

**mbalax** *nm* Style musical très rythmé, originaire du Sénégal.

**Mbandaka** (anc. *Coquilhatville*), v. de la Rép. dém. du Congo ; 125 260 hab..

**Mbeki** Thabo (Mbewuleni, Transkei, 1942), homme politique sud-africain. Leader de l'ANC, vainqueur des législatives de 1999, il succède à N. Mandela à la présidence de la République. Réélu en avr. 2004, il démissionne en 2008.

**Mbini (le)** princ. cours d'eau de la Guinée équatoriale, qui se jette dans le Río Muni.

**M'Bomou (le)** rivière d'Afrique (750 km env.), formant le cours supérieur de l'Oubangui et servant de frontière entre la Rép. dém. du Congo et la Rép. centrafricaine.

**Mbuji-Mayi** (anc. *Bakwanga*), ville du sud de la Rép. dém. du Congo ; 1 million d'hab. (aggl.) ; ch.-l. du Kasaï-Oriental. Gisements et industrie du diamant.

**Mbundus** peuple bantou de l'ouest de l'Angola (env. 4 millions d'individus).

**Mc** → **Mac.**

**Md** CHIM Symbole du mendélévium.

**MDMA** *nm* Nom scientifique de l'*ecstasy* (méthylène dioxy-méthamphétamine).

**me** *pr pers* Pronom de la 1re personne du singulier, complément d'objet direct, d'objet indirect ou complément d'attribution. *Il me blesse. Il m'a parlé de toi. Tu me donnes ce livre.*

**Me** Abrév. de *maître* pour désigner un notaire, un avocat.

**mé-, més-** Préfixe péjoratif (ex. : *mépriser, mésalliance, mésestimer*).

**mea-culpa** *nm inv* Aveu, repentir d'une faute commise. PHO [meakulpa] ETY Mots lat., « c'est ma faute ».

**Mead** Margaret (Philadelphie, 1901 – New York, 1978), anthropologue américaine. Elle étudia l'influence du milieu sur l'individu (Nouvelle-Guinée, Samoa, Bali).

**Meade** James Edward (Swanage, Dorset, 1907 – Cambridge, 1995), économiste britannique. Il étudia la croissance. P. Nobel en 1977 avec B. Ohlin.

**méandre** *nm* **1** Sinuosité d'un cours d'eau. **2** fig Détour, sinuosité, louvoiement. *Les méandres de la politique.* ETY Du n. d'un fleuve sinueux de Phrygie. DER **méandreux, euse** *a*

**Méandre** → **Menderes.**

**méat** *nm* **1** BIOL Espace entre les cellules d'un être vivant. **2** ANAT Conduit ou orifice d'un conduit. *Méat urinaire.* PHO [mea] ETY Du lat. *meatus*, « passage ».

**Meatyard** Ralph Eugene (Normal, Illinois, 1925 – Lexington, 1972), photographe américain. Il fit poser ses enfants dans des espaces dépouillés.

**Meaux** ch.-l. d'arr. de Seine-et-Marne, sur la Marne, cap. de la Brie ; 50 673 hab. Industries. – Siège d'un évêché, dès le IVe s. Des conciles s'y tinrent. – Ruines de remparts gallo-romains. Cath. XIIIe-XIVe s.. Évêché XVIIe s., auj. musée Bossuet. DER **meldois, oise** *a, n*

**MEB** *nm* Sigle de *microscope électronique à balayage*.

**mec** *nm* fam **1** Homme, individu. **2** Mari, amant.

**mécanicien, enne** *n* **1** didac Mathématicien, physicien spécialiste de mécanique. **2** Spécialiste de la conduite, de l'entretien, de la réparation des machines, des moteurs. **3** Conducteur de locomotive.

**mécanique** *a, nf* **A** *a* **1** Relatif à la mécanique, à ses lois. **2** Exécuté par un mécanisme. *Tissage mécanique.* **3** Mû par un mécanisme. *Escalier mécanique.* **4** Qui agit uniquement d'après les lois du mouvement (et non chimiquement, électriquement). **5** fig Qui semble produit sans intervention de la volonté, machinal. *Gestes, paroles mécaniques.* **B** *nf* **1** Partie de la physique qui étudie les mouvements des corps, leurs relations et les forces qui les produisent. **2** Science de la construction et du fonctionnement des machines. **3** Ensemble de pièces destinées à produire ou à transmettre un mouvement. *La mécanique d'une montre. Une belle mécanique.* **4** fig Ensemble complexe d'éléments qui concourent à une action, à un résultat. *La mécanique diplomatique.* LOC ASTRO ***Mécanique céleste*** : qui étudie le mouvement des astres. — CHIM ***Mécanique chimique*** : qui étudie les actions mécaniques et énergétiques accompagnant les réactions chimiques. ETY Du gr. *mêkhanê*, « machine ».

ENC La mécanique comprend deux parties essentielles : la *cinématique* décrit les mouvements des points matériels en fonction du temps, sans se préoccuper de leurs causes ; la *dynamique* étudie les relations entre les mouvements et leurs causes, qui sont les forces. Complétant ces deux disciplines, la *cinétique* considère la masse d'un corps en mouvement comme un nombre constant, et la *statique* étudie les conditions d'équilibre des corps. La mécanique *newtonienne*, ou *classique*, repose sur l'existence de repères, dits *galiléens*, dans lesquels s'applique la relation $\vec{F} = m\vec{a}$ : l'accélération $\vec{a}$, communiquée à un corps de masse $m$ sous l'action d'une force $\vec{F}$, est proportionnelle à cette force ; elle a le même sens et la même direction que celle-ci. La *mécanique relativiste* (V. relativité) est fondée sur le caractère relatif du temps lorsque les vitesses approchent celle de la lumière (en physique des particules, notam.). Le mouvement contracte les longueurs et dilate les durées, la vitesse de la lumière restant constante quel que soit le repère utilisé. La *mécanique quantique* et la *mécanique ondulatoire* sont nées de la théorie des *quanta* (V. quantum) de Planck. L'idée centrale de la mécanique quantique est que l'énergie cinétique et le moment cinétique (moment de la quantité de mouvement) ne peuvent varier que par sauts et non de façon continue. La mécanique ondulatoire, créée par L. de Broglie en 1924, postule qu'à toute particule correspond une onde. La *mécanique statistique* étudie le comportement d'un ensemble de particules.

**mécaniquement** *av* **1** D'une façon mécanique. **2** Du point de vue de la mécanique.

**mécaniser** *vt* ① Introduire l'utilisation de la machine dans une activité. *Mécaniser l'agriculture.* DER **mécanisation** *nf*

**mécanisme** *nm* **1** Agencement de pièces disposées pour produire un mouvement, un effet donné. *Mécanisme d'une montre.* **2** Manière dont fonctionne un ensemble complexe, manière dont se déroule une action. *Mécanisme du langage, de la pensée.* **3** PHILO Système qui explique les phénomènes naturels par le mouvement. *Le mécanisme de Descartes.*

**mécaniste** *a, n* PHILO Relatif au mécanisme, qui en est partisan.

**mécano-** Élément, du gr. *mêkhanê*, « machine ».

**mécano** *nm* fam Ouvrier mécanicien.

**Mécano de la General (le)** film de et avec Buster Keaton (1926).

**mécanographie** *nf* anc Techniques de traitement de l'information utilisant des cartes perforées. DER **mécanographe** *n* – **mécanographique** *a*

**mécanothérapie** *nf* MED Thérapeutique consistant à favoriser les mouvements articulaires à l'aide d'appareils mécaniques spéciaux.

**mécatronique** *nf, a* Conception et mise au point de robots. DER **mécatronicien, enne** *n*

**meccano** *nm* **1** Jeu de construction composé de pièces métalliques et de boulons. **2** fig, fam Construction compliquée. *Un meccano industriel.* ETY Nom déposé.

**mécénat** *nm* Soutien matériel apporté à une œuvre ou à une personne pour l'exercice d'activités d'intérêt général. *Mécénat d'entreprise.*

**mécène** *nm* Protecteur généreux des lettres, des sciences, des arts, etc. ETY Du n. pr.

**Mécène** (en lat. *Caius Cilnius Mæcenas*) (Arezzo [?], v. 69 –?, 8 av. J.-C.), chevalier romain. Conseiller d'Auguste, il encouragea les lettres (Horace, Virgile) et les arts.

**Méchain** Pierre François André (Laon, 1744 – Castellón de la Plana, Espagne, 1804), astronome français. Entre 1792 (la France révolutionnaire voulant faire du mètre l'unité de longueur) et 1798, il mesura avec Delambre la longueur de l'arc Dunkerque-Barcelone, mais une fine anomalie du résultat le bouleversa, et il ne le communiqua pas.

**méchamment** *av* **1** De façon méchante. *Rire méchamment.* **2** fam Extrêmement, très. *Il est méchamment en retard.*

**méchanceté** *nf* **1** Penchant à faire du mal. **2** Action, parole méchante.

**méchant, ante** *a, n* **A** *a* litt Mauvais ; médiocre, sans intérêt. *Un méchant écrivain.* **B** *a, n* **1** Qui est porté à faire du mal, à nuire à autrui. *Être plus bête que méchant.* **2** Agressif, qui cherche à mordre, en parlant d'un animal. *Chien méchant.* **3** Qui peut faire mal, causer des ennuis. *Une méchante affaire. Des paroles méchantes.* **4** Déplaisant, désagréable. *Vous êtes de méchante humeur.* **5** fam Qui sort de l'ordinaire, étonnant. *Une méchante voiture.* ETY De l'a. fr. *meschoir*, « tomber mal ».

**1 mèche** *nf* **1** Cordon, assemblage de fils qui porte la flamme d'une bougie, d'une lampe. **2** Bande de toile soufrée qu'on fait brûler dans un tonneau pour détruire les moisissures. **3** Cordon combustible servant à mettre le feu à une charge explosive. **4** CHIR Petite bande de gaze stérile utilisée pour réaliser une hémostase, le drainage d'une plaie. **5** Ficelle que l'on attache au bout d'un fouet. **6** Petite touffe de cheveux. *Mèche blanche, bouclée.* **7** Tige métallique s'adaptant à un vilebrequin, une perceuse, pour percer des trous. **8** MAR Axe du gouvernail. LOC ***Éventer la mèche*** : découvrir le secret d'un complot. — ***Se faire des mèches*** : se faire éclaircir seulement quelques mèches de cheveux. — ***Vendre la mèche*** : dévoiler qqch qui devait être tenu secret. ETY Du gr.

**2 mèche** *nf inv* LOC fam ***Être de mèche avec qqn*** : être de connivence avec lui. — fam ***Il (n') y a pas mèche*** : il n'y a pas moyen. ETY De l'ital. *mezzo*, « moitié ».

**Meched** v. d'Iran, oasis au N.-E. du pays ; 2 100 000 hab. ; ch.-l. de la prov. du Khorāsān. Centre comm. et industr. Mosquée, sanctuaire chiite. VAR **Mechhed** ou **Meshhad**

**Méchithar** → **Mékhithar.**

**méchoui** *nm* **1** Mouton cuit à la broche. **2** Repas où l'on sert ce mets. ETY Mot ar.

**mechta** *nf* En Tunisie, en Algérie, petit village. PHO [meʃta] ETY Mot ar.

**Mečiar** Vladimir (Zvolen, 1942), homme politique slovaque ; artisan (1992) de l'indépendance de son pays ; Premier ministre (1993-1998).

**Mecklembourg** (en all. *Mecklenburg*), anc. pays d'Allemagne, entre l'Elbe et l'Oder, au N. du Brandebourg, composante majeure du Land de l'UE *Mecklembourg-Poméranie-Antérieure*.

**Histoire** En 1611 furent constitués les duchés de *Mecklembourg-Schwerin* et de *Mecklembourg-Güstrow*, puis en 1701 les duchés de *Mecklembourg-Schwerin* (plus étendu qu'au XVIIe s.) et de *Mecklembourg-Strelitz*. Grands-duchés en

1815, ceux-ci soutinrent la Prusse et formèrent deux républiques (1918), réunies en 1934. La RDA fractionna le territ. en trois districts (1952-1990) : *Schwerin, Rostock* et *Neubrandenburg*.

**Mecklembourg-Poméranie antérieure** Land du N.-E. de l'Allemagne et région de l'U.E., bordée au N. par la Baltique ; 23 838 hab. ; 1 964 km$^2$ ; cap. *Schwerin*.

**mécompte** *nm* Espérance trompée, déception.

**méconduire (se)** *vpr* (69) **Belgique, Afrique** Avoir une conduite répréhensible. DER **méconduite** *nf*

**méconium** *nm* MED Matière fécale contenue dans l'intestin du fœtus et expulsée peu après la naissance. PHO [mekɔnjɔm] ETY Du gr. *mêkôniou*, « suc de pavot ». DER **méconial, ale, aux** *a*

**méconnaissable** *a* Que l'on a peine à reconnaître.

**méconnaître** *vt* (73) Ne pas savoir reconnaître, apprécier à sa juste valeur ; ignorer. VAR **méconnaitre** DER **méconnaissance** *nf* – **méconnu, ue** *a*

**méconopsis** *nf* Herbe vivace (papavéracée) à fleurs colorées, voisine du pavot.

**mécontent, ente** *a, n* Qui n'est pas content, pas satisfait. *La mesure a fait de nombreux mécontents.* DER **mécontentement** *nm* – **mécontenter** *vt* ①

**mécoptère** *nm* ENTOM Insecte carnivore, tel que la panorpe. ETY Du gr. *mêkos*, « longueur ».

**Mecque** *nf* Lieu par excellence où s'exerce une activité. *Hollywood, la Mecque du cinéma.*

**Mecque (La)** (en ar. *Makkah*), ville de l'O. de l'Arabie Saoudite, ch.-l. de la prov. du m. nom ; 1,3 million d'hab. (aggl.). Patrie de Mahomet, cap. religieuse de l'islam, elle renferme la Ka'ba, vers laquelle les musulmans se tournent pour la prière ; ils doivent s'y rendre en pèlerinage au moins une fois dans leur vie (env. 2 500 000 pèlerins par an). – La ville existe depuis l'Antiquité. DER **mecquois, oise** *a, n*

**La Mecque** au centre de la Grande Mosquée, la Ka'ba, pierre sacrée d'origine mythique

**mécréance** *nf* RELIG Situation du mécréant, incroyant ou hérétique.

**mécréant, ante** *a, n* **1** Qui n'a pas la foi considérée comme la seule vraie. **2** Qui n'est pas croyant. ETY De l'a. fr.

**médaille** *nf* **1** Pièce de métal frappée en l'honneur d'un personnage illustre ou commémorant un évènement. **2** Pièce de métal décernée comme récompense ; décoration. **3** Prix décerné dans un concours. **4** Petite pièce de métal représentant un sujet de dévotion, qu'on porte suspendue à une chaîne. **5** Plaque de métal servant à l'identification. ETY De l'ital.

**médaille militaire** décoration instituée en janv. 1852 pour récompenser l'ancienneté ou les hauts faits de soldats, sous-officiers et certains généraux.

**médailler** *vt* ① Décerner une distinction honorifique, une médaille à. DER **médaillable** *a* – **médaillé, ée** *a, n*

**médailleur** *nm* TECH Personne qui grave des médailles.

**médaillier** *nm* **1** Vitrine, meuble aménagé pour recevoir des collections de médailles. **2** Collection de médailles. VAR **médailler**

**médailliste** *n* **1** Amateur de médailles. SYN numismate. **2** Fabricant, graveur de médailles.

**médaillon** *nm* **1** Élément décoratif peint ou sculpté, entouré d'un cadre circulaire ou ovale. **2** Bijou de forme circulaire ou ovale dans lequel on enferme un portrait, une mèche de cheveux. **3** CUIS Tranche de viande, de poisson, de forme ronde ou ovale. ETY De l'ital.

**Medan** v. et port d'Indonésie (N. de Sumatra), sur le détroit de Malacca ; 2,3 millions d'hab. (aggl.) ; ch.-l. de province.

**Médan** com. des Yvelines (arr. de Saint-Germain-en-Laye) ; 1 393 hab. – Maison d'É. Zola, devenue musée. DER **médanais, aise** *a, n*

**Médard (saint)** (Salency, Île-de-France, v. 456 – Tournai, v. 545), premier évêque de Noyon et de Tournai.

**Medawar Peter Brian** (Rio de Janeiro, 1915 – Londres, 1987), biologiste anglais : travaux d'immunologie. P. Nobel de médecine 1960 avec F. M. Burnet.

**Médéa** (auj. *Lemdiyya*), v. d'Algérie, au S.-O. d'Alger, dans l'Atlas tellien ; 85 730 hab. ; ch.-l. de la wilaya du m. nom, qui s'étend jusqu'aux monts des Ouled Naïl.

**médecin** *n* Personne qui exerce la médecine, qui est habilitée à le faire. LOC ***Médecin des âmes*** : confesseur, directeur de conscience. — ***Médecin traitant(e)*** : qui soigne un malade pour une affection déterminée.

**médecin-conseil** *nm* Médecin salarié par un organisme public ou privé pour étudier les dossiers des malades affiliés. PLUR médecins-conseils.

**Médecin de campagne (le)** roman de Balzac (1833).

**Médecin de son honneur (le)** drame en 3 journées de Calderón (1637).

**médecine** *nf* **1** Science des maladies et art de les soigner. *Médecine générale. Doctorat en médecine.* **2** Études de médecine. *Faire sa médecine.* **3** Système médical ; mode de traitement. *Médecine psychosomatique.* **4** Profession, pratique du médecin. LOC ***Médecine du travail*** : concernant les accidents ou maladies dus à l'activité professionnelle. — ***Médecine interne*** : qui s'occupe de l'ensemble de l'organisme et de la pathologie. — ***Médecine légale*** : qui effectue les constats de décès, les expertises judiciaires. — ***Médecines naturelles*** ou ***médecines douces*** : ensemble des modes de traitement, tels que l'acupuncture, l'homéopathie, la phytothérapie, qui font appel aux défenses naturelles de l'organisme en cherchant à les renforcer, sans pour autant se substituer à la médecine officielle. — ***Médecine sociale*** : destinée à prévenir ou à combattre, par la pratique des lois sociales, les effets nocifs de certains facteurs sociaux. ETY Du lat.

**médecine-ball** *nm* Ballon plein et lourd, utilisé pour certains exercices de gymnastique. PLUR médecine-balls. PHO [medsinbol]

**Médecin malgré lui (le)** comédie en 3 actes et en prose de Molière (1666).

**Médecins du monde** organisation non gouvernementale fondée en 1980 par d'anc. membres de Médecins sans frontières.

**Médecins sans frontières (MSF)** organisation non gouvernementale à vocation internationale, fondée en 1971, qui vient en aide aux populations éprouvées par la guerre ou par une catastrophe. P. Nobel de la paix 1999.

**Médée** dans la myth. gr., magicienne, fille du roi de Colchide Aiétès, petite-fille d'Hélios (le Soleil) et nièce ou sœur de Circé. Elle aida Jason à conquérir la Toison d'or et l'épousa ; abandonnée par lui, elle se vengea en égorgeant leurs enfants. ▷ LITTER *Médée*, tragédie d'Euripide (431 av. J.-C.) qui inspira Sénèque (Ier s. ap. J.-C.) puis Corneille (1635). ▷ CINE *Médée* de Pasolini (1970), d'ap. Euripide, avec Maria Callas.

**Medef** → **Mouvement des entreprises de France.**

**Medellín** v. de Colombie (la 2e), dans la Cordillère centrale, à 1 510 m d'alt. ; ch.-l. de dép. ; 3,1 millions d'hab. (aggl.). Comm. (café) et industrie.

**medersa** *nf* École coranique. VAR **madrasa**

**Mèdes** peuple indo-européen, habitant la Médie depuis le Ier mill. av. J.-C., réuni aux Perses par Cyrus le Grand (v. 550 av. J.-C.). DER **mède** ou **médique** *a*

**média** *nm* Tout moyen de large diffusion de l'information, tel que la radio, la télévision, le livre, la publicité, la presse, etc. ETY De *mass média*.

**médiacratie** *nf* fam Pouvoir social et politique des médias, jugé abusif.

**médial, ale** *a, nf* **A** *nf* STATIS Valeur qui sépare une série statistique en deux groupes égaux. SYN médiane. **B** *a, nf* GRAMM Se dit d'une lettre placée à l'intérieur d'un mot, par oppos. à *initiale* ou *finale*. PLUR médiaux.

**médiamat** *nm* Système de mesure de l'audience d'un média audiovisuel. ETY Nom déposé.

**médian, ane** *a, nf* **A** *a* Placé au milieu. *Ligne médiane.* **B** *a, nf* PHON Se dit d'une voyelle dont le lieu d'articulation se trouve dans la partie moyenne du canal buccal. **C** *nf* **1** GEOM Droite qui joint l'un des sommets d'un triangle au milieu du côté opposé. *Les trois médianes d'un triangle concourent en un point qui est le centre de gravité du triangle.* **2** STATIS Médiale. LOC ANAT ***Nerf médian*** : nerf, issu du plexus brachial, qui innerve les muscles de la partie antérieure de l'avant-bras et de la main. ETY Du lat. *medius*, « qui est au milieu ».

**médiaplanneur, euse** *n* Spécialiste du médiaplanning.

**médiaplanning** *nm* Syn. de *plan-média*. ETY Mot angl.

**médiascopie** *nf* Sondage à chaud d'un échantillon de téléspectateurs.

**médiastin** *nm* ANAT Région médiane du thorax située entre les poumons, contenant notam. le cœur, la trachée et l'œsophage.

**médiastinite** *nf* MED Inflammation du médiastin.

**médiat, ate** *a* didac Qui est pratiqué ou qui agit de façon indirecte, par un intermédiaire. LOC MED ***Auscultation médiate*** : pratiquée avec un stéthoscope. — HIST ***Prince médiat*** : qui, dans l'ancien Empire germanique, tenait son fief d'un autre que de l'empereur. ETY Du lat.

**médiateur, trice** *n, a* **A** Qui s'entremet pour opérer un accord entre plusieurs personnes, entre différents partis. *Avoir un rôle de médiateur. L'action d'une puissance médiatrice.* **B** *n* **1** Personnalité officiellement chargée de servir d'intermédiaire entre les administrés et l'État. **2** Dans les lieux sensibles (quartiers difficiles, transports en commun), personne qui fait l'interface entre la population et le service public. (Également appelé *agent de prévention et d'ambiance*). LOC BIOCHIM ***Médiateur chimique*** : polypeptide qui transfère l'information fonctionnelle au sein des cellules d'un même tissu ou entre les cellules des systèmes nerveux et endocrinien, d'une part, et les tissus et organes, d'autre part. — GEOM **Plan médiateur :** plan perpendiculaire à un segment de droite en son milieu. ETY Du lat.

**médiathèque** *nf* **1** Collection de documents sur des supports divers, tels que film, bande magnétique, disque, etc. **2** Lieu où cette collection peut être consultée. DER **médiathécaire** *n*

**médiation** *nf* **1** Action d'intervenir entre plusieurs personnes, plusieurs partis, pour faciliter un accord. **2** DR INTERN Action de conciliation que tente un gouvernement entre deux pays qui sont en conflit afin de mettre un terme aux hostilités.

**médiatique** *a* **1** Relatif aux médias ; transmis par les médias. **2** Célèbre grâce aux médias. *Un coureur très médiatique.* DER **médiatiquement** *av*

**1 médiatiser** *vt* ① **1** didac Rendre médiat ce qui était immédiat. **2** HIST Incorporer un État souverain à un autre État vassal du Saint Empire romain germanique. DER **médiatisation** *nf*

**2 médiatiser** *vt* ① Faire connaître par les médias. *Médiatiser les actions terroristes.* DER **médiatisation** *nf*

**médiator** *nm* Lamelle d'ivoire, de corne, etc., avec laquelle on fait vibrer les cordes du banjo, de la mandoline, etc. SYN plectre. ETY Du lat.

**médiatrice** *nf* GEOM Droite perpendiculaire à un segment de droite en son milieu.

**médiature** *nf* Office, locaux du médiateur.

**médical, ale** *a* Qui concerne la médecine ; qui appartient à la médecine. PLUR médicaux. DER **médicalement** *av*

**médicaliser** *vt* ① **1** Donner à un acte, à un traitement le caractère d'un acte médical. *Médicaliser l'avortement.* **2** Doter d'équipements médicaux, de personnel médical. *Résidence médicalisée.* **3** Soumettre à des soins médicaux. *Médicaliser certaines populations.* DER **médicalisation** *nf*

**médicament** *nm* Substance ou composition possédant des propriétés curatives ou préventives à l'égard des maladies. ETY Du lat. DER **médicamenteux, euse** *a*

**médicastre** *nm* vieilli Médecin ignorant, charlatan. ETY De l'ital.

**médication** *nf* Administration systématique d'agents thérapeutiques pour répondre à une indication déterminée.

**médicinal, ale** *a* Qui possède des propriétés thérapeutiques. *Plantes médicinales.* PLUR médicinaux.

**Medicine Hat** v. du Canada (Alberta), sur la Saskatchewan du S. ; 43 600 hab. Gisement de gaz naturel, le plus riche du Canada.

**médicinier** *nm* Nom donné à divers arbustes fournissant des huiles médicinales et siccatives.

**Medici-Riccardi (palais)** palais de Florence construit pour les Médicis v. 1450. Au XVII^e s., le marquis de Riccardi le fit agrandir. VAR **palais Médicis**

**Médicis** famille florentine qui domina la vie écon. et pol. de Florence du XV^e au XVIII^e siècle. — **Cosme l'Ancien** dit le Père de la Patrie (Florence, 1389 – Careggi, 1464), fit de la compagnie comm. Médicis une banque puissante. Il exerça la réalité du pouvoir à partir de 1434 et pratiqua le mécénat. — **Laurent I^er le Magnifique** (en ital. *Lorenzo*) (Florence, 1449 – Careggi, 1492), petit-fils du préc., fit de Florence la cap. intellectuelle de l'Europe. Poète, il écrivit *Bois d'amour* (1513), *Chansons carnavalesques*, des *Ballades*, etc. L'un de ses fils, Jean, fut le pape Léon X. — **Laurent II** (Florence, 1492 – id., 1519), petit-fils du préc. ; père de Catherine de Médicis. — **Alexandre** ( ?, vers 1510 – Florence, 1537), fils illégitime du préc. ; premier duc de Florence (1532), assassiné par son cousin Lorenzino (*Lorenzaccio*). — **Cosme I^er** (Florence, 1519 – Villa di Castello, 1574), descendant d'un frère puîné de Cosme l'Ancien ; premier grand duc de Toscane (1569). — **François I^er** (Florence, 1541 – id., 1587), fils du préc. ; grand-duc de Toscane (1574-1587), père de Marie de Médicis. — **Jean Gaston** (Florence, 1671 – id., 1737), dernier grand-duc de Toscane (1723-1737) ; celle-ci revint à François III de Lorraine.

**Médicis (prix)** prix littéraire créé en 1958 et décerné chaque année à un livre français et, dep. 1970, à un livre étranger.

**Médicis (villa)** palais de Rome édifié v. 1544, occupé depuis 1803 par l'Académie de France, qui y héberge ses pensionnaires. Avant 1968, ces résidents étaient lauréats des prix de Rome, auj. abolis.

**médico-** Élément, du latin *medicus*, « médecin ».

**médicolégal, ale** *a* Relatif à la médecine légale. *Expertise médicolégale.* PLUR médicolégaux. LOC **Institut médicolégal :** nom de la morgue de Paris.

**médicopédagogique** *a* didac Se dit d'un établissement, d'une institution pédagogique médicalisée.

**médicosocial, ale** *a* Relatif à la médecine sociale. PLUR médicosociaux.

**médicosportif, ive** *a* Qui concerne les soins médicaux adaptés aux sportifs.

**Médie** anc. contrée de l'Asie, au N.-O. de l'Iran actuel ; cap. *Ecbatane.* DER **médique** *a*

**médiéval, ale** *a* Relatif au Moyen Âge. PLUR médiévaux. ETY Du lat.

**médiéviste** *n* didac Spécialiste de l'histoire médiévale.

**médina** *nf* En Afrique du Nord, partie ancienne d'une ville, par oppos. aux quartiers nouveaux, de conception européenne. ETY Mot ar.

**Medina del Campo** v. d'Espagne (Castille et Léon) ; 18 890 hab. Centre agricole. – Château fort de la Mota (XV^e s.) où César Borgia et François I^er furent emprisonnés.

**Médine** (anc. *Yaṭrib*), v. d'Arabie Saoudite (Hedjaz), à 350 km au N.-O. de La Mecque ; ch.-l. de la prov. du m. nom ; 198 000 hab. – Chassé de La Mecque, Mahomet s'y réfugia en 622 et y mourut ; la ville prit alors son nom actuel (en ar. *Al-Madīnat an-Nabī*, la « ville du Prophète »). Elle abrite le tombeau de Mahomet et de sa fille Fatima.

**Médinet el-Fayoum** v. d'Égypte ; 170 000 hab. ; ch.-l. du gouvernorat du Fayoum.

**médio-** Élément, du lat. *medius*, « moyen ».

**médiocratie** *nf* litt Pouvoir, domination des médiocres. DER **médiocratique** *a*

**médiocre** *a, n* **A** *a* Qui n'est pas très bon ; qui est d'une valeur inférieure à la moyenne. *Un vin médiocre. Résultats médiocres.* **B** *a, n* Qui n'a pas beaucoup de talent, de capacités. *C'est un étudiant médiocre.* ETY Du lat.

**médiocrement** *av* **1** De façon médiocre. *Il travaille médiocrement.* **2** Pas beaucoup, pas très. *Être médiocrement surpris.*

**médiocrité** *nf* **1** État, caractère de ce qui est médiocre. *La médiocrité de sa fortune.* **2** Personne médiocre. *Nous sommes entourés de médiocrités.*

**médiopalatal, ale** *a, nf* PHON Se dit d'un phonème qui s'articule à la partie médiane du palais. *Une consonne médiopalatale ou une médiopalatale.* PLUR médiopalataux.

**médiques (guerres)** guerres qui opposèrent les Grecs aux Perses (dits aussi Mèdes) de 492 à 448 av. J.-C. On distingue 3 phases. **1.** Les armées de Darius, qui avaient envahi le N. de la Grèce, furent vaincues à Marathon (490 av. J.-C.). **2.** En 480 av. J.-C., Xerxès I^er, à la tête de 300 000 guerriers, vainquit les Spartiates aux Thermopyles, prit et incendia Athènes, mais les Grecs détruisirent la flotte perse à Salamine (29 sept.) et, en 479 av. J.-C., vainquirent à Platées et au cap Mycale. **3.** Athènes fonda en 476 av. J.-C. la Confédération athénienne (ou ligue de Délos), qui chassa les Perses (victoire navale d'Eurymédon en 468 av. J.-C.). La paix de Callias (448 av. J.-C.) mit un terme aux guerres médiques, qui avaient suscité la puissance d'Athènes.

**médire** *vti* ⑱ Dire du mal de qqn sans aller contre la vérité. *Médire de son entourage.* DER **médisant, ante** *a*

**médisance** *nf* **1** Propos médisant. *Ne pas faire cas des médisances.* **2** Action de médire. *Être victime de la médisance de ses voisins.*

**méditatif, ive** *a, n* **A** Porté à la méditation. *Les méditatifs sont souvent distraits.* **B** *a* Qui dénote la méditation ; songeur. *Un air méditatif.*

**méditation** *nf* **1** Action de méditer, d'examiner une question avec grande attention. *S'adonner à la méditation.* **2** RELIG Oraison mentale.

**Méditations cartésiennes** conférences que Husserl fit à Paris (1929), publiées en 1931 ; elles s'appuient sur le *Cogito* pour développer une *Introduction à la phénoménologie* (sous-titre du traité).

**Méditations poétiques** recueil de poèmes de Lamartine (1820), que suivirent les *Nouvelles Méditations* (1823).

**Méditations sur la philosophie première** œuvre de Descartes, écrite en lat. en 1628-1629, publiée en 1641, traduite en fr. par le duc de Luynes en 1647. Elle contient l'essentiel du cartésianisme. VAR **Méditations philosophiques** ou **Méditations métaphysiques**

**méditer** *v* ① **A** *vt* **1** Examiner, réfléchir profondément sur un sujet. *Méditer une question.* **2** Se proposer de réaliser qqch en y réfléchissant longuement. *Méditer un plan.* **B** *vti* Faire longuement porter sa réflexion sur qqch. *Méditer sur l'avenir de l'humanité.* **C** *vi* Se livrer à la méditation. *Passer son temps à méditer.* ETY Du lat. *meditari.*

**Méditerranée (mer)** la plus vaste des mers intérieures. Séparant l'Europe méridionale de l'Afrique du Nord, elle communique avec l'Atlantique par le détroit de Gibraltar et avec la mer Noire par les détroits des Dardanelles et du Bosphore ; le canal de Suez la relie à la mer Rouge. Elle couvre 2 966 000 km$^2$, avec ses annexes : mers Tyrrhénienne, Adriatique, Ionienne, Égée, et s'étire sur 3 800 km d'O. en E. Le détroit de Sicile la divise en deux bassins princ. : Méditerranée occid. et Méditerranée orient. (plus ramifiée). Elle atteint sa profondeur maximale (5 121 m) au S. du Péloponnèse. Sa salinité est très élevée (37 ‰) en raison d'une intense évaporation, que compensent mal les grands fleuves qu'elle reçoit : Nil, Pô, Rhône, Èbre, etc. Les marées y sont de faible amplitude (50 cm à Marseille). Avec ses côtes découpées, propices à l'installation de ports, et ses nombr. îles, favorables aux escales, la Méditerranée est le foyer d'une intense navigation. Sur ses rives, les grandes civilisations de l'Antiquité s'épanouirent. Son rôle diminua au bénéfice du trafic atlantique à partir du XVI^e s. jusqu'au percement du canal de Suez (1869). Auj. sa pollution suscite les plus grandes inquiétudes. DER **méditerranéen, enne** *a, n*

**1 médium** *n* Personne qui, selon les spirites, peut communiquer avec les esprits et servir d'intermédiaire entre eux et les humains. PHO [medjɔm] ETY De l'angl. DER **médiumnique** *a*

**2 médium** *nm* **1** MUS Registre d'une voix ou d'un instrument, entre le grave et l'aigu. **2** Moyen technique qui sert de support à un média. **3** PEINT Préparation liquide à base de résines et d'huiles ajoutée aux couleurs déjà broyées. **4** Aggloméré de bois très dense. ETY Du lat.

**médiumnité** *nf* Don que posséderaient les médiums de communiquer avec les esprits.

**médius** *nm* Doigt du milieu de la main. SYN majeur. PHO [medjys] ETY Du lat. *medius*, « milieu ».

**Medjerda (la)** fl. d'Afrique du Nord (365 km) ; née dans les *monts de la Medjerda* (Algérie), elle coule en Tunisie et se jette dans le golfe de Tunis par un delta.

**1 médoc** *nm* Vin rouge estimé du Médoc.

**2 médoc** *nm* fam, péjor Médicament.

**Médoc** pays de France, sur la r. g. de la Gironde, aux célèbres vins rouges (bordeaux). DER **médocain, aine** *a, n*

**Médrano** cirque fondé en 1875 (cirque Fernando), acheté en 1897 par le clown Jérôme Médrano (1849 – 1912) et dirigé par son fils Jérôme jusqu'à sa fermeture, en 1963.

**médulla** *nf* ANAT Syn. de *médullaire*.

**médullaire** *a, nf* **A** *a* **1** ANAT Qui a rapport à la moelle osseuse ou à la moelle épinière. *Canal médullaire.* **2** BOT Qui se rapporte à la moelle d'une plante. **3** ANAT Qui a rapport à la partie interne d'un organe, par oppos. à *cortical*. *Zone médullaire du rein.* **B** *nf* ANAT Partie médullaire de certains organes (par oppos. à *cortex*). SYN médulla. ETY Du lat. *medulla*, « moelle ».

**médullosurrénale** *nf* ANAT Partie interne des glandes surrénales, sécrétant notam. l'adrénaline.

**méduse** *nf* Animal marin nageur, translucide et gélatineux, forme libre des cnidaires. ETY Du n. pr.

**méduse** *Aurelia aurita*

**Méduse** dans la myth. gr., une des trois Gorgones, dont Athéna, par jalousie, avait transformé les cheveux en serpents ; son regard pétrifiait les vivants. Persée lui coupa la tête ; de son sang naquit le cheval Pégase.

**Méduse (naufrage de la)** naufrage du bâtiment français *La Méduse* (2 juil. 1816), au large de l'Afrique occ. 149 passagers se réfugièrent sur un radeau ; 134 périrent. ▷ Bx-A *Le Radeau de la Méduse*, tableau de Géricault (1819, Louvre).

**méduser** *vt* ① Frapper de stupeur. *Devant ce spectacle, il resta médusé.*

**Medvedev Dmitri** (Leningrad, 1965), homme politique russe. Élu prés. de la Fédération en 2008, il nomme V. Poutine chef du gouv. Il est à son tour nommé chef du gouv. par V. Poutine en 2012.

**Meerut** v. de l'Inde (Uttar Pradesh), 1 300 000 hab. (aggl.). Industries. – Foyer de la révolte des cipayes (1857).

**Mée-sur-Seine (Le)** chef-lieu de cant. de Seine-et-Marne (arr. de Melun) ; 20 699 hab. DER **méen, enne**

**meeting** *nm* **1** Réunion publique ayant pour but de discuter une question d'ordre politique, sociale. **2** Réunion sportive ; démonstration devant un public. PHO [mitiŋ] ETY Mot angl.

**méfait** *nm* **1** Action nuisible ; délit. *C'est un truand qui a commis de nombreux méfaits.* **2** Conséquence néfaste de qqch. *Les méfaits du tabac.*

**méfier (se)** *vpr* ② **1** Ne pas se fier à, ne pas avoir confiance en ; être soupçonneux à l'égard de. *Je me méfie de ses inventions.* **2** Faire attention. *Méfiez-vous, il y a un virage.* DER **méfiance** *nf* – **méfiant, ante** *a, n*

**méforme** *nf* Mauvaise forme physique.

**méga- 1** Élément, du gr. *megas*, « grand ». **2** PHYS Préfixe qui, placé devant une unité, la multiplie par un million ($10^6$). ABREV M.

**méga** *nm* Abrév. courante de *mégaoctet*.

**mégabase** *nf* BIOCHIM Unité valant un million de bases, utilisée pour mesurer la longueur de l'ADN. SYMB Mb.

**mégabit** *nm* INFORM Unité de mesure des mémoires d'ordinateurs valant $2^{20}$ bits. SYMB Mbit ou Mb. PHO [megabit]

**mégacalorie** *nf* Unité valant un million de calories. SYMB Mcal.

**mégacaryocyte** *nm* BIOL Cellule nucléée géante de la moelle osseuse, qui se fragmente en plaquettes. ETY De *méga-*, *caryo-*, et *-cyte*.

**mégacéros** *nm* Gros cerf fossile du quaternaire d'Irlande, dont les bois atteignaient 3,50 m d'envergure. PHO [megaseros]

**mégachile** *nf* Abeille solitaire qui découpe les feuilles pour en tapisser son nid, qu'elle creuse dans le sol. PHO [megakil]

**mégacôlon** *nm* MED Dilatation du côlon, congénitale ou acquise.

**mégaélectronvolt** *nm* PHYS NUCL Unité valant un million d'électronvolts, servant à mesurer l'énergie des rayonnements. SYMB MeV.

**mégaeuro** *nm* Unité de compte valant un million d'euros. SYMB M€.

**mégafaune** *nf* ECOL Ensemble des organismes animaux dont la taille est supérieure à 80 mm.

**mégaflops** *nm* INFORM Unité de mesure correspondant au traitement d'un million d'opérations par seconde.

**mégafusion** *nf* ECON Fusion de très grosses entreprises.

**mégahertz** *nm* TELECOM Unité de fréquence valant 1 million de hertz SYMB MHz.

**mégalithe** *nm* Monument formé de gros blocs de pierre brute, comme les dolmens, les menhirs, etc. DER **mégalithique** *a*

**mégalithisme** *nm* Édification de mégalithes.

**mégalo-, -mégalie** Éléments, du gr. *megas, megalê*, « grand ».

**mégalo** *a, n* fam Fanfaron, vantard.

**mégaloblaste** *nm* MED Cellule anormale présente dans la moelle osseuse de sujets atteints de certaines anémies. DER **mégaloblastique** *a*

**Dmitri Medvedev**

**mégalocyte** *nm* BIOL Globule rouge provenant d'un mégaloblaste dont le noyau s'est résorbé. DER **mégalocytaire** *a*

**mégalomanie** *nf* **1** Désir immodéré de puissance, goût des réalisations grandioses. **2** PSYCHOPATHOL Délire des grandeurs. DER **mégalomane** *a, n* – **mégalomaniaque** *a*

**mégalopole** *nf* Grande agglomération urbaine tendant à se former entre plusieurs villes proches. VAR **mégalopolis** ou **mégapole**

**Megalopolis** anc. v. d'Arcadie, fondée par Épaminondas en 370 av. J.-C.

**Megalopolis** vaste zone urbaine et industrialisée des É.-U. entre les Appalaches et l'Atlantique, de Boston jusqu'à Washington ; 850 km de long ; 44 millions d'hab.

**mégaoctet** *nm* INFORM Unité de mesure valant env. un million d'octets. SYMB Mo.

**mégaphone** *nm* Appareil servant à amplifier les sons, porte-voix.

**mégaplexe** *nm* Complexe de loisirs comprenant plus de vingt salles de cinéma.

**mégapodiidé** *nm* ZOOL Oiseau terrestre galliforme d'Océanie, aux fortes pattes et aux ailes courtes, qui enfouit ses œufs dans le sable ou dans des tumulus de végétaux en décomposition de telle manière que la chaleur du soleil ou celle de la fermentation des plantes les fasse éclore. VAR **mégapode**

**mégapole** → **mégalopole.**

**mégaptère** *nm* ZOOL Grand cétacé qui vit le long des côtes. SYN jubarte, baleine à bosse.

**mégarde** *nf* LOC *Par mégarde* : par inadvertance.

**Mégare** v. de Grèce (Attique), sur l'isthme de Corinthe ; 17 720 hab. – Rivale de Corinthe et d'Athènes, elle joua un rôle import. dans la guerre du Péloponnèse (431 à 404 av. J.-C.). DER **mégarien, enne** *a, n*

**Mégare (école de)** école philosophique grecque créée à Mégare par Euclide à la fin du Ve s. av. J.-C. ; sa doctrine (l'*éristique*) s'inspire de celles de Zénon d'Élée et de Socrate.

**mégastore** *nm* Centre commercial qui vend de multiples produits à la mode. ETY Mot angl.

**mégathérium** *nm* PALEONT Grand mammifère xénarthre fossile des terrains tertiaires et quaternaires d'Amérique du Sud. PHO [megaterjɔm] ETY Du gr. *therion*, « bête ».

**mégatonne** *nf* Unité servant à mesurer la puissance d'un explosif nucléaire, correspondant à l'énergie produite par l'explosion d'une charge d'un million de tonnes de trinitrotoluène. SYMB Mt.

**mégère** *nf* Femme méchante et acariâtre. ETY Du gr. *Megaira*, l'une des Érinnyes.

**Mégère apprivoisée (la)** comédie en 5 actes en vers et en prose de Shakespeare (1594). ▷ CINE Film de l'Américain Sam Taylor (1895 – 1958), en 1929, avec Mary Pickford (1893 – 1979) et Douglas Fairbanks.

**Megève** com. de la Haute-Savoie (arr. de Bonneville), sur l'Arly, à 1 113 m d'alt. ; 4 076 hab. – Tourisme estival et sports d'hiver. DER **megévan, ane** *a, n*

**Meggido** local. de l'anc. pays de Canaan. Auj. *Tel Meggido* (Israël), dans la vallée de Jezraël. – Site archéologique. VAR **Megiddo**

**Meghalaya** État du N.-E. de l'Inde, situé à l'intérieur de l'Assam ; 22 356 km² ; 2 964 000 hab. ; cap. *Shillong*. Forêts, culture itinérante.

**Meghna** bras oriental du delta du Gange, au Bangladesh, dont les inondations ont un caractère catastrophique.

**mégir** *vt* ③ TECH Tanner une peau en utilisant l'alun. VAR **mégisser** *vt* ①

**mégis** *nm* Solution à base de cendres et d'alun dans laquelle on trempait les peaux pour les mégir. PHO [meʒi] ETY De l'a. fr. *megier*, « soigner ».

**mégisserie** *nf* **1** TECH Tannage à l'alun des peaux de chevreaux et d'agneaux utilisées en ganterie ; lieu où l'on effectue ce tannage. **2** Commerce des peaux ainsi tannées. DER **mégissier** *nm*

**mégohm** *nm* ELECTR Unité de résistance électrique valant un million d'ohms. SYMB MΩ.

**mégohmmètre** *nm* ELECTR Appareil servant à mesurer les résistances supérieures à un milion d'ohms.

**mégot** *nm* Bout de cigare, de cigarette, qui reste non consumé. ETY Du dial. *mégauder*, « téter ».

**mégoter** *vi* ① fam Lésiner, chercher de petits profits. DER **mégotage** *nm* – **mégoteur, euse** *n*

**méharée** *nf* Randonnée à dos de méhari.

**méhari** *nm* Dromadaire de selle en Afrique du Nord. ETY De l'ar.

**méhariste** *n* Personne qui monte un méhari.

**Méhémet-Ali** (Cavalla, Macédoine, 1769 – Alexandrie, 1849), vice-roi d'Égypte. Général ottoman, il vint en Égypte combattre Bonaparte (1798), prit le pouvoir (1803-1804), élimina les Mamelouks (1811) et fit de l'Égypte un État moderne. Il aida la Turquie contre la Grèce (1825-1828), puis l'affronta (1831-1839), lui prenant notam. la Syrie. La G.-B. réduisit ses ambitions, mais le traité de Londres (1840) le reconnut comme vice-roi héréditaire d'Égypte. Son fils Ibrahim lui succéda.

Méhémet-Ali

**Mehmet Ier** (?, vers 1380 – Andrinople, 1421), sultan ottoman (1413-1421) ; fils de Bajazet Ier, il triompha de ses frères aînés. — **Mehmet II** dit le Conquérant (Andrinople, 1432 – Tekfur Çayiri, 1481), sultan (1444-1446 et 1451-1481). Il prit Constantinople (1453) et en fit sa capitale (Istanbul), s'empara de la Serbie, d'une partie de la Grèce, de l'Albanie. ▶ illustr. p. 1022 — **Mehmet III** (?, 1566 – Istanbul, 1603), sultan (1595-1603) ; il tua ses frères, son fils, et fut assassiné. — **Mehmet IV** (Istanbul, 1642 – Andrinople, 1692), sultan (1648-1687) ; déposé après la défaite de Mohács. — **Mehmet V** (Istanbul, 1844 – id., 1918), sultan (1909-1918) ; il laissa gouverner le parti des Jeunes-Turcs. — **Mehmet VI** (Istanbul, 1861 – San Remo, Italie, 1926), neveu du préc. ; sultan en 1918, il abdiqua en 1922 après la proclamation de la république.

**Mehrgarh** site archéol. du S. du Pakistan, considéré comme la première manifestation importante de la civilisation de l'Indus (VIIe-IIIe millénaire av. J.-C.).

**Méhul** Étienne (Givet, 1763 – Paris, 1817), compositeur français. Opéras : *Stratonice* (1792), *Joseph* (1807). Il est l'auteur du *Chant du départ* (1794, paroles de M.-J. de Chénier).

**Mehun-sur-Yèvre** ch.-l. de cant. du Cher (arr. de Bourges), 7 343 hab. – Égl. XIe-XIIe s. Ruines du château du duc Jean de Berry où mourut Charles VII. DER **mehunois, oise** *a, n*

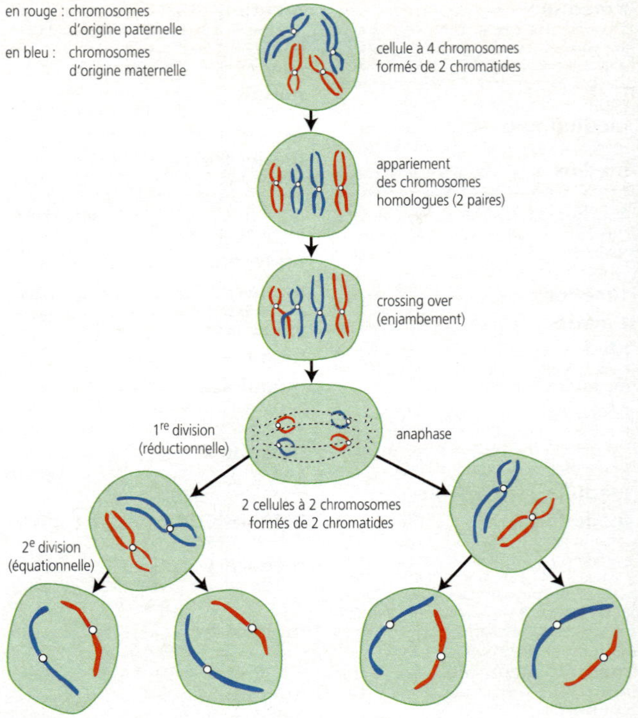


**méiose** d'une cellule animale comportant 4 chromosomes

**Meier** Richard Alan (Newark, New Jersey, 1934), architecte américain, hostile à tout maniérisme : High Museum d'Atlanta (Georgie), Séminaire de Hartford (Connecticut, 1981), le centre Paul Getty de Los Angeles (1997).

**Meije** (pic de la) sommet des Alpes françaises (Oisans), dans le Dauphiné, dominant au N. la vallée de la Romanche ; 3 983 m.

**Meiji** (ère) période de l'histoire du Japon (« ère du gouvernement éclairé », dite aussi « ère des Lumières », 1867-1912), au cours de laquelle l'empereur Mutsuhito (V. Meiji tennō), reprenant le pouvoir, jusqu'alors détenu par les shoguns, accomplit des réformes profondes, inspirées par l'Europe.

**Meiji tennō** Mutsuhito, dit, après sa mort (Kyōto, 1852 – Tōkyō, 1912), empereur du Japon (1867-1912). En 1867, il reprit le pouvoir aux shoguns, installa sa cap. à Edo, devenu Tōkyō, et accomplit de profondes réformes (V. Meiji [ère]). La guerre sino-japonaise (1894-1895), la guerre russo-japonaise (1904-1905) et l'annexion de la Corée (1910) montrèrent la puissance du Japon.

**Meilhac** Henri (Paris, 1831 – id., 1897), écrivain français, auteur, en collab. avec Ludovic Halévy, de comédies, de livrets d'opéras et d'opérettes. Acad. fr. (1888).

**Meillet** Antoine (Moulins, 1866 – Châteaumeillant, Cher, 1936), linguiste français : *Traité de grammaire comparée des langues classiques* (1924).

**meilleur, eure** *a, nm* **A** *a* Qui a, qui atteint un plus haut degré de bonté, de qualité. *Cet homme est meilleur qu'il n'en a l'air. Sa santé est meilleure.* **B** *nm* Ce qui vaut le mieux. *Donner le meilleur de soi-même.* **LOC** SPORT ***Avoir, prendre le meilleur sur*** : l'emporter sur. — fam ***C'est la meilleure !*** : exprime l'étonnement, l'exaspération. — ***Il fait meilleur*** : le temps est plus beau. ANT pire. ETY Du lat.

**Meilleur des mondes (le)** roman d'anticipation d'Aldous Huxley (1932).

**Mein Kampf** (en franç. *Mon combat*), ouvrage de Hitler (1925), qui, emprisonné (1924), dicta à Rudolf Hess des fragments mis en forme par la suite.

**méiose** *nf* BIOL Mode de division cellulaire conduisant à une réduction de moitié du nombre de chromosomes de chaque cellule. ETY Du gr. *meiôsis*, « décroissance ». DER **méiotique** *a*

ENC La méiose n'affecte que les cellules dont le noyau est diploïde. Elle ne se produit que chez les espèces vivantes soumises à la fécondation. Elle comporte deux divisions successives : la première donne deux cellules filles qui ne possèdent qu'un chromosome de chaque paire ; la seconde ressemble à une mitose subie par chacune des deux cellules filles, ce qui donne quatre cellules génétiquement identiques 2 à 2. Lors de la première division, une séparation des gènes allèles s'effectue. Chez les animaux, la méiose conduit à la formation des gamètes, contenus dans les organes génitaux. La fécondation, en réunissant des gamètes qui ont seulement n chromosomes, donnera à nouveau une cellule comportant 2n chromosomes, soit n paires.

**méiospore** *nf* BOT Spore issue de la méiose. *Les spores des bryophytes sont des méiospores.*

**Meir** Golda Mabovitz, Mme Meyerson, dite Golda (1898 – 1978), femme politique israélienne. Militante du parti sioniste socialiste (Mapaï), ministre de 1949 à 1966, elle fut Premier ministre de 1969 à 1974.

**Meissen** ville d'Allemagne (Saxe), sur l'Elbe ; 39 280 hab. Céramique. – Évêché. Cath. goth. Château d'Albrechtsburg (XVe s.).

**Meissonier** Ernest (Lyon, 1815 – Paris, 1891), peintre français de batailles : *Napoléon III à Solférino* (1859).

**Meitner** Lise (Vienne, 1878 – Cambridge, 1968), physicienne autrichienne. Exilée (1938) à Copenhague, elle y découvrit, avec son neveu Frisch, la fission de l'uranium en 1939.

**meitnerium** *nm* CHIM Élément artificiel de numéro atomique Z=109 et de masse atomique 268.

**Méjan** → **Méjean.**

**méjanage** *nm* Classement des laines d'après leur qualité. [ETY] Du provenç. *mejan,* « moyen ».

**Méjean (causse)** plateau aride du Massif central (Lozère), dans les Grands Causses, entre le Tarn et la Jonte. [VAR] **Méjan**

**méjuger** *v* [13] **A** *vti* litt Méconnaître. *Méjuger de qqn, de ses qualités.* **B** *vt* Juger mal. **C** *vpr* **1** Se sous-estimer. **2** Pour un cheval, poser le membre postérieur en avant de la trace laissée par l'antérieur du même côté.

**Mékhithar** Manouk Petrossian, en relig. (Sivas, Anatolie, 1676 – Venise, 1749), moine et théologien arménien rallié au catholicisme ; fondateur de la congrégation des *Mékhitharistes* (1702). [VAR] **Méchithar**

**Meknès** v. du Maroc, entre le Rif et le Moyen Atlas (riche rég. agric.) ; 320 000 hab. ; ch.-l. de la prov. du m. nom. – Enceinte percée de la porte Bab al-Mansur. – Cap. du Maroc sous Moulay Isma'il (1672-1727).

**Mékong (le)** fl. d'Asie (4 180 km). Il naît dans le Tibet, traverse le Yunnan, sert de frontière entre la Birmanie et le Laos puis entre le Laos et la Thaïlande, draine le Cambodge et se jette dans la mer de Chine méridionale par un immense delta, dans le S. du Viêt-nam. Il arrose Luang Prabang, Vientiane, Phnom Penh. Le lac du Tonlé Sap (Cambodge) lui sert de bassin régulateur. Grande voie de pénétration, bien que peu apte à la navigation, le Mékong est en cours d'aménagement.

**mél** *nm* Abrév. de *messagerie électronique,* symbole proposé par l'Administration pour figurer sur un document devant une adresse électronique.

**méla-, mélan(o)-** Éléments, du gr. *melas, melanos,* « noir ».

**mélamine** *nf* Résine synthétique servant à faire des revêtements. [DER] **mélaminé, ée** *a*

**mélampyre** *nm* BOT Plante herbacée (scrofulariacée) parasite, développant des suçoirs sur les racines de divers végétaux.

**Melanchthon** Philipp Schwarzerd, dit (Bretten, 1497 – Wittenberg, 1560), réformateur religieux allemand ; disciple de Luther. Auteur de nombr. ouvrages, il rédigea avec Camerarius la *Confession d'Augsbourg* (1530).

**Melancolia** estampe de Dürer (1514, BN), gravure sur cuivre.

**mélancolie** *nf* **1** PSYCHIAT État dépressif aigu, caractérisé par un sentiment de douleur morale intense, une inhibition psychomotrice, des idées délirantes et une tendance au suicide. **2** Tristesse vague, sans cause définie, souvent accompagnée de rêverie. **3** Caractère de ce qui rend mélancolique. *La mélancolie d'un paysage.* **LOC** ***Ne pas engendrer la mélancolie :*** être très gai. [ETY] Du gr. *melagkholia,* « humeur noire ».

**mélancolique** *a, n* **A** PSYCHIAT Relatif à la mélancolie ; atteint de mélancolie. **B** *a* Qui exprime, qui inspire la mélancolie. [DER] **mélancoliquement** *av*

**Mélanésie** (« îles des Noirs »), une des parties de l'Océanie ; Papouasie-Nouvelle-Guinée, archipel Bismarck, îles Salomon, Nouvelle-Calédonie, Vanuatu et îles Fidji. [DER] **mélanésien, enne** *a, n* ▶ carte **Océanie**

**mélanésien** *nm* LING Ensemble des langues de la famille austronésienne parlées en Mélanésie.

**Mélanésiens** peuple de Mélanésie. Les Papous de Nouvelle-Guinée se distinguent par leur art. [DER] **mélanésien, enne** *a*

**mélange** *nm* **A** **1** Action de mêler ; fait de se mêler. *On obtient l'orangé par le mélange du jaune et du rouge. Le mélange des peuples.* **2** Produit résultant de l'union de substances incorporées les unes aux autres. **3** CHIM, PHYS Substance résultant de l'union, sans combinaison, de plusieurs corps, par dissémination de leurs molécules. **B** *nm pl* **1** Recueil composé d'écrits sur différents sujets. **2** Recueil d'articles dédié à un professeur éminent par ses anciens élèves et ses collègues. **LOC** fig ***Sans mélange :*** pur, que rien ne trouble. [ETY] De *mêler.*

**mélangé, ée** *a* Disparate. *Un public très mélangé.*

**mélanger** *vt* [13] **1** Réunir de manière à former un mélange. *Mélanger l'huile et le vinaigre.* SYN mêler. **2** fam Mettre en désordre. *Elle a mélangé mes papiers.* **3** fam Confondre. *Vous mélangez les noms.* **LOC** fam ***Se mélanger les pédales, les pinceaux, etc. :*** s'embrouiller.

**mélangeur** *nm* **1** Appareil servant à opérer un mélange. **2** Robinet qui mélange l'eau froide et l'eau chaude.

**mélanine** *nf* BIOCHIM Pigment foncé de la peau, de la choroïde et des cheveux. *Certaines tumeurs bénignes ou malignes sont très riches en mélanine.* [DER] **mélanique** *a*

**mélanisme** *nm* MED Coloration brune de la peau, due à un excès de mélanine dans les cellules.

**mélano-** → **méla-.**

**mélanocyte** *nm* BIOL Cellule qui effectue la synthèse de la mélanine.

**mélanoderme** *a, n* ANTHROP Se dit d'une personne dont la peau est noire.

**mélanodermie** *nf* MED Augmentation pathologique de la coloration de la peau, due à une surcharge en mélanine.

**mélanome** *nm* MED Tumeur mélanique de la peau.

**mélanose** *nf* **1** MED Accumulation anormale dans le derme de mélanine ou d'un autre pigment. **2** BOT Maladie cryptogamique de la vigne et des agrumes.

**mélasse** *nf* **1** Sous-produit de la fabrication du sucre, visqueux et brun, utilisé en distillerie, en pharmacie et pour l'alimentation du bétail. **2** fig, fam Brouillard très épais. **3** fam Misère, situation pénible, embrouillée. [ETY] Du lat. *mel,* « miel » par l'esp.

**mélatonine** *nf* BIOCHIM Hormone produite dans l'épiphyse à partir de la sérotonine et intervenant dans le mécanisme des horloges biologiques.

**Melba** *a inv* **LOC** ***Pêche, poire, fraises Melba :*** servies nappées de gelée de fruits rouges avec de la glace à la vanille et de la crème chantilly. [ETY] Du n. pr.

**Melba** Nelly (Melbourne, 1861 – Sydney, 1931), cantatrice australienne ; soprano. Elle triompha en Europe et aux États-Unis.

**Melbourne** deuxième ville d'Australie, cap. de l'État de Victoria, port important au fond de la baie de Port Phillip ; 3,6 millions d'hab. (aggl.). Premier centre comm. du pays ; centre minier et industriel. – Fondée en 1835 par des Anglais de Tasmanie, la ville connut un essor rapide (élevage, ruée vers l'or) ; elle fut capitale de 1901 à 1927. – Archevêché catholique. Université. Jeux Olympiques (1956).

**Melbourne** William Lamb (vicomte) (Londres, 1779 – Melbourne House, Derbyshire, 1848), homme politique anglais ; Premier ministre en 1834 et de 1835 à 1841.

**melchior** *nm* Maillechort. [PHO] [mɛlkjɔʀ]

**Melchior** l'un des trois Rois mages qui vinrent adorer Jésus nouveau-né.

**Melchisédech** personnage biblique, roi de Salem (Jérusalem), en Canaan, au temps d'Abraham (Genèse, XIV, 18).

**melchite** → **melkite.**

**meldois** → **Meaux.**

**mêlé, ée** *a* Formé d'éléments divers, voire opposés. *Une société très mêlée.*

**Méléagre** dans la myth. gr., l'un des Argonautes. Il tua le sanglier de Calydon.

**méléagrine** *nf* ZOOL Syn. de *pintadine.* [ETY] D'un n. myth.

**mêlécasse** *nm* fam, vieilli Mélange de cassis et d'eau-de-vie. **LOC** ***Voix de mêlécasse :*** éraillée, rauque. [VAR] **mêlé-casse** ou **mêlé-cassis**

**mêlée** *nf* **1** Combat confus où deux troupes s'attaquent corps à corps. **2** Cohue, bousculade tumultueuse. **3** SPORT Au rugby, phase du jeu où deux groupes de joueurs cherchent à s'emparer du ballon en s'arc-boutant face à face. **LOC** ***Au-dessus de la mêlée :*** en dehors des conflits. — SPORT ***Mêlée fermée :*** pénalisant une faute et au cours de laquelle les avants des deux équipes de rugby s'arc-boutent et tentent de récupérer le ballon lancé entre eux par le *demi de mêlée.* — ***Mêlée ouverte :*** formée spontanément au cours d'un match de rugby.

**méléna** *nm* MED Évacuation de sang noir par l'anus, témoignant d'une hémorragie gastrique ou intestinale. [VAR] **melæna**

**mêler** *v* [1] **A** *vt* **1** Mettre ensemble des choses de manière à les confondre, à les unir. *Mêler de l'eau à de la farine. Mêler le tragique au comique.* **2** Mettre en désordre, emmêler, embrouiller. *Mêler des fils.* **3** Associer qqn à, impliquer qqn dans une affaire. *Ne me mêlez pas à vos querelles.* **B** *vpr* **1** Se confondre, s'unir. *L'odeur de la lavande se mêlait à celle du romarin. Se mêler à la foule.* **2** S'occuper de, intervenir dans. *Mêlez-vous de vos affaires !* [ETY] Du lat.

**mêle-tout** *n inv* Belgique Personne brouillonne, indiscrète. [VAR] **mêletout**

**mélèze** *nm* Conifère de haute montagne, à feuilles caduques.

**Melghir (chott)** lac salé d'Algérie, au sud de l'Aurès, à la limite du Sahara.

**mélia** *nm* Arbre d'origine asiatique cultivé en Europe (méliacée). [ETY] Du gr.

**méliacée** *nf* BOT Plante dicotylédone (térébinthacée) dont la famille comprend des arbres ou arbustes des régions chaudes, à bois dur, coloré, parfois aromatique, en particulier l'acajou.

**Méliès** Georges (Paris, 1861 – id., 1938), cinéaste français. Il construisit les premiers studios de tournage, inventa les fondus, la surimpression, et, au moyen de trucages géniaux, créa un monde fantastique. Il réalisa environ 500 films (*Voyage dans la Lune,* 1902 ; *les Hallucinations du baron de Münchhausen,* 1911) ; en 1912, il cessa de tourner et sombra dans la misère et l'oubli. ▶ illustr. p. 1022

**Melilla** v. et enclave espagnole dans le Maroc, port franc sur la Méditerranée ; 62 560 hab. – La ville fut conquise par les Espagnols en 1497.

**mélilot** *nm* Plante dicotylédone (papilionacée) employée comme fourrage ou en pharmacopée. [ETY] Du gr. *meli,* « miel », et *lôtos,* « lotus ».

**méli-mélo** *nm* fam Mélange confus de choses en désordre. PLUR mélis-mélos. [VAR] **mélimélo**

**Méline** Jules (Remiremont, 1838 – Paris, 1925), homme politique français ; défenseur du protectionnisme et de la France rurale ; président du Conseil (1896-1898).

**mélinite** *nf* Explosif de grande puissance, constitué d'acide picrique fondu. ETY Du gr. *mêlinos,* « couleur de coing ».

**mélioïdose** *nf* MED Grave maladie bactérienne pouvant toucher l'homme et divers animaux.

**mélioratif, ive** *a, nm* didac Se dit d'un terme, d'une expression qui présente ce dont on parle d'une façon avantageuse. ANT péjoratif.

**mélique** *a* LITTER Se dit de la poésie lyrique et, spécial., de la poésie chorale grecque. ETY Du gr.

**Mélisande** héroïne du drame de Maeterlinck *Pelléas et Mélisande* (1892) et de l'opéra qu'en a tiré Debussy en 1902.

**mélisme** *nm* MUS Ornement musical enrichissant une mélodie. ETY Du gr. *melismos,* « division ». DER **mélismatique** *a*

**mélisse** *nf* Plante mellifère et aromatique (labiée) renfermant une essence antispasmodique. LOC ***Eau de mélisse* :** alcoolat préparé avec des feuilles de mélisse fraîches. SYN eau des Carmes. ETY Du gr. *melissophullon,* « feuilles à abeilles ».

**mélitte** *nf* Plante aromatique et diurétique (labiée), appelée aussi *mélisse sauvage* ou *mélisse des bois.* ETY Du lat.

**Melk** ville d'Autriche (Basse-Autriche), sur le Danube ; 6 000 hab. – Abbaye bénédictine fondée en 1089, rebâtie au XVIII^e^ s.

l'abbaye de **Melk**

**Melka Kontouré** site préhistorique éthiopien (vallée de l'Aouach).

**Georges Méliès** à la conquête du pôle, 1912

**Melkart** → **Melqart.**

**melkite** *n* RELIG Chrétien d'Orient, de rite byzantin, appartenant soit à une église orthodoxe, soit à l'Église catholique romaine. ETY Du syriaque *melek,* « souverain ». VAR **melchite**

**mellah** *nm* Ghetto, au Maroc.

**Melle** ch.-l. de cant. des Deux-Sèvres (arr. de Niort) ; 4 349 hab. – Églises romanes. DER **mellois, oise** *a, n*

**mellifère** *a* **1** Syn. de *mellifique.* **2** Se dit des plantes qui produisent un nectar que les abeilles récoltent. ETY Du lat.

**mellification** *nf* Fabrication du miel par les abeilles.

**mellifique** *a* Qui élabore, qui produit du miel. *Abeilles mellifiques.* SYN mellifère.

**melliflue** *a* litt D'une douceur fade ou hypocrite, doucereux.

**mellite** *nm* PHARM Médicament fait avec du miel.

**Melloni** Macedonio (Parme, 1798 – Portici, 1854), physicien italien. Il inventa la pile thermoélectrique.

**Melmoth ou l'Homme errant** roman noir de Maturin (1820) : le héros, pour prolonger sa vie, a vendu son âme au diable.

**mélo-** Élément, du gr. *melos,* « chant ».

**mélo** *nm, a* Abrév. fam. de *mélodrame* et de *mélodramatique.*

**mélodica** *nm* Petit instrument de musique à bouche, muni d'un clavier.

**mélodie** *nf* **1** Succession de sons qui forment une phrase musicale. **2** Composition à une voix avec accompagnement. **3** fig Qualité de ce qui charme l'oreille. *La mélodie d'un vers.* DER **mélodique** *a*

**mélodieux, euse** *a* Qui forme une mélodie ; qui produit des sons agréables à l'oreille. DER **mélodieusement** *av*

**mélodiste** *n* Compositeur de mélodies.

**mélodramatique** *a* **1** Qui a rapport au mélodrame. *Le genre mélodramatique.* ABREV fam mélo. **2** Qui évoque l'outrance du mélodrame. *Des lamentations mélodramatiques.*

**mélodrame** *nm* **1** anc Drame mêlé de musique. **2** Drame populaire qui cherche à produire un effet pathétique en mettant en scène des personnages au caractère outré dans des situations peu vraisemblables. ABREV fam mélo.

**méloé** *nm* Coléoptère vésicant, noir à reflets bleus, aux élytres réduits, aux mandibules tronquées. ETY Du lat.

**mélomane** *n* Amateur de musique.

**melon** *nm* **1** Plante potagère (cucurbitacée) au fruit comestible. **2** Fruit de cette plante de forme ovoïde ou sphérique, à la pulpe jaunâtre ou orangée, juteuse et parfumée à maturité. LOC ***Chapeau melon*** ou ***melon* :** chapeau rigide et bombé. *Des chapeaux melon.* — ***Melon d'eau* :** pastèque. — ***Melon de Bourgogne* :** cépage blanc donnant le muscadet. — très fam ***Prendre le melon* :** avoir des prétentions ridicules, avoir la grosse tête. ETY Du lat. ▶ illustr. **cucurbitacées**

**melonnière** *nf* Plantation de melons.

**mélopée** *nf* Chant, air monotone.

**mélophage** *nm* Mouche longue de 5 mm, dépourvue d'ailes, parasite du mouton. ETY Du gr. *mêlon,* « mouton ».

**Melozzo da Forli** (Forli, 1438 – id., 1494), peintre italien ; élève de Piero della Francesca ; maître de la perspective et du raccourci.

**Melpomène** muse de la Tragédie.

**Melqart** divinité phénicienne, guerrier ; les Grecs assimilèrent à Héraclès. VAR **Melkart**

**melrose** *nf* Variété de grosse pomme à chair juteuse et sucrée. ETY D'un nom de lieu.

**Melsens** Louis Henri Frédéric (Louvain, 1814 – Bruxelles, 1886), physicien belge. En 1865, il inventa le paratonnerre à conducteurs multiples.

**meltem** *nm* GEOGR Vent du nord qui souffle sur la mer Égée en été. ETY Mot gr.

**melting-pot** *nm* Creuset, lieu où des peuples d'origines très diverses se mêlent et se confondent. PLUR melting-pots. PHO [mɛltiŋpɔt] ETY Mot angl., « creuset ».

**Melun** ch.-l. du dép. de Seine-et-Marne, sur la Seine, au contact de la Brie et du Hurepoix ; 38 691 hab. – Égl. XI^e^-XVI^e^ s. et XV^e^-XVI^e^ s. DER **melunais, aise** *a, n*

**Melun-Sénart** ville nouvelle qui, dep. 1985, réunit 10 com. entre Melun et la forêt de Sénart (Seine-et-Marne et Essonne).

**Mélusine** (altér. de *Merlusine,* « Mère Lusigne »), personnage des légendes médiévales ; le samedi, ses jambes se transformaient en queue de serpent.

**Melville (baie de)** baie de la mer de Baffin, sur la côte O. du Groenland.

**Melville (île de)** île australienne (côte N.), près de la terre d'Arnhem.

**Melville (île)** île de l'archipel arctique de Parry (Canada).

**Melville (presqu'île de)** péninsule de la côte N. du Canada.

**Melville** Herman (New York, 1819 – id., 1891), romancier américain. Son œuvre traite l'amour fou et le rêve (*Mardi,* 1849), la grandeur de l'homme dans l'échec (*Moby Dick,* nom d'un cachalot monstrueux dont la quête est celle de l'absolu, 1851), la recherche de la liberté (*Israel Potter,* 1855), l'ambiguïté de la morale (*le Grand Escroc,* 1857), l'homme victime de la loi (*Billy Budd,* 1891, publié en 1924).

**Mehmet II**

**H. Melville**

**Melville** Jean-Pierre Grumbach, dit Jean-Pierre (Paris, 1917 – id, 1973), cinéaste français : *le Silence de la mer* (1949), *Léon Morin prêtre* (1961), *le Doulos* (1963), *le Cercle rouge* (1970).

**membrane** *nf* **1** ANAT Tissu mince et souple qui enveloppe, tapisse, sépare, etc., des organes. *Membrane muqueuse, séreuse.* **2** EMBRYOL Chacune des enveloppes de l'embryon. **3** BIOL Structure complexe enveloppant les cellules et, à l'intérieur de celles-ci, le noyau et les organelles. **4** Feuille, cloison mince, dans un appareil, un dispositif. **5** TECH Feuille mince du système vibrant d'un haut-parleur, d'un écouteur. ETY Du lat. *membrana,* « peau qui recouvre les membres ». DER **membranaire** *a*

**membraneux, euse** *a* **1** ANAT, BIOL Qui a les caractères d'une membrane. **2** Formé de membranes. *Ailes membraneuses.*

**membranule** *nf* ANAT Petite membrane.

**membre** *nm* **1** Chacun des appendices articulés disposés sur le tronc par paires latérales, et qui permettent la locomotion et la préhension chez l'homme et les animaux. *Membres supérieurs et inférieurs de l'homme ; membres antérieurs et postérieurs des animaux.* **2** Personne, groupe, pays, etc. composant un ensemble organisé. *Les membres* *d'une famille. Les États membres de l'UE.* **3** ARCHI Chacune des parties qui composent un édifice. **4** GRAM Chacune des parties d'une période ou d'une phrase. **5** MATH Chacune des parties d'une équation ou d'une inéquation séparées par le signe d'égalité ou d'inégalité. **LOC** ***Membre viril*** : verge. [ETY] Du lat.

**membré, ée** *a* **LOC** ***Bien (mal) membré*** : dont les membres ou le membre viril sont bien (mal) développés, proportionnés.

**membron** *nm* CONSTR Bande d'étanchéité recouvrant l'arête d'un toit.

**membru, ue** *a* litt Dont les membres sont forts et vigoureux. *Personne membrue.*

**membrure** *nf* **1** Ensemble des membres d'une personne. **2** MAR Chacun des éléments de la charpente d'un navire perpendiculaires à la quille et auxquels est fixé le bordé.

**même** *pr indéf, a, av* **A** *pr indéf* Exprime l'identité ou la ressemblance. *Elle porte la même robe que sa sœur. Il ne change pas, il est toujours le même. Je connais ce genre de chiens : j'ai le même.* **B** *a* Placé après un nom ou un pronom, insiste sur la personne ou la chose désignée. *Ce sont ses paroles mêmes. Lui-même n'en sait rien.* **C** *av* Indique une gradation et signifie « aussi, de plus, y compris, jusqu'à ». *Même les ignorants le savent. L'ennemi massacra tout le monde, les femmes, les vieillards, les enfants même.* **LOC** ***À même*** : directement en contact avec. *Coucher à même le sol.* — ***Cela revient au même*** : c'est la même chose. — ***De même*** : de la même manière. — ***De même que*** : comme, de la même manière que. — ***Être à même de faire qqch*** : en être capable. — ***Quand même !*** : malgré tout. — ***Quand même, quand bien même*** : même si. *Quand bien même il me l'aurait dit, je ne m'en souviens plus.* — ***Tout de même*** : néanmoins, cependant. [ETY] Du lat.

**mémé** *nf* fam **1** Grand-mère dans le langage des enfants. **2** Femme d'un certain âge dépourvue de séduction.

**Memel** → **Klaïpeda.**

**mêmement** *av* vx De même, pareillement.

**mémento** *nm* **1** LITURG Prière du canon de la messe. **2** Carnet où l'on note ce dont on doit se souvenir, agenda. **3** Livre où sont résumées les notions essentielles sur une science, une technique. SYN aide-mémoire. [PHO] [memẽto] [ETY] Du lat. *memento,* « souviens-toi ».

**mémère** *nf* fam **1** Grand-mère dans le langage des enfants. **2** Femme d'un certain âge, corpulente. **3** Canada Personne curieuse et bavarde, commère.

**mémérer** *vi* [14] Canada fam Faire des commérages.

**Memling Hans** (Seligenstadt, Hesse, v. 1433 – Bruges, 1494), peintre flamand. Il a travaillé à Bruges. Il subit l'influence de Van Eyck et de Van der Weyden, mais idéalisa ses personnages : *le Mariage mystique de sainte Catherine* (1479), *la Châsse de sainte Ursule* (1489). [VAR] **Memlinc**

**Memnon** dans la myth. gr., fils de l'Aurore et de Tithonos ; roi des Éthiopiens. Lors du siège de Troie, il vint au secours de Priam et Achille le tua. Les Romains crurent reconnaître son image dans une des deux statues colossales d'Aménophis III (*colosses de Memnon*), placées à l'entrée du temple funéraire du pharaon, près de Thèbes.

**mémo** *nm* fam Mémorandum.

**1 mémoire** *nf* **1** Fonction par laquelle s'opèrent dans l'esprit la conservation et le retour d'une connaissance antérieurement acquise. *Le siège de la mémoire.* **2** Faculté de se souvenir. *Avoir de la mémoire.* **3** litt Fait de se souvenir. *Je n'ai pas mémoire de le lui avoir dit.* **4** Souvenir laissé par qqn ou qqch. *Saint Louis, d'illustre mémoire. Ce jour, de sinistre mémoire.* **5** Siège de la fonction de la mémoire, des souvenirs. *L'incident est gravé dans sa mémoire.* **6** INFORM Dispositif servant à recueillir et à conserver des informations en vue d'un traitement ultérieur. *Mettre des données en mémoire.* **7** Souvenir laissé par qqn après sa mort. *Ternir la mémoire de qqn.* **LOC** ***À la mémoire de, en mémoire de*** : pour perpétuer le souvenir de. — ***De mémoire*** : qui symbolise ou renvoie à un moment important de l'histoire d'une communauté. *Lieux de mémoire.* — ***De mémoire d'homme*** : d'aussi loin qu'on s'en souvienne. — INFORM ***Mémoire cache*** : mémoire servant de tampon entre la mémoire centrale et le microprocesseur. — INFORM ***Mémoire flash*** : carte mémoire non volatile, enregistrable et réinscriptible. — INFORM ***Mémoire morte*** : dont le contenu est permanent. — INFORM ***Mémoire vive*** : dont le contenu n'est pas permanent. — ***Pour mémoire*** : à titre de rappel, ou à titre indicatif. [ETY] Du lat.

**2 mémoire** *nm* **A 1** Écrit sommaire destiné à exposer l'essentiel d'une affaire, d'une requête. *Dresser un mémoire.* **2** DR Exposé des faits relatifs à un procès et servant à l'instruire. **3** Dissertation sur un sujet de science, d'érudition. *Soutenir un mémoire devant un jury.* **4** Relevé des sommes dues pour les travaux effectués, les fournitures remises, etc. **B** *nm pl* Relations écrites d'évènements auxquels participa l'auteur, ou dont il fut témoin ; recueil de souvenirs personnels. *Écrire ses mémoires.*

**Mémoires** chronique de Saint-Simon composée entre 1699 et 1752 (prem. éd. posth., 1829-1830), peinture du règne de Louis XIV.

**Mémoires d'Hadrien** roman historique de M. Yourcenar (1951).

**Mémoires d'outre-tombe** œuvre autobiographique de Chateaubriand, entreprise v. 1809 (prem. publ. dans *la Presse,* en feuilleton, 1848-1850 ; prem. éd. en vol. 1850).

**mémorable** *a* Qui est digne d'être conservé dans la mémoire.

**Mémorables (les)** œuvre de Xénophon évoquant Socrate.

**mémorandum** *nm* **1** Note destinée à rappeler qqch ; carnet où sont inscrites ces notes. ABREV fam mémo. **2** Note écrite par un diplomate au gouvernement du pays auprès duquel il est accrédité et contenant l'exposé sommaire de l'état d'une question. **3** Ordre d'achat remis par un commerçant à ses fournisseurs. [PHO] [memɔrɑ̃dɔm] [ETY] Du lat.

**mémorial** *nm* **1** Écrit relatant des faits mémorables ou dont on veut garder le souvenir. **2** Monument commémoratif. PLUR mémoriaux.

**Mémorial de Sainte-Hélène** ouvrage de Las Cases (8 vol., 1823) qui prit en notes ses conversations avec Napoléon I^er^ déchu.

**mémorialiste** *n* Auteur de mémoires historiques ou littéraires.

**mémoriel, elle** *a* Qui concerne le passé d'un groupe social, conservé dans la mémoire de ses membres. *Lois mémorielles.*

**mémoriser** *vt* [1] **1** Enregistrer dans sa mémoire. *Mémoriser des connaissances.* **2** INFORM Mettre des données en mémoire. [DER] **mémorisable** *a* – **mémorisation** *nf*

colosses de **Memnon**, temple funéraire d'Aménophis III

**Memphis** anc. cap. de l'Égypte pharaonique, sous l'Ancien Empire, à 35 km au S. du Caire. [DER] **memphite** *a*

**Memphis** v. des É.-U. (Tennessee), port de comm. sur le Mississippi ; 1,1 million d'hab. (aggl.). Grand centre industriel et commercial.

**menaçant, ante** *a* Qui exprime une menace, fait craindre un danger. *Un ton menaçant.*

**menace** *nf* **1** Parole ou geste signifiant une intention hostile et visant à intimider. *Proférer des menaces de mort.* **2** fig Indice laissant prévoir un évènement fâcheux, grave ou dangereux. *Menaces de tempête.* [ETY] Du lat.

**menacé, ée** *a* En danger. *Espèces menacées.*

**menacer** *vt* [12] **1** Chercher à intimider, à faire peur à qqn. *Il l'a menacé du bâton.* **2** Représenter un danger, un risque imminent. *Un grand péril nous menace.* **3** Laisser prévoir qqch de fâcheux. *Ce toit menace de s'écrouler. Le temps menace.* **LOC** ***Menacer ruine*** : être près de s'écrouler.

**ménade** *nf* ANTIQ GR Femme attachée au culte de Dionysos, qui s'adonnait à des transes rituelles. SYN bacchante. [ETY] Du gr *mainados,* « fou furieux ».

**Menado** → **Manado.**

**ménage** *nm* **1** Administration, organisation domestique. *Conduire, tenir son ménage.* **2** vieilli Ensemble des objets nécessaires à la vie dans une maison. *Monter son ménage.* **3** Soin, entretien d'une maison, d'un intérieur. *Faire le ménage.* **4** Couple d'époux. *Vieux, jeune ménage.* **5** STATIS Unité élémentaire de population constituée d'une ou plusieurs personnes habitant un même logement et partageant un même revenu. **LOC** vieilli ***De ménage*** : fait chez soi. *Pain, liqueur de ménage.* — ***Entrer, se mettre en ménage*** : se marier ou commencer à vivre sous le même toit. — ***Faire bon, mauvais ménage*** : s'entendre bien, mal. — ***Faire des ménages*** : faire le ménage chez d'autres personnes moyennant rétribution ; fig, fam exercer une activité rémunérée en plus de son travail. — ***Faire le ménage*** : nettoyer un local ; fig, fam mettre de l'ordre, réorganiser, faire cesser les abus. — ***Femme, homme de ménage*** : qui fait le ménage dans une entreprise, chez qqn, moyennant une rémunération. [ETY] Du lat. *manere,* « séjourner ».

**Ménage Gilles** (Angers, 1613 – Paris, 1692), érudit et écrivain français : *Origines de la langue française* (1650). Molière l'a ridiculisé dans *les Femmes savantes.*

**ménagement** *nm* Réserve, précaution avec laquelle on traite qqn.

**1 ménager, ère** *a, nf* **A** *a* Relatif aux travaux du ménage, à l'entretien de la maison. *Appareils ménagers.* **B** *nf* **1** Femme qui s'occupe de son foyer. **2** Service de couverts pour la table, dans un écrin.

**2 ménager** *v* [13] **A** *vt* **1** Employer avec économie, avec réserve, mesure. *Ménager ses ressources. Ménager ses forces, sa santé. Ménager ses paroles, ses expressions.* **2** Traiter qqn avec égard ou avec précaution. *C'est un homme à ménager.* **3** Préparer habilement et avec soin. *Ménager ses effets.* **4** Arranger à l'avance. *Ménager une entrevue.* **5** Prévoir un aménagement ; le pratiquer. *Ménager un escalier dans un bâtiment.* **B** *vpr* **1** Prendre soin de sa santé, éviter de trop se fatiguer. **2** Arranger, régler qqch pour soi. *Se ménager une issue.*

**ménagerie** *nf* Lieu où sont rassemblés, exposés et entretenus des animaux.

**Menai (détroit de)** détroit de G.-B., qui sépare l'île d'Anglesey du pays de Galles.

**Ménam (le)** fl. de Thaïlande (1 200 km) ; arrose Bangkok et se jette dans le golfe de Siam par un vaste delta. [VAR] **Me Nam, Chao Phraya**

**Menama** → **Manāma.**

**Ménandre** (Athènes, v. 342 – id., v. 292 av. J.-C.), poète comique grec ; ami d'Épicure. Il créa la comédie de mœurs : *l'Arbitrage, la Belle aux boucles coupées, la Samienne.* Térence s'est inspiré de ses œuvres.

**ménarche** *nf* MED Âge de la première menstruation. ANT ménopause.

**menchevik** *nm* HIST Membre de l'aile modérée du parti social-démocrate russe, mise en minorité en 1903. PHO [mɛnʃevik] ETY Mot russe. VAR **menchévik**

**Menchikov Alexandre Danilovitch (prince)** (Vladimir, 1672 – Beresovo, Sibérie, 1729), maréchal russe sous Pierre le Grand, vainqueur à Poltava (1709). Favori de Catherine Ire, il exerça le pouvoir 1725-1727, puis fut exilé. — **Alexandre Sergheïevitch** (Saint-Pétersbourg, 1787 – id., 1869), arrière-petit-fils du préc. ; amiral et diplomate russe ; vaincu en Crimée à l'Alma et Inkerman.

**Menchú Rigoberta** (Chimel, Guatemala, 1959), militante révolutionnaire guatémaltèque. Elle défend les droits des Amérindiens. Prix Nobel de la paix 1992.

**Mencius** nom latinisé du philosophe chinois *Mengzi* (Zu, Shandong, v. 372 – ?, 289 av. J.-C.). Son traité de morale figure parmi les grands classiques de l'école de Confucius.

**Mendaña de Neira Alvaro de** (?, 1541 – île Santa Cruz, 1595), amiral espagnol. Il découvrit les îles Salomon (1568) et les îles Marquises (1588).

**Mende** ch.-l. du dép. de la Lozère, sur le Lot ; 12 113 hab. – Évêché. Cath. XIVe-XVIIe s. Pont XIVe s. Maisons anciennes. – Cap. du Gévaudan saccagée pendant les guerres de Religion. DER **mendois, oise** *a, n*

**Mendel Johann,** en relig. **Gregor** (Heinzendorf, Moravie, 1822 – Brünn, auj. Brno, 1884), religieux et botaniste autrichien. Augustin, prêtre en 1848, professeur à Brünn en 1853, il entreprit en 1856 ses expériences d'hybridation végétale, et en 1866 énonça les lois qui fondent la science génétique. Son ouvrage *Versuche über Pflanzenhybriden* (« Recherche sur les hybrides des plantes ») ne fut connu qu'en 1900.

**Mendele Mocher Sefarim Chalom Jakob Abramovitz,** dit (Kopyl, près de Minsk, 1835 – Odessa, 1917), écrivain ukrainien d'expressions yiddish et hébraïque : *le Petit Homme* (1865), *Père et fils* (1868), *les Voyages de Benjamin III* (1878), *Autrefois* (1904).

**Mendeleïev Dimitri Ivanovitch** (Tobolsk, 1834 – Saint-Pétersbourg, 1907), chimiste russe ; auteur de la classification périodique des éléments (1869), l'un des fondements de la chimie moderne (V. élément). VAR **Mendéleiev**

Mendel

Mendeleïev

**mendélévium** *nm* CHIM Élément radioactif artificiel appartenant à la famille des actinides, de numéro atomique Z = 101 et de masse atomique 256 (symbole Md). PHO [mɛ̃delevjɔm] ETY Du n. pr.

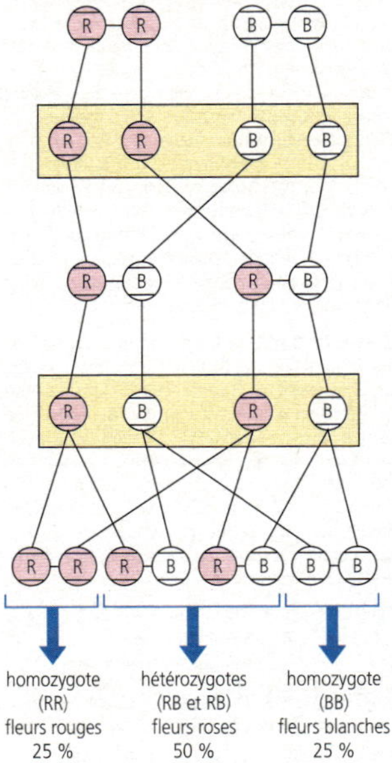


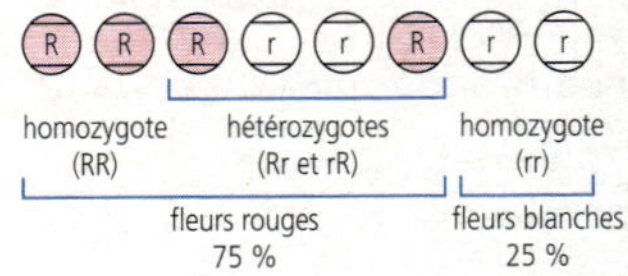


**3e loi** (de recombinaison) : croisement de fleurs rouges (R) à symétrie bilatérale B avec des fleurs jaunes (r) à symétrie radiale (b), les caractères R et B étant dominants :

| gamètes issus des hybrides de 1re génération | r B | R B | r b | R b |
|---|---|---|---|---|
| r B | rrBB | RrBB | rrBb | RrBb |
| R B | RrBB | RRBB | RrBb | RRBb |
| r b | rrBb | RrBb | rrbb | Rrbb |
| R b | RrBb | RRBb | Rrbb | RRbb |

homozygotes

2e génération

lois de **Mendel**

**mendélisme** *nm* BIOL Théorie génétique de Mendel. DER **mendélien, enne** *a*

**Mendelsohn Erich** (Allenstein, auj. Olsztyn en Pologne, 1887 – San Francisco, 1953), architecte allemand, influencé par Wright. Il s'exila en G.-B. (1933), puis aux É.-U. (1941).

**Mendelssohn Moses** (Dessau, 1729 – Berlin, 1786), philosophe allemand. Il joignit à la culture juive traditionnelle celle de l'Aufklärung : *Entretiens philosophiques* (1755), *Phédon* (1767).

**Mendelssohn-Bartholdy Felix** (Hambourg, 1809 – Leipzig, 1847), compositeur allemand ; petit-fils du philosophe. Son œuvre se situe entre le classicisme et le romantisme : *Symphonie italienne* (1833) ; *Songe d'une nuit d'été* (1843), contenant la célèbre *Marche nuptiale* ; *48 Romances sans paroles* pour piano (1829-1845). Il contribua à la redécouverte de J.-S. Bach.

**Menderes (le)** (anc. *Méandre*), fl. de Turquie d'Asie (450 km) ; se jette dans la mer Égée au sud de l'île de Samos. VAR **Büyük Menderes**

**Menderes Adnan** (Aydin, 1899 – Yassi-Ada, 1961), homme politique turc ; Premier ministre (1950-1960), exécuté après la révolution de 1960.

**Mendes da Rocha Paulo** (Vitoria, 1928), architecte brésilien. Il s'inscrit dans la lignée du brutalisme. Prix Pritzker 2006.

**Mendès Catulle** (Bordeaux, 1841 – Saint-Germain-en-Laye, 1909), écrivain français. Poète parnassien : *Philoméla* (1864), auteur de contes, d'œuvres critiques, de pièces de théâtre.

**Mendès France Pierre** (Paris, 1907 – id., 1982), homme politique français. Député radical-socialiste (1932), membre du gouv. du Front populaire en 1938, membre du Comité français de libération nationale, il fut président du Conseil (1954-1955) et mit fin à la guerre d'Indochine (juil. 1954).

**Mendes Pinto Fernão** (Montemor-o-Velho, Portugal, 1510 – Almada, 1583), voyageur portugais ; son *Peregrinação* (1614) raconte ses aventures en Arabie, aux Indes orientales, etc.

**mendiant, ante** *n, a* Personne qui mendie. *Faire l'aumône aux mendiants.* LOC ***Ordres mendiants*** : ordres religieux qui vivaient de la charité publique et qui regroupent les dominicains, les franciscains, les augustins et les carmes. — ***Les quatre mendiants*** ou ***un mendiant*** : dessert composé de figues sèches, de noisettes, d'amandes et de raisins secs.

**mendicité** *nf* **1** Action de mendier. *Vivre de la mendicité.* **2** État, condition de mendiant. *Réduire qqn à la mendicité.*

**mendier** *v* ② **A** *vi* Demander l'aumône. *Mendier à la porte des églises.* **B** *vt* **1** Demander comme aumône. *Mendier son pain.* **2** Solliciter humblement, ou avec bassesse. *Mendier un sourire.* ETY Du lat.

**mendigot, ote** *n fam, vieilli* Mendiant.

**Mendoza** ville d'Argentine, sur le piémont andin (au débouché du Transandin) ; 668 000 hab. (aggl.) ; ch.-l. de la prov. du m. nom. Région viticole. Gisements de pétrole et d'uranium. – Archevêché. – Fondée en 1561 par les Espagnols ; détruite par un séisme en 1861.

**Mendoza Eduardo** (Barcelone, 1943), romancier espagnol : *la Ville des prodiges* (1986), *l'Année du déluge* (1994).

**Mendoza** → **Hurtado de Mendoza.**

**Mendoza** → **Lopez de Mendoza.**

**meneau** *nm* ARCHI Montant ou traverse qui partage l'ouverture d'une fenêtre en plusieurs compartiments. ETY Du lat. *medianus,* « qui est au milieu ».

Pierre Mendès France

**menée** *nf* **A** **1** VEN Voie d'un cerf en fuite. **2** Suisse Syn. de *congère*. **B** *nfpl* Intrigues, manœuvres, machinations.

**Ménélas** roi légendaire de Sparte, qu'il fonda et dont il développa la puissance par la piraterie. Dans l'*Iliade*, il est le frère d'Agamemnon et l'époux d'Hélène, dont l'enlèvement par Pâris déclenche la guerre de Troie.

**Ménélik** (X^e^ s. av. J.-C.), selon la tradition, fils de Salomon et de la reine de Saba, premier roi d'Axoum.

**Ménélik II** (dans le Choa, 1844 – Addis-Abeba, 1913), négus d'Éthiopie (1889-1909). Seigneur du Choa, il unifia l'Éthiopie, fonda Addis-Abeba (1887) et, se présentant comme le descendant de Ménélik, devint négus. Il résista victorieusement aux Italiens (Adoua, 1896), qui durent reconnaître l'indépendance du pays.

**Menem** Carlos Saúl (Anillaco, Rioja, 1930), homme politique argentin. Péroniste, président de la Rép. (1989-1999), il adopta une politique écon. ultra-libérale qui suscita le mécontentement.

**Menéndez Pidal** Ramón (La Corogne, 1869 – Madrid, 1968), linguiste espagnol : *Manuel de grammaire historique espagnole* (1904), et historien de la littérature.

**Menenius Agrippa** (VI^e^-V^e^ s. av. J.-C.), homme politique romain, consul en 503 av. J.-C. Il conjura la révolte de la plèbe par son apologue *les Membres et l'Estomac* : les membres ont besoin de l'estomac et réciproquement.

**Méneptah** (XIII^e^ s. av. J.-C.), pharaon de la XIX^e^ dynastie, fils de Ramsès II. VAR **Merneptah** ou **Mineptah**

**mener** *v* 16 **A** *vt* **1** Faire aller quelque part en accompagnant. *Mener les bêtes aux champs.* **2** Aboutir, conduire à. *Ce chemin ne mène nulle part. La débauche mène à la misère.* **3** Conduire, diriger qqch, qqn. *Mener une embarcation. Mener sa vie comme on l'entend.* **4** GEOM Tracer. *Mener une droite d'un point à un autre.* **B** *vi* SPORT Être provisoirement en tête. *Mener par deux points à zéro.* LOC ***Mener la vie dure à qqn*** : lui rendre la vie pénible, par un excès d'autorité, d'influence. — ***Mener loin*** : avoir de graves conséquences. — ***Mener qqch à bien*** : le faire réussir. — fam ***Mener qqn en bateau*** : le berner. ETY Du lat. *minari*, « menacer ».

**Ménès** nom gr. du premier pharaon égyptien (fin du IV^e^ millénaire av. J.-C.), personnage légendaire, fondateur de Memphis.

**ménestrel** *nm* Au Moyen Âge, poète et musicien itinérant. ETY Du lat. *minister*, « serviteur ».

**ménétrier** *nm* Musicien qui, dans les fêtes villageoises, faisait danser au son du violon.

**meneur, euse** *n* Personne qui mène, dirige un groupe de personnes, un mouvement. *Meneur d'hommes. Meneur de grèves.* LOC ***Meneur de jeu*** : qui anime et dirige un jeu ou un spectacle ; joueur qui conduit l'activité d'une équipe sportive. — ***Meneuse de revue*** : vedette principale d'une revue de music-hall.

**Menez Hom** mont de Bretagne (Finistère), point culminant de la Montagne Noire (330 m), près de Douarnenez.

**Mengistu** Hailé Mariam (dans le Harar, 1937), militaire et homme politique éthiopien. Il a dirigé l'Éthiopie de 1977 à son renversement par les guérilleros (1991). En 2008, il est condamné à mort par contumace pour génocide.

**Mengs** Anton Raphael (Aussig, Bohême, 1728 – Rome, 1779), peintre allemand ; théoricien du néo-classicisme.

**Mengzi** → **Mencius.**

**menhir** *nm* Monument mégalithique, pierre plus ou moins allongée, dressée verticalement. *Les menhirs peuvent être isolés, groupés en lignes ou disposés en cercles.* ETY Mot breton, de *men*, « pierre » et *hir*, « longue ».

**Menia (El)** (anc. *El-Goléa*), ville et oasis d'Algérie ; 21 740 hab. VAR **(Al) Minia**

**Ménilmontant** anc. écart de la com. de Belleville, annexé à Paris (XX^e^ arr.) en 1860.

**ménin, ine** *n* HIST Jeune homme ou jeune fille noble attaché aux jeunes princes et princesses du sang, en Espagne. VAR **menin, ine**

**Menin** (en néerl. *Menen*), ville industrielle de Belgique (Flandre-Occidentale), sur la Lys, à la frontière française ; 33 540 hab.

**Ménines (les)** en esp. *las Meninas* (« les demoiselles d'honneur »), peinture de Vélasquez (1656, Prado). Elle a inspiré à Picasso, en 1957, 44 variations.

**méninge** *nf* **A** ANAT Chacune des trois membranes qui enveloppent le cerveau et la moelle épinière : la dure-mère, l'arachnoïde et la pie-mère. **B** *nfpl* fam Cerveau, esprit. *Faire travailler ses méninges.* ETY Du gr.

**méningé, ée** *a* ANAT, MED Relatif aux méninges. LOC ***Syndrome méningé*** : ensemble des signes d'une atteinte méningée diffuse.

**méningiome** *nm* MED Tumeur bénigne qui se développe à partir des cellules de l'arachnoïde.

**méningite** *nf* MED Inflammation des méninges. *Méningite tuberculeuse, virale.* DER **méningitique** *a*

**méningoccocie** *nf* MED Infection due au méningocoque. PHO [menẽgɔkɔksi]

**méningocoque** *nm* MICROB Diplocoque constituant l'agent spécifique de la méningite cérébrospinale épidémique.

**Ménippe** (Gadara, Cœlésyrie, IV^e^-III^e^ s. av. J.-C.), poète et philosophe grec de l'école cynique ; il a laissé des satires.

**Ménippée** → **Satire Ménippée.**

**ménisque** *nm* **1** ANAT Formation cartilagineuse existant dans certaines articulations, notam. celle du genou, accroissant la surface de contact entre les pièces articulaires. **2** PHYS Lentille présentant une face convexe et une face concave. **3** PHYS Surface convexe ou concave d'une colonne de liquide contenue dans un tube de faible section. ETY Du gr. *mêniskas*, « croissant ». DER **méniscal, ale, aux** *a*

**Mennecy** ch.-l. de cant. de l'Essonne (arr. d'Évry) ; 12 779 hab. Porcelaine de Mennecy (1748-1773). – Église XII^e^ s. DER **menneçois, oise** *a, n*

**mennonite** *n, a* RELIG Membre d'un mouvement protestant issu de l'anabaptisme, fondé aux Pays-Bas v. 1535 par Menno Simonsz, implanté encore aujourd'hui en Amérique.

**menhir** du Champ-Dolent aux environs de Dol-de-Bretagne

**ménologe** *nm* RELIG Martyrologe de l'Église grecque.

**ménopause** *nf* Cessation de la fonction ovarienne chez la femme, marquée par l'arrêt définitif de la menstruation. *La ménopause se produit entre 45 et 55 ans.* ETY Du gr. *mên*, « mois », et *pausis*, « cessation ». DER **ménopausique** *a*

**ménopausée** *af* Se dit d'une femme dont la ménopause s'est effectuée.

**ménora** *nf* Chandelier à sept branches, symbole de la religion juive. PHO [menɔʀa] ETY Mot hébreu. VAR **menora**

**ménorragie** *nf* MED Écoulement menstruel anormalement abondant ou prolongé. DER **ménorragique** *a*

**ménorrhée** *nf* MED Écoulement menstruel.

**menotte** *nf* **A** fam Petite main. **B** *nfpl* Bracelets de métal reliés par une chaîne, que l'on met aux poignets d'un prisonnier.

**menotter** *vt* 1 Mettre des menottes à qqn. DER **menottage** *nm*

**Menotti** Gian Carlo (Cadegliano, 1911 – Monaco, 2007), compositeur italien, établi aux É.-U. Opéras : *le Médium* (1946), *le Téléphone* (1947), *le Consul* (1950).

**Menou** Jacques François (baron de) (Boussay, Touraine, 1750 – Venise, 1810), général français. Il succéda à Kléber (assassiné en 1800) en Égypte. Il revient en France en 1801.

**mense** *nf* HIST Revenu ecclésiastique affecté au titulaire d'une fonction dans l'Église ou à une communauté ecclésiastique. ETY Du lat. *mensa*, « table ».

**mensonge** *nm* **1** Assertion contraire à la vérité faite dans le dessein de tromper. *Dire des mensonges.* **2** Action de mentir. *Vivre dans le mensonge.*

**mensonger, ère** *a* Faux, trompeur. *Des propos mensongers.* DER **mensongèrement** *av*

**menstruation** *nf* Phénomène physiologique, caractérisé par un écoulement sanguin périodique d'origine utérine, se produisant chez la femme non enceinte, de la puberté à la ménopause. DER **menstruel, elle** *a*

**menstrues** *nfpl* vx Écoulement sanguin de la menstruation. SYN règles. ETY Du lat. *mensis*, « mois ».

**mensualiser** *vt* 1 **1** Rendre mensuel un salaire, un paiement. **2** Attribuer un salaire mensuel à. DER **mensualisation** *nf*

**mensualité** *nf* Somme payée ou reçue chaque mois.

**mensuel, elle** *a, n* **A** *a* Qui se fait, arrive tous les mois. *Publication mensuelle.* **B** *n* Salarié payé au mois. **C** *nm* Publication paraissant chaque mois. ETY Du lat. *mensir*, « mois ». DER **mensuellement** *av*

**mensuration** *nf* Mesure de certaines dimensions caractéristiques du corps humain, comme le tour de poitrine, la taille, le tour de hanches, etc. ; ces dimensions elles-mêmes.

**mental, ale** *a, nm* **A** *a* **1** Qui se fait, qui s'exécute dans l'esprit. *Calcul mental. Image mentale.* **2** Qui a rapport aux facultés intellectuelles, au fonctionnement psychique. *Maladie mentale.* **B** *nm* **1** État psychologique d'un individu ; esprit. **2** Aptitude d'un sportif à mobiliser son énergie lors d'une compétition. PLUR mentaux. LOC ***Âge mental*** : degré de maturité intellectuelle d'un individu mesuré par des tests. ETY Du lat. *mens*, « esprit ». DER **mentalement** *av*

**mentalisation** *nf* PSYCHO Fait de se représenter mentalement un conflit psychique.

**mentalité** *nf* **1** État d'esprit ; façon, habitude de penser. **2** Ensemble des habitudes, des croyances propres à une collectivité.

**Mentalité primitive (la)** œuvre de Lévy-Bruhl (1922).

**Mentana** ville d'Italie (Latium), au N.-E. de Rome ; 24 460 hab. – Garibaldi y fut vaincu par les troupes franco-pontificales (1867).

**menterie** *nf* vieilli Mensonge.

**menteur, euse** *n, a* Qui ment, qui a l'habitude de dire des mensonges.

**menthe** *nf* **1** Plante (labiée) à fleurs blanches ou roses, courante dans les lieux humides, aux feuilles aromatiques. **2** Sirop, liqueur, infusion de menthe. ETY Du lat.

**menthe** verte

**menthol** *nm* Alcool secondaire, extrait de l'essence d'une espèce de menthe. DER **mentholé, ée** *a*

**Menthon-Saint-Bernard** com. de la Haute-Savoie (arr. d'Annecy) ; 1 659 hab. Station estivale. – Chât. (XIII^e et XVI^e s.). – Saint Bernard de Menthon (X^e s.) y naquit. DER **menthonnais, aise** *a, n*

**menthyle** *nm* CHIM Radical $C_{10}H_{19}$ contenu dans le menthol et ses esters.

**mention** *nf* **1** Action de faire état de qqch, de citer. *Il a été fait mention de cet évènement plusieurs fois.* **2** Indication, petite note apportant une précision. **3** Appréciation favorable accordée par un jury d'examen à un candidat. *Être reçu au baccalauréat avec la mention bien.* ETY Du lat.

**mentionner** *vt* ① Faire mention de.

**mentir** *vi* ㉚ **1** Donner pour vrai ce que l'on sait être faux ; nier ce que l'on sait être vrai, dans l'intention de tromper ; ne pas dire la vérité. **2** Tromper par son apparence. *Un regard qui ne ment pas.* LOC ***Sans mentir*** : en vérité, à vrai dire. — ***Se mentir à soi-même*** : essayer de se convaincre de ce que l'on sait être faux. ETY Du lat.

**mentisme** *nm* PSYCHO Trouble intellectuel caractérisé par une fuite des idées et un état anxieux. ETY Du lat. *mens*, « esprit ».

**menton** *nm* Saillie de la mâchoire, au-dessous de la lèvre inférieure. LOC ***Double, triple menton*** : bourrelets de chair sous le menton. ETY Du lat. DER **mentonnier, ère** *a*

**Menton** ch.-l. de cant. des Alpes-Maritimes (arr. de Nice), sur la Méditerranée ; 28 133 hab. Stat. climatique. – Égl. XVII^e s. Festival de musique. – Possession des Grimaldi de Monaco, achetée par la France à ceux-ci en 1860. DER **mentonnais, aise** *a, n*

**mentonnet** *nm* TECH Pièce saillante servant de butée, d'arrêt.

**mentonnière** *nf* **1** Partie du casque qui couvrait le menton. **2** Bande étroite passant sous le menton et servant à attacher une coiffure. **3** MED Bandage utilisé pour le traitement des fractures du maxillaire inférieur. **4** Petite plaque qui protège la table d'harmonie d'un violon du contact direct avec le menton de l'instrumentiste.

**mentor** *nm* litt Guide, conseiller avisé. ETY Du n. pr.

**Mentor** personnage de l'*Odyssée* ; ami d'Ulysse, à qui celui-ci confia l'éducation de son fils Télémaque.

**Mentouhotep** nom de trois pharaons égyptiens de la XI^e dynastie (XXI^e s. av. J.-C.). VAR **Montouhotep**

**1 menu, ue** *a, av* **A** *a* **1** Qui a peu de volume, de grosseur. *Du menu bois.* **2** Petit et mince, de faible corpulence. *Une jeune femme toute menue.* **3** fig De peu d'importance, de peu de valeur. *Menues dépenses. Menue monnaie.* **B** *av* En très petits morceaux. *Prendre un oignon et le hacher menu.* LOC ***Par le menu*** : en détail, minutieusement.

**2 menu** *nm* **1** Liste détaillée des mets servis au cours d'un repas. **2** Ensemble déterminé de plats servis pour un prix fixé à l'avance dans un restaurant. **3** Support sur lequel le menu est indiqué. **4** INFORM Liste des opérations qu'un logiciel est capable d'effectuer, et qui s'affiche sur l'écran. **5** fig Emploi du temps, programme. *La question est au menu des négociations.* ETY Du lat. *minutus*, « diminué ».

**menu-carte** *nm* Dans un restaurant, menu offrant un choix pour chaque partie du repas. PLUR menus-cartes.

**menuet** *nm* **1** anc Danse à trois temps, née au XVII^e s. ; air sur lequel s'exécute cette danse. **2** Morceau à trois temps qui suit l'adagio ou l'andante d'une symphonie, d'une sonate ou d'un quatuor. ETY De menu.

**Menuhin sir Yehudi** (New York, 1916 – Berlin, 1999), violoniste britannique et américain d'origine russe.

**sir Yehudi Menuhin**

**menuise** *nf* **1** Menu bois. **2** Plomb de chasse très menu. ETY Du lat. *minutia*, « petite parcelle ».

**menuiser** *vt* ① Travailler en menuiserie. ETY Du lat. *minutus*, « menu ».

**menuiserie** *nf* **1** Art, métier de celui qui fabrique des ouvrages en bois destinés à l'équipement et à la décoration des bâtiments, tels que les huisseries, les cloisons, les croisées, les persiennes, les parquets, etc. **2** Lieu, atelier où le menuisier exerce sa profession. LOC ***Menuiserie métallique*** : confection de châssis et de systèmes métalliques ouvrants pour le bâtiment.

**menuisier, ère** *n* Entrepreneur, artisan, ouvrier spécialisé dans les travaux de menuiserie.

**ménure** *nm* Oiseau australien (passériforme), appelé aussi *oiseau-lyre* à cause des longues plumes recourbées qui ornent la queue du mâle.

**ményanthe** *nf* Plante dicotylédone aquatique à feuilles trilobées, à fleurs roses ou blanches, appelée aussi *trèfle d'eau.*

**Menzel Adolf von** (Breslau, 1815 – Berlin, 1905), peintre allemand, réaliste.

**Menzel-Bourguiba** (anc. *Ferryville*), v. de Tunisie, port au fond du golfe de Bizerte ; 51 400 hab. Arsenal. Industries.

**Méos** peuple qui habite dans le S. de la Chine, en Thaïlande, au Laos et au Viêt-nam. VAR **Hmongs, Miaos**

**Méphistophélès** personnage de la légende de *Faust*. Simple envoyé du diable à l'orig., il prend chez Marlowe et chez Goethe une dimension cosmique.

**méphistophélique** *a* litt Qui rappelle Méphistophélès ; diabolique, satanique.

**méphitique** *a* Se dit d'une exhalaison fétide, malsaine ou toxique.

**méphitisme** *nm* didac Corruption de l'air par des gaz méphitiques.

**méplat, ate** *a, nm* **A** *a* didac Qui est nettement plus large qu'épais. *Planche méplate.* **B** *nm* **1** Chacun des plans formant par leur réunion la surface d'un corps. **2** Partie plane du corps par oppos. aux parties saillantes. *Méplats du visage.* **3** TECH Surface plane sur une arête, sur la surface ronde d'une pièce. LOC Bx-A ***Lignes méplates*** : qui établissent le passage d'un plan à un autre.

**méprendre (se)** *vpr* ㊷ Se tromper ; prendre une personne ou une chose pour une autre. *Se méprendre sur les intentions de qqn.* LOC ***À s'y méprendre*** : d'une façon telle que l'on peut facilement s'y tromper.

**mépris** *nm* **1** Sentiment, attitude traduisant que l'on juge qqn, qqch indigne d'estime, d'égards ou d'intérêt. *Traiter qqn avec mépris.* **2** Indifférence, dédain. *Le mépris de l'argent.* LOC ***Au mépris de*** : sans prendre en considération.

**Mépris (le)** roman de Moravia (1954). ▷ CINE Film de Jean-Luc Godard (1963), avec Brigitte Bardot, Michel Piccoli, Fritz Lang.

**méprise** *nf* Erreur d'appréciation. *Il y a méprise sur la personne.*

**mépriser** *vt* ① Avoir du mépris pour, ne faire aucun cas de qqch, qqn. *Mépriser les flatteurs.* DER **méprisable** *a* – **méprisablement** *av* – **méprisant, ante** *a*

**mer** *nf* **1** Vaste étendue d'eau salée qui entoure les continents ; partie de cette étendue couvrant une surface déterminée. **2** fig Étendue vaste comme la mer. *Mer de sable.* **3** Importante quantité de liquide. *Une mer de sang.* LOC fam ***Ce n'est pas la mer à boire*** : ce n'est pas un travail, une tâche très difficile. — ***Pleine mer, haute mer*** : la partie de la mer éloignée des côtes. — ***Prendre la mer*** : s'embarquer. ETY Du lat.

**Mer (la)** composition pour grand orchestre de Debussy (1905).

**Mer (la)** chanson de Trenet qui en composa les paroles et la mus. en 1939 et la créa en 1941.

**Merano** ville d'Italie (Trentin-Haut-Adige) ; 33 510 hab. Stat. thermale. – Cath. XIV^e s.

**Merapi** volcan actif de Java (2 910 m), dominant Jogjakarta, aux éruptions dévastatrices.

**ménure**

**merbau** *nm* Arbre d'Asie au bois brun-rouge, dur, utilisé industriellement ; ce bois.

**Mercadante** Saverio (Altamura, prov. de Bari, 1795 – Naples, 1870), compositeur italien : *Il Giuramento* (opéra, 1837).

**mercanti** *nm* Commerçant avide et peu scrupuleux.

**mercantile** *a* Avide, âpre au gain. ETY De l'ital.

**mercantilisation** *nf* Fait de relever d'une logique mercantile, commerciale.

**mercantilisme** *nm* **1** ECON Doctrine économique des XVI^e^ et XVII^e^ s., fondée sur le principe de la supériorité des métaux précieux comme source d'enrichissement pour l'État. **2** litt Esprit mercantile ; âpreté au gain, avidité. DER **mercantiliste** *n, a*

**Mercantour (le)** massif cristallin des Alpes-Maritimes, sur la frontière italienne (2 775 m) ; *parc national du Mercantour* : 72 000 ha.

**mercaptan** *nm* CHIM Liquide incolore, très volatil, alcool sulfuré de formule HS–R. SYN thiol. ETY Du lat. *mercurium captans*, « qui capte le mercure ».

**mercatique** *nf* Syn. (recommandé) de *marketing*. DER **mercaticien, enne** *n*

**mercato** *nm* Marché où se négocient, au prix fort, les sportifs les plus cotés, les vedettes des médias, etc. ETY Mot it.

**Mercator** Gerhard Kremer, dit (Rupelmonde, 1512 – Duisburg, 1594), mathématicien et géographe flamand. Il inventa un système cartographique qui consiste à projeter la sphère terrestre sur un cylindre.

**mercenaire** *a, nm* **A** *a* Qui se fait seulement en vue d'un salaire. *Travail mercenaire.* **B** *nm* Soldat étranger à la solde d'un État. ETY Du lat. *merces*, « salaire ».

**Mercenaires (guerre des)** révolte des mercenaires employés par Carthage après la première guerre punique. Hamilcar Barca l'écrasa (241-237 av. J.-C.). Flaubert en a fait le sujet de son roman *Salammbô*.

**mercenariat** *nm* Système utilisant des mercenaires ; état d'un mercenaire.

**mercerie** *nf* **1** Ensemble des menus articles servant pour la couture et la confection. **2** Commerce de ces articles.

**merceriser** *vt* ① TECH Traiter le coton avec une lessive de soude afin de lui donner un brillant qui rappelle la soie. ETY Du n. de l'inventeur. DER **mercerisage** *nm*

**merchandising** *nm* Syn. (déconseillé) de *marchandisage*. PHO [mɛʀʃɑ̃diziŋ] ETY Mot angl.

**merci** *nf, nm* Formule de remerciement. *Merci beaucoup. Dire merci.* LOC ***Dieu merci*** : grâce à Dieu. — ***Être à la merci de*** : être entièrement dépendant de qqn, livré aux effets de qqch. — ***Une lutte sans merci*** : sans pitié, acharnée.

**Merci (ordre de la)** ordre religieux (dit aussi *de Notre-Dame-de-la-Merci*) fondé à Barcelone, en 1218, par Pierre Nolasque et Raimond de Peñafort, pour racheter les chrétiens tombés aux mains des musulmans.

**Mercie (royaume de)** royaume de l'Heptarchie anglo-saxonne, dans les Midlands. Fondé au VII^e^ s., il connut son apogée au VIII^e^ s. et fut inclus dans le Wessex (IX^e^ s.).

**mercier, ère** *n* Personne qui vend de la mercerie. ETY De l'a. fr., *merz* « marchandise », du lat.

**Mercier** Louis Sébastien (Paris, 1740 – id., 1814), écrivain français. Auteur de nombr. drames (*la Brouette du vinaigrier*, 1775), il prévit la Révolution (*l'An 2440, rêve s'il en fut jamais*, 1771) et dressa un *Tableau de Paris* (12 vol., 1781-1790 puis du *Nouveau Paris*, 1798).

**Merckx** Eddy (Meensel-Kiezegem, Brabant, 1945), coureur cycliste belge. Il remporta cinq fois le Tour de France, de 1969 à 1972 et en 1974.

**Mercœur** Philippe Emmanuel de Vaudémont (duc de) (Nomeny, Lorraine, 1558 – Nuremberg, 1602), gentilhomme français, beau-frère d'Henri III. Dernier chef de la Ligue, il se soumit à Henri IV (1598).

**Mercosur** zone de libre-échange entrée en vigueur en 1995, entre l'Argentine, le Brésil, le Paraguay (suspendu en 2012), l'Uruguay et le Venezuela (dep. 2012). Membres associés : Chili, Bolivie, Pérou, Colombie et l'Équateur. Son siège est à Buenos Aires. VAR **Marché commun de l'Amérique du Sud**

**mercredi** *nm* Troisième jour de la semaine. LOC ***Mercredi saint*** : mercredi de la semaine sainte. ETY Du lat. *Mercurii dies*, « jour de Mercure ».

**mercure** *nm* **1** Élément métallique de numéro atomique Z = 80 et de masse atomique 200,59 (symbole Hg). **2** Métal (Hg) liquide, de densité 13,6, qui se solidifie à – 39 °C et bout à 357 °C, utilisé comme liquide barométrique et thermométrique. **3** fam Température atmosphérique. *Le mercure est en baisse.* ETY Du n. de la planète *Mercure*. DER **mercuriel, elle** *a*

ENC La pollution des aliments par les sels de mercure provoque de graves intoxications (troubles neurologiques, malformations fœtales) pouvant entraîner la mort. On a constaté notam. la contamination des céréales par les pesticides et des poissons par les sels de mercure rejetés en mer.

**Mercure** dieu romain, assimilé à l'Hermès des Grecs, aux pieds ailés. Il présidait au commerce, à l'éloquence, transmettait les messages de Jupiter et protégeait les voyageurs.

**Mercure** la planète la plus proche du Soleil : 45 986 000 km au périhélie ; 69 817 000 km à l'aphélie. Mercure décrit en 87,97 jours une orbite très excentrique, assez fortement inclinée sur le plan de l'écliptique (7°) ; elle tourne sur elle-même en 58,65 jours. À peine plus grosse que la Lune (4 878 km de diamètre contre 3 476 km), Mercure a une densité comparable à celle de la Terre (5,44 contre 5,52). Son atmosphère étant quasi inexistante ($2.10^{-9}$ hPa), les écarts de température sont considérables (400 °C le jour au périhélie ; –170 °C la nuit). Le relief de Mercure ressemble à celui de la Lune : régions montagneuses, cratères creusés par des météorites, longues failles rectilignes. DER **mercurien, enne** *a*

panorama d'une région de **Mercure** (parsemée de cratères) photographiée par *Mariner 10*

**Mercure de France** revue littéraire française fondée en 1889 par Alfred Vallette (1858 – 1935) qui disparut en 1965. En 1894, Vallette donna ce m. nom à la maison d'édition qu'il fonda, encore active.

**Mercure galant** journal, assimilable à une revue, créé en 1672, devenu *Mercure de France* en 1724, *Mercure français* de 1791 à 1799. Il reparut de 1814 à 1825.

**mercureux** *am* CHIM Se dit des sels du mercure monovalent.

**mercurey** *nm* Bourgogne rouge, récolté dans la région de Mercurey.

**Mercurey** com. de Saône-et-Loire (arr. de Chalon-sur-Saône) ; 1 458 hab. Vignobles. – Égl. romane (XII^e^ s.).

**1 mercuriale** *nf* Plante dioïque (euphorbiacée), mauvaise herbe très fréquente dans les jardins.

**2 mercuriale** *nf* **1** HIST À la fin du Moyen Âge et sous l'Ancien Régime, assemblée générale d'un parlement, qui se tenait le mercredi et au début de laquelle un magistrat rendait compte de la manière dont avait été rendue la justice ; le discours de ce magistrat. **2** DR Discours annuel prononcé à la rentrée des cours et des tribunaux. **3** fig, litt Semonce, réprimande.

**3 mercuriale** *nf* Liste des prix des denrées sur un marché public ; cours officiel.

**mercuriel** → **mercure.**

**mercurien** → **Mercure.**

**mercurique** *a* CHIM Qui contient du mercure bivalent.

**mercurochrome** *nm* PHARM Composé rouge contenant du mercure, utilisé en application externe comme antiseptique. ETY Nom déposé.

**Mercy d'Argenteau** Florimund (comte de) (Liège, 1727 – Londres, 1794), ambassadeur d'Autriche à Paris, intermédiaire entre Marie-Thérèse et Marie-Antoinette.

**merde** *nf, interj* **A** *nf* très fam **1** Excrément, matière fécale. **2** Personne ou chose méprisable, sans valeur. **3** Désordre, confusion. *Mettre, foutre la merde quelque part.* **4** Situation difficile, inextricable. *Être dans la merde.* **5** Produit toxique, polluant. **B** *interj* très fam Exclamation de colère, d'agacement, d'étonnement, etc. LOC ***De merde*** : sans aucune valeur, très mauvais. ETY Du lat.

**merder** *vi* ① très fam Rater, ne pas réussir, ne pas fonctionner.

**merdeux, euse** *a, n* très fam **A** *a* **1** Souillé d'excréments. **2** Très mauvais, très embarrassant. **3** Très embarrassé, très gêné. *Se sentir merdeux.* **B** *n* Enfant qui fait l'important ; blanc-bec.

**merdier** *nm* très fam Situation confuse, imbroglio, désordre.

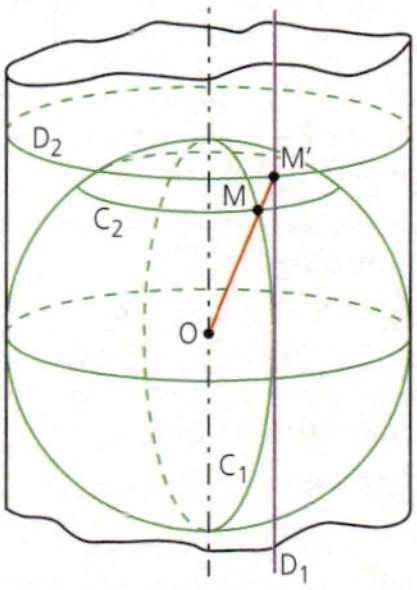


O : centre de la Terre
M : point courant de la sphère terrestre
M' : image (projection) de M sur le cylindre
$C_1$ : méridien
$C_2$ : parallèle
$D_1$ : droite image (projection) du méridien $C_1$
$D_2$ : droite image (projection) du parallèle $C_2$

la sphère terrestre est inscrite dans un cylindre sur lequel on projette les points de la Terre et qu'on développe (planisphère)

projection de **Mercator**

**merdique** *a* fam Sans intérêt, sans valeur.

**merdoyer** *vi* ㉓ fam S'embrouiller, cafouiller. (VAR) **merdouiller** *v* ①

**-mère, -mérie, méro-** Éléments, du grec *meros*, « partie ».

**mère** *nf* **1** Femme qui a donné naissance à un ou plusieurs enfants. *Mère de famille.* **2** Femelle d'un animal qui a eu un, des petits. **3** Supérieure d'un couvent de femmes. **4** Titre donné aux religieuses professes de certains ordres. *Mère Teresa.* **5** Lieu où qqch prend naissance ; source, point de départ. *La Grèce, mère des arts. L'oisiveté est mère de tous les vices. Langue mère.* **6** TECH Pièce obtenue à partir d'un original. **7** Membrane formée par les bactéries qui transforment le vin en vinaigre. **LOC** CHIM ***Eau mère*** *:* solution aqueuse qui a laissé déposer des cristaux. — ***La mère patrie*** *:* la patrie. — ***Mère porteuse*** *:* femme qui, après transfert d'embryon, porte un enfant à la place d'une autre femme. — ***Mère poule*** *:* mère qui entoure ses enfants de trop d'attentions. (ETY) Du lat.

**Mère (la)** roman de Gorki (1907). ▷ CINE Films de Vsevolod Poudovkine (1926) et Gleb Panfilov (1990).

**Mère Courage et ses enfants** pièce de Brecht (1938 ; création : 1941), inspirée par *la Vie de l'aventurier Simplicius Simplicissimus* de Grimmelshausen.

**Meredith** George (Portsmouth, Hampshire, 1828 – Box Hill, Surrey, 1909), auteur anglais de romans psychologiques : *la Carrière de Beauchamp* (1875), *l'Égoïste* (1879).

**mère-grand** *nf* vx, litt Grand-mère. PLUR mères-grands.

**Merejkovski** Dimitri Sergheïevitch (Saint-Pétersbourg, 1866 – Paris, 1941), écrivain russe ; disciple de Dostoïevski : *le Christ et l'Anté-Christ* (1892), *Julien l'Apostat* (1894), *les Dieux ressuscités* (1896).

**mérengué** *nm* Danse antillaise proche de la samba.

**Mergenthaler** Ottmar (Hachtel, Wurtemberg, 1854 – Baltimore, 1899), inventeur allemand. Il émigra aux É.-U., où il mit au point la linotype moderne (1884).

**merguez** *nf* Petite saucisse fraîche à la viande de bœuf et parfois de mouton, épicée et pimentée. (PHO) [mɛʀgɛz] (ETY) De l'ar.

**mergule** *nm* ZOOL Oiseau noir et blanc (alcidé) qui peuple en grand nombre les falaises arctiques. (ETY) Du lat. *mergus*, « plongeon (oiseau) ».

**Méribel-les-Allues** stat. de sports d'hiver de la Savoie (com. des *Allues*), entre 1 600 et 2 700 m, au-dessus de la Tarentaise.

**Méricourt** com. du Pas-de-Calais (arr. d'Arras) ; 11 723 hab. (DER) **méricourtois, oise** *a, n*

**Mérida** v. d'Espagne (Estrémadure), sur le Guadiana ; 41 030 hab. Cap. de la communauté auton. d'Estrémadure. – C'est l'antique *Augusta Emerita* (fondée en 25 av. J.-C.) : ruines.

**Mérida** v. du Mexique, proche du golfe du Mexique ; cap. de l'État du Yucatán ; 828 200 hab. Centre commercial et industriel. – La ville fut fondée par les Espagnols en 1542. – Université. Cath. XVIe s.

**Mérida** v. du Venezuela occid., dans la *sierra de Mérida* (5 007 m au *pic Bolívar*), à 1 630 mètres d'alt. ; cap. de l'État du m. nom ; 183 050 hab.

**méridien, enne** *a, n* **A** *a* didac Qui se rapporte au plan méridien. **B** *nm* **1** Grand cercle fictif passant par les deux pôles de la Terre. **2** MED Ligne le long de laquelle sont répartis des points d'acupuncture. **C** *nf* **1** litt Sieste après le repas de midi, dans les pays chauds. **2** Canapé dont les deux chevets, de hauteur inégale, sont reliés par un dossier. **3** ASTRO Intersection du plan méridien et du plan horizontal d'un lieu. **LOC** ***Hauteur méridienne d'un astre*** *:* sa hauteur au-dessus de l'horizon à l'instant où il est dans le plan méridien du lieu de l'observateur. — ***Lunette méridienne*** *:* mobile autour d'un axe horizontal perpendiculaire au plan méridien. — ***Méridien d'origine*** *:* pris comme base du calcul de la longitude d'un lieu (c'est, depuis 1914, le méridien de Greenwich). — PHYS ***Méridien magnétique*** *:* grand cercle passant par un lieu et par les pôles magnétiques du globe. — ASTRO ***Plan méridien d'un lieu*** *:* qui passe par la verticale de ce lieu et par l'axe de rotation de la Terre. (ETY) Du lat. *meridies*, « midi ».

**méridional, ale** *a, n* **A** *a* Qui est du côté du midi, du sud. *Partie méridionale de la France.* **B** *a, n* Du Midi, propre aux habitants du Midi de la France. *Accent méridional.* PLUR méridionaux.

**-mérie** → **-mère.**

**Mérignac** ch.-l. de cant. de la Gironde (arr. de Bordeaux) ; 66 388 hab. Aéroport. (DER) **mérignacais, aise** *a, n*

**Mérimée** Prosper (Paris, 1803 – Cannes, 1870), écrivain français : *Théâtre de Clara Gazul* (1825 ; l'éd. de 1830 contient la comédie *le Carrosse d'or du Saint-Sacrement*), *Chronique du règne de Charles IX* (roman, 1829), nouvelles (*Colomba*, 1840 ; *Carmen*, 1845). Responsable de la Commission des monuments historiques en 1833, il contribua à sauver le patrimoine architectural de la France. Acad. fr. (1844).

Prosper Mérimée

**Mérinas** pop. du plateau central de Madagascar (Imerina), divisée en castes (andriana, hova, mainty, ondevo) ; env. 3 500 000 pers. Ils parlent un dialecte malgache. (DER) **mérina** *a*

**Mérindol** com. du Vaucluse (arr. d'Apt), au pied du Luberon ; 1 798 hab. – En 1545, une communauté vaudoise y fut massacrée.

**meringue** *nf* Pâtisserie faite de blancs d'œufs montés en neige et de sucre, et cuite à four doux.

**meringuer** *vt* ① Garnir, recouvrir d'une couche de meringue.

**Mérinides** dynastie berbère, originaire de Fès, qui succéda aux Almohades en 1269 et régna sur le Maroc jusqu'en 1420. (VAR) **Marinides** (DER) **mérinide** ou **marinide** *a*

**mérinos** *nm* **1** Race de mouton très estimée pour sa laine longue et fine. **2** Étoffe faite avec cette laine. (PHO) [meʀinos] (ETY) De l'ar. par l'esp.

**merise** *nf* Fruit du merisier. (ETY) Du lat. *amarus*, « amer » et de *cerise*.

**merisier** *nm* Cerisier sauvage (rosacée), dont le bois, d'un blond roussâtre, est très utilisé en ébénisterie ; bois de cet arbre. SYN putier.

**mérisme** *nm* LING Syn. de *trait distinctif*. (ETY) Du gr. (DER) **mérismatique** *a*

**méristème** *nm* BOT Tissu végétal formé de cellules se divisant rapidement, qui constitue la zone de croissance des plantes. (ETY) Du gr. *meristos*, « partagé ». (DER) **méristématique** *a*

**méritant, ante** *a* Qui a du mérite.

**mérite** *nm* **1** Ce qui rend une personne digne d'estime, de considération. *Elle a du mérite à travailler dans ces conditions.* **2** Qualité estimable que possède qqn, qqch. *Un des mérites de cet ouvrage...* **3** Valeur d'une personne, l'ensemble de ses qualités. *Une promotion due au seul mérite. Mérite agricole, Mérite maritime.* (ETY) Du lat.

**Mérite (ordre national du)** ordre français, créé en 1963, qui récompense les services distingués (fonction publique ou activité privée).

**mériter** *vt* ① **1** Se rendre, par sa conduite, digne d'une récompense ou passible d'une sanction. *Il mérite qu'on fasse une exception.* **2** Donner droit à. *Tout travail mérite salaire.* **3** fig Requérir, nécessiter, donner lieu à. *Ces locaux méritent d'être rénovés.* **LOC** litt ***Avoir bien mérité de la patrie*** *:* avoir rendu de grands services à la patrie.

**méritocratie** *nf* Système socioculturel privilégiant les individus dont les diplômes ont consacré la valeur. (DER) **méritocratique** *a* – **méritocrate** *n*

**méritoire** *a* Louable, digne d'estime.

**Merkel** Angela (Hambourg, 1954), femme politique allemande, présidente de l'Union chrétienne-démocrate, élue chancelière en oct. 2005. Elle est réélue en 2009 et en 2013.

**merl** → **maërl.**

**merlan** *nm* **1** Poisson gadiforme qui vit en bancs près du littoral européen, où il fait l'objet d'une pêche active. **2** fam, vx Coiffeur. **3** Petit muscle de la cuisse du bœuf, apprécié pour les biftecks. (ETY) De *merle*.

**merle** *nm* Oiseau passériforme dont une espèce très répandue, le merle noir, est remarquable pour son dimorphisme sexuel (mâle noir à bec jaune ; femelle brun-noir à bec brun). *Siffler comme un merle.* **LOC** ***Merle blanc*** *:* personne ou chose pratiquement introuvable. — ***Merle d'eau*** *:* cincle. (ETY) Du lat.

merle noir

**Merle** Robert (Tébessa, Algérie, 1908 – La Malmaison, près de Montfort-l'Amaury, 2004), romancier français : *Week-end à Zuydcoote* (1949).

**Merleau-Ponty** Maurice (Rochefort, 1908 – Paris, 1961), philosophe français, influencé par Husserl : *Phénoménologie de la perception* (1945), *Humanisme et Terreur* (1947), *les Aventures de la dialectique* (1955). Il dirigea la revue *les Temps modernes* avec Sartre, de 1945 à 1953.

**Merlebach** → **Freyming-Merlebach.**

**merlette** *nf* Femelle du merle.

**merlin** *nm* **1** Hache pour fendre le bois. **2** Grosse masse servant à abattre les bœufs destinés à la boucherie. (ETY) Du lat.

**Merlin** Philippe Antoine (comte) dit **Merlin de Douai** (Arleux, près de Douai, 1754 – Paris, 1838), homme politique français ; membre du Directoire (1797-1799).

**Merlin l'Enchanteur** magicien légendaire du roman breton. Geoffroi de Monmouth lui a consacré *les Prophéties de Merlin* (1134) et *la Vie de Merlin* (v. 1140). Robert de Boron (*Merlin*, poème du XIIIe s.) raconte ses amours avec la fée Viviane. ▷ CINE *Merlin l'Enchanteur*, dessin animé de Walt Disney (1963).

**merlon** *nm* ARCHI Portion de mur comprise entre deux créneaux. (ETY) De l'ital.

**merlot** *nm* Cépage rouge du Bordelais.

**merlu** *nm* dial Poisson gadiforme des eaux profondes, très répandu dans l'Atlantique. Syn. de *colin.* ETY De l'a. provenç.

**merluche** *nf* Merlu, morue ou autre poisson gadiforme séché au soleil et non salé.

**Mermnades** dynastie lydienne fondée au VII^e s. av. J.-C. par le roi Gygès, fils de *Mermnas,* et disparue avec Crésus (546 av. J.-C.).

**Mermoz** Jean (Aubenton, Aisne, 1901 – au large de Dakar, 1936), aviateur français. Il créa les lignes France - Amérique du Sud et Rio de Janeiro - Santiago du Chili. Il disparut à bord de l'hydravion *Croix-du-Sud.*

Jean Mermoz

A. Merkel

**Merneptah** → **Méneptah.**

**Mérode** Cléopâtre Diane, dite Cléo de (Paris, 1875 – id., 1966), danseuse française ; maîtresse de Léopold II de Belgique.

**Méroé** v. située dans le N. du Soudan, sur le Nil, en aval de la 4^e cataracte, cap. du royaume de Koush de 530 av. J.-C. à 330 apr. J.-C. D'abord liée à l'Égypte, elle s'africanisa de plus en plus. Ses vestiges (architecturaux et sculpturaux) montrent que la civilisation *méroïtique* associa les influences égyptienne et hellénistique. DER **méroïtique** *a*

**mérostome** *nm* PALEONT, ZOOL Grand arthropode chélicérate marin, fossile (hormis la limule). ETY Du gr. *meros,* « partie », et *stoma,* « bouche ».

**mérou** *nm* Poisson des mers chaudes (perciforme), massif, à grosse tête, dont la chair est très estimée. ETY De l'esp.

**mérou** tacheté

**Mérovée** roi semi-légendaire des Francs Saliens (V^e s.). Il aurait été le père de Childéric I^er. Il donna son nom aux Mérovingiens. VAR **Merowig**

**Mérovée** prince mérovingien, fils de Chilpéric I^er. Frédégonde le fit assassiner (578).

**Mérovingiens** dynastie des rois des Francs dont le premier serait Mérovée. À la fin du V^e s., son petit-fils, Clovis, conquit la Gaule, sur laquelle les Mérovingiens régnèrent jusqu'en 751, quand Pépin le Bref fonda la dynastie des Carolingiens. DER **mérovingien, enne** *a*

**Merowig** → **Mérovée.**

**merrain** *nm* **1** TECH Planche mince utilisée en tonnellerie. **2** Tige principale du bois du cerf. ETY Du lat. *materia,* « bois de construction ».

**merroutage** *nm* COMM Transport combiné par camions ou remorques acheminés par des cargos.

**Merseburg** v. d'Allemagne (Saxe-Anhalt), sur la Saale ; 50 930 hab. – Cath. XIII^e-XVI^e s.

**Mers el-Kébir** auj. *Al-Marsa Al-Kabīr,* « le Grand Port », ville d'Algérie (wilaya d'Oran) ; 11 450 hab. Port de pêche. – Le 3 juil. 1940, une escadre franç. à l'ancre y fut détruite par les Brit., l'amiral Gensoul ayant refusé de se joindre aux Alliés ; 1 300 marins français périrent.

**Mersenne** Marin (près d'Oizé, Maine, 1588 – Paris, 1648), prêtre, philosophe et physicien français ; ami de Descartes. Il fit progresser l'acoustique : *l'Harmonie universelle, contenant la théorie et la pratique de la musique* (1636).

**Mersey (la)** fl. de G.-B. (113 km) ; débouche dans la mer d'Irlande par un estuaire, très industrialisé (Liverpool, Birkenhead).

**Merseyside** comté du N.-O. de l'Angleterre ; 652 km$^2$ ; 1 376 800 hab. ; ch.-l. *Liverpool.*

**Mersina** v. et port de Turquie, sur la Méditerranée ; ch.-l. d'il ; 314 360 hab. VAR **Mersin**

**Mertens** Pierre (Bruxelles, 1939), romancier belge d'expression française : *l'Inde ou l'Amérique* (1969), *Ombres au tableau* (1982).

**Merteuil (la marquise de)** personnage du roman de Laclos *les Liaisons dangereuses* (1782), correspondante libertine de Valmont.

**Merton** Robert King (Philadelphie, 1910 – New York, 2003), sociologue américain, analyste des comportements individuels.

**Méru** ch.-l. de cant. de l'Oise (arr. de Beauvais) ; 13 259 hab. DER **méruvien, enne** *a, n*

**mérule** *nm, nf* BOT Moisissure qui se développe sur le bois d'œuvre mal protégé de l'humidité. ETY Du lat.

**Merv** → **Mary.**

**merveille** *nf* **1** vx ou litt Prodige, fait extraordinaire. **2** Chose qui suscite l'admiration ; personne remarquable, étonnante. *C'est la huitième merveille du monde.* **3** CUIS Pâte découpée en morceaux, frite et saupoudrée de sucre vanillé. LOC ***À merveille :*** très bien, remarquablement. — ***Faire merveille*** ou ***faire des merveilles :*** se distinguer par des qualités, une action remarquables. ETY Du lat.

**Merveilles du monde (les Sept)** les sept plus beaux monuments de l'Antiquité, réels ou légendaires : les pyramides d'Égypte, les jardins suspendus de Babylone (V. Sémiramis), la statue de Zeus en or et en ivoire dans le temple d'Olympie, le temple d'Artémis à Éphèse, le mausolée d'Halicarnasse (V. Mausole), le colosse de Rhodes, le phare d'Alexandrie (V. Pharos).

**merveilleux, euse** *a, n* **A** *a* **1** Étonnant, prodigieux, qui suscite l'admiration. *Une œuvre merveilleuse.* **2** Excellent en son genre. *Un vin merveilleux.* **3** Magique, surnaturel. *Les pouvoirs merveilleux de la pierre philosophale.* **B** *nm* **1** Ce qui est extraordinaire, inexplicable. **2** Intervention d'êtres surnaturels, de phénomènes inexplicables qui concourent au développement d'un récit littéraire. **3** Genre littéraire qui recourt au merveilleux. **C** *nf* HIST Sous le Directoire, jeune femme à l'élégance excentrique. DER **merveilleusement** *av*

**mérycisme** *nm* MED Retour anormal du contenu gastrique dans la bouche. ETY Du gr. *mērukismos,* « rumination ».

**Merz** Mario (Milan, 1925 – Turin, 2003), artiste italien, représentant de l'art pauvre.

**merzlota** *nf* GEOGR Couche du sol et du sous-sol gelée en permanence dans les régions circumpolaires. V. permafrost, tjäle. ETY Mot russe.

**mes** → **mon.**

**mès-** → **mé-.**

**mésa** *nf* GEOGR Plateau volcanique mis en relief par l'érosion différentielle. PHO [meza] ETY Mot esp, « table ». VAR **mesa**

**Mesabi Range** groupe de collines des É.-U. (Minnesota) renfermant des gisements de fer (65 % de la production amér.).

**mésallier (se)** *vpr* ② Épouser une personne d'une condition considérée comme inférieure. DER **mésalliance** *nf*

**mésange** *nf* Oiseau passériforme insectivore, long de 10 à 14 cm, au plumage coloré, aux mouvements vifs, dont les diverses espèces sont très communes. *Mésange bleue, charbonnière, huppée.* ETY Du frq.

**mésange** rémiz

**mésangeai** *nm* Gros passereau (corvidé) des régions nordiques.

**mésaventure** *nf* Aventure désagréable, fâcheuse. ETY De l'a. v. *mésavenir,* d'apr. *aventure.*

**Mesa Verde** plateau du Colorado (É.-U.) où l'on a retrouvé des vestiges de la culture des Pueblos (XI^e-XIV^e s.).

**mescaline** *nf* Alcaloïde aux propriétés hallucinogènes, extrait du peyotl. ETY Du mexicain.

**mesclun** *nm* Mélange de feuilles de salades diverses. PHO [mesklœ̃] ETY Du lat.

**mesdames, mesdemoiselles** → **madame, mademoiselle.**

**mésencéphale** *nm* ANAT Troisième partie de l'encéphale de l'adulte qui comprend les tubercules quadrijumeaux et les pédoncules cérébraux.

**mésenchyme** *nm* ANAT Tissu conjonctif embryonnaire.

**mésentente** *nf* Défaut d'entente, désaccord.

**mésentère** *nm* ANAT Partie du péritoine unissant l'intestin grêle à la paroi abdominale. DER **mésentérique** *a*

**mésestime** *nf* litt Défaut d'estime, de considération.

**mésestimer** *vt* ① litt Ne pas apprécier à sa juste valeur. *Mésestimer un artiste, son talent.* DER **mésestimation** *nf*

**Meseta** plateau élevé du centre de l'Espagne présentant une surface tabulaire. – *Meseta marocaine :* plateau de même aspect, situé à l'O. du Moyen Atlas marocain.

**Meshhad** → **Meched.**

**Mesic** Stipe (Orahovac, Slavonie, 1934), homme politique croate. Premier ministre de F. Tudjman en mai-oct 1990, il s'opposa à lui à partir de 1994. Prés. de la République (2000-2010), il défendit l'adhésion de la Croatie à l'UE.

**Mésie** anc. contrée d'Europe conquise par Rome (75-29 av. J.-C.). Elle correspond à la Bulgarie et à la Grèce du Nord.

**mésintelligence** *nf* Défaut de compréhension mutuelle, d'entente.

**Meskhets** Turcs originaires de Géorgie, déportés par Staline en Ouzbékistan et au Kazakhstan en 1944, sous prétexte de collaboration avec les armées allemandes. DER **meskhet** *a*

**Meslier** Jean (Mazerny, 1664 – Étrépigny, 1729), curé des Ardennes françaises dont *le Testament*, publié par Voltaire, dénonce la collusion entre la relig. chrétienne et les puissants.

**Mesmer** Franz Anton (Iznang, Souabe, 1734 – Meersburg, 1815), médecin allemand ; auteur de la doctrine du magnétisme animal *(mesmérisme)*, sans fondement scientifique. Selon lui, l'aimant pouvait guérir toutes les maladies.

**mesmérisme** *nm* Ensemble des idées et des pratiques de Mesmer. DER **mesmérien, enne** *a*

**méso-** Préf., du gr. *mesos*, « médian ».

**mésoaméricain, aine** *a* Relatif aux civilisations précolombiennes d'Amérique centrale et des Caraïbes.

**Méso-Amérique** le Mexique et le Nord de l'Amérique centrale (terme employé par les spécialistes des civilisations précolombiennes).

**mésocarpe** *nm* BOT Partie médiane des tissus du fruit.

**mésoderme** *nm* BIOL Feuillet embryonnaire situé entre l'ectoderme et l'endoderme, qui, au cours du développement, donne naissance aux muscles, au sang, au squelette, aux appareils urogénital et cardiovasculaire. VAR **mésoblaste** DER **mésodermique** ou **mésoblastique** *a*

**mésoéconomie** *nf* Partie de la science économique qui étudie les problèmes au niveau sectoriel (entre la macroéconomie et la microéconomie). DER **mésoéconomique** *a*

**mésofaune** *nf* ECOL Ensemble des organismes animaux dont la taille est comprise entre 0,2 et 4 millimètres.

**Mésogée** → **Téthys.**

**mésolithique** *a, nm* PREHIST Se dit de la période préhistorique intermédiaire entre l'épipaléolithique et le néolithique. *Le mésolithique (v. 10000 – v. 5000 av. J.-C.) marque les débuts de la sédentarisation agricole.*

**mésologie** *nf* ECOL Étude scientifique des interactions entre les organismes et le milieu où ils vivent.

**mésomérie** *nf* CHIM Structure des corps pour lesquels la probabilité de présence des électrons est la même sur chacune des liaisons de la molécule, état intermédiaire entre deux formules limites dans lesquelles les atomes occupent toujours les mêmes places mais où la distribution des électrons varie. DER **mésomère** *a*

**mésomorphe** *a, n* **1** CHIM Se dit d'états de la matière intermédiaires entre l'état cristallin et l'état liquide. **2** ANTHROP Caractérisé par une forme massive et carrée.

**méson** *nm* PHYS NUCL Particule instable subissant l'interaction forte (hadron) et constituée d'une paire quark-antiquark. **LOC** ***Méson K*** : syn. de *kaon*. — ***Méson π (pi)*** : syn. de *pion* 3. ETY De *méso-* et *électron*. DER **mésonique** *a*

**mésopause** *nf* METEO Limite supérieure de la mésosphère.

**mésophyte** *a, nf* BOT Se dit d'une plante adaptée à des conditions moyennes de température et d'humidité.

**Mésopotamie** (du gr. *mesos*, « au milieu », et *potamos*, « fleuve »), région d'Asie occid., entre le Tigre et l'Euphrate, qui constitue auj. la majeure partie de l'Irak ; très brillant foyer de civilisation, dont l'histoire comprend quatre grandes périodes : *sumérienne et akkadienne* (IV$^e$-III$^e$ millénaire) ; *babylonienne* (XVIII$^e$-XVI$^e$ s.) ; *assyrienne* (XII$^e$-VII$^e$ s.) ; *néo-babylonienne* (VII$^e$-VI$^e$ s.). En 539 av. J.-C., elle entra dans l'Empire perse. Soumise en 331 av. J.-C. par Alexandre, intégrée dans l'Empire séleucide (321 av. J.-C.), prise par les Parthes (141 av. J.-C.), prov. romaine sous Trajan (117 apr. J.-C.), la Mésopotamie fut conquise par les Arabes entre 637 et 641. Les Abassides y implantèrent leur cap., à Bagdad (762). – Bx-A V. Assyrie, Babylone, Sumer. DER **mésopotamien, enne** *a, n*

**mésosphère** *nf* **1** ASTRON Partie de l'atmosphère située entre 40 et 80 km d'alt., entre la stratosphère et la thermosphère. **2** GEOL Couche du manteau située sous l'asthénosphère. DER **mésosphérique** *a*

**mésothéliome** *nm* MED Cancer de la plèvre.

**mésothérapie** *nf* MED Série de micro-injections médicamenteuses intradermiques au niveau de la zone malade.

**mésothorax** *nm* ZOOL Deuxième segment du thorax des insectes, qui porte les ailes supérieures ou les élytres.

**mésothorium** *nm* CHIM Isotope radioactif du thorium ou du radium, de masse 228, utilisé dans le traitement de certains cancers.

**mésozoïque** *a, nm* GEOL De l'ère secondaire. *Terrains mésozoïques.*

**Mes prisons** titre donné aux *Mémoires* (1832) de S. Pellico.

**mesquin, ine** *a* **1** Qui manque de grandeur, de noblesse, de générosité. *Procédés mesquins.* **2** Qui est attaché à ce qui est petit, médiocre. *Esprit mesquin.* **3** Qui témoigne d'une parcimonie excessive. *Somme mesquine.* ETY De l'ar. *meskin*, « pauvre ». DER **mesquinement** *av* – **mesquinerie** *nf*

**mess** *nm* Lieu où les officiers d'une unité prennent ensemble leurs repas. ETY Mot angl.

**message** *nm* **1** Commission de transmettre qqch. *Être chargé, s'acquitter d'un message.* **2** Ce que l'on transmet. *Recevoir, transmettre un message. Message publicitaire.* **3** Contenu d'une œuvre considérée comme porteuse d'une révélation ou dotée d'un sens profond et important. *Film à message.* **4** DR Communication officielle adressée par le chef de l'État au pouvoir législatif. **5** En sémiologie, en cybernétique, ensemble de signaux organisés selon un code et qu'un émetteur transmet à un récepteur par l'intermédiaire d'un canal. **6** INFORM Ensemble de données à transmettre par voie de communication informatique. ETY Du lat. *missus*, « envoyé ».

**messager, ère** *n* **1** Personne chargée d'un message. **2** litt Ce qui annonce une chose. *Les feuilles mortes sont les messagères de l'automne.* **LOC** BIOL ***ARN messager*** : variété d'ARN qui est traduit en protéine au niveau des ribosomes. SYN ARN transcrit. — TELECOM ***Messager de poche*** : syn. de *pager*.

**Messager** André (Montluçon, 1853 – Paris, 1929), chef d'orchestre et compositeur français. Opérettes : *la Basoche* (1890), *Véronique* (1898), *Monsieur Beaucaire* (1919), etc.

**Messager** Annette (Berck, 1943), artiste française (collages, installations).

**messagerie** *nf* Service de transport de marchandises ; bureaux d'un tel service. *Entrepreneur de messageries. Messageries maritimes.* **LOC** ***Messagerie électronique*** : service permettant l'envoi et la réception de messages via Internet. — ***Messagerie instantanée*** : service permettant l'échange instantané de messages entre plusieurs personnes via Internet. SYN chat 2.

**Messagier** Jean (Paris, 1920 – Montbéliard, 1999), peintre français. De l'abstraction gestuelle, il revint à une certaine figuration.

**Messali Hadj** Ahmad (Tlemcen, 1898 – Paris, 1974), homme politique algérien ; fondateur de l'Étoile nord-africaine (1924), puis du Mouvement nationaliste algérien (1954), qui s'opposa au FLN.

**Messaline** (en lat. *Valeria Messalina*) (?, v. 25 apr. J.-C. – Rome, 48), impératrice romaine ; cinquième femme de Claude, dont elle eut deux enfants : Octavie et Britannicus ; débauchée notoire. Claude la fit assassiner au moment de son scandaleux mariage avec Silius Caius.

**Messapie** anc. région du S. de l'Italie (Calabre et Pouilles actuelles).

**messe** *nf* **1** Cérémonie rituelle du culte catholique, célébrée par le prêtre qui offre à Dieu, au nom de l'Église, le corps et le sang du Christ sous les espèces du pain et du vin. **2** Musique composée pour une grand-messe. **LOC fam** ***Faire des messes basses*** : parler très bas en présence d'un tiers pour qu'il n'entende pas ce qu'on dit. — ***Livre de messe*** : missel. — ***Messe basse*** : dont aucune partie n'est chantée (par oppos. à *grand-messe*). — ***Messe de minuit*** : célébrée la nuit de Noël. — ***Messe noire*** : cérémonie de sorcellerie en hommage au diable. ETY Du lat. *Ite missa est* : « allez, (l'assemblée) est renvoyée ».

**Messène** anc. cap. de la Messénie, fondée par Épaminondas en 369 av. J.-C.

**Messénie** région du S.-O. du Péloponnèse (Grèce) ; 2 991 km$^2$ ; 167 290 hab. ; ch.-l. *Kalamáta*. – La Messénie anc. fut soumise par Sparte (V$^e$ s. av. J.-C.). En 369 av. J.-C., elle se libéra, jusqu'à la conquête romaine (146 av. J.-C.). DER **messénien, enne** *a, n*

**messeoir** *vi* 41 (Inus. sauf *(il) messied* et *messéant.*) litt N'être pas convenable ; n'être pas séant. *Ce déguisement messied à votre âge.* PHO [meswaʀ] VAR **messoir**

**Messerschmitt** Willy (Francfort-sur-le-Main, 1898 – Munich, 1978), ingénieur et industriel allemand. Il construisit notam. des avions de chasse utilisés de 1914 à 1918 et un chasseur à réaction (inutilisé en 1944).

**Messi** Lionel dit Léo (Rosario, 1987), footballeur argentin, quatre fois vainqueur du titre du Ballon d'or (2009 à 2012).

**Messiaen** Olivier (Avignon, 1908 – Paris, 1992), compositeur et organiste français. Il s'est inspiré du plain-chant grégorien, des chants d'oiseaux et des rythmes orientaux. *Quatuor pour la fin des temps* (1941), *Saint François d'Assise* (opéra, 1983).

Olivier Messiaen

**messianisme** *nm* **1** Croyance en l'avènement du royaume de Dieu sur la terre, dont le Messie sera l'initiateur. **2** Croyance en la venue d'un messie. DER **messianique**

**messicole** *a* AGRIC Se dit d'une plante adventice des champs de céréales, tels le bleuet et le coquelicot.

**messidor** *nm* HIST Dixième mois du calendrier républicain (du 19/20 juin au 19/20 juillet). ETY Du lat. *messis*, « moisson », et du gr. *dôron*, « don ».

**messie** *nm* **1** (Avec une majuscule.) Libérateur, rédempteur des péchés, envoyé par Dieu pour établir son royaume sur terre, qui fut promis aux hommes dans la Bible hébraïque et que les chrétiens reconnaissent en Jésus-Christ. **2** fig Personne providentielle. ETY De l'araméen *meschîkhâ*, « oint (du Seigneur) ».

**Messie (le)** oratorio de Haendel (1742).

**messied** → **messeoir.**

**Messier** Charles (Badonviller, Lorraine, 1730 – Paris, 1817), astronome français. Il étudia les comètes, puis établit un catalogue de 103 objets d'aspect nébulaire.

**messieurs** → **monsieur.**

**Messieurs les ronds-de-cuir** œuvre humoristique de Courteline (1893).

**messin** → **Metz.**

**Messine (détroit de)** détroit (long de 42 km, large de 3 à 18 km) qui sépare la Sicile de l'Italie méridionale (Calabre) et fait communiquer les mers Tyrrhénienne et Ionienne.

**Messine** v. et port d'Italie (Sicile), sur le *détroit de Messine* ; 264 850 hab. ; ch.-l. de la prov. du m. nom. Industries. – Archevêché. Université. Musée. – La ville fut détruite par un séisme en 1908. DER **messinien, enne** *a, n*

**messire** *nm* Ancien titre d'honneur donné à toute personne noble, à tout personnage distingué, puis exclusivement au chancelier de France.

**Messmer** Pierre (Vincennes, 1916 – Paris, 2007), homme politique français ; gaulliste ; ministre des Armées (1960-1969), Premier ministre de 1972 à 1974. Acad. fr. (1999).

**Messner** Reinhold (Bolzano, 1944), alpiniste italien. Il a accumulé les exploits dans les années 1970-1980.

**messoir** → **messeoir.**

**Messys** → **Matsys.**

**mesurable, mesurage** → **mesurer.**

**mesure** *nf* **1** Évaluation d'une grandeur par comparaison avec une grandeur constante de même espèce prise comme référence. *Mesure d'une distance au mètre près. Appareil de mesure.* **2** Quantité, grandeur déterminée par la mesure et, spécial., dimension. *Vérifier une mesure. Prendre les mesures d'une pièce d'étoffe.* **3** Dimensions du corps d'une personne. *Vêtement fait aux mesures de qqn, sur mesure.* **4** Quantité, grandeur servant d'unité ; étalon matériel servant à mesurer. *Le mètre, mesure de longueur. Le système des poids et mesures.* **5** Récipient servant de mesure ; quantité contenue dans une mesure. *Mesures en bois, en étain.* **6** fig Valeur, capacité d'une personne. *Il a donné toute sa mesure, toute la mesure de son talent, dans cette affaire.* **7** Division régulière ou périodique de la durée. **8** MUS Division de la durée musicale en parties égales, marquée dans l'exécution par des séquences rythmiques correspondant à l'espace compris entre deux barres verticales sur la partition écrite. *Barre de mesure.* **9** En escrime, distance convenable pour donner ou parer un coup. *Être en mesure, hors de mesure.* **10** Limites de la bienséance, de ce qui est considéré comme normal, souhaitable. *Dépasser la mesure. Une jalousie sans mesure.* **11** Modération, pondération dans sa manière d'agir, de se conduire, de penser, de parler. *Avoir le sens de la mesure.* **12** Moyen que l'on se donne pour obtenir qqch. *Il a pris des mesures pour que cela ne se reproduise plus. Mesures fiscales impopulaires.* LOC ***À la mesure de*** : proportionné à. — ***À mesure que*** : simultanément et dans la même proportion que. — ***Battre la mesure*** : indiquer par un geste les temps de la mesure. — ***Dans la mesure où*** : dans la proportion où. — MUS ***En mesure*** : en suivant correctement la mesure. — ***Être en mesure de*** : être capable, avoir le pouvoir de. — ***Outre mesure*** : d'une manière excessive. — ***Sans commune mesure*** : sans qu'il soit possible d'établir de comparaison.

ENC Une grandeur (par ex. une longueur) est directement mesurable lorsqu'il est possible de définir le rapport d'égalité et la somme de deux grandeurs ; ainsi, des températures repérées au moyen de l'échelle Celsius ne sont pas mesurables, car on ne peut les additionner. La nature des grandeurs mesurables présente une grande diversité. Leur mesure s'effectue à partir de systèmes d'unités. V. tabl. unités.

**mesuré, ée** *a* **1** Réglé précisément par la mesure. **2** Modéré, qui a de la mesure. *Paroles mesurées.* LOC ***Pas mesurés*** : lents. DER **mesurément** *av*

**mesurer** *v* ① **A** *vt* **1** Évaluer un volume, une surface, une longueur par la mesure. *Mesurer un champ. Le bois se mesure en stères.* **2** Évaluer, apprécier. *Mesurer l'étendue du désastre.* **3** Essayer sa force, son talent contre qqn ou qqch pour déterminer sa valeur. *Mesurer sa force avec ou contre qqn. Se mesurer à, avec qqn.* **4** Proportionner. *Mesurer le châtiment à la faute.* **5** Modérer. *Mesurer ses paroles.* **6** Donner, distribuer avec parcimonie. *Le temps nous est mesuré.* **B** *vi* **1** Avoir pour mesure. *Ce mur mesure deux mètres.* **2** Avoir pour taille. *Il mesure 1,80 m.* ETY Du lat. DER **mesurable** *a* – **mesurage** *nm*

**mesurette** *nf* fam Mesure sans portée.

**mesureur** *nm* **1** Celui qui est chargé de mesurer. **2** Appareil de mesure.

**mésuser** *vti* ① litt Faire un mauvais usage de. DER **mésusage** *nm*

**Meta (río)** riv. de Colombie (1 046 km), affl. de l'Orénoque (r. g.) ; naît dans la Cordillère orientale.

**méta-** Élément, du gr. *meta*, « après, au-delà de », qui indique le changement, la postériorité, la supériorité, le dépassement.

**méta** *nm* Métaldéhyde. ETY Nom déposé.

**métabole** *a* ZOOL Se dit d'un insecte qui subit des métamorphoses.

**métaboliser** *vt* ① PHYSIOL Transformer par le métabolisme. DER **métabolisable** *a* – **métabolisation** *nf*

**métabolisme** *nm* BIOL Ensemble des réactions biochimiques qui se produisent au sein de la matière vivante. LOC MED ***Métabolisme de base*** ou ***basal*** : quantité de chaleur produite par un sujet à jeun et au repos, par heure et par mètre carré de la surface du corps. ETY Du gr. *metabolê*, « changement ». DER **métabolique** *a*

**métabolite** *nm* BIOL Substance résultant de la transformation d'une matière organique au cours d'une réaction métabolique.

**métacarpe** *nm* ANAT Partie du squelette de la main située entre le carpe et les doigts.

**métacarpien, enne** *a, nm* ANAT **A** *a* Du métacarpe **B** *nm* Chacun des cinq os qui forment le métacarpe.

**métacentre** *nm* PHYS Point d'un corps flottant par où passe la verticale du centre de poussée quelle que soit la position du corps. DER **métacentrique** *a*

**métagénome** *nm* GENET Ensemble des génomes des espèces bactériennes vivant en symbiose avec un autre organisme.

**métagramme** *nm* Énigme constituée par une série de mots dont chacun ne diffère du précédent que par une seule lettre.

**métairie** *nf* **1** Domaine rural exploité par un métayer. **2** Ensemble des bâtiments d'un tel domaine.

**métal** *nm* **A 1** Corps simple, le plus souvent ductile et malléable, d'un éclat particulier et dont un oxyde au moins est basique. **2** fig, litt Fond du caractère de qqn. **B** *nm pl* HERALD L'or et l'argent. PLUR métaux. LOC ***Le métal blanc*** : l'argent. — ***Le métal jaune*** : l'or. — ***Le métal rouge*** : le cuivre. — ***Métal blanc*** : alliage à prédominance d'étain dont la couleur rappelle l'argent. — ***Métal natif*** ou ***vierge*** : qui se trouve dans la nature à l'état pur. — ***Métaux précieux*** : l'or, l'argent, le platine. ETY Du gr.

ENC Les métaux sont caractérisés par leur éclat, leur pouvoir réflecteur, leur conductibilité thermique et électrique. Ils ont tendance à perdre des électrons et diffèrent en cela des non-métaux. La plupart des métaux cristallisent dans des systèmes simples à structure très compacte. Les propriétés physiques d'un métal, en partic. sa conductivité, s'expliquent par la nature de la liaison entre ses atomes (V. encycl. liaison). Dans la *liaison métallique*, les électrons cédés par les atomes constituent un nuage électronique qui se déplace librement dans le cristal entre les interstices laissés par les ions. Les propriétés mécaniques des métaux (dureté, résistance et malléabilité) sont dues à leur texture cristalline. Les métaux ont la propriété de former des *alliages* entre eux ou avec certains non-métaux. Certains ont des propriétés magnétiques. Les atomes métalliques peuvent former, par association avec d'autres atomes, des *complexes*. Les métaux entrent sous forme d'oligoéléments dans la composition des organismes vivants.

**métalangage** *nm* LING Langage utilisé pour décrire un autre langage, une langue naturelle. VAR **métalangue** *nf*

**métaldéhyde** *nm* CHIM Polymère de l'aldéhyde éthylique, combustible solide utilisé notam. sous le nom commercial de *méta*.

**métalinguistique** *a* LING Qui relève du métalangage, de la métalangue.

**métallerie** *nf* CONSTR Fabrication et pose d'ouvrages métalliques (ferrures, serrures, etc.) pour le bâtiment. DER **métallier, ère** *n*

**métallescent, ente** *a* Dont la surface présente un éclat métallique.

**métallifère** *a* Qui contient un métal.

**Métallifères (monts)** (en all. *Erzgebirge*, en tchèque *Krušné Hory*), échine montagneuse hercynienne (1 244 m au *Klínovec*, en Bohême), qui sépare l'Allemagne et la Rép. tchèque. Ses ressources minérales (houille, uranium, zinc, etc.) ont suscité l'industrie.

**métallique** *a* **1** Qui est en métal. *Pont métallique.* **2** Propre au métal. *Un son métallique. Voix métallique.*

**métallisé, ée** *a* LOC ***Peinture métallisée*** : contenant une poudre métallique qui lui donne un aspect brillant et pailleté.

**métalliser** *vt* ① **1** Donner un aspect métallique à. **2** TECH Recouvrir un corps d'une mince couche de métal. DER **métallisation** *nf*

**métallo-** Élément, du gr. *metallon*, « mine, produit de la mine ».

**métallo** *nm* fam Ouvrier métallurgiste.

**métallocène** *nm* CHIM Molécule formée d'une ou deux molécules carbonées en combinaison avec un atome métallique.

**métallogénie** *nf* MINES Étude de la formation et de la composition des gîtes métallifères. DER **métallogénique** *a*

**métallographie** *nf* TECH Étude de la structure et des propriétés des métaux et des alliages. DER **métallographe** *n* – **métallographique** *a*

**métalloïde** *nm* CHIM Nom ancien donné aux non-métaux, puis aux semi-métaux.

**métalloplastique** *a* TECH Qui allie certaines des propriétés du métal et de la matière plastique. *Joint métalloplastique.*

**métalloprotéine** *nf* BIOCHIM Protéine combinée à un métal.

**métallothionéine** *nf* BIOCHIM Protéine riche en soufre capable de fixer les ions métalliques.

**métallurgie** *nf* **1** Extraction, affinage et travail des métaux. **2** Ensemble des établissements industriels qui assurent ces tâches. **LOC** ***Métallurgie de transformation*** : industrie de la construction mécanique. DER **métallurgique** *a* – **métallurgiste** *nm*

**métalogique** *nf, a* Théorie des énoncés d'une logique formalisée et des règles de son fonctionnement.

**métamathématique** *nf, a* LOG Partie de la logique qui a pour objet l'élaboration et l'analyse des méthodes des mathématiques.

**métamère** *nm* **1** ZOOL Chacun des segments successifs, présentant la même organisation, du corps des annélides et des arthropodes. SYN anneau. **2** EMBRYOL Segment primitif de l'embryon, issu de la division du mésoderme. SYN somite. DER **métamérie** *nf* – **métamérique** *a*

**métamérisation** *nf* BIOL Formation des métamères. DER **métamérisé, ée** *a*

**métamorphiser** *vt* [1] GEOL Transformer une roche par métamorphisme.

**métamorphisme** *nm* GEOL Ensemble des transformations qui affectent une roche soumise à des conditions de température et de pression différentes de celles de sa formation. DER **métamorphique** *a*

**métamorphose** *nf* **1** Changement d'une forme en une autre. *La métamorphose des bourgeons en fleurs et en feuilles.* **2** Changement d'apparence d'origine surnaturelle qui rend un être méconnaissable. *Les métamorphoses de Jupiter.* **3** ZOOL Ensemble des transformations successives que subissent les larves de certains animaux pour atteindre l'état adulte. **4** fig Changement complet dans l'apparence, l'état, la nature de qqn ou de qqch. *Métamorphoses d'un paysage.*

**Métamorphose (la)** nouvelle de Kafka (1916).

**Métamorphoses (les)** ensemble de 250 fables mythologiques d'Ovide (15 livres).

**Métamorphoses (les)** → **Âne d'or (l').**

**métamorphoser** *v* [1] **A** *vt* **1** Opérer la métamorphose de. *Zeus métamorphosa Niobé en rocher.* **2** fig Modifier profondément l'apparence, l'état, la nature de. *Son succès l'a métamorphosé.* **B** *vpr* ZOOL Subir une métamorphose. DER **métamorphosable** *a*

**métaphase** *nf* BIOL Deuxième phase de la division du noyau cellulaire.

**métaphore** *nf* Figure de rhétorique qui consiste à donner à un mot un sens qu'on ne lui attribue que par une analogie implicite. *« Le printemps de la vie » est une métaphore de la jeunesse.* ETY Du gr. *metaphora*, « transposition ». DER **métaphorique** *a* – **métaphoriquement** *av*

**métaphoriser** *vt* [1] Exprimer qqch sous forme métaphorique. *Métaphoriser une situation déplaisante.* DER **métaphorisation** *nf*

**métaphosphorique** *a* Se dit des acides dérivés du phosphore, de formule $(HPO_3)_n$.

**métaphyse** *nf* ANAT Segment d'un os long compris entre la diaphyse et l'épiphyse.

**métaphysique** *nf, a* **1** Recherche rationnelle de la connaissance des choses en elles-mêmes, au-delà de leur apparence sensible et des connaissances que l'on en a grâce aux sciences positives. **2** Ensemble des spéculations sur les idées, la vérité, Dieu, etc. **3** Toute théorie générale abstraite. DER **métaphysicien, enne** *n* – **métaphysiquement** *av*

**Métaphysique** œuvre d'Aristote (14 livres) nommée ainsi parce que, dans ses œuvres complètes, elle se trouve après (gr. *meta*) la *Physique*. Aristote traite « de l'Être en tant qu'Être et de ses attributs ».

**métaphysique (peinture)** style onirique promu, à Paris, par De Chirico vers 1912 et que lui, son frère (V. Savinio) et Carra développèrent peu après à Ferrare.

**métaplasie** *nf* BIOL Transformation d'un tissu différencié en un autre tissu différencié, normal sur le plan cellulaire mais anormal quant à sa localisation dans l'organisme.

**métapsychique** *nf, a* Étude des phénomènes psychiques inexpliqués dans l'état actuel de la science (télépathie, prémonition, etc.). SYN parapsychologie.

**métastable** *a* CHIM Qualifie un système physico-chimique qui n'a pas atteint la stabilité, mais dont la vitesse de transformation est suffisamment faible pour qu'il présente les caractères de la stabilité.

**métastase** *nf* MED Localisation dans un ou plusieurs points du corps de cellules ayant migré d'un foyer primitif infectieux, parasitaire ou cancéreux. ETY Du gr. *metastasis*, « déplacement ». DER **métastatique** *a*

**Métastase** Pierre (en ital. *Pietro Trapassi*, dit *Metastasio*) (Rome, 1698 – Vienne, 1782), poète et dramaturge italien ; auteur de « mélodrames » (tragédies avec accompagnement musical) : *Sémiramis* (1729), *la Clémence de Titus* (1734), *le Roi pasteur* (1751), etc. Mozart mit en musique certaines de ses œuvres.

**métastaser** *vi, vt* [1] MED Produire des métastases. *Un cancer qui métastase. Une tumeur qui a métastasé un poumon.*

**métatarse** *nm* ANAT Partie du squelette du pied située entre le tarse et les orteils.

**métatarsien, enne** *a, nm* ANAT **A** *a* Du métatarse. **B** *nm* Chacun des cinq os qui forment le métatarse.

**métathérien** *nm* ZOOL Mammifère primitif caractérisé par l'absence de placenta lors de la gestation. SYN marsupial. ETY Du gr. *thêrion*, « animal ».

**métathèse** *nf* **1** LING Déplacement ou interversion d'un phonème ou d'une syllabe à l'intérieur d'un mot ou d'un groupe de mots. *« Berbis » (XI^e s.) est devenu « brebis » par métathèse.* **2** CHIM Technique de fabrication des produits dérivés du pétrole consistant à remplacer dans une molécule un atome par un autre.

**métathorax** *nm* ZOOL Troisième et dernier segment du thorax des insectes, qui porte la paire d'ailes postérieures.

**Métaure (le)** fl. d'Italie centr. (110 km), tributaire de l'Adriatique. – Sur ses rives, Hasdrubal fut défait et tué par les Romains en 207 av. J.-C.

**Metaxás** Ioánnis (Ithaque, 1871 – Athènes, 1941), général et homme politique grec. Président du Conseil (1936), il abolit la Constitution et instaura une dictature à vie (1938).

**métayage** *nm* Système de louage agricole selon lequel l'exploitant partage les récoltes avec le propriétaire.

**métayer, ère** *n* Personne qui exploite un domaine rural selon le système du métayage. ETY De la forme anc. de *moitié*.

**métazoaire** *nm* ZOOL Animal pluricellulaire. ANT protozoaire.

**Metchnikoff** Ilia Ilitch Metchnikov, dit Élie (Ivanovka, près de Kharkov, 1845 – Paris, 1916), microbiologiste russe. Venu à Paris, il collabora avec Pasteur et découvrit la phagocytose (1884). P. Nobel 1908.

**méteil** *nm* AGRIC Mélange de seigle et de froment semé dans un même champ. ETY Du lat.

**Metellus Cæcilius** → **Cæcilius Metellus.**

**Metellus** Jean (Jacmel, 1937 – Bonneuil, 2014), écrivain haïtien, poète (*Au pipirit chantant*, 1978) et romancier (*Jacmel au crépuscule*, 1981).

**métempsycose** *nf* PHILO, RELIG Transmigration, après la mort, de l'âme d'un corps dans un autre. *La croyance en la métempsycose, fondement du brahmanisme.* ETY Du gr. *metenpsychôsis*, « déplacement de l'âme ». VAR **métempsychose**

**métencéphale** *nm* ANAT Quatrième partie de l'encéphale de l'adulte qui comprend le cervelet et la protubérance annulaire. DER **métencéphalique** *a*

**météo** *nf, a* fam Abrév. de *météorologie* et de *météorologique*.

**météopole** *nf* Important centre de prévision météorologique.

**Meteor Crater** grand cratère d'Arizona, creusé par une météorite ; diamètre : 1 300 m ; profondeur : 175 m.

**météore** *nm* **1** Tout phénomène atmosphérique (vent, pluie, etc.). **2** ASTRO Météorite. **3** fig Personne dont la carrière est brillante mais très brève. ETY Du gr. *meteôros*, « élevé dans les airs ».

**Météores (les)** monastères de Thessalie bâtis sur des rochers d'accès difficile.

les **Météores** monastère Saint-Nicolas-Anapausas, XIV^e-XVII^e s., orné de fresques dues au moine Théophane (1527)

**météorique** *a* **1** Relatif aux météores. *Cratère météorique.* **2** GEOL Se dit des phénomènes en relation avec l'atmosphère. *Érosion météorique.* **3** fig Très rapide, fulgurant. *Des progrès météoriques.*

**météoriser** *vt* [1] MED Gonfler l'abdomen par météorisme. ETY Du gr. DER **météorisation** *nf*

**météorisme** *nm* MED Accumulation de gaz dans l'intestin.

**météorite** *nf* Fragment minéral provenant de l'espace et traversant l'atmosphère terrestre. DER **météoritique** *a*

**météorologie** *nf* Science ayant pour objet la connaissance des phénomènes atmosphériques et des lois qui les régissent, et l'application de ces lois à la prévision du temps. DER **météorologique** *a* – **météorologiste** ou **météorologue** *n*

**Météosat** série de satellites européens destinés à l'observation météorologique ; le premier fut lancé en 1977. VAR **Meteosat**

**métèque** *nm* péjor Étranger, en partic., étranger au teint basané. ETY Du gr. *metoikos*, « qui change de maison ».

**Métezeau** Louis (Dreux, vers 1560 – Paris, 1615), architecte français ; il commença la grande galerie du Louvre. — **Clément** (Dreux, 1581 – Paris, 1652), frère du préc. Il dessina la place Ducale de Charleville et travailla avec S. de Brosse au palais du Luxembourg.

**méthacrylate** *nm* CHIM Sel ou ester de l'acide méthacrylique.

**méthacrylique** *a* CHIM **LOC** ***Acide méthacrylique*** *:* $CH_2=C(CH_3)-COOH$. — ***Résines méthacryliques*** *:* résultant de la polymérisation des esters de l'acide, utilisées en particulier dans la fabrication des verres organiques. [VAR] **méthylacrylique**

**méthadone** *nf* PHARM Substance de synthèse utilisée dans les cures de sevrage des héroïnomanes.

**méthamphétamine** *nf* Drogue de synthèse dérivée de l'amphétamine, utilisée comme excitant.

**méthanal** *nm* CHIM Premier terme des aldéhydes de formule H–CHO, autref. appelé aldéhyde formique.

**méthane** *nm* CHIM Hydrocarbure saturé, de formule $CH_4$. [DER] **méthanique** *a*

**méthanier, ère** *a, nm* **A** *a* Relatif à l'industrie du méthane. *Canalisation méthanière.* **B** *nm* Navire conçu pour le transport du gaz naturel liquéfié.

**méthaniser** *vt* [1] INDUSTR Transformer des déchets organiques en méthane. [DER] **méthanisation** *nf*

**méthanol** *nm* CHIM Alcool méthylique.

**méthémoglobine** *nf* BIOL Hémoglobine dont le fer est passé à l'état ferrique et qui est devenue de ce fait inapte au transport de l'oxygène.

**méthémoglobinémie** *nf* MED Taux sanguin de méthémoglobine supérieur à 1,5 g par litre de sang, entraînant une cyanose.

**méthionine** *nf* BIOL Acide aminé soufré indispensable à l'organisme.

**méthode** *nf* **1** PHILO Marche rationnelle de l'esprit pour arriver à la connaissance ou à la démonstration de la vérité. **2** Ensemble de procédés, de moyens pour arriver à un résultat. *Méthode d'enseignement. Méthodes de fabrication d'un produit.* **3** Ouvrage d'enseignement élémentaire. *Méthode de piano.* **4** Qualité d'esprit consistant à savoir classer et ordonner les idées, à savoir effectuer un travail avec ordre et logique. **5** Disposition ordonnée et logique. *Livre composé sans méthode.* [ETY] Du gr. *methodos*, « recherche ».

**Méthode (saint)** (Thessalonique, v. 825 – ?, 885), missionnaire byzantin. En 864, l'empereur byzantin Michel III envoya en Moravie Méthode et son frère Cyrille (mort en 869). Méthode alla seul en Pannonie (Hongrie) et en Pologne. Ils traduisirent les textes sacrés (Bible, notam.) en slave, utilisant un alphabet dérivé du grec, dit glagolitique, ancêtre de l'alphabet cyrillique.

**méthodique** *a* **1** Fait avec méthode. *Recherches méthodiques.* SYN systématique. **2** Qui a de la méthode. *Esprit méthodique.* [DER] **méthodiquement** *av*

**méthodisme** *nm* RELIG Mouvement protestant s'appuyant sur la doctrine de Wesley. [DER] **méthodiste** *a, n*

**méthodologie** *nf* **1** PHILO Partie de la logique qui étudie les méthodes des différentes sciences. **2** Ensemble des méthodes appliquées à un domaine particulier de la science, de la recherche. [DER] **méthodologique** *a*

**Methuen John Sandford (lord)** (Bradford, Wiltshire, 1650 – Lisbonne, 1706), diplomate anglais. Le *traité Methuen* plaça le Portugal sous la dépendance économique de l'Angleterre (1703).

**méthyle** *nm* CHIM Radical monovalent $CH_3$. **LOC** ***Chlorure de méthyle*** *:* $CH_3Cl$, employé comme agent réfrigérant et anesthésique.

**méthylène** *nm* CHIM Radical bivalent $CH_2$. **LOC** ***Chlorure de méthylène*** *:* liquide volatil de formule $CH_2Cl_2$, utilisé comme solvant. [ETY] Du gr. *methu*, « boisson fermentée », et *hulê*, « bois ».

**méthylique** *a* CHIM Qui renferme le radical méthyle. **LOC** ***Alcool méthylique*** ou ***méthanol*** *:* de formule $CH_3OH$, utilisé dans la fabrication du formol et comme solvant.

**méthylorange** *nm* CHIM Syn. de *hélianthine*.

**metical** *nm* Unité monétaire du Mozambique. PLUR meticals.

**méticuleux, euse** *a* **1** Scrupuleux. **2** Minutieux. *Esprit méticuleux.* **3** Qui demande un grand soin. *Travail méticuleux.* [ETY] Du lat. *meticulosus*, « craintif ». [DER] **méticuleusement** *av* – **méticulosité** *nf*

**métier** *nm* **1** Occupation manuelle ou mécanique qui permet de gagner sa vie. *Le métier de menuisier. Corps de métier.* **2** Profession quelconque, considérée relativement au genre de travail qu'elle exige. *Écrivain qui connaît bien son métier.* **3** Savoir-faire, habileté acquise dans l'exercice d'un métier, d'une profession. *Cet acteur a du métier.* **4** Chacun des secteurs d'activité d'une entreprise ou d'un groupe industriel. **5** TECH Machine utilisée pour la fabrication des tissus. *Métier à tisser.* **6** Châssis sur lequel on tend certains ouvrages. *Métier à broder.* **LOC** ***Un homme du métier*** *:* un professionnel, un spécialiste. [ETY] Du gr. *mustes*, « initié ».

**métis, isse** *a, n* **1** Dont les parents ont chacun une couleur de peau différente. *Un Eurasien est un métis.* **2** ZOOL Issu du croisement de races différentes au sein d'une même espèce. **3** Qui résulte d'un métissage culturel. *Un concert de musiques métisses.* **LOC** TECH ***Toile métisse*** ou ***du métis*** *:* toile dans laquelle lin et coton sont mélangés. [PHO] [metis] [ETY] Du lat. *mixtus*, « mélange ».

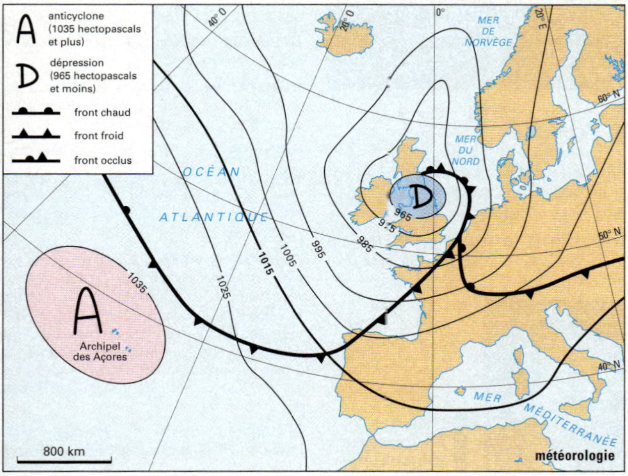

météorologie

**métissage** *nm* Croisement de races. **LOC** ***Métissage culturel*** *:* influence mutuelle de cultures en contact.

**métisser** *vt* [1] **1** Croiser des populations, des animaux, des plantes. **2** fig Influencer profondément. *Des musiques métissées.*

**Metius Adriaensz** (Alkmaar, 1571 – Franeker, 1635), géomètre hollandais. Il donna au nombre $\pi$ (pi) la valeur approchée 355/113.

**métonymie** *nf* Figure de rhétorique dans laquelle un concept est dénommé au moyen d'un terme désignant un autre concept, lequel entretient avec le premier une relation d'équivalence ou de contiguïté (la cause pour l'effet, la partie pour le tout, le contenant pour le contenu, etc.). *« La salle applaudit » pour « les spectateurs » est une métonymie.* [ETY] Du gr. [DER] **métonymique** *a*

**métope** *nf* ARCHI Espace de la frise dorique, souvent orné d'un bas-relief. [ETY] Du gr. *ope*, « ouverture ».

**métrage** *nm* **1** CONSTR Action de métrer. **2** Longueur en mètres d'une pièce de tissu, par ex. **3** CINE Longueur d'un film.

**Métraux Alfred** (Lausanne, 1902 – vallée de Chevreuse, 1963), ethnologue français d'origine suisse : *la Religion des Tupi-Guarani* (1928), *l'Île de Pâques* (1941), *le Vaudou haïtien* (1958).

**-mètre, -métrie, -métrique, métro-** Éléments, du gr. *metron*, « mesure ».

**1 mètre** *nm* **1** Unité des mesures de longueur du système international (symbole m), définie légalement comme le trajet parcouru par la lumière dans le vide pendant une durée de 1/299 792 458 de seconde. **2** Règle, ruban gradué de 1 m de long. *Mètre de couturière.* **LOC** ***Mètre carré*** ($m^2$) *:* unité de surface égale à l'aire d'un carré de 1 mètre de côté. — ***Mètre cube*** ($m^3$) *:* unité de volume égale au volume d'un cube de 1 mètre d'arête. — ***Mètre linéaire*** *:* unité utilisée par les fabricants d'équipement, de mobilier, etc. — ***Mètre par seconde*** (m/s) *:* unité de vitesse. — ***Mètre par seconde par seconde*** ($m/s^2$) *:* unité d'accélération. [DER] **métrique** *a*

**2 mètre** *nm* **1** Dans les versifications grecque et latine, unité rythmique comprenant un temps fort et un temps faible. **2** En versification française, nombre de syllabes d'un vers.

**métré** *nm* CONSTR Relevé général et détaillé des différentes quantités (mesures, devis) entrant dans un ouvrage.

**métrer** *vt* [14] **1** Mesurer à l'aide d'un mètre. **2** CONSTR Établir un métré.

**métreur, euse** *n* CONSTR Personne chargée de l'établissement des métrés. *Métreur-vérificateur.*

**métricien, enne** *n* Philologue qui s'occupe de métrique, de versification.

**1 métrique** → **mètre 1.**

**2 métrique** *nf, a* **A** *nf* Étude de la versification. **B** *a* Qui concerne la mesure des vers. **LOC** ***Vers métrique*** *:* qui repose sur la combinaison des syllabes longues et brèves (par oppos. au *vers syllabique*, fondé sur le nombre des syllabes).

**métrite** *nf* MED Inflammation de l'utérus.

**métro-** → **-mètre.**

**métro** *n* **A** *nm* **1** Chemin de fer urbain à traction électrique, partiellement ou totalement souterrain. **2** Afrique Franc français (par oppos. au franc CFA). **B** *n* fam Dans les DOM-TOM, personne originaire de France. [ETY] De *métropolitain*.
▶ illustr. p. 1034

**métro** automatique à Lille

**Metro-Goldwyn-Mayer** société cinématographique américaine fondée en 1924 ; Louis B. Mayer la dirigea jusqu'en 1951. VAR **MGM**

**métrologie** *nf* didac Science des mesures. DER **métrologique** *a* – **métrologiste** ou **métrologue** *n*

**métronome** *nm* Instrument battant la mesure sur un rythme choisi, utilisé en musique pour l'étude.

**métropole** *nf* **1** État considéré par rapport aux colonies qu'il a fondées. **2** Capitale d'un pays, ville principale d'une région. **3** RELIG CATHOL Ville possédant un siège archiépiscopal dont relèvent des suffragants. **LOC** ***Métropole d'équilibre*** **:** ville destinée à rééquilibrer l'activité d'une région en lui donnant une certaine autonomie par rapport à l'admin. centrale. ETY Du gr. *mêtêr*, « mère », et *polis*, « ville ».

**Metropolis** film muet de Fritz Lang (1927), avec Brigitte Helm (1906 – 1996) et Rudolf Klein-Rogg (1888 – 1955).

**métropolitain, aine** *a, n* **A** *n* Dans les DOM-TOM, personne qui vient de France (par oppos. aux autochtones). **B** *a* **1** De la métropole. *Le territoire métropolitain et les colonies.* **2** D'une métropole. *L'aire métropolitaine de Lyon.* **3** RELIG CATHOL Qui a rapport à une métropole. *Archevêque métropolitain.* **C** *nm* vieilli Métro (moyen de transport). ETY Du bas lat.

**Metropolitan Museum of Art** musée créé à New York en 1872, l'un des plus riches du monde : peinture anc. et contemp., archéol. (Orient anc.), statuaire de la Grèce antique, du Moyen Âge européen, etc.

**métropolite** *nm* RELIG Prélat d'un rang élevé, dans l'Église orthodoxe.

**métrorragie** *nf* MED Hémorragie d'origine utérine. VAR **métrorrhagie**

**métrosexuel** *nm* Homme qui, sans être homosexuel, assume la part de féminité qui est en lui, à travers son comportement, sa tenue.

**mets** *nm* Aliment préparé qui entre dans la composition d'un repas ; plat. PHO [mɛ] ETY Du lat. *missum*, « ce qui est mis sur la table ».

**Metsu** Gabriel (Leyde, 1629 – Amsterdam, 1667), peintre hollandais : scènes de genre.

**Metsys** → **Matsys.**

**mettable** *a* Se dit d'un vêtement qui peut encore être porté.

**Metternich-Winneburg** Klemens Wenzel Lothar (comte, puis prince de) (Coblence, 1773 – Vienne, 1859), homme politique autrichien. Il négocia le mariage (1810) de Marie-Louise avec Napoléon I$^{er}$, et rompit en 1813 l'alliance avec la France. Après le congrès de Vienne (1815), où son rôle fut prééminent, il réprima les mouvements libéraux en Europe. La révolution viennoise de 1848 provoqua sa chute.

**metteur, euse** *n* **LOC** ***Metteur au point*** **:** spécialiste qui règle des machines, des moteurs. — TECH ***Metteur en œuvre*** **:** ouvrier bijoutier qui monte les joyaux. — TYPO ***Metteur en pages*** **:** ouvrier qui rassemble les éléments de composition pour en former des pages. — ***Metteur en scène*** **:** personne qui, au théâtre, dirige le jeu des acteurs, les répétitions, règle les décors, etc ; réalisateur de cinéma ou de télévision. VAR **metteure en scène** *nf*

**mettre** *v* (60) **A** *vt* **1** Placer ou amener qqch, qqn dans un endroit déterminé. *Mettre un enfant au lit. Mettre les mains dans les poches. Mettre du vin en bouteilles.* **2** Placer qqn dans un endroit en faisant changer son état, sa situation. *Mettre qqn en prison.* **3** Affecter qqn à un travail, placer qqn dans une situation professionnelle déterminée. *Mettre qqn au chômage.* **4** Placer à un certain rang dans une suite, une série, une hiérarchie. *Mettre qqn en tête du cortège.* **5** Employer de l'argent, du temps. *Mettre ses fonds dans une entreprise. Mettre trois heures pour aller d'un lieu à un autre.* **6** Miser. *Mettre mille francs sur le dix-sept.* **7** Placer sur le corps. *Mettre ses gants.* **8** Porter habituellement. *Il ne met pas de veste.* **9** Ajouter ce qui manque, ce qui est nécessaire. *Mettre un manche à un balai.* **10** Placer dans une certaine position. *Mettre le verrou.* **11** Noter par écrit. *Mettre son nom au bas d'une page.* **12** Faire consister à. *Mettre son plaisir à faire du bien.* **13** Amener qqch à être dans telle situation, tel état. *Mettre une lampe en veilleuse.* **14** Faire passer d'une forme d'expression à une autre. *Mettre en vers, en prose.* **15** Faire marcher, fonctionner. *Mettre la radio.* **16** Faire passer qqn d'un état à un autre. *Mettre qqn en danger, en colère, en garde.* **B** *vpr* **1** Se placer dans un endroit précis, dans un état déterminé. *Se mettre au lit. Se mettre en colère.* **2** Commencer à. **3** Mettre sur soi, porter. *Je n'ai rien à me mettre.* **LOC** ***Mettre bas*** **:** pour les animaux, donner naissance à des petits. — ***Mettre en ligne*** **:** diffuser sur Internet. — ***Mettre qqch dans la tête de qqn*** **:** le lui faire comprendre, l'en convaincre. — ***Mettre un enfant au monde*** **:** lui donner naissance. — ***Se mettre à la place de qqn*** **:** faire l'effort de comprendre son état d'esprit, ses réactions. — ***S'en mettre plein les poches*** **:** gagner beaucoup d'argent. ETY Du lat. *mittere*, « envoyer ».

**Metz** ch.-l. du dép. de la Moselle ; 126 706 hab. ; 230 000 hab. dans l'aggl. ; métropole d'équilibre avec Thionville et Nancy. – Évêché. Cath. St-Étienne (XIII$^e$–XVI$^e$ s.). Place d'Armes du XVIII$^e$ s. Musée. — Metz, ville libre impériale, fut prise par les Français en 1552. L'Allemagne l'annexa en 1871-1918 et 1940-1944. DER **messin, ine** *a, n*

**Metz** la Moselle et la cathédrale Saint-Étienne

**Metzinger** Jean (Nantes, 1883 – Paris, 1956), peintre français, cubiste.

**Metzys** → **Matsys.**

**meublant, ante** *a* **LOC** DR ***Meubles meublants*** **:** objets mobiles qui garnissent un appartement.

le prince de **Metternich-Winneburg**

**meuble** *a, nm* **A** *a* **1** DR Se dit d'un bien que l'on peut déplacer. *Biens meubles par nature. Biens meubles déterminés tels par la loi.* **2** Facile à retourner, à labourer. *Terre meuble.* **B** *nm* **1** Objet pouvant être déplacé, construit en matériau rigide, employé pour l'aménagement des locaux et des lieux d'habitation. *Meubles de style, de bureau, de jardin.* **2** DR Bien meuble. **3** HERALD Objet figurant dans l'écu. ETY Du lat. *movere*, « déplacer ».

**meublé, ée** *a, nm* Se dit d'une chambre, d'une maison qui est louée garnie de meubles.

**meubler** *vt* (1) **1** Garnir de meubles. *Meubler un appartement.* **2** Décorer, en parlant de tissus. *Étoffe qui meuble bien.* **3** fig Remplir. *Meubler ses loisirs en collectionnant les timbres.*

**Meucci** Antonio (Florence, 1808 – New York, 1889), inventeur américain d'orig. italienne. Il découvrit le principe du téléphone (1849) puis mit au point un appareillage (1854), mais ne put breveter son invention faute de moyens. Le Congrès des États-Unis a reconnu en 2002 son antériorité sur A. G. Bell.

**Meudon** ch.-l. de cant. des Hauts-de-Seine ; 45 800 hab. Vaste zone résidentielle (Meudon-la-Forêt), en bordure de la *forêt de Meudon* (1 150 ha). – Observatoire astronomique dans le Château-Neuf, construit par Mansart en 1706. DER **meudonais, aise** *a, n*

**meuf** *nf* fam Femme. ETY Verlan irrégulier de *femme*.

**meugler** *vi* (1) Faire entendre son cri, en parlant des bovins. SYN beugler. ETY Altér. par onomat. de *beugler*. DER **meuglement** *nm*

**1 meule** *nf* **1** Pièce massive cylindrique qui sert à broyer, à moudre. **2** Disque de matière abrasive qui sert à aiguiser, à polir, à rectifier. **3** Fromage qui a la forme d'un disque épais et de grand diamètre. *Meule de gruyère.* **4** fam Cyclomoteur, motocyclette. ETY Du lat.

**2 meule** *nf* **1** Amas de blé, de foin, de paille, etc., régulièrement empilé sur une partie sèche du champ ou près de la ferme et permettant de conserver les gerbes et le fourrage jusqu'au battage ou à l'utilisation. **2** Couche à champignons, tas de fumier qui en provient. **3** Tas de bois préparé pour faire du charbon de bois.

**meuler** *vt* (1) TECH Passer à la meule abrasive. DER **meulage** *nm*

**meulette** *nf* Petite meule de foin.

**meuleuse** *nf* TECH Machine servant à meuler.

**meulier, ère** *a, n* **A** *a* Qui sert à faire des meules. *Silex meulier.* **B** *nm* Ouvrier qui fabrique des meules. **LOC** ***Pierre meulière*** ou ***meulière*** **:** roche très dure composée de silice et de calcaire, utilisée dans le bâtiment ; carrière d'où l'on extrait cette pierre.

**meulon** *nm* **1** Petite meule. **2** Grand moulin industriel. SYN minoterie.

**meunerie** *nf* **1** Industrie de la fabrication de la farine ; commerce du meunier. **2** Ensemble des meuniers. *Chambre de la meunerie.*

**Meung** Jean de → **Jean de Meung.**

**Meung-sur-Loire** ch.-l. de cant. du Loiret (arr. d'Orléans) ; 6 300 hab. – Église XIII$^e$ s. ; chât. XIII$^e$-XVIII$^e$ s. DER **magdunois, oise** *a, n*

**meunier, ère** *n, a* **A** *n* Personne qui exploite un moulin à céréales, qui fabrique de la farine. **B** *a* Relatif à la meunerie. *Industrie meunière.* **C** *nf* Épouse d'un meunier. **D** *nm* **1** Nom courant du *chevesne*. **2** Cépage noir à jus blanc utilisé en champagne. **LOC** CUIS ***À la meunière*** ou ***meunière*** **:** mode de préparation qui consiste à passer un poisson à la farine avant cuisson au beurre. ETY Du lat. *molina*, « moulin ».

**Meunier** Constantin (Etterbeek, 1831 – Ixelles, 1905), peintre et sculpteur belge. Il exalta le monde du travail.

**meurette** *nf* CUIS Sauce au vin rouge.

**meursault** *nm* Vin de Bourgogne, le plus souvent blanc, très réputé.

**Meursault** com. de la Côte-d'Or (arr. de Beaune) ; 1 500 hab. – Léproserie (XIIIe s.). Église gothique. Vins blancs. DER **murisaltien, enne** *a, n*

**Meurthe (la)** riv. de France (170 km), affl. de la Moselle ; naît dans les Vosges ; arrose Nancy. Sa vallée est très industrialisée.

**Meurthe** anc. dép. français. La partie annexée par l'Allemagne en 1871 a été incorporée en 1919 dans le dép. de la Moselle ; le reste fait partie du dép. de Meurthe-et-Moselle.

**Meurthe-et-Moselle** dép. franç. (54) ; 5 235 km$^2$ ; 731 000 hab. ; 139,6 hab./km$^2$ ; ch.-l. *Nancy* ; ch.-l. d'arr. *Briey, Lunéville* et *Toul*. V. Lorraine. Dép. formé en 1871 avec des fragments de territ. lorrain que l'Allemagne n'avait pas annexés.

**meurtre** *nm* Homicide volontaire. ETY De *meurtrir*, « assassiner ».

**Meurtre dans la cathédrale** drame en vers, de T. S. Eliot (1935).

**meurtrier, ère** *n, a* **A** *n* Personne qui a commis un meurtre. **B** *a* **1** Qui cause la mort d'un grand nombre de personnes. *Combat meurtrier.* **2** Qui pousse à commettre un meurtre. *Folie meurtrière.*

**meurtrière** *nf* Ouverture étroite pratiquée dans un mur de fortification et par laquelle on pouvait tirer sur les assiégeants.

**meurtrir** *vt* ③ **1** Faire une meurtrissure à. *Le coup de bâton lui avait meurtri l'épaule.* **2** fig Blesser moralement. *Meurtrir un cœur.* **3** Endommager par un choc, un contact prolongé en parlant d'un fruit, d'un légume. ETY Du frq.

**meurtrissure** *nf* **1** Contusion s'accompagnant d'un changement de coloration de la peau. **2** Tache sur un fruit, ou sur un légume, provenant d'un choc.

**Meuse (la)** (en néerl. *Maas*), fl. de France, de Belgique et des Pays-Bas (950 km) ; née à 384 m d'alt., au pied du plateau de Langres, la Meuse arrose Verdun, Sedan, Charleville-Mézières et traverse l'Ardenne ; en Belgique (où elle reçoit la Sambre), Dinant, Namur et Liège ; aux Pays-Bas, Maastricht et Dordrecht. Elle rejoint alors la mer du Nord par plusieurs bras dont certains communiquent avec ceux du Rhin, au niveau du port de Rotterdam.

**Meuse** dép. français (55) ; 6 220 km$^2$ ; 192 100 hab. ; 30,9 hab./km$^2$ ; ch.-l. *Bar-le-Duc* ; ch.-l. d'arr. *Commercy* et *Verdun*. V. Lorraine. DER **meusien, enne** *a, n* ▶ carte p. 1036

**meute** *nf* **1** Troupe de chiens courants dressés pour la chasse à courre. **2** fig Troupe de personnes acharnées contre qqn. ETY Du lat.

**MeV** PHYS NUCL Symbole de mégaélectronvolt.

**mévente** *nf* Mauvaise vente, vente inférieure en quantité à ce qui était escompté.

**Mexicali** v. du Mexique, près de la frontière des É.-U. ; 856 000 hab. ; cap. de l'État de Basse-Californie du Nord.

**Mexico** cap. du Mexique (distr. féd.), sur le plateau central (Anáhuac), à 2 260 mètres d'alt. ; 21 millions d'hab. Premier centre industr., comm. et culturel du pays. – Archevêché. Université. Cath. baroque (XVIe-XVIIIe s.). Palais national XVIe-XIXe s. Musées. Siège des jeux Olympiques (1968). DER **mexicain, aine** *a, n*
**Histoire** Fondée en 1325 par les Aztèques, conquise par H. Cortés en 1521, la ville (alors nommée *Tenochtitlán*) fut rasée et reconstruite ; résidence du vice-roi de la Nouvelle-Espagne, elle devint la cap. du Mexique en 1824. En sept. 1985, un séisme a ravagé la ville. Sa croissance démographique a créé un important prolétariat et des problèmes (circulation, pollution) quasi insolubles. – L'État de Mexico (21 461 km$^2$ ; 9 800 000 hab.) a pour cap. *Toluca de Lerdo*.

**Mexico** la cathédrale

**Mexique (golfe du)** mer bordière de l'Atlantique, cernée par la côte S. des États-Unis, le N. du Mexique, le Yucatán et Cuba ; 1 544 000 km$^2$. Le Gulf Stream y naît.

**Mexique** État fédéral de l'Amérique sept. et centr., sur le Pacifique et l'Atlantique (golfe du Mexique) ; 1 972 547 km$^2$ ; 127 millions d'hab. (31 426 000 hab. en 1957) ; accroissement naturel : 1,5 % par an ; cap. *Mexico*. Nature de l'État : rép. fédérale de type présidentiel. Langue off. : espagnol. Monnaie : peso mexicain. Population : métis (59,2 %), Amérindiens (29,9 %), origines européennes (9,8 %). Relig. : catholicisme majoritaire. DER **mexicain, aine** *a, n*
**Géographie** Au N., de hauts plateaux (1 000 m) sont encadrés par la sierra Madre occidentale et par la sierra Madre orientale qui convergent vers le S., pour former un ensemble de hautes terres (entre 1 700 et 2 600 m) que dominent de puissants volcans : Orizaba (5 704 m), Popocatepetl (5 452 m). Les plaines côtières, étroites sur le Pacifique, sont plus larges sur le golfe du Mexique. Le climat tropical, aride au N.-O., chaud et humide au S., est tempéré par l'altitude dans les hautes terres du S., qui concentrent la pop. et les villes. L'exode rural surpeuple celles-ci et alimente l'émigration clandestine vers les É.-U.
**Économie** Quatrième puissance écon. du tiers monde, le Mexique dispose d'une agric. diversifiée (maïs, blé, haricots, pomme de terre, élevage bovin), qui emploie le quart des actifs ; il exporte du café, du coton, des fruits et légumes et des boissons, mais ne réalise pas l'autosuffisance. Le sous-sol est riche : argent (1er rang mondial), cuivre, fer, zinc, plomb, et surtout pétrole (4e rang) et gaz. La gamme industrielle est large. Les industries de base sont nationalisées. 2 000 entreprises sous-traitantes (500 000 salariés) ont été créées dans des zones franches du N. (capitaux surtout amér.). Le Mexique reçoit près de 5 millions de touristes par an. L'endettement massif a suscité un plan d'austérité et le Mexique a su profiter du plan Brady de réduction de la dette (il en fut le premier bénéficiaire en 1989). Le Mexique, lié à l'économie des É.-U. avec lesquels il réalise 80 % de ses échanges, a intégré l'ALÉNA le 1er janv. 1994, mais les effets bénéfiques se sont surtout manifestés en

2000, année d'un boum écon. sans précédent.

**Histoire** **LES ORIGINES** Au début de l'ère chrétienne, les Mayas fixés aux confins du Mexique, du Guatemala et du Honduras créent une grande civilisation fondée sur des cités-États. À partir du XIe s., des vagues d'envahisseurs viennent du N. Les derniers, les Aztèques (ou *Mexicas*), soumettent les peuples voisins (surtout au XVe s.) et, sur le site de Mexico, fondent Tenochtitlán, centre d'une vaste confédération. De 1519 à 1525, l'Espagnol H. Cortés les écrase. Le territoire conquis, baptisé Nouvelle-Espagne, s'étend jusqu'à la Californie. La pop. amérindienne, convertie par les franciscains, est fortement réduite par les massacres et le travail forcé, mais la société se métisse.

**L'INDÉPENDANCE** À partir de 1810, des révoltes paysannes agitent le pays. Rejoignant finalement les insurgés, les créoles, menés par Iturbide, obtiennent l'indépendance (1821). Santa Anna renverse Iturbide, qui s'est proclamé empereur, et instaure une rép. en 1824. L'armée jouera un rôle prépondérant : pronunciamientos, dictatures militaires. L'annexion du Texas par les É.-U. (1845) provoque une guerre (1846-1848) qui se solde par la perte de la haute Californie, de l'Arizona et du Nouveau-Mexique. Après une violente guerre civile (1858-1861), la victoire des libéraux anticléricaux (Juárez) entraîne l'intervention de la France.

**LA RÉVOLUTION ET SES SUITES** La dictature de Porfirio Díaz (1876-1911) est suivie d'une longue révolution (1911-1920) qui plonge le pays dans le chaos : Pancho Villa au Nord, Zapata au Sud mènent de longs soulèvements paysans. Les prés. Madero (1911-1913), Carranza (1917-1920) et Obregón (1920-1924) sont assassinés. Le président Calles (1924-1928) provoque par sa politique anticatholique le soulèvement des « cristeros » ; il fonde le parti qui deviendra le Parti révolutionnaire institutionnel (PRI). Lázaro Cárdenas (1934-1940) démocratise la vie politique, accélère la distribution des terres et nationalise le pétrole (1938). Ses successeurs poursuivent la modernisation (scolarisation, hygiène), mais les conflits sociaux se succèdent (répression des manifestations étudiantes à Mexico, en 1968). Élu en 1994, Ernesto Zedillo (PRI) affronte la révolte des Indiens « zapatistes » du sous-commandant Marcos dans le Chiapas. Pour faire face à la catastrophe écon. et fin., il a obtenu une aide très importante des É.-U. en (1995). L'inflation a diminué, la croissance a dépassé 5 %, mais la pauvreté s'accroît, de sorte qu'aux législatives de 1997 le PRI a perdu la majorité absolue. En 2000, le candidat de l'opposition Vicente Fox est élu prés. de la Rép., mettant fin à 71 ans de présence au pouvoir du PRI. Son successeur Felipe Calderón est élu en 2006 à l'issue d'un scrutin très serré et son parti perd les législatives de 2009. Le PRI revient au pouvoir avec Enrique Peña Nieto élu prés. de la République en 2012.

**Mexique (campagne du)** campagne entreprise, en 1862, par Napoléon III, à la suite d'un différend financier avec l'État mexicain, en vue de créer un empire catholique pour contrebalancer la puissance américaine. Abandonnée par ses alliés (G.-B., Espagne), l'armée française, dirigée par Bazaine, tenta d'imposer l'archiduc Maximilien d'Autriche comme empereur du Mexique. Harcelées par les troupes de Juárez que soutenaient les États-Unis, les forces françaises quittèrent le pays en fév. 1867 ; Maximilien, vaincu à Querétaro, fut fusillé en juin.

**Meyer** Conrad Ferdinand (Zurich, 1825 – Kilchberg, 1898), écrivain suisse d'expression allemande, poète et romancier : *Révolte dans la montagne* (1874), *les Noces du moine* (1883-1884).

**Meyer** Hannes (Bâle, 1889 – Crocifisso di Savosa, Tessin, 1954), architecte suisse ; directeur du Bauhaus de Dessau de 1928 à 1930.

**Meyerbeer** Jakob Liebmann Beer, dit Giacomo (Berlin, 1791 – Paris, 1864), compositeur allemand : *Robert le Diable* (1831), *les Huguenots* (1836).

**Meyerhof** Otto (Hanovre, 1884 – Philadelphie, 1951), biologiste allemand ; il étudia la physiologie musculaire. Prix Nobel (1922).

**Meyerhold** Vsevolod Emilievitch (Penza, 1874 – Moscou, 1940), metteur en scène soviétique ; expérimentateur de nombr. formes théâtrales. Il mourut dans un camp stalinien.

**Meylan** ch.-l. de cant. de l'Isère ; 18 065 hab. Industries. DER **meylanais, aise** *a, n*

**Meyrin** com. de Suisse, près de Genève ; 19 000 hab. Siège du CERN. DER **meyrinois, oise** *a, n*

**Meyrink** Gustav (Vienne, 1868 – Starnberg, 1932), romancier autrichien adepte des sciences occultes : *le Golem* (1915).

**Meyzieu** ch.-l. de cant. du Rhône (arr. de Lyon), sur le Rhône ; 30 672 hab. Industries.

**mezcal** *nm* Alcool mexicain, au goût légèrement fumé, obtenu par fermentation du jus d'agave. PHO [meskal] ETY Mot nahuatl.

**Mézenc (mont)** sommet volcanique du Massif central (1 753 m), dans le S.-E. du Velay.

**mézé** *nm* Hors-d'œuvre servi avec l'apéritif en Grèce, en Turquie, au Liban. PHO [meze] ETY Du gr. VAR **mezze**

**Mézières** anc. com. du dép. des Ardennes, intégrée à Charleville-Mézières.

**Mézières** Françoise (Hanoi, 1909 – Noisy-sur-École, Seine-et-Marne, 1991), théra-

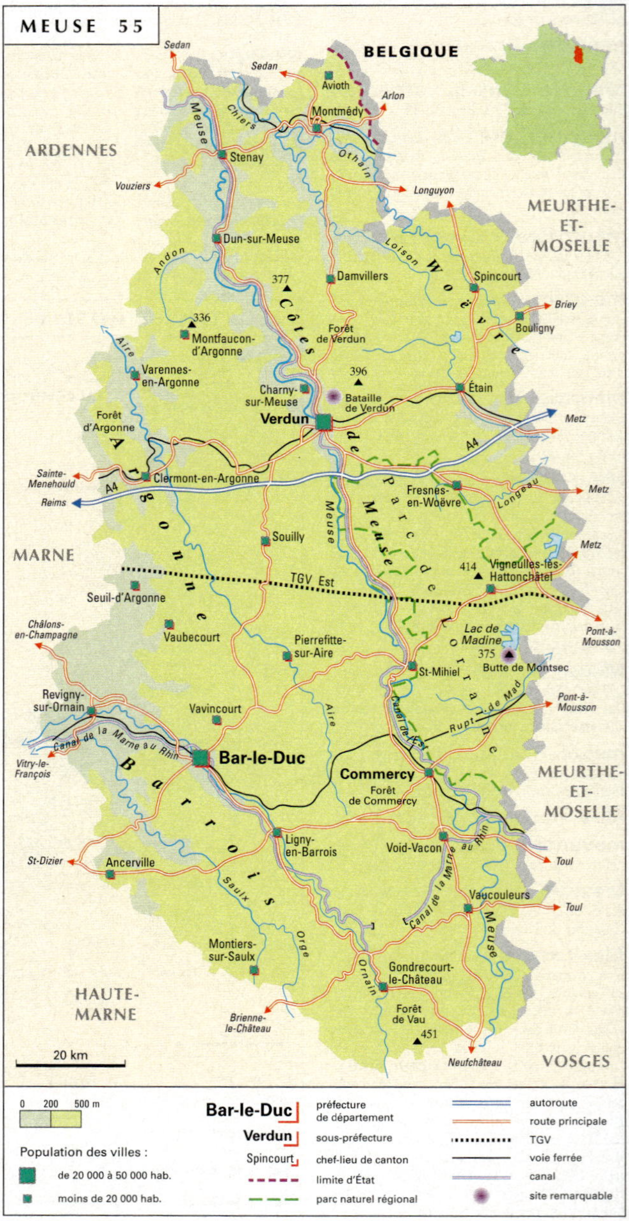

peute française, créatrice d'une méthode de kinésithérapie envisageant le corps de façon globale. DER **méziériste** *a, n*

**mézigue** *pr pers* fam Moi. ETY De *zigue*, et du poss. *mes*.

**Mezine** site préhistorique du nord de l'Ukraine (15 000 av. J.-C.).

**mézouza** *nf* RELIG Dans le judaïsme, petit étui de métal contenant un rouleau de prières que l'on place au montant droit de la porte d'entrée. ETY Mot hébreu. VAR **mezouza**

**mezzanine** *nf* **1** Petit étage pratiqué entre deux plus grands, entresol. **2** Étage ménagé entre le parterre et le balcon, dans un théâtre. **3** Dans une habitation, niveau intermédiaire aménagé dans une pièce haute de plafond. PHO [medzanin] ETY Du l'ital. *mezzo*, « milieu ».

**mezza voce** *av* À demi-voix. *Chanter mezza voce*. PHO [medzavɔtʃe] ETY Loc. ital.

**Mezzogiorno** (mot ital. signif. *Midi*), ensemble des régions d'Italie mérid. (Abruzzes, Molise, Campanie, Pouilles, Basilicate, Calabre, Sicile, Sardaigne) ; 131 000 km$^2$ ; plus de 20 millions d'hab. L'importance de l'agric., la faiblesse de l'industrie, le chômage persistent, bien que, dep. 1957, des mesures aient atténué le déséquilibre avec l'Italie du Nord.

**mezzo-soprano** *n* **A** *nm* Voix de femme intermédiaire entre le soprano et le contralto. **B** *nf* Femme qui a cette voix. PLUR mezzo-sopranos. PHO [medzosɔprano] ETY Mot ital.

**mezzotinto** *nm* ART Technique de gravure, qui consiste à ménager les blancs et les gris au brunissoir sur une planche préalablement hachurée. SYN manière noire. PHO [medzotinto] ETY Loc. ital.

**MF** *nf* Sigle de *modulation de fréquence*. SYN FM.

**mg** Symbole du milligramme.

**Mg** CHIM Symbole du magnésium.

**MGM** Sigle pour *Metro-Goldwyn-Mayer*.

**mgr** GEOM Symbole du milligrade.

**Mgr** Abrév. de *monseigneur*.

**MHD** *nf, a* Abrév. de *magnétohydrodynamique*.

**MHz** Symbole du mégahertz.

**mi-** Préfixe, du lat. *medius*, « qui est au milieu », qui peut être joint à des adj. *(mi-clos)* ou à des subst. pour former des noms composés *(la mi-août, la mi-carême)*, des adv. *(à mi-chemin)*.

**mi** *nm* MUS **1** Troisième note de la gamme d'*ut*. **2** Signe qui la représente. ETY V. ut.

**Miaja Menant José** (Oviedo, 1878 – Mexico, 1958), général espagnol ; commandant en chef de l'armée républicaine pendant la guerre d'Espagne (1936–1939).

**Miami** ville et port des É.-U. (Floride) ; 418 000 hab. Grande stat. balnéaire et touristique d'hiver.

**miam-miam** *interj* Exprime une réaction devant un mets appétissant. ETY Onomat.

**Miaos** → **Méos.**

**miaou** *nm* fam Miaulement. ETY Onomat.

**miasme** *nm* (Surtout au plur.) Émanation putride provenant d'une décomposition. ETY Du gr. DER **miasmatique** *a*

**miauler** *vi* ① **1** Pousser son cri, en parlant du chat et de certains autres félins. **2** Émettre un bruit semblable au miaulement. ETY Onomat. DER **miaulement** *nm* – **miauleur, euse** *a*

**mi-bas** *nm inv* Chaussette montant jusqu'au genou.

**mi-bois (à)** *av* TECH *Assemblage à mi-bois*, obtenu en entaillant chacune des deux pièces de bois à assembler sur la moitié de leur épaisseur.

**mica** *nm* Minéral formé principalement de silicate d'aluminium et de potassium, caractérisé par sa structure feuilletée, son éclat métallique et sa grande résistance à la chaleur. ETY Mot lat., « parcelle ».

**micacé, ée** *a* **1** Qui contient du mica. **2** Qui ressemble au mica.

**mi-carême** *nf* Jeudi de la troisième semaine du carême, marqué par des fêtes, des mascarades. PLUR mi-carêmes.

**micaschiste** *nm* PETROG Roche métamorphique composée de mica et de quartz. PHO [mikaʃist]

**micelle** *nf* CHIM Agrégat de molécules ou d'ions dont la cohésion est assurée par des forces intermoléculaires. ETY Du lat. *mica*, « parcelle ». DER **micellaire** *a*

**Michaël (saint)** → **Michel (saint).**

**Michals Duane** (McKeesport, Pennsylvanie, 1932), photographe américain : *Séquences* (1970), *The Photographic Illusion* (1975).

**Michaux Pierre** (Bar-le-Duc, 1813 – Bicêtre, 1883), ingénieur français ; inventeur du pédalier de bicyclette (1861).

**Michaux Henri** (Namur, 1899 – Paris, 1984), poète et peintre français d'origine belge, explorateur de l'inconscient. Œuvres poétiques : *Qui je fus* (1927), *La nuit remue* (1931), *Plume* (1938), etc. Journaux de bord : *Ecuador* (1929), *Un barbare en Asie* (1932). Son expérience de la mescaline lui inspira : *Misérable Miracle* (1956), *Connaissance par les gouffres* (1961). ▶ illustr. p. 1038

**miche** *nf* **A** Gros pain rond. **B** *nf pl* fam Fesses.

**Michée** (Maresha, près de Hébron, v. 740 – ?, v. 687 av. J.-C.), l'un des petits prophètes juifs.

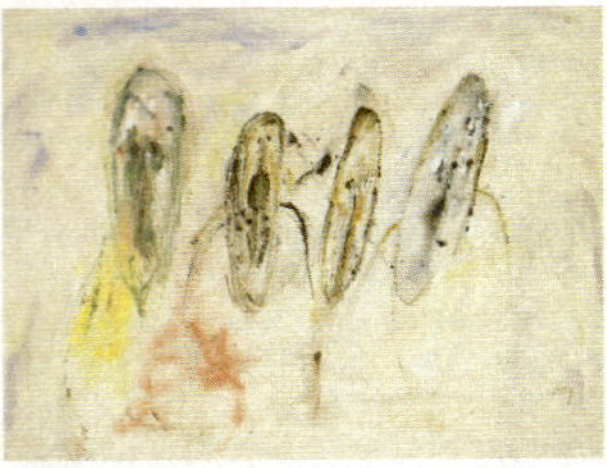

**Henri Michaux** *Sans titre*, aquarelle et gouache sur papier – MNAM

**Michel** (saint) un des archanges, chef de la milice céleste qui protège Israël, d'après le livre de Daniel. (VAR) **Michaël**

**Michel Ier Rangabé** (mort vers 843), empereur byzantin de 811 à 813 ; défait par les Bulgares. — **Michel II le Bègue** (mort en 829), empereur de 820 à 829 ; il perdit la Crète et la Sicile. — **Michel III l'Ivrogne** (838-867), empereur de 842 à 867. Sa mère, Théodora, exerça la régence de 842 à 856. La querelle avec Rome s'amplifia sous son règne. — **Michel IV le Paphlagonien** (mort à Sant'Argiro en 1041), empereur byzantin de 1034 à 1041 ; il combattit les Bulgares. — **Michel V le Calfat** (mort après 1042), neveu du préc., empereur en 1041, renversé en 1042. — **Michel VII Doukas Parapinakès** empereur de 1071 à 1078 ; il dut faire face aux attaques des Normands en Italie du Sud. — **Michel VIII Paléologue** (?, 1224 – en Thrace, 1282), empereur à Nicée (1258-1261), puis à Constantinople (1261-1282), qu'il reprit aux Latins. — **Michel IX Paléologue** (1277-1320), empereur de 1295 à 1320 ; fils d'Andronic II, qui l'associa au trône.

**Michel** (Queluz, 1802 – Brombach, 1866), roi du Portugal (1828-1834). Régent en 1827, il s'empara du trône de Marie II, sa fiancée, mais son frère Pierre Ier (Pedro Ier) le chassa. (VAR) **Dom Miguel**

**Michel Ier** (Sinaia, 1921), roi de Roumanie (1927-1930 et 1940-1947) ; fils de Charles II ; les communistes le contraignirent à l'exil.

**Michel III Fiodorovitch** (?, 1596 – Moscou, 1645), tsar de Russie de 1613 à 1645. Une Assemblée l'élut et il fonda ainsi la dynastie des Romanov. Il réalisa des compromis avec la Suède et avec la Pologne, et institua le servage (1636). (VAR) **Michel III Fedorovitch**

**Michel III Obrenović** (Kragujevac, 1823 – Topčider, près de Belgrade, 1868), prince de Serbie (1839-1842 et 1860-1868). Fils de Miloš Obrenović, il succéda à son frère Milan et abdiqua en 1842. Son père revint au pouvoir en 1858 et Michel III lui succéda en 1860. Alexandre Karadjordjević le fit assassiner.

**Michel** Charles (Namur, 1975), homme politique belge (Mouvement réformateur), Premier ministre depuis 2014.

**Michel le Brave** (1557 – 1601), prince de Valachie (1593-1601). Il vainquit les Turcs (1595) et réunit Transylvanie, Moldavie et Valachie ; l'empereur d'Autriche le fit assassiner.

**Michel** Louise (Vroncourt-la-Côte, Haute-Marne, 1830 – Marseille, 1905), révolutionnaire française, dite *la Vierge Rouge*. Communarde, elle fut déportée à Nouméa (1871-1880). Auteur de romans sociaux et de *Mémoires* (1886).

**Michel-Ange** Michelangelo Buonarroti, dit en fr. (Caprese, Toscane, 1475 – Rome, 1564), sculpteur, peintre, architecte et poète italien. Élève de D. Ghirlandaio (1488), il étudia l'art antique à Florence, chez son protecteur Laurent de Médicis (1489-1492). Entre 1497 et 1499, il exécuta à Rome une *Pietà* (marbre, St-Pierre de Rome) ; de retour à Florence (1501-1502), il réalisa la statue colossale en marbre de *David* (conservée à l'Académie). En 1505, le pape Jules II lui confia l'érection de son monumental tombeau, dont Michel-Ange, par suite de désaccords avec Jules II et ses successeurs, ne réalisa que quelques sculptures : *Moïse* (St-Pierre-aux-Liens, Rome), *Esclaves* (Louvre et Académie de Florence). En 1508, le pape lui confia la décoration de la voûte de la chapelle Sixtine (340 figures réparties sur près de 500 m$^2$), achevée en 1512. À Florence (1515-1534), il sculpta les grandes figures de la chapelle funéraire des Médicis à l'égl. San Lorenzo. Installé définitivement à Rome (1534), il peignit de 1535 à 1541 la fresque du *Jugement dernier*, au-dessus de l'autel de la Sixtine. À la fin de sa vie, son génie s'applique aussi à l'architecture : projet pour St-Pierre de Rome, construction de la Porta Pia (1560), aménagement de la place du Capitole à Rome. Ses *Rimes* comptent parmi les œuvres littéraires les plus originales de la Renaissance. (DER) **michelangélesque** *a*

**Michel-Ange** *Esclave agonisant*, 1505 – musée du Louvre

**Michelet** Jules (Paris, 1798 – Hyères, 1874), historien et écrivain français. Il enseigne au Collège de France (1838), où son libéralisme et son anticléricalisme le font suspendre. Il perd définitivement sa chaire (1851), puis sa fonction aux Archives (1852). Son *Histoire de France* (6 vol., 1833-1846, et 12 vol., 1855-1867) et son *Histoire de la Révolution française* (7 vol., 1847-1853) sont un hymne au peuple. Visionnaire, il a écrit notam. : *le Peuple* (1846), *l'Amour* (1859), *la Sorcière* (1862), *la Bible de l'humanité* (1864).

**Louise Michel**

**Jules Michelet**

**Michelin** André (Paris, 1853 – id., 1931), et son frère **Édouard** (Clermont-Ferrand, 1859 – Orcines, Puy-de-Dôme, 1940), industriels français ; inventeurs du pneumatique démontable.

**micheline** *nf* CH DE F anc **1** Autorail dont les roues étaient garnies de pneumatiques. **2** Abusiv Autorail. (ETY) Du n. des frères *Michelin*.

**Michelozzo** (Florence, 1396 – id., 1472), architecte et sculpteur italien ; il bâtit le palais Medici-Riccardi, à Florence (1444).

**Michelson** Albert (Strzelno, 1852 – Pasadena, 1931), astronome et physicien américain. Il mesura la vitesse de la lumière, confirmant Einstein dans la voie qui le mena à la théorie de la relativité. P. Nobel 1907.

**Michel Strogoff** roman d'aventures de Jules Verne (1876).

**mi-chemin (à)** *av* À la moitié d'un trajet, d'un parcours.

**micheton** *nm* fam Client d'un(e) prostitué(e).

**Michigan** (lac) un des Grands Lacs américains (57 994 km$^2$) ; long de 516 km ; largeur max. 200 km. Il est relié au lac Huron.

**Michigan** État du nord des É.-U., sur les lacs Michigan, Supérieur, Huron et Érié ; 150 779 km$^2$ ; 9 884 000 hab. ; cap. *Lansing*. – Le lac Michigan sépare l'État en deux pénéplaines : élevage bovin (lait), céréales, pêche. La richesse du sous-sol (hydrocarbures, fer, cuivre, etc.) a favorisé l'industrialisation (industr. automobile à Detroit). – La région, explorée par des trappeurs français (XVIIe-XVIIIe s.), fut anglaise à partir de 1763 et entra dans l'Union en 1837.

**Michna (la)** → **Mishna (la).**

**Michoacán** État du centre du Mexique, au relief montagneux ; 59 864 km$^2$ ; 4 413 000 hab. ; cap. *Morelia*.

**Micipsa** (m. en 118 av. J.-C.), roi de Numidie (148-118 av. J.-C.) ; fils de Masinissa ; il adopta son neveu Jugurtha.

**Mickey Mouse** personnage de dessin animé créé en 1928 par Ub Iwerks (1901 – 1971) et Walt Disney.

**Mickey Mouse**

**Mickiewicz** Adam (Zaosie, auj. Novogroudok, 1798 – Istanbul, 1855), poète polonais. *Ode à la jeunesse* (1820, devint le chant des insurgés en 1830), *Ballades et Romances* (1822), *Konrad Wallenrod* (1828), *Pan Tadeusz* (1834).

**mi-clos, -close** *a* À moitié fermé.

**micmac** *nm* fam **1** Intrigue secrète et embrouillée. *Faire des micmacs.* **2** Désordre ; situation embrouillée, confuse. (ETY) Du moy. néerl.

**Micmacs** Indiens, de parler algonquin, vivant sur la côte E. du Canada ; env. 5 000 personnes. (DER) **micmac** *a*

**micocoulier** *nm* Arbre ornemental (ulmacée) des régions méditerranéennes. (ETY) Mot provenç.

**miconia** *nm* Arbuste d'Amérique tropicale, aux feuilles ornementales et aux fleurs en panicules. (ETY) D'un n. pr.

**mi-corps (à)** *av* Jusqu'au milieu du corps, jusqu'à la taille.

**mi-côte (à)** *av* Au milieu de la côte.

**mi-course** *nf* Lieu, moment situé à la moitié d'une course. *S'arrêter à mi-course.*

**micro-** Élément, du gr. *mikros*, « petit », marquant l'idée de petitesse. Placé devant une unité, il marque la division par un million de l'unité (symb. µ).

**micro** *nm* **1** Microphone. **2** Micro-ordinateur.

**microalgue** *nf* Algue microscopique.

**microalvéole** *nf* Chacune des traces d'un enregistrement numérique sur un cédérom.

**microanalyse** *nf* CHIM Analyse pratiquée sur des quantités très petites.

**microbalance** *nf* Balance de grande précision, de l'ordre du centième de milligramme.

**microbe** *nm* **1** Micro-organisme unicellulaire, en partic. micro-organisme pathogène (bactérie, virus, etc.). SYN germe. **2** fig, fam Individu chétif, avorton. ETY Du gr. *bios*, « vie ». DER **microbien, enne** *a*

**microbiologie** *nf* Science qui étudie les micro-organismes pathogènes (bactéries, virus, etc.). DER **microbiologique** *a* – **microbiologiquement** *av* – **microbiologiste** *n*

**microblog** *nm* Blog qui permet de diffuser en temps réel des messages courts afin d'échanger avec des internautes.

**microblogging** *nm* Publication et gestion de microblog. *Une plateforme de microblogging.*

**microbrasserie** *nf* Brasserie artisanale.

**microcassette** *nf* Cassette magnétique de petit format.

**microcèbe** *nm* Lémurien de Madagascar, nocturne et arboricole.

**microcentrale** *nf* Petite centrale hydroélectrique exploitant une chute d'eau.

**microcéphale** *a, n* MED, ZOOL Dont le crâne et l'encéphale sont anormalement petits.

**microchimie** *nf* CHIM Ensemble des méthodes et des techniques permettant les recherches sur les très petites quantités de matière, de l'ordre du centigramme ou du milligramme.

**microchirurgie** *nf* CHIR Chirurgie pratiquée à l'aide d'un microscope.

**microcircuit** *nm* Circuit électronique miniaturisé.

**microcirculation** *nf* PHYSIOL Circulation sanguine au niveau des capillaires.

**microclimat** *nm* Climat propre à une zone de faible étendue. DER **microclimatique** *a*

**microcline** *nm* MINER Feldspath potassique voisin de l'orthose, dont une variété de couleur verte est l'amazonite.

**microcomposant** *nm* TECH Composant électronique de très faibles dimensions.

**microcosme** *nm* **1** Monde en réduction. ANT macrocosme. **2** PHILO L'homme, considéré comme le résumé et l'abrégé de la création tout entière. **3** fig, fam Milieu social replié sur lui-même, en partic. celui des hommes politiques. DER **microcosmique** *a*

**micro-cravate** *nm* Petit microphone que l'on peut accrocher aux vêtements de l'utilisateur. PLUR micros-cravates.

**microcrédit** *nm* Prêt, de faible montant, destiné à financer les plus pauvres qui sont en dehors des circuits bancaires.

**microcuvée** *nf* OENOL Cuvée faisant l'objet d'une élaboration rigoureuse pour une production limitée.

**microcytose** *nf* MED Diminution du volume des globules rouges, notée en particulier dans certaines anémies.

**microéconomie** *nf* ECON Partie de l'économie qui étudie les comportements économiques individuels. ANT macroéconomie. DER **microéconomique** *a*

**microédition** *nf* Application de la micro-informatique à la mise en pages et à l'impression.

**microélectronique** *nf, a* Technologie des microstructures électroniques.

**microélément** *nm* Syn. de *oligoélément*.

**microencapsulation** *nm* PHARM Technique consistant à emprisonner des principes actifs dans de minuscules billes. DER **microencapsulé, ée** *a*

**microentreprise** *nf* Très petite entreprise, bénéficiant d'un régime fiscal favorable.

**micro-État** *nm* État très petit par sa superficie et sa population. PLUR micro-États.

**microfaune** *nf* ECOL Ensemble des organismes animaux de taille inférieure à 0,2 mm.

**microfibre** *nf* TEXT Fibre synthétique dont le titrage est inférieur à 1 décitex.

**microfiche** *nf* TECH Document comportant plusieurs microphotographies.

**microfilaire** *nf* Embryon de filaire, introduit dans l'organisme humain par le moustique et responsable de la filariose.

**microfilm** *nm* TECH Film qui groupe des photographies de format très réduit reproduisant des documents. DER **microfilmer** *vt* ①

**microfinance** *nf* Système d'épargne alternatif aux banques, qui met en place des microcrédits.

**microfissure** *nf* TECH Fissure microscopique dans un matériau (métal, béton).

**microflore** *nf* Totalité des micro-organismes végétaux existant dans les cavités naturelles ou sur les tissus de l'organisme.

**microfluidique** *nf* ELECTRON Technique consistant à intégrer sur une puce des systèmes permettant d'analyser, de modifier ou de synthétiser des produits.

**microforme** *nf* Image photographique fortement réduite, consultable avec un lecteur spécial.

**microfossile** *nm* Fossile microscopique.

**microglie** *nm* ANAT Ensemble des cellules de la glie, jouant un rôle de système immunitaire cérébral.

**micrographie** *nf* **1** didac Science et technique de la préparation des objets en vue de leur étude au microscope ; cette étude elle-même. **2** Photographie d'une préparation microscopique. DER **micrographique** *a*

**microgravité** *nf* ESP Champ de force de faible intensité à l'intérieur d'un véhicule spatial.

**microhistoire** *nf* École historique qui recherche les traces laissées par des faits apparemment négligeables. DER **microhistorique** *a*

**micro-informatique** *nf, a* INFORM Domaine concernant l'utilisation des microprocesseurs et des micro-ordinateurs.

**micro-injection** *nf* Technique utilisée pour injecter qqch à l'échelle microscopique (un gène dans une cellule). PLUR micro-injections.

**microlite** *nm* PETROG Petit cristal généralement de feldspath en forme de baguette, caractéristique des roches éruptives. VAR **microlithe** DER **microlithique** ou **microlitique** *a*

**micromanipulation** *nf* BIOL Manipulation faite dans le champ d'un microscope à l'aide d'un appareil permettant d'utiliser de très petits instruments.

**micromécanique** *nf* didac Technique de la fabrication des mécanismes de très petites dimensions.

**micromètre** *nm* **1** PHYS Unité de longueur valant un millionième de mètre SYMB µm. **2** TECH Instrument de précision pour mesurer les petites longueurs.

**micrométrie** *nf* PHYS Mesure des très petites dimensions.

**micrométrique** *a* PHYS **1** Relatif à la micrométrie. **2** De l'ordre de grandeur du micromètre. SYN micronique LOC TECH *Vis micrométrique* : vis à très faible pas, utilisée pour parfaire la mise au point ou le réglage de certains appareils.

**microminiaturisation** *nf* TECH Miniaturisation à l'extrême d'un appareillage électronique. DER **microminiaturiser** *vt* ①

**micromodule** *nm* ELECTR Circuit de très faibles dimensions constitué de microcomposants moulés dans une résine isolante.

**micromoteur** *nm* Moteur miniaturisé.

**micron** *nm* PHYS Syn. anc. de *micromètre*. DER **micronique** *a*

**Micronésie** (« petites îles »), ensemble d'îles du Pacifique, situées entre l'Indonésie et les Philippines à l'O., la Mélanésie au S. et la Polynésie à l'E. Princ. archipels : les Mariannes, les Palau (État indép. depuis 1994), les Carolines (dont l'Est est devenu en 1986 les *États fédérés de Micronésie*, admis à l'ONU en 1991), les Marshall et les Gilbert (auj. Kiribati) dont les hab. sont des Polynésiens. DER **micronésien, enne** *a, n*
► carte **Océanie**

**microniser** *vt* ① TECH Réduire un corps solide en particules de l'ordre du micromètre. DER **micronisation** *nf*

**micronucléus** *nm* Élément constitutif, avec les macronucléus, du noyau des infusoires.

**micronutriment** *nm* MED Oligoélément d'origine alimentaire.

**micro-ondable** *a* Que l'on peut réchauffer dans un micro-ondes. VAR **microondable**

**micro-onde** *nf, nm* **A** *nf* TECH Onde électromagnétique faisant partie des ondes hertziennes et comprise entre 300 MHz et 300 GHz. **B** *nm* Four dans lequel les aliments absorbent l'énergie de micro-ondes qui se transforme en chaleur, essentiellement du fait des frictions intermoléculaires. PLUR micro-ondes. VAR **microonde**

**micro-ordinateur** *nm* INFORM Ordinateur de petit format, souvent individuel, dont l'unité centrale est constituée autour d'un microprocesseur. SYN micro. PLUR micro-ordinateurs. VAR **microordinateur**

**micro-organisme** *nm* BIOL Organisme microscopique (bactéries, virus, levures, protistes). VAR **microorganisme**

**micropaiement** *nm* Mode de paiement électronique permettant de s'acquitter de très faibles sommes. *Micropaiement effectué par SMS.*

**microparticule** *nf* Particule microscopique présente dans l'air.

**microphage** *a, nm* ZOOL Se dit d'un insecte qui se nourrit de proies microscopiques (levures, bactéries).

**microphone** *nm* ELECTROACOUST Appareil servant à transformer en signaux électriques des vibrations sonores. SYN micro. LOC *Microphone émetteur* : sans fil, couplé à un émetteur radio-électr. de faible puissance. DER **microphonique** *a*

ENC Un microphone comprend une membrane qui permet de modifier l'intensité d'un courant (microphone électrostatique) ou d'engendrer une tension électrique (microphones piézoélectrique, électromagnétique ou électrodynamique).

**microphotographie** *nf* TECH **1** Photographie sur microfilm. **2** Reproduction photographique de l'image fournie par un microscope. SYN photomicrographie. DER **microphotographique** *a*

**microphysique** *nf, a* PHYS Partie de la physique qui étudie l'atome et son noyau.

**micropipette** *nf* Tube capillaire servant à faire des micro-injections.

**micropore** *nm* TECH Pore d'un tissu, d'un papier dont la dimension est de l'ordre du micron. DER **microporeux, euse** *a*

**microprocesseur** *nm* INFORM Ensemble de circuits intégrés constituant notam., sous un très faible volume, l'unité centrale d'un micro-ordinateur.

ENC Une unité de traitement (ou processeur) d'un ordinateur est un ensemble de circuits logiques (ou portes) ; une *porte* est constituée de plusieurs transistors. En 1971, on a su loger en entier sur une seule « puce » (plaquette de silicium de 4 à 6 mm de côté) un processeur rudimentaire d'ordinateur. Auj. des dizaines de milliers de portes enchevêtrées matérialisent les éléments du processeur : registre de calcul ; unité arithmétique et logique ; unité de commande ; bus (faisceau de pistes conductrices) d'entrée et de sortie des données ; bus d'adresse.

**microprogrammation** *nf* INFORM Programmation dans laquelle chaque instruction commande au niveau programmable le plus élémentaire d'un ordinateur.

**microprogramme** *nm* Syn. de *applet*.

**micropsie** *nf* Anomalie de la vision consistant à voir les objets plus petits qu'ils ne sont.

**micropyle** *nm* BOT Orifice dans le tégument de l'ovule des végétaux phanérogames, par où passent les anthérozoïdes lors de la fécondation.

**microsatellite** *nm* **1** ASTRONAUT Satellite de petite dimension (env. 100 kilos). **2** GENET Fragment très court d'ADN.

**microscope** *nm* Instrument d'optique permettant d'observer des objets trop petits pour être discernés à l'œil nu.

ENC Le *microscope optique* utilise la lumière transmise, réfléchie ou diffusée par l'objet pour former une image agrandie à travers un jeu de lentilles optiques (résolution 0,5 micromètre). Le *microscope électronique* utilise un faisceau d'électrons focalisé par des lentilles électromagnétiques (résolution 0,2 nanomètre). Il existe des *microscopes électroniques à transmission* (le faisceau traverse un échantillon ultramince), *à balayage* (le faisceau bombarde l'échantillon qui perd des électrons), *à effet tunnel* et *à effet de champ* (ions ou électrons accélérés par un champ électrique). Le grossissement peut atteindre 10 millions et il est même possible de distinguer individuellement les atomes. Le *microscope acoustique* utilise des ultrasons et permet ainsi l'obtention d'images en profondeur. Les ultrasons apportent des informations sur les propriétés mécaniques de la matière.

**microscopie** *nf* Observation à l'aide du microscope ; technique de son emploi.

**microscopique** *a* **1** PHYS Réalisé à l'aide du microscope. *Observations microscopiques.* **2** Qui n'est visible qu'au microscope. *Animaux microscopiques.* **3** Minuscule. *Écriture microscopique.*

**microseconde** *nf* PHYS Millionième de seconde SYMB μs.

**microséisme** *nm* GEOL Bruit de fond sismique décelable par des instruments.

**microserveur** *nm* TELECOM Micro-ordinateur muni d'un modem, qui offre des services.

**microsillon** *nm* **1** Sillon d'un disque phonographique de profondeur et de largeur particulièrement faibles. **2** Disque gravé en microsillon.

**microsociété** *nf* SOCIOL Communauté humaine de très petite taille. DER **microsocial, ale, aux** *a*

**microsociologie** *nf* Partie de la sociologie qui étudie les microsociétés. DER **microsociologique** *a*

**Microsoft** société américaine d'informatique (logiciels) et de communication fondée en 1975 par Bill Gates.

**microsonde** *nf* Appareil permettant l'analyse de très petites quantités de matière.

**microsporange** *nm* Sporange à microspores.

**microspore** *nf* BOT Spore la plus petite, à potentialité mâle, des végétaux produisant deux types de spores. ANT macrospore.

**microsporidie** *nf* Protozoaire parasite intracellulaire, vecteur des microsporidioses.

**microsporidiose** *nf* Infection entraînant des diarrhées, provoquée par des microsporidies.

**microstructure** *nf* didac **1** Structure microscopique. **2** Structure faisant partie d'une structure plus grande. *On étudie les microstructures en sociologie, en linguistique, etc.*

**microtechnique** *nf, a* Technique opérant à l'échelle micrométrique.

**microtome** *nm* HISTOL Instrument servant à préparer des coupes très minces pour le microscope.

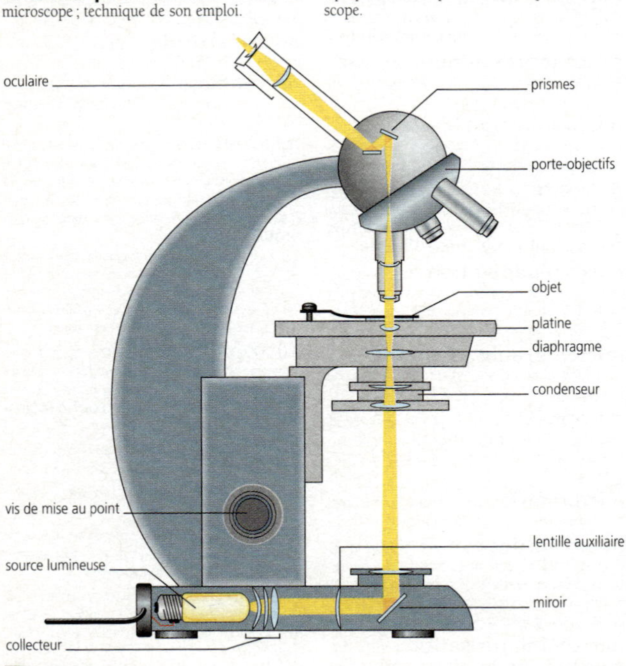


**microscope**

**microtraumatisme** *nm* MED Traumatisme très léger, dangereux lorsqu'il est répétitif.

**micro-trottoir** *nm* Sondage rapide, dans la rue, filmé ou enregistré. PLUR micros-trottoirs.

**microtubule** *nm* BIOL Fine structure constitutive du squelette cellulaire.

**microtunnelier** *nm* TECH Robot qui perce des canalisations sans qu'il soit nécessaire d'ouvrir des tranchées.

**miction** *nf* MED Expulsion de l'urine accumulée dans la vessie. ETY Du lat. *mingere*, « uriner ». DER **mictionnel, elle** *a*

**Midas** (fin VIII^e^ s. av. J.-C.), roi de Phrygie. On ne sait si ce nom désigne un individu ou une dynastie. Les Cimmériens provoquèrent sa disparition. Les Grecs ont fait de Midas un être fabuleusement riche, cupide et inintelligent.

**Middelburg** v. des Pays-Bas, dans l'anc. île de Walcheren ; 47 600 hab. ; ch.-l. de la Zélande. Centre agricole. Industries.

**middle-office** *nm* Dans une banque, partie du personnel qui contrôle les risques, calcule les profits et pertes, gère les systèmes informatiques. PLUR middle-offices. PHO [midœlɔfis] ETY Mot angl.

**Middlesbrough** v. et port de G.-B., ch.-l. du Cleveland, sur l'estuaire de la Tees ; 174 700 hab. Centre industriel.

**Middlesex** anc. comté de G.-B., au N.-O. de Londres.

**Middle West** le centre des É.-U., limité à l'E. par les Appalaches et à l'O. par les montagnes Rocheuses. La partie du Midwest située à l'O. du Mississippi constitue la Prairie. VAR **Midwest**

**Mid Glamorgan** comté du pays de Galles ; 1 018 km$^2$ ; 526 500 hab. ; ch.-l. *Cardiff*.

**1 midi** *nm* **1** Milieu du jour ; douzième heure. *En plein midi. Demain à midi* ou *demain midi.* **2** Sud (point cardinal). **3** (Avec une majuscule.) Le sud de la France. *Aller dans le Midi.* LOC ***Chercher midi à quatorze heures*** : trouver des difficultés inexistantes, compliquer les choses comme à plaisir. — fam ***Voir midi à sa porte*** : considérer la situation de son seul point de vue. ETY Du lat. *dies*, « jour ».

**2 midi** *a inv* Se dit d'un langage de description servant à coder la musique. ETY Acronyme pour l'angl. *musical instrument digital interface*.

**Midi (aiguille du)** sommet de Haute-Savoie (3 843 m), dans le massif du Mont-Blanc, relié par un téléphérique à la vallée de l'Arve.

**Midi (canal du)** canal reliant l'Atlantique à la Méditerranée par la Garonne. Long de 241 km, il part de Toulouse et débouche dans l'étang de Thau. Œuvre de P. Riquet (1604 – 1681). VAR **canal des Deux-Mers, canal du Languedoc**

**Midi (pic du)** nom de deux sommets des Pyrénées françaises : le *pic du Midi de Bigorre* (Htes-Pyr., 2 872 m), doté d'un observatoire astronomique ; le *pic du Midi d'Ossau* (Pyr.-Atl., 2 884 m).

**Midi libre (le)** quotidien régional créé en 1944, à Montpellier, par un groupe de résistants.

**midinette** *nf* **1** anc Jeune ouvrière ou vendeuse parisienne de la couture ou de la mode. **2** Jeune citadine aux idées naïves et romanesques. ETY De *midi* et *dînette*.

**Midi-Pyrénées** ancienne Région française (la plus vaste) et de l'UE, formée des dép. de l'Ariège, de l'Aveyron, de la Haute-Garonne, du Gers, du Lot, des Hautes-Pyrénées, du Tarn et du Tarn-et-Garonne, intégrée en 2016 à la Rég. Languedoc-Roussillon-Midi-Pyrénées. DER **midi-pyrénéen, enne** *a, n*

**Géographie** Au N.-E., la bordure du Massif central oppose de vieux massifs cristallins aux causses calcaires, qu'entaillent des vallées. Au centre, les larges vallées de la Garonne, de l'Ariège et du Tarn concentrent les villes et la pop. Au S., les Pyrénées (3 298 m au Vignemale)

dominent un plateau et des collines. Après plus d'un siècle d'émigration, la Région connaît un renouveau démographique.
**Économie** La polyculture intensive (céréales, oléagineux, fruits et légumes) domine dans les plaines et sur les collines. En montagne s'impose l'élevage ovin (fromage de Roquefort). Cahors et Gaillac ont des vignobles réputés. Dès 1930, des industries stratégiques (aéronautique, armement, explosifs) et de pointe se sont ajoutées aux activités anc. (cuir, laine, etc.). Auj., Toulouse est la capitale européenne de l'aérospatiale (Airbus, CNES). Le tourisme est actif.

**Midlands** plaine du centre de l'Angleterre. L'industr. s'y est développée dès le XVIIIe s., à Birmingham et à Nottingham grâce aux mines de fer (épuisées) et de houille (en déclin).

**Midlands de l'Est** (en angl. *East Midlands*), Région de G.-B. et de l'UE, sur la mer du Nord ; 15 630 km$^2$ ; 3 902 500 hab. ; v. princ. *Leicester*.

**Midlands de l'Ouest** (en angl. *West Midlands*), Région de G.-B. et de l'UE, sur la mer d'Irlande ; 13 013 km$^2$ ; 5 066 000 hab. ; v. princ. *Birmingham*.

**Midou (le)** riv. du Gers et des Landes (105 km) ; à Mont-de-Marsan, elle forme avec la Douze (r. g.) la Midouze (43 km), qui se jette dans l'Adour (r. dr.).

**midship** *nm* MAR **1** Aspirant, dans les marines anglaise et américaine. **2** Enseigne de deuxième classe, dans la marine française. (PHO) [midʃip] (VAR) **midshipman** [midʃipman]

**Midway (îles)** atolls du Pacifique, au N.-O. des îles Hawaii, dépendances des É.-U. depuis 1867. – Bataille aéronavale (juin 1942) entre les Américains et les Japonais (vaincus).

**Midwest** → **Middle West.**

**1 mie** *nf* Partie intérieure du pain, qui est molle. (ETY) Du lat. *mica*, « parcelle ».

**2 mie** *nf* vx ou litt Femme aimée. *Ma mie.* (ETY) De *amie*.

**Mieczysław Ier** → **Mieszko.**

**miel** *nm* Matière sucrée que les abeilles élaborent à partir du nectar qu'elles recueillent sur les fleurs. LOC fam *Faire son miel de qqch* : en tirer profit.

**miellat** *nm* APIC Liquide sucré plus ou moins visqueux excrété par divers insectes suceurs de sève, récolté par les abeilles et utilisé également par les fourmis.

**miellé, ée** *a* **1** Enduit de miel. **2** Qui rappelle le miel. *Couleur miellée.*

**miellée** *nf* **1** Période de l'année où les abeilles réalisent une forte production de miel. **2** Nectar butiné que rapportent les abeilles.

**mielleux, euse** *a* D'une douceur affectée et obséquieuse. *Un ton mielleux.* (DER) **mielleusement** *av*

**mien, mienne** *a, pr* **A** *a poss* litt Qui est à moi, qui m'appartient ; de moi. *Un mien ami. Cette maison est mienne. Je fais mienne cette proposition.* **B** *pr poss* Ce qui est mien. *Ta fille et la mienne. Ce livre est le mien.* **C** *nm* Mon bien, ce qui m'appartient. LOC *Les miens* : mes proches, mes parents. (ETY) Du lat.

**Mierosławski** Ludwik (Nemours, 1814 – Paris, 1878), général polonais. Il prit part à la révolution polonaise de 1830 et dirigea les révoltes de 1848 et 1863.

**Miescher** Johannes (Bâle, 1844 – Davos, 1895), biochimiste suisse. Étudiant les spermatozoïdes du saumon, il isola, en 1868, du noyau cellulaire, la nucléine.

**Mies van der Rohe** Ludwig (Aix-la-Chapelle, 1886 – Chicago, 1969), architecte américain ; directeur du Bauhaus de Dessau (1930-1933). Ses constructions ont une ossature d'acier apparente et des façades de verre.

**Mieszko** (m. en 992), prince de Pologne (v. 960-992), premier souverain de la dynastie des Piast. Baptisé en 966, il fit évangéliser la Pologne. (VAR) **Mieczysław Ier**

**miette** *nf* **1** Petite parcelle de pain, de gâteau qui se détache quand on le coupe, qui reste quand on a mangé. **2** Petite parcelle. *Briser un verre en miettes. Il n'a recueilli que les miettes de l'héritage.* (ETY) De *mie* 1.

**mieux** *av, nm, a* **A** *av* **1** D'une manière plus avantageuse, plus accomplie. *Il peut mieux faire. Il chante mieux que les autres. Il entend beaucoup mieux.* **2** Superlatif de *bien* ; de la manière la meilleure. *Le texte le mieux rédigé. Agis pour le mieux, du mieux que tu peux.* **B** *nm* Ce qui est meilleur, quelque chose de meilleur. *En attendant mieux. Faute de mieux.* **C** *a* **1** Meilleur, plus convenable. *C'est mieux pour lui. Il n'a rien de mieux à vous proposer.* **2** En meilleure santé. *Il est mieux qu'hier.* **3** Plus beau, d'une valeur supérieure. *Elle est mieux que lui.* LOC *Aimer mieux* : préférer. — fam *À qui mieux mieux* : en rivalisant, en cherchant à surpasser l'autre. — *Au mieux* : dans les conditions les plus favorables. — *De mieux en mieux* : en faisant toujours des progrès. — *Être au mieux avec qqn* : être très lié, être en très bons termes avec lui. — *Tant mieux* : interj. marquant la satisfaction. — *Valoir mieux* : être préférable. (ETY) Du lat.

**mieux-disant** *nm inv* Proposition la plus attrayante faite par l'une des parties en présence.

**mieux-être** *nm inv* Bien-être accru.

**mieux-offrant** *nm* Celui qui fait la meilleure offre dans une enchère, un marché. PLUR mieux-offrants.

**mieux-vivre** *nm inv* Amélioration des conditions de vie.

**mièvre** *a* D'une grâce un peu fade, affectée. (ETY) De l'a. scand. (DER) **mièvrement** *av* – **mièvrerie** *nf*

**Mi Fei** (1051 – 1107), peintre chinois de l'époque des Song ; paysagiste du Sud. (VAR) **Mi Fu**

**Mifune** Toshirō (Jingdao, Chine, 1920 – Tōkyō, Japon, 1997), acteur japonais, l'interprète favori de Kurosawa : *Rashōmon* (1950), *les Sept Samouraïs* (1954), *Barberousse* (1965).

**migmatite** *nf* MINER Roche métamorphique de composition analogue à celle du granite, à structure litée plus irrégulière que celle du gneiss. (ETY) Du gr. *migma*, « mélange ».

**mignard, arde** *a* D'une grâce, d'une douceur délicate, mignonne, recherchée.

**Mignard** Nicolas dit Mignard d'Avignon (Troyes, 1606 – Paris, 1668), peintre français. Portraitiste de Louis XIV. — **Pierre** dit le Romain (Troyes, 1612 – Paris, 1695), frère du préc. Portraitiste de la cour ; il décora le dôme du Val-de-Grâce (1663).

**mignardise** *nf* **1** litt Délicatesse, gentillesse affectée. **2** Petit œillet vivace très parfumé. **3** Pâtisserie miniature (tartelette, éclair, etc.).

**Migne** Jacques Paul (Saint-Flour, 1800 – Paris, 1875), prêtre et éditeur français. Il donna une édition complète des Pères de l'Église (384 vol., 1844-1866).

**mignon, onne** *a, n* **A** *a* **1** Délicat, gentil, gracieux. *Enfant mignon.* **2** Aimable, joli. *Une jeune fille très mignonne.* **3** Complaisant, gentil. *Sois mignon, va me poster cette lettre.* **B** *n* Terme d'affection. *Alors, ma mignonne !* **C** *nm* HIST Nom donné aux favoris d'Henri III, à ses gitons. (ETY) De l'a. fr. *mignot*.

**Mignon** opéra-comique (1866) d'Ambroise Thomas, sur un livret de Jules Barbier (1825 – 1901) et Michel Carré (1819 – 1872), d'ap. le *Wilhelm Meister* de Goethe.

**mignonnet, ette** *a, n* Délicat et mignon.

**mignonnette** *nf* **1** Œillet mignardise. **2** Salade faite avec de jeunes feuilles de chicorée sauvage. **3** Poivre concassé. **4** Gravillon roulé d'une granulométrie inférieure à 10 mm. **5** Petite bouteille échantillon que distribuent les producteurs de spiritueux.

**mignoter** *vt* ① fam Cajoler, dorloter.

**migraine** *nf* **1** MED Douleur d'origine vasomotrice n'affectant qu'un seul côté de la tête, qui s'accompagne parfois de nausées et de vomissements. **2** Mal de tête. (ETY) Du gr. *hemicrania*, « moitié du crâne ». (DER) **migraineux, euse** *a, n*

**migrant, ante** *a, n* Se dit de qqn qui effectue une migration.

**migrateur, trice** *a, nm* Se dit d'un animal qui migre.

**migration** *nf* **1** Déplacement d'une population passant d'une région dans une autre pour s'y établir. **2** Déplacement en groupes qu'effectuent, régulièrement, au cours des saisons, certains animaux. *Migration des hirondelles.* **3** MED Déplacement d'un corps étranger, de cellules dans l'organisme. *Migration d'un calcul. Migration de l'ovule.* **4** PHYS, METALL Déplacement de particules dans une substance sous l'effet d'un facteur extérieur. (DER) **migratoire** *a*

**migrer** *vi* ① Effectuer une migration. *Oiseaux migrant en Afrique. Les ions migrent à la cathode.* (ETY) Du lat.

**Mihajlović** Draža (Ivanjica, Serbie, 1893 – Belgrade, 1946), général yougoslave. Dès 1941, il lutta contre l'occupant allemand, mais aussi contre les partisans de Tito. Jugé pour trahison en 1946, il fut fusillé. (VAR) **Mihailović**

**mihrab** *nm* Niche à l'intérieur d'une mosquée, orientée vers La Mecque. (PHO) [miʀab] (ETY) Mot ar.

**mi-jambe (à)** *av* Au milieu de la jambe.

**mijaurée** *nf* Fille, femme aux manières prétentieuses, affectées. (ETY) De l'a. fr. *mijot*, « lieu où l'on fait mûrir les fruits ».

**mijotée** *nf* CUIS Plat mijoté. *Mijotée de pieds de cochon.* (VAR) **mijoté** *nm*

**mijoter** *v* ① **A** *vt* **1** Faire cuire lentement, à petit feu. **2** Cuisiner avec beaucoup de soin. **3** fig, fam Préparer doucement, à loisir, et d'une manière plus ou moins secrète un projet, un mauvais coup, etc. **B** *vi* Cuire lentement, à petit feu. (ETY) De l'a. fr. *mijot*, « lieu où l'on fait mûrir les fruits ».

**mijoteuse** *nf* Cocotte électrique à cuisson réglable. (ETY) Nom déposé.

**mikado** *nm* **1** Empereur du Japon. **2** Jeu d'adresse ressemblant au jeu de jonchets. (ETY) Mot jap.

**Mikhalkov** Nikita (Moscou, 1945), cinéaste russe : *Partition inachevée pour piano mécanique* (1976), *les Yeux noirs* (1986), *Soleil trompeur* (1994), *le Barbier de Sibérie* (1999), *12* (2007).

**Mikoyan** Anastas Ivanovitch (Sanain, Arménie, 1895 – Moscou, 1978), homme politique soviétique. Président du præsidium du Soviet suprême (1964-1965), il perdit ses pouvoirs en même temps que Khrouchtchev.

**1 mil** → **mille 1.**

**2 mil** *nm* Céréale à petits grains cultivée dans les régions chaudes de l'Ancien Monde. LOC *Gros mil* : sorgho. (ETY) Du lat. ▶ illustr. **céréales**

**Milady** personnage des *Trois Mousquetaires* de Dumas (1844) ; prem. femme d'Athos. Agent secret à la solde de Richelieu.

**milan** *nm* Oiseau de proie (falconiforme) aux longues ailes, jusqu'à 1,50 m d'envergure. (ETY) Mot provenç.

**Milan** (en ital. *Milano*), v. d'Italie, au centre de la plaine du Pô ; 3 millions d'hab. (aggl.). ; cap. de la Lombardie et ch.-l. de la prov. du m. nom ; la 2e ville d'Italie par sa pop., la 1re par son importance écon. Elle souffre de pollution. Centre culturel (édition, presse). – Archevêché. Université. Cath. goth. (*il Duomo*, XIVe-XVIe s.). Nombr. égl. Chât. des Sforza (XVe s., restauré au XIXe s.). Palais et pinacothèque Brera (XVIIe s.). Bibliothèque Ambrosienne. Théâtre de la Scala (XVIIIe s.). – Milan fut une métropole ecclés. après 313 (*édit de Milan*, autorisant la liberté des cultes). Ruinée par les invasions (452, puis 539), elle se releva au IXe s. D'Otton Ier (962) à Napoléon Ier (1805), les empereurs y reçurent la couronne lombarde. DER **milanais, aise** *a, n*

**Milan** le Duomo

**milanais, aise** *a* CUIS Se dit d'une escalope de veau panée et cuite au beurre.

**Milanais** anc. État de l'Italie du N., constitué autour de Milan dès le déb. du XIIe s. Les seigneurs de la ville dominèrent les cités voisines, les Visconti au XIVe s., les Sforza au XVe s. En 1535, l'État passa aux Habsbourg. Donné par Charles Quint à son fils, le futur Philippe II d'Espagne (1540), il fut cédé à l'Autriche en 1713. Centre de la République cisalpine (1797), il forma, avec la Vénétie, le royaume lombard-vénitien (1815), fondu dans celui d'Italie (1859). DER **milanais, aise** *a, n*

**Milanković** Milutin (Dalj, 1879 – Belgrade, 1958), astronome croate. Il a cherché à expliquer l'évolution du climat terrestre.

**Milan Obrenović** (Mărăşeşti, Moldavie, 1854 – Vienne, 1901), prince (1868-1882), puis roi (1882-1889) de Serbie. Succédant à son cousin Michel, il affronta la Turquie, qui reconnut l'indépendance de la Serbie (traité de San Stefano, 1878), et il prit le titre de roi (1882). Autoritaire et corrompu, il dut abdiquer.

**Milarepa** (?, v. 1040 – ?, v. 1125), moine bouddhiste tibétain, célèbre pour les pénitences qu'il s'infligeait.

**Milazzo** v. et port de pêche de Sicile, à l'O. de Messine, 30 400 hab. Station balnéaire. – Fondée par les Grecs, l'antique *Myles* vit les Romains vaincre, sur mer, les Carthaginois (260 av. J.-C.). Le 20 juil. 1860, la victoire de Garibaldi libéra la Sicile.

**mildiou** *nm* Maladie des plantes due à des moisissures et qui se manifeste par des taches brunes suivies d'un flétrissement général. ETY De l'angl. DER **mildiousé, ée** *a*

**mile** *nm* Unité de mesure de longueur anglo-saxonne équivalant à 1 609 m. PHO [majl] ou [mil] ETY Mot angl.

**Milet** (en gr. *Milêtos*), anc. v. d'Asie Mineure, en Ionie, à l'embouchure du Méandre. À partir du VIIIe s. av. J.-C., Milet fut la plus grande métropole grecque d'Asie Mineure ; son école philosophique compta Thalès, Anaximène, Anaximandre. Au Ve s. av. J.-C., les invasions perses suscitèrent son déclin.

**Milford Haven** port pétrolier de G.-B. (pays de Galles) ; 13 930 hab.

**Milhaud** Darius (Aix-en-Provence, 1892 – Genève, 1974), compositeur français, membre du groupe des Six. L'écriture contrapuntique et la polytonalité caractérisent son œuvre abondante : symphonies, cantates, ballets : *le Bœuf sur le toit* (1919), *la Création du monde* (1923).

**miliaire** *a, nf* **A** MED *a* Qui présente un aspect granuleux. **B** *nf* Éruption de fines vésicules dues à la rétention de la sueur.

**milice** *nf* **1** Au Moyen Âge, troupe levée dans une ville affranchie pour défendre celle-ci. **2** Corps de police supplétif. **3** Formation de police, sans caractère officiel, chargée de défendre des intérêts privés. **4** Belgique Service militaire. **LOC** Suisse ***De milice :*** formé de membres non professionnels. ETY Du lat. DER **milicien, enne** *n*

**Milice (la)** organisation créée par le gouv. de Vichy en janv. 1943 pour lutter contre la Résistance en collaboration avec les Allemands, ce qu'elle fit en zone libre, puis en zone occupée (déc. 1943) jusqu'à la Libération. Elle contribua aux persécutions contre les Juifs. Son secrétaire général était Joseph Darnand, un anc. militant royaliste, fusillé en 1945.

**milieu** *nm* **1** Centre d'un lieu, point situé à égale distance des extrémités. *Ville située au milieu de la France.* **2** Période située à égale distance du début et de la fin. *Le milieu du mois.* **3** fig Ce qui est également éloigné de deux excès contraires. *Garder le juste milieu.* **4** Ensemble de conditions naturelles qui régissent la vie d'êtres vivants. *Milieu marin.* **5** Entourage, société, sphère sociale où l'on vit. *Influence du milieu. Réunir des amis de milieux différents.* **6** Monde de la pègre. **LOC** fam ***Au milieu de nulle part :*** dans un endroit improbable, mal défini. — ***Milieu (de terrain) :*** joueur de football chargé de faire la liaison entre les défenseurs et les attaquants. — PHYSIOL ***Milieu intérieur :*** ensemble des liquides interstitiels (y compris le sang) qui baignent les cellules de l'organisme. ETY De *mi-* et *lieu.*

**Milieu (empire du)** nom (*Zhong Hua*) donné autref. par les Chinois à leur pays, qu'ils considéraient comme le centre du monde.

**Milioukov** Pavel Nikolaïevitch (Moscou, 1859 – Aix-les-Bains, 1943), homme politique russe du parti KD ; ministre des Affaires étrangères de mars à mai 1917.

**militaire** *a, nm* **A** *a* **1** Relatif à l'armée, aux soldats, à la guerre. *Art, justice militaire.* **2** Qui s'appuie sur l'armée. *Dictature militaire.* **B** *nm* Membre de l'armée. ETY Du lat. DER **militairement** *av*

**militance** *nf* fam **1** Activité du militant politique ou syndical. **2** Ensemble des militants d'une organisation.

**militant, ante** *a, n* **A** *a* Qui agit en combattant. *Politique militante.* **B** *n* Adhérent actif d'un parti, d'une organisation.

**militantisme** *nm* Activité des militants d'une organisation. DER **militantiste** *a*

**militariser** *vt* ① **1** Pourvoir d'une force armée. **2** Organiser de façon militaire. **3** Faire occuper par la force armée. *Militariser une zone.* **4** Adapter à des fins militaires *Militariser les spores de l'anthrax.* DER **militarisation** *nf*

**militarisme** *nm* **1** Politique s'appuyant sur les militaires, sur l'armée, ou exercée par des militaires. **2** Opinion, tendance de ceux qui sont favorables à l'influence des militaires, de l'armée. DER **militariste** *a, n*

**militaro-industriel, elle** *a* Se dit d'un groupe de pression qui détiendrait l'essentiel du pouvoir dans l'État moderne.

**Military Cross** décoration brit. créée en 1814 pour récompenser les officiers subalternes. La *Military Medal*, créée la même année, récompense les soldats et sous-officiers.

**militer** *vi* ① **1** Œuvrer activement à la défense ou à la propagation d'une idée, d'une doctrine. **2** Être militant d'une organisation. *Militer au PC.* **3** Plaider pour ou contre qqch. *Cet élément milite pour sa thèse.* ETY Du lat. *militare*, « être soldat ».

**milk-shake** *nm* Boisson à base de lait frappé et battu avec de la pulpe de fruits. PLUR milk-shakes. PHO [milkʃɛk] ETY Mot anglo-amér. VAR **milkshake**

**Mill** John Stuart (Londres, 1806 – Avignon, 1873), philosophe empiriste et économiste anglais, surtout connu pour sa théorie de l'induction (*Logique inductive et déductive*, 1843), et sa morale (*De l'utilitarisme*, 1863). Libéral en économie politique (*Principes d'économie politique*, 1848), il manifesta des sympathies socialistes et féministes (*De l'assujettissement des femmes*, 1869).

**millade** *nf* Petit mil, utilisé pour nourrir les oiseaux.

**millage** *nm* Canada Mesure d'une distance en milles.

**Millais** sir John Everett (Southampton, 1829 – Londres, 1896), peintre anglais préraphaélite puis réaliste.

**Millardet** Alexis (Montmirey-la-Ville, Jura, 1838 – Bordeaux, 1902), botaniste français. Il préconisa (pour éviter les ravages dus au mildiou) d'hybrider des cépages français et américains, et d'utiliser la bouillie bordelaise.

**millas** *nm* rég Gâteau fait de farine de maïs cuite dans du saindoux, puis refroidi, et coupé en cubes qui sont ensuite frits et servis chauds saupoudrés de sucre en poudre. PHO [mijas] ETY Du gascon. VAR **millasse** ou **milliasse** *nf*

**Millau** ch.-l. d'arr. de l'Aveyron, sur le Tarn ; 23 003 hab. Centre de la ganterie. – Place forte protestante (XVIe s.). – Le *viaduc de Millau*, dû à N. Foster (long. : 2 460 m, haut. : 270 m), a été ouvert en 2004 au-dessus du Tarn. DER **millavois, oise** *a, n*

**1 mille** *a num, nm inv* **A** *a num* **1** Qui vaut dix fois cent (1 000). *Mille kilomètres. Mille peut s'écrire mil dans une date inférieure à deux mille : mil neuf cent trente.* **2** Un grand nombre de. *Je vous remercie mille fois.* **3** Millième. *Le numéro mille d'un journal. L'an mille ou l'an mil.* **B** *nm inv* **1** Le nombre mille. *Multiplier par mille.* **2** Millier. *Le prix au mille.* **3** Centre d'une cible, qui fait gagner mille points quand on le touche. *En plein dans le mille.* **4** Groupe de mille exemplaires d'un ouvrage. *Vingtième mille.* **LOC** fam ***Des mille et des cents :*** beaucoup d'argent. — ***Mettre, taper, toucher dans le mille :*** tomber juste ; réussir pleinement. ETY Mot lat.

**2 mille** *nm* **1** ANTIQ Unité romaine de mesure des distances, valant mille pas (1 482 m). **2** Canada Unité de mesure de longueur anglo-saxonne, valant 1 609 m, comme le mile. **LOC** ***Mille marin :*** unité de mesure des distances utilisée en navigation maritime et aérienne, distance entre deux points d'un méridien terrestre séparés par une minute d'arc (1 852 m). ETY Mot lat.

**Mille (an)** date que les chrétiens d'Europe auraient considérée comme celle de la fin du monde. Cette frayeur collective est une invention des historiens du XIXe s. VAR **an Mil**

**Mille (les)** patriotes italiens dits aussi *les Chemises rouges*, réunis par Garibaldi. De Gênes (6 mai 1860), ils naviguèrent jusqu'à Marsala (11 mai) et prirent la Sicile aux Napolitains. Le 7 sept. ils prenaient Naples où, le 7 nov., Garibaldi fit allégeance à Victor-Emmanuel II.

**Mille et Une Nuits (les)** recueil de contes populaires arabes (Xe-XIIe s. env.) d'orig. diverses (Perse, Bagdad, Égypte). Pendant mille nuits plus une, symbole de l'infini, la belle Schéhérazade narre des histoires au roi de Perse Chāhriyār : *Aladin et la lampe merveilleuse*, *Ali Baba et les quarante voleurs*, *Sinbād le marin*, etc.

**1 millefeuille** *nf* Plante herbacée (composée) à feuilles finement divisées, et à fleurs blanches ou rosées. SYN achillée.

**2 millefeuille** *nm* **1** Gâteau de pâte feuilletée garnie de crème pâtissière. **2** fig, fam Empilement de mesures, d'interventions, d'échelons, rendant un problème plus complexe. *La réforme du millefeuille administratif.*

**millénaire** *a, n* **A** *a* Qui existe depuis mille ans. *Un monument millénaire.* **B** *nm* **1** Période de mille ans. **2** Millième anniversaire. *Célébrer le millénaire de Paris.*

**millénarisme** *nm* RELIG Croyance en un règne messianique destiné à durer mille ans. (DER) **millénariste** *a, n*

**1984** roman d'anticipation de G. Orwell (1949). ▷ CINE Films des Anglais Michael Anderson en 1955, et Michael Radford en 1984.

**millénium** *nm* RELIG Règne de mille ans, dans le millénarisme. (PHO) [millenjɔm]

**mille-pattes** *nm inv* Nom cour. de nombreux myriapodes. (VAR) **millepatte** *nm*

**mille-pertuis** *nm inv* Plante dicotylédone herbacée à fleurs jaunes, qui doit son nom aux glandes translucides qui criblent ses feuilles. (VAR) **millepertuis**

**millépore** *nm* ZOOL Hydrozoaire à squelette calcaire, qui contribue à la construction des récifs coralliens tropicaux.

**Miller** Cincinnatus Hiner Miller, dit Joaquin (Liberty County, 1837 – Oakland, 1913), poète amér. : *Poèmes du Pacifique* (1870).

**Miller** Henry (New York, 1891 – Pacific Palisades, Californie, 1980), écrivain américain qui vécut à Paris de 1930 à 1938. Son œuvre, presque totalement autobiographique, vante la sexualité et critique le « cauchemar climatisé » qui le mit longtemps à l'index : *Tropique du Cancer* (1934), *Tropique du Capricorne* (1939), *Crucifixion en rose* (3 vol., 1949-1960), *Big Sur* (1956).

Henry Miller

D. Milhaud

**Miller** Elizabeth dite Lee (Poughkeepsie, N. Y., 1907 – Chiddingly, East Sussex, 1977), photographe américaine (portraits, mode).

**Miller** Arthur (New York, 1915 – Roxbury, 2005), auteur dramatique américain ; critique de la société amér. : *Mort d'un commis voyageur* (1949), *les Sorcières de Salem* (1953), etc. Il adapta pour l'écran son roman *les Misfits* (1960).

**Miller** Stanley (Oakland, 1930 – National City, Californie, 2007), biologiste américain ; travaux sur l'origine de la vie.

**Miller** Claude (Paris, 1942), cinéaste français : *la Petite Voleuse* (1988).

**mille-raies** *nm inv* Tissu à fines raies ou à fines côtes. *Velours mille-raies.* (VAR) **milleraie**

**Millerand** Étienne Alexandre (Paris, 1859 – Versailles, 1943), homme politique français. Il quitta le Parti socialiste (1905), fut ministre de la Guerre (1912-1913 et 1914-1915), président du Conseil (1920). Président de la Rép. (1920-1924), il s'opposa au Cartel des gauches et dut démissionner.

**millerandage** *nm* VITIC Développement imparfait des grains de raisin, par suite d'une mauvaise fécondation. (DER) **millerandé, ée** *a*

**millésime** *nm* **1** Chiffre exprimant le nombre mille dans une date. *1 est le millésime de 1950.* **2** Chiffre marquant l'année de fabrication d'une monnaie, l'année de récolte d'un vin, etc. (ETY) Du lat. *millesimus*, « millième ».

**millésimer** *vt* ① Attribuer un millésime à. *Un cru millésimé.*

**millet** *nm* Nom cour. de diverses graminées céréalières cultivées en Asie et en Afrique.

**Millet** Jean-François (Gréville, Manche, 1814 – Barbizon, 1875), peintre français de l'école de Barbizon, auteur de scènes de la vie rurale : *le Semeur* (1850), *les Glaneuses* (1857).

Jean-François Millet *la Fileuse* – musée d'Orsay, Paris

**Millevaches (plateau de)** plateau élevé (900 m en moyenne) du Massif central (Limousin), voué à l'élevage ovin. La Vienne, la Creuse, la Vézère, la Corrèze y ont leur source.

**milli-** Élément, du lat. *mille*, « mille », marquant la division par mille de l'unité. ABREV m.

**milliaire** *a* ANTIQ ROM *Borne milliaire* : borne qui marquait les milles.

**milliampère** *nm* ELECTR Millième d'ampère. SYMB mA.

**milliard** *nm* **1** Nombre qui vaut mille millions. **2** Nombre indéterminé et très considérable. (PHO) [miljaʀ]

**milliardaire** *a, n* Dont la fortune dépasse le milliard.

**milliardième** *a num, n* **A** *a num* Dont le rang est marqué par le nombre un milliard. **B** *nm* Chacune des parties d'un tout divisé en un milliard de parties égales.

**milliasse** → **millas.**

**millibar** *nm* METEO Anc. unité de pression remplacée par l'hectopascal.

**millième** *a num, n* **A** Dont le rang est marqué par le nombre 1 000. *La millième heure de vol. Le millième sur la liste des candidats reçus au concours.* **B** *nm* Chacune des parties d'un tout divisé en mille parties égales. *Un millième du budget national.*

**milliéquivalent** *nm* Millième de l'équivalent-gramme d'un ion. SYMB mEq.

**millier** *nm* Nombre de mille, d'environ mille. *Des milliers de gens.*

**milligrade** *nm* GEOM Unité de mesure d'angle égale à un millième de grade. SYMB mgr.

**milligramme** *nm* PHYS Unité de mesure de masse, équivalant à la millième partie du gramme. SYMB mg.

**Millikan** Robert Andrews (Morrison, Illinois, 1868 – San Marino, Californie, 1953), physicien américain. Il détermina la charge électrique et la masse de l'électron, calcula la valeur de la constante de Planck (1916). P. Nobel 1923.

**millilitre** *nm* PHYS Unité de mesure de volume, équivalant à la millième partie du litre. SYMB ml ou mL.

**millimètre** *nm* Unité de longueur valant un millième de mètre. SYMB mm. LOC *Au millimètre* : de façon extrêmement précise.

**millimétré, ée** *a* **1** Gradué, réglé en millimètres. *Papier millimétré.* **2** fig, fam Extrêmement précis. *Skieur qui suit une trajectoire millimétrée.*

**millimétrique** *a* **1** Gradué, réglé en millimètres. **2** D'un ordre de grandeur voisin du millimètre. *Onde millimétrique.*

**million** *nm* **1** Nombre qui vaut mille fois mille. **2** Nombre indéterminé et très considérable. (ETY) De l'ital.

**millionième** *a num, nm* **A** *a num* Dont le rang est marqué par le nombre un million. **B** *nm* Chacune des parties d'un tout divisé en un million de parties égales.

**millionnaire** *a, n* **A** Dont la fortune s'évalue en millions. **B** *a* Dont la population atteint ou dépasse le million d'habitants.

**millithermie** *nf* PHYS Millième de thermie. SYMB mth.

**millivolt** *nm* ELECTR Millième de volt. SYMB mV.

**millivoltmètre** *nm* ELECTR Appareil servant à mesurer les différences de potentiel de l'ordre du millivolt.

**Milloss** Aurel (Ozora, 1906 – Rome, 1988), danseur et chorégraphe italien d'origine hongroise.

**Milly-la-Forêt** ch.-l. de cant. de l'Essonne (arr. d'Évry), à l'orée de la forêt de Fontainebleau ; 4 601 hab. – Halles en bois du XV$^{e}$ s. Chapelle décorée par J. Cocteau (1960). (DER) **milliacois, oise** *a, n*

**Milne-Edwards** Henri (Bruges, 1800 – Paris, 1885), zoologiste français, spécialiste des invertébrés. — **Alphonse** (Paris, 1835 – id. 1900), fils du préc., zoologiste, spécialiste des mammifères.

**Milo** île des Cyclades ; 161 km$^{2}$ ; 4 500 hab. ; ch.-l. *Milos.* – L'île fut un des centres de la civilisation minoenne.

**Milo** Aphrodite, dite Vénus de statue gr. en marbre du II$^{e}$ s. av. J.-C. (haute de 2,02 m, Louvre) trouvée dans l'île de Milo en 1820. Sa pose déhanchée la rattache à l'école de Praxitèle (IV$^{e}$ s. av. J.-C.).

Vénus de Milo marbre, II$^{e}$ s. av. J.-C. – musée du Louvre

**Milon de Crotone** (né à Crotone au VI$^{e}$ s. av. J.-C.), athlète grec. Selon la légende, il voulut fendre un chêne avec ses mains, mais les deux parties du tronc emprisonnèrent une main et les loups le dévorèrent. ▷ ART Groupe en marbre de Puget (1683).

**Milon** Titus Annius Papianus (Lanuvium, v. 95 – Compsa, 48 av. J.-C.), homme politique romain. Gendre de Sylla, il contribua au retour d'exil de Cicéron, qui le défendit quand on l'accusa du meurtre de Clodius (52).

**milonga** *nf* Variété de tango rapide. ETY Mot esp.

**milord** *nm* **fam, vieilli** Homme très riche et élégant. ETY De l'angl. *my lord,* « mon seigneur ».

**Milosevic** Slobodan (Pozarevac, Serbie, 1941 – La Haye, 2006), homme politique serbe. Prés. de la Ligue communiste de Serbie de 1986 à 1988, élu président de la rép. de Serbie (1989-1997), puis de la Fédération de Yougoslavie (1997-2000), il a mené une politique ultra-nationaliste. Arrêté à Belgrade en 2001, il est remis au Tribunal pénal international et inculpé de crimes contre l'humanité pour sa politique en Bosnie et au Kosovo. Il meurt avant la fin de son procès

**Miloš Obrenović** (Dobrinja, 1780 – Topćider, près de Belgrade, 1860), prince de Serbie (1817-1839 et 1858-1860) ; fondateur de la dynastie des Obrenović. Éleveur de porcs, il organisa la révolte contre les Turcs (1804-1813). Il supplanta Karageorges, qu'il fit assassiner (1817). Il abdiqua en 1839 puis fut rappelé en 1858.

**Milosz** Oscar Vladislas de Lubicz-Milosz, dit O.V. de L. (Czereïa, auj. en Biélorussie, 1877 – Fontainebleau, 1939), écrivain français d'origine lituanienne : poèmes lyriques, élégiaques (*les Sept Solitudes,* 1906), dramatiques (*Scènes de don Juan,* 1906), essais philosophiques.

**Miłosz** Czesław (Szetejnie, Lituanie, 1911 – Cracovie, 2004), écrivain polonais. Il s'exila en 1951. Il critiqua le monde communiste (*la Pensée captive,* 1953) et la civilisation occidentale (*Visions de la baie de San Francisco,* 1969). Prix Nobel 1980.

**Milou** personnage de BD, fox-terrier blanc compagnon de Tintin.

**milouin** *nm* Canard plongeur.

**mi-lourd** *a, nm* SPORT Se dit d'un boxeur professionnel pesant entre 76,204 kg et 79,378 kg. PLUR mi-lourds.

**Miltiade** (?, 540 – Athènes, v. 489 av. J.-C.), général athénien. Élu stratège en 491, il fut l'artisan de la victoire de Marathon (490).

**Miltiade (saint)** (m. à Rome en 314), pape de 311 à sa mort.

**Milton** John (Londres, 1608 – id., 1674), poète anglais. Protégé par Cromwell, qui l'accueillit au Conseil d'État, il fut mis en prison par les Stuarts. Libéré (1660), aveugle (depuis 1652), ruiné, il vécut parmi ses trois filles et composa son chef-d'œuvre, *le Paradis perdu* (1667), suivi du *Paradis reconquis* et de *Samson Agonistes* (1671).

**Milton Keynes** ville nouvelle (1967) de G.-B. (Buckinghamshire) ; 172 300 hab.

**Milvius (pont)** pont sur le Tibre, en aval de Rome, où Constantin battit Maxence (312), mettant fin à l'empire païen.

**Milwaukee** v. des É.-U. (Wisconsin), port sur le lac Michigan ; 1 400 000 hab. (aggl.). Centre comm. et industr.

**mime** *n* **A** *nm* Syn. de *pantomime.* **B** *n* **1** Interprète de pantomime. **2** Personne qui mime. **3** BIOCHIM Produit synthétique qui produit le même effet qu'une substance naturelle. ETY Du gr.

**mimer** *vt* ① Imiter, représenter par des gestes, des attitudes.

**mimétisme** *nm* **1** Aptitude de certaines espèces animales à prendre l'aspect d'un élément de leur milieu de vie et spécialement celui d'une autre espèce vivant dans ce milieu. **2** Tendance à imiter le comportement d'autrui, à prendre les manières, les habitudes d'un milieu, etc. ETY Du gr. DER **mimétique** *a*

**mimi** *nm* **1** Chat, dans le langage enfantin. **2** Baiser, caresse. **3** Terme affectueux. ETY De *minet.*

**Mimi** personnage du roman de Murger *Scènes de la vie de Bohème* (1849), et de l'opéra de Puccini *la Bohème* (1896).

**Mimi Pinson** nouvelle de Musset (1845) contant l'hist. d'une grisette insouciante.

**mimique** *nf, a* **A** *a* Relatif au mime. *Langage mimique.* **B** *nf* Représentation par le geste ou par l'expression du visage d'une idée, d'un sentiment, etc. *Une mimique expressive.* ETY Du gr.

**Mimizan** ch.-l. de cant. des Landes (arr. de Mont-de-Marsan) ; 6 864 hab. Stat. balnéaire à *Mimizan-Plage.* Industrie (bois, papier). DER **mimizanais, aise** *a, n*

**mimodrame** *nm* Œuvre dramatique dans laquelle les acteurs miment leur rôle sans parler.

**mimolette** *nf* Fromage de Hollande jaune orangé, à pâte souple. ETY De *mollet,* « un peu mou ».

**mimologie** *nf* **didac** **1** Imitation de la voix. **2** Langage des sourds-muets.

**mimosa** *nm* **1** Arbuste (mimosacée) aux feuilles entières ou composées, cultivé pour ses fleurs jaunes ornementales, groupées en petites boules très odorantes. **2** BOT Mimosacée herbacée d'origine américaine, dont une espèce est appelée *sensitive,* parce que ses feuilles se replient quand on les touche. **LOC** ***Œuf mimosa :*** œuf dur coupé en deux, recouvert de mayonnaise dans laquelle on a écrasé le jaune.

**mimosa**

**mimosacée** *nf* BOT Légumineuse dont la famille comprend les mimosas et les acacias.

**Mimoun** Alain (Telagh, Algérie, 1921 – Champigny-sur-Marne, 2013), athlète français qui remporta le marathon aux JO de Melbourne (1956).

**mi-moyen** *a, nm* SPORT **vieilli** Syn. de *welter.*

**min** Symbole de minute.

**min** *nm* Dialecte chinois parlé au Fujian et à Hainan. PHO [min]

**MIN** *nm* Marché de produits agricoles ou alimentaires d'une importance particulière, soumis à une règlementation. ETY Acronyme pour *marché d'intérêt national.*

**minable** *a, n* **A** *a* Qui fait pitié. *Aspect minable.* **B** *a, n* **fam** Médiocre, dérisoire. DER **minablement** *av*

**minage** *nm* MILIT Action de miner un terrain, un port, etc.

**Minamoto no Yoritomo** (Kamakura, 1147 – id., 1199), seigneur japonais qui, depuis son fief de Kamakura (au S. de Tokyo), exerça le pouvoir sur le Japon comme shogun, fondant ainsi le prem. shogunat (1192). La famille Minamoto conserva le pouvoir jusqu'en 1338.

**Minangkabaus** peuple de Sumatra (Indonésie) parlant une langue voisine du malais ; env. 5 millions de personnes. DER **minangkabau** *a*

**minaret** *nm* Tour d'une mosquée. *Du haut du minaret, le muezzin appelle à la prière.* ETY De l'ar. *manārah,* « phare ».

**Minas de Ríotinto** v. d'Espagne (Andalousie) 6 100 hab. Pyrites exploitées dès l'Antiquité. VAR **Minas de Río Tinto**

**Minas Gerais** État intérieur du Brésil oriental ; 587 172 km$^2$ ; 20 600 000 hab. ; cap. *Belo Horizonte.* Ce pays de hautes terres (*serra da Mantiqueira,* 2 750 m), voué à l'élevage bovin, recèle des richesses minérales (fer, manganèse, bauxite, mica) qui ont suscité l'industrialisation.

**minauder** *vi* ① Faire des mines, faire des manières. DER **minaudier, ère** *a*

**minauderie** *nf* **A** Action de minauder. **B** *nfpl* Manières affectées.

**minaudière** *nf* Petite boîte contenant un nécessaire à maquillage. ETY Nom déposé.

**minbar** *nm* Chaire à prêcher d'une mosquée. PHO [minbar] ETY Mot ar.

**mince** *a, interj* **A** *a* **1** De peu d'épaisseur. *Étoffe mince.* **2** Svelte. *Femme mince.* **3** **fig** Peu important, médiocre. *De minces revenus.* **B** *interj* **fam** Marque la surprise, l'admiration, etc. *Mince alors !* ETY De l'a. fr. v. *mincier,* « couper en menus morceaux ».

**minceur** *nf* **1** Caractère de ce qui est mince, peu épais. **2** État d'une personne mince.

**Mincio (le)** riv. d'Italie (194 km), affl. du Pô (r. g.) ; né dans l'Adamello, il traverse le lac de Garde et arrose Mantoue.

**mincir** *vi* ③ S'amincir. *Il a minci très vite.*

**Mindanao** grande île des Philippines, au N.-E. de Bornéo ; 99 311 km$^2$ ; 15 millions d'hab. ; v. princ. *Davao.* Cult. tropicales ; fer. – Au N.-E. de l'île, se trouve la *fosse de Mindanao* (- 10 500 m env.).

**mindel** *nm* GEOL Deuxième grande glaciation alpine du quaternaire. PHO [mindel] ETY Du n. pr.

**Mindel (le)** rivière bavaroise (84 km), affl. (r. dr.) du Danube.

**Minden** v. d'Allemagne (Rhénanie-du-N.-Westphalie), port sur la Weser ; 75 390 hab.

**Mindoro** île des Philippines, au sud de Luçon ; 10 245 km$^2$ ; 832 640 hab. ; v. princ. *Calapan.*

**Mindszenty** József Pehm, dit József (Csehimindszent, 1892 – Vienne, 1975), prélat hongrois. Primat de Hongrie (1945), cardinal en 1946, il fut emprisonné (1948-1955). Quand les chars sov. occupèrent Budapest (nov. 1956), il se réfugia à l'ambassade des É.-U. jusqu'en 1971, puis gagna Vienne.

**1 mine** *nf* **1** Gisement, le plus souvent souterrain, d'où l'on extrait une substance métallique ou minérale. *Mine de phosphate, de diamant.* **2** Excavation pratiquée pour exploiter un tel gisement. *Descendre au fond d'une mine.* **3** Ensemble des ouvrages, des bâtiments, des machines, des installations nécessaires à cette exploitation. **4** Source de profits, de connaissances. *Une mine de renseignements.* **5** Excavation dans laquelle on place une charge explosive destinée à détruire un ouvrage ; cette charge elle-même. **6** Engin de guerre conçu de manière à faire explosion lorsqu'un homme, un véhicule, un navire, etc., passe à proximité. *Mine antipersonnel.* **7** Mince baguette de graphite ou de matière colorée constituant la partie centrale d'un crayon. ETY Du celtique.

**2 mine** *nf* **1** Expression du visage, physionomie d'une personne, en tant qu'indice de son état de santé. *Avoir bonne mine ou mauvaise mine.* **2** Expression du visage, physionomie d'une personne, en tant qu'indice de son humeur, de son caractère, de ses sentiments. *Vous avez une mine bien réjouie !* **3** vieilli ou litt Maintien, tournure. **4** Apparence, aspect d'une chose. *Un civet qui a bonne mine.* LOC ***Faire bonne (triste, grise) mine à qqn*** : bien (mal) l'accueillir. — ***Faire des mines*** : faire des manières, minauder. — ***Faire mine de*** : faire semblant de ; paraître prêt à. — ***Mine de rien*** : en ayant l'air de rien. — ***Ne pas payer de mine*** : ne pas se présenter à son avantage. ETY Du breton *min,* « bec, museau ».

**minéola** *nm* Nectarine à saveur acide.

**Mineptah** → **Méneptah.**

**miner** *vt* ① **1** Creuser en créant un risque d'effondrement. *Fleuve qui mine ses berges pendant une crue.* **2** fig Consumer, détruire peu à peu. *Elle est minée par le chagrin. Il se mine pour un rien.* **3** MILIT Placer des mines explosives dans un lieu.

**minerai** *nm* Corps contenu dans un terrain et renfermant des minéraux en proportion suffisante pour en permettre l'exploitation.

**minéral, ale** *nm, a* **A** *nm* Corps inorganique se trouvant à l'intérieur de la terre ou à sa surface. **B** *a* Des minéraux. *Règne minéral (par oppos. à* règne végétal *et à* règne animal*).* PLUR minéraux. LOC ***Chimie minérale*** : qui a trait à tous les éléments autres que le carbone, et aux combinaisons auxquelles ils peuvent donner lieu (par oppos. à la *chimie organique*). ETY Du lat.

ENC Selon la classification *chimique,* on divise ainsi les 2 000 espèces minérales existantes : 1° *éléments natifs,* c.-à-d. purs, comme l'or, le platine, le cuivre, etc. ; 2° *oxydes et hydroxydes,* comme la magnétite ($Fe_3O_4$), le corindon ($Al_2O_3$), le rutile ($TiO_2$), etc. ; 3° *sels* de divers acides, comme les chlorures, fluorures, sulfures, nitrates, borates, etc. ; 4° *silicates,* classés à part car ils constituent près de 90 % de l'ensemble des minéraux terrestres. (V. silicate.) Les cristaux sont classés d'après leurs éléments de symétrie (plans, axes et centre de symétrie), ce qui conduit à définir la *maille* du cristal. Les formes, multiples, des différents cristaux peuvent être toutes ramenées à sept polyèdres, ou mailles élémentaires : *cubique, quadratique, orthorhombique, monoclinique, triclinique, hexagonale et rhomboédrique.* Lorsqu'un minéral cristallise dans plusieurs mailles, on le dit *polymorphe* (ex. : le carbone, qui donne aussi bien le diamant que le graphite). En revanche, deux minéraux différents sont *isomorphes* s'ils cristallisent de la même façon. Plusieurs cristaux peuvent se former simultanément ; emmêlés, ils constituent une *macle.*

**minéralier** *nm* **1** Cargo équipé pour le transport des minerais et des cargaisons en vrac. **2** Industriel de l'eau minérale.

**minéralier-pétrolier** *nm* Minéralier pouvant également transporter des hydrocarbures en vrac. PLUR minéraliers-pétroliers.

**minéraliser** *vt* ① **1** GEOL Transformer un métal en minerai. **2** Ajouter des substances minérales à de l'eau. DER **minéralisateur, trice** *a, n* – **minéralisation** *nf*

**minéraliste** *n* Spécialiste de chimie minérale.

**minéralocorticoïde** *nm* BIOCHIM Hormone corticosurrénale qui a la même action que l'aldostérone sur le métabolisme de l'eau et des minéraux.

**minéralogie** *nf* Science qui étudie les minéraux. DER **minéralogique** *a* – **minéralogiste** *n*

**minéralurgie** *nf* didac Ensemble des techniques de traitement des minerais. DER **minéralurgique** *a*

**minerval** *nm* Belgique, Afrique Frais de scolarité. PLUR minervals. ETY De *Minerve.*

**minerve** *nf* Appareil d'orthopédie, collerette rigide qui maintient la tête droite et les vertèbres cervicales en extension. ETY De *Minerve.*

**Minerve** dans la myth. rom., déesse de la Sagesse, assimilée à l'Athéna des Grecs ; patronne de Rome, elle protégeait les villes.

**minervois** *nm* Vin AOC, surtout rouge, de l'Aude et de l'Hérault.

**Minervois** rég. de causses de l'Hérault et de l'Aude, au S.-E. de la Montagne Noire. Vins. – Son anc. cap., *Minerve* (com. de l'Hérault, arr. de Béziers ; 106 hab.), place albigeoise, fut prise par Simon de Montfort en 1210. DER **minervois, oise** *a, n*

**mines de Paris (École nationale supérieure des)** établissement d'enseignement supérieur créé en 1783. VAR **les Mines**

**minestrone** *nm* Soupe italienne épaisse, aux légumes et au riz ou aux pâtes. ETY Mot ital.

**minet, ette** *n* fam **A 1** Petit(e) chat(te). **2** Terme d'affection. *Mon gros minet.* **3** Jeune homme, jeune fille à la mode. **B** *nf* **1** Jeune fille, quelle que soit sa mise. **2** Luzerne lupuline. **3** Minerai de fer de Lorraine. ETY De *mine,* n. du chat en gallo-roman.

**1 mineur, eure** *a, n* **A** *a* De moindre importance. *Cela ne présente qu'un intérêt mineur.* **B** *a, n* DR Qui n'a pas atteint l'âge de la majorité (dix-huit ans, en France). **C** *nf* LOG Deuxième proposition d'un syllogisme, qui contient le terme mineur. LOC MUS ***Gamme mineure*** : dans laquelle la première tierce et la sixte sont mineures (par oppos. à *gamme majeure*). — LOG ***Terme mineur*** : qui est sujet dans la conclusion d'un syllogisme. — MUS ***Ton, mode mineur*** : utilisant les notes de la gamme mineure (par oppos. à *ton, mode majeur*). ETY Du lat.

**2 mineur** *nm* **1** MINES Ouvrier qui travaille dans une exploitation minière. **2** MILIT Soldat du génie employé au travail de sape et de mine. **3** Élève ou ancien élève de l'École des mines. ETY De *mine 1.*

**Ming** dynastie qui régna en Chine de 1368 à 1644. Chinoise, elle succéda à la dynastie mongole des Yuan et fut détrônée par la dynastie mandchoue des Qing. Elle fixa sa capitale à Pékin en 1409.

**Mingus Charles,** dit **Charlie** (Nogales, 1922 – Cuernavaca, 1979), contrebassiste, compositeur et chef d'orchestre de jazz américain.

**Charlie Mingus**

**Minho (le)** (en esp. *Miño*), fleuve de Galice (275 km) qui sépare l'Espagne du Portugal et se jette dans l'Atlantique.

**Minho** région du N.-O. du Portugal à partir de laquelle s'est constitué l'État portugais (XI^e-XIII^e s.) ; v. princ. *Braga.* DER **minhote** *a, n*

**mini-** Élément, du lat. *minus,* « moins », par l'angl., impliquant une idée de petitesse.

**miniature** *nf, a* **A** *nf* **1** Lettre ornée, d'abord peinte au minium, par laquelle on commençait le chapitre d'un manuscrit, au Moyen Âge. **2** Très petite peinture sur émail, ivoire, vélin, etc. *Des miniatures persanes.* **B** *a* Sous une forme très réduite. *Golf miniature.* ETY De l'ital.

**miniaturiser** *vt* ① TECH Réduire le plus possible l'encombrement d'un appareillage, d'une machine, etc. DER **miniaturisation** *nf*

**miniaturiste** *n* Peintre de miniatures.

**minibar** *nm* Dans une chambre d'hôtel, petit réfrigérateur contenant des boissons.

**minibus** *nm* Petit autocar. PHO [minibys] VAR **minicar** *nm*

**minicassette** *n* **A** *nf* Cassette audio ou vidéo de petit format. **B** *nm* Magnétophone qui utilise ce type de cassette. ETY Nom déposé.

**minichaîne** *nf* Chaîne haute-fidélité dont les éléments sont de petite taille. VAR **minichaine**

**minidisque** *nm* Support d'enregistrement numérique du son. *Minidisque compact réenregistrable.* ETY Nom déposé.

**Minièh** v. de la Haute-Égypte, sur le Nil ; 183 000 hab. ; ch.-l. de gouvernorat. Centre cotonnier. VAR **Al-Minya**

**minier, ère** *a, n* **A** *a* Relatif aux mines. *Gisement minier.* **B** *nm* Industriel du secteur des mines. **C** *nf* Mine exploitée à ciel ouvert.

**minigolf** *nm* Golf miniature.

**miniinvasif, ive** *a* CHIR Se dit d'une intervention pratiquée à travers une ouverture très petite au moyen d'instruments miniaturisés. VAR **mini-invasif, ive**

**minijupe** *nf* Jupe très courte.

**minima** → **minimum.**

**minimal, ale** *a* Qui a atteint, qui constitue un minimum. *Température minimale.* PLUR minimaux. LOC ***Art minimal*** : courant de l'art contemporain, apparu v. 1960 aux États-Unis, visant à une épuration extrême des formes et des couleurs, au profit d'une réflexion sur la notion même d'œuvre d'art.

**minimalisme** *nm* **1** Point de vue, position de celui qui défend une position minimale qui regroupe l'adhésion du plus grand nombre ou qui nécessite le minimum d'efforts. ANT maximalisme. **2** Tendance esthétique contemporaine préconisant une économie extrême des moyens mis en œuvre pour renforcer l'effet recherché. DER **minimaliste** *a, n*

**minime** *a, n* **A** *a* Très petit. *Valeur minime.* **B** *n* **1** Jeune sportif âgé de 13 à 15 ans. **2** RELIG CATHOL Religieux de l'ordre monastique de spiritualité franciscaine fondé par saint François de Paule en 1452 à Cosenza et introduit en France sous Louis XI. ETY Du lat.

**minimessage** *nm* TELECOM Syn. de *SMS.*

**minimex** *nm* Belgique Revenu minimum de moyens d'existence (équivalent du RMI français). DER **minimexé, ée** *a, n*

**miniature** (XV^e s.)

**minimiser** *vt* ① Donner à un fait, une réalité, une chose, etc., une importance moins grande que celle qu'on aurait pu ou dû lui accorder. DER **minimisation** *nf*

**minimoto** *nf* Petite moto, légalement inutilisable sur la voie publique.

**minimum** *nm, a* **A** *nm* **1** La plus petite valeur qu'une quantité variable puisse prendre. *Ne pas obtenir le minimum de points requis.* **2** DR Peine la plus petite. *Le substitut n'a requis que le minimum.* **B** *a* Le plus bas. *Tarif minimum.* (Rem. : dans le langage scientifique, on emploie *minimal* ; dans le langage courant, le plur. est *minimums* ou *minima*, le féminin est *minima*.) **LOC** ***Au minimum*** : au moins. — ***Minima sociaux*** : ensemble des allocations versées aux plus démunis (minimum vieillesse, minimum invalidité, RMI, etc.) — MATH ***Minimum d'une fonction*** : valeur de la fonction plus petite que toutes les valeurs immédiatement voisines. — ***Minimum garanti (MG)*** : indice servant au calcul des avantages en nature et variant en fonction de l'indice des prix. — ***Minimum vital*** : minimum que doit toucher un travailleur pour pouvoir satisfaire ses besoins essentiels. PHO [minimɔm] ETY Mot lat.

**miniordinateur** *nm* INFORM Ordinateur utilisé notam. comme interface entre un ordinateur central et des périphériques en réseau. VAR **mini-ordinateur**

**minisatellite** *nm* BIOL Brève séquence d'ADN répétée de nombreuses fois, utilisée dans la détermination des empreintes génétiques.

**minispace** *nf* AUTO Monospace de petite taille.

**ministère** *nm* **1** Charge de ministre. **2** Ensemble des ministres constituant un cabinet. *Renverser le ministère.* **3** Durée des fonctions d'un ministre. *Sous le ministère de Gambetta.* **4** Ensemble des services publics placés sous la direction d'un ministre ; bâtiment qui les abrite. *Le ministère des Affaires étrangères.* **5** RELIG Sacerdoce. *Le saint ministère.* **6** Entremise, intervention. *Offrir son ministère. Signifier une décision de justice par ministère d'huissier.* **LOC** DR ***Ministère public*** : corps de magistrats formant la magistrature debout (ou parquet), chargés de représenter l'État auprès des tribunaux et de requérir l'exécution des lois. ETY Du lat. *ministerium*, « fonction de serviteur, service ».

**ministériel, elle** *a* Relatif au ministère. *Crise ministérielle.* **LOC** DR ***Officier ministériel*** : notaire, huissier ou commissaire-priseur.

**ministrable** *a, n* Qui peut devenir ministre.

**ministre** *n* **1** Membre du gouvernement qui dirige un ensemble de services publics. *La ministre des Affaires sociales.* **2** Agent diplomatique de rang inférieur à celui d'ambassadeur. *Ministre plénipotentiaire.* **3** Ecclésiastique. *Ministre de Dieu, du culte.* **4** Pasteur protestant. **LOC** ***Ministre délégué*** : ministre chargé d'une mission particulière par le Premier ministre ou par un autre ministre. — ***Ministre d'État*** : titre honorifique attribué à certains ministres qui entrent au gouvernement en fonction de leur personnalité ou de leur représentativité. — ***Ministre sans portefeuille*** : qui est chargé d'une mission gouvernementale mais n'est pas à la tête d'un ministère. — ***Papier ministre*** : de grand format. ETY Du lat. *minister*, « serviteur ».

**minitel** *nm* INFORM Ancien terminal d'accès des serveurs télématiques. ETY Nom déposé.

**minitéliste** *n* Utilisateur du minitel.

**minitennis** *nm* SPORT Tennis adapté à la pratique des enfants, qui se joue sur des courts plus petits.

**minium** *nm* Pigment rouge orangé, constitué d'oxyde de plomb de formule $Pb_3O_4$, utilisé principalement comme antirouille.

**minivague** *nf* Type de coiffure gonflante.

**minivélo** *nm* Petite bicyclette, repliable et facilement transportable.

**Minkowski Hermann** (Aleksotas, près de Kaunas, 1864 – Göttingen, 1909), mathématicien lituanien. Il fonda une géométrie des nombres.

**Minkowski Marc** (Paris, 1962), chef d'orchestre français, spécialiste du baroque.

**Minne George (baron)** (Gand, 1866 – Laethem-Saint-Martin, 1941), sculpteur belge du groupe de Laethem-Saint-Martin : *Fontaine aux agenouillés* (Bruxelles, 1898).

**Minneapolis** v. des É.-U. (Minnesota), sur la r. g. du Mississippi ; 2,6 millions d'hab. (aggl.). – Université. Institut d'art.

**Minnelli Vincente** (Chicago, 1910 – Los Angeles, 1986), cinéaste américain ; comédies musicales : *Un Américain à Paris* (1951), *Tous en scène* (1953) ; drames : *la Vie passionnée de Vincent Van Gogh* (1956), *Comme un torrent* (1959). — **Liza** (Los Angeles, 1946), fille du préc. et de Judy Garland, chanteuse et actrice de cinéma.

**minnesang** *nm* LITTER Dans l'Allemagne médiév. des XIIe-XIII[e] s., poésie courtoise des minnesänger. PHO [minəzɑ̃g] ETY Mot all., de *Minne*, « amour » et *sang*, « chanté ».

**minnesänger** *nm pl* Poètes courtois du Moyen Âge allemand (notam. du XIIIe s.) influencés par les troubadours et les trouvères de France. PHO [minəzɛngər] ETY De *minnesang*.

**Minnesota** État du centre-nord des É.-U., limitrophe du Canada, sur le lac Supérieur ; 217 735 km² ; 5 490 000 hab. ; cap. *Saint Paul.* – Grande rég. agric. et industr. – Territoire fédéral en 1849, il entra dans l'Union en 1858.

**Miño** → **Minho (le).**

**minoen, enne** *a, nm* Qui appartient à la période la plus ancienne de l'histoire crétoise (IIIe mill. – 1300 env. av. J.-C). PHO [minɔɛ̃, ɛn] ETY De *Minos*.

**minois** *nm* Visage frais, délicat, d'enfant, de jeune fille, de jeune femme.

**minorant** *nm* **LOC** MATH ***Minorant d'une partie P d'un ensemble ordonné E*** : élément de l'ensemble E inférieur à tout élément de la partie P.

**minorer** *vt* ① **1** Réduire la valeur, l'importance, le prestige de qqch. ou de qqn, minimiser, sous-évaluer. **2** MATH Déterminer un minorant d'un ensemble. ETY Du lat. DER **minoration** *nf*

**minoritaire** *a, n* De la minorité.

**minorité** *nf* **1** Le plus petit nombre dans un ensemble. *Dans une minorité de cas.* **2** Le plus petit nombre des suffrages, dans une réunion, une assemblée où l'on vote. *Être mis en minorité.* **3** Parti, tendance minoritaire (par oppos. à *majorité*). **4** Petite collectivité à l'intérieur d'un ensemble. *Les minorités ethniques, religieuses.* **5** État d'une personne légalement mineure, c.-à-d. âgée de moins de dix-huit ans, en France ; temps pendant lequel on est mineur. **6** Temps pendant lequel un souverain est trop jeune pour exercer le pouvoir monarchique. ETY Du lat. *minor*, « moindre ».

**Minorque** (en esp. *Menorca*), île des Baléares, au N.-E. de Majorque ; 668 km² ; 88 400 hab. ; ch.-l. *Mahón.* DER **minorquin, ine** *a, n*

**Minos** roi légendaire de Cnossos (Crète), fils de Zeus et d'Europe, époux de Pasiphaé, père d'Ariane et de Phèdre. Après sa mort, il devint l'un des trois juges des Enfers.

**minot** *nm* **1** Farine de blé dur utilisée pour l'alimentation du bétail. **2** fam Enfant.

**Minotaure** dans la myth. gr., monstre moitié homme, moitié taureau. Fils de Pasiphaé et d'un taureau blanc offert par Poséidon. Enfermé dans le Labyrinthe de Dédale, en Crète, il y fut tué par Thésée.

**Minotaure** revue éditée en France par le Suisse Albert Skira (1904 – 1973) de 1933 à 1938 (12 numéros). Des anthropologues et les surréalistes y collaborèrent.

**minoterie** *nf* Syn. de *meunerie*.

**minotier, ère** *a, nm* **A** *a* **1** De la minoterie. **2** Se dit de la pêche destinée à la farine de poisson. **B** *nm* Industriel de la minoterie.

**minou** *nm* fam **1** Chat, petit chat dans le langage enfantin. **2** Terme affectueux.

**Minquiers (plateau des)** écueils situés au S. des îles Anglo-Normandes (Manche) ; ils appartiennent à la G.-B. depuis 1953.

**Minsk** cap. de la Biélorussie ; 1,9 million d'hab. – Occupée par les All. de 1941 à 1944. DER **minskois, oise** *a, n*

**Minsky Marvin Lee** (New York, 1927 – Boston, 2016), mathématicien américain : travaux sur l'intelligence artificielle.

**Minucius Felix Marcus** (IIIe s.), écrivain latin ; apologiste du christianisme.

**minuit** *nm* **1** Milieu de la nuit. **2** Instant où un jour finit et où l'autre commence. *Le jour civil commence à minuit et se compte de 0 à 24 heures.*

**minus** *nm* fam Personne peu intelligente ou peu capable. PHO [minys] ETY Du lat. *minus habens*, « ayant moins ». VAR **minus habens**

**minuscule** *a, nf* **A** *a* Très petit. *Animal minuscule.* **B** *a, nf* Se dit d'une lettre dont la graphie est petite et particulière par rapport à la majuscule.

**1 minute** *nf* **1** Division du temps, égale à la soixantième partie d'une heure et à 60 secondes. SYMB min. **2** Espace de temps très court. *Je reviens dans une minute.* **3** GEOM Unité de mesure d'arc et d'angle, égale à la soixantième partie d'un degré. SYMB '. **LOC** ***À la minute*** : immédiatement. — ***À la minute où*** : dès que. — ***D'une minute à l'autre*** : tout de suite. — fam ***Minute !*** : attention, doucement ! ETY Du lat. *minutus*, « menu ».

**2 minute** *nf* DR Original des actes notariés ou des sentences rendues par les tribunaux. ETY Du lat. *minuta*, « écriture menue ». DER **minutaire** *a*

**1 minuter** *vt* ① Déterminer avec précision le déroulement dans le temps, l'horaire de qqch. *Minuter un exposé.* DER **minutage** *nm*

**2 minuter** *vt* ① DR Rédiger un acte juridique.

**minuterie** *nf* **1** TECH Partie d'un mouvement d'horlogerie destinée à marquer les fractions de l'heure. **2** Dispositif électrique à mouvement d'horlogerie, servant à établir un contact pendant une durée déterminée.

**minuteur** *nm* Dispositif à mouvement d'horlogerie, programmable, déclenchant une sonnerie ou coupant un contact électrique au bout du temps donné.

**minutie** *nf* Soin extrême, qui se manifeste jusque dans les plus petits détails. PHO [minysi] ETY Du lat. *minutus*, « menu ».

**minutier** *nm* DR Registre, dépôt des minutes.

**Minotaure**

**minutieux, euse** *a* Qui travaille avec minutie, marque la minutie, méticuleux. PHO [minysjœ, œz] DER **minutieusement** *av*

**Minya (Al)** → **Miniêh.**

**minyan** *nm* Dans la religion juive, réunion de dix hommes, nombre nécessaire pour célébrer le culte. PHO [minjan] ETY Mot hébreu.

**Minyens** peuple préhellénique de Béotie dont le roi légendaire était *Minyas.*

**miocène** *nm, a* GEOL Se dit de la quatrième époque de l'ère tertiaire, après l'oligocène et avant le pliocène, caractérisée par la tendance des mammifères au gigantisme. ETY De l'angl. *miocene*, du gr. *meion*, « moins », et *kainos*, « récent ».

**mioche** *n* fam Enfant. ETY De l'a. fr., « mie de pain ».

**Miollis** Alexandre François (comte de) (Aix-en-Provence, 1759 – id., 1828), général français. Gouverneur de Rome (1808-1814), il fit arrêter le pape Pie VII (1809).

**mi-parti, ie** *a* Composé de deux parties d'égale importance mais de nature différente. LOC HIST ***Chambres mi-parties*** : composées, à la suite de l'édit de Nantes, pour moitié de juges catholiques et de juges protestants.

**mips** *nm* Acronyme pour *million d'informations par seconde*, unité de mesure de la puissance d'un ordinateur.

**Mique** Richard (Nancy, 1728 – Paris, 1794), architecte français. Il construisit (1782-1784), pour Marie-Antoinette, le Petit Trianon à Versailles.

**Miquelon** île française (216 km$^2$ ; 709 hab.), près de Terre-Neuve, formée de la Grande Miquelon et de la Petite Miquelon (ou Langlade), réunies par un isthme. (V. Saint-Pierre-et-Miquelon.) DER **miquelonais, aise** *a, n*

**mir** *nm* HIST Communauté rurale, en Russie, avant 1917. ETY Mot russe.

**Mir** station orbitale russe, première base permanente dans l'espace, lancée en 1986 et détruite en 2001.

**Mirabeau** Honoré Gabriel Riqueti (comte de) (Le Bignon, Gâtinais, 1749 – Paris, 1791), homme politique français. Son père le fit emprisonner plusieurs fois, notam. au château de Vincennes, où il écrivit ses *Lettres à Sophie* (épouse du marquis de Monnier, avec laquelle il s'était enfui en 1776). Élu député par le tiers état d'Aix en 1789, il s'imposa à l'Assemblée nationale par son éloquence. Introduit à la cour, il reçut du roi des subsides. Accusé de trahison, il mourut brusquement, avant que fût démêlé son double jeu.

**Mirabeau**

**mirabelle** *nf* **1** Petite prune jaune, ronde et parfumée. **2** Eau-de-vie de mirabelle. ETY De l'ital.

**mirabellier** *nm* Prunier qui donne la mirabelle.

**mirabilis** *nm* BOT Plante herbacée (nyctaginacée) d'origine américaine dont il existe de nombreuses variétés horticoles, aux fleurs de couleurs variées, telle que la belle-de-nuit. PHO [miʀabilis] ETY Mot lat., « admirable ».

**miracle** *nm* **1** Événement, phénomène réputé contraire aux lois de la nature et dont l'accomplissement inexpliqué est, pour certains croyants, l'effet de la volonté divine. **2** Effet extraordinaire d'un hasard heureux. *Par miracle il est sauf.* **3** Fait, chose extraordinaire qui cause la surprise et l'admiration. *Ce tableau est un miracle d'harmonie.* **4** LITTER Composition dramatique médiévale qui mettait en scène les interventions miraculeuses des saints ou de la Vierge. LOC ***Crier au miracle*** : s'extasier devant une chose fort ordinaire. — ***Croire aux miracles*** : être trop crédule. ETY Du lat. *mirari*, « s'étonner ».

**Miracle de Théophile (le)** drame religieux en vers de Rutebeuf (v. 1260).

**miraculé, ée** *a, n* Se dit d'une personne qui a été l'objet d'un miracle. *Les miraculés de Lourdes. Les miraculés de la route.*

**miraculeux, euse** *a* **1** Fait par miracle, qui tient du miracle. *Guérison miraculeuse.* **2** Qui fait des miracles. *Remède miraculeux.* **3** Extraordinaire, merveilleux, étonnant. DER **miraculeusement** *av*

**mirador** *nm* Poste d'observation élevé, servant en partic. à surveiller un camp de prisonniers. ETY Mot esp., de *mirar*, « regarder ».

**mirage** *nm* **1** Phénomène optique propre aux régions chaudes du globe, qui donne l'illusion d'une nappe d'eau lointaine, et qui est dû à la courbure des rayons lumineux dans l'air surchauffé. **2** fig Illusion séduisante. *Le mirage du succès.* SYN chimère. **3** Action de mirer, d'examiner par transparence à la lumière. LOC ***Mirage gravitationnel*** : phénomène astrophysique comparable à un mirage.

**Mirage** séries d'avions militaires construits par la firme fr. Marcel-Dassault.

**Miramas** com. des Bouches-du-Rhône (arr. d'Istres), au N. de l'étang de Berre ; 24 876 hab. Industries. DER **miramasséen, enne** *a, n*

**Miranda** Francisco (Caracas, 1750 – Cadix, 1816), patriote vénézuélien. Il fut général sous la I$^{re}$ Rép. française. À Caracas, en 1811, il fit voter la Déclaration d'indépendance. Vaincu par les Espagnols (1812), il mourut en prison.

**Mirande** ch.-l. d'arr. du Gers, sur la Grande Baïse ; 3 563 hab. – Bastide XIII$^e$ s. DER **mirandais, aise** *a, n*

**miraud** → **miro.**

**mirbane** *nf* LOC CHIM ***Essence de mirbane*** : nitrobenzène utilisé en pharmacie.

**Mirbeau** Octave (Trévières, Calvados, 1848 – Paris, 1917), romancier français réaliste : *Journal d'une femme de chambre* (1900), *Dans le ciel* (posth., 1990). Théâtre : *Les affaires sont les affaires* (1903).

**mire** *nf* **1** TECH Tout signal fixe servant à orienter un instrument, à prendre des repères par visée. **2** Règle graduée utilisée pour les relevés topographiques. LOC ***Ligne de mire*** : droite qui va de l'œil de l'observateur au point visé. — ***Mire électronique*** ou ***mire de télévision*** : image diffusée par un émetteur de télévision et qui sert au réglage des récepteurs. — ***Point de mire*** : point visé ; fig centre de l'attention, des convoitises.

**Mirecourt** ch.-l. de cant. des Vosges (arr. de Neufchâteau), sur le Madon, affl. (r. g.) de la Moselle ; 6 384 hab. – Égl. XV$^e$ s. Musée de la lutherie DER **mirecurtien, enne** *a, n*

**Mireille** Mireille Hartuch, dite (Paris, 1906 – id., 1996), compositrice et chanteuse française (*Couchés dans le foin, Un petit chemin*). Fondatrice du Petit Conservatoire de la chanson (1954).

**Mireille** poème de Mistral en langue provençale, divisé en 12 chants (1859). ▷ MUS Gounod a tiré de cette œuvre un opéra (1864) sur un livret de Michel Carré (1819 – 1872).

**mire-œuf** *nm* Appareil servant à mirer les œufs. PLUR mire-œufs.

**mirepoix** *nf* CUIS Préparation à base de légumes et de condiments, que l'on incorpore à certaines sauces pour en rehausser la saveur. ETY D'un n. pr.

**mirer** *vt* ① **1** Examiner par transparence à la lumière. *Mirer des œufs pour s'assurer de leur fraîcheur.* **2** litt Regarder dans une surface réfléchissante. *Narcisse se mirait dans l'eau des fontaines.* ETY Du lat.

**mirettes** *nfpl* pop Yeux.

**mirifique** *a* iron Merveilleux.

**mirliflore** *nm* vieilli, plaisant Jeune élégant qui fait l'avantageux. ETY De *(eau de) mille fleurs.*

**mirliton** *nm* Instrument de musique formé d'un tube percé de deux trous, bouché aux deux extrémités par une membrane. LOC ***Vers de mirliton*** : mauvais vers.

**mirmidon** → **myrmidon.**

**mirmillon** *nm* ANTIQ ROM Gladiateur armé à la gauloise d'un casque, d'une courte épée et d'un bouclier. ETY Du lat.

**miro** *a, n* fam Qui voit mal, myope. VAR **miraud, aude**

**Miró** Joan (Barcelone, 1893 – Palma de Majorque, 1983), peintre, graveur, sculpteur et céramiste espagnol. Ami des surréalistes dès 1924, il a inventé un langage pictural poétique.

**Joan Miró** *Personnages et chien devant le soleil*, 1949 – musée des Beaux-Arts, Bâle

**mirobolant, ante** *a* fam Magnifique, extraordinaire au point d'en être incroyable.

**mirodrome** *nm* fam Syn. de *peepshow.*

**miroir** *nm* **1** Surface qui réfléchit les rayons lumineux, qui renvoie l'image des objets. **2** fig, litt Ce qui reproduit l'image de qqch, de qqn. *Les yeux, miroir de l'âme.* LOC ***Miroir aux alouettes*** : instrument garni de miroirs, que l'on fait tourner au soleil pour attirer de petits oiseaux ; fig moyen d'attirer les gens crédules pour les berner. — CUIS ***Œufs au miroir*** : œufs sur le plat cuits au four. ETY De *mirer.*

**miroité, ée** *a* Se dit d'un cheval bai dont la croupe présente des marques plus brunes ou plus claires que le fond de la robe.

**miroiter** *vi* ① Renvoyer la lumière en présentant des reflets changeants, scintiller. *Le lac miroite au soleil.* LOC ***Faire miroiter*** : faire valoir pour séduire, pour tenter qqn. DER **miroitant, ante** *a* – **miroitement** *nm*

**miroiterie** *nf* **1** Commerce, industrie des miroirs. **2** TECH Fabrique de vitrages épais et de miroirs. SYN glacerie

**miroitier, ère** *n* TECH Personne qui vend, qui répare, qui installe des miroirs ou des glaces.

**Miromesnil** Armand Thomas Hue de (près d'Orléans, 1723 – Miromesnil, Normandie, 1796), magistrat français. Garde des Sceaux (1774-1787), il fit interdire la torture.

**Miron** François (Paris, 1560 – id., 1609), magistrat français. Prévôt des marchands de Paris (1604-1606), il s'éleva contre la réduction des rentes.

**miroton** *nm* Viande de bœuf bouillie coupée en tranches, et accommodée aux oignons. *Un bœuf miroton.* VAR **mironton**

**mis, mise** *n* LOC DR ***Mis(e) en examen*** : personne mise en examen. SYN anc. inculpé.

**mis(o)-** Élément, du gr. *misein*, « haïr ».

**misaine** *nf* LOC MAR ***Mât de misaine*** : mât vertical à l'avant du navire, entre la proue et le grand mât. — ***Voile de misaine*** ou ***misaine*** : voile principale de ce mât.

**misandrie** *nf* Aversion, mépris pour le sexe masculin, les hommes. DER **misandre** *a, n*

**misanthrope** *n, a* **1** Personne qui déteste le genre humain. ANT philanthrope. **2** Personne bourrue, maussade, qui fuit le commerce des hommes. DER **misanthropie** *nf*

**Misanthrope (le)** pièce en 5 actes et en vers de Molière (1666) : Alceste tombe amoureux d'une coquette, Célimène.

**miscanthus** *nm* Grande graminée ornementale, à fleurs réunies en panicules. SYN herbe à éléphant. PHO [miskɑ̃tys] ETY Du gr. *miskos*, « tige ».

**miscellanées** *nfpl* didac Recueil composé d'écrits sur différents sujets. ETY Du lat. *miscere*, « mêler ».

**miscible** *a* CHIM Qui peut se mélanger de manière homogène avec un autre corps. ETY Du lat. DER **miscibilité** *nf*

**mise** *nf* **1** Action de placer dans un lieu déterminé. *La mise au tombeau du Christ.* **2** Action de placer dans une certaine situation. *Mise à l'épreuve. Mise en vente. Mise à prix.* **3** Action de disposer, de régler d'une certaine manière. *Mise en place.* **4** Manière de se vêtir. *Mise soignée.* SYN tenue. **5** Somme que l'on engage au jeu, dans une entreprise, etc. *Perdre sa mise. Mise de fonds.* **6** Suisse Vente aux enchères. LOC ***Être, n'être pas de mise*** : être, n'être pas convenable, admissible. — ***Mise bas*** : action de mettre bas, parturition. — DR ***Mise en examen*** : procédure qui a remplacé l'inculpation. — ***Mise en ondes*** : direction artistique d'une émission radiophonique. — IMPRIM ***Mise en page(s)*** : agencement des textes et des illustrations sur un (des) feuillet(s) d'un format déterminé. — ***Mise en scène*** : direction artistique d'une œuvre théâtrale ou cinématographique ; fig ensemble de dispositions prises à l'avance en vue de faire croire qqch. — fam ***Sauver la mise à qqn*** : lui épargner un ennui. ETY De *mettre*.

**Misène (cap)** cap d'Italie, à l'extrémité N.-O. du golfe de Naples.

**miser** *vt* 1 **1** Déposer comme mise, comme enjeu. *Miser dix francs. Miser gros.* **2** Compter, faire fond sur. *Je mise sur sa loyauté.*

**misérabilisme** *nm* Forme de populisme qui s'attache avec complaisance à la description de la misère. DER **misérabiliste** *a, n*

**misérable** *a, n* **A** Qui est dans la misère, le dénuement. **B** *a* **1** Qui est malheureux, digne de pitié. *Se sentir misérable.* **2** Qui est sans valeur. *Des vers misérables.* SYN piètre. **3** Insignifiant. *Ils se battent pour quelques misérables sous.* **C** *n* litt Vil individu. *Misérable ! Vous avez trahi !* ETY Du lat. DER **misérablement** *av*

**Misérables (les)** roman de Victor Hugo (1862) qui raconte l'hist. de Jean Valjean, de Cosette, de Gavroche, etc. ▷ CINE Films : de Raymond Bernard (1891 – 1977), en 1933, avec Harry Baur, Charles Vanel ; de l'Américain Richard Boleslawski (1889 – 1937), en 1935, avec Charles Laughton ; du Français Jean-Paul Le Chanois (1909 – 1990), en 1957, avec Jean Gabin, Bernard Blier, Bourvil.

**misère** *nf* **1** État d'extrême pauvreté. *Finir ses jours dans la misère.* **2** Chose pénible, douloureuse. *C'est une misère de le voir ainsi diminué ! Raconter ses petites misères.* **3** Chose insignifiante. *Se quereller pour une misère.* SYN bagatelle, vétille. **4** BOT Nom cour. de plusieurs plantes monocotylédones ornementales à croissance rapide, vivaces, à tiges retombantes. LOC Canada ***Avoir de la misère à*** : avoir du mal, de la difficulté à. — fam ***Faire des misères à qqn*** : le faire enrager.

**miserere** *nm inv* **1** RELIG CATHOL Psaume qui commence par les mots *Miserere mei, Domine* (« Aie pitié, Seigneur »). **2** MUS Musique qui accompagne ce psaume. PHO [mizeʀeʀe] ETY Mot lat. VAR **miséréré**

**Misère de la philosophie** œuvre de Marx (1847) qui répond en fr. à *la Philosophie de la misère* (1846) de Proudhon.

**Misères et malheurs de la guerre (les)** double suite d'estampes réalisées à l'eau-forte par Callot (1632-1633).

**miséreux, euse** *a, n* **A** Qui est dans la misère. *Une bande de miséreux.* **B** *a* Qui dénote la misère. *Air miséreux.*

**miséricorde** *nf* **1** Compassion éprouvée aux misères d'autrui. SYN pitié. **2** Pardon, grâce accordée à un coupable. **3** Exclamation exprimant la surprise, la crainte. **4** Console sculptée, sous le siège mobile d'une stalle d'église, sur laquelle on peut s'appuyer pendant les offices tout en ayant l'air d'être debout. ETY Du lat. *misericors*, « qui a le cœur sensible au malheur ».

**miséricordieux, euse** *a, n* Qui a de la miséricorde. *Cœur miséricordieux.*

**Mises** Ludwig von (Lemberg, 1881 – New York, 1973), économiste américain. Théorie de la monnaie et du crédit.

**Misfits (The)** (titre franç. *les Désaxés*), film de John Huston (1961), écrit par Arthur Miller, avec Marilyn Monroe, Clark Gable, Montgomery Clift (1920 – 1966).

**Mishima** Kimitake Hiraoka, dit Yukio (Tōkyō, 1925 – id., 1970), écrivain japonais. Nationaliste, il se suicida en public après l'échec d'un coup d'État. Romans : *le Pavillon d'or* (1956), *le Marin rejeté par la mer* (1963), *la Mer de la fécondité* (4 vol., 1970).

**Mishna (la)** commentaires de droit civil, pénal, etc., sur la Torah, qui composent l'une des deux grandes parties du Talmud (rédigés au IIIe s. apr. J.-C.). VAR **Michna**

**Miskitos** → **Mosquitos.**

**Miskolc** v. du N.-E. de la Hongrie ; ch.-l. de comté ; 211 650 hab. Industries.

**miso** *nm* CUIS Pâte de soja fermenté utilisée dans la cuisine japonaise. PHO [miso]

**misogynie** *nf* Aversion, mépris pour les femmes. DER **misogyne** *a, n*

**misonéisme** *nm* didac Hostilité à la nouveauté, au progrès. DER **misonéiste** *a, n*

**mispickel** *nm* MINER Sulfoarséniure naturel de fer (FeAsS), minerai d'arsenic. ETY Mot all.

**Miskolc** v. du N.-E. de la Hongrie ; ch.-l. de comté ; 211 650 hab. Industries.

**Misrata** → **Misurata.**

**miss** *nf* Titre donné aux lauréates des concours de beauté. ETY Mot angl., « mademoiselle ».

**missel** *nm* LITURG CATHOL Livre contenant les prières et les indications du rituel de la messe.

**missi dominici** *nm pl* HIST Envoyés du roi chargés de l'inspection des provinces et de la surveillance des comtés, sous Charlemagne et les premiers Carolingiens. ETY Mots lat.

**missile** *nm* Engin explosif de grande puissance possédant son propre dispositif de propulsion et de guidage. ETY Mot angl.

ENC Un missile comporte un système de propulsion (moteur-fusée), un système de guidage et une charge utile (ogive nucléaire, par ex.). On distingue les *missiles stratégiques* (portée supérieure à 2 000 km), les *missiles antimissiles* (destinés à la destruction des missiles adverses) et les *missiles tactiques* (portée inférieure à 40 km). Suivant leur site de lancement et leur objectif, on distingue les missiles sol-sol, sol-air, mer-mer, etc. Les *missiles de croisière* sont des missiles stratégiques qui échappent aux radars adverses en volant à très basse altitude.

**missile** français Milan 2 antichar, terre-terre

**missilier** *nm* **1** Militaire spécialiste des missiles. **2** Industriel fabriquant des missiles.

**mission** *nf* **1** Charge confiée à qqn de faire qqch. *Mission diplomatique. Chargé de mission.* **2** RELIG Pour les chrétiens, charge apostolique confiée aux évangélisateurs ; ensemble des activités visant à l'évangélisation ; communauté religieuse travaillant à l'évangélisation. **3** Travail effectué dans une entreprise par un travailleur intérimaire. **4** Ensemble des personnes auxquelles une charge est confiée. *Mission scientifique dans les régions polaires.* ETY Du lat.

**missionnaire** *n, a* **A** *n* **1** RELIG Personne qui propage la foi. **2** fig Personne qui propage une idée. *Missionnaire de la paix.* **B** *a* Relatif aux missions. *Congrégation missionnaire.*

**missionner** *vt* 1 Confier une mission (à qqn).

**Missions étrangères de Paris (société des)** société missionnaire fondée à Paris en 1664 pour évangéliser l'Extrême-Orient.

**Missions évangéliques (société des)** association religieuse protestante constituée à Paris en 1824, dissoute en 1970.

**Mississippi (le)** (anc. *Meschacebé*), princ. fleuve d'Amérique du Nord, au débit important (3 780 km ; 6 260 km si on ajoute le Missouri à la partie du fl. qui coule en aval de leur confluence). Il draine la vaste plaine centr. des É.-U. Né dans le Minnesota, près du lac Itasca, grande voie de communication depuis le XVIIe s., il arrose Minneapolis, Saint Paul, Saint Louis, Memphis, Baton Rouge et La Nouvelle-Orléans, et se jette dans le golfe du Mexique par un vaste delta.

**Mississippi** État du sud des É.-U., sur le golfe du Mexique, limité à l'O. par le Mississippi ; 123 584 $km^2$ ; 2 967 297 hab. (env. 35 % de Noirs) ; cap. *Jackson*. – Pays de plaines, grand producteur de coton. Autres ressources : riz, canne à sucre, élevage bovin, hydrocarbures. L'industrialisation progresse. – La région, cédée par la France à l'Angleterre (1763), forma un territoire américain en 1798 et entra dans l'Union en 1817.

**missive** *nf, a* Lettre que l'on envoie à qqn.

**Missolonghi** v. de Grèce, sur la côte N. du golfe de Patras (mer Ionienne) ; ch.-l. de nome ; 10 160 hab. – La ville se défendit victorieusement contre les Turcs en 1822 et soutint un siège désespéré de 1825 à 1826.

**Missouri (le)** riv. des É.-U. (4 370 km), princ. affl. du Mississippi (r. dr.), le plus long cours d'eau du pays ; né dans les Rocheuses, il arrose Kansas City et se jette dans le Mississippi en amont de Saint Louis. Rivière peu navigable. Nombr. centrales hydroélectriques.

**Missouri** État du centre des É.-U., drainé par le Missouri, limité à l'E. par le Mississippi ; 180 486 km$^2$ ; 5 988 927 hab. ; cap. *Jefferson City* ; v. princ. : *Saint Louis* et *Kansas City*. – Un plateau peu élevé retombe, au S.-E., sur une plaine. L'agric. domine : élevage, céréales. Gisements de plomb. Industries. – Cédée par la France à l'Espagne (1762), à nouveau française puis cédée aux É.-U. (1803), la région entra dans l'Union en 1821.

**Mistassini (la)** riv. du Québec, (300 km), qui prend sa source à l'E. du *lac Mistassini* et se jette dans le Rupert.

**mistelle** *nf* VITIC Moût de raisin dont la fermentation a été arrêtée par addition d'alcool. [ETY] De l'esp. *misto,* « mélangé ».

**Misti** volcan des Andes (5 822 m), au Pérou, près d'Arequipa.

**mistigri** *nm* **1** fam Chat. **2** JEU Valet de trèfle, dans certains jeux. **3** fig, fam Problème embarrassant que l'on veut repasser à qqn d'autre. [ETY] De *miste,* anc. n. du chat, et *gris.*

**Mistinguett** Jeanne Bourgeois, dite (Enghien-les-Bains, 1875 – Bougival, 1956), actrice et chanteuse française de music-hall : *Mon homme* (1920).

**mistoufle** *nf* vieilli, fam Misère.

**Mistra** village de Grèce, dans le Péloponnèse, à l'O. de Sparte. Vestiges (XIV$^e$-XV$^e$ s.) d'une cité byzantine. – Elle fut la cap. du *despotat de Mistra* ou *Morée.* [VAR] **Mystra**

**Mistra** Église des Saints-Théodore, XIII$^e$ s.

**mistral** *nm* Vent violent de secteur nord soufflant le long de la vallée du Rhône et sur la région méditerranéenne. PLUR mistrals. [ETY] Du provenç.

**Mistral** Frédéric (Maillane, B.-du-Rh., 1830 – id., 1914), écrivain français d'expression provençale ; un des fondateurs du félibrige : *Mireille* (*Mirèio,* 1859), poème épique, *le Trésor du félibrige* (lexique de la langue d'oc, 1878), *les Olivades* (poésies, 1912). P. Nobel 1904 avec J. Echegaray y Eizaguirre. ▶ illustr. p. 1050

**Mistral** Lucila Godoy y Alcayaga, dite Gabriela (Vicuña, à l'E. de Coquimbo, 1889 – Hempstead, près de New York, 1957), poétesse chilienne : *les Sonnets de la mort* (1914), *Desolación* (1922). P. Nobel 1945.

**Misurata** v. et port de Libye, à l'E. de Tripoli, sur la Méditerranée ; 285 000 hab. Artisanat. – Victoire des insurgés contre le pouvoir de M. Kadhafi en mai 2011. [VAR] **Misrata**

**MIT** sigle pour *Massachusetts Institute of Technology.*

**mitage** *nm* Construction anarchique de bâtiments au détriment de l'environnement.

**mitaine** *nf* **1** Gant qui laisse découvertes les deux dernières phalanges des doigts. **2** Canada Moufle. **LOC** Canada fam ***À la mitaine :*** à la main, de façon artisanale.

**mitan** *nm* vx Milieu.

**Mitanni (royaume de)** État établi au II$^e$ mill. av. J.-C. dans la boucle de l'Euphrate.

**mitard** *nm* fam Cellule ou cachot disciplinaire. [ETY] De l'arg. *mite,* « cachot ».

**Mitau** → **Ielgava.**

**Mitchell (mont)** point culminant des Appalaches, en Caroline du N. (É.-U.) 2 037 m.

**Mitchell** Margaret (Atlanta, 1900 – id., 1949), romancière américaine : *Autant en emporte le vent* (1936), roman-fleuve sur la guerre de Sécession.

**Mitchell** Joan (Chicago, 1926 – Paris, 1992), peintre américain abstrait ; elle fut influencée par Manet.

**Mitchell** Claude Moine, dit Eddy (Paris, 1942), chanteur et acteur français, l'un des prem. rockers (d'abord au sein du groupe les Chaussettes noires).

**Mitchell** Roberta Joan Anderson, dite Joni (Fort MacLeod, Alberta, 1943), auteure-compositrice-interprète de folk-rock et peintre canadienne.

**Mitchourine** Ivan Vladimirovitch (Dolgoïe, 1855 – Kozlov, auj. Mitchourinsk, 1935), arboriculteur soviétique. Ses hybridations lui inspirèrent des théories contraires à la génétique mendélienne, que Lyssenko développa.

**Mitchum** Robert (Bridgeport, 1917 – Montecito, 1997), acteur américain : *la Vallée de la peur* (1947), *la Rivière sans retour* (1954), *la Nuit du chasseur* (1955), *Cérémonie secrète* (1968).

**mite** *nf* **1** Nom cour. de divers petits arthropodes vivant sur des aliments. **2** Insecte lépidoptère, de la fam. des teignes, dont les chenilles attaquent les tissus et les fourrures. [ETY] Mot néerl.

**mité, ée** *a* Rongé par les mites.

**1 mi-temps** *nf inv* **1** Temps de repos entre les deux parties d'un jeu d'équipes. *L'arbitre a sifflé la mi-temps.* **2** Chacune de ces deux parties, d'égale durée. *Seconde mi-temps.* **LOC** ***Troisième mi-temps :*** fête qui suit un match de rugby.

**2 mi-temps** *nm inv* Temps de travail équivalant à la moitié de la normale. **LOC** ***À mi-temps :*** d'une durée équivalente à la moitié d'un temps complet.

**miter (se)** *vpr* [1] Être rongé par les mites.

**miteux, euse** *a, n* D'aspect misérable, pitoyable. [DER] **miteusement** *av*

**Mithra** divinité des Perses, probablement issue du dieu indien Mitra qui représentait le Soleil. Son culte gagna Rome au I$^{er}$ s. av. J.-C. [DER] **mithriaque** *a*

**Mithra** sculpture romaine, III$^e$ s. – Musée archéol., Palerme

**mithriacisme** *nm* HIST Culte de Mithra, largement célébré dans le monde hellénistique. [VAR] **mithracisme** [DER] **mithriaque** *a*

**Mithridate** tragédie en 5 actes et en vers de Racine (1673).

**Mithridate VI Eupator,** dit le Grand (?, v. 132 – Panticapée, auj. Kertch', Ukraine, 63 av. J.-C.), roi du Pont de 111 à 63 av. J.-C. Il fit des conquêtes en Asie Mineure et lutta contre Sylla, Lucullus et Pompée qui le vainquit sur l'Euphrate en 66 av. J.-C. Victime d'un coup d'État fomenté par son fils, il demanda à un soldat de le tuer, car il avait entraîné son organisme à assimiler des poisons (V. mithridatiser).

**mithridatiser** *vt* [1] Immuniser contre une substance toxique par son ingestion à doses progressives. [ETY] Du n. pr. [DER] **mithridatisation** *nf* – **mithridatisme** *nm*

**Mitidja (la)** plaine d'Algérie (région d'Alger), longue de 100 km, large de 20 km, très fertile.

**mitigé, ée** *a* **1** Peu sévère ; relâché. *Morale mitigée.* **2** abusiv Partagé, mêlé. *Une joie mitigée de remords.* SYN tempéré.

**mitiger** *vt* [13] vieilli Adoucir, modérer. *Mitiger des propos durs.* [ETY] Du lat. *mitis,* « doux ».

**mitigeur** *nm* TECH Appareil de robinetterie mélangeur pour régler la température de l'eau.

**Mitla** village du Mexique (Oaxaca), célèbre par ses nécropoles antiques mixtèques.

**mitochondrie** *nf* BIOL Organelle, présente dans le cytoplasme de toutes les cellules, qui joue un rôle essentiel dans les phénomènes d'oxydation et de stockage de l'énergie sous forme d'ATP. SYN chondriosome. [PHO] [mitɔkɔ̃dʀi] [DER] **mitochondrial, ale, aux** *a*

**mitogène** *a* BIOL Se dit d'une substance qui active la mitose. ANT antimitotique.

**miton** *nm* HIST Gantelet de mailles de l'armure des chevaliers. [ETY] De l'a. fr. *mile,* « gant ».

**mitonner** *v* [1] **A** *vi* Cuire doucement dans son jus. **B** *vt* **1** Faire cuire longtemps et à petit feu. **2** Préparer un mets avec soin, longuement. *Mitonner de bons petits plats.* **3** fig, fam Entourer qqn de prévenances. [ETY] Du normand.

**mitose** *nf* BIOL Ensemble des phénomènes de transformation et de division des chromosomes aboutissant, à partir d'une cellule mère, à la formation de deux cellules filles ayant le même nombre de chromosomes. [ETY] Du gr. [DER] **mitotique** *a*

[ENC] Précédée par l'*interphase,* pendant laquelle a lieu la duplication de la masse d'ADN, la mitose débute par la *prophase :* les chromosomes s'individualisent et se fissurent longitudinalement en deux chromatides. Ensuite, la *métaphase* commence par la formation du fuseau achromatique à partir des asters, puis les chromosomes se groupent dans le plan équatorial du fuseau. L'*anaphase* se caractérise par la séparation des chromatides qui deviennent ainsi des chromosomes fils migrant vers les extrémités du fuseau. La mitose s'achève par la *télophase :* les chromosomes perdent leur individualité, le fuseau disparaît, un étranglement médian se forme et sépare les deux cellules filles identiques à la cellule mère. V. méiose. ▶ pl. p. 1050

**mitoyen, enne** *a* **1** Qui est entre deux choses, qui sépare deux choses et leur est commun. *Mur mitoyen.* **2** DR Qui sépare deux propriétés. [ETY] De l'a. fr. *moiteen,* « au milieu ». [DER] **mitoyenneté** *nf*

**mitraillade** *nf* Décharge de canons chargés à mitraille.

**mitraille** *nf* **1** Menus morceaux de cuivre ; vieille ferraille. **2** fam Menue monnaie. **3** Vieux fers, puis grosses balles dont on chargeait les canons autref. **4** Décharge de balles, d'obus. [ETY] De l'a. fr. *mite,* « monnaie de cuivre de Flandre ».

**mitrailler** *vt* ① **1** MILIT Tirer par rafales à la mitrailleuse, au canon sur un objectif. **2** fam Photographier, filmer sous tous les angles. **LOC** fam *Mitrailler de questions* : questionner sans relâche. DER **mitraillage** *nm*

**mitraillette** *nf* Pistolet mitrailleur.

**mitrailleur** *nm* Soldat qui tire à la mitrailleuse.

**mitrailleuse** *nf* Arme automatique à tir rapide d'un calibre de 7,5 à 20 mm, montée sur affût, sur tourelle ou à poste fixe. *Mitrailleuse lourde.*

**mitral, ale** *a* **1** En forme de mitre. **2** MED Qui se rapporte à la valvule mitrale. PLUR mitraux. **LOC** ANAT *Valvule mitrale* : valvule du cœur entre l'oreillette et le ventricule gauches.

**mitre** *nf* **1** ANTIQ Coiffure haute et conique des Assyriens et des Perses. **2** Coiffure haute et conique portée par les prélats, notam. les évêques, lorsqu'ils officient. **3** Gastéropode à coquille allongée fréquent dans les mers chaudes. ETY Du gr. *mitra*, « bandeau ».

**mitré, ée** *a* Qui porte la mitre, qui a le droit de la porter. *Abbé mitré.*

**mitron** *nm* Garçon boulanger. ETY De *mitre*.

**Mitropoulos** Dimitri (Athènes, 1896 – Milan, 1960), chef d'orchestre américain d'origine grecque.

**Mitry-Mory** ch.-l. de cant. de Seine-et-Marne (arr. de Meaux) ; 16 869 hab. Industries. DER **mitryen, enne** *a, n*

**Mitscherlich** Eilhard (Neuende, 1794 – Berlin, 1863), chimiste allemand. Il découvrit notam. la loi d'isomorphisme (1820).

**Mitsubishi** l'une des plus anc. sociétés japonaises, créée en 1870, qui depuis la construction mécanique a investi de nombr. domaines.

**mitsva** *nf* Dans le judaïsme, règle, commandement, bonne action. PLUR mitsvas ou mitsvot.

**Mitteleuropa** (mot all., « Europe centrale »), pour les pangermanistes, de 1880 à 1918, programme d'une Europe centrale dominée par l'Allemagne et portant son influence jusqu'au Proche-Orient.

**Mittelland** nom allemand du Plateau suisse, que parcourt la vallée de l'Aar.

**Mittellandkanal** canal qui relie la Ruhr et la mer du Nord. VAR **Canal Dortmund-Ems**

**Mitterrand** François (Jarnac, 1916 – Paris, 1996), homme politique français. Plusieurs fois ministre, il fut un opposant à de Gaulle dès 1958. Il rénova le parti socialiste, dont il fut le premier secrétaire de 1971 à 1981. Candidat de la gauche unie à la présidence de la Rép. en 1965 et en 1974, il fut vaincu par de Gaulle puis par V. Giscard d'Estaing. En mai 1981, contre ce dernier, il fut élu président de la Rép. et réélu en mai 1988 contre J. Chirac. Ses deux mandats s'achevèrent par des « cohabitations » : avec J. Chirac (1986-1988) et avec E. Balladur (1993-1995). DER **mitterrandien, enne** ou **mitterrandiste** *a, n*

F. Mistral

F. Mitterrand

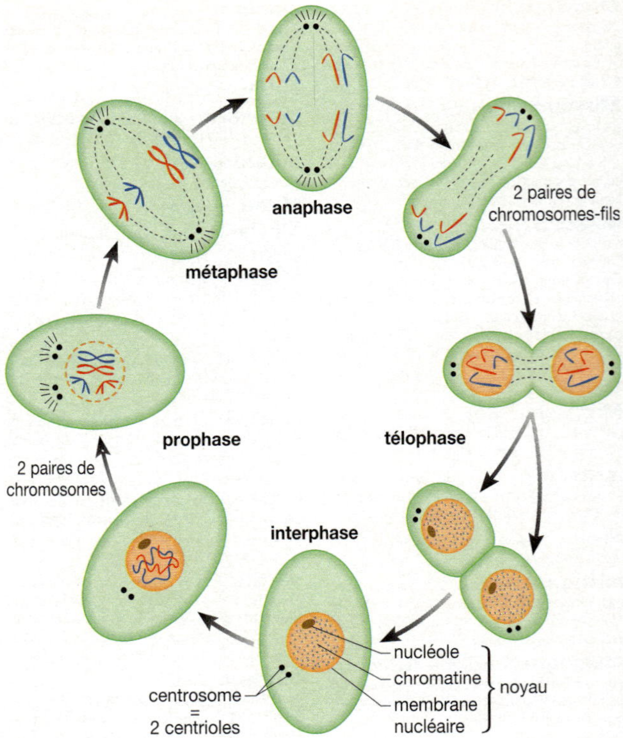


mitose

**mi-voix (à)** *av* En ne donnant qu'un faible son de voix.

**mix** *nm* fam Résultat d'un mélange, mixage. *Un mix de techniques de pointe.*

**mixage** *nm* **1** AUDIOV Opération par laquelle on combine plusieurs signaux (son ou image) sur un même support. **2** fig Mélange, combinaison formant un tout cohérent.

**mixed-border** *nf* Bordure d'une pelouse, constituée d'une plate-bande mélangée. PLUR mixed-borders PHO [miksədbɔʀdœʀ]

**mixer** *vt* ① **1** Faire un mixage, mélanger. **2** Passer un aliment au mixeur. ETY De l'angl.

**mixeur** *nm* Appareil ménager électrique pour broyer, mélanger des aliments. VAR **mixer** [miksœʀ]

**mixité** *nf* État, caractère de ce qui est mixte.

**mixotrophe** *a* BIOL Se dit de protistes qui, suivant les cas, se comportent en autotrophes ou en hétérotrophes.

**mixte** *a, nm* **A** *a* **1** Qui est formé d'éléments hétérogènes et qui participe de leurs différentes propriétés. **2** Intermédiaire, participant de deux ou de plusieurs genres ou catégories. *Le drame, genre mixte entre la tragédie et la comédie.* **3** Qui comprend, qui reçoit des personnes des deux sexes. *École mixte.* **B** *nm* Ensemble constitué d'éléments différents, voire opposés. *Un mixte de politique nataliste et de politique sociale.* **LOC** *Commission mixte* : composée de personnes représentant des intérêts différents. — ECON *Économie mixte* : système fondé sur la participation de partenaires publics et privés. — *Mariage mixte* : entre personnes d'obédiences religieuses différentes ou de nationalités différentes. ETY Du lat. *miscere*, « mélanger ».

**Mixtèques** peuple précolombien du Mexique. Apparus vers 300 av. J.-C., d'origine obscure, ils supplantèrent les Zapotèques (XIII^e^ s.) et furent vaincus par les Aztèques (fin XIV^e^ s.). Leur civilisation s'épanouit autour de Mitla. Auj., les Mixtèques (300 000 personnes) vivent dans les États d'Oaxaca, de Puebla et de Guerrero. DER **mixtèque** *a*

**mixtion** *nf* PHARM Action de mélanger plusieurs substances ou drogues pour composer un médicament ; produit ainsi obtenu. PHO [miksjɔ̃] DER **mixtionner** *vt* ①

**mixture** *nf* **1** CHIM, PHARM Mélange, généralement liquide, de substances chimiques, de médicaments. **2** Mélange peu appétissant.

**Miyake** Issey (Hiroshima, 1938), couturier japonais.

**Miyazaki** Hayao (Tokyo, 1941), cinéaste japonais, auteur de films d'animation : *Le Voyage de Chihiro* (2001).

**Mizoguchi** Kenji (Tōkyō, 1898 – Kyōto, 1956), cinéaste japonais ; esthète et réaliste, austère et lyrique : *les Contes des chrysanthèmes* (1939), *les Contes de la lune vague après la pluie* (1953), *l'Intendant Sansho* (1954), *les Amants crucifiés* (1954), *la Rue de la honte* (1956).

**Mizoram** État du N.-E. de l'Inde, à la frontière du Bangladesh et de la Birmanie ; 21 087 km$^2$ ; 686 200 hab. (94 % de chrétiens) ; cap. *Aizawl*. Il fut créé en 1987.

**MJC** *nf* Établissement rattaché au ministère chargé de la Jeunesse et des Sports, et visant à offrir aux jeunes un lieu d'activités socioculturelles. ETY Sigle de *maison des jeunes et de la culture*.

**Mjøsa** le plus grand lac de Norvège (362 km$^2$), au N. d'Oslo ; 443 m de profondeur.

**ml** Symbole du millilitre.

**M le Maudit** film de Fritz Lang (1931), avec Peter Lorre. Remake de J. Losey (1951).

**MLF** Sigle de *Mouvement de libération des femmes*, groupe féministe franç. né peu après Mai 1968.

**M^lle^, M^lles^** Abrév. de *mademoiselle, mesdemoiselles.*

**mm, mm², mm³** Symboles du millimètre, du millimètre carré, du millimètre cube.

**MM.** Abrév. de *messieurs.*

**Mme, Mmes** Abrév. de *madame, mesdames.*

**MMS** *nm* Photographie envoyée à partir d'un téléphone mobile. ETY Abrév. de l'angl. *multimedia message service.*

**Mn** CHIM Symbole du manganèse.

**mnémo-** Élément, du gr. *mnêmê,* « mémoire ».

**mnémonique** *a* didac Relatif à la mémoire ; qui aide la mémoire.

**Mnémosyne** dans la myth. gr., déesse de la Mémoire, et mère des Muses.

**mnémotechnique** *a* Qui aide la mémoire par des procédés d'association mentale.

**-mnèse, -mnésie, -mnésique** Élément, du gr. *mnasthai,* « se souvenir ».

**Mnésiclès** (Ve s. av. J.-C.), architecte grec ; auteur des propylées de l'Acropole d'Athènes.

**mnésique** *a* PSYCHO Relatif à la mémoire.

**Mnouchkine Ariane** (Boulogne-sur-Seine, 1939), metteuse en scène française, fondatrice du Théâtre du Soleil.

**1 Mo** CHIM Symbole du molybdène.

**2 Mo** Symbole du mégaoctet.

**moa** *nm* ZOOL Dinornis. ETY Mot polynésien.

**Moab** personnage biblique, fils de Loth, ancêtre éponyme des Moabites.

**moabite** *nm* Langue sémitique que parlaient les Moabites.

**Moabites** peuple sémite qui habitait le pays de Moab, au S.-E. de la Palestine ; soumis par Saül et par David, puis par les Assyriens. DER **moabite** *a*

**moai** *nm* Statue géante de l'île de Pâques.

**Moanda** local. du S.-E. du Gabon où se trouve un import. gisement de manganèse.

**mob** *nf* fam Cyclomoteur. ETY De *mobylette.*

**mobile** *a, nm* **A** *a* **1** Qui se meut ; qui peut être mû, déplacé. **2** Changeant. *Caractère, visage mobile.* **3** Qui se déplace, qui n'est pas sédentaire. *Troupes mobiles.* **4** Dont la date varie d'une semaine, d'une année, etc., à l'autre. *Une journée de repos hebdomadaire mobile.* **5** Dont la valeur varie. *Échelle mobile des salaires.* **6** Qui est conçu pour les téléphones portables. *Application mobile.* **B** *nm* **1** PHYS Corps en mouvement. **2** Soldat de la garde nationale mobile. **3** Ce qui incite à agir. *Le mobile d'un crime.* **4** SCULPT Composition artistique non figurative, faite de plaques légères agencées sur des tiges articulées et mises en mouvement par le vent ou un moteur. **5** Jouet suspendu constitué de figurines assemblées à des tiges et susceptibles d'être mues. **C** *a, nm* Se dit d'un téléphone qui peut être utilisé sans branchement lors de déplacements. ETY Du lat.

**Mobile** v. et port des É.-U. (Alabama), sur la *baie de Mobile* (golfe du Mexique) ; 550 000 hab.

**mobile-home** *nm* Syn. (déconseillé) de *résidence mobile.* PLUR mobile-homes. ETY Mot angl.

**mobilier, ère** *a, nm* **A** *a* **1** Qui consiste en meubles, qui concerne les meubles. **2** DR Qui est de la nature du meuble, qui concerne les meubles. *Biens, effets mobiliers.* **B** *nm* Ensemble des meubles d'un appartement, d'une maison. LOC ***Mobilier urbain*:** ensemble des équipements tels que bancs publics, kiosques, lampadaires, etc., installés dans les lieux publics de plein air.

**mobilisateur, trice** *a* **1** MILIT Responsable de la mobilisation. *Centre mobilisateur.* **2** Susceptible de mobiliser. *Un mot d'ordre mobilisateur.*

**mobiliser** *vt* 1 **1** MED Faire mouvoir. *Mobiliser un membre pour éviter l'atrophie. Mobiliser un malade.* **2** MILIT Procéder à la mobilisation d'une armée, de citoyens mobilisables. **3** Faire mouvoir, faire agir. *Mobiliser son personnel pour organiser une fête. Parti qui mobilise ses adhérents.* **4** Centraliser, concentrer. *Mobiliser tous ses efforts.* **5** FIN Débloquer des capitaux, des créances, assurer leur circulation. ETY De *mobile.* DER **mobilisable** *a* – **mobilisation** *nf*

**mobilité** *nf* **1** Caractère de ce qui est mobile. **2** Qualité de ce qui change d'aspect, de nature rapidement. *Mobilité d'esprit.* **3** CHIM Aptitude d'une particule chargée électriquement à se déplacer dans un milieu déterminé.

**mobinaute** *n* Utilisateur du réseau Internet par le biais du téléphone mobile.

**Möbius August Ferdinand** (Schulpforta, 1790 – Leipzig, 1868), mathématicien et astronome allemand. ▷ GEOM *Bande* ou *ruban de Möbius :* surface qui ne possède qu'une face, obtenue en torçant un ruban dont on joint les extrémités bout à bout.

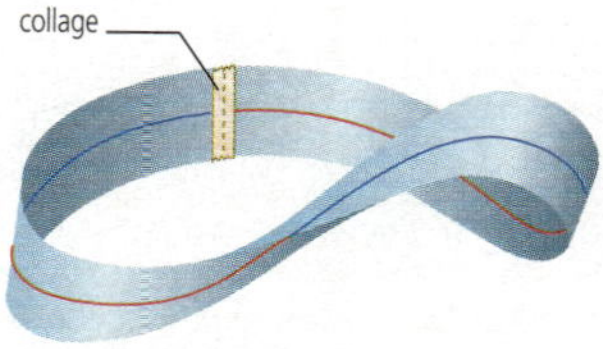


ruban de **Möbius**

**Mobutu Sese Seko Joseph-Désiré Mobutu,** dit **Maréchal** (Lisala, 1930 – Rabat, 1997), homme politique congolais. Chef d'état-major, il fit arrêter Lumumba (1960) sur l'ordre du prés. Kasavubu, qu'il renversa en 1965. Il exerça une dictature qui ruina le pays. En 1997, L.-D. Kabila renverse son régime sans rencontrer de résistance.

**Moby Dick** roman de Melville (1851) : le capitaine Achab poursuit la baleine blanche Moby Dick. ▷ CINE Film de John Huston (1956), avec Gregory Peck.

**mobylette** *nf* Cyclomoteur de la marque de ce nom. ETY Nom déposé.

**mocassin** *nm* **1** Chaussure de peau des Indiens d'Amérique du Nord. **2** Chaussure basse, très souple, sans lacets. ETY De l'algonquin.

**Mocenigo** noble famille vénitienne qui compta plusieurs doges du XVe au XVIIIe s.

**mochard, arde** *a* fam Très moche.

**moche** *a* fam **1** Laid, pas beau. *Ce qu'il est moche ! Le temps est moche, aujourd'hui.* **2** Désagréable, ennuyeux. *C'est moche, ce qui lui est arrivé.* **3** Indélicat, mesquin, méprisable. ETY Du frq. *mokka,* « masse informe ».

**mocheté** *nf* fam Personne ou chose laide.

**Mochicas** peuple du Pérou précolombien (IIe s. av. J.-C. – VIe s. apr. J.-C.) célèbre pour ses poteries. DER **mochica** *a*

**Mockel Albert** (Ougrée, 1866 – Ixelles, 1945), poète belge d'expression française : *Larkès* (1902) ; il créa la revue *la Wallonie* (1885).

**Mocky Jean-Pierre** (Nice, 1929), cinéaste et acteur français : *Agent trouble* (1987).

**Moctezuma** (vers 1390 – 1469), empereur aztèque de 1440 à 1469 ; il réalisa d'importantes conquêtes. VAR **Montezuma Ier** — **Moctezuma II** (Mexico, 1466 – id., 1520), empereur aztèque de 1502 à 1520. Il accueillit les Espagnols de Cortés (1519).

**modal, ale** *a, nm* **A** *a* **1** MUS, GRAM Relatif aux modes. **2** DR, LOG Relatif à une modalité. *Clause modale.* **B** *nm* **1** LING Auxiliaire modal. **2** Fibre artificielle solide et élastique. PLUR modaux. LOC GRAM ***Attraction modale*:** influence du mode du verbe de la proposition principale sur celui du verbe de la subordonnée. — LING ***Auxiliaire modal*:** qui exprime la modalité logique. — MUS ***Notes modales*:** la tierce et la sixte, qui caractérisent le mode majeur ou mineur.

**modalité** *nf* **1** MUS Caractère que revêt une phrase musicale selon le mode auquel elle appartient. **2** Forme particulière que revêt une chose, un acte, une pensée, etc. *Préciser les modalités de paiement.* **3** DR Disposition d'un acte juridique qui aménage son exécution ou ses effets. **4** LOG Caractère d'un jugement, selon qu'il énonce une relation existante ou inexistante, possible ou impossible, nécessaire ou contingente.

**Modane** ch.-l. de cant. de la Savoie, sur l'Arc ; 3 781 hab. Gare intern., à l'entrée du tunnel de Fréjus. DER **modanais, aise** *a, n*

**1 mode** *nf* **1** vieilli Manière de vivre, de penser ; usages propres à un pays, une région, un groupe social. *Tripes à la mode de Caen.* **2** Usage peu durable, manière collective d'agir, de penser, de se vêtir, propre à une époque et à une société données. *Être à la pointe de la mode. C'est passé de mode. Coloris mode.* **3** Industrie et commerce de l'habillement. *Travailler dans la mode.* LOC ***À la mode*:** au goût du jour. — CUIS ***Bœuf à la mode, bœuf mode*:** piqué de lard, accompagné de carottes et d'oignons et cuit à feu doux dans son jus. — litt ***Il est de mode de*:** il est de bon ton de. ETY Du lat. *modus,* « manière, mesure ».

**2 mode** *nm* **1** Forme, procédé. *Mode de vie. Mode de gouvernement.* **2** MUS Système d'organisation des sons, des rythmes, et partic. des différentes gammes. **3** LING Catégorie grammaticale, réalisée le plus souvent par la modification de la forme du verbe, qui exprime l'attitude du sujet parlant envers ce qu'il est en train de dire. *En français les modes personnels sont l'indicatif, l'impératif, le conditionnel, le subjonctif, et les modes impersonnels sont l'infinitif et le participe.* **4** PHILO Manière d'être d'une essence, d'une substance. **5** INFORM Manière de fonctionner d'un système informatique. **6** STATIS Valeur correspondant quantitativement à la population la plus dense. LOC ***Mode opératoire*:** manière de conduire une action.

**Model Élise Seybert** dite **Lisette** (Vienne, 1906 – New York, 1983), photographe américaine d'orig. autrichienne.

**modèle** *nm* **1** Ce qui sert d'exemple, ce qui doit être imité. *Modèle d'écriture.* **2** Ce sur quoi on règle sa conduite ; exemple que l'on suit ou que l'on doit suivre. *Prendre modèle sur qqn, qqch. Un modèle de vertu.* **3** BX-A Chose, personne qu'un artiste travaille à représenter. **4** BX-A Personne qui pose pour un peintre, un sculpteur. **5** Prototype destiné à être reproduit industriellement à de nombreux exemplaires. **6** didac Schéma théorique visant à rendre compte d'un processus, des relations existant entre divers éléments d'un système. LOC ASTRO ***Modèle d'étoile*:** étoile fictive dont on a défini les paramètres à l'état initial. — MATH ***Modèle mathématique*:** ensemble d'équations et de relations servant à représenter et à étudier un système complexe. — ***Modèle réduit*:** reproduction à petite échelle. ETY De l'ital. ENC L'établissement de modèles fait progresser la connaissance de phénomènes ou de systèmes très

**Moctezuma** aperçoit la comète, *Historia de los Indios,* 1579 par Diego Duran – BN, Madrid

complexes (astrophysique, physique nucléaire, économie, gestion, etc.). Le modèle constitue une simplification du système. Des simulations prévoient le comportement de ce système dans des cas déterminés.

**modelé** *nm* **1** Rendu du relief, des formes, en sculpture, en peinture, en dessin. **2** GEOGR Forme ou figuration du relief.

**modeler** *v* [17] **1** Façonner une matière molle pour en tirer une forme déterminée. *Pâte à modeler.* **2** Façonner un objet en manipulant une matière molle. **3** fig Conformer à. *Modeler sa conduite sur celle des autres.* (DER) **modelage** *nm*

**modeleur, euse** *n, a* **1** Sculpteur qui façonne des modèles. **2** Ouvrier qui façonne des modèles de pièces, de machines, etc.

**modéliser** *vt* [1] didac Concevoir, établir le modèle théorique de qqch ; présenter sous forme de modèle théorique. (DER) **modélisateur, trice** *n* – **modélisation** *nf*

**modélisme** *nm* Fabrication de modèles réduits.

**modéliste** *n* **1** Personne qui dessine, qui crée des modèles, partic. pour la mode. **2** Spécialiste de la fabrication de modèles réduits.

**modem** *nm* TELECOM, INFORM Système électronique servant à connecter un ordinateur à une ligne de télécommunication. (PHO) [mɔdɛm] (ETY) Acronyme de *modulateur-démodulateur.*

**MoDem** parti politique français de centre-droit créé en 2007. Il absorbe l'UDF.

**modénature** *nf* ARCHI Formes et proportions de certains éléments en creux ou en relief, en partic. des moulures. (ETY) De l'ital. *modano,* « modèle ».

**Modène** (en ital. *Modena*), v. d'Italie (Émilie-Romagne) ; ch.-l. de la province du m. nom ; 178 660 hab. Centre industriel. – Cap. du duché de Modène, créé en 1452 pour la famille d'Este, réuni au Piémont en 1860. – Archevêché. Université. Cath. XI^e^-XII^e^ s. Palais ducal XVII^e^-XIX^e^ s. (DER) **modénais, aise** *a, n*

**modérantisme** *nm* HIST Opinion politique modérée, spécial. pendant la Terreur. (DER) **modérantiste** *n, a*

**modérateur, trice** *n, a* **A** Se dit d'une personne qui tempère des opinions exaltées. *Élément modérateur d'une assemblée.* **B** *a* PHYSIOL Qui ralentit une activité organique. **C** *n* Personne chargée de diriger un débat public, un forum sur Internet. **D** *nm* Dans un réacteur nucléaire, substance qui ralentit les neutrons pour permettre les réactions de fission.

**modération** *nf* **1** Retenue qui porte à garder en toutes choses une certaine mesure. *User de modération.* **2** Fait de modérer qqch. **3** DR Adoucissement. *Modération d'une peine.* **4** Diminution d'un prix. *Modération des taxes.* **5** Sur Internet, tri des messages avant leur mise en ligne.

**modérato** *av* MUS D'un mouvement au tempo modéré, entre *allégro* et *andante.* (PHO) [mɔdeʀato] (ETY) Mot ital. (VAR) **moderato**

**Moderato Cantabile** roman de M. Duras (1958). ▷ CINE Film de Peter Brook (1960), avec Jeanne Moreau et J.-P. Belmondo.

**modéré, ée** *a, n* **A** *a* Éloigné de tout excès. *Prix modéré. Un esprit modéré.* **B** *a, n* Dont les opinions politiques sont également éloignées des extrêmes. (DER) **modérément** *av*

**modérer** *v* [14] **A** *vt* Diminuer, tempérer. *Modérer le zèle de qqn.* **B** *vpr* Se contenir, rester à l'écart de tout excès. (ETY) Du lat. *modus,* « mesure ».

**modern dance** *nf* Danse contemporaine, issue de la danse classique et marquée par un refus des contraintes de l'académisme. (PHO) [mɔdɛʀndɑ̃s] (ETY) Mot amér.

**moderne** *a, nm* **A** **1** Actuel, de notre époque ou d'une époque récente. *Les auteurs modernes.* **2** Nouveau, récent. *Tout le confort moderne.* **3** Qui est de son époque, qui est au goût du jour. *Jeune femme moderne.* **4** HIST Se dit de la période allant de la prise de Constantinople par les Turcs (1453), qui marque la fin du Moyen Âge, à la Révolution française (1789). **B** *nm* Ameublement contemporain (par oppos. à *rustique*, à *de style*). (ETY) Du lat. *modo,* « récemment ». (DER) **modernité** *nf*

**moderniser** *vt* [1] Donner un caractère moderne à qqch. (DER) **modernisateur, trice** *a, n* – **modernisation** *nf*

**modernisme** *nm* **1** Tendance à préférer ce qui est moderne. **2** RELIG Mouvement de renouvellement de la foi catholique. *Le modernisme fut condamné en 1907 par Pie X.* **3** LITTER Mouvement d'ouverture à la littérature européenne qui marque la littérature hispano-américaine à la fin du XIX^e^ s. et la littérature brésilienne au début du XX^e^ s. (DER) **moderniste** *a, n*

**Modern Jazz Quartet** formation américaine de jazz be-bop (1952-1974) réunissant John Lewis (piano), Percy Heath (basse), Milt Jackson (vibraphone) et Kenny Clarke puis Connie Kay (batterie).

**modern style** *nm inv, a inv* Nom anglo-saxon de *l'art nouveau.*

**modeste** *a* **1** Exempt de vanité, d'orgueil. *Il est resté modeste malgré son succès.* **2** Plein de pudeur. *Propos modestes.* **3** Simple, sans faste. *Un modeste présent.* **4** De peu d'importance. *Un revenu modeste.* (ETY) Du lat. *modus,* « mesure ». (DER) **modestement** *av*

**modestie** *nf* **1** Absence de vanité, d'orgueil. **2** Réserve, pudeur. **3** Caractère modeste ; simplicité.

**Modi** Narendra (Vadnagar, Inde, 1957), homme politique indien, Pr. ministre dep. 2014.

**Modiano** Patrick (Boulogne-Billancourt, 1945), romancier français : *la Place de l'Étoile* (1968), *Rue des boutiques obscures* (1978), *Un pedigree* (2005). Prix Nobel (2014).

**modicité** → **modique.**

**Modification (la)** roman de M. Butor, emblématique du nouveau roman (1957).

**modifier** *vt* [2] Changer une chose sans la transformer complètement. *Modifier ses habitudes.* (ETY) Du lat. (DER) **modifiable** *a* – **modification** *nf* – **modificateur, trice** ou **modificatif, ive** *a*

**Modigliani** Amedeo (Livourne, 1884 – Paris, 1920), peintre italien de l'école de Paris. Ses portraits et ses nus montrent des formes étirées. Il mourut dans la misère, tuberculeux.

**Modigliani** Franco (Rome, 1918 – Cambridge, Mass., 2003), économiste américain d'origine italienne : travaux d'économétrie. P. Nobel 1985.

**modillon** *nm* ARCHI Petite console destinée à soutenir une corniche. (ETY) Du lat.

**modique** *a* Peu considérable, de peu de valeur. *Ressources modiques.* (ETY) Du lat. (DER) **modicité** *nf* – **modiquement** *av*

**modiste** *nf* Personne qui confectionne ou qui vend des chapeaux. (ETY) De *mode* 1.

**Modotti** Tina (Udine, 1896 – Mexico, 1942), photographe italienne.

**modulaire** *a* **1** Relatif au module. **2** Constitué de modules.

**modularité** *nf* Caractère modulaire d'un espace, d'un logiciel, etc. *Cette voiture offre une bonne modularité.*

**modulateur, trice** *a, nm* **A** *a* Qui module, produit une modulation. **B** *nm* Appareil qui sert à moduler le courant électrique.

**modulation** *nf* **1** Fait de s'adapter à une situation donnée. *Modulation des prix, des salaires.* **2** Ensemble des variations d'un son musical, enchaînées sans heurt. **3** MUS Passage d'une tonalité à une autre ; transition au moyen de laquelle s'opère ce passage. **4** ELECTR Opération qui consiste à faire varier l'une des caractéristiques d'un courant ou d'une oscillation pour transmettre un signal donné. *Modulation d'amplitude.* **LOC** ***Modulation de fréquence (FM) :*** procédé permettant une reproduction sonore d'excellente qualité, utilisé par la radiodiffusion et la télévision. (ETY) Du lat.

**module** *nm* **1** ARCHI Mesure servant à établir les rapports de proportion entre les parties d'un édifice. **2** TECH Unité de base, élément simple caractéristique d'une structure répétitive. **3** Élément participant à la constitution d'un ensemble dans un équipement. *Des modules de cuisine.* **4** Diamètre d'une monnaie, d'une médaille. **5** Unité d'enseignement qui, associée à d'autres, permet le choix d'un programme individualisé. **6** MATH Racine carrée du produit d'un nombre complexe par son conjugué. **7** ESP Élément d'un vaisseau spatial. *Module lunaire.* **LOC** TECH ***Module d'élasticité*** ou ***module de Young :*** coefficient qui caractérise l'allongement d'un corps soumis à une traction. — TECH ***Module de résistance à la flexion :*** coefficient qui caractérise la résistance d'une poutre à la flexion. — MATH ***Module d'un vecteur :*** sa norme. (ETY) Du lat.
▶ illustr. **station**

**moduler** *v* [1] **A** *vi* MUS Passer d'une tonalité à une autre. **B** *vt* **1** ELECTR Faire subir une modulation à un courant, une oscillation. **2** fig Adapter aux conditions du moment, aux circonstances. (DER) **modulable** *a* – **modulant, ante** *a*

**modulor** *nm* Série harmonique de modules fondée sur le nombre d'or, que Le Corbusier a appliquée en architecture. (ETY) Nom déposé.

**modus vivendi** *nm inv* Accommodement, accord conclu entre deux parties en litige. (PHO) [mɔdysvivɛ̃di] (ETY) Mots lat., « manière de vivre ».

**Moebius** → **Giraud Jean.**

**moelle** *nf* BOT Tissu mou, à grosses cellules, situé au centre de la tige de certains végétaux. **LOC** fam ***Jusqu'à la moelle :*** complètement. — ANAT ***Moelle épinière :*** partie du système nerveux central contenue dans le canal rachidien, faisant suite au bulbe rachidien et qui se termine au niveau de la deuxième vertèbre lombaire. — ANAT ***Moelle osseuse :*** substance molle et graisseuse localisée dans le canal central des os longs et dans

**Amedeo Modigliani** *Femme assise en bleu*, 1919 – musée d'Art moderne, Stockholm

les alvéoles de leurs épiphyses, des os courts et des os plats, qui joue un rôle capital dans la formation des globules rouges. PHO [mwal] ETY Du lat.

ENC Enveloppée par les méninges, la *moelle épinière* parcourt le canal vertébral, en suivant les sinuosités de la colonne vertébrale. Ce cylindre allongé, d'environ 45 cm de long sur 1 cm de diamètre, a deux renflements : le renflement cervical, d'où partent les nerfs destinés aux membres supérieurs ; le renflement lombaire, qui donne naissance aux nerfs des membres inférieurs. Vue en coupe transversale, la moelle présente une substance grise, centrale, en forme de H majuscule dont les branches, ou cornes, aboutissent respectivement aux racines afférentes et efférentes des nerfs rachidiens ; dans la barre de ce H, le canal de l'épendyme prolonge les cavités de l'encéphale. La substance blanche enveloppe ce H gris.

**moelleux, euse** *a* Doux, agréable aux sens. *Lit moelleux. Vin moelleux.* DER **moelleusement** *av*

**moellon** *nm* CONSTR Pierre de petite dimension. ETY Du lat. *mediolus*, « moyen ».

**moère** *nf* En Flandre et dans le nord de la France, lagune d'eau douce que l'on a asséchée et mise en culture. PHO [mwɛʀ] ETY Mot holl. VAR **moere**

**Moeris (lac de)** (auj. *Birket Karoun*, en partie asséché), anc. lac d'Égypte qui occupait, à l'époque pharaonique, la dépression du Fayoum.

**Moero** lac d'Afrique, aux confins du Katanga (rép. dém. du Congo) et de la Zambie, au S.-O. du lac Tanganyika ; en voie d'assèchement ; env. 4 850 km$^2$. VAR **Mweru**

**mœurs** *nfpl* **1** Habitudes de conduite d'une personne. *Cet homme a des mœurs austères.* **2** ETHNOL Habitudes, coutumes propres à un groupe humain, une société, un peuple. **3** Habitudes d'une espèce animale. *Les mœurs des éléphants.* **LOC** DR ***Bonnes mœurs*** : ensemble des règles conformes à la norme sociale, notam. en matière sexuelle. — ***Police des mœurs*** ou ***les mœurs*** : qui s'occupe de réprimer la prostitution et le proxénétisme. — ***Roman de mœurs*** : qui décrit les mœurs d'une époque, d'un groupe social, etc. — ***Scène de mœurs*** : peinture qui représente un épisode de la vie quotidienne. PHO [mœʀs] ou [mœʀ] ETY Du lat.

**mofette** *nf* GEOL Émanation de gaz carbonique, dans certains terrains volcaniques. ETY De l'ital.

**Mogadiscio** → **Muqdisho.**

**Mogador** → **Essaouira.**

**mogette** *nf* **rég (Charentes)** Variété de petit haricot blanc. VAR **mojette**

**Moghilev** v. industr. de Biélorussie, sur le Dniepr ; ch.-l. de prov. ; 343 000 hab.

**Moghols (Grands)** Timourides (descendants de Tamerlan) qui régnèrent sur l'Inde du N. du XVI$^e$ au XVIII$^e$ s. VAR **Mogols** DER **moghol** ou **mogol, e** *a*

**Mohács** v. du S. de la Hongrie, sur le Danube ; 21 000 hab. – Victoire de Soliman le Magnifique sur les Hongrois (1526) et de Charles V de Lorraine sur les Turcs (1687).

**mohair** *nm* Poil de chèvre angora ; laine filée avec ce poil ; étoffe légère fabriquée avec cette laine.

**mohajir** *n* Au Pakistan, musulman originaire de l'Inde arrivé après la partition (1947).

**Mohammadia** (anc. *Perrégaux*), v. d'Algérie ; 58 970 hab. Centre agric. et comm.

**Mohammed** → **Mahomet.**

**Mohammed as-Sadok** (Tunis, 1812 – id., 1882), bey de Tunis (1859-1882). Il dut signer le traité du Bardo (1881), qui imposait le protectorat français.

**Mohammed V ben Youssef** (Fès, 1909 – Rabat, 1961), sultan (1927-1953 et 1955-1957), puis roi du Maroc (1957-1961). Il entretint d'excellentes relations avec la France (il fut fait compagnon de la Libération). Dès 1944, il demanda l'indépendance du Maroc. Déposé par la France (1953), rappelé à cause des troubles (1955), il obtint l'indépendance du pays (mars 1956) et se fit proclamer roi (août 1957). — **Mohammed VI** (Rabat, 1963), petit-fils du préc. ; roi du Maroc en juill. 1999, à la mort de son père Hassan II. ▶ illustr. p. 1055

**Mohammedia** (anc. *Fédala*), v. du Maroc, sur l'Atlantique, au N.-E. de Casablanca ; 105 120 hab. Port de pêche. Raff. de pétrole.

**Mohave (désert)** rég. désertique des É.-U., au S.-E. de la Californie. VAR **Mojave**

**Mohawk (la)** riv. des É.-U. (État de New York), affl. de l'Hudson (r. dr.), longée par le canal Érié ; 237 km.

**Mohawks** une des tribus amérindiennes du Canada qui formaient autref. la Confédération iroquoise. Ils vivent auj. dans l'Ontario et les env. de Montréal. DER **mohawk** *a*

**Mohéli** → **Moili.**

**Mohenjo-Dāro** site archéologique du Pākistān, dans l'État du Sind : mise au jour d'une cité (2500-1500 av. J.-C.), centre important de la « civilisation de l'Indus ».

**Mohicans** Amérindiens du groupe des Algonquins. Leurs rares descendants habitent le Connecticut (É.-U.). DER **mohican, ane** *a*

**moho** *nm* GEOL Discontinuité de Mohorovičić.

**Moholy-Nagy László** (Bácsborsód, 1895 – Chicago, 1946), peintre et sculpteur hongrois ; professeur au Bauhaus (1922-1929), fondateur du New Bauhaus de Chicago (1937), précurseur de l'art cinétique.

**Mohorovičić Andrija** (Volosko, Croatie, 1857 – Zagreb, 1936), géologue croate. Il mit en évidence la *discontinuité de Mohorovičić*, qui, à env. 10 km de profondeur sous les océans et à 30 km sous les continents, sépare l'écorce terrestre du manteau.

**Mohs Friedrich** (Gernrode, Harz, 1773 – Agordo, Tyrol, 1839), minéralogiste allemand. Il établit une classification *(échelle de Mohs)* des minéraux selon leur dureté.

**1 moi** *pr pers* Forme tonique de la 1$^{re}$ personne du sing. et des deux genres, insistant sur la personne qui s'exprime, utilisée en complément ou en sujet, renforçant *je*. *Laisse-moi. Il nous appelle, mon frère et moi. Pensez à moi. Choisi par moi. Moi, je travaille, toi, tu t'amuses.* (Devant *en* et *y*, *moi* devient *m'*.) **LOC** ***À moi !*** : cri pour appeler au secours. — ***De vous à moi*** : en confidence. ETY Du lat.

**2 moi** *nm inv* **1** PHILO Personne humaine en tant qu'elle a conscience d'elle-même, à la fois sujet et objet de la pensée. **2** Personne de chaque individu, à laquelle il tend à rapporter toute chose. **3** PSYCHAN Instance qui maintient l'unité de la personnalité en permettant l'adaptation au principe de réalité, la satisfaction partielle du principe de plaisir et le respect des interdits émanant du surmoi. ETY Du lat.

**MOI** acronyme pour *Main-d'œuvre immigrée* (nommée cour. *groupe Manouchian*), groupe proche du Parti communiste français, qui accomplit des actes héroïques contre l'occupant all. de 1942 à 1944. Dix de ces « terroristes », dont les noms (à consonance étrangère) apparurent sur une *Affiche rouge*, furent arrêtés en fév. 1944 et fusillés.

**Moi Daniel Arap** (Sacho, 1924), homme politique kényan. En 1978 il succéda comme prés. de la Rép. à J. Kenyatta. Depuis, il fut sans cesse réélu.

**moignon** *nm* **1** Partie d'un membre amputé située entre la cicatrice et l'articulation. *Moignon de jambe.* **2** Membre rudimentaire. *Moignon d'aile.* **3** Ce qui reste d'une grosse branche d'arbre coupée ou cassée. ETY Du provenç.

**Moili** (anc. *Mohéli*), la plus petite des îles Comores ; 290 km$^2$ ; 25 000 hab. ; v. princ. *Fomboni*. Pêche artisanale.

**moindre** *a* Plus petit, moins important. *De moindre valeur. La moindre erreur serait fatale.* **LOC** ***C'est la moindre des choses*** : le moins qu'on puisse faire. ETY Du lat.

**moindrement** *av* **LOC** litt ***Pas le moindrement*** : pas le moins du monde.

**moine** *nm* **1** Religieux appartenant à un ordre monastique, obéissant à des règles de vie fondées sur le renoncement au monde et la prière. **2** Espèce de phoque de la Méditerranée. **3** Grand vautour brun-noir d'Europe orientale, d'Afrique sahélienne et d'Asie centrale. **4** Bouillotte servant à réchauffer un lit. ETY Du gr. *monakhos*, « solitaire ».

**Moine (le)** roman noir, fantastique, de M. G. Lewis (1796).

**moineau** *nm* **1** Oiseau passériforme au plumage brun et beige, très courant dans les villes. SYN pierrot, piaf. **2 fam, péjor** Individu quelconque. *Un drôle de moineau.* ETY De *moine*, d'après la couleur du plumage.

**moineau**

**moine-soldat** *nm* **1** HIST Soldat ayant prononcé des vœux religieux. **2 fig** Militant d'un parti qui soutient des positions dures, intégristes. PLUR moines-soldats.

**moinillon** *nm* **fam** Jeune moine.

**moins** *av, prép, nm* **A** *av* **1** Comparatif d'infériorité de *peu*. *Il est moins grand que son frère. J'ai trois ans de moins que lui. J'ai reçu mille francs en moins.* **2** Superlatif de *peu*. *Le moins bon élève de la classe. Parlez-en le moins possible.* **B** *nm* **1** Le minimum. *Le moins que l'on puisse dire.* **2 fam** Élément dévalorisant. **3** MATH Signe de la soustraction (–). **C** *prép* Sert à soustraire. *8 moins 5 égale 3.* **LOC** ***À moins*** : pour qqch de moindre. *On se fâcherait à moins.* — ***À moins de*** : à un prix inférieur à ; sauf dans le cas de. — ***À moins que*** : (+subj.) sauf dans le cas où. — ***Au moins*** : seulement ; au minimum. *Si au moins il travaillait, au lieu de s'amuser. Il a au moins cinquante ans.* — ***De moins en moins*** : en diminuant peu à peu. — ***Des moins*** : très peu. *Une soirée des moins réussie.* — ***Du moins, tout au moins, pour le moins, à tout le moins*** : cependant, en tout cas. — **fam** ***Il était moins cinq, moins une*** : il s'en est fallu de peu. — ***Pas le moins du monde*** : pas du tout. ETY Du lat.

**moins-disant, ante** *a, n* **A** DR Se dit de la personne qui, dans une adjudication, fait l'offre la plus basse. **B** *nm* Perspective la moins attrayante dans une circonstance donnée. PLUR moins-disants.

**moins-perçu** *nm* FIN Ce qui manque à la somme perçue. ANT trop-perçu. PLUR moins-perçus.

**moins-value** *nf* FIN Diminution de la valeur d'un fonds, d'un revenu ; perte de valeur. ANT plus-value. PLUR moins-values.

**Moira** dans la Grèce antique, part de vie, de bonheur, de gloire, etc., assignée à chaque mortel.

**moire** *nf* **1** Étoffe de soie à reflets chatoyants. **2** litt Reflet d'une surface évoquant une étoffe moirée. ETY De l'angl. *mohair.*

**Moire** dans la myth. gr., chacune des trois divinités qui présidaient à la destinée (Clotho, Lachésis et Atropos).

**moirer** *vt* ① TECH Donner à une étoffe des reflets chatoyants. DER **moirage** *nm* – **moiré, ée** *a, nm*

**moirure** *nf* Effet de ce qui est moiré.

**mois** *nm* **1** Chacune des douze parties de l'année. *Le mois de janvier. Mois lunaire.* **2** Espace d'environ trente jours. *Il me faudra deux mois pour finir ce travail.* **3** Prix payé pour un mois de travail, de location. *Payer son mois à un employé.* ETY Du lat.

**Moïs** nom péjoratif donné dans le S. du Viêtnam à diverses populations habitant les montagnes et plateaux. DER **moï** *a*

**moïse** *nm* Corbeille qui sert de berceau. ETY Du n. pr.

**Moïse** (en hébr. *Mosché*) (XIII^e s. av. J.-C.), prophète et législateur d'Israël, connu essentiellement par les cinq livres de la Bible (Pentateuque). Fils de parents hébreux, il serait né sous le règne de Ramsès II (1301 à 1235 env.), en Égypte. Ayant échappé à l'extermination des nouveau-nés mâles hébreux de ce pays (légende du berceau d'osier abandonné sur le Nil), il est élevé à la cour du pharaon qui persécute son peuple. Le meurtre d'un fonctionnaire égyptien le contraint à se réfugier dans le désert du Sinaï, où Yahvé lui apparaît sous la forme d'un buisson ardent et lui enjoint de conduire hors d'Égypte les tribus hébraïques captives. Il leur fait traverser la mer Rouge, dont les eaux se sont ouvertes, reçoit de Dieu les *Tables de la Loi* (V. Torah) et les *Dix Commandements* ou *Décalogue.* Cette Loi affirme l'existence d'un Dieu unique. Moïse est le constructeur de l'arche d'Alliance, symbole de la présence de Yahvé parmi le peuple élu (le peuple juif). Dieu ne lui accorda pas, comme à toute la génération qui avait vécu en Égypte, le droit d'entrer en Terre promise. Il put la contempler du haut du mont Nebo, où il mourut. DER **mosaïque** *a*

**Moïse** statue en marbre de Michel-Ange (1516, égl. Saint-Pierre-aux-Liens, Rome), exécutée pour le tombeau du pape Jules II.

**Moïse et Aaron** opéra en 3 actes de Schönberg, sur un livret du compositeur (inachevé, 1930-1932). ▷ CINE Film allemand (1974) du Français Jean-Marie Straub (né en 1933).

**moisi** *nm* Ce qui est moisi. *Odeur de moisi.*

**moisir** *v* ③ **A** *vt* Couvrir de moisissures. **B** *vi* **1** Se couvrir de moisissures. **2** fig, fam Attendre trop longtemps, se morfondre. *Je n'ai pas l'intention de moisir ici.* ETY Du lat.

**moisissure** *nf* Ensemble des champignons minuscules se développant sur des matières organiques humides ou en décomposition.

**moissac** *nm* Variété de raisin de table blanc (chasselas) récolté en Tarn-et-Garonne.

**Moissac** ch.-l. de cant. de Tarn-et-Garonne (arr. de Castelsarrasin), sur le Tarn ; 12 213 hab. – Égl. XII^e-XV^e s., avec cloître XII^e-XIII^e s. DER **moissagais, aise** *a, n*

**Moissan** Henri (Paris, 1852 – id., 1907), chimiste français ; inventeur du four électrique. Il isola le fluor. P. Nobel de chimie 1906.

**Moïsseïev** Igor Alexandrovitch (Kiev, 1906 – Moscou, 2007), danseur et chorégraphe russe ; directeur, en 1937, d'une compagnie de ballets folkloriques dite *ballets Moïsseïev.*

**moissine** *nf* AGRIC Bout de sarment de vigne coupé avec la grappe.

**moisson** *nf* **1** Action de récolter le blé, les céréales ; la récolte elle-même. **2** Temps, époque où l'on fait la moisson. *La moisson sera tardive.* **3** fig Grande quantité de choses recueillies. *Une ample moisson de renseignements.* ETY Du lat.

**moissonner** *vt* ① **1** Faire la moisson, la récolte de céréales. *Moissonner du blé. Moissonner un champ.* **2** fig Remporter, recueillir en abondance. *Moissonner les récompenses, les distinctions.* DER **moissonnage** *nm*

**moissonneur, euse** *n* **A** Personne qui moissonne. **B** *nf* Machine servant à moissonner.

**moissonneuse-batteuse** *nf* Machine agricole qui bat le grain et le sépare de la paille. PLUR moissonneuses-batteuses.

**moissonneuse-lieuse** *nf* Machine agricole qui coupe les céréales et met les tiges en bottes. PLUR moissonneuses-lieuses.

**moite** *a* Légèrement humide. *Avoir les mains moites. Chaleur moite.* ETY Du lat. DER **moiteur** *nf*

**moitié** *nf* **1** Chacune des deux parties égales d'un tout. *Trois est la moitié de six.* **2** Partie, portion qui représente environ une moitié d'un tout ; milieu. *Il passe la moitié de son temps à dormir. Être à la moitié du chemin.* **3** fam Épouse. LOC ***À moitié*** : à demi, en partie. — ***De moitié, pour moitié*** : pour une part égale à la moitié. — ***Être, se mettre de moitié avec qqn*** : s'associer avec lui, partager également le gain et la perte. — ***Faire les choses à moitié*** : ne pas les faire convenablement, complètement. — fam ***Moitié-moitié*** : en partageant en deux parts égales ; d'une manière mitigée. — ***Moitié..., moitié...*** : en partie..., en partie... *Pain moitié froment, moitié seigle.* ETY Du lat.

**Moïse** sculpture de Michel-Ange prévue pour le tombeau de Jules II (v. 1513-1516), église Saint-Pierre-aux-Liens, Rome

**Moissac** tympan du portail méridional de l'église Saint-Pierre, début XII^e s.

**Moivre** Abraham de (Vitry-le-François, 1667 – Londres, 1754), mathématicien anglais d'origine française ; spécialiste du calcul des probabilités, créateur des nombres complexes.

**Mojave** → **Mohave.**

**mojette** → **mogette.**

**mojito** *nm* Punch d'origine cubaine. ETY Mot esp.

**moka** *nm* **1** Café renommé provenant d'Arabie ; breuvage fait avec ce café. **2** Gâteau garni de crème au beurre aromatisée au café.

**Moka** v. et port du Yémen, sur la mer Rouge ; 6 000 hab. – Autref. ville princ. (50 000 hab.) de l'Arabie Heureuse grâce à son comm. d'épices, de dattes et de café.

**1 mol** → **mou.**

**2 mol** CHIM Symbole de la mole.

**Mol** com. de Belgique (Anvers), dans la Campine ; 29 800 hab. Centrale nucléaire.

**mola** *nf* Tissu brodé à décor animalier des Indiens Kunas du Panama.

**1 molaire** *nf* Chacune des grosses dents implantées à l'arrière des mâchoires, qui servent à broyer. ETY Du lat. *dens molaris,* « dent en forme de meule ».

**2 molaire** *a* CHIM Relatif à la mole. LOC ***Solution molaire*** : qui contient une mole de soluté par litre.

**môlaire** → **môle 1.**

**molard, molarder** → **mollard.**

**molarité** *nf* CHIM Concentration molaire d'une solution.

**molasse** *nf* GEOL Grès tendre à ciment argilo-calcaire englobant des grains de quartz, des paillettes de mica, etc. DER **molassique** *a*

**Molay** Jacques de (Molay, Franche-Comté, 1243 – Paris, 1314), dernier grand maître des Templiers (1298). Philippe le Bel le fit arrêter (1307), torturer et emprisonner ; il périt sur le bûcher.

**Moldau** → **Vltava.**

**moldave** *nm* Langue roumaine parlée en Moldavie.

**Moldavie** région de la Roumanie, entre les Carpates, à l'O., et le Prout, à l'E. Le relief s'abaisse d'O. *(Carpates moldaves)* en E. (plaine moldave, dans la partie septent.) ; l'eau abonde dans les Carpates (hydroélectr., irrigation). DER **moldave** *a, n*

**Histoire** La principauté de Moldavie se constitua en 1359, au détriment de la Hongrie. Elle connut son apogée sous Étienne III (1457-1504), qui, en 1504, dut se reconnaître vassal de la Turquie. Le pays fut disputé entre Russes et Autrichiens au XIX^e s. Après le traité de Paris (1856), il s'unit à la Valachie pour former la Roumanie, dont l'indépendance fut reconnue par le congrès de Berlin (1878). En déc. 1918, la Bessarabie russe revint à la Roumanie ; en réponse, les Soviétiques créèrent une petite rép. auton. de Moldavie (1924), grossie en 1944 d'une grande partie de la Bessarabie (enlevée à la Roumanie) V. Moldavie (république de).

**Moldavie (république de)** *(Republica Moldoveneasca),* État d'Europe, limité à l'O. par la Roumanie, à l'E. par l'Ukraine, entre le Dniestr et le Prout ; 33 670 km² ; 4,1 millions d'hab. ; cap. *Chisinau.* Nature de l'État : rép. parlementaire. Langue off. : roumain. Monnaie : leu. Pop. : Moldaves (64,4 %), Ukrainiens (13,9 %), Russes (12,9 %). DER **moldave** *a, n*

**Géographie** Une plaine faiblement ondulée et fertile suscite une riche agriculture (34,8 % des actifs) : céréales, betterave, fruits, vigne, tabac ; élevage important. L'industr. traite surtout les produits agric.

**Histoire** En 1944, l'URSS annexe la prov. roumaine de Bessarabie et fait d'elle la rép. soc. sov. de Moldavie, qui comprend aussi un petit territ. de la rive est du Dniestr, peuplée en majorité de russophones (Transnistrie). Quand les Moldaves (qui parlent le roumain) proclament leur souveraineté en 1990 (après avoir adopté le roumain comme langue off. et l'alphabet latin), les russophones, craignant le rattachement à la Roumanie, en font autant, puis optent pour l'indépendance en 1991. Un conflit éclate alors entre Moldaves et russophones jusqu'à la signature d'un accord de paix (1992). La Constitution de 1994 prévoit un statut d'autonomie pour la Transnistrie et la Gagaouzie. En 1991, le pays devient membre de la CEI et en 1996, membre de l'OIF. En avril 2009, l'opposition pro-européenne conteste les résultats des législatives donnant vainqueur le parti communiste au pouvoir dep. 2001. De nouvelles élections voient la victoire de la coalition de l'opposition en juillet. Les pro-européens gagnent à nouveau les législatives de 2014.

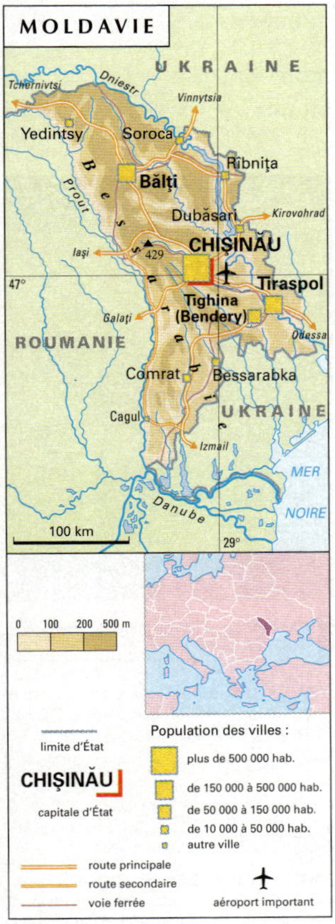


**Moldo-Valachie** nom donné aux principautés danubiennes jusqu'à la reconnaissance de l'indépendance de la Roumanie (1878). DER **moldo-valaque** *a, n*

**mole** *nf* CHIM Unité de quantité de matière du système international, équivalant à la quantité de matière d'un système qui comprend autant d'entités élémentaires (molécules, atomes, ions, électrons) qu'il y a d'atomes dans 12 g de carbone 12. SYMB mol. ETY Mot angl., de *molecule*.

**1 môle** *nf* MÉD Dégénérescence des villosités de la paroi de l'œuf en cours de grossesse. ETY Du lat. *mola*, « meule ». DER **môlaire** *a*

**2 môle** *nm* **1** MAR Jetée construite à l'entrée d'un port et faisant office de brise-lames. **2** Terre-plein bordé de quais et qui divise un bassin en darses. ETY De l'ital.

**3 môle** *nf* Poisson marin pélagique, appelé cour. *poisson-lune* ou *lune de mer*, pouvant atteindre 3 m. ETY Du lat. *mola*, « meule ».

**môle**

**Molé** Mathieu (seigneur de Champlâtreux) (Paris, 1584 – id., 1656), magistrat français. Premier président au parlement de Paris (1641-1651) durant la Fronde, il négocia la paix de Rueil (1649) avec Anne d'Autriche. — **Louis Matthieu** (comte) (Paris, 1781 – Champlâtreux, 1855), homme politique français, descendant de Mathieu Molé ; Premier ministre (1836-1839) hostile aux réformes. Acad. fr. (1840).

**moléculaire** *a* **1** Qui se rapporte aux molécules. **2** Se dit d'une cuisine fondée sur l'utilisation de composés élémentaires, permettant de créer de nouveaux accords gustatifs.

**molécule** *nf* CHIM Ensemble d'atomes liés les uns aux autres par des liaisons de covalence. ETY Du lat. *moles*, « masse ».

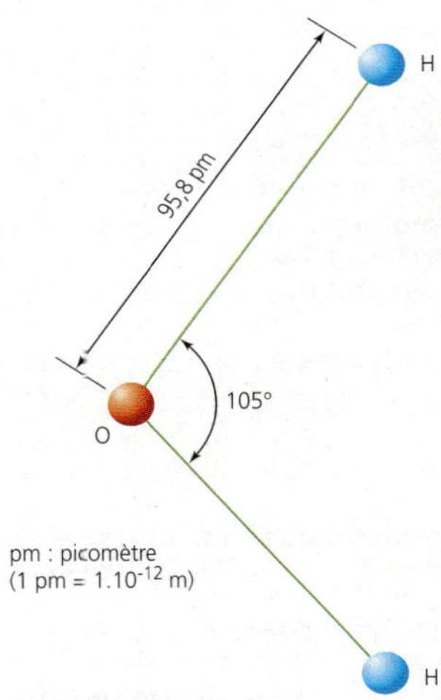


**molécule** d'eau $H_2O$

**molène** *nf* BOT Plante (scrofulariacée) des terres incultes, dont une espèce, la *molène commune*, est appelée aussi *bouillon-blanc*.

**Molène** île et com. du Finistère (arr. de Brest), entre le continent et l'île d'Ouessant ; 271 hab.

**moleskine** *nf* Toile de coton cirée imitant le cuir. ETY De l'angl. *moleskin*, « peau de taupe ».

**molester** *vt* ① Faire subir des violences physiques à qqn.

**moleter** *vt* ⑱ ou ⑳ TECH **1** Travailler à la molette. **2** Strier à la molette. *Écrou moleté.* DER **moletage** *nm*

**molette** *nf* **1** Roulette garnie de pointes, à l'extrémité d'un éperon. **2** Roulette munie de pointes ou d'aspérités tranchantes. *Molette de vitrier.* **3** Petit disque, petit cylindre cannelé servant à actionner un mécanisme. *Clé à molette.* ETY De *meule*.

**Molfetta** v. et port d'Italie (Pouilles), sur l'Adriatique ; 60 400 hab. Centre agricole. – Cité libre (XIIe-XVIIe s.), prospère au XVe s.

**molière** *nm* Récompense décernée chaque année en France dans le domaine du théâtre.

**Molière** Jean-Baptiste Poquelin, dit (Paris, 1622 – id., 1673), auteur dramatique et comédien français. Son père, tapissier du roi, le mit en 1635 au collège de Clermont (auj. lycée Louis-le-Grand), dirigé par les jésuites. Il obtint le titre d'avocat, puis fonda avec les Béjart la troupe de l'Illustre-Théâtre (1643), qui échoua. Se joignant à des comédiens ambulants, ils jouèrent de ville en ville pendant treize ans. Rentré à Paris en 1658, où Monsieur, frère du roi, le protégea, Molière triompha avec *les Précieuses ridicules* (1659). La troupe se fixa au Palais-Royal (1661) et joua : *l'École des maris* (1661), *l'École des femmes* (1662), *Tartuffe* (1664), *Dom Juan* (1665), *le Misanthrope* (1666), *le Médecin malgré lui* (1666), *Amphitryon* (1668), *l'Avare* (1668), *George Dandin* (1668), *le Bourgeois gentilhomme* (1670), *les Fourberies de Scapin* (1671), *les Femmes savantes* (1672), *le Malade imaginaire* (1673). Le roi riait à ses pièces, mais Molière subit de nombr. attaques (querelle de *l'École des femmes*, du *Tartuffe*, etc.). Miné par ses luttes et par son travail, malheureux en ménage (il avait épousé en 1662 Armande Béjart, de vingt-deux ans sa cadette), il eut des convulsions en jouant *le Malade imaginaire* et mourut. En 1680, Louis XIV réunit la troupe de Molière et celle de l'hôtel de Bourgogne, créant la Comédie-Française, la « Maison de Molière ». DER **moliéresque** *a*

Mohammed VI

Molière

**Molina** Luis (Cuenca, 1536 – Tolède, 1600), jésuite espagnol. Son traité sur le libre arbitre et la grâce est à l'origine du *molinisme*, combattu par Pascal et les jansénistes.

**Molina** → **Tirso de Molina.**

**molinisme** *nm* RELIG Doctrine de Luis Molina, selon laquelle l'homme reçoit en naissant une grâce suffisante, qu'il pourra, en vertu de son libre arbitre, rendre efficace. DER **moliniste** *n, a*

**Molinos** Miguel de (1628 – 1696), théologien espagnol, fondateur du quiétisme.

**Molise** rég. d'Italie et de l'UE, formée des prov. de Campobasso et d'Isernia ; 4 438 km² ; 314 700 hab. ; cap. *Campobasso.* Comprenant le revers oriental des Apennins et une plaine bordant l'Adriatique, c'est une région agricole pauvre. Gisement de gaz naturel à Vasto.

**Molitor** Gabriel Jean Joseph (comte) (Hayange, Lorraine, 1770 – Paris, 1849), maréchal de France (1823). Il participa à la campagne d'Espagne (1823).

**mollah** *nm* Docteur en droit religieux dans l'islam chiite. PHO [mɔla] VAR **mulla** ou **mullah**

**mollard** *nm* vulg Crachat épais. VAR **molard** DER **mollarder** ou **molarder** *vi* ①

**mollasse** *a, n* péjor **A** *a* Sans consistance, mou et flasque. *Chair mollasse.* **B** *a, n* Sans énergie, apathique. DER **mollasserie** *nf*

**mollasson, onne** *n, a* fam Se dit d'une personne molle, mollasse.

**mollement** *av* **1** Avec mollesse. *Être couché mollement.* **2** Sans vigueur, sans conviction. *Se défendre mollement.*

**mollesse** *nf* **1** Caractère de ce qui est mou. *La mollesse d'un matelas.* ANT dureté. **2** Manque d'énergie dans le caractère, la conduite. ANT fermeté. **3** Manque de vigueur, de précision d'une forme. *La mollesse des traits d'un visage.* SYN atonie.

**1 mollet, ette** *a* D'une mollesse douce, agréable. *Lit mollet.* LOC ***Œuf mollet :*** cuit dans sa coquille de manière que le blanc soit pris et le jaune onctueux.

**2 mollet** *nm* Relief musculaire à la face postérieure de la jambe, au-dessous du genou. LOC fam ***Mollets de coq :*** très maigres. ETY De *mollet* 1.

**Mollet** Guy (Flers, 1905 – Paris, 1975), homme politique français. Secrétaire général de la SFIO (1946-1969), chef du gouv. (fév. 1956-mai 1957), il dut faire face à la guerre d'Algérie et à la crise de Suez. En mai 1958, il contribua au retour de de Gaulle, puis s'opposa à lui.

**molletière** *nf, af* Guêtre protégeant le mollet. LOC ***Bandes molletières :*** bandes d'étoffe ou de cuir dont on entoure le mollet.

**molleton** *nm* Étoffe moelleuse de laine ou de coton gratté. DER **molletonneux, euse** *a*

**molletonner** *vt* ① Doubler, garnir de molleton.

**Moll Flanders** roman de Daniel Defoe (1722) : le genre picaresque au féminin.

**Mollien** François Nicolas (comte) (Rouen, 1758 – Paris, 1850), homme politique français ; ministre du Trésor de 1806 à 1814.

**mollir** *v* ③ **A** *vi* **1** Devenir mou. *Ces poires mollissent.* **2** Perdre de sa force, faiblir. *Le vent mollit.* **B** *vt* MAR Détendre. *Mollir un câble.*

**mollisol** *nm* PEDOL Couche superficielle du sol, qui subit l'action du gel et du dégel.

**mollo** *av* fam Doucement. *Y aller mollo.*

**Molloy** roman de Beckett (1951), son prem. livre écrit directement en franç.

**molluscicide** *a, nm* Se dit d'un produit qui détruit les mollusques. PHO [mɔlysisid]

**molluscum** *nm* Tumeur fibreuse de la peau, molle et de dimension variable. PHO [mɔlyskɔm] ETY Mot lat., « nœud de l'érable ».

**mollusque** *nm* **1** ZOOL Animal métazoaire au corps mou non segmenté souvent pourvu d'une coquille calcaire, tel que l'escargot. **2** fig, fam Individu mou, sans énergie. ETY Du lat. *mollusca nux*, « noix à l'écorce molle ».

ENC Les mollusques sont divisés en sept classes, dont les plus importantes sont les gastéropodes (escargots, par ex.), les lamellibranches (huîtres, par ex.) et les céphalopodes (poulpes, par ex.).

**Molnár** Ferenc (Budapest, 1878 – New-York, 1952), écrivain hongrois : *les Garçons de la rue Pál* (roman, 1907), *Liliom* (drame, 1909).

**moloch** *nm* ZOOL Lézard (agamidé) du désert australien, long d'une vingtaine de cm, couvert d'épines. PHO [mɔlɔk] ETY Du n. pr.

**Moloch** (en hébr. *Melek*, « roi »), nom par lequel la Bible désigne une divinité cananéenne à laquelle ses fidèles sacrifiaient des enfants. Les historiens actuels voient plutôt dans le Moloch le sacrifice lui-même, en pays cananéen et à Carthage. VAR **Molk**

**molosse** *nm* Grand chien. ETY Du n. pr.

**Molosses** peuple de l'anc. Épire (Grèce continentale).

**molossoïde** *nm* Gros chien (pitbull, rottweiller, etc.) considéré comme dangereux et qui doit sortir muselé.

**molothre** *nm* Passériforme américain, au bec fort, dont la vie parasite rappelle celle du coucou. SYN vacher.

**Molotov** Viatcheslav Mikhaïlovitch Skriabine, dit (Koukarki, auj. Sovietsk, rég. de Kirov, 1890 – Moscou, 1986), homme politique soviétique. Président du Komintern (1930-1934), signataire du pacte germano-sov. (1939), il dirigea la diplomatie sov. de 1939 à 1949 et de 1953 à 1957 (Khrouchtchev mit fin à sa carrière).

**Molsheim** ch.-l. d'arr. du Bas-Rhin, sur la Bruche ; 9 335 hab. – Vignobles. – Fortifications et donjon médiévaux. DER **molsheimois, oise** *a, n*

**Moltke** Helmuth (comte von) (Parchim, Mecklembourg, 1800 – Berlin, 1891), maréchal prussien. Chef du grand état-major (1857-1888), il fut l'artisan des victoires contre l'Autriche (1866) et contre la France (1870). — **Helmuth** dit le Jeune (Gersdorff, Mecklembourg, 1848 – Berlin, 1916), neveu du préc., chef d'état-major de l'armée allemande de 1906 à 1914, disgracié après la bataille de la Marne.

**molto** *av* MUS Très, beaucoup. *Molto vivace.* ETY Mot ital.

**Moluques** (archipel des) archipel et prov. d'Indonésie, situé entre les Célèbes et la Nouvelle-Guinée ; 74 505 km$^2$ ; 1 608 560 hab. ; ch.-l. *Amboine*. Princ. îles : Halmahera, Céram, Buru, Aru. Montagneux et forestier (climat équat.), l'archipel produit des épices et du coprah. – Ces îles, où les Hollandais étaient établis dès le XVII$^e$ s., furent incluses dans l'Indonésie en 1949. Les Moluquois du S., chrétiens, ont des visées indépendantistes exacerbées dep. 1998. DER **moluquois, oise** *a, n*

**molure** *nm* Espèce de grand python d'Asie tropicale. ETY Du gr.

**molybdate** *nm* CHIM Sel de l'acide molybdique.

**molybdène** *nm* **1** CHIM Élément métallique de numéro atomique Z = 42 et de masse atomique 95,94. SYMB Mo. **2** Métal blanc, qui fond à 2 620 °C, utilisé pour la fabrication d'aciers inoxydables. SYMB Mo. ETY Du gr. *molubdos*, « plomb ».

**molybdique** *a* LOC CHIM ***Acide molybdique :*** de formule $H_2MoO_4$. — ***Anhydride molybdique :*** de formule $MoO_3$.

**molysmologie** *nf* Étude scientifique des pollutions. ETY Du gr. *molusmos*, « souillure ».

**Moma** → **Museum of Modern Art.**

**Mombasa** v. et princ. port de comm. du Kenya, sur l'océan Indien ; ch.-l. de prov. ; 442 370 hab. VAR **Mombassa**

**môme** *n* fam **A** Enfant. **B** *nf* Jeune fille.

**moment** *nm* **1** Petite partie du temps. *Il n'en a que pour un moment.* **2** Laps de temps indéterminé. *Attendre un long, un bon moment.* **3** Temps présent. *Les vedettes du moment.* **4** Circonstance, occasion. *C'est le moment, le bon moment.* LOC ***À tout (tous) moment(s) :*** sans cesse. — ***Au moment de :*** sur le point de. — ***Au moment où :*** lorsque. — ***Dans un moment :*** bientôt. — ***Du moment que :*** puisque. — ***D'un moment à l'autre :*** incessamment. — ***En ce moment :*** à l'heure qu'il est. — PHYS ***Moment cinétique, moment dynamique en un point :*** moment du vecteur m$\vec{v}$ (quantité de mouvement), du vecteur m$\vec{\Gamma}$ (force) par rapport à ce point. — ***Moment électrique d'un dipôle :*** produit d'une des charges d'un dipôle par la distance qui sépare ces charges. — PHYS ***Moment d'inertie d'un système par rapport à un axe :*** somme des produits des masses des éléments du système par les carrés des distances de ceux-ci à l'axe. — PHYS ***Moment d'un couple :*** vecteur perpendiculaire au plan des forces constituant le couple dans le sens direct. — PHYS ***Moment d'une force par rapport à un point :*** moment du vecteur représentant cette force, par rapport à ce point. — MATH ***Moment d'un vecteur $\overrightarrow{AB}$ par rapport à un point O :*** vecteur $\overrightarrow{OM}$ tel que $\overrightarrow{OM} = \overrightarrow{OA} \wedge \overrightarrow{AB}$, perpendiculaire au plan OAB dans le sens direct. — ***Par moments :*** de temps en temps. ETY Du lat.

**momentané, ée** *a* Qui dure peu, temporaire. *Plaisir momentané.* DER **momentanément** *av*

**momerie** *nf* litt Pratique hypocrite, affectée. ETY De l'a. fr. *momer*, « se déguiser ».

**mômerie** *nf* fam Enfantillage.

**momie** *nf* **1** Corps embaumé par les anciens Égyptiens. **2** fig Personne très maigre. ETY De l'ar. *mum*, « cire ».

**momie** de Pachery, époque ptolémaïque – musée du Louvre

**momifier** *vt* ② **1** Transformer en momie. *Cadavre qui se momifie.* **2** fig Figer dans l'inertie. DER **momification** *nf*

**Mommsen** Theodor (Garding, Schleswig, 1817 – Charlottenburg, Berlin, 1903), homme politique et historien allemand. Il a étudié la Rome antique à l'aide de méthodes scientifiques. P. Nobel de littérature 1902.

**mon, ma, mes** *a poss* Représente la première personne du singulier pour marquer la possession ou des rapports divers (affectifs, sociaux, etc.). *Ma maison. Mon fils. Mon meilleur ami. Ma promenade quotidienne. Mon dentiste.* (On emploie *mon* au lieu de *ma* devant un nom fém. commençant par une voyelle ou un *h* muet : *mon île, mon horloge.*) ETY Du lat.

**mon(o)-** Élément, du gr. *monos*, «seul».

**môn** → **môn-khmer, Môns.**

**monacal, ale** *a* Propre aux moines, au genre de vie des moines. PLUR monacaux. ETY Du lat.

**monachisme** *nm* **1** Vie des moines. **2** Institution monastique. PHO [mɔnaʃism] ou [mɔnakism]

**Monaco** (principauté de) principauté enclavée dans le dép. français des Alpes-Maritimes, sur la Côte d'Azur ; 1,95 km$^2$ ; 30 000 hab. ; cap. *Monaco.* Langue off. : français. Nature de l'État : monarchie constitutionnelle. Monnaie : euro. Relig. : cathol. – Cet État, limité par le mont Agel (1 100 m) et la Tête-de-Chien (504 m), s'étire sur 3 km et ne dépasse pas 200 à 300 mètres de largeur. Il a quatre noyaux urbains : Monaco-Ville, Monte-Carlo, La Condamine, Fontvieille. Il doit sa fortune au tourisme, à son casino, fondé en 1862, à son régime fiscal qui attire les sociétés étrangères, et à une industrie de pointe. – Évêché. Cath. (XIX$^e$ s.). Musée océanographique. Jardin exotique. Grand Prix automobile. DER **monégasque** *a, n*

**Histoire** Fuyant Gênes, les Grimaldi, guelfes, s'installèrent à Monaco en 1270. En 1419, le roi de France reconnut leur souveraineté. La principauté fut annexée de 1793 à 1814 par la France, et amputée de Menton et de Roquebrune en 1848. Depuis 1865, une union douanière lie Monaco à la France et le traité fondamental de 1918 reconnaît à la principauté le droit à la représentation diplomatique. En 2005, le prince Albert II a succédé à son père Rainier III (1949-2005).

**Monaco** le rocher vu du jardin exotique

**monade** *nf* PHILO Pour Leibniz, substance simple, irréductible, élément premier de toutes les choses. ETY Du lat. *monas*, « unité ». DER **monadisme** *nm* ou **monadologie** *nf*

**monadelphe** *a* BOT Se dit d'un androcée dont les étamines sont soudées entre elles en un seul faisceau.

**Monadologie** traité philosophique de Leibniz (1714), écrit en français.

**Monaldeschi Gian Rinaldo (marquis de)** (m. à Fontainebleau, 1657), noble italien, favori de Christine de Suède, qui le fit tuer.

**monarchie** *nf* **1** Forme de gouvernement d'un État dans laquelle le pouvoir est détenu par un roi héréditaire. **2** État gouverné par un seul individu, spécial. par un roi. **LOC** ***Monarchie absolue*** : où l'autorité du souverain est illimitée. — ***Monarchie constitutionnelle*** : où l'autorité du souverain est limitée par une constitution. — ***Monarchie parlementaire*** : monarchie constitutionnelle dans laquelle le gouvernement est responsable devant le Parlement. ETY Du gr. DER **monarchique** *a*

**monarchisme** *nm* Doctrine des partisans de la monarchie. DER **monarchiste** *a, n*

**monarde** *nf* Plante herbacée vivace (labiée), à fleurs rouges très nombreuses. ETY D'un n. pr.

**monarque** *nm* **1** Personne qui détient l'autorité souveraine dans une monarchie. **2** Grand papillon diurne américain qui effectue des migrations entre le sud du Canada et le centre du Mexique.

**monastère** *nm* Lieu, groupe de bâtiments habité par des moines ou des moniales.

**monastique** *a* Des moines, des moniales ou de leur genre.

**Monastir** v. et port de Tunisie, sur le golfe de Hammamet ; ch.-l. du gouvernorat du m. nom ; 35 550 hab. Pêche ; industries. – À Skanès, palais de Bourguiba.

**Monastir** → **Bitola.**

**monaural, ale** *a* **1** Se dit d'une sensation auditive qui ne concerne qu'une seule oreille. **2** Syn. de *monophonique*. PLUR monauraux.

**monazite** *nf* Minerai contenant principalement des phosphates de cérium, de lanthane et de thorium. ETY Du gr.

**monbazillac** *nm* Vin blanc liquoreux du Sud-Ouest. ETY Du nom d'une com. de Dordogne.

**monceau** *nm* Tas, amas important. *Un monceau de ruines.* ETY Du lat.

**Monceau (parc)** parc de Paris (VIII$^e$ arr., quartier de la Plaine-Monceau), jardin à l'anglaise aménagé en 1778.

**Mönchengladbach** v. industrielle d'Allemagne (Rhénanie-du-Nord-Westphalie) ; 255 090 hab.

**Monck** → **Monk (George).**

**Mon cœur mis à nu** notes et aphorismes de Baudelaire (écriture : 1862-1864), composant, avec *Fusées* (écriture : 1851), l'ensemble de ses *Journaux intimes* (publiés en 1887 et 1908).

**Moncontour** ch.-l. de cant. de la Vienne (arr. de Châtellerault) ; 980 hab. – Égl. romane. Donjon XI$^e$ s. – XV$^e$ s. – Victoire du duc d'Anjou (futur Henri III) sur les protestants de Coligny (1569). DER **moncontourais, aise** *a, n*

**Moncton** ville du Canada (Nouveau-Brunswick), sur la *Petitcodiac* ; 106 503 hab. Centre industriel. – Université francophone. Le sommet de la Francophonie s'est tenu à Moncton en 1999.

**mondain, aine** *a, n* **A** *a* Qui concerne la haute société, ses divertissements. *Vie mondaine.* **B** *a, n* Qui fréquente, qui aime le monde, la haute société. *Femme très mondaine.* **LOC** ***La police mondaine*** ou ***la mondaine*** : service de police spécialisé dans les affaires de drogue et de mœurs.

**mondanité** *nf* **A** Goût pour les divertissements mondains. **B** *nf pl* Évènements, faits de la vie mondaine.

**monde** *nm* **1** Ensemble de tout ce qui existe, univers. *La fin du monde.* **2** Système planétaire ; planète. *D'autres mondes habités.* **3** La planète où vivent les hommes, la Terre. **4** fig Univers, domaine particulier. *Le monde du rêve.* **5** Le genre humain, l'humanité. *Ainsi va le monde.* **6** Groupe social défini. *Le monde de la politique.* **7** La haute société, les classes aisées qui ont une vie facile et brillante. *Le grand monde. Un homme du monde.* **8** La vie en société. *Fuir le monde.* **9** La vie laïque, par oppos. à la vie monastique. *Renoncer au monde.* **10** Un grand nombre, ou un certain nombre de personnes. *Il y a du monde dans les rues.* **11** Entourage de qqn. *Réunir tout son monde.* **LOC** ***Au bout du monde*** : très loin. — ***Ce monde, ce bas monde*** : le séjour des vivants — ***C'est un monde !*** : c'est incroyable, insensé !. — ***Courir le monde*** : voyager beaucoup. — RELIG ***L'autre monde*** : le séjour des morts. — ***Mettre un enfant au monde*** : lui donner naissance. — fam ***Monsieur Tout-le-Monde*** : n'importe qui. — ***Pour rien au monde*** : en aucun cas. — ***Recevoir, avoir du monde*** : des invités, des hôtes. — ***Se faire un monde de qqch*** : se l'imaginer comme plus difficile, plus important que cela n'est en réalité. — ***Tout le monde*** : tous, on. — ***Venir au monde*** : naître. ETY Du lat.

**Monde (le)** quotidien parisien du soir, fondé en 1944 par Hubert Beuve-Méry.

**Monde comme volonté et comme représentation (le)** œuvre philosophique de Schopenhauer (1819).

**Monde du silence (le)** documentaire de long métrage sur les fonds sous-marins réalisé par J.-Y. Cousteau et Louis Malle (1955).

**Mondego (le)** fl. du Portugal (225 km) ; naît dans la Serra da Estrela, arrose Coïmbre et se jette dans l'Atlantique.

**monder** *vt* ① Débarrasser un fruit de son enveloppe, une substance de ses impuretés. ETY Du lat.

**mondeuse** *nf* Cépage rouge cultivé en Savoie.

**mondial, ale** *a, nm* **A** *a* Qui intéresse, qui concerne le monde entier. *Savant de réputation mondiale.* **B** *nm* Manifestation d'importance mondiale, championnat du monde. PLUR mondiaux. DER **mondialement** *av* – **mondialité** *nf*

**Mondial** → **Coupe du monde de football.**

**mondialisation** *nf* **1** Fait de devenir mondial, de se répandre dans le monde entier. **2** Émergence d'un modèle mondial unique dans les domaines économiques, culturel, etc. DER **mondialiser** *vt* ①

**mondialisme** *nm* **1** Universalisme visant à l'unité politique de la communauté humaine. **2** Approche des problèmes politiques économiques et sociaux dans une optique mondiale et non nationale. DER **mondialiste** *a, n*

**Mondor Henri** (Saint-Cernin, Cantal, 1885 – Neuilly-sur-Seine, 1962), chirurgien et écrivain français : études sur Mallarmé. Acad. fr. (1946).

**Mondovi** v. d'Italie (prov. de Cuneo) ; 22 100 hab. – Bonaparte y vainquit les Piémontais (1796).

**mondovision** *nf* Système de télédiffusion par satellite dans le monde entier.

**Mondragon** com. du Vaucluse (arr. d'Avignon) ; 3 131 hab. Le canal de dérivation du Rhône (28 km) l'unit à Donzère.

**Mondrian Pieter Cornelis Mondriaan, dit Piet** (Amersfoort, 1872 – New York, 1944), peintre hollandais ; un des fondateurs de l'art abstrait, théoricien du néoplasticisme et promoteur de l'abstraction géométrique. (V. Stijl).

**Mondrian** *Composition 1*, 1931 – coll. Thyssen-Bornemisza, Lugano

**monégasque** → **Monaco.**

**monel** *nm* Alliage à base de nickel et de cuivre, très résistant à la corrosion. ETY Nom déposé.

**monème** *nm* LING Unité minimale de signification. *On distingue les monèmes lexicaux, ou lexèmes (elle court, il court), des monèmes grammaticaux, ou morphèmes (nous courons, vous courez).*

**monergol** *nm* TECH Propergol constitué d'un seul ergol (eau oxygénée ou hydrazine, par ex.).

**Monet** Claude (Paris, 1840 – Giverny, Eure, 1926), peintre français ; chef de file de l'impressionnisme. En compagnie de ses amis Renoir, Sisley, Bazille, il découvre le paysage (v. 1863) et capte le jeu de la lumière en posant les couleurs par touches distinctes. Son tableau *Impression, soleil levant,* peint en 1872 et exposé en 1874, donne son nom à l'impressionnisme. Il exécuta des séries : la *Gare Saint-Lazare* (1876-1878), la *Cathédrale de Rouen* (1892-1894), les *Nymphéas* (de 1900 à sa mort, dans son jardin de Giverny, dans l'Eure).

**Claude Monet** *les Coquelicots*, 1873 – musée d'Orsay, Paris

**monétaire** *a* Relatif à la monnaie, aux monnaies. *Système monétaire.*

**monétarisme** *nm* ECON Doctrine qui met au premier plan la politique monétaire. DER **monétariste** *a, n*

**monétique** *nf, a* Ensemble des moyens informatiques et électroniques utilisés comme mode de paiement.

**monétiser** *vt* 1 **1** Transformer un métal en monnaie. **2 fig** Tirer de l'argent, un profit de qqch. *Monétiser des jours de RTT.* DER **monétisation** *nf*

**Monfreid** Daniel de (Paris, 1856 – Corneilla-de-Conflent, 1929), peintre et graveur français, ami et correspondant de Gauguin. — **Henri** (Leucate, 1879 – Ingrandes, 1974), fils du préc., auteur de récits de voyages.

**Mon frère Yves** roman autobiographique de Loti (1883).

**Monge** Gaspard (comte de Péluse) (Beaune, 1746 – Paris, 1818), mathématicien français ; inventeur de la géométrie descriptive, auteur de travaux sur le calcul intégral des équations aux dérivées partielles. Grand pédagogue, Monge fut un des fondateurs de l'École polytechnique. Ses cendres sont au Panthéon.

**G. Monge**

**mongol** *nm* Langue ouralo-altaïque parlée en Mongolie.

**Mongolie** vaste région d'Asie centrale. Le N. forme la rép. auton. des Bouriates ; le centre correspond à l'État de Mongolie ; le S., rattaché à la Chine, forme la région autonome de Mongolie-Intérieure. DER **mongol, ole** *a, n*
► carte **Chine**

**Mongolie (État de)** État continental de l'Asie du Centre-Est, situé entre la Russie et la Chine ; 1 565 000 km$^2$ ; 2,9 millions d'hab. ; accroissement naturel : 1,6 % par an ; cap. *Oulan-Bator.* Nature de l'État : rép. parlementaire. Langue off. : mongol (parler khalkha). Monnaie : tugrik. Relig. : bouddhisme majoritaire (lamaïsme). DER **mongol, ole** *a, n*

**Géographie** Haute pénéplaine rajeunie par les plissements tertiaires, la Mongolie est une vaste cuvette au centre de laquelle se dresse le massif du Khangaï, que bordent les chaînes d'Asie centrale et de Sibérie méridionale (Altaï, notam.). Le pays, au climat continental (hivers très froids, étés torrides, rares pluies), est continuellement venté. La steppe domine ; le désert de Gobi occupe le S. Les Mongols khalkhas constituent 78 % de la pop. ; les autres ethnies : Kazakhs, Dörbeds, Bayads, Bouriates, Darigangas sont également de langue mongole. Tous étaient des nomades ; l'urbanisation atteint auj. 59 %.

**Économie** La Mongolie a calqué son organisation écon. sur celle de l'URSS. Les cultures fourragères ont sédentarisé l'élevage. Une industrie lourde, fondée sur les ressources nationales (charbon, cuivre, molybdène) ou importées d'URSS, s'est développée. La libéralisation fut décidée en 1989, mais la pauvreté affecte plus du quart de la population et la Mongolie doit composer avec la Chine et la Russie, qui l'enserrent et convoitent sa position stratégique. La croissance écon. s'est développée à partir des années 2000.

**Histoire** LA RÉPUBLIQUE POPULAIRE Ayant proclamé son autonomie en 1911, la Mongolie (dite alors Mongolie-Extérieure, par oppos. à la Mongolie-Intérieure, demeurée chinoise) a pour chef d'État le Bogdo Gegen (le Bouddha vivant) jusqu'en 1924. En 1921, l'armée soviétique donne le pouvoir à un gouv. communiste. Rép. populaire en 1924, alliée de l'URSS, la Mongolie est indépendante de la Chine depuis 1946, après référendum. Elle s'est engagée dans la construction du socialisme en éliminant l'influence des lamas. Après la rupture sino-soviétique de 1960, elle a choisi la mouvance soviétique.
LA DÉMOCRATISATION Après le rapprochement sino-soviétique (1984), Ioumjaghine Tsedenbal a été remplacé par Jambyn Batmönh, qui, en 1990, s'est effacé devant les communistes réformateurs. Le rôle dirigeant du Parti pop. révolutionnaire mongol a été aboli, et une Constitution démocratique a été adoptée en 1992. En 1996, l'Union démocratique, favorable à une libéralisation radicale de l'économie, remporta les législatives. En 1997, le social-démocrate (ex-communiste) Nachagyn Bagabandi a été élu prés. de la République. Il modère les réformes et est réélu en 2001. Depuis, des prés. démocrates se succèdent sur fond de crise politique.

**Mongolie-Intérieure** (en chin. *Neimenggu*), rég. autonome du N. de la Chine ; 1 200 000 km$^2$ ; 25 000 000 hab. ; cap. *Hohhot.* – Le plateau mongol (1 000 m) est bordé au N. par le désert de Gobi et au S. par le plateau de l'Ordos. Le climat est rigoureux ; la végétation, steppique. Princ. ressources : élevage ; houille, fer. Les colons chinois sont auj. plus nombreux que la population mongole.

**mongolisme** *nm* MED Maladie congénitale due à la présence d'un chromosome supplémentaire sur la paire n° 21 et caractérisée par un aspect physique particulier, des malformations, notam. cardiaques, et une débilité mentale. SYN trisomie 21. DER **mongolien, enne** *a, n*

**mongoloïde** *a* MED Qui rappelle le type caractéristique du mongolisme.

**Mongols** nom générique donné à des ethnies originaires de l'Asie centrale. Peuples de la steppe, les nomades turcs et mongols, très proches, parlent des langues de la famille altaïque. DER **mongol, ole** *a*

**Histoire** LES ORIGINES Peuple proto-turc, les *Xiongnu* (ou *Hiong-nou,* « les Puants »), dès le IX$^e$ s. av. J.-C., harcèlent les Chinois qui, pour se protéger, bâtissent la Grande Muraille à partir du III$^e$ s. av. J.-C. Mais les vagues d'envahisseurs ne vont pas cesser ; parmi eux, les *Turcs Tuoba (Tabghatch),* conquièrent la Chine du Nord, où ils fondent la dynastie des Wei. Ils doivent faire face aux *Ruanruan* (Avares), défaits (552) par les *Turcs Tujue* qui dominent l'Asie centrale, puis s'effondrent. Ils réapparaîtront, sous les noms de Turkmènes (Turkestan russe) et surtout de Turcs, en Turquie, où ils fondent l'empire des Seldjoukides. En Asie centrale, ils laissent la place aux *Ouïgours* qui s'effacent devant les *Turcs Kirghiz,* lesquels sont chassés à leur tour par les *Mongols Kitans* ou *Kitais* qu'expulsent les Tartares et les Djurchets.
L'EMPIRE MONGOL Après une longue hégémonie turque, la Mongolie devient définitivement le pays des Mongols. Gengis, proclamé khān universel en 1206, se lance à la conquête du monde. À sa mort (1227), l'Asie continentale n'est plus que ruines, jusqu'à l'Ukraine ; mais les Mongols ont adopté l'écriture ; le bouddhisme se répand parmi eux. L'empire de Gengis est divisé en quatre entre son petit-fils Bātū et ses fils Djaghataï, Ogoday (khān universel) et Toluy, qui, en 1235, décident une offensive générale : la Corée est conquise, la Chine est attaquée (elle résistera quarante-trois ans), les Turcs seldjoukides d'Asie Mineure reconnaissent la suzeraineté mongole. Bātū s'empare des principautés de la Russie du Nord, ravage Kiev (1240) et l'Ukraine, submerge la Hongrie, son avant-garde s'approche de Vienne. En 1259, Hūlāgū, le fils de Toluy, conquiert le califat de Bagdad et la Syrie, mais, vaincu par les mameluks d'Égypte, il évacue la Syrie, conservant l'Irak et la Perse. En 1279, la Chine entière est annexée par le grand khān Koubilaï, descendant d'Ogoday ; la Birmanie l'avait été en 1277.
L'ÉCLATEMENT DE L'EMPIRE Depuis la mort de Mangū, le fils aîné de Toluy (1259), l'empire avait perdu son unité. En Chine, les successeurs de Koubilaï se convertirent au bouddhisme ; ailleurs, les Mongols adoptèrent l'islam des peuples turcs. Au XIII$^e$ s., l'Occident entre en contact avec les mondes turc et mongol par les voyageurs (Marco Polo) et les missionnaires. À la fin du XIV$^e$ s., Tamerlan se réclame de la descendance de Gengis, mais l'empire qu'il fonde est turc (1370-1405). Bāber fondera en Inde l'Empire moghol en 1526. Au XVII$^e$ s., la soumission des Mongols orientaux aux Qing permet aux Mongols occid., les Kalmouks, de reformer l'Empire oïrat (Mongolie, Turkestan, Tibet), qui menace la Chine. L'histoire des Mongols se confond désormais avec celle de la Russie et de la Chine.

**moniale** *nf* Religieuse cloîtrée.

**monilia** *nm* BIOL Champignon deutéromycète, moisissure qui se développe sur les fruits et provoque leur pourriture. ETY Du lat.

**moniliase** *nf* Syn. anc. de *candidose.*

**moniliforme** *a* Se dit des antennes en forme de chapelet de certains insectes.

**moniliose** *nf* Maladie des arbres fruitiers, due au monilia.

**Monime** (m. en 72 av. J.-C.), reine du Pont, l'une des épouses de Mithridate.

**Monique (sainte)** (Thagaste, v. 330 – Ostie, 387), mère de saint Augustin. Elle contribua à sa conversion.

**monisme** *nm* PHILO Doctrine considérant le monde comme formé d'un seul principe, tel que la matière ou l'esprit. DER **moniste** *a, n*

**moniteur, trice** *n* **A 1** Personne chargée d'enseigner certains sports, certaines techniques. *Moniteur de ski. Moniteur d'auto-école.* **2** Personne qui dirige les activités d'un groupe d'enfants. *Les moniteurs d'une colonie de vacances.* SYN mono. **B** *nm* **1** INFORM Programme particulier assurant la gestion de l'ensemble des travaux à réaliser par un ordinateur. **2** INFORM Écran associé à un micro-ordinateur. **3** MED Appareil électronique qui réalise automatiquement certaines opérations de surveillance. ETY Du lat. *monitor,* « conseiller ».

**Moniteur universel (le)** journal fondé en 1789 par Charles Joseph Panckoucke afin de publier les débats de la Constituante. En 1848, cet organe de presse devint le *Journal officiel de la République française.* VAR **Gazette nationale**

## MONNAIES

| PAYS | MONNAIE | SUB-DIVISION |
|---|---|---|
| Afghanistan | *afghani* | *100 puli* |
| Afrique du S. | *rand* | *100 cents* |
| Albanie | *lek* | *100 qintars* |
| Algérie | *dinar alg.* | *100 centimes* |
| Allemagne | *euro* | *100 cent* |
| Andorre | *euro* | *100 centimes* |
| Angola | *kwanza* | *100 lwei* |
| Antilles néerl. | *florin* | *100 cents* |
| Arabie Saoudite | *riyal* | *100 halalas* |
| Argentine | *peso arg.* | *100 centavos* |
| Arménie | *dram* | *100 lumas* |
| Australie | *dollar austr.* | *100 cents* |
| Autriche | *euro* | *100 cent* |
| Azeirbaïdjan | *manat* | *100 giapik* |
| Bahamas | *dollar* | *100 cents* |
| Bahreïn | *dinar* | *1000 fils* |
| Bangladesh | *taka* | *100 paise* |
| Barbade | *dollar* | *100 cents* |
| Belgique | *euro* | *100 cent(s)* |
| Belize | *dollar* | *100 cents* |
| Bénin | *franc CFA* | |
| Bermudes | *dollar* | *100 cents* |
| Biélorussie | *rouble* | |
| Bhoutan | *ngultrum* | *100 chetrums* |
| Birmanie | *kyat* | *100 pyas* |
| Bolivie | *boliviano* | *100 centavos* |
| Bosnie-Herzégovine | *mark bosn.* | *100 fening* |
| Botswana | *pula* | *100 thebe* |
| Brésil | *real* | *100 centavos* |
| Brunei | *dollar* | *100 cents* |
| Bulgarie | *lev* | *100 stotinki* |
| Burkina Faso | *franc CFA* | |
| Burundi | *franc du Burundi* | |
| Cambodge | *riel* | *100 sen* |
| Cameroun | *franc CFA* | |
| Canada | *dollar can.* | *100 cents* |
| Cap-Vert | *escudo* | *100 centavos* |
| centrafricaine (République) | *franc CFA* | |
| Chili | *peso* | *100 centavos* |
| Chine | *yuan* | *10 jiao* |
| Chypre | *euro* | *100 cent* |
| Colombie | *peso colomb.* | *100 centavos* |
| Comores | *franc des Comores* | |
| Congo | *franc CFA* | |
| Congo (RDC) | *franc congolais* | |
| Corée du Nord | *won* | *100 chon* |
| Corée du Sud | *won* | *100 chon* |
| Costa Rica | *colón* | *100 centimos* |
| Côte d'Ivoire | *franc CFA* | |
| Croatie | *kuna* | *100 lipas* |
| Cuba | *peso* | *100 centavos* |
| Danemark | *couronne* | *100 øre* |
| Djibouti | *franc de Djibouti* | |
| Dominicaine (république) | *peso* | *100 centavos* |
| Égypte | *livre égypt.* | *100 piastres* |
| Émirats arabes unis | *dirham* | *100 fils* |
| Équateur | *dollar* | *100 cents* |
| Érythrée | *nakfa* | *100 cents* |
| Espagne | *euro* | *100 céntimos* |
| Estonie | *euro* | *100 cent* |
| États-Unis | *dollar* | *100 cents* |
| Éthiopie | *birr* | *100 cents* |
| Fidji (Îles) | *dollar fidjien* | *100 cents* |
| Finlande | *euro* | *100 cent* |
| France | *euro* | *100 centimes* |
| Gabon | *franc CFA* | |
| Gambie | *dalasi* | *100 bututs* |
| Géorgie | *lari* | |
| Ghana | *cedi* | *100 pesewas* |
| Grande-Bretagne | *livre sterling* | *100 pence* |
| Grèce | *euro* | *100 cent* |
| Guatemala | *quetzal* | *100 centavos* |
| Guinée équat. | *franc CFA* | |
| Guinée | *franc guinéen* | *100 centimes* |
| Guinée-Bissau | *franc CFA* | |
| Guyana | *dollar* | *100 cents* |
| Haïti | *gourde* | *100 centimes* |
| Honduras | *lempira* | *100 centavos* |
| Hongrie | *forint* | *100 filler* |
| Inde | *roupie* | *100 paise* |
| Indonésie | *rupiah* | *100 sen* |
| Irak | *dinar irakien* | *100 fils* |
| Iran | *rial* | *100 dinars* |
| Irlande | *euro* | *100 cent* |
| Islande | *couronne* | *100 aurar* |
| Israël | *shekel* | *100 agorots* |
| Italie | *euro* | *100 cent* |
| Jamaïque | *dollar* | *100 cents* |
| Japon | *yen* | *100 sen* |
| Jordanie | *dinar jordan.* | *1000 fils* |
| Kazakhstan | *tengué* | *100 tyine* |
| Kenya | *shilling ken.* | *100 cents* |
| Kirghizstan | *som* | |
| Koweït | *dinar koweït.* | *1000 fils* |
| Laos | *kip* | *100 at* |
| Lesotho | *loti* | *100 lisente* |
| Lettonie | *euro* | *100 cent* |
| Liban | *livre liban.* | *100 piastres* |
| Liberia | *dollar liber.* | *100 cents* |
| Libye | *dinar libyen* | *1000 dirhams* |
| Liechtenstein | *franc suisse* | *100 centimes* |
| Lituanie | *euro* | *100 cent* |
| Luxembourg | *euro* | *100 cent* |
| Madagascar | *franc malg.* | *100 centimes* |
| Malaisie | *ringgit* | *100 son* |
| Malawi | *kwacha* | *100 tambalas* |
| Maldives (Îles) | *rufiyaa* | *100 larees* |
| Mali | *franc CFA* | |
| Malte | *euro* | *100 cent* |
| Maroc | *dirham* | *100 centimes* |
| Maurice (Île) | *roupie* | *100 cents* |
| Mauritanie | *ouguiya* | *5 khoums* |
| Mexique | *peso* | *100 centavos* |
| Moldavie | *leu* | *100 bani* |
| Monaco | *euro* | *100 centimes* |
| Mongolie | *tugrik* | *100 mongo* |
| Monténégro | *euro* | *100 cent* |
| Mozambique | *metical* | *100 centavos* |
| Namibie | *dollar namib.* | *100 cents* |
| Népal | *roupie népal.* | *100 pice* |
| Nicaragua | *córdoba* | *100 centavos* |
| Niger | *franc CFA* | |
| Nigeria | *naira* | *100 kobos* |
| Norvège | *couronne* | *100 øre* |
| Nouvelle-Zélande | *dollar néo-zél.* | *100 cents* |
| Oman | *rial omanais* | *1000 baizas* |
| Ouganda | *shilling ougan.* | *100 cents* |
| Ouzbékistan | *som* | |
| Pakistan | *roupie pakist.* | *100 paisa* |
| Panamá | *balboa* | *100 centesimos* |
| Papouasie-Nouv.-Guinée | *kina* | *100 toea* |
| Paraguay | *guarani* | *100 centesimos* |
| Pays-Bas | *euro* | *100 cent* |
| Pérou | *sol* | *100 centimos* |
| Philippines | *peso philippin* | *100 centavos* |
| Pologne | *zloty* | *100 groszy* |
| Polynésie française | *franc CFP* | |
| Porto Rico | *dollar* | *100 cents* |
| Portugal | *euro* | *100 cent* |
| Qatar | *riyal* | *100 dirhams* |
| Roumanie | *leu* | *100 bani* |
| Russie | *rouble* | *100 kopecks* |
| Rwanda | *franc rwandais* | |
| Salomon (Îles) | *dollar* | *100 cents* |
| Salvador | *colón* | *100 centavos* |
| Sénégal | *franc CFA* | |
| Serbie | *dinar* | *100 para* |
| Seychelles | *roupie* | *100 cents* |
| Sierra Leone | *leone* | *100 cents* |
| Singapour | *dollar singap.* | *100 cents* |
| Slovaquie | *euro* | *100 cent* |
| Slovénie | *euro* | *100 cent* |
| Somalie | *shilling som.* | *100 centesimi* |
| Soudan | *dinar soudan.* | *100 piastres* |
| Sri Lanka | *roupie* | *100 cents* |
| Suède | *couronne* | *100 øre* |
| Suisse | *franc suisse* | *100 centimes* |
| Suriname | *florin* | *100 cents* |
| Swaziland | *lilangeni* | *100 cents* |
| Syrie | *livre* | *100 piastres* |
| Tadjikistan | *somoni* | *100 kopecks* |
| Taiwan | *dollar taiwan.* | *100 cents* |
| Tanzanie | *shilling tanz.* | *100 cents* |
| Tchad | *franc CFA* | |
| tchèque (Rép.) | *couronne* | *100 haleru* |
| Thaïlande | *baht* | *100 satang* |
| Timor-Oriental | *dollar* | *100 cents* |
| Togo | *franc CFA* | |
| Trinité-et-Tobago | *dollar* | *100 cents* |
| Tunisie | *dinar tunisien* | *1000 millimes* |
| Turkménistan | *manat* | |
| Turquie | *livre turque* | *100 kurus* |
| Ukraine | *hryvnia* | |
| Uruguay | *peso* | *100 centesimos* |
| Vanuatu | *vatu* | |
| Venezuela | *bolivar* | *100 centimos* |
| Viêt-nam | *dông* | *10 hao* |
| Wallis-et-Futuna | *franc CFP* | |
| Yémen | *rial* | *100 fils* |
| Zambie | *kwacha* | *100 ngwee* |
| Zimbabwe | *dollar zimbab.* | *100 cents* |

**monition** nf DR CANON Avertissement adressé à une personne susceptible d'encourir une censure ecclésiastique. PHO [mɔnisjɔ̃]

**monitoire** nm DR CANON Lettre d'un official sommant une personne qui posséderait des indications concernant un fait criminel de les révéler.

**monitor** nm MAR ANC Navire cuirassé, bas sur l'eau, créé par les Américains pendant la guerre de Sécession. ETY Mot amér.

**monitorage** nm TECH, MED Système de surveillance électronique. ETY De l'angl. *monitoring*, de *monitor*, « surveillant ». VAR **monitoring** DER **monitorer** vt 1

**monitorat** nm Formation, fonction de moniteur.

**Moniz António Caetano de Abreu Freire Egas** (Avanca, au S. de Porto, 1874 – Lisbonne, 1955), physiologiste portugais ; promoteur de l'artériographie cérébrale (1927). P. Nobel de médecine 1949 avec W. R. Hess.

**Monk George (1er duc d'Albemarle)** (Potheridge, 1608 – Whitehall, 1670), général anglais. Il servit Charles Ier, se rallia à Cromwell, puis négocia le retour de Charles II sur le trône (1660). VAR **Monck**

**Monk Thelonious Sphere** (Rocky Mount, Caroline du N., 1918 – Englewood, New Jersey, 1982), musicien de jazz américain ; précurseur du style be-bop (1942).

**môn-khmer, ère** a LING Se dit des langues parlées de la Birmanie au sud du Viêt-nam. PHO [monkmɛʀ] VAR **môn**

**Monluc Blaise de Lasseran Massencome (seigneur de)** (Saint-Puy, Gascogne, 1502 – Estillac, Agenais, 1577), maréchal de France et chroniqueur. Il se distingua à Pavie (1525) et à Sienne (1554-1555). Il mena une cruelle répression contre les protestants de Guyenne dont il fut nommé lieutenant général (1564). Ses *Commentaires* (posth., 1592) relatent ses campagnes. VAR **Montluc**

**Monmouth James Scott (duc de)** (Rotterdam, 1649 – Londres, 1685), fils naturel de Charles II Stuart. Protestant, il se révolta (1685) contre Jacques II et fut décapité.

**monnaie** nf **1** Ensemble des pièces de métal ou des billets de papier ayant cours légal, qui servent de moyen d'échange. *Monnaie métallique. Monnaie de papier* ou *monnaie fiduciaire.* **2** Pièces ou billets de faible valeur. *Je n'ai pas de monnaie sur moi, je n'ai qu'un gros billet.* **3** Ensemble de pièces ou de billets dont la valeur totale équivaut à celle d'une pièce ou d'un billet unique. *Auriez-vous la monnaie de cent francs ?* **4** Argent rendu à qqn qui a donné une somme d'une valeur supérieure à celle de son achat. LOC ***Battre monnaie :*** faire fabriquer de la monnaie. — ***Fausse monnaie :*** fabriquée frauduleusement en dehors des émissions légales. — ***Monnaie de compte :*** qui n'est pas représentée matériellement par des pièces ou des billets. — ***Rendre à qqn la monnaie de sa pièce :*** se venger. — ***Servir de monnaie d'échange :*** tenir lieu de moyen d'échange dans une tractation. ETY Du lat. *moneta*, « qui avertit ». ▶ illustr. p. 1059

**Monnaie (hôtel de la)** hôtel construit à Paris, quai de Conti, par J. D. Antoine de 1768 à 1777. Centre de la fabrication des monnaies et médailles. Musée de la Monnaie.

**monnaie-du-pape** nf Plante appelée aussi *lunaire*, dont les fruits évoquent des pièces de monnaie. PLUR monnaies-du-pape.

**monnayer** vt 21 **1** Transformer un métal en monnaie. **2** Vendre, transformer en argent liquide. *Monnayer des actions.* **3** fig Tirer argent de qqch. *Monnayer son aide.* **4** Afrique Faire la monnaie de, rendre la monnaie sur une somme. DER **monnayable** a – **monnayage** nm

**monnayeur** nm **1** Ouvrier qui fabrique des monnaies. **2** Appareil qui fait la monnaie. **3** Appareil qui fonctionne quand on y introduit une pièce de monnaie.

**Monnerville Gaston** (Cayenne, 1897 – Paris, 1991), homme politique français ; radical-socialiste, président du Conseil de la Rép. (1947-1958), puis du Sénat (1958-1968).

**Monnet Jean** (Cognac, 1888 – Bazoches-sur-Guyonne, Yvelines, 1979), économiste et homme politique français. Ministre du Commerce (1944-1946), il conçut, en 1945, un plan de modernisation de l'écon. française (plan Monnet). Il présida la CECA, de 1952 à 1955, et fut un des plus ardents partisans de l'unité européenne.

Jean Monnet

**Monnier Henri** (Paris, 1799 – id., 1877), écrivain, caricaturiste et comédien français : *Mémoires de Joseph Prudhomme* (1857), type de bourgeois médiocre et vaniteux.

**Monnoyer Jean-Baptiste** (Lille, 1634 – Londres, 1699), peintre français classique.

**mono-** → **mon(o)-.**

**mono** n fam Moniteur d'une colonie de vacances.

**monoacide** a CHIM Qui possède une seule fonction acide.

**monoamine-oxydase** nf Enzyme dégradant les catécholamines, qui jouent un rôle très important dans la transmission nerveuse. ABREV MAO. PLUR monoamines-oxydases.

**monoatomique** a CHIM Dont la molécule ne comprend qu'un atome.

**monoblaste** nm BIOL Cellule souche des monocytes.

**monobloc** a inv, nm TECH Constitué d'un seul bloc.

**monocamérisme** nm Système politique dont le Parlement ne compte qu'une seule chambre. ETY De *mono-* et lat. *camera*, « chambre ». VAR **monocaméralisme** DER **monocaméral, ale, aux** a

**monocarpique** a BOT Qui ne fleurit ou ne fructifie qu'une seule fois, puis meurt. ANT polycarpique.

**monocépage** a, nm Se dit d'un vin issu d'un seul cépage.

**monochromateur** nm PHYS Appareil d'optique permettant d'isoler une radiation monochromatique.

**monochromatique** a PHYS Se dit d'une radiation à longueur d'onde unique.

**monochrome** a, nm **A** a D'une seule couleur. ANT polychrome. **B** nm Œuvre picturale d'une seule couleur. PHO [monokʀom] DER **monochromie** nf

**monocle** nm Verre correcteur unique que l'on fait tenir dans l'arcade sourcilière. ETY Du lat.

**monoclinal, ale,** a GEOL Se dit d'une structure géologique où toutes les couches ont la même inclinaison. PLUR monoclinaux.

**monoclinique** a MINER Se dit d'un minéral qui cristallise sous forme de prisme oblique à deux faces rectangulaires et quatre faces en parallélogramme.

**monoclonal, ale** a BIOL **1** Qui relève du même clone. **2** Se dit d'un anticorps produit par un clone de lymphocyte. PLUR monoclonaux.

**monocolore** a Qui est politiquement d'une seule couleur. *Majorité monocolore.*

**monocoque** a, nm **A** a AUTO Se dit d'un véhicule dont les éléments de la carrosserie forment un bloc permettant la suppression du châssis. **B** nm MAR Bateau qui n'a qu'une coque (par oppos. à *multicoque*).

**monocorde** nm, a **A** nm MUS Instrument comportant une seule corde montée sur une caisse de résonance. **B** a Dont les inflexions sont peu variées ; monotone. *Voix monocorde.*

**monocorps** a, nm AUTO Se dit d'un véhicule dont la carrosserie est d'un seul tenant.

**monocotylédone** a, nf **A** a BOT Se dit d'une plante dont l'embryon ne possède qu'un cotylédon. **B** nf Plante angiosperme caractérisée par un embryon à un seul cotylédon, des feuilles souvent démunies de pétiole à nervures parallèles, à gaine développée. *Les céréales, les lis, les palmiers sont des monocotylédones.*

monocotylédone

**monocratie** nf Système politique où le chef de l'État a la réalité du pouvoir. DER **monocratique** a

**monocristal** nm CHIM Cristal unique obtenu en favorisant la croissance d'un germe à partir du composé fondu. PLUR monocristaux. DER **monocristallin, ine** a

**monoculaire** a **1** MED Qui se rapporte à un seul œil. **2** OPT À un seul oculaire. *Lunette monoculaire.*

**monoculture** nf **1** Culture d'une seule plante dans une région ou une exploitation. ANT polyculture. **2** Culture centrée sur elle-même, qui ne laisse pas s'exprimer d'autres cultures.

**monocycle** nm Cycle d'acrobate, à une seule roue.

**monocyclique** a BIOL Qui n'a qu'un cycle sexuel annuel.

**monocylindre** a, nm Se dit d'un moteur de moto à un seul cylindre. DER **monocylindrique** a

**monocyte** nm BIOL Leucocyte précurseur des macrophages.

**Monod Théodore** (Rouen, 1902 – Paris, 2000), naturaliste français. Il défendit des causes écologiques et humanitaires.

**Monod Jacques** (Paris, 1910 – Cannes, 1976), médecin et biologiste français. Ses travaux sur le rôle de l'ARN messager lui ont valu le P. Nobel de médecine 1965. Dans *le Hasard et la Nécessité* (1970), il a analysé les répercussions philosophiques de la génétique.

Jacques Monod

**monodie** *nf* MUS Chant à une voix. DER **monodique** *a*

**monodose** *nf, a* Syn. de *unidose*.

**monœcie** *nf* BOT État des plantes monoïques. PHO [mɔnesi]

**monofonctionnel, elle** *a* didac Qui ne remplit qu'une seule fonction.

**monogame** *a, n* **1** Qui n'a qu'un seul conjoint, par oppos. à *bigame, polygame*. **2** ZOOL Mâle vivant avec une seule femelle à la fois. **3** BOT Plante dont chaque pied ne porte que des fleurs d'un seul sexe. SYN dioïque.

**monogamie** *nf* **1** ZOOL, BOT Fait d'être monogame, en parlant d'un animal, d'un végétal. **2** Régime juridique dans lequel une personne ne peut avoir légalement qu'un seul conjoint. DER **monogamique** *a*

**monogatari** *nm* Récit romancé japonais. ETY Mot jap.

**monogène** *nm* ZOOL Ver plathelminthe voisin des trématodes, dont la classe renferme des parasites de poissons et d'amphibiens.

**monogénique** *a* BIOL, MED Transmis par un seul gène.

**monogénisme** *nm* Doctrine qui soutient que toutes les races humaines dérivent d'une seule origine commune.

**monogramme** *nm* Chiffre formé des principales lettres entrelacées d'un nom.

**monographie** *nf* Ouvrage traitant d'un sujet précis de manière exhaustive. DER **monographique** *a*

**monoï** *nm* Huile parfumée tirée de la fleur du frangipanier (tiaré) d'origine tahitienne. PHO [mɔnɔj] ETY Mot polynésien.

**monoïdéisme** *nm* PHILO État de l'esprit occupé par une seule idée.

**monoïque** *a* BOT Se dit d'une plante qui porte sur le même pied des fleurs mâles et des fleurs femelles. SYN androgyne. ANT dioïque.

**monokini** *nm* Maillot de bain féminin ne comportant pas de soutien-gorge. ETY Tiré par plaisant. de *bikini*.

**monolâtrie** *nf* RELIG Adoration d'une seule divinité, choisie parmi d'autres.

**monolingue** *a, n* **A** didac Qui ne parle qu'une seule langue. **B** *a* Qui ne compte qu'une langue. *Un dictionnaire monolingue*. SYN unilingue.

**monolinguisme** *nm* didac Utilisation d'une seule langue.

**monolithe** *a, nm* Qui est formé d'un seul bloc de pierre. *Colonne monolithe. Les menhirs sont des monolithes*.

**monolithique** *a* **1** Fait d'un seul bloc de pierre. **2** fig D'une homogénéité rigide. *Parti monolithique*. DER **monolithisme** *nm*

**monologue** *nm* **1** Scène d'une pièce de théâtre où un personnage est seul et se parle à lui-même ; petite composition scénique récitée par une seule personne. **2** Discours de qqn qui ne laisse pas parler les autres. LOC *Monologue intérieur* : discours que qqn se tient à lui-même.

**monologuer** *vi* ① Tenir un monologue, parler seul.

**monomanie** *nf* PSYCHOPATHOL Obsession, idée fixe. DER **monomane** ou **monomaniaque** *a, n*

**monôme** *nm* **1** MATH Expression algébrique ne renfermant aucun signe d'addition ou de soustraction. *5 $a^2b$ est un monôme égal à 5 × a × a × b*. **2** Cortège d'étudiants se tenant par les épaules et défilant sur la voie publique, traditionnellement à la fin de l'année scolaire.

**monomère** *a, nm* CHIM Constitué de molécules simples susceptibles de former un ou des polymères.

**monométallisme** *nm* FIN Système monétaire n'admettant qu'un seul étalon par oppos. à *bimétallisme*. DER **monométalliste** *a, n*

**monomètre** *a, nm* litt **A** *a* Qui n'a qu'une seule espèce de vers. **B** *a, nm* Se dit d'un vers grec ou latin d'une seule mesure.

**Monomotapa** (royaume du) royaume fondé par des Shona au IX^e s. dans le N. du Zimbabwe actuel. L'une de ses villes princ. était le Grand Zimbabwe (d'où son autre nom de royaume du Zimbabwe). Il se développa à partir du XII^e s. grâce au commerce des métaux et de l'ivoire. Au XVI^e s., les chefferies locales se libérèrent. Au XVII^e s., le roi dut céder aux Portugais ses mines d'or, d'étain, de cuivre, de fer et de plomb.

**monomoteur** *am, nm* Qui n'a qu'un seul moteur, en parlant d'un avion.

**Mon oncle** film de et avec Jacques Tati (1956-1958).

**Mon oncle Benjamin** roman de mœurs provinciales de Cl. Tillier (1841).

**mononucléaire** *a, nm* BIOL Se dit des globules blancs possédant un noyau non lobé tels que les lymphocytes, les monocytes. ANT polynucléaire.

**mononucléose** *nf* MED Augmentation du nombre des mononucléaires dans le sang. LOC *Mononucléose infectieuse* : maladie virale se manifestant par une angine et un état asthénique.

**monoparent** *nm* Chef d'une famille monoparentale.

**monoparental, ale** *a* Se dit d'une famille ne comportant qu'un seul parent. PLUR monoparentaux DER **monoparentalité** *nf*

**monopartisme** *nm* didac Régime politique à parti unique.

**monophasé, ée** *a* ELECTR Qui ne présente qu'une seule phase. *Courant monophasé*.

**monophonie** *nf* Procédé de reproduction des sons dans lequel la transmission du signal acoustique se fait par un seul canal par oppos. à *stéréophonie*. DER **monophonique** *a*

**monophylétique** *a* BIOL Se dit d'êtres vivants dont on pense qu'ils dérivent d'un ancêtre commun.

**monophysisme** *nm* THEOL Doctrine qui ne reconnaît en Jésus-Christ que la nature divine et condamnée au concile de Chalcédoine en 451. DER **monophysite** *a, n*

**monoplace** *a, n* Qui ne comporte qu'une seule place, en parlant d'un véhicule.

**monoplan** *nm* Avion qui n'a qu'un plan de sustentation.

**monoplégie** *nf* MED Paralysie localisée à un seul membre ou à un seul groupe musculaire.

**monopole** *nm* **1** Privilège exclusif de fabriquer, de vendre, de faire qqch, que possède un individu, une entreprise ou l'État. **2** fig Droit, privilège exclusif que l'on s'attribue. *Il croit avoir le monopole de l'esprit*. LOC *Monopole de fait* : accaparement du marché par une seule entreprise productrice ou distributrice. ETY Du gr. *pôlein*, « vendre ».

**monopoleur, euse** *n* ECON Personne qui bénéficie d'un monopole. SYN monopoliste.

**monopoliser** *vt* ① **1** Exercer le monopole de. **2** fig Accaparer, réserver pour son propre usage. *Il monopolise la parole*. DER **monopolisateur, trice** *n, a* – **monopolisation** *nf*

**monopoliste** *a, n* Qui détient, impose un monopole.

**monopolistique** *a* ECON Caractérisé par l'existence de monopoles.

**monopoly** *nm* **1** Jeu où le joueur doit acquérir un parc immobilier. **2** fig, fam Construction complexe et aventurée, en partic. dans le domaine économique. ETY Nom déposé.

**monoproduit** *a* Se dit d'une entreprise spécialisée dans un seul type de produit.

**monopsone** *nm* ECON Marché caractérisé par la présence d'un seul acheteur. ETY Du gr.

**monoptère** *a, nm* ARCHI Se dit d'un édifice circulaire dont l'enceinte est formée d'une seule rangée de colonnes.

**monorail** *nm, a inv* TECH **1** Engin de manutention constitué d'un palan se déplaçant le long d'un rail. **2** Chemin de fer à rail unique.

**monorime** *a, nm* VERSIF Se dit d'un poème dont tous les vers ont la même rime.

**Monory** René (Loudun, 1923 – id., 2009), homme politique français ; centriste ; président du Sénat de 1992 à 1998.

**Monory** Jacques (Paris, 1934), peintre français influencé par le pop'art.

**monosaccharide** *nm* BIOL Ose. VAR **monosaccaride**

**monosémie** *nf* LING Unicité du sens d'un mot, d'une phrase. DER **monosémique** *a*

**monoski** *nm* SPORT Ski unique sur lequel sont fixés les deux pieds ; sport pratiqué avec ce ski sur l'eau ou sur la neige.

**monospace** *nm* Automobile spacieuse dont la coque est monocorps. ETY Nom déposé.

**monosperme** *a* BOT Qui contient une seule graine.

**monostyle** *a, nm* ARCHI Se dit d'une colonne à fût unique.

**monosubstitué, ée** *a* CHIM Se dit d'un dérivé obtenu en remplaçant dans une molécule un atome par un autre atome.

**monosyllabe** *a, nm* Se dit d'un mot, d'un vers qui n'a qu'une syllabe.

**monosyllabique** *a* **1** Monosyllabe. **2** Qui ne comporte que des mots d'une syllabe. *Le chinois, le vietnamien sont des langues monosyllabiques*. DER **monosyllabisme** *nm*

**monothéisme** *nm* Religion n'admettant qu'un Dieu unique. ANT polythéisme. DER **monothéique** *a* – **monothéiste** *a, n*

ENC Le monothéisme est une doctrine religieuse qui ne reconnaît l'existence que d'un seul Dieu, distinct du monde, par opposition au *polythéisme*, qui en admet plusieurs, et au *panthéisme*, qui identifie le monde à son créateur. Les grandes religions monothéistes sont le judaïsme, le christianisme et l'islam, toutes trois révélées, et dont Abraham peut être considéré comme l'initiateur commun.

**monothélisme** *nm* THEOL Hérésie de ceux qui attribuaient à Jésus-Christ une seule volonté, la volonté divine. ETY Du gr. *thelein*, « vouloir ». DER **monothéliste** *a, n*

**monothérapie** *nf* MED Thérapie recourant à un seul médicament.

**monotone** *a* **1** Qui est toujours ou presque toujours sur le même ton. *Chant monotone*.

SYN monocorde. **2** fig Qui manque de variété ; qui ennuie par une uniformité fastidieuse. *Paysage monotone.* DER **monotonie** *nf*

**monotrème** *nm* ZOOL Mammifère ovipare muni d'un bec corné et couvert de poils ou de piquants, tel que l'ornithorynque.

**1 monotype** *nm* **1** MAR Yacht à voiles dont les caractéristiques sont conformes à celles d'une série donnée **2** TECH Procédé de dessin au pinceau sur plaque de métal, pour tirage d'une épreuve unique ; cette épreuve elle-même.

**2 monotype** *nf* IMPR Machine à composer dans laquelle chaque caractère est fondu séparément. ETY Nom déposé.

**monovalent, ente** *a* CHIM Qui possède la valence 1. SYN univalent.

**monoxène** *a, nm* ZOOL Se dit d'un parasite dont le développement complet se fait sur un seul hôte.

**monoxyde** *nm* CHIM Oxyde contenant un seul atome d'oxygène. LOC ***Monoxyde de carbone :*** gaz incolore toxique (CO) produit dans les combustions incomplètes.

**monoxyle** *a* TECH Fait d'une seule pièce de bois. *Pirogue, tambour monoxyle.*

**monozygote** *a* BIOL Se dit de jumeaux issus d'un même œuf. SYN univitellin. ANT dizygote.

**Mon Petit Trott** roman pour la jeunesse (1898) d'André Lichtenberger (1870 – 1940).

**Monreale** v. d'Italie (Sicile), près de Palerme ; 24 050 hab. – Cath. (XII$^e$ s.) aux riches mosaïques ; cloître roman.

**Monroe** James (en Virginie, 1758 – New York, 1831), homme politique américain, républicain ; président des É.-U. (1817-1825). Son message au Congrès en 1823 posa le principe *(doctrine de Monroe)* de la non-intervention de l'Europe en Amérique.

**Monroe** Norma Jean Mortenson, dite Marilyn (Los Angeles, 1926 – id., 1962), actrice américaine de cinéma : *Les hommes préfèrent les blondes* (1953), *la Rivière sans retour* (1954), *Certains l'aiment chaud* (1959), *The Misfits* (« les Désaxés », 1961). Personnage mythique, elle se suicida.

**Marilyn Monroe** *la Rivière sans retour* d'Otto Preminger, 1954, avec Robert Mitchum

**Monrovia** cap. et princ. port et princ. centre économique du Liberia, sur l'Atlantique ; 720 000 hab. DER **monrovien, enne** *a, n*

**Mons** (en néerl. *Bergen*), com. de Belgique, ch.-l. du Hainaut, dans l'E. du Borinage ; 94 420 hab. Industries. – Université. – Église XV$^e$-XVI$^e$ s. Hôtel de ville gothique. Beffroi baroque. DER **montois, oise** *a, n*

**Môns** population qui constitue l'essentiel de la population birmane. DER **môn** *a*

**Môns (État des)** État de Birmanie ; 11 831 km$^2$ ; 1 682 000 hab. ; cap. *Moulmein.*

**monseigneur** *nm* Titre honorifique donné aux archevêques, aux évêques et aux princes d'une famille souveraine. ABREV Mgr. PLUR messeigneurs, nosseigneurs ; NN., SS.

**Mons-en-Barœul** com. du Nord (arr. de Lille) ; 23 017 hab. DER **monsois, oise** *a, n*

**monsieur** *nm* **1** (Avec une majusc.) Titre donné par civilité à un homme. *Je vous prie d'agréer, Monsieur...* **2** Titre donné par déférence à un homme à qui l'on parle à la troisième personne. *Comme Monsieur voudra.* **3** Homme d'une certaine condition sociale ou qui se donne comme tel. *Des allures de monsieur. Faire le monsieur.* **4** (Avec une majusc.) Frère puîné du roi de France. ABREV M. PLUR messieurs MM. [məsjø]. LOC fam ***Un vilain, un joli monsieur :*** un homme peu recommandable. PHO [məsjø]

**Monsieur (paix de)** trêve entre catholiques et protestants (1576) que négocia François d'Alençon, frère d'Henri III, à Beaulieu (près de Loches). VAR **paix de Beaulieu** ou **paix de Loches**

**Monsieur Klein** film français de Joseph Losey (1976), avec Alain Delon.

**Monsieur le Président** roman d'Asturias (1946).

**Monsieur Smith au sénat** film de Capra (1939), avec James Stewart et Jean Arthur (1905 – 1991).

**Monsieur Teste** recueil de 10 textes en prose de Valéry ; *la Soirée avec Monsieur Teste* (1896) est à l'orig. de tous les autres.

**monsignor** *nm* Prélat de la cour papale. PLUR monsignors ou monsignori. ETY Mot ital. VAR **monsignore**

**Monsigny** Pierre Alexandre (Fauquembergues, Flandre, 1729 – Paris, 1817), compositeur français ; un des créateurs de l'opéra-comique : *Rose et Colas* (1764), *le Déserteur* (1769).

**monstera** *nm* Plante grimpante (aracée), originaire d'Amérique tropicale, à grandes feuilles découpées et à fleurs réunies en spadices. PHO [mɔ̃stera] ETY Mot ital.

**monstre** *nm, a* **A** *nm* **1** Être fantastique des légendes et des traditions populaires. *Persée combattit le monstre.* **2** Animal de taille exceptionnelle. *Monstres marins.* **3** Être difforme. *Monstre à deux têtes.* **4** Personne extrêmement laide. **5** Personne très méchante. *Un monstre de cruauté.* **B** *nm pl* fam Syn. de *encombrants.* **C** *a* fam Très grand, important. *Un culot monstre.* LOC ***Monstre sacré :*** acteur très célèbre. ETY Du lat.

**monstrueux, euse** *a* **1** Qui a la conformation d'un monstre. **2** Dont les proportions sont démesurées ; gigantesque, colossal. **3** Horrible, épouvantable. DER **monstrueusement** *av* – **monstruosité** *nf*

**Monsù Desiderio (Monsieur Didier)** nom donné à deux peintres lorrains nés à Metz et morts à Naples, et qu'on confondit : **Didier** (Metz, v. 1590 ? – Naples, apr. 1647) et **François Didier** (Metz, vers 1593 – Naples, avant 1650).

**mont** *nm* **1** Élévation de terrain de quelque importance. **2** En chiromancie, éminence charnue dans la face interne de la main. LOC ***Aller par monts et par vaux :*** voyager beaucoup. — ANAT ***Mont de Vénus :*** saillie du pubis de la femme. SYN pénil. — ***Promettre monts et merveilles :*** faire des promesses exagérées que l'on ne pourra tenir. ETY Du lat.

**montage** *nm* **1** Action d'assembler différentes parties pour former un tout. **2** AUDIOV Opération par laquelle on assemble les différentes séquences d'un film ou d'une bande sonore. **3** Ensemble d'éléments montés, assemblés. *Montage photographique.* **4** ELECTR Assemblage de composants selon un schéma déterminé. *Montage en triangle.* **5** TECH Action de sertir une pierre précieuse. **6** FIN Ensemble des démarches suivies par une société sur le marché financier pour se procurer des capitaux.

**Montagnais** Amérindiens qui parlent une langue algonquine et vivent au Québec, entre le bas Saint-Laurent et le Labrador. DER **montagnais, aise** *a*

**montagnard, arde** *a, n* **A** *a* Relatif à la montagne et à ses habitants. **B** *n* **1** Personne qui habite la montagne. **2** HIST Sous la Révolution, député membre de la Montagne

**montagne** *nf* **1** Relief important du sol s'élevant à une grande hauteur. *Chaîne de montagnes.* **2** Région d'altitude élevée. *Habiter en montagne. Vacances à la montagne.* **3** fig Grande quantité de choses amoncelées. *Une montagne de paperasses.* LOC ***La montagne a accouché d'une souris :*** un projet ambitieux annoncé à grand bruit a abouti à un résultat insignifiant. — ***Montagnes russes :*** jeu forain, suite de montées et de descentes parcourues à grande vitesse par un véhicule sur rails. — fam ***Se faire une montagne de qqch :*** en exagérer les difficultés. ETY Du lat.

**Montagne (la)** groupe de députés qui siégeaient sur les bancs les plus élevés de la Législative, puis de la Convention. Révolutionnaires, membres des Jacobins ou des Cordeliers, partisans d'un régime centralisateur, ils s'appuyèrent sur la Commune insurrectionnelle de Paris et gouvernèrent du 2 juin 1793 (chute des Girondins) au 27 juillet 1794 (9 thermidor an II). Princ. chefs : Danton, Marat et Robespierre. Pendant la Révolution de 1848, on donna ce nom au parti de gauche.

**Montagne (la)** quotidien français régional créé à Clermont-Ferrand en 1919.

**Montagne Blanche (la)** colline proche de Prague. – En 1620, les Tchèques y furent battus par les Impériaux, qui annexèrent la Bohême.

**Montagne magique (la)** roman de Thomas Mann (1924).

**Montagnes Noires** → **Noires (Montagnes).**

**F.D. Monsù Desiderio** *Architecture imaginaire*, huile – musée de Rohrau, Autriche

**Montagne Sainte-Victoire (la)** site de la région d'Aix-en-Provence dont Cézanne s'inspira de 1859 à sa mort (1906).

**montagneux, euse** *a* Où il y a des montagnes ; constitué de montagnes.

**Montagnier** Luc (Chabris, 1932), médecin français. En 1983, il a découvert, avec son équipe de l'Institut Pasteur, le virus HIV, agent du sida. Auteur de *Vaincre le Sida* (1986). Prix Nobel de médecine (2008).

**Montaigne** Michel Eyquem de (chât. de Montaigne, Périgord, 1533 – id., 1592), écrivain français. Conseiller au parlement de Bordeaux (1557), où il se lie d'amitié avec La Boétie, il se retire sur ses terres en 1571 pour se consacrer à ses *Essais* (prem. éd., livres I et II, 1580). Mais il est élu maire de Bordeaux (1581-1585). Ensuite, il s'enferme dans la *librairie* (bibliothèque) de son château, pour corriger et enrichir son livre (éd. des trois livres, 1588 ; éd. définitive posth., en 1595, par Marie de Gournay, sa « fille d'alliance »). Sa sagesse, sous des aspects tantôt stoïciens, tantôt sceptiques, s'appuie sur la raison et sur la nature pour préserver le bonheur et la liberté de l'homme. Son *Journal de voyage* (en Europe et, surtout, en Italie, 1580-1581) a été publié en 1774. DER **montainien, enne** *a*

Michel Eyquem de Montaigne

**Montaigus** → **Capulets.**

**montaison** *nf* Migration des saumons et des truites qui remontent les fleuves et les rivières pour où ils doivent frayer ; époque où s'effectue cette migration.

**Montalban** → **Vazquez Montalban.**

**Montale** Eugenio (Gênes, 1896 – Milan, 1981), poète italien de l'école dite « hermétiste » (1920-1945) : *Os de seiche* (1925), *les Occasions* (1939), *la Tempête* (1956). P. Nobel 1975.

**Montalembert** Charles Forbes (comte de) (Londres, 1810 – Paris, 1870), homme politique français, chef des catholiques libéraux. Ami de Lamennais, il participa avec lui à l'aventure du journal *l'Avenir* (1830) mais il l'abandonna quand Lamennais rompit avec Rome (1834). Acad. fr. (1851).

**Montan** (Phrygie, II$^e$ s. apr. J.-C.), prêtre hérésiarque, fondateur du montanisme. VAR **Montanus**

**Montana** État du N.-O. des États-Unis, à la frontière canadienne ; 381 086 km$^2$ ; 989 415 hab. ; cap. *Helena.* – À l'O. se dressent les Rocheuses ; à l'E. s'étend un plateau, qui fait partie des Grandes Plaines. Le climat est continental. Les cours d'eau (haut Missouri, Yellowstone) sont aménagés (hydroélectricité). Les ressources agric. et forestières sont import., mais la richesse provient du sous-sol (or, argent, zinc, chrome, étain, lignite et surtout cuivre et de la métallurgie. – Vendue par la France en 1803, la région forma un territoire (1864) et entra en 1889 dans l'Union.

**Montand** Ivo Livi, dit Yves (Monsummano, prov. de Florence, 1921 – Senlis, 1991), chanteur et comédien français. Interprète, notam. de chansons de Prévert et Kosma, il a tourné dans : *le Salaire de la peur* (1953), *Z* (1966), *César et Rosalie* (1973), *Jean de Florette* (1986).

**montanisme** *nm* RELIG Doctrine de Montan, qui prétendait apporter une troisième révélation, celle du Paraclet, après celle de Moïse et du Christ. DER **montaniste** *n, a*

le marquis de Montcalm de Saint-Véran

**1 montant, ante** *a* **1** Qui monte, qui va de bas en haut. *Marée montante.* **2** Qui recouvre vers le haut. *Chaussures montantes.* LOC MUS *Gamme montante :* qui va des notes graves aux notes aiguës. — MILIT *Garde montante :* celle qui vient relever la garde descendante.

**2 montant** *nm* **1** Pièce longue disposée verticalement. *Les montants d'une échelle.* **2** Total d'un compte. *Quel est le montant des dépenses ?* LOC ECON *Montants compensatoires monétaires :* taxes et subventions sur les produits agricoles circulant à l'intérieur de la CEE, destinées à compenser les variations de taux de change entre les monnaies afin de maintenir des prix uniques.

**Montanus** → **Montan.**

**Montargis** ch.-l. d'arr. du Loiret, sur le Loing, à la jonction de plus. canaux ; 16 026 hab. Industries. – Égl. (XII$^e$-XVI$^e$ s.) Musée Girodet. DER **montargois, oise** *a, n*

**Montataire** ch.-l. de cant. de l'Oise (arr. de Senlis) ; 12 048 hab. Métallurgie. DER **montatairien, enne** *a, n*

**Montauban** ch.-l. du dép. du Tarn-et-Garonne, sur le Tarn ; 57 969 hab. Marché agric. Industries. – Évêché. Cath. XVII$^e$-XVIII$^e$ s. Musée Ingres. – Centre protestant, la ville résista à deux sièges (1562 et 1621) et subit les dragonnades. DER **montalbanais, aise** *a, n*

**Montausier** Charles de Sainte-Maure (marquis puis duc de) (?, 1610 – Paris, 1690), gentilhomme français. Il épousa, en 1645, Julie d'Angennes (Paris, 1607 – id., 1671), à qui il avait offert en 1634 *la Guirlande de Julie,* recueil de poèmes qu'il avait commandés à des familiers de l'hôtel de Rambouillet.

**Montbard** ch.-l. d'arr. de la Côte-d'Or, port sur le canal de Bourgogne ; 5 718 hab. – Chât. (auj. musée Buffon). DER **montbardois, oise** *a, n*

**Montbéliard** ch.-l. d'arr. du Doubs, sur le canal qui relie le Rhône au Rhin ; 26 692 hab. (env. 120 000 hab. dans l'aggl.). Centre industriel : textiles, horlogerie, constr. automobiles (Peugeot). – Anc. château des comtes de Montbéliard (XV$^e$-XVIII$^e$ s.). DER **montbéliardais, aise** *a, n*

**montbéliarde** *nf* Race française de bovins à robe pie rouge, bonne laitière.

**mont-blanc** *nm* Dessert composé de crème de marrons surmontée de crème fraîche ou de crème chantilly. PLUR monts-blancs.

**Mont-Blanc** → **Blanc (mont).**

**montbrétia** *nm* BOT Syn. de *crocosmia.*

**Montbrison** ch.-l. d'arr. de la Loire, au pied des monts du Forez ; 15 600 hab. Industries – Anc. cap. du comté de Forez. DER **montbrisonnais, aise** *a, n*

**Montbrun** Charles Dupuy (seigneur de) (Montbrun, près du Ventoux, v. 1530 – Grenoble, 1575), capitaine français. Chef des protestants du Dauphiné (1567), il fut décapité.

**Montcalm (pic de)** pic des Pyrénées ariégeoises (3 078 m), à la frontière espagnole.

**Montcalm de Saint-Véran** Louis Joseph (marquis de) (chât. de Candiac, près de Nîmes, 1712 – Québec, 1759), général français. Chargé de défendre la Nouvelle-France (le Canada) contre les Anglais (1756) pendant la guerre de Sept Ans, il remporta des succès. Les Anglais disposant de puissants renforts, il les attaqua, en 1759, dans les plaines d'Abraham, près de Québec, mais il fut vaincu et blessé à mort (comme son adversaire James Wolfe).

**Montceau-les-Mines** ch.-l. de cant. de Saône-et-Loire (arr. de Chalon-sur-Saône), sur le canal du Centre ; 20 033 hab. Centre industriel. DER **montcellien, enne** *a, n*

**Mont-Cenis** → **Cenis (Mont-).**

**Montchrestien** Antoine de (Falaise, v. 1575 – dans l'Orne, 1621), écrivain français. Son *Traité d'économie politique* (1615) décrit l'état de la France. Protestant, il écrivit des tragédies et fut tué par les ligueurs catholiques.

**Mont-de-Marsan** ch.-l. du dép. des Landes, au confl. du Midou et de la Douze, à l'orée de la forêt landaise ; 32 184 hab. Industr. alim. (foie gras). DER **montois, oise** *a, n*

**mont-de-piété** *nm* anc Crédit municipal. PLUR monts-de-piété.

**Montdidier** ch.-l. d'arr. de la Somme (Picardie) ; 6 328 hab. – Église XV$^e$-XVI$^e$ s. DER **montdidérien, enne** *a, n*

**mont-d'or** *nm* Fromage AOC franc-comtois, au lait de vache, à pâte onctueuse, voisin du vacherin, commercialisé d'octobre à mai. PLUR monts-d'or.

**Mont-Dore (massif du)** chaîne volcanique (1 885 m au puy de Sancy, où culmine le Massif central). Élevage. Tourisme. VAR **monts Dore**

**Mont-Dore (Le)** com. du Puy-de-Dôme sur la haute Dordogne, au pied du puy de Sancy ; 1 682 hab. Stat. thermale. Sports d'hiver. DER **montdorien, enne** *a, n*

**monte** *nf* **1** Accouplement chez les équidés et les bovidés ; époque de cet accouplement. **2** Action, manière de monter un cheval. **3** Ensemble des pneus d'une automobile.

**monté, ée** *a* **1** Pourvu d'une monture, d'un cheval. *Troupes montées.* **2** En colère, irrité. *Il est très monté contre toi.*

**Monte** Philippus de (Malines, 1521 – Prague, 1603), compositeur flamand ; son recueil de madrigaux (publié à Rome en 1554) eut une renommée européenne.

**Monte Albán** v. précolombienne du Mexique, non loin d'Oaxaca. Fondée au VIII$^e$ s. av. J.-C., elle fut une cité des Olmèques, des Zapotèques et enfin des Mixtèques.

**Monte Albán** temples zapotèques, VI$^e$-VII$^e$ s. (forme pyramidale, terrasses étagées, usage des colonnes)

**Montebello della Battaglia** bourg d'Italie (Lombardie). – Victoires de Lannes

(9 juin 1800) et de Forey (20 mai 1859) sur les Autrichiens.

**Monte-Carlo** un des quatre noyaux urbains de la principauté de Monaco. – Casino, œuvre de C. Garnier (1879). Rallye automobile.

**Monte-Carlo (Radio-** et **Télé-)** société de radiodiffusion et de télévision créée en 1942, émettant depuis Monaco et Paris. VAR **RMC** et **TMC**

**Montecatini-Terme** v. d'Italie (Toscane, prov. de Pistoia) ; 21 510 hab. Stat. therm.

**monte-charge** *nm* Appareil pour le transport vertical des objets. PLUR monte-charges.

**Montéclair** Michel Pignolet de (Andelot, Haute-Marne, 1667 – Paris, 1737), compositeur français : *Jephté* (opéra, 1733).

**Montecristo** îlot rocheux de la mer Tyrrhénienne (Italie), à 40 km au S. de l'île d'Elbe.

**montée** *nf* **1** Action de monter. *Montée de la sève.* **2** Pente, en tant qu'elle conduit vers le haut. *Sa maison est dans la montée.* **3** Augmentation, élévation. *La montée des prix, des eaux.* **4** ARCHI Hauteur d'une voûte. **5** Afrique Début de la journée de travail. **LOC** ***Montée en puissance*** **:** progrès spectaculaire de qqch (cote de popularité, vente d'un produit, etc.). — ***Montée laiteuse*** ou ***montée de lait*** **:** apparition de la sécrétion lactée.

**monte-en-l'air** *nm inv* fam, vieilli Cambrioleur.

**monte-escalier** *nm* Dispositif élévateur de personnes installé le long d'un escalier. PLUR monte-escaliers.

**Montefeltro** famille italienne gibeline qui régna sur Urbino du XIV$^{e}$ au XVI$^{e}$ s. — **Federico III (duc d'Urbino)** (Gubbio, 1422 – Ferrare, 1482), fut condottiere et mécène.

**Monteiro** João Cesar (Figueira da Foz, 1939 – Lisbonne, 2003), cinéaste portugais : *Souvenirs de la maison jaune* (1989), *la Comédie de Dieu* (1995).

**Montel** Paul Antoine (Nice, 1876 – Paris, 1975), mathématicien français (topologie).

**Montélimar** ch.-l. de cant. de la Drôme (arr. de Valence) ; 36 872 hab. Centre agric., renommé pour ses nougats. – Égl. XV$^{e}$-XVI$^{e}$ s. Chât. XII$^{e}$ et XV$^{e}$ s. DER **montilien, enne** *a, n*

**Montemayor** Jorge de (Montemoro-Velho, prov. de Coimbre, v. 1520 – au Piémont, v. 1562), écrivain portugais d'expression espagnole : *les Sept Livres de la Diane* (1559).

**monte-meuble** *nm* Rampe élévatrice à moteur, servant aux déménagements. PLUR monte-meubles.

**Monténégro** (en serbo-croate *Crna Gora*), État d'Europe (rép. fédérée de l'État de Serbie-et-Monténégro jusqu'en 2006) ; 13 812 km$^2$ ; 600 000 hab. ; cap. *Pogdorica.* Nature de l'État : rép. parlementaire. Langue off. : serbe. Monnaie : euro. Population : Monténégrins (61 %), Musulmans (20,5 %), Albanais (10,7 %). Relig. : christianisme orthodoxe, islam. DER **monténégrin, ine** *a, n*
**Géographie** La plaine littorale est dominée par les chaînes Dinariques. Princ. ressources : élevage ovin, oliviers, agrumes, minerais.
**Histoire** Principauté ecclésiastique, le Monténégro résiste à l'emprise des Turcs. En 1910, avec Nicolas I$^{er}$, il s'agrandit grâce aux guerres balkaniques. En 1918, il entre dans le royaume qui deviendra la Yougoslavie, dont il constitue une république fédérée à partir de 1945. Après la dislocation de la Yougoslavie (1991), les Monténégrins choisissent, par référendum, le maintien dans une structure fédérale et constituent le 27 avril 1992, avec la Serbie, une nouvelle rép. fédérée de Yougoslavie. Les relations avec la Serbie se détériorent. En mars 2002, un accord avec la Serbie, conclu sous l'égide de l'UE, prévoit la fin de la Yougoslavie et la création de l'État de Serbie-et-Monténégro. Mais le Monténégro devient une rép. indépendante le 4 juin 2006 à l'issue du référendum organisé en mai. La même année, le Monténégro devient membre de l'ONU. ▶ carte **p. 1736**

**Montenotte** (auj. *Cairo-Montenotte*), v. d'Italie (Ligurie), 14 410 hab. – Victoire de Bonaparte sur les Autrichiens (1796).

**Montépin** Xavier de (Apremont, Haute-Saône, 1823 – Paris, 1902), auteur français de romans-feuilletons et de drames populaires : *la Porteuse de pain* (1889).

**monte-plat** *nm* Monte-charge servant au transport des plats entre la cuisine et la salle à manger. PLUR monte-plats.

**monter** *v* ① **A** *vi* **1** Se transporter dans un lieu plus haut, s'élever. *Monter au haut d'un arbre, sur une chaise. Le ballon monta dans le ciel. Le brouillard monte.* **2** Prendre place dans un véhicule, sur une monture. *Monter en avion, en ballon. Monter à cheval, à bicyclette.* **3** Faire de l'équitation. *Il monte chaque jour.* **4** fam Se déplacer vers le nord ou se rendre à la capitale. *Monter à Paris.* **5** Passer à un degré supérieur. *Monter en grade.* **6** Augmenter de niveau, de volume, de prix, etc. *La mer monte sous l'effet de la marée. Le prix de l'or a beaucoup monté. Il sentit la colère monter.* **7** fig Prendre de l'importance, arriver. *La génération qui monte.* **8** S'élever en pente. *Rue qui monte.* **9** S'étendre de bas en haut. *Robe qui monte jusqu'au cou.* **10** JEU Surenchérir, fournir une carte plus forte. *Monter sur la dame.* **B** *vt* **1** Gravir, franchir une élévation. *Monter un escalier.* **2** Porter dans un lieu élevé. *Monter des meubles dans une chambre.* **3** Chevaucher un animal. *Monter un cheval.* **4** Accroître, hausser. *Monter les prix.* **5** MUS Parcourir l'échelle des sons en allant du grave à l'aigu. *Monter la gamme.* **6** Ajuster, assembler différentes parties pour former un tout. *Monter une tente.* **7** Installer, insérer dans un cadre, une monture. *Monter un diamant, une estampe.* **8** Disposer les éléments de base d'un ouvrage. *Monter les mailles d'un tricot.* **9** Préparer, organiser. *Monter une pièce de théâtre. Monter un coup.* **10** Pourvoir du nécessaire ; réunir les éléments de, constituer. *Monter son ménage.* **C** *vpr* **1** S'exalter, s'irriter. *Se monter contre qqn.* **2** Se pourvoir. *Se monter en livres.* **3** S'élever à, en parlant d'un total. *La dépense se monte à mille euros.* **LOC** ***Monter à fleurs, à graines*** ou ***monter en graine*** **:** quitter l'état végétatif pour produire fleurs ou graines. — ***Monter à la tête*** **:** enivrer ; fig rendre orgueilleux. — ***Monter la garde*** **:** assurer le service de garde. — ***Monter la tête à qqn,*** ou ***monter qqn contre qqn, qqch*** **:** l'exciter contre qqn ou qqch. ETY Du lat.

**Montereau-Fault-Yonne** ch.-l. de cant. de Seine-et-Marne (arr. de Provins), port au confl. de la Seine et de l'Yonne ; 16 509 hab. Industries. – Jean sans Peur y fut assassiné (1419). VAR **Montereau** DER **monterelais, aise** *a, n*

**Montérégie** rég. admin. du Québec, bordée à l'O. par l'Ontario et au S. par les É.-U. ; 1 200 000 hab. ; v. princ. *Longueil.* DER **montérégien, enne** *a, n*

**Monterrey** ville du nord-est du Mexique ; 3,6 millions d'hab. (aggl.) ; cap. de l'État du *Nuevo León.* Import. centre industriel (minerais).

**Montes** Maria Dolores Eliza Gilbert, dite Lola aventurière irlandaise. Elle séduisit Louis I$^{er}$ de Bavière, qui abdiqua. ▷ CINE V. Lola Montès. VAR **Montez**

**monte-sac** *nm* Appareil élévateur pour le transport des sacs dans les docks. PLUR monte-sacs.

**Montespan** Françoise Athénaïs de Rochechouart de Mortemart (marquise de) (Lussac-les-Châteaux, Poitou, 1640 – Bourbon-l'Archambault, 1707), maîtresse de Louis XIV de 1667 à 1684 ; de leurs huit enfants, six (légitimés) survécurent.

**Montesquieu** Charles de Secondat (baron de La Brède et de) (chât. de La Brède, Bordelais, 1689 – Paris, 1755), écrivain français. Il devient conseiller au parlement de Bordeaux en 1714 et président à mortier en 1716. Ses *Lettres persanes* (1721), reportage critique sur la société française par deux Persans fictifs, remportèrent le succès. Il publie en 1734 les *Considérations sur les causes de la grandeur des Romains et de leur décadence.* En 1748, *De l'esprit des lois* paraît anonymement à Genève ; aux attaques des jansénistes et des jésuites répond une *Défense de « l'Esprit des lois »* (1750). Montesquieu a, le premier, montré l'interdépendance de tous les aspects de la vie sociale (juridiques, économiques, moraux, religieux) ; il désire pour la France une monarchie constitutionnelle de type anglais et insiste sur la séparation des pouvoirs. En outre, il est un styliste de génie. Acad. fr. (1727).

**Montesquiou** Pierre de (comte d'Artagnan) (château d'Armagnac, 1645 – Le Plessis-Piquet, 1725), maréchal de France ; il combattit à Malplaquet et à Denain.

**Montesquiou** Robert de (Paris, 1855 – Menton, 1921), poète français : *les Paons* (1901) ; ami de Proust, à qui il inspira le personnage de Charlus.

**Montesson** com. des Yvelines (arr. de Saint-Germain-en-Laye) ; 15 588 hab. DER **montessonnais, aise** *a, n*

**Montessori** Maria (Chiaravalle, près d'Ancône, 1870 – Noordwijk, Pays-Bas, 1952), médecin et pédagogue italien ; créatrice de jardins d'enfants. DER **montessorien, enne** *a, n*

**monteur, euse** *n* **1** Personne qui effectue des montages, des installations. **2** AUDIOV Personne chargée du montage.

**Monteux** Pierre (Paris, 1875 – Hancock, Maine, 1964), chef d'orchestre français, naturalisé américain en 1942.

**Monteverdi** Claudio (Crémone, 1567 – Venise, 1643), compositeur italien. Il créa l'opéra et mit en œuvre trois principes : exploitation du style polyphonique traditionnel (quatre *Livres de madrigaux,* 1586-1603 ; deux messes, 1610 et 1641) ; subordination de la mus. au texte poétique (*Orfeo,* opéra, 1607 ; *Arianna,* 1608) ; la monodie accompagnée (deux *Livres de madrigaux,* 1619 et 1638 ; *le Couronnement de Poppée,* opéra, 1642). DER **montéverdien, enne** *a, n*

Montesquieu

Monteverdi

**Montevideo** cap. de l'Uruguay, port sur la rive N. du Río de La Plata ; 1,3 million d'hab. (aggl.). Princ. centre industriel du pays. – Archevêché. Université. DER **montévidéen, enne** *a, n*

**Montez** → **Montes.**

**Montezuma I$^{er}$** → **Moctezuma.**

**Montfaucon** anc. lieu-dit, à Paris, entre le fbg Saint-Martin et le fbg du Temple. Sur une éminence fut dressé un gibet (XIII$^{e}$ s.-XVII$^{e}$ s.).

**Montfaucon** Bernard de (chât. de Soulage, Languedoc, 1655 – Paris, 1741), érudit et religieux français : *Monuments de la monarchie française* (1729-1733).

**Montfermeil** ch.-l. de cant. de la Seine-Saint-Denis (arr. du Raincy), 26 100 hab. (DER) **montfermeillois, oise** *a, n*

**Montferrat** (en ital. *Monferrato*), rég. et anc. marquisat d'Italie (Piémont). Vin d'Asti.

**Montferrat** Boniface Ier de (mort en Anatolie, 1207), un des chefs de la 4e croisade ; roi de Thessalonique en 1204.

**Montfort** Simon IV le Fort (comte de) (?, vers 1150 – Toulouse, 1218), chef de la croisade contre les albigeois ; tué en défendant les terres qu'il avait prises à Raimond VI de Toulouse. — **Simon** (comte de Leicester) (?, vers 1208 – Evesham, 1265), troisième fils du préc. Il dirigea la révolte des barons anglais contre son beau-frère Henri III (1258) qui concéda des réformes (Provisions d'Oxford). Henri III voulut les abolir (1261) et une guerre civile s'ensuivit ; Montfort fut tué.

**Montfort-l'Amaury** ch.-l. de cant. des Yvelines (arr. de Rambouillet) ; 3 100 hab. – Égl. XVIe s. Musée Maurice-Ravel. (DER) **montfortais, aise** *a, n*

**Montgenèvre** (col du) col des Alpes (1 850 m), près de Briançon ; relie les vallées de la Durance et de la Doire Ripaire (Italie).

**Montgeron** ch.-l. de cant. de l'Essonne (arr. d'Évry), en bordure de la forêt de Sénart ; 23 800 hab. (DER) **montgeronnais, aise** *a, n*

**Montgolfier** Joseph de (Vidalon-lès-Annonay, Vivarais, 1740 – Balaruc-les-Bains, Hérault, 1810), et son frère **Étienne** (Vidalon-lès-Annonay, 1745 – Serrières, Ardèche, 1799), industriels français. Ils perfectionnèrent l'industrie du papier et inventèrent les montgolfières.

**montgolfière** *nf* AERON Aérostat qui tire sa force ascensionnelle de l'air chaud. SYN ballon. (ETY) De J. et É. de *Montgolfier*, n. pr.

**montgolfière**

**Montgomery** v. des É.-U., sur l'Alabama ; cap. de l'Alabama ; 205 800 hab.

**Montgomery** Gabriel de Lorges (comte de) (?, v. 1530 – Paris, 1574), seigneur français. Il tua accidentellement Henri II dans un tournoi (1559). Converti au calvinisme, chef de guerre, il fut vaincu et exécuté.

**Montgomery of Alamein** Bernard Law Montgomery (1er vicomte) (Londres, 1887 – Isington Mill, Hampshire, 1976), maréchal britannique. Il vainquit Rommel (Al-Alamein, 1942), puis combattit en Italie, enfin en Normandie, en Belgique, en Allemagne. Il fut commandant adjoint des forces atlantiques en Europe (1951-1958).

**Montherlant** Henry Millon de (Paris, 1896 – id., 1972), écrivain français. Romans : *les Bestiaires* (1926), *les Célibataires* (1934), le cycle des *Jeunes Filles* (1936-1939). Théâtre : *la Reine morte* (1942), *Malatesta* (1946). Essai : *les Olympiques* (1924). Il s'est suicidé. Acad. fr. (1960).

**Monthey** com. de Suisse (Valais), sur la Vièze, affl du Rhône ; 17 100 hab. Vins. – Château XIVe- XVIIe s. (DER) **montheysan, ane** *a, n*

**Montholon** Charles Tristan (comte de) (Paris, 1783 – id., 1853), général français. Il accompagna Napoléon à Sainte-Hélène et publia avec Gourgaud les *Mémoires pour servir à l'histoire de France sous Napoléon* (1822-1825).

**Monti** Vincenzo (Alphonsine, 1754 – Milan, 1828), poète italien néoclassique, auteur de plus. tragédies et d'une traduction de l'*Iliade*.

**Monti** Mario (Varèse, 1943), économiste et homme politique italien, prés. du Conseil de 2011 à 2013.

**Monticelli** Adolphe (Marseille, 1824 – id., 1886), peintre français baroque, qui annonce l'expressionnisme.

**monticole** *nm* Passereau des régions tempérées, voisin du merle.

**monticule** *nm* Petite élévation de terrain. SYN butte.

**Montigny-en-Gohelle** chef-lieu de cant. du Pas-de-Calais ; 10 300 hab. (DER) **montignynois, oise** *a, n*

**Montigny-le-Bretonneux** com. des Yvelines (arr. de Versailles) ; 34 200 hab. – Industries. C'est un élément de Saint-Quentin-en-Yvelines. (DER) **ignymontain, aine** *a, n*

**Montigny-lès-Cormeilles** com. du Val-d'Oise (arr. d'Argenteuil) ; 20 600 hab. (DER) **ignymontain, aine** *a, n*

**Montigny-lès-Metz** ch.-l. de cant. de la Moselle (arr. de Metz-Campagne) ; 22 300 hab. (DER) **montignien, enne** *a, n*

**Montijo** v. d'Espagne (Estrémadure, prov. de Badajoz) ; 15 800 hab. – Château.

**montilien** → **Montélimar.**

**Montivilliers** ch.-l. de cant. de la Seine-Mar. (arr. du Havre) ; 16 500 hab. Égl. XIe-XVIe s. (DER) **montivilliérois, oise** *a, n*

**montjoie** *nf* anc Monceau de pierres servant de monument commémoratif, de point de repère, etc. SYN cairn.

**Montlhéry** ch.-l. de cant. de l'Essonne (arr. de Palaiseau), 7 600 hab. – Le *circuit automobile de Montlhéry* est sur la com. de Linas. En 1465, bataille indécise entre Louis XI et la ligue du Bien public. (DER) **montlhérien, enne** *a, n*

**Mont-Louis** ch.-l. de cant. des Pyrénées-Orientales (arr. de Prades) ; 200 hab. Stat. estivale et de sports d'hiver (alt. 1 600 m). Laboratoire de recherche sur l'énergie solaire (four solaire). – Place fortifiée par Vauban. (DER) **montlouisien, enne** *a, n*

**Montluc** → **Monluc.**

**Montluçon** ch.-l. d'arr. de l'Allier, sur le Cher ; 39 200 hab. Centre industriel. – Deux églises du XVe s. Chât. des ducs de Bourbon (XVe et XVIe s.). (DER) **montluçonnais, aise** *a, n*

**Montgomery of Alamein**

**Henry Millon de Montherlant**

**Montmagny** com. du Val-d'Oise (arr. de Montmorency) ; 14 000 hab. – Auguste Perret y construisit la prem. église en béton (1925). (DER) **magnymontois, oise** *a, n*

**Montmajour** écart de la com. d'Arles (Bouches-du-Rhône). – Vestiges d'une abb. bénédictine fondée au Xe s. : égl. du XIIe s.

**Montmartre** (ancien *mons Martyrum*, « mont des Martyrs », ou *mons Martis*, « mont de Mars »), com. de l'anc. banlieue de Paris, rattachée à la cap. en 1860 (XVIIIe arr.). Égl. XIIe s. Basilique du Sacré-Cœur (1876) au sommet de la *butte Montmartre*. Cimetière. Vieux cabarets. (DER) **montmartrois, oise** *a, n*

**Montmélian** ch.-l. de cant. de la Savoie (arr. de Chambéry), sur l'Isère ; 4 200 hab. Industries. Vins blancs. – Ancienne place forte des princes de Savoie. (DER) **montmélianais, aise** *a, n*

**Montmirail** ch.-l. de cant. de la Marne (arr. d'Épernay), sur le Petit Morin ; 3 800 hab. – Égl. XIVe et XVIe s. – Victoire de Napoléon sur Blücher (11 fév. 1814). (DER) **montmiraillais, aise** *a, n*

**montmorency** *nf inv* Cerise au goût acidulé. (PHO) [mɔ̃mɔʀɑ̃si] (ETY) Du n. pr.

**Montmorency** (chute) chute située à l'E. de la v. de Québec (83 m de hauteur).

**Montmorency** ch.-l. d'arr. du Val-d'Oise, au S.-E. de la *forêt de Montmorency ;* 21 100 hab. – Égl. Renaissance. Musée Jean-Jacques Rousseau. (DER) **montmorencéen, enne** *a, n*

**Montmorency** Mathieu II de (vers 1174 – 1230), connétable de France. Il combattit à Bouvines (1214) et contre les albigeois.

**Montmorency** Anne (1er duc de Montmorency) (Chantilly, 1493 – Paris, 1567) connétable de France. Il exerça de l'influence sur François Ier et sur Henri II.

**Montmorency** Henri II de (?, 1595 – Toulouse, 1632), maréchal de France. Il appuya Gaston d'Orléans contre Richelieu et fut décapité.

**Montmorillon** ch.-l. d'arr. de la Vienne, sur la Gartempe ; 6 700 hab. Industries. – Égl. XIIIe-XIVe s. (DER) **montmorillonnais, aise** *a, n*

**montmorillonite** *nf* MINER Minéral argileux caractéristique de certains sols des régions chaudes, constituant de la terre à foulon.

**montoir** *nm* Grosse pierre, banc servant à monter à cheval. LOC *Côté du montoir :* le côté gauche du cheval.

**Montoire-sur-le-Loir** ch.-l. de cant. de Loir-et-Cher (arr. de Vendôme) ; 4 200 hab. – Pétain et Hitler s'y rencontrèrent le 24 oct. 1940. (DER) **montoirien, enne** *a, n*

**montois** → **Mont-de-Marsan** et **Mont-Saint-Michel.**

**Montouhotep** → **Mentouhotep.**

**Montparnasse** (quartier du) quartier de Paris (dans les VIe et XIVe arr.) habité durant l'entre-deux-guerres par des artistes et écrivains français et étrangers.

**Montpelier** v. des États-Unis, cap. de l'État du Vermont ; 7 900 hab.

**Montpellier** ch.-l. du dép. de l'Hérault ; 276 100 hab. Aéroport. Centre commercial (vins), industriel et culturel. – Université. Faculté de médecine (dep. le XIIIe s.). Jardin botanique (1593). Musée Fabre. – Import. centre comm. (épices d'Orient) au Moyen Âge grâce à son port de Lattes (envasé au XVI$^{e}$ s.). Rattaché à la Couronne en 1349, Montpellier fut un foyer du calvinisme aux XVI$^{e}$ et XVII$^{e}$ s. (DER) **montpelliérain, aine** *a, n*

**Montpellier** place de la Comédie, créée au XVIII$^{e}$ s., réaménagée en 1900 et en 1986 – centre actuel de l'agglomération

**Montpellier-le-Vieux** chaos de rochers couvrant 120 ha, en Aveyron (causse Noir).

**Montpensier** **Catherine Marie de Lorraine (duchesse de)** (Joinville, 1551 – Paris, 1596), sœur de Henri de Guise et de Mayenne. Ligueuse convaincue, elle fomenta la journée des Barricades (12 mai 1588).

**Montpensier** **Anne Marie Louise d'Orléans (duchesse de)** (Paris, 1627 – id., 1693), fille de Gaston d'Orléans, frère de Louis XIII, d'où son nom de *la Grande Mademoiselle*. Pendant la Fronde, en 1652, elle fit tirer le canon de la Bastille contre les troupes royales, de sorte que Condé put se dégager. En 1681, elle épouse Lauzun, qui la ruina.

**montrable** → **montrer.**

**montrachet** *nm* Bourgogne blanc, très réputé. (PHO) [mɔ̃ʀaʃe]

**1 montre** *nf* **1** Vitrine, éventaire où sont exposées des marchandises ; ensemble des marchandises exposées. *Bijoux en montre.* **2** MUS Ensemble des tuyaux formant la façade d'un buffet d'orgue. **LOC** *Faire montre de* : montrer ; donner des marques, des preuves de.

**2 montre** *nf* Instrument portatif qui indique l'heure. *Montre à quartz.* **LOC** SPORT *Course contre la montre* : dans laquelle chaque concurrent, partant seul, est classé selon le temps qu'il a mis à parcourir la distance fixée ; fig lutte contre le temps pour accomplir qqch. — *Montre en main* : très précisément.

**Montréal** v. du Québec, sur l'île de Montréal (entre le Saint-Laurent et la rivière des Prairies) ; 3,6 millions d'hab. (aggl.). Import. port fluvial et maritime. Grand centre industr. et comm. ; métropole culturelle et financière. – Archevêché cathol. Universités. Musée des beaux-arts. *Biodôme* (musée de la nature et de l'environnement). Exposition universelle en 1967. Jeux Olympiques en 1976. – La ville, fondée en 1642 et baptisée alors *Ville-Marie*, se développa autour du mont Royal. Elle prit son essor après 1822, quand le canal Lachine permit d'éviter les rapides. – *La région admin. de Montréal* (499 km$^{2}$) a 1 822 516 hab. Le sud de l'aggl. de Montréal fait partie de la région admin. de Montérégie. (DER) **montréalais, aise** *a, n*

**Montréal** le vieux port

**montre-bracelet** *nf* Montre montée sur un bracelet que l'on porte au poignet. PLUR montres-bracelets.

**montrer** *v* ① **A** *vt* **1** Faire voir. *Montrer sa maison. Il n'ose plus se montrer.* **2** Indiquer par un geste, un signe. *Montrer qqn du doigt. Panneau qui montre une direction.* **3** Faire ou laisser paraître ; manifester. *Montrer sa douleur. Montrer du courage.* **4** Démontrer, enseigner. *Montrer le bon côté d'une chose.* **B** *vpr* Se révéler, s'avérer. *Se montrer généreux.* **LOC** *Montrer du doigt* : accuser publiquement. — *Montrer la porte à qqn* : l'inviter à sortir. (ETY) Du lat. (DER) **montrable** *a*

**Montreuil** ch.-l. de cant. de la Seine-Saint-Denis (arr. de Bobigny) ; 102 369 hab.. Industries. (VAR) **Montreuil-sous-Bois** (DER) **montreuillois, oise** *a, n*

**Montreuil** ch.-l. d'arr. du Pas-de-Calais, sur la Canche ; 2 676 hab. – Remparts XIII$^{e}$-XVII$^{e}$ s. Citadelle XVI$^{e}$ s. (VAR) **Montreuil-sur-Mer** (DER) **montreuillois, oise** *a, n*

**Montreuil** → **Pierre de Montreuil.**

**montreur, euse** *n* Personne qui montre un spectacle. *Montreur de marionnettes.*

**Montreux** v. de Suisse (Vaud), sur la rive N.-E. du lac Léman ; 20 000 hab. Import. stat. touristique et climatique. Festivals de musique. – La *convention de Montreux* (1936) règlementa le droit de passage dans les détroits du Bosphore et des Dardanelles. (DER) **montreusien, enne** *a, n*

**Montrichard** ch.-l. de cant. de Loir-et-Cher (arr. de Blois), sur le Cher ; 3 814 hab. – Égl. XII$^{e}$-XV$^{e}$ s. ; ruines d'un chât. XV$^{e}$ s. (DER) **montrichardais, aise** *a, n*

**Montrose** **James Graham (marquis de)** (Montrose, 1612 – Édimbourg, 1650), général écossais. Il souleva son pays en faveur de Charles I$^{er}$ (1644-1646), puis de Charles II (1649). Vaincu et trahi, il fut pendu.

**Montrouge** ch.-l. de cant. des Hauts-de-Seine (arr. d'Antony) ; 45 481 hab.. Centre industriel. (DER) **montrougien, enne** *a, n*

**Mont-Royal** v. du Québec, à l'ouest de Montréal à laquelle elle a été fusionnée en 2002. (DER) **montérégien, enne** *a, n*

**Monts** **Pierre du Gua (sieur de)** (en Saintonge, v. 1568 –?, v. 1630), colonisateur français. Il prospecta l'Acadie (1604) où il fonda en 1605 Port-Royal (aujourd'hui *Annapolis Royal*, Nouvelle-Écosse).

**Mont-Saint-Aignan** ch.-l. de cant. de la Seine-Mar. ; 21 150 hab. – Université et banlieue résidentielle de Rouen. (DER) **montsaintaignanais, aise** *a, n*

**Mont-Saint-Martin** ch.-l. de cant. de Meurthe-et-Moselle (arr. de Briey) ; 8 246 hab. Industries.

**Mont-Saint-Michel (Le)** com. de la Manche (arr. d'Avranches), sur un îlot rocheux relié au continent par la digue de Pontorson (prochainement remplacée par une passerelle), près de l'embouchure du Couesnon et dans la *baie du Mont-Saint-Michel* (marées à fortes amplitudes) ; 46 hab. Tourisme import. – Remparts XIII$^{e}$ et XV$^{e}$ s.. Célèbre abb. bénédictine (XII$^{e}$-XIII$^{e}$ s.) dominée par une égl. abbat. à nef et transept romans précédant un chœur de style flamboyant (XV$^{e}$-XVI$^{e}$ s.). (DER) **montois, oise** *a, n*

**Le Mont-Saint-Michel**

**Montségur** com. de l'Ariège (arr. de Foix) ; 117 hab. – Ruines d'une forteresse, dernier refuge des albigeois en 1244.

**Montségur** ruines de l'ultime place forte des cathares

**Montserrat** petit massif d'Espagne (Catalogne) ; 1 237 m. – Couvent de bénédictins fondé v. 1030 : pèlerinage (Vierge noire).

**Montserrat** le monastère bénédictin fondé au XI$^{e}$ s.

**Montserrat** île britannique des Antilles ; 106 km$^{2}$ ; 12 000 hab. ; ch.-l. *Plymouth* (3 200 hab.). En août 1997, les éruptions du volcan la Soufrière ont fait des ravages.

**Montsouris (parc)** jardin de Paris (XIV$^{e}$ arr.) aménagé entre 1867 et 1878.

**montueux, euse** *a* litt Inégal, coupé par des collines. (ETY) Du lat.

**monture** *nf* **1** Animal que l'on utilise pour se faire porter ; animal de selle. **2** Pièce de support ou d'armature.

**Monty Python** groupe comique composé des Anglais Graham Chapman (1940 – 1989), John Cleese (né en 1939), Eric Idle (né en 1943), Terry Jones (né en 1942), Michael Palin (né en 1943) et de l'Américain Terry Gilliam (né en 1940), auteurs et interprètes d'émissions de télévision et de films (*Sacré Graal*, 1974 ; *la Vie de Brian*, 1979 ; *le Sens de la vie*, 1983).

**monument** *nm* **1** Ouvrage d'architecture ou de sculpture édifié pour conserver la mémoire d'un homme illustre ou d'un grand évènement. **2** Édifice, ouvrage considéré pour sa grandeur, sa valeur ou sa signification. *Monuments de l'Antiquité.* **3** fig Œuvre considérable par ses dimensions ou ses qualités. *Les monuments de l'art, de la littérature.* **LOC** ***Monument aux morts :*** élevé à la mémoire des morts d'une guerre. — ***Monument funéraire :*** élevé sur une tombe. — fam ***Un monument de :*** personne, chose remarquable par telle caractéristique extrême. ETY Du lat.

**monumental, ale** *a* **1** Relatif aux monuments. **2** Imposant par la grandeur, les proportions, etc. *Une œuvre monumentale.* **3** fam Énorme en son genre. *Un orgueil monumental.* PLUR monumentaux. DER **monumentalité** *nf*

**Monza** v. d'Italie (Lombardie) ; 123 200 hab. – Cath. XIII<sup>e</sup>-XIV<sup>e</sup> s. Circuit automobile.

**MOOC** *nm* Synonyme (déconseillé) de *CLOM*, cours en ligne ouvert et massif. PHO [muk] ETY Acronyme angl. de *massive open online course*.

**Moon (secte)** secte internationale fondée en 1954 à Séoul par le Coréen Sun Myung Moon (1920 – 2012). Nom officiel : association pour l'unification du christianisme mondial. DER **mooniste** *a, n*

**Moore** Thomas (Dublin, 1779 – Sloperton, 1852), poète romantique irlandais : *Mélodies irlandaises* (1808-1834), *Lalla Rookh* (1817).

**Moore** Henry (Castleford, Yorkshire, 1898 – Much Hadham, 1986), sculpteur anglais. Ses œuvres, souvent de dimensions imposantes, sont abstraites ou figuratives.

**Moore** Stanford (Chicago, 1913 – New York, 1982), biochimiste américain : travaux sur la structure des protéines et de l'ARN. Prix Nobel de chimie (1972).

**Moore** Michael (Flint, 1954), cinéaste américain, auteur de documentaires sur des faits de société. *Fahrenheit 9-11* (2004).

**Moore (loi de)** *nf* INFORM Loi constatant que la densité des transistors dans les microprocesseurs double tous les 18 ou tous les 24 mois.

**Moorea** île française de l'archipel de la Société, à l'O. de Tahiti ; 16 200 hab. Tourisme.

**Mopti** v. du Mali, sur le Niger ; 114 300 hab.

**moque** *nf* Récipient qui sert à mesurer certaines denrées. ETY Du néerl. *mok*, « aiguière ».

**moquer** *v* 1 **A** *vt* vieilli, litt Railler, tourner en ridicule. **B** *vpr* **1** Railler, tourner en ridicule. **2** Mépriser, braver, ne faire aucun cas de. *Se moquer du danger.* **3** Traiter avec une trop grande légèreté ; abuser qqn. *Il se moque du monde.*

**moquerie** *nf* **1** Action de se moquer. *Être enclin à la moquerie.* **2** Parole, action par laquelle on se moque. *Accabler qqn de moqueries.*

**Môquet** Guy (Paris, 1924 – Châteaubriant, 1941), militant communiste. Il fut fusillé par mesure de représailles avec 27 autres otages.

**moquette** *nf* Tapis cloué ou collé qui recouvre uniformément le sol d'une pièce.

**moquetter** *vt* 1 Recouvrir de moquette.

**moquettiste** *n* Professionnel qui pose des moquettes.

**moqueur, euse** *a, n* **A** Qui se moque, qui est porté à la moquerie. *Esprit moqueur.* **B** *a* Qui exprime ou marque de la moquerie. *Regard, rire moqueur.* **C** *nm* ORNITH **1** Oiseau coraciadiforme d'Afrique, à bec incurvé et à longue queue. **2** Oiseau passériforme d'Amérique du Nord, qui peut imiter toutes sortes de bruits.

**mor** *nm* PEDOL Humus très acide, à minéralisation très lente, typique des forêts résineuses sur terrain siliceux. ETY Mot danois.

**moracée** *nf* BOT Arbre ou arbuste dicotylédone apétale des régions chaudes, tel que le mûrier, le figuier, l'arbre à pain. ETY Du lat.

**moraillles** *nf pl* TECH **1** Tenailles servant à pincer les naseaux d'un cheval afin de le maîtriser, notam. lorsqu'on le ferre. **2** Tenailles de verrier. ETY Du lat. *murru*, « visière ».

**moraillon** *nm* TECH Pièce métallique de fermeture à charnière, avec un évidement pour le passage d'un anneau.

**moraine** *nf* Amas de débris rocheux arrachés et transportés par un glacier. ETY Du savoyard. DER **morainique** *a*

**Morais** Francisco de (Bragance, v. 1500 – Évora, 1572), écrivain portugais : *Palmerin d'Angleterre*, célèbre roman de chevalerie.

**moral, ale** *a, nm* **A** *a* **1** Qui concerne les mœurs, les règles de conduite en usage dans une société. *Jugement moral. Obligation morale.* **2** Relatif au bien, au devoir, aux valeurs établies. *Avoir le sens moral.* **3** Relatif à l'esprit, au mental. *Santé morale.* PLUR moraux. **B** *nm* (Au sing.) Disposition d'esprit. *Avoir bon moral. Remonter le moral de qqn.* **LOC** DR ***Personne morale :*** être collectif ou impersonnel auquel la loi reconnaît une partie des droits civils exercés par les citoyens. ETY Du lat.

**morale** *nf* **1** Ensemble des principes de jugement et de conduite qui s'imposent à la conscience individuelle ou collective. *Morale épicurienne, chrétienne.* **2** Tout ensemble de règles, d'obligations, de valeurs. *Morale politique.* **3** Enseignement moral, conclusion morale. *La morale d'une fable.* **4** Enseignement quelconque. *La morale de cette affaire.* **5** Leçon, admonestation à caractère moral. *Faire la morale à qqn.*

**moralement** *av* **1** Conformément à la morale. *Se conduire moralement.* **2** Du point de vue de la morale. *Action moralement condamnable.* **3** Quant au moral. *Soutenir moralement qqn.*

**Morales** Cristóbal de (Séville, v. 1500 – Málaga, 1553), compositeur espagnol de musique religieuse : nombr. messes, magnificat.

**Morales** Evo (Orinco, 1959), syndicaliste bolivien d'origine indienne, élu président de la République en 2005, réélu en 2009 et en 2014.

**moraliser** *v* 1 **A** *vt* **1** litt Faire la morale à qqn, l'admonester. **2** Rendre conforme à la morale. *Moraliser la vie politique, le sport.* **B** *vi* litt Faire des réflexions morales. DER **moralisant, ante** *a* – **moralisateur, trice** *a, n* – **moralisation** *nf*

**moralisme** *nm* **1** PHILO Attitude ou système fondés sur la prééminence de la morale. **2** Formalisme moral.

**moraliste** *n, a* **A** *n* **1** Philosophe qui traite de la morale. **2** Auteur d'observations critiques sur les mœurs, la nature humaine. **B** *n, a* Personne qui aime à faire la morale.

**moralité** *nf* **1** Conformité aux principes, aux règles de la morale. *Moralité d'une action.* **2** Sens moral, conduite morale d'une personne. *Un homme de moralité douteuse.* **3** Enseignement moral, leçon d'une histoire, d'un évènement. **4** LITTER Pièce de théâtre, généralement allégorique et à intention moralisatrice, au Moyen Âge.

**Morand** Paul (Paris, 1888 – id., 1976), diplomate et écrivain français : *Ouvert la nuit* (1922), *l'Homme pressé* (1941), *Hécate et ses chiens* (1954). Acad. fr. (1968).

**Morandi** Giorgio (Bologne, 1890 – id., 1964), peintre et graveur italien. Il peignit de subtiles natures mortes aux confins de l'abstraction.

**Giorgio Morandi** *Nature morte*, 1929 – coll. part.

**Morane** Léon (Paris, 1885 – id., 1918), et son frère **Robert** (Paris, 1886 – id., 1968), industriels et aviateurs français qui se spécialisèrent dans la construction d'avions rapides.

**Morangis** com. de l'Essonne ; 12 600 hab. DER **morangissois, oise** *a, n*

**Morante** Elsa (Rome, 1912 – id., 1985), romancière italienne : *Mensonge et Sortilège* (1948), *la Storia* (1974), *Aracoeli* (1982).

**morasse** *nf* IMPRIM Dernière épreuve, avant l'impression, d'un journal mis en pages. ETY De l'ital. *moro*, « noir ».

**Morat** (en all. *Murten*), com. de Suisse (Fribourg), sur le *lac de Morat* (relié par la Broye au lac de Neuchâtel) ; 6 500 hab. Horlogerie. – Remparts (XV<sup>e</sup> s.). Maisons anciennes. – Victoire des Suisses, alliés à Louis XI, sur Charles le Téméraire (1476). DER **moratois, oise** *a, n*

**Moratin** Nicolás Fernández de (Madrid, 1737 – id., 1780), auteur dramatique espagnol influencé par le classicisme français. — **Leandro** dit le jeune (Madrid, 1760 – Paris,

**Henry Moore** *Draped reclining mother and baby*, 1983, bronze – fondation Pierre-Gianadda, Martigny, Suisse

1828), fils du préc., imitateur et traducteur de Molière.

**moratoire** *a, nm* **A** DR Qui accorde un délai. *Sentence moratoire.* **B** *nm* **1** DR Décision légale de suspendre provisoirement l'exigibilité de certaines créances. **2** fig Décison de suspendre provisoirement une action. *Moratoire pour l'utilisation des OGM.* **LOC** ***Intérêts moratoires :*** dus, par décision de justice, à compter du jour d'exigibilité d'une créance. ETY Du lat. *morari,* « retarder ».

**Morava (la)** riv. de la Serbie, du Kosovo et du Monténégro (245 km), affl. du Danube (r. dr.), formée par la jonction à Stalać des *Morava de l'Ouest* (298 km) et *du Sud* (318 km).

**Morava (la)** riv. de Moravie (378 km), affl. du Danube (r. g.).

**Moravagine** roman de Cendrars (1926).

**Moraves (frères)** membres d'une communauté hussite (V. Hus), fondée en Bohême v. 1450, surtout active en Moravie et qui se dispersa en 1620. Des groupes subsistent en Amérique du Nord.

**Moravia** Alberto Pincherle, dit Alberto (Rome, 1907 – id., 1990), romancier italien : *les Indifférents* (1929), *la Belle Romaine* (1947), *le Mépris* (1954), *l'Ennui* (1960), *Moi et Lui* (1971).

Alberto Moravia

**Moravie** (en tchèque *Morava*), composante orientale de la Rép. tchèque ; 26 094 km$^2$ ; 4 017 520 hab. On distingue la *Moravie-Méridionale* (cap. *Brno*) et la *Moravie-Septentrionale* (cap. *Ostrava*). C'est un riche pays de collines, drainé par la Morava : céréales, vigne, élevage bovin et porcin, charbon, lignite. DER **morave** *a, n*
**Histoire** Occupée successivement par les Boïens, les Quades, les Avares (567) et, au VIII$^e$ s., par des Slaves, la Moravie forma au IX$^e$ s. le noyau d'un royaume évangélisé par Cyrille et Méthode puis conquis par les Magyars (908). En 1029 elle fut unie à la Bohême.

**Moray** → **Murray.**

**Moray Firth** vaste baie du N.-E. de l'Écosse, prolongée par le golfe d'Inverness.

**morbide** *a* **1** MED Qui tient de la maladie, qui en est l'effet. *État morbide.* **2** Qui provient d'un dérèglement de l'esprit anormal. *Curiosité, jalousie morbide.* **3** Qui indique un goût délibéré pour ce qui est jugé inquiétant, malsain. *Littérature morbide.* ETY Du lat.

**morbidesse** *nf* **1** PEINT Mollesse et délicatesse dans le rendu des chairs. **2** litt Grâce nonchalante, alanguie.

**morbidité** *nf* **1** MED Caractère morbide. **2** Rapport du nombre des malades au nombre des personnes saines dans une population donnée et pendant un temps déterminé.

**morbier** *nm* Fromage AOC du Jura, au lait de vache, à pâte pressée, présentant en son milieu une raie cendrée.

**Morbihan (golfe du)** (mot breton signif. « petite mer »), golfe presque fermé, à l'E. de la presqu'île de Quiberon.

**Morbihan** dép. franç. (56) ; 6 763 km$^2$ ; 717 826 hab. ; 106,1 hab./km$^2$ ; ch.-l. *Vannes* ; ch.-l. d'arr. *Lorient* et *Pontivy*. V. Bretagne (Rég.). DER **morbihannais, aise** *a, n*

**morbilleux, euse** *a* MED Relatif à la rougeole. ETY Du lat. *morbillus,* « rougeole », prop. « petite maladie ».

**morbleu !** *interj* vx Juron, euphémisme pour *mort de Dieu !*

**morceau** *nm* **1** Partie séparée d'un aliment, d'un corps ou d'une matière solide. *Morceau de pain. Morceau de choix. Morceau de bois. Mettre en morceaux.* **2** Partie non séparée, mais distincte, d'un tout. *Morceau de ciel bleu.* **3** Partie, fragment d'une œuvre d'art, de littérature, etc. *Recueil de morceaux choisis.* **4** MUS Partie distincte d'une œuvre instrumentale, d'un concert ; œuvre courte. *Cette ouverture est un morceau célèbre. Morceau de violon.* **LOC** fam ***Enlever, emporter le morceau :*** parvenir à ses fins, avoir gain de cause. — fam ***Manger, cracher, lâcher le morceau :*** faire des aveux. — fam ***Manger un morceau :*** prendre une collation, se restaurer rapidement. ETY De l'a. fr. *mors,* « morsure ».

**morceler** *vt* ⑰ ou ⑲ Diviser en morceaux, en parties. DER **morcelable** *a* – **morcellement** ou **morcèlement** *nm*

**mordache** *nf* **1** TECH Pièce que l'on adapte aux mâchoires d'un étau pour ne pas endommager l'objet à serrer. **2** Suisse fam Faconde, bagou.

**mordacité** *nf* litt Causticité, mordant.

**mordancer** *vt* ⑫ TECH Imprégner d'un mordant une matière à teindre. DER **mordançage** *nm*

**mordant, ante** *a, nm* **A** *a* **1** Corrosif. *Acide mordant.* **2** fig Caustique dans la critique, la raillerie, etc. *Esprit, pamphlet mordant.* **B** *nm* **1** Agent avec lequel on corrode les surfaces métalliques. *L'eau-forte est le mordant employé en gravure.* **2** Substance dont on imprègne une matière pour qu'elle fixe les colorants. **3** Causticité, caractère incisif ; vivacité. *Le mordant d'une satire.* **4** MUS Ornement bref faisant alterner la note principale et le ton ou demi-ton immédiatement inférieur.

**mordeur, euse** *a* Qui a mordu ou est susceptible de mordre (animal).

**mordicus** *av* fam Avec opiniâtreté, obstinément. *Soutenir mordicus une opinion.* PHO [mɔʀdikys] ETY Mot lat., « en mordant ».

**mordiller** *vt, vi* ① Mordre légèrement et à petits coups. DER **mordillage** ou **mordillement** *nm*

**mordoré, ée** *a, nm* D'un brun chaud, à reflets dorés. ETY De *more* et *doré.*

**mordorer** *vt* ① Donner une couleur mordorée à.

**mordorure** *nf* Couleur mordorée.

**Mordovie (république autonome de)** rép. de Russie, au S. de la boucle de la Volga ; 26 200 km$^2$ ; 964 000 hab. ; cap. *Saransk.* C'est un pays agricole (céréales) et d'élevage, dans une région de steppes et de forêts, habité par les *Mordves,* peuple d'origine finnoise.

**mordre** *v* ⑥ **A** *vt* **1** Saisir, serrer, entamer avec les dents. *Mordre qqn jusqu'au sang.* **2** Piquer, blesser, en parlant d'un insecte, d'un serpent, etc. **3** Entamer, pénétrer en rongeant, en creusant, etc. *Lime qui mord un métal.* **4** Avoir prise, s'engrener. *Foret, engrenage qui mord.* **B** *vti* **1** Prendre avec les dents, avec la bouche. *Poisson qui mord à l'appât* **2** Prendre goût à qqch, réussir. *Un élève qui mord bien au latin.* **C** *vi* **2** Enfoncer les dents ; pénétrer, entamer. *Mordre dans une pomme. Chien qui mord.* **2** Empiéter sur. *Les coureurs ne doivent pas mordre sur la ligne de départ.* **LOC** ***Mordre la poussière :*** être terrassé dans un combat ; subir une défaite. — ***Se mordre les doigts de qqch :*** s'en repentir. ETY Du lat.

**mordu, ue** *a, n* **A** fam *a* Amoureux. **B** *n, a* Passionné. *Un mordu de rugby.*

**Mordves** peuple d'origine finnoise qui vit en Mordovie, ainsi qu'en Ukraine et en Asie centrale. DER **mordve** *a*

**more** → **maure.**

**More** → **Thomas More (saint).**

**Moréas** Jean Papadiamantopoulos, dit Jean (Athènes, 1856 – Paris, 1910), poète français d'origine grecque. Il publia le *Manifeste symboliste* (1886) puis, faisant volte-face, il fonda avec Ch. Maurras l'école romane, enfin revint au classicisme (*Stances*, 1899-1901).

**Moreau** Louis Gabriel, dit Moreau l'Aîné (Paris, 1740 – id., 1806), peintre français : paysages de l'Île-de-France. — **Jean-Michel,** dit Moreau le Jeune (Paris, 1741 – id., 1814), frère du préc., dessinateur, il illustra des livres de Voltaire et de Rousseau.

**Moreau** Jean Victor (Morlaix, 1763 – Laun, auj. Louny, Bohême, 1813), général français. Il commanda l'armée du Nord (1794), vainquit l'archiduc Jean à Hohenlinden (1800), fut compromis avec les royalistes et s'exila aux É.-U. (1804). En 1813, il devint conseiller du tsar Alexandre Ier et fut tué dans un combat contre la France.

**Moreau** Gustave (Paris, 1826 – id., 1898), peintre français ; visionnaire fantastique, précurseur du symbolisme et du surréalisme : *Salomé dansant devant Hérode* (1876).

Gustave Moreau *l'Apparition* (v. 1874-1876) – musée Gustave-Moreau, Paris

**Moreau** Jeanne (Paris, 1928), actrice française : *les Amants* (1958), *la Nuit* (1960), *Jules et Jim* (1962), *La mariée était en noir* (1968), *Querelle* (1982), *À demain* (1992). ▶ illustr. **Antonioni**

**moreau, elle** *a* LOC *Cheval moreau, jument morelle* : à la robe d'un noir luisant ETY Du lat. *maurellus*, « brun comme un Maure ».

**Morée (la)** nom donné au Péloponnèse (à cause de sa forme : *morea*, en gr., signif. « mûre ») par les croisés (4e croisade, 1202-1204), qui en firent une principauté latine, dite de *Morée* ou d'*Achaïe* en 1205. Geoffroi Ier de Villehardouin (v.1209-v.1228) et ses héritiers y instituèrent un régime original. En 1259, Byzance annexa la cap., Mistra, qui fut érigée en despotat et vainquit les Latins en 1430 ; les Turcs s'emparèrent du pays après 1460. La Morée ne revint à la Grèce qu'en 1828.

**Morelia** (anc. *Valladolid*), v. du Mexique central ; 598 000 hab. ; cap. d'État (*Michoacán*).

**morelle** *nf* BOT Plante (solanacée) dont les espèces les plus connues sont la pomme de terre, l'aubergine, la tomate et qui comprend également des espèces sauvages. *La morelle noire est toxique, la douce-amère médicinale.* ETY Du lat. *maurellus*, « brun comme un Maure ».

**Morellet** André (Lyon, 1727 – Paris, 1819), écrivain français : articles sur la religion dans l'*Encyclopédie*. Acad. fr. (1785).

**Morellet** François (Cholet, 1926), artiste français, représentant de l'art cinétique.

**Morelos y Pavón** José María (Valladolid, auj. Morelia, 1765 – San Cristóbal Ecatepec, 1815), patriote mexicain. Curé métis, il dirigea l'insurrection contre les Esp. (1810-1812). Capturé par Iturbide, il fut fusillé.

**Morena (sierra)** chaîne du S. de l'Espagne (alt. max 1 323 m) au N., du Guadalquivir.

**Moreno** Jacob Levy (Bucarest, 1892 – Beacon, État de New York, 1974), psychosociologue américain d'origine roumaine : *Fondements de la sociométrie* (1934), *Psychodrame et sociodrame* (1944-1954).

**Moreno** Roland (Le Caire, 1945 – Paris, 2012), industriel français. Il a déposé, en 1974, le brevet de la « carte à puce ».

**moresque** → **mauresque.**

**Moret-sur-Loing** ch.-l. de cant. de Seine-et-Marne (arr. de Fontainebleau) ; 4 475 hab. – Anc. ville fortifiée. DER **morétain, aine** *a, n*

**Moretti** Marino (Cesenatico, 1885 – id., 1979), poète italien : *le Soleil du samedi* (1916). Romans : *les Époux Allori* (1946), *la Chambre des époux* (1958).

**Moretti** Nanni (Brunico, 1953), acteur et cinéaste italien : *Bianca* (1984), *Journal intime* (1993).

**Morez** ch.-l. de cant. du Jura (arr. de Saint-Claude) sur la Bienne ; 5 374 hab. Lunetterie. Stat. de sports d'hiver. DER **morézien, enne** *a, n*

**morfal, ale** *a, n* fam Se dit d'une personne qui mange beaucoup. PLUR morfals. ETY De l'anc. v. *morfier*.

**morfil** *nm* Petites parties de métal qui adhèrent au tranchant d'une lame fraîchement affûtée. ETY De *mort*, et *fil*.

**morfler** *vi* 1 fam Subir une punition, recevoir des coups.

**morfondre (se)** *vpr* 6 S'ennuyer à attendre. ETY Du provenç.

**Morgagni** Giambattista (Forli, 1682 – Padoue, 1771), anatomiste italien ; fondateur de l'anatomie pathologique.

**Morgan** Lewis Henry (près d'Aurora, État de New York, 1818 – Rochester, 1881), anthropologue américain. Le prem., il a étudié scientifiquement les relations de parenté : *Systèmes de consanguinité et d'affinité de la famille humaine* (1871).

**Morgan** John Pierpont I (Hartford, Connecticut, 1837 – Rome, 1913), financier américain. Il fonda un trust de l'acier. — **John Pierpont II** (Irvington, 1867 – Boca Grande, 1943), fils et successeur du préc.

**Morgan** Thomas Hunt (Lexington, Kentucky, 1866 – Pasadena, 1945), biologiste américain. Étudiant la drosophile (mouche du vinaigre aux chromosomes géants), il détermina, le premier, la position des gènes les uns par rapport aux autres. P. Nobel de médecine 1933.

Thomas Hunt Morgan

**Morgan** Charles Langbridge (Bromley, Kent, 1894 – Londres, 1958), romancier anglais : *Fontaine* (1932), *Sparkenbroke* (1936).

**Morgan** Simone Roussel, dite Michèle (Neuilly-sur-Seine, 1920), actrice française : *le Quai des brumes* (1938), *la Symphonie pastorale* (1946), *les Orgueilleux* (1953). ▶ illustr. **Carné**

**morganatique** *a* DR, HIST Se dit du mariage d'un prince avec une femme de condition inférieure à la sienne, et qui, bien que légitime, exclut épouse et enfants des prérogatives nobiliaires et des droits dynastiques. DER **morganatiquement** *av*

**Morgane (la fée)** personnage fabuleux des romans du cycle breton.

**morganite** *nf* MINER Variété de béryl de couleur rose.

**Morgarten** chaînon et col de la Suisse centrale (cant. de Zoug et de Schwyz). – En 1315, victoire décisive des Suisses des Trois-Cantons sur Léopold Ier de Habsbourg.

**morgeline** *nf* rég Syn. de *mouron des oiseaux*. ETY De l'ital. *morso di gallina*, « morsure de poule ».

**Morgenstern** Oskar (Görlitz, 1902 – Princeton, 1977), économiste américain d'origine autrichienne : théorie des jeux.

**morgon** *nm* Cru du Beaujolais. ETY Du n. pr. d'une commune.

**1 morgue** *nf* litt Attitude hautaine et méprisante. ETY De *morguer*, « dévisager ».

**2 morgue** *nf* **1** Lieu où sont déposés les cadavres non identifiés ou soumis à expertise médico-légale. **2** Salle froide où sont déposés provisoirement les morts, dans un hôpital, une clinique. ETY De *morgue* 1.

**Mori** Ogai Mori Rintaro, dit (Tsuwano, 1862 – Tōkyō, 1922), romancier japonais : *Vita sexualis* (1910), *l'Oie sauvage* (1911), *Comme si* (1912).

**moribond, onde** *a, n* Qui est près de mourir ; agonisant.

**moricaud, aude** *a, n* péjor, raciste Qui a la peau très brune.

**Móricz** Zsigmond (Tiszacsécse, 1879 – Budapest, 1942), romancier hongrois : *l'Or brut* (1911), *Pauvres Gens* (1917).

**Morienval** com. de l'Oise (arr. de Senlis) ; 1 048 hab. – Égl. romane XIe-XIIe s.

**morigéner** *vt* 14 litt Réprimander, tancer. ETY Du lat. *morigeratus*, « complaisant ».

**Mörike** Eduard (Ludwigsburg, 1804 – Stuttgart, 1875), poète et pasteur allemand.

**morille** *nf* Champignon ascomycète comestible, dont le chapeau alvéolé a l'aspect d'une éponge. ETY Du lat. *Maurus*, « Maure », par allus. à la couleur brune. ▶ pl. **champignons**

**morillon** *nm* **1** Canard plongeur huppé noir et blanc, commun en Europe. **2** Émeraude brute.

**Morin (le Grand** et **le Petit)** affluents de la Marne (r. g.). Le *Grand* (112 km) passe à Coulommiers. Le *Petit* (90 km) arrose Montmirail.

**Morin** Paul (Montréal, 1889 – id., 1963), poète québécois : *le Paon d'émail* (1911).

**Morin** Edgar (Paris, 1921), sociologue français : *le Paradigme perdu* (1973), *la Méthode* (4 vol., 1977-1991), *Pour une politique de civilisation* (1997).

**Morins** anc. peuple celtique de la Gaule Belgique, rebelle à César qui finit par le soumettre v. 56-55 av. J.-C.

**morio** *nm* Grand papillon diurne d'Eurasie aux ailes grenat foncé bordées de jaune. ▶ pl. **papillons**

**Morioka** v. du Japon, dans le Nord de Honshū ; 235 470 hab. ; ch.-l. de ken.

**Morisot** Berthe (Bourges, 1841 – Paris, 1895), peintre française, de tendance impressionniste.

**morisque** *n* Musulman d'Espagne converti au catholicisme sous la contrainte, au XVIe s.

**Moritz** Karl Philipp (Hameln, 1756 – Berlin, 1793), écrivain allemand. Il annonce le mouvement du Sturm und Drang : *Anton Reiser* (1785-1790), roman autobiographique.

**Morlaix** ch.-l. d'arr. du Finistère, au fond de l'estuaire du Dossen *(rivière de Morlaix)* ; 15 990 hab. Industries. – Égl. goth. flamboyant. DER **morlaisien, enne** *a, n*

**Morley** Thomas (Norwich, v. 1557 – id., v. 1603), compositeur anglais : « canzonettes » (2 à 6 voix), madrigaux, ballets.

**mormon, one** *n, a* Membre d'un mouvement religieux (« Église de Jésus-Christ des saints des derniers jours ») fondé aux États-Unis vers 1830, et dont la doctrine repose sur l'Ancien Testament mêlé d'emprunts à diverses religions. ETY De *Mormon*, n. d'un prophète mythique. DER **mormonisme** *nm*

**morna** *nf* Genre musical cap-verdien, au rythme lent, d'inspiration mélancolique et nostalgique.

**Mornay** Philippe de dit Duplessis-Mornay (Buhy, Vexin, 1549 – La Forêt-sur-Sèvre, Saintonge, 1623), calviniste français surnommé le Pape des huguenots.

**1 morne** *a* **1** Empreint d'une sombre tristesse. *Un homme, un air morne.* **2** Qui engendre la tristesse ; maussade, terne. *Pays morne. Existence morne.* ETY Du frq.

**2 morne** *nm* Colline arrondie et isolée, dans les Antilles, à la Réunion.

**Morne-à-l'Eau** com. de la Guadeloupe (arr. de Pointe-à-Pitre) ; 17 154 hab. Centre agric. DER **mornalien, enne** *a, n*

**mornifle** *nf* fam, vieilli Coup de la main sur le visage, gifle. ETY De l'anc. v. *mornifler*.

**Morny** Charles (duc de) (Paris, 1811 – id., 1865), homme politique français ; fils naturel de la reine Hortense et du comte de Flahaut, demi-frère de Napoléon III ; il présida le Corps législatif de 1854 à 1856 et de 1858 à sa mort.

**Moro** Antoon Mor Van Dashorst, dit Antonio (Utrecht, v. 1519 – Anvers, 1576), peintre hollandais ; portraitiste de la cour d'Espagne.

**Moro** Aldo (Maglie, Lecce, 1916 – Rome, 1978), homme politique italien. Secrétaire général de la Démocratie chrétienne (1959), président du Conseil (1974-1976), partisan du « compromis historique » avec les communistes, il fut enlevé (1978) par les Brigades rouges qui l'assassinèrent.

**Moroni** cap. des Comores, sur l'île Ngazidja (anc. *Grande-Comore*) ; 60 000 hab. (aggl.). DER **moronais, aise** *a, n*

**Moronobu** Hishikawa (Hota, auj. Chiba, v. 1618 – Edo, auj. Tōkyō, v. 1694), peintre japonais. Il jeta les bases du style de l'ukiyo-e.

**1 morose** *a* **1** Qui est d'humeur chagrine ; triste, maussade. *Air morose.* **2** fig Peu actif, atone, en parlant de l'activité économique ou politique. ETY Du lat. DER **morosité** *nf*

**2 morose** *a* LOC THEOL ***Délectation morose*** : complaisance avec laquelle on pense au péché, sans intention de le commettre. ETY Du lat. *mora*, « retard ».

**Morosini** famille patricienne vénitienne, connue dès le XIe s. Elle compta plusieurs doges, dont **Francesco** (Venise, 1619 – Nauplie, 1694), qui combattit les Turcs à Candie.

**morph(o)-, -morphe, -morphique, -morphisme** Éléments, du gr. *morphê*, « forme ».

**Morphée** dans la myth. gr., dieu des Songes, fils du Sommeil (Hypnos) et de la Nuit.

**morphème** *nm* LING **1** Unité minimale de signification. **2** Monème grammatical, par oppos. à *lexème*. DER **morphématique** *a*

**morphine** *nf* CHIM Principal alcaloïde de l'opium, antalgique puissant mais toxique à fortes doses, et qui entre dans la catégorie des stupéfiants. ETY De *Morphée*, dieu des songes.

**morphing** *nm* Transformation dynamique d'une image sur support numérique par des procédés informatiques. PHO [mɔʀfiŋ] ETY Mot angl.

**morphinique** *a, nm* **A** *a* De la morphine ou du morphinisme. *Intoxication morphinique.* **B** *nm* Médicament à base de morphine.

**morphinisme** *nm* MED Intoxication chronique par la morphine ou par ses sels.

**morphinomanie** *nf* Toxicomanie à la morphine. DER **morphinomane** *a, n*

**-morphique, -morphisme** → **morph(o)-.**

**morphisme** *nm* MATH Application d'un ensemble E dans un ensemble F, E et F étant munis chacun d'une loi de composition interne.

**morpho** *nm* Grand papillon diurne d'Amérique du Sud, aux ailes bleu irisé.

**morphogène** *a* Se dit des facteurs qui interviennent dans la morphogénèse.

**morphogenèse** *nf* BIOL Ensemble des processus qui déterminent la structure des tissus et des organes d'un être vivant au cours de sa croissance ; leur étude.

**morphologie** *nf* **1** Étude de la configuration et de la structure des formes externes et internes des êtres vivants. **2** Forme, conformation ; aspect général. *Morphologie d'un muscle, d'un relief.* **3** LING Étude de la formation des mots et des variations de leur forme. **4** Syn de *géomorphologie*. DER **morphologique** *a* – **morphologiquement** *av*

**morphométrie** *nf* Mesure de critères morphologiques pour classer les êtres vivants. DER **morphométrique** *a*

**morphophonologie** *nf* LING Étude des moyens phonologiques mis en œuvre par la morphologie. VAR **morphonologie** DER **morphophonologique** *a*

**morphopsychologie** *nf* Étude des correspondances entre la psychologie des individus et leur aspect physique, leur morphologie. DER **morphopsychologique** *a*

**morphosyntaxe** *nf* LING Discipline regroupant la morphologie et la syntaxe pour expliquer la formation des énoncés. DER **morphosyntaxique** *a*

**morphotype** *nm* Type d'individu défini par la morphopsychologie.

**morpion** *nm* **1** fam Pou du pubis. **2** fam Enfant, gamin. **3** Jeu qui se joue sur du papier quadrillé et dont l'un des deux joueurs doit tenter de placer en ligne droite cinq de ses marques (croix, points, etc.). ETY De *mordre*, et *pion*, « fantassin ».

**Morrice** James Wilson (Montréal, 1865 – Tunis, 1924), peintre canadien caractérisé par l'exotisme de ses couleurs.

**Morricone** Ennio (Rome, 1928), compositeur italien, auteur de la musique des films de S. Leone.

**Morris** William (Walthamstow, Essex, 1834 – Londres, 1896), écrivain, peintre, décorateur et homme politique anglais ; pionnier du modern style dans son pays à partir de 1861 ; auteur d'une utopie communiste : *Nouvelles de nulle part* (1890).

**Morris** Maurice de Bévère, dit (Courtrai, 1923 – Bruxelles, 2001), dessinateur et scénariste de bandes dessinées : *Lucky Luke* (1947).

**Morris** Robert (Kansas City, 1931), artiste américain ; pionnier de l'art minimal et du land art.

**Morrison** Chloe Anthony Wofford, dite Toni (Lorain, Ohio, 1931), romancière américaine. Elle consacre ses romans au passé et à la condition des Noirs américains : *Beloved* (1987), *Jazz* (1992). P. Nobel 1993.

**Morrison** Jim (Melbourne, 1943 – Paris, 1971), chanteur de rock américain, au sein du groupe The Doors. Ce contestataire illuminé, à la fin tragique, est devenu un mythe.

**mors** *nm* **1** Pièce métallique que l'on place dans la bouche d'un cheval, et qui permet de le diriger. **2** TECH Partie de la mâchoire d'un étau, d'une pince, qui serre l'objet à travailler. LOC ***Prendre le mors aux dents*** : s'emballer (cheval) ; fig se laisser emporter par la passion, la colère ; entreprendre une tâche avec une ardeur inaccoutumée. PHO [mɔʀ] ETY De *mordre*.

**Morsang-sur-Orge** ch.-l. de cant. de l'Essonne (arr. d'Évry) ; 19 335 hab. Cité résidentielle. DER **morsaintois, oise** *a, n*

**1 morse** *nm* Grand mammifère marin des régions arctiques, long de 3 à 4 m, pouvant peser jusqu'à une tonne, aux canines supérieures développées en défenses. ETY Du russe *morj*, du lapon.

**morse**

**2 morse** *nm* TELECOM Code inventé par S. Morse, dont chaque signe est constitué de points correspondant à des impulsions brèves et de traits correspondant à des impulsions longues. Le code morse a été abandonné en 1999 au profit du GPS.

**Morse** Samuel Finley Breese (Charlestown, Massachusetts, 1791 – New York, 1872), peintre et physicien américain ; inventeur du télégraphe électrique qui utilisait le code portant son nom.

**morsure** *nf* **1** Action de mordre ; marque ou plaie qui en résulte. **2** fig Attaque vive, douloureuse. *Les morsures du froid.* **3** Action d'une substance corrosive. *Morsure d'un acide.*

**Morsztyn** Jan Andrzej (près de Cracovie, v. 1613 – Châteauvillain, 1693), poète polonais : *la Canicule* (1647), *le Luth* (1661).

**1 mort** *nf* **1** Fin de la vie, cessation définitive de toutes les fonctions vitales. **2** BIOL Cessation définitive des fonctions biologiques. *Mort d'une cellule.* **3** Ensemble des circonstances, des causes de la fin de la vie ; manière de mourir. *Mourir de mort naturelle, violente.* **4** fig Vive souffrance physique ou morale ; désarroi, désespoir. *Avoir la mort dans l'âme.* **5** Extinction, fin, disparition de qqch. *C'est la mort de toutes nos espérances.* **6** Personnification de la mort, souvent représentée sous l'aspect d'un squelette armé d'une faux. LOC ***À la vie, à la mort*** : pour toujours. — ***À mort*** : en entraînant la mort ; fam beaucoup, très fort, à fond. *Être frappé à mort. Serrer un écrou à mort.* — ***À mort ! Mort à... !*** : cris par lesquels on réclame la mort de qqn ou par lesquels on proclame son hostilité à qqn, à qqch. — ***Être à la mort, à l'article de la mort*** : sur le point de mourir. — DR anc ***Mort civile*** : condamnation produisant les mêmes effets juridiques que la mort physique effective, supprimée en 1854. — ***Mort subite ou inexpliquée du nourrisson*** : mort d'un bébé apparemment en bonne santé, généralement pendant son sommeil, syndrome d'étiologie inconnue. — ***Se donner la mort*** : se tuer, se suicider. ETY Du lat.

**2 mort, morte** *a, n* **A** Qui a cessé de vivre. *Il est mort vieux. Bois mort. L'incendie a fait deux morts.* **B** *a* **1** Qui semble privé de vie, qui semble être dans un état voisin de la mort. *Ivre mort.* **2** Sans apparence de vie, sans activité. *Ville morte.* **C** *n* Corps d'une personne morte, cadavre. *Enterrer un mort.* **D** *nm* JEU Au bridge, celui des quatre joueurs qui étale ses cartes ; le jeu, étalé, de ce joueur. **LOC** ***Angle mort*** : partie du champ de vision qui se trouve masquée par un obstacle. — ***Eau morte*** : stagnante. — ***Être mort de peur, plus mort que vif*** : saisi d'une frayeur paralysante. — ***Faire le mort*** : feindre l'immobilité d'un mort ; fig s'abstenir de toute réaction, ne pas se manifester — fam ***La place du mort*** : à côté du conducteur, dans une automobile. — ***Point mort*** : point où un organe mécanique ne reçoit plus d'impulsion motrice ; position du levier de vitesses d'un véhicule automobile dans laquelle aucun pignon n'est enclenché ; niveau minimal de production d'une entreprise assurant l'équilibre des comptes ; fig état d'un processus qui cesse d'évoluer. — ***Temps mort*** : durée d'un arrêt de jeu ; fig temps de diminution ou de cessation de l'activité, de l'intérêt, etc.

**Mort (Vallée de la)** (en angl. *Death Valley*), profond et aride fossé d'effondrement de Californie, près de la frontière du Nevada.

**Mort à crédit** roman de Céline (1936).

**mortadelle** *nf* Gros saucisson d'Italie, fait avec du bœuf et du porc. ETY De l'ital.

**Mortagne-au-Perche** ch.-l. d'arr. de l'Orne ; 4 422 hab. – Égl. (goth. flamboyant). DER **mortagnais, aise** *a, n*

**Mortain** ch.-l. de cant. de la Manche (arr. d'Avranches), 1 983 hab. – Égl. St-Évroult (XIII^e^ s.). – Durs combats en août 1944. DER **mortainais, aise** *a, n*

**mortaise** *nf* TECH **1** Cavité pratiquée dans une pièce pour recevoir le tenon d'une autre pièce. **2** Ouverture de la gâche d'une serrure, où s'engage le pêne. DER **mortaisage** *nm* – **mortaiser** *vt* ①

**mortaiseuse** *nf* TECH Machine-outil servant à faire des mortaises.

**mortalité** *nf* **1** Ensemble des morts survenues pour une même raison. *Mortalité du bétail.* **2** Rapport entre le nombre des décès et le nombre des individus d'une population, pour un temps et en un lieu donnés. *Mortalité infantile.*

**Mort Arthur (la)** roman anonyme français (v. 1230). Les données sont reprises dans *le Morte d'Arthur* en prose (1469 ), de l'Anglais Thomas Malory (1408 – 1471). VAR **la Mort Artu**

**mort-aux-rats** *nf inv* Poison à base d'arsenic destiné à la destruction des rongeurs.

**Mort aux trousses (la)** film d'Alfred Hitchcock (1959), avec Cary Grant, Eva Marie Saint, James Mason.

**Mort à Venise (la)** nouvelle de Thomas Mann (1913). ▷ CINE *Mort à Venise* : film de Visconti (1971), avec Dirk Bogarde.

**mort-bois** *nm* SYLVIC Menu bois sans valeur ou sans usage (broussailles, ronces, etc.). PLUR morts-bois.

**Mort dans l'après-midi** essai sur la tauromachie d'Hemingway (1932).

**Mort de Danton (la)** drame en 3 actes de Büchner (1835).

**Mort d'Empédocle (la)** tragédie (inachevée, 1798-1799) de Hölderlin.

**Mort de Sardanapale (la)** peinture de Delacroix (1828, Louvre).

**Mort d'un commis voyageur** drame d'Arthur Miller (1949). ▷ CINE Films de : Laslo Benedek, en 1951, avec F. March ; Volker Schlöndorff (1985), avec D. Hoffman.

**Morte (mer)** lac aux confins d'Israël et de la Jordanie, alimenté par le Jourdain, à 393 m au-dessous du niveau de la mer ; 1 015 km² ; longueur : 85 km ; largeur moyenne : 17 km. Les eaux sont sursaturées de sels minéraux (26 %).

**Morte (manuscrits de la mer)** manuscrits (datant du II^e^ s. av. J.-C. à la fin du I^er^ s. de notre ère) découverts entre 1946 et 1956 dans les grottes de falaises voisines de la mer Morte, à Qirbet Qumran (Jordanie). On les attribue à la secte juive des esséniens. Les écrits bibliques (un quart) et non bibliques (trois quarts), en hébreu et en araméen, dessinent le contexte historique dans lequel est né le christianisme.

**Morteau** ch.-l. de cant. du Doubs (arr. de Pontarlier), sur le haut Doubs ; 6 905 hab. Horlogerie. Industr. alimentaire (saucisses réputées). DER **mortuacien, enne** *a, n*

**morte-eau** *nf* **LOC** ***Marée de morte-eau*** : marée d'amplitude relativement faible, qui se produit lorsque le Soleil et la Lune sont en quadrature.

**mortel, elle** *a, n* **A** *a* **1** Sujet à la mort. *Tous les hommes sont mortels.* **2** Qui cause ou qui peut causer la mort. *Danger mortel.* **3** Insupportable, très pesant ennuyeux. *Attente mortelle. Il est mortel, avec ses sermons.* **4** fam Intensif marquant l'admiration. *Dans ce rôle, elle est mortelle.* **B** *n* Être mortel. **LOC** ***Ennemi mortel*** : implacable. — ***Le commun des mortels*** : les hommes en général. — RELIG CATHOL ***Péché mortel*** : qui donne la mort à l'âme en lui ôtant la grâce sanctifiante.

**mortellement** *av* **1** À mort. *Blesser mortellement.* **2** fig Extrêmement. *Être mortellement inquiet.*

**Mortemart** branche de la famille de Rochechouart dont est issue Mme de Montespan.

**morte-saison** *nf* Période de l'année pendant laquelle l'activité économique diminue. PLUR mortes-saisons.

**Mort-Homme** hauteurs sur la rive gauche de la Meuse, au N. de Verdun. – Combats meurtriers en 1916-1917.

**mortier** *nm* **1** Mélange de ciment ou de chaux, de sable et d'eau, utilisé en construction comme matériau de liaison. **2** Récipient en matière résistante utilisé pour broyer, au moyen d'un pilon. **3** Pièce d'artillerie à canon court et à tir courbe, pour les objectifs rapprochés et masqués. **4** mod Toque portée par certains magistrats. ETY Du lat.

**Mortier** Édouard Adolphe Casimir Joseph (Le Cateau-Cambrésis, 1768 – Paris, 1835), maréchal de France. Il se distingua sous l'Empire et fut fait duc de Trévise (1807). Président du Conseil et ministre de la Guerre (1834-1835), il fut tué lors de l'attentat de Fieschi.

**mortifère** *a* **1** Qui cause la mort. **2** plaisant D'un ennui extrême.

**mortifier** *vt* ② **1** RELIG S'infliger une souffrance physique, une privation pour se préserver ou se purifier de tentations, de péchés. **2** fig Blesser moralement, humilier. *Ce refus l'a mortifié.* **3** MED Nécroser. **4** CUIS Faisander. ETY Du lat. *mortificare*, « faire mourir, abaisser ». DER **mortifiant, ante** *a* – **mortification** *nf*

**Mortillet** Gabriel de (Meylan, Isère, 1821 – Saint-Germain-en-Laye, 1898), archéologue et préhistorien français ; *le Préhistorique : antiquité de l'homme* (1882).

**Mortimer de Wigmore** Roger (comte de La Marche) (?, 1287 – Londres, 1330), gentilhomme gallois. Amant de la reine Isabelle, il dirigea la révolte de 1326 contre Édouard II, le fit assassiner et exerça le pouvoir. En 1330 Édouard III le fit condamner à mort.

**mortinatalité** *nf* Nombre des mort-nés au sein d'une population pour une période donnée. *Taux de mortinatalité.*

**mort-né, -née** *a, n* **A** Mort à sa mise au monde. **B** *a* fig Qui ne voit pas le jour, qui ne connait même pas un début de réalisation. *Projet mort-né.* PLUR mort-nés, mort-nées.

**Morton** Ferdinand Joseph La Menthe, dit Jelly Roll (Gulfport, Louisiane, 1885 – Los Angeles, 1941), pianiste, compositeur et chef d'orchestre de jazz américain.

**mortuaire** *a* Relatif à un mort, à une cérémonie funèbre. *Couronne mortuaire.* **LOC** ***Extrait mortuaire*** : copie d'un acte du registre mortuaire. — ***Registre mortuaire*** : où sont inscrits les noms des personnes décédées, dans une localité.

**mort-vivant** *nm* Dans la littérature fantastique, revenant, zombie. PLUR morts-vivants.

**morue** *nf* **1** Poisson (gadidé) des régions froides de l'Atlantique Nord, long d'un à deux mètres. *Huile de foie de morue.* **2** vulg Prostituée. **LOC** ***Morue fraîche*** : cabillaud. — ***Queue de morue*** : pans longs et étroits du frac.

morue

**morula** *nf* EMBRYOL Petite sphère pleine, ayant l'aspect d'une mûre, constituée par les cellules provenant de la division de l'œuf. ETY Du lat. *morum*, « mûre ».

**Morus** → **Thomas More.**

**morutier, ère** *a, nm* **A** *a* Relatif à la morue. *Pêche morutière.* **B** *nm* Pêcheur ou bateau qui fait la pêche à la morue.

**Morvan** massif granitique de France (902 m au signal du Bois-du-Roi), bordure N.-E. du Massif central. Région couverte de forêts et de prairies. Élevage. Tourisme. DER **morvandiau** ou **morvandeau, elle** *a, n*

**morvandiau** *nm* Dialecte de langue d'oïl parlé dans le Morvan.

**morve** *nf* **1** Sécrétion visqueuse des muqueuses nasales s'écoulant par le nez. **2** MED VET Maladie contagieuse des équidés, transmissible à l'homme. ETY Var. mérid. de *gourme*.

**morveux, euse** *a, n* **A** *a* **1** Qui a la morve au nez. **2** MED VET Atteint de la morve. **B** *n* fam **1** Jeune enfant. **2** Jeune prétentieux. **LOC** fam ***Se sentir morveux*** : confus pour une erreur commise.

**Morzine** com. de la Haute-Savoie (arr. de Thonon-les-Bains) ; 3 023 hab. Stat. de sports d'hiver. DER **morzinois, oise** *a, n*

**mosaïculture** *nf* Méthode de culture des plates-bandes consistant à obtenir des dessins en groupant des plantes de différentes couleurs.

**1 mosaïque** *nf* **1** Pavage ou revêtement mural composé de petites pièces en pierre, en verre, en émail, etc. de différentes couleurs, assemblées et jointoyées ; art de composer de tels ouvrages. **2** fig Juxtaposition d'éléments nombreux et divers. *Mosaïque d'États.* **3** BOT Maladie virale de certaines plantes caractérisée par des taches vert clair ou jaunes. ETY De l'ital.

▶ illustr. p. 1072

*Orphée charmant les oiseaux,* **mosaïque** de Blanzy, IVe s. – Laon, musée des Beaux-Arts

**2 mosaïque** → **Moïse et mosaïsme.**

**mosaïqué, ée** *a* Orné d'une mosaïque ou d'un dessin y ressemblant.

**mosaïquer** *vt* ① Recouvrir la photo d'un visage d'un réseau de lignes pour qu'il ne soit pas identifiable. DER **mosaïquage** *nm*

**mosaïsme** *nm* RELIG Ensemble des institutions que le peuple d'Israël reçut de Moïse. DER **mosaïque** *a*

**mosaïste** *n* Artiste ou artisan qui compose des mosaïques.

**mosan, ane** *a* LOC *Art mosan* : art roman particulier à la région entre Meuse et Rhin.

**Moscou** (en russe *Moskva*), cap. de la Russie, sur la Moskova, au centre de la grande plaine russe ; 12,2 millions d'hab. (15 millions, aggl.). Import. port fluvial. Grand centre industriel, financier et comm. – Universités. Le Kremlin est bordé à l'E. par la place Rouge (où se dresse le mausolée de Lénine). Égl. Basile-le-Bienheureux (XVIe s.), St-Nicolas-des-Tisserands (XVIIe s.), monastère Novodevitchi (XVIe-XVIIIe s.), etc. Grand Théâtre (*Bolchoï Teatr*, 1824, reconstruit en 1856 apr. un incendie) ; Petit Théâtre (*Malyi Teatr*). Musée d'art Pouchkine ; galerie Tretiakov ; musée des Arts orientaux. Conservatoire Tchaïkovski. Bibl. nationale. Métro (1935). Siège des JO de 1980. DER **moscovite** *a, n*
**Histoire** Centre de la principauté de Moscou (XIIIe s.), la ville devint la cap. religieuse du pays en 1326 et prospéra sous Ivan III (XVe s.). Elle fut cap. polit. jusqu'en 1712 et à partir de 1918. Prise par Napoléon Ier, puis à demi détruite par un incendie (1812), elle résista victorieusement aux Allemands en 1941.

**Moscovie** anc. nom porté par l'État russe (XVe-XVIIe s.), qui s'est constitué autour de la grande principauté de Moscou.

**Moseley** Henry Gwyn Jeffreys (Weymouth, 1887 – Gallipoli, 1915), physicien anglais. Il classa les éléments en fonction de la fréquence des rayons X qu'ils émettaient.

**Moselle (la)** riv. de France, du Luxembourg et de l'Allemagne (550 km), affl. du Rhin (r. g.) ; née dans les Vosges, elle passe à Épinal, Metz, constitue la frontière entre le Luxembourg et l'Allemagne, où elle traverse le Massif schisteux rhénan, et rejoint le Rhin à Coblence.

**Moselle** dép. franç. (57) ; 6 214 km$^2$ ; 1 047 000 hab. ; 168,5 hab./km$^2$ ; ch.-l. *Metz* ; ch.-l. d'arr. *Boulay-Moselle, Forbach, Sarrebourg, Sarreguemines* et *Thionville*. V. Lorraine (anc. Rég.). DER **mosellan, ane** *a, n*

**Moser** Koloman, dit Kolo (Vienne, 1868 - id. 1918), peintre et designer autrichien, fondateur avec Klimt de la Sécession de Vienne.

**Moses** Anna Mary Robertson, Mme Thomas Moses, dite Grandma (Greenwich Village, New York, 1860 – Hoosick Falls, id., 1961), peintre américaine naïve. Paysanne, elle peignit après avoir élevé ses dix enfants.

**Moscou** église de Basile-le-Bienheureux, XVIe s.

**Moskova (la)** (en russe *Moskva*), riv. de Russie (508 km), affl. de l'Oka (r. dr.) ; elle donne son nom à Moscou, qu'elle traverse. – La *bataille de la Moskova* (qui eut lieu, en fait, à Borodino) vit la victoire de Napoléon sur Koutouzov (7 sept. 1812).

**mosquée** *nf* Édifice réservé au culte musulman. ETY De l'ar.

ENC Une grande mosquée comprend traditionnellement une vaste cour à ciel ouvert et une salle de prière couverte. Le mur de *qibla*, le long duquel les fidèles s'alignent pour prier, est désigné par une niche (le *mihrab*), qui indique la direction de La Mecque. À côté se trouve une chaire (le *minbar*). La mosquée, surmontée d'une ou de plusieurs coupoles, est flanquée d'un minaret, du haut duquel, cinq fois par jour, le muezzin convie les fidèles à la prière.

**Mosquitos** Amérindiens établis sur la côte de la mer des Antilles, au Nicaragua et au Honduras. VAR **Miskitos** DER **mosquito** ou **miskito** *a*

**Mossad** service de renseignements israélien, crée en 1951.

**Mossadegh** Muhammad Hidāyāt, dit (Téhéran, 1881 – id., 1967), homme politique iranien. Ministre sous les Qādjārs, puis après le coup d'État (1921) de Rīza Pahlavi, il se brouilla avec ce dernier, qui le brima. Il revint à la vie polit. en 1944. En 1949, il créa le Front national. Premier ministre (1951-1953), il nationalisa le pétrole (brit.) ; un coup d'État rétablit le pouvoir du schah et il fut condamné à mort, gracié, puis libéré (1956). VAR **Musaddaq**

**Mössbauer** Rudolf (Munich, 1929 – Munich-Grünwald, 2011), physicien nucléaire allemand. P. Nobel 1961 avec R. Hofstadter. ▷ PHYS NUCL *Effet Mössbauer* : émission (ou absorption) d'un rayonnement gamma par les noyaux d'un échantillon cristallin qui s'effectue sans recul des noyaux (liés dans la structure du cristal).

**Mossis** peuple du Burkina Faso, dont il constitue la princ. ethnie. Ils quittent leur territoire surpeuplé pour émigrer en Côte d'Ivoire et au Ghana. Du XIIe au XVIe s. ils formèrent un grand royaume. – Leur art (masques à échafaudages, de structure géométrique) s'apparente à celui des Dogons. DER **mossi, ie** *a*

**Mossoul** v. d'Irak, port sur le Tigre, dans une rég. pétrolifère ; 1,7 million d'hab. ; ch.-l. de prov. Grand centre commercial et industriel. – Fondée après la destruction de Ninive (VIIe s.

**MOTEUR À COMBUSTION INTERNE – CYCLE 4 TEMPS**

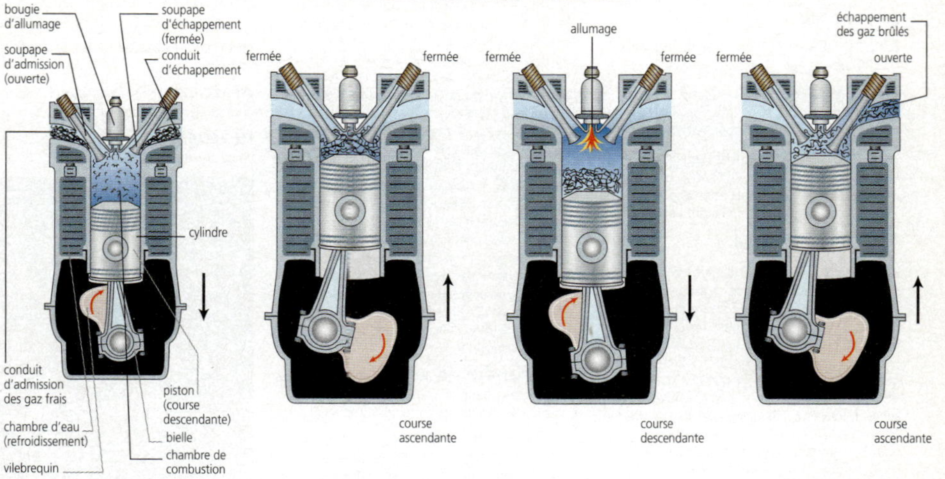


1° ADMISSION 2° COMPRESSION 3° DÉTENTE 4° ÉCHAPPEMENT

**MOTEUR À COMBUSTION INTERNE – CYCLE 2 TEMPS**

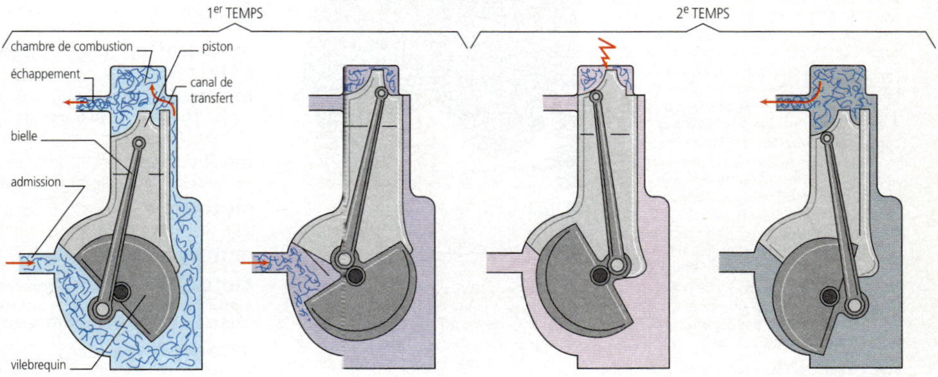


BALAYAGE COMPRESSION COMBUSTION ÉCHAPPEMENT

**MOTEUR ASYNCHRONE MONOPHASÉ À SPIRES**

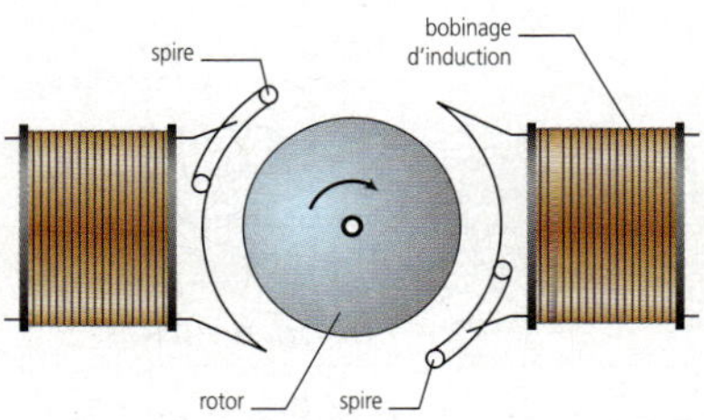


chaque spire crée un champ magnétique opposé à celui de l'autre spire ; le rotor (auquel on a imprimé une vitesse initiale) est repoussé de l'un vers l'autre champ

**PRINCIPE DU MOTEUR À RÉACTION (V. réacteur)**

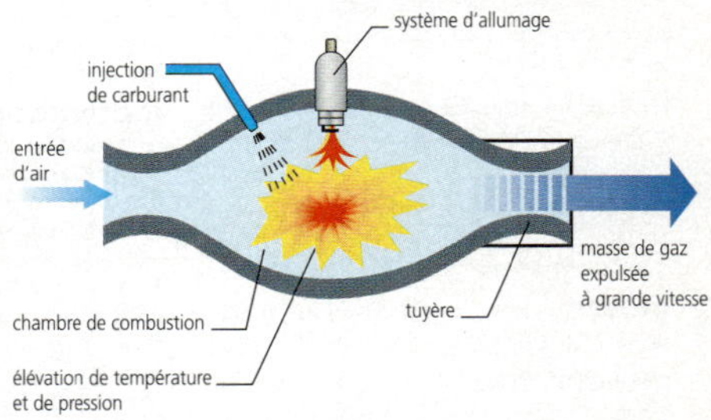


l'élévation de la température des gaz dans la chambre de combustion augmente la pression ; la géométrie des tuyères d'éjection provoque la détente des gaz, transforme la pression en vitesse

av. J.-C.), la ville fut conquise par les Arabes en 641. Elle est sous le contrôle de Daech dep. 2014. VAR **Mosul**

**Most** ville de la Rép. tchèque (Bohême) ; 67 300 hab. Lignite. Industrie lourde.

**Mostaganem** v. d'Algérie, port sur le golfe d'Arzew ; 116 570 hab. ; ch.-l. de la wil. du m. nom. VAR **Mustaghanim**

**Mostar** v. de Bosnie-Herzégovine ; cap. de l'Herzégovine occid. ; 65 300 hab. Textile. Manuf. de tabac. – Les Croates ont assiégé la v. en 1993 et des vestiges ottomans ont été détruits.

**Mosul** → **Mossoul.**

**mot** *nm* **1** Son, groupe de sons d'une langue auquel est associé un sens, et qui est considéré comme formant une unité autonome ; notation graphique d'un tel son ou groupe de sons. *Épeler un mot.* **2** Bref énoncé, courte phrase. *Dire un mot à qqn. J'ai deux mots à vous dire.* **3** Parole remarquable ou mémorable ; sentence. *Mot d'auteur, d'enfant. Avoir le mot pour rire.* **4** Courte missive, billet. *Envoyer un mot à qqn.* **LOC** ***Au bas mot*** : en évaluant au plus bas. — ***Avoir des mots avec qqn*** : se quereller avec lui. — ***Avoir son mot à dire*** : être fondé à donner son avis, ou en avoir le droit. — ***Ce sont des mots, ce ne sont que des mots*** : des paroles creuses, qui ne veulent rien dire. — ***Chercher ses mots*** : parler avec difficulté, en hésitant. — ***En un mot*** : en bref, pour résumer. — ***Grands mots*** : mots trop solennels, qui dénotent l'emphase. — ***Gros mot*** : mot grossier. — ***Jeu de mots*** : équivoque plaisante jouant sur les ressemblances de mots, calembour. — ***Le fin mot*** : celui qui vient en dernier, et qui permet de comprendre le reste. — ***Le mot de Cambronne*** : euphémisme pour *merde.* — ***Le mot de la fin*** : l'expression qui conclut heureusement un discours, un entretien. — ***Maître mot*** : mot qui résume la pensée de qqn. — ***Mot à mot*** : un mot après l'autre ; littéralement. *Traduire mot à mot.* — ***Mot de passe*** : mot par lequel on se fait reconnaître, pour passer librement. — ***Mot d'ordre*** : consigne d'action, résolution commune à un groupe. — LING ***Mot-outil*** : dont la fonction est purement grammaticale — ***Mot pour mot*** : textuellement, sans changer un seul mot. — ***Prendre qqn au mot*** : le considérer comme engagé par ce qu'il vient de dire. — ***Se donner le mot*** : se mettre d'accord, convenir par avance de qqch. — ***Toucher un mot à qqn de qqch*** : lui en parler, le porter à sa connaissance. ETY Du lat.

**motard, arde** *n* **A** Personne qui conduit une moto. **B** *nm* Motocycliste de la police, de la gendarmerie.

**mot-clé** *nm* **1** Mot servant à indexer un article dans un fichier. **2** fig Mot qui résout un problème ou en donne l'explication. PLUR mots-clés.

**mot-clic** *nm* INFORM Mot-clé précédé du signe # sur lequel on clique, servant à indexer les messages d'un microblog. SYN (déconseillé) hashtag. PLUR mots-clics.

**motel** *nm* Hôtel aménagé au bord des grands itinéraires routiers pour les automobilistes. ETY Mot anglo-amér.

**motelle** *nf* Poisson (gadidé) de l'Atlantique et de la Méditerranée, pourvu de barbillons sur le museau. SYN loche de mer. ETY Du provenç.

**motet** *nm* MUS Chant d'église à une ou plusieurs voix. ETY De *mot.*

**moteur, trice** *nm, a* **A** *nm* **1** Personne qui dirige, inspire ou anime. *Le moteur d'une politique.* **2** Cause, motif. *Le moteur de la croissance économique.* **3** Appareil conçu pour la transformation d'une énergie quelconque en énergie mécanique. **B** *a* **1** Qui produit ou communique le mouvement. *Force, roue motrice.* **2** Relatif aux organes du mouvement. *Troubles moteurs.* **LOC** INFORM ***Moteur de recherche*** : logiciel qui permet d'identifier et d'exploiter sur Internet des informations définies par thèmes, mots-clés, etc. ETY Du lat.

ENC Le *moteur à vapeur* utilise l'énergie de la vapeur qui, produite dans un générateur, alimente une machine à piston (anciennes locomotives à vapeur) ou une turbine (centrales électriques, propulsion des navires à vapeur). Dans le *moteur à combustion interne* appelé, à tort, *moteur à explosion,* l'énergie est fournie par la combustion et la détente d'un gaz. Le *moteur hydraulique* transforme l'énergie hydraulique (chute d'eau, huile sous pression) en énergie mécanique. Le *moteur électrique* transforme l'énergie électrique en énergie mécanique. Le *moteur à réaction* tire sa force motrice de l'éjection d'un fluide (le plus souvent les gaz résultant d'une combustion). Le moteur-fusée comprend une chambre de combustion et une tuyère qui assure l'éjection à grande vitesse des gaz résultant de la combustion des propergols. Le *moteur à plasma* est constitué d'un générateur de plasma (hydrogène, vapeur de lithium) et d'un dispositif qui accélère le jet de plasma. Le *moteur ionique* tire son énergie motrice de l'éjection d'un faisceau d'ions accélérés par un puissant champ électrique. ▶ pl. p. 1073

**moteur-fusée** *nm* Propulseur à réaction fonctionnant sans recourir à l'oxygène de l'air comme comburant. PLUR moteurs-fusées.

**Motherwell** Robert (Aberdeen, Washington, 1915 – Provincetown, Massachusetts, 1991), peintre américain rattaché à l'abstraction lyrique (grands formats, préférence pour le noir et blanc) : *Élégies pour la République espagnole* (plus de 80 toiles, 1961).

**Robert Motherwell** *Elegy to the Spanish Republic n° 132* (1975-1985), acrylique sur toile – galerie Arcurial, Paris

**motif** *nm* **1** Raison qui détermine ou explique un acte, une conduite. *Les motifs d'un refus.* **2** PEINT Sujet d'un tableau. **3** Dessin, ornement répété. **4** MUS Partie délimitée d'une ligne mélodique. **5** DR Exposé des raisons de droit et de fait qui justifient un jugement. **LOC** PEINT ***Travailler sur le motif*** : d'après nature. ETY Du lat. *motivus,* « mobile ».

**motilité** *nf* didac Faculté de se mouvoir. *Motilité musculaire.*

**motion** *nf* Proposition faite dans une assemblée délibérante par un ou plusieurs de ses membres. *Rejeter une motion.* **LOC** ***Motion de censure*** : motion proposée au vote de l'Assemblée nationale pour mettre en cause l'action du gouvernement. ETY Mot angl.

**motivation** *nf* **1** Ensemble des motifs qui expliquent ou justifient un acte. **2** Fait d'être stimulé dans son action, sa profession par l'attente d'un bénéfice ou d'une récompense. **3** PSYCHO Ensemble des facteurs conscients ou inconscients qui déterminent un acte, une conduite. **4** ECON Ensemble des facteurs déterminant le comportement d'un individu en tant qu'agent économique, en tant que consommateur. *Étude de motivation.* **5** LING Relation de ressemblance ressentie entre le signifiant et le signifié. DER **motivationnel, elle** *a*

**motiver** *vt* ① **1** Expliquer, justifier par des motifs. *Motiver un arrêt, un choix.* **2** Servir de motif à, être le motif de. *Nécessité qui motive une démarche.* **3** Fournir une motivation à qqn, déterminer ses actes, sa conduite. *C'est surtout l'intérêt financier qui le motive.* DER **motivant, ante** *a*

**moto-** Élément, tiré de *moteur.*

**moto** *nf* Motocycle équipé d'un moteur d'une cylindrée supérieure à 125 cm³.

**motoball** *nm* Football pratiqué sur des motos. PHO [motobol]

**motobineuse** *nf* TECH Machine à biner à moteur.

**motociste** *nm* Spécialiste de la vente et de la réparation des motocycles.

**motocross** *nm* Course de motos sur parcours naturel fortement accidenté.

**motocross**

**motocrotte** *nf* fam Caninette. VAR **moto-crottes**

**motoculteur** *nm* Appareil automoteur conduit à la main, pour les petits travaux agricoles, la viticulture.

**motoculture** *nf* Utilisation dans l'agriculture de machines équipées de moteurs.

**motocycle** *nm* ADMIN Tout engin à deux roues équipé d'un moteur.

**motocyclette** *nf* vieilli Moto.

**motocyclisme** *nm* **1** Pratique de la moto. **2** Ensemble des activités sportives pratiquées sur moto et sur side-car. DER **motocycliste** *a, n*

**motomarine** *nf* Véhicule à moteur glissant sur des skis à la surface de l'eau. SYN scooter des mers.

**motonautisme** *nm* Pratique sportive de la navigation sur de petits bateaux à moteur. DER **motonautique** *a*

**motoneige** *nf* Petit véhicule sur chenilles, muni d'un guidon et de skis à l'avant, dont on se sert pour se déplacer sur la neige. SYN motoski, scooter des neiges.

**motoneigisme** *nm* Canada Pratique de la motoneige. DER **motoneigiste** *n*

**motoneurone** *nm* Neurone moteur, intermédiaire entre la moelle épinière et le muscle.

**motopompe** *nf* **1** Pompe entraînée par un moteur. **2** Véhicule automobile équipé d'une motopompe, contre les incendies.

**motopropulseur** *am* Se dit de l'ensemble assurant le déplacement d'un véhicule.

**motorisation** *nf* **1** Action de motoriser. **2** Équipement d'une automobile avec un certain type de moteur. *Modèle disponible en trois motorisations.*

**motoriser** *vt* ① **1** Doter d'un moteur. **2** Doter de véhicules, de machines automobiles. *Motoriser l'agriculture.* **LOC** fam ***Être motorisé*** : avoir à sa disposition un véhicule à moteur.

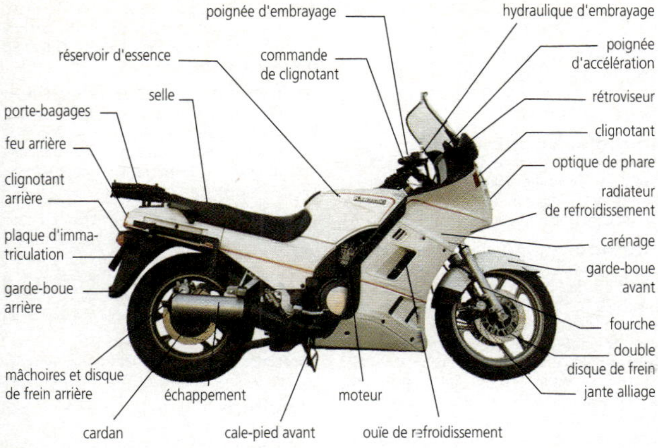


**motocyclette** Kawasaki 1000 GTR, type routière

**motoriste** *nm* TECH **1** Mécanicien spécialisé dans l'entretien et la réparation des automobiles et des moteurs. **2** Constructeur de moteurs, d'avions en partic.

**motorship** *nm* MAR Navire de commerce à moteur Diesel. (PHO) [motɔʀʃip] (ETY) Mot angl.

**motoski** *nf* Syn. de *motoneige*.

**mototaxi** *nm* Moto ou gros scooter faisant office de taxi. *Des mototaxis qui se rient des embouteillages.*

**motrice** *nf* CH DE F Voiture munie d'un moteur tractant des rames, des convois. *Motrice d'un autorail.* (ETY) Abrév. de *locomotrice*.

**motricité** *nf* PHYSIOL Ensemble des fonctions permettant le mouvement.

**Mots (les)** récit autobiographique de Sartre (1964).

**mots-croisés** *nmpl* Jeu qui consiste à trouver, d'après leur définition, des mots se croisant à angle droit sur une grille qui peut être lue horizontalement et verticalement. (VAR) **mots croisés**

**mots-croisiste** *n* Cruciverbiste.

**Mots et les Choses (les), Une archéologie des sciences humaines** ouvrage de M. Foucault (1966).

**Mott** Lucretia (Nantucket, 1793 – en Pennsylvanie, 1880), féministe américaine ; organisatrice, avec E. Stanton, du prem. congrès sur les droits de la femme (1848).

**motte** *nf* **1** Petite masse de terre compacte. *Briser à la herse les mottes d'un champ.* **2** Masse de beurre pour la vente au détail. (ETY) Du préroman.

**motter (se)** *vpr* ① CHASSE En parlant d'un animal, se cacher derrière les mottes de terre.

**motteux** *nm* Oiseau passériforme (turdidé), traquet à croupion blanc, dit aussi *cul-blanc*.

**motus !** *interj* Invite qqn à garder le silence. *Motus et bouche cousue !* (PHO) [motys] (ETY) Latinisation de *mot*.

**mot-valise** *nm* Mot formé d'éléments d'autres mots (ex. : *franglais* formé à partir de *français* et *anglais*). PLUR mots-valises.

**1 mou, mol, molle** *a, n, av* (La forme *mol* s'emploie devant un mot masculin commençant par une voyelle ou un *h* muet.) **A a 1** Qui cède facilement au toucher, qui s'enfonce à la pression. ANT dur, ferme. *Oreiller mou.* **2** Qui plie facilement, qui manque de rigidité. *Chapeau mou.* **B** *a, n* Qui manque d'énergie, de résolution, de vigueur morale. **C** *av* fam Doucement. *Y aller mou.* LOC fam ***Donner, lâcher du mou*** : détendre un cordage ; fig relâcher la tension, faire des concessions. (ETY) Du lat.

**2 mou** *nm* Poumon de certains animaux de boucherie. LOC fam ***Bourrer le mou à qqn*** : lui bourrer le crâne, le tromper.

**mouais** *interj* fam Exprime le doute.

**Mouaskar** → **Mascara.**

**Mouawad** Wajdi (Deir El-Qamar, Chouf, 1968), metteur en scène et acteur libano-québécois.

**Moubarak** Hosni (Kafr al-Musilha, 1928), homme politique égyptien. Chef d'état-major de l'armée de l'air, il succéda à Anouar el-Sadate à la présidence de la Rép. en 1981. Réélu quatre fois (1987, 1993, 1999, 2005), il fut contraint de démissionner en 2011 suite à un mouvement de révolution populaire.

Hosni Moubarak

**moucharabieh** *nm* ARCHI Balcon protégé par un grillage en bois pour voir dehors sans être vu, dans les pays arabes ; ce grillage lui-même. (PHO) [muʃaʀabje] (ETY) De l'ar.

**mouchard, arde** *n* **A 1** péjor Indicateur, espion. **2** fam Dénonciateur. **B** *nm* Appareil de contrôle ou de surveillance.

**Mouchard (le)** film de John Ford (1935), avec Victor McLaglen (1883 – 1959).

**moucharder** *v* ① **A** *vt* fam Espionner et rapporter ce que l'on a vu, entendu. **B** *vi* Faire le mouchard. (DER) **mouchardage** *nm*

**mouche** *nf* **1** Insecte de l'ordre des diptères, dont les espèces sont très nombreuses. *Les mouches sont les agents vecteurs de diverses maladies.* **2** PECHE Assemblage de petites plumes que l'on fixe au bout d'un hameçon et qui sert d'appât. **3** anc Petite rondelle de taffetas noir que les dames se mettaient sur la peau pour en faire valoir la blancheur. **4** SPORT Petite boule de protection que l'on fixe à la pointe d'un fleuret. **5** Point noir marquant le centre d'une cible. **6** Petite touffe de barbe qu'on laisse pousser juste en dessous de la lèvre inférieure. LOC ***Entendre une mouche voler*** : être dans un endroit très silencieux. — ***Faire mouche*** : atteindre le centre d'une cible ; fig toucher juste. — ***Fine mouche*** : personne fine et rusée. — ***Il ne ferait pas de mal à une mouche*** : il n'est absolument pas violent. — ***La mouche du coche*** : personne qui s'agite beaucoup sans rendre service efficacement. — ***Mouche d'Espagne*** : cantharide. — fam ***Mourir, tomber comme des mouches*** : en grand nombre. — ***Pattes de mouche*** : écriture dont les caractères menus et mal formés sont difficilement lisibles. — ***Poids mouche*** : en boxe, catégorie d'athlètes pesant entre 48,99 et 50,80 kg. — ***Prendre la mouche*** : se vexer. — ***Quelle mouche le pique ?*** : pourquoi s'emporte-t-il si brusquement ? (ETY) Du lat.

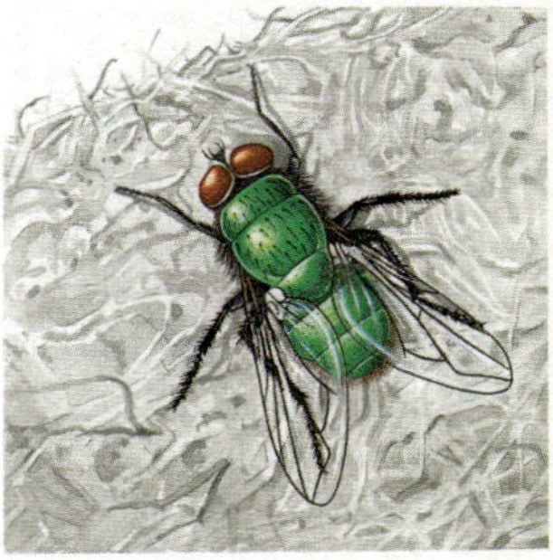

**mouche** verte

**mouche-bébé** *nm* Petite poire servant à aspirer les mucosités du nez des bébés. PLUR mouche-bébés.

**moucher** *vt* ① **1** Débarrasser le nez des mucosités qui l'encombrent en expirant fortement tout en pressant les narines. *Moucher un enfant. Se moucher bruyamment.* **2** fig, fam Remettre qqn à sa place ; le réprimander vertement. LOC ***Moucher une chandelle*** : couper l'extrémité de sa mèche ou l'éteindre avec ses doigts. (ETY) Du lat. *muccus*, « morve ». (DER) **mouchage** *nm*

**moucherolle** *nf* Passereau d'Amérique voisin des gobe-mouches. (VAR) **moucherole**

**moucheron** *nm* Petit insecte volant.

**moucheronner** *vi* ① Saisir des insectes à la surface de l'eau, en parlant des poissons.

**Mouchet (mont)** sommet de la Margeride (1 465 m), en Haute-Loire. – Combats entre FFI et Allemands (mai-juin 1944).

**mouche-scorpion** *nf* Syn. de *panorpe*. PLUR mouches-scorpions.

**moucheter** *vt* ⑱ ou ⑳ **1** Marquer de petites taches d'une autre couleur que le fond. **2** SPORT Garnir un fleuret d'une mouche.

**mouchetis** *nm* Crépi projeté sur un mur extérieur et qui présente de petites aspérités.

**mouchette** *nf* ARCHI **1** Partie saillante du larmier d'une corniche. **2** Découpure en ellipse dans le fenêtrage du gothique flamboyant.

**moucheture** *nf* **1** Petite tache d'une autre couleur que le fond. **2** Tache naturelle du pelage, de la peau ou du plumage de certains animaux.

**moucheur, euse** *n* Personne qui pratique la pêche à la mouche.

**Mouchez** Ernest (Madrid, 1821 – Wissous, Essonne, 1892), amiral et astronome français. Il fonda l'observatoire du parc Montsouris (Paris) et entreprit la carte du ciel.

**mouchoir** *nm* Petite pièce de tissu ou de papier (ouate de cellulose), qui sert à se moucher. LOC ***Arriver dans un mouchoir*** : être presque égaux dans une compétition. — ***Grand comme un mouchoir de poche*** : très petit.

**mouchure** *nf* Mucosité nasale que l'on extrait en se mouchant.

**mouclade** *nf* CUIS Plat de moules servies dans une sauce à la crème. (ETY) De *moucle*, var. rég. de *moule*.

**moudjahid** *nm* Combattant musulman engagé dans un mouvement de libération. PLUR moudjahids ou moudjahidin. (PHO) [mudʒaid] (ETY) De l'ar. *djihâd*, « guerre sainte ».

**moudre** *vt* ⑦ **1** Broyer, réduire en poudre des grains avec une meule ou un moulin. *Moudre du café.* **2** Jouer (un air), dire (un texte), mécaniquement. ETY Du lat.

**moue** *nf* Grimace faite en rapprochant, en avançant les lèvres et qui manifeste le mécontentement. *Moue de dédain. Faire la moue.*

**mouette** *nf* Oiseau marin lariforme voisin du goéland mais plus petit. *La mouette rieuse ou mouette blanche est l'espèce la plus répandue en Europe.* ETY Dimin. de l'a. fr. *maoue.*

**mouette** rieuse

**Mouette (la)** drame en 4 actes de Tchekhov (1896).

**moufeter** → **moufter.**

**moufette** *nf* Mammifère carnivore d'Amérique (mustélidé) au pelage noir et blanc, qui projette une sécrétion malodorante de ses glandes anales lorsqu'il est attaqué. *Fourrure de la moufette ou sconse.* VAR **mouffette**

**1 moufle** *nf* Gros gant ne comportant pas de séparations pour les doigts, excepté pour le pouce. ETY Du germ. *muffe,* « museau ».

**2 moufle** *nf, nm* Assemblage de poulies dans une même chape pour soulever de lourdes charges.

**3 moufle** *nm* **1** CHIM Vase de terre servant à exposer des corps au feu sans que la flamme les touche. **2** Four à porcelaine.

**mouflet, ette** *n* fam Jeune enfant. ETY De l'a. fr. *moufflu,* « dodu ».

**mouflon** *nm* Ruminant sauvage des montagnes d'Europe dont le mâle porte des cornes recourbées en volutes. ETY De l'ital.

**mouflon**

**moufter** *vi* ① fam Protester. VAR **moufeter**

**Mougins** ch.-l. de cant. des Alpes-Maritimes (arr. de Grasse) ; 16 051 hab. Horticulture. – Vestiges d'enceinte du XIVe s. DER **mouginois, oise** *a, n*

**mouillable** *a* PHYS Qui peut être mouillé par un liquide. DER **mouillabilité** *nf*

**mouillage** *nm* **1** Action de mouiller qqch. **2** Action d'ajouter frauduleusement de l'eau à une boisson. **3** MAR Action de mouiller l'ancre. **4** Endroit où un navire mouille.

**mouillant, ante** *a, nm* TECH Se dit de produits qui permettent à un liquide de mieux imprégner une surface, de s'y étaler plus uniformément. DER **mouillance** *nf*

**Mouillard** Louis (Lyon, 1834 – Le Caire, 1897), ingénieur français. Étudiant le vol des oiseaux, il réalisa des appareils qui font de lui un pionnier de l'aviation.

**mouillé, ée** *a* **1** Rendu humide ; trempé. *Linge mouillé.* **2** Plein de larmes. *Yeux mouillés.* **LOC** PHON ***Consonne mouillée*** : articulée avec le son [j] (ex. *n* dans *montagne* [mɔ̃taɲ]). — ***Voix mouillée*** : pleine d'émotion.

**mouiller** *v* ① **A** *vt* **1** Tremper, rendre humide. *Se mouiller sous l'orage.* **2** Étendre d'eau. *Mouiller du lait.* **3** CUIS Ajouter un liquide à un mets pendant la cuisson pour faire une sauce. **4** MAR Mettre à l'eau. *Mouiller des mines.* **5** fig, fam Compromettre, impliquer qqn. *Mouiller qqn dans un scandale.* **B** *vi* fam Avoir peur. **C** *vpr* fam Se compromettre, prendre des risques. **LOC** MAR ***Mouiller l'ancre*** ou ***mouiller*** : laisser tomber l'ancre de manière qu'elle morde le fond et retienne le navire. — fam ***Mouiller sa chemise, son maillot*** : se dépenser sans compter. — PHON ***Mouiller une consonne*** : la prononcer en y adjoignant le son [j]. ETY Du lat. *mollis,* « mou ». DER **mouillement** *nm*

**mouillère** *nf* rég Partie de champ ou de pré, ordinairement humide.

**mouillette** *nf* fam Petit morceau de pain long et mince, que l'on trempe dans les œufs à la coque.

**mouilleur** *nm* **1** Instrument pour humecter le dos des étiquettes, des timbres, etc. **2** MAR Dispositif destiné à libérer l'ancre et la chaîne au moment du mouillage. **LOC** MAR ***Mouilleur de mines*** : bâtiment équipé pour mouiller des mines.

**mouilloir** *nm* Récipient servant à mouiller, à humecter.

**mouillure** *nf* **1** Action de mouiller ; état de ce qui est mouillé. **2** Tache d'humidité. **3** PHON Caractère d'une consonne mouillée.

**mouise** *nf* fam Misère. ETY De l'all. dial. *Mues,* « bouillie ».

**moujik** *nm* Paysan russe. ETY Mot russe.

**moujingue** *n* fam Enfant, moutard. ETY De l'esp.

**Moukden** ville de Mandchourie où les Japonais remportèrent une victoire décisive sur les Russes, en 1905. Se nomme auj. *Shenyang.*

**moukère** *nf* fam Femme. ETY De l'esp. VAR **mouquère**

**moulage** *nm* **1** Action de mouler. *Pièce obtenue par moulage.* **2** Reproduction d'un objet obtenue par moulage.

**moulant, ante** *a* Qui moule le corps. *Une jupe moulante.*

**Moulay-Idris** v. sainte du Maroc (prov. de Meknès) ; 11 130 hab. – Pèlerinage au tombeau d'Idris Ier, fondateur de Fès. VAR **Mulay-Idris**

**1 moule** *nm* **1** Corps solide creux et façonné, destiné à recevoir une matière liquide ou pâteuse pour lui donner une forme qu'elle conservera en se solidifiant. *Couler du métal en fusion dans un moule. Moule à gaufre, à tarte.* **2** Pièce pleine sur laquelle on applique une matière malléable pour lui donner une forme. **3** fig Type, modèle qui imprime sa marque sur le caractère, le comportement, etc. *Le moule des grandes écoles.* **LOC** fam ***Être, se couler dans le moule*** : se conformer strictement aux règles d'un groupe. ETY Du lat. *modulus,* « mesure ».

**2 moule** *nf* **1** Mollusque lamellibranche marin, comestible, pourvu d'une coquille à deux valves qui vit en colonies, fixé par son byssus aux rochers, aux pieux, etc., dans la zone de balancement des marées. **2** fam Personne molle, sans caractère. **3** vulg Vulve. ETY Du lat. *musculus.*

**Moule (Le)** com. de la Guadeloupe (arr. de Pointe-à-Pitre), port sur la côte N.-E. de la Grande-Terre ; 20 827 hab. Industr. alim. DER **moulien, enne** *a, n*

**moulé, ée** *a* **1** Obtenu, reproduit par moulage. *Frise moulée.* **2** Serré ; dont la forme est dessinée par un vêtement ajusté. *Corps moulé dans un maillot.* **LOC** ***Écriture moulée*** : dont les lettres sont bien formées. — ***Lettre moulée*** : imprimée ou imitant l'imprimé.

**mouler** *vt* ① **1** Fabriquer, mettre en forme, reproduire au moyen d'un moule. *Mouler une médaille.* **2** Prendre une empreinte pour qu'elle puisse servir de moule. *Mouler un bas-relief.* **3** Épouser la forme de. *Robe qui moule le corps.* **4** Faire coïncider avec, conformer à. *Mouler son attitude sur celle de qqn.*

**mouleur, euse** *n* TECH Ouvrier, ouvrière qui exécute des moulages.

**moulière** *nf* Installation, parc où l'on pratique l'élevage des moules.

**moulin** *nm* **1** Machine à moudre les céréales, à broyer des graines ; établissement où est installé un moulin. *Moulin à vent, à eau.* **2** Petit appareil ménager pour broyer. *Moulin à café. Moulin à légumes.* **3** fam Moteur de voiture, d'avion. **4** Canada Usine. *Moulin à papier. Moulin à scie.* **LOC** ***Apporter de l'eau au moulin de qqn*** : apporter des arguments à l'appui de ce qu'il dit. — ***Entrer quelque part comme dans un moulin*** : très facilement, comme on veut. — ***Moulin à huile*** : pressoir à huile. — fam ***Moulin à paroles*** : personne très bavarde. — ***Moulin à prières*** : instrument sacré des bouddhistes tibétains, composé d'un cylindre creux qui renferme une formule sacrée et qui tourne autour d'un axe. — ***Se battre contre des moulins à vent*** : contre des adversaires imaginaires que l'on s'est créés. ETY Du lat. *mola,* « meule ».

**Moulin** Jean (Béziers, 1899 – 1943), homme politique et résistant français. Préfet d'Eure-et-Loir en 1940, il rejoignit de Gaulle à Londres et fonda, sur le territoire français, en 1943, le Conseil national de la Résistance, qu'il présida. Arrêté à Caluire-et-Cuire (juin 1943), il mourut dans le train qui l'emportait en Allemagne des suites des tortures qu'on lui avait infligées. Ses cendres sont au Panthéon (1964).

**Jean Moulin**

**moulinage** → **mouliner.**

**moulin-à-vent** *nm inv* Cru du Beaujolais. ETY D'un n. pr.

**Moulin de la Galette (le Bal du)** peinture de Renoir (1876, musée d'Orsay).

**mouliner** *vt* ① **1** TEXT Tordre ensemble les fils de soie grège ou d'autres fibres textiles. **2** Presser au moulin à légumes. **3** fam Traiter des données, en parlant d'un ordinateur. **4** fam Pédaler. DER **moulinage** *nm*

**moule**

**moulinet** *nm* **1** Petit tambour commandé par une manivelle, placé sur une canne à pêche et sur lequel est enroulée la ligne. **2** Objet, appareil fonctionnant par un mouvement de rotation. **3** Mouvement de rotation rapide de qqch que l'on fait tournoyer. *Faire des moulinets avec les bras.* ETY Dimin. de *moulin*.

**moulinette** *nf* Petit moulin à légumes. ETY Nom déposé.

**moulineur, euse** *n* TECH Ouvrier qui mouline la soie ou d'autres fibres textiles. SYN moulinier, ère.

**moulinier, ère** *n* **1** Exploitant d'un moulin à huile. **2** Syn. de *moulineur*.

**Moulin-Rouge (le)** salle de bal, puis de music-hall (auj. cabaret à grand spectacle), située place Blanche, à Paris. Son « quadrille naturaliste » (futur french cancan) fut immortalisé par Toulouse-Lautrec.

**Moulins** ch.-l. du dép. de l'Allier, sur l'Allier ; 21 892 hab. Marché à bestiaux. Industries. – Évêché. Cath. du XV$^e$ s. Beffroi (XV$^e$ s.). DER **moulinois, oise** *a, n*

**Moulins (le Maître de)** (fin XV$^e$ s.), peintre anonyme qui travailla dans le Bourbonnais entre 1480 et 1500 ; auteur du triptyque du *Couronnement de la Vierge* (v. 1498, cath. de Moulins).

**mouliste** *nm* Industriel qui fabrique des moules pour la fonderie ou pour les plastiques.

**Moulmein** ville et port de Birmanie, au débouché du Salouen ; cap. de l'État des Môns ; 219 990 hab.

**Mouloud** fête musulmane commémorant la naissance du Prophète. VAR **Mulud**

**Moulouya (oued)** fl. du Maroc orient. (450 km) ; né dans le Moyen Atlas, il se jette dans la Méditerranée. Barrages pour l'irrigation.

**moult** *a inv* vx, fam De nombreux, maint. *Avoir moult ennuis.* PHO [mult] ETY Du lat. VAR **moult, moulte** *a*

**moulu, ue** *a* **1** Réduit en poudre. *Café moulu.* **2** fig Meurtri de coups ; brisé de fatigue.

**moulure** *nf* Ornement allongé d'architecture ou d'ébénisterie, creux ou saillant. *Moulures décorant un plafond.* LOC ***Moulure électrique*** : baguette creusée de rainures destinées à recevoir des fils électriques. DER **moulurer** *vt* 1

**moumoute** *nf* fam **1** Coiffure postiche, perruque. **2** Veste en peau de mouton, en fourrure. ETY Formé sur *moutonne*.

**Moundas** → **Mundas.**

**Moundou** v. du Tchad ; 87 000 hab. ; ch.-l. de la préf. du Logone-Occidental.

**Mounet-Sully** **Jean Sully Mounet,** dit (Bergerac, 1841 – Paris, 1916), tragédien français ; sociétaire de la Comédie-Française (1874).

**Mounier** **Jean-Joseph** (Grenoble, 1758 – Paris, 1806), homme politique français. Député du tiers état en 1789, il fit adopter le serment du Jeu de paume. Chef des *monarchiens* (partisans d'une monarchie parlementaire à l'anglaise), il émigra (1790-1801).

**Mounier** **Emmanuel** (Grenoble, 1905 – Châtenay-Malabry, 1950), philosophe français. Il fonda, en 1932, la revue *Esprit*, dans laquelle il diffusa le « personnalisme communautaire » (*Qu'est-ce que le personnalisme ?*, 1947).

**Mounikhia** → **Mounychia.**

**Mountbatten** famille anglaise d'origine allemande. — **Louis (1$^{er}$ comte Mountbatten of Burma)** (Windsor, 1900 – en mer, près de Mullaghmore, Eire, 1979), officier de marine. Chef des forces alliées dans le Sud-Est asiatique (1943-1945), dernier vice-roi des Indes (1946-1947), chef d'état-major de la défense (1959-1965), il fut tué par un attentat de l'IRA. — **Philip** (Corfou, 1921), neveu du préc. ; fils d'André de Grèce et d'Alice de Battenberg ; prince de Grèce et de Danemark, il fut élevé en Angleterre par son oncle. En 1947, il adopta la nationalité brit. et le nom de Mountbatten, épousa la future Élisabeth II et fut fait duc d'Édimbourg.

**Mount Vernon** local. des É.-U. (Virginie), sur le Potomac, où mourut et fut enterré George Washington.

**Mounychia** (en fr. *Munychie*), un des trois ports de l'anc. Athènes. VAR **Mounikhia**

**mouquère** → **moukère.**

**mourant, ante** *a, n* **A** Qui se meurt. **B** *a* fig Qui va faiblissant. *Voix, lumière mourante.*

**Mouraviev** **Nikolaï Nikolaïevitch,** dit **prince Mouraviev-Karski** (Saint-Pétersbourg, 1794 – près de Lipetsk, 1866), prince russe ; il s'empara (1855) de Kars, en Arménie turque. — **Mikhaïl Nikolaïevitch,** dit **le Pendeur** (*, 1796 – Saint-Pétersbourg, 1866), frère du préc. ; général ; il réprima cruellement les insurrections polonaises de 1831 et 1863-1864. — **Nikolaï Nikolaïevitch,** dit **prince Mouraviev-Amourski** (Saint-Pétersbourg, 1809 – Paris, 1881), général russe, il conquit le territoire de l'Amour. — **Mikhaïl Nikolaïevitch** (Grodno, 1845 – Saint-Pétersbourg, 1900), fils du préc. ; diplomate ; il obtint de la Chine la cession à bail de Port-Arthur.

**Mouret** **Jean Joseph** (Avignon, 1682 – Charenton, 1738), compositeur français : opéras-ballets, motets, cantates, divertissements.

**mouride** *a, n* D'une confrérie musulmane du Sénégal fondée par Amadou Bamba Mbacké (m. en 1927). DER **mouridisme** *nm*

**mourir** *v* 34 **A** *vi* **1** Cesser de vivre. *Mourir noyé.* **2** Cesser de vivre, en parlant des végétaux. **3** Ressentir vivement les atteintes de. *Mourir de faim, de peur. Mourir d'envie. Mourir de rire.* **4** Cesser d'exister, disparaître progressivement. *Laisser mourir le feu. Passion qui meurt.* **B** *vpr* litt Être sur le point de disparaître. LOC ***Mourir de sa belle mort*** : de sa mort naturelle. ETY Du lat.

**Mourir à Madrid** film de montage (1962) du Français Frédéric Rossif (1922 – 1991), sur la guerre civile d'Espagne (1936-1939).

**Mourmansk** v. et port de pêche de Russie, sur la mer de Barents (presqu'île de Kola) ; ch.-l. de rég. ; 419 000 hab. Industries. – De 1941 à 1945, le matériel de guerre des Alliés destiné à l'URSS transita par ce port.

**Mourmelon-le-Grand** com. de la Marne (arr. de Châlons-en-Champagne) ; 4 655 hab. Camp militaire (11 000 ha). DER **mourmelonnais, aise** *a, n*

**mouroir** *nm* péjor Hospice, asile ou hôpital où l'on ne dispense aux vieillards qu'un minimum de soins médicaux, en raison de leur mort prochaine.

**mouron** *nm* Petite herbe (primulacée), à fleurs rouges ou bleues, toxiques pour certains animaux. LOC ***Mouron des oiseaux*** ou ***mouron blanc*** : variété de stellaire. — fam ***Se faire du mouron*** : du souci. ETY Du moyen néerl.

**mousse** de g. à dr., funaire, polytric et sphaigne

**mourre** *nf* anc Jeu dans lequel deux personnes se montrent simultanément un certain nombre de doigts en annonçant un chiffre qui doit coïncider avec le total des doigts dressés. ETY De l'ital. dial.

**mourvèdre** *nm* Cépage rouge utilisé dans le Midi.

**mouscaille** *nf* LOC fam ***Être dans la mouscaille*** : avoir des ennuis, des problèmes ; être dans la misère.

**Mouscron** com. de Belgique (Hainaut), à la frontière française ; 54 590 hab. Textile.

**mousmé** *nf* fam Femme. ETY Mot jap.

**mousquet** *nm* anc Arme à feu portative, à mèche, en usage avant le fusil, que l'on appuyait pour tirer sur une fourche spéciale. ETY De l'ital.

**mousquetaire** *nm* **1** anc Soldat armé d'un mousquet. **2** Gentilhomme d'une compagnie montée faisant partie de la garde du roi aux XVII$^e$ et XVIII$^e$ s. LOC ***Poignet mousquetaire, bottes à la mousquetaire*** : à revers.

**mousqueterie** *nf* vieilli Décharge simultanée de plusieurs fusils. PHO [muskɛtʀi] VAR **mouquèterie**

**mousqueton** *nm* **1** Fusil à canon court. **2** Boucle métallique qu'une lame formant ressort ou un ergot articulé maintient fermée, constituant une agrafe de sûreté. *Mousqueton d'alpiniste.*

**moussaillon** *nm* fam Petit mousse.

**moussaka** *nf* Plat d'origine turque, constitué d'un gratin d'aubergines, à la viande hachée et à la sauce tomate, souvent recouvert d'une béchamel. ETY Mot turc.

**moussant** → **mousser.**

**1 mousse** *nm* Jeune apprenti marin.

**2 mousse** *nf* **1** Plante rase des lieux humides, vivant en touffes serrées. **2** Amas de petites bulles en suspension à la surface d'un liquide ; émulsion d'un gaz à l'intérieur d'un liquide. *Mousse de la bière, de la lessive.* **3** CUIS Mets de consistance légère. *Mousse au chocolat. Mousse de foie.* **4** Produit moussant. *Mousse à raser.* **5** fam Bière, demi. LOC ***Caoutchouc mousse*** : caoutchouc à alvéoles, de faible densité. — TECH ***Mousse carbonique*** : formée de bulles de dioxyde de carbone. — ***Point mousse*** : obtenu au tricot en faisant tous les rangs à l'endroit. ETY Du frq.

**3 mousse** *a* Émoussé ; qui n'est ni pointu ni tranchant. *Instrument, pointe mousse.*

**mousseline** *nf, a inv* Toile de coton, de laine ou de soie, très fine et transparente. LOC ***Pommes*** ou ***purée mousseline*** : purée de pommes de terre fouettée, très légère. — ***Porcelaine mousseline*** : d'une grande finesse. ETY De l'ital.

**mousser** *vi* ① Produire de la mousse. *Le champagne mousse.* **LOC** fam ***Faire mousser qqn, qqch*** : le présenter sous un jour trop favorable. — ***Se faire mousser*** : se mettre en valeur de façon exagérée, se vanter. DER **moussant, ante** *a*

**mousseron** *nm* Champignon des prés proche des agarics, comestible. *Le tricholome de la Saint-Georges est un mousseron.*

**mousseux, euse** *a, nm* **A** *a* **1** Qui mousse ; qui constitue une mousse. *Crème mousseuse.* **2** fig Qui évoque la mousse. *Des dentelles mousseuses.* **B** *nm* Vin mousseux, à l'exception du champagne.

**moussoir** *nm* Ustensile pour faire mousser le chocolat, battre les œufs, etc.

**mousson** *nf* Régime de vents dont la direction, constante au cours d'une saison, s'inverse brutalement d'une saison à l'autre, produisant des variations climatiques importantes (sécheresse, pluie) ; époque où se produit ce phénomène. ETY Du portug. *monçaõ*, par le néerl.

**Moussorgski** Modest Petrovitch (Karevo, 1839 – Saint-Pétersbourg, 1881), compositeur russe ; membre du groupe des Cinq. Son style récitatif, le rôle dévolu à l'orchestre, ses audaces harmoniques font de lui un pionnier, qui eut une influence sur Debussy. Opéras : *Boris Godounov* (1re version, 1868-1870 ; 2e version, 1870-1872), *la Khovanchtchina* (1872-1880, inachevé). Pièces pour piano : *Intermezzo* (1861), *Tableaux d'une exposition* (1874, orchestrés par Ravel). Œuvre symphonique : *Une nuit sur le mont Chauve* (1867). Mélodies : *la Chambre d'enfants* (1868-1870), *Sans soleil* (1874), etc.

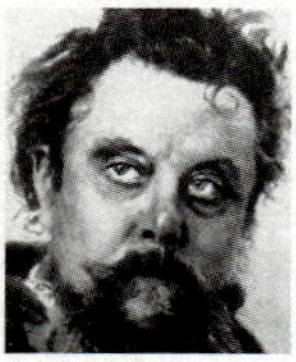
**Moussorgski**

**moussu, ue** *a* Couvert de mousse végétale. *Vieil arbre moussu.*

**moustac** *nm* Singe cercopithécidé des forêts d'Afrique équatoriale, brun avec le ventre clair.

**moustache** *nf* **A** Poils qu'on laisse pousser au-dessus de la lèvre supérieure. *Homme qui porte la moustache.* **B** *nf pl* Longs poils qui poussent à la pointe du museau de certains animaux carnivores et rongeurs. ETY De l'ital.

**moustachu, ue** *a, nm* Qui porte la moustache, qui a de la moustache.

**moustérien, enne** *a, nm* PREHIST Se dit de la période du paléolithique moyen connu en Europe, en Asie et en Afrique du Nord. ETY Du village *Moustier.*

ENC L'époque moustérienne commence en Europe occidentale un peu avant le début de la dernière glaciation du quaternaire (Würm), soit environ vers – 90 000, et s'achève entre – 40 000 et – 35 000. C'est durant le moustérien qu'apparaît la pratique de l'inhumation.

**Moustier** écart de la com. de Peyzac-le-Moustier (Dordogne) ; site archéologique éponyme du moustérien, où fut découvert notam. un squelette de néandertalien.

**Moustiers-Sainte-Marie** ch.-l. de cant. des Alpes-de-Haute-Provence (arr. de Digne-les-Bains) ; 625 hab. Tourisme. – Musée de la faïence. DER **moustiérain, aine** *a, n*

**moustiquaire** *nf* **1** Rideau de gaze, de mousseline entourant un lit pour protéger des moustiques. **2** Châssis garni de toile métallique tendue sur les ouvertures d'une habitation pour arrêter les insectes.

**moustique** *nm* Petit insecte ailé (diptère nématocère) dont la larve prolifère dans les eaux dormantes et dont la piqûre cause de vives démangeaisons. *Les femelles de diverses espèces de moustiques, qui seules se nourrissent de sang, transmettent des maladies telles que le paludisme.* ETY De l'esp.

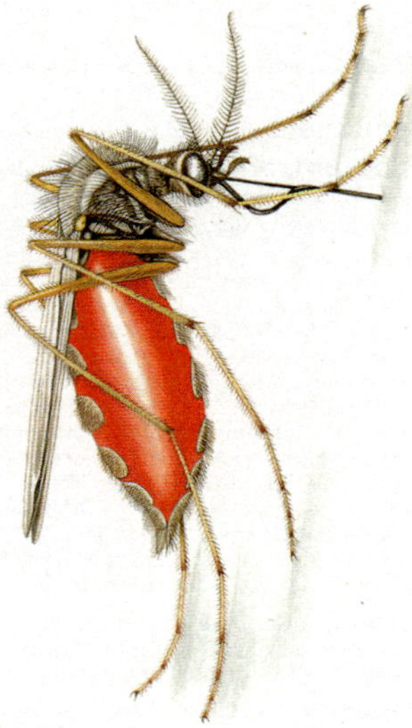
**moustique** femelle gorgée de sang

**moustique-tigre** *nm* Moustique invasif, à l'abdomen rayé noir et blanc, vecteur de virus (dengue, chikungunya). PLUR moustiques-tigres.

**moût** *nm* **1** Jus de raisin, de pomme, de poire, etc. qui n'a pas encore fermenté. **2** Jus extrait de certains végétaux dont la fermentation donnera une boisson alcoolique. ETY Du lat. VAR **mout**

**moutard** *nm* fam Petit garçon ; enfant.

**moutarde** *nf, a inv* **A** *nf* **1** Nom courant de diverses crucifères. **2** Graines de ces plantes. **3** Condiment à base de graines ou de farine de moutarde. **B** *a inv* Couleur jaune orangé tirant sur le vert. **LOC** ***Gaz moutarde*** : ypérite. — fam ***La moutarde lui monte au nez*** : la colère le gagne. ETY De *moût.*

**moutarde** blanche : à g., tige fleurie – à dr., siliques renfermant les graines

**moutardé, ée** *a* Assaisonné avec de la moutarde.

**moutardier** *nm* **1** Petit pot dans lequel on présente la moutarde. **2** Personne qui fabrique ou qui vend de la moutarde.

**moutazilite** *nm* RELIG Membre d'une secte musulmane fondée au VIIIe s. pour lutter contre l'islam orthodoxe. ETY De l'ar. VAR **mutazilite**

**Mouthe** ch.-l. de cant. du Doubs (arr. de Pontarlier), dans le Jura, à 930 m d'altitude ; 913 hab. Cette station de sports d'hiver enregistre les plus basses températures de la France. DER **meuthiard, arde** *a, n*

**moutier** *nm* vx Monastère (encore usité dans les noms de lieux). ETY Du lat.

**Moûtiers** ch.-l. de cant. de la Savoie (arr. d'Albertville), sur l'Isère, anc. cap. de la Tarentaise ; 4 320 hab. – Cath. XVe s. DER **moûtiérain, aine** *a, n*

**mouton** *nm* **A 1** Mammifère ruminant dont certaines races ont une épaisse toison frisée, élevé pour sa laine, son lait et sa viande. *Le mouton mâle est le bélier, le mouton femelle, la brebis. Le mouton bêle.* **2** Mâle castré de cet animal, élevé pour la boucherie, par oppos. à *bélier.* **3** Viande de mouton. **4** Peau de mouton tannée. **5** TECH Lourde masse utilisée pour le battage des pieux. **6** fam Compagnon de cellule placé par la police auprès d'un détenu pour gagner sa confiance et obtenir des aveux. **7** Personne soumise et dépourvue de sens critique. **B** *nm pl* **1** Petites vagues au sommet couvert d'écume. **2** Petits nuages. **3** fam Petits flocons de poussière. **LOC** ***Mouton à cinq pattes*** : phénomène très rare. — fam ***Mouton noir*** : personne qui, dans un groupe, est tenue à l'écart. — ***Moutons de Panurge*** : personnes qui imitent stupidement les autres. — ***Revenons à nos moutons*** : au sujet que nous avons quitté. ETY Du gaul.

**mouton** mérinos

**Mouton** Georges (comte de Lobau) (Phalsbourg, 1770 – Paris, 1838), maréchal de France (1831). Il s'illustra durant les guerres de la Révolution et de l'Empire, et commanda la Garde nationale (1830).

**Mouton-Duvernet** Régis Barthélemy (baron) (Le Puy-en-Velay, 1769 – Lyon, 1816), général français (1811). Gouverneur de Valence, il se rallia à Napoléon durant les Cent-Jours, et fut fusillé au retour des Bourbons.

**moutonné, ée** *a* **1** Frisé. *Chevelure moutonnée.* **2** Se dit d'un ciel couvert de petits nuages floconneux.

**moutonner** *vi* ① **1** Se couvrir de vagues écumeuses, en parlant de la mer. **2** Se couvrir de petits nuages blancs, en parlant du ciel. DER **moutonnement** *nm* – **moutonneux, euse** *a*

**moutonnerie** *nf* Tendance à être trop soumis ou à imiter niaisement autrui.

**moutonnier, ère** *a* **1** Qui ressemble ou qui évoque le mouton. **2** fig Qui suit niaisement les autres.

**mouture** *nf* **1** Action de moudre le grain ; produit qui en résulte. **2** fig Version remaniée d'un sujet déjà traité. *Publier une nouvelle mouture d'une œuvre ancienne.*

**mouvance** *nf* **1** FEOD Dépendance d'un domaine qui relève d'un fief supérieur. **2** Domaine, sphère d'influence. *Petit pays qui est dans la mouvance d'un voisin puissant.*

**mouvant, ante** *a* **1** Changeant, instable. *Des reflets mouvants. Des opinions mouvantes.* **2** Qui manque de solidité, de stabilité, en parlant d'un sol. *Sables mouvants.*

**Mouvaux** com. du Nord (arr. de Lille) ; 13 863 hab. – Chapelle baroque (XVII^e s.). DER **mouvallois, oise** *a, n*

**mouvement** *nm* **1** Changement de place, de position d'un corps. *Le mouvement des vagues.* **2** Action, manière de mouvoir son corps ou l'une de ses parties. *Un mouvement de la main. Mouvements de danse.* **3** Évolution, déplacement d'un groupe de personnes. *Mouvement de foule.* **4** Animation, passage. *Il y a du mouvement dans la rue.* **5** Série de changements, de mutations dans un corps militaire ou civil. *Mouvement préfectoral.* **6** Circulation des biens, de la monnaie. *Mouvement de fonds.* **7** Variation en quantité. *Mouvement des prix.* **8** Ce qui évoque le mouvement ; ce qui est ou semble être le résultat d'un mouvement. *Le mouvement d'un drapé sur une statue.* **9** MUS Degré de vitesse ou de lenteur à donner à la mesure. *Les principaux mouvements sont largo, lento, adagio, andante, allegro, presto.* **10** MUS Partie d'une œuvre musicale qui doit être jouée dans un mouvement donné. **11** Passage d'un état affectif à un autre. *Un mouvement de colère.* **12** Évolution sociale. *Le mouvement des idées, des mœurs.* **13** Action collective qui tend à produire un changement dans l'ordre social. *Mouvement de grève.* **14** Groupe humain formé pour accomplir une action déterminée ; association. *Mouvement anarchiste.* **15** Mécanisme servant à la mesure du temps. *Mouvement d'horlogerie.* **LOC** ***En deux temps, trois mouvements*** : très rapidement. — ***Être dans le mouvement*** : suivre la mode, le progrès. — GEOMORPH ***Mouvement de terrain*** : accident de terrain, éminence ou vallonnement du sol. — ASTRO ***Mouvement diurne*** : mouvement apparent de rotation de la sphère céleste, lié à la rotation de la Terre. — ***Mouvement perpétuel*** : celui d'une machine qui produirait autant d'énergie qu'elle en consommerait. — ***Mouvement social*** : ensemble constitué par les syndicats, les coordinations, les associations, qui ne participent pas au pouvoir politique. — PHYS ***Quantité de mouvement*** : produit de la masse par la vitesse. ETY De *mouvoir.*

ENC La notion de mouvement est liée à celle de *repère* (le système de référence par rapport auquel on observe la position d'un corps) et à celle de *temps.* Un mouvement est *rectiligne* si la trajectoire est une droite, *circulaire* si la trajectoire est un cercle, *uniforme* si sa vitesse est constante, *uniformément varié* si son accélération est constante, *accéléré* si sa vitesse et son accélération ont le même sens.

**Mouvement (parti du)** groupe politique, représenté notam. par La Fayette, qui, en 1830-1831, désirait un accroissement des libertés acquises en juil. 1830, mais le parti de la Résistance l'emporta en mars 1831.

**Mouvement contre le racisme et pour l'amitié entre les peuples (MRAP)** association fondée, en 1947, pour lutter contre toute forme de racisme et de discrimination.

**Mouvement des entreprises de France (Medef)** organisation créée en 1946 sous le nom de *Conseil national du patronat français* (CNPF), et regroupant les associations syndicales du patronat. Il porte son nom actuel depuis 1998.

**Mouvement perpétuel** composition pour violon et piano de Paganini.

**mouvementé, ée** *a* Agité. *Séance mouvementée.*

**mouvementer** *vt* ① FIN Modifier le montant d'un compte bancaire.

**mouvoir** *v* ㊸ **A** *vt* **1** Faire changer de place, de position. *Le mécanisme qui meut un automate.* **2** fig Faire agir qqn. *Être mû (ou mu) par l'ambition.* **B** *vpr* Se déplacer, bouger. ETY Du lat.

**moviola** *nf* CINE Visionneuse servant au montage. ETY Nom déposé.

**Mowgli** personnage du *Livre de la jungle* (1894-1895) de Kipling, le « petit d'homme », élevé par des loups de la forêt indienne.

**mox** *nm* Combustible nucléaire constitué d'uranium appauvri et de plutonium recyclé. ETY Mot angl., abrév. de *mixed oxyde fuel.*

**moxa** *nm* MED Cautérisation au moyen d'un corps qui brûle lentement à la surface de la peau, en médecine extrême-orientale traditionnelle ; ce corps lui-même. ETY Du jap.

**Mo Yan** Guan Moye, dit (Gaomi, Shandong, 1955), écrivain chinois : *le Clan du Sorgho* (1993). Prix Nobel 2012.

**1 moyen, enne** *a, nm* **A** *a* **1** Qui est au milieu dans l'espace, dans le temps, dans une série. *Le cerveau moyen. Le moyen Empire.* **2** Qui est également éloigné des deux extrêmes par la quantité ou par la qualité. *Corpulence moyenne. Intelligence moyenne.* **3** Commun, ordinaire ; qui appartient au genre le plus répandu. *Français moyen.* **4** Obtenu, calculé en faisant la moyenne de plusieurs valeurs. *La consommation moyenne d'électricité par personne et par an.* **B** *nmpl* Groupe des enfants situés, en fonction de l'âge, entre les grands et les petits, dans les écoles maternelles, etc. **LOC** SOCIO ***Classes moyennes*** : intermédiaires entre celles qui ont les revenus les plus bas et celles qui ont les revenus les plus élevés. — ***Cours moyen*** : entre le cours élémentaire et la classe de sixième. — LING ***Moyen français*** : langue parlée et écrite en France du XIV^e au XVI^e s., intermédiaire entre l'ancien français et le français moderne. — ***Moyen terme*** : celui qui, dans un syllogisme est commun à la majeure et à la mineure ; fig solution intermédiaire entre des extrêmes. — SPORT ***Poids moyen*** : catégorie de poids variant de 72 à 75 kg suivant les disciplines. — MATH ***Termes moyens*** : dans deux fractions égales, le dénominateur de la première et le numérateur de la seconde. PHO [mwajɛ̃, ɛn] ETY Du lat.

**2 moyen** *nm* **A** **1** Ce que l'on fait ou ce que l'on utilise pour parvenir à une fin. *Moyen honnête. Moyens de communication, de transport.* **2** DR Chacune des raisons sur lesquelles on se fonde pour tirer une conclusion. **3** GRAM Voix moyenne. **B** *nmpl* **1** Capacités physiques ou intellectuelles. *Écolier qui a peu de moyens.* **2** Ressources pécuniaires. *Ne pas avoir les moyens de s'offrir qqch.* **3** MATH Termes moyens. **LOC** ***Au moyen de*** : en se servant de, à l'aide de. — ***Employer les grands moyens*** : recourir à des mesures énergiques ou spectaculaires. — ***Il y a, il n'y a pas moyen de*** : il est possible, il est impossible de. — fam ***Les moyens du bord*** : ressources disponibles immédiatement, expédients, palliatifs. — ***Par le moyen de*** : par l'intermédiaire de, grâce à.

**Moyen Âge** nom donné traditionnellement à la période qui s'étend entre 476 (chute de l'empire romain d'Occident) et 1453 (prise de Constantinople par les Turcs) ou 1492 (découverte de l'Amérique). ▷ *Haut Moyen Âge* : période qui s'étend du V^e s. au XI^e-XII^e s.

**moyenâgeux, euse** *a* **1** Qui évoque le Moyen Âge. *Costumes moyenâgeux.* **2** fig Archaïque, suranné. *Des coutumes moyenâgeuses.*

**moyen-courrier** *nm, a* Avion de transport dont l'autonomie ne dépasse pas 4 000 km. PLUR moyen-courriers.

**moyen-métrage** *nm* Film qui dure entre une demi-heure et une heure. PLUR moyens-métrages.

**moyennant** *prép* Au moyen de. **LOC** ***Moyennant finance*** : en payant. — ***Moyennant quoi*** : grâce à quoi.

**moyenne** *nf* **1** Ce qui tient le milieu entre les extrêmes. *Être plus riche que la moyenne.* **2** Nombre de points égal à la moitié de la note maximale. *Avoir la moyenne à un devoir.* **LOC** ***En moyenne*** : selon une moyenne approximative. *Cet automobiliste fait en moyenne 20 000 km par an.* — MATH ***Moyenne arithmétique de plusieurs valeurs*** : quotient de la somme de ces valeurs par leur nombre. — ***Moyenne harmonique de deux nombres*** : quotient de $2ab$ par $a + b$. — ***Moyenne quadratique de deux nombres positifs*** : racine carrée de la moyenne arithmétique de leur carré.

**moyennement** *av* D'une manière moyenne, modérément, médiocrement.

**moyenner** *vi* **LOC** fam ***Il n'y a pas moyen de moyenner*** : il est impossible d'arriver à un résultat satisfaisant.

**Moyen-Orient** régions riveraines de la Méditerranée orientale, de la mer Rouge, du golfe d'Oman et du golfe Persique, par oppos. à *Extrême-Orient.* (V. Proche-Orient). DER **moyen-oriental, ale, aux** *a, n*

**moyette** *nf* AGRIC Petite meule provisoire dressée pour soustraire les gerbes aux intempéries. ETY De l'a. fr. *moie,* « meule ».

**moyeu** *nm* Partie centrale de la roue d'un véhicule, traversée par l'essieu. ETY Du lat. *modiolus,* « petit vase ».

**Moyeuvre-Grande** ch.-l. de cant. de la Moselle (arr. de Thionville-Ouest) ; 8 074 hab. Sidérurgie. DER **moyeuvrien, enne** *a, n*

**Moynier** Gustave (Genève, 1826 – id., 1910), philanthrope suisse ; l'un des fondateurs de la Croix-Rouge (1863).

**mozabite** → **Mzab** et **mzabite.**

**Mozac** com. du Puy-de-Dôme (arr. de Riom) ; 3 882 hab. – Égl. XII^e-XVIII^e s. DER **mozacois, oise** *a, n*

**Mozambique (canal du)** partie de l'océan Indien, entre l'Afrique et Madagascar.

**Mozambique (République du)** (*República de Moçambique*), État d'Afrique orient., sur l'océan Indien (canal de Mozambique) ; 783 050 km² ; 25,1 millions d'hab. ; accroissement naturel : 2,9 % par an ; cap. *Maputo* (anc. *Lourenço Marques*). Nature de l'État : rép. populaire, membre du Commonwealth. Langue off. : portug. Monnaie : metical. Population : Makuas-Lomwés (47 %), Thonyas (23 %), Malawis (12 %), Shonas (11 %), etc., toutes ethnies qui parlent des langues bantoues. Religions : religions traditionnelles (50 %), christianisme (40 %), islam sunnite (10 %). DER **mozambicain, aine** *a, n*

**Géographie** Étiré en latitude, le Mozambique comprend une plaine littorale (45 % de la superficie du pays), bordée de mangrove. Inhospitalière au centre, elle groupe l'essentiel de la population du pays. On trouve ensuite des plateaux de moyenne altitude (200 à 600 m), que dominent de hauts plateaux (600 à 1 000 m) culminant au N.-E. Le climat tropical assez humide favorise la savane en plaine et la forêt claire sur les versants (jusqu'à 600 m d'altitude). Les fleuves, bien alimentés, ont un important potentiel hydraulique.

**Économie** La population, rurale à 69 %, vit surtout de l'agriculture : productions vivrières (maïs, manioc, sorgho), cultures d'exportation (thé, coton, canne à sucre, noix de cajou), mais la balance agricole est négative. La pêche (notam. les crevettes) assure une part importante des exportations du pays. L'industrie est embryonnaire. La guerre civile et la collectivisation ont ruiné le pays, l'un des plus pauvres du monde, qui survit grâce à l'aide internationale. Mais depuis la fin des années 1990, le pays connaît une forte croissance, grâce aux exploitations de gaz et de charbon, qui, cependant, ne profite qu'à une minorité.

**Histoire** LES ORIGINES À une époque très ancienne, les marchands indiens et indonésiens fréquentaient le littoral. Au XII$^e$ s., les Arabes atteignirent cette région, dont ils épuisèrent les ressources. Ils s'enfoncèrent alors vers l'intérieur, que le réseau marchand relia à l'océan Atlantique aux XVII$^e$-XVIII$^e$ s. Face à cette concurrence, les Portugais ne purent développer leurs comptoirs (fondés à partir de 1530).

LA COLONIE PORTUGAISE Ils n'entreprirent la colonisation du pays qu'en 1894. Les populations de l'intérieur résistèrent longtemps. À partir de 1926, le gouvernement de Salazar relança la colonisation. En 1935, le Mozambique devint partie du Portugal et, en 1951, une prov. d'outre-mer, soumise au travail forcé jusqu'en 1961.

LA LUTTE DE LIBÉRATION (1964-1975) En 1962, Eduardo Mondlane et le pasteur Uria Simango fondèrent le Frelimo (*Front de libération du Mozambique*), basé à Dar es-Salaam en Tanzanie. Le 25 sept. 1964, le Frelimo proclama l'insurrection générale. En 1965, il contrôlait 20 % du territoire, mais des divergences internes menèrent notam. à l'assassinat de Mondlane en 1969. Le Frelimo se déclara marxiste en 1970. Après la révolution des Œillets à Lisbonne (1974), le Mozambique accéda à l'indépendance (juin 1975).

L'INDÉPENDANCE Le leader du Frelimo (parti unique en 1977), Samora Machel, nationalisa l'économie, l'éducation, la santé. À partir de 1981, la *Résistance nationale du Mozambique* (Renamo), soutenue par l'Afrique du Sud, ruina le pays. En 1986, le prés. Machel mourut dans un accident d'avion. Joaquim Chissano lui succéda. En 1989, il renonça au marxisme. En 1990, une nouvelle Constitution établit le multipartisme. En 1992, le Frelimo et la Renamo signèrent un accord sous l'égide de l'ONU. En 1994, des élections libres, surveillées par une mission de l'ONU, virent la victoire de J. Chissano, réélu en 1999, dans un contexte de contestation face à l'autoritarisme et à la corruption du pouvoir. Les présidentielles de 2004 voient la victoire d'Armando Guebuza (Frelimo), réélu en 2009. Filipe Nyusi est élu prés. en 2014.

**mozarabe** *n, a* HIST Espagnol chrétien autorisé à pratiquer sa religion sous la domination maure en Espagne. **LOC** ***Art mozarabe*** **:** art chrétien fortement influencé par l'islam, qui se répandit en Espagne aux X$^e$ et XI$^e$ s. ETY De l'ar.

**Mozart Wolfgang Amadeus** (Salzbourg, 1756 – Vienne, 1791), compositeur autrichien. Dès l'âge de six ans, il composa des pièces pour clavecin. Soumis à des soucis matériels, il s'acharna au travail et mourut dans un état voisin de la misère. Opéras : *l'Enlèvement au sérail* (1782), *les Noces de Figaro* (1786), *Don Giovanni* (1787), *Cosi fan tutte* (1790), *la Flûte enchantée* (1791) ; mus. relig. : messes, dont la *Messe solennelle en* ut *mineur* (1783), motets, *Kyrie*, vêpres, le célèbre *Requiem* (1791) ; symphonies (dont les n$^{os}$ 40, en *sol* mineur, et 41, dite « Jupiter ») ; concertos pour violon, piano, etc. ; musique de chambre : sonates pour piano, trios, quatuors à cordes, quintettes à cordes, etc. Dépassant tous ses prédécesseurs, à l'exception de Bach, Mozart annonce le romantisme. DER **mozartien, enne** *a, n*

Mozart

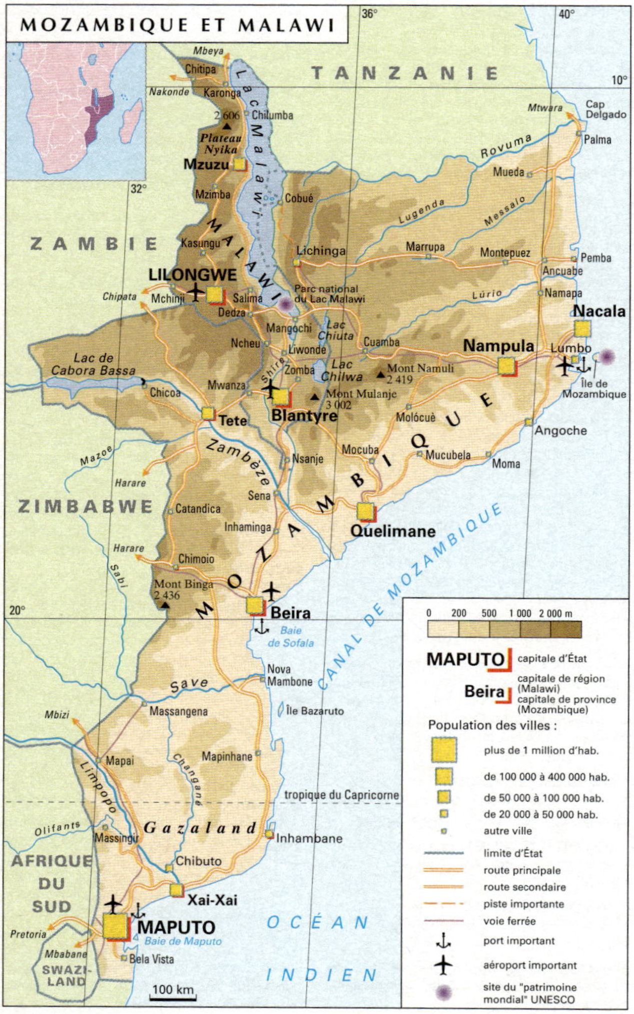


**Mozi** (V$^e$ – IV$^e$ s. av. J.-C.), philosophe chinois. Hostile à la rigueur du confucianisme, il prêcha l'amour du prochain.

**mozzarella** *nf* Fromage italien de bufflonne ou de vache, à pâte molle et élastique. PHO [mɔdzaʀɛla] ETY Mot ital. VAR **mozzarelle**

**MP3** *nm* INFORM Format permettant de transmettre sur Internet des fichiers numériques en les compressant sans perte de qualité.

**Mpumalanga** province d'Afrique du Sud créée en 1994, située dans l'anc. prov. de Transvaal.

**MRAP** sigle de *Mouvement contre le racisme et pour l'amitié entre les peuples*.

**MRJC** sigle de *Mouvement rural de la jeunesse chrétienne*, organisation qui succéda en 1964 à la Jeunesse agricole chrétienne fondée en 1929.

**Mrożek Sławomir** (Borzęcin, 1930), auteur et dramaturge polonais : *l'Éléphant* (1957), *la Pluie* (1962), *Tango* (1964).

**MRP** sigle de *Mouvement républicain populaire*, parti démocrate-chrétien fondé en nov. 1944. Son audience s'amenuisa à partir de 1950. Il disparut en 1968.

**m/s** PHYS Symbole du mètre par seconde.

**MSF** → **Médecins sans frontières.**

**M'sila** ville d'Algérie, au N. du Hodna ; 156 600 hab. ; ch.-l. de wilaya. Artisanat.

**M6** chaîne de télévision privée, la 6$^e$ chaîne créée en France (1986), nommée *M* parce qu'à l'origine elle avait une vocation *musicale*.

**MST** *nf* MED Maladie sexuellement transmissible.

**mu** *nm* Douzième lettre de l'alphabet grec (μ, Μ) utilisée en français pour noter le préfixe *micro-*, qui indique la division par un million.

**mû** ou **mu, mue** → **mouvoir.**

**Mu'awiyah I$^{er}$** (La Mecque, v. 603 – Damas, 680), secrétaire de Mahomet. Gouverneur de Syrie (641), il s'opposa à Ali (gendre de Mahomet), qu'il fit déposer en 659. Calife de 661 à 680, ayant choisi Damas pour capitale, il fonda la dynastie des Omeyyades.

**MuCEM** musée des civilisations de l'Europe et de la Méditerranée fondé à Marseille en 2013.

**Mucha Alfons** (Ivančice, Moravie, 1860 – Prague, 1939), peintre, dessinateur et affichiste tchèque ; représentant de l'art nouveau.

**mucilage** *nm* Substance végétale sécrétée par les cellules de certaines plantes, qui, en présence d'eau, gonfle et forme une gelée. *Le mucilage est émollient et laxatif.* ETY Du lat. DER **mucilagineux, euse** *a*

**Mucius Scævola** (« Mucius le Gaucher ») **Caius** (fin du VI$^e$ s. av. J.-C.), héros légendaire romain. Il se brûla la main droite pour n'avoir su assassiner l'Étrusque Porsenna, qui assiégeait Rome.

**mucolytique** *a, nm* De dit d'un médicament qui dissout les mucosités et libère les voies respiratoires.

**mucosité** *nf* Amas de mucus épais.

**mucoviscidose** *nf* MED Affection héréditaire, caractérisée par une trop grande viscosité des sécrétions bronchiques et digestives.

**mucron** *nm* BOT Petite pointe raide qui termine certains organes végétaux. ETY Du lat. DER **mucroné, ée** *a*

**mucus** *nm* Sécrétion visqueuse protectrice des muqueuses. PHO [mykys] ETY Mot lat.

**mudang** *nf* Femme chamane coréenne.

**Muddy Waters** McKinley Morganfield, dit (Rolling fork, Mississipi, 1915 – Downers Grove, Illinois, 1983), chanteur américain de blues et guitariste.

**mudéjar** *n, a* HIST Musulman d'Espagne devenu sujet des chrétiens par suite de la reconquête du XI^e^ au XV^e^ s. LOC ***Art mudéjar :*** forme d'art aux caractères à la fois mauresques et chrétiens, qui s'est développée en Espagne du XII^e^ au XVI^e^ s., après la Reconquête. PHO [mudexaʀ] ou [mudeʒaʀ] ETY De l'esp.

**mue** *nf* **1** Changement de poils, de plumes, de peau, de cornes, etc. qui s'opère chez certains animaux à des périodes déterminées. **2** Dépouille d'un animal qui a mué. **3** Changement dans le timbre de la voix, qui devient plus grave au moment de la puberté ; temps où s'opère ce changement. **4** Cage dans laquelle on met la volaille à engraisser.

**muer** *v* ① **A** *vi* **1** Changer de pelage, de plumage, de carapace, etc., en parlant d'un animal. **2** Changer de ton et devenir plus grave, en parlant de la voix d'un adolescent. **B** *vt* litt Changer, transformer en. *Se muer en prince charmant.* ETY Du lat.

**muesli** *nm* Mélange de céréales et de fruits secs sur lequel on verse du lait. PHO [mɥesli] ou [mysli] ETY Mot suisse-allemand. VAR **musli**

**muet, ette** *a, n* **A** Privé de l'usage de la parole. **B** *a* **1** Qui se tait. *Rester muet comme une carpe.* **2** Qui n'est pas exprimé, prononcé. *Les grandes douleurs sont muettes.* **3** Qui ne se prononce pas. *Dans le mot* allemand, *le* e *est muet.* **4** Sur quoi rien n'est écrit. *Carte muette.* LOC ***Film, cinéma muet :*** qui ne comporte pas l'enregistrement du son, des paroles des personnages. — THEAT ***Jeu muet :*** dans lequel l'acteur ne recourt pour s'exprimer qu'aux mouvements du corps et de la physionomie. — ***La Grande Muette :*** l'armée, censée n'exprimer aucune opinion politique. — ***Rôle muet :*** rôle au cinéma, au théâtre dans lequel il n'y a pas de texte. ETY Du lat.

**Mucha** affiche pour le Salon des Cent, 1896 – musée des Arts décoratifs, Paris

**muette** *nf* vx Petit pavillon de chasse. ETY De *meute*.

**muezzin** *nm* Fonctionnaire religieux attaché à une mosquée, qui appelle les fidèles à la prière du haut du minaret. PHO [mɥedzin] ETY Mot turc.

**Muffat** Georg (Megève, 1653 – Passau, 1704), organiste et compositeur autrichien d'origine française. Il a influencé Bach et Haendel.

**muffin** *nm* Petit pain rond moulé à pâte légère. PHO [mœfin] ETY Mot angl.

**mufle** *nm, a* **A** *nm* Extrémité du museau de certains mammifères. *Mufle d'un taureau.* **B** *nm, a* Individu mal élevé, grossier. ETY Var. du moyen fr. *moufle*.

**muflerie** *nf* Comportement, caractère ou agissement d'un mufle.

**muflier** *nm* Plante ornementale (scrofulariacée) dont les fleurs, de couleurs variées, ont la forme d'un mufle d'animal. SYN gueule-de-loup.

**mufti** *nm* Docteur de la loi musulmane, jugeant les questions de dogme et de discipline. ETY Mot ar. VAR **muphti**

**mug** *nm* Grosse tasse à anse, portant un décor, une publicité. PHO [mœg] ETY Mot angl.

**Mugabe** Robert Gabriel (Kutama, Rhodésie, 1924), homme politique du Zimbabwe. En 1976, il créa, avec Joshua Nkomo, le Front patriotique qui mena la guérilla contre le régime rhodésien. Premier ministre à l'indépendance (1980), il est président de la Rép. depuis 1987.

**muge** *nm* Poisson vivant près des côtes et dans les estuaires, dont la chair et les œufs sont estimés. SYN mulet. ETY Mot provenç.

**mugir** *vi* ③ **1** Pousser son cri, en parlant des bovins. **2** fig Produire un son analogue à un mugissement. *Les sirènes du paquebot mugirent.* ETY Du lat. DER **mugissant, ante** *a* – **mugissement** *nm*

**muguet** *nm* **1** Plante à rhizome (liliacée) croissant dans les bois des régions tempérées, caractérisée par ses fleurs blanches en forme de clochettes odorantes. **2** Maladie contagieuse due à une levure et caractérisée par la présence de plaques blanchâtres sur les muqueuses buccale et pharyngienne. ETY De l'a. fr. *mugue*, var. de *musc*, à cause du parfum.

**Muhammad** → **Mahomet.**

**Muhammad Ahmad ibn Abdallah** dit le Mahdī (près de Khartoum, 1844 – Omdurman, 1885), révolutionnaire arabe. Se proclamant *mahdi* (1881), il se rebella contre les Britanniques et leurs alliés égyptiens. En 1885, il conquit Khartoum et tout le Soudan, mais mourut.

**Muhammad Rīza** → **Pahlavi.**

**Mühlberg an der Elbe** v. d'Allemagne, en Saxe, sur l'Elbe ; 4 000 hab. – Victoire de Charles Quint (1547) sur les luthériens.

**muid** *nm* **1** Ancienne mesure de capacité, de valeur variable. *À Paris, le muid de vin valait 268 litres.* **2** Tonneau de cette capacité. PHO [myi] ETY Du lat. *modius*, « mesure ».

**Muiscas** → **Chibchas.**

**Mukalla** port de comm. du Yémen, sur le golfe d'Aden ; 58 000 hab. Pêche.

**mulard, arde** *n* Hybride du canard domestique et du canard musqué. ETY De *mulet* 1.

**mulassier, ère** *a* Du mulet. LOC ***Jument mulassière :*** qui produit des mulets.

**mulâtre, mulâtresse** *n, a* Personne née d'un Noir et d'une Blanche, ou d'un Blanc et d'une Noire.

**mulch** *nm* AGRIC Couche de fumier, de compost, etc. destinée à protéger les plantations. PHO [mœltʃ] ETY Mot angl.

**mulching** *nm* AGRIC Syn. de *paillage*. PHO [mœltʃiŋ] ETY Mot angl.

**1 mule** *nf* **1** Hybride femelle de l'âne et de la jument. **2** Petit passeur de drogue à la solde des narcotrafiquants. LOC fam ***Tête de mule :*** entêté. ETY Du lat.

**2 mule** *nf* **1** Pantoufle qui ne couvre pas l'arrière du pied. **2** Pantoufle blanche du pape, ornée d'une croix brodée. ETY Du lat. *mulleus (calceus)*, « (soulier) rouge ».

**mule-jenny** *nf* TECH anc Métier à filer le coton. PLUR mule-jennys. PHO [mylzeni] ETY Mot angl.

**1 mulet** *nm* **1** Hybride mâle de l'âne et de la jument. **2** SPORT Dans une course automobile, voiture de réserve. ETY Du lat.

**2 mulet** *nm* Syn. de *muge*. ETY Du lat.

**muléta** *nf* Morceau d'étoffe rouge destiné à exciter le taureau dans les corridas. PHO [muleta] ETY Mot esp. VAR **muleta**

**muletier, ère** *n, a* **A** *n* Personne qui conduit des mulets. **B** *a* Se dit d'un sentier escarpé, peu praticable.

**mulette** *nf* Mollusque lamellibranche qui vit dans les eaux douces. ETY Dimin. de *moule*.

**Mulhacén** point culminant de l'Espagne (3 478 m), dans la sierra Nevada.

**Mülheim an der Ruhr** v. industr. d'Allemagne dans la Ruhr ; 170 390 hab.

**Mulhouse** ch.-l. d'arr. du Haut-Rhin, sur l'Ill ; 112 960 hab. (170 000 hab. dans l'aggl.). Aéroports internationaux de Mulhouse-Bâle et Euro-Airport. – Hôtel de ville (XVI^e^ s.). Musées. DER **mulhousien, enne** *a, n*

**Histoire** Cité impériale en 1273, la ville fit partie de la Décapole (XIV^e^ s.). République indépendante en 1586, elle se réunit à la France en 1798. Elle devint au XIX^e^ s. un des grands centres textiles français.

**mull** *nm* PEDOL Sol non acide (pH 7 env.) dont l'humification est rapide. PHO [myl] ETY Mot all., « mousseline ».

**mulla, mullah** → **mollah.**

**Muller** Hermann (New York, 1890 – Indianapolis, 1967), généticien américain : travaux sur les mutations. Prix Nobel 1946.

**Müller** Paul Hermann (Olten, 1899 – Bâle, 1965), biochimiste suisse. Il mit au point le DDT. Prix Nobel de médecine 1948.

**Müller** Karl Alexander (Bâle, 1927), physicien suisse. Prix Nobel 1987. Travaux sur les supraconducteurs à haute température.

**Müller** Heiner (Eppendorf, Saxe, 1929 – Berlin, 1995), auteur dramatique allemand. Analyste de la classe ouvrière de RDA (*le Chantier*, 1965), il adapta Sophocle, Shakespeare, etc.

**Müller** Herta (Nitzkydorf, Timisoara, 1953), romancière allemande d'orig. roumaine : *la Convocation* (1997). Prix Nobel 2009.

**Mulliken** Robert Sanderson (Newburyport, Massachusetts, 1896 – Arlington, 1986), chimiste américain. Il découvrit la notion d'orbitale atomique. P. Nobel 1966.

**Mullis** Kary Banks (Lenoir, Caroline du N., 1944), généticien américain : travaux sur l'ADN. Prix Nobel de chimie 1993.

**mulon** *nm* Petit tas de sel conservé dans les marais salants. ETY De l'a. fr. *mule*, « meule ».

**mulot** *nm* **1** Rat des bois et des champs (muridé). **2** fam Souris de l'ordinateur. ETY Du lat.

**Mulroney** Brian (Baie-Comeau, 1939), homme politique canadien. Premier ministre (conservateur) de 1984 à 1993.

**mulsion** *nf* Traite des bêtes laitières.

**Multan** v. du Pākistān (Pendjab), sur la Chenāb ; 730 000 hab.

**multi-** Élément, du lat. *multus*, « nombreux ».

**multicarte** *a* Se dit d'un représentant qui travaille pour plusieurs sociétés.

**multicaule** *a* BOT Qui a plusieurs tiges.

**multicausal, ale** *a* Pluricausal. PLUR multicausaux.

**multicellulaire** *a* BIOL Pluricellulaire.

**multicentrique** *a* Se dit d'une expérimentation clinique impliquant plusieurs sites.

**multicolore** *a* Qui présente des couleurs variées.

**multiconfessionnel, elle** *a* didac Où coexistent plusieurs religions.

**multicoque** *nm* Bâteau à plusieurs coques ou flotteurs. *Le trimaran est un multicoque.*

**multicouche** *a* TECH Qui comporte plusieurs couches.

**multicourse** *nf* Suisse Carte de transport donnant droit à plusieurs voyages sur un trajet.

**multicritère** *a* didac Qui fait entrer en jeu plusieurs critères.

**multiculturalisme** *nm* **1** Coexistence de plusieurs cultures dans un pays. **2** Mouvement qui exalte les valeurs multiculturelles. DER **multiculturaliste** *a, n*

**multiculturel, elle** *a* Qui participe de plusieurs cultures. DER **multiculturalité** *nf*

**multidiffusion** *nf* Diffusion d'un programme répétée à différentes heures par une chaîne de télévision. DER **multidiffusé, ée** *a*

**multidimensionnel, elle** *a* Qui comporte plusieurs dimensions, plusieurs niveaux de compréhension.

**multidisciplinaire** *a* Syn. de *pluridisciplinaire.* DER **multidisciplinarité** *nf*

**multiethnique** *a* Constitué de plusieurs ethnies. SYN pluriethnique DER **multiethnicité** *nf*

**multifactoriel, elle** *a* didac Qui résulte de nombreux facteurs. *Krach multifactoriel.*

**multifenêtre** *a* INFORM Qui permet de faire apparaître simultanément plusieurs fenêtres sur l'écran d'un ordinateur.

**multifilaire** *a* TECH Qui comporte plusieurs fils.

**multifilière** *a* didac Qui fait intervenir plusieurs filières.

**multiflore** *a* Qui a de nombreuses fleurs.

**multifonction** *a* didac Qui a plusieurs fonctions. VAR **multifonctionnel, elle** DER **multifonctionnalité** *nf*

**multiforme** *a* Qui a ou qui peut prendre des formes diverses.

**multigestion** *nf* FIN Fait, pour une banque, de proposer des fonds de placement provenant de différents gérants.

**multigrade** *a* LOC TECH *Huile multigrade* : dont la viscosité varie peu avec la température.

**multi-instrumentiste** *n* Musicien qui joue de plusieurs instruments. PLUR multi-instrumentistes.

**multijoueur** *a* Se dit d'un jeu vidéo en ligne qui met en réseau de nombreux joueurs.

**multilatéral, ale** *a* Qui engage plus de deux États. ANT unilatéral. PLUR multilatéraux. DER **multilatéralement** *av*

**multilatéralisme** *nm* POLIT Caractère multilatéral, tendance à agir en consultant ses partenaires. DER **multilatéraliste** *a*

**multilingue** *a* didac Syn. de *plurilingue.*

**multilinguisme** *nm* didac Syn. de *plurilinguisme.* PHO [myltilɛ̃gɥism]

**multimédia** *nm, a* **A** *nm* Technique permettant d'utiliser simultanément et de manière interactive plusieurs moyens audiovisuels tels que textes, sons, images fixes et animées ; équipement, industrie se rapportant à cette technique. **B** *a* **1** Qui utilise plusieurs médias. *Un groupe de communication multimédia.* **2** Qui utilise le multimédia. *Un dictionnaire multimédia.* DER **multimédiatique** *a*

**multimédiatiser** *vt* ① Appliquer les techniques du multimédia. *Multimédiatiser un enseignement.* DER **multimédiatisation** *nf*

**multimètre** *nm* ELECTR Appareil de mesure dont l'écran indique de façon analogique ou numérique la valeur d'une grandeur électrique.

**multimilliardaire** *a, n* Plusieurs fois milliardaire.

**multimillionnaire** *a, n* Plusieurs fois millionnaire.

**multimodal, ale** *a* Qui combine plusieurs modes de transport (rail, route, air, etc.). PLUR multimodaux. DER **multimodalité** *nf*

**multinational, ale** *a, nf* Qui concerne plusieurs nations. PLUR multinationaux. LOC ***Société multinationale*** ou ***une multinationale*** : dont les activités s'exercent dans plusieurs États.

**multinorme** *a* Syn. de *multistandard.*

**multipare** *a, n* **1** ZOOL Se dit d'une femelle qui a plusieurs petits en une seule portée. **2** MED Se dit d'une femme qui a accouché plusieurs fois. ANT nullipare, primipare. DER **multiparité** *nf*

**multipartisan, ane** *a* POLIT Qui réunit plusieurs partis. *Consensus multipartisan.*

**multipartisme** *nm* POLIT Système parlementaire où existent plusieurs partis.

**multipartite** *a* POLIT Qui est constitué de plusieurs partis.

**multiple** *a, nm* **A** *a* **1** Composé, constitué d'éléments différents ; complexe. **2** Qui présente divers aspects. *Activité multiple.* **3** Qui existe en grand nombre. *De multiples cas.* **B** *nm* MATH Nombre égal au produit d'un nombre donné par un nombre entier. *8 est un multiple de 2, et 2 est un sous-multiple de 8.* LOC ***Plus petit commun multiple (PPCM)*** : le plus petit parmi les nombreux multiples que des nombres ont en commun. — GEOM ***Point multiple d'une courbe*** : point par lequel passent plusieurs branches de la courbe. ETY Du lat.

**multiplet** *nm* MATH Association d'éléments appartenant à des ensembles différents.

**multiplex** *a, nm* TELECOM Se dit d'un dispositif permettant de transmettre plusieurs communications avec une seule voie de transmission. ETY Mot lat. « multiple ».

**multiplexage** *nm* Transmission à l'aide d'un multiplex. DER **multiplexer** *vt* ①

**multiplexe** *nm* Complexe de loisirs comprenant de nombreuses salles de cinéma.

**multiplicande** *nm* MATH Nombre que multiplie un autre nombre.

**multiplicateur, trice** *a, nm* **A** *a* Qui multiplie. **B** *nm* MATH Nombre par lequel on multiplie un autre nombre.

**multiplicatif, ive** *a* Qui multiplie. LOC MATH ***Groupe multiplicatif*** : muni d'une loi multiplicative. — ***Loi multiplicative*** : qui confère les propriétés de la multiplication. DER **multiplicativement** *av*

**multiplication** *nf* **1** Augmentation en nombre. *Multiplication des espèces.* SYN accroissement, prolifération. **2** MATH Opération, notée [ × ] ou [·], consistant à additionner à lui-même un nombre (multiplicande), un nombre de fois égal à un autre nombre (multiplicateur). *Table de multiplication.* **3** TECH Rapport des vitesses d'un arbre entraîné et d'un arbre moteur, quand l'arbre moteur tourne moins vite que l'arbre entraîné.

**multiplicité** *nf* Grande quantité.

**multiplier** *v* ② **A** *vt* **1** Augmenter le nombre, la quantité de. SYN accroître. **2** Accumuler. *Multiplier les erreurs.* **3** MATH Faire la multiplication de. *Multiplier 2 par 3.* **B** *vpr* **1** Croître en nombre. *Les obstacles se multipliaient.* **2** Se reproduire. *Animaux qui se multiplient très rapidement.* **3** fig Sembler être en plusieurs lieux à la fois, à force d'activité. ETY Du lat. DER **multipliable** *a*

**multipoche** *a* À plusieurs poches.

**multipolaire** *a* **1** ELECTR Qui comporte plus de deux pôles. **2** fig Qui a de nombreux centres d'intérêts, de décision. *Un monde multipolaire.* DER **multipolarité** *nf*

**multiprise** *nf* Prise de courant qui permet de brancher plusieurs prises. SYN prise multiple.

**multiprocesseur** *nm* INFORM Ordinateur qui possède plusieurs unités centrales.

**multiprogrammation** *nf* INFORM Fonctionnement d'un ordinateur permettant l'exécution simultanée de plusieurs programmes.

**multipropriété** *nf* Forme de copropriété consistant à jouir d'un bien à tour de rôle.

**multiracial, ale** *a* didac Qui comporte plusieurs groupes ethniques. PLUR multiraciaux.

**multirécidiviste** *a, n* Auteur de plusieurs délits.

**multirésistant, ante** *a* BIOL Se dit d'un germe infectieux qui résiste aux traitements habituels. DER **multirésistance** *nf*

**multirisque** *a, nf* Se dit d'une assurance qui couvre des risques de natures différentes.

**multisalariat** *nm* Pratique consistant à travailler pour plusieurs employeurs à la fois.

**multisalles** *a, nm* Qui comporte plusieurs salles. *Cinéma multisalles.* VAR **multisalle**

**multiservice** *a* Qui permet l'accès à plusieurs services.

**multisoupapes** *a* Se dit d'un moteur qui a plus de deux soupapes par cylindre.

**multisport** *a* Qui fait intervenir plusieurs sports. *Stage multisport.*

**multistandard** *a inv, nm* Se dit d'un téléviseur acceptant des normes différentes. SYN multinorme.

**multisupport** *a* Se dit de contrats d'assurance permettant de choisir les actifs dans lesquels on investit (sicav, SCI, FCP, etc.).

**multitâches** *a* Se dit d'un ordinateur qui peut exécuter plusieurs programmes à la fois.

**multithérapie** *nf* Syn. de *polythérapie.*

**multitube** *a* MILIT Se dit d'un canon comportant plusieurs tubes accolés.

**multitubulaire** *a* TECH Qui comporte plusieurs tubes. *Chaudière multitubulaire.*

**multitude** *nf* **1** Grand nombre. *Une multitude de spectateurs.* **2** péjor Le commun des hommes. SYN foule, masse. ETY Du lat.

**multiusage** *a* Qui permet de nombreuses utilisations, multifonctionnel.

**multivarié, ée** *a* didac Se dit d'une méthode d'analyse dans laquelle chaque observation s'appuie sur plusieurs variables aléatoires.

**Mulud** → **Mouloud.**

**Mumbai** → **Bombay.**

**Mummius Lucius** (IIe s. av. J.-C.), général romain. Consul en 146 av. J.-C., il fit de la Grèce une prov. romaine.

**Mun Albert (comte de)** (Lumigny, Seine-et-Marne, 1841 – Bordeaux, 1914), homme politique français. Il fonda la première association ouvrière catholique (1871) et lutta contre le socialisme et l'anticléricalisme. Député monarchiste, il se rallia à la rép. à la demande de Léon XIII. Acad. fr. (1897).

**Munch Edvard** (Løten, 1863 – Ekely, 1944), peintre et graveur norvégien, pionnier influent de l'expressionnisme : *le Cri* (1893).

**Munch Charles** (Strasbourg, 1891 – Richmond, Virginie, 1968), violoniste et chef d'orchestre français.

**Münchhausen Karl Hieronymus (baron von)** (Gut Bodenwerder, 1720 – id., 1797), officier allemand ; engagé dans l'armée russe contre les Turcs en 1740-1741 ; soldat hâbleur popularisé par R. E. Raspe (*les Aventures du baron de Münchhausen*, 1785) et Collin d'Harleville (*Monsieur de Crac dans son petit castel*, 1791).

**munda** *nm* Groupe de langues parlées par les populations tribales de l'Inde centrale et orientale. PHO [munda] VAR **mounda**

**Munda** anc. v. d'Espagne, en Bétique (auj. *Ronda*, prov. de Málaga), où César battit Cneius et Sextus Pompée (45 av. J.-C.).

**Mundas** ensemble d'ethnies aborigènes de l'E. de l'Inde (Orissa, Bihar, etc.). VAR **Moundas** DER **munda** ou **mounda** *a*

**Mundell Robert** (Kingston, Ontario, 1932), économiste canadien, spécialiste des problèmes monétaires. Prix Nobel 1999.

**Mundial** → **Coupe du monde de football.**

**mungo** *nm* Haricot à petit grain, originaire d'Extrême-Orient. PHO [mungo]

**Muni (Río)** ria, large et découpée, du S.-O. de la Guinée équatoriale, qui donne son nom à la partie continentale du pays, recouverte par la forêt vierge.

**Muni Muni Weisenfreund, dit Paul** (Lemberg, Autriche-Hongrie, auj. Lvov, 1897 – Santa Barbara, 1967), acteur américain : *Scarface* (1932), *Je suis un évadé* (id.), *Juarez* (1939).

**Munia (pic de la)** sommet des Pyrénées (3 150 m), à la frontière franco-espagnole.

**Munich** (en all. *München*), v. d'Allemagne, cap. de la Bavière, sur l'Isar ; 1 274 720 hab. ; 3e ville du pays. Grand centre culturel, commercial, financier et industriel. – Archevêché. Université. Cath. du XVe s. Anc. hôtel de ville (XVe s.). Pinacothèque. Glyptothèque. Musée national bavarois. – La ville fut le siège des jeux Olympiques de 1972 (assassinat de 11 athlètes israéliens par un commando palestinien). DER **munichois, oise** *a, n*
**Histoire** Fondé v. 1158 par Henri le Lion sur un territoire occupé par des moines (*Mönchen*, en latin *Monachium*), Munich fut la résidence (1255) des ducs de Wittelsbach, cap. du royaume de Bavière (1806). Un soulèvement révolutionnaire s'y produisit (nov. 1918-mai 1919). En nov. 1923, Hitler tenta un putsch dans cette ville favorable au nazisme. – *Accords de Munich* (29-30 sept. 1938) entre la Grande-Bretagne (Chamberlain), la France (Daladier), l'Allemagne (Hitler) et l'Italie (Mussolini) : pour maintenir la paix, les pays encourageaient l'expansionnisme d'Hitler.

**Munich** l'ancien hôtel de ville (XVe s., style Renaissance) sur la Marienplatz

**munichois, oise** *a, n* HIST Partisan des accords de Munich. PHO [mynikwa, waz]

**municipal, ale** *a, nf pl* **A** *a* Relatif à une commune et à son administration. *Conseil municipal.* PLUR municipaux. **B** *nf pl* Élections municipales. ETY Du lat.

**municipaliser** *vt* 1 Soumettre au contrôle d'une municipalité. DER **municipalisation** *nf*

**municipalité** *nf* **1** Corps d'élus qui administre une commune ; ensemble du maire et de ses adjoints **2** Lieu où siège le conseil municipal ; mairie. **3** Circonscription municipale ; commune.

**municipe** *nm* ANTIQ Cité sous dépendance romaine mais s'administrant elle-même. ETY Du lat. *munia*, « fonctions », et *capere*, « prendre ».

**munificent, ente** *a* D'une grande générosité. ETY Du lat. *munus*, « cadeau », et *facere*, « faire ». DER **munificence** *nf*

**munir** *vt* 3 **1** Pourvoir du nécessaire. *Munir des voyageurs de vivres. Se munir de patience.* **2** Garnir, équiper. *Munir des fauteuils de housses.* ETY Du lat. *munire*, « construire ».

**munitions** *nf pl* Approvisionnement pour les armes à feu (cartouches, obus, grenades, etc.).

**munster** *nm* Fromage de lait de vache, à pâte molle, fabriqué dans les Vosges. PHO [mœstɛʀ] ETY Du n. pr.

**Munster** ch.-l. de cant. du Haut-Rhin (arr. de Colmar), sur la Fecht ; 4 983 hab. Fromages. DER **munstérien, enne** *a, n*

**Munster** prov. du S.-O. de l'Eire ; 24 126 km$^2$ ; 1 008 440 hab. ; ch.-l. *Cork*. rég. de montagnes (alt. max. 1 041 m) et de plaines.

**Münster** v. d'Allemagne (Rhénanie-du-Nord-Westphalie), au cœur du *bassin de Münster* ; 267 630 hab. Centre industriel. – Évêché. Université. Cath. XIIIe s. Hôtel de ville XIVe s. – En 1648 y fut signé le *traité de Münster*, préliminaire de la paix de Westphalie.

**Munténie** (en roumain *Muntenia*), rég. historique de Roumanie ; ville princ. *Bucarest*.

**Munthe Axel** (Oskarshamn, 1857 – Stockholm, 1949), médecin et écrivain suédois : *le Livre de San Michele* (autobiographie romancée évoquant Capri, 1929).

**muntjac** *nm* Petit cervidé aboyeur de petite taille du Sud-Est asiatique. PHO [mœtzak] ETY Du javanais.

**Munychie** → **Mounychia.**

**Münzer Thomas** (Stolberg, Harz, 1489 ? – Mühlhausen, Thuringe, 1525), réformateur religieux allemand ; un des fondateurs de la secte des anabaptistes. Il dirigea la révolte des paysans ; battu par les princes à Frankenhausen (15 mai 1525), il fut décapité. VAR **Müntzer**

**muon** *nm* PHYS NUCL Lepton négatif instable de masse égale à 207 fois celle de l'électron (symb. $\mu^-$). ETY De *mu*, et *électron*.

**muphti** → **mufti.**

**Muqdisho** (anc. *Mogadishu* et, en italien, *Mogadiscio*), cap. de la Somalie, sur l'océan Indien ; 1 300 000 hab.

**Muqi** (XIIIe s.), peintre chinois, moine du chan. Ses œuvres sont le fruit d'une longue contemplation : *les Six Kakis*. VAR **Mu Qi**

**muqueux, euse** *a, nf* MED **A** *a* **1** De la nature du mucus. **2** Qui sécrète du mucus. **B** *nf* ANAT Membrane qui tapisse l'intérieur des organes creux communiquant directement avec l'extérieur, et qui sécrète du mucus.

**mur** *nm* **A 1** Ouvrage de maçonnerie servant à soutenir un plancher ou une charpente (*mur porteur*), ou à cloisonner un espace. **2** Toute barrière. *Un mur de rondins.* **3** fig Limite fictive, obstacle. *Le mur de la vie privée. Il se heurta à un mur de silence.* **4** Page personnelle d'un utilisateur d'un réseau social. *Écrire sur le mur d'un ami.* **B** *nm pl* Enceinte d'une ville ; la ville elle-même. **LOC** fam ***Aller dans le mur*** : mener une action vouée à l'échec. — fam ***Faire le mur*** : sortir en cachette de la caserne, du lycée, etc. — ***Mettre qqn au pied du mur*** : le mettre en demeure de faire qqch. — TECH ***Mur de la chaleur*** : limite au-delà de laquelle l'échauffement aérodynamique dû au déplacement d'un engin risque d'endommager ses structures. — ***Mur d'escalade*** : paroi spécialement aménagée pour la pratique de l'escalade. — AVIAT ***Mur du son*** : ensemble des phénomènes aérodynamiques qui font obstacle au franchissement de la vitesse du son par un avion, un missile, etc. ETY Du lat.

**Mur (la)** riv. d'Autriche, de Slovénie et de Croatie (445 km), affl. de la Drave (r. g.) ; passe à Graz. Nombr. centrales hydroélectriques.

**mûr, mûre** *a* **1** Parvenu à un point de développement qui le rend propre à propager l'espèce ou à être consommé. *Blé, raisin mûr.* **2** Qui est prêt à être réalisé, à remplir une fonction, etc., dans des conditions idéales. *L'affaire n'est pas encore mûre.* **3** Qui a atteint son développe-

**Edvard Munch** *Salle de jeu à Monte-Carlo*, 1892 – Munchmuseet, Oslo

ment complet, physique ou intellectuel. *Homme mûr. Âge mûr.* **4** fam Usée, près de se déchirer, en parlant d'une étoffe. **5** Près de percer, en parlant d'un abcès, d'un bouton. LOC *Après mûre réflexion :* après avoir longuement réfléchi. — fam *Être mûr :* être ivre. — *Être mûr pour qqch :* être en âge, en situation de l'obtenir. ETY Du lat. VAR **mûr, mure**

**Murad** → **Murat.**

**Murad bey** (dans le Caucase, v. 1750 – ?, 1801), chef des Mamelouks que Bonaparte vainquit aux Pyramides (juil. 1798).

**murage** → **murer.**

**Murail** Tristan (Le Havre, 1947), compositeur français expérimental. *Désintégration* (1982), *Vues aériennes* (1987).

**muraille** *nf* **1** Mur épais et assez haut. **2** Construction servant de clôture, de défense ; fortification. SYN rempart, enceinte. **3** MAR Partie de la coque du navire comprise entre la flottaison et le plat-bord. LOC *Muraille de Chine :* obstacle réputé insurmontable.

**Muraille (Grande)** mur de fortification monumental (de 6 à 18 m de hauteur pour une épaisseur de 8 à 10 m) qui part du golfe du Bohai et passe au N. de Pékin pour se prolonger à l'O., en bordure du désert de Gobi (plus de 5 000 km). Érigée au IIIe s. av. J.-C. (dynastie Qin), la Grande Muraille fut modernisée (brique) et achevée sous les Ming (XVe-XVIIe s.). VAR **Muraille de Chine**

la **Grande Muraille**

**Murakami** Haruki (Kobe, 1949), écrivain japonais : *l'Éléphant s'évapore* (nouvelles, 1993).

**1 mural, ale** *a* Qui se fixe, s'applique au mur. *Étagère, peinture murale.* PLUR muraux.

**2 mural** *nm* Bx-ARTS Peinture de grandes dimensions occupant tout l'espace d'un mur extérieur. PLUR murals.

**muralisme** *nm* Courant pictural mexicain qui exprima par des murals des thèmes populaires et didactiques (Orozco, Siqueiros, etc.). DER **muraliste** *a, n*

**Murano** îlot de la lagune de Venise. Fabriques de glaces, dites de Venise, et verreries d'art (dès le XIIIe s.). – Basilique XIIe s.

**Murasaki** Shikibu (?, v. 978 – ?, v. 1015), écrivain japonaise, dame d'honneur à la cour de l'impératrice Shōshi. Elle a laissé un chef-d'œuvre, le *Genji monogatari,* fresque romanesque sur la vie à la cour de l'empereur (à Kyōto), comportant 54 livres.

**Murat** ch.-l. de cant. du Cantal (arr. de Saint-Flour), sur l'Alagnon ; 2 153 hab. Minoterie. – Égl. XVe s. DER **muratais, aise** *a, n*

**Murat** (en français *Amurat*), nom de cinq sultans ottomans. VAR **Murad** — **Murat Ier** (?, vers 1320 – au Kosovo, 1389), sultan de 1359 à 1389 ; il prit Andrinople, dont il fit sa cap. Vainqueur des Serbes dans le Kosovo, il périt durant la bataille. — **Murat II** (Amasya, vers 1401 – Andrinople, 1451), sultan de 1421 à 1451 ; en lutte contre Jean Hunyadi, régent de Hongrie. — **Murat III** (Manisa, 1546 – Istanbul, 1595), sultan de 1574 à 1595 ; ses armées vainquirent les Perses. — **Murat IV** (Istanbul, vers 1609 – id., 1640), sultan de 1623 à 1640 ; il s'empara de Bagdad. — **Murat V** (Istanbul, 1840 – id., 1905), en 1876.

**Murat** Joachim (Labastide-Fortunière, auj. Labastide-Murat, 1767 – Pizzo, Calabre, 1815), maréchal de France (1804), roi de Naples (1808-1815). Fils d'aubergiste, aide de camp de Bonaparte, il épousa en 1800 Caroline Bonaparte. Brillant cavalier, il se distingua notam. à Marengo. Fait roi de Naples par Napoléon Ier, il l'abandonna en 1814, mais le congrès de Vienne lui ôta ses États. Tentant de les reconquérir, il fut pris et fusillé.

**Joachim Murat**

**Muratori** Ludovico Antonio (Vignola, 1672 – Modène, 1750), prêtre et érudit italien : *Annales d'Italie* (1744-1749), *Rerum italicarum scriptores* (1722-1751 ; 25 vol.).

**Murcie** v. d'Espagne méridionale, sur le Segura, 322 900 hab. ; cap. de la communauté autonome et de la Région de l'UE du même nom : 11 317 km$^2$ ; 1 115 000 hab. Centre agricole et industriel. – Université ; musée Salzillo (sculpteur du XVIIIe s.).

**Murcutt** Glenn (Londres, 1936), architecte australien, d'inspiration écologiste.

**Mur des lamentations** mur du temple de Jérusalem devant lequel les juifs viennent prier. C'est un vestige du mur qui soutenait la terrasse du temple d'Hérode.

**Mur des lamentations**

**Murdoch** Jean, Mrs. Bayley, dite Iris (Dublin, 1919 – Oxford, 1999), romancière irlandaise : *le Château de la Licorne* (1963), *l'Élève du philosophe* (1983).

**mûre** *nf* **1** Fruit comestible du mûrier. **2** Fruit comestible de la ronce. ETY Du lat. VAR **mure.**

**Mureaux (Les)** com. des Yvelines (arr. de Mantes-la-Jolie), sur la Seine (r. g.) ; 32 942 hab. Constructions aéronautiques et automobiles. DER **muriautin, ine** *a, n*

**mûrement** *av* Avec une réflexion approfondie. VAR **murement.**

**Murena** Lucius Licinius (Ier s. av. J.-C.), consul romain (62), accusé de brigue ; Cicéron obtint son acquittement.

**murène** *nf* Poisson apode des côtes rocheuses, au corps mince et long, très vorace. ETY Du gr.

**murène**

**murer** *vt* ① **1** Entourer de murs, de murailles. *Murer une ville.* **2** Fermer par une maçonnerie. *Murer une porte.* **3** Enfermer en maçonnant les issues. *Murer un prisonnier.* **4** fig Soustraire à toute influence extérieure. *Murer sa vie privée. Se murer dans son obstination.* DER **murage** *nm*

**Mureş (le)** (en hongrois *Maros*), riv. de Roumanie et de Hongrie (900 km), affl. de la Tisza (r. g.).

**muret** *nm* Mur de faible hauteur. VAR **murette** *nf*

**Muret** ch.-l. d'arr. de la Haute-Garonne, sur la Garonne ; 24 313 hab. Industries. – Égl. XIIe s. Maisons anc. – Les albigeois y furent défaits par Simon de Montfort (1213). DER **murétain, aine** *a, n*

**murex** *nm* Mollusque gastéropode marin dont la coquille est garnie d'épines, de tubercules, et prolongée en siphon tubulaire. *Les Anciens extrayaient la pourpre du murex.* ETY Mot lat.

**murge** *nf* fam Ivresse, soulographie, cuite. DER **se murger** *vpr* ou **être murgé** *v pass*

**Murger** Henri (Paris, 1822 – id., 1861), écrivain français. Sa jeunesse misérable lui inspira les *Scènes de la vie de bohème* (1847-1849) qu'il adapta au théâtre en collab. avec T. Barrière (1851).

**muridé** *nm* ZOOL Rongeur à museau pointu, dont la famille comprend le rat, la souris et le mulot. ETY Du lat. *mus, muris,* « souris ».

**mûrier** *nm* Arbre (moracée) originaire d'Extrême-Orient. LOC *Mûrier blanc :* cultivé pour ses feuilles qui servent de nourriture aux vers à soie et utilisé en ébénisterie et en industr. papetière. — *Mûrier noir :* dont les fruits noirâtres ont des propriétés astringentes. VAR **murier**

**mûrier** blanc

**Murillo** Bartolomé Esteban (Séville, 1618 – id., 1682), peintre espagnol : œuvres religieuses (*l'Immaculée Conception,* v. 1668, cath. de Séville), scènes de genre (*le Jeune Mendiant,* v. 1650, Louvre).

**murin** *nm* Chauve-souris insectivore, commune en Europe.

**mûrir** *v* ③ **A** *vi* **1** Devenir mûr. *Les fruits mûrissent en été.* **2** Acquérir de la sagesse. *Esprit qui mûrit.* **B** *vt* **1** Rendre mûr. *Le soleil mûrit les blés.* **2** Former qqn, lui donner du jugement. *Ces épreuves l'ont mûri.* **3** Mettre au point peu à peu. *Mûrir un projet.* VAR **murir** DER **mûrissage, murissage** ou **mûrissement, murissement** *nm*

**mûrissant, ante** *a* **1** Qui est en train de mûrir. **2** **fig** Se dit d'une personne qui n'est plus jeune. VAR **murissant, ante**

**mûrisserie** *nf* TECH Local où on laisse mûrir certains fruits. VAR **murisserie**

**murmel** *nm* Fourrure de marmotte rappelant la martre ou le vison. ETY Mot all., « marmotte ».

**murmure** *nm* **A** **1** Bruit continu, sourd et confus, de voix humaines. *Murmure d'approbation.* **2** Bruit léger et régulier produit par des eaux qui coulent, le vent dans les feuilles, etc. **B** *nm pl* Plaintes, commentaires plus ou moins malveillants exprimés à mi-voix par des personnes mécontentes. *Des murmures de protestation.* ETY Du lat.

**murmurer** *v* ① **A** *vi, vt* Parler, prononcer à voix basse. *Elle murmurait plus qu'elle ne parlait. Il lui murmura quelques mots à l'oreille.* SYN chuchoter. **B** *vi* **1** Émettre un murmure, un bruit léger et régulier. *Le vent murmure dans le feuillage.* **2** Se plaindre, protester sourdement. **3** Faire des commentaires à voix basse, de bouche à oreille ; jaser. ETY Du lat.

**Murnau** *Nosferatu le Vampire*, 1922, avec Max Schreck

**Murnau Friedrich Wilhelm Plumpe,** dit (Bielefeld, 1888 – Hollywood, 1931), cinéaste allemand, expressionniste ; l'un des maîtres du cinéma muet : *Nosferatu le Vampire* (1922), *le Dernier des hommes* (1924), *Faust* (1926), *l'Aurore* (1927), *Tabou* (avec Flaherty, 1931).

**Bartolomé Esteban Murillo** *le Jeune Mendiant*, v. 1650 – musée du Louvre

**muroise** *nf* Fruit issu de l'hybridation naturelle de la ronce et du framboisier. ETY Nom déposé.

**Muromachi** localité voisine de Kyōtō où étaient installés les shoguns Ashikaga qui, succédant aux Minamoto, gouvernèrent le Japon de 1338 à 1573

**mûron** *nm* Fruit de la ronce, cour. appelé *mûre.* VAR **muron**

**Muroran** v. du Japon (S. d'Hokkaidō), port import. ; 136 210 hab. Sidérurgie.

**Murphy Robert** (New York, 1887 – id., 1973), ornithologue américain. Sa collection d'un million d'oiseaux est exposée dans l'American Museum de New York.

**Murray (le)** grand fl. du S.-E. de l'Australie (2 574 km) ; il naît dans la Cordillère australienne, sépare la Nouvelle-Galles du Sud et l'État de Victoria, et se jette dans l'océan Indien austral.

**Murray Jacques Stuart (comte de)** (?, v. 1531 – Linlithgow, 1570), fils naturel de Jacques V d'Écosse, demi-frère et adversaire de Marie Stuart ; régent d'Écosse (1567-1570), il fut assassiné. VAR **Moray**

**Murray James** (Ballencrief, Écosse, 1721 – Battle, Sussex, 1794), général britannique, premier gouverneur du Canada (1763-1766).

**murrhin** *am* LOC ANTIQ ***Vase murrhin*** **:** vase précieux fabriqué dans une matière irisée.

**mur-rideau** *nm* ARCHI Mur non porteur, largement vitré, qui s'appuie sur une structure de béton ou de métal. PLUR murs-rideaux.

**Murrumbidgee (le)** riv. d'Australie (1 680 km) affl. (r. dr.) du Murray.

**Mururoa** atoll de la Polynésie française (îles Tuamotu) ; 1 000 hab. Centre d'essais nucléaires français de 1966 à 1996.

**musacée** *nf* Monocotylédone tropicale dont la famille comprend le bananier. ETY Du lat.

**Musaddaq** → **Mossadegh.**

**musagète** *am* MYTH Se dit d'Apollon en tant que « conducteur des Muses ». ETY Du gr.

**Musa ibn Nusayr** (La Mecque, v. 640 – id., 718) général arabe. Il conquit le Maghreb jusqu'au Maroc (708) puis l'Espagne, avec l'aide de Tariq ibn Ziyad (711-713).

**Musala (pic)** point culminant de la Bulgarie (2 925 m), dans le massif de la Rhodope.

**musaraigne** *nf* Petit mammifère insectivore au museau pointu (soricidé), dont une espèce, la *musaraigne carrelet*, détruit les insectes, les vers, les limaces. ETY Du lat. *mus*, « rat », et *aranea*, « araignée ».

**musaraigne**

**musard, arde** *a, n* **litt** Flâneur.

**musarder** *vi* ① Flâner. ETY D'un anc. v. *muser*, « rester le museau en l'air », de l'a. fr. *mus*, « museau ». DER **musardise** *nf*

**musc** *nm* **1** Substance très odorante extraite des glandes abdominales du chevrotain porte-musc mâle. **2** Parfum à base de musc. PHO [mysk] ETY Du persan.

**muscade** *nf* **1** Graine du muscadier qui, réduite en poudre, est utilisée comme condiment. *Noix muscade.* **2** Petite boule de liège dont se servent les escamoteurs dans leurs tours. **LOC** ***Passez muscade !*** **:** le tour est joué !

**muscade**

**muscadelle** *nf* Cépage blanc du Sud-Ouest, au parfum légèrement musqué.

**muscadet** *nm* **1** Cépage blanc des vignobles de l'embouchure de la Loire. **2** Vin blanc sec issu de ce cépage.

**muscadier** *nm* Arbuste tropical qui donne un fruit dont l'amande est la noix de muscade.

**muscadin** *nm* HIST Jeune homme qui, après le 9 Thermidor, arbore une élégance recherchée et se parfume au musc. ETY De l'ital.

**muscardin** *nm* Petit rongeur au pelage roux doré, qui construit un nid en boule dans les buissons. ETY De l'ital.

**muscardine** *nf* Maladie mortelle des vers à soie, due à une moisissure. ETY Du provenç.

**muscari** *nm* Plante ornementale (liliacée) à fleurs en grappes bleues ou blanches, à odeur musquée.

**muscarine** *nf* Substance alcaloïde toxique de certains champignons vénéneux. ETY Du lat. *muscaria (amanita)*, « amanite tue-mouches ».

**muscat** *nm* **1** Famille de cépages blancs parfumés, à l'odeur musquée. **2** Vin issu de ces cépages.

**muscaté, ée** *a* Se dit d'un vin qui a le goût de muscat.

**muscidé** *nm* ENTOM Diptère dont la famille comprend les mouches. PHO [myside] ETY Du lat. *musca*, « mouche ».

**muscinée** *nf* BOT Végétal bryophyte appelé couramment *mousse.* PHO [mysine] ETY Du lat. *muscus*, « mousse ».

**muscle** *nm* Organe contractile assurant le mouvement, chez l'homme et chez les animaux. **LOC** **fam** ***Avoir du muscle*** **:** être très fort. ETY Du lat. *musculus*, « petit rat ».

ENC Selon les fibres qui les composent, on distingue : les *muscles rouges striés* (appelés aussi muscles squelettiques, car ils sont en relation avec les os), agents de la mobilité volontaire ; les *muscles lisses*, des viscères, ou involontaires, qui obéissent au système neurovégétatif. Le *muscle cardiaque* doit être classé à part, car il possède des fibres striées d'un type particulier, à contractions involontaires et automatiques. ▶ pl. p. 1086

**musclé, ée** *a* **1** Qui a les muscles volumineux, bien dessinés. *Athlète musclé.* **2** **fig** Qui a du nerf, qui est fort. *Musique musclée.* **3** **fig** Brutal, autoritaire. *Une intervention musclée.*

**muscler** *vt* ① **1** Développer les muscles de qqn. *Faire des exercices pour muscler ses abdominaux.* **2 fig** Renforcer. *Muscler la gestion de l'entreprise.*

**muscovite** *nf* MINER Mica blanc.

**musculaire** *a* Relatif aux muscles.

**musculation** *nf* Développement de la musculature ou de certains groupes musculaires ; ensemble d'exercices spécialement étudiés pour favoriser ce développement.

**musculature** *nf* Ensemble des muscles.

**musculeux, euse** *a* **1** ANAT Composé de fibres musculaires. **2** Qui a une forte musculature.

**musculosquelettique** *a* **LOC** MED ***Troubles musculosquelettiques (TMS)*** **:** troubles affectant les muscles et les os, souvent provoqués par des mouvements répétitifs.

**muse** *nf* **1** (Parfois avec une majuscule.) Poésie. **2 vieilli** Femme qui inspire un poète, un artiste. **LOC litt, plaisant** ***Taquiner la Muse*** **:** composer à l'occasion des poèmes. ETY Du gr.

**museau** *nm* **1** Partie antérieure de la tête de certains animaux (mammifères, sauf le cheval ; poissons) comprenant la gueule et le nez. **2 fam** Visage. **3** CUIS Préparation faite avec la chair cuite de têtes de bœuf ou de porc. ETY Du lat.

**musée** *nm* Lieu public où sont rassemblées des collections d'objets d'art ou des pièces présentant un intérêt historique, scientifique, technique. **LOC** ***Ville musée*** **:** riche en monuments historiques et œuvres d'art. ETY Du gr. *mouseîon*, « temple des Muses ». DER **muséal, ale, aux** *a*

**Muse française (la)** revue littéraire française (juin 1823-juin 1824) qui publia notam. Nodier, Vigny et Hugo.

**muséifier** *vt* ① Faire entrer au musée, transformer en musée. DER **muséification** *nf*

**museler** *vt* ⑰ ou ⑲ **1** Mettre une muselière à un animal. **2 fig** Empêcher de s'exprimer. *Museler la presse.* DER **musèlement** ou **musellement** *nm*

**muselet** *nm* Armature en fil de fer qui tient le bouchon d'une bouteille de vin mousseux.

**muselière** *nf* Appareil que l'on met au museau de certains animaux pour les empêcher de mordre ou de manger.

**muséographie** *nf* Description des musées, étude de leurs collections. DER **muséographe** *n* – **muséographique** *a*

**muséologie** *nf* Ensemble des connaissances scientifiques et techniques concernant la conservation et la présentation des collections des musées. DER **muséologique** *a* – **muséologue** *n*

**muser** *vi* ① **1 litt** Perdre son temps à des riens. **2 Belgique** Fredonner. ETY De l'a. fr. *mus*, « museau ».

**muserolle** *nf* TECH Partie de la bride qui se place au-dessus du nez du cheval. ETY De l'ital. VAR **muserole**

**Muses (les neuf)** les neuf déesses, filles de Zeus et de Mnémosyne, qui protégeaient les arts : Calliope était la Muse de la poésie épique, Clio de l'histoire, Érato de l'élégie, Euterpe de la musique, Melpomène de la tragédie, Polymnie de la poésie lyrique, Terpsichore de la danse, Thalie de la comédie et Uranie de l'astronomie.

**1 musette** *nf* **1** Instrument de musique populaire, sorte de cornemuse. **2** Air fait pour la musette. **3** Sac en toile que l'on peut porter en bandoulière. **LOC** ***Bal musette*** **:** bal populaire. ETY De l'a. fr. *muser*, « jouer de la muse ».

**2 musette** *nf* Musaraigne.

**muséum** *nm* Musée consacré aux sciences naturelles. PHO [myzeɔm] ETY Mot lat.

**Muséum national d'histoire naturelle** établissement scientifique français, fondé à Paris, en 1635, par Gui de La Brosse et nommé *Jardin du roi* jusqu'en 1793. Le Jardin des Plantes, le zoo de Vincennes, le musée de l'Homme en dépendent.

**Museum of Modern Art (MOMA)** musée d'art moderne de New York fondé en 1929.

**Musharraf** Pervez (Delhi, 1943), général pakistanais. Il renverse le Premier ministre Nawaz Sharif en 1999 et se proclame Prés. en 2001. Il est réélu en 2007 mais démissionne en 2008.

**musher** *nm* Conducteur de chiens de traîneau. PHO [mυʃɛʀ] ETY Mot amér.

**musical, ale** *a* **1** Relatif à la musique. *Composition musicale.* **2** Où l'on donne de la musique. *Soirée musicale.* **3** Qui a le caractère de la musique ; harmonieux, chantant. *Phrase musicale.* PLUR musicaux. **LOC** ***Avoir l'oreille musicale*** **:** être apte à saisir, à reconnaître les sons musicaux et leurs combinaisons. DER **musicalité** *nf*

**musicalement** *av* **1** D'une façon musicale, harmonieuse. **2** Conformément aux règles de la musique. **3** Pour ce qui est de la musique.

**music-hall** *nm* Établissement où se donnent des spectacles de variétés ; ce genre de spectacle. PLUR music-halls. PHO [myzikol] ETY Mot angl., « salle de musique ».

**musicien, enne** *n, a* **1** Personne qui connaît, pratique l'art de la musique. **2** Personne dont la profession est de composer ou de jouer de la musique.

**musicographie** *nf* Art, travail de celui qui écrit sur la musique. DER **musicographe** *n* – **musicographique** *a*

**musicologie** *nf* Étude de la musique dans ses rapports avec l'histoire, l'art, l'esthétique. DER **musicologique** *a* – **musicologue** *n*

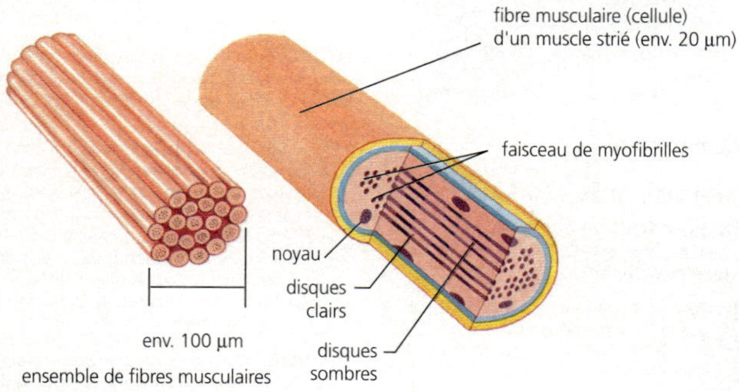


**muscle**

**musicothérapie** *nf* PSYCHIAT Utilisation de la musique à des fins thérapeutiques. DER **musicothérapique** *a*

**Musigny** vignoble réputé de la Côte-d'Or (com. de Chambolle-Musigny, arr. de Dijon).

**Musil** Robert von (Klagenfurt, 1880 – Genève, 1942), écrivain autrichien : *les Désarrois de l'élève Törless* (roman, 1906) ; *les Exaltés* (drame, 1921) ; *Trois Femmes* (nouvelles, 1924). Son roman *l'Homme sans qualités* (1930-1933, 1943 et 1952, inachevé) est l'une des grandes œuvres du XXe siècle.

**Robert von Musil**

**musique** *nf* **1** Art de combiner les sons suivant certaines règles. **2** Ensemble des productions de cet art ; œuvre musicale. *Musique religieuse.* **3** Musique écrite. *Savoir déchiffrer la musique.* **4** Société de musiciens exécutant de la musique ensemble. **5 fig** Suite de sons qui produisent une impression agréable. *La musique d'une source.* **LOC** ***C'est toujours la même musique*** **:** toujours la même chose, en parlant de qqch qu'on désapprouve. — ***Connaître la musique*** **:** savoir à quoi s'en tenir. — **fam** ***En avant la musique !*** **:** allons-y ! — **fig, fam** ***Mettre en musique*** **:** organiser qqch dans les moindres détails. *Mettre en musique les décisions de la direction.* — **Canada, Suisse** ***Musique à bouche*** **:** harmonica. — ***Réglé comme du papier à musique*** **:** très bien organisé, méthodique ; qui se produit inévitablement. ETY Du gr. *mousikê*, « art des Muses ».

**Musique pour cordes, percussion et célesta** œuvre de Béla Bartók (1936).

**musiquette** *nf* **péjor** Musique facile, sans valeur.

**musli** → **muesli.**

**musoir** *nm* TECH Extrémité arrondie d'une digue, d'une jetée. ETY De *museau.*

**musophage** *nm* Oiseau (musophagidé) cuculiforme d'Afrique, qui se nourrit de bananes. ETY Du lat. bot. *musa*, « banane ».

**musqué, ée** *a* **1** Parfumé au musc. **2** Dont l'odeur rappelle le musc. *Poire musquée.* **LOC** ZOOL ***Bœuf musqué*** **:** ovibos. — ***Canard musqué*** **:** canard de Barbarie. — ***Rat musqué*** **:** ondatra.

**Musset** Alfred de (Paris, 1810 – id., 1857), écrivain français. Admis dans le cénacle romantique de Nodier, il publia en 1830 un vol. de vers, *Contes d'Espagne et d'Italie.* En 1833, il partit pour l'Italie avec George Sand. Il en revint seul. Son désespoir lui inspira *les Nuits* (1835-1837) et un roman autobiographique, *la Confession d'un enfant du siècle* (1836). Jusqu'en 1839, il écrivit de nombr. pièces, destinées uniquement à la lecture. Puis il sombra dans l'alcoolisme et la paresse. En 1852, il réunit son œuvre poétique dans *Premières poésies* (1829-1835) et *Nouvelles poésies* (1835-1852) ; en 1853, son théâtre, dans *Comédies et Proverbes : les Caprices de Marianne* (1833), *Fantasio* (1834), *On ne badine pas*

**Alfred de Musset**

violon et son archet
violoncelle et son archet
contrebasse et son archet
guitare classique
guitare basse
harpe
piano droit
piano à queue
flûte traversière
hautbois
clarinette
basson
saxophone alto
trompette
cornet à pistons
clairon
cor d'harmonie
tuba
trombone à coulisse
cymbales
tambour
timbale
grosse caisse
batterie
triangle
gong
xylophone
orgue
accordéon

*avec l'amour* (1834), *Lorenzaccio* (1834), *Il ne faut jurer de rien* (1836), etc. Acad. fr. (1852).

**mussif** *am* LOC TECH *Or mussif :* bisulfure d'étain, rappelant l'or par sa couleur et utilisé en dorure. ETY De l'a. fr.

**mussipontain → Pont-à-Mousson.**

**mussitation** *nf* MED Mouvement des lèvres sans production de son, symptomatique de certaines affections cérébrales. ETY Du lat. *mussitare*, « parler à voix basse ».

**Mussolini** Benito (près de Dovia di Predappio, Romagne, 1883 – Giulino di Mezzegra, Côme, 1945), homme politique italien. Socialiste, il fut rédacteur en chef d'*Avanti !* (1912-1914), puis fonda *Il Popolo d'Italia*, qui prônait l'entrée en guerre de l'Italie aux côtés des Alliés. En 1919, il créa les premiers Faisceaux italiens de combat, dont il était le Duce (le « chef »). Dans un pays en proie à une crise totale, le parti fasciste fut soutenu par la bourgeoisie. En 1922 (V. Rome [marche sur]), le roi lui confia le pouvoir ; celui-ci devint dictatorial dès 1924. En 1936, après la conquête de l'Éthiopie, Mussolini s'allia au IIIe Reich (axe Rome-Berlin) et, en juin 1940, se lança dans la guerre. Les désastres militaires conduisirent les dirigeants fascistes à l'emprisonner (juil. 1943). Délivré par les Allemands (sept.), il instaura en Italie du N. (Salo) une « République sociale italienne ». Pris par les partisans antifascistes le 27 avril 1945, il fut fusillé le 28. DER **mussolinien, enne** *a, n*

Mussolini

**must** *nm* fam Ce qu'il faut faire ou avoir pour être à la mode, ce qu'il y a de mieux. PHO [mœst] ETY Mot angl., « nécessité ».

**Mustafa I^er^** (Manisa, 1591 – Istanbul, 1639), sultan ottoman. Bien que faible d'esprit, il accéda au trône en 1617 et en 1622, mais fut déposé en 1618 et en 1623. — (Andrinople, 1664 – Istanbul, 1703), sultan de 1695 à 1703 ; déposé par les janissaires. — (Istanbul, 1717 – id., 1774), sultan de 1757 à 1774 ; vaincu par Catherine de Russie (1768).

**Mustafa Kemal → Kemal.**

**Mustaghanim → Mostaganem.**

**mustang** *nm* Cheval importé d'Europe et redevenu sauvage, dans l'ouest des États-Unis. PHO [mystɑ̃g] ETY De l'esp. *mestengo*, « sans maître ».

**mustélidé** *nm* ZOOL Mammifère à fourrure, carnivore, pourvu de glandes à musc. *L'hermine, la belette, la loutre, la fouine, le putois, le vison sont des mustélidés.* ETY Du lat. *mustela*, « belette ».

**musulman, ane** *a, n* **A** *n* Qui professe la religion islamique. **B** *a* De la religion islamique. ETY De l'ar. *moslem*, « qui s'est soumis ».

**mutabilité** *nf* **1** litt Caractère de ce qui peut changer. **2** BIOL Caractère de ce qui peut subir une mutation.

**mutable → muter 1.**

**mutage → muter 2.**

**mutagène** *a* BIOL Qui produit une mutation.

**mutagenèse** *nf* BIOL Formation d'une mutation.

**Mutanabbi (Al-)** (Kufah, 915 – Bagdad, 965), poète arabe, au style précieux. Il fut assassiné.

**mutant, ante** *n, a* **1** BIOL Se dit d'un être vivant qui subit ou qui a subi une ou plusieurs mutations. **2** Se dit d'un personnage de science-fiction qui subit une mutation.

**Mutapa → Monomotapa.**

**Mutare** (anc. *Umtali*), v. de l'E. du Zimbabwe ; 187 600 hab. ; ch.-l. de prov.

**mutarotation** *nf* CHIM Évolution du pouvoir rotatoire spécifique d'une solution optiquement active.

**mutation** *nf* **1** Changement. **2** Remplacement d'une personne par une autre, changement d'affectation. *Mutation d'un fonctionnaire.* **3** BIOL Modification du génome d'un être vivant, apparaissant brusquement et se transmettant aux générations suivantes. **4** DR Transmission de la propriété. DER **mutationnel, elle** *a*

**mutationnisme** *nm* BIOL Théorie émise en 1901 par H. De Vries, qui explique l'évolution des êtres vivants par les mutations. DER **mutationniste** *a, n*

**mutatis mutandis** *av* En faisant les changements nécessaires. PHO [mytatismytɑ̃dis] ETY Mots lat.

**mutazilite → moutazilite.**

**1 muter** *v* ① **A** *vt* Changer qqn d'affectation. **B** *vi* BIOL Subir une mutation. ETY Du lat. *mutare*, « changer ». DER **mutable** *a* – **mutabilité** *nf*

**2 muter** *vt* ① Arrêter la fermentation du jus de raisin en y ajoutant de l'alcool ou de l'anhydride sulfureux. ETY De *muet*. DER **mutage** *nm*

**Muti** Riccardo (Naples, 1941), chef d'orchestre italien.

**mutilation** *nf* **1** Amputation accidentelle d'un membre, d'une partie du corps. **2** Dégradation. *Mutilation d'une œuvre d'art.* **3** Suppression fâcheuse d'une partie d'un tout, partic., retranchement d'un passage d'un ouvrage.

**mutiler** *vt* ① **1** Amputer d'un membre, infliger une blessure grave qui porte atteinte irréversiblement à l'intégrité physique. *Ancien combattant mutilé d'un bras.* **2** Détériorer gravement, tronquer. *Mutiler une sculpture. Mutiler la vérité.* DER **mutilant, ante** *a* – **mutilateur, trice** *a, n* – **mutilé, ée** *n*

**mutin, ine** *n, a* **A** *n* Personne qui est entrée en rébellion ouverte contre un pouvoir établi. **B** *a* Espiègle. ETY De l'a. fr. *meute*, « émeute ».

**mutiner (se)** *vpr* ① Refuser d'obéir au pouvoir hiérarchique ; se révolter. *Les soldats se sont mutinés.* DER **mutinerie** *nf*

**mutisme** *nm* **1** PSYCHIAT Attitude de celui qui ne peut pas parler, déterminée par des facteurs psychologiques (névrose, psychose). **2** Attitude de celui qui refuse de parler, de s'exprimer ou qui est contraint au silence. *Le mutisme des autorités sur cette affaire.* ETY Du lat. *mutus*, « muet ». DER **mutique** *a*

**mutité** *nf* Impossibilité physiologique de parler, déterminée par des lésions des centres cérébraux du langage articulé, des organes phonateurs, ou par suite de surdité *(surdimutité)*.

**Mutsuhito → Meiji tennō.**

**Mutter** Anne-Sophie (Rheinfelden, Bade-Wurtemberg, 1963), violoniste allemande.

**Muttra → Mathurā.**

**mutualiser** *vt* ① Partager qqch en le faisant passer à la charge d'une collectivité solidaire. *Mutualiser une dépense.* DER **mutualisation** *nf*

**mutualisme** *nm* ECON Doctrine qui préconise la mutualité.

**mutualiste** *a, n* **A** *a* Relatif au mutualisme ; fondé sur ses principes. *Société mutualiste.* **B** *n* Membre d'une mutuelle.

**mutualité** *nf* Système de solidarité sociale (assurance, prévoyance) fondé sur l'entraide mutuelle des membres cotisants groupés au sein d'une même société à but non lucratif.

**mutuel, elle** *a, nf* **A** *a* **1** Réciproque, fondé sur un ensemble d'actes, de sentiments qui se répondent. *Haine mutuelle.* **2** Fondé sur les principes de la mutualité. *Société d'assurance mutuelle.* **B** *nf* Société mutualiste. ETY Du lat. *mutuus*, « réciproque ». DER **mutuellement** *av*

**mutule** *nf* ARCHI Ornement de la corniche dans l'ordre dorique, sous le larmier. ETY Du lat.

**Muybridge** Edward Muggeridge, dit Eadweard (Kingston-on-Thames, 1830 – id., 1904), photographe américain qui, comme Marey, décomposa le mouvement (galop du cheval, notam.).

**MW** Symbole du mégawatt.

**Mwanza** v. de Tanzanie, sur le lac Victoria ; 252 000 hab. ; ch.-l. de rég. Centre industriel.

**Mweru → Moero.**

**Mx** PHYS Symbole du maxwell.

**my(o)-** Élément, du gr. *mus*, « muscle ».

**myalgie** *nf* MED Douleur musculaire. DER **myalgique** *a, n*

**Myanmar** nom birman de la Birmanie.

**myasthénie** *nf* MED Affection musculaire caractérisée par une fatigabilité anormale des muscles volontaires, avec épuisement de la force musculaire. DER **myasthénique** *a, n*

**myatonie** *nf* Absence de tonus musculaire.

**myc(o)-, -myce, -mycète** Éléments, du gr. *mukês*, « champignon ».

**Mycale (cap)** cap de la côte d'Asie Mineure (Ionie), sur le détroit de Samos. Les Grecs y détruisirent la flotte perse en 479 av. J.-C.

**mycélium** *nm* BOT Appareil végétatif des champignons, formé de filaments plus ou moins ramifiés, cloisonnés (hyphes) ou non (siphons). PHO [miseljɔm] DER **mycélien, enne** *a*

**mycène** *nm* BOT Champignon basidiomycète à lamelles, à spores blanches, très grêle, comestible mais sans intérêt culinaire. ETY Du gr.

**Mycènes** (en gr. *Mykênai* ou *Mikines*), anc. ville de Grèce au N.-E. d'Argos (Argolide), royaume d'Atrée, puis d'Agamemnon. Occupée dès le IIIe millénaire, la bourgade reçut au déb. du IIe millénaire une population achéenne (grecque) qui recueillit l'héritage des peuples préhelléniques et, sous l'influence crétoise, développa une civilisation brillante (XVIe-XIII[e] s. av. J.-C.), que, v. 1200 av. J.-C., l'invasion dorienne détruisit brutalement. En 1876, l'Allemand H. Schliemann commença de mettre au jour ses rui-

**Mycènes** la porte des Lionnes

nes : *trésor d'Atrée* (v. 1330 av. J.-C.), vaste salle funéraire ; *porte des Lionnes* (v. 1300-1200 av. J.-C.), *acropole*. DER **mycénien, enne** *a, n*

**mycénien** *nm* Langue grecque archaïque.

**myciculture** *nf* Culture des champignons. DER **mycicole** *a* – **myciculteur, trice** *n*

**mycobactérie** *nf* BIOL Bactérie ayant des caractères proches de certains champignons.

**mycoderme** *nm* BOT Levure qui se forme en voile à la surface des liquides fermentés ou sucrés. LOC *Mycoderme acétique* : qui transforme le vin en vinaigre.

**mycologie** *nf* didac Partie de la botanique qui a pour objet l'étude des champignons. DER **mycologique** *a* – **mycologue** *n*

**mycophage** *a, n* Qui a l'habitude de consommer des champignons. *Populations mycophages.* DER **mycophagie** *nf*

**mycoplasme** *nm* BIOL Bactérie polymorphe de petite taille, dépourvue de paroi et parfois pathogène pour l'homme.

**mycorhization** *nm* BOT Transformation d'une plante cultivée par association avec un mycorhize. DER **mycorhizer** *vt* 1

**mycorhize** *nm* BOT Champignon associé par symbiose aux racines d'un végétal. DER **mycorhizien, enne** *a*

**mycose** *nf* MED Affection due à un champignon parasite. DER **mycosique** *a*

**mycosis** *nm* LOC *Mycosis fongoïde* : grave maladie de peau produisant des lésions proches de l'eczéma.

**mycotoxine** *nf* Toxine provenant d'un champignon ou d'une moisissure.

**mydriase** *nf* MED Dilatation de la pupille, spontanée, pathologique ou provoquée par des médicaments. ETY Du gr. DER **mydriatique** *a*

**mye** *nf* ZOOL Mollusque marin bivalve, comestible, qui vit enfoui dans le sable ou la vase. PHO [mi] ETY Du gr. *muax*, « moule ».

**myél(o)-, -myélite** Éléments du gr. *muelos*, « moelle ».

**myélencéphale** *nm* ANAT Cinquième et dernière partie de l'encéphale, qui correspond au bulbe rachidien. DER **myélencéphalique** *a*

**myéline** *nf* ANAT Substance constituée principalement de lipides et qui forme l'essentiel de la gaine du cylindraxe de certaines cellules nerveuses. DER **myélinique** *a*

**myélite** *nf* MED Inflammation de la moelle épinière.

**myéloblaste** *nm* BIOL Cellule souche des myélocytes dont dérivent les leucocytes polynucléaires.

**myélocyte** *nm* BIOL Cellule jeune de la moelle osseuse, précurseur des leucocytes polynucléaires.

**myélogramme** *nm* MED Détermination de la nature et du pourcentage des différentes cellules qui constituent la moelle osseuse.

**myélographie** *nf* MED Radiographie de la moelle épinière après injection dans le canal rachidien d'un produit opaque aux rayons X.

**myéloïde** *a* MED Relatif à la moelle osseuse.

**myélome** *nm* MED Tumeur maligne caractérisée par une prolifération de cellules médullaires. SYN maladie de Kahler.

**myélopathie** *nf* MED Affection de la moelle épinière ou osseuse.

**myélosarcome** *nm* MED Sarcome de la moelle osseuse.

**mygale** *nf* Grosse araignée venimeuse des régions tropicales, qui creuse un terrier qu'elle ferme par un opercule. ETY Du gr. *mugalê*, « musaraigne ».

**mygale**

**myiase** *nf* MED VET Maladie parasitaire due à des larves de mouches.

**Myingyan** v. de Birmanie, sur l'Irrawaddy, au S.-O. de Mandalay ; 220 130 hab.

**Mykérinos** (v. 2500 av. J.-C.), l'un des derniers pharaons de la IVe dynastie ; il bâtit la plus petite des pyramides de Gizeh.

**Mykolaïv** (anc. *Nikolaïev*), v. et port d'Ukraine sur la mer Noire et l'estuaire du Bug ; 509 000 hab. ; ch.-l. de prov.

**Mykonos** une des Cyclades (Grèce), au N.-E. de Délos ; 85 km$^2$ ; 3 500 hab. Touristique.

**mylar** *nm* Fibre de polyester fournissant des films très fins et très résistants. ETY Nom déposé.

**mylonite** *nf* GEOL Roche à grain très fin, du fait de l'écrasement tectonique.

**myo-** → **my(o)-.**

**myoblaste** *nm* BIOL Cellule dont dérivent les fibres musculaires.

**myocarde** *nm* ANAT Tunique du cœur, constituée de fibres musculaires striées. DER **myocardique** *a*

**myocardie** *nf* MED Atteinte du myocarde aboutissant à une insuffisance cardiaque.

**myocardiopathie** *nf* MED Maladie du myocarde. SYN cardiomyopathie.

**myocardite** *nf* MED Atteinte inflammatoire du myocarde, due à un rhumatisme articulaire aigu, à une infection virale, etc.

**myocastor** *nm* Autre nom du *ragondin*. VAR **myopotame**

**myoclonie** *nf* PHYSIOL Contraction musculaire brève et involontaire.

**myofibrille** *nf* BIOL Filament protéique contractile contenu dans le cytoplasme des fibres musculaires.

**myoglobine** *nf* BIOL Protéine du tissu musculaire dont la structure, proche de celle de l'hémoglobine, permet le stockage de l'oxygène.

**myogramme** *nm* PHYSIOL Courbe obtenue à l'aide d'un myographe.

**myographe** *nm* PHYSIOL Appareil servant à enregistrer la contraction d'un muscle. DER **myographie** *nf*

**myologie** *nf* didac Partie de l'anatomie qui traite des muscles.

**myome** *nm* MED Tumeur bénigne formée de tissu musculaire.

**myopathie** *nf* MED Affection du tissu musculaire, acquise ou congénitale, d'origine métabolique, neurologique, endocrinienne ou toxique. DER **myopathe** *a, n*

**myope** *a, n* **1** Dont la vision des objets lointains est trouble, à cause d'un défaut optique du cristallin qui forme l'image de l'objet en avant de la rétine. **2** fig Peu perspicace, borné. ETY Du gr. *muôps*, « qui cligne des yeux ». DER **myopie** *nf*

**myopotame** → **myocastor.**

**myorelaxant, ante** *a, nm* MED Se dit d'un produit qui favorise la relaxation musculaire. SYN décontracturant.

**myosine** *nf* BIOCHIM Protéine musculaire qui joue un rôle enzymatique important dans la contraction musculaire.

**myosis** *nm* MED Diminution du diamètre de la pupille. PHO [mjɔzis] ETY Du gr. *muein*, « cligner de l'œil ».

**myosite** *nf* MED Affection inflammatoire du tissu musculaire.

**myosotis** *nm* Petite plante (borraginacée) à feuilles velues et à fleurs bleues, blanches ou roses, appelée aussi *ne-m'oubliez-pas* et *oreille-de-souris*. PHO [mjɔzɔtis] ETY Du gr. *mus*, « souris », et *otos*, « oreille ».

**myosotis** des marais

**myostatine** *nf* BIOCHIM Protéine responsable de la résorption musculaire.

**myotique** *a, nm* PHARM Se dit d'une substance qui provoque le myosis et diminue la tension intraoculaire.

**myotonie** *nf* MED Difficulté anormale à décontracter ses muscles.

**Myrdal Karl Gunnar** (Gustafs, 1898 – Stockholm, 1987), économiste et homme politique suédois : travaux sur le tiers-monde (*le Défi du monde pauvre,* 1970). Prix Nobel 1974. — **Alva** (Uppsala, 1902 – Stockholm, 1986), épouse du préc. Prix Nobel de la paix 1982 pour son action en faveur des femmes, des handicapés et du tiers-monde.

**myria-, myrio-** Éléments du gr. *murias*, « dizaine de mille ».

**myriade** *nf* Quantité immense et incommensurable.

**myriapode** *nm* ZOOL Arthropode terrestre dont le corps est formé d'un grand nombre de segments portant chacun une ou deux paires de pattes. SYN mille-pattes.

**myriophylle** *nm* BOT Plante d'eau douce dont les feuilles ont la forme de fines lanières.

**myrmécologie** *nf* Étude scientifique des fourmis. ETY Du gr. *murmêx*, « fourmi ». DER **myrmécologue** *n*

**myrmécophage** *a, nm* Se dit des animaux qui se nourrissent de fourmis tels les fourmiliers.

**myrmécophile** *a* Se dit des plantes et des animaux qui vivent en contact étroit avec les fourmis.

**myrmidon** *nm* vx Homme chétif, de petite taille. ETY Du n. d'un peuple. VAR **mirmidon**

**Myrmidons** anc. peuple de Thessalie qui, selon la légende, serait issu de fourmis que Zeus transforma en êtres humains.

**myrobolan** *nm* vx Fruit desséché de divers arbres de l'Inde, autref. utilisé en pharmacie. ETY Du gr. *muron*, « parfum », et *balanos*, « gland ».

**Myron** (Éleuthères, Béotie, prem. moitié du V^e^ s. av. J.-C.), sculpteur grec, auteur du *Discobole*, dont nous ne possédons que des copies (à Rome et à Londres). ▶ illustr. **discobole**

**myroxylon** *nm* BOT Légumineuse arborescente d'Amérique du Sud dont la résine sert à la préparation de baumes. ETY Du gr. *muron*, « parfum », et *xulon*, « bois ».

**myrrhe** *nf* Gomme résine aromatique produite par un arbre d'Arabie, utilisée dans la préparation de certains cosmétiques et produits pharmaceutiques. PHO [miʀ] ETY Du gr.

**myrtacée** *nf* BOT Dicotylédone dialypétale, dont la famille comprend l'eucalyptus, le giroflier, etc.

**myrte** *nm* Arbuste ornemental méditerranéen à feuilles persistantes coriaces, à fleurs blanches odorantes et à baies bleu-noir comestibles. ETY Du gr.

**myrtiforme** *a* ANAT Qui a la forme des feuilles du myrte (en fer de lance).

**myrtille** *nf* Arbrisseau (éricacée) à fleurs blanches, poussant dans les forêts de montagne, aux baies bleu-noir comestibles ; fruit de cet arbrisseau.

**Mysie** anc. région du N.-O. de l'Asie Mineure, comprenant les villes de Pergame, Cyzique, Lampsaque, etc.

**Mysore** v. de l'Inde (Karnātaka), dans le S. du Dekkan ; 650 000 hab. Industries. – Temples

**myrte**

(XII^e^-XIV^e^ s.). – La ville fut la capitale de l'*État de Mysore*, auj. Karnātaka. VAR **Maisūr**

**mystagogue** *nm* ANTIQ GR Prêtre qui initiait aux mystères sacrés. ETY Du gr. *mustês*, « initié », et *agein*, « conduire ». DER **mystagogie** *nf*

**mystère** *nm* **1** ANTIQ Doctrine religieuse révélée aux seuls initiés ; cérémonies du culte se rapportant à ces doctrines. **2** THEOL Dogme révélé

**MYTHOLOGIE : GRANDES DIVINITÉS HELLÉNIQUES ET DIVINITÉS LATINES LEUR CORRESPONDANT**

| *divinités helléniques* | *divinités italiques et latines* | |
|---|---|---|
| **Amphitrite** | **Amphitrite** | déesse de la Mer |
| **Aphrodite** | **Vénus** | déesse de la Beauté et de l'Amour |
| **Apollon ou Phoïbos** | **Apollon ou Phébus** | dieu de la Lumière, de la Divination, de la Musique et de la Poésie, protecteur des Muses (musagète) |
| **Arès** | **Mars** | dieu de la Guerre |
| **Artémis** | **Diane** | déesse de la Chasse |
| **Asclépios** | **Esculape** | dieu de la Médecine |
| **Athéna** | **Minerve** | déesse de l'Intelligence, de la Raison, des Arts, de la Littérature et de l'Industrie |
| **Cronos** | **Saturne** | Titan, père de Zeus |
| **Cybèle** | **Cybèle** | déesse de la Fécondité (divinité d'origine phrygienne) |
| **Déméter** | **Cérès** | déesse de la Terre cultivée |
| **Dionysos** | **Liber, Bacchus** | dieu de la Vigne, du Vin, du Délire extatique |
| **Enyo** | **Bellone** | déesse de la Guerre |
| **Éos** | **Aurore** | déesse de l'Aurore |
| **Éris** | **Discorde** | déesse mère de tous les fléaux |
| **Éros** | **Cupidon** | fils d'Aphrodite, dieu de l'Amour |
| **Gaia ou Gê** | **Tellus** | déesse personnifiant la Terre en voie de formation ; ancêtre maternel des dieux et des monstres |
| **Hadès ou Ploutôn** | **Pluton, Dis Pater** | dieu des Enfers, régnant sur les morts ; dieu des richesses de la Terre |
| **Hébé** | **Juventus** | déesse de la Jeunesse |
| **Héphaïstos** | **Vulcain** | dieu du Feu, des Forges et des potiers |
| **Héra** | **Junon** | déesse du Mariage, protectrice des femmes mariées |
| **Hermès** | **Mercure** | dieu messager des Olympiens, guide des voyageurs, conducteur des âmes des morts (psychopompe) ; protecteur des marchands, des voleurs et des orateurs |
| **Hestia** | **Vesta** | déesse du Foyer domestique |
| **Hygie** | **Salus** | déesse de la Santé |
| **Ino ou Leucothéa** | **Mater Matuta** | déesse marine bienfaisante |
| **Iris** | **Iris** | déesse messagère des Olympiens ; personnification de l'arc-en-ciel |
| **Léto** | **Latone** | mère d'Apollon et d'Artémis (associée au culte de ses enfants) |
| **Pan** | **Faunus, Sylvain** | dieu des bergers d'Arcadie, divinité de la Fécondité, puis incarnation de l'Univers |
| **Perséphone ou Coré** | **Proserpine** | reine des Enfers |
| **Poséidon** | **Neptune** | dieu des Mers, de l'Élément liquide et des Tremblements de terre |
| **Priape** | **Priape** | dieu protecteur des vergers et des vignobles ; personnification de la virilité |
| **Renommée ou Phêmê** | **Fama ou Rumor** | déesse allégorique, messagère de Zeus |
| **Rhéa** | **Rhéa Cybèle** | Titanide, mère de Zeus |
| **Satyres** | **Faunes** | demi-dieux champêtres et forestiers associés au culte de Dionysos ; âgés, on les appelle Silènes |
| **Séléné** | **Luna** | déesse de la Lune assimilée à Artémis |
| **Silène** | **Silène** | père nourricier de Dionysos |
| **Thanatos** | **Orcus** | dieu ou messager de la Mort |
| **Zeus** | **Jupiter** | divinité suprême du panthéon des Anciens, dieu des phénomènes physiques (foudre, pluie, cycle des saisons), puis ordonnateur et intelligence du monde ; dieu justicier protecteur des serments |

du christianisme, inaccessible à la raison. **3** Ce qui n'est pas accessible à la connaissance humaine. *Les mystères du cœur humain.* **4** Ce qui est inconnu, incompréhensible. *Percer un mystère.* **5** Ce qui est tenu secret. *Les mystères de la politique.* **6** Ensemble des précautions dont on s'entoure pour tenir une chose secrète. *Faire des mystères.* **7** Crème glacée avec de la meringue et des amandes pilées. **8** LITTER Drame religieux joué au Moyen Âge sur le parvis des églises. ETY Du gr. *mustês,* « initié ».

**Mystères de New York (les)** (en angl. *Exploits of Elaine*), feuilleton (1915) du cinéaste américain d'orig. française Louis Gasnier (1878 – 1963), avec Pearl White (1898 – 1938).

**Mystères de Paris (les)** roman-feuilleton d'Eugène Sue (1842-1843).

**mystérieux, euse** *a* **1** Qui est de la nature du mystère, qui contient un sens caché. *Prophétie mystérieuse.* **2** Qui fait des mystères. *Un homme mystérieux.* **3** Sur qui ou sur quoi plane un mystère. *Personnage mystérieux.* DER **mystérieusement** *av*

**mysticète** *nm* ZOOL Cétacé dont le sous-ordre comprend les espèces pourvues de fanons (baleine, par ex.). ETY Du gr. *mustax,* « moustache ».

**mysticisme** *nm* **1** Doctrine philosophique, tour d'esprit religieux qui suppose la possibilité d'une communication intime de l'homme avec la divinité par la contemplation et l'extase. **2** Doctrine philosophique fondée sur l'intuition immédiate, sur une foi absolue en son objet.

**mysticité** *nf* didac **1** Foi mystique. **2** Pratique de dévotion empreinte de mysticisme.

**mystifier** *vt* ② **1** Tromper qqn en abusant de sa crédulité pour s'amuser à ses dépens. **2** Tromper qqn en donnant d'une chose une idée séduisante, mais fallacieuse. ETY Du gr. *mustês,* « initié ». DER **mystifiable** *a* – **mystifiant, ante** *a* – **mystificateur, trice** *n, a* – **mystification** *nf*

**mystique** *a, n* **A** *a* **1** Relatif au mystère d'une religion. **2** Qui procède du mysticisme. *Foi, expérience mystiques.* **B** *a, n* **1** Prédisposé au mysticisme ou dont la foi en procède. **2** Dont le caractère est exalté, dont les idées sont absolues. **C** *nf* **1** Ensemble des pratiques et des connaissances liées au mysticisme. *La mystique juive.* **2** Manière plus passionnelle que rationnelle d'envisager une idée, une doctrine. LOC ***Le corps mystique du Christ*** : l'Église. ETY Du gr. DER **mystiquement** *av*

**Mystra** → **Mistra.**

**mythe** *nm* **1** Récit légendaire transmis par la tradition, qui, à travers les exploits d'êtres fabuleux, fournit une tentative d'explication des phénomènes naturels et humains. **2** Représentation, amplifiée et déformée par la tradition populaire, de personnages ou de faits historiques, qui prennent force de légende dans l'imaginaire collectif. **3** Représentation traditionnelle, simpliste et souvent fausse, mais largement partagée. **4** Fiction admise comme porteuse d'une vérité symbolique. ETY Du gr. DER **mythique** *a*

**-mythie, mytho-** Éléments, du gr. *muthos,* « fable ».

**mythifier** *vt* ② didac Conférer une dimension quasi sacrée à. DER **mythification** *nf*

**My Tho** v. du Viêt-nam, sur un bras du delta du Mékong 130 000 hab. Centre comm.

**mythologie** *nf* **1** Ensemble des mythes propres à une civilisation, à un peuple, à une religion. **2** Discipline ayant pour objet l'étude des mythes. **3** Ensemble de représentations idéalisées d'un objet investi de valeurs imaginaires liées à la mode, à la tradition. *La mythologie de la star.* DER **mythologique** *a* – **mythologiquement** *av* – **mythologue** *n*

**mythomanie** *nf* Tendance pathologique à dire des mensonges, à simuler. DER **mythomane** *n* – **mythomaniaque** *a*

**mytil(o)-, mytili-** Élément, du lat. *mytilus,* gr. *mutilos,* « coquillage, moule ».

**Mytilène** ch.-l. de l'île grecque de Lesbos (parfois dite aussi *Mytilène*) ; 24 120 hab.

**mytiliculture** *nf* Élevage des moules. DER **mytilicole** *a* – **mytiliculteur, trice** *n*

**mytilotoxine** *nf* BIOCHIM Toxine qui peut être contenue dans le foie des moules.

**Myung Whun-chung** (Séoul, 1953), chef d'orchestre coréen.

**myx(o)-** Élément, du gr. *muxa,* « morve ».

**myxine** *nf* ZOOL Cyclostome long de 20 à 30 cm, parasite interne de poissons.

**myxœdème** *nm* MED Affection due à l'insuffisance de la fonction thyroïdienne, caractérisée par un œdème blanchâtre de la peau, des troubles sexuels et une arriération mentale. DER **myxœdémateux, euse** *a, n*

**myxomatose** *nf* MED VET Maladie infectieuse, mortelle et très contagieuse, causée aux lapins par un virus et transmise par les puces.

**myxomycète** *nm* Champignon inférieur classé parmi les protistes, vivant en symbiose avec des bactéries et formant un plasmode gélatineux.

**myxovirus** *nm* BIOL Virus dont le groupe comprend la grippe, la pneumonie virale et les oreillons.

**Mzab** rég. du Sahara algérien ; centre princ. *Ghardaïa.* Palmeraies. DER **mzabite** ou **mozabite** *a, n*

**mzabite** *nm* Dialecte berbère parlé au Mzab. VAR **mozabite**

# N n

**n** *nm* **1** Quatorzième lettre et onzième consonne de l'alphabet ; employé seul, il note l'occlusive nasale dentale [n] ; devant une consonne ou en fin de mot, il transforme en un son nasal la voyelle qui le précède, comme dans *anse* [ɑ̃s], *jardin* [ʒaʀdɛ̃] ; combiné avec g (*gn*), il note la palatale nasale [ɲ] : *peigne* [pɛɲ]. **2** N. : abrév. de *nord.* **3** N° ou n° : abrév. de *numéro.* **4** N : désigne une personne dont on ignore ou dont on préfère taire le nom. **5** MATH N : symbole de l'ensemble des entiers naturels. **6** N* (on dit « n étoile ») : symbole de l'ensemble des entiers naturels autres que zéro. **7** n : désigne souvent un nombre indéterminé. **8** BIOL *n* ou *N* : nombre haploïde de chromosomes. **9** PHYS n : symbole du neutron. **10** n : symbole de nano-. **11** N : symbole du nombre d'Avogadro. **12** N : symbole du newton. **13** CHIM N : symbole de l'azote, autrefois nommé *nitrogène.*

**na !** *interj* Exclamation enfantine renforçant une affirmation ou une négation. *J'irai pas, na !* ETY Onomat.

**Na** CHIM Symbole du sodium. ETY Abrév. de *natrium*, anc. nom du sodium.

**nabab** *nm* **1** HIST Titre donné dans l'Inde musulmane aux gouverneurs des provinces, aux grands officiers de la cour des sultans. **2** plaisant Homme très riche qui fait étalage de sa fortune. ETY Mot hindoustani.

**Nabatéens** anc. peuple de l'Arabie du N.-O. Ils fondèrent au Ve s. av. J.-C. un puissant roy. dont la cap. était *Pétra* (conquise sur les Édomites). Trajan les soumit en 106 apr. J.-C. DER **nabatéen, enne** *a*

**Naberejnye Tchelny** v. de Russie (Tatarstan), sur la Kama ; 526 000 hab. Constructions automobiles.

**Nabeul** ville de Tunisie, sur le cap Bon ; 39 530 hab. ; ch.-l. de gouvernorat du m. nom. Arboriculture. Poteries.

**nabi** *nm* Bx-A Artiste membre d'un groupe de peintres postimpressionnistes qui se constitua en 1888. ETY De l'hébreu *nabi*, « prophète ».

ENC Le groupe des nabis (M. Denis, É. Bernard, É. Vuillard, P. Bonnard, etc.) se constitua autour de P. Sérusier, son princ. animateur, en 1888. S'inspirant du synthétisme de Gauguin et de l'esthétique symboliste, les nabis révolutionnèrent les techniques décoratives (vitrail, détrempe, lithographie, affiche, illustration de livres). La dernière exposition des nabis (alors regroupés autour d'O. Redon) eut lieu en 1899.

**Nabi** (m. en 192 av. J.-C.), tyran de Sparte de 207 à 192 av. J.-C.

**nabla** *nm* MATH Opérateur utilisé dans les calculs vectoriel et différentiel. SYMB ∇.

**Nabokov** Vladimir Vladimirovitch (Saint-Pétersbourg, 1899 – Montreux, 1977), romancier américain d'origine russe, et d'expression russe, anglaise et française : *la Défense Loujine* (1929), *la Méprise* (1939), *Lolita* (1955), *Feu pâle* (1962), *Ada ou l'Ardeur* (1969).

Vladimir Nabokov

**Nabonide** (m. en Carmanie, anc. prov. perse, au S. de l'Iran, v. 539 av. J.-C.), dernier roi de Babylone (556-539 av. J.-C.). Il mourut captif de Cyrus II le Grand. VAR **Nabounaïd**

**Nabopolassar** roi de Babylone (626 – 605 av. J.-C.) ; père de Nabuchodonosor II.

**nabot, ote** *n, a* péjor Personne de très petite taille, presque naine. ETY De *nain*.

**Nabounaïd** → **Nabonide.**

**nabuchodonosor** *nm* Grande bouteille dont la contenance est égale à vingt fois celle de la bouteille ordinaire, soit 15 litres. PHO [nabykɔdɔnozɔʀ] ETY Du n. pr.

**Nabuchodonosor Ier** roi de Babylone (1129 – 1106 av. J.-C.). — **Nabuchodonosor II** roi de Babylone (605 – 562 av. J.-C.) ; fils et successeur de Nabopolassar. Il écrasa les Égyptiens à Karkemish (605) et s'empara de Jérusalem, qu'il détruisit (587), déportant les Juifs à Babylone (586).

peinture des **nabis** : Édouard Vuillard, *la Robe à ramages*, 1891, huile sur toile – musée d'Art, São Paulo

**nacelle** *nf* **1** vx, litt Petite embarcation à rames, sans mât ni voile. **2** Panier fixé sous un aérostat et où prennent place les aéronautes. **3** TECH Légère plate-forme suspendue munie d'un garde-corps. ETY Du lat. *naucella*, de *navis*, « bateau ».

**Nachtigal** Gustav (Eichstedt, 1834 – en mer, 1885), explorateur allemand du lac Tchad, des pays voisins et du Soudan.

**nacre** *nf* **1** Substance calcaire et organique, dure, brillante, à reflets irisés et chatoyants, qui recouvre la face interne de la coquille de certains mollusques utilisée en bijouterie et en marqueterie. **2** litt Couleur nacrée. ETY De l'ar. par l'ital.

**nacrer** *vt* ① **1** TECH Donner aux fausses perles de verre l'aspect de la nacre. **2** Donner l'irisation de la nacre.

**Nadal Parera** Rafael (Manacor, 1986), joueur de tennis espagnol.

**Nadar** Félix Tournachon, dit (Paris, 1820 – id., 1910), photographe, aéronaute, dessinateur et écrivain français ; prem. photographe à avoir opéré à bord d'un aérostat (1858) ; auteur de nombr. portraits : Baudelaire, G. Sand, S. Bernhardt, etc. ▶ illustr. p. 1094

**Nadeau** Maurice (Paris, 1911 – id., 2013), journaliste, écrivain et éditeur français : *Histoire du surréalisme* (1945-1948), *Exploration de Sade* (1948). Il crée *la Quinzaine littéraire* en 1966.

**na-déné** *nm inv* Groupe de langues amérindiennes parlées sur la côte du Nord-Ouest et en Arizona et Nouveau-Mexique (apache, navaho).

**Nader** Ralph (Winsted, Connecticut, 1934), avocat américain ; pionnier de la défense des consommateurs à partir de 1965.

**nadir** *nm* ASTRO Point de la sphère céleste, opposé au zénith, situé à la verticale de l'observateur sous le plan horizontal. ETY De l'ar.

**Nādir chāh** (près de Kalāt, 1688 – Fathābād, 1747), roi de Perse (1736-1747). Aventurier au service des Séfévides, il vainquit les Afghans et les Ottomans, accéda au trône, conquit l'Afghānistān (1738) et le N.-O. de l'Inde (1739). Il fut assassiné. Son empire ne lui survécut pas.

**Nādir khān** (Dehra Dūn, 1880 – Kaboul, 1933), roi d'Afghānistān (1929-1933) ; assassiné (le trône revint à son fils Muhammad Zāhir chāh). VAR **Nādir chāh**

**Nadja** récit de Breton à caractère autobiographique et poétique (1928).

**Nadjd** région d'Arabie Saoudite ; 1 390 300 km$^2$ ; 3,5 millions d'hab. ; ch.-l. *Riyad.* Ce plateau (en ar. *nağd*) cristallin, fortement relevé (jusqu'à 1 800 m) et désertique, recèle le pétrole du al-Hasa. – En 1924, l'émir du Nadjd conquit le Hedjaz voisin, s'en proclama roi en 1926 et adopta le titre de roi d'Arabie Saoudite en 1932. VAR **Nedjd**

**Nadjef** v. d'Irak ; 147 860 hab. ; ch.-l. du gouvernorat du m. nom. Pèlerinage chiite. VAR **Najaf**

**Nador** v. du Maroc, près de la Méditerranée, au S. de Melilla ; 62 040 hab. ; ch.-l. de prov. Fer. Sidérurgie.

**Nævius** Cneius (en Italie du S., v. 270 – Utique, v. 200 av. J.-C.), poète latin : *Guerre punique*, épopée ; tragédies.

**nævocarcinome** *nm* MED Mélanome malin.

**nævus** *nm* MED Tache colorée de la peau, d'origine congénitale. SYN grain de beauté. PLUR nævus ou nævi. PHO [nevys] ETY Mot lat. VAR **névus**

**Nafoud** désert de sable du N. de l'Arabie ; plus de 50 000 km². VAR **Nufud**

**NAFTA** sigle et acronyme de *North American Free Trade Agreement*. V. ALENA.

**Naft-é-Shah** centre pétrolier iranien, près de l'Irak.

**Naft Khanah** centre pétrolier de l'Irak, au N.-E. de Bagdad.

**Nagai** Kafū (Tōkyō, 1879 – id., 1959), romancier japonais, au réalisme subtil : *la Sumida* (1909), *Geishas rivales* (1917).

**Nagaland** État montagneux du N.-E. de l'Inde, dans l'Assam, à la frontière birmane ; 16 527 km² ; 1 215 570 hab. ; cap. *Kohīma*. Thé, riz. – Cet État, créé en 1963, est peuplé par les *Nagas*, d'origine tibéto-birmane.

**Nagano** v. du Japon au N.-O. de Tōkyō (Honshū) ; 337 000 hab. ; ch.-l. du ken du m. nom. – Temple bouddhique. – Siège des JO d'hiver 1998.

**Nagano** Osami (Kōchi, 1880 – Tōkyō, 1947), amiral japonais ; chef d'état-major de la marine (1941-1944), incarcéré de 1945 à sa mort.

**Nagare** Masayuki (Nagasaki, 1923), sculpteur japonais abstrait.

**Nagasaki** v. et port du Japon, sur la côte N.-O. de Kyūshū ; 449 000 hab. ; ch.-l. du ken du m. nom. Industries. – La seconde bombe atomique y fut lancée par les É.-U., le 9 août 1945 (80 000 victimes).

**nage** *nf* **1** Action de nager. *Passer une rivière à la nage.* **2** Manière de nager. *Le crawl est la nage la plus rapide.* **3** MAR Action, manière de ramer. LOC *À la nage* : se dit de crustacés que l'on sert dans le court-bouillon de cuisson. — *Être en nage* : tout mouillé de sueur. — SPORT *Nage libre* : épreuve de natation où le type de nage n'est pas imposé (habituellement le crawl).

**nageoire** *nf* **1** Organe locomoteur et stabilisateur, en forme de palette, des poissons. **2** Organe natatoire de certains animaux aquatiques (marsouins, phoques, etc.).

**nager** *v* 13 **A** *vi* **1** Se soutenir et avancer sur l'eau, ou sous l'eau, par des mouvements adéquats. *Apprendre à nager.* **2** Être plongé, dans un liquide ; flotter. *Des morceaux de viande nageant dans la sauce.* **3** fig Être pleinement dans tel état, telle situation. *Nager dans l'opulence.* **4** fam Être très au large dans un vêtement. **5** fam Se trouver très embarrassé, ne savoir que faire. **6** MAR Ramer. **B** *vt* **1** Pratiquer telle nage. *Nager la brasse.* **2** Disputer une épreuve de natation. *Nager un cent mètres.* LOC *Nager contre le courant* : lutter contre le cours des choses. — fam *Savoir nager* : savoir manœuvrer, être habile en affaires, et souvent peu scrupuleux. ETY Du lat. *navigare*, « naviguer ».

**nageur, euse** *n* **A 1** Personne qui nage. **2** Sportif qui dispute des épreuves de natation. **3** MAR Rameur. **B** *nm* Maillot de bain féminin une-pièce, inspiré du maillot de compétition.

**Nagorny-Karabakh** → **Karabakh.**

**Nagoya** v. et port du Japon, au S. de Honshū ; 2 127 580 hab. ; ch.-l. de ken. Grand centre industriel. – Université. Temples bouddhiques et shintoïstes ; château (XVII^e s.).

**Nāgpur** v. de l'Inde (Mahārāshtra), au N. du Dekkan ; 1 622 000 hab. Centre industriel.

**naguère** *av* **1** litt Il y a peu de temps, récemment. **2** fam Jadis, autrefois. ETY De *n'a guère*.

**Nagy** Imre (Kaposvár, 1896 – Budapest, 1958), homme politique hongrois. Premier ministre de 1953 à 1955, exclu du parti en avril 1956, placé lors de la révolte d'oct. 1956 à la tête du gouv., il voulut humaniser le régime. L'intervention des troupes sov. (4 nov. 1956) mit fin à cette tentative. Nagy fut destitué (au profit de Kádár), condamné à mort et exécuté.

**Naha** ch.-l. et port des îles Ryūkyū (Japon), dans l'île d'Okinawa ; 303 670 hab.

**Nahhas Pacha** Mustafa al- (Samannud, 1876 – Le Caire, 1965), homme politique égyptien. Leader du Wafd (1927), plusieurs fois chef du gouv., il signa le traité anglo-égyptien de 1936.

Alexandre Dumas père et fils, photographiés par **Nadar**

**Nahoum** → **Nahum.**

**Nahuas** Amérindiens du Mexique, l'ethnie la plus import. du pays. Leur langue fut celle des Aztèques. DER **nahua** *a*

**nahuatl** *nm* Langue indienne parlée au Mexique, qui fut celle de l'Empire aztèque.

**Nahum** (VII^e s. av. J.-C.), prophète juif : le *livre de Nahum* (3 chapitres). VAR **Nahoum**

**1 naïade** *nf* **1** MYTH Nymphe, divinité des rivières et des fontaines. **2** litt, plaisant Baigneuse, nageuse. ETY Du gr.

**2 naïade** *nf* BOT Plante monocotylédone aquatique d'Europe, à feuilles allongées, à fleurs sans pédoncule. VAR **naias** *nm*

**naïf, ïve** *a, n* **A 1** Qui est, par manque d'expérience, d'un naturel candide, simple et ingénu. **2** Qui est d'une simplicité un peu niaise, d'une crédulité excessive. *On lui fait faire n'importe quoi tant il est naïf.* **3** Bx-A Se dit d'une forme d'art pratiqué par des autodidactes au style « primitif ». **B** *a* **1** Naturel, ingénu, spontané. *Les élans naïfs de l'enfance.* **2** Se dit d'un comportement qui fait appel à l'intuition dans le domaine des connaissances au lieu de s'appuyer sur une démarche scientifique. ETY Du lat. *nativus*, « naturel ». DER **naïvement** *av*

art **naïf** Camille Bombois, détail de la *Basilique du Sacré-Cœur* – MNAM

**nain, naine** *n, a* **A** *a, n* Se dit d'une personne d'une taille anormalement petite, d'une personne atteinte de nanisme. **B** *a* Qui est d'une extrême petitesse. *Plante naine.* **C** *af, nf* ASTRO Se dit d'une étoile dont le diamètre et la luminosité sont relativement faibles par oppos. aux *étoiles géantes* et *supergéantes*. LOC *Nain de jardin* : figurine représentant un nain des contes, élément de décor d'un jardin. — *Nain jaune* : jeu de cartes dans lequel on utilise un plateau au centre duquel est représenté un nain jaune, portant le 7 de carreau. ETY Du lat.

**Naipaul** Vidiadhar Surajprasad (Chaguanas, Trinité, 1932), écrivain britannique, originaire de la communauté indienne de Trinité-et-Tobago : *Une maison pour Mr. Biswas* (1961), *Guérilleros* (1975), *la Moitié d'une vie* (2002). Prix Nobel 2001.

**naira** *nm* Unité monétaire du Nigeria.

**Nairobi** cap. du Kenya, à 1 660 m d'alt. ; 1,8 million d'hab. (aggl.). Princ. centre comm. et industr. du pays ; desservi par la voie ferrée Kampala-Mombasa. DER **nairobien, enne** *a, n*

**Nairobi**

**naissage** *nm* Élevage spécialisé dans la production d'animaux jeunes.

**naissain** *nm* Ensemble des très jeunes moules ou huîtres d'un élevage.

**naissance** *nf* **1** Commencement de la vie indépendante, caractérisée par l'établissement de la respiration pulmonaire. *Date de naissance.* **2** Accouchement. *Naissance difficile.* **3** litt Origine, extraction. *Un homme de haute naissance.* **4** fig Origine, commencement. *La naissance d'une nation. La naissance du jour.* **5** Point où commence une chose. *La naissance de l'épaule.* **LOC** ***De naissance :*** dès la naissance, de manière congénitale. — ***Donner naissance à :*** enfanter.

**Naissance de la tragédie (la)** essai de Nietzsche (1872), son prem. ouvrage.

**Naissance de Vénus (la)** peinture de Botticelli (1485, Offices, Florence).

**Naissance d'une nation** film de D. W. Griffith (1915).

**naissant, ante** *a* **1** Qui commence à se former, à se développer. *Barbe naissante. Sentiments naissants.* **2** CHIM Se dit de l'état d'un corps qui vient de se former dans une réaction.

**naisseur** *nm* Éleveur spécialisé dans la production d'animaux jeunes, par oppos. à *nourrisseur*.

**naître** *vi* (74) **1** Venir au monde ; sortir du ventre de sa mère. *Il est né sourd.* **2** S'ouvrir à. *Naître à une vie nouvelle.* **3** fig Commencer à exister. *La Ve République est née en 1958.* **4** Commencer à paraître, à se manifester. *Le jour allait naître.* **5** Prendre son origine dans telle cause. *Cette idée est née de la volonté de mieux servir le public.* **LOC** ***Faire naître :*** provoquer, susciter. (ETY) Du lat. (VAR) **naitre**

**naïve (peinture)** peinture de « peintres du dimanche » qui ressemble à celle des enfants : lignes franches, figures sommaires, couleurs vives, imagination. Princ. représentants : le Douanier Rousseau, Bombois, Vivin. Divers peintres primitifs tels que Bauchant et Séraphine de Senlis sont classés parmi les naïfs, mais l'expression de Dubuffet, *art brut,* convient mieux.

**naïvement → naïf.**

**naïveté** *nf* **1** Ingénuité. *Il a gardé une naïveté d'enfant.* **2** péjor Simplicité niaise. *Il a fait preuve d'une bien grande naïveté à l'égard de ses débiteurs.* **3** Propos, geste naïf qui échappe par ignorance ou par gaucherie.

**naja** *nm* ZOOL Cobra. (ETY) De l'hindi.

**Najaf → Nadjef.**

**Nakasone Yasuhiro** (Takasaki, Tōkyō, 1918), homme politique japonais. Président du parti libéral-démocrate et Premier ministre (1982-1987).

**nakfa** *nm* Unité monétaire de l'Érythrée.

**Nakhitchevan** rép. autonome de l'Azerbaïdjan, dont elle est séparée par l'Arménie ; 5 500 km$^2$ ; 400 000 hab. ; cap. *Nakhitchevan* (70 000 hab.).

**Nakhodka** v. et port de Russie, sur la mer du Japon ; 158 000 hab. Avant-port de Vladivostok. Pêche et conserveries de poissons.

**Nakhon Pathom** v. de Thaïlande ; 45 000 hab. – Site archéologique.

**Nakhon Ratchasima** (anc. *Khorat* ou *Korat*), v. de Thaïlande, au N.-E. de Bangkok ; 206 760 hab. ; ch.-l. de prov. Centre comm.

**Naktong** fleuve de Corée du Sud (520 km). Il se dirige vers le Sud et se jette dans la mer du Japon, près du port de Pusan.

**Nakuru** v. du Kenya ; 308 000 hab. ; ch.-l. du comté du même nom.

**Naltchik** v. de Russie, au N. du Caucase ; cap. de la rép. auton. de *Kabardino-Balkarie* ; 239 100 hab.

**Namangan** v. d'Ouzbékistan, dans le Fergana ; 449 200 hab. ; ch.-l. de prov.

**Nambikwaras** Amérindiens du Brésil (Mato Grosso). Avant la conquête portugaise, ils formaient un peuple import. Auj. leur nombre n'excède pas 1 000. (DER) **nambikwara** *a*

**Nam Bô** (anc. *Cochinchine* des Européens), région méridionale du Viêt-nam, centrée sur la plaine alluviale du delta du Mékong et bordée à l'E. par la mer de Chine méridionale ; v. princ. : Hô Chi Minh-Ville.

**Nam Dinh** v. du Viêt-nam, sur le delta du fleuve Rouge ; 243 200 hab.

**Namias Jerome** (Bridgeport, 1910 – San Diego, 1997), météorologiste américain : travaux sur les relations entre les océans et l'atmosphère.

**Namib (désert du)** désert côtier du S.-O. de l'Afrique ; il a donné son nom à la Namibie.

**Namibie** (anc. *Sud-Ouest africain*), État de l'Afrique australe, limité au N. par l'Angola et la Zambie, à l'E. par le Botswana, au S. par l'Afrique du Sud et à l'O. par l'océan Atlantique ; 824 292 km$^2$ ; 2,3 millions d'hab. ; accroissement naturel : 2,2 % par an ; cap. *Windhoek*. Nature de l'État : république présidentielle et pluraliste. Monnaie : dollar namibien. Langues off. : angl. et afrikaans. Population : Ovambos (50 %), la plus import. des ethnies bantoues ; quelques îlots d'Hottentots et de Boschimans ; Blancs (6 %) ; métis. Relig. : christianisme (80 %, dont 20 % de catholiques), relig. traditionnelles (20 %). (DER) **namibien, enne** *a, n*

**Géographie** Un haut plateau central, culminant à 2 605 m, groupe la population, urbaine à 38 %. Il retombe à l'O. sur le désert côtier du Namib (désert créé par le courant froid du Benguela) et à l'E. sur la cuvette semi-désertique du Kalahari. L'activité minière (diamants, uranium, cuivre, plomb, zinc, argent, cadmium) est plus import. que l'élevage et la pêche. Malgré la sécheresse, la balance agricole est positive. L'hydroélectricité est importante. Le pays reste dépendant de l'Afrique du Sud. Le revenu par hab. est l'un des plus élevés d'Afrique, mais les inégalités demeurent grandes et le chômage frappe durement le pays.

**Histoire** DES ORIGINES À LA COLONISATION Les Boschimans occupèrent la région au paléolithique supérieur. Les migrations bantoues se produisirent vers 1500. À cette époque, les côtes furent atteintes par les Portugais. La colonisation par les Allemands débuta en 1883. En 1892, ils créèrent la colonie. De 1904 à 1907, ils réprimèrent brutalement la révolte des Hereros (80 000 morts). La colonie fut conquise en 1915 par les Sud-Africains, qui reçurent un mandat de la SDN en 1920. En 1946, l'Afrique du Sud demanda l'annexion du pays, requête rejetée par l'ONU qui, en 1966, plaça la Namibie sous son autorité (théorique).

LA DÉCOLONISATION Un mouvement de libération, la South West African People's Organization (Swapo), apparu en 1966, mène la guérilla, depuis l'Angola, contre le régime défendu militairement par l'Afrique du Sud. Un accord prévoyant le retrait des troupes sud-africaines est finalement signé en 1988. En 1989, les premières élections générales donnent à la Swapo une majorité insuffisante pour élaborer seule la Constitution. Le 21 mars 1990, la Namibie devient indépendante et Samuel Nujoma, dirigeant de la Swapo, premier président de la nouvelle Rép. En 1994, l'Afrique du Sud restitue Walvis Bay à la Namibie. Cette même année, S. Nujoma est réélu, ainsi qu'en 1999. Depuis, la Swapo remporte toutes les élections.

**Nampo** ville industrielle et port de Corée du Nord ; 1,1 million d'hab. (aggl.).

**Nampula** v. du Mozambique, sur la voie ferrée du lac Malawi à la côte ; 477 900 hab.

**Namur** (en néerl. *Namen*), v. de Belgique, au confl. de la Meuse et de la Sambre ; ch.-l. de la prov. du m. nom ; cap. de la Wallonie ; 110 400 hab. Centre industriel. Tourisme. – Évêché. Cath. (XVIIIe s.) Égl. du XVIIe s (baroque). Citadelle (XVIIIe s.) Musées. – La cité fut le ch.-l. du dép. franç. de Sambre-et-Meuse (1794-1814). – La *province de Namur* (3 660 km$^2$ ; 484 400 hab.), située au S. de la Belgique, s'étend sur des plateaux qui culminent, à l'E., dans l'Ardenne (400 m). Les productions agricoles sont variées. L'industrie se concentre dans le sillon de la Sambre et de la Meuse. (DER) **namurois, oise** *a, n*

**nan** *nm* Galette de froment cuite au four, du nord de l'Inde et du Pakistan.

**nana** *nf* fam **1** Maîtresse. **2** Femme, fille. (ETY) De *Anna*.

**Nana** roman de Zola (1880). ▷ CINE Films de : Jean Renoir (1926), avec Catherine Hessling ; Christian-Jaque (1954), avec Martine Carol.

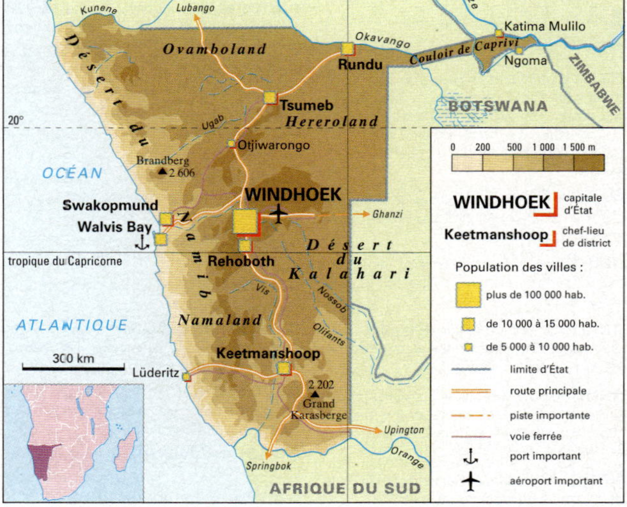

**Nānak** (Talvandī, Lahore, 1469 – Kartarpur, 1538), écrivain mystique hindou ; fondateur de la secte des sikhs. VAR **Guru Nanak**

**nanan** *nm* LOC fam, vieilli *C'est du nanan* : c'est délicieux ; c'est très facile.

**nanar** *nm* fam **1** Objet de mauvais goût, marchandise sans valeur. **2** Mauvais film.

**Nana-Sahib** Dandhu Panth, dit (?, 1825 – au Népal, v. 1862), prince marathe ; chef de la révolte des cipayes contre les Anglais (1857).

**Nançay** com. du Cher (arr. de Vierzon), en Sologne ; 927 hab. Stat. de radioastronomie. DER **nançayen, enne** *a, n*

**Nanchang** v. de Chine, cap. du Jiangxi, sur un affluent (r. dr.) du Yangzijiang ; 2,6 millions d'hab. (aggl.). Centre industriel.

**Nancy** ch.-l. du dép. de Meurthe-et-Moselle, sur la Meurthe et le canal de la Marne au Rhin ; 108 597 hab. ; 410 000 hab. dans l'aggl. Centre intellectuel, comm., fin. et industr. – Université. Égl. goth. (fin XV$^e$ s.). Cath. (XVIII$^e$ s.). Place Stanislas, ensemble architectural (1750-1755). Parc de la Pépinière (1765). Palais ducal (XVI$^e$ s.). Musées. – La ville devint la résidence des ducs de Lorraine au XIII$^e$ s. Charles le Téméraire mourut en l'assiégeant en 1477. Elle devint française en 1766. DER **nancéien, enne** *a, n*

**Nancy** place Stanislas : les grilles baroques de Jean Lamour

**Nancy (école de)** groupe de décorateurs et d'artisans d'art, formé à Nancy v. 1890 autour du verrier É. Gallé, comprenant notam. L. Majorelle, les frères Daum, V. Prouvé, E. Vallin, et qui a contribué à l'éclosion de l'art nouveau.

**Nanda Devi (la)** sommet de l'Himalaya (7 817 m), en Inde ; conquis, en 1936, par deux Anglais, Odell et Tilman.

**nandinie** *nf* Mammifère carnivore (viverridé) de la forêt africaine, à allure de genette. ETY Du lat.

**nandou** *nm* Oiseau ratite de la pampa sud-américaine, ressemblant à une petite autruche. ETY Mot guarani.

**nandrolone** *nf* Stéroïde anabolisant dérivé de la testostérone, qui permet d'accroître la masse musculaire et renforce la résistance à la douleur.

**Nangal** v. de l'Inde (Pendjab) ; 50 000 hab. Usine d'eau lourde. Import. barrage.

**Nānga Parbat (le)** sommet himalayen (8 126 m), au Cachemire (partie pakistanaise) ; conquis, en 1953, par une équipe austro-allemande, après 60 ans de vaines tentatives. VAR **Diamir**

**Nangis** ch.-l. de cant. de Seine-et-Marne ; 7 943 hab. – Égl. XIII$^e$ s. – Victoire de Napoléon sur les Autrichiens de Wittgenstein (17 fév. 1814). DER **nangissien, enne** *a, n*

**Nangis** → **Guillaume de Nangis.**

**naniser** *vt* 1 TECH Empêcher une plante de grandir, la rendre naine. *Un bonzaï est une plante nanisée.* VAR **nanifier** *vt* 2 DER **nanisation** ou **nanification** *nf* – **nanifiant** *nm*

**nanisme** *nm* MED Anomalie liée en général à des troubles endocriniens, caractérisée par une taille de beaucoup inférieure à la moyenne.

ENC D'origine génétique, le *nanisme achondroplasique* est caractérisé par un défaut de développement des os longs, donc des membres. Le *nanisme hypophysaire*, dû à une insuffisance de l'hypophyse, est dit « harmonieux », car les proportions entre le tronc et les membres sont respectées. Le *nanisme de l'hypothyroïdie* est dû à une insuffisance thyroïdienne survenue pendant la période de croissance ; il peut prendre la forme du crétinisme goitreux.

**Nankin** v. de Chine, cap. du Jiangsu, port sur le bas Yangzijiang ; 4,4 millions d'hab. (aggl.). Centre culturel et industriel. – Nombr. vest. de l'époque des Ming : remparts, portes monumentales, tombeaux des empereurs. Mausolée de Sun Yat-sen. VAR **Nanjing**
**Histoire** Fondée au V$^e$ s. av. J.-C., berceau du bouddhisme chinois (le premier temple y fut construit en 247), la ville fut la cap. de la Chine au temps des Six Dynasties (III$^e$-VI$^e$ s.), sous les Tang du Sud (X$^e$ s.), sous les premiers Ming (1368-1421), sous les rebelles Taiping (1853-1864) et à l'époque du Guomindang (1927-1939). – Le *traité de Nankin* (1842) entre la G.-B. et la Chine mit fin à la guerre de l'Opium et ouvrit pour la première fois des ports chinois au comm. étranger.

**Nanning** v. et port fluvial de la Chine mérid., cap. du Guangxi ; 2 millions d'hab. (aggl.).

**nano-** **1** Élément, du gr. *nanos*, « petit ». **2** PHYS Préfixe qui, accolé au nom d'une unité de mesure, forme le nom du milliardième ($10^{-9}$) de cette unité. SYMB n.

**nanoélectronique** *nf, a* Électronique dont les composants sont de l'ordre du nanomètre.

**nanofossile** *nm* Fossile microscopique.

**nanomatériau** *nm* TECH Matériau utilisé dans les nanotechnologies.

**nanomètre** *nm* Unité de mesure valant un milliardième de mètre, utilisée dans les nanotechnologies. DER **nanométrique** *a*

**nanomonde** *nm* TECH Ensemble des recherches et des technologies à l'échelle nanométrique.

**nanoparticule** *nf* PHYS Particule de taille nanométrique.

**nanoréseau** *nm* INFORM Configuration regroupant des micro-ordinateurs autour d'un serveur grâce à un réseau local.

**nanoscience** *nf* Science qui opère à l'échelle du nanomètre.

**nanoscopique** *a* Extrêmement petit, de l'ordre du nanomètre.

**nanotechnologie** *nf* Technologie qui opère à l'échelle du nanomètre. DER **nanotechnologique** *a*

**nanotube** *nm* Structure allongée de carbone, constituée de matériaux légers et résistants utilisés en nanoélectronique.

**Nanouk l'Esquimau** film de Robert Flaherty (1922).

**Nansei** → **Ryūkyū.**

**Nansen** Fridtjof (Store-Frán, 1861 – Lysaker, 1930), océanographe et homme politique norvégien. Il explora les régions polaires (1893-1896). Il dirigea (1921-1924) l'organisation intern. (dite *Nansen*) qui s'occupa des réfugiés après la guerre de 1914-1918 : le *passeport Nansen* leur permettait de s'établir dans le pays qui l'avait délivré. P. Nobel de la paix 1922. DER **nansénien, enne** *a, n*

**nansouk** *nm* Tissu léger de coton, utilisé en lingerie. ETY Mot hindi. VAR **nanzouk**

**Nanterre** ch.-l. du dép. des Hauts-de-Seine, à l'O. de Paris ; 91 834 hab. Centre admin. et industr. – Évêché. Université. Basilique (nef du XV$^e$ s.). DER **nanterrien, enne** *a, n*

**Nantes** ch.-l. du dép. de la Loire-Atlantique et de la Rég. Pays de la Loire ; 291 700 hab. ; 580 000 dans l'aggl. Port marit. et fluv. au fond de l'estuaire de la Loire ; aéroport. Centre industriel en essor. – Université. Château des ducs de Bretagne (XV$^e$-XVI$^e$ s.), qui abrite des musées. Cath. goth. (XV$^e$ s.). Porte (XV$^e$ s.). DER **nantais, aise** *a*
**Histoire** Cap. de la Bretagne de 1213 à 1524, la ville se développa à partir du XVI$^e$ s. Le comm. maritime, prospère grâce à la traite des Noirs, déclina avec la Révolution. Républicaine, la ville résista aux Vendéens (1793), mais le conventionnel Carrier y fit régner la terreur *(noyades)*.

**Nantes** quai de la Fosse sur le port

**Nantes (édit de)** édit par lequel Henri IV, le 13 avril 1598, donna un statut légal à l'Église réformée. En 1629, Richelieu (paix d'Alès) enleva aux protestants leurs « places de sûreté ». Louis XIV restreignit les droits accordés, usant à partir de 1681 de violences pour que les protestants se convertissent au catholicisme. Le 18 oct. 1685, il signa l'édit de Fontainebleau, *révocation de l'édit de Nantes* : 250 000 sujets émigrèrent en Allemagne, en Hollande et en Suisse ; dans les Cévennes, les protestants se révoltèrent en 1704 (V. camisard).

**Nantes à Brest (canal de)** canal ouvert en 1838 ; auj. partiellement désaffecté.

**nanti, ie** *a, n* péjor Riche. *Le clan des nantis.*

**nantir** *vt* 3 **1** DR Pourvoir un créancier de gages pour la garantie d'une dette, d'un prêt. **2** Pourvoir, mettre en possession de qqn. ETY De l'anc. scand.

**nantissement** *nm* DR Contrat par lequel un débiteur met en possession effective d'un bien son créancier pour sûreté de la dette qu'il contracte ; ce bien.

**Nantua** ch.-l. d'arr. de l'Ain, sur le *lac de Nantua* (1,4 km$^2$), dans le Jura ; 3 902 hab. Industr. du plastique. Stat. touristique. DER **nantuatien, enne** *a, n*

**Nantucket** île côtière des É.-U. (Massachusetts) ; 130 km$^2$. Autref., base de baleiniers.

**nanzouk** → **nansouk.**

**naos** *nm* **1** ANTIQ GR Partie intérieure et principale d'un temple, abritant la statue d'une divinité et où seuls les prêtres ont accès. **2** Partie d'une église chrétienne orientale où se tiennent les fidèles. PHO [naos] ETY Mot gr.

**napalm** *nm* Essence gélifiée servant à fabriquer des bombes incendiaires. ETY De *Na*, symbole chim. du sodium, et de *palmitate*.

**Napata** cap. de l'anc. royaume de Koush. Au milieu du V^e s. av. J.-C., la cap. fut transférée à Méroé. – Temple d'Amon.

**Napa Valley** région viticole réputée, au N.-E. de San Francisco.

**napel** *nm* Aconit à fleurs bleues dont on tire l'aconitine. ETY Du lat. *napus,* « navet ».

**naphta** *nm* CHIM Mélange d'hydrocarbures, constituant du pétrole brut ou extrait des essences par raffinage et des supercarburants par reformage. ETY Mot lat.

**naphtalène** *nm* CHIM Hydrocarbure de formule $C_{10}H_8$, formé de deux noyaux benzéniques accolés, extrait par distillation des goudrons de houille, et qui forme des cristaux blancs brillants d'odeur aromatique.

**naphtaline** *nf* Naphtalène impur utilisé notam. comme antimite.

**naphte** *nm* **1** VX Pétrole brut. **2** Partie légère du pétrole distillé, utilisée comme dissolvant, dégraisseur, etc. ETY Du lat. *naphta,* mot gr.

**naphtol** *nm* CHIM Phénol dérivé du naphtalène, utilisé dans la fabrication des matières colorantes et comme antiseptique.

**Napier** → **Neper.**

**Naples (golfe de)** golfe de l'Italie du S., entre les caps Misène, que prolonge Ischia, et Campanella, que prolonge Capri. Au fond du golfe : Naples, Herculanum, Pompéi.

**Naples** (en ital. *Napoli*), v. d'Italie, au fond du golfe de Naples, sur la mer Tyrrhénienne ; 2,2 millions d'hab. (aggl.) ; cap. de la Campanie et ch.-l. de la prov. du m. nom. Port de voyageurs et de comm. (pétrole surtout). Grand centre industr. du Mezzogiorno, mais chômage import. Tourisme. – Archevêché. Université. Nombr. chât. du XII^e au XVII^e s. Égl. : Dôme (XIV^e s.), basilique (fondée au V^e s.). Palais royal (XVII^e-XVIII^e s.). Théâtre San Carlo (XVIII^e s.). Musée. DER **napolitain, aine** *a, n*

**Histoire** La ville (baptisée *Parthénope*) fut fondée v. 600 av. J.-C. par les Grecs ; elle fusionna au IV^e s. av. J.-C. avec la ville voisine de Neapolis. Import. centre comm. au Moyen Âge, elle fit partie du royaume de Sicile (XI^e s.), et devint la cap. du *royaume de Naples* lorsque la dynastie angevine perdit la Sicile (1282). Pris par le roi d'Aragon en 1442, le royaume, occupé par les Français en 1495, fut rattaché à l'Aragon (1504), gouverné par un vice-roi jusqu'en 1734, puis directement par les Bourbons d'Espagne, chassés par la France en 1799. Napoléon le donna à son frère Joseph (1806), puis à Murat (1808). Ferdinand IV, rétabli en 1815, le réunit à la Sicile ; ce royaume « des Deux-Siciles » fut annexé à l'Italie en 1861.

Naples

**Naplouse** (en ar. *Nāblus*), v. de Cisjordanie, au Nord de Jérusalem ; env. 100 000 hab. Centre commercial. – Vestiges de l'anc. *Sichem,* dont Jéroboam fit la cap. d'Israël (X^e s. av. J.-C.) et qui, devenue la métropole hérétique des Samaritains, fut détruite en 128 av. J.-C.

**napoléon** *nm* **1** Pièce d'or de 20 francs, à l'effigie de Napoléon I^er ou de Napoléon III. **2** Variété de bigarreau à chair blanche et ferme.

**Napoléon I^er** (Ajaccio, 1769 – Sainte-Hélène, 1821), empereur des Français (1804-1815), deuxième fils de Charles-Marie Bonaparte et de Letizia Ramolino. Issu de la petite noblesse corse d'Ajaccio, il entra à l'école militaire de Brienne (1779-1784) et sortit en 1785 lieutenant d'artillerie de l'École militaire de Paris. Il joua un rôle décisif dans la prise de Toulon (1793), puis tomba en disgrâce après le 9 Thermidor. En 1796, Barras, qu'il aida en réprimant l'insurrection royaliste du 13 Vendémiaire, le fit nommer chef de l'armée d'Italie et il épousa Joséphine de Beauharnais. Victorieuse, sa campagne d'Italie (avril 1796-avril 1797) assit sa popularité. Chargé de lutter contre la G.-B., il mena l'expédition d'Égypte (1798-1799), marquée par la victoire des Pyramides et la défaite navale d'Aboukir. Laissant son armée, il revint en France et participa au coup d'État du 18 Brumaire (9 nov. 1799), fomenté par Sieyès ; il en fut le princ. bénéficiaire, devenant Premier consul puis consul à vie en 1802. Entre-temps, il contraignit l'Autriche et la G.-B. à traiter, réorganisa l'administration, la justice (Code civil), les finances ; le Concordat de 1801 assujettit l'Église à l'État. Il se fit nommer empereur des Français par le Sénat (Constitution de l'an XII), le 18 mai 1804 ; le pape le couronna le 2 déc., et il se fit nommer roi d'Italie en 1805. Il dressa contre lui les grandes puissances, surtout la G.-B. Ayant remporté les victoires d'Austerlitz en 1805 sur les Austro-Russes, d'Iéna en 1806 sur les Prussiens, de Friedland en 1807 sur les Russes, il établit le Blocus continental (1806-1808) pour diminuer la puissance de la G.-B., ce qui le contraignit à contrôler l'Europe : Étrurie, Hollande, États pontificaux, Portugal, Espagne. Après sa victoire sur les Autrichiens à Wagram (1809), il fit dissoudre son mariage avec Joséphine de Beauharnais, dont il n'avait pas eu d'enfant, pour épouser en 1810 Marie-Louise de Habsbourg fille de l'empereur d'Autriche ; celle-ci lui donna un fils en 1811. Les bases de l'Empire, de plus en plus despotique, s'effritèrent : dure guerre d'Espagne (1808-1813) ; difficultés écon. ; opposition du clergé catholique, après l'emprisonnement du pape (1809). La campagne de Russie, entreprise en 1812, fut fatale à l'Empereur. En oct., la Grande Armée dut battre en retraite, essuya le désastre de la Berezina (nov.), fut défaite à Leipzig (oct. 1813). Les Alliés envahirent la France et entrèrent à Paris (janv.-mars 1814). Napoléon abdiqua le 6 avril. Relégué à l'île d'Elbe, il s'en échappa pour reprendre le pouvoir ; ce furent les Cent-Jours (20 mars-22 juin 1815). Il fut battu à Waterloo (18 juin) par l'Europe coalisée. Ayant confié sa personne à la G.-B., il fut emprisonné jusqu'à sa mort à Sainte-Hélène, où Las Cases recueillit ses propos (*Mémorial de Sainte-Hélène*). Les restes de l'Empereur furent rendus à la France en 1840 et déposés à l'hôtel des Invalides (Paris 7^e). ▷ CINE *Napoléon* d'Abel Gance (1927, sonorisé et complété en 1934, restauré en 1981) – *Napoléon* de Sacha Guitry (1954). VAR **Napoléon Bonaparte** DER **napoléonien, enne** *a*

**Napoléon II François Charles Joseph Napoléon Bonaparte** (1811 – 1832), fils de Napoléon I^er et de Marie-Louise, proclamé roi de Rome à sa naissance. Il vécut en Autriche à partir de 1814, prenant le nom de duc de Reichstadt. ▷ LITTER Il inspira *l'Aiglon* (1900) à E. Rostand.

**Napoléon III Charles Louis Napoléon Bonaparte** (Paris, 1808 – Chislehurst, Kent, 1873), empereur des Français (1852-1870) ; fils de Louis Bonaparte et d'Hortense de Beauharnais. Il vécut en exil après la chute du Premier Empire. En 1836 à Strasbourg, en 1840 à Boulogne, il tenta de renverser Louis-Philippe. Condamné à la prison à vie, il s'évada en 1846 et gagna la G.-B. Il revint en France après la révolution de 1848 et fut élu président de la Rép. (10 déc. 1848). Le 2 déc. 1851, il élimina les opposants républicains et royalistes par un coup d'État, qu'approuva le plébiscite du 21-22 déc. 1851. Celui du 21 nov. 1852 le proclama empereur des Français et il fut couronné le 2 déc. 1852. En 1853, il épousa l'aristocrate espagnole Eugénie de Montijo, une fervente catholique. À l'« empire autoritaire » succéda, en 1860, l'« empire libéral », que Napoléon III voulut étendre à l'Algérie (« empereur des Arabes »). Un import. essor économique marqua son règne ; la France se modernisa enfin. À l'extérieur, Napoléon III remporta des succès : guerre de Crimée (1854-1856), d'Italie (1859) qui permit l'annexion de Nice et de la Savoie, conquête de la Cochinchine (1859-1863). L'expédition du Mexique (1862-1867) fut un échec. Ayant dû capituler à Sedan (2 sept.) lors de la guerre franco-allemande de 1870, qu'il avait déclarée sans discernement, Napoléon III fut déchu (4 sept.). Après une courte captivité en Allemagne, il se retira en Angleterre (1871), où il mourut.

Napoléon I^er

Napoléon III

**Napoléon Eugène Louis** (Paris, 1856 – Ulundi, 1879), fils unique de Napoléon III et de l'impératrice Eugénie. Admis dans l'armée brit. (1878), il fut tué par les Zoulous.

**Napoléon (route)** nom donné à la route que suivit Napoléon, de Cannes à Grenoble, à son retour de l'île d'Elbe en 1815.

**Napoléon le Petit** pamphlet de Victor Hugo (1852) contre le futur Napoléon III.

**napolitain** → **Naples.**

**nappage** → **napper.**

**Napoule (la)** → **Mandelieu-la-Napoule.**

**nappe** *nf* **1** Linge destiné à couvrir une table. **2** Toute masse étalée ou formant une couche d'un corps fluide. *Nappe d'huile. Nappe de brouillard.* **3** GEOM Portion illimitée d'une surface courbe. ETY Du lat.

**napper** *vt* ① **1** Couvrir d'une nappe ou comme d'une nappe. **2** CUIS Recouvrir un mets d'une préparation d'accompagnement onctueuse (sauce, crème). DER **nappage** *nm*

**napperon** *nm* Petite pièce d'étoffe ou de papier servant à protéger ou à décorer une nappe, le dessus d'une table, etc.

**Naqba** (mot ar., « la catastrophe ») nom donné par les Palestiniens à la création de l'État d'Israël (15 mai 1948).

**Naqsh-i Roustem** localité où se trouvent les sépultures des rois achéménides (VI^e-IV^e s. av. J.-C.), près de Persépolis.

**Nara** v. du Japon (Honshū), à l'E. d'Ōsaka ; 327 700 hab. Tourisme. – Cap. du Japon de 710 à 794, Nara donna son nom à la prestigieuse *époque Nara* (VII^e-VIII^e s.) ; il reste d'import. vestiges : temples shintoïstes et bouddhiques, sanctuaires, etc. ▶ illustr. p. 1098

**narangille** *nf* Fruit tropical globuleux, juteux et odorant, jaune ou orange, couvert de poils duveteux.

**Narayanan Kocheril Raman** (Ozhavoor, Kerala, 1921 – Delhi, 2005), homme politique indien, premier « intouchable » à être élu président de la République, en juillet 1997.

**Nārāyanganj** v. et port fluvial de comm. du Bangladesh, près de Dacca ; 300 000 hab. Textiles.

**Narbadā (la)** un des fleuves sacrés de l'Inde (1 230 km) ; séparant l'Hindoustan et le Dekkan, elle se jette dans la mer d'Oman (golfe de Cambay). Nombr. barrages.

**Narbonnaise** l'une des quatre provinces de la Gaule romaine (divisée en 27 av. J.-C.). Villes princ. : Narbonne, Toulouse, Valence, Aix, Marseille.

**Narbonne** ch.-l. d'arr. de l'Aude, au pied des Corbières ; 51 996 hab. Grand marché de vins. Transformation de matières fissiles. Stat. baln. à *Narbonne-Plage*. – Palais des Archevêques XIIe-XIVe s. (auj. hôtel de ville et musées). Cath. fin du XIIIe s., inachevée. Basilique goth. XIIe-XIIIe s. – Cité romaine (*Narbo Martius*) fondée en 118-117 av. J.-C., cap. de la Narbonnaise Ire ; port maritime actif jusqu'au XIVe s., puis en déclin pour des raisons géologiques. DER **narbonnais, aise** *a, n*

**narcéine** *nf* CHIM Alcaloïde de l'opium, aux propriétés proches de celles de la morphine. ETY Du gr. *narkê*, « engourdissement ».

**1 narcisse** *nm* Plante ornementale (amaryllidacée), bulbeuse à fleurs jaunes ou blanches très parfumées, dont une espèce est la jonquille. ETY Du gr.

**2 narcisse** *nm* Homme exclusivement ou complaisamment attaché à sa propre personne. ETY Du n. pr.

**Narcisse** dans la myth. gr., jeune homme d'une grande beauté épris de ses propres traits ; il périt de langueur en contemplant son visage dans l'eau d'une fontaine et fut changé en la fleur qui porte son nom.

**Narcisse** (m. en 54 apr. J.-C.), affranchi de l'empereur Claude et son conseiller influent. Partisan de Britannicus, il fut mis à mort sur l'ordre d'Agrippine à l'avènement de Néron.

**narcissisme** *nm* **1** Admiration plus ou moins exclusive de sa propre personne. **2** PSYCHAN Amour morbide de soi-même. DER **narcissique** *a* – **narcissiquement** *av*

**1 narco-** Élément, du gr. *narkê*, « engourdissement ».

**2 narco-** Préfixe, de l'anglais *narcotics*, servant à former des mots liés au trafic de stupéfiants.

**narcoanalyse** *nf* PSYCHAN Procédé thérapeutique utilisant la levée de certains contrôles psychologiques obtenue grâce à un narcotique.

**narcodollars** *nm pl* Ressources tirées du commerce de la drogue.

**narcolepsie** *nf* MED Besoin irrépressible de dormir, survenant par accès, d'origine pathologique.

époque **Nara** : vase à pied en terre cuite – musée Guimet, Paris

**narcose** *nf* Sommeil provoqué artificiellement par une substance chimique.

**narcotine** *nf* Un des principaux alcaloïdes tirés de l'opium.

**narcotique** *a, nm* Se dit d'une substance qui provoque l'engourdissement intellectuel, la résolution musculaire et l'affaiblissement de la sensibilité, en agissant sur le système nerveux central. ETY Du gr.

**narcotrafic** *nm* Trafic de stupéfiants. DER **narcotrafiquant** *nm*

**nard** *nm* **1** Plante d'Asie, dont les racines fournissent un parfum fort estimé autrefois ; ce parfum. **2** Herbe des prés (cypéracée), aux feuilles coriaces et piquantes.

**Narew (le)** (en russe *Narev*), riv. de la Pologne et de la Biélorussie (480 km) ; il se jette dans le Bug (r. dr.), qui se jette dans la Vistule.

**narguer** *vt* ① Braver par l'attitude ou la parole, avec une insolence dédaigneuse ou moqueuse. ETY Du lat. *naricare*, « nasiller ».

**narguilé** *nm* Grande pipe à tuyau souple, en usage au Moyen-Orient, comportant un réservoir d'eau aromatisée que la fumée traverse avant d'arriver à la bouche du fumeur. ETY Du persan. VAR **narghilé**

**narine** *nf* Chacun des deux orifices du nez, chez l'homme et la plupart des mammifères. ETY Du lat.

**Narita** aéroport de Tōkyō, à l'E. de la ville.

**narquois, oise** *a* Qui exprime une malice railleuse ; goguenard. *Propos narquois.* ETY De *narguer*. DER **narquoisement** *av*

**narrateur, trice** *n* Personne qui raconte, qui fait un récit.

**narratif, ive** *a* Propre au récit, à la narration. *Style narratif.*

**narration** *nf* **1** Récit ou relation d'un fait, d'un évènement. **2** vieilli Exercice scolaire qui consiste à imaginer un récit sur un sujet donné et à le développer par écrit.

**narcisse** à pétales blancs

**narrativité** *nf* LITTER Structure narrative d'un récit, d'un texte.

**narratologie** *nf* LITTER Théorie du récit, des structures narratives. DER **narratologique** *a*

**narrer** *vt* ① litt Raconter, faire connaître par un récit. ETY Du lat.

**narse** *nf* rég En Auvergne, zone humide, tourbière.

**Narsès** (?, v. 478 – Rome, 568), général byzantin d'origine arménienne. Il sauva Justinien Ier lors de la sédition Nika à Constantinople (532) ; il lutta avec Bélisaire contre les Barbares en Italie, pays qu'il gouverna ensuite.

**narthex** *nm* ARCHI Vestibule ou porche couvert, fermé vers l'extérieur, précédant la nef des basiliques romanes et byzantines, et où se tenaient jadis les catéchumènes. ETY Mot gr.

**Naruse Mikio** (Tōkyō, 1905 – id., 1969), cinéaste japonais néoréaliste : *Nuages flottants* (1955), *Désordres* (1966).

**Narva** ville forte d'Estonie, port sur la *Narva* (72 km) ; 72000 hab. – Charles XII de Suède y battit en 1700 Pierre le Grand, qui reprit la v. en 1704.

**Narváez Ramón María, duc de Valence** (Loja, Andalousie, 1800 – Madrid, 1868), général et homme politique espagnol. Il renversa Espartero (1844). Président du Conseil, il imposa une Constitution autoritaire (1845) qui contribua à provoquer la révolution de 1868.

**narval** *nm* Mammifère cétacé odontocète de l'Arctique, long de 4 à 5 m, remarquable par le développement, chez le mâle, de l'incisive supérieure gauche en une défense torsadée qui peut mesurer jusqu'à 2,5 m. SYN licorne de mer. PLUR narvals. ETY Du danois d'orig. islandaise.

**Narvik** port du N. de la Norvège (Nordland) ; 13 870 hab. Exportation du minerai de fer suédois. – En 1940, durs combats entre les Alliés et les Allemands, qui voulaient garder ouverte la « route du fer ».

**Narychkine Nathalie Kirillovna** (?, 1651 – Moscou, 1694), deuxième épouse (1671) du tsar Alexis ; mère de Pierre le Grand, elle gouverna de 1689 à sa mort.

**NASA** acronyme pour *National Aeronautics and Space Administration*, organisme américain créé en 1958 pour coordonner les travaux de recherche et d'exploration aéronautiques et spatiales civiles.

**nasal, ale** *a, nf* **A** *af* Du nez ; relatif au nez. *Les fosses nasales.* PLUR nasaux. **B** *a, nf* PHON Se dit d'un son dont l'émission se caractérise par la vibration de l'air dans les fosses nasales. *Consonnes nasales* (m [em], n [en], gn [ɲ]). *Voyelles nasales* (an, en [ɑ̃] ; in [ɛ̃] ; on [ɔ̃] ; un [œ̃]). ETY Du lat. *nasus*, « nez ».

**nasaliser** *vt* ① PHON Transformer en un son nasal ; prononcer avec un son nasal. *Une voyelle nasalisée.* DER **nasalisation** *nf*

**nasalité** *nf* PHON Caractère nasal d'un son.

**nasard** *nm* MUS Jeu de mutation de l'orgue, qui émet la dixième du son fondamental. ETY Du lat. *nasus*, « nez ».

**nasarde** *nf* vx Chiquenaude sur le nez. ETY Du lat. *nasus*, « nez ».

**Nasdaq** acronyme pour *National Association of Securities dealers-automated quotation*, marché boursier américain créé en 1971 et qui a acquis une importance à la fin des années 1990 quand s'est développée la « nouvelle économie ».

**1 nase** *nm* fam Nez. ETY Du lat. VAR **naze**

**2 nase** *a* fam **1** En mauvais état. **2** Qui ne convient pas du tout, stupide, idiot. *Un film nase.* ETY De *nase*, « maladie des chevaux ». VAR **naze**

**naseau** *nm* Chacune des narines du cheval et de quelques mammifères. ETY Du lat. *nasus*, « nez ».

**Naseby** village au N. de Northampton. où Cromwell vainquit Charles Ier (juin 1645).

**Nash** John (Londres [?], 1752 – île de Wight, 1835), architecte anglais : pavillon royal de Brighton (1817-1821).

**Nash** Paul (Londres, 1889 – Boscombe, Hampshire, 1946), peintre britannique (scènes de guerre).

**Nash** John Forbes (Bluefield, Virginie, 1928 – New Jersey, 2015), mathématicien américain. Théorie des jeux. P. Nobel d'économie 1994.

**Nashe** Thomas (Lowestoft, 1567 – Yarmouth, v. 1600), écrivain anglais : *le Voyageur malchanceux* (1594). VAR **Nash**

**nashi** *nf* Poirier d'Extrême-Orient ; fruit de cet arbre, juteux et croquant. ETY Mot jap.

**Nashville-Davidson** (anc. *Nashville*), v. des É.-U., cap. du Tennessee ; 601 200 hab. Import. activité dans l'imprimerie, la presse et la musique. – Évêché. – Victoire des nordistes en 1864.

**Nāsik** v. de l'Inde (Mahārāshtra), au N.-E. de Bombay ; 1,6 million d'hab. (aggl.). – Grottes bouddhiques.

**nasillard, arde** *a* **1** Se dit du timbre qu'a la voix d'une personne qui nasille. **2** Se dit d'un son similaire. *Le son nasillard de la cornemuse.*

**nasiller** *vi* ① **1** Parler en laissant passer de l'air par le nez. **2** Émettre des sons nasillards. *Haut-parleur qui nasille.* **3** Pousser son cri, en parlant du canard. DER **nasillement** *nm*

**nasique** *nm* **1** Singe de Bornéo, au nez très long (chez le mâle) et tombant. **2** Couleuvre d'Asie au long museau, de mœurs arboricoles. ETY Du lat. *nasica*, « au grand nez ».

**nasique**

**nasitort** *nm* rég Cresson alénois.

**Naskapis** peuple autochtone d'Amérique du N., de langue algonquienne installé dans le territ. de Nunavik. DER **naskapi, ie** *a*

**nasogénien, enne** *a* ANAT Se dit des sillons qui partent du nez vers la bouche.

**nasonnement** *nm* MED Nasalisation des voyelles orales due à l'exagération de la perméabilité nasale.

**Nasrides** dynastie arabe qui régna à Grenade de 1238 à 1492.

**Nassau** cap. des îles Bahamas, dans l'île de New Providence ; 267 000 hab. Tourisme.

**Nassau** (maison de) famille originaire de Rhénanie. À partir du XIIIe s., elle se divisa en plusieurs branches. De la branche d'Otton Ier le Grand sortit, au XVIe s., la dynastie d'*Orange-Nassau*, qui régna sur les Provinces-Unies : Guillaume Ier le Taciturne, Frédéric-Henri, Guillaume II, Maurice, Guillaume III (roi d'Angleterre en 1689), etc.

**nasse** *nf* **1** Engin de pêche en osier ou en fil métallique, de forme oblongue, à ouverture conique. **2** Mollusque gastéropode marin à coquille, qui se nourrit de proies mortes. ETY Du lat.

**Nasser** (lac) lac d'Égypte formé sur le Nil par le haut barrage d'Assouan ; 60 000 km².

**Nasser** Gamal Abdel (Beni Mor, 1918 – Le Caire, 1970), officier et homme politique égyptien. Inspirateur du mouvement des Officiers libres, qui renversa le roi Farouk (22-23 juil. 1952) et proclama la rép. (juin 1953), il remplaça le général Néguib en oct. 1954, devenant le *raïs* (« chef ») de l'Égypte ; en 1956, il fut élu président de la Rép. Il élimina les opposants et mena une politique décidée : réforme agraire limitant la propriété privée, panarabisme, non-alignement (conférence de Bandung, avril 1955), nationalisations (canal de Suez), appui aux mouvements de libération nationale, union à la Syrie (République arabe unie de 1958 à 1961), soutien militaire aux républicains du Yémen, industrialisation du pays (haut barrage d'Assouan). DER **nassérien, enne** *a, n*

**Gamal Abdel Nasser**

**nastie** *nf* BOT Mouvement d'un organe végétal dû à des variations du milieu extérieur (température, lumière, contact, etc.), mais non orienté, à la différence du tropisme. ETY Du gr.

**Nat** Yves (Béziers, 1890 – Paris, 1956), pianiste et compositeur français : *l'Enfer* (1942).

**natal, ale** *a* Où l'on est né. *Pays natal.* PLUR natals. ETY Du lat.

**Natal** anc. prov. d'Afrique du Sud, sur l'océan Indien, peuplée de Zoulous ; v. princ. *Durban.* Canne à sucre. Minerais. Princ. centres industr. : Durban, Newcastle. V. KwaZulu- Natal.

**Natal** v. du Brésil, cap. de l'État de Rio Grande do Norte, sur l'Atlantique ; 870 000 hab. Industries. Aéroport. Tourisme.

**nataliste** *a, n* Qui vise à favoriser l'accroissement des naissances. *Politique, mesures natalistes.*

**natalité** *nf* Rapport du nombre des naissances à la population totale, dans un temps et un lieu donnés.

**Natanson** Thadée (Varsovie, 1868 – Paris, 1951), critique d'art français d'origine polonaise : *Peints à leur tour* (1948) ; il dirigea *la Revue blanche* (1891-1903) avec son frère Alexandre (1867 – 1936). Il fut l'un des fondateurs de la Ligue des droits de l'homme.

**Natanya** ville d'Israël, au N. de Tel-Aviv ; 174 600 hab. Industr. alim. ; taille du diamant. VAR **Netanya**

**natation** *nf* Activité physique, sport qui consiste à nager. LOC ***Natation artistique*** ou ***synchronisée*** : épreuve sportive comportant des figures libres et des figures imposées. ETY Du lat.

**natatoire** *a* LOC ***Vessie natatoire*** : vessie remplie d'un mélange gazeux que l'on trouve dans le corps de certains poissons.

**natation** le Russe Alexandre Popov

**Natchez** anc. tribu d'Amérindiens. Installés dans le S.-O. du Mississippi, ils furent anéantis par les Français (1716-1731).

**Nathan** prophète juif. Il reprocha à David le meurtre du général Urie et son mariage avec Bethsabée, femme d'Urie (Bible, Samuel, XII).

**Nathan** Tobie (Le Caire, 1948), ethnopsychiatre et écrivain français.

**natice** *nf* Mollusque gastéropode marin dont la coquille rappelle celle de l'escargot. ETY Du lat.

**natif, ive** *a, n* **A** Né à, originaire de. *Il est natif de Sète.* **B** *a* **1** Que l'on a de naissance, inné. *Qualité, grâce native.* **2** Se dit d'un corps simple que l'on trouve dans la nature sous une forme non combinée. *Or, soufre natif.* ETY Du lat. DER **nativement** *av*

**nation** *nf* **1** Communauté humaine caractérisée par la conscience de son identité historique ou culturelle, et souvent par l'unité linguistique ou religieuse. **2** HIST Groupe ethnique amérindien formé de communautés établies sur un territoire déterminé. **3** Communauté, définie comme entité politique, réunie sur un territoire, et organisée institutionnellement en État. **4** DR Personne juridique dotée de la souveraineté et distincte de l'ensemble des individus qui la composent en tant que nationaux. ETY Du lat.

**national, ale** *a, n* **A** *a* **1** Relatif ou propre à une nation. *Hymne national.* **2** Qui concerne la nation entière par oppos. à *privé*, à *local*, etc. *Assemblée nationale.* **B** *af, nf* Se dit d'une route dont la construction et l'entretien incombent à l'État. **C** *nm pl* Ceux qui ont telle nationalité. *Les consuls défendent les intérêts de leurs nationaux.* PLUR nationaux. DER **nationalement** *av*

**National Gallery** l'un des plus importants musées de peinture du monde, fondé à Londres en 1824.

**National Gallery of Art** musée d'art de Washington, inauguré en 1941 et agrandi en 1978. Riche collection d'impressionnistes.

**nationaliser** *vt* ① Procéder au transfert du domaine privé au domaine public de la propriété de biens ou de moyens de production. *Nationaliser les grandes industries.* DER **nationalisable** *a* – **nationalisateur, trice** *a, n* – **nationalisation** *nf*

**nationalisme** *nm* **1** Attachement exclusif à la nation dont on fait partie. **2** Doctrine politique revendiquant la primauté de la puissance nationale sur toute autre considération de rapports internationaux. **3** Mouvement fondé sur la prise de conscience, par une communauté, de ses raisons de fait et de droit de former une nation. DER **nationaliste** *a, n*

**nationalité** *nf* **1** Ensemble des caractères propres à une nation. **2** Lien d'appartenance d'une personne physique ou morale à un État déterminé. LOC ***Principe des nationalités*** : en vertu duquel les communautés humaines qui forment une nation ont le droit de former un État politiquement indépendant.

**national-socialisme** *nm sg* Doctrine du Parti ouvrier allemand national-socialiste (NSDAP) qui avait pour chef Adolf Hitler. SYN nazisme. DER **national-socialiste** *a, n*

**Nations unies** (Organisation des) → **Organisation des Nations unies.**

**nativement** → **natif.**

**nativisme** *nm* PHILO Théorie selon laquelle la perception de l'espace est donnée immédiatement avec la sensation et non acquise par un travail de l'esprit. DER **nativiste** *a, n*

**nativité** *nf* Bx-A Œuvre représentant la naissance de Jésus. LOC ASTROL ***Thème de nativité*** :

thème astral, représentation de la position des astres au moment de la naissance.

**Nativité (la)** la naissance de Jésus (le jour de Noël). L'Église célèbre aussi la nativité de la Vierge Marie et celle de saint Jean-Baptiste.
▶ illustr. **maître de Flémalle**

**NATO** acronyme pour *North Atlantic Treaty Organization.* V. Organisation du traité de l'Atlantique Nord (OTAN).

**Natoire** Charles (Nîmes, 1700 – Castel Gandolfo, 1777), peintre et graveur français ; l'un des maîtres du style rococo.

**Natorp** Paul (Düsseldorf, 1854 – Marburg, 1924), philosophe allemand, néokantien.

**natrémie** *nf* MED Taux de sodium du sang.

**natron** *nm* CHIM Carbonate de sodium hydraté naturel. *Les Égyptiens utilisaient le natron pour déshydrater les corps à momifier.* [ETY] De l'ar. par l'esp. [VAR] **natrum**

**Natsume Soseki** → **Soseki.**

**Natta** Giulio (Imperia, 1903 – Bergame, 1979), chimiste italien : travaux sur la catalyse des polymérisations. Prix Nobel 1963.

**natte** *nf* **1** Ouvrage fait de brins d'une matière végétale entrelacés à plat. **2** Tresse de cheveux. [ETY] Du lat.

**natter** *vt* [1] Tresser des cheveux en natte. [DER] **nattage** *nm*

**Nattier** Jean-Marc (Paris, 1685 – id., 1766), peintre et pastelliste français ; portraitiste de la cour de Louis XV.

**naturaliser** *vt* [1] **1** Accorder à un étranger telle nationalité. *Se faire naturaliser français.* **2** Acclimater complètement un animal, une plante. **3** fig Introduire dans un pays. *Naturaliser un usage.* **4** Préparer un animal mort, une plante coupée de manière à leur conserver l'aspect du vivant. [DER] **naturalisation** *nf* – **naturalisé, ée** *a, n*

**naturalisme** *nm* **A** PHILO **1** Doctrine qui prétend opérer à partir des données naturelles, refusant le surnaturel. **2** Doctrine qui prend ses critères dans la nature, faisant ainsi de la vie morale le prolongement de la vie biologique. **B** BX-A, HIST, LITTER Théorie suivant laquelle l'art, la littérature se doivent de dépeindre la nature et ses réalités et non de la rêver ou de l'interpréter.

**naturaliste** *n, a* **A** *n* **1** Spécialiste de sciences naturelles. **2** Personne qui prépare les animaux morts pour les conserver, qui procède à leur naturalisation. SYN taxidermiste. **B** *a, n* **1** PHILO Adepte du naturalisme. **2** BX-A, HIST, LITTER Partisan du naturalisme.

**naturalité** *nf* **1** litt Caractère de ce qui est naturel, issu de la nature. **2** BOT Caractère naturel d'une formation végétale.

**natura rerum (De)** (« De la nature des choses »), poème philosophique en 6 livres (v. 55 av. J.-C.) de Lucrèce. [VAR] **De rerum natura**

**nature** *nf, a inv* **A** *nf* **1** Ensemble des caractères, des propriétés d'un être ou d'une chose, qui définissent son appartenance à une catégorie, à un genre déterminés. *Déterminer la nature d'un phénomène.* **2** Ensemble des caractères innés, physiques et moraux, propres à l'être humain. *La nature humaine.* **3** Ce qui, en l'homme, relève de l'instinct ; les pulsions instinctives. *Refréner en nous la nature.* **4** Conscience morale. **5** Complexion, tempérament. *Une nature violente, impulsive.* **6** Principe actif d'organisation du monde, qui préside à la production des phénomènes dans l'univers et anime les êtres vivants. *Les lois de la nature.* **7** Univers pris dans son ensemble et phénomènes qui s'y produisent. *La place de l'homme dans la nature.* **8** Monde physique et ses lois. *Les sciences de la nature par oppos. aux sciences humaines.* **9** Univers considéré indépendamment des transformations opérées par l'homme. **10** Environnement, monde physique et biologique (éléments, faune, flore, etc.) dans le rapport affectif ou esthétique qu'entretient l'homme avec eux. *La protection de la nature.* **11** Être, objet servant de modèle à un artiste. *Peindre d'après nature.* **B** *a inv* **1** Préparé ou consommé tel quel, sans autres adjuvants que les agents habituels de sapidité. *Deux omelettes nature.* **2** fam Naturel, sans affectation. *Il est très nature.* LOC fam *Dans la nature :* dans un lieu qu'on ne peut pas préciser. — *De nature, par nature :* de façon innée. — *De nature à :* qui, par sa nature même, est susceptible de. — *En nature :* en prestations, en objets réels. — *Grandeur nature :* de mêmes dimensions que l'original. [ETY] Du lat.

**naturel, elle** *a, nm* **A** *a* **1** Relatif à la nature d'une chose, d'un être. *Propriétés naturelles.* **2** De la nature, qui appartient à la nature ; qui relève du monde physique et de ses lois. *Les phénomènes naturels. Sciences naturelles.* **3** Qui est le fait de la nature, par oppos. à *humain, artificiel. Ressources naturelles d'un pays.* **4** Qu'on trouve tel quel dans la nature. *Gaz naturel.* **5** Qui n'a pas été modifié, altéré, falsifié. *Produits alimentaires naturels.* **6** MUS Se dit d'une note sans dièse ni bémol. **7** Fondé sur la nature, et non sur des dispositions relevant de la coutume ou de la volonté du législateur. *Droit naturel par oppos. au droit positif.* **8** Conforme à la nature, au cours habituel et normal des choses. *Cela est naturel, tout naturel.* **9** Qui appartient à la nature humaine. *Fonctions naturelles.* **10** Qui fait partie de la nature de qqn, qui lui est inné. *Penchants naturels.* **11** Conforme à la nature profonde d'un individu, exempt d'affectation. *Se comporter de manière naturelle.* **12** Se dit d'un enfant né en dehors du mariage par oppos. à *légitime.* **B** *nm* **1** Ensemble des caractères physiques ou moraux qu'une personne tient de naissance. *Il est d'un naturel peu aimable.* **2** Manière d'être exempte de toute affectation. *Se comporter avec naturel.* LOC *Au naturel :* sans assaisonnement, sans préparation particulière. — LING *Langues naturelles :* le français, l'anglais, etc., par oppos. aux *langages artificiels* de la logique, de l'informatique, etc. — MATH *Nombres naturels :* les entiers positifs (0, 1, 2, 3, 4, etc.). — THEOL *Religion naturelle :* que l'homme posséderait de nature, par oppos. à *révélée.*

**naturellement** *av* **1** Conformément aux propriétés, aux caractères naturels d'une chose, d'un être. *Substance naturellement radioactive.* **2** Par une suite logique, un enchaînement naturel. *Nous avons été, tout naturellement, amenés à...* **3** Évidemment, bien sûr. *Naturellement, elle a refusé.* **4** Avec naturel, simplement. *Parler naturellement.*

**nature-morte** *nf* Groupe d'êtres ou d'objets inanimés (animaux morts, fruits, objets divers) formant le sujet d'un tableau ; tableau représentant un tel groupe. [ETY] Du lat.

**naturisme** *nm* **1** Doctrine préconisant le retour à la nature, la vie en commun, la pratique du sport, la suppression des vêtements, l'alimentation végétarienne. **2** Nudisme. [DER] **naturiste** *n, a*

**naturopathie** *nf* Méthode thérapeutique reposant sur l'idée que la plupart des maladies peuvent être évitées ou traitées par la diététique et des moyens naturels (thermalisme, phytothérapie, etc.). [DER] **naturopathe** *n* – **naturopathique** *a*

**naucore** *nf* Punaise des eaux stagnantes. [ETY] Du gr. *naûs,* « navire », et *koris,* « punaise ».

**Naucratis** v. de l'anc. Égypte où les citoyens de Milet fondèrent un comptoir au VII$^{e}$ s. av. J.-C. Au VI$^{e}$ s. av. J.-C., elle devint une ville grecque du commerce, ruinée par l'essor d'Alexandrie au III$^{e}$ s. av. J.-C. – Ruines à Tell el-Birèh.

**Naudé** Gabriel (Paris, 1600 – Abbeville, 1653), écrivain, médecin et bibliothécaire français. Il a rassemblé 40 000 volumes, qui forment le fonds de la bibliothèque Mazarine.

**Naudin** Charles Victor (Autun, 1815 – Antibes, 1899), botaniste français : travaux sur les hybrides, analogues à ceux de Mendel.

**naufrage** *nm* **1** Perte totale ou partielle d'un navire en mer par suite d'un accident. **2** fig Grande perte, grand malheur. *Naufrage d'un pays.* [ETY] Du lat. *navis,* « bateau », et *frangere,* « briser ».

**naufragé, ée** *a, n* Qui a fait naufrage.

**naufrager** *vi* [13] litt Faire naufrage.

**naufrageur, euse** *n* **1** Pilleur d'épaves qui, par de faux signaux (feux allumés sur les côtes, par ex.), provoquait le naufrage des navires. **2** fig Personne qui cause la perte, l'effondrement de qqch. *Les naufrageurs de l'équilibre monétaire.*

**naumachie** *nf* ANTIQ ROM **1** Représentation d'un combat naval. **2** Bassin où a lieu ce spectacle.

**Nauman** Bruce (Fort Wayne, 1941), artiste conceptuel américain : installations, enseignes lumineuses, vidéos, etc.

**Naumburg** v. d'Allemagne (Saxe-Anhalt), sur la Saale ; 33 590 hab. Industries. – Cath. XII$^{e}$ s.

**Naundorff** Karl Wilhelm (Potsdam, 1787 – Delft, 1845), aventurier prussien, horloger à Spandau, qui prétendit être Louis XVII.

**Naupacte** (*Naupaktos*), v. et port de Grèce, à l'entrée du golfe de Corinthe ; 8 000 hab. – C'est la *Lépante* du Moyen Âge.

**naupathie** *nf* MED Mal de mer.

**Nauplie** (en gr. *Náfplion*) , port de Grèce (Péloponnèse), au fond du *golfe de Nauplie ;* 10 610 hab. ; ch.-l. du nome d'Argolide. – Citadelle vénitienne. Musée archéologique. – Anc. port d'Argos, la ville fit partie de la principauté de Morée (1212-1388). Prise par les Grecs insurgés en 1822, elle fut leur capitale de 1829 à 1834.

**nauplius** *nm* Première forme larvaire des crustacés, non segmentée, portant trois paires d'appendices. [PHO] [noplijys] [ETY] Mot lat.

**Naurouze (seuil ou col de)** passage, à 190 m d'alt., reliant le Bassin aquitain au Languedoc ; emprunté par le canal du Midi.

**Nauru (république de)** État de Polynésie, membre du Commonwealth, situé sur un atoll de 21 km$^2$ ; 10 200 hab. ; cap. *Yaren.* Langues : nauruan, anglais. Monnaie : dollar australien. Population : Polynésiens, Chinois, Européens. Relig. : protestantisme, catholicisme. – La pêche, les phosphates (quasiment épuisés), les placements dans l'immobilier en Asie du S.-E., en Australie, fournissent d'import. ressources. [DER] **nauruan, ane** *a, n*
**Histoire** Découverte en 1798 par les Anglais, l'île, allemande de 1888 à 1914, passa sous mandat brit., puis sous l'administration conjointe de l'Australie, de la Nouvelle-Zélande et de la G.-B. Elle est indépendante depuis 1968, mais n'a été admise à l'ONU qu'en 1999. ▶ carte **Océanie**

**nauséabond, onde** *a* **1** Qui provoque le dégoût, qui cause des nausées, en parlant d'une odeur. **2** fig Dégoûtant, répugnant. *Une publication nauséabonde.* [ETY] Du lat.

**nausée** *nf* **1** Envie de vomir. *Avoir des nausées.* **2** fig Dégoût, écœurement profond. *Ce spectacle me donne la nausée.* [ETY] Du gr. *nautia,* « mal de mer ».

**Nausée (la)** roman de Sartre (1938).

**nauséeux, euse** *a* **1** Qui provoque des nausées. **2** fig Qui provoque la répugnance, un dégoût profond. *Des propos nauséeux.* **3** Qui éprouve des nausées.

**Nausicaa** dans l'*Odyssée,* fille d'Alcinoos, roi des Phéaciens ; elle recueillit Ulysse naufragé.

**-naute, -nautique** Éléments, du gr. *nautês*, « navigateur », et *nautikos*, « de la navigation ».

**nautile** *nm* Mollusque céphalopode des mers chaudes, dont la coquille spiralée et cloisonnée atteint 25 cm de diamètre.

**nautile**

**nautique** *a* **1** Relatif à l'art et aux techniques de la navigation. *Cartes nautiques.* **2** Relatif à la navigation de plaisance, aux jeux et sports pratiqués sur l'eau. *Ski nautique.*

**nautisme** *nm* Ensemble des sports nautiques.

**nautonier, ère** *n* litt Personne qui conduit une embarcation. SYN nocher. **LOC** MYTH ***Le nautonier des Enfers*** : Charon.

**Navahos** Amérindiens qui vivent auj. dans des réserves de l'Arizona et du Nouveau-Mexique, formant le groupe amérindien le plus important des É.-U. (130 000 personnes). Ils rejettent ce nom pour celui de *Dineh.* VAR **Navajos** DER **navaho** ou **navajo** *a*

**navaja** *nf* Poignard espagnol à lame légèrement courbe et très effilée. PHO [navaxa] ou [navaʒa] ETY Mot esp.

**naval, ale** *a* **1** Qui concerne les navires. *Constructions navales.* **2** Qui concerne les navires de guerre, la marine militaire. *Bataille navale.* PLUR navals. ETY Du lat.

**navale (École)** école d'enseignement supérieur qui forme les officiers et ingénieurs de la Marine nationale. Installée sur un vaisseau dans la rade de Brest de 1830 à 1914, l'école le fut ensuite à terre, près de Brest. Depuis 1945, elle est à Lanvéoc, près de Crozon.

**navarin** *nm* CUIS Ragoût de mouton accompagné d'oignons, de navets et de pommes de terre. ETY De *navet.*

**Navarin** (auj. *Pylos*), port de Grèce où les escadres française, britannique et russe anéantirent la flotte turco-égyptienne lors de la guerre d'indépendance de la Grèce (1827).

**navarque** *nm* ANTIQ GR Commandant d'une flotte ou d'un vaisseau de guerre.

**Navarre** anc. royaume, fondé au IX^e s. en Espagne, autour de Pampelune, peuplé de Basques. Il comprit à partir du XI^e s. la *Basse-Navarre* ou *Navarre française* (rég. de Saint-Jean-Pied-de-Port). De 1284 à 1328, il eut pour souverains les rois de France, puis passa à la maison d'Évreux et, en 1484, à la maison d'Albret. En 1512, Ferdinand le Catholique s'empara de la *Haute-Navarre* (Navarre espagnole). En 1589, Henri IV (Henri III de Navarre) unit à la France la Basse-Navarre (d'où le titre de « roi de France et de Navarre » porté après lui par les rois de France), auj. incluse dans le dép. des Pyrénées-Atlantiques. – La *Navarre espagnole* forme une communauté autonome et une région de l'UE : 10 421 km² ; 527 300 hab. ; cap. *Pampelune.* DER **navarrais, aise** *a, n*

**Navas de Tolosa (Las)** bourg du S. de l'Espagne (prov. de Jaén) où les rois d'Aragon, de Castille et de Navarre vainquirent les Almohades en 1212.

**navel** *nf* Variété d'orange qui porte, dans la partie apicale, une dénivellation de la peau en forme de nombril et un fruit secondaire interne. ETY Mot angl., « nombril ».

**navet** *nm* **1** Plante potagère (crucifère) cultivée pour sa racine comestible ; cette racine. **2** fig Œuvre d'art sans valeur, en partic. très mauvais film. ETY Du lat. ▶ illustr. **crucifères**

**1 navette** *nf* **1** Dans un métier à tisser, instrument pointu aux deux extrémités qui sert à faire courir le fil de trame et à le croiser avec le fil de chaîne. **2** Dans une machine à coudre, organe qui supporte et guide la canette. **3** Engin, service de transport qui effectue des allers et retours réguliers sur une courte distance. **4** Aller et retour d'un projet de loi entre le Sénat et l'Assemblée nationale. **5** Petit pain au lait. **6** Petit récipient contenant de l'encens. **LOC** ***Faire la navette*** : faire des allées et venues répétées. — ***Navette spatiale*** : véhicule spatial récupérable, utilisé comme vaisseau habité et comme convoyeur vers l'espace. ETY De *nef.*

**2 navette** *nf* Crucifère utilisée comme fourrage vert et dont les graines fournissent une huile. ETY De *navet.*

**navetteur, euse** *n* Personne qui utilise régulièrement un moyen de transport en commun pour se rendre à son travail.

**navicert** *nf* MAR Permis délivré à un navire de commerce, et qui lui permet de naviguer dans une zone de blocus. ETY Mot angl.

**naviculaire** *a* ANAT Qui a la forme d'une nacelle. *Os naviculaire.*

**navicule** *nf* Algue diatomée de forme elliptique, commune dans les eaux douces et salées. ETY Du lat. *navis*, « bateau ».

**navigabilité** *nf* **1** État d'un cours d'eau navigable. **2** Aptitude pour un navire à prendre la mer, pour un aéronef à prendre l'air, dans les conditions de sécurité requises.

**navigable** *a* Où l'on peut naviguer. *Rivière navigable.*

**navigant, ante** *a, n* Se dit du personnel qui navigue dans l'aviation ou la marine, par oppos. à celui qui reste à terre.

**navigateur, trice** *n* **A 1** Personne qui navigue. **2** litt Marin qui fait des voyages au long cours. **3** Personne chargée de la navigation à bord d'un navire, d'un avion. **4** Dans un rallye automobile, personne qui assiste le pilote. **B** *nm* **1** INFORM Logiciel de navigation dans un document multimédia. **2** Appareil permettant de déterminer automatiquement le point d'un avion, d'un navire ou d'un char.

**navigation** *nf* **1** Action de naviguer. *Navigation maritime, fluviale, sous-marine.* **2** Art et technique de la conduite des navires et des avions (détermination de la position et tracé de la route). **3** Ensemble du trafic, de la circulation aérienne sur l'eau. *Compagnie de navigation.* **4** Aide à la conduite automobile. *Système de navigation intégré.* **5** INFORM Fait de naviguer dans un ensemble de données informatiques, un réseau télématique.

**naviguer** *vi* ① **1** Voyager sur l'eau. *Nous avons navigué trois jours en pleine mer.* **2** Pratiquer la navigation ; conduire un navire. **3** Se comporter à la mer. *Un trois-mâts qui naviguait remarquablement bien.* **4** Diriger la marche d'un avion.

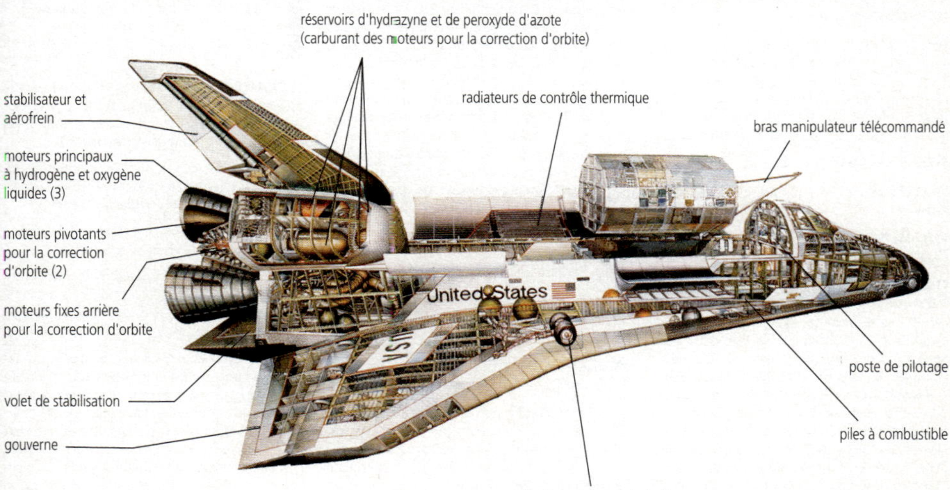


**navette** spatiale

*Naviguer à basse altitude.* **5** **fig, fam** Voyager, se déplacer beaucoup et souvent. *Il a beaucoup navigué dans sa vie.* **6** **fig** Se diriger habilement dans des affaires troubles ou difficiles. *Savoir naviguer.* **7** INFORM Se déplacer à l'intérieur d'un ensemble de données informatiques ou d'un réseau télématique grâce à des liens préétablis entre les documents affichés à l'écran. ETY Du lat.

**Naville** Pierre (Paris, 1904 – id., 1993), sociologue français : *l'Automation et le travail humain* (1961), *le Nouveau Léviathan* (1957-1977).

**naviplane** *nm* Véhicule sur coussin d'air servant au transport maritime. ETY Nom déposé.

**navire** *nm* Bâtiment ponté conçu pour la navigation en haute mer. *Navire de commerce, de guerre.* LOC ***Navire-citerne*** : navire équipé pour le transport des liquides (pétrole et gaz liquéfiés). *Des navires-citernes.* — ***Navire-hôpital*** : aménagé pour le transport des malades et des blessés. *Des navires-hôpitaux.* — ***Navire-usine*** : navire équipé pour le traitement du poisson qui lui est livré par des chalutiers ou qu'il pêche lui-même. *Des navires-usines.* ETY Du lat.

**navrant** → **navrer.**

**Navratilova** Martina (Řevnice, près de Prague, 1956), joueuse de tennis américaine d'origine tchèque, qui domina le tennis féminin dans les années 1980.

**navrer** *vt* ① **1** Affliger, causer une grande peine à. **2** Désoler. *Je suis navré, mais c'est impossible.* ETY De l'a. nordique. DER **navrant, ante** *a* – **navrement** *nm*

**Naxos** île grecque, la plus grande des Cyclades ; 450 km$^2$ ; 15 000 hab. ; v. princ. *Naxos.* Vins. – Duché vénitien de 1207 à 1566.

**nazairien** → **Saint-Nazaire.**

**Nazaré** v. et port de pêche du centre du Portugal ; 11 000 hab. Tourisme.

**nazaréen, enne** *a, n* **A** Bx-A Se dit de peintres allemands du début du XIX$^e$ s. (Overbeck, F. Pforr) qui prônaient un retour à l'inspiration chrétienne des primitifs italiens. **B** *n* Nom donné aux premiers chrétiens. LOC ***Le Nazaréen*** : Jésus.

**Nazareth** (en ar. *An-Naṣirah*), v. d'Israël, en Galilée ; 44 780 hab. ; ch.-l. de district. – Séjour de la Sainte Famille jusqu'au baptême de Jésus (« Jésus de Nazareth »). – Égl. de l'Annonciation (XVIII$^e$ s.), abattue en 1955 et reconstruite. DER **nazaréen, enne** *a, n*

**Nazca** site précolombien (II$^e$ s. av. J.-C.-VII$^e$ s. apr. J.-C.) de la côte S. du Pérou. Ses nécropoles ont livré céramiques à décor polychrome, pièces d'orfèvrerie, tissus. D'immenses figures (plus. centaines de mètres) tracées sur le sol n'ont pu être décodées. DER **nazca** *a*

**naze** → **nase 1** et **2.**

**nazifier** *vt* ② Rendre nazi. DER **nazification** *nf*

**nazillon, onne** *n* **fam, péjor** Émule des nazis.

**nazisme** *nm* National-socialisme. DER **nazi, ie** *a, n*

ENC Le mot *nazi* est l'abrév. de *Nationalsozialistische Deutsche Arbeiterparti* (V. Parti ouvrier allemand national-socialiste), dont la doctrine, le nazisme, fut exposée dans *Mein Kampf* (« Mon combat »), livre publié en 1925 sous le nom de Hitler, qui s'était contenté d'en dicter des fragments en 1924. Le nazisme fut la doctrine officielle de l'État allemand de 1933 à 1945. Les nazis exaltaient la prétendue supériorité des Germains, considérés comme le rameau le plus pur de la race blanche, digne de dominer les peuples inférieurs (parmi lesquels les hommes de couleur) et, de ce fait, en droit d'éliminer les races considérées par eux comme impures : Juifs, Tsiganes furent exterminés dans des camps de concentration. De la naissance à la mort, et en tous domaines (éducation, presse, arts), la nation allemande fut embrigadée. Les jeunes Allemands, enrôlés dès leur plus jeune âge, se voyaient inculquer le culte fanatique du « guide », le Führer, et la négation de l'individu au profit du groupe. Toute velléité d'opposition était anéantie par le parti ou par la police politique, la Gestapo. Étatisant la politique économique (mais non pas les moyens de production), la propagande nazie se proclamait anticapitaliste. Expansionniste, Hitler voulait réunir les peuples germanophones dans une Grande Allemagne. C'est ainsi qu'en 1938 il annexa l'Autriche et les Sudètes. Puis il se lança à la conquête du monde (V. Guerre mondiale).

**Nazor** Vladimir (Postire, 1876 – Zagreb, 1949), écrivain croate : *le Berger Loda* (1938).

**Nb** CHIM Symbole du niobium.

**NB** Abrév. de *nota bene*, « remarquez bien ».

**NBA** sigle de *National Basketball Association*, championnat américain de basket-ball.

**NBC** → **NRBC.**

**NBC** sigle pour *National Broadcasting Company*, réseau de télévision américain créé en 1926.

**Nd** CHIM Symbole du néodyme.

**ndébélé** *nm* Langue bantoue d'Afrique du Sud et du Zimbabwe.

**Ndébélés** → **Matabélés.**

**NDiaye** Marie (Pithiviers, 1967), romancière et auteure dramatique française : *Rosie Carpe* (2001), *Trois femmes puissantes* (2009).

**N'Djamena** (*Fort-Lamy* jusqu'en 1973), cap. du Tchad, sur le Chari ; 750 000 hab. (aggl.). Centre comm. Industr. alimentaires. DER **ndjaménais, aise** *a, n*

**NDLR** Mention que l'on trouve dans le corps d'un article de journal pour préciser la position de celui-ci. ETY Abrév. de *note de la rédaction*.

**Ndola** ville de Zambie ; 282 440 hab. ; ch.-l. de la prov. du Copperbelt. Aéroport.

**N'Dour** Youssou (Dakar, 1959), chanteur sénégalais, représentant de la world music.

**N'Dranghetta** organisation mafieuse qui sévit en Calabre.

**Ndzouani** → **Anjouan.**

**ne** (*n'* devant une voyelle ou un *h* muet) *av* **A** Marque la négation, employé seul. **1** Dans certaines tournures ou expressions. *N'avoir cure. Qu'à cela ne tienne.* **2** Dans une subordonnée. *Si je ne me trompe.* **B** En corrélation avec un mot négatif. **1** Avec un adverbe de négation (pas, point, plus, jamais). *Il n'ira pas.* **2** Avec un indéfini négatif. *Je n'ai rien vu.* **3** Avec *ni* répété. *Ni lui ni moi n'y sommes allés.* **C** Employé sans valeur négative (emploi dit *explétif*). **1** Après les verbes d'empêchement, de crainte. *J'interdirai qu'il ne vienne. Je ne nie pas qu'il ne soit venu.* **2** Dans les propositions comparatives. *Vous le ferez mieux que je ne le ferais moi-même.* **3** Après *à moins que, sans que, avant que*. *Allez-y avant qu'il n'arrive.* ETY Du lat. *non*.

**Ne** CHIM Symbole du néon.

**né, née** *a* **1** Venu au monde. *Le dernier-né des enfants d'une famille.* **2** De naissance, naturellement. *Un orateur(-)né.* LOC litt ***Bien né*** : de famille noble. — ***Né de*** : issu de. — ***Né pour*** : naturellement disposé pour.

**Neagh** (lough) lac d'Irlande du Nord (396 km$^2$), à l'O. de Belfast. Tourisme.

**Néandertal** vallée du Neander, près de Düsseldorf, où l'on découvrit des restes humains. ▷ PREHIST *Homme de Néandertal* ou *néandertalien* : homme fossile du pléistocène constituant la sous-espèce *Homo sapiens neandertalensis*. D'autres restes de néandertaliens ont été trouvés en France (notam. en Dordogne), en Asie et en Afrique. DER **néandertalien, enne** *a, n*

**néanmoins** *av* Malgré cela, pourtant. *Il est très jeune et néanmoins fort raisonnable.* ETY De *néant*.

**néant** *nm* **1** Rien ; état de ce qui n'existe pas. **2** Aucun. *Signes particuliers : néant.* **3** Absence de valeur d'une chose. *Avoir conscience du néant des honneurs.* **4** PHILO Ce qui n'a pas d'être, le non-être, par oppos. à *l'être*. LOC ***Tirer qqn du néant*** : le tirer d'une condition obscure pour le placer dans une situation honorable. ETY Du bas lat. *ne gentem*, « pas une personne ».

**néantiser** *vt* ① **1** PHILO Concevoir comme néant, comme non-être. **2** Réduire à néant. DER **néantisation** *nf*

**Néarque** (IV$^e$ s. av. J.-C.), navigateur crétois, amiral d'Alexandre le Grand. Il explora les côtes asiatiques de l'Indus à l'Euphrate.

**Nebbio** région de Corse, dans le N. de l'île.

**nebka** *nf* Dans un désert, monticule de sable formé autour d'une touffe de végétation. ETY Mot ar. VAR **nebkha**

**Nébo** (mont) montagne du pays biblique de Moab, à l'E. de la mer Morte, d'où Moïse contempla la Terre promise avant de mourir.

**Nebraska** État du centre des É.-U., dans les Grandes Plaines, limité à l'E. par le Missouri ; 200 017 km$^2$ ; 1 578 000 hab. ; cap. *Lincoln*. Grande rég. agricole : céréales, élevage (bovin surtout). Pétrole. – Explorée au XVIII$^e$ s. par des Espagnols et des Français, la région, devenue territoire en 1854, entra dans l'Union en 1867. – Son nom vient du *Nebraska*, ou Platte River (527 km), affl. du Missouri (r. dr.).

**nébulaire** *a* Relatif à une nébuleuse.

**nébuleuse** *nf* **1** ASTRO Objet céleste qui, contrairement aux étoiles et aux planètes, nettement délimitées, présente un aspect diffus et vaporeux. **2** **fig** Ensemble confus et imprécis d'éléments variés, aux relations mal définies.

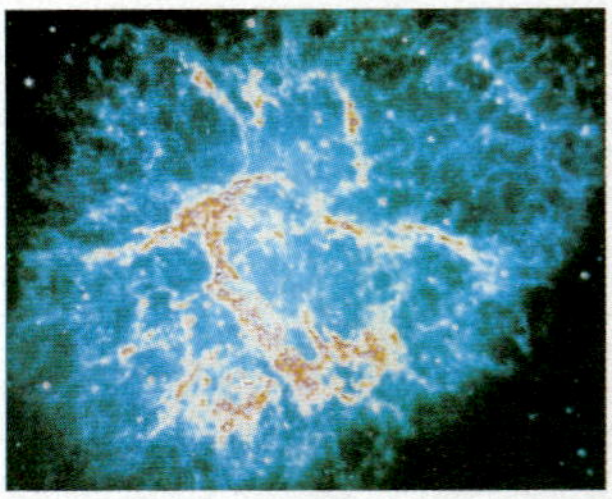

**nébuleuse** du Crabe, dans la constellation du Taureau, vestige d'une explosion de supernova observée en 1054 par des astronomes chinois

**nébuleux, euse** *a* **1** Obscurci par les nuages. *Ciel nébuleux.* **2** **fig** Qui manque de clarté ; fumeux. *Théories, projets nébuleux.* ETY Du lat. *nebula*, « nuage ». DER **nébuleusement** *av*

**nébuliser** *vt* ① TECH Projeter, vaporiser un liquide en fines gouttelettes à l'aide d'un nébuliseur. ETY De l'angl. DER **nébulisation** *nf*

**nébuliseur** *nm* TECH Appareil servant à projeter un liquide en fines gouttelettes.

**nébulosité** *nf* **1** Caractère, état de ce qui est nébuleux. **2** METEO Léger nuage ; surface de ciel couverte par des nuages. **3** **fig** Flou, manque de clarté. *La nébulosité d'une théorie.*

**nécessaire** *a, nm* **A** *a* **1** Se dit de ce qui constitue une condition indispensable à la réalisation de qqch. *La respiration est nécessaire à la vie.* **2** Se dit de ce qui est indispensable pour répondre à un besoin. *Il est nécessaire d'en discuter, que nous en discutions.* **3** LOG Qui découle logiquement et inévitablement de conditions ou d'une hypothèse déterminées. **4** Inéluctable. *Mourir est un mal nécessaire.* **5** Qui ne peut pas ne pas être ni être autrement, par oppos. à *contingent*. **B** *nm* **1** Ce qui est absolument indispensable pour vivre.

*Manquer du plus strict nécessaire.* **2** Ce qu'il faut faire pour arriver à un résultat déterminé. *Je compte sur vous pour faire le nécessaire.* **3** PHILO Ce qui ne dépend d'aucune condition. **4** Coffret garni des objets nécessaires pour un usage déterminé. *Un nécessaire de toilette, de couture.* **LOC** MATH ***Condition nécessaire et suffisante*** : qui rend vraie une proposition si, et seulement si, cette condition est remplie. (ETY) Du lat.

**nécessairement** *av* **1** Par un besoin impérieux ; absolument. *Il faut nécessairement qu'on trouve une solution.* **2** D'une manière nécessaire, logique et inévitable.

**nécessité** *nf* **1** Chose nécessaire ; obligation. *La nécessité de manger pour vivre.* **2** Besoin impérieux ; ce qui est indispensable dans une situation donnée. *Les nécessités de la vie.* **3** PHILO, LOG Caractère nécessaire d'un enchaînement de causes et d'effets. **LOC** ***Faire de nécessité vertu*** : s'acquitter d'une chose nécessaire en y cherchant une occasion de mérite. — ***Objets de première nécessité*** : ceux qui sont vraiment indispensables pour vivre.

**nécessiter** *vt* (1) **1** Rendre indispensable ; exiger. *Cette opération nécessite une grande maîtrise de la technique.* **2** PHILO Impliquer logiquement et inéluctablement.

**nécessiteux, euse** *a, n* Se dit d'une personne qui est dans le besoin.

**Néchao Ier** (VIIe siècle avant J.-C.), prince saïte d'Égypte ; père de Psammétik Ier, qui fonda la XXVIe dynastie. (VAR) **Nékao Ier** — **Néchao II** (mort en 594 avant J.-C.), roi d'Égypte, fils de Psammétik Ier et son successeur (609-594 avant J.-C.). Il vainquit à Meggido le roi de Juda Josias (609 avant J.-C.), mais fut battu à Karkamish par Nabuchodonosor II (605 avant J.-C.).

**Nechako (la)** riv. du Canada (400 km), en Colombie britannique, affl. (r. dr.) du Fraser.

**neck** *nm* GEOL Piton rocheux provenant d'une ancienne cheminée volcanique dégagée par l'érosion. (ETY) Mot angl., « cou ».

**Neckar (le)** riv. d'Allemagne (367 km) ; conflue avec le Rhin (r. dr.) à Mannheim ; canalisé en aval de Stuttgart.

**Necker** Jacques (Genève, 1732 – Coppet, près de Genève, 1804), financier et homme d'État suisse. Venu à Paris en 1747, il devint un riche banquier. Directeur général des Finances (1777), il se heurta aux privilégiés et démissionna (1781). Rappelé (25 août 1788), il fit convoquer les États généraux. Renvoyé le 11 juil. 1789, rappelé le 16, impuissant à contrôler les évènements, il se retira en 1790 en Suisse, avec sa fille, Mme de Staël.

**nec plus ultra** *nm inv* Ce qui constitue un terme, un état qui n'a pas été ou ne saurait être dépassé. *Le nec plus ultra de l'élégance.* (PHO) [nɛkplysyltʀa] (ETY) Loc. lat., « pas au-delà ».

**nécro-** Élément, du gr. *nekros,* « mort ».

**nécro** *nf* fam Article nécrologique.

**nécrobie** *a, n* **A** *a, nm* BIOL Se dit d'un organisme vivant sur les cadavres. **B** *nf* ZOOL Coléoptère qui vit sur les matières animales en décomposition.

**nécrologe** *nm* **1** RELIG CATHOL Liste des personnes défuntes d'une paroisse. **2** Liste des personnes mortes au cours d'une catastrophe.

**nécrologie** *nf* **1** Notice biographique sur un personnage décédé récemment. **2** Liste de personnes décédées pendant un laps de temps déterminé. **3** Avis des décès survenus à une date ou pendant une période déterminées, et publiés. (DER) **nécrologique** *a*

**nécrologue** *nm* Auteur de nécrologies.

**nécromancie** *nf* Science occulte qui prétend, par l'évocation des morts, révéler l'avenir. (ETY) Du gr. (DER) **nécromancien, enne** *n* ou **nécromant** *nm*

**nécrophage** *a, n* Qui se nourrit de cadavres. *Animal, insecte nécrophage.*

**nécrophilie** *nf* PSYCHIAT Attirance sexuelle morbide pour les cadavres. (DER) **nécrophile** *a, n* – **nécrophilique** *a*

**nécrophore** *nm* Coléoptère noir avec des taches rouges, long d'environ 20 mm, qui pond ses œufs sur ces charognes qu'il a enterrées.

**nécropole** *nf* **1** ANTIQ Vaste ensemble de sépultures antiques. **2** litt Vaste cimetière d'une grande ville moderne. **3** Édifice qui contient les tombeaux d'une famille princière ou royale.

**nécropsie** *nf* Syn. de *autopsie.*

**nécrose** *nf* MED, BIOL Mort cellulaire ou tissulaire. (DER) **nécrosique** ou **nécrotique** *a*

**nécroser** *vt* (1) MED, BIOL Provoquer la nécrose.

**nectaire** *nm* BOT Glande portée par des organes floraux (pétales, étamines) ou extra-floraux, et qui sécrète le nectar. (ETY) Du gr.

**Nectanebo Ier** (mort en 360 avant J.-C.), roi d'Égypte, fondateur de la XXXe dynastie, dite sébennytique (originaire de Sebennytos, dans le delta du Nil) il arrêta l'invasion du roi perse Artaxerxès II (373 avant J.-C.). — **Nectanebo II** roi d'Égypte (359 av. J.-C.) ; il fut vaincu v. 342 par Artaxerxès III, qui imposa la domination perse. (VAR) **Nectanibis**

**nectar** *nm* **1** MYTH Breuvage des dieux. **2** litt Breuvage délicieux. *Ce vin est un nectar.* **3** Boisson à base de jus de fruits additionné d'eau et de sucre. **4** BOT Liquide sucré, très riche en glucose, sécrété par certaines plantes et utilisé par les abeilles pour faire le miel. (ETY) Du gr.

**nectarine** *nf* Espèce de pêche à peau lisse et noyau libre.

**nectarivore** *a* ZOOL Qui se nourrit de nectar.

**necton** *nm* ZOOL Ensemble des animaux marins qui se déplacent en nageant par oppos. à *plancton.* (ETY) Du gr. *nêktôs,* « nageur ».

**nectria** *nm* Champignon ascomycète à petites fructifications rouge vif, parasite sur les branches de divers arbres, notam. le pommier. (ETY) Du lat.

**Nederland** nom néerl. des Pays-Bas.

**Nedjd** → **Nadjd.**

**Néel** Louis (Lyon, 1904 – Brive, 2000), physicien français. Il découvrit le ferrimagnétisme et l'antiferromagnétisme. P. Nobel 1970 avec H. Alfvén.

Necker

Louis Néel

**neem** *nm* Arbre de l'Inde (méliacée) dont le bois est utilisé en menuiserie et les graines dans la pharmacopée traditionnelle.

**néerlandais, aise** *a, n* **A** Des Pays-Bas. **B** *nm* Langue germanique parlée aux Pays-Bas et dans le nord de la Belgique (flamand).

**néerlandophone** *a, n* De langue néerlandaise.

**Neerwinden** local. de Belgique (Brabant) où le maréchal de Luxembourg vainquit Guillaume III d'Orange (1693) ; et le prince de Cobourg, Dumouriez (1793).

**nef** *nf* **1** vx, litt Navire. **2** Au Moyen Âge, navire de formes rondes, à châteaux élevés. **3** Partie d'une église qui va du portail à la croisée du transept, comprise entre les deux murs latéraux, entre une rangée de piliers et un mur latéral, ou entre deux rangées de piliers. (ETY) Du lat.

**néfaste** *a* **1** ANTIQ ROM Se dit des jours où il est interdit par la loi divine de s'occuper des affaires publiques. **2** Malheureux, désastreux. *Journée néfaste.* **3** Qui porte malheur. *Personnage néfaste.* (ETY) Du lat.

**Nef des fous (la)** peinture de Jérôme Bosch (entre 1490 et 1500, Louvre), peut-être inspirée à l'artiste par le poème *la Nef des fous.*

**Nef des fous (la)** poème satirique et didactique en dialecte alsacien de Sébastian Brandt (1494), qui l'illustra de bois gravés, trad. en lat. par J. Locher en 1497.

**Néfertari** (XIIIe s. av. J.-C.), reine d'Égypte, épouse de Ramsès II.

**Néfertiti** (XIVe s. av. J.-C.), reine d'Égypte, femme d'Aménophis IV Akhenaton, dont (vraisemblablement) elle approuva la révolution religieuse. Ainsi, après la disparition de son époux, elle maintint le culte d'Aton.

tête inachevée de **Néfertiti**, prov. de Tell-el-Amarna, 1365-1349 av. J.-C. – Musée archéologique, Le Caire

**nèfle** *nf* Fruit du néflier, que l'on consomme blet. **LOC** fam ***Des nèfles !*** : rien du tout ! pas question ! (ETY) Du lat.

**néflier** *nm* Rosacée arborescente aux fruits comestibles des régions tempérées. **LOC** ***Néflier du Japon*** : bibacier.

**Nefta** v. et vaste oasis du S. de la Tunisie (gouvernorat de Gafsa) ; 15 510 hab.

**négateur, trice** *a, n* litt Qui nie, qui a l'habitude de nier.

**négatif, ive** *a, nm* **A** *a* **1** Qui exprime une négation, qui marque un refus, par oppos. à *affirmatif. Réponse négative.* **2** Qui n'est pas constructif, qui ne fait que s'opposer. *Critique négative.* **3** Qui ne consiste qu'en l'absence de son contraire, par oppos. à *positif. Bonheur, plaisir négatif.* **4** MATH Se dit d'un nombre inférieur ou égal à zéro. **5** Se dit d'une électricité constituée d'électrons. **B** *nm* PHOTO Phototype dans lequel les parties claires et les parties sombres ou les tons sont inversés par rapport au modèle. **LOC** CHIM ***Ion négatif*** : anion. — ***Pôle négatif*** : pôle par lequel le courant arrive, dans un générateur de courant continu. — ***Répondre par la négative*** : en disant non, par un refus. (DER) **négativement** *av*

**négation** *nf* **1** Action de nier ; son expression verbale, écrite, etc. **2** Comportement, acte qui est en contradiction complète avec qqch. *C'est la négation de tout ce qu'il a fait jusqu'à présent.* **3** Mot, groupe de mots qui sert à rendre un énoncé négatif. *« Non », « ne... pas » sont des négations.* **LOC** LOG ***Négation d'une proposition P*** : proposition, notée non P ou $\bar{P}$, qui est fausse si P est vraie et inversement. [ETY] Du lat.

**négationnisme** *nm* Position de ceux qui nient ou minimisent le génocide des juifs par les nazis pendant la Seconde Guerre mondiale, et notamment l'existence des chambres à gaz. SYN révisionnisme. [DER] **négationniste** *a, n*

**négativement** → **négatif.**

**négativisme** *nm* **1** PSYCHIAT Trouble de l'activité volontaire caractérisé par le refus passif ou actif de répondre à toute sollicitation. **2** Attitude caractérisée par la négation, le refus systématique de tout.

**négativité** *nf* **1** PHYS Caractère d'un corps porteur d'une charge négative. **2** Caractère de ce qui est négatif, non constructif.

**négaton** *nm* PHYS NUCL Syn. de *électron*, par oppos. à l'*électron positif* ou *positon*).

**négatoscope** *nm* TECH Écran lumineux pour l'examen des clichés radiographiques.

**Negeri Sembilan** État de Malaisie, au N. de Malacca ; 6 643 km$^2$ ; 679 000 hab. ; cap. *Seremban*. Agriculture ; étain. [VAR] **Negri Sembilan**

**négligé** *nm* État d'une personne dont la toilette est sans recherche. *Être toujours en négligé.*

**négligeable** *a* **1** Qui peut être négligé, sans importance. *Efforts négligeables.* **2** Ce qui est sans intérêt, ne compte pas. *Quantité négligeable.*

**négligence** *nf* **1** Défaut de soin, d'application ; manque d'attention. **2** Manque de soin dans la tenue. **3** Faute, erreur due à un manque de soin, d'application. *Négligences de style.* [DER] **négligent, ente** *a* – **négligemment** *av*

**négliger** *v* [13] **A** *vt* **1** Ne pas s'occuper de qqch avec autant de soin, d'attention qu'on le devrait. *Négliger sa santé.* **2** Ne pas montrer à qqn autant d'attention, d'affection qu'on le devrait. *Négliger ses amis.* **3** Ne pas mettre en usage ou à profit. *Négliger un avertissement.* **B** *vpr* Prendre moins soin de sa personne. [ETY] Du lat.

**négoce** *nm* vieilli Commerce en gros.

**négociable** *a* Que l'on peut négocier. *Titre négociable.* [DER] **négociabilité** *nf*

**négociant, ante** *n* Personne qui fait du négoce. *Négociant en tissus.*

**négociateur, trice** *n* **1** Personne chargée de négocier une affaire. **2** Diplomate, personne qui a pour mission de mener des négociations avec les parties intéressées.

**négociation** *nf* **1** Action de négocier ; l'affaire que l'on négocie. **2** COMM Action de négocier un billet, une traite. **3** Ensemble des démarches entreprises pour conclure un accord, un traité, pour rechercher une solution à un problème social ou politique ; résultat de ces démarches. *Engager, rompre des négociations.*

**négocier** *v* [2] **A** *vi* **1** Engager des pourparlers, procéder à des échanges de vues dans l'intention de traiter une affaire. **2** Aboutir par la négociation à ; rechercher un accord social, politique par la négociation. **B** *vt* **1** COMM Céder un effet, une lettre de change à un tiers contre de l'argent liquide. **2** Se concerter sur les conditions de réalisation de qqch. *Négocier un règlement de paix.* **LOC** ***Négocier un virage*** : le prendre, à grande vitesse, le mieux possible. [ETY] Du lat.

**négondo** *nm* BOT Érable originaire d'Amérique du N., à feuilles panachées de blanc. [ETY] Mot anglais par le portugais. [VAR] **negundo**

**nègre, négresse** *n, a* **A** *n* **1** vieilli, raciste Personne de couleur noire. **2** anc Esclave noir employé autrefois dans les colonies. *La traite des nègres.* **B** *nm* fig Personne qui prépare ou rédige un ouvrage signé par un écrivain célèbre. **C** *a* De couleur noire ; relatif aux Noirs. *Coutumes nègres.* **LOC** ***Art nègre*** : art de l'Afrique noire tel que l'Occident l'a découvert au début du XX$^e$ s. (Il a contribué à la naissance du cubisme : *les Demoiselles d'Avignon* [1907] de Picasso en témoigne. V. subsaharien.) — ***Nègre blanc*** : équivoque, dont les termes, les conclusions sont contradictoires. *Réponse nègre blanc.* — fam ***Travailler comme un nègre*** : beaucoup, durement. [ETY] Du lat. *niger*, « noir », par l'esp.

**Nègre** Charles (Grasse, 1820 – id., 1880), photographe français : séries sur la vie quotidienne, les monuments historiques.

**Nègrepont** → **Eubée.**

**Nègres (les)** pièce de Genet (1958).

**négrier, ère** *a, nm* **A** *a* Qui a rapport à la traite des Noirs. *Navire négrier.* **B** *nm* **1** Personne qui se livrait à la traite des Noirs. **2** Navire qui servait à faire la traite des Noirs. **3** fig Chef d'entreprise dur et âpre.

**négrillon, onne** *n* vx, péjor Enfant de couleur noire.

**Négritos** populations mélano-indonésiennes (Philippines, Malaisie, îles Andaman). Leur petite taille et leurs caractères négroïdes les ont fait comparer aux Pygmées, auxquels ils ne sont pas apparentés. [DER] **négrito** *a*

**négritude** *nf* Ensemble des caractéristiques culturelles, historiques, des nations, des peuples noirs.

**Negro (rio)** riv. d'Amérique du S. (600 km), affl. de l'Uruguay (r. g.). Il draine le Rio Grande do Sul, au Brésil, et l'Uruguay.

**Negro (río)** riv. d'Amérique du S. (2 200 km), affl. de l'Amazone (r. g.) en aval de Manaus. Il arrose la Colombie, le Venezuela et le Brésil septentrional.

**Negro (río)** fl. d'Argentine (1 000 km), qui draine le N. de la Patagonie et se jette dans l'Atlantique.

**négro-africain, aine** *a, n* Relatif aux peuples d'Afrique noire.

**négro-américain, aine** *a, n* Relatif aux Noirs d'Amérique.

**négroïde** *a, n* Qui présente, dans le visage, certaines des caractéristiques des Noirs.

**négropolitain, aine** *a, n* fam Antillais ou Africain établi en France.

**Negros** île des Philippines (archipel des Visayas), au N. de Mindanao ; 13 671 km$^2$ ; 3 182 220 hab. ; v. princ. *Bacolod.*

**negro-spiritual** *nm* Chant religieux des Noirs chrétiens des États-Unis. PLUR negro-spirituals. [PHO] [negʀospiʀitɥɔl]

**Negruzzi** Constantin (Iaşi, 1808 – id., 1868), écrivain moldave ; auteur de nouvelles historiques : *Alexandru Lăpuşneanu* (1840).

**néguentropie** *nf* PHYS, INFORM Grandeur dont les variations sont opposées à celles de l'entropie d'un système.

**Néguev** rég. en partie désertique du S. de l'État d'Israël, ayant un débouché sur le golfe d'Akaba, mise en valeur depuis 1948 : cultures irriguées ; cuivre, pétrole, phosphates, etc.

**Néguib** Mohammed (Khartoum, 1901 – Le Caire, 1984), général et homme politique égyptien. Chef du coup d'État de juil. 1952 qui renversa le roi Farouk, il proclama la république en 1953 et la présida jusqu'en 1954.

**negundo** → **négondo.**

**négus** *nm* HIST Titre des empereurs d'Éthiopie. [PHO] [negys] [ETY] De l'éthiopien.

**Néhémie** (V$^e$ s. av. J.-C.), personnage biblique ; gouverneur de Judée, il obtint du roi de Perse, Artaxerxès I$^{er}$, l'autorisation de reconstruire les murs de Jérusalem (v. 445) et de reformer avec Esdras la communauté juive.

**Nehru** Çrī Jawāharlāl (Allahābad, 1889 – New Delhi, 1964), homme politique indien. Rallié à Gandhi, président du parti du Congrès en 1929, il œuvra pour l'indépendance de l'Inde et fut Premier ministre de 1947 à sa mort, se montrant le champion du neutralisme.

Çrī Jawāharlāl Nehru

**neige** *nf* **1** Eau congelée qui tombe en flocons blancs et légers. *Chute de neige.* **2** fam Cocaïne. **3** Aspect d'un écran de télévision sous tension, mais non relié à un émetteur. **LOC** ***De neige*** : qui a rapport aux sports d'hiver. *Vacances de neige.* — ***Être blanc comme neige*** : ne rien avoir à se reprocher. — ***Neige artificielle*** : obtenue par pulvérisation d'eau froide. — ***Neige carbonique ($CO_2$)*** : anhydride carbonique solide utilisé dans les extincteurs et comme réfrigérant. — ***Neiges persistantes*** ou ***neiges éternelles*** : qui, à une altitude supérieure à 2 700 m en France, ne fondent pas en été. — ***Œufs à la neige*** : œufs en neige cuits servis sur une crème anglaise. — ***Œufs en neige*** : blancs d'œufs battus formant une masse blanche compacte.

**Neige (crêt de la)** point culminant du Jura (1 718 m), au S.-O. de Gex (Ain).

**neiger** *v impers* [13] Tomber, en parlant de la neige. [ETY] Du lat.

**Neiges (piton des)** point culminant de la Réunion (3 069 m), au centre-ouest de l'île.

**neigeux, euse** *a* **1** Couvert de neige. **2** Qui rappelle la neige par sa blancheur immaculée, sa consistance.

**Neill** Alexander Sutherland (Forfar, 1883 – Aldeburgh, Suffolk, 1973), pédagogue britannique : *Libres enfants de Summerhill* (1960).

**neinsager** *n* POLIT Suisse Personne ou région qui répond par la négative lors des votations. [PHO] [najnzagœʀ] [ETY] De l'all. *nein*, « non » et *sagen*, « dire ».

**Neipperg** Adam Albrecht (comte von) (Vienne, 1775 – Parme, 1829), général autrichien ; grand maître du palais de l'impératrice Marie-Louise, qu'il épousa en 1821.

**Neisse de Lusace (la)** riv. d'Europe centrale (256 km), affl. de l'Oder (r. g.). Une partie de son cours sépare l'Allemagne et la Pologne *(ligne Oder-Neisse).* [VAR] **Nysa Łuzycka**

**Neiva** v. de Colombie, port sur le rio Magdalena ; 178 130 hab. ; ch.-l. du dép. de Huíla.

**Nékao I$^{er}$** → **Néchao I$^{er}$.**

**Nekrassov** Nikolaï Alexeïevitch (Iouzvino, 1821 – Saint-Pétersbourg, 1877), journaliste et poète lyrique russe d'inspiration populaire : *Femmes russes* (1872-1873), *Qui peut vivre heureux en Russie ?* (1863-1877).

**Nélaton** Auguste (Paris, 1807 – id., 1873), chirurgien français : *Éléments de pathologie chirurgicale* (1844-1860).

**Nelligan** Émile (Montréal, 1879 – id., 1941), poète québécois qu'influencèrent Baudelaire et Rimbaud. Il cessa d'écrire en 1899, alors qu'il commençait à sombrer dans la folie.

**nélombo** *nm* BOT Plante d'eau douce (nymphéacée) dont une espèce indienne à grandes fleurs blanches est le lotus sacré. ETY Mot cingalais. VAR **nelumbo**

**Nelson (le)** fleuve du Canada (Manitoba) ; 650 km ; issu du lac Winnipeg, il se jette dans la baie d'Hudson.

**Nelson** Horatio (vicomte de) (Burnham Thorpe, Norfolk, 1758 – au large de Trafalgar, 1805), amiral britannique. Chargé d'intercepter Bonaparte en route pour l'Égypte, il vainquit la flotte française à Aboukir (1798). En 1799, il reprit Naples aux révolutionnaires. En 1805, il triompha de l'escadre française, commandée par l'amiral Villeneuve, à Trafalgar, victoire qu'il paya de sa vie mais qui assura à la G.-B. la maîtrise des mers.

l'amiral **Nelson**

**nelumbo** → **nélombo.**

**nem** *nm* Mets asiatique, petite crêpe de riz fourrée et frite. PHO [nεm] ETY Mot vietnamien.

**némaliale** *nm* BOT Algue marine rouge sombre dont le thalle ramifié est formé de cordons cylindriques et élastiques. ETY D'un n. pr.

**Nemanjić** dynastie serbe issue d'Étienne Nemanja, qui régna de 1170 à 1371 ; les Turcs la détrônèrent.

**némat(o)-** Élément, du gr. *nêma*, « fil ».

**némathelminthe** *nm* ZOOL Ver au corps cylindrique non segmenté, appelé aussi *ver rond*.

**nématicide** *a, nm* Se dit d'une substance qui détruit les vers (nématodes). VAR **nématocide**

**nématique** *a* LOC PHYS *État nématique* : état mésomorphe dans lequel les molécules d'un cristal liquide sont orientées dans une même direction en l'absence d'influence extérieure.

**nématoblaste** *nm* ZOOL Syn. de *cnidoblaste*.

**nématocère** *nm* Insecte diptère à longues antennes, dont le sous-ordre comprend notam. les moustiques.

**nématocyste** *nm* ZOOL Vésicule à venin des cnidaires.

**nématode** *nm* ZOOL Némathelminthe dont la classe comprend des espèces marines, d'eau douce ou terrestres, menant une vie libre ou parasite d'animaux ou de végétaux, caractérisées par un tube digestif complet et un développement comportant des mues. *L'ascaris, la trichine, les filaires sont des nématodes parasites de l'homme.*

**nématorhynque** *nm* ZOOL Métazoaire acœlomate marin ou d'eau douce, microscopique, à allure de ver.

**Némée** vallée de l'Argolide (Péloponnèse), où Hēraklès tua un lion redoutable (l'un des douze travaux). – Les *jeux Néméens* y étaient organisés par les Grecs tous les deux ans (depuis 374 av. J.-C.).

**némertien** *nm* ZOOL Métazoaire pseudocœlomate, ver marin ou d'eau douce au tube digestif complet. PHO [nemεʀsjɛ̃] ETY De *Nemertes*, une des Néréides.

**Némésis** dans la myth. gr., déesse de la Vengeance et de la Justice des dieux.

**Nemeyri** Gaafar El- (Omdurman, 1930 – 2009), homme politique soudanais. Général, il dirigea le coup d'État de 1969. Il fut renversé en 1985. VAR **Djafar al- Nimayri**

**Némirovski** Irène (Kiev, 1903 – en déportation, 1942), romancière française d'origine russe : *David Golder* (1929), *Jézabel* (1936).

**Nemo (le capitaine)** héros des romans de Jules Verne *Vingt Mille Lieues sous les mers* (1870) et *l'Île mystérieuse* (1874) commandant le *Nautilus*.

**Nemours** ch.-l. de cant. de Seine-et-Marne, sur le Loing ; 12 893 hab. – Chât. XII$^e$-XVII$^e$ s. – Musée préhist. DER **nemourien, enne** *a, n*

**Nemours** Jacques d'Armagnac, comte de Castres, puis duc de (Paris, 1433 – id., 1477), gouverneur de Paris ; adversaire de Louis XI, qui le fit mourir.

**Nemours** Louis Charles Philippe d'Orléans (duc de) (Paris, 1814 – Versailles, 1896), prince français, second fils de Louis-Philippe. Il se distingua lors du siège d'Anvers (1832) et de la prise de Constantine (1837).

**Nemours** Aurélie (Paris, 1910 – id. 2005), peintre française. Abstraction géométrique.

**Nemrod** petit-fils de Cham. La Bible l'appelle *vaillant chasseur devant l'Éternel* et en fait le fondateur de l'Empire babylonien.

**néné** *nm* très fam Sein de femme.

**nénette** *nf* fam Fille, femme. LOC *Se casser la nénette* : se démener, se casser la tête pour résoudre une difficulté.

**Nenets** peuple du N.-O. de la Sibérie, parlant une langue samoyède. DER **nenets** *a*

**nénies** *nf pl* ANTIQ Chants, lamentations funèbres. ETY Du lat.

**nenni** *av* vx Non.

**Nenni** Pietro (Faenza, 1891 – Rome, 1980), homme politique italien ; secrétaire général du parti socialiste en exil (1931), du PSI (1944-1963), puis président du parti socialiste unifié (1966), plusieurs fois ministre.

**nénuphar** *nm* Plante aquatique des eaux tranquilles (nymphéacée) aux feuilles flottantes et aux fleurs solitaires de couleur jaune. ETY De l'ar. VAR **nénufar**

**néo-** Préfixe, du gr. *neos*, « nouveau ».

**néoblaste** *nm* BIOL Cellule de régénération existant chez certains groupes d'animaux primitifs (planaires, annélides).

**néo-brunswickois** → **Nouveau-Brunswick.**

**néo-calédonien** → **Nouvelle-Calédonie.**

**néo-canadien, enne** *a, n* Se dit des immigrés installés au Canada depuis 1945.

**néocapitalisme** *nm* ECON Forme moderne du capitalisme qui accepte l'intervention de l'État dans certains secteurs. DER **néocapitaliste** *a*

**néoceltique** *a* Se dit des langues vivantes dérivées de l'ancien celte telles que le breton et le gaélique.

**Néo-Césarée** anc. v. du Pont (Asie Mineure), sur le Lycos (auj. *Niksar*, Turquie) ; 12 000 hab. ; centre chrétien aux III$^e$ et IV$^e$ s.

**néoclassicisme** *nm* **1** LITTER Mouvement littéraire français du début du XX$^e$ s. prenant pour modèle l'idéal classique. **2** Bx-A Mouvement artistique de retour à l'Antiquité gréco-romaine. DER **néoclassique** *a, n*

ENC Mouvement artistique, apparu à Rome au milieu du XVIII$^e$ s., le néoclassicisme prônait le retour aux canons esthétiques de l'Antiquité grecque et romaine. Il se répandit dans tous les pays européens et aux É.-U. (*Capitole* de Washington). Réagissant contre le baroque et le rococo, il manifestait une admiration pour l'art antique, que les fouilles d'Herculanum (1720) et de Pompéi (1748) avaient fait mieux connaître. À Paris, l'Odéon, l'égl. de la Madeleine, l'arc de triomphe de l'Étoile illustrent ce courant. En sculpture, l'Italien Canova prôna le « noble contour ». En peinture, le *Serment des Horaces* de David (1784) fut le manifeste de la nouvelle école (F. Gérard, Girodet, etc.).

**néocolonialisme** *nm* État de domination économique et culturelle maintenu par des voies détournées sur d'anciennes colonies. DER **néocolonialiste** *a, n*

**néocomien** *nm* GEOL Ensemble d'étages du crétacé inférieur.

**néoconservatisme** *nm* POLIT Idéologie fondée sur la conviction de l'universalité des valeurs libérales dans un monde menacé par le terrorisme islamiste. DER **néoconservateur, trice** *a, n*

**néocortex** *nm* Couche de substance grise occupant, chez les mammifères, la plus grande partie de la surface des hémisphères cérébraux.

**néocriticisme** *nm* PHILO Doctrine philosophique d'inspiration kantienne.

**néodarwinisme** *nm* BIOL Théorie de l'évolution fondée sur la seule sélection de l'espèce par le milieu, qui nie l'hérédité des caractères acquis.

**néodyme** *nm* CHIM **1** Élément appartenant à la famille des lanthanides, de numéro atomique Z = 60, de masse atomique 144,24. SYMB Nd. **2** Métal (Nd) qui fond à 1 021 °C et bout à 3 068 °C. ETY Du gr. *didumos*, « jumeau ».

**néo-écossais** → **Nouvelle-Écosse.**

**néofascisme** *nm* POLIT Tendance politique inspirée du fascisme italien. DER **néofasciste** *a, n*

**néoformation** *nf* BIOL Formation de tissu nouveau chez un être vivant, normale ou pathologique. DER **néoformé, ée** *a*

**néogaulliste** *a, n* Se dit du mouvement gaulliste après la mort du général de Gaulle.

**néogène** *nm, a* GEOL Dernière période de l'ère tertiaire, qui comprend le miocène et le pliocène.

**néoglucogenèse** *nf* BIOCHIM Transformation des protéines en glucose par le foie.

**néognathe** *nm* ZOOL Oiseau dont le groupe renferme la grande majorité des carinates.

**néogothique** *a, nm* ARCHI Qui s'inspire du gothique.

**néogrec, -grecque** *a* Qui s'inspire de l'art de la Grèce antique.

**néo-guinéen** → **Nouvelle-Guinée.**

**néo-impressionnisme** *nm* Bx-A Mouvement pictural qui s'affirma entre 1884 et 1891, et dont les adeptes (Seurat, Signac, Cross, etc.) utilisaient la division systématique du ton. DER **néo-impressionniste** *a, n*

**néo-indien, enne** *a* Se dit des langues indo-aryennes parlées dans l'Inde d'aujourd'hui. PLUR néo-indiens, ennes.

**néokantisme** *nm* PHILO Doctrine philosophique de la seconde moitié du XIX$^e$ s., qui s'inspire de l'idéalisme transcendantal de Kant. DER **néokantien, enne** *a, n*

**néolibéralisme** *nm* ECON, POLIT Forme renouvelée du libéralisme, qui permet à l'État une intervention limitée sur le plan économique et juridique. DER **néolibéral, ale, aux** *a, n*

**néolithique** *nm, a* Se dit de la dernière période de la préhistoire, à laquelle succède la protohistoire. ▶ illustr. p. 1106

ENC Le néolithique (de l'Europe occidentale) débute v. 5000 et s'achève v. 2500 av. J.-C., mais ces dates varient avec les sites. Ainsi, la ville néolithique la plus anc. que l'on connaisse est Jéricho (v. 8000 ou 7000 av. J.-C.).

**néolithisation** *nf* Période de la préhistoire marquée par le passage à la sédentarisation et par la naissance de l'agriculture.

**néologie** *nf* LING Processus de formation de mots nouveaux dans le lexique d'une langue par emprunt, dérivation, suffixation, abréviation populaire, etc. DER **néologique** *a*

**néologiser** *vi* ① Créer des néologismes.

**néologisme** *nm* Usage d'un mot nouveau ; emploi d'un mot dans un sens nouveau.

**néoménie** *nf* ANTIQ Fête qui se célébrait chez les Juifs, les Grecs et les Romains à chaque nouvelle lune. ETY Du gr.

**néomortalité** *nf* Mortalité néonatale.

**néomycine** *nf* PHARM Antibiotique à large spectre.

**néon** *nm* **1** Élément de numéro atomique Z = 10, de masse atomique 20,17 (symbole Ne). **2** Gaz inerte (Ne) de l'air qui se liquéfie à –246 °C et se solidifie à –248,7 °C, utilisé pour l'éclairage par tubes luminescents. ETY Du gr. *neos*, « nouveau ».

**néonatal, ale** *a* MED Relatif au nouveau-né. *Médecine néonatale.* PLUR néonatals.

**néonatalogie** *nf* MED Discipline spécialisée dans les maladies du nourrisson dans la période qui suit immédiatement la naissance. DER **néonatalogique** *a*

**néonazisme** *nm* Mouvement politique d'extrême droite qui s'inspire du nazisme. DER **néonazi, ie** *a, n*

**néo-orléanais** → **Nouvelle-Orléans (La).**

**néophobie** *nf* Hostilité à tout ce qui est nouveau.

**néophyte** *n* **1** HIST RELIG Païen nouvellement converti, dans l'Église primitive. **2** Personne nouvellement convertie à une doctrine, à une religion, etc. ETY Du gr. *neophytos*, « nouvellement planté ».

**néoplasie** *nf* MED Tumeur maligne. DER **néoplasique** *a*

**néoplasme** *nf* MED Syn. de *tumeur*.

**néoplasticisme** *nm* Bx-A Doctrine picturale édifiée par Mondrian (1912-1917) à partir du cubisme.

**néoplatonisme** *nm* PHILO Doctrine, élaborée à Alexandrie au III^e s. apr. J.-C., notam. par Plotin, Porphyre et Jamblique, tentant de concilier les doctrines religieuses de l'Orient avec la philosophie de Platon. DER **néoplatonicien, enne** *a, n*

**néopositivisme** *nm* PHILO Mouvement philosophique du XX^e s., dit aussi *positivisme logique*, issu du cercle de Vienne. DER **néopositiviste** *a, n*

reconstitution d'une habitation **néolithique** du site de Cury-lès-Chaudardes (Aisne)

**néoprène** *nm* TECH Caoutchouc synthétique incombustible, résistant aux huiles et au froid. ETY Nom déposé.

**néoptère** *nm* ENTOM Insecte dont les ailes, au repos, sont repliées vers l'arrière, les ailes antérieures recouvrant les ailes postérieures, et dont la division comprend les orthoptères, coléoptères, hyménoptères, diptères, etc.

**Néoptolème** → **Pyrrhus.**

**néoquébécois, oise** *a, n* Relatif aux immigrés établis au Québec depuis 1945.

**néoréalisme** *nm* CINE École italienne de cinéma, qui se manifesta de 1942 à 1953, marquée par le réalisme des décors, des situations, et par un intérêt pour les problèmes sociaux. DER **néoréaliste** *a, n*

**néorural, ale** *a, n* Se dit de citadins ayant fait un retour à la terre sur un mode alternatif. PLUR néoruraux.

**néotectonique** *nf, a* GEOL Technique récente, postérieure aux plissements tertiaires.

**néoténie** *nf* BIOL Persistance à l'âge adulte de caractères juvéniles ou même fœtaux. ETY Du gr. *teinein*, « étendre ». DER **néoténique** *a*

**néoténine** *nf* ENTOMOL Hormone contrôlant le développement postembryonnaire des insectes.

**néothomisme** *nm* PHILO Doctrine philosophique contemporaine (notam. de J. Maritain) qui intègre au thomisme les acquisitions de la science moderne.

**Néouvielle** massif des Hautes-Pyrénées, au N.-E. du cirque de Gavarnie ; 3 092 m au *pic de Néouvielle*. Réserve naturelle.

**néotrague** *nm* ZOOL Très petite antilope d'Afrique tropicale, nommée aussi *antilope royale*. ETY De *néo-*, et gr. *tragos*, « bouc ».

**néotropical, ale** *a* GEOGR Se dit de la région biogéographique correspondant aux zones tropicales du Nouveau Monde, zone isolée au tertiaire. PLUR néotropicaux.

**néottie** *nf* BOT Orchidée non chlorophylienne, saprophyte, qui vit sur des débris de feuilles. SYN nid-d'oiseau. ETY Du grec.

**néovaisseau** *nm* MED Vaisseau sanguin issu d'une angiogenèse pratiquée artificiellement. DER **néovasculaire** *a*

**néo-zélandais** → **Nouvelle-Zélande.**

**néozoïque** *a, nm* GEOL Syn. de *tertiaire*.

**NEP** acronyme pour *Novaïa Ekonomitcheskaïa Politika*, « nouvelle politique économique » élaborée par Lénine, qui, en 1921, restaura (en partie) l'entreprise privée.

**Népal (République démocratique fédérale du)** État d'Asie situé, au cœur de l'Himalaya, entre la Chine, au N., et l'Inde, au S. ; 140 800 km² ; 27 millions d'hab. ; accroissement naturel : 2,1 % par an ; cap. *Katmandou*. Nature de l'État : république fédérale. Langue off. : népalais. Monnaie : roupie népalaise. Relig. : hindouisme (relig. off., 89,8 %), bouddhisme (5,1 %), islam sunnite (3,1 %). DER **népalais, aise** *a, n*

**Géographie** Le relief s'ordonne du S. au N. en bandes parallèles. Le Teraï est un piémont marécageux bordant la plaine du Gange ; il est adossé à la chaîne des Siwālik (2 000 m). Le climat de mousson (fortes précipitations d'été) produit la forêt tropicale. Au N., le Moyen Pays, aux températures plus saines, inclut de larges bassins (de Katmandou, notam.). Il est dominé par le Haut Himalaya, aux impressionnantes vallées, qui compte les plus hauts sommets du monde (Everest, Annapūrnā) ; une chaîne moins élevée fait ensuite transition avec le Tibet. La pop., concentrée dans le Teraï et les bassins du Moyen Pays, comprend de nombr. ethnies ; majoritaires, les Indo-Népalais, hindouistes, ont imposé le système des castes.

**Économie** Le Népal est l'un des rares pays qui vivent encore d'une écon. agraire traditionnelle (90% de ruraux). Le tourisme (Katmandou, alpinisme) est en plein essor. Un élevage important complète les cultures vivrières. Des tapis sont exportés. Le potentiel hydroélectrique est peu exploité ; l'absence de routes limite le développement. Dépendant de l'Inde et, secondairement, de la Chine, le Népal fait partie des pays les plus misérables (70 % d'analphabètes).

**Histoire** Jusqu'au XVIII^e s., de nombr. principautés se partagèrent le territ. En 1768, des guerriers hindous, les Gurkhas, unifièrent le pays, sous la conduite de Prithuri Narayana, dont les descendants règnent encore. Après plusieurs échecs militaires (1767-1814), les Brit. étendirent leur influence, grâce au soutien de la famille Rānā qui exerçait le pouvoir (« maires du palais ») depuis 1846. Dès 1923, l'indépendance du pays fut reconnue. En 1951, le roi évinça les Rānā. Le régime fut autoritaire de 1960 à 1990 : le roi Birendra Bir Bikram (monté sur le trône en 1972) accepta alors la démocratie. Les premiers affrontements avec le mouvement de rebelles maoïstes éclatent en 1995. En 2001, le prince héritier, saisi de folie, abat ses parents et six autres proches, puis se suicide. Le frère du roi, Gyanendra, très impopulaire lui succède. En 2005, devant l'intensification de la rébellion maoïste, le roi déclare l'état d'urgence et exerce directement le pouvoir. L'important mouvement de protestation de 2006 le contraint à rétablir le Parlement. Le Parti communiste remporte les élections de 2008 et proclame l'abolition de la monarchie. ▶ carte **Inde**

**népalais** *nm* Langue indo-aryenne parlée au Népal. VAR **népali**

**nèpe** *nf* Punaise carnassière d'eau douce. SYN scorpion d'eau. ETY Du lat. *nepa*, « scorpion ».

**népenthès** *nm* **1** ANTIQ GR Breuvage réputé pour dissiper le chagrin. **2** BOT Plante carnivore des forêts tropicales. ETY Mot gr.

**néper** *nm* PHYS Unité, utilisée en radioélectricité, servant à mesurer le rapport de deux grandeurs de même nature (tension, puissance, etc.). SYMB Np. PHO [nepɛʀ] ETY Du n. pr.

**Neper John, baron de Merchiston** (Merchiston, 1550 – id., 1617), mathématicien écossais. Il publia la première table de logarithmes et inventa un instrument appelé *bâtons de Neper*, ancêtre de la règle à calcul. VAR **Napier**

**népérien, enne** *a* LOC MATH *Logarithme népérien* : logarithme dont la base est le nombre e. SYMB Log ou ln.

**népeta** *nm* Plante herbacée (labiée) comportant de nombreuses espèces, et notam. la cataire ou *herbe aux chats*. ETY Du lat. VAR **népète** *nf*

**néphélémétrie** *nf* PHYS Évaluation de la concentration d'une émulsion par comparaison photométrique avec une solution étalon. ETY Du gr. *nephelê*, « nuage ».

**néphéline** *nf* MINER Feldspathoïde constitué d'aluminosilicate de sodium. DER **néphélinique** *a*

**néphélion** *nm* MED Tache translucide de la cornée. ETY Du gr. *nephelion*, « petit nuage ».

**Néphérites** nom du premier et du dernier pharaon de la XXIX^e dynastie (IV^e s. av. J.-C.).

**néphr(o)-** Élément, du gr. *nephros*, « rein ».

**néphrectomie** *nf* CHIR Ablation chirurgicale du rein.

**néphrétique** *a, n* MED **A** *a* Relatif aux reins. **B** *n* Personne sujette aux coliques néphrétiques.

**néphridie** *nf* ZOOL Organe excréteur de certains invertébrés (annélides, lamellibranches).

**néphrite** *nf* **1** MED Atteinte inflammatoire du rein. **2** MINER Silicate naturel de magnésium, de fer et de calcium, variété de jade.

**néphrolepis** *nm* Fougère tropicale à feuilles retombantes, cultivée en appartement. (PHO) [nefʀɔlepis]

**néphrologie** *nf* MED Partie de la médecine qui traite de la physiologie et de la pathologie rénales. (DER) **néphrologique** *a* – **néphrologue** *n*

**néphron** *nm* ANAT Unité fonctionnelle rénale qui comprend le glomérule et le tubule.

**néphropathie** *nf* MED Affection du rein.

**néphrostomie** *nf* Établissement chirurgical d'une fistule rénale.

**néphrotique** *a* MED Se dit d'un syndrome caractérisé par des œdèmes et la présence d'albumine dans les urines.

**néphrotoxique** *a* MED Qui est nocif pour les reins.

**Nephtali** personnage biblique, l'un des fils de Jacob, ancêtre de l'une des tribus d'Israël.

**Nepos** Cornelius → **Cornelius Nepos.**

**Nepos** Flavius Julius (en Dalmatie, ? – Salone, auj. Split, 480 apr. J.-C.), empereur d'Occident (474-475).

**népotisme** *nm* **1** HIST RELIG Forme de favoritisme qui sévissait à la cour pontificale, du XVI<sup>e</sup> au XVIII<sup>e</sup> s., consistant à réserver dignités et bénéfices ecclésiastiques à des parents du pape. **2** Abus d'influence d'un notable qui distribue des emplois, des faveurs à ses proches. (ETY) De l'ital. *nepote*, « neveu ».

**Neptune** dans la myth. rom., dieu de la Mer, identifié à Poséidon. (DER) **neptunien, enne** *a*

**Neptune** la plus lointaine des planètes géantes du système solaire, découverte en 1846 par Galle à partir des calculs communiqués par Le Verrier quelques semaines avant. Elle parcourt en 164 ans et 281,6 jours une orbite quasi circulaire, inclinée de 1° 46' par rapport au plan de l'écliptique ; sa distance au Soleil est de 4 445 300 000 km au périhélie et de 4 531 500 000 km à l'aphélie. Son diamètre atteint 50 000 km, sa densité moyenne est voisine de 1,5 et sa période de rotation sur elle-même de l'ordre de 16 h. Dernière des planètes survolées par la sonde américaine *Voyager 2* (août 1989), Neptune se révéla constituée d'un noyau dense, riche en fer, entouré d'un manteau de glace, et enveloppée d'une épaisse atmosphère composée d'hydrogène, d'hélium et de méthane. En plus des deux satellites repérés depuis la Terre (Triton, diamètre 2 720 km, découvert en 1846 ; Néréide, diamètre 340 km, découvert en 1948), *Voyager 2* a identifié six autres satellites (dont les diamètres s'échelonnent de 50 à 420 km) et un système complexe d'anneaux. (DER) **neptunien, enne** *a*

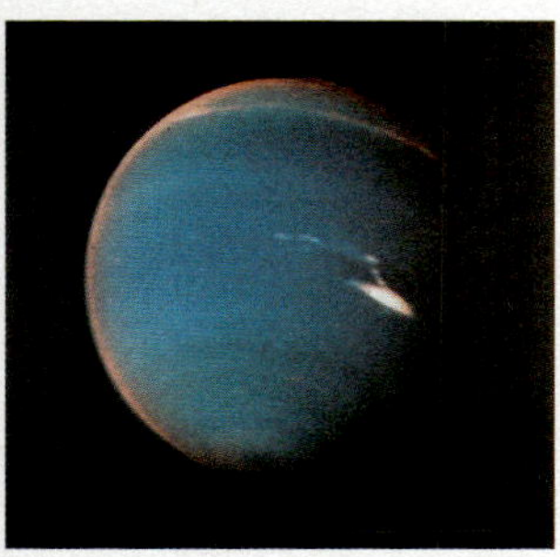

**Neptune** photographiée par *Voyager 2*

**neptunium** *nm* CHIM Élément artificiel de numéro atomique Z = 93, dont l'isotope le plus stable a pour masse atomique 237. SYMB Np. (PHO) [neptynjɔm] (ETY) De *Neptune*.

**Nérac** ch.-l. d'arr. de Lot-et-Garonne, sur la Baïse ; 6 787 hab. Vignobles ; distill. (armagnac). – Chât. XV<sup>e</sup>-XVI<sup>e</sup> s. Pont-Vieux, goth. – Un des centres du protestantisme français au XVI<sup>e</sup> s. (DER) **néracais, aise** *a, n*

**nerd** *n* fam Accro à l'informatique. (PHO) [nɛʀd] (ETY) Mot angl.

**néré** *nm* Arbre (mimosacée) d'Afrique tropicale dont les fruits et les feuilles sont utilisés en médecine traditionnelle et comme condiment.

**Nérée** dans la myth. gr., un des dieux de la Mer ; fils de Pontos et père des Néréides.

**néréide** *nf* Ver annélide polychète marin carnassier, pourvu de quatre ocelles et d'antennes. (ETY) De *Néréides*, n. pr.

**Néréide** satellite de Neptune découvert en 1949, de diamètre estimé à 340 km.

**Néréides** dans la myth. gr., nom générique des cinquante filles de Nérée et de Doris. Chevauchant des monstres marins, elles symbolisent le mouvement de la mer.

**nerf** *nm* **A 1** Chacun des filaments blanchâtres qui mettent les différentes parties du corps en relation avec l'encéphale et la moelle épinière. *Nerfs sensitifs. Nerfs moteurs.* **2** fig Vigueur. *Avoir du nerf.* **3** Cordelette reliant les fils d'assemblage des cahiers d'un livre, en reliure traditionnelle. **B** *nm pl* Siège d'émotions telles que l'agacement, l'irritation, la colère. *Crise de nerfs. Être sur les nerfs, à bout de nerfs.* **LOC** fam ***Avoir ses nerfs, les nerfs en boule, les nerfs en pelote :*** être très agacé. — ***Être à bout de nerfs :*** être sur le point de ne plus pouvoir maîtriser la tension nerveuse contenue jusqu'alors. — ***Être sur les nerfs :*** dans un état de grand énervement. — ***Guerre des nerfs :*** ensemble des procédés de démoralisation qu'emploient des pays en conflit pour affaiblir le moral de l'ennemi. — ***Nerf de bœuf :*** cravache, matraque faite d'une verge de bœuf ou de taureau étirée et durcie par dessiccation. — ***Paquet de nerfs :*** personne très nerveuse. — ***Taper sur les nerfs de qqn :*** l'agacer considérablement. (PHO) [nɛʀ] (ETY) Du lat. *nervus*, « tendon ». ▶ pl. système nerveux

**Neri** → **Philippe Neri (saint).**

**Néris-les-Bains** com. de l'Allier (arr. de Montluçon) ; 2 708 hab. Stat. thermale. – Vestiges gallo-romains. Église romane.

**néritique** *a* GEOL Se dit des sédiments marins accumulés sur la plate-forme continentale, riches en débris organiques. (ETY) Du gr. *nêritês*, « coquillage ».

**Nernst** Walther (Briesen, 1864 – Muskau, 1941), physicien et chimiste allemand : équilibres chimiques et propriétés des corps à basse température. P. Nobel de chimie 1920.

**néroli** *nm* **LOC** TECH ***Essence de néroli :*** huile essentielle tirée de la fleur du bigaradier et utilisée en parfumerie. (ETY) Du n. d'une princesse ital.

**Néron** Lucius Domitius Claudius Nero (Antium, 37 – Rome, 68 apr. J.-C.), empereur romain (54-68). Fils d'Agrippine la Jeune et de Cneius Domitius Ahenobarbus, il fut adopté par l'empereur Claude après le mariage de ce prince avec Agrippine. Il eut comme gouverneur Burrus, un soldat, et comme précepteur le philosophe Sénèque. Le début de son règne fut heureux, puis il fit mettre à mort : Britannicus, fils de Claude, au détriment de qui il avait usurpé l'Empire ; sa mère, Agrippine ; sa femme, Octavie ; Sénèque. Accusé d'avoir provoqué l'incendie de Rome (64), il rejeta le crime sur les chrétiens, qu'il persécuta. Quand les prétoriens eurent proclamé Galba empereur, il quitta Rome, et, sur le point d'être rejoint, se fit volontairement égorger par un affranchi en s'écriant : *Qualis artifex pereo !* (« Quel grand artiste périt avec moi ! »). (DER) **néronien, enne** *a*

**Néron** monnaie romaine en or – Rijksmuseum G. M. Kam, Nimègue

**nerprun** *nm* Arbuste à feuilles caduques (rhamnacée), dont les fruits noirs donnent des teintures jaunes ou vertes suivant les espèces. *La bourdaine est un nerprun.* (ETY) Du lat. *niger prunus*, « prunier noir ».

**Nerthe (la)** massif au N.-O. de Marseille, traversé par un tunnel ferroviaire.

**Neruda** Neftalí Ricardo Reyes Basoalto, dit Pablo (Parral, au S. de Talca, 1904 – Santiago, 1973), poète et homme politique chilien. Son chef-d'œuvre, *le Chant général* (1950), exalte les combats des peuples d'Amérique latine contre leurs oppresseurs. Autres œuvres : *l'Espagne au cœur* (1937), *Tout l'amour* (1953), *Mémorial de l'île Noire* (1964), *J'avoue que j'ai vécu* (posth., 1974). P. Nobel 1971.

**John Neper**

**Pablo Neruda**

**Nerva** Marcus Cocceius (Narni, 26 – Rome, 98 apr. J.-C.), empereur romain (96-98). Successeur de Domitien, il adopta Trajan, qui lui succéda.

**Nerval** Gérard Labrunie, dit Gérard de (Paris, 1808 – id., 1855), écrivain et poète français. Sa passion malheureuse pour la comédienne Jenny Colon explique peut-être l'exaltation qui hante ses œuvres maîtresses : *les Filles du feu* (nouvelles, comprenant notam. *Sylvie*, 1854), *les Chimères* (12 sonnets hermétiques en alexandrins, 1854), *Aurélia ou le Rêve et la Vie* (prose, inachevé ; éd. posth., 1855). Atteint v. 1841 de troubles mentaux, il fut interné dans la clinique du docteur Blanche. En 1843, il voyagea en Orient (*Voyage en Orient*, 1851). Citons aussi *les Illuminés* (1852) et une traduction du *Faust* de Goethe (1826-1827). On retrouvera Nerval pendu dans le quartier des Halles. (DER) **nervalien, enne** *a*

**Gérard de Nerval**

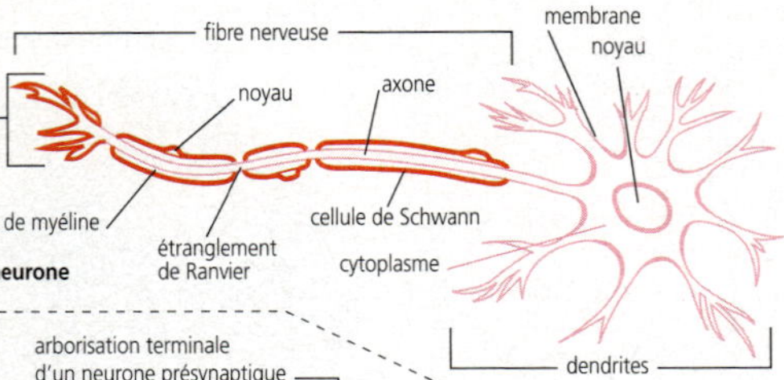


**schéma d'un neurone**

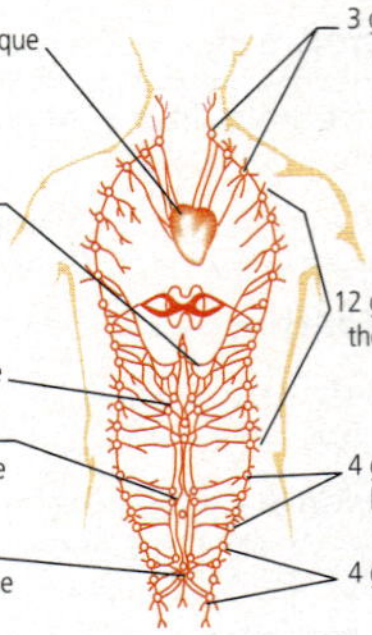


**schéma du système orthosympathique**

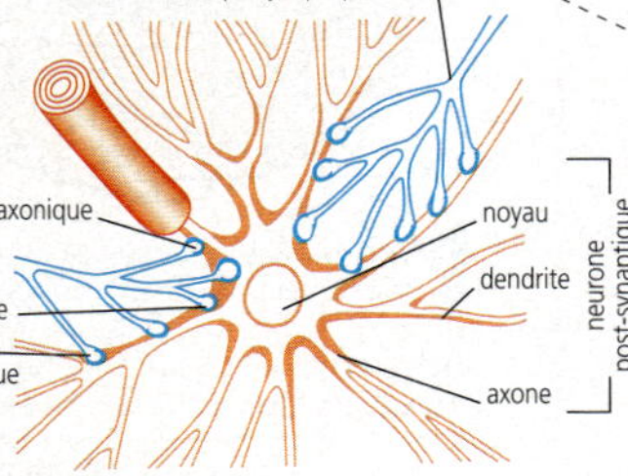


**transmission entre neurones**

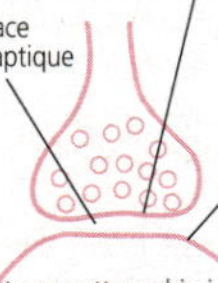


**synapse**

**rapport de la moelle et du système sympathique**

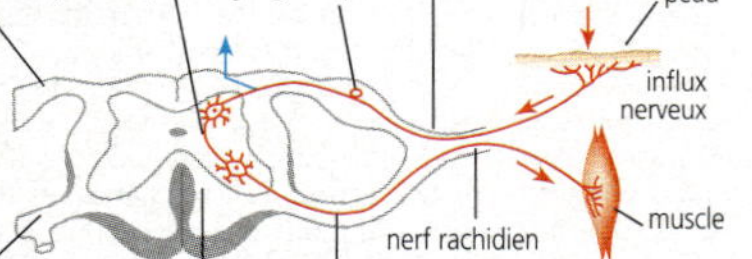


**acte réflexe**

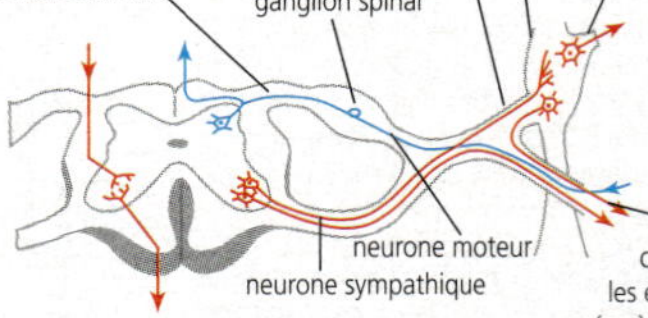


**principales localisations cérébrales**

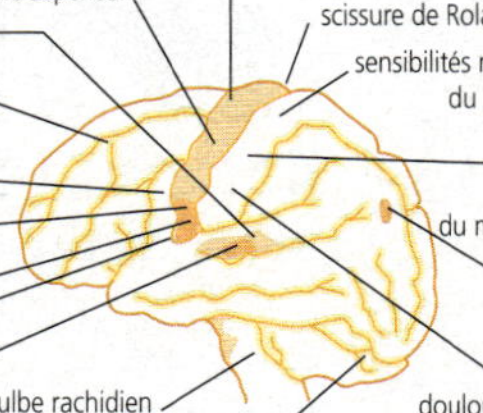


**coupe du crâne et de l'encéphale**

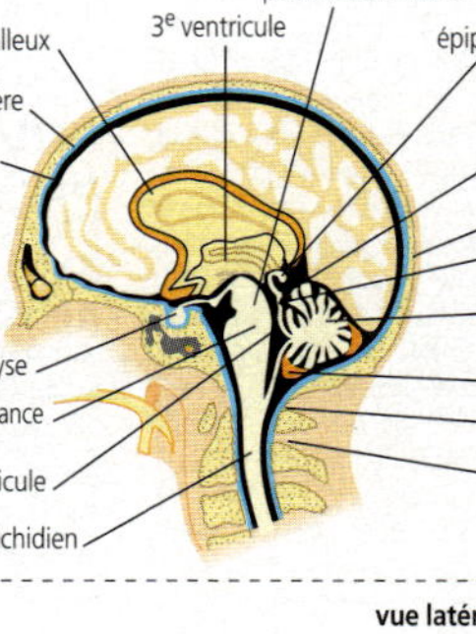


**face ventrale de l'encéphale (nerfs crâniens)**

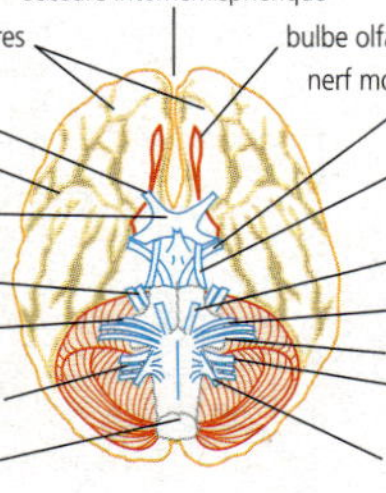


**vue latérale de l'encéphale**

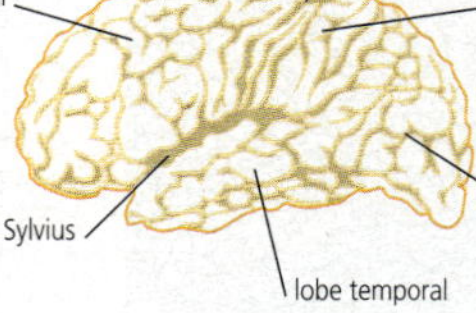

**nervation** *nf* **1** BOT Nervures d'une feuille ; disposition de ces nervures. **2** ZOOL Ensemble, disposition des nervures des ailes des insectes.

**nerveusement** *av* **1** Relativement au système nerveux. *Il est épuisé nerveusement.* **2** Avec nervosité. *Rire nerveusement.*

**nerveux, euse** *a, n* **A** *a* **1** Qui appartient, qui a rapport aux nerfs. *Système nerveux* **2** Relatif aux nerfs, au système nerveux considéré comme le siège de l'affectivité et de l'émotivité. *Maladies nerveuses.* **3** Rempli de tendons, filandreux, en parlant d'une viande. **4** fig Vigoureux. *Un discours nerveux.* **B** *a, n* Se dit de qqn qui est agité, émotif. LOC ***Moteur nerveux*** : qui a de bonnes reprises. ETY Du lat. *nervosus*, « qui a beaucoup de muscles ».

ENC ANAT, PHYSIOL Le *système nerveux* est un ensemble de structures, complexes et hétérogènes qui concourent à l'activité consciente ou inconsciente, volontaire ou involontaire de l'homme. On distingue le système cérébrospinal et le système neurovégétatif. Le *système cérébrospinal* est constitué par deux ensembles : le système nerveux central (ou névraxe), qui se compose de l'encéphale et de la moelle épinière, et le système nerveux périphérique, qui comprend les nerfs et les ganglions nerveux. Il permet la relation avec le milieu extérieur. Le *système neurovégétatif*, ou *sympathique*, se subdivise en systèmes sympathique proprement dit, appelé également orthosympathique, et parasympathique, qui innervent les viscères.

**LES DIFFÉRENTS NERFS** Les nerfs crâniens, au nombre de 12 paires, se détachent de l'encéphale, du bulbe et de la protubérance. Les nerfs rachidiens (31 paires) se détachent de la moelle épinière par deux racines (antérieure et postérieure), se réunissent en un tronc commun pour sortir du canal rachidien, puis se séparent à nouveau. Les nerfs du système orthosympathique se détachent des ganglions de la chaîne sympathique, avec lesquels ils forment des plexus : plexus cardiaque, pulmonaire, solaire, hypogastrique, etc. Les nerfs orthosympathiques ont une action antagoniste de celle des nerfs parasympathiques, en relation directe avec le névraxe. Tout nerf est composé par la réunion des fibres nerveuses (axones enveloppés de gaines) qui prolongent les cellules nerveuses (neurones). V. neurone.

**nervi** *nm* péjor Homme de main.

**Nervi Pier Luigi** (Sondrio, Lombardie, 1891 – Rome, 1979), ingénieur et architecte italien : palais de l'Unesco à Paris (1954-1958, en collab. avec Breuer et Zehrfuss).

**nervin, ine** *a* Se dit d'une substance qui tonifie les nerfs.

**nervosité** *nf* Énervement, irritabilité.

**nervure** *nf* **1** Saillie longue et fine à la surface d'une chose. **2** BOT Faisceau composé de liber et de bois d'une feuille, qui fait saillie sur la face inférieure du limbe. **3** ZOOL Renforcement, en saillie, des ailes membraneuses des insectes. **4** TECH Renforcement formant saillie à la surface d'une pièce et destiné à assurer sa rigidité.

**nervurer** *vt* ① Orner, garnir de nervures.

**nescafé** *nm* Café soluble. ETY Nom déposé.

**Nesle (tour de)** tour de l'enceinte de Philippe Auguste à Paris, sur la r. g. de la Seine ; démolie en 1663 ; l'Institut occupe son emplacement.

**Ness (loch)** lac d'Écosse, près d'Inverness, dans la dépression du Glen More ; le *monstre du loch Ness*, animal d'une espèce inconnue, est censé vivre dans ses eaux.

**Nesselrode Karl Robert von** (Lisbonne, 1780 – Saint-Pétersbourg, 1862), diplomate russe, ministre des Affaires étrangères de 1816 à 1856.

**Nessos** dans la myth. gr., centaure qui, ayant voulu enlever Déjanire, la femme d'Héraclès, fut tué par celui-ci. En mourant, il donna à Déjanire sa tunique sanglante, qui lui ramènerait son mari s'il devenait infidèle. Plus tard, Déjanire fit revêtir celle-ci à Héraclès ; atrocement brûlé, il se jeta dans les flammes d'un bûcher qu'il éleva sur l'Œta. VAR **Nessus**

**n'est-ce pas** *av* Sollicite l'approbation de l'interlocuteur.

**Neste d'Aure (la)** riv. des Hautes-Pyrénées (65 km), affl. de la Garonne (r. g.) ; alimente le *canal de la Neste* ou *de Lannemezan*. VAR **Grande Neste**

**Nestlé** société suisse créée par le chimiste Henri Nestlé (1814-1890) à Vevey en 1867. Elle produisait des médicaments pour enfants, du lait concentré à la fin du XIX$^{e}$ siècle, et devint au XX$^{e}$ une multinationale de l'agroalimentaire.

**Nestor** dans l'*Iliade*, vieux roi de Pylos, célèbre par sa prudence et sa sagesse.

**nestorianisme** *nm* HIST RELIG Doctrine hérétique de Nestorius. DER **nestorien, enne** *n, a*

**Nestorius** (Germanica Caesarea, v. 380 – Khargèh, apr. 451), patriarche de Constantinople (428-431), d'où il chassa les disciples d'Arius. Il fut condamné comme hérésiarque par le concile d'Éphèse (431), car il professait la séparation, en Jésus-Christ, des deux natures divine et humaine et, de ce fait, déniait à la Vierge Marie le titre de « Mère de Dieu ».

**1 net, nette** *a, av* **A** *a* **1** Propre ; nettoyé. *Une vitre nette.* **2** FIN Tous frais et charges déduits, par oppos. à *brut*. *Prix, salaire nets.* **3** Se dit du poids du seul contenu par oppos. à *poids brut*. **4** Dont les contours sont bien visibles, bien détachés. *Une image nette.* **5** Clair, précis. *Avoir l'esprit net.* **6** Honnête. *Cette affaire n'est pas nette.* **B** *av* **1** Clairement. *Parler net.* **2** Uniment et tout d'un coup. *La branche a cassé net.* LOC ***Au net*** : au propre. — ***Avoir les mains nettes*** : avoir la conscience tranquille. — ***Faire place nette*** : nettoyer un endroit ; fig éliminer ce dont on veut se débarrasser. PHO [nɛt] ETY Du lat. *nitidus*, « brillant ».

**2 net → let.**

**NET** *nm* Syn. courant de *Internet*. VAR **Net**

**Netanya → Natanya.**

**Netanyahou Benyamin** (Tel-Aviv, 1949), homme politique israélien. Président du Likoud en 1993, il fut élu Premier ministre en mai 1996. Implantant des colonies juives dans les territoires occupés, il dressa contre lui les Palestiniens. Il fut battu en mai 1999 par le travailliste Ehoud Barak. Réélu à la tête du Likoud en 2007, il redevient Premier ministre en 2009.

**netbook** *nm* INFORM Mini-ordinateur portable. PHO [nɛtbuk] ETY Mot angl.

**netcampagne** *nf* Campagne électorale sur Internet.

**Netchaïev Sergheï Ghennadievitch** (Ivanovo, 1847 – Saint-Pétersbourg, 1882), anarchiste russe. D'abord lié à Bakounine, il fonda en 1869 un groupe qui pratiqua l'assassinat. En 1873, il fut condamné à la prison à vie.

**netéconomie** *nf* Économie pratiquée grâce au réseau Internet. SYN nouvelle économie, commerce électronique.

**nétiquette** *nf* Règles de savoir-vivre à respecter sur le réseau Internet, en partic. dans les forums.

**Nèthe (la)** riv. de Belgique (Campine), formée par la *Grande* (90 km) et la *Petite Nèthe* (64 km) ; avec la Dyle, elle forme le Rupel.

**Nethou → Aneto.**

**Neto Agostinho** (Cachicane, auj. Kaxikane, 1922 – Moscou, 1979), homme politique et poète angolais. Chef du Mouvement populaire de libération de l'Angola, il devint le prem. président du pays (1975-1979).

**netsuké** *nm inv* Petite figurine japonaise sculptée en bois, en ivoire, servant d'attache. PHO [nɛtsyke] ETY Mot jap.

**netsurfeur, euse** *n* Syn. de *internaute*.

**nette** *nf* Canard plongeur (anatidé) à bec et à tête rouges. ETY Du gr.

**nettement** *av* **1** Avec netteté. *On discerne nettement la maison d'ici.* **2** D'une manière claire, évidente. *Expliquer nettement qqch.* **3** fam Incontestablement ; beaucoup. *Il est nettement plus âgé.*

**netteté** *nf* **1** Propreté. *La netteté d'un miroir.* **2** Clarté, précision. *S'exprimer avec netteté.*

**nettoiement** *nm* Ensemble des opérations de nettoyage. *Le service de nettoiement de la ville.*

**nettoyage** *nm* Action de nettoyer. LOC fam ***Nettoyage par le vide*** : action de débarrasser un endroit sans rien y laisser.

**nettoyer** *vt* ㉓ **1** Rendre propre, net. *Nettoyer une maison.* **2** fig, fam Dégarnir, vider, dépouiller. *Les cambrioleurs ont nettoyé l'appartement.* **3** fam Éliminer les gens indésirables, les ennemis, d'une position, d'un lieu. DER **nettoyable** *a* – **nettoyant, ante** *a, nm*

**nettoyeur, euse** *n* **A** *a* Personne qui nettoie. **B** *nm* **1** Appareil projetant de l'eau sous pression pour nettoyer les surfaces. **2** Canada Teinturerie, pressing.

**Neubrandenburg** v. d'Allemagne (Mecklembourg-Poméranie) ; 85 490 hab.

**Neuchâtel** (en all. *Neuenburg*), v. de Suisse, sur la rive N.-O. du lac du m. nom ; 52 588 hab. ; ch.-l. du *cant. de Neuchâtel* (797 km$^{2}$ ; 172 000 hab.). Centre industriel et touristique. – Université. Chât. XII$^{e}$-XVI$^{e}$ s. Église XII$^{e}$-XIV$^{e}$ s. Maison des Halles (XVI$^{e}$ s.). DER **neuchâtelois, oise** *a, n*

**Histoire** La *principauté de Neuchâtel*, reconnue souveraine en 1648, appartint aux Orléans-Longueville de 1504 à 1707, puis au roi de Prusse, qui en 1857 renonça à ses droits effectifs, alors que Neuchâtel était un canton suisse dep. 1815.

**Neuchâtel (lac de)** lac suisse, au pied du Jura ; 216 km$^{2}$ (longueur 38 km, largeur 3 à 8 km) ; relié au lac de Bienne par la Thièle et au lac de Morat par la Broye.

**Neuengamme** local. d'Allemagne, dans la banlieue de Hambourg. Camp de concentration nazi de 1939 à 1945.

**1 neuf** *a num inv, nm inv* **A** *a num inv* **1** Huit plus un (9). **2** Neuvième. *Page neuf. Charles IX.* **B** *nm inv* **1** Le nombre neuf. *Diviser par neuf.* **2** Chiffre représentant le nombre neuf (9). *Faites bien vos neuf.* **3** Numéro neuf. *Habituer au neuf.* **4** JEU Carte portant neuf marques. *Neuf de trèfle.* LOC ***Preuve par neuf*** : calcul rapide destiné à vérifier l'exactitude d'une multiplication, d'une division ou de l'extraction d'une racine carrée ; fig preuve irréfutable. ETY Du lat.

**2 neuf, neuve** *a, nm* **A** *a* **1** Qui est fait depuis peu. *Maison neuve.* **2** Qui n'a pas encore servi. *Un habit neuf.* **3** Plus récent, par oppos. à *ancien*, à *vieux*. *La vieille ville et la ville neuve.* **4** Novice. *Être neuf dans un métier.* **5** Nouveau, original. *Des idées neuves.* **6** Qui n'est pas émoussé par l'habitude. *Porter un regard neuf sur qqch.* **B** *nm* Ce qui est neuf. *Le neuf et l'occasion.* LOC ***À neuf*** : de manière à restituer l'aspect du neuf. — ***De neuf*** : avec qqch de neuf. — ***Faire peau neuve*** : muer, en parlant du serpent ; fig se transformer entièrement. ETY Du lat. *novus*, « nouveau ».

**Neuf-Brisach** ch.-l. de cant. du Haut-Rhin (arr. de Colmar), port sur le grand canal d'Alsace ; 2 197 hab. – Anc. place forte construite par Vauban en 1699. DER **brisacien, enne** *a, n*

**Neufchâteau** ch.-l. d'arr. des Vosges, sur la Meuse ; 7 533 hab. Industr. alim. – Égl. XIII$^{e}$-XIV$^{e}$ s. et XIII$^{e}$-XVI$^{e}$ s. ; hôtel de ville Renaissance. DER **néocastrien, enne** *a, n*

**neufchâtel** *nm* Fromage au lait de vache du pays de Bray, à pâte onctueuse.

**Neuhausen am Rheinfall** com. de Suisse ; 11 500 hab. – Chutes du Rhin.

**Neuhof** Theodor (baron de) (Cologne, 1694 – Londres, 1756), aventurier qui se fit proclamer roi de Corse (1736-1738).

**Neuilly-Plaisance** ch.-l. de cant. de la Seine-St-Denis (arr. du Raincy) ; 20 487 hab. DER **nocéen, enne** *a, n*

**Neuilly-sur-Marne** ch.-l. de cant. de la Seine-St-Denis (arr. du Raincy), sur la Marne ; 33 420 hab. Hôpitaux psychiatriques de Ville-Évrard et de Maison-Blanche. – Égl. gothique (fin du XIIe s.). DER **nocéen, enne** *a, n*

**Neuilly-sur-Seine** ch.-l. de cant. des Hauts-de-Seine ; 61 242 hab. Ville résidentielle. Quelques industr. – Le *traité de Neuilly* (nov. 1919), entre les Alliés et la Bulgarie, réduisit celle-ci. DER **neuilléen, enne** *a, n*

**Neumann** Johann Balthasar (Eger, 1687 – Würzburg, 1753), architecte baroque allemand : résidence des princes-évêques de Würzburg (1720-1750) ; église des Vierzehnheiligen, près de Cobourg (1734-1772).

**Neumann** Johannes von (Budapest, 1903 – Washington, 1957), mathématicien américain d'origine hongroise : travaux de mécanique quantique et sur la théorie des jeux. Il participa à la conception de la bombe H et fut un pionnier de l'informatique.

**Neumeier** John (Milwaukee, 1942), danseur et chorégraphe américain.

**Neumünster** v. d'Allemagne (Schleswig-Holstein) ; 77 890 hab. Industries.

**neu-neu** *a inv* fam Un peu niais. *Un raisonnement plutôt neu-neu.* VAR **neuneu**

**Neunkirchen** v. d'Allemagne (Sarre) ; 49 540 hab. Houille, métallurgie.

**neur(o)-** Élément, du gr. *neuron*, « nerf ».

**neural, ale** *a* BIOL Qui a rapport au système nerveux dans sa période embryonnaire. PLUR neuraux.

**neuraminidase** *af* BIOCHIM Enzyme utilisée en virologie pour détecter les virus.

**neurasthénie** *nf* **1** MED vx État dépressif caractérisé par une grande fatigue, accompagnée de mélancolie. **2** Disposition générale à la tristesse, à la mélancolie. SYN dépression. DER **neurasthénique** *a, n*

**Neurath** Konstantin von (Kleinglatt, 1873 – Leinfelder, 1956), homme politique allemand. Ministre des Affaires étrangères (1932), il le resta sous Hitler jusqu'en 1938. « Protecteur » de la Bohême-Moravie (1939-1941), il fut condamné à Nuremberg à 15 ans de prison.

**neurinome** *nf* MED Tumeur développée au niveau de la gaine des fibres nerveuses.

**neurobiologie** *nf* BIOL Étude du fonctionnement des neurones et des structures nerveuses. ETY De l'angl. DER **neurobiologique** *a* – **neurobiologiste** *n*

**neuroblaste** *nm* BIOL Cellule-souche des neurones.

**neuroblastome** *nm* MED Tumeur maligne développée à partir des neuroblastes.

**neurochimie** *nf* BIOCHIM Partie de la biochimie qui concerne le fonctionnement chimique du système nerveux. VAR **neurobiochimie** DER **neurochimique** ou **neurobiochimique** *a*

**neurochirurgie** *nf* Chirurgie du système nerveux. DER **neurochirurgical, ale, aux** *a* – **neurochirurgien, enne** *n*

**neurocognitif, ive** *a* Qui concerne à la fois la neurologie et les sciences cognitives.

**neurodégénérescence** *nf* MED Dégénérescence du système nerveux. DER **neurodégénératif, ive** *a*

**neurodépresseur** *a, nm* PHARM Se dit d'un médicament qui déprime l'activité du système nerveux central.

**neuroendocrinologie** *nf* BIOCHIM Étude des relations entre le système endocrinien et le système nerveux central. DER **neuroendocrinien, enne** *a*

**neurofibrille** *nf* ANAT Structure microscopique du neurone, qui se prolonge dans l'axone. DER **neurofibrillaire** *a*

**neurofibromatose** *nf* MED Affection héréditaire, caractérisée par la présence de tumeurs nerveuses et de taches pigmentaires. SYN maladie de Recklinghausen.

**neurogène** *a* Causé par une atteinte du système nerveux. *Douleurs neurogènes.*

**neurogenèse** *nf* Formation des neurones.

**neurogénétique** *nf, a* Étude génétique du système nerveux. DER **neurogénéticien, enne** *n*

**neurohormone** *nf* BIOCHIM Hormone sécrétée par les cellules nerveuses.

**neuro-imagerie** *nf* Imagerie cérébrale.

**neuroleptanalgésie** *nf* Prise de neuroleptiques et d'analgésiques destinée à préparer un malade à une opération chirurgicale sans anesthésie générale.

**neuroleptique** *a, nm* MED Se dit d'une substance qui exerce une action sédative sur le système nerveux. SYN neuroplégique.

**neurolinguistique** *nf, a* didac Étude des rapports entre le langage et les structures cérébrales.

**neurologie** *nf* MED Branche de la médecine qui étudie l'anatomie, la physiologie et les maladies du système nerveux. DER **neurologique** *a* – **neurologue** *n*

**neuromarketing** *nm* Discipline qui relie la neurologie et le marketing, pour comprendre les prises de décision des consommateurs.

**neuromédiateur** *nm* BIOCHIM Neurotransmetteur transmettant l'influx nerveux aux neurones périphériques et aux jonctions neuromusculaires.

**neuromodulateur** *nm* BIOCHIM Molécule dont la fonction est de moduler les perceptions en les atténuant ou en les amplifiant.

**neuromoteur, trice** *a* PHYSIOL Relatif aux nerfs moteurs.

**neuromusculaire** *a* Qui concerne à la fois les muscles et leur innervation.

**neurone** *nm* ANAT **A** Cellule qui assure la conduction de l'influx nerveux. **B** *nm pl* fig, fam L'esprit, l'intelligence. *Se torturer les neurones.* LOC INFORM *Neurone formel* : modèle informatique visant à reproduire le fonctionnement des neurones. DER **neuronal, ale, aux** *a*

ENC Chaque neurone comprend : un corps, entouré par une membrane et pourvu d'un noyau et d'un cytoplasme ; des prolongements courts et très ramifiés, les dendrites, qui transmettent l'influx nerveux au corps cellulaire ; un axone, ou cylindraxe, dans un manchon comprenant, de l'intérieur vers l'extérieur, une gaine de myéline, interrompue par places et délimitant des segments annulaires, et une couche de cellules de Schwann. Certains neurones sont sensitifs, d'autres moteurs. Les cellules nerveuses ne possèdent pas le pouvoir de se multiplier par division, comme la plupart des autres cellules de l'organisme. Les neurones sont connectés par des synapses, qui permettent la transmission de l'influx nerveux de neurone à neurone et de neurone à organe récepteur. ▶ pl. système **nerveux**

**neuroparalysant, ante** *a, nm* Gaz paralysant agissant sur le système nerveux.

**neuropathie** *nf* MED Affection nerveuse en général. DER **neuropathique** *a*

**neuropathologie** *nf* MED Étude des maladies nerveuses. DER **neuropathologique** *a*

**neuropeptide** *nm* BIOCHIM Neurotransmetteur présent dans le système nerveux central (endorphines, enképhalines).

**neuropharmacologie** *nf* Étude des médicaments qui modifient le fonctionnement du système nerveux. DER **neuropharmacologique** *a* – **neuropharmacologue** *n*

**neurophysiologie** *nf* didac Étude du métabolisme et des mécanismes du système et des tissus nerveux. DER **neurophysiologique** *a*

**neuroplégique** *a, nm* Neuroleptique.

**neuroprotecteur, trice** *a* MED Qui protège le système nerveux.

**neuropsychiatrie** *nf* didac Discipline qui regroupe la neurologie et la psychiatrie. DER **neuropsychiatre** *n* – **neuropsychiatrique** *a*

**neuropsychologie** *nf* didac Étude des fonctions mentales supérieures dans leurs rapports avec les structures cérébrales. DER **neuropsychologique** *a*

**neurosciences** *nf pl* BIOL Ensemble des disciplines scientifiques étudiant le système nerveux. DER **neuroscientifique** *a, n*

**neurosécrétion** *nf* BIOCHIM Sécrétion endocrine de certains neurones.

**neurostimulant, ante** *a, nm* MED Qui stimule le système nerveux.

**neurotoxicologie** *nf* Étude des substances neurotoxiques. DER **neurotoxicologique** *a*

**neurotoxine** *nf* BIOCHIM Toxine agissant sur le système nerveux central.

**neurotoxique** *a, nm* Qui est toxique pour le système nerveux. DER **neurotoxicité** *nf*

**neurotransmetteur** *nm* BIOCHIM Molécule qui transporte l'information d'un neurone vers un autre (neuromédiateur, neuropeptide).

**neurotransmission** *nf* Transmission de l'influx nerveux dans les neurotransmetteurs.

**neurotrope** *a, nm* BIOCHIM Qui se fixe sur le système nerveux, en parlant d'une substance chimique, d'un virus, etc.

**neurovasculaire** *a* MED Qui concerne les rapports entre le système nerveux et les vaisseaux sanguins. LOC *Unité neurovasculaire* : unité de soins qui prend en charge les AVC.

**neurovégétatif, ive** *a* PHYSIOL LOC *Système neurovégétatif* : partie du système nerveux qui régule les fonctions végétatives de l'organisme (fonctions circulatoire, respiratoire, digestive, métabolique, reproductive, endocrinienne). SYN système nerveux sympathique.

**neurula** *nf* Embryon de vertébré parvenu au stade de la formation de l'axe cérébrospinal.

**Neusiedl (lac de)** (en hongrois *lac Fertö*), lac austro-hongrois (env. 200 km²).

**Neuss** v. d'Allemagne (Rhénanie-du-Nord-Westphalie), port sur le Rhin ; 150 000 hab.

**neuston** *nm* ECOL Ensemble des organismes flottant à la surface des milieux aquatiques.

**Neustrie** l'un des royaumes francs formés en 561, s'étendant sur la majeure partie du Bassin parisien, limité à l'E. par la Meuse ; v. princ.

*Paris, Soissons.* Rivale de l'Austrasie, la Neustrie fut conquise par Pépin de Herstal en 687. DER **neustrien, enne** *a, n*

**Neutra** Richard Joseph (Vienne, 1892 – Wuppertal, 1970), architecte américain d'origine autrichienne ; disciple de Fr. L. Wright : la maison Kaufmann (1946-1947), à Palm Springs.

**neutralino** *nm* PHYS Particule élémentaire hypothétique qui entrerait dans la composition de la matière noire.

**neutraliser** *v* ① **A** *vt* **1** Donner la qualité, le statut de neutre à. *Neutraliser un territoire.* **2** Supprimer ou amoindrir considérablement l'effet de. *Neutraliser l'influence d'une doctrine.* **3** Empêcher d'agir, maîtriser qqn. *Neutraliser un individu dangereux.* **4** CHIM Diminuer l'acidité d'un corps, d'une solution sous l'effet d'une base, ou l'alcalinité sous l'effet d'un acide. **B** *vpr* **1** Se compenser, s'annuler mutuellement. *Forces qui se neutralisent.* **2** LING Disparaître, en parlant de l'opposition pertinente de deux phonèmes. DER **neutralisable** *a* – **neutralisant, ante** *a* – **neutralisation** *nf*

**neutralisme** *nm* Doctrine selon laquelle une puissance rejette toute alliance militaire. DER **neutraliste** *a, n*

**neutralité** *nf* **1** État d'une personne qui reste neutre, qui évite de prendre parti. **2** État d'une puissance souveraine qui n'adhère à aucun système d'alliances militaires ou qui se tient en dehors d'un conflit entre d'autres puissances. **3** CHIM État d'une solution dont le pH est égal à 7. **4** ELECTR État d'un corps ou d'un système qui porte des charges électriques dont la somme algébrique est nulle.

**neutre** *a, nm* **A 1** Qui ne prend pas parti dans une discussion, un différend. **2** Se dit d'un pays qui n'adhère pas à une alliance militaire, qui ne prend pas part à un conflit armé. **3** GRAM Qui n'est ni masculin ni féminin. *Le neutre existe notamment en latin et en grec.* **B** *a* **1** Qui n'a pas de caractère marqué. *Voix, couleur neutre.* **2** ELECTR Se dit d'un corps qui ne porte aucune charge électrique ou dont les charges, de signe contraire, se compensent exactement. **3** CHIM Qui n'est ni acide ni basique, dont le pH est égal à 7. **LOC** PHYS NUCL ***Particules neutres*** : V. neutrino et neutron. ETY Du lat. *neuter*, « ni l'un ni l'autre ».

**neutrino** *nm* PHYS NUCL Particule de charge électrique nulle et de masse extrêmement faible, émise dans la radioactivité bêta en même temps que l'électron, et appartenant à la famille des leptons. SYMB ν. ETY Mot ital.

**neutron** *nm* PHYS NUCL Particule fondamentale, constituant du noyau atomique. **LOC** ASTRO ***Bombe à neutrons*** : bombe thermonucléaire de faible puissance dont l'explosion s'accompagne d'un flux de neutrons annihilant toute vie, mais provoquant peu de destructions matérielles. — ***Étoile à neutrons*** : étoile effondrée hypothétique, de densité très élevée, constituée essentiellement de neutrons. ETY Mot angl., d'après *électron*.

ENC Le neutron a une masse très voisine de celle du proton et une charge électrique nulle. Un noyau atomique comprend Z protons (Z = numéro atomique) et [A – Z] neutrons (A = nombre de masse). Protons et neutrons sont liés au sein du noyau par des interactions fortes. Lors de réactions nucléaires, des neutrons, libérés par le noyau, constituent des projectiles qui, s'ils sont suffisamment ralentis (neutrons thermiques), provoquent la fission de certains noyaux (utilisée dans les réacteurs nucléaires et dans la bombe atomique).
Dans la bombe à neutrons, l'émission de neutrons est provoquée par la fusion à très haute température d'atomes de deutérium et de tritium. L'amorçage des réactions de fusion thermonucléaire est obtenu en provoquant l'implosion du mélange deutérium-tritium par rayons laser. Un engin d'une kilotonne provoque des destructions dans un rayon de 400 m. Les retombées radioactives et la radioactivité résiduelle sont quasiment nulles.
Une étoile à neutrons constituerait le dernier stade d'évolution d'une étoile avant le trou noir. Elle se formerait après l'explosion d'une supernova et se manifesterait à nous par les pulsars. La densité d'une étoile à neutrons serait considérable (rayon d'une dizaine de kilomètres pour une masse égale à celle du Soleil). V. pulsar, trou (noir), atome, fission, fusion.

**neutronique** *a, nf* PHYS NUCL **A** *a* Qui a rapport aux neutrons. **B** *nf* Étude des neutrons.

**neutronographie** *nf* TECH Analyse microscopique réalisée grâce à un faisceau de neutrons.

**neutropénie** *nf* MED Diminution du nombre des polynucléaires neutrophiles.

**neutrophile** *a* BIOL Qui présente des affinités pour les colorants basiques comme pour les colorants acides.

**neuvaine** *nf* RELIG CATHOL Actes de dévotion répétés pendant neuf jours consécutifs.

**neuvième** *a, n* **A** Dont le rang est marqué par le nombre 9. *La neuvième fois. La neuvième de la liste.* **B** *nf* **1** anc Seconde année du cours élémentaire dans l'enseignement primaire. **2** MUS Intervalle de neuf degrés séparant deux notes. **C** *nm* Chaque partie d'un tout divisé en neuf parties égales. *Un neuvième du gain.* DER **neuvièmement** *av*

**Neuvy-Saint-Sépulcre** ch.-l. de cant. de l'Indre ; 1 654 hab. – Égl. circulaire (XI$^e$-XII$^e$ s.) bâtie sur le modèle du Saint-Sépulcre. DER **novicien, enne** *a, n*

**Neva (la)** fl. de Russie (74 km), émissaire du lac Ladoga ; arrose Saint-Pétersbourg et se jette dans le golfe de Finlande par un vaste delta.

**Nevada (sierra)** massif montagneux de l'Espagne méridionale ; 3 478 m au Mulhacén.

**Nevada (sierra)** chaîne de l'O. des É.-U. ; 4 418 m au mont Whitney. Elle sépare la Grande Vallée (Californie) du Grand Bassin.

**Nevada** État de l'O. des É.-U. ; 286 297 km$^2$ ; 1 202 000 hab. ; cap. *Carson City* ; v. princ. : *Las Vegas, Reno.* – L'État s'étend sur le Grand Bassin et, à l'O., sur la sierra Nevada. Agric. faible. Sous-sol riche : cuivre, fer, mercure, or. Tourisme import., notam. à Las Vegas. – Le Nevada fut cédé aux É.-U. par le Mexique (1848), il entra dans l'Union en 1864.

**Nevado del Ruiz** volcan de Colombie qui fit éruption en 1985.

**ne varietur** *a, av* DR Se dit pour attester qu'une pièce de procédure a reçu sa rédaction définitive. *Édition ne varietur.* PHO [nevaʀjetyʀ] ETY Mots lat., « pour qu'il ne soit pas changé ».

**névé** *nm* **1** Amas de neige dont la base, transformée en glace sous l'effet de la pression, donne naissance à un glacier. **2** En montagne, plaque de neige persistant en été. ETY Du lat.

**Nevelson** Louise (Kiev, 1900 – New York, 1988), peintre et sculpteur, auteur de constructions liées au paysage urbain.

**Nevers** ch.-l. du dép. de la Nièvre, au confl. de la Loire et de la Nièvre ; 40 131 hab. Industr. traditionnelles (faïencerie, confiserie) et modernes. – Évêché. Égl. romane (XI$^e$ s.) Cath. (XIII$^e$-XVI$^e$ s.) Palais ducal (XV$^e$-XVI$^e$ s.). – Évêché au V$^e$ s., la ville fut la cap. du Nivernais. DER **nivernais, aise** ou **neversois, oise** *a, n*

**neveu** *nm* Fils du frère ou de la sœur, du beau-frère ou de la belle-sœur. **LOC** ***Neveu à la mode de Bretagne*** : fils d'un cousin ou d'une cousine. ETY Du savoyard.

**Neveu de Rameau (le)** récit satirique de Diderot (composé entre 1761 et 1774 ; éd. posth., en all., 1805 ; en fr., 1821).

**Neville** Richard (comte de Warwick), dit le Faiseur de rois (?, 1428 – Barnet, 1471), homme de guerre anglais qui, pendant la guerre des Deux-Roses, combattit avec les York, faisant élire Édouard IV, puis avec les Lancastre ; il fut vaincu et tué à Barnet.

**Nevis** → **Saint-Christophe et Niévès.**

**névr(o)-** Élément, du gr. *neuron*, « nerf ».

**névralgie** *nf* **1** MED Douleur siégeant sur le trajet d'un nerf. **2** abusiv Mal de tête.

**névralgique** *a* Relatif à la névralgie. **LOC** ***Centre névralgique*** : centre d'importance capitale dans une organisation, un réseau de communication. — ***Point névralgique*** : point sensible, critique d'une situation, d'une affaire.

**névraxe** *nm* ANAT Système nerveux central, ensemble formé par le cerveau et la moelle épinière.

**névrite** *nf* MED Lésion inflammatoire des nerfs. DER **névritique** *a*

**névroglie** *nf* ANAT Tissu interstitiel nourricier du système nerveux.

**névropathie** *nf* MED vieilli Affection psychique et fonctionnelle liée à des troubles du système nerveux. DER **névropathe** *a, n*

**névroptère** *nm* ENTOM Ancien nom de tous les insectes possédant des ailes transparentes réticulées, nom maintenant restreint aux seuls planipennes.

**névroptéroïde** *nm* ENTOM Insecte néoptère pourvu de pièces buccales broyeuses et d'ailes membraneuses (fourmis-lions, etc.).

**névrose** *nf* PSYCHIAT Affection nerveuse, caractérisée par des conflits psychiques, qui détermine des troubles du comportement, mais n'altère pas gravement la personnalité du sujet. DER **névrosé, ée** *a, n* – **névrotique** *a*

**Nevski** → **Alexandre Nevski.**

**névus** → **nævus.**

**New Age** mouvement de pensée né aux É.-U. vers 1970, qui repose sur l'idée de l'avènement d'un « âge nouveau » et met en œuvre des croyances et des pratiques ésotériques.

**Newark** v. et port des É.-U. (New Jersey), sur la *baie de Newark*, près de New York ; 275 200 hab. (aggl. urb. 1 882 000 hab.). Industries. Aéroport.

**Newars** population qui vit au Népal, dans la région de Katmandou ; ils parlent une langue tibéto-birmane. DER **newar, are** *a*

**Newcastle** v. et port d'Australie (Nouvelle-Galles du Sud) ; 423 300 hab. La proximité d'un bassin houiller a suscité l'industrie.

**Newcastle-upon-Tyne** v. de G.-B., sur la Tyne, ch.-l. des comtés de Northumberland et de Tyne and Wear ; 263 000 hab. Le bassin houiller a suscité l'industrie. – Évêché. Université. Maisons anciennes. Vestiges d'un château du XI$^e$ s. VAR **Newcastle**

**Newcomb** Simon (Wallace, Nouvelle-Écosse, 1835 – Washington, 1909), mathématicien et astronome américain. Il a fait progresser la mécanique céleste.

**Newcomen** Thomas (Darmouth, 1663 – Londres, 1729), mécanicien anglais. Il réalisa, en 1712, la première machine à vapeur utilisée dans l'industrie. Watt la perfectionna. ▶ illustr. machine à vapeur

**New Deal** (« nouvelle donne ») nom donné aux mesures économiques et sociales prises par Roosevelt dès son entrée en fonctions, en 1933, pour lutter contre la crise économique aux É.-U.

**New Delhi** cap. fédérale de l'Inde. Elle a supplanté Delhi (1931) dont elle constitue un quartier, situé au S. de la vieille ville et construit pendant la période coloniale par les Britanniques. L'aggl. de Delhi a 11 millions d'hab.

**Newfoundland** → **Terre-Neuve-et-Labrador.**

**New Hampshire** État du N.-E. des États-Unis, sur l'Atlantique ; 24 097 km$^2$ ; 1 109 000 hab. ; cap. *Concord.* – Montagneux et forestier, au climat rude, il est drainé à l'O. par le Connecticut. Élevage (bovins, volailles). – Explorée au XVII$^e$ s., annexée à la Nouvelle-Angleterre (1686), la région forma en 1692 une province royale. Elle proclama son indép. en 1776 et ratifia la Constitution féd. en 1788.

**New Haven** v. et port des É.-U. (Connecticut), sur la *baie de New Haven* ; 506 000 hab. (aggl). Centre industriel et universitaire (Yale).

**Newhaven** port de G.-B. (East Sussex), sur la Manche, relié par transbordeur à Dieppe ; 9 860 hab.

**Ne Win** Maung Shu Maung, dit Bo (Paungdale, 1911 – Rangoon, 2002), général et homme politique birman. Premier ministre de 1958 à 1960 et de 1962 à 1974, chef de l'État (1974-1981), il a instauré une dictature militaire impitoyable et il est resté maître du parti unique jusqu'en 1988.

**New Jersey** État du N.-E. des É.-U., sur l'Atlantique ; 20 295 km$^2$ ; 7 730 000 hab. ; cap. *Trenton.* – Les Appalaches retombent sur une plaine côtière au sol riche. L'État est urbanisé et industrialisé. Cultures maraîchères.

**new-look** *nm inv, a inv* **1** Style des années 1950. **2** Aspect, style nouveau. *Politique new-look.* (PHO) [njuluk] (ETY) Mot américain, « nouvel aspect ». (VAR) **newlook**

**Newman** John Henry (Londres, 1801 – Edgbaston, 1890), cardinal et écrivain anglais. Ecclésiastique anglican, promoteur avec Pusey du mouvement d'Oxford, il se convertit au catholicisme (1845) : *Apologia pro vita sua* (1864), *la Grammaire de l'assentiment* (1870).

**Newman** Barnett (New York, 1905 – id., 1970), peintre américain abstrait.

**Newman** Paul (Cleveland, 1925 – Wesport, Connecticut, 2008), acteur et cinéaste américain, formé par l'Actor's Studio : *l'Arnaqueur* (1961), *le Verdict* (1982). Réalisateur : *Rachel, Rachel* (1968).

**New Orleans** → **Nouvelle-Orléans (La).**

**Newport** v. et port charbonnier de G.-B. (pays de Galles), près du canal de Bristol ; 129 900 hab. Centre industriel.

**Newport News** v. et port des É.-U. (Virginie), sur la rade de Hampton Roads ; 170 000 hab. Chantiers navals.

**New Providence** île de l'archipel des Bahamas ; 207 km$^2$ ; 350 500 hab. ; v. princ. *Nassau*, cap. de l'État.

**newsgroup** *nm* TELECOM Syn. courant de *forum.* (PHO) [njuzgʀup] (ETY) Mot angl.

**newsletter** *nf* Bulletin périodique d'information envoyé par l'éditeur d'un site web dans la messagerie d'un internaute. (PHO) [njuzletœʀ] (ETY) Mot angl.

**newsmagazine** *nm* Hebdomadaire consacré à l'actualité. (PHO) [njuzmagazin] (ETY) Mot angl. (VAR) **news** [njuz]

**newton** *nm* PHYS Unité de force du système SI ; force qui communique à un corps dont la masse est de 1 kg une accélération de 1 m/s$^2$ (symb. N). (PHO) [njutɔn] (ETY) Du n. pr.

**Newton** sir Isaac (Woolsthorpe Manor, Grantham, 1642 – Kensington, 1727), mathématicien, physicien et astronome anglais. Il établit v. 1665 les lois de la gravitation universelle et calcula la force qui retient la Lune sur son orbite ; il abandonna alors ses travaux astronomiques, qui ne furent publiés qu'en 1687 (*Principes mathématiques de philosophie naturelle*), et s'adonna à l'optique et aux mathématiques. Il montra que la lumière blanche est formée de plusieurs couleurs (1669) et réalisa p.-ê. le prem. télescope à réflexion (1671) ; il publia son *Traité d'optique* en 1704. Avant Leibniz, il établit les fondements du calcul différentiel et intégral (« méthode des fluxions »). À partir de 1672, les honneurs occupèrent sa vie. Il fut enterré à l'abbaye de Westminster. ▷ OPT *Anneaux de Newton* : dus à l'interférence des rayons lumineux. (DER) **newtonien, enne** *a, n*

sir Isaac Newton

**Newton** Helmut (Berlin, 1920 – Los Angeles, 2004), photographe australien de mode ; auteur de portraits.

**newton-mètre** *nm* Unité de mesure du système SI ; moment, par rapport à un axe, d'une force de 1 newton dont le support, perpendiculaire à cet axe, se trouve à une distance de 1 m de celui-ci (symb. Nm).

**New Windsor** → **Windsor.**

**New York** la plus grande ville des É.-U. (État de New York), l'une des plus grandes conurbations du monde, sur l'Atlantique, à l'embouchure de l'Hudson ; 18,7 millions d'hab. (aggl.). Elle a cinq quartiers (*boroughs*) : *Manhattan*, dans l'île du m. nom ; *Queens* et *Brooklyn*, dans Long Island, au-delà de l'East River ; *Richmond*, dans Staten Island ; *Bronx*, sur le continent. New York (2$^e$ port du monde après Rotterdam) est la 1$^{re}$ place financière (Wall Street) et commerciale, une métropole industrielle, un foyer culturel. L'ONU y siège depuis 1946. De nombreuses communautés y coexistent : Anglo-Saxons, Irlandais, Noirs (notam. à Harlem), Portoricains, Italiens, Chinois (Chinatown), Juifs, etc. – Archevêché. Universités : NY University, Columbia (fondée en 1754), Princeton. Musées : Metropolitan Museum of Art, Brooklyn Museum, Frick Collection, Musée Guggenheim (art contemp.), Museum of Modern Art, etc. Théâtres (notam. à Broadway). Metropolitan Opera. Aéroports dans Queens (Kennedy) et à Newark. (DER) **new-yorkais, aise** *a, n*

**Histoire** Fondée en 1626 par les Hollandais (*La Nouvelle Amsterdam* ou *Nieuwe Amsterdam*), la ville fut conquise en 1664 par les Anglais, qui la nommèrent en hommage au duc d'York, futur Jacques II. En 1760, la ville comptait 15 000 hab., plus de 600 000 hab. en 1850 ; cette expansion s'intensifia grâce à l'immigration, notam. d'Irlandais. Le 11 sept. 2001, une attaque terroriste détruit les deux tours du World Trade Center au sud de Manhattan, causant la mort de plusieurs milliers de personnes.

New York

**New York** État du N.-E. des É.-U., sur les lacs Érié et Ontario, et sur l'Atlantique ; 128 401 km$^2$ ; 17 990 000 hab. ; cap. *Albany* ; v. princ. : *New York, Buffalo.* – Cet État montagneux (1 628 m au *mont Marcy,* dans les Adirondacks) est bordé au N.-O. par la plaine qui jouxte les Grands Lacs et au S.-E. par la plaine côtière. Ces deux plaines, que relient la Mohawk et l'Hudson, sont très industrialisées. L'élevage et les cult. maraîchères ont leur importance. L'État est le plus puissant des É.-U. (DER) **new-yorkais, aise** *a, n*

**Histoire** En 1664, les Anglais annexèrent la colonie fondée par les Hollandais et l'inclurent dans la Nouvelle-Angleterre (1688). Elle proclama son indépendance en 1776 et ratifia la Constitution fédérale en 1788.

**New York Times** quotidien américain fondé en 1851.

**ney** *nm* Flûte de roseau arabo-persane, percée de sept trous. (ETY) Mot persan.

**Ney** Michel (Sarrelouis, 1769 – Paris, 1815), maréchal de France. Napoléon I$^{er}$ le fit duc d'Elchingen (1808) et prince de la Moskova (1812). Créé pair de France par Louis XVIII (1814), il se rallia en 1815 à Napoléon, qu'il avait été chargé d'arrêter à son retour de l'île d'Elbe. Il fut condamné à mort par la Cour des pairs et fusillé.

le maréchal **Ney**

**nez** *nm* **1** Partie du corps faisant saillie au milieu du visage, entre la bouche et le front, qui participe à la fonction respiratoire et à l'odorat. *Nez aquilin, épaté, camus.* **2** Museau des animaux doués de flair. *Nez de chien.* **3** Visage. *On m'a fermé la porte au nez.* **4** Odorat, flair. *Chien qui a du nez.* **5** fig Sagacité. *Avoir du nez, le nez fin, le nez creux.* **6** Créateur de parfums. **7** Sensations olfactives déclenchées par la dégustation d'un vin. **8** Partie allongée ou fuselée qui forme l'avant d'une chose. *Nez d'un avion.* **9** TECH Saillie se terminant en pointe ou en biseau. *Nez de marche, de gouttière.* **10** GEOGR Avancée de terre dans la mer. *Le nez de Jobourg.* **LOC** ***Au nez de qqn*** : en sa présence ; en le bravant. — fam ***Avoir qqn dans le nez*** : le détester. — fam ***Avoir un coup dans le nez*** : être ivre. — Belgique, fam ***Faire de son nez*** : faire l'important, le prétentieux. — fam ***Faux nez*** : déguisement, faux-semblant. — ***Mener qqn par le bout du nez*** : lui faire faire ce que l'on veut. — ***Mettre le nez dans qqch*** : commencer à l'examiner, à l'étudier ; s'en mêler indiscrètement. — ***Montrer le bout du*** (ou ***de son***) ***nez*** : commencer à se montrer ; commencer à montrer ses intentions. — ***Ne pas voir plus loin que le bout de son nez*** : manquer de discernement, de prévoyance. — ***Nez à nez*** : face à face. — ***Parler du nez*** : nasiller. — ***Passer sous le nez*** : échapper à qqn. — ***Se casser le nez*** : trouver porte close ; échouer dans une entreprise. — fam ***Sentir à plein nez*** : très fort. — ***Se voir comme le nez au milieu du visage, de la figure*** : être flagrant. (PHO) [ne] (ETY) Du lat.

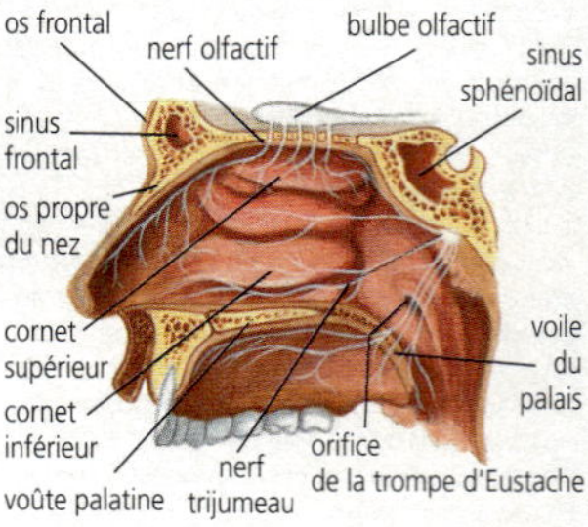


coupe du **nez**

**Nez (le)** récit fantastique de Gogol (1836). ▷ MUS Opéra en 3 actes et 10 tableaux de Chostakovitch (1928).

**Nezāmi** → **Nizāmī.**

**Nez-Percés** Amérindiens dont le territoire correspondait à l'Idaho et à l'Oregon (É.-U.).

**Nezval Vitězslav** (Biskupovice, 1900 – Prague, 1958), poète tchèque. Surréaliste, il rompit avec Breton en 1936 et célébra le communisme après 1945.

**NF** abrév. de *norme française*, label accordé sous la responsabilité de l'AFNOR.

**Ngazidja** (anc. *Grande-Comore*), île principale de l'archipel des Comores ; 1 148 km$^2$ ; 220 000 hab. ; v. princ. : *Moroni* (cap. de la rép. des Comores).

**Ngô Dinh Diêm** (Quang Binh, 1901 – Saigon, 1963), homme politique vietnamien. Il fit destituer l'empereur Bao-Daï et devint en 1955 le chef de l'État sud-vietnamien. Il fut tué lors d'un coup d'État militaire.

**Ngonis** peuple, de langue bantoue, établi en Zambie, en Tanzanie et au Malawi. Ce nom s'étend parfois à des ethnies voisines : Xhosas, Zoulous, Swazis. (VAR) **Ngunis** (DER) **ngoni** ou **nguni, ie** *a*

**Nguyên** dynastie qui régna, à partir de 1600, sur la Cochinchine ; aux XVIIe et XVIIIe s., elle dominait la quasi-totalité du Viêtnam ; en 1802, Gia Long fonda un nouvel empire d'Annam. Bao-Daï fut le dernier empereur de cette dynastie.

**Nguyên Van Thiêu** (Phan Rang, 1923 – Boston, 2001), général et homme politique sud-vietnamien. Chef de la junte militaire élu président de la Rép. en 1967, réélu en 1971, il démissionna en 1975, quelques jours avant la chute de Saigon, et s'exila.

**Nha Trang** v. et port du Viêt-nam, sur la mer de Chine ; 195 000 hab. Raff. de pétrole.

**NHK** sigle pour *Nippon Hoso Kyokai*, le réseau public de télévision du Japon (4 chaînes).

**ni** *conj* S'emploie pour réunir (avec valeur de *et* ou de *ou*) des propositions négatives ou les différents termes d'une proposition négative. *Je ne l'aime ni ne l'estime. Ni les honneurs ni les richesses ne rendent heureux.* (ETY) Du lat.

**Ni** CHIM Symbole du nickel.

**niable** *a* (Surtout en tournure négative.) Que l'on peut nier. *Un fait qui n'est pas niable.*

**Niagara (le)** petit fl. d'Amérique du Nord (54 km), qui sépare le Canada et les É.-U, et qui unit les lacs Ontario et Érié. Les chutes canadienne et américaine (hautes de 57 et 59 m, larges de 640 et 328 m), que double le canal Welland, alimentent des centrales hydroélectriques et attirent les touristes. ▷ CINE *Niagara*, film de Hathaway (1953), avec M. Monroe.

chutes du **Niagara** : au premier plan, la chute canadienne en « fer à cheval » et, au second plan, la chute américaine

**Niagara Falls** v. des É.-U. (État de New York), face à la v. canadienne du même nom (72 110 hab.), sur le Niagara ; 50 193 hab. Hydroélectricité ; industries. Tourisme.

**niais, niaise** *a, n* D'une naïveté ou d'une inexpérience extrêmes ; sot et emprunté. (ETY) Du lat. *nidus*, « nid ». (DER) **niaisement** *av*

**niaiser** *v* ① Canada, fam **A** *vi* **1** Faire, dire des niaiseries. **2** Perdre son temps à ne rien faire qui vaille, lambiner. **3** Tergiverser. **B** *vt* Prendre qqn pour un niais, un niaiseux ; narguer qqn.

**niaiserie** *nf* **1** Caractère d'une personne ou d'une chose niaise. **2** Action, parole niaise. **3** Futilité, fadaise. *Perdre son temps à des niaiseries.*

**niaiseux, euse** *a, n* Canada, fam Sot, niais.

**niaouli** *nm* Arbre d'Océanie (myrtacée), dont les feuilles donnent un antiseptique respiratoire. SYN goménolier. (ETY) Mot de la Nouvelle-Calédonie.

**Niamey** cap. du Niger, sur la r. g. du Niger, dans le S.-O. du pays ; 510 000 hab (aggl.). Centre commercial ; industr. alimentaire. (DER) **niaméyen, enne** *a, n*

**niaque** → **gnaque.**

**Niaux** com. de l'Ariège (arr. de Foix) ; 201 hab. – Grotte préhistorique ornée de peintures (v. 12 000 av. J.-C.).

grotte de **Niaux** : décor du salon noir exécuté au noir de manganèse – un bison (en haut à g.), des chevaux et un cervidé (à dr.) – magdalénien moyen

**nib** *av* fam Rien, aucunement, pas du tout. (ETY) De l'anagramme de *bernique*.

**nibard** → **nichon.**

**Nibelungen** dans la myth. germanique (Allemagne, Scandinavie, Islande), nains possesseurs de prodigieuses richesses et soumis à Alberich, roi du Nibelung (« Fils du brouillard », c.-à-d. du monde souterrain). Siegfried tua le roi du Nibelung et s'empara du fabuleux trésor ; ses compagnons, puis les Burgondes prirent le nom de *Nibelungen*. Cette légende inspira à un Allemand anonyme, vers 1200, la *Chanson des Nibelungen* (*Nibelungenlied*). ▷ MUS *L'Anneau du Nibelung*, festival scénique en un prologue et 3 journées (dit cour. *Tétralogie*), poèmes et musique de R. Wagner : *l'Or du Rhin* (prologue, 1854), *la Walkyrie* (3 actes, 1856), *Siegfried* (3 actes, 1869), *le Crépuscule des dieux* (prologue et 3 actes, 1874). ▷ CINE *Les Nibelungen*, film de Fritz Lang (1924), en 2 parties : *la Mort de Siegfried* et *la Vengeance de Kriemhilde*, avec Paul Richter (1895 – 1961).

**Nicaragua (république du)** (*República de Nicaragua*), État d'Amérique centrale, sur le Pacifique et l'Atlantique ; 130 000 km$^2$ ; 5,9 millions d'hab. ; accroissement naturel : 1,9 % par an ; cap. *Managua*. Nature de l'État : rép. de type présidentiel. Langue off. : espagnol. Monnaie : cordoba oro. Population : métis (69 %), origines européennes, origines africaines, Amérindiens (5 %). Relig. : cathol. (95,1 %). (DER) **nicaraguayen, enne** *a, n*

**Géographie** La côte pacifique est dominée par une étroite chaîne volcanique (alt. max. 1 780 m) qui retombe sur une dépression occupée par les lacs Nicaragua (8 400 km$^2$) et Managua. Vers l'E. s'étendent de hauts plateaux, entaillés de fertiles vallées. La plaine atlantique est couverte d'une forêt dense (côte des Mosquitos). Le climat est tropical. La population compte 58 % de citadins.

**Économie** L'agric. a suscité des industries de transformation. Le maïs est la princ. culture vivrière. Café, coton, viande de bœuf et bananes représentent 80 % des exportations. La décennie 80 a vu le pays ruiné par la guerre civile, l'expérience collectiviste des sandinistes et l'embargo américain (1984). Le pays renoue avec la croissance, mais souffre d'inflation, d'endettement, de corruption. C'est l'un des plus pauvres d'Amérique latine.

**Histoire** Exploré par les Espagnols au XVIe s., inclus dans la capitainerie générale du Guatemala, le pays accéda à l'indépendance en 1821. Membre des Provinces-Unies de l'Amérique centrale de 1823 à 1838, il fut occupé par les É.-U. de 1912 à 1933, avec une brève interruption en 1925. La famille Somoza, au pouvoir depuis 1936, fut chassée en 1979 par le Front sandiniste de libération nationale, dont le leader, Daniel Ortega, fut élu en 1984. Le pouvoir sandiniste, confronté aux *contras* (contre-révolutionnaires soutenus par les É.-U.) s'appuya sur l'URSS et Cuba. Le plan Arias visant à rétablir la paix en Amérique centrale fut signé en 1987 par les sandinistes qui obtinrent le désarmement des *contras* en contrepartie de l'organisation d'élections libres que remporta en 1990 Violeta Chamorro, leader de l'opposition conservatrice. Le gouvernement mit alors en place une politique économique libérale, cherchant à redresser le pays miné par les années de guérilla et l'embargo américain fut levé. D. Ortega est réélu prés. de la Rép. en 2006 et en 2011 alors que le pays vit dans un climat de crise politique, sociale et économique, malgré le retour de la croissance.

▶ carte **Amérique centrale**

**Nice** ch.-l. du dép. des Alpes-Maritimes, v. princ. de la Côte d'Azur, au pied des *Préalpes de Nice* ; 344 460 hab. 500 000 hab. dans l'aggl. Stat. touristique. Port de voyageurs vers la Corse. Aéroport. – Évêché. Université. Cath. (XVIIe s.). Arènes romaines de Cimiez (IIIe s.). Musées. (DER) **niçois, oise** *a, n*

**Histoire** Au Ve s. av. J.-C., la colonie grecque de Massalia (Marseille) fonda Nice (*Nikaia*, « la Victorieuse »). Le *comté de Nice*, possession de la maison de Savoie depuis 1388, fut rattaché à la France de 1793 à 1814, et définitivement en 1860, un plébiscite approuvant la cession du comté par le Piémont.

**Nice** le cours Saleya

**Nicée** anc. v. de Bithynie (Asie Mineure), auj. *Iznik*. En 325, un concile œcuménique excommunia Arius ; un second concile (787) y condamna les iconoclastes. – Nicée fut la cap. de l'*empire grec de Nicée* (1204-1261) que constitua Théodore Ier Lascaris après la prise de Constantinople par les croisés : Lydie, Bithynie, une partie de la Phrygie. (DER) **nicéen, enne** *a*

**Nice Matin** quotidien français créé en 1945.

**Nicéphore (saint)** (Constantinople, v. 760 –?, 829), patriarche de Contantinople (806), déposé et exilé en 815 pour s'être opposé aux iconoclastes. Il a écrit sur ce sujet et sur l'histoire byzantine des VIIe-VIIIe s.

**Nicéphore Ier le Logothète** (en Silésie, ? – en Bulgarie, 811), empereur byzantin de 802 à 811. Il détrôna Irène. Il fut défait par Haroun ar-Rachid (807) puis vaincu et tué par les Bulgares (811). — **Nicéphore II** Phokas (en Cappadoce, vers 913 – Constantinople, 969), fils de Bardas Phokas ; empereur de 963 à 969, successeur de Romain II, dont il épousa la veuve, Théophano. Il fut tué par Jean Tzimiskès. — **Nicéphore III** Botanéiatès (mort après 1081), empereur de 1078 à 1081, détrôné par Alexis Comnène et enfermé dans un couvent.

**1 niche** *nf* **1** Enfoncement pratiqué dans l'épaisseur d'un mur pour y placer un objet décoratif alcôve. **2** Abri d'un chien en forme de maison. **3** ECON Secteur économique pointu dans lequel il est possible de faire des profits en présentant à la clientèle des produits nouveaux et attractifs. **LOC** ECOL ***Niche écologique*** : place d'un organisme, d'une espèce animale dans un biotope donné, déterminée par son alimentation et ses relations avec les autres espèces. — ***Niche fiscale*** : profession, investissement bénéficiant de réductions d'impôts particulières. — ***Niche sociale*** : exemption ou réduction de cotisations venant grever le budget de la Sécurité sociale.

**2 niche** *nf* Farce, espièglerie. *Faire des niches.*

**nichée** *nf* Petits oiseaux d'une même couvée, encore dans le nid.

**nicher** *v* ① **A** *vi* **1** Établir son nid. *Les fauvettes nichent dans les buissons.* **2** Être dans son nid. **3** fig, fam Se loger ; habiter. **B** *vpr* **1** Établir son nid. **2** fig, fam Se mettre, se cacher. *Où est-il donc allé se nicher ?* ETY Du lat. *nidus*, « nid ».

**nichet** *nm* AGRIC Œuf artificiel utilisé pour inciter les poules à venir y pondre.

**nicheur, euse** *a* Qui construit des nids.

**Nichiren** (Kominato, 1222 – près de l'actuel Tōkyō, 1282), moine japonais qui voulait réformer le bouddhisme. Au XXe s., les nationalistes se sont référés à sa pensée.

**nichoir** *nm* Cage, boîte, panier, où les oiseaux viennent nicher.

**Nichols** Dudley (Wapakoneta, Ohio, 1895 – Los Angeles, 1960), scénariste américain ; il travailla pour Ford (*le Mouchard* 1935, *la Chevauchée fantastique* 1939), Hawks et Lang.

**Nicholson** William (Londres, 1753 – id., 1815), physicien et chimiste anglais, inventeur d'un aréomètre à volume constant ; avec Carlisle, il découvrit l'électrolyse de l'eau.

**Nicholson** Ben (Denham, Buckinghamshire, 1894 – Londres, 1982), peintre anglais, cubiste puis abstrait.

**Nicholson** Jack (Neptune, New Jersey, 1937), acteur américain : *Easy Rider* (1969), *Vol au-dessus d'un nid de coucous* (1975), *Shining* (1979), *Batman* (1989), *Mars Attacks !* (1996).

**nichon** *nm* fam Sein de femme. VAR **nibard**

**Nicias** (?, v. 470 – Syracuse, 413 av. J.-C.), homme d'État et général athénien, chef des modérés. Il négocia la *paix de Nicias* (421) avec Sparte. Lors de l'expédition d'Alcibiade en Sicile, il fut capturé et exécuté.

**Nick Carter** détective créé (sur le modèle de l'Anglais Sherlock Holmes) par le romancier américain John Coryell.

**nickel** *nm, a inv* **A** *nm* **1** Élément métallique de numéro atomique Z = 28 et de masse atomique 58,71 (symb. Ni). **2** Métal (Ni) blanc de densité 8,9, qui fond à 1 455 °C. *Le nickel entre dans la composition de nombreux alliages.* **B** *a inv* fam D'une extrême propreté, impeccable. *Il avait tout nettoyé, c'était nickel.* PHO [nikɛl] ETY De l'all. *Kupfernickel.*

**nickeler** *vt* ⑪ ou ⑲ Recouvrir d'une couche de nickel par électrolyse. PHO [nikle] DER **nickelage** *nm*

**nickélifère** *a* Qui détient du nickel.

**Nicklaus** Jack (Colombus, Ohio, 1940), joueur de golf américain, considéré comme l'un des meilleurs de tous les temps.

**Nicobar (îles)** archipel indien (territ. des îles Andaman et Nicobar), dans le golfe du Bengale ; 1 645 km$^2$ ; 30 000 hab. Forêts. DER **nicobarais, aise** *a, n*

**Nicodème (saint)** (Ier s.), Juif pharisien, disciple secret de Jésus-Christ. Avec Joseph d'Arimathie, il ensevelit Jésus mort.

**niçois** → **Nice.**

**nicol** *nm* Prisme taillé dans le spath d'Islande et utilisé pour obtenir de la lumière polarisée. ETY D'un n. pr.

**Nicol** William (?, v. 1770 – Édimbourg, 1850), physicien écossais. – *Prisme de Nicol* (1818) : prisme destiné à polariser la lumière.

**nicola** *nf* Variété de pomme de terre à chair jaune et ferme.

**Nicolaier** Arthur (Cosel, haute Silésie, 1862 – Berlin, 1945), médecin allemand. Il identifia le bacille du tétanos en 1884 (*bacille de Nicolaier*).

**nicolaïsme** *n* RELIG **1** Communauté chrétienne hétérodoxe du Ier s., proche des gnostiques. **2** Doctrine hostile au célibat ecclésiastique, aux Xe et XIe s. DER **nicolaïte** *n*

**Nicola Pisano** (Pise [?], v. 1220 – id. [?], av. 1287), sculpteur italien. Il s'inspira de l'Antiquité rom. et du gothique français : chaires du baptistère de Pise (1260) et de la cath. de Sienne (1266-1268), fontaine de Pérouse (1278).

**Nicolas (saint)** (IVe s.), évêque de Myre (en Lycie ; ruines près de Finike, Turquie) ; on lui a attribué la résurrection d'enfants dépecés par un boucher. Ses reliques sont déposées à Bari. Il est le « Père Noël » dans le N. de l'Europe.

saint Nicolas

le tsar Nicolas II

**Nicolas Ier le Grand (saint)** (Rome, vers 800 – id., 867), pape de 858 à 867 ; il affirma la primauté pontificale, invalida l'élection de Photius au patriarcat de Constantinople et le déposa. — **Nicolas II** Gérard de Bourgogne (Chevron, Savoie, vers 980 – Florence, 1061), pape de 1059 à 1061 ; il commença à affranchir la papauté de la tutelle impériale. — **Nicolas IV** Girolamo Masci (Lisciano, vers 1230 – Rome, 1292), pape de 1288 à 1292 ; il couronna Charles II d'Anjou roi de Sicile (1289). — **Nicolas V** Tommaso Parentucelli (Sarzana [?], vers 1398 – Rome, 1455), pape de 1447 à 1455 ; il fonda la Bibliothèque vaticane.

**Nicolas Ier** (Njegoš, auj. Njeguši, 1841 – Antibes, 1921), prince (1860-1910) puis roi du Monténégro (1910-1918). Il modernisa son pays et l'agrandit par ses luttes contre les Turcs (1876-1878 et 1912-1913). En 1914, il se rangea aux côtés des Alliés, fut vaincu par les Autrichiens, capitula (1915) et fut déchu en 1918 (réunion du Monténégro à ce qui devint la Yougoslavie). VAR **Nikita Ier Petrović Njegoš**

**Nicolas Ier** (Tsarskoïe Selo, 1796 – Saint-Pétersbourg, 1855), empereur de Russie (1825-1855), fils de Paul Ier. Il renforça la police et la bureaucratie. « Gendarme de l'Europe », il fit de la Pologne une province russe après la révolte de 1830 et aida l'Autriche à écraser la révolution hongroise de 1848. Afin d'assurer à la Russie un débouché sur la Méditerranée, il se posa en protecteur de la Turquie, puis suscita contre elle la guerre de Crimée (1854), désastreuse. — **Nicolas II** (Tsarskoïe Selo, 1868 – Iekaterinbourg, 1918), dernier empereur de Russie (1894-1917), fils et successeur d'Alexandre III. La défaite contre le Japon (1904-1905) provoqua la révolution de 1905, dont il ne sut pas tirer les conséquences. La révolution de février 1917 le contraignit à abdiquer (15 mars). Il fut exécuté avec sa famille (17 juillet 1918) par les bolcheviks, que menaçait l'avance des Russes blancs. En 2000, l'Église orthodoxe l'a canonisé.

**Nicolas de Cues** Nikolaus Krebs, dit (Kues ou Cues, près de Trèves, 1401 – Todi, 1464), théologien allemand ; fidèle au pape contre l'empereur. Son œuvre préfigure la Renaissance : *De la docte ignorance* (1440).

**Nicolas de Flüe (saint)** (Flüeli, 1417 – Ranft, 1487), ermite suisse. Marié, père de dix enfants, il se fit ermite dans son canton d'Obwald. À la diète de Stans (1481), il rapprocha les cantons montagnards et citadins. Patron de la Suisse.

**Nicolas-Favre (maladie de)** *nf* Maladie vénérienne due à une chlamydia.

**Nicole** Pierre (Chartres, 1625 – Paris, 1695), écrivain français ; l'un des maîtres de Port-Royal. Il collabora avec Arnauld à la *Logique de Port-Royal* (1662), traduisit en latin les *Lettres provinciales* de Pascal et écrivit les *Essais de morale* (1671-1678).

**Nicolet** Claude (Marseille, 1930 – Paris, 2011), historien français, spécialiste de Rome à l'époque de la République.

**Nicolle** Charles (Rouen, 1866 – Tunis, 1936), bactériologiste français, directeur de l'institut Pasteur de Tunis (1903-1936) : travaux sur le typhus. P. Nobel de médecine 1928.

**Nicollier** Claude (Vevey, 1944), astronaute suisse qui effectua trois vols dans des navettes américaines entre 1992 et 1996.

**Nicolo Dell'Abbate** → **Abbate.**

**Nicomède Ier** (mort vers 250 avant J.-C.), roi de Bithynie de 279 av. J.-C. à sa mort ; il fonda Nicomédie. — **Nicomède II Épiphane** (mort vers 128 avant J.-C.), roi de Bithynie de 149 av. J.-C. à sa mort ; il s'allia aux Romains. — **Nicomède III Évergète** (mort vers 94 avant J.-C.), roi de Bithynie de 128 à sa mort ; fils du préc. — **Nicomède IV Philopator** (mort en 74 avant J.-C.), roi de Bithynie de 94 à sa mort ; fils du préc. ; ennemi de Mithridate, il légua son royaume aux Romains.

**Nicomède** tragédie en 5 actes et en vers de Corneille (1651).

**Nicomédie** (auj. *Izmit*), anc. v. et cap. de la Bithynie, fondée v. 264 av. J.-C. par Nicomède Ier. Dioclétien et Constantin y résidèrent.

**Nicopolis** (auj. *Nikopol*, en Bulgarie), anc. v. de Dacie, sur le Danube, fondée par Trajan. – Le sultan Bajazet Ier y écrasa Sigismond de Luxembourg, roi de Hongrie (1396).

**Nicosie** cap. de Chypre, dans le N. de l'île ; 224 500 hab (aggl.) ; coupée en deux depuis la partition de l'île (1974). – Vest. d'une enceinte vénitienne érigée en 1567. Cathédrale (XIIIe-XIVe s.), auj. mosquée. Abbaye (XIIe-XVIe s.). Musée d'art byzantin. DER **nicosien, enne** *a, n*

**Nicot** Jean (Nîmes, v. 1530 – ?, 1600), diplomate français. Il rapporta le tabac du Portugal v. 1561. Son *Trésor de la langue française* fut publié en 1606.

**nicotinamide** *nf* BIOCHIM Amide de l'acide pyridine 3 carbonique (acide nicotinique) constituant de nucléotides qui assurent le rôle de transporteur d'hydrogène. SYN vitamine PP.

**nicotine** *nf* BIOCHIM Alcaloïde contenu dans le tabac, stimulant de la sécrétion d'adrénaline, nocif à haute dose. (ETY) De J. *Nicot.*, n. pr. (DER) **nicotinique** *a*

**nicotinémie** *nf* MED Taux de nicotine dans le sang.

**nicotinisme** *nm* MED vieilli Syn. de *tabagisme*.

**nictation** *nf* MED Clignotement spasmodique.

**nictitant, ante** *a* ZOOL Se dit de la troisième paupière, qui, chez les oiseaux, clignote et se déplace horizontalement pour préserver l'œil de la lumière vive, qui est réduite à l'état de membrane non fonctionnelle chez d'autres animaux, notam. le chat. (ETY) Du lat.

**nid** *nm* **1** Abri construit par les oiseaux pour pondre et couver leurs œufs, pour élever leurs petits. **2** Lieu qu'aménagent certains animaux pour y pondre, y mettre bas, élever leurs petits. *Nid de souris, de fourmis, de guêpes.* **3** Habitation de l'homme. *Un nid douillet.* **4** Endroit où se trouvent rassemblées des choses ou des personnes dangereuses. *Nid de brigands.* SYN repaire. **LOC** *Nid d'aigle* : habitation presque inaccessible, en un lieu escarpé, élevé. (ETY) Du lat.

**nidation** *nf* BIOL Implantation de l'œuf fécondé des mammifères sur la muqueuse utérine, au début de la gestation.

**nid-d'abeilles** *nm* **1** Point de broderie en forme d'alvéoles. **2** Tissu formant des alvéoles. *Serviette de toilette nid-d'abeilles.* **3** TECH Matériau composite aéré pris en sandwich entre deux feuilles d'aluminium. PLUR nids-d'abeilles.

**nid-de-pie** *nm* MAR Poste d'observation sur le mât d'un navire. PLUR nids-de-pie.

**nid-de-poule** *nm* Petite cavité dans une chaussée défoncée. PLUR nids-de-poule.

**nid-d'oiseau** *nm* BOT Syn. de *néottie*. PLUR nids-d'oiseau.

**nidicole** *a* ORNITH Qui demeure longtemps au nid en parlant de jeunes oiseaux.

**nidifier** *vi* ② Construire son nid. (DER) **nidification** *nf*

**nidifuge** *a* ORNITH Qui quitte rapidement le nid, en parlant de jeunes oiseaux.

**nidulaire** *nf* Petit champignon basidiomycète à allure de nid d'oiseau miniature.

**Nidwald** (en all. *Nidwalden*), demi-canton de Suisse, à l'E. d'Unterwald ; 275 km² ; 41 000 hab. ; ch.-l. Stans.

**niébé** *nm* Afrique Dolique.

**nièce** *nf* Fille du frère ou de la sœur, du beau-frère ou de la belle-sœur. (ETY) Du lat.

**Niedermeyer** Louis (Nyon, 1802 – Paris, 1861), compositeur français d'origine suisse : romances d'après Lamartine (*le Lac*) et Hugo ; opéras (*Marie Stuart*, 1844).

**Niel** Adolphe (Muret, 1802 – Paris, 1869), maréchal de France. Ministre de la Guerre en 1867, il réorganisa l'armée, fit adopter le fusil Chassepot et créa la garde nationale mobile.

**niellage** → **nieller 2.**

**1 nielle** *nf* **1** Maladie des céréales provoquée par un nématode microscopique. **2** Genre de lychnis qui pousse dans les champs de blé. (ETY) Du lat.

**2 nielle** *nm* TECH Incrustation noire sur fond blanc ornant certaines pièces d'orfèvrerie. (ETY) Du lat. *niger*, « noir ».

**1 nieller** *vt* ① Attaquer, gâter par la nielle.

**2 nieller** *vt* ① TECH Orner de nielles. (DER) **niellage** *nm* – **nielleur** *nm*

**Nielsen** Carl (Sortelung, 1865 – Copenhague, 1931), compositeur danois néoclassique.

**Niemcewicz** Julian Ursyn (Skoki, Lituanie, 1757 – Paris, 1841), homme politique et écrivain polonais : *Chants historiques* (1816), pièces de théâtre (*le Retour du député*, comédie, 1790), romans.

**Niémen (le)** fl. de Biélorussie et de Lituanie (880 km) ; il naît près de Minsk, arrose Kaunas et se jette dans la Baltique.

**Niemeyer** Oscar (Rio de Janeiro, 1907 – id., 2012), architecte et urbaniste brésilien, élève de Le Corbusier : princ. édifices de Brasília, siège de l'ONU à New York, siège du Parti communiste français à Paris (1971).

**Niemöller** Martin (Lippstadt, 1892 – Wiesbaden, 1984), pasteur et théologien luthérien allemand. Adversaire du nazisme, il fut interné dans un camp de concentration. Après la guerre, il mena une action pacifiste.

**Niepce** Joseph Nicéphore (Chalon-sur-Saône, 1765 – Saint-Loup-de-Varennes, 1833), physicien et inventeur français. Dès 1812, il obtint en lithographie des négatifs (grâce au chlorure d'argent) et des positifs (bitume de Judée) ; aussi Daguerre fit-il appel à lui, en 1829, pour fixer les images de la chambre noire et créer la photographie. — **Abel Niepce de Saint-Victor** (Saint-Cyr, près de Chalon-sur-Saône, 1805 – Paris, 1870), militaire, physicien et chimiste français, neveu du préc., mit au point des procédés d'héliogravure et de photographie sur verre.

Nicéphore Niepce

**nier** *vt* ② Rejeter comme faux, comme inexistant. *Nier un fait.* (ETY) Du lat.

**niet** *nm* fam Refus brutal. (PHO) [njɛt] (ETY) Mot russe, « non ».

**Nietzsche** Friedrich (Röcken, Prusse, 1844 – Weimar, 1900), philosophe allemand. Professeur de philologie à Bâle (1869-1878), il subit l'influence de Schopenhauer et de l'esthétisme de son ami R. Wagner. Brouillé avec Wagner (1878), malade, malheureux (en 1882, Lou Andréas Salomé refusa de l'épouser), il voyagea. Sa maladie (d'origine syphilitique ?) s'aggrava ; en 1889, une crise de démence le terrassa dans une rue de Turin. Sa sœur Élisabeth Foerster Nietzsche l'hébergea ; elle publia ses œuvres. À la métaphysique occidentale, qui présente l'être comme un absolu immuable, Nietzsche oppose une analyse généalogique des valeurs ; selon lui, celles-ci sont le reflet rationalisé, voire le déguisement, d'une croyance, et l'être n'est ni Dieu ni vérité établie, mais devenir, et donc (comme la vie) création toujours renouvelée. Ses grandes formules (volonté de puissance, éternel retour, surhomme, etc.) ont donné lieu à des interprétations contradictoires. L'activité artistique, qui cherche l'être en créant des formes nouvelles, symbolise et réalise le projet nietzschéen. Princ. œuvres : *la Naissance de la tragédie* (1872), *Humain, trop humain* (1878), *le Gai Savoir* (1881-1887), *Ainsi parlait Zarathoustra* (1883-1885), *la Volonté de puissance* (1884-1888), vaste recueil d'aphorismes arbitrairement réunis par sa sœur ; *Au-delà du bien et du mal* (1886), *la Généalogie de la morale* (1887), *le Cas Wagner* (1888), *Ecce Homo* (1888), *l'Antéchrist* (1888). (DER) **nietzschéen, enne** *a, n*

**Nieuport** (en néerl. *Nieuwpoort*), com. de Belgique (Flandre-Occid.), sur l'Yser, à 3 km de la mer du Nord ; 11 400 hab. Tourisme. – Victoire de Maurice de Nassau sur l'archiduc Albert (1600).

**Nieuport** Édouard de Niéport, dit Édouard (Blida, 1875 – Charny, Meuse, 1911), ingénieur et aviateur français ; constructeur de chasseurs pendant la Première Guerre mondiale.

**Nievo** Ippolito (Padoue, 1831 – près d'Ischia, 1861), écrivain italien garibaldien : *Amours garibaldiennes* (1858), drame lyrique ; *les Confessions d'un Italien* (posth., 1867), roman réaliste.

**Nièvre (la)** riv. de France (53 km), qui conflue avec la Loire (r. dr.) à Nevers.

**Nièvre** dép. franç. (58) ; 6 837 km² ; 215 200 hab. ; 31,5 hab./km² ; ch.-l. *Nevers* ; ch.-l. d'arr. *Château-Chinon, Clamecy* et *Cosne-sur-Loire*. V. Bourgogne. (DER) **nivernais, aise** *a, n* ▶ illustr. p. 1116

**nifé** *nm* GEOL vieilli Noyau de la Terre, qui serait constitué principalement de nickel et de fer. SYN barysphère. (VAR) **nife**

**nigaud, aude** *a, n* Qui se conduit de manière sotte ou niaise. (ETY) De *Nicodème*, personnage de mystère médiéval. (DER) **nigauderie** *nf*

**nigelle** *nf* Plante herbacée (renonculacée) aux fleurs bleues ou blanches et aux feuilles découpées en fines lanières, dont une espèce (nigelle de Damas) est aromatique. (ETY) Du lat.

**Niger (le)** grand fleuve d'Afrique occid. (4 200 km env.) ; né sur le versant S. du Fouta-Djalon, il décrit une large boucle et forme un delta intérieur (V. Macina) en amont de Tombouctou, arrosant Bamako, Gao, Niamey et Onitsha avant de se jeter dans le golfe de Guinée (à l'O.) par un delta ramifié. Peu navigable en raison de ses rapides et de l'irrégularité de son débit, il sert à la pêche et à l'irrigation.

**Niger (république du)** État d'Afrique sahélienne enclavé entre l'Algérie, la Libye, le Tchad, le Nigeria, le Bénin, le Burkina Faso et le Mali ; 1 267 000 km² ; 18,9 millions d'hab. ; accroissement naturel : 4,9 % par an ; cap. *Niamey*. Nature de l'État : rép. présidentielle. Langue off. : français. Monnaie : franc CFA. Princ. ethnies : Haoussas, Songhaïs, Djermas, Peuls et Touareg. Relig. : islam sunnite (80,3 %). (DER) **nigérien, enne** *a, n*

**Géographie** Le pays est un vaste plateau, appartenant pour l'essentiel au désert du Sahara où se dresse le massif de l'Aïr (séparant le bassin du Niger, à l'O., de celui du Tchad, à l'E.). La frange S., avec 2 à 5 mois de saison des pluies, groupe la pop., qui pratique l'élevage extensif, les cultures vivrières (mil, sorgho) et quelques cultures d'exportation (arachide, coton, tabac). Au bord de la faillite dans les années 2000, le pays renoue avec la croissance à partir de 2009.

**Histoire** LES ORIGINES Le N. du Niger actuel fit partie de l'Empire songhay (VII^e-XVI^e s.). Le S. vit fleurir les États haoussas (XII^e-XIX^e s.), que le Peul musulman Ousmane dan Fodio conquit (1804-1809). Les Européens atteignirent tardivement cette région. En 1890, la G.-B. et la France se la partagèrent : la séparation entre Niger et Nigeria perdura.

LA COLONIE En 1922, la France constitua le Niger en une colonie, rattachée à l'A.-O.F. En 1926, le ch.-l. fut transféré de Zinder à Niamey. La seule mise en valeur du pays constitua en l'introduction de l'arachide.

Nietzsche

**L'INDÉPENDANCE** Autonome en 1958, indépendant en 1960, le Niger eut pour prem. président Hamani Diori. Le plus grand problème du pays fut la sècheresse, notam. à partir de 1973. (V. Sahel.) En 1974, le lieutenant-colonel Seyni Kountché prit le pouvoir et institua un régime militaire au nom de la lutte contre la corruption. Dans les années 1980, le pays connut une aggravation de sa situation économique. À la mort de Seyni Kountché en 1987, le Conseil militaire suprême désigna le colonel Ali Seibou pour lui succéder. En 1991, une conférence nationale instaura le multipartisme et priva Ali Seibou du pouvoir exécutif. Les revendications des Touareg accrurent l'instabilité politique due à la situation de banqueroute. L'adoption, en 1992, d'une Constitution démocratique et la signature d'accords de paix avec les Touareg, en mars 1993, permirent l'investiture de Mahamane Ousmane. En janvier 1996, le général I. B. Maïnassara renversa M. Ousmane, puis accéda à la présidence de la République (juillet). Après son assassinat en 1999, un civil, Mamadou Tandja, fut élu démocratiquement, de sorte que la France, l'UE et le FMI ont accordé une aide indispensable au pays. En 2009, il change la Constitution pour rester au pouvoir, mais il est renversé en 2010. La junte, dirigée par Salu Djibo, met en place un gouv. provisoire et Mahamadou Issoufou, opposant au président déchu, est élu en mars 2011.

## Nigeria (république fédérale du)

État d'Afrique occid., sur le golfe de Guinée ; 923 770 km$^2$ ; 181,8 millions d'hab., État le plus peuplé d'Afrique ; accroissement naturel : 2,5 % par an ; cap. *Abuja*. Nature de l'État : rép. fédérale, membre du Commonwealth. Langue off. : anglais. Monnaie : naira. Principales ethnies : Haoussas (21 %), Yorubas (21 %), Igbos (18 %), Peuls (11 %). Relig. : islam sunnite (50,2 %), christianisme (39,8 %), religions traditionnelles. DER **nigérian, ane** *a, n*

**Géographie** Les plateaux accidentés du N. s'abaissent vers une large plaine littorale bordée de mangrove. Les vallées de la Bénoué et du Niger (qui se termine par un vaste delta) donnent au pays son unité. Du S. au N. se succèdent la forêt subéquatoriale, la savane tropicale et une zone plus sèche, steppique. La population présente une grande diversité (env. 200 ethnies) et une forte densité ; le centre est le moins peuplé ; le S. l'est le plus. L'exode rural est dû à la croissance démographique ; trois villes dépassent le million d'hab. : Lagos (le Grand Lagos regroupe 9 millions de personnes), Ibadan, Kano.

**Économie** Le décollage économique du Nigeria, amorcé au début des années 80, ne s'est pas confirmé de façon continue. L'agriculture (60 % des actifs) est caractérisée par la variété des terroirs et des climats : maïs, manioc, millet, riz, sorgho, pour les cultures vivrières ; cacao, caoutchouc, arachide, coton et bois, pour les produits exportés. Mais le déficit agricole demeure important. Le pays a durement souffert de l'effondrement de ses revenus pétroliers, divisés par trois entre 1980 et 1990. En outre, les militaires au pouvoir jusqu'en 1999 ont développé la corruption. L'économie se redresse à partir de 2010.

**Histoire** **LES ORIGINES** Sur le plateau de Jos, la culture de Nok fut l'une des prem. du continent africain (V$^e$ s. av. J.-C.-II$^e$ s. apr. J.-C.). Aux XIII$^e$-XIV$^e$ s., la culture d'Ife atteignit son apogée. À cette époque, les cités-États haoussas forment un réseau solidaire qui leur permet de résister au Kanem-Bornou et au Songhay. Aux XVII$^e$-XVIII$^e$ s., les royaumes du Bénin et d'Oyo atteignent leur apogée. En 1804, le Peul musulman Ousmane dan Fodio attaqua les Haoussas et fonda le royaume théocratique de Sokoto.

**LA COLONISATION** Dès 1631, les Anglais avaient implanté des comptoirs sur la côte, où ils contrôlèrent le commerce. Ils explorèrent l'intérieur à partir de 1849 et imposèrent leur protectorat à Lagos en 1861. En 1897, ils s'emparèrent du royaume du Bénin, après avoir vaincu le pays yoruba. En 1900, lord Lugard entreprit la conquête du Nord. En 1914, il fusionna le Nord et le Sud, et le Nigeria attaqua le Cameroun allemand. Les Britanniques encouragèrent la formation d'une élite locale et, à partir de 1945, l'évolution vers l'indépendance se fit par étapes.

**L'INDÉPENDANCE** Le Nigeria accéda à l'indépendance en 1960 et forma une république en 1963. Les oppositions ethniques provoquèrent la sécession du Biafra (1967-1970), province du S.-E. riche en pétrole. En 1975, le général Gowon, chef de l'État depuis 1966, fut renversé par le général Mohammed, lui-même renversé (1976) par le général O. Obasanjo. Dans les années 1970, la hausse des cours du pétrole fit du Nigeria un pays riche, consommant beaucoup mais investissant peu. Le régime militaire, le gouvernement civil du prés. A. S. Shagari (1979 à 1983), à nouveau le régime militaire développèrent le clientélisme et la corruption. L'austérité recommandée par le FMI entraîna en 1992 des émeutes de la faim dans la capitale et le général Babangida, qui s'était emparé du pouvoir en 1985, démissionna en août 1993 ; deux mois plus tard, les militaires, dirigés par le général

Sanni Abacha, reprirent le pouvoir. En 1995, une répression sanglante s'abattit sur les partisans de la cause des Ogonis. Le Nigeria fut exclu du Commonwealth et l'Afrique du Sud de Mandela orchestra le boycott du pays. Le pays courant à la banqueroute, le pouvoir fut enfin rendu aux civils : en 1999, le général retraité Olusegun Obasanjo fut élu prés. Son successeur Umaru Yar'Adua accède au pouvoir en 2007. Malade, il se retire en 2009. Goodluck Jonathan assure l'intérim sur fond de crise interethnique et est élu prés. en 2011. Il se fait battre par son adversaire Muhammadu Buhari qui devient prés. en 2015.

**nigéro-congolais, aise** *a, nm* Se dit d'une famille de langues africaines, comprenant les langues d'Afrique de l'Ouest (ouolof, peul, etc.) et les langues bantoues.

**nightclub** *nm* Boîte de nuit. PLUR night-clubs. PHO [najtklœb] ETY Mot angl. VAR **night-club**

**nightclubbing** *nm* Activité du noctambule qui fréquente les night-clubs. SYN clubbing PHO [najtklœbiŋ] VAR **night-clubbing** DER **nightclubber, night-clubber** *n*

**Nightingale** Florence (Florence, 1820 – Londres, 1910), philanthrope anglaise qui organisa le secours aux blessés pendant la guerre de Crimée.

**nihilisme** *nm* **1** PHILO Scepticisme absolu. **2** POLIT Doctrine qui n'admet aucune contrainte de la société sur l'individu, formée en Russie au XIX^e^ s. ETY Du lat. DER **nihiliste** *a, n*

**Niigata** v. et port du Japon, sur la côte N.-O. de Honshū ; 811 800 hab. Centre industriel.

**Nijinski** Vaslav Fomitch (Kiev, 1890 – Londres, 1950), danseur et chorégraphe russe d'origine polonaise ; étoile des Ballets russes de Diaghilev, pour lesquels il créa *l'Après-midi d'un faune* (1912), *Jeux* et *le Sacre du printemps* (1913). Il sombra dans la schizophrénie après 1917. — **Bronislava Fominitchna Nijinskaïa** (Minsk, 1891 – Los Angeles, 1972), danseuse et chorégraphe, sœur du préc. Elle obtint la nationalité américaine.

**Nijinski** dansant *le Festin de l'araignée*

**Nijni-Novgorod** (*Gorki* de 1932 à 1991), v. de Russie, port au confl. de la Volga et de l'Oka ; ch.-l. de la prov. du m. nom ; 1 438 000 hab. Centre industriel. – Nombr. monuments. Foire très import. au XIX^e^ s.

**Nijni-Taghil** v. de Russie, dans l'Oural ; 419 000 hab. Houille, métallurgie.

**Nika** révolte du peuple de Constantinople (janv. 532), aux cris de *Nika !* (« Victoire ! »), contre Justinien I^er^, qui la noya dans le sang avec l'aide de Bélisaire.

**Nikè** (en gr. *Victoire*), déesse de la Victoire chez les Grecs. ▷ Terme apposé au nom de certaines déesses grecques.

**Nikita I^er^** → **Nicolas I^er^.**

**Nikkei (indice)** abrév. de *Nihon Keizai Shimbun* (titre d'un journal financier japonais), l'indice des valeurs de la Bourse de Tōkyō.

**Nikkō** v. du Japon (Honshū), au N. de Tōkyō ; env. 89 800 hab. – Nombr. monuments du XVII^e^ s., dont le mausolée de Ieyasu, le temple Rinnō-ji et le sanctuaire Tōshōgū, célèbre pour son portail du Crépuscule (Yōmeimon).

**Nikolaïev** → **Mykolaïv.**

**Nikolais** Alwin (Southington, Connecticut, 1912 – New York, 1993), chorégraphe et compositeur américain ; promoteur d'un « théâtre total ».

**Nikon** Nikita Minine, en relig. (près de Nijni-Novgorod, 1605 – Iaroslavl, 1681), prélat russe. Patriarche de Moscou (1652), il réforma la liturgie russe, qu'il rapprocha de la liturgie orthodoxe grecque, suscitant un mouvement d'opposition, le *raskol*.

**Nikopol** ville d'Ukraine, sur le Dniepr ; 155 000 hab. Import. gisement de manganèse.

**Nil (le)** le plus long fl. d'Afrique (6 671 km env.), tributaire de la Méditerranée orientale, de direction S.-N. Émissaire du lac Victoria, qui reçoit la branche mère du fl., la Kagera, née au N. du lac Tanganyika, il traverse les lacs Kioga et Albert, puis la plaine soudanaise, où il prend le nom de Bahr el-Djebel. Il porte ensuite le nom de *Nil Blanc* jusqu'à Khartoum, lieu où il conflue avec le *Nil Bleu*. Il s'engage en Égypte au niveau de la deuxième cataracte (on a donné le nom de « cataractes » aux six rapides situés entre Khartoum et Assouan). Après Assouan, il s'encaisse entre des déserts, creusant une vallée fertile grâce au limon déposé lors de sa crue (estivale). Cette vallée est large de 10 à 25 km. Le delta, vaste et marécageux, débute au Caire. La navigation est active en Égypte. De grands barrages (Assouan, Assiout, etc.) ont développé l'irrigation. Ce fleuve a fait l'unité ethnique, politique et économique de l'Égypte depuis la protohistoire.

**nilgaut** *nm* Grande antilope de l'Inde, à petites cornes et à croupe basse (hauteur au garrot : 1,40 m). ETY De l'hindi.

**Nīlgiri (monts)** montagnes de l'Inde mérid. (2 635 m au *Doda Betta*), au N. de Coimbatore.

**nille** *nf* TECH Manchon mobile entourant le manche d'une manivelle et tournant autour de lui. ETY De l'a fr. *anille*, du lat. *anaticula*, « petit canard ».

**nilo-saharien, enne** *a, nm* Se dit d'une famille de langues africaines parlées dans la région soudanaise.

**nilotique** *a, nm* Se dit des langues nilo-sahariennes parlées dans la région du haut Nil.

**Nilotiques** ensemble des populations noires établies dans le bassin du haut Nil Blanc (Soudan mérid., Ouganda, Kenya occid. et Tanzanie septent.) parlant des langues nilotiques. Remarquables par leur haute taille, les Nilotiques sont traditionnellement des pasteurs nomades. DER **nilotique** *a*

**Nimayri (Djafar al-)** → **Nemeyri.**

**Nimba (mont)** point culminant de la Guinée et de la Côte d'Ivoire (1 752 m), situé au

felouques sur le **Nil** à Assouan

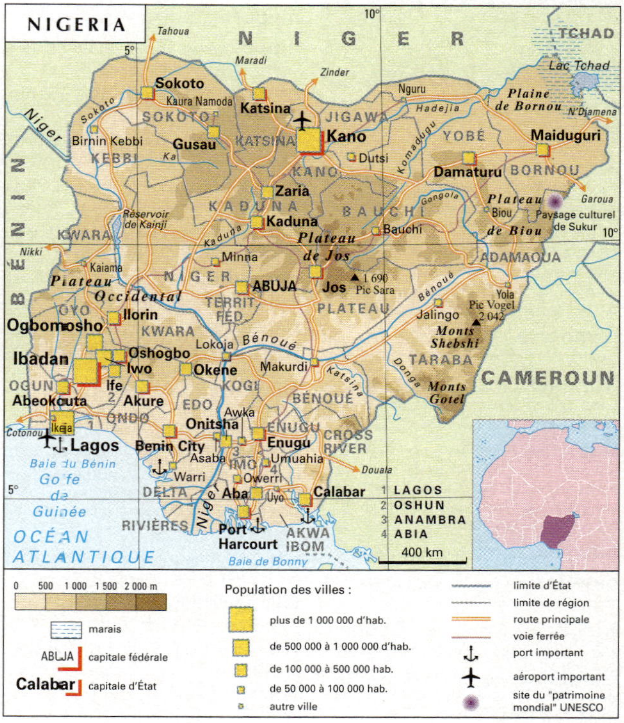

point triple de ces pays et du Liberia. Important gisement de fer. – Réserve naturelle.

**nimbe** *nm* Bx-A Auréole, cercle lumineux représenté autour de la tête de Dieu, des anges ou des saints.

**nimber** *vt* ① **1** Orner d'un nimbe. **2** litt Auréoler, faire comme un nimbe autour de. *Le soleil nimbait son visage.* ETY Du lat. *nimbus,* « nuage ».

**nimbostratus** *nm inv* METEO Nuage très développé verticalement et très étendu, sombre, porteur de pluie ou de neige. PHO [nɛ̃bostʀatys]

**Nimbus (professeur)** héros d'une bande dessinée créée en 1934 par le Français André Daix (1905 – 1976).

**Nimègue** (en néerl. *Nijmegen*), v. des Pays-Bas (Gueldre), sur le Waal (r. g.), près de l'Allemagne ; 145 820 hab. Centre industriel. – Université cathol. Égl. (XVe s.). Hôtel de ville (XVIe s.). – Les *traités de Nimègue* mirent fin à la guerre de Hollande, remportée par Louis XIV. Signés avec les Provinces-Unies (août 1678), l'Espagne (sept. 1678), le Saint Empire (fév. 1679), ils donnèrent à la France la Franche-Comté, le Cambrésis et le S. du Hainaut (notam. Valenciennes).

**Nîmes** ch.-l. du dép. du Gard, au pied des Garrigues ; 143 917 hab. Marchés agric. Industries. Écoles milit. – Nombr. monuments rom. : les Arènes (amphithéâtre), la Maison carrée, le temple de Diane, la tour Magne, etc. Musée archéologique. Musée des Beaux-Arts. – Nîmes, cité romaine en 120 av. J.-C., fut très prospère sous les Antonins. Rattachée au comté de Toulouse en 1185, elle fut cédée à la France en 1229. DER **nîmois, oise** *a, n*

**Nîmes** la Maison carrée (au centre), Ier s. av. J.-C.

**Nimier Roger Nimier de La Perrière,** dit **Roger** (Paris, 1925 – id., 1962), écrivain français ; chef de file des « Hussards » : *les Épées* (1948), *le Hussard bleu* (1950).

**Nimitz Chester William** (Fredericksburg, Texas, 1885 – San Francisco, 1966), amiral américain ; commandant de la flotte américaine du Pacifique de 1941 à 1945.

**n'importe** *av* De façon indifférente, sans préférence. *Dire n'importe quoi. Aller n'importe où.*

**Nimroud** v. d'Irak, sur le Tigre. C'est l'anc. *Calach,* dont Assurnazirpal II fit sa capitale (IXe s. av. J.-C.), fouillée dès le XIXe s.

**Nin Anaïs** (Neuilly-sur-Seine, 1903 – Los Angeles, 1977), écrivain américain, lié aux Américains de Paris (H. Miller, notam.) : romans autobiographiques ; *Journal,* qui, entrepris en 1931, explore l'inconscient féminin.

**ninas** *nm inv* Cigarillo. PHO [ninas] ETY De l'esp.

**nineties** *nf pl* fam Les années 1990. PHO [najntiz] ETY Mot angl.

**Ningbo** v. et port de Chine (Zhejiang) ; 2,1 millions d'hab. (aggl.). Monuments anciens.

**Ningxia** rég. auton. du N.-O. de la Chine, au S. de la Mongolie ; 170 000 km² ; 6 100 000 hab. ; cap. *Yinchuan.*

**ni-ni** *nm inv* fam Situation dans laquelle on déclare refuser les deux termes d'une alternative.

**Ninive** cap. de l'empire d'Assyrie, sur le Tigre. Elle s'élevait sur la r. g. du fleuve en face de la ville actuelle de Mossoul (Irak). Déjà habitée au IIIe millénaire, elle fut portée à son apogée par le roi assyrien Sennachérib (705-681 av. J.-C.) et détruite en 612 av. J.-C. – L'Anglais Layard a entrepris les fouilles en 1847 : ruines du palais, bas-reliefs, tablettes cunéiformes, etc.

**ninja** *nm* Dans l'ancien Japon, espion ou homme de main d'un puissant personnage. PHO [ninʒa] ETY Mot jap.

**Niño (El)** courant du Pacifique qui entraîne les eaux chaudes de l'Asie vers l'Amérique du Sud. L'accroissement de sa chaleur depuis les années 1980 a des conséquences catastrophiques.

**Ninotchka** film de Lubitsch (1939), avec Greta Garbo. Remake : *la Belle de Moscou* (1957), de R. Mamoulian, avec Fred Astaire et Cyd Charisse (1922-2008).

**Niobé** dans la myth. gr., fille de Tantale et femme d'Amphion, roi de Thèbes ; ayant sept fils et sept filles, elle railla Léto, qui n'avait qu'Apollon et Artémis. Ceux-ci tuèrent tous ses enfants. Zeus la métamorphosa en un rocher.

**niobium** *nm* CHIM **1** Élément métallique de numéro atomique Z = 41, de masse atomique 92,906 (symb. Nb). **2** Métal (Nb) gris et brillant, qui fond à 2 468 °C. ETY De *Niobé,* n. pr.

**niolo** *nm* Fromage corse, au lait de brebis ou de chèvre.

**Niolo** région de Corse, au N. de Corte.

**Niort** ch.-l. du dép. des Deux-Sèvres, sur la Sèvre Niortaise ; 59 077 hab. Industries. Tertiaire (assurances). – Égl. (XVe-XVIIIe s.). Donjon (XIIe-XIIIe s.). – Niort, princ. port du Poitou au Moyen Âge, fut pris par Du Guesclin aux Anglais (1372). DER **niortais, aise** *a, n*

**Niós → Íos.**

**Nipigon** lac du Canada (Ontario), qui se déverse dans le lac Supérieur ; 4 450 km².

**nipper** *vt* ① fam Habiller, vêtir.

**nippes** *nf pl* fam **1** Vêtements usés ; hardes. **2** Vêtements. ETY De *guenipe,* « guenille ».

**nippon, one** *a, n* Du Japon. VAR **nippon, onne**

**Nippour** v. sumérienne (auj. *Niffer,* Irak), importante du IIIe au Ier millénaire av. J.-C.

**niqab** *nm* Long voile islamique qui ne laisse apparaître qu'une fente pour les yeux. ETY Mot ar.

**nique** *nf* LOC ***Faire la nique à qqn :*** lui adresser un geste de mépris ou de moquerie.

**niquedouille** *n, a* fam, vieilli Benêt, nigaud. ETY De *nigaud* et de *andouille.*

**niquer** *vt* ① **1** vulg Avoir des relations sexuelles avec. **2** fig, fam Duper qqn, l'attraper, le posséder. ETY De l'ar.

**Nirenberg Marshall Warren** (New York, 1927 – id., 2010), biochimiste anglais : travaux sur les enzymes. P. Nobel (1968).

**nirvana** *nm* RELIG Dans le bouddhisme, extinction du désir humain, permettant de s'affranchir du cycle des réincarnations et qui correspond à un état de béatitude absolue. ETY Mot sanskrit.

**Niš** (anc. *Nissa*) v. du S.-E. de la Serbie ; 161 380 hab. Vestiges antiques et ottomans.

**Nishizawa Ryue** (Tokyo, 1966), architecte japonais. Prix Pritzker 2010 avec K. Sejima.

**nit** *nm* PHYS Unité SI de luminance. SYMB nt. PHO [nit] ETY Du lat.

**Niterói** v. industr. et port du Brésil, anc. cap. de l'État de Rio de Janeiro ; 487 562 hab.

**Nithard** (fin VIIIe s. – mil. IXe s.), petit-fils bâtard de Charlemagne, auteur d'une *Histoire des fils de Louis le Pieux.*

**nitr(o)-** Élément, du lat. *nitrum,* « nitre », indiquant la présence d'un nitrate dans un composé chimique.

**Nitra** v. du S.-O. de la Slovaquie, à l'est de Bratislava ; 86 000 hab.

**nitratation** *nf* CHIM Transformation, dans le sol, des nitrites en nitrates par les bactéries nitriques.

**nitrate** *nm* CHIM Sel ou ester de l'acide nitrique. *Plusieurs variétés de nitrates sont utilisées comme engrais.*

**nitrater** *vt* ① TECH **1** Ajouter du nitrate à. **2** Traiter au nitrate d'argent.

**nitrer** *vt* ① **1** CHIM Introduire, en remplacement d'un atome d'hydrogène, le radical nitryle ($NO_2$) dans une molécule. **2** TECH Traiter par l'acide nitrique. DER **nitration** *nf*

**nitreux, euse** *a* **1** CHIM Se dit de dérivés oxygénés de l'azote. **2** MICROB Se dit des bactéries qui réalisent la nitrosation. LOC ***Acide nitreux*** (*$HNO_2$*) : acide instable dont les sels sont les nitrites.

**nitrière** *nf* TECH Lieu d'où l'on extrait des nitrates.

**nitrifier** *vt* ② CHIM Transformer, dans le sol, des composés organiques azotés en nitrates assimilables par les plantes chlorophylliennes. DER **nitrifiant, ante** *a* – **nitrification** *nf*

**nitrile** *nm* CHIM Produit de déshydratation d'un amide, comportant le radical $-C\equiv N$.

**nitrique** *a* CHIM **1** Se dit de dérivés oxygénés de l'azote. **2** Se dit de bactéries qui opèrent la nitratation. LOC ***Acide nitrique :*** acide $HNO_3$, utilisé dans l'industrie chimique (explosifs, vernis, etc.) et en gravure (eau-forte) et dont les sels sont les nitrates.

**nitrite** *nm* CHIM Sel de l'acide nitreux.

**nitrobacter** *nm* CHIM Bactérie aérobie qui provoque la nitrification. PHO [nitʀobaktɛʀ] VAR **nitrobactérie** *nf*

**nitrobenzène** *nm* CHIM Dérivé nitré du benzène utilisé en parfumerie, dans la fabrication de certains explosifs et dans l'industrie chimique (colorants). PHO [nitrobɛ̃zɛn]

**nitrocellulose** *nf* CHIM Ester résultant de l'action de l'acide nitrique sur la cellulose, utilisé notam. pour fabriquer des vernis et des explosifs.

**nitrogène** *nm* CHIM vx Azote.

**nitroglycérine** *nf* CHIM Ester nitrique de la glycérine, liquide jaunâtre et huileux qui détone violemment au choc.

**nitrophile** *a* BOT Qui vit sur les sols riches en nitrates.

**nitrosamine** *nf* CHIM Substance organique à propriétés cancérigènes, susceptible de se former dans le tube digestif par suite de l'action de bactéries anaérobies.

**nitrosation** *nf* **1** Transformation, dans le sol, des composés organiques azotés (amines, ammoniac) en nitrites, par des bactéries nitreuses. **2** CHIM Introduction du radical nitrosyle dans une molécule.

**nitroser** *vt* ① CHIM Soumettre à la nitrosation.

**nitrosomonas** *nm* Bactérie aérobie qui transforme les composés ammoniacaux en nitrites. PHO [nitʀozɔ̃mɔ̃nas]

**nitrosyle** *nm* CHIM Radical monovalent (NO).

**nitrotoluène** *nm* CHIM Dérivé nitré du toluène.

**nitrure** *nm* CHIM Combinaison de l'azote avec un métal.

**nitrurer** *vt* ① METALL Traiter un acier par formation de nitrures (cémentation) pour le durcir. (DER) **nitruration** *nf*

**nitryle** *nm* CHIM Radical monovalent $-NO_2$, contenu dans les composés nitrés.

**Ni Tsan** → **Ni Zan.**

**Niue (île)** île du Pacifique, à 2 400 km au N. de la Nouvelle-Zélande ; 259 km$^2$ ; 4 000 hab. ; chef-lieu : *Alofi*. – Rép. autonome depuis 1974, sous administration néo-zélandaise.

**nival, ale** *a* GEOGR Relatif à la neige ; dû à la neige. PLUR nivaux. LOC ***Régime nival*** : régime d'un cours d'eau alimenté par la fonte des neiges (hautes eaux au printemps, basses eaux en hiver). (ETY) Du lat.

**nive** *nf* **rég** Rivière, torrent, dans les Pyrénées.

**Nive (la)** riv. du Pays basque (78 km) formée par plus. torrents et qui se jette dans l'Adour (r. g.) à Bayonne. (VAR) **Grande Nive**

**nivéal, ale** *a* BOT Qui fleurit en hiver. PLUR nivéaux.

**niveau** *nm* **1** Instrument servant à vérifier ou à obtenir l'horizontalité d'une surface plane. **2** Instrument servant à déterminer la différence d'altitude entre deux points. **3** Degré d'élévation d'un plan horizontal par rapport à un plan parallèle pris comme référence. *L'évaporation a fait baisser le niveau de l'eau de ce bassin.* **4** Point de vue, registre. *Au niveau psychologique.* **5** **fig** Degré plus ou moins élevé dans une échelle de grandeurs. *Niveau des prix, de vie.* **6** Valeur de qqn. *Niveau intellectuel.* LOC ***Angle au niveau*** : angle de la ligne de tir avec l'horizontale. — ***Au niveau de*** : à la même hauteur que ; **fam** en ce qui concerne, pour. — ***Courbe de niveau*** : reliant sur une carte, un plan, les points situés à une même altitude. — ***Niveau d'eau*** : instrument formé de deux fioles de verre ajustées à un support et contenant un liquide ; droite passant par les surfaces des liquides indiquant l'horizontalité. — PHYS ***Niveau d'énergie d'un atome*** : valeur caractéristique de l'énergie d'un électron sur chacune des couches électroniques entourant le noyau. — LING ***Niveau de langue*** : chacun des usages (courant, familier, populaire, littéraire, etc.) d'une langue en fonction des situations de communication ou de caractéristiques socioculturelles. (ETY) De l'a. fr. *livel*, du lat.

**niveler** *vt* ⑰ ou ⑲ **1** Rendre une surface horizontale ou plane. *Niveler le sol.* **2** **fig** Rendre égal, mettre au même niveau. *Niveler les fortunes.* **3** TECH Mesurer ou vérifier avec un niveau. (DER) **nivelage** *nm*

**niveleur, euse** *n* **1** Personne qui nivelle, égalise, met au niveau. **2** **fig, péjor** Personne qui aspire à une égalité sociale par la mise au même niveau. **3** HIST Nom porté par les républicains anglais les plus hostiles à la monarchie, au XVII$^e$ s., et opposés à l'autoritarisme de Cromwell.

**niveleuse** *nf* TRAV PUBL Engin de terrassement muni d'une lame orientable et qui sert à profiler la surface d'un sol. SYN (déconseillé) grader.

**Nivelle** Jean de (v. 1422 – apr. 1480), fils aîné de Jean II de Montmorency. Il refusa de combattre Charles le Téméraire et son père l'aurait traité de « chien », d'où le dicton : *C'est le chien* (pour *ce chien*) *de Jean de Nivelle qui s'enfuit quand on l'appelle.*

**Nivelle** Robert Georges (Tulle, 1856 – Paris, 1924), général français. Il remplaça Joffre comme généralissime des armées du N. et du N.-E. en déc. 1916, échoua au Chemin des Dames (avril 1917) et fut remplacé par Pétain.

**nivellement** *nm* **1** TECH Action de déterminer, avec un niveau, l'altitude des différents points d'une surface. **2** Action de niveler une surface, de la rendre plane. **3** **fig** Action de niveler. *Le nivellement des fortunes.* (VAR) **nivèlement**

**Nivelles** (en néerl. *Nijvel*), com. de Belgique (Brabant wallon) ; 21 580 hab. Industries. – Égl. (XI$^e$-XIII$^e$ s.). (DER) **nivellois, oise** *a, n*

**nivéole** *nf* Plante ornementale (amaryllidacée) voisine du perce-neige. (ETY) Du lat. *niveus*, « de neige »

**nivernais** → **Nevers, Nièvre** et **Nivernais.**

**Nivernais (le)** rég. et anc. prov. de France, un peu plus étendue que l'actuel dép. de la Nièvre ; cap. *Nevers*. – Le comté de Nevers, puissant dès le XI$^e$ s., fut érigé en duché-pairie (1539). En 1659, Mazarin l'acheta pour son neveu Philippe Julien Mancini. – Le *canal du Nivernais* (174 km), achevé en 1842, relie la Loire à l'Yonne ; il est en partie désaffecté. (DER) **nivernais, aise** *a, n*

**niverolle** *nf* Petit passereau (plocéidé) des montagnes d'Europe et d'Asie, appelé aussi *pinson des neiges*. (VAR) **niverole**

**nivicole** *a* ECOL Se dit d'un être vivant qui est propre aux biotopes enneigés.

**nivo-** Préfixe, du lat. *niveus*, « de neige ».

**nivoglaciaire** *a* LOC GEOGR ***Régime nivoglaciaire*** : régime d'un cours d'eau alimenté par la fonte des neiges et des glaciers.

**nivologie** *nf* Étude scientifique de la neige. (DER) **nivologique** *a* – **nivologiste** ou **nivologue** *n*

**nivopluvial, ale** *a* Se dit du régime d'un cours d'eau alimenté par la fonte des neiges et les pluies (hautes eaux au printemps et en automne, basses eaux en été). PLUR nivopluviaux.

**nivôse** *nm* HIST Quatrième mois du calendrier républicain (du 21/23 déc. au 19/21 janv.).

**nixe** *nf* Nymphe des eaux de la mythologie germanique.

**Nixon** Richard Milhous (Yorba Linda, Californie, 1913 – New York, 1994), homme politique américain. Républicain, vice-président des É.-U de 1953 à 1961, il se présenta en 1960 à la présidence et fut battu de peu par Kennedy. Élu en 1968, il fut réélu en 1972. Il négocia avec l'URSS la limitation des armements, établit des relations avec la Chine populaire, intensifia la guerre au Viêt-nam puis décida le cessez-le-feu (3 janv. 1973), dévalua le dollar (1971). Impliqué dans le scandale (écoutes téléphoniques) dit « du Watergate », il démissionna en août 1974.

**Nizāmī** Iliās ibn Youssouf (Gandja, Caucase, v. 1140 – id., v. 1203), poète persan ; parmi ses cinq poèmes didactiques, le *Trésor des mystères* expose les principes du soufisme. (VAR) **Nezāmī**

**Ni Zan** (1301 – 1374), peintre et lettré chinois ; l'un des quatre grands maîtres du paysage sous la dynastie des Yuan. (VAR) **Ni Tsan**

**Nizan** Paul (Tours, 1905 – Audruicq, près de Dunkerque, 1940), écrivain français. Pamphlets : *Aden Arabie* (1931), *les Chiens de garde* (1932). Romans : *Antoine Bloyé* (1933), *la Conspiration* (1938). Militant communiste jusqu'à la signature du pacte germano-soviétique, il est mort au front.

**Njegoš** Petrović → **Pierre I$^{er}$ Petrović Njegoš.**

**N'kongsamba** v. du Cameroun, au N. de Douala ; 123 150 hab. Café.

**Nkrumah** Kwame (Nkroful, près d'Axim, 1909 – Bucarest, 1972), homme politique ghanéen ; Premier ministre de la Côte-de-l'Or (1952), puis du Ghana indép. (1957), président de la Rép. en 1960, renversé par une junte en 1966 ; il fut l'un des fondateurs de l'OUA et l'un des leaders du neutralisme (conférences d'Accra en 1958 et 1960).

**NKVD** sigle de *Narodnyï Komissariat Vnoutrennikh Diel* (« Commissariat du peuple aux Affaires intérieures »). Nom de la police politique soviétique de 1934 à 1943.

**No** CHIM Symbole du nobélium.

**nô** *nm inv* Drame lyrique chanté et mimé, avec accompagnement orchestral, au Japon.

**Nô (lac)** cuvette lacustre du Soudan méridional, d'où sort le Nil Blanc.

**Noah** Yannick (Sedan, 1960), joueur de tennis de double nationalité, française et camerounaise ; victorieux à Roland-Garros en 1983 ; entraîneur de l'équipe de France qui remporta la coupe Davis en 1991 et en 1996.

**Noailles (maison de)** famille française originaire de Noailles (Corrèze). — **Antoine** (comte d'Agen, puis duc de) (Noailles, 1504 – Bordeaux, 1562), homme de guerre français ; il se distingua à Cérisoles (1544). — **François** (Noailles, 1519 – Bayonne, 1585), frère du préc. ; évêque de Dax, il fut ambassadeur à Venise, puis à Istanbul. — **Anne Jules** (Paris, 1650 – Versailles, 1708), maréchal de France (1693) ; descendant du préc. Gouverneur du Languedoc (1682), il organisa des dragonnades contre les calvinistes. — **Louis Antoine** (château de Peynières, Cantal, 1651 – Paris, 1729), frère du préc. Archevêque de Paris (1695), il se refusa à condamner le jansénisme. — **Adrien Maurice** (Paris, 1678 – id., 1766), fils d'Anne Jules de Noailles ; il présida le Conseil des finances (1715-1718) ; maréchal de France en 1734. — **Louis Marie** (Paris, 1756 – La Havane, 1804), général français, petit-fils du préc. ; il combattit en Amérique au côté de La Fayette. Député de la noblesse aux états généraux, il demanda l'abolition des privilèges (nuit du 4 août 1789). Il émigra aux États-Unis en 1792 et combattit en Haïti.

**Noailles** Anna, princesse Brancovan, comtesse Mathieu de (Paris, 1876 – id., 1933), poétesse française : *le Cœur innombrable* (1901), *les Vivants et les Morts* (1913).

**Nobel** Alfred (Stockholm, 1833 – San Remo, 1896), chimiste suédois ; inventeur de la dynamite (1886). Il créa des prix qui portent son nom et qui, depuis 1901, récompensent les bienfaiteurs de l'humanité dans les domaines suivants : physique, chimie, physiologie et médecine, littérature, amélioration des relations entre les peuples (prix Nobel de la paix) et, depuis 1969, sciences économiques.

Paul Nizan

Alfred Nobel

**nobéliser** *vt* ① Attribuer un prix Nobel à qqn. (DER) **nobélisable** *a, n* – **nobélisé, ée** *n* – **nobélisation** *nf*

**nobélium** *nm* CHIM Élément radioactif artificiel appartenant à la famille des actinides, de numéro atomique Z = 102, de masse atomique 254 (symbole No). (PHO) [nɔbeljɔm] (ETY) De A. *Nobel*.

**Nobile** Umberto (Lauro, Avellino, 1885 – Rome, 1978), aviateur et explorateur italien. Il fit partie avec Amundsen de la première expédition polaire en dirigeable (1926).

**Nobili** Leopoldo (Trassilico, 1787 – Florence, 1835), physicien italien. Il mit au point, en 1830, la première pile thermoélectrique.

**nobiliaire** *a, nm* **A** *a* Qui appartient à la noblesse, qui lui est propre. *Titres nobiliaires.* **B** *nm* Catalogue des familles nobles d'un pays.

**noble** *a, n* **A** *n* Qui fait partie de la noblesse ; dont les ancêtres appartenaient à cette classe. **B** *a* **1** Propre à ce groupe social, à ses membres. *Un nom noble.* **2** Qui a ou qui dénote des sentiments élevés, de la grandeur, de la distinction. **3** Supérieur aux choses de même catégorie. *Métaux nobles.* **LOC** THEAT ***Père noble :*** rôle de personnage digne et d'un certain âge. (ETY) Du lat. *nobiles,* « célèbre ». (DER) **noblement** *av*

**noblesse** *nf* **1** Classe sociale dont les membres jouissent légalement de privilèges. *La noblesse d'Ancien Régime.* **2** Catégorie sociale constituée par les descendants des membres de cette classe. **3** Condition, état de noble. *Noblesse d'épée, de robe.* **4** Élévation des sentiments, grandeur d'âme ; distinction. *Noblesse des gestes.* **LOC** ***Noblesse oblige :*** une personne noble ou occupant une position élevée doit se conduire en fonction de son rang.

**nobliau** *nm* **péjor** Noble de petite noblesse ou dont la noblesse est douteuse.

**Nobunaga** → **Oda.**

**Nocard** Edmond (Provins, 1850 – Saint-Maurice, 1903), vétérinaire français. Il décrivit de nombr. maladies bactériennes des animaux.

**noce** *nf* **A 1** Fête organisée lors d'un mariage. **2** Ensemble des personnes qui assistent à un mariage. **B** *nfpl* Mariage. *Voyage de noces.* **LOC fam** : ***Faire la noce :*** se divertir en joyeuse compagnie. — ***Justes noces :*** mariage légitime. — **fam** ***Ne pas être à la noce :*** être dans une situation pénible. — ***Noces d'argent, d'or, de diamant :*** vingt-cinquième, cinquantième, soixantième anniversaire de mariage. (ETY) Du lat.

**nocébo** *nm* MED Effet inverse de celui produit par un placébo, caractérisé par l'apparition de troubles après ingestion d'un produit inactif. On dit aussi *effet nocébo.* (ETY) Du lat., « je nuirai ». (VAR) **nocebo**

**Noces (les)** scènes chorégraphiques en 4 tableaux (1923), mus. et livret de Stravinski.

**Noces de Cana (les)** tableau de Véronèse (1562-1563, Louvre) : 6,66 x 9,90 m.

**Noces de Figaro (les)** opéra de Mozart (1786) sur un livret de Da Ponte d'après *le Mariage de Figaro*, de Beaumarchais.

**Noces de sang** drame en 3 actes et 7 tableaux de García Lorca (1933).

**noceur, euse** *n* **fam** Personne qui fait la noce. **SYN** fêtard, viveur.

**nocher** *nm* **litt** Celui qui conduit un bateau. **LOC** MYTH ***Le nocher des enfers :*** Charon. (ETY) Du gr.

**nocicepteur** *nm* PHYSIOL Récepteur sensitif de la nociception.

**nociception** *nf* PHYSIOL Perception de stimulations nocives sur tout ou partie de l'organisme. (DER) **nociceptif, ive** *a*

**nocif, ive** *a* Susceptible de nuire, qui peut causer un dommage. *Produit nocif.* (ETY) Du lat. (DER) **nocivité** *nf*

**no-comment** *nm inv* Refus officiel de commenter une information. (PHO) [nokɔment] (ETY) Mots angl.

**noctambule** *n, a* Personne qui passe ses nuits à se divertir, à faire la fête. (ETY) Du lat. (DER) **noctambulisme** *nm*

**noctiluque** *nf* ZOOL Organisme marin unicellulaire (péridinien), luminescent, qui, en grande quantité, éclaire la surface de la mer.

**noctuelle** *nf* Papillon de nuit de couleur sombre, aux ailes antérieures allongées ou triangulaires et au thorax velu.

**noctule** *nf* Grande chauve-souris arboricole, commune en Europe. (ETY) Du lat.

**nocturne** *a, n* **A** *a* **1** Qui a lieu pendant la nuit. *Visite nocturne.* **2** Qui a une vie active la nuit. *Oiseau nocturne.* **ANT** diurne. **B** *nm* **1** LITURG CATHOL Partie de l'office de nuit comprenant des psaumes et des leçons. **2** MUS Morceau pour piano d'un caractère souv. mélancolique, évoquant l'atmosphère de la nuit. **C** *nf* **1** Match, compétition qui a lieu en soirée. **2** Prolongation dans la soirée de l'ouverture d'un magasin. (ETY) Du lat.

**Nocturnes pour piano** genre créé par l'Irlandais John Field (1782 – 1837). Chopin a écrit une vingtaine de *Nocturnes* (1827-1846) ; Fauré, treize (1883-1921).

**nocuité** *nf* **didac** Caractère nocif. **SYN** nocivité. **ANT** innocuité.

**Noda** Yoshihiko (Funabashi, 1957), homme politique japonais (PDJ), Prem. ministre de 2011 à 2012.

**nodal, ale** *a* **1** PHYS Relatif à un nœud de vibration. **2** **fig** Qui constitue le nœud, le centre d'une question. **PLUR** nodaux. **LOC** ***Points nodaux :*** situés sur l'axe d'un système optique et tels que tout rayon incident passant par l'un de ces points est parallèle au rayon émergent passant par l'autre. — ANAT, PHYSIOL ***Tissu nodal :*** tissu du myocarde renfermant les nœuds cardiaques, à l'origine du fonctionnement automatique du cœur. (ETY) Du lat. *nodus,* « nœud ».

**Nodier** Charles (Besançon, 1780 – Paris, 1844), écrivain français. Il réunit le premier Cénacle romantique (1824-1830) et publia des *Contes* fantastiques, des poèmes, des romans, un *Dictionnaire raisonné des onomatopées* (1808). Acad. fr. (1833).

**nodosité** *nf* **1** MED Petite tumeur dure et circonscrite, indolore. **2** État d'un végétal qui a des nœuds. **3** Nœud dans le bois. **4** BOT Renflement des radicelles de certaines plantes, notam. des légumineuses, dû à la présence de bactéries symbiotiques.

**nodule** *nm* **1** Petit nœud, petite protubérance. **2** MED Petite nodosité. **LOC** GEOL ***Nodules polymétalliques :*** petites sphères contenant du manganèse, du nickel, du cobalt, du cuivre et des minéraux divers, au fond de certains océans. (DER) **nodulaire** ou **noduleux, euse** *a*

**Noé** patriarche biblique, fils de Lamech. Lors du déluge, Dieu lui ordonna de construire une arche où il réunit sa famille ainsi que des couples de tous les animaux. L'arche aborda peut-être au mont Ararat. Un nouvel âge de l'humanité débuta, avec les fils de Noé : Sem, Japhet et Cham.

**noël** *n* **1** *nm* (Avec une majuscule) Fête de la naissance de Jésus-Christ, célébrée le 25 décembre. **2** Chant religieux ou profane pour le temps de Noël. **LOC** ***La Noël :*** la période de Noël, la fête de Noël. — ***Père Noël :*** personnage imaginaire à la barbe blanche et au manteau rouge, apportant dans sa hotte, pendant la nuit de Noël, des jouets pour les enfants. — **fam** ***Le petit noël :*** cadeau de Noël. (ETY) Du lat. *natalis (dies),* « (jour de) naissance ».

**Noël** Marie Rouget, dite Marie (Auxerre, 1883 – id., 1967), poétesse française d'inspiration chrétienne : *les Chansons et les Heures* (1921), *Chants et psaumes d'automne* (1947).

**Noether** Emmy (Erlangen, 1882 – Bryn Mawr, Pennsylvanie, 1935), mathématicienne allemande : travaux d'algèbre.

**noème** *nm* PHILO Objet de la pensée, par oppos. à *noèse.* (ETY) Du gr. (DER) **noétique** *a*

**noèse** *nf* PHILO Acte de la pensée, par oppos. à *noème.* (ETY) Du gr. (DER) **noétique** *a*

**nœud** *nm* **1** Enlacement étroit obtenu soit en entrecroisant les extrémités d'une corde d'un ruban, d'un lacet puis en tirant sur celles-ci, soit en liant une corde, un ruban à un ou plusieurs autres. **2** Ornement en nœud de ruban ou en forme de nœud. *Robe garnie de nœuds.* **3** **fig, litt** Lien entre personnes. *Les nœuds de l'amitié.* **4** Point essentiel d'une question, d'une difficulté. **5** LITTER, THEAT Moment capital d'une pièce, d'un roman. **6** Point d'un réseau de communication où plusieurs voies se croisent. *Nœud routier, ferroviaire.* **7** ELECTR Point d'un circuit où plusieurs conducteurs se trouvent reliés. **8** MATH Point commun aux extrémités de plusieurs arcs d'un graphe. **9** PHYS Point d'une onde stationnaire où l'amplitude de la vibration est nulle, par oppos. au *ventre.* **10** ASTRO Chacun des deux points où l'orbite d'un corps céleste qui gravite autour d'un autre coupe le plan de référence. **11** BOT Point de la tige d'une plante où s'insère une feuille. **12** Petit noyau de bois de cœur adhérant plus ou moins au reste du tissu ligneux. **13** Défaut du bois correspondant au point d'insertion d'une ramification sur l'arbre. **14** MAR Unité de vitesse équivalant à 1 mille (1 852 m) par heure. **LOC** ASTRON ***Nœud ascendant (descendant) :*** correspondant au passage d'un astre du sud vers le nord (du nord vers le sud). — ANAT ***Nœuds cardiaques :*** formations spécialisées du myocarde, qui commandent les contractions du cœur. — ***Nœud de vipères :*** entrelacement formé du corps de plusieurs vipères. — ANAT ***Nœud vital :*** point du bulbe rachidien contenant les centres nerveux vitaux. (ETY) Du lat.

**Nœud de vipères (le)** roman de Mauriac (1932).

**Nœux-les-Mines** ch.-l. de cant. du Pas-de-Calais (arr. de Béthune) ; 12 317 hab. (DER) **nœuxois, oise** *a, n*

de vache

nœud plat

de drisse

d'agui ou de chaise simple

de pêcheur

d'écoute

demi-clefs capelées (nœud de cabestan)

demi-clefs renversées

**nœuds**

**Nogaret** Guillaume de (v. 1260 – 1313), légiste français. Au service de Philippe le Bel à partir de 1296, il mena la lutte contre la papauté (attentat contre Boniface VIII à Anagni, 1303) et contre les Templiers.

**Nogent** (anc. *Nogent-en-Bassigny*), ch.-l. de cant. de la Haute-Marne (arr. de Chaumont) ; 4 343 hab. Coutellerie. DER **nogentais, aise** *a, n*

**Nogent-le-Rotrou** ch.-l. d'arr. d'Eure-et-Loir, sur l'Huisne ; 11 524 hab. Industries. – Égl. (XIIIe s.). Chât. (donjon carré du XIe s.). DER **nogentais, aise** *a, n*

**Nogent-sur-Marne** ch.-l. d'arr. du Val-de-Marne ; 30 985 hab. Cité résidentielle. – Égl. (XIIe-XVe s.). DER **nogentais, aise** *a, n*

**Nogent-sur-Oise** (anc. *Nogent-les-Vierges*), ch.-l. du cant. de Creil-Nogent-sur-Oise (Oise, arr. de Senlis) ; 19 151 hab. – Égl. (XIIe-XVIe s.). DER **nogentais, aise** *a, n*

**Nogent-sur-Seine** ch.-l. d'arr. de l'Aube ; 5 963 hab. Centrale nucléaire. – Égl. (XIVe-XVIe s.). DER **nogentais, aise** *a, n*

**Noguchi** Isamu (Los Angeles, 1904 – New York, 1988), sculpteur et designer américain, auteur de « jardins sculptés ».

**Noguères** com. des Pyr.-Atl. (arr. de Pau) ; 145 hab. Usine d'aluminium. DER **noguérois, oise** *a, n*

**Noguès** Charles Auguste Paul (Monléon-Magnoac, Hautes-Pyrénées, 1876 – Paris, 1971), général français. Résident général au Maroc (1936), il s'opposa au débarquement allié (nov. 1942), se rallia à Darlan et à Giraud, puis dut démissionner (juin 1943).

**Nohant-Vic** com. de l'Indre (arr. de La Châtre) ; 500 hab. – À *Vic* : égl. du XIe s. (peintures murales du XIIe s). À *Nohant* : chât. de G. Sand (musée). DER **nohantais, aise** *a, n*

**noir, noire** *a, n* **A** *a* **1** Qui est de la couleur la plus sombre, propre aux corps dont la surface ne réfléchit aucune radiation visible. **2** De teinte relativement foncée. *Raisin noir.* **3** Où il n'y a pas de lumière. *Nuit noire.* **4** fig Caractérisé par la tristesse, le malheur. *Des idées noires.* **5** Inspiré par ce qu'il y a de plus mauvais en l'homme. *De noirs desseins.* **6** Qui est à la fois illégal et secret. *Marché noir. Travail (au) noir.* **7** fam Ivre. **B** *a, n* Se dit d'une personne dont la pigmentation de la peau est très prononcée. *Un enfant noir. Une Noire.* **C** *nm* **1** Couleur noire. *Un noir profond et mat.* **2** Colorant noir. *Noir de fumée, de carbone.* **3** Obscurité. *Avancer à tâtons dans le noir.* **4** Ce qui est noir ; partie noire de qqch. *Les noirs d'un tableau.* **5** Tasse de café. *Un petit noir.* LOC ***Caisse noire*** : constituée de fonds qui ne sont pas comptabilisés. — ***Écrire noir sur blanc*** : clairement, d'une manière qui ne prête pas à équivoque. — ***Roman, film noir*** : traitant de crimes et de violence. — ***Voir tout en noir*** : être très pessimiste. ETY Du lat.

**Noir** (causse) plateau calcaire de l'Aveyron et du Gard, entre la Jonte et la Dourbie.

**Noir** (le Prince) → **Édouard.**

**Noir** Yvan Salmon, dit Victor (Attigny, Vosges, 1848 – Paris, 1870), journaliste français tué d'un coup de pistolet par Pierre Bonaparte (fils de Lucien) lors d'une polémique de presse.

**noirâtre** *a* D'une couleur qui tire sur le noir.

**noiraud, aude** *a, n* Qui a le teint et les cheveux très bruns.

**noirceur** *nf* **1** litt Qualité de ce qui est noir, couleur noire. *La noirceur de l'ébène.* **2** Canada Obscurité ; tombée du jour. *Avoir peur dans la noirceur.* **3** fig, litt Vilenie, méchanceté, bassesse. *La noirceur de son âme.*

**noircir** *v* 3 **A** *vt* **1** Rendre noir, colorer en noir. *Noircir ses yeux avec du fard.* **2** fig, litt Diffamer, porter atteinte à la réputation de. **3** Présenter qqch d'une façon exagérément pessimiste. *Noircir la situation.* **B** *vi* Devenir noir. *L'argent noircit à l'air.* **C** *vpr* fam, vieilli S'enivrer. LOC fam ***Noircir du papier*** : écrire des choses sans grande valeur. DER **noircissement** *nm*

**noircissure** *nf* **1** Tache de noir. **2** Altération du vin, qui devient noir.

**noire** *nf* Note de musique valant le quart d'une ronde, représentée par un ovale noir muni d'une queue simple.

**Noire** (mer) (anc. *Pont-Euxin*), mer intérieure entre l'Europe du S.-E. et l'Asie (435 000 km² env.), qui s'ouvre sur la Méditerranée par le Bosphore et les Dardanelles ; ces détroits enserrent la mer de Marmara. Elle est reliée à la mer d'Azov par le détroit de Kertch. Peu poissonneuse, elle abrite des ports et des stat. balnéaires. Elle eut une grande import. stratégique, notam. dans la *question d'Orient.* En 1919, la marine française y opéra contre les bolcheviks ; une révolte se déclencha alors sur un bâtiment (« mutins de la mer Noire »). En 1992, onze pays de la région (Albanie, Arménie, Azerbaïdjan, Bulgarie, Géorgie, Grèce, Moldavie, Roumanie, Russie, Turquie et Ukraine) ont créé la Zone de coopération écon. de la mer Noire.

**Noires** (Montagnes) alignement de roches dures, en Bretagne, au S. du bassin de Châteaulin. VAR **Montagne Noire**

**Noiret** Philippe (Lille, 1930 – Paris, 2006), acteur français : *les Copains* (1964), *le Vieux Fusil* (1975), *les Ripoux* (1984).

**Noirmoutier** île française de l'Atlantique, séparée de la côte par le *goulet de Fromentine* ; 48,86 km². Un pont la relie au continent. Elle forme un cant. de la Vendée : 9 170 hab. ; ch.-l. *Noirmoutier-en-l'Île* (5 353 hab.). Pêche, tourisme. DER **noirmoutrin, ine** *a, n*

**noise** *nf* LOC ***Chercher (des) noise(s) à qqn*** : lui chercher querelle. ETY P.-ê. du lat. *nausea,* « mal de mer ».

**noiseraie** *nf* Lieu planté de noyers ou de noisetiers.

**noisetier** *nm* Arbuste des bois, des haies et des jardins (bétulacée), dont le fruit est la noisette. SYN coudrier.

**noisette** *nf, a inv* **A** *nf* **1** Fruit du noisetier, dont la coque résistante renferme une amande oléagineuse comestible. **2** Morceau gros comme une noisette. *Une noisette de beurre.* **3** fam Café express additionné d'une goutte de lait. **B** *a inv* Qui est de la couleur de la noisette. *Des yeux noisette.* ETY Dimin. de *noix.*

**Noisiel** ch.-l. de cant. de Seine-et-Marne (arr. de Meaux) ; 16 544 hab. Chocolaterie. DER **noisiélois, oise** *a, n*

**Noisy-le-Grand** ch.-l. de cant. de la Seine-St-Denis, sur la Marne ; 61 795 hab. Industr. de pointe. DER **noiséen, enne** *a, n*

**Noisy-le-Sec** ch.-l. de cant. de la Seine-St-Denis (arr. de Bobigny) ; 38 850 hab. Industries. DER **noiséen, enne** *a, n*

**noix** *nf* **1** Fruit (drupe) du noyer, constitué d'un péricarpe charnu extérieurement (brou), ligneux intérieurement, renfermant une graine oléagineuse de forme irrégulière. **2** Fruit de divers arbres. *Noix de cajou, de coco ou de kola. Noix muscade. Noix vomique.* **3** Morceau de la grosseur d'une noix. *Noix de margarine.* **4** Muscle cylindrique des coquilles saint-jacques, des pétoncles. **5** TECH Partie renflée de certains axes. **6** Rainure à fond semi-cylindrique solidaire du châssis d'une fenêtre et à l'intérieur de laquelle vient s'encastrer la languette de rive (ou *de noix*) du battant. **7** fam, vieilli Imbécile. LOC fam ***À la noix (de coco)*** : sans valeur, défectueux, mauvais. — CUIS ***Noix de veau*** : morceau de choix placé dans le cuisseau. ETY Du lat. ▶ illustr. noyer

**Nok** localité du centre du Nigeria, qui a donné son nom à une culture archaïque (*culture de Nok,* Ve s. av. J.-C.-IIe s. apr. J.-C.), la plus anc. civilisation connue en Afrique. Spécialisée dans l'industrie du fer, elle est caractérisée par des statues (têtes humaines, représentations animales) en terre cuite ; les visages humains ont des traits géométriques.

**Nolde** Emil Hansen, dit Emil (Nolde, Schleswig, 1867 – Seebüll, 1956), peintre et graveur expressionniste allemand.

**noli-me-tangere** *nm inv* Balsamine. PHO [nɔlimetɑ̃ʒeʀe] ETY Mots lat., « ne me touche pas ».

**nolis** *nm* MAR Fret.

**noliser** *vt* 1 TRANSP Affréter. LOC ***Vol nolisé*** : vol à la demande, en charter. ETY Du gr. *naûlon,* « fret ». DER **nolisement** *nm*

**Nollet** abbé Jean Antoine (Pimprez, 1700 – Paris, 1770), physicien français, pionnier de la mécanique des fluides et de l'électricité.

**nom** *nm, interj* **A** *nm* **1** Mot qui sert à désigner un être vivant, une chose abstraite ou concrète, un groupe. SYN substantif. **2** Appellation qui fonde l'identité de l'individu qu'elle désigne, qui permet de le distinguer d'un autre dans le langage. *Afficher les noms des candidats reçus.* **3** Prénom, nom de baptême. *Jean est un nom courant.* **4** Le mot opposé à la chose ; l'apparence. *La gloire n'est qu'un vain nom.* **B** *interj* Introduit des jurons. *Nom d'un chien ! Nom de nom !* LOC ***Appeler les choses par leur nom*** : donner sans ménagement à qqn ou qqch le nom qu'il mérite. — ***Au nom de*** : de la part de ; en vertu de, en considération de. *Au nom de la loi, ouvrez !* — RELIG CATHOL ***Au nom du Père, du Fils et du Saint-Esprit*** : invocation aux trois personnes de la Trinité. — ***Nom commun*** : donné à toutes les choses, à tous les êtres conçus comme appartenant à une même catégorie (ex. : *homme, arbre, cheval*). — ***Nom de famille*** : nom que portent les personnes d'une même famille ; patronyme. — ***Nom de guerre*** : pseudonyme. — fam ***Nom d'oiseau*** : appellation injurieuse. — ***Nom propre*** : qui désigne un être singulier, unique (ex. *Napoléon, Paris*). — ***Se faire un nom*** : devenir célèbre. — ***Une chose sans nom, qui n'a pas de nom*** : inqualifiable ou indicible. PHO [nɔ̃] ETY Du lat.

**noma** *nf* MED Gangrène de la région de la joue, secondaire à une affection grave (typhus) et du manque d'hygiène. ETY Du gr. *nemein,* « ronger ».

**nomade** *a, n* **A** Qui n'a pas d'habitation fixe. *Peuples nomades.* **B** *a* Se dit d'un téléphone, d'un micro-ordinateur, etc. qui peut être transporté et utilisé sans branchement. ETY Du gr. *nemein,* « faire paître ».

**nomadiser** *vi* 1 didac Vivre en nomade.

**nomadisme** *nm* Genre de vie d'un groupe humain que la nature de ses activités contraint à des déplacements.

**no man's land** *nm* **1** Zone séparant les premières lignes de deux armées ennemies. **2** Terrain neutre. *Des no man's lands.* PHO [nomanslɑ̃d] ETY Loc. angl., « terre d'aucun homme ».

**nombrable** *a* didac Qui peut être compté.

**nombre** *nm* **1** Unité ou collection, soit d'unités, soit de parties de l'unité. *Multiplier un nombre par un autre. Nombre cardinal, ordinal, entier, décimal, rationnel, réel, complexe, algébrique, transcendant, premier, positif, négatif, parfait.* **2** Quantité indéterminée. *Un petit nombre de personnes.* **3** Grande quantité. *Être écrasé sous le nombre.* **4** GRAM Forme que prend un mot pour exprimer l'unité ou la pluralité. *Le grec connaît trois nombres : le singulier, le duel et le pluriel.* **5** LITTER Harmonie résultant du rythme, de la succession des sons, en prose ou en poésie. LOC ***Au nombre de, du nombre de*** : parmi. — ***En nombre*** : en grande quantité. — ***Faire nombre*** : donner une impression de grande quantité, de multitude. — ***Le grand, le plus grand nombre*** : la majorité. — ***Loi***

*des grands nombres :* si l'on effectue un grand nombre d'expériences, le nombre d'apparitions d'un résultat donné tendra vers la probabilité de ce résultat. — *Nombre de, bon nombre de :* beaucoup de. — *Nombre d'or :* nombre correspondant au partage considéré comme le plus harmonieux d'une grandeur en deux parties inégales, qui est exprimé par la formule : $\frac{a+b}{a} = \frac{a}{b}$ ; si b = 1, a = $\frac{1+\sqrt{5}}{2}$ = 1,618… ; en astronomie, rang de l'année dans le cycle lunaire de 19 années juliennes. — *Sans nombre :* en quantité considérable. — *Théorie des nombres :* branche de l'arithmétique élémentaire. ETY Du lat.

**nombrer** *vt* ① litt Évaluer en nombre, compter.

**Nombres (livre des)** quatrième livre du Pentateuque (36 chapitres). Il débute par un dénombrement des Hébreux au Sinaï avant le départ infructueux vers Canaan et le séjour à Cadès, dans le sud du pays.

**nombreux, euse** *a* **1** Dont les éléments sont en grand nombre. *Une famille nombreuse.* **2** LITTER Qui crée une impression d'harmonie par une disposition heureuse des sonorités et des mots, par le nombre. *Vers nombreux.*

**nombril** *nm* Cicatrice de la section du cordon ombilical chez l'homme et les mammifères. SYN ombilic. **LOC** fam ***Se prendre pour le nombril du monde :*** être très égocentrique. PHO [nɔ̃bri(l)]

**nombrilisme** *nm* fam Attitude d'une personne obnubilée par ses propres problèmes. DER **nombrilique** ou **nombriliste** *a*

**-nome, -nomie, -nomique, nomo-** Éléments, du gr. *nomos,* « loi ».

**nome** *nm* **1** HIST Division administrative de l'Égypte ancienne. **2** Division administrative de la Grèce. ETY Du gr.

**nomenclature** *nf* **1** Ensemble des termes propres à un art, à une science, à une technique, définis et classés ; méthode de classification de ces termes. *Nomenclature chimique.* **2** Répertoire, liste, catalogue concernant des éléments classés et définis pour un usage précis. *Nomenclature des actes médicaux remboursés par la Sécurité sociale.* **3** Ensemble des mots constituant les entrées d'un dictionnaire. ETY Du lat.

ENC Chaque espèce vivante doit être distinguée des millions d'autres espèces. La langue vulgaire utilise un seul mot aussi bien pour désigner une espèce (âne, cheval, lion) qu'un groupe d'espèces (éléphant, baleine, mouche, guêpe, chêne, bolet). Au XVIII^e s., le Suédois Linné conçut une nomenclature internationale faisant appel à deux mots (latins ou latinisés) pour désigner une espèce : l'ensemble, appelé *binom,* est constitué d'un nom générique et d'une épithète spécifique ; ex. : *Passer domesticus* désigne le moineau domestique. Les autres échelons sont, d'un côté, des regroupements d'espèces, de l'autre, des subdivisions de l'espèce. Le genre occupe une place privilégiée puisque son nom figure dans le binom de l'espèce (*Passer* dans *Passer domesticus,* le moineau ; *Apis* dans *Apis mellifera*, l'abeille mellifère) ; on peut le définir comme un groupe d'espèces ayant une origine commune (au cours de l'évolution récente).

**nomenklatura** *nf* POLIT Groupe social aux prérogatives exceptionnelles, dans le régime soviétique ou les régimes bureaucratiques. PHO [nɔmɛnklatuʀa] ETY Mot russe. DER **nomenklaturiste** *n*

**nominal, ale** *a* **1** Qui n'existe que de nom, et pas en réalité. *Pouvoir nominal.* **2** TECH Qui est annoncé par le fabricant. *Puissance, vitesse nominale d'une machine.* **3** Qui a rapport au nom, qui dénomme qqch ou qqn. *Erreur nominale. Appel nominal.* **4** GRAM Qui a rapport au nom ; qui équivaut à un nom. *Formes nominales et formes verbales.* PLUR nominaux. **LOC** ECON ***Valeur nominale :*** valeur théorique inscrite sur un billet de banque, un effet de commerce, une obligation. DER **nominalement** *av*

**nominalisation** *nf* Transformation d'une phrase en un groupe nominal. DER **nominaliser** *vt* ①

**nominalisme** *nm* PHILO Doctrine selon laquelle les idées abstraites et générales se réduisent à des noms, à des mots. **LOC** ***Nominalisme scientifique :*** doctrine qui voit dans la science une simple construction de l'esprit ne pouvant atteindre la nature réelle des objets auxquels elle s'applique. DER **nominaliste** *a, n*

**1 nominatif, ive** *a* Qui dénomme ; qui contient des noms. *La liste nominative des électeurs.* **LOC** ***Titre nominatif :*** sur lequel est porté le nom du possesseur, par oppos. à *titre au porteur.* DER **nominativement** *av*

**2 nominatif** *nm* LING Cas sujet dans les langues à déclinaison.

**nomination** *nf* Action de nommer à un emploi, une fonction, une dignité ; fait d'être nommé.

**nominer** *vt* ① Sélectionner un créateur, une œuvre pour l'attribution d'un prix. ETY De l'angl.

**Nominoë** (?, fin du VIII^e s. – Vendôme, 851), roi de Bretagne. Il battit Charles le Chauve, qui reconnut sa royauté (846).

**nommage** *nm* INFORM Action de donner un nom de domaine constitutif d'une adresse électronique.

**nommément** *av* En désignant par le nom. *On l'accuse nommément.*

**nommer** *vt* ① **1** Donner un nom à ; désigner par un nom. *Comment allez-vous nommer votre fils ? Il se nomme Paul.* **2** Dire le nom de qqn, de qqch ; le désigner par son nom. *Refuser de nommer qqn.* **3** Désigner qqn pour remplir un office, l'investir d'une fonction, d'une charge, d'un titre, par oppos. à *élire. Il a été nommé ministre de l'Intérieur.* DER **nommé, ée** *a, n*

**nomogramme** *nm* didac Table graphique cotée qui facilite les calculs pratiques.

**nomographie** *nf* didac Procédé de calcul qui utilise des nomogrammes.

**nomothète** *nm* ANTIQ GR Membre d'une commission athénienne qui révise les lois ; législateur. ETY Du gr.

**non** *av, nm inv* **A** *av* **1** Refus, réponse négative, par oppos. à *oui. Viendrez-vous ? -Non.* **2** En début de phrase, pour insister. *Non, je ne viendrai pas.* **3** fam Marque la protestation, l'indignation. *Non, par exemple !* **4** Marque le doute, l'étonnement. *Non, pas possible ?* **5** Devant un nom, un adjectif ou un verbe pour donner au mot un sens négatif. *Non-activité. Non recevable.* **B** *nm inv* Refus absolu. *Un non très sec.* **LOC** ***Non plus,*** remplace ***aussi*** dans les phrases négatives. *Vous n'en voulez pas ? – Moi non plus.* — ***Non seulement :*** pas seulement. ETY Du lat.

**non-accompli, ie** *a, nm* LING Imperfectif. *Verbes non accomplis.*

**non-activité** *nf* Situation d'un fonctionnaire qui, provisoirement, n'exerce aucune fonction.

**nonagénaire** *a, n* Qui a entre quatre-vingt-dix et cent ans. ETY Du lat.

**non-agression** *nf* Fait de ne pas attaquer un pays, un État. *Pacte de non-agression.*

**non-alignement** *nm* Politique des pays qui ne s'alignent pas sur la politique étrangère d'autres pays. ETY Du lat. DER **non-aligné, ée** *a, n*

**nonantaine** *nf* Belgique, Suisse Âge de 90 ans ou environ.

**nonante** *a num* rég, Belgique, Suisse Quatre-vingt-dix. DER **nonantième** *a ord*

**non-assistance** *nf* DR Délit qui consiste à s'abstenir volontairement de porter secours à qqn. *Non-assistance à personne en danger.* PLUR non-assistances.

**non-belligérance** *nf* Position d'un État qui, sans se déclarer neutre lors d'un conflit armé, ne s'y engage pas militairement. DER **non-belligérant, ante** *n, a*

**nonce** *nm* Ambassadeur plénipotentiaire du Saint-Siège auprès d'un gouvernement étranger. *Nonce apostolique.*

**nonchalance** *nf* **1** Fait de manquer d'ardeur, de vivacité. **2** Manque de soin ; négligence. ETY De l'a. v. *nonchaloir,* « négliger ». DER **nonchalamment** *av* – **nonchalant, ante** *a, n*

**nonchaloir** *nm* litt Nonchalance.

**non-choix** *nm inv* Refus de choisir entre deux solutions, attentisme, immobilisme.

**nonciature** *nf* **1** Charge d'un nonce ; exercice de cette charge. **2** Résidence d'un nonce.

**non-combattant, ante** *n, a* Se dit du personnel militaire (aumôniers, médecins, etc.) qui ne prend pas part au combat. PLUR non-combattants.

**non-comparution** *nf* DR Fait de ne pas se présenter devant la justice. PLUR non-comparutions. DER **non-comparant, ante** *n, a*

**non-conciliation** *nf* DR Défaut de conciliation. PLUR non-conciliations.

**non-conducteur** *nm* Corps qui n'est pas conducteur de l'électricité ou de la chaleur. PLUR non-conducteurs.

**non-conformiste** *n, a* **1** HIST En Angleterre, protestant qui n'appartient pas à l'Église anglicane. **2** Qui ne se conforme pas aux traditions, aux manières d'être en usage. PLUR non-conformistes. DER **non-conformisme** *nm*

**non-conformité** *nf* Défaut de conformité. PLUR non-conformités.

**non-contradiction** *nf* PHILO **LOC** ***Principe de non-contradiction :*** selon lequel une chose ne peut pas être à la fois elle-même et autre qu'elle-même.

**non-croyant, ante** *n, a* Qui n'est adepte d'aucune religion. PLUR non-croyants.

**non-cumul** *nm* DR Règle selon laquelle, en cas de plusieurs condamnations, les peines ne s'ajoutent pas. PLUR non-cumuls.

**non-dénonciation** *nf* DR Refus de dénoncer un crime, un délit. PLUR non-dénonciations.

**non-directif, ive** *a* Qui n'est pas directif. *Des méthodes pédagogiques non-directives.* PLUR non-directifs, ives. **LOC** PSYCHO, SOCIOL ***Entretien non directif :*** dans lequel l'enquêteur s'efforce de conserver une attitude neutre. DER **non-directivité** *nf*

**non-discrimination** *nf* Refus de faire des différences entre les personnes selon des critères sociaux, raciaux, etc. PLUR non-discriminations.

**non-dissémination** *nf* **1** Non-prolifération. **2** Fait de ne pas disséminer un produit dangereux.

**non-dit** *nm* Ce qui se comprend, bien que non exprimé. PLUR non-dits.

**non-droit** *nm* **1** Absence de législation ou de règles juridiques sur un sujet, dans un domaine. **2** Absence d'application de la loi dans certains quartiers dominés par des mafias.

**none** *nf* **1** LITURG CATHOL Heure canoniale qui se récite à la neuvième heure du jour. **2** ANTIQ Chez les Romains, quatrième partie du jour, qui commençait à la fin de la neuvième heure, vers trois heures de l'après-midi. ETY Du lat. *nona (hora),* « neuvième heure ».

**nones** *nfpl* ANTIQ Date fixe du calendrier romain, le 9e jour avant les ides. (ETY) Du lat.

**non-être** *nm inv* PHILO Ce qui n'a pas d'existence, de réalité, par oppos. à *être*.

**non-euclidien, enne** *a* Se dit d'une géométrie qui n'obéit pas aux axiomes d'Euclide. PLUR non-euclidiens.

**non-évènement** *nm* Fait insignifiant monté en épingle par les médias. PLUR non-évènements. (VAR) **non-événement**

**non-exécution** *nf* DR Défaut d'exécution d'un acte, d'une sentence. PLUR non-exécutions.

**non-existence** *nf* PHILO Fait de ne pas exister. PLUR non-existences.

**non-figuratif, ive** *a, n* Bx-A Abstrait. PLUR non-figuratifs. (DER) **non-figuration** *nf*

**non-fumeur, euse** *n* Personne qui ne fume pas, par oppos. à *fumeur*. PLUR non-fumeurs.

**nonidi** *nm* HIST Neuvième jour de la décade, dans le calendrier républicain. (ETY) Du lat.

**non-ingérence** *nf* Non-intervention dans les affaires intérieures d'un pays étranger.

**non-initié, ée** *n* Personne qui n'est pas initiée. PLUR non-initiés.

**non-inscrit, ite** *n, a* Député ou sénateur qui ne fait pas partie d'un groupe parlementaire. PLUR non-inscrits.

**non-intervention** *nf* Attitude d'un gouvernement qui s'abstient d'intervenir dans les affaires d'autres pays. PLUR non-interventions. (DER) **non-interventionniste** *a, n*

**noniste** *a, n* Qui vote non lors d'un référendum.

**Nonius** Pedro Nunes, connu sous le nom lat. de (Alcácer do Sal, 1492 – ?, 1577), astronome et mathématicien portugais. Il démontra que le trajet le plus court entre deux points de la surface de la Terre est l'arc de grand cercle (orthodromie), par oppos. à la loxodromie.

**non-jouissance** *nf* DR Privation de jouissance. PLUR non-jouissances.

**non-lieu** *nm* DR Décision par laquelle un juge d'instruction, ou la chambre des mises en accusation déclare qu'il n'y a pas lieu de poursuivre en justice une personne. PLUR non-lieux.

**non-métal** *nm* CHIM Tout élément qui n'a pas les propriétés des métaux, en partic. dont les oxydes ne sont pas basiques. PLUR non-métaux.

ENC Tous les éléments autres que les métaux, les semi-métaux et les gaz inertes entrent dans la catégorie des non-métaux, longtemps nommés à tort *métalloïdes*. Cette définition négative correspond à un ensemble de propriétés électroniques. Les treize éléments habituellement considérés comme non-métaux sont : les halogènes (fluor, chlore, brome, iode, astate), l'oxygène, le soufre, l'azote, le phosphore, le carbone, le silicium et le bore, ainsi que l'hydrogène. Généralement, les non-métaux ne présentent pas l'éclat métallique, et ils sont de mauvais conducteurs de la chaleur et de l'électricité, excepté le carbone sous sa forme graphite. Contrairement aux métaux, ils n'ont aucune tendance à perdre leurs électrons et sont donc plutôt oxydants.

**non-moi** *nm inv* PHILO Tout ce qui est distinct du moi du sujet, du locuteur.

**nonne** *nf* Religieuse. (ETY) Du lat. pop., « mère ».

**nonnette** *nf* **1** plaisant Jeune religieuse. **2** Mésange à tête noire. **3** Petit pain d'épice rond.

**Nono** Luigi (Venise, 1924 – id., 1990), compositeur italien. Il utilisa la mus. sérielle pour exprimer son engagement marxiste : *Intolleranza 1960, Come una ola de fuerza, Journal polonais.*

**nonobstant** *prép, av* **A** *prép* vx Malgré l'existence de, en dépit de. **B** *av* litt Néanmoins. (PHO) [nɔnɔpstɑ̃] (ETY) Du lat. *obstare*, « faire obstacle ».

**non-paiement** *nm* Défaut de paiement. PLUR non-paiements.

**non-prolifération** *nf* POLIT Arrêt ou limitation du développement de l'armement nucléaire. PLUR non-proliférations.

**non-recevoir** *nm* LOC DR *Fin de non-recevoir* : moyen de défense tendant à établir que la partie adverse n'est pas recevable dans sa demande ; refus.

**non-représentation** *nf* LOC DR *Non-représentation d'enfant* : délit consistant à garder illégalement un enfant.

**non-résident, ente** *n, a* Qui ne réside pas en permanence dans son pays. PLUR non-résidents.

**non-respect** *nm* Fait de ne pas respecter une règle, une loi. PLUR non-respects.

**non-retour** *nm* LOC *Point de non-retour* : moment à partir duquel un processus est engagé de manière irréversible.

**non-salarié, ée** *a, n* Qui n'est pas rétribué sous forme de salaire. PLUR non-salariés.

**non-sens** *nm inv* Parole, action absurde, dépourvue de sens.

**nonsense** *nm* Caractère absurde et paradoxal d'un texte ; texte, film ayant ce caractère, notam. dans la littérature britannique. (PHO) [nɔnsens] (ETY) Mot angl. (DER) **nonsensique** *a*

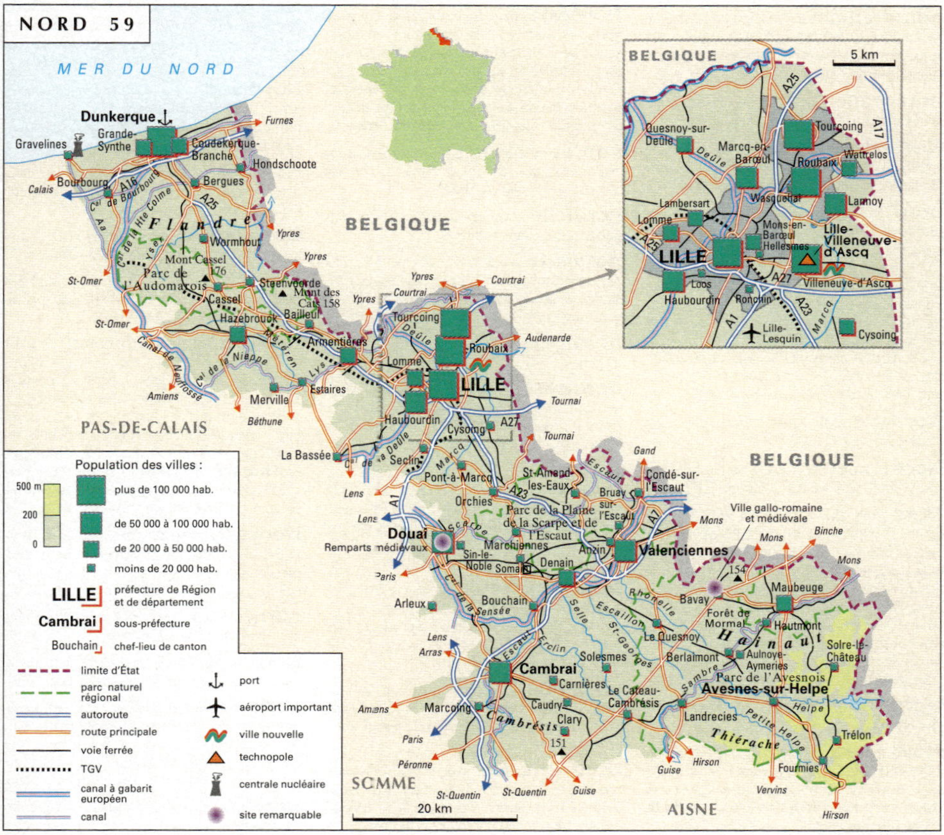

**non-spécialiste** *n* Qui n'est pas spécialiste dans un domaine. PLUR non-spécialistes.

**non-stop** *a, nm* Qui est sans interruption, continu. PLUR non-stops ou non-stop. PHO [nɔnstɔp] ETY De l'angl.

**non-tissé** *nm* TECH Matériau constitué de fibres textiles agglomérées par un procédé physique, chimique ou mécanique. PLUR non-tissés.

**Nontron** ch.-l. d'arr. de la Dordogne ; 3 400 hab. – Chât. (XVIII^e s.). Maisons anc. DER **nontronnais, aise** *a, n*

**non-usage** *nm* Fait de ne pas, de ne plus se servir de qqch. PLUR non-usages.

**non-valeur** *nf* **1** DR Défaut, manque de productivité d'une terre, d'un bien ; cette terre, ce bien. **2** FIN Créance que l'on n'a pas pu recouvrer. **3** fig Personne, chose sans valeur, sans utilité. PLUR non-valeurs.

**non-violence** *nf* Attitude, doctrine philosophique et politique de ceux qui refusent tout recours à la violence. PLUR non-violences. DER **non-violent, ente** *n, a*

**non-voyant, ante** *n* Personne aveugle ou presque aveugle. PLUR non-voyants.

**noosphère** *nf* didac Monde de la pensée.

**nopal** *nm* BOT Plante grasse des régions méditerranéennes (cactacée) dont la tige est constituée de segments aplatis pourvus d'épines et dont le fruit charnu (*figue de Barbarie*) est comestible. *Des nopals.* ETY De l'aztèque.

**Nora** Pierre (Paris, 1931), historien et éditeur français : *Lieux de mémoire* (1984-1993). Acad. fr. (2001).

**noradrénaline** *nf* BIOCHIM Précurseur de l'adrénaline sécrété par les fibres sympathiques et par la médullosurrénale, important médiateur chimique de la synapse nerveuse.

**noradrénergique** *a* BIOCHIM Relatif à la noradrénaline. *Défaillance noradrénergique.*

**Norbert** (saint) (Gennep, près de Xanten, v. 1080 – Magdeburg, 1134), prélat allemand ; fondateur de l'ordre des prémontrés (1120).

**nord** *nm, a inv* **A** *nm* **1** Celui des quatre points cardinaux auquel on fait face lorsqu'on a l'ouest à gauche et l'est à droite. **2** Partie septentrionale d'une région, d'un pays, d'un continent. *Le nord de la Bretagne, de l'Europe.* **3** (Avec une majuscule) Ensemble des pays septentrionaux. **4** (Avec une majuscule) Ensemble des pays industrialisés. **B** *a inv* Situé au nord. *Le pôle Nord. La porte nord de la ville.* LOC ***Ne pas perdre le nord :*** savoir défendre ses intérêts. — ***Perdre le nord :*** n'être plus tout à fait lucide. PHO [nɔʀ] ETY De l'angl.

**Nord** (canal du) détroit entre l'Irlande et l'Écosse.

**Nord** (cap) cap de Norvège sur l'île de Magerøy, point le plus septent. d'Europe (71°).

**Nord** (mer du) mer bordière de l'Atlantique (env. 547 000 km$^2$), entre la G.-B., la France, la Belgique, les Pays-Bas, l'Allemagne, le Danemark et la Norvège. Elle est reliée à la Manche par le pas de Calais et à la Baltique par plusieurs détroits. Peu profonde, elle a un rôle écon. considérable : elle borde des pays industrialisés, elle est très poissonneuse et elle recèle d'immenses réserves de pétrole et de gaz naturel, au large de l'Écosse, de la Norvège et du Danemark.

**Nord** (Territoire du) → **Territoire du Nord.**

**Nord** département franç. (59) ; 5 739 km$^2$ ; 2 596 000 hab. ; 452,3 hab./km$^2$ ; ch.-l. *Lille* ; ch.-l. d'arr. *Avesnes-sur-Helpe, Cambrai, Douai* et *Dunkerque*. V. Nord-Pas-de-Calais. DER **nordiste** *a, n* ▶ illustr. p. 1123

**Nord** (en portug. *Norte*), Région du Portugal et de l'UE, au N. du pays, sur le bassin du Douro ; 21 194 km$^2$ ; 3 690 000 hab. ; cap. *Porto*.

**Nord** (en angl. *North*), Région de G.-B. et de l'UE, au N. de l'Angleterre ; 15 401 km$^2$ ; 2 597 000 hab. ; v. princ. *Newcastle-upon-Tyne*.

**Nord** (guerre du) guerre menée (1700-1709) par Charles XII de Suède contre les États riverains de la Baltique (Danemark, Saxe, Pologne, Russie).

**nord-africain** → **Afrique du Nord.**

**nord-américain** → **Amérique du Nord.**

**nord-coréen** → **Corée du Nord.**

**nord-côtier** → **Côte-Nord.**

**Nord-du-Québec** (anc. *Nouveau-Québec*), rég. admin. du Québec, la plus vaste (env. 800 000 km$^2$) mais la moins peuplée de la prov. ; 42 600 hab. V. princ. : *Chibougamau*.

**nordé** → **nordet.**

**Nordenskjöld** Adolf Erik (baron) (Helsinki, 1832 – Dalbjö, Lund, 1901), explorateur suédois des régions arctiques. En 1878-1879, il découvrit le passage du Nord-Est. — **Otto** (Sjögelö, 1869 – Göteborg, 1928), neveu du préc. ; il explora l'Antarctique.

**nord-est** *nm, a inv* **1** Se dit du point de l'horizon situé à égale distance, angulairement, du nord et de l'est. **2** Se dit de la région située vers le nord-est. *Le nord-est des États-Unis. La côte nord-est de l'Afrique.* ABREV N.-E.

**Nord-Est** (passage du) voie maritime (praticable de juin à sept.) reliant l'Atlantique au Pacifique par l'océan Arctique, le long de la côte russe ; cherchée dès le XV^e s., découverte par Nordenskjöld (1878-1879).

**Nordeste** partie N.-E. du Brésil, couvrant neuf États. Autrefois riche (les cultures coloniales bénéficiaient des ports les plus proches de l'Europe), la région est aujourd'hui sous-développée. Le plateau intérieur souffre de la sècheresse et des inondations ; la pop. gonfle les bidonvilles des grandes villes. DER **nordestin, ine** *a, n*

**nordet** *nm* MAR **1** Nord-est. *L'épave est dans le nordet des dangers.* **2** Vent de nord-est. *Port mal abrité du nordet.* VAR **nordé**

**nordicité** *nf* Canada Caractère des régions nordiques, de leurs habitants.

**nordique** *a, n* **1** Relatif aux peuples, aux pays du nord de l'Europe (Scandinavie, Finlande). **2** Canada Relatif aux régions situées au nord du pays.

**nordir** *vi* ③ MAR Tourner au nord, en parlant du vent.

**nordiste** *n, a* **1** HIST Partisan, soldat des États du Nord, dans la guerre de Sécession, aux États-Unis. (V. fédéral.) **2** Habitant du nord de la France, du département du Nord, de la Rég. Nord-Pas-de-Calais.

**Nordling** Raoul (Paris, 1882 – id., 1962), diplomate suédois. Consul général à Paris pendant l'Occupation (1940-1944), il sauva des prisonniers politiques et contribua à sauver Paris, qu'Hitler voulait anéantir.

**Nördlingen** ville d'Allemagne (Bavière), sur l'Eger ; 19 700 hab. – Monuments (XIV^e-XVI^e s.). – Victoire des Impériaux sur les Suédois (1634), puis de Turenne et du Grand Condé sur les Bavarois de Mercy (1645).

**nord-ouest** *nm, a inv* **1** Se dit du point de l'horizon situé à égale distance, angulairement, du nord et de l'ouest. **2** Se dit de la région située vers le nord-ouest. ABREV N.-O.

**Nord-Ouest** (passage du) voie maritime reliant l'Atlantique au Pacifique par l'archipel arctique canadien ; recherchée dès le XVI^e s., découverte par Amundsen (1903-1906).

**Nord-Ouest** (en angl. *North-West*), Région de G.-B. et de l'UE, centrée sur le comté du Lancashire, entre la chaîne Pennine et le pays de Galles, sur la mer d'Irlande ; 7 331 km$^2$ ; 7 052 000 hab. ; v. princ. *Liverpool* et *Manchester*. Puissante région urbaine, industrielle et marchande depuis le XVI^e s., elle a subi une reconversion à partir de 1970.

**Nord-Ouest** province d'Afrique du Sud créée en 1994, située dans l'anc. prov. de Transvaal.

**Nord-Ouest** (Territoires du) (en angl. *Northwest Territories*) division administrative du Canada septent., entre le Yukon et le Nunavut ; 526 320 km$^2$ ; 41 000 hab. ; ch.-l. *Yellowknife*. Pêche, chasse ; or, radium, uranium, nickel, pétrole. – Cette immense rég. appartenait à la Compagnie (anglaise) de la baie d'Hudson, qui la céda à la Confédération canadienne en 1870.

**Nord-Pas-de-Calais** ancienne Région française et de l'UE, formée des dép. du Nord et du Pas-de-Calais, intégrée en 2016 à la Rég. Nord-Pas-de-Calais-Picardie. DER **nordiste** *a, n*
**Géographie** Plat pays (alt. max. 266 m), au climat frais et humide, la Région oppose les hauteurs de l'Artois et du Cambrésis, au S., aux bocages et forêts des Ardennes, à l'E. ; le N. est formé de plaines. La forte densité et le taux d'urbanisation (90 %) s'accompagnent d'un fort déficit migratoire. En effet, la puissance industr., fondée sur les charbonnages (créés en 1720, abolis en 1990), la sidér. et le text., qui avaient attiré la main-d'œuvre étrangère, a été ébranlée vers 1960. Toutefois, la Région dispose d'une agric. riche et intensive, d'une import. filière agro-alimentaire, et occupe encore le 4^e rang industr., grâce à une polit. de reconversion et aux aides de l'UE.
**Histoire** V. Flandre.

**Nord-Pas-de-Calais-Picardie** Région française et de l'UE, née de la fusion en 2016 des Régions Nord-Pas-de-Calais et Picardie ; 31 813 km$^2$ ; 5 988 000 hab. ; cap. *Lille*.

**Nord-Sud** revue littéraire fondée par Reverdy ; 16 numéros (mars 1917-oct. 1918). Princ. collab. : Max Jacob, Apollinaire, Breton, Aragon, Soupault, Braque, Tzara.

**Norén** Lars (Stockolm, 1944), écrivain suédois ; poète, auteur de romans et de pièces de théâtre désespérés.

**Norfolk** v. industr. et port des É.-U. (Virginie) ; 242 800 hab. (aggl. 1 261 200 hab.).

**Norfolk** comté de G.-B., sur la mer du Nord (Est-Anglie) ; 5 355 km$^2$ ; 859 400 hab. ; ch.-l. *Norwich*. Céréales ; volailles ; pêche.

**Norfolk** Thomas Howard, comte de Surrey (2^e duc de) (1443 – 1524), homme de guerre anglais ; il battit les Écossais à Flodden (1513). — **Thomas Howard** (?, 1473 – Kenninghall, Norfolk, 1554), fils du préc. ; oncle de Catherine Howard et d'Anne Boleyn, il présida le tribunal qui condamna celle-ci. — **Thomas Howard** (?, 1538 – Londres, 1572), petit-fils du préc. ; décapité pour avoir conspiré contre Élisabeth I^re.

**Norge** George Mogin, dit Géo (Bruxelles, 1898 – Mougins, 1990), poète belge d'expression française : *l'Imposteur* (1937), *Râpes* (1949), *les Oignons* (1953), *le Vin profond* (1968).

**nori** *nm* Algue séchée (porphyra), utilisée dans la cuisine japonaise. ETY Mot jap.

**Nori** Claude (Toulouse, 1949), photographe français des plages italiennes (*Je vous aime*, 1979).

**noria** *nf* **1** Machine à élever l'eau, constituée principalement d'une roue ou d'une chaîne sans fin à laquelle sont fixés des godets. **2** fig Ce qui évoque la circulation sans fin des godets d'une noria. *La noria d'un pont aérien.* ETY De l'ar. par l'esp.

**Noriega** Manuel (Panamá, 1940), général et homme politique panaméen. Devenu chef de la Garde nationale en 1983, il exerça le pouvoir. En 1987, les É.-U. demandèrent l'extradition de cet ancien agent de la CIA accusé de meurtre et de trafic de drogue ; en 1989, ils envahirent le Panamá. Noriega se rendit en janv. 1990. Il est d'abord détenu aux É.-U., puis en France où il est condamné à 7 ans de prison en 2010. En 2011, il est extradé vers Panamá.

**Norilsk** v. minière et industr. de Sibérie orient. ; 180 000 hab. Ancien goulag.

**Norique** anc. prov. de l'Empire romain, entre le Danube et les Alpes carniques.

**Norma** opéra en 2 actes de Bellini (1831).

**normal, ale** *a, nf* **A** *a* **1** Conforme à la règle commune ou à la règle idéale, ou à la moyenne statistique. *Un phénomène normal.* **2** Habituel, naturel. **3** Qui n'est pas altéré par la maladie. *Être dans son état normal.* **4** Dont les aptitudes intellectuelles et physiques, dont le comportement sont conformes à la moyenne. *Un enfant qui n'est pas normal.* **5** Qui sert de règle, de modèle. **6** GEOM Perpendiculaire. **B** *nf* **1** Ce qui est habituel, régulier, conforme à la règle commune. *Intelligence supérieure à la normale.* **2** GEOM Droite perpendiculaire. PLUR normaux. **LOC** CHIM ***Chaîne normale*** : chaîne carbonée non ramifiée. — ***École normale*** : où étaient formés les futurs instituteurs. — GEOM ***Normale en un point d'une courbe, d'une surface*** : perpendiculaire en ce point à la tangente. — CHIM ***Solution normale*** : solution qui contient une mole d'éléments actifs par litre. DER **normalement** *av*

**normale supérieure (École)** école de garçons fondée le 30 oct. 1794 sur l'initiative de Lakanal, pour recevoir l'élite des futurs professeurs. Elle fut supprimée plus. fois jusqu'en 1826. En 1847, on l'installa au 45, rue d'Ulm (Paris 5e). – L'*École normale sup. de jeunes filles*, créée en 1881 à Sèvres, fusionna en 1985 avec l'École de la rue d'Ulm. – Les *Écoles normales sup. de garçons de Saint-Cloud* et *de jeunes filles de Fontenay-aux-Roses*, fondées en 1880 et 1982, ont fusionné en 1985 ; cette école a été transférée à Lyon en 2000. – L'*École normale sup. de Cachan* (auj. *de Paris-Saclay*) fut fondée en 1912, celle *de Rennes* en 2013.

**normalien, enne** *n, a* Élève ou ancien élève d'une école normale, de l'École normale supérieure.

**normalisation** *nf* **1** Établissement et mise en application d'un ensemble de règles et de spécifications (normes), ayant pour objet de simplifier, d'unifier et de rationaliser les produits industriels, les unités de mesure, les symboles, etc. **2** Action de normaliser, de rendre normal.

**normaliser** *vt* ① **1** Rendre conforme à une norme. *Appareil de contrôle normalisé.* **2** Rendre normal, conforme aux usages généralement en vigueur ce qui ne l'était pas ou plus. *Normaliser les relations diplomatiques.* DER **normalisable** *a* – **normalisateur, trice** *a*

**normalité** *nf* **1** Caractère de ce qui est normal. **2** CHIM Nombre de moles d'éléments actifs (protons, électrons) par litre d'une solution.

**Norman** Jessye (Augusta, Georgie, 1945), cantatrice américaine ; soprano.

**norias** sur l'Oronte

**Jessye Norman** dans *Didon et Énée*, opéra de Henry Purcell

**normand, ande** *a, n* Se dit d'une race bovine de grande taille, dont la robe tachetée inclut toujours le blond, le noir et le blanc, bonne laitière élevée aussi pour la viande. **LOC** ***Réponse de Normand*** : ambiguë.

**Normandie** anc. prov. de France, qui constitue aujourd'hui la Région Normandie. – Peuplée de Ligures, d'Ibères, de Celtes et de Belges, la région normande fut conquise par les Romains (56 av. J.-C.). Prise par Clovis, englobée plus tard dans la Neustrie, elle fut un foyer du monachisme bénédictin. Envahie par les Normands dès le début du IXe s., elle leur fut cédée en 933. Fief anglais après la conquête de l'Angleterre, en 1066, par Guillaume le Conquérant, la Normandie, prise aux Plantagenêts (1204) par Philippe Auguste, fut très éprouvée par la guerre de Cent Ans. En 1468, Louis XI la rattacha au domaine royal. La Normandie fut le théâtre du débarquement des forces alliées (*bataille de Normandie* : juin-août 1944). DER **normand, ande** *a, n*

**Normandie** Région française et de l'UE née de la fusion en 2016 des Régions Basse-Normandie et Haute-Normandie ; 29 906 km$^2$ ; 3 328 000 hab. ; cap. *Rouen.*

**Normandie (pont de)** pont routier sur l'estuaire de la Seine, au niveau de Honfleur ; ouvert en 1995.

**Normandie (Basse-)** ancienne Région française et de l'UE, formée des départements du Calvados, de la Manche et de l'Orne, intégrée en 2016 à la Rég. Normandie. DER **bas-normand, ande** *a, n*

**Géographie** D'altitude modeste, au climat doux et humide, la Basse-Normandie s'ouvre sur la Manche par un littoral de 500 km. L'O., rural et bocager, s'oppose à l'E., plus urbanisé. La pop. connaît une croissance modérée. Dominée par l'élevage bovin et assurant plus de 10 % de la pêche et de l'aquaculture du pays, la Région a une industrie agroalim. puissante, des spécialités (camembert, pont-l'évêque, livarot, calvados) et elle élève des chevaux pur sang. Des branches nouvelles ont diversifié l'activité industr., notam. grâce à l'électricité nucléaire. Le tourisme est important (Deauville, Mont-Saint-Michel).

**Normandie (Haute-)** ancienne Région française et de l'UE, formée des départements de l'Eure et de la Seine-Maritime, intégrée en 2016 à la Rég. Normandie. DER **haut-normand, ande** *a, n*

**Géographie** Traversée par la basse Seine, au profond estuaire, la Région s'étend sur les plateaux occid. du Bassin parisien. La croissance démographique profite surtout à l'E., sous influence parisienne. La Région figure parmi les premières pour le revenu par habitant. L'agriculture, performante, a suscité une importante industrie agroalimentaire. Les industries qui avaient assuré la croissance dans les années 1960 ont été restructurées. Le Havre et Rouen, grands ports français, desservent le puissant arrière-pays parisien.

**Normandie-Niémen (escadrille)** formation aérienne française qui combattit aux côtés des Soviétiques de 1943 à 1945.

**Normands** (en angl. *Northmen*, « hommes du Nord »), pillards scandinaves qui se nommaient Vikings. Ayant mis au point de petits navires rapides à faible tirant d'eau, Norvégiens et Danois colonisèrent, aux VIIIe et IXe s., de petites îles et des territoires côtiers de Grande-Bretagne, de l'Islande et du Groenland. Au IXe s., ils remontent la Seine, atteinte en 857, et le Rhin ; en 911, Charles le Simple leur reconnaît un royaume situé dans la Normandie actuelle. Au IXe s., des Suédois (V. Varègues) traversent le territoire qui deviendra la Russie jusqu'à la mer Noire (v. 840) et poussent jusqu'à Constantinople. DER **normand, ande** *a*

**normatif, ive** *a* Qui a force de règle, qui a les caractères d'une norme. *Jugements normatifs. Grammaire normative.* DER **normativité** *nf*

**normativisme** *nm* Attitude normative. DER **normativiste** *a, n*

**norme** *nf* **1** Règle, loi à laquelle on doit se conformer ; état habituel conforme à la moyenne des cas, à la normale. *Ne pas s'écarter de la norme.* **2** TECH Règle, spécification à laquelle un produit doit être conforme. **LOC** MATH ***Norme d'un vecteur*** : généralisation à un espace vectoriel quelconque de la notion de longueur d'un vecteur de l'espace physique. — ***Norme française*** ou ***norme NF*** : document de l'AFNOR où sont définies les prescriptions techniques de produits et de méthodes. ETY Du lat. *norma*, « équerre ».

**normé, ée** *a* **LOC** MATH ***Espace vectoriel normé*** : muni d'une norme. — ***Vecteur normé*** : dont la norme est égale à 1.

**normer** *vt* ① Soumettre qqch à une norme. *Normer un produit industriel.*

**normographe** *nm* TECH Instrument de dessinateur, plaque comportant des évidements à la forme des lettres, des chiffres, des symboles usuels, etc., pour servir de gabarits.

**normothymique** *a, nm* PHARM Se dit d'un médicament régulateur de l'humeur.

**Norodom Ier** (1835 – 1904), roi du Cambodge (1859-1904). Il signe le traité qui établit le protectorat français (1863) et lui assura le trône, que lui avait ravi son frère en 1861. — **Norodom Suramarit** (?, 1896 – Phnom Penh, 1960), petit-neveu de Norodom Ier ; roi du Cambodge (1955-1960). — **Norodom Sihanouk** (Phnom Penh, 1922 – Pékin, 2012), fils du préc. ; roi du Cambodge (de 1941 à 1955 et de 1993 à 2004). En déc. 1954, il obtint l'indépendance de son pays. En fév. 1955, il abdiqua en faveur de son père et gouverna comme président du Conseil puis, à la mort de son père (1960), comme chef de l'État (sans reprendre le titre de roi). Renversé par Lon Nol, en mars 1970, il a gagné Pékin, d'où il a encouragé les Khmers rouges. Quand ceux-ci ont triomphé (1975), il est revenu à la tête de l'État (rôle officiel) puis a démissionné en 1976. À l'arrivée des Vietnamiens, il s'est exilé à Pékin (1979). De 1982 à 1988, il a présidé un gouv. de coalition. Il est remonté sur le

**Norodom Sihanouk**

trône en 1993. — **Norodom Ranariddh** (Phnom Penh, 1944), fils du préc., co-Premier ministre de 1993 à 1997 avec Hun Sen (qui le destitua). — **Norodom Sihamoni** (Phnom Penh, 1953), fils de Norodom Sihanouk, est le roi du Cambodge depuis 2004.

**1 norois** *nm* MAR **1** Nord-ouest. **2** Vent de nord-ouest. ETY De *nord-ouest.* VAR **noroît**

**2 norois, oise** *nm, a* Se dit de la langue des anciens Scandinaves, appelée aussi *nordique.* ETY De l'angl. VAR **norrois, oise**

**Norris** Franck (Chicago, 1870 – San Francisco, 1902), romancier naturaliste américain : *McTeague* (1899, dont Stroheim tira *les Rapaces*), *la Pieuvre* (1901), *la Fosse* (posth., 1903).

**Norrköping** v. industr. et port de la Suède, sur la Baltique ; 87 200 hab. – Gravures rupestres de l'âge du bronze.

**Norrland** le N. de la Suède, peu habité.

**Northampton** v. du centre de l'Angleterre ; 219 500 hab. ; ch.-l. du *Northamptonshire* (2 367 km$^2$ ; 693 900 hab.). Industries. – Évêché catholique. Église fin XI$^e$ s., de forme circulaire.

**Northrop** John Howard (Yonkers, État de New York, 1891 – Wickenberg, Arizona, 1987), biochimiste américain : travaux sur les enzymes et les virus. P. Nobel de chimie 1946 avec W. M. Stanley et J. B. Summer.

**Northumberland** comté du nord de la G.-B., sur la mer du N. ; 5 033 km$^2$ ; 316 300 hab. ; ch.-l. *Newcastle-upon-Tyne.*

**North Yorkshire** comté d'Angleterre ; 8 309 km$^2$ ; 1 072 600 hab. ; ch.-l. *Northallerton.*

**Norton** Thomas (Londres, 1532 – Sharpenhoe, 1584), dramaturge anglais : *Gorboduc ou Ferrex et Porrex* (1561-1562, en collab. avec Th. Sackville) est la prem. tragédie anglaise.

**Norvège (mer de)** portion de l'Atlantique comprise entre la Norvège et l'Islande (nom peu usité).

**Norvège (royaume de)** (en norv. *Kongeriket Norge*), État d'Europe septent., en Scandinavie, baigné par l'Atlantique et par la mer du Nord ; 324 220 km$^2$ ; 5,2 millions d'hab. ; accroissement naturel : 0,4 % par an ; cap. *Oslo.* La souveraineté norvégienne s'étend sur plusieurs îles de l'océan Arctique (Spitzberg) et de l'océan Antarctique. Nature de l'État : monarchie constitutionnelle. Langues off. : norvégien (bokmål) et néo-norvégien (nynorsk). Monnaie : couronne norvégienne (krone). Relig. : protestantisme (relig. d'État, Église luthérienne). DER **norvégien, enne** *a, n*

**Géographie** Étirée en latitude sur 1 750 km, la Norvège est un pays de hautes terres (Alpes scandinaves culminant à 2 648 m). Les glaciers quaternaires ont ouvert de profondes vallées submergées par la mer : les fjords. Le climat, océanique frais sur la côte O., est continental vers l'intérieur et subarctique au N. La forêt mixte du S. fait place à la forêt boréale de conifères dans la plus grande partie du pays ; la toundra domine au N. La pop., citadine à 75 %, est groupée dans le S. et sur le littoral.

**Économie** Pénalisée par le climat difficile et l'exiguïté des terres arables (3 % du territoire), l'agric. est marginale, contrairement à la pêche (2$^e$ rang européen) et à la sylviculture. Les princ. richesses sont énergétiques (pétrole et gaz de la mer du Nord, 1$^{er}$ rang européen pour l'hydroélectricité) et minérales (fer, cuivre, zinc, plomb) : 60 % des exportations, forte industrie de transformation ; en outre : constr. navale, industries textile, méca., électr. et électron. Malgré les mesures d'austérité et la hausse (légère) du chômage, les Norvégiens ont l'un des niveaux de vie les plus élevés du monde. À une croissance soutenue (4 à 5 % par an) s'associe un excédent budgétaire (près de 10 milliards de dollars en 2000) destiné à l'« après-pétrole ».

**Histoire** LE MOYEN ÂGE L'histoire de la Norvège commence avec les Vikings, qui accomplirent des raids marins de pillage vers l'Angl. et les côtes actuellement holl. et belge, explorèrent l'Irlande (874), le Groenland (v. 980). Unifiée par Harald I$^{er}$ Hårfager v. 872, puis par Olav I$^{er}$ (995-1000), la Norvège s'ouvrit au christianisme sous Olav II le Saint (1016-1030). Elle connut son apogée au XIII$^e$ s. (rattachement de l'Islande et du Groenland). Le déclin s'annonça dès le XIV$^e$ s., avec la concurrence commerciale de la Hanse teutonique. La reine Marguerite, fille de Valdemar IV de Danemark, unit la Norvège au Danemark (1380) puis, en 1397, à la Suède (union de Kalmar), laquelle fit sécession en 1523. La Norvège, province danoise, devint luthérienne. La Norvège souffrit du Blocus continental que Napoléon I$^{er}$ imposa à l'Europe.
L'INDÉPENDANCE Cédée à la Suède (1814), et malgré sa large autonomie (Constitution de 1814), elle revendiqua son indépendance, effective en 1905. De 1940 à 1945, elle fut occupée par les Allemands. Le parti travailliste, qui a quasiment toujours exercé le pouvoir de 1935 à 1997, a mis en place une législation avancée. En 1997, il perdit des sièges aux législatives et le chrétien populaire Kjell Magne Bondevik a constitué une coalition de centre droit représentant le quart de l'Assemblée mais bénéficiant du soutien des travaillistes, revenus au pouvoir en 2000. Les législatives de 2005 voient la victoire de la coalition de la gauche. Mais en 2013, les conservateurs remportent les élections législatives. La Norvège fait partie de l'OTAN (1949). En 1972, elle a refusé par référendum d'entrer dans la CEE, ainsi qu'en 1994. En 1991, à la mort du roi Olav V, qui régnait dep. 1957, son fils, le prince Harald, lui a succédé.

**norvégien, enne** *a, n* **A** *nm* Langue scandinave parlée en Norvège. **B** *nf* Barque à l'avant relevé et arrondi. LOC CUIS *Omelette norvégienne* : crème glacée recouverte d'une croûte de meringue chaude.

**Norwich** v. de G.-B. ; ch.-l. du comté de Norfolk ; 140 500 hab. Centre industriel. – Cath. XI$^e$-XII$^e$ s. – Cité drapière au Moyen Âge.

**nos** → **notre.**

**Nosaka** Akiyuki (Kamakura, 1930 – Tokyo, 2015), romancier japonais : *les Pornographes* (1963), *la Tombe des lucioles* (1968).

**Nosferatu le Vampire** film de Murnau (1922) inspiré du roman *Dracula*, de Bram Stoker. Remake : *Nosferatu, fantôme de la nuit*, de Werner Herzog (1978).

**noso-** Élément, du gr. *nosos*, « maladie ».

**nosocomial, ale** *a* MED Se dit d'une infection qui se contracte lors d'un contact avec une structure de soins (hôpital, dispensaire, cabinet médical). PLUR nosocomiaux. ETY Du gr. *komeîn*, « soigner ».

**nosoconiose** *nf* MED Nom générique des affections produites par l'action de poussières.

**nosographie** *nf* Classification des maladies. DER **nosographique** *a*

**nosologie** *nf* Étude des caractères distinctifs des maladies en vue de leur classification. DER **nosologique** *a*

**nosophobie** *nf* Crainte morbide de la maladie.

**Nossack** Hans Erich (Hambourg, 1901 – id., 1977), romancier allemand : *Interview avec la mort* (1948), *le Frère cadet* (1958).

**Nossi-Bé** île malgache, au N.-O. de Madagascar ; 270 km$^2$ ; 38 720 hab. Tourisme. Aéroport. VAR **Nosy-Bé**

**nostalgie** *nf* 1 Tristesse de la personne qui souffre d'être loin de son pays. 2 Mélancolie causée par un regret. *Avoir la nostalgie du passé.* ETY Du gr. *nostos*, « retour ». DER **nostalgique** *a, n* – **nostalgiquement** *av*

**nostoc** *nm* Cyanobactérie formée de chapelets de cellules globuleuses. ETY Mot créé par Paracelse.

**Nostradamus Michel de Nostre-Dame,** dit (Saint-Rémy-de-Provence, 1503 – Salon, 1566), médecin et astrologue français, auteur d'un recueil de prédictions, *Centuries astrologiques* (1555). Catherine de Médicis fit de lui le médecin de Charles IX.

**Nosy-Bé** → **Nossi-Bé.**

**nota bene** *nm inv* Mots latins signifiant « remarquez bien », placés avant une remarque importante pour attirer l'attention du lecteur. ABREV NB. PHO [nɔtabene] VAR **nota**

**notabiliser (se)** *vpr* 1 Être composé de notables. *Un parti qui se notabilise.* DER **notabilisation** *nf*

**notabilité** *nf* Notable, personne en vue.

**notable** *a, nm* **A** *a* Qui mérite d'être noté, pris en considération. *Différence notable.* SYN remarquable. **B** *nm* Personnage important par sa situation sociale. *Inviter les notables de la ville.* LOC HIST ***Assemblée de notables*** : assemblée dont les attributions étaient les mêmes que celles des états généraux mais dont les membres, généralement des privilégiés, étaient nommés par le roi ($XVI^e$-$XVIII^e$ s.). ETY Du lat. *notabilis*, « remarquable ». DER **notablement** *av*

**notaire** *nm* Officier public établi pour recevoir tous les actes et contrats auxquels les parties doivent ou veulent faire donner un caractère d'authenticité. ETY Du lat. *notare*, « noter ».

**notamment** *av* Spécialement, entre autres.

**notariat** *nm* 1 Charge, profession de notaire. 2 Ensemble des notaires. DER **notarial, ale, aux** *a*

**notarié, ée** *a* Passé devant notaire. *Un acte notarié.*

**Notat Nicole** (Châtrices, Marne, 1947), syndicaliste française, secrétaire générale de la CFDT de 1992 à 2002.

**notateur, trice** *n* Spécialiste de la notation chorégraphique.

**notation** *nf* 1 Action, manière de représenter par des signes conventionnels. *Notation algébrique, musicale.* 2 Ce que l'on note par écrit ; brève remarque. 3 Action de donner une note, une appréciation. *Barème de notation.* 4 FIN Appréciation par une agence spécialisée de la capacité d'un émetteur d'obligations ou de titres à en assurer le remboursement. SYN (déconseillé) rating.

**note** *nf* 1 Bref commentaire sur un passage d'un texte. *Notes au bas de la page.* 2 Communication succincte faite par écrit. *Rédiger une note de service.* 3 Indication sommaire que l'on consigne pour ne pas oublier qqch. *Prendre des notes à un cours.* 4 Décompte d'une somme due. 5 Appréciation concernant le travail, le comportement de qqn, généralement exprimée par un chiffre ou une lettre. 6 MUS Caractère de l'écriture musicale utilisé pour représenter un son ; son représenté par un tel caractère. *Les sept notes de la gamme* (do *ou* ut, ré, mi, fa, sol, la, si). 7 Détail, touche. *Une note originale dans un costume.* LOC ***Donner la note*** : indiquer ce qu'il convient de faire. — ***Être dans la note*** : être en harmonie (avec le reste). — ***Fausse note*** : ce qui détonne dans un ensemble. — ***Forcer la note*** : exagérer. — ***Note diplomatique*** : adressée par un agent diplomatique à un autre ou par un ambassadeur au gouvernement auprès duquel il est accrédité. ETY Du lat. *nota*, « signe ».

**noter** *vt* 1 1 Affecter d'une marque. *Noter un passage d'un trait rouge.* 2 Inscrire qqch pour s'en souvenir. *Noter des citations sur un cahier.* 3 Remarquer qqch. *Noter une amélioration dans l'état d'un malade.* 4 Porter une appréciation, le plus souvent chiffrée, sur les qualités de. *Noter des copies.* 5 MUS Écrire de la musique avec les signes destinés à cet usage. *Noter un air.* 6 Représenter par un signe. *Le son* [y] *se note* u.

**nothofagus** *nm* Arbre voisin du hêtre, originaire du Chili, utilisé comme arbre d'ornement. PHO [nɔtɔfagys]

**Nothomb Amélie** (Kobe, 1967), romancière belge d'expression française : *Hygiène de l'assassin, Stupeur et tremblements.*

**notice** *nf* Texte bref donnant des indications, des explications sur un sujet. ETY Du lat. *notitia*, « connaissance ».

**notifier** *vt* 2 Porter qqch à la connaissance de qqn de manière officielle ou dans les formes légales. *Je lui ai notifié ma décision par lettre recommandée.* SYN signifier. DER **notification** *nf* – **notificatif, ive** *a*

**notion** *nf* 1 Connaissance immédiate, concept, idée. *La notion du beau. N'avoir aucune notion du danger.* 2 Connaissance élémentaire d'une langue, d'une science. *Notions d'allemand, de géométrie.* ETY Du lat.

**notionnel, elle** *a* 1 didac Relatif à une notion, à des concepts. 2 FIN Se dit d'un emprunt d'État fictif, servant aux cotations sur le Matif. LOC ***Grammaire notionnelle*** : qui repose sur l'hypothèse que le langage traduit une pensée universelle, indépendamment du contexte linguistique.

**Noto** ville de Sicile, 22 000 hab. Reconstruite à la fin du $XVII^e$ s. après un séisme, la ville est riche en monuments baroques.

**notoire** *a* Connu de beaucoup ; public. *Fait notoire. Tricheur notoire.* SYN manifeste. ETY Du lat. DER **notoirement** *av*

**notonecte** *nm, nf* Punaise aquatique qui nage sur le dos à l'aide de pattes postérieures en forme de rames. ETY Du gr. *nôtos*, « dos », et *nêktos*, « nageur ».

**notoriété** *nf* 1 Caractère d'un fait notoire. 2 Fait d'être connu en bonne part, célébrité. *Avoir une certaine notoriété.* SYN réputation. LOC DR ***Acte de notoriété*** : par lequel des témoins attestent un fait, devant un officier public.

**notre, nos** *a poss* 1 Qui nous appartient ou se rapporte à nous. *Notre chien. Nos enfants.* 2 Employé à la place de *mon, ma* ou *mes* (plur. de majesté ou de modestie). *Il est de notre devoir, en tant qu'auteur de cette ouvrage...* ETY Du lat.

**nôtre** *a, pr, n* **A** *a poss de la 1re pers du pl* À nous. *Cette terre est nôtre.* **B** *pr poss* Celui, celle, ceux que nous possédons. *C'est votre chien, ce n'est pas le nôtre.* **C** *n m pl* LOC ***Les nôtres*** : les membres du groupe (famille, amis, société) auquel nous appartenons. ETY Du lat.

**Notre-Dame** nom que les catholiques donnent à la Vierge Marie. ▷ Nom donné aux sanctuaires qui lui sont consacrés.

**Notre-Dame-de-Gravenchon** com. de la Seine-Maritime (arr. du Havre) ; 8 618 hab. – Raff. de pétrole ; génie climatique. DER **gravenchonnais, aise** *a, n*

**Notre-Dame-de-Lorette** colline du Pas-de-Calais, dans le N. de l'Artois. Violents combats en 1914 et 1915.

**Notre-Dame de Paris** cathédrale et égl. métropolitaine de Paris, de style goth., située dans l'île de la Cité ; commencée en 1163, terminée v. 1250. Elle a été restaurée de 1845 à 1864 par Viollet-le-Duc, qui lui a ajouté une flèche.

**Notre-Dame de Paris** roman historique de Victor Hugo (1831). ▷ CINE Film de J. Delannoy (1956), avec G. Lollobrigida et Anthony Quinn (né en 1915).

**Notre-Dame-des-Fleurs** roman autobiographique de Genet (1948).

**Nottingham** ville de G.-B., sur la Trent ; 261 500 hab. ; ch.-l. du *Nottinghamshire* (2 164 $km^2$ ; 1 006 400 hab. ; forêts, céréales, houille). Centre industriel. – Université. Chât. du $XVII^e$ s. (auj. musée des Beaux-Arts).

**notule** *nf* Brève annotation.

**Nouadhibou** (anc. *Port-Étienne*), port de Mauritanie ; ch.-l. de région ; 22 000 hab. Exportation du minerai de fer de F'Derick, à laquelle il est relié par voie ferrée (675 km). Pêche.

**nouage** *nm* 1 Action de nouer. 2 TECH En tissage, opération consistant à nouer l'extrémité d'une chaîne terminée à la suivante.

**nouaison** *nf* AGRIC, ARBOR Transformation de la fleur fécondée en fruit, début de la formation du fruit. SYN nouure.

**Nouakchott** cap. de la Mauritanie ; 880 000 hab. (aggl.). – Ville créée en 1958. DER **nouakchottois, oise** *a, n*

Nouakchott

**nouba** *nf* anc Fanfare des tirailleurs d'Afrique du Nord, avec fifres et tambourins indigènes. LOC fam ***Faire la nouba*** : la fête. ETY Mot ar.

**Noubas** → **Nubas.**

**nouchi** *nm* Parler populaire de Côte-d'Ivoire mélangeant français et dialectes locaux.

**noue** *nf* CONSTR 1 Angle rentrant formé par la rencontre de deux combles. 2 Élément creux (tuile, lame de zinc) placé dans cet angle pour collecter l'eau de pluie. ETY Du lat.

**noué, ée** *a* LOC ***Avoir la gorge, l'estomac noué*** : contracté par l'émotion, l'anxiété, etc.

**nouer** *v* 1 **A** *vt* 1 Faire un nœud à, réunir au moyen d'un nœud les extrémités d'un lien, d'une corde, etc. *Nouer une ficelle autour d'un colis.* 2 Réunir, rassembler, serrer au moyen d'un ou de plu-

Notre-Dame de Paris

sieurs nœuds. *Nouer ses cheveux avec un ruban.* SYN attacher. **3 fig** Établir un lien avec qqn. *Nouer de nouvelles relations.* **B** *vpr* **1** S'entrelacer, s'attacher. **2** BOT Commencer à se former à partir de la fleur fécondée, en parlant d'un fruit. ETY Du lat.

**Nouers** → **Nuers.**

**noueux, euse** *a* **1** Se dit du bois qui comporte de nombreux nœuds. **2 fig** Dont l'aspect évoque les nodosités, d'une branche d'arbre.

**Nougaro** Claude (Toulouse, 1929 – Paris, 2004), chanteur-compositeur français. Il chante son pays sur des rythmes inspirés du jazz.

**nougat** *nm* Confiserie à base d'amandes, de sucre et de miel. ETY Du lat. *nux*, « noix ».

**nougatine** *nf* Confiserie faite de sucre caramélisé et de menus morceaux d'amandes ou de noix, souvent utilisée en pâtisserie.

**Nougé** Paul (Bruxelles, 1895 – id., 1967), écrivain belge d'expression française ; surréaliste : *Histoire de ne pas rire* (1956), *L'expérience continue* (poèmes, 1966).

**nouille** *nf*, *a* **A** *nf* Pâte alimentaire en forme de lamelle mince et allongée. **B** *nf, a* **fig, fam** Se dit d'une personne molle et indolente, sans initiative. *Ce qu'il est nouille !* **LOC** ***Style nouille :*** style décoratif du début du XX^e^s. ETY De l'all.

**Noukous** ville d'Ouzbékistan, sur l'Amou-Daria ; cap. de la rép. auton. de Karakalpakie ; 230 000 hab.

**noulet** *nm* CONSTR **1** Assemblage de pièces de charpente qui, à la rencontre de deux combles de hauteur différente, soutient le faîtage et les pannes du comble le moins élevé. **2** Canal pour l'écoulement des eaux, fait avec des noues.

**Nouméa** port et ch.-l. de la Nouvelle-Calédonie ; 99 000 hab. – Métallurgie (nickel) à Doniambo. – Centre culturel Tjibaou (dû à R. Piano, 1998). DER **nouméen, enne** *a, n*

**Nouméa** le centre culturel J.-M.-Tjibaou

**noumène** *nm* PHILO Chez Kant, la chose en soi, telle qu'elle existe indépendamment de qui peut la connaître ou la sentir (par oppos. à *phénomène*). ETY Du gr. DER **nouménal, ale, aux** *a*

**nounou** *nf* **fam** Nourrice, assistante maternelle.

**nounours** *nm* **fam** Ours en peluche.

**Noureïev** Rudolf (Razdolnaïa, près d'Irkoutsk, 1938 – Paris, 1993), danseur et chorégraphe autrichien (1982) d'origine russe, il a fui l'Union soviétique en 1961 ; directeur de la danse de l'Opéra de Paris (1983-1989).

**Nourissier** François (Paris, 1927 – id., 2011), écrivain français : *le Malaise général* (1958-1965), *l'Empire des nuages* (1981), *À défaut de génie* (2000).

**nourrain** *nm* TECH **1** Ensemble d'alevins placés dans un étang pour le repeupler. **2** Jeune porc sevré.

**nourri, ie** *a* **1** Qui reçoit de la nourriture. *Un chat bien nourri.* **2 fig** Riche, abondant, substantiel. *Style nourri.* **LOC** ***Fusillade nourrie :*** avec des décharges fréquentes et nombreuses.

**nourrice** *nf* **1** Femme qui allaite un enfant, le sien ou celui d'une autre. **2** Femme qui, moyennant une rétribution, s'occupe chez elle d'enfants qui ne sont pas les siens. SYN assistante maternelle, nounou. **3** Bidon contenant une réserve de liquide. **4** TECH Réservoir auxiliaire de carburant. ETY Du lat. *nutricia*, « nourricière ».

**nourricier, ère** *a* **1** Qui fournit la nourriture. *Terre nourricière.* **2** Qui a des propriétés nutritives. *Suc nourricier.* **LOC** ***Père nourricier :*** père adoptif.

**nourrir** *v* ③ **A** *vt* **1** Fournir en aliments. *Nourrir des poules au maïs.* **2** Subvenir aux besoins matériels de qqn. *Nourrir sa femme et ses enfants.* **3** Entretenir ; faire durer. *Le bois nourrit le feu.* **4 fig, litt** Entretenir intérieurement. *Nourrir des craintes.* **5 fig** Former, instruire l'esprit. *La lecture nourrit l'intelligence.* **6** Renforcer, étoffer. *Nourrir un exposé de citations.* **B** *vpr* **1** Consommer, tel ou tel aliment, manger. *Se nourrir de lait.* **2 fig** Enrichir son esprit avec. *Se nourrir de poésie.* ETY Du lat. DER **nourrissant, ante** *a*

**nourrissage** *nm* ELEV Action, manière de nourrir des animaux (bétail, gibier).

**nourrisseur** *nm* Éleveur qui engraisse le bétail pour la boucherie.

**nourrisson** *nm* **1** Jeune enfant qui n'est pas encore sevré. **2** MED Jeune enfant, entre la fin de la période néonatale et la fin de la première dentition.

**nourriture** *nf* **1** Ce dont on se nourrit. *Ne pas avoir assez de nourriture.* **2 fig** Ce qui forme, enrichit. *Les nourritures de l'esprit.*

**Nourritures terrestres (les)** œuvre en prose poétique de Gide (1897).

**nous** *pr pers* forme de la 1^re^ pers. du plur., sujet ou complément. **1** Désigne un ensemble de personnes qui inclut la personne qui parle. **2** Remplace *je* (*nous* de majesté ou de modestie). *Nous, maire de...* ETY Du lat.

**noure** *nf* AGRIC Nouaison.

**nouveau, nouvelle** *a, n* **A** *a* **1** Qui n'existe que depuis peu ; qui est apparu très récemment. *Pommes de terre nouvelles. Mot nouveau.* **2** Que l'on ne connaissait pas jusqu'alors. *Un nouveau visage.* **3** Neuf, original. *La ligne de cette voiture est tout à fait nouvelle.* **4** Qui vient après, qui remplace. *Un nouvel emploi.* **5** Qui est tel depuis peu. *Des nouveaux venus.* **B** *n* Personne qui vient d'entrer dans une collectivité (école, entreprise, etc.). **C** *nm* **1** Des évènements, des faits nouveaux. *J'ai appris du nouveau.* **2** Des choses originales, inédites. *Il nous faut du nouveau.* **LOC** ***À, de nouveau :*** une fois de plus et d'une façon différente. ETY Du lat. VAR **nouvel** devant un nom commençant par une voyelle ou un *h* muet

**Rudolf Noureïev**

**Nouveau** Germain (Pourrières, Var, 1851 – id., 1920), poète français, ami de Rimbaud et de Verlaine : *Valentines* (1886-1887), *Ave maris stella* (1912).

**Nouveau-Brunswick** (en angl. *New Brunswick*), une des prov. marit. du Canada, sur l'Atlantique ; 73 437 km² ; 750 000 hab. (dont env. 40 % de francophones) ; cap. *Fredericton.* À l'O. s'étendent les Appalaches (alt. max. 810 m au mont Carleton) ; à l'E., une plaine. La forêt couvre les trois quarts de la région, au climat rude et humide. Princ. ressources : élevage (lait), exploitation forestière, pêche, houille blanche. – Découverte par J. Cartier (1534), la région, cédée par la France aux Anglais (1713) et incluse dans la Nouvelle-Écosse, en fut séparée pour former une province en 1784. DER **néo-brunswickois, oise** *a, n*

**Nouveau-Mexique** (en angl. *New Mexico*), État du S.-O. des É.-U., à la frontière mexicaine ; 315 113 km² ; 2 000 000 hab. ; cap. *Santa Fe.* – À l'O. et au N. s'étendent les Rocheuses méridionales, dont l'alt. dépasse parfois 4 000 m ; à l'E., des hauts plateaux. Le climat est désertique, l'agric. faible, le sous-sol riche (pétrole, gaz, uranium, potasse). La population et l'industrie se concentrent autour du Rio Grande (Santa Fe, Albuquerque). Grand centre atomique à Los Alamos. – Colonisée par les Espagnols (XVI^e^ s.), la région fit partie du Mexique, auquel les É.-U. la prirent en 1848. Territoire en 1850, troublée par les guerres avec les Apaches, elle entra en 1912 dans l'Union.

**Nouveau Monde** l'Amérique (notam. les É.-U.), par oppos. à l'*Ancien Monde* (Europe, Asie, Afrique).

**nouveau-né, -née** *a, n* **A** *a* Qui vient de naître. PLUR nouveau-nés. **B** *n* MED Enfant de moins de 28 jours.

**Nouveau parti anticapitaliste** (NPA) parti politique créé en 2009 pour remplacer la *Ligue communiste révolutionnaire.*

**Nouveau-Québec** → **Nord-du-Québec.**

**nouveau réalisme** mouvement artistique français, parallèle au pop'art, fondé en 1960 par Pierre Restany, avec Arman, Hains, Klein, Raysse, Spoerri, Tinguely, Dufrêne, puis César, Christo, Rotella et Niki de Saint-Phalle.

**nouveau roman** terme générique désignant les recherches sur l'écriture romanesque menées, à partir des années 1950, par N. Sarraute, A. Robbe-Grillet, M. Butor, Cl. Simon, R. Pinget, etc. Ils refusaient le récit linéaire traditionnel.

**nouveauté** *nf* **1** Caractère de ce qui est nouveau. *La nouveauté d'une doctrine.* **2** Chose nouvelle. *Aimer les nouveautés.* **3** Publication nouvelle. *Le rayon des nouveautés dans une librairie.* **4** Production récente dans le domaine de la mode.

**Nouveau Testament** pour les chrétiens, l'ensemble des textes sacrés qui fait suite à la Bible hébraïque (nommée par eux l'Ancien Testament) : les Évangiles, les Actes des Apôtres, les Épîtres, l'Apocalypse de saint Jean. À l'Alliance conclue entre Dieu et le peuple juif a succédé, selon les chrétiens, une Nouvelle Alliance grâce à l'entremise du Christ.

**Nouvel** Jean (Fumel, 1945), architecte français : Institut du monde arabe (1987), opéra de Lyon (1993), musée du Quai Branly, à Paris (2006). Prix Pritzker 2008.

**nouvelle** *nf* **A 1** Annonce d'un évènement récent. *Répandre une nouvelle. Écouter les nouvelles à la radio.* **2** LITTER Brève composition littéraire de fiction. *Un recueil de nouvelles.* **B** *nf pl* Renseignements relatifs à la situation, à la santé de qqn. *Prendre des nouvelles d'un malade.* **LOC** ***Première nouvelle !*** : ce que vous m'annoncez me

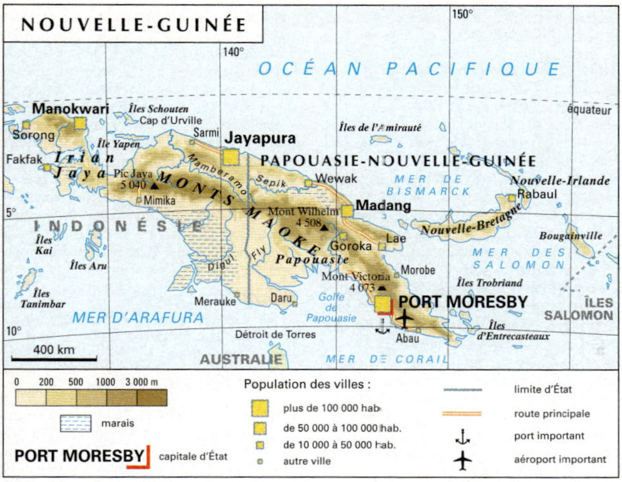


surprend ! — ***Vous m'en direz des nouvelles*** : vous m'en ferez des compliments, à coup sûr cela vous plaira.

**Nouvelle-Amsterdam** île française (depuis 1893) du S. de l'océan Indien ; 55 km² env. ; inhabitée. Stat. météorologique.

**Nouvelle-Amsterdam** (*Nieuwe Amsterdam*), nom que les Hollandais donnèrent en 1626 à la ville qui devint New York.

**Nouvelle-Angleterre** (en angl. *New England*), rég. du N.-E. des É.-U., qui correspond aux six colonies anglaises fondées au XVIIe s. : New Hampshire, Massachusetts, Rhode Island, Connecticut, Maine, Vermont. V. princ. Boston.

**Nouvelle-Bretagne** (en angl. *New Britain*), île princ. de l'archipel Bismarck, au N.-E. de la Nouvelle-Guinée, incluse dans la Papouasie-Nouvelle-Guinée ; 36 519 km² ; 405 000 hab. ; v. princ. *Rabaul*. Forêts. – Possession allemande de 1884 à 1914 (Nouvelle-Poméranie), l'île fut sous mandat australien jusqu'en 1975. Les Japonais l'occupèrent de 1942 à 1944. ▷ ART Les Sulkas et les Bainings exécutent des masques rehaussés de couleurs vives.

**Nouvelle-Calédonie** île du Pacifique S., collectivité française d'outre-mer, à env. 1 500 km de l'Australie orient. ; 19 058 km² avec ses dépendances (notam. îles Loyauté) ; 245 600 hab. ; ch.-l. *Nouméa*, où vit la moitié de la pop. (DER) **néo-calédonien** ou **calédonien, enne** *a, n*

**Géographie** L'île, qui s'allonge du N.-O. au S.-E. sur 400 km, est montagneuse (1 628 mètres au mont Panié) et ceinturée par un récif-barrière. Son climat est subtropical, mais salubre. Elle est peuplée de Mélanésiens (Canaques ou Kanaks, 42 %), les premiers occupants de l'île, d'Européens (Caldoches, 37 %), de Polynésiens (venus notam. de Wallis-et-Futuna et de Tahiti), d'Indonésiens. L'agriculture est peu développée (café, coprah) et l'élevage extensif. La princ. ressource est le nickel (2e rang mondial), découvert en 1873 et traité en partie sur place ; exposé aux fluctuations des cours mondiaux. On trouve aussi du cobalt, du fer, du chrome et du manganèse.

**Beaux-Arts** L'art kanak comprend les postes sculptés des cases monumentales (chambranles, etc.), des masques et des armes, dont la hache-ostensoir à lame de serpentine en forme de disque plat.

**Histoire** Découverte par Cook (1774), l'île devint française en 1853 et servit de colonie pénitentiaire de 1864 à 1896. Spoliés de leur terre, les Kanaks se révoltèrent plusieurs fois. Devenue territoire d'outre-mer en 1946, elle vit naître en 1982 le Front de libération nationale kanak et socialiste (FLNKS) auquel s'oppose la majorité des caldoches. Un nouveau statut ouvre la voie à l'autodétermination en 1984, mais des incidents meurtriers éclatent entre le FLNKS et les anti-indépendantistes. En 1987, un référendum est boycotté par le FLNKS. En avril-mai 1988, celui-ci prend en otages des gendarmes dans l'île d'Ouvéa ; leur libération est sanglante. En juin, un accord, approuvé par un référendum national, est conclu entre le Rassemblement pour la Calédonie dans la République (RPCR), dirigé par Jacques Lafleur, le FLNKS, dirigé par Jean-Marie Tjibaou, et le gouvernement français, sur un statut intérimaire pour dix ans, prévoyant en 1998 un scrutin d'autodétermination. Le 21 avril 1998, un accord sur l'avenir institutionnel de la Nouvelle-Calédonie est signé entre le FLNKS, le RPCR et le gouv. français ; il prévoit un référendum sur l'indépendance entre 2014 et 2018.

**nouvelle critique** mouvement d'analyse et de critique littéraire qui se développa en France au début des années 60. Il s'inspire, selon les auteurs, des méthodes de la psychanalyse, du structuralisme, de la linguistique ou de la sociologie.

**Nouvelle-Écosse** une des prov. marit. du Canada, formée d'une vaste presqu'île et de l'île du Cap-Breton ; 55 490 km² ; 921 700 hab. (36 000 francophones) ; cap. *Halifax*. – Plateaux des Appalaches (alt. max. 400 m) et dépressions se succèdent. Le climat est froid et humide. La pêche, l'élevage et la forêt sont des ressources importantes. Le sous-sol (fer, zinc, cuivre et, surtout, houille) a suscité l'industrialisation. (DER) **néo-écossais, aise** *a, n*

**Histoire** Disputée dès le début du XVIIe s. entre les Français (qui l'appelèrent *Acadie*) et les Anglais, la région appartint définitivement à la G.-B. en 1713. Les Acadiens en furent expulsés (1755-1758), et le pays fut peuplé d'Anglais loyalistes ayant quitté les États-Unis.

**Nouvelle-Espagne** vice-royauté espagnole qui s'étendait sur le Mexique actuel (1535-1821). L'Amérique centrale dépendit d'elle.

**Nouvelle-France** nom des possessions françaises d'Amérique du Nord jusqu'au traité de Paris (1763), par lequel la France céda la plus grande partie de ces possessions à l'Angleterre. À la fin du XVIIe s., la Nouvelle-France allait de la baie d'Hudson jusqu'au golfe du Mexique et du golfe Saint-Laurent jusqu'au-delà du lac Supérieur, englobant l'Acadie, le Canada et la Louisiane (au sens large). – *Les martyrs de la Nouvelle-France* : jésuites martyrisés lors de l'évangélisation du Canada, canonisés en 1930.

**Nouvelle-France** (Compagnie de la) → **Cent associés (Compagnie des).**

**Nouvelle-Galles du Sud** (en angl. *New South Wales*), État du S.-E. de l'Australie ; 801 600 km² ; 6 900 000 hab. ; cap. *Sydney*. Élevage ovin ; céréales. Hydroélectricité ; houille.

**Nouvelle-Grenade** nom anc. (XVIIe s.) de la région qui comprenait la Colombie, Panamá, le Venezuela et l'Équateur actuels. En 1822, Bolívar fit de cette région la Fédération de Grande-Colombie, qui éclata en 1830.

**Nouvelle-Guinée** la plus grande île du monde (après le Groenland), au N. de l'Australie, dont elle est séparée par le détroit de Torres ; 785 000 km² ; 9 600 000 hab. – L'île s'allonge du N.-O. au S.-E. Très montagneuse (alt. max. 5 040 m au mont Jaya), humide et volcanique, elle est habitée par des Papous. Cult. d'exportation : noix de coco, cacao, thé. Pétrole. À l'O. s'étend l'*Irian Jaya*, prov. d'Indonésie ; à l'E., l'État de *Papouasie-Nouvelle-Guinée*. – La Nouvelle-Guinée fut un centre import. de sculpture « primitive ». (DER) **néo-guinéen, enne** *a, n*

**Nouvelle-Irlande** (*Nouveau-Mecklembourg*, jusqu'en 1914 ; en angl. *New Ireland*), île de l'archipel Bismarck qui dépend de la Papouasie-Nouvelle-Guinée ; 9 600 km² ; 74 800 hab. ; v. princ. *Kavieng*.

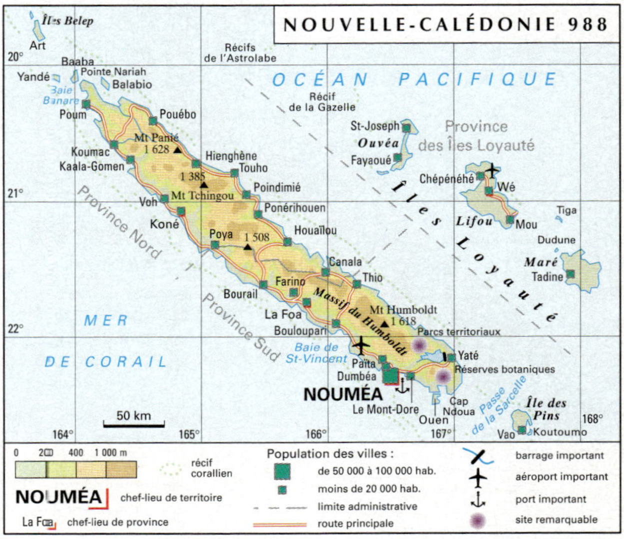

**nouvellement** *av* Depuis peu. *Maison nouvellement bâtie.*

**Nouvelle-Orléans (La)** (en angl. *New Orleans*), v. des É.-U. (Louisiane) ; port import. (2ᵉ des É.-U.) sur le Mississippi, à 170 km de son delta ; 344 900 hab. Marché du coton. Nombr. industries. Tourisme. – Cette ville coloniale (aux nombr. maisons pittoresques) fut française jusqu'en 1803. Le jazz y naquit vers 1900. DER **néo-orléanais, aise** *a, n*

**Nouvelle-Poméranie** → **Nouvelle-Bretagne.**

**Nouvelle Revue française (la) (NRF)** revue littéraire mensuelle fondée en 1909 par André Gide, Jean Schlumberger (1877 – 1968), Jacques Copeau, André Ruytens, Marcel Drouin, Henri Ghéon et Gaston Gallimard. Dirigée par Drieu La Rochelle de 1941 à 1943, elle fut interdite en 1945 et reparut en 1953. Princ. « secrétaires de rédaction » : Jacques Rivière (de 1919 à sa mort, en 1925) et Jean Paulhan (de 1925 à 1940, puis, avec M. Arland, de 1953 à sa mort, en 1968).

**Nouvelles exemplaires** recueil de 12 nouvelles de Cervantès (1613).

**Nouvelles-Hébrides** → **Vanuatu.**

**Nouvelle-Sibérie** (en russe *Novossibirskié Ostrova*), archipel russe de l'Arctique, au N.-E. de la Sibérie.

**Nouvelle Vague** mouvement cinématographique français né en 1959, quand sortirent : *le Beau Serge* et *les Cousins*, de Chabrol, *les Quatre Cents Coups*, de Truffaut et *À bout de souffle*, de Godard.

**Nouvelle-Zélande** (en angl. *New Zealand*), État d'Océanie, formé par un archipel qui s'étire sur 1 500 km, à 2 000 km au S.-E. de l'Australie ; 268 680 km² ; 4,1 millions d'hab. ; accroissement naturel : 0,8 % par an ; cap. *Wellington* (dans l'île du Nord). Nature de l'État : rép. parlementaire, membre du Commonwealth. Langues off. : angl. et maori. Monnaie : dollar néo-zélandais. Population : origines européennes (88 %), Maoris (8,9 %, au taux de natalité très élevé). Relig. : protestantisme majoritaire. DER **néo-zélandais, aise** *a, n*

**Géographie** *L'île du Nord,* volcanique, groupe 75 % de la population dans les plaines littorales (ville princ. *Auckland*) ; *l'île du Sud,* montagneuse (Alpes néo-zélandaises culminant à 3 764 m au mont Cook), est surtout peuplée sur la côte E. (ville princ. *Christchurch*). Le climat, océanique humide, est favorable aux forêts et aux herbages. La population compte 68,6 % de citadins. L'élevage ovin alimente l'exportation (viande, laine) ; l'industrie (textile, métallurgie, papeterie) dispose d'une hydroélectricité abondante.

**Histoire** LES ORIGINES Découverte par le Hollandais Tasman (1642), la Nouvelle-Zélande, reconnue par Cook (1769), devint britannique en 1840 : le traité de Waitangi consacra l'abandon par les Maoris de leur souveraineté à la G.-B., contre la garantie de possession de leurs terres. Le non-respect de cette disposition entraîna plusieurs guerres (1840-1847, 1860-1870).

L'INDÉPENDANCE Dominion en 1907, le pays eut dès cette époque une législation sociale très avancée et devint indépendant au sein du Commonwealth en 1931. Les conservateurs dominent la politique du pays, malgré le passage au pouvoir des travaillistes de 1972 à 1975, de 1984 à 1990 et de 1999 à 2008. Au pouvoir de 1990 à 1997, le conservateur Jim Bolger a appliqué une politique libérale qu'avaient amorcée les travaillistes : il a généralisé les privatisations, aboli les subventions, réduit les « avantages sociaux » ; le chômage et l'inflation ont régressé. En 1994, il a édicté des lois en faveur des Maoris. En 1997, Bolger cède sa place à Jenny Shipley. En 1999, le parti travailliste remporte les élections ; son leader, Helen Clark, bénéficie d'une écon. prospère. Les élections de 2005 l'ont reconduite dans ses fonctions, mais au prix d'une coalition avec les nationalistes. Les conservateurs remportent les élections de 2008 et 2011 avec à leur tête John Key.

**Nouvelle-Zemble** (en russe *Novaïa Zemlia*, « Terre nouvelle »), archipel montagneux de Sibérie, dans l'Arctique, formé de deux îles entre les mers de Barents et de Kara ; 82 600 km².

**nouvelliste** *n* LITTER Auteur de nouvelles.

**Nouvel Observateur (le)** hebdomadaire politique et culturel fondé en 1950 par Claude Bourdet sous le titre *l'Observateur* puis *France-Observateur* et qui réunissait la gauche non communiste. En 1964, il prit le titre actuel ; Jean Daniel (né en 1920) en est l'éditorialiste depuis cette date.

**nova** *nf* ASTRO Étoile dont l'éclat augmente brusquement de plus de 10 magnitudes en quelques jours puis décline lentement (en plusieurs mois) jusqu'au retour à l'état initial. PLUR novas ou novae. ETY Mot lat., « nouvelle (étoile) ».

**Nova Iguaçu** v. industr. du Brésil, dans la banlieue de Rio de Janeiro ; 796 257 hab.

**Novalis Friedrich, baron von Hardenberg,** dit (Oberwiederstedt, 1772 – Weissenfels, 1801), poète allemand : *Hymnes à la nuit* (1800) et *Cantiques spirituels,* poèmes en forme de prières qui mêlent symbolisme et mysticisme. L'essai *les Disciples à Saïs* (1798) et le roman inachevé *Henri d'Ofterdingen* (posth., 1802) expriment les principes du romantisme allemand (« la poésie est le réel absolu »).

Friedrich Novalis

**Nova Lisboa** → **Huambo.**

**Novare** v. d'Italie (Piémont), au pied des Alpes ; 102 430 hab. ; ch.-l. de la prov. du m. nom. – Marché agric. (gorgonzola, notam.). Industr. – En 1513, les Suisses de Maximilien Sforza y battirent les Français. En 1849, le roi de Sardaigne Charles-Albert y fut battu par les Autrichiens.

**Novarina Valère** (Chênes-Bougeries, Suisse, 1942), écrivain, dramaturge et dessinateur français : *le Drame de la vie* (1983).

**Novartis** société pharmaceutique suisse résultant de la fusion, en 1997, de Ciba-Geigy et de Sandoz (société fondée à Bâle en 1886).

**novateur, trice** *n, a* Qui innove. *Un hardi novateur. Tendances novatrices.*

**Novatien** antipape (251). Il reprocha au pape Corneille d'absoudre les renégats (*lapsi*) qui redoutaient les persécutions (de Décius, notam.). Son intransigeance mena à l'hérésie *novatienne,* condamnée par le concile de Rome (251).

**novation** *nf* **1** DR Substitution d'une obligation à une autre, extinction d'une dette en raison de la création d'une dette nouvelle. **2** Innovation, nouveauté. ETY Du lat. DER **novatoire** *a*

**novéliser** *vt* ① Écrire un roman à partir du scénario d'un film. ETY De l'angl. *novel,* « roman ». DER **novélisation** *nf*

**novembre** *nm* Onzième mois de l'année, comprenant trente jours. LOC ***Le 11 novembre*** : jour férié, anniversaire du jour où fut signé, à Rethondes, l'armistice entre les Alliés et l'Allemagne, vaincue. ETY Du lat. *novem*, « neuf ».

**nover** *vt* 1 DR Renouveler une obligation par novation. ETY Du lat. *novem*, « neuf ».

**Noverre** Jean Georges (Paris, 1727 – Saint-Germain-en-Laye, 1810), danseur et chorégraphe français, théoricien de son art.

**Noves** Laure de (?, 1308 – Avignon [?], 1348), dame provençale, célèbre par sa beauté, que Pétrarque chanta dans son *Canzoniere*.

**Novgorod** ville de Russie, au S. de Saint-Pétersbourg ; 1,3 million d'hab. (aggl.) ; ch.-l. de prov. Centre commercial. Industries. – Important foyer artistique du XIe au XVIe s. : cath. Ste-Sophie (1045-1052), églises des XIIe et XIVe s., fresques, icônes, miniatures.
**Histoire** Fondée par les Varègues (IXe s.), la ville, d'abord dépendante de Kiev, fut aux XIIe et XIIIe s. le centre d'un puissant État qui participa au trafic entre l'Orient et la Baltique. Ivan III l'annexa (1475-1478) à l'État moscovite.

**Novgorod** cathédrale Sainte-Sophie

**novice** *n* 1 RELIG Personne qui passe dans un couvent un temps d'épreuve avant de prononcer ses vœux. 2 Personne qui est encore peu expérimentée dans une activité, un métier. 3 MAR Apprenti marin, entre le mousse et le matelot. ETY Du lat. *novus*, « neuf ».

**noviciat** *nm* 1 RELIG État de novice dans un ordre religieux ; temps que dure cet état. 2 Apprentissage. 3 Bâtiment d'un monastère où logent les novices.

**novillada** *nf* Course de jeunes taureaux (novillos) réservée aux novilleros.

**novilléro** *nm* Torero non confirmé (avant de passer l'alternative) qui combat des novillos dans des novilladas. VAR **novillero**

**novillo** *nm* Jeune taureau de combat, réservé aux novilleros. ETY Mot esp.

**Novi Sad** cap. de la Vojvodine, port sur le Danube ; 170 020 hab. Centre industriel.

**novlangue** *nf* Langue simplifiée et abâtardie générée par un régime totalitaire. ETY Mot créé par Orwell dans son roman *1984*.

**novocaïne** *nf* Succédané de la cocaïne, utilisé comme anesthésique local. ETY Nom déposé.

**Novochakhtinsk** v. de Russie, dans le Donbass oriental ; 106 000 hab. Houille.

**Novokouznetsk** (*Stalinsk* de 1932 à 1961), v. de Sibérie occid., dans le Kouzbass ; 600 000 hab. Centre industriel.

**Novorossisk** port de Russie, sur la mer Noire ; 175 000 hab. Industries.

**Novossibirsk** v. de Sibérie occid., sur l'Ob ; 1,4 million d'hab. (aggl.) ; ch.-l. de la prov. du m. nom. Centre adm., culturel et industriel.

**Novotný** Antonín (Letňany, près de Prague, 1904 – Prague, 1975), homme politique tchécoslovaque. Président de la République (1957), il se démit en mars 1968.

**Novum Organum** œuvre (en lat.) de Francis Bacon (1620) qui forme, avec *De dignitate et augmentis scientiarum* (« De la dignité et de l'accroissement des sciences », en angl., 1605 ; en lat., 1623), l'*Instauratio magna* (« la Grande Restauration des sciences] »).

**Nowa Huta** v. industr. de Pologne, dans l'aggl. de Cracovie ; 200 000 hab.

**noyade** *nf* Asphyxie mécanique provoquée soit par l'invasion des voies respiratoires par un liquide, soit par un arrêt cardio-respiratoire réflexe au contact de l'eau (hydrocution).

**noyau** *nm* 1 Partie centrale dure de certains fruits, résultant de la lignification de l'endocarpe et contenant la graine. *Noyau de prune.* 2 Petit amas de matière au sein d'un solide, d'une densité différente de celle du reste de la masse. 3 fig Petit groupe humain à partir duquel un groupe plus vaste se constitue. *Le noyau d'une colonie.* 4 Petit groupe humain envisagé quant à sa stabilité, à sa cohésion. *Il avait conservé autour de lui un noyau de fidèles.* 5 Groupe de quelques personnes qui mènent, au sein d'un milieu donné, une action particulière, généralement de nature politique ou militaire. *Noyau de résistance.* 6 BIOL Organelle cellulaire, le plus souvent de forme approximativement sphérique, limitée par une membrane percée de pores, qui contient les chromosomes et un ou plusieurs nucléoles. V. chromosome. 7 PHYS NUCL Partie centrale de l'atome autour de laquelle gravitent les électrons. 8 CONSTR Partie centrale d'un bâtiment, d'un lieu. 9 ELECTR Pièce ferromagnétique autour de laquelle sont enroulées les spires d'un bobinage. 10 ASTRO Partie solide au centre de la tête d'une comète. 11 CHIM Chaîne cyclique particulièrement stable, conférant à la molécule dont elle fait partie certaines propriétés caractéristiques. 12 METALL Pièce en matière réfractaire que l'on place à l'intérieur d'un moule de fonderie pour obtenir un creux dans la pièce coulée. 13 GEOL Partie centrale de la sphère terrestre. V. encycl. terre. 14 ANAT Petit amas de substance grise dans un centre nerveux. 15 FIN Liste de produits contingentés. LOC ***Noyau dur*** : partie la plus déterminée d'un groupe ; élément le plus important d'un ensemble ; groupe d'actionnaires stable qui contrôle une société. ETY Du lat. *nodus*, « nœud ».

ENC Le noyau d'un atome est constitué de protons et de neutrons, rassemblés sous le nom de nucléons. Le *proton* est une particule qui possède une charge électrique égale et opposée à celle de l'électron (chargé négativement). Sa masse est 1 836 fois celle de l'électron. Le *neutron* est une particule de masse voisine de celle du proton mais de charge nulle (d'où son nom). L'atome d'un élément comprend toujours un nombre fixe de protons, égal au nombre de ses électrons. (V. élément.) La taille du noyau ($10^{-15}$ m) est dix mille fois plus petite que celle de l'atome ($10^{-10}$ m) et concentre quasiment toute sa masse. L'atome a une structure lacunaire, c'est-à-dire qu'entre les électrons et le noyau il n'y a que du vide. La densité du noyau (celle des étoiles à neutron) est d'environ 200 millions de tonnes au $cm^3$. – Protons et neutrons sont liés par des forces considérables, nommées *interactions fortes*, qui s'exercent à très courte distance par l'intermédiaire de particules de plus faible masse. Pour les séparer, c'est-à-dire pour obtenir un noyau de masse plus faible, il faut dépenser une énergie extrêmement élevée, qui correspond à l'énergie de liaison. L'énergie dégagée par la fission d'un noyau ou la fusion de plusieurs noyaux provient de la diminution de masse (défaut de masse) qui s'effectue lors de ces réactions nucléaires. V. atome, fission, force, fusion, interaction nucléaire, neutron et radioactivité.

**noyauter** *vt* 1 S'implanter dans un milieu en y introduisant des individus isolés chargés de mener une action de propagande ou de subversion. *Mouvement politique qui noyaute une administration.* DER **noyautage** *nm*

**noyé, ée** *a, n* Personne morte par noyade. LOC ***Être noyé*** : être incapable de surmonter les difficultés.

**1 noyer** *v* 23 **A** *vt* 1 Faire mourir par asphyxie dans un liquide. *Noyer une portée de chiots.* 2 Inonder, submerger, engloutir. *Les crues ont noyé les champs près de la rivière.* 3 Enrober, faire disparaître dans une masse. *Noyer une poutrelle dans du béton.* 4 Rendre indiscernable, indistinct. *La brume noyait les silhouettes des arbres. Noyer sa pensée dans des phrases interminables.* **B** *vpr* 1 Mourir asphyxié par submersion. *Se noyer dans un puits.* 2 fig Se perdre. *Se noyer dans les détails.* LOC AUTO ***Noyer le carburateur*** : y laisser arriver une trop grande quantité d'essence, qui l'empêche de fonctionner. — ***Noyer le poisson*** : se perdre dans des digressions pour éluder une question embarrassante. — ***Noyer son chagrin dans l'alcool*** : tenter de l'oublier en buvant. — ***Noyer une révolte dans le sang*** : en venir à bout par une répression meurtrière, par des massacres. — ***Se noyer dans un verre d'eau*** : ne pouvoir surmonter le moindre obstacle, ne pouvoir résoudre une petite difficulté. ETY Du lat. *necare*, « tuer ».

**2 noyer** *nm* 1 Grand arbre des régions tempérées à feuilles composées, à fleurs mâles groupées en chatons, à fleurs femelles souvent solitaires, dont le fruit est la noix. 2 Bois de cet arbre, recherché en ébénisterie. ETY Du lat. *nux*, « noix ».

**noyer** fruit mûr, foliole, fruit vert

**Noyon** ch.-l. de canton de l'Oise (arr. de Compiègne), port sur le canal du Nord ; 14 471 hab. – Cath. goth. (fin XIIe-déb. XIIIe s.). Maison natale de Calvin (reconstruite). – En 1516, François Ier et Charles Quint s'y allièrent. DER **noyonnais, aise** *a, n*

**Np** 1 CHIM Symbole du neptunium. 2 PHYS Symbole du néper.

**NPA** sigle de *Nouveau parti anticapitaliste*.

**NPI** *nm* Sigle pour *nouveau pays industrialisé* (Corée du Sud, Hong Kong, Taïwan, Singapour, Thaïlande, Indonésie, Brésil, etc.).

**NRBC** *a* MILIT Se dit des armes nucléaires, radiologiques, biologiques et chimiques et de ce qui s'y rapporte. *Attaque NRBC.* Syn. anc. *NBC*.

**NRF** sigle de *Nouvelle Revue Française (la)*.

**NSA** sigle de *National Security Agency*, service de renseignements américains chargé de la surveillance des communications sous toutes leurs formes.

**nt** PHYS Symbole du nit (unité de luminance).

**NTIC** *nfpl* Abrév. de *nouvelles technologies de l'information et de la communication* (informatique, audiovisuel, téléphonie, Internet, etc.) VAR **TIC**

**1 nu** *nm* Treizième lettre de l'alphabet grec (N, ν), correspondant à *n*.

**2 nu, nue** *a, nm* **A** *a* 1 Qui n'est couvert d'aucun vêtement. *Être tout nu. Avoir la tête nue. Être nu-tête, nu-jambes, nu-pieds.* 2 Sans enveloppe, sans revêtement, sans ornement. *Épée nue. Chambre nue. Terrain nu. Arbre nu.* **3** fig Simple, sans fioritures. *Écrire dans un style nu. La vérité toute nue.* **B** *nm* Corps ou partie du corps dénudé(e) ; sa représentation dans l'art. *Le nu et le drapé. Nu artistique.* LOC ***À l'œil nu*** : sans instrument d'optique. — ***À nu*** : à découvert. — CONSTR ***Nu du mur*** : surface unie de parement par rapport à laquelle on mesure les retraits et les saillies. (ETY) Du lat.

**nuage** *nm* **1** Amas de gouttelettes d'eau ou de petits cristaux de glace en suspension dans l'atmosphère. *Un ciel sans nuages.* **2** Ce qui évoque un nuage par son aspect. *Un nuage de poussière.* **3** fig Ce qui trouble la sérénité, la tranquillité. *Bonheur sans nuages.* LOC ***Être dans les nuages*** : distrait, absent. — fam ***Être sur un nuage*** : être euphorique. — ***Nuage de lait*** : petite quantité de lait ajoutée à une boisson. — CHIM ***Nuage électronique*** : ensemble des points de l'espace plus ou moins proches du noyau de l'atome et susceptibles d'être occupés par un électron. (ETY) De *nue.*

ENC Selon l'altitude, on distingue : entre 6 000 et 12 000 m, les cirrus (fines plumes blanches), les cirrocumulus (flocons blancs) et les cirrostratus (voile), ils annoncent un changement de temps ; entre 2 000 et 6 000 m, les altocumulus (ciel pommelé), les altostratus (nappe grisâtre), les nimbostratus (sombres) ; entre 300 et 2 500 m, les stratocumulus et les stratus, formés de gouttes d'eau liquide et générateurs de brouillards ; entre 20 et 2 000 m, les cumulus, d'un blanc éclatant et bourgeonnant au sommet, sont des nuages de beau temps. Les cumulonimbus (entre 300 et 17 000 m), au fort développement vertical, sont porteurs d'orage et de grêle.

**Nuage en pantalon** poème futuriste de Maïakovski (1915).

**Nuages de Magellan** → **Magellan (Nuages de).**

**nuageux, euse** *a* **1** Couvert par les nuages. *Ciel nuageux.* **2** METEO Qui a rapport aux nuages. *Système nuageux.* **3** fig Confus, obscur. *Esprit nuageux.*

**nuance** *nf* **1** Chacun des degrés par lesquels peut passer une couleur. **2** fig Différence délicate, subtile entre des choses de même genre. *Il y a une nuance entre « juste » et « équitable ».* **3** MUS Degré d'intensité que l'on doit donner aux sons. (ETY) De *nue.*

**nuancer** *vt* ⑫ Introduire des nuances dans. *Nuancer un bleu. Nuancer un jugement.*

**nuancier** *nm* Carton, petit cahier, etc., sur lequel est présenté un échantillonnage des couleurs proposées à la clientèle. *Nuancier d'un fabricant de peinture, d'une marque de rouge à lèvres.*

**Nubas** ensemble des populations du Kordofan (Soudan) ; 2 500 000 personnes. Ils parlent des langues nilo-sahariennes du groupe soudanais oriental. (VAR) **Noubas, Nubiens** (DER) **nuba, nouba** ou **nubien, enne** *a*

**Nubie** rég. désertique du N.-E. de l'Afrique, partagée entre l'Égypte (Basse-Nubie) et le Soudan (Haute-Nubie), comprenant des plateaux de grès et de dunes (désert Libyque) et de hauts massifs dominant la mer Rouge (désert Nubien). V. Nubas, Koush et Méroé. (DER) **nubien, enne** *a, n*

**nubile** *a* **1** Qui est en âge de se marier. *Selon le Code civil, les filles sont réputées nubiles à quinze ans révolus, et les garçons à dix-huit.* **2** Qui est en âge de procréer. (ETY) Du lat. (DER) **nubilité** *nf*

**nubuck** *nm* Cuir de bovin présentant un aspect velouté. (ETY) De l'angl.

**nucal, ale** *a* De la nuque. *Douleurs nucales.* PLUR nucaux.

**nucelle** *nm* BOT Tissu de réserve de l'ovule végétal, dans lequel se développe le gamète femelle. (ETY) Du lat. *nux, nucis,* « noix ».

**nuclé(o)-** Élément, du lat. *nucleus,* « noyau ».

**nucléaire** *a, nm* **A** *a* **1** BIOL Du noyau de la cellule. *Membrane nucléaire.* **2** PHYS Du noyau de l'atome. *Physique nucléaire.* **3** Qui a trait à l'énergie nucléaire, qui l'utilise ou la produit. *Centrale nucléaire.* **4** Se dit de la famille au sens restreint (le père, la mère et les enfants). **B** *nm* Énergie nucléaire ; l'ensemble de ses utilisations industrielles, militaires, etc. LOC ***Chimie nucléaire*** : partie de la physique nucléaire qui s'intéresse plus particulièrement à l'étude des réactions entre noyaux et particules. — ***Énergie nucléaire*** : énergie dégagée par une réaction nucléaire. — ***Puissance nucléaire*** : pays qui possède des armes nucléaires. — ***Réaction nucléaire*** : réaction qui affecte les constituants du noyau de l'atome.

ENC La *physique nucléaire* est l'étude des constituants du noyau atomique. L'étude des interactions des particules aux hautes énergies nécessite l'emploi d'appareils communiquant aux particules une énergie élevée, les accélérateurs de particules (cyclotron, synchrotron, accélérateurs linéaires, collisionneurs) et provoquant des transmutations artificielles, c.-à-d. des transformations d'un élément en un autre. L'étude de ces transmutations constitue la *chimie nucléaire.* Ces réactions s'accompagnent d'échanges de quantités d'énergie considérables et d'émission de particules. De telles réactions se produisent dans les étoiles ; il s'agit, dans ce cas, de réactions thermonucléaires, c.-à-d. de réactions de fusion entre des noyaux d'atomes légers. L'énergie nucléaire due à la *fission* du noyau de l'atome est utilisée pour produire de l'électricité ou de la chaleur. V. fusion et fission. ▶ illustr. **centrales**

**nucléariser** *vt* ① **1** Installer des sources nucléaires d'énergie en remplacement des sources traditionnelles. **2** Équiper en armement nucléaire. (DER) **nucléarisation** *nf*

**nucléariste** *n* Partisan de l'utilisation de l'énergie nucléaire, des centrales nucléaires.

**nucléase** *nf* BIOCHIM Enzyme du groupe des hydrolases, qui scinde les acides nucléiques.

**nucléé, ée** *a* BIOL Pourvu d'un ou de plusieurs noyaux. *Cellule nucléée.*

**nucléide** *nm* PHYS NUCL Noyau atomique défini par son numéro atomique Z et son nombre de masse A.

**nucléique** *a* LOC ***Acides nucléiques*** : constituants fondamentaux de la cellule vivante, porteurs de l'information génétique, polymères constitués de nucléotides.

ENC Les acides nucléiques furent d'abord mis en évidence dans le noyau cellulaire, d'où leur nom. On les divise en deux groupes selon la nature du pentose (ribose ou désoxyribose) qui entre dans leur composition : les acides désoxyribonucléiques (ADN), essentiellement localisés dans le noyau ; les acides ribonucléiques (ARN), plus abondants dans le cytoplasme. V. code, désoxyribonucléique et ribonucléique.

**nucléocrate** *n* Technocrate de l'industrie nucléaire.

**nucléole** *nm* BIOL Corpuscule nucléaire qui joue un rôle important dans la physiologie de la cellule (synthèse des protéines et de l'ARN).

**nucléon** *nm* PHYS NUCL Particule constitutive du noyau de l'atome. (DER) **nucléonique** *a*

**nucléophile** *a* CHIM Se dit d'un atome, d'un ion ou d'une molécule susceptible de céder un ou plusieurs doublets électroniques. SYN donneur.

**nucléoprotéine** *nf* BIOCHIM Association basique formée par une protéine et un acide nucléique.

**nucléoside** *nm* BIOCHIM Substance formée d'un pentose et d'une base purique ou pyrimidique. (DER) **nucléosidique** *a, nm*

**nucléosynthèse** *nf* ASTRO Ensemble des réactions nucléaires qui permettent d'expliquer la formation à partir du noyau d'hydrogène de tous les éléments chimiques présents dans l'Univers.

**nucléotide** *nm* BIOCHIM Unité élémentaire des acides nucléiques, constituée par la liaison d'un nucléoside et de l'acide phosphorique. (DER) **nucléotidique** *a*

**nucléus** *nm* PREHIST Bloc ou rognon de roche dure, partic. de silex, ayant subi un débitage. (PHO) [nykleys] (VAR) **nucleus**

**nucule** *nf* **1** BOT Fruit sec indéhiscent à paroi dure renfermant une seule graine, telle la noisette. **2** ZOOL Petit mollusque lamellibranche marin à coquille nacrée. (ETY) Du lat.

**nudisme** *nm* Doctrine invitant à vivre nu en plein air ; la pratique de cette doctrine. SYN naturisme. (DER) **nudiste** *a, n*

**nudité** *nf* **1** État d'une personne nue ; partie du corps habituellement dérobée aux regards par un vêtement. *Voiler sa nudité.* **2** BX-A Représentation du corps nu. **3** État de ce qui n'a pas de revêtement, d'ornement ; dépouillement. *La nudité d'une cellule de moine.* **4** fig Dépouillement, simplicité. *La nudité du style.*

**nue** *nf* litt **1** Nuages. **2** Partie de l'espace occupée par les nuages ; le ciel. *Oiseau qui prend son essor vers la nue.* LOC ***Porter aux nues*** : louer exagérément. — ***Tomber des nues*** : éprouver une grande surprise. (ETY) Du lat. *nubes,* « nuage ».

**nuée** *nf* **1** litt Nuage épais et de grande taille. *Nuées noires annonçant un orage.* **2** Multitude d'insectes, d'oiseaux, etc., évoquant un nuage. *Une nuée de sauterelles.* **3** Très grande quantité d'éléments distincts. *Une nuée d'assaillants.* LOC ***Nuée ardente*** : projection de cendres accompagnées de gaz à très haute température, qui émane d'un volcan.

**Nuées (les)** comédie d'Aristophane (423 av. J.-C.) qui attaque Socrate.

**nuement** → **nûment.**

**nue-propriété** *nf* DR Propriété d'un bien dont on n'a pas la jouissance (celle-ci étant réservée à l'*usufruitier*). PLUR nues-propriétés.

**Nuers** population nilotique du Soudan, ainsi que de l'Éthiopie. Les Nuers sont des éleveurs de bovins. La guerre, dans le sud du Soudan, leur inflige pertes et souffrances. (VAR) **Nouers** (DER) **nuer** ou **nouer** *a*

**Nuevo Laredo** ville du Mexique, sur le río Grande, en face de Laredo (Texas) ; 217 900 hab. Centre commercial.

**Nufud** → **Nafoud.**

**nugget** *nm* Petit beignet de poisson ou de poulet. (PHO) [nœget] (ETY) Mot angl.

**nuire** *vti* ⑥⑨ Causer du tort, un dommage à. *Il cherche à me nuire. Les gelées tardives nuisent aux récoltes.* SYN léser. (ETY) Du lat.

**nuisance** *nf* **1** Ensemble des facteurs techniques ou sociaux (bruit, pollution, etc.) qui nuisent à la qualité de la vie. **2** Action de nuire, fait d'être nuisible. *Capacité de nuisance.*

**nuisette** *nf* Chemise de nuit de femme, très courte.

**nuisible** *a, nm* **A** *a* Qui nuit. *Fumer est nuisible à la santé.* SYN préjudiciable, dommageable. **B** *nm* AGRIC Animal qu'on se propose de détruire (rongeur, insecte, etc.) (DER) **nuisiblement** *av* – **nuisibilité** *nf*

**nuit** *nf* **1** Temps pendant lequel le soleil reste au-dessous de l'horizon. *Les chaudes nuits d'été.* **2** Personnifiée, avec une majuscule. *Le Sommeil, fils de la Nuit.* **3** Obscurité de la nuit. *S'enfuir à la faveur de la nuit.* LOC ***C'est le jour et la nuit*** : ce sont deux personnes, deux choses très différentes. — ***De nuit*** : pendant la nuit ; qui s'effectue la nuit, qui fonctionne pendant la nuit. — ***La nuit des temps*** : les temps les plus reculés. — ***La nuit éternelle*** : la mort. — ***Nuit bleue*** : nuit marquée par des attentats terroristes, des actes de violence — ***Nuit et jour*** : sans cesse. — ***Une nuit blanche*** : sans sommeil. (ETY) Du gr.

**nuitamment** *av litt* De nuit.

**Nuit de cristal** nuit du 9 au 10 nov. 1938 durant laquelle les nazis se livrèrent à un pogrom dans l'Allemagne entière en prenant pour prétexte l'assassinat du conseiller de l'ambassade d'Allemagne à Paris par un jeune juif.

**Nuit des forains (la)** film d'Ingmar Bergman (1953).

**Nuit des longs couteaux** nuit du 29 au 30 juin 1934 au cours de laquelle Hitler fit procéder à l'élimination des chefs des SA (dont Röhm) par les SS.

**Nuit des rois (la)** comédie en 5 actes, en vers et en prose (1600-1601), de Shakespeare.

**Nuit du chasseur (la)** film de Charles Laughton (1955), avec R. Mitchum et L. Gish.

**nuitée** *nf* Durée pendant laquelle on peut rester dans un hôtel, un camping, en payant le prix d'une nuit.

**Nuit et brouillard (décret)** (en all. *Nacht und Nebel*), décret promulgué par Hitler en déc. 1941 pour organiser la déportation clandestine de prisonniers politiques destinés à disparaître dans les camps de concentration. ▷ CINE *Nuit et Brouillard* : moyen métrage d'Alain Resnais (1955), texte de Jean Cayrol.

**nuiteux, euse** *n* Travailleur de nuit.

**Nuits (les)** nom courant d'un poème d'Edward Young en 9 chants (1742-1745) dont le titre exact est : *Plaintes ou Pensées nocturnes sur la vie, la mort et l'immortalité.*

**Nuits (les)** poèmes de Musset, publiés dans *la Revue des Deux Mondes* : *Nuit de mai* (1835), *Nuit de décembre* (id.), *Nuit d'août* (1836) et *Nuit d'octobre* (1837).

**Nuits blanches (les)** récit de Dostoïevski (1848). ▷ CINE *Nuits blanches*, de Visconti (1957) ; *Quatre Nuits d'un rêveur*, de Bresson (1971).

**Nuits de Chicago (les)** l'un des prem. « films de gangsters », dû à Sternberg (1927).

**nuits-saint-georges** *nm inv* Bourgogne rouge très réputé, récolté sur la commune de Nuits-Saint-Georges.

**Nuits-Saint-Georges** ch.-l. de cant. de la Côte-d'Or (arr. de Beaune), au centre de la *côte de Nuits*, qui comporte certains des vignobles bourguignons les plus réputés. 5 573 hab. Vins. – Égl. romane fin XIII$^e$ s. DER **nuiton, onne** *a, n*

**Nujiang** → **Saloven.**

**Nujoma** Sam (Ongandjera, 1929), homme politique namibien. Fondateur de la Swapo (1960), il est président de la république de Namibie de 1990 à 2004.

**Nuku'Alofa** cap. du Tonga située dans l'île princ., Tongatapu ; 32 000 hab.

**Nuku-Hiva** la plus grande des îles Marquises (Polynésie française) ; 482 km$^2$ ; 2 500 hab.

**nul, nulle** *a, pr, n* **A** *a indéf* Aucun, pas un. *Nul homme n'est infaillible. Je n'en ai nul besoin.* **B** *pr indéf* Personne. *Nul n'est censé ignorer la loi.* **C** *a* **1** Qui équivaut à rien, qui est réduit à rien. *Bénéfice nul. Visibilité nulle.* **2** MATH Égal à zéro. **3** DR Entaché de nullité. *Élection nulle.* SYN caduc. **4** Sans aucune valeur, très mauvais. *Devoir nul.* **D** *a, n* Qui manque de capacité. *Il est nul en anglais.* LOC ***Match nul*** : sans vainqueur ni vaincu. — ***Vecteur nul*** : dont toutes les composantes sont nulles. ETY Du lat.

**nullard, arde** *a, n* fam Nul, bon à rien.

**nullement** *av* En aucune façon, pas du tout. *Il n'est nullement déçu.*

**nullipare** *a, nf* **1** MED Se dit d'une femme qui n'a jamais accouché (par oppos. à *multipare*). **2** ZOOL Se dit d'une femelle de mammifère avant sa première gestation.

**nullité** *nf* **1** DR Caractère d'un acte juridique qui n'a pas de valeur légale par suite d'un vice de forme, d'un défaut de procédure. ANT validité. **2** Caractère d'une chose, d'une personne nulle, sans valeur. *La nullité d'un argument.* **3** Personne sans qualités, incapable. *Elle a épousé une nullité.*

**Numance** anc. v. d'Espagne, détruite en 133 av. J.-C. par Scipion Émilien. Vestiges archéologiques.

**Numa Pompilius** (v. 715 – v. 672 av. J.-C.), deuxième roi légendaire de Rome, souverain pacifique qui se prétendait inspiré par la nymphe Egérie.

**Numazu** v. du Japon, sur le Pacifique, dans le S. de Honshū ; 210 490 hab. Centre industr. Stat. balnéaire.

**nûment** *av litt* Sans rien cacher, simplement. *Dire nûment ce qu'on pense.* VAR **nument** ou **nuement**

**numéraire** *nm* **1** Monnaie métallique. **2** Toute monnaie ayant cours légal (par oppos. à *effets de commerce, titres*, etc.). *Payer en numéraire.* ETY Du lat. *numerus*, « nombre ».

**numéral, ale** *a, nm* Qui désigne un nombre ; qui symbolise, figure un nombre. *I, V, X, L, C, D, M sont des lettres numérales dans la numération romaine.* PLUR numéraux. LOC GRAM ***Adjectif numéral cardinal*** : exprimant le nombre (un, deux, dix, etc.). — ***Adjectif numéral ordinal*** : exprimant l'ordre, le rang dans une série (premier, deuxième, centième, etc.).

**numérateur** *nm* MATH Nombre placé au-dessus de la barre d'une fraction, qui indique combien celle-ci contient de divisions égales de l'unité.

**numération** *nf* **1** Façon d'énoncer ou d'écrire les nombres. *Numération romaine, arabe.* **2** Système qui organise la suite des nombres en séries hiérarchisées. *Numération à base 10 ou décimale. Numération à base 2 ou binaire.* **3** Opération qui consiste à compter, à dénombrer. LOC MED ***Numération globulaire*** : détermination de la concentration sanguine en globules rouges, en globules blancs et en plaquettes.

ENC Notre système *décimal* (en base 10) utilise les chiffres de 0 à 9, dits arabes mais d'origine indienne. Le nombre d'unités est placé à droite, le nombre de dizaines occupe la seconde position, le nombre de centaines la troisième, etc. La numération est dite positionnelle. Les Babyloniens et les scientifiques de l'Antiquité avaient un système de calcul *sexagésimal* (en base 60) et les Mayas *vigésimal* (en base 20) car ils comptaient avec les mains et les pieds et utilisaient des nombres immenses dans leurs calculs calendaires. En informatique, les ordinateurs utilisent les systèmes *binaire* (base 2), les chiffres sont 0 et 1, ou *hexadécimal* (base 16), les chiffres sont alors 0, 1, ..., 9, A, B, C, D, E, F.

**numérique** *a, nm* **A** *a* **1** Relatif aux nombres. *Opération numérique.* **2** Considéré du point de vue du nombre. *La supériorité numérique de l'ennemi.* **3** TECH Se dit de la représentation de données au moyen de chiffres, caractères ou signaux à valeur discrète (par oppos. à *analogique*) ; se dit des techniques utilisant ce type de représentation. *Appareil photo numérique.* **B** *nm* TECH Système, procédé, technologie numériques. LOC ***Calcul numérique*** : qui s'effectue uniquement avec des nombres (par oppos. au *calcul algébrique* qui, outre les nombres, utilise des lettres). — MATH ***Droite numérique*** : ensemble ordonné des nombres réels.

**numériquement** *av* **1** En nombre, quant au nombre. *Deux groupes numériquement égaux.* **2** TECH Sous forme numérique ou numérisée.

**numériser** *vt* ① INFORM Convertir une information (texte, son, image) sous une forme chiffrée binaire directement utilisable par un système informatique. SYN digitaliser, discrétiser. DER **numérisable** *a* – **numérisation** *nf*

**numériseur** *nm* INFORM Appareil ou dispositif effectuant une numérisation.

**numéro** *nm* **1** Chiffre, nombre que l'on inscrit sur une chose, et qui sert à la reconnaître, à la classer. *Le numéro d'une page. Numéro atomique d'un élément chimique.* **2** Chacune des livraisons d'un périodique. *Un numéro de revue.* **3** Partie du programme d'un spectacle de variétés, de cirque, présentée par un même artiste ou un même groupe d'artistes. **4** fig, fam Comportement d'une personne qui prend des attitudes outrées, qui se donne en spectacle ; exhibition déplacée. *C'est bientôt fini, ton petit numéro ?* **5** fig, fam Personne originale. *C'est un drôle de numéro !* LOC ***Le numéro un*** : le membre le plus important du gouvernement d'un pays, d'un groupement politique, etc. — ***Numéro un*** : essentiel, primordial, principal. — ***Numéro vert*** : : numéro de téléphone qui permet à une entreprise abonnée de recevoir des communications dont le coût est à sa charge. — ***Numéro zéro*** : prototype d'une revue, d'un journal destiné à être testé auprès du public. — ***Tirer le bon numéro*** : être favorisé par la chance. ETY De l'ital.

**numérologie** *nf* Analyse numérique d'un nom propre, d'un prénom, etc., supposée fournir des informations sur leur détenteur. DER **numérologique** *a* – **numérologue** *n*

**numérotation** *nf* Résultat du numérotage ; ordre des numéros.

**numéroter** *v* ① **A** *vt* Pourvoir d'un numéro, distinguer par un numéro chacun des éléments d'une série ordonnée. *Numéroter des pages.* **B** *vi* Composer un numéro de téléphone. DER **numérotage** *nm*

**numéroteur** *nm, am* **1** Appareil servant à imprimer des numéros. **2** Dispositif qui compose automatiquement un numéro de téléphone.

**numérus-clausus** *nm* Nombre limite de candidats que l'on admet à un concours, à une fonction. PHO [nymerysklozys] ETY Mots lat., « nombre fermé ». VAR **numerus clausus**

**Numidie** anc. nom de l'Afrique du Nord, entre le pays de Carthage et la Maurétanie ; elle correspond à la plus grande partie (orientale) de l'Algérie actuelle. *Cirta (Constantine* puis *Qousantina)* en fut la capitale. Les Numides, peuple semi-nomade, étaient des Berbères. Leur pays, unifié par Masinissa, fut divisé en royaumes tributaires de Rome, puis réunifié par César en une prov. romaine d'*Africa nova* en 44 av. J.-C. (V. Maurétanie). La christianisation s'y effectua dès le II$^e$ s. ; au IV$^e$ s. le pays devint le foyer du donatisme. Après avoir été conquise par les Vandales (429-456), puis par Justinien (533-534), la Numidie passa sous la domination arabe (VIII$^e$ s.). DER **numide** *a, n*

**numismatique** *nf, a* Étude, science des monnaies et des médailles. *Recherches numismatiques.* ETY Du lat. DER **numismate** *n*

**nummulite** *nf* PALEONT Foraminifère du tertiaire dont le test calcaire spiralé peut atteindre une dizaine de centimètres de diamètre.

**nummulitique** *a, nm* **A** *a* PEDOL Se dit d'un terrain riche en nummulites. **B** *nm* GEOL Syn. de *paléogène.* ETY Du lat. *nummulus*, « petite monnaie ».

**nunatak** *nm* GEOGR Piton rocheux escarpé, libre de glace, traversant la calotte glaciaire. ETY Mot inuit.

**Nunavik** territoire du nord du Québec où, entre les baies d'Hudson et d'Ungava, vivent un peu plus de 6 000 Inuit dans des villages bâtis en 1980-1990 ; 500 000 km$^2$ ; v. pr. Kuujjuaq.

**Nunavut** territoire du N. du Canada, situé au nord de la baie d'Hudson et à l'est des Territoires du Nord-Ouest ; 1 900 000 km². 32 000 hab., dont 80 % d'Inuits ; cap. : *Iqaluit*. Depuis le 1^er^ avril 1999, les Inuits possèdent la propriété exclusive de 350 000 km² au sein du Nunavut. Même s'il reste dépendant du gouvernement fédéral canadien pour 95 % de son budget, le Nunavut jouit d'une autonomie administrative, est doté d'une Assemblée élue au suffrage universel et d'un gouvernement et il touche des redevances sur l'exploitation du sous-sol. DER **nunavutais, aise** *a, n*

**nunchaku** *nm* Arme d'origine japonaise formée de deux bâtons reliés par une chaîne ou une corde fixée à l'une de leurs extrémités. PHO [nunʃaku] ETY Mot jap.

**Núñez** Álvaro (Jerez de la Frontera, vers 1500 – Séville, 1560), navigateur espagnol. Il explora la Floride (1528).

**Nungesser** Charles (Paris, 1892 – en mer, 1927), aviateur français. Il périt à bord de l'*Oiseau-Blanc*, avec Coli, alors qu'ils tentaient la traversée de l'Atlantique dans le sens France-Amérique.

**Charles Nungesser**

**nunuche** *a* fam Un peu niais.

**nuocmam** *nm inv* Sauce à base de poisson fermenté, condiment très utilisé dans la cuisine vietnamienne. PHO [nɥɔkmam] ETY Mot vietnamien. VAR **nuoc-mâm**

**nu-pieds** *nm inv* Sandale légère laissant le dessus du pied largement découvert.

**nu-propriétaire, nue-propriétaire** *n* Personne qui a la nue-propriété d'un bien (par oppos. à *usufruitier*). PLUR nu(e)s-propriétaires.

**nuptial, ale** *a* **1** Relatif aux noces, à la cérémonie du mariage. *Anneau nuptial. Bénédiction nuptiale.* **2** Relatif aux cérémonies d'accouplement des animaux. *Parades nuptiales de certaines espèces d'oiseaux.* PLUR nuptiaux. PHO [nypsjal, o] ETY Du lat. *nuptiae*, « noces ».

**nuptialité** *nf* STATIS Pourcentage de mariages par rapport à une population donnée.

**nuque** *nf* Partie postérieure du cou, au-dessous de l'occiput. ETY De l'ar.

**nuraghe** *nm* ARCHEOL Construction cyclopéenne de l'âge du bronze, en Sardaigne. PLUR nuraghes ou nuraghi. PHO [nuʀag] ETY Mot sarde.

**nuraghe** de San Antine, Sardaigne

**Nur al-Din Mahmud** (1118 – Damas, 1174), seigneur d'Alep (1146-1174). Son père ayant repris Édesse aux croisés (1144), il poursuivit son œuvre et libéra toute la Syrie. Il eut pour général Saladin, qui lui succéda.

**Nuremberg** (en all. *Nürnberg*), v. d'Allemagne (Bavière), sur la Regnitz ; 500 000 hab. Grand centre industriel. – Jusqu'à la guerre de 1939-1945, qui la ruina, la ville avait un aspect médiéval : remparts (XV^e^-XVI^e^ s.), vieilles maisons, égl. goth. (XIV^e^-XV^e^ s.), chât. impérial (XII^e^ s.). – La ville fut le siège du parti nazi. – Au *procès de Nuremberg* (20 nov. 1945-1^er^ oct. 1946), les chefs nazis furent jugés par un tribunal international, qui, pour la première fois, précisa les notions de crime de guerre et de génocide. Sur les 24 accusés (trois ne comparurent pas), douze furent condamnés à mort, sept à des peines de prison et deux furent acquittés.

**Nūristān** (anc. *Kāfiristān*), région montagneuse de l'est de l'Afghānistān. DER **nuristani, ie** *a, n*

**Nurmi** Paavo (Turku, 1897 – Helsinki, 1973), athlète finlandais. Il révolutionna la course à pied de fond dans les années 1920.

**nurse** *nf* Femme chargée de s'occuper des enfants dans une famille. PHO [nœʀs] ETY Mot angl., du fr. *nourrice*.

**nursery** *nf* **1** vx Partie d'une habitation réservée aux jeunes enfants. **2** Dans les relais d'autoroute, les trains, etc., lieu aménagé pour les soins à donner aux nourrissons. **3** Élevage de crustacés, de poissons. PLUR nurserys ou nurseries. PHO [nœʀsəʀi] ETY Mot angl. VAR **nurserie**

**nursing** *nm* MED Ensemble des soins apportés par le personnel infirmier, en partic. ceux destinés à l'entretien d'un malade grabataire. PHO [nœʀsiŋ] ETY Mot angl. VAR **nursage**

**Nusayris** → **Ansariyyah.**

**nutation** *nf* **1** MECA, ASTRO Mouvement d'oscillation de faible amplitude qui affecte l'axe de rotation d'un solide mobile autour d'un point et tournant sur lui-même. *La période de nutation de la Terre est de 18 ans 2/3.* **2** BOT Mouvement hélicoïdal de l'extrémité d'une tige lors de sa croissance. **3** MED Oscillation incessante de la tête. ETY Du lat.

**nutraceutique** *nf, a* Production d'alicaments ; alimentation au moyen d'alicaments.

**nutrigénétique** *nf, a* Application de la génétique à la nutrition.

**nutriment** *nm* Substance nutritive qui peut être assimilée directement par l'organisme, sans transformation dans le tube digestif.

**nutrithérapie** *nf* Étude des nutriments considérés comme des moyens thérapeutiques. DER **nutrithérapeute** *n*

**nutritif, ive** *a* **1** Qui a la propriété de nourrir. *Substance nutritive.* **2** Qui a rapport à la nutrition. *Valeur nutritive d'un aliment.*

**nutrition** *nf* Processus par lequel les organismes vivants utilisent les aliments pour assurer leur croissance et leurs fonctions vitales. ETY Du lat. *nutrire*, « nourrir ». DER **nutritionnel, elle** *a* – **nutritionnellement** *av*

**nutritionniste** *n* MED Spécialiste des problèmes d'alimentation, de diététique.

**nutritique** *nf, a* Science de la nutrition.

**Nu u** (Wakema, Myaungmya, 1907 – Rangoon, 1995), homme politique birman ; Premier ministre de l'indépendance (1948) à 1958, puis de 1960 à 1962, il fut renversé par Ne Win.

**Nuuk** (anc. *Godthåb*), cap. du Groenland, sur un fjord de la côte S.-O. ; 11 700 hab.

**nyala** *nm* Antilope d'Afrique orientale, rousse avec des raies blanches. ETY D'une langue bantoue.

**Nyassa** → **Malawi (lac).**

**Nyassaland** → **Malawi.**

**nyatoh** *nm* Arbre d'Asie tropicale (sapotacée) fournissant un bois rouge-brun.

**nyct(o)-** Élément, du grec *nuktos*, « nuit ».

**nyctaginacée** *nf* BOT Dicotylédone, le plus souvent exotique, à calice pétaloïde, dont la famille comprend la belle-de-nuit et la bougainvillée.

**nyctalopie** *nf* didac Faculté de voir dans l'obscurité, propre à certains animaux (hibou, chat). ANT héméralopie. ETY Du gr. DER **nyctalope** *a, n*

**nycthémère** *nm* BIOL Durée de vingt-quatre heures, correspondant à un cycle biologique réglé par l'alternance du jour et de la nuit. ETY Du gr. *hêmera*, « jour ». DER **nycthéméral, ale, aux** *a*

**Nyerere** Julius Kambarage (Butiama, 1922 – Londres, 1999), homme politique tanzanien. Président de la république du Tanganyika (1962), puis de la Tanzanie (1964-1985), il mena une politique progressiste et non alignée.

**Nyiragongo** volcan de la République démocratique du Congo, au N. du lac Kivu (3 470 m). Éruption meurtrière en janv. 2002.

**Nyíregyháza** ville du N.-E. de la Hongrie ; 116 600 hab. ; ch.-l. du comté de *Szabolcs-Szatmár*. Stat. thermale.

**Nyköping** v. industr. et port de Suède, sur la mer Baltique ; 27 000 hab. ; ch.-l. du län de *Södermanland*.

**Nykvist** Sven (Moheda, 1922 – Stockholm, 2006), chef opérateur suédois ; il travailla pour Bergman : *la Source* (1959), *Cris et Chuchotements* (1972).

**nylon** *nm* Textile synthétique à base de polyamide, utilisé pour fabriquer des fils et des tissus. ETY Nom déposé, mot amér., de *vinyle*.

**nymphal, ale** *a* ENTOM Relatif à la nymphe des insectes. PLUR nymphaux.

**nymphe** *nf* **1** MYTH Divinité subalterne des bois, des montagnes, des eaux, dans la mythologie gréco-romaine. *Les naïades, nymphes des ruisseaux et des fontaines, les oréades, nymphes des montagnes, les hyades et les hamadryades, nymphes des forêts.* **2** fig, vieilli Jeune fille gracieuse. **3** ENTOM Stade intermédiaire, entre la larve et l'imago, des insectes à métamorphose complète, caractérisé par des ébauches alaires visibles. **4** ANAT Chacune des petites lèvres de la vulve. ETY Du gr.

**nymphéa** *nm* BOT Nymphéacée à grandes fleurs blanches ou roses. ETY Du gr.

**nymphéacée** *nf* BOT Dicotylédone dialypétale aquatique (ranale) dont la famille comprend les nénuphars, les nymphéas, le lotus.

**nymphéacée**

**Nymphéas** peintures de Monet (1897 à 1926) ayant pour sujet les nymphéas de son jardin de Giverny.

**nymphée** *nm* ANTIQ Grotte naturelle ou petit temple avec fontaine consacré aux nymphes.

**nymphette** *nf* Adolescente faussement ingénue, aux manières provocantes.

**nymphomanie** *nf* Exagération pathologique des désirs sexuels chez la femme. (DER) **nymphomane** *a, nf*

**nymphose** *nf* ENTOM Transformation d'une larve d'insecte en nymphe. (DER) **se nymphoser** *vpr* ①

**Nyon** com. de Suisse (Vaud), sur le lac Léman ; 12 500 hab. Faïence. Tourisme. – Chât. XII$^e$-XVI$^e$ s., transformé en musée. (DER) **nyonnais, aise** *a, n*

**Nyons** ch.-l. d'arr. de la Drôme ; 6 723 hab. – Quartier des Forts (ruelles voûtées). Pont XIV$^e$ s. sur l'Eygues. (DER) **nyonsais, aise** *a, n*

**Nyos (lac)** lac du Cameroun dont les émissions de gaz ont tué 1 800 personnes en 1986.

**Nysa Łuzycka** → **Neisse de Lusace.**

**NYSE-Euronext** groupe international de places boursières né de la fusion en 2007 des groupes *New York Stock Exchange* et *Euronext*.

**Nysse** anc. v. de Cappadoce (auj. *Sultanhisar*, Turquie). Vestiges de constructions romaines.

**Nystad** (auj. *Uusikaupunki*), v. de Finlande, sur le golfe de Botnie ; 12 500 hab. – En 1721, la Suède y céda à la Russie ses provinces de la Baltique.

**nystagmus** *nm* MED Suite de mouvements saccadés et rapides des globes oculaires, indépendants de la volonté, souvent symptomatiques d'une affection des centres nerveux. (PHO) [nistagmys] (ETY) Du gr.

# O o

**O** *nm* **1** Quinzième lettre (o, O) et quatrième voyelle de l'alphabet, notant les sons [ɔ] ou o ouvert (ex. *fiole*), [o] ou o fermé (ex. *dôme*), et, en composition, les sons[ɔ̃] ou o nasal (ex. *bombé, bond*), [wa] (ex. *roi*), [u] (ex. *coup*), [œ] (ex. *œil*) et [e] (ex. *œdème*). **2** O. : abrév. de *ouest*. **3** PHYS ° : symbole du degré de température et du degré d'angle. **4** CHIM O : symbole de l'oxygène.

**Ô** *interj* **1** Dans une apostrophe, une invocation. *Ô mon Dieu !* **2** Marque l'émotion. *Ô joie !*

**O'** Particule précédant les noms propres irlandais, qui signifie « fils de ».

**OACI** Sigle de *Organisation de l'aviation civile internationale.*

**Oahu** la plus peuplée des îles Hawaii ; 1 555 km$^2$ ; 762 500 hab. *Honolulu* et la base militaire de *Pearl Harbor* s'y trouvent.

**Oakland** ville des É.-U. (Californie), sur la baie de San Francisco ; 396 000 hab. Port.

**Oak Ridge** v. des É.-U. (Tennessee) ; 29 350 hab. Le premier centre atomique américain y fut créé.

**oaristys** *nf* **litt 1** Idylle, entretien amoureux. **2** Genre poétique traitant de ce sujet. [PHO] [ɔaristis] [ETY] Du gr.

**OAS** Sigle de *Organisation de l'armée secrète.*

**oasis** *nf* **1** Lieu qui, au milieu d'un désert, est couvert d'une végétation liée à la présence d'eau en surface ou à faible profondeur. **2 fig** Endroit ou moment plaisant, formant contraste avec le désagrément ambiant. [PHO] [ɔazis] [ETY] De l'égypt. [DER] **oasien, enne** *a, n*

**Oates** Joyce Carol (Lockport, 1938), romancière américaine : *Eux* (1969), *Corps* (1970), *Son of the Morning* (1978), *Les Chutes* (2005).

**Oaxaca de Juárez** v. du S. du Mexique, à 1 500 m d'alt. ; 212 900 hab. Cap. de l'*État d'Oaxaca* (95 364 km$^2$ ; 3 019 560 hab.). Richesses minières. Industries. [VAR] **Oaxaca**

**Ob** grand fl. de Sibérie occid. (3 680 km ; 5 410 km pour le parcours Irtych-Ob) ; il naît dans l'Altaï, arrose Novossibirsk et Tomsk, et se jette dans l'Arctique *(golfe de l'Ob)*. Crues violentes. [VAR] **Obi**

**oba** *nm* HIST En Afrique noire, roi traditionnel du Bénin.

**Obadya** → **Abdias.**

**Obaldia** René de (Hong Kong, 1918), auteur dramatique français : *Du vent dans les branches de sassafras* (1965). Acad. fr. (1999).

**Obama** Barack (Honolulu, 1961), homme politique américain (démocrate), élu président de la Rép. en 2008. Il est le premier Afro-Américain à diriger les É.-U. P. Nobel de la paix (2009). Il est réélu en 2012.

Barack Obama

**Obasanjo** Olusegun (Abeokuta, 1937), général et homme politique nigérian. Chef d'une junte militaire qui occupa le pouvoir de 1976 à 1979, il fut élu président de la Rép. (1999-2007).

**obduction** *nf* GEOL Transport d'ophiolites de la croûte océanique sur la marge continentale.

**obéché** *nm* Très grand arbre africain (sterculiacée), fournissant un bois léger, jaune clair, utilisé pour le contreplaqué, les placages.

**obédience** *nf* **1** Obéissance d'un religieux à ses supérieurs. **2** Permission écrite qu'un supérieur donne à un religieux de se déplacer. **3** Reconnaissance d'une autorité spirituelle, ou d'un rattachement à une tendance politique. *Être d'obédience israélite. Groupement communiste d'obédience maoïste.* [ETY] Du lat.

**Obeïd (El-)** site mésopotamien, près d'Ur (auj. en Irak), où se développa une civilisation protohistorique (4400 à 3500 av. J.-C.).

**Obeïd (El-)** v. du Soudan central (Kordofan) ; 250 630 hab. [VAR] **Al-Ubayyid**

**obéir** *vti* [3] **1** Se soumettre à qqn, accomplir sa volonté, ses ordres. *Obéir à ses chefs, au règlement. Vous serez obéi.* **2** Se plier à. *Obéir à la force, à un caprice.* **3** Être soumis, sensible à une action. *Les corps obéissent aux lois de la gravitation universelle.* [ETY] Du lat. [DER] **obéissance** *nf* – **obéissant, ante** *a*

**obel** *nm* **didac** Signe en forme de broche indiquant les interpolations, dans les anciens manuscrits. [ETY] Du gr. [VAR] **obèle**

**obélisque** *nm* Monolithe quadrangulaire en forme d'aiguille surmontée d'une petite pyramide. [ETY] Du lat.

**Obélix** héros d'une bande dessinée, Gaulois géant, partenaire du minuscule Astérix.

**Oberammergau** v. d'Allemagne (Bavière) ; 4 660 hab. – Son théâtre populaire représente tous les dix ans la passion du Christ ; les rôles sont tenus par les habitants de la ville.

**obérer** *vt* [14] **litt** Endetter.

**Oberhausen** v. industr. d'Allemagne (Rhénanie-du-Nord-Westphalie), dans la Ruhr ; 221 540 hab.

**Oberkampf** Christophe Philippe (Weissenbach, Bavière, 1738 – Jouy-en-Josas, 1815), industriel allemand naturalisé français. Il créa la prem. manufacture franç. de tissus imprimés à Jouy-en-Josas (1759) et la prem. filature de coton (Corbeil-Essonnes).

**Oberland bernois** rég. de Suisse (Berne), s'étendant sur les Alpes (Jungfrau, Mönch, etc.) et les Préalpes, entre le Rhin et l'Aar. Tourisme.

**Obernai** ch.-l. de cant. du Bas-Rhin (arr. de Sélestat-Erstein) ; 10 471 hab. Vignobles. Brasserie. – Hôtel de ville et halle aux blés du XVI$^e$ s.

**Oberon** l'un des principaux satellites d'Uranus, dont le diamètre est de 1 570 km, découvert en 1787.

**Oberon** opéra en 3 actes de Weber (1826) sur un livret de James Robinson Planché, d'ap. le poème épique (1780-1781) de Wieland, qui s'inspire d'une chanson de geste fr., *Huon de Bordeaux*, où figure le roi des elfes Auberon.

**Oberth** Hermann (Sibiu, Roumanie, 1894 – Nuremberg, 1989), ingénieur allemand, précurseur des techniques spatiales dès les années 1920.

**obésité** *nf* Accumulation excessive de graisses dans l'organisme. [ETY] Du lat. [DER] **obèse** *a, n*

**obi** *nf* Longue ceinture en soie, nouée dans le dos, du costume japonais traditionnel. [ETY] Mot jap.

**Obi** → **Ob.**

**obier** *nm* Espèce de viorne (caprifoliacée), arbuste appelé aussi *boule-de-neige*. [ETY] De *aubier*.

**Obiou (mont)** point culminant du Dévoluy (2 793 m), dans les Alpes du Dauphiné.

**obit** *nm* LITURG CATHOL Messe anniversaire célébrée pour le repos de l'âme d'un mort. [PHO] [ɔbit] [ETY] Du lat.

**obituaire** *a, nm* LITURG CATHOL Registre où sont inscrits les obits fondés dans une église.

**objectal, ale** *a* PSYCHAN Qui est extérieur à la personne du sujet, dont l'objet est indépendant du moi. PLUR objectaux.

**objecter** *vt* [1] Opposer un argument à une affirmation, à une demande. *On nous a objecté la nécessité de réduire les dépenses.* [ETY] Du lat. *objectare*, « placer devant ». [DER] **objection** *nf*

**objecteur** *nm* **LOC** *Objecteur de conscience :* homme qui refuse d'accomplir ses obligations militaires par scrupule de conscience philosophique ou religieux. — ***Objecteur de croissance*** : partisan de la théorie de la décroissance.

**objectif, ive** *a, nm* **A** *a* **1** PHILO Qui existe en dehors de l'esprit (par oppos. à *subjectif*). *Réalité objective.* **2** Qui n'est pas influencé par les préjugés, le parti pris. *Une analyse objective de la situation. Historien objectif.* **B** *nm* **1** PHYS Système optique qui, dans un instrument, est tourné vers l'objet. *Objectif et oculaire d'un microscope. Objectif d'un appareil photo.* **2** MILIT Cible sur laquelle on dirige le feu d'une arme. **3** fig But que l'on se propose d'atteindre. *Son objectif, c'est le pouvoir.* [ETY] Du lat. [DER] **objectivement** *av*

**objection → objecter.**

**objectiver** *vt* [1] PHILO Rendre objectif ; considérer comme objectif. [DER] **objectivable** *a* – **objectivation** *nf*

**objectivisme** *nm* PHILO **1** Doctrine qui pose l'existence d'une réalité objective. **2** Attitude intellectuelle qui consiste à s'efforcer d'éliminer les appréciations subjectives, à s'en tenir à la stricte objectivité. [DER] **objectiviste** *a, n*

**objectivité** *nf* **1** PHILO Qualité de ce qui existe en dehors de l'esprit. **2** Attitude objective, impartiale. *Objectivité d'un journaliste.*

**objet** *nm* **1** Ce qui peut être perçu par les sens, spécial. la vue et le toucher. **2** Chose, généralement maniable, destinée à un usage particulier. *Objet en métal, en bois. Objet fragile.* **3** ASTRO Corps céleste dont les caractéristiques sont encore imparfaitement connues. **4** PHYS Tout corps lumineux ou éclairé dont un système optique forme l'image. **5** Ce qui occupe l'esprit, ce à quoi s'applique la pensée. **6** PHILO La chose même qui est pensée, par oppos. au sujet qui pense. **7** Ce à quoi est consacrée une activité de l'esprit. *L'objet des mathématiques.* **8** Matière, sujet. *Objet d'une note de service.* **9** But, fin. *Son objet est de nous convaincre.* **10** Personne, chose à laquelle s'adresse un sentiment. *Être un objet de respect. L'objet de sa rancœur.* **11** PSYCHAN Tout ce qui peut être investi affectivement par le moi. **12** GRAM Complément du verbe (mot ou groupe de mots) indiquant l'être ou la chose qui subit l'action réalisée par le sujet. *Le sujet et l'objet du verbe.* **LOC** ***Complément d'objet direct*** : complément d'un verbe transitif direct, construit sans préposition. — ***Complément d'objet indirect*** : complément d'un verbe transitif indirect, construit avec une préposition — ***Objet volant non identifié*** : ovni. [ETY] Du lat. *objicere*, « jeter devant ».

**objurgations** *nfpl* Intervention pressante visant à détourner qqn de ses intentions. *Je me suis rendu à ses objurgations.* [ETY] Du lat.

**oblat, ate** *n* **A** RELIG CATHOL **1** Laïc qui se joint à une communauté religieuse sans prononcer les vœux de pauvreté, de chasteté et d'obéissance. **2** Religieux de certains ordres. *Les oblats de Marie-Immaculée.* **B** *nmpl* LITURG Offrandes faites lors de la messe (pain et vin avant la consécration, cierge, etc.). [ETY] Du lat. *oblatus*, « offert ».

**oblatif, ive** *a* PSYCHO Qui porte à faire don de soi-même. [DER] **oblativité** *nf*

**oblation** *nf* **1** RELIG Action par laquelle on offre qqch à Dieu. **2** LITURG Partie de la messe où le prêtre, avant de consacrer le pain et le vin, les offre à Dieu.

**obligataire** *n, a* FIN **A** *n* Porteur d'obligations. **B** *a* Constitué d'obligations. *Emprunt obligataire.*

**obligation** *nf* **1** Ce qui est imposé par la loi, la morale ou les circonstances. *Des obligations familiales et professionnelles.* **2** DR Lien astreignant à effectuer une prestation ou à s'abstenir d'un acte déterminé. **3** DR Acte par lequel une personne s'engage à faire ou à ne pas faire qqch. *Souscrire une obligation.* **4** FIN Valeur mobilière négociable émise par une société ou une collectivité publique et qui donne droit à des intérêts. *Obligation convertible.*

**obligatoire** *a* **1** Qui constitue une obligation. *Clause obligatoire. Arrêt obligatoire.* **2** fam Forcé, immanquable. [DER] **obligatoirement** *av*

**obligé, ée** *a, n* **A** *a* **1** Reconnaissant. *Je vous suis obligé de votre attention.* **2** Dont on ne peut se dispenser. *Corvée obligée.* **B** *n* Personne à qui l'on a rendu un service. *Je suis votre obligé.* **LOC** fam ***C'est obligé*** : cela ne peut pas être autrement.

**obligeant, ante** *a* Qui aime à rendre service ; empreint de serviabilité. *Voisin obligeant. Attitude obligeante.* [DER] **obligeamment** *av* – **obligeance** *nf*

**obliger** *vt* [13] **1** Contraindre, forcer à ; mettre dans la nécessité de. *Son état de santé l'oblige à suivre un régime.* **2** DR Lier juridiquement. *La loi oblige tous les citoyens.* **3** litt Rendre service, faire plaisir à qqn. [ETY] Du lat. *ligare*, « lier ».

**oblique** *a, n* **A** *a* Qui s'écarte de la direction droite ou perpendiculaire. *Les pans obliques d'un prisme. En oblique. Regard oblique.* **B** *nf* GEOM Droite inclinée, non perpendiculaire à une autre droite, à un plan. **C** *nm* ANAT Se dit de muscles dont les fibres sont obliques chez un sujet debout. *Le grand oblique de l'abdomen.* **LOC** DR ***Action oblique*** : par laquelle le créancier se substitue au débiteur pour l'exercice de certains droits. — GRAM ***Cas obliques*** : qui n'expriment pas un rapport direct (génitif, datif, ablatif). [ETY] Du lat. [DER] **obliquement** *av*

**obliquer** *vi* [1] Aller en oblique. *Obliquer vers la droite.*

**obliquité** *nf* Position de ce qui est oblique ; inclinaison d'une ligne, d'une surface sur une autre. **LOC** ASTRO ***Obliquité de l'écliptique*** : angle que fait le plan de l'écliptique avec le plan de l'équateur (23° 27' en moyenne). [PHO] [ɔblikɥite]

**oblitérateur, trice** *a, nm* **A** *a* Qui oblitère. **B** *nm* Instrument pour oblitérer des timbres.

**oblitérer** *vt* [14] **1** litt Effacer peu à peu, insensiblement. *Le temps a oblitéré ces inscriptions.* **2** fig Supprimer. *Son snobisme oblitère parfois son bon sens.* **3** MED Boucher, obstruer une cavité, un conduit. **LOC** ***Oblitérer un timbre*** : l'annuler par l'apposition d'un cachet. [ETY] Du lat. [DER] **oblitération** *nf*

**Oblomov** roman de Gontcharov (1859). ▷ CINE *Quelques jours dans la vie d'Oblomov* de N. Mikhalkov (1979).

**oblong, ongue** *a* Plus long que large. *Figure oblongue.*

**obnubilation** *nf* **1** Obscurcissement d'un esprit obnubilé. **2** PSYCHIAT Diminution du niveau de vigilance accompagnée d'une torpeur intellectuelle.

**obnubiler** *vt* [1] **1** Priver de lucidité en envahissant l'esprit. *La passion obnubile son jugement. Il est obnubilé par cette idée.* **2** Obséder. [PHO] [ɔbnybile] [ETY] Du lat. *obnubilare*, « couvrir de nuages ».

**Obock** port de la rép. de Djibouti, sur la mer Rouge ; 10 000 hab. ch.-l. du distr. du m. nom (5 700 km²). – Ch.-l. de la *colonie d'Obock* (1862-1896), il fut supplanté par Djibouti.

**obole** *nf* **1** La plus petite unité monétaire grecque à l'époque classique. **2** Petite somme d'argent, petite contribution. *Apporter son obole.* [ETY] Du gr.

**obombrer** *vt* [1] litt Couvrir d'ombre. [ETY] Du lat.

**Obote Apollo Milton** (Ankokora, 1925 – Johannesburg, 2005), homme politique ougandais. Premier ministre en 1962, il renversa le roi en 1966 et fut évincé, en 1971, par Amin Dada. Élu président de la Rép. en 1980, il fut renversé en 1985.

**Obradović Dositej** (Čakovo, Banat, vers 1739 – Belgrade, 1811), écrivain serbe : *Conseils d'un esprit sain* (1784), *Fables* (1788). [VAR] **Obradovitch**

**Obrenović** dynastie serbe fondée par Miloš Obrenović (1817). Elle fut évincée par celle des Karageorgévitch (Karadjordjévić) de 1842 à 1858 et après 1903.(V. Milan et Milos Obrenović.) [VAR] **Obrénovitch**

**O'Brien William Smith** (Dromoland, 1803 – Bangor, Caernarvon, 1864), nationaliste irlandais. Il tenta un soulèvement contre les Anglais (1848). Condamné à mort, il fut gracié.

**O'Brien Edna** (Tuamgraney, comté de Clare, 1932), romancière irlandaise : *les Paysannes* (1960), *le Joli Mois d'août* (1965).

**obscène** *a* Qui offense la pudeur. *Propos obscènes.* [PHO] [ɔpsɛn] [ETY] Du lat. *obscenus*, « de mauvais augure ». [DER] **obscénité** *nf*

**obscur, ure** *a* **1** Privé de lumière. *Cour obscure.* SYN sombre. **2** fig Difficile à saisir, à comprendre. *Discours obscur.* **3** Qui n'est pas connu, qui n'a pas de notoriété. *Un chercheur obscur.* [ETY] Du lat.

**obscurantisme** *nm* Hostilité systématique au progrès de la civilisation, des « lumières ». [DER] **obscurantiste** *a, n*

**obscurcir** *vt* [3] **1** Rendre obscur. *Les nuages obscurcissent le ciel.* **2** Rendre peu compréhensible. *Tournures compliquées qui obscurcissent le style.* [DER] **obscurcissement** *nm*

**obscurément** *av* **1** D'une façon peu claire, confuse. *Écrire, percevoir obscurément.* **2** De façon à rester inconnu. *Vivre obscurément.*

**obscurité** *nf* **1** Absence de lumière. *Chambre plongée dans l'obscurité.* **2** fig Manque d'intelligibilité. *Obscurité d'un texte.* **3** État de ce qui est difficilement connaissable. *L'obscurité de ses antécédents.* **4** Absence de notoriété. *Préférer l'obscurité à la gloire.*

**obsédé, ée** *n, a* Qui a une obsession, en partic. de nature sexuelle.

**obséder** *vt* [14] S'imposer sans relâche à l'esprit. *Cette vision m'obsède.* [ETY] Du lat. *obsidere*, « assiéger ». [DER] **obsédant, ante** *a*

**obsèques** *nfpl* Cérémonie accompagnant un enterrement. [ETY] Du lat.

**obséquieux, euse** *a* D'une politesse, d'une prévenance excessive, servile. *Vendeur obséquieux.* [DER] **obséquieusement** *nf* – **obséquiosité** *av*

**observabilité, observable → observer.**

**observance** *nf* **1** Exécution de ce que prescrit une règle, en partic. religieuse. *Observance des cérémonies.* **2** RELIG Pratique de la règle dans sa forme initiale par un ordre religieux ; cette règle elle-même. *La stricte observance de Cîteaux.* **3** MED Fait de suivre correctement une prescription médicale. [ETY] Du lat.

**observateur, trice** *n, a* **A** *n* **1** Personne qui s'applique à observer les hommes, les choses, les phénomènes. **2** Personne qui assiste à un événement qu'elle observe, sans y prendre part. **3** MILIT Personne chargée d'observer les positions ennemies. **B** *a* Porté à observer. *Esprit observateur.*

**observation** *nf* **1** Action d'observer ce qui est prescrit. *Observation d'une règle.* **2** Action d'étudier avec attention. *Avoir l'esprit d'observation.* **3** Action de surveiller, d'épier. *Poste d'observation.* **4** Réflexion, remarque portant sur ce que l'on a observé. *Une observation juste.* **5** Léger reproche. *Faire une observation à qqn.* **LOC** ***En observation*** : se dit d'un malade dont on surveille particulièrement l'évolution du cas pour établir un diagnostic.

**observationnel, elle** *a* didac Fondé sur l'observation.

**observatoire** *nm* **1** Établissement destiné aux observations astronomiques ou météorologiques. **2** MILIT Point d'où l'on peut observer les positions ennemies. **3** Organisme officiel chargé d'observer certains faits économiques ou sociaux. *Observatoire des loyers.*

**observatoire** Canada-France-Hawaii de Mauna Kea sur l'île d'Hawaii, avec l'étoile polaire et les traces des étoiles circumpolaires.

**Observatoire de Paris** établissement scientifique fondé par Louis XIV en 1667, construit par Cl. Perrault (1667-1672), et organisé par Cassini à partir de 1669. Siège du Bureau international de l'heure et de l'« horloge parlante », il comprend aussi l'observatoire d'astrophysique de Meudon et la station de radioastronomie de Nançay.

**observer** *v* [1] **A** *vt* **1** Suivre, respecter ce qui est prescrit. *Observer le règlement, le silence.* **2** Considérer, étudier avec soin. *Observer un phénomène dans un but scientifique.* **3** Surveiller, épier. *Observer les allées et venues de ses voisins.* **4** Remarquer qqch. *On observe un ralentissement de la production.* **B** *vpr* Prendre garde à ce qu'on dit, à ce qu'on fait. [ETY] Du lat. [DER] **observabilité** *nf* – **observable** *a*

**obsession** *nf* **1** Pensée obsédante. *Avoir l'obsession de l'échec.* **2** PSYCHOPATHOL Trouble mental caractérisé par une idée fixe, une crainte ou une impulsion qui s'impose à l'esprit et détermine une sensation d'angoisse. [ETY] Du lat. *obsessio*, « action d'assiéger ». [DER] **obsessif, ive** *a, n*

**obsessionnel, elle** *a, n* **A** *a* Relatif à l'obsession. **B** *n* Personne dominée par ses obsessions. SYN obsessif. **LOC** PSYCHOPATHOL *Névrose obsessionnelle* : trouble mental dans lequel le conflit psychique s'exprime par des idées obsédantes, une compulsion à accomplir certains actes, provoquant l'inhibition. [DER] **obsessionnellement** *av*

**obsidienne** *nf* MINER Roche éruptive dont l'aspect rappelle celui du verre et qui présente une structure particulière due au refroidissement très rapide de la lave. [ETY] D'un n. pr.

**obsidional, ale** *a* didac Qui concerne le siège d'une ville. PLUR obsidionaux. [ETY] Du lat. *obsidio*, « siège ».

**obsolescence** *nf* **1** didac Fait de se périmer, de devenir désuet. **2** ECON Dépréciation d'un outillage résultant d'un vieillissement lié au progrès technique. [ETY] Du lat. *obsolescere*, « tomber en désuétude ». [DER] **obsolescent, ente** *a*

**obsolète** *a* Périmé, désuet.

**obstacle** *nm* **1** Ce qui s'oppose au passage, à la progression. *Il y a un obstacle sur la route.* **2** fig Ce à quoi on se heurte dans l'exécution d'un projet. *Faire obstacle à un plan.* **LOC** SPORT *Course d'obstacles* : qui s'effectue sur un parcours où sont disposés des fossés, des haies, etc. [ETY] Du lat. *obstare*, « se tenir devant ».

**obstétrique** *nf* MED Partie de la médecine qui traite de la grossesse et des accouchements. [ETY] Du lat. *obstetrix*, « sage-femme ». [DER] **obstétrical, ale, aux** *a* – **obstétricien, enne** *n*

**obstination** *nf* Caractère d'une personne obstinée, opiniâtre.

**obstiné, ée** *a, n* Qui a de l'obstination ; qui dénote l'obstination. [DER] **obstinément** *av*

**obstiner (s')** *vpr* [1] Persister opiniâtrement. *S'obstiner dans son erreur. S'obstiner à faire qqch.* [ETY] Du lat.

**obstruction** *nf* **1** MED Engorgement ou occlusion d'un conduit de l'organisme. **2** Manœuvre destinée à retarder ou empêcher l'aboutissement d'un débat. *Faire de l'obstruction dans une assemblée.* **3** SPORT Au football, au rugby, irrégularité qui consiste à entraver l'action d'un adversaire en lui barrant le passage alors qu'il n'est pas en possession du ballon. [ETY] Du lat. [DER] **obstructif, ive** *a*

**obstructionnisme** *nm* POLIT Tactique de ceux qui font de l'obstruction systématique. [DER] **obstructionniste** *a, n*

**obstruer** *vt* [1] Boucher un conduit, un passage, un canal. *Caillot qui obstrue une artère.*

**obtempérer** *vti* [14] Obéir à, se soumettre à. *Obtempérer à un ordre, à une sommation. Refus d'obtempérer.* [ETY] Du lat.

**obtenir** *vt* [36] **1** Réussir à se faire accorder ce que l'on demande. *Obtenir une place, une permission.* **2** Parvenir à tel résultat. *Obtenir un bon rendement de ses terres.* [ETY] Du lat. [DER] **obtention** *nf*

**obtenteur, trice** *n* Personne qui obtient par sélection une nouvelle variété végétale.

**obturateur, trice** *a, nm* **A** *a* Qui sert à obturer. **B** *nm* **1** Objet, mécanisme servant à obturer. **2** TECH Pièce servant au réglage ou à l'arrêt du débit d'un liquide, d'un gaz. **3** PHOTO Dispositif qui laisse pénétrer la lumière dans un appareil photographique pendant le temps de pose fixé.

**obturer** *vt* [1] Boucher une cavité, un trou. [ETY] Du lat. [DER] **obturation** *nf*

**obtus, use** *a* **1** Qui manque d'acuité ; peu pénétrant sans finesse. *Esprit obtus.* **2** GEOM Se dit d'un angle plus grand que l'angle droit. [PHO] [ɔpty, yz] [ETY] Du lat.

**obtusangle** *a* GEOM Se dit d'un triangle qui a un angle obtus.

**obus** *nm* Projectile explosif de forme généralement cylindro-ogivale, tiré par une pièce d'artillerie. [PHO] [oby] [ETY] Du tchèque.

**obusier** *nm* Pièce d'artillerie courte, généralement de fort calibre et à tir courbe, qui permet d'atteindre des objectifs défilés.

**obvenir** *vi* [36] DR Échoir.

**obvie** *a* Se dit du sens le plus courant d'un mot. [ETY] Du lat.

**obvier** *vti* [2] litt Prendre les précautions, les mesures nécessaires pour éviter, prévenir un mal. *Obvier à un inconvénient.* [ETY] Du lat. *obviare*, « résister ».

**Obwald** → **Unterwald.**

**oc** *av* **LOC** *Langue d'oc* : ensemble des dialectes de la France du sud de la Loire (à l'exception du basque et du catalan), dans lesquels « oui » se dit *oc* (par oppos. à *langue d'oïl*). [ETY] Forme anc. de *oui*.

**OCAM** Sigle de *Organisation commune africaine et malgache* (puis *africaine et mauricienne*).

**ocarina** *nm* Petit instrument à vent de musique populaire. [ETY] Mot ital., de *oca*, « oie ».

**O'Casey Sean** (Dublin, 1880 – Torquay, 1964), auteur dramatique irlandais. Il peignit la vie des quartiers pauvres de Dublin et chanta la lutte pour l'indépendance de l'Irlande : *la Charrue et les étoiles* (1926), *la Coupe d'argent* (1929), *Roses rouges pour moi* (1943).

**Occam** → **Guillaume d'Occam.**

**occase** *nf* fam Occasion. *Une bonne occase.*

**occasion** *nf* **1** Circonstance, conjoncture favorable, qui vient à propos. *Manquer l'occasion.* **2** Circonstance, moment. *Montrer du sang-froid en toute occasion.* **3** Circonstance qui donne lieu à telle ou telle action, qui a pour conséquence tel ou tel fait. *Avoir l'occasion de rendre service.* **4** Marché, achat conclu dans des conditions avantageuses. *Vendre du neuf et de l'occasion.* **LOC** *À l'occasion* : si une circonstance favorable se présente. — *À l'occasion de* : à propos d'un événement. — *D'occasion* : qui n'est pas neuf ; que des circonstances accidentelles ont suscité. — *Par occasion* : fortuitement. [ETY] Du lat.

**occasionnalisme** *nm* PHILO Doctrine des causes occasionnelles, due à Malebranche, et d'après laquelle la seule cause efficiente de tout ce qui se produit est Dieu.

**occasionnel, elle** *a* Que l'occasion seule fait naître, qui arrive fortuitement. **LOC** PHILO *Cause occasionnelle* : cause qui est seulement l'occasion offerte à la véritable cause de produire son effet. [DER] **occasionnellement** *av*

**occasionner** *vt* [1] Donner lieu à, être la cause, l'occasion d'un inconvénient, d'une gêne.

**occident** *nm* **1** Celui des quatre points cardinaux qui est du côté où le soleil se couche. SYN ouest, couchant. **2** Région située à l'ouest par rapport à un lieu donné. **3** (Avec une majuscule.) Ensemble des pays d'Europe occidentale et d'Amérique du Nord. [PHO] [ɔksidɑ̃] [ETY] Du lat. *occidens*, « couchant ».

**Occident (empire d')** l'un des deux empires issus du démembrement de l'Empire romain à la mort de Théodose Ier (395 apr. J.-C.). Il subsista jusqu'en 476 (prise de Rome par le Barbare Odoacre) et fut rétabli par Charlemagne en 800. (V. aussi Saint Empire romain germanique.)

**occidental, ale** *a, n* **A** *a* **1** Qui est à l'occident. *Peuples de l'Europe occidentale.* **2** Qui a rapport à l'Occident. *Mode de vie occidental.* **B** *n* Habitant, personne originaire de l'Occident. PLUR occidentaux.

**occidentaliser** *vt* [1] Transformer en prenant comme modèle les valeurs, la culture de l'Occident. *Habitudes de vie qui s'occidentalisent.* [DER] **occidentalisation** *nf*

**occidentaliste** *a, n* HIST Au XIXe s., en Russie, partisan de l'ouverture au modèle occidental, par oppos. aux *slavophiles*.

**occipital, ale** *a, nm* ANAT **A** *a* De l'occiput. **B** *nm* Os situé à la partie inférieure de l'arrière du crâne et traversé par un large orifice, le *trou occipital*, qui livre passage au bulbe rachidien. PLUR occipitaux.

**occiput** *nm* Partie postérieure de la tête, au-dessus de la nuque. [PHO] [ɔksipyt] [ETY] Mot lat.

**occire** *vt* plaisant Tuer (empl. seulement à l'inf. et au pp., *occis, ise*, dans les temps composés). [ETY] Du lat.

**occitan** *nm* Langue d'oc.

OCÉANIE
0 100 200 500 1 500 m
CANBERRA capitale d'État
limite d'État
port
aéroport
site du "patrimoine mondial" UNESCO
Population des villes :
plus de 1 000 000 d'hab.
de 100 000 à 1 000 000 d'hab.
de 50 000 à 100 000 hab.
de 10 000 à 50 000 hab.
autre ville
2 000 km
équateur
tropique du Cancer
tropique du Capricorne
ligne de changement de date
OCÉAN PACIFIQUE
PACIFIQUE AUSTRAL
BASSIN DU
BASSIN DES FIDJI MÉRIDIONALES
MER DE TASMAN
MER DE CORAIL
MER DES PHILIPPINES
MER D'ARAFURA
OCÉAN INDIEN
Micronésie
Mélanésie
Polynésie
Polynésie française (France)
Îles Hawaii (États-Unis)
Honolulu
Hilo
Parc national des volcans
Johnston (États-Unis)
Palmyra (États-Unis)
Teraina
Tabuaeran
Kiritimati
Jarvis
Îles de la Ligne
Malden
Starbuck
Caroline
Flint
Penrhyn
Manihiki
Suwarrow
Îles Cook (Nouvelle-Zélande)
Aitutaki
Rarotonga
Îles Marquises
Archipel des Tuamotu
Archipel de la Société
Tahiti
Papeete
Îles Tubuai
Mururoa
Îles Gambier
Pitcairn (R-U)
Henderson
Ducie
Pitcairn
Rapa
Îlots de Bass
Howland (États-Unis)
Baker
KIRIBATI
Îles Phoenix
Îles Tokelau (N-Z)
SAMOA OCCID.
APIA
Samoa Américaines (É-U)
Niue (N-Z)
Îles Vavau
TONGA
NUKUALOFA
Wallis (Fr)
Futuna (Fr)
Funafuti
FONGAFALE
TUVALU
(Îles Ellice)
Rotuma
Vanua Levu
Taveuni
Viti Levu
SUVA
FIDJI
Kermadec (N-Z)
Îles
Norfolk (Australie)
Wake (États-Unis)
MARSHALL
Îles Ratak
Îles Ralik
Bikini
Majuro
DALAP-ULIGA-DJARRIT
Îles Gilbert
Tarawa
BAIRIKI
YAREN
NAURU
Minamitori (Japon)
Îles Ogasawara
Kazan-Retto (Japon)
Mariannes du Nord (États-Unis)
Saipan
Guam (États-Unis)
Agaña
ÉTATS FÉDÉRÉS DE MICRONÉSIE
PALIKIR
Îles Carolines
Îles Yap
KOROR
PALAU
PHILIPPINES
INDONÉSIE
Irian Jaya
Île de Nouvelle-Guinée
PAPOUASIE-NOUVELLE-GUINÉE
Mont Wilhelm 4 694
Archipel Bismarck
Nouvelle-Irlande
Nouvelle-Bretagne
Bougainville
Nelle-Géorgie
PORT MORESBY
Archipel de la Louisiade
ÎLES SALOMON
Santa Isabel
Malaita
HONIARA
Guadalcanal
Rennell
Est
Makira
Îles Santa Cruz
Santo
VANUATU
PORT-VILA
Île Vaté
Île Tanna
Îles Loyauté
Île des Pins
Nouvelle-Calédonie (Fr)
Nouméa
Îles Chesterfield (Fr)
AUSTRALIE
Brisbane
Sydney
CANBERRA
Melbourne
Mont Kosciusko 2 230
Adélaïde
Tasmanie
NOUVELLE-ZÉLANDE
Île du Nord
Île du Sud
WELLINGTON
Mont Cook 3 764
Îles Chatham (N-Z)
Îles Bounty
10°
20°
30°
40°
130° E
140° E
150° E
160° E
170° E
180°
170° O
160° O
150° O
140° O
130° O

**Occitanie** ensemble des pays de langue d'oc : trente et un départements du sud de la France, douze vallées des Alpes italiennes, une vallée pyrénéenne d'Espagne. DER **occitan, ane** *a, n*

**occitanisme** *nm* Revendication régionaliste des Occitans. DER **occitaniste** *a, n*

**occlure** *vt* 78 **1** MED Fermer un conduit, un orifice. **2** CHIR Pratiquer l'occlusion d'un orifice naturel. ETY Du lat.

**occlus, use** *a* CHIM Se dit d'un gaz inclus dans un solide. PHO [ɔkly, yz]

**occlusif, ive** *a, nf* **A** *a* MED Qui produit l'occlusion. *Bandage occlusif.* **B** *a, nf* PHON Se dit d'une consonne dont l'articulation se fait par une fermeture complète et momentanée du conduit buccal. *Occlusives bilabiales* ([p], [b]), *occlusives dentales* ([t], [d]), etc.

**occlusion** *nf* Rapprochement des bords d'une ouverture naturelle. *L'occlusion des paupières, du chenal expiratoire.* LOC MED *Occlusion intestinale :* oblitération interrompant le transit des matières fécales et des gaz.

**occulte** *a* **1** Caché. *Cause occulte.* **2** Qui s'exerce en secret ; clandestin. *Pressions occultes faites sur un juré.* LOC *Sciences occultes :* doctrines et pratiques présentant généralement un caractère plus ou moins ésotérique, et reposant sur la croyance en des influences, des forces que la connaissance rationnelle serait impuissante à expliquer (astrologie, alchimie, divination, etc.). ETY Du lat. *occultare*, « dissimuler ».

**occulter** *vt* 1 **1** ASTRO Cacher un astre en passant devant lui, en parlant d'un autre astre. **2** TECH Rendre non perceptible un signal lumineux, radioélectrique, etc. **3** Dissimuler. *Occulter un fait gênant.* DER **occultation** *nf*

**occultisme** *nm* Connaissance, pratique des sciences occultes. DER **occultiste** *n, a*

**occupant, ante** *n, a* **A** *n* DR Personne qui occupe un local, un emplacement. **B** *n, a* Se dit d'une force militaire qui occupe un pays. *Lutter contre l'occupant. Troupes occupantes.*

**occupation** *nf* **1** Affaire, activité à laquelle on est occupé. *Il a de multiples occupations.* **2** Place, emploi. *Il n'a pas d'occupation actuellement.* **3** Habitation, jouissance d'un lieu, d'un local. *Loyer payé à proportion de l'occupation.* **4** DR Mode d'acquisition originaire de la propriété d'un meuble sans maître par une appréhension matérielle. **5** Action de se rendre maître d'un pays par les armes et d'y maintenir des forces militaires. *Armée d'occupation.* **6** Période pendant laquelle un pays est occupé par une puissance étrangère. **7** Fait d'occuper un lieu. *Après un mois d'occupation, l'usine a été évacuée par les forces de l'ordre.*

**Occupation (l')** période de l'histoire de France où l'armée allemande occupa le territ. français depuis l'armistice du 22 juin 1940 jusqu'à la Libération (août 1944). La France était divisée en une *zone occupée*, au N. (plus le littoral atlantique), et une *zone libre*, au S. L'Alsace était rattachée à l'Allemagne. Le gouv. de l'État français (dont l'autorité s'exerçait sur l'ensemble du territ.) avait pour siège Vichy, en zone libre, juste au S. de la *ligne de démarcation* entre les 2 zones. Le 11 nov. 1942, les Allemands occupèrent la zone libre, sauf les Alpes et la Corse, occupées par l'Italie jusqu'à sa capitulation en sept. 1943.

**occupationnel, elle** *a* PSYCHIAT Se dit d'une thérapie qui utilise les travaux, les jeux dans le traitement des troubles mentaux.

**occupé, ée** *a* **1** Qui s'occupe de qqch ; actif. *Un homme très occupé.* **2** Placé sous l'autorité de troupes d'occupation. *Zone occupée.* **3** Où quelqu'un est déjà installé. *Fauteuil occupé.*

**occuper** *v* 1 **A** *vt* **1** Se rendre maître, demeurer maître d'un lieu. *Occuper le terrain conquis. Ouvriers en grève qui occupent une usine.* **2** DR Acquérir par occupation. **3** Remplir une étendue d'espace ou de temps. *Un grand lit occupait la moitié de la chambre. Ce travail a occupé la plus grande partie de ma journée.* **4** Absorber qqn, lui prendre son temps. *Sa famille et sa carrière l'occupent tout entier.* **5** Habiter. *Il occupait le rez-de-chaussée.* **6** Remplir, exercer une fonction, un emploi. *Il occupe un poste très important au ministère.* **6** Employer, donner de l'occupation à. *Il occupe plusieurs ouvriers.* **B** *vpr* **1** Travailler à, employer son temps à. *S'occuper à jardiner.* **2** Consacrer son temps, son attention à qqch ou à qqn. *S'occuper d'œuvres sociales. Son mari s'occupe des enfants.* **3** Employer pleinement son temps, ne pas rester inactif. *Aimer, savoir s'occuper.* **C** *vi* DR Défendre en justice les intérêts d'un client, en parlant d'un avocat. LOC *Occuper le terrain :* prendre une position forte dans la compétition économique, le débat politique. ETY Du lat. *occupare*, « s'emparer de ».

**Occupe-toi d'Amélie !** vaudeville en 3 actes et 4 tableaux de Feydeau (1908).

**occurrence** *nf* **1** litt Occasion, circonstance. **2** LING Apparition d'une unité linguistique dans un énoncé. LOC *En l'occurrence :* dans le cas envisagé. ETY Du lat. *occurrere*, « se rencontrer ».

**occurent, ente** *a* LOC LITURG *Fête occurente :* qui tombe le même jour qu'une autre fête.

**OCDE** Sigle de *Organisation de coopération et de développement économiques.* V. Europe.

**océan** *nm* **1** Vaste étendue d'eau salée baignant une grande partie de la Terre. **2** Partie de cette étendue. *L'océan Atlantique, Pacifique.* **3** fig Grande étendue. *Le désert, vaste océan de sable.* LOC *L'Océan :* en France, l'océan Atlantique. ETY Du gr. *Okeanos*, n. d'une divinité de la mer.

**Océan** → **Océanos.**

**océane** *af* LOC litt *La mer océane :* l'océan Atlantique.

**océanide** *nf* MYTH GR Nymphe de la mer, fille d'Océanos et de Téthis.

**Océanie** une des cinq parties du monde ; env. 8 500 000 km² ; 35 000 000 hab. DER **océanien, enne** *a, n*

**Géographie** Située dans le Pacifique Sud, l'Océanie se compose de l'Australie (85 % de la superficie et deux tiers des habitants), de la Nouvelle-Guinée, de la Nouvelle-Zélande et d'env. 10 000 îles d'origine volcanique ou corallienne, réparties en trois archipels : Mélanésie, Micronésie, Polynésie. Les climats chauds (équatorial et tropical insulaire) dominent. L'isolement et le morcellement des terres expliquent la relative pauvreté de la faune et de la flore. Les populations autochtones (Mélanésiens, Micronésiens, Polynésiens) sont majoritaires dans les îles ; en Nouvelle-Zélande, elles ont été refoulées par la colonisation européenne ; les apports asiatiques (Indiens, Chinois, Vietnamiens) sont notables et le métissage est important. Australie et Nouvelle-Zélande appartiennent au monde riche, de même que les îles dépendant de grandes puissances (Hawaii, Nouvelle-Calédonie, Polynésie française) ; le reste du continent fait partie du tiers monde.

**Histoire** Le peuplement des îles océaniennes fut progressif à partir de 20 000 av. J.-C. et, dans certains cas, tardif (vers l'an 1000 pour les Fidji) Les Européens abordèrent la région au XVIe s., avec Magellan. À une phase d'exploration (scientifiquement organisée à la fin du XVIIIe s. : Bougainville, Cook) succéda le partage des terres entre les puissances coloniales (G.-B., É.-U., Allemagne, France) dont les missionnaires ont précédé le plus souvent les commerçants et les soldats. L'Australie et la Nouvelle-Zélande mises à part, la décolonisation ne commença que vers 1960 ; de nombreuses îles sont encore auj. des possessions européennes ou américaines. Le genre de vie traditionnel, fondé sur la cueillette, la pêche et le cocotier, a disparu devant les plantations (ananas, bananes), l'exploitation des mines (phosphates de Nauru, cuivre de Bougainville, nickel de Nouvelle-Calédonie) et avec l'immigration de la main-d'œuvre indienne, japonaise et chinoise. Le tourisme est devenu une industrie prospère à Hawaii et dans la Polynésie française. Le Forum du Pacifique-Sud, réunissant des États souverains (quatorze îles du Pacifique, l'Australie et la Nouvelle-Zélande) défend les intérêts régionaux (dénucléarisation, respect des zones économiques exclusives de pêche, protection des ressources marines).

**Océanie (Établissements français de l')** nom porté de 1885 à 1958 par la *Polynésie française.*

**océanique** *a* **1** De l'océan. **2** Qui est proche de l'océan, qui en subit l'influence. LOC *Climat océanique :* climat doux et humide que l'influence des océans fait régner sur les îles et les façades maritimes de la zone tempérée.

**océanographie** *nf* Science qui a pour objet l'étude des océans. DER **océanographe** *n* – **océanographique** *a*

**océanologie** *nf* Océanographie appliquée à l'exploitation des ressources océaniques et à la protection des mers. DER **océanologique** *a* – **océanologue** *n*

**Océanos** dans la myth. gr., divinité personnifiant l'eau qui entoure la terre. Fils d'Ouranos et de Gaia, c'est l'aîné des Titans ; époux de Téthis, il est le père des fleuves et des océanides. VAR **Océan**

**ocelle** *nm* ZOOL **1** Tache arrondie dont le centre est d'une autre couleur que la circonférence. *Les ocelles des plumes caudales du paon.* **2** Œil simple de certains arthropodes. ETY Du lat. DER **ocellé, ée** *a*

**ocelot** *nm* **1** Félin d'Amérique du Sud, long de 1,50 m avec la queue, grimpeur agile, dont la fourrure tachetée est très recherchée. **2** Fourrure de l'ocelot. ETY Mot aztèque.

**Ochosias** (m. en 851 av. J.-C.), roi d'Israël (853-852 av. J.-C.), fils d'Achab. Il persécuta le prophète Élie. VAR **Ochozias**

**Ochosias** (m. en Samarie en 841 av. J.-C.), roi de Juda (843 av. J.-C.), fils de Joram de Juda et d'Athalie. Il fut tué par Jéhu. Athalie lui succéda. VAR **Ochozias**

**ochronose** *nf* MED Trouble de la pigmentation caractérisé par une coloration jaune ou grise de certaines régions cutanées. ETY Du gr. *ôkhros*, « jaune pâle ».

**Ochs** Pierre (Nantes, 1752 – Bâle, 1821), homme politique suisse. Il contribua à la rédaction de la Constitution de la Rép. helvétique, associée à la France (1798).

**OCI** Sigle pour *Organisation de la conférence islamique.*

**Ockeghem** Johannes (Termonde [?], v. 1410 – Tours, v. 1497), compositeur franco-flamand ; musicien de Charles VII, de Louis XI et de Charles VIII : messes, motets, chansons polyphoniques. VAR **Okeghem**

**O'Connel** Daniel (près de Cahirciveen, Kerry, 1775 – Gênes, 1847), homme politique irlandais. Il fonda en 1823 la *Catholic Association* et obtint en 1829 le *bill* d'émancipation des catholiques. Les indépendantistes lui reprochèrent ses tergiversations et fondèrent en 1845 le mouvement Jeune-Irlande.

**O'Connor** Flannery (Savannah, 1925 – Milledgeville, 1964), romancière américaine : *la Sagesse dans le sang* (1952), *Et ce sont les violents qui l'emportent* (1960).

**ocre** *n, a inv* **A** *nf* **1** Argile friable, de couleur jaune, rouge ou brune selon la nature des oxydes qu'elle contient. **2** Colorant à base d'ocre. **B** *nm, a inv* Se dit d'un brun tirant sur le jaune ou le rouge. *Des murs ocre.* ETY Du gr.

**ocrer** *vt* 1 Colorer en ocre.

**oct(o)-, octa-** Éléments, du lat. *octo*, « huit ».

**octaèdre** *nm, a* GEOM Polyèdre à huit faces. DER **octaédrique** *a*

**octal, ale** *a* INFORM Se dit d'un système de numération à base huit. PLUR octaux.

**octane** *nm* CHIM Hydrocarbure saturé de formule $C_8H_{18}$. **LOC** ***Indice d'octane*** : qui mesure le pouvoir antidétonant d'un carburant.

**octant** *nm* GEOM Huitième partie d'un cercle, arc de 45°.

**Octant (l')** constellation de l'hémisphère austral ; n. scientif. : *Octans, Octantis.*

**octante** *a num card* **rég, vx (Suisse romande).** Quatre-vingts.

**octave** *nf* **1** LITURG CATHOL Espace de huit jours suivant une grande fête ; huitième jour qui suit cette fête. **2** MUS Intervalle dans lequel la note la plus haute a pour fréquence le double de la plus basse, chacune de ces notes portant le même nom. **3** MUS Huitième degré de l'échelle diatonique. **LOC** ***À l'octave*** : une octave plus haut ou plus bas.

**Octave** (en lat. *Octavius*), nom de famille du futur empereur Auguste, qui prit le surnom d'Octavien (en lat. *Octavianus*) quand César l'adopta.

**Octavie** (en lat. *Octavia*) (?, v. 70 – ?, 11 av. J.-C.), sœur d'Auguste ; épouse (40-32) de Marc Antoine, qui lui préféra Cléopâtre.

**Octavie** (en lat. *Octavia*) (?, v. 42 – île de Pandataria, 62), impératrice romaine ; fille de Claude et de Messaline, sœur de Britannicus. En 53, elle épousa Néron, qui, devenu empereur, la répudia, puis la contraignit à se tuer.

**Octavien** → **Octave.**

**octavier** *vi, vt* ② MUS Jouer ou chanter à l'octave au-dessus ou au-dessous.

**octavon, onne** *a, n* Se dit d'une personne née d'un quarteron et d'une Blanche ou d'un Blanc et d'une quarteronne.

**octet** *nm* INFORM Groupe de huit bits traités comme un tout. SYN byte PHO [ɔktɛ]

**octette** *nm* Orchestre constitué de huit musiciens de jazz.

**Octeville** ch.-l. de cant. de la Manche (arr. de Cherbourg) ; 16 948 hab. DER **octevillais, aise** *a, n*

**octobre** *nm* Dixième mois de l'année, comprenant trente et un jours. ETY Du lat. *october*, « huitième mois ».

**octobre 1789 (journées des 5 et 6)** journées au cours desquelles des émeutes se produisirent à Paris ; la foule se rendit à Versailles et imposa à Louis XVI et à sa famille de venir résider aux Tuileries.

**octobre 1917 (révolution d')** insurrection dirigée par les bolcheviks, qui renversa à Petrograd le gouv. de Kerenski. Lénine et Trotski la déclenchèrent le 24 oct. (du calendrier russe, c.-à-d. le 6 nov.) ; elle triompha le 26 oct. (8 nov.). Le palais d'Hiver, où siégeait le gouv., ayant été pris à 2h 30 du matin, Lénine constitua le jour même le Conseil (*Soviet*) des commissaires du peuple, qu'il présida, et instaura la dictature du prolétariat.

**octocoralliaire** *nm* ZOOL Cnidaire anthozoaire à huit tentacules dont la classe comprend notam. les alcyons et le corail rouge.

**octogénaire** *a, n* Qui a entre quatre-vingts et quatre-vingt-dix ans.

**octogone** *nm* GEOM Polygone qui a huit angles et donc huit côtés. DER **octogonal, ale, aux** *a*

**octopode** *a, nm* **A** *a* Qui a huit pieds, huit tentacules. **B** *nm* ZOOL Mollusque céphalopode dibranchial dépourvu de coquille et possédant huit bras, dont l'ordre comprend notam. la pieuvre et l'argonaute.

**octosyllabe** *a, nm* Se dit d'un vers qui a huit syllabes. DER **octosyllabique** *a*

**octroi** *nm* **1** Action d'octroyer. *Octroi d'un privilège.* **2** **anc** Impôt perçu par les villes sur certaines des marchandises qui y entraient. **3** Administration qui percevait cet impôt ; bureau où il était versé.

**octroyer** *v* ㉓ **A** *vt* **1** Concéder, accorder comme une faveur. *Octroyer une grâce.* **2** Allouer. *La maigre pension qu'on lui octroie.* **B** *vpr* **fam** Se donner, s'accorder. *S'octroyer un peu de repos.* ETY Du lat. *auctorare*, « garantir ».

**octuor** *nm* MUS **1** Morceau écrit pour huit voix ou huit instruments. **2** Groupe de huit musiciens ou de huit chanteurs.

**octuple** *a* **didac** Qui contient huit fois un nombre, une quantité.

**octupler** *v* ① **A** *vt* Multiplier par huit. **B** *vi* Être multiplié par huit.

**oculaire** *a, nm* **A** *a* Qui a rapport à l'œil, de l'œil. *Globe oculaire.* **B** *nm* Lentille ou système de lentilles qui, dans un instrument d'optique, est proche de l'œil de l'observateur (par oppos. à *objectif*). ETY Du lat. *oculus*, « œil ».

**ocularíste** *n* **didac** Fabricant de pièces de prothèse oculaire.

**oculiste** *n* Syn. de *ophtalmologiste.*

**oculomoteur, trice** *a* MED Relatif aux mouvements des yeux.

**oculus** *nm* ARCHI Syn. de *œil-de-bœuf.* PLUR oculus ou oculi. PHO [ɔkylys]

**ocytocine** *nf* BIOCHIM Hormone post-hypophysaire qui stimule les contractions du muscle utérin lors de l'accouchement et qui active l'hormone antidiurétique. ETY Du gr. *ôkutokos*, « qui procure un accouchement rapide ». DER **ocytocique** *a*

**od(o)-, -ode** Éléments, du grec *hodos*, « route » (ex. *cathode, anode, diode*).

**Oda Nobunaga** (Owari, 1534 – Kyoto, 1582), shogun du Japon de 1573 à sa mort. Successeur des Ashikaga, il est le créateur du Japon moderne.

**odalisque** *nf* **1** **anc** Esclave au service des femmes du sultan. **2** **litt** Femme de harem. ETY Du turc.

**Odalisque (la Grande)** peinture d'Ingres (1814, Louvre).

**Odawara** v. du Japon (Honshū) ; 185 940 hab. – Temple bouddhique du XV^e^ s.

**ode** *nf* LITTER **1** Poème chanté, chez les anciens Grecs. **2** Poème lyrique composé de strophes égales par le nombre et la mesure des vers. ETY Du gr. *ôdê*, « chant ».

**odelette** *nf* LITTER Petite ode.

**Odense** port du Danemark, ch.-l. de l'île de Fionie ; 177 600 hab. Centre industriel. – Églises XII^e^ s. et XIV^e^ s.

**Odenwald** massif (626 m au Katzenbuckel) d'Allemagne, dans la Hesse.

**odéon** *nm* **1** ANTIQ Théâtre couvert consacré à la musique et au chant dans le monde grec et le monde romain. **2** Nom donné à certaines salles de spectacle. ETY Du gr.

**Odéon (théâtre de l')** théâtre de Paris construit de 1779 à 1782 par Peyre et Wailly ; incendié en 1799, reconstruit, incendié de nouveau en 1818, il fut rebâti par Baraguey et Prévost, et rouvert en 1820. Aujourd'hui subventionné, il accueille le Théâtre de l'Europe.

**Oder** (en polonais *Odra*), fl. de Pologne (848 km) ; il naît dans les Sudètes, en Rép. tchèque, arrose Wrocław, Francfort-sur-l'Oder, Szczecin et se jette dans la Baltique.

**Oder-Neisse (ligne)** (en polonais *Odra-Nysa*), frontière occid. de la Pologne, dont le tracé fut décidé par les accords de Potsdam (1945). Ce tracé fut ratifié par la Pologne et par l'Allemagne réunifiée en 1990.

**Odes** poèmes lyriques de Sappho (v. 580 av. J.-C.) dont il ne subsiste auj. que 650 vers. Catulle, Horace et Ovide les imitèrent.

**Odes** poèmes lyriques d'Horace composés à partir de 30 av. J.-C. ; les 3 prem. livres furent publiés en 23 av. J.-C., le 4^e^ en 13 av. J.-C.

**Odes** recueil poétique de Ronsard publié en 1550 (4 livres) et 1552 (1 livre).

**Odes et Ballades** recueil de Victor Hugo (1826, éd. définitive 1828) comprenant toutes ses œuvres poétiques de jeunesse.

**Odes funambulesques** recueil de poésies lyriques de Th. de Banville (1857).

**Odessa** v. d'Ukraine, en Crimée, port sur la mer Noire ; 1 148 000 hab. ; ch.-l. de prov. Centre industriel. DER **odessite** *a, n*

**Histoire** Créée (1796) par Catherine de Russie sur le site d'*Odessos*, anc. colonie grecque, la ville devint, au XIX^e^ s., le premier port de la Russie. En 1905, les marins du cuirassé *Potemkine* se révoltèrent en rade d'Odessa.

**Odet** fl. côtier de Bretagne (56 km) ; arrose Quimper, où il s'élargit en ria jusqu'à Bénodet.

**Odets Clifford** (Philadelphie, 1906 – Los Angeles, 1963), auteur dramatique américain : *En attendant Lefty* (1935), *Une fille de la campagne* (1950).

**Odette** personnage de *À la recherche du temps perdu*, de Proust. V. Swann.

**odeur** *nf* Émanation volatile produite par certains corps et perçue par l'organe de l'odorat. *Une odeur de moisi.* **LOC** ***Mourir en odeur de sainteté*** : mourir saintement après une vie de piété. — ***Ne pas être en odeur de sainteté auprès de qqn*** : ne pas jouir de son estime. ETY Du lat.

**-odie** Élément, du gr. *ôdê*, « chant ».

**odieux, euse** *a* **1** Qui suscite l'aversion, l'indignation, la haine. *Se rendre odieux. Mensonge odieux.* **2** Très désagréable ; méchant, grossier. *Il a été odieux avec elle.* ETY Du lat. DER **odieusement** *av*

**Odile (sainte)** (?, v. 660 – Hohenburg, v. 720), fondatrice et prem. abbesse du monastère de Hohenburg (sur le *mont Sainte-Odile*, en Alsace). Patronne de l'Alsace.

**Odilon (saint)** (Mercœur, 962 – Souvigny, 1049), abbé de Cluny (994). On lui doit la fête des morts (2 nov.).

**Odin** divinité princ. de la myth. scandinave, assimilé au Wotan des Germains, dieu de la Sagesse, de la Poésie et de la Guerre. VAR **Odinn**

**Odoacre** (?, v. 434 – Ravenne, 493), roi des Hérules. Il prit Rome en 476 et mit fin à l'empire d'Occident. Il fut vaincu et assassiné par Théodoric, roi des Ostrogoths, à l'issue du siège de Ravenne (490-493).

**odologie** *nf* Étude scientifique de la voix chantée, du point de vue physiologique, acoustique et perceptif. ETY Du gr. *ôdê*, « chant ». DER **odologique** *a* – **odologue** *n*

**odomètre** *nm* Instrument servant à mesurer la distance parcourue par un véhicule. VAR **hodomètre**

**Odon (saint)** (près du Mans, v. 880 – Tours, 942), abbé de Cluny (926), dont il accrut l'importance.

**odonate** *nm* ENTOM Insecte paléoptère à pièces buccales de type broyeur, à longues ailes, tel que la libellule.

**odont(o)-** Élément, du gr. *odontos*, « dent ».

**odontalgie** *nf* MED Douleur dentaire.

**odontocète** *nm* ZOOL Cétacé pourvu de dents, dont le sous-ordre comprend les dauphins, les cachalots, les narvals, etc.

**odontoglossum** *nm* Belle orchidée épiphyte originaire des Andes, cultivée en serre froide. PHO [ɔdɔ̃tɔglɔsɔm]

**odontoïde** *a* ANAT Qui a la forme d'une dent. **LOC** *Apophyse odontoïde* : apophyse de l'axis autour de laquelle tourne l'atlas.

**odontologie** *nf* MED Étude des dents et de leurs affections, médecine dentaire. DER **odontologique** *a* – **odontologiste** *nf*

**odontostomatologie** *nf* MED Discipline regroupant l'odontologie et la stomatologie, médecine de la bouche et des dents. DER **odontostomatologiste** *n*

**odorant, ante** *a* Qui répand une odeur, une bonne odeur. *Substance odorante.* ANT inodore.

**odorat** *nm* Sens par lequel l'homme et les animaux perçoivent et reconnaissent les odeurs.

**Odoric da Pordenone** (bienheureux) (Pordenone, v. 1265 – Udine, 1331), franciscain italien. Il voyagea en Chine et en Inde, pays dont il écrivit une *Description* en latin.

**odoriférant, ante** *a* Qui répand une odeur agréable.

**odoriser** *vt* 1 Donner une odeur à un produit, un milieu.

**odyssée** *nf* Voyage plein de péripéties ; vie mouvementée. ETY Du n. pr.

**Odyssée** poème épique grec en 24 chants attribué à Homère et princ. consacré aux péripéties du retour d'Ulysse à Ithaque, son royaume, après la chute de Troie.

**Oe** Kenzaburo (Ose, île de Shikoku, 1935), écrivain japonais : *Shiiku (Une bête à nourrir*, 1958), *Dites-nous comment survivre à notre folie* (1969), *Parents de la vie* (1989). P. Nobel 1994.

**OEA** sigle de *Organisation des États américains.*

**Œben** Jean François (Eusbern, v. 1720 – Paris, 1763), ébéniste français d'origine allemande ; créateur du style dit « de transition » Louis XV-Louis XVI.

**œcuménique** *a* **1** RELIG Universel. **2** Relatif à l'œcuménisme ; qui rassemble les Églises. PHO [ekymenik] ou [økymenik] ETY Du gr. *oikoumenê gê*, « terre habitée ». DER **œcuméniquement** *av*

**œcuménisme** *nm* RELIG Mouvement visant la réunion de toutes les Églises chrétiennes en une seule. DER **œcuméniste** *a, n*

**œdème** *nm* MED Infiltration séreuse d'un tissu, qui se traduit par un gonflement localisé ou diffus. PHO [edɛm] ou [ødɛm] ETY Du gr. *oidein*, « enfler ». DER **œdémateux, euse** *a, n*

**œdicnème** *nm* Oiseau charadriiforme des zones tempérées et tropicales. PHO [ediknɛm] ou [ødiknɛm] ETY Du gr. *oiden*, « enfler », et *knémé*, « jambe ».

**œdipe** *nm* PSYCHAN Ensemble des désirs amoureux et des sentiments d'hostilité éprouvés par l'enfant à l'égard de ses parents. On dit aussi *complexe d'Œdipe.* PHO [edip] ou [ødip] DER **œdipien, enne** *a*

ENC Par référence au fait qu'Œdipe épousa sa mère, Freud a nommé *complexe d'Œdipe* l'important phénomène psychique qu'il avait observé sur lui-même. En 1897, il écrit au médecin allemand Wilhelm Fliess (1858 – 1928) : « J'ai trouvé en moi des sentiments d'amour envers ma mère et de jalousie envers mon père, sentiments qui sont, je pense, communs à tous les jeunes enfants. » Dès lors, il traitera ce sujet fondamental dans de nombr. œuvres.

**Œdipe** et le Sphinx

**Œdipe** héros de la myth. gr., fils de Laïos, roi de Thèbes, et de Jocaste. L'oracle de Delphes ayant prédit qu'il tuerait son père et épouserait sa mère, Œdipe fut abandonné à sa naissance par ses parents. Recueilli et élevé par Polybos, roi de Corinthe, il apprend qu'il n'est qu'un enfant trouvé et va consulter l'oracle de Delphes, qui lui révèle la terrible vérité. Effrayé, il fuit Corinthe. Sur la route, il se querelle avec un étranger : Laïos, son père, et le tue. Aux portes de Thèbes, il affronte le Sphinx et résout sa célèbre énigme, ce qui provoque la mort du Sphinx ; comme Créon offrait alors la couronne de Thèbes et la main de Jocaste au vainqueur du monstre, il est proclamé roi (en grec *tyran*) de Thèbes et épouse sa propre mère. Mais le couple découvre la vérité : Jocaste se pend, Œdipe se crève les yeux et part en exil, accompagné de sa fille Antigone. – En littérature, nous conservons *les Sept contre Thèbes* d'Eschyle et trois tragédies de Sophocle : *Œdipe roi* (v. 430 av. J.-C.), *Œdipe à Colone* (v. 401 av. J.-C.) et *Antigone* (441 av. J.-C.). Le Latin Sénèque (Ier s. ap. J.-C.) s'inspira d' *Œdipe roi* dans *Œdipe*, de même que Corneille (1659). Racine écrivit *la Thébaïde ou les Frères ennemis* (1664), tragédie en 5 actes et en vers.

**Oehlenschläger** Adam Gottlob (Copenhague, 1779 – id., 1850), poète danois romantique : *les Cornes d'or* (1801). Tragédies : *Palmatoke* (1809), *la Saga de Hour* (1817).

**Oehmichen** Étienne (Châlons-sur-Marne, 1884 – Paris, 1955), ingénieur français qui effectua le prem. vol en hélicoptère (1924).

**œil** *nm* **1** Organe de la vue composé du globe oculaire et des paupières. *Avoir les yeux bleus, noirs.* **2** Paupière. *Ouvrir, fermer les yeux. Cligner de l'œil, des yeux. Faire un clin d'œil à qqn.* **3** fig Aptitude à voir. *Avoir de bons yeux.* **4** Regard. *L'œil du maître.* **5** Indice des qualités de l'âme, du caractère ; disposition, état d'esprit. *L'œil mauvais, fourbe.* **6** TECH Ouverture, trou, sur divers articles ou instruments. *L'œil d'une aiguille. L'axe d'une roue passe par son œil.* PLUR œils. **7** IMPRIM Relief qui constitue la lettre, sur un caractère. PLUR œils. **8** Bulle de graisse qui nage à la surface d'un bouillon. **9** Chacun des trous qui se trouvent dans la mie de pain, dans certains fromages. **10** ARBOR Bouton, bourgeon. PLUR yeux, sauf sens 6 et 7. **LOC** fam *À l'œil* : gratuitement. — *À l'œil nu* : sans l'aide d'un instrument d'optique. — *Avoir bon pied, bon œil* : être en bonne santé. — *Avoir le coup d'œil* : voir les choses promptement et avec exactitude. — *Cela saute aux yeux, crève les yeux* : cela est d'une évidence criante. — *Coup d'œil* : regard rapide. — *Coûter les yeux de la tête* : très cher. — fam *Faire de l'œil à qqn* : cligner de l'œil avec un regard appuyé pour exprimer la connivence ou une invite amoureuse. — *Faire les gros yeux à qqn* : le regarder d'un air sévère. — *Fermer les yeux à qqn* : l'assister dans son agonie. — *Fermer les yeux sur qqch* : faire semblant, par indulgence ou par lâcheté, de ne pas la voir. — *Jeter un œil sur qqch* : l'examiner rapidement. — *Mauvais œil* : faculté supposée de porter malheur. — fam *Mon œil !* : exprime l'incrédulité. — *Ne pas avoir les yeux dans sa poche* : voir, souvent en faisant preuve d'une certaine indiscrétion, ce qui normalement n'attirerait pas l'attention de qqn d'autre. — *Ne pas fermer l'œil de la nuit* : ne pas pouvoir dormir. — *Œil de verre* ou *œil artificiel* : qui remplace, dans l'orbite, un œil perdu. — METEO *Œil du cyclone* : centre d'un cyclone tropical constituant une éphémère zone de calme ; fig centre d'une situation confuse, voire dangereuse. — *Œil électrique* : cellule photoélectrique. — *Œil pour œil, dent pour dent* : formule de la loi du talion. — *Ouvrir, avoir l'œil* : être très attentif. — *Ouvrir les yeux à qqn* : faire en sorte qu'il se rende à l'évidence. — *Pour les beaux yeux de qqn* : sans contrepartie. — fam *Se battre l'œil de qqch* : n'y attacher aucune importance. — fam *Se mettre le doigt dans l'œil* : se tromper lourdement. — *Ses yeux sont tombés sur moi* : il m'a aperçu subitement. — fam *Sortir par les yeux* : exaspérer à force d'insistance. — *Sous les yeux de qqn* : à sa vue ; juste devant lui. — fam *Tourner de l'œil* : s'évanouir. — *Voir d'un bon œil, d'un mauvais œil* : considérer favorablement, défavorablement. PHO [œj] et PLUR [jø] ETY Du lat.

ENC L'œil humain est un organe irrégulièrement sphérique, de 22 à 26 mm de diamètre, qui pèse de 7 à 8 g. Calé dans l'orbite par un coussinet adipeux, il est fixé à l'os par 6 muscles moteurs. Il comprend 3 enveloppes (de l'extérieur vers l'intérieur) : la *sclérotique*, la *choroïde* et la *rétine*. La sclérotique (le « blanc » de l'œil), fibreuse, devient transparente dans la partie antérieure de l'œil, formant la *cornée*. Derrière, la choroïde se prolonge par les *procès ciliaires* et l'*iris*, qui limite la *pupille*. Celle-ci est une ouverture à diamètre variable, derrière laquelle se trouve une lentille biconvexe, le *cristallin*. La rétine, seule membrane sensible aux rayons lumineux, contient les cellules visuelles à cônes et à bâtonnets. Elle comprend deux points spéciaux : la *tache jaune*, où

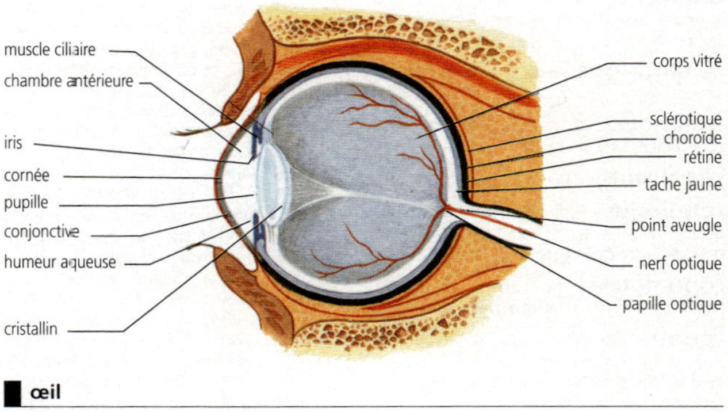


**œil**

se forment le plus nettement les images, et le *point aveugle*, où s'épanouit le nerf optique et qui est insensible aux rayons lumineux. La conjonctive recouvre la partie antérieure de l'œil. Entre la cornée et le cristallin se trouve un liquide, l'*humeur aqueuse*, et, en arrière du cristallin, l'*humeur vitrée*. Les anomalies de l'œil entraînent des troubles de la vision : *hypermétropie, myopie, astigmatisme* (anomalies de courbure du cristallin ou de la rétine) ; *daltonisme* (anomalie chromatique). (V. aussi presbytie).

**œil-de-bœuf** *nm* **1** Ouverture ronde ou ovale destinée à donner du jour. **2** BOT Nom usuel du *buphtalmum*. SYN oculus. PLUR œils-de-bœuf.

**œil-de-chat** *nm* **1** Chrysobéryl chatoyant dont les nuances peuvent varier du jaune-vert au mauve-gris. **2** Opercule calcaire du burgau, à reflets chatoyants. PLUR œils-de-chat.

**œil-de-perdrix** *nm* Cor entre deux orteils. PLUR œils-de-perdrix.

**œil-de-tigre** *nm* Quartz à inclusions d'amiante silicifiée présentant des fibres parallèles à reflets jaune d'or. PLUR œils-de-tigre.

**œillade** *nf* Coup d'œil furtif, clin d'œil en signe de connivence, spécial. en signe d'invite amoureuse.

**œillère** *nf* **1** Chacune des deux pièces de cuir attachées au montant de la bride d'un cheval pour l'empêcher de voir sur les côtés. **2** Petit récipient ovale pour les bains d'œil. LOC ***Avoir des œillères*** : avoir une vue étroite ou partisane des choses.

**1 œillet** *nm* **1** Petit trou rond, souvent bordé d'un renfort, servant à passer un cordon, un lacet, un cordage, un bouton, etc. **2** Petite pièce métallique circulaire qui sert à renforcer la bordure d'un œillet. *Pince à œillets.* **3** Toute pièce servant à renforcer les bordures d'une perforation circulaire.

**2 œillet** *nm* Plante ornementale dicotylédone dialypétale (caryophyllacée), à fleurs très odorantes de diverses couleurs. LOC ***Œillet d'Inde*** : tagète (composée).

**1 œilleton** *nm* **1** Pièce adaptée à l'oculaire d'un instrument d'optique, d'un appareil photo, etc., pour permettre une meilleure position de l'œil de l'observateur. **2** Petit viseur circulaire qui remplace le cran de mire sur certaines armes. **3** BOT Rejet de certaines plantes qu'on utilise pour leur reproduction.

**œilletonner** *vt* ① AGRIC Multiplier une plante en séparant les œilletons. DER **œilletonnage** *nm*

**œillette** *nf* Pavot aux graines oléagineuses, dont on extrait une huile.

**œkoumène** → **écoumène.**

**œn(o)-** Élément, du gr. *oinos*, « vin ». PHO [enɔ] ou [ønɔ]

**œnanthe** *nf* BOT Plante herbacée des lieux humides (ombellifère), glabre et vénéneuse. ETY Mot lat.

**œnanthique** *a* didac Qui a trait au bouquet des vins.

**œnolique** *a* LOC CHIM ***Acide œnolique*** : matière colorante du vin rouge.

**œnolisme** *nm* MED Alcoolisme dû au vin.

**œnologie** *nf* Technique de la fabrication et de la conservation des vins. DER **œnologique** *a* – **œnologue** *n*

**œnométrie** *nf* TECH Analyse des caractéristiques d'un vin. DER **œnométrique** *a*

**œnothéracée** *nf* BOT Plante dicotylédone dialypétale, fréquente dans les lieux humides, dont la famille comprend notam. l'épilobe et le fuchsia. SYN onagracée.

**œnothère** *nm* BOT Syn. de *onagre*. VAR **œnothera**

**œnotourisme** *nm* Activité touristique orientée en fonction du vin (visite de vignobles, dégustation, etc.).

**œrsted** *nm* anc Unité de mesure d'intensité du champ magnétique. PHO [œRsted] ETY Du n. pr.

**Œrsted Hans Christian** (Rudká bing, 1777 – Copenhague, 1851), physicien danois. En 1820, il découvrit l'existence du champ magnétique créé par un courant électrique. VAR **Ørsted**

**Œsling** → **Ösling.**

**œsophage** *nm* ANAT Segment du tube digestif qui relie le pharynx à l'estomac. PHO [ezɔfaʒ] ou [øzɔfaʒ] ETY Du gr. DER **œsophagien, enne** ou **œsophagique** *a*

**œsophagite** *nf* MED Inflammation de l'œsophage.

**œsophagoscope** *nm* MED Instrument servant à explorer l'œsophage.

**œstr(o)-** Élément, du gr. *oistros*, « fureur », désignant l'hormone femelle. PHO [ɛstʀo]

**œstradiol** *nm* BIOL Œstrogène naturel considéré comme la véritable hormone femelle.

**œstral, ale** *a* BIOL Relatif à l'œstrus. PLUR œstraux. LOC ***Cycle œstral*** : succession de modifications cycliques affectant l'appareil génital des femelles des mammifères durant la période où elles sont aptes à la reproduction.

**œstre** *nm* Mouche au corps épais et velu, qui dépose ses œufs sur la peau ou dans les fosses nasales des animaux. ETY Du lat. *œstrus*, « taon ».

**œstrogène** *a, nm* BIOL Se dit d'une hormone qui déclenche l'œstrus chez la femme et les femelles des mammifères. VAR **estrogène** vx DER **œstrogénique** *a*

ENC Chez la femme, les œstrogènes naturels, œstradiol et œstrone (ou folliculine), sont synthétisés par l'ovaire et par le placenta au cours de la grossesse et, chez l'homme, dans les testicules. En dehors de la grossesse, la sécrétion d'œstrogènes par la femme est cyclique, avec un pic d'œstradiol environ 48 heures avant l'ovulation. Cette sécrétion dépend de certaines hormones hypophysaires.

**œstrone** *nf* BIOL Syn. de *folliculine*.

**œstroprogestatif, ive** *a* PHARM Se dit d'une pilule contraceptive qui contient à la fois des œstrogènes et des progestatifs.

**œstrus** *nm* BIOL Phase du cycle œstral de la femme et des femelles des mammifères, correspondant à l'ovulation et à la période où la fécondation est possible.

**Œta** montagne de Grèce (Thessalie, 2 152 m) qui domine le défilé des Thermopyles.

**œuf** *nm* **1** Produit de la ponte externe des oiseaux, de forme ovoïde, comprenant une coquille, des membranes, des réserves. *Le blanc et le jaune de l'œuf.* **2** Produit de la ponte des reptiles, des poissons, des insectes, etc. *Œuf de serpent. Œufs de cabillaud. Œufs d'esturgeon.* **3** Œuf de poule, en tant qu'aliment. *Œuf à la coque, en gelée, sur le plat. Œuf dur.* **4** Confiserie en forme d'œuf, en sucre ou en chocolat, que l'on offre à l'occasion de Pâques. *Œufs de Pâques. Œuf en chocolat.* **5** BIOL Cellule résultant de la fécondation du gamète femelle par le gamète mâle et dont le développement donnera un nouvel être vivant, animal ou végétal. SYN zygote. LOC ***C'est l'œuf de Colomb*** : c'est une solution simple mais à laquelle il fallait penser. — ***Étouffer, tuer dans l'œuf*** : faire avorter une entreprise à l'état de projet. — ***Marcher sur des œufs*** : se conduire avec une circonspection extrême dans des circonstances délicates. — ***Mettre tous ses œufs dans le même panier*** : faire dépendre d'une seule chose une entreprise. — fam ***Plein comme un œuf*** : tout à fait plein, dans quoi il ne reste pas la moindre place. — ***Tondre un œuf*** : tenter de tirer profit des plus petites choses, être sordidement avare. — fam ***Va te faire cuire un œuf !*** : va au diable, va te faire pendre ailleurs ! PHO [œf] et PLUR [ø] ETY Du lat.

ENC Dans son sens courant, l'œuf est le produit de la ponte externe des animaux ovipares ; il comporte des réserves et est souvent entouré d'une coquille de nature variable. Au sens biologique, l'œuf est la cellule diploïde (zygote) résultant de la fécondation du gamète femelle (chargé de réserves : *vitellus*) par le gamète mâle. Après la fécondation, l'œuf diploïde se développe, soit directement dans les voies génitales de la mère (animaux vivipares), soit à l'extérieur ; dans ce dernier cas, il se développe à partir de ses réserves (vitellus, albumine, etc.) et éclôt sous la surveillance des parents (oiseaux, divers poissons et insectes, etc.) ou sans elle (reptiles, poissons, etc.). V. embryogenèse.

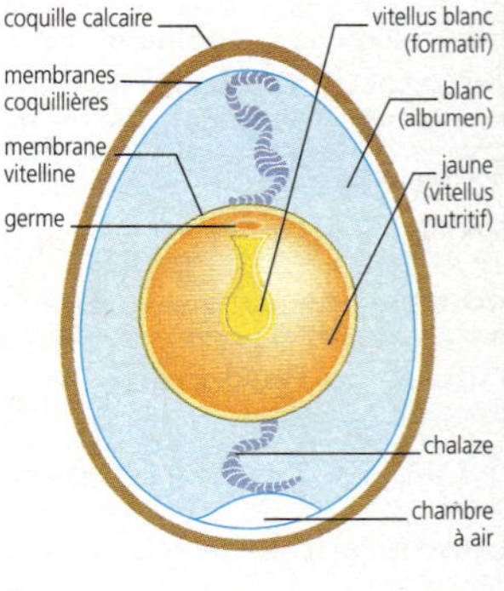


coupe schématique d'un **œuf** de poule

**œuvé, ée** *a* Se dit d'un poisson femelle qui porte des œufs. *Hareng œuvé.*

**œuvre** *n* **A** *nf* **1** Ce qui est fait, produit par quelque agent et qui subsiste après l'action. *Faire œuvre utile.* **2** Action, activité, travail. *Être, se mettre à l'œuvre.* **3** Organisation charitable. *Œuvre de bienfaisance. Laisser une partie de sa fortune à des œuvres.* **4** Ouvrage littéraire, production artistique. *Œuvres choisies, complètes d'un écrivain. Une œuvre de jeunesse, de maturité.* **B** *nm* litt Ensemble des œuvres (plastiques, en partic.) d'un artiste. *L'œuvre peint de Michel-Ange.* LOC CONSTR ***En œuvre, hors œuvre*** : dans le corps, hors du corps du bâtiment. — CONSTR ***Gros œuvre*** : ensemble des ouvrages qui assurent la stabilité et la résistance d'une construction. — ALCHIM ***Le grand œuvre*** : la recherche de la pierre philosophale. — ***Mettre qqch en œuvre*** : employer qqch pour un usage déterminé ; fig avoir recours à qqch. — vieilli ***Œuvre de chair*** : relations sexuelles, dans le vocabulaire de la morale chrétienne. — MAR ***Œuvres mortes*** : partie de la coque d'un navire qui est au-dessus de la ligne de flottaison. — MAR ***Œuvres vives*** : partie de la coque qui est au-dessous de la ligne de flottaison. — CONSTR ***Second œuvre*** : ensemble des aménagements d'une construction. PHO [œvʀ] ETY Du lat.

**Œuvre (l')** roman de Zola (1886) : la vie de C. Lantier, peintre maudit.

**Œuvre au noir (l')** roman de Marguerite Yourcenar (1968) : la vie de l'alchimiste Zénon. ▷ CINE Film d'André Delvaux (1988).

**œuvrer** *vi* ① Travailler, agir. *Œuvrer pour la bonne cause.*

**œuvrette** *nf* Petite œuvre ; œuvre mineure.

**off** *a inv* **1** CINE Syn. de *hors champ*. **2** Se dit d'un spectacle ne figurant pas à l'affiche d'un programme officiel mais qui est donné en marge de celui-ci. **3** Se dit d'une information transmise à un journaliste à condition qu'il n'en divulgue pas la source. ETY Mot angl., « hors de ».

**Offenbach** ville industr. d'Allemagne (Hesse), sur le Main, dans l'aggl. de Francfort ; 107 080 hab. – Château XVI^e^ s.

**Offenbach Jacques** (Cologne, 1819 – Paris, 1880), compositeur français d'origine allemande. Opéras bouffes : *Orphée aux enfers* (1858), *la Belle Hélène* (1864), *la Vie parisienne* (1866), *la Périchole* (1868), sur des livrets de Meilhac et Halévy. Opéra-comique : *les Contes d'Hoffmann* (1881), d'inspiration fantastique. ▶ illustr. p. 1146

**offense** *nf* **1** Injure, affront. *Faire, recevoir une offense. Offense envers un chef d'État.* **2** RELIG Péché, outrage fait à Dieu. ETY Du lat.

**offensé, ée** *a, n* Qui a reçu une offense.

**offenser** *v* ① **A** *vt* **1** Heurter, blesser, froisser. *Offenser un ami.* **2** litt Choquer par son aspect scandaleux. *Offenser la morale.* **B** *vpr* Se fâcher, se vexer, se considérer comme offensé. LOC RELIG *Offenser Dieu* : pécher. DER **offensant, ante** *a* – **offenseur** *nm*

**offensif, ive** *a, nf* **A** *a* Qui attaque ; qui sert à attaquer. *Grenade offensive.* **B** *nf* **1** Initiative des opérations militaires. *Prendre l'offensive.* **2** fig Attaque. DER **offensivement** *a*

**offertoire** *nm* LITURG Moment de la messe où le prêtre fait l'oblation du pain et du vin.

**office** *nm* **1** anc Charge avec juridiction. **2** Fonction publique conférée à vie. *Office de notaire.* **3** Bureau, agence. *Office de tourisme.* **4** ADMIN Établissement d'État ou d'une collectivité publique doté de la personnalité morale et de l'autonomie financière. *Office national des forêts.* **5** LITURG Service religieux. *L'office des morts.* **6** COMM Envoi systématique par l'éditeur au libraire d'un nombre fixé de livres nouvellement parus. **7** Pièce proche de la cuisine où les gens de maison préparent le service de la table. LOC ***Bons offices*** : services, médiation. — ***D'office*** : sans l'avoir demandé, par ordre d'une autorité supérieure. — ***Faire office de*** : servir de. ETY Du lat.

**Office de radiodiffusion-télévision française (ORTF)** établissement public qui, par la loi du 27 juin 1964, succéda à la Radio-Télévision française (RTF). Supprimé en 1974, l'ORTF a fait place à 7 entreprises indép. le 1er janv. 1975 : Radio France, TF1, Antenne 2, FR3, SFP, TDF, INA.

**Office national d'études et de recherches aérospatiales (ONERA)** établissement public créé en 1946.

**Offices (palais ou galerie des)** (en ital. *Uffizi*), palais de Florence construit de 1560 à 1580 par Vasari pour Cosme Ier et où siégèrent les services admin. (*uffizi*) de la rép. de Florence. Il est occupé auj. par un très riche musée.

**official** *nm* DR CANON Juge ecclésiastique délégué par l'évêque pour statuer en son nom dans le diocèse. PLUR officiaux. ETY Du lat. jurid. *officialis*, « appariteur ».

**officialiser** *vt* ① Rendre officiel. DER **officialisation** *nf*

**officiant** *nm* RELIG Prêtre catholique ou orthodoxe qui célèbre l'office.

**officiel, elle** *a, nm* **A** *a* **1** Qui émane d'une autorité constituée. *Mettre en doute l'interprétation officielle d'un évènement.* **2** Qui représente une telle autorité. *Les personnages officiels.* **B** *nm* **1** Représentant d'une autorité. *L'entrée des officiels.* **2** Responsable, organisateur d'une compétition sportive. DER **officiellement** *av*

**1 officier** *vi* ② **1** LITURG Célébrer l'office divin. **2** fig, plaisant Faire une chose banale en s'entourant d'une certaine solennité.

**2 officier** *nm* **1** Personne qui remplit une charge civile. *Officier de police judiciaire, de l'état civil.* **2** Militaire qui exerce un commandement avec un grade allant de celui de sous-lieutenant ou d'enseigne de vaisseau à celui de général ou d'amiral. *Officier de l'armée active* (ou *d'active*), *de réserve.* **3** Membre du commandement d'un navire marchand. **4** Membre du personnel d'encadrement de l'Armée du Salut. **5** Titulaire d'un grade, dans un ordre honorifique. LOC ***Grand officier de la Légion d'honneur*** : entre commandeur et grand-croix. — ***Officier de la Légion d'honneur*** : qui possède le grade supérieur à celui de chevalier. — ***Officier de police judiciaire (OPJ)*** : fonctionnaire habilité à mener des investigations sous le contrôle de la justice.

**officière** *nf* Femme officier, dans l'Armée du Salut.

**officieux, euse** *a* Qui émane d'une source autorisée, mais qui n'a pas de caractère officiel. *La nouvelle est encore officieuse.* DER **officieusement** *av*

**officinal, ale** *a* Qui entre dans les préparations pharmaceutiques. *Plantes officinales.* PLUR officinaux.

**officine** *nf* **1** Laboratoire d'un pharmacien. **2** fig, péjor Lieu où se trament des choses louches. ETY Du lat. *officina*, « atelier ».

**offrande** *nf* **1** litt Don. *Apporter son offrande à une souscription.* **2** Don fait à une divinité, à ses ministres.

**offrant** *nm* LOC ***Le plus offrant*** : celui qui offre le prix le plus élevé.

**offre** *nf* **1** Action d'offrir qqch. **2** Fait de proposer un prix pour qqch ; somme proposée. *Faire une offre.* **3** Ce qui est offert. *Accepter une offre.* **4** DR Action de proposer le paiement d'une dette ou l'exécution d'une obligation pour éviter des poursuites. **5** Quantité de marchandises ou de services proposée sur le marché. *La loi de l'offre et de la demande.* LOC ***Offre publique d'achat*** (OPA) : offre publique faite par une société aux actionnaires d'une autre société de racheter leurs actions à un prix supérieur à celui coté en Bourse. — ***Offre publique d'échange*** (OPE) : par laquelle une société fait connaître publiquement son intention d'échanger ses titres propres avec ceux d'une autre société. — ***Offre publique de retrait*** (OPR) : procédure permettant aux actionnaires minoritaires de se retirer d'une société. — ***Offre publique de vente*** (OPV) : offre lancée par certains actionnaires d'une société de céder leurs actions à un certain prix.

**offreur, euse** *n, a* ECON Personne, société qui offre un bien, un service. ANT demandeur.

**offrir** *v* ④ **A** *vt* **1** Présenter, proposer qqch à qqn. *Offrir ses services à qqn. Offrir des gâteaux.* **2** Donner comme cadeau. *Offrir un disque à qqn pour Noël.* **3** Proposer en échange de qqch. *Il offre tant de la maison.* **4** Présenter à la vue, à l'esprit. *Ce tableau offre un exemple de la seconde manière du peintre.* **B** *vpr* **1** Se proposer pour faire telle chose. *Je m'offre à vous reconduire.* **2** Se présenter. *Une occasion s'offre à vous.* LOC ***Offrir son bras à qqn*** : en signe de civilité. ETY Du lat.

**offset** *nm inv* IMPRIM Procédé d'impression industrielle dérivé de la lithographie, dans lequel le report du texte ou de l'image à imprimer se fait d'abord de la forme d'impression sur un rouleau spécial, puis de ce rouleau au papier. PHO [ɔfsɛt] ETY Mot angl., « report ». DER **offsettiste** *n* ▶ illustr. imprimerie

**offshore** *a inv, nm* **1** TECH Qui a rapport aux techniques de recherche, de forage et d'exploitation des gisements pétroliers marins. *Prospection offshore.* **2** ECON Se dit d'une entreprise qui se délocalise dans un pays étranger lui offrant des conditions avantageuses (fiscalité, main-d'œuvre, etc). SYN (recommandé) extraterritorial. **3** Se dit d'un bateau de plaisance très puissant ; sport pratiqué avec ce type de bateau. **4** Se dit de l'exploitation d'éoliennes installées au large des côtes. PLUR offshores. PHO [ɔfʃɔʀ] ETY Mots angl., « loin du rivage ». VAR **off shore**

**offusquer** *v* ① **A** *vt* Choquer, porter ombrage à. *Son franc-parler offusque les gens.* **B** *vpr* Être choqué, froissé. *S'offusquer d'une remarque.* ETY Du lat. *offuscare*, « obscurcir ».

**oflag** *nm* Camp d'officiers prisonniers, en Allemagne, pendant la Seconde Guerre mondiale. PHO [ɔflag] ETY De l'all.

**Ogaden** région de plaines et de plateaux au S.-E. de l'Éthiopie, peuplée de Somalis nomades et qui se prolonge en rép. de Somalie. – De 1977 à 1988, une guerre a opposé l'Éthiopie à la Somalie dans l'Ogaden éthiopien révolté. DER **ogadini, ie** *a, n*

**Ogbomosho** ville du S.-O. du Nigeria ; 527 000 hab. Centre commercial.

**oghamique** *a* Se dit de l'écriture celtique d'Irlande et du pays de Galles (Ve - VIIe s.).

**ogien** → **Île-d'Yeu (L')** et **Yeu.**

**Ogino Kyusaku** (Toyohashi, 1882 – Niigata, 1975), gynécologue japonais qui, avec l'Autrichien Hermann Knaus (Sank Veit, 1892 – Graz, 1970), mit au point en 1923 une méthode de contrôle naturel des naissances, fondée sur la détection de la date d'ovulation.

**ogive** *nf* **1** ARCHI Arc bandé en diagonale sous une voûte pour la renforcer. *Croisée d'ogives. Voûte d'ogives.* **2** Partie d'un objet dont le profil est en forme d'ogive. *L'ogive d'un obus.* LOC ***Croisée d'ogives*** : arcade formée de deux arcs qui se croisent. — ***Ogive nucléaire*** : ogive d'une bombe ou d'un missile contenant une charge nucléaire. DER **ogival, ale, aux** *a*

**Oglio** riv. d'Italie (280 km), qui se jette dans le Pô (r. g.) au S. de Mantoue.

**OGM** *nm* BIOL Organisme dont le matériel génétique a été modifié autrement que par multiplication ou recombinaison naturelle. ETY Sigle de *organisme génétiquement modifié.*

**ognon** → **oignon.**

**Ognon** riv. de France (190 km), qui conflue avec la Saône (r. g.) en Haute-Saône.

**Ogoday** (v. 1185 – 1241), empereur mongol (1229-1241) ; troisième fils de Gengis khān.

**Ogonis** population de l'E. du delta du Niger (env. 300 000 personnes). Ils parlent une langue nigéro-congolaise du groupe Bénoué-Congo. Depuis 1995, le pouvoir central réprime durement les Ogonis qui revendiquent un partage des profits pétroliers. DER **ogoni, ie** *a*

**Ogooué** fleuve de l'Afrique équatoriale (970 km) ; il naît au N.-O. de Brazzaville, draine le Gabon et se jette dans l'Atlantique par un vaste delta ; navigable en aval de N'Djolé.

**ogre, ogresse** *n* Personnage mythique, géant(e) avide de chair humaine. ETY Du lat. *Orcus*, n. d'une divinité infernale.

**oh !** *interj* Marque la surprise ou l'admiration.

**Ohana Maurice** (Casablanca, 1914 – Paris, 1992), compositeur français d'origine espagnole : *Llanto por Ignacio Sánchez Mejías* (1950), *Autodafé* (cantate, 1971, et opéra, 1972), *la Celestina* (opéra, 1988).

**O'Hare** aéroport de Chicago.

**ohé !** *interj* Pour appeler. *Ohé ! du bateau !*

**O. Henry William Sidney Porter,** dit (Greensboro, Caroline du Nord, 1862 – New York, 1910), écrivain américain humoristique : *les Quatre Millions* (1906), *Pierres qui roulent* (posth., 1912).

**O'Higgins (terre d')** → **Graham.**

**O'Higgins Bernardo** (Chillán, 1776 – Lima, 1842), général et homme politique chilien. Lieutenant de San Martín, il proclama l'indépendance du Chili (1818). Le général Freire le renversa en 1823.

**Ohio** riv. de l'É. des É.-U. (1 580 km), affl. du Mississippi (r. g.) ; naît à Pittsburgh de la confluence de l'Allegheny et de la Monongahela.

**Ohio** État du N.-E. des É.-U., sur le lac Érié, bordé à l'E. et au S. par l'Ohio ; 106 765 km$^2$ ; 11 537 000 hab. ; cap. *Colombus*. – Des plaines souvent limoneuses ont permis une agriculture puissante et l'élevage bovin et porcin. La présence de houille et d'hydrocarbures a suscité une intense industrialisation. – Acquis par les Brit. sur les Français (1763), cédé aux É.-U. (1783), l'Ohio est entré dans l'Union en 1803.

**Oh ! les beaux jours** pièce en 2 actes de Beckett (version angl. 1961 ; trad. fr. 1963).

**Ohlin Bertil** (Klippan, près d'Hälsingborg, 1899 – Vålådalen, près d'Östersund, 1979), économiste suédois : travaux sur les échanges internationaux. P. Nobel 1977 avec J. E. Meade.

**ohm** *nm* ELECTR Unité de résistance, de symbole Ω ; résistance d'un conducteur que traverse un courant de 1 ampère lorsqu'une différence de potentiel de 1 volt est appliquée à ses extrémités. (ETY) Du n. pr. (DER) **ohmique** *a*

**Ohm Georg Simon** (Erlangen, 1789 – Munich, 1854), physicien allemand ; le fondateur de l'électrocinétique. ▷ ELECTR *Loi d'Ohm* (1826) : la différence de potentiel *U* aux extrémités d'une résistance *R* est égale au produit de cette résistance et de l'intensité *I* du courant qui la traverse ($U = RI$).

J. Offenbach

G. S. Ohm

**ohmmètre** *nm* ELECTR Instrument de mesure des résistances électriques.

**Ohře** (en all. *Eger*), riv. de la Rép. tchèque, affl. de l'Elbe (r. g.) ; naît en Allemagne ; 310 km. Gisements de lignite dans sa vallée.

**Ohrid** v. de Macédoine occid., sur le *lac d'Ohrid* (348 km$^2$), à la frontière albanaise ; 55 700 hab. – Basilique byzantine des XI$^e$ et XIV$^e$ s. (fresques), égl. XIII$^e$ s.

**-oïde, -oïdal** Éléments, du gr. *eidos*, « aspect ».

**oïdium** *nm* **1** BOT Moisissure microscopique, redoutable parasite des plantes. *Oïdium de la vigne, du houblon, du rosier.* **2** Maladie des plantes due à ce champignon. SYN blanc. (PHO) [ɔidjɔm] (ETY) Du gr. *ôoeidés*, « ovoïde ».

**oie** *nf* **1** Oiseau migrateur (anatidé, ansériforme) qui passe l'été dans les régions nordiques et l'hiver dans le sud de l'Europe, et dont une espèce est domestiquée depuis l'Antiquité. *On engraisse les oies domestiques pour obtenir le foie gras.* **2** fig, péjor Personne fort niaise. LOC ***Jeu de l'oie*** : jeu consistant à faire avancer un pion selon le nombre de points obtenus aux dés, sur un tableau à cases numérotées, où sont figurées des oies. — ***Oie blanche*** : jeune fille candide et niaise. — ***Pas de l'oie*** : pas de parade en usage dans certaines armées, qui s'effectue sans plier les jambes. (ETY) Du lat. *avis*, « oiseau ».

**OIF** sigle de l'*Organisation internationale de la Francophonie*, organisme regroupant les pays partageant la langue française.

**oignon** *nm* **1** Plante potagère (liliacée) cultivée pour ses bulbes, de saveur et d'odeur fortes,

composés de plusieurs tuniques s'enveloppant les unes dans les autres. **2** Bulbe de l'oignon. *Pleurer en épluchant des oignons.* **3** Bulbe de diverses plantes, liliacées notam. *Oignons de tulipe.* **4** Induration douloureuse qui se développe surtout près des orteils. **5** Montre de gilet à verre bombé. LOC ***Aux petits oignons*** : très bien. (PHO) [ɔɲɔ̃] (ETY) Du lat. (VAR) **ognon**

**oignonade** *nf* Mets à base d'oignons. (VAR) **ognonade**

**oignonière** *nf* Terrain semé d'oignons. (VAR) **ognonière**

**oïl** *av* LOC ***Langue d'oïl*** : parlée en France au Moyen Âge au nord de la Loire (par oppos. à *langue d'oc*). (PHO) [ɔjl] (ETY) Forme anc. de *oui*.

**oindre** *vt* 56 **1** vx Enduire d'une substance grasse. **2** RELIG CATHOL Frotter avec les saintes huiles. (ETY) Du lat.

**oint, ointe** *n* RELIG Personne consacrée par l'onction sacramentelle. LOC ***L'oint du Seigneur*** : Jésus-Christ. (PHO) [wɛ̃, wɛ̃t]

**Oïrotes** peuple mongol de l'Altaï. (VAR) **Oïrates** (DER) **oïrote** ou **oïrate** *a*

**Oisans** région des Alpes du Dauphiné, au S.-E. de Grenoble, drainée par la Romanche. Hydroélectricité.

**Oise** riv. de France (302 km), qui conflue avec la Seine (r. dr.) à Conflans-Sainte-Honorine ; née en Belgique près de Chimay, elle arrose Compiègne, Creil, Pontoise. Navigable, elle est unie par de nombr. canaux aux rég. du Nord et de l'Est.

**oie** cendrée

**Oise** dép. français (60) ; 5 857 km$^2$ ; 815 400 hab. ; 139,2 hab./km$^2$ ; ch.-l. *Beauvais* ; ch.-l. d'arr. *Clermont*, *Compiègne* et *Senlis*. V. Picardie (Rég.). (DER) **oisien, enne** *a, n*

**oiseau** *nm* **1** Vertébré ovipare, couvert de plumes, ayant deux pattes et deux ailes, à la tête munie d'un bec et généralement adapté au vol. *Chant, cri, gazouillis, sifflement des oiseaux. Migration des oiseaux. La classe des oiseaux.* **2** fam, péjor Individu. *En voilà un drôle d'oiseau ! Oiseau de malheur, de mauvais augure.* **3** TECH Chevalet de couvreur. LOC ***Être comme l'oiseau sur la branche*** : être dans une situation incertaine, précaire. — litt ***L'oiseau de Jupiter*** : l'aigle. — litt ***L'oiseau de Minerve*** : la chouette. — ***L'oiseau s'est envolé*** : la personne que l'on venait chercher est déjà partie. — plaisant, souvent iron ***Oiseau rare*** : personne douée de qualités exceptionnelles. (PHO) [wazo] (ETY) Du lat.

ENC Comme les mammifères, les oiseaux sont homéothermes et leur cœur comporte quatre cavités. Ils sont apparus au jurassique, dans une lignée de reptiles qui a donné également les dinosaures et les crocodiliens. Deux sous-classes sont représentées actuellement : les *ratites*, sans bréchet et inaptes au vol, et les *carinates*, dont le bréchet supporte les muscles nécessaires au vol. Ceux-ci, les plus nombr., comprennent de nombr. ordres, entre autres : pélécaniformes, ansériformes, falconiformes, strigiformes, columbiformes, galliformes et passériformes.

**Oiseau de feu (l')** ballet de Stravinski (1910), chorégr. de Fokine.

**Oiseau de paradis (l')** constellation de l'hémisphère austral ; n. scientif. : *Apus, Apodis*.

**oiseau-lyre** *nm* Ménure. PLUR oiseaux-lyres.

**oiseau-mouche** *nm* Colibri. PLUR oiseaux-mouches.

**oiseau-trompette** *nm* Agami. PLUR oiseaux-trompettes.

**Oiseaux (les)** comédie d'Aristophane (414 av. J.-C.).

**Oiseaux exotiques** œuvre de Messiaen (1956) pour piano et petit orchestre.

**oiseler** *vt* ⑰ ou ⑲ Dresser un oiseau pour la chasse au vol.

**oiselet** *nm* litt Petit oiseau.

**oiseleur** *nm* Celui qui fait métier de prendre les oiseaux.

**oiselier, ère** *n* Personne qui élève des oiseaux et les vend.

**oiselle** *nf* fam Jeune fille niaise et naïve.

**oisellerie** *nf* **1** Métier de l'oiselier. **2** Endroit où l'on élève des oiseaux.

**oiseux, euse** *a* Inutile, vain. *Discours oiseux.* (ETY) Du lat.

**oisif, ive** *a, n* **A** *a* Inactif, désœuvré, sans occupation. **B** *n* Personne qui n'exerce aucune profession, dont tout le temps est libre. (DER) **oisivement** *av* – **oisiveté** *nf*

**oisillon** *nm* Petit oiseau ; jeune oiseau

**oison** *nm* Jeune oie.

**Oissel** com. industr. de la Seine-Maritime (arr. de Rouen), sur la Seine ; 11 053 hab. (DER) **osselien, enne** *a, n*

**Oïstrakh** David Fedorovitch (Odessa, 1908 – Amsterdam, 1974), violoniste russe.

**OIT** Sigle de *Organisation internationale du travail.*

**Ōita** port du Japon (Kyūshū) ; 398 100 hab. ; ch.-l. du ken du m. nom. Industries.

**Ojibwas** Amérindiens de la région des Grands Lacs (É.-U. et Canada), de langue algonquienne ; 90 000 personnes. (VAR) **Chippewas** (DER) **ojibwa** ou **chippewa** *a*

**Ojos del Salado** mont andin situé aux confins du N. du Chili et de l'Argentine ; 6 380 m.

**OK** *av, a inv* fam **A** *av* D'accord. **B** *a inv* Correct, convenable. *Tout est OK.* (ETY) Mot américain, sigle de *oll korrect*, altér. de *all correct.*

**oka** *nm* Fromage québécois au lait de vache, à pâte ferme. (ETY) D'un n. pr.

**Oka** riv. de Russie (1 480 km), prin. afl. de la Volga (r. dr.) ; elle draine la plaine russe au S. de Moscou.

**okapi** *nm* Ruminant (proche de la girafe) des forêts d'Afrique équatoriale, haut de 1,60 m au garrot, au pelage marron, à la croupe et aux pattes antérieures rayées de blanc. (ETY) Mot bantou.

**Okayama** v. industr. du Japon, dans l'E. de Honshū ; 572 500 hab. ; ch.-l. de ken.

**Okazaki** v. du Japon, dans l'île de Honshū ; 285 000 hab. Centre industriel (textile).

**okapi**

**O'Keefe** Georgia (Sun Prairie, Wisconsin, 1887 – Santa Fe, 1986), peintre américaine, épouse d'A. Stieglitz ; elle tire du réel une vision fantastique.

**Okeghem** → **Ockeghem.**

**Okhotsk (mer d')** mer bordière du Pacifique (590 000 km²), entre les côtes de la Sibérie et l'archipel des Kouriles.

**Okinawa** principale île de l'archipel japonais des Ryūkyū. Le *ken d'Okinawa* (2 245 km² ; 1 179 000 hab.) a pour ch.-l. *Naha.* Riz, canne à sucre, banane, ananas. Bois, pêche. Centrale nucléaire. – En 1945, de durs combats y opposèrent Américains et Japonais.

**Oklahoma** État du centre ouest des É.-U., limité au S par la Red River ; 181 089 km² ; 3 146 000 hab. ; cap. *Oklahoma City.* – Pays de plaines, au sol riche et au climat sec : céréales, coton ; élevage bovin. Hydrocarbures. Industries. – Vendue par la France aux E.-U. (1803), la rég. fut une réserve pour les Indiens des Cinq Nations de 1834 à 1889. Elle entra dans l'Union en 1907.

**Oklahoma City** v. des É.-U., cap. de l'Oklahoma ; 962 600 hab. (aggl.). Centre industriel (pétrole).

**okoumé** *nm* Arbre d'Afrique équatoriale dont le bois rose et tendre est utilisé en ébénisterie et dans la fabrication du contreplaqué. (ETY) Mot d'une langue du Gabon.

**okra** *nm* Autre nom du *gombo.*

**OKW** sigle pour *Oberkommando der Wermacht,* commandement en chef de l'armée allemande de 1938 à 1945.

**Ōkyo** Maruyama (Anau, 1733 – Kyōto, 1795), peintre japonais ; fondateur de l'école réaliste.

**ola** *nf* Manifestation enthousiaste du public, dans une enceinte circulaire, figurant le mouvement d'une vague. (PHO) [ɔla] (ETY) Mot esp., « vague ».

**Olaf Ier Hunger** (1052 – 1095), roi de Danemark (1086-1095) ; successeur de son frère Knud le Saint. — **Olaf II Haakonsson** (Akershus 1370 – Falsterbo, 1387), roi de Danemark (1376-1387) et de Norvège (1380-1387).

**Olah** György András (aux É.-U., *George A.*) (Budapest, 1927), chimiste américain d'origine hongroise : travaux sur les carbocations. Prix Nobel 1994.

**Öland** île suédoise de la Baltique, à l'E. du détroit de Kalmar ; 22 000 hab. ; v. princ. *Borgholm.* Uranium.

**Olav Ier Tryggvesson** (?, 969 – Svolder, 1000), roi de Norvège de 995 à 1000 : il christianisa ses États. — **Olav II Haraldsson** dit le Saint ou le Gros (?, vers 995 – Stiklestad, 1030), roi de Norvège de 1016 à 1030 ; il voulut imposer le christianisme et fut tué dans une guerre contre Knud le Grand. — **Olav III Kyrre** dit le Tranquille (mort en 1093), roi de Norvège de 1066 à 1093. — **Olav IV Magnusson** (mort en 1115), roi de Norvège de 1103 à 1115. — **Olav V** (Appleton House, Sandringham, Angleterre, 1903 – Oslo, 1991), roi de Norvège de 1957 à sa mort.

**Olbracht** Kamil Zeman, dit Ivan (Semily, 1882 – Prague, 1952), romancier tchèque : *les Méchants solitaires* (1913), *Anna, la prolétaire* (1928).

**Oldenbarnevelt** Johan Van (Amersfoort, 1547 – La Haye, 1619), grand pensionnaire de Hollande. Il contribua à créer les Provinces-Unies (1609). Le stathouder Maurice de Nassau le fit décapiter.

**Oldenbourg** (en all. *Oldenburg*), anc. État d'Allemagne ; comté dès le XIe s., duché en 1777, grand-duché en 1815 ; la majeure partie du pays est auj. incluse dans la Basse-Saxe.

**Oldenbourg** (en all. *Oldenburg*), v. d'Allemagne (Basse-Saxe) ; 139 260 hab. Centre comm. et industr. – Chât. XVIIe-XVIIIe s.

**Oldenbourg** Zoé (Saint-Pétersbourg, 1916 – Boulogne-Billancourt, 2002), romancière française d'origine russe. *Argile et cendres* (1946), *Que nous est Hécube ?* (1984).

**Oldenburg** Claes (Stockholm, 1929), peintre américain d'origine suédoise ; représentant du pop'art ; promoteur du happening.

**Oldham** v. de G.-B., dans la banlieue N.-E. de Manchester ; 211 400 hab. Centre textile.

**Olduvai** important site préhistorique de la Rift Valley, dans le N. de la Tanzanie. On y découvrit les restes de trois types d'hominidés : l'australopithèque (*Australopithecus boisei*), l'*Homo habilis* et l'*Homo erectus.* (VAR) **Oldoway** (DER) **oldowayen, enne** *a*

**olé-, oléi-, oléo-, -ole** Éléments, du lat. *olea,* « olivier », *oleum,* « huile ».

**olé !** *interj* Sert à encourager, en particulier dans les corridas. (VAR) **ollé !**

**oléacée** *nf* BOT Dicotylédone gamopétale dont la famille comprend l'olivier, le frêne, le lilas, le troène.

**oléagineux, euse** *a, nm* **A** *a* **1** De la nature de l'huile. **2** Qui contient, qui peut fournir de l'huile. *Graine oléagineuse.* **B** *nm* Plante oléagineuse.

**oléate** *nm* CHIM Sel ou ester de l'acide oléique.

**olécrane** *nm* ANAT Apophyse de l'extrémité supérieure du cubitus, formant le relief osseux du coude. (ETY) Du gr.

**oléfiant, ante** *a* CHIM Qui produit de l'huile.

**oléfine** *nf* CHIM Syn. de *alcène.*

**oléiculture** *nf* ARBOR Culture des oliviers. (DER) **oléicole** *a* – **oléiculteur, trice** *n*

**oléifère** *a* didac Qui fournit de l'huile, en parlant de plantes.

**oléine** *nf* CHIM Triester oléique du glycérol, constituant principal des huiles végétales non siccatives.

**oléique** *a* LOC CHIM *Acide oléique* : acide gras naturel très répandu dans les graisses animales et végétales.

**Olenek** fleuve de Russie, en Sibérie, tributaire de la mer des Laptev ; 2 300 km.

**oléoduc** *nm* TECH Conduite servant au transport des hydrocarbures liquides. SYN pipeline.

**oléolat** *nm* PHARM Huile essentielle.

**olé-olé** *a inv* fam Osé, érotique.

**oléomètre** *nm* TECH Appareil servant à mesurer la densité des huiles.

**oléopneumatique** *a* TECH Se dit d'un système de suspension comprenant une membrane qui comprime un matelas d'air et un circuit d'huile qui sert à transmettre les efforts.

**oléoprotéagineux** *nm* AGRIC Plante dont les graines ou les fruits sont riches en lipides et en protéines, tel le soja.

**Oléron** île côtière de l'Atlantique (Charente-Maritime), près de l'embouchure de la Charente ; 175 km² ; 18 539 hab. Un viaduc la relie au continent, au-dessus du pertuis de Maumusson ; le pertuis d'Antioche la sépare de l'île de Ré. Elle forme deux cant. (arr. de Rochefort) ; v. princ. *Saint-Pierre-d'Oléron* (5 382 hab.). Ostréiculture, pêche, tourisme. (DER) **oléronais, aise** *a, n*

**oléum** *nm* CHIM Acide sulfurique fumant, utilisé dans la fabrication des phénols, des colorants et des explosifs. PHO [ɔleɔm]

**olfaction** *nf* didac Sens de l'odorat. ETY Du lat. DER **olfactif, ive** *a*

**olfactométrie** *nf* didac Mesure du niveau d'odeur d'un milieu. DER **olfactomètre** *nm* – **olfactométrique** *a*

**olibrius** *nm* fam, péjor Personnage ridicule, pédant et importun. PHO [ɔlibʀiys] ETY Du n. pr.

**Olibrius** → **Olybrius.**

**Olier** Jean-Jacques (Paris, 1608 – id., 1657), prêtre français ; fondateur de la Compagnie des prêtres de Saint-Sulpice.

**olifant** *nm* Petit cor d'ivoire que portaient les chevaliers. ETY De *éléphant.*

**olig(o)-** Élément, du gr. *oligos,* « petit, peu nombreux ».

**oligarchie** *nf* Régime politique dans lequel le pouvoir est aux mains de quelques individus ou familles ; ces individus ou ces familles. DER **oligarchique** *a* – **oligarque** *n*

**oligiste** *nm* MINER Hématite rouge.

**oligocène** *nm, a* GEOL Se dit de la troisième époque de l'ère tertiaire, entre -34 et -23,5 millions d'années, caractérisée par la prolifération des nummulites, des oiseaux, des mammifères, des angiospermes, et au cours de laquelle les Alpes commencèrent à se former.

**oligochète** *nm* ZOOL Annélide dont chaque segment porte un petit nombre de soies, tel le lombric. PHO [ɔligɔkɛt]

**oligoclase** *nf* MINER Variété de feldspath contenant du sodium et du calcium.

**oligodendrocyte** *nm* BIOL Cellule de la névroglie fabriquant la myéline.

**oligoélément** *nm* BIOCHIM Élément qui existe à l'état de traces dans l'organisme, à la vie duquel il est indispensable.
ENC Les princ. oligoéléments sont, par ordre de concentration décroissante dans le corps humain, le magnésium, le fer, le silicium, le zinc, le rubidium, le cuivre, le brome, l'étain, le manganèse, l'iode, l'aluminium, le chrome, le fluor, le sélénium, le molybdène, le bore, l'arsenic, le cobalt et le lithium. Ils agissent rarement à l'état libre, mais en formant des complexes. Ils jouent le rôle de transporteurs d'oxygène ($Fe^{2+}$ pour l'hémoglobine). Ce sont des bioactivateurs de certaines enzymes ($Cu^{2+}$ pour les oxydases, $Mg^{2+}$ pour la lactase, etc.).

**oligophrénie** *nf* PSYCHIAT vieilli Arriération mentale. DER **oligophrène** *a, n*

**oligopole** *nm* ECON Marché caractérisé par un petit nombre de vendeurs face à un grand nombre d'acheteurs. DER **oligopolistique** *a*

**oligopsone** *nm* ECON Marché caractérisé par un petit nombre d'acheteurs face à de nombreux vendeurs.

**oligospermie** *nf* MED **1** Nombre réduit de spermatozoïdes dans le sperme. **2** Production insuffisante de sperme.

**oligothérapie** *nf* MED Traitement par les oligoéléments.

**oligotrophe** *a* ECOL Se dit d'un milieu liquide pauvre en matières organiques.

**oligurie** *nf* MED Diminution de la quantité d'urine émise en un temps donné.

**Olinda** v. du N.-E. du Brésil (Pernambouc) ; 389 500 hab. Sucreries. – Monuments des XVII^e et XVIII^e s.

**Oliva** (auj. *Oliwa*), v. de Pologne où un traité fit de la Prusse un État souverain (1660).

**olivaie** → **oliveraie.**

**olivaison** *nf* Récolte des olives ; époque où elle se fait.

**Olivares** Gaspar de Guzmán (comte-duc d') (Rome, 1587 – Toro, 1645), homme d'État espagnol. Favori de Philippe IV, il exerça le pouvoir de 1621 à 1643. Il assainit les finances et engagea l'Espagne dans la guerre de Trente Ans. Il fut disgracié.

**olivâtre** *a* Qui tire sur le vert olive. LOC *Teint olivâtre :* bistre, mat.

**olive** *nf* **1** Drupe comestible de l'olivier, dont la pulpe pressée fournit de l'huile. *Huile d'olive.* **2** Couleur verdâtre tirant sur le brun. *Vert olive. Des robes olive.* **3** ARCHI Motif décoratif en forme d'olive. **4** TECH Objet ayant la forme d'une olive (bouton de porte, interrupteur électrique, etc.). **5** ZOOL Syn. de *donax* ; gastéropode des mers chaudes en forme d'olive. LOC ***Olives vertes :*** cueillies avant maturité et conservées dans la saumure. — ***Olives noires :*** cueillies mûres, ébouillantées et conservées dans l'huile ou en saumure. ETY Du lat.

**Oliveira** Manoel Candido Pinto de Oliveira, dit Manoel de (Porto, 1908 – id. 2015), cinéaste portugais : *Aniki-Bobo* (1942) puis, après un long silence, *le Mystère du printemps* (1962), *le Soulier de satin* (1985), *les Cannibales* (1988), *La Lettre* (1999), *Parole et Utopie* (2000).

**Oliver** Joe, dit King (La Nouvelle-Orléans, 1885 – Savannah, Georgie, 1938), cornettiste, compositeur et chef d'orchestre de jazz américain ; pionnier du style « Nouvelle-Orléans ».

**oliveraie** *nf* Lieu planté d'oliviers. SYN olivette. VAR **olivaie**

**Oliver Twist** → **Olivier Twist.**

**olivet** *nm* Fromage AOC de l'Orléanais, au lait de vache. ETY D'un n. pr.

**Olivet** ch.-l. de cant. du Loiret (arr. d'Orléans), sur le Loiret ; 21 100 hab. Pépinières, roseraies. DER **olivetain, aine** *a, n*

**olivétain, aine** *n* RELIG Moine, moniale de la congrégation bénédictine fondée au XIV^e s. par Bernardo Tolomei sur le mont Olivet, proche de Sienne.

**olivette** *nf* **1** Oliveraie. **2** Raisin à grains de forme allongée. **3** Variété de tomate oblongue.

**Olivetti** société italienne, créée en 1908 (machines à écrire, calculatrices), qui s'est orientée vers l'informatique et les télécommunications.

**oliveur, euse** *n* Personne qui récolte les olives.

**olivier** *nm* **1** Arbre des régions méditerranéennes (oléacée) au tronc tortueux, aux feuilles simples argentées à leur face inférieure, aux fleurs blanches, dont le fruit est l'olive. **2** Bois clair, dur et odorant de cet arbre.

**olivier** fruit mûr, fruit vert et rameau

**Olivier** dans plusieurs chansons de geste, notam. *la Chanson de Roland,* frère d'Aude, qu'aime Roland, son ami. Il a toutes les vertus.

**Olivier** sir Laurence Kerr, dit Laurence (Dorking, Surrey, 1907 – Londres, 1989), acteur et metteur en scène anglais de théâtre et de cinéma, grand interprète de Shakespeare. Il réalisa notam. *Henri V* (1944), *Hamlet* (1948) et *Richard III* (1955).

**Laurence Olivier** jouant *Titus Andronicus,* de Shakespeare, avec Vivien Leigh

**Oliviers** (mont des) lieu où se trouvait un pressoir à huile, près de Jérusalem, et où Jésus alla prier la veille de sa mort.

**Olivier Twist** roman de Dickens (1838). ▷ CINE *Oliver Twist,* film de David Lean (1948) ; *Oliver !* comédie musicale (1968) de l'Anglais Carol Reed (1906 – 1976).

**olivine** *nf* MINER Variété répandue de péridot.

**ollé !** → **olé !**

**Ollier** Claude (Paris, 1922 – id., 2014), écrivain français, l'un des représentants du nouveau roman : *Été indien* (1963), *Navettes* (1967), *Fuzzy sets* (1975), *Mon double à Malacca* (1982).

**Ollioules** ch.-l. de cant. du Var (arr. de Toulon) ; 13 600 hab. DER **ollioulois, oise** *a, n*

**Ollivier** Émile (Marseille, 1825 – Saint-Gervais-les-Bains, 1913), homme politique français. Opposant à Napoléon III, puis chef du Tiers Parti (1869), il fut l'avant-dernier chef de gouvernement, libéral, du Second Empire (janv.-août. 1870). Acad. fr. (1870).

**Olmèques** peuple précolombien établi dans la grande plaine côtière du golfe du Mexique au II^e millénaire av. J.-C. Il a laissé de nombr. constructions (temples, pyramides, stèles, autels), des sculptures (notam. hommes-jaguars) et des peintures murales. Sur des bas-reliefs et des vases apparaissent des traces de hiéroglyphes. DER **olmèque** *a*

**Olmert** Ehoud (Binyamina, Israël, 1945), homme politique israélien, Premier ministre de 2006 à 2009.

**Olmi** Ermanno (Bergame, 1931), cinéaste italien : *Il Posto* (1961), *l'Arbre aux sabots* (1978), *la Légende du saint buveur* (1987).

**Olmütz** → **Olomouc.**

**Olof Skötkonung** (m. en 1022), roi de Suède (994-1022). Vainqueur d'Olav I^er (1000), il annexa des territ. norvégiens. Baptisé (1008), il contribua à l'évangélisation de la Suède.

**olographe** *a* DR Se dit d'un testament daté, signé et écrit en entier de la main du testateur.

**Olomouc** (en all. *Olmütz*), v. de la Rép. tchèque (Moravie-Septentrionale), sur la Morava ; 99 800 hab. Industries. – L'empereur Ferdinand I^er y abdiqua (1848). En 1850, le roi de Prusse renonça, sous la pression autrichienne, à annexer l'Allemagne du N. *(reculade d'Olmütz)*. La ville est tchèque depuis 1918.

**Oloron (gave d')** rivière des Pyrénées-Atl. (120 km), affl. du gave de Pau (r. g.), formé par la réunion des gaves d'Aspe et d'Ossau.

**Oloron-Sainte-Marie** ch.-l. d'arr. des Pyrénées-Atlantiques, au confl. des gaves d'Aspe et d'Ossau ; 11 877 hab. Industries. – Égl. XIIe et XIVe s. (DER) **oloronais, aise** *a, n*

**OLP** Sigle de *Organisation de libération de la Palestine.*

**Olson Charles** (Worcester, 1910 – New York, 1970), écrivain américain. *Appelez-moi Ismaël* (1947), *Lettres mayas* (1953), *les Distances* (1961).

**Olsztyn** (en all. *Allenstein*), v. du N.-E. de la Pologne ; 175 000 hab. ; ch.-l. de la voïévodie du m. nom. Industries.

**Olt** rivière de Roumanie (600 km), affl. du Danube (r. g.) ; naît dans le S. des Carpates.

**Olten** ville de Suisse (Soleure), sur l'Aar ; 16 760 hab. Centre ferroviaire.

**Olténie** rég. de Roumanie, dans la plaine de Valachie, à l'O. de l'Olt ; v. princ. *Craiova.*

**Olvidados (los)** (« les Oubliés »), film mexicain de Luis Buñuel (1950).

**Olybrius Anicius** (m. en 472), empereur romain dont des légendes tardives firent un fantoche. (VAR) **Olibrius**

**Olympe** massif montagneux du N. de la Grèce ; culmine à 2 917 m. – Séjour des dieux dans la myth. gr. et, par ext., l'ensemble des dieux de cette mythologie. – **poét** Le ciel.

**Olympia** v. des É.-U., cap. de l'État de Washington ; 46 478 hab. Port de pêche et de commerce (bois).

**Olympia** peinture de Manet (1863, musée d'Orsay) ; exposée au Salon de 1865, elle fit scandale.

**olympiade** *nf* **A** Espace de quatre ans qui séparait deux célébrations consécutives des jeux Olympiques grecs. **B** *nfpl* Jeux Olympiques.

**Olympias** (?, v. 375 – Pydna, 316 av. J.-C.), épouse de Philippe II de Macédoine (qui la répudia), mère d'Alexandre le Grand. À la mort d'Antipatros, elle devint régente de Macédoine (319) av. J.-C.) ; Cassandre, le fils d'Antipatros, l'assassina.

**Olympie** grand sanctuaire du Péloponnèse (Élide), lieu des jeux Olympiques. Les Éléens y édifièrent (468-456 av. J.-C.) le temple de Zeus, dans lequel Phidias sculpta la statue chryséléphantine de Zeus (haute de 10 m), l'une des Sept Merveilles du monde.

art des **Olmèques** : tête colossale en basalte provenant de La Venta – musée national d'Anthropologie, Mexico

**olympien, enne** *a* **1** MYTH Qui habite l'Olympe. *Zeus olympien.* **2** litt D'une noblesse sereine et majestueuse. *Calme olympien.*

**Olympio** personnage imaginé par Victor Hugo, comme l'un des composants de lui-même, dans 5 poèmes, notam. dans « Tristesse d'Olympio » (*les Rayons et les Ombres,* 1840).

**olympique** *a* Qui se rapporte aux jeux Olympiques. *Record olympique.*

**Olympiques (jeux)** dans la Grèce antique, concours sportif qui se déroulait tous les 4 ans à Olympie, en l'honneur de Zeus. Les premiers Jeux eurent lieu en 776 av. J.-C. Les femmes n'y étaient pas conviées. Les athlètes étaient nus. Les fêtes duraient 7 jours. Le 1er et le 7e étaient consacrés aux cérémonies religieuses. Après la conquête de la Grèce par les Romains, en 146 av. J.-C., l'esprit des Jeux dégénéra. Ils prirent un caractère international, puis des professionnels intervinrent, les jeux du cirque alternèrent avec les combats de gladiateurs. En 392, l'empereur chrétien Théodose abolit les Jeux.
**Les jeux modernes** Le Français Pierre de Coubertin organisa les premiers jeux Olympiques de l'ère moderne, en 1896, à Athènes. Dès 1900, à Paris, les femmes y participèrent (tennis, tir à l'arc). En 1924 avaient lieu à Chamonix les premiers Jeux d'hiver. En 1916, 1940 et 1944 il n'y eut pas de Jeux, en raison des guerres. Créé en 1894, le *Comité international olympique* (CIO) comprend 73 membres élus à vie, qui choisissent parmi eux un président mandaté (pour 8 ans, rééligible pour 4 ans). L'organisation des Jeux est confiée tous les 4 ans à une ville différente (et non à un pays). Cette ville est choisie par décision du CIO, 6 ans en principe avant les Jeux. Les Jeux ont lieu la 1re année d'une période de 4 ans nommée olympiade. De 1924 à 1992, les jeux Olympiques d'hiver se sont déroulés la même année que les Jeux d'été. Depuis 1994, ils les précèdent de deux ans.
**Dates et lieux des jeux** 1896 : Athènes (Grèce). 1900 : Paris (France). 1904 : Saint Louis (É.-U.). 1908 : Londres (G.-B.). 1912 : Stockholm (Suède). 1920 : Anvers (Belgique). 1924 : Paris (France) ; Prem. Jeux d'hiver à Chamonix (France). 1928 : Amsterdam (Pays-Bas) ; Hiver : Saint-Moritz (Suisse). 1932 : Los Angeles (É.-U.) ; Lake Placid (É.-U.). 1936 : Berlin (Allemagne) ; Garmisch (Allemagne). 1948 : Londres (G.-B.) ; Saint-Moritz (Suisse). 1952 : Helsinki (Finlande) ; Oslo (Norvège). 1956 : Melbourne (Australie) ; Cortina d'Ampezzo (Italie).1960 : Rome (Italie) ; Squaw Valley (É.-U.). 1964 : Tokyo (Japon) ; Innsbruck (Autriche). 1968 : Mexico (Mexique) ; Grenoble (France). 1972 : Munich (RFA) ; Sapporo (Japon). 1976 : Montréal (Canada) ; Innsbruck (Autriche). 1980 : Moscou (URSS) ; Lake Placid (É.-U.). 1984 : Los Angeles (É.-U.) ; Sarajevo (Bosnie-Herzégovine). 1988 : Séoul (Corée du Sud) ; Calgary (Canada). 1992 : Barcelone (Espagne) ; Albertville (France). 1994 (hiv.) : Lillehammer (Norvège). 1996 (été) : Atlanta (É.-U.). 1998 (hiv.) : Nagano (Japon). 2000 (été) : Sydney (Australie). 2002 (hiv.) : Salt Lake City (É.-U.). 2004 (été) : Athènes (Grèce). 2006 (hiv.) : Turin (Italie). 2008 (été) : Pékin (Chine). 2010 (hiv.) : Vancouver (Canada). 2012 (été) : Londres (G.-B.)

**Olympie** vestiges du temple dorique consacré à Héra v. 600 av. J.-C.

**olympisme** *nm* **1** Ensemble des règles et de l'organisation des jeux Olympiques. **2** Esprit, idéal olympique.

**Olynthe** v. de l'antique Chalcidique, détruite par Philippe de Macédoine (348 av. J.-C.). Démosthène avait demandé aux Athéniens d'intervenir *(Olynthiennes)*, mais en vain.

**Omaha** v. des É.-U. (Nebraska), port sur le Missouri ; 408 958 hab. Industries.

**Omaha Beach** nom de code donné aux plages de Vierville, Saint-Laurent-sur-Mer et Colleville (Calvados) où les Américains débarquèrent le 6 juin 1944.

**Oman (mer d')** mer de l'océan Indien, entre l'Inde et l'Arabie. Le détroit d'Ormuz joint le *golfe d'Oman* et le golfe Persique.

**Oman (sultanat d')** *(Saltanat 'Umān)*, État du S.-E. de l'Arabie, sur la *mer d'Oman* et le *golfe d'Oman* ; 212 000 km² ; 3 millions d'hab. ; cap. *Mascate.* Nature de l'État : monarchie absolue. Langue off. : arabe. Monnaie : rial omanais. Population : Arabes (74 %). Relig. : islam sunnite (25 %) et ibadite, secte liée au kharidjisme (75 %). – L'intérieur est montagneux (3 020 m à la montagne Verte), les côtes sont très découpées. Princ. ressources : pétrole, gaz. En 2000, Oman rejoint l'OMC. (DER) **omanais, aise** *a, n*
**Histoire** Aux XVIIe et XVIIIe s., le pays domina le golfe Persique et une partie de la côte orientale de l'Afrique, Zanzibar notam. Lié à la G.-B. par un traité (1891), il porta jusqu'en 1970 le nom de sultanat de *Mascate-et-Oman.* De 1970 à 1975, une rébellion, soutenue par le Yémen du Sud, occupa le Dhofar. Elle fut écrasée par l'armée iranienne, à laquelle le sultan Qabous ibn Said al Said avait fait appel. Ce dernier dota le pays de sa première Constitution, qui faisait d'Oman une monarchie absolue, et il modernisa le pays (hôpitaux, services d'enseignement, routes, etc.). En 2011, pour répondre aux mouvements de protestation, le sultan accorde davantage de pouvoir à l'assemblée législative.
▶ carte **Arabie**

**Omar** → **Umar.**

**Omar** → **Hadj Omar (El-).**

**Omayyades** → **Omeyyades.**

**ombelle** *nf* BOT Type d'inflorescence formée d'axes secondaires qui partent tous en rayonnant du même point de l'axe principal. (ETY) Du lat. *umbella,* « parasol ».

**ombellifère** *nf* Dicotylédone dialypétale dont la famille comprend des plantes caractérisées essentiellement par leur inflorescence le plus souvent en ombelle composée et par leur fruit formé d'un double akène, comestibles (carotte, cerfeuil, persil, angélique), ou vénéneuses (ciguë, œnanthe). ▶ illustr. p. 1150

**ombelliforme** *a* En forme d'ombelle.

**ombellule** *nf* BOT Petite ombelle constitutive d'une ombelle composée.

**ombilic** *nm* **1** ANAT Ouverture de la paroi abdominale du fœtus, par laquelle passe le cordon ombilical. ; cicatrice à laquelle cette ouverture laisse place peu de temps après la naissance. SYN nombril. **2** fig, litt Point central. **3** ARCHEOL Renflement au centre d'un bouclier ou d'un plat. **4** BOT Dépression ou renflement à la base ou au sommet de certains végétaux. **5** GEOL Dépression au centre d'une vallée glaciaire. (ETY) Du lat. (DER) **ombilical, ale, aux** *a*

**ombiliqué, ée** *a* didac Qui présente une dépression.

**omble** *nm* Grand salmonidé pouvant mesurer jusqu'à 80 cm. **LOC** *Omble chevalier* : aux flancs tachetés, qui vit dans les lacs d'Europe de l'Ouest et dont la chair est très estimée. —

*Omble de fontaine* ou *saumon de fontaine :* aux flancs et au dos zébrés, importé d'Amérique, qui vit dans les eaux courantes. [ETY] Du lat.

**ombrage** *nm* Ombre produite par les feuillages des arbres ; ces feuillages eux-mêmes. LOC *Porter ombrage à qqn :* blesser sa susceptibilité. — *Prendre ombrage de qqch :* s'en offenser.

**ombragé, ée** *a* Protégé par des ombrages.

**ombrager** *vt* [13] Couvrir d'ombre.

**ombrageux, euse** *a* **1** Qui a peur de son ombre, des ombres, en parlant d'un animal craintif. *Cheval, âne ombrageux.* **2** fig Qui prend facilement ombrage ; soupçonneux ou susceptible.

**1 ombre** *nf* **1** Obscurité provoquée par un corps opaque qui intercepte la lumière. *L'ombre qui règne dans les forêts.* **2** L'obscurité de la nuit. **3** Image, silhouette sombre projetée par un corps qui intercepte la lumière. *Voir son ombre sur la route.* **4** Partie couverte de couleurs plus sombres, de hachures, etc., représentant les ombres, dans un tableau, un dessin. *Impression de relief créée par les ombres.* **5** Fantôme, apparence à demi matérialisée d'un mort, dans certaines croyances. *Royaume des ombres.* **6** Obscurité, incognito. *Votre nom ne sera pas mentionné, vous resterez dans l'ombre.* LOC *À l'ombre :* dans un endroit abrité du soleil ; fam en prison. — *À l'ombre de qqn :* sous sa protection ou près de lui à une place effacée. — *Être l'ombre de soi-même :* être diminué, affaibli au point de paraître à peine vivant. — fam *Faire de l'ombre à qqn :* le gêner en lui faisant concurrence. — *Il y a une ombre au tableau :* qqch qui fait que la situation n'est pas totalement satisfaisante. — *L'ombre de :* la plus petite trace de. — *Ombres chinoises :* ombres de figures découpées ou de mains dans différentes positions, portées sur un écran et figurant des animaux, des personnages, etc. — *Suivre qqn comme son ombre, être l'ombre de qqn :* le suivre partout. [ETY] Du lat.

**2 ombre** *nm* Poisson voisin des salmonidés, à la chair estimée, long de 25 à 40 cm, brunâtre, à grande nageoire dorsale, qui vit dans les eaux courantes de l'Europe.

**3 ombre** *nf* Ocre brun utilisé pour ombrer. SYN terre d'ombre, terre de Sienne.

**ombrelle** *nf* **1** Petit parasol de dame. **2** Partie gélatineuse, en forme de cloche, d'une méduse.

**ombrer** *vt* [1] Figurer une ombre, les ombres sur un dessin, un tableau.

**ombrette** *nf* Oiseau ciconiiforme d'Afrique tropicale, qui construit d'énormes nids.

**ombreux, euse** *a* **1** litt Qui donne de l'ombre. *Ramure ombreuse.* **2** Plein d'ombre. *Vallons ombreux.*

vue en coupe d'une **ombellifère**, la carotte : à g., l'ombelle ; au centre, une graine ; à dr., une fleur

**Ombrie** Région d'Italie centrale et de l'UE, formée des prov. de Pérouse et de Terni ; 8 456 km$^2$ ; 818 000 hab. ; cap. *Pérouse.* Cette rég. montagneuse (Apennins) est drainée par le Tibre. Oliviers, vigne, élevage bovin. L'hydroélectricité a permis l'industrialisation, notam. à Terni. – Au XV$^e$ s., l'école (picturale) d'Ombrie, à Pérouse, a regroupé le Pérugin, il Pinturicchio, Raphaël. [DER] **ombrien, enne** *a, n*

**ombrine** *nf* Grand poisson perciforme marin rayé obliquement.

**ombrophile** *a* BOT Se dit des espèces de la forêt équatoriale humide.

**ombudsman** *nm* Personne chargée d'arbitrer les différends entre l'Administration et les citoyens dans certains pays (Suède, notam.). SYN médiateur. [PHO] [ɔmbydsman]

**OMC** Sigle pour *Organisation mondiale du commerce.*

**Omdurman** v. du Soudan, sur le Nil, en face de Khartoum ; 648 700 hab (aggl.). – Le Mahdi (Muhammad Ahmad) en fit sa cap., en 1884. Lord Kitchener la reprit, en 1898, à son successeur Abd Allah.

**-ome** Suffixe impliquant l'idée de tumeur (ex. *fibrome, carcinome*).

**oméga** *nm* **1** Vingt-quatrième et dernière lettre de l'alphabet grec (Ω, ω), correspondant à *o* long. **2** PHYS ω : symbole d'une vitesse angulaire ou de la pulsation d'une grandeur sinusoïdale. **3** Ω : symbole de l'ohm. **4** PHYS NUCL Nom commun de particules dont certaines (w) appartiennent à la famille des mésons et d'autres (W) à celle des hypérons. LOC MED *Oméga-3 :* nom d'un acide gras polyinsaturé contenu dans les poissons gras, certaines huiles, etc., réputé prévenir les maladies cardiovasculaires.

**omelette** *nf* Mets fait d'œufs battus, additionnés ou non d'ingrédients divers et cuits à la poêle. *Une omelette aux champignons.* [ETY] De l'a. fr. *alumelle,* « lamelle ».

**omerta** *nf* Loi du silence, imposée par une mafia. [ETY] Mot ital.

**omettre** *vt* [60] Passer, oublier, négliger ; s'abstenir volontairement d'agir. *Omettre un mot dans une lettre.* [ETY] Du lat. [DER] **omission** *nf*

**Omeyyades** dynastie de califes qui gouverna de 660 à 750 le monde arabe depuis Damas, leur capitale. Mu'awiyah, son fondateur, appartenait à la tribu des Koraïchites ; gouverneur de Syrie, il se fit proclamer calife en 661. Deux branches se succédèrent au pouvoir : les Sufyanides et les Marwanides. Ils furent évincés par les Abbassides. Tous les membres de la famille furent massacrés, mais Abd al-Rahman, petit-fils du calife Hicham, s'enfuit au Maghreb. Il débarqua en Espagne et conquit Cordoue (756), où il fonda un émirat. Abd al-Rahman III (912-961) acheva l'unité du territoire. [VAR] **Omayyades, Umayyades** [DER] **omeyyade, omayyade** ou **umayyade** *a*

**omicron** *nm* Quinzième lettre de l'alphabet grec (Ο, ο), correspondant à *o* bref. [PHO] [ɔmikʀɔn]

vue intérieure de la Grande Mosquée de Damas, construite sous les **Omeyyades** (706-715)

**omission** → **omettre.**

**Ōmiya** v. du Japon (Honshū), satellite industriel de Tōkyō ; 373 020 hab.

**omni-** Élément, du lat. *omnis,* « tout ».

**omnibus** *nm* **1** anc Voiture publique accomplissant dans une ville des trajets déterminés. **2** Train qui dessert toutes les stations sur son parcours. ANT express, rapide. [PHO] [ɔmnibys] [ETY] Mot lat., « pour tous ».

**omnidirectionnel, elle** *a* TECH Qui a les mêmes propriétés, la même efficacité dans toutes les directions. *Antenne omnidirectionnelle.*

**omnipotence** *nf* Faculté de décider souverainement ; toute-puissance. [DER] **omnipotent, ente** *a*

**omnipraticien, enne** *n* Médecin généraliste.

**omniprésence** *nf* Présence en tous lieux. [DER] **omniprésent, ente** *a*

**omniscience** *nf* Science universelle, infinie. *Omniscience divine.*

**omniscient, ente** *a* Qui sait tout.

**omnisports** *a inv* **1** Qui concerne tous les sports. **2** Où l'on pratique plusieurs sports. *Gymnase omnisports.*

**omnium** *nm* **1** Course à laquelle participent des chevaux de tous âges. **2** FIN Société financière ou commerciale dont les activités s'étendent à toutes les branches d'un secteur économique. [PHO] [ɔmnjɔm]

**omnivore** *a, nm* Qui se nourrit aussi bien d'aliments végétaux que d'aliments animaux.

**Omo** riv. d'Éthiopie (env. 650 km), tributaire du lac Turkana. La vallée de l'Omo (formée au quaternaire) comporte des sédiments lacustres dont les datations absolues et les vestiges apportent des informations d'une grande importance pour l'histoire de l'homme.

**omoplate** *nf* Os pair, triangulaire et plat, qui est appliqué contre la partie postérieure et supérieure du thorax. [ETY] Du gr. *ômos,* « épaule » et *platê,* « surface ».

**omphacite** *nf* MINER Pyroxène de couleur verte. [ETY] Du gr. *omphax,* « raisin vert ».

**Omphale** dans la myth. gr., reine de Lydie, à qui Héraclès fut vendu comme esclave. Elle l'affranchit et l'épousa.

**Omri** → **Amri.**

**OMS** Sigle de *Organisation mondiale de la santé.*

**Omsk** v. de Russie, au confl. de l'Om (770 km) et de l'Irtych ; 1 150 000 hab. ; ch.-l. de la prov. du m. nom. Centre industriel.

**Ōmuta** port du Japon (Kyūshū) ; 159 420 hab.

**on** *pr pers indéf* (Pron. de la 3$^e$ pers., inv., ayant toujours fonction de sujet.) **1** L'homme, les hommes en général. *Quand on veut, on peut.* **2** Les gens, l'opinion. *On dit, on raconte que…* **3** Une personne quelconque. *On vous demande au secrétariat.* **4** Représente une 1$^{re}$ pers. sing. ou plur. ; nous. *Nous, on va au cinéma.* **5** Représente une 2$^e$ pers. sing. ou plur. *Alors ? on ne dit pas bonjour ?* (Rem. *On* est en principe masc. sing., toutefois le part. passé ou l'adj. qui le suit s'accorde en genre et en nombre avec la ou les pers. représentées par *on. Quand on est belle et coquette. On est tous frères.* Pour éviter un hiatus, on emploie souvent *l'on* au lieu de *on.*) LOC *On dirait que :* il semble que. — *On ne peut plus :* exprime un superlatif. *Il est on ne peut plus bête.* [ETY] Du lat. *homo,* « homme ».

**On achève bien les chevaux** roman noir de Horace MacCoy (1935). ▷ CINE Film de S. Pollack (1969), avec Jane Fonda.

**onagata** *nm* Acteur de kabuki spécialisé dans les rôles de femmes. [ETY] Mot jap.

**onagracée** *nf* BOT Syn. de *œnothéracée.* [VAR] **onagrariée**

**1 onagre** *nm* Âne sauvage d'Iran. ETY Du gr.

**2 onagre** *nf* Plante dicotylédone (œnothéracée) produisant spontanément de nombreux hybrides et dont certaines variétés sont cultivées pour leurs grandes fleurs jaunes.

**Onan** personnage biblique, second fils de Juda ; contraint par la loi des patriarches à « susciter une postérité » à la veuve de son frère, il éluda cette obligation en « fraudant par terre » (Genèse) ; Dieu le fit périr.

**onanisme** *nm* Masturbation. ETY De *Onan*, n. pr. DER **onaniste** *a*

**onc** *av* litt Jamais. VAR **oncques** ou **onques**

**1 once** *nf* **1** Ancienne unité de poids. **2** Mesure de poids anglo-saxonne (symbole oz) valant un seizième de livre, soit 28,35 g (31,103 g pour les métaux précieux). LOC ***Once de Paris*** : le seizième de la livre. — ***Once romaine*** : le douzième de la livre. — litt ***Une once de*** : une très petite quantité de. ETY Du lat. *uncia*, « douzième partie ».

**2 once** *nf* Grand félidé au pelage clair, tacheté et épais, des montagnes d'Asie centrale. SYN panthère des neiges. PHO [ɔ̃s] ETY Du lat. *lynx*.

**once**

**onchocercose** *nf* MED Parasitose fréquente en Afrique, due à une filaire et caractérisée par des nodules, des lésions cutanées et de graves atteintes oculaires. PHO [ɔ̃kosɛʀkoz] ETY Du gr. *ogkos*, « crochet », et *kerkos*, « queue ».

**oncial, ale** *a, nf* Écriture en grandes capitales romaines arrondies (IVᵉ - VIIᵉ s.) PLUR onciaux.

**oncidium** *nm* Orchidée d'Amérique tropicale, à fleurs groupées en grappes. PHO [ɔ̃sidjɔm]

**oncle** *nm* **1** Frère du père ou de la mère. *Oncle paternel, maternel.* **2** Mari de la tante. ETY Du lat.

**oncogène** *a, nm* MED **A** *a* Cancérigène. **B** *nm* Gène susceptible de provoquer un processus de cancérisation. ETY Du gr. *onko*, « tumeur ».

**oncogenèse** *nf* MED Cancérogenèse.

**oncogénétique** *nf, a* Génétique appliquée au cancer. DER **oncogénéticien, enne** *n*

**oncogériatrie** *nf* MED Partie de la cancérologie spécialisée dans les personnes âgées.

**oncologie** *nf* Cancérologie. DER **oncologique** *a* – **oncologiste** ou **oncologue** *n*

**oncotique** *a* PHYSIOL Se dit de la pression osmotique des protéines en solution.

**onction** *nf* **1** LITURG Rituel consistant à oindre une personne avec les saintes huiles ou le saint chrême pour la bénir ou lui administrer un sacrement. *Onction du baptême.* **2** litt Douceur de la parole ou des manières, évoquant la piété. LOC ***Onction*** ou ***sacrement des malades*** (appelée ***extrême-onction*** jusqu'en 1972) : sacrement de l'Église catholique, conféré aux fidèles en danger de mort. ETY Du lat.

**onctueux, euse** *a* **1** Qui évoque au toucher la fluidité ou la douceur de l'huile. *Pâte, crème onctueuse.* **2** fig, péjor Empreint de douceur mièvre. *Une éloquence, des manières onctueuses.* ETY Du lat. *ungere*, « oindre ». DER **onctueusement** *av* – **onctuosité** *nf*

**Ondaatje** Michael (Colombo, Sri Lanka, 1943), romancier canadien d'origine sri lankaise et d'expression anglaise : *le Patient anglais* (1992).

**ondatra** *nm* Rongeur d'Amérique du Nord acclimaté en Europe, long d'une quarantaine de centimètres, aux pattes palmées, adapté à la vie dans les marais. SYN rat musqué. ETY Mot amérindien.

**ondatra**

**onde** *nf* **A** **1** litt Déformation qui se propage à la surface d'une nappe liquide, caractérisée par une succession de bosses et de creux. **2** Ornement dessiné ou sculpté, ou forme naturelle évoquant une onde. *Les ondes d'une colonne torse.* **3** litt, vieilli Eau de la mer, d'une rivière, d'un lac. *Une onde limpide* **4** PHYS Déformation d'un milieu fluide, qui se propage à partir d'un point. *Onde de marée.* **5** Tout phénomène vibratoire qui se propage. *Onde sismique.* **B** *nf pl* **1** Système fonctionnant grâce aux ondes hertziennes, qui permet la retransmission d'émissions radiodiffusées. *Grandes ondes, petites ondes.* **2** Les émissions radiodiffusées, la radio. *Retransmission sur les ondes.* LOC ***Onde amortie*** : dont l'amplitude décroît. — ***Onde de choc*** : engendrée par un corps qui se déplace dans un fluide plus vite que le son dans ce fluide ; fig conséquence, répercussion le plus souvent fâcheuse. — ***Onde gravitationnelle*** : onde provoquée par certains cataclysmes cosmiques, se propageant à la vitesse de la lumière à travers l'espace qu'elle déforme sur son passage. — TELECOM ***Onde porteuse*** : onde électromagnétique de haute fréquence dont la modulation permet la transmission de signaux. — ***Ondes Martenot*** : instrument de musique électronique à clavier où les sons émis naissent d'oscillateurs à lampe. — ***Onde stationnaire*** : résultant de l'interférence de deux vibrations et caractérisée par des nœuds, où l'amplitude de vibration est nulle, et des ventres, où elle est maximale. ETY Du lat.

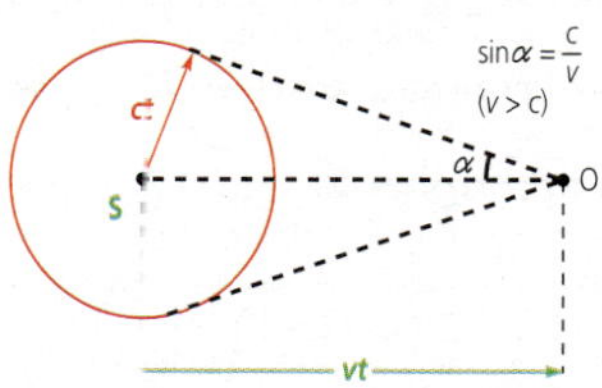


les ondes émises aux instants successifs ont pour enveloppe un cône (de sommet O et de demi-angle au sommet α) ; cette enveloppe (onde de choc) n'existe que si la vitesse *v* de la source S des ondes est supérieure à leur célérité *c*

**onde**

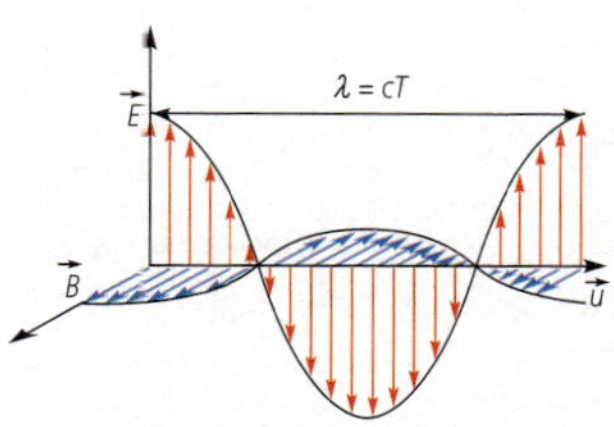


structure d'une onde électromagnétique plane et progressive dans le vide. Les champs électrique $\vec{E}$ et magnétique $\vec{B}$ sont perpendiculaires entre eux et à la direction de propagation.

**onde**

**ondée** *nf* Pluie subite et courte ; averse.

**ondelette** *nf* MATH Outil mathématique servant à représenter certains objets tels que fonctions ou signaux.

**ondemètre** *nm* TELECOM Appareil permettant de mesurer des longueurs d'ondes.

**ondin, ine** *n* Génie, déesse des eaux dans la mythologie nordique.

**ondinisme** *nm* Syn de *urolagnie*.

**on-dit** *nm inv* Propos, bruit qui court.

**ondoiement** *nm* **1** Action d'ondoyer, mouvement de ce qui ondoie. *Ondoiement des blés sous le vent.* **2** LITURG CATHOL Baptême d'urgence, réduit à l'essentiel, conféré à une personne en danger de mort et pouvant être administré par tout baptisé. PHO [ɔ̃dwamɑ̃]

**ondoyant, ante** *a* **1** Qui ondoie. **2** fig Versatile ; inconstant.

**ondoyer** *v* ㉓ **A** *vi* Faire des mouvements évoquant ceux qui se propagent à la surface de l'eau ; être animé de tels mouvements. *Les drapeaux ondoient au vent.* **B** *vt* LITURG CATHOL Baptiser par ondoiement.

**ondulation** *nf* **1** Mouvement des ondes à la surface d'un liquide. *Ondulations de la houle.* **2** Ligne, contour sinueux, évoquant le mouvement des ondes.

**ondulatoire** *a* **1** Qui a le caractère d'une onde à la surface d'un liquide. *Mouvement ondulatoire des vagues.* **2** PHYS Relatif aux ondes. LOC ***Mécanique ondulatoire*** : théorie physique, due à L. de Broglie (1923), qui joue un rôle fondamental en physique nucléaire et en astrophysique.

**ondulé, ée** *a* **1** Qui ondule. *Cheveux ondulés.* **2** Dont la surface présente des ondulations.

**onduler** *v* ① **A** *vi* Avoir un mouvement d'ondulation, des ondulations. *Les herbes ondulent sous le vent. Ses cheveux ondulent naturellement.* **B** *vt* Rendre ondulé. DER **ondulant, ante** *a*

**onduleur** *nm* **1** Appareil servant à transformer un courant continu en courant alternatif. **2** Appareil servant à protéger un ordinateur contre les variations de courant et les parasites.

**onduleux, euse** *a* Qui ondule, qui présente des ondulations. *Démarche onduleuse.*

**Onega (lac)** lac de Russie (9 900 km²), en Carélie, relié au lac Ladoga par la Svir et à la mer Blanche par un canal.

**O'Neill** Eugene Gladstone (New York, 1888 – Boston, 1953), auteur dramatique américain profondément pessimiste : *Anna Christie* (1922), *Le deuil sied à Électre* (1931), *Long voyage dans la nuit* (1939-1941). P. Nobel 1936.

**one-man-show** *nm* Spectacle de variétés donné par un artiste seul en scène. SYN (recommandé) spectacle solo. PLUR one-man-shows. PHO [wanmanʃo] ETY Mot angl.

**ONERA** acronyme pour *Office national d'études et de recherches aérospatiales*, établissement public créé en 1946.

**onéreux, euse** *a* Qui occasionne des frais, des charges. *Un logement onéreux.* LOC ***À titre onéreux*** : en payant. ETY Du lat. *onus*, « poids ».

**one-step** *nm inv* Danse à deux temps, importée des États-Unis, à la mode peu après la Première Guerre mondiale. PHO [wanstɛp] ETY Mot amér., « un pas (par temps) ». VAR **onestep**

**Onetti** Juan Carlos (Montevideo, 1909 – Madrid, 1994), écrivain uruguayen : *le Puits* (1939), *la Vie brève* (1950), *Trousse-Vioques* (1964).

**one-woman-show** *nf* Spectacle de variétés donné par une artiste seule en scène. PLUR one-woman-shows. PHO [wanwumanʃo] ETY Mot angl.

**ONG** *nf* Organisation qui tire ses ressources de dons privés et qui se voue à l'aide aux populations menacées par la famine, la guerre, les catastrophes naturelles, etc. PHO [ɔenʒe] ETY Sigle de *organisation non gouvernementale.*

**ongle** *nm* **1** Chez l'homme, lame cornée implantée à l'extrémité dorsale de la dernière phalange des doigts et des orteils. *Se faire les ongles.* **2** Griffe des carnassiers ; serre des rapaces. LOC ***Jusqu'au bout des ongles*** : complètement. — ***Se ronger les ongles*** : fig manifester de l'inquiétude. — ***Sur le bout des ongles*** : parfaitement. ETY Du lat.

**onglée** *nf* Engourdissement douloureux du bout des doigts, causé par le froid. *Avoir l'onglée.*

**onglet** *nm* **1** TECH En menuiserie, assemblage formé par la juxtaposition de deux pièces de bois selon la bissectrice de l'angle que forment celles-ci ; chacun des biseaux à quarante-cinq degrés ainsi pratiqués. *Assemblage à onglet.* **2** Muscle du diaphragme du bœuf, qui fournit un morceau très estimé en boucherie ; bifteck coupé dans ce morceau. **3** Petite entaille pratiquée dans le couvercle d'une boîte, la lame d'un canif, etc., pour donner prise à l'ongle. **4** GEOM Portion de volume délimitée par une surface de révolution, et comprise entre deux plans passant par l'axe de révolution. **5** BOT Partie rétrécie d'un pétale ou d'un sépale qui s'insère sur le réceptacle. **6** IMPRIM Bande de papier ou de toile fixée au dos des cahiers d'un livre pour permettre l'insertion des hors-texte. **7** INFORM Élément d'une fenêtre sur lequel il faut cliquer pour obtenir le résultat voulu. LOC ***Boîte à onglets*** : outil formé de trois planches assemblées en U entaillées et qui guide la lame d'une scie lorsqu'on pratique un onglet.

**onglon** *nm* ZOOL Sabot qui enveloppe chacun des doigts des ruminants.

**onguent** *nm* Médicament à usage externe, sorte de pommade. PHO [ɔ̃gɑ̃] ETY Du lat.

**onguiculé, ée** *a, nm* ZOOL Se dit d'un mammifère dont les doigts sont terminés par des griffes ou par des ongles.

**ongulé, ée** *a, nm* ZOOL Se dit d'un mammifère dont les doigts sont protégés par des étuis cornés (sabots ou onglons). *Le cheval est un ongulé.*

**onguligrade** *a* ZOOL Se dit d'un quadrupède qui marche sur des sabots.

**onir(o)-** Élément, du grec *oneiros*, « rêve ».

**onirique** *a* **1** Qui est de la nature du rêve, qui concerne les rêves. **2** Qui évoque, rappelle un rêve par son caractère étrange, irréel.

**onirisme** *nm* **1** Activité mentale propre aux états oniriques. **2** MED État de délire aigu dominé par des hallucinations visuelles souvent terrifiantes apparentées aux images du rêve.

**onirologie** *nf* Étude des rêves. DER **onirologue** *n*

**oniromancie** *nf* Divination par les songes. DER **oniromancien, enne** *n*

**Onitsha** v. du Nigeria (État d'Anambra), sur le Niger ; 269 000 hab. Centre commercial.

**onlay** *nm* Bloc métallique ou céramique obturant une cavité dentaire et recouvrant certaines parois de la dent. PHO [ɔnlɛ] ETY Mot angl.

**on line** *a* TELECOM Syn. de *en ligne*. PHO [ɔnlajn] ETY Mot angl. VAR **online**

**onomasiologie** *nf* LING Branche de la sémantique qui étudie les dénominations en partant du concept, par oppos. à *sémasiologie*. ETY Du gr. *onomasia*, « désignation ».

**onomastique** *a, nf* LING **A** *a* Qui a rapport aux noms propres. *Table onomastique.* **B** *nf* Étude des noms propres.

**onomatopée** *nf* LING Création d'un mot dont le son suggère celui de la chose qu'il dénomme ; un tel mot. *Glouglou, crac, boum sont des onomatopées.* ETY Du gr. *onomatopoiïa*, « création de mots ». DER **onomatopéique** *a*

**onopordon** *nm* Grand chardon ornemental à feuilles argentées et à capitules pourpres. SYN chardon aux ânes. ETY Du gr. *onos*, « âne ».

**onques** → **onc.**

**Onsager** Lars (Christiania, 1903 – Miami, 1976), chimiste américain d'origine norvégienne : travaux de biophysique moléculaire. Prix Nobel 1968.

**Ontario** le plus oriental des Grands Lacs (18 800 km²), formant frontière entre le Canada et les É.-U. Il communique avec le lac Érié par le Niagara et avec l'Atlantique par le Saint-Laurent.

**Ontario** prov. du Canada (la plus riche et la plus peuplée) ; 1 068 852 km² ; 13 373 880 hab. (500 000 francophones dits *franco-ontariens* ou *ontarois*) ; cap. *Toronto.* Un vaste plateau est marqué par l'érosion glaciaire. En bordure de la baie d'Hudson et des Grands Lacs s'étendent des plaines. Le climat, continental, est très rude dans le Nord. Nombr. lacs et cours d'eau (hydroélectricité). Princ. ressources agric. : céréales, élevage, pêche, fourrures et exploitation forestière. Import. richesses minières. Industr. diversifiées localisées dans le S. – Cédé par la France aux Britanniques (1763), l'Ontario fut une des quatre prov. fondatrices de la Confédération canadienne (1867). DER **ontarien, enne** *a, n* ou **ontarois, oise** *a, n*

**onto-** Élément, du gr. *ôn, ontos*, « ce qui est ».

**ontogenèse** *nf* BIOL Science qui étudie la croissance et le développement des individus, de l'œuf à l'âge adulte. VAR **ontogénie** DER **ontogénétique** *a*

**ontologie** *nf* PHILO Connaissance de l'être en tant qu'être, de l'être en soi. DER **ontologique** *a* – **ontologiquement** *av*

**ONU** acronyme pour *Organisation des Nations unies.* DER **onusien, enne** *a, a*

**onychomycose** *nf* MED Onyxis dû à une mycose.

**onychophagie** *nf* MED Habitude de se ronger les ongles. ETY Du gr. *onux*, « ongle ».

**onyx** *nm* Agate semi-transparente présentant des couches, concentriques, de couleurs variées. ETY Du gr. *onux*, « ongle », la pierre étant translucide comme un ongle.

**onyxis** *nm* MED Inflammation du derme sous un ongle.

**onzain** *nm* LITTER Strophe de onze vers.

**onze** *a num inv, nm inv* **A** *a num inv* **1** Dix plus un (11). *Onze personnes à table.* **2** Onzième. *Louis XI. Page onze.* **B** *nm inv* **1** Le nombre onze ; chiffres représentant le nombre onze (11). *Un onze mal formé.* **2** SPORT Équipe de football composée de onze joueurs. *Le onze de France.* ETY Du lat.

**onzième** *a, n* **A** *a num ord* Dont le rang est marqué par le nombre onze. **B** *nm, a* Chaque partie d'un tout divisé en onze parties égales. *Héritier pour un onzième.* DER **onzièmement** *av*

**oo-** Élément, du gr. *ôon*, « œuf ».

**Oô (lac d')** lac artificiel des Pyrénées centrales, près de Bagnères-de-Luchon, formé par la *Neste d'Oô.* Réservoir hydroélectrique.

**oocyte** → **ovocyte.**

**oogone** *nf* BOT Organe femelle où se forment les oosphères, chez certaines algues et chez certains champignons.

**oolithe** *nf* GEOL Petite sphère calcaire de la taille d'une tête d'épingle. VAR **oolite** DER **oolithique** ou **oolitique** *a*

**Oort** Jan Hendrik (Franeker, Pays-Bas, 1900 – Wassenaar, id., 1992), astronome néerlandais ; il étudia la structure de la Galaxie et l'origine des comètes.

**oosphère** *nf* BOT Gamète femelle végétal.

**oospore** *nf* BOT Cellule de fécondation des algues et des champignons.

**oothèque** *nf* ZOOL Coque qui renferme la ponte de certains insectes (blattes et mantes, notam.).

**OPA** *nf* ECON Sigle pour *offre publique d'achat.* PHO [ɔpea]

**opacifier** *v* ② **A** *vt* Rendre opaque. **B** *vpr* Devenir opaque. DER **opacifiant, ante** *a* – **opacification** *nf*

**opacimétrie** *nf* TECH Mesure de l'opacité d'une substance. DER **opacimètre** *nm*

**opacité** *nf* **1** Propriété des corps opaques. **2** PHYS Rapport entre le flux lumineux transmis et le flux incident. **3** fam Caractère de ce qui est incompréhensible.

**opale** *nf* Pierre fine, à reflets irisés, constituée de silice hydratée. ETY Du lat.

**opalescent, ente** *a* litt Dont l'aspect irisé rappelle celui de l'opale. DER **opalescence** *nf*

**opalin, ine** *a, nf* **A** *a* Qui a une teinte laiteuse, des reflets irisés. *Porcelaine opaline.* **B** *nf* **1** Verre à l'aspect blanc laiteux et aux reflets irisés ; bibelot fabriqué dans ce matériau. **2** ZOOL Protozoaire à nombreux flagelles, commensal dans l'intestin de poissons ou d'amphibiens.

**opaliser** *vt* ① TECH Donner un aspect opalin à. DER **opalisation** *nf*

**opaque** *a* **1** Qui n'est pas transparent, qui ne laisse pas passer la lumière. *Corps opaque.* **2** PHYS Qui ne laisse pas passer telles radiations. *Corps opaque aux rayons X.* **3** Qui ne laisse passer que peu de lumière. *Brouillard opaque.* **4** fig Impénétrable, incompréhensible. *Un texte opaque.* **5** fig Clandestin, occulte, secret. *Un financement opaque.* ETY Du lat. *opacus*, « touffu ».

**op'art** *nm* Mouvement d'art abstrait contemporain fondé sur des recherches visuelles. PHO [ɔpaʀt] ETY De l'amér. *optical art*, « art optique ».

**Opava** (en all. *Troppau*), v. de la Rép. tchèque (Moravie-Septentrionale) ; 60 000 hab. Industries. – Cath. gothique ; hôtels baroques.

**OPCVM** *nm* FIN Sigle de *organisme de placement collectif en valeurs mobilières*, support regroupant des fonds communs de placement et des sicav.

**-ope, -opie** Éléments, du gr. *ôps*, « vue ».

**ope** *nm, nf* ARCHI Emplacement ménagé dans une maçonnerie pour recevoir l'extrémité d'une poutre, d'un madrier d'échafaudage. SYN trou de boulin. ETY Du gr. *opê*, « ouverture ».

**OPE** *nf* ECON Sigle pour *offre publique d'échange.* PHO [ɔpeə]

**opéable** *a* ECON Qualifie une société susceptible de faire l'objet d'une OPA ou d'une OPE.

**open** *a inv, nm* SPORT Se dit d'une compétition ouverte à la fois aux professionnels et aux amateurs. LOC ***Billet open*** : billet d'avion non daté. PHO [ɔpɛn] ETY Mot angl., « ouvert ».

**openfield** *nm* GEOGR Territoire composé de portions de terre cultivable non closes. PHO [ɔpenfild] ETY Mot angl., « champ ouvert ».

**openspace** *nm* Organisation de l'espace de travail de bureaux quand on a supprimé les cloisons. *Beaucoup d'entreprises ont adopté l'openspace.* PHO [ɔpœnspeis] ETY Mot angl.

**OPEP** acronyme pour *Organisation des pays exportateurs de pétrole.*

**opéra** *nm* **1** Œuvre dramatique, représentée au théâtre avec un accompagnement de musique orchestrale et dont les paroles sont chantées. **2** Genre lyrique constitué par ces ouvrages. **3** Théâtre où l'on joue des opéras. LOC ***Grand opéra*** ou ***opéra sérieux*** : dont l'action est tragique. [ETY] De l'ital.

**Opéra (théâtre de l')** théâtre national consacré aux spectacles lyriques et chorégraphiques ; construit à Paris de 1862 à 1874 par Charles Garnier *(palais Garnier).* Avec l'Opéra Bastille, il forme, administrativement, l'Opéra de Paris.

**théâtre de l'Opéra** à Paris

**opéra-ballet** *nm* Opéra avec danses. PLUR opéras-ballets.

**Opéra Bastille** théâtre lyrique national, construit à Paris par Carlos Ott, inauguré en 1989. V. Opéra.

l'**Opéra Bastille**

**opérable** *a* Qui peut subir une intervention chirurgicale.

**opéra-comique** *nm* **1** Opéra dans lequel des parties dialoguées s'intercalent entre les parties chantées. **2** Théâtre où l'on joue ce genre d'ouvrage. PLUR opéras-comiques.

**Opéra-Comique (théâtre de l')** théâtre national consacré aux spectacles lyriques. Construit à Paris en 1898, par L. S. Bernier, sur l'emplacement de la salle Favart.

**Opéra de quat'sous (l')** opéra parodique de Brecht, mus. de Kurt Weill (1928), inspiré du *Beggar's Opera* (*l'Opéra du gueux,* 1728) de John Gay (livret) et Christoph Pepusch (mus.). ▷ CINE D'ap. Brecht, *l'Opéra de quat'sous* de Pabst (1931, version all. et fr.).

**opérande** *nm* MATH Élément sur lequel porte une opération.

**opérant, ante** *a* didac Qui agit, produit un effet. *Mesure peu opérante.*

**opérateur, trice** *n* **A 1** Personne chargée de la commande d'une machine. **2** INFORM Personne chargée de la commande et de la surveillance d'un ordinateur. **3** CINE Responsable de la prise de vues, de l'enregistrement sonore ou de la projection d'un film. **4** FIN Personne ou organisme habilités à faire des opérations financières. SYN donneur d'ordre. **5** Personne ou groupe qui commandite une opération industrielle ou commerciale. **B** *nm* **1** MATH, INFORM Symbole représentant une opération ou une suite d'opérations logiques, mathématiques ou physiques. **2** LOG Élément indiquant la valeur d'une proposition.

**opération** *nf* **1** Action d'un pouvoir, d'une faculté, d'un organe, etc., qui agit selon sa nature pour produire un effet. *Les opérations de l'esprit, de la mémoire.* **2** Action, suite ordonnée d'actes mis en œuvre en vue de produire un résultat précis. *Monter une opération publicitaire.* **3** Affaire. *Faire une bonne opération.* **4** MILIT Ensemble de mouvements stratégiques destinés à faire réussir une attaque, à organiser une défense. **5** MATH Ensemble de démarches méthodiques de la pensée s'appliquant sur les parties d'un ou de plusieurs ensembles en suivant une loi déterminée. **6** Calcul d'une somme, d'une différence, d'un produit ou d'un quotient. *Les quatre opérations sont l'addition, la soustraction, la multiplication et la division. Faire une opération.* **7** Intervention chirurgicale. LOC FIN ***Opérations boursières*** : transactions opérées sur des valeurs mobilières ou des marchandises. — THEOL ***Opération du Saint-Esprit*** : intervention mystérieuse du Saint-Esprit dans l'Incarnation. — plaisant, fam ***Par l'opération du Saint-Esprit*** : par un moyen mystérieux.

**opérationnel, elle** *a, n* **A** *a* **1** Qui a trait à des opérations militaires. *Secteur opérationnel.* **2** Prêt à être mis en service, à entrer en activité. *Usine opérationnelle.* **B** *a, n* GEST Se dit d'un cadre chargé d'appliquer les décisions de la direction. LOC MATH, TECH ***Recherche opérationnelle*** : ensemble des méthodes mises en œuvre pour analyser les problèmes d'organisation d'une armée, d'une entreprise, etc., à des fins stratégiques, commerciales, etc.

**opératique** *a* Relatif à l'opéra. *Le génie opératique de Bellini.*

**opératoire** *a* **1** Relatif aux interventions chirurgicales. *Choc opératoire. Bloc opératoire.* **2** Qui permet d'effectuer certaines opérations. *Techniques opératoires.*

**opercule** *nm* **1** TECH Pièce mobile servant à fermer une ouverture, à recouvrir une cavité. **2** BOT Pièce qui ferme l'urne des mousses. **3** ZOOL Lamelle de mucus desséché qui ferme la coquille de l'escargot par temps sec. **4** Pièce cornée ou calcifiée qui ferme au repos la coquille de divers gastéropodes tels que le bigorneau. **5** Membrane recouvrant l'ouverture des narines à la base du bec, chez les oiseaux. **6** Pièce osseuse paire recouvrant les branchies des poissons. **7** Membrane qui clôt les alvéoles des abeilles. [ETY] Du lat. [DER] **operculaire** *a*

**operculé, ée** *a* Clos par un opercule.

**opéré, ée** *a, n* Qui vient de subir une intervention chirurgicale.

**opérer** *v* [14] **A** *vi* Produire un effet, agir. *Laisser opérer la nature.* **B** *vt* **1** Effectuer, réaliser par une série ordonnée d'actes, agir. *Troupes qui opèrent leur jonction. Opérer des réformes. Les cambrioleurs ont opéré en toute tranquillité.* **2** Pratiquer une intervention chirurgicale sur. *Opérer un malade des amygdales.* **C** *vpr* S'effectuer, s'accomplir. *Changements qui s'opèrent.* [ETY] Du lat. *operari,* « travailler ».

**opérette** *nf* Œuvre théâtrale légère où les parties chantées alternent avec les parties parlées. LOC ***D'opérette*** : que l'on ne peut prendre au sérieux. *Soldat, héros d'opérette.*

**opéron** *nm* Unité d'information fonctionnant sous le contrôle de deux gènes antagonistes.

**opex** *nf* MILIT Opération armée sur un théâtre étranger. [ETY] Acronyme de *opération extérieure.*

**Ophélie** personnage du *Hamlet* de Shakespeare (1600-1601), sœur de Laerte. Hamlet la repousse, elle perd la raison, et se noie. ▷ MUS *Ballade sur la mort d'Ophélie* (1847) de Berlioz.

**ophi(o)-** Élément, du gr. *ophis,* « serpent ».

**ophidien** *nm* Reptile dépourvu de pattes, possédant de nombreuses côtes. *Les ophidiens, ou serpents, sont apparus au crétacé.*

**ophioglosse** *nm* Fougère des lieux humides, aux frondes ovales non découpées surmontées par un épi qui porte les sporanges, appelée cour. *langue-de-serpent.* ▶ illustr. **fougères**

**ophiolâtrie** *nf* didac Culte du serpent.

**ophiolite** *nf* GEOL Ensemble de roches, principalement éruptives, qui se forme dans les rifts océaniques. *On trouve les ophiolites sur les continents, dans les chaînes de montagnes récentes, du fait des mouvements de l'écorce terrestre.* [DER] **ophiolitique** *a*

**ophiologie** *nf* Partie de la zoologie qui traite des serpents.

**ophiopogon** *nm* Plante herbacée vivace, à fleurs groupées en épis, originaire d'Extrême-Orient.

**ophite** *nm* Marbre vert foncé à filets jaunes.

**Ophiucus** constellation des hémisphères austral et boréal ; n. scientif. : *Ophiuchus, Ophiuchi.* [VAR] **Serpentaire**

**ophiure** *nf* Échinoderme de la sous-classe des ophiurides.

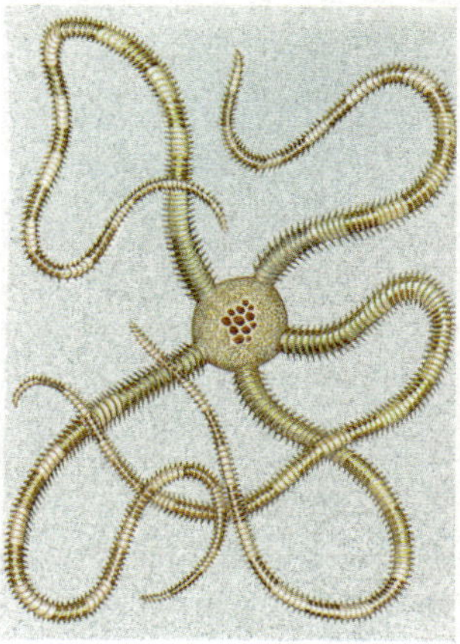

**ophiure**

**ophiuride** *nm* ZOOL Échinoderme dont le corps est constitué d'un disque central et de cinq bras rayonnants longs, flexueux et grêles.

**ophrys** *nm, nf* BOT Orchidée européenne dont le labelle très coloré rappelle l'aspect de divers insectes. [PHO] [ɔfʀis] [ETY] Du gr. ▶ illustr. **orchidée**

**ophtalm(o)-** Élément, du gr. *ophtalmos,* « œil ».

**ophtalmie** *nf* MED Maladie inflammatoire de l'œil.

**ophtalmique** *a* ANAT, MED Des yeux.

**ophtalmologie** *nf* Branche de la médecine qui traite des affections des yeux et de leurs annexes. [DER] **ophtalmologique** *a* – **ophtalmologiste** ou **ophtalmologue** *n*

**ophtalmométrie** *nf* MED Mesure des rayons de courbure de la cornée pour évaluer un astigmatisme. [DER] **ophtalmométrique** *a* – **ophtalmomètre** *nm*

**ophtalmoscopie** *nf* MED Examen du fond de l'œil. [DER] **ophtalmoscope** *nm*

**Ophuls** Max Oppenheimer, dit **Max** (Sarrebruck, 1902 – Hambourg, 1957), cinéaste français d'origine allemande : *Liebelei* (1932), *Divine* (1935), *Lettre d'une inconnue* (1948), *la Ronde* (1950), *le Plaisir* (1951), *Lola Montès* (1955). ▶ illustr. p. 1154 — **Marcel** (Francfort-sur-le-Main, 1927), fils du préc., cinéaste français, auteur de documentaires politiques : *le Chagrin et la Pitié* (1969), sur l'Occupation ; *Hôtel Terminus* (1988, É.-U.), sur Klaus Barbie.

**opiacé, ée** *a, nm* **A** *a* Qui contient de l'opium ou qui en a l'odeur, le goût. *Cigarettes opiacées.* **B** *nm* Médicament à base d'opium.

**opilion** *nm* ZOOL Arachnide appelé cour. *faucheur* ou *faucheux*, au corps globuleux, aux pattes longues et grêles. ETY Du lat. *opilio*, « berger ».

**opimes** *af pl* **LOC** ANTIQ ROM ***Dépouilles opimes :*** dépouilles qu'un général prenait sur le général ennemi qu'il avait tué de sa main. ETY Du lat. *opimus*, « copieux ».

**opine** *nf* BIOL Substance produite par les cellules végétales infestées par certaines bactéries.

**opinel** *nm* Couteau pliant à manche de bois. ETY Nom déposé.

**opiner** *v* ① **A** *vi* DR litt Donner son avis dans une assemblée sur un sujet mis en délibération. *Opiner sur, pour* ou *contre une clause.* **B** *vti* Être d'avis de, en faveur de. *Opiner à une proposition.* **LOC** ***Opiner du bonnet, de la tête, du chef :*** marquer d'un signe son acquiescement. ETY Du lat. *opinari*, « croire que ».

**opiniâtre** *a, n* **1** Où il entre de la persévérance, de l'obstination, de l'acharnement ; tenace. *Zèle, travail, lutte opiniâtre.* **2** Persistant. *Fièvre opiniâtre.* DER **opiniâtrement** *av* – **opiniâtreté** *nf*

**opinion** *nf* **A** **1** Jugement qu'on se forme ou qu'on adopte sur un sujet ; assertion ou conviction personnelle. *Émettre une opinion.* **2** Jugement commun, ensemble des idées ou des convictions communes à une collectivité. *L'opinion publique. Sondage d'opinion.* **B** *nf pl* Manière de penser, doctrine, croyance en matière morale, politique, etc. *Opinions libérales.* **LOC** ***Avoir bonne, mauvaise opinion de qqn :*** un jugement favorable ou défavorable sur lui. ETY Du lat.

**opioïde** *nm* Substance ayant un effet analogue à celui de la morphine (p. ex. la méthadone).

**opiomane** *n, a* Toxicomane qui fume ou qui mâche l'opium. DER **opiomanie** *nf*

**opisthobranche** *nm* ZOOL Mollusque gastéropode marin hermaphrodite. ETY Du gr. *opisthen*, « derrière ».

**opisthodome** *nm* ARCHI Partie postérieure d'un temple grec. ETY Du gr. *domos*, « maison ».

**opisthoglyphe** *a* Se dit d'un serpent venimeux dont les crochets sont situés vers l'arrière de la mâchoire.

**Max Ophuls** *Lola Montès*, 1955, avec Martine Carol

**Opitz** Martin (Bunzlau, Silésie, 1597 – Dantzig, 1639), poète baroque allemand. *Livre de la poésie allemande* (1624), *Poèmes de consolation contre la guerre* (1633).

**opium** *nm* **1** Suc narcotique tiré de certains pavots, fumé ou mâché comme excitant et comme stupéfiant. **2** fig Ce qui assoupit insidieusement la volonté, l'esprit critique. PHO [ɔpjɔm] ETY Du gr. *opos*, « suc ».

**Opium (guerre de l')** conflit qui opposa la Chine et la G.-B. de 1839 à 1842. En 1839, l'empereur de Chine interdit l'importation d'opium indien. En 1840, les Britanniques occupèrent Shanghai. En 1842, le traité de Nankin leur donna Hong Kong, autorisa les États européens à commercer avec 5 ports (dont Canton et Shanghai), abaissa à 5 % les tarifs douaniers.

**OPJ** *n* Officier de police judiciaire. PHO [ɔpeʒi]

**Opole** v. de Pologne ; 124 720 hab. ; ch.-l. de voïévodie. Port sur l'Oder.

**oponce** → **opuntia.**

**opopanax** *nm* BOT Ombellifère des régions chaudes d'Europe et d'Asie, dont on extrait une gomme-résine ; cette gomme-résine ; le parfum que l'on en tire. ETY Du gr. *opos*, « suc », et *panax*, « plante médicinale ». VAR **opoponax**

**opossum** *nm* Marsupial d'Amérique, à longue queue, au pelage gris ; fourrure de cet animal. PHO [ɔpɔsɔm] ETY De l'algonquin.

**opossum** de Virginie

**opothérapie** *nf* Utilisation thérapeutique d'organes animaux. DER **opothérapique** *a*

**Oppenheim** Dennis (Mason City, État de Washington, 1938 – New York, 2011), artiste américain : land art, installations, etc.

**Oppenheimer** Julius Robert (New York, 1904 – Princeton, 1967), physicien américain : travaux de mécanique quantique. Il dirigea à Los Alamos le centre de recherches où fut construite la prem. bombe atomique.

**Julius Oppenheimer**

**Oppenordt** Gilles Marie (Paris, 1672 – id., 1742), architecte et ébéniste français, adepte du style rocaille.

**oppidum** *nm* ANTIQ Site fortifié, camp retranché, le plus souvent sur une hauteur. PLUR oppidums ou oppida. PHO [ɔpidɔm]

**opportun, une** *a* Qui vient à propos, qui convient, favorable. *Au moment opportun.* DER **opportunément** *av*

**opportunisme** *nm* **1** Attitude consistant à agir selon les circonstances, à en tirer le meilleur parti, en faisant peu de cas des principes. **2** SPORT Aptitude à saisir rapidement les occasions favorables.

**opportuniste** *a, n* **A** Qui fait preuve d'opportunisme. **B** *a* MED Se dit d'un micro-organisme qui ne devient pathogène que lors d'un affaiblissement des défenses immunitaires ; se dit des affections provoquées par ces micro-organismes.

**opportunité** *nf* **1** Caractère de ce qui est opportun. *L'opportunité d'une démarche.* **2** abusiv Occasion favorable. *Une opportunité inespérée.*

**opposable** *a* **1** Qui peut être mis vis-à-vis de qqch. *Le pouce est opposable aux autres doigts.* **2** Qui peut être opposé à qqch. *Décision opposable à une autre.* **3** DR Dont on peut se prévaloir contre un tiers. *Droit au logement opposable.* DER **opposabilité** *nf*

**opposant, ante** *a, n* **A** **1** Qui s'oppose. *La partie opposante.* **2** Se dit d'une personne qui, en matière politique, appartient à l'opposition. *Les opposants au régime.* **B** *a, nm* ANAT Se dit d'un muscle de certains doigts. *L'opposant du pouce.*

**opposé, ée** *a, nm* **A** *a* **1** Placé en vis-à-vis. *Rives opposées, feuilles opposées.* **2** Orienté en sens inverse. *Direction opposée.* **3** Qui diffère totalement ; contraire, contradictoire. *Intérêts.* **4** Qui est défavorable ou hostile à ; qui lutte contre. *Partis opposés.* **B** *nm* Ce qui est opposé, inverse. *Elle est tout l'opposé de son mari.* **LOC** ***À l'opposé de :*** au contraire de. — GEOM ***Angles opposés par le sommet :*** formés par deux droites qui se coupent. — MATH ***Nombres opposés*** ou ***symétriques :*** de même valeur absolue mais de signes contraires, comme + 1 et – 1.

**opposer** *v* ① **A** *vt* **1** Présenter, mettre en face comme obstacle. *Je lui ai opposé mon mutisme, mes intérêts. Opposer une digue à un torrent.* **2** Mettre en lutte, en rivalité. *Conflit qui oppose deux personnes.* **3** Mettre en vis-à-vis ; disposer de manière à faire contraste. *Opposer du rouge à du noir.* **4** Comparer en soulignant les différences. *Opposer Aristote à Platon.* **B** *vpr* **1** Faire obstacle à, empêcher. *S'opposer à une entreprise.* **2** Faire front, s'affronter. *Orateurs, armées qui s'opposent.* **3** Former un contraste. *Ornements qui s'opposent.* ETY Du lat.

**opposite (à l')** *av* litt À l'opposé.

**opposition** *nf* **1** Position ou rapport de choses en vis-à-vis ou qui s'opposent, s'affrontent. *Opposition de deux couleurs. Opposition d'intérêts.* **2** ASTRO Position de deux corps célestes diamétralement opposés par rapport à la Terre ou au Soleil. **3** Résistance qu'oppose une personne, un groupe. *Opposition à un projet. Faire opposition à un paiement.* **4** DR Voie de recours ouverte à toute personne condamnée par une décision de justice rendue contre elle par défaut. **5** Parti ou ensemble de personnes opposés au gouvernement, au régime politique en place.

**oppositionnel, elle** *a, n* Qui est dans l'opposition politique.

**oppresser** *vt* ① **1** Gêner la respiration ; donner une impression de gêne respiratoire à qqn. *L'asthme l'oppresse.* **2** fig Faire subir un tourment moral, une angoisse à. *Une attente qui oppresse.* ETY Du lat. DER **oppressant, ante** *a*

**oppresseur** *nm* Personne qui opprime.

**oppressif, ive** *a* Qui sert à opprimer, qui vise à opprimer. *Mesures oppressives.*

**oppression** *nf* **1** Sensation d'un poids sur la poitrine. **2** Malaise physique ou psychique d'une personne oppressée. **3** Action d'opprimer ; contrainte tyrannique. *Oppression policière.*

**opprimer** *vt* ① Accabler par abus de pouvoir, par violence. *Opprimer les faibles.* ETY Du lat. DER **opprimant, ante** *a* – **opprimé, ée** *a, n*

**opprobre** *nm* litt **1** Honte extrême et publique, déshonneur. *Couvrir qqn d'opprobre.* **2** Cause de honte. *Être l'opprobre de sa famille.* **3** État d'abjection. *Vivre dans l'opprobre.* ETY Du lat.

**OPR** *nf* Sigle de *offre publique de retrait.*

**-opsie** Élément, du gr. *opsis*, « vue, vision ».

**opsonine** *nf* BIOCHIM Anticorps qui se combine aux bactéries pour les rendre vulnérables aux leucocytes.

**opsonisation** *nf* BIOL Mécanisme immunitaire faisant intervenir des opsonines.

**optatif, ive** *a, nm* LING Se dit d'un mode verbal qui exprime le souhait.

**opter** *vi* ① Choisir, se déterminer entre deux ou plusieurs choses. *Opter pour une politique.*

**opticien, enne** *n* Personne qui fabrique ou vend des instruments d'optique, et partic. des lunettes.

**optimal, ale** *a* Qui est le meilleur possible. *Rendement optimal d'un moteur.* SYN optimum. PLUR optimaux.

**optimiser** *vt* ① **1** Rendre optimal. **2** Donner à une machine, une entreprise les conditions qui assurent son fonctionnement optimal, un rendement optimal. VAR **optimaliser** DER **optimisation** ou **optimalisation** *nf*

**optimisme** *nm* **1** PHILO Système philosophique, développé partic. par Leibniz, selon lequel le monde est le meilleur possible, le mal n'y ayant de sens qu'en fonction du bien. **2** Attitude ou disposition d'esprit consistant à voir le bon côté des choses. **3** Espérance confiante. *Nouvelle qui incite à l'optimisme.* ANT pessimisme. DER **optimiste** *a, n*

**optimum** *nm, a* **A** *nm* État le plus favorable, le meilleur possible d'une chose. *L'optimum d'un fonctionnement.* **B** *a* Optimal. PLUR optimums ou optima. LOC ECON ***Optimum de population*** : point d'équilibre entre le nombre des individus d'une population et les ressources disponibles. PHO [ɔptimɔm] ETY Mot lat., « le meilleur ».

**option** *nf* **1** Faculté, action d'opter. *Avoir l'option entre deux avantages.* **2** DR Faculté de choisir entre plusieurs possibilités légales ou conventionnelles. **3** Promesse d'achat ou de vente, sans engagement de l'acheteur, et moyennant ou non des arrhes. **4** FIN Contrat par lequel un opérateur boursier accorde à un autre le droit de lui acheter ou de lui vendre des actifs à une date et à un prix fixés d'avance. LOC COMM ***En option*** : ajouté au modèle de série, contre le paiement d'un supplément. — ***Matières à option*** : entre lesquelles un candidat peut choisir, dans un concours, un examen. ETY Du lat. DER **optionnel, elle** *a*

**optique** *a, nf* **A** *a* **1** Relatif ou propre à la vision, à l'appareil de la vision. *Nerf optique.* **2** Relatif à l'optique, propre à l'optique. **B** *nf* **1** Partie de la physique qui étudie les lois de la lumière et de la vision. *Optique géométrique, physique.* **2** Industrie ou commerce des instruments d'optique. *Travailler dans l'optique.* **3** Ensemble du système optique d'un instrument. *L'optique d'un spectrographe.* **4** fig Manière de juger, point de vue. LOC PHYS ***Système optique*** : association de lentilles, de miroirs, de prismes, etc. ETY Du gr.

ENC *L'optique géométrique* traite du trajet suivi par la lumière dans des milieux homogènes comme l'eau ou l'air, où la lumière se propage suivant des lignes droites appelées *rayons lumineux,* qui obéissent aux lois de la réflexion et de la réfraction énoncées par Descartes. Le rapport *n* entre la vitesse *c* de la lumière dans le vide (env. 300 000 km/s) et la vitesse *v* dans un milieu homogène est appelé *indice absolu* du milieu. L'indice absolu de l'eau est égal à 1,33 (v = 226 000 km/s) et celui du diamant à 2,42 (v = 124 000 km/s). *L'optique ondulatoire,* appelée aussi *optique physique,* assimile la lumière à une vibration électromagnétique qui se propage à une vitesse déterminée. Une onde de fréquence donnée produit sur l'œil l'impression d'une couleur déterminée ; elle est dite *monochromatique.* Dans le vide, une onde lumineuse monochromatique est un ensemble de deux champs sinusoïdaux : un champ électrique et un champ magnétique, perpendiculaires entre eux et vibrant en phase. L'onde se propage perpendiculairement au plan formé par ces deux champs. L'émission s'effectue au niveau des électrons des atomes. Les *lasers* permettent d'obtenir une lumière présentant une parfaite cohérence spatiale, qui leur confère une directivité remarquable, et une excellente cohérence temporelle ; ce sont des sources lumineuses quasiment monochromatiques. Leurs applications sont innombrables. *L'optique électronique* est l'ensemble des techniques qui permettent de former une image d'un objet à l'aide d'un faisceau d'électrons soumis à l'action de champs magnétiques ou électriques. Il est possible, à l'aide de tels champs, de dévier un faisceau d'électrons. Pour rendre visible l'image d'un objet, il suffit de recevoir le faisceau d'électrons sur un écran fluorescent ou sur une couche photographique. Le microscope électronique et la télévision constituent deux des domaines d'application. La lumière peut être transmise le long de parcours sinueux à l'intérieur de *fibres optiques,* qui jouent un rôle de guide d'onde et permettent de transporter à section égale un débit d'informations beaucoup plus élevé que les conducteurs électriques.

**optoélectronique** *nf, a* TECH Ensemble des techniques associant l'optique et l'électronique.

**optomètre** *nm* MED Appareil permettant l'étude des amétropies.

**optométrie** *nf* **1** MED Mesure des amétropies. **2** PHYS Partie de l'optique qui a trait à la vision. DER **optométrique** *a*

**optronique** *nf, a* Optoélectronique appliquée au domaine militaire.

**opulence** *nf* **1** Abondance de biens, de ressources ; richesse. *Vivre dans l'opulence.* **2** Plénitude des formes. *L'opulence des nus de Rubens.*

**opulent, ente** *a* **1** Qui est dans l'opulence ; qui manifeste l'opulence. **2** Qui présente des formes amples, pleines. *Poitrine opulente.*

**opuntia** *nm* Plante grasse (cactacée) aux rameaux épineux aplatis en forme de raquette, telle que le figuier de Barbarie, le nopal, la raquette. PHO [ɔpɔ̃sja] ETY Du gr. *opountios,* « de la ville d'Oponte ». VAR **oponce** ▶ illustr. **cactus**

**opus** *nm* MUS Numéro de classement d'un ouvrage dans l'œuvre complète d'un musicien. abrév op. PHO [ɔpys] ETY Mot lat., « ouvrage ».

**opuscule** *nm* Petit ouvrage de science, de littérature, etc.

**Opus Dei** institution pastorale soumise à la hiérarchie de l'Église catholique, fondée en 1928 par un prêtre espagnol, José María Escrivá de Balaguer y Albas, afin d'observer les principes de l'Évangile, notam. dans l'exercice du travail professionnel. L'Opus Dei, approuvé par Pie XII en 1947, est érigé en prélature personnelle par Jean-Paul II en 1982.

**opus incertum** *nm inv* ARCHI Assemblage de moellons ou de dalles de formes irrégulières, avec des joints d'épaisseur constante. PHO [ɔpysɛ̃sɛʀtɔm] ETY Mots lat., « ouvrage irrégulier ».

**OPV** *nf* Sigle de *offre publique de vente.*

**1 or** *nm* **1** Élément métallique de numéro atomique Z = 79 et de masse atomique 196,967 (symbole Au). **2** Métal (Au) précieux jaune, ductile et malléable, de densité 19,3, qui fond à 1 063 °C. *L'or est quasiment inaltérable, mais forme avec le mercure un amalgame pulvérulent.* **2** Monnaie d'or. *Payer en or.* **3** Couleur, aspect de l'or ; objet ou substance de cette couleur, de cet aspect. *Les ors d'une icône.* **4** HERALD Un des deux métaux employés, représenté en gravure par des pointillés. LOC ***À prix d'or*** : très cher. — ***C'est de l'or en barre, c'est une affaire en or*** : c'est une affaire très fructueuse. — fam ***En or*** : parfait, idéal. — ***L'or blanc*** : la neige des sports d'hiver — ***L'or bleu*** : la ressource en eau, partic. en eau potable. — ***L'or noir*** : le pétrole. — ***L'or vert*** : l'agriculture, l'agroalimentaire. — ***Parler d'or*** : prononcer des paroles sages, judicieuses. — ***Pour tout l'or du monde*** : à aucun prix. — ***Un cœur d'or*** : personne bonne, généreuse. — ***Valoir son pesant d'or*** : valoir très cher, être très précieux. ETY Du lat.

**2 or** *conj* Sert à lier deux termes d'un raisonnement, à introduire les phases d'un récit, d'un discours. *Il rêvait de voyages, or il était pauvre.* ETY Du lat. *hac hora,* « à cette heure ».

**Or (l')** récit de Cendrars (1925) contant *la Merveilleuse Histoire du général Johann August Suter.*

**oracle** *nm* **1** ANTIQ litt Réponse d'une divinité à ceux qui la consultaient ; la divinité elle-même ; lieu où étaient rendus ces oracles. *L'oracle de Delphes.* **2** litt Décision, opinion émanant d'une personne détenant l'autorité, le savoir. *Les oracles de la science.* **3** Personne autorisée, compétente. *Passer pour un oracle.* ETY Du lat.

**Oradea** (anc. *Nagyvárad*), v. de Roumanie, à la frontière hongroise ; 206 060 hab. ; ch.-l. de district. Centre industriel. – Cath. catholique et palais baroques du XVIIIe.

**Oradour-sur-Glane** commune de la Haute-Vienne (arrondissement de Rochechouart) ; 2 025 hab. – Le 10 juin 1944, les Allemands massacrèrent 642 hab., fusillant les hommes et incendiant l'église où ils avaient rassemblé les femmes et les enfants.

**orage** *nm* **1** Violente agitation de l'atmosphère accompagnée d'éclairs et de tonnerre, de pluie, de grêle, etc. *L'orage gronde, éclate.* **2** fig Trouble violent dans la vie personnelle ou sociale ; tumulte ou éclat de sentiments, de passions. *Il est en colère, laissez passer l'orage.* LOC fam ***Il y a de l'orage dans l'air*** : une nervosité qui menace de se manifester avec soudaineté et violence. — GEOPH ***Orage magnétique*** : qui se produit lors des éruptions solaires. ETY De l'a. fr. *ore,* « brise ».

**orageux, euse** *a* **1** Qui menace d'orage, qui caractérise l'orage. *Temps orageux.* **2** fig Tumultueux, agité. *Séance orageuse.* DER **orageusement** *av*

**oraison** *nf* Prière. LOC ***Oraison funèbre*** : éloge d'un mort, solennel et public. ETY Du lat.

**Oraisons funèbres** recueil posth. (1731) de 12 oraisons de Bossuet prononcées entre 1656 et 1687.

**oral, ale** *a, nm* **A** *a* **1** Transmis ou exprimé par la voix, par oppos. à *écrit. Tradition orale.* **2**

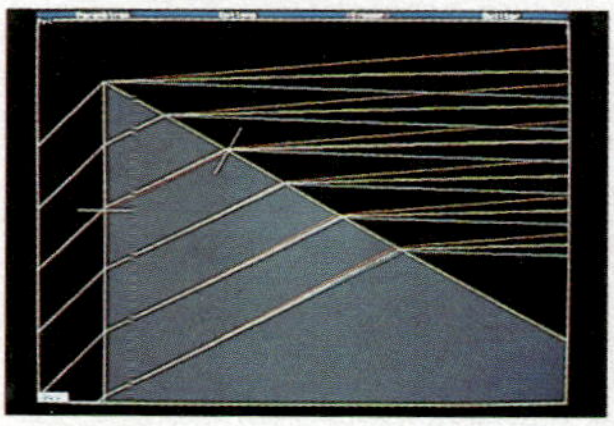

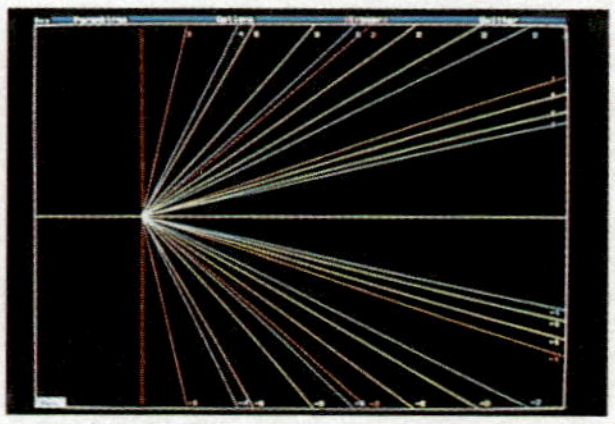

décomposition de la lumière blanche (dispersion) par deux systèmes :
à g., le prisme dévie plus les radiations bleues que les rouges : à dr., un réseau de diffraction donne plusieurs spectres ; dans chacun, le rouge est la couleur la plus déviée

**optique**

Qui a rapport à la bouche. *Soigner par voie orale.* **3** PHON Se dit d'un phonème produit par la résonance de la voix dans la cavité buccale, par oppos. à *nasal.* [a], [o] *sont des voyelles orales.* **B** *nm* Épreuves orales d'un examen, d'un concours. PLUR oraux. **LOC** PSYCHAN ***Stade oral :*** première phase d'organisation libidinale, dans laquelle la satisfaction autoérotique est liée à l'activité de la zone érogène buccale. ETY Du lat. *os, oris,* « bouche ». DER **oralement** *av*

**Oral** (anc. *Ouralsk*), ville du Kazakhstan, sur l'Oural ; 192 000 hab. ; chef-lieu de la prov. du m. nom. Industries.

**oraliser** *vt* ① PSYCHO Exprimer qqch à haute voix. *Oraliser une expérience traumatisante.*

**oralité** *nf* **1** Caractère oral. *L'oralité d'une tradition.* **2** PSYCHAN Ensemble des caractéristiques du stade oral.

**Oran** (auj. *Wahrān*), v. d'Algérie occidentale, sur la Méditerranée ; 610 380 hab. ; ch.-l. de la wilaya du m. nom. Port de commerce. Exportation de gaz naturel et de prod. agric. Centre industriel. – Université. Mosquée du Pacha (XVIII$^e$ s.). – La ville, fondée v. 903, fut occupée par les Français en 1831. DER **oranais, aise** *a, n*

**orange** *n, a inv* **A** *nf* Fruit comestible de l'oranger, de forme sphérique, dont la pulpe juteuse et parfumée est protégée par une écorce de couleur jaune-rouge. *Orange amère, orange douce.* **B** *a inv, nm* De la couleur de l'orange. ETY De l'ar.

**orange** douce

**Orange** fleuve d'Afrique australe (env. 1 860 km), qui naît dans le Drakensberg et se jette dans l'Atlantique. Il sert surtout à l'irrigation.

**Orange** ch.-l. de cant. du Vaucluse (arr. d'Avignon) ; 30 627 hab. – Théâtre antique et arc de triomphe datant probabl. de l'époque d'Auguste. Anc. cath. (XII$^e$ s.). – La cité devint colonie romaine sous Auguste. Elle fut la cap. d'une principauté qui appartint aux Nassau (V. Orange-Nassau.) de 1544 à 1673 et qui fut réunie définitivement à la France en 1713 (traités d'Utrecht). DER **orangeois, oise** *a, n*

**Orange** mur de scène du théâtre antique, époque d'Auguste

**Orange (État libre d')** ancienne province d'Afrique du Sud, nommée *État libre* depuis 1995 ; 127 993 km$^2$ ; 1 932 000 hab. ; ch.-l. *Bloemfontein.* Céréales ; import. élevage bovin et ovin. Mines d'or, de diamants et de charbon. **Histoire** Les Britanniques reconnurent en 1854 l'indépendance de la colonie fondée v. 1836 par les Boers lors de leur migration vers le N. L'Orange lutta avec le Transvaal contre les Britanniques (1900-1902), obtint son autonomie (1907) et entra dans l'Union sud-africaine (1910).

**orangé, ée** *a, nm* De couleur tirant sur l'orange.

**orangeade** *nf* Boisson composée de jus d'orange, d'eau et de sucre.

**Orange mécanique** film de Stanley Kubrick (1971), d'ap. le roman d'Anthony Burgess (1962), avec Malcolm McDowell.

**Orange-Nassau** nom que prirent (et conservèrent) les Nassau quand la principauté d'Orange revint, par héritage, à la famille de Nassau (1544). L'ordre d'Orange-Nassau, créé en 1892, est la princ. décoration des Pays-Bas.

**oranger** *nm* Arbre (rutacée) des régions chaudes, aux feuilles épaisses et persistantes, dont le fruit est l'orange. **LOC** ***Eau de fleur d'oranger :*** eau aromatisée, faite avec de l'essence extraite des fleurs d'oranger.

**orangeraie** *nf* Terrain planté d'orangers.

**orangerie** *nf* Serre où l'on garde pendant l'hiver les orangers en caisse et les plantes qui craignent le froid.

**Orangerie (l')** lieu d'expositions situé dans le jardin des Tuileries, à Paris.

**orangette** *nf* Petite orange verte confite dans le sucre ou dans l'alcool.

**orangiste** *nm, a* HIST **1** Partisan de la dynastie d'Orange. **2** Protestant d'Irlande du Nord partisan de l'union de l'Ulster et de l'Angleterre, qu'avait réalisée Guillaume III d'Orange-Nassau en 1690.

**orang-outan** *nm* Grand singe anthropomorphe (pongidé) des forêts de Sumatra et de Bornéo, arboricole et frugivore, dont la taille atteint 1,40 m. ; espèce menacée d'extinction. PHO [ɔʀɑ̃utɑ̃] ETY Mot malais, « homme des bois ». VAR **orang-outang**

**orang-outan**

**Oranienburg** ville d'Allemagne (Brandebourg) ; 36 370 hab. – Chât. royal baroque. – Camp de concentration nazi *(Oranienburg-Sachsenhausen)* implanté dès 1933.

**orant, ante** *n* Bx-A Personnage représenté en train de prier.

**orateur, trice** *n* **1** Personne qui prononce un discours. **2** Personne qui a le don de la parole. *C'est un orateur-né.* ETY Du lat.

**1 oratoire** *a* Relatif à l'éloquence, à l'art de bien parler. *Formules oratoires.*

**2 oratoire** *nm* Pièce d'une habitation destinée à la prière ; petite chapelle. ETY Du lat. *orare,* « prier ».

**Oratoire (l')** temple réformé parisien ; bâti, rue Saint-Honoré, à partir de 1621, pour la congrégation de l'Oratoire ; attribué au culte protestant en 1811.

**Oratoire** société de prêtres séculiers fondée en 1564 à Rome par Philippe Néri. VAR **congrégation de l'Oratoire d'Italie**

**Oratoire de France** société de prêtres séculiers fondée en 1611 par Pierre de Bérulle. VAR **Oratoire de Jésus et de Marie immaculée**

**oratorien** *nm* Membre de la congrégation religieuse française de l'Oratoire.

**oratorio** *nm* Drame lyrique à caractère le plus souvent religieux, dont la facture s'apparente à celle de l'opéra et de la cantate. ETY Mot ital.

**Orb (l')** fleuve torrentueux du Languedoc (145 km) ; naît au S. des Cévennes, arrose Béziers, se jette dans la Méditerranée.

**Orbay** François d' (Paris, vers 1634 – id., 1697), architecte et graveur français. Il collabora au Louvre, aux Tuileries et au château de Versailles. VAR **D'Orbay**

**1 orbe** *a* **LOC** CONSTR ***Mur orbe :*** sans ouverture.

**2 orbe** *nm* **poét** Globe d'un astre. *L'orbe du soleil.* ETY Du lat. *orbis,* « cercle ».

**Orbe** riv. du Jura (57 km) ; née au S.-E. de Morez, elle passe en Suisse, alimente le lac de Joux, arrose Orbe (cant. de Vaud, 4 500 hab.), puis, sous le nom de *Thièle,* se jette dans le lac de Neuchâtel.

**orbiculaire** *a, nm* **didac** **1** De forme arrondie ; qui décrit une circonférence. *Mouvement orbiculaire.* **2** ANAT Se dit de muscles à fibres circulaires. *Orbiculaire des lèvres.*

**Orbigny** Alcide Dessalines d' (Couëron, 1802 – Pierrefitte, 1857) , paléontologiste français : *Paléontologie française* (1840-posth. 1860). — **Charles** (Couëron, 1806 – Paris, 1876), frère du préc., naturaliste : *Dictionnaire universel d'histoire naturelle* (1839-1850).

**orbitaire** *a* ANAT Relatif à l'orbite de l'œil.

**orbital, ale** *a, nf* **A** *a* ASTRO, ESP Relatif à l'orbite d'une planète, d'un satellite. **B** *nf* PHYS NUCL, CHIM Région de l'espace, autour du noyau de l'atome, où la probabilité de présence d'un électron donné est maximale. PLUR orbitaux.

**orbite** *nf* **1** ANAT Cavité de la face dans laquelle est logé l'œil. **2** ASTRO Trajectoire décrite par un corps céleste, naturel ou artificiel, autour d'un autre. **3** **fig** Sphère d'influence de qqn, de qqch. *L'orbite du pouvoir.* ETY Du lat. *orbis,* « cercle ».

**orbiter** *vi* ① ASTRO Décrire une orbite.

**orbiteur** *nm* ESP Élément principal d'une navette spatiale.

**Orcades** (en angl. *Orkney*), archipel britannique, au N.-E. de l'Écosse ; sur 90 îles, une vingtaine sont habitées (île princ. *Mainland*). Il forme une région de la G.-B. : 975 km$^2$ ; 19 570 hab. ; ch.-l. *Kirkwall.* Pêche, élevage bovin et ovin. Tourisme.

**Orcades du Sud** archipel britannique de l'Antarctique (622 km$^2$), au S.-E. de l'Argentine, qui le revendique.

**Orcagna** Andrea di Cione Arcangelo, dit l' (actif à Florence entre 1343 et 1368), peintre, sculpteur et architecte italien (tabernacle en marbre polychrome d'Orsanmichele, à Florence, 1352-1359).

**orcanète** *nf* BOT Plante herbacée à fleurs bleues (borraginacée) des zones incultes méditerranéennes, dont la racine fournit une substance colorante rouge. ETY De l'ar. *al-hinnas,* « henné ». DER **orcanette**

**orcéine** *nf* **1** TECH Matière colorante rouge tirée de l'orseille. **2** CHIM Mélange de colorants utilisé en microscopie et dans les analyses biologiques.

**orchestre** *nm* **1** ANTIQ GR Partie du théâtre située entre le public et la scène, et où évoluait le chœur. **2** Dans une salle de spectacle, ensemble des places situées au niveau inférieur, par oppos. à *balcon*. **3** Ensemble des instrumentistes qui participent à l'interprétation d'une œuvre musicale ; groupe de musiciens qui jouent ensemble. *L'orchestre de l'Opéra. Orchestre de jazz.* **LOC** *Chef d'orchestre :* musicien qui dirige un orchestre en lui indiquant, par des gestes, la mesure et les nuances expressives. PHO [ɔʀkɛstʀ] ETY Du gr. DER **orchestral, ale, aux** *a*

**orchestrer** *vt* 1 **1** Attribuer aux divers instruments de l'orchestre les différentes voix composant une œuvre orchestrale. **2 fig** Diriger une action concertée. *Orchestrer une campagne de presse.* DER **orchestrateur, trice** *n* – **orchestration** *nf*

**orchi-, orchid(o)-** Élément, du gr. *orkhis*, « testicule ». PHO [ɔʀki, ɔʀkidɔ]

**orchidacée** *nf* BOT Plante monocotylédone, aux fleurs généralement très décoratives.

**orchidée** *nf* Plante de la famille des orchidacées, à fleurs ornementales ; la fleur de cette plante. *La vanille est une orchidée.*

**orchidées** à g., orchis tacheté ; au centre, sabot de Vénus : à dr., ophrys abeille

**orchidophilie** *nf* Culture et collection des orchidées ornementales. DER **orchidophile** *n*

**orchis** *nm* Orchidée sauvage dont les fleurs portent un éperon rattaché au labelle, et qui possède deux tubercules. PHO [ɔʀkis]

**orchite** *nf* MED Inflammation aiguë ou chronique du testicule.

**Orchomène** cap. de l'Arcadie antique.

**Orchomène** anc. v. de Béotie, dévastée par Thèbes en 364 av. J.-C., où Sylla vainquit Archélaos, général de Mithridate (86 av. J.-C.). Vestiges archéologiques.

**Orcival** com. du Puy-de-Dôme ; 244 hab. – Égl. romane.

**ordalie** *nf* HIST Épreuve judiciaire dont l'issue, réputée dépendre de Dieu ou d'une puissance surnaturelle, établit la culpabilité ou l'innocence d'un individu. ETY De l'anc. angl.

**ordinaire** *a, nm* **A** *a* **1** Qui ne sort pas de l'usage habituel, courant. *Il lui est arrivé une chose peu ordinaire.* **2** De qualité moyenne ou médiocre. *Du papier ordinaire.* **B** *nm* **1** Ce qui est ordinaire, courant. *Cela ne change pas de l'ordinaire.* **2** Ce que l'on sert habituellement aux repas, en partic. dans l'armée. *Améliorer l'ordinaire.* **LOC** *À l'ordinaire, d'ordinaire :* d'habitude, en général. — LITURG *L'ordinaire de la messe :* les prières fixes qui sont dites dans toutes les messes, par oppos. aux textes du *propre*. ETY Du lat. *ordinarius*, « rangé par ordre ».

**ordinairement** *av* D'ordinaire, d'habitude. *Il est ordinairement à l'heure.*

**ordinal, ale** *a, nm* **1** Qui marque le rang, l'ordre. *Nombre ordinal.* **2** Qui concerne un ordre professionnel. *Les instances ordinales de la médecine.* **LOC** GRAM *Adjectif numéral ordinal* ou *ordinal nm :* adjectif qui exprime le rang dans une série ordonnée, tel que premier, deuxième, troisième, etc.

**ordinand** *nm* LITURG Celui qui se prépare à recevoir les ordres sacrés, notam. la prêtrise.

**ordinant** *nm* LITURG Évêque consécrateur qui confère l'ordination sacerdotale.

**ordinateur** *nm* INFORM Machine automatique de traitement de l'information par des opérations arithmétiques et logiques à partir de programmes définissant la succession de ces opérations.

ENC Un ordinateur est constitué d'éléments physiques appelés *matériel* (*hardware* en anglais) et fonctionne à partir d'un ensemble de programmes appelé *logiciel* (*software* en anglais). Il a une grande rapidité de calcul et peut stocker des informations dans des organes appelés *mémoires*. Les opérations successives qu'on doit effectuer pour traiter des informations sont inscrites à l'intérieur d'un programme rédigé dans un langage conventionnel. Les *unités d'entrée* (lecteur de disquettes, lecteur optique, clavier, etc.) permettent d'introduire le programme et les données initiales. L'*unité centrale* reçoit les informations fournies par les unités d'entrée et exécute les instructions du programme. Les *mémoires auxiliaires* (bandes magnétiques, disques magnétiques, disques optiques) servent à stocker les informations avant ou après leur transfert en mémoire centrale. Les *unités de sortie* (imprimante, table traçante, écran, etc.) fournissent les résultats du traitement. Les organes d'entrée-sortie et les mémoires auxiliaires sont appelés des *périphériques*. L'ordinateur peut servir à la fois à plusieurs utilisateurs équipés de *terminaux*. Le traitement peut s'effectuer *par lots* (en regroupant les programmes à exécuter), *en temps partagé* ou *en temps réel*. V. temps.

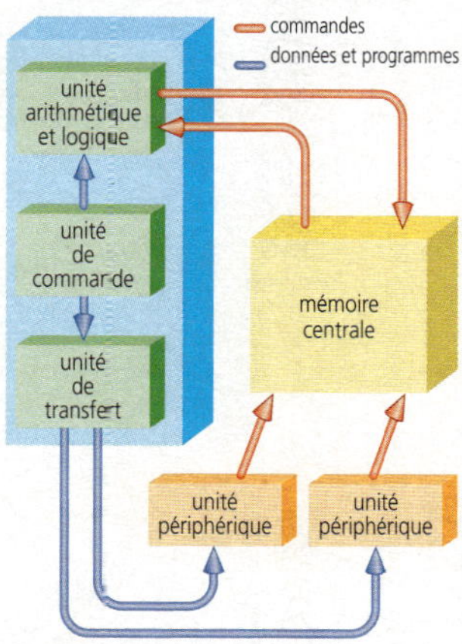


**ordinateur** schéma simplifié

**ordination** *nf* LITURG Action de conférer ou de recevoir le sacrement de l'ordre dans l'Église catholique ou orthodoxe ; cérémonie au cours de laquelle ce sacrement est conféré.

**ordinogramme** *nm* INFORM Représentation graphique du processus utilisé pour traiter des informations dans un ordinateur. SYN organigramme.

**Ordjonikidze** → **Vladikavkaz.**

**Ordjonikidze Grigori Konstantinovitch** (Gorecha, Géorgie, 1886 – Moscou, 1937), révolutionnaire soviétique.

**ordo** *nm* LITURG CATHOL Petit livre indiquant aux ecclésiastiques l'office à célébrer chaque jour. ETY Mot lat., « ordre ».

**ordonnance** *nf* **A 1** Disposition ordonnée des éléments d'un ensemble. *L'ordonnance d'un tableau.* **2** Acte législatif d'un gouvernement. **3** DR Décision émanant du président de la juridiction ou d'un juge d'instruction. *Une ordonnance de référé, de non-lieu.* **4** Ensemble des prescriptions faites par un médecin, un dentiste, etc. ; écrit daté et signé contenant ces prescriptions. **B** *nf, nm* **anc** Soldat affecté au service personnel d'un officier. **LOC** *Officier d'ordonnance :* syn. de *aide de camp*. — HIST *Ordonnance du roi de France :* qui avait un caractère général et était applicable à tout le royaume.

**ordonnancer** *vt* 12 **1** Régler selon un ordre déterminé. *Ordonnancer une fête.* **2** FIN Donner à un comptable public l'ordre de payer une dépense après contrôle de son montant et de sa légitimité. **3** TECH Rechercher la meilleure utilisation du personnel et du matériel lors d'une fabrication, d'une construction. DER **ordonnancement** *nm*

**ordonnancier** *nm* **1** Registre dans lequel le pharmacien doit consigner les préparations et les produits vendus sur ordonnance. **2** Bloc de papier à l'en-tête d'un praticien et destiné à faire des ordonnances.

**ordonnateur, trice** *n* **1** Personne qui dispose, règle selon un ordre. *L'ordonnateur d'une fête.* **2** FIN Personne habilitée à ordonnancer un paiement. **LOC** *Ordonnateur des pompes funèbres :* chargé de régler la marche des convois funèbres.

**ordonné, ée** *a* **1** Qui est en ordre, rangé, bien tenu. *Une maison ordonnée.* **2** Qui est naturellement enclin à mettre de l'ordre, à ranger. *Un garçon soigneux et ordonné.* **3** RELIG Qui a reçu le sacrement de l'ordre. **LOC** MATH *Ensemble ordonné :* muni d'une relation d'ordre.

**ordonnée** *nf* MATH Coordonnée verticale définissant, avec l'abscisse, la position d'un point dans un espace à deux dimensions.

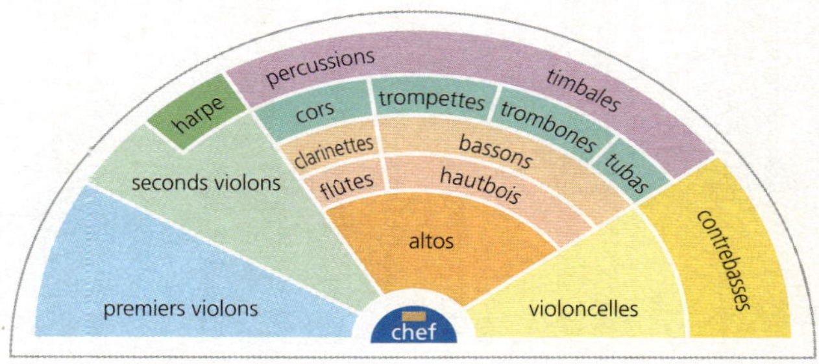


disposition de l'**orchestre** symphonique classique

**ordonner** *vt* ① **1** Mettre en ordre. *Ordonner les diverses parties d'un manuscrit.* **2** Commander, donner un ordre. *Ordonner à qqn de partir.* **3** Prescrire. *Le médecin lui a ordonné un régime.* **4** LITURG Conférer le sacrement de l'ordre à qqn. **LOC** MATH ***Ordonner un polynôme*** : ranger ses termes suivant les puissances croissantes ou décroissantes de l'une des variables. (ETY) Du lat.

**Ordos** (en chin. *Hetao*), plateau de Chine, dans la boucle du Huanghe, habité par les Mongols *Ordos*. Élevage.

**ordovicien, enne** *a, nm* GEOL Se dit de la deuxième période de l'ère primaire, entre -500 et -435 millions d'années.

**ordre** *nm* **1** Organisation d'un tout en ses parties ; relation entre les éléments d'un ensemble, qui associe à chacun de ceux-ci un rang par rapport à tous les autres. *Ordre alphabétique, chronologique. Procédons par ordre.* **2** Arrangement, disposition des éléments d'un ensemble. *L'ordre d'un jardin à la française.* **3** Bonne organisation, disposition régulière. *Remettre de l'ordre dans ses affaires. Mettre ses idées en ordre.* **4** Tendance spontanée à disposer les objets en ordre, à ranger. *Elle a beaucoup de soin et d'ordre.* **5** Stabilité des institutions, paix civile. *Interdire une réunion susceptible de troubler l'ordre public. Maintien de l'ordre.* **6** Ensemble des lois naturelles. *L'ordre de l'univers, des choses.* **7** HIST Chacune des trois grandes classes de la société sous l'Ancien Régime. *Les états généraux rassemblaient des représentants des trois ordres : noblesse, clergé et tiers état.* **8** Corps composé de membres élus de certaines professions libérales. *Ordre des avocats, des médecins, des architectes.* **9** Société religieuse dont les membres ont fait solennellement vœu de vivre selon une règle. *L'ordre des Jésuites, des Carmélites.* **10** Société dont on est admis à faire partie à titre de récompense honorifique. *Ordre de la Légion d'honneur.* **11** Catégorie d'êtres ou de choses ; division, espèce. *Dans un autre ordre d'idées. Un travail d'ordre intellectuel.* **12** BIOL Unité systématique entre la classe et la famille. *L'ordre des carnivores.* **13** ARCHI Chacun des styles architecturaux antiques, caractérisés par la structure et la décoration des colonnes, des chapiteaux et des entablements. *Les ordres dorique, ionique et corinthien.* **14** LITURG Sacrement donnant pouvoir d'exercer le ministère sacerdotal. **15** Degré établi par comparaison. *Ouvrage de premier, de second ordre.* **16** Commandement, prescription. *Donner, exécuter un ordre.* **17** COMM Commande. *Adresser un ordre à un fournisseur.* **18** INFORM Directive qui commande un organe périphérique d'ordinateur. **LOC** ***C'est à l'ordre du jour*** : il en est beaucoup question en ce moment, c'est d'actualité. — ***C'est dans l'ordre des choses*** : c'est normal. — ***De l'ordre de*** : d'environ telle grandeur, telle quantité. — FIN ***Donneur d'ordre*** : syn. de *opérateur*. — ***Entrer dans les ordres*** : se faire prêtre, religieux, religieuse. — fam ***Être aux ordres*** : obéir sans discuter. — ***Jusqu'à nouvel ordre*** : jusqu'à ce que les dispositions actuelles aient été modifiées. — ***Ordre de Bourse*** : ordre d'effectuer une transaction, donné à un agent de change. — ***Ordre du jour*** : liste ordonnée des questions à débattre dans une assemblée. — RELIG CATHOL ***Ordres majeurs*** : le diaconat et le sacerdoce (prêtre, évêque). — RELIG CATHOL ***Ordres mineurs*** : lecteur et servant à l'autel, appelés aujourd'hui *ministères*. — MATH ***Relation d'ordre dans un ensemble*** : relation binaire R qui est réflexive ($\forall x \in E$, $x R x$), transitive ($x R y$ et $y R z \Rightarrow x R z$) et antisymétrique ($x R y$ et $y R x \Rightarrow y = x$). *L'ensemble* N *des entiers naturels est muni de la relation d'ordre notée* $\leqslant$. (ETY) Du lat.

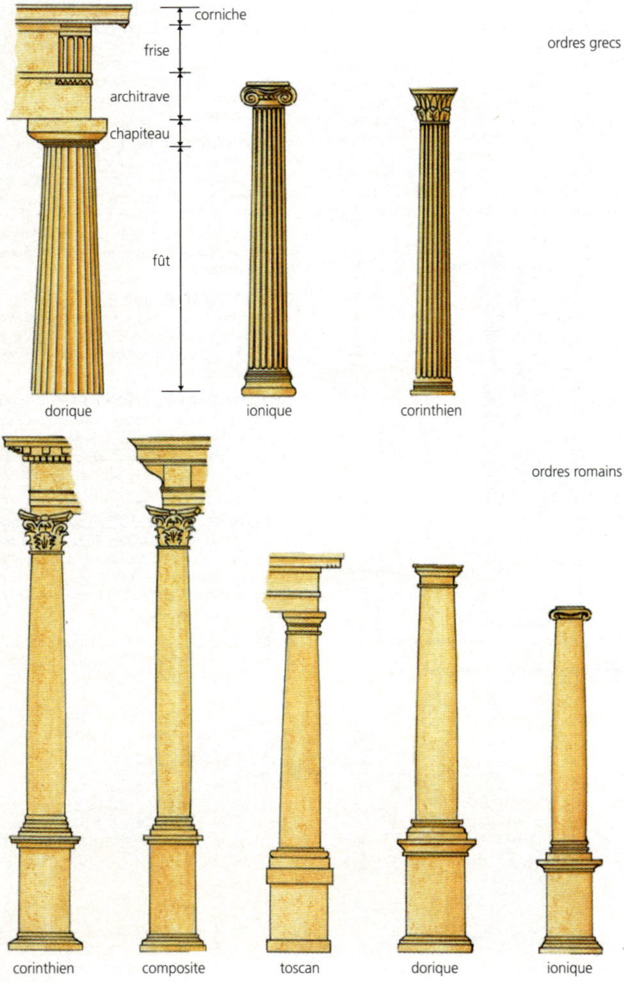

**ordres**

**ordré, ée** *a* Suisse Se dit de qqn qui a de l'ordre.

**Ordre moral** principe politique énoncé par le duc de Broglie en mai 1873, quand le gouv. Thiers fut renversé. Il visait, en accord avec l'Église, à restaurer la monarchie.

**ordure** *nf* **A 1** Parole, écrit infâme ou obscène. *Ce texte est un tissu d'ordures.* **2** vulg, inj Personne très méprisable. **B** *nfpl* Déchets, matières de rebut. *Collecte des ordures ménagères.* (ETY) De l'a. fr. *ord*, « sale », du lat.

**Or du Rhin (l')** → **Nibelungen.**

**ordurier, ère** *a* **1** Qui se plaît à dire, à écrire des ordures, des obscénités. **2** Qui contient des obscénités. *Un texte ordurier.*

**öre** *nm* Centième partie de l'unité monétaire du Danemark, de la Norvège et de la Suède. (VAR) **øre**

**oréade** *nf* MYTH GR Nymphe des monts et des bois. (ETY) De la rac. gr. *oros*, « montagne ».

**Oréal (l')** société multinationale, leader mondial des cosmétiques.

**Örebro** ville de Suède, à l'O. de Stockholm, sur le *lac Hjälmar* ; 118 040 hab. ; ch.-l. du län du m. nom. Industries.

**orée** *nf* litt Lisière, bordure. *L'orée d'un bois.*

**Oregon** → **Columbia.**

**Oregon** État du N.-O. des É.-U., sur le Pacifique ; 251 180 $km^2$ ; 2 842 000 hab. ; cap. *Salem* ; v. princ. *Portland*. – À l'E. s'étendent de hauts plateaux (alt. moyenne 1 500 m) ; à l'O., des chaînes montagneuses. Climat océanique. Princ. ressources : exploitation forestière, pêche, élevage, céréales, hydroélectricité. Industries, tourisme. – Explorée à la fin du XVIIIe s., la région devint un territoire en 1848 et entra dans l'Union en 1859.

**oreillard** *nm* Chauve-souris aux grandes oreilles, commune dans l'hémisphère Nord.

**oreille** *nf* **1** Organe de l'ouïe. **2** Partie externe de cet organe. *Se boucher les oreilles. Boucles d'oreilles.* **3** Ouïe, perception des sons. *Avoir l'oreille fine.* **4** Ce qui rappelle une oreille par sa forme, son aspect et qui sert généralement à prendre, tenir, ou manœuvrer un objet. *Les oreilles d'un récipient. Écrou à oreilles.* **5** MAR Partie saillante de la patte d'une ancre. **LOC** ***Avoir de l'oreille*** : avoir une bonne ouïe, bien distinguer les sons musicaux. — ***Avoir l'oreille basse*** : être honteux. — ***Avoir l'oreille de qqn*** : avoir de l'influence sur lui. — fam ***Ça lui entre par une oreille et ça sort par l'autre*** : il ne fait pas attention à ce qu'on lui dit, ou il l'oublie très vite. — ***Être dur d'oreille*** : un peu sourd. — ***Faire la sourde oreille*** : feindre de ne pas entendre ce que l'on dit, ce que l'on demande. — fam ***Grandes oreilles*** : écoutes téléphoniques à des fins d'espionnage. — ***Parler à l'oreille de qqn*** : de manière à n'être entendu que de lui. — ***Prêter l'oreille*** : écouter attentivement. — ***Se faire tirer l'oreille*** : se faire prier, n'accepter qu'avec réticence. — *Venir aux oreilles de qqn :* à sa connaissance. ETY Du lat.

ENC L'oreille est un organe d'audition mais également d'équilibre. L'oreille externe se compose du pavillon de l'oreille et du conduit auditif externe. L'oreille moyenne est constituée par plusieurs cavités situées dans le rocher et qui communiquent entre elles : la caisse du tympan, la trompe d'Eustache et les cavités mastoïdiennes. Le tympan est une membrane qui transmet ses vibrations à l'oreille interne par l'intermédiaire de 3 osselets : le marteau, l'enclume et l'étrier. L'oreille interne se compose de deux parties : le labyrinthe, membraneux, qui, formé des canaux semi-circulaires et du vestibule, est responsable des fonctions d'équilibre ; le limaçon, ou cochlée, qui possède la fonction d'audition proprement dite. Le récepteur sensoriel de l'ouïe, l'organe de Corti, contient des cellules sensorielles et se prolonge à son extrémité inférieure par le nerf cochléaire, branche du nerf auditif qui gagne le lobe temporal.

**oreille-de-Judas** *nf* Champignon basidiomycète comestible en forme de coupelle, à chair noire et élastique. PLUR oreilles-de-Judas.

**oreille-de-lièvre** *nf* Champignon ascomycète en forme d'oreilles allongées, de couleur beige orangé. PLUR oreilles-de-lièvre.

**oreille-de-mer** *nf* Haliotide. PLUR oreilles-de-mer.

**oreille-de-souris** *nf* Myosotis. PLUR oreilles-de-souris.

**oreille-d'ours** *nf* Nom usuel d'une primevère. PLUR oreilles-d'ours.

**oreiller** *nm* Coussin destiné à soutenir la tête d'une personne couchée.

**oreillette** *nf* **1** ANAT Chacune des deux cavités supérieures du cœur, où arrive le sang. **2** Partie d'une coiffure qui couvre l'oreille. **3** Petit récepteur électroacoustique qui s'adapte à l'oreille.

**oreillon** *nm* **A 1** anc Partie du casque d'une armure qui protégeait l'oreille. **2** Moitié d'abricot ou de quetsche en conserve. **B** *nm pl* MED Infection virale, contagieuse et immunisante qui se manifeste le plus souvent par la tuméfaction des parotides.

**Orel** v. de Russie, sur l'Oka ; 328 000 hab. ; ch.-l. de la prov. du m. nom. Industries. – Combats en 1941 et 1943.

**Orellana** Francisco de (Trujillo, Estrémadure, ? – Amazonie, v. 1546), explorateur espagnol ; compagnon de Pizarro. Il prospecta le cours de la « rivière des Amazones » (l'Amazone).

**orémus** *nm* LITURG Mot prononcé durant la messe par le prêtre pour inviter les fidèles à prier avec lui. PHO [ɔremys] ETY Mot lat., « prions ».

**oréopithèque** *nm* Grand primate fossile de la fin du tertiaire. ETY Du gr. *oros,* « montagne ».

**Orenbourg** (*Tchkalov* de 1938 à 1957), v. de Russie, sur l'Oural ; 544 000 hab. ; ch.-l. de la prov. du m. nom. Industries. Gisement de gaz naturel. – Combats en 1917 entre les tsaristes et les rouges.

**Orénoque** (en esp. *Orinoco*), fl. du Venezuela (2 160 km) ; se jette dans l'Atlantique par un vaste delta (23 000 km$^2$). Débit considérable ; son cours inférieur est navigable.

**Orense** v. d'Espagne, sur le Miño ; ch.-l. de la prov. du m. nom (Galice) ; 109 280 hab. Centre comm. – Cath. XII$^e$-XIII$^e$ s., remaniée ensuite.

**ores** *av* LOC *D'ores et déjà :* dès maintenant. ETY De *or 2.*

**Oreste** dans la myth. gr., fils d'Agamemnon et de Clytemnestre, frère d'Électre et d'Iphigénie. Il tua sa mère et Égisthe, l'amant de celle-ci, pour venger le meurtre de son père. V. Andromaque. ▷ LITTER Oreste est le héros des 2 derniers volets de l'*Orestie* (v. 458 av. J.-C.) d'Eschyle (dont le prem. est *Agamemnon*) : *les Choéphores* et *les Euménides* ; Sophocle le met en scène dans *Électre* (v. 415 av. J.-C.) ; Euripide, dans *Andromaque* (v. 425 av. J.-C.), *Iphigénie en Tauride* (v. 414 av. J.-C.), *Électre* (v. 413 avant J.-C.) et *Oreste* (v. 408 av. J.-C.).

**Oreste** (m. à Plaisance en 476), homme politique romain. Il gouverna l'empire d'Occident à la place de son fils Romulus Augustule, qu'il avait fait proclamer empereur (475), et fut mis à mort par Odoacre.

**Orestie** → **Oreste.**

**Øresund** → **Sund.**

**Orfeo** → **Orphée.**

**Orfeu negro** film (1959) du Français Marcel Camus (1912 – 1982).

**orfèvre** *n* Personne qui fabrique ou qui vend des objets d'ornement en métaux précieux. LOC *Être orfèvre en la matière :* avoir une connaissance parfaite d'un domaine. ETY Du lat. *aurifex* et de l'a. fr. *fèvre,* « artisan ».

**orfèvrerie** *nf* **1** Art, commerce de l'orfèvre. **2** Ouvrages de l'orfèvre. *Articles d'orfèvrerie.*

**Orff** Carl (Munich, 1895 – id., 1982), compositeur allemand : *Carmina Burana* (cantate profane sur des chansons des XI$^e$-XIII$^e$ s., 1937).

**Orfila** Mathieu (Mahón, Baléares, 1787 – Paris, 1853), médecin et chimiste français d'origine espagnole : travaux de toxicologie.

**orfraie** *nf* Ancien nom du pygargue. LOC *Pousser des cris d'orfraie* (pour *d'effraie*) : crier très fort.

**organdi** *nm* Mousseline de coton très légère, apprêtée.

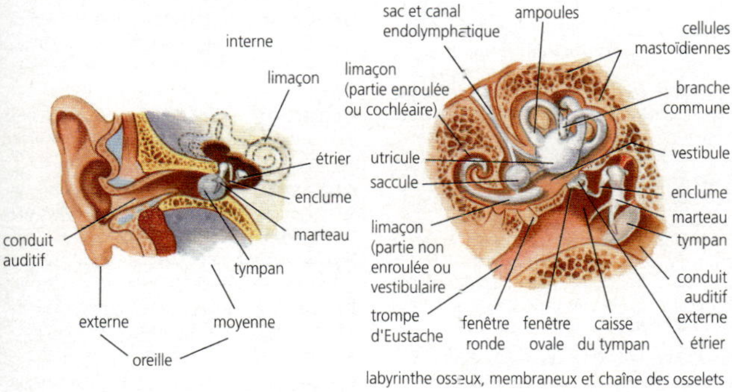

labyrinthe osseux, membraneux et chaîne des osselets

**oreille**

**organe** *nm* **1** Partie d'un corps organisé remplissant une fonction déterminée. *Les organes des sens.* **2** Ce qui sert d'intermédiaire, moyen, instrument. *Les lois sont les organes de la justice. Les organes du pouvoir.* **3** Pièce d'une machine, d'un mécanisme, remplissant une fonction déterminée. *Organes de freinage.* **4** Voix. *Avoir un bel organe.* **5** Publication périodique, journal. *Organe de presse. L'organe officiel d'un parti.* ETY Du lat.

**organeau** *nm* MAR Anneau métallique fixé à l'extrémité de la verge d'une ancre.

**organelle** *nf* BIOL Microstructure intracellulaire présentant une architecture et des fonctions métaboliques propres. SYN organite.

**organicien, enne** *a, n* Spécialiste de chimie organique.

**organicisme** *nm* **1** PHILO Théorie selon laquelle la vie résulte, non d'une force qui anime les organes, mais de l'activité propre des organes. **2** MED Théorie qui rattache toute maladie à une lésion organique. **3** SOCIOL Doctrine qui assimile les sociétés à des organismes vivants. DER **organiciste** *a, n*

**organigramme** *nm* Schéma représentant l'organisation générale d'une administration, d'une entreprise, et faisant ressortir les attributions et les relations de ses divers éléments.

**organique** *a* **1** Relatif aux organes ou aux organismes vivants. *Vie organique.* **2** Qui provient d'organismes, de tissus vivants. *Matières organiques.* **3** DR Qui a trait aux parties essentielles de la constitution d'un État, d'un traité. *Loi organique.* **4** Constitutif de qqch, de sa structure. *Les défauts organiques d'un raisonnement.* **5** MED Se dit d'une maladie liée à une altération de la structure d'un organe ou d'un tissu, par oppos. à *fonctionnel.* LOC ***Chimie organique :*** partie de la chimie qui étudie les composés du carbone, par oppos. à *chimie minérale.* DER **organiquement** *av*

**organisable** → **organiser.**

**organisateur** → **organiser.**

**organisation** *nf* **1** Manière dont un corps est organisé ; structure. *Organisation des reptiles, d'une cellule.* **2** Action d'organiser. *Se charger de l'organisation d'une fête.* **3** Manière dont un ensemble quelconque est constitué, réglé. *Organisation judiciaire.* **4** Association, groupement. DER **organisationnel, elle** *a*

**Organisation de l'armée secrète (OAS)** mouvement hostile à la politique algérienne du général de Gaulle. Fondée, après le putsch manqué d'avril 1961, par Salan et Jouhaud, elle accomplit des actes terroristes en Algérie et en métropole, notam. après les accords d'Évian (mars 1962).

**Organisation de l'aviation civile internationale (OACI)** institution de l'ONU (depuis 1947) dont le siège est à Montréal.

**Organisation commune africaine et malgache (OCAM)** organisme créé en 1965 par les États africains francophones en vue de resserrer leurs liens, économiques notam. L'île Maurice y adhéra en 1970, et l'organisation devint *Organisation commune africaine, malgache et mauricienne* (OCAMM), puis en 1983, après le retrait de Madagascar, *Organisation commune africaine et mauricienne.* Elle s'est dissoute en 1985.

**Organisation de coopération et de développement économiques (OCDE)** organisation fondée en 1961 par les 18 États membres de l'OECE (Organisation européenne de coopération économique), qui groupa de 1948 à 1961 les pays bénéficiaires du plan Marshall, le Canada et les États-Unis. D'autres pays ont ensuite rejoint cette organisation, qui regroupe auj. 30 États : Allemagne (1961), Australie (1961), Autriche (1961), Belgique (1961), Canada (1961), Corée du Sud (1996), Danemark (1961), Espagne (1961), États-Unis (1961), Finlande (1969), France (1961), Grèce (1961), Hongrie (1996), Islande (1961), Irlande (1961), Italie (1961), Japon (1964), Luxembourg (1961), Mexique (1994), Norvège (1961), Nouvelle-Zélande (1973), Pays-Bas (1961), Pologne (1996), Portugal (1961), Royaume-Uni (1961), Suède (1961), Suisse (1961), République slovaque (2000), République tchèque (1995), Turquie (1961). Son siège est à Paris.

**Organisation de la conférence islamique (OCI)** organisation internationale, créée en 1971, qui regroupe plus de 50 États musulmans.

**Organisation des États américains (OEA) (en angl. *Organization of American States*, OAS)** organisme créé en 1948, regroupant les É.-U. et les princ. États d'Amérique latine (Cuba a été exclu en 1962).

**Organisation européenne de coopération économique (OECE)** organisation internationale créée en 1948 et qui se nomme auj. *Organisation de coopération et de développement économique (OCDE)*.

**Organisation internationale de police criminelle** → **Interpol.**

**Organisation internationale du travail (OIT)** organisme de l'ONU (dep. 1946), qui siège à Genève. Créée en 1919, reconstituée en 1946-1948, l'OIT vise à améliorer les conditions de travail dans le monde. Le *Bureau international du travail (BIT)* est son secrétariat permanent. Prix Nobel de la paix 1969.

**Organisation de libération de la Palestine (OLP)** organisation de la résistance palestinienne, fondée en 1964 à Jérusalem pour libérer la Palestine de l'occupation israélienne et créer une entité palestinienne souveraine. Regroupant plusieurs mouvements, elle est présidée de 1969 à 2004 par Yasser Arafat, qui dirigeait le princ. d'entre eux, le Fatah. Elle privilégia d'abord l'action militaire et se heurta à certains États arabes (Jordanie, 1970). Comme les accords de Camp David entre Israël et l'Égypte (1978) puis le départ du Liban, consécutif au siège de Beyrouth par l'armée israélienne (1982), ruinaient l'espoir d'une solution militaire, l'OLP a peu à peu mis l'accent sur l'action diplomatique et limité ses objectifs à la création d'un État dans les territoires occupés par Israël en 1967. Reconnue par l'ONU en 1974, l'OLP est membre de la Ligue arabe depuis 1976. En 1993, l'OLP a signé avec Israël un accord de reconnaissance mutuelle, complété par celui du Caire (mai 1994) : l'OLP a obtenu l'autonomie partielle de Gaza et de Jéricho, puis (1995) de Naplouse et de cinq autres villes cisjordaniennes. Ces divers territ. sont placés sous l'Autorité palestinienne, que dirige l'OLP. Mais des extrémistes, tant israéliens que palestiniens, refusent la paix. Toutefois, les premières élections du Conseil de l'autonomie (janv. 1996) donnent une large victoire au Fatah de Y. Arafat. En juin 1996, B. Netanyahou, candidat de la droite israélienne, est élu Premier ministre. Il gèle le processus de paix et reprend l'implantation de colonies juives dans les territoires occupés, où, à partir de sept., se produisent de nouveaux affrontements. Sous la pression des É.-U., il accorde l'autonomie partielle à la ville d'Hébron en 1997, mais y implante des colonies juives. En 1999, Netanyahou organise des élections anticipées, qu'il perd. Son successeur, Ehoud Barak, travailliste, annonce qu'il va reprendre le processus de paix, mais il freine celui-ci. Dans un esprit de conciliation, Arafat repousse la création d'un État palestinien, prévue en 1999. Les É.-U. s'entremettent pour relancer le processus de paix, mais, en sept. 2000, le leader du Likoud, Ariel Sharon, fait une visite provocante au mont du Temple de Jérusalem (« esplanade des Mosquées »), ce qui relance l'Intifada. La violence de la répression israélienne crée une situation tragique à laquelle les É.-U. ne peuvent remédier. En fév. 2001, Sharon remporte contre Barak l'élection anticipée et devient Premier ministre ; l'union nationale qu'il propose aux travaillistes inquiète les partisans de la paix. Mahmoud Abbas a succédé à Arafat en 2005.

**Organisation mondiale du commerce (OMC)** créée en 1995 pour remplacer le GATT et veiller à l'application des accords comm. internat. Son siège est à Genève.

**Organisation mondiale de la santé (OMS)** organisme de l'ONU créé en 1948 et siégeant à Genève.

**Organisation des Nations unies (ONU)** organisation internationale créée en 1945 en vue de maintenir la paix entre les États et de promouvoir l'entraide économique, sociale et culturelle. Elle siège à New York et a succédé à la SDN (créée en 1919). Les États membres souscrivent à la Charte des Nations unies, signée à San Francisco par cinquante États le 26 juin 1945. Une Assemblée générale groupe tous les États membres (une voix par État). Un organe exécutif, le Conseil de sécurité, est formé par quinze États, dont dix sont élus pour deux ans ; cinq d'entre eux, les membres permanents (É.-U., G.-B., URSS, puis Russie en 1991, France, Chine), peuvent exercer leur droit de veto. Autres organes centraux : Conseil économique et social, Conseil de tutelle, Cour internationale de justice (siège à La Haye) et Secrétariat général. Lors de conflits militaires, l'ONU peut créer une force d'urgence (les « casques bleus »). Celle-ci reçut le prix Nobel de la paix en 1988 et en 2001 (avec K. Annan).

**Organisation des pays exportateurs de pétrole (OPEP)** organisme siégeant à Vienne, qui regroupe depuis 1960 les princ. pays export. de pétrole afin d'appliquer une politique tarifaire commune.

**Organisation du traité de l'Asie du Sud-Est (OTASE)** organisme créé en 1954 sur l'initiative des É.-U. en vue du maintien de la paix dans la région. Elle siégeait à Bangkok et fut dissoute en 1977.

**Organisation du traité de l'Atlantique Nord (OTAN,** acronyme angl. : **NATO)** organisation issue du traité d'alliance (pacte de l'Atlantique Nord) signé le 4 avril 1949 par douze États. Comportant des structures civiles et militaires, elle a pour but de « sauvegarder la paix et la sécurité, et de développer la stabilité et le bien-être dans l'Atlantique Nord ». Siège : Bruxelles. États membres depuis sa création : Belgique, Canada, Danemark, É.-U., France, G.-B., Islande, Italie, Luxembourg, Norvège, Pays-Bas, Portugal. Entrées : Grèce et Turquie en 1952, RFA en 1955, Espagne en 1982. La France s'est retirée en 1966 de l'organisation militaire, mais a réintégré certaines de ses structures en 1995. La Grèce « des colonels » s'est retirée de l'Organisation de 1974 à 1980. En 1999, l'OTAN a accueilli trois États de l'ancien bloc communiste : la Pologne, la République tchèque et la Hongrie. Cette même année, elle est intervenue au Kosovo, s'opposant à l'armée serbe. En 2002, sept nouveaux pays d'Europe centrale et orientale ont été intégrés : les trois États baltes, la Slovénie, la Slovaquie, la Roumanie et la Bulgarie.

**Organisation de l'unité africaine (OUA)** → **Union africaine.**

**Organisation pour la sécurité et la coopération en Europe (OSCE)** organisation qui succéda en 1995 à la Conférence sur la sécurité et la coopération en Europe (CSCE), fondée en 1973 et réunissant de nombr. États d'Europe (de l'Ouest), le Canada et les É.-U. À partir de 1991, de nombr. États d'Europe de l'Est ont rejoint le CSCE puis l'OSCE.

**organisé, ée** *a* **1** BIOL Pourvu d'organes. **2** Constitué, agencé pour tel usage, telle fonction. *Voyage organisé. Atelier bien organisé.* **3** Ordonné, méthodique, prévoyant. **4** Qui fait partie d'une organisation, d'un groupement.

**organiser** *v* ① **A** *vt* **1** Mettre en place les éléments d'un ensemble en vue d'une fonction, d'un usage déterminés. *Organiser un service.* **2** Préparer, monter ; aménager. *Organiser un voyage. Organiser son temps.* **B** *vpr* **1** Se mettre en place, se préparer. *Les secours s'organisent.* **2** Prendre ses dispositions pour agir efficacement. DER **organisable** *a* – **organisateur, trice** *a, n*

**organiseur** *nm* Agenda électronique de poche. ETY De l'angl.

**organisme** *nm* **1** Ensemble des organes constituant un être vivant ; cet être vivant. **2** Corps humain. *Substances nécessaires à l'organisme.* **3** Groupement, association. *Organisme politique.* **4** Ensemble des services ou bureaux affectés à une tâche. *Organisme d'aide sociale.*

**organiste** *n* Musicien qui joue de l'orgue.

**organite** *nm* BIOL Syn. de *organelle*.

**organo-** Élément signifiant « organe » ou « organique ».

**organochloré, ée** *a, nm* CHIM Se dit d'un produit organique de synthèse renfermant du chlore, utilisé notam. comme insecticide et comme réfrigérant.

**organogenèse** *nf* EMBRYOL Formation des organes d'un être vivant au cours de son développement embryonnaire. DER **organogénétique** *a*

**organoleptique** *a* Qui a une action sur les organes des sens, en partic. sur le goût et l'odorat.

**organologie** *nf* MUS Étude des instruments de musique. DER **organologique** *a* – **organologue** *n*

**organomagnésien** *nm* Dérivé organométallique du magnésium, très employé en synthèse organique.

**organométallique** *a, nm* CHIM Se dit d'un composé organique contenant un atome de métal directement lié à un atome de carbone. ENC Les organométalliques sont presque tous des intermédiaires dans la synthèse d'un grand nombre de composés. Certains complexes organométalliques ont un rôle biologique considérable : hémoglobine, chlorophylle, cytochromes.

**Organon** titre donné à l'ensemble des ouvrages de logique écrits par Aristote.

**organophosphoré, ée** *a, nm* CHIM Se dit d'un produit organique de synthèse renfermant du phosphore (insecticide, pesticide, fongicide).

**organsin** *nm* TECH Soie torse passée deux fois au moulin et destinée à servir de chaîne. ETY De l'ital.

**orgasme** *nm* Paroxysme du plaisir sexuel. ETY Du gr. *orgân*, « bouillonner d'ardeur ». DER **orgasmique** ou **orgastique** *a*

**orge** *n* **A** *nf* Plante herbacée (graminée), céréale annuelle à épi simple ; grain de cette plante. **B** *nm* LOC *Orge mondé :* grain d'orge dépouillé de ses enveloppes. — *Orge perlé :* orge mondé réduit en semoule. ETY Du lat. ▶ illustr. **céréales**

**Orge** affl. de la Seine (r. g.), qu'elle rejoint près d'Athis-Mons (Essonne) ; (50 km).

**orgeat** *nm* Sirop fait autrefois avec de l'orge, aujourd'hui avec des amandes. PHO [ɔʀʒa]

**orgelet** *nm* Petit furoncle du bord libre de la paupière. SYN compère-loriot. ETY Du lat. *hordeolus,* « grain d'orge ».

**orgie** *nf* **A 1** Partie de débauche où, aux excès de la table, s'ajoutent des débordements sexuels. **2** Profusion ; luxuriance. **B** *nfpl* ANTIQ Fêtes consacrées à Dionysos chez les Grecs, à Bacchus chez les Romains. ETY Du lat. DER **orgiaque** *a*

**Orgnac (aven d')** grotte de l'Ardèche. Site des paléolithiques inférieur et supérieur.

**orgue** *nm* **A** (Fém. au pl.) Grand instrument à vent composé de tuyaux de différentes grandeurs alimentés en air par une soufflerie actionnée par un ou plusieurs claviers. *Un bel orgue. Les grandes orgues de Notre-Dame.* **B** *nmpl* PETROG Formation prismatique de basalte, dont l'aspect rappelle celui des tuyaux d'un orgue. LOC ***Orgue de Barbarie*** : orgue mécanique portatif dans lequel la distribution de l'air mettant en vibration les tuyaux sonores est réglée par une bande de carton perforée que l'on fait défiler au moyen d'une manivelle. — ARM ***Orgues de Staline*** : lance-roquette à tubes multiples. SYN katioucha. — ***Orgue électrique, électronique*** : instrument à clavier, sans tuyaux, dans lequel le son est produit par un signal électrique amplifié et modulé. ETY Du lat.

**orgueil** *nm* **1** Opinion trop avantageuse de soi-même. **2** Sentiment légitime de sa valeur, fierté. ETY Du frq.

**Orgueil et Préjugé** roman de Jane Austen (1813).

**orgueilleux, euse** *a, n* **A** Qui a de l'orgueil. **B** *a* Qui dénote l'orgueil. *Ton orgueilleux.* DER **orgueilleusement** *av*

**Orhan** (v. 1288 – v. 1360), sultan ottoman (1326-1359). Il établit sa capitale à Brousse en 1326 et soumit une grande partie de l'Anatolie. VAR **Orhan Gazi**

**Oribase** (Pergame, Mysie, 325 – Byzance, 403), médecin grec de l'empereur Julien.

**oriel** *nm* Syn. (recommandé) de *bow-window.* ETY De l'angl.

**orient** *nm* **1** Celui des quatre points cardinaux qui est du côté où le soleil se lève ; est, levant. **2** Partie d'une région, d'un pays, d'un continent située vers l'est. **3** Partie d'une loge maçonnique où se tient le vénérable ; lieu où se réunit cette loge. **4** Reflet nacré d'une perle. ETY Du lat. *oriens,* « qui se lève ».

**Orient (l')** dans l'Antiquité, l'ensemble des États et villes situés à l'est de la Grèce (en latin *oriens* signifie « se levant »). Au sud, l'Orient commençait en Égypte ; au sud-est, il s'arrêtait à la Mésopotamie, incluse ; à l'est, à l'Empire perse, inclus. Dans les Temps modernes, l'Orient englobe tous les pays arabes et l'Empire ottoman ; à l'est, il comprend l'Inde et la Chine. À la fin du XIXe s. apparaissent les noms Proche-Orient, Moyen-Orient et Extrême-Orient.

**Orient (Empire latin d')** → **Constantinople (Empire latin de).**

**Orient (Empire romain d')** → **byzantin (Empire).**

**Orient (question d')** ensemble des problèmes internationaux créés à partir du XVIIIe s. par le recul de l'Empire ottoman, notam. en Europe. L'Autriche-Hongrie, la Russie, la G.-B. et la France cherchèrent à tirer profit de cette situation, en entremêlant alliances et guerres, et l'Empire malade se maintint jusqu'en 1920. Après l'émancipation du Monténégro, de la Serbie, de la Grèce et de la Roumanie, la Russie, qui voulait le contrôle des Détroits (Bosphore et Dardanelles), se heurta aux puissances occidentales (guerre de Crimée, 1854-1856), puis à la Turquie (1877-1878). Le traité de Berlin (1878) ne mit pas fin à la compétition austro-russe, qui se manifesta dans l'affaire de Bosnie-Herzégovine (1908) et provoqua les guerres balkaniques (1912-1913) : la Turquie perdit presque toutes ses possessions en Europe. Devenus zone internationale (1920), les Détroits furent restitués à la Turquie (traité de Lausanne, 1923), qui, ultérieurement, repoussa les visées de l'URSS.

**Orient (schisme d')** → **schisme.**

**orientable** → **orienter.**

**oriental, ale** *a, n* **A** *a* Qui est situé du côté de l'orient, à l'est. *Pyrénées orientales.* **B** *a, n* De l'Orient. *Langues orientales.* PLUR orientaux.

**Orientales (les)** recueil de poésies lyriques de Victor Hugo (1829).

**orientalisme** *nm* **1** Étude de l'Orient, de ses peuples, de leurs civilisations, etc. **2** Goût des choses de l'Orient. DER **orientaliste** *n, a*

**orientation** *nf* **1** Détermination du lieu où l'on se trouve, à l'aide des points cardinaux ou de tout autre repère. *Avoir le sens de l'orientation. Table d'orientation.* **2** Action d'orienter qqch, de régler sa position par rapport aux points cardinaux. *Orientation d'un édifice.* **3** fig Action de diriger qqn, qqch dans telle direction, vers tel débouché. *Orientation des recherches. Orientation scolaire et professionnelle.* **4** Tendance politique, idéologique. *Nouvelle orientation d'une politique.* **5** GEOM Action d'orienter une droite. LOC ***Orientation sexuelle*** : tendance de l'individu vers l'homosexualité, l'hétérosexualité ou la bisexualité.

**orienté, ée** *a* **1** Disposé de telle ou telle manière par rapport aux points cardinaux. *Maison bien orientée.* **2** Qui manifeste ou trahit une certaine tendance politique, doctrinale, etc. *Discours orienté.* LOC ***Droite orientée*** : sur laquelle on a choisi un vecteur unité.

**orienter** *v* 1 **A** *vt* **1** Disposer une chose par rapport aux points cardinaux ou dans une direction déterminée. *Orienter au sud, vers la mer.* **2** Indiquer une direction à qqn. *Orienter un passant.* **3** Faire prendre telle ou telle direction à. *Orienter une enquête. Orienter un enfant vers les sciences.* **B** *vpr* **1** Déterminer sa position par des repères, par les points cardinaux. *S'orienter à la boussole.* **2** Prendre telle direction, telle voie. *S'orienter vers le nord. S'orienter vers la politique.* LOC ***Orienter une carte, un plan*** : y porter les points cardinaux. — GEOM ***Orienter une droite*** : définir un sens positif sur cette droite (indiqué par une flèche). DER **orientable** *a*

**orienteur, euse** *n* **1** Personne qui s'occupe d'orientation scolaire et professionnelle. **2** Sportif qui pratique la course d'orientation.

**orifice** *nm* Ouverture qui sert d'entrée ou d'issue à une cavité, un conduit. *Orifice d'un puits. Orifices naturels du corps.* ETY Du lat.

**oriflamme** *nf* **1** HIST Bannière de l'abbaye de Saint-Denis, puis des rois de France du XIIe au XVe s. **2** Bannière d'apparat, de décoration.

**origami** *nm* Art japonais du pliage du papier. ETY Mot jap.

**origan** *nm* Plante aromatique (labiée) à fleurs roses. SYN marjolaine. ETY Du lat.

**Origène** (Alexandrie, v. 185 – Tyr, v. 254), théologien et Père de l'Église grecque. Philosophe, il enseigna à Alexandrie, puis fonda une école de théologie à Césarée de Palestine. Il a donné notam. des *Commentaires* de l'Écriture, a réfuté les thèses antichrétiennes de Celse (*Contre Celse*) et laissé des traités de morale chrétienne.

**originaire** *a* **1** Qui tire son origine de tel lieu. *Plante originaire de Chine.* **2** Qui existe depuis l'origine. *Déformation originaire.*

**originairement** *av* À l'origine.

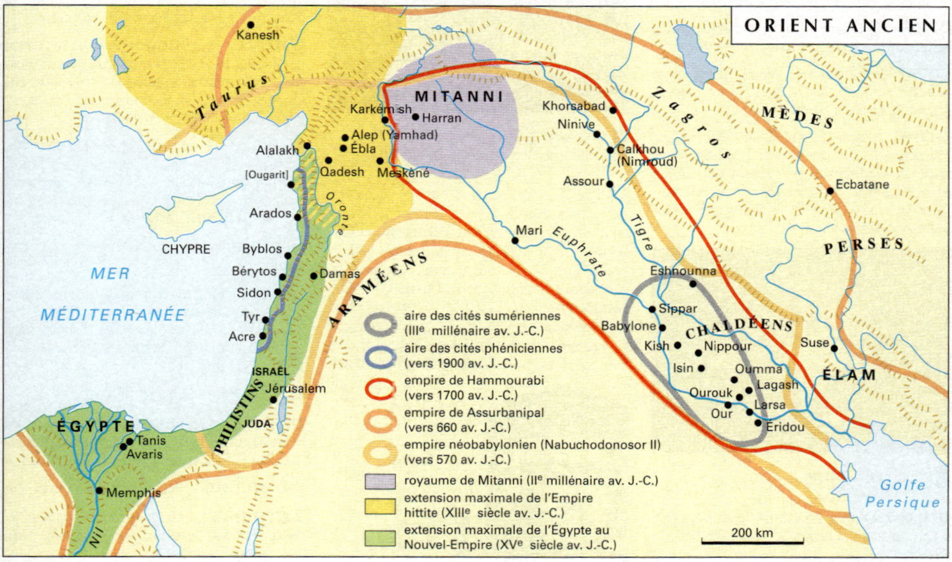

**original, ale** *a, n* **A** *a* **1** Qui est de l'auteur même, qui constitue la source première. *Dessin original. Copie d'un acte original.* **2** D'une singularité neuve ou personnelle. *Idée originale. Artiste original.* **B** *nm* Ouvrage, document, modèle primitif. *L'original d'un traité. Ressemblance d'un portrait avec l'original.* **C** *a, n* D'une singularité bizarre, excentrique. *Manières originales.* PLUR originaux. **LOC** ***Édition originale*** : la première édition parue d'un texte, d'une gravure. (DER) **originalement** *av*

**originalité** *nf* **1** Caractère original. *Manquer d'originalité.* **2** Fantaisie, excentricité.

**origine** *nf* **1** Principe, commencement. *L'origine de la vie. Des origines à nos jours.* **2** Cause, source. *L'origine d'une guerre.* **3** Ascendance, milieu d'extraction d'une personne, d'un groupe. *Origine des Celtes. Être d'origine paysanne.* **4** Temps, lieu, milieu dont une chose est issue ; provenance. *Tradition d'origine médiévale, occitane. Mot d'origine slave.* **5** MATH Point à partir duquel sont définies les coordonnées d'un point. **LOC** ***À, dès l'origine*** : au, dès le commencement. — ***Produit d'origine*** : dont l'origine de lieu ou de fabrication est attestée. (ETY) Du lat.

**Origine de la famille, de la propriété privée et de l'État (l')** œuvre d'Engels (1884), qui utilise les travaux ethnologiques de L. H. Morgan.

**origine des espèces par voie de sélection naturelle (De l')** ouvrage de Darwin (1859) exposant les principes de l'évolution.

**originel, elle** *a* **1** De l'origine, qui remonte à l'origine. *Instinct originel.* **2** THEOL Qui remonte à la création, à la faute d'Adam. *Le péché originel.* (DER) **originellement** *av*

**originer (s')** *vpr* ① didac Avoir comme origine. *Le calendrier musulman s'origine à partir de l'Hégire.*

**orignal** *nm* Élan du Canada. PLUR orignaux. (ETY) Du basque.

**orin** *nm* MAR **1** Filin permettant de relever une ancre si elle est engagée. **2** Filin retenant une mine mouillée entre deux eaux. (ETY) P.-ê. moy. néerl. *ooring*, « anneau d'ancre ».

**Oriola** Christian d' (Perpignan, 1928 – Nîmes, 2007), escrimeur français, champion olympique de fleuret en 1952 et 1956.

**oriole** *nm* Canada Troupiale, ressemblant au loriot européen. (VAR) **oriol**

**Orion** dans la myth. gr., géant célèbre par sa beauté et son habileté à la chasse. Selon Horace, Artémis le changea en constellation.

**Orion** grande constellation équatoriale, composée de quatre étoiles très brillantes formant un quadrilatère qui contient trois étoiles alignées en biais (*Baudrier d'Orion*) ; n. scientif. : *Orion, Orionis.* – La *nébuleuse d'Orion* : nébuleuse à émission visible à l'œil nu.

nébuleuse d'**Orion**

**oripeaux** *nm pl* **1** litt Vieux habits d'apparat. **2** fig Apparence clinquante, vernis. (ETY) De l'a. fr. *orie*, « doré », et *peau*.

**Orissa** État du N.-E. de l'Inde, sur le golfe du Bengale ; 155 842 km² ; 42 millions d'hab. ; cap. *Bhubaneswar.* Forêts. Riz, millet. Charbon, fer, manganèse. Faible industrialisation.

**oriya** *nm* Langue indo-aryenne, officielle en Orissa.

**Orizaba (volcan d')** point culminant du Mexique (5 700 m), appelé aussi *Citlaltépetl* et dominant la ville *d'Orizaba* (115 000 hab., centre textile).

**Orkney** → **Orcades.**

**ORL** *a, n* Abrév. de *otorhinolaryngologie,* de *otorhinolaryngologique* et de *otorhinolaryngologiste.*

**Orlando** ville des États-Unis (Floride) ; 1 800 000 hab. (aggl.). Centre admin., industr. et tourist. (porte d'accès à Disney World).

**Orlando** Vittorio Emanuele (Palerme, 1860 – Rome, 1952), homme politique italien ; président du Conseil (oct. 1917-juin 1919).

**orle** *nm* **1** ARCHI Filet sous l'ove d'un chapiteau. **2** HERALD Bordure intérieure ne touchant pas les bords de l'écu. (ETY) Du lat.

**Orléanais** anc. prov. de France dont la cap. était Orléans ; réunie à la France en 1626. Elle a formé les dép. du Loiret, de Loir-et-Cher et d'Eure-et-Loir. (DER) **orléanais, aise** *a, n*

**orléanisme** *nm* HIST Doctrine des royalistes partisans de la maison d'Orléans. (DER) **orléaniste** *a, n*

**Orléans (île d')** île du fleuve Saint-Laurent, au N.-E. de Québec ; 190 km² ; 6 800 hab. (DER) **orléanais, aise** *a, n*

**Orléans** ch.-l. du dép. du Loiret et de la Région Centre-Val de Loire, sur la Loire ; 116 256 hab. (279 000 hab. dans l'aggl.). Centre comm. ; industr. : industries alim. (conserves, vinaigre, chocolat), électr., du verre, etc. – Évêché. Cath. XIII$^e$-XVIII$^e$ s. Hôtel de ville XVI$^e$ s. Musée des Beaux-Arts. Forêt domaniale (34 246 ha) au N.-E. de la ville. – L'anc. cité gauloise *Genabum,* évêché au IV$^e$ s., devint avec Clovis la cap. du *royaume d'Orléans.* Assiégée par les Anglais en 1428, elle fut délivrée par Jeanne d'Arc en 1429. (DER) **orléanais, aise** *a, n*

**Orléans** la Loire, en arrière-plan la cathédrale Sainte-Croix, XIII$^e$-XVIII$^e$ s.

**Orléans (maisons d')** nom de quatre familles princières de France. **1.** La première eut pour unique représentant **Philippe d'Orléans** (1336 – 1375), cinquième fils de Philippe VI de Valois, qui mourut sans héritier. **2.** La deuxième fut fondée par **Louis I$^{er}$ d'Orléans** (Paris, 1372 – id., 1407), frère de Charles VI. Jean sans Peur le fit tuer, ce qui déclencha la guerre entre les Armagnacs et les Bourguignons. — **Charles d'Orléans** (Paris, 1394 – Amboise, 1465), fils de Louis I$^{er}$ d'Orléans ; poète français. Chef des Armagnacs, il participa à la bataille d'Azincourt (1415), puis resta vingt-cinq ans prisonnier des Anglais. À son retour, il tint, à Blois, une cour raffinée. Ses œuvres (ballades, rondeaux) constituent un des sommets de la poésie courtoise. — **Louis II d'Orléans** fils du préc., devint roi de France sous le nom de Louis XII. **3.** La troisième eut pour seul représentant **Gaston d'Orléans** (Fontainebleau, 1608 – Blois, 1660), dit **Monsieur,** frère de Louis XIII (V. Monsieur), qui complota en vain contre Richelieu et Mazarin. **4.** La quatrième fut fondée par **Philippe I$^{er}$** (Saint-Germain-en-Laye, 1640 – Saint-Cloud, 1701), dit **Monsieur,** frère de Louis XIV, duc d'Orléans en 1660. Homosexuel notoire, il épousa cependant Henriette d'Angleterre (1661), puis Charlotte Élisabeth, princesse Palatine (1671), qui lui donna Philippe d'Orléans. — **Philippe II d'Orléans** (Saint-Cloud, 1674 – Versailles, 1723), fils de Philippe I$^{er}$, régent de France de 1715 à 1723. Il tenta de rétablir les finances publiques, mais Law échoua (V. Law). — **Louis**

**Charles d'Orléans**

**Philippe II d'Orléans**

**Philippe Joseph d'Orléans** dit **Philippe Égalité** (Saint-Cloud, 1747 – Paris, 1793), arrière-petit-fils du préc. Député de la noblesse aux États généraux, conventionnel, il vota la mort de Louis XVI et fut décapité. — **Louis-Philippe d'Orléans** (Paris, 1773 – Claremont, Angleterre, 1850), fils du préc. En 1830, il devint roi des Français (V. Louis-Philippe I$^{er}$). — **Ferdinand-Philippe d'Orléans** (Palerme, 1810 – Neuilly-sur-Seine, 1842), fils du préc. ; participa au siège d'Anvers (1832) et à la conquête de l'Algérie (1835). — **Henri d'Orléans** (chât. de Nouvion, Aisne, 1908 – Paris, 1999), comte de Paris, arrière-petit-fils du préc. ; il a donné le titre de duc d'Orléans à ses fils **François** (tué en Algérie en 1960) et **Jacques** (né en 1941).

**Orléansville** → **Cheliff (Ech-).**

**Orley** → **Van Orley.**

**orlon** *nm* Fibre textile synthétique fabriquée à partir d'un nitrile acrylique. (ETY) Nom déposé.

**Orlov** Grigori Grigorievitch (comte) (Lioutkino, 1734 – Neskouchnoïe, près de Moscou, 1783), officier russe. Favori de Catherine II (dont il eut un fils), il contribua à l'arrestation puis à l'élimination de Pierre III.

**Orly** ch.-l. de cant. du Val-de-Marne (arr. de Créteil) ; 22 700 hab. Industries. L'aéroport d'Orly forme, avec les aéroports Charles-de-Gaulle (Roissy) et du Bourget, les *Aéroports de Paris.* (DER) **orlysien, enne** *a, n*

**ormaie** *nf* Lieu planté d'ormes. (VAR) **ormoie**

**Ormandy** Jenö Blau, dit **Eugene** (Budapest, 1899 – Philadelphie, 1985), chef d'orchestre et violoniste américain d'origine hongroise. Il a dirigé l'orchestre de Philadelphie de 1936 à 1980.

**Ormazd** → **Ahura Mazdâ.**

**orme** *nm* Arbre (ulmacée) aux feuilles alternes dentelées, aux fleurs rougeâtres, hermaphrodites, dont le fruit est un akène ailé. (ETY) Du lat.

**1 ormeau** *nm* Petit orme, jeune orme.

**2 ormeau** *nm* Mollusque marin comestible. SYN haliotide. (ETY) Du lat. *auris maris,* « oreille de mer ». (VAR) **ormet, ormier**

**Ormesson** Olivier III d' (?, 1617 – Paris, 1686), rapporteur (intègre) au procès de Fouquet.

**Ormesson** Wladimir (comte d') (Saint-Pétersbourg, 1888 – Ormesson-sur-Marne, 1973), diplomate et écrivain français : *les Enfances diplomatiques* (1931). Acad. fr. (1956). — **Jean** (Paris, 1925), neveu du préc., écrivain : *Au plaisir de Dieu* (1974), *Mon dernier rêve sera pour vous* (1982). Acad. fr. (1973).

Jean d'Ormesson

**Ormesson-sur-Marne** chef-lieu de canton du Val-de-Marne (arr. de Nogent-sur-Marne) ; 10 100 hab. – Chât. XVI$^{e}$-XVIII$^{e}$ s. (parc dessiné par Le Nôtre). DER **ormessonnais, aise** *a, n*

**ormet, ormier** → **ormeau 2.**

**ormoie** → **ormaie.**

**Ormonde** James Butler (1$^{er}$ duc d') (Londres, 1610 – ?, 1688), homme politique irlandais. Il ne put défendre l'Irlande contre Cromwell et contribua à la restauration de 1660.

**Ormuz** détroit qui relie le golfe Persique à la mer d'Oman. L'*île d'Ormuz*, au N. du détroit, appartient à l'Iran.

**Ormuzd** → **Ahura Mazdâ.**

**Ornain** affluent (120 km) de la Saulx (affl. de la Marne, r. dr.), que suit le canal de la Marne au Rhin ; il passe à Bar-le-Duc.

**Ornano** Sampiero, dit Sampiero Corso (Bastelica, 1498 – La Rocca, 1567), patriote corse qui lutta contre Gênes. — **Jean-Baptiste** (Sisteron, 1581 – Vincennes, 1626), petit-fils du préc. ; maréchal de France ; emprisonné pour ses intrigues et décapité.

**Ornano** Philippe Antoine (comte d') (Ajaccio, 1784 – Paris, 1863), maréchal de France (1861) pour avoir commandé la cavalerie de la Vieille Garde (1813-1814). En 1816, il épousa Marie Walewska.

**Ornans** ch.-l. de cant. du Doubs (arr. de Besançon), sur la Loue ; 4 400 hab. – Égl. du XVI$^{e}$ s. Musée Courbet. DER **ornanais, aise** *a, n*

**orne** *nm* **rég** Frêne à fleurs blanches.

**Orne** fl. côtier de Normandie (152 km), qui traverse Argentan et se jette dans la Manche.

**Orne** riv. de Lorraine (86 km), affl. de la Moselle (r. g.).

**Orne** dép. français (61) ; 6 100 $km^2$ ; 288 800 hab. ; 47,3 hab./$km^2$ ; ch.-l. *Alençon* ; ch.-l. d'arr. *Argentan* et *Mortagne-au-Perche*. V. Normandie (Basse-). DER **ornais, aise** *a, n*

**ornemaniste** *n* BX-A Artiste, peintre qui réalise des ornements.

**ornement** *nm* **A 1** Action d'orner. **2** Élément ajouté qui sert à orner, à embellir. *Robe unie et sans ornements.* **3** MUS Note ou groupe de notes d'agrément ajoutées à une note principale (appoggiature, gruppetto, etc.). **B** *nm pl* LITURG CATHOL Habits sacerdotaux des cérémonies du culte. **LOC** ***D'ornement :*** qui sert à orner, décorer. ETY Du lat.

**ornemental, ale** *a* **1** Relatif à l'ornement, qui use d'ornements. *Style ornemental.* **2** Qui sert à orner, décoratif. *Plante ornementale.* PLUR ornementaux.

**ornementer** *vt* 1 Embellir par des ornements. DER **ornementation** *nf*

**orner** *vt* 1 **1** Embellir, décorer qqch. **2** Servir d'ornement à. *Des guirlandes ornaient les façades des maisons.* **3** fig, litt Rendre plus agréable, donner plus d'éclat à. ETY Du lat.

**ornière** *nf* **1** Trace profonde creusée par les roues d'un véhicule dans un chemin. *S'enfoncer dans une ornière.* **2** fig Voie toute tracée que l'on suit par routine. **LOC** ***Sortir de l'ornière :*** sortir de la routine ou d'une situation difficile. ETY Du lat.

**ornith(o)-** Élément, du gr. *ornis, ornithos,* « oiseau ».

**ornithischien** *nm* PALEONT Syn. de *avipelvien.* PHO [ɔʀnitiskjɛ̃]

**ornithochorie** *nf* BOT Dissémination des graines par les oiseaux.

**ornithogale** *nm* Petite plante bulbeuse herbacée (liliacée), à fleurs blanches, jaunes ou vertes, dont une espèce est la *dame-d'onze-heures.*

**ornithologie** *nf* Partie de la zoologie qui étudie les oiseaux. DER **ornithologique** *a* – **ornithologiste** ou **ornithologue** *n*

**ornithomancie** *nf* ANTIQ Divination par le chant ou par le vol des oiseaux.

**ornithopode** *nm* PALEONT Dinosaure bipède herbivore, de l'ère secondaire, tel que l'iguanodon

ornithorynque

**ornithorynque** *nm* Mammifère monotrème ovipare d'Australie, au bec corné aplati, aux pattes palmées, à la fourrure brune.

**ornithose** *nf* MED Infection pulmonaire aiguë d'origine virale, transmise par certains oiseaux, tels que les perroquets.

**oro-** Élément, du gr. *oros,* « montagne ».

**orobanche** *nf* Plante dicotylédone herbacée dépourvue de chlorophylle, qui vit en parasite sur la racine des plantes légumineuses.

**Orodès I$^{er}$** (I$^{er}$ s. av. J.-C.), roi des Parthes (55 à 37 av. J.-C.). Il vainquit Crassus à Carrhae (53 av. J.-C.) et fut assassiné par son fils, Phraatès IV.

**orogenèse** *nf* GEOL Ensemble des phénomènes géologiques qui entraînent la formation des montagnes. VAR **orogénie** DER **orogénique** *a*

**orographie** *nf* didac **1** Étude descriptive du relief terrestre. **2** Système montagneux d'un pays, d'une région. DER **orographique** *a*

**Oromos** peuple d'Éthiopie islamisé (18 500 000 personnes). Ils parlent des langues couchitiques, notam. le *galla,* ou *oromo.* Venant du S., ils envahirent progressivement l'Éthiopie. VAR **Gallas** DER **oromo** ou **galla** *a*

**oronge** *nf* Champignon comestible au chapeau rouge-orange, aux lamelles jaunes, appelé aussi *amanite des Césars.* **LOC** ***Fausse oronge*** ou ***amanite tue-mouches :*** champignon toxique au chapeau rouge tacheté de blanc, aux lamelles blanches. ETY Du provenç. *ouronjo,* « orange ».

**Oronte** (en ar. *Nahr al-'Āṣī*), fl. du Proche-Orient (570 km) ; né dans le S. du Liban, il draine la Syrie occid., arrose Antioche et se jette dans la Méditerranée.

**oropharynx** *nm* ANAT Partie moyenne du pharynx.

**orophile** *a* BIOL Se dit des êtres vivants adaptés à la vie en montagne.

**Orozco** José Clemente (Zapotlán, 1883 – Mexico, 1949), peintre mexicain, auteur de peintures murales à caractère sociopolitique.

**orpaillage** *nm* TECH Travail de l'orpailleur.

**orpailleur** *nm* TECH Ouvrier qui extrait, par lavage, les paillettes d'or des sables aurifères. ETY De l'a. fr. *harpailler,* « saisir ».

**Orphée** dans la myth. gr., aède légendaire de Thrace, fils d'Œagre et de la muse Calliope, tirant des sons magiques de sa lyre et de son chant. Il descendit aux Enfers pour en ramener son épouse Eurydice. Hadès consentit à la lui rendre à condition qu'il ne la regarde qu'au sortir du royaume des Morts. Orphée ne respecta pas cette injonction et provoqua ainsi la seconde mort de sa femme. ▷ LITTER et MUS Virgile a consacré au mythe d'Orphée 5 vers des *Géorgiques* (29 av. J.-C.), qui ont inspiré la quasi-totalité des œuvres ultérieures, litt. ou music. : *Orfeo,* drame musical en 5 actes de Monteverdi (1607) ; *Orfeo ed Euridice,* opéra en 3 actes de Gluck (1762) ; *Orphée aux Enfers,* opéra-féerie parodique en 2 actes et 4 tableaux (1858) d'Offenbach. ▷ CINE *Orphée,* film de Cocteau (1950), avec Jean Marais et Maria Casarès, suivi par *le Testament d'Orphée* (1959), que Cocteau incarne.

**Orphée**, Eurydice et Hermès, copie romaine en marbre de l'original grec – musée du Louvre

**orphelin, ine** *n, a* **A** Enfant qui a perdu son père et sa mère, ou l'un des deux. *Un orphelin de père.* **B** *a* **1** MED Se dit de médicaments trop peu rentables pour être développés par l'industrie ; se dit des maladies concernées par ces médicaments. **2** Se dit d'un lieu pollué qui n'a pas de propriétaire connu ou solvable, et dont la dépollution incombe aux pouvoirs publics. **3** fig Qui ne trouve pas son destinataire, son répondant. *Des offres d'emploi orphelines.* ETY Du gr.

**orphelinat** *nm* Établissement qui recueille des orphelins.

**orphéon** *nm* Fanfare. ETY De *Orphée.* DER **orphéoniste** *n*

**orphie** *nf* ICHTYOL Poisson téléostéen très allongé des mers d'Europe, au long bec fin et denté, aux arêtes vertes, appelé également *bécassine, aiguille de mer, aiguillette.* ETY Du gr.

**orphisme** *nm* **1** ANTIQ GR Courant théologique et philosophique qui se développa en Grèce du VII$^{e}$ au IV$^{e}$ s. av. J.-C. **2** PEINT Tendance picturale élaborée par R. Delaunay. ETY De *Orphée.* DER **orphique** *a*

**orpiment** *nm* TECH Sulfure d'arsenic de couleur jaune, utilisé en peinture et en pharmacie. ETY Du lat. *auripigmentum,* propr. « couleur d'or ».

**orpin** *nm* Plante (crassulacée) à fleurs blanches ou jaunes, aux feuilles charnues, qui croît sur les murs, les toits, etc. SYN sedum. ETY Du lat.

**orque** *nf* Cétacé odontocète (delphinidé), long de 6 à 9 m, à aileron dorsal élevé, très vorace. SYN épaulard.

orque

**Orry** Philibert (Troyes, 1689 – Nogent-sur-Seine, 1747), homme politique français, contrôleur général des Finances (1730-1745) à la gestion efficace.

**Orsay** ch.-l. de cant. de l'Essonne, sur l'Yvette ; 16 236 hab. Industries. Centre universitaire (sciences) et laboratoires de recherches (phys. nucl.). DER **orcéen, enne** *a, n*

**Orsay (musée d')** musée du XIX$^{e}$ s. français, aménagé dans l'anc. gare d'Orsay, à Paris, ouvert en 1986.

**ORSEC (plan)** plan d'organisation des secours lors de catastrophes, le préfet mobilisant tous les moyens d'intervention de son département.

**orseille** *nf* **1** Lichen des côtes méditerranéennes. **2** Colorant violet tiré de ce lichen.

**Orsenna** Erik Arnoult dit Erik (Paris, 1947), romancier français : *l'Exposition coloniale* (1988). Acad. fr. (1998).

**Orsini** famille romaine, guelfe, rivale des Colonna. Elle donna trois papes : Célestin III, Nicolas III, Benoît XIII.

**Orsini** Felice (Meldola, 1819 – Paris, 1858), patriote italien qui tenta d'assassiner Napoléon III (14 janv. 1858), à qui il reprochait de trahir la cause de l'unité italienne. Il fut condamné à mort et exécuté.

**Orsk** v. de Russie, sur l'Oural ; 266 000 hab. Centre métallurgique.

**Ørsted** → **Œrsted.**

**ORSTOM** acronyme pour *Office de la recherche scientifique et technique outre-mer,* établissement public créé en 1943, devenu dep. 1984 l'*Institut français de recherche scientifique pour le développement en coopération (IRD),* chargé de promouvoir des actions dans les pays en développement.

**Ors y Rovira** Eugenio d' (Barcelone, 1882 – Villanueva y Geltrù, 1954), écrivain espagnol : récits, essais, théâtre, critique d'art (*Picasso,* 1930 ; *Du baroque,* 1936). Ses œuvres de jeunesse sont en catalan.

**Ortega** Daniel (La Libertad, Chontales, 1945), homme politique nicaraguayen ; sandiniste, il fut chef de l'État de 1984 à 1990 et réélu en 2006 et 2011.

**Ortega y Gasset** José (Madrid, 1883 – id., 1955), philosophe et essayiste espagnol : *l'Espagne invertébrée* (1921), *la Déshumanisation de l'art* (1925), *la Révolte des masses* (1930).

**orteil** *nm* Chacune des cinq extrémités du pied, dites aussi doigts de pied. LOC *Le gros orteil :* le pouce du pied. ETY Du lat. *articulus,* « articulation ».

**ORTF** Sigle de *Office de radiodiffusion-télévision française.*

**orth(o)-** Élément, du gr. *orthos,* « droit », et, au fig., « correct ».

**orthèse** *nf* MED Appareil qui pallie une déficience corporelle de nature mécanique. *Les chaussures orthopédiques sont des orthèses.*

**Orthez** ch.-l. de cant. des Pyr.-Atl. (arr. de Pau), sur le gave de Pau ; 11 371 hab. Industr. alim. (jambon de Bayonne). – Égl. XV$^{e}$ s. ; pont fortifié XIII$^{e}$-XIV$^{e}$ s. ; donjon XIII$^{e}$ s. du chât. des comtes de Foix. DER **orthézien, enne** *a, n*

**orthocentre** *nm* GEOM Point de rencontre des hauteurs d'un triangle.

**orthochromatique** *a* TECH Se dit d'une émulsion photographique sensible à toutes les couleurs sauf au rouge.

**orthodontie** *nf* Partie de la dentisterie qui a pour objet le traitement des anomalies de position des dents. PHO [ɔʀtodɔ̃si] DER **orthodontique** *a* – **orthodontiste** *n*

**orthodoxe** *a, n* **1** Conforme au dogme, à la doctrine d'une religion. ANT hérétique. **2** Se dit des Églises chrétiennes d'Orient qui ont rejeté la juridiction de l'autorité de Rome, dont elles se sont séparées en 1054. *Églises orthodoxes grecque, russe.* **3** Conforme à une tradition, à une doctrine, aux usages établis. *Des pratiques peu orthodoxes.*

ENC Un long processus de séparation des Églises d'Occident et d'Orient s'était engagé à partir du IX$^{e}$ s., bien avant le schisme d'Orient (1054). Les conceptions de l'Église, formulées par Rome et par Byzance, devinrent rapidement divergentes. Les différences essentielles entre l'Église orthodoxe et l'Église catholique portent sur trois points de doctrine et leurs usages particuliers. **1.** *Le filioque.* Pour les orthodoxes, la seule profession de foi admise en ce qui concerne la Trinité est le Credo de Nicée (325) : l'Esprit saint procède du Père *par* le Fils, alors que Rome avait au VIII$^{e}$ s. proclamé unilatéralement qu'il « procède du Père *et* du Fils (lat. : *filioque*) ». **2.** Les orthodoxes nient la juridiction universelle du pape. La conception orthodoxe en matière d'infaillibilité de foi, de dogme et de morale repose sur le concile œcuménique ou local. **3.** *L'Immaculée Conception* est considérée par les orthodoxes comme une innovation doctrinale qui n'est pas nécessaire. En outre, les Églises orthodoxes admettent le divorce, ainsi que le mariage des prêtres s'il a été célébré avant le diaconat.

**orthodoxie** *nf* **1** Ensemble des doctrines officiellement enseignées par une Église. **2** Ensemble des Églises byzantines séparées de Rome. **3** Caractère de ce qui est orthodoxe. *L'orthodoxie d'un essai théologique. L'orthodoxie d'une théorie scientifique.*

**orthodromie** *nf* MAR, AVIAT Trajet le plus court reliant deux points de la surface de la Terre, arc de grand cercle passant par ces points. DER **orthodromique** *a*

**orthoépie** *nf* Discipline traitant de la prononciation correcte des sons du langage.

**orthogenèse** *nf* BIOL Processus évolutif dans lequel une série de variations se produit dans le même sens à travers différentes espèces ou genres.

**orthogénie** *nf* MED Contrôle, régulation des naissances. DER **orthogénique** *a*

**orthogonal, ale** *a* GEOM Qui forme un angle droit ; qui se fait à angle droit. PLUR orthogonaux. LOC ***Projection orthogonale :*** formée par les perpendiculaires menées des différents points d'une figure au plan de projection. DER **orthogonalement** *av* – **orthogonalité** *nf*

**orthographe** *nf* **1** Ensemble des règles régissant l'écriture des mots d'une langue ; application effective de ces règles. **2** Manière correcte d'écrire un mot. *Pourriez-vous me rappeler l'orthographe du mot* rhododendron ? DER **orthographique** *a*

**orthographier** *vt* ② Écrire un mot selon les règles de l'orthographe. *Mal orthographier un mot. « Mallette » s'orthographie avec deux* l *et deux* t.

**orthonormé, ée** *a* MATH Se dit d'une base d'un espace vectoriel constituée de vecteurs unitaires orthogonaux deux à deux.

**orthopédie** *nf* **1** Branche de la médecine qui étudie et traite les lésions congénitales ou acquises des os, des articulations, des muscles et des tendons. **2** Orthopédie des membres inférieurs. DER **orthopédique** *a* – **orthopédiste** *n, a*

**orthophonie** *nf* MED Correction des troubles du langage parlé et écrit. DER **orthophonique** *a* – **orthophoniste** *n*

**orthophotographie** *nf* Technique de photographie aérienne qui corrige les déformations du rendu du relief. DER **orthophotographique** *a*

**orthopnée** *nf* MED Difficulté à respirer en position couchée, obligeant à rester assis ou debout.

**orthoptère** *nm* ENTOM Insecte dont les ailes postérieures, à plis droits, se replient, comme un éventail, sous les élytres. *Les sauterelles, les criquets sont des orthoptères.*

**orthoptique** *nf, a* MED Rééducation des défauts de la vision binoculaire (du strabisme, notam.). VAR **orthoptie** *nf* DER **orthoptiste** *n*

**orthorhombique** *a* MINER Se dit d'un cristal en forme de prisme droit à base en losange ou en rectangle.

**orthoscopique** *a* PHOTO Se dit d'un objectif qui donne une image sans distorsion. PHO [ɔʀtoskɔpik]

**orthose** *nf* MINER Feldspath potassique abondant dans les granites et les gneiss.

**orthostatique** *a* MED **1** Relatif à la station debout. **2** Qui se produit en station debout. *Hypotension orthostatique.*

**orthosympathique** *a* ANAT, PHYSIOL Syn. de *sympathique*.

**ortie** *nf* Plante herbacée dont les feuilles dentées et les tiges sont couvertes de poils qui libèrent un liquide irritant. **LOC** ***Ortie blanche, ortie rouge :*** noms cour. de lamiers. ETY Du lat.

**Ortler** massif des Alpes italiennes (3 899 m), dans le Trentin, entre l'Adda et l'Adige.

**ortolan** *nm* Bruant européen à gorge jaune dont la chair est très estimée. ETY Mot provenç., du lat. *hortolanus*, « de jardin ».

**Oruro** v. de Bolivie occid., à 3 800 m d'alt. ; 178 690 hab. ; ch.-l. du dép. du m. nom. Métallurgie de l'étain.

**Orval (abbaye d')** abbaye de Belgique (prov. du Luxembourg), fondée v. 1070, cistercienne à partir de 1132.

**Orvault** chef-lieu de cant. de la Loire-Atlantique ; 24 867 hab. DER **orvaltais, aise** *a, n*

**orvet** *nm* Reptile saurien, long de 30 à 50 cm, dépourvu de pattes, ovovivipare, appelé aussi *serpent de verre* à cause de la fragilité de sa queue. ETY De l'a. fr. *orb*, « aveugle ».

**orviétan** *nm* **LOC** litt ***Marchand d'orviétan :*** charlatan, exploiteur de la crédulité publique. ETY De *Orvieto*.

**Orvieto** v. d'Italie (Ombrie) ; 22 510 hab. Vin. Artisanat. – Musée d'archéol. étrusque. Cath. (déb. XIVe s.), décorée de fresques dues à Fra Angelico, Signorelli, etc. Palais des Papes XIIIe s.

**Orwell Eric Arthur Blair,** dit **George** (Motihāri, Bengale, 1903 – Londres, 1950), écrivain anglais. Selon lui, la déshumanisation et le totalitarisme menacent le monde : *la Ferme des animaux* (1945), *1984* (1949). DER **orwellien, enne** *a*

**orycte** *nm* Gros scarabée dont la tête porte une corne verticale. SYN rhinocéros.

**oryctérope** *nm* Mammifère des savanes africaines, seul représentant de l'ordre des tubulidentés, long de 1 m, muni d'un museau en forme de groin et de griffes puissantes, qui vit dans des terriers et se nourrit de termites et de fourmis. SYN cochon de terre. ETY Du gr.

**oryctérope**

**oryx** *nm* Antilope aux cornes fines très longues et à peine incurvées, d'Afrique et d'Arabie, espèce menacée d'extinction. ETY Du gr.

**Orzeszkowa Eliza** (Milkowszczyzna, 1841 – Grodno, 1910), romancière polonaise : *Images des années de famine* (1866), *Martha* (1873), *Meir Ezofowicz* (1878), *Gloria victis* (1910).

**os** *nm* Élément dur et calcifié du corps de l'homme et des vertébrés servant à soutenir les parties du corps entre elles, et dont l'ensemble constitue le squelette. **LOC** ***Donner un os à ronger à qqn :*** lui accorder un petit avantage pour tromper son impatience ou son avidité. — ***Jusqu'aux os :*** entièrement, complètement. — ***N'avoir que les os et la peau :*** être très maigre. — ***Ne pas faire de vieux os :*** mourir jeune ; ne pas rester longtemps dans tel lieu, telle situation. — ***Os de seiche :*** coquille interne de la seiche. — fam ***Tomber sur un os :*** rencontrer une difficulté, un obstacle. PHO [ɔs] et PLUR [o] ETY Du lat.

ENC Les os sont constitués de tissu spongieux engainé à sa périphérie par du tissu compact. Le tissu osseux comprend des ostéocytes, ou cellules osseuses qui élaborent autour d'elles une substance dure et calcifiée. La substance osseuse comprend diverses protéines (notam. l'osséine) ; elle s'imprègne de sels minéraux (sels de calcium, essentiellement). Le métabolisme du squelette osseux, qui se renouvelle constamment, est placé sous la dépendance de systèmes hormonaux et vitaminiques. Les os qui constituent le squelette humain sont au nombre de 200 (23 pour la tête, 51 pour le tronc, 126 pour les membres). On distingue : les *os longs*, dont la longueur prédomine sur les deux autres dimensions et qui possèdent un corps, la diaphyse, et deux extrémités renflées, les épiphyses ; les *os plats*, dont la longueur et la largeur prédominent sur l'épaisseur et qui présentent deux faces et des bords ; les *os courts*, dont les trois dimensions sont à peu près égales. Les os assument plusieurs fonctions : soutien, protection, point d'insertion des muscles, réservoir des sels minéraux de l'organisme, hématopoïèse dans la moelle osseuse. La moelle osseuse se présente sous trois aspects : moelle rouge, hématopoïétique ; moelle jaune, envahie par les cellules graisseuses ; moelle grise, entièrement graisseuse. La moelle rouge, active, est surtout abondante dans les os plats. V. ossification.

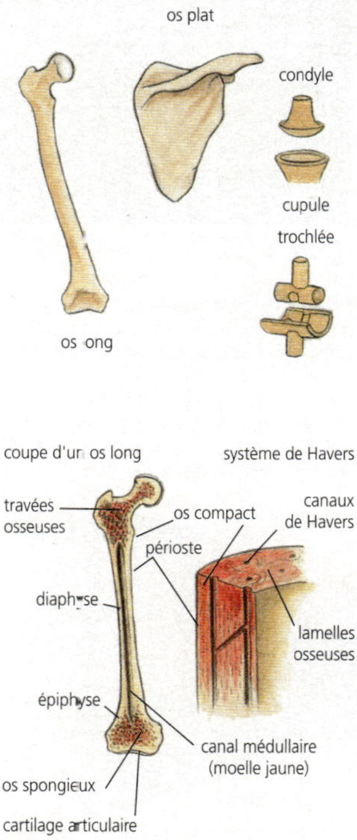


**os** et articulations

**Os** CHIM Symbole de l'osmium.

**OS** *n* Abrév. de *ouvrier(ère) spécialisé(e)*. PHO [oɛs]

**Ōsaka** deuxième v. du Japon (dans le S. de Honshū), grand port sur le Pacifique ; ch.-l. du ken du m. nom ; 11,3 millions d'hab. (aggl.) Centre d'une puissante et vaste conurbation industrielle. Construit sur une île artificielle, l'aéroport du Kansai est dû à R. Piano (1994).

**Ōsaka** le château féodal d'Hideyoshi (XVIe s.)

**Osborne Thomas, comte de Danby, 1er duc de Leeds** (Kiveton, 1632 – Easton, 1712), homme politique anglais ; ministre de Charles II (1674-1679), puis de Guillaume d'Orange (1689-1696).

**Osborne John** (Londres, 1929 – Shrewsbury, 1994), auteur dramatique et comédien anglais ; chef de file des « Jeunes Hommes en colère » : *la Paix du dimanche* (1956), *Temps présent* (1968).

**oscar** *nm* CINE Récompense décernée chaque année aux É.-U. depuis 1928.

**Oscar Ier** (Paris, 1799 – Stockholm, 1859), roi de Suède et de Norvège (1844-1859) ; fils et successeur de Bernadotte (Charles VII). — **Oscar II** (Stockholm, 1829 – id., 1907), fils du préc., roi de Suède (1872-1907) et de Norvège jusqu'à la rupture de l'union (1905).

**oscariser** *vt* ① CINE Récompenser par un oscar.

**OSCE** sigle de *Organisation pour la sécurité et la coopération en Europe*.

**oscillaire** *nf* BOT Cyanobactérie dont le thalle est constitué de filaments microscopiques qui oscillent continuellement. ETY Du lat.

**oscillant, ante** *a* **1** Qui oscille. *Pendule oscillant.* **2** PHYS Qui change périodiquement de sens. **3** fig Qui varie. *Actions et obligations oscillantes.* **LOC** ELECTR ***Circuit oscillant :*** qui comprend une inductance et un condensateur associés en série ou en parallèle.

**oscillateur** *nm* **1** PHYS Dispositif générant des oscillations électriques, lumineuses, mécaniques ou sonores. **2** TELECOM Appareil servant à produire des signaux sinusoïdaux de fréquence déterminée.

**oscillation** *nf* **1** Mouvement d'un corps qui oscille. **2** PHYS Mouvement d'un point ou d'un système de part et d'autre d'une position d'équilibre ; variation périodique d'une grandeur. **3** fig Fluctuation, variation. *Oscillations des cours de la Bourse.* **LOC** ***Oscillation australe*** : phénomène océanographique du Pacifique sud, connu sous le nom d'El Niño. DER **oscillatoire** *a*

ENC L'oscillation est périodique si la grandeur reprend des valeurs identiques, à des intervalles de temps égaux, en variant dans le même sens à chaque fois. La fréquence *f* de l'oscillation périodique représente le nombre de périodes par seconde, c'est-à-dire le nombre de fois que l'oscillation se reproduit en 1 seconde. On exprime *f* en hertz.

**osciller** *vi* 1 **1** Se mouvoir alternativement en deux sens contraires autour d'un point fixe. *Le pendule oscille.* **2** fig Hésiter, fluctuer, varier. PHO [ɔsile] ETY Du lat.

**oscillogramme** *nm* PHYS Courbe obtenue à l'aide d'un oscillographe.

**oscillographe** *nm* PHYS Appareil permettant d'enregistrer les variations d'une tension électrique en fonction du temps.

**oscillomètre** *nm* MED Appareil permettant de mesurer la pression artérielle.

**oscilloscope** *nm* ELECTR Oscillographe à écran cathodique.

**osculateur, trice** *a* GEOM Se dit d'une ligne, d'une surface qui présente un contact d'ordre supérieur ou égal à 2 avec une autre ligne, une autre surface (même rayon de courbure au point de contact).

**oscule** *nm* ZOOL Grand orifice à la surface des éponges, par lequel l'eau absorbée par les pores est rejetée. ETY Du lat. *osculum,* « petite bouche ».

**1 -ose** Suffixe, tiré de *glucose,* servant à former les noms des glucides.

**2 -ose** Suffixe, du gr. *-ôsis,* désignant des maladies non inflammatoires.

**ose** *nm* BIOCHIM Sucre simple non hydrolysable contenant plusieurs fonctions alcool et une fonction aldéhyde (aldose) ou une fonction cétone (cétose).

**osé, ée** *a* **1** Audacieux, hardi. *Entreprise osée.* **2** Scabreux, licencieux. *Plaisanterie osée.*

**Osée** (VIIIe s. av. J.-C.), l'un des douze petits prophètes d'Israël (*Livre d'Osée,* Bible, 14 chapitres).

**Osée** dernier roi d'Israël (732-724 av. J.-C.). Il fut renversé par Salmanasar V.

**oseille** *nf* **1** Plante potagère (polygonacée) cultivée pour ses feuilles à la saveur acide. **2** Argent. *Avoir de l'oseille.* ETY Du lat. *acidus,* « acide ».

**oser** *vt* 1 **1** fam Entreprendre hardiment, risquer. *Homme à tout oser.* **2** Avoir l'audace, le courage de ; se permettre de. *Oseriez-vous l'affirmer ? Personne n'ose lui apprendre la nouvelle.* ETY Du lat.

**oseraie** *nf* Lieu planté d'osiers.

**Oshawa** ville du Canada (Ontario), sur le lac Ontario ; 291 000 hab. Constr. automobiles.

**Oshima Nagisa** (Kyôto, 1932 – Fujisawa, 2013), cinéaste japonais : *Contes cruels de la jeunesse* (1960), *la Cérémonie* (1971), *l'Empire des sens* (1975), *Furyo* (1983), *Tabou* (2000).

**Oshogbo** ville du S.-O. du Nigeria ; 550 000 hab. Industr. alim. (cacao).

**Osiander Andreas Hosemann,** dit **Andreas** (Gunzenhausen, 1498 – Königsberg, 1552), théologien protestant allemand : écrits sur la foi et la grâce. Professeur à Königsberg, il publia en 1543 le *De revolutionibus* de Copernic.

**oside** *nm* BIOCHIM Composé donnant par hydrolyse un ou plusieurs oses.

**osier** *nm* **1** Saule aux rameaux flexibles. **2** Rameau de cet arbre, employé en vannerie et pour la fabrication de liens. *Panier d'osier.* ETY Du lat.

**osiériculture** *nf* didac Culture de l'osier.

**Osijek** ville de Croatie, sur la Drave ; 84 000 hab. Industries.

**Osiris** divinité de l'anc. Égypte ; frère et époux d'Isis et père d'Horus. C'est le dieu du Bien, de la Végétation et de la Vie éternelle. DER **osirien, enne** *a* ▶ illustr. **Isis**

**Oskemen** (anc. *Oust-Kamenogorsk*), ville du Kazakhstan, sur l'Irtych ; 307 000 hab. ; chef-lieu de province

**Ösling** région du Luxembourg septent., dans l'Ardenne. VAR **Œsling**

**Oslo** le fjord et la presqu'île de Bigdoy

**Oslo** cap. de la Norvège, port au fond d'un fjord s'ouvrant sur le Skagerrak ; 700 000 hab (aggl.). princ. centre industriel du pays. Tourisme. – Évêché catholique. Université. Forteresse d'Akershus (XIIIe s.). Musée national. Musée de la Navigation. – Fondée au XIe s., la ville fut détruite par un incendie en 1624. Elle se nomma *Christiania,* jusqu'en 1925.

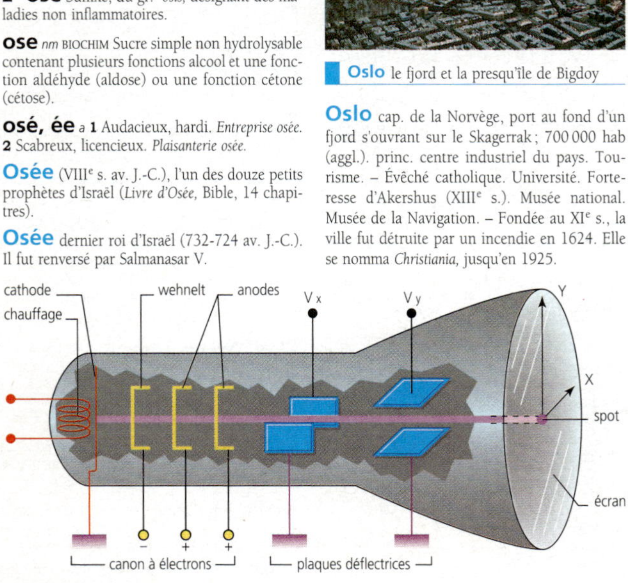


**oscillographe** électronique

**Osman Ier Gazi** (« le Victorieux ») (Sögüt, 1258 – id., 1326), le premier sultan ottoman (1281-1326). Il rejeta la tutelle des Seldjoukides vers 1290, fondant la dynastie des *Osmanlis,* nommés *Ottomans* par les Occidentaux.

**osmanli** *nm* Turc parlé à l'époque ottomane.

**Osman pacha Gazi** (Amasya, 1832 – Istanbul, 1900), maréchal turc. Il résista aux Russes (1877) et vainquit les Grecs (1897).

**osmanthe** *nm* Arbuste (oléacée) ornemental aux fleurs blanches très odorantes. VAR **osmanthus**

**osmie** *nf* ZOOL Abeille solitaire appelée aussi abeille maçonne.

**osmium** *nm* CHIM **1** Élément métallique de numéro atomique Z = 76, de masse atomique 190,2 SYMB Os. **2** Métal (Os) de couleur gris-bleu, de densité 22,57, qui fond vers 3 045 °C. PHO [ɔsmjɔm] ETY Du gr. *osmê,* « odeur ».

**osmomètre** *nm* PHYS Appareil servant à mesurer la pression osmotique.

**Osmond Floris** (Paris, 1849 – Saint-Leu-la-Forêt, 1912), chimiste français ; créateur de l'étude micrographique des alliages.

**osmonde** *nf* BOT Grande fougère des forêts humides, appelée aussi *fougère royale.*

**osmorégulation** *nf* ZOOL Phénomène par lequel les organismes vivant dans des eaux de salinité variable maintiennent constante la pression osmotique de leur milieu intérieur.

**osmose** *nf* **1** CHIM, BIOL Diffusion entre deux fluides séparés par des parois semi-perméables. **2** fig Influence mutuelle, interpénétration profonde, intime. **LOC** ***Osmose inverse*** : procédé de concentration des moûts de vendange utilisant le phénomène de la pression osmotique ; technique consistant à faire passer à haute pression de l'eau de mer à travers des membranes semi-perméables pour obtenir de l'eau douce. ETY Du gr. *ôsmos,* « impulsion ». DER **osmotique** *a*

**Osnabrück** v. d'Allemagne (Basse-Saxe) ; 153 780 hab. Centre industriel. – Évêché catholique. Cath. XIIe-XIIIe s. – En 1648 y fut signé l'un des traités de Westphalie.

**Osny** ch.-l. de cant. du Val-d'Oise ; 16 537 hab.

**Osorno** v. du S. du Chili ; 122 460 hab.

**Osques** anc. peuple italique, de langue sabellique, qui habitait le Latium et dont le parler contribua à la formation du latin. DER **osque** *a*

**Ossa** montagne de Grèce (1 978 m), en Thessalie, au S.-E. du mont Olympe.

**ossature** *nf* **1** Ensemble des os constitutifs du corps humain. *Ossature puissante.* **2** Assemblage régulier d'éléments, qui soutient un ouvrage et en assure la rigidité, charpente. *Ossature métallique d'un bâtiment.* **3** Armature, structure. *L'ossature d'un roman.*

**Ossau (gave d')** torrent des Pyrénées-Atlantiques (80 km) ; né près du *pic du Midi d'Ossau,* il forme le gave d'Oloron avec le gave d'Aspe.

**ossau-iraty** *nm* Fromage AOC des Pyrénées, au lait de brebis.

**osséine** *nf* BIOCHIM Protéine constitutive de la substance osseuse.

**osselet** *nm* **A 1** Petit os. *Osselets de l'oreille.* **2** Chacun des petits os tirés de la jointure du gigot de mouton, et en particulier astragale. **3** Petit élément de métal, de matière plastique, etc., de la forme d'un osselet, avec lequel on joue. **B** *nmpl* Jeu consistant à lancer des osselets et à les rattraper sur le dos de la main.

**ossements** *nmpl* Os décharnés et desséchés d'hommes ou d'animaux morts.

**Osservatore Romano (l')** (« l'Observateur romain »), quotidien italien créé en 1861, organe officieux de la papauté.

**ossète** *nm* Langue du groupe iranien parlée dans le Caucase central par les Ossètes.

**Ossètes** peuple du Caucase central de langue iranienne, descendants des Scythes et des Alains, qui habitent deux rép. auton. de Géorgie et de Russie. DER **ossète** *a*

**Ossétie du Nord-Alanie** république autonome de la Fédération de Russie ; 8 000 km$^2$ ; 710 000 hab. (majoritairement musulmans) ; cap. *Vladikavkaz*.

**Ossétie du Sud** république autonome de la Géorgie ; 3 900 km$^2$ ; 100 000 hab. (70 % chrétiens ; 30 % Géorgiens) ; cap. *Tskhinvali*. Dep. l'indépendance de la Géorgie vis-à-vis de la Russie en 1991, les Ossètes du Sud réclament leur totale autonomie, ce qui provoque des conflits armés (1990-1991 et 2008).

**osseux, euse** *a* **1** Relatif aux os ; de la nature des os. *Tissu osseux.* **2** Qui a des os. *Poissons osseux.* **3** Dont les os sont gros ou saillants. *Mains osseuses.*

**Ossian** barde écossais légendaire du III$^e$ s. Les poèmes épiques qui lui sont attribués étaient inconnus en Angleterre quand, en 1760, James Macpherson en publia une immense paraphrase. Les originaux furent publiés en 1807. V. Macpherson. DER **ossianique** *a*

**Ossietzky** Carl von (Hambourg, 1889 – Berlin, 1938), journaliste allemand, interné par Hitler (1933-1936). P. Nobel de la paix 1935.

Carl von Ossietzky

**ossification** *nf* PHYSIOL Formation du tissu osseux par élaboration et minéralisation de la substance fondamentale de l'os. SYN ostéogenèse.

ENC L'ossification se fait soit directement pour les os du crâne, soit en passant par une étape cartilagineuse pour les os des membres. La croissance des os en épaisseur se fait à partir de la face profonde du périoste. La croissance en longueur des os longs se fait par l'intermédiaire des cartilages de conjugaison situés dans les épiphyses (ces cartilages ont disparu à l'âge adulte). L'ossification dépend de l'apport calcique, de la vitamine D et des sécrétions hormonales de diverses glandes (thyroïde, parathyroïde, hypophyse, glandes génitales).

**ossifier (s')** *vpr* 2 Se transformer en os, en tissu osseux.

**osso-buco** *nm inv* Jarret de veau avec son os, cuit à l'étouffée, avec des tomates et des aromates. PHO [ɔsobuko] ETY Mot ital., « os à trou ». VAR **ossobuco**

**ossuaire** *nm* Lieu où l'on dépose des ossements. ETY Du lat.

**Ossun** ch.-l. de cant. des Hautes-Pyrénées (arr. de Tarbes) ; 2 383 hab. Constr. aéronautiques. Aéroport. DER **ossunois, oise** *a, n*

**ost** *nm* FEOD Service militaire dû par le vassal à son seigneur. ETY Du lat. *hostis*, « ennemi ».

**ostalgie** *nf* POLIT En Allemagne, nostalgie de l'époque de la RDA.

**osté(o)-** Préfixe, du gr. *ostêon*, « os ».

**ostéalgie** *nf* MED Douleur osseuse aiguë.

**ostéichtyen** *nm* Poisson à squelette ossifié, dit aussi *poisson osseux*. PHO [ɔsteiktjɛ̃]

**ostéite** *nf* MED Inflammation du tissu osseux.

**Ostende** (en néerl. *Oostende*), v. et port de Belgique (Flandre-Occid.), sur la mer du Nord et le canal de Bruges à Ostende ; 69 000 hab. Pêche. Stat. balnéaire. Industries. – Musée (nombr. œuvres d'Ensor). DER **ostendais, aise** *a, n*

**ostensible** *a* Qu'on affiche, qu'on laisse voir à dessein. *Mépris ostensible.* ETY Du lat. *ostendere*, « montrer ». DER **ostensiblement** *av*

**ostension** *nf* RELIG Présentation solennelle d'une relique.

**ostensoir** *nm* LITURG CATHOL Support d'or ou d'argent servant à exposer l'hostie consacrée à l'adoration des fidèles.

**ostentation** *nf* Insistance excessive pour montrer une qualité, un avantage. DER **ostentatoire** *a*

**ostéoarthrite** *nf* MED Arthrite compliquée de lésions osseuses des surfaces articulaires.

**ostéoblaste** *nm* BIOL Cellule qui élabore les fibres collagènes et l'osséine, en se transformant en ostéocyte.

**ostéochondrite** *nf* MED Inflammation de l'os encore partiellement cartilagineux, chez l'enfant. PHO [ɔsteokɔ̃dʀit] VAR **ostéochondrose** [ɔsteokɔ̃dʀoz]

**ostéoclaste** *nm* BIOL Cellule de la moelle osseuse, qui détruit en permanence l'os ancien.

**ostéocyte** *nm* Cellule osseuse définitive.

**ostéodensitométrie** *nf* MED Mesure de la densité des tissus osseux. DER **ostéodensitométrique** *a*

**ostéogenèse** *nf* BIOL Syn. de *ossification*.

**ostéologie** *nf* Science qui étudie les os. DER **ostéologique** *a* – **ostéologue** *n*

**ostéolyse** *nf* MED Destruction du tissu osseux.

**ostéomalacie** *nf* MED Ramollissement général du squelette, dû soit à une carence en calcium et en phosphore, soit à une carence en vitamine D. *Ostéomalacie de l'enfant*, ou *rachitisme*.

**ostéomyélite** *nf* MED Inflammation simultanée de l'os et de la moelle osseuse due à un staphylocoque.

**ostéonécrose** *nf* MED Nécrose du tissu osseux.

**ostéopathie** *nf* **1** Nom générique des maladies des os. **2** Thérapie qui accorde une place prépondérante aux manipulations vertébrales et articulaires. DER **ostéopathe** *n*

**ostéopénie** *nf* MED Insuffisance de densité du tissu osseux, phase initiale de l'ostéoporose.

**ostéophyte** *nm* MED Production osseuse pathologique, née du périoste dans le voisinage d'une articulation malade. SYN bec-de-perroquet.

**ostéoplastie** *nf* CHIR Restauration chirurgicale d'un os avec des fragments osseux.

**ostéoporose** *nf* MED Raréfaction pathologique du tissu osseux.

**ostéosarcome** *nm* MED Tumeur maligne des os.

**ostéospermum** *nm* Plante herbacée (composée) ornementale, voisine des soucis, très florifère, originaire d'Afrique australe. PHO [ɔsteɔspɛʀmɔm]

Ostende le port de pêche

**ostéosynthèse** *nf* CHIR Réunion de deux segments d'os fracturés à l'aide de clous, plaques, vis, fixateurs externes, etc.

**ostéotomie** *nf* CHIR Ablation partielle ou complète d'un os dans un but thérapeutique.

**Ostermeier** Thomas (Soltau, Basse-Saxe, 1968), metteur en scène allemand.

**Östersund** v. de Suède ; 56 660 hab. ; ch.-l. du län de Jämtland.

**Ostiaks** → **Ostyaks.**

**Ostie** bourg d'Italie (com. de Rome), non loin de l'embouchure du Tibre. Port maritime de l'anc. Rome, auj. ensablé. Importantes ruines antiques. Tourisme (plage de Rome).

**ostinato** *av* MUS Se dit d'un motif rythmique ou mélodique répété avec obstination. ETY Mot ital.

**ostiole** *nm* BOT Petit orifice par lequel s'effectuent les échanges gazeux de la feuille. ETY Du lat.

**ostraciser** *vt* 1 litt Exclure, proscrire, mettre en quarantaine.

**ostracisme** *nm* **1** ANTIQ GR À Athènes, au V$^e$ s. av. J.-C., procédure d'exclusion temporaire à l'égard d'un citoyen jugé dangereux pour la démocratie. **2** Exclusion d'une personne, décidée par un groupe, une collectivité. **3** Attitude de réserve et d'hostilité d'un groupe, d'une société à l'égard de qqn. ETY Du gr. *ostrakon*, « coquille », les sentences étant notées sur un morceau de poterie.

**ostracode** *nm* Crustacé de petite taille, à carapace bivalve. ETY Du gr.

**ostracon** *nm* ARCHEOL Dans l'Antiquité, tesson de céramique portant un texte ou un dessin. PLUR ostracons ou ostraca. PHO [ɔstʀakɔn] ETY Mot gr. VAR **ostrakon**

**Ostrava** ville de la Rép. tchèque, cap. de la Moravie-Septentrionale ; 326 810 hab. Centre industriel.

**ostréiculture** *nf* Élevage des huîtres. ETY Du lat. *ostrea*, « huître ». DER **ostréicole** *a* – **ostréiculteur, trice** *n*

**ostrogoth** *nm* fam **1** Rustaud, malappris. **2** Individu bizarre, singulier. PHO [ɔstʀɔgo, got] VAR **ostrogot, gote**

**Ostrogoths** nom donné aux Goths orientaux. Asservis par les Huns en 370, ils furent conduits par Attila en Gaule et en Italie. Après la désintégration de l'empire des Huns, leur roi Théodoric se rendit maître de l'Italie. Après la mort de Théodoric (526), l'empereur romain d'Orient, Justinien, reconquit le royaume des Ostrogoths (535-555). DER **ostrogoth, othe** ou **ostrogothique** *a*

**Ostrogradski** Mikhaïl Vassilievitch (Pachennaïa, Ukraine, 1801 – Poltava, 1862), mathématicien russe ; auteur d'une formule qui transforme une intégrale triple en une intégrale double.

**Ostrołęka** v. de Pologne, sur la Narew ; ch.-l. de la voïévodie du m. nom ; 54 000 hab. – Victoires des Français sur les Russes (1807) et des Russes sur les Polonais (1831).

**Ostrovski** Alexandre Nikolaïevitch (Moscou, 1823 – Chtchelykovo, gouv. de Kostroma, 1886), auteur dramatique russe d'inspiration réaliste : *l'Orage* (1860), *la Forêt* (1871).

**Ostrovski** Nikolaï Alexeïevitch (Vilija, Volhynie, 1904 – Moscou, 1936), romancier soviétique : *Et l'acier fut trempé* (1934).

**ostryer** *nm* Arbre (bétulacée) voisin du charme, appelé aussi *charme houblon* en raison de ses fruits groupés en épis. VAR **ostrya**

**Ostwald** Wilhem (Riga, 1883 – Grossbothen, Saxe, 1932), chimiste allemand : travaux sur la catalyse et l'électrolyse. Prix Nobel 1909.

**ostyak** *nm* Langue finno-ougrienne de Sibérie occidentale. (VAR) **ostiak**

**Ostyaks** peuple finno-ougrien de Sibérie occid. ; moins de 30 000 personnes. (VAR) **Khantys** ou **Ostiaks** (DER) **ostyak, ostiak** ou **khanty** *a*

**otage** *nm* **1** Personne remise en garantie de l'exécution d'une convention militaire ou politique. **2** Personne que l'on retient pour se garantir contre d'éventuelles représailles, ou pour obtenir ce que l'on exige. *Prise d'otages.* **3** Groupe qui est l'objet d'une pression dans le cadre d'une revendication sociale ou politique. (ETY) Du lat. *hospes,* « hôte », les otages étant autref. logés chez le souverain.

**Otage (l')** drame de Claudel (1911), que suivent *le Pain dur* (1918) et *le Père humilié* (1920).

**Otakar Ier Přemysl** (mort en 1230), duc (1197-1198) puis roi de Bohême (1198-1230). (VAR) **Ottokar Ier Přemysl** — **Otakar II Přemysl** (?, 1230 – Dürnkrut, 1278), petit-fils du préc. ; roi de Bohême à partir de 1253. Il acquit l'Autriche, la Styrie, la Carinthie et la Carniole. Candidat malheureux à la couronne impériale (1273), il fut vaincu et tué par l'empereur Rodolphe Ier de Habsbourg. (VAR) **Ottokar II Přemysl**

**otalgie** *nf* MED Douleur localisée à l'oreille. (DER) **otalgique** *a*

**OTAN** acronyme pour *Organisation du traité de l'Atlantique Nord.* (DER) **otanien, enne** *a*

**otarie** *nf* Mammifère marin du Pacifique et des mers australes, voisin du phoque, qui s'en distingue par des oreilles externes pourvues d'un pavillon, et par des membres postérieurs dirigés vers l'avant. (ETY) Du gr. *ôtarion,* « petite oreille ».

**otarie**

**Otaru** port du Japon (à l'O. d'Hokkaidō) ; 172 490 hab. Pêche. Industries.

**OTASE** acronyme pour *Organisation du traité de l'Asie du Sud-Est.*

**ôter** *v* (1) **A** *vt* **1** Enlever d'un endroit. *Ôtez cette table de là.* **2** Enlever un vêtement. *Ôter son manteau.* **3** Enlever, prendre, ravir à qqn. *Ôter la vie.* **4** Retrancher, soustraire. – *Ôter trois de six.* **5** Enlever, faire disparaître. *Frottez fort pour ôter la saleté.* **B** *vpr* Se retirer, s'éloigner. *Ôte-toi de là !* **LOC** fam *Ôter le pain de la bouche à qqn* : lui enlever ce qui lui est nécessaire pour subsister. (ETY) Du lat. *obstare,* « faire obstacle ».

**Otero** Blas de (Bilbao, 1916 – id., 1979), poète espagnol : *Ange férocement humain* (1950), *Mientras* (1970).

**Othe (pays d')** rég. du Bassin parisien, au S.-O. de la Champagne. Grande forêt.

**Othello** (ou *le Maure de Venise*), tragédie en 5 actes, en vers et en prose, de Shakespeare (1604). ▷ MUS *Otello*, opéras de Rossini (1816) et de Verdi (1887). ▷ CINE Film de et avec Orson Welles (1952).

**Othman** → **Uthman ibn Affan.**

**Othon** (en lat. *Marcus Salvius Otho*) (Ferentinum, Latium, 32 – Brixellum, Lombardie, 69), empereur romain (69). Écrasé par Vitellius à Bedriac, il se suicida.

**Othoniel** (XIIe s. av. J.-C.), l'un des petits juges d'Israël. (VAR) **Othniel**

**ot(o)-** Élément, du gr. *oûs, ôtos,* « *oreille* ».

**otiorhynque** *nm* Charançon très nuisible aux cultures.

**otique** *a* ANAT Qui appartient à l'oreille.

**otite** *nf* Inflammation de l'oreille.

**otocyon** *nm* Canidé d'Afrique du S. aux grandes oreilles.

**otolithe** *nf* ANAT Concrétion calcaire de l'oreille interne, qui joue un rôle dans l'équilibration.

**otologie** *nf* didac Branche de la médecine qui étudie l'oreille et ses maladies.

**otorhinolaryngologie** *nf* Branche de la médecine qui traite des maladies des oreilles, de la gorge et du nez. (VAR) **oto-rhino-laryngologie** (DER) **otorhinolaryngologique** *a* – **otorhinolaryngologiste** *n*

**otorragie** *nf* MED Hémorragie par l'oreille.

**otorrhée** *nf* MED Écoulement par l'oreille.

**otosclérose** *nf* Syn. de *otospongiose.*

**otoscopie** *nf* MED Examen du conduit auditif externe et du tympan. (DER) **otoscope** *nm* – **otoscopique** *a*

**otospongiose** *nf* MED Ankylose des articulations réunissant les osselets de l'oreille moyenne, qui provoque une surdité. SYN otosclérose.

**Otrante (canal d')** détroit qui joint l'Adriatique à la mer Ionienne, entre l'Italie du S.-E. (Pouilles) et l'Albanie. La *Terre d'Otrante* comprend Brindisi et *Otrante* (5 000 hab., cath. du XIe s.).

**Ott** Carlos (Montevideo, 1946), architecte canadien d'origine uruguayenne : Opéra Bastille (1989).

**Ottawa** cap. fédérale du Canada (Ontario), port sur la rivière des *Outaouais ;* 780 000 hab. (aggl.). Centre politique et administratif. Industries. Tourisme. – Archevêché catholique. Universités. Musées. – Cap. depuis 1858. – En août 1932, la *conférence d'Ottawa* réunit autour de la G.-B. ses dominions et l'Inde, pour abaisser les tarifs douaniers et resserrer les relations commerciales entre ces pays. (DER) **outaouais, aise** *a, n*

**Ottawa** en hiver : le Parlement, style néogothique

**Ottignies** → **Louvain-la-Neuve.**

**Ottmarsheim** com. du Haut-Rhin (arr. de Mulhouse), port sur le grand canal d'Alsace ; 1 901 hab. Centrale hydroélectr. Industr. chim. – Égl. XIe s.

**Otto** Nikolaus (Holzhausen, 1832 – Cologne, 1891), ingénieur allemand. Il mit au point le moteur à quatre temps.

**Otto** Rudolf (Peine, Basse-Saxe, 1869 – Marburg, 1937), philosophe allemand. Dans *le Sacré* (1917), il étudie le sentiment religieux dans une perspective phénoménologique.

**Ottobeuren** v. d'Allemagne (Bavière) ; 8 000 hab. – Abb. bénédictine de style baroque (XVIIIe s.) ; l'abb. originelle fut fondée au VIIIe s.

**Ottokar** → **Otakar.**

**ottoman, ane** *a, n* **A** HIST De la Turquie, sous la dynastie fondée par Osman Ier Gazi. **B** *nm* Étoffe à grosses côtes, de soie et coton. **C** *nf* Long canapé à dossier enveloppant.

**ottoman (Empire)** → **Turquie.**

**Otton Ier le Grand** (Walhausen, 912 – Memleben, 973), roi de Germanie (936-973) et d'Italie (951-973), premier empereur du Saint Empire romain germanique (962-973), fils d'Henri Ier l'Oiseleur. Il repoussa les Hongrois et les Slaves (955), et voulut dominer la papauté. — **Otton II** (?, 955 – Rome, 983), fils du préc. ; roi de Germanie (961-973), empereur germanique (973-983), vaincu par les Sarrasins en Calabre (982). — **Otton III** (Kessel, 980 – Paterno, près de Viterbe, 1002), fils du préc. ; roi de Germanie (983-996), empereur germanique (996-1002). Il gouverna depuis Rome. — **Otton IV de Brunswick** (en Normandie, vers 1175 – Harzburg, 1218), empereur germanique (1209-1218). Vaincu à Bouvines par Philippe Auguste (1214), il fut détrôné par Frédéric II de Hohenstaufen. (DER) **ottonien, enne** *a*

l'empereur **Otton II** recevant l'hommage des nations, miniature du Xe s. – musée Condé, Chantilly

**Otton Ier** (Salzbourg, 1815 – Bamberg, 1867), roi de Grèce (1832-1862) ; fils de Louis Ier de Bavière. Il dut abdiquer.

**Otton Ier** (Munich, 1848 – chât. de Fürstenried, 1916), roi de Bavière (1886-1913) ; frère et successeur de Louis II de Bavière ; interné pour aliénation mentale.

**Otway** Thomas (Trotton, 1652 – Londres, 1685), auteur dramatique anglais, héritier du théâtre élizabethain : *Venise sauvée* (tragédie, 1682).

**Ötztal (Alpes de l')** massif montagneux à la frontière austro-italienne ; culmine à 3 774 m.

**ou** *conj* **1** Marque l'alternative. *L'un ou l'autre. Ou il part, ou il reste.* **2** Marque l'équivalence. *Le lynx ou loup-cervier.* (ETY) Du lat.

**où** *pr rel, av* **A** *pr rel* Indique le lieu, le temps. *La maison où il habite. La ville où je vais. La maison d'où il sort. Le chemin par où je suis passé. Le jour où je suis arrivé ici.* **B** *av* **1** À l'endroit où, là où. *Je vais où il fera beau. On ne voit rien d'où je suis placé.* **2** Vers quel lieu ? *Où es-tu ? Par où passer ?* **LOC** *D'où* : marque la conséquence. *D'où je conclus* *que...* — ***Où que*** : en quelque lieu que. *Où qu'il aille.* ETY Du lat.

**OUA** Sigle de *Organisation de l'unité africaine.*

**Ouaddaï** région steppique du Tchad, aux confins du Sahara. Centre d'un royaume, islamisé au XVII^e s. et rattaché au Tchad en 1912. VAR **Ouadaï** ou **Wadday**

**Ouad-Medani** v. du Soudan, sur le Nil Bleu ; 250 000 hab. ; ch.-l. de la rég. du Centre. Centre comm. de la prov. de Gezireh.

**Ouagadougou** cap. du Burkina Faso, reliée par voie ferrée à Abidjan ; 2 100 000 hab. (aggl.). Centre commercial ; industrie alimentaire. Festival panafricain du cinéma d'Ouagadougou, créé en 1977 (abrév. : *Festpaco*). – Archevêché. DER **ouagalais, aise** *a, n*

**Ouagadougou** vue aérienne

**ouailles** *nf pl* Chrétiens, par rapport à leur curé, leur pasteur. PHO [waj] ETY De l'a. fr. *oeille,* du lat. *ovis,* « brebis ».

**ouais** *av* fam Oui, parfois avec l'idée de surprise ou d'ironie.

**ouananiche** *nf* Canada Saumon atlantique, vivant dans les eaux douces de l'est du Canada. ETY Mot amérindien.

**ouaouaron** *nm* Canada Grenouille géante qui vit en Amérique du Nord et dont le coassement, à la saison des amours, ressemble à un meuglement. ETY Mot amérindien.

**Ouargla** v. d'Algérie, ch.-l. de la wilaya du m. nom ; 150 000 hab. Palmeraie.

**Ouarsenis** massif d'Algérie (1 985 m au Kef Sidi-Amar), dans l'Atlas tellien, au sud du Chélif.

**Ouarzazate** ville du Maroc, au S.-O. du Haut Atlas ; ch.-l. de prov. ; 60 000 hab. – Centre artisanal, palmeraie. Tourisme.

**ouate** *nf* **1** Textile spécialement préparé et cardé pour garnir des doublures, servir de bourre, etc. **2** Coton soyeux cardé fin et destiné aux soins d'hygiène, de chirurgie, etc. *De l'ouate* ou *de la ouate.* PHO [wat] ETY De l'ar., par l'ital.

**ouaté, ée** *a* fig Feutré, étouffé, doux. *Un son ouaté.*

**ouater** *vt* ① Garnir d'ouate.

**ouatine** *nf* Étoffe utilisée pour faire des doublures.

**ouatiner** *vt* ① Doubler avec de l'ouatine.

**Oubangui (l')** rivière d'Afrique équatoriale (1 160 km), affluent du Congo (r. dr.). Navigable toute l'année, après Bangui, elle sépare la République démocratique du Congo (RDC) de la Rép. centrafricaine puis de la rép. du Congo.

**Oubangui-Chari** → **centrafricaine (République).**

**oubli** *nm* **1** Défaillance momentanée ou permanente de la mémoire ; fait d'oublier. **2** Distraction, étourderie. *C'est un oubli fâcheux.* **3** Manquement à ses obligations, à ses devoirs. *Oubli du respect dû à soi-même.*

**oublie** *nf* vieilli Pâtisserie très mince roulée en cornet.

**oublié, e** *n* Personne délaissée, abandonnée.

**oublier** *vt* ② **A** *vt* **1** Perdre le souvenir de. *Oublier sa leçon.* **2** Ne plus vouloir se souvenir de qqch ; pardonner. *Oublier une injure.* **3** Négliger. *Oublier ses devoirs.* **4** Laisser par inadvertance. *Oublier ses clefs.* **5** Omettre par inattention. *Oublier un nom sur une liste.* **6** Refuser de prendre en considération. *Vous oubliez qui je suis.* **B** *vpr* **1** Disparaître de la mémoire. *Les détails s'oublient.* **2** Manquer à ce qu'on doit aux autres, à soi-même. *Il s'est oublié jusqu'à l'injurier.* **3** Faire ses besoins. *Le chien s'est oublié sur le tapis.* LOC ***Oublier l'heure*** : laisser passer le moment où l'on avait qqch à faire. ETY Du lat. DER **oubliable** *a*

**oubliette** *nf* Cachot souterrain. LOC fam ***Jeter aux oubliettes*** : abandonner un projet. — ***Tomber aux oubliettes*** : être laissé de côté, abandonné.

**oublieux, euse** *a* litt Sujet à oublier.

**oubykh** *nm* Langue caucasienne d'Abkhazie, remarquable par ses 80 consonnes. (Le dernier locuteur de cette langue est mort en 1992.)

**ouche** *nf* dial Pièce de bonne terre proche de la maison, généralement cultivée en jardin. ETY Du bas lat.

**Ouche** riv. de Bourgogne (85 km), affl. de la Saône (r. dr.) ; passe à Dijon.

**Ouche (pays d')** rég. de Normandie (Eure et Orne). Élevage bovin.

**ouchebti** *nm* Dans la religion égyptienne, statuette destinée à accompagner le défunt dans la vie éternelle.

**oud** *nm* Sorte de luth, principal instrument de la musique arabo-islamique. PHO [ud] ETY Mot ar. VAR **ud**

**Oudh** → **Aoudh.**

**Oudinot Nicolas Charles (duc de Reggio)** (Bar-le-Duc, 1767 – Paris, 1847), maréchal de France ; il fit les campagnes de la Révolution et de l'Empire. Il se rallia à Louis XVIII. — **Nicolas Charles Victor** (Bar-le-Duc, 1791 – Paris, 1863), fils du préc. ; général, il reprit Rome aux républicains, rétablissant le pape dans ses pouvoirs (1849).

**oudler** *nm* Au jeu de tarot, nom de trois cartes (le un, l'excuse et le 21 d'atout). PHO [udlœʀ]

**Oudmourtes** peuple de langue finno-ougrienne, établi en Russie, dans la république autonome des Oudmourtes (42 100 km$^2$ ; 1 586 000 hab.), située entre les rivières Kama et Viatka. VAR **Votiaks** DER **oudmourte** ou **votiak** *a*

**Oudry Jean-Baptiste** (Paris, 1686 – Beauvais, 1755), peintre animalier et graveur français ; illustrateur des *Fables* de La Fontaine.

**oued** *nm* Cours d'eau saisonnier des régions arides. PHO [wɛd] ETY Mot ar.

**Oued (El-)** oasis du Sahara algérien, dans le Souf, près de la Tunisie ; 100 000 hab.

**Oued-Zem** v. du Maroc (prov. de Casablanca) ; 90 000 hab. – Phosphates.

**Ouen (saint)** (Sancy, v. 600 – Clichy, v. 684), évêque de Rouen ; conseiller du roi Dagobert I^er. Il est l'auteur d'une *Vie de saint Éloi.*

**Ouenza (djebel)** massif d'Algérie (1 272 m) près de la Tunisie. – Fer.

**Ouessant** île rocheuse et pointe la plus occidentale de la France (Finistère) ; 15,6 km$^2$ ; 883 hab. forme un cant. Pêche ; moutons de prés salés DER **ouessantin, ine** *a, n*

**ouest** *nm, a inv* **A** *nm* **1** Point cardinal qui est au soleil couchant, à l'opposé de l'est. *Le vent souffle de l'ouest.* **2** (Avec majusc.) Partie occidentale d'une région, d'un pays, d'un continent. *Les provinces de l'Ouest.* **3** (Avec majusc.) L'Europe occidentale et l'Amérique du Nord. **B** *a inv* Situé à l'ouest. *La côte ouest.* LOC fam ***Être à l'ouest*** : ne pas être à la hauteur de la situation, ne pas être dans le coup. PHO [west] ETY De l'angl.

**ouest-allemand, ande** *a* De l'ancienne République fédérale d'Allemagne.

**Ouest-France** quotidien français créé en août 1944 ; il a le plus fort tirage des quotidiens régionaux.

**1 ouf** *interj, nm* Exprime le soulagement. *Pousser un ouf de soulagement.*

**2 ouf** *a, n* fam Fou, dingue. ETY Verlan de *fou.*

**Oufa** cap. de la Bachkirie, au pied de l'Oural, au confluent de l'*Oufa* et de la *Bielaïa* ; 1 100 000 hab. Raff. Industries.

**Ouganda (république de l')** (*Republic of Uganda*), État d'Afrique orientale, coupé par l'équateur, enclavé entre la Rép. dém. du Congo, le Soudan du Sud, le Kenya, la Tanzanie et le Rwanda ; 236 860 km$^2$ (dont env. 39 000 km$^2$ de lacs) ; 36,9 millions d'hab. ; accroissement naturel : 3,5 % par an ; cap. *Kampala.* Nature de l'État : république. Langues off. : anglais, swahili. Monnaie : shilling ougandais. Relig. : protestantisme (32,9 %), catholicisme (32,8 %), islam sunnite (15,6 %), relig. traditionnelles (13 %). DER **ougandais, aise** *a, n*

**Géographie** Un haut plateau accidenté, qui retombe au S. sur le lac Victoria, occupe la majorité du territoire. Il est traversé par le haut Nil et longé à l'O. par le fossé du rift occidental, où se trouvent les lacs Édouard, George et Mobutu, et que domine le Ruwenzori (5 119 m). Le climat équatorial d'altitude crée la savane arborée. L'Ouganda est peuplé de deux groupes ethniques : au Nord, les tribus pastorales nilotiques sont proches des Tutsis ; au Sud, les populations de langues bantoues sont proches des Hutus.

**Économie** Le pays appartient au groupe des pays les moins avancés. Il vit de cultures vivrières et d'élevage. Il exporte du café, un peu de coton et un peu de thé. Cuivre, cobalt, tungstène, phosphates, hydroélectricité ont suscité l'industrialisation, encore modeste. Les troubles ont aggravé la situation écon. La croissance atteint 6 %. L'Ouganda a bénéficié de la réduction de sa dette, mais l'inflation menace.

**Histoire** LES ORIGINES Constitué au XII^e s., voire avant, le royaume du Bunyoro dominait au XVII^e s. la quasi-totalité de l'Ouganda actuel. Progressivement, le Buganda, au S.-E., s'en libéra et devint au XIX^e s. la princ. puissance de la région. En 1868, le *kabaka* (« souverain ») du Buganda se convertit à l'islam. En 1886, il fit périr les vingt-deux « martyrs de l'Ouganda ». Cette même année, All. et Brit. conclurent un accord de partage sur les pays plus au sud.

LA COLONISATION En 1892, le Brit. Lugard chassa le kabaka et établit sur le Buganda le protectorat brit., qui en 1894 s'étendit sur le Bunyoro. Les colons développèrent les plantations de café et de coton sur les hauteurs. À partir de 1920, la monoculture du coton désorganisa l'économie. En 1945, des troubles éclatèrent. En 1952-1954, le kabaka Mutesa II s'opposa à l'administration coloniale. Des partis se constituèrent. Les trois princ. participèrent en 1961 à une conférence qui rédigea la Constitution.

L'INDÉPENDANCE Le 9 oct. 1962, l'Ouganda accéda à l'indépendance. En 1963, la rép. fut proclamée, présidée par Mutesa II. En 1966, Milton Obote s'attribua les pleins pouvoirs. En 1971, il fut évincé par Idi Amin Dada, dictateur sanguinaire renversé par l'armée tanzanienne en avril 1979. Obote revint au pouvoir (mai 1980) ; sa tyrannie paralysa l'économie et il fut renversé en juil. 1985 par le général Basilio Ikello. En janv. 1986, les troupes de Yoweri Museveni, chef de l'Armée nationale de résistance (représentant les Bantous du Sud et de l'Ouest) prirent Kampala. Y. Museveni devint chef de l'État. La guerre civile avait fait 800 000 morts. En 1992, Museveni dut rétablir le multipartisme et remporta les législatives de 1994. En 1996, il fut élu président. En 1997, il a soutenu Kabila contre Mobutu, puis il a soutenu les opposants à Kabila, dont les Rwandais. En 1999, il se brouille avec ceux-ci. En 2000, Museveni organise un référendum qu'il remporte. Il est réélu en 2006 et 2011.

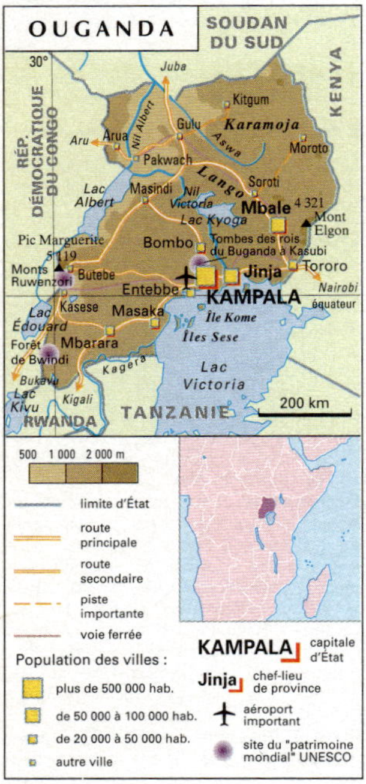


**Ouganda (martyrs de l')** vingt-deux jeunes Africains convertis au catholicisme et martyrisés sur la rive N. du lac Victoria entre 1885 et 1887 ; canonisés par Paul VI en 1964.

**Ougarit** anc. cité cananéenne dont les ruines ont été mises à jour à *Ras Shamra* (Syrie), à partir de 1929. Ses plus anc. vestiges remontent au néolithique ; elle fut détruite par les Peuples de la Mer vers 1200 av. J.-C. VAR **Ugarit**

**ougrien, enne** *a, nm* Se dit d'un groupe de langues de la famille finno-ougrienne.

**ouguiya** *nm* Monnaie de la Mauritanie.

**oui** *av, nm inv* **A** *av* Indique l'affirmation, l'acquiescement. *Vient-il avec nous ? – Oui vraiment ! Mais oui !* **B** *nm inv* Approbation, accord. *Un oui unanime.* **LOC** ***Pour un oui pour un non :*** sans motifs sérieux. PHO [wi] ETY De l'a. fr. *o*, renforcé par le pron. *il*.

**Ouidah** port du Bénin ; 70 000 hab. – Grand centre du commerce des esclaves au XVIII^e^ s.

**ouï-dire** *nm inv* Ce que l'on ne sait que par la rumeur publique. *Apprendre une nouvelle par ouï-dire.*

**ouïe** *nf* **A 1** Sens qui permet d'entendre. *Avoir l'ouïe fine.* **2** TECH Ouverture pratiquée sur une machine. *Les ouïes d'aération d'un réacteur.* **3** MUS Syn. de *esse* 2. **B** *nf pl* Ouvertures situées sur les côtés de la tête d'un poisson, qui font communiquer la cavité branchiale avec le milieu extérieur. **LOC** fam ***Être tout ouïe :*** écouter avec attention. PHO [wi]

**ouïgour** *nm* Langue des Ouïgours, voisine du turc.

**Ouïgours** peuple turc qui, au milieu du VIII^e^ s., établit un empire dans la région de l'actuelle Mongolie (entre l'Altaï et le lac Baïkal), ruiné par les Kirghiz en 840. Les Ouïgours se dispersèrent, gagnant surtout la Chine, où ils se convertirent au bouddhisme. Auj., la moitié de la pop. du Xinjiang est formée par des Ouïgours, islamisés à partir du XIV^e^ s. VAR **Ouïghours** DER **ouïgour** ou **ouïghour, oure** *a*

**ouille !** *interj* Exprime la douleur. PHO [uj] ETY Onomat. VAR **ouïe !**

**ouiller** *vt* ① TECH Remplir un tonneau avec du vin de même provenance que celui qui s'est évaporé en cours de fermentation. ETY De l'a. fr. *œil*, « sonde de tonneau ».

**ouïr** *vt* ㊳ vx, plaisant Entendre, écouter. *Oyez, bonnes gens !* **LOC** ***J'ai ouï dire que... :*** j'ai entendu dire que... ETY Du lat.

**ouiste** *a, n* Qui vote oui lors d'un référendum. VAR **ouitiste**

**ouistiti** *nm* Singe d'Amérique du Sud, de très petite taille. ETY Onomat.

**ouistiti**

**Ouistreham** ch.-l. de cant. du Calvados (arr. de Caen), sur la Manche ; 9 493 hab. Stat. balnéaire. – Lieu de débarquement en juin 1944. – Égl. XII^e^-XIII^e^ s.

**Oujda** v. du Maroc oriental ; 470 500 hab. (aggl.) ; ch.-l. de prov. Centre agricole.

**oukase** → **ukase.**

**Oulan-Bator** (anc. *Ourga*), cap. de la république de Mongolie, dans la vallée de la Tola, à la limite du désert de Gobi, à 1 500 m d'alt. ; 1 000 000 hab.(aggl.) Centre industriel du pays.

**Oulan-Oude** (anc. *Verkhne-Oudinsk*), ville de Russie, cap. de la rép. auton. de Bouriatie ; 360 000 hab. Industries.

**Ouled Naïl (monts des)** un des princ. massifs (1 491 m) de l'Atlas saharien, en Algérie, domaine des *Ouled Naïl*, nomades.

**ouléma** → **uléma.**

**Oulès Firmin** (Saint-Pierre-de-Trévisy, Tarn, 1904 – Lutry, Suisse 1992), économiste français, disciple de L. Walras et de W. Pareto.

**Oulianovsk** → **Simbirsk.**

**Oulipo** acronyme de *Ouvroir de littérature potentielle*, désignant un groupe de recherches de littér. expérimentale fondé en 1960 par François Le Lionnais (1901 – 1984) et Queneau. Autres membres : Perec, Calvino, Roubaud. Publications collectives : *la Littérature potentielle* (1973), *Atlas de littérature potentielle* (1981), *la Bibliothèque oulipienne* (3 vol., 1981, 1987 et 1990). DER **oulipien, enne** *a, n*

**Oullins** ch.-l. de cant. du Rhône (arr. de Lyon) ; 25 678 hab. – Trois châteaux (XVI^e^ et XVII^e^ s.). DER **oullinois, oise** *a, n*

**Oulu** (en suédois *Uleåborg*), port de Finlande, sur le golfe de Botnie ; ch.-l. de län ; 102 280 hab. Industries. – Université.

**Oum er-R'bia** fleuve du Maroc occid. (556 km), tributaire de l'Atlantique. Barrages.

**Oum Kalsoum** → **Umm Kulthum.**

**oumma** *nf* Dans l'islam, la communauté des croyants. ETY Mot ar.

**Ouolofs** → **Wolofs.**

**Our** → **Ur.**

**ouragan** *nm* **1** Tempête très violente caractérisée par des vents tourbillonnants. **2** fig Trouble violent, déchaînement. *Ouragan politique.* ETY Du caraïbe, par l'esp.

**Oural (monts)** chaîne de montagnes de Russie, formant une limite conventionnelle entre l'Europe et l'Asie. Elle s'allonge de la Caspienne à l'Arctique sur 2 400 km et culmine à 1 894 m. – Chaîne hercynienne rajeunie au tertiaire, l'Oural a un sous-sol riche : fer, cuivre, manganèse, chrome, or, potasse, etc. ; le gisement de pétrole du Second-Bakou est l'un des plus import. du monde. Les industries sont nombreuses. DER **ouralien, enne** *a, n*

**Oural** fleuve de Russie (2 534 km) ; né dans l'Oural méridional, il arrose Magnitogorsk, Orsk, Oral et se jette dans la Caspienne.

**ouralien, enne** *a, nm* LING Syn. de *finno-ougrien*.

**ouralo-altaïque** *a, nm* LING Se dit d'une famille linguistique réunissant les langues finno-ougriennes et turco-mongoles.

**Ouralsk** → **Oral.**

**Ouranos** dans la myth. gr., personnification du Ciel.

**Ourartou** royaume de l'Asie occidentale anc. qui se développa dans le N. de l'Assyrie autour du lac de Van (Arménie actuelle) ; son apogée se situe au VIII^e^ s. av. J.-C. VAR **Urartu** DER **ourartéen** ou **urartéen, enne** *a, n*

**Ourcq (l')** riv. de France (80 km), affl. de la Marne (r. dr.). – Le *canal de l'Ourcq* (108 km) relie l'Ourcq à la Seine (Paris, port de la Bastille).

**ourdir** *vt* ③ **1** TECH Préparer les fils de la chaîne avant de les monter sur le métier à tisser. **2** fig, litt Machiner, préparer. *Ourdir un complot.* SYN tramer. ETY Du lat. DER **ourdissage** *nm*

**ourdissoir** *nm* TECH Appareil muni d'un dispositif d'enroulement (roue, cylindre, etc.), utilisé pour l'ourdissage.

**-oure** Élément, du gr. *oura*, « queue ».

**ourébi** *nm* Petite antilope africaine, de couleurs fauve, aux cornes droites.

**Ourga** → **Oulan Bator.**

**ourler** *vt* ① Faire un ourlet à. ETY Du lat. *orulare*, de *ora*, « bord ».

**ourlet** *nm* Bord d'une étoffe replié et cousu pour empêcher qu'il ne s'effile. **LOC** ***Faux ourlet :*** ourlet fait avec un morceau d'étoffe ajouté.

**ourlien, enne** *a* MED Qui a rapport aux oreillons.

**Ourmia** (anc. *Rezâye*), v. du N.-O. de l'Iran, proche du lac du m. nom ; 600 000 hab. ; ch.-l. de la prov. d'Azerbaïdjan-Occid. – Le *lac d'Ourmia* est le plus grand lac d'Iran (très salé).

**Ouro Preto** v. du Brésil ; cap. du Minas Gerais jusqu'en 1897 ; 70 281 hab. Tourisme. – Nombr. mon. et vest. – Production de l'or aux XVIII^e^ et XIX^e^ s.

**Ourouk** (auj. *Warka*), v. de la basse Mésopotamie, sur la r. g. de l'Euphrate, au N. d'Ur ; import. foyer sumérien (V. Sumer). VAR **Uruk**

**Ouroumstsi** → **Urumqi.**

**ours** *nm, a inv* **1** Grand mammifère carnivore de l'Arctique et des régions froides d'Eurasie et d'Amérique, au corps massif couvert d'une épaisse toison, au museau pointu, à la démarche plantigrade. *Ours blanc, brun.* **2** Jouet d'enfant figurant un ours. *Ours en peluche.* **3** PRESSE, EDITION Liste des collaborateurs d'une publication. **4** fig Personne peu sociable, renfermée, et d'allures bourrues. **LOC** ***Ours mal léché :*** personne mal élevée, aux manières grossières. — ***Vendre la peau***

*de l'ours avant de l'avoir tué :* spéculer sur ce qui n'est qu'une espérance. [ETY] Du lat.

**ours** brun

**Ours (Grand lac de l')** lac du Canada (Territoires du Nord-Ouest), relié au Mackenzie par la *rivière de l'Ours* ; 29 000 km$^2$.

**ourse** *nf* Femelle de l'ours.

**Ourse (la Grande** et **la Petite)** constellations boréales appelées aussi Grand Chariot et Petit Chariot. L'étoile polaire est située à une extrémité de la Petite Ourse.

**oursin** *nm* Animal marin comestible, échinoderme au test rigide hérissé de piquants.

**oursin** crayon

**oursinade** *nf* Préparation culinaire à base d'oursins.

**ourson** *nm* Petit de l'ours.

**Ourthe** riv. de Belgique (165 km), confl. avec la Meuse (r. dr.) à Liège.

**Oury Max Gérard Houry,** dit **Gérard** (Paris, 1919 – Saint-Tropez, 2006), cinéaste français : *le Corniaud* (1964), *la Grande Vadrouille* (1966), *les Aventures de Rabbi Jacob* (1973), *l'As des as* (1982).

**Ouse** fl. d'Angleterre (269 km) ; arrose Bedford, se jette dans la mer du Nord (golfe du Wash). Trois autres rivières portent ce nom : la *Petite Ouse,* affl. de la préc. ; l'*Ouse du Yorkshire* (102 km), qui se jette dans la Humber ; l'*Ouse du Sussex* (50 km), qui se jette dans la Manche.

**Ousmane dan Fodio** (Marata, 1754 – ?, 1817), prophète musulman et souverain. Peul du Fouta-Toro, il lança la guerre sainte contre les royaumes haoussas, qu'il prit et convertit à l'islam (1804-1809). Il bâtit le royaume de Sokoto (dans le Nigeria actuel), qu'il partagea entre son frère et son fils (1812).

**Oussouri** riv. de la Chine du N.-E. (907 km), affl. de l'Amour (r. dr.), formant frontière entre la Russie et la Chine.

**Oussourisk** (de 1935 à 1957 *Vorochilov*), ville de Russie, au nord de Vladivostok ; 156 000 hab. Industries.

**oust !** *interj* fam S'utilise pour chasser qqn ou le faire se hâter. *Allez, oust, dehors !* [ETY] Onomat. [VAR] **ouste !**

**Oust** riv. de Bretagne (155 km), qui se jette dans la Vilaine (r. dr.) à Redon.

**Oustacha** société révolutionnaire et nationaliste croate créée en 1930 par Ante Pavelić. Ses membres, les *oustachis* (« insurgés »), tuèrent à Marseille Alexandre Ier de Yougoslavie (1934). Ils commirent des atrocités, notam. contre les Serbes, pendant la Seconde Guerre mondiale.

**Oustiourt (plateau d')** plateau désertique du Kazakhstan et d'Ouzbékistan, entre la mer d'Aral et la mer Caspienne.

**out** *av, a inv* **A** TENNIS En dehors des limites du terrain. *Balle out.* **B** *a inv* fam **1** Qui est incapable de s'adapter. **2** Qui est passé de mode, dépassé. [PHO] [awt] [ETY] Mot angl., « dehors ».

**outaouais → Ottawa.**

**Outaouais (rivière des)** la plus longue riv. du Québec (1 270 km) et le princ. affl. du fl. Saint-Laurent ; elle sépare le Québec et l'Ontario.

**Outaouais** rég. admin. du S.-O. du Québec, à la frontière de l'Ontario ; 256 650 hab.

**outarde** *nf* **1** Oiseau gruiforme des steppes d'Eurasie, d'Afrique et d'Australie. **2** Oie sauvage du Canada. [ETY] Du lat. *avis tarda,* « oiseau lent ».

**outarde** barbue

**Outback** ensemble des régions désertiques de l'Australie.

**Outcault Richard Felton** (Lancaster, Ohio, 1863 – New York, 1928), auteur américain de l'une des prem. bandes dessinées : *The Yellow Kid* (1896).

**outdoor** *nm* Ensemble des activités liées à la vie au grand air (matériel, vêtements, etc.). [PHO] [awtdɔʀ] [ETY] Mot angl., « de plein air ».

**outer** *vt* [1] Procéder à un outing. [PHO] [awte]

**Outerbridge Paul** (New York, 1896 – Laguna, Californie, 1958), photographe américain : nus féminins aux couleurs criardes.

**outil** *nm* **1** Instrument manuel qui sert à effectuer un travail. *Outil de maçon, de sculpteur.* **2** Tout moyen utilisé pour effectuer un travail. [PHO] [uti] [ETY] Du lat. *ustensilia,* « ustensiles ».

**outillage** *nm* Ensemble des outils et des machines utilisés pour une activité.

**outiller** *vt* [1] Munir d'outils, de matériel ; équiper. *Outiller un apprenti. Un atelier bien outillé. Il faudrait qu'il s'outille.*

**outilleur** *nm* TECH Ouvrier qualifié qui fabrique des outillages.

**outing** *nm* **1** Révélation à son entourage de l'homosexualité de qqn par lui-même ou par des tiers. SYN coming-out. **2** fig Révélation d'un fait jusqu'alors tenu secret. *Outing de victimes d'un racket.* [PHO] [awtiŋ] [ETY] Mot angl., « sortie ».

**outlaw** *nm* HIST Bandit, aventurier, hors-la-loi dans les pays anglo-saxons. [PHO] [awtlo] [ETY] Mot angl., « hors-la-loi ».

**outplacement** *nm* GEST Technique de réinsertion de salariés en cours de licenciement. SYN décrutement. [PHO] [awtplasmɑ̃] [ETY] Mot angl.

**output** *nm* **1** ECON Résultat d'une production. **2** INFORM Sortie de données dans un système informatique. ANT input. [PHO] [awtput] [ETY] Mot angl.

**outrage** *nm* **1** Injure grave. **2** DR Injure grave commise envers un personnage officiel dans l'exercice de ses fonctions. *Outrage à agent de la force publique. Outrage à magistrat.* **LOC** *Outrage aux bonnes mœurs :* délit consistant à porter atteinte à la moralité publique par des paroles, des écrits ou des représentations graphiques, cinématographiques ou télévisées contraires à la décence. — *Outrage public à la pudeur :* délit consistant en un acte volontaire de nature à blesser la pudeur de ceux qui, même fortuitement, en ont été témoins. [ETY] De *outre 2.*

**outrager** *vt* [13] litt Offenser gravement qqn. [DER] **outrageant, ante** *a*

**outrageusement** *av* Excessivement. *Elle s'était outrageusement maquillée.*

**outrance** *nf* Excès. *Outrances de langage.* **LOC** *À outrance :* exagérément. — *Combat, guerre à outrance :* jusqu'à la victoire totale.

**outrancier, ère** *a* Exagéré, excessif.

**1 outre** *nf* Peau de bouc cousue comme un sac et servant à contenir des liquides. *Outre de vin.* [ETY] Du lat. *uter,* « ventre ».

**2 outre** *av, prép* En plus de. *Outre son salaire, il reçoit une prime.* **LOC** *En outre :* de plus, par ailleurs. — *Outre mesure :* plus qu'il ne convient. — *Outre que :* en plus du fait que. *Outre qu'il écrit, il illustre ses textes.* — *Passer outre :* aller plus loin. — *Passer outre à qqch :* ne pas en tenir compte. [ETY] Du lat. *ultra,* « au-delà de ».

**outré, ée** *a* **1** litt Excessif. *Compliments outrés.* **2** Indigné. *Je suis outré de ces mensonges.*

**outre-Atlantique** *av* Au-delà de l'Atlantique ; aux États-Unis, au Canada.

**Outreau** ch.-l. de cant. du Pas-de-Calais (arr. de Boulogne-sur-Mer) ; 15 222 hab.

**outrecuidant, ante** *a* Impertinent envers autrui. [ETY] De l'a. fr. *outrecuider,* de *outre 2* et *cuider,* « croire ». [DER] **outrecuidance** *nf*

**outre-Manche** *av* En Grande-Bretagne.

**outremer** *nm, a inv* **A** *nm* MINER Pierre fine bleue appelée aussi *lapis-lazuli, lazurite.* **B** *nm, a inv* Couleur bleue soutenue. *Reflets d'outremer de l'eau. Des jupes outremer.* [PHO] [utʀəmɛʀ]

**outre-mer** *av* Situé au-delà des mers, par rapport à la France. *Territoires d'outre-mer.*

**outre-mer (France d')** ensemble des départements d'outre-mer (DOM), des territoires d'outre-mer (TOM) et de quelques collectivités territoriales (Mayotte, Saint-Pierre-et-Miquelon) [DER] **ultramarin, ine** *a, n*

**Outremont** ville du Québec, banlieue N. de Montréal dont elle fait partie intégrante depuis 2002. [DER] **outremontais, aise** *a, n*

**outrepassé, ée** *a* **LOC** ARCHI *Arc outrepassé :* dont le tracé forme un cintre plus grand que la demi-circonférence.

**outrepasser** *vt* [1] Dépasser la limite de ce qui est convenable, permis, prescrit. *Outrepasser ses droits, des ordres.*

**outrer** *vt* [1] **1** Exagérer. *Cet acteur outre ses effets.* **2** Indigner, révolter. *Sa conduite m'avait outré.*

**outre-Quiévrain** *av* En Belgique.

**outre-Rhin** *av* En Allemagne.

**outre-tombe** *av* Après la mort.

**outrigger** *nm* SPORT Embarcation légère servant aux courses d'aviron. [PHO] [awtʀigœʀ] [ETY] Mot angl.

**outsider** *nm* **1** TURF Cheval qui n'est pas parmi les favoris. **2** Concurrent qui s'attaque au favori dans une compétition, un concours. [PHO] [awtsajdœʀ] [ETY] Mot angl., « qui se tient en dehors ».

**ouvala** *nf* GEOGR Vaste dépression karstique. [ETY] Mot serbo-croate.

**Ouvéa → Uvéa.**

**Ouvéa (île)** une des îles Loyauté (Nouvelle-Calédonie), où se déroula, en 1988, une tragique prise d'otages.

**ouvert, erte** *a* **1** Qui n'est pas fermé. *Bouche ouverte.* **2** Fendu, coupé, entamé. *Avoir l'arcade sourcilière ouverte.* **3** Libre d'accès. *Spectacle ouvert à tous.* **4** Commencé. *La séance est ouverte.* **5** Franc, accueillant. *Visage, caractère ouvert.* **6** Éveillé, tolérant. *Esprit ouvert.* **7** Déclaré, public, manifeste. *Être en guerre ouverte avec qqn.* **8** PHON Se dit d'une voyelle prononcée avec ouverture du canal buccal telle que [ɛ], [ɔ]. **LOC** ELECTR ***Circuit ouvert*** : présentant une interruption et dans lequel le courant ne passe pas. — MATH ***Intervalle ouvert*** : qui ne comprend pas les bornes qui le limitent. — ***Syllabe ouverte*** : terminée par une voyelle. — ***Tenir table ouverte*** : recevoir même ceux que l'on n'a pas invités.

**ouvertement** *av* Franchement ; sans détour. *Parler ouvertement.*

**ouverture** *nf* **1** Action d'ouvrir ce qui était fermé ; fait de s'ouvrir. *Ouverture d'un coffre, d'un parachute.* **2** Espace vide, fente, trou. *Pratiquer une ouverture dans un mur.* **3** Commencement. *Ouverture de la campagne électorale.* **4** fig Première démarche d'une négociation. *Ouverture de paix.* **5** Attitude politique visant à rechercher une majorité, un consensus plus larges. **6** MUS Morceau de musique instrumentale exécuté au début d'une œuvre lyrique ou comme pièce de concert indépendante. **LOC** SPORT ***Demi d'ouverture*** : joueur chargé de lancer les attaques, au rugby. SYN ouvreur. — ***Ouverture de la chasse, de la pêche*** : le premier jour, chaque année, où il est permis de chasser, de pêcher. — ***Ouverture d'esprit*** : facilité à comprendre et à admettre ce qui est nouveau, inhabituel. (ETY) Du lat.

**ouvrable** *a* **LOC** ***Jour ouvrable*** : où l'on travaille normalement, par oppos. à *férié*.

**ouvrage** *nm* **1** Besogne, travail. *Se mettre à l'ouvrage.* **2** Objet produit par le travail d'un ouvrier, d'un artisan. *Ouvrage de maçonnerie.* **3** Construction. *Maître de l'ouvrage.* **4** MILIT Fortification. *Ouvrage avancé.* **5** Texte imprimé ou destiné à l'impression ; livre. *Publier un ouvrage de droit.* **6** Travail d'aiguille, tricot. **LOC** fam ***De la belle ouvrage*** : du beau travail. — ***Ouvrages d'art*** : constructions de ponts, tunnels nécessitées par l'élaboration d'une route ou d'une voie ferrée. (ETY) De œuvre.

**ouvragé, ée** *a* Minutieusement travaillé.

**ouvrager** *vt* (13) Ouvrer avec délicatesse, minutie, enrichir d'ornements.

**ouvrant, ante** *a, nm* **A** Qui s'ouvre. *Le toit ouvrant d'une automobile.* **B** *nm* CONSTR Partie qui peut s'ouvrir et se fermer. *Ouvrant de désenfumage.*

**Ouvrard Gabriel Julien** (Clisson, 1770 – Londres, 1846), homme d'affaires et banquier français. Il s'enrichit frauduleusement en fournissant l'armée française du Directoire à la Restauration.

**ouvré, ée** *a* Travaillé, façonné. *Bois ouvré.* **LOC** ***Jour ouvré*** : où l'on travaille effectivement, par oppos. à *chômé*.

**ouvreau** *nm* TECH Ouverture dans la paroi d'un four ou d'une chaudière, destinée à recevoir le brûleur.

**ouvre-boîte** *nm* Instrument coupant utilisé pour ouvrir les boîtes de conserve. PLUR ouvre-boîtes. (VAR) **ouvre-boite**

**ouvre-bouteille** *nm* Syn. de *décapsuleur*. PLUR ouvre-bouteilles.

**ouvre-huître** *nm* Instrument permettant d'ouvrir les huîtres. PLUR ouvre-huîtres. (VAR) **ouvre-huitre**

**ouvrer** *vt* (1) Travailler, façonner. *Ouvrer des pièces de bois.*

**ouvreur, euse** *n* **1** SPORT Skieur qui ouvre une piste. **2** Au rugby, demi d'ouverture. **3** Aux cartes, personne qui ouvre les enchères. **4** Personne chargée de placer le public dans une salle de spectacle.

**ouvrier, ère** *n, a* **A** *n* **1** Personne rémunérée pour effectuer un travail manuel. *Ouvrier menuisier. Ouvrier d'usine. Ouvrier agricole.* **2** litt Personne qui fait tel ou tel travail, artisan. **B** *nf* ENTOM Femelle stérile, chez les insectes sociaux tels que les abeilles, les guêpes, les fourmis. **C** *nm* Individu stérile assurant tous les travaux chez les termites. **D** *a* Des ouvriers, relatif aux ouvriers. *La classe ouvrière.* **LOC** ***Ouvrier qualifié*** : qui est titulaire d'un certificat d'aptitude professionnelle. — ***Ouvrier spécialisé*** : qui effectue une tâche particulière ne nécessitant aucune qualification professionnelle. (ETY) Du lat.

**ouvriérisme** *nm* POLIT Théorie qui tend à privilégier le rôle des ouvriers dans le mouvement révolutionnaire et dans la gestion de l'économie. (DER) **ouvriériste** *a, n*

**ouvrir** *v* (22) **A** *vt* **1** Faire que ce qui était fermé ne le soit plus ; faire communiquer l'extérieur et l'intérieur. *Ouvrir une porte. Ouvrir la bouche, les yeux.* **2** Déplier, décacheter. *Ouvrir une lettre.* **3** Rendre libre un accès. *Ouvrir une voie.* **4** fig Découvrir. *Ouvrir son cœur à qqn.* **5** Commencer, entamer. *Ouvrir le bal, le feu.* **6** Fonder, créer. *Ouvrir une école, une boutique.* **7** Faire fonctionner, mettre en marche. *Ouvrir la radio.* **B** *vi* **1** Être ouvert. *Porte bloquée qui n'ouvre plus. Ce magasin n'ouvre pas le lundi.* **2** Commencer. *La saison ouvre demain.* **C** *vpr* **1** S'épanouir, se développer. *Les fleurs s'ouvrent au soleil.* **2** Se faire une plaie ouverte sur. *S'ouvrir le genou.* **3** Être ou devenir libre, accessible. *Des perspectives inattendues s'ouvrent désormais.* **4** Commencer par. *La réunion s'est ouverte par un tour de table.* **5** Faire des confidences à qqn. **6** Acquérir ses qualités propres après vieillissement, en parlant d'un vin. **LOC** fam ***L'ouvrir*** : oser parler. — ***Ouvrir la marche*** : marcher en tête. — ***Ouvrir les yeux à qqn*** : le mettre en face de la réalité, de la vérité. — ***Ouvrir l'œil*** : faire attention. — SPORT ***Ouvrir une piste de ski*** : effectuer le premier le parcours sur cette piste. — ***Ouvrir une voie*** : être le premier alpiniste à la parcourir. (ETY) Du lat.

**ouvroir** *nm* **1** Lieu réservé aux travaux faits en commun, dans un couvent. **2** vieilli Fondation charitable dont les membres exécutent bénévolement des travaux d'aiguille pour les nécessiteux.

**Ouyang Xiu** (Luling, 1007 – Yingzhou, 1072), mandarin chinois, auteur de poèmes et de très nombr. essais.

**ouzbek** *nm* Langue turque parlée en Ouzbékistan.

**Ouzbékistan** (*Ozbekiston respublikasy*), État d'Asie centrale, bordé au N.-E. par la mer d'Aral et frontalier du Kazakhstan, du Kirghizstan, du Tadjikistan et du Turkménistan ; 449 600 km² ; 31 300 000 hab. (Ouzbeks, 70 % ; Russes, 8 % ; minorités tadjike, tatare et kazakhe) ; cap. *Tachkent*. Nature de l'État : rép. présidentielle. Langue off. : ouzbek. Monnaie : soum. Relig. : islam sunnite. (DER) **ouzbek, èke** *a, n*

**Géographie** Une plaine désertique coupée d'oasis et de bassins (Samarkand, Boukhara, Fergana, etc.) est dominée au sud par des montagnes (Pamir, Tianshan) d'où descendent le Syr-Daria et l'Amou-Daria. L'irrigation assure la prospérité de l'agriculture (38 % de la population active) : fruits, primeurs, riz, luzerne, vigne et, surtout, coton. La sériciculture et les moutons astrakans fournissent des ressources. Les richesses minières (charbon, pétrole, gaz, uranium, cuivre, etc.) ont suscité une industrialisation récente. Malgré ces atouts, l'inflation, la diminution du pouvoir d'achat, les désaccords avec le FMI signent la noirceur de la situation.

**Histoire** La rép. autonome du Turkestan, sous contrôle russe depuis la seconde moitié du XIXe s., devint, en 1929, la rép. sov. d'Ouzbékistan. Ses frontières furent modifiées en 1929 (le Tadjikistan devenant une rép. fédérée) et en 1936 (la rép. autonome de Karapalkie étant rattachée à l'Ouzbékistan). En 1989, l'Ouzbékistan fut le théâtre de violences contre les Meskhets. En août 1991, l'indépendance de la Rép. a été proclamée par le Parlement ; l'Ouzbékistan est devenu membre de la CEI et, en déc., l'anc. secrétaire du PC, Islam Karimov, a été élu prés. de la Rép. En 1995, un référendum a prolongé son mandat jusqu'à l'an 2000. Sa réélection n'a alors surpris personne, car il a éliminé toute opposition. Il se ferme à l'Occident et se tourne vers la Russie. Il est réélu en 2007 et en 2015.

▶ carte **Asie centrale**

**Ouzbeks** peuple vivant en Ouzbekistan (env. 15 millions de personnes), ainsi que dans les États voisins (plus de 5 millions de personnes). Leur langue, l'ouzbek, appartient à la sous-famille turque.

**ouzo** *nm* Alcool grec parfumé à l'anis. (ETY) Mot gr.

**ov(o)-, ovi-** Élément, du lat. *ovum*, « œuf ».

**ovaire** *nm* **1** BIOL Organe reproducteur femelle où se forment les ovules. *Les ovaires produisent la folliculine et la progestérone.* **2** BOT Organe femelle où se forment les ovules, et qui donne le fruit. (DER) **ovarien, enne** *a*

▶ illustr. **appareil génital**

**ovalaire** *a* De forme à peu près ovale.

**ovalbumine** *nf* BIOCHIM Protéine du blanc d'œuf.

**ovale** *a, nm* **A** *a* Qui a la forme d'une courbe fermée et allongée. *Table ovale.* **B** *nm* GEOM Figure de cette forme, ayant deux axes de symétrie orthogonaux. **LOC** ***Le ballon ovale*** : le ballon de rugby (par oppos. au *ballon rond*, de football).

**Ovalie** expression plaisante désignant le monde du rugby.

**ovalisation** *nf* TECH Défaut d'une pièce cylindrique dont la section devient ovale.

**ovaliser** *vt* (1) TECH Rendre ovale.

**ovariectomie** *nf* CHIR Ablation d'un ou des deux ovaires.

**ovarien** → **ovaire.**

**ovarite** *nf* MED Inflammation des ovaires.

**ovation** *nf* Acclamation, démonstration bruyante d'enthousiasme en l'honneur de qqn.

**ovationner** *vt* (1) Saluer par des ovations, des acclamations.

**ove** *nm* didac Ornement décoratif en relief, en forme d'œuf.

**Overbeck Johann Friedrich** (Lübeck, 1789 – Rome, 1869), peintre allemand ; l'un des « nazaréens » (V. ce nom).

**overdose** *nf* **1** Absorption d'une forte dose de drogue pouvant entraîner la mort. SYN (recommandé) surdose. **2** fig, fam Quantité excessive de qqch. *Une overdose de travail.* (PHO) [ɔvəʀdoz] (ETY) Mot angl.

**overdrive** *nm* AUTO Organe de la boîte de vitesses permettant d'augmenter légèrement la possibilité de surmultiplier. (PHO) [ɔvəʀdʀajv] (ETY) Mot angl.

**Overijssel** prov. des Pays-Bas, à la frontière allemande ; 3 801 km² ; 1 141 000 hab. ; ch.-l. *Zwolle*. Ce pays de collines et de vallées pratique l'élevage (bovin, porcin, ovin et des volailles). Les industries se concentrent à l'est.

**ovibos** *nm* ZOOL Ruminant à la toison brune laineuse et aux cornes plates recourbées, qui vit dans les régions arctiques américaines, appelé aussi *bœuf musqué*. (PHO) [ɔvibɔs]

**Ovide** (en lat. *Publius Ovidius Naso*) (Sulmona, Abruzzes, 43 av. J.-C. – Tomes, auj. Constanța, Roumanie, 17 ou 18 apr. J.-C.), poète latin : *l'Art d'aimer, les Métamorphoses* (poème épique et mythologique). Exilé en Dacie en 8 ap. J.-C., il composa des élégies : *les Tristes* et *les Pontiques.* [DER] **ovidien, enne** *a*

**oviducte** *nm* ZOOL Conduit qui donne passage à l'ovule, chez les animaux. *Dans l'espèce humaine, l'oviducte est appelé « trompe de Fallope ».*

**Oviedo** v. du N.-O. de l'Espagne, anc. cap. du royaume des Asturies ; cap. de la communauté auton. des Asturies ; 194 600 hab. Centre métallurgique. – Archevêché. Université. Cath. XV$^e$-XVI$^e$ s. Nombr. églises. Anc. palais royal (IX$^e$ s.), transformé en église, sur le *Monte Naranco.* – En 1934, l'insurrection des mineurs y fut durement réprimée.

**Ovimbundus** population du sud de l'Angola (env. 4 millions de personnes). Ils parlent une langue bantoue, l'*umbundu.* (V. Mbundu.) Traditionnellement, ils cultivent le maïs et pratiquent accessoirement l'élevage. [DER] **ovimbundu** *a*

**ovin, ine** *a, nm* **A** *a* Relatif au mouton, à la brebis. **B** *nm* Animal de l'espèce ovine.

**oviné** *nm* ZOOL Mammifère ruminant dont le groupe comprend les ovins et les caprins. [ETY] Du lat. *ovis,* « brebis ».

**ovipare** *a, n* ZOOL Se dit des animaux qui se reproduisent en pondant des œufs. [DER] **oviparité** *nf*

**ovipositeur** *nm* ZOOL Syn. de *tarière.* [VAR] **oviscapte**

**ovni** *nm* **1** Objet volant non identifié. **2** fig, fam Personnage ou objet hors normes, difficile à classer. [PHO] [ɔvni]

**ovocyte** *nm* BIOL Gamète femelle non parvenue à maturité. [VAR] **oocyte** [DER] **ovocytaire** *a*

**ovogenèse** *nf* BIOL Formation des ovules, chez les animaux.

**ovogonie** *nf* BIOL Cellule souche des gamètes femelles.

**ovoïde** *a* Qui a la forme d'un œuf. [VAR] **ovoïdal, ale, aux**

**ovoproduit** *nm* Produit agroalimentaire dérivé de l'œuf.

**ovovivipare** *a* ZOOL Se dit des animaux ovipares chez lesquels l'incubation des œufs se fait dans les voies génitales de la femelle. [DER] **ovoviviparité** *nf*

**ovulaire → ovule.**

**ovulation** *nf* BIOL Rupture du follicule, libérant l'ovule. [DER] **ovulatoire** *a*

**ovule** *nm* **1** BOT Petit corps arrondi contenu dans l'ovaire des végétaux et renfermant le gamète femelle, ou *oosphère.* **2** ZOOL Gamète femelle. **3** PHARM Corpuscule contenant une substance médicamenteuse, destiné à être introduit dans le vagin. [DER] **ovulaire** *a*

**ovuler** *vi* [1] didac Avoir une ovulation.

**Owen** Robert (Newtown, 1771 – id., 1858), théoricien socialiste anglais ; pionnier du syndicalisme. Son influence fut profonde sur le milieu ouvrier et une partie de la bourgeoisie : *le Livre du nouveau monde moral* (1828-1844). [DER] **owénien, enne** *a, n*

**Owen** sir Richard (Lancaster, 1804 – Londres, 1892), naturaliste et paléontologue évolutionniste anglais.

**Owens** James Cleveland, dit Jesse (Decatur, Alabama, 1913 – Tucson, Arizona, 1980), athlète américain qui, aux jeux Olympiques de Berlin (1936), remporta le 100 m, le 200 m, le saut en longueur, le relais 4 × 100 m.

**ox-, oxy-** CHIM Élément, du gr. *oxus,* « aigu, acide », qui, le plus souvent, sert à indiquer la présence d'oxygène dans une molécule.

**oxacide** *nm* CHIM Acide dont la molécule contient de l'oxygène.

**oxalate** *nm* CHIM Sel ou ester de l'acide oxalique. [ETY] Du gr. *oxalis,* « oseille ».

**oxalique** *a* LOC CHIM *Acide oxalique :* diacide de formule HOOC–COOH présent dans de nombreux végétaux, l'oseille, notam., utilisé comme détartrant et comme décolorant.

**oxalis** *nm* Plante herbacée dont les feuilles trifoliées sont riches en acide oxalique. SYN tréflon. [VAR] **oxalide** *nf*

**Oxenstierna** Axel Gustavsson, comte de Södermöre (Fånö, 1583 – Stockholm, 1654), homme d'État suédois. Chancelier de Gustave II Adolphe (à partir de 1612) puis de Christine, dont il fut le tuteur.

**oxer** *nm* Dans un concours hippique, obstacle constitué de deux barrières séparées par une distance variable. [PHO] [ɔksɛʀ] [ETY] Mot angl.

**oxford** *nm* Toile de coton rayée ou quadrillée, très solide. [ETY] De *Oxford,* v. angl.

**Oxford** v. de G.-B., sur le cours supérieur de la Tamise, à l'ouest de Londres ; 109 000 hab. ; ch.-l. du comté du même nom (2 612 $km^2$, 574 700 hab.). Industries. – Évêché. Célèbre université fondée en 1163. Cath. XII$^e$-XV$^e$ s. [DER] **oxfordien** ou **oxonien, enne** *a, n*

**Oxford (statuts ou provisions d')** réformes imposées à Henri III par les barons révoltés, en 1258. Le roi les abrogea en 1266.

**Oxford (mouvement d')** mouvement de réforme de l'Église anglicane appelé aussi *tractarianisme* et *puseyisme,* condamné par l'épiscopat anglican en 1843.

**oxhydrique** *a* CHIM Qui contient de l'oxygène et de l'hydrogène.

**oxonium** *nm* Ion $H^3O^+$. [PHO] [ɔksɔnjɔm]

**Oxus** nom antique de l'Amou-Daria, à l'origine du nom *Transoxiane.*

**oxyacétylénique** *a* LOC TECH *Chalumeau oxyacétylénique :* dont la flamme est produite par la combustion d'un mélange d'oxygène et d'acétylène.

**oxycarboné, ée** *a* CHIM Relatif à l'oxyde de carbone. *Intoxication oxycarbonée.*

**oxychlorure** *nm* CHIM Composé résultant de l'union d'un corps avec l'oxygène et le chlore.

**oxycoupage** *nm* TECH Découpage de pièces métalliques à l'aide d'un chalumeau.

**oxydable, oxydant → oxyder.**

**oxydase** *nf* BIOCHIM Enzyme qui active la fixation de l'oxygène sur d'autres corps.

**oxydation** *nf* **1** Fixation d'oxygène sur un corps. **2** CHIM Réaction au cours de laquelle un corps perd des électrons. *La corrosion des métaux est due à une oxydation.* [DER] **oxydatif, ive** *a*

**Jesse Owens** aux jeux Olympiques de Berlin, en 1936

**oxyde** *nm* CHIM Composé résultant de la combinaison de l'oxygène avec un autre élément.

**oxyder** *v* [1] CHIM **A** *vt* **1** Convertir en oxyde. **2** Produire l'oxydation de. **B** *vpr* Être attaqué par l'oxydation. [DER] **oxydable** *a* – **oxydant, ante** *a, n*

**oxydoréduction** *nf* CHIM Réaction chimique au cours de laquelle un oxydant et un réducteur échangent des électrons.

**oxygénation → oxygéner.**

**oxygène** *nm* **1** CHIM Élément de numéro atomique Z = 8 et de masse atomique 15,9994 SYMB O. **2** CHIM Gaz incolore, insipide et inodore, qui se liquéfie à – 182,96 °C et se solidifie à – 218,4 °C. (Il vaut mieux le nommer *dioxygène,* de formule $O_2$.). **3** Air pur. *J'ai pris un bol d'oxygène à la montagne.* **4** fig Ce qui donne un nouveau dynamisme. *Capitaux qui sont une bouffée d'oxygène pour une entreprise.*

[ENC] L'oxygène est l'élément le plus abondant de la couche terrestre (89 % en masse des eaux naturelles et 47 % des roches). Il représente 21 % du volume de l'atmosphère et est indispensable à la vie. Les combinaisons de l'oxygène avec les autres éléments (sauf avec le fluor) s'appellent des oxydes. Les réactions avec l'oxygène sont appelées combustions si elles se font avec incandescence, oxydations dans le cas contraire. La respiration des êtres vivants entraîne une forte consommation d'oxygène, régénéré par la fonction chlorophyllienne. L'industrie chimique et l'industrie métallurgique sont de gros consommateurs d'oxygène.

**oxygéné, ée** *a* Qui renferme de l'oxygène. LOC *Eau oxygénée :* peroxyde d'hydrogène, de formule $H_2O_2$.

**oxygéner** *v* [14] **A** *vt* CHIM Combiner un corps avec l'oxygène. **B** *vpr* **1** fam Respirer de l'air pur. **2** fig, fam Acquérir un nouveau dynamisme. [DER] **oxygénation** *nf*

**oxygénothérapie** *nf* MED Administration thérapeutique d'oxygène.

**oxyhémoglobine** *nf* BIOCHIM Composé formé par la fixation réversible de l'oxygène sur l'hémoglobine, qui assure le transport de l'oxygène des alvéoles pulmonaires aux cellules, et qui donne au sang sa couleur rouge vif.

**oxylithe** *nm, f* CHIM Peroxyde de sodium $Na_2O_2$, employé pour la production d'oxygène par addition d'eau.

**oxymore** *nm* RHET Alliance de deux mots de sens incompatibles. « *Cette obscure clarté...* » (Corneille) est un oxymore. [ETY] Du gr. *oxus,* « aigu » et *môros,* « fou ». [VAR] **oxymoron**

**oxysulfure** *nm* CHIM Composé résultant de l'union d'un corps avec l'oxygène et le soufre.

**oxyton** *nm* PHON Mot dont l'accent tonique porte sur la dernière syllabe.

**oxyure** *nm* MED Petit ver blanc (nématode) parasite de l'intestin de l'homme.

**oxyurose** *nf* MED Parasitose due aux oxyures.

**Oyama** Iwao (Kagoshima, 1842 – Tōkyō, 1916), maréchal japonais. Victorieux des Chinois à Port-Arthur (1894), il fut généralissime durant la guerre de 1904-1905 contre la Russie.

**Oyapoc** fl. de Guyane (500 km) ; se jette dans l'Atlantique. Il sépare la Guyane française du Brésil. [VAR] **Oyapock**

**Oya-shio** courant froid du Pacifique ; issu de la mer de Béring, il longe les îles Kouriles et la côte E. de Honshū. [VAR] **Oya-shivo**

**oyat** *nm* Plante herbacée (graminée) dont les racines fixent les dunes. [PHO] [ɔja] [ETY] Mot picard.

**oyez** → **ouïr.**

**Oyo** État du S.-O. du Nigeria ; 37 705 km$^2$ ; 12 millions d'hab. ; cap. *Ibadan*. – Le *royaume Oyo* fut fondé par les Yoroubas vers 1400. Le trafic des esclaves lui apporta la prospérité. Il déclina à la fin du XVIII^e s.

**Oyonnax** ch.-l. de cant. de l'Ain (arr. de Nantua), dans le Jura ; 24 162 hab. Industr. des plastiques. – Les maquisards occupèrent la ville le 11 nov. 1943. DER **oyonnaxien, enne** *a, n*

**oz** Symbole de l'ounce.

**Oz** Amos (Jérusalem, 1939), romancier israélien. Il peint l'oppression sociale : *Mon Michaël* (1968), *Un juste repos* (1982).

**Ozal** Turgut (Malatya, 1927 – Ankara, 1993), homme politique turc ; chef du parti de la Mère Patrie (de tendance libérale), Premier ministre de 1983 à 1989, puis prés. de la Rép. de 1989 à sa mort.

**ozalid** *nm* IMPRIM Papier sensible utilisé pour le tirage d'une épreuve d'ultime contrôle ; cette épreuve elle-même. ETY Nom déposé, anagramme de *diazol*.

**Ozanam** Frédéric (Milan, 1813 – Marseille, 1853), écrivain, professeur et historien français ; l'un des fondateurs de la Société de Saint-Vincent-de-Paul (1833) ; béatifié en 1997.

**Ozark** (monts) massif montagneux peu élevé à l'O. du Mississipi, au S.-O. de Saint Louis. Bauxite

**Ozawa** Seiji (en Mandchourie, 1935), chef d'orchestre japonais, directeur de l'orchestre de Boston dep. 1973.

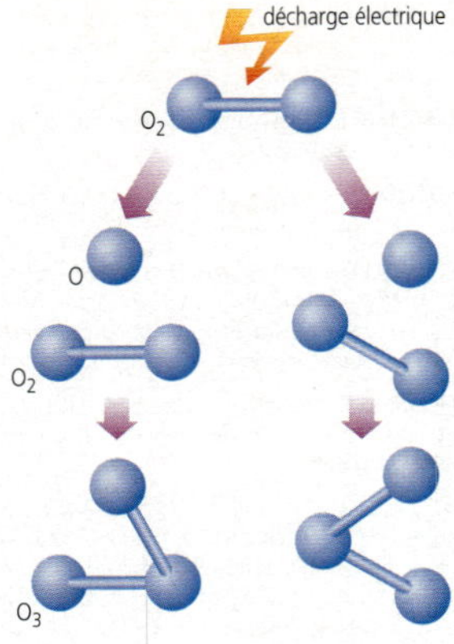


une décharge électrique décompose une molécule de dioxygène atmosphérique ($O_2$) en deux atomes d'oxygène (O) qui se combinent avec deux molécules d'$O_2$ pour constituer des molécules d'ozone ($O_3$)

fabrication industrielle de l'**ozone**

**ozène** *nm* MED Atrophie de muqueuses et du squelette des fosses nasales, s'accompagnant de suppuration et de formation de croûtes brunes et fétides. ETY Du gr. *ozein*, « exaler une odeur ».

**Ozenfant** Amédée (Saint-Quentin, 1886 – Cannes, 1966), peintre français ; auteur, avec Le Corbusier, du manifeste du purisme (1918).

**Ozias** → **Azarias.**

**ozocérite** *nf* MINER Mélange d'hydrocarbures voisins de la paraffine et du bitume, appelé aussi « cire fossile ». VAR **ozokérite**

**Ozoir-la-Ferrière** com. de Seine-et-Marne (arr. de Melun) ; 19 067 hab. Industries. Golf. DER **ozoirien, enne** *a, n*

**ozone** *nm* CHIM Forme allotropique de l'oxygène, gaz de formule $O_3$, qui se forme dans l'air ou dans l'oxygène soumis à des décharges électriques ou traversé par des rayons ultraviolets, au pouvoir très oxydant. LOC ***Couche d'ozone*** : couche atmosphérique, située entre 20 et 30 km d'altitude, où la concentration d'ozone est maximale. ETY Du gr. *ozein*, « exhaler une odeur ».

ENC La mince couche d'ozone de l'atmosphère, située à une altitude de 20 à 30 km, absorbe la quasi-totalité des rayons ultraviolets. Cette couche protectrice pourrait être détruite par les fréons (V. encycl. fluor) utilisés comme gaz propulseurs dans les bombes à aérosols. Le monoxyde d'azote libéré par les réacteurs des avions volant à l'altitude de la couche d'ozone (supersoniques, en partic.) provoque également la dissociation de l'ozone.

**ozoneur** *nm* Appareil servant à l'ozonation de l'eau ou de l'air.

**ozoniser** *vt* ① **1** CHIM Convertir l'oxygène en ozone. **2** TECH Stériliser de l'air, de l'eau par l'ozone. VAR **ozoner** DER **ozonisation** ou **ozonation** *nf*

**ozoniseur** *nm* TECH Appareil servant à produire de l'ozone.

**ozonosphère** *nf* Zone de la haute atmosphère terrestre particulièrement riche en ozone.

**Ozu** Yasujiro (Tōkyō, 1903 – id., 1963), cinéaste japonais intimiste : *Gosses de Tokyō* (1932), *Printemps tardif* (1949), *Été précoce* (1951), *Voyage à Tōkyō* (1953), *Fin d'automne* (1960), *le Goût du saké* (1962).

# P p

**p** *nm* **1** Seizième lettre (p, P) et douzième consonne de l'alphabet, notant l'occlusive labiale sourde [p] (ex. *cep, nappe*) ou, dans la combinaison *ph*, la fricative labiodentale sourde [f] (ex. *photographie*) ; restant parfois muette, à l'intérieur de certains mots (ex. *compte*) ou en position finale (ex. *coup, drap*). **2** P., devant le nom d'un ecclésiastique : abrév. de *père*. **3** CHIM P : symbole du phosphore. **4** PHYS p : symbole du préfixe *pico*. **5** MUS p. : abrév. de *piano*.

**1 Pa** PHYS Symbole du pascal.

**2 Pa** CHIM Symbole du protactinium.

**Paasikivi Juho Kusti** (Tampere, 1870 – Helsinki, 1956), homme politique finlandais ; président de la Rép. de 1946 à sa mort.

**Paasilinna Arto** (Kittilä, Laponie, 1942), écrivain finlandais : *Le Lièvre de Vatanen* (1975).

**Pablo Luis de** (Bilbao, 1930), compositeur espagnol sériel : *Módulos* (1964-1967).

**Pabst Georg Wilhelm** (Raudnitz, auj. Roudnice, Rép. tchèque, 1885 – Vienne, 1967), cinéaste allemand : *la Rue sans joie* (1925), *Loulou* (1928, V. Lulu), *l'Opéra de quat' sous* (1931 ; deux versions : all. et fr.), *la Tragédie de la mine* (1931).

**Georg Pabst** *Loulou*, 1928, avec Louise Brooks

**PAC** *nf* Acronyme pour *politique agricole commune*.

**paca** *nm* Gros rongeur des marais d'Amérique tropicale, estimé pour sa chair. ETY Mot quechua.

**PACA** acronyme pour *Provence-Alpes-Côte d'Azur*.

**pacage** *nm* **1** Lieu où paissent les bestiaux. **2** Action de faire paître les bestiaux. ETY Du lat.

**pacager** *v* 13 **A** *vt* Faire paître des bestiaux. **B** *vi* Paître.

**pacane** *nf* BOT Syn. de *pécan*. ETY Mot algonkin.

**pacanier** *nm* BOT Arbre originaire d'Amérique du Nord, produisant une noix lisse comestible, la *pacane* ou *noix de pécan*.

**pacemaker** *nm* Syn. de *stimulateur cardiaque*. PHO [pesmekœʀ] ETY Mot angl., « qui règle la marche ». VAR **pacemakeur**

**Pacem in terris** encyclique de Jean XXIII (11 avr. 1963) demandant aux hommes de faire régner la justice sociale et la paix sur la terre.

**pacénien** → **Paz (La).**

**pacfung** *nm* Alliage de cuivre, de nickel et de zinc. PHO [pakfɔ̃] ETY D'un dial. chinois. VAR **packfung**

**pacha** *nm* **1** Gouverneur de province, dans l'ancien Empire ottoman. **2** fam Commandant d'un navire. LOC fam *Mener la vie de pacha* : vivre dans l'opulence et l'oisiveté. ETY Mot turc.

**pachalik** *nm* HIST Territoire de l'Empire ottoman gouverné par un pacha.

**Pache Nicolas** (Paris, 1746 – Thin-le-Moutier, Ardennes, 1823), homme politique français. Girondin puis Montagnard, il fut maire de Paris de fév. 1793 à mai 1794 et fit graver sur les monuments « Liberté, Égalité, Fraternité ».

**Pacheco Francisco** (Sanlúcar de Barrameda, 1564 – Séville, 1654), peintre espagnol ; maître et beau-père de Vélasquez.

**Pachelbel Johann** (Nuremberg, 1653 – id., 1706), compositeur et organiste allemand : œuvres pour orgue et pour clavecin.

**Pacher Michael** (dans la haute vallée de l'Adige, v. 1435 – Salzbourg, 1498), peintre et sculpteur autrichien influencé par l'art florentin.

**pachinko** *nm* Sorte de billard vertical, jeu très populaire au Japon.

**pachtou** *nm* Langue du rameau iranien oriental des langues indo-européennes, parlée en Afghānistān et au Pākistān.

**Pachtouns** peuple d'Afghānistān et du Pākistān. Ils parlent une langue de la sous-famille iranienne. Leur relig. est l'islam sunnite. VAR **Pathans** DER **pachtoun, oune** *a*

**Pachuca de Soto** v. du centre du Mexique à 2 450 m d'alt. ; 179 400 hab. ; cap. de l'État d'Hidalgo. Mines d'argent.

**pachyderme** *nm* **1** Grand mammifère à peau épaisse, tel que l'éléphant, le rhinocéros, l'hippopotame. **2** fig Personne d'allure massive. PHO [paʃdɛʀm] ETY Du gr. *pakhudermos*, « qui a la peau épaisse ».

**pachydermie** *nf* MED Épaississement pathologique de la peau.

**pachydermique** *a, n* **A** Qui relève de la pachydermie. **B** *a* fam Qui évoque le pachyderme, éléphantesque.

**pachypodium** *nm* Plante (apocynacée) ornementale d'appartement, appelée aussi *palmier de Madagascar*.

**pachyure** *nf* ZOOL Très petite musaraigne. *La pachyure étrusque, qui mesure moins de 8 cm, est le plus petit des mammifères.* PHO [paʃjyʀ]

**Pacific 231** mouvement symphonique n° 1 de Honegger (1923). ▷ CINE Court-métrage (1949) du Français Jean Mitry (1907 – 1988).

**pacifier** *vt* 2 **1** Rétablir la paix dans une région, un pays. **2** fig Apaiser, calmer. *Pacifier les esprits.* DER **pacifiant, ante** *a* – **pacificateur, trice** *a, n* – **pacification** *nf*

**1 pacifique** *a* **1** Qui aime la paix, qui est attaché à la paix. *Homme pacifique.* **2** Qui se passe dans la paix ; exempt de troubles, de violence. *Manifestation pacifique.* **3** Qui amène la paix ou la favorise. *Politique pacifique.* DER **pacifiquement** *av*

**2 pacifique** *a* De l'océan Pacifique.

**Pacifique (océan)** (dénomination donnée par Magellan), le plus vaste des océans : env. 180 millions de km$^2$, soit 30 % de la surface du globe. Il s'étend entre l'Asie, l'Amérique, l'Australie et la Nouvelle-Guinée. Au N., le détroit de Béring l'isole de l'océan Arctique. Au S., il s'ouvre sur l'océan Antarctique. Il présente une triple originalité : son fond est composé de roches denses ; il est bordé de fosses profondes (plus de 10 000 m) et étroites ; ses îles, d'origine volcanique, forment sur ses bords une « ceinture de feu » : certaines îles dépassent 4 000 m d'alt. ; d'autres, qui affleurent, servent de support à des constructions coralliennes (atolls, récifs-barrières).

**Pacifique (Centre d'expérimentation du)** organisme militaire français qui siégea à Tahiti à partir de 1964. Il a testé des bombes thermonucléaires dans les atolls de Mururoa (de 1966 à 1996) et de Fangataufa (de 1975 à 1996). Il a été fermé en 1997.

**Pacifique (guerre du)** conflit qui opposa le Chili, à partir de 1879, au Pérou jusqu'en 1883 et à la Bolivie jusqu'en 1884. Le Chili enleva des territoires à ses deux adversaires. – Série d'opérations militaires qui se déroulèrent dans le Pacifique entre le Japon et les États-Unis après l'attaque de Pearl Harbor (déc. 1941) jusqu'au largage de bombes atomiques sur Hiroshima et Nagasaki (août 1945).

**pacifisme** *nm* Doctrine qui prône la recherche systématique de la paix. ANT bellicisme. DER **pacifiste** *n, a*

**Pacino Al** (New York, 1940), acteur et cinéaste américain : *Serpico* (1973), *le Parrain 1, 2* et 3 (1972, 1974, 1990), *Un après-midi de chien* (1975) et, comme metteur en scène, *Looking for Richard* (1995).

**Pacioli** Luca (Borgo San Sepolcro, v. 1445 – Rome, v. 1510), franciscain italien, professeur de mathématiques. Sa *Summa* (1494) expose notam. l'algèbre arabe.

**1 pack** *nm* OCEANOGR Banquise dérivante disloquée en grands plaques. ETY De l'angl. « amas ».

**2 pack** *nm* **1** SPORT Ensemble des huit avants, au rugby. **2** Emballage réunissant plusieurs bouteilles, pots, etc. **3** COMM Offre groupée d'un téléphone mobile et d'une formule d'abonnement. ETY Mot angl., « paquet ».

**package** *nm* COMM Ensemble de biens ou de services fournis à la clientèle en un seul lot indissociable. PHO [pakedʒ] ETY Mot angl.

**packageur** *nm* Entreprise qui se charge de la réalisation d'un livre pour le compte d'un éditeur ou d'un distributeur. PHO [pakedʒœʀ] ETY De l'angl. VAR **packager**

**packaging** *nm* **1** Technique et industrie de l'emballage, du conditionnement. **2** Activité du packageur. PHO [pakedʒiŋ] ETY Mot angl.

**packam** *nf* Variété de poire tardive.

**Pacôme (saint)** (en Haute-Égypte, v. 292 – id., 346), fondateur du premier monastère chrétien, à Tabennisi (r. dr. du Nil), en 320 ; il influença toute l'histoire du monachisme.

**pacotille** *nf* **1** anc Assortiment de verroteries et de marchandises diverses destinées au troc avec les pays d'Afrique et d'Orient. **2** mod Marchandise de peu de valeur. **LOC** ***De pacotille*** : sans valeur ; de mauvaise qualité. *Bijoux de pacotille.* ETY De l'esp.

**pacquer** *vt* ① Presser le poisson salé dans des barils. ETY De l'a. fr. *pacque*, « paquet ». VAR **paquer** DER **pacquage** ou **paquage** *nm*

**PACS** *nm* Acronyme de *pacte civil de solidarité*, contrat légalisant la cohabitation de deux personnes, établi par une loi de 1999.

**pacser** *v* ① **A** *vt* Unir par un PACS. **B** *vi, vpr* Conclure un PACS. DER **pacsage** *nm* – **pacsé, ée** *n*

**pacson** *nm* fam Paquet.

**pacte** *nm* Convention solennelle entre deux ou plusieurs États, partis, individus. ETY Du lat.

**pactiser** *vi* ① **1** Faire un pacte avec qqn. **2** Transiger avec qqn, qqch. *Pactiser avec sa conscience.*

**pactole** *nm* Source de richesses. ETY Du n. pr.

**Pactole (le)** petite rivière de Lydie (Asie Mineure), affl. de l'*Hermos*, qui roulait des paillettes d'or. Crésus lui devait ses richesses.

**padan, ane** *a* Du Pô, de la plaine du Pô. ETY Du lat.

**Padang** ville d'Indonésie, port de comm. sur l'océan Indien (côte O. de Sumatra) ; 481 000 hab. ; ch.-l. de prov. Cimenterie.

**padding** *nm* COUT Rembourrage des épaules d'un vêtement. PHO [padiŋ] ETY Mot angl.

**paddock** *nm* **1** Enclos, dans une prairie, réservé aux juments poulinières et à leurs poulains. **2** Enceinte, dans le pesage d'un champ de courses, où les chevaux sont promenés en main. **3** Stand de marque sur un circuit automobile de formule 1. **4** fam Lit. ETY Mot angl.

**paddy** *nm* Riz non décortiqué. ETY Du malais.

**Paderborn** ville d'Allemagne (Rhénanie-du-Nord-Westphalie), sur la *Pader*, rivière formée par les nombr. sources de la ville ; 110 300 hab. Industries. – Archevêché. Cath. des XI$^{e}$ et XIII$^{e}$ s. – La ville fut une résidence de Charlemagne.

**Paderewski** Ignacy Jan (Kuryłówka, 1860 – New York, 1941), pianiste, compositeur et homme politique polonais. Il présida le conseil de la Rép. polonaise en 1919 et signa le traité de Versailles.

**padine** *nf* Algue brune à thalle en éventail, fréquente sur les côtes françaises.

**Padirac** com. du Lot (arr. de Gourdon), sur le causse de Gramat ; 168 hab. – Le *gouffre de Padirac* (75 m) conduit à une riv. souterraine (6,6 km) qui se jette dans la Dordogne.

**Padma (la)** fl. de l'Inde et du Bangladesh, princ. bras du delta du Gange (300 km) ; reçoit le Brahmapoutre.

**Padoue** (en ital. *Padova*), v. d'Italie (Vénétie) ; 229 950 hab. ; ch.-l. de la prov. du m. nom. Centre commercial et industriel. – Université. Cath. XVI$^{e}$ s. Basilique Sant'Antonio (XIII$^{e}$ s.), qui renferme le tombeau de saint Antoine. Chap. des Scrovegni (fresques de Giotto). – Venise l'annexa en 1405. DER **padouan, ane** *a, n*

**paella** *nf* Plat espagnol composé de riz au safran avec des moules, des crustacés, des morceaux de volaille, etc. PHO [paelja] ou [paela] ETY Mot esp.

**Pæstum** v. de l'Italie anc., au S. de Naples, fondée par les Sybarites à la fin du VII$^{e}$ s. av. J.-C. Ruines de trois temples grecs.

**Pæstum** ruines du sanctuaire dédié à Héra, VI$^{e}$-V$^{e}$ s. av. J.-C.

**Páez** José Antonio (Acarigua, 1790 – New York, 1873), homme politique vénézuélien. Chef militaire (1822), puis dictateur (1826), il proclama l'indépendance du pays (1830), dont il fut président à trois reprises.

**1 paf** *a inv* fam Ivre.

**2 paf !** *interj* Exprime le bruit d'une chute, d'un coup, etc. ETY Onomat.

**PAF** *nm* Acronyme pour *paysage audiovisuel français*.

**pagaie** *nf* Rame courte, à large pelle, que l'on manie sans l'appuyer à un point fixe. PHO [pagɛ] ETY Du malais.

**pagaille** *nf* fam Grand désordre. **LOC** ***En pagaille*** : en grande quantité. ETY Du provenç. VAR **pagaïe**

**pagailleux, euse** *a* fam Désordonné.

**Pagalu (île)** (anc. *Annobón*), île de la Guinée équatoriale, dans le golfe de Guinée (17 km$^{2}$).

**Pagan** v. de Birmanie, sur l'Irrawaddy, cap. du pays du XI$^{e}$ au XIII$^{e}$ s. Nombr. temples.

**Paganini** Niccolo (Gênes, 1782 – Nice, 1840), violoniste italien d'une virtuosité éblouissante et compositeur : *Vingt-Quatre Caprices*, *Mouvement perpétuel*, concertos.

**paganiser** *vt* ① didac Rendre païen.

**paganisme** *nm* Nom donné par les chrétiens aux religions polythéistes.

**pagayer** *vi* ㉑ Ramer avec une pagaie. DER **pagayeur, euse** *n*

**1 page** *nf* **1** Côté d'un feuillet de papier. *Une feuille comporte deux pages. Cahier de 100 pages.* **2** Feuillet. *Déchirer, corner une page.* **3** Texte écrit, imprimé sur une page. *Page de trente lignes.* **4** Contenu de ce texte, relativement à sa valeur littéraire, musicale. *Les plus belles pages d'un auteur.* **5** fig Époque de l'histoire, période d'une vie, considérée quant aux évènements qui l'ont marquée. *C'est une page sinistre de l'histoire de France.* **LOC** fam ***Être à la page*** : au courant de l'actualité. — INFORM ***Page d'accueil*** : première page d'un site web. SYN homepage. — ***Page web*** : page-écran d'un site web, identifiable par une URL, et constituée d'un fichier au format html. ETY Du lat.

**2 page** *nm* anc Jeune noble au service d'un roi, d'un seigneur. ETY Du gr. *paidion*, « enfant ».

**page-écran** *nf* Ensemble des informations qui s'affichent sur l'écran d'un ordinateur. PLUR pages-écrans.

**pagel** *nm* Poisson perciforme des mers chaudes et tempérées, parfois vendu sous le nom de daurade rose. ETY Du lat. VAR **pagelle** *nf* ou **pageot** *nm*

**1 pageot** *nm* fam Lit. VAR **page**

**2 pageot** → **pagel.**

**pager** *nm* Petit récepteur radioportatif, relié à une radiomessagerie, qui affiche les messages sur écran. PHO [pɛdʒœʀ] ETY Mot angl.

**Paget (maladie de)** *nf* **1** Dermatose cancéreuse ou précancéreuse siégeant le plus souvent sur le mamelon. **2** Ostéopathie déformante touchant surtout les os du rachis, du bassin, les fémurs et le crâne.

**paghjella** *nm* Chant polyphonique corse à trois voix masculines.

**paginer** *vt* ① Numéroter les pages d'un livre, d'un cahier, etc. SYN folioter. DER **pagination** *nf*

**pagne** *nm* Morceau d'étoffe ou de matière végétale tressée, couvrant le corps le plus souvent de la ceinture aux mollets. ETY De l'esp.

**Pagnol** Marcel (Aubagne, 1895 – Paris, 1974), écrivain et cinéaste français. Ses pièces *Topaze* (1928), *Marius* (1929) et *Fanny* (1932) furent portées à l'écran. Il réalisa lui-même *César* (1936), qui clôt la trilogie marseillaise de *Marius* et *Fanny*, *Angèle* (1934), *la Femme du boulanger* (1938), *la Fille du puisatier* (1940), etc. Souvenirs : *la Gloire de mon père* (1957), *le Château de ma mère* (1958), *le Temps des amours* (posth., 1977). Acad. fr. (1946). DER **pagnolesque** *a*

**pagode** *nf* Temple bouddhique en Extrême-Orient. **LOC** ***Manche pagode*** : serrée vers le coude et s'évasant jusqu'au poignet. ETY Du tamoul *pagavadam*, « divinité », par le portug.

**Marcel Pagnol** *Marius*, 1929, avec Raimu (à g.) et P. Fresnay

**Niccolo Paganini**

**pagre** *nm* Poisson perciforme marin voisin de la daurade. ETY Du gr.

**pagure** *nm* Crustacé décapode dissymétrique qui loge son corps mou dans une coquille de mollusque abandonnée. SYN bernard-l'ermite. ETY Du gr. *pagouros*, « à la queue cornue ».

**pagure**

**pagus** *nm* ANTIQ ROM Circonscription rurale. PLUR pagus ou pagi. PHO [pagys] ETY Mot lat., « pays ».

**Pahang** État de Malaisie, au centre de la péninsule malaise, drainé par le *Pahang* (env. 400 km), tributaire de la mer de Chine ; 35 965 km$^2$ ; 988 000 hab. ; cap. *Kuantan*.

**Pahlavi** Rīza (chāh) (Sevād Kūh, 1878 – Johannesburg, 1944), chah de Perse en 1925, élu après la déposition de la dynastie des Qādjārs ; fondateur de la dynastie des Pahlavi. Souverain autoritaire, il modernisa le pays avec l'aide de l'Allemagne, de sorte que, en 1941, les troupes anglo-soviétiques envahirent l'Iran et le contraignirent à abdiquer. VAR **Pahlevi** — **Muhammad Rīza** (Téhéran, 1919 – Le Caire, 1980), fils du préc., chah d'Iran en 1941. Écarté du pouvoir, en 1952, par Mossadegh (qu'il avait appelé au gouvernement en 1951), il fut rétabli en 1953 par le général Zahedi. S'appuyant sur les États-Unis, il poursuivit la modernisation du pays et élimina les opposants. Renversé en fév. 1979 par un mouvement populaire, il s'exila.

**pahoehoe** *nm* GEOL Coulée de lave vitreuse à surface lisse. PHO [paoɘ] ETY Mot hawaïen.

**Pahouins** → **Fangs.**

**paiche** *nm* Énorme poisson d'eau douce d'Amérique du sud tropicale, faisant l'objet d'une pêche abondante. SYN arapaïma.

**paie** *nf* **1** Action de payer un salaire. **2** Salaire, solde. *Toucher sa paye.* LOC fam ***Il y a une paye :*** il y a longtemps. PHO [pɛ] VAR **paye** [pɛj]

**paiement** *nm* **1** Action de payer, d'acquitter une dette, un droit, etc. **2** Somme payée. VAR **payement**

**païen, enne** *a, n* **1** Relatif à une religion polythéiste, par oppos. à *chrétien*. **2** litt Qui n'a pas de religion ; non croyant. SYN impie. ETY Du lat. *paganus*, « paysan ».

**paierie** *nf* Centre administratif chargé des paiements. PHO [pɛʀi]

**Paik** Nam June (Séoul, 1932 – Miami, 2006), artiste coréen. Il est l'auteur d'installations mettant en jeu la vidéo.

**paillage** *nm* Opération qui consiste à étaler sur le sol une couche de débris végétaux (tontes de gazon, écorces de pin, etc.) ou un film de plastique ; la couche ou le film eux-mêmes.

**paillard, arde** *a, n* **A** Enclin au libertinage, à la licence sexuelle. **B** *a* Qui exprime la paillardise ; grivois. *Chanson paillarde.* ETY De *paille*. DER **paillardise** *nf*

**paillasse** *nf* **1** Grand sac cousu rembourré avec de la paille, des feuilles de maïs, etc., qui sert de matelas. **2** TECH Dallage à hauteur d'appui sur lequel on effectue les manipulations, dans un laboratoire de chimie, de pharmacie, etc. **3** Surface horizontale d'un évier, à côté de la cuve.

**Paillasse** (ital. *Pagliaccio*), bouffon de la commedia dell'arte. ▷ MUS *Paillasse*, opéra vériste (1892), mus. et livret de Leoncavallo.

**paillasson** *nm* **1** AGRIC Claie, faite avec de la paille longue, destinée à protéger les couches et les espaliers. **2** Natte, tapis-brosse placé devant une porte, sur lequel on s'essuie les pieds. **3** péjor, fig Individu bassement servile.

**paillassonner** *vt* ① AGRIC Couvrir de paillassons. DER **paillassonnage** *nm*

**paille** *nf, a inv* **A** *nf* **1** Tige creuse des graminées ; chaume desséché des graminées dépouillées de leur épi. *Ballot de paille. Lit, litière de paille.* **2** Cette matière employée à des ouvrages de vannerie. *Chapeau de paille.* **3** Petit tuyau en plastique, chalumeau servant à aspirer un liquide. *Boire de l'orangeade avec une paille.* **4** TECH Défaut dans le métal forgé ou laminé. **5** Défaut d'une pierre précieuse. SYN crapaud. **B** *a inv* D'un jaune doré. *Des cheveux paille.* LOC fam ***Être sur la paille :*** être dans la misère. — ***Homme de paille :*** prête-nom. — ***Paille de fer :*** tampon fait de longs copeaux de métal, dont on se sert pour gratter, récurer, décaper. — ***Tirer à la courte paille :*** tirer au sort avec des brins de paille de longueur inégale. — fam ***Une paille :*** presque rien ou, par antiphrase, énormément. — ***Vin de paille :*** vin blanc liquoreux fait de raisins mûris sur la paille. ETY Du lat. *palea*, « balle de blé ».

**1 paillé** *nm* AGRIC Fumier dont la paille n'est pas encore décomposée.

**2 paillé, ée** *a* **1** Qui a la couleur de la paille. **2** TECH Qui présente des pailles. *Acier paillé.* SYN pailleux.

**paille-en-queue** *nm* Phaéton (oiseau). PLUR pailles-en-queue.

**1 pailler** *nm* AGRIC Cour, hangar, grenier, etc. où l'on entrepose la paille.

**2 pailler** *vt* ① **1** AGRIC Opérer le paillage. **2** Garnir de paille tressée. *Pailler des chaises.* DER **paillage** *nm*

**pailleter** *vt* ⑱ ou ⑳ Parsemer de paillettes. *La nuit tombait, pailletant le ciel d'étoiles.* DER **pailletage** *nm*

**pailleteur** *nm* Syn. d'*orpailleur*.

**paillette** *nf* **A** **1** MINER Mince lamelle détachée par exfoliation. *Paillette de mica.* **2** Parcelle d'or que l'on trouve dans le sable de certaines rivières. **3** Mince lamelle. *Savon en paillettes.* **4** Mince lamelle brillante que l'on coud comme ornement sur un tissu. *Habit à paillettes.* **B** *nf pl* fam Côté clinquant des médias, du show-business.

**pailleux, euse** *a* TECH Syn. de *paillé*.

**paillis** *nm* AGRIC Fumier de paille à demi décomposé dont on couvre les semis.

**paillon** *nm* **1** En joaillerie, lamelle de métal battu, placée sous une pierre pour faire valoir sa transparence et son éclat. **2** Manchon de paille dont on entoure une bouteille.

**paillote** *nf* **1** Construction, hutte de paille des pays chauds. **2** fam Petit restaurant édifié sur le littoral.

**Paimbœuf** ch.-l. de cant. de la Loire-Atl. (arr. de Saint-Nazaire), port sur la rive S. de l'estuaire de la Loire ; 2 758 hab. Industries. DER **paimblotin, ine** *a, n*

**Paimpol** ch.-l. de cant. des Côtes-d'Armor ; 7 932 hab. Anc. port morutier. Stat. balnéaire. École nationale de la marine marchande. DER **paimpolais, aise** *a, n*

**Paimpont (forêt de)** forêt de Bretagne, à l'O. de Rennes (Ille-et-Vilaine).

**pain** *nm* **1** Aliment fait de farine additionnée d'eau et de sel, pétrie, fermentée et cuite au four. *Baguette, miche de pain. Pain de seigle. Pain complet.* **2** Masse façonnée de cet aliment. *Un pain bien cuit.* **3** Nom donné à diverses pâtisseries. *Pain aux raisins. Pain d'épice(s).* **4** Symbole de la nourriture. *Le pain quotidien.* **5** CUIS Préparation moulée en forme de pain. *Pain de viande, de poisson, de fruits.* **6** TECH Matière moulée formant une masse. *Pain de savon, de cire.* **7** fam Coup. *Recevoir un pain.* LOC BOT ***Arbre à pain :*** artocarpus. — ***Avoir du pain sur la planche :*** avoir beaucoup de travail à faire. — fam ***Ça ne mange pas de pain :*** c'est peu onéreux, peu difficile, sans conséquences embarrassantes. — fam ***C'est pain bénit :*** c'est une aubaine, une chance. — ***Gagner son pain à la sueur de son front :*** gagner sa vie durement. — ***Long comme un jour sans pain :*** très long. — ***Manger son pain blanc :*** avoir des débuts faciles, heureux. — Canada ***Manger son pain noir :*** avoir des ennuis. — ***Ôter le pain de la bouche à qqn :*** le priver du nécessaire. — ***Pain azyme :*** sans levain. — Afrique ***Pain chargé :*** sandwich. (À la Réunion *pain fourré*.) — Belgique, Afrique, Canada ***Pain français :*** pain de forme allongée, en partic. baguette. — Afrique ***Pain de singe :*** fruit du baobab. — ***Pain de sucre :*** masse de sucre de forme conique ; dôme résultant de l'altération très violente, sous le climat tropical, d'un relief de roches granitiques. — CUIS ***Pain perdu :*** entremets fait de tranches de pain trempées dans du lait et des œufs battus, et frites. — ***Pain polaire*** ou ***nordique :*** pain suédois, disque de pâte cuite et non levée, fait d'un mélange de farines de blé et de seigle. — ***Pour une bouchée de pain :*** pour un prix très bas. ETY Du lat.

**Pain de sucre** (portug. *Pão de Açúcar*), flèche de granite qui se dresse à l'entrée de la baie de Rio de Janeiro (395 m).

**Paine** Thomas (Thetford, 1737 – New York, 1809), journaliste et homme politique américain d'orig. anglaise. Enthousiasmé par la Révolution française, il fut élu à la Convention (1792). *Les Droits de l'homme*, *l'Âge de raison*. VAR **Payne**

**Painlevé** Paul (Paris, 1863 – id., 1933), mathématicien et homme politique français. Plusieurs fois ministre (1917-1933), il fut président du Conseil de sept. à nov. 1917 et en 1925 (Cartel des gauches). — **Jean** (Paris, 1902 – id., 1989), fils du préc., médecin et cinéaste, auteur de nombr. documentaires scientif. (notam. sur la vie animale) de 1928 à 1968.

**paintball** *nm* Jeu d'équipe qui se pratique avec des armes à air comprimé chargées de projectiles remplis d'un liquide colorant. PHO [peintbol] ETY Mot angl. DER **paintballeur, euse** *n*

**1 pair** *nm* **1** Personne placée sur un pied d'égalité avec une autre. *Être jugé par ses pairs.* **2** ECON, FIN Égalité de valeur. **3** FEOD Grand vassal du roi. **4** FEOD Seigneur d'une terre érigée en pairie. *Duc et pair.* **5** HIST Membre de la Chambre haute sous la Restauration et sous Louis-Philippe. **6** En Grande-Bretagne, membre de la Chambre des lords. LOC ***Aller de pair :*** ensemble sur le même plan. — ***Au pair :*** se dit d'un employé logé et nourri, non rémunéré ou rémunéré faiblement. — INFORM ***De pair à pair :*** syn. (recommandé) de *peer to peer*. — ***Hors (de) pair :*** sans égal. — ***Pair de l'or d'une monnaie :*** égalité de valeur de l'unité monétaire envisagée et du poids légal de métal fin qu'elle renferme. — ***Pair du change :*** égalité des rapports de deux monnaies à leurs parités-or. — ***Pair d'un titre boursier :*** valeur de ce titre lorsque son cours coté est représenté par sa valeur nominale. ETY Du lat. *par*, « semblable ».

**2 pair, paire** *a* MATH Se dit d'un nombre qui, divisé par deux, donne un nombre entier.

**LOC** MATH ***Fonction paire :*** fonction $f(x)$ qui ne change pas quand on remplace $x$ par $-x$. — ANAT ***Organes pairs :*** organes doubles et symétriques tels que les yeux et les poumons.

**paire** *nf* **1** Groupe de deux objets allant ensemble. *Une paire de gants, de chaussures.* **2** Objet composé de deux pièces symétriques. *Une paire de lunettes.* **3** Ensemble de deux choses, de deux êtres. *Une paire de claques. Une paire d'amis.* **4** Couple d'animaux de la même espèce. *Une paire de pigeons.* **5** JEU Ensemble de deux cartes de même figure. **LOC** ***Les deux font la paire :*** ils ont les mêmes défauts. — fam ***Se faire la paire :*** partir.

**pairesse** *nf* **1** En Grande-Bretagne, femme possédant une pairie. **2** Épouse d'un membre de la Chambre des lords en Grande-Bretagne.

**pairie** *nf* **1** Titre, dignité de pair. **2** FEOD Domaine auquel cette dignité était attachée.

**pairle** *nm* HERALD Pièce en forme d'Y dont les deux branches aboutissent aux angles du chef.

**País (el)** quotidien espagnol de Madrid, à la diffusion nationale, fondé en 1976.

**paisible** *a* **1** Tranquille, pacifique, calme. *Un homme paisible.* **2** DR Qui n'est pas troublé dans la possession d'un bien. **3** Que rien ne vient troubler ; où règne la paix. *Sommeil paisible. Royaume paisible.* (DER) **paisibilité** *nf* – **paisiblement** *av*

**Paisiello Giovanni** (dans la Pouille, 1740 – Naples, 1816), compositeur italien : nombr. opéras. (VAR) **Paesiello**

**Paisley** v. d'Écosse, dans les Lowlands (Strathclyde), à l'O. de Glasgow ; 84 950 hab. Centre industriel. – Aéroport de Glasgow.

**paissance** *nf* Action de faire paître du bétail sur un terrain communal.

**paître** *v* (74) (Ni au passé simple, ni aux temps composés.) **A** *vt* Brouter, manger. *Des alpages où les troupeaux paissent une herbe grasse.* **B** *vi* Brouter l'herbe. *Mener paître des moutons.* **LOC** fam ***Envoyer paître qqn :*** renvoyer qqn avec humeur. (ETY) Du lat. (VAR) **paitre**

**paix** *nf* **1** Concorde, absence de conflit entre les personnes. *Vivre en paix avec autrui.* **2** Situation d'un pays qui n'est pas en état de guerre. *Temps de paix.* **3** Traité de paix. *Faire, signer la paix.* **4** Tranquillité, quiétude que rien ne trouble. *Cet enfant ne la laisse jamais en paix.* **5** Absence d'agitation, état de calme silencieux et reposant. *La paix des forêts.* **6** Tranquillité sereine de l'âme. *Avoir la conscience en paix.* **LOC** HIST ***Paix de Dieu :*** protection accordée par l'Église aux non-combattants lors des conflits opposant les seigneurs du haut Moyen Âge. — ***Paix des braves :*** fin d'un conflit sans vainqueur ni vaincu. (PHO) [pɛ] (ETY) Du lat.

**Paix (rivière de la)** riv. du Canada occidental (1 700 km), qui se jette dans la riv. de l'*Esclave* (r. dr.). Centrales hydroélectriques.

**Paix (la)** comédie d'Aristophane (421 av. J.-C.), satire féroce du bellicisme.

**Pajou Augustin** (Paris, 1730 – id., 1809), sculpteur français néoclassique.

**Pa Kin** → **Ba Jin.**

**Pākistān (république islamique du)** État d'Asie, situé au N.-O. de l'Inde et à l'E. de l'Iran et de l'Afghānistān ; 803 940 km² ; 190,7 millions d'hab. ; accroissement naturel : 2,3 % par an ; cap. *Islamabad.* Nature de l'État : rép. islamique. Langues off. : urdu et anglais. Monnaie : roupie pakistanaise. Relig. : islam (sunnites, 76,7 % ; chiites, 19,8 %). (DER) **pakistanais, aise** *a, n*

**Géographie** Le Nord est montagneux : haut Himalaya (plus de 8 000 m dans l'Hindou Kouch). À l'O., les chaînes du Béloutchistan sont moins élevées. À l'E., la vallée de l'Indus, qui concentre la pop., comprend, du N. au S. : le piémont du Pendjab, « pays des cinq rivières » (l'Indus et quatre de ses affluents) ; une plaine, le Sind, désertique avant d'être irriguée ; un vaste delta inhospitalier. Le désert de Thar borde cette vallée. Le climat est aride, à peine touché par la mousson. Le Pākistān est un carrefour ethnique mais présente une forte unité religieuse depuis la partition de 1947 (départ des hindous et afflux des musulmans qui vivaient en Inde). Les deux tiers de la pop. sont des ruraux.

**Économie** De grands travaux d'irrigation (notam. le barrage de Tarbela sur l'Indus) ont multiplié par quatre, dep. 1947, la superficie irriguée pour atteindre v. 1990 l'autosuffisance en blé et en riz. L'exportation du coton fournit 20 % des recettes. L'élevage extensif domine au N. et à l'O. L'industrie s'est développée à partir de l'agriculture : textile, coton, tapis, agroalimentaire. Les inégalités sont fortes. Les riches ne payent quasiment pas d'impôts. Le déficit comm., l'endettement, la baisse des transferts de devises par les émigrés, les réfugiés afghans aggravent la situation sociopolitique.

**Histoire** LES ORIGINES Zone de passage et terre de conquête, la vallée de l'Indus a connu de nombr. invasions. Des Indo-Européens repoussèrent, v. le milieu du IIe millénaire av. J.-C., les peuples noirs dravidiens vers le sud de l'Inde. En 712, les Arabes pénétrèrent dans le Sind, et Mahmūd de Ghaznī (999-1030), notam., répandit l'islam. Dominé par des dynasties turques et afghanes, puis moghole, le pays a fait partie de l'empire des Indes. LE PROBLÈME DES PARTITIONS Fondée en 1906, la Ligue musulmane lutta aux côtés du Congrès indien contre la G.-B., mais aussi contre l'hégémonie des hindous. Revendiquée par 'Alī Jinnah à partir de 1940, la partition de l'empire fut acceptée par les Brit. en 1947 : le Pākistān occid. et le Pākistān orient., tous deux musulmans, formèrent un État. Les États princiers d'Hyderābād et du Cachemire refusèrent la partition. Le Cachemire donna lieu à deux guerres (1947, 1965) entre l'Inde et le Pākistān, et à de nombr. affrontements. En 1971, les Bengalis du Pākistān oriental, aidés militairement par l'Inde, firent sécession et créèrent le Bangladesh. LES DIVISIONS POLITIQUES Le Premier ministre Ali Bhutto (1971-1977) est renversé par le général Zia ul-Haq. Celui-ci meurt dans un accident d'avion en août 1988. En déc., Ghulam Ishaq Khan est élu prés. Benazir Bhutto, fille de l'anc. prés., forme le nouveau gouv., devenant ainsi la première femme à la tête d'un État musulman. Accusée de corruption, elle est limogée en 1990. Son successeur, Nawaz Sharif, est lui aussi limogé en 1993. B. Bhutto revient au pouvoir, mais elle perd les élections de 1997, remportées par N. Sharif. En 1999, il est renversé par l'armée que dirige le général Pervez Musharraf, élu prés. en 2001. Il acquiert une stature internationale en accordant son soutien à l'intervention des É.-U. contre les talibans d'Afghanistan. Le pays connaît des vagues de violence après l'assassinat de B. Bhutto en 2007 ; son parti remporte les élections de 2008, et Asif Ali Zardari, veuf de B. Bhutto, devient prés. Mais la faiblesse du pouvoir pol. rend les forces armées et les islamistes plus présents ; la violence renaît. Les relations avec les É.-U. se dégradent. Vainqueur des élections, N. Sharif revient à la tête du gouv. en 2013 ; son allié, Mamnoon Hussain, est élu prés. la même année.

**pakol** *nm* Béret de laine porté dans le nord de l'Afghanistan. (ETY) Mot persan.

**pal** *nm* **1** Pieu dont une extrémité est aiguisée. **2** HERALD Large bande traversant l'écu du haut jusqu'à la pointe. **3** AGRIC Plantoir de vigneron. **LOC** ***Supplice du pal :*** qui consistait à transpercer d'un pieu le corps du condamné. (ETY) Du lat.

**pala** *nf* Raquette servant à pratiquer certaines formes de pelote basque. (ETY) Mot basque.

**Pāla** dynastie indienne du Bengale, de relig. bouddhiste, qui régna sur le Bihār, la vallée du Gange et le Bengale de 765 env. à 1086.

**palabre** *nf* **1** Afrique Débat réglé entre les hommes d'un village sur un sujet intéressant la communauté. **2** péjor Discours interminable, conversation oiseuse. (ETY) De l'esp. *palabra,* « parole ». (DER) **palabrer** *vi* (1)

**palace** *nm* Hôtel de luxe. (ETY) Mot angl.

**Palacký František** (Hodslavice, 1798 – Prague, 1876), historien et homme politique tchèque. Son *Histoire de la Bohême* (1836, en all. ; récrite en tchèque, 1848-1876) cristallisa le patriotisme tchèque.

**paladin** *nm* **1** Seigneur de la suite de Charlemagne. **2** Chevalier du Moyen Âge, en quête de causes justes. (ETY) De l'ital.

**palafitte** *nm* Ensemble d'habitations du néolithique récent, construit sur pilotis dans les zones marécageuses du bord des lacs. (ETY) Du lat. *palus,* « pieu » et *fingere,* « façonner », par l'ital.

**Palafox José de (duc de Saragosse)** (Saragosse, 1776 – Madrid, 1847), général espagnol. Il défendit Saragosse assiégée par l'armée française (déc. 1808-fév. 1809).

**1 palais** *nm* **1** Vaste et somptueuse résidence d'un chef d'État, d'un haut personnage, d'un riche particulier. **2** Vaste édifice abritant diverses manifestations culturelles, sportives, un grand organisme de l'État, etc. *Palais des Sports.* **LOC** ***Palais de justice*** ou ***le Palais*** : édifice où siègent les cours et les tribunaux. ETY Du lat. *Palatium,* « (mont) Palatin ».

**2 palais** *nm* **1** Partie supérieure de la cavité buccale, séparant les fosses nasales de la bouche. **2 fig** Sens gustatif. *Avoir le palais fin.* **LOC** ***Voile du palais*** ou ***palais mou*** : partie postérieure, musculeuse du palais. — ***Voûte du palais*** ou ***palais dur*** : partie antérieure, osseuse du palais. ETY Du lat.

**Palais (Grand** et **Petit)** monuments construits à Paris pour l'Exposition universelle de 1900, entre les Champs-Élysées et la Seine.

**Palais-Bourbon** → **Bourbon (palais).**

**Palaiseau** ch.-l. d'arr. de l'Essonne, sur l'Yvette ; 28 965 hab. Centre résidentiel. Horticulture et arboriculture. Industries. École polytechnique. DER **palaisien, enne** *a, n*

**Palais idéal (le)** édifice « baroque » construit à Hauterives (Drôme) par le facteur Cheval, de 1879 à 1912. Ce « palais » (long. 26 m, ht. 10 à 12 m, larg. 12 à 14 m), fait de cailloux maçonnés, amalgame des styles orientaux.

**Palais-Royal** ensemble de bâtiments de Paris, construit par Lemercier, pour Richelieu, en 1633. Le ministre en fit don à Louis XIII (1643). Anne d'Autriche et Louis XIV y résidèrent. Remaniés (XVIII<sup>e</sup> s.- XIX<sup>e</sup> s.), ces bâtiments abritent auj. le Conseil d'État, le Conseil constitutionnel et l'administration des Beaux-Arts.

**Palamas Grégoire** (Constantinople, v. 1295 – Thessalonique, 1359), archevêque de Thessalonique (1347-1359) et théologien, théoricien de la vie contemplative, qu'il connut notam. au mont Athos.

**Palamas Kostis** (Patras, 1859 – Athènes, 1943), poète grec au style « populaire » : *les Douze Paroles du Tsigane* (1907), *la Flûte du roi* (1910).

**palan** *nm* Appareil de levage constitué par deux systèmes de poulies qui permettent de réduire, en la démultipliant, la force à exercer pour soulever une charge. ETY De l'ital.

**palanche** *nf* Tige de bois que l'on pose sur l'épaule pour porter deux charges à chacune des extrémités.

**palangre** *nf* PECHE Grosse ligne à laquelle sont attachées des lignes plus petites munies d'hameçons. ETY Du provenç.

**palangrier** *nm* Bateau de pêche équipé de palangres.

**palangrotte** *nf* PECHE Petite ligne à main à plusieurs hameçons, pour la pêche au fond.

**palanquée** *nf* **1** MAR Quantité de marchandises embarquée ou débarquée en une seule fois à l'aide d'un palan. **2** Groupe de plongeurs sous-marins. **3 fig, fam** Grande quantité.

**palanquer** *vt* ① Lever avec un palan.

**palanquin** *nm* Chaise ou litière portée à bras d'hommes ou installée sur le dos des chameaux, des éléphants, en Extrême-Orient. ETY Du sanskrit, par le portug.

**palastre** *nm* TECH Boîtier d'une serrure ; plaque de fond de ce boîtier. ETY Du lat. *pala,* « pelle ». VAR **palâtre**

**palatal, ale** *a, nf* PHON Se dit d'un phonème dont le point d'articulation est situé dans la région du palais dur. *[i] et [e] sont des voyelles palatales. [ɲ] et [k] sont des consonnes palatales.* PLUR palataux. ETY Du lat. *palatum,* « palais ».

**palataliser** *vt* ① PHON Modifier un phonème en reportant son point d'articulation vers le palais dur. DER **palatalisation** *nf*

**palatial, ale** *a* D'un palais. *Architecture palatiale.* PLUR palatiaux.

**1 palatin, ine** *a* ANAT Du palais.

**2 palatin, ine** *a, n* **A** *a* Appartenant à un palais. *Chapelle palatine.* **B** *a, n* HIST Qui occupait une charge dans le palais d'un prince. *Comte palatin.*

**Palatin (mont)** une des sept collines de Rome, séparée de l'Aventin par une vallée ; site le plus archaïque de Rome. Nombr. ruines.

**palatinat** *nm* HIST Dignité de palatin.

**Palatinat** (en all. *Pfalz*), rég. d'Allemagne, sur la r. g. du Rhin, au N. de l'Alsace. État du Saint Empire (électorat en 1356), il comprenait le *Palatinat rhénan* et le *Haut-Palatinat* (au N. de la Bavière) ; bastion calviniste, il fut dévasté pendant la guerre de Trente Ans. À partir de 1648, le Haut-Palatinat fit partie de la Bavière. Les troupes de Louis XIV ravagèrent (1673, 1674, 1699) le Palatinat rhénan (Bas-Palatinat), qui échut à Charles-Théodore de Sulzbach, lequel hérita plus tard de la Bavière (1777). À nouveau partagé entre 1801 et 1815, il fut reconstitué en 1815, mais limité aux territoires rhénans de la rive gauche que la Bavière recouvra. En 1919, le territoire de la Sarre fut constitué à ses dépens. Dep. 1946, il fait partie du Land de Rhénanie-Palatinat. DER **palatin, ine** *a, n*

**Palatine (école)** groupe de savants et lettrés que Charlemagne réunit autour de lui.

**palâtre** → **palastre.**

**Palau (république de)** État de la Micronésie, dans les Carolines occidentales ; 498 km² ; 20 000 hab. ; cap. *Melekeok.* Langues officielles : anglais et palauan. Monnaie : dollar américain. Religions : christianisme, relig. traditionnelles. Formé de 326 îles volcaniques ou coralliennes, le pays vit de la pêche et du tourisme. VAR **Belau** DER **palauan, ane** *a, n*

**Histoire** L'Espagne acquiert ces îles en 1886 et les vend à l'Allemagne en 1899. Sous mandat du Japon (1919-1944), elles deviennent territoire de l'ONU sous tutelle américaine (1947-1994). Elles obtiennent leur indépendance en 1994.

**Palauan** île des Philippines, au N.-E. de Bornéo ; 400 km de long, env. 14 000 km² ; 372 000 hab. ; ch.-l. *Puerto Princesa* (60 000 hab.). C'est une île montagneuse (plus de 2 000 m) et forestière. Caoutchouc. Pêche. Manganèse. VAR **Palawan**

**Palavas-les-Flots** com. de l'Hérault (arr. de Montpellier), à l'embouchure du *Lez* ; 5 421 hab. Stat. balnéaire. DER **palavasien, enne** *a, n*

**1 pale** *nf* **1** Partie plate d'un aviron, qui entre dans l'eau. **2** Aube de la roue d'un bateau à vapeur. **3** Chacun des éléments de forme vrillée, fixés au moyeu d'une hélice de bateau, d'avion ou d'un rotor d'hélicoptère. **4** TECH Petite vanne qui ferme un réservoir. ETY Du lat. *pala,* « pelle ».

**2 pale** *nf* LITURG CATHOL Carton garni de toile blanche qui couvre le calice pendant la messe. ETY Du lat *palla,* « manteau ». VAR **palle**

**pâle** *a* **1** Blême, d'une blancheur sans éclat, en parlant du teint d'une personne. *Un visage très pâle, marqué par la maladie.* **2** Qui a le teint pâle. *Je l'ai trouvé bien pâle, il doit être malade.* **3** Qui a peu d'éclat ; blafard. *Une lumière pâle.* **4** Se dit d'une couleur à laquelle on a mélangé beaucoup de blanc. *Un bleu pâle.* **5 fig** Médiocre, terne. *Une pâle copie des classiques.* **LOC** ***Les Visages pâles*** : les Blancs, pour les Indiens d'Amérique. — **fam** ***Se faire porter pâle*** : malade. ETY Du lat.

**pale-ale** *nf* Bière blonde anglaise. PLUR pale-ales. PHO [pelel] ETY Mot angl.

**paléarctique** *a* Se dit de la vaste région géographique qui englobe toute l'Europe, la moitié nord de l'Asie et l'Afrique au nord du Sahara.

**palefrenier, ère** *n* Personne chargée du soin des chevaux. ETY Du provenç.

**palefroi** *nm* Cheval de marche ou de parade par oppos. à *destrier,* cheval de bataille. ETY Du lat.

**Palembang** v. et princ. port d'Indonésie, dans le S.-E. de Sumatra ; 1,7 million d'hab. (aggl.) ; ch.-l. de prov. Grand centre industriel.

**palémon** *nm* Grosse crevette abondante en mer du Nord, appelée aussi *crevette rose,* ou *bouquet.* ETY De *Palémon,* divinité marine.

**Palencia** ville d'Espagne (Castille-Léon) ; ch.-l. de la prov. du m. nom ; 77 460 hab. Industries. – Cath. XIV<sup>e</sup>-XVI<sup>e</sup> s.

**Palenque** vestiges d'une anc. cité maya (600-950 apr. J.-C.) au nord du Chiapas (Mexique). ▶ illustr. **Mayas**

**paléo-** Élément, du gr. *palaios,* « ancien ».

**paléoanthropologie** *nf* Partie de la paléontologie qui étudie la lignée humaine (genre *Homo*). DER **paléoanthropologique** *a* – **paléoanthropologue** *n*

**paléobotanique** *nf, a* **didac** Paléontologie végétale.

**paléocène** *a, nm* GEOL Qui correspond à l'époque géologique du paléogène inférieur entre – 65 et – 53 millions d'années.

**paléochrétien, enne** *a* **didac** Des premiers chrétiens (I<sup>er</sup>-VI<sup>e</sup> s.).

**paléoclimat** *nm* **didac** Climat d'une région à une période géologique ancienne. DER **paléoclimatique** *a*

**paléoclimatologie** *nf* **didac** Étude des paléoclimats. DER **paléoclimatologique** *a*

**paléodémographie** *nf* Étude de la démographie des populations préhistoriques. DER **paléodémographique** *a*

**paléoécologie** *nf* Étude des relations entre les organismes fossiles et le paléoenvironnement. DER **paléoécologique** *a*

**paléoenvironnement** *nm* Environnement prévalant dans telle région du globe à telle époque géologique. DER **paléoenvironnemental, ale, aux** *a*

**paléogène** *nm* GEOL Première période du tertiaire, divisée en paléocène, éocène et oligocène. SYN nummulitique.

**paléogénétique** *nf, a* Étude des gènes d'organismes fossiles. DER **paléogénéticien, enne** *n*

**paléogéographie** *nf* **didac** Description et étude de la Terre aux diverses périodes géologiques. DER **paléogéographe** *n* – **paléogéographique** *a*

**paléographie** *nf* **didac** Science du déchiffrage des écritures anciennes. DER **paléographe** *n* – **paléographique** *a*

**paléolithique** *a, nm* Se dit de la période du quaternaire (selon les continents, de 1,8 million d'années à 8 000 ans av. notre ère), au cours de laquelle l'industrie de la pierre taillée fit son apparition.

**Paléologue** famille byzantine qui donna, de 1261 à 1453, plusieurs empereurs d'Orient. Elle accéda au trône avec Michel VIII.

**paléomagnétisme** *nm* **didac** Étude des variations du géomagnétisme au cours des temps géologiques. DER **paléomagnéticien, enne** *n* – **paléomagnétique** *a*

**paléontologie** *nf* Science des êtres vivants qui ont peuplé la Terre au cours des temps géologiques, fondée sur l'étude des fossiles. DER **paléontologique** *a* – **paléontologiste** ou **paléontologue** *n*

**paléopathologie** *nf* Étude des pathologies observées sur des fossiles ou sur des ossements. DER **paléopathologique** *a*

**paléosibérien, enne** *a, n* Se dit des peuples aux caractères mongoliques peu marqués qui habitent l'Oural et l'est de la Sibérie.

**paléosol** *nm* GEOL Sol fossile.

**paléothérium** *nm* PALEONT Mammifère périssodactyle fossile, à allure de tapir, qui vécut à l'éocène. PHO [paleoteʀjɔm]

**paléozoïque** *a, nm* GEOL Se dit de l'ère primaire .

**Palerme** (en ital. *Palermo*), cap. de la Sicile ; ch.-l. de la Région Sicile et de la prov. du m. nom. Port sur la côte N.-O. (mer Tyrrhénienne) ; 714 250 hab. Industries. – Archevêché. Université. Cathédrale (XIIe, XVe et XVIIIe s.). Nombr. églises de style byzantin. Palais royal ; palais baroques. Musées. DER **palermitain, aine** *a, n*
**Histoire** Cité phénicienne (*Panormos*), la ville devint romaine en 254 av. J.-C. Les Arabes l'enlevèrent (831) aux Byzantins puis la ville fut prise en 1072 par Roger de Hauteville, qui acheva en 1091 la conquête de l'île. V. Sicile.

**Palerme** fontaine monumentale de la piazza Pretoria, XVIe s.

**paleron** *nm* **1** Partie plate et charnue de l'épaule de certains mammifères. **2** En boucherie, morceau du bœuf ou du porc qui se trouve près de l'omoplate. ETY De *pale* 1.

**Palés Matos** Luis (Guayama, 1898 – San Juan, 1959), poète portoricain : *Tam-tam pour cheveux crépus* (1950).

**Palestine** contrée du Proche-Orient, entre la Méditerranée, le Liban, la dépression du Ghor (drainée par le Jourdain) et le Néguev. DER **palestinien, enne** *a, n*
**Histoire** LES IIIe ET IIe MILLÉNAIRES AV. J.-C. Berceau du judaïsme et du christianisme, elle subit de nombr. invasions. Les Cananéens, des Sémites, s'installèrent sur les régions côtières, de la Syrie du nord à l'Égypte (fin IIIe mill. av. J.-C.). D'autres Sémites, nomades, la peuplèrent pendant le IIe mill. Parmi eux, les Hébreux s'installèrent progressivement dans cette *Terre promise* (par Dieu), entre le XVIIIe s. (époque où l'on situe l'existence d'Abraham) et le XIe s. av. J.-C. La fin de la conquête correspond au règne de David (v. 1000 av. J.-C.) : celui-ci vainquit définitivement les Philistins, un rameau des Peuples de la Mer, installés sur la côte deux siècles auparavant et qui donnèrent leur nom au pays.
LE Ier MILLÉNAIRE AV. J.-C. Politiquement, la Palestine a été un enjeu permanent entre les grandes puissances (empires égyptien, babylonien, perse, assyrien, royaumes hellénistiques). Le cœur de la culture hébraïque s'est établi en Judée, autour de Jérusalem, et le terme de « Juif » est alors apparu. L'occupation romaine commença en 63 av. J.-C. (prise de Jérusalem par Pompée) ; voulant secouer la tutelle romaine, les Juifs se révoltèrent vainement (66-70 et 132-135 apr. J.-C.) ; interdits de séjour à Jérusalem, beaucoup d'entre eux durent quitter la Palestine, qui fut rattachée à la province de Syrie.
LA PALESTINE ARABE Possession byzantine, conquise par les musulmans, redevenue chrétienne au temps des croisades, la Palestine a finalement partagé la destinée de l'Empire ottoman jusqu'en 1922, date à laquelle elle fut placée sous mandat britannique ; l'immigration juive, qui avait commencé dès la fin du XIXe s. sous l'impulsion du mouvement sioniste, fut entérinée par la déclaration Balfour (1917). Dès 1929, Juifs et Arabes furent en lutte ouverte (« Grande Révolte » palestinienne de 1936).
LA PALESTINE ET ISRAËL La proclamation de l'État d'Israël en 1948 provoqua la riposte armée des États arabes voisins, qui furent vaincus (1949). La Palestine fut partagée entre Israël et la Jordanie. La guerre des Six Jours (1967) permit à Israël d'étendre son occupation jusqu'au Jourdain. En 1988, la Palestine fut proclamée État indépendant par les organisations palestiniennes et reconnue par une soixantaine de gouvernements.
LE PROCESSUS DE PAIX ENTRE LES PALESTINIENS ET ISRAËL En sept. 1991, la première rencontre (depuis 1947) entre Israël et les Palestiniens (sans l'OLP) eut lieu. En 1993, l'OLP et Israël se rencontrèrent à Oslo et signèrent, à Washington, un accord de paix entériné au Caire en mai 1994, et aux termes duquel Jéricho, Hébron (1997) et six autres villes de Cisjordanie furent placées, avec *la bande de Gaza*, sous le contrôle de l'Autorité palestinienne (dirigée par Yasser Arafat), mais les Palestiniens reprochèrent à Israël d'implanter de nouvelles colonies juives dans les territ. accordés aux Palestiniens. Depuis 1993, il était prévu que l'Autorité palestinienne proclamerait en mai 1999 l'État palestinien. Mais ce mois fut celui des élections anticipées en Israël et Arafat repoussa la proclamation. Le nouv. Premier ministre, Ehud Barak, travailliste, sans majorité à la Knesset, ne réussit pas à faire progresser le processus de paix. En 2000, le leader du Likoud, Ariel Sharon, rendit une visite à l'« esplanade des Mosquées » de Jérusalem, ce qui provoqua une nouvelle Intifada, très meurtrière. La poursuite des attentats-suicides en Israël et la construction (2002) en Cisjordanie d'une clôture de sécurité controversée rendent la situation inextricable. La victoire écrasante du Hamas aux législatives de l'Autorité palestinienne en 2006 compromet le déblocage qu'avaient laissé espérer l'élection de Mahmoud Abbas pour succéder à Arafat et le retrait de la bande de Gaza en 2005. À la suite d'affrontements entre les deux partis palestiniens, la bande de Gaza passe sous le contrôle du Hamas. La Palestine devient membre de l'UNESCO en 2011 et État observateur non-membre de l'ONU en 2012.

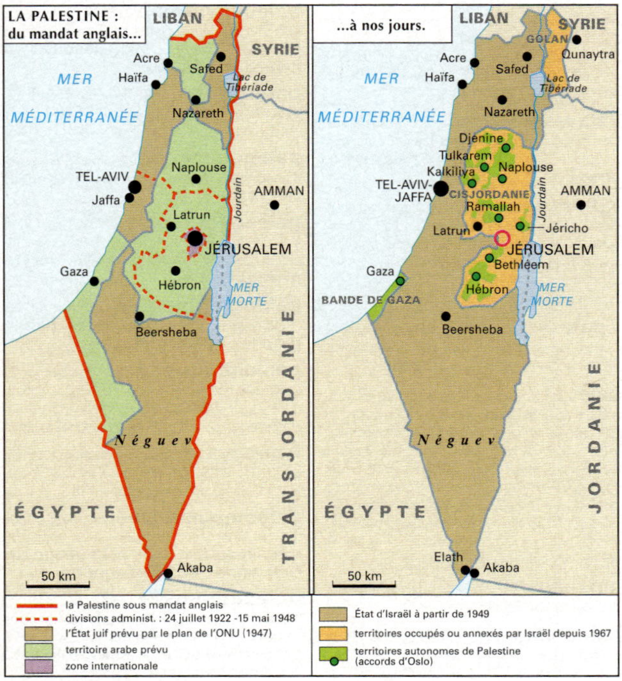


**Palestiniens** peuple arabe originaire de Palestine (env. 6 millions de personnes). Relig. : islam, christianisme (10 %). La majorité dut quitter, à partir de 1948, le nouvel État d'Israël (où les Palestiniens constituent 13 % de la pop.). Auj. 3 800 000 Palestiniens vivent en Palestine (2 400 000 en Cisjordanie et 1 400 000 à Gaza) ; 2 300 000 constituent une diaspora établie en Jordanie (1 400 000), en Syrie (370 000), au Liban (370 000), et dans divers pays occidentaux. DER **palestinien, enne** *a*

**palestre** *nf* ANTIQ Lieu public réservé aux exercices physiques, notam. à la lutte, dans la civilisation gréco-romaine. ETY Du gr.

**Palestrina** Giovanni Pierluigi da (Palestrina, 1525 – Rome, 1594), compositeur italien. Son œuvre, essentiellement religieuse, porte à sa perfection l'art polyphonique : messes, motets, psaumes, madrigaux.

**Palestro** bourg d'Italie (Lombardie), où les Piémontais, aidés par les Français, vainquirent les Autrichiens (1859).

**palet** *nm* **1** Pierre plate et ronde ou disque épais qu'on lance vers un but, dans certains jeux ; jeu pratiqué avec cet objet. **2** Disque utilisé pour jouer au hockey sur glace.

**palethnologie** *nf* Étude des peuples préhistoriques. DER **palethnologique** *a*

**paletot** *nm* **1** Veste que l'on porte par-dessus d'autres vêtements. **2** Belgique, Québec Pardessus. LOC ***Tomber sur le paletot de qqn*** : l'assaillir, le malmener. ETY Du moyen angl. *paltok*, « jaquette ».

**palette** *nf* **1** Objet de forme aplatie, d'une certaine largeur. **2** Plaque percée d'un trou pour passer le pouce, sur laquelle les peintres travaillent leurs couleurs. **3** Ensemble des couleurs, des nuances utilisées par un peintre. *Artiste qui a une riche palette.* **4** fig Choix, gamme, éventail. *Un voyagiste qui cherche à élargir sa palette de destinations.* **5** TECH Aube d'une roue. **6** Plateau servant à la manutention des marchandises. **7** En boucherie, morceau de porc, de mouton provenant de la région de l'omoplate. **LOC** INFORM ***Palette graphique*** : logiciel offrant un certain nombre d'outils (graphisme, couleurs) destinés à la création d'images.

**palettiser** *vt* ① TECH **1** Charger des marchandises sur une palette. **2** Équiper de palettes ; réorganiser en généralisant l'emploi des palettes. DER **palettisation** *nf*

**palettiste** *n* INFORM Professionnel qui met en œuvre des palettes graphiques.

**palétuvier** *nm* Arbre des mangroves caractérisé par des racines en partie aériennes adaptées à la vase. SYN manglier. ETY Du *tupi.*

rameau de **palétuvier**

**pâleur** *nf* Teinte de ce qui est pâle.

**pali** *nm* Ancienne langue religieuse de l'Inde du sud et du Sri Lanka, très proche du sanskrit.

**pâlichon, onne** *a* fam Un peu pâle.

**palier** *nm* **1** Plan horizontal reliant deux volées d'escalier ou servant d'accès à des locaux situés au même niveau. *Voisins de palier.* **2** Tronçon horizontal d'une route, situé entre deux pentes. **3** fig Phase de stabilité dans le cours d'une évolution. *L'expansion économique a atteint un palier.* **4** MECA Pièce à l'intérieur de laquelle tourne un arbre de transmission. **LOC** ***Par paliers*** : par étapes, degrés successifs. ETY De l'a. fr. *paele,* « poêle ».

**palière** *af* **LOC** ***Marche palière*** : marche d'escalier de niveau avec le palier. — ***Porte palière*** : qui s'ouvre sur un palier.

**Palikao** bourg de Chine, près de Pékin, où les Français et les Britanniques battirent les Chinois (1860). VAR **Baliqiao**

**Palikir** cap. des États fédérés de Micronésie, sur l'atoll de Pohnpei ; 6 000 habitants.

**palilalie** *nf* MED Trouble de la parole consistant en la répétition involontaire des mots. ETY Du gr.

**palimpseste** *nm* Parchemin manuscrit dont le texte primitif a été gratté et sur lequel un nouveau texte a été écrit. ETY Du gr.

**palin-** Élément, du gr. *palin,* « de nouveau ».

**palindrome** *a, nm* Se dit d'un mot, d'un vers, d'une phrase que l'on peut lire de gauche à droite et de droite à gauche. *« Un roc cornu » est un palindrome.* ETY Du gr.

**palingénésie** n. f. **1** PHILO Chez les stoïciens, régénération universelle cyclique du monde et de tous les êtres. **2** fig, litt Renouvellement moral. DER **palingénésique** *a*

**palinodie** *nf* **1** ANTIQ Pièce de vers dans laquelle l'auteur rétractait ce qu'il avait exprimé auparavant. **2** litt Rétractation, changement d'opinion. *Les palinodies des politiciens.*

**pâlir** *v* ③ **A** *vi* **1** Devenir pâle. *Ses amies en ont pâli de jalousie.* SYN blêmir. **2** Prendre une teinte moins vive moins soutenue ; passer. *Cette étoffe a pâli au soleil.* **B** *vt* litt Rendre pâle. *La fièvre l'a pâli.* DER **pâlissant, ante** *a*

**palis** *nm* Pieu pointu que l'on assemble à d'autres pour former une clôture ; clôture ainsi formée. ETY De *pal.*

**palissade** *nf* **1** Barrière, clôture faite de palis. **2** Mur de verdure, haie. *Palissade de houx.*

**palissader** *vt* ① Entourer par une palissade.

**palissadique** *a* BOT Relatif au parenchyme chlorophyllien de la face supérieure des feuilles.

**palissandre** *nm* Bois brun veiné à reflets violacés, fourni par des bignoniacées de la Guyane et utilisé en ébénisterie et en marqueterie. ETY D'une langue de Guyane, par le néerl.

**palisser** *vt* ① ARBOR Étendre et fixer à un support les branches ou les pousses d'une plante pour en faire un espalier. DER **palissage** *nm*

**palisson** *nm* TECH Instrument de fer, de forme semi-circulaire, avec lequel on adoucit les peaux en chamoiserie. DER **palissonner** *vt* ①

**Palissy Bernard** (Saint-Avit, près de Lacapelle-Biron, v. 1510 – Paris, 1589 ou 1590), céramiste, savant et écrivain français. Il sacrifia tout à ses recherches sur la céramique. Auteur du *Discours admirable de l'art de terre, de son utilité, des esmaux et du feu* (1580), il étudia aussi la géologie et l'agronomie. Calviniste, il serait mort à la Bastille, où les ligueurs l'avaient fait incarcérer en 1589.

**Bernard Palissy** plat ovale en céramique, XVIe s. – Petit Palais, Paris

**paliure** *nm* BOT Arbrisseau méditerranéen épineux, appelé aussi *épine du Christ* (rhamnacée), utilisé pour constituer des haies.

**Palk (détroit de)** détroit entre l'Inde et le Sri Lanka ; largeur max. 100 km.

**palladianisme** *nm* Style architectural s'inspirant de Palladio. DER **palladien, enne** *a, n*

**Palladio Andrea di Pietro dalla Gondola,** dit (Padoue, 1508 – Vicence, 1580), architecte italien qui porta à sa perfection le classicisme ital. À Venise, il réalisa notam. les églises San Giorgio Maggiore (1566-1580) et du Rédempteur (1577-1580). Ses écrits (*Quatre livres d'architecture,* 1570), inspirés de Vitruve, fondèrent le classicisme des XVIIe et XVIIIe s. Introduit par I. Jones en Angleterre, le *palladianisme* y fit école entre 1720 et 1770, promouvant le néoclassicisme européen.

**1 palladium** *nm* ANTIQ Statue de Pallas considérée comme un gage de salut public, chez les Troyens. PHO [paladjɔm] ETY Du gr.

**2 palladium** *nm* CHIM **1** Élément métallique de numéro atomique Z = 46, de masse atomique 106,4 (symbole Pd). **2** Métal (Pd) blanc, très dur et très ductile, de densité 11,92, qui fond à 1 552 °C. PHO [paladjɔm] ETY Mot angl.

**Pallas** dans la myth. gr., géant parfois présenté comme le père d'Athéna ; il aurait tenté de violer sa fille, qui l'écorcha vif et fit de sa peau une cuirasse qu'elle revêtit (*Pallas Athéna*).

**Pallas** (m. en 63 apr. J.-C.), affranchi et favori de l'empereur Claude. Il intrigua pour que son maître épousât Agrippine ; devenu l'amant de celle-ci, il fit empoisonner l'empereur.

**Pallas** astéroïde de 540 km de diamètre qui parcourt son orbite autour du soleil en 1 686 jours.

**Pallava** dynastie de l'Inde anc. qui, du IVe au XIIe s., régna sur l'E. du Dekkan, et notam. sur la région de Madras, où l'architecture et la sculpture de style *pallava* ont produit des chefs-d'œuvre du VIe au VIIIe s.

**palle → pale 2.**

**palléal, ale** *a* Relatif au manteau des mollusques et des brachiopodes. PLUR palléaux. **LOC** ***Cavité palléale*** : cavité externe contenant les organes respiratoires chez les mollusques et les brachiopodes. ETY Du lat.

**palliatif, ive** *a, nm* **A** *a* **1** Qui pallie, dont l'efficacité n'est qu'apparente. *Remède palliatif.* **2** Se dit de soins physiques et psychologiques dispensés dans un service hospitalier spécialisé à des malades en phase terminale. **B** *nm* Mesure provisoire, insuffisante ; expédient. *Cette décision hâtive n'est qu'un palliatif.*

**Pallice (La)** port de commerce de La Rochelle.

**pallidum** *nm* Une des deux formations qui constituent les noyaux gris centraux du cerveau. PHO [palidɔm] ETY Du lat. *pallidus,* « pâle ».

**pallier** *vt* ② **1** litt Déguiser, présenter sous un jour favorable. *Pallier les fautes d'un subordonné.* **2** Ne résoudre qu'en apparence ou provisoirement ; atténuer. *Pallier une difficulté.* (N.B. La construction *pallier à* est considérée comme fautive.) ETY Du lat. *palliare,* « couvrir d'un manteau ».

**pallikare** *nm* HIST Au XIXe s., partisan grec ou albanais combattant contre les Turcs.

**pallium** *nm* **1** ANTIQ ROM Manteau d'origine grecque porté par les Romains. **2** LITURG Ornement pontifical, bande de laine blanche frappée de croix noires. PHO [paljɔm] ETY Mot lat.

**Palma (La)** île volcanique des Canaries au N.-O. de l'archipel ; 726 km² ; 90 000 hab. ; ch.-l. *Santa Cruz de La Palma.* Arboriculture.

**Palma de Majorque** v. et port d'Espagne, dans l'O. de l'île de Majorque (*baie de Palma*) ; 325 100 hab. ; cap. de la communauté auton. des îles Baléares. Centre comm. et touristique. – Cath. XIIIe-XIVe s., nombr. palais XVIe-XVIIIe s., égl. baroques. VAR **Palma**

▶ illustr. p. 1182

**palmaire** *a* ANAT Qui a rapport à la paume des mains.

**Palma le Vieux Iacopo Nigretti,** dit (Serina, vers 1480 – Venise, 1528), peintre italien, dans la manière de Giorgione et de Titien. — **Palma le Jeune Iacopo Nigretti,** dit (Venise, 1544 – id., 1628), petit-neveu du préc., peintre et graveur, représentant du maniérisme vénitien.

**palmarès** *nm* **1** Liste des lauréats d'un concours, d'une distribution de prix, etc. **2** fig Liste de succès. *Le palmarès d'un club sportif.* **3** Syn. (recommandé) de *hit-parade.* PHO [palmaʀɛs] ETY Du lat. *palmaris,* « qui mérite la palme ».

**Palmas (Las)** v. et port de l'île de la Grande Canarie ; 379 800 hab. ; cap. de la communauté auton. des Canaries ; ch.-l. de la prov. du m. nom. Agrumes et primeurs ; pêche ; constr. navales. Tourisme.

**palmature** *nf* Malformation de la main dont les doigts sont reliés par une membrane. ETY Du lat. *palmatus*, « palmé ».

**Palm Beach** station balnéaire de Floride ; 48 500 hab.

**1 palme** *nf* **1** Feuille du palmier. **2** Symbole de la victoire, du triomphe. *Remporter la palme.* **3** Palmier. *Vin de palme.* **4** ARCHI Ornement en forme de palme. *Palmes sculptées.* **5** Insigne d'une distinction honorifique. *Palmes académiques.* **6** MILIT Petit insigne agrafé sur la croix de guerre, qui représente une citation à l'ordre de l'armée. **7** Palette de caoutchouc que l'on adapte au pied pour rendre la nage plus rapide. **LOC** ***Huile de palme*** ou ***beurre de palme*** : matière grasse extraite du fruit d'un palmier, utilisée notam. en savonnerie. ETY Du lat.

**2 palme** *nf* Ancienne unité de longueur romaine (env. 7,4 cm). ETY Du lat.

**Palme Olof** (Stockholm, 1927 – id., 1986), homme politique suédois ; social-démocrate ; Premier ministre de 1969 à 1976, puis de 1982 à son assassinat.

**palmé, ée** *a* **1** BOT Qui a la forme d'une main, d'une palme. *Feuille palmée.* **2** ZOOL Qui possède une palmure. *Pied palmé.*

**palmer** *nm* TECH Instrument à tambour micrométrique, servant à mesurer avec précision le diamètre ou l'épaisseur d'une pièce. PHO [palmɛr] ETY Du n. de l'inventeur.

**Palmer (terre de)** → **Graham.**

**palmeraie** *nf* Plantation de palmiers.

**Palmerston Henry Temple (3e vicomte)** (Broadlands, Hampshire, 1784 – Brocket Hall, Hertfordshire, 1865), homme politique britannique ; député tory rallié aux whigs. Ministre des Affaires étrangères (1830-1841 et 1846-1851), Prem. ministre (1855-1858 ; 1859-1865).

**Palmes académiques** décoration créée en 1808 pour récompenser les membres de l'Université et les personnes qui ont servi l'enseignement et les beaux-arts.

**palmette** *nf* **1** ARCHI Ornement en forme de feuille de palmier. **2** ARBOR Symétrie des branches des arbres fruitiers en espalier.

**palmier** *nm* **1** Arbre monocotylédone d'origine tropicale, à feuilles très découpées, disposées en bouquet au sommet du tronc (stipe), tel que le cocotier, le palmier-dattier et le raphia. **2** Petit gâteau de pâte feuilletée. **LOC** ***Cœur de palmier*** : bourgeon comestible du palmiste. — ***Palmier de Madagascar*** : pachypodium.

**Palma de Majorque** la cathédrale et le port de plaisance

**palmier** sabal et feuille palmée

**palmipède** *a, nm* **A** *a* ZOOL Dont les pieds sont palmés. **B** *nm* Oiseau aquatique aux pattes palmées, tel que l'oie, le canard, etc.

**Palmira** v. de Colombie, dans la vallée du Cauca, à 1 010 m d'alt. ; 278 400 hab.

**palmiste** *nm* **1** BOT Palmier à bourgeon comestible, appelé *chou palmiste* ou *cœur de palmier. L'arec, le palmier à huile sont des palmistes.* **2** Amande de la drupe du palmier à huile, qui donne l'*huile de palme,* utilisée en savonnerie.

**palmitate** *nm* CHIM Sel ou ester de l'acide palmitique.

**palmite** *nm* Moelle de palmier, appelée aussi *cœur de palmier.*

**palmitine** *nf* CHIM Triester du glycérol qui entre dans la composition de nombreuses graisses végétales et animales.

**palmitique** *a* **LOC** CHIM ***Acide palmitique*** : acide gras présent dans la plupart des graisses animales et végétales.

**palmure** *nf* ZOOL Membrane réunissant les doigts de divers vertébrés aquatiques comme le canard, la loutre, la grenouille, etc.

**Palmyre** anc. v. de Syrie, entre l'Oronte et l'Euphrate, au N.-E. de Damas. Antique *Tadmor* (« Ville des palmiers »), fondée à la fin du IIIe millénaire, cité caravanière alliée de Rome, elle atteignit son apogée sous le règne de Zénobie (266-272 apr. J.-C.). Saccagée par Aurélien en 273, Palmyre a laissé des ruines admirables qui furent détruites en 2015 lors de la guerre civile. DER **palmyrénien, enne** *a, n*

**palois** → **Pau.**

**Palomar (mont)** montagne des É.-U. (Californie) ; 1 708 m. – L'*observatoire du mont Palomar* a un télescope de 5,08 m d'ouverture.

**palombe** *nf* **rég** Pigeon ramier. ETY Du lat.

**palomet** *nm* BOT Russule comestible, au chapeau craquelé, couleur vert-de-gris. SYN russule verdoyante.

**palonnier** *nm* **1** Pièce du train d'une voiture à laquelle les traits des chevaux sont attachés. **2** AVIAT Ensemble des deux pédales qui commandent la gouverne de direction. **3** AUTO Dispositif destiné à équilibrer entre les deux roues l'effort transmis par le frein à main. ETY Du lat. *palus*, « pieu ».

**Palos (cap)** cap du S.-E. de l'Espagne (prov. de Murcie), sur la Méditerranée.

**Palos de la Frontera** bourg d'Espagne (prov. de Huelva), sur l'estuaire du río Tinto. – Port, auj. ensablé, où s'embarqua Christophe Colomb en 1492.

**palot** *nm* Pelle qui sert à extraire du sable les vers, les coquillages, etc.

**pâlot, otte** *a* **fam** Un peu pâle.

**palourde** *nf* Mollusque lamellibranche comestible, qui vit enfoui dans le sable. SYN clovisse. ETY Du gr.

**palpable** *a* **1** Perceptible par le toucher. *Un objet palpable.* **2** Évident, patent. *Vérité palpable.*

**palpateur** *nm* CHIR Instrument utilisé lors d'opération par voie cœlioscopique.

**palpation** *nf* MED Partie de l'examen clinique du malade reposant sur l'exploration manuelle. DER **palpatoire** *a*

**palpe** *nm* ZOOL Petit prolongement articulé des pièces buccales des arthropodes, portant souvent les organes sensoriels.

**palpébral, ale** *a* ANAT De la paupière. *Réflexe palpébral.* PLUR palpébraux.

**palper** *vt* ① **1** Examiner en tâtant, en touchant avec les mains, les doigts. *Médecin qui palpe l'abdomen d'un malade.* **2** **fam** Recevoir de l'argent. ETY Du lat.

**palpeur** *nm* TECH Dispositif à ressort placé au centre d'une plaque de cuisson, agissant sur le thermostat et régulant la température du récipient sur la plaque.

**palpitant, ante** *a, nm* **A** *a* **1** Qui palpite. **2** Qui passionne, intéresse vivement. *Une histoire palpitante.* **B** *nm* **fam** Cœur.

**palpitation** *nf* **A** Mouvement de ce qui palpite. *Palpitation des artères.* **B** *nfpl* Battements accélérés du cœur.

**palpiter** *vi* ① **1** Avoir des mouvements convulsifs, des battements désordonnés en parlant d'un organe, d'un organisme. *Elle avait peur et son cœur palpitait.* **2** Être ému au point d'avoir des palpitations cardiaques. *Palpiter d'espoir.* ETY Du lat.

**palplanche** *nf* TRAV PUBL Profilé métallique emboîté dans des profilés identiques pour former un écran étanche.

**palsambleu !** *interj* Ancien juron. ETY Euph. pour « Par le sang (de) Dieu »

**paltoquet** *nm* Homme insignifiant et vaniteux. ETY De *paletot.*

**palu** *nm* **fam** Paludisme.

**Palu** v. d'Indonésie (Célèbes) ; 335 500 hab. ; ch.-l. de la prov. de Sulawesi Tengah.

**paluche** *nf* **fam** **1** Main. **2** Très petite caméra de télévision. ETY De *pale* 1.

**palud** *nm* **rég** Marais. PHO [paly] VAR **palude**

**Palmyre** ruines antiques

**paludéen, enne** *a, n* **A** *a* **1** Des marais, propre aux marais. *Plante paludéenne.* **2** MED Relatif au paludisme. *Fièvre paludéenne.* **B** *a, n* Atteint de paludisme. ETY Du lat.

**paludicole** *a* ECOL Se dit d'une espèce adaptée à des biotopes marécageux.

**paludier, ère** *n* Personne qui travaille dans les marais salants.

**paludine** *nf* ZOOL Mollusque gastéropode vivipare des eaux douces.

**paludisme** *nm* MED Maladie infectieuse due à un protozoaire transmis par un moustique, l'anophèle, et se traduisant essentiellement par une fièvre intermittente. SYN malaria.

**Paluel** commune de Seine-Maritime (arr. de Dieppe) ; 416 hab. – Centre nucléaire.

**palustre** *a* **1** De la nature du marais. *Terrain palustre.* **2** Qui vit, qui croît dans les marais. **3** MED Paludéen. *Fièvre palustre.*

**palynologie** *nf* didac Étude du pollen et des spores des plantes actuelles et fossiles. ETY Du gr. *palunein,* « répandre de la farine ». DER **palynologique** *a* – **palynologue** *n*

**pâmer (se)** *vpr* ① vx **1** Défaillir, s'évanouir. **2** Être comme sur le point de défaillir par suite d'une vive émotion ou d'une vive sensation. *Se pâmer d'aise.* ETY Du lat. *spasmare,* « avoir un spasme ».

**Pamiers** ch.-l. d'arr. de l'Ariège, sur l'Ariège ; 16 599 hab. Centre agricole. – Évêché. Égl. XVII$^e$-XVIII$^e$ s. (façade en brique du XIV$^e$ s.). DER **appaméen, enne** *a, n*

**Pamir** région montagneuse d'Asie centrale (Tadjikistan et Afghānistān). De hauts sommets (7 495 m) dominent les plateaux (4 500 m).

**pâmoison** *nf* vx Évanouissement. *Tomber en pâmoison.*

**pampa** *nf* Vaste plaine d'Amérique du Sud, à végétation principalement herbacée. ETY Du *quechua.*

**Pampa (la)** vaste plaine herbeuse et fertile d'Argentine centrale, entre les Andes et l'Atlantique. Le N.-E., plus humide, est une région de culture (blé, maïs) et d'élevage bovin. Dans l'O. et le S., on élève des ovins. La prov. de *La Pampa* (ch.-l. *Santa Rosa*) s'étend au N. de la Patagonie.

**Pampelune** (en esp. *Pamplona,* en basque *Iruña*), v. d'Espagne ; 197 300 hab. ; cap. de la communauté auton. de Navarre. Centre industriel. – Cath. XIV$^e$-XV$^e$ s.

**pampero** *nm* GEOGR Vent violent qui souffle sur la pampa.

**pamphlet** *nm* Écrit satirique qui s'en prend avec vigueur à une personne, aux institutions, etc. ETY Mot angl. DER **pamphlétaire** *n, a*

**Pamphylie** anc. contrée d'Asie Mineure, entre la Cilicie, à l'E., et la Lycie, à l'O. ; traversée par le Taurus. DER **pamphylien, enne** *a, n*

**pampille** *nf* Petite pendeloque, formant avec d'autres une frange ornementale, dans un ouvrage de bijouterie ou de passementerie. ETY De *pampre.*

**pamplemousse** *nm, f* Fruit du pamplemoussier, jaune, comestible, à écorce épaisse, au goût acidulé et légèrement amer. ETY Du néerl.

**pamplemoussier** *nm* Arbre (rutacée) des régions chaudes produisant des pamplemousses.

**pampre** *nm* **1** Branche de vigne avec ses feuilles et ses fruits. **2** ARCHI Ornement imitant une branche de vigne. ETY De l'a. fr. *pampe,* « pétale de rose ».

**Pamuk Orhan** (Istanbul, 1952), écrivain turc : *Neige* (2002). P. Nobel 2006.

**Pamukkale** local. de Turquie près de laquelle se trouvent les ruines (romaines) de Hiérapolis dans un site dont les geysers d'eau chaude ont façonné des cascades de calcaire.

**pan-, pant(o)-** Élément, du gr. *pân,* neutre de *pas, pantos,* « tout ».

**1 pan** *nm* **1** Partie tombante ou flottante d'un vêtement. *Pan de chemise.* **2** CONSTR Partie plane d'un ouvrage de maçonnerie ou de charpente. *Pan de comble.* **3** Ossature d'un mur. *Pan de bois, pan de fer.* **4** fig Partie, morceau. *Un pan de ciel. Des pans entiers du passé qui remontent à la mémoire.* **5** Face d'un polyèdre. LOC *Pan coupé :* mur oblique, de faible largeur, reliant deux murs contigus et évitant leur rencontre à angle vif. — CONSTR *Pan de mur :* partie plus ou moins large d'un mur. ETY Du lat.

**2 pan !** *interj* Exprime un bruit d'éclatement, un coup, une détonation. ETY Onomat.

**Pan** dans la myth. gr., dieu des bergers d'Arcadie (puis dieu des bergers), fils d'Hermès et d'une nymphe, cornu et barbu ; le bas de son corps est ce lui d'un bouc. Exprimant la sexualité bestiale, il crée l'effroi (la *panique*). On le représente souvent une flûte (syrinx) à la main.

**panacée** *nf* **1** Remède universel. **2** fig Ce que l'on présente comme un remède à tous les maux, à toutes les difficultés. ETY Du gr.

**panache** *nm* **1** Faisceau de plumes flottantes servant d'ornement à une coiffure, un dais, etc. **2** fig Ce qui évoque un panache. *Panache de fumée. Queue en panache.* **3** fig Ce qui a fière allure ; éclat, brio. *Le goût du panache.* **4** ARCHI Surface triangulaire du pendentif d'une voûte. **5** GEOL Colonne de magma qui traverse la lithosphère et atteint la surface de la Terre ; cendres et gaz qui s'échappent d'un volcan en éruption. **6** OCEANOGR Masse d'eau chaude qui s'échappe d'une source hydrothermale. ETY Du lat. *pinna,* « plume », par l'ital.

**panaché, ée** *a, nm* **A** *a* **1** Bigarré. *Tulipe panachée.* **2** Composé d'éléments divers. *Liste panachée. Salade panachée.* **B** *nm* Demi panaché. LOC *Demi panaché :* demi de bière mélangée de limonade.

**panacher** *vt* ① **1** Composer de couleurs diverses, bigarrer. *Panacher des fleurs, un bouquet.* **2** Composer d'éléments divers. LOC *Panacher une liste électorale :* composer la liste que l'on veut faire élire avec les noms de candidats appartenant à des partis différents. DER **panachage** *nm*

**panachure** *nf* Tache ou ensemble de taches de couleur qui tranchent sur la couleur du fond.

**panade** *nf* Soupe de pain, d'eau et de beurre, agrémentée parfois d'un jaune d'œuf et de lait. LOC fam *Être dans la panade :* dans la misère. ETY Du provenç.

**panafricanisme** *nm* POLIT Mouvement visant à resserrer l'unité et la solidarité des peuples africains. DER **panafricain, aine** *a*

**panaire** *a* Relatif à la fabrication du pain. *Fermentation panaire.*

**pamplemousse**

**panais** *nm* Plante herbacée (ombellifère), bisannuelle, à racine charnue comestible. ETY Du lat.

**Panaji** (anc. *Nova Goa*), v. et port de l'Inde ; 60 000 hab. ; cap. du territoire de Goa. VAR **Panjim**

**panama** *nm* Chapeau léger et souple, tressé avec la feuille d'un arbuste d'Amérique centrale. ETY De *Panamá,* n. pr.

**Panamá (isthme de)** langue de terre longue de 250 km et large de 70 km en moyenne, entre l'Amérique centrale et l'Amérique du Sud.

**Panamá (canal de)** canal reliant le Pacifique à l'Atlantique à travers l'isthme de Panamá (long d'env. 80 km ; largeur minimale 91,4 m ; profondeur entre 12,5 et 13,7 m). Les É.-U. assurent plus de la moitié du trafic.
**Histoire** Le percement de l'isthme, entrepris en 1881 à l'instigation du Français F. de Lesseps, se heurta à des difficultés tech., puis fin., et fut interrompu en 1888, ce qui ruina les épargnants fr. (*affaire de Panamá,* 1889). En 1904, les É.-U. reprirent les travaux sur d'autres plans (canal à écluses) et purent éradiquer la fièvre jaune et le paludisme qui avaient décimé les ouvriers (1881-1888) ; le canal fut ouvert en 1914. Les É.-U. le rétrocèdent au Panamá fin 1999. Des travaux d'élargissement ont commencé en 2007.

**Panamá (zone du canal de)** ancien territoire formant de part et d'autre du canal de Panamá une bande d'env. 10 km de largeur ; 1 432 km$^2$ ; v. princ. *Balboa.* Cédée (1903) à perpétuité aux É.-U. par la rép. de Panamá contre une forte indemnité annuelle, la zone est redevenue panaméenne en 1979.

**Panamá** cap. de la rép. de Panamá, port sur le *golfe de Panamá* (Pacifique), près du *canal de Panamá ;* 1 200 000 hab. (aggl.). Centre industriel. – La ville fut fondée en 1519. DER **panaméen, enne** *a, n*

**Panamá (république de)** (*República de Panamá*), État le plus mérid. et le plus orient. d'Amérique centrale, entre le Pacifique et l'Atlantique, au S.-E. du Costa Rica et au N.-O. de la Colombie ; 77 085 km$^2$ ; 3,9 millions d'hab. ; cap. *Panamá.* Nature de l'État : rép. de type présidentiel. Langue off. : espagnol. Monnaie : dollar américain (le balboa sert uniquement comme petite monnaie). Pop. : métis (57 %), Noirs (15 %), Blancs (18 %), Indiens (10 %). Relig. : catholicisme. DER **panaméen, enne** *a, n*
**Géographie** Isthme montagneux (3 478 m au volcan Chiriquí), au climat tropical humide, dont la pop. se concentre sur le littoral Pacifique (55 % de citadins). Exportations : bananes, crevettes, café, sucre ; des recettes sont tirées du pavillon de complaisance (2$^e$ flotte mondiale), du trafic sur le canal et du transit pétrolier (par oléoduc). La zone franche de Colón est très active. L'activité bancaire est importante. Le PIB par hab. est le plus élevé d'Amérique centrale.
**Histoire** L'isthme fut colonisé dès le début du XVI$^e$ s. par les Espagnols, qui transportèrent l'or et l'argent du Pérou vers l'Atlantique. Comprise dans la vice-royauté du Pérou puis dans la Nouvelle-Grenade, la région fit partie de la Grande-Colombie après l'indépendance (1819). Elle fit sécession en 1903, avec l'aide des É.-U., et forma une rép. De nombr. troubles l'agitèrent. Le général Torrijos renégocia en 1977 les accords sur le canal et sa zone (V. Panamá [zone du canal de]). Il mourut accidentellement en 1981 et l'armée reprit le pouvoir. En 1983, le général Noriega (naguère lié à la CIA) devint chef de la garde. En 1987, les É.-U. exigèrent son extradition pour trafic de drogue, puis soumirent le pays à un blocus écon. Noriega se livra en 1990. Des civils gouvernèrent. En 1999, Mireya Moscoso (opposition démocratique), a été élue présidente. Le contrôle du canal (depuis le 31 déc. 1999) bouleverse de nombreuses données. En effet, son

élargissement (coût : 3,5 milliards d'euros) exige une remise en ordre des finances publiques. En 2004, Martin Torrijos (révolutionnaire démocratique) a été élu prés. de la République. En 2009, il est battu par Ricardo Martinelli. Juan Carlos Varela, candidat de l'opposition, remporte l'élection présidentielle en 2014.
▶ carte **Amérique centrale**

**Paname** Nom familier de Paris.

**panaméricaine (route)** voie de communication reliant l'Alaska à la Terre de Feu. La partie latino-américaine fut commencée en 1936 ; elle traverse le Mexique depuis le Texas ; de Panamá, elle mène en Colombie puis au Chili.

**panaméricanisme** *nm* POLIT Mouvement visant à regrouper les États du continent américain. DER **panaméricain, aine** *a*

**panarabisme** *nm* POLIT Mouvement visant à l'union des pays de civilisation arabe. DER **panarabe** *a*

**panard** *nm* fam Pied.

**panaris** *nm* MED Inflammation aiguë d'un doigt ou d'un orteil. PHO [panaʀi] ETY Du lat.

**panatella** *nm* Cigare de La Havane, mince et allongé. ETY De l'esp. VAR **panatela**

**panathénées** *nfpl* ANTIQ GR Fêtes célébrées à Athènes en l'honneur de la déesse Athéna.

**Panathénées (frise ionique des)** élément décoratif du Parthénon, exécuté entre 443 et 438 av. J.-C. sous la responsabilité de Phidias. Ce bandeau long de 160 m rassemble 360 personnages. Auj., il est démantelé (morceaux au Louvre, au British Museum, etc.).

**panax** *nm* Arbre tropical (araliacée) dont la racine fournit le ginseng. ETY Mot lat.

**Panay** une des îles Visayas, archipel central des Philippines ; 12 250 km$^2$ ; 3 500 000 d'hab. ; v. princ. *Iloilo*.

**pan-bagnat** *nm* Sandwich rond, garni de salade niçoise. PLUR pans-bagnats. ETY Du provenç.

**pancake** *nm* Petite crêpe épaisse. PHO [pankɛk] ETY Mot angl.

**pancarte** *nf* Plaque, panneau portant une inscription. ETY Du lat. *charta*, « papier ».

**pancetta** *nf* Poitrine de porc salée, roulée et séchée. PHO [pantʃeta] ETY Mot ital.

**panchen-lama** *nm* Chef religieux tibétain, placé sous l'autorité du dalaï-lama. PLUR panchen-lamas. PHO [panʃɛnlama] ETY Mot tibétain.

**Panchir** vallée afghane située, au N.-E. de Kaboul, dans l'Hindou Kouch.

**panchromatique** *a* PHOTO Se dit des émulsions sensibles à toutes les couleurs du spectre visible.

**Panckouke Charles Joseph** (Lille, 1736 – Paris, 1798), éditeur français. Il fonda, à Paris, en 1761, une librairie qui publia l'*Encyclopédie* de Diderot et créa, en nov. 1789, *le Moniteur universel*, que la librairie Panckouke (puis Panckouke-Dalloz) publia jusqu'en 1868.

**panclastite** *nf* Explosif brisant obtenu par l'action du peroxyde d'azote sur une substance combustible.

**pancrace** *nm* ANTIQ GR Combat gymnique combinant la lutte et le pugilat. ETY Du gr. *kratos*, « force ».

**pancréas** *nm* Glande située derrière l'estomac qui sécrète le suc pancréatique et des hormones, le glucagon et l'insuline. PHO [pɑ̃kʀeas] ETY Du gr. *kreas*, « chair ». DER **pancréatique** *a*

**pancréatite** *nf* MED Inflammation aiguë ou chronique du pancréas.

**panda** *nm* Mammifère d'Asie dont il existe deux espèces, le petit panda de l'Himalaya (procyonidé), au pelage roux, à la queue annelée de blanc, et le panda géant des montagnes de Chine (ursidé), noir et blanc, qui se nourrit exclusivement de bambou. ETY Mot népalais.

**panda** géant

**pandanus** *nm* Arbuste monocotylédone tropical (pandanacée), à fruits comestibles (pimpins), cultivé comme ornemental. SYN (Réunion) vacoa. PHO [pɑ̃danys] ETY Mot d'orig. malaise.

**Pandateria** île de la mer Tyrrhénienne, sur la côte de Campanie. Julie, Agrippine et Octavie y furent exilées.

**pandectes** *nfpl* ANTIQ Recueil général des décisions des anciens jurisconsultes romains. ETY Du lat.

**pandémie** *nf* MED Épidémie qui atteint toute la population d'une région ou d'un pays. DER **pandémique** *a*

**pandémonium** *nm* litt **1** (Avec une majuscule.) Capitale imaginaire des Enfers. **2** Lieu où règnent le désordre et l'agitation. PHO [pɑ̃demɔnjɔm] ETY Mot angl. crée par Milton, du gr. *daimôn*, « démon ».

**pandiculation** *nf* didac Action de s'étirer, tête renversée, poitrine bombée, bras et jambes tendus, accompagnée de bâillement. ETY Du lat.

**pandit** *nm* Titre honorifique donné en Inde aux érudits de la caste des brahmanes. PHO [pɑ̃dit] ETY Mot sanskrit.

**Pandora** film (1951) de l'Américain Albert Lewin (1894 – 1968), sur le thème du *Vaisseau fantôme*, avec Ava Gardner et James Mason (1909 – 1984).

**Pandore** dans la myth. gr., la première femme, selon Hésiode ; Héphaïstos la créa avec de la terre et de l'eau. Épiméthée l'épousa malgré l'interdiction de son frère Prométhée. Lorsque Pandore ouvrit la jarre que Zeus lui avait confiée après y avoir enfermé tous les maux, ceux-ci se répandirent sur la Terre ; seule l'espérance resta au fond. — *Boîte de Pandore* : ce qui, malgré sa belle apparence, peut causer bien des maux.

**Pane Gina** (Biarritz, 1939 – Paris, 1990), artiste française d'orig. italienne, une des principales figures de l'art corporel.

**panégyrique** *nm* **1** LITTER Discours à la louange d'une ville, d'un personnage. **2** Éloge sans réserve. ETY Du gr. DER **panégyriste** *n*

**panel** *nm* **1** Groupe de personnes, constitué pour l'étude d'une question. **2** STATIS Échantillon de personnes soumises à des interviews répétées. ETY Mot angl., « panneau ».

**panéliste** *n* Personne qui fait partie d'un panel.

**paner** *vt* ① Enrober une viande, un poisson, etc., de chapelure. DER **pané, ée** *a*

**paneterie** *nf* Lieu où se fait la distribution du pain, dans une communauté, un grand établissement. PHO [panetʀi] VAR **panèterie**

**panetier** *nm* HIST Officier de bouche chargé de la garde et de la distribution du pain.

**panetière** *nf* vx **1** Petit sac à pain. **2** Coffre à pain.

**paneton** *nm* Corbeille doublée de toile dans laquelle les boulangers mettent le pâton.

**panettone** *nm* Pâtisserie italienne, gros gâteau brioché fourré de fruits confits. ETY Mot it.

**paneuropéanisme** *nm* POLIT Mouvement visant à l'unité européenne. DER **paneuropéen, enne** *a*

**Panfilov Gleb** (Magnitogorsk, 1934), cinéaste russe : *le Thème* (1979), longtemps interdit, *Vassa* (1982), *la Mère* (1990).

**panga** *nm* Poisson (siluriforme) d'eau douce qui fait l'objet d'un élevage au Viêt-nam.

**Pangée (la)** continent qui aurait compris toutes les terres émergées et se serait fragmenté, pendant le secondaire, en deux blocs : le *Gondwana* (correspondant à l'Amérique du Sud, l'Afrique du Sud, l'Antarctique, l'Inde et l'Australie) et la *Laurasie* (Europe, Amérique du Nord, Asie sans l'Inde). Ces deux ensembles étaient partiellement séparés par une mer, la Téthys, en forme de coin, et enveloppés par l'océan unique, la Panthalassa.

**Pangée** montagne de Macédoine qui, dans l'Antiquité, recélait des mines d'or et d'argent.

**pangermanisme** *nm* POLIT Doctrine visant à grouper dans un même État tous les peuples germaniques. DER **pangermaniste** *a, n*

**Pangloss** (du gr. *pan* et *glossa*, « langue » : « tout-langue ») personnage du *Candide* (1759) de Voltaire ; professeur de philosophie qui, caricaturant Leibniz, soutient que « tout est pour le mieux dans le meilleur des mondes possibles ».

**pangolin** *nm* ZOOL Mammifère pholidote d'Afrique et d'Asie édenté, au corps couvert d'écailles, se nourissant de fourmis et de termites. ETY Du malais.

**pangolin**

**Panhard René** (Paris, 1841 – La Bourboule, 1908), ingénieur français ; il fonda avec É. Levassor la société qui commercialisa la prem. automobile à essence (1891).

**panhellénique** *a* ANTIQ Qui concernait la Grèce tout entière.

**panicaut** *nm* Plante (ombellifère) des terrains incultes et des sables littoraux, à feuilles épineuses, appelée *chardon bleu*. ETY Du provenç.

**panicule** *nf* BOT Inflorescence en grappe d'épis. ETY Du lat. *panu*, « épi ». DER **paniculé, ée** *a*

**panicum** *nm* BOT Genre de graminées comprenant certains millets. PHO [panikɔm]

**panier** *nm* **1** Ustensile portatif en osier, en matière plastique, etc., ordinairement muni d'une anse, et qui sert à transporter des denrées et autres objets. *Panier à provisions.* **2** Contenu d'un panier. **3** Montant moyen des achats effectués par un consommateur dans un magasin. **4** Ensemble des articles achetés sur un site Internet lors d'une commande. **5** didac Ensemble de valeurs ou de faits constituant un échantillon de référence. *Panier de devises.* **6** anc Jupon garni de tiges d'osier, de baleines, etc., destiné à donner de l'ampleur aux robes, en faveur au XVIII$^e$ s. **7** SPORT Filet sans fond monté sur une armature circulaire rigide, par lequel un joueur de basketball doit faire passer le ballon ; point ainsi marqué. *Réussir un panier.* **LOC** ***Panier à salade :*** panier ajouré dans lequel on secoue la salade pour l'égoutter ; fam voiture cellulaire. — ***Panier de la ménagère :*** budget qu'un ménage consacre à ses dépenses en denrées alimentaires. — fam ***Panier percé :*** personne très dépensière. ETY Du lat. *panarium*, « corbeille à pain ».

**panière** *nf* Grande corbeille à deux anses.

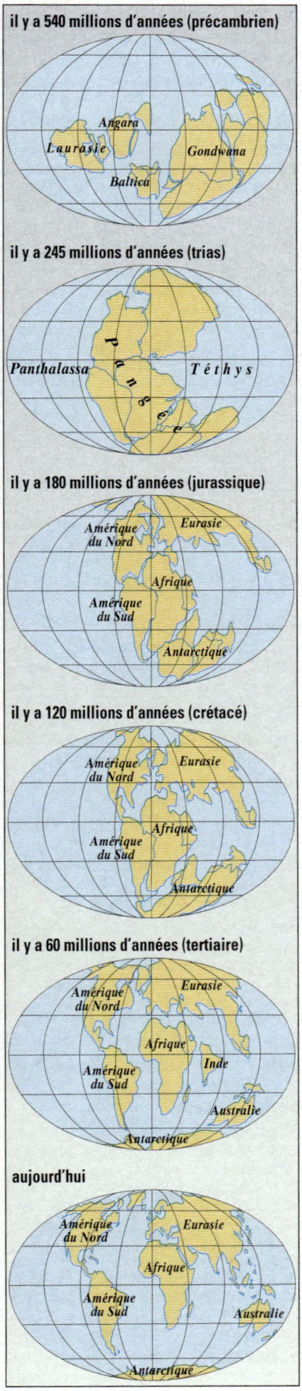


la **Pangée**

**panier-repas** *nm* Repas froid empaqueté et destiné à un travailleur, un voyageur, etc. PLUR paniers-repas.

**panifier** *vt* ② Transformer de la farine en pain. DER **panifiable** *a* – **panification** *nf*

**Panine** Nikita Ivanovitch, (comte) (Dantzig, 1718 – Saint-Pétersbourg, 1783), diplomate russe, ministre des Affaires étrangères de Catherine II (1763-1781).

**panini** *nm* Sandwich fait d'une pâte à pain très blanche, diversement garni, passé au toasteur et qui se consomme chaud. ETY Mot ital., « petits pains ».

**Pānini** (Ve ou IVe s. av. J.-C.), grammairien indien, auteur d'une grammaire sanskrite.

**paniquard, arde** *a, n* fam, péjor Qui cède facilement à la panique.

**panique** *nf, a* Frayeur subite et irraisonnée, de caractère souvent collectif. **LOC** ***Peur, terreur panique :*** peur incontrôlable et soudaine. ETY De *Pan*, dieu gr.

**paniquer** *v* ① **A** *vt* fam Affoler, angoisser. *Il a réussi à paniquer tout le monde.* **B** *vi, vpr* Céder à l'affolement. DER **paniquant, ante** *a*

**panislamisme** *nm* POLIT Mouvement intégriste visant à l'union de tous les peuples musulmans. DER **panislamique** *a*

**Panizza** Oskar (Bad Kissingen, 1853 – Mainschloss, près de Bayreuth, 1921), dramaturge allemand : *le Concile d'amour* (1894), violente satire du catholicisme.

**panjabi** *nm* Langue indo-aryenne, officielle au Panjab.

**Panjim** → **Panaji.**

**Pankhurst** Emmeline Goulden (épouse) (Manchester, 1858 – Londres, 1928), féministe anglaise. Elle fonda en 1903 une Union féminine, qui revendiqua le vote des femmes (mouvement des suffragettes).

**Pankow** quartier du N. de Berlin ; siège du gouvernement de la RDA de 1949 à 1968.

**Panmunjom** localité de Corée, près du 38e parallèle, où se tint la conférence (1951-1953) qui mit fin à la guerre de Corée.

**1 panne** *nf* Étoffe de soie, de coton, etc., fabriquée comme le velours, mais à poils plus longs et moins serrés. ETY Du lat. *penna*, « plume ».

**2 panne** *nf* Tissu adipeux sous-cutané du cochon et de certains animaux.

**3 panne** *nf* Arrêt accidentel de fonctionnement. *Tomber en panne. Panne d'électricité.* **LOC** ***Être en panne :*** rester court, ne pas pouvoir continuer. — fam ***Être en panne de qqch :*** en manquer. — AUTO ***Panne sèche :*** arrêt du moteur par manque de carburant.

**4 panne** *nf* TECH **1** Partie étroite de la tête d'un marteau, opposée à la face *(table)*. **2** Biseau d'un fer à souder.

**5 panne** *nf* CONSTR Élément horizontal d'une charpente de couverture, qui supporte les chevrons. ETY Du gr. *phatnê*, « crèche ».

**panneau** *nm* **1** Élément plan, avec ou sans bordure, d'un ouvrage de menuiserie, d'architecture, etc. *Panneau d'une porte.* **2** CONSTR Élément préfabriqué, plaque en béton, en bois, etc. **3** Plaque de bois ou de métal servant de support à des indications, à une affiche, etc. *Panneau de signalisation.* **4** Bx-A Support de bois d'une peinture. **5** COUT Pièce de tissu fixée à un vêtement pour l'orner ou lui donner de l'ampleur. **6** CHASSE Filet pour prendre du gibier. **LOC** ***Tomber, donner dans le panneau :*** dans le piège. ETY Du lat.

**panneauter** *vi* ① CHASSE Chasser avec des panneaux. DER **panneautage** *nm*

**pannequet** *nm* CUIS Petite crêpe fourrée.

**panneresse** *nf* CONSTR Pierre ou brique dont la plus grande face est en parement (opposée à *boutisse*).

**panneton** *nm* TECH Partie de la clef qui fait mouvoir le pêne.

**pannicule** *nm* **LOC** ANAT ***Pannicule adipeux :*** tissu graisseux sous-cutané.

**Pannini** Giovanni Paolo (Plaisance, v. 1690 – Rome, 1765), peintre italien, vedutiste et ruiniste : *vedute* (« vues ») de Rome. VAR **Panini**

**Pannonie** anc. contrée d'Europe centrale, entre le Danube et l'Illyrie, correspondant à la Hongrie actuelle. Les Romains la soumirent de 35 av. J.-C. à 95 apr. J.-C. DER **pannonien, enne** *a, n*

**pannonien (Bassin)** ensemble des plaines comprises entre les Alpes et les Carpates.

**Panofsky** Erwin (Hanovre, 1892 – Princeton, 1968), historien de l'art américain, d'origine allemande : *Essais d'iconologie* (1939).

**panonceau** *nm* **1** FEOD Armoiries marquant la limite d'une juridiction. **2** Écusson placé à la porte d'un officier ministériel. **3** Petit panneau. ETY De *pennon*, « écusson d'armoiries ».

**panophtalmie** *nf* MED Infection de l'ensemble du globe oculaire.

**panoplie** *nf* **1** Décoration constituée d'une collection d'armes fixées sur un panneau. **2** Ensemble de jouets d'enfant, constituant un déguisement présenté sur un carton. *Panoplie de cow-boy.* **3** Assortiment d'éléments de même nature ; ensemble de moyens d'action. *La panoplie des antibiotiques.* ETY Du gr. *panoplia*, « armure de l'hoplite ».

**panoptique** *a* ARCHIT Se dit de la conception d'un édifice permettant une surveillance d'ensemble depuis un seul point.

**panorama** *nm* **1** Grand tableau circulaire et continu, peint en trompe l'œil sur les murs d'une rotonde, représentant un paysage. **2** Vue circulaire découverte d'un point élevé. *Le panorama s'étend jusqu'aux Alpes.* **3** fig Étude complète d'un sujet relativement vaste. *Panorama des théories sociologiques.* ETY Mot angl., du gr. *pan*, « tout », et *orama*, « spectacle ».

**panoramique** *a, nm* **A** *a* Propre à un panorama, qui offre une vue circulaire. *Vision panoramique.* **B** *nm* Prise de vue effectuée en explorant l'espace environnant par une rotation de la caméra autour d'un axe horizontal, vertical ou circulaire.

**panoramiquer** *vi* ① AUDIOV Faire un panoramique.

**panorpe** *nf* Insecte dont le mâle possède un abdomen terminé par une pince, appelé aussi *mouche-scorpion.* ETY Du gr. *horpex*, « aiguillon ».

**panouille** *nf* fam Rôle sans intérêt accepté par un comédien.

**panse** *nf* **1** Première poche de l'estomac des ruminants. SYN rumen. **2** fam Ventre. *Avoir la panse pleine.* **3** Partie la plus renflée d'un objet. *Panse d'une bouteille.* **4** Partie arrondie d'une lettre. *La panse d'un « a ».* ETY Du lat.

**pansement** *nm* **1** Action de panser une plaie. **2** Bande, gaze, compresse, etc. qui sont appliquées sur une plaie pour la protéger des agents infectieux et la soigner. **LOC** ***Pansement gastrique :*** préparation médicamenteuse destinée à préserver une muqueuse gastrique malade du contact direct des aliments et de l'action des sucs digestifs.

**panser** *vt* ① **1** Appliquer un pansement sur. *Panser une blessure. Panser un blessé.* **2** Étriller, brosser un animal, spécial. un cheval. ETY Du lat. *pensare*, « prendre soin de ». DER **pansage** *nm*

**panseuse** *nf* Infirmière spécialisée qui assiste le chirurgien lors d'une opération.

**panslavisme** *nm* HIST Mouvement visant à favoriser l'union des peuples slaves sous l'autorité de la Russie.

**pansori** *nm* Opéra coréen à un seul interprète, à la fois récitant, acteur et chanteur, accompagné d'un tambour. ETY Mot coréen.

**panspermie** *nf* BIOL Théorie sur l'origine de la vie, supposant une origine extraterrestre de celle-ci.

**pansu, ue** *a* **1** Qui a une grosse panse, un gros ventre. **2** Renflé. *Cruchon pansu.*

**pantacourt** *nm* Pantalon s'arrêtant à mi-mollet.

**Pantagruel** héros de Rabelais, géant plein d'appétit et de sagesse, fils de Gargantua. *Les Horribles et Épouvantables Faits et Prouesses du très renommé Pantagruel* constituent le 2$^{e}$ livre de Rabelais, mais ils furent publiés en premier (1532).

**pantagruélique** *a* Digne de l'appétit gigantesque de Pantagruel. *Festin pantagruélique.* ETY Du n. pr.

**pantalon** *nm* Culotte couvrant les jambes jusqu'aux pieds. ETY De *Pantalon*, n. pr.

**Pantalon** personnage de la commedia dell'arte d'orig. vénitienne, vieillard de grande taille, maigre, avare, coureur et cocu.

**pantalonnade** *nf* **1** Petite pièce, farce de mauvais goût. **2** Subterfuge grotesque, hypocrite.

**pantelant, ante** *a* **1** vx Haletant. **2** fig Violemment ému. **LOC** ***Chair pantelante*** : d'un animal qui vient d'être tué, et qui palpite encore.

**panteler** *vi* ⑰ ou ⑲ **1** vx Haleter. **2** litt Être agité par une émotion violente.

**Pantelleria** petite île italienne située au large du cap Bon (Tunisie) ; 7 500 hab.

**pantenne** *nf* **LOC** anc ***Être en pantenne*** : en désordre, en parlant du gréement — anc ***Mettre les vergues en pantenne*** : les incliner en signe de deuil. ETY De l'anc. provenç.

**Panthalassa** immense océan unique qui entourait la Pangée.

**panthéisme** *nm* **1** PHILO Croyance métaphysique qui identifie Dieu et la création. **2** Divinisation de la nature. DER **panthéiste** *a, n*

**panthéon** *nm* **1** ANTIQ Temple consacré à tous les dieux. **2** Ensemble des dieux d'une mythologie, d'une religion polythéiste. *Le panthéon égyptien.* **3** Monument à la mémoire des grands hommes d'un pays. **4** fig Ensemble de personnages illustres. *Le panthéon de la musique.* ETY Du gr.

**le Panthéon** de Paris

**Panthéon** temple de Rome situé au milieu du champ de Mars ; achevé par Agrippa en 27 av. J.-C., brûlé en 80 apr. J.-C., reconstruit au II$^{e}$ s. ; consacré au culte de tous les dieux.

**Panthéon** monument de Paris, au Quartier latin, sur la montagne Sainte-Geneviève, commencé en 1764 par Germain Soufflot (1713 – 1780), terminé en 1812. En 1791, la Constituante fit de cette église un temple destiné à recevoir les cendres des grands hommes.

**panthéoniser** *vt* ① Transférer les restes de qqn au Panthéon. DER **panthéonisation** *nf*

**panthère** *nf* Grand félidé d'Afrique et d'Asie, à la robe jaune tachetée de noir. SYN léopard. *La panthère noire doit sa couleur à une mutation.* **LOC** ***Panthère des neiges*** : once. ETY Du gr.

**panthère** d'Afrique

**pantière** *nf* Filet tendu verticalement pour attraper des oiseaux volant en bandes. ETY Du gr.

**pantin** *nm* **1** Jouet, figurine articulée dont on fait bouger les membres au moyen d'un fil. **2** péjor Personne qui s'agite beaucoup, fantoche. ETY De l'a. fr. *pantine*, « écheveau de soie ».

**Pantin** ch.-l. de cant. de la Seine-Saint-Denis (arr. de Bobigny) ; 54 464 hab. Centre industriel. DER **pantinois, oise** *a, n*

**Pantocrator (le)** Christ tout-puissant représenté par l'art byzantin.

**pantographe** *nm* **1** TECH Instrument constitué de quatre tiges articulées, qui permet de reproduire mécaniquement un dessin. **2** CH DE F Dispositif articulé, sur le toit d'une locomotive ou d'une motrice électrique, destiné à capter le courant de la caténaire.

**pantoire** *nf* MAR Filin dont une extrémité est attachée à un point fixe et l'autre sur une poulie. ETY De *pente*, au sens de « penture ».

**pantois, oise** *a* Stupéfait. *J'en suis resté tout pantois.* ETY Du lat. *pantasiare*, « avoir des visions ».

**pantomètre** *nm* TECH Instrument d'arpentage servant à mesurer les angles.

**pantomime** *nf* **1** Art d'exprimer des sentiments, des idées, par des attitudes, des gestes, sans paroles. SYN mime. **2** Pièce mimée. ETY Du gr.

**pantone** *a* IMPRIM Se dit d'un ton obtenu directement et non par l'association de quatre couleurs. ETY Nom déposé.

**pantopode** *nm* Syn. de *pycnogonide.*

**pantothénique** *a* **LOC** BIOCHIM ***Acide pantothénique*** : vitamine B5, qui joue un rôle important dans le métabolisme.

**pantouflard, arde** *a, n* fam **1** Casanier ; qui aime ses aises, son confort. **2** Fonctionnaire qui pantoufle.

**pantoufle** *nf* **1** Chaussure d'intérieur sans talon. **2** fam Somme que doit verser à l'État le haut fonctionnaire qui pantoufle.

**pantoufler** *vi* ① fam Quitter la fonction publique pour entrer dans le secteur privé, en parlant d'un fonctionnaire, en partic. issu des grandes écoles. DER **pantouflage** *nm*

**pantoum** *nm* LITTER Poème à forme déterminée, emprunté par les romantiques à la poésie malaise. ETY Mot malais.

**panty** *nm* Sous-vêtement féminin, sorte de gaine à jambes. ETY Mot angl.

**panure** *nf* Syn. de *chapelure.*

**Panurge** héros de Rabelais, homme de taille normale, compagnon du géant Pantagruel. Panurge sait et entend tout faire (étym. gr. de son nom), notam. des farces. Ainsi, il jette dans la mer l'un des moutons de Dindonneau, qu'il a acheté ; tous les autres *(moutons de Panurge)* le suivent et se noient.

**panurgisme** *nm* litt Comportement moutonnier, conformiste. DER **panurgique** *a*

**panzer** *nm* Char de combat de l'armée allemande pendant la Seconde Guerre mondiale. PHO [pɑ̃dzɛʀ] ETY Mot all.

**panzootie** *nf* Épizootie qui atteint l'ensemble d'un continent, voire le monde entier.

**PAO** *nf* Publication assistée par ordinateur.

**Paoli** Pascal (Morosaglia, 1725 – Londres, 1807), patriote corse qui combattit les Génois puis les Français (1768-1769). Sous la Révolution, il appela les Anglais en Corse, mais en vain.

**Paolo** Veneziano (fin XIII$^{e}$ s. – v. 1360), peintre italien qui fit pénétrer les acquis de l'art florentin à Venise.

**paon** *nm* **1** Oiseau galliforme originaire d'Asie, dont le mâle possède un magnifique plumage vert et bleu aux reflets métalliques. *Chez le paon, le mâle fait la roue.* **2** Nom cour. de divers papillons dont les ailes portent des ocelles. *Le petit paon et le grand paon sont nocturnes.* **LOC** ***Être vaniteux comme un paon*** : très vaniteux. — ***Se parer des plumes du paon*** : se dit de qqn qui se vante de ce qui ne lui appartient pas. PHO [pɑ̃] ETY Du lat. ▶ pl. **papillons**

**paonne** *nf* Femelle du paon. PHO [pan]

**papa** *nm* Terme affectueux utilisé par les enfants pour désigner leur père. *Papa et maman.* **LOC** fam ***À la papa*** : sans se presser. — ***De papa*** : désuet, démodé. *Les chansons de papa* — fam ***Papa poule*** : père aimant et protecteur. ETY Du lat. *pappus*, « aïeul ».

**papable** *a* Qui peut être élu pape.

**Papadhópoulos** Gheórghios (Heliokhorion, 1919 – Athènes, 1999), général et homme politique grec ; chef du gouv. à la suite du coup d'État des « colonels » (avr. 1967) ; président de la Rép. en 1973, il fut renversé la même année, déporté à Keôs (1974), condamné à mort en 1985 et gracié. VAR **Papadopoulos**

**Papadimos** Lucas (Athènes, 1947), économiste et homme politique grec. Prem. ministre de nov. 2011 à mai 2012, il forme un gouv. d'union nationale.

**Papageno** personnage de l'opéra de Mozart *la Flûte enchantée* (1791). Oiseleur de la Reine de la nuit, il cherche une *Papagena.*

**Papághos** Aléxandros (Athènes, 1883 – id., 1955), maréchal et homme politique grec. Chef de l'armée, il lutta, de 1940 à 1941, contre les Italiens et les Allemands (qui le firent prisonnier jusqu'en 1945), puis écrasa les communistes (1949). Chef du gouv. (1952-1955), il restaura la monarchie. VAR **Papagos**

**papaïne** *nf* BIOCHIM Enzyme extraite du latex du papayer.

**papal** → **pape.**

**Papandréou** Gheórghios (Patras, 1888 – Athènes, 1968), homme politique grec. Il forma un gouv. en exil au Caire (1944). Centriste, président du Conseil (1964), il affronta le roi et dut démissionner (1965). — **Andrhéas** (Chio, 1919 – Athènes, 1996), fils du préc., homme politique ; fondateur du Mouvement socialiste panhellénique (PASOK), Premier ministre de 1981 à 1989 et de 1993 à 1996. — **Georges** (Saint Paul, Minnes., 1952), fils du préc., homme politique grec (socialiste) ; Prem. ministre (2009-2011). VAR **Papandhréou**

**paparazzi** *nm* Photographe spécialisé dans la prise de clichés indiscrets de personnages connus. PHO [papaʀadzi] ETY Mot ital, du n. d'un personnage d'un film de F. Fellini.

**papauté** *nf* **1** Dignité de pape ; durée de l'exercice de cette dignité. SYN pontificat. **2** Pouvoir, gouvernement du ou des papes.

**papaver** *nm* BOT Nom scientifique du pavot. PHO [papavɛʀ]

**papavéracée** *nf* BOT Plante dicotylédone dialypétale, à fruit en forme de capsule ou de silique, telle que le pavot.

**papavérine** *nf* BIOCHIM Alcaloïde de l'opium, aux propriétés narcotiques et anticonvulsives.

**papaye** *nf* Fruit comestible du papayer, semblable à un gros melon. ETY Mot caraïbe.

**papayer** *nm* Arbre originaire de Malaisie, cultivé pour son fruit, la papaye, et pour son latex dont on tire la papaïne.

**pape** *nm* **1** L'évêque de Rome en tant que chef suprême de l'Église catholique romaine. *Le pape est élu en conclave.* **2** fig Personnalité considérée comme le chef d'un mouvement. *André Breton, le pape du surréalisme.* ETY Du lat. *papa*, « père nourricier ». DER **papal, ale, aux** *a* ▶ pl. p. 1188

**Pape-Carpantier** Marie (La Flèche, 1815 – Villiers-le-Bel, 1878), pédagogue française ; une des fondatrices des écoles maternelles, alors nommées « salles d'asile ».

**Papeete** ch.-l. de la Polynésie française ; port dans l'île de Tahiti ; 115 000 hab. (aggl.). Centre touristique. Aéroport à *Faaa*. – Archevêché.

Papeete

**papegai** *nm* **1** anc Oiseau de bois ou de carton placé au haut d'une perche pour servir de cible aux tireurs à l'arc ou à l'arbalète. **2** vx Perroquet. ETY De l'ar. VAR **papegeai**

**1 papelard, arde** *a* litt Hypocrite. *Manières papelardes.* ETY De l'a. fr. *papeler*, « marmonner des prières. ». DER **papelardise** *nf*

**2 papelard** *nm* fam Morceau de papier.

**Papen** Franz von (Werl, Westphalie, 1879 – Obersasbach, Bade-Wurtemberg, 1969), homme politique et diplomate allemand. Il fut chancelier de juin à nov. 1932, puis vice-chancelier en 1933. Il prépara l'Anschluss comme ambassadeur en Autriche de 1934 à 1938. Le tribunal de Nuremberg l'acquitta.

**paperasse** *nf* Papier, écrit sans valeur, inutile.

**paperasserie** *nf* Accumulation de paperasses.

**paperassier, ère** *n* Qui se complaît dans la paperasse.

**paperboard** *nm* Chevalet supportant de grandes feuilles de papier servant pour des exposés, des cours. PHO [pepəbɔʀd] ETY Mot angl.

**papesse** *nf* **1** Femme pape selon une légende. *La papesse Jeanne.* **2** fig Femme qui exerce une autorité morale ou intellectuelle sur un mouvement.

**1 papet** *nm* CUIS Suisse Plat de saucisses aux pommes de terre et aux poireaux, spécialité du canton de Vaud.

**2 papet** *nm* Provence Grand-père.

**papeterie** *nf* **1** Fabrication du papier ; industrie du papier. **2** Magasin où l'on vend du papier, des fournitures de bureau. PHO [papetʀi] VAR **papèterie**

**papetier, ère** *n, a* **A** *n* **1** Personne qui fabrique du papier ou qui en vend ; industriel du papier. **2** Commerçant qui tient une papeterie. **B** *a* Du papier. *Industrie papetière.*

**Paphlagonie** anc. contrée d'Asie Mineure ; v. princ. *Sinope* (auj. *Sinop*, en Turquie), sur la mer Noire.

**Paphos** v. antique du S. de Chypre, célèbre pour le culte qu'on y rendait à Aphrodite.

**papi** *nm* fam **1** Grand-père. **2** Homme âgé. VAR **papy**

**papier** *nm* **1** Matière faite d'une pâte de fibres végétales étalée en couche mince et séchée. *Papier à dessin, à cigarettes, d'emballage. Papier à lettres.* **2** Feuille très mince de métal. *Papier d'argent, d'étain.* **3** Feuille, morceau de papier, feuille écrite ou imprimée. *Inscrire qqch sur un papier. Vieux papiers. Classer des papiers.* **4** Article journalistique. *Rédiger un papier.* **5** Effet de commerce. *Papier au porteur.* LOC fam *Être dans les petits papiers de qqn* : jouir de son estime, de sa faveur. — *Figure, mine de papier mâché* : blême, maladive. — *Mettre, coucher ses idées sur le papier* : par écrit. — *Papier d'émeri, de verre* : utilisé comme abrasif. — INFORM *Papier digital* : support de données numériques se présentant comme une feuille de papier. — *Papier mâché* : morceaux de papier mélangés à de la colle et de l'eau et formant une pâte, se prêtant bien au modelage. — *Papier-monnaie* : monnaie fiduciaire, sans garantie d'encaisse métallique. — *Papier peint* : papier décoré, dont on tapisse les murs d'une pièce. — *Papiers d'identité* ou *papiers* : pièces d'identité. — *Papier thermique* : traité sur une face pour réagir à la chaleur, utilisé en télécopie. — *Papier timbré* : revêtu du timbre de l'État, exigé pour dresser certains actes par oppos. à *papier libre*. — *Sur le papier* : théoriquement. *Sur le papier, c'est possible.* ETY Du gr. *papuros*, « roseau d'Égypte ».

**papilionacée** *nf* BOT Légumineuse dont la corolle zygomorphe compte cinq pétales libres, le plus grand étant l'étendard. *Il existe environ 10 000 espèces de papilionacées.*

**papille** *nf* **1** Petite éminence charnue à la surface de la peau, des muqueuses, qui a généralement une fonction sensorielle. *Papilles gustatives.* **2** BOT Émergence épidermique qui donne son aspect velouté à un fruit, un pétale, etc. LOC *Papille optique* : terminaison du nerf optique au niveau de la rétine. ETY Du lat. DER **papillaire** *a*

**papillomavirus** *nm* MED Virus provoquant des papillomes.

**papillome** *nm* MED Tumeur bénigne de la peau et des muqueuses, caractérisée par l'hypertrophie des papilles. *Les verrues sont des papillomes.*

**papillon** *nm* **1** Insecte lépidoptère, diurne ou nocturne, caractérisé par quatre grandes ailes couvertes de petites écailles, dont il existe de très nombreuses espèces. **2** Pièce pivotant autour d'un axe, qui sert à masquer une ouverture en vue de régler un débit. *Papillon des gaz d'un carburateur.* **3** Petit feuillet de papier ou de carton mince. *Papillon publicitaire.* **4** fam Avis de contravention. **5** Écrou à ailettes. LOC *Brasse papillon* : brasse où les deux bras sont ramenés simultanément au-dessus de l'eau. — *Effet papillon* : conséquence imprévisible d'un phénomène, dans la théorie du chaos. — *Nœud papillon* : cravate courte nouée en forme de papillon. — *Papillon de mer* : chétodon. ETY Du lat. ▶ pl. p. 1189

**papillonner** *vi* ① **1** Battre à la manière des ailes de papillon. *Paupières qui papillonnent.* **2** Aller d'une chose, d'une personne à une autre sans s'arrêter à aucune. DER **papillonnage** ou **papillonnement** *nm*

**papillotage** *nm* **1** Fatigue des yeux due à un scintillement, un papillotement. **2** Mouvement des yeux ou des paupières qui papillotent.

**papillote** *nf* **1** anc Morceau de papier sur lequel on roule les cheveux pour les faire boucler. **2** Papier qui enveloppe un bonbon ; bonbon ainsi enveloppé. **3** CUIS Papier d'aluminium ou pa-

**papilionacée** le petit pois : à g., coupes d'une fleur (en haut) et d'une gousse contenant les graines (en bas) ; à dr., tige fleurie avec vrilles et gousse

**paon** bleu de l'Inde (mâle)

## LISTE DES PAPES

*En italique : antipapes*

### Papes romains et antipapes

| | |
|---|---|
| st Pierre | †64 ou 67 |
| st Lin | 67-76 |
| st Clet ou Anaclet | 76-88 |
| st Clément Ier | 88-97 |
| st Évariste | 97-105 |
| st Alexandre Ier | 105-115 |
| st Sixte Ier | 115-125 |
| st Télesphore | 125-136 |
| st Hygin | 136-140 |
| st Pie Ier | 140-155 |
| st Anicet | 155-166 |
| st Soter | 166-175 |
| st Éleuthère | 175-189 |
| st Victor Ier | 189-199 |
| st Zéphyrin | 199-217 |
| st Calixte | 217-222 |
| *Hippolyte* | 217-235 |
| st Urbain Ier | 222-230 |
| st Pontien | 230-235 |
| st Antère | 235-236 |
| st Fabien | 236-250 |
| st Corneille | 251-253 |
| *Novatien* | 251 |
| st Lucius Ier | 253-254 |
| st Étienne Ier | 254-257 |
| st Sixte II | 257-258 |
| st Denys | 259-268 |
| st Félix Ier | 269-274 |
| st Eutychien | 275-283 |
| st Caïus | 283-296 |
| st Marcellin | 296-304 |
| (Vacance du Saint-Siège) | |
| st Marcel Ier | 308-309 |
| st Eusèbe | 309 |
| st Miltiade | 311-314 |
| st Sylvestre Ier | 314-335 |
| st Marc | 336 |
| st Jules Ier | 337-352 |
| Libère | 352-366 |
| *Félix II* | 355-365 |
| st Damase Ier | 366-384 |
| *Ursin* | 366-367 |
| st Sirice | 384-399 |
| st Anastase Ier | 399-401 |
| st Innocent Ier | 401-417 |
| st Zosime | 417-418 |
| st Boniface Ier | 418-422 |
| *Eulalius* | 418-419 |
| st Célestin Ier | 422-432 |
| st Sixte III | 432-440 |
| st Léon Ier le Grand | 440-461 |
| st Hilaire | 461-468 |
| st Simplice | 468-483 |
| st Félix III (II) | 483-492 |
| st Gélase Ier | 492-496 |
| Anastase II | 496-498 |
| st Symmaque | 498-514 |
| *Laurent* | *498 et 501-505* |
| st Hormisdas | 514-523 |
| st Jean Ier | 523-526 |
| st Félix IV (III) | 526-530 |
| Boniface II | 530-532 |
| *Dioscore* | 530 |
| Jean II | 533-535 |
| st Agapet | 535-536 |
| st Silvère | 536-537 |
| Vigile | 537-555 |
| Pélage Ier | 556-561 |
| Jean III | 561-574 |
| Benoît Ier | 575-579 |
| Pélage II | 579-590 |
| st Grégoire Ier le Grand | 590-604 |
| Sabinien | 604-606 |
| Boniface III | 607 |
| st Boniface IV | 608-615 |
| Dieudonné Ier ou st Adéodat Ier | 615-618 |
| Boniface V | 619-625 |
| Honorius Ier | 625-638 |
| (Vacance du Saint-Siège) | |
| Séverin | 640 |
| Jean IV | 640-642 |
| Théodore Ier | 642-649 |
| st Martin Ier | 649-655 |
| st Eugène Ier | 654-657 |
| st Vitalien | 657-672 |
| Dieudonné II ou Adéodat II | 672-676 |
| Donus ou Domnus | 676-678 |
| st Agathon | 678-681 |
| st Léon II | 682-683 |
| st Benoît II | 684-685 |
| Jean V | 685-686 |
| Conon | 686-687 |
| *Théodore* | 687 |
| *Pascal* | 687 |
| st Serge ou Sergius Ier | 687-701 |
| Jean VI | 701-705 |
| Jean VII | 705-707 |
| Sisinnius | 708 |
| Constantin | 708-715 |
| st Grégoire II | 715-731 |
| st Grégoire III | 731-741 |
| st Zacharie | 741-752 |
| Étienne II (III) | 752-757 |
| st Paul Ier | 757-767 |
| *Constantin* | 767-769 |
| *Philippe* | 768 |
| Étienne III (IV) | 768-772 |
| Adrien Ier | 772-795 |
| st Léon III | 795-816 |
| Étienne IV (V) | 816-817 |
| st Pascal Ier | 817-824 |
| *Zizime* | 824 |
| Eugène II | 824-827 |
| Valentin | 827 |
| Grégoire IV | 827-844 |
| *Jean* | 844 |
| Serge ou Sergius II | 844-847 |
| st Léon IV | 847-855 |
| Benoît III | 855-858 |
| *Anastase le Bibliothécaire* | 855 |
| st Nicolas Ier le Grand | 858-867 |
| Adrien II | 867-872 |
| Jean VIII | 872-882 |
| Marin Ier | 882-884 |
| st Adrien III | 884-885 |
| Étienne V (VI) | 885-891 |
| Formose | 891-896 |
| *Sergius* | 891 |
| Boniface VI | 896 |
| Étienne VI (VII) | 896-897 |
| Romain | 897 |
| Théodore II | 897 |
| Jean IX | 898-900 |
| Benoît IV | 900-903 |
| Léon V | 903 |
| *Christophore* | 903-904 |
| Serge ou Sergius III | 904-911 |
| Anastase III | 911-913 |
| Landon | 913-914 |
| Jean X | 914-928 |
| Léon VI | 928 |
| Étienne VII (VIII) | 928-931 |
| Jean XI | 931-935 |
| Léon VII | 936-939 |
| Étienne VIII (IX) | 939-942 |
| Marin II | 942-946 |
| Agapet II | 946-955 |
| Jean XII | 955-964 |
| Léon VIII | 963-965 |
| *Benoît V* | 964-966 |
| Jean XIII | 965-972 |
| Benoît VI | 973-974 |
| Benoît VII | 974-983 |
| *Boniface VII* | 974 et 984-985 |
| Jean XIV | 983-984 |
| Jean XV | 985-996 |
| Grégoire V | 996-999 |
| *Jean XVI* | 997-998 |
| Sylvestre II | 999-1003 |
| Jean XVII | 1003 |
| Jean XVIII | 1004-1009 |
| Serge ou Sergius IV | 1009-1012 |
| Benoît VIII | 1012-1024 |
| *Grégoire VI* | 1012 |
| Jean XIX | 1024-1032 |
| Benoît IX | 1032-1044 |
| Sylvestre III | 1045 |
| Benoît IX (2e fois) | 1045 |
| Grégoire VI | 1045-1046 |
| Clément II | 1046-1047 |
| Benoît IX (3e fois) | 1047-1048 |
| Damase II | 1048 |
| st Léon IX | 1049-1054 |
| Victor II | 1055-1057 |
| Étienne IX (X) | 1057-1058 |
| *Benoît X* | 1058-1059 |
| Nicolas II | 1059-1061 |
| Alexandre II | 1061-1073 |
| *Honorius II* | 1061-1072 |
| st Grégoire VII | 1073-1085 |
| *Clément III* | *1080 et 1084-1100* |
| Victor III | 1086-1087 |
| Urbain II | 1088-1099 |
| Pascal II | 1099-1118 |
| *Théodoric* | 1100 |
| *Albert* | 1102 |
| *Sylvestre IV* | 1105-1111 |
| Gélase II | 1118-1119 |
| *Grégoire VIII* | 1118-1121 |
| Calixte II | 1119-1124 |
| Honorius II | 1124-1130 |
| *Célestin II* | 1124 |
| Innocent II | 1130-1143 |
| *Anaclet II* | 1130-1138 |
| *Victor IV* | 1138 |
| Célestin II | 1143-1144 |
| Lucius II | 1144-1145 |
| Eugène III | 1145-1153 |
| Anastase IV | 1153-1154 |
| Adrien IV | 1154-1159 |
| Alexandre III | 1159-1181 |
| *Victor IV (V)* | 1159-1164 |
| *Pascal III* | 1164-1168 |
| *Calixte III* | 1168-1178 |
| *Innocent III* | 1179-1180 |
| Lucius III | 1181-1185 |
| Urbain III | 1185-1187 |
| Grégoire VIII | 1187 |
| Clément III | 1187-1191 |
| Célestin III | 1191-1198 |
| Innocent III | 1198-1216 |
| Honorius III | 1216-1227 |
| Grégoire IX | 1227-1241 |
| Célestin IV | 1241 |
| (Vacance du Saint-Siège) | |
| Innocent IV | 1243-1254 |
| Alexandre IV | 1254-1261 |
| Urbain IV | 1261-1264 |
| Clément IV | 1265-1268 |
| (Vacance du Saint-Siège) | |
| Grégoire X | 1271-1276 |
| Innocent V | 1276 |
| Adrien V | 1276 |
| Jean XXI | 1276-1277 |
| Nicolas III | 1277-1280 |
| Martin IV | 1281-1285 |
| Honorius IV | 1285-1287 |
| Nicolas IV | 1288-1292 |
| st Célestin V | 1294 |
| Boniface VIII | 1294-1303 |
| Benoît XI | 1303-1304 |
| Clément V | 1305-1314 |
| (Vacance du Saint-Siège) | |
| Jean XXII | 1316-1334 |
| *Nicolas V* | 1328-1330 |
| Benoît XII | 1334-1342 |
| Clément VI | 1342-1352 |
| Innocent VI | 1352-1362 |
| Urbain V | 1362-1370 |
| Grégoire XI | 1370-1378 |

### Grand schisme d'Occident (1378-1417)

#### papes romains

| | |
|---|---|
| Urbain VI | 1378-1389 |
| Boniface IX | 1389-1404 |
| Innocent VII | 1404-1406 |
| Grégoire XII | 1406-1415 |

#### papes d'Avignon

| | |
|---|---|
| Clément VII | 1378-1394 |
| Benoît XIII | 1394-1423 |

#### antipapes d'Avignon

| | |
|---|---|
| *Clément VIII* | 1423-1429 |
| *Benoît XIV* | 1415-1430 |

#### papes de Pise

| | |
|---|---|
| Alexandre V | 1409-1410 |
| Jean XXIII | 1410-1415 |

#### antipape de Pise

| | |
|---|---|
| *Félix V* | 1439-1449 |

| | |
|---|---|
| Martin V | 1417-1431 |
| Eugène IV | 1431-1447 |
| Nicolas V | 1447-1455 |
| Calixte III | 1455-1458 |
| Pie II | 1458-1464 |
| Paul II | 1464-1471 |
| Sixte IV | 1471-1484 |
| Innocent VIII | 1484-1492 |
| Alexandre VI | 1492-1503 |
| Pie III | 1503 |
| Jules II | 1503-1513 |
| Léon X | 1513-1521 |
| Adrien VI | 1522-1523 |
| Clément VII | 1523-1534 |
| Paul III | 1534-1549 |
| Jules III | 1550-1555 |
| Marcel II | 1555 |
| Paul IV | 1555-1559 |
| Pie IV | 1559-1565 |
| st Pie V | 1566-1572 |
| Grégoire XIII | 1572-1585 |
| Sixte V | 1585-1590 |
| Urbain VII | 1590 |
| Grégoire XIV | 1590-1591 |
| Innocent IX | 1591 |
| Clément VIII | 1592-1605 |
| Léon XI | 1605 |
| Paul V | 1605-1621 |
| Grégoire XV | 1621-1623 |
| Urbain VIII | 1623-1644 |
| Innocent X | 1644-1655 |
| Alexandre VII | 1655-1667 |
| Clément IX | 1667-1669 |
| Clément X | 1670-1676 |
| Innocent XI | 1676-1689 |
| Alexandre VIII | 1689-1691 |
| Innocent XII | 1691-1700 |
| Clément XI | 1700-1721 |
| Innocent XIII | 1721-1724 |
| Benoît XIII | 1724-1730 |
| Clément XII | 1730-1740 |
| Benoît XIV | 1740-1758 |
| Clément XIII | 1758-1769 |
| Clément XIV | 1769-1774 |
| Pie VI | 1775-1799 |
| Pie VII | 1800-1823 |
| Léon XII | 1823-1829 |
| Pie VIII | 1829-1830 |
| Grégoire XVI | 1831-1846 |
| Pie IX | 1846-1878 |
| Léon XIII | 1878-1903 |
| st Pie X | 1903-1914 |
| Benoît XV | 1914-1922 |
| Pie XI | 1922-1939 |
| Pie XII | 1939-1958 |
| Jean XXIII | 1958-1963 |
| Paul VI | 1963-1978 |
| Jean-Paul Ier | 1978 |
| Jean-Paul II | 1978-2005 |
| Benoît XVI | 2005-2013 |
| François | élu en 2013 |

le grand mars
et sa chenille
sur un saule marsault

l'aurore, sa chenille
et sa chrysalide
sur la cardamine des prés

le machaon, sa chenille
et sa chrysalide
sur la carotte sauvage

l'azuré du serpolet,
sa chenille et sa chrysalide
dans une fourmilière

le morio et sa chenille
sur un rameau de peuplier tremble

le sphinx de l'euphorbe
et sa chenille

le paon du jour, sa chenille
et sa chrysalide sur une ortie

le petit paon de nuit et
son cocon sur un prunellier

pier sulfurisé dans lequel on met à cuire une viande, un poisson. **4** Boucle de cheveux que certains juifs orthodoxes se laissent pousser aux tempes. ETY De *papillon*.

**papillotement** *nm* Scintillement qui trouble et fatigue la vue.

**papilloter** *vi* 1 **1** Produire un papillotement, scintiller. **2** En parlant des yeux ou des paupières, être animés d'un mouvement involontaire qui empêche de fixer les objets. DER **papillotant, ante** *a*

**Papin** Denis (Chitenay, près de Blois, 1647 – Londres, 1714), physicien français. Il découvrit la force élastique de la vapeur, il inventa l'autocuiseur muni d'une soupape de sûreté *(marmite de Papin)*.

**Papineau** Louis Joseph (Montréal, 1786 – Montebello, 1871), homme politique canadien. Président de l'Assemblée de 1815 à 1823 et de 1825 à 1837, il soutint les revendications des Canadiens français et fut l'un des artisans de la rébellion de 1837.

Papineau

**Papini** Giovanni (Florence, 1881 – id., 1956), écrivain futuriste italien : *Un homme fini* (1912), *Histoire du Christ* (1921), *le Diable* (1953).

**Papinien** (en lat. *Æmilius Papinianus*) (m. à Rome en 212 apr. J.-C.), jurisconsulte romain mis à mort par Caracalla.

**papion** *nm* Nom savant du babouin. ETY Du lat.

**papisme** *nm* **1** Doctrine des partisans de l'autorité absolue du pape. **2** péjor Nom sous lequel les protestants, au XVI$^e$ s., désignaient le catholicisme romain. DER **papiste** *n, a*

**papivore** *n, a* fam Personne qui lit beaucoup.

**papoter** *vi* 1 Bavarder sur des sujets insignifiants, frivoles. DER **papotage** *nm*

**Papouasie-Nouvelle-Guinée** État d'Océanie, comprenant l'E. de la Nouvelle-Guinée, l'archipel Bismarck et des archipels et îles de moindre importance ; 461 690 km$^2$ ; 7 millions d'hab., accroissement naturel : 2,1 % par an. Cap. *Port Moresby*. Nature de l'État : rép. membre du Commonwealth. Population : Papous majoritaires. Langues off. : anglais, néo-mélanésien ; 700 dialectes. Monnaie : kina. Relig. : christianisme (66,5 %), relig. traditionnelles (33 %). DER **papouasien, enne** – **néo-guinéen, enne** *a, n*
**Géographie** Peu pénétré, le pays s'ordonne autour d'une chaîne centrale (4 508 m au mont Wilhelm) qui se termine en péninsule effilée à l'E. et domine des plaines marécageuses à l'O. Le climat équatorial très humide entretient une forêt dense sur 95 % du territoire. La pop., très clairsemée, est rurale à 87 %.
**Économie** Les cultures couvrent 1 % du sol : patates douces, taros, ignames ; exportations : café, cacao, hévéa, noix de coco. Les ressources minières, abondantes, sont peu exploitées (exportation de cuivre et d'or). L'Australie est le princ. partenaire.
**Histoire** La Papouasie proprement dite (S.-E. de l'île) fut administrée par l'Australie à partir de 1906 ; en 1921, la Société des Nations y ajouta la Nouvelle-Guinée du N.-E. et l'archipel Bismarck, allemands de 1884 à 1914. Le territ. obtint l'autonomie interne en 1973, et l'indépendance en 1975. La Papouasie revendique l'O. de l'île, qui, sous le nom d'Irian Jaya, appartient à l'Indonésie. Celle-ci soutient les séparatistes de l'île de Bougainville. En 1999, le Parlement a élu sir Mekere Morauta, proche de l'Australie, pour sauver le pays de la banqueroute. En 2000, il a opéré des privatisations et acquis la confiance des bailleurs de fonds. En 2002, les nationalistes remportent les élections législatives et Michel Somare devient Prem. ministre. Il quitte ses fonctions en 2011 et est remplacé par Peter O'Neill. ▶ carte **Nouvelle-Guinée**

**papouille** *nf* fam Chatouillement, caresse.

**Papous** population à l'origine incertaine, divisée en de nombr. tribus, habitant la Nouvelle-Guinée et les îles avoisinantes. – Habitants de la Papouasie-Nouvelle-Guinée. VAR **Papouas** DER **papou, oue** *a*

**Pappus** (v. 300), mathématicien d'Alexandrie. Sa *Collection mathématique* résume et complète divers traités de géométrie. VAR **Pappos**

**paprika** *nm* Piment doux que l'on utilise broyé comme condiment. ETY Mot hongrois.

**papule** *nf* MED Petite saillie cutanée, rose ou rouge, ne renfermant pas de liquide. ETY Du lat. DER **papuleux, euse** *a*

**Papus** Gérard Encausse, dit (La Corogne, 1865 – Paris, 1916), occultiste français : *Traité méthodique de science occulte* (1891).

**papy** → **papi.**

**papy-boom** *nm* Vieillissement accéléré d'une population. PLUR papy-booms. PHO [papibum] ETY Mot angl. VAR **papyboom** ou **papyboum** DER **papy-boomer, papyboomer** ou **papyboumeur, euse** *n*

**papyrologie** *nf* Étude des textes grecs et romains de l'Antiquité égyptienne, écrits sur papyrus, sur bois ou, le plus souvent, sur des tessons de poterie (ostraca). DER **papyrologique** *a* – **papyrologue** *n*

**papyrus** *nm* **1** Plante des bords du Nil (cypéracée). **2** Feuille pour écrire obtenue par les anciens Égyptiens à partir de la tige de cette plante. **3** Manuscrit sur papyrus. PHO [papiʀys] ETY Mot lat., du gr.

**pâque** *nf* **1** Fête annuelle des juifs, qui commémore leur sortie d'Égypte. **2** Agneau pascal, dans le rite mosaïque. *Manger la pâque.* ETY Du gr. *Paskha*, de l'hébreu *pasch'ah*, « passage ».

**paquebot** *nm* Grand navire aménagé pour le transport des passagers. ETY De l'angl. *packet boat*, « bateau pour les paquets ».

**pâquerette** *nf* Petite plante (composée), à capitules blancs ou rosés ; le capitule de cette plante. ETY De *Pâques*. ▶ illustr. **composée**

**Pâques** *nm, nf pl* **A** *nm* Fête annuelle des chrétiens, qui commémore la résurrection du Christ. *Œuf de Pâques.* **B** *nf pl* Fête de Pâques. *Joyeuses Pâques.* LOC ***À Pâques ou à la Trinité*** : à une date incertaine ou jamais. — ***Faire ses pâques*** : recevoir à Pâques la communion prescrite par l'Église catholique. — ***Le lundi, la semaine de Pâques*** : qui suivent Pâques. — ***Pâques fleuries*** : le dimanche des Rameaux. ETY De *Pâque*.

**Pâques (île de)** (en esp. *Isla de Pascua*), île volcanique du Pacifique oriental (Polynésie), chilienne depuis 1888 ; 162 km$^2$ ; 2 000 hab. – Elle fut découverte en 1772, le jour de Pâques, par le Hollandais Roggeveen. L'île possède des statues monumentales (les *moai*), taillées dans le tuf volcanique. DER **pascuan, ane** *a, n*

**paquet** *nm* **1** Assemblage de plusieurs choses attachées ou enveloppées ensemble. *Expédier un paquet.* **2** Objet, produit dans son emballage. *Fumer un paquet de cigarettes.* **3** TYPO Ensemble de lignes de composition destinées au metteur en pages. **4** Quantité, masse importante. *Paquet de billets.* **5** fig Ensemble de propositions, de mesures formant un tout indissociable. **6** INFORM Bloc de données acheminées dans un réseau d'ordinateurs. LOC fam ***Faire ses paquets*** : s'en aller. — fam ***Mettre le paquet*** : y aller de toute sa force, employer tous les moyens. — ***Paquet de mer*** : masse d'eau de mer projetée sur le pont d'un bateau. — fam ***Recevoir son paquet*** : être sévèrement critiqué. — fam ***Risquer le paquet*** : engager gros dans une affaire incertaine. — fam ***Toucher le paquet*** : beaucoup d'argent. ETY Du néerl.

**paquetage** *nm* Ensemble des effets d'habillement et de campagne d'un soldat.

**paqueter** *v* 18 ou 20 Canada **A** *vt* **1** Empaqueter. **2** Remplir de personnes une salle, un véhicule. **B** *vpr* fam S'enivrer.

**1 par** *prép* **1** Marque le lieu traversé. *Passer par la porte de derrière. Passer par Vienne.* **2** Marque le temps. *Comme par le passé.* **3** Marque la cause, l'agent, l'auteur. *Agir par intérêt. Un tableau peint par Matisse.* **4** Marque le moyen, l'instrument, la manière. *Voyage par avion. Par le fer et par le feu. Ranger des livres par ordre de grandeur.* **5** Indique l'idée de distribution. *Cent francs par personne.* LOC ***De par*** : au nom de ; par l'ordre de. — ***De par la loi.*** — ***Par trop*** : beaucoup trop. ETY Du lat.

**2 par** *nm* SPORT Au golf, nombre minimum de coups nécessaires à un très bon joueur pour effectuer un parcours donné. ETY Mot angl.

**1 para-** Élément, du gr. *para*, « à côté de ».

**2 para-, pare-** Éléments, du lat. *parare*, « protéger ».

**para** *nm* fam Parachutiste.

**Pará** État du N. du Brésil, sur l'Atlantique, drainé par l'Amazone ; 1 248 042 km$^2$ ; 8 074 000 hab. ; cap. *Belém*. La forêt dense domine ; la cueillette recule (caoutchouc, noix de Pará) (grandes exploitations). Gisements de fer.

**parabancaire** *a* FIN Qui est proche des activités bancaires.

**parabase** *nf* LITTER ANTIQ Partie de la comédie grecque où l'auteur s'adressait au public par la bouche du coryphée. ETY Du gr. *parabasis*, « action de s'avancer ».

**parabellum** *nm* anc Pistolet automatique, autrefois utilisé dans l'armée allemande. PHO [paʀabɛllɔm]

**parabène** *nm* PHARM Conservateur antiseptique, employé en cosmétique, dans les médicaments et les aliments. ETY De *acide parahydroxybenzoïque*. VAR **paraben**

**1 parabole** *nf* Récit allégorique qui renferme une vérité, un enseignement. *Les paraboles de l'Évangile.* ETY Du gr. *parabolê*, « comparaison ». DER **parabolique** *a*

**2 parabole** *nf* **1** GEOM Courbe constituant le lieu géométrique des points équidistants d'un point fixe, appelé *foyer*, et d'une droite fixe, appelée *directrice*. **2** TELECOM Antenne permettant de capter les programmes de télévision retransmis par satellite. DER **parabolique** *a* – **paraboliquement** *av* ▶ illustr. **courbes**

**paraboloïde** *nm* GEOM Surface du second degré dont le centre est rejeté à l'infini et qui admet une infinité de plans diamétraux, tous parallèles à une même droite. *Paraboloïde de révolution. Paraboloïde elliptique. Paraboloïde hyperbolique.*

île de Pâques

**Paracas** site précolombien du sud du Pérou, comprenant plusieurs nécropoles dont l'édification commença vers. 1200 av. J.-C.

**Paracel (îles)** groupe d'îlots de la mer de Chine mérid., riche en phosphates ; revendiqué par la Chine et le Viêt-nam.

**Paracelse Theophrastus Bombastus von Hohenheim,** dit (Einsiedeln, près de Zurich, v. 1493 – Salzbourg, 1541), médecin suisse. Ses théories ésotériques reposent sur l'analogie structurelle du monde extérieur et du corps humain.

**paracentèse** *nf* CHIR Ponction pratiquée pour évacuer un liquide séreux ou purulent. (PHO) [paʀasɛ̃tɛz] (ETY) Du gr. *parakentêsis,* « ponction ».

**paracétamol** *nm* PHARM Dérivé de l'aniline aux propriétés analgésiques et antipyrétiques.

**parachever** *vt* ⑯ Terminer avec le plus de perfection possible. *Parachever un projet.* (DER) **parachèvement** *nm*

**parachimie** *nf* Partie de l'industrie chimique fournissant des produits dérivés tels que les encres, les peintures, la pharmacie. (DER) **parachimique** *a*

**parachute** *nm* **1** Appareil destiné à ralentir la chute des corps tombant d'une grande hauteur, constitué essentiellement d'une voilure en toile, reliée à un système d'attaches entourant le parachutiste ou les objets à larguer. **2** Organe de sécurité qui bloque la cabine d'un ascenseur en cas de besoin. **LOC** ***Parachute doré :*** indemnités contractuelles très élevées versées à certains dirigeants d'entreprises lors de leur départ (calque de l'anglais *golden parachute*).

atterrissage en **parachute**

**parachuter** *vt* ① **1** Larguer d'un aéronef avec un parachute. *Parachuter du matériel, des troupes.* **2** fam Désigner, nommer inopinément pour un emploi, une tâche. *Parachuter un candidat dans une circonscription.* (DER) **parachutage** *nm*

**parachutisme** *nm* Pratique du saut en parachute.

**parachutiste** *n* **1** Personne qui pratique le parachutisme. **2** Militaire entraîné spécialement au parachutisme. SYN para.

**Paraclet (Le)** hameau de la com. de Quincey (arr. de Nogent-sur-Seine) où Abélard fonda, en 1129, un couvent de femmes dont Héloïse fut la prem. abbesse ; la crypte subsiste.

**Paraclet** nom donné au Saint-Esprit dans l'évangile de Jean.

**paraclinique** *a* MED Se dit des examens recourant à d'autres moyens que les sens.

**paracommercialisme** *nm* ECON Ensemble des activités commerciales qui ont pour cadre des secteurs protégés de la concurrence (groupement d'achats, coopératives d'entreprises, etc.). (DER) **paracommercial, ale, aux** *a*

**paracristallin, ine** *a* CHIM Syn. de *mésomorphe.*

**1 parade** *nf* **1** Étalage, exhibition de qqch que l'on juge enviable. *Faire parade de sa beauté, de son savoir.* **2** Scène burlesque donnée par les bateleurs pour engager le public à aller voir le spectacle proposé. *Parade de cirque.* **3** Défilé militaire où les troupes sont passées en revue. **LOC** ***De parade :*** qui ne sert qu'à l'ornement ; fig qui n'est pas sincère. — ZOOL ***Parade nuptiale :*** ensemble des comportements qui précèdent l'accouplement, chez de nombreux animaux.

**2 parade** *nf* **1** SPORT Action de parer un coup en escrime, en boxe, etc. **2** fig Riposte.

**Parade** ballet réaliste en un tableau (1917) de Satie, sur un argument de Cocteau, chorégraphie d'origine par Léonide Massine ; Picasso collabora aux décors et aux costumes.

**parader** *vi* ① Se pavaner.

**paradichlorobenzène** *nm* CHIM Dérivé dichloré du benzène, employé comme insecticide.

**paradigme** *nm* **1** didac Modèle de référence, de pensée. *Le paradigme écologique s'impose aux hommes politiques.* **2** GRAM Mot qui sert de modèle pour une conjugaison, une déclinaison ; ensemble des formes différentes prises par ce mot. *Le verbe « finir » est le paradigme du deuxième groupe.* **3** LING Ensemble des unités substituables dans un contexte donné. (ETY) Du gr. (DER) **paradigmatique** *a*

**paradis** *nm* **1** Selon plusieurs religions, lieu où séjournent les bienheureux, les élus, après leur mort. **2** fig Lieu enchanteur. *Un paradis tropical.* **3** Balcon, galerie tout en haut d'une salle de spectacle. **LOC** ***Il ne l'emportera pas au paradis :*** il s'en repentira. — ***Les paradis artificiels :*** les sensations procurées par les drogues ; les drogues elles-mêmes. — ***Oiseau de paradis :*** paradisier. — ***Paradis fiscal :*** pays où le régime fiscal est particulièrement avantageux pour les capitaux étrangers. (ETY) Du persan.

**Paradis (Grand)** (en ital. *Gran Paradiso*), massif des Alpes ital. (4 061 m) près de la frontière française – Parc (56 000 ha) créé en 1922, relié au parc français de la Vanoise.

**Paradis artificiels (les)** essai de Baudelaire (1860), qui étudie les effets du haschisch, puis de l'opium (d'après De Quincey).

**paradisiaque** *a* Digne du paradis. *Un séjour paradisiaque.*

**paradisier** *nm* Oiseau passériforme de Nouvelle-Guinée et d'Australie, appelé aussi *oiseau de paradis,* aux plumes très colorées.

**Paradis perdu (le)** poème épique en vers blancs de Milton, en 10 chants (1667), puis en (1674), que complète *le Paradis reconquis* (4 livres, 1671).

**Paradjanov Paradjanian Sarkis,** dit **Serge** (Tbilissi, 1924 – Erevan, 1990), cinéaste arménien, longtemps emprisonné et censuré : *les Chevaux de feu* (1965), *la Légende de la forteresse de Souram* (1984), *Achik Kerib* (1988).

**parador** *nm* En Espagne, hôtel d'État, établi dans un site prestigieux. (ETY) Mot esp.

**parados** *nm* MILIT Dispositif de protection contre les projectiles venant de l'arrière.

**paradoxal, ale** *a* **1** Qui tient du paradoxe. *Une affirmation paradoxale.* **2** Qui aime le paradoxe. *Un esprit paradoxal.* PLUR paradoxaux. **LOC** ***Sommeil paradoxal :*** au cours duquel se produisent les rêves. (DER) **paradoxalement** *av*

**paradoxe** *nm* Proposition contraire à l'opinion commune.

**Paradoxe sur le comédien** essai de Diderot (v. 1769) publié en 1830.

**parafe, parafer → paraphe.**

**parafeur → parapheur.**

**paraffine** *nf* **1** CHIM Nom générique des hydrocarbures saturés de formule $C_nH_{2n+2}$. SYN alcane. **2** Solide gras, de consistance cireuse, constitué d'un mélange de ces hydrocarbures. (ETY) Du lat. *parum affinis,* « qui a peu d'affinité ».

**paraffiner** *vt* ① Enduire, imprégner de paraffine. (DER) **paraffinage** *nm*

**parafiscalité** *nf* Ensemble de charges ou de taxes que les particuliers ou les entreprises doivent acquitter hors des impôts de l'État. (DER) **parafiscal, ale, aux** *a*

**parafoudre** *nm* TECH Appareil servant à protéger les installations électriques des effets de la foudre.

**parage** *nm* En boucherie, préparation des morceaux de viande, avant la vente au détail.

**parages** *nm pl* **1** MAR Espace, étendue de mer proche de tel lieu. *Les parages de Terre-Neuve.* **2** Environs. *Dans les parages.* (ETY) De l'esp.

**paragraphe** *nm* **1** Subdivision d'un texte en prose, typographiquement définie par un alinéa initial et un alinéa final. **2** Signe typographique (§) qui signifie paragraphe. *Voir page 6 § 2.* (ETY) Du gr. *paragraphos,* « écrit à côté ».

**paragrêle** *nm, a inv* AGRIC Appareil servant à protéger les cultures contre la grêle en transformant celle-ci en pluie. *Canons paragrêle.*

**Paraguay (le)** riv. d'Amérique du Sud (2 206 km), qui, née au Brésil, dans le Mato Grosso, traverse le Paraguay et conflue avec le Paraná à Corrientes, en Argentine. Sur une partie de son cours, il forme frontière entre le Paraguay et le Brésil, et entre le Paraguay et l'Argentine. Il est navigable.

**Paraguay (république du)** (*República del Paraguay*), État continental d'Amérique du Sud, au N. de l'Argentine ; 406 750 km$^2$ ; 6,8 millions d'hab. ; accroissement naturel : 1,9 % par an ; cap. *Asunción.* Nature de l'État : rép. de type présidentiel. Langues off. : espagnol et guarani (langue usuelle). Monnaie : guarani. Population : métis (95 %), Guaranis, Amérindiens, Allemands. Relig. officielle : cathol. (90,2 %). (DER) **paraguayen, enne** *a, n*

**Géographie** Le pays, au relief peu accidenté (alt. max. 1 000 m), est drainé du N. au S. par le Paraguay, qui sert de frontière avec le Brésil et l'Argentine, et qui divise le pays. À l'E., un bas plateau boisé, coupé de vallées fertiles, a un climat tempéré chaud et humide : plus de 95 % des hab. sur 40 % de l'espace national. À l'O., le Gran Chaco, continental et sec, est voué à l'élevage extensif. Les exportations agric. sont importantes : soja, maïs, coton, viande. Les ressources hydroélectr. du Paraná sont colossales : barrage d'Itaipú, construit avec le Brésil ; nombr. projets. L'entrée dans le Mercosur (1995) a provoqué une récession qui, en 2000, s'est accrue (20 % de chômeurs), l'évasion fiscale et l'économie informelle se développant plus que jamais.

**Histoire** LA COLONISATION Colonisé par les Espagnols, le pays fut évangélisé à partir de 1585 par les jésuites. Ceux-ci fondèrent les « réductions » (esp. *reducciones,* de *reducir,* « adoucir, civiliser »), communautés gérées par les Indiens et qui, à partir de 1639, assurèrent leur défense contre les Portugais du Brésil en quête d'esclaves. Après l'expulsion des jésuites (1768), les Guaranis furent dispersés par les Portugais et les Espagnols, mais leur culture a survécu.

L'INDÉPENDANCE Le Paraguay indépendant (1811) eut une économie fermée, notam. sous la dictature de Francia (1814-1840) et sous ses neveu et petit-neveu (nommés López). Cela provoqua la guerre de 1865-1870 contre le Brésil, l'Argentine et l'Uruguay. La pop. fut réduite au tiers ; le territ., amputé. Les guerres contre la Bolivie (1928-1929 et 1932-1935) lui rendirent des terres dans le Chaco. De 1954 à 1989, le général Stroessner exerce un pouvoir dictatorial, soutenu par les É.-U. Il est renversé en 1989 par le général Andrés Rodriguez. Ce dernier instaure la démocratie. En 2008, après plus de 60 ans d'hégémonie du parti conservateur, « l'évêque des pauvres », Mgr Fernando Lugo, est élu prés. N'étant pas parvenu à obtenir une majorité pour gouverner, le Sénat le destitue en 2012. Les conservateurs reviennent au pouvoir avec l'élection d'Horacio Cartes à la prés. en 2013.

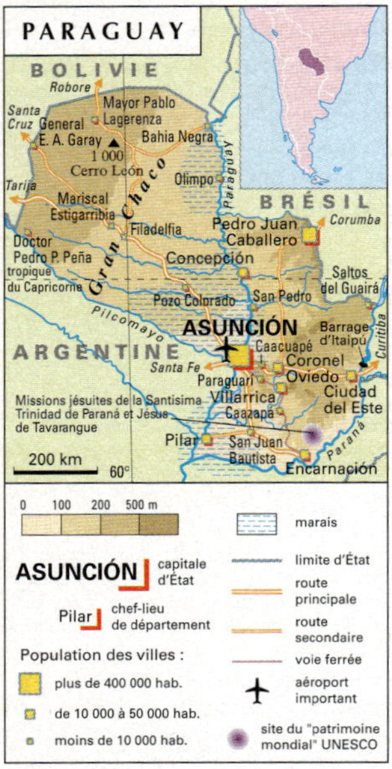


**Paraíba** État du N.-E. du Brésil, sur l'Atlantique ; 56 372 km² ; 3 766 000 hab. ; cap. *João Pessoa*. – Des plateaux de faible altitude, au climat semi-aride, dominent la plaine côtière.

**Paraíba do Sul (la)** fl. du Brésil (1 058 km), qui draine les États de São Paulo et de Rio de Janeiro.

**Parain** Brice (Jouarre, Seine-et-Marne, 1897 – Paris, 1971), philosophe français : *Petite métaphysique de la parole* (1969).

**1 paraître** *vi* (73) **1** Commencer à être visible, à exister ; apparaître. *Elle lisait toujours lorsque le soleil parut.* **2** Se montrer, être visible. *Son chagrin paraît, bien qu'elle le cache.* **3** Se montrer, manifester sa présence alors qu'on est attendu. *Paraître sur la scène.* **4** Être publié, mis en vente. *Son dernier livre vient de paraître.* **5** Avoir l'apparence de, sembler. *Votre histoire me paraît bizarre. Il paraît souffrir beaucoup.* **6** Briller, se faire remarquer. *Il cherche trop à paraître.* LOC ***Il paraît, il paraîtrait que*** : on dit que, le bruit court que. — ***Sans qu'il y paraisse*** : sans que cela se voie. ETY Du lat. VAR **paraitre**

**2 paraître** *nm* LOC PHILO litt *Le paraître* : l'apparence. VAR **paraitre**

**Parakou** v. du Bénin ; 175 000 hab. ; ch.-l. de la prov. de Borgou. Industr. textile.

**paralittérature** *nf* Ensemble des productions littéraires de caractère populaire : chansons, romans-photos, bandes dessinées, etc. DER **paralittéraire** *a*

**parallaxe** *nf* didac Déplacement de la position apparente d'un corps dû à un changement de position de l'observateur. LOC OPT *Erreur de parallaxe* : commise lorsqu'on lit obliquement une graduation d'un appareil de mesure. — ASTRO *Parallaxe d'un astre du système solaire* : angle sous lequel on verrait, depuis cet astre, le rayon terrestre. — *Parallaxe d'une étoile* : angle sous lequel on verrait, depuis cette étoile, le rayon de l'orbite terrestre. ETY Du gr. *parallaxis*, « changement ». DER **parallactique** *a*

**parallèle** *a, n* **A** *a* GEOM **1** Se dit d'une ligne, d'une surface, également distante d'une autre ligne, d'une autre surface dans toute son étendue. **2** Qui se déroule dans des conditions analogues, semblable. *Deux destins parallèles. Mener des actions parallèles.* **3** Qui se déroule en même temps qu'autre chose de même nature, mais sans en avoir l'aspect officiel, légal. *Marché parallèle. Police parallèle.* **4** INFORM Se dit d'un ordinateur dont l'unité centrale peut effectuer en même temps plusieurs tâches. **B** *nf* Droite parallèle à une autre. *Par un point extérieur à une droite, il passe une seule parallèle à cette droite.* **C** *nm* **1** Comparaison suivie entre deux personnes, deux objets. *Établir un parallèle entre deux évènements.* **2** Cercle obtenu en coupant une surface de révolution par un plan perpendiculaire à son axe de révolution. **3** Chacun des cercles fictifs de la sphère terrestre parallèles au plan de l'équateur. *Parallèles et méridiens.* ETY Du gr. DER **parallèlement** *av*

**parallélépipède** *nm* GEOM Prisme dont les six faces sont des parallélogrammes. LOC ***Parallélépipède rectangle*** : dont les faces sont des rectangles. ETY Du gr. *epipedon*, « surface ». DER **parallélépipédique** *a* ▶ pl. **géométrie**

**parallélisme** *nm* **1** État de droites, de plans, d'objets parallèles. *Parallélisme des roues d'un véhicule.* **2** fig Comparaison systématique entre des personnes, des choses.

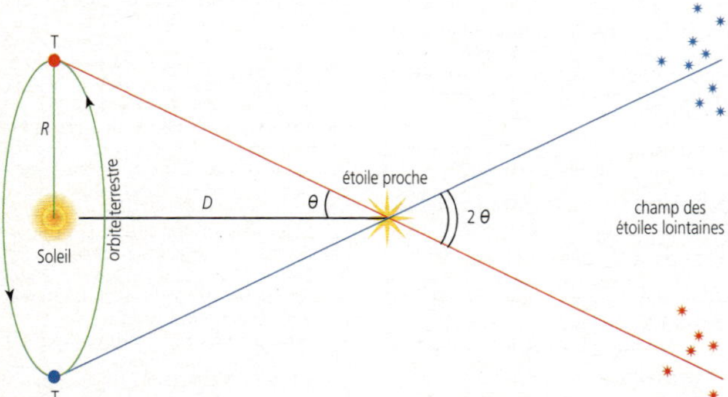


la distance *D* d'une étoile proche se déduit de l'écart angulaire 2 θ entre les deux positions de l'étoile (par rapport au champ des étoiles plus lointaines) mesurées à 6 mois d'intervalle

**parallaxe**

**parallélogramme** *nm* GEOM Quadrilatère dont les côtés opposés sont parallèles. ▶ pl. **géométrie**

**paralogisme** *nm* LOG Raisonnement faux, mais fait sans intention d'induire en erreur, à la différence du sophisme.

**paralympique** *a* Se dit de compétitions sportives organisées pour les handicapés physiques.

**paralyser** *vt* (1) **1** Frapper qqn de paralysie. **2** Rendre inerte une partie du corps. *Le froid paralysait ses doigts.* **3** fig Frapper d'inertie ; empêcher d'agir, de fonctionner. DER **paralysant, ante** *a* – **paralysé, ée** *a, n*

**paralysie** *nf* **1** Perte ou déficience des mouvements volontaires dans une région du corps, due à une affection musculaire ou à une lésion nerveuse. **2** fig Arrêt du fonctionnement de l'activité. *Paralysie d'une usine.* ETY Du gr.

**paralytique** *a, n* Atteint de paralysie.

**paramagnétique** *a* PHYS Se dit d'une substance qui, placée dans un champ magnétique, s'aimante faiblement. DER **paramagnétisme** *nm*

**Paramaribo** cap. du Surinam, port à l'embouchure du *Surinam* ; 220 000 hab. (aggl.).

**paramécie** *nf* ZOOL Gros protozoaire cilié commun dans les eaux douces stagnantes. ETY Du gr. *paramêkês*, « oblong ». ▶ illustr. **protozoaires**

**paramédical, ale** *a, n* Qui appartient au domaine de la santé et des soins, sans toutefois relever des attributions des médecins. PLUR paramédicaux.

**paramètre** *nm* **1** MATH Dans une équation, grandeur à laquelle on peut attribuer des valeurs différentes. **2** didac Donnée dont il faut tenir compte pour juger d'une question, régler un problème. **3** INFORM Variable qui n'est précisée que lors de l'exécution du programme. DER **paramétrique** *a*

**paramétrer** *vt* (14) **1** Définir les paramètres de. **2** INFORM Remplacer certaines variables par des paramètres. DER **paramétrable** *a* – **paramétrage** *nm*

**paramétrisation** *nf* INFORM Traitement d'un problème grâce à des paramètres.

**paramilitaire** *a* Qui est organisé comme une armée, qui en a les caractéristiques.

**paramnésie** *nf* MED Trouble de la mémoire caractérisé par l'oubli des mots, une localisation erronée des souvenirs, etc.

**paramo** *nm* Sorte de steppe à graminées vivaces, écosystème orophile propre aux montagnes d'Amérique tropicale. ETY Mot esp.

**Paramount** société cinématographique américaine fondée en 1912.

**paramunicipal, ale** *a* Qui seconde l'action de la municipalité. PLUR paramunicipaux.

**paramyxovirus** *nm* Virus à ARN, responsable en partic. des oreillons et des bronchiolites du nourisson.

**Paraná (le)** fl. d'Amérique du Sud (3 300 km) ; né au Brésil de la réunion du Paranaíba (957 km) et du Rio Grande, il sépare le Brésil du Paraguay, puis ce pays de l'Argentine, et forme, avec le fl. Uruguay, le Rio de La Plata. Des chutes y entravent la navigation.

**Paraná** v. d'Argentine, port sur le Paraná ; 340 000 hab. ; ch.-l. de la prov. d'Entre Ríos.

**Paraná** État du S. du Brésil, entre le Paraná et l'Atlantique ; 199 554 km² ; 10 444 000 hab. ; cap. *Curitiba*. – Cet État montagneux et boisé a diverses ressources : café, coton, blé, soja, forêts, industries.

**Paranal (mont)** sommet des Andes dans le N. du Chili ; 2 640 m. Un ensemble de 4 télescopes européens ayant chacun 8,20 m de diamètre y a été installé (1998-2001).

**parangon** *nm* litt Modèle. *Parangon de vertu.* ETY Mot esp., « comparaison ».

**parangonner** *vt* 1 IMPRIM Assembler sur une même ligne des caractères typographiques de famille ou de corps différents. DER **parangonnage** *nm*

**parano** *a, nf* fam **A** *a* Paranoïaque, très méfiant. *Ils deviennent complètement paranos.* **B** *nf* Sentiment injustifié d'être trompé. *Céder à la parano.*

**paranoïa** *nf* **1** PSYCHIAT Psychose caractérisée par la surestimation du moi et un délire de persécution. **2** fig Comportement révélant une méfiance exagérée. ETY Mot gr., « folie ». DER **paranoïaque** *a, n*

**paranoïde** *a* PSYCHOPATHOL Qui rappelle la paranoïa, la conviction d'être persécuté, grugé.

**paranormal, ale** *a* Se dit d'un certain nombre de phénomènes, avérés ou non, qui ne pourraient être expliqués que par l'intervention de forces inconnues. PLUR paranormaux.

**paranthrope** *nm* Hominien fossile de grande taille, rangé parmi les australopithèques.

**parapente** *nm* Sport qui consiste à sauter avec un parachute spécial, en décollant du sol à partir d'un terrain fortement en pente. DER **parapentiste** *n*

**parapente** à skis

**parapet** *nm* Mur à hauteur d'appui servant de garde-fou. ETY De l'ital.

**parapétrolier, ère** *a, nm* Se dit d'activités qui dépendent de l'industrie pétrolière (forage, ingénierie, équipements).

**parapharmacie** *nf* **1** Ensemble des produits non thérapeutiques vendus en pharmacie tels que les savonnettes, les cosmétiques, etc. **2** Magasin ou rayon d'un hypermarché qui vend ces produits. DER **parapharmaceutique** *a*

**paraphasie** *nf* MED Trouble du langage consistant en la substitution de syllabes ou de mots les uns aux autres.

**paraphe** *nm* **1** Trait soulignant une signature. *Une signature au paraphe compliqué.* **2** Signature abrégée souvent sous forme d'initiales. ETY Du lat. VAR **parafe** DER **parapher** ou **parafer** *vt* 1

**paraphernal, ale** *a* DR anc Se dit des biens d'une femme mariée qui n'étaient pas constitués en dot. PLUR paraphernaux.

**parapheur** *nm* Dossier à compartiments dans lequel le courrier est présenté pour être signé. VAR **parafeur**

**paraphrase** *nf* **1** Développement explicatif d'un terme ou d'un texte. **2** Commentaire verbeux et diffus. **3** LING Énoncé synonyme d'un autre énoncé. *« Marie est aimée de Pierre » est la paraphrase de « Pierre aime Marie ».* DER **paraphraser** *vt* 1 – **paraphrastique** *a*

**paraphrénie** *nf* PSYCHOPATHOL État pathologique chronique où coexistent constructions délirantes et adaptation au réel.

**paraphyse** *nf* BOT Filament stérile présent dans les organes reproducteurs de nombreux végétaux inférieurs (champignons, mousses, algues).

**paraplégie** *nf* MED Paralysie des deux membres inférieurs. ETY Du gr. *plêge*, « coup ». DER **paraplégique** *a, n*

**parapluie** *nm* **1** Objet portatif pour se protéger de la pluie, fait d'une pièce d'étoffe circulaire tendue sur une armature flexible se repliant le long d'un manche. **2** fig Protection, garantie. *Travailler sous le parapluie de l'État.* **3** Passe-partout servant à ouvrir les serrures à pompe. LOC fam *Ouvrir le parapluie :* prendre des précautions pour n'avoir pas à endosser une responsabilité.

**Parapluies de Cherbourg (les)** film chanté de Jacques Demy (1964), musique de Michel Legrand, avec Catherine Deneuve et Nino Castelnuovo.

**parapolicier, ère** *a* Qui agit à côté de la police officielle.

**parapsychologie** *nf* Étude des phénomènes psychiques inexpliqués tels que la prémonition, la télépathie, la télékinésie, etc. DER **parapsychologique** ou **parapsychique** *a* – **parapsychologue** *n*

**parapublic, ique** *a* Qui est proche du secteur public.

**paraquat** *nm* Herbicide et défoliant très toxique.

**pararthropode** *nm* ZOOL Invertébré plus primitif que les arthropodes.

**parascève** *nf* RELIG Veille du sabbat, dans la religion judaïque. ETY Du gr. *paraskeuê*, « préparation ».

**parascience** *nf* Croyance ou pratique organisée comme une science mais dont le fondement ne relève pas du rationalisme (astrologie, parapsychologie, etc.). DER **parascientifique** *a*

**parascolaire** *a* Qui complète, s'ajoute à l'enseignement donné à l'école.

**parasismique** *a* Qui vise à protéger des effets des séismes.

**parasite** *nm, a* **A** *nm* **1** *n* Personne qui vit aux dépens d'autrui. **2** Perturbation dans la réception des signaux radioélectriques. **B** *nm, a* BIOL Se dit d'un être vivant qui puise les substances qui lui sont nécessaires dans l'organisme d'un autre (hôte), auquel il cause un dommage plus ou moins grave. *Le ténia est un parasite du tube digestif des vertébrés.* **C** *a* fig Inutile et superflu, qui alourdit. *Mots parasites.* ETY Du gr. *sitos*, « nourriture ». DER **parasitaire** *a*

**parasiter** *vt* 1 **1** Vivre aux dépens de qqn. **2** BIOL Vivre aux dépens d'un organisme, d'un être vivant. **3** Perturber la réception de signaux électriques par des parasites. DER **parasitage** *nm*

**parasiticide** *a, nm* didac Se dit d'un produit qui tue les parasites.

**parasitisme** *nm* **1** État du parasite. **2** BIOL Condition de vie d'un parasite.

**parasitoïde** *a, nm* Se dit d'un organisme qui se développe à l'intérieur d'un hôte, pouvant le tuer ou le rendre stérile. *De nombreux hyménoptères térébrants ont des larves parasitoïdes.*

**parasitologie** *nf* MED Étude des maladies parasitaires. DER **parasitologique** *a* – **parasitologue** *n*

**parasitose** *nf* MED Maladie causée par un parasite.

**parasol** *nm* Objet pliant, semblable à un grand parapluie, que l'on déploie pour se protéger du soleil. LOC *Pin parasol :* pin pignon, dont la ramure étalée horizontalement évoque un parasol. ETY De l'ital.

**parasolier** *nm* Arbre (moracée) des forêts tropicales africaines, se développant dans les clairières, à racines en échasses.

**parasportif, ive** *a* Qui concerne les activités annexes au sport. *Le monde sportif et parasportif.*

**parastatal, ale** *a* Belgique Se dit des organismes semi-publics. PLUR parastataux.

**parasympathique** *a, nm* PHYSIOL Se dit de la partie du système nerveux végétatif antagoniste de l'orthosympathique, innervant notamment le cœur, les poumons, le tube digestif et les organes génitaux.

**parasympathomimétique** *a* BIOCHIM Se dit des substances capables de provoquer des effets physiologiques comparables à ceux de l'acétylcholine.

**parasynthétique** *a, nm* LING Se dit d'un mot formé par l'adjonction de plusieurs affixes à une base. *« Anti-constitution-nelle-ment » est un parasynthétique.*

**parataxe** *nf* LING Procédé syntaxique consistant à juxtaposer des phrases, sans expliciter par des termes de subordination ou de coordination le rapport qui les lie.

**paratexte** *nm* LITTER Tout ce qui entoure le texte littéraire (titres, préface, notes, indications scéniques, etc.).

**parathion** *nm* Insecticide phosphoré très puissant, mais toxique pour les vertébrés.

**parathormone** *nf* BIOL Hormone synthétisée par les glandes parathyroïdes et qui joue un rôle dans l'équilibre phosphocalcique.

**parathyroïde** *nf* ANAT Chacune des quatre glandes situées sur la face postérieure de la thyroïde et qui sécrètent la parathormone. DER **parathyroïdien, enne** *a*

**paratonnerre** *nm* Appareil destiné à protéger les bâtiments de la foudre.

**parâtre** *nm* vx **1** Beau-père. **2** Mauvais père.

**paratuberculose** *nf* VETER Entérite infectieuse des ruminants.

**paratyphoïde** *nf* MED Maladie infectieuse due à un bacille proche de la fièvre typhoïde, mais occasionnant des troubles moins graves. DER **paratyphique** *a, n*

**paravalanche** *nm* Construction destinée à protéger des avalanches.

**paravent** *nm* **1** Ensemble de panneaux verticaux articulés pouvant s'étendre ou se replier les uns sur les autres, servant à protéger des courants d'air ou à dissimuler à la vue. **2** fig Ce qui sert à masquer, à dissimuler.

**paravertébral, ale** *a* ANAT Proche de la colonne vertébrale. PLUR paravertébraux.

**paravivipare** *a* BIOL Qualifie le mode de reproduction où l'œuf est gardé par le père ou par la mère, dans une cavité du corps, jusqu'à éclosion. *L'hippocampe est paravivipare.* DER **paraviviparité** *nf*

**Paray** Paul (Le Tréport, 1886 – Monaco, 1979), chef d'orchestre français.

**Paray-le-Monial** ch.-l. de cant. de Saône-et-Loire (arr. de Charolles), sur la Bourbince ; 9 191 hab. – Basilique XII^e s. Couvent où vécut sainte Marguerite-Marie Alacoque. DER **parodien, enne** *a, n*

**parbleu !** *interj* Juron atténué marquant l'affirmation d'une évidence. ETY Euph. pour *par Dieu*.

**parc** *nm* **1** ELEV Clôture faite de claies, servant à enfermer des animaux. **2** PECHE Lieu clos où l'on élève des coquillages. *Parc à huîtres.* **3** Petite clôture mobile à l'intérieur de laquelle on laisse jouer un très jeune enfant. **4** Emplacement de stockage à l'air libre. *Parc à ferrailles.* **5** Ensemble des véhicules, des biens d'équipement, des marchandises de même nature dont dispose une entreprise, un pays. **6** Grande étendue boisée et close, réserve de gibier. **7** Grand jardin d'agrément dépendant d'une habitation importante. **8** Terrain clos servant à la promenade ; grand jardin public. **LOC** ***Parc de loisirs :*** entreprise de loisirs offrant à ses clients des distractions groupées autour d'un thème (activités aquatiques, héros de bande dessinée, etc.). — AUTO ***Parc de stationnement :*** syn. (conseillé) de *parking*. — **Canada** ***Parc industriel :*** zone industrielle périurbaine. — ***Parc régional, national :*** zone à l'intérieur de laquelle sont protégées les richesses naturelles d'une région, d'une nation, notam. les espèces végétales et animales. ETY Du lat.

**parcage** *nm* **1** Action de parquer. **2** Action de faire séjourner un troupeau dans un endroit clos, en partic. pour y fumer le sol.

**parc-autos** *nm* **Canada** Vaste parc de stationnement, généralement couvert et en étages. **PLUR** parcs-autos.

**Parc des Princes** stade de Paris (16e), voué au football (ainsi qu'au rugby), reconstruit en 1972 ; auparavant, avait aussi une fonction de vélodrome (arrivée du Tour de France, notam.).

**parcellaire** *a, nm* **A** *a* **1** Qui est divisé en parcelles. *Cadastre parcellaire.* **2 fig** Fractionné, divisé, partiel. *Vision parcellaire d'un problème.* **B** *nm* Ensemble des parcelles d'un espace rural ; document décrivant cet ensemble.

**parcelle** *nf* **1** Très petit morceau, petit fragment. **2** Portion de terrain de même culture ou de même utilisation. **3 Afrique** Terrain bâti ou à bâtir.

**parcelliser** *vt* ① **1** Diviser en parcelles, en petits éléments ; fragmenter. **2** Diviser une tâche, un travail en opérations simples. VAR **parcellariser** DER **parcellisation** ou **parcellarisation** *nf*

**parce que** *loc conj* **1** Introduit la cause. *Il le fera parce qu'on l'y oblige.* **2** Employé seul, marque un refus de donner des raisons. *Pourquoi n'obéis-tu pas ? Parce que.* **3** Marque une liaison entre deux propositions. *Vous y tenez ? Parce que nous pourrions nous arranger.*

**parchemin** *nm* **1** Peau finement tannée, utilisée autrefois comme support de l'écriture et employée aujourd'hui en reliure. **2 fam** Diplôme universitaire. ETY Du gr. *pergamênê*, « peau de Pergame ».

**parcheminé, ée** *a* Qui a la consistance ou l'aspect du parchemin. *Papier parcheminé.* **LOC** ***Peau parcheminée :*** ridée et desséchée.

**parcimonie** *nf* Épargne portant sur les petites choses ; mesure extrême, économie mesquine. *User de qqch avec parcimonie. Distribuer des éloges avec parcimonie.* ETY Du lat. *parcere*, « épargner ». DER **parcimonieusement** *av* – **parcimonieux, euse** *a*

**parclose** *nf* CONSTR **1** Moulure servant à fixer une vitre dans la feuillure d'un châssis. **2** Petite baguette servant à clore un interstice.

**parcmètre** *nm* Appareil servant à contrôler la durée du stationnement payant des véhicules automobiles.

**parcotrain** *nm* Parc de stationnement installé près d'une gare.

**parcourir** *vt* ㉖ **1** Visiter dans toute son étendue, aller d'un bout à l'autre de. *Parcourir une rue, une ville.* **2** Effectuer un trajet. *Parcourir une longue distance.* **3** Lire rapidement.

**parcours** *nm* **1** Chemin, itinéraire suivi pour aller d'un point à un autre. *Parcours d'un fleuve, d'un autobus.* **2 fig** Déroulement de la carrière de qqn, cursus, curriculum vitæ. **3** SPORT Circuit déterminé sur lequel s'effectue une épreuve. *Reconnaître un parcours.* **4** SPORT Trajet qu'un joueur de golf doit effectuer durant une partie, en plaçant la balle successivement dans chacun des trous du terrain ; le terrain lui-même. **LOC** ***Incident*** ou ***accident de parcours :*** difficulté imprévue. — ***Parcours du combattant :*** parcours effectué par des soldats à l'entraînement sur un circuit comportant de nombreux obstacles ; **fig** suite de difficultés rencontrées pour accomplir qqch. — ***Parcours de soins :*** obligation pour un assuré social de consulter un généraliste avant de recourir à un spécialiste.

**parc-relais** *nm* Parking situé à proximité immédiate d'une station de métro reliée au centre-ville. **PLUR** parcs-relais. VAR **parc-relai**

**par-delà** → **delà.**

**par-derrière** → **derrière 1.**

**par-dessous** → **dessous 1.**

**pardessus** *nm* Manteau masculin porté par-dessus les autres vêtements.

**par-dessus** → **dessus 1.**

**par-devant** → **devant 1.**

**par-devers** → **devers.**

**pardi !** *interj* Exclamation marquant une affirmation, une évidence. VAR **pardieu !**

**pardon** *nm* **1** Action de pardonner. *Accorder son pardon.* **2** Pèlerinage solennel réunissant tous les ans à date fixe un grand nombre de fidèles, en Bretagne. **3** Formule de politesse prononcée pour s'excuser ou pour prier un interlocuteur de répéter ce que l'on n'a pas entendu ou compris. *Je vous demande pardon.*

**pardonner** *v* ① **A** *vt* **1** Renoncer à punir une faute. **2** Considérer sans sévérité, excuser. *Vous voudrez bien me pardonner cette digression.* **B** *vti* Ne pas se venger de qqn pour une faute commise. *Pardonner à un ennemi.* **LOC** ***Ne pas pardonner :*** être fatal. DER **pardonnable** *a*

**Pardubice** v. de la Rép. tchèque, sur l'Elbe. 95 000 hab. Industries. Château XVI e s.

**-pare, -parité** Éléments, du lat. *parere*, « engendrer ».

**pare-** → **para- 2.**

**PARE** *nm* Abrév. de *plan d'aide au retour à l'emploi*, dispositif personnalisé visant à accélérer la réinsertion des chômeurs.

**Paré** Ambroise (Bourg-Hersent, près de Laval, v. 1509 – Paris, 1590), chirurgien français. Il étudia la circulation du sang et pratiqua la ligature des vaisseaux lors des amputations. Il fut attaché aux rois de France.

Ambroise Paré

**paréage** → **pariage.**

**pare-balle** *nm* Dispositif protégeant des balles. **PLUR** pare-balles. VAR **pare-balles** *nm inv*

**pare-boue** *nm* Morceau de caoutchouc placé derrière une roue de camion pour protéger la carrosserie. **PLUR** pare-boues ou pare-boue.

**pare-brise** *nm* Plaque transparente située à l'avant de l'habitacle d'un véhicule pour protéger les passagers. **PLUR** pare-brises ou pare-brise.

**pare-buffle** *nm* AUTO Gros pare-choc équipant l'avant de certains véhicules tous-terrains. **PLUR** pare-buffles.

**pare-choc** *nm* Chacune des deux pièces fixées à l'avant et à l'arrière d'un véhicule automobile pour amortir les chocs. **PLUR** pare-chocs. VAR **pare-chocs** *nm inv*

**pare-douche** *nm* Écran fixé sur la baignoire pour éviter les projections d'eau dans la salle de bains. **PLUR** pare-douches.

**parèdre** *n* RELIG Divinité dont le culte est associé à celui d'une autre. ETY Du gr.

**pare-éclat** *nm* Dispositif destiné à protéger des éclats d'obus. **PLUR** pare-éclats. VAR **pare-éclats** *nm inv*

**pare-étincelle** *nm* Syn. de garde-feu. **PLUR** pare-étincelles. VAR **pare-étincelles** *nm inv*

**pare-feu** *nm* **1** Dispositif destiné à empêcher la propagation du feu. **2** INFORM Logiciel servant à empêcher les intrusions sur un réseau télématique. **SYN** firewall. **PLUR** pare-feux.

**pare-flamme** *nm* Dispositif qui s'oppose à la propagation de la chaleur des incendies. **PLUR** pare-flammes.

**parégorique** *a* **LOC** MED ***Élixir parégorique :*** préparation opiacée utilisée dans le traitement des diarrhées.

**pareil, eille** *a, n, av* **A** *a* **1** Semblable, identique, analogue. **2** Tel, de cette nature. *Vous n'allez pas sortir par un temps pareil !* **B** *n* Personne égale, semblable à une autre ; pair. **C** *av* **fam** De la même manière. *Elles sont coiffées pareil.* **LOC** **fam** ***C'est du pareil au même :*** c'est exactement la même chose. — ***Rendre la pareille à qqn :*** lui faire subir le même traitement que celui qu'on a reçu de lui. — ***Sans pareil(le) :*** incomparable, inégalable. ETY Du lat. *par*, « égal ».

**pareillement** *av* De la même manière, aussi. *Vous le pensez, et moi pareillement.*

**Pareloup (lac de)** lac de barrage sur le Vioulou (dép. de l'Aveyron).

**parement** *nm* **1** Bande d'étoffe de couleur, au bas des manches et au col d'un vêtement. **2** CONSTR Face visible d'un ouvrage de maçonnerie. **3** LITURG Ornement dont on pare un autel. DER **parementer** *vt* ①

**parenchyme** *nm* **1** ANAT Tissu fonctionnel d'un organe, par oppos. au tissu conjonctif. *Parenchyme hépatique, rénal, pancréatique.* **2** BOT Tissu végétal spongieux de réserve ou de remplissage. PHO [parɑ̃ʃim] ETY Du gr. DER **parenchymateux, euse** *a*

**parent, ente** *n, a* **A** *n* Personne avec laquelle il existe un lien de parenté. *C'est un parent de mon mari.* **B** *nm* Le père ou la mère. *La difficulté d'être parent.* **C** *nm pl* **1** Personnes dont on descend. *Nos lointains parents de l'âge de pierre.* **2** Le père et la mère. *Association de parents d'élèves.* **D** *a* Comparable, analogue. *Ses conceptions sont parentes des miennes.* **LOC** ***Traiter qqn, qqch en parent pauvre :*** n'accorder que peu de soin et d'intérêt à qqn, qqch ; négliger. ETY Du lat. *parere*, « enfanter ».

**Parent** Claude (Neuilly-sur-Seine, 1923 – id., 2016), architecte français. En 1965, il créa, avec Paul Virilio (né en 1932), le groupe *Architecture Principe*.

**parental, ale** *a* **didac** Qui appartient aux parents, relatif aux parents. **PLUR** parentaux. **LOC** ***Autorité parentale :*** attribuée par la loi, conjointement et à égalité, au père et à la mère.

**parentalité** *nf* Ensemble des relations entre parents et enfants.

**parenté** *nf* **1** Rapport de consanguinité ou d'alliance qui unit des personnes. **2** Ensemble des parents d'une même personne. **3** Rapport entre deux ou plusieurs choses fondé sur une communauté d'origine ; affinité, analogie, ressemblance. *Parenté entre deux langues latines. La parenté de deux peintres.* **LOC** SOCIOL ***Système de parenté :*** ensemble des relations qui, dans toute société, définissent un certain nombre de groupes et de sous-groupes, et déterminent les obligations et les interdictions auxquelles doivent se soumettre leurs membres.

**parentèle** *nf* **1** vx, litt Ensemble des parents. **2** ETHNOL Consanguinité.

**parentéral, ale** *a* MED Se dit d'une voie d'introduction d'une substance autre que la voie digestive. PLUR parentéraux. ETY Du gr. *enteron,* « intestin ».

**parenthèse** *nf* **1** Insertion dans une phrase, un discours, d'un développement accessoire mais complémentaire ; ce développement. **2** Chacun des deux signes typographiques ( ) qui indiquent cette insertion. *Mettez la phrase entre parenthèses.* **3** MATH Chacun des signes ( ) isolant une expression algébrique et indiquant qu'une même opération doit s'appliquer à cette expression tout entière. **LOC** ***Entre parenthèses, par parenthèse :*** incidemment. — ***Mettre entre parenthèses :*** mettre momentanément de côté. — ***Ouvrir, fermer une parenthèse :*** entamer une digression, la terminer. ETY Du gr.

**Parentis-en-Born** ch.-l. de cant. des Landes (arr. de Mont-de-Marsan), près de l'*étang de Biscarrosse et de Parentis ;* 5 427 hab. Pétrole (en voie d'épuisement) ; gaz naturel. DER **parentissois, oise** *a, n*

**paréo** *nm* **1** Vêtement traditionnel des femmes tahitiennes, pièce d'étoffe drapée autour du corps, couvrant le buste. **2** Pièce d'étoffe imitant le paréo. ETY Mot tahitien.

**1 parer** *v* ① **A** *vt* **1** litt Garnir d'ornements, d'objets qui embellissent. *Parer une salle pour une cérémonie.* **2** Vêtir qqn d'habits de fête. **3** CUIS Arranger, préparer pour rendre propre à l'usage, à la consommation. *Parer de la viande, une volaille.* **4** MAR Préparer pour la manœuvre. **B** *vpr* Se vêtir avec soin de beaux vêtements, bijoux, etc. ETY Du lat. *parare,* « préparer ».

**2 parer** *v* ① **A** *vt* Écarter, esquiver un coup. **B** *vti* Se garantir contre ; remédier à. *Parer à toute éventualité.* **LOC** MAR ***Parer un abordage :*** manœuvrer de manière à l'éviter. — ***Parer un cap :*** le doubler en passant au large. ETY De l'ital.

**parésie** *nf* MED Paralysie partielle, parfois transitoire, d'un ou de plusieurs muscles. ETY Du gr. *paresis,* « relâchement ». DER **parétique** *a, n*

**pare-soleil** *nm* Écran destiné à protéger des rayons du soleil. PLUR pare-soleils ou pare-soleil.

**paresse** *nf* **1** Tendance à éviter toute activité, à refuser tout effort. **2** MED Manque d'activité d'un organe. *Paresse intestinale.* ETY Du lat.

**paresser** *vi* ① Se laisser aller à la paresse ; ne rien faire.

**paresseux, euse** *a, n* **A** Qui évite le travail, l'effort. *Être paresseux comme une couleuvre.* **B** *a* Qui dénote une certaine paresse ; dont l'activité est normalement faible, lente. *Gestes paresseux. Intestin paresseux.* **C** *nm* ZOOL Mammifère xénarthre d'Amérique du Sud, aux mouvements très lents, tel que l'unau. DER **paresseusement** *av*

**paresthésie** *nf* MED Trouble de la sensibilité ; anesthésie légère.

**Pareto** Vilfredo Frederigo Samaso (Paris, 1848 – Céligny, Suisse, 1923), économiste et sociologue italien. Il fit appel aux mathématiques. DER **parétien, enne** *a*

**parfaire** *vt* ⑩ Compléter, achever, mener jusqu'à son terme. *Parfaire un ouvrage.*

**parfait, aite** *a, nm* **A** *a* **1** Qui réunit toutes les qualités ; sans défaut. *Ce travail est parfait.* **2** Complet, total ; qui correspond exactement à un modèle, un idéal. *Vivre dans une harmonie parfaite. Filer le parfait amour. Un parfait imbécile.* **B** *nm* **1** LING Forme du verbe indiquant le résultat présent d'une action passée. SYN perfectif. **2** Crème glacée. *Parfait au café.* **LOC** MUS ***Accord parfait :*** formé de la tonique, de la tierce et de la quinte. — MATH ***Nombre parfait :*** nombre égal à la somme de ses diviseurs (ex. : 6 = 1 + 2 + 3). ETY Du lat.

**parfaitement** *av* **1** De manière parfaite. **2** D'une manière absolue, complète. **3** Certainement, assurément.

**parfois** *av* Quelquefois, de temps à autre.

**parfum** *nm* **1** Odeur agréable qui s'exhale d'une substance. *Le parfum du muguet, de la violette.* **2** Substance odorante, naturelle ou synthétique ; mélange de ces substances. *Un flacon de parfum.* **3** Goût, arôme de certains aliments. *Glace aux trois parfums.* **4** fig Vague impression. *Un parfum de scandale.* **LOC** fam ***Être au parfum :*** être au courant. PHO [parfœ̃]

**parfumé, ée** *a* Qui exhale un parfum agréable.

**parfumer** *vt* ① **1** Remplir d'une bonne odeur. *Les fleurs parfument l'air.* **2** Imprégner de parfum. *Parfumer son bain. Vous parfumez-vous souvent ?* **3** Aromatiser. *Parfumer une crème à la vanille.* ETY De l'ital.

**parfumerie** *nf* **1** Fabrication, commerce des parfums et des produits de beauté. **2** Magasin où l'on vend des parfums, des produits de beauté.

**parfumeur, euse** *n* **1** Fabricant, créateur de parfums. **2** Personne qui vend des parfums, des produits de beauté.

**parhélie** *nm* Phénomène lumineux ayant l'apparence d'une tache colorée, dû à la réflexion des rayons du soleil sur des nuages formés de cristaux de glace. ETY Du gr. *hêlios,* « soleil ».

**pari** *nm* **1** Accord réciproque par lequel plusieurs personnes, qui soutiennent des avis contraires, s'engagent à payer une certaine somme à celui qui se trouvera avoir raison. **2** Jeu d'argent dans lequel les gains reviennent aux joueurs qui ont désigné par avance le gagnant ou les concurrents les mieux placés d'une compétition. *Pari mutuel urbain* ou *PMU* (noms déposés). **LOC** ***Les paris sont ouverts :*** se dit à propos d'une affaire incertaine sur l'issue de laquelle les opinions sont partagées. — PHILO ***Pari de Pascal :*** argument des *Pensées* destiné aux incroyants et qui montre qu'ils ont tout à gagner et rien à perdre à parier sur l'existence de Dieu. — ***Pari jumelé :*** effectué en misant sur les chevaux gagnants et placés.

**paria** *nm* **1** En Inde, individu hors caste, intouchable. **2** fig Personne méprisée, exclue du groupe. ETY Du tamoul. *parayan,* « joueur de tambour », par le portug.

**pariade** *nf* **1** ZOOL Saison où les oiseaux s'apparient pour l'accouplement ; cet accouplement. **2** Couple d'oiseaux.

**pariage** *nm* FEOD Convention passée entre deux seigneurs, le plus puissant assurant la protection du plus faible en échange d'une partie des revenus de sa seigneurie. ETY Du lat. *pariare,* « aller de pair ». VAR **paréage**

**parian** *nm* TECH Porcelaine imitant le marbre de Paros. ETY Mot angl.

**Paricutín** volcan du Mexique, à l'O. de Morelia ; né d'une éruption en 1943.

**paridé** *nm* ORNITH Oiseau passériforme tel que la mésange. ETY Du lat. *parra,* « mésange ».

**paridigité** *nm* ZOOL Syn. de *artiodactyle.*

**parier** *vt* ② **1** Faire un pari. *Veux-tu parier que j'ai raison ?* **2** Engager telle somme dans un jeu d'argent fondé sur la mise en compétition de concurrents. *Parier vingt euros sur le favori d'une course.* **3** Affirmer, soutenir avec assurance. *Je parie que vous êtes sorti hier.* **LOC** ***Il y a gros à parier que :*** il y a de fortes raisons de croire que. ETY Du lat. *pariare,* « être égal ». DER **parieur, euse** *n*

**pariétaire** *nf* Plante herbacée (urticacée) qui croît le long des murs.

**pariétal, ale** *a, n* **A** *a* ANAT Relatif à la paroi d'une cavité. **B** *nf* Plante dicotylédone, dont les placentas sont logés dans les parois du pistil. PLUR pariétaux. **LOC** ANAT ***Lobe pariétal :*** lobe du cerveau où sont localisés les centres sensitifs. — ANAT ***Os pariétal*** ou ***pariétal :*** chacun des deux os qui forment les côtés de la voûte crânienne. — PREHIST ***Peintures pariétales :*** faites sur les parois rocheuses des grottes. — BOT ***Placentation pariétale :*** placentation où les ovules sont logés contre les parois du pistil. ETY Du lat. *paries,* « paroi ».

**parigot, ote** *n, a* fam Parisien.

**Paris** vue aérienne : au premier plan, à g., le palais de Chaillot face à la tour Eiffel et au Champ-de-Mars ; au second plan, l'hôtel des Invalides et la tour Montparnasse (à dr.) ; au centre, la Seine ; à g., le Grand Palais et le Petit Palais

PARIS 75
Paris est préfecture de la Région Île-de-France et de département
Les rives de la Seine sont classées site du "patrimoine mondial" UNESCO
1 Pont National
2 Pont de Tolbiac
3 Pont de Bercy
4 Pont Charles-de-Gaulle
5 Pont d'Austerlitz
6 Pont Neuf
7 Pont Royal
8 Pont de la Concorde
9 Pont Alexandre III
10 Pont des Invalides
11 Pont de l'Alma
12 Pont d'Iéna
13 Pont de Bir-Hakeim
14 Pont de Grenelle
15 Pont Mirabeau
16 Pont de Garigliano
SEINE-SAINT-DENIS
VAL-DE-MARNE
HAUTS-DE-SEINE
Bois de Vincennes
Bois de Boulogne
2 km

**Parini** Giuseppe (Bosisio, près de Côme, 1729 – Brera, 1799), poète italien. Il annonça le Risorgimento : *le Jour* (1763-1801).

**paripenné, ée** *a* BOT Se dit d'une feuille pennée dont le nombre de folioles est pair (pois, vesce).

**Paris** cap. de la France, sur la Seine, dans le Bassin parisien ; 2 257 981 hab. ; 21 504,6 hab./km². La ville de Paris forme à elle seule un dép. (75), qui couvre 105 km² et fait partie de la Région Île-de-France, dont elle est le ch.-l. – L'aggl. parisienne regroupe 396 communes et compte 9 800 000 hab. DER **parisien, enne** *a, n*

**Géographie** Paris est au centre d'une zone où convergent des voies navigables : Seine, Marne et Oise. Un amphithéâtre de buttes (notam. Montmartre, Belleville, Ménilmontant, montagne Sainte-Geneviève) domine une plaine formée par la Seine, qui décrit un méandre. Dans le centre de Paris l'île de la Cité et l'île Saint-Louis séparent la Seine en deux bras.

**Fonctions** Paris est le centre polit., admin., comm., écon. de la France ; les deux tiers des sociétés françaises y ont leur siège ; la Bourse traite 95 % des transactions. Paris a une richesse architecturale exceptionnelle (V. Invalides [hôtel des], Louvre, Notre-Dame de Paris, Opéra, Opéra-Bastille, Pompidou [CNAC], Eiffel). Ses nombr. musées sont riches (Louvre, musée d'Orsay, etc.). Ses universités sont réputées. La grande industrie s'est déplacée vers la banlieue. La ville s'est spécialisée dans la haute technicité et le luxe (articles de Paris). Les routes, les voies ferrées convergent vers Paris, premier port fluvial de France, siège d'un archevêché et d'organismes internationaux (Unesco, OCDE, etc.) ; les jeux Olympiques s'y sont déroulés en 1900 et 1924. – Paris est devenu une ville-département en 1964. La fonction de maire de Paris, abolie en 1871, a été rétablie en 1976.

**Histoire** La cité des *Parisii*, tribu celte installée dans l'île de la Cité, prit le nom de *Lutèce* après la conquête romaine (52 av. J.-C.). Ravagée par les invasions germaniques à partir du IIIe s., elle fut réduite à l'île de la Cité et prit alors le nom de Paris. Cap. de Clovis, Paris fut christianisé au Ve s. et préservé des Huns grâce à sainte Geneviève (451). Délaissée par les Carolingiens, la ville résista aux Normands en 885-886. Cap. des Capétiens, elle déborda sur la rive dr. et se développa sous Philippe Auguste (1180-1223), qui la dota d'une enceinte. Acquise aux Anglais, la ville fut reprise par Charles VII (1436). À la fin du

XV$^e$ s., elle est la princ. ville d'Occident (200 000 hab.), et un grand foyer intellectuel.
Déchirée par les guerres de Religion (XVI$^e$ s.), puis troublée par la Fronde (1648-1653), elle fut abandonnée au profit de Versailles par Louis XIV et ses successeurs. Elle joua un rôle politique considérable durant la Révolution. Paris se transforma au XIX$^e$ s. (714 000 hab. en 1817 ; 2 714 000 hab. en 1900) et fut le théâtre de révolutions (1830, 1848, 1871) ; d'importants travaux, notam. par le préfet Haussmann (Second Empire), lui donnèrent sa physionomie actuelle. ▶ illustr. p. 1195, p. 1196, p. 1197

**Paris (conférences de)** nom de diverses réunions internationales tenues à Paris, notam. : – celle de nov.-déc. 1945 porta sur les réparations de guerre dues aux nations victorieuses ; – celle de juil.-oct. 1946, dite des *21 Nations*, jeta les bases des traités de paix avec l'Italie, la Roumanie, la Hongrie, la Bulgarie et la Finlande, pays alliés de l'Allemagne ; – celle de mai 1968-janv. 1973 entre les É.-U., le Viêt-nam du Nord, le Viêt-nam du Sud et le gouv. révolutionnaire provisoire du Viêt-nam du Sud mit fin à la guerre du Viêt-nam.

**Paris (congrès de)** congrès (fév.-avr. 1856) organisé à Paris par Napoléon III après la guerre de Crimée. L'acte final, signé le 30 mars par la France, la G.-B., le Piémont-Sardaigne, la Turquie et la Russie, consacrait la défaite de cette dernière.

**Paris (école de)** désignation collective de peintres étrangers, figuratifs pour la plupart (Chagall, Modigliani, Soutine, etc.), qui vinrent travailler à Paris après 1918. Par la suite, le terme s'appliquera à tout artiste novateur, français ou étranger, travaillant à Paris.

**Paris (traités de)** nom de nombreux traités signés à Paris, notam. : – *1229* : entre la régente Blanche de Castille et Raimond VII de Toulouse, qui céda à la France le duché de Toulouse et la vicomté de Carcassonne (fin de la guerre des albigeois). – *1258-1259* : entre Louis IX et Henri III d'Angleterre, qui se reconnut le vassal du roi de France. – *1763* : entre, d'une part, l'Angleterre et, d'autre part, l'Espagne et la France, qui cédèrent à l'Angleterre de nombr. colonies (fin de la guerre de Sept Ans). – *1814* et *1815* : entre l'Europe coalisée et la France vaincue (fin des guerres napoléoniennes). – *Fév.-avril 1856* : V. Paris (congrès de). – *Fév. 1947* : entre les vainqueurs de la Seconde Guerre mondiale et les alliés européens de l'Allemagne.

**Paris Henri d'Orléans (comte de)** (Le Nouvion-en-Thiérache, 1908 – Paris, 1999), prince français. V. Orléans (maisons d').

**Pâris** (surnommé *Alexandre*), dans la myth. gr., prince troyen, fils de Priam et d'Hécube, amant d'Œnone. L'enlèvement d'Hélène, femme de Ménélas, déclencha la guerre de Troie ; Pâris tua Achille, mais il fut tué par Philoctète.

**Pâris François de** (Paris, 1690 – id., 1727), religieux français ; diacre janséniste. Sa tombe, au cimetière de Saint-Médard, devint le lieu de rendez-vous des convulsionnaires.

**Pâris (les frères)** financiers français qui, sous la Régence et pendant le règne de Louis XV, s'enrichirent en fournissant les armées. Ils liquidèrent la banqueroute de Law (1721-1722). Le 3$^e$ des 4 frères, **Joseph,** dit Pâris-Duverney (Moirans, 1684 – Paris, 1770), fut contrôleur des finances du royaume (1723-1726).

**paris-brest** *nm inv* Gâteau en pâte à choux en forme de couronne, fourré de crème pralinée.

**parisette** *nf* Plante herbacée (liliacée) à fleurs vertes ou jaunes dont le fruit charnu et bleuâtre est appelé cour. *raisin-de-renard.* ETY Raisin de *Paris.*

**parisianisme** *nm* **1** Expression, tour propre au français parlé à Paris. **2** Manière d'être, habitude de vie propre aux Parisiens. **3** **péjor** Tendance à n'accorder de considération qu'à ce qui se fait à Paris. DER **parisianiste** *a*

**parisien (Bassin)** ensemble sédimentaire qui occupe le quart du territoire français entre le Massif armoricain, l'Ardenne, les Vosges et le Massif central. – Les terrains (surtout calcaires) sont disposés en auréoles, les plus anc. occupant la périphérie. Le réseau hydrographique (Seine, Loire, Meuse, Moselle et leurs affl.) est dense. On peut distinguer quatre ensembles : à l'O. et au N., la Normandie et la Picardie (plateaux fertiles) ; à l'E., les plateaux bourguignons, la Champagne et la Lorraine ; au S., les pays de la Loire ; au centre, des terrains tertiaires (plateaux souvent limoneux, Beauce notam.). Le climat subit des influences océaniques. L'attraction de la région parisienne a été tempérée par la décentralisation.

**Parisien (le)** quotidien régional français fondé à Paris en 1944, sous le nom *le Parisien libéré*, et qui acquit la clientèle du *Petit Parisien*. L'édition nationale (dep. 1994) s'intitule *Aujourd'hui en France*.

**Parisienne (la)** comédie naturaliste en 3 actes de Becque (1885).

**parisis** *a inv* HIST Frappé à Paris, en parlant de la monnaie.

**Parisis** petit pays de l'Île-de-France, au N.-O. de Paris. Il fait partie du Val-d'Oise.

**Paris-Soir** quotidien du soir (1923-1943).

**Paris, Texas** film américain de Wim Wenders (1984), scénario de l'Américain Sam Shepard (né en 1943), avec Nastassja Kinski et l'Américain Harry Dean Stanton (né en 1926).

**parisyllabique** *a, nm* GRAM Se dit d'un mot latin qui a le même nombre de syllabes au nominatif et au génitif singulier.

**paritaire** *a* Qui est formé d'un nombre égal de représentants de chaque partie. *Commission paritaire.*

**paritarisme** *nm* POLIT Recours à des organismes paritaires dans les rapports entre l'État, le patronat et les syndicats. DER **paritariste** *a*

**parité** *nf* **1** Égalité, similitude parfaite. **2** FIN Équivalence entre la valeur relative de l'unité monétaire d'un pays et celle de l'unité monétaire d'un autre pays. *Parité des changes.* **3** MATH Caractère pair ou impair. *Parité d'une fonction.*

**Parizeau Jacques** (Montréal, 1930 – id., 2015), homme politique canadien ; chef du Parti québécois (1988), Premier ministre de 1994 à 1996.

**parjure** *n* **A** *nm* Faux serment ; violation de serment. **B** *n* Personne qui fait un faux serment, qui viole son serment. ETY Du lat.

**parjurer (se)** *vpr* ① Violer son serment, faire un faux serment.

**Park Mungo** (en Écosse, 1771 – dans le territ. du Nigeria actuel, 1806), explorateur écossais. En 1795-1797, il atteignit le Niger, dans lequel il se noya lors d'une seconde expédition.

**parka** *nm, nf* Longue veste à capuche, en tissu imperméable. ETY De l'eskimo.

**Park Chung-hee** (Sonsan-gun, 1917 – Séoul, 1979), général et homme politique sud-coréen ; prés. de la Rép. de 1961 à son assassinat.

**Parker Charles Christopher,** dit **Charlie** (surnommé *Bird*) (Kansas City, 1920 – New York, 1955), saxophoniste alto de jazz américain, créateur du be-bop.

**Parker William Anthony,** dit **Tony** (Bruges, 1982), joueur de basket-ball français.

**parkérisation** *nf* TECH Procédé de protection des pièces d'acier par revêtement de phosphate ferrique. ETY Nom déposé.

**parking** *nm* **1** Parc de stationnement automobile. **2** **fam** Solution d'attente, sans perspectives. *Des stages parkings pour les chômeurs.* PHO [parkiŋ] ETY Mot angl.

**Parkinson James** (Hoxton, Middlesex, 1755 – Londres, 1824), médecin anglais. ▷ MED *Maladie de Parkinson* : affection neurologique dont les princ. symptômes sont le tremblement, une diminution de la motricité et une hypertonie ; elle est provoquée par des lésions dégénératives de zones de l'encéphale dues au vieillissement. Le tremblement, lent et régulier, affecte surtout les mains et les pieds. Le traitement consiste surtout à administrer de la L-Dopa. La greffe de tissus nerveux dans l'encéphale est parfois prescrite.

**parkinsonien, enne** *a, n* Relatif à la maladie de Parkinson, qui en est atteint. PHO [parkinsɔnjɛ̃, ɛn]

**parlando** *nm* MUS Interprétation vocale imitant la langue parlée. ETY De l'ital.

**parlant, ante** *a* **1** Qui parle, qui est doué de parole. **2** Expressif. *Des gestes parlants.* **3** Évident, convaincant. *Preuves parlantes.* **4** Qui est accompagné de paroles. *Cinéma parlant,* par oppos. à *cinéma muet.* **5** Qui reproduit, enregistre la parole. *Horloge parlante.*

**parlé, ée** *a* Exprimé par la parole. *La langue parlée et la langue écrite.*

**parlement** *nm* **1** (Avec une majusc.) Ensemble des assemblées qui constituent le pouvoir législatif d'un pays. **2** HIST En France, sous l'Ancien Régime, cour souveraine de justice.
ENC En France, le Parlement comprend l'Assemblée nationale (dite Chambre des députés sous la III$^e$ Rép.) et le Sénat ; en G.-B., la Chambre des communes et la Chambre des lords ; en Allemagne, le *Bundestag* et le *Bundesrat* ; aux É.-U., le *Congrès* (c.-à-d. le Parlement) comprend la Chambre des représentants et le Sénat.

**Parlement (Long)** nom du Parlement convoqué par Charles I$^{er}$ d'Angleterre en 1640, après que le *Court Parlement* lui eut refusé des subsides. Le *Long Parlement* fit de même, ce qui déclencha la prem. révolution d'Angleterre. En 1648, Cromwell l'épura de tous les éléments non puritains, d'où le nom de *Parlement croupion.*

**parlementaire** *a, n* **A** *a* **1** Relatif au Parlement. *Commissions, débats parlementaires.* **2** Qui est lié aux fonctions de membre du Parlement. *Immunité, indemnité parlementaire.* **B** *n* **1** Membre du Parlement. **2** Délégué envoyé pour parlementer avec l'ennemi, en temps de guerre. **LOC** ***Régime parlementaire*** : régime politique dans lequel la prépondérance appartient au pouvoir législatif.

**parlementarisme** *nm* Régime parlementaire.

**parlementer** *vi* ① **1** Entrer en négociation avec l'ennemi. **2** Discuter longuement.

**Parlement européen** organe de l'Union européenne, élu au suffrage universel direct à un seul tour (depuis 1979) et composé des représentants des 28 États. Il est compétent, au côté du Conseil des ministres, comme colégislateur et vote l'admission de nouveaux États membres. VAR **Assemblée européenne**

**1 parler** *v* ① **A** *vi* **1** Articuler les sons d'une langue ; prononcer des mots. *Cet enfant a parlé tôt. Il parle avec un léger zézaiement.* **2** Manifester sa pensée, ses sentiments par la parole ; s'exprimer. **3** Communiquer par un code autre que la parole. *Les muets parlent par signes.* **4** Faire des aveux, révéler ce qui devait être tenu secret. *Il a parlé sous la menace. Faire parler qqn.* **B** *vti* **1** S'adresser à qqn, dialoguer avec lui. *Parler à son voisin.* **2** Donner son avis, révéler ses sentiments sur qqch, sur qqn. *Parler d'amour.* **3** S'entretenir avec qqn d'un sujet précis. *Parler de ses ennuis à un ami.* **C** *vt* **1** Pouvoir s'exprimer, converser dans telle langue. *Parler le chinois.* **2** S'entretenir de qqch. *Parler affaires, politique.* **LOC** ***Parler à***

*un mur* : parler à qqn qui refuse d'écouter. — *Parler de la pluie et du beau temps* : dire des banalités ; s'entretenir de choses et d'autres. — *Parler en l'air* : à tort et à travers, sans réfléchir. — *Parler pour qqn* : s'exprimer en son nom, intercéder en sa faveur. ETY Du lat.

**2 parler** *nm* **1** Manière de parler. *Un parler choisi, négligé.* **2** LING Langue propre à une région, à l'intérieur d'un grand domaine linguistique. *Les parlers franco-provençaux.*

**parler-vrai** *nm inv* Pour un homme politique, manière de s'exprimer sans faux-fuyants, par oppos. à la *langue de bois.*

**parleur, euse** *n* LOC *Un beau parleur* : une personne qui parle avec affectation, qui s'écoute parler.

**parloir** *nm* Salle pour recevoir les visiteurs dans les collèges, les communautés, les prisons.

**parlote** *nf* fam Bavardage oiseux. VAR **parlotte**

**parlure** *nf* litt Manière de parler de qqn, d'un groupe (usuel au Canada).

**parme** *a inv, nm* D'une couleur violet pâle. ETY Du n. pr.

**Parme** v. d'Italie (Émilie-Romagne), sur la *Parma,* affl. du Pô (r. dr.) ; 177 100 hab. ; ch.-l. de la prov. du m. nom. Centre agricole (vins, jambon, fromages, fleurs) et industriel. – Université. Cath. (XII$^e$ s.). Baptistère (XII$^e$-XIII$^e$ s.). Égl. (XVI$^e$-XVII$^e$ s., fresques du Corrège et du Parmesan). Musées. DER **parmesan, ane** *a, n*
**Histoire** Fondée par les Étrusques, colonie romaine en 183 av. J.-C., la ville fut la cap. d'un duché créé en 1545 par le pape Paul III pour son fils Pier Luigi Farnèse. En 1815, il revint, à titre viager, avec Plaisance et Guastalla, à l'impératrice Marie-Louise, à laquelle succéda, en 1847, une branche des Bourbons (dite, depuis, Bourbon-Parme). Le duché fut réuni au Piémont en 1860.

**parmélie** *nf* Lichen à thalle foliacé poussant sur les troncs d'arbre, les vieux murs, etc. ETY Du lat. ▶ illustr. **lichens**

**Parménide** (VI$^e$ – V$^e$ s. av. J.-C.), philosophe grec de l'école d'Élée. On peut le considérer comme le père de l'ontologie.

**Parménide** l'un des derniers dialogues de Platon, le plus abstrait de tous, entre Zénon d'Élée, Socrate jeune et Parménide, qui tient le rôle princ. VAR **Des Idées**

**parmentier** *nm* CUIS Hachis Parmentier.

**Parmentier** Antoine Augustin (baron) (Montdidier, 1737 – Paris, 1813), pharmacien et agronome français. Il vulgarisa la consommation de la pomme de terre en France (1785).

Antoine Parmentier

**parmesan** *nm* Fromage cuit italien, à pâte très dure, de texture granuleuse.

**Parmesan** Francesco Mazzola, dit le (en ital. *il Parmigianino*) (Parme, 1503 – Casalmaggiore, 1540), peintre italien, initiateur du maniérisme.

**parmi** *prép* **1** Au milieu de, entre. *Se frayer un passage parmi la foule.* **2** Au nombre de. *Il compte parmi mes amis.* ETY De *mi,* « milieu ».

**Parnasse** mont célèbre de la Grèce (2 457m), au N.-E. de Delphes en Phocide, qui, dans l'Antiquité, était consacré à Apollon et aux Muses. Aussi ce lieu inspirait-il les poètes. – *Le Parnasse* : le séjour des poètes. – (Collectif) Les poètes, la poésie, leur monde symbolique. ▷ Mouvement littéraire apparu en réaction contre le romantisme dans un recueil, *le Parnasse contemporain.*

**Parnasse contemporain (le)** recueil publié en 1866 par Catulle Mendès et le libraire Lemerre : poèmes de Gautier, Baudelaire, Leconte de Lisle, maîtres préférés aux romantiques, et de jeunes poètes : Heredia, Sully Prudhomme, Coppée, etc. (dits ensuite *parnassiens*). Deux recueils suivirent, en 1871 et 1876.

**parnassien, enne** *n, a* Poète du groupe du Parnasse.

**Parnell** Charles Stewart (Avondale, Wicklow, 1846 – Brighton, 1891), homme politique irlandais. D'origine anglaise, protestant, grand propriétaire foncier, élu aux Communes (1875), il dirigea le parti des nationalistes irlandais dès 1877. La révélation d'une liaison adultère le discrédita en 1890.

**Parny** Évariste Désiré de Forges (vicomte de) (île Bourbon, auj. la Réunion, 1753 – Paris, 1814), poète français : *Poésies érotiques* (1778-1781), *Chansons madécasses* (1787). Acad. fr. 1803.

**parodie** *nf* **1** Imitation burlesque d'une œuvre littéraire célèbre. **2** Imitation grotesque, cynique. *Une parodie de procès.* ETY Du gr. DER **parodique** *a*

**parodier** *vt* ② **1** Faire la parodie de. **2** Imiter, contrefaire.

**parodiste** *n* Auteur d'une parodie.

**parodonte** *nm* ANAT Ensemble des tissus de soutien constitués des gencives, des ligaments, etc. qui fixent la dent au maxillaire. DER **parodontal, ale, aux** *a*

**parodontite** *nf* MED Inflammation aiguë des tissus du parodonte.

**parodontologie** *nf* MED Étude et traitement des maladies du parodonte. DER **parodontologique** *a* – **parodontologiste** *n*

**parodontose** *nf* MED Affection chronique qui atteint le parodonte.

**paroi** *nf* **1** Cloison séparant deux pièces. **2** Surface interne d'un objet creux. *Paroi d'un aquarium.* **3** ANAT Partie qui limite une cavité du corps. *Paroi nasale.* **4** Surface latérale d'une cavité naturelle. *Les parois d'une grotte.* **5** Versant montagneux abrupt et sans aspérités. ETY Du lat.

**paroisse** *nf* **1** Territoire sur lequel un curé, un pasteur exerce son ministère. **2** Canada Commune rurale. ETY Du gr. *paroikos,* « voisin ». DER **paroissial, ale, aux** *a*

**paroissien, enne** *n* **A** Fidèle d'une paroisse. **B** *nm* Missel.

**parole** *nf* **A 1** Discours, propos. *Ne pas dire une parole. Paroles amicales, encourageantes.* **2** Sentence, expression remarquable. *Connaissez-vous cette parole de Socrate ?* **3** Assurance, promesse verbale. *Donner sa parole d'honneur.* **4** Faculté de parler, d'exprimer la pensée au moyen de la voix. **5** LING Utilisation, mise en acte du code qu'est la langue par les sujets parlants, dans les situations concrètes de communication. *Langue et parole, code et message.* **B** *nfpl* Texte d'une chanson, d'un opéra par oppos. à *musique.* LOC *De belles paroles* ou, fam, *des paroles verbales* : des promesses vagues, non tenues. — RELIG *La parole de Dieu* ou *la Parole* : l'Écriture sainte. — *N'avoir qu'une parole* : respecter ses engagements. — *Sur parole* : sur la foi d'une promesse. ETY Du lat.

**Paroles** recueil poétique de Prévert (1945 ; éd. revue et augmentée : 1948).

**parolier, ère** *n* Auteur de textes destinés à être mis en musique.

**paronomase** *nf* RHET Figure qui assemble des paronymes. (ex. *Qui se ressemble s'assemble*).

**paronyme** *nm* didac Mot ressemblant par sa forme et sa prononciation à un autre mot de sens différent. (ex. *avènement* et *événement*). DER **paronymie** *nf* – **paronymique** *a*

**Paros** île des Cyclades, à l'O. de Naxos ; 186 km$^2$ ; 8 000 hab. ; célèbre dans l'Antiquité pour son marbre blanc.

**parotide** *nf* ANAT Glande salivaire placée devant l'oreille, près de l'angle inférieur du maxillaire. ETY Du gr. DER **parotidien, enne** *a*

**parotidite** *nf* MED Inflammation de la parotide.

**parousie** *nf* THEOL Second avènement du Christ, lorsqu'il reviendra sur Terre à la fin des temps. ETY Du gr.

**paroxysme** *nm* **1** MED Période pendant laquelle les symptômes d'une maladie se manifestent avec le plus d'intensité. **2** Point culminant d'une douleur, d'un sentiment. *Paroxysme de la colère, du plaisir.* ETY Du gr. *oxumein,* « exciter ». DER **paroxysmal, ale, aux** ou **paroxysmique** ou **paroxystique** *a*

**paroxyton** *am* LING Qui porte l'accent sur l'avant-dernière syllabe.

**parpaillot, ote** *n* vx, péjor, plaisant Calviniste, protestant. ETY Mot occitan, « papillon ».

**parpaing** *nm* **1** Pierre, moellon qui tient toute l'épaisseur d'un mur. **2** Parallélépipède en aggloméré, généralement creux, utilisé en construction. PHO [paʀpɛ̃] ETY Du lat.

**parquer** *vt* ① **1** Mettre dans un parc, une enceinte. *Parquer des bestiaux.* **2** Garer un véhicule.

**Parques (les)** dans la myth. romaine, les trois divinités (Nona, Decima, Morta), assimilées aux Moires grecques, qui présidaient à la destinée. – *La Parque* : la destinée, la mort.

**parquet** *nm* **1** Revêtement de sol constitué de lames de bois assemblées. *Un parquet ciré.* **2** Local réservé aux membres du ministère public. **3** Ensemble des magistrats composant le ministère public. **4** Enceinte où se réunissent les agents de change dans une Bourse.

**parqueter** *vt* ⑱ ou ⑳ TECH Revêtir d'un parquet. DER **parquetage** *nm*

**parqueterie** *nf* TECH Art de fabriquer ou de poser les parquets. PHO [paʀkətʀi] VAR **parquèterie**

**parqueteur** *nm* TECH Ouvrier spécialisé dans la fabrication ou la pose des parquets.

**parquetier, ère** *n* DR Magistrat(e) du parquet.

**parqueur, euse** *n* **1** AGRIC Personne qui soigne les animaux parqués. **2** Ostréiculteur qui travaille dans un parc.

**Parr** → **Catherine Parr.**

**Parr** Martin (Epsom, 1952), photographe britannique (critique de la société de consommation).

**Parra** Violeta (San Carlos, 1917 – La Reina, 1967), chanteuse chilienne, auteure-compositrice.

**parrain** *nm* **1** Homme qui, s'étant engagé à veiller sur l'éducation religieuse d'un enfant, le tient sur les fonts baptismaux. **2** Homme qui préside à la cérémonie du baptême d'un navire, d'une cloche. **3** Homme impliqué dans une opération de parrainage. **4** Homme qui introduit un nouveau membre dans un cercle, une association. **5** Chef d'un clan mafieux. ETY Du lat. *pater,* « père ».

**Parrain (le)** film de Coppola (1972), d'apr. le roman de Mario Puzzo, avec Marlon Brando et Al Pacino.

**parrainage** *nm* **1** Qualité, obligations du parrain ou de la marraine. **2** Caution morale donnée par qqn. **3** POLIT Soutien apporté à un candidat, dans le cadre d'une élection dont l'accès est subordonné à l'obtention d'un certain nombre de signatures. **4** Fait de subvenir financièrement aux besoins d'un enfant défavorisé, en partic. d'un enfant du tiers-monde. **5** Soutien matériel apporté à qqn, à une manifestation, à un produit ou à une organisation en vue d'en retirer un bénéfice direct. SYN (déconseillé) sponsoring. [DER] **parrainer** *vt* [1]

**parricide** *n* **A** *nm* Crime de celui qui tue son père, sa mère ou tout autre de ses ascendants. **B** *n* Qui a commis un parricide.

**Parrocel Joseph** (Brignoles, 1646 – Paris, 1704), peintre français de batailles (chât. de Versailles). — **André** (Paris, 1688 – id., 1752), fils du préc., peignit aussi des batailles.

**Parrot André** (Désandans, Doubs, 1901 – Paris, 1980), archéologue français. Il fouilla les sites mésopotamiens de Lagash (auj. *Tello*, 1931-1933), Larsa (1933) et Mari (1933-1957).

**parrotia** *nm* Arbre originaire d'Iran, ressemblant à un hêtre. SYN arbre de fer.

**Parry sir William Edward** (Bath, 1790 – Bad Ems, 1855), navigateur britannique, explorateur de l'Arctique (entre 1818 et 1827).

**parsec** *nm* ASTRO Unité de longueur utilisée pour exprimer les distances stellaires (symbole pc), qui représente la distance à laquelle le rayon moyen de l'orbite terrestre est vu sous un angle de 1″. *Un parsec est égal à 3,2616 années de lumière, soit* $3{,}0856.10^{13}$ *km.* [ETY] De parallaxe, et seconde.

**parsemer** *vt* [16] **1** Répandre, jeter çà et là, recouvrir. *Parsemer le sol de pétales de fleurs.* **2** Être dispersé, éparpillé sur. *Des motifs très colorés parsèment ce tapis.*

**parsi, ie** *n, a* En Inde, descendant des anciens Perses resté fidèle à la religion de Zoroastre.

**Parsifal** action scénique en 3 actes et 5 tableaux, mus. et livret de Wagner (1882).

**parsisme** *nm* En Inde, religion des parsis.

**Parsons Talcott** (Colorado Springs, 1902 – Munich, 1979), sociologue américain : *The Structure of Social Action* (1937).

**1 part** *nm* LOC DR ***Substitution de part :*** action de substituer un enfant nouveau-né à un autre. [ETY] Du lat. *partus,* « accouchement ».

**2 part** *nf* **1** Partie, fraction d'une chose affectée à qqn, à qqch. *Une part de gâteau. Les parts d'un héritage.* **2** Unité de base du calcul de l'impôt sur le revenu. LOC ***À part :*** différent des autres ; séparément ; excepté. — ***À part moi :*** en moi-même. — ***Autre part :*** ailleurs. — ***Avoir part à :*** bénéficier d'une partie de. — ***De la part de qqn :*** indique de quelle personne provient qqch. — ***De part en part :*** à travers. — ***De part et d'autre :*** de deux côtés opposés. — ***De toute(s) part(s) :*** de tous côtés. — ***Donner un coup de pied quelque part à qqn :*** au derrière. — ***Faire la part des choses :*** tenir compte des circonstances. — ***Faire la part du feu :*** sacrifier une partie pour sauver le reste. — ***Faire part de qqch à qqn :*** l'en informer. — ***Nulle part :*** en aucun endroit. — DR, COMM ***Part de marché :*** exprimée sous forme d'un pourcentage qui indique la position d'une entreprise sur le marché d'un produit, d'un service. — ***Part d'intérêt :*** portion du capital social appartenant à un associé en nom collectif. — ***La part d'ombre de qqn :*** son côté négatif, inquiétant et dissimulé. — ***Part sociale*** ou ***part :*** fraction déterminée du capital d'une société donnant à son propriétaire certains droits. — ***Pour ma part :*** quant à moi. — ***Pour une part :*** dans une certaine mesure. — ***Prendre en bonne, en mauvaise part :*** interpréter en bien, en mal. — ***Prendre part à :*** avoir un rôle dans, participer à. [ETY] Du lat.

**partage** *nm* **1** Division en plusieurs parts. *Le partage d'un butin, d'une succession.* **2** Répartition des suffrages en nombre égal d'un côté comme de l'autre, dans une assemblée délibérante. *Partage des voix.* **3** Part assignée à qqn. *Recevoir une maison en partage.* LOC ***Sans partage :*** sans restriction, en entier. [ETY] De l'a. fr. *partir,* « partager ».

**partagé, ée** *a* **1** Réciproque. *Un amour partagé.* **2** Animé de sentiments contradictoires. *Être partagé au sujet de qqch.*

**partageant, ante** *n* DR Personne intéressée dans un partage.

**Partage de midi (le)** drame en 3 actes de Claudel (1905).

**partager** *vt* [13] **1** Diviser en plusieurs parts. *Partager ses biens entre ses enfants.* **2** Donner une partie de ce qui est à soi. *Partager son déjeuner avec un ami.* **3** Avoir en commun avec qqn. *Partager la même chambre.* **4** Séparer un tout en parties distinctes. *La bissectrice partage un angle en deux parties égales.* **5** Diviser un groupe en partis opposés. *Question qui partage l'opinion.* LOC ***Partager l'avis de qqn :*** être du même avis que lui. [DER] **partageable** *a*

**partageur, euse** *a* Qui partage volontiers ce qu'il a.

**partageux, euse** *n, a* HIST Partisan d'un partage équitable des biens, notam., des terres, entre tous les hommes.

**partance** *nf* LOC ***En partance :*** sur le point de partir, en parlant d'un navire, d'un avion, d'un train, etc.

**1 partant, ante** *n, a* **1** *n* Celui, celle qui part. **2** SPORT Cheval, personne, véhicule qui prend le départ d'une course. LOC fam ***Être partant pour :*** être tout à fait disposé à.

**2 partant** *conj* litt Par conséquent, par suite. *Elle manquait de douceur, partant de charme.*

**partenaire** *n* **1** Associé avec qui l'on joue contre d'autres joueurs. *Avoir un bon partenaire au bridge.* **2** Personne avec qui l'on pratique certaines activités. *La partenaire d'un danseur.* **3** Personne, groupe auxquels on s'associe pour la mise en œuvre d'un projet. **4** Personne avec qui on a des relations sexuelles. **5** Pays ayant des liens politiques, économiques, avec un autre. LOC ***Partenaires sociaux :*** représentants du patronat, des syndicats, des pouvoirs publics impliqués dans des négociations d'ordre social. [ETY] De l'angl.

**partenariat** *nm* Fait d'être partenaire. *Le partenariat d'entreprises.* [DER] **partenarial, ale, aux** *a*

**parterre** *nm* **1** Partie d'un jardin où l'on cultive des fleurs, des plantes d'agrément. **2** Partie d'une salle de théâtre située derrière les places d'orchestre ; les spectateurs qui s'y trouvent. **3** fig, fam Assistance, public. *Un parterre attentif.*

**Parthenay** ch.-l. d'arr. des Deux-Sèvres, sur le Thouet ; 10 466 hab. Marché à bestiaux. – Remparts (XIII$^e$ s.). Égl. (XII$^e$ s.). Vestiges d'un chât. (XIII$^e$ s.). [DER] **parthenaisien, enne** *a, n*

**parthénocarpie** *nf* BOT Développement du fruit sans fécondation de l'ovule et sans formation de graine. [ETY] Du gr. *parthenos,* « vierge ».

**parthénogenèse** *nf* BIOL Mode de reproduction animale à partir d'un ovule non fécondé. [DER] **parthénogénétique** *a*

**Parthénon** temple d'Athènes, sur l'Acropole, dédié à *Athéna Parthénos.* Ce chef-d'œuvre de l'architecture antique fut construit sous Périclès, de 447 à 438 av. J.-C., par les architectes Ictinos et Callicratès, Phidias assumant la surveillance des travaux et la décoration sculptée. C'est un temple dorique périptère en marbre. ▶ illustr. **Acropole**

**Parthénope** anc. v. d'Italie, fondée par des Grecs v. 600 av. J.-C. près du Naples actuel.

**Parthénopéenne (république)** république fondée par les Français (janv.-juin 1799) après la prise de Naples par Championnet.

**parthénote** *a, nm* BIOL Se dit d'un organisme issu d'une parthénogenèse.

**Parthes** peuple originaire de Scythie, établi au III$^e$ s. av. J.-C. en Asie occidentale, au S.-E. de la mer Caspienne. Sous Mithridate I$^{er}$ (v. 170-138 av. J.-C.) leur empire s'étendit à la Médie, à l'Assyrie et à la Babylonie, à la Bactriane, à la Perse et à une partie de l'Inde. Au II$^e$ s. apr. J.-C., ils furent vaincus par Marc Aurèle, puis par Septime Sévère, mais leur royaume survécut. En revanche, il fut renversé en 224 apr. J.-C., par les Sassanides. [DER] **parthe** *a*

**Parthie** anc. pays des Parthes, correspondant à l'actuel Khorāsān iranien. [VAR] **Parthiène**

**1 parti** *nm* **1** Groupe de personnes ayant les mêmes opinions, les mêmes intérêts. **2** Association de personnes organisée en vue d'une action politique. *Le parti socialiste.* **3** Résolution ; solution. *Choisir entre plusieurs partis. Prendre le parti de rester.* **4** vieilli Personne à marier, considérée par rapport à sa fortune, à sa situation sociale. *Un beau parti.* LOC ***Esprit de parti :*** partialité en faveur de son parti. — ***Faire un mauvais parti à qqn :*** le maltraiter. — ***Prendre parti :*** prendre position. — ***Prendre son parti de qqch :*** s'y résigner. — ***Tirer parti de qqch :*** l'utiliser au mieux. [ETY] De l'a. fr. *partir,* « partager ».

**2 parti, ie** *a* fam Ivre. *Il est encore complètement parti.*

**3 parti, ie** *a* HERALD Divisé verticalement en deux parties égales. [ETY] De l'a. fr. *partir,* « partager ».

**partiaire** *a* LOC DR ***Colon partiaire :*** syn. de *métayer.* [PHO] [parsjɛr]

**partial, ale** *a* Se dit de qqn qui manifeste une préférence injuste, qui manque d'équité dans ses jugements. PLUR partiaux. [PHO] [parsjal, o] [ETY] Du lat. *pars,* « part ». [DER] **partialement** *av* – **partialité** *nf*

**Particelli** → **Émery.**

**participatif, ive** *a* **1** Qui fait appel à la participation de tous les intéressés. *Démocratie participative. Gestion participative.* **2** ECON Qui concerne une participation financière. *Prêt participatif. Fonds participatif.*

**participation** *nf* **1** Action de prendre part à qqch ; son résultat. *Participation à un débat.* **2** Fait d'être intéressé à un profit. *Participation des salariés à la gestion, aux bénéfices de l'entreprise.* **3** Action de participer à une dépense.

**participe** *nm* Forme adjective du verbe « participant » à la fois de la nature du verbe et de celle de l'adjectif. *Participe présent. Règles d'accord du participe passé.* [ETY] Du lat.

**participer** *vti* [1] **1** Avoir droit à une part de. *Participer aux bénéfices.* **2** Prendre part à. *Participer à une manifestation.* **3** Payer une part de. *Participer à un achat.* **4** litt Tenir de la nature de, avoir certains traits de. *Cette action participe de l'engagement politique.* [ETY] Du lat. *particeps,* « qui prend part ». [DER] **participant, ante** *n, a*

**participial, ale** *a* Relatif au participe. *Forme participiale.* PLUR participiaux. LOC ***Proposition participiale :*** dont le verbe est au participe présent ou passé.

**Parti communiste de l'Union soviétique (PCUS)** parti fondé par Lénine en mars 1918 pour succéder au Parti ouvrier social-démocrate (bolchevik), sous le nom de *Parti communiste de Russie (bolchevik)* (PC[b]). Quand l'URSS fut officiellement créée (30 déc. 1922), il se fixait pour but extrêmement lointain l'instauration du communisme dans le monde entier ; dans l'immédiat, il voulait renforcer la dictature du prolétariat et édifier le socialisme ; le 4 mars 1919, il fonda la III$^e$ Internationale. Il

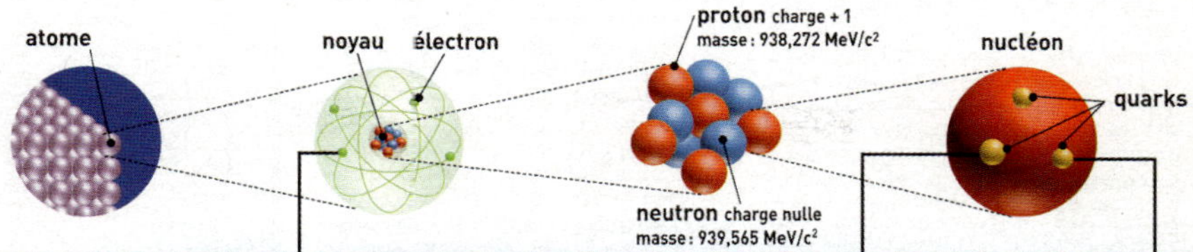


| | | **leptons** peuvent se déplacer librement | | **quarks** s'assemblent en triplets ou en paires quark-antiquark pour former les nombreuses particules subatomiques | |
|---|---|---|---|---|---|
| **Fermions** La matière ordinaire est composée de particules de ce groupe. | première famille | **électron (e)** responsable de l'électricité et des réactions chimiques sa charge est - 1 masse : 0,511 MeV/$c^2$ | **neutrino électronique ($\nu_e$)** sans charge électrique et interagissant très rarement avec le milieu environnant | **bas (d)** sa charge électrique est - 1/3 le proton en contient un, le neutron deux masse : 4 – 8 MeV/$c^2$ | **haut (u)** sa charge électrique est + 2/3 le proton en contient deux, le neutron un masse : 1,5 – 4 MeV/$c^2$ |
| Pour la plupart, ces particules étaient présentes juste après le Big Bang. | deuxième famille | **muon ($\mu$)** un compagnon plus massif de l'électron masse : 105,658 MeV/$c^2$ | **neutrino muonique ($\nu_\mu$)** propriétés similaires à celles du neutrino électronique | **étrange (s)** un compagnon plus lourd du "bas" masse : 80 – 130 MeV/$c^2$ | **charmé (c)** un compagnon plus lourd du "haut" masse : 1,15 – 1,35 GeV/$c^2$ |
| Aujourd'hui, on ne les trouve que dans les rayons cosmiques et auprès des accélérateurs. | troisième famille | **tau ($\tau$)** encore plus lourd masse : 1776,99 ± 0,29 MeV/$c^2$ | **neutrino tauique ($\nu_\tau$)** propriétés similaires à celles du neutrino électronique | **beauté (b)** encore plus lourd masse : 4,1 – 4,4 GeV/$c^2$ | **top (t)** le plus lourd de la famille (observé en 1995) masse : 171,4 ± 2,1 GeV/$c^2$ |
| **Bosons vecteurs** Particules fondamentales qui assurent la transmission des forces de la nature. | | **photon** grain élémentaire de la lumière, porteur de la force électromagnétique | **gluon** porteur de la force forte entre quarks | **$W^\pm$, $Z^0$** porteurs de la force faible, responsables de certaines formes de désintégration radioactive | |
| **Boson de Higgs ?** | | responsable de la "brisure de symétrie électrofaible" | | | |

Table des douze constituants élémentaires de matière dont le modèle standard décrit les interactions. Les trois leptons chargés (électron, e–, muon, $\mu^-$, tau, $\tau^-$) sont sensibles aux interactions électromagnétique et faible, les neutrinos ($\nu_e$, $\nu_\mu$, $\nu_\tau$) ne sont sensibles qu'à l'interaction faible et les six quarks (*up, charm* et *top* - ou u, c, t - de charge 2/3 et *down, strange, bottom* - ou d, s, b - de charge –1/3) sont sensibles aux trois interactions. Chaque constituant élémentaire possède son antiparticule, de même masse et de nombres quantiques algébriques (comme la charge électrique) de signe inversé.

exerça un pouvoir absolu jusqu'au 29 août 1991, quand il prononça sa propre dissolution.

**Parti communiste français (PCF)** parti créé le 29 décembre 1920, au congrès de Tours, d'une scission du parti socialiste français, la SFIO, quand les deux tiers des délégués votèrent l'adhésion de leur parti à la IIIe Internationale (communiste), fondée à Moscou en mars 1919. Après l'effondrement des régimes socialistes en URSS et en Europe de l'Est, il n'a jamais renoncé au marxisme ni au socialisme. Les deux secrétaires généraux les plus marquants furent Maurice Thorez (1930–1964) et Georges Marchais (1972–1994).

**particulaire** *a* didac Qui concerne des particules. *Pollution particulaire. Nature particulaire d'un rayonnement.*

**particulariser** *v* ① **A** *vt* Différencier. *Particulariser un problème.* **B** *vpr* Se singulariser. DER **particularisation** *nf*

**particularisme** *nm* Attitude d'un groupe social, d'une ethnie qui, appartenant à un ensemble plus vaste, cherche à préserver ses caractéristiques ; ces caractéristiques elles-mêmes. DER **particulariste** *n, a*

**particularité** *nf* Caractère particulier, singulier. *La particularité d'une coutume.*

**particule** *nf* **1** Minuscule partie d'un corps. *Particules de poussière.* **2** GRAM Élément de composition invariable (préfixe, suffixe). **LOC** PHYS NUCL ***Particule (élémentaire) :*** constituant fondamental de la matière que l'on suppose ultime, dépourvu de structure interne. — ***Particule (nobiliaire) :*** préposition *de* qui précède le nom de certaines familles nobles. ETY Du lat. ▶ pl. p. 1201

ENC La physique des particules, constituée vers le milieu des années 1930, est fondée sur les faits suivants : l'atome est constitué d'un noyau entouré de particules porteuses d'une charge électrique négative (les électrons) ; le noyau est un assemblage de particules env. 1 800 fois plus massives que l'électron (le neutron, dépourvu de charge électrique, et le proton, de charge positive) ; la lumière est constituée de photons, de masse nulle. Hormis le neutron, dont la durée moyenne de vie est de 920 secondes à l'état libre, les particules citées ci-dessus sont toutes stables, c.-à-d. ont une durée de vie infinie. La construction, à partir de 1945, d'accélérateurs de particules a permis de découvrir un très grand nombre de particules instables et l'on a classé les particules en fonction de la nature des interactions qu'elles subissent ou qu'elles transmettent. Les *particules de matière* (électron, proton, neutron, etc.) subissent diverses interactions qui sont véhiculées par des *particules de champ*. Par ex., le photon est le véhicule (on dit aussi *médiateur*) de l'interaction électromagnétique. Les particules de matière qui subissent l'interaction forte sont appelées *hadrons* (et constituées de quarks) ; celles qui y sont insensibles sont des *leptons*. On peut également classer les particules, suivant leur comportement statistique, en *fermions* et *bosons*. Notons enfin qu'à toute particule correspond une antiparticule de même masse et de charge opposée.V. atome, électron, interaction, neutron, noyau, proton, quark.

**particulier, ère** *a, n* **A** *a* **1** Propre à une personne, une chose, un groupe. *Usage particulier à un peuple.* **2** Qui appartient ou est réservé à une seule personne. *Cours particulier. Secrétaire particulier.* **3** Qui n'est pas commun, courant. *Un cas très particulier.* **B** *n* Personne privée. *Un simple particulier.* **C** *nm* Ce qui ne concerne qu'une partie d'un tout ; détail. *Conclure du particulier au général.* **LOC** ***En particulier :*** séparément, en tête à tête ; notamment. *J'aime beaucoup les fleurs, en particulier les roses. Voir qqn en particulier.* ETY Du lat.

**particulièrement** *av* En particulier, spécialement, surtout.

**partie** *nf* **A** **1** Élément, fraction d'un tout. *Les parties du corps. La majeure partie du temps.* **2** MUS Ce qu'une voix, un instrument doit exécuter dans un morceau d'ensemble. *La partie de ténor, de contrebasse.* **3** Profession, spécialité. *Il est très compétent dans sa partie.* **4** DR Chacune des personnes qui plaident l'une contre l'autre ou qui passent un contrat l'une avec l'autre. *La partie adverse.* **5** Temps pendant lequel les adversaires sont opposés dans un jeu, un sport. *Une longue partie d'échecs.* **6** Compétition, lutte. *La partie est inégale.* **7** Divertissement collectif. *Partie de chasse. Partie de plaisir.* **B** *nfpl* fam Organes génitaux masculins. **LOC** ***Avoir affaire à forte partie :*** à un adversaire puissant, redoutable. — ***Ce n'est que partie remise :*** c'est juste remis à plus tard. — ***En partie :*** partiellement. — ***Faire partie de :*** être un élément constitutif de. — DR ***Partie civile :*** qui demande réparation du préjudice que lui a causé l'infraction. — MATH ***Partie d'un ensemble E :*** ensemble F inclus dans E. — ***Prendre qqn à partie :*** s'en prendre à lui. ETY De l'a. fr. *partir*, « partager ».

**partiel, elle** *a, n* **A** *a* **1** Qui n'est qu'une partie d'un tout. *Somme partielle.* **2** Qui n'existe, ne se produit qu'en partie. *Éclipse partielle.* **B** *nm* Examen universitaire qui a lieu plusieurs fois par an. **LOC** ***Élections partielles*** ou ***partielles :*** qui ne portent que sur quelques sièges. PHO [paʀsjɛl] ETY Du lat. *pars*, « partie ». DER **partiellement** *av*

**Parti ouvrier allemand national-socialiste** (en all. *Nationalsozialistische Deutsche Arbeiter Partei*) (NSDAP), parti allemand nommé ainsi par Hitler en août 1920 et connu sous l'abréviation *Parti nazi*. Jusqu'alors, ce parti se nommait *Deutsche Arbeiter Partei*. Anton Drexler, un serrurier, et Karl Harrer, un journaliste, avaient fondé ce groupuscule en 1919. Hitler dirigea sa propagande (janv. 1920) puis le parti (juil. 1921). En août 1921 furent créées des troupes de choc, les SA. Le 8-9 nov. 1923, un putsch échoue à Munich. Dans sa prison (nov. 1923 – nov. 1924), Hitler ébaucha *Mein Kampf*. La crise économique de 1929 multiplia ses effectifs ; 1925 : moins de 30 000 membres ; 1929 : 175 000 ; 1931 : 800 000 ; 1933 : 4 millions. Par crainte du communisme, Hindenburg nomma Hitler chancelier le 30 janv. 1933. Aux élections du 5 mars, le NSDAP obtint 43,5 % ; sans majorité absolue, Hitler se fit accorder les pleins pouvoirs le 23 mars. VAR **nazi**

**Parti ouvrier social-démocrate russe (POSDR)** parti marxiste fondé lors de la conférence de Minsk, en 1898, et qui bientôt se divisa. En 1903, à la conférence de Londres, les partisans de Lénine furent majoritaires (en russe *bolcheviks*) ; les minoritaires (*mencheviks*), démocrates et réformistes, se séparèrent d'eux. V. Parti communiste d'Union soviétique.

**parti pris** *nm* **1** Solution choisie, option, décision. *Un parti pris architectural audacieux.* **2** Préjugé, idée préconçue, choix arbitraire. PLUR partis pris. **LOC** ***Être de parti pris :*** être partial. VAR **parti-pris**

**Parti pris des choses (le)** œuvre de Ponge (1942, nouv. éd. 1949) qui réunit des textes écrits entre 1924 et 1939.

**partir** *vi* ㉚ **1** S'en aller, se mettre en route. *Voyageur, train qui part. Partir à la montagne.* **2** Disparaître. *L'émail de la casserole est parti par endroits.* **3** Être projeté, tiré, envoyé au loin. *Flèche qui part.* **4** Commencer ; avoir son origine, son point de départ dans qqch. *C'est mal parti. Les rayons d'une roue partent du centre. Cela part d'un bon geste.* **LOC** ***À partir de :*** à dater de ; au-delà de. ETY Du lat. *partiri*, « partager ».

**partisan, ane** *n, a* **A** *n* **1** Personne qui prend parti pour qqn ou pour un système, une doctrine. **2** Combattant de troupes irrégulières. *Partisans qui mènent une guérilla.* **B** *a* **1** Qui défend une opinion. *Il est partisan du changement.* **2** Qui manifeste du parti pris. *Esprit partisan.* ETY De l'ital.

**Parti socialiste (PS)** parti ouvrier français fondé en avr. 1905 au congrès de Paris, sous le nom de Section française de l'Internationale ouvrière (SFIO). Après l'assassinat de Jaurès (1914), la SFIO participa à l'« Union sacrée » contre l'Allemagne. En 1920, le congrès de Tours marqua la scission entre la SFIO (dirigée par L. Blum) et la tendance prosoviétique, qui se constitua en Parti communiste (PC). Fondé en 1971, au congrès d'Épinay-sur-Seine, de la SFIO et de divers groupements, le Parti socialiste (PS) accéda au pouvoir en 1981, après que Fr. Mitterrand fut élu président de la République. Le PS et ses alliés remportèrent les législatives de 1981, 1988 et 1997, gouvernant de 1981 à 1986, de 1988 à 1993 et de juin 1997 à avr. 2002.

**partita** *nf* MUS Œuvre pour instrument soliste, adoptant la forme de la suite. *Partitas pour violon de J.-S. Bach.* ETY Mot ital.

**partiteur** *nm* TECH Appareil destiné à régler la distribution de l'eau d'un canal d'irrigation entre les divers usagers. ETY Du lat.

**partitif, ive** *a* GRAM Qui désigne une partie par oppos. au tout. *« Du », « de la », « des » sont des articles partitifs.*

**1 partition** *nf* **1** Division, partage d'un territoire. **2** HERALD Division de l'écu par des lignes.

**2 partition** *nf* MUS **1** Réunion de toutes les parties séparées d'une composition inscrites sur des portées superposées pour en permettre une lecture d'ensemble. **2** Texte d'une œuvre musicale ; partie jouée par un instrument.

**partitocratie** *nf* POLIT péjor Pouvoir des partis politiques, jugé excessif et néfaste. DER **partitocratique** *a*

**partouse** *nf* fam Partie de débauche sexuelle collective. VAR **partouze**

**partout** *av* **1** En tout lieu. *Je l'ai cherché partout.* **2** JEU, SPORT Indique l'égalité de points. *Dix partout.*

**parturiente** *nf* MED Femme qui accouche.

**parturition** *nf* MED Accouchement naturel. ETY Du lat.

**parulie** *nf* MED Abcès des gencives. ETY Du gr.

**paruline** *nf* Fauvette américaine.

**parure** *nf* **1** Action de parer, de se parer. **2** Ce qui sert à parer (vêtements, bijoux, etc.). **3** Ensemble assorti (sous-vêtements féminins, linge de table, etc.). **4** Ensemble de bijoux. **5** En boucherie, graisse que l'on retire des morceaux de viande.

**parurerie** *nf* Fabrication, commerce des bijoux, des ornements de fantaisie. DER **parurier, ère** *n*

**parution** *nf* Fait, pour un article, pour un livre, de paraître, d'être publié.

**Pārvatī** déesse du brahmanisme.

**parvenir** *vti* ㊱ **1** Arriver à un point déterminé dans une progression. *Parvenir à un croisement.* **2** Arriver à destination. *Ce chèque lui est parvenu.* **3** Arriver à. *Parvenir à piloter un hélicoptère.* ETY Du lat.

**parvenu, ue** *n* péjor Personne qui, s'étant élevée au-dessus de sa condition, en a gardé les manières.

**parvis** *nm* Place ménagée devant la façade principale d'une église, d'un grand bâtiment public. ETY Du lat. *paradisus*, « parc ».

**1 pas** *nm* **1** Mouvement consistant à mettre un pied devant l'autre pour marcher. *Marcher à grands pas.* **2** Façon de se déplacer en marchant. *Presser le pas.* **3** MILIT Manière de marcher réglée pour les troupes. *Marcher au pas.* **4** CHOREGR Série de mouvements de pieds d'un danseur. *Pas de valse.* **5** Ensemble des figures exécutées par un seul danseur ou un petit groupe de danseurs, in-

dépendamment du corps de ballet. **6** Trace de pied. *Des pas sur le sable.* **7** Distance que l'on franchit d'un pas. *Il habite à deux pas, à quelques pas.* **8** Seuil. *Le pas d'une porte.* **9** (Dans quelques noms de lieux.) Passage étroit et difficile ; détroit. *Le pas de Calais.* **10** GEOM Distance entre deux spires consécutives d'une hélice, mesurée le long d'une génératrice. **11** Distance entre deux filets d'une vis, d'un écrou. *Pas de vis.* **12** Allure la plus lente d'un cheval (par oppos. à *trot*, *à galop*). *Mener un cheval au pas.* **LOC** ***À pas de loup*** *:* silencieusement. — ***Céder le pas à qqn*** *:* le laisser passer ; **fig** lui laisser l'avantage. — ***Faire les premiers pas*** *:* des avances. — ***Faire un faux pas*** *:* trébucher ; **fig** commettre une faute, une erreur. — ***Marcher à pas comptés*** *:* lentement, solennellement. — ***Mettre qqn au pas*** *:* le contraindre à obéir. — ***Pas à pas, à petits pas*** *:* lentement, progressivement, précautionneusement. — ***Pas de deux*** *:* figure chorégraphique exécutée par un couple de danseurs ; **fig** action concertée entre deux personnes. — ***Prendre le pas sur*** *:* prendre le dessus, l'emporter sur. — ***Se tirer d'un mauvais pas*** *:* d'une situation difficile. — ***Y aller de ce pas*** *:* à l'instant même. (ETY) Du lat.

**2 pas** *av* **1** Exprime la négation, en corrélation avec *ne*. *Je ne parle pas. Ne pas fumer.* **2** Elliptique, dans une réponse, une exclamation. *Pas si vite !* (ETY) De *pas* 1.

**Pasadena** v. dans la banlieue N.-E. de Los Angeles ; 137 100 hab. Cité résidentielle. Centre de recherches spatiales.

**Pasargades** anc. cap. de la Perse (avant Persépolis), fondée v. 556 av. J.-C. Ruines (tombeau de Cyrus II) près de Chirāz. ▶ illustr. **Cyrus II**

**Pasay** v. des Philippines ; 393 000 hab. Aéroport de Manille.

**1 pascal, ale** *a* **1** Qui concerne la fête de Pâques des chrétiens. *Temps pascal.* **2** Qui concerne la Pâque juive. *L'agneau pascal.* PLUR pascaux. (ETY) Du lat.

**2 pascal** *nm* PHYS Unité de mesure de contrainte et de pression du système international (symbole Pa), équivalant à la pression uniforme due à une force de 1 newton exercée perpendiculairement sur une surface de 1 $m^2$ (1 Pa = 1 $N/m^2$). PLUR pascals. (ETY) Du n. pr.

**3 pascal** *nm* INFORM Langage de programmation évolué, créé v. 1970.

**Pascal** nom de deux papes et d'un antipape. — **Pascal I**er **(saint)** (Rome, ? – id., 824), pape de 817 à 824. Il couronna Lothaire empereur (823). — **Pascal II Rainier** (Bieda, près de Ravenne, vers 1050 – Rome, 1118), pape de 1099 à 1118. Il affronta les empereurs Henri IV et Henri V. — **Pascal III Guido da Crema** (Crema, Lombardie, vers 1100 – Rome, 1168), antipape de 1164 à 1168 ; soutenu par Frédéric Ier.

**Pascal Blaise** (Clermont, aujourd'hui Clermont-Ferrand, 1623 – Paris, 1662), savant, philosophe et écrivain français. Inventeur à dix-neuf ans d'une machine arithmétique, il étudia la pesanteur de l'air et le vide (à la suite de Galilée et de Torricelli), fonda le calcul des probabilités, développa l'analyse combinatoire. En 1654, il se tourna vers la religion. Défenseur des jansénistes, il écrivit contre les thèses des jésuites dix-huit *Lettres provinciales* (1656-1657). Vers 1656, il entreprit une *Apologie de la religion chrétienne*, à l'adresse des incrédules, mais mourut sans l'avoir terminée. Des fragments de cet ouvrage furent groupés et publiés après sa mort sous le titre de *Pensées* (1670) : Pascal, niant toute certitude, conclut que la religion seule peut lui venir en aide. La raison ne peut créer la foi. L'homme doit croire parce qu'il y trouve intérêt (argument du *pari*) ; en outre, il peut s'appuyer sur les miracles accomplis par le Christ et sur l'intuition (la connaissance par le « cœur »), en espérant la grâce. — **Jacqueline** (Clermont, 1625 – Paris, 1661), sœur du préc. ; religieuse janséniste (entrée à Port-Royal en 1652), elle eut de l'influence sur son frère. (DER) **pascalien, enne** *a*

**Blaise Pascal**

**Pasch Moritz** (Wroclaw, 1843 – Bad Homburg, 1930), mathématicien allemand ; il a publié en 1881 une axiomatisation de la géométrie.

**Pascin Julius Pinkas,** dit **Jules** (Vidin, 1885 – Paris, 1930), peintre et graveur américain d'origine bulgare, de l'école de Paris (« belles de nuit » aux poses lascives).

**Pascoli Giovanni** (San Mauro di Romagna, 1855 – Bologne, 1912), poète italien : *Chants de Castelvecchio* (1903).

**pascuan** → **Pâques (île de).**

**pas-d'âne** *nm inv* **1** BOT Tussilage. **2** VET Appareil de contention servant à tenir écartées les mâchoires de certains animaux. **3** Garde d'épée qui recouvre la main.

**Pas de Calais** → **Calais (pas de).**

**Pas-de-Calais** dép. français. (62) ; 6 639 $km^2$ ; 1 465 000 hab. ; 220,7 hab./$km^2$ ; ch.-l. *Arras* ; ch.-l. d'arr. *Béthune* et *Boulogne-sur-mer.* V. Nord-Pas-de-Calais. (DER) **pas-de-calaisien, enne** *a, n*

**pas-de-géant** *nm inv* Appareil de gymnastique constitué d'une couronne pivotante fixée à un point élevé, à laquelle sont accrochées des cordes auxquelles on se suspend pour faire de grandes enjambées en tournant.

**Pasdeloup Jules Étienne** (Paris, 1819 – Fontainebleau, 1887), chef d'orchestre français ; fondateur en 1861 de concerts populaires qui prirent son nom en 1920.

**pas-de-porte** *nm inv* COMM Indemnité versée par le nouveau locataire d'un local au propriétaire ou à l'ancien locataire.

**pas-de-tir** *nm inv* **1** Emplacement aménagé pour le tir à la cible. **2** Site de lancement de missiles, d'engins spatiaux ; aire de lancement. (VAR) **pas de tir**

**Pas d'orchidées pour Miss Blandish** roman noir de J. H. Chase (1938). ▷ CINE Film d'Aldrich (1971).

**paseo** *nm* Défilé des toreros dans l'arène avant la corrida. (PHO) [pazeo] (ETY) Mot esp.

**pashmina** *nm* **1** Laine de chèvre de l'Himalaya réputée pour sa finesse. **2** Vêtement fait avec cette laine. (ETY) Mot persan.

**pasionaria** *nf* Militante politique active et passionnée, parfois violente. (PHO) [pasjɔnaʀja] (ETY) Mot esp., « passionnée ».

**Pasiphaé** dans la myth. gr., reine de Cnossos, fille d'Hélios, épouse du roi Minos, de qui elle eut Androgée, Ariane et Phèdre. Poséidon lui inspira un amour pour un taureau blanc ; de cette union naquit le Minotaure.

**Paskievitch Ivan Fiodorovitch** (Poltava, 1782 – Varsovie, 1856), maréchal russe. Il enleva le Caucase du Sud à la Perse (1825-1828), battit les Turcs (1829), maîtrisa l'insurrection polonaise de 1831 et écrasa en 1849 la révolution hongroise.

**paso doble** *nm inv* Danse d'origine sud-américaine sur une musique à deux ou quatre temps. (PHO) [pasɔdɔbl] (ETY) Mots esp., « pas redoublé ». (VAR) **pasodoble**

**Pasolini** Pier Paolo (Bologne, 1922 – Ostie, 1975), écrivain et cinéaste italien. Poèmes : *les Cendres de Gramsci* (1957). Roman : *Une vie violente* (1959). Films : *Accatone* (1961), *l'Évangile selon saint Matthieu* (1964), *Théorème* (1968), *Salo ou les Cent Vingt Journées de Sodome* (1975). Il fut assassiné. (DER) **pasolinien, enne** *a*

**Pier Paolo Pasolini** *Mamma Roma*, 1962-1963, avec A. Magnani

**Pasqual** Lluis (Reus, 1951), metteur en scène de théâtre espagnol ; directeur de l'Odéon-Théâtre de l'Europe (1990-1996).

**Pasquier** Étienne (Paris, 1529 – id., 1615), magistrat et écrivain français : ses *Recherches de la France* constituent une encyclopédie historique (1560-1615).

**Pasquier** Étienne (Paris, 1767 – id., 1862), homme politique français. Il servit Napoléon Ier et fut ministre des Affaires étrangères sous la Restauration, et chancelier sous Louis-Philippe.

**pass** *nm* Formule d'abonnement dans certaines salles de cinéma, dans les transports, donnant droit à un nombre illimité d'entrées, de trajets. (VAR) **passe**

**passable** *a* Qui, sans être vraiment bon, est d'une qualité suffisante.

**passablement** *av* **1** D'une manière passable. **2** Assez. *Il était passablement ivre.*

**passacaille** *nf* **1** Danse à trois temps d'origine espagnole (fin XVIe-déb. XVIIe s.). **2** MUS Pièce instrumentale, notamment pour orgue, apparentée à la chaconne. (ETY) De l'esp.

**passade** *nf* **1** Brève liaison amoureuse. **2** Caprice, engouement passager. (ETY) De l'ital.

**passage** *nm* **1** Action, fait de passer. *Le passage d'un col. Le passage d'une frontière. Le passage de Calais à Douvres.* **2** Traversée d'un voyageur sur un navire. *Payer le prix du passage.* **3** Changement d'état. *Le passage de l'état solide à l'état liquide.* **4** ASTRO Moment où un astre traverse le plan méridien d'un lieu. SYN culmination. **5** Moment où qqch passe. *Attendre le passage du car.* **6** Endroit par où l'on passe. *Encombrer le passage.* **7** Petite rue, souvent couverte, galerie, réservée aux piétons et par laquelle on peut passer d'une rue à une autre. **8** Morceau d'une œuvre. *Un passage particulièrement représentatif d'un auteur.* **LOC** ***Au passage*** : en passant. — ***Avoir un passage à vide*** : être momentanément incapable de poursuivre ses activités. — ***De passage*** : qui ne reste que très peu de temps. — ***Examen de passage*** : que subit un élève pour être admis dans la classe supérieure. — ***Lieu de passage*** : où l'on ne fait que passer, où il passe beaucoup de monde. — ***Passage à niveau*** : endroit où une route coupe, de niveau, une voie ferrée. — ***Passage obligé*** : condition indispensable à la poursuite d'un processus. — ***Passage protégé*** ou ***passage pour piétons*** ou vx ***passage clouté*** : passage délimité par des bandes peintes sur la chaussée (autref. de gros clous), et réservé aux piétons. — ***Passage souterrain*** : tunnel sous une voie de communication.

**passager, ère** *a, n* **A** *a* **1** Qui ne fait que passer. *Hôte passager.* **2** Qui ne dure que peu de temps. *Un engouement passager.* **3** fam Très fréquenté, passant. *Une rue passagère.* **B** *n* Personne qui, sans faire partie de l'équipage, voyage à bord d'un navire, d'un avion, d'une voiture. (DER) **passagèrement** *av*

**passant, ante** *a, n* **A** *a* Où il passe beaucoup de monde. *Une rue très passante.* **B** *n* Personne qui passe à pied dans une rue, dans un lieu. **C** *nm* Anneau aplati dans lequel passe une courroie, une ceinture.

**Passard** Alain (La Guerche-de-Bretagne, 1956), chef cuisinier français.

**Passarowitz** v. de Serbie où fut signée la paix de 1718 entre la Turquie, l'Autriche (qui prit à celle-ci une partie de la Valachie et de la Serbie) et Venise (qui perdit la Morée).

**passation** *nf* DR Action de passer un acte, un contrat, une écriture comptable. **LOC** ***Passation des pouvoirs*** : transmission des pouvoirs.

**Passau** v. d'Allemagne (Bavière), à la frontière autrichienne, port au confl. du Danube et de l'Inn ; 52 730 hab. – Cath. baroque ; égl. romanes, gothiques, baroques ; château.

**passavant** *nm* **1** DR COMM Document délivré par l'administration des contributions indirectes, autorisant le transport de marchandises qui circulent en franchise, ou pour lesquelles les droits de circulation ont été acquittés antérieurement. **2** MAR Passage entre l'avant et l'arrière d'un bateau, en partic. espace entre le rouf et le bastingage.

**1 passe** *nf* **1** Lieu où l'on passe. **2** Chenal étroit. *Navire qui pénètre dans une passe.* **3** SPORT Action de passer le ballon à un coéquipier. **4** En escrime, action d'avancer sur l'adversaire. **5** En tauromachie, mouvement par lequel le torero fait passer le taureau près de lui. **6** Mouvement que fait le magnétiseur avec les mains pour agir sur un sujet. **7** fam Prestation tarifée d'un(e) prostitué(e). **8** TECH Chaque passage de l'outil d'une machine-outil dans une opération cyclique. *Usinage en une, deux passes.* **9** JEU À la roulette, la deuxième moitié des 36 numéros (le zéro étant excepté), soit de 19 à 36 inclus (par oppos. à *manque*). **LOC** ***Être dans une bonne, une mauvaise passe*** : être dans une situation favorable ou difficile. — ***Être en passe de*** : être en position favorable pour ; être sur le point de. — ***Maison, hôtel de passe*** : de prostitution. — ***Mot de passe*** : mot convenu pour passer librement, par lequel on se fait reconnaître. — ***Passe d'armes*** : vif échange d'arguments polémiques. — ***Passe de trois, de quatre*** : série de trois ou de quatre victoires successives dans une compétition.

**2 passe** *nm* fam Passe-partout.

**1 passé** *nm* **1** Ce qui a été ; partie du temps (par oppos. à *présent* et à *avenir*) qui correspond aux évènements révolus. *Songer au passé.* **2** Vie écoulée de qqn, évènements qui la marquèrent. **3** GRAM Temps du verbe indiquant que l'évènement ou l'état auquel on fait référence est révolu. *Les temps du passé* (imparfait, passé simple, passé composé, plus-que-parfait, passé antérieur). **LOC** ***Par le passé*** : autrefois.

**2 passé** *prép* Après, au-delà. *Passé dix heures, ne faites plus de bruit.*

**3 passé, ée** *a* **1** Qui n'est plus ; révolu. *Il est six heures passées.* **2** Éteint, défraîchi. *Un bleu passé.*

**passe-boule** *nm* Jeu constitué d'un panneau représentant un personnage grimaçant dont la bouche démesurément ouverte est destinée à recevoir les boules que lancent les joueurs. PLUR passe-boules.

**passe-crassane** *nf* Variété de poire d'hiver. PLUR passe-crassanes.

**passe-droit** *nm* Faveur qu'on accorde contre le droit, contre le règlement, contre l'usage ordinaire. PLUR passe-droits.

**passée** *nf* CHASSE **1** Moment du soir ou de l'aube où certains oiseaux se déplacent en bande. **2** Trace de patte laissée par une bête.

**passéisme** *nm* péjor Goût exagéré ou exclusif pour le passé. (DER) **passéiste** *a, n*

**passe-lacet** *nm* Grosse aiguille à long chas et à pointe mousse, servant à passer un lacet (un cordon, un élastique, etc.) dans un œillet, une coulisse. PLUR passe-lacets. **LOC** fam ***Raide comme un passe-lacet*** : sans argent.

**passement** *nm* COUT Bande de tissu, galon qui borde et orne un habit, des rideaux, etc. **LOC** ***Passement de jambe*** : au football, dribble consistant à troubler l'adversaire en décrivant un cercle autour du ballon avec le pied mais sans le toucher.

**passementer** *vt* (1) COUT Orner, border de passements.

**passementerie** *nf* Commerce, industrie de celui qui fabrique ou qui vend des bandes de tissu, des ganses, des galons, etc., destinés à l'ornement de vêtements, de meubles, etc. ; l'ensemble de ces accessoires destinés à l'ornement.

**passementier, ère** *n, a* **A** *n* Personne qui fabrique ou qui vend de la passementerie. **B** *a* De la passementerie.

**passe-montagne** *nm* Coiffure en tricot, qui enveloppe la tête et le cou, laissant découverts les yeux, le nez et la bouche. PLUR passe-montagnes.

**passe-partout** *nm inv, a inv* **A** *nm inv* **1** Clé faite de façon qu'elle puisse ouvrir plusieurs serrures différentes. SYN passe. **2** Cadre à fond mobile qui permet de remplacer facilement la gravure qu'on y a placée. **3** TECH Scie dont la lame est munie d'une poignée à chaque extrémité de façon à pouvoir être manœuvrée par deux personnes. **B** *a inv* fig Qui convient partout, à tout. *Une réponse passe-partout.* (VAR) **passepartout**

**Passepartout** dans *le Tour du monde en quatre-vingts jours* de Jules Verne (1873), jeune valet de chambre franç. de Philéas Fogg.

**passe-passe** *nm inv* **LOC** ***Tour de passe-passe*** : tour d'adresse des prestidigitateurs ; fig tromperie adroite. (VAR) **passepasse** *nm*

**passe-pied** *nm* anc Danse à trois temps, vive et légère. PLUR passe-pieds.

**passe-plat** *nm* Ouverture dans la cloison qui sépare une cuisine d'une salle à manger, destinée au passage des plats. PLUR passe-plats.

**passepoil** *nm* Liseré qui borde certaines parties d'un habit, ou la couture de certains vêtements. (DER) **passepoiler** *vt* (1)

**passeport** *nm* Document délivré à ses ressortissants par l'Administration d'un pays, certifiant l'identité de son détenteur pour lui permettre de circuler à l'étranger. **LOC** ***Ambassadeur qui demande, qui reçoit ses passeports*** : qui sollicite son départ ou qui reçoit l'ordre de quitter le pays auprès duquel il est accrédité.

**passer** *v* (1) **A** *vi* **1** Être à un moment à tel endroit au cours d'un déplacement. *Il est passé à Paris hier.* **2** Ne pas s'attarder, ne pas insister sur un sujet. *Passons sur les détails.* **3** Être projeté, en parlant d'un film. *Un film qui passe en exclusivité.* **4** Être présenté, en parlant d'une personne. *Il est passé à la télévision, à la radio pour son livre.* **5** Marcher, rouler sur. *Passer sur un pont. Il n'hésiterait pas à passer sur le corps de ses meilleurs amis pour réussir.* **6** Traverser. *L'autoroute passe à Lyon, par Lyon.* **7** Prendre, emprunter tel chemin. *Passer par l'escalier de service.* **8** fig Subir une épreuve. *Je suis passé par là.* **9** Continuer son chemin (avec l'idée d'un obstacle à franchir, d'une difficulté à surmonter). *La route est coupée par les inondations, impossible de passer.* **10** fam Être digéré (avec l'idée d'un obstacle possible à la digestion). *Il peut manger n'importe quoi, ça passe toujours bien.* **11** Être admis, accepté. *La loi est passée. Cela peut passer pour cette fois, mais ne recommencez pas.* **12** Aller d'un lieu, d'un sujet à un autre. *Passer de la salle à manger au salon.* **13** Se transmettre. *Charge héréditaire, qui passe de père en fils.* **14** Rejoindre un lieu en fuyant qqch. *Passer dans un* pays voisin pour échapper aux recherches. **15** Changer d'état. *Passer de l'opulence à la misère. Passer de seconde en troisième* (vitesse). **16** Être promu à un grade, à un titre, etc. *Il est passé lieutenant.* **17** Être regardé comme. *Il a passé pour un idiot.* **18** S'écouler, en parlant du temps. *Les heures qui passent.* **19** Avoir une fin, une durée limitée. *Les modes passent.* **20** Finir, disparaître. *La douleur va passer.* **21** Perdre ses qualités, son intensité, en parlant des couleurs. *Le bleu de cette étoffe a passé au soleil.* **22** Utiliser, pour servir d'intermédiaire, les services de. *Passer par une agence pour louer un appartement.* **B** *vt* **1** Traverser, franchir un lieu. *Passer un fleuve à la nage.* **2** fig Réussir. *Passer un examen.* **3** Aller au-delà, dépasser en laissant derrière soi. *Nous avions passé la maison. Il a passé la date limite d'inscription.* **4** Faire traverser. *Passer de la marchandise en fraude* (à la douane). **5** Filtrer ; faire traverser un tamis, un crible à. *Passer du bouillon.* **6** Employer, laisser s'écouler un temps. *Passer une heure à faire une chose.* **7** Satisfaire, assouvir. *Passer sa colère sur qqn.* **8** Omettre, sauter. *Passer une ligne, une page. Je passe !* (dans les jeux de cartes). **9** Pardonner, tolérer. *Passer tous ses caprices à un enfant.* **10** Donner, remettre. *Passez-moi les ciseaux.* **11** Étendre, étaler qqch sur qqch d'autre. *Passer une seconde couche de peinture sur un mur.* **12** Faire aller. *Passer son bras sur les épaules de qqn.* **13** Enclencher une vitesse. *Passer la troisième.* **14** Soumettre à l'action de. *Passer la pointe d'une aiguille à la flamme.* **15** Donner à voir, à entendre. *Passer un film.* **16** Mettre un vêtement. *Passer une veste.* **17** DR, COMM Inscrire une somme, une écriture comptable. *Passer une écriture.* **18** Dresser, établir un acte. *Passer commande de tant de pièces à un fournisseur. Passer un accord.* **19** Communiquer. *Passer des renseignements à qqn.* **20** Dans les sports de ballon, réussir à contourner un adversaire. **C** *vpr* **1** S'écouler dans toute sa durée. *Il faut que jeunesse se passe.* **2** Avoir lieu. *L'action se passe à Paris.* **3** Se priver, s'abstenir de. *Se passer de dessert. Cela se passe de commentaire.* **LOC** ***En passant*** : alors qu'on passe, sans s'attarder. — ***Le, la sentir passer*** : souffrir de qqch de pénible ou de douloureux. — ***Passe*** ou ***passe encore*** : on peut admettre, à la rigueur. — ***Passer à l'ennemi*** : trahir. — ***Passer avant, après*** : être plus important, moins important que. — ***Passer les bornes, les limites*** : exagérer. — ***Passer par une grande école*** : y faire des études. — ***Passer qqn par les armes*** : le fusiller. — ***Passer un coup de fil*** : téléphoner. — ***Passer une personne à une autre*** : mettre l'une en communication téléphonique avec l'autre. — ***Pour passer le temps*** : pour s'occuper. — ***Se faire passer pour...*** : faire croire que l'on est... — ***Soit dit en passant*** : cela dit incidemment. — fam ***Y passer*** : subir une épreuve sans possibilité de s'y dérober ; mourir. (ETY) Du lat. *passus*, « pas ».

**passerage** *nm* Plante herbacée crucifère dont on croyait qu'elle guérissait de la rage.

**passereau** *nm* Oiseau dont l'ordre, le plus important par le nombre d'espèces (plus de 5 000), comprend les moineaux, les merles, les corbeaux. (ETY) Du lat. *passer*, « moineau ». (VAR) **passériforme**

**passerelle** *nf* **1** Pont étroit réservé aux piétons. **2** Plan incliné, sorte de pont léger établi entre un navire accosté et le quai, entre un avion et le terrain d'atterrissage. **3** MAR Plate-forme couverte située dans la partie la plus élevée des superstructures et d'où est dirigé le navire. **4** fig Moyen de passage. *Passerelle entre deux sections scolaires.*

**passerillage** *nm* VITIC Surmaturation du raisin entraînant une augmentation de la teneur du jus en sucre. (DER) **passerillé, ée** *a*

**passerine** *nf* Petit oiseau passériforme d'Amérique, appelé aussi *pape*. (PHO) [pasʀin] (ETY) Du lat. *passer*, « moineau ».

**passerinette** *nf* Fauvette méditerranéenne, à poitrine rose.

**Passero (cap)** cap de l'île de Passero (Italie), au S.-E. de la Sicile. – Victoire de l'amiral anglais Byng sur l'escadre espagnole (1718).

**passerose** *nf* Rose trémière.

**passet** *nm* Belgique Escabeau à une marche.

**passe-temps** *nm inv* Occupation agréable pour passer le temps ; divertissement.

**passe-tout-grain** *nm inv* Bourgogne rouge provenant d'un mélange de raisins (ordinairement gamay et pinot). (VAR) **passe-tous-grains**

**passeur, euse** *n* **1** Personne qui conduit un bac, un bateau pour traverser un cours d'eau. **2** Personne qui fait passer clandestinement les frontières, traverser les lieux interdits. **3** Personne qui sert d'intermédiaire dans la transmission d'un fait culturel. **4** SPORT Joueur qui fait une passe, qui est spécialisé dans les passes.

**Passeur Étienne Morin,** dit **Stève** (Sedan, 1899 – Paris, 1966), auteur dramatique français : *les Tricheurs* (1932), *Traîtresse* (1940).

**passe-velours** *nm inv* BOT Célosie.

**passe-vue** *nm* Dans un appareil de projection de diapositives, châssis coulissant servant à mettre en place les diapositives. PLUR passe-vues.

**passible** *a Passible de* : qui encourt telle peine. *Être passible d'une amende.* (ETY) Du lat. *pati*, « souffrir ».

**1 passif, ive** *a, nm* **A** *a* **1** Dont le caractère essentiel réside dans le fait de subir, de recevoir, d'éprouver. **2** Qui se contente de subir l'action, de recevoir l'impression, sans agir ; qui n'agit pas. **B** *a, nm* GRAM Se dit des formes verbales qui indiquent que le sujet de la phrase subit l'action (celle-ci étant réalisée par l'*agent*). *La forme passive se forme avec l'auxiliaire « être » suivi du participe passé du verbe* (ex. : *« le chat mange la souris »* donne *« la souris est mangée par le chat »*). ANT actif. **LOC** ***Défense passive*** : dispositif militaire destiné à protéger les populations civiles contre les attaques aériennes et, le cas échéant, à porter assistance à ces populations. — ***Résistance passive*** : non violente, qui agit par la force de l'inertie. (ETY) Du lat *passivus*, « susceptible de passion ». (DER) **passivement** *av* – **passivité** *nf*

**2 passif** *nm* **1** Ensemble des dettes et des charges qui pèsent sur un patrimoine. *Le passif et l'actif d'une succession.* **2** Partie du bilan d'une entreprise qui donne l'origine des fonds, par ordre d'exigibilité croissant (capitaux propres, dettes à long et moyen terme, avances reçues des clients et dettes à court terme).

**passiflore** *nf* Liane tropicale ornementale qui tire son nom de la forme de ses pièces florales, évoquant les instruments de la Passion (couronne d'épines, clous, lance), et dont le fruit (fruit de la Passion ou grenadille ou maracudja) est très utilisé en pâtisserie. (ETY) Du lat. *passiflora*, « fleur de la Passion ».

**passim** *av* Çà et là (dans un ouvrage). *Vous trouverez ces références dans tel ouvrage, pages 12, 24 et passim.* (PHO) [pasim] (ETY) Mot latin.

**passing-shot** *nm* TENNIS Coup tendu destiné à « passer », à déborder l'adversaire monté au filet. PLUR passing-shots. (PHO) [pasiŋʃɔt] (ETY) Mot angl., de *passing*, « qui passe », et *shot*, « tir ». (VAR) **passing**

**passion** *nf* **A** **1** Affection très vive, presque irrésistible qu'on éprouve pour une chose ; objet de cette affection. *La passion du jeu. Sa passion, c'est la musique.* **2** Amour ardent ; affection si intense qu'elle peut paraître déraisonnable. *Aimer qqn avec passion.* **3** Prévention exclusive, opinion irraisonnée, où l'affectivité perturbe le jugement et la conduite. *Le déchaînement des passions politiques.* **B** *nf pl* Mouvement violent de l'âme résultant d'un désir intense, d'un penchant irrésistible. *Être esclave de ses passions.* **LOC** ***Fruit de la passion*** : fruit de la passiflore. SYN grenadille ou maracudja. (ETY) Du lat. *passio*, « souffrance ». ▶ pl. fruits exotiques

**Passion de Jeanne d'Arc (la)** film de Dreyer (1928), d'apr. Delteil (1925), avec Renée Falconetti (1901 – 1946).

**Passion du Christ (la)** les souffrances qu'endura le Christ sur le chemin de Croix et pendant sa crucifixion. ▷ LITTER La Passion a fait l'objet de nombr. mystères dans la 2e moitié du XVe s. : *la Passion de Paris, la Passion d'Arras, la Passion d'Angers.* ▷ MUS La Passion a été mise en musique dès le VIIIe s. Au XVe s. naît la *Passion polyphonique* ; au XVIe s., Lassus écrit quatre Passions ; au XVIIe s., Schütz écrit trois Passions ; au XVIIIe s., Bach écrit deux Passions.

**passionnaire** *nm* LITURG CATHOL Livre qui contient l'histoire de la Passion ou des martyres des saints.

**passionnaliser** *vt* (1) Donner un caractère passionnel. *Éviter de passionnaliser le débat.*

**passionné, ée** *a, n* **A** Rempli de passion. *Une passionnée de musique.* **B** *a* Qui exprime la passion ; ardent, fervent. *Un débat passionné.* (DER) **passionnément** *av*

**passionnel, elle** *a* **1** Relatif aux passions. **2** Déterminé par la passion amoureuse. *Crime passionnel.* (DER) **passionnellement** *av*

**passionner** *v* (1) **A** *vt* Inspirer un très vif intérêt à qqn. *Ce problème le passionne.* **B** *vpr* Prendre un très vif intérêt à. *Se passionner pour la culture russe.* **LOC** ***Passionner un débat, une discussion*** : les rendre plus animés, plus violents en attisant les passions. (DER) **passionnant, ante** *a*

**Passions de l'âme (les)** œuvre de Descartes (1649) qui distingue 6 passions primitives : admiration (surprise), amour, haine, désir, joie, tristesse. (VAR) **Traité des passions**

**Passion selon saint Jean (la)** oratorio de J. S. Bach (1724), conçu à partir de l'Évangile de saint Jean.

**Passion selon saint Matthieu (la)** oratorio de J. S. Bach (1729), bâti sur l'Évangile de saint Matthieu, auquel Bach a ajouté des textes du poète Christian Friedrich Henrici, dit Picander (1700 – 1764).

**passivation** *nf* CHIM Fait de rendre insensible à la corrosion un métal ou un alliage par formation d'une couche protectrice à sa surface. (ETY) Mot angl. (DER) **passivé, ée** *a*

**passivement, passivité** → **passif 1.**

**passoire** *nf* Ustensile creux, percé de petits trous, servant de filtre pour séparer les aliments solides d'un liquide. **LOC** ***C'est une vraie passoire*** : il (elle) oublie tout.

**Passy** anc. com. de la Seine, annexée à Paris (XVIe arr.) en 1860.

**Passy** com. de la Haute-Savoie qui domine l'Arve ; 10 104 hab. Stat. climatique au plateau d'Assy. (DER) **passerand, ande** *a, n*

**Passy Hippolyte Philibert** (Garches, 1793 – Paris, 1880), homme politique et économiste français ; ministre sous Louis-Philippe, promoteur du libre-échange. — **Frédéric** (Paris, 1822 – Neuilly-sur-Seine, 1912), neveu du préc. ; économiste, il fonda la Ligue internationale de la paix. Il reçut le premier prix Nobel de la paix (1901) avec H. Dunant.

**1 pastel** *nm* Crucifère à fleurs jaunes dont on tire un colorant bleu indigo. (ETY) Mot provenç.

**2 pastel** *nm, a inv* **A** *nm* **1** Bâtonnet fait d'une pâte colorée solidifiée à base d'argile blanche et de gomme arabique ou de gomme adragante. **2** Œuvre exécutée au pastel. **B** *a inv* Se dit d'une couleur qui a la douceur, la délicatesse du pastel. *Des tons pastel.* (ETY) De l'ital.

**pastelliste** *n* Peintre qui fait des pastels.

**pastenague** *nf* Rég Raie dont la queue porte un aiguillon barbelé et venimeux. (ETY) Du lat.

**pastèque** *nf* Plante méditerranéenne (cucurbitacée) cultivée pour ses gros fruits lisses, gorgés d'eau ; ce fruit, à chair pourpre, blanchâtre ou verdâtre, selon les variétés. SYN melon d'eau. [ETY] De l'ar. par le portug. ▶ illustr. **cucurbitacées**

**Pasternak** Boris Leonidovitch (Moscou, 1890 – Peredelkino, 1960), écrivain russe. Auteur de poèmes (*Ma sœur la vie*, 1922 ; *la Seconde Naissance*, 1931), il fit éditer en Italie, en 1957, un roman, *le Docteur Jivago*. En 1958, il fut contraint de refuser le prix Nobel.

**pasteur** *nm* **1** vx, poét Celui qui garde les troupeaux ; berger. **2** ETHNOL Celui qui vit essentiellement d'élevage. *Peuple pasteur.* **3** Conducteur, chef qui exerce sur une communauté humaine une autorité paternelle, spirituelle. **3** Ministre du culte protestant. LOC ***Le bon pasteur :*** le berger symbolique de l'Évangile, qui ramène les brebis égarées. [ETY] Du lat.

**Pasteur** Louis (Dole, 1822 – Villeneuve-l'Étang, 1895), chimiste et biologiste français ; créateur de la microbiologie. Il découvrit que les fermentations sont dues à des organismes vivants, les microbes, dont certains provoquent des maladies infectieuses, notamment la maladie du charbon. Il créa l'asepsie et mit au point une technique de vaccination contre la rage (1885). En 1888, une souscription internationale lui permit de créer l'organisme qui devint l'Institut Pasteur. Secrétaire perpétuel de l'Académie des sciences, membre de l'Acad. fr. (1881).

B. Pasternak

L. Pasteur

**Pasteur (Institut)** institut privé de recherches biologiques et médicales (microbiologie, génétique, immunologie, allergologie et épidémiologie), fondé en 1888, qui assure aussi la mise au point et la diffusion de vaccins et sérums. Situé à Paris, ce centre a des filiales en France et à l'étranger.

**pasteure** *nf* Ministre du culte protestant de sexe féminin.

**pasteurella** *nf* Bactérie transmise par les animaux domestiques, responsable des pasteurelloses.

**pasteurellose** *nf* Infection succédant à une morsure ou à une griffure et causée par une pasteurella.

**pasteurien, enne** *a, n* **A** *a* MED Relatif à Pasteur, à ses découvertes et à leurs applications. **B** *n* Chercheur travaillant pour l'Institut Pasteur. [VAR] **pastorien, enne**

**pasteurisateur** *nm* TECH Appareil servant à la pasteurisation.

**pasteurisation** *nf* Opération qui consiste à chauffer, jusque vers 75 °C, certains liquides fermentescibles (vin, bière, lait, etc.), puis à les refroidir brusquement afin de détruire la plupart de leurs germes pathogènes et d'augmenter leur durée de conservation. [ETY] De *Pasteur*, n. pr. [DER] **pasteuriser** *vt* [1]

**pastiche** *nm* Imitation du style, de la manière d'un écrivain, d'un artiste ; œuvre littéraire ou artistique produite par une telle imitation. [ETY] De l'ital. *pasticcio*, « pâté ». [DER] **pasticher** *vt* [1] – **pasticheur, euse** *n*

**pastilla** *nf* CUIS Au Maroc, gâteau feuilleté fourré de viande de pigeon et de raisins secs.

**pastillage** *nm* TECH **1** Fabrication de pastilles, de comprimés. **2** Application, sur une céramique en fabrication, d'ornements façonnés séparément.

**pastille** *nf* **1** Petit bonbon ou pilule médicamenteuse de forme général. ronde et aplatie. **2** Motif décoratif en forme de disque, de rond. **3** TECH Petite pièce rappelant la forme d'une pastille. [ETY] Du lat. *pastillum*, « petit pain », par l'esp.

**pastilleur, euse** *n* **1** Ouvrier, ouvrière qui fabrique des pastilles. **2** Appareil, machine à fabriquer des pastilles.

**pastis** *nm* **1** Boisson apéritive alcoolisée parfumée à l'anis, que l'on boit additionnée d'eau. **2** fam Situation confuse, embarrassante. **3** CUIS Gâteau du Sud-Ouest fait d'une pâte très fine. [PHO] [pastis] [ETY] Du provenç.

**Pasto** v. du S. de la Colombie, dans la Cordillère centrale ; 245 000 hab. ; ch.-l. de dép. Centre minier. [VAR] **San Juan de Pasto**

**pastoral, ale** *a, nf* **A** *a* **1** litt Relatif aux bergers, aux pasteurs ; qui a les caractères de la vie rustique. **2** Qui évoque la vie des pasteurs, des bergers. *Roman pastoral.* **3** RELIG Relatif à l'activité de l'Église prenant soin des fidèles. *Directives pastorales.* **B** *nf* **1** Œuvre littéraire, plastique, musicale, qui met en scène des pasteurs, des bergers, qui traite un sujet champêtre. **2** Activité globale des Églises chrétiennes dans leur mission d'évangélisation ; partie de la théologie qui concerne la mission du prêtre. PLUR pastoraux.

**pastoralisme** *nm* ECON Économie agricole fondée sur l'élevage extensif.

**pastorat** *nm* RELIG Dignité, fonction d'un pasteur protestant ; durée de cette fonction.

**pastorien** → **pasteurien.**

**pastoureau, elle** *n* **A** litt Petit berger, petite bergère. **B** *nf* LITTER Genre lyrique du Moyen Âge qui faisait dialoguer un chevalier et une bergère.

**pastrami** *nm* CUIS Viande de bœuf marinée, puis cuite et légèrement fumée, servie en tranches minces.

**pat** *nm inv, a inv* JEU Aux échecs, se dit du roi lorsqu'il n'est pas mis en échec, bien qu'il ne puisse plus bouger sans être pris. *Le pat rend la partie nulle.* [PHO] [pat] [ETY] Du lat. *pactum*, « accord ».

**Pa-ta Chan-jen** → **Bada Shanren.**

**patache** *nf* anc **1** Petit bateau utilisé par les douaniers pour la surveillance. **2** Voiture publique inconfortable mais à bon marché. [ETY] Mot esp.

**patachon** *nm* LOC fam ***Une vie de patachon :*** dissolue.

**patagium** *nm* ZOOL Membrane tendue entre les membres et chaque côté du corps de certains mammifères et reptiles, leur permettant de voler en vol plané (pétauriste) ou en vol battu (chauve-souris). [PHO] [pataʒjɔm] [ETY] Mot lat., « frange ».

**Patagonie** partie méridionale de l'Argentine, entre les Andes, la Pampa et l'Atlantique ; 786 983 km² ; 1 296 000 hab. Ce plateau peu fertile (élevage ovin extensif), au climat sec et froid, est riche de gaz naturel et de pétrole. [DER] **patagon, onne** *a, n*

**Pātaliputra** → **Patnā.**

**Pātan** v. du Népal, dans la vallée de Katmandou ; ch.-l. de rég. ; 120 000 hab. – Nombr. temples bouddhiques.

**Patanjali** (IIᵉ s. av. J.-C.), grammairien et penseur indien, dont l'œuvre fourmille de données concrètes.

**pataouète** *a, nm* LING Se dit de l'argot qui était parlé par les pieds-noirs.

**pataphysique** *nf, a* didac, plaisant « Science des solutions imaginaires », d'après son créateur, l'écrivain Alfred Jarry.

**patapouf** *interj, nm* **A** *interj* Exprime le bruit d'un corps qui tombe. **B** *nm* fam Enfant, homme gros et lourd.

**pataquès** *nm inv* **1** Faute de liaison. *Dire « ce n'est pas-t-à moi* [patamwa] *» (au lieu de « pas à moi* [pazamwa] *») est un pataquès.* **2** Gaffe due à la maladresse. *Elle a encore fait des pataquès !* [PHO] [patakɛs] [ETY] De la phrase ironique *je ne sais pas-t-à qui est-ce.*

**pataras** *nm* MAR Hauban arrière. [ETY] Mot dial., de *patte.*

**patarin** *nm* HIST **1** Partisan milanais de la réforme du clergé (XIᵉ s.). **2** Hérétique lombard proche des cathares. [ETY] De l'ital. « fripier ».

**patas** *nm* Singe (cercopithécidé) d'Afrique occidentale, au pelage roux doré, appelé aussi *singe rouge* ou *singe pleureur.* [PHO] [patas]

**patate** *nf* **1** Plante (convolvulacée) cultivée dans les pays chauds pour ses tubercules au goût sucré et pour son feuillage, utilisé comme fourrage vert ; le tubercule lui-même, appelé aussi *patate douce.* **2** fam Pomme de terre. **3** fam Personne stupide. **4** fam Un million de centimes. LOC fam ***Avoir la patate :*** être en forme, avoir la frite. — fam ***En avoir gros sur la patate :*** en avoir gros sur le cœur. — fam ***Patate chaude :*** question délicate, embarrassante dont on essaie de se débarrasser en la confiant à qqn d'autre. [ETY] De l'esp., d'un mot haïtien.

**patati, patata** *av* fam Onomat. qui suggère, par moquerie, un long bavardage inutile. *Il n'arrête pas de jacasser, et patati et patata.*

**patatras !** *interj* **1** Exprime le bruit d'un corps qui tombe avec fracas. **2** fam Exprime que qqch a échoué. [PHO] [patatʀa] [ETY] Onomat.

**pataud, aude** *nm, a* **A** *nm* Jeune chien qui a de grosses pattes. **B** *a* fig Qui est lourd et lent, maladroit. *Allure pataude.* [ETY] De *patte.*

**pataugas** *nm* Chaussure de toile montante solide, à semelle de caoutchouc. [PHO] [patogas] [ETY] Nom déposé.

**pataugeoire** *nf* Bassin peu profond destiné aux enfants dans une piscine.

**patauger** *vi* [13] **1** Marcher dans un endroit bourbeux, sur un sol boueux. **2** fig, fam S'embrouiller, s'empêtrer. [ETY] De *patte.*

**Patay** ch.-l. de cant. du Loiret (arr. d'Orléans) ; 2 027 hab. – Jeanne d'Arc et Richemont y vainquirent l'Anglais Talbot (18 juin 1429). [DER] **patichon, onne** *a, n*

**patch** *nm* **1** CHIR Pièce de matière synthétique ou de tissu prélevé sur le sujet, servant à fermer une incision ou une perte de substance. **2** MED Syn. de *timbre.* **3** INFORM Logiciel de correction automatique d'un autre logiciel. SYN correctif. [ETY] Mot angl.

**Patch** Alexander McCarrell (Fort Huachuca, Arizona, 1889 – San Antonio, Texas, 1945), général américain. Il débarqua en Provence (août 1944), libéra la Franche-Comté, la Lorraine, l'Alsace et en 1945 prit la Bavière.

**Patchen** Kenneth (Niles, Ohio, 1911 – Palo Alto, 1972), peintre et écrivain américain ; poète (*Premières et dernières volontés*, 1939) et romancier (*À demain, mon amour*, 1948).

**patchouli** *nm* **1** Plante dicotylédone aromatique d'Asie (labiée). **2** Parfum extrait de cette plante. [ETY] Mot angl., du tamoul.

**patchwork** *nm* **1** Pièce de tissu faite d'un assemblage cousu de morceaux de tissus divers ou de carrés tricotés, général. de forme régulière et de couleurs vives. **2** fig Assemblage d'éléments disparates. *Un patchwork de populations.* [PHO] [patʃwœʀk] [ETY] Mot angl.

**pâte** *nf* **A** **1** Farine détrempée et pétrie dont on fait le pain, les gâteaux, etc. *Pâte sablée, feuilletée.* **2** Substance de consistance analogue, résultant d'une préparation. *Pâte à modeler. Pâte à papier.* **3** Produit de la transformation du caillé, constituant le fromage. **4** Bx-A Agglomérat de peinture travaillé par l'artiste peintre sur la palette ou sur le tableau. **5** GEOL Dans une roche volcanique, partie constituée de petits cristaux noyés dans du verre. **B** *nf pl* Petits fragments séchés d'une pâte à base de semoule de blé dur, auxquels on donne diverses formes (spaghettis, nouilles, etc.). **LOC** fam ***Une bonne pâte*** : une brave personne. — fam ***Une pâte molle*** : une personne influençable, sans volonté. ETY Du lat.

**pâté** *nm* **1** Préparation de viande, de poisson ou de légumes hachés, cuite dans une croûte de pâte ou dans une terrine. **2** Tache d'encre faite sur du papier en écrivant. **3** Belgique Petit gâteau à la crème. **LOC** Canada ***Pâté chinois*** : plat fait de viande hachée, de maïs et de pommes de terre disposés en couches. — ***Pâté de maisons*** : groupe de maisons accolées, limité par des rues. — ***Pâté de sable*** : petit tas de sable moulé que les enfants façonnent par jeu. — ***Pâté impérial*** : petite crêpe de pâte de riz diversement farcie et frite.

**pâtée** *nf* **1** Mélange plus ou moins épais d'aliments variés, dont on nourrit certains animaux domestiques (volailles, chiens, chats, porcs). **2** fam Volée de coups ; correction, défaite humiliante. *On leur a flanqué la pâtée.*

**1 patelin** *nm* fam Village, pays, région. ETY De l'a. fr. *pastiz*, « pacage ».

**2 patelin, ine** *a* Doucereux, hypocrite. *Air patelin.* ETY Du n. pr.

**Patelin (la Farce de Maître)** farce anonyme en vers composée avant 1469. VAR **Pathelin**

**patelle** *nf* Mollusque gastéropode à coquille conique, commun sur les côtes françaises, appelé cour. *bernique* ou *bernicle.* ETY Du lat.

**patène** *nf* LITURG Vase sacré en forme de petite assiette, qui sert à couvrir le calice et à recevoir l'hostie. ETY Du lat. *patena*, « plat ».

**Patenier** → **Patinir.**

**patenôtre** *nf* vieilli, plaisant Prière. *Réciter des patenôtres.* ETY Du lat. *Pater noster.*

**patent, ente** *a* Évident, manifeste. *Une erreur patente.* **LOC** HIST ***Lettres patentes*** : que le roi adressait ouvertes au parlement. ETY Du lat.

**patente** *nf* **1** anc Impôt direct perçu à l'occasion d'une activité industrielle ou commerciale. *La patente a été remplacée en 1975 par la taxe professionnelle.* **2** Certificat constatant le paiement de cet impôt. **3** Canada fam Objet quelconque, truc, machin. ETY De lettres *patentes.*

**patenté, ée** *a* **1** Assujetti à la patente, qui paie patente. *Commerçant patenté.* **2** fig, fam Reconnu comme tel ; attitré. *Ivrogne patenté.*

**patenter** *vt* ① **1** Soumettre à la patente. **2** Canada fam Bricoler, réparer, inventer qqch.

**patenteux, euse** *n* Canada fam Bricoleur, euse.

**Pater** *nm inv* Oraison, commune à tous les chrétiens, qui commence, en latin, par les mots *Pater noster*, « Notre Père ».

**Pater Jean-Baptiste** (Valenciennes, 1695 – Paris, 1736), peintre français, disciple de Watteau.

**Pater Walter Horatio** (Londres, 1839 – Oxford, 1894), écrivain anglais : *Marius l'épicurien* (roman, 1885), essais critiques.

**patère** *nf* **1** Portemanteau fixé à un mur. **2** ANTIQ Petite coupe pour les libations. ETY Du lat. *patera*, « coupe ».

**paterfamilias** *nm inv* **1** Chef de la famille romaine. **2** litt, plaisant Père de famille imposant et autoritaire. PHO [pateʀfamiljas] ETY Mot lat.

**paternalisme** *nm* Conception selon laquelle les personnes qui détiennent l'autorité doivent jouer, vis-à-vis de ceux sur qui elle s'exerce, un rôle analogue à celui du père vis-à-vis de ses enfants ; bienveillance condescendante dans l'exercice de l'autorité. DER **paternaliste** *a, n*

**paterne** *a* vieilli, litt D'une bonhomie doucereuse. *Prendre un ton paterne.*

**paternel, elle** *a, nm* **A** *a* **1** Du père ; qui appartient, qui se rapporte au père. *La maison paternelle.* **2** Qui est du côté du père. *Oncle paternel.* **3** Qui évoque la bienveillance du père. *Une semonce paternelle.* **B** *nm* pop Père. DER **paternellement** *av*

**paternité** *nf* **1** État, qualité de père. *La paternité est dite « légitime » ou « naturelle » selon que l'enfant a été conçu ou non pendant le mariage ; elle est dite « adoptive » lorsque l'enfant est adopté.* **2** fig Qualité d'auteur, de créateur. *Désavouer la paternité d'un livre.*

**Paterson** v. industr. des É.-U. (New Jersey), au N.-O. de New York ; 140 890 hab.

**pâteux, euse** *a* **1** Qui a la consistance de la pâte. *Substance pâteuse.* **2** Trop épais, en parlant d'un liquide. *Encre pâteuse.* **LOC** ***Avoir la bouche, la langue pâteuse*** : emplie, chargée d'une salive épaisse qui en altère la sensibilité.

**Pathans** → **Pachtouns.**

**Pathé Charles** (Chevry-Cossigny, Seine-et-Marne, 1863 – Monte-Carlo, 1957), industriel français ; promoteur, avec son frère **Émile** (Paris, 1860 – id., 1937), de l'industrie phonographique française. Il créa aussi le prem. laboratoire de tirage de films (1905) et le prem. journal d'actualités cinématographiques (1909).

**Pathelin** → **Patelin.**

**Pather Panchali** (*la Complainte du sentier*), film de Satyājit Ray (1955), qui forme une trilogie avec *Aparajito* (1956) et *le Monde d'Apu* (1959).

**pathétique** *a, nm* Qui émeut profondément. *Son désarroi était pathétique. Le pathétique d'une scène.* ETY Du gr. DER **pathétiquement** *av* – **pathétisme** *nm*

**Pathet Lao** front de libération laotien fondé en 1950 par le prince Souphanouvong et dont la force princ. fut le parti communiste. Il lutta contre la France puis contre le gouv. de Souvanna Phouma qu'il supplanta en 1975.

**-pathe, -pathie, -pathique, patho-** Éléments, du gr. *pathos*, maladie.

**pathogène** *a, nm* Se dit d'un microorganisme (champignon, virus, bactérie) qui peut causer une maladie. DER **pathogénicité** *nf*

**pathogenèse** *nf* didac **1** Processus d'installation et d'évolution d'une maladie. **2** Étude de la cause des maladies et de leur processus. VAR **pathogénie** DER **pathogénique** *a*

**pathognomonique** *a* MED Se dit des signes caractéristiques d'une maladie, qui permettent de la diagnostiquer sans ambiguïté.

**pathologie** *nf* MED **1** Étude scientifique, systématique, des maladies. **2** Ensemble des signes morbides par lesquels une maladie se manifeste. *Pathologie mentale, cardiaque.* DER **pathologiste** *n*

**pathologique** *a* **1** Relatif à la pathologie. *Étude pathologique.* **2** Qui a le caractère de la maladie. *Troubles pathologiques.* DER **pathologiquement** *av*

**pathos** *nm inv* litt, péjor Pathétique exagéré dans un discours, dans le ton et les gestes. PHO [patos] ETY Mot gr.

**patibulaire** *a* Se dit d'un individu qui inspire fortement la méfiance, se dit de son allure ; sinistre, louche. ETY Du lat. *patibulum*, « gibet ».

**1 patience** *nf, interj* **A** *nf* **1** Vertu qui permet de supporter ce qui est irritant ou pénible. *La patience d'un grand malade.* **2** Persévérance dans une longue tâche. *Ouvrage de patience.* **3** Calme, sang-froid dans l'attente. *S'armer de patience.* **4** JEU Syn. de *réussite.* **B** *interj* Pour inciter qqn à garder son calme. *Patience ! ce sera bientôt fini.* **LOC** ***Jeu de patience*** : puzzle. — ***Patience d'ange*** : très grande patience. PHO [pasjɑ̃s] ETY Du lat. *pati*, « souffrir ».

**2 patience** *nf* Plante dicotylédone (polygonacée). SYN oseille épinard. PHO [pasjɑ̃s] ETY Du lat. *lapathium.*

**patient, ente** *a, n* **A** *a* **1** Qui fait preuve de patience. *Être patient avec les enfants.* **2** Qui n'est pas découragé par la longueur d'un travail. *Un chercheur patient.* **B** *n* Personne qui subit une opération chirurgicale, un traitement médical. DER **patiemment** *av* [pasjamɑ̃]

**patienter** *vi* ① Attendre avec patience.

**patin** *nm* **1** Pièce de tissu servant à se déplacer sur un parquet pour ne pas le salir. **2** Chaussure à tige haute sous laquelle est fixée une lame en acier pour glisser sur la glace. **3** Chaussure à tige haute sous laquelle sont fixés des roulettes et parfois un frein. **4** Pièce de métal ou de bois servant de support. **5** Chacune des deux pièces longues et étroites qui supportent le corps d'une voiture d'hiver (traîneau, carriole). **6** TECH Pièce mobile dont le frottement contre la jante d'une roue permet le freinage. **7** Pièce d'une motrice électrique, qui glisse le long du rail conducteur et qui capte le courant. **8** Partie du ski sur laquelle repose le pied. **9** très fam Baiser sur la bouche. *Il lui a roulé un patin.* SYN pelle **LOC** ***Patin en ligne*** : roller. ETY De *patte.*

**Patin Gui** (Hodenc-en-Bray, 1601 – Paris, 1672), médecin et écrivain français : *Lettres*, relatives à la Fronde (publiées en 1692-1718).

**1 patinage** *nm* **1** Pratique du patin à glace ou du patin à roulettes. **2** Fait de patiner, de glisser par manque d'adhérence. **LOC** SPORT ***Patinage artistique, patinage de vitesse*** : sports de glace.

**patinage artistique**

**2 patinage** → **patiner 2.**

**patine** *nf* **1** Teinte unie que certaines matières prennent avec le temps, ternissure qui adoucit leur éclat et égalise leurs couleurs. *La patine des ivoires anciens.* **2** Coloration ou lustrage artificiels de divers objets, destinés à les protéger ou à les décorer. **LOC** ***Patine du bronze, du cuivre*** : vert-de-gris. ETY De l'ital.

**1 patiner** *vi* ① **1** Se déplacer avec des patins ; pratiquer le patinage. **2** Glisser par manque d'adhérence (roues de véhicule, disque d'embrayage, etc.). **3** Canada fam Tergiverser, chercher à éluder une question embarrassante.

**2 patiner** *vt* ① Donner une patine naturelle ou artificielle à qqch. DER **patinage** *nm*

**patinette** *nf* Jouet d'enfant constitué d'un bâti équipé de deux roues de faible diamètre et d'un guidon. SYN trottinette.

**patineur, euse** *n* Personne qui patine.

**Patinir Joachim** (Dinant ou Bouvignes, v. 1480 – Anvers, 1524), peintre flamand, élève de Matsys ; il privilégia le paysage au détriment de la scène religieuse : *la Fuite en Égypte*. VAR **Patenier**

**patinoire** *nf* **1** Endroit aménagé pour le patinage. **2** fig Surface glissante. *La route est une vraie patinoire.*

**patio** *nm* Cour intérieure d'une maison. PHO [patjo] ou [pasjo] ETY Mot esp.

**pâtir** *vi* ③ Éprouver un dommage, un préjudice du fait de. *Pâtir d'un manque d'affection.* ETY Du lat. *pati*, « supporter ».

**pâtis** *nm* Terrain inculte où l'on fait paître les bestiaux. ETY Du lat.

**pâtisser** *vi* ① Faire de la pâtisserie. ETY Du lat. *pasta*, « pâte ».

**pâtisserie** *nf* **1** Pâte sucrée, général. garnie de fruits, de crème, etc., que l'on fait cuire au four ; gâteau. **2** Confection des gâteaux. **3** Commerce, magasin du pâtissier. **4** Motif décoratif en stuc.

**pâtissier, ère** *n, a* **A** *n* Personne qui fabrique ou qui vend de la pâtisserie. **B** *a* Se dit d'une crème à base de lait, de farine, d'œufs et de sucre, avec laquelle on garnit divers gâteaux. ETY De l'a. fr. *pastitz*, « gâteau ».

**pâtisson** *nm* Courge blanche, aplatie, à bord festonné, dite aussi *bonnet-de-prêtre, artichaut d'Espagne, artichaut de Jérusalem.* ▶ illustr. **cucurbitacées**

**Pátmos** île grecque (Dodécanèse), au S. de Samos ; 2 500 hab. L'apôtre saint Jean y aurait écrit le livre de l'Apocalypse.

**Patnā** (anc. *Pātaliputra*), v. de l'Inde, sur le Gange ; cap. du Bihār ; 2 millions d'hab. (aggl.). Centre comm. Industr. text. (coton). – Évêché catholique. Université. Vestiges du palais d'Açoka (v. 264-226 av. J.-C.). – *Pātaliputra* fut la cap. (IIIe s. av. J.-C.-Ve s. apr. J.-C.) du royaume Magadha, berceau du bouddhisme et du jaïnisme.

**patoche** *nf* fam Grosse main.

**patois, oise** *nm, a* **A** *nm* Parler rural utilisé par un groupe restreint. *Patois lorrain, picard.* **B** *a* Propre au patois. ETY Du rad. *patt-*, exprimant la grossièreté.

**patoiser** *vi* ① S'exprimer en patois ; employer des expressions patoises. DER **patoisant, ante** *a, n*

**pâton** *nm* **1** TECH Morceau de pâte. **2** Morceau de pâte à pain prêt à être enfourné.

**patou** *nm* Gros chien de berger pyrénéen.

**Patou Jean** (Paris, 1887 – id., 1936), couturier français. Il créa sa maison en 1919.

**patouiller** *v* ① **A** *vi* fam Patauger. *Patouiller dans la vase. Il a patouillé lamentablement devant l'examinateur.* **B** *vt* Tripoter brutalement ou indiscrètement. ETY De *patte*. DER **patouillage** *nm*

**patraque** *a* fam Légèrement malade, souffrant. ETY Du provenç.

**Patras** v. de Grèce (N.-O. du Péloponnèse), port sur le *golfe de Patras* ; 141 600 hab. ; ch.-l. du nome d'Achaïe. – Anc. cap. de la principauté d'Achaïe.

**pâtre** *nm* litt Celui qui garde, fait paître des troupeaux. ETY Du lat.

**patriarcal, ale** *a* **1** Qui a rapport aux patriarches bibliques. *Vie patriarcale.* **2** Qui concerne un patriarche, un patriarcat ou qui relève de sa juridiction. *Territoire patriarcal.* **3** SOCIOL Relatif au patriarcat. *Société patriarcale.* PLUR patriarcaux.

**patriarcat** *nm* **1** RELIG Dignité et juridiction d'un patriarche ; territoire d'Église soumis à sa juridiction. *Le patriarcat d'Antioche.* **2** SOCIOL Régime social dans lequel la filiation est patrilinéaire et l'autorité du père prépondérante dans la famille (par oppos. à *matriarcat*).

**patriarche** *nm* **1** HIST, RELIG Chacun des grands chefs, mentionnés dans l'Ancien Testament, ancêtres de l'humanité et, en partic., du peuple hébreu. *Les patriarches Noé et Abraham.* **2** Titre honorifique donné, dans l'Église catholique romaine, aux évêques de certains sièges, notam. des plus anciens. **3** Chef de certaines Églises chrétiennes orthodoxes ou d'une Église catholique orientale non latine. **4** Vieillard vénérable vivant au milieu d'une nombreuse famille. ETY Du lat.

**Patriarche œcuménique** titre honorifique que portent les patriarches de Constantinople.

**patrice** *nm* ANTIQ ROM Dignitaire de l'Empire romain, à partir de Constantin, au rang prestigieux. ETY Du lat.

**patriciat** *nm* **1** ANTIQ ROM Dignité de patrice. **2** Ordre des patriciens. **3** litt Aristocratie.

**patricien, enne** *n, a* **A** *n* **1** ANTIQ ROM Personne qui, à Rome, descend d'une famille de la classe noble et jouit de privilèges particuliers. **2** Membre de la noblesse. **B** *a* **1** ANTIQ ROM Relatif aux patriciens. **2** litt Aristocratique. *Orgueil patricien.* ANT plébéien.

**Patrick (saint)** (en G.-B., v. 385 – en Irlande, v. 461), apôtre de l'Irlande. Emmené dans ce pays par des pirates, il fut libéré et se rendit à Auxerre, où il fut ordonné, et repartit v. 432 pour l'Irlande, dont il organisa l'Église. Saint patron de l'Irlande.

**patrie** *nf* **1** Pays dont on est originaire, nation dont on fait partie ou à laquelle on se sent lié. **2** Région, localité où l'on est né. LOC ***La patrie des sciences, des arts*** : le pays où les sciences, les arts sont particulièrement en honneur. ETY Du lat.

**patrilinéaire** *a* ETHNOL Se dit d'un type de filiation ou d'organisation sociale qui ne prend en compte que l'ascendance paternelle. ANT matrilinéaire.

**patrilocal, ale** *a* ETHNOL Se dit d'un mode de résidence qui impose aux couples de venir habiter, après le mariage, dans la famille du père du mari. SYN virilocal. ANT matrilocal. PLUR patrilocaux.

**patrimoine** *nm* **1** Biens que l'on a hérités de son père et de sa mère ; biens de famille. **2** DR Ensemble des biens, des charges et des droits d'une personne évaluables en argent. **3** fig Ce qui constitue le bien, l'héritage commun. *Le patrimoine artistique d'un pays.* LOC BIOL ***Patrimoine héréditaire, génétique*** : génotype. ETY Du lat. DER **patrimonial, ale, aux** *a*

**patrimonio** *nm* Vin AOC du nord de la Corse.

**patriotard, arde** *a, n* Qui manifeste un patriotisme étroit, chauvin.

**patriote** *n, a* Qui aime sa patrie, la sert avec dévouement.

**patriotisme** *nm* Amour de la patrie, dévouement à la patrie. DER **patriotique** *a* – **patriotiquement** *av*

**patristique** *nf, a* **A** *nf* THEOL Étude de la doctrine des Pères de l'Église. **B** *a* Relatif aux Pères de l'Église (Ier-VIe s.).

**Patrocle** dans la myth. gr., héros ami d'Achille. Il fut tué par Hector au siège de Troie. Achille le vengea, en tuant Hector.

**patrocline** *a* GENET Se dit des caractères héréditaires transmis par le père.

**patrologie** *nf* RELIG **1** Étude de la vie et des œuvres des Pères de l'Église. **2** Recueil des écrits des anciens auteurs ecclésiastiques.

**1 patron, onne** *n* **1** Chef d'une entreprise industrielle ou commerciale privée ; employeur par rapport à ses employés. **2** Professeur, maître dirigeant certains travaux. **3** MAR Celui qui commande un bateau de pêche. **4** Saint ou sainte dont on porte le nom ; saint ou sainte sous le vocable duquel ou de laquelle une église est placée. **5** Saint (sainte) qu'un pays, une ville, un groupe social a reçu ou choisi pour protecteur (protectrice). ETY Du lat. *patronus*, « protecteur ».

**2 patron** *nm* **1** Modèle à partir duquel sont exécutés des travaux artisanaux. *Patron de broderie.* **2** Modèle utilisé pour tailler un vêtement. *Patron de robe.* **3** Carton ajouré servant à colorier ; pochoir.

**patronage** *nm* **1** Soutien moral explicite accordé par un personnage influent, une organisation, à une personne, une organisation, une manifestation. *Exposition organisée sous le patronage de la municipalité.* **2** Protection d'un saint, d'une sainte. **3** Organisation de bienfaisance veillant à l'éducation morale des enfants, spécial. en organisant leurs loisirs ; siège d'une telle organisation. *Patronage municipal, paroissial.*

**patronal, ale** *a* **1** Relatif au patron, au saint du lieu. *Fête patronale.* **2** Qui concerne le patron, le chef d'une entreprise. *Exigences patronales.* **3** Du patronat. *Syndicat patronal.* PLUR patronaux.

**patronat** *nm* Ensemble des patrons (par oppos. à *salariat*).

**1 patronner** *vt* ① Protéger, appuyer de son crédit. *Patronner un candidat.*

**2 patronner** *vt* ① COUT Établir le patron d'un vêtement d'après le modèle dessiné par le styliste. DER **patronnage** *nm*

**patronnesse** *af* LOC iron ***Dame patronnesse*** : qui patronne une œuvre de bienfaisance.

**patronnier, ère** *n* Employé(e) d'une maison de couture spécialisé(e) dans le patronnage.

**patronyme** *nm* Nom de famille. ETY Du gr. *patêr, patros*, « père », et *onoma*, « nom ».

**patronymique** *a* LOC ***Nom patronymique*** : nom porté par les descendants d'un ancêtre illustre, légendaire ou réel ; nom de famille.

**patrouille** *nf* **1** Petite troupe de soldats, d'agents de la force publique, etc., chargés d'une ronde de surveillance. **2** Détachement de soldats chargés d'une mission de reconnaissance. **3** La mission même d'une telle troupe, d'un tel détachement. *Partir en patrouille.* **4** AVIAT, MAR Formation réduite d'avions ou de bâtiments chargés d'une mission (de surveillance, de protection, etc.).

**patrouiller** *vi* ① Aller en patrouille ; faire une, des patrouilles. ETY Var. de *patouiller*.

**patrouilleur** *nm* **1** Militaire qui effectue une patrouille. **2** Avion qui effectue une patrouille. **3** Petit bâtiment de guerre utilisé pour la surveillance du littoral, l'escorte des convois et la chasse anti-sous-marine.

**Patru Olivier** (Paris, 1604 – id., 1681), avocat français ; ami de Boileau. Reçu à l'Acad. fr. (1640), il fit un discours de remerciement qui devint une tradition.

**Pattadakal** site archéologique de l'Inde (Dekkan), comprenant de nombreux temples des Ve-VIIIe s.

**patte** *nf* **1** Organe de locomotion des animaux. **2** fam Jambe. **3** fam Main. *Bas les pattes !* **4** Pièce longue et plate servant à fixer, retenir, assembler, etc. *Patte à scellement.* **5** Courte bande d'étoffe, de cuir, etc., dont une extrémité est fixée à une partie d'un vêtement et dont l'autre porte un bouton, une boutonnière. **LOC** ***Marcher à quatre pattes*** : en prenant appui à la fois sur les pieds ou les genoux et sur les mains. — ***Montrer patte blanche*** : se faire reconnaître pour pouvoir entrer dans un lieu dont l'accès est contrôlé. — ***Patte folle*** : jambe légèrement boiteuse. — ***Pattes (de lapin)*** : favoris coupés court. — ***Pattes d'éléphant*** ou ***pattes d'éph*** : se dit d'un pantalon très évasé du bas. ETY D'un rad. gallo-romain onomat.

**patté, ée** *a* HERALD *Croix pattée,* dont les branches vont en s'élargissant à leurs extrémités.

**patte-d'oie** *nf* **1** Endroit où une route se divise en plusieurs embranchements. **2** Rides divergentes à l'angle externe de l'œil. PLUR pattes-d'oie.

**patte-mâchoire** *nf* ZOOL Syn. de *maxillipède.* PLUR pattes-mâchoires.

**pattemouille** *nf* Linge que l'on humecte et que l'on interpose entre le tissu à repasser et le fer.

**pattern** *nm* didac En sciences humaines, modèle simplifié, schéma à valeur explicative, représentant la structure d'un phénomène complexe. PHO [patɛʀn] ETY Mot angl.

**Patti Adelina** (Madrid, 1843 – Craig-y-Nos Castle, pays de Galles, 1919), cantatrice italienne ; soprano léger.

**pattinsonage** *nm* METALL Ancien procédé de séparation de l'argent contenu dans le plomb argentifère. ETY Du n. pr.

**Patton George Smith** (San Gabriel, Californie, 1885 – Heidelberg, 1945), général américain. Il opéra la percée d'Avranches (août 1944), libéra Rennes et Nantes, et fonça vers l'E. Il reçut l'ordre d'arrêter son avance avant Prague (avr. 1945).

**pattu, ue** *a* **1** Qui a de grosses pattes. *Chien pattu.* **2** En parlant des oiseaux, dont le haut des pattes est emplumé. *Pigeon pattu.*

**pâturage** *nm* **1** Prairie naturelle dont l'herbe est consommée sur place par les bestiaux. **2** Action de faire paître les bestiaux.

**pâture** *nf* **1** Ce qui sert à la nourriture des animaux. **2** fig, litt, vieilli Ce qui sert d'aliment à l'esprit. *Trouver chez un auteur une riche pâture.* **3** litt Ce qui permet de satisfaire tel besoin, telle exigence. *Jeter un nom en pâture à la curiosité du public.* **4** Action de pâturer. *Bétail en pâture.* **5** Terrain, pré où les bêtes pâturent. ETY Du lat.

**pâturer** *v* ① Paître. *Moutons qui pâturent un pré.* DER **pâturable** *a*

**pâturin** *nm* Graminée très commune utilisée comme fourrage.

**paturon** *nm* Partie de la jambe du cheval comprise entre le boulet et la couronne. ETY Du lat. *pastoria,* « corde de pâtre ». VAR **pâturon**

**Pau (gave de)** riv. des Pyrénées françaises (120 km), affl. de l'Adour (r. g.), formée de plusieurs gaves elle descend du cirque de Gavarnie et arrose Lourdes et Pau.

**Pau** ch.-l. de dép. des Pyr.-Atl., sur le gave de Pau ; 85 714 hab. Aéroport *(Pau-Pyrénées).* L'essor industriel est dû au gaz de Lacq et à l'hydroélectr. Stat. climatique. – Université. Chât. du XIIIe s. Musées. – Cap. du Béarn (XVe s.), puis des rois de Navarre (1512), Pau vit naître Henri IV (1553) et fut réuni à la Couronne en 1620. DER **palois, oise** *a, n*

**pauchouse** *nf* CUIS Matelote de poissons de rivière au vin blanc. ETY De *pêcheuse,* ou du lat. popia, « louche ». VAR **pochouse**

**pauillac** *nm* Bordeaux rouge très estimé. ETY Du n. pr.

**Pauillac** ch.-l. de cant. de la Gironde (arr. de Lesparre-Médoc), sur la Gironde, avant-port de Bordeaux ; 5 175 hab. Vins. DER **pauillacais, aise** *a, n*

**Paul (saint)** (Tarse, auj. Tarsus, en Turquie, entre 5 et 15 apr. J.-C. – Rome, v. 62 ou 67), apôtre du christianisme, surnommé *l'Apôtre des gentils.* Juif et citoyen romain, hostile aux disciples de Jésus, converti à la suite d'une vision foudroyante du Christ sur le chemin qui le conduisait à Damas, il prêcha l'Évangile en Asie Mineure, en Macédoine, en Grèce, et y fonda des communautés auxquelles il adressa des lettres (épîtres). Arrêté à Jérusalem en 58, il fut libéré en 62, selon certains, puis arrêté en 66 et exécuté aux portes de Rome (67). Selon d'autres, il aurait été mis à mort dès sa première captivité.

**Paul de la Croix (saint) Paolo Francesco Danei** (Ovada, 1694 – Rome, 1775), religieux italien ; il fonda la congrégation des Passionistes.

**Paul** nom de six papes. — **Paul Ier (saint)** (Rome, vers 700 – id., 767), pape de 757 à 767 ; il eut recours à Pépin le Bref contre les Lombards et l'exarque de Ravenne. — **Paul II Pietro Barbo** (Venise, 1417 – Rome, 1471), pape de 1464 à 1471 ; il donna le royaume de Hongrie à Mathias Corvin. — **Paul III Alessandro Farnèse** (Canino, 1468 – Rome, 1549), pape de 1534 à 1549 ; il rétablit l'Inquisition (1542), réunit le concile de Trente (1545) et confia à Michel-Ange les travaux de Saint-Pierre de Rome. — **Paul IV Gian Pietro Carafa** (Sant'Angelo della Scala, 1476 – Rome, 1559), pape de 1555 à 1559 ; il fonda l'ordre des Théatins. — **Paul V Camillo Borghèse** (Rome, 1552 – id., 1621), pape de 1605 à 1621 ; il fit achever Saint-Pierre par le Bernin. — **Paul VI Giovanni Battista Montini** (Concesio, près de Brescia, 1897 – Castel Gandolfo, 1978), pape de 1963 à 1978. Il continua l'œuvre de Jean XXIII. Ses voyages dans le monde entier (Terre sainte et Inde, 1964 ; Istanbul, 1967, etc.) ont inauguré un nouvel âge de la papauté.

le général **Patton**

**Paul VI**

**Paul Ier Petrovitch** (Saint-Pétersbourg, 1754 – id., 1801), empereur de Russie (1796-1801), fils de Catherine II et de Pierre III. Hostile à la poussée révolutionnaire, il lutta contre la France (1799), puis, s'alliant à Bonaparte, créa la ligue des Neutres (1800) en vue de contrecarrer les Anglais aux Indes. Son fils Alexandre participa à son assassinat.

**Paul Ier** (Athènes, 1901 – id., 1964), roi de Grèce (1947-1964). Il succéda à Georges II, son frère.

**Paul Wolfgang** (Lorenzkirch, 1913 – Bonn, 1993), physicien allemand. Il inventa des procédés pour isoler ions et particules. P. Nobel 1989, avec H. Delmet et N. Ramsay.

**Paul-Boncour Joseph** (Saint-Aignan, Loir-et-Cher, 1873 – Paris, 1972), homme politique français. Délégué permanent à la SDN, prés. du Conseil de déc. 1932 à janv. 1933, il refusa les pleins pouvoirs au maréchal Pétain en 1940.

**Paul Diacre Paul Warnefried,** dit (dans le Frioul, v. 720 – Mont-Cassin, v. 800), écrivain de langue latine, auteur d'une *Histoire des Lombards* (des origines à 744) et de l'hymne *Ut queant laxis.* V. ut.

**Paul Émile** (en latin *Lucius Æmilius Paulus*) (mort à Cannes en 216 av. J.-C.), général ro-

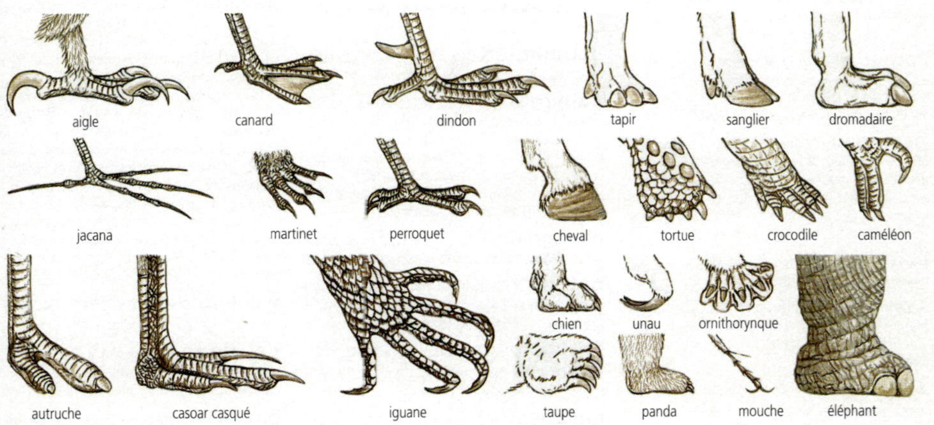


**pattes**

main ; consul en 219 puis en 216 av. J.-C., il fut vaincu et tué à la bataille de Cannes. — **Paul Émile le Macédonique** (en latin *Lucius Æmilius Macedonicus*) (v. 230 – 160 av. J.-C.), fils du préc. ; général ; consul, il vainquit le roi de Macédoine Persée à Pydna (168).

**paulette** *nf* HIST Droit dû par les officiers de justice et de finance sur leur charge pour en devenir propriétaires. ETY D'un n. pr.

**Paul et Virginie** roman de Bernardin de Saint-Pierre (1787).

**Paulhan Jean** (Nîmes, 1884 – Neuilly-sur-Seine, 1968), écrivain français ; directeur de la *Nouvelle Revue française* de 1925 à 1940 et de 1953 à sa mort : *les Fleurs de Tarbes* (1941), *Braque le patron* (1946). Acad. fr. (1963).

**Pauli Wolfgang** (Vienne, 1900 – Zurich, 1958), physicien suisse d'origine autrichienne : théorie de la mécanique quantique et hypothèse de l'existence du neutrino. P. Nobel 1945.

**paulien, enne** *a* DR *Action paulienne*, par laquelle un créancier peut demander la révocation d'un acte fait par son débiteur en fraude de ses droits.

**Paulin Pierre** (Paris, 1927 – Montpellier, 2009), designer français (sièges).

**Paulina 1880** roman de Jouve (1925).

**Pauling Linus** (Portland, 1901 – près de Big Sur, Californie, 1994), chimiste américain : travaux sur les protéines. P. Nobel de chimie 1954 et prix Nobel de la paix 1962.

W. Pauli

L. Pauling

**paulinisme** *nm* RELIG Doctrine de saint Paul. DER **paulinien, enne** *a*

**1 pauliste** *nm* RELIG CATHOL Membre d'une société de missionnaires catholiques, fondée à New York en 1858 et placée sous le patronage de saint Paul.

**2 pauliste** → **São Paulo.**

**paulownia** *nm* Arbre ornemental (scrofulariacée) aux fleurs mauves odorantes, qui éclosent avant la feuillaison. PHO [polɔ(v)nja] ETY De Anna *Pavlovna*, fille du tsar Paul Ier.

**Paulus Friedrich** (Breitenau, Hesse, 1890 – Dresde, 1957), maréchal allemand. Il capitula à Stalingrad (1943). Interné en URSS, il fut, en 1953, remis aux autorités de la RDA.

**paume** *nf* **1** Dedans de la main, entre le poignet et les doigts. **2** Jeu de balle, ancêtre du tennis, d'abord joué avec la paume de la main puis avec une batte ou une raquette, en terrain libre (*longue paume*) ou dans un lieu clos aménagé (*courte paume*). ETY Du lat.

**paumé, ée** *a, n* fam Qui se sent perdu, déboussolé, déconnecté de la réalité.

**1 paumelle** *nf* Pièce métallique double qui permet le pivotement d'une porte, d'une fenêtre, d'un volet, etc., et dont les deux parties peuvent être désolidarisées.

**2 paumelle** *nf* Orge commune à deux rangs, dont l'épi est en forme de palme.

**paumer** *vt* ① fam Perdre. *Paumer ses clés. Se paumer dans la forêt.*

**paupériser** *vt* ① didac Entraîner l'appauvrissement continu d'une population, d'un groupe humain. *La région s'est rapidement paupérisée.* ETY Du lat. DER **paupérisation** *nf*

**paupérisme** *nm* didac État permanent d'indigence d'un groupe humain, envisagé en tant que phénomène social.

**paupière** *nf* Chacune des membranes mobiles qui recouvrent, en se rapprochant, la partie externe de l'œil, et qui lui servent de protection. ETY Du lat.

**paupiette** *nf* Tranche de viande, roulée et farcie. ETY De l'a. fr. *paupier*, « papier enveloppant un gibier ».

**Paurava** → **Pôros.**

**paurométabole** *a, nm* ZOOL Se dit d'un insecte dont les jeunes ressemblent aux adultes, avec des ailes qui se développent progressivement au cours des mues successives, tel le criquet. ETY Du gr. *pauros*, « peu nombreux ».

**Pausanias** (m. vers 470 av. J.-C.), général spartiate de la famille des Agides. Régent de Sparte, il commanda les armées grecques victorieuses des Perses à Platées (479 av. J.-C.). Les Grecs, y compris les Spartiates, rejetèrent son autorité.

**Pausanias** (IIe s. apr. J.-C.), géographe et historien grec : *Description de la Grèce*.

**pause** *nf* **1** Suspension momentanée d'une activité, d'un travail. **2** SPORT Repos entre deux périodes de jeu, de combat. **3** fam Court séjour. *En revenant d'Espagne, j'ai fait une pause à Royan.* **4** MUS Silence de la durée d'une ronde ; signe (barre horizontale sous la quatrième ligne de la portée) qui sert à le noter. ETY Du lat.

**pause-café** *nf* Pause ménagée dans une journée de travail pour prendre une boisson. PLUR pauses-café.

**pauser** *vt* ① MUS Faire une pause.

**pauvre** *a, n* **A 1** Se dit d'une personne sans ressources, indigente. *Être pauvre, être pauvre comme Job. Les riches et les pauvres.* **2** Qui inspire la compassion. *Le pauvre homme !* **B** *a* **1** Qui dénote la gêne, le dénuement. *Une pauvre demeure.* **2** Improductif, stérile. *Une terre pauvre.* **3** Piteux, lamentable. *Un pauvre type.* LOC ***Nouveau pauvre :*** victime de la crise économique (SDF, RMiste, chômeur en fin de droits, etc.). — ***Pauvre de, pauvre en :*** qui manque de, qui est dépourvu de. ETY Du lat.

**pauvrement** *av* **1** Dans l'indigence, la pauvreté. *Vivre pauvrement.* **2** litt D'une manière insuffisante, médiocre. *Raisonner pauvrement.* **3** D'une manière qui dénote la pauvreté. *Être vêtu pauvrement.*

**pauvresse** *nf* vieilli Femme pauvre ; mendiante.

**pauvret, ette** *n, a* Diminutif d'affection ou de commisération. *Il a l'air tout pauvret.*

**pauvreté** *nf* **1** Manque de biens, insuffisance des choses nécessaires à la vie. **2** État de celui qui ne possède rien. *Religieux qui fait vœu de pauvreté.* **3** Apparence, aspect de ce qui dénote la gêne, le manque d'argent. *La pauvreté d'un intérieur.* **4** Insuffisance, stérilité. *La pauvreté du terrain ne permet pas la culture intensive.*

**pavage** *nm* **1** Action de paver. **2** Revêtement de pavés, de dalles, etc. *Pavage en granit.*

**pavane** *nf* Ancienne danse de caractère lent et grave, en vogue aux XVIe et XVIIe s. ; air de cette danse. ETY De l'ital. *pavone*, « paon ».

**Pavane pour une infante défunte** pièce pour piano de Ravel (1899 ; version orchestrale, 1910).

**pavaner (se)** *vpr* ① **1** Marcher en essayant de se faire remarquer. **2** Prendre des airs avantageux.

**Pavarotti Luciano** (Modène, 1935 – id., 2007), chanteur italien ; ténor.

**pavé** *nm* **1** Morceau de grès, de pierre dure, de bois, etc., général. taillé en parallélépipède, qui sert au revêtement d'un sol, d'une chaussée. **2** Revêtement de pavés. *Le pavé d'une cour.* **3** Gros morceau, de forme régulière, d'une matière quelconque. *Pavé de bœuf grillé.* **4** fam Volume imprimé fort épais. *Un pavé de quinze cents pages.* **5** Espace d'une certaine importance occupé dans un journal par un article, une réclame. *Pavé publicitaire.* **6** INFORM Partie d'un clavier d'ordinateur regroupant les touches de fonction, les chiffres. LOC ***Être sur le pavé :*** être sans domicile, sans emploi. — ***Tenir le haut du pavé :*** être au premier rang, par le pouvoir, la notoriété, etc. — ***Un pavé dans la mare :*** un évènement inattendu qui trouble une situation jusque-là tranquille et sans surprise.

**Pavelić Ante** (Bradina, Herzégovine, 1889 – Madrid, 1959), homme politique croate ; fondateur de l'Oustacha. Éphémère (1941) chef de l'État croate allié aux Allemands et aux Italiens, il parvint à s'enfuir en 1945.

**pavement** *nm* Pavage fait avec de beaux matériaux.

**paver** *vt* ① Couvrir un sol, une surface de pavés, de dalles, de mosaïque, etc. ETY Du lat. *pavire*, « aplanir ».

**Pavese Cesare** (San Stefano Belbo, Piémont, 1908 – Turin, 1950), écrivain italien : *le Bel Été* (1945), *Avant le chant du coq* (1949). Il a écrit aussi des poèmes, des essais et un *Journal*. Il s'est suicidé. DER **pavésien, enne** *a*

**paveur** *nm* Ouvrier spécialisé dans le pavage des chaussées.

**pavie** *nf* Variété de pêche dont la chair ferme adhère fortement à l'épiderme et au noyau. ETY De *Pavie*, ville du Gers.

**Pavie** v. d'Italie (Lombardie), sur le Tessin, dans la plaine du Pô ; 85 060 hab. ; ch.-l. de la prov. du m. nom. Centre agricole et industriel. – Université. Égl. (XIIe s.). Chât. des Visconti (XIVe s.). Chartreuse à l'extérieur de la ville. – Cap. des Lombards, cité gibeline opposée à Milan, qui réussit à l'assujettir au XIVe s., Pavie vit sous ses murs la défaite de François Ier, capturé par les Espagnols (24 fév. 1525). DER **pavesan, ane** *a, n*

**Pavie Auguste** (Dinan, 1847 – Thourie, Ille-et-Vilaine, 1925), explorateur français de la Cochinchine, du Cambodge et du Laos : *la Mission Pavie* (10 vol., 1894-1919).

**pavier** *nm* Arbre ornemental proche du marronnier d'Inde. VAR **pavia**

**pavillon** *nm* **1** Maisonnette construite dans un jardin. **2** Petite construction isolée. *Pavillon de chasse.* **3** Construction liée au corps d'un bâtiment, mais qui s'en distingue par ses dimensions, son architecture, etc. **4** Partie extérieure, visible, de l'oreille. **5** Extrémité évasée de certains instruments à vent. **6** Partie supérieure de la carrosserie d'une voiture. **7** LITURG CATHOL Pièce d'étoffe dont on couvre le ciboire, le tabernacle. **8** MAR Drapeau. LOC ***Pavillon de complaisance :*** arboré par certains navires que leurs armateurs ont soustraits aux lois fiscales de leur pays et aux conventions sur la navigation et la sécurité en mer en les faisant naviguer sous une nationalité d'emprunt. ETY Du lat. *papilio*, « papillon ».

**Pavillon des cancéreux (le)** roman de Soljenitsyne (1968).

**pavillonnaire** *a, n* **A** *a* Occupé par des pavillons, où sont construits des pavillons. *Banlieue pavillonnaire.* **B** *n* Habitant d'un pavillon.

**pavillonneur** *nm* Entrepreneur spécialisé dans la construction de maisons individuelles.

**Pavillons-Noirs** nom donné, en raison de la couleur de leurs étendards, aux soldats irréguliers chinois et vietnamiens qui opérèrent, à la fin du XIXe s., au Laos, dans le nord du Viêt-nam et dans le sud de la Chine. Tantôt alliés, tantôt adversaires des troupes françaises qui colonisaient l'Indochine, ils furent soumis (1891-1893).

**Pavillons-sous-Bois (Les)** ch.-l. de cant. de la Seine-St-Denis (arr. de Bobigny) ; 21 972 hab. DER **pavillonnais, aise** *a, n*

**pavimenteux, euse** *a* **LOC** HISTOL ***Epithélium pavimenteux*** : formé de cellules plates.

**Pavin (lac)** lac du Massif central (Puy-de-Dôme), dans un cratère (44 ha), à 1 192 m d'altitude.

**Pavlodar** v. du Kazakhstan, sur l'Irtych ; 315 000 hab. ; ch.-l. de prov. Industries.

**Pavlov Ivan Petrovitch** (Riazan, 1849 – Leningrad, 1936), médecin et physiologiste russe. En 1903, il exposa ses théories sur le réflexe conditionné, puis étudia la fonction cérébrale. P. Nobel de médecine 1904. DER **pavlovien, enne** *a*

**L. Pavarotti**

**I. P. Pavlov**

**Pavlova Anna Matveïeva** (Saint-Pétersbourg, 1882 – La Haye, 1931), danseuse russe ; partenaire de Nijinski, dans la compagnie des Ballets russes.

**pavois** *nm* **1** Grand bouclier de forme ovale ou rectangulaire en usage au Moyen Âge. **2** MAR Partie de la muraille d'un navire située au-dessus du pont. **3** Ornementation de fête d'un navire. *Petit pavois, grand pavois.* **LOC** HIST ***Élever sur le pavois*** : chez les Francs, hisser sur un bouclier celui qui venait d'être proclamé roi. ETY De l'ital. *pavese*, « de Pavie ».

**pavoiser** *v* 1 **A** *vt* Décorer de drapeaux un édifice, une rue, etc. **B** *vi* **fig, fam** Manifester sa joie ou sa fierté. *Il n'y a pas de quoi pavoiser.* DER **pavoisement** *nm*

**pavot** *nm* Plante herbacée (papavéracée) dont le fruit est une capsule. *Le pavot somnifère fournit l'opium à partir du latex des capsules.* ETY Du lat.

**Pax Christi** (« Paix du Christ »), mouvement international catholique fondé en 1950 pour défendre la paix en réduisant les injustices.

**paxille** *nm* BOT Champignon basidiomycète à lamelles, au chapeau légèrement déprimé en son centre, enroulé sur les bords, et très toxique cru. ETY Du lat. *paxillus*, « pieu ».

**Paxton sir Joseph** (Milton Bryant, Bedfordshire, 1803 – Sydenham, 1865), jardinier, paysagiste et architecte anglais ; auteur de constructions britanniques en fer et en verre : Crystal Palace (Londres, Exposition de 1851).

**Paxton Robert** (Lexington, Virginie, 1932), historien américain : *La France de Vichy 1940-1944* (1973).

**payable** *a* Qui doit être payé (de telle façon, à telle date, etc.). *Payable à vue, au porteur.*

**payant, ante** *a* **1** Qui paie. *Visiteurs payants.* **2** Pour quoi l'on paie. *Entrée payante.* **3** **fam** Avantageux, bénéfique. *Opération payante.*

**paye** → **paie.**

**payement** → **paiement.**

**Payen Anselme** (Paris, 1795 – id., 1871), chimiste français. Il isola la cellulose.

**payer** *v* 21 **A** *vt* **1** Acquitter une dette, un droit, etc., par un versement. *Payer son loyer. Produit qui paie un droit de douane.* **2** Remettre à qqn ce qui lui est dû (général. en argent). *Payer un commerçant.* **3** Récompenser ; dédommager. *Payer qqn de ses efforts.* **4** Verser une somme correspondant au prix de telle chose. *Payer des denrées. Payer comptant.* **5** Obtenir au prix de sacrifices, de dommages. *Payer cher sa réussite.* **B** *vi* **1** User de, faire preuve de. *Payer d'audace.* **2** **fam** Être profitable, rapporter. *Travail qui paie.* **C** *vpr* **1** Retenir telle somme ; être payé. *Payez-vous sur ce billet.* **2** **fam** S'offrir. *Se payer un chapeau.* **3** **fam** Être agressif avec qqn, le battre ou le rabrouer. *Je vais me le payer.* **4** **fam** Avoir des relations sexuelles avec qqn. **LOC** **fam** ***Être payé pour savoir telle chose*** : en avoir fait la fâcheuse expérience. — **fam** ***Il me le paiera*** : je me vengerai de lui. — ***Payer de sa personne*** : s'exposer, agir personnellement. — ***Payer pour*** : subir, expier, à la place de. — ***Se payer de mots*** : se contenter de parler, sans agir. — ***Se payer la tête de qqn*** : se moquer de lui. ETY Du lat. *pacare*, « pacifier ».

**payeur, euse** *n* **1** Personne qui paie. *Un mauvais payeur.* **2** Fonctionnaire chargé de payer les dépenses publiques ; comptable des deniers publics.

**Payne** → **Paine.**

**pay per view** *nm* Système de paiement à la séance des programmes de télévision. PHO [pepɛʀvju] ETY Mots angl., « payer pour voir ». VAR **payperview**

**1 pays** *nm* **1** Territoire d'un État ; État. *Les pays de l'Union européenne.* **2** Patrie, région d'origine. *Revenir au pays.* **3** Région géographique, administrative, etc. *Le pays de Caux. Les coutumes du pays.* **4** Population d'un pays. *Le pays est en effervescence.* **5** Région considérée du point de vue physique, économique, etc. *Les pays chauds.* **6** Localité, village. *Un pays perdu.* **7** ADMIN Ensemble de communes voisines qui se regroupent autour d'un thème pour une action concertée. **LOC** ***Voir du pays*** : voyager. PHO [pei] ETY Du lat. *pagus*, « bourg ».

**2 pays, payse** *n* **rég plaisant** Compatriote. PHO [pei, peiz]

**paysage** *nm* **1** Étendue de pays qui s'offre à la vue. **2** Nature, aspect d'un pays, d'un site, etc. *Le paysage méditerranéen. Paysage urbain.* **3** Représentation picturale ou graphique d'un paysage (partic. champêtre) ; cette représentation en tant que genre. *Les maîtres du paysage.* **4** **fig** Configuration générale, aspect général d'un phénomène, d'une situation. *Paysage audiovisuel français.* PHO [peizaʒ]

**pavot** somnifère

**paysager, ère** *a* Arrangé à la manière d'un paysage naturel. *Jardin paysager.* **LOC** ***Bureau paysager*** : grand bureau collectif, à cloisons basses, général. orné de plantes vertes. VAR **paysagé, ée**

**paysagisme** *nm* Métier, art, activité du paysagiste, architecte de jardins.

**paysagiste** *n* **1** Peintre de paysages. **2** Créateur, architecte de jardins, de parcs. *Jardinier paysagiste.*

**paysan, anne** *n, a* **A** *n* **1** Personne de la campagne, qui vit du travail de la terre. (N.B. Ce terme tend à être remplacé par *agriculteur, exploitant agricole*, etc.) **2** **péjor** Rustre, balourd. **B** *a* Relatif aux paysans. PHO [peizɑ̃, an]

**Paysan de Paris (le)** récit surréaliste d'Aragon (1926).

**Paysandú** v. d'Uruguay, port sur l'Uruguay ; ch.-l. du dép. du m. nom ; 97 000 hab.

**paysannat** *nm* SOCIOL Classe sociale constituée par les paysans.

**paysannerie** *nf* Ensemble des paysans.

**Paysan parvenu (le)** roman inachevé de Marivaux (1735).

**Paysan perverti (le)** roman de Restif de La Bretonne (4 vol., 1775), que suit *la Paysanne pervertie* (4 vol., 1784).

**Paysans (guerre des)** révolte des paysans d'Allemagne centrale (1524-1525), alors que la Réforme naissante suscitait l'espoir. Luther condamna la révolte et la répression fut implacable (plus de 100 000 morts).

**Pays-Bas (royaume des)** (*Koninkrijk der Nederlanden*), État d'Europe occidentale, sur la mer du Nord, bordé au S. par la Belgique et à l'E. par l'Allemagne ; 33 935 $km^2$ de terres émergées ; 16 700 000 hab. (croissance : 0,2 % par an) ; cap. *Amsterdam* ; siège des pouvoirs publics : La Haye (*Den Haag*). Nature de l'État : monarchie constitutionnelle. Langue off. : néerlandais. Monnaie : euro. Relig. : cathol. (36 %), protestants (27 %). DER **néerlandais, aise** *a, n*

**Nota bene** Le terme de *Pays-Bas* désigna d'abord le groupe de provinces qui, au XIVe s., s'étendaient sur la Hollande, la Belgique et le N. de la France. La rép. des Provinces-Unies (nom adopté en 1588), provinces du N. dont la plus importante était la Hollande, fut à l'origine des Pays-Bas actuels, mais jusqu'en 1795 les prov. du Sud portèrent seules le nom de Pays-Bas (espagnols puis autrichiens). Le nom *Hollande* ne désigne qu'une des parties du pays.

**Géographie** Pays plat (culminant à 321 m), les Pays-Bas correspondent à la basse vallée alluviale et au delta du Rhin, de la Meuse et de l'Escaut. 27 % du territoire, situés au-dessous du niveau de la mer, ont été gagnés sur celle-ci : digues, canaux, stations de pompage (jadis : moulins) sauvegardent ces polders. Un barrage vise à assécher l'IJsselmeer (« lac d'IJssel »), créé en 1932 par la fermeture du Zuyderzee (« mer du Sud »). Ces régions basses groupent 60 % des hab. du pays. Le climat océanique favorise les herbages. Près de 70 % des hab. vivent dans les villes. Le pays compte plus de 500 000 étrangers.

**Économie** La filière agroalim. assure 30 % du PNB : 3e rang mondial pour les produits agricoles, 1er rang pour les fromages, les légumes et les fleurs. Le gaz naturel provient de Groningue, dans le N., et des gisements off shore de la mer du Nord. Fondée sur une très anc. tradition du négoce (diamants, notam.) et un capitalisme dynamique (Shell, Unilever, Philips), l'industrie assure 50 % des exportations. Le secteur tertiaire (70 % des actifs) est lié au comm. et à la fin. internationaux. Premier port européen, troisième port mondial, Rotterdam permet le transport d'hydrocarbures. L'endettement élevé a conduit en 1991 à un plan d'austérité aux résultats rapides : en 1995, le déficit budgétaire était inférieur à 3 % ; en 2000, à 0,5 %. Le PNB et le niveau de vie figurent parmi les plus élevés du monde. En outre, la protection de l'environnement est grande.

**Histoire** LE MOYEN ÂGE Les Romains soumirent les tribus celtes au S. du Rhin (formation de la Gaule Belgique, 15 av. J.-C.), les Bataves et les Frisons, peuples germaniques, au N. Au IVe s., ils reculèrent devant les Francs et les Saxons. À la fin du VIIIe s., le pays était christianisé ; il fut intégré à l'Empire carolingien. Rattaché au duché de Basse-Lorraine au Xe s., il se morcela au XIIe s. : Hollande, Gueldre, Flandre, etc. La conquête des terres sur la mer commença aux XIIe-XIIIe s., à l'aide de pompes mues par des moulins à vent. La maison de Bourgogne unifia ces territoires (XIVe-XVe s.), devenus prospères. En 1477, Marie de Bourgogne, fille de Charles le Téméraire, les apporta en mariage aux Habsbourg. En 1515, Charles Quint hérita de ces domaines. Il favorisa leur essor, mais combattit le calvinisme. Aussi, les prov. du N. se révoltèrent, à partir de 1566, contre Philippe II d'Espagne (révolte des *gueux*, nom que se donnèrent nobles et bourgeois calvinistes) ; malgré la terrible répression menée par le duc d'Albe, ils proclamèrent leur indépendance en 1572.

LES PROVINCES-UNIES En 1579, les sept prov. du Nord (Hollande, Zélande, Frise, etc.) conclurent l'Union d'Utrecht, qui fit d'elles, en 1588, la rép. des Provinces-Unies, acceptée, mais non reconnue, par l'Espagne. En 1609, le stathouder Maurice de Nassau conclut une *trêve de Douze Ans* avec elle, mais la lutte reprit (guerre de Trente Ans aux côtés de la France) et, en 1648, l'Espagne reconnut enfin la rép. Celle-ci connut au XVIIe s. un apogée intellectuel, artistique et économique, et se forgea un empire colonial. (V. notam. Indonésie). En 1672, lors de l'invasion française, le pouvoir passa de Jean de Witt (1653-1672) à Guillaume III d'Orange-Nassau et les Provinces-Unies s'allièrent pour longtemps à l'Angleterre. Quant aux Pays-Bas espagnols (la Belgique et le Luxembourg actuels), ils devinrent autrichiens en 1713. Au XVIIIe s., l'Angleterre domina la vie maritime, mais Amsterdam demeura une place fin. mondiale. Les Français occupèrent les Pays-Bas (1795-1806), formant une république « sœur », la *République batave*.

LE ROYAUME DES PAYS-BAS Après la mainmise de Napoléon Ier, Guillaume de Nassau obtint, en 1815, le royaume des Pays-Bas, accru de la Belgique, qui fit sécession en 1830, et du Luxembourg. Par la suite, les Pays-Bas perdirent une partie du Limbourg, le Luxembourg, ainsi que les colonies du Cap et de Ceylan. Le royaume évolua vers la démocratie parlementaire. Neutre pendant la guerre de 1914-1918, il fut occupé par les Allemands de 1940 à 1945. En 1944, à Londres, fut constituée l'union de la Belgique, des Pays-Bas (Nederland) et du Luxembourg, sous le nom de *Benelux*. À la reine Wilhelmine (1890-1948) succéda la reine Juliana, qui en 1980 abdiqua en faveur de sa fille Béatrix. L'après-guerre fut marqué par la perte définitive de l'Indonésie (1949) et par la prospérité écon. Le Parti du travail (socialiste) a gouverné le pays en alternance avec l'Appel chrétien-démocrate. Premier ministre de 1982 à 1994, le chrétien-démocrate Rudolphus Lubbers a édicté plus. plans d'austérité et imposé un plan « antipollution » (1990-2000). De 1994 à 2002, une coalition de centre gauche dirigée par le travailliste Wim Kok gouverne le pays. En 2002, le chrétien-démocrate Jan Peter Balkenende forme un gouvernement de coalition avec les libéraux et les populistes qui avaient remporté un net succès électoral après l'assassinat de leur leader Pym Fortuyn. Les élections de 2003 maintiennent de justesse au pouvoir la coalition de J.P. Balkenende, qui met au point un vaste

plan d'austérité. Devenu impopulaire, il est battu en 2010 par le libéral Mark Rutte qui remporte à nouveau les législatives anticipées de 2012.

**Pays de la Loire** → **Loire.**

**Paz Octavio** (Mexico, 1914 – id., 1998), poète et essayiste mexicain. Son œuvre a pour fondements la culture primitive mexicaine et le surréalisme : *Pierre de soleil* (1957), *Salamandre 1958-1961* (1962), *L'arbre parle* (1990), poèmes ; *le Labyrinthe de solitude* (1951), *le Singe grammairien* (1974), essais. P. Nobel 1990. ▶ illustr. p. 1215

**Paz (La)** cap. gouvernementale de la Bolivie (la cap. constitutionnelle étant *Sucre*), située dans les Andes, à 3 658 m d'alt. ; 1,9 million d'hab. Centre industriel, relié par voie ferrée au port chilien d'Arica. – Archevêché. Université. – Ville fondée en 1548 par les Espagnols. DER **pacénien, enne** *a, n*

**Pazardžik** v. de Bulgarie, à l'O. de Plovdiv ; 75 346 hab. ; ch.-l. de la prov. du m. nom.

**Paz Estenssoro Víctor** (Tarija, 1907 – id., 2001), homme politique bolivien. Président de la Rép. (1952-1956, 1960-1964, 1985-1989).

**Pazzi** famille guelfe de Florence, rivale des Médicis. — **Francesco** (Florence, 1444 – id., 1478), fomenta en 1478 la *conjuration des Pazzi* : Julien de Médicis fut assassiné ; Laurent s'échappa, et fit exécuter Francesco et son oncle Iacopo.

**Pb** CHIM Symbole du plomb.

**pc** ASTRO Symbole du parsec.

**1 PC** *nm* Parti communiste.

**2 PC** *nm* MILIT Poste de commandement.

**3 PC** *nm* INFORM Ordinateur individuel. ETY Sigle de l'angl. *personal computer*.

**PCB** *nm pl* Abrév. de *polychlorobiphényles*, composés chimiques dont la décomposition produit des substances très toxiques.

**pcc** Abrév. de *pour copie conforme*.

**PCF** Sigle de *Parti communiste français*.

**PCR** *nf* Technique d'amplification génétique permettant de dupliquer un fragment d'ADN. ETY De l'ang. *polymerase chain reaction*.

**Pd** CHIM Symbole du palladium.

**PDA** *nm* Ordinateur de poche. ETY De l'angl. *personal digital assistant*.

**P-DG** *n* fam Abrév. de *président-directeur général* ou de *présidente-directrice générale*.

**PDgère** → **pédégère.**

**Peacock Thomas Love** (Weymouth, 1785 – Lower Halliford, 1866), romancier satirique anglais : *le Château de la bizarrerie* (1816), *l'Abbaye du cauchemar* (1818).

**péage** *nm* Droit d'accès ou de passage à payer par les usagers d'un port, d'une voie de communication, etc. ; lieu de perception de ce droit. *Autoroute à péage. S'arrêter au péage.* LOC ***Chaîne (de télévision) à péage*** : dont les programmes ne sont accessibles qu'aux abonnés. SYN chaîne cryptée. ETY Du lat. *pedicatum*, « droit de mettre le pied ».

**péagiste** *n* Personne chargée de la perception d'un péage.

**péan** *nm* ANTIQ GR Hymne guerrier composé en l'honneur d'Apollon. ETY Du gr.

**Péan Jules Émile** (Marboué, Eure-et-Loir, 1830 – Paris, 1898), chirurgien français. Il mit notam. au point l'ablation des ovaires.

**Peano Giuseppe** (Cuneo, 1858 – Turin, 1932), mathématicien et logicien italien. Il créa un système de symboles et de notations permettant d'exprimer les propositions logiques.

**peanuts** *a* fam Sans aucune importance, nul, minable. (Mot très usuel au Canada, où il s'écrit souvent *pinotte*.) *La solution proposée n'est pas efficace, c'est peanuts.* PHO [pinœts] ETY Mot angl., « cacahuètes ».

**Peanuts** bande dessinée américaine, créée en 1950 par Charles Monroe Schulz (1922 – 2000), contant les aventures de Charlie Brown et du chien Snoopy.

**Pearl Harbor** base aéronavale des É.-U., dans l'île d'Oahu (une des Hawaii). Le 7 déc. 1941, sans déclaration de guerre, les Japonais (commandés par Yamamoto) y détruisirent une partie de la flotte américaine du Pacifique et 159 avions ; le jour même, les É.-U. entrèrent en guerre.

**Pearson Lester Bowles** (Toronto, 1897 – Ottawa, 1972), homme politique canadien ; libéral ; Premier ministre de 1963 à 1968. P. Nobel de la paix 1957.

**Peary Robert Edwin** (Cresson Springs, Pennsylvanie, 1856 – Washington, 1920), explorateur américain. Il atteignit le premier le pôle Nord, le 6 avril 1909.

**peau** *nf* **1** Tissu résistant et souple, constitué de plusieurs couches cellulaires, qui recouvre le corps des vertébrés. **2** Épiderme de l'homme. *Les pores, la pigmentation de la peau.* **3** Personnalité, vie de qqn. *Entrer dans la peau d'un personnage.* **4** Cuir, fourrure dont on a dépouillé un animal. *Peaux de lapin.* **5** Enveloppe d'un fruit. *Peau d'une pêche.* **6** Pellicule qui se forme à la surface de certains liquides, de certaines substances. *Peau du lait bouilli.* **7** Fausses membranes qui se forment pendant certaines maladies, notam. dans la gorge dans certaines angines. LOC fam ***Avoir qqn dans la peau*** : l'aimer d'une passion violente et sensuelle. — ELECTR ***Effet de peau*** : concentration du courant au voisinage de la surface d'un conducteur observée pour des courants alternatifs de fréquence élevée. SYN effet Kelvin. — fam ***Être bien, mal dans sa peau*** : être bien, mal à l'aise. — fam ***Faire la peau à qqn*** : le tuer. — ***Gants de peau, sac en peau*** : en fin cuir souple. — fam ***J'aurai sa peau*** : je le tuerai ; fig j'aurai le dessus. — fam ***N'avoir que la peau sur les os*** : être très maigre. — Canada, fam ***Par la peau des dents*** : difficilement, de justesse. — fam ***Peau d'âne*** : parchemin diplôme. — fam ***Peau de balle !*** : rien à faire Pas question ! — ***Peau de phoque*** : revêtement antidérapant que l'on fixe sous les skis pour progresser vers le haut. — MED ***Peau d'orange*** : aspect grenu de la peau, caractéristique de la cellulite. — ***Peau lainée*** : manteau fait d'une peau de mouton encore revêtue de sa laine. — fam ***Se faire trouer la peau*** : être blessé ou tué par balles. — ***Se mettre dans la peau de qqn*** : s'imaginer à sa place. ETY Du lat.

**Peau (la)** série de textes de Malaparte (1949) sur l'horreur de l'après-guerre. ▷ CINE Film (1981) de l'Italienne Liliana Cavani.

**peaucier** *am, nm* ANAT Se dit du muscle attaché à l'hypoderme, qui fait se plisser la peau.

**Peau d'Âne** conte en vers de Ch. Perrault (1694), dont la version en prose est apocryphe (1781). ▷ CINE Film de Jacques Demy (1970), avec Catherine Deneuve et Jean Marais.

**Peau de chagrin (la)** roman philosophique et fantastique de Balzac (1831).

**peaufiner** *vt* ① **1** Passer à la peau de chamois. **2** fig, fam Parachever avec un soin extrême, fignoler. DER **peaufinage** *nm*

**peausserie** *nf* **1** Art, commerce du peaussier. **2** Marchandise vendue par celui-ci.

**peaussier** *nm* Artisan qui prépare les peaux ou en fait le commerce.

**Peaux-Rouges** nom autref. donné aux Amérindiens de l'Amérique du Nord. DER **peau-rouge** *a*

**pébrine** *nf* BOT Maladie du ver à soie, due à un sporozoaire, entraînant l'atrophie et l'apparition de taches sombres. ETY Du provenç.

**pébroc** *nm* fam Parapluie. ETY De *pépin* 2. VAR **pébroque**

**Peć** v. de Serbie (Kosovo) ; plus de 100 000 hab. – Anc. patriarcat serbe, églises des XIII^e^-XIV^e^ s.

**pécan** *nm* Fruit d'un hickory d'Amérique, dont l'amande oléagineuse est comestible. *Noix de pécan.* SYN pacane. ETY Mot amér.

**pécari** *nm* **1** Mammifère suidé d'Amérique tropicale, à pelage brun avec des parties claires. **2** Cuir de cet animal. ETY Mot caraïbe.

**peccable** *a* Enclin à pécher. ETY Du lat.

**peccamineux, euse** *a* litt Qui concerne le péché. ETY Du lat.

**peccadille** *nf* Faute légère. ETY De l'esp.

**pêchable** *a* Se dit d'une espèce dont la pêche est autorisée.

**pechblende** *nf* MINER Minerai d'uranium. PHO [pɛʃblɛ̃d] ETY De l'all. *Pech*, « poix ».

**1 pêche** *nf* **1** Manière, action de pêcher. *Pêche à la ligne.* **2** Droit de pêcher. **3** Portion de rivière ou d'étang où l'on peut pêcher. **4** Poissons, produits que l'on a pêchés. *Faire cuire sa pêche.*

**2 pêche** *nf* Fruit comestible du pêcher, au noyau dur, à la chair jaune ou blanche, tendre et sucrée, à la peau rose et duveteuse. LOC fam ***Avoir la pêche*** : être en pleine forme. — ***Peau de pêche*** : veloutée et rose. — fam ***Se fendre la pêche*** : rire aux éclats. ETY Du lat. *persicum*, « de Perse ».

**péché** *nm* Transgression délibérée de la loi divine. *Absoudre quelqu'un de ses péchés. Péché mortel. Péché véniel.* LOC ***Péché mignon*** : petit travers, penchant. — ***Péché originel*** : faute commise par Adam et Ève et qui entache toute leur postérité. — ***Péchés capitaux*** : les sept péchés (avarice, colère, envie, gourmandise, luxure, orgueil, paresse) considérés comme la source des autres péchés. ETY Du lat. *peccatum*, « crime ».

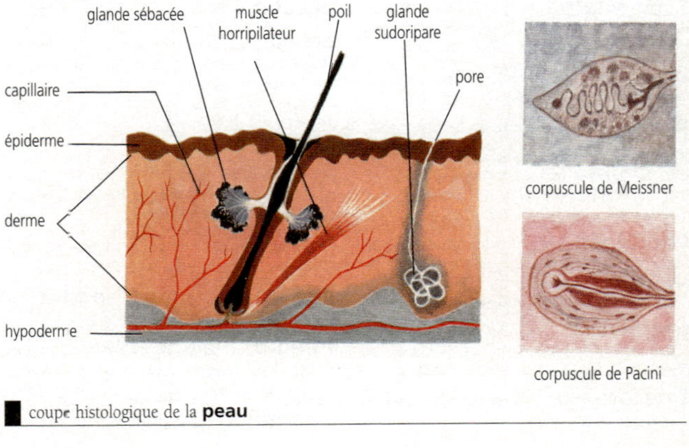


coupe histologique de la **peau**

[ENC] La Genèse raconte qu'Adam et Ève, dans le Paradis terrestre (jardin d'Éden), mangèrent le fruit de l'arbre de la science du bien et du mal, transgressant ainsi l'interdiction de Dieu, qui les chassa. Ce péché originel entacha toute l'humanité, selon le judaïsme et le christianisme.

**Pechelbronn** écart de la com. de *Merkwiller-Pechelbronn* (Bas-Rhin, arr. de Strasbourg-Campagne). Gisement de pétrole (1735-1963).

**pécher** *vi* [14] **1** Commettre un, des péchés. **2** Manquer à une règle de morale. *Pécher contre l'honnêteté.* **3** Commettre une erreur contre. *Pécher contre le bon sens.* **4** Être insuffisant. *Ce projet pèche sur un point.*

**1 pêcher** *vt* [1] **1** Prendre, tenter de prendre du poisson. *Pêcher la sardine. Pêcher à la ligne, à l'épervier.* **2** Retirer de l'eau des animaux autres que les poissons. *Pêcher l'oursin, la grenouille.* **3** fam Trouver, découvrir qqch de surprenant. *Où as-tu pêché ce chapeau ?* [ETY] Du lat. *piscis,* « poisson ».

**2 pêcher** *nm* Arbuste (rosacée) originaire d'Asie, dont le fruit est la pêche.

rameau de **pêcher** avec feuille et fruit mûr

**pêcherie** *nf* **1** Lieu où l'on a coutume de pêcher. **2** Industrie de conservation et de transformation des produits de la mer.

**pêchette** *nf* dial Petit filet rond à écrevisses.

**pécheur, pècheresse** *n, a* Personne qui commet des péchés, qui est en état de péché. *Âme pècheresse.* [VAR] **pécheresse**

**pêcheur, euse** *n* Personne qui fait métier de pêcher ou qui pêche par plaisir. *Bateau pêcheur. Pêcheur de perles.*

**Pêcheur d'Islande** roman de Loti (1886).

**Pêcheurs de perles (les)** opéra en 3 actes de Bizet (1863), sur un livret d'Eugène Cormon (1811 – 1903) et de Michel Carré (1819 – 1872).

**Pechiney** société française créée en 1855, qui a dominé le marché de l'aluminium au XX^e^ s. et s'est fortement diversifiée. Après avoir été plusieurs fois racheté, Pechiney disparaît en 2011.

**Pech-Merle (grotte de)** grotte proche de Cabrerets (Lot), ornée de gravures et de peintures préhistoriques.

**pechstein** *nm* Rhyolite vitreuse à aspect de poix. [ETY] De l'all. *Pech,* « poix » et *Stein,* « pierre ».

**pêchu, ue** *a* fam Qui à la pêche, dynamique.

**Peck Eldred Gregory,** dit **Gregory** (La Jolla, Californie, 1916 – Los Angeles, 2003), acteur américain : *la Maison du Dr Edwardes* (1945), *Duel au soleil* (1947), *Moby Dick* (1956).

**Peckinpah Sam** (Madera County, Californie, 1926 – Ingelwood, Californie, 1984), cinéaste américain de films d'action : *Coups de feu dans la sierra* (1962), *la Horde sauvage* (1969).

**pécoptéris** *nm* PALEONT Fougère arborescente fossile du carbonifère. [PHO] [pekɔpteʀis] [ETY] Du gr. *pokos,* « toison », et *pteris,* « fougère ».

**1 pécore** *nf* vieilli Femme stupide et prétentieuse. [ETY] De l'ital.

**2 pécore** *n* fam, péjor Paysan, paysanne. [ETY] De *péquenot.*

**pécorino** *nm* Fromage de brebis italien, à pâte cuite, de saveur piquante. [ETY] Mot ital.

**Pecq (Le)** ch.-l. de canton des Yvelines sur la Seine ; 16 318 hab. Aggl. résidentielle. [DER] **alpicois, oise** *a, n*

**Pecquet Jean** (Dieppe, 1622 – Paris, 1674), médecin français, l'un des prem. qui étudièrent le système lymphatique.

**Pécs** v. de Hongrie, proche de la Croatie ; 17 290 hab. Centre industriel dans une région minière. – Évêché. Université. Cath. (XI^e^ s.).

**pecten** *nm* Mollusque lamellibranche marin dont une espèce est la coquille Saint-Jacques. [PHO] [pektɛn] [ETY] Mot lat.

**pectine** *nf* BIOCHIM Substance glucidique très répandue chez les plantes et provenant du pectose. [ETY] Du gr. *pêktos,* « coagulé ».

**pectinidé** *nm* Mollusque bivalve dont la famille comprend le pecten, le pétoncle.

**pectique** *a* BIOCHIM Qualifie certains polyosides végétaux qui donnent par hydrolyse du galactose et des dérivés du galactose.

**pectoral, ale** *nm, a* **A** *nm* ANTIQ Plaque ornementale ou de protection portée sur la poitrine. **B** *a, nmpl* ANAT Se dit des muscles qui appartiennent à la poitrine. *Les muscles pectoraux.* **C** *a* **1** Qui est utilisé dans le traitement des affections des bronches, des poumons. *Sirop pectoral.* **2** Qui se porte sur la poitrine. *Croix pectorale.* PLUR pectoraux. LOC *Nageoires pectorales :* nageoires antérieures, chez les poissons. ANT nageoires pelviennes. [ETY] Du lat. *pectus,* « poitrine ».

**pectoral** au scarabée, ajouré et cloisonné (or et incrustations : améthystes, lapis-lazuli, turquoises, etc.), provenant de la tombe de Toutankhamon, XVIII^e^ dynastie – Musée égyptien, Le Caire

**pectose** *nm* BIOCHIM Composé pectique formé de la combinaison de pectine et de cellulose, qui se trouve surtout dans les fruits et les racines charnues avant leur maturité.

**péculat** *nm* Détournement de fonds publics.

**pécule** *nm* **1** Somme d'argent économisée petit à petit. **2** Somme qu'un militaire qui n'a pas droit à une retraite reçoit quand il quitte l'armée. **3** Somme prélevée sur le produit du travail d'un prisonnier et dont une partie lui est remise à sa libération. [ETY] Du lat.

**pécuniaire** *a* Qui consiste en argent ; qui a rapport à l'argent. *Problèmes pécuniaires.* [ETY] Du lat. [DER] **pécuniairement** *av*

**PED** *nm* Sigle pour *pays en développement,* nouvelle appellation des pays sous-développés.

**péd-, pédi-, -pède, -pédie** Éléments, du lat. *pes, pedis,* « pied ».

**1 péd(o)-, -pédie** Éléments, du gr. *pais, paidos,* « enfant, jeune garçon », ou de *paideuein,* « élever, instruire ».

**2 péd(o)-** Élément, du gr. *pedon,* « sol ».

**pédagogie** *nf* **1** Science de l'éducation. **2** Ensemble des qualités du pédagogue. *Manquer de pédagogie.* [DER] **pédagogique** *a* – **pédagogiquement** *av*

**pédagogisme** *nm* Tendance à privilégier les techniques pédagogiques au détriment des contenus enseignés.

**pédagogue** *n, a* **A** *n* **1** Personne chargée de l'éducation d'un enfant, d'un adolescent. **2** Spécialiste de la pédagogie. **B** *a, n* Se dit d'une personne qui sait expliquer.

**pédagothèque** *nf* Collection de documents pédagogiques.

**1 pédale** *nf* **1** Organe mécanique mû par le pied, qui commande le fonctionnement d'un appareil, d'une machine, ou qui communique un mouvement de rotation à un appareil. *Pédale de frein, d'accélérateur. Pédale de bicyclette.* **2** Touche d'un instrument de musique mue par le pied. *Pédales du piano.* LOC fam *Mettre la pédale douce :* agir sans précipitation, ne pas insister. — fam *Perdre les pédales :* perdre le fil de son discours, perdre ses moyens. [ETY] De l'ital.

**2 pédale** *nf* fam, inj Homosexuel. [ETY] De *pédéraste.*

**pédalée** *nf* En cyclisme, tour de pédale.

**pédaler** *vi* [1] **1** Faire mouvoir des pédales, spécial. les pédales d'une bicyclette. **2** fig, pop Se dépêcher. *On est en retard, il va falloir pédaler.* LOC fam *Pédaler dans la choucroute, la semoule :* être désorienté, sans efficacité. [DER] **pédalage** *nm*

**pédaleur, euse** *n* SPORT Cycliste considéré dans sa manière de pédaler, son style.

**pédalier** *nm* **1** Clavier de l'orgue actionné par des pédales. **2** Ensemble des manivelles, des pédales et du plateau d'une bicyclette.

**pédalo** *nm* Petite embarcation utilisée le long des plages et sur les plans d'eau, mue par une roue à aubes ou une hélice actionnées par des pédales. [ETY] Nom déposé.

**pédant, ante** *n, a* Personne qui affecte d'être savante, qui fait étalage de ses connaissances avec vanité ; se dit des manières d'une telle personne. *Un ton pédant.* [ETY] De l'ital. [DER] **pédanterie** *nf* ou **pédantisme** *nm* – **pédantesque** *a*

**pédé** *nm* fam, inj Homosexuel.

**pédégé** *nm* fam Graphie plaisante de P-DG.

**pédégère** *nf* fam Femme P-DG. [VAR] **PDgère**

**pédérastie** *nf* **1** Attirance sexuelle ressentie par un homme pour les jeunes garçons ; relations sexuelles d'un homme avec un jeune garçon. **2** abusiv Homosexualité masculine. [ETY] Du gr. *pais,* « enfant », et *erân,* « aimer ». [DER] **pédéraste** *nm* – **pédérastique** *a*

**pédestre** *a* Qui se fait à pied. *Rallye, sports pédestres.* [DER] **pédestrement** *av*

**pédiatrie** *nf* Branche de la médecine concernant les enfants. [DER] **pédiatre** *n* – **pédiatrique** *a*

**1 pédibus** *av* fam À pied. *Se déplacer pedibus.* [PHO] [pedibus] [ETY] Mot lat. [VAR] **pedibus**

**2 pédibus** *nm* Organisation qui regroupe des enfants pour les emmener ensemble et à pied à leur école.

**pédicellaire** *nm* ZOOL Petit appendice en forme de pince, organe de préhension des échinodermes.

**pédicelle** *nm* **1** BOT Dernière ramification du pédoncule, qui porte la fleur ; support long et fin du sporange d'une mousse. **2** ZOOL Pièce allongée servant de support à divers organes. SYN pédicule, pédoncule. [ETY] Du lat.

**pédiculaire** *nf, a* **A** *nf* Plante herbacée (scrofulariacée) aux feuilles très découpées. **B** *a* Qui a rapport aux poux. ETY Du lat. *pediculus,* « pou ».

**pédicule** *nm* **1** BOT Support allongé et grêle, chez certaines plantes. **2** ZOOL Syn. de *pédicelle.* **3** ANAT Ensemble des éléments vasculaires et nerveux qui rattachent un organe au reste du corps ou à un ensemble fonctionnel. ETY Du lat. *pediculus,* « petit pied ».

**pédiculé, ée** *a* SC NAT Qui est porté par un pédicule, qui en est muni.

**pédiculose** *nf* MED Ensemble des lésions cutanées provoquées par les poux.

**pédicure** *n* Personne spécialisée dans les soins des pieds. DER **pédicurie** *nf*

**pédieux, euse** *a* ANAT Relatif au pied. *Artère pédieuse.*

**pedigree** *nm* Généalogie d'un animal de race pure ; document qui l'atteste. PHO [pedigʀe] ETY Mot angl. VAR **pédigrée**

**pédiluve** *nm* Bassin peu profond, destiné aux soins de propreté des pieds.

**pédiment** *nm* GEOL Glacis situé au pied des montagnes désertiques qui aboutit à un champ d'épandage d'alluvions. ETY De l'angl.

**pédodontie** *nf* Chirurgie dentaire adaptée aux enfants. PHO [pedodɔ̃si]

**pédofaune** *nf* ECOL Ensemble des animaux vivant dans le sol.

**pédogenèse** *nf* GEOL Ensemble des processus de formation et d'évolution des sols.

**pédologie** *nf* Étude des caractères chimiques, physiques et biologiques des sols, de leur évolution et de leur répartition. DER **pédologique** *a* – **pédologue** *n*

**pédoncule** *nm* **1** ANAT Pièce mince et allongée qui relie deux organes ou deux parties d'organe. *Pédoncules cérébraux.* **2** BOT Ramification terminale de la tige portant la fleur. **3** ZOOL Syn. de *pédicelle.* ETY Du lat. *pedunculus,* « petit pied ». DER **pédonculaire** *a*

**pédonculé, ée** *a* didac Muni d'un pédoncule ; porté par un pédoncule.

**pédophilie** *nf* Attirance sexuelle pour les enfants. DER **pédophile** *a, n* – **pédophilique** *a*

**pédopornographie** *nf* Pornographie qui met en scène des enfants.

**pédopsychiatrie** *nf* Psychiatrie de l'enfant et de l'adolescent. DER **pédopsychiatre** *n* – **pédopsychiatrique** *a*

**Pedro Ier** → **Pierre Ier (Brésil).**

**pedum** *nm* **1** ANTIQ ROM Houlette de berger. **2** ZOOL Mollusque lamellibranche (pectinidé) des mers chaudes. PHO [pedɔm]

**pedzouille** *nm* fam, péjor Paysan. VAR **petzouille**

**Peel sir Robert** (Chamber Hall, près de Bury, 1788 – Londres, 1850), homme politique britannique. Premier ministre (1834-1835 et 1841-1846), il restructura le parti tory après 1832 et fit adopter l'émancipation des catholiques (1829), pour conjurer un soulèvement de l'Irlande. L'abrogation des lois sur les céréales (1846) divisa les tories et Disraeli obtint sa chute.

**peeling** *nm* MED Traitement de la peau qui consiste à faire desquamer la couche superficielle de l'épiderme afin de provoquer la repousse d'une nouvelle couche épidermique. SYN exfoliation. PHO [piliŋ] ETY Mot angl.

**Peenemünde** port d'Allemagne sur la Baltique et la *Peene* (fl. de 180 km), qui fut à partir de 1935 une base de fabrication et de lancement des V1 et des V2 jusqu'en 1945.

**peepshow** *nm* Établissement où l'on peut voir en solitaire des spectacles pornographiques. PHO [pipʃo] ETY Mot angl.

**Peer Gynt** drame poétique et philosophique d'Ibsen (1867). ▷ MUS De sa musique de scène (1876), Grieg tira deux suites.

**peer-to-peer** *nm inv* INFORM Échange de fichiers sur Internet. (On écrit aussi P2P.) SYN pair à pair PHO [piʀtupiʀ] ETY De l'angl.

**pégase** *nm* Poisson téléostéen cuirassé des mers asiatiques, voisin de l'hippocampe, aux nageoires pectorales en forme d'aile. ETY Du n. pr.

**Pégase** dans la myth. gr., cheval ailé né du sang de Méduse lorsque Persée lui coupa la tête.

**Pégase** constellation très étendue de l'hémisphère boréal, proche d'Andromède.

**PEGC** *n* Sigle pour *professeur d'enseignement général de collège.*

**pegmatite** *nf* MINER Granit formé de très gros cristaux de quartz, de feldspath et de mica blanc. ETY Du gr. *pêgma,* « conglomération ».

**pègre** *nf* Monde des escrocs, des voleurs.

**Pegu** région de basse Birmanie ; 49 787 km$^2$ ; 3 800 240 hab. Forêts de tecks, cultures tropicales ; v. princ. *Rangoun* et *Pegu.*

**Pegu** v. de Birmanie, au N.-E. de Rangoun ; 254 000 hab. ; ch.-l. de la division du même nom. Centre agric. – Monastère bouddhique.

**Péguy Charles** (Orléans, 1873 – Villeroy, Seine-et-Marne, 1914), écrivain français. Dreyfusard, acquis au socialisme, il renoua avec la tradition patriotique et religieuse. Mort au front, il laissa une œuvre de poète (*le Mystère de la charité de Jeanne d'Arc,* 1910), d'essayiste et de polémiste (*Victor-Marie, comte Hugo,* 1910 ; *l'Argent,* 1913).

**Octavio Paz**

**Charles Péguy**

**pehlevi** *nm* LING Langue iranienne, dérivée de l'ancien perse, parlée en Perse sous les Sassanides. PHO [pelevi] VAR **pehlvi, pahlavi**

**Pei** (Canton, 1917), architecte et urbaniste américain d'origine chinoise : pyramide du Louvre (1986-1988), musée Miho près de Kyōto (1997), musée d'art islamique à Doha (2008). VAR **Pei Ieoh Ming** ▶ illustr. **Louvre**

**peignage** *nm* TEXT Opération qui consiste à peigner les fibres textiles (laine, coton, etc.).

**peigne** *nm* **1** Instrument à dents fines, longues et serrées, qui sert à démêler et à lisser les cheveux. **2** Accessoire de toilette à dents fines et serrées servant à maintenir ou à orner les cheveux des femmes. **3** TEXT Appareil, outil muni de dents, servant à démêler des fibres textiles ou à maintenir un écartement régulier entre les fils de chaîne d'un métier à tisser. **4** Poils à l'extrémité des pattes de certains arthropodes. **5** Appendice ventral du scorpion, en forme de peigne. LOC ***Passer au peigne fin*** : soumettre à un contrôle minutieux.

**peigné, ée** *a, n* **A** *a* **1** TEXT Dont les fibres parallèles et allongées présentent un aspect lisse. *Laine peignée.* **2** Excessivement soigné, en parlant d'un texte, d'une œuvre artistique. **B** *nm* Étoffe tissée de longues fibres de laine peignée. **C** *nf* fam Correction, volée. *Flanquer une peignée à qqn.*

**peigne-cul** *nm inv* fam, grossier Personne médiocre, minable. VAR **peigne-zizi**

**peigner** *vt* ① **1** Démêler, arranger les cheveux avec un peigne. **2** Démêler des fibres textiles. *Peigner de la laine.* ETY Du lat.

**peigneur, euse** *n* **A** Personne qui peigne un ou des textiles. **B** *nf* Machine servant à peigner un textile.

**peignier** *nm* TECH Artisan qui fabrique à la main des peignes de corne, d'écaille, d'ivoire.

**peignoir** *nm* **1** Vêtement de protection dont on couvre le buste des clients chez un coiffeur. **2** Vêtement ample que l'on porte au sortir du bain. **3** Vêtement d'intérieur long et ample, en tissu léger.

**peilles** *nf pl* TECH Chiffons servant à faire le papier. ETY Du provenç.

**peinard, arde** *a* pop Qui jouit tranquillement de la vie, paisible. ETY De *peine.* VAR **pénard** DER **peinardement** ou **pénardement** *av*

**peindre** *v* ㊺ **A** *vt* **1** Couvrir, recouvrir de peinture. **2** Dessiner, inscrire avec de la peinture. *Peindre une inscription.* **3** Représenter par des traits et des couleurs, par l'art de la peinture. *Peindre un portrait, un nu.* **4** fig Décrire, représenter par le discours. *Peindre les passions.* **B** *vpr* Se manifester par des signes sensibles. *La terreur se peignait sur ses traits.* ETY Du lat.

**peine** *nf* **1** Châtiment, punition. *La peine de mort a été abolie en France en 1981.* **2** Chagrin, souffrance morale, affliction. **3** État de qqn qui est inquiet, tourmenté. *Être, errer comme une âme en peine.* **4** Occupation, activité qui demande un effort. *Résultat qui a exigé beaucoup de peine.* **5** Difficulté, embarras. *Avoir de la peine à parler.* LOC ***À peine*** : depuis peu de temps ; presque pas ; tout juste. — ***Ce n'est pas la peine*** : ce n'est pas nécessaire. — fam ***Être à la peine*** : être dans une situation difficile. — ***Faire peine à voir*** : inspirer la compassion. — ***Homme de peine*** : qui effectue les travaux pénibles. — DR ***Peine afflictive et infamante*** : infligée à un individu reconnu judiciairement coupable d'avoir commis un crime. — DR ***Peine correctionnelle*** : sanction du délit. — DR ***Peine de police*** : sanction de la contravention. — THEOL ***Peines éternelles, peines de l'enfer*** : damnation. — ***Pour votre peine, pour la peine*** : en compensation. — ***Sous peine de*** : sous risque de, sous menace de. ETY Du lat. *pœna,* « rançon ».

**peiner** *v* ① **A** *vi* Se fatiguer, éprouver des difficultés. *Peiner à monter un escalier.* **B** *vt* Faire de la peine à qqn, attrister. *Vos paroles l'ont peiné.*

**peintre** *n* **1** Personne spécialisée dans la peinture des murs, des plafonds, etc., et dans la pose des papiers peints. *Peintre en bâtiment.* **2** Artiste qui exerce l'art de la peinture.

**Peintre (le)** constellation de l'hémisphère austral ; n. scientif. : *Pictor, Pictoris.* VAR **le Chevalet du peintre**

**peinture** *nf* **1** Action de peindre, d'appliquer des couleurs sur une surface. **2** Art, manière de peindre, de s'exprimer par les formes et les couleurs appliquées sur une surface. **3** Ouvrage d'un artiste peintre (tableau, fresque). **4** fig Description particulièrement évocatrice. *Peinture de mœurs.* **5** Couche de couleur couvrant une surface, un objet. **6** Matière servant à peindre. *Peintures à l'huile.* LOC fam ***Ne pas pouvoir voir qqn en peinture*** : ne pas le supporter, le détester. ETY Du lat.

**peinturer** *vt* ① Canada Peindre.

**peinturlurer** *v* ① fam **A** *vt* Barbouiller de tons voyants. **B** *vpr* Se farder à l'excès, de manière voyante.

**Peïpous (lac)** lac (3 583 km$^2$) situé entre l'Estonie et la Russie. La *Narva* le relie au golfe de Finlande. VAR **Tchoudsk**

**Peirce** Charles Sanders (Cambridge, Massachusetts, 1839 – Milford, Pennsylvanie, 1914), philosophe et logicien américain ; promoteur du pragmatisme et de la sémiologie. Ses écrits ont été recueillis dans *Collected Papers* (posth., 1931-1935 et 1957-1958).

**Peisson** Édouard (Marseille, 1896 – Ventabren, Bouches-du-Rhône, 1963), romancier français : *Parti de Liverpool* (1932), *le Garçon sauvage* (1950).

**Peixoto** Floriano Vieira (Maceió, Alagoas, 1842 – Rio de Janeiro, 1895), maréchal et homme d'État brésilien ; il contribua au renversement de Pierre II (1889) ; président de la Rép. (1891-1894).

**péjoratif, ive** *a, nm* Se dit d'une expression, d'un mot, d'un suffixe, d'un préfixe, d'une intonation qui comporte un sens défavorable, implique un jugement dépréciatif. ETY Du lat. *pejor*, « pire ». DER **péjorativement** *av*

**péjoration** *nf* LING Ajout d'une valeur péjorative à un mot, à un énoncé.

**Pekalongan** port d'Indonésie, dans le N. de Java ; 133 000 hab. Industries.

**pékan** *nm* **1** Martre du Canada. **2** Fourrure de cet animal. ETY De l'algonquin.

**péket** *nm* Belgique Alcool fort, en partic. genièvre. VAR **pequet**

**1 pékin** *nm* **1** Étoffe de soie à motifs peints. **2** Étoffe dont les rayures sont dues à une alternance de fils brillants et de fils mats, ou de fils de couleurs différentes. ETY Du n. pr.

**2 pékin** *nm* fam Individu quelconque, type, mec. VAR **péquin**

**Pékin** cap. de la rép. pop. de Chine, dans le N.-E. du pays ; 10,7 millions d'hab. (aggl.). La ville, qui forme, à l'intérieur de la prov. du Hebei, une municipalité autonome (17 800 km$^2$) sous le contrôle direct du pouvoir central, est un grand foyer culturel, administratif, commercial et industriel. – Le vieux Pékin comprend la « Ville extérieure » et la « Ville intérieure » (cette dernière renferme la Cité interdite). – Université du Peuple (1912) ; palais impérial, qui abrite auj. un musée historique et des services administratifs ; porte Tian Anmen (« de la Paix céleste »), percée dans les remparts de la cité impériale ; temple du Ciel ; pagode Blanche du parc Beihai. – Cap. intermittente, la ville se développa partic. sous la domination mongole (c'est la *Cambaluc* de Marco Polo), puis sous les Ming. Les Occidentaux y eurent leur quartier en 1860. Les communistes y entrèrent en janv. 1949 et en firent à nouveau la capitale. Pékin accueille les jeux Olympiques de 2008. DER **pékinois, oise** *a, n*

**Pékin** la Cité interdite

**pékiné, ée** *a, nm* Se dit d'un tissu qui présente des bandes alternativement claires et foncées, ou brillantes et mates.

**pékinois** *nm* **1** Dialecte du chinois, parlé à Pékin et dans le nord de la Chine, devenu langue commune du pays. **2** Petit chien de compagnie au poil long, à la tête ronde, au museau écrasé.

**Péladan** Joséphin (Lyon, 1858 – Neuilly-sur-Seine, 1918), écrivain français de tendance occultiste : *la Décadence latine* (cycle romanesque comprenant notam. *le Vice suprême*, 1884 ; *l'Androgyne*, 1891) ; tragédies wagnériennes ; essais.

**pelade** *nf* Chute des poils ou des cheveux par plaques, pouvant évoluer vers la calvitie totale.

**pelage** *nm* Ensemble des poils d'un mammifère. *Le pelage fauve du lion.* ETY De *poil*.

**Pélage** (en G.-B., v. 360 – en Égypte, v. 422), moine hérésiarque qui parcourut le monde méditerranéen. (V. pélagianisme.)

**Pélage** nom de deux papes. — **Pélage I**er (Rome, v. 500 – id., 561), pape de 556 à 561. — **Pélage II** (Rome, 520 – id., 590), pape de 579 à 590.

**Pélage** (m. à Cangas, 737), roi des Asturies (v. 717-737) ; initiateur de la Reconquista.

**pélagianisme** *nm* THEOL Doctrine hérétique du moine Pélage, qui minimisait le péché originel et affirmait que l'homme peut faire son salut sans le secours de la grâce de Dieu. DER **pélagien, enne** *a, n*

**pélagie** *nf* Méduse acalèphe luminescente de l'Atlantique, formant des bancs en haute mer. ETY Du gr.

**pélagique** *a* BIOL, ECOL Qui est relatif à la haute mer, qui vit en haute mer. ETY Du gr.

**pélamide** *nf* ZOOL **1** Poisson téléostéen de Méditerranée voisin du thon. SYN bonite. **2** Serpent de mer venimeux de l'océan Indien et du Pacifique. ETY Du gr. VAR **pélamyde**

**pelard** *am, nm* TECH Se dit d'un bois dont on a enlevé l'écorce pour faire du tan.

**pélardon** *nm* Fromage de chèvre fabriqué en Lozère. VAR **péraldon**

**pélargonium** *nm* Plante ornementale cultivée pour ses nombreuses fleurs de couleurs variées (appelée à tort géranium). PHO [pelaʀgɔnjɔm] ETY Du gr. *pelargos*, « cigogne ».

**Pélasges** nom donné, dans la tradition grecque classique, aux populations qui précédèrent les Grecs sur les deux rives de la mer Égée, en Asie Mineure et en Grèce péninsulaire. Elles semblent avoir occupé surtout une partie de la Thessalie.

**Pelat (mont)** sommet des Alpes du Sud (3 051 m), entre le Var et le Verdon.

**pelé, ée** *a, n* **1** Qui n'a plus de poils, de cheveux. **2** Dépourvu de végétation, sec, aride. **LOC** fam ***Quatre pelés et un tondu*** : un tout petit nombre de personnes.

**Pelé** Edson Arantes do Nascimento, dit (Três Corações, Minas Gerais, 1940), footballeur brésilien, surnommé *le Roi Pelé*. Trois fois vainqueur de la Coupe du monde avec l'équipe du Brésil (1958, 1962, 1970).

**pélécaniforme** *nm* Oiseau dont l'ordre comprend les pélicans, les cormorans, etc.

**Pelée (montagne)** volcan (1 397 m) de la Martinique, sur la côte N.-O. L'éruption du 8 mai 1902 détruisit Saint-Pierre, qui comptait alors 30 000 hab.

**Pélée** dans la myth. gr., roi des Myrmidons, fils d'Éaque, époux de Thétis et père d'Achille.

**péléen, éenne** *a* **LOC** GEOL ***Éruption péléenne*** : éruption de laves formant des dômes ou des aiguilles. ETY Du n. de la montagne *Pelée*.

**pêle-mêle** *av, nm inv* **A** *av* Confusément, en désordre. **B** *nm inv* Cadre qui peut recevoir plusieurs photographies. ETY De l'a. fr. *mesle-mesle*. VAR **pêlemêle**

**peler** *v* 17 **A** *vt* Ôter la peau d'un fruit. *Peler une pomme.* **B** *vi* Perdre de son épiderme par petits morceaux, en parlant de l'homme. *Avoir le nez qui pèle.* **LOC** fam ***Peler de froid*** ou ***se peler*** : avoir très froid. ETY Du lat. *pilare*, « épiler ».

**pèlerin** *n* Personne qui fait un voyage vers un lieu de dévotion. **LOC** ZOOL ***Criquet pèlerin*** : criquet qui effectue de grands déplacements en bandes très nombreuses. — ***Faucon pèlerin*** : faucon au vol rapide, le plus utilisé en fauconnerie. — ***Requin pèlerin*** : grand requin inoffensif. ETY Du lat.

**pèlerinage** *nm* **1** Voyage que fait un pèlerin. *Aller en pèlerinage.* **2** Lieu où va un pèlerin, où viennent des pèlerins. *Le pèlerinage de Saint-Jacques-de-Compostelle.*

**Pèlerinage à l'île de Cythère** → **Embarquement pour Cythère.**

**pèlerine** *nf* Vêtement sans manches, souvent muni d'un capuchon.

**Peletier** Jacques (Le Mans, 1517 – Paris, 1582), humaniste français ; traducteur de l'*Art poétique* d'Horace (1545), membre de la Pléiade.

**péliade** *nf* Vipère à museau arrondi, qui porte une bande noire sur le dos. ETY Du gr. *pelios*, « noirâtre ».

**Pélias** dans la myth. gr., roi d'Iolcos (Thessalie), fils de Poséidon. Il détrôna son frère Éson, puis le fit périr, s'attirant ainsi la haine de Jason (fils d'Éson) et de Médée. Celle-ci conseilla aux filles de Pélias (les *Péliades*) de jeter leur père dans un chaudron d'eau bouillante pour qu'il retrouve la jeunesse : il périt.

**pélican** *nm* Oiseau palmipède de grande taille (pélécaniforme), au long cou, qui peut accumuler dans son bec en forme de vaste poche les poissons qu'il a capturés. ETY Du gr.

**pélican** blanc

**Pélion (le)** mont de Thessalie (1 651 m), au S. de l'Olympe et de l'Ossa. Selon la myth. gr., les Géants entassèrent le Pélion sur l'Ossa pour escalader l'Olympe et attaquer Zeus.

**pelisse** *nf* Vêtement doublé de fourrure. ETY Du lat. *pellis*, « peau ».

**Pélissier** Aimable Jean Jacques (Maromme, 1794 – Alger, 1864), maréchal de France et duc de Malakoff après sa victoire sur les Russes à Sébastopol (1855).

**Pella** anc. v. de Grèce, cap. de la Macédoine de la fin du Ve s. au IIe s. av. J.-C. Vestiges.

**pellagre** *nf* MED Maladie due à une carence en vitamine PP et qui se manifeste par des lésions cutanées, muqueuses, digestives, et des troubles nerveux. ETY Du lat. *pellis*, « peau ». DER **pellagreux, euse** *a, n*

**Pellan** Alfred (Québec, 1906 – Laval, Québec, 1988), peintre québécois, influencé par le cubisme et le surréalisme.

**pelle** *nf* **1** Outil fait d'une plaque de métal munie d'un long manche, servant notam. à creuser ou à déplacer la terre, le sable, etc. **2** Extrémité d'une rame d'aviron. **3** fam Baiser sur la bouche. **LOC** fam ***À la pelle*** : en grande quantité. — ***Pelle à gâteau, à tarte*** : large spatule munie d'un manche avec laquelle on sert les gâteaux. — ***Pelle mécanique*** : engin servant à creuser des tranchées, à niveler le sol, à effectuer des dragages. — fam ***Ramasser une pelle*** : faire une chute ; fig échouer. ETY Du lat.

**Pelléas et Mélisande** drame en 5 actes et en prose de Maeterlinck (1892), mus. de scène de Fauré (1898). Debussy en tira un opéra en 5 actes et 13 tableaux (1902).

**pelle-bêche** *nf* Petite pelle à fer carré et à manche court. PLUR pelles-bêches.

**pelle-pioche** *nf* Outil dont le fer, démontable ou mobile, peut être utilisé soit comme pelle soit comme pioche. PLUR pelles-pioches.

**peller** *vt* ① Suisse Déblayer à la pelle. *Peller la neige.*

**Pellerin** Jean Charles (Épinal, 1756 – id., 1836), imprimeur français ; fondateur de la plus célèbre fabrique d'images d'Épinal.

**pellet** *nm* **1** PHARM Petit comprimé à implanter sous la peau, ce qui permet une diffusion lente du produit. **2** Granulé de bois compressé utilisé comme combustible. ETY Mot angl., « pilule ».

**Pelletan** Camille (Paris, 1846 – id. 1915), homme politique français. Radical-socialiste, il fut ministre de la Marine dans le cabinet Combes (1902-1905), et se signala par son anticléricalisme.

**pelletée** *nf* **1** Ce que peut contenir une pelle. **2** fig, fam Grande quantité. *Des pelletées d'injures.*

**pelleter** *vt* ⑱ ou ⑳ Remuer à la pelle. DER **pelletage** *nm*

**pelleterie** *nf* **1** Art de préparer les peaux pour en faire des fourrures. **2** Fourrure préparée selon cet art. **3** Commerce des fourrures.

**pelleteur, euse** *n* **A** Personne qui manie la pelle. **B** *nf* Engin qui sert à excaver un terrain et à charger les déblais sur un véhicule.

**pelletier, ère** *n* Spécialiste de la pelleterie. ETY De l'a. fr. *pel*, « peau ».

**Pelletier** Pierre Joseph (Paris, 1788 – Clichy-la-Garenne, Seine, 1842), pharmacien français. Il isola la strychnine et la quinine.

**Pelletier-Doisy** Georges (Auch, 1892 – Marrakech, 1953), aviateur français ; « as » de la guerre de 1914-1918. Il ouvrit des liaisons aériennes en Europe et en Asie.

**Pellico** Silvio (Saluces, 1789 – Turin, 1854), écrivain italien. Patriote, libéral, suspect pour le gouv. autrichien (alors maître de l'Italie du N.), il fut incarcéré neuf ans à Brünn (auj. Brno), dans la forteresse du Špilberk, où il écrivit ses Mémoires : *Mes prisons* (1832). On lui doit aussi une tragédie, *Francesca da Rimini* (1815).

**pelliculage** *nm* TECH Application d'une pellicule transparente, en matière plastique, sur un support, pour le protéger et le rendre plus brillant. DER **pelliculer** *vt* ①

**pelliculaire** *a* **1** Qui forme une pellicule. *Couche pelliculaire.* **2** ŒNOL Qui concerne la pellicule du raisin. *Macération pelliculaire.* LOC ELECTR ***Effet pelliculaire*** : syn. de *effet de peau*.

**pellicule** *nf* **1** Membrane très mince. **2** Petite écaille produite par la desquamation du cuir chevelu. **3** Couche peu épaisse. *Une pellicule de peinture.* **4** Feuille de matière plastique recouverte d'une émulsion photosensible. *De la pellicule vierge.* SYN film. ETY Du lat. *pellicula*, « petite peau ».

**pelliculé, ée** *a* Recouvert d'une pellicule.

**pelliculeux, euse** *a* didac Couvert de pellicules du cuir chevelu.

**Pelliot** Paul (Paris, 1878 – id., 1945), sinologue français. Il découvrit des manuscrits chinois et tibétains (VIe-XIe s.) dans les grottes de Touenhouang.

**Pelloutier** Fernand (Paris, 1867 – Sèvres, 1901), syndicaliste français ; secrétaire (1895) de la Fédération des Bourses du travail.

**pellucide** *a* BIOL Se dit de la membrane qui enveloppe l'ovule des mammifères.

**pélobate** *nm* ZOOL Amphibien voisin du crapaud, qui s'enfouit dans le sol grâce à l'éperon corné de sa patte. ETY Du gr. *pêlos*, « glaise » et *bainein*, « marcher ».

**pélodyte** *nm* ZOOL Petit crapaud fouisseur à la peau grise tachetée de vert. ETY Du gr. *pêlos*, « glaise » et *dutês*, « plongeur ».

**Pélopidas** ( ?, v. 420 – Cynoscéphales, 364 av. J.-C.), général de Thèbes, ami d'Épaminondas. Il chassa les Spartiates de Thèbes en 379 av. J.-C. Il remporta la bataille de Cynoscéphales, où il périt.

**Péloponnèse** (« île de Pélops »), presqu'île constituant le S. de la Grèce, reliée au continent par l'isthme de Corinthe, percé du canal de Corinthe ; Région de la Grèce et de l'UE, comprenant l'Arcadie, l'Argolide, la Corinthie, la Laconie, la Messénie : 15 490 km² ; 607 428 hab. ; ch.-l. *Tripolis*. Le Péloponnèse comprend aussi l'Élide et l'Achaïe, rattachées à la Région de Grèce occidentale : 21 439 km² ; 1 077 000 hab. Ce pays montagneux a des côtes découpées. Princ. ressources : élevage (ovins), vigne, oliviers, mûriers. – La presqu'île fut appelée *Morée* pendant l'occupation latine et turque. DER **péloponnésien, enne** *a, n*

**Péloponnèse (guerre du)** guerre entre Sparte et Athènes (431-404 av. J.-C.). Après des luttes indécises (431-421) conclues par la paix de Nicias, Athènes commit la faute (V. Alcibiade) d'entreprendre une désastreuse expédition en Sicile (415-413) ; elle fut alors attaquée par les Spartiates, qui s'étaient alliés aux Perses. En 405, Lysandre remporta la victoire navale d'Ægos-Potamos et l'année suivante, prit Athènes, qui perdit sa prépondérance en Grèce.

**Pélops** dans la myth. gr., fils de Tantale, roi de Phrygie (ancêtre éponyme du Péloponnèse). Il fut tué par son père, servi aux dieux dans un banquet, et ressuscité par Zeus.

**pelotari** *nm* SPORT Joueur de pelote basque. ETY Mot basque.

**Pelotas** v. du Brésil (Rio Grande do Sul), port relié par un canal à la Lagoa dos Patos ; 307 000 hab. Industries.

**pelote** *nf* **1** SPORT Jeu de balle qui se pratique contre un mur ; balle servant à ce jeu. **2** Boule formée d'un ou de plusieurs fils. *Pelote de laine.* LOC fam ***Faire sa pelote*** : épargner petit à petit quelque argent. — ***Pelote à épingles*** : coussinet sur lequel on pique des épingles. — ***Pelote basque*** : sport d'origine basque qui se joue avec une balle lancée contre un fronton, soit à main nue, soit au moyen d'une raquette en bois (*pala*) ou d'un gant en forme de panier allongé (*chistéra*). ETY Du lat. *pila*, « balle ».

**peloter** *vt* ① **1** Mettre du fil en pelote. **2** fam Caresser sensuellement le corps de qqn. DER **pelotage** *nm*

**peloteur, euse** *n* **A 1** TECH Personne qui fait des pelotes de fil. **2** fam Personne qui pelote. *Des gestes de peloteur.* **B** *nf* Machine à peloter.

**peloton** *nm* **1** Petite pelote de fil. **2** MILIT Petite unité de la cavalerie ou de l'armée blindée commandée par un lieutenant. **3** Groupe de militaires du contingent qui reçoivent une formation pour devenir sous-officiers ou officiers. *Suivre le peloton.* **4** SPORT Groupe de coureurs qui demeurent ensemble au cours d'une épreuve. *Peloton de tête.* LOC ***Peloton d'exécution*** : groupe de militaires commandés pour fusiller un condamné.

**pelotonner** *v* ① **A** *vt* Mettre en peloton du fil. **B** *vpr* Se ramasser en boule. DER **pelotonnement** *nm*

**pelouse** *nf* **1** Terrain couvert d'une herbe épaisse et courte. **2** Partie gazonnée d'un champ de courses, d'un stade. **3** Partie d'un champ de courses que délimite la piste (par oppos. au *pesage* et aux *tribunes*). ETY Du lat. *pilosus*, « couvert de poils ».

**Pelouze** Jules (Valognes, 1807 – Paris, 1867), chimiste français. Il découvrit les nitriles (1834) et synthétisa des acides organiques.

**pelta** *nf* ANTIQ GR Petit bouclier recouvert de cuir, en forme de croissant. ETY Du gr. VAR **pelte**

**peltaste** *nm* ANTIQ GR Soldat d'infanterie légère. ETY Du gr.

**pelté, ée** *a* BOT Se dit d'un organe circulaire fixé à son support par le centre. *Feuilles peltées de la capucine.*

**Peltier** Jean Charles Athanase (Ham, 1785 – Paris, 1845), physicien français. ▷ ELECTR *Effet Peltier* : dégagement ou absorption de chaleur à la jonction de deux métaux de nature différente parcourus par un courant électrique.

**Pelton** Lester Allen (Vermilion, Ohio, 1829 – Oakland, Californie, 1908), ingénieur américain, inventeur d'une turbine hydraulique pour les hautes chutes.

**peluche** *nf* **1** Étoffe de laine, de soie, de coton, analogue au velours mais de poil plus long. *Ours en peluche.* **2** Objet, jouet en peluche. ETY Du lat. *pilare*, « peler ».

**pelucher** *vi* ① Prendre l'aspect de la peluche, en parlant d'une étoffe. VAR **plucher** DER **pelucheux** ou **plucheux, euse** *a*

**pelucherie** *nf* Industrie des jouets en peluche.

**pelure** *nf* **1** Peau d'un fruit ou d'un légume épluché. **2** fig, pop Manteau. LOC ***Papier pelure*** : papier fin servant, en dactylographie, à faire des doubles d'un texte. — ***Pelure d'oignon*** : couches superficielles colorées qui entourent le bulbe de l'oignon ; vin ayant leur coloration.

**Péluse** v. de l'anc. Égypte, à l'embouchure la plus orientale du Nil. Ruines près de l'actuelle Tell Faramèh.

**pelvien, enne** *a* ANAT Qui se rapporte au pelvis. LOC ZOOL ***Nageoires pelviennes*** : nageoires paires des poissons correspondant aux membres postérieurs. ANT nageoires pectorales.

**pelvis** *nm* ANAT Bassin. PHO [pelvis] ETY Mot lat.

**Pelvoux** massif cristallin des Alpes du Dauphiné (4 102 m à la *barre des Écrins*).

**Pematang Siantar** ville d'Indonésie, dans le N. de Sumatra ; 235 000 hab.

**pelote** basque

**Pemba** île tanzanienne, au N. de Zanzibar ; 984 km$^2$ ; 360 000 hab. – Girofliers.

**pemmican** *nm* Viande séchée, réduite en poudre et comprimée. [ETY] De l'algonquin.

**pemphigus** *nm* MED Maladie de la peau caractérisée par la formation de bulles séreuses. [PHO] [pɛ̃figys] [ETY] Du gr. *pemphix,* « pustule ».

**pénal, ale** *a, nm* **A** *a* Qui concerne les peines. *Lois pénales.* PLUR pénaux. **B** *nm* La voie pénale, la juridiction pénale (par oppos. au *civil*). LOC ***Code pénal :*** recueil de textes fixant les peines à appliquer pour les infractions recensées. [ETY] Du lat. [DER] **pénalement** *av*

**pénaliser** *vt* [1] **1** Mettre dans une situation défavorable, sanctionner, handicaper. *Sa timidité le pénalise.* **2** SPORT Infliger un désavantage à un concurrent qui a enfreint les règles au cours d'une épreuve sportive. **3** DR Donner un caractère pénal à un acte, à une infraction. [DER] **pénalisant, ante** *a* – **pénalisation** *nf*

**pénaliste** *n* DR Spécialiste du droit pénal.

**pénalité** *nf* **1** Système des peines établies par la loi. **2** Une de ces peines. **3** Sanction qui frappe un délit fiscal ou la non-exécution d'une ou de plusieurs clauses d'un contrat. **4** SPORT Au rugby, sanction pour avoir enfreint les règles ; points marqués à la suite de cette sanction.

**pénalty** *nm* SPORT Au football, sanction qui frappe l'équipe défendante, lorsque l'un de ses joueurs commet une faute grave à l'intérieur de sa surface de réparation, et qui consiste à accorder à l'équipe lésée un tir au but à courte distance (11 m). SYN (recommandé) coup de pied de réparation. [PHO] [penalti] [ETY] Mot angl. [VAR] **penalty**

**Penang (île de)** île de Malaisie, formant, avec une bande continentale de la péninsule malaise, l'*État de Penang,* surpeuplé ; 1 033 km$^2$ ; 1 087 000 hab. ; cap. *Penang.* Étain.

**Penang** v. et port de Malaisie, dans l'*île de Penang ;* 200 000 hab. ; cap. de l'État du m. n. [VAR] **George Town**

**pénard, pénardement** → **peinard.**

**Peñarroya-Pueblonuevo** ville d'Espagne (Andalousie) ; 13 580 hab. Houille, plomb, zinc. Métallurgie.

**pénates** *nm pl* **1** ANTIQ Dieux domestiques des Romains, présidant au maintien et à la prospérité du foyer. **2** Représentation de ces dieux. **3** fig, fam Habitation. *Regagner ses pénates.* [ETY] Du lat.

**penaud, aude** *a* Confus, honteux. [ETY] De *peine.*

**pence** → **penny.**

**penchant** *nm* **1** Inclination, goût. *Se laisser aller à ses penchants.* **2** Sentiment d'attirance amoureuse envers qqn.

**pencher** *v* [1] **A** *vt* Incliner vers le bas, ou de côté. *Pencher la tête vers l'avant, à droite.* **B** *vi* **1** S'écarter de la position verticale en perdant ou en risquant de perdre son équilibre ; être incliné vers le bas. *Ce mur penche dangereusement.* **2** fig Avoir tendance à préférer, à choisir telle chose, tel parti, telle opinion. *Pencher vers ou pour la démocratie.* **C** *vpr* **1** S'incliner vers l'avant, en parlant d'une personne. *Se pencher à la fenêtre.* **2** S'incliner, en parlant d'une chose. *L'arbre se penchait sous la rafale.* **3** fig Considérer, examiner qqch avec intérêt. *Se pencher sur un problème.* [ETY] Du lat.

**Penck** Albrecht (Leipzig, 1858 – Prague, 1945), géographe allemand ; spécialiste des Alpes, notam. des glaciations du quaternaire.

**Penck** Ralf Winkler, dit A. R (Dresde, 1939), peintre et sculpteur allemand : références à l'art rupestre.

**pendable** *a* LOC *Jouer un tour pendable à qqn :* un mauvais tour.

**pendage** *nm* GEOL Inclinaison d'une couche sédimentaire, d'un filon.

**pendaison** *nf* **1** Action de pendre qqn, de se pendre. *Exécuté par pendaison.* **2** Action de pendre qqch.

**1 pendant, ante** *a, nm* **A** *a* **1** Qui pend. *Marcher les bras pendants.* **2** DR Qui n'est pas encore jugé. *Cause pendante.* **B** *nm* Chacun des éléments d'une paire d'objets d'art, de mobilier destinés à être exposés ensemble, à former une symétrie. *Vases qui sont le pendant l'un de l'autre.* LOC ARCHI ***Clé de voûte pendante :*** munie d'un élément ornemental formant une retombée. — DR ***Fruits pendants :*** produits de la terre (fruits ou autres) non encore récoltés. — ***Pendant d'oreille :*** boucle d'oreille à pendeloques.

**2 pendant** *prép* Durant. *Pendant l'hiver.* LOC ***Pendant que :*** tandis que, dans le même temps que ; marque l'opposition et la simultanéité. *Ils s'amusent pendant que nous travaillons.*

**pendard, arde** *n* VX Vaurien, fripon.

**pendeloque** *nf* **1** Élément suspendu à un bijou. **2** Ornement suspendu à un lustre. [ETY] De l'anc. v. *pendeler,* « pendiller ».

**pendentif** *nm* Bijou suspendu autour du cou à une chaîne, un collier.

**Penderecki** Krzysztof (Debica, 1933), compositeur polonais (musique atonale) : *Thrênos* (1961), à la mémoire des victimes d'Hiroshima ; *Passion selon saint Luc* (1963-1965).

**penderie** *nf* Placard, partie d'une armoire où l'on suspend les vêtements.

**pendiller** *vi* [1] Être suspendu en l'air et se balancer.

**Pendjab** (« pays des cinq rivières »), rég. du sous-continent indien, qui s'étend sur le bassin de l'Indus moyen et de ses affl. (Jhelam, Chenāb, Rāvi, Sutlej, Biās), divisée depuis 1947 entre le Pākistān (province du Pendjab : 205 345 km$^2$, 91 500 000 hab. ; ch.-l. *Lahore*) et l'Inde (États du Pendjab : 50 362 km$^2$, 36 000 000 hab., et de l'Haryana : 44 222 km$^2$, 25 000 000 hab. ; leur cap. commune est *Chandigarh*). Riche rég. agricole (blé, riz, coton, canne à sucre, etc.). Dans le Pendjab indien, les sikhs (près de 60 % de la population) réclament la création d'un État indépendant, le Khalistan. [VAR] **Penjab** [DER] **pendjabi** ou **penjabi, ie** *a, n*

**pendouiller** *vi* [1] fam Pendre mollement, d'une manière ridicule.

**pendre** *v* [6] **A** *vt* **1** Attacher une personne, une chose de façon qu'elle ne touche pas le sol. *Pendre qqn par les pieds. Pendre un jambon dans la cheminée.* **2** Mettre à mort en suspendant par le cou. *Pendre qqn haut et court.* **B** *vi* **1** Être suspendu, fixé par une extrémité, l'autre restant libre. *Lampions qui pendent.* **2** Descendre trop bas. *Robe qui pend d'un côté.* **C** *vpr* **1** S'accrocher à qqch par une partie du corps, sans autre appui. *Acrobate qui se pend à un trapèze.* **2** Se suicider par pendaison. LOC ***Cela lui pend au nez :*** cela risque fort de lui arriver (en parlant d'un désagrément, d'un malheur). — ***Dire pis que pendre de qqn :*** en dire tout le mal possible. — ***Qu'il aille se faire pendre ailleurs :*** se dit de qqn qui vous a fait du tort et que l'on préfère ignorer. [ETY] Du lat.

**pendu, ue** *a, n* **A** *a* Qui pend. *Jambon pendu à une poutre.* **B** *n* Personne morte par pendaison.

**pendulaire** *a, n* **A** *a* **1** PHYS Du pendule. **2** fig Qui rappelle le mouvement d'oscillation du pendule. *Politique pendulaire.* **3** Se dit de déplacements quotidiens entre le domicile et le lieu de travail. **4** CH DE F Se dit d'une voiture munie d'un système qui lui permet de s'incliner pour compenser la force centrifuge. **B** *n* Personne qui se déplace chaque jour entre son domicile et son lieu de travail. LOC ***Mouvement pendulaire :*** dont l'équation est une fonction sinusoïdale du temps.

**1 pendule** *nm* **1** PHYS Système matériel oscillant autour d'un axe sous l'action d'une force qui tend à le ramener à sa position d'équilibre. **2** Petite masse, souvent sphérique, suspendue à un fil, et qui permettrait par ses oscillations de détecter certaines « ondes » émises par les minéraux, les substances organiques, l'eau, etc. LOC ***Pendule de torsion :*** constitué par un barreau horizontal suspendu à un fil métallique vertical. [ETY] Du lat. *pendulus,* « qui pend ».

**2 pendule** *nf* **1** HORL Horloge dont le mouvement est réglé par les oscillations d'un pendule. **2** Petite horloge d'appartement.

**penduler** *vi* [1] **1** ALPIN En parlant d'un alpiniste, effectuer un mouvement pendulaire au bout d'une corde. **2** TECH S'incliner dans les courbes, en parlant d'un train pendulaire.

**pendulette** *nf* Petite pendule.

**pêne** *nm* TECH Pièce mobile d'une serrure, qui bloque le battant de la porte en pénétrant dans la gâche. [ETY] Du lat.

**Pénée (le)** fl. de Grèce (200 km), en Thessalie ; il se jette dans le golfe de Salonique.

**Pénée (le)** fl. de Grèce (80 km), dans le Péloponnèse ; il se jette dans la mer Ionienne.

**Pénélope** dans la myth. gr., femme d'Ulysse et mère de Télémaque. Pendant l'absence d'Ulysse, elle déclara qu'elle ferait le choix d'un prétendant lorsqu'elle aurait fini sa tapisserie ; chaque nuit elle défaisait son travail de la journée. La *toile* (l'*ouvrage,* le *travail*) *de Pénélope* désigne l'entreprise jamais achevée.

**pénéplaine** *nf* GEOGR Surface plane de faible altitude résultant de l'érosion d'une région plissée. [ETY] Du lat. *pæne,* « presque ».

**pénétrable** *a* **1** Où l'on peut pénétrer ; qui peut être pénétré. **2** fig Intelligible, compréhensible. [DER] **pénétrabilité** *nf*

**pénétrant, ante** *a, nf* **A** *a* **1** Qui pénètre. **2** Qui traverse les vêtements, en parlant du froid, du vent, etc. **3** fig Qui laisse une forte impression. *Discours pénétrant.* **4** Apte à pénétrer les choses difficiles ; perspicace. *Intelligence pénétrante.* **B** *nf* Grande voie de circulation menant au cœur d'une grande agglomération.

**pénétration** *nf* **1** Action, fait de pénétrer. *Pénétration des eaux dans le sol.* **2** Sagacité d'esprit ; facilité à approfondir, à connaître. **3** Rapport sexuel. *Pénétration vaginale, anale.* **4** ECON Présence d'un produit sur un marché. *Taux de pénétration du téléphone mobile.*

**pénétré, ée** *a* Plein d'affectation. *Être pénétré de reconnaissance.*

**pénétrer** *v* [14] **A** *vi* **1** Entrer, s'introduire à l'intérieur de. *Pénétrer dans un appartement.* **2** Imprégner. *Cire qui pénètre dans le bois.* **3** Avoir la compréhension intime de. *Pénétrer dans la pensée de qqn.* **B** *vt* **1** Percer, passer au travers de. *Un froid qui vous pénètre jusqu'aux os.* **2** Influencer profondément. *Idée qui pénètre qqn.* **3** Toucher intimement. *Sa douleur me pénètre le cœur.* **4** Parvenir à connaître, à comprendre ce qui jusque-là était resté caché. *Pénétrer les intentions de qqn.* **C** *vpr* fig Se convaincre de (une pensée, un sentiment). *Se pénétrer du sentiment de ses devoirs.* [ETY] Du lat.

**pénétromètre** *nm* TECH Appareil servant à évaluer, par des essais de pénétration, la dureté d'un matériau.

**Penghu** → **Pescadores.**

**Peña Nieto** Enrique (Atlacomulco, Mexico, 1966), homme politique mexicain (Parti révolutionnaire institutionnel), président de la République depuis 2012.

**pénible** *a* **1** Qui se fait avec peine, avec fatigue. *Travail pénible.* **2** Qui cause de la peine, du désagrément. *Situation pénible.* **3** fam Irritant, insupportable. DER **pénibilité** *nf*

**péniblement** *av* **1** Avec peine, avec effort. *Marcher péniblement.* **2** À peine. *Arriver péniblement à un résultat satisfaisant.*

**Pénicaud** famille d'émailleurs de Limoges comprenant notam. **Léonard** ou **Nardon** (v. 1470 – v. 1542) et **Jean III** (m. v. 1585), portraitiste de Luther, d'Érasme.

**péniche** *nf* Grand bateau à fond plat qui sert au transport des marchandises. ETY De l'angl.

**péniche** sur la Seine à Paris

**pénichette** *nf* Embarcation servant au tourisme fluvial. ETY Nom déposé.

**pénicille** *nm* BOT Champignon ascomycète qui se développe sous forme de moisissure sur les aliments en voie de décomposition. ETY Du lat. *penicillum*, « pinceau ». VAR **pénicillium**

**pénicillinase** *nf* BIOCHIM Enzyme qui détruit les pénicillines.

**pénicilline** *nf* Antibiotique produit par un pénicille isolé par sir A. Fleming en 1928. ETY De l'angl.

**pénicillinorésistant, ante** *a* MED Se dit des germes pathogènes sur lesquels la pénicilline est sans action.

**-pénie** Élément, du gr. *penia*, « manque ».

**pénien** → **pénis.**

**pénil** *nm* ANAT Large saillie arrondie, au-dessus du sexe de la femme, qui se couvre de poils à la puberté. SYN mont de Vénus. ETY Du lat.

**péninsule** *nf* Grande presqu'île. **LOC** ***La péninsule Ibérique*** : l'Espagne et le Portugal. ETY Du lat. *pæne*, « presque » et *insula*, « île ». DER **péninsulaire** *a*

**pénis** *nm* Organe mâle de la copulation dans l'espèce humaine et chez les animaux supérieurs. SYN verge. PHO [penis] ETY Du lat. DER **pénien, enne** *a*

**pénitence** *nf* **1** Regret d'avoir offensé Dieu qui porte à réparer la faute commise et sincèrement avouée, et qu'accompagne la ferme décision de ne plus recommencer. **2** Peine imposée par le prêtre comme sanction des péchés confessés. **3** Austérité que l'on s'impose pour l'expiation de ses péchés. *Faire pénitence.* **4** vieilli Punition. *Mettre un enfant en pénitence dans sa chambre.* ETY Du lat.

**pénitencerie** *nf* **LOC** RELIG CATHOL ***Pénitencerie apostolique*** ou ***Sacrée Pénitencerie*** : tribunal de la curie romaine qui est chargé de donner l'absolution pour des péchés que seul le pape peut absoudre.

**pénitencier** *nm* **1** Prêtre que l'évêque de chaque diocèse charge d'absoudre certains cas réservés. **2** Bâtiment civil ou militaire où les condamnés aux travaux forcés, à la réclusion purgent leur peine.

**pénitent, ente** *a, n* **A** *a* **1** Qui manifeste le regret d'avoir offensé Dieu et qui se livre à des exercices de pénitence. *Pécheur pénitent.* **2** Consacré à la pénitence. *Vie pénitente.* **B** *n* **1** HIST RELIG Pécheur momentanément exclu du bénéfice des sacrements, à la suite d'une faute grave, et qui devait s'astreindre à une longue mortification. **2** Personne qui confesse ses péchés au prêtre. **3** Membre de certaines confréries qui se livrent à des exercices de pénitence. *Pénitents blancs.*

**pénitentiaire** *a, nf* **A** *a* Relatif aux prisons, aux condamnés à des peines de prison. *Régime pénitentiaire.* **B** *nf* Administration pénitentiaire.

**pénitentiaux** *am pl* **LOC** ***Psaumes pénitentiaux*** : les sept psaumes de la pénitence.

**pénitentiel, elle** *a, nm* RELIG **A** *a* Relatif à la pénitence. *Œuvres pénitentielles.* **B** *nm* Ancien recueil répertoriant les pénitences selon les péchés auxquels elles sont affectées.

**Penjab** → **Pendjab.**

**Penly** com. de Seine-Maritime (arr. de Dieppe) ; 355 hab. – Centrale nucléaire.

**Penmarch** com. du Finistère (arr. de Quimper), sur l'Atlantique, près de la *pointe de Penmarch* (qui porte le phare d'Eckmühl) ; 5 889 hab., groupés surtout à Saint-Guénolé et Kérity (port de pêche). Conserveries. – Égl. et chap. XVI^e s. DER **penmarchais, aise** *a, n*

**Penn William** (Londres, 1644 – près de Londres, 1718), quaker anglais qui obtint du roi Charles II, en 1681, le territoire amér. nommé auj. *Pennsylvanie*, qu'il peupla de quakers.

**Penn Irving** (Plainfield, 1917 – New York, 2009), photographe américain : portraits et photos de mode.

**Penn Arthur** (Philadelphie, 1922 – Manhattan, 2010), cinéaste américain : *le Gaucher* (1958), *Bonnie and Clyde* (1966), *Little Big Man* (1970), *Georgia* (1981).

**Pennac Daniel** (Casablanca, 1944), écrivain français : *La Fée Carabine* (1987).

**pennage** *nm* CHASSE Plumage des oiseaux de proie, qui se renouvelle à différents âges.

**penne** *nf* **1** ORNITH Grande plume des ailes *(rémige)* et de la queue *(rectrice)* des oiseaux. **2** MAR Extrémité supérieure de l'antenne d'une voile. **3** Chacun des ailerons en plume qui constituent l'empennage d'une flèche. **4** BOT Chacune des divisions de premier ordre d'une fronde de fougère. ETY Du lat.

**penné, ée** *a* BOT Dont les nervures secondaires et les folioles sont disposées comme les barbes d'une plume.

**Pennes-Mirabeau (Les)** ch.-l. de cant. des Bouches-du-Rhône ; 19 043 hab. Industries. DER **pennois, oise** *a, n*

**Pennine (chaîne)** chaîne de monts hercyniens du N. de l'Angleterre (881 m au *Cross Fell*). Bassins houillers sur ses flancs : Lancashire, Yorkshire, Durham. VAR **les Pennines**

**pennisetum** *nm* Grande graminée présente dans les savanes d'Afrique tropicale, dont certaines espèces sont cultivées comme plantes d'ornement. PHO [penisetɔm]

**Pennsylvanie** État du N.-E. des États-Unis, entre le lac Érié et la Delaware ; 117 412 km² ; 12 605 000 hab. ; cap. *Harrisburg.* – Cet État appalachien a des richesses agric., mais le charbon et les hydrocarbures (auj. en déclin) ont suscité une puissante industrie, notam. dans la rég. de *Philadelphie, Pittsburgh* (sidérurgie) et *Érié.* – Reconnue au XVII^e s. par les Européens, donnée par Charles II (1681) à W. Penn, qui dès 1682 la dota d'institutions libérales, la région joua un rôle primordial dans la révolution américaine. DER **pennsylvanien, enne** *a, n*

**pennon** *nm* **1** FEOD Étendard triangulaire de la lance d'un chevalier. **2** MAR Ruban, brin de laine, etc., servant à indiquer la direction du vent, sur un voilier. VAR **penon**

**penny** *nm* **1** Monnaie anglaise, valant le centième de la livre. PLUR pence [pens]. **2** Pièce de cette valeur. PLUR pennies [peniz]. ETY Mot angl.

**pénologie** *nf* DR Étude des peines, de leurs modalités d'application. DER **pénologique** *a*

**pénombre** *nf* **1** Demi-jour, lumière faible et douce. **2** PHYS Partie d'un objet qui reçoit certains des rayons lumineux émis par une source non ponctuelle. ETY Du lat. *pæne*, « presque ».

**Penone Giuseppe** (Garessio, 1947), artiste italien, principal représentant de l'*art pauvre.*

**Penrose Roger** (Colchester, 1931), mathématicien et physicien britannique, auteur de modèles relatifs aux trous noirs de l'Univers.

**pensable** *a* Envisageable, imaginable.

**pensant, ante** *a* Qui pense, qui est capable de penser.

**pense-bête** *nm* Moyen employé pour ne pas oublier qqch qu'on doit dire ou faire. *Faire un nœud à son mouchoir en guise de pense-bête.* PLUR pense-bêtes.

**1 pensée** *nf* **1** Faculté de réfléchir, intelligence. **2** Idée, jugement, réflexion qui sont produits par la faculté de penser. *Avoir de profondes pensées. Être complètement perdu dans ses pensées.* **3** Souvenir. *Avoir une pensée pour un disparu.* **4** Intention. *Je n'ai jamais eu la pensée de vous offenser.* **5** Esprit, en général. *Cela m'est venu à la pensée.* **6** Opinion, façon de penser. *Dites-moi votre pensée sur ce point.* **7** Ensemble des idées, des opinions habituellement reçues par un individu, au sein d'un groupe humain, etc. *Étudier la pensée de Montaigne.* **8** Brève maxime, aphorisme. **LOC** ***La pensée unique*** : ensemble des idées les plus couramment admises en matière d'organisation économique, sociale et politique.

**2 pensée** *nf* Plante ornementale (violacée) dont les fleurs ont de larges pétales veloutés diversement colorés.

**Pensées** œuvre posth. de Pascal (1670) comprenant les nombr. fragments de son *Apologie de la religion chrétienne*, conçue v. 1656.

**Pensée sauvage (la)** essai de Lévi-Strauss (1962).

**penser** *v* ① **A** *vi* Concevoir des idées, des opinions, des notions intellectuelles. *« Je pense, donc je suis »* (Descartes). **B** *vt* **1** Avoir dans l'esprit. *Dire tout ce qu'on pense.* **2** Imaginer, concevoir du point de vue de la commodité. *Penser un appartement en fonction de ses occupants.* **3** Rapporter par l'esprit à ce que l'on connaît déjà, à une théorie particulière, etc. *Penser l'évènement en marxiste.* **4** Croire, juger. *Penser du bien, du mal de qqn.* **5** Envisager de, compter (inf.). *Je pense partir ce soir.* **6** Croire que. *Je pense que tu as raison.* **C** *vti* **1** Réfléchir à qqch. *Pensez bien à ma proposition.* **2** S'intéresser à, tenir compte de. *La chose mérite qu'on y pense.* **3** Ne pas oublier, se souvenir de. *C'était une erreur, n'y pensez plus.* **LOC** ***Façon de penser*** : raisonnement, jugement. — ***Sans penser à mal*** : en toute innocence. ETY Du lat. *pensare*, « peser ».

**penseur** *nm* **1** Personne qui pense, qui s'applique à penser. **2** Personne qui conçoit des idées nouvelles, et les organise en système ; personne dont la pensée exerce une influence marquante.

**Penseur (le)** sculpture de Rodin (plâtre : 1880 ; bronze : 1904 ; ht. 2 m, long. 1,30 m, larg. 1,40 m ; musée Rodin, Paris).

**pensif, ive** *a* Occupé profondément par ses pensées. *Avoir l'air pensif.* DER **pensivement** *av*

**pension** *nf* **1** Somme que l'on donne pour être logé et nourri. **2** Fait d'être logé et nourri contre rétribution. *Prendre des enfants en pension chez soi.* **3** Établissement qui loge et nourrit qqn contre rétribution. **4** Pensionnat. **5** Allocation versée régulièrement à qqn. **6** Allocation versée régulièrement par un organisme social. *Toucher sa pension.* **LOC** ***Pension de famille*** : hôtel dont les clients mènent une vie comparable à la vie de famille. ETY Du lat. *pendere*, « payer ».

**pensionnaire** *n* **1** Personne qui verse une pension pour être logée et nourrie. **2** Titre des étudiants, des artistes de l'Académie de France à Rome. **3** THEAT Acteur, actrice qui reçoit de la Comédie-Française un salaire fixe (par oppos. à *sociétaire*, qui participe en plus aux bénéfices). **4** HIST Gouverneur de province, dans les Provinces-Unies (1579-1795). **LOC** HIST ***Grand pensionnaire*** : secrétaire des états généraux, souvent responsable des Affaires étrangères de la république des Provinces-Unies.

**pensionnat** *nm* **1** Établissement scolaire dont les élèves sont pensionnaires. **2** Ensemble des élèves de cet établissement.

**pensionné, ée** *n, a* Personne qui jouit d'une pension, d'une retraite.

**pensionner** *vt* ① ADMIN Faire bénéficier d'une pension. *Louis XIV pensionnait écrivains et artistes.*

**pensivement** → **pensif.**

**penstemon** *nm* Plante vivace ornementale à grandes fleurs colorées en forme de clochettes. VAR **penstémon**

**pensum** *nm* **1** vieilli Travail supplémentaire donné à un écolier pour le punir. **2** litt Travail fastidieux, corvée. **3** Texte ennuyeux. PHO [pɛ̃sɔm] ETY Mot lat.

**penta-** Élément, du gr. *pente*, « cinq ».

**pentacorde** *nm* MUS Échelle de cinq notes conjointes, basée sur la consonance de quinte.

**pentacrine** *nm* Échinoderme crinoïde qui vit au fond des mers profondes.

**pentadactyle** *a* BIOL Qui a cinq doigts.

**pentadécagone** *nm, a* GEOM Se dit d'un polygone qui a quinze angles et quinze côtés. VAR **pentédécagone**

**pentaèdre** *nm, a* GEOM Se dit d'un polyèdre à cinq faces.

**pentagone** *nm* GEOM Polygone qui a cinq angles et cinq côtés. DER **pentagonal, ale, aux** *a*

**Pentagone (le)** nom fam. donné au vaste bâtiment pentagonal dans lequel, depuis 1942, siègent, à Washington, le secrétariat à la Défense et l'état-major des armées américaines.

**pentamère** *a, nm* ZOOL Se dit d'un insecte dont le tarse comporte cinq articles.

**pentamètre** *nm* METR ANC Vers grec ou latin de cinq pieds qui suit un hexamètre et forme avec celui-ci le distique élégiaque.

**pentane** *nm* CHIM Hydrocarbure saturé, de formule $C_5H_{12}$.

**pentapole** *nf* ANTIQ Alliance de cinq cités.

**Pentateuque** nom grec donné aux cinq premiers livres de la Bible (la Genèse, l'Exode, le Lévitique, les Nombres et le Deutéronome), écrits du Xe au VIe s. av. J.-C.

**pentathlon** *nm* ANTIQ Épreuve comportant cinq exercices (saut, course, disque, javelot, lutte). **LOC** ***Pentathlon moderne*** : épreuve olympique pour les hommes, combinant l'escrime, l'équitation, le tir, la natation et le cross-country.

**pentatome** *nm* Insecte hétéroptère à l'odeur désagréable communément appelé *punaise des bois*, dont les antennes comportent cinq articles.

**pentatonique** *a* MUS Qui est formé de cinq tons. *Gamme pentatonique.*

**pente** *nf* **1** Inclinaison d'un terrain, d'une surface. *La pente d'un toit. Ligne de plus grande pente.* **2** Surface, chemin inclinés par rapport à l'horizontale. *Grimper une pente abrupte.* **3** TECH Inclinaison d'un axe, d'une route, exprimée en centimètres par mètre de longueur horizontale. *Pente de quatre pour cent.* **LOC** ***Être sur une mauvaise pente, sur une pente dangereuse*** : se laisser entraîner par ses mauvais penchants. — GEOM ***Pente d'une droite*** : valeur de la tangente de l'angle que forme cette droite avec sa projection orthogonale sur le plan horizontal. — ***Remonter la pente*** : se trouver en meilleure situation. ETY Du lat.

**Pentecôte (la)** fête juive commémorant la remise des Tables de la Loi à Moïse, au Sinaï, célébrée sept semaines après le second jour de la Pâque. ▷ Fête chrétienne commémorant la descente du Saint-Esprit sur les Apôtres, célébrée le septième dimanche après Pâques.

**pentecôtisme** *nm* RELIG Mouvement protestant né aux États-Unis au début du XXe s. DER **pentecôtiste** *n*

**Pentélique** montagne de Grèce, au N.-E. d'Athènes, célèbre dans l'Antiquité pour ses carrières de marbre blanc.

**Penthésilée** dans la myth. gr., reine des Amazones, fille d'Arès. Elle fut tuée par Achille devant Troie.

**Penthièvre (comté,** puis **duché de)** anc. pays de Bretagne, entre Guingamp, Lamballe et Loudéac.

**Penthièvre Louis Jean Marie de Bourbon (duc de)** (Rambouillet, 1725 – Bizy, près de Vernon, 1793), grand amiral de France. Mécène, il tint une cour à Sceaux et à Anet.

**penthiobarbital** *nm* MED Barbiturique soufré, anesthésique d'action brève, notam. employé dans la narco-analyse. SYN penthotal. PLUR penthiobarbitals.

**penthotal** *nm* MED Barbiturique soufré, anesthésique général, cour. appelé *sérum de vérité*. ETY Nom déposé.

**penthouse** *nm* Appartement de grand luxe situé au dernier étage d'un gratte-ciel. PHO [pentauz] ETY Mot angl.

**pentode** *nf* ELECTR Tube électronique à cinq électrodes. VAR **penthode**

**pentose** *nm* BIOCHIM Sucre à cinq atomes de carbone possédant une fonction cétone ou aldéhyde, et qui joue un rôle important dans le métabolisme des glucides et dans la formation et le stockage des réserves énergétiques.

**pentrite** *nf* Explosif nitré très puissant.

**pentryl** *nm* Explosif dérivé de l'aniline, utilisé dans les détonateurs.

**pentu, ue** *a* En pente.

**penture** *nf* TECH Bande métallique, souvent ouvragée, fixée transversalement et à plat sur un vantail, un panneau mobile, pour le soutenir sur le gond.

**penty** *nm* rég En Bretagne, petite maison basse, isolée, en bord de mer. PHO [penti] ETY Mot breton.

**pénultième** *a, nf* didac **A** *a* Avant-dernier. **B** *nf* LING Avant-dernière syllabe d'un mot. ETY Du lat. *pæne*, « presque », et *ultimus*, « dernier ».

**pénurie** *nf* **1** Manque, carence. *Pénurie d'argent, de vivres.* **2** Pauvreté, misère. *Période de pénurie.* ETY Du lat.

**Penza** v. de Russie, sur la *Soura*, affl. de la Volga ; 547 000 hab. ; ch.-l. de la prov. du m. nom. Industries.

**Penzias Arno** (Munich, 1933), radioastronome américain. Il a observé, en 1965, avec R. W. Wilson, l'existence dans l'Univers du rayonnement thermique (2,7 K). P. Nobel de physique 1978 avec Wilson et P. L. Kapitsa.

**péon** *nm* Berger, ouvrier agricole, en Amérique du Sud. PHO [peɔ̃] ETY Mot esp.

**people** *a inv, n inv* **A** *a* Se dit d'un journal consacré aux personnalités en vogue. **B** *a, n* Se dit des personnalités prisées des médias. *Un plateau télé plein de people.* PHO [pipɔl] ETY Mot angl. VAR **pipole** ou **pipeule**

**peopolisation** → **pipolisation.**

**pep** → **peps.**

**Pepe Florestano** (Squillace, Calabre, 1778 – Naples, 1851), général napolitain. Il servit les Français à Naples, puis participa à la révolution de 1820. — **Guglielmo** (Squillace, 1783 – Turin, 1855), frère du préc., dirigea en 1820 l'insurrection napolitaine ; vaincu par les Autrichiens à Rieti (1821), il s'exila jusqu'en 1848.

**pépé** *nm* fam, enfantin Grand-père.

**pépée** *nf* fam Jeune fille ou jeune femme. ETY De poupée.

**pépère** *nm, a* **A** *nm* **1** fam, enfantin Grand-père. **2** fam Homme ou enfant gros et d'allure tranquille. *Un gros pépère.* **B** *a* fam Calme, tranquille. *Une vie pépère.*

**pépérin** *nm* GEOL Tuf granulaire avec lequel furent construits les grands édifices de la Rome républicaine. ETY Du lat. *piper*, « poivre ».

**pépètes** *nf pl* fam, vx Argent. ETY De *pépites*.

**Pépi** nom des deux premiers pharaons de la VIe dynastie (v. 2400-2200 av. J.-C.) dont les pyramides furent élevées à Saqqarah.

**pépie** *nf* **LOC** fam, vx ***Avoir la pépie*** : avoir très soif. ETY Du lat. *pituita*, « pituite ».

**pépier** *vi* ① Crier, en parlant des jeunes oiseaux. ETY Onomat. DER **pépiement** *nm*

**1 pépin** *nm* **1** Graine de certains fruits. *Pépins de raisin, de pomme. Fruits à pépins* (par oppos. à *fruits à noyau* ou *drupes*). **2** fig, fam Difficulté, anicroche. ETY D'un rad. *pep-*, « petit ».

**2 pépin** *nm* fam Parapluie. ETY D'un n. pr.

**Pépin de Landen (saint)** (vers 580 – 640), maire du palais d'Austrasie à partir de 615. Son « règne » marque les débuts du pouvoir des maires du palais. VAR **Pépin l'Ancien**

**Pépin de Herstal** (?, vers 640 – Jupille, 714), petit-fils par sa mère (Begga) de Pépin de Landen ; maire du palais d'Austrasie (680). Il annexa la Neustrie (687) puis la Bourgogne. Père de Charles Martel. VAR **Pépin le Jeune**

**Pépin le Bref** (Jupille, vers 715 – Saint-Denis, 768), maire du palais en 741, puis roi des Francs (751-768), le premier des Carolingiens. Fils de Charles Martel, héritier de la Neustrie, de la Bourgogne et de la Provence avec son frère Carloman, qui abdiqua en 747, il déposa le Mérovingien Childéric III (751), après s'être assuré l'appui de la papauté, qui le sacra roi. Celle-ci l'appela à l'aide contre les Lombards, qu'il vainquit, et il lui céda l'exarchat de Ravenne (756). Ses fils, Carloman et Charlemagne, héritèrent du royaume.

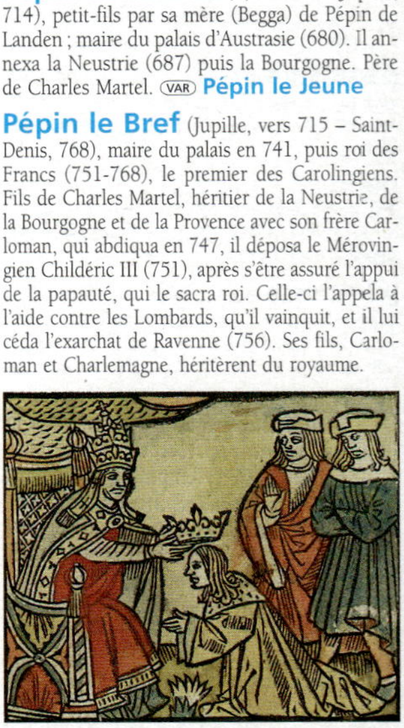

sacre de **Pépin le Bref,** par saint Boniface (évêque) – miniature du XVIe s. – bibliothèque des Arts décoratifs, Paris

**Pépin** (?, vers 777 – Milan, 810), roi d'Italie (781-810) ; second fils de Charlemagne. Nommé

Carloman, il prit le nom de Pépin en 781 ; il reçut en 806 l'Alémanie (territoire occupé par les Alamans) et la Bavière.

**Pépin Ier** (?, 803 – Poitiers, 838), roi d'Aquitaine (817-838) ; il se révolta, avec ses frères Lothaire et Louis, contre son père, Louis le Débonnaire (830 et 831-833). — **Pépin II** (?, vers 823 – Senlis, après 865), roi d'Aquitaine (838-856), fils du préc. ; en 843 (traité de Verdun), son royaume fut attribué à Charles le Chauve, qui finit par le vaincre et l'emprisonner.

**pépinière** *nf* **1** Plant de jeunes arbres obtenus par semis et élevés jusqu'à un âge permettant la transplantation et le repiquage ; terrain où sont plantés ces jeunes arbres. **2** fig Lieu, établissement où sont rassemblées et formées des personnes destinées à un état, à une profession. **LOC** *Pépinière d'entreprises* : structure qui favorise la création et le développement de PME, en leur fournissant une infrastructure et des services.

**pépiniériste** *n, a* Se dit d'une personne qui cultive des pépinières.

**pépite** *nf* **1** Petite masse de métal natif, et, particulièrement, d'or. **2** Petit fragment de chocolat servant à la fabrication de gâteaux secs. ETY De l'esp. *pepita*, « pépin ».

**péplum** *nm* **1** ANTIQ Tunique de laine d'une seule pièce, portée par les femmes, drapée et agrafée sur l'épaule par deux fibules. **2** fam Film à grand spectacle consacré à un épisode de l'histoire antique. PHO [peplɔm] ETY Mot lat.

**Pepper Art** (Gardena, 1925 – Los Angeles, 1982), jazzman américain, saxophoniste.

**peppermint** *nm* Liqueur faite avec de la menthe poivrée. PHO [pepɔRmint] ETY Mot angl.

**peps** *nm* fam Dynamisme, punch, tonus. ETY De l'angl. *pepper*, « poivre ». VAR **pep** ou **pep's**

**-pepsie** Élément, du gr. *pepsis*, « digestion ».

**pepsine** *nf* BIOCHIM Enzyme sécrétée par les cellules de la muqueuse gastrique, qui décompose les protéines et les transforme en peptones. DER **peptique** *a*

**peptidase** *nf* BIOCHIM Enzyme protéolytique active sur les peptides.

**peptide** *nm* BIOCHIM Protide formé d'un petit nombre d'acides aminés. *L'insuline, l'ACTH sont des peptides.* DER **peptidique** *a*

**peptisation** *nf* CHIM Transformation d'une substance colloïdale solide en une solution.

**peptone** *nf* BIOCHIM Substance protidique résultant de l'action d'enzymes sur les protéines.

**peptonisation** *nf* BIOCHIM Transformation en peptone.

**Pepys Samuel** (Londres, 1633 – Clapham, Londres, 1703), mémorialiste anglais. Secrétaire de l'Amirauté, il organisa la marine. En 1818, on retrouva son *Journal* (1660-1669), évocation détaillée, cynique et humoristique de lui-même et des mœurs de la société.

**péquenot, otte** *n* fam, péjor Paysan. PHO [pekno] ou [pekno] ETY D'un rad. *pekk*, « chétif ». VAR **pèquenot, otte** ou **pèquenaud, aude** ou **péquenaud, aude**

**péquiste** *a, n* Canada Partisan du Parti Québécois (PQ).

**per** *nm* Indice boursier mettant en relation les bénéfices d'une société et le montant de ses actions en circulation. ETY De l'angl. *price earning ratio*.

**pérail** *nm* Fromage crémeux, en forme de galette, fabriqué dans le Rouergue. PLUR pérails.

**Perak** État de Malaisie péninsulaire, sur le détroit de Malacca ; 21 005 km$^2$ ; 2 110 000 hab. ; cap. *Ipoh*. Mines d'étain.

**péraldon → pélardon.**

**péramèle** *nm* Marsupial australien terrestre, de la taille d'un lapin, au museau allongé. ETY Du gr. *pêra*, « sac » et du lat. *meles*, « martre ».

**perborate** *nm* CHIM Peroxohydrate entrant dans la composition de lessives.

**perçage → percer.**

**percale** *nf* Toile de coton fine et serrée. ETY Du turco-persan.

**percaline** *nf* Toile de coton servant à faire des doublures.

**perçant, ante** *a* **1** Très vif, en parlant du froid. **2** Aigu et qui s'entend de loin, en parlant du son. *Voix, cris perçants.* **3** D'une grande acuité. *Vue perçante. œil perçant.*

**perce** *nf* **1** TECH Outil pour percer. **2** MUS Trou d'un instrument à vent. **LOC** *Mettre un tonneau en perce* : y faire une ouverture pour en tirer le vin.

**percée** *nf* **1** Ouverture pratiquée pour faire un chemin ou ménager un point de vue. **2** Action de pénétrer, de rompre la ligne de défense de l'adversaire. **3** Réussite acquise en triomphant des obstacles, de la concurrence, etc.

**percement → percer.**

**perce-muraille** *nf* BOT Pariétaire. PLUR perce-murailles.

**perce-neige** *nf, nm* Petite plante ornementale (amaryllidacée), dont les fleurs blanches s'épanouissent à la fin de l'hiver. PLUR perce-neiges ou perce-neige.

**perce-oreille** *nm* Insecte (dermaptère) dont l'abdomen se termine par une sorte de pince. SYN forficule. PLUR perce-oreilles.

**perce-pierre** *nf* Nom cour. de plusieurs plantes vivant sur les pierres, telles que la saxifrage. PLUR perce-pierres.

**percept** *nm* PSYCHO Objet dont la représentation nous est donnée par la perception sensorielle.

**percepteur, trice** *a, nm* **A** *a* Qui perçoit. *Organe percepteur.* **B** *nm* Agent du Trésor public chargé du recouvrement des contributions directes et de certaines taxes.

**perceptible** *a* **1** Qui peut être perçu par les sens. *Son perceptible.* **2** Qui peut être perçu par l'esprit, compris. *Une subtilité peu perceptible.* **3** FIN Qui peut être perçu, en parlant d'une taxe, d'un impôt. DER **perceptibilité** *nf* – **perceptiblement** *av*

**perceptif, ive** *a* Relatif à la perception d'un objet, à son appréhension.

**perception** *nf* **1** FIN Recouvrement des impôts. *Perception d'une taxe.* **2** Emploi de percepteur. **3** Local où le percepteur a sa caisse. **4** PSYCHO Représentation d'un objet, construite par la conscience à partir des sensations. **5** Sensation. *Les perceptions lumineuses.* ETY Du lat.

**perceptionnisme** *nm* PHILO Théorie selon laquelle le monde extérieur est immédiatement perçu.

**perceptuel, elle** *a* didac Qui relève de la perception en tant que faculté.

**percer** *v* ⑫ **A** *vt* **1** Faire un trou dans, forer. *Percer un mur.* **2** Pénétrer, traverser de part en part. *La pluie perce les habits. Lumière qui perce les ténèbres.* **3** Pratiquer une ouverture, un passage. *Percer une fenêtre, une porte.* **4** Blesser ou tuer en traversant le corps ou une partie du corps. *Percer qqn de coups d'épée.* **B** *vi* **1** Commencer à apparaître, à se manifester. *Dents qui percent. La vérité finira bien par percer.* **2** Devenir célèbre, faire son chemin. *Jeune chanteur qui perce.* **3** S'ouvrir spontanément et se vider de son pus, en parlant d'un abcès. **LOC** *Percer le cœur de qqn* : l'atteindre profondément, le faire souffrir moralement. — *Percer qqch à jour* : découvrir qqch de caché, de secret. ETY Du lat. *pertundere*, « trouer ». DER **perçage** ou **percement** *nm*

**perceur, euse** *n* Personne qui perce. *Un perceur de coffres-forts.*

**perceuse** *nf* Machine, outil qui sert à percer.

**Perceval** personnage du roman breton, héros du roman de Chrétien de Troyes *Perceval ou le Conte du Graal*, sa dernière œuvre (inachevée, v. 1190). V. Graal et Parsifal. ▷ CINE *Perceval le Gallois* de Rohmer (1978), avec Fabrice Luchini (né en 1951).

**percevoir** *vt* ⑤ **1** Recueillir de l'argent, des revenus. *Percevoir un loyer.* **2** Prendre conscience de, connaître qqch par les sens. *Percevoir une couleur.* **3** Concevoir, discerner par l'esprit, comprendre. *Percevoir le sens d'une phrase.* ETY Du lat. DER **percevable** *a*

**1 perche** *nf* Poisson d'eau douce (perciforme), à la chair estimée, caractérisé par deux nageoires dorsales, dont la première est épineuse. **LOC** *Perche de mer* : serran. — *Perche noire* ou *truitée* : achigan. — *Perche soleil* ou *arc-en-ciel* : petit poisson perciforme aux couleurs vives, originaire des États-Unis. ETY Du gr. *perkos*, « tacheté de noir ».

**perche** commune

**2 perche** *nf* **1** Pièce de bois, de métal, etc., de section circulaire, longue et mince. **2** TRANSP Tige permettant à un véhicule électrique (trolleybus, tramway, etc.) de capter le courant sur le câble conducteur. **LOC** AUDIOV *Perche (à son)* : à l'extrémité de laquelle un micro est fixé. — SPORT *Saut à la perche* : saut en hauteur dans lequel on prend appui sur une perche. — *Tendre la perche à qqn* : lui donner la possibilité de se sortir d'une situation fâcheuse, lui venir en aide. — fam *Une grande perche* : une personne grande et maigre. ETY Du lat. *pertica*, « gaule ».

saut à la **perche**, Renaud Lavillenie lors des JO de Londres (2012)

**Perche (col de la)** col des Pyrénées-Orientales (1 577 m), qui relie la vallée de la Têt à celle de la Sègre.

**Perche (le)** rég. et anc. pays de France, auj. réparti entre les dép. de l'Orne et d'Eure-et-Loir ; anc. cap. *Corbon*, puis *Mortagne* ; v. princ. *Nogent-le-Rotrou*. Ce bocage est voué à l'élevage bovin. DER **percheron, onne** *a, n*

**percher** *v* 1 **A** *vt* Placer qqch à un endroit élevé. *Elle a perché les confitures sur l'armoire.* **B** *vi* **1** Se poser sur une branche, un endroit élevé, en parlant d'un oiseau. **2** fam Demeurer en un lieu élevé, en parlant d'une personne. *Percher au septième.* **3** fam Habiter. *Où perche votre ami ?* **C** *vpr* **1** Se poser sur un endroit élevé. *Un bouvreuil se perche dans le cerisier.* **2** Se jucher, en parlant d'une personne.

**percheron** *nm* Grand cheval de trait, lourd et puissant, originaire du Perche.

**percheur, euse** *a* Qui a l'habitude de se percher. *Oiseaux percheurs.*

**perchiste** *n* **1** SPORT Sauteur à la perche. **2** AUDIOV Technicien qui tient la perche à son. SYN (déconseillé) perchman.

**perchlorate** *nm* CHIM Sel de l'acide perchlorique, oxydant puissant utilisé notam. dans la fabrication des explosifs. PHO [pɛʀklɔʀat]

**perchlorique** *a* LOC CHIM *Acide perchlorique* : acide fort, de formule $HClO_4$, très oxydant à chaud. PHO [pɛʀklɔʀik]

**perchman** *nm* AUDIOV Syn. (déconseillé) de *perchiste*. PHO [pɛʀʃman] ETY De l'angl.

**perchoir** *nm* **1** Lieu, support où les volailles, les oiseaux se perchent. **2** fig, fam Siège, lieu d'habitation élevé. **3** Tribune élevée du président de l'Assemblée nationale.

**Percier Charles** (Paris, 1764 – id., 1838), architecte français. Son œuvre est inséparable de celle de Pierre Fontaine.

**perciforme** *nm* ICHTYOL Poisson téléostéen acanthoptérygien dont la vessie gazeuse ne communique pas avec l'œsophage, et dont l'ordre comprend la perche, la daurade, le thon, etc. ETY Du lat. *perca*, « perche ».

**perclus, use** *a* Paralytique, impotent partiellement ou totalement. *Perclus de rhumatismes.* ETY Du lat. *perclusus*, « obstrué ».

**percnoptère** *nm* ORNITH Petit vautour dont une espèce du bassin méditerranéen, d'Afrique et d'Asie a le plumage blanchâtre avec les ailes bordées de noir. ETY Du gr. *perknos*, « noirâtre ».

**perçoir** *nm* TECH Outil pour percer.

**percnoptère** d'Égypte

**percolateur** *nm* Appareil à vapeur permettant de faire du café en grande quantité. ETY Du lat. *percolare*, « filtrer ».

**percolation** *nf* **1** PHYS Circulation à travers une substance d'un liquide soumis à une pression. **2** didac Circulation de l'eau dans un milieu poreux.

**perçu, ue** *a* LOC *Bien* (ou *mal*) *perçu* : bien (ou mal) compris, convaincant, apprécié (ou non). *Son attitude provocante a été mal perçue.*

**percussif, ive** *a* MUS Qui concerne ou évoque un instrument à percussion.

**percussion** *nf* **1** Choc, action par laquelle un corps en frappe un autre. **2** MECA, PHYS Produit de la somme des forces, au cours d'un choc, par la durée de ce choc. **3** MED Mode d'examen consistant à déterminer l'état de certains organes en écoutant la transmission d'un son émis en frappant la peau au niveau d'une cavité du corps (thorax, abdomen). LOC *Fusil à percussion* : dans lequel le feu est communiqué à la charge par le choc du percuteur sur la capsule. — MUS *Instruments de* (ou *à*) *percussion* : dont on joue en les frappant (timbales, tambour, gong, triangle, etc.) ou en les entrechoquant (castagnettes, grelots, cymbales, etc.).

**percussionniste** *n* Musicien qui joue d'un ou de plusieurs instruments à percussion.

**Percussions de Strasbourg (les)** groupe de 6 solistes percussionnistes fondé en 1961 à Strasbourg.

**percutané, ée** *a* didac Qui se fait à travers la peau.

**percutant, ante** *a* **1** Qui agit par percussion. **2** fig Qui frappe, qui fait beaucoup d'effet. *Un argument percutant.* LOC ARTILL *Obus percutant* : qui explose en touchant le sol ou la cible.

**percuter** *v* 1 **A** *vt* **1** Frapper, heurter violemment qqch. *Le véhicule a percuté le mur.* **2** fam Comprendre. *Je n'ai rien percuté.* **3** TECH Frapper l'amorce, en parlant du percuteur d'une arme à feu. **4** MED Examiner par la percussion. **B** *vi* **1** Frapper en éclatant. *L'obus a percuté contre le parapet.* **2** Heurter un obstacle avec violence. *L'automobile percuta contre un arbre.* ETY Du lat.

**percuteur** *nm* **1** Pièce, outil agissant par percussion. **2** Dans une arme à feu, tige métallique munie d'une pointe dont le choc contre l'amorce du projectile fait partir le coup. **3** PREHIST Outil servant à fracturer les roches pour les façonner en outils.

**perdant, ante** *a, n* Qui perd. *Numéro perdant. Être le perdant dans une affaire.*

**Perdican** héros de la comédie de Musset *On ne badine pas avec l'amour* (1834).

**Perdiccas** (m. en 321 av. J.-C.), général macédonien, lieutenant d'Alexandre le Grand. Régent de l'Empire à sa mort (323), il fut vaincu et tué par les autres généraux d'Alexandre.

**Perdiccas II** roi de Macédoine (v. 450-413 av. J.-C.), tour à tour allié de Sparte et d'Athènes. — **Perdiccas III** roi de Macédoine (365-359 av. J.-C.) ; frère de Philippe II ; tué en combattant les Illyriens.

**Perdiguier Agricol** (Morières-lès-Avignon, 1805 – Paris, 1875), compagnon menuisier : *Livre du compagnonnage* (1839), *Mémoires d'un compagnon* (1855) ; député (1848-1851).

**perdition** *nf* THEOL État d'une personne qui s'éloigne de l'Église ou du salut, qui vit dans le péché. LOC *Avion, navire en perdition* : en danger d'être perdu.

**perdre** *v* 6 **A** *vt* **1** Cesser de posséder, d'avoir à sa disposition : un bien, un avantage. *Perdre son argent, sa place.* **2** Être privé d'une partie de soi, de son corps. *Perdre un bras, un œil.* **3** Cesser d'avoir un caractère essentiel, une qualité, un comportement, etc. *Perdre sa gaieté. Argument qui perd de sa force.* **4** Ne plus retrouver une chose qui a été égarée, oubliée. *Perdre une adresse, son stylo, son chien.* **5** Être séparé de qqn que l'on ne retrouve plus. *Enfant qui a perdu ses parents dans la foule.* **6** Être quitté par qqn. *Perdre un ami, un adjoint.* **7** Être privé de qqn par la mort. *Perdre ses parents.* **8** Cesser de suivre ; laisser échapper qqch. *Perdre son chemin. Ne pas perdre une bouchée de qqch.* **9** Mal employer qqch. *Perdre son temps.* **10** N'avoir pas le dessus dans une compétition, un conflit, etc. *Perdre la partie, une bataille, un procès.* **11** Ruiner, discréditer. *Cela vous perdra.* **B** *vpr* **1** Cesser d'exister. *Usages qui se perdent.* **2** Disparaître. *Se perdre dans la foule.* **3** S'égarer. *Se perdre dans une forêt.* **4** fig S'embarrasser, ne plus s'y reconnaître. *On me demande d'accomplir tant de formalités que je m'y perds.* LOC *Perdre de vue* : ne plus voir, ne plus entendre parler de. — *Perdre la tête* : s'affoler, s'énerver ou devenir fou. — *Se perdre dans la rêverie* : s'y absorber. — *Se perdre en conjectures* : faire en vain toutes les suppositions possibles. — fam *Perdre sa chemise* : faire d'importantes pertes d'argent. ETY Du lat.

**perdreau** *nm* Jeune perdrix de l'année.

**perdrigon** *nm* rég Variété de prune. ETY Du provenç. *perdigon*, « perdreau ».

**perdrix** *nf* **1** Oiseau galliforme, sédentaire et vivant en troupes, recherché comme gibier. **2** Afrique Francolin. LOC *Perdrix de mer* : glaréole. — *Perdrix des neiges* ou, Canada, *perdrix blanche* : lagopède. — Canada *Perdrix des savanes* : tétras. ETY Du gr.

**perdrix** bartavelle

**perdu, ue** *a* **1** Dont on n'a plus la disposition, la possession. *Argent perdu.* **2** Égaré, oublié, que l'on ne retrouve plus. *Objets perdus. Chien perdu.* **3** Employé inutilement, dont on n'a pu profiter. *Peine perdue. Occasion perdue.* **4** Difficile à trouver, isolé, écarté, en parlant d'un lieu, d'une localité. *Coin, pays, village perdu.* **5** Dans quoi l'on n'a pas eu le dessus, où l'on a été vaincu. *Cause perdue.* **6** Atteint irrémédiablement, dont le cas est désespéré. *Malade perdu.* **7** Corrompu, débauché. **8** Qui disparaît, qui a disparu. *Perdu dans la foule.* **9** Qui s'est égaré. LOC *À temps perdu* : dans les moments de loisir. — *Comme un perdu* : de toutes ses forces. — *Femme, fille perdue* : prostituée.

**Perdu (mont)** (en esp. *Monte Perdido*), sommet des Pyrénées centrales (3 355 m), en Espagne, au S.-E. du cirque de Gavarnie.

**perdurer** *vi* 1 litt Durer longtemps, continuer, se perpétuer.

**père** *nm* **A** **1** Homme qui a engendré un ou plusieurs enfants. **2** Géniteur d'un animal. **3** Titre donné à la plupart des prêtres catholiques membres du clergé régulier. *Les pères jésuites. Révérend père.* **4** Créateur, fondateur d'une œuvre, d'une doctrine. *Freud, père de la psychanalyse.* **5** Celui qui se conduit, qui est considéré comme un père. *Vous avez été un père pour moi.* **6** Suivi d'un nom, pour désigner un homme d'un certain âge et de milieu social modeste. *Le père Jérôme.* **7** Afrique Titre de respect donné aux hommes âgés ; nom donné à l'oncle paternel (appelé aussi *petit père*) ; prêtre catholique d'origine européenne (par oppos. à abbé). **B** *nm pl* Ancêtres, aïeux. *Le sang de nos pères.* **LOC** ***De père en fils :*** par transmission du père aux enfants. — THEOL ***Dieu le Père, le Père éternel :*** la première personne de la Trinité. — DR ***En bon père de famille :*** avec la sagesse, l'esprit d'économie qu'un père de famille est censé posséder. — ***Gros père :*** gros homme d'allure bonasse ; enfant joufflu, replet. — ***Le Saint-Père :*** le pape. — ***Les Pères de l'Église :*** les apologistes et les docteurs des six premiers siècles de l'Église chrétienne. — ***Les Pères du concile*** (ou ***conciliaires***) **:** les évêques qui ont voix délibérante aux débats d'un concile. — ***Les Pères du désert :*** les anciens anachorètes. — ***Père de famille :*** qui élève un ou plusieurs enfants. ETY Du lat.

**Perec** Georges (Paris, 1936 – id., 1982), écrivain français, membre de l'Oulipo : *les Choses* (1965), *la Disparition* (livre sans la lettre *e*, 1969), *W* (1975), *la Vie mode d'emploi* (1978).

**Pérec** Marie-José (Basse-Terre, Guadeloupe, 1968), athlète française. Championne olympique du 400 m en 1992, du 200 m et du 400 m en 1996.

**Père Duchesne (le)** → **Duchesne.**

**Pérée** anc. contrée de Palestine, à l'E. du Jourdain.

**Péréfixe** Hardouin de Beaumont de (Beaumont, Vienne, 1605 – Paris, 1670), archevêque de Paris (1662), ennemi acharné du jansénisme.

**Père Goriot (le)** roman de Balzac (1834-1835).

**pérégrination** *nf* **A** litt Voyage dans des pays lointains. **B** *nfpl* Nombreux déplacements, allées et venues. ETY Du lat. *peregrinari,* « voyager ».

**Pérégrination vers l'Ouest** (en chin. *Xijou ji* ou *Si-yeou ki*), roman populaire chinois, attribué à Wu Cheng'en (m. v. 1580), qui amplifia des récits antérieurs racontant le voyage d'un moine bouddhiste en Inde au VIII^e s. Le roi des singes, Sun Wukong, aux dons surnaturels, l'accompagne. VAR **Voyage en Occident (le)**

**Pereira** , v. de Colombie, dans la vallée du Cauca ; ch.-l. de dép. ; 575 000 hab.

**Pereire** Jacob Émile (Bordeaux, 1800 – Paris, 1875), banquier, économiste et homme politique français, comme son frère **Isaac** (Bordeaux, 1806 – Armainvilliers, Seine-et-M., 1880). Saint-simoniens, ils créèrent le Crédit mobilier (1852), qui favorisa l'essor économique français mais fit faillite en 1867.

**Perekop** (isthme de) isthme qui rattache la Crimée au continent, entre la mer d'Azov et la mer Noire.

**Père-Lachaise** (cimetière du) cimetière à Paris (XX^e arr.), créé en 1803 à Ménilmontant (auj. Paris, XX^e) dans un domaine où séjourna le père La Chaise, confesseur de Louis XIV. Dans sa partie N.-E., le mur des Fédérés rappelle le souvenir des membres de la Commune fusillés en 1871.

**péremption** *nf* DR Anéantissement, après un certain délai, de procédures non continuées, de jugements par défaut non exécutés, d'inscriptions hypothécaires non renouvelées. **LOC** ***Date de péremption :*** au-delà de laquelle un médicament, un produit de consommation ne doit plus être utilisé. PHO [peʀɑ̃psjɔ̃] ETY Du lat. *perimere,* « détruire ».

**péremptoire** *a* **1** DR Relatif à la péremption. **2** Décisif, contre quoi il n'y a rien à répliquer. *Argument péremptoire.* **3** Se dit de qqn qui n'admet pas la contradiction. DER **péremptoirement** *av*

**pérennant, ante** *a* BOT **1** Se dit d'une plante annuelle ou bisannuelle qui peut devenir vivace. **2** Se dit de la partie d'une plante vivace qui reste vivante en hiver (bulbes, rhizomes, tubercules).

**pérenne** *a* GEOGR Se dit d'une source qui coule toute l'année. ETY Du lat. *perennis,* « qui dure un an ».

**pérenniser** *vt* ① didac Rendre durable. DER **pérennisation** *nf*

**pérennité** *nf* litt DR État de ce qui dure longtemps ou toujours ; continuité. *Assurer la pérennité des institutions.*

**péréquation** *nf* ECON **1** Répartition équitable des ressources ou des charges entre ceux qui doivent les recevoir ou les supporter. **2** Réajustement des traitements et des pensions. ETY Du lat. *peræquare,* « égaliser ».

**Peres** Shimon (Wisznewa, Pologne, aujourd'hui Biélorussie, 1923), homme politique israélien. Travailliste, Premier ministre en 1977, en 1984-1988 et en 1995-1996 après l'assassinat de Rabin et plus. fois ministre (en particulier ministre des Affaires étrangères). Il est élu prés. de l'État d'Israël en 2007. Prix Nobel de la paix (1994) avec I. Rabin et Y. Arafat.

G. Perec

S. Peres

**pérestroïka** *nf* HIST Restructuration de la société civile soviétique dans le sens de la libéralisation effectuée par M. Gorbatchev. PHO [peʀɛstʀɔika] ETY Mot russe, « reconstruction ». VAR **perestroïka**

**Péret** Benjamin (Rezé, 1899 – Paris, 1959), poète français surréaliste, ami fidèle de Breton : *le Grand Jeu* (1928), *Mort aux vaches et au champ d'honneur* (1953).

**Père tranquille (le)** film (1946) de et avec le Français Noël-Noël (1897 – 1989).

**Perey** Marguerite (Villemomble, 1909 – Louveciennes, 1975), physicienne nucléaire française. Elle découvrit le francium (1939).

**Pérez** Carlos Andrés (Rubio, près de San Cristóbal, 1922 – Miami, 2010), homme politique vénézuélien ; président de la Rép. de 1974 à 1979 et de 1988 à 1994.

**Pérez de Ayala** Ramón (Oviedo, 1880 – Madrid, 1962), écrivain espagnol, poète (*le Sentier innombrable,* 1921), romancier (*Ténèbres sur les cimes,* 1907-1911, *le Tigre Juan,* 1926).

**Pérez de Cuellar** Javier (Lima, 1920), diplomate péruvien ; secrétaire général de l'ONU de 1982 à 1991.

**Pérez de Hita** Ginés (Mula, v. 1545 – Murcie, v. 1619), auteur espagnol du prem. roman historique, *Guerres civiles de Grenade* (sur la lutte entre Maures et chrétiens).

**Pérez de Montalbán** Juan (Madrid, 1602 – id., 1638), écrivain espagnol : *Orphée* (1624), *Aventures et prodiges d'amour* (1624), env. 60 pièces, dont *les Amants de Teruel* (1638).

**Pérez Esquivel** Adolfo (Buenos Aires, 1931), architecte et sculpteur argentin ; défenseur des libertés dans son pays. P. Nobel de la paix 1980.

**Pérez Galdós** Benito (Las Palmas, 1843 – Madrid, 1920), journaliste et écrivain espagnol. Les 43 vol. de ses *Épisodes nationaux* (1873-1912) sont une vaste épopée sur l'Espagne au XIX^e s. ▶ illustr. p. 1224

**perfectible** *a* Susceptible d'être perfectionné. DER **perfectibilité** *nf*

**perfectif** *a, nm* LING Se dit de l'aspect du verbe présentant l'action comme achevée ou comme ponctuelle. SYN accompli.

**perfection** *nf* **1** Qualité de ce qui est parfait, état de ce qui a une qualité au degré absolu. *Atteindre la perfection. La perfection du style.* **2** THEOL, PHILO Somme de toutes les qualités à leur degré absolu. *La perfection de Dieu.* **3** Qualité excellente, remarquable. **4** Chose ou personne parfaite dans un rôle, une fonction. **LOC** ***À la perfection :*** parfaitement. ETY Du lat.

**perfectionner** *vt* ① Rendre meilleur, faire tendre davantage vers la perfection. *Perfectionner un mécanisme. Se perfectionner en anglais.* DER **perfectionnement** *nm*

**perfectionnisme** *nm* Souci excessif d'atteindre la perfection. DER **perfectionniste** *n, a*

**perfecto** *nm* Blouson de cuir épais, noir, à fermeture éclair sur le côté. ETY Nom déposé.

**perfide** *a, n* litt Qui manque à sa parole, à la confiance mise en lui ; traître. DER **perfidement** *av* – **perfidie** *nf*

**perforant, ante** *a* Qui perfore. **LOC** MED ***Mal perforant :*** ulcération gagnant en profondeur. — MILIT ***Projectile perforant :*** destiné à perforer les blindages.

**perforateur, trice** *a, nf* **A** *a* Qui sert à perforer. **B** *nf* **1** Machine à perforer. **2** MINES Machine servant à forer des trous de mine.

**perforation** *nf* **1** Action de perforer. **2** Trou fait en perforant. **3** MED Ouverture accidentelle ou pathologique d'un organe. *Perforation de l'intestin.*

**perforer** *vt* ① Percer en faisant un ou plusieurs trous. ETY Du lat. DER **perforage** *nm*

**perforeuse** *nf* Syn. de *perforatrice.*

**performance** *nf* **1** Résultat chiffré obtenu par un sportif ou un cheval de course lors d'une épreuve. **2** Résultat remarquable, exploit. *Cet athlète a réussi là une performance.* **3** TECH Résultat optimal obtenu par un matériel. **4** LING Acte de production, d'interprétation ou de compréhension d'un énoncé réalisé par un sujet parlant à partir de la compétence. **5** Bx-A Dans l'art contemporain, œuvre éphémère constituée par une intervention sur l'environnement (happening), le corps de l'artiste (art corporel), le paysage (land art), etc. SYN action. ETY Du moyen fr. *parformer,* « accomplir ».

**performant, ante** *a* Capable de performances élevées. *Un appareil performant.*

**performatif, ive** *a, nm* LING Se dit d'un énoncé constituant, accomplissant l'acte qu'il énonce, par le fait même qu'il l'énonce. (Ex. : *Je promets. Je déclare la séance ouverte.*)

**performeur, euse** *n* **1** Auteur d'une performance sportive. **2** Artiste qui s'exprime par des performances. VAR **performer**

**perfusion** *nf* **1** MED Injection lente et continue, dans la circulation sanguine, de sérum, de sang ou de substances médicamenteuses en solution. **2** fig Apport de subventions à un secteur, une région économiquement déprimés. DER **perfuser** *vt* ①

**Pergame** (auj. *Bergama,* Turquie), anc. v. de Mysie, sur les rives du Caïcos, cap. d'un puissant royaume hellénistique aux III^e et II^e s. av. J.-C. Attale I^er Sôter y créa la *bibliothèque de Pergame* (200 000 vol.). Le royaume de Pergame fut légué aux Romains en 133 av. J.-C. par Attale III. – Ruines de nombr. temples, d'un grand théâtre, d'un autel dédié à Zeus, etc. DER **pergaménien, enne** *a*

**Pergaud Louis** (Belmont, Doubs, 1882 – Marchéville-en-Woëvre, près de Verdun, 1915), romancier français : *De Goupil à Margot* (1910), *la Guerre des boutons* (1912).

**pergélisol** *nm* Syn. de *permafrost*.

**pergola** *nf* Construction de jardin légère constituée de poutrelles à claire-voie formant toiture, recouverte de plantes grimpantes. ETY Mot ital.

**Pergolèse Jean-Baptiste** (en ital. *Giovanni Battista Pergolesi*) (Jesi, 1710 – Pouzzoles, 1736), compositeur italien de l'école napolitaine : opéras (*la Servante maîtresse*, 1733), oratorios, messes, *Stabat Mater* (1736), motets.

**péri-** Élément, du gr. *peri*, « autour ».

**Péri Gabriel** (Toulon, 1902 – Paris, 1941), journaliste français ; député communiste ; résistant fusillé par les Allemands.

**Périandre** (VIIe – VIe s. av. J.-C.), tyran de Corinthe (627 à 585 av. J.-C.), un des Sept Sages de la Grèce.

**périanthe** *nm* BOT Ensemble des enveloppes florales (sépales et pétales).

**périartérite** *nf* MED Inflammation du tissu qui entoure les artères.

**périarthrite** *nf* MED Atteinte inflammatoire des tissus avoisinant une articulation.

**périarticulaire** *a* MED Qui siège autour d'une articulation. *Douleurs périarticulaires.*

**périastre** *nm* ASTRO Point de l'orbite d'un objet céleste le plus proche de l'astre autour duquel il gravite.

**péribole** *nm* ANTIQ Espace clos, planté d'arbres, ménagé autour d'un temple grec.

**Péribonca (la)** riv. du Québec (480 km), tributaire du lac Saint-Jean. VAR **Péribonka**

**péricarde** *nm* ANAT Membrane qui enveloppe le cœur, composée d'une partie interne, séreuse, formée de deux feuillets et d'une partie externe, fibreuse. DER **péricardique** *a*

**péricardite** *nf* MED Inflammation ou infection du péricarde.

**péricarpe** *nm* BOT Ensemble des tissus qui forment la paroi d'un fruit.

**Périclès** (?, v. 495 – Athènes, 429 av. J.-C.), homme d'État athénien, membre de la grande famille des Alcméonides, fils de Xanthippos et d'Agaristê. Bon orateur, chef du parti démocratique (459 av. J.-C.), il demeura à la tête de l'État de 443 à 429 comme stratège, réélu chaque année. Sa compagne Aspasie réunit autour d'eux les plus brillants esprits de l'Attique. Il accomplit de grandes réformes démocratiques ; ainsi, les charges, rétribuées, furent accessibles à tous les citoyens. À l'extérieur, Périclès porta à son apogée la puissance navale et coloniale d'Athènes en luttant contre les Perses et contre Sparte. En 454, il fit transférer le trésor de guerre de Délos sur l'Acropole et l'utilisa pour embellir la cité : construction du Parthénon, notam. Aussi, la civilisation grecque de son époque prit le nom de « siècle de Périclès ». La fin de son « règne » fut dramatique : les débuts malheureux de la guerre du Péloponnèse (431-404), qui mina Athènes, le discréditèrent et il mourut de la peste.

**péricliter** *vi* 1 Aller à la ruine, décliner. ANT prospérer. ETY Du lat. *periculum*, « danger ».

**péricycle** *nm* BOT Dans les racines et les tiges, couche cellulaire séparant l'écorce du cylindre central.

**péridinien** *nm* BOT Syn. de *dinoflagellé*. ETY Du gr. *peridinoumai*, « tournoyer ».

**péridot** *nm* MINER Minéral constitutif des roches éruptives, formé de silicates de fer et de magnésium, tel que l'olivine. PHO [perido]

**péridotite** *nf* GEOL Roche constituée d'olivine, de pyroxène et de grenat, et qui est le constituant principal du manteau terrestre.

**péridural, ale** *a, nf* MED Se dit d'une anesthésie du bassin, surtout utilisée en obstétrique. PLUR périduraux.

**périéducatif, ive** *a* Syn. de *périscolaire*.

**Perier Claude** (Grenoble, 1742 – Paris, 1801), industriel français ; il fit fortune sous la Révolution, soutint Bonaparte et participa à la création de la Banque de France (1801). — **Casimir** (Grenoble, 1777 – Paris, 1832), fils du préc. ; banquier et homme politique français. Dans l'opposition libérale sous la Restauration, président du Conseil et ministre de l'Intérieur en 1831, il réprima durement les troubles de Paris et de Lyon (révolte des canuts), et mourut du choléra – Depuis 1873, le nom officiel de cette famille est Casimir-Perier.

**Peries Lester James** (Colombo, 1919), cinéaste srilankais : *la Ligne du destin* (1956), *le Domaine* (2003).

**périf** *nm* fam Boulevard périphérique. VAR **périph**

**périgée** *nm* ASTRO **1** Point de l'orbite d'un astre ou d'un satellite le plus rapproché de la Terre. ANT apogée. **2** Époque où un astre se trouve en ce point. ETY Du gr.

**périglaciaire** *a* GEOL Se dit de la zone proche des glaciers, dans laquelle l'alternance du gel et du dégel joue un rôle prépondérant.

**Pérignon dom Pierre** (Sainte-Menehould, 1638 – abb. d'Hautvillers, près d'Épernay, 1715), bénédictin français qui perfectionna la champagnisation des vins.

**Pérignon Dominique Catherine (marquis de)** (Grenade-sur-Garonne, 1754 – Paris, 1818), homme politique français (député à la Législative et aux Cinq-Cents) et maréchal de France (1804). Il se rallia aux Bourbons.

**Périgord** anc. pays de France, au N.-E. du Bassin aquitain, inclus dans le dép. de la Dordogne ; v. princ. *Périgueux*. Adossé au Massif central, il comprend plateaux, collines et riches vallées : cult. maraîchères, vigne, noyers, tabac ; truffes dans les forêts de chênes. – Nombr. sites préhistoriques : Les Eyzies, Lascaux, etc. Peuplé par les Celtes, le Périgord fut sous les Mérovingiens un comté. Henri IV le réunit au domaine royal en 1607. DER **périgourdin, ine** *a, n*

**périgordien, enne** *a, nm* PREHIST Se dit de la culture du paléolithique supérieur contemporain de l'aurignacien. ETY Du n. pr.

**Périgueux** ch.-l. du dép. de la Dordogne, sur l'Isle, anc. cap. du Périgord ; 31 046 hab. Centre commercial. Industr. alim. (truffes, foie gras). – Évêché. Musée. Arènes romaines (IIIe s. Cath. romano-byzantine (XIIe s., défigurée au XIXe s. par Abadie). Égl. XIIe s. Tour XVe s. DER **périgourdin, ine** *a, n*

**périhélie** *nm* ASTRO Point de l'orbite d'une planète ou d'une comète le plus proche du Soleil. ANT aphélie.

**péri-informatique** *nf, a* Ensemble des matériels annexes d'un système informatique (imprimante, terminaux, etc.). PLUR péri-informatiques.

Pérez Galdós

Périclès

**péril** *nm* litt Risque, danger. PHO [peʀil] ETY Du lat.

**périlleux, euse** *a* Qui présente du danger, des risques. *Situation périlleuse.* SYN dangereux. PHO [peʀijø,øz] DER **périlleusement** *av*

**Perim** île fortifiée (13 km²) du Yémen, dans le détroit de Bab al-Mandab.

**périmé, ée** *a* **1** Qui a dépassé le délai de validité. *Abonnement périmé.* **2** fig Dépassé, qui n'a plus cours. *Théories périmées.* SYN caduc, désuet.

**périmer (se)** *vpr* 1 Devenir caduc, perdre sa validité. ETY Du lat. *perimere*, « détruire ».

**périmètre** *nm* **1** GEOM Contour d'une figure plane ; longueur de ce contour. **2** Contour d'un espace quelconque. **3** fig Étendue d'un secteur d'activité, champ d'action. ETY Du gr. DER **périmétrique** *a*

**périnatal, ale** *a* MED Relatif à la période qui précède et suit immédiatement la naissance. *Médecine périnatale.* PLUR périnatals. DER **périnatalité** *nf*

**périnatalogie** *nf* MED Partie de la médecine qui traite de la périnatalité.

**périnée** *nm* ANAT Région comprise entre l'anus et les parties génitales. ETY Du gr. DER **périnéal, ale, aux** *a*

**période** *nf* **1** Espace de temps ; époque, moment. *S'absenter pour une période indéterminée. La période révolutionnaire. Période de déclin d'une maladie.* **2** MILIT Temps pendant lequel un réserviste, en temps de paix, reçoit un complément d'instruction. **3** GEOL Chacune des grandes divisions des ères géologiques, correspondant aux systèmes. **4** SPORT Syn. de *mi-temps*. **5** ASTRO Durée mise par un astre pour parcourir son orbite. **6** PHYS Intervalle de temps qui s'écoule entre deux passages successifs par le même état d'un système vibratoire. *La période est égale à l'inverse de la fréquence.* **7** PHYS NUCL Temps nécessaire pour que l'activité d'un corps radioactif diminue de moitié par désintégration. **8** MATH Suite de chiffres qui se reproduit dans un nombre fractionnaire. (Ex. : 2, 7 et 0 dans le nombre $\frac{100}{37}$ = 2,702 702…) **9** Nombre qui ne change pas la valeur d'une fonction périodique lorsqu'il est ajouté à la variable. **10** CHIM Ensemble des éléments qui se trouvent sur une même ligne du tableau de la classification périodique des éléments. **11** RHET Phrase composée de plusieurs propositions se succédant harmonieusement. **12** MUS Suite de phrases mélodiques formant un tout. LOC PHYSIOL ***Périodes (menstruelles)*** : menstrues. ETY Du gr. *periodos*, « circuit ».

**périodique** *a, nm* **A** *a* **1** Qui se reproduit à des intervalles de temps réguliers. *Phénomènes pé-*

Périgueux la cathédrale Saint-Front et la vieille ville

riodiques. **2** Qui a rapport à la menstruation, aux précautions d'hygiène qu'elle impose. *Serviette périodique.* **3** PHYS Se dit d'une grandeur qui reprend la même valeur, d'un phénomène qui retrouve le même état au bout d'un intervalle de temps déterminé. **B** *nm* Revue, magazine qui paraît à intervalles réguliers. **LOC** MATH ***Fonction périodique*** : qui reprend la même valeur si on ajoute à la variable une période. — ***Fraction périodique*** : nombre fractionnaire qui possède une période. — RHET ***Style périodique*** : dans lequel dominent les périodes. (DER) **périodicité** *nf* – **périodiodiquement** *av*

**périoste** *nm* ANAT Membrane fibreuse qui entoure les os. (DER) **périostique** *a*

**périostite** *nf* MED Inflammation aiguë ou chronique du périoste.

**péripatéticien, enne** *a, n* PHILO Relatif à la doctrine d'Aristote. (ETY) Du gr. *peritein*, « se promener », Aristote enseignait en se promenant.

**péripatéticienne** *nf* plaisant Prostituée qui racole dans la rue.

**péripétie** *nf* **1** LITTER Changement qui affecte la situation dans une œuvre narrative, qui mène au dénouement d'une intrigue. **2** Incident, circonstance imprévue. *Voyage riche en péripéties.* (PHO) [peʀipesi] (ETY) Du gr.

**périph** → **périf.**

**périphérie** *nf* **1** GEOM Contour d'une figure curviligne. **2** Surface extérieure d'un corps. **3** Quartiers d'une ville les plus éloignés du centre ; les faubourgs.

**périphérique** *a, nm* **A** *a* Qui est situé à la périphérie. *Quartiers périphériques.* **B** *a, nm* **1** Se dit d'une voie rapide entourant une ville. **2** INFORM Se dit d'un appareil relié à un ordinateur. **LOC** ANAT ***Système nerveux périphérique*** : partie du système cérébrospinal comprenant les nerfs et les ganglions nerveux.

**périphlébite** *nf* MED Inflammation du tissu conjonctif qui entoure les veines.

**périphrase** *nf* **1** RETH Figure consistant à dire en plusieurs mots ce qu'on pourrait dire en un seul. (Ex. : *l'astre du jour*, pour *le Soleil.*) **2** fig Circonlocution, détour de langage. *Des périphrases embarrassées.* (DER) **périphrastique** *a*

**périple** *nm* **1** Voyage maritime autour d'une mer ou d'un continent. **2** Grand voyage touristique. (ETY) Du gr. *plein*, « naviguer ».

**périptère** *nm, a* ARCHI Se dit d'un temple, d'un édifice entouré d'un seul rang de colonnes isolées du mur.

**périr** *vi* ③ litt **1** Mourir. **2** MAR Disparaître en mer, sombrer. **3** Tomber en ruine, disparaître. *Sa gloire ne périra pas.* (ETY) Du lat.

**périscolaire** *a* Qui coexiste avec l'enseignement scolaire (clubs sportifs, colonies de vacances, etc.). SYN périéducatif.

**périscope** *nm* Appareil d'optique, permettant l'observation d'objets situés en dehors du champ de vision de l'observateur. *Périscope d'un sous-marin.*

**périscopique** *a* **LOC** MAR ***Immersion périscopique*** : immersion d'un sous-marin à une profondeur faible qui permet l'usage du périscope. — OPT ***Verres périscopiques*** : verres correcteurs à grand champ.

**périsperme** *nm* BOT Partie du nucelle qui subsiste après le développement de l'albumen.

**périssable** *a* litt Qui est appelé à périr. *Un bonheur périssable.* SYN éphémère. ANT durable. **LOC** ***Denrée périssable*** : qui ne se conserve pas longtemps. (DER) **périssabilité** *nf*

**périssodactyle** *nm* ZOOL Mammifère ongulé dont le pied repose sur le sol par un nombre impair de doigts, tel que le cheval.

**périssoire** *nf* Petite embarcation plate et allongée, manœuvrée au moyen d'une pagaie double. (ETY) De *périr*.

**périssologie** *nf* **1** GRAM Pléonasme. **2** RHET Répétition sous diverses formes d'une idée, sur laquelle on veut insister. (ETY) Du gr. *perissos*, « superflu ».

**péristaltisme** *nm* PHYSIOL Onde de contraction automatique et conjuguée des fibres longitudinales et circulaires de l'œsophage et de l'intestin, assurant le cheminement du contenu du tube digestif. (ETY) Du gr. *peristellein*, « envelopper ». (DER) **péristaltique** *a*

**péristome** *nm* **1** ZOOL Bord libre de l'ouverture de la coquille des gastéropodes. **2** BOT Bord poilu de l'ouverture de l'urne, chez les mousses.

**péristyle** *nm* ARCHI **1** Colonnade qui entoure un édifice, une cour intérieure. **2** Galerie constituée sur une de ses faces par des colonnes et sur l'autre par le mur même du monument. ▶ illustr. **Baalbek**

**péritel** *a inv* De péritélévision. *Prise péritel.* (ETY) Nom déposé.

**péritéléphonie** *nf* Ensemble des services et appareils qui peuvent être associés au téléphone (répondeur, télécopieur, etc.).

**péritélévision** *nf* Ensemble des appareils qui peuvent être connectés à un téléviseur (magnétoscope, jeux électroniques, etc.).

**périthèce** *nm* BOT Organe qui contient les asques de certains champignons.

**péritoine** *nm* ANAT Membrane séreuse constituée d'un feuillet pariétal appliqué contre les parois abdominale et pelvienne, et d'un feuillet viscéral qui recouvre ou engaine les organes de la cavité abdomino-pelvienne. (ETY) Du gr. (DER) **péritonéal, ale, aux** *a*

**péritonite** *nf* MED Inflammation du péritoine.

**périurbain, aine** *a* Qui est situé à la périphérie immédiate d'une ville.

**perle** *nf* **1** Concrétion globuleuse d'un blanc irisé, formée de couches de nacre que certains mollusques lamellibranches sécrètent. *Perle fine, de culture.* **2** Petite boule percée. *Enfiler des perles pour faire un collier.* **3** Ce qui est rond et brillant comme une perle. *Perles de sang, de sueur.* **4** litt, fig Dent fine et très blanche. **5** ARCHI Petit grain rond, taillé dans une moulure appelée *baguette*. **6** fig Personne, chose sans défaut. *La perle des maris.* **7** Absurdité, ineptie. *Perle trouvée dans une copie d'examen.* **8** Insecte ptérygote, au mode de vie voisin de celui de l'éphémère. **LOC** fig, fam ***Enfiler des perles*** : perdre son temps à des futilités. (ETY) Du lat. *perna*, « coquillage », par l'ital.

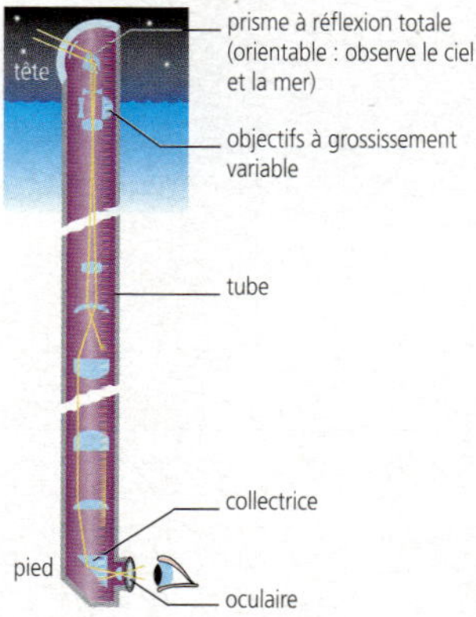


schéma d'un **périscope** de marine

**perlé, ée** *a* **1** Orné de perles. **2** En forme de perle. *Orge perlé.* **3** Qui a des reflets nacrés comme la perle. *Coton perlé.*

**perlèche** *nf* MED Ulcération contagieuse de la commissure des lèvres. (VAR) **pourlèche**

**perler** *v* ① **A** *vt* vieilli Soigner, faire parfaitement. *Perler un ouvrage.* **B** *vi* Former des gouttes. *Un front où perle la sueur.*

**Perles (rivière des)** nom donné au Xijiang entre Canton et Hong Kong.

**perliculture** *nf* Élevage d'huîtres perlières. (DER) **perliculteur, trice** *n*

**perlier, ère** *a* Relatif aux perles. *Industrie perlière. Huître perlière.*

**perlimpinpin** *nm* **LOC** ***Poudre de perlimpinpin*** : remède de charlatan. (ETY) Onomat.

**perlingual, ale** *a* MED Qui est résorbé par la langue. *Par voie perlinguale.* PLUR perlinguaux.

**perlite** *nf* **1** PHYS Constituant microscopique des alliages ferreux. **2** TECH Matériau utilisé comme isolant ou comme drainant.

**Perlman** Itzhak (Tel Aviv, 1945), violoniste et chef d'orchestre israélien.

**perlouse** *nf* fam Perle. (VAR) **perlouze**

**Perm** v. industr. de Russie, dans l'Oural, sur la Kama ; ch.-l. de prov. ; 1 087 000 hab.

**permaculture** *nf* Méthode d'agriculture naturelle, soucieuse de sauvegarder la biodiversité.

**permafrost** *nm* PEDOL, GEOMORPH Couche du sous-sol gelée en permanence, dans les régions froides. SYN pergélisol. (PHO) [pɛʀmafʀɔst] (ETY) Mot amér. (VAR) **permagel**

**permalloy** *nm* METALL Alliage de fer et de nickel, de grande perméabilité magnétique. (PHO) [pɛʀmalɔj] (ETY) Nom déposé ; mot angl.

**permanence** *nf* **1** Caractère de ce qui est constant, immuable. **2** Service assurant le fonctionnement d'un organisme de façon continue ; local où il fonctionne. *La permanence d'un commissariat de police.* **3** Dans un collège, un lycée, salle d'études surveillée. **LOC** ***En permanence*** : sans interruption.

**permanencier, ère** *n* Personne qui assure une permanence.

**permanent, ente** *a, n* **A** *a* **1** Qui dure sans s'interrompre, ni changer. *Assurer une veille permanente.* SYN constant. ANT passager. **2** Qui est établi à demeure ; qui existe quelle que soit la situation. *Armée permanente.* **B** *nm* Membre rémunéré d'une organisation qui s'occupe des tâches administratives. **C** *nf* Traitement qui donne aux cheveux une ondulation durable. (ETY) Du lat.

**permanenter** *vt* ① Faire une permanente à qqn. *Cheveux permanentés.*

**permanganate** *nm* CHIM Sel d'un composé oxygéné du manganèse, de formule $HMnO_4$. **LOC** ***Permanganate de potassium*** : ($KMnO_4$) : oxydant puissant en milieu acide, utilisé comme antiseptique.

**perme** *nf* fam Permission.

**perméabilité** *nf* PHYS Propriété des corps perméables. **LOC** ***Perméabilité magnétique*** : aptitude d'un corps à se laisser traverser par un flux d'induction. — BIOL ***Perméabilité membranaire*** : perméabilité sélective de la membrane cellulaire, qui ne laisse passer que certaines substances.

**perméable** *a* **1** Qui peut être pénétré ou traversé par un liquide. *Terrain perméable.* **2** fig Qui se laisse toucher par une idée, une influence. **3** PHYS Qui se laisse traverser par. *Matière perméable à la lumière.* (ETY) Du lat.

**perméance** *nf* ELECTR Pénétrabilité d'un circuit par un flux magnétique.

**Permeke Constant** (Anvers, 1886 – Ostende, 1952), peintre et sculpteur expressionniste belge.

**permettre** *v* 60 **A** *vt* **1** Ne pas interdire, ne pas empêcher qqch. *Permettrez-vous qu'il vienne ? Permettez-moi de me retirer.* **2** Ne pas s'opposer à ; rendre possible. *Sa fortune lui permet des caprices coûteux.* **B** *vpr* **1** S'accorder, s'allouer. *Il ne se permet que quelques instants de repos.* **2** Se donner la licence, prendre la liberté de. *Il s'est permis de dire que...* **C** *v impers* Être possible, loisible de. *Il est permis de penser qu'il se trompe.* ETY Du lat.

**permien, enne** *a, nm* GEOL Se dit de la période terminale du primaire, qui succéda au carbonifère. *Le permien a duré env. 45 millions d'années.* ETY De *Perm*, v. de Russie.

**permis** *nm* Autorisation écrite délivrée par une administration. LOC ***Permis à points*** : permis de conduire constitué d'un certain nombre de points qui peuvent être retranchés selon un barème correspondant aux diverses infractions.

**permissif, ive** *a* Qui admet facilement, qui permet ou tolère des comportements, des pratiques que d'autres réprouveraient. DER **permissivité** *nf*

**permission** *nf* **1** Action de permettre ; son résultat. *Demander, accorder une permission.* **2** Congé accordé à un militaire ; titre qui l'atteste. *Faire signer sa permission.* SYN **famperme**.

**permissionnaire** *nm* **1** Soldat en permission. **2** Porteur d'un permis, d'une permission.

**permittivité** *nf* ELECTR Caractéristique électrique d'un milieu peu conducteur. LOC ***Permittivité absolue*** (exprimée en farads par mètre) : quotient de l'excitation électrique par le champ électrique. — ***Permittivité relative*** (nombre sans dimension) : quotient de la permittivité absolue du milieu par celle du vide. ETY De l'angl.

**Permoser Balthasar** (en Bavière, 1651 – Dresde, 1732), sculpteur allemand baroque.

**permutation** *nf* **1** Action de permuter. **2** Transposition effectuée entre deux choses. LOC MATH ***Permutation de*** n ***objets*** : ensemble d'arrangements différents que peuvent prendre ces *n* objets. ETY Du lat.

**permuter** *v* 1 **A** *vt* Mettre une chose à la place d'une autre et réciproquement. *Permuter les chiffres d'un nombre.* **B** *vi* Échanger son emploi, son poste, ses heures de service avec qqn. DER **permutabilité** *nf* – **permutable** *a*

**Pernambouc** État du N.-E. du Brésil, sur l'Atlantique ; 98 281 km$^2$ ; 7 106 000 hab. ; cap. *Recife* (anc. *Pernambouc*). – À l'O. s'étendent des plateaux arides (élevage extensif, coton), à l'E. une région riche au climat humide (canne à sucre, café). Industries.

**Pernes-les-Fontaines** ch.-l. de cant. du Vaucluse (arr. de Carpentras) ; 10 170 hab. – Enceinte du XV$^e$ s. ; égl. romane. DER **pernois, oise** *a, n*

**pernicieux, euse** *a* **1** Nuisible moralement, malfaisant. *Exemple pernicieux.* **2** MED Se dit de certaines formes graves de maladies, dues à la nature même de celles-ci. *Fièvre, anémie pernicieuse.* ETY Du lat. *pernicies*, « ruine ». DER **pernicieusement** *av*

**Pernik** (de 1949 à 1962 *Dimitrovo*), v. de Bulgarie, près de Sofia ; ch.-l. du distr. du m. nom ; 95 000 hab. Sidérurgie.

**Pernis** fbg de Rotterdam, sur la Meuse. Complexe pétrolier et pétrochimique.

**Perón Juan Domingo** (Lobos, Buenos Aires, 1895 – Buenos Aires, 1974), officier et homme politique argentin. Président de la Rép. (1946-1955), il s'appuya sur les classes pauvres et relança l'économie. Sa doctrine, le *justicialisme* (ou *péronisme*), alliait réformes sociales et dirigisme. L'armée l'ayant renversé (1955), il se réfugia en Espagne. Élu en mars 1973, le péroniste Cámpora se démit (juil.) pour lui permettre d'être élu président (sept.). — **Eva Duarte** dite **Evita** (Los Toldos, Buenos Aires, 1919 – Buenos Aires, 1952), deuxième épouse du préc. ; elle joua un grand rôle dans les affaires sociales, ce qui accrut le prestige de son mari. — **María Estela Martínez** dite **Isabelita** (La Rioja, 1931), troisième épouse de J. Perón ; vice-présidente de la Rép. (1973), elle succéda à son mari, mort en juil. 1974 ; une junte la renversa (mars 1976).

**péroné** *nm* ANAT Os long, situé à la partie externe de la jambe, parallèle au tibia. ETY Du gr. DER **péronier, ère** *a*

**péronisme** *nm* HIST, POLIT Système politique instauré en Argentine par le président Perón, inspiré du corporatisme mussolinien, qui alliait réformes sociales et dirigisme. DER **péroniste** *a, n*

**Péronne** ch.-l. d'arr. de la Somme, sur la Somme ; 9 159 hab. Industries. – Vest. de remparts. Chât. XIII$^e$ s. et fortifications XVI$^e$-XVII$^e$ s. – Cap. du Vermandois, place forte disputée au XV$^e$ s. entre la Bourgogne et la France. En 1468, Charles le Téméraire y retint prisonnier son hôte, Louis XI, et l'obligea à signer un traité humiliant que celui-ci dénonça en 1470. DER **péronnais, aise** *a, n*

**péronnelle** *nf* fam, vieilli Femme sotte, bavarde et impertinente. ETY Nom d'une héroïne de chanson du XV$^e$ s.

**péronosporale** *nf* Champignon parasite de plantes supérieures, tel que le mildiou. ETY Du gr. *peronê*, « agrafe », et *spora*, « semence ».

**Eva** et **Juan Perón**

**péroraison** *nf* **1** Conclusion d'un discours. **2** Dernière partie. *Péroraison d'une cantate.*

**pérorer** *vi* [1] Parler longuement avec prétention, emphase. [ETY] Du lat. *perorare,* « plaider ». [DER] **péroreur, euse** *n, a*

**per os** *av* Par la bouche. *Médicament à prendre per os.* [PHO] [peʀɔs] [ETY] Loc. lat.

**pérot** *nm* SYLVIC Baliveau âgé de deux fois le temps qui sépare les coupes.

**Pérotin** (fin XII^e s. – déb. XIII^e s.), compositeur français, maître de chapelle de Notre-Dame de Paris. Il développa le genre du motet.

**Pérou (république du)** *(República del Perú),* État andin d'Amérique du S., sur le Pacifique, au S. de l'Équateur et au N. du Chili ; 1 285 220 km$^2$ ; 29,5 millions d'hab. (10 millions d' hab. en 1958) ; accroissement naturel : 1,6 % par an. Cap. *Lima.* Nature de l'État : rép. de type présidentiel. Langues off. : esp. et quechua. Monnaie : sol. Population : Quechuas (44,7 %), métis (37 %), origines européennes (13 %), Aymaras (5,3 %). Relig. officielle : cathol. (92,7 %), cultes amérindiens. [DER] **péruvien, enne** *a, n*

**Géographie** Le relief s'ordonne en trois bandes parallèles. À l'O., la côte pacifique est un désert frais et brumeux. Au centre, la cordillère des Andes (6 768 m au Huascarán) connaît un climat plus sain et groupe la majorité des hab. dans les vallées et sur l'*Altiplano,* large plateau au S. Les plaines de l'E., tropicales humides et forestières, comptent moins de 5 % des hab. La population est urbanisée à 75 %.

**Économie** L'agriculture emploie encore le tiers des actifs, sans couvrir les besoins. La pêche occupe le 4^e rang mondial. La farine de poisson et le café représentent 20 % des exportations. Le Pérou est une puissance minière : cuivre, zinc, plomb, argent ; un peu de pétrole et d'or. La coca occupe le 1^er rang mondial. L'hydroélectricité est importante, mais l'industrie est faible. Malgré la croissance établie depuis 2000, le pays ne parvient pas à combler l'écart entre les riches et les pauvres.

**Histoire** Terre d'anc. civilisation, le Pérou fit partie (XII^e s.) de l'Empire inca, dont la cap. était Cuzco (V. Incas). Après la destruction de cet empire par Pizarro (1533), le Pérou constitua la base des conquêtes espagnoles, avec Lima pour métropole. Les mines d'argent de Potosí (auj. en Bolivie), exploitées dès 1545, assurèrent la richesse du Trésor espagnol jusqu'au XVIII^e s., époque de crise écon. (fuite de la main-d'œuvre indienne, archaïsme des tech.) ; la vice-royauté du Pérou, créée en 1543, se scinda.

**DE 1821 À 1980** L'indépendance, proclamée en 1821 par San Martín, fut définitivement acquise par la victoire de Sucre à Ayacucho (1824), mais des dictateurs encouragèrent l'appropriation des terres indiennes par les latifundia. Âpre perdant de la guerre du Pacifique (1879-1883), le Pérou céda au Chili ses prov. du S. En revanche, la guerre contre l'Équateur (1941-1942) lui rapporta trois prov. (170 000 km$^2$). En 1924, Raúl Haya de la Torre fonda l'Alliance pop. révolutionnaire américaine (APRA) pour promouvoir la réforme agraire et défendre la pop. indienne. L'APRA devint de plus en plus conservatrice. En 1968, une junte entreprit des réformes et tenta une ouverture vers les pays socialistes, mais l'autoritarisme des « officiers progressistes » et l'isolement (les É.-U. cessèrent toute aide écon.) accentuèrent la crise économique. En 1980, elle remit le pouvoir aux civils.

**LE POUVOIR CIVIL** Fondé en 1970 par des maoïstes, le Sentier lumineux passa à l'attaque en 1980. Élu prés. de la Rép. en 1985, le candidat de l'APRA, Alan García, rompit avec le FMI et nationalisa dix grandes banques en 1987. En 1990, le libéral A. Fujimori, candidat indépendant, fut élu. En avril 1992, soutenu par l'armée, il a réalisé un coup d'État civil. Malgré l'arrestation de son dirigeant Abimaël Guzman (sept. 1992), le Sentier lumineux a étendu son implantation dans le pays. En 1995, l'Équateur a attaqué, en vain, le Pérou pour lui reprendre les provinces perdues en 1942, et Fujimori a été réélu. En 1997, il s'est montré inflexible à l'égard des guérilleros qui retenaient des otages dans l'ambassade du Japon. En 2000, contrairement à la Constitution, il se présenta une troisième fois et les irrégularités du scrutin furent dénoncées. Peu après, un scandale le contraignit à démissionner et à s'exiler. Les élections de 2001 voient la victoire du centriste A. Toledo, d'orig. indienne. En 2006, A. Garcia revient à la tête du pays. En 2011, il doit s'incliner devant le nationaliste Ollanda Humala, élu prés. de la Rép.

**Pérou (vice-royauté du)** vice-royauté espagnole, créée en 1543, qui domina toute l'Amérique du Sud (sauf le Venezuela et le Brésil) jusqu'à son éclatement en 1739 puis 1776-1778. Elle disparut en 1824 (indépendance du Pérou).

**Pérouse** (en italien *Perugia*), v. d'Italie, près du Tibre ; ch.-l. de l'Ombrie ; 144 510 hab. Industries. – Archevêché. Université, fondée en 1307. Remparts antiques dominant le Tibre (portes étrusques) ; palais XIII^e-XV^e s. ; cath. XV^e s. [DER] **pérugin, ine** *a, n*

**pérovskite** *nf* MINER Minéral calcique constitutif des schistes cristallins. [ETY] D'un n. pr.

**peroxydase** *nf* BIOCHIM Enzyme qui décompose les peroxydes en libérant de l'oxygène.

**peroxyde** *nm* CHIM Composé contenant le groupement de deux atomes d'oxygène –O–O–. **LOC** ***Peroxyde d'hydrogène*** ($H_2O_2$) : eau oxygénée.

**peroxyder** *vt* [1] **1** CHIM Transformer un composé en peroxyde. **2** Décolorer ses cheveux avec de l'eau oxygénée.

**peroxysome** *nm* BIOL Organe cellulaire proche des lysosomes.

**perpendiculaire** *a, nf* Qui forme un angle droit. *Droites, plans perpendiculaires. Abaisser, mener une perpendiculaire.* **LOC** ARCHI ***Style perpendiculaire*** : variété du gothique anglais (XIV^e-XVI^e s.) caractérisée par la substitution de lignes droites aux courbes du flamboyant. [ETY] Du lat. *pendere,* « laisser pendre ». [DER] **perpendiculairement** *av* – **perpendicularité** *nf*

**perpète (à)** *av* pop **1** À perpétuité, indéfiniment. **2** Très loin. [VAR] **à perpette**

**perpétrer** *vt* [14] DR litt Commettre un acte criminel. *Perpétrer un meurtre.* [ETY] Du lat. [DER] **perpétration** *nf*

**perpétuel, elle** *a* **A 1** Qui ne finit jamais ; qui ne cesse pas. **2** Qui dure toute la vie, qui est tel à vie. *Secrétaire perpétuel.* **B** *a pl* Fréquents, qui reviennent sans cesse. *Des reproches perpétuels.* **LOC** ***Mouvement perpétuel*** : qui ne cesserait jamais, une fois amorcé ; mouvement d'une machine qui produirait au moins autant d'énergie qu'elle en consommerait. [ETY] Du lat. [DER] **perpétuellement** *av*

**perpétuer** *v* [1] **A** *vt* Rendre perpétuel, faire durer toujours ou longtemps. *Perpétuer le souvenir de qqn.* **B** *vpr* Durer, se maintenir. *Coutume, espèce qui se perpétue.* [DER] **perpétuation** *nf*

**perpétuité** *nf* Caractère de ce qui est perpétuel ; durée perpétuelle ou très longue. **LOC** ***À perpétuité*** pour toute la vie.

**Perpignan** ch.-l. du dép. des Pyrénées-Orient., sur la Têt, anc. capitale du Roussillon ; 120 100 hab. Aéroport. Centre comm. et industr. – Forteresse XIV^e-XV^e s. Cath. XIV^e-XV^e s. Citadelle XVI^e s. englobant l'anc. palais des rois de Majorque (XIII^e-XIV^e s.). – Cap. du royaume de Majorque (1276-1344), la ville fut réunie à l'Aragon puis cédée à la France (1659). [DER] **perpignanais, aise** *a, n*

**perplexe** *a* Irrésolu, hésitant sur le parti à prendre. *Cette histoire me laisse perplexe.* [ETY] Du lat. *perplexus,* « embrouillé ». [DER] **perplexité** *nf*

**perquisition** *nf* Recherche opérée dans un lieu pour trouver des objets, des documents, utiles à une enquête, une instruction. **LOC** ***Mandat de perquisition*** : acte par lequel un juge d'instruction charge un officier de police de procéder à une perquisition. [ETY] Du lat. [DER] **perquisitionner** *vt, vi* [1]

**Perrache** Antoine Michel (Lyon, 1726 – id., 1779), sculpteur français. Il conçut l'agrandissement de Lyon (quartier nommé auj. Perrache).

**Perrault** Charles (Paris, 1628 – id., 1703), écrivain français, partisan des Modernes contre les Anciens. Il composa les *Contes de ma mère l'Oye* d'après des récits traditionnels (prem. éd., 1697). Acad. fr. (1671). — **Claude** (Paris, 1613 – id., 1688), frère du préc. ; architecte, médecin et physicien ; probablement l'auteur princ. du projet de la colonnade du Louvre. Il a construit l'Observatoire de Paris (1667-1672).

**Charles Perrault** *le Chat botté,* lithographie de la Fabrique de Metz

**Perrault** Pierre (Montréal, 1927 – id., 1999), cinéaste québécois : *Pour la suite du monde* (1963), *l'Acadie, l'Acadie* (avec M. Brault, 1971), *la Toundra* (1992).

**Perrault** Dominique (Clermont-Ferrand, 1953), architecte français : Bibliothèque nationale de France (1989-1995), à Paris.

**Perpignan** façade de l'ancien palais des rois de Majorque (XIII^e-XIV^e s.), situé dans la citadelle du XVI^e s.

**perré** *nm* CONSTR Revêtement de pierres ou de maçonnerie qui protège de l'eau ou des glissements de terrain.

**Perret** Auguste (Ixelles, 1874 – Paris, 1954), architecte français. En association avec ses frères **Gustave** (1876 – 1952) et **Claude** (1880 – 1960), il utilisa le premier le béton : maison du 25 *bis*, rue Franklin à Paris (1902-1903) ; théâtre des Champs-Élysées (1911-1913), etc.

**Perret** Jacques (Trappes, 1901 – Paris, 1992), romancier français : *le Caporal épinglé* (1947).

**Perret** Pierre (Castelsarrasin, 1934), auteur-compositeur et chanteur français. Ses chansons font un fréquent recours à l'argot.

**Perreux-sur-Marne (Le)** ch.-l. de cant. du Val-de-Marne (arr. de Nogent-sur-Marne) ; 32 368 hab. DER **perreuxien, enne** *a, n*

**Perriand** Charlotte (Paris, 1903 – id., 1999), designer française (équipements collectifs).

**Perrin** Jean (Lille, 1870 – New York, 1942), physicien français : travaux sur les rayons cathodiques. Prix Nobel 1926. — **Francis** (Paris, 1901 – id., 1992), fils du préc. ; physicien nucléaire ; haut-commissaire à l'énergie atomique de 1951 à 1970.

**perron** *nm* Escalier extérieur se terminant par un palier de plain-pied avec la porte d'entrée d'une maison, d'un édifice. ETY De *pierre*.

**Perronet** Jean Rodolphe (Suresnes, 1708 – Paris, 1794), ingénieur français. Il fit construire de nombr. ponts et contribua à la création de l'École des ponts et chaussées.

**Perronneau** Jean-Baptiste (Paris, 1715 – Amsterdam, 1783), peintre et pastelliste français ; portraitiste de la bourgeoisie.

**perroquet** *nm* **1** Grand oiseau percheur (psittacidé) au plumage éclatant, au fort bec arqué, capable d'imiter la parole humaine. **2** fig Personne qui répète sans comprendre ce qu'elle a entendu. **3** Pastis additionné de sirop de menthe. **4** MAR Voile carrée qui surmonte le hunier. ETY De *Perrot*, dimin. de *Pierre*.

**Perros-Guirec** ch.-l. de cant. des Côtes-d'Armor (arr. de Lannion) ; 7 614 hab. Stat. balnéaire et port de pêche. DER **perrosien, enne** *a, n*

**Perrot** Jules (Lyon, 1810 – Paramé, près de Saint-Malo, 1892), danseur et chorégraphe français romantique.

**Perroux** François (Lyon, 1903 – Stains, 1987), économiste français : *l'Économie du XX^e^ siècle* (1961).

**perruche** *nf* **1** Oiseau grimpeur des pays chauds, semblable à un petit perroquet. **2** fig Femme bavarde, évaporée. **3** MAR Voile qui surmonte le hunier du mât d'artimon.

**perruque** *nf* **1** Coiffure postiche. **2** PECHE Ligne emmêlée, entortillée. **3** fam Travail que l'employé fait en fraude, pour son propre compte, dans l'entreprise. ETY De l'ital.

**perruquer** *vi* 1 fam Pratiquer la perruque dans une entreprise.

**perruquier** *nm* Fabricant de perruques, de postiches.

**pers, perse** *a* litt D'une couleur entre le bleu et le vert. *Athéna, la déesse aux yeux pers.* PHO [pɛʀ, pɛʀs] ETY Du lat. *persicu*, « persan ».

**persan, ane** *a, n* **A** *a* De Perse (de la conquête arabe – VII^e s. – jusqu'en 1935). **B** *nm* **1** Langue de la famille iranienne, issue du moyen perse, ou *pehlvi*, et notée en caractères arabes. **2** Chat à longs poils soyeux, aux yeux orangés, bleus ou verts. ▶ pl. chats

**Persan** com. du Val-d'Oise, sur l'Oise ; 9 600 hab. DER **persanais, aise** *a, n*

**persanophone** *a, n* De langue persane.

**1 perse** *a, n* De l'ancienne Perse (av. la conquête arabe).

**2 perse** *nf* Toile imprimée fabriquée autrefois en Inde mais supposée persane.

**Perse** anc. nom de l'Iran. (V. ce nom pour la géographie et pour l'histoire moderne.). DER **persan, ane** *a, n*

**Histoire** À partir du X^e s. av. J.-C., la lente migration des Iraniens (Aryens venus d'Asie centrale) à travers le plateau d'Iran s'acheva dans les vallées du Zagros. Ces Aryens (les Mèdes et les Perses) sont mentionnés dans les annales assyriennes en 844 et 836 av. J.-C. Les Mèdes furent les premiers maîtres du pays, avec pour cap. Ecbatane (auj. Hamadhan). Au VI^e s. av. J.-C., le Perse Cyrus II le Grand renversa le roi Astyage et fonda en 550 l'Empire achéménide. Il unit les Mèdes et les Perses, conquit la Lydie, Babylone ; son empire s'étendait de l'Indus à l'Anatolie et à la Palestine. Son fils Cambyse II s'empara de l'Égypte en 525. Darios I^er^ (522-486), « le Roi des rois », devint le maître d'un État (divisé en une vingtaine de satrapies) qui allait de l'Inde à l'Égypte et comptait 40 millions d'hab. Persépolis, fondée à cette époque, en est un vestige grandiose. Darios entreprit les « guerres médiques » contre la Grèce. Il fut vaincu à Marathon (490). Xerxès I^er^ (486-465) le fut à Salamine (480) et à Platées (479). Artaxerxès I^er^ (465-424) signa la paix de Callias (449) avec les Grecs. Le royaume achéménide s'effondra, en 331, sous l'assaut d'Alexandre le Grand.

**DES SÉLEUCIDES À LA CONQUÊTE ARABE** Les descendants de Séleucos I^er^, un des lieutenants d'Alexandre, les Séleucides, fondèrent de nombr. villes grecques. Cette hellénisation perdura sous les Parthes Arsacides. Ayant occupé l'Iran et la Mésopotamie au III^e s. av. J.-C., les Parthes luttèrent pendant trois siècles contre les Romains. En 224 apr. J.-C., Ardachêr I^er^ vainquit le dernier des Arsacides (dynastie parthe) et fonda la dynastie des Sassanides. Son successeur, Châhpuhr I^er^ (241-272), prit l'Arménie et la Mésopotamie aux Romains. Sous Châhpuhr II (310-379), la Perse connut un âge d'or. À partir du V^e s., sans cesse en lutte contre les Huns à l'E. et les Byzantins à l'O., l'Empire sassanide faiblit. En 633, les arabes attaquèrent la Perse, dont ils furent maîtres en 642. Islamisé (chiisme), le pays fit partie de l'Empire omeyyade, puis de l'Empire abbasside.

**DE L'ÉCLATEMENT AU POUVOIR DES QĀDJĀRS** À partir du IX^e s., la faiblesse de l'autorité centrale entraîna l'effritement du pays, où régnèrent, notam. sur l'Est, les Tāhirides (820-873), les Saffārides (863-902), les Sāmānides (874-v. 999) ; les Buwayhides (932-1055) parvinrent à unifier l'Ouest. En 1055, les Turcs Seldjoukides s'imposèrent, puis les Mongols et, enfin, Tamerlan (1360). La Perse fut réunifiée grâce à une dynastie locale, les Séfévides ; son chef Ismaʿīl prit le pouvoir (1501), s'installa à Bagdad et imposa le chiisme comme religion d'État par opposition aux Ottomans sunnites. Le danger ottoman fut écarté par ʿAbbas I^er^ le Grand (1587-1629) qui reprit la Mésopotamie et fonda Ispahan. Après une éphémère domination afghane, les Séfévides furent renversés en 1736 par Nādir chāh. En 1786, les Qādjārs saisirent le pouvoir et firent de Téhéran leur capitale.

**L'INTRUSION EUROPÉENNE** Le XIX^e s. fut marqué par les luttes d'influence entre Russes, Français et Britanniques ; les Russes conquirent la Géorgie et l'Arménie dès le début du XIX^e s. En 1919, les Britanniques confièrent l'armée persane à Rīza khān pour conjurer la menace soviétique. Rīza s'empara de tous les pouvoirs (1921), monta sur le trône en 1925 (Rīza chāh Pahlavi) et donna à la Perse le nom d'Iran.V. Iran.

**perruche** ondulée d'Australie

**Perse** (en lat. *Aulus Persius Flaccus*) (Volterra, 34 apr. J.-C. – Rome, 62), poète latin ; auteur de *Satires* d'inspiration stoïcienne.

**persécuter** *vt* 1 **1** Faire souffrir par des traitements tyranniques et cruels. **2** Importuner, harceler. *Ses créanciers le persécutent.* ETY Du lat. *persequi*, « poursuivre ». DER **persécuté, ée** *a, n* – **persécuteur, trice** *a, n*

**persécution** *nf* Action de persécuter. **LOC** PSYCHO ***Délire de persécution*** : délire d'interprétation d'une personne qui croit être l'objet de malveillances systématiques. DER **persécutoire** *a*

**Persée** dans la myth. gr., fils de Zeus et de Danaé. Il décapita Méduse, délivra Andromède qu'un dragon allait dévorer, l'épousa, devint roi de Tirynthe et fonda Mycènes. ▷ ART Sculpture en bronze de Cellini (1553, loge des Lanzi, Florence).

**Persée** constellation boréale proche d'Andromède ; n. scientif. : *Perseus, Persei*.

**Persée** (?, v. 212 – Alba Fucens, 166 av. J.-C.), dernier roi de Macédoine (179-168 av. J.-C.) ; fils illégitime et successeur de Philippe V. Il fut vaincu par Paul Émile à Pydna (168).

**Perséides** essaim d'étoiles filantes, observables en août, dont le radiant est situé dans la constellation de Persée.

**Perséphone** dans la myth. gr., fille de Déméter et de Zeus. Hadès l'enleva et en fit la reine des Enfers. Zeus obtint qu'elle passât huit mois de l'année sur terre (du printemps à l'automne). Les Romains l'identifièrent à Proserpine. VAR **Coré**

**Persépolis** (anc. *Parsa*), une des cap. de l'anc. Perse (auj. en Iran, à l'E. de Chirāz), fondée par Darios I^er^ (fin VI^e s. av. J.-C.), embellie par Xerxès I^er^. Elle fut incendiée par Alexandre le Grand (330 av. J.-C.). Ses ruines imposantes (palais de Darios et de Xerxès) montrent la synthèse, par les Perses, des arts de la Mésopotamie, de l'Égypte et de l'Ionie.

**Perses (les)** tragédie d'Eschyle (472 av. J.-C.).

**Persépolis** salle des cent colonnes, époque achéménide, VI^e-V^e s. av. J.-C.

**persévération** *nf* MED Persistance d'attitudes qui survivent aux causes physiques ou psychiques qui les ont motivées.

**persévérer** *vi* [14] Poursuivre avec une longue constance ; persister dans une résolution, un sentiment. *Persévérer dans un dessein, dans l'erreur. Il persévère à nier.* [ETY] Du lat. *severus*, « sévère ». [DER] **persévérance** *nf* – **persévérant, ante** *a*

**Pershing** John Joseph (Laclede, Missouri, 1860 – Washington, 1948), général américain, chef des forces amér. en France (1917-1918).

**persicaire** *nf* BOT Renouée des lieux humides. [ETY] Du lat. *persicus*, « pêcher ».

**persienne** *nf* Contrevent muni de lames qui arrêtent les rayons directs du soleil tout en laissant l'air circuler. [ETY] De l'a. fr. *persien*, « de Perse ».

**persifler** *vt* [1] Tourner en ridicule sur le ton de la moquerie ou de l'ironie, se moquer, railler. [VAR] **persiffler** [DER] **persiflage** ou **persifflage** *nm* – **persifleur, euse** ou **persiffleur, euse** *a, n*

**Persigny** Jean Gilbert Victor Fialin (duc de) (Saint-Germain-Lespinasse, Loire, 1808 – Nice, 1872), homme politique français. Bonapartiste, attaché à Louis Napoléon dès 1835, il se retira quand Napoléon III libéralisa le IIe Empire (1863).

**persil** *nm* Plante odorante (ombellifère) dont les feuilles, très divisées, sont utilisées comme condiment. [PHO] [pɛrsi] ou [pɛrsil] [ETY] Du gr.

**persillade** *nf* Assaisonnement à base de persil haché.

**persillé, ée** *a, nm* **A** *a* Assaisonné de persil haché. **B** *nm* **1** Partie persillée d'une viande, d'un fromage. **2** Jambon persillé, fromage persillé. **LOC** ***Fromage persillé*** : dont la pâte est ensemencée d'une moisissure spéciale. — ***Jambon persillé*** : terrine de jambon en gelée et aux herbes, spécialité bourguignonne. — ***Viande persillée*** : parsemée d'infiltrations graisseuses.

**persillère** *nf* Récipient, pot où l'on fait pousser du persil en toute saison.

**persique** *a* VX De la Perse ancienne. **LOC** ARCHI ***L'ordre persique*** : l'un des aspects de l'ordre dorique.

**Persique** (golfe) vaste golfe de l'océan Indien (230 000 km$^2$), entre l'Arabie, l'Irak, le Koweït et l'Iran ; relié au golfe d'Oman par le détroit d'Ormuz (env. 80 km), il a une faible profondeur et une forte salinité. Les États du golfe Persique subissent des températures qui oscillent entre 20 et 50 °C ; la végétation y est très rare ; pendant des siècles, les perles ont constitué la seule richesse de ces territoires, dont le rôle fut important dans les échanges entre l'Orient et l'Occident (présence anglaise depuis le XVIIe s. : V. Ormuz). Auj., leurs immenses richesses pétrolières confèrent à ces États une grande importance. (V. Golfe [guerre du]). [VAR] **le Golfe, golfe Arabo-Persique**

**persistance** *nf* **1** Action de persister. *Sa persistance à nier l'évidence les accable.* **2** Caractère de ce qui est persistant, durable. *La persistance d'un remords.*

**persistant, ante** *a* **1** Qui dure, qui ne faiblit ou ne disparaît pas. **2** BOT Se dit d'un feuillage qui subsiste l'hiver.

**persister** *vi* [1] **1** Continuer, persévérer. *Il persiste dans sa résolution. Je persiste à penser que...* **2** Durer, subsister. *Toux qui persiste.* **LOC** ***Persiste et signe*** : formule terminant un procès-verbal, souvent utilisée pour affirmer qu'on persévère dans son opinion. [ETY] Du lat. *sistere*, « être placé ».

**perso** *a inv, av* fam Personnel ou personnalisé. *Des pages web perso.* **LOC** ***Jouer perso*** : avoir une attitude trop individualiste dans une compétition, une confrontation.

**persona grata** *a inv* **1** Se dit d'un représentant diplomatique agréé par le pays où il va résider. ANT persona non grata. **2** En faveur, bien considéré. *Il est persona grata dans la haute finance.* [ETY] Mots lat., « personne bienvenue ».

**personnage** *nm* **1** Personne importante ou célèbre. **2** Personne fictive d'une œuvre littéraire ou théâtrale ; rôle joué par un acteur. **3** Personne considérée dans son apparence, son comportement. *Un curieux personnage.* **4** BX-A Représentation d'un être humain dans une œuvre d'art.

**personnaliser** *vt* [1] **1** Adapter à chacun. *Personnaliser le crédit.* **2** Donner un caractère personnel, unique à qqch. *Personnaliser sa voiture.* [DER] **personnalisable** *a* – **personnalisation** *nf*

**personnalisme** *nm* PHILO Tout système fondé sur la valeur spécifique, absolue ou transcendante de la personne. *Le personnalisme de E. Mounier.* [DER] **personnaliste** *a, n*

**personnalité** *nf* **1** PSYCHO Ce qui caractérise une personne, dans son unité, sa singularité et sa permanence. **2** Originalité de caractère, de comportement. *Avoir une forte personnalité.* **3** Personnage important. *Une personnalité politique.* **4** Caractère de ce qui est personnel ou personnalisé. *Personnalité de l'impôt.* **LOC** ANTHROP ***Personnalité de base*** : ensemble de conduites qu'un groupe social a en commun du fait de l'éducation. — DR ***Personnalité juridique*** : capacité d'être sujet de droit. — ***Test de personnalité*** : test projectif. — ***Troubles de la personnalité*** : effets psychiques ou troubles du comportement dus à la dégradation de l'unité du moi.

**1 personne** *nf* **1** Individu ; être humain. *Un groupe de dix personnes. Le respect de la personne.* **2** Individu considéré en lui-même. *« Je chéris sa personne et je hais son erreur »* (Corneille). **3** PHILO Être humain considéré en tant qu'individu conscient du bien et du mal, doué de raison, libre et responsable. **4** Individu considéré quant à son apparence, à sa réalité physique, charnelle. *Être bien fait de sa personne.* **5** DR Individu ou être moral doté de l'existence juridique. **6** GRAM Indication du rôle que tient celui qui est en cause dans l'énoncé, suivant qu'il parle en son nom (1re personne), qu'on s'adresse à lui (2e personne) ou qu'on parle de lui (3e personne) **LOC** ***Attenter à la personne de qqn*** : à sa vie. — ***En personne*** : soi-même. — ***Grande personne*** : adulte. — ***Personne civile*** ou ***personne morale*** : être moral, collectif ou impersonnel (par oppos. à *personne physique, individu*), auquel la loi reconnaît une partie des droits civils exercés par les citoyens. — THEOL ***Personne divine*** : chacune des trois hypostases au sein de la Trinité. [ETY] Du lat.

**2 personne** *pr indéf m* **1** Quelqu'un, quiconque. *Il joue mieux que personne.* **2** Nul, aucun, pas un. *Personne n'est dupe.*

**personnel, elle** *a, nm* **A** *a* **1** Qui est propre à une personne ; qui la concerne ou la vise particulièrement. *C'est son style personnel. Une attaque personnelle.* **2** Relatif à la personne, aux personnes en général. *Une créance est un droit personnel (opposé à réel).* **3** THEOL Relatif à la personne divine. **4** GRAM Se dit des formes du verbe quand elles caractérisent une personne *(il chante)*, par oppos. à *impersonnel (il pleut)*. **5** VX Égoïste. **6** Qui n'a pas l'esprit d'équipe. **B** *nm* Ensemble des personnes employées dans un service, un établissement, ou exerçant la même profession. **LOC** ***Mode personnel*** : mode du verbe dont les désinences indiquent les personnes (indicatif, impératif, conditionnel, subjonctif). — ***Pronom personnel*** : qui représente l'une des trois personnes.

**personnellement** *av* **1** En personne. *Contrôler personnellement.* **2** Quant à soi. *Personnellement, je ne le blâme pas.* **3** À titre personnel. *Une lettre adressée à qqn personnellement.*

**personne-ressource** *nf* Canada Expert, spécialiste. PLUR personnes-ressources.

**personnifier** *vt* [1] **1** Attribuer à une chose abstraite ou inanimée la figure, le langage, etc., d'une personne. *Personnifier la mort.* **2** Constituer en soi le modèle, l'exemple de. *Saint Louis personnifie la justice.* [DER] **personnification** *nf* – **personnifié, ée** *a*

**perspectif, ive** *a* didac Qui représente selon les lois de la perspective. *Dessin perspectif.*

**perspective** *nf* **1** Art de représenter les objets en trois dimensions sur une surface plane, en tenant compte des effets de l'éloignement et de leur position dans l'espace par rapport à l'observateur. **2** Aspect que présentent un paysage, des constructions, vus de loin. *Une agréable perspective.* **3** fig Idée que l'on se fait d'un évènement à venir. *La perspective de cette rencontre m'est désagréable.* **4** Point de vue. *Se placer dans une perspective historique.* **LOC** ***En perspective*** : en vue ; dans l'avenir. [ETY] Du lat. *perspicere*, « regarder à travers ».

**perspicace** *a* Qui est capable de juger de manière pénétrante, sagace. [ETY] Du lat. [DER] **perspicacité** *nf*

**perspiration** *nf* PHYSIOL Ensemble des échanges respiratoires qui se font à travers la peau.

**Persson** Göran (Vingaker, 1949), homme politique suédois. Premier ministre social-démocrate depuis 1996.

**persuader** *vt* [1] Amener qqn à croire, à vouloir, à faire qqch. *Je l'ai persuadé de la nécessité d'agir.* [ETY] Du lat.

**persuasif, ive** *a* Qui a le pouvoir de persuader. *Ton, orateur persuasif.* [DER] **persuasivement** *av*

**persuasion** *nf* **1** Action de persuader. *Obtenir par la persuasion.* **2** Don de persuader. *Manquer de persuasion.* **3** Fait d'être persuadé ; conviction. *Avoir la persuasion de son infaillibilité.*

**persulfure** *nm* CHIM Sulfure plus riche en soufre qu'un sulfure normal.

**perte** *nf* **A** **1** Fait d'être privé de qqch que l'on avait, que l'on possédait. *Perte d'un droit, d'un membre.* **2** Dommage pécuniaire ; quantité perdue d'argent, de produits. *Essuyer des pertes.* **3** Fait d'avoir égaré, perdu. *Perte d'un document.* **4** Mort de qqn. *Ce régiment a subi de grosses pertes.* **5** Ruine matérielle ou morale. *Courir à sa perte.* **6** Insuccès ; issue malheureuse. *Perte d'un procès.* **7** Mauvais emploi ; gaspillage. *Perte de temps et d'argent.* **B** *nf pl* MED Hémorragie utérine. SYN métrorragie. **LOC** ***À perte*** : à un prix inférieur au prix d'achat ou de revient. — ***À perte de vue*** : jusqu'au point extrême où porte la vue ; interminablement. — ***En pure perte*** : sans résultat. — PHYS ***Perte de charge*** : chute de pression dans un fluide en mouvement, due aux frottements. — ELECTR ***Perte en ligne*** : perte d'énergie dans un conducteur, sous forme de chaleur. — MED ***Pertes blanches*** : leucorrhée. — ***Perte sèche*** : que rien ne vient compenser. [ETY] Du lat.

**Perth** cap. de l'Australie-Occidentale, à 20 km de l'océan Indien ; 983 000 hab. (aggl.). Centre industriel (notam. à Fremantle).

**Perth** v. d'Écosse (rég. de Tayside), à l'O. de Dundee, sur le Tay ; 43 000 hab. Whisky. – La ville fut la cap. de l'Écosse (XIIIe-XVe s.).

**Perthois** petit pays boisé de la Champagne humide (entre la Marne et l'Ornain), autour de Perthes (Haute-Marne, arr. de Saint-Dizier) et de Vitry-le-François (Marne).

**Perthus** (col du) défilé des Pyr.-Orient. (290 m), à la frontière franco-espagnole.

**Pertinax** Publius Helvius (Alba Pompeia, 126 – Rome, 153), empereur romain (janv.-mars 193). Élu puis assassiné par les prétoriens qui avaient renversé Commode.

**pertinemment** *av* **1** De façon pertinente, judicieuse. **2** Parfaitement. *Savoir pertinemment qqch.* PHO [pɛʀtinamɑ̃]

**pertinent, ente** *a* **1** DR Qui se rapporte exactement à la question, au fond de la cause. *Faits pertinents.* **2** Approprié ; judicieux. *Remarque pertinente.* **3** didac Se dit de tout trait caractéristique ou fonctionnel envisagé du point de vue choisi pour l'étude ou la description. ETY Du lat. DER **pertinence** *nf*

**Pertini** Alessandro **Pertini,** dit **Sandro** (Stella, près de Gênes, 1896 – Rome, 1990), homme politique italien. Socialiste, emprisonné ou dans la clandestinité de 1927 à 1943, président de la Rép. de 1978 à 1985.

**pertuis** *nm* **1** rég Ouverture, trou. **2** GEOGR Détroit resserré entre une île et la terre, ou entre deux îles. PHO [pɛʀtɥi] ETY De l'anc. v. *pertuiser,* autre forme de *percer.*

**Pertuis** ch.-l. de cant. du Vaucluse (arr. d'Apt) ; 18 997 hab. DER **pertuisien, enne** *a, n*

**pertuisane** *nf* HIST Hallebarde à fer long muni de deux oreillons symétriques (XV^e^-XVIII^e^ s.). ETY De l'ital.

**perturbateur, trice** *n, a* Qui est à l'origine de troubles, de désordre. **LOC** BIOCHIM ***Perturbateur endocrinien*** **:** substance susceptible de dérégler le système hormonal.

**perturbation** *nf* **1** Trouble, dérèglement dans l'état ou le fonctionnement d'une chose. *Perturbations sociales.* **2** METEO Ensemble de phénomènes atmosphériques (vent, nuages, précipitations) qui accompagnent la rencontre de deux masses d'air différentes, ou qui prennent naissance au sein d'une masse d'air instable. **3** ASTRO Écart entre la position occupée réellement par une planète et la position qu'elle occuperait si elle était soumise à la seule action du Soleil.

**perturber** *vt* ① Troubler ; empêcher le déroulement ou le fonctionnement normal de. *Perturber une réunion.* ETY Du lat. DER **perturbant, ante** *a*

**Pertusato (cap)** extrémité S. de la Corse.

**pérugin** → **Pérouse.**

**Pérugin** Pietro **Vannucci,** dit **le** (en ital. *il Perugino*) (Città della Pieve, près de Pérouse, 1445 – Fontignano, id., 1523), peintre italien ; élève de Verrocchio et maître de Raphaël.

**le Pérugin** *la Vierge et l'Enfant*

**Perutz** Max Ferdinand (Vienne, 1914 – Cambridge, 2002), chimiste britannique d'origine autrichienne. Il a déterminé la forme de la molécule d'hémoglobine. Prix Nobel 1962.

**Peruzzi** Baldassare (Sienne, 1481 – Rome, 1536), peintre et architecte italien : la villa Farnésine à Rome (1508-1511).

**pervenche** *nf, a inv* **A** *nf* **1** Plante dicotylédone (apocynacée), liane des sous-bois, rampante, aux fleurs bleu violacé. **2** fam Contractuelle de la Ville de Paris, vêtue d'un uniforme bleu. **B** *a inv* De couleur bleu violacé. *Des yeux pervenche.* **LOC** ***Pervenche de Madagascar*** **:** pervenche rose, ornementale et médicinale.

**pervers, erse** *a, n* **1** litt Porté à faire le mal, méchant ; qui dénote la perversité. **2** Corrompu, dépravé. **3** PSYCHO Atteint de perversion, en partic. de perversion sexuelle. **LOC** ***Effet pervers*** **:** conséquence indirecte, inattendue et fâcheuse. ETY Du lat. DER **perversement** *av*

**perversion** *nf* **1** Action de pervertir ; changement en mal. *Perversion des mœurs.* **2** PSYCHO Déviation des tendances, des instincts, qui se traduit par un trouble du comportement. **LOC** ***Perversion sexuelle*** **:** recherche de la satisfaction des pulsions sexuelles par des pratiques telles que sadisme, masochisme, exhibitionnisme, etc.

**perversité** *nf* **1** Tendance à faire le mal et à en éprouver de la joie ; méchanceté. **2** Caractère d'une situation où entrent en jeu des effets pervers. *La perversité de certaines mesures fiscales.*

**pervertir** *vt* ③ **1** Faire changer en mal. *L'oisiveté et le luxe l'ont perverti.* **2** Dénaturer, altérer. *Interprétation qui pervertit le sens d'un texte.* DER **pervertissement** *nm*

**pesage** *nm* **1** Action de peser ; mesure des poids. **2** TURF Action de peser les jockeys avant une course ; enceinte réservée où l'on procède à cette opération.

**pesamment** *av* **1** D'une manière pesante, en pesant d'un grand poids. *Sauter pesamment.* **2** fig Avec lourdeur, sans grâce. *Écrire pesamment.*

**pesant, ante** *a* **1** Qui pèse, qui est lourd. *Fardeau pesant.* **2** PHYS Qui tend vers le centre de la Terre par l'action de la pesanteur. **3** Lourd, lent. *Une démarche pesante.* **4** fig Qui manque de vivacité, de légèreté. *Une plaisanterie pesante.* **5** fig Pénible, que l'on a du mal à supporter. *Une atmosphère pesante.* **LOC** ***Valoir son pesant d'or*** **:** être d'un grand prix.

**pesanteur** *nf* **1** Nature de ce qui est pesant. **2** PHYS Force qui tend à entraîner les corps vers le centre de la Terre. **3** Force d'attraction d'un astre. **4** Défaut de vivacité, de légèreté, de grâce. *Pesanteur du style.* **5** Sensation de poids due à une indisposition, à un malaise. *Pesanteur d'estomac.* SYN lourdeur. **6** (souvent au plur.) Résistance au changement, à l'innovation, immobilisme. *Pesanteurs sociologiques.*

ENC Un corps placé à la surface de la Terre est soumis à une force de gravitation dirigée vers le centre de la Terre et à une force centrifuge due à la rotation de la Terre ; la résultante de ces deux forces est la force de pesanteur, dont le module F, appelé poids de ce corps, est égal au produit de la masse m du corps par l'intensité g de l'accélération de la pesanteur : $F = mg$ (F s'exprime en newtons, m en kilogrammes et g en $m/s^2$). La valeur de g est de 9,81 $m/s^2$ à Paris ; elle est plus forte aux pôles ($g = 9{,}83\ m/s^2$) et plus faible à l'équateur ($g = 9{,}78\ m/s^2$), où la force centrifuge est la plus forte. Sur la Lune, la pesanteur est environ six fois moindre que sur Terre. V. force, interaction.

**Pesaro** v. d'Italie (Marches), sur l'Adriatique, à l'embouchure de la Foglia ; 90 150 hab. ; ch.-l. de la prov. de Pesaro-et-Urbino. Stat. balnéaire. – Évêché. Palais ducal XV^e^ s. Musée (majoliques XV^e^-XVIII^e^ s.).

**Pescadores (îles)** archipel de la Chine nationaliste, à l'O. de Taiwan ; 127 km² ; 99 000 hab. Pêche. – Îles occupées par les Japonais de 1895 à 1945. VAR **Penghu**

**Pescara** v. d'Italie (Abruzzes), sur l'Adriatique, à l'embouchure de la *Pescara ;* 132 000 hab. ; ch.-l. de la prov. du m. nom. Stat. balnéaire. Centre industriel.

**Peschiera del Garda** v. d'Italie (Vénétie), sur le Mincio et le lac de Garde ; 8 740 hab. – Anc. place forte sur la route des Alpes.

**pèse-acide** *nm* TECH Aréomètre servant à mesurer la densité des solutions acides. PLUR pèse-acides.

**pèse-alcool** *nm* Alcoomètre. PLUR pèse-alcools.

**pèse-bébé** *nm* Balance ou bascule pour peser les nourrissons. PLUR pèse-bébés.

**pesée** *nf* **1** Quantité pesée en une fois. **2** Action de peser, de mesurer un poids. **3** Force, pression exercée sur qqch.

**pèse-lait** *nm* Syn. de *lactodensimètre* et de *galactomètre.* PLUR pèse-laits ou pèse-lait.

**pèse-lettre** *nm* Petite balance pour peser les lettres. PLUR pèse-lettres.

**pèse-personne** *nm* Petite bascule plate à ressort, sur laquelle on monte pour se peser. PLUR pèse-personnes.

**peser** *v* ⑯ **A** *vt* **1** Mesurer le poids de. *Peser des marchandises.* **2** fig Examiner attentivement. *Bien peser une décision.* **B** *vi* **1** Avoir tel poids. *Ce paquet pèse trois kilos.* **2** fam Avoir telle fortune, représenter telle valeur. *Peser un million de dollars.* **C** *vti* **1** Exercer une force, une pression sur. *Peser sur un levier.* **2** Canada Appuyer. *Peser sur un bouton.* **3** fig Influencer. *Cela a pesé sur ma décision.* **4** Être indigeste. *Aliment qui pèse sur l'estomac.* **5** Être pénible à supporter pour qqn. *L'oisiveté lui pèse.* **LOC** ***Tout bien pesé*** **:** à la réflexion. ETY Du lat.

**pèse-sirop** *nm* Aréomètre pour mesurer la densité des sirops de sucre. PLUR pèse-sirops.

**péséta** *nf* Anc. unité monétaire de l'Espagne. ETY Mot esp. VAR **peseta**

**pesette** *nf* Petite balance de précision pour les monnaies.

**Peshāwar** v. du Pākistān, à l'entrée de la passe de Khayber ; 1,4 million d'hab. (aggl.) ; Place forte. – Université. Musée (collections de l'art du Gandhāra). – La ville fut la cap. du Gandhāra. VAR **Pechawar**

**péso** *nm* Unité monétaire de plusieurs États d'Amérique du Sud. PHO [peso] ETY Mot esp. « poids (d'or) ». VAR **peso**

**peson** *nm* **1** Petite balance à levier. **2** Dispositif à ressort destiné à mesurer les poids, dynamomètre.

**Pessac** ch.-l. de cant. de la Gironde (arr. de Bordeaux) ; 58 069 hab. Vignobles (haut-brion). Industries de pointe. – Cité-jardin de Le Corbusier (1925). DER **pessacais, aise** *a, n*

**Pessah** nom hébreu de la pâque juive.

**pessaire** *nm* MED **1** Anneau que l'on place dans le vagin pour maintenir l'utérus en cas de rétroversion utérine ou pour éviter un prolapsus génital. **2** Syn. anc de *diaphragme* (préservatif féminin). ETY Du gr. *pessos,* « tampon de charpie ».

**pessimisme** *nm* **1** Tendance à penser que tout va mal, que tout finira mal. **2** PHILO Doctrine qui soutient que le monde est mauvais, ou que la somme des maux l'emporte sur celle des biens. ETY Du lat. *pessimus,* « très mauvais ». DER **pessimiste** *a, n*

**Pessoa** Fernando (Lisbonne, 1888 – id., 1935), poète portugais. Son œuvre, publiée sous son nom et sous divers pseudonymes, domine la littérature contemporaine de son pays : *Poésies d'Álvaro de Campos* (posth., 1944).

**Pessôa Câmara** Helder (Fortaleza, 1909 – Recife, 1999), prélat brésilien, archevêque de Recife (1964-1985), défenseur des opprimés du tiers monde.

**Pest** partie basse de Budapest, sur la rive gauche du Danube, centre admin. de la ville.

**Pestalozzi** Johann Heinrich (Zurich, 1746 – Brugg, 1827), pédagogue suisse. Il appliqua les thèses de Rousseau dans l'*Émile*.

**peste** *nf* **1** Maladie infectieuse et épidémique très grave, due au bacille de Yersin. **2** MED VET Maladie virale des animaux de basse-cour (peste aviaire), des bovins (peste bovine) des porcins (peste porcine). **3** litt, fig Chose ou personne nuisible, dangereuse. **4** Personne méchante, sournoise, médisante. **LOC** ***Fuir qqn, qqch comme la peste*** : tout faire pour l'éviter. — ***La peste brune*** : le nazisme et les idéologies qui s'en inspirent. — fam ***La peste et le choléra*** : deux solutions entre lesquelles il est impossible de choisir. — vx ***Peste soit de...*** : maudit soit... — ***Peste végétale*** : plante introduite dans un milieu et qui s'y reproduit d'une manière foudroyante et anarchique aux dépens des plantes indigènes. [ETY] Du lat.

[ENC] Maladie du rat, la peste se transmet à l'homme par l'intermédiaire d'une puce ; la peste pulmonaire se transmet également d'homme à homme. Due au bacille de Yersin *(Yersinia pestis)*, elle se présente sous trois formes : la *peste bubonique*, la plus fréquente, est marquée par la formation de bubons aux aines et aux aisselles. La *peste pulmonaire* se traduit par une pneumopathie aiguë. La *peste septicémique* produit un état septicémique à l'évolution très grave. Le traitement curatif consiste en doses élevées de sérum et d'antibiotiques.
On identifie avec la peste l'épidémie qui, sous Justinien (542), sévit dans une partie de l'Empire, celle encore qui décima l'armée des croisés devant Tunis et dont mourut Louis IX (1270), et enfin la fameuse *peste noire* (ou *Grande Peste*) qui au milieu du XIV$^{e}$ s., après avoir ravagé l'Asie, fit périr environ 25 millions d'hommes en Europe, soit près du tiers de la pop. Dans les temps modernes, les épidémies de peste les plus célèbres sont celles de Londres (1665) et de Marseille (1720). Auj., la peste sévit de façon endémique en Asie et en Amérique latine.

**Peste (la)** roman de Camus (1947).

**pester** *vi* [1] Manifester de la mauvaise humeur par des paroles de mécontentement, des imprécations. *Pester contre le mauvais temps.*

**pesteux, euse** *a* didac **1** De la peste. *Bacille pesteux.* **2** Contaminé par la peste. *Rat pesteux.*

**pesticide** *nm* Produit qui empêche le développement des animaux ou des plantes nuisibles, ou qui les détruit. [ETY] Mot angl.

[ENC] Les *fongicides*, ou *anticryptogamiques*, détruisent les champignons parasites et donc les « moisissures ». Les *bactéricides*, utilisés contre les maladies bactériennes, sont constitués d'antibiotiques. Les *insecticides*, destinés à détruire les insectes nuisibles aux cultures et en partic. les insectes rongeurs (coléoptères, lépidoptères, hyménoptères, orthoptères), comprennent les *organochlorés*, comme le DDT, et les *organophosphorés*. Les *herbicides*, ou *désherbants*, utilisés pour détruire les mauvaises herbes, soit brûlent la matière végétale, soit dérèglent la fonction chlorophyllienne des plantes. La préservation de l'environnement conduit aujourd'hui à limiter l'usage des pesticides par la *lutte biologique* ou l'élaboration d'OGM résistants aux parasites ou aux ravageurs.

**pestiféré, ée** *a, n* Atteint de la peste.

**pestilence** *nf* Odeur infecte, nauséabonde. [DER] **pestilentiel, elle** *a*

**pesto** *nm* CUIS Sauce italienne à base de basilic haché et d'huile d'olive. [ETY] Mot ital.

**pet** *nm* fam Gaz intestinal qui sort de l'anus avec bruit. **LOC** ***Il va y avoir du pet*** : du scandale. — ***Ne pas valoir un pet (de lapin)*** : ne rien valoir. — ***Porter le pet*** : porter plainte. [PHO] [pɛ] [ETY] Du lat.

**PET** *nm* Matière plastique recyclable, résistante et transparente. [PHO] [peɶt] [ETY] Abrév. de *polyéthylène téréphtalate*.

**peta-** PHYS Élément qui, placé devant le nom d'une unité, indique qu'elle est multipliée par un million de milliards ($10^{15}$). SYMB P.

**pétage** *nm* **LOC** fam ***Pétage de plombs*** : fait de péter les plombs, coup de folie.

**Petah Tikvah** ville d'Israël, à l'E. de Tel-Aviv ; 129 000 hab. Industr. textiles.

**Pétain** Philippe (Cauchy-à-la-Tour, Pas-de-Calais, 1856 – Port-Joinville, île d'Yeu, 1951), maréchal de France et homme politique français. Vainqueur à Verdun (1915-1916), il fut commandant en chef (15 mai 1917). Maréchal en 1918, il combattit au Maroc contre Abd el-Krim (1925). Ministre de la Guerre (1934), il fut vice-président du Conseil le 18 mai 1940 (après les revers militaires) puis président le 16 juin ; le 22, il conclut l'armistice avec les Allemands. Chef de l'État le 11 juillet (investi des pleins pouvoirs), résidant à Vichy, il instaura un régime autoritaire, corporatiste et antisémite, qui collabora avec l'occupant allemand. Enlevé par les Allemands en août 1944, il revint volontairement en France (avril 1945), où il fut jugé ; sa condamnation à mort fut commuée en détention perpétuelle à l'île d'Yeu (Vendée). Acad. fr. (1929 ; radiation en 1945).

Pétain

**pétainisme** *nm* HIST Doctrine des partisans du maréchal Pétain, appliquée sous le gouvernement de Vichy. [DER] **pétainiste** *a, n*

**pétale** *nm* Chacune des pièces de la corolle d'une fleur. [ETY] Du gr.

**pétaloïde** *a* BOT Qui a l'aspect d'un pétale.

**Pétange** v. du S.-O. du Luxembourg ; 12 100 hab. Fer, métallurgie.

**pétanque** *nf* Jeu de boules originaire du midi de la France, dans lequel le but est constitué par une boule plus petite appelée « cochonnet ». [ETY] Du provenç. *pèd tanco*, « pied fixé ». [DER] **pétanqueur, euse** *n*

**pétant, ante** *a* fam **1** Se dit d'une heure exacte, précise. *À dix heures pétantes.* **2** Se dit d'une couleur éclatante. *Un jaune pétant.*

**pétaoctet** *nm* INFORM Capacité de mémoire équivalant à un million de milliards d'octets.

**pétarade** *nf* **1** Suite de pets accompagnant les ruades des équidés. **2** Série de brèves détonations. *Les pétarades d'une vieille motocyclette.*

**pétarader** *vi* [1] Faire entendre une pétarade. [DER] **pétaradant, ante** *a*

**1 pétard** *nm* **1** TECH Charge d'explosif utilisée pour faire sauter un obstacle. **2** Petit cylindre de papier bourré d'une composition détonante, que l'on s'amuse à faire exploser. **3** fam Cigarette de haschisch. **4** fam Pistolet. **5** fam Derrière. **LOC** fam ***Être en pétard*** : en colère. — fam ***Faire du pétard*** : du tapage. — fam ***Pétard mouillé*** : action spectaculaire qui a manqué son effet.

**2 pétard** *am* fam Se dit d'une couleur vive, éclatante. *Un bleu pétard.*

**pétase** *nm* ANTIQ Chapeau à larges bords, rond et bas, porté par les Grecs.

**pétasite** *nm* Plante vivace (composée) à grandes feuilles laineuses.

**pétasse** *nf* vulg, inj **1** vieilli Prostituée. **2** Terme très injurieux adressé à une femme.

**Pétaud (roi)** autrefois désignation plaisante du chef élu des mendiants.

**pétaudière** *nf* Maison, assemblée où il n'y a ni ordre ni autorité. [ETY] De *Pétaud*, roi légendaire.

**pétauriste** *nm* **1** ANTIQ GR Danseur, sauteur de corde. **2** Écureuil d'Asie qui exécute des vols planés grâce à son patagium et à sa queue. SYN écureuil volant. [ETY] Du gr.

**pétauroïde** *nm* Phalanger volant.

**Petchenègues** peuplades mongoles qui s'établirent sur les rives de la mer Noire au IX$^{e}$ s. et menacèrent Byzance. Elles furent anéanties par Jean II Comnène en 1122-1123. [DER] **petchenègue** *a*

**Petchora (la)** fl. de Russie (env. 1 800 km) ; naît dans l'Oural septentrional et se jette dans la mer de Barents. Son bassin de 320 000 km$^{2}$ est riche en houille et en pétrole.

**pet-de-nonne** *nm* Beignet soufflé. PLUR pets-de-nonne.

**pété, ée** *a* fam Saoul ou drogué.

**pétéchie** *nf* MED Petite tache cutanée rouge violacé due à une infiltration de sang sous la peau. [ETY] De l'ital.

**Petén** dép. du Guatemala ; 35 854 km$^{2}$ ; 131 930 hab. ; ch.-l. *Flores*. Vestiges mayas.

**péter** *v* [14] **A** *vi* fam **1** Lâcher un pet. **2** Exploser, éclater. *Son fusil lui a pété au nez.* **B** *vt* fam Casser. *Il a pété la lame de son couteau.* **LOC** ***Envoyer péter*** : congédier, rabrouer. — ***Péter dans la soie*** : être luxueusement habillé ; être riche. — ***Péter des flammes, le feu*** : être plein de vivacité, d'entrain. — ***Péter les plombs, péter un câble*** : avoir un coup de folie, disjoncter. — ***Péter plus haut que son cul*** : avoir des prétentions qui dépassent ses capacités, sa condition. — très fam ***Se la péter*** : se monter la tête, frimer.

**Peterborough** v. industr. d'Angleterre (Cambridgeshire), sur la Nene ; 148 800 hab. – Cath. XII$^{e}$-XIII$^{e}$ s.

**Peterborough** v. du Canada (Ontario) ; 68 370 hab. Centre industriel.

**Peterhof** → **Petrodvorets.**

**Peter Ibbetson** roman de G. Du Maurier (1891). ▷ CINE Film de Henry Hathaway (1935), avec Gary Cooper et Ann Harding.

**Petermann** August (Bleicherode, 1822 – Gotha, 1878), géographe allemand qui étudia l'Afrique.

**Peter Pan** personnage de la féerie du m. nom (1904) de sir J. M. Barrie, qui l'avait inventé dans *le Petit Oiseau blanc* (1902) ; suites : *Peter Pan dans les jardins de Kensington* (1906) et *Peter et Wendy* (1911). ▷ CINE *Peter Pan*, dessin animé de Walt Disney (1953) ; *Hook*, de Steven Spielberg (1991), avec Robin Williams et Dustin Hoffman.

**pétersbourgeois** → **Saint-Pétersbourg.**

**Peterson** Oscar (Montréal, 1925 – Toronto, 2007), pianiste et compositeur de jazz canadien.

**pète-sec** *n, a* fam Se dit d'une personne autoritaire, au ton bref et cassant. PLUR pète-secs ou pète-sec. [VAR] **pètesec**

**péteux, euse** *n* fam **1** Couard, poltron. **2** Prétentieux.

**pétiller** *vi* [1] **1** Faire entendre des petits bruits d'éclatement secs et répétés. *Feu, bois qui pétille.* **2** Dégager des bulles qui éclatent à petit bruit, en parlant d'une boisson gazeuse. **3** fig Manifester avec éclat. *Pétiller d'ardeur, de malice.* **4** Briller d'un vif éclat. *Yeux qui pétillent de joie, d'impatience.* [DER] **pétillant, ante** *a* – **pétillance** *nf* – **pétillement** *nm*

**Pétillon** René (Lesneven, 1945), dessinateur et scénariste français de bandes dessinées.

**pétiole** *nm* BOT Partie étroite de la feuille qui relie le limbe à la tige. PHO [petjɔl] ou [pesjɔl] ETY Du lat. *pes, pedis,* « pied ».

**Pétion** Anne Alexandre Sabès, dit (Port-au-Prince, 1770 – id., 1818), officier et homme politique haïtien. Il combattit aux côtés de Toussaint Louverture (1791), l'abandonna et se rendit en France (1801-1802), revint avec Leclerc, mais rallia les insurgés. Après la mort de Dessalines (1806), Christophe et lui se partagèrent Haïti ; il présida la Rép. du Sud.

**Pétion de Villeneuve** Jérôme (Chartres, 1756 – Saint-Émilion, 1794), homme politique français. Député aux états généraux (1789), maire de Paris (1791), président de la Convention (1792), il fut proscrit comme girondin (juin 1793) et s'enfuit ; traqué, il se suicida.

**petiot, ote** *a, n* fam Petit, tout petit.

**Petipa** Marius (Marseille, 1822 – Saint-Pétersbourg, 1910), danseur et chorégraphe français ; un des créateurs de l'école russe de ballet (notam. sur des mus. de Tchaïkovski).

**petit, ite** **A** *a, n* **1** Se dit d'un objet dont les dimensions sont inférieures à celles des objets de même espèce. *Une petite table. Un appartement très petit.* **2** Dont l'importance en nombre, en intensité, en durée, est faible. *Un petit groupe de gens. Rester encore un petit moment.* **3** Dont la taille est inférieure à la moyenne. *Une femme petite, très petite.* **4** Qui n'a pas encore atteint la taille, l'âge adulte ; jeune. *Il est trop petit pour comprendre.* **5** Se dit de ce qu'on trouve attendrissant, charmant. *Les petits secrets d'un enfant.* **6** fam Se dit de ce qu'on trouve bon, agréable. *Préparer une bonne petite sauce.* **7** Marque l'affection, la familiarité. *Ma petite femme chérie.* **8** Marque le mépris. *Petit monsieur.* **9** Se dit d'une chose qui a peu d'importance. *Avoir quelques petites choses à régler.* **10** Dont la situation, la condition est modeste ; dont l'importance est mineure. *Les petites gens. La petite bourgeoisie.* **11** Qui manque de grandeur ; étriqué, bas, mesquin. *Ces procédés sont petits. Vous êtes petit !* **B** *n* **1** Enfant encore petit. *Faites d'abord manger les petits.* **2** Enfant par rapport à ses parents. *Les petits Untel.* **3** fam Jeune homme, jeune fille. *Une brave petite.* **4** Très jeune élève. *La classe des petits.* **5** Animal qui vient de naître ou qui n'est pas encore adulte. LOC ***À petit feu*** : à feu doux. — ***En petit*** : en raccourci, en réduction. — ***Faire des petits*** : mettre bas ; fig, fam croître, se multiplier. — ***Le petit doigt*** : l'auriculaire. — ***Le petit jour, le petit matin*** : l'aube. — ***Petit(e) ami(e)*** : amant, maîtresse. — ***Petit à petit*** : peu à peu. — ***Petit frère, petite sœur*** : frère, sœur plus jeunes. — ***Se faire tout petit*** : tâcher de passer inaperçu. ETY Du lat.

**Petit** Roland (Villemomble, 1924 – Genève 2011), danseur et chorégraphe français : *Carmen* (1949), *l'Arlésienne* (1975).

**Petit Arpent du Bon Dieu (le)** roman d'Erskine Caldwell (1933).

**petit-beurre** *nm* Gâteau sec rectangulaire, au beurre. PLUR petits-beurres.

**petit-bois** *nm* TECH Montant ou traverse en bois d'une fenêtre, qui maintient les vitres. PLUR petits-bois.

**Petit-Bourg** ch.-l. de cant. de la Guadeloupe (arr. de Basse-Terre) ; 22 880 hab. DER **petit-bourgeois, oise** *a, n*

**petit-bourgeois, petite-bourgeoise** *n, a* **A** *n* péjor Personne issue des couches les moins fortunées de la bourgeoisie. **B** *a* péjor Qui dénote l'étroitesse d'esprit, le conformisme considérés comme typiques des petits-bourgeois. PLUR petit(e)s-bourgeois(e)s.

**Petit Chaperon rouge (le)** personnage du conte homonyme en prose de Ch. Perrault (1697), jolie petite fille de village coiffée d' « un petit chaperon rouge ».

**petit-chef** *nm* Supérieur hiérarchique autoritaire et tatillon. PLUR petits-chefs.

**Petit Chose (le)** roman autobiographique de Daudet (1868).

**Petit-Couronne (Le)** com. de la Seine-Maritime (arr. de Rouen) ; 9 250 hab. Raff. de pétrole ; pétrochimie. DER **couronnais, aise** *a, n*

**1 petit-déjeuner** *nm* Repas du matin, plus ou moins copieux. PLUR petits-déjeuners. VAR **petit déjeuner**

**2 petit-déjeuner** *vi* 1 fam Prendre le petit-déjeuner. *Petit-déjeuner d'un café et d'un croissant.*

**Petite Fadette (la)** roman champêtre de George Sand (1849).

**petite-fille** → **petit-fils.**

**petite-maîtresse** → **petit-maître.**

**Petite Marchande d'allumettes (la)** conte d'Andersen (1835). ▷ CINE Court-métrage de Jean Renoir (1928).

**petitement** *av* **1** À l'étroit. *Être logé petitement.* **2** fig Chichement. *Vivre petitement.* **3** fig D'une manière basse, mesquine. *Agir petitement.*

**petite-nièce** → **petit-neveu.**

**petitesse** *nf* **1** Caractère de ce qui est petit. *La petitesse de sa taille, de ses revenus.* **2** fig Caractère mesquin, bas ; mesquinerie. *La petitesse de ce procédé.*

**Petite Sirène (la)** conte d'Andersen (1835). ▷ ART Depuis 1913, sa statue orne, à Copenhague, la promenade *Langelinie.*

**Petites Sœurs des pauvres** congrégation de religieuses fondée à Saint-Servan, en 1839, par Jeanne Jugan. Elles consacrent leur existence aux vieillards nécessiteux.

**petit-fils, petite-fille** *n* Fils, fille du fils ou de la fille par rapport à un grand-père, une grand-mère. PLUR petits-fils, petites-filles.

**petit-four** *nm* Pâtisserie sucrée ou salée de la taille d'une bouchée. PLUR petits-fours. VAR **petit four**

**petit-gris** *nm* **1** Écureuil d'Europe du N. et de Sibérie, dont la fourrure gris argenté est utilisée en pelleterie ; cette fourrure. **2** Escargot comestible, à la coquille beige marbrée de brun. PLUR petits-gris.

**pétition** *nf* Demande, plainte ou vœu adressés par écrit à une autorité quelconque par une personne ou un groupe. LOC ***Pétition de principe*** : raisonnement erroné consistant à tenir pour vrai ce qu'il s'agit de démontrer. ETY Du lat.

**pétitionnaire** *n* Personne qui présente ou qui signe une pétition.

**pétitionner** *vi* 1 fam Faire, présenter une pétition.

**Petitjean** → **Sidi-Kacem.**

**petit-lait** *nm* Liquide qui se sépare du lait caillé. SYN lactosérum. PLUR petits-laits. LOC ***Se boire comme du petit-lait*** : facilement et en petite quantité.

**Petit Lord Fauntleroy (le)** roman pour enfants (1886) de l'Américaine Frances Hodgson Burnett (1849 – 1924), d'orig. anglaise. ▷ CINE Film de l'Américain Alfred Green (1889 – 1960), en 1921, avec Mary Pickford dans 2 rôles (le petit lord et sa mère).

**petit-maître, petite-maîtresse** *n* litt Jeune élégant(e), aux manières affectées et ridicules. PLUR petits-maîtres, petites-maîtresses. VAR **petit-maitre, petite-maitresse**

**petit-nègre** *nm* fam Français incorrect, à la grammaire rudimentaire.

**petit-neveu, petite-nièce** *n* Fils, fille du neveu, de la nièce, par rapport à un grand-oncle, à une grand-tante. PLUR petits-neveux, petites-nièces.

**pétitoire** *a, nm* DR Se dit d'une action qui a pour but de vérifier le bien-fondé des titres de propriété d'un bien immobilier.

**petit-pois** *nm* Graine verte du pois, consommée comme légume. PLUR petits-pois. VAR **petit pois**

**Petit Poucet (le)** personnage du conte homonyme en prose de Ch. Perrault (1697).

**Petit Prince (le)** conte philosophique de Saint-Exupéry (1943).

**Petit-Quevilly (Le)** ch.-l. de cant. de la Seine-Maritime (arr. de Rouen), sur la Seine ; 22 332 hab. Industries. DER **quevillais, aise** *a, n*

**petit-salé** *nm* Morceau de porc légèrement salé, destiné à être bouilli. PLUR petits-salés. VAR **petit salé**

**petits-enfants** *nm pl* Enfants d'un fils ou d'une fille, par rapport au grand-père et à la grand-mère.

**petit-suisse** *nm* Petit cylindre de fromage frais. PLUR petits-suisses.

**Petlioura** Simon Vassilievitch (Poltava, 1879 – Paris, 1926), homme politique ukrainien. Il tenta, en nov. 1918, d'établir en Ukraine une république indépendante et commit des pogroms. Chassé par les bolcheviks (1919), il s'allia aux Polonais (1920) contre l'U.R.S.S., victorieuse. Exilé en France (1921), il fut assassiné par un juif russe.

**pétoche** *nf* fam Peur. *Il a la pétoche.* DER **pétochard, arde** *n* – **pétocher** *vi* 1

**Petőfi** Sándor (Kiskőrös, 1823 – Segesvár, auj. Sighişoara, Roumanie, 1849), poète romantique hongrois : *Jean le Preux* (1845), héros de la révolution de 1848 (*Debout, Magyar !*). Il fut tué lors de la bataille de Segesvár.

**pétoire** *nf* fam **1** Arme à feu désuète, qui fait plus de bruit que de mal. **2** Deux-roues pétaradant.

**pétole** *nf* MAR fam Absence de vent, petit temps, par oppos. à *baston.*

**peton** *nm* fam Petit pied.

**pétoncle** *nm* Mollusque lamellibranche comestible (pectinidé) commun sur les fonds rocheux. ETY Du lat. *pecten,* « peigne ».

**pétouiller** *vi* 1 Suisse, fam Hésiter, traîner, lambiner.

**Pétra** (auj. *Al-Batrā'*, en Jordanie), anc. v. d'Arabie, entre la mer Morte et la mer Rouge. Cap. des Nabatéens (VIe s. av. J.-C. – IIe s. apr. J.-C.), elle devint romaine (106 apr. J.-C.). – Ruines de temples funéraires taillés dans le roc.

**Pétrarque** Francesco Petrarca, dit en fr. (Arezzo, 1304 – Arqua, près de Padoue, 1374), poète et humaniste italien. Après des études à Montpellier et à Bologne, il reçut, en 1326, les ordres mineurs à Avignon. Il mena une vie de cour, mais il écrivit une œuvre abondante dont la postérité ne retint que *Rimes* et *Triomphes*, publiés en 1470 dans le recueil *Canzoniere*. Ces 367 pièces en toscan (pour la plupart des sonnets) célèbrent Laure (V. Noves). Son influence fut considérable : de nombr. poètes européens *pétrarquisèrent* jusqu'au XVIe s. ▶ illustr. **Dante Alighieri**

**pétrarquisme** *nm* LITTER Imitation de Pétrarque dans la poésie. DER **pétrarquiste** *a, n*

**pétré, ée** *a* litt Couvert de pierres, de rochers. LOC ***L'Arabie pétrée*** : partie caillouteuse et aride de l'Arabie.

**production d'hydrocarbures en fonction de la profondeur**

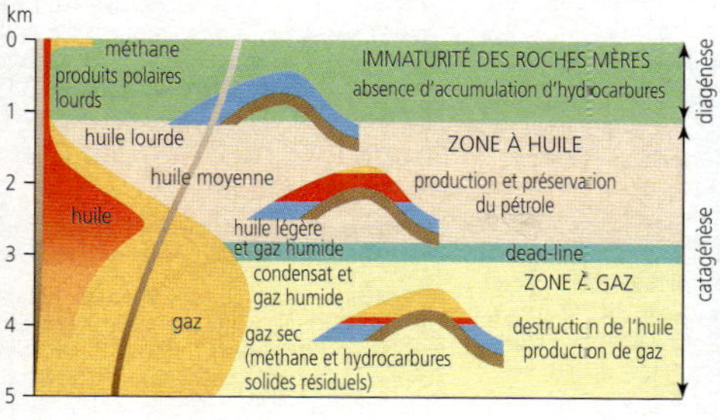


**les pièges à pétrole**

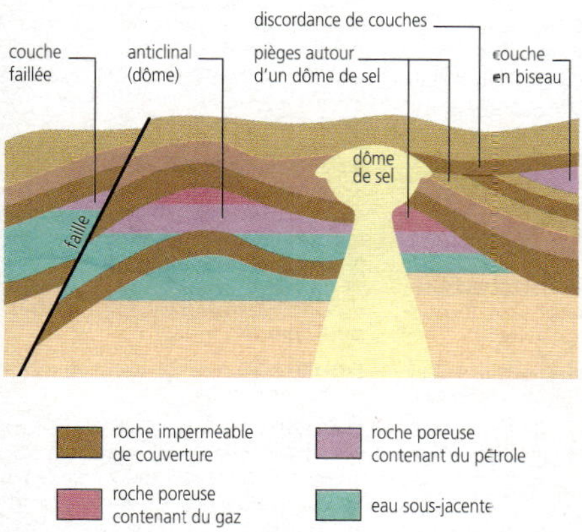


**schéma d'un appareil de forage**

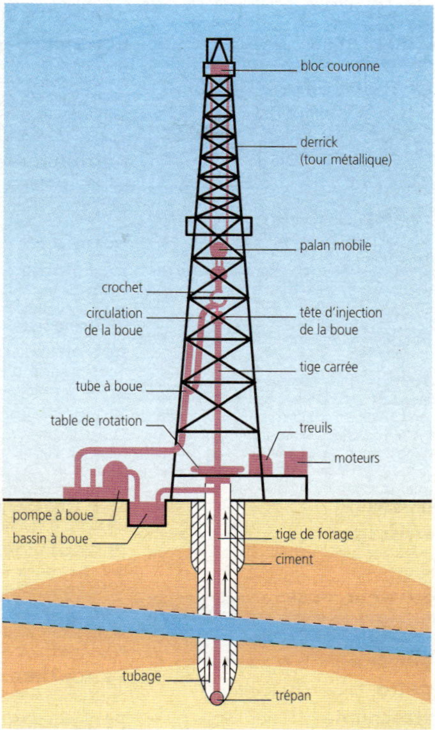


**schéma simplifié d'une raffinerie**

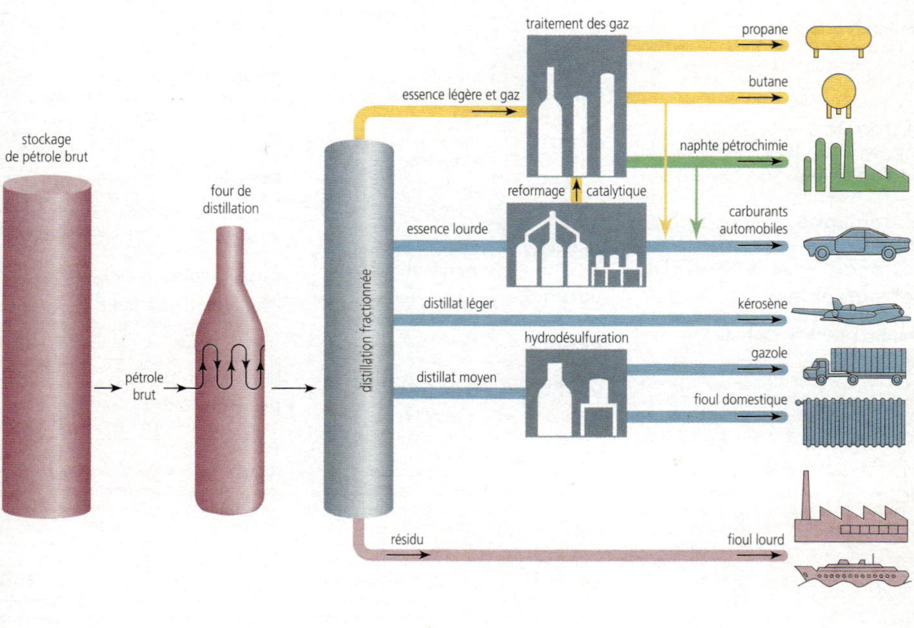

**pétrel** *nm* Oiseau marin (procellariiforme) au bec crochu, aux pieds palmés, qui vit au large et ne vient à terre que pour nicher. ETY De l'angl. ▶ illustr. **becs**

**pétreux, euse** *a* ANAT Du rocher, partie de l'os temporal.

**Petri (boîte de)** *nf* Boîte circulaire plate en verre avec couvercle, utilisée en bactériologie pour des cultures.

**Petri** Elio (Rome, 1929 – id., 1982), cinéaste italien : *Enquête sur un citoyen au-dessus de tout soupçon* (1970).

**pétrifier** *vt* 1 **1** Changer en pierre. **2** Imprégner, recouvrir de calcaire, de silice, etc. **3** fig Rendre immobile en causant une émotion violente. *Cette vision l'a pétrifié.* ETY Du lat. DER **pétrifiant, ante** *a* – **pétrification** *nf*

**pétrin** *nm* **1** Coffre, appareil dans lequel on pétrit le pain. **2** fig, fam Situation fâcheuse, embarras. *Être dans le pétrin.*

**pétrir** *vt* 3 **1** Malaxer une substance préalablement détrempée pour en faire une pâte ; brasser, malaxer une pâte. *Pétrir de l'argile, de la pâte à pain.* **2** fig Façonner, donner une forme à. **3** Presser avec force, entre les mains ou dans la main. *Pétrir les doigts de qqn.* LOC *Être pétri de qqch :* en être plein. ETY Du lat. *pistor,* « boulanger ». DER **pétrissable** *a*

**pétrissage** *nm* **1** Action de pétrir. **2** MED Massage dans lequel les tissus sont pressés entre les doigts.

**pétrisseur, euse** *n* **A** Ouvrier, ouvrière en boulangerie, qui pétrit la pâte. **B** *nf* Machine à pétrir.

**1 pétro-** Préfixe, du gr. *petros,* « pierre ».

**2 pétro-** Élément, tiré de *pétrole.*

**pétrochimie** *nf* Branche de l'industrie chimique qui utilise les dérivés du pétrole et des gaz naturels. DER **pétrochimique** *a* – **pétrochimiste** *n*

**pétrodollar** *nm* FIN, ECON Dollar provenant d'un pays exportateur de pétrole, sur le marché des eurodollars.

**Petrodvorets** (jusqu'en 1944 *Peterhof*), v. de Russie, sur le golfe de Finlande ; 43 000 hab. – Anc. palais des tsars (1714), agrandi sous Catherine II (de 1747 à 1752) sur le modèle de Versailles ; auj. musée.

**pétrogale** *nm* Petit kangourou appelé aussi *wallaby des rochers.* ETY Du gr. *galê,* « belette ».

**pétrogenèse** *nf* GEOL Formation des roches ; étude de ce processus.

**pétroglyphe** *nm* ARCHEOL Gravure sur pierre.

**Petrograd** → **Saint-Pétersbourg.**

**pétrographie** *nf* GEOL Étude et description des roches, de leur répartition. DER **pétrographe** *n* – **pétrographique** *a*

**pétrole** *nm* **1** Huile minérale d'origine organique, composée d'un mélange d'hydrocarbures. *Gisement de pétrole. Pétrole brut.* **2** Un des produits de distillation de cette huile. *Lampe à pétrole.* LOC *Bleu pétrole :* bleu tirant sur le vert. ETY Du lat. ▶ illustr. p. 1233

ENC Le pétrole résulte de la transformation en hydrocarbures de matières organiques (plancton et substances humiques déposés sur les plateaux continentaux), sous l'action de bactéries anaérobies. Ces hydrocarbures sont contenus dans des roches poreuses et perméables situées dans des plis anticlinaux, des failles, etc. – La *distillation* du pétrole sépare les produits légers (essences) des produits lourds (gazoles). Les huiles lourdes sont transformées en produits plus légers par *craquage.* Le *reformage* permet d'élever l'indice d'octane des essences lourdes. Le *raffinage* élimine certaines substances résiduelles. Il fournit des gaz combustibles, des essences, des gazoles, des fiouls, des paraffines, des huiles et des bitumes. Tous les dérivés du pétrole ont une importance considérable (carburants, combustibles, pétrochimie, etc.).

**pétrolette** *nf* fam Petite motocyclette.

**pétroleuse** *nf* **1** HIST Nom donné à des femmes qui auraient allumé des incendies en se servant de pétrole, pendant la Commune de 1871. **2** péjor Femme qui professe des idées politiques progressistes et qui les défend avec ardeur. **3** Femme au comportement violent.

**pétrolier, ère** *a, nm* **A** *a* Qui a rapport au pétrole. *Industrie pétrolière.* **B** *nm* **1** Navire qui transporte du pétrole. **2** Technicien, industriel du pétrole.

**pétrolifère** *a* Qui contient du pétrole.

**pétrologie** *nf* GEOL Étude scientifique des roches, de leur formation, de leur structure et de leurs constituants. DER **pétrologique** *a* – **pétrologiste** *n*

**pétromonarchie** *nf* POLIT Régime monarchique dont la puissance, voire l'existence, repose sur la richesse pétrolière de son sous-sol.

**Pétrone** (en lat. *Caius Petronius Arbiter*) (m. à Cumes, 66 apr. J.-C.), écrivain latin ; auteur présumé du *Satiricon,* roman réaliste (dont divers chapitres ont été perdus) qui peint avec crudité les mœurs corrompues de l'époque. Familier de Néron, Pétrone fut impliqué dans le complot de Calpurnius Pison et se donna la mort.

**Petropavlovsk-Kamtchatski** v. de Russie, dans le Kamtchatka, sur le Pacifique ; 245 000 hab. ; ch.-l. de prov. Pêche.

**Petrópolis** v. du Brésil, cap. de l'État de Rio de Janeiro de 1894 à 1903 ; 275 080 hab. – Palais impérial. Musée.

**Petrouchka** ballet en un acte et 4 tableaux de Stravinski (1911, chorégr. de Fokine).

**Petrovaradin** écart de la v. de Novi Sad, en Serbie (Vojvodine). – Victoire du Prince Eugène sur les Turcs (1716).

**Petrozavodsk** cap. de la Carélie, sur le lac Onega ; 255 000 hab. Industries.

**Petrucci** Ottaviano (Fossombrone, Urbino, 1466 – Venise, 1539), imprimeur italien du prem. livre de musique, *Harmonicae musicae odhecaton* (1501, à Venise).

**Petrucciani** Michel (Orange, 1962 – New-York, 1999), jazzman français, pianiste virtuose au jeu subtil.

**pétsaï** *nm* Chou chinois, de forme allongée, à feuilles vert pâle. VAR **pe-tsai**

**Petsamo** (en russe *Petchenga*), v. de Russie, près de l'Arctique ; 4 000 hab. Nickel. – Finlandaise de 1918 à 1947.

**pétulance** *nf* Vivacité, impétuosité, fougue. ETY Du lat. DER **pétulant, ante** *a*

**pétuner** *vi* 1 vx Fumer, priser. ETY D'une langue du Brésil.

**pétunia** *nm* Plante herbacée annuelle (solanacée), à grandes fleurs colorées.

**petzouille** → **pedzouille.**

**peu** *av* En petite quantité, en petit nombre, modérément, faiblement. *Manger peu.* LOC *À peu près, à peu de chose près :* presque. — *De peu :* d'un rien. — *Peu à peu :* lentement, progressivement. — *Peu de chose :* sans grande importance. — *Pour peu que :* pourvu que. — *Pour un peu :* un peu plus, et... *Pour un peu il se serait emporté.* — *Sous peu :* dans peu de temps. — fam *Un peu :* pour insister. *Un peu, qu'elle est belle !* ; valeur intensive avec un adj. *C'est un peu fort !* — *Un peu (de), le peu (de) :* petite quantité (de). *Manger un peu de soupe.* — *Un tant soit peu, un petit peu, quelque peu :* légèrement. ETY Du lat.

**peucédan** *nm* Ombellifère ornementale à fleurs blanches ou jaunes. ETY Du gr.

**Peugeot** Eugène (Hérimoncourt, 1844 – id., 1907) et son cousin germain **Armand** (Valentigney, 1849 – Neuilly-sur-Seine, 1915), industriels français. Ils construisirent des cycles et (à partir de 1890) des automobiles à essence. Les fils d'Eugène et Armand fondèrent en 1910 la Société anonyme des automobiles Peugeot.

**peuh !** *interj* Marque le scepticisme, le dédain, l'indifférence. ETY Onomat.

**peul** *nm* LING Langue nigéro-congolaise parlée du Sahel au Cameroun par les Peuls. SYN foulani.

**Peuls** ensemble de populations de l'Afrique de l'O. On en dénombre env. 1 800 000 au Sénégal (Peuls Toucouleurs), près de 3 millions en Guinée, 1 200 000 au Mali, 900 000 au Burkina Faso, près de 900 000 au Niger, plus de 10 millions au Nigeria, 1 200 000 au Cameroun. Autres pays : Mauritanie, Gambie, Guinée-Bissau, Sierra Leone, Tchad. Leur langue, aux nombreux dialectes, est une langue nigéro-congolaise du groupe ouest-atlantique ; langue véhiculaire dans le N. du Cameroun, au Niger et au Mali, elle est langue nationale (poular) au Sénégal. Suivant les régions, on la nomme fulfuldé (ou foulfouldé), foulani ou fulani (dans les régions anglophones), poular (ou pular), etc. Descendants probables des pasteurs du Sahara préhistorique, les Peuls apparurent dans la vallée du Sénégal au Xe s. et connurent une grande période d'extension entre le XVe et le XVIIe s. Ils se convertirent à l'islam au XVIIIe s. et fondèrent plusieurs royaumes théocratiques (V. Fouta-Djalon, Sokoto, Macina, Toucouleurs). Auj., la sédentarisation des Peuls s'accélère. VAR **Foulbés** DER **peul, peule** *a*

**peuplade** *nf* Petit groupe humain dans une société primitive.

**peuple** *nm* **1** Ensemble d'êtres humains vivant sur le même territoire ou ayant en commun une culture, des mœurs, un système de gouvernement. *Les peuples d'Extrême-Orient. Le peuple juif.* **2** vx Population. *Le peuple de Paris.* **3** Ensemble des citoyens d'un État. *Lancer un appel au peuple.* **4** fam Multitude, grand nombre de personnes. *Il y a du peuple !* **5** Ensemble des citoyens de condition modeste, par oppos. aux catégories privilégiées par la naissance, la culture ou la fortune. *Des gens du peuple.* ETY Du lat.

**peuplé, ée** *a* Où il y a des habitants. *Un pays très peuplé.*

**peuplement** *nm* **1** Action de peupler. *Peuplement d'une région.* **2** Manière dont un territoire, un pays est peuplé. *Étude du peuplement d'une région.* **3** ECOL Ensemble des organismes vivants d'une région, d'un milieu déterminés.

**peupler** *vt* 1 **1** Faire occuper un endroit par des végétaux, des animaux. *Peupler un bois, un étang.* **2** Occuper un endroit, en constituer la population. *Diverses ethnies peuplent cette région.* **3** fig Emplir. *Les mythes qui peuplent l'imaginaire.*

**peupleraie** *nf* Lieu planté de peupliers.

**Peuples de la Mer** populations indo-européennes qui déferlèrent en Asie Mineure, en Syrie, en Phénicie et dans les îles égéennes (XIIIe-XIIe s. av. J.-C.) et causèrent notam. la destruction de l'Empire hittite.

**peuplier** *nm* Grand arbre (salicacée), aimant les sols humides, cultivé pour son bois blanc et léger. ETY Du lat.

**peur** *nf* **1** Crainte violente éprouvée en présence d'un danger réel ou imaginaire. *Une peur panique.* **2** Légère crainte, légère appréhension. *J'ai peur qu'il ne vienne pas.* LOC *De peur de* (+ inf.), *que* (+ subj.) : par crainte de, que. — *En être quitte pour la peur :* n'avoir subi d'autre dommage que d'avoir eu peur. — *Laid à faire peur :* très laid. — *N'avoir pas peur des mots :* appeler les choses par leur nom, au risque de choquer. — fam *Peur bleue :* grande peur. ETY Du lat.

**Peur (la Grande)** panique qui se répandit dans les prov. françaises, fin juillet et déb. août 1789, par crainte d'un complot aristocratique qui utiliserait l'aide de l'étranger et de brigands ; elle suscita des émeutes contre les nobles et l'incendie de châteaux.

**peureux, euse** *a, n* **A** Se dit de qqn de craintif, sujet à la peur. **B** *a* Qui dénote la peur. *Un regard peureux.* DER **peureusement** *av*

**peut-être** *av* Marque le doute, indique que l'on n'évoque un événement, un ordre de fait qu'à titre de probabilité, d'éventualité douteuse. *Viendra-t-il ? Peut-être. Peut-être qu'il a raison.*

**Peutinger Konrad** (Augsbourg, 1465 – id., 1547), humaniste et collectionneur allemand. La *Table de Peutinger* est la copie médiévale d'une carte des routes de l'Empire romain (IIIe-IVe s.).

**Pevsner Anton** ou **Antoine** (Orel, 1886 – Paris, 1962), sculpteur et peintre français d'origine russe. Il fut avec N. Gabo, son frère, l'un des créateurs du constructivisme.

**Anton Pevsner** *Monde*, sculpture en bronze oxydé, 1947 – musée d'Art moderne, Paris

**Peynet Raymond** (Paris, 1908 – Mougins, 1999), dessinateur français. *Les amoureux de Peynet* (nés en 1942) sont devenus légendaires.

**Peyo Pierre Culliford,** dit (Bruxelles, 1928 – id., 1992), dessinateur belge de bandes dessinées, créateur des *Schtroumpfs* (1958).

**peyotl** *nm* Cactacée des montagnes mexicaines, qui renferme un alcaloïde hallucinogène, la mescaline. PHO [pejɔtl] ETY Mot indien du Mexique.

**Peyre Marie-Joseph** (Paris, 1730 – Choisy-le-Roi, 1785), architecte néo-classique français ; auteur, avec Ch. de Wailly, du théâtre de l'Odéon, à Paris (1779-1782).

**Peyrefitte Roger** (Castres, 1907 – Paris, 2000), romancier français : *les Amitiés particulières* (1945), *les Ambassades* (1951), *les Clés de Saint-Pierre* (1955).

**peuplier** d'Italie

**Peyrefitte Alain** (Najac, Aveyron, 1925 – Paris, 1999), homme politique (gaulliste) et écrivain français : *Quand la Chine s'éveillera* (1973), *le Mal français* (1976). Acad. fr. (1977).

**Peyresourde (col de)** col des Pyrénées centrales, près de Bagnères-de-Luchon ; 1 569 m.

**Peyron Loïck** (Nantes, 1959), navigateur français, vainqueur de nombreuses courses.

**Peyronnet Charles Ignace (comte de)** (Bordeaux, 1778 – chât. de Montferrand, Gironde, 1854), homme politique français. Garde des Sceaux (1821-1828), il fit voter des lois « ultras » ; condamné à la prison perpétuelle (déc. 1830), amnistié (1836).

**Peyrou (promenade du)** promenade de Montpellier, commencée en 1689 par Daviler, achevée en 1776.

**pèze** *nm* arg Argent. VAR **pèse**

**Pézenas** ch.-l. de cant. de l'Hérault (arr. de Béziers) ; 8 617 hab. Vins, cult. maraîchères. – Maisons anc. DER **piscénois, oise** *a, n*

**pézize** *nf* Champignon ascomycète des bois, brun ou orangé, en forme de coupe, comestible.

**PFC** *nm* CHIM Molécule de synthèse pouvant fixer l'oxygène. ETY Abrév. de *perfluocarbone*.

**pfennig** *nm* Ancienne monnaie allemande, centième partie du mark. PHO [pfenig] ETY Mot all.

**Pflimlin Pierre** (Roubaix, 1907 – Paris, 2000), homme politique français ; dernier président du Conseil de la IVe Rép. en mai 1958 ; il démissionna pour laisser la place au général de Gaulle. Il fut maire de Strasbourg (1959-1983).

**Pfitzner Hans** (Moscou, 1869 – Salzbourg, 1949), compositeur et chef d'orchestre allemand, célèbre pour ses attaques contre Schönberg.

**Pforzheim** v. d'Allemagne (Bade-Wurtemberg), dans le N. de la Forêt-Noire ; 104 450 hab. Industr. des métaux précieux.

**pgcd** *nm* MATH Abrév. de *plus grand commun diviseur*.

**ph** PHYS Symbole du phot.

**pH** *nm* CHIM Coefficient caractérisant l'état acide ou basique d'une solution, correspondant au cologarithme décimal de sa concentration en ions $H^-$(en fait en ions oxonium $H_3O^+$) : $pH = -\log_{10}[H^+]$. *Une solution est neutre si son pH est égal à 7, acide s'il est inférieur à 7, basique s'il est supérieur à 7.* PHO [peaʃ] ETY Abrév. de *potentiel hydrogène*.

**phacélie** *nf* Plante herbacée à fleurs bleues, originaire d'Amérique, utilisée pour les jachères et comme engrais vert.

**phacochère** *nm* Mammifère suidé des savanes africaines, aux défenses courbes, voisin du sanglier. ETY Du gr. *phakos*, « lentille », et *khoiros*, « petit cochon ».

**phacochère**

**phacomatose** *nf* MED Groupe de maladies héréditaires caractérisées par des anomalies congénitales (malformations, tumeurs, etc.).

**phaéton** *nm* **1** anc Petite calèche découverte à quatre roues, haute et légère. **2** ORNITH Oiseau pélécaniforme des mers chaudes, dont la queue porte deux longues plumes étroites. SYN paille-en-queue. ETY Du n. pr.

**Phaéton** dans la myth. gr., fils d'Hélios (le Soleil). Son père l'autorisa à conduire le char du Soleil, mais il faillit incendier la Terre, dont il s'était trop approché. Zeus le foudroya.

**phag(o)-, -phage, -phagie, -phagique** Éléments, du gr. *phagein*, « manger ».

**phage** *nm* MICROB Bactériophage.

**phagédénique** *a* MED Qui ronge les tissus. *Chancre phagédénique.*

**phagocyte** *nm* BIOL Leucocyte apte à la phagocytose. DER **phagocytaire** *a*

**phagocyter** *vt* ① **1** BIOL Détruire par phagocytose. **2** fig Absorber, faire disparaître en intégrant à soi. *Grosse société qui phagocyte une petite entreprise.* DER **phagocytage** *nm*

**phagocytose** *nf* BIOL Capture, ingestion et digestion, par un protozoaire, un leucocyte polynucléaire ou un macrophage, d'une particule étrangère.

**Phaïstos** v. du S.-O. de la Crète dont l'apogée correspond à celui de Cnossos. La ville fut ruinée au XVe s. av. J.-C. Import. vestiges.

disque de **Phaïstos**, terre cuite, art minoen 1700-1600 av. J.-C. – musée d'Héraklion, Crète

**phalænopsis** *nm* Orchidée épiphyte à grandes fleurs réunies en grappes, originaire d'Extrême-Orient. PHO [falenɔpsis] ETY Du gr.

**phalange** *nf* **1** ANTIQ GR Corps d'infanterie de l'armée grecque. **2** poét Armée, troupe. **3** ANAT Segment articulé des doigts, des orteils. *Les deux phalanges du pouce. Les trois phalanges de l'index.* ETY Du gr. DER **phalangien, enne** *a*

**Phalange (la)** formation politique d'extrême droite fondée en Espagne en 1933 par José A. Primo de Rivera et qui, fusionnant en 1937 avec d'autres formations, devint le parti unique destiné à soutenir l'action du général Franco. Dans les années 1940, son influence diminua.

**phalanger** *nm* ZOOL Petit marsupial australien dont le corps atteint 40 à 50 cm, qui vit dans les arbres et, par ses allures lentes, évoque le paresseux. LOC *Phalanger volant* : phalanger qui peut planer grâce à un patagium. SYN pétauroïde.

**Phalanges libanaises** mouvement politique et militaire fondé en 1936 par P. Gemayel ; hostile aux organisations musulmanes et de gauche. Pendant la guerre civile (1975-1989), elles entrèrent dans le Front libanais. VAR **Katā'ib**

**phalangette** *nf* ANAT Dernière phalange du doigt et de l'orteil, qui porte l'ongle.

**phalangine** *nf* ANAT Seconde phalange du doigt, absente du pouce et du gros orteil.

**phalangiste** *n, a* HIST Se dit des membres de la Phalange, en Espagne.

**phalanstère** *nm* **1** Communauté de travailleurs, dans le système de Fourier. **2** Groupe de personnes qui partagent les mêmes aspirations, les mêmes idées, et qui vivent et travaillent ensemble ; communauté. ETY De *phalang(e)* et *(mona)stère.* DER **phalanstérien, enne** *a, n*

**Phalaris** (VIe s. av. J.-C.), tyran d'Agrigente (v. 570-554 av. J.-C.). On dit qu'il faisait brûler ses victimes à l'intérieur d'un taureau d'airain.

**phalarope** *nm* Petit échassier à bec pointu des régions nordiques, migrateur. ETY Du gr.

**phalène** *nf* Papillon nocturne ou crépusculaire (géométridé) dont les chenilles s'attaquent aux plantes cultivées et aux arbres.

**phalère** *nf* Papillon nocturne, appelé aussi *bucéphale.* ETY Du gr. *phalaros,* « tacheté de blanc ».

**phalline** *nf* BIOCHIM Principe toxique de l'amanite phalloïde.

**phallique** *a* Qui a rapport au phallus. *Emblème phallique.* **LOC** PSYCHAN ***Stade phallique*** : phase d'organisation de la libido de l'enfant survenant après les stades oral et anal, et précédant l'organisation génitale pubertaire.

**phallo-** Élément, du gr. *phallos,* « phallus ».

**phallocentrisme** *nm* **péj** Tendance à envisager le monde uniquement du point de vue de l'homme, de la virilité. DER **phallocentrique** *a*

**phallocrate** *nm, a* Se dit d'un homme qui estime bénéficier d'une supériorité par rapport au sexe féminin et qui cherche à l'affirmer.

**phallocratie** *nf* Domination exercée par les hommes sur les femmes ; attitude, état d'esprit du phallocrate. PHO [falɔkʀasi] DER **phallocratique** *a*

**phalloïde** *a* **didac** Qui a la forme d'un phallus. *Amanite phalloïde.*

**phallus** *nm* **1** ANTIQ Représentation du membre viril en érection, symbole de la force reproductrice de la nature. **2** Symbole de l'organe sexuel masculin. **3** PHYSIOL Organe sexuel masculin. **SYN** pénis. **4** BOT Champignon basidiomycète formé d'un pied sortant d'une volve et d'un chapeau conique perforé d'alvéoles contenant une substance visqueuse d'odeur repoussante. **SYN** satyre. PHO [falys] ETY Mot lat., du gr.

**Phalsbourg** ch.-l. de cant. de la Moselle (arr. de Sarrebourg) ; 4 499 hab. – Vest. des fortifications de Vauban. Hôtel de ville XVIIe s. DER **phalsbourgeois, oise** *a, n*

**Pham Van Dong** (Mo Duc, prov. de Quang Ngai, 1906 – Hanoi, 2000), homme politique vietnamien ; collaborateur de Hô Chi Minh dès 1925 ; négociateur à la conférence de Genève (mai 1954) ; président du Conseil de la république dém. du Viêt-nam de 1955 à 1986.

**Phanar** quartier d'Istanbul, autref. habité exclusivement par des Grecs (les *Phanariotes*) ; certains occupèrent de hautes fonctions dans des pays chrétiens soumis aux Ottomans.

**phanère** *nm* Toute production épidermique apparente (plumes, poils, ongles, cornes, etc.). ETY Du gr. *phaneros,* « visible ».

**phanérogame** *nf* BOT Syn. anc. de *spermatophyte.*

**phanérophyte** *nm* BOT Plante d'une hauteur supérieure à 2 m, passant la mauvaise saison avec des tiges portant des bourgeons.

**phanérozoïque** *nf, a* GEOL Éon constitué du paléozoïque et du cénozoïque, caractérisé par l'existence de fossiles apparents.

**phantasme** → **fantasme.**

**Phan Thiêt** v. et port de pêche du Viêt-nam, à l'E. de Hô Chi Minh-Ville ; 77 000 hab.

**pharamineux** → **faramineux.**

**Pharamond** roi franc légendaire, descendant de Priam.

**pharaon** *nm* **1** ANTIQ Souverain de l'Égypte, dans l'Antiquité. **2** Jeu de cartes qui ressemble au baccara. ETY De l'égypt.

**pharaonique** *a* **1** Qui se rapporte aux pharaons. *L'Égypte pharaonique.* **2** **fig** Qui évoque le gigantisme des monuments de l'Égypte antique. VAR **pharaonien, enne**

**phare** *nm* **1** Tour surmontée d'un foyer lumineux, établie le long des côtes pour guider les navires pendant la nuit ou par temps de brume. *Phare à feu fixe, à feu tournant.* **2** Projecteur placé à l'avant d'un véhicule pour éclairer la route. **3** **fig, litt** Ce qui éclaire, guide, sert de point de repère. *La liberté sera le phare qui éclairera notre combat. Une usine(-)phare.* ETY Du n. pr. *Pharos.*

**pharillon** *nm* PECHE Réchaud où brûle un feu vif, suspendu la nuit à l'avant d'un bateau pour attirer le poisson. **SYN rég** lamparo.

**pharisaïsme** *nm* **1** **didac** Doctrine des pharisiens. **2** **fig, péjor** Hypocrisie, affectation de dévotion, de vertu. DER **pharisaïque** *a*

**pharisien, enne** *n, a* **1** HIST, RELIG Se dit des membres d'une obédience juive contemporaine du Christ. **2** Se dit d'une personne qui observe avec une rigueur pointilleuse les préceptes d'une morale étroite et toute formelle, et qui se pose en modèle de moralité. *Une attitude pharisienne.* ETY De l'hébr. *paruchim,* « ceux qui sont à part ».

ENC Le courant juif des pharisiens se forma au IIe s. av. J.-C. Il cultivait une observance pointilleuse de la loi mosaïque et des traditions orales. Ce formalisme étroit fut âprement critiqué par les juifs et par les chrétiens, mais les pharisiens assurèrent la survie du judaïsme après la fin du royaume d'Israël (70 ap. J.-C.) et leur pensée nourrit le Talmud.

**pharmac(o)-** Élément, du gr. *pharmakon,* « remède ».

**pharmaceutique** *a* Qui a rapport à la pharmacie. *Produits pharmaceutiques.*

**pharmacie** *nf* **1** Science de la préparation et de la composition des médicaments. **2** Magasin où l'on fait des préparations pharmaceutiques et où l'on vend des médicaments et de la parapharmacie. **3** Lieu, dans un hôpital, où l'on distribue des médicaments dans les divers services. **4** Assortiment de médicaments. *Pharmacie de voyage.* **5** Petite armoire à médicaments.

**pharmacien, enne** *n* **A** Personne qui exerce la pharmacie. **B** *nm* Industriel de la pharmacie.

**pharmacochimie** *nf* Industrie chimique appliquée à la fabrication des médicaments. DER **pharmacochimique** *a* – **pharmacochimiste** *n*

**pharmacocinétique** *nf, a* MED Étude du devenir d'un médicament dans l'organisme, en fonction du temps et de la dose administrée.

**pharmacodépendance** *nf* MED Dépendance à l'égard d'une substance ayant une action pharmacologique ou psychotrope. DER **pharmacodépendant, ante** *a, n*

**pharmacodynamie** *nf* Étude des effets des médicaments sur les êtres vivants. DER **pharmacodynamique** *a*

**pharmacogénomique** *nf, a* Partie de la pharmacologie qui vise à adapter les médicaments au profil génétique des malades. VAR **pharmacogénétique**

**pharmacognosie** *nf* Étude des médicaments d'origine naturelle (plantes, minéraux).

**pharmacologie** *nf* Science qui étudie les médicaments, leur composition, leur mode d'action, etc. DER **pharmacologique** *a* – **pharmacologue** ou **pharmacologiste** *n*

**pharmacomanie** *nf* MED Toxicomanie causée par des médicaments. DER **pharmacomane** *n*

**pharmacopée** *nf* PHARM **1** Ouvrage officiel énumérant les médicaments, leur composition et leurs effets, autref. appelé *Codex.* **2** Ensemble des médicaments utilisés par l'art médical.

**pharmacorésistance** *nf* Résistance d'un microbe à un médicament. DER **pharmacorésistant, ante** *a*

**pharmacothèque** *nf* CHIM Banque de molécules, constituée par chimie combinatoire.

**pharmacovigilance** *nf* MED Collecte et analyse des observations sur les effets secondaires des médicaments.

**Pharnace II** (v. 97 – 47 av. J.-C.), roi du Bosphore Cimmérien (63-47 av. J.-C.) ; fils de Mithridate le Grand. César le vainquit à Zéla (47 av. J.-C.) et annonça ainsi sa victoire au Sénat : *Veni, vidi, vici* (« Je suis venu, j'ai vu, j'ai vaincu. »).

**Pharos** petite île de l'anc. Égypte en face d'Alexandrie, où, en 285 av. J.-C., Ptolémée II fit élever le « phare », une des Sept Merveilles du monde (détruit en 1302).

**Pharsale** (auj. *Farsala*), v. de Grèce (Thessalie) ; 7 090 hab. – Victoire de César sur les troupes de Pompée (48 av. J.-C.). ▷ LITTER *La Pharsale* : poème épique en 10 chants de Lucain (v. 60 ap. J.-C., inachevé).

**pharyngal, ale** *a, nf* PHON Se dit des consonnes articulées avec la langue fortement repoussée vers le pharynx. **PLUR** pharyngaux.

**pharyngite** *nf* MED Inflammation de la muqueuse pharyngée.

**pharyngolaryngite** *nf* MED Inflammation du pharynx et du larynx.

**pharynx** *nm* ANAT Conduit de nature à la fois musculaire et membraneuse qui s'étend verticalement de la cavité buccale à l'œsophage, et par lequel les fosses nasales et le larynx communiquent. *Le pharynx est le carrefour des voies de la déglutition et de la respiration.* ETY Du gr. DER **pharyngé, ée** ou **pharyngien, enne** *a*

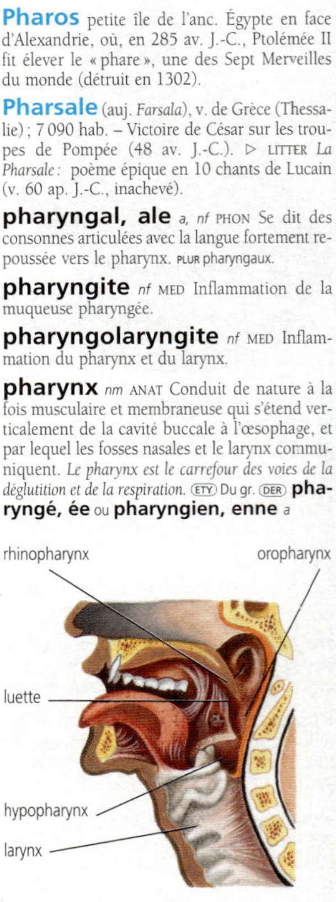


coupe sagittale du **pharynx**

**phasage** *nm* **didac** Établissement des différentes phases d'un processus.

**phase** *nf* **1** ASTRO Aspect variable que présentent la Lune et les planètes du système solaire selon leur position par rapport à la Terre et au Soleil. **2** CHIM Chacune des parties homogènes, limitées par des surfaces de séparation, d'un système chimique. *Les deux phases d'une émulsion d'eau et d'huile.* **3** PHYS Angle que forment le rayon origine et le rayon vecteur à l'instant *t*, dans un mouvement sinusoïdal. *Différence de phase ou déphasage.* **4** ELECTR Conducteur autre que le neutre, dans un réseau électrique. **5** Chacune des périodes marquant l'évolution d'un processus, d'un phénomène. *Les phases d'une maladie.* **LOC** *Être en phase avec* : en harmonie. — PHYS *Mouvements périodiques en phase* : mouvements périodiques de même fréquence dont les élongations sont maximales au même instant. (ETY) Du gr. *phasis*, « lever d'une étoile ».

**phasé, ée** *a* Qui se déroule selon des phases déterminées. *Un projet phasé.*

**phasemètre** *nm* ELECTR Appareil servant à mesurer la différence de phase entre deux courants alternatifs de même fréquence.

**phasianidé** *nm* ZOOL Galliforme, tel que le faisan, le paon. (ETY) Du lat. *phasianus*, « faisan ».

**phasme** *nm* Insecte végétarien voisin des orthoptères, allongé, remarquable par son adaptation mimétique qui lui donne l'aspect d'une brindille ou d'une branche, à activité nocturne. (ETY) Du gr. *phasma*, « fantôme ».

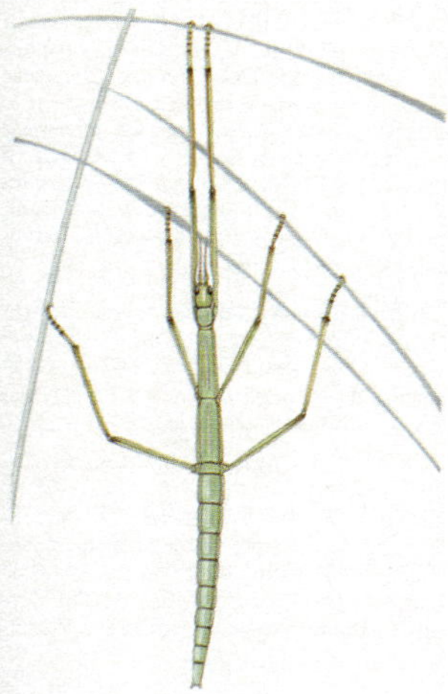

**phasme** dit bacille de Rossi

**phatique** *a* LING Se dit de la fonction du langage dont l'objet est uniquement d'établir et de maintenir le contact entre les interlocuteurs. (ETY) Du gr. *phatis*, « parole ».

**Phéaciens** dans l'*Odyssée*, peuple qui habitait l'île de Skhéria (assimilée à Corcyre, auj. *Corfou*) et dont Alcinoos était le roi.

**Phébé** dans la myth. gr., déesse de la Lune, identifiée à Artémis.

**Phébus** dans la myth. gr., nom donné à Apollon en tant que dieu de la Lumière. (VAR) **Phoebus**

**Phédon d'Élis** (IVe s. av. J.-C.), philosophe grec ; ami et disciple de Socrate, qu'il assista dans sa prison jusqu'à sa fin (cf. le dialogue *Phédon* de Platon). Il fonda l'école d'Élis.

**Phèdre** dans la myth. gr., fille de Minos et de Pasiphaé, sœur d'Ariane et épouse de Thésée. ▷ LITTER *Phèdre*, tragédie en 5 actes et en vers de Racine (1677), qui s'inspira de la tragédie *Hippolyte*, d'Euripide (428 av. J.-C.).

**Phèdre** (en lat. *Caius Julius Phædrus* ou *Phæder*) (Macédoine, v. 15 av. J.-C. – ?, v. 50 apr. J.-C.), fabuliste latin, imitateur d'Ésope.

**Phèdre ou *(De la beauté)*** dialogue de Platon (v. 380 av. J.-C.) qui traite le m. sujet, l'amour, que *le Banquet*.

**phelloderme** *nm* BOT Parenchyme né de la face interne de l'assise phellogène d'une tige ou d'une racine, et constituant en partie l'écorce secondaire. (ETY) Du gr. *phellos*, « liège ».

**phellogène** *a* BOT Qui produit le liège, en parlant d'un tissu végétal.

**Phelps Edmund** (Evanston, Illinois, 1933), économiste américain. P. Nobel 2006.

**Phelps Michael** (Baltimore, 1985), nageur américain (8 médailles d'or aux JO de 2008 à Pékin, 4 médailles d'or en 2012 à ceux de Londres).

**Phélypeaux → Ponchartrain et Maurepas.**

**phénakistiscope** *nm* didac Tambour rotatif sur le pourtour duquel est fixé une série d'images dont le défilement rapide devant les yeux restitue l'impression du mouvement. (ETY) Du gr. *phenakizein*, « tromper ».

**phénanthrène** *nm* CHIM Hydrocarbure cyclique $C_{14}H_{10}$, employé dans l'industrie des colorants.

**phénate → phénolate.**

**Phénicie** anc. nom donné à la bande côtière du littoral syro-libanais, cernée au N. par la chaîne de l'Amanus, au S. par le mont Carmel, à l'O. par la mer Méditerranée et à l'E. par le mont Liban. (DER) **phénicien, enne** *a, n*
**Histoire** Dès le IIIe millénaire, un peuple d'origine sémitique s'y installe et fonde les ports d'Ougarit (auj. *Ras Shamra*) et de Byblos (auj. *Djebail*). À partir du IIe millénaire et jusqu'à 1200 av. J.-C., la côte phénicienne est un chapelet de cités-États, vassales tantôt de l'Égypte, tantôt des Hittites. Libérée par l'invasion des Peuples de la Mer, la Phénicie est à son apogée du Xe au VIIe s. av. J.-C. Ses navires atteignent les rivages de l'Afrique du Nord et de l'Espagne, créant des comptoirs (Chypre, Malte, Crète, Sicile, Sardaigne). Les Phéniciens, qui fondent Carthage en 814 av. J.-C., sont les plus actifs commerçants de la Méditerranée. Vers 850 av. J.-C., les cités phéniciennes, dont la plus florissante est Tyr, commencent à subir la domination des Assyriens. S'imposent ensuite les Babyloniens (604-539 av. J.-C.) et les Perses (539-332 av. J.-C.). La victoire d'Alexandre réduit la Phénicie à l'état de colonie grecque (332-63 av. J.-C.), qui passera sous l'administration des Romains (province de Syrie, 64-63 av. J.-C.). – Dans différents domaines, les Phéniciens ont apporté des innovations. Ils ont introduit l'usage d'un alphabet permettant une écriture simplifiée et favorisant les relations commerciales.

art **phénicien :** sphinx en ivoire

**phénicien** *nm* Langue sémitique du groupe cananéen parlée par les anciens Phéniciens.

**phénicoptériforme → phœnicoptériforme.**

**phénique** *a* CHIM vieilli *Acide phénique* : phénol ordinaire. (DER) **phéniqué, ée** *a*

**1 phénix** *nm* **1** MYTH Oiseau fabuleux qui, après avoir vécu plusieurs siècles, se brûle lui-même sur un bûcher pour renaître de ses cendres. **2** fig Personne exceptionnelle, unique en son genre. **3** Coq domestique du Japon dont la queue a de longues plumes. (ETY) Du gr.

**2 phénix → phœnix.**

**Phénix (le)** constellation de l'hémisphère austral ; n scientif. : *Phœnix, Phœnicis*.

**phéno-, -phène** CHIM Éléments, du gr. *phainô*, « je brille ».

**phénobarbital** *nm* PHARM Barbiturique pris comme antispasmodique. PLUR phénobarbitals.

**phénocristal** *nm* GEOL Cristal visible à l'œil nu d'une roche volcanique. PLUR phénocristaux.

**phénol** *nm* CHIM Composé dérivant d'un hydrocarbure benzénique par substitution d'un ou plusieurs hydroxyles sur le noyau. *Les phénols sont utilisés pour fabriquer des résines, des colorants, des matières plastiques, des médicaments, des insecticides.* **LOC** *Phénol ordinaire* : dérivé hydroxylé du benzène ($C_6H_5OH$). (DER) **phénolique** *a*

**phénolate** *nm* CHIM Sel ou ester du phénol. (VAR) **phénate**

**phénologie** *nf* didac Étude de l'influence des climats sur les phénomènes périodiques de la végétation et du règne animal. (DER) **phénologique** *a*

**phénoménal, ale** *a* **1** Qui tient du phénomène ; surprenant, extraordinaire. *Récoltes phénoménales.* **2** PHILO De l'ordre du phénomène, notam. kantien. *Le monde phénoménal* (par oppos. à *nouménal*). PLUR phénoménaux. (DER) **phénoménalement** *av*

**phénoménalisme** *nm* PHILO Doctrine d'après laquelle les phénomènes seuls sont connaissables. (DER) **phénoménaliste** *a, n*

**phénoménalité** *nf* PHILO Caractère du phénomène.

**phénomène** *nm* **1** Tout fait extérieur qui se manifeste à la conscience par l'intermédiaire des sens ; toute expérience intérieure qui se manifeste à la conscience. *Phénomène sensible, affectif. Phénomène d'hystérie collective.* **2** PHILO Chez Kant, tout ce qui est l'objet d'une expérience sensible, appréhendé dans l'espace et dans le temps et, donc, se manifestant à la conscience (par oppos. à *noumène*). **3** Tout ce qui apparaît comme remarquable, nouveau, extraordinaire. *Le succès de ce livre est un phénomène inattendu.* **4** Animal ou humain qui présente quelque particularité rare, et qu'on exhibe en public. *Phénomène de foire.* **5** fam Personne originale, excentrique. *Ah ! celui-là, quel phénomène !* (ETY) Du gr. *phainesthai*, « apparaître ».

**phénoménisme** *nm* PHILO Doctrine d'après laquelle seuls existent des phénomènes, au sens kantien de ce terme. (DER) **phénoméniste** *a, n*

**phénoménologie** *nf* PHILO **1** Science de la conscience, qui selon Hegel prend en compte la manifestation dialectique de l'esprit au travail dans l'histoire. **2** Chez Husserl, méthode philosophique qui cherche à revenir « aux choses mêmes » et à les décrire telles qu'elles apparaissent à la conscience, indépendamment de tout savoir constitué. (DER) **phénoménologique** *a* – **phénoménologue** *n*

**Phénoménologie de la perception (la)** œuvre philosophique de Merleau-Ponty (1945).

**Phénoménologie de l'esprit (la)** œuvre philosophique de Hegel (1807), qui montre dans l'histoire de l'humanité, dep. les origines, le devenir de l'Esprit.

**phénoplaste** *nm* CHIM Résine artificielle thermodurcissable.

**phénothiazine** *nf* PHARM Substance cristalline jaune ($C_{12}H_9NS$) dont des dérivés ont des propriétés neuroleptiques et antihistaminiques.

**phénotype** *nm* BIOL Ensemble des caractères somatiques apparents d'un individu (par oppos. au *génotype*). (DER) **phénotypique** *a*

**phényl-** CHIM Préfixe indiquant la présence du radical phényle dans la molécule d'un composé.

**phénylalanine** *nf* BIOCHIM Acide aminé précurseur de la tyrosine.

**phénylbutazone** *nf* PHARM Dénomination internationale de la dioxo-diphényl-butyl pyrazolidine, produit utilisé comme anti-inflammatoire et antipyrétique.

**phénylcétonurie** *nf* MED Maladie héréditaire caractérisée par un déficit en une enzyme, la *phénylalanine-hydroxylase,* et qui se traduit par des signes neurologiques, des altérations du comportement et un défaut de pigmentation des phanères. SYN oligophrénie phénylpyruvique.

**phényle** *nm* CHIM Radical monovalent $C_6H_5$ contenu dans le benzène et ses dérivés.

**phéochromocytome** *nm* MED Tumeur des glandes surrénales, se manifestant par des crises d'hypertension.

**phéophycée** *nf* BOT Algue brune. *Les phéophycées constituent un embranchement.*

**phéromone** *nf* BIOL Molécule sécrétée par un organisme et qui déclenche chez les animaux de la même espèce des mécanismes physiologiques (ovulation) ou comportementaux (sexuels, grégaires). ETY Du gr. *pherô,* « je porte », et *hormone.* DER **phéromonal, ale, aux** *a*

**phi** *nm* **1** Vingt et unième lettre de l'alphabet grec (Φ, φ), notant un [p] aspiré en grec ancien, et un [f] en grec moderne. **2** PHYS φ : symbole de la phase. **3** PHYS NUCL Particule de la famille des mésons.

**Phidias** (v. 490 – 431 av. J.-C.), architecte et sculpteur grec. Il aurait supervisé les travaux entrepris par Périclès à Athènes. Ses œuvres les plus célèbres sont le *Zeus* chryséléphantin d'Olympie, et les sculptures du Parthénon, en partic. les frises et la statue d'*Athéna Parthénos.*

**Phidias** *Athéna Parthénos,* copie réduite (marbre, IIe s.) de la statue chryséléphantine – musée national d'Archéologie, Athènes

**phil(o)-, -phile, -philie** Éléments, du gr. *philos,* « ami », ou *philein,* « aimer ».

**Philadelphie** ville des É.-U. (Pennsylvanie), port sur la Delaware ; 1 526 000 hab. (aggl. urb. 5 965 000 hab.). Grand centre industriel. – Université. Musées, dont le très riche musée d'Art. DER **philadelphien, enne** *a, n*
**Histoire** Fondée par W. Penn (1682), la ville eut un grand rayonnement culturel au XVIIIe s. ; la déclaration d'Indépendance (1776) y fut signée. Le gouv. fédéral y siégea de 1790 à 1800.

**Philae** île du Nil, à l'entrée de la 1re cataracte. Ruines d'un temple d'Isis fondé par Nectanibis II (remanié sous Ptolémée II et ses successeurs) et de monuments romains. L'Unesco transféra le temple dans l'île d'Agilkia quand on construisit le haut barrage d'Assouan.

temple de **Philae** sur le lac Nasser – les pylônes du grand temple d'Isis

**philante** *nm* Insecte hyménoptère à aspect de guêpe, long d'une quinzaine de mm, prédateur des abeilles. VAR **philanthe**

**philanthrope** *n* **1** Ami(e) du genre humain ; qui aime tous les hommes. **2** Celui, celle qui contribue par son action personnelle, par des dons en argent, etc., à l'amélioration des conditions de vie des hommes. **3** Personne qui agit avec désintéressement. DER **philanthropie** *nf* – **philanthropique** *a*

**philatélie** *nf* **1** Étude des timbres-poste. **2** Action, fait de collectionner les timbres-poste. ETY Du gr. *telos,* « charge, impôt ». DER **philatélique** *a* – **philatéliste** *n*

**Philémon et Baucis** couple d'une légende gr. contée par Ovide dans ses *Métamorphoses.* Vieillards miséreux de Phrygie, ils offrirent l'hospitalité à Zeus et à Hermès. Leur cabane fut transformée en un temple, dont ils furent les prêtres. Ils moururent le même jour ; Philémon fut métamorphosé en chêne et Baucis en tilleul.

**philharmonie** *nf* Société musicale.

**philharmonique** *a* LOC *Orchestre philharmonique :* grand orchestre symphonique. — *Société philharmonique :* groupe d'amateurs de musique ; petit orchestre de musiciens amateurs.

**philhellénisme** *nm* HIST Soutien donné à la Grèce luttant pour son indépendance. DER **philhellène** *a, n*

**Philibert Ier le Chasseur** (Chambéry, 1465 – Lyon, 1482), duc de Savoie (1472-1482). — **Philibert II le Beau** (Pont-d'Ain, 1480 – id., 1504), duc de Savoie (1497-1504) ; gendre de l'empereur Maximilien ; sa veuve, Marguerite, fit édifier à sa mémoire l'église de Brou.

**Philidor** François André Danican, dit (Dreux, 1726 – Londres, 1795), compositeur français. Opéras-comiques : *Blaise le savetier* (1759), *Tom Jones* (1765), *le Bon Fils* (1773). Il fut champion d'échecs (*Analyse du jeu d'échecs,* 1749).

**Philipe** Gérard (Cannes, 1922 – Paris, 1959), acteur français. Après *Caligula* de A. Camus (1945), son génie contribua au succès du TNP : *le Cid* (1951), *Lorenzaccio* (1953), *On ne badine pas avec l'amour* (1959). Cinéma : *le Diable au corps* (1946), *la Beauté du diable* (1949), *Fanfan la Tulipe* (1951), *le Rouge et le Noir* (1954).

**Gérard Philipe**

**Philippe de Belgique**

**Philippe** (saint) (Ier s.), un des douze apôtres. Il aurait évangélisé la Scythie et la Phrygie, avant de mourir martyr à Hiérapolis.

**Philippe** (saint) (Ier s.), un des sept diacres. Il aurait évangélisé la Samarie et baptisé l'ennuque de la reine d'Éthiopie.

**Philippe Neri** (saint) (Florence, 1515 – Rome, 1595), fondateur de la congrégation de l'Oratoire à Rome (1575).

### Antiquité

**Philippe II** ( ?, vers 382 – Aigai, auj. Édessa, 336 avant J.-C.), roi de Macédoine de 356 à sa mort. Devenu régent à la mort de son frère Perdiccas III (359), il évinça son neveu, Amyntas IV, et monta sur le trône. Il réorganisa le gouvernement et les finances, fit de la phalange macédonienne la meilleure de la Grèce et conquit les colonies athéniennes d'Amphipolis, Potidée et Pydna (357-356). Démosthène dénonça en vain pendant dix ans (*Philippiques*) le danger macédonien. En 338, les forces coalisées de Thèbes et d'Athènes furent écrasées à Chéronée : Philippe II possédait la Grèce entière (sauf Sparte). Il allait à conquérir la Perse quand il fut assassiné, meurtre attribué par la tradition à l'une de ses épouses, Olympias, mère d'Alexandre le Grand. — **Philippe V** (vers 237 – 179 avant J.-C.), avant-dernier roi de Macédoine (221-179) ; il s'allia avec Hannibal (215) et fut vaincu par le Romain Flamininus à Cynoscéphales (197).

**Philippe l'Arabe** (en lat. *Marcus Julius Philippus*) (Idumée, Néguev actuel, v. 204 – Vérone, 249), empereur romain (244-249). Préfet du prétoire, il fit assassiner Gordien III. Son lieutenant Decius le vainquit et le tua.

### Allemagne

**Philippe de Souabe** ( ?, v. 1177 – Bamberg, 1208), empereur germanique (1198-1208), fils de Frédéric Barberousse. Évêque de Würzburg (1191), duc de Souabe (1196), il reçut des gibelins la couronne impériale et se heurta aux guelfes. Il fut assassiné.

### Belgique

**Philippe de Belgique** (Bruxelles, 1960), roi des Belges depuis l'abdication de son père, Albert II, en sa faveur en juillet 2013.

### Bourgogne

**Philippe Ier de Rouvres** (Rouvres, 1346 – id., 1361), duc de Bourgogne (1349-1361) ; le dernier représentant de la première maison capétienne de Bourgogne. — **Philippe II le Hardi** (Pontoise, 1342 – Hal, 1404), duc de Bourgogne (1363-1404), duché qu'il reçut en apanage de son père, Jean le Bon, roi de France. Il fondait ainsi la deuxième maison de Bourgogne. Son épouse (1369) Marguerite de Flandre lui apporta en 1384 les comtés paternels de Flandre, d'Artois, de Rethel, de Nevers, de Bourgogne (la Franche-Comté actuelle). Corégent pendant la minorité puis la démence de Charles VI, il servit les seuls intérêts de ses immenses États, auxquels il donna une forte unité. — **Philippe III le Bon** (Dijon, 1396 – Bruges, 1467), duc de Bourgogne (1419-1467), fils de Jean sans Peur. L'assassinat de son père par les Armagnacs le poussa à s'allier aux Anglais contre le Dauphin. En 1435 (traité d'Arras), il se réconcilia avec Charles VII, accrut sa puissance (notam. en achetant le Luxembourg en 1441) et poursuivit l'œuvre administrative de Philippe II. Ce prince éclairé, protecteur des arts, fut le père de Charles le Téméraire.

### Espagne

**Philippe Ier le Beau** (Bruges, 1478 – Burgos, 1506), fils de Maximilien d'Autriche et de Marie de Bourgogne ; prince des Pays-Bas

(1482-1506) et roi de Castille (1504-1506) par son mariage avec Jeanne la Folle, dont il eut six enfants (dont les futurs Charles Quint et Ferdinand Ier). — **Philippe II** (Valladolid,

**Philippe II** d'Espagne

1527 – Escorial, 1598), roi d'Espagne (1556-1598), de Naples, de Sicile, de Portugal (1580-1598), seigneur des Pays-Bas, etc., fils de Charles Quint et d'Isabelle de Portugal. Par le traité du Cateau-Cambrésis (1559), Henri II de France lui abandonna l'Italie et lui donna en mariage sa fille Élisabeth. Attaché à l'absolutisme et au catholicisme, il élimina le protestantisme (1559-1560) et écrasa la révolte des morisques de Grenade (1568-1571) ; contre les Turcs, il remporta une grande victoire navale (Lépante, 1571) ; contre les Pays-Bas calvinistes, ses mesures violentes aboutirent à la sécession des Provinces-Unies (1579) ; en France, il soutint la Ligue contre Henri III, puis Henri IV, mais dut signer avec ce dernier la paix de Vervins (1598) ; contre l'Angleterre, il lança en 1588 l'Invincible Armada, dont la déroute marqua la fin de la suprématie maritime de l'Espagne. Son seul succès fut la conquête du Portugal (1580). Ces actions ruinèrent l'État (banqueroute de 1596). Philippe II protégea les arts ; il construisit l'Escorial ; sous son règne s'ouvrit le « Siècle d'Or ». — **Philippe III** (Madrid, 1578 – id., 1621), fils du préc., roi d'Espagne, de Portugal, etc. (1598-1621), laissa gouverner des favoris. — **Philippe IV** (Valladolid, 1605 – Madrid, 1665), fils du préc. et de Marguerite de Styrie ; roi d'Espagne, de Naples, etc. (1621-1665), roi de Portugal (1621-1640). Il laissa gouverner Olivares et Luis de Haro. Il reconnut l'indép. des Provinces-Unies (1648). Vaincu par la France, il lui céda, au traité des Pyrénées (1659), le Roussillon et l'Artois. — **Philippe V** (Versailles, 1683 – Madrid, 1746), roi d'Espagne (1700-1746), premier représentant de la branche des Bourbons d'Espagne, petit-fils de Louis XIV. Sa couronne lui fut définitivement reconnue en 1713 (paix d'Utrecht). Son ministre Alberoni provoqua en 1718 la formation de la Quadruple-Alliance, qui vainquit l'Espagne à Passero. En 1739, l'Angleterre, qu'inquiétait l'expansion maritime de l'Espagne, lui déclara la guerre. Philippe V s'allia alors à la France dans la guerre de la Succession d'Autriche. — **Philippe VI** (Madrid, 1968), roi d'Espagne depuis 2014. Il succède à son père Juan Carlos Ier qui a abdiqué en sa faveur.

**Philippe V** d'Espagne

**Philippe VI** d'Espagne

### France

**Philippe Ier** (?, vers 1052 – Melun, 1108), roi de France (1060-1108), fils et successeur d'Henri Ier et d'Anne de Kiev. Il régna jusqu'en 1066 sous la tutelle de Baudouin V de Flandre. Il jugula les féodaux ; en Flandre, il s'opposa en vain à Robert le Frison (défaite de Cassel, 1071). Il soutint Robert Courteheuse, révolté contre son père Guillaume le Conquérant (1066-1087), puis contre Guillaume II le Roux (1087-1100). Affaibli par son excommunication (1095), due à la répudiation de Berthe de Hollande et à son remariage avec Bertrade de Montfort (1092), il se réconcilia avec l'Église en 1104. — **Philippe II Auguste** (Paris, 1165 – Mantes, 1223), roi

*Couronnement de* ***Philippe II Auguste,*** miniature, XVe s., les Grandes Chroniques de France, par Jean Fouquet – BN

de France (1180-1223), le premier qui se donna officiellement ce titre ; fils de Louis VII et d'Adèle de Champagne. Il quadrupla le domaine royal. Il affronta l'Angleterre ; il fut vaincu par Richard Cœur de Lion (avec qui il avait participé à la 3e croisade) en 1194 et en 1198 ; puis il s'opposa dès 1199 à Jean sans Terre. Ayant fait appel aux milices communales, il vainquit à Bouvines (1214) et finalement écrasa la coalition formée par Jean sans Terre, l'empereur Otton et le comte de Flandre, et garda la Normandie, qu'il avait annexée en 1200-1204. En outre, il acquit l'Amiénois (1185), l'Auvergne (1201) et la Champagne (1213). Il affaiblit le pouvoir des seigneurs et créa des baillis et des sénéchaux. À partir de 1200, il fut en difficulté avec la papauté car il répudia Isambour (Ingeborg) de Danemark pour épouser Agnès de Méran. — **Philippe III le Hardi** (Poissy, 1245 – Perpignan, 1285), roi de France (1270-1285) ; fils et successeur de Louis IX et de Marguerite de Provence. Il hérita du comté de Toulouse (1271). Il affronta Pierre III d'Aragon qui fomenta les Vêpres siciliennes. Il mourut au cours de la « croisade d'Aragon » qui fut un échec. — **Philippe IV le Bel** (Fontainebleau, 1268 – id., 1314), roi de France (1285-1314) ; fils du préc. et d'Isabelle d'Aragon. En 1284, son mariage avec Jeanne de Navarre lui donna la Champagne et la Navarre. Réaliste, il prit pour conseillers des roturiers : les légistes (c.-à-d. spécialistes de droit romain), notam. Guillaume de Nogaret et Enguerrand de Marigny. Il reprit la lutte contre l'Angleterre (1294-1297), sans résultat, et replaça la Flandre sous sa suzeraineté (1304). Peut-être dans l'espoir de relever les finances du royaume, il entama un procès contre les Templiers (1307-1314), dont il confisqua les biens : l'ordre fut supprimé (1312), ses dignitaires furent brûlés (1314). Il centralisa le royaume, établit un budget annuel.

premier sceau de **Philippe IV le Bel**, 1286 : le roi assis sur quatre lions tient une fleur de lis dans la main droite et le sceptre dans la gauche – Archives nationales, Paris

Un violent conflit avec la papauté (à partir de 1296) culmina en 1303 : Nogaret gifla et arrêta Boniface VIII à Anagni. Après la mort de ce dernier, Philippe soutint l'élection d'un pape français, Clément V, qui s'installa à Avignon (1309) sous la tutelle du roi de France. — **Philippe V le Long** (?, vers 1293 – Longchamp, 1322), roi de France (1316-1322), deuxième fils du préc. ; régent puis roi après les quelques jours de règne de Jean Ier, son neveu (1316), car il obtint que Jeanne, sa nièce, renonçât à ses droits à la couronne (ce qui à jamais écartait les femmes du trône de France). — **Philippe VI de Valois** (?, 1293 – Nogent-le-Roi, 1350), roi de France (1328-1350) ; fils de Charles de Valois (frère de Philippe le Bel) et de Marguerite de Sicile. Son prédécesseur, Charles IV, n'ayant laissé qu'une fille, Blanche, Philippe fut choisi comme roi (fondant la dynastie des Valois) contre Édouard III d'Angleterre, petit-fils (par sa mère Isabelle) de Philippe le Bel : la guerre de Cent Ans éclata ; les défaites de L'Écluse (1340) et de Crécy-en-Ponthieu (1346) et la chute de Calais (1347) affaiblirent le royaume, en proie à la peste (1347-1348). Philippe acquit le Dauphiné (1343) et Montpellier (1349). Il créa (1341) un impôt sur le sel, la gabelle.

**Philippe VI de Valois**

**Philippe III le Bon,** duc de Bourgogne

**Philippe d'Orléans** → **Orléans (maisons d').**

**Philippe Égalité** → **Orléans (maisons d').**

**Philippe le Magnanime** (Marburg, 1504 – Kassel, 1567), landgrave de Hesse (1509-1567). Converti à la Réforme (1524), il dirigea la ligue de Smalkalde (1531-1547) contre Charles Quint, qui l'emprisonna (1547-1552).

**Philippe de Vitry** (Vitry, 1291 – Meaux, 1361), prélat, théoricien de la musique et compositeur français. Son traité *Ars nova musicæ* expose les principes de la notation mesurée et du contrepoint. Il fut nommé évêque de Meaux en 1351.

**Philippe** Charles-Louis (Cérilly, Allier, 1874 – Paris, 1909), auteur français de romans populistes : *Bubu de Montparnasse* (1901), *le Père Perdrix* (1902), *Marie Donadieu* (1904).

**Philippe d'Édimbourg** → **Mountbatten.**

**Philippes** anc. v. macédonienne (Thrace), prise par Philippe II en 358 av. J.-C. Elle exploitait les mines du mont Pangée. Octave et Antoine y écrasèrent l'armée de Brutus et de Cassius en 42 av. J.-C.

**Philippeville** → **Skikda.**

**philippine** *nf* Jeu dans lequel deux personnes se partagent deux amandes jumelles, la première qui, le lendemain, salue l'autre d'un « Bonjour Philippine ! » étant la gagnante.

**Philippines** (mer des) partie de l'océan Pacifique au N. et à l'E. des îles Philippines.

**Philippines** (rép. des) archipel et État d'Asie du Sud-Est situé entre l'archipel indonésien et Taiwan, bordé à l'O. par la mer de Chine et à l'E. par l'océan Pacifique ; 298 000 km$^2$ ; 94 millions d'hab. ; accroissement naturel : 2,1 % par an ; cap. *Manille.* Les plus import. des 7 000 îles sont Luçon et Mindanao, suivies de Samar, Negros, Leyte, Cebu, Palauan, Mindoro, Panay, Masbate, Bohol. Nature de l'État : rép. Langues off. : tagalog (pilipino) et anglais. Monnaie : peso philippin. Religions : catholicisme (83,1 %), islam sunnite (5,1 %). DER **philippin, ine** *a, n*

**Géographie** Les Philippines appartiennent à la « ceinture de feu » du Pacifique et sont bordées à l'E. d'une des fosses marines les plus profondes du monde (– 10 800 m). L'archipel, marqué par un volcanisme actif et d'importants séismes, compte 23 000 km de côtes. Le relief montagneux est érodé par les nombr. cours d'eau. Les vallées et les rares plaines concentrent la pop. Le climat est tropical humide, l'E. du pays étant toujours pluvieux. La forêt dense est en recul ; la savane couvre 40 % du territ. La pop., d'origine malaise, compte quelques minorités (Négritos, Igorot, Moro) et des étrangers (Chinois, Indonésiens, Européens). Elle a subi les influences esp. (90 % de catholiques) et amér. (40 % des hab. parlent l'anglais). La population et les villes (plus de 60 % des hab.) ont une croissance rapide.

**Économie** L'agriculture occupe plus de 40 % des actifs. 10 % des propriétaires possèdent 80 % des terres. Le défrichement accroît la surface agricole : riz et maïs 85 % ; noix de coco, canne à sucre. Coprah, fruits, légumes, pêche, bois sont exportés. Les investissements japonais et américains ont soutenu une croissance industrielle rapide, notam. dans les zones franches de Manille. Les troubles intérieurs, l'instabilité politique, le surendettement, la corruption pèsent sur le pays, qui a renoué en 1999-2000 avec la croissance (4 %) : la crise asiatique de 1997 a été faiblement ressentie.

**Histoire** LES ORIGINES ET LA COLONISATION Les Philippines appartinrent à divers empires maritimes, et notam. aux royaumes indo-malais de Crīvijaya et de Madjapalut (VII$^e$-XVI$^e$ s.). En 1521, Magellan découvrit l'archipel. En 1543, Villalobos lui donna son nom actuel en l'honneur du futur Philippe II. Quatre siècles de tutelle coloniale christianisèrent le pays, jusque-là gagné à l'islam. Les nationalistes philippins profitèrent de la guerre hispano-américaine (1897), et de la défaite espagnole, pour proclamer une indépendance sans lendemain : les É.-U. annexèrent les Philippines en 1898, mais durent lutter contre le héros de l'indépendance, E. Aguinaldo, jusqu'en 1901. En 1916, le principe de l'autonomie fut obtenu par Manuel Quezón, qui devint en 1935 président d'un pays autonome. En déc. 1941, les Japonais conquirent l'archipel, chassant en 1942 MacArthur, qui revint en oct. 1944 et l'emporta en avril 1945.

L'INDÉPENDANCE En 1946, les Philippines accédèrent à l'indépendance, avec le libéral Roxas pour président, mais les É.-U. conservèrent jusqu'en 1992 d'import. installations militaires. Élu président en 1965, Ferdinand Marcos exerça la dictature jusqu'en 1986. De 1972 à 1981, il proclama la loi martiale pour combattre la Nouvelle Armée du peuple (NAP), maoïste, et le Front de libération nationale moro (FLNM), musulman. L'assassinat, en 1983, de l'opposant Benigno Aquino déclencha un mouvement populaire qui aboutit, malgré le soutien de R. Reagan, à l'exil de Marcos en fév. 1986 et à son remplacement par la veuve de B. Aquino, Corazon Aquino.

L'APRÈS-MARCOS Corazon Aquino rétablit la démocratie, mais la corruption fleurit et les diverses guérillas se poursuivirent. En 1992, les élections portèrent Fidel Ramos, militaire de carrière, à la présidence. En sept. 1992, il a légalisé le parti communiste. En 1995, le parti de Ramos a remporté les législatives. En 1997, le gouv. a conclu avec le FLNM un accord de paix et de développement des Philippines du Sud. En 1998, le vice-président de Ramos, Joseph Ejercito Estrada, lui succéda. Accusé de corruption, il a dû démissionner et la vice-présidente, Gloria Arroyo, le remplaça (2001) et remporta l'élection de 2004. En 2010, Benigno Aquino III (libéral) est élu président.

**philippique** *nf* litt Harangue, discours violent dirigé contre qqn. ETY Du gr. « discours de Démosthène contre Philippe, roi de Macédoine ».

**Philippiques (les)** nom donné à 4 discours (351-340 av. J.-C.) de Démosthène contre Philippe II de Macédoine.

**Philips** société néerlandaise d'électricité fondée en 1891 à Eindhoven et qui concerne auj. tous les domaines de la radioélectricité, de l'électronique, de l'électroacoustique, etc.

**philistin** *nm* Personne peu ouverte à la nouveauté, bornée. ETY Du n. pr.

**philistinisme** *nm* litt Attitude de philistin, manque de goût.

**Philistins** peuple de l'Antiquité qui fit partie de la grande migration des Peuples de la Mer (XIII$^e$ s. av. J.-C.). Refoulés d'Égypte par Ramsès III (XII$^e$ s. av. J.-C.), ils s'installèrent sur la côte S. de la Palestine (le « pays des Philistins »), où ils confédérèrent Gaza, Ascalon, Eqron, Gat et Asdod. Ils luttèrent contre les Hébreux (Samson est le héros de ces luttes) et furent vaincus par le roi David au X$^e$ s. av. J.-C. DER **philistin, ine** *a*

**Phillips** Stephen (Summertown, Oxford, 1864 – Deal, Kent, 1915), poète anglais, auteur de drames en vers : *Paolo et Francesca* (1899), *Hérode* (1901), *Néron* (1906).

**Phillips** William D. (Wilkes Barre, Pennsylvanie, 1948), physicien américain : travaux sur les plasmas. Prix Nobel 1997.

**philo** *nf* fam Philosophie.

**Philoctète** dans la myth. gr., héros de la guerre de Troie ; héritier de l'arc et des flèches d'Héraclès. Mordu par un serpent dans l'île de Lemnos, abandonné par ses compagnons d'armes car sa blessure exhale une odeur fétide, il y séjourne dix ans. Ulysse vient chercher ses armes, indispensables aux Grecs pour prendre Troie. Guéri par le fils d'Asclépios, Philoctète accompagne Ulysse et tue Pâris. ▷ LITTER *Philoctète*, tragédie de Sophocle (409 av. J.-C.).

**philodendron** *nm* Plante grimpante ornementale (aracée), originaire d'Amérique centrale.

**philologie** *nf* didac Étude d'une langue, de sa grammaire, de son histoire d'après les textes. DER **philologique** *a* – **philologue** *n*

**Philomèle** dans la myth. gr., fille du roi d'Athènes Pandiôn, sœur de Procné. Le mari de celle-ci, Térée, lui coupa la langue pour qu'elle ne révèle pas les violences qu'il lui avait fait subir.

**Philon d'Alexandrie** (Alexandrie, v. 20 av. J.-C. – ?, v. 45 apr. J.-C.), philosophe grec d'origine juive. Il concilia le judaïsme et la pensée hellénistique (platonisme, stoïcisme), influençant les néo-platoniciens. VAR **Philon le Juif**

**Philopœmen** (Megalopolis, vers 253 – Messène, 182 av. J.-C.), général grec. Chef de la ligue Achéenne, il prit Sparte (188 av. J.-C.). Les Messéniens, soutenus par Rome, le vainquirent et il dut s'empoisonner.

**philosophale** *af* LOC *Pierre philosophale* : pierre qui, d'après les alchimistes, pouvait transmuter en or les métaux vils.

**philosophe** *n, a* **A** *n* **1** Personne qui étudie la philosophie, qui s'efforce de découvrir les principes des sciences, de la morale, de la vie en général, et qui tente d'organiser ses connaissances en un système cohérent. **2** Personne qui fait preuve d'égalité d'âme, qui supporte tout avec sérénité. **B** *a* Sage, tolérant, serein. *Savoir être philosophe.*

**philosopher** *vi* ① **1** Traiter de sujets philosophiques. **2** Argumenter, raisonner, discuter sur un sujet quelconque. **3** péjor Argumenter de façon oiseuse.

**philosophie** *nf* **1** Branche du savoir qui se propose d'étudier les principes et les causes au niveau le plus général, d'étudier les fondements des valeurs morales, et d'organiser les connaissances en un système cohérent. **2** Recherche, étude des principes qui fondent une science, un art. **3** Doctrine philosophique. *La philosophie de Descartes, de Heidegger.* **4** Égalité d'humeur, calme, courage. *Supporter une disgrâce avec philosophie.* **5** Matière d'enseignement comprenant la psychologie, la morale, la logique et la métaphysique.

ENC Jusqu'à Descartes et Leibniz (XVII^e^-déb. XVIII^e^ s.), la philosophie englobe l'ensemble des sciences et des recherches théoriques, inséparables d'une perspective métaphysique. Constatant les divergences idéologiques des philosophes et la certitude des mathématiques, Kant, à la fin du XVIII^e^ s., oriente la philosophie vers une théorie de la connaissance. La philosophie devient un retour critique du savoir sur lui-même. Au début du XIX^e^ s., Hegel est le dernier philosophe qui tente une récapitulation du savoir (à l'aide de la dialectique) : la philosophie rencontre l'histoire et le devenir. Ses successeurs, néo-kantiens ou jeunes hégéliens, se trouveront face à une triple opposition où Marx, Nietzsche et Freud se proposent de démystifier l'*illusion philosophique*, de mettre à nu ce qu'elle cache ou déforme : la justification du système social, les déterminations inconscientes de la conscience. Au XX^e^ s., le développement des sciences humaines a amorcé la crise de la philosophie en tant que réflexion totalisante.

**Philosophie dans le boudoir (la)** 7 dialogues libertins de Sade (1795).

**Philosophie de la misère (la)** œuvre philosophique de Proudhon (1846) à laquelle Marx répliqua dans *Misère de la philosophie* (1847).

**philosophique** *a* **1** Qui appartient à la philosophie. *Mener des recherches philosophiques.* **2** Empreint de sagesse. *La tranquillité philosophique de ceux qui ont beaucoup vécu.* DER **philosophiquement** *av*

**philtre** *nm* Breuvage magique propre à inspirer l'amour. ETY Du lat.

**phimosis** *nm* MED Étroitesse anormale du prépuce, qui empêche de découvrir le gland. PHO [fimozis] ETY Du gr.

**phishing** *nm* INFORM Syn. de *hameçonnage*. PHO [fiʃiŋ] ETY De l'angl. *phone fishing*, « pêche par téléphone ».

**phléb(o)-** Élément, du gr. *phlebos*, « veine ».

**phlébite** *nf* Thrombose veineuse siégeant en général aux membres inférieurs et survenant le plus souvent chez les cardiaques, les accouchées, les opérés récents. DER **phlébitique** *a, n*

**phlébographie** *nf* MED Radiographie des veines après injection d'un produit de contraste.

**phlébologie** *nf* MED Étude des veines et du traitement de leurs affections. DER **phlébologique** *a* – **phlébologue** *n*

**phlébotome** *nm* **1** CHIR anc Lancette utilisée pour les saignées. **2** Petit diptère hématophage des régions méditerranéennes et tropicales, vecteur de la leishmaniose.

**phlébotomie** *nf* CHIR Incision de la paroi d'une veine.

**phlébotonique** *a, nm* PHARM Qui tonifie les veines.

**phlegmon** *nm* Infiltration purulente aiguë du tissu sous-cutané ou du tissu conjonctif d'un organe. ETY Du gr. *phlegein*, « brûler ». DER **phlegmoneux, euse** *a*

**Phlégréens (champs)** région volcanique d'Italie, à l'O. de Naples.

**phloème** *nm* BOT Tissu conducteur de la sève élaborée.

**phlogistique** *nm* CHIM anc Fluide que l'on supposait contenu dans les corps combustibles, et qui était censé s'en échapper avec la flamme. ETY Du gr. *phlogistos*, « inflammable ».

**phlomis** *nm* Arbrisseau (labiée) à fleurs dont la corolle est blanche, rose ou jaune, avec une lèvre en forme de casque. PHO [flɔmis]

**phlox** *nm inv* Plante ornementale herbacée aux fleurs de couleurs variées, originaire d'Amérique. ETY Mot gr., « flamme ».

**phlyctène** *nf* MED Vésicule sous-cutanée remplie de sérosité transparente. SYN ampoule. ETY Du gr. *phluzein*, « couler ».

**pH-mètre** *nm* TECH Appareil servant à la mesure du pH. PLUR pH-mètres.

**Phnom Penh** cap. et princ. port fluvial du Cambodge, au confl. du Mékong et du Tonlé Sap ; 1,5 million d'hab. (aggl.). Centre comm. Industries DER **phnompenhois, oise** *a, n* **Histoire** Fondée au XV^e^ s. , cap. du pays jusqu'au XVI^e^ s., elle redevint cap. en 1867. Les Khmers rouges entrèrent le 17 avril 1975 dans la ville, dont ils déportèrent les hab. Les troupes vietnamiennes les en chassèrent en 1979.

**phô** *nm* CUIS Soupe populaire vietnamienne à base de nouilles et de viande de bœuf.

**-phobe, -phobie** Élément, du gr. *phobos*, « crainte ».

**phobie** *nf* **1** PSYCHIAT Peur irraisonnée, angoissante et obsédante, de certains objets, de certaines situations. **2** Crainte ou aversion. *Il a la phobie du travail.* DER **phobique** *a, n*

**Phobos** l'un des deux satellites de Mars, en forme d'œuf (27 km sur 19 km).

**Phocée** anc. v. d'Asie Mineure (Ionie), dans le golfe de Smyrne, fondée par des Phocidiens et des Athéniens. Des Phocéens fondèrent *Massalia* (Marseille) au VI^e^ s. av. J.-C. DER **phocéen, enne** *a, n*

**phocéen, enne** *a, n* litt Marseillais. *La cité phocéenne.*

**Phocide** contrée montagneuse de la Grèce, au N. du golfe de Corinthe, entre la Thessalie et la Béotie ; territoire sacré où se trouvaient le Parnasse et le sanctuaire de Delphes. Auj., le *nome de Phocide* a 2 121 km² et 43 880 hab. ; ch.-l. *Amphissa.* DER **phocidien, enne** *a, n*

**Phocion** (?, v. 402 – Athènes, 318 av. J.-C.), général et orateur athénien. Membre du parti aristocratique, il prônait la conciliation avec Philippe II de Macédoine, que toutefois il vainquit (Chersonèse, 340 av. J.-C.). Accusé injustement de trahison par les Athéniens, il dut boire la ciguë.

**phocomèle** *a, n* MED Se dit d'un handicapé congénital dont les mains ou les pieds sont soudés au tronc, les membres supérieurs ou inférieurs faisant défaut. ETY Du gr. *phôkê*, « phoque » et *mêlos*, « membre ».

**Phœbus** → **Phébus.**

**phœnicoptériforme** *nm* ZOOL Oiseau dont l'ordre ne comprend que les flamants. PHO [fenikɔpteʀifɔʀm] ETY Du gr. *phoinix*, « rouge ». VAR **phénicoptériforme**

**phœnix** *nm* Palmier, dont une espèce, le *phœnix des Canaries*, est cultivé comme plante d'appartement et dont une autre espèce est le dattier. PHO [feniks] ETY Du gr. VAR **phénix**

**Phoenix** v. des É.-U., cap. de l'Arizona, sur la Salt River ; 1 445 000 hab. (aggl.). Marché d'une oasis prospère grâce à l'irrigation (barrage Roosevelt). Industries (de pointe, notam.).

**Phokas Nicéphore** (IX^e^ s.), général byzantin qui lutta contre les Arabes en Italie du Sud et contre les Bulgares. — **Bardas** (m. en 989), petit-fils du préc. ; lutta contre Jean Tsimiskès et fut deux fois empereur (971 et 987-989).

**pholade** *nf* ZOOL Mollusque lamellibranche à coquille râpeuse qui vit dans des trous qu'il creuse dans les calcaires. ETY Du gr.

**pholidote** *nm* ZOOL Mammifère dont l'ordre ne comprend que les pangolins.

**pholiote** *nf* Champignon basidiomycète, à lamelles jaunes ou brunes et à anneau, qui pousse en touffes sur les souches et à la base des vieux arbres, dont certaines espèces sont comestibles.

**pholque** *nm* Araignée commune à très longues pattes et à petit corps, qui se balance sur sa toile horizontale quand on la dérange. ETY Du gr. *pholkos*, « bancal ».

**phon(o)-, -phone, -phonie** Éléments, du gr. *phônê*, « voix, son ».

**phonation** *nf* PHYSIOL, LING Production des sons par les organes vocaux. DER **phonateur, trice** ou **phonatoire** *a*

**phone** *nm* PHYS Unité sans dimension mesurant l'intensité subjective des sons et des bruits.

**phonématique** *nf, a* LING Se dit de la partie de la phonologie qui étudie uniquement les phonèmes, excluant de ses analyses les faits d'intonation, d'accentuation, etc.

**phonème** *nm* LING Unité fondamentale de la description, en phonologie, segment indécomposable défini par ceux de ses caractères qui ont valeur distinctive ; son du langage. DER **phonémique** *a*

**phonétique** *a, nf* LING **A** *a* Relatif aux sons du langage. *Alphabet phonétique international.* **B** *nf* Branche de la linguistique ayant pour objet la description des sons de la parole, indépendamment de leur valeur dans le système de la langue. *Phonétique articulatoire, acoustique, historique.* DER **phonéticien, enne** *n* – **phonétiquement** *av*

**phonétiser** *vt* ① LING Adapter la graphie d'une langue à son phonétisme. DER **phonétisation** *nf*

**phonétisme** *nm* LING Structure phonétique d'une langue.

**phoniatrie** *nf* didac MED Étude de la phonation et du traitement de ses troubles. DER **phoniatre** *n* – **phoniatrique** *a*

**phonie** *nf* TELECOM Transmission des messages par la voix.

**phonique** *a* Relatif aux sons ou à la voix.

**phono** *nm* fam Phonographe.

**phonocardiographie** *nf* MED Enregistrement des bruits du cœur.

**phonogénique** *a* Dont le son rend bien lors de l'enregistrement (radio, disque). DER **phonogénie** *nf*

**phonogramme** *nm* **1** PHON Tracé de l'enregistrement des vibrations sonores de la voix humaine. **2** LING Signe qui représente un son (par oppos. à *idéogramme*). **3** didac Nom générique de tout enregistrement de sons composés par un auteur (disque, cassette, etc.).

**phonographe** *nm* Ancien appareil mécanique servant à reproduire les sons.

**phonographique** *a* Qui a rapport à l'enregistrement sonore (notam. à l'enregistrement sur disque).

**phonolite** *nf* GEOL Roche volcanique microlithique qui résonne quand on la frappe. DER **phonolitique** *a*

**phonologie** *nf* LING Branche de la linguistique qui s'attache à décrire les systèmes de phonèmes des langues en termes de différences et de ressemblances fonctionnelles pertinentes pour la communication. DER **phonologique** *a* – **phonologue** *n*

**phonométrie** *nf* TECH Mesure de l'intensité des sons. DER **phonométrique** *a*

**phonon** *nm* PHYS Quantum d'énergie du champ d'agitation thermique des noyaux. *Le phonon transporte l'énergie hf, h étant la constante de Planck et f la fréquence d'oscillation.*

**phonothèque** *nf* Établissement où sont conservés des documents sonores (disques, bandes magnétiques, etc.).

**phoque** *nm* **1** Mammifère des mers froides et tempérées (pinnipède), de grande taille, aux oreilles sans pavillon, à la fourrure rase, aux pattes postérieures inaptes à la locomotion terrestre. *Le phoque commun est couramment appelé veau marin en France.* **2** Fourrure de cet animal. ETY Du gr.

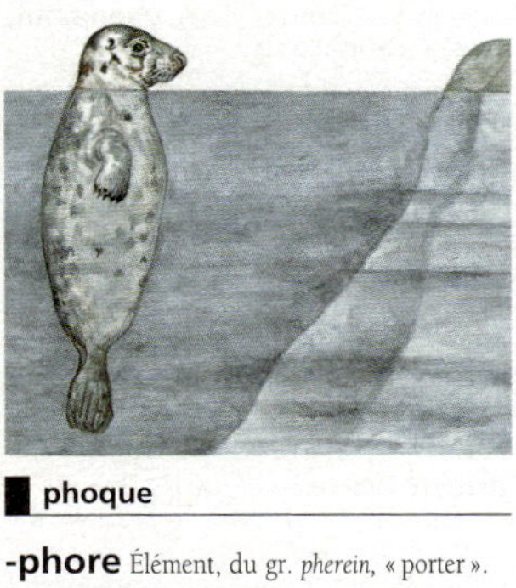

**phoque**

**-phore** Élément, du gr. *pherein*, « porter ».

**phorésie** *nf* ZOOL Phénomène par lequel un animal se fait transporter par un autre, sans lui nuire. ETY Du gr. DER **phorétique** *a*

**phormium** *nm* BOT Plante vivace (liliacée) dont une espèce, le lin de Nouvelle-Zélande fournit une fibre textile. PHO [fɔʀmjɔm] ETY Mot lat., « natte », du gr. *phormion*.

**phoronidien** *nm* ZOOL Lophophorien sédentaire, vermiforme et marin. ETY Du n. de *Phoronis*, divinité myth. marine grecque.

**phosgène** *nm* CHIM Gaz très toxique ($COCl_2$) résultant de la combinaison du chlore et de l'oxyde de carbone, fréquemment utilisé pendant la Première Guerre mondiale comme gaz de combat.

**phosphatase** *nf* BIOCHIM Enzyme du groupe des hydrolases qui libère l'acide phosphorique en agissant sur divers substrats.

**phosphate** *nm* CHIM **1** anc Sel ou ester de l'acide phosphorique. **2** Anion oxygéné du phosphore, dans la nouvelle nomenclature. **3** Engrais constitué d'un mélange de phosphates. SYN superphosphate DER **phosphatier, ère** *a*

ENC Les *phosphates organiques* sont les esters de l'acide phosphorique $H_3PO_4$. Ils interviennent dans les cycles respiratoires et dans l'activité musculaire. Les phospholipides sont des composants des membranes cellulaires (notamment celles des neurones) et du jaune d'œuf. L'association d'un nucléoside et d'acide phosphorique constitue un nucléotide, unité de base des acides nucléiques (ADN et ARN). Les phosphates sont principalement employés comme engrais.

**phosphaté, ée** *a* **1** Qui est à l'état de phosphate. **2** Se dit de préparations qui contiennent du phosphate de calcium.

**phosphater** *vt* ① Fertiliser une terre avec des phosphates. DER **phosphatage** *nm*

**phosphaturie** *nf* MED Élimination des phosphates par l'urine.

**phosphène** *nm* PHYSIOL Sensation lumineuse provoquée par un choc sur le globe oculaire ou par une excitation électrique, la paupière étant fermée. ETY Du gr. *phôs*, « lumière », et *phanein*, « briller ».

**phosphite** *nm* CHIM Sel ou ester de l'acide phosphoreux.

**phospho-** CHIM Élément, de *phosphore*.

**phosphocalcique** *a* didac Qui concerne le phosphore sous forme de phosphate et le calcium, spécial. en médecine. *Bilan phosphocalcique.*

**phospholipide** *nm* BIOCHIM Lipide phosphoré présent dans toutes les cellules vivantes, dont le rôle métabolique est très important. DER **phospholipidique** *a*

**phosphore** *nm* **1** Élément non métallique de numéro atomique Z = 15, de masse atomique 30,97. *L'élément phosphore est indispensable à l'organisme.* SYMB P. **2** Corps simple, solide à température ordinaire et dont il existe deux variétés allotropiques : le *phosphore blanc*, très toxique, qui fond à 44 °C et bout à 280 °C, et le *phosphore rouge*, non toxique, qui se sublime à 417 °C. SYMB P. ETY Du gr. *phôs*, « lumière », et *pherein*, « apporter ».

ENC Les dents et les os contiennent du phosphore sous forme de phosphates ; il est indispensable à l'organisme, auquel il est apporté par l'alimentation.

**phosphoré, ée** *a* Additionné de phosphore ; qui contient du phosphore.

**phosphorer** *vi* ① fam Réfléchir intensément ; se livrer avec ardeur, opiniâtreté, à un travail intellectuel. SYN potasser.

**phosphorescence** *nf* **1** Luminescence du phosphore blanc, due à son oxydation spontanée à l'air libre. **2** Luminescence d'un corps quelconque, d'un être vivant. *La phosphorescence du ver luisant.* **3** PHYS Propriété que présentent certains corps d'émettre de la lumière après avoir été soumis à un rayonnement, visible ou non (lumière, rayons ultraviolets, chaleur, etc.).

**phosphorescent, ente** *a* **1** Qui émet une lueur dans l'obscurité sans dégagement de chaleur. *La noctiluque est phosphorescente.* **2** Qui semble émettre une lueur en réfléchissant la moindre lumière captée. *Les yeux phosphorescents des chats.* **3** PHYS Luminescent par phosphorescence. **4** Qui évoque la lumière émise par les corps phosphorescents. *Un vert phosphorescent.*

**phosphoreux, euse** *a* didac Qui contient du phosphore. *Fonte phosphoreuse.* LOC CHIM ***Acide phosphoreux*** : de formule $H_3PO_3$. — CHIM ***Anhydride phosphoreux*** : de formule $P_4O_6$, obtenu lors de la combustion lente du phosphore.

**phosphorique** *a* LOC ***Acide phosphorique*** : de formule $H_3PO_4$. — CHIM ***Anhydride phosphorique*** : de formule $P_4O_{10}$, obtenu lors de la combustion vive du phosphore.

**phosphorisme** *nm* MED Intoxication par le phosphore.

**phosphorite** *nf* CHIM Phosphate de calcium naturel.

**phosphorylation** *nf* CHIM Fixation d'un radical phosphoryle sur un composé organique. DER **phosphoryler** *vt* ①

**phosphoryle** *nf* CHIM Radical trivalent PO dérivant de l'acide phosphorique par enlèvement des trois radicaux -OH.

**phosphure** *nm* CHIM Combinaison du phosphore avec l'hydrogène ou avec un métal.

**-phot, -phote, photo-** Éléments, du gr. *phôs, phôtos*, « lumière ».

**phot** *nm* PHYS Unité d'éclairement égale à 10 000 lux, soit 1 lumen par $cm^2$. SYMB ph. PHO [fɔt]

**Photius** (Constantinople, v. 820 – id., 895), patriarche de Constantinople. Ayant prétendu déposer le pape saint Nicolas Ier (concile non reconnu de 867, Photius fut déposé par le 4e concile de Constantinople (869-870). Byzance et Rome renouèrent, mais la crise préfigura le schisme de 1054. VAR **Photios**

**photo** *nf* **1** Syn. de *photographie*. *Faire de la photo. Un appareil photo.* **2** Image photographique. *Prendre des photos.* LOC fam ***Il n'y a pas photo*** : il n'y a aucun doute, c'est évident.

**photobactérie** *nf* MICROB Bactérie luminescente.

**photobiologie** *nf* BIOL Étude de l'action de la lumière sur les organismes vivants.

**photochimie** *nf* CHIM Étude des réactions chimiques produites ou favorisées par la lumière. DER **photochimique** *a*

**photochromique** *a* Se dit d'un verre dont la teinte change suivant l'intensité lumineuse. VAR **photochrome**

**photochromisme** *nm* TECH Phénomène caractérisé par une variation réversible du spectre d'absorption d'un corps suivant l'intensité lumineuse qu'il reçoit.

**photocomposeuse** *nf* TECH Appareil pour la photocomposition.

**photocomposition** *nf* TECH Composition photographique d'un texte destiné à l'impression. DER **photocomposer** *vt* ① – **photocompositeur** *nm*

**photoconduction** *nf* ELECTR Variation de la résistivité d'un corps conducteur sous l'action de la lumière. DER **photoconducteur, trice** *a*

**photocopie** *nf* Procédé de reprographie de documents ; phototype ainsi obtenu.

**photocopier** *vt* ① Effectuer la photocopie de. *Photocopier un rapport.*

**photocopieuse** *nf* Appareil pour la photocopie. VAR **photocopieur** *nm*

**photocopillage** *nm* Pratique illicite consistant à photocopier un livre, une revue pour éviter de l'acheter.

**photodégradation** *nf* TECH Dégradation de certaines matières plastiques sous l'action des rayons ultraviolets. DER **photodégradable** *a*

**photodiode** *nf* ELECTRON Diode dans laquelle un rayon lumineux incident provoque une variation du courant électrique et peut, ainsi, déclencher un mécanisme électronique. *Les photodiodes sont utilisées dans l'industrie, notam. pour les systèmes de comptage et de sécurité.*

**photoélasticimétrie** *nf* Étude des lignes de contrainte qui affectent la masse d'une pièce, d'un organe mécanique, etc.

**photoélasticité** *nf* TECH Propriété qu'ont certaines matières transparentes isotropes de devenir biréfringentes sous l'action de contraintes mécaniques élastiques.

**photoélectricité** *nf* ELECTR Ensemble des phénomènes électriques liés à l'action des radiations (visibles ou non) sur certains corps.

**photoélectrique** *a* LOC ***Cellule photoélectrique*** : dispositif fondé sur l'effet photoélectrique, destiné à mesurer l'intensité d'un flux lumineux. — ELECTR ***Effet photoélectrique*** : émission d'électrons sous l'effet de la lumière (photoémission), ou, plus généralement, sous l'action d'un rayonnement électromagnétique.

**photoémission** *nf* ELECTRON Émission d'électrons sous l'action de la lumière. DER **photoémetteur, trice** ou **photoémissif, ive** *a* – **photoémissivité** *nf*

**photo-finish** *nf* Photographie, film pris par un appareil photographique, une caméra, qui enregistre automatiquement l'arrivée d'une course. PLUR photos-finish. PHO [fɔtofiniʃ] ETY De l'angl. *finish*, « arrivée d'une course ». VAR **photofinish**

**photofission** *nf* PHYS NUCL Fission d'un atome sous l'action de photons.

**photogénique** *a* **1** Qui donne des images photographiques nettes, de bonne qualité. *Texture photogénique.* **2** Auquel la photographie confère une beauté, un charme parfois trompeurs. ETY D'apr. l'angl. DER **photogénie** *nf*

**photogrammétrie** *nf* TECH Ensemble des techniques permettant de mesurer et de situer les objets dans les trois dimensions de l'espace par l'analyse d'images perspectives, le plus souvent photographiques, en deux dimensions. DER **photogrammétrique** *a*

**photographe** *n* **1** Personne qui photographie. *Photographe amateur.* **2** Professionnel de la photographie. *Photographe de presse, de mode.* **3** Commerçant, professionnel qui se charge du développement et du tirage des films qu'on lui confie, de la vente de matériel photographique.

**photographie** *nf* **1** Art de fixer durablement l'image des objets par utilisation de l'action de la lumière sur une surface sensible. *Les applications de la photographie dans le domaine des sciences.* **2** Art et technique de la prise de vue photographique. **3** Image obtenue par photographie. *Photographie d'identité.* **4** **fig** Image, reproduction exacte. *Son rapport était une photographie très complète de la situation.* SYN photo.

ENC Dans le procédé traditionnel dit *argentique* (inventé par Niepce et Daguerre en 1829), l'image est obtenue par l'action de la lumière sur une surface sensible d'halogénure d'argent provoquant un noircissement proportionnel à l'intensité lumineuse. Après développement dans un révélateur on obtient un négatif, que la phase de tirage transforme en une photographie sur papier ou sur diapositive. Le procédé argentique tend à être supplanté par le procédé *numérique*, dans lequel les rayons lumineux, captés des cellules photosensibles, sont transformés en signaux électriques, que les techniques informatiques permettent de numériser en une série de points, les pixels. Les technologies de l'information ont fait exploser les possibilités de création, de traitement et de communication de l'image pour les usages populaire, artistique, scientifique ou commercial. Avec dix millions de pixels, l'appareil amateur se rapproche de la haute résolution professionnelle (environ 40 millions de pixels).

**photographier** *vt* ② **1** Enregistrer une image par la photographie. *Photographier un monument.* **2** **fig** Enregistrer avec précision dans son esprit une image. **3** **fig** Faire une peinture, une description très minutieuse de. *Balzac a photographié la société de son temps.*

**photographique** *a* **1** Qui appartient, qui sert à la photographie. *Appareil photographique* ou *appareil photo.* **2** Obtenu par photographie. *Cliché photographique. Une précision photographique.* DER **photographiquement** *av*

**photogravure** *nf* IMPRIM Ensemble des opérations conduisant à l'obtention, par voie photographique, de clichés dont les éléments imprimants sont en relief, en creux ou à plat ; image obtenue, reproduite d'après ce cliché. DER **photograveur** *nm*

**photo-interprétation** *nf* TECH Analyse de photographies aériennes en vue d'établir des cartes (topographiques, pédologiques, etc.).

**photojournalisme** *nm* Activité d'un reporter photographe (ou *photojournaliste*). DER **photojournaliste** *n*

**photolithographie** *nf* **1** Ensemble des procédés de gravure photochimique où la forme imprimante ne comporte ni relief ni creux. **2** ELECTRON Technique de fabrication de circuits intégrés consistant à créer des parties oxydées sur la surface d'une puce de silicium exposée aux ultraviolets. DER **photolithographique** *a*

**photoluminescence** *nf* PHYS Luminescence d'un corps qui renvoie une radiation d'une longueur d'onde différente de celle qu'il absorbe.

**photolyse** *nf* CHIM Décomposition chimique sous l'action de la lumière.

**photomacrographie** *nf* Syn. de *macrophotographie.*

**photomaton** *nm* Installation de photographie payante, qui prend et développe automatiquement des photos d'identité ; ces photos. ETY Nom déposé, de *photo* et *(au)toma(tique).*

**photomécanique** *a* TECH Se dit de tout procédé de reproduction qui permet de créer des clichés, des matrices ou des planches d'impression par des moyens photographiques.

**photomètre** *nm* TECH Appareil servant à mesurer l'intensité lumineuse.

**photométrie** *nf* PHYS Mesure de l'intensité d'une source lumineuse. DER **photométrique** *a*

**photomicrographie** *nf* Syn. de *microphotographie.*

**photomontage** *nm* Montage de photographies.

**photomultiplicateur** *nm* Appareil associant un dispositif d'amplification du courant à une cellule photoélectrique, utilisé en astronomie et en physique nucléaire.

**photon** *nm* PHYS Particule de masse et de charge nulles associée à un rayonnement lumineux ou électromagnétique.

**photonique** *nf, a* **A** *a* Relatif aux photons, à la photonique. **B** *nf* Science des photons, qui seraient utilisés pour remplacer l'électron dans la transmission de l'information.

**photopériode** *nf* BIOL Durée de lumière diurne affectant un organisme.

**photopériodisme** *nm* BOT Ensemble des phénomènes liés à la succession du jour et de la nuit, qui affectent la vie des plantes. DER **photopériodique** *a*

**photophobie** *nf* MED Crainte pathologique de la lumière liée à certaines affections oculaires ou cérébrales.

**photophone** *nm* Téléphone mobile couplé avec un appareil photo numérique.

**photophore** *nm* **1** Lampe à réflecteur. *Photophore de mineur, de spéléologue.* **2** Lampe portative à manchon incandescent. **3** Coupe décorative en verre, destinée à recevoir une bougie.

**photopile** *nf* TECH Générateur de courant continu qui transforme en électricité l'énergie lumineuse qu'il reçoit. *Satellite alimenté par photopiles.* SYN batterie solaire, pile solaire.

**photorécepteur, trice** *a, nm* BIOL Se dit d'une zone d'un organisme spécialisée dans la réception des ondes lumineuses. *Cellule photoréceptrice.*

**photoreportage** *nm* Reportage photographique. DER **photoreporter** *n*

**photorésistance** *nf* ELECTR Résistance constituée de semi-conducteurs, dont la résistivité diminue lorsque l'éclairement augmente. DER **photorésistant, ante** *a*

**photosensibilisation** *nf* Hypersensibilité de la peau aux rayons solaires, qui entraîne une réaction inflammatoire ou allergique. DER **photosensibiliser** *vt* ① – **photosensibilisant, ante** *a, nm*

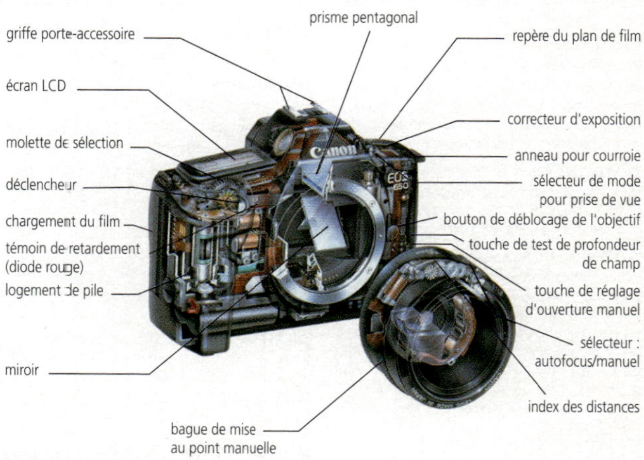


**photographie** écorché d'un reflex 24 × 36 avec objectif 50 mm

**photosensible** *a* TECH Sensible à la lumière, qui peut être impressionné par la lumière. DER **photosensibilité** *nf*

**photosphère** *nf* ASTRO La plus profonde des couches observables du Soleil, épaisse de quelques centaines de kilomètres, d'où provient la quasi-totalité du rayonnement solaire.

**photostoppeur, euse** *n* Personne qui photographie les passants puis leur propose d'acheter la photo ainsi prise.

**photostyle** *nm* INFORM Dispositif d'entrée, en forme de crayon, que l'opérateur pointe directement sur un écran d'ordinateur. ETY Du gr. *stulos,* « colonne ».

**photosynthèse** *nf* BIOL, BOT Synthèse de substances organiques effectuée par les plantes vertes exposées à la lumière. SYN assimilation chlorophyllienne. DER **photosynthétique** *a*

ENC La photosynthèse transforme de l'énergie lumineuse en énergie chimique : à partir de deux molécules (dioxyde de carbone [$CO_2$] et $H_2O$), les plantes vertes réalisent la synthèse de glucides (substances organiques riches en énergie) grâce à l'énergie lumineuse absorbée par la chlorophylle, pigment contenu dans les feuilles de ces plantes.

**phototactisme** *nm* BIOL Tactisme commandé par la lumière.

**photothèque** *nf* Lieu où l'on conserve une collection de documents photographiques ; cette collection.

**photothérapie** *nf* MED Utilisation thérapeutique de la lumière.

**phototropisme** *nm* Tropisme commandé par la lumière. *Phototropisme positif des fleurs et des feuilles. Phototropisme négatif des racines.*

**phototype** *nm* **1** TECH Image photographique obtenue directement à partir du sujet. **2** MED Catégorie de l'épiderme du point de vue de sa sensibilité aux rayons lumineux. (De 1, peau très claire, à 6, peau noire peu sensible).

**phototypie** *nf* TECH Impression par tirage aux encres grasses, dans lequel on insole une plaque sensible placée sous un phototype.

**photovoltaïque** *a, nm* Se dit de la technique utilisant l'effet photovoltaïque pour produire de l'électricité. LOC ***Cellule photovoltaïque :*** générateur, appelé aussi *photopile*, qui utilise l'effet photovoltaïque. — TECH ***Effet photovoltaïque :*** apparition d'une différence de potentiel entre deux couches d'une plaquette de semi-conducteur dont les conductibilités sont opposées, ou entre un semi-conducteur et un métal, sous l'effet d'un flux lumineux.

**Phraatès** nom de plusieurs rois parthes. — **Phraatès III** roi en 69, fut empoisonné par ses fils Mithridate II et Orodès I$^{er}$. — **Phraatès IV** roi de 37 avant J.-C. à sa mort (vers 2 apr. J.-C.), vainquit les Romains en Arménie (36 avant J.-C.) et conclut une paix honorable avec Auguste.

**phragmite** *nm* **1** Plante herbacée (graminée) dont une espèce est le roseau commun ou roseau à balais. **2** Fauvette des roseaux. ETY Du gr. *phragmitês,* « qui sert à faire une haie ».

**phrase** *nf* **1** Assemblage de mots, énoncé, qui présente un sens complet. *Phrase correcte, élégante, mal construite.* **2** MUS Suite de notes ou d'accords présentant une certaine unité et dont la fin est marquée par un repos (cadence ou silence). LOC ***Faire des phrases, de grandes phrases :*** avoir un langage affecté, tenir des discours vains et prétentieux. — ***Petite phrase :*** propos d'un homme politique repris par les médias pour leur impact supposé sur le public. — ***Sans phrases :*** sans ambages, sans détours. ETY Du gr. *phrasis,* « élocution ».

**phrasé** *nm* MUS Art, façon de phraser.

**phraséologie** *nf* **1** Manière de construire les phrases, particulière à un milieu, à une époque, etc., ou propre à un écrivain. **2** péjor Usage de phrases verbeuses, de mots prétentieux et vides de sens. DER **phraséologique** *a*

**phraser** *v* 1 **A** *vi* Faire des phrases, déclamer. **B** *vt* MUS Jouer ou chanter un air, un fragment de mélodie en faisant clairement sentir le développement des phrases musicales, en accentuant correctement celles-ci ou en posant les respirations là où elles sont nécessaires.

**phraseur, euse** *n* Personne qui phrase, déclamateur prétentieux.

**phrastique** *a* LING De la phrase. *Le niveau phrastique de l'analyse.*

**phratrie** *nf* **1** ANTIQ GR Subdivision de la tribu à Athènes. **2** ETHNOL Groupe de clans au sein d'une tribu.

**phréatique** *a* GEOL Se dit d'une nappe d'eau souterraine, permanente ou temporaire, alimentée par les eaux d'infiltration. LOC ***Éruption phréatique :*** éruption volcanique explosive, déclenchée par l'interaction du magma et de l'eau des nappes souterraines. ETY Du gr. *phreas,* « puits ».

**phrénique** *a* ANAT Du diaphragme, qui a rapport au diaphragme. *Nerf phrénique.*

**phrénologie** *nf* anc Étude des facultés intellectuelles et du caractère d'après les bosses et les dépressions crâniennes. *La phrénologie, fondée par Gall, est depuis longtemps abandonnée.* DER **phrénologique** *a*

**phrygane** *nf* Insecte dont les larves, aquatiques, se protègent en construisant un fourreau à l'aide de grains de sable, de brindilles, agglomérés avec de la soie. SYN traîne-bûches. ETY Du gr. *phruganion,* « petit bois sec ».

**Phrygie** anc. contrée du N.-O. de l'Asie Mineure, entre le Pont-Euxin et la mer Égée ; v. princ. : Gordion, Dorylée, Hiérapolis, Colosses, Laodicée. Les Phrygiens, Indo-Européens qui émigrèrent de Thrace et de Macédoine v. le XII$^{e}$ s. av. J.-C., constituèrent le puissant royaume de Midas (VIII$^{e}$ s. av. J.-C.), démantelé par les Cimmériens au VII$^{e}$ s. av. J.-C. La Phrygie fut conquise par la Lydie, puis par les Perses (546 av. J.-C.), les Galates (v. 275 av. J.-C.), Pergame (188 av. J.-C.) et Rome (133 av. J.-C.). DER **phrygien, enne** *a, n*

**Phryné** (Thespies, IV$^{e}$ s. av. J.-C.), maîtresse et modèle de Praxitèle. Elle aurait été accusée d'impiété mais acquittée par les juges, éblouis : son avocat la leur montra nue.

**Phrynichos** (fin du VI$^{e}$ s. – déb. du V$^{e}$ s. av. J.-C.), poète tragique d'Athènes. Il aurait introduit l'usage du masque et les rôles féminins.

**phtalate** *nm* CHIM Sel, ester de l'acide phtalique. *Les phtalates sont utilisés comme plastifiants.*

**phtaléine** *nf* CHIM Colorant formé par l'union de l'anhydride phtalique et d'un phénol.

**phtalique** *a* LOC CHIM ***Acide phtalique :*** diacide de formule $C_6H_4(CO_2H)_2$ utilisé dans la fabrication des résines glycérophtaliques et de certains textiles synthétiques. — ***Anhydride phtalique :*** de formule $C_6H_4(CO)_2O$, utilisé dans la fabrication de parfums, de colorants, de plastifiants, etc.

**Phthiotide** rég. de la Grèce antique, au N. du Parnasse et à l'O. de l'île d'Eubée, auj. nome dont le ch.-l. est *Lamia.*

**phtiriasis** *nm* MED Dermatose due aux poux, appelée aussi maladie pédiculaire. PHO [ftiʀjazis] ETY Du gr. VAR **phtiriase** *nf*

**phtisie** *nf* vx Tuberculose pulmonaire. DER **phtisique** *a, n*

**phtisiologie** *nf* MED Étude et traitement de la tuberculose pulmonaire. DER **phtisiologique** *a* – **phtisiologue** *n*

**Phuket** île et prov. de la Thaïlande, à l'entrée du détroit de Malacca ; 543 km$^{2}$ ; 147 500 hab. ; ch.-l. *Phuket* (50 000 hab.). Étain.

**phyco-, -phycée** Éléments, du gr. *phukos,* « algue ».

**phycologie** *nf* BOT Syn. de *algologie.* DER **phycologique** *a* – **phycologiste** *n*

**phycomycète** *nm* BOT Champignon primitif à thalle non cloisonné et à cellules reproductrices flagellées, souvent aquatique, généralement parasite, tel les mildious.

**phycotoxine** *nf* Algue toxique pouvant contaminer les élevages d'huîtres.

**phylactère** *nm* **1** RELIG Petite boîte contenant un parchemin où sont inscrits des versets de la Bible, que les juifs pieux portent attachée au bras et au front pendant la prière du matin. **2** Bx-A Banderole portant la légende du sujet représenté, que l'on plaçait entre les mains des statues, dans les tableaux, etc. **3** Bulle, dans une bande dessinée. ETY De l'hébr.

**phylarque** *nm* ANTIQ GR Chef d'une tribu athénienne.

**phylétique** *a* BIOL Relatif à un phylum.

**phyll(o)-, -phylle** Éléments, du gr. *phullon,* « feuille ».

**phyllade** *nm* MINER Ardoise grossière, qui se débite en plaques épaisses.

**phyllie** *nf* Insecte tropical proche des phasmes, au corps vert et aplati.

**phyllite** *nf* GEOL Roche métamorphique ressemblant à l'ardoise, formée de couches gris argenté moins régulières.

**phyllode** *nm* BOT Feuille réduite à son pétiole aplati, à aspect de limbe.

**phyllophage** *a, nm* ZOOL Se dit d'un animal qui se nourrit de feuilles.

**phyllotaxie** *nf* BOT Ordre selon lequel les feuilles sont disposées sur la tige d'une plante.

**phylloxéra** *nm* **1** Puceron parasite de la vigne. **2** Maladie de la vigne provoquée par cet insecte. ETY Du gr. *xêros,* « sec ». DER **phylloxérien, enne** ou **phylloxérique** *a*

**phylloxéré, ée** *a* VITIC Attaqué par le phylloxéra.

**phylogenèse** *nf* BIOL **1** Mode de formation des espèces, évolution des organismes vivants. **2** Science qui étudie cette évolution. ETY D'apr. l'all., du gr. *phulon,* « race ». VAR **phylogénie** DER **phylogénétique** ou **phylogénique** *a*

**phylum** *nm* BIOL Série animale ou végétale constituée d'espèces, de genres, de familles, etc., descendant d'un ancêtre commun selon les lois de l'évolution. PHO [filɔm]

**physalie** *nf* Siphonophore des mers chaudes, remarquable par la volumineuse poche d'air rose violacé qui lui sert de flotteur et dangereux par ses nombreux filaments urticants. ETY Du gr. *phusaleos,* « gonflé ».

**physalis** *nm* BOT Syn. de *alkékenge.* PHO [fizalis] ETY Mot gr., « vessie ».

**-physe** Élément, du gr. *phusis,* « action de faire naître, formation, production ».

**physiatrie** *nf* Canada Spécialité médicale visant à l'évaluation et au traitement des pathologies de l'appareil locomoteur. DER **physiatre** *n*

**physicalisme** *nm* PHILO Doctrine empiriste qui fait de la physique un modèle pour les sciences humaines. ETY De l'all.

**physicalité** *nf* didac Caractère physique de qqch, d'une activité. *La physicalité d'un sport.*

**physicien, enne** *n* Spécialiste de physique.

**physico-** Élément, de *physique.*

**physicochimie** *nf* **1** Branche de la chimie qui étudie les systèmes chimiques à l'aide des lois de la physique. **2** Caractéristiques physiques et chimiques d'un phénomène. *La physicochimie d'un magma.* DER **physicochimique** *a* – **physicochimiste** *n*

**physicomathématique** *a, nf* **A** *a* Qui relève à la fois de la physique et des mathématiques. **B** *nf* Physique mathématique.

**physio-** Élément, du gr. *phusis,* « nature ».

**physiocratie** *nf* Doctrine économique du XVIII<sup>e</sup> s. qui faisait de l'agriculture la principale richesse et qui prônait la liberté du commerce. *Quesnay, principal représentant de la physiocratie.* PHO [fizjɔkʀasi] DER **physiocrate** *nm* – **physiocratique** *a*

**physiognomonie** *nf* vieilli Art de connaître le caractère des hommes d'après l'examen de leur physionomie. PHO [fizjɔgnɔmɔni] DER **physiognomonique** *a* – **physiognomoniste** *n*

**physiologie** *nf* **1** Science qui étudie les phénomènes dont les êtres vivants sont le siège, les mécanismes qui règlent le fonctionnement de leurs organes, les échanges qui ont lieu dans leurs tissus. *Anatomie et physiologie.* **2** Ces phénomènes, ces mécanismes, ces échanges eux-mêmes. *Physiologie de la respiration. Physiologie du tube digestif.* DER **physiologiste** *n*

**physiologique** *a* **1** De la physiologie en tant que science. **2** Qui a rapport à la physiologie, au fonctionnement d'un organisme ou d'un organe. **3** Qui se manifeste dans le fonctionnement normal de l'organisme (par oppos. à *pathologique*). DER **physiologiquement** *av*

**physionomie** *nf* **1** Ensemble des traits, des caractères qui donnent au visage une expression particulière. *Une physionomie agréable.* **2** Ensemble des traits caractéristiques d'une chose, d'un lieu, etc. *La physionomie politique d'un pays.* DER **physionomique** *a*

**physionomiste** *a, n* **A** Se dit d'une personne qui a la mémoire des visages. **B** *n* Employé d'un casino chargé de reconnaître les personnes ayant fait l'objet d'une mesure d'éviction.

**physiopathologie** *nf* MED Physiologie pathologique, étude des organismes malades. DER **physiopathologique** *a*

**physiothérapie** *nf* MED Utilisation thérapeutique des agents physiques (eau, air, lumière, chaleur, froid, etc.). DER **physiothérapeute** *n* – **physiothérapique** *a*

**1 physique** *a, nm* **A** *a* **1** Qui se rapporte aux corps matériels, à la nature matérielle des corps. *Cause, effet physiques.* **2** Qui concerne la nature, la matière, à l'exclusion des êtres vivants. *Géographie physique. Sciences physiques.* **3** Relatif à la physique (par oppos. à *chimique*). *Les propriétés physiques des corps.* **4** Du corps humain, qui a rapport au corps humain. *Aspect physique d'une personne.* **5** Instinctif, incontrôlable. *Une peur physique de l'obscurité.* **6** Qui concerne les sens. *Plaisir, amour physique.* **7** Se dit d'un sportif qui vaut surtout par ses qualités athlétiques ; se dit aussi de sa manière de jouer. **8** Qui exige des qualités athlétiques, une parfaite condition. *Un parcours de cross très physique.* **9** Qui a une existence dans la réalité (par oppos. à *virtuel, numérique*). *Le livre physique concurrencé par l'e-book.* **B** *nm* **1** Constitution, état de santé du corps humain. *Le physique et le moral.* **2** Apparence, aspect extérieur d'une personne. *Avoir un physique séduisant.* LOC *Culture physique* : gymnastique. ETY Du gr.

**2 physique** *nf* Science qui a pour objet l'étude des propriétés de la matière et la détermination des lois qui la régissent. *Physique des surfaces. Physique du globe ou géophysique. Expériences de physique.* ETY Du gr. *phusikê,* « connaissance de la nature ».

ENC La physique moderne tend à faire dériver les lois physiques des lois d'interaction à l'échelle des particules, rendant ainsi intelligible l'infiniment grand par la connaissance de l'infiniment petit. Mais la voie inverse est également possible : la physique à notre échelle est un cas particulier d'une physique à l'échelle de l'Univers (astrophysique). Les différents chapitres de la physique sont les suivants : métrologie (mesure des grandeurs : V. tableau unités physiques, p. 1810) ; mécanique (classique, relativiste et quantique) ; étude de la structure de la matière (solide, liquide, gaz, plasma) ; thermodynamique ; étude des vibrations et des rayonnements ; acoustique ; optique ; électricité (électrostatique, électrocinétique, magnétisme, électromagnétisme, courant alternatif) ; physique atomique (V. atome) ; électronique ; physique nucléaire et des particules (V. noyau, nucléaire, particule, quark). La distinction entre ces chapitres, de même que la distinction entre la physique atomique et la chimie, tendent auj. à s'estomper.

**Physique** œuvre d'Aristote étudiant le mouvement et les causes des changements.

**physiquement** *av* **1** D'une manière réelle et physique ; d'un point de vue physique. **2** Quant au physique (par oppos. à *moralement*). *Physiquement, il se porte bien.* **3** Du point de vue sexuel. *S'entendre physiquement.*

**phyt(o)-, -phyte** Éléments, du gr. *phuton,* « plante ».

**phytéléphas** *nm* BOT Palmier d'Amérique tropicale dont une espèce produit le corozo. PHO [fitelefas] ETY Du gr. *elephas,* « ivoire ».

**phytobiologie** *nf* BOT Biologie végétale. DER **phytobiologique** *a*

**phytochimie** *nf* Étude chimique des plantes. DER **phytochimique** *a*

**phytochrome** *nm* BOT Pigment doué de propriétés enzymatiques, qui joue un rôle important dans le développement et la floraison des plantes et dans la germination des graines.

**phytocide** *a, nm* Se dit d'un produit susceptible de détruire les plantes.

**phytocosmétique** *nm* Produit de beauté à base d'extraits végétaux.

**phytoépuration** *nf* Traitement par les plantes, sans chlore, des eaux usées, domestiques ou industrielles.

**phytogénétique** *a* Qui concerne les propriétés génétiques des végétaux.

**phytogéographie** *nf* BOT Partie de la biogéographie qui étudie la répartition des végétaux. DER **phytogéographe** *n* – **phytogéographique** *a*

**phytohormone** *nf* BOT Hormone végétale. VAR **phythormone**

**phytoparasite** *nm* Parasite végétal.

**phytopathologie** *nf* BOT Partie de la botanique qui étudie les maladies des végétaux. DER **phytopathologique** *a* – **phytopathologiste** *n*

**phytophage** *a* ZOOL Qui se nourrit de substances végétales. *Insectes phytophages.*

**phytopharmacie** *nf* Étude des produits permettant de combattre les maladies des plantes et les animaux nuisibles aux cultures. DER **phytopharmaceutique** *a*

**phytophthora** *nm* Champignon (péronosporalée) parasite des plantes supérieures, tel le mildiou de la pomme de terre. ETY Du gr. *phtorios,* « destructeur ». VAR **phytophtora**

**phytoplancton** *nm* BIOL Plancton végétal (par oppos. à *zooplancton*). DER **phytoplanctonique** *a*

**phytoproduction** *nf* Production de substances par culture de cellules végétales.

**phytoremédiation** *nf* Technique de dépollution d'un sol grâce à des plantes qui accumulent des toxiques ou des métaux lourds.

**phytosanitaire** *a* Qui concerne la préservation de la santé des végétaux.

**phytosociologie** *nf* BOT Étude des associations végétales. DER **phytosociologique** *a* – **phytosociologue** *n*

**phytostérol** *nm* Stérol d'origine végétale.

**phytothérapie** *nf* Traitement de certaines affections par les plantes. DER **phytothérapeute** *n*

**phytotoxique** *a* Se dit des substances toxiques pour les plantes. DER **phytotoxicité** *nf*

**phytotron** *nm* BOT Laboratoire spécialement aménagé et équipé pour l'étude des mécanismes de la vie végétale.

**phytozoaire** *nm* ZOOL Animal dont la symétrie rayonnée et le mode de vie fixé évoquent l'aspect d'une plante (spongiaires, cnidaires, etc.). SYN zoophyte.

**pi** *nm* **1** Seizième lettre de l'alphabet grec (Π, π), correspondant au *p* de l'alphabet français. **2** MATH Nombre transcendant, de symbole π, égal au rapport de la circonférence d'un cercle à son diamètre et dont la valeur approche 3,1416.

**piaf** *nm* fam Moineau.

**Piaf** Édith Gassion, dite Édith (Paris, 1915 – id., 1963), chanteuse française réaliste : *Mon légionnaire, la Vie en rose, Milord.*

**piaffer** *vi* 1 **1** Frapper la terre avec les pieds de devant sans avancer, en parlant d'un cheval. **2** fig Manifester son impatience par une agitation, une nervosité excessives ; être très impatient. ETY P.-ê. onomat. DER **piaffement** *nm* – **piaffeur, euse** *a*

**Piaget** Jean (Neuchâtel, 1896 – Genève, 1980), psychologue suisse. Il a étudié l'acquisition du langage et de la logique par l'enfant : *la Psychologie de l'intelligence* (1947), *Introduction à l'épistémologie génétique* (1950), *Épistémologie des sciences de l'homme* (1972).

Édith Piaf

Jean Piaget

**piaillard** → **piailleur.**

**piailler** *vi* 1 **1** Pousser de petits cris aigus et répétés, en parlant d'un oiseau. **2** fam Crier, criailler continuellement ; récriminer. *Bébé qui piaille.* ETY Probabl. onomat. DER **piaillerie** *nf* ou **piaillement** *nm*

**piailleur, euse** *a, n* fam Qui a l'habitude, qui ne cesse de piailler. *Marmot piailleur.* VAR **piaillard, arde**

**Pialat** Maurice (Cunlhat, Puy-de-Dôme, 1925 – Paris, 2003), cinéaste français : *Nous ne vieillirons pas ensemble* (1972), *À nos amours* (1983), *Sous le soleil de Satan* (1987), *Van Gogh* (1991).

**pian** *nm* MED Maladie cutanée contagieuse due à un tréponème voisin de celui de la syphilis, mais non vénérienne, qui sévit à l'état endémique dans les pays tropicaux. ETY Mot tupi-guarani.

**Piana** ch.-l. de cant. de la Corse-du-Sud ; 428 hab. – Calanques de granit rouge.

**pianissimo** *av, nm* **A** *av* **1** MUS En atténuant beaucoup l'intensité sonore du jeu. ABREV pp. **2** fam Très doucement. **B** *nm* Passage qui doit être joué pianissimo. ETY Mot ital.

**1 piano** *nm* **1** Instrument de musique à clavier et à cordes frappées par des marteaux feutrés qui a remplacé le clavecin. *Piano droit. Piano à queue. Piano demi-queue, piano quart-de-queue ou crapaud. Piano mécanique, électronique.* **2** Technique, art de jouer du piano. *Apprendre le piano.* **3** fam Fourneaux d'un grand restaurant. **LOC** fam ***Piano à bretelles*** : accordéon. — ***Piano préparé*** : piano dont les cordes sont munies d'objets divers qui en modifient la sonorité. ETY De l'anc. instrument appelé *piano-forte*. DER **pianiste** *n* – **pianistique** *a* ▶ pl. musique

**2 piano** *av, nm* **A** *av* **1** MUS En atténuant l'intensité sonore du jeu. ABREV p. *Il a exécuté ce morceau piano.* **2** fam Doucement, lentement. *Vas-y piano !* **B** *nm* Passage qui doit être joué piano. ETY Mot ital., « doucement ».

**Piano** Renzo (Gênes, 1937), architecte italien : Centre Georges-Pompidou (avec Rogers, 1971-1976), Lingotto de Turin, musée de Houston, aéroport d'Osaka.

**piano-bar** *nm* Café dans lequel un piano crée une ambiance musicale. PLUR pianos-bars.

**piano-forte** *nm inv* Nom donné d'abord au piano, parce que, contrairement au clavecin, il permettait de jouer à volonté *piano*, « doucement », ou *forte*, « fort ». PHO [pjanofɔʀte] VAR **pianoforte**

**pianoter** *vi* ① **1** *vt* Jouer maladroitement ou distraitement du piano. **2** Travailler sur un clavier d'ordinateur. **3** Tapoter avec les doigts sur un objet souvent en signe d'énervement, d'impatience. DER **pianotage** *nm*

**Piast** dynastie issue des Polanes (tribu slave) qui fonda le premier État polonais et le gouverna de la fin du Xᵉ s. à 1370.

**piastre** *nf* **1** Monnaie divisionnaire de l'Égypte, du Liban et de la Syrie. **2** fam Au Québec, dollar. ETY De l'ital.

**Piatra Neamţ** v. de Roumanie (Moldavie) ; 85 100 hab. ; ch.-l. du distr. de Neamţ. – Égl. de style moldave (1498).

**Piauí** État du N.-E. du Brésil, à l'E. du rio Parnaíba ; 250 934 km$^2$ ; 3 204 000 hab. ; cap. *Teresina*. Élevage extensif.

**piaule** *nf* arg Chambre, logement.

**piauler** *vi* ① **1** Crier, en parlant d'un petit oiseau. **2** fam Piailler. *Marmot qui piaule.* ETY Onomat. DER **piaulement** *nm*

**Piave (la ou le)** fl. de l'Italie du N. (220 km) ; né dans les Alpes Carniques, il se jette dans l'Adriatique. – Théâtre de combats en 1917 et 1918.

**piazza** *nf* URBAN Espace piétonnier aménagé dans un ensemble urbain. PHO [pjadza] ETY Mot ital.

**Piazza Armerina** v. de Sicile (prov. d'Enna) ; 22 100 hab. – Villa romaine (nombr. mosaïques du IVᵉ s.).

**PIB** *nm* Sigle de *produit intérieur brut.*

**pibale** *nf* rég Dans l'Ouest, syn. de *civelle.*

**pible (à)** *a* **LOC** MAR ***Mât à pible*** : formant une seule pièce. ETY De l'a. fr. *pible*, « peuplier ».

**Pibrac** Guy du Faur (seigneur de) (Pibrac, 1529 – Paris, 1584) magistrat et poète français : *Quatrains contenant préceptes et enseignements utiles pour la vie de l'homme* (1574).

**1 pic** *nm* Oiseau grimpeur (piciforme) doté de pattes robustes, d'ongles puissants et d'un long bec droit et pointu avec lequel il fend l'écorce des arbres pour trouver les insectes et les larves dont il se nourrit. *Le pic-vert ou pivert, le grand pic noir et le pic épeiche vivent en Europe.* ETY Du lat.

**2 pic** *nm* Instrument fait d'un fer pointu muni d'un manche, qui sert à creuser le roc, à abattre le minerai, etc. *Pic de mineur.* ETY De *pic 1*.

**3 pic** *nm* **1** Montagne élevée, au sommet très pointu. **2** fig Intensité maximale d'un phénomène. *Un pic de pollution.* ETY D'un préroman *pikkare*, « piquer ».

**pic (à)** *av* **1** Verticalement. *Les falaises qui s'élèvent à pic au-dessus de la mer. Couler à pic.* **2** fig, fam À point nommé, très à propos. *Tomber, arriver à pic.* ETY De *piquer*.

**1 pica** *nm* MED Perversion du goût qui porte à manger des substances non comestibles. ETY Mot lat., « pie », par allus. à la voracité de cet oiseau.

**2 pica** *nm* TYPO Mesure équivalant à 4,21 mm.

**Picabia** Francis (Paris, 1879 – id., 1953), peintre et écrivain français ; précurseur de l'art abstrait (*Caoutchouc*, 1909) ; membre de Dada. Poésie : *Pensées sans langage* (1919).

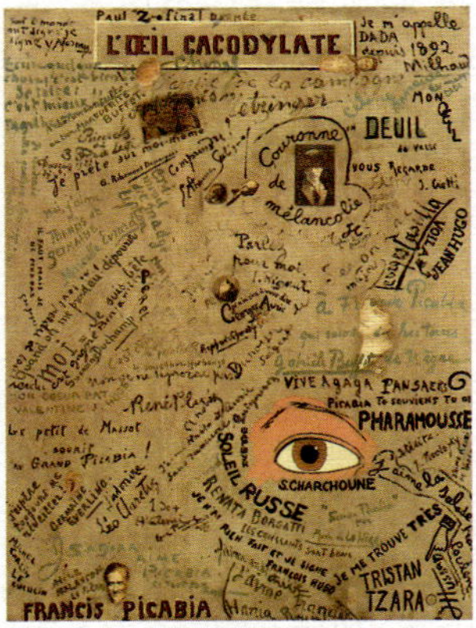


**Francis Picabia** *l'Œil cacodylate* – MNAM

**picador** *nm* Cavalier qui, dans les courses de taureaux, attaque et fatigue l'animal avec une pique. ETY Mot esp.

**picage** *nm* MED VET Comportement pathologique des gallinacés, qui les porte à arracher les plumes de leurs congénères. ETY Du lat. *pica*, « pie ».

**picaillons** *nm pl* fam Argent.

**picard** *nm* Dialecte de la langue d'oïl.

**Picard** abbé Jean (La Flèche, 1620 – Paris, 1682), astronome français. Il évalua le rayon de la Terre en mesurant un arc de méridien entre Paris et Amiens.

**Picard** Émile (Paris, 1856 – id., 1941), mathématicien français : travaux d'analyse. Acad. fr. (1924).

**Picard** Charles (Arnay-le-Duc, 1883 – Paris, 1965), archéologue français : *Manuel d'archéologie grecque* (8 vol., 1935-1954).

**picardan** *nm* VITIC Cépage du bas Languedoc fournissant un vin blanc liquoreux (muscat) ; ce vin. ETY De *piquer* (au goût), et a. fr. *ardant*, « ardent ». VAR **picardant**

**Picardie** anc. prov. française, qui correspondait au dép. de la Somme et au N. des dép. de l'Oise et de l'Aisne. Enjeu des rivalités franco-anglaises pendant la guerre de Cent Ans, un moment bourguignonne (1ᵉʳ traité d'Arras, 1435), elle devint définitivement française en 1482 (2ᵉ traité d'Arras). Elle souffrit des invasions espagnoles aux XVIᵉ et XVIIᵉ s. et fut un champ de bataille lors des deux guerres mondiales. DER **picard, arde** *a, n*

**Picardie** ancienne Région française et de l'UE, formée des dép. de l'Aisne, de l'Oise et de la Somme, intégrée en 2016 à la Région Nord-Pas-de-Calais-Picardie. DER **picard, arde** *a, n*
**Géographie** Le climat océanique est marqué de nuances continentales vers l'intérieur. Au S. s'étendent les plateaux tertiaires du bassin de Paris ; ils portent d'opulentes campagnes ouvertes mais aussi de vastes forêts (Compiègne, Senlis, Villers-Cotterêts). Au N., les plaines et les collines de craie abritent de beaux openfields. La vallée de l'Oise est le grand axe de peuplement et de passage. Le solde migratoire est négatif dans l'Aisne et la Somme ; très positif dans l'Oise, proche de Paris. Les grandes cultures : betterave (1ᵉʳ rang national), céréales, pomme de terre, fourrage, haricots, pois, favorisent l'industrie agroalimentaire. Forte de traditions locales (verrerie de Saint-Gobain, notam.), la Région a bénéficié de la décentralisation parisienne. Elle jouit d'une position stratégique dans les échanges européens.

**picaresque** *a* **LOC** LITTER ***Roman picaresque*** : genre littéraire (XVIᵉ–XVIIIᵉ s.) d'inspiration réaliste, né en Espagne avec le *Lazarillo de Tormes* (1554) attribué à Hurtado de Mendoza, premier roman décrivant toutes les classes de la société.

**picaro** *nm* Aventurier de la tradition littéraire espagnole. ETY Mot esp., « rusé ».

**Picasso** Pablo Ruiz Blasco y Picasso, dit Pablo (Málaga, 1881 – Mougins, 1973), peintre, dessinateur, graveur, sculpteur et céramiste espagnol ; l'artiste le plus célèbre du XXᵉ s. Traditionaliste dans ses périodes « bleue » (1901-1904) et « rose » (1905-1907), il subit l'influence de l'art africain et jette les bases du cubisme dans *les Demoiselles d'Avignon* (1907), puis invente le collage (1912). En 1925, *la Danse* annonce le style qui demeurera le sien jusqu'à sa mort. Picasso a exécuté un nombre considérable d'œuvres « expressionnistes » ou « baroques », avec fougue, violence (*Guernica*, 1937), verve et, parfois, précipitation. – Des musées Picasso existent à Antibes, Barcelone et à Paris. DER **picassien, enne** *a* ▶ illustr. p. 727

**Pablo Picasso**

**Piccadilly** grande artère londonienne reliant Hyde Park à Piccadilly Circus.

**Piccard** Auguste (Bâle, 1884 – Lausanne, 1962), physicien suisse. Il effectua des ascensions en ballon dans la stratosphère (16 000 m en 1932) et construisit le prem. bathyscaphe (1948). — **Jacques** (Bruxelles, 1922 – La Tour-de-Peilz, 2008), fils du préc., océanographe suisse. En 1960, il a exploré la fosse des Mariannes (- 10 916 m) dans le bathyscaphe *Trieste*. — **Bertrand** (Lausanne, 1958), fils du préc., aéronaute suisse. En 1999, il a réussi, avec Brian Jones, le premier tour du monde en ballon.

**Piccinni** Niccolo (Bari, 1728 – Paris, 1800), compositeur italien d'opéras. Appelé à Paris en 1776 par Marie-Antoinette, on l'opposa à Gluck lorsque celui-ci entreprit sa réforme du drame lyrique (querelle des *gluckistes* et des *piccinnistes*) : *Roland* (1778), *Didon* (1783).

**Piccoli** Michel (Paris, 1925), acteur français : *le Mépris* (1963), *les Choses de la vie* (1969), *Milou en mai* (1990).

**piccolo** *nm* Petite flûte traversière qui sonne à l'octave supérieure de la grande flûte. ETY Mot ital., « petit ». VAR **picolo**

**Pic de la Mirandole** Giovanni Pico della Mirandola, en fr. Jean (chât. de la Mirandole, duché de Ferrare, 1463 – Florence, 1494), humaniste et philosophe italien d'expression latine. Homme d'une érudition considérable, il publia en 1486 les *Conclusiones philosophicæ, cabalisticæ et theologicæ* qui montraient dans le christianisme l'aboutissement de tous les courants de pensée antérieurs, et fut déclaré hérétique (1487). S'étant réfugié en France, il y fut emprisonné (1488), puis revint à Florence, où il fut probablement empoisonné par son secrétaire.

Pic de la Mirandole

**Picenum** rég. de l'Italie anc., entre l'Apennin et l'Adriatique ; v. princ. *Ancône*.

**Pichegru Charles** (Les Planches-près-Arbois, 1761 – Paris, 1804), général français. Il conquit la Belgique (1795), mais, rallié à la cause royaliste, il dut démissionner (1796). En 1797, président royaliste des Cinq-Cents, il fut arrêté après le 18 Fructidor ; déporté en Guyane, il s'en évada et gagna l'Angleterre (1798). En 1804, il conspira avec Cadoudal, fut arrêté et étranglé dans sa prison.

**pichenette** *nf* Chiquenaude, coup donné avec un doigt replié contre le pouce et brusquement détendu. ETY P.-ê. altér. du provenç. *pichouneto*, « petite ».

**pichet** *nm* Petit broc à anse destiné à contenir une boisson ; son contenu. *Pichet en grès. Boire un pichet de cidre.* ETY Du gr. *bikos*, « amphore pour le vin ».

**Pichette Henri** (Châteauroux, 1924 – Paris, 2000), poète français influencé par le surréalisme : *Apoèmes* (1946), *les Épiphanies* (mystère profane, 1949-1969).

**picholine** *nf* Variété de petite olive à bout pointu. PHO [pikɔlin] ETY Du provenç. *pichon*, « petit ».

**Pichon Stephen** (Arnay-le-Duc, 1857 – Vers-en-Montagne, Jura, 1933), diplomate français. Il régla le différend franco-allemand sur le Maroc en 1909 et signa le traité de Versailles comme ministre des Affaires étrangères.

**piciforme** *nm* ORNITH Oiseau dont l'ordre comprend notam. les pics et les toucans, et dont les pattes sont munies de deux doigts dirigés vers l'avant et de deux doigts dirigés vers l'arrière.

**Pickering** v. du Canada, proche du lac Ontario ; 68 600 hab. Centrale nucléaire.

**Pickford Gladys Smith,** dite **Mary** (Toronto, 1893 – Santa Monica, 1979), vedette américaine du muet : *Papa Longues Jambes* (1919). Elle fonda avec Chaplin, Fairbanks et Griffith la maison de production des Artistes associés (1919).

**pickles** *nm pl* Légumes conservés dans du vinaigre et fortement épicés, utilisés comme condiment. PHO [pikəls] ETY Mot angl.

**pickpocket** *nm* Voleur à la tire. PHO [pikpɔkɛt] ETY Mot angl., de *to pick*, « enlever », et *pocket*, « poche ».

**pick-up** *nm inv* **1** TECH Dispositif de lecture servant à transformer en oscillations électriques les vibrations mécaniques enregistrées sur disque. **2** vieilli Électrophone. **3** TECH Dispositif qui, sur une machine agricole, sert au ramassage et pressage du foin. **4** Camionnette à plateau découvert. PHO [pikœp] ETY Mot angl., de *to pick-up*, « ramasser ». VAR **pickup**

**Pickwick (les Aventures de M.)** roman humoristique de Dickens (1837).

**pico-** PHYS Élément qui, placé devant le nom d'une unité indique que celle-ci est divisée par $10^{12}$ (soit par un million de millions). SYMB p.

**picocentrale** *nf* Installation hydroélectrique d'une puissance inférieure à 100 kW.

**picodon** *nm* Petit fromage de chèvre AOC, en forme de palet, fabriqué dans l'Ardèche.

**picoler** *vi* ① pop Boire de l'alcool.

**picolo** → **piccolo.**

**picorer** *v* ① **A** *vi* Chercher sa nourriture, en parlant des oiseaux. *Poules qui picorent.* **B** *vt* **1** Piquer çà et là avec le bec. *Moineaux qui picorent des miettes.* **2** fig Prendre de la nourriture en petite quantité, grignoter. *Enfant qui picore des grains de raisin.*

**picot** *nm* **1** Petite pointe restant sur du bois qui n'a pas été coupé net. **2** Petite pointe qui fait saillie sur une surface (par ex. raquette de ping-pong). **3** TECH Marteau pointu utilisé dans les carrières ; pic servant à dégrader les joints de maçonnerie. **4** Petite dent qui orne le bord d'une dentelle, d'un galon. **5** PECHE Filet pour la pêche aux poissons plats. ETY De *piquer*.

**picoté, ée** *a* Marqué de petites piqûres, de petits points. *Visage picoté de petite vérole.*

**picotement** *nm* Impression de piqûres légères et répétées sur la peau, sur les muqueuses.

**picoter** *vt* ① **1** Trouer de nombreuses petites piqûres. *Oiseaux qui picotent des fruits.* **2** Becqueter. **3** Causer des picotements à. DER **picotage** *nm*

**picotin** *nm* anc Mesure de capacité (env. 2,5 l) pour l'avoine destinée aux chevaux ; ration d'avoine correspondant à cette mesure.

**picpoul** *nm* Cépage blanc du Midi et du Sud-Ouest. VAR **piquepoul**

**Picpus** anc. village, à l'E. de Paris, auj. incorporé au XIIe arr. – 1 300 victimes de la Terreur (la guillotine était installée en 1794 sur la place du Trône-Renversé, auj. place de la Nation) furent enterrées dans le *cimetière de Picpus*.

**Picquart Georges** (Strasbourg, 1854 – Amiens, 1914), officier français. Chef du bureau des renseignements en 1895, il acquit la conviction de l'innocence de Dreyfus.

**Picquigny** ch.-l. de canton de la Somme, sur la Somme ; 1 386 hab. – Dans le château (auj. en ruine), Louis XI versa, en 1475, à Edouard IV d'Angleterre une forte somme pour qu'il ne soutienne plus Charles le Téméraire.

**picr(o)-** Élément, du gr. *pikros*, « amer ».

**picrate** *nm* **1** CHIM Sel de l'acide picrique souvent utilisé comme explosif. **2** fam Vin rouge de mauvaise qualité.

**picrique** *a* **LOC** CHIM *Acide picrique* : acide dérivé du phénol, solide de couleur jaune. *L'acide picrique fondu constitue la mélinite, explosif puissant.*

**picris** *nm* Plante herbacée (composée) à capitules jaunes.

**picrocholine** *a f* Se dit d'une lutte à l'enjeu dérisoire mais au déroulement destructeur. PHO [pikʀɔkɔlin] ETY D'un épisode du *Gargantua* de Rabelais, la guerre menée par *Pichrochole*.

**Pictaves** peuple de la Gaule celtique, établi dans le S. de la basse Loire et dont la cap. était *Limonum* ou *Pictavi* (Poitiers). VAR **Pictons**

**Pictes** anc. peuple celte des basses terres de l'Écosse. – Le *mur d'Hadrien* ou *mur des Pictes* fut élevé par les Romains, sous Hadrien (122-127 apr. J.-C.), pour s'opposer aux incursions des Pictes et des Scots.

**Pictet Raoul Pierre** (Genève, 1846 – Paris, 1929), physicien suisse ; pionnier de la liquéfaction des gaz (oxygène et azote en 1877).

**pictocharentais** → **Poitou-Charentes.**

**pictogramme** *nm* **1** LING Représentation graphique figurative ou symbolique des écritures pictographiques. **2** Dessin schématique normalisé, élaboré afin de guider les usagers et figurant dans divers lieux publics, sur des cartes géographiques, etc. ETY Du lat. *pictus*, « peint ». DER **pictographique** *a*

**pictographie** *nf* **1** LING Système d'écriture utilisant des pictogrammes. **2** Utilisation de pictogrammes à des fins de communication. DER **pictographique** *a*

**pictorialisme** *nm* Courant esthétisant qui caractérise l'histoire de la photographie du début du XXe s. (Il s'agissait d'y transposer les canons de la peinture.) DER **pictorialiste** *a, n*

**pictural, ale** *a* Qui a rapport à la peinture. *Art pictural.* PLUR picturaux.

**pic-vert** *nm* Syn. de *pivert*. PLUR pics-verts.

pic-vert

**pidgin** *nm* **1** En Asie, système linguistique composite utilisé comme langue de relation et comportant des éléments empruntés à l'anglais et à une langue autochtone. **2** Système linguistique composite, plus complet que le sabir, servant à la communication entre communautés de langues différentes. PHO [pidʒin] ETY Mot angl., altér. du mot *business* prononcé par les Chinois.

**1 pie** *nf, a inv* **A** *nf* **1** Oiseau noir et blanc ou bleu et blanc (corvidé) à longue queue, au jacassement caractéristique, commun en Europe. **2** fam Personne très bavarde. **B** *a inv* Dont la robe est de deux couleurs, en parlant d'un animal. *Cheval pie. Vaches pie.* **LOC** *Fromage à la pie* : fromage blanc aux fines herbes. ETY Du lat. *pica*.

**pie** commune

**2 pie** *af* **LOC** *Œuvre pie* : œuvre pieuse. ETY Du lat. *pia*, « pieuse ».

**Pie** nom de 12 papes. — **Pie Ier (saint)** (mort à Rome en 155), pape de 140 à 155. — **Pie II** Enea Silvio Piccolomini (Corsignano, aujourd'hui Pienza, 1405 – Ancône, 1464), pape de 1458 à 1464 ; humaniste et poète latin. — **Pie IV** Jean Ange de Médicis (Milan, 1499 –

Rome, 1565), pape de 1559 à 1565 ; il clôtura (1562-1563) le concile de Trente. — **Pie V (saint) Antonio Ghislieri** (Bosco Marengo, 1504 – Rome, 1572), pape de 1566 à 1572 ; il excommunia Élisabeth d'Angleterre (1570) et coalisa les chrétiens contre les Turcs (victoire navale de Lépante, 1571). — **Pie VI Giannangelo Braschi** (Cesena, 1717 – Valence, France, 1799), pape de 1775 à 1799. Il condamna la Constitution civile du clergé (1791) mais reconnut la République française (1796) ; ses États furent envahis par Bonaparte (1797) ; le Directoire l'emprisonna à Valence. — **Pie VII Gregorio Luigi Barnaba Chiaramonti** (Cesena, 1742 – Rome, 1823), pape de 1800 à 1823. Il négocia le Concordat

Pie VII

avec Bonaparte (1801), sacra Napoléon empereur (1804), puis se rebella ; enlevé de Rome et amené à Fontainebleau (1812), il signa sous la contrainte un projet de concordat (1813) qu'il désavoua aussitôt. — **Pie IX Giovanni Maria Mastai Ferretti** (Senigallia, 1792 – Rome, 1878), pape de 1846 à 1878. Il encouragea les patriotes italiens, puis, à partir de 1848, défendit contre eux sa souveraineté temporelle. Cette lutte aboutit, en 1870, à la prise de Rome et à la rupture du pape avec le gouvernement italien. Pie IX condamna le socialisme, le rationalisme et le libéralisme (encyclique *Quanta cura,* 1864). Il proclama le dogme de l'Immaculée Conception (1854) et réunit le concile Vatican I qui définit le dogme de l'infaillibilité pontificale (1870). — **Pie X (saint) Giuseppe Sarto** (Riese, 1835 – Rome, 1914), pape de 1903 à 1914. Il condamna la séparation de l'Église et de l'État (en France), en 1905, « le Sillon » de Marc Sangnier, en 1910, et le modernisme. — **Pie XI Achille Ratti** (Desio, 1857 – Rome, 1939), pape de 1922 à 1939. Il signa avec l'État italien les accords du Latran (1929), qui créèrent l'État du Vatican. Il condamna l'Action française (1926), le nazisme et le communisme, et encouragea l'Action catholique. — **Pie XII Eugenio Pacelli** (Rome, 1876 – Castel Gandolfo, 1958), pape de 1939 à 1958. Durant la Seconde Guerre mondiale, il donna asile à de nombreux persécutés, mais on lui a reproché de n'avoir pas condamné officiellement l'extermination des juifs par les nazis. Il proclama le dogme de l'Assomption en 1950.

Pie IX

saint Pie X

Pie XI

Pie XII

**pièce** *nf* **1** Chacune des parties d'un tout ; élément d'un assemblage, d'un mécanisme. *Remplacer une pièce défectueuse dans un mécanisme.* **2** Morceau de tissu pour réparer un vêtement déchiré. **3** Élément d'un ensemble, d'une collection, formant un tout par lui-même. *Service à thé de douze pièces. Les pièces d'un jeu d'échecs. . Maillot de bain deux-pièces, une pièce.* **4** Quantité déterminée d'une matière formant un tout. *Pièce de drap. Pièce de viande.* **5** Chacune des salles, des chambres que comporte un logement ; chacune des salles d'une habitation, à l'exclusion des cuisines et annexes, salles d'eau, entrées, couloirs. *Un appartement de deux pièces, cuisine, salle de bains.* **6** Morceau de métal plat et généralement circulaire, marqué d'une empreinte caractéristique de sa valeur, servant de monnaie. *Pièce de dix francs.* **7** Document écrit servant à établir une preuve, un droit. *Pièce d'identité.* **8** Ouvrage littéraire ; composition musicale. *Une pièce de vers. Une pièce de Bach.* **9** Ouvrage dramatique. *Une pièce en cinq actes.* **LOC** ***Pièce d'artillerie*** ou ***pièce :*** bouche à feu, canon, obusier, mortier. — ***Pièce d'eau :*** petit étang, bassin, dans un jardin, un parc. — ***Pièce de bétail :*** tête de bétail. — ***Pièce de terre :*** espace continu de terre cultivable. — ***Pièce de vin :*** contenu d'un fût ; ce fût lui-même. — HERALD ***Pièce honorable :*** meuble héraldique simple couvrant au moins le tiers de l'écu. — ***Pièce montée :*** grand gâteau constituant un échafaudage de pâtisserie. — ***Pièces détachées :*** que l'on peut se procurer isolément pour remplacer une pièce usagée d'un mécanisme. — ***Tout d'une pièce :*** d'un seul morceau, d'un seul tenant, d'un caractère entier. — ***Une pièce de musée, de collection :*** un objet de valeur qui pourrait figurer dans un musée. (ETY) Du gaul.

**piécette** *nf* Petite pièce de monnaie.

**Pieck Wilhelm** (Guben, auj. Wilhelm-Pieck-Stadt, Brandebourg, 1876 – Berlin, 1960), homme politique allemand ; cofondateur du parti communiste all. (1918), président de la RDA de 1949 à sa mort.

**pied** *nm* **1** Extrémité du membre inférieur qui, posée sur le sol, supporte le corps en station debout et sert à la marche. *Pied droit, gauche. Marcher pieds nus. Être nu-pieds.* **2** Extrémité inférieure de la jambe ou de la patte de certains animaux. *Pied de cheval.* **3** Chez certains mollusques, organe musculeux qui sert à la locomotion. *Le pied d'un escargot.* **4** Partie inférieure d'un objet par laquelle il repose sur le sol ou sert de support. *Le pied d'une échelle. Verre à pied.* **5** Partie basse d'un relief. *Un petit village au pied des Alpes.* **6** Partie inférieure d'un végétal par laquelle il est en contact avec le sol. *Assis au pied d'un chêne.* **7** Plant de certains végétaux *Pied de salade.* **8** Support qu'on adapte à certains instruments. *Le pied d'un appareil photo.* **9** METROL Ancienne unité de mesure de longueur (324,8 mm), valant 12 pouces. **10** Canada Mesure de longueur anglo-saxonne valant 12 pouces (304,8 mm). **11** VERSIF Ensemble de syllabes constituant une unité rythmique. **LOC** ***À pied :*** en marchant, sans l'aide d'un véhicule. — ***À pied d'œuvre :*** prêt à l'action. — ***À pied sec :*** sans se mouiller les pieds. — ***Au petit pied :*** en petit, en raccourci. — ***Au pied de la lettre :*** littéralement. — ***Au pied levé :*** sans préparation. — ***Aux pieds de qqn :*** par terre, juste devant ses pieds. — ***Avoir bon pied, bon œil :*** avoir toute sa santé, toute sa vigueur, toute sa lucidité. — ***Avoir pied :*** pouvoir toucher le fond en gardant la tête hors de l'eau. — fam ***C'est le pied ! :*** c'est très agréable. — ***De pied ferme :*** avec l'intention de ne pas céder, résolument, énergiquement. — fam ***Être aux pieds de qqn :*** lui être complètement soumis. — fam ***Être bête comme ses pieds :*** très bête. — ***Faire des pieds et des mains :*** se démener, essayer tous les moyens possibles. — ***Faire du pied à qqn :*** lui toucher le pied avec le sien pour l'avertir, lui signifier un désir amoureux. — fam ***Jouer comme un pied :*** très mal. — ***Le pied du lit :*** la partie du lit où reposent les pieds par oppos. à la *tête,* au *chevet.* — ***Lever le pied :*** partir, s'enfuir ; ralentir, en parlant d'un automobiliste. — ***Mettre à pied :*** renvoyer. — ***Mettre le pied dehors :*** sortir. — fam ***Mettre les pieds quelque part :*** y aller. — ***Mettre pied à terre :*** descendre de cheval, de voiture, de bateau, etc. — ***Mettre qqch sur pied :*** l'établir, le constituer, l'organiser. — ***Mettre qqn au pied du mur :*** le forcer à prendre parti, à agir immédiatement. — fam ***Partir les pieds devant :*** mort. — ***Perdre pied :*** n'avoir plus pied ; fig se troubler, ou ne plus pouvoir se sortir d'une situation fâcheuse. — ***Pied à coulisse :*** instrument pour mesurer les épaisseurs et les diamètres, constitué de deux becs à écartement variable et d'un vernier. — ***Pied à pied :*** pas à pas. — fam ***Pied au plancher :*** à toute vitesse. — ***Pieds et poings liés :*** réduit à l'impuissance. — fam ***Pied tendre :*** homme falot, peu viril. — ***Portrait en pied :*** où le sujet est représenté entièrement et debout. — ***Prendre pied :*** s'établir solidement. — fam ***Prendre son pied :*** éprouver du plaisir, spécial. du plaisir sexuel. — ***Récolte sur pied :*** non coupée, non cueillie. — ***Se lever du pied gauche :*** être de très mauvaise humeur. — ***Sur le pied de guerre :*** se dit d'une armée préparée, prête à faire la guerre. — ***Sur pied :*** debout. — ***Sur un pied d'égalité :*** d'égal à égal. — ***Vivre sur un grand pied :*** en faisant beaucoup de dépenses. (ETY) Du lat.

**pied-à-terre** *nm inv* Logement que l'on n'occupe qu'occasionnellement.

**pied-bleu** *nm* Champignon violet, à chair appréciée, appelé aussi tricholome nu. PLUR pieds-bleus.

**pied-bot** *nm* Personne qui a un pied bot. PLUR pieds-bots.

**Pied-Bot (le)** tableau de Ribera (1642, Louvre).

**pied-d'alouette** *nm* Delphinium. PLUR pieds-d'alouette.

**pied-de-biche** *nm* **1** Outil formé d'une barre de fer recourbée et fendue à une extrémité, qui sert de levier et à arracher les clous. **2** Pièce coudée plate et fendue d'une machine à coudre, qui maintient l'étoffe sur la tablette et entre les deux branches de laquelle passe l'aiguille. **3** Poignée de sonnette en forme de pied de biche. **4** Pied de meuble galbé, caractéristique du style Louis XV, en forme de sabot. PLUR pieds-de-biche.

**pied-de-cheval** *nm* Vieille huître plate, de grande taille. PLUR pieds-de-cheval.

**pied-de-loup** *nm* BOT Lycopode. PLUR pieds-de-loup.

**pied-de-mouton** *nm* BOT Hydne. PLUR pieds-de-mouton.

**pied-de-nez** *nm* **1** Geste de dérision fait la main grande ouverte et le pouce sur le nez. **2** fig, fam Provocation, défi. *Un pied-de-nez à l'autorité.* PLUR pieds-de-nez. (VAR) **pied de nez**

**pied-de-poule** *nm, a inv* Se dit d'un tissu dont les motifs croisés rappellent les empreintes des pattes de poule. PLUR pieds-de-poule.

**pied-de-roi** *nm* Canada Règle pliante graduée (pouces, lignes), mesurant deux ou trois pieds. PLUR pieds-de-roi.

**pied-de-veau** *nm* Nom usuel de l'*arum.* PLUR pieds-de-veau.

**pied-droit** *nm* CONSTR **1** Mur ou pilier qui soutient une arcade. **2** Jambage d'une porte, d'une fenêtre. PLUR pieds-droits. (VAR) **piédroit**

**piédestal** *nm* Support élevé formant le socle d'une colonne, d'une statue, d'un vase, etc. PLUR piédestaux. **LOC** ***Mettre qqn sur un piédestal :*** lui vouer une grande admiration. — ***Tomber de son piédestal :*** perdre son prestige. (ETY) De l'ital.

**pied-fort** *nm* Pièce de monnaie épaisse frappée comme modèle. PLUR pieds-forts.

**piedmont** → **piémont.**

**pied-noir** *a, n* fam Se dit des Français installés en Algérie avant l'indépendance de ce pays (1962). *L'accent pied-noir.* PLUR pieds-noirs.

**piédouche** *nm* Petit support mouluré formant la base d'un buste sculpté ou d'un balustre. ETY De l'ital.

**pied-plat** *nm* Individu médiocre, sans valeur. PLUR pieds-plats.

**piédroit** → **pied-droit.**

**pieds-paquets** *nm pl* CUIS **rég** Syn. de *tripoux.* VAR **pieds-et-paquets**

**piège** *nm* **1** Engin qui sert à prendre des animaux. *Piège à rats.* **2** Artifice utilisé pour tromper qqn, ou pour le mettre dans une situation défavorable ou dangereuse. *Tomber dans le piège.* **3** Difficulté ou danger cachés. *Les pièges d'une traduction.* **LOC** ELECTRON ***Piège à ions*** : dispositif magnétique utilisé dans certains tubes cathodiques et destiné à empêcher les ions négatifs d'aller heurter l'écran. ETY Du lat.

**piéger** *vt* ⑮ **1** Chasser à l'aide de pièges. **2** Mettre dans une situation difficile et sans issue. **3** MILIT Munir une mine, une grenade d'un dispositif qui provoque son explosion si on la bouge ou la manipule. **4** Installer un engin explosif dans un lieu, dans un véhicule. **5** PHYS Parvenir à fixer, à canaliser un phénomène. *Piéger un rayonnement radioactif.* DER **piégeage** *nm*

**piégeur, euse** *n* Chasseur qui pose des pièges.

**piégeux, euse** *a* **fam** Plein de pièges, dangereux. *Une piste piégeuse.*

**pie-grièche** *nf* Oiseau passériforme dont la mandibule se termine par une dent cornée. PLUR pies-grièches. ETY De l'a. fr. *griois*, « grec ».

**pie-mère** *nf* ANAT La plus interne des méninges, en contact avec la masse cérébrospinale. PLUR pies-mères.

**piémont** *nm* GEOGR Plaine alluviale formant glacis au pied d'une chaîne de montagnes. VAR **piedmont**

**Piémont** (en italien *Piemonte*), région d'Italie et de l'UE, frontalière de la France et de la Suisse, au N.-O. de la péninsule, formée des prov. d'Alexandrie, d'Asti, de Cuneo, de Novare, de Turin et de Verceil ; 25 399 km$^2$ ; 4 389 430 hab. ; cap. *Turin.* – À l'O. et au N., l'arc alpin porte de hauts sommets (mont Rose, 4 633 m ; mont Cervin, 4 478 m) et domine une région de plaines et de collines drainée par le Pô et ses affluents. DER **piémontais, aise** *a, n*

**Géographie** Grâce à l'irrigation, les cultures ont un haut rendement : blé, riz, maïs, vigne (Asti). Les vallées alpestres vivent de l'élevage et du tourisme d'hiver. L'hydroélectricité a permis l'essor industriel. Le grand centre écon. est Turin (constr. automobiles).

**Histoire** Le Piémont appartint à la maison de Savoie à partir du XI$^e$ s. et lui fut définitivement attribué en 1418. Comme le duc de Savoie devint roi de Sardaigne en 1718, on parla de royaume de *Piémont-Sardaigne.* C'est autour de ce royaume que l'unité italienne se fit au XIX$^e$ s. et le duc de Savoie fut proclamé roi d'Italie en 1861 à Turin.

**Pierce Franklin** (Hillsboro, New Hampshire, 1804 – Concord, 1869), homme politique américain. Président des É.-U. (1853-1857), il freina l'ardeur des abolitionnistes.

**piercé, ée** *a, n* Qui a subi un piercing, marqué par un piercing. *Une jeune femme au nez piercé.* PHO [piʀse]

**pierceur, euse** *n* Personne qui pratique des piercings. PHO [piʀsœʀ, øz]

**piercing** *nm* **1** Pratique consistant à se transpercer certaines parties du corps au moyen d'aiguilles ou d'anneaux. **2** Anneau, bijou servant à cette pratique. PHO [piʀsiŋ] ETY Mot angl.

**piéride** *nf* Papillon aux ailes blanches, dont les chenilles se nourrissent de feuilles de chou, de navet, etc. ETY De *Piérides*, n. des Muses.

**Piérides** nom donné aux Muses, dont le culte naquit en *Piérie* (Macédoine).

**piéris** *nm* Arbuste ornemental (éricacée) à fleurs blanches disposées en grappes terminales. PHO [pjeʀis]

**Pierné Gabriel** (Metz, 1863 – Ploujean, Finistère, 1937), compositeur, chef d'orchestre et organiste français : *la Coupe enchantée* (opéra-comique, 1895), mélodies pour piano, etc.

**Piero della Francesca** (Borgo San Sepolcro, entre 1415 et 1420 – id., 1492), peintre italien. Disciple de Masaccio, il allia le génie du trait à la pureté de la perspective et des couleurs : *la Légende de la Croix* (Arezzo, 1452-1459), *la Flagellation du Christ* (Urbino, v. 1455). Son œuvre tomba dans l'oubli du XVI$^e$ s. au XX$^e$ s.

**Piero di Cosimo** Piero di Lorenzo di Chimenti, dit (Florence, v. 1462 – id., 1521), peintre italien. Son traitement de sujets étranges enthousiasma les surréalistes.

**Piéron Henri** (Paris, 1881 – id., 1964), psychologue français : *Psychologie expérimentale* (1928).

**pierraille** *nf* Amas de petites pierres.

**pierre** *nf* **1** Matière minérale solide et dure, qu'on trouve en abondance sur la Terre sous forme de masses compactes. *Bloc de pierre.* **2** Morceau, fragment de cette matière façonné ou non. *Chemin plein de pierres. Lancer des pierres.* **3** Monument, stèle, constitués d'une pierre. *Pierre tombale.* **4** Morceau d'une variété de cette matière, qui sert à un usage déterminé. *Construire une maison en pierres. Pierre à aiguiser.* **5** Minéral auquel sa rareté, son éclat, confèrent une grande valeur. *Pierre brute. Le diamant, le rubis, le saphir, et l'émeraude sont les quatre pierres précieuses.* **6** Jeton, noir ou blanc, servant à jouer au go. **7** MED **vx** Calcul vésical. **8** Petite concrétion ligneuse se formant dans certains fruits. *Une poire pleine de pierres.* **9** Composé artificiel ressemblant à de la pierre. **LOC** ***Âge de pierre*** : période préhistorique caractérisée par la fabrication d'outils en pierre taillée (le paléolithique) puis polie (le néolithique). — ***Construction en pierres sèches*** : en pierres posées directement les unes sur les autres, sans mortier. — ***Faire d'une pierre deux coups*** : obtenir deux résultats par un même acte. — ***Jeter la pierre à qqn*** : le blâmer, l'accuser. — ***Pierre à chaux*** : calcaire pur. — ***Pierre à ciment*** : marne. — ***Pierre à feu, à fusil*** : silex qui sert à produire des étincelles. — ***Pierre à plâtre*** : gypse. — ***Pierre de lune*** : nom usuel de l'*adulaire.* — ***Pierre de taille*** : qu'on peut tailler et qu'on utilise pour bâtir. — ***Pierre fine*** : gemme ou autre pierre à l'exception des pierres précieuses utilisée en joaillerie ou à la confection de petits objets, telle que topaze, améthyste, etc. — ***Pierre levée*** : menhir, mégalithe. — ***Pierre de touche*** : moyen d'éprouver qqn. — ***Une pierre dans le jardin de qqn*** : allusion, remarque agressive. ETY Du gr.

**Pierre** v. des États-Unis, cap. de l'État du Dakota du Sud ; 12 900 hab.

**Piero della Francesca** *la Vierge de la miséricorde*, détail – Musée civique, Borgo San Sepolcro, Italie

**saints**

**Pierre (saint)** (Bethsaïde, près de Capharnaüm, Galilée, ? – Rome, v. 64 apr. J.-C.), l'un des douze apôtres ; le chef du collège apostolique, premier évêque de Rome et donc le premier pape. C'était un pêcheur de Capharnaüm dont Jésus changea le nom de Simon en celui

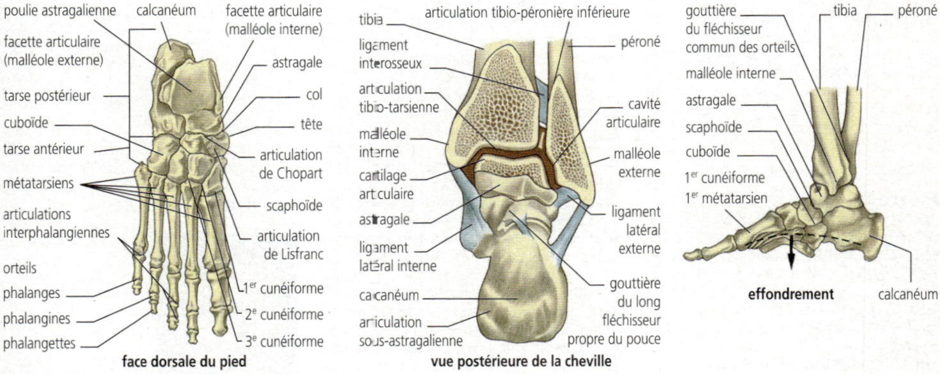


**pied** et cheville

de Pierre (« Tu es Pierre et sur cette pierre je bâtirai mon Église »). Il fut le porte-parole des douze apôtres auprès du Maître, qu'il renia par trois fois peu avant la Crucifixion, mais une triple protestation d'amour répara ce triple reniement. Il œuvra à la conversion des Juifs, visitant les communautés de Galilée, de Judée et de Samarie. Il aurait prêché en Asie Mineure avant d'aller à Rome, où il est mort martyr, peut-être en 64, au temps de Néron.

**Pierre Canisius (saint)** (Nimègue, 1521 – Fribourg, Suisse, 1597), jésuite hollandais ; artisan de la Contre-Réforme en Allemagne. Docteur de l'Église (1925).

**Pierre Célestin** → **Célestin V.**

**Pierre Chrysologue (saint)** (Imola, 406 – id., v. 450), archevêque de Ravenne (433) ; auteur de *Sermons* et de *Discours* en latin. Docteur de l'Église (1729).

**Pierre d'Alcántara (saint) Pedro Garavito** (Alcántara, 1499 – Las Arenas, 1562), mystique espagnol ; fondateur d'une branche des franciscains de stricte observance de la règle de saint François (les « alcantarins »).

**Pierre Damien (saint)** (Ravenne, 1007 – Faenza, 1072), évêque italien ; auteur de biographies de saints, de poèmes, de traités polémiques, etc. Avec le futur Grégoire VII, il réforma le clergé. Docteur de l'Église (1828).

**Pierre Fourier (saint)** (Mirecourt, 1565 – Gray, 1640), prêtre français ; fondateur d'une congrégation œuvrant pour l'éducation des jeunes filles pauvres.

**Pierre Nolasque (saint)** (en Languedoc, v. 1182 ou 1189 – Barcelone, v. 1256), religieux du Languedoc. Il prit part à la croisade contre les albigeois et fonda l'ordre de la Merci pour le rachat des chrétiens captifs des musulmans.

### Empire latin d'Orient

**Pierre II de Courtenay** (v. 1167 – 1217), empereur latin de Constantinople (1217) par son mariage avec Yolande de Flandre, sœur de Baudouin I^er^. Il fut capturé par Théodore Ange.

### Aragon

**Pierre I^er^** (?, vers 1074 – Huesca, 1104), roi d'Aragon et de Navarre (1094-1104) ; fils de Sanche I^er^ Ramirez. Il combattit les Arabes et soutint le Cid à Valence. — **Pierre II** (?, vers 1174 – Muret, 1213), roi d'Aragon (1196-1213) ; il combattit à Las Navas de Tolosa (1212). Allié du comte de Toulouse, il périt à la bataille de Muret. — **Pierre III le Grand** (?, vers 1239 – Villafranca del Penedés, Catalogne, 1285), petit-fils du préc., roi d'Aragon (1276-1285) et de Sicile. En 1282, il provoqua les Vêpres siciliennes et se fit couronner roi de Sicile. Excommunié, il repoussa Philippe III le Hardi, venu aider la maison d'Anjou. — **Pierre IV le Cérémonieux** (Balaguer, 1319 – Barcelone, 1387), arrière-petit-fils du préc., roi d'Aragon (1336-1387). Il prit Majorque et le Roussillon (1344) et occupa une partie de la Sardaigne (1354).

### Brésil

**Pierre I^er^** (Queluz, 1798 – id., 1834), empereur du Brésil (1822-1831) ; fils de Jean VI, roi de Portugal, qui s'était exilé avec sa famille au Brésil (1808). Régent quand son père regagna Lisbonne (1821), il proclama l'indépendance du pays (1822) et devint empereur. Il abdiqua (1831) en faveur de son fils, Pierre II. Roi de Portugal en 1826 (sous le nom de Pierre IV) à la mort de son père, il laissa la couronne à sa fille, Marie II. (VAR) **Pedro I^er^** — **Pierre II** (Rio de Janeiro, 1825 – Paris, 1891), fils du préc., empereur du Brésil (1831-1889). Majeur en 1840, il s'allia à l'Uruguay et au Paraguay contre le dictateur argentin Rosas, puis à l'Argentine et à l'Uruguay contre le dictateur paraguayen López. Ayant aboli l'esclavage (1888), il fut renversé par un coup d'État militaire. La république fut proclamée. (VAR) **Pedro II**

### Bretagne

**Pierre I^er^ de Dreux** dit **Mauclerc** (m. en 1250), duc de Bretagne (1213-1237). Tuteur de Jean I^er^ le Roux, il exerça le pouvoir, s'opposant notam. à Blanche de Castille. Quand Jean I^er^ le Roux devint majeur, il suivit Saint Louis en Égypte.

### Bulgarie

**Pierre I^er^** (mort en 969), tsar de Bulgarie (927-969), fils de Siméon I^er^. La décadence commença sous son règne. — **Pierre II Asen** (mort en 1197), roi de Bulgarie (1196-1197) ; frère et successeur de Jean I^er^, il consolida l'État mais fut assassiné.

### Castille

**Pierre le Cruel** (Burgos, 1334 – Montiel, 1369), roi de Castille et de Léon (1350-1369). Son frère naturel Henri de Trastamare le tua après la victoire de Montiel.

### Monténégro

**Pierre I^er^ Petrović Njegoš** (Njegoš, aujourd'hui Njeguši, vers 1747 – Cetinje, 1830), prince-évêque de Monténégro (1782-1830). Il fit publier un code de droit coutumier (1798). — **Pierre II Petrović Njegoš** (Njegoš, 1813 – Cetinje, 1851), neveu et successeur du préc. Il modernisa l'État et développa l'instruction. Poète de langue serbe, il chanta dans *les Lauriers de la montagne* la lutte contre les Turcs au XVIII^e^ siècle.

### Portugal

**Pierre I^er^ le Justicier** (Coimbra, 1320 – Estremoz, 1367), roi de Portugal (1357-1367), fils d'Alphonse IV. Il épousa secrètement Inès de Castro dite « la Reine morte », car Alphonse IV la fit assassiner (1355). Roi, il lutta contre les abus du clergé. — **Pierre II** (Lisbonne, 1648 – id., 1706), roi de Portugal (1683-1706), régent de son frère Alphonse de 1668 à 1683. Il fit reconnaître par l'Espagne l'indépendance du Portugal (1668). En 1703, il plaça le pays sous la dépendance écon. de l'Angleterre. — **Pierre III** (Lisbonne, 1717 – id., 1786), roi de Portugal (1777-1786) avec sa nièce Marie I^re^, qu'il avait épousée en 1760. — **Pierre IV** V. Pierre 1^er^ du Brésil. — **Pierre V** (Lisbonne, 1837 – id., 1861), roi de Portugal (1853-1861) ; fils de Marie II.

### Russie

**Pierre I^er^ Alexeïevitch** dit **Pierre le Grand** (Moscou, 1672 – Saint-Pétersbourg, 1725), tsar de Russie (1682-1725) ; fils du tsar Alexis. Il fit de la Russie une puissance européenne. Proclamé tsar en 1682 avec son demi-frère Ivan V, il enferma sa demi-sœur Sophie (régente) dans un couvent en 1689. En 1696, Ivan mourut, il détint seul le pouvoir et prit aux Turcs la forteresse d'Azov (qu'il perdra en 1711) ; en 1698, il noya dans le sang la révolte de la garde des tsars. Il vainquit le roi de Suède Charles XII en 1709 à Poltava et occupa le S. de la Finlande actuelle, l'Estonie et la Livonie. Il put alors installer sa cap., en 1712, à Saint-Pétersbourg, qu'il avait fondée sur la Baltique en 1703. S'inspirant des grandes monarchies occidentales, auxquelles il rendit visite en 1697-1698 et en 1717, Pierre réforma l'administration, l'armée et l'économie. Par la création du Saint-Synode (1721), il contrôla l'Église russe. Ses réformes, appliquées avec une autorité despotique (il fit tuer son fils Alexis qui s'opposait à lui), soulevèrent l'hostilité de ses contemporains, mais lui survécurent en grande partie. Catherine I^re^, sa seconde épouse, lui succéda. — **Pierre II Alexeïevitch** (Saint-Pétersbourg, 1715 – id., 1730), tsar de Russie (1727-1730) ; petit-fils du préc., successeur de Catherine I^re^. — **Pierre III Fédorovitch** (Kiel, 1728 – chât. de Ropcha, près de Peterhof, 1762), tsar de Russie (janv.-juil. 1762), petit-fils de Pierre le Grand par sa mère ; débile, il fut assassiné sur l'ordre de son épouse, qui devint Catherine II.

### Serbie et Yougoslavie

**Pierre I^er^ Karadjordjević** (Belgrade, 1844 – id., 1921), roi de Serbie (1903-1918), puis des Serbes, des Croates et des Slovènes (1918-1921). Il combattit l'emprise autrichienne. — **Pierre II** (Belgrade, 1923 – Los Angeles, 1970), petit-fils du préc. Il renversa en mars 1941 le régent Paul, germanophile, et quitta le pays envahi par les All. En 1945, Tito proclama la république.

≪≪≫≫

**Pierre Henri Grouès,** dit **l'abbé** (Lyon, 1912 – Paris, 2007), prêtre français. En 1949, il fonda un mouvement d'entraide, *Emmaüs*, constitué en communauté et devenu international.

l'abbé Pierre

**Pierre-Bénite** com. du Rhône (arr. de Lyon), sur le Rhône ; 9 963 hab. Industries ; raffinage de l'uranium. Centrales hydroélectriques. (DER) **pierre-bénitain, aine** *a, n*

**Pierre de Chelles** (XIV^e^ s.), maître d'œuvre français ; auteur présumé de plus. chapelles et de l'abside de N.-D. de Paris.

**Pierre de Cortone Pietro Berrettini** dit **Pietro da Cortona,** en fr. (Cortona, 1596 – Rome, 1669), peintre et architecte italien. Il embellit Rome de plus. églises baroques.

**Pierre de Montreuil** (Montreuil, v. 1200 – Paris, 1267), maître d'œuvre français. Il travailla à la basilique de Saint-Denis et à N.-D. de Paris (façade S. du transept) ; on lui attribue l'édification de la Sainte-Chapelle.

**Pierre et Jean** roman de Maupassant (1888). ▷ CINE Films de : André Cayatte (1943) ; Luis Buñuel (1951, Mexique).

**Pierre et le Loup** conte musical pour enfants de Prokofiev (1936).

**Pierrefitte-sur-Seine** ch.-l. de cant. de la Seine-Saint-Denis ; 27 662 hab.. (DER) **pierrefittois, oise** *a, n*

**Pierrefonds** com. de l'Oise (arr. de Compiègne), à la lisière de la forêt de Compiègne ; 1 663 hab. – Chât. féodal du XI^e^ s., reconstruit au XIV^e^ s., démantelé par Richelieu et reconstitué par Viollet-le-Duc pour Napoléon III. (DER) **pétrifontain, aine** *a, n*

**Pierrelatte** ch.-l. de cant. de la Drôme (arr. de Nyons), près du Rhône ; 11 918 hab. Canal d'irrigation dérivé du Rhône. Import. usines opérant la séparation isotopique de l'uranium. (DER) **pierrelattin, ine** *a, n*

le tsar de Russie **Pierre I^er^**

**Pierre l'Ermite** (Amiens, v. 1050 – Neufmoustier, près de Huy, 1115), religieux français ; prédicateur de la Ire croisade.

**Pierre le Vénérable** (Montboissier, Auvergne, v. 1092 – Cluny, 1156), abbé de Cluny (1122-1156). Il rétablit la discipline clunisienne. Il fit traduire le Coran, pour que les théologiens le réfutent.

**pierrée** *nf* TECH Conduit en pierres sèches, pour l'écoulement des eaux.

**pierreries** *nfpl* Pierres précieuses et pierres fines. *Diadème serti de pierreries.*

**Pierre-Saint-Martin (gouffre de la)** gouffre des Pyrénées-Atlantiques : – 1 332 m.

**pierreux, euse** *a* **1** Plein de pierres. *Chemin pierreux.* **2** De la nature de la pierre. *Concrétion pierreuse.*

**pierrier** *nm* **1** GEOGR Versant recouvert d'éboulis. **2** anc Machine de guerre, bouche à feu lançant des pierres.

**pierrot** *nm* **1** Homme déguisé en Pierrot. **2** fam Moineau.

**Pierrot** personnage de la commedia dell'arte (*Pedrolino*, apparu v. 1547), transformé en 1673 sur les tréteaux parisiens par l'acteur ital. Giuseppe Giratone, puis par Deburau père et fils.

**Pierrot le Fou** film de Godard (1965), avec J.-P. Belmondo et Anna Karina (née en 1940).

**Pierrot lunaire** composition atonale de Schönberg (1912), d'ap. 21 poèmes du Belge francophone Albert Giraud (1860 – 1929) traduits en all. par Otto Hartleben.

**pieta** *nf, a* Statue ou tableau représentant la Vierge assise portant sur ses genoux le corps du Christ détaché de la croix. [PHO] [pjeta] [ETY] Mot ital., « pitié ». [VAR] **pietà** *nf inv*

**Pietà** dite de Villeneuve-lès-Avignon, tableau (Louvre) qui se trouvait dans la chartreuse de Villeneuve-lès-Avignon. On l'attribue auj. à E. Quarton (milieu du XVe s.).

**Pietà (la)** statue en marbre de Michel-Ange (Saint-Pierre de Rome, 1497-1499).

**piétaille** *nf* **1** vx Infanterie. **2** péjor Ensemble des gens de petite condition, de fonction subalterne. **3** plaisant Ensemble des piétons.

**piété** *nf* **1** Sentiment de dévotion et de respect pour Dieu, pour les choses de la religion. **2** litt Sentiment d'affection et de respect. *Piété filiale.*

**piètement** *nm* Ensemble des pieds d'un meuble et des traverses qui les relient.

**piéter** *vi* [14] CHASSE Courir au lieu de s'envoler, en parlant d'un gibier à plumes. [ETY] Du lat. *peditare,* « aller à pied ».

**Pietermaritzburg** v. d'Afrique du Sud ; cap. du Kwazulu-Natal ; 192 420 hab. Industries.

**piétin** *nm* **1** MED VET Maladie bactérienne du pied du mouton caractérisée par une nécrose sous-ongulée. **2** Maladie cryptogamique des céréales causée par des champignons microscopiques.

**piétiner** *v* [1] **A** *vi* **1** Remuer, frapper des pieds sur place. *Piétiner d'impatience.* **2** Remuer des pieds sans avancer ou en avançant très peu. *File d'attente qui piétine.* **3** fig Ne pas progresser. *Les tractations piétinent.* **B** *vt* **1** Fouler aux pieds. *Piétiner la pelouse.* **2** fig Mépriser, bafouer. *Son honneur a été piétiné.* [DER] **piétinement** *nm*

**piétisme** *nm* RELIG Doctrine d'un mouvement religieux luthérien du XVIIe s. préconisant le renouveau de la piété personnelle contre le dogmatisme orthodoxe. [DER] **piétiste** *n, a*

**piéton, onne** *n, a* **A** *n* Personne qui va à pied. **B** *a* Piétonnier.

**Piéton de Paris (le)** prose poétique de L.-P. Fargue (1939).

**piétonnier, ère** *a* Des piétons, réservé aux piétons. *Passerelle piétonnière.* SYN piéton.

**piétonniser** *vt* [1] Transformer un secteur urbain en voie piétonnière. [DER] **piétonnisation** *nf*

**piétrain** *nm* Porc à robe blanche tachetée de noir. [ETY] D un nom de lieu.

**piètre** *a* vieilli, litt Médiocre, sans valeur. *Un piètre comédien.* [ETY] Du lat. *pedester,* « qui va à pied ». [DER] **piètrement** *av*

**Pietro da Cortona** → **Pierre de Cortone**

**1 pieu** *nm* **1** Pièce de bois pointue à un bout, destinée à être enfoncée en terre. *Les pieux d'une clôture.* **2** CONSTR Élément long en bois, métal ou béton, que l'on enfonce dans le sol pour servir de fondement à un ouvrage. [ETY] Du lat.

**2 pieu** *nm* fam Lit. [ETY] Mot picard, « peau ».

**pieusement** → **pieux.**

**pieuter (se)** *vpr* [1] fam Se mettre au lit.

**pieuvre** *nf* **1** Mollusque céphalopode qui possède huit tentacules munis de ventouses, disposés en couronne autour de l'orifice buccal, commun sur les côtes rocheuses. SYN poulpe. **2** fig Personne avide, qui ne lâche pas ce dont elle s'est emparée. [ETY] Du gr. *polupous,* « qui a plusieurs pieds ».

**pieux, pieuse** *a* **1** Qui a, qui dénote de la piété. *Homme pieux. Acte pieux.* **2** litt Animé ou inspiré par une affection respectueuse. *Fils pieux. Devoirs pieux.* [ETY] Du lat. [DER] **pieusement** *av*

**Pie voleuse (la)** opéra en 2 actes de Rossini (1817) sur un livret de Giovanni Gherardini (1778 – 1861).

**Pieyre de Mandiargues** André (Paris, 1909 – id., 1991), écrivain français : *le Musée noir* (1946), *la Motocyclette* (1963), *la Marge* (1967), *le Deuil des roses* (1983).

**pièze** *nf* PHYS Unité de pression correspondant à la pression exercée sur un mètre carré par une force de 1 000 newtons. SYMB pz.

**piézo-** Élément, du gr. *piezein,* « presser ».

**piézoélectricité** *nf* PHYS Apparition de charges électriques à la surface de certains cristaux lorsqu'ils sont soumis à des contraintes mécaniques. [DER] **piézoélectrique** *a*

**piézographe** *nm* PHYS Appareil servant à la mesure des faibles pressions.

**piézomètre** *nm* PHYS Instrument qui sert à mesurer la compressibilité des liquides.

**piézométrie** *nf* PHYS Étude de la compressibilité des liquides. [DER] **piézométrique** *a*

**1 pif** *nm* fam Nez. LOC *Au pif* : au pifomètre.

**2 pif !** *interj* Exprime un bruit sec, une détonation, etc. *Pif ! Paf ! La porte claque.*

**pifer** *vt* [1] LOC fam *Ne pas pouvoir pifer qqn, qqch* : ne pas pouvoir le supporter. [VAR] **piffer**

**pifomètre** *nm* fam Flair. LOC *Au pifomètre* : à vue de nez, approximativement. [DER] **pifométrique** *a*

**Pigalle** Jean-Baptiste (Paris, 1714 – id., 1785), sculpteur français : *l'Enfant à la cage* (1750), tombeau du maréchal de Saxe (1777).

**1 pige** *nf* **1** Longueur arbitraire prise comme mesure ; tige graduée servant à mesurer une hauteur, un niveau. **2** fam Année d'âge. *Il a vingt piges.* **3** Article écrit par un journaliste dans un temps donné, et qui sert de base à sa rémunération ; mode de rémunération d'un journaliste payé à la tâche. *Travailler à la pige.*

**2 pige** *nf* LOC fam *Faire la pige à qqn* : faire mieux que lui, le dépasser.

**pigeon** *nm* **1** Oiseau columbiforme, au plumage épais, au bec pourvu d'une cire. **2** fam Personne qui se laisse facilement duper. **3** TECH Poignée de plâtre gâché pour dresser une cloison, etc. LOC *Pigeon d'argile* : disque d'argile cuite qui sert de cible mobile, dans le tir à la fosse ou *tir au pigeon.* — *Pigeon vole* : jeu d'enfants qui consiste à lever la main lorsque ce qui est nommé est effectivement capable de voler. — *Pigeon voyageur* : chez lequel la faculté d'orientation est particulièrement développée, et utilisé autref. pour porter des messages. [ETY] Du lat.

**pigeon** ramier

**pigeonnant, ante** *a* fam Se dit d'une poitrine de femme haute et rebondie ; se dit d'un soutien-gorge qui maintient une telle poitrine.

**pigeonne** *nf* Femelle du pigeon.

**pigeonneau** *nm* Jeune pigeon.

**pigeonner** *vt* [1] **1** fam Duper. **2** CONSTR Exécuter avec des pigeons du plâtre gâché. [DER] **pigeonnage** *nm*

**pigeonnier** *nm* **1** Petite construction destinée à abriter des pigeons domestiques. SYN colombier. **2** fam Logement exigu et élevé.

**piger** *vt* [13] **A** **1** fam Comprendre. *Tu piges la combine ?* **2** Canada Prendre au hasard, tirer au sort. *Piger une carte.* **B** *vi* fam Travailler comme pigiste. [ETY] Du lat. *pedica,* « piège ».

**pigiste** *n* Journaliste payé à la pige.

**pigment** *nm* **1** BIOL, BOT Substance colorante produite par les êtres vivants. **2** TECH Matière d'origine minérale, organique ou métallique, généralement réduite en poudre et que l'on utilise comme colorant. [PHO] [pigmɑ̃] [ETY] Du lat. [DER] **pigmentaire** *a*

**pigmentation** *nf* **1** BIOL Formation et accumulation, normale ou pathologique, de pigment dans certains tissus. **2** TECH Coloration par un ou des pigments.

**pigmenter** *vt* [1] Colorer par un pigment.

**pigne** *nf* rég Pomme de pin.

**Pignerol** v. d'Italie (prov. de Turin) ; 35 860 hab. – Import. place forte, française de 1536 à 1574, de 1631 à 1696 et de 1801 à 1814.

**pignocher** *vi* [1] fam, vieilli Manger sans appétit, par petits morceaux.

**1 pignon** *nm* Partie supérieure triangulaire d'un mur, sur laquelle portent les pannes d'un toit à deux pentes. LOC *Avoir pignon sur rue* : être dans une situation notoirement établie, aisée. [ETY] Du lat. *pinna,* « créneau ».

**2 pignon** *nm* Roue dentée ; la plus petite des deux roues d'un engrenage. [ETY] De *peigne.*

**3 pignon** *nm* **1** Pin parasol ; graine comestible du pignon. **2** ZOOL Donax. [ETY] Du provenç.

**Pignon** Édouard (Bully-les-Mines, 1905 – La Couture-Boussey, Eure, 1993), peintre français d'inspiration expressionniste.

**Pignon-Ernest** Ernest Pignon, dit (Nice, 1942), peintre français de tendance lyrique.

**pignoratif, ive** *a* LOC DR *Contrat pignoratif :* par lequel un débiteur vend, sous faculté de rachat, un bien à son créancier, qui le lui laisse en location. ETY Du lat. *pignus,* « gage ».

**pignouf** *nm* fam Individu sans éducation. ETY De l'a. fr. *pigner,* « geindre ».

**Pigou** Arthur Cecil (île de Wight, 1877 – Cambridge, 1957), économiste anglais : *l'Économie du bien-être* (1920).

**pilaf** *nm* Plat épicé composé de riz mêlé de viande, de poisson, de coquillages, etc. LOC *Riz pilaf :* revenu dans une matière grasse avec de l'oignon haché, puis cuit dans un minimum d'eau bouillante. ETY Mot turc.

**pilaire** *a* Qui a rapport aux poils. ETY Du lat.

**pilarisation** *nf* POLIT Belgique Organisation de la société belge autour des piliers que sont les sensibilités socialiste, libérale et religieuse.

**pilastre** *nm* **1** Pilier adossé à un mur ou engagé dans celui-ci. **2** Montant à jour placé dans la travée d'une grille, d'un balcon pour la renforcer. ETY De l'ital.

**Pilat (mont)** montagne du Massif central (1 434 m au *Crêt de la Perdrix*), dans le Vivarais.

**Pilat-Plage** stat. balnéaire sur le bassin d'Arcachon (com. de la Teste-de-Busch, Gironde). La *dune du Pilat* atteint 105 m.

**Pilate (mont)** massif de Suisse (2 132 m), en bordure du lac des Quatre-Cantons.

**Pilate** Ponce (en lat. *Pontius Pilatus*) (Ier s.), procurateur romain de Judée (26-36). Peu favorable aux Juifs qui réclamaient la mort de Jésus, mais craignant d'être disgracié par l'empereur, il le leur livra et déclara, en se lavant les mains : « Je suis innocent du sang de ce juste » (d'où l'expression *s'en laver les mains*).

**pilates** *nm* Méthode de gymnastique empruntant au yoga et à l'aérobic doux, fondée sur l'équilibre et les abdominaux. ETY Du nom de l'inventeur. Nom déposé.

**Pilâtre de Rozier** Jean-François (Metz, 1756 – Wimereux, près de Boulogne, 1785), aéronaute français ; le premier homme qui s'éleva dans les airs en ballon (1783). Il tenta de traverser le pas de Calais, mais son ballon prit feu et il périt. VAR **Pilâtre du Rosier**

Pilâtre de Rozier

**pilchard** *nm* Grosse sardine. ETY Mot angl.

**Pilcomayo (le)** rivière d'Amérique du Sud (2 500 km), affl. du Paraguay (r. dr.), formant frontière entre l'Argentine et le Paraguay.

**1 pile** *nf* **1** Ensemble d'objets placés les uns sur les autres. *Une pile de livres.* **2** Massif de maçonnerie servant de support intermédiaire au tablier d'un pont. LOC *Pile électrique* ou *pile :* générateur de courant, appareil qui transforme l'énergie dégagée au cours d'une réaction chimique en courant électrique. — PHYS NUCL *Pile nucléaire :* réacteur nucléaire utilisé pour la recherche, les essais ou la production de radioéléments. — *Pile photovoltaïque* ou *pile solaire :* photopile. ETY Du lat.

PILE LECLANCHÉ

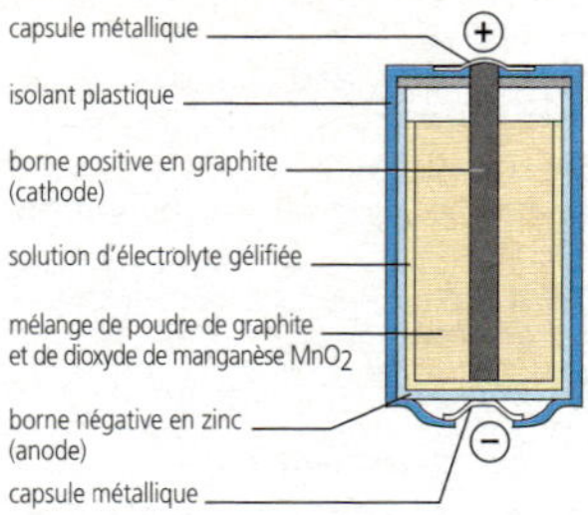


à la borne négative en zinc, une réaction chimique due à l'électrolyte libère des électrons ; ceux-ci migrent vers la borne positive en graphite, créant ainsi un courant (inverse au sens des électrons) mis à profit à l'extérieur de la pile ; le dioxyde de manganèse sert à réduire l'hydrogène qui formerait obstacle autour du graphite

PILE-BOUTON AU MERCURE

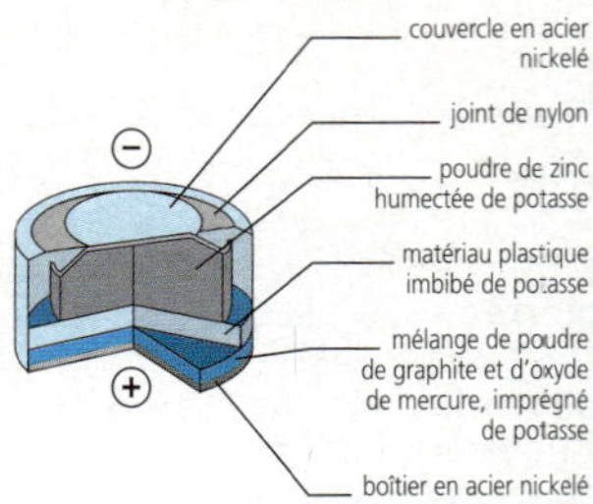


le zinc étant un métal plus réducteur que le mercure, deux réactions se produisent simultanément : à la borne négative, oxydation du zinc et libération d'électrons, mis à profit à l'extérieur de la pile ; à la borne négative, réduction de l'oxyde de mercure

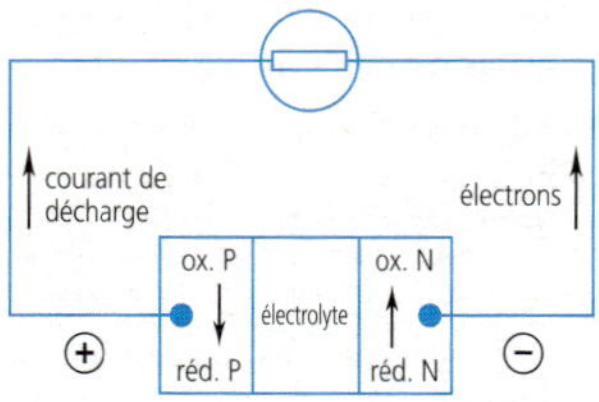


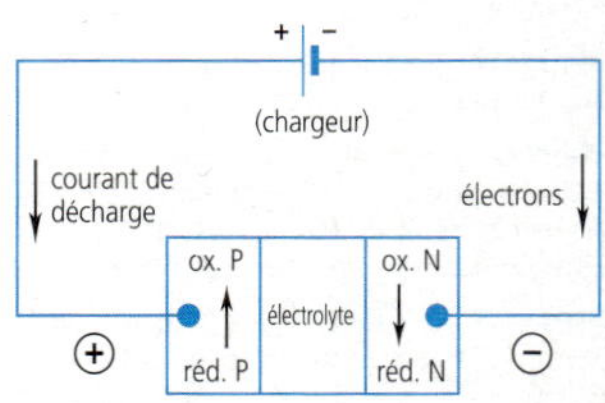


ox. : oxydation
réd. : réduction

P : positive
N : négative

au cours de la décharge, un accumulateur se comporte comme une pile ; au cours de la charge effectuée par un générateur d'électricité (ou chargeur), l'apport d'électrons inverse les phénomènes d'oxydation et de réduction

**pile** électrique et accumulateur

**2 pile** *nf* **1** TECH Bac servant à préparer la pâte à papier. **2** fam Volée de coups, défaite écrasante. *On va leur flanquer une de ces piles !*

**3 pile** *nf, av* **A** *nf* Côté d'une pièce de monnaie opposé à la *face* portant, en général, la valeur de cette pièce. **B** *av* fam Exactement, juste. *Il est arrivé à 7 heures pile. Tomber pile.* LOC *Jouer à pile ou face :* essayer de deviner quel côté présentera une pièce en tombant, après avoir été lancée en l'air ; fig décider au hasard. — *S'arrêter pile :* tout d'un coup.

**pile-poil** *av* fam Au bon moment, très précisément, parfaitement. *Ça tombe pile-poil.*

**1 piler** *vt* ① **1** Écraser, broyer en frappant. *Piler des amandes.* **2** fam Battre, vaincre qqn. *Se faire piler.* ETY Du lat. *pila,* « mortier ». DER **pilage** *nm* – **pileur, euse** *a, n*

**2 piler** *vi* ① fam S'arrêter, freiner brusquement.

**pilet** *nm* Canard sauvage des étangs d'Europe, à longue queue et à tête brune.

**pileux, euse** *a* Qui a rapport aux poils, aux cheveux. LOC *Système pileux :* ensemble des poils recouvrant le corps.

**pilier** *nm* **1** Support de maçonnerie, de fer, de bois, etc. soutenant une construction. *Pilier d'une cathédrale.* **2** MINES Masse de minerai laissée en place pour soutenir le toit de la mine. **3** ANAT Portion d'un muscle ou d'un organe ayant une fonction de soutien. *Les piliers du diaphragme, du voile du palais.* **4** péjor Personne fréquentant assidûment un lieu. *Pilier de bar.* **5** fig Personne ou chose sur laquelle s'appuie qqch. *Les piliers d'un régime politique.* **6** SPORT Au rugby, chacun des deux avants de première ligne qui encadrent le talonneur dans les mêlées. **7** ALPIN Paroi verticale se détachant d'un massif. ETY Du lat.

**pilifère** *a* BOT Qui porte des poils.

**pili-pili** *nm inv* Piment rouge au goût très fort.

**pilipino** *nm* LING Tagalog.

**piller** *vt* ① **1** S'emparer de force des biens qui se trouvent dans une ville, une maison, etc. *L'ennemi a pillé ce village.* **2** Voler qqch. *Piller les œuvres d'art d'une église.* **3** Plagier, copier de façon éhontée. ETY Du lat. DER **pillage** *nm* – **pillard, arde** *a, n* – **pilleur, euse** *n*

**Pillnitz** village de Saxe, sur l'Elbe, près de Dresde. – Au *château de Pillnitz,* l'empereur Léopold II et Frédéric-Guillaume II de Prusse déclarèrent leur soutien à Louis XVI (août 1791).

**pillow-lava** *nm* GEOL Lave basaltique, en forme de coussin, émise au fond des océans. PLUR pillow-lavas. PHO [pilolava] ETY De l'angl. *pillow,* « oreiller ».

**Pilniak** Boris Andreïevitch Vogau, dit Boris (Mojaïsk, 1894 – ?, 1937), écrivain soviétique ; chantre de la révolution d'Octobre (*l'Année nue,* 1922) ; arrêté en 1937 et exécuté.

**pilocarpe** *nm* BOT Arbrisseau d'Amérique du Sud (rutacée) dont une espèce est le jaborandi. ETY Du gr. *pilos,* « feutre ».

**pilocarpine** *nf* PHARM Alcaloïde extrait des feuilles de jaborandi.

**pilomoteur, trice** *a* PHYSIOL Qui produit l'érection des poils cutanés.

**pilon** *nm* **1** Instrument servant à écraser ou à tasser. *Broyer des épices dans un mortier avec un pilon.* **2** Partie inférieure de la cuisse d'une volaille cuite. **3** Jambe de bois. LOC *Mettre un livre au pilon :* en détruire l'édition ou les invendus.

**Pilon** Germain (Paris, v. 1535 – id., 1590), sculpteur français : monument du cœur d'Henri II, dit *les Trois Grâces* (1561), statue du chancelier de Birague (1583-1585), médaillons en bronze.

**pilonner** *vt* ① **1** Écraser avec un pilon. **2** Mettre une publication au pilon. **3** MILIT Bombarder de façon intensive. DER **pilonnage** *nm*

**pilori** *nm* Poteau auquel était attachée une personne condamnée à être exposée publiquement. **LOC** ***Mettre, clouer qqn au pilori*** **:** le désigner à l'indignation publique. ETY Du lat.

**pilosébacé, ée** *a* ANAT Qui a rapport au poil et à la glande sébacée.

**piloselle** *nf* BOT Plante (composée) aux propriétés diurétiques appelée aussi *épervière*.

**pilosisme** *nm* MED Pilosité anormale dans un endroit déterminé.

**pilosité** *nf* **1** Présence de poils. **2** Ensemble des poils.

**pilot** *nm* TRAV PUBL Gros pieu servant à faire des pilotis.

**pilote** *n* **1** Personne qui tient les commandes d'un aéronef ; spécialiste du pilotage. *Pilote d'essai. Pilote de ligne.* **2** SPORT Spécialiste de la conduite automobile. *Pilote de course.* **3** MAR Celui qui est chargé de diriger un navire dans les passages difficiles, à l'entrée des ports. **4** Poisson perciforme qui accompagne les requins, les raies, les navires, en quête de la nourriture que ceux-ci abandonnent. SYN poisson-pilote. **5** Qui s'engage dans une voie nouvelle, à titre expérimental. *Classe pilote.* **6** Journal, émission de télévision réalisés pour servir de test et de modèle à une future série. **7** Modèle expérimental, prototype. **LOC** ***Pilote automatique*** **:** dispositif qui corrige automatiquement les mouvements tendant à modifier la stabilité d'un avion, le cap d'un bateau. ETY Du gr. *pêdon*, « gouvernail », par l'ital.

**piloter** *vt* ① **1** Conduire un navire, un aéronef, une automobile en tant que pilote. **2** Guider qqn dans des lieux qu'il ne connaît pas. **3** fig Mener à bien une opération, diriger un groupe, commander. DER **pilotage** *nm*

**pilotin** *nm* MAR Élève officier préparant les écoles de la marine marchande sur un navire de commerce.

**pilotis** *nm* Ensemble de pieux servant d'assise à un ouvrage construit au-dessus de l'eau ou d'un sol mouvant ; chacun de ces pieux. *Hutte sur pilotis.*

**pilou** *nm* Tissu de coton pelucheux.

**Pilpay** nom arabe ou persan donné au VIII^e^ s. apr. J.-C. à un brahmane indien (III^e^ s. av. J.-C. [?]) auquel on attribuait des fables, dont certaines inspirèrent La Fontaine. VAR **Bidpay**

**pilpil** *nm* Blé complet précuit, utilisé dans la cuisine végétarienne.

**pilpoul** *nm* RELIG Discussion pointilleuse et subtile sur un point de doctrine talmudique. ETY Mot hébreu, « poivre ».

**Pilsen** → **Plzeň.**

**Piłsudski** Józef (Zułowo, Lituanie, 1867 – Varsovie, 1935), maréchal (1920) et homme politique polonais. Promu en 1919 chef de l'État et commandant en chef par la diète, il vainquit les bolcheviks, quitta le pouvoir en 1922 et le reprit en 1926 (coup d'État du 12 mai) jusqu'à sa mort.

**Piltdown** local. du S. de l'Angleterre (Sussex) où furent découverts, en 1912, les restes d'un hominien, ce qui se révéla une mystification en 1953.

**pilulaire** *a, nm* **A** *a* Relatif aux pilules. **B** *nm* VETER Instrument utilisé pour administrer des pilules aux animaux. **LOC** ***Masse pilulaire*** **:** pâte dont on fait les pilules.

**pilule** *nf* **1** PHARM Médicament de forme sphérique qu'on absorbe par voie orale. **2** Substance hormonale bloquant l'ovulation, utilisée comme contraceptif. **LOC** ***Avaler la pilule*** **:** supporter une chose déplaisante sans réagir, sans protester. — ***Pilule du lendemain*** **:** pilule contraceptive efficace après le rapport sexuel. ETY Du lat. *pila*, « boule ».

**pilulier** *nm* **1** PHARM Instrument servant à préparer les pilules. **2** Petite boîte à pilules.

**pilum** *nm* ANTIQ Javelot des soldats romains. PHO [pilɔm] ETY Mot lat.

**pimbêche** *nf* Femme prétentieuse, aux manières affectées.

**pimbina** *nm* Canada Nom donné à deux espèces de viornes à fruits rouges comestibles ; fruit de ces arbrisseaux. *Gelée de pimbina.*

**piment** *nm* **1** Nom de diverses solanacées cultivées pour leurs fruits ; fruit de ces diverses plantes utilisé comme condiment (paprika, poivre de cayenne) ou comme légume (poivron) ; spécialement, piment fort. **2** fig Ce qui donne de la saveur, du piquant à qqch. *Mettre du piment dans un récit.* ETY Du lat.

**piment** fort de Cayenne

**pimenter** *vt* ① **1** Assaisonner avec du piment. *Pimenter un plat.* **2** fig Donner du piquant à. *Pimenter ses propos.*

**pimpant, ante** *a* Alerte, élégant. *Jeune fille pimpante.* ETY Du provenç.

**pimpin** *nm* Fruit comestible du pandanus.

**pimprenelle** *nf* Plante herbacée (rosacée), très commune, aux fleurs en capitules verdâtres ou roses, et dont les feuilles peuvent être utilisées comme condiment. ETY Du lat. *piper*, « poivre ».

**pin** *nm* Conifère à feuillage persistant (aiguilles). *Pin sylvestre, pin parasol et pin maritime sont communs en France.* ETY Du lat.

**pin**

**pinacée** *nf* BOT Conifère tel que le sapin, le pin, l'épicéa.

**pinacle** *nm* **1** Partie la plus haute d'un édifice. **2** ARCHI Couronnement d'un contrefort gothique. **LOC** ***Porter qqn au pinacle*** **:** en faire grand cas, le couvrir d'éloges. ETY Du lat.

**pinacothèque** *nf* Musée de peinture.

**pinailler** *vi* ① fam Se montrer exagérément minutieux, ergoter sur des riens. DER **pinaillage** *nm* – **pinailleur, euse** *n, a*

**pinard** *nm* fam Vin. ETY De *pinot*.

**Pinard** Adolphe (Méry-sur-Seine, 1844 – id., 1934), gynécologue français ; il fit progresser les techniques d'accouchement.

**Pinar del Río** ville de l'ouest de Cuba ; 118 250 hab. ; ch.-l. de prov. Industries.

**pinardier** *nm* fam **1** Négociant en vin. **2** Navire-citerne servant au transport du vin.

**pinasse** *nf* MAR **1** anc Embarcation longue et légère, propre à la course. **2** région Petit bateau de pêche rapide. ETY De l'esp.

**pinastre** *nm* rég Pin maritime. ETY Du lat.

**Pinatubo** volcan de l'île de Luçon (Philippines) ; l'éruption de 1991 fit 875 morts.

**Pinay** Antoine (Saint-Symphorien-sur-Coise, Rhône, 1891 – Saint-Chamond, 1994), homme politique français. Cofondateur, en 1945, du Centre national des indépendants et paysans (CNI) ; président du Conseil en 1952. Ministre des Finances de 1958 à 1960, il institua le « nouveau franc » en 1960.

**pinçage** *nm* ARBOR Opération consistant à pincer les bourgeons, les rameaux.

**pinçard, arde** *a* VETER Se dit d'un cheval qui, en marchant, s'appuie sur la pince de ses sabots.

**pince** *nf* **1** Instrument composé de deux branches articulées, servant à saisir ou à serrer des objets. *Pince coupante.* **2** Patte antérieure fourchue et articulée des crustacés qui leur sert à saisir, à pincer. *Pinces d'écrevisse, de homard.* **3** fam Main. *Serrer la pince à qqn.* **4** Extrémité antérieure du sabot des mammifères ongulés. **5** fam Pied. *Faire 10 km à pinces.* **6** Dent incisive médiane du cheval. **7** COUT Pli cousu fait pour ajuster un vêtement. *Pinces de taille, de poitrine.* **LOC** ***Pince à linge*** **:** qui sert à fixer du linge sur une corde.

**pincé, ée** *a* Serré et mince. *Lèvres pincées.* **LOC** ***Air pincé*** **:** maniéré, distant. — MUS ***Cordes pincées*** **:** que l'on fait vibrer en les pinçant avec les doigts par oppos. à *cordes frappées* et à *cordes frottées*.

**pinceau** *nm* **1** Instrument formé d'un faisceau de poils attaché au bout d'un manche, et qui sert à peindre, coller, etc. **2** Étroit faisceau de rayons lumineux. **3** fam Pied. ETY Du lat. *penis*, « queue ».

**pinceauter** *vt* ① TECH Retoucher avec un pinceau un papier, un tissu, etc. DER **pinceautage** *nm*

**pincée** *nf* Quantité d'une matière en poudre, en grains que l'on peut prendre entre deux doigts. *Une pincée de sel.*

**pince-fesse** *nm* fam, vieilli Réunion dansante ; réception mondaine. PLUR pince-fesses. VAR **pince-fesses**

**pincelier** *nm* TECH Récipient servant à nettoyer les pinceaux.

**pincement** *nm* **1** Action de pincer. **2** Sensation vive et douloureuse. *Pincement au cœur.*

**Pincemin** Jean-Pierre (Paris, 1944 – Arcueil, 2005), artiste français. D'abord membre de Supports-Surfaces, il s'est tourné ensuite vers la figuration baroque.

**pince-monseigneur** *nf* Levier qu'utilisent notam. les cambrioleurs pour forcer les portes. PLUR pinces-monseigneur.

**pince-nez** *nm inv* Binocle fixé sur le nez par un ressort.

**pincer** *vt* ⑫ **1** Serrer étroitement avec les doigts, avec une pince, etc. *Pincer une barre de fer avec des tenailles. Il m'a fait mal en me pinçant. Se pincer les doigts dans une porte.* **2** Produire une sensation vive, semblable à un pincement. *Le froid pince les joues.* **3** Rapprocher en serrant et en faisant paraître plus mince. *Pincer les lèvres.* **4** ARBOR Supprimer les bourgeons axillaires pour arrêter la croissance des ramifications. **5** fam Prendre, surprendre qqn. *Pincer qqn la main dans le sac.* **LOC** fam *Ça pince :* il fait très froid. — fam ***En pincer pour :*** être épris de. — ***Pincer les cordes d'un instrument de musique :*** les faire vibrer avec les doigts.

**pince-sans-rire** *n inv* Personne qui plaisante, qui raille tout en restant impassible.

**pincette** *nf* **A** Petite pince. **B** *nf pl* Longue pince en fer servant à saisir les tisons dans le feu. **LOC** fam ***N'être pas à prendre avec des pincettes :*** être de très mauvaise humeur.

**Pincevent** site préhistorique sur la r. g. de la Seine, près de Montereau ; import. gisement magdalénien découvert en 1964.

**pinçon** *nm* Trace d'un pincement sur la peau.

**Pincus** Georgy Goodwin (Woodbine, New Jersey, 1903 – Boston, 1967), biologiste américain, à l'origine de la pilule contraceptive.

**Pindare** (Cynoscéphales, près de Thèbes, 518 – Argos [?], 438 av. J.-C.), poète lyrique grec. De son œuvre, considérable (dithyrambes, hymnes), il ne nous reste que 45 *Odes triomphales* (ou *Épinicies*), qui traitent des jeux : 14 *Olympiques*, 12 *Pythiques*, 11 *Néméennes*, 8 *Isthmiques*. DER **pindarique** *a*

**Pinde (le)** chaîne montagneuse de la Grèce centrale (2 637 m), entre l'Épire et la Thessalie.

**Pinder** cirque français, créé à la fin du XIX^e^ s., repris en 1972 par l'acteur français Jean Richard (1921-2001).

**pinéal, ale** *a* ANAT Relatif à l'épiphyse. PLUR pinéaux. **LOC** ZOOL ***Organe pinéal :*** organe céphalique pariétal postérieur, formé d'une vésicule à structure d'œil rudimentaire chez certains reptiles. ETY Du lat. *pinea,* « forme de pin ».

**pineau** *nm* VITIC Vin charentais liquoreux obtenu en ajoutant du cognac au jus de raisin avant la fermentation.

**pinède** *nf* Terrain planté de pins.

**Pinel** Philippe (Jonquières, Tarn, 1745 – Paris, 1826), médecin aliéniste français. Nommé médecin-chef à l'hôpital de Bicêtre (1793), il abolit les traitements violents.

**Piñera** Sébastien (Santiago, 1949), homme politique chilien (centre-droite). Il est élu prés. de la République en janv. 2010.

**Pingdong** ville du sud de Taiwan ; 165 360 hab. ; ch.-l. du comté du m. nom.

**Pinget** Robert (Genève, 1919 – Tours, 1997), écrivain français d'origine suisse, adepte du « nouveau roman » : *Baga* (1958), *l'Inquisitoire* (1962), *Passacaille* (1969), *Monsieur Songe* (1982), *Gibelotte* (1994). Théâtre : *Lettre morte* (1959), *l'Architruc* (1961), *Abel et Bela* (1971).

**pingouin** *nm* Oiseau marin de l'Arctique (alcidé) au plumage noir et blanc, aux ailes courtes et aux orteils palmés. ETY P.-ê. du gallois.

**ping-pong** *nm inv* Tennis de table. PHO [piŋpɔŋ] ETY N. déposé, onomat. VAR **pingpong**

**pingre** *n, a* Personne avare, mesquine. ETY De *épingle.* DER **pingrerie** *nf*

**Pink Floyd** groupe britannique de musique pop (1968-1983) : *The Wall* (1979).

**pinne** *nf* Gros mollusque lamellibranche dont la coquille triangulaire peut atteindre 60 cm de long. SYN jambonneau. ETY Mot gr.

**pinnipède** *nm* ZOOL Mammifère carnivore marin dont les membres antérieurs ont évolué en palettes natatoires tel que l'otarie, le phoque, le morse. ETY Du lat.

**pinnothère** *nm* Petit crabe qui vit en symbiose avec divers bivalves, notam. les moules.

**pinnule** *nf* **1** BOT Partie la plus petite du limbe des feuilles des fougères. **2** TECH Plaque percée d'un trou ou d'une fente traversée par un fil, servant à faire des visées topographiques. ETY Du lat. *pinnula,* « petite aile ».

**Pinocchio** héros du roman du m. nom (1883) de l'Italien Carlo Collodi, turbulente marionnette fabriquée par Geppetto. ▷ CINE Dessin animé de Walt Disney (1939). Adaptation pour la télévision et le cinéma de Comencini (1972), avec Gina Lollobrigida (la fée).

**Pinochet Ugarte** Agusto (Valparaiso, 1915 – Santiago, 2006), général et homme politique chilien. Nommé chef des armées en août 1973 par le prés. Allende, il renversa celui-ci le 11 sept. à la tête d'une junte militaire qui, en déc. 1974, le nomma président de la Rép. Il institua une dictature. Après les élections de déc. 1989, auxquelles il ne pouvait, institutionnellement, se présenter, il garda le commandement de l'armée, puis (1997) devint sénateur à vie. En oct. 1998, alors qu'il séjournait à Londres dans une clinique, il fit l'objet d'une demande d'extradition de la part de la justice espagnole. En 2000, il retourna au Chili où il fut assigné à résidence en nov. 2006.

**pinocytose** *nf* BIOL Endocytose des substances liquides.

**pinot** *nm* VITIC Cépage constituant notam. une grande partie du vignoble bourguignon ; vin issu de ce cépage. ETY De *pin.*

**pin's** *nm inv* Badge qui se fixe au moyen d'une pointe retenue par un embout. SYN (recommandé) épinglette. PHO [pins] ETY De l'angl. *pin,* « épingle ».

**pingouin** torda

les **Pink Floyd** en concert

**Pins (île des)** île franç. du Pacifique, au S.-E. de la Nouvelle-Calédonie, dont elle dépend ; 153 km$^2$ ; 1 095 hab. ; ch.-l. *Vao.* – On y déporta des communards de 1872 à 1879.

**pinscher** *nm* Race de chiens d'agrément d'origine allemande. PHO [pinʃɛʀ] ETY Mot all.

**pinson** *nm* Petit oiseau passériforme migrateur (fringillidé), au plumage bleu, verdâtre, noir et roux, bon chanteur. **LOC** ***Gai comme un pinson :*** très gai. ETY Du lat.

**pintade** *nf* Oiseau galliforme, originaire d'Afrique, au plumage gris perlé de blanc, dont la chair est très estimée. ETY Du portug.

**pintade** vulturine d'Afrique

**pintadeau** *nm* Jeune pintade.

**pintadine** *nf* Huître perlière. SYN méléagrine.

**pinte** *nf* **1** anc Mesure de capacité valant env. un litre. **2** Récipient contenant une pinte ; son contenu. **3** Mesure de capacité anglo-saxonne valant 0,568 l en Grande-Bretagne, 0,473 l aux États-Unis, et 1,136 l au Canada. **4** Suisse Débit de boisson, petite auberge. ETY Du lat.

**pinter** *v* ① **A** *vi, vt* fam Boire avec excès. **B** *vpr* S'enivrer.

**Pinter** Harold (Londres, 1930 – id., 2008), acteur et auteur dramatique anglais ; représentant du « théâtre de l'absurde » : *le Gardien* (1959), *la Collection* (1962), *l'Amant* (1962), *le Retour* (1965), *No Man's Land* (1975). Prix Nobel 2005.

**Pinto** → **Mendes Pinto.**

**Pinturicchio** Bernardino di Betto, dit il (Pérouse, v. 1454 – Sienne, 1513), peintre italien ; il décora les appartements Borgia au Vatican (1493-1494).

**pin-up** *nf inv* Jolie fille peu vêtue dont on épingle la photo au mur ; jolie fille sensuelle. PHO [pinœp] ETY De l'angl. *to pin up,* « épingler ». VAR **pinup**

**pinyin** *nm* LING Système de transcription de la langue chinoise en caractères latins, officiel depuis 1958. PHO [pinjin]

**Pinzón** Martín Alonso Yáñez (Palos de Moguer, Huelva, 1440 – La Rábida, Huelva, 1493), navigateur espagnol ; commandant de la *Pinta*, une des caravelles de C. Colomb en 1492. — **Vicente Yáñez** (mort après 1523), navigateur, frère du préc. ; compagnon de C. Colomb en 1492 (il commandait la *Niña*), il découvrit l'embouchure de l'Amazone.

**pioche** *nf* **1** Outil formé d'un fer pointu et d'un fer plat muni d'un manche, qui sert à creuser la terre. **2** JEU Tas de cartes, de dominos non distribués dans lequel on pioche. **LOC** fam ***Bonne pioche :*** se dit lorsqu'on se félicite d'avoir fait tel choix. — fam ***Tête de pioche :*** individu têtu et borné. ETY De *pic 2.*

**piocher** v 1 **A** vt **1** Creuser, remuer avec une pioche. *Piocher une vigne.* **2** fam, vieilli Préparer avec ardeur, travailler beaucoup sur. *Piocher un examen.* **B 1** vi JEU Prendre une carte, un domino dans le tas de cartes, de dominos non distribués. **2** Puiser dans un tas. DER **piochage** nm – **piocheur, euse** a

**piolet** nm Courte pioche utilisée en alpinisme. ETY Du piémontais.

**Piombino** v. d'Italie (Toscane), port en face de l'île d'Elbe ; 39 390 hab. – En 1805, Napoléon donna à sa sœur Élisa cette principauté, réunie à la Toscane en 1808.

**Piombo** → **Sebastiano del Piombo.**

**1 pion** nm JEU Chacune des huit plus petites pièces du jeu d'échecs ; chacune des pièces du jeu de dames. LOC ***N'être qu'un pion sur l'échiquier :*** n'avoir aucune prise sur les évènements, être manœuvré. ETY Du lat.

**2 pion, pionne** n fam Surveillant.

**3 pion** nm PHYS NUCL Particule associée au champ nucléaire, responsable des interactions entre nucléons. SYN méson $\pi$. ETY De *pi*, et *électron*.

**pioncer** vi 12 fam Dormir.

**Pioneer** (« Pionnier »), nom donné par les Américains à une série de sondes spatiales destinées à l'exploration du système solaire.

**pionnier, ère** n, a **A** nm MILIT Militaire du génie spécialiste des travaux de terrassement. **B** n **1** Colon qui défriche et cultive des contrées inhabitées. **2** Personne qui ouvre une voie nouvelle. *Les pionniers de la science.* **C** a D'avant-garde, novateur. *Une entreprise pionnière.* ETY De *pion 1*.

**Piotrków Trybunalski** v. de Pologne, au S.-E. de Łódź ; 79 000 hab. – Siège des diètes puis du Tribunal suprême (XVIe-XVIIIe s.).

**pioupiou** nm fam, vieilli Fantassin.

**Piovene Guido** (Vicence, 1907 – Londres, 1974), romancier italien : *la Novice* (1942), *les Étoiles froides* (1970).

**pipa** nm Gros crapaud aquatique d'Amérique tropicale. ETY Mot de la Guyane.

**pipe** nf **1** Ustensile servant à fumer, composé d'un tuyau aboutissant à un fourneau contenant le tabac ; tabac contenu dans le fourneau. **2** TECH Élément de tuyauterie, conduit. *Pipe d'aération.* **3** vulg Fellation. LOC fam ***Nom d'une pipe ! :*** juron marquant l'étonnement, l'indignation. — fam ***Par tête de pipe :*** par personne. — fam ***Se fendre la pipe :*** rire de bon cœur. ETY De *piper*.

**pipeau** nm **A 1** Petite flûte à bec. **2** CHASSE Syn. de *appeau*. **B** nm pl CHASSE Petites branches enduites de glu pour prendre les oiseaux. LOC fam ***C'est du pipeau :*** ce n'est pas sérieux.

**pipeauter** vt 1 fam Tromper qqn, ne pas le prendre au sérieux.

**pipée** nf Chasse au pipeau.

**pipelet, ette** n fam **1** Concierge. **2** Personne bavarde, commère. ETY D'un n. pr.

**pipeline** nm Canalisation servant au transport des liquides, des gaz ou des matières pulvérulentes. ETY Mot angl.

**piper** vt 1 Prendre au pipeau. *Piper des oiseaux.* LOC fam ***Ne pas piper (mot) :*** ne pas dire un mot. — ***Piper des dés, des cartes :*** les truquer. ETY Du lat. *pipare*, « glousser ».

**pipéracée** nf BOT Plante dicotylédone herbacée ou arbustive des régions chaudes, telle que le poivrier. ETY Du lat. *piper*, « poivre ».

**piperade** nf CUIS Omelette basque aux tomates et aux poivrons.

**piper-cub** nm AVIAT Avion d'observation léger de la Seconde Guerre mondiale. PLUR piper-cubs. PHO [pipœʀkœb] ETY Mot anglo-amér. VAR **pipercub**

**piperie** nf litt Tromperie, fourberie.

**pipéronal** nm Héliotropine. PLUR pipéronals.

**pipette** nf Tube mince et gradué, utilisé en laboratoire pour prélever des liquides.

**pipeule** → **people.**

**pipi** nm fam Urine. LOC ***Faire pipi :*** uriner. — fam ***Du pipi de chat :*** boisson fade ; fig chose sans intérêt. ETY De *pisser*.

**pipier, ère** n **A** n Personne qui fabrique des pipes. **B** a Relatif à la fabrication des pipes.

**pipistrelle** nf Petite chauve-souris. ETY De l'ital. ▶ illustr. **chauve-souris**

**pipit** nm Petit oiseau passériforme, voisin des bergeronnettes. PHO [pipit] ETY Onomat.

**pipo** n fam Polytechnicien.

**pipole** → **people.**

**pipolisation** nf SOCIOL Fait d'accéder à la catégorie des people, des personnalités médiatiques. *La pipolisation du monde politique.* VAR **peopolisation** DER **se pipoliser** vpr

**piquant, ante** a, nm **A** a **1** Qui pique ou peut piquer. *Les épines sont piquantes.* **2** Qui produit une sensation vive, comparable à une piqûre. *Froid piquant.* **3** fig Mordant, satirique. *Critique piquante.* **4** Qui plaît par sa finesse, sa vivacité. *Conversation piquante.* **B** nm **1** Épine, aiguille d'une plante, d'un animal. *Les piquants d'une châtaigne, d'un hérisson.* **2** fig Ce qui est plaisant, piquant. *Le piquant d'une aventure.*

**1 pique** n **A** nf Arme d'hast, fer aigu au bout d'une hampe. **B** nm JEU Couleur noire d'un jeu de cartes, représentée par une figure évoquant un fer de pique ; carte de cette couleur. *Roi de pique. Avoir six piques dans la main.* ETY Du néerl.

**2 pique** nf Propos aigre destiné à agacer, à vexer. *Envoyer des piques.*

**piqué, ée** a, n **A** a **1** Cousu par un point de couture. **2** Parsemé de trous dus à des insectes. *Bois piqué.* **3** Taché par l'humidité, attaqué par la rouille. *Miroir piqué. Carrosserie piquée.* **4** Qui s'est aigri sous l'influence de moisissures. *Vin piqué.* **B** a, n fam Étrange, un peu fou. **C** nm **1** AVIAT Vol descendant, très fortement incliné. *Bombardement en piqué.* **2** TECH Étoffe dont le tissage forme des dessins en relief. **3** Qualité d'un objectif, d'une photo, d'un écran quant à la restitution des détails, des contrastes. **4** Mouvement de danse, de patinage artistique. LOC fam ***Ne pas être piqué des vers :*** être parfait dans son genre. — MUS ***Notes piquées :*** surmontées de points indiquant qu'elles doivent être jouées accentuées et détachées.

**pique-assiette** n péjor Personne qui cherche toujours à se faire inviter à la table d'autrui, parasite. PLUR pique-assiettes.

**pique-bœuf** nm Oiseau passériforme d'Afrique, de la taille d'un étourneau, brun avec le ventre ocre, qui se nourrit des petits animaux parasites des grands mammifères sur lesquels il se perche. PLUR pique-bœufs.

**pique-feu** nm Tisonnier. PLUR pique-feux.

**pique-fleur** nm Socle percé de trous ou morceau de mousse en matière plastique pour y piquer les tiges des fleurs et les maintenir ainsi en place dans un vase. PLUR pique-fleurs.

**pique-nique** nm Repas pris en plein air au cours d'une excursion. PLUR pique-niques. ETY De *piquer* et a. fr. *nique*, « petite chose sans valeur ». VAR **piquenique**

**pique-niquer** vi 1 Faire un pique-nique. VAR **piqueniquer** DER **pique-niqueur, euse** ou **piqueniqueur, euse** n

**pique-note** nm Accessoire de bureau, tige droite ou courbe servant à réunir des feuilles de notes. PLUR pique-notes.

**piquepoul** → **picpoul.**

**piquer** v 1 **A** vt **1** Percer, entamer légèrement avec un objet pointu. *Épines qui piquent les doigts. Se piquer en cousant.* **2** Produire une sensation de piqûre, de picotement, de brûlure sur. *La fumée pique les yeux. Moutarde qui pique.* **3** Enfoncer qqch de pointu dans. *Piquer une épingle dans une pelote.* **4** fam Faire une piqûre, injecter une substance à. *Piquer un enfant contre le tétanos.* **5** Faire une piqûre à un animal pour qu'il meure sans souffrance. **6** Blesser avec son crochet, son dard, son aiguillon. *Une abeille l'a piqué.* **7** CUIS Introduire des lardons, de l'ail dans une viande. *Piquer un gigot.* **8** Fixer à l'aide d'une pointe, d'une aiguille. *Piquer une gravure au mur.* **9** Faire des points de couture dans. *Piquer à la machine.* **10** Parsemer de petits trous, de points, de taches. *Les vers ont piqué ce meuble. Pâquerettes qui piquent un gazon.* **11** Toucher un animal au moyen d'une pointe pour le faire avancer, l'exciter. *Piquer un cheval, des bœufs.* **12** Produire une vive impression sur, exciter. **13** fam Manifester brusquement par quelque signe physique. *Piquer une colère.* **14** fam Prendre, voler. *On lui a piqué son portefeuille.* **B** vi **1** AVIAT Effectuer un piqué. **2** Commencer à aigrir, en parlant du vin. **C** vpr **1** litt Se vexer, se fâcher. **2** Avoir la prétention de. *Se piquer d'être artiste.* **3** fam S'injecter de la drogue. LOC EQUIT ***Piquer des deux :*** faire sentir les deux éperons à un cheval ; fig s'élancer rapidement. — fam ***Piquer du nez :*** tomber en avant. — ***Piquer qqn au vif :*** le blesser dans son amour-propre. — ***Piquer un cent mètres :*** se mettre brusquement à courir sur une courte distance. — MUS ***Piquer une note :*** la jouer accentuée et détachée. — ***Piquer un fard :*** rougir. — ***Se faire piquer :*** se faire prendre, se faire arrêter. — ***Se piquer au jeu :*** s'obstiner à venir à bout de qqch. ETY Du lat. DER **piquage** nm

**1 piquet** nm Jeu qui se joue avec trente-deux cartes.

**2 piquet** nm **1** Petit pieu que l'on fiche en terre. *Piquet de tente.* **2** vieilli Punition infligée à un élève, consistant à le faire rester debout dans un coin, face au mur. *Envoyer un enfant au piquet.* **3** MILIT Groupe de soldats prêts à agir. *Piquet d'incendie.* LOC ***Piquet de grève :*** groupe de grévistes veillant en partic. à interdire l'accès aux lieux de travail.

**Piquet Nelson** (Rio de Janeiro, 1952), coureur automobile brésilien, champion du monde de formule 1 en 1981, 1983 et 1987.

**piqueter** v 18 ou 20 **A** vt **1** Parsemer de points, de petites taches. **2** TRAV PUBL Tracer sur un terrain, à l'aide de piquets, les contours d'une construction. **B** vi Canada Participer à un piquet de grève. DER **piquetage** nm

**piqueteur, euse** n Canada Gréviste qui participe à un piquet de grève.

**1 piquette** nf **1** Boisson obtenue en jetant de l'eau sur du marc de raisin, ou sur d'autres fruits, et en laissant fermenter. **2** Vin aigrelet de mauvaise qualité.

**2 piquette** nf fam Raclée, défaite écrasante.

**piqueur, euse** n, a **A** nm **1** EQUIT Celui qui surveille les écuries, dans un élevage. **2** VEN Valet de chiens qui dirige la meute et suit la chasse à cheval. **3** TECH Ouvrier qui travaille au pic ou au marteau pneumatique. **B** n Personne qui pique des étoffes, des peaux, etc. **C** a Se dit des insectes qui sont capables de piquer.

**piquier** nm anc Soldat armé d'une pique.

**piquillo** nm Variété de poivron rouge d'origine sud-américaine.

**piqûre** nf **1** Petite plaie faite par un instrument aigu ou par le dard de certains animaux. *Piqûre d'épingle, de guêpe.* **2** Sensation produite par qqch de piquant. **3** MED Injection sous-cutanée, intramusculaire ou intraveineuse faite avec une seringue munie d'une aiguille. **4** Rang de points servant à assembler des pièces d'étoffe, ou à orner. *Robe garnie de piqûres.* **5** Petit trou dû à des vers, des insectes, etc. **6** Tache d'humidité. **7** TECH Attaque d'un métal par la rouille. **LOC** ***Piqûre d'amour-propre*** : petite blessure morale. ETY De *piquer.* VAR **piqure**

**Pirandello** Luigi (Agrigente, 1867 – Rome, 1936), écrivain italien. Il traita l'opposition entre la conscience, qui se veut une, et la vie, créatrice de mille formes. Romans : *Feu Mathias Pascal* (1904), *Nouvelles pour une année* (15 vol., 1894-1919). Théâtre : *Chacun sa vérité* (1917), *Six Personnages en quête d'auteur* (1921), *Henri IV* (1922). P. Nobel 1934. DER **pirandellien, enne** *a*

Luigi Pirandello

**Piranèse** Giambattista Piranesi, dit en fr. (Mogliano Veneto, 1720 – Rome, 1778), architecte et graveur italien. Sa série d'eaux-fortes *les Prisons* annonce le romantisme.

**piranha** *nm* Poisson téléostéen carnivore, commun dans les fleuves d'Amérique du Sud. ETY Mot portug., du tupi. VAR **piraya**

piranha

**pirate** *nm, a* **A** *nm* **1** Aventurier qui courait les mers pour piller les navires ; navire monté par des pirates. **2** fig Individu sans scrupules qui s'enrichit aux dépens des autres. **B** *a* Qui ne respecte pas les lois, les règlements ; illicite, clandestin. *Enregistrement pirate.* **LOC** ***Pirate de l'air*** : personne qui détourne par la menace un avion de sa destination. ETY Du lat.

**pirater** *v* 1 **A** *vi* Se livrer à la piraterie ; agir en pirate. **B** *vt* Reproduire et commercialiser une œuvre sans payer leur dû aux ayants droits. *Pirater un logiciel.* DER **piratage** *nm*

**piraterie** *nf* **1** Agissement de pirate. **2** fig Exaction, escroquerie. **3** Reproduction frauduleuse de produits de marque. **LOC** ***Piraterie aérienne*** : détournement d'avions, éventuellement accompagné de prise d'otages, à des fins politiques ou crapuleuses.

**Pirates** (Côte des) → **Émirats arabes unis.**

**pire** *a, n* **A** *a* Plus mauvais. *Le remède est pire que le mal.* **B** *a, n* Le plus mauvais. *C'est son pire ennemi. Ce sont les pires.* **C** *nm* Ce qu'il y a de plus mauvais. *S'engager pour le meilleur et pour le pire.* ETY Du lat.

**Pire** Dominique Georges (Dinant, 1910 – Louvain, 1969), dominicain belge ; fondateur d'organisations qui vinrent en aide aux réfugiés. P. Nobel de la paix 1958.

**Pirée (Le)** v. et port de Grèce ; 196 390 hab. Port d'Athènes, princ. débouché commercial de la Grèce et grand centre industriel.
**Histoire** Le Pirée devint le port d'Athènes au moment des guerres médiques (V^e s. av. J.-C.), en remplacement de Phalère. Détruite par Lysandre (404 av. J.-C.), la ville fut reconstruite par Conon (394). À nouveau détruit (86 av. J.-C.), Le Pirée n'a retrouvé son importance qu'au XIX^e s.

**Pirenne** Henri (Verviers, 1862 – Uccle-lès-Bruxelles, 1935), historien belge : *Histoire de la Belgique* (1889-1932), *Mahomet et Charlemagne* (1935), sur les relations de l'Occident et de l'Islam naissant. — **Jacques** (Gand, 1891 – Hierges, Ardennes, France, 1972), historien, fils du préc. : *les Grands Courants de l'histoire universelle* (1945-1956).

**piriforme** *a* En forme de poire.

**Pirithoos** dans la myth. gr., héros thessalien, roi des Lapithes, fils de Zeus. Il accompagna Thésée aux Enfers, où il resta.

**pirogue** *nf* Embarcation longue et étroite, le plus souvent faite d'un tronc d'arbre creusé ou de peaux cousues. ETY Mot caraïbe.

**piroguier** *nm* Conducteur d'une pirogue.

**pirojki** *nm* CUIS Mets russe, petit pâté en croûte, fourré de viande, de poisson, de légumes. PHO [piroʒki] ETY Mot russe.

**Piranèse** gravure à l'eau-forte (architecture fantastique) extraite de la série *les Prisons* (1750-1760)

**pirole** *nf* Plante vivace, à feuilles persistantes, à fleurs blanches, des lieux humides. ETY Du lat. VAR **pyrole**

**Piron** Alexis (Dijon, 1689 – Paris, 1773), écrivain français : tragédies, comédies (*la Métromanie*, 1738), épigrammes raillant notam. Voltaire.

**pironeau** *nm* Petite dorade. PLUR pironeaux.

**piroplasmose** *nf* VETER Maladie parasitaire transmise par les tiques.

**Pirosmani** Niko (Minzaani, 1862 – Tbilissi, 1918), peintre naïf géorgien. VAR **Pirosmanachvili**

**pirouette** *nf* **1** CHOREGR Tour complet sur soi-même exécuté en pivotant sur la pointe du pied d'appui. **2** Réponse en forme de plaisanterie à une question embarrassante. *S'en tirer par une pirouette.* **2** fig Brusque changement d'opinion. ETY De l'a. fr. *pirouelle,* « toupie ».

**pirouetter** *vi* 1 Faire une pirouette. DER **pirouettant, ante** *a*

**Pirquet** Clemens von (banlieue de Vienne, 1874 – Vienne, 1929), médecin autrichien. En 1906, il forgea le mot *allergie.*

**1 pis** *nm* Mamelle d'un animal femelle. *Pis d'une vache, d'une brebis.* PHO [pi] ETY Du lat. *pectus,* « poitrine ».

**2 pis** *av, a, nm* **A** *av* Plus mal. **B** *a* Plus mauvais, plus fâcheux. *Il n'y a rien de pis que cela.* **C** *nm* Ce qui est plus mauvais, plus fâcheux. *Elle est laide, et, qui pis est, méchante.* ANT mieux. **LOC** ***Au pis aller*** : en mettant les choses au pis. — ***De mal en pis, de pis en pis*** : de plus en plus mal. — ***Dire pis que pendre de qqn*** : en dire beaucoup de mal. PHO [pi] ETY Du lat. *pejus.*

**pis-aller** *nm inv* Ce dont on doit se contenter faute de mieux. PHO [pizale]

**pisan** → **Pise.**

**Pisanello** Antonio Pisano, dit (Pise, v. 1395 – id., v. 1455), peintre italien ; import. représentant de l'art gothique courtois : *Saint Georges délivrant la princesse de Trébizonde.* Médailles : *Jean VIII Paléologue, Lionel d'Este.*

**Pisanello** *la Madone à la caille,* peinture sur bois, début du XV^e s. – musée du Castelvecchio, Vérone

**Pisano** Andrea da Pontedera, dit (Pontedera [?], près de Pise, v. 1295 – Orvieto, v. 1349), sculpteur et architecte italien. À Florence, il réalisa la première porte du baptistère (1330-1336) et le campanile (1337-1343).

**Pisano** → **Giovanni Pisano et Nicola Pisano**

**Piscator Erwin** (Ulm, 1893 – Starnberg, 1966), metteur en scène allemand. Il a monté, avec des audaces formelles, des pièces progressistes.

**pisci-** Élément, du lat. *piscis,* « poisson ». PHO [pisi]

**pisciculture** *nf* Élevage de poissons comestibles. DER **piscicole** *a* – **pisciculteur, trice** *n*

**pisciforme** *a* Qui a la forme d'un poisson.

**piscine** *nf* **1** RELIG Dans certaines religions, bassin destiné à des rites purificatoires. **2** Bassin où l'on pratique la natation ; bâtiment abritant ce bassin. **3** Bassin de désactivation des combustibles nucléaires. **4** Nom fam. des services secrets français. PHO [pisin] ETY Du lat. *piscina,* « vivier ».

**pisciniste** *n* Entreprise qui fabrique et/ou installe des piscines.

**piscivore** *a, nm* ZOOL Qui se nourrit de poissons. SYN ichtyophage.

**pisco** *nm* Eau-de-vie de vin d'Amérique du sud.

**Pise** (en ital. *Pisa*), v. d'Italie (Toscane), sur l'Arno ; 87 440 hab. ; ch.-l. de prov. Centre industriel. – Archevêché. Université (fondée en 1343). Cath. (XI<sup>e</sup>-XII<sup>e</sup> s.). Baptistère (XII<sup>e</sup>-XIII<sup>e</sup> s.). Campanile, dit Tour penchée (XII<sup>e</sup>-XIV<sup>e</sup> s., 56 m de haut). Églises (XII<sup>e</sup>-XIV<sup>e</sup> s.). Palais Galileo. Palais Médicis (XIII<sup>e</sup>-XIV<sup>e</sup> s.) – . Camposanto (cimetière). Musée. Son commerce maritime fit de Pise une grande cité au XI<sup>e</sup> s. Vaincue par Gênes (1284), elle déclina. Florence s'en empara en 1406. DER **pisan, ane** *a, n*

**Pise** le Dôme et le campanile

**pisé** *nm* CONSTR Matériau fait de terre argileuse mêlée de paille, que l'on a comprimée.

**pisidie** *nf* Très petit mollusque bivalve d'eau douce. ETY Du lat. *pisum,* « pois ».

**pisiforme** *a, n* ANAT Se dit du quatrième os de la première rangée du carpe. ETY Du lat. *pisum,* « pois ».

**Pisistrate** (v. 600 – 527 av. J.-C.), tyran d'Athènes. Aristocrate, il s'appuya sur la paysannerie pauvre et s'empara du pouvoir (560 av. J.-C.). Renversé et exilé par deux fois, il rétablit définitivement son autorité après dix années d'exil. Il développa l'économie, accomplit des réformes sociales, construisit des monuments et une bibliothèque, où il rassembla les œuvres de l'époque homérique.

**pisolithe** *nf* GEOL Oolithe de la taille d'un pois, qui se forme au griffon de certaines sources calcaires. VAR **pisolite** DER **pisolithique** ou **pisolitique**

**Pison** → **Calpurnia Pison.**

**pissaladière** *nf* Tarte en pâte à pain, garnie de purée d'oignons, d'olives noires et d'anchois. ETY Du provenç.

**Pissarro Camille** (île Saint-Thomas, Antilles, 1830 – Paris, 1903), peintre français impressionniste, surtout paysagiste.

**pissat** *nm* Urine de certains animaux (âne).

**pisse** *nf* très fam Urine.

**pisse-copie** *n* fam Écrivain, journaliste qui écrit beaucoup, sur n'importe quel sujet. PLUR pisse-copies.

**pisse-froid** *nm* fam Homme froid, ennuyeux. PLUR pisse-froids.

**pissenlit** *nm* Plante (composée) à feuilles dentelées, à capitules jaunes, à fruits groupés en boule duveteuse, que le vent disperse facilement. *Salade de pissenlits.* SYN dent-de-lion. LOC fam ***Manger les pissenlits par la racine :*** être mort et enterré.

**pisser** *v* 1 très fam **A** *vi* Uriner. **B** *vt* **1** Évacuer avec l'urine. *Pisser du sang.* **2** Laisser s'échapper un liquide. *Blessure qui pisse le sang. Cette vieille bassine pisse par le fond.* LOC fam ***Autant pisser dans un violon :*** cela ne sert à rien, c'est absolument inutile. — fam ***Ça ne pisse pas loin :*** c'est très médiocre. — fam ***Faire pisser la vigne :*** obtenir des rendements élevés aux dépens de la qualité. — fam ***Ne plus se sentir pisser :*** être très fier de soi. — fam ***Pisser de la copie :*** écrire, rédiger abondamment et mal. ETY Du lat. DER **pissement** *nm*

**pissette** *nf* TECH Appareil en verre ou en matière plastique produisant un petit jet de liquide, utilisé dans les laboratoires.

**pisseur, euse** *n* très fam **A** Personne qui pisse. **B** *nf* Fillette. LOC ***Pisseur de copie :*** pisse-copie.

**pisseux, euse** *a* **1** fam Imprégné d'urine ; qui sent l'urine. **2** D'une couleur jaunâtre, passée. *Ton pisseux.*

**pisse-vinaigre** *nm* fam **1** Avare. **2** Personne morose et renfrognée, pisse-froid. PLUR pisse-vinaigres.

**pissoir** *nm* rég Urinoir.

**pissotière** *nf* fam Urinoir public.

**pistache** *nf, a inv* **A** *nf* Graine comestible du pistachier. **B** *a inv* D'un vert pâle. *Couleur pistache.* ETY Du lat

**pistachier** *nm* Arbre (térébinthacée) des régions tropicales qui produit la pistache.

**pistachier**

**pistard, arde** *n* Cycliste sur piste par oppos. à *routier.*

**piste** *nf* **1** Trace qu'un animal laisse de son passage. **2** Voie, élément, indice qui permet de découvrir une personne, une chose que l'on recherche. *Malfaiteur qui brouille les pistes.* **3** Terrain aménagé pour y disputer des courses de chevaux, de voitures, etc. *Piste d'un stade.* **4** Emplacement souvent circulaire servant de scène dans un cirque, d'espace pour danser dans une boîte de nuit, etc. **5** Chemin réservé aux cavaliers, aux cyclistes, aux skieurs, etc. *Piste cyclable.* **6** Partie d'un terrain d'aviation réservée au décollage et à l'atterrissage des avions. **7** Route de terre, dans des régions désertiques, sauvages. *Piste tracée à travers brousse.* **8** TECH Ligne continue d'un support magnétique, sur laquelle sont enregistrés des signaux. *Bande magnétique à deux pistes.* LOC TECH ***Piste sonore :*** partie de la bande d'un film affectée à l'enregistrement et à la reproduction du son. ETY De l'ital. *pista,* du lat. *pestare,* « broyer ».

**pister** *vt* 1 Suivre la piste de ; suivre, filer. DER **pistage** *nm*

**pisteur, euse** *n* **1** Chasseur qui piste le gibier, qui le suit à la trace. **2** Personne chargée de la surveillance et de l'entretien des pistes de ski.

**pistil** *nm* BOT Organe reproducteur femelle de la fleur des angiospermes. SYN gynécée. PHO [pistil] ETY Du lat. *pistillus,* « pilon ». DER **pistillaire** *a*

**Pistoia** v. d'Italie (Toscane), au pied de l'Apennin ; 90 147 hab. ; ch.-l. de la prov. du même nom. Centre comm. et industr. – Cath. (XII<sup>e</sup> s.). Baptistère (XIV<sup>e</sup> s.). Égl. (XII<sup>e</sup> s.). Palais communal (XIII<sup>e</sup>-XIV<sup>e</sup> s.). – Cité indépendante (XI<sup>e</sup> s.) et prospère, Pistoia, en déclin au XIII<sup>e</sup> s., fut annexée par Florence en 1401.

**pistole** *nf* anc Monnaie d'or en Italie et en Espagne. ETY Du tchèque.

**pistoléro** *nm* Partisan, franc-tireur. ETY Mot esp. VAR **pistolero**

**pistolet** *nm* **1** Arme à feu individuelle à canon court, qui se tient à la main. *Tir au pistolet.* **2** Instrument ou jouet similaire. *Pistolet à eau.* **3** Instrument servant à planter des clous, des rivets, etc. **4** Pulvérisateur de peinture. **5** Embout métallique d'un tuyau de distribution de carburant. **6** fam Urinal. **7** Belgique Petit pain. ETY De *pistole.*

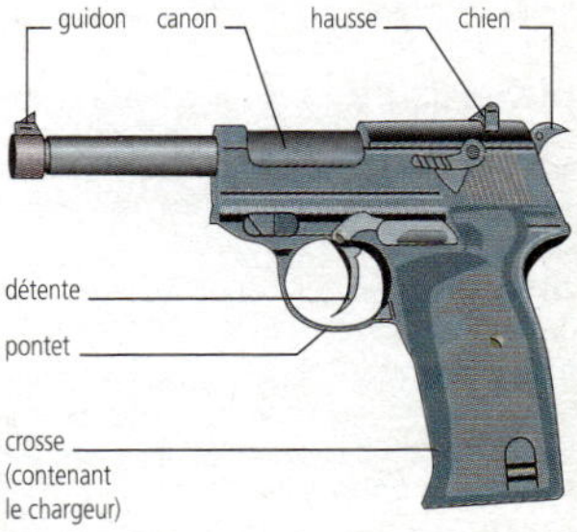


**pistolet** à 10 coups

**pistolet-mitrailleur** *nm* Arme à feu individuelle automatique, à tir par rafales. SYN cour mitraillette. ABREV P.-M. PLUR pistolets-mitrailleurs.

**pistoleur, euse** *n* Ouvrier qui peint au pistolet.

**pistolier, ère** *n* Sportif spécialiste du tir au pistolet.

**piston** *nm* **1** Pièce cylindrique qui coulisse dans le cylindre d'un moteur, dans le corps d'une pompe, et qui sert à produire un mouvement ou à comprimer un fluide. **2** MUS Dispositif qui, sur certains instruments à vent, règle le passage de l'air et donc la hauteur des notes. *Cornet à pistons.* **3** fam Recommandation, protection dont bénéficie une personne pour se faire attribuer une place, un avantage, etc. **4** fam École centrale des arts et manufactures ; élève de cette école. ETY De l'ital.

**pistonner** *vt* 1 fam Appuyer, recommander qqn.

**pistou** *nm* rég Préparation à base de basilic et d'ail pilés que l'on utilise pour parfumer la soupe ou une sauce. ETY Du provenç. *pistar,* « broyer ».

**pita** *nm* Pain sans levain du Proche-Orient.

**pitance** *nf* vieilli Nourriture. *Une maigre pitance.* (ETY) De *pitié.*

**pitbull** *nm* Sorte de bouledogue, souvent dressé pour l'attaque et les combats de chiens (pratique interdite en France). (PHO) [pitbyl] (ETY) Mot angl.

**Pitcairn** île volcanique du Pacifique, au S.-E. des îles Tuamotu ; 4,6 km$^2$ ; 59 hab. Les révoltés du *Bounty* s'y réfugièrent en 1789 et s'unirent à des Polynésiennes. Cette colonie britannique comprend des atolls, inhabités.

**pitch** *nm* **1** Résumé très travaillé destiné à obtenir l'adhésion des interlocuteurs, des lecteurs. **2** SPORT Au golf, balle qui reste à l'endroit où elle est tombée. (ETY) Mot angl.

**pitchoun, e** *n* rég Petit enfant. (PHO) [pitʃun] (ETY) Mot provenç. (VAR) **pitchounet, ette**

**pitchpin** *nm* Variété de pin américain dont le bois, jaune à veines rouges, est utilisé en menuiserie. (PHO) [pitʃpɛ̃] (ETY) De l'angl.

**pite** *nf* Matière textile tirée des fibres de l'agave du Mexique. (ETY) Mot péruvien.

**Pite älv (le)** fl. de la Suède du N. (370 km), tributaire du golfe de Botnie.

**Piteşti** v. de Roumanie méridionale, en bordure des Carpates ; 151 740 hab. ; Vins.

**piteux, euse** *a* Qui inspire une pitié mêlée de mépris par sa médiocrité ou son aspect misérable. *Être en piteux état. Faire piteuse mine.* (ETY) Du lat. *pietas,* « piété ». (DER) **piteusement** *av*

**pithéc(o)-, -pithèque** Éléments, du gr. *pithêkos,* « singe ».

**pithécanthrope** *nm* PREHIST Hominien fossile découvert à Java en 1891, classé maintenant comme *Homo erectus.*

**pithiatisme** *nm* PSYCHIAT Ensemble des troubles fonctionnels, à composante hystérique, que l'on peut reproduire ou faire disparaître par suggestion. (ETY) Du gr. *peithein,* « persuader ». (DER) **pithiatique** *a*

**pithiviers** *nm* CUIS Gâteau feuilleté fourré de pâte d'amande. (ETY) Du n. pr.

**Pithiviers** ch.-l. d'arr. du Loiret, sur l'Œuf, branche de l'Essonne ; 9 242 hab. Prod. alimentaires. – Égl. (XVI$^e$ s. ). Chât. (XVI$^e$ s.). (DER) **pithivérien, enne** *a, n*

**pitié** *nf* **1** Sentiment de sympathie qu'inspire le spectacle des souffrances d'autrui. *Faire pitié.* **2** Sentiment de dédain, de mépris. **LOC** *Par pitié ! :* de grâce ! — *Quelle pitié ! :* quelle chose, quel spectacle déplorable ! (ETY) Du lat.

**Pitoëff Georges** (Tiflis, auj. Tbilissi, 1884 – Genève, 1939), acteur et directeur de théâtre français d'origine russe ; interprète à Paris, avec sa femme **Ludmilla** (Tiflis, 1895 – Rueil-Malmaison, 1951), de Tchekhov, Shaw, Ibsen, etc.

**piton** *nm* **1** Clou ou vis dont la tête a la forme d'un anneau ou d'un crochet. **2** Pointe, généralement isolée, d'une montagne élevée. *Piton rocheux.* **3** Canada, fam Bouton, touche servant à actionner un mécanisme, à commander un appareil. (ETY) Du roman.

**pitonner** *v* ① **A** *vi* En alpinisme, poser des pitons. **B** *vt, vi* Canada **1** fam Appuyer sur les touches d'un appareil. **2** Entrer des données dans un ordinateur. **3** Zapper. (DER) **pitonnage** *nm*

**Pitot Henri** (Aramon, 1695 – id., 1771), ingénieur français. ▷ *Tube de Pitot :* permettant de mesurer la vitesse de l'écoulement d'un fluide.

**pitoyable** *a* **1** Digne de pitié. *Situation pitoyable.* **2** Piteux, lamentable. (DER) **pitoyablement** *av*

**pitre** *nm* Bouffon, clown. (ETY) De *piètre.*

**pitrerie** *nf* Plaisanterie de pitre ; facétie.

**Pitt William, 1$^{er}$ comte de Chatham,** dit **le Premier Pitt** (Londres, 1708 – Hayes, Kent, 1778), homme politique anglais. Député whig (1735-1766), il défendit la puissance maritime et coloniale de son pays. Il se distingua par son incorruptibilité. Premier ministre et ministre de la Guerre (1756-1761), il remporta la guerre de Sept Ans. Le nouveau roi George III l'évinça, puis le rappela quand les colonies d'Amérique s'agitèrent (1766-1768). — **William,** dit **le Second Pitt** (Hayes, 1759 – Londres, 1806), fils du préc. ; homme politique. Premier ministre de 1783 à 1801 et de 1804 à sa mort, défenseur de l'Empire britannique, il organisa les finances de l'État. À partir de 1793, il suscita des coalitions contre la France révolutionnaire. Quand l'Irlande se souleva (1798), il réprima la révolte et fit voter, en 1800, l'Acte d'union, qui intégra l'Irlande dans le Royaume-Uni.

**Pitti** famille florentine de commerçants et de banquiers, qui rivalisa un moment avec les Médicis. – Le *palais Pitti,* à Florence, construit v. 1445 d'après les plans de Brunelleschi, transformé v. 1558, abrite auj. un riche musée de peinture.

**pittoresque** *a, nm* **1** Qui frappe par sa beauté. *Un site pittoresque. Le pittoresque d'une ville.* **2** Qui dépeint les choses de manière imagée, frappante. *Style pittoresque.* (ETY) De l'ital. *pittore,* « peintre ». (DER) **pittoresquement** *av*

**pittosporum** *nm* BOT Arbuste tropical à fleurs odorantes. (PHO) [pitospɔʀɔm] (ETY) Du gr. *pitta,* « poix », et *spora,* « spore ».

**Pittsburgh** ville des É.-U. (Pennsylvanie), important port fluvial au confl. de l'Alleghany et de la Monongahela, qui forment l'Ohio ; 1,8 million d'hab. (aggl.). Un des centres mondiaux de l'acier.

**pituitaire** *a* **LOC** vx *Glande pituitaire :* hypophyse. — *Muqueuse pituitaire :* qui tapisse les fosses nasales.

**pituite** *nf* MED Sécrétion muqueuse de l'estomac que certains malades, alcooliques notam., rendent le matin à jeun. (ETY) Du lat.

**pityriasis** *nm* Dermatose caractérisée par une fine desquamation de la peau. (PHO) [pitiʀjazis] (ETY) Du gr.

**più** *av* MUS (Devant une indication de mouvement.) Plus. *Più forte.* (PHO) [pju] (ETY) Mot ital.

**Piura** v. du N. du Pérou ; 265 870 hab. ; ch.-l. du dép. du m. nom. Comm. du coton.

**pive** *nf* Suisse Pomme de pin. (ETY) Du lat. *pipa,* « flûte ».

**pivert** *nm* ORNITH Pic à plumage vert et jaune, à tête rouge. (VAR) **pic-vert**

**pivoine** *nf* Plante bulbeuse ou arbustive (renonculacée) cultivée pour ses grosses fleurs rouges, roses ou blanches ; fleur de cette plante. **LOC** *Être rouge comme une pivoine :* très rouge. (ETY) Du gr.

**pivoine** corail

**pivot** *nm* **1** Axe fixe autour duquel peut tourner une pièce mobile. *Pivot d'une aiguille de boussole.* **2** Support d'une dent artificielle enfoncé dans la racine. **3** BOT Racine principale d'une plante, qui s'enfonce verticalement dans le sol. **4** SPORT Joueur placé au centre de la ligne d'attaque (basket-ball, handball). **5** fig Ce qui sert d'appui, de base ; principe fondamental. *L'égalité devant la loi, pivot de la démocratie.* (ETY) Du prélatin.

**pivoter** *vi* ① **1** Tourner sur un pivot ou comme sur un pivot. **2** BOT S'enfoncer verticalement dans la terre, en parlant des racines. (DER) **pivotant, ante** *a* – **pivotement** *nm*

**pixel** *nm* TECH Plus petit élément constitutif d'une image (photographie, image de télévision, télécopie). (ETY) De l'angl. *picture element,* « élément d'image ».

**pixélisé, ée** *a* INFORM Se dit d'une image numérique dont les pixels sont visibles à l'œil nu. (VAR) **pixellisé, ée**

**Pixerécourt René Charles Guilbert de** (Nancy, 1773 – id., 1844), auteur français de plus de cent mélodrames : *Victor ou l'Enfant de la forêt* (1798), *le Chien de Montargis* (1814).

**Pizarro Francisco** (en français *François Pizarre*) (Trujillo, vers 1475 – Lima, 1541), conquistador espagnol. Il tenta deux expéditions désastreuses vers le Pérou, à partir de Panamá (1524, 1526). En 1530, il conquit et pilla le Pérou avec ses frères et son associé, Almagro, qu'il fit mettre à mort en 1538 ; le fils et les amis d'Almagro le tuèrent. — **Gonzalo** (Trujillo, vers 1502 – près de Cuzco, 1548), conquistador, frère du préc., qu'il vengea en assassinant le vice-roi de Lima en 1546. Dictateur du Pérou, il fut exécuté par l'envoyé de Charles Quint. — **Juan** (Trujillo, 1505 – Cuzco, 1535), conquistador, frère des préc. Gouverneur de Cuzco (1535), il fut tué lors du siège de la ville par Almagro. — **Hernando** (Trujillo, v. 1508 – id., 1578), conquistador, frère des préc. À Cuzco, il vainquit Almagro, qui assiégeait la ville (1537). Ayant fait exécuter ce dernier (1538), il fut rappelé en Espagne et emprisonné de 1539 à 1560.

**Francisco Pizarro**

**pizza** *nf* Mets italien fait de pâte à pain façonnée en galette plate et garnie de tomates, d'olives, etc. (PHO) [pidza] (ETY) Mot ital.

**pizzaiolo** *nm* Cuisinier spécialiste des pizzas ; marchand de pizzas. (PHO) [pidzajɔlo]

**pizzeria** *nf* Restaurant où l'on mange principalement des pizzas. (PHO) [pidzeʀja] (ETY) Mot ital. (VAR) **pizzéria**

**pizzicato** *nm* MUS Manière de produire le son sur les instruments à archet, en pinçant les cordes. PLUR pizzicatos ou pizzicati. (PHO) [pidzikato] (ETY) Mot ital.

**PJ** *nf* fam Sigle de *police judiciaire.*

**pK** *nm* CHIM Constante caractérisant la force d'un électrolyte à une température donnée.

**Pl** PHYS Symbole du poiseuille.

**Pla Josep** (Palafrugell, prov. de Gérone, 1897 – Llofrin, prov. de Gérone, 1981), écrivain catalan : *Choses vues* (1925-1949), *le Cahier gris* (1966).

**placage** *nm* **1** Action de plaquer. *Placage de l'argent sur le cuivre.* **2** Matériau avec lequel on plaque. **3** Mince feuille de bois, généralement précieux, avec laquelle on recouvre des bois de moindre valeur. *Placage de palissandre, de bois de rose.* **4** SPORT Plaquage.

**placard** *nm* **1** Renfoncement dans un mur, fermé par une porte et servant de rangement. **2** fam Dans une entreprise, poste sans responsabilité où l'on cantonne un cadre. **3** Écrit ou imprimé affiché pour informer le public de qqch.

4 IMPRIM Épreuve imprimée d'un seul côté et servant aux corrections. 5 MED Plaque cutanée. *Placard eczémateux.* LOC fam *Mettre qqn, qqch au placard :* le mettre à l'écart. — *Placard publicitaire :* annonce publicitaire occupant un espace relativement important, dans un journal. ETY De *plaquer*.

**placarder** *vt* 1 Afficher. *Placarder un avis.* DER **placardage** *nm*

**placardiser** *vt* 1 fam Mettre qqn au placard, le cantonner dans un poste secondaire. DER **placardisation** *nf*

**Placards (affaire des)** affichage d'écrits hostiles au catholicisme dans plusieurs villes de France (nuit du 17 au 18 oct. 1534). François Ier professa alors sa foi romaine et des persécutions contre les protestants en résultèrent.

**place** *nf* 1 Dans une agglomération, espace découvert, public où aboutissent plusieurs rues. *La place de la Concorde, à Paris.* 2 COMM, FIN Ville où se font les opérations boursières, bancaires ou commerciales ; corps des négociants, banquiers, etc., d'une ville. *La place de Paris.* 3 Partie d'espace, endroit. *De place en place s'élevaient quelques ruines.* SYN lieu. 4 Portion d'espace déterminée, position qu'une chose occupe, peut ou doit occuper. *Ranger chaque chose à sa place.* 5 Lieu pouvant servir au stationnement d'un véhicule. 6 Emplacement, siège, dans un véhicule, un moyen de transport, une salle de spectacle, etc. ; titre qui confère le droit d'occuper une telle place. *S'asseoir à sa place. Places debout et places assises. Avoir des places gratuites pour un spectacle.* 7 Situation, condition dans laquelle se trouve qqn. *Il ne céderait sa place pour rien au monde.* 8 Rang, position dans une hiérarchie, un classement. *Terminer une course en bonne place.* 9 Situation, emploi. *Une place de dactylo. Perdre sa place.* LOC *À la place de :* au lieu de, en remplacement de. — *À la place de qqn :* dans sa situation. — FIN *Chèque sur place* ou *sur rayon :* qui dépend du même établissement de la Banque de France, par oppos. à *hors place* ou *hors rayon*. — *Crier qqch sur la place publique :* le faire savoir à tout le monde. — *En place :* à sa place, en ordre. — *Entrer dans la place :* s'introduire dans un groupe, un milieu fermé. — *Être en place, à sa place :* prêt à fonctionner. — *Faire place à :* être remplacé, suivi par. — *Ne pas rester, ne pas tenir en place :* être sans cesse en mouvement, être très agité. — *Place forte* ou *place :* forteresse ; ville protégée par des fortifications. — *Sur place :* sur les lieux mêmes de l'évènement. ETY Du lat.

**placé, ée** *a* 1 Qui est dans telle position, dans telle situation. *Personnage haut placé. Vous êtes mal placé pour lui faire des reproches.* 2 TURF Se dit d'un cheval qui se classe dans les deux premiers, s'il y a de quatre à sept partants, ou dans les trois premiers, s'il y a plus de sept partants.

**placébo** *nm* MED Préparation ne contenant aucune substance active, que l'on substitue à un médicament pour évaluer la part du facteur psychique dans l'action de celui-ci. ETY Du lat., « je plairai ». VAR **placebo**

**placébothérapie** *nf* MED Utilisation d'un placébo, thérapie faisant appel à des placébos.

**placement** *nm* 1 Action de placer de l'argent ; l'argent ainsi placé. 2 Action de procurer une place, un emploi. *Bureau de placement.* 3 Action de placer qqn, qqch à un endroit. LOC *Placement sous surveillance électronique (PSE) :* système judiciaire permettant de surveiller à distance une personne porteuse d'un émetteur spécial (bracelet électronique).

**placenta** *nm* 1 PHYSIOL Organe très vascularisé, qui assure chez les mammifères supérieurs les échanges entre l'organisme du fœtus et celui de la mère, pendant la gestation. 2 BOT Partie de la paroi des carpelles où s'insèrent les ovules. ETY Mot lat., « gâteau ».

**placentaire** *a, nm* A didac *a* Relatif au placenta. B ZOOL *nm* Mammifère possédant un placenta. SYN euthérien.

**placentation** *nf* 1 PHYSIOL Formation du placenta. 2 BOT Disposition des placentas dans les carpelles ou l'ovaire.

**placer** *v* 12 A *vt* 1 Mettre qqch, qqn à une certaine place, dans une certaine situation. *Placer les convives autour de la table. Placer sa main sur l'épaule de qqn.* 2 Procurer une place, un emploi à qqn. *Placer qqn comme apprenti.* 3 Assigner une place, un rang à qqch. *Placer le courage au-dessus des autres qualités.* 4 Introduire dans le cours d'un récit, d'une conversation. *Placer une anecdote, un bon mot.* 5 Trouver preneur pour une marchandise ; vendre. *Placer des billets de tombola.* 6 Prêter de l'argent à intérêt ; investir un capital pour lui conserver sa valeur ou en tirer un bénéfice. *Placer ses économies à la caisse d'épargne.* B *vpr* Se mettre dans une position favorable pour réussir ; se faire valoir.

**placet** *nm* 1 HIST Demande écrite présentée à un souverain, à un ministre pour obtenir une grâce, une faveur, etc. 2 DR Acte rédigé par l'avocat du demandeur et déposé au tribunal pour faire mettre l'affaire au rôle. ETY Mot lat., « il plaît ».

**placette** *nf* Petite place publique.

**placeur, euse** *n* A Personne qui s'occupe de conduire à leur place les spectateurs d'une salle de spectacle ou qui, dans une cérémonie, est chargée d'indiquer à chacun sa place. B *nm* FIN Établissement qui intervient dans le placement de valeurs immobilières.

**placide** *a* Tranquille, paisible calme. ETY Du lat. DER **placidement** *av* – **placidité** *nf*

**placier, ère** *n* COMM 1 Personne qui loue les places sur les marchés. 2 Représentant d'une maison de commerce.

**placoderme** *nm* PALEONT Poisson fossile de l'ère primaire, à la tête recouverte de plaques osseuses.

**placoplâtre** *nm* CONSTR Panneau de plâtre moulé dans du carton. ETY Nom déposé.

**placoter** *vi* Canada fam Bavarder. DER **placotage** *nm*

**plafond** *nm* 1 Surface horizontale formant intérieurement la partie supérieure d'une pièce, d'un lieu couvert. *Plafond en plâtre, en stuc.* 2 Bx-A Peinture décorant un plafond. *Le plafond de Chagall, à l'Opéra de Paris.* 3 Limite supérieure que l'on ne peut ou que l'on ne doit pas dépasser. *Plafond de vitesse, de température.* 4 AVIAT Limite supérieure d'altitude que peut atteindre un aéronef. 5 FIN Limite des dépenses autorisées par la loi de finances. *Plafond des charges budgétaires.* LOC *Faux plafond :* ménagé sous un plafond en maçonnerie pour isoler une pièce, réduire ses proportions, etc. — METEO *Plafond nuageux :* couche nuageuse constituant la limite de visibilité à partir du sol. — SOCIOL *Plafond de verre :* ensemble des critères tacites qui président à la promotion aux postes de responsabilité. ETY De *plat 1*, et *fond*.

**plafonnage** *nm* CONSTR Opération, travail qui consiste à pourvoir d'un plafond.

**plafonné, ée** *a Salaire plafonné :* fraction maximale d'un salaire soumise aux cotisations de la Sécurité sociale.

**plafonner** *v* 1 A *vt* 1 CONSTR Pourvoir d'un plafond. *Plafonner une salle de spectacle avec un matériau isolant.* 2 Assigner une limite à. *Plafonner les prix, les bénéfices.* B *vi* 1 Atteindre une limite maximale. *Les exportations plafonnent.* 2 AVIAT Atteindre son plafond, en parlant d'un aéronef. DER **plafonnant, ante** *a* – **plafonnement** *nm*

**plafonneur** *nm* Ouvrier spécialiste de la réalisation des plafonds en plâtre.

**plafonnier** *nm* Appareil d'éclairage électrique fixé au plafond.

**plagal, ale** *a* MUS Se dit du mode du plain-chant où la note finale est à la quarte supérieure de la note modale. PLUR plagaux. ETY Du gr. *plagios*, « oblique ».

**plage** *nf* 1 Partie basse d'une côte, couverte de sable ou de galets, où se brisent les vagues. 2 Station balnéaire. 3 Partie plate et sableuse de la rive d'un cours d'eau ou d'un lac, où l'on peut se baigner. 4 MAR Partie dégagée du pont, à l'avant ou à l'arrière d'un navire. 5 Ensemble de spires gravées sur une même face d'un disque et correspondant à une partie ininterrompue d'enregistrement. 6 Espace de temps dans un planning, un programme, etc. 7 Ensemble de valeurs comprises entre deux limites. LOC *Plage arrière :* tablette horizontale entre la vitre et la banquette arrière d'une automobile. ETY De l'ital.

**plagier** *vt* 2 S'approprier les idées de qqn ; copier une œuvre. ETY Du gr. *plagios*, « fourbe ». DER **plagiaire** *n* – **plagiat** *nm*

**plagioclase** *nm* PETROG Feldspath contenant du calcium et du sodium. ETY Du gr. *plagios*, « oblique », et *klasis*, « cassure ».

**plagiste** *n* Exploitant d'une plage payante qui loue des cabines, des parasols, vend des rafraîchissements, etc.

**Plagne (La)** station de sports d'hiver de la Tarentaise (Savoie).

**1 plaid** *nm* HIST Assemblée politique ou judiciaire de l'époque franque. PHO [plɛ] ETY Du lat.

**2 plaid** *nm* 1 anc Couverture de laine à carreaux que les montagnards écossais portaient en guise de manteau. 2 Couverture de voyage écossaise. PHO [plɛd] ETY Mot angl.

**plaider** *v* 1 A *vi* 1 Défendre oralement une cause devant les juges. *Cet avocat plaide pour, contre un tel.* 2 Prendre la défense de qqn, tenter de le justifier, de l'excuser. B *vt* 1 Défendre en justice. *Plaider une cause, une affaire.* 2 Invoquer dans un plaidoyer. *L'avocat plaidera la démence de son client.* ETY De l'a. fr. *plaid*, « convention ». DER **plaidable** *a* – **plaidant, ante** *a* – **plaideur, euse** *n*

**plaider-coupable** *nm* DR Procédure consistant, pour un accusé, à accepter de reconnaître les faits reprochés en échange d'une peine moins sévère négociée avec le juge. PLUR plaider-coupables.

**plaidoirie** *nf* DR Action de plaider ; plaidoyer. *La plaidoirie des avocats.*

**plaidoyer** *nm* 1 Discours prononcé par un avocat pour défendre une cause. 2 Exposé oral ou écrit en faveur d'un système, d'une idée.

**plaie** *nf* 1 Coupure, déchirure, brûlure de la peau, des chairs par un agent mécanique externe ou une cause pathologique. *Rapprocher les lèvres d'une plaie.* 2 fig Blessure affective. *Les plaies du cœur.* 3 Chose, personne nuisible ou pénible. LOC *Mettre le doigt sur la plaie :* indiquer avec précision la cause du mal. ETY Du lat.

**plaies d'Égypte (les dix)** maux qui frappèrent l'Égypte, selon la Bible, lorsque, le pharaon refusant de laisser partir les Hébreux, Moïse, investi par Dieu, envoya, à 7 jours d'intervalle, 10 plaies à l'Égypte : l'eau transformée en sang, l'invasion des grenouilles, 2 invasions d'insectes, la mortalité du bétail, la lèpre, la grêle, l'invasion de sauterelles, les ténèbres, la mort des premiers-nés égyptiens.

**plaignant, ante** *n, a* DR Personne qui dépose une plainte en justice.

**plain** *nm* MAR Le plus haut niveau de la marée. ETY Du lat. *planus*, « plat ».

**plain-chant** *nm* MUS Chant liturgique grégorien, monodique. PLUR plains-chants.

**plaindre** *v* 54 A *vt* Témoigner de la compassion à qqn. *Plaindre un malheureux.* B *vpr* 1 Manifester sa souffrance, sa douleur. *Se plaindre d'une douleur au côté.* 2 Témoigner son mécontentement au sujet de qqn, de qqch. *Se plaindre de son sort.* ETY Du lat.

**plaine** *nf* Grande étendue de terre plate et unie. ETY De *plain*.

**plain-pied (de)** *av* **1** Sur le même niveau. *Pièces de plain-pied.* **2** Sur un pied d'égalité.

**plainte** *nf* **1** Gémissement, cri de souffrance. *Les plaintes d'un blessé.* **2** Récrimination, expression de mécontentement. **3** DR Dénonciation, par la victime, d'une infraction pénale. *Porter plainte contre qqn.*

**plaintif, ive** *a* Qui a l'accent de la plainte. *Chant plaintif.* DER **plaintivement** *av*

**plaire** *v* 59 **A** *vti, vi* Être agréable à, charmer, convenir. *On ne peut pas plaire à tout le monde. Le désir, le besoin de plaire. Le film m'a beaucoup plu.* **B** *vpr* **1** Se trouver bien dans un lieu, une situation, une compagnie, etc. *Elles se sont plu dans ce village.* **2** Trouver du plaisir, de l'agrément à qqch. *Il se plaît à contredire son frère.* **3** Bien se développer, prospérer, en parlant des végétaux, des animaux. *Une plante qui se plaît dans les lieux humides.* **LOC** fam ***Il commence à me plaire !*** : à m'ennuyer sérieusement. — litt ***Plaise, plût à Dieu, au ciel que...*** : formule marquant le souhait ou le regret de qqch. *Plût au ciel qu'il fût encore vivant.* — vieilli ***Plaît-il ?*** : formule pour faire répéter ce que l'on a mal entendu. — ***S'il vous (te) plaît*** : formule de politesse employée pour une demande, un conseil, un ordre. *Quelle heure est-il, s'il te plaît ? Silence ! s'il vous plaît.* ETY Du lat.

**plaisance** *nf* **LOC** ***De plaisance*** : destiné à l'agrément, sans fonction utilitaire. *Bateau de plaisance. La navigation de plaisance ou la plaisance.*

**Plaisance** (en ital. *Piacenza*), v. d'Italie (Émilie-Romagne), près du Pô ; 107 310 hab. ; – Palais communal (XIIIe s.). Palais Farnèse (XVIe s.). – En 1545, le pape Paul III institua le duché de Parme, et Plaisance fut réunie au Piémont en 1860. DER **placentin, ine** *a, n*

**Plaisance-du-Touch** com. de la Hte-Garonne ; 14 164 hab.

**plaisancier, ère** *n* Personne qui pratique la navigation de plaisance.

**plaisant, ante** *a, nm* **A** *a* **1** Qui plaît, agréable. *Un endroit plaisant.* **2** Qui plaît en faisant rire, amusant. *Une histoire plaisante.* **B** *nm* Ce qui est plaisant. *Le plaisant d'une affaire.* **LOC** ***Mauvais plaisant*** : personne qui fait des plaisanteries de mauvais goût. DER **plaisamment** *av*

**plaisanter** *v* 1 **A** *vi* **1** Dire des choses destinées à faire rire, à amuser. *Il aime bien plaisanter. Plaisanter sur qqch.* **2** Dire ou faire qqch sans vouloir se prendre au sérieux, par jeu. **B** *vt* Railler légèrement, taquiner qqn. **LOC** ***Ne pas plaisanter avec*** : être intraitable, intransigeant quant à.

**plaisanterie** *nf* **1** Propos destiné à faire rire, à amuser. *Plaisanterie fine.* **2** Chose, parole ridicule, risible tant elle est ou paraît peu sérieuse. *Être prêt dès demain ? C'est une plaisanterie !* **3** Chose dérisoire, très facile. *Ce problème est une aimable plaisanterie.* **LOC** ***Ne pas comprendre la plaisanterie*** : s'offenser chaque fois qu'on plaisante sur soi.

**plaisantin** *nm* **1** Personne dont les propos, les actes manquent de sérieux ; farceur. **2** Personne sur qui on ne peut compter.

**plaisir** *nm* **1** État affectif lié à la satisfaction d'un désir, d'un besoin, d'une inclination ; sensation, sentiment agréable. *Le plaisir et la douleur. Plaisir physique, intellectuel.* **2** Ce qui procure du plaisir ; divertissement, distraction. *Plaisir d'offrir. Prendre, avoir plaisir à faire qqch.* **LOC** ***À plaisir*** : comme par caprice ; sans raison valable. — ***Avec plaisir*** : volontiers. — ***Faire plaisir à qqn*** : lui être agréable. — ***Fais, faites-moi le plaisir de*** : formule d'insistance polie ou menaçante. *Faites-moi le plaisir d'accepter. Faites-moi le plaisir de vous taire.* — ***Je vous souhaite bien du plaisir*** : se dit ironiquement à qqn qui va avoir à faire qqch de difficile ou de désagréable. — ***Le bon plaisir de qqn*** : sa volonté arbitraire. — ***Le plaisir*** : le plaisir des sens ; le plaisir sexuel. — ***Se faire un plaisir de*** : faire qqch bien volontiers. — HIST ***Tel est notre (bon) plaisir*** : formule par laquelle le roi marquait sa volonté dans les édits.

**Plaisir** ch.-l. de cant. des Yvelines (arr. de Versailles) ; 31 952 hab. Partie de Saint-Quentin-en-Yvelines. DER **plaisirois, oise** *a, n*

**1 plan** *nm* **1** Surface plane. *Plan vertical, horizontal.* **2** GEOM Dans la géométrie euclidienne, surface telle que toute droite qui y a deux de ses points y est entièrement contenue. *Plans sécants, tangents, perpendiculaires.* **3** Chacune des parties d'une image définie par son éloignement de l'œil. *Premier plan, arrière-plan.* **4** Importance relative de qqn ou de qqch. *Personnage de premier, de tout premier plan.* **5** PHOTO, CINE Image, prise de vue définie par l'éloignement de l'objectif par rapport à la scène représentée, par le cadrage. **6** CINE Suite d'images enregistrée par la caméra en une seule fois. **LOC** ***Gros plan*** : prise de vue rapprochée. — ***Plan d'eau*** : étendue d'eau calme. — ***Plan de travail*** : surface plane horizontale qui sert à diverses opérations. — ***Plan séquence*** : longue séquence en un plan unique. — ***Sur le même plan*** : sur un pied d'égalité, au même niveau. — ***Sur le plan (de)*** : du point de vue (de). *Sur le plan moral, de la moralité.*

**2 plan** *nm* **1** Représentation graphique d'une ville, d'un bâtiment, d'une construction, d'une machine, d'un appareil, etc. *Lever, dresser, tracer un plan.* **2** Carte à diverses échelles d'une ville, d'un lieu, etc. *Plan de Paris. Plan du métro.* **3** Disposition des différentes parties d'un ouvrage littéraire. *Plan d'un roman, d'une dissertation, d'un article.* **4** Ensemble de dispositions arrêtées en vue de l'exécution d'un projet. *Faire des plans pour l'avenir.* **5** fam Projet d'une occupation, d'une distraction. **6** ECON Ensemble des directives décidées par les pouvoirs publics, concernant les orientations, les objectifs et les moyens d'une politique économique sur plusieurs années. *Les objectifs du Plan.* **LOC** ***Laisser qqn, qqch en plan*** : abandonner sur place, ne plus s'en occuper. — ***Plan B*** : solution de remplacement en cas d'échec du processus en cours. — ***Plan comptable*** : ensemble des règles édictées pour la présentation des bilans, des comptabilités. — ***Plan social*** : mesures de reclassement ou d'indemnisation qui doivent accompagner un projet de licenciement collectif pour cause économique. ETY Var. de *plant*.

**3 plan, ane** *a* **1** Sans inégalité de niveau ni de courbure, en parlant d'une surface ; plat et uni. **2** GEOM Se dit d'un angle, d'une figure inscrits dans un plan. **LOC** ***Géométrie plane*** : qui étudie les figures contenues dans le plan (par oppos. à *géométrie dans l'espace*). ETY Du lat.

**planage** → **planer 1.**

**planaire** *nf* Petit ver plat des eaux douces.

**planant, ante** *a* fam Qui fait planer, rend euphorique. *Musique planante.*

**Plan Carpin** Giovanni da Pian del Carpine (en fr. *Jean du*) (Pian del Carpine, v. 1182 – Antivari, 1252), franciscain italien. Envoyé par le pape Innocent IV au pays des Mongols en 1245, il a relaté son voyage.

**plancha** *nf* CUIS Mode de cuisson espagnole sur une plaque de métal ; cette planche.

**planche** *nf* **A** **1** Pièce de bois plate, plus longue que large et peu épaisse. **2** MAR Pièce de bois, passerelle jetée entre le pont d'un navire et le quai. **3** IMPRIM Plaque de métal ou de bois préparée pour la gravure, pour la reproduction par impression ; estampe tirée sur une planche gravée. **4** Feuille contenant les illustrations, jointe à un ouvrage. *Planches hors texte en couleur.* **5** Petit espace de terre cultivée, de forme allongée, dans un jardin. *Une planche de salades.* **B** *nf pl* La scène, au théâtre. **LOC** ***Faire la planche*** : en natation, se laisser flotter sur le dos. — MAR ***Jours de planche*** : temps accordé à un navire pour effectuer le chargement ou le déchargement de son fret. — ***Monter sur les planches*** : se faire comédien ; faire du théâtre. — fam ***Planche à billets*** : symbole de l'inflation. — ***Planche à dessin*** : plateau de bois parfaitement plan sur lequel on fixe les feuilles de papier à dessin. — ***Planche à neige*** : syn. de *snowboard*. — ***Planche à pain*** : sur laquelle on coupe le pain. — ***Planche à repasser*** : sur laquelle on repasse le linge. — ***Planche à roulettes*** : planche dont une face est pourvue de roulettes, qui permet de se déplacer et d'exécuter des figures ; sport pratiqué avec une telle planche. SYN (déconseillé) skate-board. — SPORT ***Planche à voile*** : flotteur allongé muni d'une voile sur mât articulé, d'une dérive et d'un aileron. SYN (déconseillé) windsurf. — ***Planche de bord*** : tableau de bord d'une automobile, d'un avion. — ***Planche de salut*** : dernière ressource, ultime recours. ETY Du lat.

**planche** à voile

**Planche** Gustave (Paris, 1808 – id., 1857), critique littéraire français : *Portraits littéraires* (1836, 1849, 1854).

**planche-contact** *nf* PHOTO Tirage par contact sur une feuille de papier de toutes les photos d'un film. PLUR planches-contacts.

**planchéier** *vt* 2 TECH Revêtir de planches, d'un plancher. DER **planchéiage** *nm*

**1 plancher** *nm* **1** Séparation horizontale entre deux étages. **2** Partie supérieure de cette séparation constituant le sol d'un appartement. **3** Paroi inférieure de la caisse d'un véhicule, d'un ascenseur, etc. **4** Niveau, seuil minimal par oppos. à *plafond*. *Plancher des cotisations.* **LOC** fam ***Débarrasser le plancher*** : sortir, déguerpir. — fam ***Le plancher des vaches*** : la terre ferme par oppos. à la *mer*, aux *airs*.

**2 plancher** *vi* 1 **1** fam Subir une interrogation au tableau, faire un exposé. **2** Travailler. *Plancher sur un devoir.*

**planchette** *nf* **1** Petite planche. **2** TECH Tablette munie d'une règle à viseur, qui sert à lever les plans.

**planchiste** *n* Personne qui fait de la planche à voile. SYN véliplanchiste.

**Planchon** Roger (Saint-Chamond, 1931 – Paris, 2009), acteur, metteur en scène de théâtre et cinéaste français ; directeur du TNP de 1972 à 2002.

**Planck** Max (Kiel, 1858 – Göttingen, 1947), physicien allemand. Il révolutionna la physique moderne en élaborant (1900) la théorie des quanta. P. Nobel 1918. ▷ PHYS *Loi de Planck* : loi permettant de calculer la luminance du corps noir à une température et pour une longueur d'onde données. – *Constante de Planck* : constante universelle dont la valeur est $h = 6{,}6252 \times 10^{-34}$ joules-seconde.

Max Planck

**plançon** *nm* ARBOR Branche de saule ou de peuplier utilisée comme bouture. ETY Du lat.

**plan-concave** *a* OPT Qui a une face plane et une face concave. PLUR plan-concaves.

**plan-convexe** *a* OPT Qui a une face plane et une face convexe. PLUR plan-convexes.

**plancton** *nm* Ensemble des êtres vivants de petite taille, en suspension dans les eaux marines et douces, incapables de se déplacer activement (par opposition à *necton*). PHO [plɑ̃ktɔ̃] ETY Du gr. *plagkton*, « errant ». DER **planctonique** *a*

**plane** *nf* TECH Outil pour le travail du bois, constitué par une lame tranchante portant une poignée à chaque extrémité.

**plané** *am* Se dit du vol d'un oiseau, d'un avion qui plane. LOC fam *Faire un vol plané* : faire une chute spectaculaire.

**planéité** *nf* Caractère plan d'une surface.

**planémo** *nm* ASTRON Objet céleste, de masse comparable à celle d'une planète, mais qui, au lieu de tourner autour d'une étoile, évolue en liberté. ETY Acronyme de l'angl. *planet mass object*.

**1 planer** *vt* 1 Rendre plan, débarrasser de ses aspérités. *Planer une tôle.* DER **planage** *nm*

**2 planer** *vi* 1 **1** En parlant d'un oiseau, se soutenir en l'air sans paraître remuer ses ailes. **2** Voler avec le moteur arrêté ou au ralenti, en parlant d'un avion ; voler, en parlant d'un planeur. **3** Être en suspension dans l'air. **4** Peser comme une menace. *Laisse planer un doute.* **5** fam Ne pas avoir le sens des réalités ; être distrait. **6** fam Se sentir particulièrement bien, euphorique, partic. sous l'effet d'une drogue. ETY Du lat. *planus*, « plan ».

**planétaire** *a, nm* **A 1** *a* Relatif aux planètes. *Système planétaire.* **2** Relatif à la Terre ; mondial. *Un risque planétaire.* **B** *nm* TECH Pignon conique porté par chaque demi-arbre d'un différentiel.

**planétairement** *av* Mondialement.

**planétarisation** *nf* Extension d'un phénomène à l'échelle mondiale. DER **planétariser** *vt* 1

**planétarium** *nm* Salle au plafond en coupole figurant la voûte céleste, sur lequel sont projetés des points lumineux représentant les astres et leurs mouvements. PHO [planetaʀjɔm]

**planète** *nf* **1** Corps céleste de forme presque sphérique qui tourne autour du Soleil seul sur son orbite, accompagné ou non de satellite. **2** ASTROL Chacune des sept planètes des Anciens, supposées exercer une influence sur la destinée humaine. **3** fig Secteur d'activité aux contours plus ou moins flous. *La planète cinéma.* ETY Du gr. *planêtês*, « errant ».

ENC En 2006, l'Union astronomique internationale (UAI) précise qu'une planète a éliminé tout corps susceptible de se déplacer sur une orbite proche. Ainsi, le système solaire compte quatre *planètes telluriques* (Mercure, Vénus, la Terre et Mars), les plus proches du Soleil, et quatre *planètes joviennes* (Jupiter, Saturne, Uranus et Neptune), les plus éloignées. Pluton, avec son satellite Charon, est considéré par l'UAI comme une *planète naine*. La découverte d'exoplanètes, extérieures au système solaire, est l'un des principaux évènements astronomiques de la fin du XXe siècle. Au nombre de 270, elles se trouvent pour la plupart dans le voisinage immédiat du Soleil. On pense que 10% des étoiles ont au moins une planète géante de période inférieure à 10 ans ; comme la Galaxie compte environ 100 milliards d'étoiles, il y aurait donc plusieurs dizaines de milliards de planètes.

**planétésimal** *nm* ASTRO Petit corps solide, constituant la première étape de la formation de planètes par accrétion de matière. PLUR planétésimaux.

**planétoïde** *nm* ASTRO Objet théorique grossi par accrétion de la matière primitive, qui serait à l'origine d'une planète.

**planétologie** *nf* Étude des planètes. DER **planétologique** *a* – **planétologue** *n*

**1 planeur, euse** *n* TECH **A** *nm* Ouvrier qui plane les métaux. **B** *nf* Machine à planer.

**2 planeur** *nm* Avion à voilure fixe, sans moteur, à bord duquel on pratique le vol à voile.

**planèze** *nf* GEOL Plateau de basalte délimité par des vallées rayonnantes.

**planification** *nf* **1** Action de planifier. **2** ECON Organisation des moyens et des objectifs d'une politique économique.

**planifier** *vt* 2 Organiser, prévoir selon un plan. DER **planifiable** *a* – **planificateur, trice** *a, n*

**planimètre** *nm* TECH Instrument servant à mesurer l'aire d'une surface plane en suivant son contour.

**planimétrie** *nf* **1** TRAV PUBL Représentation d'un terrain, d'une route par sa projection horizontale. **2** GEOM Partie de la géométrie consacrée aux surfaces planes. DER **planimétrique** *a*

**planisme** *nm* ECON Doctrine des partisans ou des spécialistes de la planification. DER **planiste** *a, r*

**planisphère** *nm* Carte représentant les deux hémisphères de la sphère terrestre ou céleste en projection plane.

**plan-masse** *nm* ARCHI Syn. de *plan de masse*. PLUR plans-masses.

**plan-média** *nm* Choix des supports médiatiques destinés à une campagne de promotion. SYN médiaplanning. PLUR plans-médias.

**planneur, euse** *n* Publicitaire spécialiste de stratégie des marchés.

**planning** *nm* Programme qui échelonne les phases d'un travail à accomplir. SYN (recommandé) programme. LOC *Planning familial* : organisation du contrôle volontaire des naissances. PHO [planiŋ] ETY Mot angl.

**planoir** *nm* Outil d'orfèvre, petit ciseau à bout aplati.

**planorbe** *nf* ZOOL Mollusque gastéropode pulmoné d'eau douce, à coquille enroulée dans un plan.

**plan-plan** *av, a inv* **A** *av* Doucement, tranquillement. *Tu fais ça plan-plan, sans forcer.* **B** *a inv* Tranquille, exempt de complications, de difficultés. *Un petit boulot plan-plan.*

**planque** *nf* fam **1** Cachette. **2** Poste, emploi agréable, peu exposé.

**planqué, ée** *n* fam Personne qui a trouvé une planque.

**planquer** *v* 1 fam **A** *vt* Cacher, mettre à l'abri. *Planquer son argent dans un vase.* **B** *vi* Se mettre dans une planque pour surveiller, en parlant d'un policier. ETY Var. de *planter*.

**Planquette** Robert (Paris, 1848 – id., 1903), compositeur français d'opérettes : *les Cloches de Corneville* (1877), *Rip* (1884).

**plan-relief** *nm* Maquette d'une ville, d'une place forte, utilisée autrefois pour la guerre de siège. PLUR plans-reliefs.

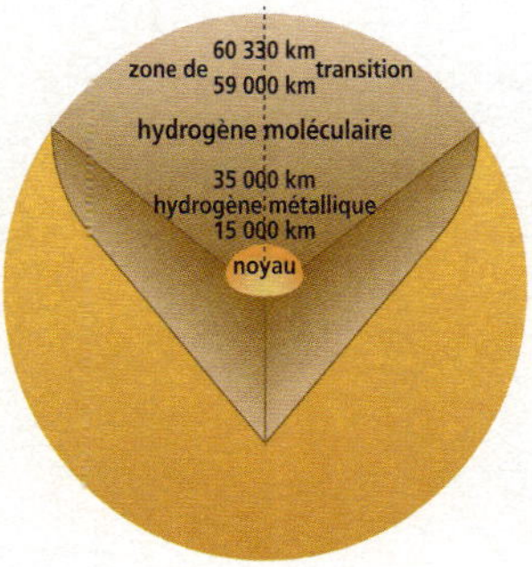


coupe d'une planète jovienne (Saturne) ; le modèle a été élaboré à partir des observations des sondes *Voyager*

**planétologie**

**plan-séquence** *nm* CINE Séquence constituée d'un seul plan, obtenue sans arrêter la caméra, mais en procédant à des recadrages. PLUR plans-séquences.

**plansichter** *nm* Blutoir mécanique à tamis superposés. PHO [plɑ̃siʃtɛʀ] ETY De l'all. *Plan*, « plan », et *Sichter*, « blutoir ».

**plant** *nm* AGRIC Jeune plante issue d'un semis et destinée à être transplantée. *Acheter des plants de salade.*

**plantage** *nm* fam Fait de se planter, échec.

**Plantagenêt** surnom donné à Geoffroi V le Bel, comte d'Anjou. Il désigna ensuite la dynastie qui régna sur l'Angleterre de 1154 à 1485.

Geoffroi V le Bel, dit **Plantagenêt**, 1151 – musée du Tessé, Le Mans

**plantaginacée** *nf* Dicotylédone gamopétale superovariée, telle que le plantain. ETY Du lat. *plantago*, « plantain ».

**1 plantain** *nm* Plante herbacée à feuilles en forme de rosette, à fleurs en épis, dont les graines servent à nourrir les oiseaux de volière. LOC *Plantain d'eau* : plante monocotylédone aquatique fréquente dans les zones humides (alismatacée). ETY Du lat.

**2 plantain** *nm* Variété de bananier dont les fruits se consomment cuits. ETY De l'esp.

**plantaire** → **plante 1.**

**plantation** *nf* **1** Action de planter. *Faire des plantations dans un parc.* **2** Ensemble des végétaux dont un terrain est planté ; terrain planté. **3** Exploitation agricole pratiquant la monoculture de végétaux de grande taille, dans les pays tropicaux. **4** Manière dont est plantée la chevelure sur le crâne.

**1 plante** *nf* LOC *Plante du pied* : face inférieure du pied. DER **plantaire** *a*

**2 plante** *nf* Tout végétal multicellulaire enraciné au sol. *Plantes potagères, fourragères. Plantes aromatiques, médicinales.* LOC fam *Une belle plante* : une jeune femme saine et bien faite. ETY Du lat.

**Planté** Gaston (Orthez, 1834 – Bellevue, 1889), physicien français inventeur du prem. accumulateur électrique (au plomb), en 1859.

**planter** *v* ① **A** *vt* **1** Mettre en terre une plante, des graines, des tubercules, etc., pour qu'ils prennent racine et croissent. **2** Ensemencer, garnir un terrain de végétaux. *Une allée plantée d'arbres.* **3** Enfoncer, ficher dans le sol, dans un matériau résistant. *Planter des clous dans un mur.* **4** Fixer, placer droit, installer. *Planter un drapeau au sommet d'un édifice.* **5** Appliquer avec force, brusquement. *Planter son regard dans le regard de qqn.* **6** fam Être la cause de l'échec de qqch. **B** *vpr* **1** Se placer debout, immobile. *Venir se planter devant qqn.* **2** fam Percuter un obstacle, avoir un accident de la route. **3** fam Échouer, se tromper. *Se planter dans ses calculs. Se planter à un examen.* **C** *vi, vpr* Cesser de fonctionner à cause d'une erreur logicielle, en parlant d'un ordinateur. **LOC** fam ***Planter là*** : abandonner brusquement. ETY Du lat.

**Plantes (Jardin des)** jardin botanique de Paris, à l'origine du Muséum national d'histoire naturelle.

**planteur** *nm* **1** Exploitant d'une plantation, dans les pays tropicaux. **2** Punch additionné de jus de fruits.

**planteuse** *nf* AGRIC Machine servant à planter les tubercules.

**plantigrade** *a, nm* ZOOL Se dit d'un mammifère qui pose toute la surface du pied sur le sol, par oppos. à *digitigrade* et à *onguligrade*.

**Plantin Christophe** (Saint-Avertin, près de Tours, v. 1520 – Anvers, 1589), imprimeur français. Il imprima la fameuse *Biblia Regia* ou *Biblia Poliglotta* (8 vol., 1569-1572).

**plantoir** *nm* AGRIC Outil conique servant à faire des trous dans le sol pour y repiquer des plants ou y semer des graines.

**planton** *nm* **1** Soldat affecté auprès d'un officier, d'un bureau, pour porter les plis, assurer les liaisons utiles. **2** Afrique Agent subalterne chargé de diverses tâches. **3** Suisse AGRIC Jeune plant. **LOC** fam ***Faire le planton*** : attendre qqn debout pendant un long moment.

**Plantu Jean Plantureux,** dit (Paris, 1951), dessinateur humoristique français.

**plantule** *nf* BOT Embryon végétal qui commence à se développer.

**plantureux, euse** *a* **1** Copieux, abondant. *Un dîner plantureux.* **2** Bien en chair. *Une femme plantureuse.* ETY Du lat. DER **plantureusement** *av*

**Planude Maximos** (Nicomédie, v. 1260 – Constantinople, 1310), auteur byzantin d'une *Anthologie grecque* et de l'édition des *Fables* d'Ésope.

**plaquage** *nm* **1** SPORT Au rugby, action de plaquer un adversaire. SYN placage. **2** fam Action de plaquer, d'abandonner qqn, qqch.

**plaque** *nf* **1** Morceau plat et de faible épaisseur, d'une matière rigide. *Une plaque de verre.* **2** Pièce rigide, portant une inscription ; insigne de certaines fonctions ou dignités. *Plaque de commissionnaire. La plaque de grand officier de la Légion d'honneur.* **3** ELECTRON Anode d'un tube électronique. **4** PHOTO Surface recouverte d'une couche sensible à la lumière. **5** GEOL Élément rigide formé de croûte et de manteau supérieur, constituant, avec d'autres éléments semblables, l'enveloppe externe de la Terre. **6** Tache, lésion superficielle apparaissant sur la peau ou les muqueuses. *Plaques d'eczéma.* **7** JEU Grand jeton rectangulaire. **LOC** fam ***Être, mettre à côté de la plaque*** : se tromper. — ***Plaque à vent*** : couche de neige durcie par le vent et très instable. — ***Plaque dentaire*** : dépôt à la surface des dents, constitué de débris alimentaires et de bactéries, qui joue un rôle dans la formation des caries. — ***Plaque minéralogique*** : portant le numéro d'immatriculation d'un véhicule. — CH DE F ***Plaque tournante*** : plaque métallique circulaire, mobile qui permet de diriger les locomotives ou les wagons ; fig lieu par où circulent des personnes, des marchandises ; fig institution, personne par qui passent des informations, des documents, etc.

ENC Selon la théorie de la *tectonique des plaques*, conçue dans les années 1960, l'enveloppe externe de la Terre est constituée d'une mosaïque de plaques rigides, animées de mouvements relatifs. Celles-ci se déplacent sur une zone plastique, partiellement fondue, l'asthénosphère, ce qui explique les déplacements des continents les uns par rapport aux autres. Les plaques se renouvellent perpétuellement, car les dorsales océaniques sont le lieu d'énormes épanchements volcaniques. Cet apport de matière (accrétion) provoque l'accroissement et la migration latérale des plaques, symétriquement par rapport à l'axe de la dorsale. À l'autre extrémité, une plaque se détruit en plongeant dans le manteau sous la plaque voisine (subduction). Les zones de subduction, matérialisées par des fosses océaniques, sont le siège d'une forte sismicité et d'une intense activité volcanique. C'est également dans ces zones, où deux plaques adjacentes s'affrontent, que se forment les chaînes de montagnes.

**plaqué** *nm* **1** Métal commun recouvert d'une mince couche de métal précieux. **2** Bois recouvert de placage.

**plaquemine** *nf* Syn. de *kaki*.

**plaqueminier** *nm* Arbre des régions chaudes à bois très dur (ébénacée) dont les espèces indiennes et ceylanaises fournissent une variété d'ébène et dont le fruit est le kaki.

**plaquer** *vt* ① **1** Appliquer une plaque, une feuille mince sur une surface. *Plaquer de l'acajou sur du chêne.* **2** Recouvrir qqch d'une couche de métal précieux. *Plaquer un briquet d'argent.* **3** Aplatir, maintenir contre qqch. *Plaquer une mèche de cheveux sur son front.* **4** Projeter avec force. *Le souffle de l'explosion l'a plaqué au sol.* **5** SPORT Au rugby, saisir dans sa course un adversaire aux jambes pour le faire tomber. **6** fam Quitter, abandonner. *Il a plaqué sa femme.* **LOC** MUS ***Plaquer un accord*** : frapper simultanément sur le clavier les notes qui le composent. ETY Du néerl. *placken*, « rapiécer ».

**plaquettaire** *a* BIOL Des plaquettes du sang. *Antiagrégant plaquettaire.*

**plaquette** *nf* **1** Petite plaque. *Plaquette de chocolat.* **2** Petit livre mince. *Une plaquette publicitaire.* **3** BIOL Élément du sang, dépourvu de noyau, qui joue un rôle important dans la coagulation du sang et l'hémostase primaire. SYN thrombocyte.

**plaqueur, euse** *n* **1** Bijoutier spécialiste du plaqué. **2** Ébéniste spécialiste du placage.

LES DOUZE PLAQUES DE LA LITHOSPHÈRE

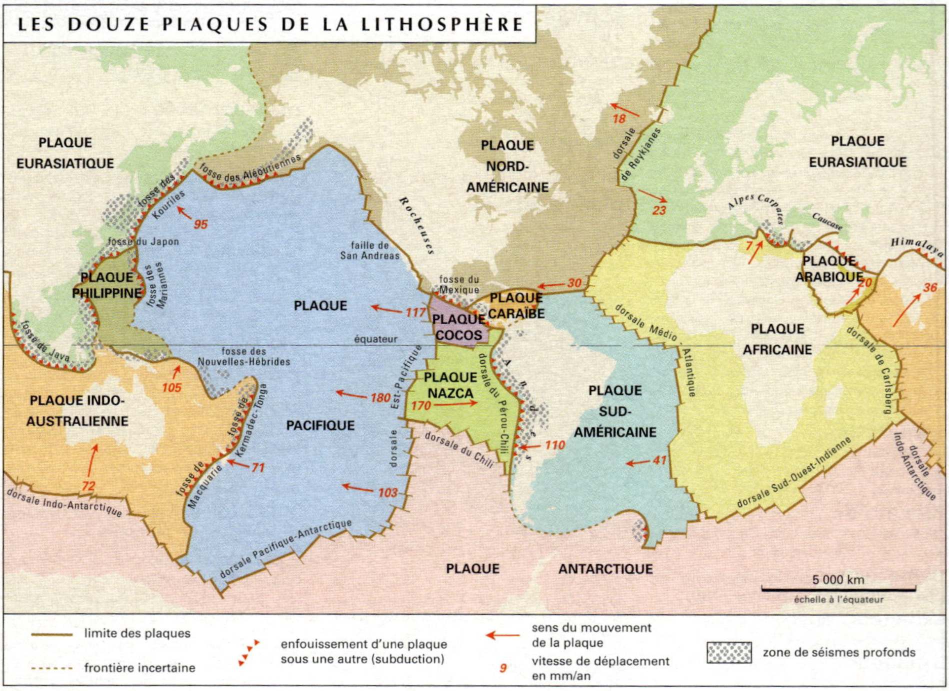

3 Joueur ou joueuse de rugby chargé de plaquer les adversaires.

**plaquiste** *n* Professionnel qui met en œuvre des plaques de plâtre pour des plafonds, cloisons, etc.

**-plasie** Élément du gr. *plasis,* « modelage ».

**Plaskett John Stanley** (Woodstock, 1865 – Esquimalt, 1941), astrophysicien canadien : travaux sur la Galaxie.

**plasma** *nm* **1** BIOL Partie liquide du sang où sont en suspension les hématies, les leucocytes, les plaquettes. **2** PHYS Gaz formé d'un ensemble d'électrons et d'ions en équilibre avec des molécules ou des atomes non ionisés. ETY Mot gr., « chose façonnée ».

ENC Un plasma se caractérise par sa *température* (qui peut atteindre plusieurs millions de kelvins, notam. dans les étoiles), par sa *densité* (nombre de particules par unité de volume) et par sa *pression.* Le plasma est un excellent conducteur de l'électricité. On parvient à le confiner au moyen de champs magnétiques (« bouteille magnétique »). V. fusion.

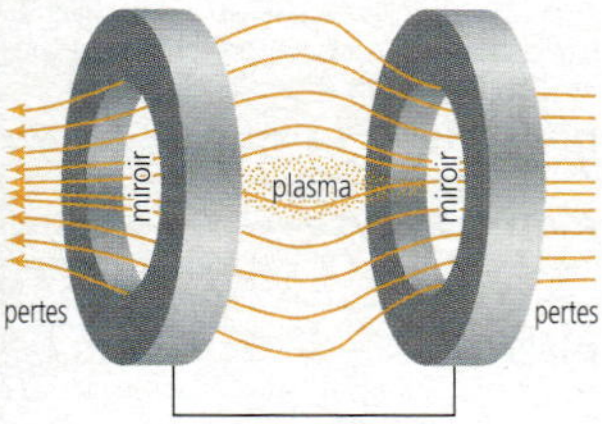


**plasma** bouteille magnétique

**plasmagène** *a* BIOL Qualifie une structure cytoplasmique douée de continuité génétique.

**plasmalemme** *nm* BIOL Syn. de *membrane plasmique.*

**plasmaphérèse** *nf* MED Technique qui consiste à faire passer le sang d'un malade dans un appareil pour en séparer les constituants.

**plasmatique** *a* BIOL Qui se rapporte au plasma sanguin.

**plasmide** *nf* BIOL Unité d'ADN indépendante du chromosome, dans une bactérie.

**plasmifier** *vt* 2 PHYS Transformer un gaz en plasma.

**plasmine** *nf* BIOCHIM Enzyme plasmatique capable de dégrader la fibrine et le fibrinogène.

**plasminogène** *nm* BIOL Protéine plasmatique se transformant en plasmine sous l'action d'un activateur.

**plasmique** *a* PHYS Relatif aux plasmas. *Propulsion plasmique.* LOC BIOL ***Membrane plasmique*** ou ***cytoplasmique*** : membrane lipoprotéique qui entoure toutes les cellules. SYN plasmalemme.

**plasmo-, -plasme** Éléments, du gr. *plasma,* « chose façonnée », ou du fr. *plasma.*

**plasmochimie** *a* Étude des plasmas.

**plasmocyte** *nm* BIOL Cellule conjonctive pathologique, à noyau excentrique. DER **plasmocytaire** *a*

**plasmocytose** *nf* MED Prolifération des plasmocytes dans la moelle osseuse ou le sang.

**plasmode** *nm* BIOL Masse cytoplasmique renfermant, sous une seule membrane cellulaire, de nombreux noyaux. SYN syncitium.

**plasmodium** *nm* MED Hématozoaire agent du paludisme. PHO [plasmɔdjɔm]

**plasmolyse** *nf* BIOL Perte d'eau, par osmose, d'une cellule placée dans un milieu hypertonique.

**plasmopara** *nm* BOT Champignon (péronosporale) dont une espèce est l'agent du mildiou de la vigne.

**-plaste, -plastie** Éléments, du gr. *plassein,* « mode er ».

**plaste** *nm* BOT Organite cellulaire caractéristique de tous les végétaux autres que les champignons.

**plastic** *nm* Explosif ayant la consistance du mastic. SYN plastique. ETY Mot angl.

**plasticage → plastiquer.**

**plasticien, enne** *n* **1** Artiste qui se consacre aux arts plastiques. **2** TECH Ouvrier ou industriel du secteur des matières plastiques. **3** CHIR Médecin spécialiste de la chirurgie plastique.

**plasticité** *nf* **1** Aptitude d'une matière à prendre différentes formes. *Plasticité de l'argile.* **2** fig Souplesse morale. *Plasticité du caractère.* **3** Bx-A Caractère sculptural. *Plasticité d'un sujet.*

**plasticulture** *nf* AGRIC Culture sous abri fait de matière plastique.

**plastie** *nf* Opération de chirurgie réparatrice.

**plastifiant, ante** *a, nm* TECH Se dit d'une substance que l'on introduit dans un mélange pour augmenter sa plasticité.

**plastifier** *vt* 2 **1** Rendre plastique par l'ajout d'un plastifiant. **2** Recouvrir d'une feuille ou d'un enduit en matière plastique. *Plastifier une carte.* DER **plastification** *nf*

**plastiline** *nf* Pâte à modeler à base de cire et de colophane.

**plastiquage → plastiquer.**

**plastique** *a, n* **A** *a* **1** Qu'on peut modeler. *L'argile plastique.* **2** Qui concerne l'art, les techniques de la forme. **3** De forme harmonieuse. **B** *nf* **1** Ensemble des formes d'une statue, d'un corps considérées du point de vue de leur harmonie. *La plastique d'une danseuse.* **2** Art de modeler, de sculpter. *La plastique grecque.* **C** *nm* **1** Matière plastique. **2** Syn. de *plastic.* LOC ***Arts plastiques*** : qui ont pour but de reproduire, d'élaborer des formes, tels que le modelage, la peinture, la sculpture, etc. — ***Chirurgie plastique*** : partie de la chirurgie qui répare ou corrige certaines malformations, certaines lésions post-traumatiques. SYN chirurgie reconstructrice ou réparatrice. — ***Matière plastique*** : produit constitué de substances organiques de grande masse molaire auxquelles on a ajouté des composés destinés à améliorer leurs caractéristiques. ETY Du gr. *plastikos,* « relatif au modelage ».

ENC La première matière plastique artificielle, le celluloïd, a été obtenue en 1869, à partir du camphre et de la nitrocellulose ; la galalithe fut obtenue en 1897 à partir du formol et de la caséine du lait. L'essor des matières plastiques ne devint considérable qu'à partir de 1945, lorsque les travaux de Ziegler et de Natta reçurent une application industrielle. On distingue **1.** Les matières plastiques *naturelles* (ex. : la corne, l'écaille, la gélatine). **2.** Les matières plastiques *artificielles,* obtenues à partir de produits naturels (ex. : la nitrocellulose, la cellophane). **3.** Les matières plastiques *synthétiques,* fabriquées à partir des dérivés du pétrole (pétrochimie) ou du charbon (carbochimie) : a) les *matières thermoplastiques* (plastomères) sont constituées de macromolécules linéaires obtenues par polymérisation ou polycondensation ; b) les *matières thermodurcissables* ont une structure tridimensionnelle (polyesters, résines époxydes, silicones, etc.).

**plastiquement** *av* Du point de vue de la plastique.

**plastiquer** *vt* 1 Faire sauter avec une charge de plastic. DER **plastiquage** ou **plasticage** *nm* – **plastiqueur, euse** *n*

**Plastiras Nikolaos** (Karditsa, 1883 – Athènes, 1953), général et homme politique grec. Il contribua au renversement du roi Constantin (1922), s'exila en France (1935-1944) et dirigea le gouv. en 1945, 1950 et 1951-1952.

**plastron** *nm* **1** anc Partie de la cuirasse protégeant la poitrine. **2** SPORT En escrime, pièce de cuir matelassée qui protège la poitrine. **3** Pièce d'étoffe appliquée sur le devant d'un corsage ou d'une chemise d'homme. **4** Partie ventrale de la carapace d'une tortue, par oppos. à *dossière.* ETY De l'ital. *piastrone,* « haubert ».

**plastronner** *v* 1 **A** *vt* TECH Garnir d'un plastron ; protéger avec un plastron. **B** *vi* Bomber la poitrine, se pavaner.

**plasturgie** *nf* TECH Technologie des matières plastiques ; industrie des matières plastiques. DER **plasturgique** *a* – **plasturgiste** *n*

**1 plat, plate** *a, nm* **A** *a* **1** Qui a une surface plane, unie. **2** Peu profond. *Assiette plate.* **3** Qui n'est pas saillant. *Avoir la poitrine plate.* **4** Qui a peu d'épaisseur. *Talons plats.* **5** Sans caractère, sans personnalité. *Style plat.* **6** Fade, insipide. *Un vin plat.* **7** Servile, obséquieux. *Être plat devant ses supérieurs.* **B** *nm* **1** Partie plate de qqch. *Le plat de la main.* **2** En reliure, chacune des deux faces de la couverture d'un livre relié ou broché. LOC GEOM ***Angle plat*** : de 180°. — ***À plat*** : horizontalement, sur la partie la plus large. *Ranger des disques, à plat.* — ***À plat ventre*** : couché sur le ventre, la face tournée vers le sol. — ***Eau plate*** : non gazeuse. — ***Être à plat*** : dégonflé en parlant d'un pneu ; fam épuisé. — ***Faire du plat à qqn*** : le flatter servilement ; le courtiser. — ***Le plat pays*** : la Flandre. — ***Mettre à plat*** : considérer un problème dans toutes ses implications. — ***Pays plat*** : qui a peu de relief. — ***Tomber à plat*** : échouer. ETY Du gr.

**2 plat** *nm* **1** Pièce de vaisselle plus grande que l'assiette, dans laquelle on sert les mets. *Plat à poisson.* **2** Mets contenu dans un plat. *Un plat de riz.* **3** Mets d'un menu. *Plat de viande.* LOC fam ***Faire tout un plat de qqch*** : lui donner une importance qu'il n'a pas. — ***Mettre les petits plats dans les grands*** : recevoir qqn à grands frais. — fam ***Mettre les pieds dans le plat*** : commettre une maladresse ; entrer dans le vif du sujet. — ***Œufs au plat, sur le plat*** : que l'on casse et que l'on fait cuire sans les brouiller. — ***Plat de résistance*** : plat principal d'un repas. — ***Plat du jour*** : mets confectionné pour le jour même et différent chaque jour, dans un restaurant. — ***Plat garni*** : constitué de viande ou de poisson servis avec des légumes.

**Plata (Río de La)** estuaire des fl. Paraná et Uruguay séparant l'Argentine de l'Uruguay.

**Plata (La)** v. d'Argentine, près du *Río de La Plata* ; 459 050 hab. ; ch.-l. de la prov. de Buenos Aires. Grand centre industriel. – Université.

**Plata (La) → Sucre.**

**platane** *nm* Arbre dont l'écorce se détache par larges plaques, à fleurs unisexuées groupées en glomérules. LOC ***Faux platane*** : syn. de *sycomore.* ETY Du gr.

**plataniste** *nm* Cétacé d'eau douce (delphinidé) des grands fleuves d'Asie tropicale et d'Amérique du Sud. ETY Du gr.

**plat-bord** *nm* MAR Surface horizontale qui termine le bordé d'un navire à sa partie supérieure. PLUR plats-bords.

**plate** *nf* **1** ARCHEOL Chacune des plaques qui composaient une armure. **2** Petite embarcation à fond plat.

**plateau** *nm* **1** Plaque, tablette en matériau rigide destinée à servir de support ou à présenter qqch. *Servir le thé sur un plateau.* **2** Chacune des tablettes d'une balance où l'on pose les poids et la marchandise à peser. **3** Plaque rotative circulaire d'un électrophone sur laquelle on pose les disques. **4** TECH Disque d'un frein, d'un embrayage. **5** Roue dentée d'un pédalier de bicyclette. **6** Scène d'un théâtre, espace d'un studio de cinéma, de télévision, où sont plantés les décors et où les acteurs évoluent. **7** Ensemble de personnes réunies pour une émission de télévision tournée en studio ; l'émission elle-même. **8** Grande surface plane située en altitude. **9** fig Niveau stationnaire d'un phénomène, d'une évolution, présentant une courbe plus ou moins étale. **10** POLIT Fonction de président du Sénat. LOC ***Plateau continental :*** haut-fond qui borde un continent. — ***Plateau technique :*** ensemble des équipements d'un hôpital.

**Plateau** État du centre du Nigeria ; 58 030 km$^2$ ; 4 500 000 hab. ; cap. *Jos*.

**Plateau d'Assy** écart de la com. de Passy (Hte-Savoie, arr. de Bonneville). – Égl. (1950) décorée par Léger, Lurçat, Richier, Chagall, Bonnard, Matisse.

**plateau-repas** *nm* Plateau divisé en compartiments contenant un repas servi dans un avion, un self-service, etc. PLUR plateaux-repas.

**Plateau suisse** zone de plaines et de collines entre les Alpes et le Jura, la région vitale de la Suisse, drainée par l'Aar et ses affluents. V. princ. : Lausanne, Berne, Zurich. VAR **Moyen Pays** ou **Mittelland**

**plate-bande** *nf* **1** ARCHI Moulure plate ou linteau formant une bande horizontale sans ornements. **2** Bande de terre, entourant un carré de jardin, plantée de fleurs, d'arbustes, etc. PLUR plates-bandes. LOC fam ***Marcher sur les plates-bandes de qqn :*** empiéter sur ses droits, sur son domaine. VAR **platebande**

**1 platée** *nf* TECH Massif de fondation d'un bâtiment. ETY Du gr.

**2 platée** *nf* Contenu d'un plat.

**Platées** anc. v. de Béotie (Grèce) où les Grecs confédérés, commandés par le Spartiate Pausanias, battirent les Perses en 479 av. J.-C., mettant fin à la seconde guerre médique.

**plate-forme** *nf* **1** Surface plane horizontale, généralement surélevée et soutenue par de la maçonnerie. **2** TRAV PUBL Surface préparée pour établir une route, une voie ferrée. **3** TECH Surface plate équipée de différents matériels. **4** Structure destinée au forage et à l'exploitation d'un puits de pétrole sous-marin. **5** Partie non close d'un véhicule public où les voyageurs se tiennent debout. **6** MILIT Emplacement aménagé pour recevoir du matériel et des hommes. **7** Support électronique d'un média ou d'un logiciel. **8** Structure spécialisée dans un type d'activité. *Une plate-forme d'alphabétisation.* **9** Structure munie d'un équipement adéquat pour telle activité économique. *La plate-forme de distribution d'un ensemble d'éditeurs.* **10** Programme servant de point de départ à une politique commune. *Plate-forme électorale.* **11** fig Base, fondement, support, assise. *Une plate-forme de savoirs, de compétences.* PLUR plates-formes. LOC GEOGR ***Plate-forme structurale :*** surface d'une couche dure dégagée par l'érosion. VAR **plateforme**

**platement** *av* **1** D'une manière plate, sans originalité. *Écrire platement.* **2** D'une manière servile. *S'excuser platement.*

**plateresque (style)** style architectural et décoratif de la première Renaissance espagnole (fin du XV$^e$ s.-début du XVI$^e$ s.), qui combine avec exubérance des éléments italiens, gothiques et orientaux.

**plathelminthe** *nm* ZOOL Ver au corps aplati tel que la planaire, la douve, le ténia, etc.

**platier** *nm* **1** GEOGR Affleurement rocheux sur l'estran. **2** Partie plate d'un récif corallien, à faible profondeur.

**1 platine** *nf* **1** Plaque qui soutient le mécanisme d'un mouvement d'horlogerie. **2** Ensemble constitué par le plateau et les organes moteurs d'un électrophone. **3** Plateau d'un microscope, sur lequel on place la préparation à examiner. **4** Plaque sur laquelle est fixé le mécanisme de percussion, dans les armes à feu anciennes. **5** Partie plate d'un roller, supportant la chaussure. ETY De *plat.*

**2 platine** *nm, a inv* **A** *nm* **1** Élément métallique de numéro atomique Z = 78, de masse atomique 195,09 (symbole Pt). **2** Métal (Pt) précieux très ductile, de densité 21,4, qui fond à 1 770 °C. **B** *a inv* De la couleur du platine. *Cheveux teints en blond platine.* ETY De l'esp. *plata,* « argent ».

**platiné, ée** *a* Qui rappelle la couleur du platine, d'un blond très pâle. *Cheveux platinés.* LOC AUTO ***Vis platinée :*** pastille de contact d'un système d'allumage.

**platiner** *vt* ① **1** TECH Recouvrir de platine. **2** Donner la teinte du platine à. DER **platinage** *nm*

**Platini Michel** (Jœuf, Meurthe-et-Moselle, 1955), footballeur français ; le « n° 10 » (stratège) de l'équipe de France, championne d'Europe en 1984, et de la Juventus de Turin. Il devient président de l'Union des associations européennes de football (UEFA) en 2007.

**platinifère** *a* MINER Qui contient du platine.

**platinite** *nm* METALL Alliage de fer et de nickel dont le coefficient de dilatation est très voisin de celui du platine et du verre.

**platinoïde** *nm* CHIM Élément dont les propriétés sont analogues à celles du platine (iridium, osmium, palladium, rhodium et ruthénium), et qui lui est associé dans les gisements.

**platitude** *nf* **1** Caractère de ce qui est plat, sans originalité ; acte, propos plat. **2** Caractère d'un individu plat, obséquieux. **3** Acte, comportement servile.

**Platon** (Athènes, v. 428 – id., 348 ou 347 av. J.-C.), philosophe grec. Issu d'une famille aristocratique, il fut disciple de Cratyle, puis de Socrate. Après la mort de celui-ci (399), il voyagea, puis, vers 387, fonda, à Athènes, dans les jardins d'Académos, une école dont l'enseignement n'est connu que par quelques textes de son génial élève : Aristote. Mais nous possédons la quasi-totalité de ses écrits, rédigés sous forme de dialogues dans une prose attique admirable. On distingue trois groupes : les dialogues socratiques (dont *Alcibiade, Ion, Criton, Lysis, Protagoras, Apologie de Socrate*), œuvres de jeunesse consacrées à la défense de la mémoire de Socrate ou à des recherches morales ; les dialogues systématiques (dont *Gorgias, Ménon, Cratyle, Phédon, le Banquet, la République, Phèdre*), qui développent la théorie des Idées ; les dialogues critiques et métaphysiques (*Parménide, Théétète, Sophiste, Politique, Philèbe, Timée, Critias, Lois*), œuvres difficiles qui complètent cette théorie. Utilisant la méthode socratique de la recherche de la vérité (*maïeutique*), Platon aborde le monde des Idées, formes intelligibles, éternelles et parfaites, archétypes des choses sensibles, lesquelles n'en sont que des reflets. Il existe donc un Beau, un Juste en soi, auxquels les choses belles ou justes empruntent leur réalité passagère. Pour accéder au monde intelligible, il faut utiliser la *dialectique,* qui exige l'étude préalable de quatre sciences : arithmétique, géométrie, astronomie, musique. Dans ses derniers dialogues, Platon ne s'intéresse plus à des Idées telles que le Beau, le Bon, le Vrai, mais à des *mixtes* (du *même* et de l'*autre,* de l'*un* et du *multiple,* du *fini* et de l'*indéfini*). De même, l'Idée et la réalité sensible sont chacune des mélanges. L'Univers est le règne de l'harmonie et du divin ; aussi l'homme doit-il « se rendre, autant qu'il se peut, semblable à l'Être absolu » (intelligent, bon, etc.). L'influence du platonisme a été considérable sur Plotin et l'école d'Alexandrie, sur les théologiens chrétiens.

**platonique** *a* **1** Exempt de toute relation charnelle. *Amour platonique.* **2** Sans résultat pratique. *Vœu platonique.* ETY De *Platon,* n. pr. DER **platoniquement** *av*

**platonisme** *nm* PHILO Doctrine de Platon et de ses disciples. DER **platonicien, enne** *a, n*

**Platonov Andreï Platonovitch Klimentov,** dit (Voronej, 1899 – Moscou, 1951), écrivain russe, auteur de récits satiriques dénonçant la bureaucratie soviétique.

**plâtras** *nm* Débris de plâtre.

**plâtre** *nm* **A** *nm* **1** Gypse, sulfate de calcium. **2** Poudre blanche provenant de la calcination du gypse qui, mélangée à de l'eau, forme une pâte plastique qui se solidifie rapidement, utilisée en construction. **3** Ouvrage moulé en plâtre. **4** MED Appareil de contention, formé de bandelettes plâtrées, utilisé pour le traitement d'une fracture. **B** *nm pl* Ouvrages mettant en œuvre du plâtre tels qu'enduits intérieurs, plafonds, etc. LOC ***Battre qqn comme plâtre :*** très fort. ETY De *emplâtre.*

**plâtrer** *vt* ① **1** Couvrir, enduire de plâtre. **2** AGRIC Amender une prairie en y répandant du plâtre. **3** Mettre un membre fracturé dans un plâtre. DER **plâtrage** *nm*

**plâtrerie** *nf* **1** Travail du plâtrier. **2** Usine où l'on prépare le plâtre. SYN plâtrière.

**plâtreux, euse** *a* **1** Qui contient du plâtre. **3** Qui a, évoque l'aspect du plâtre. *Teint plâtreux. Fromage plâtreux.*

**plâtrier** *nm* Personne qui travaille le plâtre ou qui vend du plâtre ; ouvrier spécialisé dans l'exécution des plâtres.

**plâtrière** *nf* **1** Carrière de gypse. **2** Four où l'on cuit le plâtre. **3** Plâtrerie.

**platycerium** *nm* BOT Fougère épiphyte tropicale, cultivée comme plante ornementale d'intérieur. PHO [platiseʀjɔm]

**platyrhinien** *nm* ZOOL Singe d'Amérique vivant dans les forêts et caractérisé par ses narines écartées et une longue queue souvent préhensile. ETY Du gr. *platus,* « large ».

**Plauen** v. d'Allemagne (Saxe), sur l'Elster Blanche ; 77 410 hab. Industries. – Mon. anc. ; musée.

**plausible** *a* Qui peut être considéré comme vrai, que l'on peut admettre. *Une explication plausible.* ETY Du lat. *plausibilis,* « digne d'être applaudi ». DER **plausibilité** *nf* – **plausiblement** *av*

**Plaute** (en lat. *Titus Maccius Plautus*) (Sarsina, Ombrie, v. 254 – Rome, 184 av. J.-C.), poète comique latin. Nous conservons 21 de ses 130 comédies : *Amphitryon, Aulularia* (« la Marmite »), qui inspira l'*Avare* de Molière), *les Ménechmes, Curculio* (« le Charançon »), *Miles gloriosus* (« le Soldat fanfaron »), etc.

**play-back** *nm inv* AUDIOV Technique qui consiste à jouer ou à chanter en synchronisme

**Platon** et ses disciples, mosaïque – Musée archéologique, Naples

avec un enregistrement effectué préalablement. SYN (recommandé) présonorisation. PHO [plɛbak] ETY Mot angl. VAR **playback**

**play-boy** *nm* Jeune homme au physique séduisant, connu pour sa vie facile et ses succès féminins. PLUR play-boys. PHO [plɛbɔj] ETY Mot angl. VAR **playboy**

**playlist** *nf* Liste des titres de disques joués à un certain moment par une station de radio. ETY Mot angl.

**playmate** *nf* Jeune femme qui pose pour les revues érotiques. PHO [plemɛt] ETY Mot amér.

**playoff** *nm inv* SPORT Match de qualification à la phase finale d'un championnat de basket-ball, de rugby, etc. PHO [plɛɔf] ETY Mot angl.

**plèbe** *nf* **1** ANTIQ À Rome, la classe populaire, par oppos. à *patriciat*. **2** vieilli, péjor Bas peuple. ETY Du lat. DER **plébéien, enne** *a, n*

**plébiscite** *nm* **1** ANTIQ ROM Loi votée par l'assemblée de la plèbe. **2** Vote direct du peuple, par lequel il est appelé à investir une personne du pouvoir de diriger l'État. PHO [plebisit] ETY Du lat. DER **plébiscitaire** *a*

**plébisciter** *vt* ① Élire, approuver à une très forte majorité.

**plectre** *nm* MUS Médiator. ETY Du gr.

**-plégie** Élément, du gr. *plêssein*, « frapper ».

**pléiade** *nf* Groupe de personnes illustres ou remarquables. ETY Du n. d'un groupe de sept étoiles.

**Pléiade (la)** groupe de sept poètes grecs d'Alexandrie (III$^{e}$ s. av. J.-C.) : Alexandre l'Étolien, Philiscos de Corcyre, Sosithée d'Alexandrie, Sosiphanes de Syracuse, Dionysiades ou Æantides de Tarse, Homère de Byzance et Lycophron de Chalcis. – Groupe de sept poètes français de la Renaissance, constitué dès 1553 par Ronsard, baptisé « la Pléiade » en 1556 : J. du Bellay, J. A. de Baïf, Pontus de Tyard, Jodelle, Belleau, Peletier du Mans puis, après la mort de Ronsard (1585), Dorat.

**Pléiades (les)** dans la myth. gr., les sept filles d'Atlas et de Pléioné. Désespérées du sort que Zeus avait réservé à leur père, elles se donnèrent la mort et furent métamorphosées en étoiles.

**Pléiades (les)** groupe de sept étoiles dans la constellation du Taureau.

**Pléiades (les)** roman de Gobineau (1874).

**plein, pleine** *a, prép, nm* **A** *a* **1** Qui contient tout ce qu'il lui est possible de contenir ; rempli. *Un verre plein. Un stade plein à craquer.* **2** Qui contient une grande quantité de, qui a beaucoup de. *La place était pleine de gens. Une chemise pleine de taches.* **3** Qui porte des petits, en parlant d'une femelle animale. *Cette vache est pleine.* **4** Dont la matière occupe la masse entière, par oppos. à *creux*. *Brique pleine.* **5** Qui est complet, entier ; qui est à son maximum. *La lune est pleine.* **B** *prép* En abondance, sur. *Il y avait de l'eau plein la bouteille. De l'argent plein les poches.* **C** *nm* **1** Endroit, volume plein. **2** Partie grasse d'un caractère calligraphié, par oppos. à *délié*. LOC ***À plein temps*** : dont la durée égale celle de la journée légale de travail. *Travail à plein temps.* — ***Battre son plein*** : être à son plus haut degré d'intensité. — ***En plein(e)*** : tout à fait dans, pendant, au milieu de. *En pleine mer. En plein été.* — ***En plein air*** : dehors. — fam ***En plein sur, en plein dans*** : juste, exactement. *En plein dans le mille.* — fam ***Être plein*** : ivre. — ***Faire le plein*** : remplir le réservoir d'une voiture avec du carburant ; remplir un lieu au maximum ; obtenir le maximum. *Faire le plein des voix.* — ***Formes pleines*** : rondes, replètes. — ***Le plein de la mer*** : la marée haute. — ***Plein de*** : beaucoup de. *Il y a plein de gens.* ETY Du lat.

**plein-air** *nm inv* Activités sportives scolaires pratiquées à l'extérieur.

**pleinement** *av* Entièrement, totalement. *Être pleinement satisfait.*

**plein-emploi** *nm sg* ECON Situation où toute la main-d'œuvre d'un pays peut trouver un emploi. VAR **plein emploi**

**plein-jeu** *nm* MUS Registre de l'orgue. PLUR pleins-jeux.

**plein-temps** *nm* Exercice d'une profession occupant la totalité de la durée légale du travail. PLUR pleins-temps.

**plein-vent** *nm* Arbre fruitier qui n'est pas en espalier. PLUR pleins-vents.

**pléistocène** *nm, a* GEOL Se dit de l'époque la plus ancienne du quaternaire.

**Plekhanov Gheorghi Valentinovitch** (Goudalovka, 1856 – Terijoki, Finlande, 1918), homme politique et écrivain russe. Il introduisit le marxisme en Russie : *le Socialisme et la lutte politique* (1883), *Nos différences* (1885). Il se tint à l'écart de la révolution de 1917.

**plénier, ère** *a* Se dit d'une réunion, d'une assemblée à laquelle tous les membres d'un corps sont convoqués.

**plénipotentiaire** *nm* Agent diplomatique investi des pleins pouvoirs. LOC ***Ministre plénipotentiaire*** : de rang immédiatement inférieur à celui d'ambassadeur.

**plénitude** *nf* **1** litt État de ce qui est complet ; totalité. *Conserver la plénitude de ses moyens.* **2** Richesse, ampleur. *Plénitude d'un son.*

**plénum** *nm* POLIT Réunion plénière d'une assemblée, d'un comité, etc. PHO [plenɔm] ETY Du lat. par l'angl.

**pléonasme** *nm* LING Emploi de mots ou d'expressions renforçant l'idée (ex. : *je l'ai vu de mes yeux*), ou ajoutant une répétition fautive à ce qui vient d'être exprimé (ex. : *descendre en bas*). ETY Du gr. *pleonasmos*, « excès ». DER **pléonastique** *a*

**Plérin** com. des Côtes-d'Armor (arr. de Saint-Brieuc) ; 12 512 hab. – Industrie alim.

**plésiosaure** *nm* Grand reptile marin fossile du jurassique, atteignant 10 m de long. ETY Du gr. *plêsios*, « voisin ».

**Plessis Joseph-Octave** (Montréal, 1763 – Québec, 1825), prélat canadien, le premier archevêque du Québec (1818).

**Plessis-lez-Tours** écart de la com. de La Riche, près de Tours. – Louis XI acquit le chât. en 1463, l'agrandit et y mourut. En avr. 1589, Henri III et Henri de Navarre s'y allièrent contre la Ligue. Il en reste une aile (musée).

**Plessis-Robinson (Le)** ch.-l. de cant. des Hauts-de-Seine ; 21 618 hab. Industries. DER **robinsonnais, aise** *a, n*

**Plessis-Trévise (Le)** com. du Val-de-Marne ; 16 656 hab. DER **plesséen, enne** *a, n*

**pléthore** *nf* Abondance excessive. *Il y a pléthore de postulants pour cet emploi.* ETY Du gr. DER **pléthorique** *a*

**Pleumeur-Bodou** com. des Côtes-d'Armor (arr. de Lannion) ; 3 825 hab. Stat. de télécommunications spatiales, inaugurée en 1962. DER **pleumeurois, oise** *a, n*

**pleurage** *nm* ELECTROACOUST Déformation d'un son enregistré, due à l'irrégularité de la vitesse de défilement du support, à l'enregistrement, ou à la lecture.

**pleural, ale** *a* ANAT Relatif à la plèvre. PLUR pleuraux.

**pleurant** *nm* Bx-A Statue funéraire dans l'attitude de la désolation.

**pleurard, arde** *a, n* fam Qui pleure, se plaint souvent et sans motif sérieux.

**pleurer** *v* ① **A** *vi* **1** Verser des larmes. *Pleurer de joie.* **2** fig Se plaindre ; demander qqch avec insistance. *Pleurer auprès de qqn pour obtenir une faveur.* **3** Se lamenter, déplorer qqch. *Pleurer sur son sort.* **B** *vt* S'affliger de la disparition de qqn, de la perte de qqch. *Pleurer un parent. Pleurer ses belles années.* LOC ***N'avoir plus que les yeux pour pleurer*** : avoir tout perdu. — fam ***Ne pas pleurer qqch*** : ne pas épargner, ne pas ménager. — ***Pleurer de rire*** : à force de rire. ETY Du lat.

**pleurésie** *nf* Inflammation aiguë ou chronique de la plèvre, avec ou sans épanchement. DER **pleurétique** *a, n*

**pleureur, euse** *a* Se dit de certains arbres dont les branches retombent.

**pleureuse** *nf* Femme payée pour assister à des funérailles et pleurer le défunt, dans certaines sociétés, certaines civilisations.

**pleurite** *nf* Pleurésie sèche.

**pleurnicher** *vi* ① fam Pleurer ou feindre de pleurer sans raison ; prendre un ton larmoyant. DER **pleurnichement** ou **pleurnichage** *nm* ou **pleurnicherie** *nf* – **pleurnicheur, euse** ou **pleurnichard, arde** *a, n*

**pleuro-** Élément, du gr. *pleuron*, « côté ».

**pleurodèle** *nm* Sorte de salamandre de la péninsule Ibérique et du Maroc.

**pleuronectiforme** *nm* Poisson plat dont l'ordre comporte le carrelet, la limande, le turbot.

**pleuropneumonie** *nf* MED Pneumonie accompagnée d'une pleurésie.

**pleurote** *nm* Champignon à lamelles parasite des troncs d'arbres, comestible, cultivable. ETY Du gr. *otos*, « oreille ».

**pleurs** *nm pl* **1** litt Larmes. *Sécher ses pleurs.* **2** Suintement de sève. *Les pleurs de la vigne.*

**pleutre** *nm, a* litt **A** *nm* Homme sans courage. **B** *a* Lâche. *Attitude pleutre.* ETY Du flam. *pleute*, « chiffon ». DER **pleutrerie** *nf*

**pleuvasser** *v impers* ① Pleuvoir légèrement, à petites gouttes. VAR **pleuvoter, pleuvioter, pleuviner** ou **pluviner**

**pleuvoir** *v* ㊴ **A** *v impers* Tomber, en parlant de la pluie. *Il pleut à verse, à seaux.* **B** *vi* Tomber en grande quantité. *Les obus pleuvent. Les punitions pleuvent.* LOC fam ***Comme s'il en pleuvait*** : beaucoup, en abondance. — fam ***Il pleut des cordes, des hallebardes*** : abondamment, à grosses gouttes. ETY Du lat.

**Pleven** (anc. *Plevna*), v. de Bulgarie septentrionale ; 129 770 hab. ; ch.-l. du distr. du m. nom. Centre agricole et industriel. – En 1877, les Russes prirent la ville aux Turcs.

**Pleven René** (Rennes, 1901 – Paris, 1993), homme politique français ; président du Conseil en 1950-1951 et 1951-1952.

**plèvre** *nf* ANAT Membrane séreuse enveloppant les poumons. ETY Du gr. *pleura*, « côté ».

**plexiglas** *nm* Matière plastique transparente et flexible. PHO [plɛksiglas] ETY Nom déposé.

**plexus** *nm* ANAT Entrelacement de filets nerveux ou de vaisseaux qui s'anastomosent. LOC ***Plexus solaire*** : centre neurovégétatif de l'abdomen, situé entre l'estomac et la colonne vertébrale. PHO [plɛksys] ETY Mot lat.

**Pleyben** ch.-l. de cant. du Finistère (arr. de Châteaulin) ; 3 397 hab. Élevage porcin. – Église XVI$^{e}$ s. ; calvaire XVI$^{e}$-XVII$^{e}$ s. DER **pleybennois, oise** *a, n*

**Pleyel Ignaz** (Ruppersthal, près de Vienne, 1757 – Paris, 1831), compositeur autrichien. Il fonda à Paris une maison d'édition musicale puis, en 1807, une fabrique de pianos.

**pleyon** *nm* **1** Brin d'osier qui sert de lien. **2** Perche de bois flexible. PHO [plɛjɔ̃] ETY De *plier*. VAR **plion**

**pli** *nm* **1** Rabat d'une matière souple sur elle-même, formant une double épaisseur. *Jupe à* *plis.* **2** Marque qui reste à l'endroit où une chose a été pliée. *Pli d'un pantalon.* **3** Chacune des ondulations que fait une étoffe, une draperie. **4** GEOL Chacune des articulations que forment une ou plusieurs couches de terrain sous l'action d'une poussée tangentielle et dont l'ensemble constitue un plissement. *Pli convexe* (anticlinal), *concave* (synclinal). **5** Bourrelet ou ride de la peau ; marque sur la peau à la pliure d'une articulation. **6** Enveloppe d'une lettre ; la lettre elle-même. **7** Levée, aux cartes. **LOC** fam ***Ça ne fait pas un pli*** : cela ne peut manquer de se produire. — ***Faux pli*** ou ***pli*** : pli fait à une étoffe là où il ne devrait pas y en avoir. — ***Mise en plis*** : opération qui consiste à donner une forme aux cheveux mouillés et à les sécher à chaud pour qu'ils la conservent.

**pliant, ante** *a, nm* **A** *a* Se dit d'objets spécialement conçus pour pouvoir être pliés en cas de besoin. *Lit pliant.* **B** *nm* Petit siège de toile pliant, sans bras ni dossier.

**plie** *nf* Poisson plat. SYN carrelet.

**plié** *nm* CHOREGR Mouvement de danse qui s'exécute en pliant les genoux.

**plier** *v* [2] **A** *vt* **1** Mettre en double, une ou plusieurs fois, en rabattant sur lui-même un objet fait d'une matière souple. *Plier une couverture.* **2** Rabattre les unes sur les autres les parties articulées d'un objet ; fermer cet objet. *Plier un éventail.* **3** Accomplir la flexion d'une articulation. *Plier les genoux.* **4** Ployer, courber une chose flexible. *Plier une branche.* **5** fig Assujettir. *Plier qqn à sa volonté.* **6** fig, fam Terminer, conclure. *Plier un match en trois sets.* **B** *vi* **1** Se courber, ployer. **2** fig Céder, se soumettre. *Plier devant des menaces.* **C** *vpr* Céder, se soumettre à. *Se plier aux exigences de la situation.* **LOC** ***Plier bagage*** : fuir, s'en aller en emportant ses affaires. [ETY] Du lat. [DER] **pliable** *a* – **pliage** *nm*

**plieur, euse** *n* **A** Personne chargée du pliage. *Plieuse de parachutes.* **B** *nf* Machine à plier le papier.

**Pline l'Ancien** (en latin *Caius Plinius Secundus*) (Côme, 23 après J.-C. – Stabies, aujourd'hui Castellammare di Stabia, 79), écrivain latin. De son œuvre d'érudit nous ne possédons que son *Histoire naturelle* en 37 livres, encyclopédie des connaissances des Anciens. Chef de la flotte stationnée à Misène, il périt asphyxié en observant de trop près l'éruption du Vésuve qui détruisit Pompéi. — **Pline le Jeune** (en latin *Caius Plinius Cæcilius Secundus*) (Côme, 61 ou 62 – ?, vers 114), écrivain ; neveu du préc. Consul en 100 ou 101, il reçut de Trajan la charge de légat impérial en Bithynie (111-112). Son *Panégyrique de Trajan* est emphatique, mais ses *Lettres*, destinées à être lues en public, décrivent avec finesse la société du temps.

**plinthe** *nf* Bande de menuiserie, de plastique, etc., posée le long des murs ou des cloisons pour masquer le raccord avec le plancher. [ETY] Du gr. *plinthos*, « brique ».

**pliocène** *nm, a* GEOL Se dit de la dernière époque du tertiaire, entre le miocène et le pléistocène, qui a duré env. 3,5 millions d'années. [ETY] Du gr. *pleiôn*, « plus », et *kainos*, « récent ».

**plioir** *nm* **1** Instrument servant à plier. **2** Planchette échancrée sur laquelle on enroule les lignes de pêche.

**Plisnier** Charles (Ghlin, 1896 – Bruxelles, 1952), romancier belge d'expression française : *Faux Passeports* (1937), *Meurtres* (cycle, 1939-1941), *Mères* (cycle, 1946-1950).

**plissé, ée** *a, nm* **A** *a* Qui comporte des plis ; qui a été marqué de plis. **B** *nm* Aspect des plis de ce qu'on a plissé. *Une jupe au plissé parfait.*

**plissement** *nm* **1** Action de plisser. **2** GEOL Déformation de l'écorce terrestre qui donne naissance à un système de plis ; ce système lui-même.

**plisser** *v* [1] **A** *vt* **1** Orner de plis une étoffe, du papier, etc. *Plisser une jupe.* **2** Marquer de plis en contractant certains muscles. *Plisser le front.* **B** *vi* Faire des faux plis. [DER] **plissage** *nm*

**Plissetskaïa** Maïa Mikhaïlovna (Moscou, 1925 – Munich, 2015), danseuse russe qui s'est imposée dans le répertoire classique et contemporain.

**plisseur, euse** *n* **A** Personne qui plisse des étoffes. **B** *nf* Machine à plisser les étoffes.

**plissure** *nf* Arrangement de plis.

**pliure** *nf* **1** Action de plier des feuilles de papier pour le brochage, la reliure, etc. **2** Endroit où se forme un pli ; marque du pli.

**ploc !** *interj* Évoque le bruit d'une chute dans l'eau. [ETY] Onomat.

**plocéidé** *nm* ORNITH Oiseau passériforme qui bâtit son nid en boule et dont la famille comprend les moineaux, les tisserins, etc. [ETY] Du gr. *ploké*, « tressage ».

**Płock** v. de Pologne, au N.-O. de Varsovie ; 123 600 hab. ; ch.-l. de la voïévodie du m. n. Port fluvial sur la Vistule. Industries.

**Ploemeur** ch.-l. de cant. du Morbihan ; 18 800 hab. [DER] **ploemeurois, oise** *a, n*

**Ploërmel** ch.-l. de cant. du Morbihan ; 10 200 hab. Égl. goth. Maisons XVI^e^ s. [DER] **ploërmelais, aise** *a, n*

**ploiement → ployer.**

**Ploieşti** v. de Roumanie, au N. de Bucarest ; 209 900 hab. ; ch.-l. de distr. Centre pétrolier.

**plomb** *nm* **1** Élément métallique de numéro atomique Z = 82 et de masse atomique 207,19 (symbole Pb). **2** Métal (Pb) d'un gris bleuâtre, de densité 11,34, qui fond à 327,5 °C et bout à 1 740 °C, utilisé pour la fabrication de couvertures d'édifices, de conduites de gaz et pour la protection contre les rayonnements X et γ qu'il absorbe. **3** Chacun des petits grains de plomb qui constituent le chargement d'une cartouche de chasse. **4** Chacun des petits morceaux de plomb qui lestent une ligne de pêche. **5** Sceau en plomb. **6** TECH Chacune des baguettes de plomb qui maintiennent les pièces d'un vitrail. **7** Coupe-circuit en alliage fusible. **8** IMPRIM Ensemble des caractères d'une composition typographique. **LOC** ***À plomb*** : verticalement, perpendiculairement. — ***Avoir du plomb dans l'aile*** : être en mauvaise posture, en mauvais état. — ***De plomb, en plomb*** : très lourd. — ***N'avoir pas de plomb dans la tête, dans la cervelle*** : être léger, étourdi. [PHO] [plɔ̃] [ETY] Du lat.

**plombaginacée** *nf* Plante dicotylédone gamopétale voisine des primulacées, qui croît en particulier dans les terrains salés.

**plombagine** *nf* TECH Mine de plomb. SYN graphite.

**Plomb du Cantal** sommet le plus élevé (1 855 m) du massif du Cantal, en Auvergne.

**plombe** *nf* fam Heure.

**plombé, ée** *a* **1** Garni de plomb. **2** Obturé par un plombage. **3** Scellé par des plombs. *Wagon plombé.* **4** Qui a la couleur grisâtre du plomb. *Teint plombé.* **5** Qui contient du plomb. *Carburant plombé.*

**plombée** *nf* PECHE Cordage garni de plomb qui sert à lester les filets.

**plombémie** *nf* MED Présence de plomb dans le sang.

**plomber** *v* [1] **A** *vt* **1** Garnir de plomb. *Plomber un filet.* **2** Obturer la cavité d'une dent avec un alliage, un amalgame. **3** Sceller avec un plomb. *Plomber un colis sous douane.* **4** Vérifier à l'aide du fil à plomb la verticalité de. *Plomber un mur.* **5** fig, fam Alourdir, déséquilibrer, couler. *Un bilan plombé par la crise immobilière.* **B** *vpr* Prendre la couleur du plomb. *Le ciel se plombe.* [DER] **plombage** *nm*

**plomberie** *nf* **1** Industrie de la fabrication des objets de plomb ; atelier où l'on travaille le plomb. **2** Métier du plombier (pose des canalisations d'eau et de gaz, des installations sanitaires, des couvertures de plomb ou de zinc). **3** Ensemble de ces canalisations domestiques.

**plombeur** *nm* AGRIC Syn. de *rouleau.*

**plombier, ère** *n* Ouvrier, ouvrière ou entrepreneur en plomberie.

**plombières** *nf* Dessert glacé aux fruits confits. [ETY] De *Plombières-les-Bains.*

**Plombières-les-Bains** ch.-l. de canton des Vosges (arr. d'Épinal) ; 1 800 hab. Stat. thermale (eaux radioactives soignant notam. les troubles intestinaux). – Entrevue (1858) entre Napoléon III et Cavour, qui cherchait l'alliance française pour réaliser l'unité italienne.

**plombifère** *a* Qui contient du plomb.

**Plombs (les)** prison de Venise, sous les toits (recouverts de plomb) du palais des Doges.

**plombure** *nf* TECH Carcasse d'un vitrail, faite de baguettes de plomb.

**plonge** *nf* **LOC** ***Faire la plonge*** : laver la vaisselle, dans un restaurant, une communauté.

**plongeant, ante** *a* Dirigé de haut en bas. *Tir plongeant.*

**plongée** *nf* **1** Action de s'enfoncer dans l'eau et d'y demeurer un certain temps. *Sous-marin en plongée.* **2** fig Mouvement de descente, chute brutale. *La plongée des cours de l'or.* **3** CINE Prise de vues effectuée en dirigeant la caméra vers le bas, par oppos. à *contre-plongée.* **4** MILIT Talus d'une fortification, incliné vers l'extérieur.

**plongement** *nm* Action de plonger qqch dans un liquide.

**plongeoir** *nm* Tremplin, ou plate-forme, utilisé pour faire des plongeons.

**1 plongeon** *nm* **1** Saut dans l'eau la tête la première, accompli d'une certaine hauteur. **2** Action de plonger vers la terre. **LOC** fam ***Faire le plongeon*** : subir un revers financier important.

**2 plongeon** *nm* Oiseau (gaviiforme) des régions septentrionales, long de 60 à 80 cm, aux pattes palmées, qui niche le long des côtes.

**plonger** *v* [13] **A** *vt* **1** Enfoncer dans un liquide. *Plonger ses mains dans l'eau.* **2** Faire pénétrer dans qqch. *Plonger la main dans le sac.* **3** Jeter dans une situation, un état. *Cette nouvelle l'a plongé dans le désespoir.* **B** *vi* **1** S'immerger en faisant un plongeon ou une plongée. **2** Suivre une direction de haut en bas. *D'ici, la vue plonge sur la vallée.* **3** fig Se jeter à terre avec un mouvement analogue à celui du plongeur qui se jette dans l'eau. *Plonger pour attraper le ballon.* **4** Voir sa valeur, sa cote diminuer brusquement. *Le dollar a plongé.* **C** *vpr* Se livrer tout entier à une occupation. *Se plonger dans un roman.* [ETY] Du lat. *plumbum*, « plomb ».

**plongeur, euse** *n* **A** **1** Personne qui plonge, qui fait des plongeons. **2** Personne qui effectue des plongées. *Plongeur sous-marin.* **3** Personne qui fait la plonge, dans un restaurant. **B** *nm* Oiseau qui plonge pour se nourrir.

**Plossu** Bernard (Dalat, Viêt-nam, 1945), photographe français : *Go West* (1978), *Égypte* (1979), *le Voyage mexicain* (1979).

**plot** *nm* **1** ELECTR Petite pièce métallique servant à établir un contact. **2** Dans une piscine, cube numéroté d'où partent les concurrents. **3** Élément en béton disposé sur la voie publique pour empêcher le passage ou le stationnement. **4** Suisse Billot.

**Plotin** (Lycopolis, auj. Assiout, Égypte, v. 205 – en Campanie, v. 270), philosophe grec ; fondateur du néo-platonisme. Sa *doctrine du salut*, qui enseigne la démarche par laquelle notre âme peut retrouver l'unité originelle, a exercé une influence considérable sur les théologiens chrétiens. Son disciple Porphyre groupa ses écrits en 6 *Ennéades* de 9 (gr. *ennea*) chapitres.

**plouc** *n, a* **fam, péjor** Paysan ; personne fruste. ETY Du breton *plou*, « paroisse ».

**plouf** *interj, nm* Imite le bruit d'un objet qui tombe dans l'eau ; ce bruit. *La chute de l'objet a fait un énorme plouf.* ETY Onomat.

**Plougastel-Daoulas** com. du Finistère (arr. de Brest), dans la rade de Brest ; 12 248 hab. Primeurs (fraises). – Calvaire XVII^e^ s.

**Plouha** ch.-l. de cant. des Côtes-d'Armor (arr. de Saint-Brieuc) ; 4 397 hab. – À proximité, chapelle de Kermaria-an-Isquit (XIII^e^-XV^e^ s., fresques du XV^e^ s.). DER **plouhatin, ine** *a, n*

**ploutocratie** *nf* **didac** Gouvernement par les riches. PHO [plutɔkʀasi] ETY Du gr. *ploutos*, « richesse ». DER **ploutocrate** *n* – **ploutocratique** *a*

**Ploutos** dans la myth. gr., dieu de la Richesse agricole. VAR **Plutus**

**Plouzané** com. du Finistère (arr. de Brest) ; 12 045 hab. – Centre océanographique.

**Plovdiv** v. de la Bulgarie méridionale, sur la Maritza ; 342 130 hab. – Cité des Thraces, elle fut une brillante cité romaine.

**ployer** *v* ㉓ **A** *vt* **litt** Courber qqch. *Ployer une branche.* **B** *vi* Fléchir sous un poids, une pression. *Poutre qui ploie. Ployer sous la tâche.* ETY Du lat. DER **ploiement** *nm* – **ployable** *a*

**PLU** *nm* Sigle pour *plan local d'urbanisme*, dispositif créé en mars 2000 pour remplacer le plan d'occupation des sols (POS).

**plucher** → **pelucher.**

**pluches** *nfpl* **fam** **1** Épluchage. *Corvée de pluches.* **2** Épluchures.

**plucheux** → **pelucher.**

**Plücker Julius** (Elberfeld, 1801 – Bonn, 1868), mathématicien et physicien allemand. Il complexifia les coordonnées cartésiennes.

**plug-in** *nm inv* INFORM Petit logiciel utilitaire s'intégrant à une application pour lui apporter de nouvelles fonctions.

**pluie** *nf* **1** Eau qui tombe en gouttes des nuages. **2** Ce qui semble tomber du ciel comme la pluie. *Pluie de cendres.* **3** Grande quantité de qqch. *Une pluie d'injures.* **LOC** ***Faire la pluie et le beau temps*** : être très influent. — ***Parler de la pluie et du beau temps*** : de choses insignifiantes.

**Pluie, vapeur et vitesse** (*le Chemin de fer « Great Western »*), peinture de Turner (1844, National Gallery, Londres).

**plumage** *nm* Plumes d'un oiseau.

**plumaison** *nf* Action de plumer un oiseau.

**plumard** *nm* **fam** Lit.

**plumassier, ère** *n, a* Personne qui prépare les plumes, qui fabrique ou vend des garnitures de plumes. DER **plumasserie** *nf*

**plumbago** *nm* Plante arbustive ou grimpante (plombaginacée) vivace, à fleurs bleues ou roses. ETY Mot lat.

**plume** *nf* **1** Production caractéristique de l'épiderme des oiseaux, organe composé d'un tuyau transparent (le *calamus*) implanté dans la peau et prolongé par un axe effilé (le *rachis*) sur lequel s'insèrent de très fines lamelles (les *barbes*). **2** Petite pièce métallique fendue dont le bec sert à écrire et à dessiner. **3** SPORT Catégorie de poids, en boxe notam. **LOC** ***Vivre de sa plume*** : faire profession d'écrivain. — **fam** ***Voler dans les plumes de qqn*** : l'attaquer, le corriger.

**Plume (cirque)** compagnie française de cirque contemporain fondée en 1984.

**plumeau** *nm* Petite balayette garnie de plumes que l'on utilise pour l'époussetage.

**plumer** *vt* ① **1** Dépouiller un oiseau de ses plumes. **2** **fam** Voler qqn, lui faire perdre son argent au jeu.

**plumet** *nm* Bouquet de plumes garnissant certaines coiffures.

**plumetis** *nm* Étoffe légère brodée de petits pois en relief. PHO [plymti]

**plumette** *nf* Petite plume d'oiseau.

**plumeux, euse** *a* Dont l'aspect évoque la plume. *Roseaux plumeux.*

**plumier** *nm* Boîte allongée dans laquelle on range les plumes, les crayons, etc.

**plumitif** *nm* **1** DR Registre sur lequel sont consignés les sommaires des arrêts et des sentences d'une audience. **2** **fam** Mauvais écrivain.

**plum-pudding** *nm* Syn. de *pudding*. PLUR plum-puddings. PHO [plumpudiŋ] ETY Mot angl. VAR **plumpudding**

**plumule** *nf* **1** BOT Première feuille des graminées, lors de la germination. **2** Fine plume du duvet.

**plupart (la)** *nf* Le plus grand nombre, la majorité de. *La plupart des gens en sont persuadés. La plupart étaient déçus.* **LOC** ***La plupart du temps*** : le plus souvent, ordinairement. — ***Pour la plupart*** : quant au plus grand nombre.

**plural, ale** *a* **didac** Qui renferme plusieurs unités. PLUR pluraux. **LOC** ***Vote plural*** : dans lequel certains votants disposent de plusieurs voix.

**pluraliser** *vt* ① **didac** Rendre multiple. DER **pluralisation** *nf*

**pluralisme** *nm* **1** PHILO Doctrine d'après laquelle les êtres sont multiples, individuels et irréductibles à une substance unique. **2** POLIT Système où sont reconnus les divers organismes représentant les courants d'opinion. ETY Du lat. DER **pluraliste** *a*

**pluralité** *nf* Fait d'exister à plusieurs. *La pluralité des tendances politiques.*

**pluri-** Élément, du lat. *plures*, « plusieurs ».

**pluriactif, ive** *a* Qui exerce plusieurs activités. DER **pluriactivité** *nf*

**pluriannuel, elle** *a* Qui porte sur plusieurs années. DER **pluriannualité** *nf*

**pluricausal, ale** *a* Qui a plusieurs causes. SYN multicausal. PLUR pluricausaux.

**pluricellulaire** *a, nm* BIOL Multicellulaire.

**pluricentrisme** *nm* POLIT Doctrine qui préconise l'existence de plusieurs centres de direction. DER **pluricentrique** *a*

**pluricitoyenneté** *nf* Possibilité d'être citoyen dans plusieurs pays.

**pluriculturel, elle** *a* Qui est commun à plusieurs cultures, réunit plusieurs cultures.

**pluridimensionnel, elle** *a* Qui a plusieurs dimensions.

**pluridisciplinaire** *a* **didac** Qui réunit, porte sur plusieurs disciplines ou sciences. SYN multidisciplinaire. DER **pluridisciplinarité** *nf*

**pluriel, elle** *nm, a* **A** *nm* Catégorie grammaticale caractérisée par des marques morphologiques déterminées, portant sur certains mots (noms et pronoms, verbes, adjectifs), en général lorsqu'ils correspondent à une pluralité nombrable. **B** *a* Qui émane de plusieurs sources, fait appel à plusieurs éléments. *Gouvernement qui s'appuie sur une majorité plurielle.* SYN varié, composite. ETY Du lat.

**pluriethnique** *a* Syn. de *multiethnique*. DER **pluriethnicité** *nf*

**plurifonctionnel, elle** *a* **didac** Qui a plusieurs fonctions.

**plurilatéral, ale** *a* Qui concerne, engage plusieurs parties. PLUR plurilatéraux.

**plurilingue** *a, n* Qui utilise plusieurs langues. SYN multilingue. DER **plurilinguisme** *nm*

**plurimédia** *a, nm* Qui utilise, regroupe plusieurs médias (presse, édition, Internet, télévision).

**plurinational, ale** *a* POLIT Qui concerne plusieurs pays. PLUR plurinationaux. DER **plurinationalité** *nf*

**plurinominal, ale** *a* POLIT Qui donne lieu à un vote pour plusieurs candidats. PLUR plurinominaux.

**plurinucléé, éée** *a* BIOL Qui est pourvu de plusieurs noyaux.

**pluripartisme** *nm* POLIT Existence simultanée de plusieurs partis.

**pluripotent, ente** *a* BIOL Se dit de cellules-souches issues du tissu fœtal, pouvant reproduire des cellules de différents organes.

**plurivalent, ente** *a* **1** CHIM Qui a plusieurs valences. SYN polyvalent. **2** LOG Se dit des logiques qui admettent plus de deux valeurs de vérité. DER **plurivalence** *nf*

**plurivoque** *a* **didac** Qui a plusieurs valeurs, polysémique. ANT univoque.

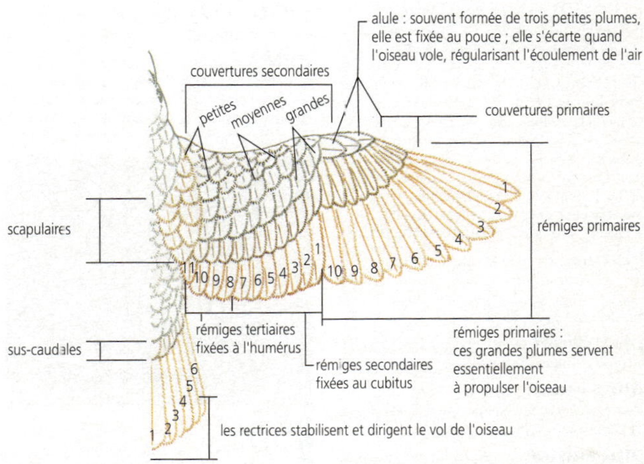


**plumes** de couverture : elles recouvrent les rémiges et améliorent l'aérodynamisme.

**plus** *av, nm, conj* **A** *av* **1** Comparatif de supériorité. *Il est plus vieux que moi.* **2** Superlatif relatif de supériorité. *La plus belle de toutes.* **B** *nm* **1** Le plus, le maximum. **2** Signe de l'addition (+). **3** Élément supplémentaire qui constitue une amélioration, un progrès. **C** *conj* Et, en additionnant. *4 plus 2 égale 6. Il a mangé sa part plus la mienne.* LOC fam ***À plus*** : au revoir. — ***Au plus*** : au maximum. — ***D'autant plus (que)*** : établit un rapport de degré entre deux membres d'une proposition. — ***De plus*** : par surcroît, en outre. — ***De plus en plus*** : en augmentant peu à peu. — ***Des plus*** : extrêmement. — ***Ne... plus*** : indique la cessation d'une action, d'un état, l'absence de qqch que l'on avait auparavant. — ***Ni plus ni moins*** : exactement. — ***Non plus*** : remplace *aussi*, en tournure négative. — ***Plus ou moins*** : un peu plus ou un peu moins que ce qui est énoncé ; d'une manière indéfinie, incertaine. — ***Sans plus*** : et seulement cela. — ***Tant et plus*** : beaucoup ; abondamment. PHO [ply] devant consonne – [plyz] devant voyelle ou h muet – [plys] ou [ply] en finale. ETY Mot lat.

**plusieurs** *a, pr* Indique un nombre indéfini, généralement peu important. *Il faudra plusieurs semaines. Plusieurs d'entre eux.*

**plus-produit** *nm* COMM Offre spéciale jointe à un produit éditorial pour en stimuler les ventes (DVD, CD, livres). PLUR plus-produits.

**plus-que-parfait** *nm* GRAM Temps de l'indicatif et du subjonctif marquant le passé par rapport à un temps déjà passé. (Ex. *J'avais prévu qu'il échouerait.*)

**plus-value** *nf* **1** Augmentation de la valeur d'un bien qui n'a pas subi de transformation matérielle. **2** Excédent de recettes par rapport aux prévisions. **3** Majoration du prix de certains travaux par rapport au devis initial. **4** Dans le marxisme, différence, constituant la rémunération du capitaliste, entre le salaire payé au travailleur pour acheter sa force de travail et ce que cette force de travail rapporte. PLUR plus-values.

**Plutarque** (Chéronée, v. 50 – id., v. 125 apr. J.-C.), historien et moraliste grec. *Vies parallèles,* 50 biographies opposant souvent un Grec et un Romain (Alexandre et César, p. ex.) ; *Œuvres morales,* 80 courts traités.

**pluton** *nm* GEOL Masse de magma qui s'est solidifiée en profondeur.

**Pluton** planète naine du système solaire (diamètre 2 300 km, masse 400 fois inférieure à celle de la Terre), découverte en 1930 par l'Amér. Clyde Tombaugh. Sa révolution dure 247 ans et 249,7 jours ; l'orbite est très allongée (4 436 300 000 km au périhélie et 7 382 800 000 km à l'aphélie) et fortement inclinée (17°9') sur le plan de l'écliptique. Parfois (p. ex., de 1979 à 1999), Pluton est plus proche du soleil que Neptune. Composée d'un noyau rocheux recouvert de méthane solidifié, Pluton est entourée d'une mince couche atmosphérique de méthane, d'argon, d'azote et de monoxyde de carbone. Elle serait un résidu de la nébuleuse dont est issu le système solaire. Elle forme peut-être avec Charon un système double. En 2006, l'Union astronomique internat. range Pluton, classée auparavant comme planète, parmi les planètes naines. DER **plutonien, enne** *a*

**Pluton** dans la myth. rom., dieu des Morts (appelé Hadès chez les Grecs), fils de Saturne et d'Ops, frère de Jupiter et de Neptune. Il avait épousé Proserpine, fille de Cérès.

**plutonigène** *a* PHYS NUCL Destiné à la production de plutonium.

**plutonique** *a* GEOL Se dit de roches magmatiques à structure grenue, qui se sont formées en profondeur, comme le granit.

**plutonisme** *nm* GEOL **1** Mise en place du magma en profondeur. **2** Théorie du XVIIIe s., qui attribuait à l'action du « feu central » la formation des roches et la constitution de la croûte terrestre. DER **plutoniste** *a, n*

**plutonium** *nm* CHIM **1** Élément radioactif artificiel appartenant à la famille des actinides, de nombre atomique Z = 94 et de masse atomique 239 (symbole Pu). **2** Métal (Pu) très toxique, utilisé dans les réacteurs nucléaires, où il subit une fission. PHO [plytɔnjɔm]

**plutôt** *av* **1** De préférence. *Adressez-vous plutôt à ce guichet (qu'à un autre). Partons, plutôt que de perdre notre temps.* **2** Plus exactement. *Il est économe plutôt qu'avare.* **3** Assez, passablement. *Il est plutôt maigre.* **4** fam Très. *Il est plutôt embêtant.*

**Plutus** → **Ploutos.**

**pluvial, ale** *a, nm* GEOGR **A** *a* De la pluie, qui a rapport à la pluie. *Les eaux pluviales.* **B** *nm* Période marquée par la pluie au cours des temps préhistoriques ou géologiques. PLUR pluviaux. LOC ***Régime pluvial*** : régime d'un cours d'eau qui est alimenté principalement par les pluies.

**pluvian** *nm* Oiseau charadriiforme de la vallée du Nil.

**pluvier** *nm* Oiseau charadriiforme, qui constitue un gibier très estimé.

**pluvieux, euse** *a* Caractérisé par l'abondance des pluies.

**pluviner** → **pleuvasser.**

**pluvio-** Élément, du lat. *pluvia,* « pluie ».

**pluviomètre** *nm* TECH Instrument servant à mesurer la quantité d'eau de pluie tombée dans un lieu donné. DER **pluviométrie** *nf* – **pluviométrique** *a*

**pluviôse** *nm* HIST Cinquième mois du calendrier républicain (du 20/22 janvier au 18/20 février).

**pluviosité** *nf* Quantité de pluie tombée dans une région pendant un temps déterminé.

**PLV** *nf* COMM Publicité chez le détaillant au moyen d'un matériel spécial (présentoirs, affichettes, etc.). PHO [peelve] ETY Sigle pour *publicité sur le lieu de vente.*

**Plymouth** ville d'Angleterre (Devon) ; 238 800 hab. Grand port militaire (*Devonport*). Port de commerce et de pêche. Industries.

**Plzeň** (en all. *Pilsen*), v. de la Rép. tchèque ; ch.-l. de la prov. de Bohême-Occidentale ; 175 060 hab. Centre industriel ; porcelaine.

**pm** Abrév. du lat. *post meridiem,* « après midi ».

**Pm** CHIM Symbole du prométhéum.

**PM** *n* MILIT **A** *nm* Abrév. de *pistolet-mitrailleur.* **B** *nf* Abrév. de *préparation militaire.*

**1 PMA** *nf* Abrév. de *procréation médicalement assistée.* SYN AMP

**2 PMA** *nmpl* Abrév. de *pays les moins avancés,* États classés par l'ONU comme les moins favorisés sur les plans du revenu par habitant, de l'industrialisation et de l'alphabétisation. (On dénombre auj. 44 PMA, dont 29 en Afrique.)

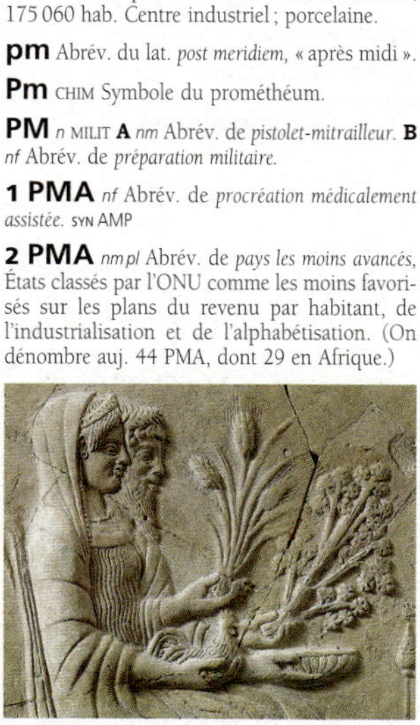

**Pluton** et Perséphone, détail d'une plaque votive, fin VIe s.-début Ve s. av. J.-C., prov. de Locri – Musée archéol., Reggio di Calabria, Italie

**PME** *nf* Sigle de *petite et moyenne entreprise.*

**PMI** *nf* **1** Sigle de *petite et moyenne industrie.* **2** Sigle de *protection maternelle et infantile.*

**PMU** *nm* Sigle de *pari mutuel urbain.* ETY Nom déposé.

**PNB** *nm* Sigle de *produit national brut.*

**pneu** *nm* **1** Bandage d'une roue, constitué d'une carcasse en textile et fils d'acier recouverte de caoutchouc, qui le plus souvent enveloppe et protège une chambre à air. *Des pneus.* **2** TELECOM anc Abrév. de *pneumatique.*

**pneum(o)-** Élément, du gr. *pneumôn,* « poumon ».

**pneumallergène** *nm* MED Allergène qui provoque une réaction allergique respiratoire.

**pneumat(o)-** Élément, du gr. *pneuma, pneumatos,* « souffle ».

**pneumatique** *a, nm* **A** *a* **1** vx Relatif à l'air ou aux gaz. **2** Qui fonctionne à l'air comprimé. *Marteau pneumatique.* **3** Rempli, gonflé d'air. *Canot, matelas pneumatiques.* **B** *nm* **1** vieilli Syn. de *pneu.* **2** anc Missive acheminée par des tubes à air comprimé, dans certaines villes. LOC ***Machine pneumatique*** : appareil de laboratoire servant à faire le vide.

**pneumatophore** *nm* BOT Excroissance des racines particulière aux arbres de la mangrove, qui émerge de l'eau et assure la respiration.

**pneumectomie** *nf* CHIR Excision partielle ou ablation d'un poumon. VAR **pneumonectomie**

**pneumoconiose** *nf* MED Affection pulmonaire chronique liée à l'inhalation répétée de poussières. ETY Du gr. *konis,* « poussière ».

**pneumocoque** *nm* MED Bacille (streptocoque) agent de pneumonies, de méningites et de péritonites.

**pneumocystose** *nf* MED Maladie pulmonaire due à un parasite, fréquente chez les sujets immunodéprimés.

**pneumogastrique** *a, nm* ANAT Se dit des deux nerfs crâniens sensitifs et moteurs, qui constituent la voie principale du système nerveux parasympathique.

**pneumographie** *nf* MED Enregistrement des mouvements respiratoires.

**pneumologie** *nf* MED Étude du poumon et de ses maladies. DER **pneumologique** *a* – **pneumologue** *n*

**pneumonie** *nf* Inflammation aiguë du poumon, causée notam. par le pneumocoque. DER **pneumonique** *a, n*

**pneumopathie** *nf* MED Nom générique des affections pulmonaires.

**pneumopéritoine** *nm* MED **1** Épanchement gazeux dans la cavité péritonéale. **2** Introduction de gaz dans cette cavité, pour un examen radiologique ou dans un but thérapeutique.

**pneumothorax** *nm* MED Épanchement d'air dans la cavité pleurale.

**PNUD** acronyme de *Programme des Nations unies pour le développement* (des pays sous-développés), organisation de l'ONU créée en 1966.

**Pnyx (la)** colline d'Athènes, où siégeait l'ecclésia.

**Po** CHIM Symbole du polonium.

**Pô (le)** fl. de l'Italie du N. (652 km), qui draine un bassin de 70 742 km² ; né au mont Viso, dans les Alpes, à 2 022 m d'alt., il débouche dans la plaine piémontaise, où, à Turin, il s'oriente vers l'E. Endigué à partir de Crémone, il se jette dans l'Adriatique par un vaste delta.

Ses crues sont redoutables. La *plaine du Pô*, ou *plaine padane*, qui s'étend du Piémont à la Vénétie, entre les Alpes et les Apennins, est une très riche région agricole et un foyer industriel.

**Pobiedonotsev Konstantine Petrovitch** (Moscou, 1827 – Saint-Pétersbourg, 1907), juriste russe. Chantre de l'autocratie, il exerça une grande influence sur Alexandre III, dont il avait été précepteur à partir de 1865.

**Pobiedy (pic)** sommet princ. (7 439 m) du massif du Tianshan, aux confins du Kirghizstan et de la Chine. VAR **Pobedy**

**Poblet (Santa María de)** monastère cistercien de Catalogne, fondé au XII^e s.

**pochade** *nf* **1** BX-A Peinture exécutée en quelques coups de pinceau. **2** Œuvre littéraire sans grande portée, légère et rapidement écrite.

**pochage → pocher.**

**pochard, arde** *n* fam Ivrogne, ivrognesse. DER **se pocharder** *vpr*

**poche** *n* **A** *nf* **1** Partie d'un vêtement destinée à contenir ce que l'on veut porter sur soi. **2** Sac ; compartiment d'un sac, d'un cartable. *Poche de papier, de plastique.* **3** Filet en forme de poche. **4** Cavité, creux où une substance s'est accumulée. *Poche d'eau. Poche de pus d'un abcès.* **5** Renflement que fait un vêtement, un tissu distendu. *Pantalon qui fait des poches aux genoux. Avoir des poches sous les yeux.* **6** Suisse Louche, grande cuiller. **B** *nm* Livre de poche. **LOC** ***Argent de poche*** : réservé aux menues dépenses personnelles. — fam ***C'est dans la poche*** : c'est une affaire considérée comme acquise. — fam ***Connaître comme sa poche*** : parfaitement. — ***De poche*** : miniature ; suffisamment petit pour tenir dans la poche. — ***De sa poche*** : avec son argent personnel. — fam ***Mettre la main à la poche*** : payer. — fam ***Mettre qqn dans sa poche*** : se jouer de lui, le circonvenir. — ***N'avoir pas les yeux dans sa poche*** : être très observateur. — ***N'avoir pas sa langue dans sa poche*** : s'exprimer avec aisance et vivacité, avoir de la repartie. — METALL ***Poche de coulée*** : récipient servant au transport du métal en fusion. — MILIT ***Poche de résistance*** : position isolée continuant à résister après l'enfoncement d'une ligne de défense. — MED ***Poche des eaux*** : saillie que forment les membranes de l'œuf à l'orifice du col utérin, lors de l'accouchement, sous la poussée du liquide amniotique. — ***Poche marsupiale*** : marsupium. ETY Du frq.

**pocher** *v* ① **A** *vt* CUIS Faire cuire dans un liquide très chaud. **B** *vi* Faire une poche, en parlant d'un vêtement. **LOC** fam ***Pocher l'œil à qqn*** : lui donner un coup qui occasionne une meurtrissure, une contusion autour de l'œil. DER **pochage** *nm*

**pochetée** *nf* fam, vx Imbécile, empotée. ETY De *poche*.

**pochetron, onne** *n* fam Ivrogne, ivrognesse. ETY De *poche*.

**pochette** *nf* **1** Petite poche. *Pochette d'un gilet.* **2** Petit mouchoir fin qui orne la poche de poitrine d'un veston d'homme. **3** Enveloppe, sachet. *Pochette de disque.*

**pochette-surprise** *nf* Sachet contenant des friandises et de menus objets, et que l'on achète sans en connaître le contenu. PLUR pochettes-surprises.

**pocheuse** *nf* CUIS Ustensile servant à pocher les œufs.

**pochoir** *nm* Plaque découpée selon les contours d'un ornement, d'un caractère, etc., et permettant de reproduire celui-ci en passant une brosse, un pinceau sur les parties ajourées.

**pochoiriste** *n* Personne qui dessine au pochoir, en partic. sur les murs.

**pochon** *nm* **1** Petit sac qui se fixe à la ceinture. **2** Suisse Petite louche à long manche. **3** rég Sac en papier ou en plastique. ETY De *poche*.

**pochothèque** *nf* Librairie ou rayon d'une librairie spécialisés dans les poches.

**pochouse → pauchouse.**

**podagre** *a, n* vx Goutteux. ETY Du gr. *podagra*, « piège qui saisit par le pied, goutte ».

**podaire** *nf* vx Ensemble des projections orthogonales d'un point sur les tangentes à une courbe, sur les plans tangents à une surface. ETY Du gr. *pous, podos*, « pied ».

**podcast** *nm* Programme court, audio et vidéo, disponible sur Internet via un site ou un blog.

**podcaster** *vt* ① Diffuser des podcasts depuis un site web. SYN baladodiffuser. ETY De l'angl. DER **podcastable** *a* – **podcasteur, euse** *n*

**podcasting** *nm* Technique permettant de diffuser et de recevoir des podcasts depuis un site web ou un blog, directement sur un baladeur numérique.

**podestat** *nm* HIST Premier magistrat de certaines villes d'Italie au Moyen Âge. PHO [pɔdɛsta] ETY Du lat. *potestas*, « pouvoir », par l'ital.

**Podgorica** (*Titograd* de 1948 à 1992), cap. du Monténégro ; 96 000 hab. Industries. DER **podgoricien, enne** *a, n*

**Podgornyï Nikolaï Viktorovitch** (Karlovka, Ukraine, 1903 – Moscou, 1983), homme politique soviétique, président du Præsidium du Soviet suprême de 1965 à 1977.

**podiatrie** *nf* Canada Podologie. DER **podiatre** *n* – **podiatrique** *a*

**podium** *nm* **1** ANTIQ ROM Mur qui entourait l'arène d'un amphithéâtre, d'un cirque ; partie élargie de ce mur, formant une tribune où prenaient place les spectateurs de marque. **2** ARCHEOL Muret à hauteur d'appui ; soubassement destiné à servir d'étagère. **3** Estrade sur laquelle les sportifs vainqueurs d'une épreuve sont présentés au public et reçoivent leur prix. **4** fig, fam Place d'honneur, médaille dans une compétition sportive. **5** Plancher surélevé servant aux défilés de mode. PHO [pɔdjɔm] ETY Mot lat.

**-pode, podo-** Éléments, du gr. *pous, podos*, « pied ».

**Podolie** rég. fertile d'Ukraine, au N.-E. des Carpates, entre le Bug et le Dniestr.

**podologie** *nf* MED Spécialité médicale qui étudie le pied et ses maladies. DER **podologique** *a* – **podologue** *n*

**Podolsk** v. de Russie, au S. de Moscou ; 208 000 hab. Industries.

**podomètre** *nm* Appareil qui enregistre le nombre de pas d'un piéton.

**podotactile** *a* Se dit du revêtement d'un sol perceptible aux malvoyants. *Création de bandes podotactiles sur les trottoirs.*

**podzol** *nm* Sol formé sur une roche siliceuse couvert d'une végétation acidifiante. PHO [pɔdzɔl] ETY Mot russe. DER **podzolique** *a*

**podzolisation** *nf* GEOL Transformation d'un sol en podzol.

**Poe Edgar Allan** (Boston, 1809 – Baltimore, 1849), écrivain américain. Auteur de poèmes savants et néanmoins « inspirés » (*le Corbeau*), romancier (*les Aventures d'Arthur Gordon Pym*, 1837), métaphysicien (*Eureka*, 1848), il est surtout célèbre par ses *Contes* (1840-1845), récits d'épouvante que Baudelaire, leur traducteur, préféra nommer *Histoires extraordinaires*.

**pœcile** *nm* ANTIQ GR Portique orné de peintures. PHO [pesil] ETY Du gr.

**pœcilotherme → poïkilotherme.**

**1 poêle** *nm* Drap dont on couvre le cercueil pendant un enterrement. *Tenir les cordons du poêle.* PHO [pwal] ETY Du lat. *pallium*, « manteau ».

**2 poêle** *nm* **1** Appareil de chauffage à foyer clos. **2** Canada Cuisinière. PHO [pwal] ETY Du lat. *pensiles balneæ*, « étuves suspendues ».

**3 poêle** *nf* Ustensile de cuisine en métal, peu profond, muni d'un long manche, utilisé en partic. pour les fritures. PHO [pwal] ETY Du lat. *patella*, « petit plat ».

**poêlée** *nf* Contenu d'une poêle.

**poêler** *vt* ① Cuire à la poêle. PHO [pwale]

**poêlon** *nm* Casserole, en terre ou en métal, épaisse, à manche creux, utilisée pour une cuisson lente. PHO [pwalɔ̃]

**poème** *nm* Ouvrage en vers, de forme fixe (quatrain, sonnet, rondeau, ballade, etc.) ou libre. **LOC** ***C'est tout un poème*** : d'un pittoresque hors du commun. — ***Poème en prose*** : texte dont le style et l'inspiration relèvent de la poésie, mais qui n'est pas versifié. — MUS ***Poème symphonique*** : composition orchestrale de forme libre sur un sujet poétique. ETY Du gr. *poiein*, « créer ».

**Poèmes barbares** recueil de Leconte de Lisle (1862).

**poésie** *nf* **1** Forme d'expression littéraire caractérisée par une utilisation harmonieuse des sons et des rythmes du langage, et par une grande richesse d'images. *Poésie lyrique, épique.* **2** Manière particulière dont un poète, une école pratique cet art ; ensemble des œuvres où cette manière apparaît. **3** Poème. *Un choix de poésies.* **4** Caractère poétique. *La poésie d'un film.*

**poète** *n* **1** Écrivain qui s'adonne à la poésie. **2** Personne qui, même si elle n'écrit pas, a une vision poétique des choses. **3** Personne qui manque de réalisme, rêveur.

**poétesse** *nf* Femme poète.

**poétique** *a, nf* **A** *a* **1** Qui a rapport à la poésie. *Style poétique.* **2** Qui suscite une émotion esthétique. *Paysage poétique.* **B** *nf* **1** Ensemble de préceptes, de règles pratiques concernant la poésie. **2** Conception de la poésie. *La poétique de Mallarmé.* DER **poétiquement** *av*

**Poétique** œuvre d'Aristote (v. 344 av. J.-C.), en grande partie perdue. Un passage donna ses règles à la tragédie classique du XVII^e s.

**poétiser** *vt* ① Rendre poétique, idéaliser. *Poétiser la réalité.* DER **poétisation** *nf*

**Pogge Gian Francesco Poggio Bracciolini, dit en fr. le** (Terranuova, 1380 – Florence, 1459), écrivain italien de langue latine : *Histoire de Florence* (sur la période 1350-1445), *Facéties* (1438-1452).

**Poggendorff Johann Christian** (Hambourg, 1796 – Berlin, 1877), physicien allemand. Il inventa la mesure optique des angles de rotation dans les galvanomètres.

**pogne** *nf* fam Main.

**pognon** *nm* fam Argent.

**pogo** *nm* Danse qui consiste à sauter dans tous les sens.

**pogonophore** *nm* ZOOL Invertébré marin vermiforme qui vit en eau profonde dans des tubes de chitine qu'il sécrète. ETY Du gr. *pôgon*, « barbe ».

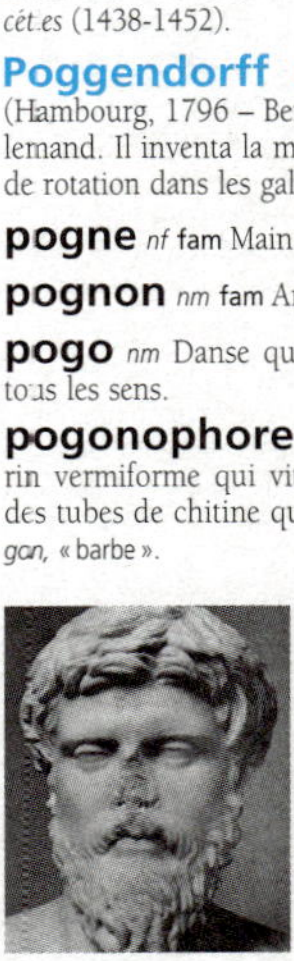

Plutarque

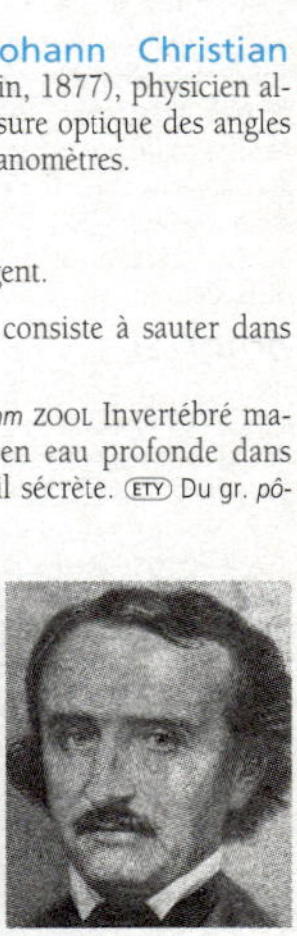

Edgar A. Poe

**pogrom** *nm* **1** Émeute antisémite, d'abord dans la Russie tsariste, souvent accompagnée de pillages et de massacres. **2** Toute émeute raciste. PHO [pogRɔm] ETY Mot russe, de *po-*, « entièrement », et *gromit'*, « détruire ». VAR **pogrome**

**pogromiste** *n* Personne qui participe, incite à un pogrom.

**Poher** Alain (Ablon-sur-Seine, Seine, 1909 – Paris, 1996), homme politique français. Centriste, président du Sénat (1968-1992), président de la Rép. par intérim en 1969 (après la démission du général de Gaulle) et en 1974 (après la mort de G. Pompidou).

**poids** *nm* **1** Force qui s'exerce sur un corps soumis à l'attraction terrestre et qui le rend pesant ; mesure de cette force. **2** SPORT Catégorie dans laquelle on classe les boxeurs, les lutteurs, les haltérophiles, etc., selon leur poids. *Poids mouche, coq, plume.* **3** Masse de métal marquée servant à peser. **4** Masse pesante. *Horloge à poids.* **5** SPORT Masse métallique d'un poids défini, destinée à être lancée ou soulevée. **6** Ce qui accable, oppresse. *Avoir un poids sur la conscience.* **7** Importance, force. *Un homme de poids.* **LOC** ***Avoir deux poids, deux mesures :*** se montrer partial. — ***Ne pas faire le poids :*** ne pas avoir les aptitudes, les qualités requises. — ***Poids brut :*** poids d'une marchandise y compris les déchets, l'emballage, etc., par oppos. à *poids net.* — ***Poids mort :*** poids propre d'une machine, qui en réduit le travail utile ; fig personne ou chose inutile qui entrave une action. — ***Poids vif :*** poids d'un animal de boucherie vivant. — PHYS ***Poids volumique :*** poids de l'unité de volume d'un corps homogène. ETY Du lat. *pensum*, « ce qui est pesé ».

**poids lourd** *nm* **1** Gros camion ou semi-remorque destiné au transport des marchandises. **2** fig, fam Personne ou entreprise qui compte dans son domaine.

**poignant, ante** *a* Qui cause une impression vive et pénible. *Souvenirs poignants.* ETY De *poindre*, « piquer ».

**poignard** *nm* Arme de main, couteau à lame courte et large, à l'extrémité pointue. ETY Du lat. *pugnus*, « poing ».

**poignarder** *vt* 1 **1** Frapper, tuer avec un poignard. **2** fig Causer une vive douleur morale à qqn.

**poigne** *nf* **1** Force du poignet, de la main. *Avoir une bonne poigne.* **2** fig Autorité, énergie pour se faire obéir. *Avoir de la poigne.*

**poignée** *nf* **1** Quantité que peut contenir la main fermée. *Une poignée de blé.* **2** fig Petit nombre de personnes. *Une poignée de fidèles.* **3** Partie d'un objet destinée à être tenue dans la main fermée. *Poignée d'une valise.* **LOC** ***À*** (ou ***par***) ***poignées :*** à pleines mains, en grande quantité. — fam ***Poignée d'amour :*** bourrelet adipeux au niveau des hanches. — ***Poignée de main :*** geste de salutation ou d'accord qui consiste à serrer dans sa main la main de qqn.

**poignet** *nm* **1** Articulation de l'avant-bras avec la main. **2** Extrémité de la manche d'un vêtement, qui couvre le poignet. **3** Bande de tissu ou de cuir qui maintient le poignet. **LOC** ***À la force du poignet :*** à la force des bras ; fig à force d'énergie, de travail personnel.

**poignet-éponge** *nm* Poignet en tissu-éponge, utilisé par un sportif pour s'essuyer le visage. PLUR poignets-éponges.

**poïkilotherme** *a, nm* ZOOL Dont la température corporelle varie avec celle du milieu ambiant, en parlant des poissons, amphibiens et des reptiles, dits aussi à *sang froid.* ANT homéotherme. ETY Du gr. *poikilos*, « variable ». VAR **pœcilotherme**

**poil** *nm* **1** Production filamenteuse de la peau de certains animaux. *Poil de chèvre.* **2** Chez l'homme, cette production, à l'exception des cheveux. *Poil des bras.* **3** Pelage. *Chien à poil ras.* **4** La peau et les poils de certains animaux. *Col en poil de lapin.* **5** BOT Chacun des filaments très fins dont certaines plantes, ou certaines parties des plantes, sont couvertes. **6** Partie velue de certaines étoffes. **LOC** fam ***À poil :*** tout nu. — fam ***À un poil près :*** à peu de chose près. — fam ***Au poil, au petit poil, au quart de poil :*** très bon, parfait ; très précisément, très exactement. — fam ***Avoir un poil dans la main :*** être très paresseux. — ***De tout poil, de tous poils :*** de toute nature, de toute espèce, en parlant de personnes. — fam ***Être de bon, de mauvais poil :*** de bonne, de mauvaise humeur. — ***Poil à gratter :*** bourre du fruit du rosier, utilisé comme farce ; fig, fam personnage horripilant mais dont l'action peut être stimulante. — fam ***Reprendre du poil de la bête :*** réagir avec succès, recouvrer qqch (santé, moral, situation, etc.) qui était compromis. — fam ***Tomber sur le poil de qqn :*** lui tomber dessus, le malmener en actes ou en paroles. — fam ***Un poil :*** un peu. PHO [pwal] ETY Du lat.

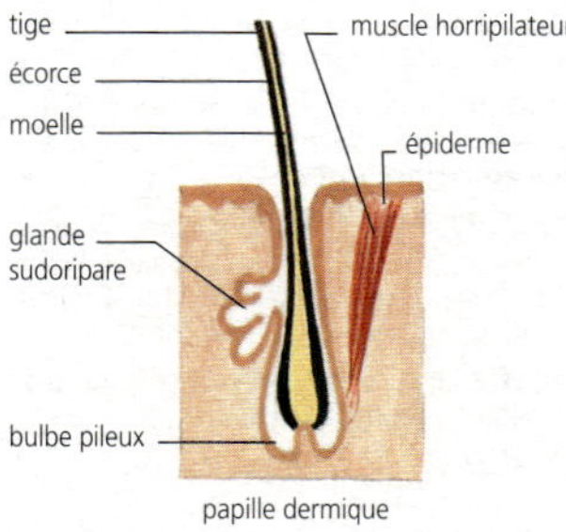


**poil**

**Poil de carotte** suite de récits de Jules Renard (1894). ▷ CINE Film de Duvivier, en 1925, puis en 1932, avec Robert Lynen.

**poiler (se)** *vpr* 1 fam Rire. DER **poilant, ante** *a* – **poilade** *nf*

**poilu, ue** *a, nm* **A** *a* Couvert de poils abondants. SYN velu. **B** *nm* fam Surnom du combattant français de la guerre de 1914-1918.

**Poincaré** Henri (Nancy, 1854 – Paris, 1912), mathématicien français. Son examen critique de la mécanique newtonienne contribua à la découverte de la théorie de la relativité. Il fit progresser fortement le calcul différentiel et la théorie des fonctions d'une variable complexe. — **Raymond** (Bar-le-Duc, 1860 – Paris, 1934), cousin du préc. ; avocat et homme politique ; président du Conseil en 1912-1913, puis président de la Rép. de 1913 à 1920 ; de nouveau président du Conseil (1922-1924 et 1926-1929), il parvint à stabiliser le franc (*franc Poincaré*, 1926). Acad. fr. (1909).

**H. Poincaré**

**R. Poincaré**

**poinçon** *nm* **1** Tige de métal à extrémité pointue, conique ou cylindrique, qui sert à percer, découper, emboutir. **2** Instrument dont une extrémité, gravée, sert à marquer les objets en métal précieux ou soumis à un contrôle ; marque produite par cet instrument. **3** Modèle original qui sert à fabriquer la matrice d'une monnaie, d'une médaille. **4** CONSTR Pièce verticale d'une charpente sur laquelle viennent s'assembler les arbalétriers. ETY Du lat. *punctio*, « piqûre ».

**poinçonner** *vt* 1 **1** Marquer au poinçon. *Poinçonner un bijou.* **2** Percer, découper avec un poinçon, une poinçonneuse. **3** Perforer, oblitérer un billet de train, etc. DER **poinçonnage** ou **poinçonnement** *nm*

**poinçonneur, euse** *n* **A 1** Personne qui poinçonne les tôles. **2** vieilli Personne qui poinçonne les billets de train. **B** *nf* **1** Machine à poinçonner les tôles. **2** Machine à poinçonner les billets.

**poindre** *v* 56 **A** *vt* litt Meurtrir, blesser moralement. *Un regret le poignait.* **B** *vi* Commencer à paraître. *Le jour point.* ETY Du lat. *pungere*, « piquer ».

**poing** *nm* Main fermée. *Fermer, serrer le poing.* **LOC** ***Dormir à poings fermés :*** profondément. — ***Faire le coup de poing :*** se battre à coups de poing. — ***Opération coup de poing :*** opération policière brutale et inopinée. PHO [pwɛ̃] ETY Du lat.

**poinsettia** *nm* Plante buissonnante (euphorbiacée) originaire du Mexique, aux bractées terminales colorées. SYN étoile-de-Noël. ETY Du n. du botaniste amér. J. R. *Poinsett.*

**Poinsot** Louis (Paris, 1777 – id., 1859), mathématicien français : travaux de mécanique.

**1 point** *nm* **1** Signe de ponctuation (.) marquant la fin d'une phrase. *Points de suspension* (...). *Deux points* (:). *Point-virgule* (;). *Point d'interrogation* (?). *Point d'exclamation* (!). **2** Petite marque ronde placée au-dessus du i et du *j* minuscules. **3** MUS Signe qui, placé après une figure de note ou un silence, prolonge cette note ou ce silence de la moitié de sa durée initiale. **4** Corps matériel, objet dont on ne distingue pas les contours en raison de sa petitesse ou de l'éloignement. *Le bateau n'était plus qu'un point à l'horizon.* **5** Très petite quantité, parcelle de certaines matières. *Un point de colle.* **6** IMPRIM Unité de mesure des caractères d'imprimerie, équivalant à 0,3759 mm. **7** Endroit fixe, déterminé. *Point de départ, d'arrivée.* **8** MILIT Place, base sur laquelle s'appuie une armée, une flotte ; élément de base d'un dispositif de défense. **9** GEOM Lieu sans étendue, défini conventionnellement comme la plus petite portion d'espace qu'il soit possible de concevoir. **10** Lieu sans étendue, considéré quant aux caractéristiques, aux propriétés qui permettent de le situer. **11** MAR Position d'un navire en mer. **12** Question, difficulté particulière. *Éclaircir un point d'histoire.* **13** Division d'un discours, d'un ouvrage. *Ce sera le dernier point de mon exposé.* **14** Degré, période dans le cours d'une évolution. *En être toujours au même point.* **15** Degré dans une hiérarchie, une progression. *Au plus haut point de la célébrité.* **16** Unité de notation d'un travail scolaire, d'une épreuve d'examen ou de concours. **17** Unité qui permet de comptabiliser les avantages de chacun des adversaires ou des concurrents, dans un jeu, une compétition sportive. *Marquer un point.* **18** Unité de calcul, indice, pourcentage. *Points de retraite.* **19** Chacune des piqûres faites dans une étoffe, dans du cuir, etc., avec une aiguille enfilée ; façon donnée à ces piqûres, manière de coudre. *Coudre à points serrés. Point de croix.* **20** Façon donnée aux mailles d'un tricot, manière de tricoter. *Point à l'endroit, à l'envers.* **21** Douleur poignante, aiguë et bien localisée. *Point de côté.* **LOC** CUIS ***À point :*** au degré de cuisson ou dans l'état qui convient. — ***À point, à point nommé :*** au bon moment, à propos. — ***Au point :*** entièrement élaboré, prêt à être mis en application. — ***De tout point, en tout point :*** absolument, parfaitement. — ***Faire le point :*** déterminer la position du navire ; fig examiner la situation dans laquelle on se trouve. — ***Mettre au point :*** régler un instrument d'optique de manière que l'image se forme au point voulu et soit ainsi parfaitement nette ; fig organiser dans les moindres détails. — fam ***Mettre les points sur les i :*** préciser une chose, l'expliquer de manière à lever toute ambiguïté. — ***Point chaud :*** zone atypique du manteau terrestre à l'aplomb de laquelle on constate une activité volcanique intense ; fig zone où ont lieu des combats, des évènements particulièrement intenses. — PHYS ***Point critique :*** point correspondant à la température et à la pression critiques d'un fluide. — ***Point d'appui :*** point sur lequel une chose est appuyée. — ***Point d'eau :*** endroit où l'on trouve de l'eau (source, puits, mare, etc.). — ***Point de presse*** ou ***point-presse :*** rendez-vous entre un homme public et les médias pour faire le point de la situation. — ***Point du jour :*** moment où le jour point, se lève. — PHYS ***Point évènement :*** tout phénomène physique ponctuel caractérisé par ses coordonnées d'espace et de temps. — ***Point fixe :*** température de changement d'état d'un corps pur pour une pression donnée. — ***Point noir :*** comédon ; difficulté, problème ; endroit bloqué par des embouteillages. — ASTRO ***Points équinoxiaux :*** points d'intersection de l'écliptique avec l'équateur. — ASTRO ***Points solsticiaux :*** points où le Soleil atteint sa plus grande déclinaison boréale et australe. — ***Point triple :*** en physique, point correspondant à l'équilibre des trois phases (solide, liquide, gazeuse) d'un même corps pur ; en géologie, zone où se rencontrent trois plaques lithosphériques. — ***Rendre des points à qqn :*** lui accorder un avantage qui compense son infériorité. — ***Sur le point de :*** au moment de. — ***Un point c'est tout*** ou fam ***point barre ! :*** il n'y a rien à ajouter ; c'est terminé. — SPORT ***Vainqueur aux points :*** à la boxe, vainqueur d'après le décompte des points effectué par les juges, par oppos. à *par K.-O., par abandon,* etc. ETY Du lat. *pungere,* « piquer ».

**2 point** *av* litt, rég Pas. *On ne l'aime point. Ici, point de luxe.* **LOC** ***Point du tout :*** nullement. ETY De *point* 1, « petite parcelle de ».

**Point (le)** hebdomadaire français créé en 1972.

**pointage** *nm* **1** Action de pointer une arme, une pièce d'artillerie. **2** Marque en vue d'un contrôle ; ce contrôle lui-même, notam. des entrées et des sorties du personnel d'une entreprise à l'aide d'une pointeuse.

**point de vue** *nm* **1** Lieu où l'on doit se placer pour bien voir qqch. *Avoir un point de vue sur la vallée du haut du donjon.* **2** Paysage vu d'un endroit déterminé. *De jolis points de vue.* **3** fig Aspect sous lequel on envisage une question. *Le point de vue politique. Du point de vue de la moralité. Au point de vue philosophique.* **4** Manière de voir. *Exposer son point de vue.* PLUR points de vue.

**point d'orgue** *nm* **1** MUS Prolongation de la durée d'une note ou d'un silence ; signe (𝄐) indiquant cette prolongation. **2** fig Point culminant d'une action, d'un processus. **3** fig Interruption dans le cours d'une action qui a été menée jusque-là à un rythme soutenu. PLUR points d'orgue.

**pointe** *nf* **1** Bout piquant, aigu. *La pointe d'une aiguille, d'un couteau.* **2** Extrémité effilée d'un objet. *Pointe d'asperge.* **3** CHOREGR Chausson à semelle courte et étroite dont le bout est plat et rigide. **4** Langue de terre qui avance dans la mer ; cap. *La pointe du Raz.* **5** fig Ce qui est le plus en avant, le plus exposé. *Être à la pointe du progrès.* **6** fig Très petite quantité, touche légère. *Une pointe d'ail. Une pointe d'ironie.* **7** Objet pointu, piquant. *Grille de clôture surmontée de pointes.* **8** Clou, avec ou sans tête, de grosseur égale de bout en bout. **9** TECH Instrument acéré utilisé pour graver, pour tailler, etc. *Pointe de diamant des vitriers.* **10** Procédé de gravure dans lequel on utilise cet outil. **11** Étoffe, petit châle triangulaire. **12** fig Trait mordant, sarcasme. *Lancer des pointes.* SYN pique. **13** vx, litt Action de poindre. *La pointe du jour.* **14** Action d'aller en avant. *Patrouille qui pousse une pointe de reconnaissance.* **15** Accélération momentanée. *Pointe de vitesse. Faire des pointes à 200 à l'heure.* **16** Moment de plus grande intensité d'un phénomène, d'une activité. *Les heures de pointe.* **LOC** ***De pointe :*** d'avant-garde. — ***En pointe :*** en forme de pointe. — ***Faire des pointes :*** se tenir, évoluer sur l'extrémité des orteils avec des pointes. — ***Marcher sur la pointe des pieds :*** sans faire de bruit. — ***Pointe du pied :*** partie opposée au talon. — ***Pointe sèche :*** stylet d'acier servant à graver sur cuivre ou sur zinc ; gravure dessinée à la pointe sèche. — ***Vitesse de pointe :*** maximale. ETY Du lat.

**Pointe-à-Pitre** ch.-l. d'arr. de la Guadeloupe, dans la Grande-Terre ; 20 948 hab. 172 000 hab. dans l'aggl. Port. Aéroport. DER **pointois, oise** ou **pointais, aise** *a, n*

**Pointe-à-Pitre** la marina

**pointeau** *nm* TECH **1** Outil en acier trempé, tige terminée par une pointe conique, sur laquelle on frappe avec un marteau. **2** Tige munie d'une pointe qui, en appuyant sur l'épaulement d'une canalisation, permet de régler le débit d'un fluide.

**Pointe-Noire** princ. port du Congo, relié par voie ferrée à Brazzaville (ligne Congo-Océan) ; 298 010 hab. ; ch.-l. de région. DER **ponténégrin, ine** *a, n*

**1 pointer** *v* 1 **A** *vt* **1** Marquer d'un point, d'un signe les mots, les noms d'une liste en vue de contrôler, de compter, etc. **2** MUS Faire suivre une note, un silence d'un point qui en augmente de moitié la valeur temporelle. **3** Diriger vers un point, un but ; braquer une arme. *Pointer un canon.* **4** fig Signaler, montrer du doigt, dénoncer. *Pointer l'index vers qqn. Pointer une erreur.* **5** INFORM Positionner le pointeur sur le point de l'écran sur lequel on va cliquer. **6** Au jeu de boules, lancer la boule le plus près possible du but en la faisant rouler, par oppos. à *tirer.* **B** *vpr* fam Arriver. *Il s'est pointé en retard.* **C** *vi* Se soumettre au pointage. **LOC** fam ***Pointer son nez :*** arriver quelque part. ETY De *point* 1.

**2 pointer** *v* 1 **A** *vt* **1** TECH Former, façonner la pointe de. *Pointer des aiguilles.* **2** Dresser en pointe. *Chien qui pointe les oreilles.* **B** *vi* **1** Dresser sa pointe. *Pic qui pointe vers le ciel.* **2** Commencer à paraître, à pousser, poindre. *Son génie pointa de bonne heure.* ETY De *pointe.*

**3 pointer** *nm* Chien d'arrêt de race anglaise. PHO [pwɛtœʀ] ETY Mot angl. ▶ pl. **chiens**

**pointeur, euse** *n* **A** **1** Personne qui effectue un pointage, un contrôle. **2** Aux boules, joueur qui pointe, par oppos. à *tireur.* **B** *nm* **1** Artilleur qui pointe le canon. **2** Dans les prisons, nom donné aux violeurs, aux délinquants sexuels. **3** INFORM Icône que l'on déplace sur l'écran d'un ordinateur pour piloter les opérations. **C** *nf* Machine utilisée pour enregistrer les horaires de travail des employés d'une entreprise.

**pointillé** *nm* **1** Ligne formée d'une suite de petits points, de petits trous. **2** Dessin exécuté à l'aide de points. **LOC** ***En pointillé :*** de façon encore indécise, peu explicite.

**pointiller** *v* 1 **A** *vt* Marquer de points. **B** *vi* BX-A Dessiner, peindre, graver par points. DER **pointillage** *nm*

**pointilleux, euse** *a* Qui se montre exigeant dans les moindres détails. SYN minutieux.

**pointillisme** *nm* **1** BX-A Autre nom du divisionnisme. **2** Tendance à appréhender la réalité en privilégiant les détails. DER **pointilliste** *n, a*

**point-presse** *nm* Syn. de *point de presse.* PLUR points-presses.

**pointu, ue** *a, nm* **A** *a* **1** Qui se termine en pointe, qui présente une, des pointes aiguës. *Bâton pointu.* **2** Qui se développe surtout dans les aigus, en parlant d'un son, d'une voix. **3** fig Très raffiné, très subtil. *Raisonnement pointu.* **4** Très spécialisé. *Formation pointue.* **B** *nm* **1** Bateau de pêche à fond plat du Midi. **2** Au football, au rugby, tir de la pointe du pied. **LOC** fam ***Accent pointu :*** accent parisien, pour les Méridionaux.

**pointure** *nf* **1** Nombre qui indique la taille d'une paire de chaussures ou de gants, d'un chapeau, etc. **2** fig, fam Personnage important dans son domaine.

**point-virgule** *nm* Signe de ponctuation (;) qui indique une pause plus marquée que la virgule et s'emploie pour séparer deux énoncés distincts. PLUR points-virgules.

**poire** *nf, a* **A** *nf* **1** Fruit comestible du poirier, de forme oblongue, à la chair parfumée. **2** Objet en forme de poire. *Poire en caoutchouc pour les lavements.* **3** fam Tête, figure. **4** Petit muscle de la cuisse du bœuf, apprécié en bifteck. **B** *nf, a* fam Personne naïve, qui se laisse exploiter. *Quelle bonne poire ! Tu es trop poire.* **LOC** ***Couper la poire en deux :*** se faire des concessions mutuelles pour régler un différend. — ***Entre la poire et le fromage :*** à la fin du repas, lorsque l'atmosphère est détendue. — ***Garder une poire pour la soif :*** se réserver des ressources, des moyens pour les besoins à venir. ETY Du lat.

**poiré** *nm* Boisson provenant de la fermentation du jus de poire.

**poireau** *nm* Plante potagère (liliacée) à longues feuilles vertes engainantes dont les bases forment un cylindre blanc. **LOC** fam ***Faire le poireau :*** attendre longtemps. ETY Du lat.

**poireauter** *vi* 1 fam Faire le poireau, attendre.

**poirée** *nf* Plante potagère voisine de la betterave, dont on consomme les larges pétioles blancs et les feuilles. SYN bette.

**Poiret Paul** (Paris, 1879 – id., 1944), couturier et décorateur français. Il révolutionna la mode (abolition du corset, notam.).

**poirier** *nm* Arbre fruitier (rosacée) de la zone tempérée, à feuilles ovales simples et à fleurs blanches, qui produit la poire ; bois de cet arbre, rougeâtre, utilisé en lutherie et en ébénisterie. **LOC** ***Faire le poirier :*** se tenir en équilibre, la tête et les mains appuyées sur le sol.

feuilles et fruits de **poirier**

**Poirot Hercule** héros de nombr. romans à énigme d'Agatha Christie : *le Meurtre de Roger Ackroyd* (1927), *le Crime de l'Orient-Express* (1934), *Mort sur le Nil* (1937), etc. ; détective privé belge au flegme britannique.

**pois** *nm* **1** Plante potagère (papilionacée) dont les graines (petits pois) sont enfermées dans une gousse. **2** Petit disque d'une couleur ou d'une texture différente de celle du fond, sur un tissu, un papier, etc. *Foulard à pois.* **LOC** ***Pois cassés :*** pois secs écossés, décortiqués et séparés en deux, qui se mangent en purée. — ***Pois chiche :*** plante voisine du pois, cultivée dans les régions méditerranéennes ; graine comestible de cette plante. — ***Pois de senteur*** : plante ornementale cultivée pour ses fleurs odorantes, de couleurs variées. SYN gesse odorante. — ***Pois mange-tout*** : dont on consomme la gousse entière. ETY Du lat. ▶ illustr. papilionacée

**poiscaille** *nf* fam Poisson. ETY De l'a. fr. *pescaille*, « poisson séché ».

**poise** *nf* PHYS Ancienne unité de viscosité, valant 0,1 poiseuille. SYMB Po. ETY Abrév. de *poiseuille*.

**poiseuille** *nm* PHYS Unité de viscosité du système international, valant 1 pascal-seconde. SYMB Pl. ETY Du n. pr.

**Poiseuille** Jean-Louis Marie (Paris, 1799 – id., 1869), médecin et physicien français : travaux déterminants sur la viscosité.

**poison** *nm* **1** Toute substance qui, introduite dans un organisme vivant, peut le tuer ou altérer ses fonctions vitales. **2** fig Substance préjudiciable à la santé. *L'alcool est un poison.* **3** Aliment, boisson de goût désagréable. **4** litt Ce qui corrompt ou exerce une influence pernicieuse. **5** fam Personne méchante, acariâtre. **6** Personne très agaçante, insupportable. **7** fig Activité, tâche ennuyeuse. *Quel poison ces paperasses !* ETY Du lat. *potio*, « breuvage ».

**Poisons (affaire des)** affaire criminelle qui débuta v. 1675 avec l'arrestation de la marquise de Brinvilliers, exécutée en 1676. Menée par La Reynie, l'enquête compromit de hauts personnages de la cour (dont Mme de Montespan). Louis XIV fit arrêter la procédure. 34 accusés furent exécutés (dont la Voisin, en 1680).

**poissard, arde** *nf, a* **A** *nf* vieilli Femme de la halle ; femme aux manières et au langage hardis, grossiers. **B** *a* litt, vx Qui utilise ou imite le langage des femmes de la halle, du bas peuple.

**poisse** *nf* fam Malchance, déveine.

**poisser** *vt* ① **1** Enduire de poix. *Poisser du fil.* **2** Salir avec une substance gluante. *La confiture lui poissait les mains.* **3** fam Prendre, arrêter un malfaiteur, un voleur, etc.

**poisseux, euse** *a* Collant, gluant comme la poix.

**poisson** *nm* Vertébré aquatique à branchies, possédant des nageoires. *Poissons d'eau douce, poissons de mer.* LOC ***Être comme un poisson dans l'eau*** : être parfaitement à l'aise dans telle ou telle situation. — ***Petit poisson d'argent*** : lépisme. — ***Poisson-chat*** : poisson portant de longs barbillons. — ***Poisson-clown*** : amphiprion. — ***Poisson d'avril*** : attrape, mystification que l'on fait le 1er avril. — ***Poisson de mai*** : alose. — ***Poisson-épée*** : espadon. — ***Poisson-globe*** : tétrodon. — ***Poisson-lune*** : môle. — ***Poisson-paradis*** : macropode. — ***Poisson-perroquet*** : scare. — ***Poisson-pilote*** : pilote. — ***Poisson rouge*** : cyprin doré. — ***Poisson-scie*** : scie. — ***Poisson volant*** : exocet. ETY Du lat.

ENC Les poissons sont les premiers vertébrés pourvus de mâchoires et ils ont donné naissance aux premiers tétrapodes terrestres (V. crossoptérygiens). On notera que les cyclostomes (lamproies), dépourvus de nageoires et de mâchoires (d'où leur nom plus général d'*agnathes*), ne sont pas des poissons. On distingue radicalement les *poissons cartilagineux*, ou *chondrichthyens* (requins, raies), et les *poissons osseux*, ou *ostéichthyens*, dont les téléostéens constituent la quasi-totalité. Parmi les fossiles, les *placodermes* (apparentés aux chondrichthyens) constituent le groupe le plus important à l'ère primaire.

**Poisson** Siméon Denis (Pithiviers, 1781 – Paris, 1840), mathématicien et homme politique français : travaux de mécanique, de physique mathématique et sur le calcul des probabilités. ▷ MATH *Loi de Poisson* : loi de probabilité régissant les évènements qui se réalisent un petit nombre de fois.

**Poisson austral (le)** constellation de l'hémisphère austral ; n. scientif. : *Piscis Austrinus, Piscis Austrini.*

**poissonnerie** *nf* **1** Magasin où l'on vend du poisson. **2** Commerce du poisson et des animaux vivant en eau douce ou dans la mer (coquillages, crustacés).

**poissonneux, euse** *a* Qui abonde en poisson.

**poissonnier, ère** *n* **A** Commerçant qui vend du poisson. **B** *nf* Plat de forme allongée servant à faire cuire le poisson.

**Poissons (les)** constellation de l'hémisphère boréal. – Signe du zodiaque (19 fév.-20 mars).

**Poisson volant (le)** constellation de l'hémisphère austral ; n. scientif. : *Volans, Volantis.*

**Poissy** ch.-l. de cant. des Yvelines, sur la Seine (r. g.) ; 37 900 hab. – Égl. XIIe-XVIe s. – Le *colloque de Poissy* (1561), où Catherine de Médicis et Michel de L'Hospital avaient réuni des théologiens catholiques et calvinistes, ne permit pas d'éviter les guerres de Religion. DER **pisciacais, aise** *a, n*

**poitevin** *nm* Dialecte d'oïl parlé autrefois dans le Poitou.

**Poitiers** ch.-l. du dép. de la Vienne ; 90 200 hab., env. 138 000 dans l'aggl. – Université. Cath. (XIIe s.). Plus. égl. romanes (XIe-XIIIe s.). Baptistère (IVe-VIIe s.). Hypogée des Dunes (VIIe-VIIIe s.). DER **poitevin, ine** *a, n*

**Histoire** La ville fut le siège d'un évêché dès le IVe s. Pendant la bataille de Poitiers (escarmouche livrée entre Tours et Poitiers), Charles Martel battit les Arabes (732). En 1356 le Prince Noir y écrasa le roi de France Jean II le Bon ; cédée aux Anglais (1360), Du Guesclin la reprit en 1372.

**Poitiers** le Futuroscope, parc de loisirs, créé en 1987 (à Jaunay-Clan)

**Poitou** anc. prov. française, correspondant aux dép. des Deux-Sèvres, de la Vendée et de la Vienne. DER **poitevin, ine** *a, n*

**Histoire** La région, peuplée par les Pictaves, fut soumise par les Romains (56 av. J.-C.). Envahie par les Wisigoths (Ve s.), elle devint franque après la bataille de Vouillé (507), puis forma le noyau du duché d'Aquitaine (IXe s.) qui, par le mariage d'Aliénor d'Aquitaine avec Henri II Plantagenêt, échut aux Anglais au XIIe s. Confisqué par Philippe Auguste, le Poitou, rattaché à la Couronne en 1271, fut ravagé lors de la guerre de Cent Ans (V. Poitiers) et définitivement réuni à la Couronne par le dauphin Charles, devenu comte de Poitiers en 1417.

**Poitou-Charentes** ancienne Région française et de l'UE, formée des dép. de la Charente, de la Charente-Maritime, des Deux-Sèvres et de la Vienne, intégrée en 2016 à la Rég. Aquitaine-Limousin-Poitou-Charentes. DER **picto-charentais, aise** *a, n*

**Géographie** Ouverte sur l'Atlantique par un littoral où alternent marais maritimes et promontoires (prolongés au large par l'île de Ré et l'île d'Oléron), la Région a un climat doux. Plaines et bas plateaux ne se redressent qu'aux abords du Massif central et du Massif armoricain. La croissance démographique est modeste. L'agric. repose sur trois spécialités : le vignoble de Cognac (100 000 ha), l'élevage et les céréales. La mer fournit d'abondantes ressources : pêche, huîtres et moules des parcs de Marennes-Oléron ; tourisme balnéaire. Sous-industrialisée, la Région a bénéficié de la décentralisation des années 50-60. Auj., Poitou-Charentes mise sur sa bonne position, au cœur des axes d'échanges de la façade atlantique de l'UE, et développe les activités de haute technologie (Futuroscope de Poitiers).

**poitrail** *nm* **1** anc Harnachement fixé sur la poitrine du cheval. **2** Partie antérieure du corps des équidés, entre les épaules et la base du cou. **3** TECH Pièce de bois ou de fer formant linteau au-dessus d'une grande baie. ETY Du lat. *pectorale*, « cuirasse ».

**poitrinaire** *a, n* vieilli Tuberculeux.

**poitrine** *nf* **1** Partie du tronc qui contient les poumons et le cœur. *Gonfler la poitrine.* **2** Devant du thorax. **3** Partie antérieure des côtes d'un animal de boucherie, avec la chair qui y adhère. **4** Seins de la femme. LOC ***Voix de poitrine*** : voix au son plein, par oppos. à *voix de tête.* ETY Du lat.

**poivrade** *nf* **1** Sauce au poivre déglacée au vin et au vinaigre. **2** Petit artichaut violet pouvant se manger cru à la croque au sel.

**poivre** *nm* **1** Fruit du poivrier ; épice de saveur piquante faite de ce fruit séché. *Poivre en grains.* **2** Nom courant de diverses plantes dont les graines, utilisées comme épices, ont un goût proche de celui du poivre. *Poivre de Cayenne.* LOC ***Cheveux poivre et sel*** : grisonnants. — ***Poivre blanc*** : dont les grains sont décortiqués. — ***Poivre noir*** (ou ***gris***) : formé des graines et de leur enveloppe. — ***Poivre vert*** : qui n'est pas arrivé à maturité. ETY Du lat.

**poivrer** *v* ① **A** *vt* Assaisonner avec du poivre. **B** *vpr* fam S'enivrer.

**poivrier** *nm* **1** Arbrisseau grimpant (pipéracée) originaire de l'Inde, cultivé dans les régions tropicales, et qui donne le poivre. **2** Petit récipient où l'on met le poivre, ou qui sert à moudre le poivre. SYN poivrière.

**poivrier**

**poivrière** *nf* **1** Syn. de *poivrier*. **2** Plantation de poivriers. **3** ARCHI Guérite à toit conique située en surplomb à l'angle d'un bastion.

**poivron** *nm* Fruit du piment doux, vert, jaune ou rouge, qui se consomme cru ou cuit.

**poivrot, ote** *n* fam Ivrogne.

**poix** *nf* Matière résineuse ou bitumineuse provenant d'une distillation, de consistance visqueuse. ETY Du lat.

**Pokémon** créatures imaginaires d'un jeu japonais (cartes, vidéo) créé en 1996.

**poker** *nm* Jeu de cartes d'origine américaine ; partie de poker ; réunion de quatre cartes de même valeur, à ce jeu. LOC ***Coup de poker*** : action audacieuse où entre une large part de bluff. — ***Poker d'as*** : jeu de dés inspiré du poker dans lequel on utilise cinq dés spéciaux dont les faces portent les figures des jeux de cartes. (PHO) [pɔkɛʀ] (ETY) Mot amér.

**Pokrovsk** (*Engels* de 1931 à 1991), v. de Russie, sur la Volga, face à Saratov ; 177 000 hab. – Cap. (1924-1941) de la rép. autonome des Allemands de la Volga.

**Pola** → **Pula.**

**Polabí** plaine limoneuse de la Rép. tchèque (Bohême), drainée par la *Labe* (nommée *Elbe* en Allemagne) ; riche région agricole et industrielle.

**polacre** *nf* MAR ANC Navire à voiles carrées de la Méditerranée.

**polaire** *a, nf* **A** *a* **1** Relatif aux pôles, qui est près des pôles. *Régions polaires.* **2** Qui caractérise les régions voisines des pôles. *Glaces polaires.* **3** Glacial. *Froid polaire.* **4** GEOM Relatif aux pôles d'une sphère, d'un cercle. *Coordonnées polaires.* **5** CHIM Se dit d'une molécule dans laquelle le barycentre des charges positives ne coïncide pas avec le barycentre des charges négatives. **6** ELECTR Relatif aux pôles d'un aimant, d'un circuit électrique. **B** *nf* **1** Vêtement en laine polaire. **2** AVIAT Courbe qui représente la portance d'une aile en fonction de la traînée pour une incidence donnée. **LOC** ***Étoile polaire*** ou ***la Polaire*** : étoile de la Petite Ourse qui se trouve actuellement à l'aplomb du pôle Nord (à moins de 1° près), supergéante pulsante située à 300 années de lumière de la Terre. — ***Laine polaire*** : fibre synthétique isolante et légère, obtenue par le recyclage de contenants en plastique.

**Polanski** Raymond, dit Roman (Paris, 1933), cinéaste et acteur français d'origine polonaise : *Cul-de-sac* (1965), *le Bal des vampires* (1967), *Rosemary's Baby* (1968), *Chinatown* (1974), *le Locataire* (1976), *Tess* (1979), *la Jeune fille et la mort* (1995), *le Pianiste* (2002).

**Roman Polanski**
*le Bal des vampires*, 1967

**Polanyi** Karl (Vienne, 1886 – Pickering, Ontario, 1964), économiste américain d'origine hongroise, théoricien d'une planification étatique.

**Polanyi** John Charles (Berlin, 1929), chimiste canadien d'orig. hongroise : travaux sur les échanges énergétiques, sur la luminescence, sur le laser. Prix Nobel 1986 avec D. R. Herschbach et Yuan Tseh Lee.

**polaque** *nm* HIST Cavalier polonais, mercenaire enrôlé dans les armées françaises au XVIIIe s.

**polar** *nm* fam Roman, film policier.

**polard, arde** *a, n* fam Qui est obsédé par un seul problème, une unique spécialité.

**polarimétrie** *nf* Mesure de la rotation du plan de polarisation. (DER) **polarimètre** *nm*

**Polaris** type de missiles balistiques intercontinentaux américains.

**polarisation** *nf* **1** PHYS Phénomène par lequel les vibrations lumineuses s'orientent dans un plan. **2** ELECTR Phénomène dû à une accumulation d'ions, à un dégagement d'hydrogène ou à la formation d'une pellicule résistante sur les électrodes d'une pile et qui se traduit par une augmentation de la résistance interne et une diminution du courant débité. **3** fig Action de polariser ; fait de se polariser.

ENC Toute lumière réfléchie est partiellement ou totalement polarisée, c.-à-d. que les vecteurs qui représentent la vibration des rayons lumineux sont contenus dans un plan, appelé *plan de polarisation*, perpendiculaire à la direction de propagation. Diverses substances ont la propriété de ne transmettre les vibrations que dans un plan de polarisation déterminé ; cette propriété est utilisée dans les polaroids. Certaines molécules possèdent la propriété de faire tourner le plan de polarisation soit vers la droite (dextrogyres), soit vers la gauche (lévogyres), l'angle de rotation étant proportionnel à l'épaisseur traversée (*polarisation rotatoire*). V. isomérie.

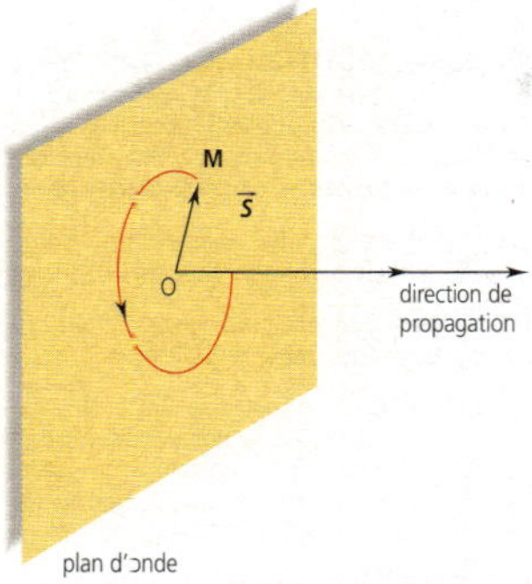


une onde transversale (caractérisée par une grandeur vectorielle $\vec{s}$) est polarisée si, pendant une période, l'extrémité M de $\overline{OM} = \vec{s}$ décrit une courbe déterminée

**polarisation**

**polariscope** *nm* PHYS Appareil servant à mesurer le degré de polarisation d'un faisceau lumineux.

**polariser** *vi* ① **A** *vt* **1** ELECTR Provoquer la polarisation d'un appareil, d'un dispositif. **2** PHYS Donner la propriété de polarisation. **3** fig Orienter vers soi, attirer à soi. *Polariser l'attention de toute l'assemblée.* **B** *vpr* **1** fam Se fixer, se concentrer. *L'attention se polarisa sur cet évènement.* **2** ELECTR Subir une polarisation, en parlant d'une pile. (ETY) Du gr. *polein,* « tourner ». (DER) **polarisable** *a* – **polarisant, ante** ou **polarisateur, trice** *a*

**polariseur** *nm* PHYS Appareil qui polarise la lumière.

**polarité** *nf* MATH, PHYS État d'un corps, d'un système dans lequel on peut distinguer deux pôles opposés.

**polarographie** *nm* CHIM Méthode permettant de déterminer la nature et la concentration d'une substance par utilisation des courbes intensité-tension d'électrolyse.

**polaroid** *nm* **1** PHYS Polariseur constitué d'une lame transparente. **2** Appareil photographique à développement instantané. (PHO) [pɔlaʀɔid] (ETY) Nom déposé.

**polatouche** *nm* Écureuil gris de Russie possédant entre les membres antérieurs et postérieurs une membrane qui lui permet de planer sur de courtes distances. SYN écureuil volant. (ETY) Du russe.

**polder** *nm* GEOGR Terre située au-dessous du niveau de la mer, endiguée et asséchée de manière à permettre sa mise en valeur. (PHO) [pɔldɛʀ] (ETY) Mot néerl.

**poldériser** *vt* ① GEOGR Transformer en polder un terrain, une région. (DER) **poldérisation** *nf*

**-pole, -polite** Éléments, du gr. *polis,* « ville ».

**pôle** *nm* **1** ASTRO Chacun des points où l'axe imaginaire de rotation de la Terre rencontre la sphère céleste. *Pôle boréal, austral.* **2** Chacune des extrémités de l'axe de rotation de la Terre sur elle-même. *Pôle Nord, pôle Sud.* **3** Région de la Terre située près d'un pôle et limitée par le cercle polaire. **4** fig Point opposé à un autre. **5** fig Point qui attire l'attention, l'intérêt. *Pôle d'attraction.* **6** GEOM Point qui sert à définir des coordonnées polaires. **7** ELECTR Chacune des bornes d'un circuit électrique. **LOC** ECON ***Pôle de compétitivité*** : zone bénéficiant d'aides publiques, après avoir présenté un projet destiné à développer un secteur économique. — ***Pôles de l'écliptique*** : points où une perpendiculaire au plan de l'écliptique coupe la sphère céleste. — ***Pôles d'une barre aimantée*** : ses extrémités qui s'orientent, l'une vers le pôle Nord (magnétique), l'autre vers le pôle Sud de la Terre. — GEOGR ***Pôles magnétiques*** : points du globe où l'inclinaison magnétique est de 90°. (ETY) Du gr. *polein,* « tourner ».

**Pole** Reginald (Stourton Castle, Staffordshire, 1500 – Lambeth, 1558), prélat anglais. Désapprouvant le divorce d'Henri VIII, il se retira à Rome. Marie Tudor le nomma en 1555 archevêque (cathol.) de Canterbury.

**polémarque** *nm* ANTIQ GR Officier, magistrat responsable du commandement de l'armée. (ETY) Du gr.

**polémique** *a, nf* **A** *a* Qui critique ; qui incite à la dispute, à la discussion par son ton agressif. **B** *nf* Querelle, débat par écrit. (ETY) Du gr. *polemos,* « guerre ».

**polémiquer** *vi* ① Engager une polémique ; faire de la polémique.

**polémiste** *n* Personne qui a l'habitude de la polémique.

**polémologie** *nf* Étude scientifique de la guerre considérée comme phénomène social. (DER) **polémologique** *a*

**polenta** *nf* **1** Bouillie de farine de maïs, en Italie. **2** Bouillie de farine de châtaignes, en Corse. (PHO) [pɔlɛnta] (ETY) Mot ital.

**poléophile** *a* ZOOL Se dit d'une espèce adaptée à la vie en ville, comme le moineau.

**Pôle emploi** organisme issu en 2008 de la fusion de l'ANPE et du réseau ASSEDIC.

**pole position** *nf* **1** SPORT Dans une course automobile, meilleure place sur la grille de départ accordée au véhicule qui a réalisé les meilleurs temps aux essais. **2** fig Meilleure place dans une compétition quelconque. PLUR pole positions. (PHO) [polpozisjɔ̃] (ETY) Mots angl.

**Polésie** plaine marécageuse, drainée par le Pripet, aux confins de la Pologne, de la Biélorussie et de l'Ukraine.

**1 poli, ie** *a* **1** Qui respecte les règles de la politesse. **2** Qui exprime la politesse. *Un ton poli.* (DER) **poliment** *av*

**2 poli, ie** *a, nm* **A** *a* Lisse et luisant. *Galets polis.* **B** *nm* Lustre, éclat de qqch que l'on a poli. *Donner du poli à un meuble.*

**Poliakoff** Serge (Moscou, 1906 – Paris, 1969), peintre français d'origine russe ; subtil adepte de l'abstraction géométrique.

**Poliakov** Léon (Saint-Pétersbourg, 1910 – Orsay, 1997), historien français d'origine russe : *l'Histoire de l'antisémitisme* (1956-1977), *l'Impossible Choix* (1995).

**1 police** *nf* **1** Maintien de l'ordre public et de la sécurité des citoyens dans un groupe social. **2** Administration, ensemble des agents de la force publique chargés du maintien de l'ordre et de la répression des infractions. **3** Organisme privé chargé d'une mission de surveillance. **LOC** DR ***Peine de police*** : contravention. — ***Police judi-***

*ciaire (PJ)* : service de police chargé de constater les infractions à la loi pénale, d'en rassembler les preuves et d'en rechercher les auteurs. — ***Tribunal de police*** : qui juge les contraventions. (ETY) Du gr.

**2 police** *nf* **1** DR Document fixant les conditions générales d'un contrat d'assurance. **2** IMPRIM Liste de tous les caractères d'imprimerie qui constituent un assortiment ; ensemble de ces caractères. (ETY) De l'ital.

**policé, ée** *a* litt Dont les mœurs sont adoucies ; civilisé.

**policeman** *nm* Agent de police, en Grande-Bretagne, aux États-Unis. PLUR policemans ou policemen. (PHO) [pɔlisman] (ETY) Mot angl.

**policer** *vt* ⑫ litt Civiliser, adoucir les mœurs d'un pays.

**polichinelle** *nm* **1** Jouet, marionnette qui représente Polichinelle. **2** Personnage ridicule, grotesque ; personne sans caractère, aux opinions changeantes. **LOC** ***Secret de Polichinelle*** : chose que l'on croit secrète mais qui est connue de tous. (ETY) De l'ital. *Pulcinella,* personnage de farce.

**Polichinelle** personnage du théâtre de marionnettes aux origines très lointaines, devenu *Pulcinella* dans la commedia dell'arte et introduit en France v. 1600 ; bossu devant et derrière, querelleur, fanfaron.

**policier, ère** *a, nm* **A** *a* Relatif à la police ; qui appartient à la police, à la force publique. **B** *n* Personne qui appartient à la police. **LOC** ***Etat policier*** : où la police est l'outil principal du pouvoir. — ***Roman, film policiers*** ou, fam, ***un policier*** : qui mettent en scène principalement des personnages de policiers, de détectives, en lutte contre des criminels.

**policlinique** *nf* Établissement municipal où les malades reçoivent des soins, mais ne sont pas hospitalisés. (ETY) Du gr. *polis,* « ville ».

**Polidoro da Caravaggio Polidoro Caldara,** dit (Caravaggio, v. 1495 – Messine, 1546), peintre italien, élève de Raphaël : fresques en clair-obscur. (VAR) **Polydore de Caravage**

**Polieri Jacques** (Toulouse, 1928 – Paris, 2011), metteur en scène français de théâtre, auteur de spectacles d'avant-garde.

**Polignac (famille de)** famille française originaire du Velay.

**Polignac Melchior de** (Le Puy, 1661 – Paris, 1742), cardinal et diplomate français ; auteur d'un long poème latin, *l'Anti-Lucrèce* (inachevé, posth., 1745), qui critique le matérialisme. Acad. fr. (1704).

**Polignac Yolande Martine Gabrielle de Polastron (duchesse de)** (1749 – Vienne, 1793), aristocrate française, favorite de Marie-Antoinette. — **Jules Auguste Armand Marie** (Versailles, 1780 – Paris, 1847), fils de la préc. ; homme politique ultraroyaliste ; président du Conseil (1829), il décida l'expédition d'Alger et rédigea les ordonnances de juillet 1830, qui provoquèrent la révolution.

**Poligny** ch.-l. de cant. du Jura, sur l'*Orain* ; 4 511 hab. Centre agric. – Égl. (XV$^{e}$ s.). Hôtel-Dieu (XVII$^{e}$ s.). (DER) **polinois, oise** *a, n*

**poliment → poli**

**polio** *n* Abrév. de *poliomyélite* ou de *poliomyélitique.*

**poliomyélite** *nf* Maladie infectieuse aiguë, due à un virus neurotrope qui atteint la moelle épinière provoquant des paralysies et des atrophies musculaires. ABREV polio. (ETY) Du gr. *polios,* « gris », et *muelos,* « moelle ». (DER) **poliomyélitique** *a, n*

**poliorcétique** *a, nf* ANTIQ Se dit de l'art de faire le siège d'une ville. (ETY) Du gr.

**polir** *vt* ③ **1** Rendre lisse et luisant à force de frotter. *Polir le marbre. Bois qui s'est poli avec le temps, l'usage.* **2** litt Corriger avec soin, parfaire un discours, un écrit, etc. (ETY) Du lat. (DER) **polissable** *a* – **polissage** *nm*

**Polisario (Front)** abréviation de *Front populaire pour la libération de Saguia el-Hamra et du Río de Oro,* mouvement de libération du peuple sahraoui, créé en 1973. V. Sahara occidental.

**polissoir** *nm* Instrument, machine pour polir.

**polissoire** *nf* Brosse douce pour faire briller les chaussures.

**polisson, onne** *n, a* **A** *n, a* fam Se dit d'un enfant dissipé, espiègle. **B** *n* Personne portée à la licence, libertin. **C** *a* Égrillard, licencieux. *Chanson polissonne.* (ETY) De l'arg. anc. *polir,* « vendre ». (DER) **polissonner** *vi* – **polissonnerie** *nf*

**poliste** *n* Guêpe qui vit en petites colonies dans des nids fixés dans les buissons. (ETY) Du gr.

**Politburo** bureau politique du Comité central du Parti communiste de l'URSS.

**politesse** *nf* **1** Ensemble des règles, des usages qui déterminent le comportement dans un groupe social, et qu'il convient de respecter ; observance de ces règles. **2** Acte, comportement conforme à ces usages. (ETY) De l'ital.

**politicaillerie** *nf* fam, péjor Basse politique.

**politicard, arde** *n, a* fam, péjor Se dit d'un politicien douteux.

**politicien, enne** *n, a* **A** *n* Personne qui s'occupe de politique. **B** *a* péjor Digne d'un politicien. *Des discussions politiciennes.*

**Politien Angelo Ambrogini,** dit **il Poliziano,** nommé en France **Ange** (Montepulciano, 1454 – Florence, 1494), poète italien de langue toscane : *Stances pour le tournoi* (1478).

**politique** *a, n* **A** *a* **1** Relatif au gouvernement d'un État. *Institutions politiques.* **2** Relatif aux relations mutuelles des divers États. *Frontières politiques.* **3** Qui a rapport aux affaires publiques d'un État. *Homme politique.* **4** Relatif à une manière de gouverner, à une théorie de l'organisation d'un État. *Parti politique. Opinions politiques.* **5** Qui montre une prudence calculée. *Une conduite très politique.* **B** *nf* **1** Science ou art de gouverner un État ; conduite des affaires publiques. *Faire de la politique.* **2** Ensemble des affaires publiques d'un État, des évènements les concernant et des luttes des partis. **3** Manière de gouverner. *Politique de gauche, de droite.* **4** Manière de mener une affaire. *Adopter une politique et s'y tenir.* **5** fig Conduite calculée pour atteindre un but précis. *Il s'est incliné par pure politique.* **C** *nm* **1** Personne qui s'applique à la connaissance des affaires publiques, du gouvernement des États. *Talleyrand fut un grand politique.* **2** fig, litt Personne habile, avisée. *Un fin politique.* **D** *n* **1** Homme ou femme politique. **2** Prisonnier ou prisonnière politique. (ETY) Du gr. *politikos,* « de la cité ».

**politique-fiction** *nf* Fiction reposant sur l'évolution imaginaire d'une situation politique actuelle.

**politiquement** *av* **1** Du point de vue politique. **2** fig D'une manière fine, adroite. **LOC** ***Politiquement correct*** : qui prétend défendre les victimes d'une discrimination en bannissant du langage ce qui serait susceptible de les offenser.

**Polítis Nikolaos** (Corfou, 1872 – Cannes, 1942), homme politique grec ; président de la SDN (1932).

**politiser** *vt* ① **1** Donner un caractère politique à qqch. **2** Donner une conscience politique à qqn. (DER) **politisation** *nf*

**politologie** *nf* didac Observation, étude des faits politiques. (DER) **politologique** *a* – **politologue** ou **politiste** *n*

**Politzer Georges** (Nagyvárad, 1903 – mont Valérien, 1942), philosophe français : *Principes élémentaires de philosophie* (posth., 1948). Il fut fusillé par les Allemands.

**poljé** *nm* GEOL Vaste dépression karstique, dont le fond est souvent bordé d'escarpements. (ETY) Mot slave.

**Polk James Knox** (en Caroline du Nord, 1795 – Nashville, 1849), homme politique américain, président des É.-U. (1845-1849).

**polka** *nf* Ancienne danse, d'origine polonaise, à deux temps, d'un rythme vif et enlevé ; musique faite pour accompagner cette danse. **LOC** ***Pain polka*** : pain aplati, à la croûte marquée de profondes entailles. (ETY) Mot polonais.

**Polke Sigmar** (Oels, Silésie, 1941 – Cologne, 2010), artiste allemand. Son œuvre exprime son refus des conventions de l'art.

**Pollack Sydney** (South Bend, Indiana, 1934 – Los Angeles, 2008), cinéaste américain : *On achève bien les chevaux* (1969), *Jeremiah Johnson* (1972), *Tootsie* (1983), *Out of Africa* (1986), *Sabrina* (1996).

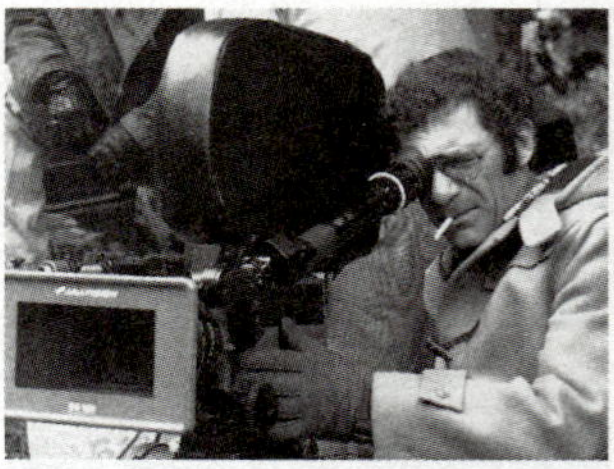

**Sydney Pollack** sur le tournage de son film *Yakusa,* en 1974

**Pollaiolo Antonio Benci,** dit **Antonio del** (Florence, v. 1432 – Rome, 1498), peintre, graveur, sculpteur et orfèvre italien : tombeaux de Sixte IV et Innocent VIII (St-Pierre de Rome). (VAR) **Pollaiuolo**

**Pollaiolo** *Portrait de femme* – galerie des Offices, Florence

**pollakiurie** *nf* MED Fréquence accrue de mictions peu abondantes. (ETY) Du gr. *pollakis,* « souvent ».

**pollen** *nm* Poussière élaborée dans l'anthère des végétaux phanérogames et dont les grains renferment les noyaux mâles fécondants. (PHO) [pɔlɛn] (ETY) Mot lat., « farine ». (DER) **pollinique** *a*

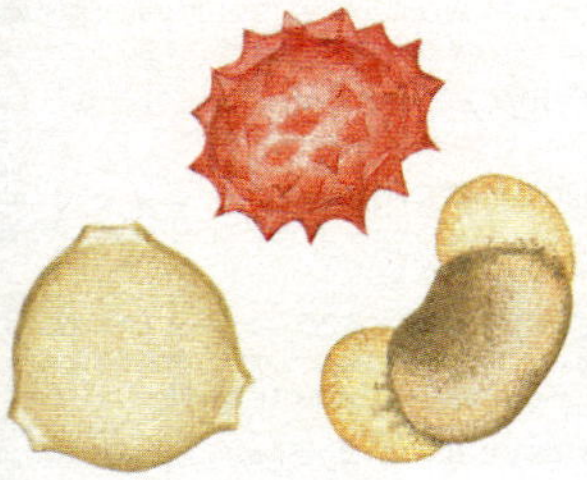

grains de **pollens** : marguerite-chrysanthème (en haut – coloration artificielle) – bouleau (en bas à g.) – pin (en bas à dr.)

**pollicitation** *nf* DR Offre de contracter une convention, qui n'a pas encore été acceptée.

**Pollini** Maurizio (Milan, 1942), pianiste italien au répertoire varié.

**pollinie** *nf* BOT Masse de pollen compacte qui se forme dans les anthères des orchidées.

**pollinifère** *a* BOT Qui porte du pollen.

**pollinique** → **pollen.**

**pollinisateur, trice** *a* Qui assure la pollinisation. *Insecte pollinisateur.*

**pollinisation** *nf* BOT Transport du pollen depuis l'étamine jusqu'au stigmate de l'ovaire.

**pollinose** *nf* MED Allergie due au pollen.

**Pollock** Jackson (Cody, Wyoming, 1912 – East Hampton, Long Island, 1956), peintre américain ; chef de file de l'Action painting. Il inventa le *dripping*, projection de peinture à l'aide d'instruments divers. ▶ illustr. **Action painting**

**polluer** *vt* ① **1** Souiller, rendre malsain ou impropre à la vie. **2 fig** Dénaturer, détourner de son but. *Des ragots ont pollué l'atmosphère des débats.* ETY Du lat. DER **polluant, ante** *a, nm* – **pollueur, euse** *a, n*

**pollupostage** *nm* Syn. de *spam* et de *spamming*.

**polluposteur** *nm* Syn. de *spammeur*.

**pollution** *nf* **1** Souillure, infection contribuant à la dégradation d'un milieu vivant. *Pollution atmosphérique.* **2** Toute forme de nuisance (bruit, notam.).

**Polnareff** Michel (Nérac, 1944), auteur-compositeur et chanteur français.

**polo** *nm* **1** SPORT Jeu opposant deux équipes de cavaliers qui, chacun à l'aide d'un long maillet, essaient de pousser une boule de bois dans le camp adverse. **2** Chemise en tricot à col rabattu. ETY Mot angl., d'une langue du Cachemire.

**polo**

**Polo** Marco (Venise, 1254 – id., 1324), voyageur vénitien. Accompagnant son père, Niccolo, et son oncle, Matteo, commerçants, il traversa l'Asie par le Turkestan et le désert de Gobi (1271-1275). Arrivés à la cour de Koubilaï khān, empereur mongol de Chine, les Polo y demeurèrent seize ans ; le monarque confia à Marco de nombreuses missions. Ils regagnèrent Venise, par Sumatra, en 1295. Emprisonné par les Génois (en guerre avec Venise), Marco dicta en 1298 ses souvenirs, *le Devisement du monde* (dit aussi *le Livre des merveilles du monde*).

**polochon** *nm* fam Traversin. ETY Du néerl.

**Pologne (république de)** (*Rzeczpospolita Polska*), État d'Europe orient., sur la Baltique, frontalier de la Russie et de la Lituanie au nord, de la Biélorussie et de l'Ukraine à l'est, de la Rép. tchèque et de la Slovaquie au sud et de l'Allemagne à l'ouest 312 680 km² ; 38,5 millions d'hab. Capitale : *Varsovie*. Langue off. : polonais. Monnaie : zloty. Relig. : cathol. (env. 95 % de Polonais sont baptisés). DER **polonais, aise** *a, n*

**Géographie** La Pologne, plaine au climat semi-continental, a été modelée par les glaciers quaternaires. La drainent la Vistule et l'Odra (Oder), qui se jettent dans la Baltique, au littoral sableux et rectiligne. Des montagnes et leur piémont occupent le Sud : Carpates au S.-E., massif de Bohême au S.-O. La pop., groupée au centre et au S., est urbanisée à plus de 60 %.

**Économie** Le socialisme ne porta pas atteinte à l'agriculture familiale privée (75 % des terres) : céréales (seigle notam.), pomme de terre, betterave à sucre élevage bovin et porcin. Mais agriculture et pêche ne couvrent pas les besoins. L'industrie lourde, bénéficiant du charbon de haute Silésie, de cuivre, de plomb et de zinc, souffre de vétusté. Appliqué avec vigueur dès 1989 et bénéficiant de l'aide du FMI, un plan d'assainissement a permis de réduire les déficits publics et a effectué des privatisations. De tous les pays socialistes, la Pologne est celui qui s'est le mieux adapté à l'économie de marché.

**Histoire** LE MOYEN ÂGE L'existence, sur le territoire de la Pologne, de tribus slaves est attestée aux Ve et VIe s. Un premier *État polane* (entre l'Oder, le Bug, la Baltique et les Carpates) se forma au Xe s. autour de Gniezno et de Poznań avec Mieszko Ier (v. 960-992), qui se convertit en 966 au christianisme. Son fils, Boleslas Ier le Vaillant (992-1025), agrandit le territoire. Dès l'an 1000, la création d'un archevêché métropolitain assura l'autonomie de l'Église de Pologne. Mais, divisée entre les quatre fils de Boleslas III (m. en 1138), la Pologne souffrit des attaques et des annexions opérées par ses voisins (chevaliers Teutoniques, princes russiens) et des invasions mongoles. Ladislas Ier (1320-1333) réunifia le pays, qui connut une ère florissante sous Casimir III le Grand (1333-1370). Son successeur, le roi de Hongrie Louis Ier d'Anjou, fit en sorte que sa fille Hedwige règne avec son époux, le grand-prince de Lituanie Ladislas Jagellon, qui vainquit les chevaliers Teutoniques (1410).

LES TEMPS MODERNES Au XVIe s., la Pologne fut à l'apogée de sa puissance (union avec la Lituanie, 1569) et connut un rayonnement culturel (Copernic), notam. sous Sigismond Auguste (1548-1572). En 1648, les révoltes des Cosaques ruinèrent le pays qui, entre 1655 et 1667, perdit plusieurs territoires, mais, appelé par l'Autriche, Jean Sobieski arrêta les Turcs devant Vienne (1683). Au XVIIIe s., Prusse et Russie s'immiscèrent dans les affaires du pays, qu'elles se partagèrent en 1772 avec l'Autriche. Un deuxième partage eut lieu en 1793, puis un troisième, après l'insurrection de Kościuszko, en 1795 : le royaume de Pologne disparut.

LE XIXe SIÈCLE À partir du duché de Varsovie, Napoléon Ier rétablit une entité polit. polonaise, sans en proclamer l'indépendance (1807-1814). Le congrès de Vienne (1815) réalisa un nouveau partage ; la Russie constitua la Pologne centrale en royaume autonome. Le soulèvement de

**Marco Polo** recevant les tables d'or des mains de Koubilaï khān, enluminure du *Livre des merveilles du monde*, édition du début du XVe s. – BN

1830-1831 fut noyé dans le sang. En 1861-1863, la révolte héroïque des « Faucheurs » fut sévèrement réprimée. La germanisation continua dans les terres prussiennes.

DE 1914 À 1945 Envahie par l'Allemagne en 1914, la Pologne ressuscita en 1918. La guerre polono-soviétique s'acheva (1921) au bénéfice de la Pologne, où la crise écon. entraîna la dictature de Piłsudski (1926-1935), puis celle des militaires (1935-1939). Alliée avec la France et l'Angleterre, la Pologne prit des garanties auprès de l'Allemagne. Les revendications d'Hitler (notam. sur Dantzig) ramenèrent la Pologne vers l'alliance franco-anglaise. Attaquée le 1er sept. 1939 par l'armée all., puis par l'armée sov. le 17, la Pologne disparut, partagée entre les vainqueurs. De juillet 1941 à l'automne 1944, toute la Pologne fut soumise à l'Allemagne : 6 millions de Polonais, dont 3 millions de juifs, moururent ; Varsovie fut rasée après l'insurrection de l'été 1944. En 1945, le pays (que l'armée sov. avait « libéré ») fut « déplacé » de 300 km vers l'ouest, échangeant 170 000 km², cédés à l'URSS, contre un territoire d'un peu plus de 100 000 km², d'où les Allemands furent expulsés (frontière Oder-Neisse).

LA POLOGNE SOCIALISTE Sous la pression sov., un gouvernement procommuniste prit le pouvoir dès 1945. En 1947, la Pologne devint une démocratie populaire, dominée par le Parti ouvrier unifié (POUP : communistes et socialistes ralliés), alignant sa politique sur celle de l'URSS. Une crise politique, l'« octobre polonais » (1956), porta au pouvoir W. Gomułka. En déc. 1970, des manifestations ouvrières, durement réprimées, provoquèrent sa chute. Son successeur, E. Gierek, tenta une politique d'expansion industrielle accélérée et d'ouverture à l'Occident. Mais la situation se dégrada à nouveau à partir de 1976 et aboutit à un vaste mouvement de grèves en 1980. En sept. 1980, Gierek fut remplacé à la tête du parti par S. Kania ; puis le syndicat libre Solidarność, animé par Lech Wałęsa, fut autorisé. Les revendications populaires et l'influence du clergé, renforcée par l'élection du pape polonais Jean-Paul II (1978), menaçaient le régime. En oct. 1981, le général Jaruzelski devint chef du parti et chef du gouvernement. Il proclama l'« état de guerre » le 13 déc. : les syndicats Solidarność furent suspendus, leurs chefs arrêtés. Des grèves éclatèrent, durement réprimées. L. Wałęsa fut libéré en nov. 1982, l'état de guerre suspendu en juillet 1983. L. Wałęsa et Solidarność obtinrent des élections (juin 1989), qu'ils remportèrent. T. Mazowiecki (Solidarność) forma un gouv. de coalition avec le POUP et entreprit une libéralisation de l'économie.

DEPUIS 1990 En 1990, L. Wałęsa remporta l'élection prés., mais ne put s'appuyer sur aucune majorité. Les sociaux-démocrates (ex-communistes) ont vu leur candidat, Alexandre Kwasniewski, remporter en 1995 l'élection prés. contre Wałęsa. En 1997, Solidarność a remporté les législatives ; Jerzy Buzek, Premier ministre de droite « cohabite » avec le président de gauche réélu en 2000. En 1998, le concordat signé avec le Vatican en 1993 a été ratifié. En 2001, la coalition de gauche remporte une large victoire aux législatives et Leszek Miller devient Premier ministre. Impopulaire, il est remplacé en mai 2004 par Marek Belka qui cède sa place à Kazimierz Marcinkiewicz (conservateur) à l'issue des législatives de 2005. Cela favorise l'élection du prés. conservateur Lech Kaczynski en 2005. La Pologne a intégré l'OTAN en 1999 et l'Union européenne en 2004. Le libéral Donald Tusk remporte les législatives de 2007 et 2011. Suite à l'accident mortel de L. Kaczynski en 2010, Bronislaw Komorowski (libéral) est élu prés. Mais en 2015, les conservateurs reprennent la tête du gouv. et Andrzej Duda est élu prés. ▶ carte p. 1276

**polonais** *nm* Langue slave parlée en Pologne.

**polonaise** *nf* Danse nationale de Pologne ; musique à trois temps sur laquelle on l'exécute.

**Polonaises** compositions de Chopin pour le piano sur le rythme de la danse de cour dite *polonaise*. Au nombre de 16, elles furent écrites entre 1817 (Chopin a 8 ans) et 1846.

**Polonceau Antoine Rémy** (Reims, 1778 – Roche, Doubs, 1847), ingénieur français ; utilisateur du macadam et du rouleau compresseur. Il construisit la route du Simplon (1801) et celle du Lautaret (1808).

**polonium** *nm* CHIM Élément radioactif de numéro atomique Z = 84 et de masse atomique 210. SYMB Po. PHO [pɔlɔnjɔm] ETY De *Pologne*, pays d'orig. de M. Curie.

**Polonnaruwa** v. du centre-est de Sri Lanka ; 5 900 hab. ; ch.-l. du district du même nom. – Cap. religieuse de l'île du VIII^e au XIII^e s. – Ruines majestueuses (XII^e s.), auj. envahies par la jungle.

**Pol Pot Saloth Sor** ou **Sar,** dit (prov. de Kompong Thom, 1928 – près d'Anlong Veng, 1998), homme politique cambodgien. Secrétaire général du parti communiste khmer en 1962, il renverse Lon Nol (1975) et devient Premier ministre. Princ. responsable du génocide commis par les Khmers rouges, il reprend le maquis en 1979, à l'arrivée des troupes vietnamiennes. Ses compagnons lui ôtent ses fonctions en 1985 et le condamnent à la prison à vie en 1997.

**Poltava** v. d'Ukraine, sur la *Vorskla*, affl. du Dniepr (r. g.) ; 302 000 hab. ; ch.-l. de la rég. du m. nom. Marché agricole. Industries. – Pierre le Grand y infligea à Charles XII de Suède une défaite décisive en 1709.

**poltron, onne** *a, n* Qui manque de courage. SYN lâche. DER **poltronnerie** *nf*

**Poltrot Jean de, sieur de Méré** (en Angoumois, v. 1537 – Paris, 1563), gentilhomme français qui, converti au protestantisme, assassina François de Guise au siège d'Orléans (1563).

**poly-** Élément, du gr. *polus*, « nombreux ».

**poly** *nm* fam Cours polycopié.

**polyacétal** *nm* CHIM Résine thermoplastique dérivée du phénol.

**polyacide** *nm* CHIM Corps possédant plusieurs fonctions acide.

**polyacrylique** *a, nm* CHIM Se dit d'une résine thermoplastique obtenue à partir de l'acide acrylique (ex. : orlon, crylor, plexiglas).

**polyaddition** *nf* CHIM Polymérisation par additions successives d'une même molécule.

**polyalcool** *nm* CHIM Corps possédant plusieurs fonctions alcool. SYN polyol.

**polyamide** *nm* CHIM Polymère obtenu par condensation de polyacides et de polyamines ou par polycondensation d'acides aminés (ex. : nylon).

**polyamine** *nf* CHIM Corps possédant plusieurs fonctions amine.

**polyandre** *a, n* **1** ANTHROP Qui a plusieurs époux. **2** BOT Qui a plusieurs étamines. DER **polyandrie** *nf*

**polyarthrite** *nf* MED Inflammation de plusieurs articulations. DER **polyarthritique** *a, n*

**polyatomique** *a* CHIM Dont la molécule comprend plusieurs atomes.

**Polybe** (Megalopolis, v. 200 – ?, entre 125 et 120 av. J.-C.), historien grec ; déporté à Rome en 168. Ses *Histoires*, dont il nous reste plusieurs livres, sont une source inégalée sur l'histoire romaine et hellénistique entre 264 et 146 av. J.-C.

**polybutadiène** *nm* CHIM Polymère obtenu par polymérisation du butadiène.

**polycarbonate** *nm* Matrice plastique très utilisée dans l'industrie pour sa dureté, sa résistance, ses propriétés isolantes (emballages, disques compacts).

**Polycarpe (saint)** (?, v. 70 – Smyrne, v. 165), évêque de Smyrne, martyrisé.

**polycarpique** *a* BOT Se dit d'une plante dont les fleurs possèdent de nombreux carpelles libres, tel le magnolia.

**polycentrisme** *nm* didac Existence de plusieurs centres de pouvoir au sein d'une organisation. DER **polycentrique** *a*

**polycéphale** *a* didac Qui a plusieurs têtes.

**polychète** *nm* Ver annélide au corps couvert de nombreuses soies, qui vit dans la mer ou les eaux saumâtres. PHO [pɔliket] ETY Du gr. *khaitê*, « chevelure ».

**polychimiothérapie** *nf* MED Association de plusieurs médicaments dans une chimiothérapie.

**polychlorure** *nm* LOC ***Polychlorure de vinyle*** : PVC.

**polychroïsme** *nm* OPT Propriété que possèdent certains cristaux d'apparaître diversement colorés et qui est due au phénomène de polarisation de la lumière. PHO [pɔlikʀɔism]

**polychrome** *a* Peint de plusieurs couleurs. DER **polychromie** *nf*

**Polyclète** (né à Sicyone ou à Argos, v. 480 av. J.-C. – ?), sculpteur grec. Ses œuvres, (le *Doryphore*, le *Diadumène*), se conformaient au *Canon* (son traité, auj. perdu).

**polyclinique** *nf* Clinique où l'on soigne diverses sortes de maladies.

**polycondensat** *nm* CHIM Polymère obtenu après des réactions de polycondensation.

**polycondensation** *nf* CHIM Succession de réactions de condensation donnant naissance à une macromolécule.

**polyconsommation** *nf* Consommation simultanée de plusieurs produits toxiques (tabac, alcool, cannabis, etc.). DER **polyconsommateur, trice** *n*

**polycopie** *nf* Reproduction d'un document par décalque sur une pâte à la gélatine, ou au moyen d'un stencil ; chacun des exemplaires ainsi reproduits.

**polycopier** *vt* ② Reproduire par polycopie. DER **polycopié, ée** *a, nm*

**Polycrate** (m. à Magnésie du Méandre, 522 av. J.-C.), tyran de Samos (533-522 av. J.-C.), dont il fit une puissance maritime.

**polycristal** *nm* CHIM Solide formé de plusieurs cristaux. DER **polycristallin, ine** *a*

**polyculture** *nf* Pratique simultanée de plusieurs cultures dans une même exploitation agricole. ANT monoculture.

**polycyclique** *a* CHIM Se dit d'un composé organique dont la formule développée contient plusieurs noyaux.

**polydactyle** *a* didac Qui a des doigts en surnombre. DER **polydactylie** *nf*

**polydipsie** *nf* MED Soif excessive. SYN anadipsie.

**polyèdre** *nm, a* GEOM Solide dont les faces sont des polygones. LOC ***Angle polyèdre*** : figure formée, dans un polyèdre, par les faces et les arêtes qui ont un sommet commun. — ***Polyèdre convexe*** : dont l'une des faces, prolongée indéfiniment, le laisse du même côté. DER **polyédrique** *a*

**polyembryonie** *nf* BIOL Formation de plusieurs embryons à partir d'un même œuf.

**polyester** *nm* Polymère obtenu par condensation de polyacides et de polyalcools. PHO [pɔliestɛʀ]

**polyéthylène** *nm* Matière plastique obtenue par polymérisation de l'éthylène, utilisée pour fabriquer des récipients souples, des tuyaux.

**Polyeucte** tragédie en 5 actes et en vers de Corneille (1642).

**polyfonctionnel, elle** *a* Qui remplit plusieurs fonctions.

**polygala** *nm* BOT Plante dicotylédone, herbacée ou arbustive, à fleurs zygomorphes. ETY Du gr. VAR **polygale**

**polygame** *a, n* **1** ANTHROP Qui a plusieurs conjoints. **2** BOT Qui porte des fleurs hermaphrodites et des fleurs unisexuées. DER **polygamie** *nf* – **polygamique** *a*

**polygénique** *a* **1** Du polygénisme. **2** MED Qui est dû à plusieurs gènes. **3** GEOL Se dit d'un relief formé par des processus successifs.

**polygénisme** *nm* ANTHROP Théorie selon laquelle l'espèce humaine dériverait de souches distinctes. DER **polygéniste** *n*

**polyglobulie** *nf* MED Augmentation du nombre des globules rouges.

**polyglotte** *a, n* Qui connaît plusieurs langues.

**Polygnote** peintre grec du Vᵉ s. av. J.-C. Aucune de ses grandes fresques, décrites par Pausanias, n'a survécu, mais leur influence fut importante sur l'art grec.

**polygonacée** *nf* BOT Plante monocotylédone, dont la famille comprend la renouée, le sarrasin, l'oseille, la rhubarbe, etc.

**polygonal, ale** *a* **1** En forme de polygone. **2** Dont la base est un polygone. PLUR polygonaux.

**polygonation** *nf* TECH Opération de topographie qui consiste à assimiler le contour d'un terrain à un polygone.

**polygone** *nm* **1** Figure plane limitée par des segments de droite. **2** MILIT Lieu où les artilleurs s'exercent au tir. **LOC** *Polygone convexe, concave*: dont l'un quelconque des côtés, prolongé indéfiniment, laisse, ou non, toute la figure du même côté. — PHYS *Polygone de forces*: construction géométrique qui permet de faire la somme des vecteurs qui représentent un système de forces. ▶ pl. **géométrie**

**polygraphe** *n* didac Auteur qui écrit sur des sujets et dans des genres variés.

**polygyne** *a, n* **1** ANTHROP Qui a plusieurs épouses. **2** ENTOM Qui a plusieurs reines (colonie d'insectes). DER **polygynie** *nf*

**polyhandicapé, e** *a, n* Qui cumule un handicap physique et une déficience mentale grave.

**polyholoside** *nm* Syn. de *polyoside*.

**polyinsaturé, ée** *a* Se dit de certaines huiles (maïs, tournesol) indiquées en cas d'obésité.

**polyinstrumentiste** *n* Musicien qui joue de plusieurs instruments.

**polymédication** *nf* MED Fait de délivrer plusieurs médicaments à un patient.

**polymérase** *nf* Enzyme chargée de la copie du matériel génétique dans la cellule.

**polymère** *a, nm* CHIM Se dit d'un composé provenant de la polymérisation des molécules d'un même composé, appelé *monomère*. DER **polymérique** *a*

**polymérie** *nf* **1** CHIM Propriété de deux corps possédant la même composition centésimale, mais dont l'un a une masse moléculaire 2, 3,... n fois plus grande que celle de l'autre corps. **2** BIOL Intervention de plusieurs gènes dans la détermination d'un caractère héréditaire.

**polymérisation** *nf* CHIM Union de molécules d'un même composé (monomère) en une seule molécule plus grosse (macromolécule).

**polymériser** *v* ① **A** *vt* Effectuer la polymérisation. **B** *vi* Passer à l'état de polymère. DER **polymérisable** *a*

**polymétallique** *a* Qui comporte, contient plusieurs métaux. *Nodules polymétalliques.*

**Polymnie** Muse de la Poésie lyrique.

**polymorphe** *a* **1** CHIM Qui se présente sous plusieurs formes cristallines. **2** Qui peut prendre plusieurs formes. **3** BIOL Se dit d'un organisme qui peut se présenter sous diverses formes sans changer de nature. DER **polymorphisme** *nm*

**Polynésie** partie orientale de l'Océanie, comprenant les îles du Pacifique situées à l'E. de l'Australie, de la Micronésie et de la Mélanésie. Outre les possessions françaises (Polynésie française, Wallis-et-Futuna), anglaises (Pitcairn), américaines (Hawaii, Samoa orientales) et chiliennes (île de Pâques), elles comprennent des États indépendants: Nouvelle-Zélande, Samoa (occidentales), Tuvalu, Nauru et Tonga. DER **polynésien, enne** *a, n*
**Géographie** Les îles polynésiennes (d'origine volcanique et garnies d'anneaux de corail) ont un climat tropical océanique, humide selon le relief et l'exposition (tempéré en Nouvelle-Zélande; les côtes E. au vent sont très humides; les côtes O. sous le vent sont plus sèches). Le peuplement y est homogène, sauf en Nouvelle-Zélande, mais le métissage s'accentue. L'origine des Polynésiens est incertaine; leur installation remonterait à l'ère chrétienne. Ils parlent des langues austronésiennes. Leur système social a été altéré par la colonisation.

**Polynésie française** collectivité française d'outre-mer qui comprend l'archipel de la Société (Tahiti et ses dépendances), les Tuamotu et les Gambier, les Marquises et les îles Australes (ou Tubuaï) 4 200 km² éparpillés sur 5 millions de km²; 300 000 hab.; ch.-l. *Papeete* (Tahiti). DER **polynésien, enne** *a, n*
**Géographie** Ces îles, à l'exception des Tuamotu coralliennes, sont d'origine volcanique. Le climat est tropical humide. La faiblesse des ressources agricoles (cocotiers, tubercules, canne à sucre, café) et de la pêche nécessite l'importation de prod. alimentaires. Le sous-sol est pauvre; les rares industries se concentrent à Papeete. Le tourisme est en expansion. La culture de la perle noire se développe.
**Histoire** Conduite par des marins anglais ou français (Bougainville, La Pérouse, etc.), l'exploration des îles polynésiennes se produisit à la fin du XVIIIᵉ s. La France établit progressivement son protectorat sur les îles de l'actuelle Polynésie française, christianisée par des missionnaires. Organisés par décret en 1885, les Établissements français de l'Océanie devinrent en 1946 un TOM (statut confirmé en 1958 par référendum) qui obtint son autonomie interne en 1977 (Assemblée de 41 membres élus); la réforme de 1984 (modifiée en 1990) a renforcé cette autonomie.

**polynésien** *nm* Ensemble des langues austronésiennes parlées en Polynésie.

**polynévrite** *nf* MED Affection qui touche de façon bilatérale et symétrique plusieurs nerfs périphériques.

**Polynice** fils d'Œdipe. Il réunit six chefs d'Argos pour reprendre le trône de Thèbes à son frère Étéocle. Les deux frères s'entretuèrent. Antigone donna une sépulture à Polynice.

**polynôme** *nm* MATH Somme algébrique de monômes. DER **polynomial, ale, aux** *a*

**polynucléaire** *a, nm* BIOL **1** Se dit d'une cellule à plusieurs noyaux. **2** Leucocyte au noyau formé de plusieurs lobes. SYN granulocyte.

**polynucléotide** *nm* BIOCHIM Composé constitué d'un grand nombre de nucléotides (ARN, ADN).

**polyol** *nm* CHIM Polyalcool.

**polyoléfine** *nf* TECH Résine thermoplastique obtenue par polymérisation des oléfines.

**polyoside** *nm* BIOCHIM Composé constitué par la polycondensation d'une grande quantité de molécules d'oses (amidon, cellulose, etc.). SYN polyholoside, polysaccharide.

**polypathologie** *nf* MED Présence chez qqn de plusieurs affections simultanées. DER **polypathologique** *a*

**polype** *nm* **1** ZOOL Forme fixée des cnidaires, par oppos. à la forme libre ou *méduse* ; individu qui présente cette forme. **2** MED Excroissance de la muqueuse des cavités naturelles. DER **polypeux, euse** *a*

**polypensionné, ée** *a, n* Qui perçoit des pensions de retraite émanant de plusieurs caisses. DER **polypension** *nf*

**polypeptide** *nm* BIOCHIM Molécule résultant de la condensation de plusieurs acides aminés. DER **polypeptidique** *a*

**polypétale** *a* BOT Syn. de *dialypétale.*

**polyphasé, ée** *a* ELECTR Constitué par plusieurs grandeurs sinusoïdales de même nature, de même fréquence et déphasées les unes par rapport aux autres.

**Polyphème** dans la myth. gr., le plus fameux des Cyclopes, fils de Poséidon ; Ulysse l'affronta et lui creva son œil unique.

**polyphénol** *nm* CHIM Composé ayant plusieurs fonctions phénol, doté de propriétés antioxydantes, présent dans le vin, le thé, etc.

**polyphonie** *nf* **1** Mode de composition à plusieurs voix jouées par des instruments ou chantées, ordonnées suivant le principe du contrepoint. **2** Chant à plusieurs voix. **3** **fig, fam** Fait pour un groupe d'exprimer plusieurs opinions divergentes sur le même sujet. DER **polyphonique** *a* – **polyphoniste** *n*

**polyphosphate** *nm* Phosphate dont la molécule comporte une chaîne d'atomes de phosphore et d'oxygène alternés, très utilisé dans la fabrication des détergents, dans l'agroalimentaire.

**polypier** *nm* ZOOL Squelette corné ou calcaire des anthozoaires.

**polyplacophore** *nm* ZOOL Mollusque marin primitif dont la coquille se compose de huit plaques.

**polyploïde** *a* BIOL Se dit d'une cellule dont les noyaux contiennent plusieurs fois le nombre normal de chromosomes. DER **polyploïdie** *nf*

**polypnée** *nf* MED Fréquence respiratoire anormalement rapide.

**polypode** *nm* BOT Fougère aux longues frondes plus ou moins profondément découpées, dont le rhizome se développe au-dessus du sol. ▶ illustr. **fougères**

**polypodiacée** *nf* BOT Fougère (filicinée) des pays tempérés.

**polypore** *nm* Champignon basidiomycète coriace, dont l'hyménium est formé de petits tubes et qui pousse sur les troncs d'arbres.

**polypose** *nf* MED Multiplication de polypes sur la muqueuse du côlon.

**polyprène** *nm* CHIM Macromolécule constituant le caoutchouc naturel.

**polypropylène** *nm* Matière plastique ou fibre synthétique issue du propylène.

**polyptère** *nm* Poisson osseux des eaux douces d'Afrique centrale, aux écailles épaisses, à la nageoire dorsale très longue et divisée.

**polyptyque** *nm* BX-A Peinture exécutée sur plusieurs panneaux. ETY Du gr. *ptux,* « tablette ».

**polyradiculonévrite** *nf* MED Atteinte de l'ensemble des racines et des troncs nerveux.

**polysaccharide** *nm* Syn. de *polyoside.* PHO [pɔlisakaʀid] VAR **polysaccaride**

**polysémie** *nf* LING Pluralité de sens d'un mot, d'une phrase. DER **polysémique** *a*

**polysensoriel, elle** *a* PSYCHO Se dit d'une activité qui met en jeu plusieurs sens. *Publicité polysensorielle.* DER **polysensorialité** *nf*

**polystyle** *a* ARCHI Qui a plusieurs colonnes.

**polystyrène** *nm* CHIM Matière plastique obtenue par polymérisation du styrène.

**polysulfure** *nm* CHIM Sulfure dont la molécule contient plus d'atomes de soufre que celle des composés normaux.

**polysyllabe** *a, nm* GRAM Qui a plusieurs syllabes. VAR **polysyllabique** *a*

**polysynodie** *nf* HIST Système de gouvernement pratiqué en France, entre 1715 et 1718, après que le Régent eut remplacé les secrétaires d'État par des conseils.

**polysynthétique** *a* LING Se dit d'une langue où les formes liées dominent et dans laquelle on ne peut distinguer le mot de la phrase (l'esquimau, par ex.).

**polytechnicien, enne** *n* Élève ou ancien élève de Polytechnique.

**polytechnique** *a, nf* VX Qui concerne plusieurs techniques.

**polytechnique (École)** établissement militaire d'enseignement supérieur qui forme des ingénieurs des corps de l'État et des officiers des armes spécialisées. (En argot des écoles, l'*X, Pipo.*) Créée en 1794 (*École centrale des travaux publics*), devenue école milit. en 1804 et installée sur la montagne Sainte-Geneviève (Paris 5$^{e}$), elle reçut des élèves du sexe féminin en 1972 et fut transférée à Palaiseau en 1976.

**polythéisme** *nm* Religion qui admet l'existence de plusieurs dieux. DER **polythéiste** *a, n*

**polythérapie** *nf* Thérapie antisida associant plusieurs antirétroviraux. SYN multithérapie.

**polytonalité** *nf* MUS Indépendance complète des différentes parties d'une polyphonie au point de vue tonal. DER **polytonal, ale, als** *a*

**polytoxicomanie** *nm* MED Association de plusieurs drogues (stupéfiants, alcool, médicaments) dans une toxicomanie. DER **polytoxicomane** *n*

**polytransfusé, ée** *a, n* MED Se dit d'une personne qui a reçu plusieurs transfusions de sang provenant de donneurs multiples.

**polytraumatisme** *nm* MED Traumatisme multiple résultant du même accident. DER **polytraumatisé, ée** *a, n*

**polyptyque** l'Adoration des Mages, triptyque de Jérôme Bosch – Madrid, musée du Prado

**polytric** *nm* Mousse commune dans les forêts, à tige dressée, d'une dizaine de centimètres de hauteur. ETY Du gr. *trix,* « cheveu ». ▶ illustr. **mousses**

**polyuréthane** *nm* Matière plastique servant à fabriquer des produits de très faible densité. VAR **polyuréthanne**

**polyurie** *nf* MED Émission excessive d'urine. DER **polyurique** *a*

**polyvalent, ente** *a, nf* **1** Qui peut servir à plusieurs usages. **2** Doué de capacités diverses, de talents variés. **3** CHIM Dont la valence est supérieure à 1. **LOC** Canada *École polyvalente* ou *une polyvalente :* établissement public dispensant un enseignement général et professionnel de niveau secondaire. — FIN *Inspecteur polyvalent :* fonctionnaire chargé de la vérification, chez les commerçants, de l'exactitude des déclarations fiscales intéressant plusieurs administrations. DER **polyvalence** *nf*

**polyvinyle** *nm* CHIM Composé obtenu par polymérisation des composés vinyliques. DER **polyvinylique** *a*

**Pomaks** nom bulgare donné aux Slaves bulgarophones convertis à l'islam par les anc. occupants ottomans. VAR **Pomaques** DER **pomak** ou **pomaque** *a*

**Pomaré** dynastie qui régna à Tahiti de la fin du XVIII$^{e}$ s. à la fin du XIX$^{e}$ siècle. — **Pomaré IV** Aïmata (Tahiti, 1813 – id., 1877), roi de Tahiti ; il accepta le protectorat français (1847). — **Pomaré V** Ariiaue (Tahiti, 1842 – id., 1891), fils et successeur (1877) du préc. ; il abdiqua en 1880, laissant le gouvernement à la France.

**Pombal** Sebastião José de Carvalho e Melo (marquis de) (Lisbonne, 1699 – Pombal, au S. de Coimbra, 1782), homme d'État portugais. Premier ministre de Joseph I$^{er}$ (de 1755 à 1777), il reconstruisit Lisbonne après le séisme de 1755, réorganisa l'armée, l'administration, renvoya les jésuites.

**pomélo** *nm* Arbre (rutacée) ; fruit de cet arbre, agrume à chair jaune ou rose ressemblant au pamplemousse mais plus petit, à écorce plus mince et au goût moins amer. ETY Mot amér. VAR **pomelo**

**pomélo**

**Poméranie** rég. de Pologne, sur la Baltique. Ses limites ont varié. Occupée par des peuples slaves, les Poméraniens (présence attestée au IX$^{e}$ s.), elle fut revendiquée par l'ordre Teutonique, puis par la Suède et la Prusse. Celle-ci l'obtint en 1815. En 1945, la majeure partie de la Poméranie revint à la Pologne. DER **poméranien, enne** *a, n*

**Pomérélie** territoire autour de Gdańsk (en all. Dantzig) ; partagé en 1919 entre la Pologne et la ville libre de Dantzig, réunifié en 1945.

**pomerium** *nm* ANTIQ ROM Espace sacré autour des villes, où il était défendu de construire ou de cultiver. PHO [pɔmeʀjɔm]

**pomerol** *nm* Bordeaux rouge très réputé. ETY Du n. d'une com. de la Gironde.

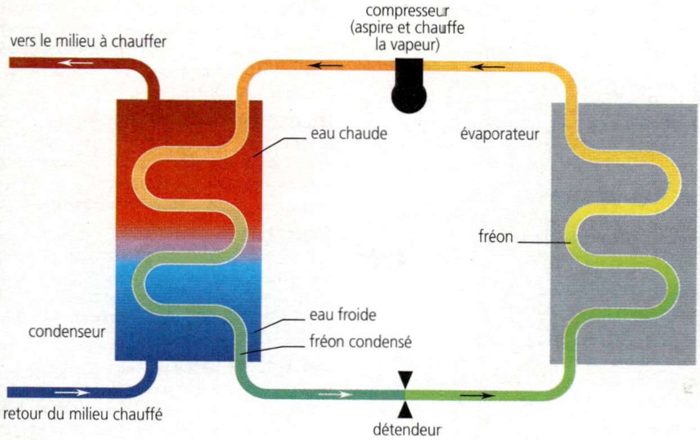

en s'évaporant, le fréon absorbe de la chaleur dans le milieu froid ; dans le condenseur, la vapeur cède sa chaleur à l'eau qui chauffera la maison

principe de la **pompe** à chaleur

**Pomiane** Edward Pomian Pozerski, dit Édouard de (Paris, 1875 – id., 1964), médecin français, auteur de livres de cuisine alliant humour et diététique.

**pomiculture** *nf* Arboriculture spécialisée dans les fruits à pépins. DER **pomiculteur, trice** *n*

**pommade** *nf* **1** vieilli Cosmétique parfumé. **2** Préparation médicamenteuse, pâte obtenue en mélangeant un excipient gras et une substance active, que l'on utilise en onctions locales. **LOC** ***Passer de la pommade à qqn :*** le flatter. ETY De l'ital.

**pommader** *vt* ① Enduire de pommade.

**pommard** *nm* Bourgogne rouge très réputé. ETY D'un n. d'une com. de la Côte-d'Or.

**pomme** *nf* **1** Fruit comestible du pommier, à la chair parfumée, à la peau fine et coriace, diversement colorée selon les variétés. *Pomme à couteau, pomme à cidre.* **2** CUIS Pomme de terre. *Bifteck pommes frites.* **3** Nom cour. du fruit de divers végétaux. *Pomme de pin.* **4** Boule compacte formée par les feuilles intérieures du chou, de certaines salades. **5** Ornement, objet en forme de pomme, de boule. *Pomme de douche, pomme d'arrosoir.* **6** fam Niais, naïf. **LOC** fam ***Aux pommes :*** très bien, très soigné. — ***Haut comme trois pommes :*** tout petit. — fam ***Ma*** (***ta, sa,*** etc.) ***pomme :*** moi (toi, lui, etc.). — ***Pomme d'Adam :*** saillie du cartilage thyroïde, à la partie antérieure du cou de l'homme. — ***Pomme d'amour :*** tomate. — fam ***Tomber dans les pommes :*** s'évanouir. ETY Du lat. *pomum,* « fruit ».

**pomme de terre**

**pommé, ée** *a* Rond et compact comme une pomme, en parlant d'un chou, d'une salade.

**1 pommeau** *nm* **1** Boule servant de poignée à une canne. **2** Pièce arrondie à l'extrémité de la poignée d'un sabre, d'une épée. **3** Éminence arrondie au milieu de la partie antérieure de l'arçon d'une selle.

**2 pommeau** *nm* Boisson alcoolisée constituée d'un mélange de jus de pomme et de calvados.

**pomme de terre** *nf* **1** Plante annuelle (solanacée) herbacée, à fleurs blanches, dont la partie souterraine de la tige développe des tubercules très riches en amidon. **2** Ce tubercule comestible. SYN fam patate.

ENC La pomme de terre ou *morelle tubéreuse,* originaire des Andes chiliennes et péruviennes, a été introduite en Europe au XVI^e s. par les Espagnols, mais ne se répandit en France que sous Louis XVI, grâce à Parmentier et Turgot.

**pommelé, ée** *a* **1** Se dit d'un cheval dont la robe, à fond blanc, est couverte de taches grises arrondies. **2** Se dit d'un ciel couvert de petits nuages arrondis blancs ou grisés.

**pommeler (se)** *vpr* ⑰ ou ⑲ Devenir pommelé, en parlant du ciel.

**pommelle** *nf* TECH Plaque perforée placée à l'ouverture d'un tuyau d'évacuation pour éviter l'obstruction de la canalisation par les détritus.

**pommer** *vi* ① En parlant des choux, des salades, devenir pommé, se former en boule.

**pommeraie** *nf* Terrain planté de pommiers.

**pommette** *nf* Partie saillante de la joue, au-dessous de l'angle externe de l'œil.

**pommier** *nm* Arbre (rosacée) aux feuilles ovales dentées, aux fleurs blanches plus ou moins rosées, qui produit la pomme. **LOC** ***Pommier du Japon, de Chine :*** variétés exotiques cultivées comme plantes d'ornement.

**pomologie** *nf* Partie de l'arboriculture qui traite des fruits à pépins. DER **pomologique** *a* – **pomologue** *n*

**Pomone** dans la myth. rom., déesse des Fruits et des Jardins.

**pompadour** *a inv, nm* Se dit du style rococo mis à la mode par M^me^ de Pompadour.

**Pompadour** Jeanne Antoinette Poisson (marquise de) (Paris, 1721 – Versailles, 1764), maîtresse de Louis XV de 1745 à 1750. Fille d'un intendant enrichi, mariée à un fermier général, riche et cultivée, elle fréquenta la haute bourgeoisie. Le roi la fit marquise de Pompadour (1745) ; elle eut sur lui une influence qu'on a parfois exagérée, ainsi que son aide aux philosophes.

la marquise de **Pompadour**

**pompage** *nm* Action de pomper. **LOC** PHYS ***Pompage optique :*** technique permettant de créer des populations d'ions, d'atomes et de molécules différentes de celles qui correspondent à l'équilibre thermique.

**1 pompe** *nf* **A** litt Cérémonial somptueux. *La pompe des triomphes romains.* **B** *pl* RELIG Vains plaisirs mondains. **LOC** ***En grande pompe :*** en grande cérémonie. — ***Pompes funèbres :*** service chargé des cérémonies funéraires, des enterrements. ETY Du gr. *pompê,* « procession ».

**2 pompe** *nf* **1** Machine mettant un fluide en mouvement, soit pour l'extraire de son gisement naturel ou d'un récipient, soit pour le faire circuler dans une canalisation. *Pompe à eau. Pompe à incendie.* **2** fam Chaussure. **3** fam Exercice de flexion des bras, en station allongée face au sol. *Faire des pompes.* **LOC** fam ***À toute pompe :*** très vite. — fam ***Coup de pompe :*** sensation soudaine d'épuisement, de grande fatigue. — fam ***Être à côté de ses pompes :*** dire n'importe quoi, faire les choses n'importe comment. — ***Pompe à chaleur :*** thermopompe. — ECOL ***Pompe à carbone :*** syn. de *puits de carbone.* — fig, fam ***Pompe à finances, à fric :*** moyen de se procurer de l'argent. — ***Serrure à pompe :*** serrure de sûreté dans laquelle la clé doit repousser des ressorts avant de faire jouer le pêne. ETY Du néerl.

**Pompée** (en latin *Cneius Pompeius Magnus*) (?, 106 – Péluse, près de Tell Faramèh, Égypte, 48 avant J.-C.), général et homme politique romain. Fidèle au parti conservateur, il soutint Sulla contre Marius. Ayant pacifié l'Espagne (77-71) et écrasé les derniers partisans de Spartacus (71), il devint consul (avec Crassus) en 70, conquit le Pont, l'Asie mineure, la Syrie, Jérusalem (66-63). Revenu à Rome (62), il forma avec César et Crassus le premier triumvirat (60). À la mort de Crassus (53), il fut fait consul unique par le sénat. En 49, César franchit le Rubicon et le battit à Pharsale (48). Pompée se réfugia en Égypte, où, croyant plaire à César, Ptolémée le fit assassiner. — **Sextus Pompéius Magnus** (?, v. 69 – Milet, 35 avant J.-C.), deuxième fils du préc., poursuivit la lutte contre César. Il prit la Sicile, la Sardaigne et la Corse (traité de Misène, 38).

**pommier**

Vaincu par Agrippa à Nauloque (36), il se replia à Milet, où il fut tué par un officier d'Antoine. [DER] **pompéien, enne** *a, n*

**Pompéi** ville antique de Campanie, à 25 km au S.-E. de Naples, fondée par les Osques au VI$^e$ s. av. J.-C., en bordure de mer et au pied du Vésuve. En 79 apr. J.-C., lors d'une éruption du volcan, elle fut ensevelie sous une couche de roches et de cendres. Les fouilles, commencées en 1748 et méthodiquement entreprises après 1860, ont déblayé une grande partie de la ville. Préservées par les dépôts volcaniques, plusieurs demeures patriciennes ont livré statues, orfèvrerie, mosaïques et, surtout, fresques ; celles-ci permettent de juger de la peinture grecque qui les inspirait. [DER] **pompéien, enne** *a, n*

**Pompéi** temple d'Apollon, colonnade ionique et statue d'Apollon

**pomper** *vt* [1] **1** Puiser, aspirer ou refouler avec une pompe. *Pomper l'eau d'un puits.* **2** Aspirer un liquide par une voie naturelle. *Moustique qui pompe le sang.* **3** fam Boire du vin, de l'alcool. **4** Absorber un liquide. *L'éponge pompe l'eau répandue.* **5** fig Attirer à soi, s'emparer de. *Pomper les économies de qqn.* **6** fam Fatiguer, ennuyer. *Il nous pompe (l'air).* **7** fam Copier.

**pompette** *a* fam Légèrement ivre.

**pompeux, euse** *a* Emphatique, d'une solennité quelque peu ridicule. [DER] **pompeusement** *av*

**Pompidou** Georges (Montboudif, Cantal, 1911 – Paris, 1974), homme politique français. Premier ministre (1962-1968), il résolut la crise de mai-juin 1968 et de Gaulle le mit « en réserve de la République ». Quand celui-ci démissionna, il fut élu président de la Rép. (1969). La mort interrompit son mandat. [DER] **pompidolien, enne** *a*

Georges Pompidou

**Pompidou (Centre national d'art et de culture Georges-) (CNAC)** établissement créé sur décision (1971) du président Pompidou, inauguré en 1977, qui abrite à Paris (4$^e$) l'IRCAM, le musée national d'Art moderne, le Centre de création industrielle, une bibliothèque publique d'information, une cinémathèque et des lieux d'expositions temporaires. Le bâtiment, inspiré du brutalisme, est dû à Rogers et Piano. [VAR] **Centre Beaubourg**

**1 pompier** *nm* Homme faisant partie d'un corps organisé pour combattre les incendies et les sinistres.

**2 pompier, ère** *a, n* **A** *a* Conventionnel et emphatique. **B** *a, nm* Bx-A Qui traite avec recherche et réalisme des sujets conventionnels. *Un peintre pompier ou un pompier. Le style pompier ou le pompier.* [DER] **pompiérisme** *nm*

**Pompignan** Jean-Jacques Lefranc (marquis de) (Montauban, 1709 – Toulouse, 1784), auteur français de pièces mythologiques (*Didon*, 1734 ; *Léandre et Héro*, 1750) et de poèmes ; ennemi des philosophes. Acad. fr. (1759).

**pompile** *nm* Insecte hyménoptère porte-aiguillon, à l'abdomen rayé de noir, commun en Europe, qui paralyse des araignées pour nourrir ses larves. [ETY] Du lat.

**pompiste** *n* Personne qui distribue l'essence, dans une station-service.

**pom-pom girl** *nf* Jeune femme en mini-jupe qui se produit dans les stades lors des compétitions sportives. [PHO] [pɔmpɔmgœʀl] [ETY] Mot amér.

**pompon** *nm* Houppe ronde de brins de laine, de soie, etc., qui sert d'ornement. **LOC** fam, iron *Avoir, tenir le pompon :* l'emporter sur les autres. — fam *C'est le pompon ! :* c'est le comble ! — *Rose pompon :* variété de roses à petites fleurs globuleuses.

**Pomponne** Simon Arnauld (marquis de) (Paris, 1618 – Fontainebleau, 1699), diplomate français, fils d'Arnauld d'Andilly. Il négocia la paix de Nimègue (1679).

**pomponner** *vt* [1] Parer avec beaucoup de soin. *Elle se pomponne avant de sortir.*

**ponant** *nm* **1** vx Occident, couchant. *Le levant et le ponant.* **2** rég Vent d'ouest. **3** rég Océan Atlantique. [ETY] Du lat. *ponens*, « couchant ».

**ponçage** → **poncer.**

**1 ponce** *nf* **1** Roche poreuse très légère, d'origine volcanique. *Pierre ponce.* **2** TECH Petit sachet de toile rempli d'une poudre colorante qui sert à poncer un dessin. [ETY] Du lat. [DER] **ponceux, euse** *a*

**2 ponce** *nf* Canada Grog fait avec du gin.

**Ponce** v. du S. de Porto Rico ; 190 610 hab.

**1 ponceau** *nm, a inv* **A** *nm* rég Coquelicot. **B** *a inv* De la couleur rouge vif du coquelicot. [ETY] De l'a. fr. *pouncel*, « paon ».

**2 ponceau** *nm* Petit pont à une seule arche.

**Poncelet** Jean Victor (Metz, 1788 – Paris, 1867), général et mathématicien français : travaux de mécanique et de géométrie.

**Poncelet** Christian (Blaise, Ardennes, 1928), homme politique français. Membre du RPR, il est président du Sénat dep. 1998.

**Ponce Pilate** → **Pilate.**

**poncer** *vt* [12] **1** Décaper, polir au moyen de la pierre ponce ou d'un abrasif quelconque. **2** TECH Reproduire au poncif. *Poncer un dessin.* [DER] **ponçage** *nm*

**ponceur, euse** *n* **A** Ouvrier, ouvrière qui opère le ponçage. **B** *nf* Machine à poncer.

**ponch** → **punch 1.**

**poncho** *nm* Manteau fait d'une couverture percée au centre pour y passer la tête, en usage en Amérique latine. [PHO] [pɔ̃ʃo] ou [pɔ̃tʃo]

le **Centre national d'art et de culture Georges-Pompidou**

**poncif** *nm* **1** TECH Dessin dont le contour est piqué de multiples trous et que l'on peut reproduire en l'appliquant sur une surface quelconque et en y passant une ponce. **2** fig Idée rebattue ; lieu commun, cliché.

**ponction** *nf* **1** MED, CHIR Prélèvement d'un liquide dans une cavité du corps, opéré au moyen d'une aiguille creuse, d'un trocart. **2** fig Prélèvement de qqch, d'argent notam. [ETY] Du lat. *pungere*, « piquer ». [DER] **ponctionner** *vt* [1]

**ponctuation** *nf* **1** Système de signes graphiques permettant de séparer les phrases d'un texte, d'indiquer certains rapports syntaxiques et de noter divers faits d'intonation. *Signes de ponctuation.* **2** Utilisation de ces signes ; action, manière de ponctuer.

**ponctuel, elle** *a* **1** Exact, régulier, qui arrive à l'heure dite. *Être ponctuel à ses rendez-vous.* **2** OPT Qui se présente comme un point. *Source lumineuse ponctuelle.* **3** fig Qui porte sur un point, une partie seulement, et non sur l'ensemble. *Explication ponctuelle.* [ETY] Du lat. *punctum*, « point ». [DER] **ponctualité** *nf* – **ponctuellement** *av*

**ponctuer** *vt* [1] **1** Marquer de signes de ponctuation un texte. **2** Accompagner, souligner ses paroles de gestes, de bruits.

**pondaison** *nf* Époque de la ponte des oiseaux.

**pondérable** *a* didac Dont le poids peut être déterminé.

**pondéral, ale** *a* Relatif au poids. PLUR pondéraux.

**pondération** *nf* **1** Caractère d'une personne pondérée ; calme, équilibre. **2** MATH, STATIST Fait de pondérer une variable.

**pondéré, ée** *a* **1** Qui fait preuve de calme, de modération dans son caractère, ses opinions. **2** MATH, STATIST Qui a subi une pondération, en parlant d'une variable.

**pondérer** *vt* [14] **1** Équilibrer des forces, des tendances. SYN modérer. **2** MATH, STATIST Affecter une variable d'un coefficient qui modifie son incidence sur un résultat. *Pondérer un indice de prix.* [ETY] Du lat. *ponderare*, « peser ». [DER] **pondérateur, trice** *a*

**pondéreux, euse** *a* Se dit d'une matière très pesante.

**pondeur** → **pondre.**

**Pondichéry** v. de l'Inde, sur la côte de Coromandel ; 162 640 hab. ; cap. du *territoire de Pondichéry* (480 km$^2$ ; 789 400 hab.). Port. – Siège de la Compagnie des Indes (XVII$^e$ s.), elle fut la cap., jusqu'en 1954, des Établissements français dans l'Inde. [DER] **pondichérien, enne** *a, n*

**pondoir** *nm* TECH Panier, case, dispositif industriel où pondent les poules.

**pondre** *vt* [6] **1** Donner un, des œufs, en parlant des femelles des animaux ovipares. **2** fig, fam Produire un texte écrit. [ETY] Du lat. *ponere*, « déposer ». [DER] **pondeur, euse** *a, nf*

**ponette** *nf* Poney femelle.

**poney** *nm* Cheval de petite taille (au-dessous de 1,45 m au garrot), de trait ou de selle. [PHO] [pɔnɛ] [ETY] De l'angl.

**poney-club** *nm* Club hippique pour enfants. PLUR poneys-clubs.

**Ponge** Francis (Montpellier, 1899 – Le Bar-sur-Loup, Alpes-Mar., 1988), poète français. Il s'est attaché au monde des objets (*le Parti pris des choses*, 1942) pour capter leur matérialité familière et énigmatique : *Pour un Malherbe* (1965), *le Savon* (1967), *la Fabrique du pré* (1971).

**pongé** *nm* Étoffe légère, faite de laine et de bourre de soie. [ETY] De l'angl. [VAR] **pongée**

**pongidé** *nm* ZOOL Grand singe dépourvu de queue, aux membres supérieurs plus longs que les membres inférieurs, aux pieds préhensiles, tel que le gorille, le chimpanzé et l'orang-outan. ETY D'une langue africaine.

**pongiste** *n* Joueur, joueuse de ping-pong.

**Poniatowski** Józef ou Joseph (prince) (Vienne, 1763 – Leipzig, 1813), général polonais. En 1807, Napoléon le plaça à la tête de l'armée polonaise. Il lutta contre les Autrichiens (1809) et fit la campagne de Russie. Fait maréchal à Leipzig (16 oct. 1813), il se noya dans l'Elster en protégeant la retraite (19 oct.).

**Ponsard** François (Vienne, Isère, 1814 – Paris, 1867), poète dramatique français de tradition classique : *Lucrèce* (1843). Acad. fr. (1855).

**Ponson du Terrail** Pierre Alexis (vicomte) (Montmaur, Hautes-Alpes, 1829 – Bordeaux, 1871), auteur français de romans-feuilletons : *les Cavaliers de la nuit* (1855), *les Exploits de Rocambole* (1859).

**pont** *nm* **1** Ouvrage d'art, construction permettant de franchir un obstacle encaissé, un cours d'eau, un bras de mer, etc. **2** fig Ce qui sert de lien entre deux choses. **3** AUTO Ensemble des organes mécaniques servant à transmettre le mouvement du moteur aux roues d'un véhicule. **4** CHIM Configuration de structure constituée par un atome ou une chaîne atomique non ramifiée reliant deux atomes d'une molécule liés par ailleurs. **5** ELECTR Dispositif à quatre éléments de circuits, dont l'une des diagonales est occupée par une source de courant, et l'autre par un appareil de mesure. **6** MUS Passage de transition entre deux thèmes. **7** MAR Ensemble de bordages horizontaux qui couvrent le creux de la coque d'un navire ou qui divisent celle-ci en étages appelés *entreponts*. **LOC** ***Couper les ponts avec qqn*** : rompre toute relation avec lui. — ***Faire le pont*** : se renverser en arrière jusqu'à ce que les mains touchent terre, les pieds restant à plat sur le sol ; ne pas travailler entre deux jours fériés. — ***Pont aérien*** : va-et-vient d'avions destiné à établir une liaison d'urgence pour ravitailler un lieu isolé, apporter une aide, etc. — ***Pont de graissage*** : utilisé pour soulever les automobiles afin de les graisser, de les réparer. — ***Pont de singe*** : système de câbles tendus au-dessus d'un espace vide, et permettant de le franchir. — ANAT ***Pont de Varole*** : protubérance annulaire. — ***Pont d'or*** : proposition financière mirifique faite à qqn. — TECH ***Pont roulant*** : engin de manutention constitué par un portique roulant sur deux rails et par un chariot, mobile le long de ce portique, muni d'un treuil de levage. — ***Ponts et chaussées*** : service public qui s'occupe de la construction et de l'entretien des ponts, des routes, des voies navigables et des installations portuaires. ETY Du lat.

**Pont** royaume d'Asie Mineure, sur le Pont-Euxin ; anc. satrapie perse (v. 520 av. J.-C.) que Mithridate Ier Ktistês proclama royaume indépendant en 301 av. J.-C. Son dernier roi, Mithridate VI Eupator, fut vaincu par Pompée (66 av. J.-C.).

**Ponta Delgada** ch.-l. de la rég. autonome des Açores (île de São Miguel) ; 21 200 hab.

**pontage** *nm* **1** Action de construire un pont. **2** CHIR Dérivation pratiquée sur une artère obstruée, en particulier artère coronaire, par greffe d'un morceau de veine ou d'artère. **3** ELEC, MUS Réunion d'éléments par un pont.

**Pont-à-Mousson** ch.-l. de cant. de Meurthe-et-Moselle (arr. de Nancy), sur la Moselle ; 14 592 hab. Industries. – Deux églises des XVe-XVIe s. DER **mussipontain, aine** *a, n*

Francis Ponge

**Pontarlier** ch.-l. d'arr. du Doubs, sur le Doubs supérieur ; 18 360 hab. Industries. DER **pontissalien, enne** *a, n*

**Pont-Audemer** ch.-l. de cant. de l'Eure (arr. de Bernay), sur la Risle ; 9 991 hab. DER **pontaudemérien, enne** *a, n*

**Pontault-Combault** ch.-l. de cant. de Seine-et-Marne (arr. de Melun), dans la Brie ; 34 798 hab. Industries. – Égl. XIIIe-XIVe s. DER **pontellois-combalusien, enne** *a, n*

**Pont-Aven** ch.-l. de cant. du Finistère, sur la *riv. de Pont-Aven* ; 2 960 hab. Stat. balnéaire. – *École de Pont-Aven* : groupe de peintres (É. Bernard P. Sérusier, M. Denis, etc.) qui se forma à Pont-Aven et au Pouldu autour de Gauguin (1888-1890) et créa le synthétisme. (V. nabis.) DER **pontaveniste** *a, n*

**pont-canal** *nm* Pont portant un canal au-dessus d'un cours d'eau, d'une route. PLUR ponts-canaux.

**Pontchartrain** Louis Phélypeaux (comte de) (Paris, 1643 – Pontchartrain, 1727), homme d'État français. Responsable des Finances (1689-1699), de la Marine et de la Maison du roi (1690-1699), il fut chancelier (1695 - 1714) et se retira à l'Oratoire.

**Pont-de-Claix (Le)** ville industr. de l'Isère, sur le Drac ; 11 612 hab.

**Pont de la rivière Kwaï (le)** film de David Lean (1957), d'apr. le roman (1952) du Français Pierre Boulle (1912 – 1994).

**1 ponte** *nf* **1** Action de pondre. **2** Ensemble des œufs pondus en une seule fois. **LOC** PHYSIOL ***Ponte ovulaire*** : ovulation.

**2 ponte** *nm* **1** Personne qui ponte contre le banquier, dans les jeux de hasard. **2** fam Personnage important, influent.

**Ponte** → **Da Ponte.**

**ponté, ée** *a* **1** MAR Dont le creux de la coque est recouvert par un ou plusieurs ponts, en parlant d'une embarcation. **2** CHIM Se dit d'une molécule qui comporte un ou plusieurs ponts.

**Pontecorvo** v. d'Italie (Campanie), sur le *Liri* ; 12 220 hab. – Napoléon l'érigea en principauté pour Bernadotte (1806).

**pontée** *nf* MAR Ensemble des marchandises transportées sur le pont supérieur d'un navire.

**1 ponter** *vt* ① **1** MAR Munir d'un pont un navire. **2** Réaliser un pontage.

**2 ponter** *vi* ① Aux jeux de hasard, jouer contre le banquier. ETY Du lat. *ponere*, « mettre au jeu ».

**pontet** *nm* TECH Demi-cercle d'acier qui protège la détente d'une arme à feu.

**Pontet (Le)** com. du Vaucluse (arr. d'Avignon) ; 15 917 hab. Industries. DER **pontétien, enne** *a, n*

**Pont-Euxin (le)** (en gr. *Pontos Euxeinos*, « mer hospitalière »), nom donné par antiphrase, dans l'Antiquité, à la mer Noire, rendue souvent dangereuse par le brouillard.

**Pontevedra** ville d'Espagne (Galice), port de pêche sur l'Atlantique ; 70 350 hab. ; ch.-l. de la prov. du même nom.

**Ponthieu** petit pays de France (dép. de la Somme, autour d'Abbeville). Élevage bovin. – Le *comté de Ponthieu* passa de la Castille (XIIIe s.) à l'Angleterre (XIIIe-XIVe s.), puis à la Bourgogne et enfin à la France en 1477.

**Ponti** Giovanni, dit Gio (Milan, 1891 – id., 1979), architecte et designer italien : à Milan, le siège de la Montecatini (1936) et la Torre Pirelli (en collab. avec P. L. Nervi, 1958).

**Pontiac** (dans l'Ohio, v. 1720 – près de Saint Louis, 1769), chef d'une coalition de tribus amérindiennes. Allié des Français, il combattit, de 1755 à 1766, les Anglais, qui le soumirent et l'assassinèrent.

**Pontianak** port d'Indonésie ; 350 000 hab. ; ch.-l. de la prov. de Kalimantan-Occidental.

**Pontien (saint)** (Rome, fin du IIe s. – île de Tavolato, 235), pape de 230 à 235.

**pontier** *nm* TECH Celui qui manœuvre, conduit un pont roulant. SYN pontonnier.

**pontife** *nm* **1** ANTIQ ROM Gardien de la religion. **2** RELIG Chacun des évêques de l'Église catholique ou orthodoxe. **3** fig, fam Personne qui se prend très au sérieux. **LOC** ***Grand pontife*** : chef de la religion à Rome. — ***Le souverain pontife*** : le pape. ETY Du lat.

**pontifical, ale** *a, nm* **A** *a* **1** Qui appartient au ministère du pape, de l'évêque. **2** Qui a rapport au pape, au Saint-Siège. *Gardes pontificaux.* **B** *nm* LITURG CATHOL Livre contenant le rituel observé par le pape et les évêques au cours des offices. PLUR pontificaux.

**pontificat** *nm* **1** ANTIQ Dignité de grand pontife, chez les anciens Romains. **2** RELIG Dignité, ministère du pape. **3** Temps pendant lequel un pape occupe le Saint-Siège.

**pontifier** *vi* ② **1** RELIG Officier en qualité de pontife. **2** fam Faire le pontife ; discourir de manière solennelle et emphatique. DER **pontifiant, ante** *a*

**Pontigny** com. de l'Yonne (arr. d'Auxerre) ; 748 hab. – Abbaye cistercienne fondée en 1114 ; il reste un bâtiment du XIIe s. et l'égl. gothique. Depuis 1954, la paroisse de Pontigny est le siège de la Mission de France.

**pontil** *nm* **1** Petite glace arrondie qui sert à étendre l'émeri sur la glace que l'on polit. **2** Masse de verre à demi fondue, utilisée pour fixer un objet de verre en cours de fabrication.

**Pontine (plaine)** (anc. *marais Pontins*), plaine d'Italie (Latium), sur la mer Tyrrhénienne. Cultivée à l'époque romaine, elle devint marécageuse et propice à la malaria. Des travaux (1926-1939) en ont fait une région agricole.

**Pontivy** (*Napoléonville* de 1805 à 1814 et de 1848 à 1871), ch.-l. d'arr. du Morbihan, sur le Blavet ; 13 508 hab. Centre commercial. Industries. – Égl. (XVe s.). Chât. des Rohan (XVe s.). DER **pontivyen, enne** *a, n*

**Pont-l'Abbé** ch.-l. de cant. du Finistère (arr. de Quimper), port près de l'anse de Bénodet ; 7 849 hab. Stat. balnéaire. – Églises (XIIIe-XVe s. et XIVe-XVIIe s.). DER **pont-l'abbiste** *a, n*

**pont-l'évêque** *nm inv* Fromage AOC de lait de vache, à pâte molle, fabriqué dans le Calvados.

**Pont-l'Évêque** com. du Calvados (arr. de Lisieux) ; 4 133 hab. Fromages. DER **pontépiscopien, enne** *a, n*

**pont-levis** *nm* Pont mobile qui, dans un château fort, permet le passage lorsqu'il est abaissé et ferme la porte d'accès lorsqu'il est levé. PLUR ponts-levis.

**Pont-Neuf (le)** pont de Paris (le plus ancien), construit de 1578 à 1606 sur la partie aval de l'île de la Cité, dont il traverse la pointe.

**Pontoise** ch.-l. du Val-d'Oise, sur l'Oise, qui forme avec Cergy le noyau de *Cergy-Pontoise* ; 29 939 hab. Industries. – Évêché. Cath. (XIIe-XVIe s.). Musée dans un hôtel du XVe s. – Anc. cap. du Vexin. DER **pontoisien, enne** *a, n*

**ponton** *nm* **1** Plate-forme flottante reliée à la terre, servant à divers usages, et notam. à l'amarrage des bateaux, dans un port. **2** MAR Navire désaffecté transformé en dépôt de matériel, en caserne, en prison, etc., dans un port. ETY Du lat.

**pontonnier** *nm* **1** MILIT Soldat du génie chargé de la mise en œuvre et de l'entretien des ponts mobiles. **2** TECH Pontier.

**Pontoppidan Henrik** (Fredericia, Jylland, 1857 – Copenhague, 1943), romancier naturaliste danois : *Pierre le Chanceux* (8 vol., 1898-1904), *le Royaume des morts* (5 vol., 1912-1916). Prix Nobel 1917 avec K. Gjellerup.

**Pontormo Iacopo Carrucci, dit le** (Pontormo, près d'Empoli, 1494 – Florence, v. 1556), peintre maniériste italien.

**Pont-Sainte-Maxence** ch.-l. de cant. de l'Oise (arr. de Senlis), port sur l'Oise ; 11 948 hab. – Égl. XV$^{e}$-XVI$^{e}$ s. DER **maxipontain, aine** ou **pontois, oise** *a, n*

**Pont-Saint-Esprit** ch.-l. de cant. du Gard (arr. de Nîmes) ; 10 696 hab. – Pont sur le Rhône, construit de 1265 à 1307. Vestiges d'une cit. du XVII$^{e}$ s. DER **spiripontain, aine** *a, n*

**Ponts-de-Cé (Les)** ch.-l. de cant. de Maine-et-Loire (arr. et aggl. d'Angers), anc. place forte sur la Loire ; 12 240 hab. – Louis XIII y vainquit les partisans de sa mère (1620). En 1793, les républicains y vainquirent les Vendéens.

**Ponts et Chaussées (École nationale des)** école d'enseignement supérieur, créée en 1747, qui forme les cadres de l'ingénierie et du génie civil. L'école est renommée *École des Ponts Paris Tech* en 2008.

**ponts et chaussées** ancien service public qui s'occupait de la construction et de l'entretien des ponts, des routes, des voies navigables et des installations portuaires. En 2009, il fusionne avec le corps du Génie rural, des eaux et des forêts pour former les *ponts, eaux et forêts*.

**Pontus de Tyard** ou **Thiard** → **Tyard (Pontus de).**

**pool** *nm* **1** Groupement provisoire entre des agents économiques ou des nations, qui a pour but de maîtriser le prix ou la quantité d'un bien sur le marché. **2** Ensemble de personnes effectuant un même travail dans une entreprise ou concourant à un même but. *Pool de donneurs de sang.* **LOC** BIOL ***Pool génétique*** : ensemble des caractères génétiques propres à une population. PHO [pul] ETY Mot angl.

**poolage** *nm* MED Mélange de sérums de diverses provenances pour la préparation d'un produit destiné à la transfusion sanguine. PHO [pulaʒ] ETY Mot angl.

**Poole** port de G.-B. (Dorset) ; 130 900 hab. Stat. balnéaire.

**Pool Malebo** (anc. *Stanley Pool*), lac (450 km$^2$ ; long de 40 km, largeur max. 25 km), formé par les eaux du Congo. Kinshasa est sur sa rive S.-E., Brazzaville, sur sa rive N.-O.

**Poona** ville de l'Inde (Mahārāshtra), au S.-E. de Bombay ; 1 203 350 hab. Centre commercial et militaire. Industries. – Cap. des Mahrattes au XVIII$^{e}$ s. VAR **Pune**

**Poopó** lac de Bolivie, à l'O. de Sucre, à 3 600 m d'alt. ; 2 600 km$^2$.

**pop** *nf, a inv* **A** *nf* Syn. de *pop music.* **B** *a inv* Relatif à la pop music.

**POP** *nm* Sigle de *polluant organique persistant* (produits chimiques industriels, pesticides, etc.).

**pop'art** *nm* Bx-A Mouvement artistique contemporain. PHO [pɔpaʀt]

ENC Né en Angleterre entre 1954 et 1957, le pop'art s'imposa à partir de 1959 aux É.-U. ; princ. représentants : Roy Lichtenstein, Andy Warhol, Tom Wesselmann, James Rosenquist, Claes Oldenburg.

**pop-corn** *nm inv* Friandise faite de grains de maïs soufflés à chaud, sucrés ou salés. PHO [pɔpkɔʀn] ETY Mot amér., de *popped corn*, « maïs éclaté ». VAR **popcorn**

**pope** *nm* Prêtre de l'Église orthodoxe. ETY Mot russe.

**Pope Alexander** (Londres, 1688 – Twickenham, 1744), poète classique anglais : *Essai sur la critique* (1711), *la Boucle de cheveux volée* (1712-1714), *la Dunciade* (1728 et 1742), trad. de l'*Iliade* et de l'*Odyssée*.

**popeline** *nf* **1** Étoffe à chaîne de soie et trame de laine. **2** Tissu léger, de soie ou de coton, dont la texture rappelle celle de la popeline proprement dite. ETY De l'angl.

**Popeye** personnage d'une bande dessinée (créée en 1929 par l'Amér. E. C. Segar), puis, à partir de 1933, de nombr. dessins animés dus aux frères Max et Dave Fleischer (1883-1972 et 1894-1979). Popeye est un marin qui doit sa force à la consommation d'épinards.

**popinée** *nf* En Nouvelle-Calédonie, femme mélanésienne.

**poplité, ée** *a* ANAT Du jarret. **LOC** ***Creux poplité*** : région postérieure du genou.

**pop music** *nf* Musique d'origine anglo-américaine issue du rock and roll et enrichie par des apports très divers (jazz, folk, musique savante contemporaine, etc.). ABREV pop.

**Popocatepetl** volcan du Mexique central (5 452 m), à 60 km de Mexico.

**Popol Vuh** poème épique en langue quiché (XVI$^{e}$ s.), relatant les origines du monde, fondement de la cosmologie des Mayas.

**popote** *nf, a inv* fam **A** *nf* **1** Cuisine. *Faire la popote.* **2** Groupe de militaires qui prennent leur repas en commun. **B** *a inv* Excessivement attaché à son foyer, à son ménage ; casanier et terre à terre.

**popotin** *nm* fam Fesses, derrière de qqn.

**Popov Alexandre Stepanovitch** (Tourinskii Roudnik, 1859 – Saint-Pétersbourg, 1906), physicien russe. Il construisit le premier radiorécepteur (1896).

**Poppée** (en lat. *Poppæa Augusta*) (m. en 65 apr. J.-C.), la favorite (58) puis la femme (62) de Néron, qui la tua d'un coup de pied dans le ventre alors qu'elle était enceinte.

**Popper sir Karl Raimund** (Vienne, 1902 – Londres, 1994), philosophe britannique d'origine autrichienne, spécialiste d'épistémologie : *Logique de la connaissance scientifique* (1934), *la Société ouverte et ses ennemis* (1962-1966).

**poppers** *nf pl* Toxique (isobutylnitrate) utilisé comme excitant et euphorisant. PHO [pɔpœʀz] ETY Mot angl.

**populace** *nf* **péjor** Classes populaires pauvres ; le peuple lui-même. ETY De l'ital. DER **populacier, ère** *a*

un procédé **pop'art** très utilisé par Andy Warhol, la sérigraphie industrielle appliquée sur toile : *Early colored Liz*, 1963 – coll. part.

**populage** *nm* Plante herbacée (renonculacée) des lieux humides, à grosses fleurs jaune doré. SYN souci d'eau. ETY Du lat. *populus*, « peuplier ».

**populaire** *a* **1** Qui fait partie du peuple. *Les classes populaires.* **2** Constitué, organisé par le peuple. *Gouvernement populaire.* **3** Propre au peuple, destiné au peuple. **4** Qui se concilie l'affection du peuple, qui est connu et aimé du peuple. *Un roi populaire.* ETY Du lat. DER **populairement** *av*

**populariser** *vt* ① Rendre populaire, célèbre ; faire connaître du plus grand monde. DER **popularisation** *nf*

**popularité** *nf* Fait d'être populaire, de plaire au plus grand nombre.

**population** *nf* **1** Ensemble des habitants d'un pays, d'une ville, etc. **2** Ensemble des membres d'une classe, d'une catégorie sociale particulière. *Population rurale.* **3** BIOL Ensemble des individus d'une même espèce animale ou végétale, vivant dans une même région. **4** STATIST Ensemble d'objets, d'unités sur lesquels portent des observations, ou donnant lieu à un classement statistique. **LOC** ***Population active*** : ensemble des personnes exerçant habituellement une activité professionnelle. ETY Du lat.

**populationnisme** *nm* ECON Théorie de ceux qui sont favorables à l'accroissement de la population. DER **populationniste** *a, n*

**populéum** *nm* PHARM Pommade calmante à base de bourgeons de peuplier. PHO [pɔpyleɔm]

**populeux, euse** *a* Où la population est nombreuse.

**populisme** *nm* **1** HIST Mouvement politique russe de la fin du XIX$^{e}$ s. fondé sur la transformation des communautés agraires traditionnelles. **2** HIST Nom donné à l'idéologie de certains mouvements politiques se référant au peuple mais rejetant la notion de lutte des classes. **3** POLIT Courant politique qui se proclame le défenseur du peuple contre les puissances d'argent et les étrangers. **4** Courant littéraire ou artistique qui s'attache à la représentation de la vie des petites gens. DER **populiste** *a, n*

**populo** *nm* fam **1** Peuple, petites gens. **2** Foule, multitude.

**pop-up** *nm inv* **1** INFORM Fenêtre qui s'ouvre sur l'écran pour inviter à aller voir un site ou pour présenter une publicité. **2** Syn. de *livre animé.* PHO [pɔpœp] ETY Mot angl. VAR **popup**

**poquer** *vi* ① Au jeu de boules, jeter sa boule en l'air, de telle manière qu'elle retombe sans rouler. ETY Du flam. *pokken*, « frapper ».

**poquet** *nm* AGRIC Trou dans lequel on dépose plusieurs semences. ETY Du picard.

**Porbus** → **Pourbus.**

**porc** *nm* **1** Mammifère domestique omnivore (suidé) au corps trapu couvert de soies, à la tête allongée terminée par un groin, élevé pour sa chair et son cuir. **2** Viande de cet animal. **3** Cuir de porc. **4** fig, fam Homme malpropre ou grossier, libidineux. **LOC** ***Porc sauvage*** : sanglier. PHO [pɔʀ] ETY Du lat.

**porc** verrat du Yorkshire

**porcelaine** *nf* **1** ZOOL Mollusque gastéropode, assez commun dans les mers chaudes, à coquille vernissée et parsemée de taches colorées. **2** Produit céramique non coloré, fin et translucide, à pâte non poreuse, recouvert d'un enduit vitrifié. *Vase de porcelaine.* **3** Objet de porcelaine. ETY De l'ital.

**porcelainerie** *nf* Industrie de la porcelaine.

**porcelainier, ère** *a, n* **A** *a* Relatif à la porcelaine. **B** *n* Personne qui fabrique ou qui vend de la porcelaine.

**porcelet** *nm* Jeune porc.

**porc-épic** *nm* Mammifère rongeur dont le corps est couvert de longs piquants. PLUR porcs-épics. PHO [pɔʀkepik] ETY De l'ital.

**porc-épic**

**porchaison** *nf* VEN Époque à laquelle le sanglier est gras et bon à chasser.

**porche** *nm* **1** Avant-corps d'un édifice, donnant accès à la porte d'entrée. **2** Vestibule d'un palais, d'un hôtel. **3** Embrasure d'une porte cochère.

**porcher, ère** *n* Personne qui garde ou qui soigne les porcs.

**porcherie** *nf* **1** Bâtiment dans lequel on loge, on élève les porcs. **2** fig Lieu très sale.

**Porcia** (m. en 43 av. J.-C.), fille de Caton d'Utique, femme de Brutus.

**porcin, ine** *a, nm* **A** *a* **1** Qui a rapport au porc. *La race porcine.* **2** Dont l'apparence évoque celle du porc. *Visage porcin.* **B** *nm* Porc domestique ; suidé.

**Pordenone** ville d'Italie (Frioul-Vénétie Julienne) au N.-E. de Venise ; ch.-l. de prov. ; 50 000 hab. Cath. gothique.

**Pordenone** Giovanni Antonio de Sacchis, dit il (Pordenone, v. 1484 – Ferrare, 1539), peintre italien. Son style, proche du maniérisme, annonce le Tintoret.

**pore** *nm* **1** Chacun des orifices microscopiques, à la surface de la peau, où débouchent les canaux des glandes sudoripares. **2** BOT Petit orifice des parties aériennes des plantes. **3** Chacune des très petites cavités que présentent certaines matières minérales. LOC ***Par tous les pores*** : de toute sa personne. — ***Pores inhalants*** : orifices d'entrée de l'eau chez un spongiaire. ETY Du gr. *poros*, « passage ». DER **poreux, euse** *a* – **porosité** *nf*

**Porgy and Bess** opéra en 3 actes de George Gershwin (1935), sur un livret de son frère Ira Gershwin. ▷ CINE Film de Preminger (1958), avec Sidney Poitier (né en 1924) et Dorothy Dandrige (1923 – 1965).

**Pori** (en suédois *Björneborg*), port de Finlande, sur le golfe de Botnie ; 76 400 hab. Centre industriel.

**porion** *nm* Contremaître, dans une mine de houille. ETY Mot picard.

**Pornic** ch.-l. de cant. de la Loire-Atlantique (arr. de Saint-Nazaire) ; 11 903 hab. Stat. balnéaire et port de pêche. DER **pornicais, aise** *a, n*

**Pornichet** com. de la Loire-Atlantique (arr. de Saint-Nazaire) ; 9 668 hab. Station balnéaire. DER **pornichetain, aine** *a, n*

**porno** *a, nm* fam **A** *a* Pornographique. **B** *nm* **1** Pornographie. **2** Cinéma, film pornographique.

**pornographie** *nf* Production de livres, de films, etc., d'une obscénité à caractère sexuel ; caractère obscène de ceux-ci. ETY Du gr. *pornê*, « prostituée ». DER **pornographe** *n* – **pornographique** *a*

**Pôros** (nom grec de *Paurava*) (m. v. 317 av. J.-C.), roi indien. Il fut vaincu en 326 av. J.-C. par Alexandre le Grand.

**porosité → pore.**

**porphyra** *nf* Fine algue rouge comestible.

**porphyre** *nm* Roche volcanique, très dure, formée d'une pâte feldspathique vitreuse présentant de grosses inclusions cristallines. ETY Du gr. *porphura*, « pourpre ». DER **porphyrique** *a*

**Porphyre** (en gr. *Porphurios*) (Tyr, auj. Sour, Liban 234 – Rome, v. 305), philosophe néoplatonicien de l'école d'Alexandrie. Disciple, éditeur, biographe et exégète de Plotin, il écrivit de nombreux livres (brûlés en 448) contre le christianisme.

**porphyrie** *nf* MED Maladie héréditaire due à un trouble du métabolisme des porphyrines.

**porphyrine** *nf* BIOL Pigment de structure polycyclique jouant un rôle important dans les phénomènes respiratoires.

**porphyrogénète** *a* ANTIQ Se disait des enfants des empereurs d'Orient nés pendant le règne de leur père. ETY Du gr. *porphurogenêtos*, « né dans la pourpre ».

**porphyroïde** *a* LOC MINER ***Granite porphyroïde*** : contenant de grands cristaux de feldspath.

**Porpora** Nicola (Naples, 1686 – id., 1768), compositeur et pédagogue italien. Auteur de nombr. opéras, il enseigna le chant (notam. à J. Haydn et au castrat Farinelli).

**Porquerolles (île de)** la plus occidentale des îles d'Hyères ; 12,5 km$^2$. Stat. balnéaire.

**porrection** *nf* LITURG CATHOL Acte par lequel l'évêque présente à un ordinand les objets attachés à l'exercice de son ministère. ETY Du lat. *porrigere*, « tendre ».

**Porrentruy** (en all. *Pruntrut*), com. de Suisse (Jura), près de la frontière française ; 7 900 hab. Horlogerie ; industries. – Chât. (XV$^{e}$-XVII$^{e}$ s.) des princes-évêques de Bâle (1527-1792).

**porridge** *nm* Bouillie de flocons d'avoine. PHO [pɔʀidʒ] ETY Mot angl.

**Porsenna** (VI$^{e}$ s. av. J.-C.), roi étrusque de Clusium (auj. *Chiusi*). Il tenta de s'emparer de Rome (V. Horatius Cocles).

**1 port** *nm* **1** Abri naturel ou artificiel aménagé pour recevoir les navires, charger ou décharger leur cargaison, assurer leur entretien, etc. *Port de pêche, de plaisance.* **2** Ville bâtie auprès, autour d'un port. *Le Havre est un port important.* **3** Col, dans les Pyrénées. LOC ***Arriver à bon port*** : arriver à destination sans accident. — ***Port d'attache*** : port où un navire est immatriculé ; fig lieu où l'on retourne régulièrement, auquel on est affectivement attaché. ETY Du lat.

**2 port** *nm* INFORM Interface électronique entre une unité centrale et des périphériques. *Port USB.* ETY Mot ang.

**3 port** *nm* **1** Action, fait de porter sur soi. *Le port d'un uniforme. Port d'armes.* **2** Façon de se tenir, maintien. *Un port altier.* **3** Allure générale d'une plante, d'un arbre. *Le port majestueux du cèdre.* **4** Prix du transport d'un colis, d'une lettre. LOC ***Port dû*** : qui sera payé par le destinataire. — MAR ***Port en lourd*** : poids maximal total qu'un navire peut embarquer. — ***Port payé*** : réglé par l'expéditeur

**Port (Le)** ch.-l. de cant. de la Réunion (arr. de Saint-Paul), princ. port de l'île, sur la côte N.-O. ; 38 412 hab.

**portabilité** *nf* **1** Caractère portable d'un appareil, d'un logiciel, etc. **2** TELECOM Possibilité de changer d'opérateur de téléphonie sans changer de numéro.

**portable** *a, nm* **A** *a* **1** Que l'on peut porter. **2** DR Se dit d'une rente qui doit être acquittée dans le lieu désigné par une décision de justice, par oppos. à *quérable*. **3** INFORM Se dit d'un logiciel qui peut fonctionner avec des matériels de types différents. **B** *nm* **1** Micro-ordinateur facile à transporter. **2** Téléphone mobile.

**portage** *nm* **1** Transport d'une charge à dos d'homme. **2** Distribution de journaux, de médicaments, etc. par livraison à domicile. **3** Canada Action de transporter une embarcation par terre pour éviter une cascade, un rapide ; sentier servant à ce transport. **4** FIN Fait pour une société de détenir temporairement des titres d'une autre société, pour le compte d'une troisième société qui veut en prendre le contrôle. LOC ***Portage salarial*** : transformation d'honoraires en salaire par une société spécialisée qui s'interpose entre une entreprise et un cadre, permettant à ce dernier de conserver un statut de salarié et une couverture sociale.

**portail** *nm* **1** Entrée principale d'un édifice, d'un parc, etc., souvent à caractère monumental. **2** Porte monumentale d'un édifice religieux. **3** TELECOM Site à partir duquel on commence sa navigation sur le Web et qui rassemble un ensemble de contenus et de services.

**portal → porte 2.**

**Portal** Antoine (baron) (Gaillac, 1742 – Paris, 1832), médecin français ; fondateur de l'Académie de médecine (1820).

**Portal** Michel (Bayonne, 1935), clarinettiste et compositeur français de jazz.

**Portalis** Jean Étienne (Le Beausset, 1746 – Paris, 1807), jurisconsulte et homme politique français ; il participa à la rédaction du Code civil ; instigateur du Concordat, il fut ministre des Cultes (1804-1807). — **Joseph** (Aix, 1778 – Passy, 1858), fils du préc., ministre des Affaires étrangères (1828-1829).

**portance** *nf* **1** Composante verticale de la poussée de l'air sur une aile d'avion. **2** TRAV PUBL Capacité d'un terrain à supporter des charges.

**portant, ante** *a, nm* **A** *a* Qui porte, dont le rôle est de porter, de soutenir. *Mur portant.* **B** *nm* **1** THEAT Châssis vertical fixe qui soutient les décors mobiles, les appareils d'éclairage. **2** Dispositif servant à suspendre des vêtements pour les présenter à la vente. **3** SPORT Monture métallique débordante, servant d'appui aux avirons. **4** MAR Vent arrière. LOC MAR ***Allures portantes*** : celles qui sont comprises entre le vent arrière et le vent de travers. — ***Bien, mal portant*** : en bonne, en mauvaise santé.

**Port-Arthur** (auj. *Lüshun*, en jap. *Ryûjun*), port de Chine (Liaoning), au S. de l'anc. Mandchourie ; 150 000 hab. env. – Cédé aux Russes en 1898 (territoire à bail), il fut pris par les Japonais en 1905 après un siège. Administré par l'URSS et la Chine (1945), il revint à la Chine en 1954.

**portatif, ive** *a* Conçu pour pouvoir être transporté facilement.

**Port-au-Prince** cap. et princ. port de la rép. d'Haïti, au fond de la *baie de Port-au-Prince* ; 2,1 millions d'hab. (aggl.) – Fondé en 1749 par la France sous le nom de *L'Hôpital*. DER **port-au-princien, enne** *a, n*

**Port-aux-Français** base scientifique établie dans les îles Kerguelen.

**Port Blair** ville d'Inde ; ch.-l. du territ. des îles Andaman et Nicobar ; 80 000 hab.

**Port-Camargue** station balnéaire du Gard, au S.-O. d'Aigues-Mortes.

**Port-Cros (île de)** une des îles d'Hyères, classée parc national ; 6,4 km$^2$.

**Port-de-Bouc** com. des Bouches-du-Rhône (arr. d'Istres), à l'entrée de l'étang de Berre ; 16 686 hab. Industries. – Fort de Vauban. DER **port-de-boucain, aine** *a, n*

**porte-** Élément, du verbe *porter.*

**1 porte** *nf* **1** Ouverture pratiquée dans un mur, une clôture quelconque, et qui permet d'entrer dans un lieu fermé ou d'en sortir. **2** Panneau mobile qui ferme une porte, une baie. *Porte en bois, en fer forgé.* **3** Battant, vantail fermant une ouverture autre qu'une baie. *Porte de voiture.* **4** Ouverture pratiquée dans l'enceinte d'une ville fortifiée. **5** Emplacement d'une porte de l'ancienne enceinte, dans une ville moderne ; quartier qui l'environne. *Il habite à Paris, porte d'Orléans.* **6** SPORT Chacun des couples de piquets qui délimitent, pour le skieur, le passage à emprunter, sur une piste de slalom. **LOC** ***Défendre, consigner sa porte :*** refuser de recevoir quiconque. — ***Mettre qqn à la porte :*** le chasser, le renvoyer. — ***Porte de sortie :*** issue, solution, échappatoire. ETY Du lat.

**2 porte** *a* **LOC** ANAT ***Veine porte :*** qui amène au foie le sang provenant des organes digestifs. DER **portal, ale, aux** *a*

**Porte (la)** nom donné au gouvernement des anciens sultans turcs ; la Turquie elle-même. VAR **la Sublime Porte**

**1 porté** *nm* CHOREGR Mouvement du danseur qui maintient sa partenaire au-dessus du sol.

**2 porté, ée** *a* **LOC** ***Être porté à :*** avoir tendance à. — ***Être porté sur :*** avoir un goût prononcé pour. — PEINT ***Ombre portée :*** projetée par un corps sur une surface ; représentation picturale d'une telle ombre.

**porte-aéronef** *nm* MAR Bâtiment de guerre aménagé pour transporter des aéronefs et leur permettre de décoller et d'atterrir. PLUR porte-aéronefs.

**porte-à-faux** *nm inv* CONSTR Partie d'un ouvrage qui n'est pas d'aplomb, en position instable. **LOC** ***En porte à faux :*** en position instable ; **fig** dans une situation mal assurée.

**porte-affiche** *nm* Cadre, généralement grillagé, dans lequel on placarde des affiches. PLUR porte-affiches.

**porte-aiguille** *nm* **1** CHIR Petite pince d'acier qui sert à tenir des aiguilles à sutures. **2** Étui servant à ranger des aiguilles à coudre. PLUR porte-aiguilles.

**porte-aiguillon** *nm* Hyménoptère dont la femelle est munie d'une tarière transformée en aiguillon. PLUR porte-aiguillons.

**porte-amarre** *nm* MAR Appareil qui permet de lancer une amarre. PLUR porte-amarres.

**porte-à-porte** *nm inv* Méthode de vente qui consiste à proposer des produits, des services à des particuliers à leur domicile.

**porte-avion** *nm* MAR Bâtiment de guerre spécialement aménagé pour transporter des avions et leur permettre de décoller et d'atterrir. PLUR porte-avions.

**porte-bagage** *nm* **1** Filet, grillage, casier, etc., destiné à recevoir les bagages, dans un véhicule de transports en commun. **2** Petit panneau, le plus souvent à claire-voie, sur lequel on peut assujettir des paquets sur une bicyclette, une motocyclette. PLUR porte-bagages.

**porte-balai** *nm* TECH Dispositif servant à maintenir les balais d'une machine électrique dans une position convenable. PLUR porte-balais.

**porte-bannière** *n* Personne qui porte une bannière. PLUR porte-bannières.

**porte-barge** *nm* MAR Navire conçu pour transporter des barges, des chalands. PLUR porte-barges.

**porte-bébé** *nm* Couffin, panier, siège ou sac porté sur le dos ou la poitrine qui sert à transporter un bébé. PLUR porte-bébés.

**porte-billet** *nm* Portefeuille où l'on range les billets de banque. PLUR porte-billets.

**porte-bonheur** *nm* Objet qui est censé porter chance. PLUR porte-bonheurs ou porte-bonheur.

**porte-bouquet** *nm* Très petit vase à fleurs destiné à être accroché. PLUR porte-bouquets.

**porte-bouteille** *nm* **1** Casier destiné à ranger des bouteilles horizontalement. **2** Panier à cases pour le transport des bouteilles. PLUR porte-bouteilles.

**porte-carte** *nm* **1** Petit étui, comportant quelquefois plusieurs pochettes, destiné à protéger les documents d'identité, cartes de crédit, titres de transport, etc. **2** Étui destiné au rangement de cartes géographiques, routières, etc. PLUR porte-cartes.

**porte-char** *nm* MILIT Véhicule destiné à transporter des chars. PLUR porte-chars.

**porte-chéquier** *nm* Couverture souple destinée à protéger un chéquier. PLUR porte-chéquiers.

**porte-cigare** *nm* Étui, boîte à cigares. PLUR porte-cigares.

**porte-cigarette** *nm* Étui, boîte à cigarettes. PLUR porte-cigarettes.

**porte-clé** *nm* Anneau ou étui pour porter des clés. PLUR porte-clés. VAR **porte-clef** *nm* ou **porte-clés** ou **porte-clefs** *nm inv*

**porte-conteneur** *nm* MAR Navire aménagé pour le transport des conteneurs. PLUR porte-conteneurs.

**porte-couteau** *nm* Ustensile de table, petit support destiné à empêcher la lame du couteau de salir la nappe. PLUR porte-couteaux.

**porte-cravate** *nm* Support destiné au rangement des cravates. PLUR porte-cravates.

**porte-crayon** *nm* Petit tube métallique dans lequel on insère, pour l'utiliser, un bout de crayon, un fusain, etc. PLUR porte-crayons.

**porte-croix** *nm inv* RELIG CATHOL Personne qui porte la croix dans une procession.

**Porte de l'Enfer (la)** ensemble monumental en bronze, de Rodin (1880-1917, inachevé, musée Rodin, Paris). Il en a extrait *le Baiser* et *le Penseur,* et les a agrandis séparément.

**porte-document** *nm* Serviette plate qui sert à porter des papiers, des documents ; cartable sans soufflets. PLUR porte-documents.

**porte-drapeau** *nm* **1** Personne qui porte le drapeau d'un régiment. **2** **fig** Chef de file et propagandiste actif d'un mouvement, d'une organisation. PLUR porte-drapeaux.

**portée** *nf* **1** Distance à laquelle une arme, une pièce d'artillerie peut lancer un projectile. **2** Distance à laquelle on peut voir, se faire entendre, toucher qqch. *Restez à portée de voix.* **3** Distance entre les points d'appui d'une pièce qui n'est soutenue que par quelques-unes de ses parties. *Portée d'un pont, d'un arc.* **4** **fig** Importance des conséquences d'une idée, d'un fait. *Invention d'une portée incalculable.* **5** Ensemble des petits qu'une femelle mammifère met bas à chaque gestation. **6** MUS Ensemble des cinq lignes horizontales, équidistantes et parallèles utilisées pour noter la musique. **LOC** ***À (la) portée (de), hors de (la) portée (de) :*** qui peut, qui ne peut pas être atteint par ; **fig** qui peut, qui ne peut pas être compris par qqn.

le **porte-avion** Charles de Gaulle

**porte-étendard** *nm* **1** Officier qui porte l'étendard d'un régiment de cavalerie. **2** Pièce de cuir attachée à la selle, où s'appuie le bout de la hampe de l'étendard. PLUR porte-étendards.

**portefaix** *nm* **anc** Homme de peine qui portait des fardeaux ; débardeur.

**porte-fanion** *nm* Militaire qui porte le fanion d'un officier général. PLUR porte-fanions.

**porte-fenêtre** *nf* Grande porte vitrée qui donne accès à une terrasse de plain-pied, à un balcon, etc. PLUR portes-fenêtres.

**portefeuille** *nm* **1** Étui en cuir, en matière plastique, etc., comportant généralement plusieurs poches, et destiné à contenir les papiers et l'argent que l'on porte sur soi. **2** **vx** Serviette pour le rangement des papiers, des documents. **3** Fonction de direction d'un département ministériel. **4** Ensemble de valeurs mobilières et d'effets de commerce appartenant à une personne morale ou physique.

**porte-flingue** *nm* **fam** Garde du corps d'un gangster, homme de main. PLUR porte-flingues.

**Porte-Glaive (chevaliers)** ordre religieux créé en 1197 à Brême par Albert de Buxhövden, évêque de Riga, qui en fit une organisation militaire en 1202, pour christianiser par la force les pays Baltes. En 1237, l'ordre s'unit à celui des chevaliers Teutoniques. En 1561, son grand maître le sécularisa.

**porte-gobelet** *nm* Dans un véhicule, une salle de bains, accessoire servant à recevoir un gobelet. PLUR porte-gobelets.

**porte-graine** *nm* AGRIC Plante sélectionnée dont on récolte les graines comme semences. PLUR porte-graines.

**porte-greffe** *nm* Sujet sur lequel on fixe un ou des greffons. PLUR porte-greffes.

**porte-hélicoptère** *nm* Navire de guerre spécialement aménagé pour le transport, le décollage et l'atterrissage des hélicoptères. PLUR porte-hélicoptères.

**porte-jarretelle** *nm* Sous-vêtement féminin, ceinture à laquelle sont fixées les jarretelles. PLUR porte-jarretelles.

**Portel (Le)** ch.-l. de cant. du Pas-de-Calais, sur le pas de Calais ; 10 720 hab. Pêche, conserveries. DER **portelois, oise** *a, n*

**porte-lame** *nm* TECH Support de lame d'une moissonneuse, d'une faucheuse ou d'une machine-outil. PLUR porte-lames.

**Port Elizabeth** port d'Afrique du Sud (prov. du Cap oriental), sur l'océan Indien ; 522 880 hab. Industries.

**porte-lunette** *nm* Support destiné au rangement des lunettes. PLUR porte-lunettes ou porte-malheur.

**porte-malheur** *nm* Personne ou chose qui est censée porter malheur. PLUR porte-malheurs. ou porte-malheur.

**portemanteau** *nm* **1** Applique murale ou support sur pied portant des crochets, des patères, pour suspendre les vêtements. **2** MAR Potence placée sur le pont supérieur d'un navire qui sert à hisser ou à mettre à l'eau les embarcations.

**portement** *nm* LOC *Portement de croix* : représentation du Christ chargé de la croix.

**porte-menu** *nm* Support présentant le menu d'un restaurant. PLUR porte-menus.

**portemine** *nm* Petit tube en forme de crayon, à l'intérieur duquel on place une mine et qui sert à écrire, à dessiner.

**porte-monnaie** *nm* Petite pochette, pour les pièces de monnaie. PLUR porte-monnaies ou porte-monnaie. LOC *Porte-monnaie électronique* : carte à puce rechargeable permettant de régler ses dépenses. VAR **portemonnaie** *nm*

**porte-mors** *nm inv* TECH Partie latérale de la bride qui soutient le mors.

**porte-musc** *nm* Petit cervidé d'Asie orientale dont le mâle a les canines supérieures développées en défenses et possède une poche à musc près de l'ombilic. PLUR porte-muscs.

**porteño** *a, n* De Buenos Aires. PHO [poʀtejɲo]

**porte-objet** *nm* TECH **1** Platine d'un microscope. **2** Lame sur laquelle on place un objet à examiner au microscope. PLUR porte-objets.

**porte-outil** *nm* TECH Support de l'outil d'une machine-outil. PLUR porte-outils.

**porte-ordinateur** *nm* Sac destiné au transport d'un ordinateur portable. PLUR porte-ordinateurs.

**porte-paquet** *nm* Belgique Porte-bagage d'une bicyclette. PLUR porte-paquets.

**porte-parapluie** *nm* Support ou récipient qui sert à ranger les parapluies, les cannes. PLUR porte-parapluies.

**porte-parolat** *nm* Fonction de porte-parole d'un parti, d'un gouvernement.

**porte-parole** *n* Personne qui parle au nom d'une autre, d'un groupe. PLUR porte-paroles ou porte-parole.

**porteplume** *nm* Instrument muni d'une plume à écrire. VAR **porteplume**

**porte-poussière** *nm* Canada Petite pelle pour les balayures. PLUR porte-poussières.

**porte-queue** *nm* ZOOL Machaon. PLUR porte-queues.

**1 porter** *v* ① **A** *vt* **1** Soutenir, maintenir, soulever un poids. *Porter un fardeau.* **2** Avoir en soi, dans sa matrice un enfant, un petit, en parlant de la femme, des femelles des mammifères et de certains animaux. **3** Produire des graines, des fruits, en parlant de plantes. *Vigne qui porte de belles grappes.* **4** Prendre avec soi et mettre en un lieu déterminé. *Porter ses chaussures chez le cordonnier.* **5** Inscrire, enregistrer, coucher par écrit. *Porter des noms sur un registre.* **6** Avoir sur soi. *Porter un manteau. Porter la barbe.* **7** Avoir, garder une trace, une marque. *Billet de loterie qui porte tel numéro.* **8** Avoir pour patronyme, pour surnom. *Porter le nom de sa mère.* **9** Tenir de telle ou telle façon le corps. *Porter la tête haute.* **10** Faire aller qqch vers. *Porter des aliments à sa bouche.* **11** Inciter, entraîner. *Ses déboires l'ont porté à se méfier.* **12** Amener, pousser à un degré d'intensité supérieur ; élever à une quantité plus grande. *Cette mort porte à vingt-huit le nombre des victimes.* **13** Élever professionnellement, socialement. *Porter qqn aux plus hautes fonctions.* **B** *vti* **1** Avoir pour point d'appui, pour support, pour fondement. *Tout l'édifice porte sur ces colonnes.* **2** Aller heurter, entrer rudement en contact avec. *Sa tête a porté contre le pare-brise.* **3** Avoir pour objet. *La réunion porte sur un point important.* **C** *vi* **1** Avoir une portée, en parlant d'une arme à feu, d'une pièce d'artillerie. *Les mortiers ne portent pas jusqu'ici.* **2** Atteindre son but. *Sa critique a porté.* **D** *vpr* **1** Aller, se diriger. *Son cheval s'est porté brusquement sur la droite. L'intérêt s'est porté sur lui.* **2** Se laisser aller, en venir (à). *Se porter à des excès.* **3** Se présenter en tant que. *Se porter candidat à une élection.* **4** Être habituellement porté, en parlant de vêtements. *Les robes se portent plus longues cet hiver.* LOC ***Porter bonheur, malheur*** : apporter la chance, la malchance. — ***Porter la main sur qqn, porter un coup à qqn*** : le frapper. — ***Porter les armes, la robe, la soutane*** : être militaire, magistrat, ecclésiastique. — ***Porter préjudice à qqn*** : lui nuire. — ***Porter secours à qqn*** : le secourir. — fam ***Porter sur les nerfs de qqn*** : l'irriter l'exaspérer. — ***Porter témoignage*** : apporter, fournir, constituer un témoignage. — ***Porter un jugement*** : l'émettre, l'exprimer. — ***Porter un sentiment à qqn*** : éprouver à son égard ce sentiment. — ***Se porter bien, mal*** : être en bonne, en mauvaise santé. — ***Une voix qui porte*** : que l'on entend de loin. ETY Du lat.

**2 porter** *nm* Bière anglaise brune et forte. PHO [pɔʀtɛʀ] ETY Mot angl., de *porter's ale*, « bière de portefaix ».

**Porter** Katherin Ann (Indian Creek, Texas, 1890 – Silver Spring, Maryland, 1980), romancière américaine : *la Nef des fous* (1962).

**Porter** Cole (Peru, 1892 – Santa Monica, 1964), compositeur américain : chansons, comédies musicales (*Cancan*, 1953), musique de films.

**Porter** sir George (Stainforth, 1920 – Londres, 2002), chimiste britannique ; travaux sur les réactions chimiques. P. Nobel 1967.

**porte-revue** *nm* Dispositif destiné au rangement des revues. PLUR porte-revues.

**porte-savon** *nm* Petit récipient disposé près d'un lavabo pour le savon. PLUR porte-savons.

**Portes de Fer (les)** défilé du Danube entre les Carpates (Roumanie) et les Balkans (Serbie). Import. installation hydroélectrique.

**porte-serviette** *nm* Support muni de tringles destiné à recevoir des serviettes de toilette. PLUR porte-serviettes.

**Port-Étienne** → **Nouadhibu.**

**porteur, euse** *n, a* **A** *n* **1** Personne dont le métier est de porter des fardeaux, en partic. dans une gare. **2** Personne chargée de remettre une lettre. **3** FIN Possesseur d'un titre. **4** Personne qui détient, porte sur soi. *Porteur d'une fausse carte d'identité.* **B** *a* **1** Qui porte. *Essieux porteurs.* **2** ECON Qui offre des débouchés. *Marché porteur.* **3** fig Qui est riche de possibilités, de potentialités. *Le thème porteur de l'écologie.* LOC ***Billet, chèque au porteur*** : qui peut être encaissé par toute personne qui le détient, qui n'est pas nominatif. — ***Mère porteuse*** : femme qui, après transfert d'embryon, porte un enfant à la place d'une autre femme. — FIN ***Petit porteur*** : actionnaire individuel d'une société anonyme. — SPORT fam ***Porteur d'eau*** : dans une compétition par équipes, celui qui se met au service d'un leader, d'un attaquant. — MED ***Porteur de germes*** ou ***porteur sain*** : personne dont l'organisme contient des germes pathogènes, mais qui ne présente pas les signes cliniques de la maladie correspondante.

**porte-vélo** *nm* Accessoire servant à transporter des vélos sur une voiture. PLUR porte-vélos.

**porte-vent** *nm* MUS Tuyau qui, dans les orgues, conduit l'air des soufflets jusqu'au sommier. PLUR porte-vents.

**porte-voix** *nm inv* Instrument portatif destiné à faire entendre la voix à grande distance, constitué d'un grand pavillon tronconique ; appareil électrique destiné au même usage. VAR **portevoix**

**portfolio** *nm* **1** Support rigide, assemblage de feuillets, servant à la présentation de photographies, d'estampes, etc. **2** Article de magazine constitué de photographies. ETY De l'ital.

**Port-Gentil** princ. port du Gabon, à l'embouchure de l'Ogooué ; 85 000 hab.

**Port-Grimaud** port de plaisance sur le golfe de Saint-Tropez (com. de Grimaud).

**Port Harcourt** port du Nigeria, sur une branche du delta du Niger ; 242 000 hab. ; cap. d'État (*Rivers*). Raff. de pétrole.

**Portici** port d'Italie (Campanie), au pied du Vésuve, sur le golfe de Naples ; 79 260 hab.

**portier, ère** *n* **1** vx Concierge. **2** Employé qui garde l'entrée de certains établissements publics (hôtels, notam.). **3** Personne qui garde la porte d'un couvent. **4** SPORT Gardien de but. LOC ***Portier électronique*** : système électronique qui permet l'ouverture automatique d'une porte.

**Portier** Paul (Bar-sur-Seine, 1866 – Bourg-la-Reine, 1962), médecin français. Il découvrit, avec Richet, l'anaphylaxie (1902) et étudia les bactéries marines.

**1 portière** *af* ELEV Se dit d'une femelle en âge de porter des petits. *Vache portière.*

**2 portière** *nf* **1** Tenture destinée à masquer une porte. **2** Porte d'automobile, de voiture de chemin de fer.

**portillon** *nm* Porte à battant généralement bas, qui ferme un passage public.

**Portillon (lac du)** lac des Pyrénées centrales, à 2 650 m d'alt. Centrale hydroélectrique.

**portion** *nf* **1** Partie d'un tout divisé. *Une portion de droite. La portion enneigée de l'autoroute.* **2** Ce qui revient à chacun dans un partage. **3** Quantité d'un mets destinée à une personne, dans un repas. ETY Du lat.

**portionnable** *a* Se dit d'un produit alimentaire présenté en portions individuelles.

**portionnaire** *n* DR Personne qui a droit à une portion d'héritage.

**portionner** *vt* ① COMM Présenter un produit alimentaire en portions individuelles.

**portique** *nm* **1** Galerie à l'air libre dont le plafond est soutenu par des colonnes, des arcades. **2** Support constitué de deux éléments verticaux reliés à leur sommet par un élément horizontal. *Portique de gymnastique.* LOC ***Portique (de sécurité)*** : dans les aéroports, dispositif permettant de vérifier que les voyageurs ne portent pas d'armes. ETY Du lat.

**Portique (le)** l'école stoïcienne, fondée à Athènes (v. 301 av. J.-C.) par le philosophe Zénon de Cittium.

**Port-Jérôme** localité de la Seine-Maritime (arr. du Havre), sur l'estuaire de la Seine. Complexe pétrochimique.

**portland** *nm* CONSTR Ciment hydraulique fabriqué avec un mélange d'argile et de calcaire.

**Portland** v. des É.-U. (Oregon), grand port sur la Willamette, avant le confl. de cette riv. et du fl. Columbia ; 1 800 000 hab. (aggl.).

**Port-la-Nouvelle** com. de l'Aude (arr. de Narbonne) ; port à l'extrémité de l'étang de Sigean ; 4 859 hab. Éoliennes. Stat. balnéaire. DER **nouvellois, oise** *a, n*

**Port-Louis** cap. et port de l'île Maurice ; 460 000 hab (aggl.). Princ. centre économique de l'île. – La ville fut fondée par La Bourdonnais (1735). DER **port-louisien, enne** *a, n*

Port-Louis

**Port-Lyautey** → **Kenitra.**

**Port Moresby** cap. et port de Papouasie-Nouvelle-Guinée, sur la côte S.-E. de l'île ; 220 000 hab (aggl.).

**Port-Navalo** station baln. aménagée sur la presqu'île de Rhuys (Morbihan).

**porto** *nm* Vin liquoreux, rouge ou blanc, produit à partir de raisin récolté dans la région de Porto, au Portugal.

**Porto (golfe de)** golfe pittoresque de la côte O. de la Corse.

**Porto** v. et port du Portugal, à l'embouchure du Douro ; ch.-l. du distr. du m. nom et cap. de la région Nord ; 327 370 hab. (2$^{e}$ v. du pays). Industries. Centre princ. de la fabrication du porto. – Évêché. Univ. Cath. romane (XII$^{e}$-XIII$^{e}$ s., remaniée). Égl. dos Clérigos (XVII$^{e}$-XVIII$^{e}$ s.). DER **portuan, ane** *a, n*

**Porto Alegre** v. et port du Brésil, sur le lac dos Patos ; 1 500 000 hab. ; cap. de l'État de Rio Grande do Sul. Industries. – Archevêché. La ville accueille le forum social mondial dep. 2001.

**Portoferraio** v. d'Italie (Toscane), v. princ. et port de l'île d'Elbe ; 12 000 hab. – Napoléon I$^{er}$ y résida de mai 1814 à février 1815.

**Port of Spain** cap. et port de l'État de Trinité-et-Tobago, dans l'île de la Trinité ; 34 000 hab.

**Porto Marghera** zone portuaire de Venise, près de Mestre, qui constitue le 3$^{e}$ port italien. Le poids des installations industr. contribue à l'affaissement de la lagune.

**Porto-Novo** cap. du Bénin, sur une lagune du golfe de Guinée ; 268 000 hab. Industr. alimentaires. DER **porto-novien, enne** *a, n*

**Porto-Riche Georges de** (Bordeaux, 1849 – Paris, 1930), auteur français de drames : *le Passé* (1898), *le Marchand d'estampes* (1918).

**Porto Rico** la plus orientale des Grandes Antilles, formant, avec ses dépendances (Mona, Culebra, Vieques), un État libre associé aux É.-U. ; 8 897 km$^2$ ; 3 500 000 hab. *(Portoricains)* ; cap. *San Juan.* Langue off. : angl. ; langue usuelle : esp. Monnaie : dollar des États-Unis. Pop. : Blancs (80 %), Noirs. Relig. : cathol. (85 %). VAR **Puerto Rico** DER **portoricain, aine** *a, n*
**Géographie** Une chaîne montagneuse (1 341 m au Cerro de Punta) traverse l'île d'O. en E., délimitant une zone tropicale humide au N., une zone tropicale sèche au S. Les typhons sont fréquents. Le surpeuplement suscite l'émigration (plus de 2 millions de Portoricains résident aux É.-U.). Princ. ressources : tourisme, sucre, tabac, café, agrumes, cacao. Les É.-U. ont développé l'industrie (alim., text., chim.).
**Histoire** Découverte par Christophe Colomb (1493), l'île, aussitôt colonisée par les Espagnols, leur fut disputée aux XVI$^{e}$ et XVII$^{e}$ s. par les Anglais et les Hollandais. L'Espagne dut la céder aux É.-U. en 1898 (guerre hispano-américaine). En 1952, le pays est devenu un État libre associé aux É.-U. Ce statut est contesté par les partisans d'une intégration complète aux É.-U. et par les indépendantistes.

**Porto-Vecchio** ch.-l. de cant. de la Corse-du-Sud (arr. de Sartène), au fond du *golfe de Porto-Vecchio* ; 11 600 hab. Stat. balnéaire.

**Porto Velho** cap. de l'État brésilien du Rondonia ; 502 700 hab.

**Portoviejo** v. de l'Équateur ; ch.-l. de la prov. de Manabí ; 130 000 hab.

**Port Radium** local. du Canada (Territoire du Nord-Ouest), sur la côte E. du Grand Lac de l'Ours. Argent, plomb, zinc.

**portrait** *nm* **1** Représentation d'une personne, notam. de son visage, par le dessin, la peinture, la photographie. **2** fam Figure, visage. **3** Description d'une personne, d'une chose. LOC *Être le portrait de qqn* : lui ressembler beaucoup. — *Portrait chinois* : jeu visant à découvrir l'identité de qqn en passant par l'évocation d'un objet. ETY De l'a. v. *portraire,* « dessiner ».

**Portrait de Dorian Gray (le)** roman d'Oscar Wilde (1891). ▷ CINE Film (1944) de l'Américain Albert Lewin (1894-1968).

**Portrait de l'artiste en jeune chien** œuvre de D. Thomas (1940), dont le titre provient du *Portrait de l'artiste en jeune homme* ou *Dedalus*, de Joyce.

**portraitiste** *n* Artiste spécialisé dans le portrait.

**portrait-robot** *nm* Portrait d'un individu recherché par la police, réalisé d'après les indications fournies par les témoins. PLUR portraits-robots.

**portraiturer** *vt* ① Faire le portrait de qqn.

**Port-Royal** abbaye de femmes fondée en 1204 dans la vallée de Chevreuse (dép. des Yvelines) et rattachée à l'ordre de Cîteaux en 1225. Au début du XVII$^{e}$ s., l'abbesse Angélique Arnauld y introduisit des réformes radicales. Les religieuses de l'abbaye, dont le nombre croissait rapidement, s'établirent en 1625 à Paris. À partir de 1635, leur maître spirituel, l'abbé de Saint-Cyran, augustin, ami de Jansénius, les conquit au jansénisme. Installés en 1637 dans la vallée de Chevreuse, les « solitaires » (Antoine Arnauld, Pierre Nicole, Lemaistre de Sacy, Lancelot, Arnauld d'Andilly, etc.) furent rejoints à Port-Royal des Champs par de nombr. religieuses en 1648 ; Racine fut leur élève. À partir de 1656, le pouvoir royal persécuta la communauté janséniste. Finalement, il dispersa les religieuses avec l'accord du pape (1709) et fit raser Port-Royal des Champs (1710). En ce qui concerne l'enseignement, la littérature (Pascal, Racine), la linguistique (*Grammaire générale et raisonnée,* 1660), la logique (*Logique de Port-Royal,* 1662), l'influence de Port-Royal fut considérable. – L'*abbaye de Port-Royal de Paris* se sépara de *Port-Royal des Champs* en 1669. Elle fut supprimée en 1790.

vue générale de l'abbaye **Port-Royal des Champs**, peinture attribuée à Madeleine Boulogne, XVII$^{e}$ s. – château de Versailles

**Port-Royal** essai critique en 6 vol. (1840-1859) de Sainte-Beuve, qui, sur ce sujet, avait donné un cours à Lausanne (1837-1838).

**Port-Saïd** v. et port d'Égypte, à l'entrée N. du canal de Suez ; 380 000 hab. ; ch.-l. du gouvernorat du m. nom.

**Port-Saint-Louis-du-Rhône** ch.-l. de cant. des Bouches-du-Rhône (arr. d'Arles), port sur le Grand Rhône ; 8 700 hab. DER **port-saint-louisien, enne** *a, n*

**Portsall** petit port de pêche (com. de Ploudalmézeau, arr. de Brest), au large duquel un pétrolier, l'*Amoco Cádiz,* fit naufrage en 1978, polluant 150 km de côtes.

**port-salut** *nm inv* Fromage à pâte ferme, de couleur jaunâtre, fabriqué avec du lait de vache. ETY Nom déposé ; du n. de la v. *Port-du-Salut.*

**Portsmouth** v. des É.-U. (New Hampshire), sur l'Atlantique ; 206 500 hab. (aggl.). – Le *traité de Portsmouth* (1905) mit fin à la guerre russo-japonaise.

**Portsmouth** port des É.-U. (Virginie), près de Norfolk ; 95 500 hab. Constr. navales.

**Portsmouth** le plus grand port militaire de G.-B. (Hampshire), dans la presqu'île de Portsea, face à l'île de Wight ; 205 400 hab.

**Port-Soudan** princ. port de commerce du Soudan, sur la mer Rouge ; ch.-l. de rég. ; 475 000 hab. Raff. de pétrole.

**Port Talbot** port de G.-B. (pays de Galles), sur la baie de Swansea (canal de Bristol) ; 37 300 hab. Sidérurgie.

**portuaire** *a* Qui a trait aux ports.

**portugais, aise** *n* **A** *nm* Langue romane parlée au Portugal et au Brésil. **B** *nf* Huître unisexuée et ovipare, aux valves inégales. LOC fam *Avoir les portugaises ensablées* : avoir les oreilles bouchées, mal entendre.

**Portugal** *(République portugaise)*, État d'Europe mérid., dans l'O. de la péninsule Ibérique, sur l'Atlantique ; 92 080 km$^2$ ; 10,3 millions d'hab. (avec les Açores et Madère) ; cap. *Lisbonne.* Nature de l'État : rép. parlementaire. Langue off. : portugais. Unité monétaire : euro. Relig. : catholicisme. DER **portugais, aise** *a, n*
**Géographie** Au N. du pays dominent les hautes terres (1 991 m dans la Serra de Estrella), au climat méditerranéen humide, alors que le S. est constitué de plaines et de bas plateaux au climat plus chaud et plus sec. Trois grands fleuves nés en Espagne, le Douro, le Tage et le Guadiana, drainent le pays. Le littoral s'étire sur 850 km ; il correspond à des plaines qui groupent 70 % de la population et les principales villes. Après une forte croissance démographique (1950-1970) et l'émigration (850 000 Portugais en France), la tendance s'est inversée.
**Économie** L'agriculture, déficitaire, emploie 20 % des actifs. Liège et vin de Porto sont exportés. Depuis 1986, la croissance industrielle est soutenue par les capitaux étrangers et les aides de l'UE : textile-habillement, matériel de transport, agroalimentaire, chaussure. Porto et Lisbonne sont les deux grands centres industriels, Sines étant le pôle pétrochimique. Le tourisme et les transferts des 3 millions d'émigrés constituent un appoint financier important. La politique de privatisation, lancée en 1989, visait aussi à réduire le déficit budgétaire, qui est tombé à 5 % (1995) puis à 1,5 % (2000), de sorte que le Portugal a pu adopter l'euro en 1999. En 2001 s'est amenuisé « l'état de grâce », caractérisé notam. par une croissance supérieure à celle des pays de l'UE. L'heure est à l'austérité.
**Histoire** LE MOYEN ÂGE Occupée dans l'Antiquité par les Lusitaniens, tribus ibères, la région fut définitivement conquise au I$^{er}$ s. av. J.-C. par les Romains. Envahie par les Alains, les Suèves et les Wisigoths (V$^{e}$ s.), ensuite par les Arabes (711), elle suivit le sort de l'Espagne. En 1097, Henri de Bourgogne reçut d'Alphonse VI de Castille et de Léon, son beau-père, le comté de Portugal (au N.), qui, en 1139, forma un royaume indép. Le roi Alphonse I$^{er}$ Henriques repoussa les Maures jusqu'à Lisbonne (1147). La reconquête fut totale en 1249. Puis vinrent les grandes expéditions marit. : Jean I$^{er}$ (1385-1433), son fils Henri le Navigateur, Jean II (1481-1495) et Manuel I$^{er}$ le Fortuné (1495-1521) entreprirent l'exploration et l'exploitation des côtes africaines, indiennes et brésiliennes. La dynastie d'Aviz (1383-1580) s'étant éteinte, Philippe II d'Espagne revendiqua la couronne.
LES TEMPS MODERNES Lié à l'Espagne, le Portugal déclina : son empire maritime, attaqué par les Anglais et les Hollandais, s'effrita. En 1640, le Portugal se donna pour roi Jean IV de Bragance et conquit durement son indépendance. Il s'attacha à exploiter le Brésil. En 1703, pour se protéger de l'Espagne, il tomba sous la dépendance écon. de l'Angleterre (traité de Methuen). Napoléon I$^{er}$ fit occuper le Portugal (1807), qui se libéra grâce aux Anglais en 1811. Le roi, réfugié au Brésil, ne revint qu'en 1821. Il octroya au pays une Constitution, mais son fils cadet Michel

se proclama roi en 1828 et rétablit l'absolutisme. En 1832, le fils aîné Pierre Ier vint, du Brésil, reconquérir le pays pour sa fille Marie Ire (1834). La monarchie ne fut constitutionnelle qu'à partir de Pierre V (1853-1861).

**LA RÉPUBLIQUE ET LE SALAZARISME** En 1910, un coup d'État militaire renversa la royauté. Un régime républicain fit place à une rép. unitaire corporative instaurée par Salazar, qui gouverna en dictateur de 1933 à 1968. L'ère de la décolonisation fut fatale au régime ; en 1961, Diu, Goa et Damān furent annexés par l'Inde ; en Afrique, l'agitation s'étendait de l'Angola au Mozambique et à la Guinée-Bissau. Salazar malade, Caetano gouverna de 1968 à 1974. Le 25 avril 1974, une junte militaire, qui aspirait à la décolonisation, renversa Caetano et le salazarisme. Lors du « printemps portugais », ou « révolution des œillets », les partis de gauche se révélèrent puissants dans le pays et au sein du Mouvement des forces armées (MFA), qui gouverna et décolonisa.

**DEPUIS 1975** En 1975, le MFA laissa le pouvoir aux civils. En 1976, le général Eanes fut élu prés. de la Rép. Les gouv. de gauche et du centre, présidés par le socialiste Mario Soares, alternèrent avec des coalitions de droite ou centre droit. En 1985 fut signée l'adhésion à la CEE et le social-démocrate Anibal Cavaco Silva succéda comme Premier ministre à Soares, élu prés. de la Rép. en 1986. En 1991, Soares et Cavaco Silva furent réélus. En 1995, le parti socialiste remporte les législatives et Antonio Guterres devient Prem. ministre. Le PS est alors à la tête du pays jusqu'en 2002, date à laquelle le parti social-démocrate de centre-droit remporte les législatives. Son leader José Durão Barroso devient Prem. ministre et entame la rigueur budgétaire. Après la victoire du PS aux législatives de 2005, José Socrates est nommé Prem. ministre. Mais c'est l'anc. Prem. ministre de droite Cavaco Silva qui remporte les présidentielles de 2006. Socrates reprend son poste après la victoire des socialistes aux législatives de 2009. Faute de pouvoir gérer la crise écon., il démissionne en 2011. Cavaco Silva dissout l'Assemblée et son parti remporte les élections. Il nomme Pedro Passos Coelho Premier ministre. Le socialiste António Costa est nommé à la tête du gouvernement après les élections de 2015.

**portulan** *nm* MAR anc Carte marine des premiers navigateurs (XIIIe-XVIe s.), indiquant principalement la position des ports. ETY De l'ital. *portolano*, « pilote ».

**Port-Vendres** ch.-l. de cant. des Pyrénées-Orientales ; 4 300 hab. Pêche. Station balnéaire. DER **port-vendrais, aise** *a, n*

**Port-Vila** cap. de la rép. de Vanuatu, dans l'île de Vaté ; 53 000 hab. Aéroport. VAR **Vila** DER **port-vilais, aise** *a, n*

**Portzamparc Christian Urvoy de** (Casablanca, 1944), architecte français d'inspiration postmoderne : Cité de la musique à Paris (1985-1995). Prix Pritzker (1994).

**POS** *nm* Sigle pour *plan d'occupation des sols.*

**posada** *nf* vx Auberge espagnole. PHO [posada] ETY Mot esp.

**Posadas** v. d'Argentine, port sur le Paraná ; 275 000 hab. ; ch.-l. de province.

**pose** *nf* **1** Action de poser ; mise en place, montage. *Pose d'un lavabo.* **2** Attitude que prend un modèle devant un peintre, un sculpteur, un photographe. *Garder la pose.* **3** Attitude, maintien du corps. *Une pose gracieuse.* **4** fig Attitude affectée. **5** PHOTO Exposition à la lumière de la surface sensible ; exposition de quelque durée, par oppos. à *instantané*. **6** Afrique Photographie.

**posé, ée** *a* **1** Sérieux, calme, pondéré. **2** PHOTO Exposé à la lumière. **3** MUS Contrôlée, en parlant de la voix. DER **posément** *av*

**Poséidon** dans la myth. gr., dieu des Mers, des Sources et des Fleuves, le Neptune des Romains ; fils de Cronos et de Rhéa, frère de Zeus, époux d'Amphitrite ; armé d'un trident.

**posemètre** *nm* PHOTO Appareil servant à déterminer le meilleur temps de pose.

**poser** *v* 1 **A** *vt* **1** Placer, mettre. *Poser un vase sur un meuble.* **2** Cesser de porter, déposer. *Il posa ses valises.* **3** Disposer, installer, fixer à l'endroit approprié. *Poser un câble téléphonique.* **4** Coucher sur le papier, disposer par écrit. *Poser une multiplication.* **5** fig Établir. *Poser en principe. Posons comme hypothèse que...* **6** Formuler une question, un problème. **7** Contribuer à établir la réputation de qqn, lui conférer importance et prestige. *Le succès de son roman a posé ce jeune auteur.* **8** Abandonner, déposer. *Poser les armes.* **9** Déclarer à son employeur les dates de ses congés. **B** *vi* **1** Être appuyé, porter, reposer sur qqch. *Cette poutre pose sur le mur.* **2** Prendre la pose devant un peintre, un sculpteur, un photographe, etc. **3** fig, péjor Étudier ses attitudes, ses gestes, chercher à faire de l'effet. *Poser pour la galerie.* **4** fam Tenter de se faire passer pour. *Poser au génie.* **C** *vpr* **1** Se placer, se mettre quelque part, en parlant de personnes. **2** Toucher terre ou se percher, en parlant d'un oiseau. **3** Atterrir, en parlant d'un aéronef. **4** Requérir une réponse, une solution, en parlant d'une question, d'un problème. *Le problème ne se pose plus.* **LOC** MUS ***Poser sa voix :*** bien la contrôler, la faire sonner juste. — ***Poser un problème à qqn :*** être pour lui une cause d'ennui, de désagrément ; faire difficulté. — ***Se poser comme, en :*** s'affirmer en tant que. — fam ***Se poser là :*** avoir une importance qui n'est pas négligeable, tenir sa place. ETY Du lat. *pausare*, « s'arrêter ».

statue en bronze de **Poséidon**, par Calamis, v. 460 av. J.-C.

**poseur, euse** *n, a* **A** *n* Personne qui pose, qui met en place certains matériaux, certains objets. **B** *a, n* fig Se dit d'une personne qui adopte une attitude affectée et prétentieuse.

**posidonie** *nf* Plante monocotylédone aquatique à longues feuilles qui constitue des herbiers sous-marins. ETY De *Poséidôn*, n. pr.

**Posidonius** (Apamée, Syrie, v. 135 – Rome, 51 av. J.-C.) , philosophe grec. Il contribua à répandre le stoïcisme.

**positif, ive** *a, nm* **A** *a* **1** Qui exprime une affirmation, par oppos. à *négatif*. *Réponse positive.* **2** MATH Supérieur ou égal à zéro. *Nombre positif.* **3** Qui se traduit par des effets que l'on peut constater ; sensible, manifeste. **4** Certain, constant, assuré. *Un fait positif.* **5** Qui comporte des éléments constructifs ; qui peut amener une évolution favorable, un progrès. *Cet entretien a été positif à bien des égards.* **6** didac Fondé sur l'expérience. *Connaissance intuitive et connaissance positive. Sciences positives.* **7** Qui ne tient pour assuré que ce qui a été dûment vérifié, prouvé ; qui fait preuve de réalisme. *Un esprit positif.* **8** Qui a une vision constructive de l'avenir, qui est optimiste. **9** didac Qui résulte d'une institution, qui a été établi, fondé. *Droit positif, droit naturel.* **10** MED Qui montre la présence du micro-organisme recherché. *Examen bactériologique positif.* **11** MED Se dit de qqn chez qui on a décelé une réaction sérologique positive. *Être positif à un contrôle antidopage.* **B** *nm* **1** Ce qu'on affirme. *Le positif et le négatif.* **2** Ce qui est avantageux, favorable, ce dont on peut espérer tirer profit. **3** PHOTO Épreuve positive. **4** GRAM Degré de l'adjectif ou de l'adverbe employé sans idée de comparaison, par oppos à *comparatif*, à *superlatif*. **LOC** PHYS ***Électricité positive :*** acquise par le verre lorsqu'on le frotte avec une étoffe, par oppos. à *électricité négative*. — PHOTO ***Épreuve positive :*** épreuve définitive tirée à partir d'un négatif et sur laquelle les valeurs apparaissent comme dans la réalité. ETY Du lat.

**position** *nf* **1** Situation en un lieu ; endroit où qqn, qqch se trouve. *Position d'une ville, d'un navire.* **2** MILIT Emplacement, zone de terrain qu'un corps de troupes a pour mission de défendre. **3** Attitude, posture ; maintien du corps ou de l'une de ses parties. **4** CHOREGR Chacune des cinq manières de poser les pieds ou de tenir les bras définies par les règles de la danse académique. **5** MUS Chacun des endroits de la touche où se positionne la main gauche dans le jeu sur un instrument à cordes, notam. à archet. **6** SPORT En escrime, manière de placer la main qui tient l'arme, soit en supination, soit en pronation. **7** Ensemble des circonstances dans lesquelles on se trouve, situation. *Elle n'est pas en position de vous aider.* **8** Situation administrative d'un fonctionnaire ou d'un militaire. *Officier en position de disponibilité.* **9** État de fortune ; condition sociale. **10** Poste que l'on occupe, fonction que l'on remplit. *Il occupe une position très en vue.* **11** Place dans un ordre, une série, un rang. *Ce concurrent occupe la première position.* **12** MUS Place relative des notes qui forment un accord. **13** Situation débitrice ou créditrice d'un compte bancaire. **14** Fait ou façon de poser un problème, une question, un principe, etc. **15** Attitude, opinion prise dans une controverse, une polémique, un conflit. *Prendre position. Rester sur ses positions.* **16** FIN Orientation du portefeuille d'un opérateur boursier sur les marchés à terme. **LOC** ***Feux de position*** : qui indiquent dans l'obscurité le gabarit d'un véhicule automobile. — SPORT ***Position de tête*** ou ***position de pointe*** : pole position. [PHO] [pozisjɔ̃] [ETY] Du lat. *ponere*, « poser ».

**positionnel, elle** *a* didac Qui concerne une position (jeu d'échecs, tactique militaire).

**positionner** *vt* [1] **1** TECH Amener une pièce, un dispositif à la position voulue. **2** COMPTA Mettre à jour un compte en passant en écritures les sommes dont il doit être débité ou crédité. **3** Déterminer exactement la position d'un objectif militaire, les coordonnées géographiques d'un lieu. **4** COMM Définir les caractéristiques, la place sur le marché et la clientèle d'un produit. [DER] **positionnement** *nm*

**positionneur** *nm* TECH Instrument ou dispositif permettant de positionner qqch.

**positivement** *av* **1** D'une manière sûre, certaine. *J'en suis positivement persuadé.* **2** Véritablement, tout à fait. *Une insistance devenait positivement choquante.* **3** Avec de l'électricité positive. D'une manière positive. *Répondre positivement.*

**positiver** *v* [1] (Emploi critiqué.) **A** *vt* Rendre qqch positif, en améliorer l'image. **B** *vi* Avoir une attitude positive, optimiste. [DER] **positivant, ante** *a*

**positivisme** *nm* PHILO **1** Système philosophique d'Auguste Comte. **2** Toute doctrine pour laquelle la vérification des connaissances par l'expérience est l'unique critère de vérité. **LOC** ***Positivisme logique*** : autre nom de l'école néopositiviste. [DER] **positiviste** *a, n*

**positivité** *nf* **1** Caractère de ce qui est positif. **2** MED Caractère positif de qqn.

**positon** *nm* PHYS NUCL Électron positif, antiparticule de l'électron. [VAR] **positron**

**positonium** *nm* PHYS NUCL Combinaison très instable d'un électron et d'un positon. [PHO] [pɔzitɔnjɔm] [VAR] **positronium**

**Posnanie** prov. de Pologne, autour de *Poznań* ; 8 151 km² ; 1 308 300 hab. Annexée par la Prusse (1772-1795), grand-duché en 1815, elle revint à la Pologne en 1919 (sauf l'O., polonais en 1945). [VAR] **Poznanie**

**posologie** *nf* PHARM Quantité totale d'un médicament à administrer à un malade, en une ou plusieurs fois, estimée d'après son âge, sa constitution, son état. [ETY] Du gr. *poson*, « combien ».

**possédants** *nm pl, a* Ceux qui détiennent des biens, des capitaux.

**possédé, ée** *a, n* Se dit de qqn qui est habité, subjugué par une puissance diabolique.

**posséder** *vt* [14] **1** Avoir en sa possession ou à sa disposition, détenir, jouir de. *Posséder des terres. Posséder le secret du succès.* **2** Avoir une qualité. *Posséder une grande habileté manuelle.* **3** Avoir une propriété. *Cette plante possède des vertus sédatives.* **4** Connaître à fond, savoir parfaitement. *Il possède bien l'anglais.* SYN maîtriser. **5** Dominer, subjuguer, égarer qqn, en parlant d'une passion, d'une émotion. *La passion du jeu le possède.* **6** S'emparer de l'être, de l'âme de qqn, en parlant d'une puissance diabolique. **7** fam Tromper qqn, le duper. **LOC** ***Posséder une femme*** : avoir avec elle des relations sexuelles. [ETY] Du lat.

**possesseur** *nm* Personne possédant qqch.

**possessif, ive** *a, nm* **A** GRAM Se dit de ce qui indique la possession, l'appartenance. *Adjectif, pronom possessif.* **B** *a* PSYCHO Qui a des sentiments de possession, d'autorité, de propriété envers les autres.

**possession** *nf* **1** Fait de détenir qqch ; faculté de disposer, de jouir de qqch. *Possession d'un bien. Être en possession de toutes ses facultés.* **2** DR Jouissance de fait d'un bien corporel non fondée sur un titre de propriété. *La possession n'est pas la propriété.* **3** Chose possédée ; domaine, terres. **4** Territoire colonial. **5** RELIG État d'une personne possédée par une puissance diabolique. **6** PSYCHIAT Trouble hallucinatoire qui donne au sujet la sensation d'être habité par une autre personne, un animal, un démon. *Délire de possession.*

**Possession (La)** com. de la Réunion (arr. de Saint-Denis) ; 22 000 hab.

**possessionnel, elle** *a* DR Qui marque la possession.

**possessivité** *nf* PSYCHO Comportement d'une personne possessive.

**possessoire** *a* DR Relatif à la possession.

**possibilité** *nf* **1** Caractère de ce qui est possible. **2** Chose possible. *Évaluer différentes possibilités.* **3** Ressource, moyen dont on dispose. *Cela dépasse ses possibilités.*

**possible** *a, nm* **A** *a* **1** Qui peut être, qui peut exister ; qui peut se faire. *Il est possible de le réaliser.* **2** fam Passable, acceptable. *Il fait un mari tout à fait possible.* **3** Implique une idée de limite, supérieure ou inférieure. *On lui a fait tous les compliments possibles.* **B** *nm* Ce qui est possible. *Le possible et l'impossible.* **LOC** ***Au possible*** : extrêmement. — ***Il est possible que*** (+ subj.) : il se peut que. — fam ***Pas possible*** : se dit de qqn d'insupportable ou de déroutant ; se dit d'une chose extrême ou incroyable. *Il fait une chaleur pas possible.* — ***Si possible*** : si c'est possible, si cela peut se faire. [ETY] Du lat. *posse*, « pouvoir ».

**possiblement** *av* Peut-être.

**post-** Élément, du lat. *post*, « après ».

**post** *nm* INFORM Message (texte, photo, lien, vidéo, musique) publié sur un blog, et qui sera enrichi des commentaires postés par les visiteurs de passage.

**postadolescent, ente** *a, n* PSYCHO Se dit d'un adulte encore dominé par ses problèmes d'adolescent.

**postage** → **poster 1.**

**postal, ale** *a* Qui a rapport à la Poste. *Virement postal.* PLUR postaux.

**postclassicisme** *nm* Courant artistique qui succède à l'époque classique. [DER] **postclassique** *a, n*

**postcombustion** *nf* TECH Deuxième combustion provoquée par l'injection de carburant dans la tuyère d'un moteur à réaction et qui permet d'accroître la poussée de celui-ci.

**postcommunisme** *nm* HIST Situation créée par l'effondrement idéologique des régimes communistes. [DER] **postcommuniste** *a*

**postcure** *nf* MED Séjour de convalescence et de réadaptation sous surveillance médicale.

**postdater** *vt* [1] Dater d'une date postérieure à la date réelle.

**postdoc** *n* fam Abrév. courante de *postdoctorat* et de *postdoctorant.*

**postdoctorant, ante** *n* Personne qui, ayant passé son doctorat, fait un stage dans une université, un laboratoire.

**postdoctorat** *nm* Stage dans un laboratoire, effectué par un chercheur qui vient de soutenir sa thèse de doctorat. [DER] **postdoctoral, ale, aux** *a*

**1 poste** *nf* **1** anc Relais de chevaux placé de distance en distance le long des grandes routes pour le transport des voyageurs et du courrier ; distance entre deux relais. **2** Administration publique chargée d'acheminer le courrier ; bureau de l'administration postale ouvert au public. *Aller à la poste.* **LOC** ***Poste restante*** : service permettant le retrait du courrier à un bureau de poste au lieu de le recevoir à domicile. [ETY] De l'ital. *posta.*

**2 poste** *nm* **1** Fonction à laquelle on est nommé ; lieu où on l'exerce. *Obtenir, occuper un poste dans l'Administration.* **2** Lieu où un soldat, une unité reçoit l'ordre de se trouver en vue d'une opération militaire. *Poste de commandement* (PC). *Être à son poste.* **3** Ensemble des soldats qui occupent un poste. *Relever un poste.* **4** Endroit où sont rassemblés différents appareils concourant à remplir une même fonction. *Poste d'aiguillage. Poste d'essence.* **5** COMPTA Chapitre d'un budget. **6** Appareil de radio, de télévision. **7** Chacun des appareils, chacune des lignes que compte une installation téléphonique intérieure. **LOC** fam ***Fidèle au poste*** : qui ne manque pas à ses obligations. — MAR ***Poste à quai d'un navire*** : emplacement le long d'un quai où ce navire peut s'amarrer. — ***Poste de police*** ou ***poste*** : corps de garde où des agents de police assurent une permanence. — ***Poste d'équipage*** : partie d'un navire où loge l'équipage. — TECH ***Poste de travail*** : emplacement où est effectuée une tâche entrant dans une séquence d'opérations ; durée du travail à un tel emplacement. [ETY] De l'ital. *posto.*

**Poste (la)** administration publique chargée d'acheminer le courrier et de gérer des produits financiers, devenue en 1991 exploitation autonome de droit public. France Télécom s'en est alors détachée. En 2010, elle devient une SA.

**posté, ée** *a, n* **A** *a* Se dit d'un travail organisé avec des équipes qui se succèdent sans interruption au même poste. **B** *n* Personne qui assure un travail posté.

**Postel** Guillaume (Barenton, Normandie, 1510 – Paris, 1581), orientaliste français ; grand voyageur au Moyen-Orient ; professeur de grec, d'hébreu et d'arabe. Son *De orbis terrae concordia* (1543) prône la paix entre chrétiens et musulmans. Il fut emprisonné par l'Inquisition.

**1 poster** *vt* [1] **1** Mettre à la poste. *Poster le courrier.* **2** INFORM Publier un post sur Internet. *Poster une vidéo sur son site Web.* [DER] **postage** *nm*

**2 poster** *v* [1] **A** *vt* Assigner un poste à un soldat, une unité. *Poster des troupes à l'entrée d'un village.* **B** *vpr* Se placer à un endroit pour accomplir une action déterminée. *Se poster au coin de la rue.*

**3 poster** *nm* **1** Affiche destinée à la décoration et non à la publicité. **2** Dans un congrès scientifique, communication d'un chercheur sous forme d'affiche. [PHO] [pɔstɛʀ] [ETY] Mot amér.

**postérieur, eure** *a, nm* **A** *a* **1** Qui suit, qui vient après dans le temps. *Ce testament est postérieur à son mariage.* **2** Qui est derrière. *Partie postérieure du corps.* **3** PHON Se dit d'une voyelle prononcée avec la langue massée à l'arrière de la cavité buccale. *L' « a » postérieur de « pâte ».* ANT antérieur. **B** *nm* fam Derrière d'une personne. [ETY] Du lat. [DER] **postérieurement** *av* – **postériorité** *nf*

**postérité** *nf* **1** Suite des descendants d'une même origine. **2** Ensemble des générations futures. **LOC** ***Passer à la postérité*** : rester connu des générations suivantes. [ETY] Du lat.

**postface** *nf* Commentaire placé à la fin d'un ouvrage. [DER] **postfacer** *vt* [12]

**postglaciaire** *a, nm* Se dit de la période qui suit la dernière glaciation quaternaire.

**posthite** *nf* MED Inflammation du prépuce.

**posthume** *a* **1** Né après la mort de son père. *Enfant posthume.* **2** Publié après la mort de son auteur. *Ouvrage posthume.* **3** Qui se produit après la mort. *Gloire posthume.* [ETY] Du lat. *postumus*, « dernier ».

**posthypophyse** *nf* ANAT Lobe postérieur de l'hypophyse.

**postiche** *a, nm* **A** *a* **1** Fait et ajouté après coup. *Ornements postiches.* **2** Factice, artificiel. *Des cheveux postiches. Des sentiments postiches.* **B** *nm* Faux cheveux (perruque, mèche). [ETY] De l'ital.

**postier, ère** *n* Employé de la poste.

**postillon** *nm* **1** anc Conducteur d'une voiture de poste ; homme qui montait sur un des chevaux de devant d'un attelage. **2** fam Gouttelette de salive projetée en parlant.

**postillonner** *vi* ① fam Projeter des postillons en parlant.

**postimpressionnisme** *nm* Courant pictural issu de l'impressionnisme. DER **postimpressionniste** *a, n*

**postindustriel, elle** *a* didac Qui succède à l'ère industrielle.

**post-it** *nm inv* Petite feuille de papier munie d'une bande autocollante que l'on peut coller et décoller à volonté. ETY Nom déposé.

**postlude** *nm* MUS Partie destinée à conclure une œuvre vocale ou instrumentale.

**postmarché** *nm* FIN Syn. (recommandé) de *back-office*.

**postménopausique** *a* MED Qui se produit après la ménopause.

**postmodernisme** *nm* Bx-A Mouvement de la fin du XX^e s., caractérisé par l'éclectisme, la fantaisie, le rejet des tabous et des règles érigés par les prédécesseurs. DER **postmoderne** ou **postmoderniste** *a, n*

**postmodernité** *nf* Nouvelle façon de voir les valeurs attachées à la modernité.

**post mortem** *a inv, av* Après la mort, en parlant de personnes. ETY Mots lat.

**postnatal, ale** *a* didac Qui suit immédiatement la naissance. PLUR postnatals.

**postopératoire** *a* MED Qui suit une opération chirurgicale.

**post-partum** *nm inv* MED Période qui suit immédiatement un accouchement. ETY Mots lat.

**postpénal, ale** *a* Qui suit une condamnation pénale. *Suivi postpénal.* PLUR postpénaux.

**postposer** *vt* ① **1** GRAM Placer un mot après un autre. **2** Belgique, Suisse Ajourner, différer. *Postposer une réunion.*

**postposition** *nf* **1** LING Morphème venant après le syntagme nominal qu'il régit. **2** GRAM Position d'un mot placé après un autre.

**postprandial, ale** *a* MED Qui suit un repas. PLUR postprandiaux.

**postproduction** *nf* CINE Étape qui suit le tournage d'un film (montage, rushes, etc.).

**postromantisme** *nm* Courant artistique qui succède au romantisme. DER **postromantique** *a, n*

**postscriptum** *nm* Ajout à une lettre après la signature. ABREV PS. PHO [pɔstskʀiptɔm] ETY Mots lat. VAR **post-scriptum** *nm inv*

**postsonoriser** *vt* ① TECH Effectuer la sonorisation d'un film après son tournage (bruitage, réfection de sons, etc.). DER **postsonorisation** *nf*

**postsynchroniser** *vt* ① Effectuer l'addition du son ou le remplacement d'une bande-son par une autre après le tournage d'un film (doublage, synchronisation des dialogues avec l'image, etc.). DER **postsynchronisation** *nf*

**posttransfusionnel, elle** *a* MED Postérieur à une transfusion. *Contamination posttransfusionnelle.*

**posttraumatique** *a* MED Qui suit un traumatisme. *Névrose posttraumatique.*

**postulant, ante** *n* **1** Personne qui postule un emploi. **2** Personne qui sollicite son admission dans une communauté religieuse.

**postulat** *nm* LOG, MATH Proposition que l'on demande d'admettre comme vraie sans démonstration. SYN axiome. ETY Du lat.

**postuler** *v* ① **A** *vt* **1** Se porter candidat à, solliciter un poste, un emploi. **2** MATH, LOG Poser comme postulat. **3** Poser comme point de départ d'un raisonnement ; supposer au préalable. **B** *vi* Être chargé d'une affaire en justice, en parlant d'un avocat.

**Postumus** Marcus Cassianus Latinus (m. en 268 apr. J.-C.), usurpateur romain, proclamé empereur des Gaules (v. 258), puis massacré par ses soldats.

**posture** *nf* **1** Position, attitude du corps. *Les postures du yoga.* **2** fig Comportement destiné à se faire valoir. *Adopter une posture de battant.* LOC ***Être en bonne, en mauvaise posture*** **:** dans une situation favorable, défavorable. ETY De l'ital. DER **postural, ale, aux** *a*

**pot** *nm* **1** Récipient à usage domestique, en général destiné à contenir des denrées alimentaires, des produits liquides ; son contenu. *Pot de terre. Pot à eau. Pot de confiture.* **2** fam Chance. *Avoir du pot.* **3** Totalité des enjeux misés par les joueurs, à certains jeux d'argent (poker, notam.). **4** fam Rafraîchissement. *Prendre un pot.* **5** fam Réunion où l'on boit. **6** rég Bouteille de 50 cl utilisée dans la région lyonnaise. LOC ***Découvrir le pot aux roses*** **:** le secret d'une affaire. — fam ***Mettre au pot*** **:** participer financièrement. — fam ***Payer les pots cassés*** **:** supporter les frais des dommages qui ont été causés. — fam ***Plein pot*** **:** très vigoureusement, à toute vitesse ; plein tarif. — fam ***Pot à tabac*** **:** personne petite et grosse. — MAR ***Pot au noir*** **:** zone des calmes équatoriaux. — fam ***Pot belge*** **:** cocktail de produits dopants (cocaïne, amphétamines, analgésiques, etc.) utilisé par certains cyclistes. — AUTO ***Pot catalytique*** **:** dispositif placé avant le pot d'échappement, destiné à filtrer les gaz polluants. — ***Pot de chambre*** **:** récipient utilisé pour uriner et déféquer. — ***Pot d'échappement*** **:** tube adapté au tuyau d'échappement d'un moteur à combustion interne pour détendre les gaz brûlés et réduire le bruit. ETY Du lat., d'orig. préceltique.

**Pot** Philippe (seigneur de La Roche-pot) (?, 1428 – Dijon, 1494), conseiller de Charles le Téméraire ; il rallia Louis XI.

**potabiliser** *vt* ① Traiter l'eau pour la rendre potable. DER **potabilisation** *nf*

**potable** *a* **1** Que l'on peut boire sans danger pour la santé. *Eau potable.* **2** fam Passable, ni très bon ni franchement mauvais. *Un film potable.* ETY Du lat. *potare*, « boire ». DER **potabilité** *nf*

**potache** *nm* fam, vieilli Collégien, lycéen.

**potage** *nm* Bouillon dans lequel ont cuit des aliments solides (légumes, viande, etc.) que l'on a hachés menu ou passés.

**potager, ère** *a, nm* **A** *a* Se dit des plantes utilisées comme légumes. **B** *a, nm* Jardin réservé à la culture des légumes.

**Potala** anc. résidence du dalaï-lama, à Lhassa, construite au XVII^e s.

**potamo-** Élément, du gr. *potamos*, « fleuve ».

**potamochère** *nm* Porc sauvage d'Afrique, au pelage roux vif avec une crinière dorsale blanche. ETY Du gr. *khoîros*, « petit cochon ».

**potamologie** *nf* Étude scientifique des cours d'eau. DER **potamologique** *a*

**potamot** *nm* BOT Plante monocotylédone aquatique hermaphrodite aux fleurs groupées en épis, dont les feuilles ovales flottent sur les eaux calmes.

**potamotoque** *a* Syn. de *anadrome*.

**potasse** *nf* **1** Hydroxyde de potassium (KOH), produit basique blanc, très caustique, soluble dans l'eau. **2** AGRIC Mélange de sels de potassium utilisé comme engrais. ETY Du néerl.

**potasser** *vt* ① fam Étudier un sujet, une matière en l'approfondissant.

**potassique** *a* CHIM Qui renferme de la potasse, du potassium.

**potassium** *nm* **1** Élément alcalin de numéro atomique Z = 19, de masse atomique 39,102 (symbole K). **2** Métal (K) de densité 0,86, qui fond à 63,5 °C. *Le potassium, très répandu dans la nature sous forme de sels, est indispensable à l'organisme.* PHO [pɔtasjɔm]

**pot-au-feu** *nm inv, a inv* **A** *nm inv* Plat de viande de bœuf bouillie dans l'eau avec des légumes ; morceau de bœuf avec lequel on prépare ce plat ; marmite qui sert à le faire cuire. **B** *a inv* fam, vieilli Casanier, terre à terre. PHO [pɔtofø]

**pot-de-vin** *nm* Somme d'argent donnée par qqn en sous-main à la personne qui lui permet d'enlever un marché, de conclure une affaire. PLUR pots-de-vin.

**pote** *nm* fam Camarade, ami.

**poteau** *nm* **1** Longue pièce en bois, métal, ciment, etc., d'assez forte section, fichée verticalement en terre. *Poteau télégraphique.* **2** CONSTR Élément porteur d'une structure. **3** fam, vieilli Syn. de *pote*. LOC ***Poteau de départ, d'arrivée*** **:** marquant le point de départ, d'arrivée d'une course. — ***Poteau d'exécution*** **:** auquel est attaché le condamné que l'on fusille. — ***Poteau indicateur*** **:** qui porte un écriteau indiquant le lieu où l'on se trouve, la direction à prendre, le kilométrage, etc. ETY Du lat.

**potée** *nf* **1** Plat de viande bouillie avec des légumes, auquel on ajoute souvent des salaisons. **2** Mélange à base de terre servant à faire les moules de fonderie. **3** TECH Poudre abrasive. *Potée d'émeri.* **4** Plante d'ornement vendue en pot.

**potelé, ée** *a* Dodu. *Bras potelé.*

**potelet** *nm* Poteau métallique de faible hauteur élevé sur le trottoir pour y empêcher le stationnement abusif.

**Potemkine** Grigori Alexandrovitch (près de Smolensk, 1739 – près de Iaşi, 1791), homme politique et maréchal russe. Favori de Catherine II (1774-1776), il réalisa l'annexion de la Crimée (1783), fonda Sébastopol et créa une flotte de guerre en mer Noire.

le maréchal **Potemkine**

**Potemkine (le)** cuirassé russe de la mer Noire, à bord duquel éclata une mutinerie (juin 1905) ; l'équipage se rendit aux autorités roumaines (8 juil.). V. Cuirassé Potemkine (le).

**potence** *nf* **1** Assemblage de pièces en équerre, servant de support. **2** Instrument servant au supplice de la pendaison ; le supplice lui-même. ETY Du lat.

**potencé, ée** *a* LOC HERALD ***Croix potencée*** **:** croix dont les branches se terminent en T.

**potentat** *nm* **1** Personne qui dirige un grand État avec le pouvoir absolu. **2** fig Homme qui exerce un pouvoir absolu.

**potentialiser** *vt* ① PHARM Accroître l'action d'une substance (médicament, drogue) grâce à une autre substance qui lui permet de développer tous ses effets. DER **potentialisateur, trice** *a* – **potentialisation** *nf*

**potentialité** *nf* **1** Caractère de ce qui est potentiel ou virtuel. **2** Chacun des développements qui sont à l'état potentiel.

**potentiel, elle** *a, nm* **A** *a* **1** PHILO Qui existe en puissance par oppos. à *actuel.* **2** GRAM Qui indique, exprime la possibilité. **B** *nm* **1** Ensemble des ressources dont dispose une collectivité ; capacité de travail, de production, d'action. *Potentiel industriel d'une nation.* **2** Caractère de qqch ou de qqn dont on prévoit une évolution favorable. *Le potentiel d'un vin.* **3** GRAM Mode du verbe exprimant l'éventualité d'un fait futur considéré comme hypothétique. **LOC** PHYS ***Énergie potentielle :*** énergie d'un système matériel susceptible de fournir de l'énergie cinétique ou du travail. — PHYS, ELECTR ***Potentiel électrique en un point :*** énergie mise en jeu pour transporter dans le vide une charge unitaire de l'infini à ce point. PHO [pɔtɑ̃sjɛl] ETY Du lat. *potens,* « puissant ». DER **potentiellement** *av*

**potentille** *nf* BOT Plante ornementale (rosacée), voisine du fraisier, à feuilles composées, à fleurs blanches ou jaunes. PHO [pɔtɑ̃tij] ETY Du lat. *potentia,* « efficacité ».

**potentiomètre** *nm* ELECTR **1** Appareil servant à mesurer les différences de potentiel. **2** Résistance réglable qui permet de faire varier la valeur d'une tension. PHO [pɔtɑ̃sjɔmɛtʀ]

**Potenza** v. d'Italie (Basilicate) ; 65 390 hab. ; ch.-l. de la prov. du m. nom. Centre agric. et industr. – Université. Égl. XIIe-XIIIe s. – Séisme en 1980.

**poterie** *nf* **1** Fabrication d'objets en terre cuite ; objet ainsi fabriqué. **2** CONSTR Élément de canalisation en terre cuite. **3** TECH Ensemble des récipients, d'usage ménager, faits d'une seule pièce, en métal. *Poterie d'étain.*

**poterne** *nf* Porte dérobée percée dans la muraille d'une fortification. ETY Du lat. *posterus,* « qui est à l'arrière ».

**potestatif, ive** *a* DR Qui dépend de la volonté d'une des parties contractantes.

**Potez** Henry (Méaulte, Somme, 1891 – Paris, 1981), constructeur français d'avions. Son entreprise, fondée en 1919, fut nationalisée en 1937.

**Pothier** Joseph (dom) (Bouzemont, Vosges, 1835 – Conques, Belgique, 1923), musicologue français. Moine, il est l'auteur d'importants travaux sur le chant grégorien.

**Pothin** saint (IIe s.), premier évêque de Lyon, martyrisé en 177. (V. Blandine.)

**potiche** *nf* **1** Grand vase de porcelaine de Chine ou du Japon. **2** fig Personne qui joue un rôle de pure représentation, sans pouvoir réel.

**Potidée** anc. ville de Macédoine (auj. *Néa-Potidea,* Chalcidique). Son soulèvement contre Athènes (432 av. J.-C.) marqua les débuts de la guerre du Péloponnèse.

**potier, ère** *n* Personne qui fabrique ou vend des poteries.

**potimarron** *nm* Légume (cucurbitacée) à chair orangée et farineuse.

**potin** *nm* **A** fam Grand bruit, tapage. **B** *nm pl* Commérages, cancans.

**potiner** *vi* ① fam Faire des potins, des commérages. DER **potinier, ère** *a, n*

**potion** *nf* vieilli Médicament liquide destiné à être bu. PHO [posjɔ̃] ETY Du lat. *potio,* « boisson ».

**potiquet** *nm* Belgique Petit pot. ETY Du flamand.

**potiron** *nm* Plante potagère (cucurbitacée), variété de courge, cultivée pour son énorme fruit à la peau et à la chair jaune orangé ; ce fruit. ETY Du syriaque. ▶ illustr. **cucurbitacées**

**potlatch** *nm* ETHNOL Fête rituelle dans certaines tribus indiennes de la côte ouest des É.-U., au cours de laquelle il est procédé à des échanges de cadeaux instaurant un système ritualisé d'échange de biens et de pouvoir. PHO [pɔtlatʃ] ETY D'une langue amérindienne.

**poto-** Élément, du gr. *potos,* « boisson ».

**Potocki** Jan (Pików, 1761 – Uładówka, 1815), écrivain polonais d'expression française : *le Manuscrit trouvé à Saragosse* (1804).

**Potomac (le)** fleuve de l'E. des É.-U. (640 km), formé par la réunion des *North* et *South Potomac,* nés dans les Appalaches ; aménagé à partir de Washington, il se jette dans la baie de Chesapeake.

**potomanie** *nf* MED Trouble qui consiste en un besoin de boire permanent.

**potomètre** *nm* TECH Appareil permettant de mesurer la quantité d'eau absorbée par une plante.

**poto-poto** *nm inv* Afrique **1** Sol détrempé, boue ; boue séchée servant à la construction. **2** fig Imbroglio, pagaille. ETY D'un n. pr.

**potorou** *nm* Petit marsupial du sud de l'Australie, appelé aussi rat-kangourou. ETY D'une langue australienne.

**Potosí** v. de Bolivie, à 3 960 m d'altitude ; 113 380 hab. ; ch.-l. de dép. – Ville très pittoresque. – Mines d'argent (XVIe-XVIIIe s.).

**pot-pourri** *nm* **1** vx Ragoût composé de diverses sortes de viandes et de légumes. **2** Mélange confus de choses hétéroclites. **3** Ouvrage littéraire composé de différents morceaux assemblés sans ordre, sans liaison. **4** Morceau de musique composé de plusieurs airs connus. **5** Mélange de fleurs séchées destiné à parfumer l'air ambiant. **6** Vase spécialement destiné à contenir ce mélange odorant. PLUR pots-pourris. VAR **potpourri**

**potron-jaquet** *nm* **LOC** vx ***Dès potron-jaquet :*** dès l'aube ; de très bonne heure. VAR **potron-minet**

**Potsdam** v. d'Allemagne, sur la Havel, à 20 km au S.-O. de Berlin ; 132 540 hab. ; cap. du Land de Brandebourg. Centre industriel. – Chât. et parc de Sans-Souci (1745-1747). Nouveau Palais (1763-1769). – La *conférence de Potsdam* (17 juil.-2 août 1945) réunit Staline, Truman, Churchill (puis Attlee) en vue d'organiser la paix en Europe.

**Pott** Percival (Londres, 1714 – id., 1788), chirurgien anglais. ▷ MED *Mal de Pott :* ostéite tuberculeuse des vertèbres, entraînant une paralysie des membres inférieurs.

**Potter** Paulus (Enkhuizen, 1625 – Amsterdam, 1654), peintre animalier hollandais.

**Pottier** Eugène (Paris, 1816 – id., 1887), chansonnier et homme politique français. Ouvrier dessinateur sur étoffes, membre de la Commune, il écrivit en 1871 les paroles de *l'Internationale.*

**pottock** *nm* Cheval de petite taille à robe généralement noire, originaire des Pyrénées occidentales. ETY Mot basque. VAR **pottok**

**pou** *nm* Insecte à pattes crochues, parasite externe de l'homme et de divers animaux, dont les œufs sont des lentes. PLUR poux. **LOC** ***Chercher des poux à qqn :*** lui chercher querelle pour des motifs futiles. — ***Pou de San José :*** cochenille qui attaque les arbres fruitiers. ETY Du lat.

**pouah !** *interj* fam Exprime le dégoût. *Pouah ! quelle infection !* PHO [pwa] ETY Onomat.

**poubelle** *nf* **1** Récipient à couvercle destiné à recevoir les ordures ménagères. **2** fig Lieu qui reçoit des objets de rebut, des personnes indésirables. *Une plage poubelle.* **3** fig En apposition, désigne un lieu ou un véhicule vétuste, détérioré et dangereux. *Des avions poubelles.* **4** fig Considéré comme dangereux sur le plan moral. *La presse-poubelle.* **LOC** ***Les poubelles de l'histoire :*** faits destinés à l'exécration des générations futures. ETY Du n. du préfet qui imposa l'usage de ce récipient.

**pouce** *nm, interj* **A** *nm* **1** Le plus court et le plus puissant des doigts de la main, opposable aux autres. **2** Gros orteil. **3** Canada Auto-stop. *Voyager sur le pouce.* **4** anc Mesure de longueur équivalant au douzième du pied, soit 27,1 mm. **5** Canada Mesure de longueur anglo-saxonne (25,4 mm). **6** fig Très petite quantité. *Ne pas céder d'un pouce.* **B** *interj* Est employée par les enfants en faisant le geste de lever le pouce, pour faire momentanément cesser un jeu. **LOC** fam ***Donner un coup de pouce :*** avantager qqn. — ***Manger sur le pouce :*** sans s'asseoir, à la hâte. — ***Mettre les pouces :*** se rendre, céder après avoir résisté. — fam ***Se tourner les pouces :*** ne rien faire, rester oisif. ETY Du lat.

**pouce-pied** *nm inv* ZOOL Crustacé cirripède voisin de l'anatife, vivant fixé sur les rochers. VAR **poucepied** *nm*

**poucer** *vi* ⑫ Canada fam Faire de l'autostop.

**pouceux, euse** *n* Canada fam Autostoppeur(euse).

**Pouchkine** → **Tsarskoïe Selo.**

**Pouchkine** Alexandre Sergheïevitch (Moscou, 1799 – Saint-Pétersbourg, 1837), écrivain russe. Malgré des démêlés avec le pouvoir en raison de ses opinions libérales, il connut vite la gloire littéraire : *le Prisonnier du Caucase* (1821), poème ; *Eugène Onéguine* (1823-1830), roman en vers ; *Boris Godounov* (1825), drame historique ; *la Dame de pique* (1834) et *la Fille du capitaine* (1836), récits en prose. Il peut être considéré comme le premier grand poète russe. Un Français, Georges d'Anthès, qui courtisait sa femme (Natalia Gontcharova, épousée en 1831), le tua en duel.

**Alexandre Pouchkine**

**poucier** *nm* **1** Doigtier pour le pouce. **2** Pièce d'un loquet sur laquelle on appuie le pouce pour lever la clenche.

**pou-de-soie** *nm* Étoffe de soie mate à gros grain. PLUR poux-de-soie VAR **poult-de-soie**

**pouding** → **pudding.**

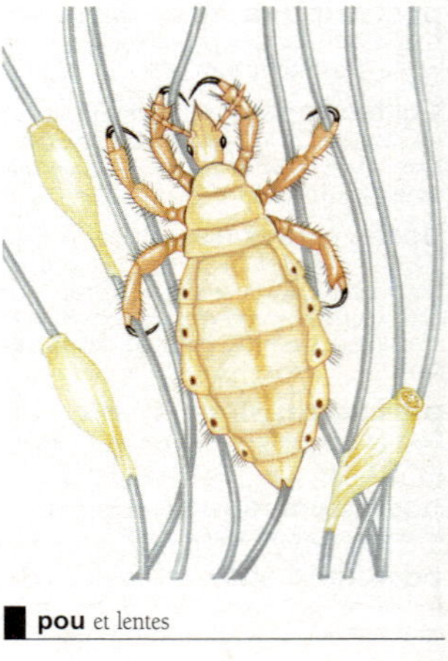

**pou** et lentes

**poudingue** *nm* GEOL Conglomérat de galets et de graviers noyés dans un ciment naturel de composition variable. ETY De l'angl.

**Poudovkine** Vsevolod Illarionovitch (Penza, 1893 – Moscou, 1953), cinéaste soviétique. Influencé par Vertov, c'est un théoricien du montage : *la Mère* (1926), *la Fin de Saint-Pétersbourg* (1927), *Tempête sur l'Asie* (1929).

**poudre** *nf* **1** Substance solide réduite en petits grains, en petits corpuscules, par pilage, broyage, etc. *Du sucre en poudre. Poudre d'or.* **2** Explosif pulvérulent non brisant. **3** ADMIN Explosif assimilé administrativement et fiscalement à une poudre. **4** Substance pulvérulente colorée et parfumée utilisée pour le maquillage féminin. **5** fam Cocaïne ou héroïne. LOC HIST *Conspiration des Poudres (1603-1605)* : machination de catholiques anglais, qui projetaient de faire sauter Jacques I^er^ et le Parlement. — *Jeter de la poudre aux yeux* : chercher à éblouir par un éclat trompeur, à en faire accroire. — *Mettre le feu aux poudres* : déclencher un conflit. ETY Du lat.

**poudrer** *v* ① **A** *vt* Couvrir de poudre pour se maquiller. *Se poudrer avec une houppette.* **B** *vi* Canada Voler, tourbillonner dans le vent, en parlant de la neige. DER **poudrage** *nm*

**poudrerie** *nf* **1** Fabrique de poudre, d'explosifs. **2** Canada Neige fine et sèche que le vent soulève et fait tourbillonner.

**poudrette** *nf* **1** AGRIC Engrais constitué de matières fécales desséchées et pulvérisées. **2** Caoutchouc pulvérulent issu du recyclage des vieux pneus.

**poudreuse** *nf* **1** AGRIC Appareil qui sert à répandre sur les plantes des poudres insecticides, fongicides, etc. **2** Sucrier à couvercle perforé, pour le sucre en poudre. **3** anc Meuble servant à la toilette féminine. **4** Neige poudreuse.

**poudreux, euse** *a* Qui a l'aspect d'une poudre.

**poudrier** *nm* **1** Petit boîtier plat qui renferme de la poudre pour le maquillage. **2** TECH Fabricant de poudre, d'explosifs.

**poudrière** *nf* **1** Entrepôt où l'on garde de la poudre ou des explosifs. **2** fig Région où des troubles larvés peuvent dégénérer au moindre incident en conflagration générale.

**poudroyer** *vi* ㉓ **1** Produire de la poussière ; s'élever en poussière. *La terre sèche du chemin poudroyait.* **2** Avoir l'apparence d'une poudre brillant sous un éclairage vif. **3** Rendre visibles les poussières en suspension dans l'atmosphère, en parlant de la lumière, des rayons solaires, etc. DER **poudroiement** *nm*

**1 pouf** *nm* Gros coussin qui sert de siège.

**2 pouf !** *interj* Évoque le bruit sourd d'une chute. *Et pouf ! il est tombé.*

**pouffer** *vi* ① Éclater de rire involontairement et comme en étouffant son rire. *Pouffer de rire.*

**pouffiasse** *nf* vulg **1** vieilli Prostituée. **2** Terme injurieux à l'adresse d'une femme.

**Pougatchev** Iemelian Ivanovitch (Zimoïevskaïa, v. 1742 – Moscou, 1775), Cosaque du Don, qui, prétendant être Pierre III, souleva les Cosaques (1773) et les serfs. Livré par ses compagnons, il fut décapité.

**Pougues-les-Eaux** ch.-l. de cant. de la Nièvre (arr. de Nevers) ; 2 493 hab. Station thermale. DER **pougeois, oise** *a, n*

**pouillard** *nm* CHASSE Jeune perdreau ; jeune faisan. ETY De l'a. fr. *pouil*, « coq ».

**pouillé** *nm* HIST État des biens et des bénéfices ecclésiastiques d'une abbaye, d'une province, etc., sous l'Ancien Régime. ETY De l'a. fr. *pouille*, *pueille*, « registre de comptes ».

**pouillerie** *nf* vieilli **1** Extrême pauvreté. **2** Apparence miséreuse, sordide. ETY De *pou*.

**pouilles** *nf pl* LOC litt *Chanter pouilles à qqn* : l'injurier. ETY De l'a. fr. *pouiller*, « injurier ».

**Pouilles (les)** (en ital. *Puglia*), Région d'Italie méridionale et de l'UE, sur l'Adriatique (anc. *Apulie*), formée des prov. de Bari, Brindisi, Foggia, Lecce et Tarente ; 19 347 km² ; 4 043 600 hab. ; cap. *Bari*. Un plateau (700 m) est dominé au N. par le Gargano (1 056 m). Vins et olives, pêche, bauxite. VAR **la Pouille**

**Pouillet** Claude (Cusance, Franche-Comté, 1790 – Paris, 1868), physicien français (galvanomètre). ▷ ELECTR *Loi de Pouillet* : la force électromotrice d'un générateur est égale au produit de l'intensité du courant par la somme des résistances externe et interne du générateur.

**pouilleux, euse** *a, n* **A** **1** Qui a des poux ; couvert de poux. **2** fam Miséreux. **B** *a* Sordide, misérable. *Un faubourg pouilleux.* LOC GEOGR *Champagne pouilleuse* : partie aride de la Champagne, dont le sous-sol est crayeux.

**pouillot** *nm* Petit oiseau passériforme, insectivore, au plumage terne. ETY Lat. *pullius*, « coq ».

**pouilly** *nm* **1** Vin blanc sec de Pouilly-sur-Loire (Nièvre). *Pouilly fumé.* **2** Vin blanc sec de Solutré-Pouilly et de Fuissé (Saône-et-Loire).

**Pouilly-sur-Loire** ch.-l. de canton de la Nièvre ; 1 718 hab. Vins blancs. DER **pouillyzois, oise** *a, n*

**poujadisme** *nm* **1** Mouvement de défense des petits commerçants, fondé en 1953 par Pierre Poujade (Saint-Céré, 1920 – La Bastide-l'Évêque, 2003). **2** Attitude revendicatrice étroitement corporatiste associée à un refus de l'évolution socioéconomique. DER **poujadiste** *a, n*

**poulailler** *nm* **1** Abri pour les poules, enclos où on les élève. **2** fam Galerie supérieure d'un théâtre, où les places sont bon marché.

**poulain** *nm* **1** Petit du cheval, mâle ou femelle, de moins de dix-huit mois. **2** Jeune talent, jeune espoir, par rapport à la personnalité, au groupe, etc., qui l'encourage et qui patronne ses débuts. **3** TECH Rampe constituée de deux longues pièces parallèles réunies par des entretoises, servant à la manutention des grosses charges. ETY Du lat.

**poulaine** *nf* MAR anc Plate-forme de l'éperon des anciens navires en bois, où se trouvaient les latrines de l'équipage. LOC anc *Souliers à la poulaine* : chaussures des XIV^e^ et XVI^e^ s., à bout long et relevé. ETY De l'anc. adj. *poulain*, « polonais ».

**poulamon** *nm* Canada Poisson des eaux saumâtres, proche de la morue, qui vient frayer en hiver dans les rivières recouvertes de glace.

**poularde** *nf* Jeune poule engraissée pour la table.

**poulbot** *nm* Enfant pauvre et gouailleur de Montmartre. ETY Du n. pr.

**Poulbot** Francisque (Saint-Denis, 1879 – Paris, 1946), dessinateur français. Il créa un type de gamin de Montmartre, misérable et gouailleur, le « poulbot ».

**1 poule** *nf* **1** Femelle du coq domestique, oiseau de basse-cour au plumage diversement coloré selon les races, aux ailes atrophiées, à la tête ornée d'une crête rouge, que l'on élève pour sa chair et pour ses œufs. *La poule glousse, caquète.* **2** fam Terme d'affection, adressé à une femme, à une petite fille. **3** fam, vieilli Bonne amie, maîtresse. **4** vieilli, péjor Femme entretenue. LOC *Poule d'eau* : oiseau aquatique ralliforme, au plumage noirâtre, commun sur les eaux douces calmes d'Europe. — *Poule faisane* : femelle du faisan. — *Poule mouillée* : personne timorée, pusillanime. — fam *Quand les poules auront des dents* : jamais. — *Tuer la poule aux œufs d'or* : tarir la source des bénéfices en voulant les réaliser trop vite. ETY Du lat.

**2 poule** *nf* **1** SPORT Épreuve dans laquelle chacun des concurrents, chaque groupe d'équipes rencontre successivement chacun de ses adversaires. **2** JEU Total des mises. ETY De l'angl. *pool*.

**Poulenc** Francis (Paris, 1899 – id., 1963), compositeur français ; membre du « groupe des Six » : *les Biches* (ballet, 1923), *les Mamelles de Tirésias* (opéra bouffe, 1944), *Dialogue des carmélites* (opéra, 1957).

Francis Poulenc

**poulet, ette** *n* **A** **1** Jeune coq, jeune poule. **2** fam Terme d'affection adressé à un homme, à un petit garçon. **B** *nm* **1** Volaille de jeune coq ou de jeune poule cuite, accommodée pour la table. *Poulet basquaise.* **2** fam Policier. **3** vx Billet galant.

**Poulet** Georges (Chênée, 1902 – Bruxelles, 1991), critique belge d'expression française : *Études sur le temps humain* (1950-1964), *l'Espace proustien* (1982).

**pouliche** *nf* Jeune jument de plus de dix-huit mois et de moins de trois ans.

**Poulidor** Raymond (Masbaraut-Mérignat, 1936), coureur cycliste français qui a remporté de nombreuses victoires, mais jamais le Tour de France.

**poulie** *nf* **1** Roue tournant autour d'un axe et destinée à transmettre un mouvement, un effort, au moyen d'un lien flexible appliqué contre sa jante. **2** Ensemble constitué par un rouet ou un réa, son axe et sa chape. ETY Du gr. *polos*, « pivot ».

**pouliethérapie** *nf* Méthode de rééducation utilisant poids, cordes et poulies.

**pouligny-saint-pierre** *nm inv* Fromage de chèvre AOC, de forme pyramidale, fabriqué dans le Berry.

**pouliner** *vi* ① Mettre bas, pour une jument.

**poulinière** *af, nf* Se dit d'une jument destinée à la reproduction.

**Poulo Condor** archipel volcanique vietnamien, à l'E. de la pointe de Camau. Île et ville princ. : *Côn Sôn*, où fut établie une colonie pénitentiaire. VAR **Côn Dao**

**poulot, otte** *n* fam, vieilli Appellation affectueuse adressée à un enfant.

**poulpe** *nm* Syn. de *pieuvre*. ETY Du lat.

poulpe

**pouls** *nm* **1** PHYSIOL Battement d'une artère, causé par le passage périodique, au rythme des contractions cardiaques, du flux sanguin. **2** Point du corps où ce battement est perceptible ; point d'affleurement de l'artère radiale, à la face interne du poignet. *Prendre le pouls.* LOC *Tâter le pouls de qqn* : chercher à connaître son état d'esprit, ses intentions. PHO [pu] ETY Du lat.

**poulsard** *nm* Cépage rouge du Jura.

**poult-de-soie** → **pou-de-soie.**

**poumon** *nm* **1** Chacun des deux organes thoraciques qui assurent les échanges respiratoires chez l'homme et les animaux respirant l'oxygène de l'air. **2** fig Ce qui fournit de l'oxygène, la possibilité de survivre. LOC ***Respirer, crier à pleins poumons*** : très fort. [ETY] Du lat.

[ENC] Les poumons des vertébrés sont des masses spongieuses, élastiques, enveloppées dans une membrane séreuse, la plèvre. Le poumon droit, un peu plus important, comprend trois lobes ; le poumon gauche en comprend deux. Les poumons sont ventilés par les bronches et leurs ramifications ; les échanges gazeux respiratoires se font dans les alvéoles pulmonaires, où aboutissent les bronchioles.

**Pound** Ezra Loomis (Hailey, Idaho, 1885 – Venise, 1972), poète et essayiste américain. Il vint en Europe en 1907 ; à Londres, il se lia avec Joyce et T.S. Eliot, et publia (1917) ses premiers *Cantos*. En 1925, il s'installa à Rapallo. Critique littéraire (*Comment lire*, 1929 ; *A.B.C. de la lecture*, 1934), Pound, fit, pendant la guerre, des émissions de propagande fasciste à la radio italienne. Arrêté en 1945, il fut interné aux É.-U. dans un hôpital psychiatrique jusqu'en 1958. Ses *Cantos*, écrits de 1915 à 1969, sont au nombre de 109 (fragments de 110 à 117).

**Pound** Robert Vivian (Ridgeway, Ontario, 1919 – Belmont, Mass., 2010), physicien américain d'origine canadienne. Il a contribué à l'invention de la résonance magnétique nucléaire (RMN, 1946).

**poupard** *nm* **1** vieilli Bébé joufflu et potelé. **2** Poupée figurant un bébé, baigneur.

**poupe** *nf* Partie arrière d'un navire par oppos. à *proue*. LOC ***Avoir le vent en poupe*** : être favorisé par les circonstances, prospérer, réussir. [ETY] Du lat.

**poupée** *nf* **1** Jouet représentant un être humain de sexe féminin, le plus souvent. **2** fig Jeune femme, jeune fille à la grâce mièvre et affectée, à la mise trop soignée, etc. **3** fam Pansement entourant un doigt. **4** TECH Chacun des deux organes qui, sur un tour, maintiennent la pièce à usiner. LOC ***Poupée gonflable*** : mannequin de plastique utilisé comme substitut sexuel. — ***Poupée russe*** : matriochka. [ETY] Du lat. *pupa*, « petite fille ».

**poupin, ine** *a* Dont la rondeur du visage évoque une poupée.

**poupon** *nm* **1** Terme affectif adressé à un bébé, à un tout-petit. **2** Poupée figurant un bébé.

**pouponner** *v* [1] **A** *vt* Dorloter, cajoler un petit enfant. **B** *vi* S'occuper d'un bébé, d'un très jeune enfant ou de plusieurs.

**pouponnière** *nf* Lieu où sont gardés les enfants de moins de trois ans dont les familles ne peuvent s'occuper.

**pour** *prép, nm* **A** *prép* **1** En direction de, à destination de. *Partir pour Rome.* **2** Marque une durée, le terme d'une durée. *Il est là pour trois jours. Travail à faire pour le lendemain.* **3** À l'intention de, destiné à, dans l'intérêt de. *Travailler pour un laboratoire. Livre pour les enfants.* **4** Envers, à l'égard de. *Être bon pour les animaux.* **5** Marque le but. *Travailler pour la gloire. Il lit pour s'instruire.* **6** En remplacement de, à la place de, au nom de. *Il signe pour le directeur.* **7** En échange de. *Je l'ai eu pour dix francs.* **8** En guise de. *N'avoir pour toute arme qu'un bâton.* **9** Quant à, en ce qui concerne qqn. *Pour moi, je crois qu'il a tort.* **10** Quant à, en ce qui concerne qqch. *Pour l'argent, on s'arrangera plus tard.* **11** Eu égard à, par rapport à. *Il est grand pour son âge.* **12** Marque la conséquence. *Il s'est trompé, pour son malheur.* **13** À cause de. *Puni pour ses crimes.* **14** litt Marque l'opposition, la concession. *Pour grands que soient les rois.* **B** *nm* Ce qui plaide en faveur de qqch, les arguments favorables. *Le pour et le contre.* LOC ***Être pour*** (+ inf.) : être sur le point de. — ***Être pour qqch*** : être favorable à, être partisan de qqch. — ***Pour que*** : introduit une subordonnée de conséquence. *Il est trop tard pour que j'y aille.* — ***Pour un oui ou pour un non*** : sous n'importe quel prétexte, à tout propos. [ETY] Du lat. *pro*.

**pourboire** *nm* Gratification qu'un client laisse au personnel, dans un café, un restaurant, une salle de spectacle, etc. ; petite somme d'argent offerte en remerciement d'un service.

**Pourbus** Pieter (Gouda, vers 1523 – Bruges, 1584), peintre flamand influencé par le maniérisme italien. [VAR] **Porbus** — **Frans** dit **l'Aîné** ou **l'Ancien** (Bruges, 1545 – Anvers, 1581), fils du préc., portraitiste. — **Frans** dit **le Jeune** (Anvers, 1569 – Paris, 1622), fils du préc., portraitiste à la cour de Marie de Médicis.

**pourceau** *nm* litt Porc. [ETY] Du lat.

**pour-cent** *nm inv* Taux d'intérêt, commission, montant quelconque, calculé en pourcentage.

**pourcentage** *nm* **1** Rapport d'une quantité à une autre divisée en cent unités. **2** Somme perçue ou à percevoir à titre d'intérêt ou de commission. *Pourcentage sur les ventes.*

**pourchasser** *vt* [1] Poursuivre sans relâche, avec opiniâtreté, ténacité.

**pourfendre** *vt* [6] litt Faire subir une défaite à. [DER] **pourfendeur, euse** *n*

**pourghère** *nf* Arbuste tropical (euphorbiacée) qui fournit une huile siccative et médicinale.

**Pourim** fête juive où l'on commémore le triomphe d'Esther sur Aman, en Perse, et la libération du peuple juif. [VAR] **Purim**

**pourlèche** → **perlèche.**

**pourlécher (se)** *vpr* [14] Se passer la langue sur les lèvres, se délecter à la pensée d'une bonne chose à manger, d'un plaisir quelconque. *Se pourlécher les babines.*

**pourparlers** *nm pl* Négociation, discussion visant à régler une affaire. *Pourparlers de paix.*

**pourpier** *nm* Plante herbacée aux fleurs vivement colorées, aux feuilles épaisses, dont une espèce est cultivée comme légume, d'autres espèces étant ornementales. [ETY] Du lat. *pullipes*, « pied de poulet ».

**pourpoint** *nm* Ancien vêtement masculin (XIII$^{e}$-XVII$^{e}$ s.) qui couvrait le corps du cou à la ceinture. [ETY] De l'a. fr. *poindre*, « piquer ».

**pourpre** *n, a* **A** *nf* **1** Matière colorante d'un rouge foncé que les Anciens tiraient de mollusques méditerranéens. **2** Étoffe teinte avec cette matière colorant en rouge foncé, chez les Anciens, marque d'une dignité, d'un rang social élevé. **3** fig, litt Couleur rouge. **B** *nm* **1** Rouge foncé tirant sur le violet. **2** HERALD Couleur rouge tirant sur le violet, représentée en gravure par des hachures diagonales de senestre à dextre. **3** Mollusque gastéropode dont les Anciens tiraient certaines de leurs pourpres. **C** *a* De couleur pourpre. LOC RELIG CATHO ***La pourpre cardinalice*** ou ***romaine*** : la dignité de cardinal. — PHYSIOL ***Pourpre rétinien*** : pigment photosensible des bâtonnets rétiniens, qui permet la vision nocturne. SYN rhodopsine. [ETY] Du gr.

**pourpré, ée** *a* litt Teinté à la pourpre ; de couleur pourpre.

**Pour qui sonne le glas** roman de Hemingway (1940). ▷ CINE Film de Sam Wood en 1943, avec Gary Cooper et Ingrid Bergman.

**pourquoi** *av, conj, nm inv* **A** *av, conj* **1** Pour quelle cause, quel motif. *Il part sans dire pourquoi. Voici pourquoi je ne veux pas le voir.* **2** Terme utilisé dans l'interrogation directe ou indirecte. *Pourquoi acceptez-vous ? Pourquoi pas ?* **3** vieilli, litt Pour lequel, pour laquelle. *C'est une des raisons pourquoi je suis parti.* **B** *nm inv* **1** Cause, raison. *Savoir le pourquoi d'une affaire.* **2** Question, interrogation sur les raisons de qqch. *Je vais répondre à tous vos pourquoi.* LOC ***C'est pourquoi*** : c'est pour cette raison que.

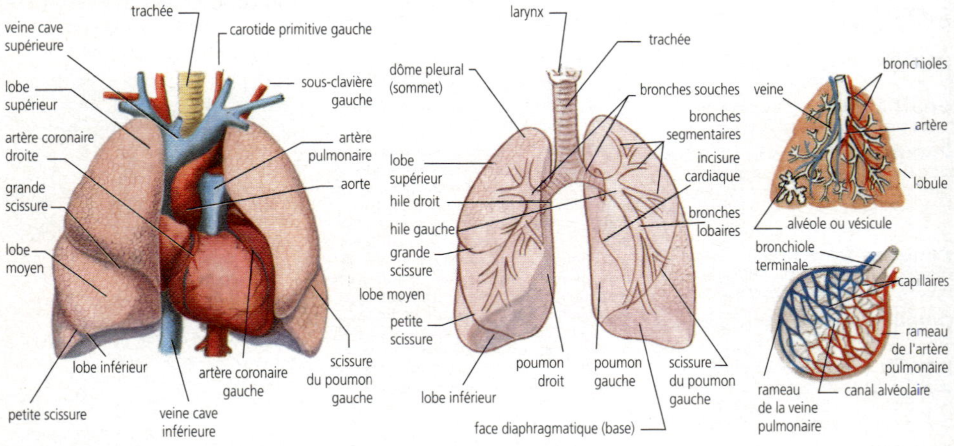


**poumon**

**Pourrat** Henri (Ambert, 1887 – id., 1959), romancier régionaliste français : *Gaspard des montagnes* (1922-1931), *le Chasseur de la nuit* (1951).

**pourri, ie** *a, n* **A** *a* **1** Altéré, attaqué par la décomposition. **2** fig, fam Très humide, en parlant du temps, de la saison, etc. *Un été pourri.* **3** fig, fam Gâté, corrompu. *Un homme moralement pourri.* **4** fam Plein de. *Il est pourri de préjugés.* **5** fam Très mauvais, très abîmé, malsain, dangereux. *Un quartier pourri.* **B** *nm* Ce qui est pourri. *Une odeur de pourri.* **C** *n* fam, inj Individu corrompu.

**pourridié** *nm* BOT Maladie cryptogamique des végétaux, qui cause leur pourriture. *Un pourridié est dû à l'armillaire.* ETY Mot provençal.

**pourriel** *nm* Message publicitaire envoyé en nombre sur des sites Internet sélectionnés. SYN pollupostage, spam. ETY De *pourri* et *courriel*.

**pourrir** *v* ③ **A** *vi* **1** Tomber en décomposition, en putréfaction. *Laisser des fruits pourrir.* **2** fig Se détériorer. *Laisser pourrir une situation.* **3** fig, fam Demeurer longtemps en un lieu. *Pourrir en prison.* **4** Demeurer dans une situation dégradante. *Pourrir dans la misère.* SYN croupir. **B** *vt* **1** Attaquer en provoquant la décomposition de. *L'eau pourrit le bois.* **2** fig Corrompre, gâter. *Ils pourrissent le petit.* ETY Du lat. DER **pourrissant, ante** *a* – **pourrissement** *nm*

**pourrissage** *nm* TECH Action d'exposer les pâtes céramiques à l'humidité pour favoriser leur homogénéisation.

**pourrissoir** *nm* litt Lieu où pourrit qqch ou qqn.

**pourriture** *nf* **1** État de ce qui est pourri. *Tomber en pourriture.* SYN décomposition. **2** Partie pourrie. *Ôter la pourriture d'une pomme.* **3** fig Décadence morale, corruption. **4** pop, fam Ignoble individu. **5** BOT Maladie des végétaux due à des bactéries ou à des champignons. *Pourriture noble du raisin, qui améliore certains vins.*

**pour-soi** *nm inv* PHILO Être humain en tant que sujet conscient, par oppos. à *en-soi*, à *être*.

**poursuite** *nf* **A** **1** Action de poursuivre, de courir après qqch, qqn. *Chien ardent à la poursuite du gibier.* **2** fig Fait de chercher avec opiniâtreté à obtenir qqch. *Poursuite des honneurs.* **3** SPORT Course cycliste sur vélodrome où deux coureurs ou équipes prennent le départ en deux points opposés de la piste, le vainqueur étant celui qui rejoint l'autre ou qui s'en est le plus rapproché en un temps fixé. **4** TECH Contrôle et surveillance, au moyen d'instruments, d'un engin spatial et de sa trajectoire. **B** *nf pl* DR Action en justice engagée contre qqn pour faire valoir un droit, obtenir réparation d'un préjudice, etc.

**Poursuite infernale (la)** film de John Ford (1946), avec H. Fonda.

**poursuiteur, euse** *n* SPORT Cycliste spécialisé dans la poursuite.

**poursuivable** *a* DR Se dit d'une affaire pouvant faire l'objet d'une suite judiciaire (par oppos. aux affaires classées sans suite).

**poursuivant, ante** *n, a* **A** *n* Personne qui poursuit qqn. **B** *a* DR Se dit d'une personne qui exerce des poursuites.

**poursuivre** *vt* ㊷ **1** Suivre rapidement pour atteindre. *Animal qui poursuit sa proie.* **2** Tenter d'obtenir. *Poursuivre des honneurs.* **3** fig Rechercher sans cesse en importunant ; ne pas laisser en paix. *Poursuivre qqn de ses assiduités. Le remords le poursuit.* SYN harceler. **4** DR Intenter une action en justice contre qqn. *Poursuivre qqn devant les tribunaux.* **5** Continuer ce qu'on a commencé. *Poursuivre ses études.* **6** Continuer un récit, un exposé. *Laissez-moi poursuivre !*

**Pourtalet (col du)** col des Pyrénées-Atlantiques (1 794 m), reliant les vallées d'Ossau (France) et de Sallent (Espagne).

**pourtant** *av* Indique l'opposition entre deux choses liées, ou entre deux aspects d'une même chose. *Il avait travaillé, pourtant il a échoué.* SYN néanmoins, cependant.

**pourtour** *nm* Ligne, partie qui fait le tour de qqch. *Arbres plantés sur le pourtour d'un terrain.*

**pourvoi** *nm* DR Acte par lequel on demande à une autorité supérieure la réformation ou l'annulation d'une décision judiciaire.

**pourvoir** *v* ㊵ **A** *vti* Fournir ce qui est nécessaire, subvenir. *Il pourvoit à tous nos besoins.* **B** *vt* **1** Munir, équiper. *Pourvoir une place de vivres. Se pourvoir de mazout pour l'hiver.* **2** Mettre qqn en possession de. *Pourvoir qqn d'une charge.* **3** Doter. *La nature l'a pourvue de mille grâces.* **4** Établir par un emploi, un mariage. *Pourvoir ses enfants.* **5** Munir du nécessaire, mettre à l'abri du besoin. *Des gens pourvus.* SYN nantir. **C** *vpr* DR Intenter une action judiciaire devant une juridiction supérieure. *Se pourvoir en cassation.* ETY Du lat.

**pourvoirie** *nf* Canada Entreprise qui offre aux chasseurs et aux pêcheurs des installations et des services.

**pourvoyeur, euse** *n* **A** Personne qui fournit, procure qqch. **B** *nm* MILIT Canonnier qui apporte les munitions ; soldat qui alimente en cartouches le tireur d'une arme automatique.

**pourvu que** *conj* **1** À condition que. *Tu peux rester, pourvu que tu te taises.* **2** Exprime un souhait. *Pourvu qu'il fasse beau !*

**poussage** *nm* Navigation fluviale, par convoi de barges poussées au moyen d'un pousseur.

**poussah** *nm* **1** Figurine grotesque montée sur une boule et lestée de façon à revenir toujours dans la position verticale. **2** fig, fam Homme gros et gras. PHO [pusa] ETY Du chinois.

**pousse** *nf* **1** Fait de pousser, de croître. *La pousse des cheveux.* **2** BOT Partie jeune d'un végétal formée par un bourgeon au cours d'une période de végétation. **3** MED VET Dyspnée du cheval, caractérisée par un soubresaut de la cage thoracique en fin d'inspiration. **4** TECH Altération du vin, due à une seconde fermentation. LOC *Jeune pousse* : syn. (recommandé) de *start-up* ; élément prometteur au sein d'une équipe, dans un domaine.

**pousse-au-crime** *a inv, nm inv* Qui incite à transgresser la loi, à faire le mal. ETY Du nom donné autref. à l'eau-de-vie.

**pousse-café** *nm* fam Petit verre d'alcool que l'on prend après le café ; cet alcool luimême. PLUR pousse-cafés.

**poussée** *nf* **1** Action de pousser. **2** Pression exercée par une force qui pousse. **3** ARCHI Effort horizontal exercé par une voûte sur ses supports et tendant à écarter ceux-ci. **4** PHYS Pression qu'un corps pesant exerce sur un autre corps. **5** Résultante des forces exercées par un fluide sur un objet immergé. **6** fig Manifestation subite, accès. *Une poussée de fièvre.*

**pousse-pousse** *nm inv* **1** Voiture légère à deux roues, tirée ou poussée par un homme, en Extrême-Orient. **2** Canada, Suisse Voiture d'enfant, poussette. VAR **poussepousse** *nm*

**pousser** *v* ① **A** *vt* **1** Peser sur, peser contre, pour déplacer, pour faire avancer. *Pousser un meuble. Pousser une bicyclette.* **2** fam Écarter, mettre de côté. *Pousse tes affaires. Pousse-toi !* **3** Imprimer un mouvement à qqch, qqn en le pressant vivement ou en le heurtant. *Il n'est pas tombé tout seul, qqn l'a poussé.* **4** fig Faire avancer, engager, soutenir qqn dans une entreprise, une carrière. *Son père l'a poussé dans ses études.* **5** Étendre, porter plus loin. *Pousser la plaisanterie trop loin.* **6** fam Mettre, amener qqn dans un certain état, une certaine situation. *Pousser qqn à bout.* **7** Inciter à, faire agir. *C'est la haine qui l'a poussé.* **8** Proférer, exhaler un cri, un soupir, etc. *Il a poussé un grand cri.* **9** Produire, faire sortir de soi, en parlant d'un être vivant, d'un organisme. *L'arbre a poussé des nouvelles feuilles. Bébé qui pousse ses dents.* **B** *vi* **1** Peser, exercer une poussée. **2** Faire effort pour expulser de son corps les fèces ou, lors de l'accouchement, le fœtus. **3** Croître, se développer. *Cet enfant pousse vite.* **4** Aller plus loin. *Ils poussèrent jusqu'à la ville.* **5** fam Exagérer. *Faut pas pousser !* LOC fam *Pousser du bois* : jouer aux échecs — *Pousser les feux* : accélérer le cours d'un processus. — fam *Se pousser du col* : se mettre en avant, se faire valoir. ETY Du lat.

**poussette** *nf* **1** JEU Tricherie consistant à déplacer subrepticement une carte ou une mise sur le tableau gagnant alors que le résultat est connu. **2** SPORT fam Action de pousser un coureur cycliste, pour l'aider dans une côte. **3** Petite voiture d'enfant. **4** Petit châssis à roulettes servant à transporter de menues charges.

**pousseur** *nm* **1** TECH Bateau à étrave carrée, spécialement construit pour pousser des barges. **2** ESP Propulseur auxiliaire. SYN booster. LOC fam *Pousseur de bois* : joueur d'échecs.

**Pousseur** Henri (Malmédy, 1929 – Bruxelles, 2009), compositeur belge, auteur d'œuvres sérielles et électroacoustiques : *Votre Faust* (1960-1967).

**poussier** *nm* Poussière de charbon.

**poussière** *nf* **1** Terre réduite en poudre très fine ; mélange de matières pulvérulentes entraîné par l'air en mouvement et qui se dépose sur les objets. **2** Grain de poussière. *Avoir une poussière dans l'œil.* **3** Matière réduite en particules fines et légères. *Poussière d'or.* **4** Restes mortels, cendres. **5** Ce qui est en nombre infini, comme les grains de poussière. *La Voie lactée est une poussière d'étoiles.* LOC fam *Et des poussières* : et une quantité, une somme négligeable. — *Mordre la poussière* : subir un échec, une défaite. ETY Du lat.

**poussiéreux, euse** *a* **1** Couvert de poussière. *Meubles poussiéreux.* **2** Qui a l'aspect de la poussière.

**poussif, ive** *a* **1** MED VET Qui a la pousse (cheval). **2** Qui manque de souffle, qui perd facilement haleine. **3** fig Qui manque d'inspiration. DER **poussivement** *av*

**1 poussin** *nm* **1** Poulet qui vient d'éclore. **2** Oiseau nouvellement éclos. **3** fam Terme d'affection adressé à un enfant. ETY Du lat.

**2 poussin, ine** *n* SPORT Catégorie des enfants de moins de onze ans.

**Poussin** Nicolas (Villers, près des Andelys, 1594 – Rome, 1665), peintre français. Son œuvre est conforme à toutes les règles de l'art classique : *les Bergers d'Arcadie* (v. 1638), *les Funérailles de Phocion* (v. 1648), les quatre *Saisons* (1660-1664). DER **poussiniste** *a*

**Nicolas Poussin** *l'Inspiration du poète*, v. 1630 – musée du Louvre

**poussinière** *nf* **1** Cage où l'on enferme les poussins. **2** Éleveuse artificielle.

**poussoir** *nm* Bouton que l'on presse pour déclencher le fonctionnement d'un mécanisme.

**poutargue** *nf* Œufs de mulet salés, pressés et présentés dans un boyau en forme de saucisse plate. ETY De l'ar. VAR **boutargue**

**poutine** *nf* Canada **1** CUIS Au Québec, frites garnies de fromage et recouvertes d'une sauce. **2** En Acadie, boulettes de pommes de terre et de viande de porc. **3 fig, fam** Situation inextricable.

**Poutine Vladimir** (Leningrad, 1952), homme politique russe. Issu des services secrets, il est nommé Premier ministre en août 1999. Il déclenche l'offensive militaire en Tchétchénie et remporte les élections législatives en décembre. Il devient président de la République par intérim après la démission de B. Eltsine, avant d'être élu au premier tour de l'élection présidentielle de mars 2000, réélu en 2004. Ne pouvant briguer un troisième mandat, il devient Premier ministre en 2008. Il est réélu prés. dès le 1er tour en 2012.

Vladimir Poutine

**poutrage** *nm* TECH Assemblage de poutres ; disposition des poutres d'une charpente. (VAR) **poutraison** *nf*

**poutre** *nf* **1** Grosse pièce de bois équarrie destinée à la construction. **2** Élément de charpente allongé et de forte section. *Poutre en acier.* **3** SPORT Appareil de gymnastique constitué par une barre de bois de 10 cm de large et 5 m de long, reposant sur deux supports à une hauteur variable. (ETY) Du lat. *pullitra*, « pouliche ».

**poutrelle** *nf* **1** Petite poutre. **2** Pièce d'acier réunissant les pièces principales d'une charpente métallique.

**poutser** *vt* ① **Suisse fam** Nettoyer, astiquer. (ETY) De l'all.

**pouture** *nf* AGRIC Nourriture,à base de farineux, donnée aux bovins lorsqu'ils sont à l'étable. (ETY) Du lat.

**1 pouvoir** *v* **A** *v* (verbe auxiliaire suivi de l'inf.) **1** Avoir la faculté, la possibilité de. *Ils ne peuvent pas partir.* **2** Avoir le droit, l'autorisation de. *Puis-je m'asseoir ?* **3** Être en droit de. *On peut dire qu'il a de la chance.* **4** Avoir le front, l'audace, etc., de. *Comment pouvez-vous dire une chose pareille ?* **5** Exprime une éventualité. *Il peut avoir eu un empêchement.* **6** Renforce une interrogation. *Où peut-il bien se cacher ?* **7** Il est possible que. *Il peut pleuvoir.* **B** *vt* Avoir l'autorité, la puissance de faire qqch. *Je ne peux rien pour vous.* **LOC** ***Autant que faire se peut*** **:** autant qu'il est possible. — ***N'en pouvoir plus*** **:** être à bout de forces, de patience. — ***N'y pouvoir rien*** **:** n'être pas responsable de qqch, être impuissant. — ***Il se peut que*** (+ subj.) : il est possible que. (ETY) Du lat.

**2 pouvoir** *nm* **1** Possibilité de faire qqch, puissance. *Avoir du pouvoir, un grand pouvoir.* **2** DR Capacité légale de faire une chose. *Pouvoir de tester.* **3** Droit, faculté d'agir pour un autre, en vertu du mandat qu'on a reçu. *Fondé de pouvoir(s) d'une société.* **4** Acte par lequel on donne pouvoir d'agir, procuration. *Pouvoir par-devant notaire.* **5** Empire, ascendant exercé sur qqn. **6** Aptitude, propriété d'un corps, d'une substance. *Pouvoir blanchissant d'une lessive.* **7** Autorité conférée par la loi ou la constitution. *Pouvoir législatif, exécutif, judiciaire.* **8** Autorité souveraine, direction, gouvernement d'un État. *Être au pouvoir.* **LOC** ***Le quatrième pouvoir*** **:** les médias, la presse. — ***Les pouvoirs publics*** **:** les autorités constituées, l'État. — ECON ***Pouvoir d'achat*** **:** quantité de biens ou services que l'on peut se procurer avec une somme d'argent déterminée.

**P'ou-yi** → **Puyi.**

**pouzzolane** *nf* Cendre volcanique claire et friable qui forme un bon mortier hydraulique. (PHO) [pudzɔlan] ou [puzɔlan] (ETY) De *Pouzzoles*, n. pr.

**Pouzzoles** (en ital. *Pozzuoli*), ville et port d'Italie (Campanie), sur le golfe de Naples ; 70 350 hab. Centre industriel. Nombr. vestiges romains.

**Powell John Wesley** (Mont Morris, État de New York, 1834 – Havon, Maine, 1902), administrateur américain. Fondateur et directeur du Service géologique des É.-U. (1881-1894), il recensa aussi les langues amérindiennes.

**Powell Cecil Frank** (Tonbridge, 1903 – Casargo, 1969), physicien britannique. Spécialiste des rayons cosmiques et des mésons, il mit au point un détecteur photographique de particules. P. Nobel 1950.

**Powell Anthony Dymoke** (Londres, 1905 – Frome, Somerset, 2000), romancier britannique : *la Musique du temps* (saga, 1951-1975), *les Philosophes militaires* (1967).

**Powell Michael** (Bekesbourne, Angleterre, 1905 – Avening, Gloucester, 1990), cinéaste britannique : *le Voleur de Bagdad* (1940), *le Narcisse noir* (1947), *les Chaussons rouges* (1948), *le Voyeur* (1960).

**Powell Earl** dit **Bud** (New York, 1924 – id., 1966), pianiste et compositeur de jazz américain, de style be-bop.

**Powell Colin Luther** (New York, 1937), général américain. Il fut le prem. Noir nommé commandant en chef des armées américaines ; secrétaire d'État de G. W. Bush de 2001 à 2004.

**powerpoint** *nm* INFORM Logiciel de présentation de données en vue d'un exposé devant un public ; la présentation elle-même. (PHO) [powɛʀpɔjnt] (ETY) Mot angl. Nom déposé.

**Powys** comté du pays de Galles ; 5 077 km$^2$ ; 116 500 hab. ; ch.-l. *Llandrindod Wells.*

**Powys John Cowper** (Shirley, Derbyshire, 1872 – Blaenau Ffestiniog, pays de Galles, 1963), romancier anglais, mystique et sensuel : *Givre et Sang* (1925), *Wolf Solent* (1929), *Autobiographie* (1934), *les Sables de la mer* (1934).

**Poyang (lac)** grand lac de Chine (4 500 km$^2$) situé dans le Jiangxi.

**poyaudin** → **Puisaye.**

**Poyet Guillaume** (dans le Maine, 1473 – Paris, 1548), chancelier de France (1538) ; auteur de l'ordonnance de Villers-Cotterêts (1539) ; emprisonné en 1545.

**Poznań** (en all. *Posen*), v. de Pologne, port sur la Warta ; ch.-l. de la voïévodie du m. nom ; 576 480 hab. Centre industriel. – Archevêché. Université. Cath. XVe-XVIIIe s. Hôtel de ville XVIe s. – Cap. de la *Posnanie,* elle fut allemande de 1793 à 1918.

**Poznanie** → **Posnanie.**

**Pozzo di Borgo Charles André** (Alata, 1764 – Paris, 1842), diplomate corse. Il soutint Paoli et, en 1796, gagna Londres puis la Russie. Il fut ambassadeur de Russie à Paris (1815-1834) et à Londres (1834-1839).

**ppb** *nm* CHIM Abrév. de *part per billion* (partie par milliard), unité servant à évaluer la concentration d'un élément toxique dans un mélange.

**ppcm** *nm* MATH Sigle de *plus petit commun multiple.*

**PPI** sigle pour *Parti populaire italien,* parti d'inspiration démocrate-chrétienne, fondé en 1919, avec A. de Gasperi pour président. Il exerça le pouvoir de 1944 à 1994 (Démocratie chrétienne).

**ppm** *nm* CHIM Abrév. de *part per million* (partie par million), unité servant à évaluer la concentration d'un élément toxique dans un mélange.

**ppp** *nm* Abrév. de *point par pouce,* unité de mesure de la résolution d'une image.

**pq** *nm* **fam** Papier hygiénique. (PHO) [peky] (VAR) **PQ**

**PQ** Sigle du *Parti québécois.*

**Pr** CHIM Symbole du praséodyme.

**practice** *nm* SPORT Terrain d'entraînement, au golf. (ETY) Mot angl.

**Prades** ch.-l. d'arr. des Pyrénées-Orientales, sur la Têt ; 6 715 hab. (DER) **pradéen, enne** *a, n*

**Prades Jean de** (Castelsarrasin, v. 1720 – Glogau, auj. Głogów, Silésie, 1782), ecclésiastique français ; collaborateur de l'*Encyclopédie.*

**Pradier Jean-Jacques,** dit **James** (Genève, 1792 – Bougival, 1852), sculpteur néoclassique français d'origine genevoise.

**Prado Mariano Ignacio** (Huánaco, 1826 – Paris, 1901), homme politique péruvien. Général et dictateur (1865), il fut renversé (1868), élu président de la Rép. (1876) et à nouveau renversé (1879). — **Manuel** (Lima, 1889 – Suresnes, 1967), fils du préc., président de la Rép. de 1939 à 1945 et de 1956 à son renversement (1962).

**Prado (le)** musée national espagnol de peinture et de sculpture, à Madrid. Il présente un panorama complet de la peinture espagnole et des œuvres de Bosch, Dürer, Titien, Tintoret, Rubens, ainsi que *Guernica* de Picasso.

**præsidium** *nm* HIST Comité directeur du Soviet suprême de l'URSS, à la tête de cet État jusqu'en 1990. (PHO) [pʀezidjɔm] (ETY) Du lat. (VAR) **présidium**

**Praetorius Michael** (Creuzburg an der Werra, v. 1571 – Wolfenbüttel, 1621), compositeur, organiste et théoricien allemand.

**pragmatique** *a, nf* **A** *a* **1** Qui considère la valeur pratique, concrète des choses, réaliste. *Se montrer pragmatique.* **2** Susceptible de recevoir une application pratique, adapté à la réalité. *Des idées pragmatiques.* **3** PHILO Relatif au pragmatisme, à la pragmatique. **B** *nf* Partie de la linguistique qui étudie particulièrement le rôle du contexte dans la communication (étude des sous-entendus, des situations d'énonciation, etc.). **LOC** HIST ***Pragmatique sanction*** **:** édit promulgué par un souverain pour statuer sur une question fondamentale. (ETY) Du gr. (DER) **pragmatiquement** *av*

**pragmatique sanction de Bourges** ordonnance (7 juillet 1438) par laquelle Charles VII niait l'autorité du pape en France. En 1516, François Ier la remplaça par un concordat.

**pragmatique sanction de 1713** pragmatique rédigée le 19 avril 1713 par l'empereur germanique Charles VI, qui déclarait sa descendance, masculine ou féminine, héritière de ses États (c.-à-d. ceux des Habsbourg). La mort de son fils Léopold (1716) et la naissance d'une fille, Marie-Thérèse (1717), poussèrent l'empereur à imposer sa pragmatique (1724), qui devait provoquer la guerre de la Succession d'Autriche (1740-1748), mais resta en vigueur jusqu'en 1919.

**pragmatisme** *nm* **1** PHILO Doctrine qui considère l'utilité pratique d'une idée comme le critère de sa vérité. **2** Attitude d'une personne qui s'adapte avec réalisme à une situation nouvelle. (DER) **pragmatiste** *a, n*

**Prague** (en tchèque *Praha*), cap. de la Rép. tchèque, sur la Vltava ; 1,2 million d'hab. (aggl.). Métropole intellectuelle du pays et grand centre industriel. – Archevêché catholique. Université. Le Hradčany, anc. résidence royale entourée d'une enceinte, comprend : la cath. Saint-Guy du XIVe s. (achevée au XIXe s.) ; l'égl. romane Saint-Georges ; le palais XVIe-

XVIIᵉ s. ; pont Charles XIVᵉ s. Nombr. édifices baroques dans le quartier de la Malá Strana (« Petite Ville »). Musées. DER **pragois** ou **pragois** *a, n*
**Histoire** Prague fut prospère dès le Xᵉ s. Foyer du nationalisme tchèque, devenue en 1918 la cap. de la Tchécoslovaquie, occupée par les Allemands en 1939, elle fut libérée par les Soviétiques en 1945. En ce qui concerne le *printemps de Prague* (1968), V. Tchécoslovaquie.

**Prague** le pont Charles sur la Vltava

**Prague (cercle de)** école linguistique structuraliste, fondée à Prague en 1926 par N. Troubetskoï et R. Jakobson.

**Praguerie** nom donné, en souvenir de la révolte hussite de Prague (1419-1436), à un soulèvement de grands seigneurs contre Charles VII de France (1440), qui échoua.

**Praia** capitale et port de pêche de la république du Cap-Vert, dans l'île de São Tiago ; 75 000 hab. (aggl.). DER **praïen, enne** *a, n*

**praire** *nf* Mollusque lamellibranche comestible des sables littoraux, à coquille bivalve ornée de fortes stries concentriques. ETY Mot provenç.

**prairial** *nm* HIST Neuvième mois du calendrier républicain (du 20/21 mai au 18/19 juin). ETY De *prairie.*

**prairial an II (loi du 22)** (10 juin 1794), loi préparée par Couthon, à l'initiative de Robespierre, qui inaugura la grande Terreur.

**prairial an III (journée du 1ᵉʳ)** (20 mai 1795), journée au cours de laquelle le peuple des faubourgs parisiens (où régnait la disette) attaqua la Convention thermidorienne et massacra le député Féraud. Le 2, il occupa l'Hôtel de Ville. Le 3, l'ordre fut rétabli.

**prairial an VII (journée du 30)** (18 juin 1799), coup d'État mené par les Conseils et fomenté par Sieyès, contre les Jacobins (majoritaires dep. les élections d'avril).

**prairie** *nf* Terrain couvert d'herbes propres à la pâture et à la production de fourrage. ETY De *pré.*

**Prairie (la)** région centrale des É.-U. et du Canada, à l'E. des Rocheuses et à l'O. des Grands Lacs, et en ce qui concerne les É.-U., à l'O. du Middle West (d'où son autre nom de *Far West*). Le climat continental, assez sec, s'oppose à la croissance des arbres ; le sol très riche favorise l'herbe haute. La Prairie est devenu le grenier à blé de l'Amérique du Nord.

**Prairie (la)** roman de Fenimore Cooper (1827) qui clôt le cycle de « Bas-de-Cuir » : *les Pionniers* (1823), *le Dernier des Mohicans* (1826), *le Trappeur* (1840), *Tueur de daims* (1841).

**prâkrit** *nm* LING Langue commune de l'Inde ancienne, apparentée au sanskrit. ETY Du sanskrit.

**pralin** *nm* **1** CUIS Préparation à base de pralines. **2** AGRIC Bouillie fertilisante faite de terre et d'engrais.

**praline** *nf* **1** Friandise faite d'une amande enrobée de sucre bouillant. **2** **Belgique** Bouchée au chocolat. ETY Du n. du duc de *Plessis-Praslin* dont un cuisinier créa cette friandise.

**praliné, ée** *a, nm* **A** *a* Garni de pralines pilées. **B** *nm* Gâteau, bonbon praliné.

**praliner** *vt* ① **1** CUIS Préparer avec du pralin. **2** Fourrer ou saupoudrer de pralines pilées. **3** ARBOR Tremper les racines, l'extrémité des boutures dans du pralin avant la plantation. DER **pralinage** *nm*

**Pra-Loup** station de sports d'hiver des Alpes-de-Haute-Provence, au S.-O. de Barcelonnette.

**prame** *nf* MAR Petite embarcation à fond plat. ETY Du néerl.

**prandial, ale** *a* MED Relatif aux repas. PLUR prandiaux. ETY Du lat. *prandium,* « déjeuner ».

**Prandtauer Jakob** (Stanz, 1660 – Sankt Pölten, 1726), maître autrichien de l'architecture religieuse baroque : abbaye de Melk.

**Prandtl Ludwig** (Freising, Bavière, 1875 – Göttingen, 1953), physicien allemand : travaux d'aérodynamique.

**prao** *nm* **1** Voilier à balancier de Malaisie et de Java. **2** Voilier de plaisance à balancier simple. PHO [prao] ETY Du malais.

**prao**

**prase** *nm* **1** MINER Quartz vert. **2** Cristal de roche teinté, utilisé en joaillerie. ETY Du gr. *prason,* « poireau ».

**praséodyme** *nm* **1** CHIM Élément appartenant à la famille des lanthanides, de numéro atomique Z = 59, de masse atomique 140,91 (symbole Pr). **2** Métal (Pr) jaune clair, qui fond à 931 °C, dont les sels sont verts. ETY Du gr. *prasinos,* « vert » et *didumos,* « double ».

**Praslin César Gabriel de Choiseul-Chevigny (duc de)** (Paris, 1712 – id., 1785), diplomate français. Cousin de Choiseul, il le seconda aux Affaires étrangères (1761-1770), lui succéda à la Marine (1766-1770) et partagea sa disgrâce.

**Prat Jean** (Lourdes, 1923 – Tarbes, 2005), rugbyman français.

**praticable** *a, nm* **A** *a* **1** Que l'on peut pratiquer, mettre à exécution ; qui peut être mis en usage. **2** Où l'on peut passer. *Gué praticable.* **3** THEAT Se dit d'une porte, d'une fenêtre réelle d'un décor. **B** *nm* **1** THEAT Élément du décor où des acteurs peuvent se tenir, évoluer. **2** AUDIOV Plate-forme mobile supportant des projecteurs, des caméras et le personnel qui les utilise. **3** Plate-forme servant aux défilés de mode. DER **praticabilité** *nf*

**praticien, enne** *n* **1** Personne qui connaît la pratique de son art, qui y a acquis du savoir-faire. **2** Membre en exercice d'une profession médicale. **3** Médecin qui exerce la médecine auprès des malades et non dans un laboratoire ou dans un service de recherche.

**pratiquant, ante** *a, n* **1** Qui observe les pratiques d'une religion. **2** Qui pratique un sport.

**1 pratique** *nf* **A** **1** Activité tendant à une fin concrète par oppos. à *théorie.* **2** Application des règles et des principes d'un art, d'une science, d'une technique. *La pratique de l'architecture.* **3** Fait de pratiquer une activité, de s'adonner régulièrement. *La pratique d'un sport.* **4** Expérience, savoir-faire acquis par l'exercice régulier d'une discipline, d'un métier, d'un art. *Avoir la pratique des affaires.* **5** Observance d'une règle de conduite, d'un ensemble de prescriptions morales ou philosophiques. *La pratique religieuse.* **6** Usage, coutume. **B** *nfpl* Actes extérieurs de soumission aux règles liturgiques ; actes de piété. LOC ***En pratique*** : en réalité, en fait. — ***Mettre en pratique*** : mettre à exécution, réaliser. ETY Du gr.

**2 pratique** *a* **1** Qui a trait à l'action, à la réalisation concrète par oppos. à *théorique.* **2** Qui a le sens des réalités, qui sait s'y adapter, en tirer profit. *Un esprit pratique.* **3** Commode, bien adapté à sa fonction. *Un système très pratique.* LOC ***Travaux pratiques (TP)*** : exercices d'application, par oppos. aux *cours théoriques.* DER **praticité** *nf*

**pratiquement** *av* **1** Dans la pratique, en fait. **2** (Emploi critiqué.) Presque. *Il est pratiquement ruiné.*

**pratiquer** *v* ① **A** *vt* **1** Mettre en pratique, à exécution. *Pratiquer une méthode rigoureuse.* **2** S'adonner à ; exercer un métier. **3** Accomplir fidèlement les actes commandés par une religion. **4** Exécuter une opération concrète, matérielle. *Pratiquer une intervention chirurgicale.* **5** Ouvrir, frayer un passage, un chemin. **6** litt Fréquenter qqn, un lieu. **B** *vpr* Être en usage, à la mode.

**Prato** v. d'Italie (Toscane), sur le Bisenzio ; 162 140 hab. Industries. – Cath. XIIIᵉ-XIVᵉ s.

**Pratolini Vasco** (Florence, 1913 – Rome, 1991), romancier réaliste italien : *Chronique des pauvres amants* (1947), *la Constance de la raison* (1963).

**Pratt Hugo** (Rimini, 1927 – Pully, Suisse, 1995), auteur de bandes dessinées italien, créateur de *Corto Maltese* (1967).

**Pravaz Charles-Gabriel** (Pont-de-Beauvoisin, Savoie, 1791 – Lyon, 1853), médecin français ; inventeur de la seringue à aiguille creuse.

**Pravda** (en Russe « la vérité »), quotidien de l'anc. URSS. Fondé à Saint-Pétersbourg en 1912 par des bolcheviks, il devint l'organe central du Parti communiste sov. et cessa de paraître en 1991.

**praxie** *nf* MED Coordination normale des mouvements. ANT apraxie. ETY Du gr.

**praxis** *nf* PHILO Ensemble des activités humaines susceptibles de transformer le milieu naturel ou de modifier les rapports sociaux. PHO [praksis] ETY Mot gr., par l'all. DER **praxique** *a*

**Praxitèle** (Athènes, v. 390 – id., v. 330 avant J.-C.), sculpteur grec. Son *Aphrodite de Cnide* introduisit dans l'art grec le nu féminin. DER **praxitélien, enne** *a*

**Praxitèle** *Hermès portant l'enfant Dionysos,* groupe en marbre – Musée national, Olympie

**Prayag** local. de l'Inde, au confluent du Gange et de la Yamuna, lieu de pèlerinage.

**pré-** Élément, du lat. *præ*, « en avant, devant ».

**pré** *nm* Petite prairie. **LOC** ***Pré carré*** : ce qui relève du domaine réservé de qqn, qu'il protège des empiètements d'autrui. [ETY] Du lat.

**préaccord** *nm* Accord qui précède et prépare un accord définitif.

**préadamisme** *nm* RELIG Doctrine du XVII$^{e}$ s. selon laquelle Adam ne serait pas le premier homme créé, mais seulement l'ancêtre du peuple juif. [DER] **préadamite** *a, n*

**préadhésion** *nf* POLIT Phase initiale du processus d'adhésion à l'Union européenne.

**préadolescence** *nf* Période entre l'enfance et l'adolescence. [DER] **préadolescent, ente** ou **préado** *n*

**préaffranchi, ie** *a* Se dit d'une enveloppe ou d'un emballage de paquet vendus par la Poste avec l'affranchissement approprié.

**préalable** *a, nm* **A** *a* **1** Qui a lieu, qui se dit ou se fait d'abord. *Avertissement préalable.* **2** Qui doit être examiné, réglé, réalisé avant autre chose. *Condition préalable à un accord.* **B** *nm* Ce qui est mis comme condition à la conclusion d'un accord, à l'ouverture de négociations, etc. **LOC** ***Au préalable*** : auparavant. — ***Question préalable*** : par laquelle une assemblée doit se prononcer sur l'opportunité d'une délibération. [ETY] De *allable*, adj., de *aller*. [DER] **préalablement** *av*

**Préalpes** massifs sédimentaires externes des Alpes. Les sommets dépassent rarement 3 000 m. [DER] **préalpin, ine** *a*

**préambule** *nm* **1** Avant-propos, introduction, exorde. **2** DR Partie préliminaire où les motifs et l'objet d'un texte de loi sont exposés. **3** fig Ce qui précède qqch et l'annonce. *Cet incident fut le préambule du conflit.* [ETY] Du lat. *præambulare*, « marcher devant ».

**préamplificateur** *nm* ELECTRON Amplificateur de tension dont les signaux de sortie sont amplifiés par un amplificateur de puissance. ABREV préampli.

**préanesthésie** *nf* Ensemble d'examens précédant une opération chirurgicale sous anesthésie. [DER] **préanesthésique** *a*

**préapprentissage** *nm* Formation pratique en entreprise, menée conjointement à la scolarité. [DER] **préapprenti, ie** *n*

**préau** *nm* **1** Cour d'un cloître, d'une prison. **2** Partie couverte d'une cour d'école.

**Préault** Auguste (Paris, 1809 – id., 1879), sculpteur français romantique.

**Pré-aux-Clercs** plaine (non bâtie avant le XVII$^{e}$ s.) à l'O. de l'abbaye parisienne de Saint-Germain-des-Prés, lieu de duels.

**préavis** *nm* **1** Avis, notification préalable. *Préavis de grève.* **2** Notification préalable que l'employeur ou le salarié, prenant l'initiative d'une dénonciation du contrat de travail, doit adresser à l'autre partie. *Bénéficier d'un préavis de trois mois.*

**prébende** *nf* **1** DR CANON Revenu attaché à certains titres ecclésiastiques ; titre qui assure ce revenu. **2** litt, péjor Revenu tiré d'une charge lucrative. [ETY] Du lat. *præbere*, « fournir ». [DER] **prébendier, ère** *n*

**prébiotique** *a* BIOL Se dit du milieu qui a précédé l'apparition de la vie sur la Terre.

**précaire** *a, n* **A** *a* **1** DR Sujet à révocation. *Possession à titre précaire.* **2** Qui est incertain, sans base assurée. *Santé, contrat précaire.* **B** *n* Travailleur dont l'emploi n'offre aucune stabilité. [ETY] Du lat. [DER] **précairement** *av* – **précarité** *nf*

**précambrien, enne** *a, nm* GEOL Qui précède le cambrien. SYN antécambrien.

[ENC] On évalue aujourd'hui l'âge de la Terre à 4 550 millions d'années. Les datations situent le début du cambrien il y a 540 millions d'années. Le précambrien représente donc la majeure partie de l'histoire de la Terre, c'est-à-dire 4 milliards d'années. Les plus anciennes roches connues ont 4 milliards d'années. Les terrains précambriens sont formés par des boucliers, affleurements restés stables depuis le début du primaire, et des plates-formes marines. C'est au précambrien que se constituent les princ. groupes d'invertébrés mais peu de fossiles sont parvenus jusqu'à nous.

**précampagne** *nf* Phase initiale d'une campagne électorale, publicitaire.

**précancer** *nm* MED Étape décisive de la transformation d'une tuméfaction bénigne en cancer. [DER] **précancéreux, euse** *a*

**précariat** *nm* ECON Situation des travailleurs précaires.

**précariser** *vt* [1] Rendre précaire, incertain, instable. [DER] **précarisation** *nf*

**précarité** → **précaire.**

**précatif, ive** *a* didac Qui exprime une prière.

**précaution** *nf* **1** Disposition prise par prévoyance, pour éviter un inconvénient, un risque. **2** Circonspection, prudence. *Marcher avec précaution.* **LOC** ***Précautions oratoires*** : ménagements que l'on prend pour se concilier la bienveillance de l'auditoire. [ETY] Du lat.

**précautionner (se)** *vpr* [1] litt Se prémunir contre.

**précautionneux, euse** *a* **1** Qui agit avec précaution ; prévoyant et circonspect. **2** Qui dénote la précaution. *Geste précautionneux.* [DER] **précautionneusement** *av*

**précédemment** *av* Auparavant, antérieurement. [PHO] [presedamɑ̃]

**précédent, ente** *a, n* **A** *a* Qui précède. *Le chapitre précédent.* **B** *nm* Fait, évènement, qui peut être invoqué comme autorité dans des circonstances analogues. **LOC** ***Sans précédent*** : qui n'a pas son pareil dans le passé ; extraordinaire.

**précéder** *vt* [14] **1** Se produire avant ; être placé avant, devant. *Des averses ont précédé les crues. Vous le précédez au classement général.* **2** Arriver avant qqn. **3** fig Aller, marcher devant. *Le tambour-major précédait le défilé.* [ETY] Du lat.

**préceinte** *nf* MAR Renfort longitudinal de la muraille d'un navire, constitué de bordages plus épais que les autres.

**précellence** *nf* litt Excellence, supériorité, primauté.

**précepte** *nm* **1** Formule énonçant une règle, un principe d'action ; cette règle, ce principe. **2** Commandement religieux. [ETY] Du lat.

**précepteur, trice** *n* Personne chargée de l'éducation et de l'instruction d'un enfant qui ne fréquente pas un établissement d'enseignement ; professeur particulier. [DER] **préceptoral, ale, aux** *a* – **préceptorat** *nm*

**précéramique** *a* ARCHEOL Se dit de la période néolithique qui a précédé l'apparition de la céramique.

**précession** *nf* **1** MECA Mouvement autour d'une position moyenne, selon les génératrices d'un cône, de l'axe de rotation d'un solide. **2** ASTRO Mouvement de rotation de l'axe terrestre qui décrit en un peu moins de 26 000 ans un cône dont le sommet est le centre de la Terre et dont l'axe est perpendiculaire au plan de l'écliptique. **LOC** ASTRO ***Précession des équinoxes*** : lent déplacement, dans le sens rétrograde, du point gamma sur l'écliptique, dû à la précession terrestre.

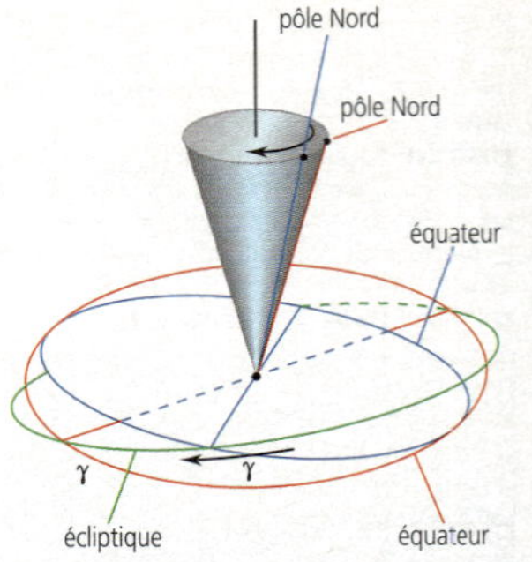


le plan de l'équateur est entraîné par la précession de l'axe des pôles terrestres, de sorte que le point γ (point vernal) se déplace le long de l'écliptique

**précession** des équinoxes

**préchambre** *nf* TECH Cavité supérieure des cylindres d'un moteur Diesel qui améliore la pulvérisation du combustible.

**préchauffer** *vt* [1] TECH Chauffer préalablement pour faciliter certaines opérations. *Préchauffer un four.* [DER] **préchauffage** *nm*

**prêche** *nm* **1** Sermon prononcé par un ministre du culte protestant. **2** fam Discours moralisateur, monotone et ennuyeux.

**prêcher** *v* [1] **A** *vt* **1** Enseigner la parole divine. *Prêcher l'Évangile.* **2** Engager, exhorter à une qualité, une vertu. *Prêcher la modération.* **B** *vi* **1** Faire un, des sermons. **2** Moraliser ; faire des remontrances ; discourir de façon ennuyeuse. **LOC** ***Prêcher d'exemple, par l'exemple*** : pratiquer ce que l'on conseille aux autres. — ***Prêcher pour sa paroisse*** : parler pour son intérêt. — ***Prêcher un converti*** : chercher à convaincre celui qui est déjà convaincu. [ETY] Du lat.

**prêcheur, euse** *n, a* **A** *n* vx Prédicateur. **B** *a, n* péjor Se dit d'une personne qui moralise, sermonne.

**prêchi-prêcha** *nm inv* fam Verbiage moralisateur. [VAR] **prêchiprêcha**

**précieusement** *av* **1** Avec grand soin, comme l'on fait d'une chose précieuse. *Garder précieusement un objet.* **2** vx Avec préciosité.

**Précieuses ridicules (les)** comédie en un acte et en prose (1659) de Molière.

**précieux, euse** *a, nf* **A** *a* **1** Qui est de grand prix. *Métaux précieux.* **2** Qui est d'une haute importance, d'une grande utilité. *Perdre un temps précieux.* **3** Qui a rapport à la préciosité. **B** *nf* **1** HIST, LITTER Femme du monde qui, au début du XVII$^{e}$ s., cherchait à se distinguer par la délicatesse des manières, l'élégance subtile de l'expression, le raffinement des sentiments. **2** Imitatrice ridicule des précieuses. [ETY] Du lat.

**préciosité** *nf* **1** HIST, LITTER Ensemble des caractères propres au mouvement précieux du XVII$^{e}$ s., à l'esprit, aux manières qu'il inspirait, et qui était influencé par l'euphuisme élisabéthain. **2** Recherche ou affectation dans le langage, les manières.

[ENC] Le mouvement précieux, ou préciosité, naquit à l'hôtel parisien de Rambouillet (situé près du Louvre) qui ouvrit ses portes en 1610. Ses habitués, les précieux, voulaient substituer le « style galant » au « parler gascon et grossier » de la cour d'Henri IV. Ils cherchaient le bon ton dans le costume (flots de rubans et de dentelle), dans le raffinement des sentiments (que cultiveront les romans de M$^{elle}$ de Scudéry), dans l'importance accordée au jugement des femmes, dans l'emploi quotidien de métamorphoses outrées (*le conseiller des grâces* : le miroir ; *les trônes de la pudeur* : les joues). Le grand écrivain de l'hôtel de Rambouillet fut Vincent Voiture. (V. aussi Guirlande de Julie [la]). Molière porta un coup fatal à la préciosité (*les Précieuses ridicules*, 1659).

L'hôtel de Rambouillet ferma en 1660. Hors de France, les deux grands poètes précieux sont l'Espagnol Luis de Góngora (*les Solitudes*, 1613), et l'Italien Giambatista Marino (*Adonis*, 1623).

**précipice** *nm* **1** Anfractuosité profonde du sol, aux bords escarpés. **2 fig** Situation désastreuse. [ETY] Du lat.

**précipitamment** *av* À la hâte.

**précipitation** *nf* **A 1** Grande hâte ; excès de hâte. *Maladresse commise par précipitation.* **2** CHIM Passage à l'état solide du ou de l'un des solutés d'une solution. **B** *nf pl* METEO Phénomènes atmosphériques tels que le brouillard, la pluie, la neige, la grêle.

**précipité, ée** *a, nm* **A** *a* **1** Rapide, accéléré. *Rythme précipité.* **2** Qui se fait avec une trop grande hâte. *Jugement précipité.* **B** *nm* CHIM Substance solide qui se forme dans une solution par précipitation.

**précipiter** *vt* [1] **1** Jeter d'un lieu élevé ou dans un lieu bas, profond. *Précipiter qqn dans le vide.* **2** Faire tomber, entraîner qqn dans une situation défavorable. *Précipiter qqn dans le malheur.* **3** Pousser violemment. *Une bourrade m'a précipité contre le mur.* **4** Hâter, accélérer. *Précipiter ses pas.* **5** CHIM Provoquer la précipitation. *Réactif qui précipite un soluté.* [ETY] Du lat.

**préciput** *nm* DR Avantage que le testateur ou la loi accorde à l'un des héritiers, droit de prélever, avant tout partage, une partie de l'actif commun. [PHO] [presipyt] [DER] **préciputaire** *a*

**précis, ise** *a, nm* **A** *a* **1** Qui ne donne lieu à aucune incertitude, aucune ambiguïté. *Indications précises. Rendez-vous en un lieu précis.* **2** Qui procède avec exactitude. **3** Exact, juste. *Mesure précise.* **B** *nm* Livre d'enseignement contenant l'essentiel d'une matière. [ETY] Du lat.

**précisément** *av* **1** Avec précision, exactement. **2** Justement. *Faire précisément ce qu'il fallait éviter.* **3** (En tournure négative.) Tellement, du tout. *Ce n'est pas précisément gai.*

**préciser** *v* [1] **A** *vt* Déterminer, exprimer, proposer de façon précise ou plus précise. *Préciser une date, sa pensée.* **B** *vpr* Prendre tournure, se confirmer. *La menace se précise.*

**précision** *nf* **A** Caractère de ce qui est précis, exact. *Précision d'un trait. Précision d'une mesure.* **B** *nf pl* Donnée, explication précise.

**précité, ée** *a* Cité précédemment.

**préclassique** *a* ART, LITTER Qui précède l'époque classique.

**préclinique** *a* MED Se dit du stade d'évolution d'une maladie précédant toute manifestation clinique.

**précoce** *a* **1** Qui se développe, qui arrive à maturité avant la saison. *Fruit précoce.* **2** Qui est développé avant l'âge, physiquement ou mentalement. *Talent précoce. Enfant précoce.* **3** Qui survient, qui se produit de bonne heure ; prématuré. *Printemps précoce.* [ETY] Du lat. [DER] **précocement** *av* – **précocité** *nf*

**précolombien, enne** *a* Qui, en Amérique, a précédé l'arrivée de C. Colomb.

[ENC] Les populations précolombiennes ignoraient le fer et l'usage de la roue, du tour de potier et du cheval. Le maïs était leur aliment de base. Certains peuples inventèrent une écriture hiéroglyphique, un calendrier, se dotèrent de systèmes politiques et administratifs complexes et efficaces, de sanctuaires, temples, pyramides, enceintes (mosaïques, bas-reliefs, hauts-reliefs, statues), aux dimensions imposantes. Les deux principaux centres précolombiens se situent en Amérique andine (Pérou) et en Amérique centrale (Mexique méridional, Guatemala, Honduras). Les principales civilisations précolombiennes sont les suivantes : olmèque (1000 av. J.-C.-800 apr. J.-C.), de Teotihuacan (300 av. J.-C.-1000 apr. J.-C.), zapotèque (650 av. J.-C.-1521 apr. J.-C.), mixtèque (300-1521), totonaque (400 av. J.-C.-1521 apr. J.-C.), toltèque (856-1250), maya (300 av. J.-C.-1697 apr. J.-C.), aztèque (1325-1525), mochica (200 av. J.-C.-500 apr. J.-C.).

**précombustion** *nf* TECH Phase du cycle d'un moteur diésel qui précède l'inflammation du combustible.

**précommande** *nf* COMM Commande d'un produit avant sa mise sur le marché. [DER] **précommander** *vt* [1]

**précompter** *vt* [1] **1** COMM Compter par avance les sommes à déduire dans un règlement. **2** DR Prélever sur un salaire, un revenu, une somme pour la reverser à un organisme. [DER] **précompte** *nm*

**préconception** *nf* litt Préjugé.

**préconçu, ue** *a* Se dit d'une idée adoptée avant tout examen ou toute expérience.

**précondition** *nf* Condition préalable.

**préconiser** *vt* [1] **1** DR CANON, HIST Accepter en consistoire la nomination d'un évêque par l'autorité civile. **2** Recommander vivement, conseiller d'adopter, de prendre qqch. [ETY] Du lat. [DER] **préconisateur, trice** *n* – **préconisation** *nf*

**préconscient, ente** *a, nm* PSYCHAN Se dit d'un processus mental qui pourrait devenir conscient.

**précontrainte** *nf* Création dans le béton, de contraintes de compression supérieures aux contraintes de traction auxquelles celui-ci sera soumis, afin d'accroître sa résistance. [DER] **précontraint, ainte** *a, nm*

**précordial, ale** *a* ANAT Qui est situé dans le thorax en avant du cœur ; qui a son siège dans cette région. PLUR précordiaux.

**précordialgie** *nf* MED Douleur précordiale. [DER] **précordialgique** *a*

**précrise** *nf* Période qui précède une crise.

**précuire** *vt* [69] Soumettre un aliment à une cuisson préalable à son conditionnement. [DER] **précuisson** *nf* – **précuit, ite** *a*

**précurseur** *n, am* **A** *n* Personne dont l'action, l'œuvre, les idées ont ouvert la voie à une autre personne, à un mouvement. **B** *nm* **1** BIOL Molécule ou cellule qui en précède une autre dans un processus biochimique ou biologique. **2** GEOL Phénomène sismique ou géochimique qui annonce une éruption volcanique ou un séisme. **C** *am* Qui précède et annonce ; avant-coureur. *Les signes précurseurs d'un orage.* [ETY] Du lat. *præcursor*, « éclaireur ». [VAR] **précurseure** *nf*

**prédaté, ée** *a* Qui porte déjà une date.

**prédateur, trice** *a, n* **A** *a* **1** ZOOL Se dit d'un animal qui vit de proies. **2** Qui abuse de sa force, de sa position dominante. *Une politique prédatrice.* **B** *n* Personne ou groupe qui s'impose par la violence. **C** *nm* **1** PREHIST Homme qui se nourrit des produits de la chasse, de la pêche et de la cueillette. **2** Tueur en série ou pédophile qui prépare méticuleusement ses crimes. **3** ECON Syn. de *raider*. [ETY] Du lat. *præda*, « proie ».

**prédation** *nf* didac Façon dont les prédateurs assurent leur subsistance.

**prédécéder** *vi* [14] DR Mourir avant qqn.

**prédécesseur** *n* **A** Personne qui a précédé qqn dans un emploi, une dignité, etc. **B** *nm pl* Ceux qui ont vécu avant qqn, les générations antérieures. [VAR] **prédécesseure** *nf*

**prédécoupé, ée** *a* Qui a été découpé avant l'achat.

**prédélinquance** *nf* État d'un jeune que sa situation et son entourage social mettent en danger de devenir délinquant. [DER] **prédélinquant, ante** *a, n*

**prédelle** *nf* Bx-A Soubassement d'un retable, divisé en petits compartiments où est figurée une suite de sujets. [ETY] De l'ital.

**prédestiner** *vt* [1] **1** THEOL Destiner de toute éternité à la damnation ou au salut, selon le calvinisme. **2** Destiner par avance à qqch, à un avenir particulier. [ETY] Du lat. [DER] **prédestination** *nf* – **prédestiné, ée** *a, n*

**prédéterminer** *vt* [1] **1** Déterminer d'avance. **2** THEOL En parlant de Dieu, déterminer par avance la volonté de l'homme vers le Bien sans pour cela porter atteinte à sa liberté. [ETY] Du lat. [DER] **prédéterminant, ante** *a* – **prédétermination** *nf*

**prédéterminisme** *nm* PHILO Système dans lequel le déroulement des évènements est considéré comme résultant de la prédétermination de Dieu. [DER] **prédéterministe** *a, n*

**prédicable** *a* LOG Qui peut être appliqué à un sujet.

**prédicant** *nm* vieilli Prédicateur protestant.

**prédicat** *nm* LOG **1** Second terme d'une énonciation dans laquelle on peut distinguer ce dont on parle (sujet) et ce qu'on en affirme ou nie ; attribut, affirmé ou nié, d'un sujet. **2** Fonction propositionnelle, expression qui contient une ou plusieurs variables et qui est vraie ou fausse selon la valeur qu'on attribue à celles-ci, ou selon les quantificateurs qui les lient. *Calcul des prédicats.* **3** LING Ce qui, dans un énoncé, est dit de l'objet dont on parle (sujet ou thème). Ex. : *Jean* (sujet) *travaille* (prédicat). [ETY] Du lat.

**prédicateur, trice** *n* **1** Personne qui prêche. *Les prédicateurs de l'islam.* **2** Personne qui enseigne, propage une doctrine. [ETY] Du lat. *prædicare*, « prêcher ».

**prédicatif, ive** *a* LOG, LING Relatif au prédicat. *Syntagme prédicatif.* **LOC** ***Phrase prédicative*** : réduite au prédicat. (Ex. : *Terre !*)

**prédication** *nf* **1** Action de prêcher ; ministère du prédicateur. **2** litt Sermon. [ETY] Du lat.

**prédictible** *a* didac Se dit d'un phénomène dont on peut prévoir l'évolution. [DER] **prédictibilité** *nf*

**prédictif, ive** *a* **1** didac Qui assure une prévision satisfaisante du déroulement d'un processus. **2** MED Qui cherche à établir le risque d'apparition d'une maladie en étudiant les facteurs d'exposition à un agent toxique, l'hérédité du sujet, etc. [DER] **prédictivité** *nf*

**prédiction** *nf* **1** Déclaration de ce qui doit arriver, fondée sur la divination ; prophétie. **2** Déclaration de ce qui doit arriver, fondée sur le raisonnement, l'induction scientifique.

**prédigéré, ée** *a* **1** Se dit d'un aliment soumis à une digestion artificielle avant ingestion. **2** fig, fam Qui a été simplifié pour être accessible à tous.

**prédilection** *nf* Préférence d'affection, d'amitié, de goût. *Avoir une prédilection marquée pour qqch ou pour qqn.* **LOC** ***De prédilection*** : pour lequel on a une préférence.

**prédiquer** *vt* [1] LING Dire qqch au moyen d'un prédicat.

**prédire** *vt* [65] **1** Prophétiser, annoncer ce qui doit arriver par divination. **2** Annoncer ce qui doit arriver par conjecture, raisonnement, ou d'après des observations scientifiques. [ETY] Du lat.

**prédisposer** *vt i* [1] Mettre dans une situation ou dans des dispositions favorables, propices, pour ; préparer à. [DER] **prédisposant, ante** *a* – **prédisposition** *nf*

**prédominer** *vi* [1] L'emporter, être le plus important ou le plus fréquent. *Société où l'argent prédomine.* [DER] **prédominance** *nf* – **prédominant, ante** *a*

**préélectoral, ale** *a* Qui précède des élections. PLUR préélectoraux.

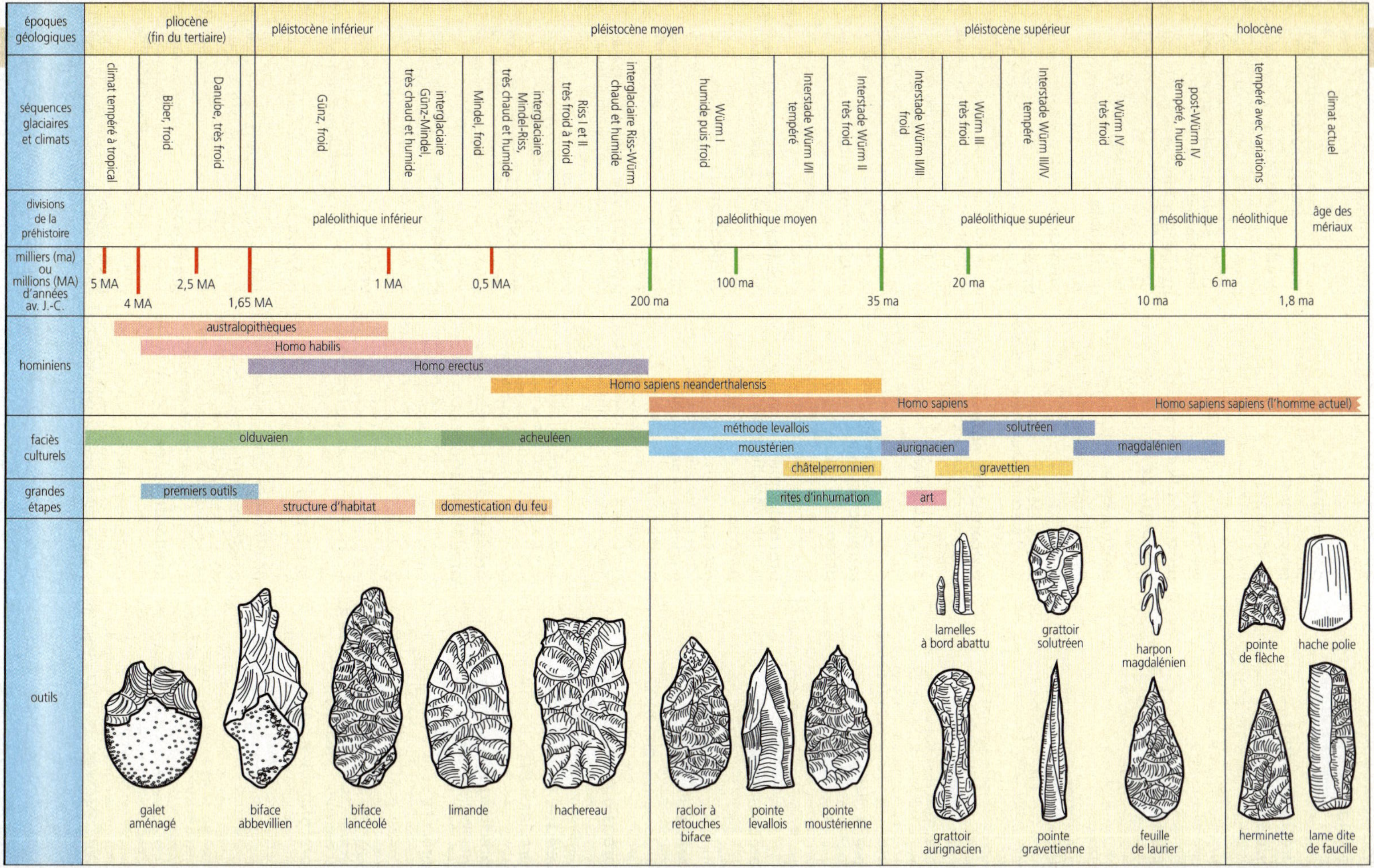

époques géologiques
pliocène (fin du tertiaire)
pléistocène inférieur
pléistocène moyen
pléistocène supérieur
holocène
séquences glaciaires et climats
climat tempéré à tropical
Biber, froid
Danube, très froid
Günz, froid
interglaciaire Günz-Mindel, très chaud et humide
Mindel, froid
interglaciaire Mindel-Riss, très chaud et humide
Riss I et II très froid à froid
interglaciaire Riss-Würm chaud et humide
Würm I humide puis froid
Interstade Würm I/II tempéré
Interstade Würm II très froid
Interstade Würm II/III froid
Würm III très froid
Interstade Würm III/IV tempéré
Würm IV très froid
post-Würm IV tempéré, humide
tempéré avec variations
climat actuel
divisions de la préhistoire
paléolithique inférieur
paléolithique moyen
paléolithique supérieur
mésolithique
néolithique
âge des mériaux
milliers (ma) ou millions (MA) d'années av. J.-C.
5 MA
4 MA
2,5 MA
1,65 MA
1 MA
0,5 MA
200 ma
100 ma
35 ma
20 ma
10 ma
6 ma
1,8 ma
hominiens
australopithèques
Homo habilis
Homo erectus
Homo sapiens neanderthalensis
Homo sapiens
Homo sapiens sapiens (l'homme actuel)
faciès culturels
olduvaien
acheuléen
méthode levallois
moustérien
châtelperronnien
aurignacien
solutréen
gravettien
magdalénien
grandes étapes
premiers outils
structure d'habitat
domestication du feu
rites d'inhumation
art
outils
galet aménagé
biface abbevillien
biface lancéolé
limande
hachereau
racloir à retouches biface
pointe levallois
pointe moustérienne
lamelles à bord abattu
grattoir aurignacien
grattoir solutréen
pointe gravettienne
harpon magdalénien
feuille de laurier
pointe de flèche
herminette
hache polie
lame dite de faucille

**préélémentaire** *a* Se dit de l'enseignement dispensé dans les écoles maternelles.

**préemballé, ée** *a* Se dit d'aliments vendus sous emballage.

**prééminence** *nf* **1** Supériorité de droit, de dignité, de rang. **2** Avantage, supériorité absolue. ETY Du lat. DER **prééminent, ente** *a*

**préempter** *vt* ① **1** DR Acquérir qqch en faisant jouer le droit de préemption. **2** fig, fam Accaparer, monopoliser. *Préempter la conversation.*

**préemptif, ive** *a* **1** DR Relatif à la préemption. **2** MILIT Se dit d'une action préventive.

**préemption** *nf* **LOC** DR ***Droit de préemption*** : droit reconnu à une personne physique ou morale d'acquérir, avant toute autre et à prix égal, l'objet mis en vente.

**préencollé, ée** *a* Encollé à l'avance.

**préenregistré, ée** *a* Enregistré à l'avance. *Cassette préenregistrée.*

**préétablir** *vt* ③ Établir, fixer par avance. *Programme préétabli.* **LOC** PHILO ***Harmonie préétablie*** : selon Leibniz, accord établi par Dieu entre les substances créées, entre l'âme et le corps.

**préexcellence** *nf* litt Perfection absolue.

**préexister** *vti* ① Exister avant. *Préexister à qqch.* ETY Du lat. DER **préexistant, ante** *a* – **préexistence** *nf*

**préfabriquer** *vt* ① TECH Fabriquer en atelier, en usine des éléments à assembler sur le chantier. DER **préfabrication** *nf* – **préfabriqué, ée** *a, nm*

**préface** *nf* **1** Texte de présentation placé en tête d'un livre. **2** LITURG CATHOL Partie de la messe qui précède le canon. ETY Du lat.

**préfacer** *vt* ⑫ Présenter par une préface ; écrire la préface d'un livre.

**préfacier, ère** *n* Auteur d'une préface.

**préfectoral, ale** *a* **1** Qui a rapport au préfet. *L'administration préfectorale.* **2** Qui émane du préfet. *Arrêté préfectoral.* PLUR préfectoraux.

**préfecture** *nf* **1** Charge, fonctions d'un préfet ; durée de ces fonctions. **2** Étendue de territoire administrée par un préfet. **3** Ville où réside un préfet. **4** Bâtiment où sont installés les services préfectoraux. **LOC** ***Préfecture de police*** : ensemble des services de police, à Paris. — ***Préfecture maritime*** : chef-lieu d'une région maritime.

**préférence** *nf* **1** Fait de préférer, sentiment d'une personne qui préfère une personne, une chose à une autre. **2** Marque particulière d'affection ; avantage accordé à qqn. *Accorder ses préférences à qqn.* **LOC** ***De préférence*** : plutôt.

**préférentiel, elle** *a* Qui crée une préférence, un avantage. *Tarif préférentiel.* **LOC** DR ***Vote préférentiel*** : vote au scrutin de liste dans lequel l'électeur peut choisir l'ordre des candidats. DER **préférentiellement** *av*

**préférer** *vt* ⑭ Aimer mieux. *Nous préférons partir. Préférer son frère à son ami.* ETY Du lat. DER **préférable** *a* – **préférablement** *av* – **préféré, ée** *a, nm*

**préfet** *nm* **1** ANTIQ ROM Haut magistrat ; administrateur d'une province de l'Empire. **2** Haut fonctionnaire qui représente le gouvernement dans le département, la région qu'il administre. **3** Belgique Directeur d'un athénée. **LOC** RELIG ***Préfet apostolique*** : prêtre responsable d'un territoire en voie d'organisation, dans un pays de mission.

**préfète** *nf* **1** Femme d'un préfet. **2** Femme préfet. **3** Belgique Directrice d'un athénée.

**préfigurer** *vt* ① Figurer d'avance la représentation de qqch à venir. ETY Du lat. DER **préfiguration** *nf*

**préfinancer** *vt* ① FIN Ouvrir un crédit permettant à une entreprise de réaliser un projet ou d'investir. DER **préfinancement** *nm*

**préfix, ixe** *a* DR anc Qui est déterminé à l'avance.

**préfixation** *nf* LING Composition de mots nouveaux à l'aide de préfixes.

**préfixe** *nm* **1** LING Affixe qui précède le radical et en modifie le sens.(Ex. *in* dans *incompréhensible*.) **2** TELECOM Dans un numéro de téléphone, chiffres placés avant le numéro personnel et identifiant le département, le pays, etc. ETY Du lat. DER **préfixal, ale, aux** *a*

**préfixer** *vt* ① **1** LING Joindre un morphème comme préfixe. **2** LING Adjoindre un préfixe à un radical. **3** DR Fixer par avance un délai.

**préfixion** *nf* DR Action de préfixer un délai ; délai préfixé.

**préfloraison** *nf* BOT Agencement des diverses pièces florales en partic. du périanthe, dans les boutons floraux.

**préfoliation** *nf* BOT Disposition des feuilles dans le bourgeon.

**préformage** *nm* TECH Opération de mise au galbe des vêtements en tissu synthétique.

**préformater** *vt* ① Définir à l'avance le format, la présentation de qqch.

**préformer** *vt* ① Former au préalable.

**préfourrière** *nf* ADMIN Centre de rassemblement des véhicules en infraction, avant leur mise en fourrière.

**prégénérique** *nm* CINE Séquence qui précède le générique.

**prégénital, ale** *a* PSYCHAN Antérieur au stade génital chez l'enfant. PLUR prégénitaux.

**préglaciaire** *a* GEOL Qui est antérieur à une période glaciaire.

**prégnance** *nf* **1** litt Qualité de ce qui est expressif, riche de sens. **2** didac Caractère d'une situation qui est riche de possibilités. **3** PSYCHO Qualité de ce qui prédomine, s'impose avec force à l'esprit. PHO [pʀegnɑ̃s] ou [pʀeɲɑ̃s] DER **prégnant, ante** *a*

**préhellénique** *a* HIST Relatif aux civilisations qui se développèrent en mer Égée avant l'invasion dorienne (XIIe s. av. J.-C.).

**préhenseur** *am* Qui sert à la préhension.

**préhensile** *a* Qui a la faculté de saisir.

**préhension** *nf* **1** Action de prendre, de saisir. *Les mains, organes de préhension.* **2** DR Réquisition. ETY Du lat.

**préhistoire** *nf* Période de la vie de l'humanité depuis son début jusqu'à l'apparition du travail des métaux. **2** Branche du savoir, science qui étudie cette période.

ENC La préhistoire se fonde sur l'étude des vestiges mis au jour par la fouille archéologique. Elle se propose d'établir une chronologie et une classification des types humains, et une typologie des industries. Au paléolithique inférieur, la notion d'habitat doit être prise dans le sens de « sol d'occupation », composé d'un lit de galets apprêtés, mêlés de galets aménagés (Éthiopie). Ensuite, le froid de la période würmienne a poussé l'homme à rechercher l'accueil des grottes ou des abris sous roche ; toutefois, les hommes du paléolithique moyen, les Néandertaliens, ont utilisé des campements temporaires de plein air. Au paléolithique supérieur, *Homo sapiens* occupe souvent les mêmes sites que les Néandertaliens. Les structures d'habitat sont bien individualisées : cabane, tente, hutte, construites au niveau du sol ou demi-souterraines, pavées de galets ou non.
Les plus anc. industries lithiques se rencontrent en Afrique. Le gisement d'Olduvai (Tanzanie) a livré, notam., une industrie à galets aménagés. L'usage du feu est bien antérieur : les premiers hominiens qui « connurent » le feu appartenaient à l'espèce *Homo erectus* (sinanthropes, pithécanthropes, etc.). L'acheuléen, stade terminal du paléolithique inférieur, possède une industrie variée à bifaces, mais une industrie à éclats est toujours présente. En Europe occidentale, le moustérien possède de nombreux racloirs, des pointes et quelques bifaces.
L'homme du paléolithique supérieur a conçu et réalisé des œuvres d'art. Les gravures, pariétales ou mobilières, et les sculptures (au solutréen) ont été réalisées au burin de silex. La matière colorante des peintures est toujours à base de terres naturelles. L'apogée se situe au magdalénien ancien et moyen avec les grandes fresques polychromes, notam. à Lascaux (Dordogne) et à Altamira (Espagne).
Au néolithique, l'agriculture et l'élevage font leur apparition. À la fin du néolithique, des monuments funéraires gigantesques, les *mégalithes*, sont élevés un peu partout en Europe occidentale. Vient ensuite la protohistoire.

**préhistorien, enne** *n* Spécialiste de la préhistoire.

**préhistorique** *a* **1** Relatif à la préhistoire. **2** fam, plaisant Archaïque, démodé.

**préhominien** *nm* Hominien fossile dont on ignore s'il était capable de fabriquer des outils.

**préhospitalier, ère** *a* Qui concerne les soins à donner avant l'arrivée à l'hôpital.

**préhumain** *nm* Primate ayant précédé l'homme. DER **préhumanité** *nf*

**préimplantatoire** *a* MED Qui précède une implantation d'embryon lors d'une fécondation *in vitro*.

**préindustriel, elle** *a* Antérieur à l'industrialisation.

**préinscription** *nf* Inscription provisoire, préalable à une inscription définitive.

**préislamique** *a* Antérieur à l'islam.

**préjudice** *nm* Tort, dommage. *Causer un préjudice, porter préjudice à qqn.* **LOC** ***Au préjudice de qqn*** : contre son intérêt. — ***Sans préjudice de*** : sans renoncer à. ETY Du lat. DER **préjudiciable** *a*

**préjudiciaux** *am pl* **LOC** DR ***Frais préjudiciaux*** : dont on doit s'acquitter avant l'exercice d'une voie de recours.

**préjudiciel, elle** *a* **LOC** DR ***Question préjudicielle*** : question soulevée devant une juridiction incompétente, et relevant d'une autre instance qui doit la trancher préalablement.

**préjugé** *nm* **1** Élément qui permet de porter, provisoirement, un jugement. **2** Idée préconçue, adoptée sans examen.

**préjuger** *vt, vti* ⑬ **1** Juger sans examen, donner prématurément son opinion. *Préjuger (d')une question.* **2** Conjecturer. ETY Du lat.

**prélart** *nm* MAR, TECH Grosse bâche de protection goudronnée sur un navire, un camion.

**prélasser (se)** *vpr* ① Se délasser en adoptant une pose alanguie, nonchalante.

**prélat** *nm* Dignitaire ecclésiastique qui a reçu une prélature. ETY Du lat. *prælatus*, « préféré ».

**prélatin, ine** *a* Antérieur à la civilisation latine, à la langue latine.

**prélature** *nf* RELIG CATHOL **1** Dignité conférée par le pape, attachée à certaines importantes fonctions ecclésiastiques (évêché, mission diplomatique, etc.). **2** Ensemble des prélats.

**prélavage** *nm* Lavage préliminaire dans un lave-linge ou un lave-vaisselle.

**prèle** *nf* Plante des lieux humides, à rhizome traçant, à longues tiges creuses partant des verticilles de rameaux filiformes au niveau de collerettes de feuilles écailleuses. VAR **prêle**
▶ illustr. p. 1300

**prélegs** *nm* DR Legs particulier qui doit être pris sur la masse de l'héritage avant tout partage.

**prélèvement** *nm* Action de prélever ; ce qui est prélevé. **LOC** ***Prélèvement automatique*** : règlement d'une facture, d'une échéance directement sur le compte du débiteur. — ***Prélèvements obligatoires*** : impôts et cotisations sociales.

**prélever** *vt* ⑯ **1** Soustraire d'un ensemble, ôter d'une masse formant un tout. *Prélever des échantillons de minerai.* **2** Prendre une portion sur un total. *Prélever un pourcentage sur les bénéfices.* **3** Ôter un morceau d'un tissu, un organe, ponctionner un liquide organique en vue d'une analyse ou d'un traitement. ETY Du lat.

**préliminaire** *a, nm* **A** *a* Qui précède, prépare la chose principale. **B** *nm pl* **1** Ensemble des actes, des discussions qui précèdent un traité de paix. **2** Ce qui précède et prépare qqch d'important ; prélude. ETY Du lat. DER **préliminairement** *av*

**Preljocaj Angelin** (Sucy-en-Brie, 1957), danseur et chorégraphe français d'origine albanaise.

**Prelog Vladimir** (Sarajevo, 1906 – Zurich, 1998), chimiste suisse d'origine bosniaque : travaux de stéréochimie. P. Nobel 1975.

**prélogique** *a* **LOC** PSYCHO ***Stade prélogique*** : pendant lequel l'esprit de l'enfant n'observe pas encore les règles logiques de causalité.

**prélude** *nm* **1** MUS Introduction musicale précédant un morceau. **2** MUS Composition libre, constituant un morceau autonome, écrite pour un instrument ou pour l'orchestre. *Des préludes pour piano.* **3** fig Ce qui précède, annonce ou prépare un fait, un évènement.

**préluder** *v* ① **A** *vi* MUS Exécuter quelques accords préalables dans le ton de ce que l'on va jouer ou chanter. **B** *vti* **1** Se préparer à une chose en en faisant une autre plus facile. *Athlète qui prélude à une course par un échauffement.* **2** Annoncer en précédant. *Des escarmouches préludèrent à la bataille.* ETY Du lat.

**Préludes** 24 compositions de Chopin pour piano (1839-1841).

**prémâché, ée** *a* fam Qui a une forme simpliste pour être plus facilement accessible.

**prématuré, ée** *a, n* **A** Qui arrive plus tôt que normalement. *Accouchement prématuré.* **B** *a* Qu'il n'est pas encore temps de commencer ; qui a été commencé trop tôt. *Une entreprise prématurée.* **LOC** ***Enfant prématuré*** : né vivant avant la 37e semaine de gestation. ETY Du lat. DER **prématurément** *av*

**prèle** des champs : tige fertile (à g.) et tige stérile (à dr.)

**prématurité** *nf* MED État d'un enfant prématuré.

**prémédication** *nf* MED Administration de médicaments avant une anesthésie ou certains examens douloureux. DER **prémédiquer** *vt* ①

**préméditer** *vt* ① Mûrir un projet avant de le mettre à exécution ; calculer, combiner à l'avance. ETY Du lat. DER **préméditation** *nf*

**préménopause** *nf* MED Période qui précède la ménopause.

**prémenstruel, elle** *a* MED Qui précède les règles.

**prémessager** *an* Se dit d'une variété d'ARN, de poids moléculaire élevé, précurseur de l'ARN messager.

**prémices** *nf pl* **1** ANTIQ Premiers produits de la terre, premiers petits du troupeau, offerts à la divinité. **2** litt Début, commencement.

**premier, ère** *a, n* **A** Qui précède tous les autres dans le temps, dans l'espace, dans un classement. *Enfant qui fait ses premiers pas. La première porte à droite. Le premier de la classe.* **B** *a* **1** Indique la supériorité du rang. *Le Premier ministre.* **2** Qui forme la base, le rudiment de qqch ; primordial, principal. *Objet de première nécessité.* **3** Qui est dans son état original, primitif. *Recouvrer sa santé première.* **4** PHILO Qui est la cause finale des autres réalités, qui contient en soi leur raison d'être. *Principe premier.* **5** Qui s'impose à l'esprit comme évident, et qui sert de point de départ au raisonnement, à la déduction. *Vérité première.* **6** Se dit d'un terme qui n'est pas défini au moyen d'autres termes, d'une proposition qui n'est pas déduite d'autres propositions. **7** COMM Se dit du prix le plus bas d'un type de produit. **C** *nm* **1** Premier étage. *Habiter au premier.* **2** Premier jour du mois. **D** *nf* **1** Première classe, dans un moyen de transport. *Voyager en première.* **2** Classe de l'enseignement secondaire qui précède la terminale. **3** SPORT Première ascension d'une cime vierge. **4** Première représentation d'une pièce, d'un spectacle. **5** Première vitesse d'un véhicule. *Enclencher la première.* **6** Couturière à qui est confiée la direction d'un atelier, dans une maison de couture. **LOC** ***Arts premiers*** : autre nom donné aux arts primitifs. — pop ***De première*** : excellent, supérieur. — ***En premier*** : d'abord, en tête. — COMM ***Premier prix*** : prix le plus bas d'un type de produit. ETY Du lat.

**premièrement** *av* En premier lieu, d'abord.

**premier-ministrable** *a, n* POLIT Qui est susceptible d'être appelé à la fonction de Premier ministre. PLUR premiers-ministrables.

**Premier ministre** *n* Chef du gouvernement. PLUR Premiers ministres. VAR **Premier-ministre** DER **primoministériel, elle** *a*

**premier-né, première-née** *a, n* Se dit du premier enfant d'une famille. PLUR premiers-nés, premières-nées.

**Preminger Otto** (Vienne, 1906 – New York, 1986), cinéaste américain d'origine autrichienne : *Laura* (1944), *Carmen Jones* (1954), *l'Homme au bras d'or* (1955), *Bonjour tristesse* (1958), *Porgy and Bess* (1959), *Exodus* (1960).

**prémisse** *nf* **1** LOG Chacune des deux premières propositions d'un syllogisme, dont on tire la conclusion. **2** Argument, proposition dont découle une conclusion ; fondement d'un raisonnement. **3** Fait considéré dans les conséquences qu'il entraîne.

**premium** *a* COMM Haut-de-gamme. *Des produits de finition premium.* PHO [pʀemjɔm] ETY De l'angl. VAR **prémium**

**prémix** *nm* Boisson constituée d'un mélange de soda et d'alcool, vendue en canettes.

**prémolaire** *nf* Chacune des huit dents implantées par paires entre les canines et les molaires dans la dentition définitive.

**prémonition** *nf* Avertissement que notre psychisme serait susceptible de nous donner au sujet d'un évènement sur le point de se produire. SYN pressentiment. ETY Du lat.

**prémonitoire** *a* **1** Relatif à la prémonition ; qui est de la nature de la prémonition. *Rêve prémonitoire.* **2** MED Se dit de signes qui précèdent l'éclosion d'une maladie infectieuse.

**prémontré, ée** *n* RELIG Membre de l'un des deux ordres (chanoines réguliers et chanoinesses de Prémontré ou de Saint-Augustin) fondés en 1120 par saint Norbert à Prémontré dans l'Aisne.

**prémunir** *vt* ③ Prendre des précautions pour garantir de. *Prémunir des poiriers contre la gelée en les paillant. Se prémunir contre le vol.* ETY Du lat. DER **prémunition** *nf*

**Přemyslides** dynastie tchèque (1085-1306) qui se donnait pour ancêtre Přemysl, prince légendaire de Bohême. (V. Otakar Přemysl.)

**prenable** *a* Se dit d'une ville, d'une place forte, etc., pouvant être prises.

**prenant, ante** *a* **1** Qui prend, qui est susceptible de prendre. **2** Préhensile. **3** Qui captive ; fig qui tire profit de. **LOC** ***Partie prenante*** : DR qui reçoit de l'argent ; fig qui tire profit de.

**prénatal, ale** *a* Qui précède la naissance. PLUR prénatals ou prénataux.

**prendre** *v* ㊾ **A** *vt* **1** Saisir, s'emparer de, attraper. *Il la prit dans ses bras. On a pris son portefeuille. Prendre un papillon.* **2** Arrêter qqn. *Prendre un cambrioleur.* **3** Se rendre maître de. *Prendre une ville.* **4** Posséder sexuellement. **5** Emporter avec soi, sur soi. *Prendre son parapluie.* **6** Tirer, enlever, soustraire qqch. *Prendre de l'eau à la rivière.* **7** Surprendre. *Prendre qqn la main dans le sac.* **8** Aller chercher et emmener avec soi. *Passer prendre qqn vers sept heures.* **9** Emmener qqn ; se charger, s'occuper de qqn. *Prendre des passagers. Prendre qqn sous sa protection. Prendre une affaire en main.* **10** Demander, exiger. *Ce travail prend du temps.* **11** Manger, boire, ingérer. *Prendre un repas.* **12** Se pénétrer de. *Ses souliers prennent l'eau.* **13** Saisir, s'emparer de qqn. *Une forte envie de rire l'a pris.* **14** Avoir telle ou telle attitude à l'égard de qqn, de qqch. *Cette mère ne sait pas prendre son enfant. Prendre mal la plaisanterie.* **15** Considérer comme. *Prendre qqn pour un imbécile.* **16** Se procurer. *Prendre un billet d'avion.* **17** Engager qqn. *Prendre un domestique.* **18** Se faire donner. *Prendre des leçons.* **19** Recueillir des informations. *Prendre des notes. Prendre la température.* **20** Contracter, attraper. *Prendre froid.* **21** Adopter certains moyens ; faire usage de. *Prendre des mesures efficaces, des précautions.* **22** Utiliser un moyen de transport ; emprunter un chemin. *Prendre le train. Prendre la première à droite.* **23** Acquérir un certain aspect. *Ouvrage qui prend tournure. Prendre du poids, de l'âge.* **24** Éprouver tel sentiment, telle impression. *Prendre intérêt, plaisir à faire qqch.* **B** *vi* **1** Devenir consistant ; faire sa prise. *Ciment qui prend en quelques heures.* **2** S'allumer, s'embraser. *Le feu a pris tout seul.* **3** S'enraciner. *Cette bouture a pris.* **4** Produire un effet, une réaction ; réussir. *Vaccin qui ne prend pas. Le canular a pris.* **5** Subir un choc, un dommage. *Dans l'accident, c'est son genou qui a pris.* **C** *vpr* **1** Se figer, geler. *L'huile se prend. La mer se prend.* **2** Attaquer qqn, le provoquer, lui attribuer quelque faute. *S'en prendre à un passant.* **3** Se mettre à. *Se prendre à rire.* **LOC** fam ***Pas vu, pas pris*** : se dit de qqn qui a fait un mauvais coup sans être inquiété. — ***Prendre sur soi*** : se maîtriser. — ***Prendre sur soi de*** : prendre l'initiative de. — ***S'y prendre*** : faire qqch d'une certaine manière, avec plus ou moins d'adresse. ETY Du lat.

**Préneste** (en lat. *Præneste*, auj. *Palestrina*), anc. ville du Latium, à l'E. de Rome. – Vestiges d'un temple de la Fortune.

**preneur, euse** *n, a* **A** *n* **1** Personne qui prend, qui a coutume de prendre qqch. *Un preneur de médicaments.* **2** Personne qui achète ; acquéreur. *Trouver preneur.* **3** DR Personne qui prend une maison à loyer, une terre à ferme, etc. **B** *a* Qui sert à prendre. *Benne preneuse.* **LOC** TECH ***Preneur de son*** : opérateur de prise de son.

**prénom** *nm* Nom particulier joint au patronyme, qui distingue les membres d'une famille.

**prénommer** *v* [1] **A** *vt* Donner tel prénom à qqn. **B** *vpr* Avoir tel prénom. *Il se prénomme Jean.*

**prénotion** *nf* **1** PHILO Chez les épicuriens et les stoïciens, connaissance naturelle et spontanée du général, tirée de l'expérience antérieurement à toute réflexion. **2** Notion formée avant l'étude scientifique des faits.

**prénuptial, ale** *a* Antérieur au mariage. PLUR prénuptiaux.

**préoccuper** *vt* [1] Inquiéter ; occuper fortement l'esprit de qqn. *Cette affaire le préoccupe.* [ETY] Du lat. [DER] **préoccupant, ante** *a* – **préoccupation** *nf*

**préœdipien, enne** *a* PSYCHAN Relatif à la période antérieure à l'œdipe.

**préolympique** *a* Relatif à la préparation des jeux Olympiques.

**préopératoire** *a* **1** CHIR Qui précède une opération. **2** PSYCHO Qui concerne la pensée de l'enfant entre trois et sept ans.

**prépa** *nf* fam Classe préparatoire.

**prépaiement** → **prépayer.**

**prépalatal, ale** *a* PHON Phonème qui s'articule en avant du palais. *Le* [ʃ] *(ch) et le* [ʒ] *(j) sont des consonnes prépalatales.* PLUR prépalataux.

**préparateur, trice** *n* Personne qui assiste matériellement un chercheur scientifique, un professeur de sciences. **LOC** ***Préparateur en pharmacie*** : employé qui, dans une pharmacie, fait des préparations, des analyses, etc. — ***Préparateur physique*** : spécialiste de la préparation physique des sportifs.

**préparatifs** *nmpl* Dispositions prises pour préparer une action.

**préparation** *nf* **1** Action de préparer qqch. **2** Manière de préparer certaines choses. **3** Chose préparée. **LOC** ***Préparation militaire (pm)*** : enseignement militaire dispensé avant l'appel sous les drapeaux.

**préparatoire** *a* Qui prépare. **LOC** ***Classes préparatoires*** : qui préparent aux grandes écoles. — ***Cours préparatoire*** : première année de l'enseignement primaire.

**préparationnaire** *n* Élève de classe préparatoire.

**préparer** *v* [1] **A** *vt* **1** Apprêter, disposer ; mettre en état. *Préparer une chambre pour ses invités.* **2** Combiner par avance. *Préparer ses vacances.* **3** Ménager, réserver pour l'avenir. *Cela nous prépare de grands malheurs.* **4** Mettre qqn en mesure de supporter ou de faire qqch. *Préparer un élève à un examen.* **5** Mettre qqn dans un certain état d'esprit. *Préparer qqn à une sinistre nouvelle.* **B** *vpr* **1** Être sur le point de. *Je me préparais à vous le dire.* **2** Être imminent. *Un orage se prépare.* [ETY] Du lat.

**prépayer** *vt* [21] Payer à l'avance. [DER] **prépaiement** *nm*

**prépension** *nf* Belgique Préretraite. [DER] **prépensionné, ée** *n*

**préphanérogame** *nf* BOT Syn. de *préspermatophyte.*

**prépondérant, ante** *a* Qui domine par le poids, l'autorité, le prestige. **LOC** ***Voix prépondérante*** : qui l'emporte en cas de désaccord ou de partage des voix. [ETY] Du lat. [DER] **prépondérance** *nf*

**préposer** *vt* [1] Confier un poste, une fonction à qqn, l'en charger. *Il est préposé à la distribution des billets.* [ETY] Du lat. [DER] **préposé, ée** *n*

**préposition** *nf* GRAM Mot invariable reliant un élément de la phrase à un autre élément, et marquant la nature du rapport qui les unit. *Les mots* à, de, avec, dans, contre *sont des prépositions.* [ETY] Du lat. [DER] **prépositif, ive** ou **prépositionnel, elle** *a* – **prépositivement** *av*

**prépositionner** *vt* [1] MILIT Positionner des troupes à l'avance. [DER] **prépositionnement** *nm*

**prépotence** *nf* litt Toute-puissance.

**prépresse** *nm* IMPRIM Ensemble des opérations qui précèdent l'impression (saisie du texte, mise en pages, etc.).

**préproduction** *nf* CINE Étape qui précède le tournage d'un film (repérages, casting).

**préprofessionnel, elle** *a* Se dit de l'enseignement qui accueille, après la cinquième, les élèves se destinant à certains métiers.

**préprogrammé, ée** *a* INFORM Programmé à l'avance.

**prépsychose** *nf* PSYCHIAT Ensemble de symptômes annonçant une évolution vers une psychose. [DER] **prépsychotique** *a, n*

**prépubère** *a, n* Qui précède la puberté.

**prépublication** *nf* **1** Publication dans un périodique d'un texte, d'une bande dessinée avant sa parution en volume. **2** Article scientifique diffusé avant sa parution en revue.

**prépuce** *nm* Repli cutané qui recouvre le gland de la verge.

**préraphaélisme** *nm* Bx-A Doctrine esthétique des peintres anglais (Burne-Jones, Millais, Hunt, etc.) qui, dans la seconde moitié du XIXe s., placèrent l'idéal de leur art dans l'imitation des peintres italiens antérieurs à Raphaël (1483-1520). [DER] **préraphaélique** *a* – **préraphaélite** *a, n*

**préraphaélisme** Dante Gabriel Rossetti, *la Ghirlandata*, 1873 – coll. part., Londres

**prérapport** *nm* Rapport préliminaire.

**prérasage** *nm* Astringent qui nettoie et prépare la peau avant le rasage.

**prérecruter** *vt* [1] Proposer un contrat d'embauche à des étudiants en cours d'études. [DER] **prérecrutement** *nm*

**préréglage** *nm* TECH Réglage préalable d'un appareil, fait par le constructeur. [DER] **préréglé, ée** *a*

**prérempli, ie** *a* ADMIN Se dit d'un formulaire rempli à l'avance.

**prérentrée** *nf* Rentrée des enseignants précédant la rentrée des élèves.

**prérequis** *nm* Préalable obligé à une démarche scientifique, à l'exercice d'un métier.

**préretraite** *nf* Retraite anticipée ; allocation perçue par une personne partie en retraite avant l'âge légal. [DER] **préretraitable** *a* – **préretraité, ée** *n*

**prérévolutionnaire** *a* Se dit de ce qui précède ou annonce une révolution.

**prérogative** *nf* Faculté, avantage dont certaines personnes jouissent exclusivement. [ETY] Du lat. *prærogativa*, « (centurie) qui vote la première ».

**préroman, ane** *a* Se dit de la période qui a précédé l'art roman, entre la fin de l'Empire d'Occident (Ve s.) et le début du XIe s.

**préromantisme** *nm* LITTER Période pendant laquelle les grandes tendances du romantisme commencèrent à se faire jour. [DER] **préromantique** *a*

**près** *av, prép* **A** *av* Non loin, à une courte distance. *La ville est tout près.* **B** *prép* ADMIN Auprès de. *Expert près les tribunaux.* **LOC** ***À cela près, à qqch près*** : excepté cela. — ***À... près*** : indique le degré de précision d'une évaluation. — ***De près*** : d'une courte distance ; attentivement ; directement. — ***Être près de*** : être sur le point de. — MAR ***Naviguer au près*** : aussi près que possible du vent debout, tout en continuant à faire route. — ***Près de*** : marque la proximité dans l'espace ou dans le temps, l'approximation dans une évaluation. [ETY] Du lat. *presse*, « en serrant ».

**présage** *nm* **1** Signe heureux ou malheureux par lequel on pense pouvoir juger de l'avenir. **2** Conjecture que l'on tire d'un fait. [ETY] Du lat. *præ*, « devant », et *sagire*, « sentir finement ».

**présager** *vt* [13] **1** Annoncer une chose à venir. *Ceci ne présage rien de bon.* SYN augurer. **2** Conjecturer ce qui doit arriver. SYN prévoir.

**Pré-Saint-Gervais (Le)** com. de la Seine-St-Denis (arr. de Bobigny) ; 16 377 hab. Industries. [DER] **gervaisien, enne** *a, n*

**présalaire** *nm* Allocation d'études, salaire versé aux étudiants.

**pré-salé** *nm* **1** Mouton qui a pâturé l'herbe imprégnée de sel de prairies voisines de la mer. **2** Viande d'un tel animal. PLUR prés-salés.

**Presbourg** anc. nom de Bratislava. ▷ HIST *Traité de Presbourg* (26 déc. 1805), conclu après Austerlitz : Napoléon Ier imposait à l'Autriche de céder divers territ. au royaume (français) d'Italie, notam. Venise, à la Bavière et au Wurtemberg.

**presbyacousie** *nf* MED Surdité progressive due à la sénescence. [DER] **presbyacousique** *a, n*

**presbyte** *a, n* Atteint de presbytie. [ETY] Du gr. *presbutês*, « vieillard ».

**presbytéral, ale** *a* RELIG Relatif aux prêtres, à la prêtrise. PLUR presbytéraux.

**presbytère** *nm* Habitation du curé, du pasteur, dans une paroisse. [ETY] Du lat.

**presbytérianisme** *nm* RELIG Doctrine issue du calvinisme, et Église des partisans d'un *presbyterium* (corps mixte) unissant ecclésiastiques et laïcs dans la direction des affaires religieuses. [DER] **presbytérien, enne** *a, n*

**presbytie** *nf* MED Difficulté à voir de près due à une diminution, avec l'âge, du pouvoir d'accommodation de l'œil. [PHO] [presbisi]

**prescience** *nf* Connaissance d'évènements à venir, du futur. [DER] **prescient, ente** *a*

**préscolaire** *a* Qui précède la scolarité obligatoire.

**prescripteur, trice** *n* 1 Personne qui prescrit. 2 COMM Personne qui exerce une influence déterminante sur le choix d'un produit par le consommateur.

**prescription** *nf* 1 Action de prescrire ; ce qui est prescrit. 2 DR Délai au terme duquel on ne peut plus, soit contester la propriété d'un possesseur, soit poursuivre l'exécution d'une obligation ou la répression d'une infraction (*prescription extinctive*). DER **prescriptif, ive** *a*

**prescrire** *vt* 67 1 Commander, ordonner qqch. *Prescrire le silence. Prescrire de se taire.* 2 Préconiser un traitement médical, un programme scolaire, etc. 3 DR Acquérir qqch, se libérer d'une obligation par prescription. ETY Du lat. *præscribere*, « écrire en tête ». DER **prescriptible** *a*

**préséance** *nf* Supériorité, priorité selon l'usage, l'étiquette.

**présélecteur** *nm* TECH Mécanisme de présélection.

**présélection** *nf* 1 Première sélection. 2 TECH Sélection d'un mode de fonctionnement, d'un circuit, etc., opérée au préalable. DER **présélectionner** *vt* 1

**présence** *nf* 1 Fait d'être dans un lieu déterminé. 2 Personnalité, tempérament. *Acteur qui a de la présence.* 3 Influence exercée par un pays dans une partie du monde ; rôle politique, culturel, etc., qu'il y joue. 4 Autorité, influence exercée par un penseur. *Présence de Pascal.* LOC ***En présence*** : face à face, en vue. — ***En présence de*** : devant, en face de. — ***Présence d'esprit*** : vivacité, à-propos. — THEOL ***Présence réelle*** : celle du Christ dans l'Eucharistie.

**1 présent, ente** *a, n* **A** Qui est dans le lieu dont on parle (par oppos. à *absent*). **B** *a, nm* Se dit de ce qui existe actuellement, de la partie du temps qui est en train de passer actuellement (par oppos. à *passé* et *futur*). *Dans la minute présente. Vivre dans le présent.* **C** *a* 1 Dont l'esprit est en éveil ; vigilant, attentif. *Il est présent à tout.* 2 Dont il est question en ce moment. *La présente lettre.* **D** *nm* GRAM 1 Temps situant ce qui est énoncé au moment de l'énonciation. 2 Ensemble des formes verbales exprimant ce temps. *Conjuguer un verbe au présent de l'indicatif, du subjonctif, du conditionnel.* LOC ***À présent*** : maintenant, actuellement, en ce moment. ETY Du lat.

**2 présent** *nm* Don, cadeau. ETY De *présenter*.

**présentable** *a* 1 Qui a bel aspect. 2 Qui a de bonnes manières.

**présentateur, trice** *n* Personne qui présente un spectacle, une émission de radio ou de télévision.

**présentatif** *nm* LING Terme permettant de mettre en relief un élément de la phrase. *« Voici », « c'est », « il y a » sont des présentatifs.*

**présentation** *nf* 1 Action de présenter ; fait d'être présenté. 2 Maintien, manières ; aspect physique. *Emploi où l'on exige une excellente présentation.* 3 Action de présenter une personne à une autre. *Faire les présentations.* 4 MED Manière dont le fœtus s'engage au niveau du détroit supérieur du bassin, lors de l'accouchement. *Présentation par le siège.* LOC RELIG ***Fête de la Présentation*** : présentation de Jésus au Temple, où la Vierge Marie se purifia. (L'Église fête ce double évènement, appelé aussi *la Chandeleur*, le 2 février, c.-à-d. 40 jours après Noël.) — ***Fête de la Présentation de la Vierge*** : présentation au Temple de la Vierge Marie par sainte Anne et saint Joachim, ses parents, fêtée par l'Église le 21 novembre.

**présentement** *av* rég, vx En ce moment, à présent.

**présenter** *v* 1 **A** *vt* 1 Disposer qqch à l'intention de qqn et l'inviter à en user ; mettre qqch sous les yeux de qqn. *Présenter une chaise à une personne âgée.* 2 Introduire une personne auprès d'une autre ; la lui faire connaître par son nom. 3 Exposer à la vue. *Présenter un choix de bijoux.* 4 Offrir au regard telle apparence, tel aspect ; avoir tel caractère, telle particularité. *La vallée présente un aspect riant.* 5 Formuler, adresser. *Présenter ses excuses, sa défense, une demande.* 6 Exposer, faire connaître ou faire paraître sous tel ou tel jour. *Hier, vous avez présenté les faits différemment.* **B** *vpr* 1 Paraître devant qqn, se montrer. *Un inconnu se présenta à la porte.* 2 Énoncer son nom, dire qui l'on est à une personne que l'on voit pour la première fois. 3 Se proposer. *Se présenter pour un poste. Se présenter à un examen, aux élections.* 4 Apparaître, survenir. *Quand l'occasion s'en présentera.* LOC ***Présenter les armes*** : exécuter un mouvement spécial de maniement d'armes pour rendre les honneurs. — ***Se présenter bien, mal*** : présager une issue positive, négative. ETY Du lat.

**présentoir** *nm* Support destiné à mettre en valeur les produits exposés dans un magasin.

**présérie** *nf* TECH Première série fabriquée après la mise au point du prototype et avant le lancement définitif de la fabrication.

**préservateur, trice** *a, nm* **A** *a* Qui préserve. **B** *nm* Agent chimique qui préserve une denrée périssable de la décomposition, de la putréfaction.

**préservatif, ive** *a, nm* **A** *a* Qui préserve. **B** *nm* Capuchon en caoutchouc très fin, destiné à être adapté au pénis avant un rapport sexuel, pour servir de contraceptif et pour garantir des maladies sexuellement transmissibles. SYN condom. LOC ***Préservatif féminin*** : dispositif en forme de gaine qui se place dans le vagin.

**préserver** *vt* 1 Garantir de qqch de nuisible. *Se préserver du froid.* ETY Du lat. DER **préservation** *nf*

**préside** *nm* HIST Place forte espagnole, servant de lieu de déportation.

**présidence** *nf* 1 Fonction, dignité de président ; durée de cette fonction. *La présidence de la République, la présidence d'un club sportif.* 2 Résidence d'un président, ensemble des services administratifs, des bureaux placés sous l'autorité d'un président.

**président, ente** *n* 1 Personne qui préside une assemblée, qui dirige ses débats. 2 Personne, généralement élue, qui dirige, administre. *Présidente de société.* 3 POLIT Chef de l'État, dans une république. LOC ***Premier président*** : magistrat qui dirige une cour. — ***Président du Conseil*** : chef du gouvernement, sous la IIIe et la IVe République. — ***Président-directeur général, présidente-directrice générale*** : personne qui préside le conseil d'administration d'une société anonyme. ABREV P-DG. ETY Du lat.

**présidentiable** *a, n* Susceptible d'accéder à la fonction de président.

**présidentialiser** *vt* 1 POLIT Favoriser l'accroissement des pouvoirs du président de la République. DER **présidentialisation** *nf*

**présidentialisme** *nm* POLIT Système, régime présidentiel. DER **présidentialiste** *a, n*

**présidentiel, elle** *a, nfpl* **A** *a* D'un président ; d'une présidence. *Allocution présidentielle.* **B** *nfpl* Élections présidentielles. LOC ***Régime présidentiel*** : dans lequel le président de la République dispose de pouvoirs prépondérants (par oppos. à *régime parlementaire*).

**présider** *v* 1 **A** *vt* Diriger une assemblée, ses débats. **B** *vti* 1 Veiller sur, diriger. *Présider aux destinées du pays.* 2 fig Régner sur. *La plus franche cordialité présidait à ce banquet.* ETY Du lat. *præ*, « devant », et *sedere*, « s'asseoir ».

**présidial** *nm* HIST Tribunal chargé des affaires civiles et criminelles d'importance secondaire, de 1552 à 1791. PLUR présidiaux.

**présidialité** *nf* Juridiction d'un présidial.

**présidium** → **præsidium.**

**présignalisation** *nf* AUTO Signalisation préalable permettant aux véhicules de réduire progressivement leur vitesse.

**Preslav** ville de Bulgarie, au S.-O. de Varna ; 10 000 hab. – Cap. (IXe-Xe s.) du premier roy. bulgare, dont elle garde de nombr. monuments.

**Presle Micheline Chassagne,** dite **Micheline** (Paris, 1922), actrice française : *Paradis perdu* (1939), *Boule-de-Suif* (1942), *le Diable au corps* (1947).

**Presley Elvis** (Tupelo, Mississippi, 1935 – Memphis, 1977), chanteur et acteur de cinéma américain, le roi (« The King ») du rock and roll à partir de 1955.

Elvis Presley

**présocratique** *a, nm* Se dit des philosophes grecs qui ont précédé Socrate. *Fragments originaux des présocratiques.*

**présomptif, ive** *a* LOC DR ***Héritier présomptif*** : personne appelée à hériter un jour de qqn, ou à lui succéder.

**présomption** *nf* 1 Conjecture, opinion fondée sur des indices et non sur des preuves. *Présomption d'innocence, de culpabilité, de maltraitance.* 2 Opinion trop avantageuse que qqn a de lui-même. SYN prétention. ETY Du lat. *præsumere*, « présumer ».

**présomptueux, euse** *a, n* Qui a de lui-même une opinion trop avantageuse, qui se surestime. SYN prétentieux. DER **présomptueusement** *av*

**présonorisation** *nf* Syn. (recommandé) de *play-back*. DER **présonoriser** *vt* 1

**Prešov** ville industr. de Slovaquie, au N. de Košice ; 90 000 hab.

**préspermatophyte** *nf* BOT Plante plus primitive que les spermatophytes, produisant des ovules nus qui se coupent de leur attache avant fécondation, tels le cycas et le ginkgo. SYN préphanérogame. VAR **préspermaphyte**

**presque** *av* Pas tout à fait. *Il avait presque une heure de retard.*

**presqu'île** *nf* Promontoire relié au continent par une étroite bande de terre. VAR **presqu'île**

**pressage** *nm* 1 Action de presser. 2 TECH Fabrication à l'aide d'une presse.

**pressant, ante** *a* 1 Insistant. 2 Urgent.

**press-book** *nm* Dossier concernant une personne, un évènement, constitué par des coupures de presse. SYN (recommandé) album de presse. PLUR press-books. PHO [pʀɛsbuk] ETY De l'angl. *press*, et *book*, « livre ». VAR **pressbook** ou **book**

**presse-** Élément, du v. *presser.*

**presse** *nf* **1** Dispositif, machine destinée à comprimer ou à déformer des objets, des pièces ou à y laisser une empreinte. *Presse hydraulique. Presse à cintrer.* **2** Machine à imprimer. **3** Ensemble des journaux. *La presse d'information.* **4** Nécessité de hâter le travail par suite de l'abondance de la besogne. LOC ***Avoir bonne, mauvaise presse*** : jouir d'une bonne, d'une mauvaise réputation. — ***Sous presse*** : en cours d'impression.

**Presse (la)** le premier quotidien français à bon marché, créé en 1836 par Girardin.

**Presse (la)** quotidien québécois, fondé à Montréal en 1884.

**pressé, ée** *a, nm* **A** *a* **1** Que l'on a comprimé, pressé. *Citron pressé.* **2** Contraint de se hâter. *Faites vite, je suis pressé.* **3** Urgent. *Affaire pressée.* **B** *nm* CUIS Aliment pressé. *Un pressé de volaille.* LOC ***Aller au plus pressé*** : s'occuper d'abord de ce qui est le plus urgent.

**presse-agrume** *nm* Appareil servant à extraire le jus des agrumes. PLUR presse-agrumes. VAR **presse-agrumes** *nm inv*

**presse-bouton** *a inv* Entièrement automatisé.

**presse-citron** *nm* Ustensile servant à extraire par pression le jus des citrons et autres agrumes. PLUR presse-citrons. VAR **presse-citrons** *nm inv*

**pressée** *nf* AGRIC Masse de fruits dont on extrait le jus en une fois.

**presse-étoupe** *nm inv* TECH Dispositif assurant l'étanchéité d'une ouverture que traverse un axe ou un câble.

**presse-fruit** *nm* Ustensile pour presser les fruits. PLUR presse-fruits. VAR **presse-fruits** *nm inv*

**pressentiment** *nm* Sentiment instinctif d'un évènement à venir. SYN prémonition.

**pressentir** *vt* ⑳ **1** Prévoir confusément. *Pressentir sa fin.* **2** Sonder les dispositions, les sentiments de. *Pressentir qqn pour un poste.* ETY Du lat.

**presse-papier** *nm* **1** Objet de poids qu'on pose sur des papiers pour qu'ils ne se dispersent pas. **2** INFORM Zone de mémoire dans laquelle on préserve un texte pour le réutiliser par la suite. PLUR presse-papiers. VAR **presse-papiers** *nm inv*

**presse-purée** *nm* Ustensile servant à faire des purées de légumes. PLUR presse-purées.

**presser** *v* ① **A** *vt* **1** Serrer avec plus ou moins de force, comprimer qqch pour en faire sortir du liquide. *Presser une éponge, un citron. La foule se presse à la porte.* **2** Soumettre à l'action d'une presse, d'un pressoir, etc. ; fabriquer au moyen d'une presse. *Presser des raisins. Presser un disque.* **3** Appuyer sur. *Presser le bouton de la sonnette.* **4** Poursuivre sans relâche. *Presser l'ennemi en déroute.* **5** Hâter, précipiter. *Presser son départ. Se presser de faire qqch. Qu'est-ce qui vous presse tant ? On me presse de conclure.* **6** Tourmenter. *La faim le presse.* **B** *vi* Être urgent. *Dépêchez-vous, ça presse.* ETY Du lat.

**presse-raquette** *nm* Dispositif servant à maintenir la forme d'une raquette de tennis pendant les périodes où elle n'est pas utilisée. PLUR presse-raquettes.

**presseur, euse** *a, n* **A** *a* Qui sert à exercer une pression. *Rouleau presseur.* **B** *n* Ouvrier, ouvrière qui fait marcher une presse.

**pressing** *nm* **1** Repassage des vêtements au moyen de presses chauffantes à vapeur. **2** Teinturerie. *Porter un complet au pressing.* **3** SPORT Pression exercée sans relâche sur l'adversaire, dans les sports collectifs. PHO [pʀesiŋ] ETY Mot angl.

**pression** *nf* **1** Action de presser ; force exercée par ce qui presse. *Subir la pression de la foule.* **2** PHYS Action exercée par une force qui presse sur une surface donnée ; mesure de cette force. *L'unité de mesure de la pression est le pascal.* **3** Influence plus ou moins contraignante qui s'exerce sur qqn. *On a fait pression sur lui.* LOC ***Faire monter la pression*** : au cours d'une négociation, prendre une attitude intransigeante. — ***Pression artérielle*** : pression du sang sur les parois des artères. — ***Pression atmosphérique*** : exercée par l'air atmosphérique. — ***Sous pression*** : prêt à agir, à partir, tendu nerveusement.

ENC Lorsqu'on exerce une force perpendiculairement à une surface, on dit que cette dernière subit une pression moyenne égale au rapport entre l'intensité de cette force et la mesure de cette surface. L'unité de pression du Système International est le pascal (1 Pa = 1 N/m$^2$). On utilisait naguère le bar (1 bar = $10^5$ Pa), ainsi que l'atmosphère et le kgf/cm$^2$, unités aujourd'hui prohibées. – La *pression atmosphérique* varie avec l'altitude et la température : 760 millimètres de mercure ou 1 013 hectopascals (= 1 013 millibars) au niveau de la mer et à 15 °C (pression atmosphérique *normale*) ; 899 hectopascals à 1 000 mètres d'altitude et à 8,5 °C ; 11 hectopascals à 30 000 mètres et à –47 °C. Les zones où la pression est plus élevée que la moyenne correspondent à des anticyclones et celles où elle est plus faible à des dépressions. Les variations de la pression atmosphérique permettent la prévision du temps.

**pressionné, ée** *a* Qui se ferme grâce à des boutons-pressions.

**pressoir** *nm* **1** Presse utilisée pour exprimer le jus ou l'huile de certains fruits. **2** Bâtiment, lieu où se trouve le pressoir.

**pressothérapie** *nf* MED Traitement par compression de certaines régions du corps. DER **pressothérapeute** *n*

**pressurer** *vt* ① **1** TECH Écraser au moyen du pressoir. **2** fig Accabler par de continuelles extorsions d'argent. DER **pressurage** *nm*

**pressuriser** *vt* ① TECH Maintenir une enceinte, une installation, etc., à la pression atmosphérique normale. ETY De l'angl. DER **pressurisation** *nf*

**prestance** *nf* Maintien imposant, plein d'élégance. ETY Du lat. *præstantia,* « supériorité ».

**prestant** *nm* MUS L'un des principaux jeux d'orgue, sur lequel s'accordent tous les autres.

**prestataire** *n* Personne qui fournit ou qui est soumise à une prestation. LOC ECON ***Prestataire de services*** : entreprise ou personne qui fournit une prestation dans le secteur des services.

**prestation** *nf* **1** Action de prêter serment. *Prestation de serment d'un magistrat.* **2** Service ou travail que l'on doit fournir. *Prestation en nature.* **3** Allocation versée par un organisme officiel. *Prestations de la Sécurité sociale.* **4** fig Spectacle d'un artiste, d'un sportif qui se produit en public. LOC ***Prestation compensatoire*** : capital ou rente perçu par l'un des ex-époux au moment du divorce, pour compenser leurs différences de niveau de vie. ETY Du lat.

**preste** *a* Prompt et agile ; vif dans ses déplacements, ses mouvements. ETY De l'ital. DER **prestement** *av* – **prestesse** *nf*

**prester** *vt* ① Belgique, Afrique Fournir un service, effectuer une prestation.

**prestidigitation** *nf* Art de produire des illusions au moyen de trucages, de manipulations d'objets que l'on fait apparaître ou disparaître ; ces tours eux-mêmes. ETY De *preste* et du lat. *digitus,* « doigt ». DER **prestidigitateur, trice** *n*

**prestige** *nm* Attrait qui frappe l'imagination et qui inspire l'admiration. ETY Du lat. *præstigium,* « artifice, illusion ». DER **prestigieux, euse** *a*

**prestissimo** *av, nm* **A** *av* MUS Très rapidement. **B** *nm* Morceau exécuté très rapidement.

**presto** *av* **A** *av* **1** MUS Rapidement. **2** fam Vite. *Illico presto.* **B** *nm* MUS Morceau exécuté rapidement. ETY Mot ital.

**Preston** ville de G.-B., ch.-l. du Lancashire ; 126 200 hab. Industries.

**préstratégique** *a* MILIT Se dit de la force nucléaire tactique.

**présumer** *v* ① **A** *vt* **1** Regarder comme. *La loi présume innocent l'accusé tant qu'il n'est pas déclaré coupable.* **2** Juger par conjecture, croire, supposer. *Je présume qu'il a raison.* **B** *vti* Avoir une opinion trop avantageuse de. *Présumer de ses forces.* ETY Du lat. DER **présumable** *a*

**présupposé** *nm* Ce que l'on suppose au préalable. *Des présupposés inexacts.*

**présupposer** *vt* ① **1** Supposer préalablement. *Vous présupposez l'innocence de l'accusé.* **2** Nécessiter préalablement ou logiquement. *L'étude de la physiologie présuppose celle de l'anatomie.* DER **présupposition** *nf*

**présure** *nf* Matière sécrétée par la caillette des jeunes ruminants, contenant une enzyme qui fait cailler le lait ; cette enzyme.

**présurer** *vt* ① Faire cailler du lait avec de la présure.

**présymptomatique** *a* MED Qui précède l'apparition des symptômes.

**1 prêt** *nm* **1** Action de prêter. **2** Chose prêtée. *Rembourser un prêt.* **3** Contrat par lequel une chose est prêtée. *Un prêt à long terme.* LOC ***Prêt-relais*** : prêt à court terme accordé dans l'attente d'un crédit à plus long terme. ETY De *prêter.*

**2 prêt, prête** *a* Disposé, préparé. *Prêt au départ.* ETY Du lat. *præsto,* « à portée de main ».

**prêtable → prêter.**

**prêt-à-manger** *nm* Préparation culinaire toute prête, fournie par l'industrie agroalimentaire. PLUR prêts-à-manger.

**prêt-à-monter** *nm* Syn. de *kit.* PLUR prêts-à-monter.

**prétantaine → prétentaine.**

**prêt-à-penser** *nm* fam Idées reçues, idées toutes faites. PLUR prêts-à-penser.

**prêt-à-planter** *nm* Conditionnement d'une plante à transplanter dont les racines sont entourées de terreau. PLUR prêts-à-planter.

**prêt-à-porter** *nm* Vêtements de confection, par oppos. au *sur mesure.* PLUR prêts-à-porter. ETY Nom déposé

**prêt-à-poser** *nm* Élément d'ameublement vendu avec des accessoires qui permettent son utilisation immédiate. PLUR prêts-à-poser.

**prêt-à-poster** *nm* Emballage postal préaffranchi. PLUR prêts-à-poster. ETY Nom déposé

**Prêt-Bail (loi du)** acte législatif (mars 1941) autorisant le président des É.-U. à mettre à la disposition de pays tiers des moyens utiles à leur défense. Il prit fin en sept. 1945.

**prêté** *nm* LOC ***Un prêté pour un rendu*** : se dit de justes représailles.

**prétendant, ante** *n* **A 1** Personne qui prétend, qui aspire à qqch. **2** Personne qui prétend avoir des droits à un trône. **B** *nm* Homme qui espère épouser une femme.

**prétendre** *v* ⑥ **A** *vt* **1** Demander, revendiquer de. *Il prétend commander ici.* **2** Affirmer, soutenir qqch de contestable. *Il prétend que j'ai menti. Il se prétend malade.* **B** *vt i* litt Aspirer à. *Il prétend aux honneurs.* ETY Du lat.

**prétendu, ue** *a* Que l'on prétend tel ; douteux, faux. DER **prétendument** *av*

**prête-nom** *nm* Celui dont le nom apparaît dans un acte où le véritable contractant ne veut pas faire figurer le sien. PLUR prête-noms.

**prétensionneur** *nm* Élément d'une ceinture de sécurité qui la met en état de tension au moindre choc.

**prétentaine** *nf* LOC *Courir la prétentaine :* vagabonder ; multiplier les aventures galantes. VAR **pretantaine**

**prétentiard, arde** *a, n* fam Prétentieux.

**prétentieux, euse** *a, n* **A** Présomptueux, vaniteux. *Un parvenu prétentieux. Quel prétentieux celui-là !* **B** *a* Qui dénote la prétention. *Ton prétentieux.* DER **prétentieusement** *av*

**prétention** *nf* **1** Droit que l'on a, ou que l'on croit avoir, d'aspirer à une chose ; exigence. *Rabattre de ses prétentions.* **2** Visée, espérance. *Sa prétention à l'élégance est ridicule.* **3** Présomption, suffisance. ETY Du lat. *prætendere*, « mettre en avant ».

**prêter** *v* 1 **A** *vt* **1** Remettre une chose à qqn à condition qu'il la rende. *Il lui a prêté sa bicyclette.* **2** Attribuer qqch d'abstrait. *Il lui prête des qualités qu'il n'a pas.* **B** *vt i* Donner prise, donner matière à. *Prêter à la critique. Son attitude prête à rire.* **C** *vi* S'étendre aisément. *Cuir qui prête.* **D** *vpr* **1** Accepter, consentir à. *Prêtez-vous à cet accord.* **2** Aller bien, convenir à. LOC ***Prêter aide, secours à qqn :*** lui porter assistance. — ***Prêter attention :*** être attentif. — ***Prêter l'oreille :*** écouter. — ***Prêter main-forte à qqn :*** l'aider. — ***Prêter sa voix, sa plume à qqn :*** parler, écrire pour lui. — ***Prêter serment :*** faire serment, jurer. ETY Du lat. DER **prêtable** *a*

**prétérit** *nm* GRAM Forme verbale qui exprime le passé. *Le prétérit en anglais correspond au passé simple et à l'imparfait en français.* PHO [pʀeteʀit]

**prétériter** *vt* 1 Suisse Désavantager, léser, brimer.

**prétérition** *nf* RHET Figure qui consiste à dire qqch en déclarant que l'on se gardera de le dire (ex. *inutile de vous dire que...*).

**préteur** *nm* ANTIQ ROM Magistrat dont le rang venait immédiatement après celui de consul, spécialement chargé de la justice. ETY Du lat.

**prêteur, euse** *n, a* Qui prête. *Un prêteur sur gages.*

**Prétextat (saint)** (m. à Rouen, 586), évêque de Rouen. Frédégonde le fit assassiner dans sa cathédrale.

**1 prétexte** *nm* Raison alléguée pour cacher le véritable motif d'un dessein, d'une action. LOC ***Sous prétexte de :*** en donnant comme prétexte, comme motif. ETY Du lat.

**2 prétexte** *a, nf* ANTIQ ROM Toge blanche bordée de pourpre portée par les adolescents et les magistrats supérieurs. *Toge prétexte.* ETY Du lat.

**prétexter** *vt* 1 Donner comme prétexte.

**prétimbré, ée** *a* Se dit d'un emballage postal vendu déjà affranchi.

**pretintaille** *nf* anc Au XVIIIe s., découpures servant d'ornement des robes féminines. ETY Du norm. *pertintaille*, collier de cheval à grelots.

**pretium doloris** *nm* DR Dommages et intérêts accordés par les tribunaux à titre de réparation de la douleur. PHO [pʀesjɔmdɔlɔʀis] ETY Loc. lat.

**prétoire** *nm* **1** ANTIQ ROM Tente du général. **2** Tribunal du préteur. **3** Camp de la garde prétorienne. **4** Salle d'audience d'un tribunal. DER **prétorial, e, aux** *a*

**Pretoria** capitale administrative de l'Afrique du Sud (siège du gouvernement) ; 1 300 000 hab. (aggl.). Import. centre industriel, à proximité de mines de fer. Nœud ferroviaire relié au port de Maputo (Mozambique). Université. – La ville fut fondée en 1855.

**prétorien, enne** *a, nm* **A** *a* ANTIQ ROM Du préteur. **B** *nm* Soldat de la garde personnelle de l'empereur.

**Pretorius Andries Wilhelmus Jacobus** (Graaf Reinet, prov. du Cap, 1798 – Potchefstroom, Transvaal, 1853), homme politique sud-africain. Victorieux des Zoulous (1838), il fonda la rép. du Natal (annexée par la G.-B.) puis la rép. du Transvaal. Il donna son nom à Pretoria. — **Marthinus Wessel** (Graaf Reinet, 1819 – Potchefstroom, 1901), fils du préc., président du Transvaal (1857-1871).

**prétraité, ée** *a* Qui a subi un premier traitement. *Bois prétraité. Riz prétraité.*

**prétranché, ée** *a* Se dit d'un produit alimentaire présenté en tranches. *Saumon prétranché.*

**prêtre** *nm* **1** Celui qui exerce un ministère sacré, qui préside aux cérémonies d'un culte, notam. païen. **2** RELIG Celui qui a reçu le deuxième ordre majeur, dans l'Église catholique ou orthodoxe. *Être ordonné prêtre.* LOC ***Prêtre habitué :*** attaché à une paroisse, sans titre canonique. — ***Prêtre libre :*** non attaché à une paroisse. — ***Prêtre ouvrier***, auj. ***prêtre au travail :*** prêtre qui partage intégralement la vie des travailleurs. ETY Du gr. *presbuteros*, « ancien ».

**prêtresse** *nf* Femme, jeune fille célébrant le culte d'une divinité dans les religions païennes.

**prêtrise** *nf* **1** Dignité de prêtre. **2** Deuxième ordre majeur, dans l'Église catholique ou orthodoxe.

**préture** *nf* ANTIQ ROM Charge de préteur ; durée de cette charge.

**preuve** *nf* **1** Information, raisonnement destiné à établir la vérité d'une proposition, d'un fait. *Donner des preuves rigoureuses de ce qu'on avance.* **2** DR Démonstration dans les formes requises de l'existence d'un fait ou d'un acte juridique. *Être acquitté faute de preuves.* **3** Marque, signe. *Chez lui, la colère est une preuve de fatigue.* LOC fam ***À preuve que :*** la preuve en est que... — MATH ***Faire la preuve d'une opération :*** en vérifier le résultat par une autre opération. — ***Faire preuve de :*** montrer. — ***Faire ses preuves :*** montrer ses capacités. — ***Jusqu'à preuve du contraire :*** en attendant qu'on démontre le contraire. — fam ***La preuve... :*** se dit pour introduire un argument que l'on donne. — ***Preuve par neuf :*** calcul rapide destiné à vérifier l'exactitude d'une multiplication, d'une division ou de l'extraction d'une racine carrée ; fig preuve irréfutable. ETY De *prouver.*

**preux, euse** *nm, a* HIST **A** *nm* Chevalier. **B** *a* litt Brave et vaillant. *Un preux chevalier, la preuse Jeanne d'Arc.*

**Préval René** (Port-au-Prince, 1943), homme politique haïtien, président de la Rép. (1995-2001 et 2006-2011).

**prévalence** *nf* MED Nombre de cas d'une maladie ou d'un évènement (accident, suicide, etc.) pour une population, pour une période donnée. DER **prévalent, ente** *a*

**prévaloir** *v* 45 **A** *vi* litt Être supérieur, meilleur ; l'emporter. *Sa solution a prévalu sur les autres.* **B** *vpr* Faire valoir qqch ; tirer vanité. *Se prévaloir de ses relations.*

**prévariquer** *vi* 1 DR Manquer par mauvaise foi, par intérêt, aux devoirs de sa charge. ETY Du lat. DER **prévaricateur, trice** *a, n* – **prévarication** *nf*

**prévenance** *nf* **1** Fait de prévenir les désirs de qqn. *Il est plein de prévenances pour sa famille.* SYN attention. **2** DR Fait de prévenir qqn à l'avance. *Un délai de prévenance de sept jours.* DER **prévenant** *a*

**prévenir** *vt* 36 **1** Informer par avance ; alerter. *Préviens-nous de ton arrivée. En cas d'accident, prévenir le gardien.* **2** Prendre des précautions pour empêcher ou se protéger de. *Prévenir une attaque ennemie. Prévenir une objection.* **3** Satisfaire un souhait, un désir avant qu'il ne soit exprimé. LOC ***Prévenir qqn en faveur de*** ou ***contre :*** le disposer à l'avance à avoir une opinion favorable ou défavorable sur. ETY Du lat.

**prévente** *nf* Vente d'un bien avant qu'il ne soit fabriqué.

**préventif, ive** *a* Qui a pour but de prévenir, d'empêcher. DER **préventivement** *av*

**prévention** *nf* **1** Ensemble de mesures destinées à prévenir certains risques ; structure mettant ces mesures en œuvre. *Prévention routière, médicale.* **2** Opinion défavorable avant examen. *Avoir des préventions contre qqn.* **3** DR Temps passé en prison avant un jugement.

**préventologie** *nf* didac Étude scientifique de la prévention des maladies et des accidents. DER **préventologique** *a*

**préventorium** *nm* Établissement où l'on traite les personnes atteintes de primo-infection tuberculeuse et les convalescents relevant de certaines maladies. PHO [pʀevɑ̃tɔʀjɔm]

**prévenu, ue** *n* DR Personne qui comparaît devant un tribunal pour répondre d'un délit.

**Prévert Jacques** (Neuilly-sur-Seine, 1900 – Omonville-la-Petite, Manche, 1977), poète français formé par le surréalisme, désinvolte et iconoclaste : *Paroles* (1945), *Spectacle* (1951), *la Pluie et le Beau Temps* (1955), *Fatras* (1966), *Hebdromadaires* (1972). Certains textes furent mis en musique par J. Kosma : *Barbara, les Feuilles mortes.* Il a écrit, surtout jusqu'en 1946, de très nombr. films, notam. pour M. Carné et pour son frère **Pierre** (Neuilly-sur-Seine, 1906 – Paris, 1988) : *L'affaire est dans le sac* (1932), *Voyage surprise* (1947).

Jacques Prévert

**prévisible** *a* Qui peut être prévu. DER **prévisibilité** *nf*

**prévision** *nf* Action de prévoir ; ce qui est prévu. *Lancer un projet sans prévision de ses conséquences. Prévisions météorologiques.* DER **prévisionnel, elle** *a*

**prévisionniste** *n* Spécialiste de la prévision économique, météorologique.

**prévoir** *vt* 42 **1** Se représenter à l'avance une chose probable. *Qui pouvait prévoir ce qui se passerait après les élections ?* **2** Envisager. *Il prévoit de rentrer le 15 août.* **3** Prendre des dispositions pour. *Les juristes n'ont pas prévu cette éventualité. Tout s'est déroulé comme prévu.* ETY Du lat.

**Prévost Antoine François Prévost d'Exiles,** dit **l'abbé** (Hesdin, Artois, 1697 – Courteuil, 1763), auteur français de nombr. romans, notam. de l'*Histoire du chevalier Des Grieux et de Manon Lescaut* (1731, septième vol. des *Mémoires et aventures d'un homme de qualité*).

**Prévost Marcel** (Paris, 1862 – Vianne, 1941), romancier français : *les Demi-Vierges* (1894), *les Anges gardiens* (1913). Acad. fr. (1909).

**Prévost Jean** (Saint-Pierre-lès-Nemours, 1901 – près de Sassenage, Vercors, 1944), écrivain français : *les Frères Bouquinquant* (roman, 1930), *la Création chez Stendhal* (posth., 1951).

**prévôt** *nm* **1** anc Titre de certains magistrats. *Prévôt des marchands.* **2** Officier de gendarmerie exerçant un commandement dans une prévôté. ETY Du lat.

**prévôté** *nf* **1** anc Juridiction de prévôt ; territoire où elle s'exerçait. **2** Formation de gendarmerie qui joue le rôle de police militaire, notam.

en temps de guerre, dans la zone des armées et en territoire étranger occupé.

**prévoyance** *nf* Qualité de celui qui prévoit. DER **prévoyant, ante** *a*

**Priam** dans la myth. gr., dernier roi de Troie, père d'Hector, de Pâris, de Cassandre, de Polyxène, etc. Il fut tué par Pyrrhus (le fils d'Achille) après la prise de Troie.

**priant** *nm* Bx-A Syn. de *orant.*

**Priape** dans la myth. gr., fils de Dionysos et d'Aphrodite, dieu des Jardins, de la Fécondité et de la Génération ; divinité licencieuse chez les Romains. DER **priapéen, enne** ou **priapique** *a*

**priapée** *nf* Texte, dessin ou peinture érotique. ETY De *Priape,* n. pr.

**priapisme** *nm* MED Érection prolongée et douloureuse qui est souvent le symptôme d'une maladie. ETY De *Priapos,* dieu de la Fécondité. DER **priapique** *a*

**priapulien** *nm* ZOOL Invertébré marin des mers froides, à aspect de petit ver, dont l'embranchement existe depuis le cambrien.

**Pribilof (îles)** archipel volcanique de l'Alaska (mer de Béring) ; 160 km$^2$ ; 700 hab.

**prie-Dieu** *nm inv* Siège bas sur lequel on s'agenouille pour prier.

**Priène** anc. v. d'Ionie (auj. *Samsun Kalesi,* en Turquie). – Ruines importantes.

**prier** *v* ② **A** *vi* S'adresser à Dieu, à une divinité, à un être surnaturel par des pensées exprimées ou non, pour l'adorer, lui demander une grâce, etc. *Une femme priait dans la chapelle.* **B** *vt* **1** Supplier vivement qqn. **2** Formules de politesse. *Je vous prie de bien vouloir passer à mon domicile.* **3** Ordonner. *Il le pria de se taire.* LOC ***Je vous en prie*** : c'est tout naturel. — ***Prier pour qqn*** : en faveur de qqn. — ***Se faire prier*** : n'accepter de faire qqch qu'après de longues sollicitations. ETY Du bas lat.

**prière** *nf* **1** Fait de prier Dieu, une divinité. *Faire une prière à Vénus.* **2** Texte convenu que l'on récite pour prier. **3** litt Demande faite instamment. *Il est resté sourd à leurs prières.* LOC ***Prière de*** : vous êtes prié de.

**Priestley** Joseph (Fieldhead, près de Leeds, 1733 – Northumberland, Pennsylvanie, 1804), théologien, physicien et chimiste anglais. Il isola l'oxygène (1774).

**Priestley** John Boynton (Bradford, Yorkshire, 1894 – Alveston, Warwickshire, 1984), critique, essayiste et romancier anglais : *Là-bas* (1932), *les Magiciens* (1954).

**prieur, eure** *n* Religieux (euse) qui dirige certains monastères. ETY Du lat. *prior,* « supérieur ».

**Prieur de la Côte-d'Or** Claude Antoine (comte Prieur-Duvernois), dit (Auxonne, 1763 – Dijon, 1832), officier et homme politique français. Membre du Comité de salut public (1793-1794), il assista Carnot et fit adopter le système métrique. VAR **Prieur-Duvernois**

**Prieur de la Marne** Pierre Louis Prieur, dit (Sommesous, 1756 – Bruxelles, 1827), avocat et homme politique français. Membre du Comité de salut public (1793-1794), il réorganisa la marine militaire à Brest.

**prieuré** *nm* **1** Communauté religieuse dirigée par un prieur ou une prieure. **2** Maison d'un prieur.

**Prigogine** Ilya (Moscou, 1917 – Bruxelles, 2003), chimiste et philosophe belge d'origine russe. Son étude des phénomènes chimiques réversibles, que le prix Nobel 1977 a récompensée, lui a inspiré une conception de l'évolution historique : *la Nouvelle Alliance* (1975).

**prima-donna** *nf* Principale cantatrice d'un opéra. PLUR primas-donnas. ETY Mots ital.

**primage** *nm* TECH Entraînement de fines gouttelettes par la vapeur d'une chaudière. ETY Mot angl.

**primaire** *a, n* **A** *a* **1** Qui vient en premier, au commencement, à la base. **2** Du premier degré. *Enseignement primaire.* **3** Simpliste, un peu borné. *Anticonformisme primaire.* **B** *nf* Élection préliminaire destinée à désigner des candidats aux élections proprement dites. **C** *nm* **1** École entre l'école maternelle et le collège. *Les enfants du primaire.* **2** Individu aux réactions immédiates et impulsives. **3** GEOL La plus ancienne des ères géologiques, au cours de laquelle se sont formés les terrains sédimentaires contenant des fossiles diversifiés. SYN paléozoïque. **4** ELECTR Dans un transformateur, circuit alimenté par le générateur, qui cède sa puissance au second circuit secondaire alimentant le récepteur. **5** ECON Ensemble des activités qui produisent des matières premières. *L'agriculture, la pêche, l'extraction de minerais, etc. sont des activités du primaire.* ETY Du lat.

**primal, ale** *a* PLUR primaux. LOC PSYCHO ***Cri primal*** ou ***thérapie primale*** : technique psychothérapeutique née en 1967, qui consiste à faire revivre au malade des scènes dites primales où il a ressenti un sentiment de frustration à l'origine de ses troubles névrotiques.

**primarité** *nf* didac Caractère d'une personne ou d'une chose primaire.

**1 primat** *nm* PHILO Supériorité. ETY Mot all.

**2 primat** *nm* RELIG Titre honorifique donné à un archevêque dont le siège a joué un rôle fédérateur dans l'histoire d'une nation. *L'archevêque de Lyon, primat des Gaules.* ETY Du lat. DER **primatie** *nf*

**primate** *nm* **1** ZOOL Mammifère placentaire dont les extrémités des membres portent cinq doigts, terminés par des ongles. **2** fam Homme grossier. ETY Du lat.

ENC Les primates sont les animaux les plus évolués : leur cerveau comporte de nombreuses circonvolutions. Les primates se divisent en deux sous-ordres : les *prosimiens* (toupayes, tarsiens et lémuriens) et les *anthropoïdes* (singes et hominiens).

**Primatice** Francesco Primaticcio, dit en fr. (Bologne, 1504 ou 1505 – Paris, 1570), peintre, sculpteur et architecte maniériste italien. Il prit part à la décoration du château de Fontainebleau et fut nommé surintendant des Bâtiments royaux (1559).

**Primatice** *Diane de Poitiers en chasseresse* – château de Chenonceaux

**primatologie** *nf* didac Branche de la zoologie qui étudie les primates. DER **primatologique** *a* – **primatologue** *n*

**primature** *nf* Afrique **1** Fonction de Premier ministre. **2** Services du Premier ministre.

**primauté** *nf* Prééminence, premier rang. LOC ***Primauté pontificale*** : juridiction universelle du pape au sein de l'Église.

**1 prime** *a, nf* **A** *a* Se dit d'une lettre affectée d'un signe en forme d'accent supérieur droit. *A' (A prime).* **B** *nf* **1** LITURG CATHOL Première des heures canoniales (6 heures). **2** SPORT En escrime, l'une des positions de l'arme. LOC ***De prime abord*** : à première vue. — ***La prime jeunesse*** : le plus jeune âge. ETY Du lat. *primus,* « premier ».

**2 prime** *nf* **1** Cadeau offert à un acheteur. **2** Somme accordée à titre d'encouragement ou d'indemnité. **3** fig Encouragement. *Cette mesure fiscale est une prime à la spéculation.* **4** Somme due par l'assuré à sa compagnie d'assurances. *Prime d'assurance.* **5** ECON Somme qu'un souscripteur d'actions doit payer en plus du nominal quand il achète des actions nouvellement émises. *Prime d'émission.* LOC ***En prime*** : en plus. — ***Faire prime*** : être très recherché, très estimé. — ECON ***Prime de remboursement*** : différence entre la valeur de remboursement d'une obligation et sa valeur de souscription. ETY Du lat. *præmium,* « prix, récompense ».

**1 primer** *vt, vti* ① litt Être plus important. *L'intérêt de ce travail prime sa rémunération. Chez lui, la sensibilité prime sur la rancœur.*

**2 primer** *vt* ① Accorder une prime, une récompense à. *Ce taureau a été primé au concours agricole.*

**prime rate** *nm* FIN Taux de base bancaire. PLUR prime rates. PHO [pʀajmʀɛt] ETY Mots angl. VAR **primerate**

**primerose** *nf* Syn. de *rose trémière.*

**primesautier, ère** *a* litt Qui agit de son premier mouvement, sans réflexion préalable. *Un esprit primesautier.* SYN spontané. ETY D'après l'anc. loc. *de prime-saut,* « du premier bond ».

**prime time** *nm* AUDIOV Tranche horaire de grande écoute du début de soirée. SYN (recommandé) heure de grande écoute. PLUR prime times. PHO [pʀajmtajm] ETY Mot angl. VAR **primetime**

**primeur** *nf* **A** vx Caractère de ce qui est nouveau. **B** *nfpl* Fruits et légumes vendus avant la saison normale. *Un marchand de primeurs. Des fruits de primeurs.* LOC ***Avoir la primeur de qqch*** : être le premier à recevoir qqch. — ***Vin (de) primeur*** : vin de l'année élaboré rapidement, et devant être bu jeune. — ***Vin vendu en primeur*** : vin vendu lors de la récolte mais livré à l'acheteur lors de la mise en bouteilles.

**primeuriste** *n* Producteur de primeurs.

**primevère** *nf* Plante herbacée (primulacée) à floraison précoce, dont les feuilles ovales ont un pétiole court et dont les fleurs, de couleurs variées, sont groupées en ombelles. ETY De l'a. fr. *primevoire,* « printemps ».

**primidi** *nm* HIST Premier jour de la décade dans le calendrier républicain.

**primipare** *a, nf* Qui accouche ou qui met bas pour la première fois, par oppos. à *multipare* et à *nullipare.*

**primitif, ive** *a, n* **A** *a* Qui est le plus ancien, le premier, le plus près de l'origine. *État primitif d'un instrument.* **B** *nf* **1** MATH Fonction *F*(*x*) dont la fonction *f*(*x*) est la dérivée. *La primitive d'une fonction n'est définie qu'à une constante près.* **2** ANTHROP Se dit des sociétés, des peuples qui ne connaissent pas l'écriture et ne pratiquent ni culture ni élevage. *Système économique primitif.* **3** Peu élaboré, fruste. SYN rudimentaire. **C** *nm* Bx-A Peintre de la période qui a précédé immédiatement la Renaissance. ETY Du lat. *primitivus,* « qui naît le premier ».

ENC On nomme les *primitifs italiens* les peintres des débuts de la Renaissance italienne (XIII$^e$-XIV$^e$ s.), notam. (dans l'ordre chronologique) : Cimabue, Duccio, Giotto, S. Martini, A. et P. Lorenzetti, L. Monaco. Vinrent ensuite les peintres du Quattrocento (XV^e s.).

**primitivement** *av* À l'origine.

**primitivisme** *nm* **1** ANTHROP État, caractère d'une société primitive. **2** Bx-A Manière, style artistique s'inspirant directement des primitifs.

**primo** *av* En premier lieu. (ETY) Mot lat.

**primoaccédant, ante** *n* Personne qui devient pour la première fois propriétaire d'un bien immobilier.

**primoarrivant, ante** *a, n* Se dit d'un immigré qui vient d'arriver dans un pays d'accueil et qui fait une demande d'asile pour la première fois.

**primodélinquant, ante** *n* Délinquant appréhendé pour la première fois.

**primodemandeur, euse** *n* Personne qui cherche un premier emploi.

**Primo de Rivera** Miguel (Jerez de la Frontera, 1870 – Paris, 1930), général et homme politique espagnol. Il fomenta un coup d'État (septembre 1923), avec le soutien du roi, qui le renvoya en janvier 1930. — **José Antonio** (Madrid, 1903 – Alicante, 1936), fils du préc. Fondateur de la Phalange (1933), il fut fusillé après la victoire du Front populaire.

**primogéniture** *nf* DR Priorité de naissance ouvrant droit à certaines prérogatives.

**primo-infection** *nf* MED Première infection par un micro-organisme (bacille de Koch, virus du sida, etc.). PLUR primo-infections.

**primoministérialisme** *nm* POLIT Système dans lequel le Premier ministre est prééminent. (DER) **primoministériel, elle** *a*

**primordial, ale** *a* Capital, essentiel. PLUR primordiaux.

**primovotant, ante** *n* POLIT Personne qui vote pour la première fois.

**primulacée** *nf* BOT Plante herbacée dicotylédone gamopétale, dont la famille comprend la primevère, le cyclamen, le mouron, etc.

**Prim y Prats** Juan (Reus, 1814 – Madrid, 1870), général et homme politique espagnol. Il contribua à l'éviction d'Isabelle II (1868) et fut assassiné.

**prince** *nm* **1** Souverain ou membre d'une famille souveraine. *Le prince Édouard d'Angleterre.* **2** Haut titre de noblesse. *Ney, prince de la Moskova.* LOC ***Être bon prince*** : se montrer généreux. — ***Le Prince de la paix*** : le Christ. — ***Le Prince des apôtres*** : saint Pierre. — ***Le prince des ténèbres*** : le diable. — ***Prince consort*** : époux d'une reine qui n'est pas roi lui-même. — ***Prince du sang*** : membre de la proche famille royale. — ***Prince héréditaire*** : qui doit hériter de la couronne. (ETY) Du lat. *princeps*, « premier ». (DER) **princier, ère** *a* – **princièrement** *av*

**Prince (le)** œuvre de Machiavel écrite en 1513 et publiée en 1532. Un traité sur l'art de gouverner empreint de réalisme et de pessimisme sur la nature humaine.

**Prince (île du)** (en portug. *ilha do Príncipe*), île du golfe de Guinée (128 km²), formant avec São Tomé un État indépendant depuis 1975.

**prince-de-galles** *nm inv* Tissu fabriqué selon les mêmes principes que les tissus écossais, mais avec des fils aux teintes peu nombreuses et discrètes.

**Prince-de-Galles (île du)** île arctique du Canada, proche du pôle magnétique.

**Prince de Hombourg (le)** drame en 5 actes et en vers de Kleist (1810).

**Prince-Édouard (île du)** île de l'E. du Canada, la plus petite des provinces maritimes ; 5 657 km² ; 129 760 hab. ; cap. *Charlottetown.* Agriculture, élevage, pêche. Tourisme. Parc national. (DER) **prince-édouartien, enne** *a, n*

**Prince Igor (le)** opéra de Borodine, achevé par Glazounov et Rimski-Korsakov (1890).

**Prince Noir (le)** → **Édouard.**

**princeps** *a* **1** Se dit de l'édition originale d'un ouvrage. **2** Se dit de la première observation scientifique d'un phénomène. **3** PHARM Se dit du médicament qui est à l'origine des génériques. (PHO) [prɛ̃sɛps] (ETY) Mot lat., « premier ».

**Prince Rupert** ville et port du Canada (Colombie-Britannique) ; 16 600 hab. Terminus du Canadian National Railway.

**princesse** *nf* **1** Fille ou femme d'un prince. **2** Souveraine d'un pays. LOC ***Aux frais de la princesse*** : les dépenses étant assumées par quelqu'un d'autre.

**Princesse de Clèves (la)** roman de M^me de La Fayette (1678).

**Princeton** v. des É.-U. (New Jersey) ; 12 000 hab. – Université fondée en 1746.

**princier, princièrement** → **prince.**

**Princip** Gavrilo (Grahovo, Bosnie, 1894 – Terezín, Bohême, 1918), patriote serbe qui, le 28 juin 1914, assassina à Sarajevo l'archiduc François-Ferdinand et son épouse.

**1 principal, ale** *a, n* **A** *a* Qui est le plus important, le plus grand, le premier, etc., parmi d'autres. *Le principal témoin. La raison principale de son départ.* **B** *nf* GRAM Proposition qui ne dépend d'aucune autre et dont dépendent des subordonnées. **C** *nm* **1** DR Ce qui constitue l'objet essentiel d'une action en justice. **2** Ce qui est le plus important. *Le principal, c'est que vous veniez.* **3** Le capital d'une dette, par oppos. aux *intérêts.* **4** FIN Montant originaire d'un impôt, avant le calcul des décimes et des centimes additionnels. **5** MUS Un des jeux de l'orgue. PLUR principaux. (ETY) Du lat. *princeps*, « premier ».

**2 principal, ale** *n* **A** Directeur, directrice de collège. **B** *nm* Chef des clercs dans une étude de notaire. PLUR principaux.

**principalement** *av* Particulièrement, surtout.

**principat** *nm* HIST Régime politique monarchique établi par Auguste.

**principauté** *nf* **A** Petit État gouverné par un prince. **B** *nf pl* THEOL Premier chœur de la troisième hiérarchie des anges.

**principe** *nm* **A 1** Origine, cause première. *Vouloir remonter au principe des choses.* **2** Loi générale, non démontrée, mais vérifiée expérimentalement, sur laquelle on établit un système. *Le principe de Carnot, en thermodynamique.* **3** Fondement théorique du fonctionnement d'une chose. *Principe de la machine à vapeur.* **4** Règle de conduite. *Il a pour principe de ne rien demander à personne.* **B** *nm pl* **1** Premiers rudiments d'un art, d'une science. *Les principes de la géométrie.* **2** Convictions morales. *Être fidèle à ses principes.* LOC ***Avoir des principes*** : observer scrupuleusement les règles de conduite qu'on s'est fixées. — ***En principe*** : théoriquement. — ***Par principe*** : en vertu d'une décision a priori. — ***Pour le principe*** : pour se conformer à ses principes, indépendamment du résultat. — ***Principe de précaution*** : mesures prises par les pouvoirs publics pour limiter les risques liés à l'utilisation d'un produit. (ETY) Du lat. *principium*, « commencement, origine ».

**Príncipe (ilha do)** → **Prince (île du).**

**Principes mathématiques de philosophie naturelle** œuvre de Newton (1687), comprenant notam. les lois de la gravitation, qu'il avait établies en 1665.

**principiel, elle** *a* PHILO Relatif à la cause première.

**printanier, ère** *a, nf* **A** *a* **1** Relatif au printemps. **2** Qui convient au printemps, clair, gai. **B** *nf* CUIS Sauté de légumes nouveaux.

**printanisation** *nf* AGRIC Syn. de *vernalisation.*

**printemps** *nm* **1** Première des quatre saisons, entre l'hiver et l'été, du 21 mars au 21 juin environ dans l'hémisphère Nord. **2** fig, litt Année. *Fêter son soixante-dixième printemps.* LOC litt ***Le printemps de la vie*** : la jeunesse. (PHO) [prɛ̃tɑ̃] (ETY) Du lat. *primus tempus*, « premier temps ».

**Printemps (le)** peinture sur panneau de bois de Botticelli (1477-1478, Offices, Florence).

**Printemps arabe (le)** nom donné aux différents mouvements de révolte dans le monde arabe au cours de l'hiver 2010-printemps 2011.

**prion** *nf* BIOL Particule protéique infectieuse impliquée dans des maladies neurologiques, en particulier la maladie de Creutzfeldt-Jakob.

**Prior** Arthur Norman (Masterton, Nouvelle-Zélande, 1914 – Trondheim, Norvège, 1969), philosophe britannique : *Time and Modality* (1957), *Past, Present and Future* (1967).

**prioritaire** *a, n* Qui a la priorité. (DER) **prioritairement** *av*

**priorité** *nf* **1** Importance donnée à une chose, au point de la faire passer en premier. *La priorité sera accordée aux questions diplomatiques.* **2** Droit de passer avant les autres. *Respecter la priorité à droite.* LOC ***En priorité, par priorité*** : en premier lieu. (ETY) Du lat.

**Pripet (le)** riv. qui draine la Biélorussie et l'Ukraine (775 km), affl. du Dniepr (r. dr.). (VAR) **Pripiat**

**pris, prise** *a* **1** Attrapé, saisi. *Pas vu, pas pris.* **2** Qui a épaissi, s'est figé. *Lait pris.* **3** Gelé. *La rivière est prise.* **4** Qui est retenu par ses occupations. *Être très pris.* **5** Occupé. *Place prise.* **6** Atteint. *Pris de fièvre.* LOC ***Pris de boisson*** : ivre.

**Priscillien** (Bétique [?], v. 335 ou 345 – Trèves, 385), hérésiarque chrétien. Le *priscillianisme*, condamné au concile de Saragosse (380), tenait du manichéisme et du panthéisme. L'empereur Maxime fit exécuter Priscillien.

**prise** *nf* **1** Action de prendre, de s'emparer de qqch. *Prise d'une forteresse.* **2** Ce dont on s'est emparé. *Une bonne prise.* **3** Action de commencer à avoir. *Prise de conscience, de contact.* **4** Moyen de prendre. *Il n'y a pas de prise pour se retenir. Prise de judo.* **5** TECH Durcissement. *Ciment à prise rapide.* **6** TECH Dispositif permettant de prélever une substance, une énergie, sur une source fixe pour alimenter une installation mobile. *Prise d'eau, de courant. Prise électrique.* **7** AUDIOV Séquence filmée en une fois. **8** Quantité de médicament que l'on prend en une fois. **9** Pincée de tabac à priser. LOC ***Avoir prise sur qqn*** : avoir un moyen d'agir sur lui. — ***Donner prise à*** : s'exposer à. — ***Être aux prises avec*** : lutter contre. — fam ***Être en prise directe avec*** : être en contact avec qqch ou qqn, avoir une action sur eux. — ***Prise d'armes*** : parade, revue militaire. — ***Prise d'eau*** : robinet, système permettant de prendre de l'eau. — ***Prise de bec*** : dispute, querelle. — ***Prise d'habit, de voile*** : cérémonie pendant laquelle un religieux ou une religieuse prend l'habit de son ordre. — ***Prise de sang*** : prélèvement sanguin. — ***Prise de son*** : action d'enregistrer le son. — ELECTR ***Prise de terre*** : organe ou conducteur qui relie une installation à la terre. — fam ***Prise de tête*** : souci, inquiétude, obsession, angoisse. — AUDIOV ***Prise de vue(s)*** : action de filmer. — AUTO ***Prise directe*** : dispositif permettant d'accoupler directement l'arbre moteur et l'arbre récepteur. — ***Prise en charge*** : fait de prendre la responsabilité de ; dans un taxi, taxe forfaitaire minimale apparaissant au départ au compteur ; pour la Sécurité sociale, acceptation préalable d'une dépense de santé.

**prisée** *nf* DR Estimation des objets vendus aux enchères.

**1 priser** *vt*[1] Aspirer du tabac par le nez. [ETY] De *prise.* [DER] **priseur, euse** *n*

**2 priser** *vt*[1] litt Estimer. *Artiste très prisé.* [ETY] Du lat. *pretium,* « prix ».

**prismatique** *a* **1** GEOM En forme de prisme. **2** TECH Muni de prismes.

**prisme** *nm* **1** GEOM Solide engendré par la translation rectiligne d'un polygone. *Le volume d'un prisme est égal au produit de l'aire d'une section droite par la longueur des arêtes latérales.* **2** PHYS Corps transparent présentant deux faces planes ayant une arête commune. *Propriétés dispersives du prisme.* **3** fig Ce qui déforme la réalité. *Le prisme des idées reçues.* **LOC** ***Prisme droit :*** dont les arêtes latérales sont perpendiculaires aux bases. [ETY] Du gr. *prizein,* « scier ». ▶ illustr. **spectroscopie**

**prison** *nf* **1** Emprisonnement. *Être condamné à trois mois de prison.* **2** Lieu de détention où sont enfermés les prévenus, les condamnés. **3** Ce qui enferme, retient. *La prison de ses rêves.* [ETY] Du lat. *prehendere,* « prendre ».

**prisonnier, ère** *n, a* **A** *n* Personne détenue en prison. **B** *a* **1** Enfermé, privé de liberté. **2** fig Aliéné. *Prisonnier de son destin.* **LOC** ***Prisonnier sur parole :*** laissé sans surveillance à condition de ne pas sortir d'un lieu.

**Prisons (les)** suite de 14 eaux-fortes de Piranèse (prem. tirage 1750, rééd. « poussée au noir » 1760, BN).

**Priština** ville de Yougoslavie, cap. du Kosovo ; 70 000 hab. – Mosquée impériale (XV$^e$ s.). – La guerre de 1999 ruina la ville. [DER] **pristinien, enne** *a, n*

**Pritchard George** (Birmingham, 1796 – îles Samoa, 1883), pasteur anglais. Missionnaire et consul à Tahiti (1824-1843), il défendit le roi contre les autorités françaises, qui l'incarcérèrent en 1843. La G.-B. exigea sa libération.

**Pritzker Jay Arthur** (Chicago, 1922 - id., 1999), homme d'affaires américain. En 1979, il crée le *prix Pritzker* récompensant chaque année un architecte.

**Privas** ch.-l. de l'Ardèche, sur l'Ouvèze ; 9 170 hab. Confiserie (marrons glacés). – Calviniste, la ville fut prise par Louis XIII (1629), et sa pop. massacrée. [DER] **privadois, oise** *a, n*

**privat-docent** *nm* En Allemagne, Autriche et Suisse, professeur enseignant à titre privé dans les universités. PLUR privat-docents. [PHO] [privatdɔsɛnt] [ETY] Mot all.

**privatif, ive** *a* **1** GRAM Qui marque la privation, la suppression. *Dans injuste, in- est un préfixe privatif.* **2** DR Qui enlève la jouissance d'un droit. *Peine privative de liberté.* **3** Dont on jouit sans être propriétaire. *Jardin privatif.*

**privation** *nf* **A** Perte, suppression. *La privation des droits civiques.* **B** *nf pl* Besoins non satisfaits.

**privatiser** *vt*[1] ECON Transférer une entreprise du secteur public au secteur privé. *Privatiser la sidérurgie.* [ETY] De *privé.* [DER] **privatisable** *a* – **privatisation** *nf*

**privatiste** *n* Spécialiste de droit privé.

**privauté** *nf* Familiarité indiscrète, inconvenante, d'un homme à l'égard d'une femme.

**privé, ée** *a, nm* **A** *a* **1** Réservé, non ouvert au public. *Propriété privée. Projection privée.* **2** Personnel. *Vie privée.* **3** En simple particulier, sans charge publique, par oppos. à *officiellement. Déclaration faite à titre privé.* **4** Où l'État n'intervient pas, par oppos. à *secteur public. Secteur privé.* **B** *nm* **1** ECON Secteur privé. *Travailler dans le privé.* **2** fam Détective chargé d'enquêtes policières privées. **LOC** ***En privé :*** en dehors de la vie professionnelle, des fonctions officielles.

**priver** *v*[1] **A** *vt* Enlever à qqn ce qu'il a, ne pas lui donner ce qu'il espère. *Priver un enfant de dessert.* **B** *vpr* **1** Se refuser un avantage, un plaisir. *Il se prive du nécessaire.* **2** Se refuser des choses agréables ou nécessaires, faire des sacrifices. *Il se prive pour élever ses six enfants.* **3** S'abstenir de. *Il ne se prive pas de critiquer son patron.* [ETY] Du lat. *privare,* « écarter ».

**privilège** *nm* **1** Droit exceptionnel ou exclusif, accordé à un individu ou à une collectivité, de faire qqch, de jouir d'un avantage. *Les privilèges seigneuriaux de l'Ancien Régime.* **2** DR Droit reconnu à un créancier d'être payé avant les autres. **3** Acte contenant la concession d'un privilège. **4** Caractère, qualité unique. *La raison est le privilège de l'être humain.* **5** Prérogative. *Posséder le privilège d'un grand nom.* [ETY] Du lat. *privilegium,* « loi concernant un particulier ».

**privilégiature** *nf* POLIT Caste privilégiée, ensemble de gens jouissant de privilèges.

**privilégier** *vt*[2] **1** Accorder un privilège, un avantage à qqn. **2** Donner la primauté, la plus grande importance à qqch. [DER] **privilégié, ée** *a*

**prix** *nm* **1** Valeur de qqch exprimée en monnaie. *Acheter, vendre à bas prix.* **2** Valeur. *Je mets son estime au plus haut prix.* **3** Récompense, dans une compétition ; distinction. *Premier prix de mathématiques. Prix Nobel.* **4** Personne qui a emporté un prix. *Le premier prix du Conservatoire est entré à la Comédie-Française.* **5** Ouvrage qui a obtenu un prix. *Lire le dernier prix Femina.* **6** Compétition qui donne lieu à un prix. *Grand prix automobile.* **LOC** ***À tout prix :*** coûte que coûte. — ***Au prix de :*** moyennant ; en comparaison de. — ***Hors de prix :*** très cher. — ***Mettre à prix :*** mettre en vente. — ***Mettre à prix la tête de qqn :*** offrir une récompense pour sa capture. — ***Prix de revient :*** coût de production d'un bien ou d'un service. — ***Sans prix :*** inestimable. — ***Un prix d'ami :*** un prix de faveur. [ETY] Du lat.

**Prjevalski Nikolaï Mikhaïlovitch** (Kimborovo, 1839 – Karakol, 1888), officier et explorateur russe. Il observa, en Asie centr., le cheval sauvage dit auj. *de Prjevalski.* Il n'en reste que quelques spécimens. [VAR] **Przewalski**

**pro-** Élément, du gr. ou du lat. *pro,* « en avant ; à la place de ; en faveur de », entrant dans la composition de nombreux mots (ex. : *proposer ; prophétie*). Pro-, devant un adjectif, a le sens de « partisan de » (ex. : *prochinois*).

**pro** *n, a* fam Professionnel. PLUR pros.

**proactif, ive** *a* Se dit de qqn dont l'esprit est tourné vers l'anticipation. [DER] **proactivement** *av*

**proarthropode** *nm* ZOOL Arthropode tels les trilobites fossiles.

**probabilisme** *nm* PHILO Doctrine selon laquelle il est impossible d'arriver à la certitude et qui recommande de s'en tenir à ce qui est le plus probable.

**probabiliste** *n, a* **A** *n* **1** PHILO Partisan du probabilisme. **2** MATH Spécialiste du calcul des probabilités. **B** *a* Relatif aux probabilités.

**probabilité** *nf* **1** Caractère de ce qui est probable, vraisemblable. **2** MATH Nombre positif et inférieur à 1, qui caractérise l'apparition escomptée d'un évènement. *La probabilité d'un évènement impossible est égale à 0.*

[ENC] Le calcul des probabilités consiste à mesurer l'apparition ou la non-apparition de certains évènements. Il a une importance fondamentale dans tous les problèmes de prévision : jeux de hasard, assurances, météorologie, recherche opérationnelle, pronostics électoraux, mécanique ondulatoire, création de nouveaux produits, etc. Une loi de probabilité est une application sur un ensemble d'évènements. Elle fait correspondre à chaque évènement un nombre réel positif et inférieur à 1, appelé probabilité. La probabilité d'un évènement certain est égale à 1. Celle d'un évènement impossible est égale à 0. Lorsqu'on jette un dé (qui a 6 faces), la probabilité de l'évènement « obtenir le chiffre 2 » est égale à $\frac{1}{6}$. On définit, en calcul des probabilités, des fonctions numériques, appelées *variables aléatoires,* susceptibles de prendre un certain nombre de valeurs réelles. Divers modèles mathématiques, appelés *lois probabilistes,* permettent de calculer la probabilité de la variable aléatoire : loi binomiale, loi de Bernoulli, loi de Poisson, loi de Laplace-Gauss, etc.

**probable** *a, nm, av* **A** *a* **1** Qui a une apparence de vérité, semble plutôt vrai que faux. *Il est probable qu'il ait raison.* **2** Qui a ou a eu des chances de se produire. **B** *nm* Ce qui est probable. *Le probable et le certain.* **C** *av* fam Vraisemblablement. *Tu crois qu'il va venir ? Probable.* [ETY] Du lat. *probare,* « prouver ». [DER] **probablement** *av*

**probant, ante** *a* Concluant. *Expérience probante.* [ETY] Du lat. *probare,* « prouver ».

**probation** *nf* **1** Temps d'épreuve imposé à celui qui veut entrer dans un ordre religieux, dans un groupe fermé, une société secrète, etc. **2** DR Mise à l'épreuve d'un délinquant.

**probatoire** *a* Destiné à constater la capacité de qqn. *Examen probatoire.*

**probiotique** *a, nm* Se dit de microorganismes vivants (levures, bactéries) destinés à renforcer les défenses naturelles de l'organisme.

**probité** *nf* Droiture, intégrité, honnêteté scrupuleuse. [DER] **probe** *a*

**problématique** *a, nf* **A** *a* **1** Douteux. *Un résultat problématique.* **2** PHILO Chez Kant, qualifie un jugement exprimant une simple probabilité. **B** *nf* **1** didac Ensemble des problèmes concernant un sujet. **2** Manière méthodique de poser les problèmes. [DER] **problématiquement** *av*

**problématiser** *vt*[1] didac Faire entrer un sujet dans une problématique. [DER] **problématisation** *nf*

**problème** *nm* **1** Question à résoudre, d'après un ensemble de données, dans une science. **2** Exercice scolaire consistant à résoudre un problème. **3** Difficulté ; situation compliquée. **LOC** ***C'est votre problème :*** cela vous concerne. [ETY] Du gr.

**proboscidien** *nm* Mammifère ongulé à trompe dont l'ordre comprend les éléphants.

**Probus Marcus Aurelius** (Sirmium, auj. Sremska Mitrovica, Serbie, 232 – id., 282), empereur romain (276-282). Il vainquit les Barbares. Ses soldats l'assassinèrent.

**procaryote** *a, nm* BIOL, BOT Dont le noyau cellulaire est dépourvu de membrane et ne comporte qu'un chromosome. *Les bactéries constituent le groupe des procaryotes.* ANT eucaryote.

**procédé** *nm* **A** **1** Méthode d'exécution. *Procédé de fabrication.* **2** péjor Technique devenue systématique, notam. en art. *Son habileté tourne au procédé.* **3** Manière d'agir. *Des procédés inadmissibles.* **4** Rondelle de cuir collée à la pointe d'une queue de billard. **B** *nm pl* INDUSTR Enchaînement d'opérations dont le but est de transformer les matières premières en produits finis ou intermédiaires. **LOC** ***Échange de bons procédés :*** de services réciproques.

**procéder** *v*[14] **A** *vi* **1** Provenir de. *Procéder d'une tendance, d'une école.* **2** Agir. *Procéder avec méthode.* **B** *vti* Exécuter en se conformant à des règles techniques, juridiques. *Procéder à un jugement.* [ETY] Du lat. *procedere,* « aller en avant ».

**procédure** *nf* **1** Ensemble de règles qu'il faut appliquer strictement dans une situation déterminée. *Procédure d'atterrissage.* **2** DR Manière de procéder en justice ; ensemble des règles suivant lesquelles un procès est instruit. **3** DR Partie du droit qui étudie les formalités judiciaires. *Code de procédure pénale.* [DER] **procédural, ale, aux** *a*

**procédurier, ère** *a, n* péjor **1** Qui aime les procès, les querelles juridiques. SYN chicanier. **2** Qui multiplie les formalités. *Méthode procédurière.*

**procellariiforme** *nm* ORNITH Oiseau carinate marin palmipède dont l'ordre comprend l'albatros et le pétrel.

**procès** *nm* **1** Instance devant un tribunal sur un différend entre deux ou plusieurs parties. *Procès civil, criminel. Intenter un procès.* **2** didac Processus. **3** LING Action, état correspondant à la signification du verbe. **LOC** ***Faire le procès de*** : accuser. — ***Faire un procès d'intention à qqn*** : le juger en fonction des intentions qu'on lui a prêtées ou que ses actes ont laissé apparaître. — ANAT ***Procès ciliaires*** : replis saillants de la choroïde en arrière de l'iris. ETY Du lat. *procedere*, « aller en avant ».

**Procès (le)** roman de Kafka (écrit en 1914-1915 ; éd. posth., 1925). ▷ CINE Film français de et avec Orson Welles (1962), avec Anthony Perkins, J. Moreau, R. Schneider.

**process** *nm* ECON Processus de fabrication d'un produit industriel. ETY Mot angl.

**processeur** *nm* TECH **1** Organe d'un ordinateur destiné à interpréter et exécuter des instructions. **2** Sur un ordinateur, programme permettant d'exécuter un ensemble de programmes écrits dans un langage donné. ETY De l'amér.

**processif, ive** *a* litt Revendicateur, procédurier.

**procession** *nf* **1** Cortège religieux, marche solennelle accompagnée de chants et de prières. **2** Défilé. *Une procession de manifestants.* **3** fig Longue file, succession. ETY Du lat. DER **processionnel, elle** *a* – **processionnellement** *av*

**processionnaire** *a, nf* ZOOL Se dit des chenilles de divers papillons qui se déplacent en file régulière.

**processus** *nm* Développement temporel de phénomènes marquant chacun une étape. *Le processus d'érosion des falaises. Processus de fabrication.* PHO [pʀɔsesys] ETY Mot lat., « progression ».

**procès-verbal** *nm* **1** Acte par lequel une autorité compétente constate un fait comportant des conséquences juridiques. **2** Compte rendu écrit des travaux d'une assemblée. PLUR procès-verbaux.

**prochain, e** *a, nm* **A** *a* Qui est près d'arriver, qui est à une courte distance temporelle ou spatiale. *Le mois prochain. Le prochain village.* **B** *nm* Être humain considéré dans ses rapports moraux avec autrui. *Aimer son prochain comme soi-même.* **LOC** ***À la prochaine fois !*** ou fam, ***à la prochaine !*** : au revoir. ETY Du lat. *prope*, « près de ».

**prochainement** *av* Bientôt.

**proche** *a, n* **A** *a* **1** Voisin. *La proche banlieue. Sa maison est toute proche.* **2** Qui est près d'arriver. *Sa dernière heure est proche.* **3** Qui a une relation étroite avec. *Proche parent.* **B** *n* Parent. *Très aimé de ses proches.* **LOC** ***De proche en proche*** : graduellement.

**Proche-Orient** expression utilisée depuis la fin du XIXe s. pour désigner généralement un ensemble plus restreint que le *Moyen-Orient* : Turquie, Syrie, Liban, Israël et Égypte. DER **proche-oriental, ale, aux** *a, n*

**prochinois, oise** *a, n* HIST Partisan du maoïsme.

**proclamation** *nf* **1** Action de proclamer. **2** Écrit, discours contenant ce qu'on proclame.

**proclamatoire** *a* Qui a le caractère solennel d'une proclamation.

**proclamer** *vt* ① **1** Annoncer avec solennité. *Proclamer sa foi.* **2** Reconnaître officiellement. *Être proclamé vainqueur.* ETY Du lat. *clamare*, « crier ». DER **proclamateur, trice** *n*

**proclitique** *nm* GRAM Mot monosyllabique inaccentué qui forme une unité avec le mot suivant. *En français, l'article est proclitique.*

**Proclus** (Constantinople, 412 – Athènes, 485), philosophe et théologien grec. Néo-platonicien, il commenta Platon et écrivit des *Éléments de théologie*.

**proconsul** *nm* **1** ANTIQ ROM Consul sortant de charge qui recevait une prolongation de ses pouvoirs pour poursuivre une guerre ou gouverner une province. **2** PALEONT Grand singe fossile d'Afrique orientale (fin du miocène), ancêtre possible de l'homme et du chimpanzé. ETY Mot lat. DER **proconsulaire** *a*

**proconsulat** *nm* ANTIQ ROM Dignité de proconsul ; durée de ses fonctions.

**Procope** (Césarée, Palestine, fin du Ve s. – Constantinople, v. 562), historien byzantin : *Livre des guerres* (545-554), qui décrit les conquêtes de Justinien ; *Traité des édifices* (v. 560), *Histoire secrète* (posth.), malveillante à l'égard de la cour.

**Procope (café)** café littéraire parisien (rue de l'Ancienne-Comédie), fondé par le Sicilien Francesco Procopio en 1686, rendez-vous des écrivains aux XVIIIe et XIXe s.

**procordé** *nm* ZOOL Animal voisin des vertébrés inférieurs, dont le groupe comprend les céphalocordés et les urocordés, pour lesquels, la corde dorsale est primitive ou absente.

**procrastination** *nf* litt Tendance à remettre au lendemain.

**procréation** *nf* **1** BIOL Reproduction sexuée. **2** Action de procréer. **LOC** MED ***Procréation médicalement assistée (PMA)*** ou ***assistance médicale à la procréation (AMP)*** : ensemble des techniques permettant la procréation dans certains cas où elle n'est pas possible naturellement. DER **procréatif, ive** *a*

**procréatique** *nf, a* MED Ensemble des techniques de procréation assistée.

**procréer** *vt* ⑪ litt Engendrer un être humain. ETY Du lat. *creare*, « créer ». DER **procréateur, trice** *a, n*

**proctologie** *nf* MED Partie de la médecine consacrée à la pathologie du rectum et de l'anus. ETY Du gr. *prôktus*, « anus ». DER **protologique** *a* – **proctologue** *n*

**procurateur** *nm* **1** ANTIQ ROM Magistrat romain chargé de l'administration d'une province qui avait conservé un souverain. **2** HIST Au Moyen Âge, haut magistrat de Venise et de Gênes.

**procuratie** *nf* HIST À Venise, charge, dignité de procurateur. PHO [pʀɔkyʀasi]

**procuration** *nf* **1** DR Pouvoir donné à qqn d'agir au nom de son mandant. **2** Acte sous seing privé ou notarié, conférant ce pouvoir. DER **procuratoire** *a*

**procure** *nf* **1** Office du procureur dans une communauté religieuse. **2** Bureau, local du procureur.

**procurer** *vt* ① **1** Faire avoir, fournir qqch à qqn. *Il lui a procuré un emploi. Se procurer des fonds.* **2** Être la cause de. *Cela peut vous procurer un certain profit.* ETY Du lat. *procurare*, « s'occuper de ».

**1 procureur, atrice** *n* DR vx Celui qui a pouvoir d'agir pour autrui.

**2 procureur** *n* **A** *nm* **1** Anc. nom des avoués et des avocats. **2** Religieux chargé des intérêts d'un ordre religieux. **B** *n* Magistrat qui dirige le parquet dans un tribunal de grande instance. (On dit aussi *procureur de la République*). LOC ***Procureur général*** : chef du parquet de la Cour de cassation, de la Cour des comptes ou d'une cour d'appel ; au Canada, ministre de la justice. VAR **procureure** *nf*

**Procuste** dans la myth. gr., brigand de l'Attique, tué par Thésée. Il étendait ses victimes sur un lit ; si elles étaient trop grandes, il leur raccourcissait les jambes ; trop petites, il les étirait. VAR **Procruste**

**Procyon** système double d'étoiles de la constellation du Petit Chien proche de la Terre (11,4 années de lumière), dont la composante principale est une étoile blanche.

**procyonidé** *nm* ZOOL Mammifère carnivore fissipède, généralement plantigrade et omnivore dont la famille comprend le raton laveur, le coati, le petit panda.

**Prodi** Romano (Bologne, 1939), universitaire et homme politique italien (Union de la gauche) ; président du Conseil de 1996 à 1998 ; président de la Commission européenne de 1999 à 2004 et président du Conseil d'avril 2006 à janvier 2008.

**Prodicos** (Ioulis, Céos, V^e^ s. av. J.-C.), sophiste grec qui enseignait la morale et la stylistique à Athènes.

**prodigalité** *nf* **A** Caractère, attitude d'une personne prodigue. **B** *nfpl* Dépenses exagérées.

**prodige** *nm* **1** Phénomène surprenant qu'on ne peut expliquer et auquel on accorde un caractère surnaturel. **2** Action qui se signale par son caractère extraordinaire. *Les prodiges de la médecine.* **3** Personne, notam. enfant, très douée. *Un enfant prodige.* ETY Du lat.

**prodigieux, euse** *a* Extraordinaire, considérable et à peine croyable. DER **prodigieusement** *av*

**prodigue** *a, n* **1** Qui fait des dépenses disproportionnées par rapport à ses moyens. *Être prodigue de son bien.* **2** fig Qui donne, fournit abondamment qqch. *Être prodigue de promesses.* LOC ***Enfant, fils prodigue*** : dont on fête le retour à la maison paternelle après une longue absence. ETY Du lat.

**prodiguer** *vt* ① **1** Dépenser sans mesure. *Prodiguer sa fortune.* **2** Donner à profusion. *Prodiguer des conseils.*

**pro domo** *av, a inv* Pour sa propre cause. *Plaider pro domo.* ETY Loc. lat., « pour sa maison ».

**prodrome** *nm* **1** litt Signe précurseur d'un évènement. **2** MED Ensemble de symptômes qui marquent le début d'une maladie. ETY Du gr. *prodromos*, « qui court devant ». DER **prodromique** *a*

**producteur, trice** *n, a* **1** Personne, société, pays qui produit des biens ou rend des services. *Pays producteur de coton.* **2** SPECT Personne, organisme qui finance une œuvre de l'industrie du spectacle.

**productibilité** *nf* Quantité maximale d'énergie que peut produire une centrale électrique dans des conditions optimales.

**productible** *a* Susceptible d'être produit.

**productif, ive** *a* Qui produit une richesse ; qui rapporte de l'argent, rentable.

**production** *nf* **1** Action de produire des biens ; les biens produits. *Production agricole, éditoriale.* **2** Œuvre littéraire ou artistique. *Le peintre expose ses productions dans une galerie.* **3** SPECT Action de produire un film, une émission ; le film, l'émission. **4** Fait, pour un phénomène, de se produire. *Obtenir la production d'une réaction chimique.* **5** DR, ADMIN Action de présenter une pièce. *Production d'un passeport.*

**productique** *nf, a* INDUSTR Ensemble des techniques qui visent à automatiser la production dans les usines. DER **producticien, enne** *a*

**productivisme** *nm* ECON Système économique qui privilégie la productivité. DER **productiviste** *a, n*

**productivité** *nf* **1** Capacité de produire, de rapporter plus ou moins. **2** Rapport entre la quantité de biens produits et les facteurs nécessaires pour cette production.

**produire** *v* 69 **A** *vt* **1** Donner l'existence à un bien, une richesse par un processus naturel ou par un travail. *Terre qui produit du blé. Ces arbres commencent à produire.* **2** Créer une œuvre. *Cet écrivain a produit de nombreux romans.* **3** SPECT Assurer l'organisation matérielle et le financement d'un produit audiovisuel de façon à en permettre la réalisation. **4** Rapporter, donner un profit. *Capital qui produit des intérêts.* **5** Causer, déterminer. *Produire des effets inattendus.* **6** Montrer, présenter pour appuyer sa cause. *Produire des pièces justificatives. Produire des témoins.* **B** *vpr* **1** Avoir lieu. *Ce phénomène se produit fréquemment.* **2** Se présenter dans un spectacle. *Chanteur qui se produit dans tel cabaret.* ETY Du lat. *producere*, « faire avancer ».

**produit** *nm* **1** Ce que rapporte une charge, une terre, une activité, etc. *Le produit d'une opération commerciale.* **2** Ce qui se crée par un processus naturel ou grâce au travail de l'homme. *Produit volcanique. Les produits de la terre.* **3** Substance. *Un produit crémeux.* **4** ECON Bien ou service résultant d'une activité économique et destiné à satisfaire un besoin. *Les produits de première nécessité.* **5** fig Résultat de qqch ; ce que quelque chose a créé, engendré. *Un pur produit de son imagination.* **6** MATH Résultat d'une multiplication. LOC ***Produit brut*** : dont on n'a pas déduit les frais. — ***Produit cartésien de deux ensembles A et B*** ou ***produit de A et B*** : ensemble associant à tout élément a de A un (et un seul) élément b de B ; ensemble dont les éléments sont les couples (a, b). — ***Produit financier*** : tout placement proposé aux épargnants (actions, obligations, sicav, etc.). — ***Produit intérieur brut (PIB)*** : somme des valeurs ajoutées réalisées sur le sol national, additionnée de la TVA et des droits de douane grevant les produits. — ***Produit national brut (PNB)*** : agrégat formé par le produit intérieur brut auquel s'ajoutent les services rendus par les administrations publiques, les organismes financiers et domestiques, ainsi que le solde des échanges extérieurs de services. — ***Produit net*** : bénéfice réel. — ***Produit scalaire de deux vecteurs $V_1$ (de composantes $x_1$, $y_1$, $z_1$) et $V_2$ (de composantes $x_2$, $y_2$, $z_2$)*** : nombre noté $V_1 \cdot V_2$ égal à $x_1x_2 + y_1y_2 + z_1z_2$. — ***Produits de base*** : n'ayant pas subi de transformation industrielle. — ***Produits finis*** : prêts à l'emploi. — ***Produits intermédiaires*** : objets achevés, destinés à la fabrication d'un produit fini.

**proéminent, ente** *a* **1** Qui fait saillie sur ce qui l'environne. *Nez, ventre proéminent.* **2** Se dit de la septième vertèbre cervicale, à apophyse épineuse saillante sous la peau. ETY Du lat. DER **proéminence** *nf*

**prof** *n* fam Professeur.

**profane** *a, n* **A** Qui n'a pas un caractère religieux. *Opposition du profane et du sacré.* **B** *n* **1** Personne qui n'est pas initiée à une religion à mystères. **2** Personne qui ignore tout d'un art, d'une science.

**profaner** *vt* ① **1** Violer le caractère sacré de. *Profaner un autel.* **2** fig Faire un mauvais usage de qqch de respectable, de précieux. *Profaner la beauté.* ETY Du lat. DER **profanateur, trice** *n, a* – **profanation** *nf*

**proférer** *vt* 14 Prononcer, dire à haute voix.

**profès, esse** *a, n* RELIG CATHOL Qui s'est engagé dans un ordre religieux par des vœux solennels.

**professer** *vt* ① **1** Déclarer, manifester ouvertement une conviction, un sentiment. *Professer une admiration exagérée pour qqch. Professer la religion chrétienne.* **2** vieilli Enseigner publiquement. *Il professe à l'Université.*

**professeur** *n* **1** Personne dont le métier est d'enseigner une science, un art, notam. dans l'institution pédagogique. *Professeur de physique. Sa fille est professeur de lycée.* **2** Dans l'Université, personne qui, titulaire ou non d'une chaire, possède le titre le plus élevé parmi les enseignants. LOC ***Professeur des écoles*** : enseignant(e) du primaire, maintenant formé(e) dans un IUFM. ETY Du lat. *profiteri*, « enseigner en public ». VAR **professeure** *nf* DER **professoral, ale, aux** *a* – **professorat** *nm*

**profession** *nf* **1** RELIG Acte par lequel une personne s'engage par les vœux de religion, après le noviciat. **2** Activité rémunératrice exercée habituellement par qqn. *Profession libérale.* **3** Corps constitué par tous ceux qui pratiquent le même métier. *Il est connu dans la profession.* LOC ***De profession*** : de son métier ; fig qui se comporte habituellement comme tel. — ***Faire profession d'une opinion, d'une religion*** : les professer. — ***Profession de foi*** : déclaration publique de sa foi ; dans la religion catholique, renouvellement des engagements du baptême au cours d'une cérémonie appelée anc. communion solennelle ; déclaration de principes, notam. en matière idéologique. ETY Du lat.

**professionnaliser** *v* ① **A** *vt* **1** Rendre professionnelle une activité jusque-là pratiquée par des amateurs. **2** Adapter une formation, un enseignement à la pratique professionnelle future des enseignés. **B** *vpr* Devenir professionnel, plus professionnel. DER **professionnalisation** *nf*

**professionnalisme** *nm* **1** Caractère professionnel d'un travail, d'une réalisation. **2** Statut de professionnel. ANT amateurisme. **3** Qualité de celui qui exerce un métier avec une grande compétence.

**professionnel, elle** *a, n* **A** *a* Qui a rapport à une profession. *Obligations professionnelles.* **B** *a, n* **1** Personne qui pratique une activité comme métier. *Professionnels du sport. Musicien professionnel.* ANT amateur. **2** Personne qui exerce son métier avec une compétence toute particulière. DER **professionnellement** *av*

**professoral, professorat** → **professeur.**

**profil** *nm* **1** Contour d'un visage vu de côté. **2** Forme ou représentation d'une chose vue de côté, dont le contour caractéristique est mis en valeur. *Le profil d'un monument.* **3** ARCHI Section perpendiculaire d'un bâtiment. *Le profil d'une forteresse.* **4** GEOGR, GEOL Coupe selon un axe. *Profil d'un terrain.* **5** PSYCHO Courbe donnant la « physionomie mentale » d'un sujet, dont les éléments sont les résultats de divers tests. **6** Ensemble des caractéristiques psychologiques et professionnelles d'un individu. *Un profil de vendeur.* **7** fig Aspect général de qqn ou de qqch. *Le profil des derniers sondages.* LOC ***Adopter un profil bas*** : faire preuve d'une grande modération, s'abstenir de toute provocation. — ***De profil*** : par le côté et de manière à dégager les contours. — ***Profil en long*** : coupe verticale effectuée le long de l'axe. — TECH ***Profil en travers*** : coupe verticale effectuée perpendiculairement à l'axe. — BX-A ***Profil perdu*** : qui présente de côté l'arrière de la tête, le visage étant caché aux trois quarts. ETY De l'a. fr. *profiter*, « border ».

**profilage** *nm* **1** TECH Action de donner un profil à une route, à un objet. **2** Profil aérodynamique ou hydrodynamique d'un véhicule. **3** Activité du profileur.

**profilé, ée** *a, nm* **A** **1** Auquel on a donné un certain profil. **2** FIN Se dit de fonds de placement présentant différents niveaux de risque. **B** *nm* TECH Pièce laminée de section uniforme.

**profiler** *v* ① **A** *vt* **1** TECH Représenter en profil. **2** Faire paraître en profil. *La tour profile sa silhouette sur le ciel.* **3** TECH Donner un contour déterminé à un objet. **4** Déterminer le profil psychologique de qqn. **B** *vpr* **1** Se dessiner avec un contour net. *Un navire se profile à l'horizon.* **2** fig S'esquisser, s'ébaucher. *Une solution se profile.*

**profileur, euse** *n* Spécialiste de la psychologie des criminels, en partic. des tueurs en série.

**profit** *nm* **1** Gain, bénéfice. **2** ECON Pour une entreprise, bénéfice correspondant à la différence entre le prix de vente et le prix de revient tous frais payés. **3** Avantage matériel ou moral que l'on retire de qqch. *Il a tiré profit de mes conseils.* **LOC** ***Au profit de*** : pour procurer des avantages à. — ***Faire du profit*** : être d'un usage économique. — ***Faire son profit de qqch*** : en tirer un avantage. — ***Mettre qqch à profit*** : l'utiliser au mieux. ETY Du lat. *proficere*, « être utile ».

**profitable** *a* **1** Qui offre un avantage, matériel ou moral. **2** Qui produit un profit financier, un bénéfice. *Un placement profitable.* DER **profitabilité** *nf* – **profitablement** *av*

**profiter** *v* ① **A** *vti* **1** Tirer profit, avantage de qqch. **2** Donner du profit, être utile à. *Cette expérience lui a profité.* **B** *vi* fam **1** Croître, se fortifier. *Son bétail a bien profité.* **2** Faire du profit. **LOC** ***Profiter de qqch pour*** : prendre prétexte pour.

**profiterole** *nf* Chou garni de glace à la vanille, nappé d'une sauce chaude au chocolat. ETY Dimin. de *profit*, « petit profit ».

**profiteur, euse** *n* péjor Personne qui tire profit de tout, de façon peu scrupuleuse.

**profond, onde** *a, av* **A** *a* **1** Dont le fond est éloigné de la surface, de l'ouverture, du bord. *Puits, étang profond.* **2** Qui est situé très bas par rapport à la surface. *Les zones profondes de la mer.* **3** Qui pénètre, s'enfonce très avant. *Racine profonde.* **4** fig Caché au fond de l'être, au fond des choses. *Le sens profond d'un symbole.* **5** Qui ne s'arrête pas aux apparences. *Pensées profondes.* **6** Très grand, très intense. *Profond chagrin.* **7** Qui évoque la profondeur. *Nuit profonde. Sommeil profond. Voix profonde.* **8** Qui refléterait la réalité véritable et permanente d'une nation, par-delà les changements politiques. **B** *av* En profondeur. *Il a creusé profond.* **LOC** ***Le plus profond*** : la partie la plus profonde. ETY Réfection de l'a. fr. *parfont*.

**profondément** *av* **1** De façon profonde. *Profondément enterré.* **2** fig À un haut degré. **LOC** ***Saluer profondément*** : très bas.

**profondeur** *nf* **A** **1** Étendue d'une chose considérée à partir de la surface, de l'ouverture, du bord jusqu'au fond. *La profondeur d'une tranchée.* **2** Qualité de celui qui approfondit les choses. *Écrivain qui manque de profondeur.* **3** Caractère de ce que l'on ressent profondément. *La profondeur de son attachement.* **B** *nfpl* **1** Endroit profond. **2** fig Ce qui semble enfoui au plus profond. *Les profondeurs de l'âme.* **LOC** PHOTO, CINE ***Profondeur de champ*** : distance minimale et maximale à laquelle doit se trouver l'objet photographié pour que son image soit nette.

**pro forma** *a inv* **LOC** COMPTA ***Facture pro forma*** : facture non exigible établie à titre indicatif avant la livraison ou l'exécution d'une commande. ETY Mots lat., « pour la forme ».

**profus, use** *a* litt Abondant.

**profusion** *nf* Abondance extrême. *Une profusion de compliments.* **LOC** ***À profusion*** : en grande quantité. ETY Du lat.

**progéniture** *nf* litt, plaisant Ensemble des enfants, des petits engendrés par un être humain, un animal ; descendance. ETY Du lat.

**progénote** *nm* BIOL Cellule primitive, qui serait apparue il y a 3,5 milliards d'années.

**progestatif, ive** *a, nm* BIOCHIM Se dit de toute substance qui possède la même action que la progestérone. ETY Du lat. *gestare*, « porter ».

**progestérone** *nf* BIOCHIM Hormone sexuelle femelle sécrétée par le corps jaune de l'ovaire après l'ovulation et par le placenta pendant la grossesse.

**progiciel** *nm* INFORM Ensemble de programmes conçus pour différents utilisateurs et destinés à un même type d'applications. ETY De *programme* et *logiciel*.

**proglottis** *nm* ZOOL Chacun des anneaux du corps des cestodes. PHO [prɔglɔtis] ETY Du gr. *glôttis*, « languette » à cause de sa forme.

**prognathe** *a, n* Se dit d'un être humain dont les mâchoires sont proéminentes. PHO [prɔgnat] DER **prognathisme** *nm*

**programmable** → **programmer.**

**programmateur, trice** *n* **A** Personne chargée d'établir un programme de radio, de télévision, etc. **B** *nm* TECH Dispositif commandant les opérations qui composent le programme de fonctionnement d'un appareil.

**programmation** *nf* **1** Action de programmer des films, des émissions, etc. **2** INFORM Établissement d'un programme. **LOC** ***Programmation neurolinguistique*** : méthode de psychothérapie visant à découvrir et à optimiser les potentialités de l'individu. ABREV PNL

**programmatique** *a* didac Qui constitue un programme. *Textes programmatiques.*

**programme** *nm* **1** Texte indiquant ce qui est prévu pour une représentation, une fête ; liste des émissions, des films, etc., à venir. *Le programme d'un concert.* **2** Ensemble des matières et des sujets sur lesquels doit porter un enseignement ou un examen, un concours. **3** POLIT Exposé des vues d'un parti, d'un candidat. *Programme électoral.* **4** Ensemble des actions, des opérations que l'on prévoit de faire. *Programme de production. Quel est ton programme pour les vacances ?* **5** INFORM Suite d'instructions, rédigées dans un langage particulier et utilisées par l'ordinateur pour effectuer un traitement déterminé. ETY Du gr. *programma*, « ce qui est écrit à l'avance ».

**programmé, ée** *a* Prévu dans un programme. **LOC** ***Enseignement programmé*** : comportant un programme divisé en séquences brèves dont l'élève dirige lui-même le déroulement en fonction de son rythme d'assimilation.

**programmer** *vt* ① **1** Mettre un film, une émission dans un programme. **2** INFORM Organiser des données selon un programme. **3** Prévoir. *Programmer l'achat d'une voiture.* DER **programmable** *a*

**programmeur, euse** *n* INFORM Spécialiste de la programmation.

**programmiste** *n* GEST Spécialiste de la programmation d'une opération, d'un chantier.

**progrès** *nm* **1** Avance, développement, extension d'un phénomène. *Les progrès d'un feu de forêt.* SYN progression. **2** Fait d'aller plus avant, de devenir meilleur ; amélioration. *Faire des progrès.* **3** Évolution de la société. *Croire au progrès.* ETY Du lat. *progressus*, « marche en avant ».

**Progrès (le)** quotidien régional fondé à Lyon en 1859.

**progresser** *vi* ① **1** Avancer, se développer. *Les troupes ont progressé. Maladie qui progresse.* **2** Faire des progrès. *Cet enfant ne progresse pas.*

**progressif, ive** *a* **1** Qui croît selon une progression. *Impôt progressif.* ANT dégressif. **2** Qui se fait graduellement, de manière continue. *Évolution progressive.* **LOC** GRAM ***Forme progressive d'un verbe*** : qui indique, en anglais, que l'action exprimée est en train de s'accomplir (ex. : *he is coming*). — ***Verre progressif*** : verre correcteur de la vision ayant un double foyer avec passage graduel de l'un à l'autre. DER **progressivement** *av* – **progressivité** *nf*

**progression** *nf* **1** Action d'avancer, de progresser. *La progression de l'ennemi.* **2** Fait de se développer. *La progression de la criminalité.* **LOC** MATH ***Progression arithmétique*** : suite de nombres tels que chacun d'eux est la somme du précédent et d'un nombre constant, appelé *raison*. *La suite 1, 4, 7, 10... est une progression arithmétique de raison 3.* — ***Progression ascendante*** : qui va en augmentant numériquement. — ***Progression géométrique*** : suite de nombres tels que chacun d'eux est le produit du précédent par un nombre constant. *La suite 1, 3, 9, 27... est une progression géométrique de raison 3.* ETY Du lat.

**progressiste** *a, n* Qui professe des opinions politiques avancées ; partisan de réformes, du progrès politique, social ou économique. ANT conservateur. DER **progressisme** *nm*

**prohibé, ée** *a* Défendu, interdit légalement. *Armes prohibées.* **LOC** DR ***Degré prohibé*** : degré de parenté proche qui interdit le mariage.

**prohiber** *vt* ① DR Défendre, interdire par voie légale. ETY Du lat.

**prohibitif, ive** *a* **1** DR Qui prohibe. *Décret prohibitif.* **2** Exorbitant au point d'être un obstacle. *Prix prohibitif.*

**prohibition** *nf* **1** Action de prohiber qqch. *La prohibition de l'inceste.* **2** ECON Interdiction légale d'importer ou d'exporter un produit. **3** HIST Interdiction des boissons alcooliques aux États-Unis de 1919 à 1933.

**prohibitionnisme** *nm* Opinion des partisans de la prohibition de certains produits jugés dangereux. DER **prohibitionniste** *a, n*

**proie** *nf* **1** Être vivant dont un animal (prédateur) s'empare pour en faire sa nourriture. **2** fig Personne, chose dont on s'empare ou dont on cause la perte, la ruine. *Ces trésors furent la proie du vainqueur.* **LOC** ***Être en proie à*** : tourmenté par. — ***Être la proie de*** : être dévasté par. — ***Oiseau de proie*** : qui se nourrit d'animaux vivants. ETY Du lat.

**projecteur** *nm* **1** Appareil qui envoie au loin un faisceau de rayons lumineux. *Projecteurs de scène.* **2** fig Ce qui dirige l'attention du public sur qqch ou qqn. *Tous les projecteurs sont braqués sur ce nouveau phénomène.* **3** Appareil permettant de projeter des diapositives, des films.

**projectif, ive** *a* **LOC** GEOM ***Propriétés projectives*** : qui se conservent lors de la projection d'une figure. — PSYCHO ***Test projectif*** : dans lequel le sujet est amené à extérioriser sa personnalité, son affectivité.

**projectile** *nm* Corps projeté en direction d'une cible, d'un objectif avec la main ou avec une arme.

**projection** *nf* **1** Action de projeter un corps, une matière ; matières projetées. *Projection de sable. Projections d'un volcan.* **2** Action de former une image sur une surface, un écran. *La projection d'une ombre. Projection de photos, d'un film.* **3** Prévision économique ou démographique fondée sur le prolongement d'une courbe statistique. **4** GEOM Transformation par laquelle on fait correspondre à tout point d'une surface donnée un point d'une autre surface ; point ou ensemble de points obtenus par cette transformation. **5** GEOGR, ASTRO En cartographie, représentation sur une surface plane des figures tracées sur une sphère. **6** PSYCHAN Processus inconscient par lequel un sujet attribue à une autre personne des qualités, des tendances, des sentiments qu'il refuse être les siens. **7** PSYCHO Manifestation de la personnalité de qqn dans ses réactions. **8** MILIT Intervention rapide au-delà des frontières. ETY Du lat.

**projectionniste** *n* Personne dont le métier est de projeter des films.

**projet** *nm* **1** Ce qu'on se propose de faire. *Concevoir, exécuter un projet.* **2** Première rédaction d'un texte. **3** Ensemble d'indications concernant la réalisation d'une construction, d'une machine, avec dessins et devis. **LOC** ***Projet de loi :*** texte de loi élaboré par le gouvernement et soumis au vote du Parlement.

**projetable** *a* MILIT Se dit d'une unité militaire capable d'intervenir rapidement au loin.

**projeter** *vt* [20] **1** Lancer avec force. *Projeter de la boue. Il fut projeté sur la chaussée par l'explosion.* **2** Émettre une lumière ; produire une image sur une surface. *Projeter une ombre. Projeter un film.* **3** GEOM Représenter un corps par sa projection sur un plan. **4** PSYCHAN Prêter, attribuer à autrui son propre état affectif. *Projeter son angoisse sur qqn.* **5** MILIT Envoyer des troupes au-delà des frontières. **6** Former le projet de. *Projeter un achat.*

**projeteur** *nm* TECH Dessinateur, technicien qui établit des projets.

**Prokhorov Alexandre Mikhaïlovitch** (Atherton, 1916 – Moscou, 2002), physicien russe. Avec N. G. Bassov, il inventa le maser amplificateur (1955). P. Nobel 1964.

**Prokofiev Sergueï Sergueïevitch** (Sontsovka, Ukraine, 1891 – Nikolina Gora, 1953), compositeur et pianiste russe : nombr. pièces pour piano, concertos, sept symphonies, musique de chambre, suites (*Pierre et le Loup*, 1936), ballets (*Pas d'acier*, 1927 ; *Roméo et Juliette*, 1940), mus. de films d'Eisenstein (*Alexandre Nevski*, 1938 ; *Ivan le Terrible*, 1942-1945), opéras (*l'Amour des trois oranges*, 1921 ; *l'Ange de feu*, 1957).

Sergueï Prokofiev

**Prokopievsk** v. industr. de Russie, dans le Kouzbass ; 274 000 hab.

**Prokop le Chauve** (?, v. 1380 – Lipany, 1434), chef hussite de Bohême, vaincu et tué par les armées cathol. après des années de luttes. [VAR] **Prokop le Grand**

**prolabé, ée** *a* MED Atteint de prolapsus.

**prolactine** *nf* BIOCHIM Hormone sécrétée par l'hypophyse et qui déclenche la lactation.

**prolamine** *nf* BIOCHIM Protéine végétale contenue dans le blé, le riz, l'orge, le maïs.

**prolapsus** *nm* MED Déplacement pathologique d'un organe (notam. utérus) vers le bas. [PHO] [pRɔlapsys]

**prolégomènes** *nmpl* didac **1** Longue introduction au début d'un livre. **2** Notions préliminaires à l'étude d'une science. [ETY] Du gr.

**Prolégomènes à toute métaphysique future qui pourra se présenter comme science** œuvre de Kant (1783) qui résume *la Critique de la raison pure* (1781).

**prolepse** *nf* RHET Figure de rhétorique consistant à prévoir une objection et à la réfuter par avance. [ETY] Du gr.

**prolétaire** *n, a* **A** *nm* ANTIQ ROM Citoyen pauvre, exempt d'impôts, qui ne contribuait à la puissance de la république que par les enfants qu'il lui donnait. **B** *n* Personne qui ne vit que du produit d'une activité salariée manuelle et dont le niveau de vie est en général bas. SYN fam prolo. **C** *a* Relatif aux prolétaires. *Masses prolétaires.* [ETY] Du lat. *proles*, « descendance ». [DER] **prolétarien, enne** *a*

**prolétariat** *nm* Classe sociale que constituent les prolétaires.

**prolétariser** *v* [1] **A** *vt* Réduire à l'état de prolétaire. **B** *vpr* Devenir prolétaire. [DER] **prolétarisation** *nf*

**proliférateur** *nm* POLIT État qui favorise la prolifération des armements de destruction massive.

**prolifération** *nf* **1** BIOL Multiplication, normale ou pathologique, d'une cellule, d'une bactérie. **2** BOT Formation d'un bouton à fleur sur une partie de la plante qui n'en porte pas habituellement. **3** POLIT Fait pour des armes nucléaires, chimiques ou biologiques de devenir accessibles à un plus grand nombre d'États. **4** fig Multiplication excessive et rapide. [DER] **prolifératif, ive** *a*

**proliférer** *vi* [14] **1** Se reproduire, se multiplier. *Cellules qui prolifèrent. Race qui prolifère.* **2** fig Se multiplier rapidement, foisonner. [DER] **proliférant, ante** *a*

**prolifique** *a* **1** Qui se multiplie, se reproduit rapidement. *Espèces prolifiques.* **2** fig Qui produit, crée en abondance. *Écrivain prolifique.* [ETY] Du lat. *proles*, « descendance ». [DER] **prolificité** *nf*

**proline** *nf* BIOCHIM Acide aminé cyclique qui contribue à la formation des sucres. [ETY] De l'all.

**prolixe** *a* litt Bavard, trop long. *Orateur, style prolixe.* SYN verbeux. [ETY] Du lat. *prolixus*, « allongé ». [DER] **prolixement** *av* – **prolixité** *nf*

**prolo** *n* fam Prolétaire.

**prologue** *nm* **1** Première partie d'une œuvre littéraire ou dramatique servant à situer les personnages et l'action. *Les prologues du théâtre antique.* ANT épilogue. **2** MUS Petit morceau lyrique, sorte d'introduction au premier acte de certains opéras. **3** Préface, introduction, avant-propos. *Ce meeting sert de prologue à la campagne électorale.* **4** Brève épreuve précédent une compétiton importante. [ETY] Du gr. *logos*, « discours ».

**prolongateur** *nm* Rallonge électrique.

**prolongation** *nf* **1** Action de prolonger dans le temps. **2** Temps ajouté à une durée déjà fixée. *Une prolongation de congé.* **3** SPORT Temps ajouté à la fin d'un match pour permettre à deux équipes à égalité de se départager.

**prolongement** *nm* **A 1** Action de prolonger, accroissement en longueur. *Le prolongement d'une voie ferrée.* **2** Ce qui prolonge. **B** *nmpl* fig Suite, extension. *Cette affaire aura des prolongements.* **LOC** ***Dans le prolongement de :*** dans la direction qui prolonge qqch.

**prolonger** *vt* [13] **1** Étendre dans l'espace, continuer ; constituer un prolongement. *Prolonger une avenue. Le jardin se prolonge jusqu'à la rue.* **2** Faire durer plus longtemps. *Prolonger ses vacances. La discussion s'est prolongée fort tard.*

**promégaloblaste** *nm* BIOL Grande cellule à rayon arrondi, issue de l'hémocytoblaste, et qui donne naissance au mégaloblaste.

**promenade** *nf* **1** Action de se promener. **2** Voie, allée où l'on se promène. *La promenade des Anglais, à Nice.*

**promener** *v* [16] **A** *vt* **1** Faire sortir pour distraire ou faire prendre l'air. *Promener un enfant.* **2** fig Faire passer, déplacer çà et là. *Promener les yeux, son regard sur un paysage.* **B** *vpr* Aller à pied, en voiture, etc. pour se distraire ou pour prendre l'air. *Se promener en forêt.*

**promeneur, euse** *n* Personne qui se promène.

**promenoir** *nm* **1** Lieu couvert destiné à la promenade. **2** Partie d'un théâtre où les spectateurs se tiennent debout.

**promesse** *nf* **A 1** Action de promettre, engagement de faire, de donner qqch. *Promesse électorale.* **2** DR Engagement de contracter une obligation, d'accomplir un acte. *Promesse de vente.* **B** *nfpl* litt Espérance que l'on conçoit au sujet de qqch ou de qqn. *Jeune poète plein de promesses.*

**Prométhée** dans la myth. gr., fils du Titan Japet, frère d'Atlas et d'Épiméthée, père de Deucalion. Il aurait dérobé le feu du Ciel pour l'apporter sur la Terre, permettant aux hommes de compenser les insuffisances de la nature. Dans sa colère, Zeus affligea l'humanité des maux contenus dans la boîte de Pandore et fit attacher Prométhée par Héphaïstos sur la plus haute cime du Caucase, où un aigle lui dévorait le foie, qui sans cesse repoussait. ▷ LITTER *Prométhée enchaîné* (apr. 467 av. J.-C.), tragédie d'Eschyle. *Prométhée délivré*, drame lyrique en 4 actes et en vers de Shelley (1820). *Le Prométhée mal enchaîné*, récit de Gide (1899). [DER] **prométhéen, enne** *a*

**Prométhée** torturé par le vautour (à dr.) et son frère Atlas

**prométheum** *nm* CHIM Élément radioactif artificiel de la famille des lanthanides, de numéro atomique Z = 61, de masse atomique 145. SYMB Pm. [PHO] [pRɔmeteɔm]

**prometteur, euse** *a* Plein de promesses. *Un avenir prometteur.*

**promettre** *v* [60] **A** *vt* **1** S'engager à faire, à donner qqch. *Il m'a promis de venir. Promettre un jouet à un enfant.* **2** Assurer, prédire. *Je vous promets que vous ne le regretterez pas. La météo avait promis du soleil.* **B** *vi* Donner, laisser de grands espoirs pour le futur. *Un jeune homme qui promet.* **C** *vpr* **1** Prendre une résolution. *Je me suis promis de ne plus le voir.* **2** Espérer, faire le ferme projet de. *Je m'étais promis un jour de vacances.* [ETY] Du lat.

**promis, ise** *a, n* **A** *a* **1** Dont on a fait la promesse. **2** Voué à, destiné à. *Jeune homme promis à un grand avenir.* **B** *n* vx, rég Fiancé, fiancée.

**promiscuité** *nf* Voisinage fâcheux qui gêne ou empêche l'intimité. [PHO] [pRɔmiskɥite] [ETY] Du lat. *promiscuus*, « mêlé ».

**promo** *nf* fam Promotion.

**promontoire** *nm* Pointe de terre élevée qui s'avance dans la mer. [ETY] Du lat.

**promoteur, trice** *n* **A 1** litt Personne qui donne la première impulsion à qqch. *Luther, promoteur de la Réforme.* **2** Homme ou femme d'affaires qui fait construire des immeubles en vue de les vendre ou de les louer. **B** *nm* **1** CHIM Substance servant à améliorer l'activité d'un catalyseur. **2** GENET Région de l'ADN à partir de laquelle s'enclenche l'expression d'un gène voisin.

**promotion** *nf* **1** Admission simultanée de candidats à une grande école ; ensemble des candidats admis. *Camarades de promotion.* **2** Nomination d'une ou de plusieurs personnes à un grade, une dignité, un emploi supérieur. *Bénéficier d'une promotion.* **3** Tarif promotionnel, article en promotion. **LOC** ***Article en promotion :*** dont le bas prix de vente incite à l'achat. — ***Promotion des ventes :*** ensemble des techniques utilisées pour améliorer et développer les ventes. — ***Promotion immobilière :*** action de faire construire des immeubles en vue de les vendre ou de les louer.

**promotionnel, elle** *a* Destiné à améliorer les ventes. *Prix promotionnel.*

**promouvoir** *vt* [43] **1** Élever à une dignité, à un grade supérieur. *Promouvoir un colonel au grade de général.* **2** Favoriser l'expansion, le développement de. *Promouvoir des réalisations sociales.* **3** COMM Inciter par promotion à l'achat de qqch. *Promouvoir un nouveau produit.* [ETY] Du lat. *promovere,* « pousser en avant ».

**prompt, prompte** *a* litt **1** Qui s'effectue rapidement. *Le prompt rétablissement d'un malade.* **2** Qui montre de la rapidité, de la vivacité dans ses réactions. *Avoir l'esprit prompt.* [PHO] [pʀɔ̃, ɔ̃(p)t] [ETY] Du lat. [DER] **promptement** *av*

**prompteur** *nm* Appareil sur lequel défile le texte à dire par le présentateur de télévision qui est face à la caméra. SYN téléprompteur.

**promptitude** *nf* litt **1** Rapidité. *La promptitude de son retour m'a surpris.* **2** Vivacité. *Réagir avec promptitude.*

**promu, ue** *a, n* Qui a reçu une promotion.

**promulguer** *vt* [1] Publier une loi dans les formes requises pour la rendre exécutoire. [ETY] Du lat. [DER] **promulgateur, trice** *a, n* – **promulgation** *nf*

**pronaos** *nm* ARCHI Portique qui, dans les temples grecs et les églises orientales anciennes, précède le naos. [PHO] [pʀɔnaɔs] [ETY] Mot gr.

**pronateur, trice** *a, nm* Se dit des muscles de l'avant-bras qui servent aux mouvements de pronation. [ETY] Du lat. *pronus,* « penché en avant ».

**pronation** *nf* PHYSIOL Mouvement du poignet par lequel la main, tournée vers le haut, accomplit une rotation interne de 180°. ANT supination.

**prône** *nm* RELIG CATHOL Recommandation, annonces que le prêtre fait au cours de la messe dominicale. [ETY] Du lat. *protinum,* « couloir ».

**prôner** *vt* [1] Vanter, louer, recommander. *Prôner un remède, des idées.* [DER] **prôneur, euse** *n*

**pronom** *nm* GRAM Mot qui représente un nom, un adjectif ou une proposition. *Pronoms personnels, possessifs, démonstratifs, relatifs, interrogatifs et indéfinis.* [ETY] Du lat.

**pronominal, ale** *a* Relatif au pronom, de la nature du pronom. *« En » et « y » sont des adverbes pronominaux.* PLUR pronominaux. LOC ***Verbe pronominal*** ou ***un pronominal*:** qui se conjugue avec deux pronoms de la même personne. *Je me suis évanoui.*

**pronominalement** *av* En fonction de pronom ou de verbe pronominal. *Adverbe employé pronominalement.*

**pronominaliser** *vt* [1] LING **1** Substituer un pronom à un syntagme nominal. **2** Transformer en phrase à verbe pronominal (*Paul aime Marie et Marie aime Paul* devient *Marie et Paul s'aiment*). [DER] **pronominalisation** *nf*

**prononcé, ée** *a, nm* **A** *a* Marqué. *Un visage aux traits prononcés. Une aversion prononcée.* **B** *nm* Énoncé d'un jugement.

**prononcer** *v* [12] **A** *vt* **1** Articuler les sons qui composent les mots. *Un mot, une phrase difficile à prononcer.* **2** Dire, énoncer. *Prononcer un discours.* **3** Déclarer en vertu de son autorité. *Prononcer un arrêt. Prononcer un divorce.* **B** *vpr* **1** Formuler son avis ; faire un diagnostic. *Le médecin ne peut pas se prononcer.* **2** Prendre une décision, faire tel choix. *Il s'est prononcé pour un changement radical.* [ETY] Du lat. [DER] **prononçable** *a*

**prononciation** *nf* **1** DR Action de prononcer un jugement. **2** Manière de prononcer les sons d'une langue. *Bonne, mauvaise prononciation.*

**pronostic** *nm* **1** Estimation, prévision de ce qui doit arriver. *Faire, établir des pronostics. Écouter les pronostics des courses à la radio.* **2** MED Prévision de l'évolution et des effets d'une maladie. *Le pronostic se fonde principalement sur le diagnostic.* LOC ***Pronostic vital*:** risque de décès dû à une maladie ou à un accident. *Son pronostic vital est engagé.* [ETY] Du gr. *progignôskein,* « connaître à l'avance ».

**pronostique** *a* MED Relatif au pronostic.

**pronostiquer** *vt* [1] **1** Faire un pronostic. *Pronostiquer une victoire.* **2** Laisser prévoir, annoncer. *Ce ton menaçant pronostiquait le pire.*

**pronostiqueur, euse** *n* **1** Personne qui pronostique. **2** Journaliste chargé d'établir des pronostics sportifs, notam. hippiques.

**pronucléus** *nm* Noyau d'un gamète en cours de fécondation. [PHO] [pʀɔnykleys]

**pronunciamiento** *nm* Coup d'état militaire, putsch en Espagne et en Amérique du Sud. [PHO] [pʀɔnunsjamjɛnto] [ETY] Mot esp.

**Prony Marie Riche (baron de)** (Chamelet, Lyonnais, 1755 – Asnières, 1839), ingénieur français. Il améliora canaux et ports (Gênes, Dunkerque). Il inventa le frein dynamométrique (1821).

**propadiène** *nm* CHIM Syn. de *allène.*

**propagande** *nf* **1** Activité tendant à propager des idées, à rallier l'opinion à une cause. *Faire de la propagande.* **2** Congrégation pour la propagation de la foi.

**propagandiste** *n, a* Qui fait de la propagande.

**propagation** *nf* **1** Multiplication par reproduction en parlant d'êtres vivants. *La propagation de l'espèce.* **2** Action de se propager, de se répandre ; extension, diffusion. *La propagation des flammes. La propagation d'une maladie.* **3** PHYS Déplacement dans l'espace d'un phénomène vibratoire.

**propagation de la foi (Congrégation pour la)** congrégation romaine fondée en 1622 par le pape Grégoire XV, dans le but d'évangéliser les territoires non européens. Depuis 1967 on l'appelle aussi *Congrégation pour l'évangélisation des peuples.*

**propager** *v* [13] **A** *vt* **1** Multiplier, reproduire. *Propager une espèce.* **2** Répandre, faire connaître. *Propager une rumeur.* **3** PHYS Assurer la transmission de, conduire. *L'air propage les vibrations acoustiques.* **B** *vpr* Se répandre, gagner. *Le feu s'est propagé jusqu'aux immeubles voisins.* [ETY] Du lat. [DER] **propagateur, trice** *n*

**propagule** *nf* BOT Fragment de l'appareil végétatif d'une plante apte à redonner une nouvelle plante identique à la plante souche. [ETY] Du lat. *propago,* « bouture ».

**propane** *nm* CHIM Hydrocarbure saturé gazeux de formule $CH_3–CH_2–CH_3$, utilisé comme combustible. [DER] **propané, ée** *a*

**propanier** *nm* MAR Navire qui transporte du propane.

**propanol** *nm* CHIM Alcool propylique, utilisé en pharmacie, dans l'industrie des vernis, comme antigel et comme solvant.

**proparoxyton** *am, nm* LING Mot dont l'accent tonique porte sur l'antépénultième.

**propédeutique** *nf* **1** Enseignement préparatoire à un enseignement plus complet. **2** Anc Classe préparatoire obligatoire pour les bacheliers candidats à une licence, de 1948 à 1966. [ETY] Du gr. *paideuein,* « enseigner », par l'all.

**propène** *nm* CHIM Hydrocarbure éthylénique de formule $CH_3–CH{=}CH_2$, dérivé du propane et servant à la fabrication de matières plastiques. SYN propylène.

**propension** *nf* Tendance naturelle, disposition. *Propension à mentir, au mensonge.* [ETY] Du lat.

**Properce** (en lat. *Sextus Aurelius Propertius*) (Ombrie, v. 47 –?, v. 15 av. J.-C.), poète latin. Ses *Élégies* décrivent les tourments de l'amour.

**propergol** *nm* TECH Ergol ou mélange d'ergols assurant la propulsion des moteurs-fusées.

**prophase** *nf* BIOL Première phase de la mitose et de la méiose, caractérisée par l'individualisation des chromosomes et par leur clivage longitudinal.

**prophète, étesse** *n* **1** Chez les Hébreux, personne qui, inspirée par Dieu, parle en son nom. **2** Personne qui annonce l'avenir, ce qui doit arriver. LOC ***Faux prophète*:** imposteur. — ***Le Prophète*:** pour les musulmans, Mahomet. [ETY] Du gr.

[ENC] Les Hébreux nommaient prophète la personne qui, inspirée par Dieu, annonçait au peuple une vérité cachée, des récompenses ou des châtiments divins. La Bible distingue 3 *grands prophètes :* Isaïe, Jérémie, Ézéchiel, auxquels la tradition cathol. ajoute Daniel, et 12 *petits prophètes :* Osée, Joël, Amos, Abdias, Michée, Jonas, Nahum, Habacuc, Sophonie, Aggée, Zacharie, Malachie. Chacun de ces 16 personnages a donné son nom à un livre de la Bible.

**prophétie** *nf* **1** Révélation d'un prophète. **2** Prédiction. [PHO] [pʀɔfesi]

**prophétique** *a* **1** Qui appartient au prophète. *Inspiration prophétique.* **2** Qui tient de la prophétie. *Rêve prophétique.* [DER] **prophétiquement** *av*

**prophétiser** *vt* [1] **1** Annoncer l'avenir par inspiration surnaturelle. **2** Prédire, dire d'avance ce qui doit arriver.

**prophétisme** *nm* Tendance à prophétiser, à se poser en prophète.

**prophylaxie** *nf* MED Ensemble des mesures médicales prises pour prévenir l'apparition et le développement des maladies. [DER] **prophylactique** *a*

**propice** *a* **1** Favorable, bien disposé à l'égard de qqn, en parlant des Dieux. **2** Bien adapté, qui convient bien, opportun. *L'heure était propice aux confidences. Arriver au moment propice.* [ETY] Du lat.

**propitiation** *nf* Sacrifice offert à Dieu pour le rendre propice.

**propitiatoire** *a* litt Qui a la vertu de rendre propice. *Sacrifice propitiatoire.* [PHO] [pʀɔpisjatwaʀ]

**propolis** *nf* SC NAT Substance résineuse qui est récoltée par les abeilles sur les bourgeons, et qu'elles utilisent pour boucher les fissures de la ruche, fixer les rayons, etc. [PHO] [pʀɔpɔlis] [ETY] Mot gr., « entrée d'une ville ».

**Propontide** nom antique de la mer de Marmara.

**proportion** *nf* **A** **1** Rapport de grandeur entre les différentes parties d'un tout. **2** MATH Égalité de deux rapports (ex. : $\frac{a}{b} = \frac{c}{d}$). **3** Rapport quantitatif, pourcentage. **B** *nf pl* Ensemble des dimensions qui caractérisent un tout. *Des proportions importantes.* LOC ***À proportion, en proportion*:** dans un rapport constant. SYN proportionnellement. — ***À proportion de*:** par rapport à, eu égard à. — ***Hors de proportion*:** trop grand, démesuré. — ***Toutes proportions gardées*:** en tenant compte de la valeur relative, de la différence entre les éléments considérés. [ETY] Du lat.

**proportionnaliste** *a, n* Partisan de la représentation proportionnelle.

**proportionnalité** *nf* **1** Caractère des choses, des grandeurs proportionnelles entre elles. **2** Juste répartition. *Proportionnalité de l'impôt.*

**proportionné, ée** *a* **1** Qui est dans un rapport convenable avec. *L'amende est proportionnée au délit.* **2** Dont les proportions sont respectées, harmonieux.

**proportionnel, elle** *a, nf* Qualifie une grandeur liée à une autre par un rapport de proportion. LOC MATH ***Grandeurs directement proportionnelles*** : se dit de deux grandeurs dont le rapport reste constant. — ***Grandeurs inversement proportionnelles*** : dont le produit reste constant. — ***Représentation proportionnelle*** ou ***la proportionnelle*** : système électoral accordant une représentation proportionnelle aux suffrages obtenus. [DER] **proportionnellement** *av*

**proportionner** *vt* [1] Établir un juste rapport, une juste proportion entre deux choses.

**propos** *nm* **A** litt Ce que l'on se propose ; intention, dessein. *Mon propos n'est pas de vous condamner.* **B** *nm pl* Paroles, discours que l'on a dans une conversation. *Des propos désobligeants.* LOC ***À propos*** : à ce sujet, au fait ; à point nommé ; opportun, convenable. *À propos, comment va-t-il ? Arriver fort à propos. Il n'a pas jugé à propos de nous le dire.* — ***À propos de*** : au sujet de. — ***À tout propos*** : à chaque instant, à chaque occasion. — ***Mal à propos, hors de propos*** : d'une façon inopportune, sans raison.

**Propos** articles ou textes brefs d'Alain qui publia les premiers dans *la Dépêche de Rouen* (3 000 de 1906 à 1914). Nombr. vol. : *Propos* (1920), *Propos sur l'esthétique* (1923), *sur le bonheur* (1928), etc.

**Propos d'urbanisme** ouvrage de Le Corbusier (1945).

**proposer** *v* [1] **A** *vt* **1** Soumettre au choix, à l'avis d'autrui ; suggérer. *Proposer un plan d'action. Proposer une loi. Je propose de partir avant la nuit.* **2** Soumettre la candidature de qqn ; présenter, recommander qqn. *Proposer qqn pour la Légion d'honneur.* **3** Offrir, mettre à la disposition de. *Proposer son aide, ses services.* **4** Offrir une certaine somme pour acquérir qqch. *On m'a proposé mille francs de ce tableau.* **B** *vpr* **1** Offrir ses services. *Elle s'est proposée pour vous aider.* **2** Avoir comme but. *Se proposer de partir.* [ETY] Du lat. *proponere*, « poser devant ». [DER] **proposable** *a*

**proposition** *nf* **1** Action de proposer qqch ; chose proposée. *Proposition de mariage.* **2** MATH Énonciation d'une égalité, d'un théorème, etc. ; ses termes. **3** LOG Contenu d'une phrase ; prédicat. *Calcul des propositions.* **4** GRAM Mot ou groupe de mots, généralement ordonnés autour d'un verbe, constituant une unité syntaxique, et correspondant soit à une phrase simple, soit à un élément de phrase complexe. *Proposition indépendante. Proposition principale, subordonnée.* LOC ***Proposition de loi*** : texte d'une nouvelle loi élaboré par un ou des parlementaires et soumis à l'approbation du Parlement.

**propositionnel, elle** *a* **1** LOG Qui concerne les propositions. **2** Qui formule des propositions. *Une opposition constructive et propositionnelle.*

**Propp Vladimir Iakovlevitch** (Saint-Pétersbourg, 1895 – Leningrad, 1970), universitaire russe : *Morphologie du conte* (1928), qui fonda l'analyse structurale du récit dans la critique littéraire moderne.

**1 propre** *a, nm* **A** *a* **1** Qui appartient exclusivement ou particulièrement à ; qui caractérise. *Facultés propres à l'homme.* SYN particulier. **2** Qui convient, correspond parfaitement, approprié. *Employer le terme propre. Une eau propre à la consommation.* ANT impropre. **3** Marque avec emphase le rapport de possession. *Ce sont ses propres termes.* **B** *nm* **1** Qualité, caractère particulier. *Parler est le propre de l'homme.* **2** Sens propre. *Au propre comme au figuré.* **3** LITURG CATHOL Ensemble des textes qui sont dits spécifiquement à l'occasion de la fête du jour par oppos. à *ordinaire*. **C** *nm pl* DR Biens d'un conjoint qui ne tombent pas dans la communauté. LOC ***En propre*** : en propriété exclusive. *Ce qu'elle possède en propre.* — LING ***Nom propre*** : nom désignant un objet unique, notamment une personne, un lieu. — ***Sens propre*** : sens littéral, non modifié d'un terme par oppos. à *sens figuré*. [ETY] Du lat.

**2 propre** *a, nm* **A** *a* **1** Net, sans taches ni souillures. *Avoir les mains propres. Enfiler des vêtements propres.* **2** Soigné, bien ordonné, bien entretenu. *Un jardin propre. Un travail propre.* **3** Qui contrôle ses fonctions naturelles, en parlant d'un enfant, d'un animal familier. **4** fig De moralité incontestable. *Des gens propres en affaires. Une affaire pas très propre.* SYN honnête. **5** Qui respecte l'environnement, non ou peu polluant. *Usine propre.* **B** *nm* Ce qui est propre. *Du linge qui sent le propre.* LOC ***C'est du propre !*** : se dit d'une affaire, d'une chose malhonnête. — ***Être propre sur soi*** : convenable, recommandable. — ***Recopier, mettre au propre*** : recopier définitivement un brouillon.

**propre-à-rien** *n* fam Personne qui ne sait rien faire. PLUR propres-à-rien.

**1 proprement** *av* **1** Précisément, exactement. **2** De la belle manière, comme il faut. *Il l'a proprement remis en place.* LOC ***À proprement parler*** : pour parler en termes exacts, littéralement. — ***Proprement dit(e)*** : au sens étroit, restreint ; au sens propre. *Le domaine de la philosophie proprement dite.*

**2 proprement** *av* **1** D'une manière propre. *Manger proprement.* **2** fig D'une manière honnête. *Il s'est conduit très proprement.*

**propret, ette** *a* Coquet, simple et propre.

**propreté** *nf* **1** Caractère, état de ce qui est propre, exempt de saleté. **2** Qualité d'une personne propre.

**propréteur** *nm* ANTIQ ROM Ancien préteur chargé du gouvernement d'une province.

**propréture** *nf* ANTIQ ROM Dignité de propréteur, durée de cette charge.

**Propriano** com. de la Corse-du-Sud, sur le *golfe de Valinco* ; 3 166 hab. Pêche, tourisme.

**propriétaire** *n, a* **A** *n* **1** Personne à qui une chose appartient en propriété. *Le propriétaire de cette voiture est prié de se faire connaître.* **2** Personne qui possède un bien-fonds. *Un riche propriétaire.* **3** Personne à qui appartient un immeuble, une maison louée à des locataires. SYN fam proprio. **B** *a* INFORM Se dit d'un matériel ou d'un logiciel dont la définition et l'évolution sont sous le contrôle d'une seule société.

**propriété** *nf* **1** Droit de jouir et de disposer de qqch que l'on possède en propre, pourvu qu'on n'en fasse pas un usage prohibé par les lois et règlements. *Titre de propriété. Propriété foncière, mobilière.* **2** Chose qui fait l'objet du droit de propriété. **3** Bien-fonds possédé par qqn ; domaine. *Une propriété de 50 hectares. Propriété de famille.* **4** Caractère, qualité propre à qqch. *Les propriétés physiques des corps.* **5** Exactitude d'un terme employé. ANT impropriété. LOC ***Propriété commerciale*** : droit pour un commerçant locataire au renouvellement du bail. — ***Propriété industrielle*** : ensemble des droits concernant les créations (brevets, modèles, etc.) et les signes distinctifs (marque, nom commercial, etc.). — ***Propriété littéraire et artistique*** : ensemble des droits moraux et pécuniaires d'un écrivain ou d'un artiste sur son œuvre. — ***Propriété saisonnière*** : syn. de *multipropriété*.

**proprio** *n* fam Propriétaire.

**propriocepteur** *nm* PHYSIOL Récepteur de la sensibilité proprioceptive.

**proprioceptif, ive** *a* LOC PHYSIOL ***Sensibilité proprioceptive*** : sensibilité nerveuse affectant les muscles, les tendons, les os et les articulations, qui permet de connaître à tout moment la position des différentes parties du corps.

**proprioception** *nf* PHYSIOL Sensibilité proprioceptive.

**propulser** *vt* [1] **1** Faire avancer. *Le moteur qui propulse une fusée.* **2** fig Projeter, pousser en avant. **3** fam Placer soudainement qqn à un poste.

**propulseur** *nm* **1** TECH Dispositif qui propulse un navire, une fusée (hélice, réacteur, etc.). **2** Gaz contenu dans une bombe d'aérosol servant à pousser vers l'extérieur le produit qu'elle contient. **3** PREHIST Instrument en bois ou en os, destiné à aider au lancement d'une arme de jet. LOC ***Propulseur auxiliaire*** : syn. (recommandé) de *booster*.

**propulsif, ive** *a* TECH Qui exerce une propulsion.

**propulsion** *nf* **1** Action de pousser en avant. *La propulsion du sang dans les veines.* **2** Mouvement qui projette en avant. *Propulsion à réaction.* [ETY] Du lat. *propellere*, « pousser devant soi ».

**propyle** *nm* CHIM Radical univalent $CH_3-CH_2-CH_2$, dérivé de l'alcool propylique.

**propylée** *nm* ANTIQ GR **A** Porte monumentale d'un temple. **B** *nm pl* Construction à colonnes qui forme l'entrée principale de l'enceinte d'un sanctuaire, d'une citadelle. [ETY] Du gr. ▶ illustr. **acropole**

**propylène** *nm* CHIM Syn. de *propène*.

**propylique** *a* LOC CHIM ***Alcool propylique*** : $CH_3–CH_2–CH_2OH$ ou propanol.

**prorata** *nm* Part proportionnelle. LOC ***Au prorata de*** : proportionnellement à. [ETY] Du lat. *pro rata parte*, « selon la part calculée ».

**prorogatif, ive** *a* Qui proroge. *Décret prorogatif.*

**proroger** *vt* [13] **1** Prolonger la durée, le délai fixé. *Proroger un traité, une loi. Proroger une échéance.* **2** POLIT Suspendre les séances d'une assemblée et les remettre à une date ultérieure. [ETY] Du lat. [DER] **prorogation** *nf*

**prosaïque** *a* Exempt de poésie, d'élévation d'esprit, terre à terre. *Des occupations très prosaïques.* [ETY] Du bas lat. *prosaicus*, « écrit en prose ». [DER] **prosaïquement** *av* – **prosaïsme** *nm*

**prosateur** *nm* Auteur qui écrit en prose.

**proscénium** *nm* **1** ANTIQ Scène, plateforme sur laquelle se tenaient les acteurs ; le devant de scène. **2** Avant-scène. [PHO] [prɔsenjɔm] [ETY] Mot lat. du gr. [VAR] **proscenium**

**proscription** *nf* **1** ANTIQ ROM Action de proscrire. *Les proscriptions sanglantes de Sylla.* **2** Mesure prise pour interdire à un citoyen, généralement pour des raisons politiques, de continuer à résider dans sa patrie. **3** fig Action de rejeter, de condamner.

**proscrire** *vt* [67] **1** ANTIQ ROM Mettre hors la loi sans forme judiciaire, en publiant par voie d'affiche le nom des condamnés. **2** Bannir, exclure d'un pays, d'une communauté. **3** fig Rejeter, éliminer. *Les tournures les plus archaïques sont à proscrire.* **4** Interdire, défendre formellement qqch. [ETY] Du lat. [DER] **proscripteur** *nm*

**proscrit, ite** *a, n* Frappé de proscription.

**prose** *nf* **1** Forme du discours écrit ou oral qui n'est pas soumise aux règles de la poésie formelle. *Écrire en prose.* **2** Manière d'écrire ; littérature. **3** fam Lettre, écrit. *J'ai reçu votre prose.* **4** LITURG Hymne latine rimée, chantée avant l'Évangile dans certaines messes. [ETY] Du lat.

**prosélyte** *nm* **1** ANTIQ Chez les Juifs de l'époque hellénistique et du début de l'ère chrétienne, païen converti au judaïsme. **2** Personne nouvellement convertie à une religion. **3** fig Partisan gagné depuis peu à une doctrine et qui cherche à y entraîner autrui par son zèle ; nouvel adepte. [ETY] Du gr. *prosélutos*, « nouveau venu dans un pays ».

**prosélytisme** *nm* Zèle déployé pour faire des prosélytes, de nouveaux adeptes.

**Proserpine** dans la myth. rom., déesse de l'Agriculture, reine des Enfers, fille de Cérès et de Jupiter, épouse de Pluton. Elle correspond à la Perséphone des Grecs.

**prosimien** *nm* ZOOL Syn. de *lémurien.*

**prosobranche** *nm* ZOOL Mollusque gastéropode caractérisé par des branchies situées en avant du cœur tel que l'ormeau, la patelle, le murex.

**prosodie** *nf* **1** didac Étude des règles relatives à la métrique et, partic., étude de la durée, de la hauteur et de l'intensité des sons. **2** LING Partie de la phonologie qui étudie le ton, l'intonation, l'accent et la durée des phonèmes. **3** MUS Ensemble des règles concernant l'application de la musique à des paroles ou inversement. [ETY] Du gr. [DER] **prosodique** *a*

**prosopagnosie** *nf* MED Agnosie visuelle affectant la reconnaissance des visages familiers.

**prosopopée** *nf* RHET Figure qui consiste à faire parler un mort, un animal, etc.

**1 prospect** *nm* Distance minimale autorisée par la voirie entre deux bâtiments. [PHO] [pʀɔspɛ] [ETY] Du lat. *prospectus,* « vue ».

**2 prospect** *nm* COMM Client potentiel d'une entreprise. [PHO] [pʀɔspɛ(kt)] [ETY] Mot angl.

**prospecter** *vt* [1] **1** Parcourir et étudier un terrain en vue d'y découvrir des gisements, des richesses exploitables. **2** COMM Rechercher une clientèle. **3** fig Parcourir et examiner minutieusement. *Prospecter une région.* [ETY] De l'angl. [DER] **prospection** *nf*

**prospecteur, trice** *n* **1** Personne qui prospecte une région, un terrain. *Prospecteurs d'uranium.* **2** Personne qui prospecte, qui explore. *Un prospecteur d'idées.*

**prospecteur-placier** *nm* Personne chargée de rechercher des emplois disponibles pour les proposer aux demandeurs d'emploi. PLUR prospecteurs-placiers.

**prospectif, ive** *a* **1** Qui concerne le futur. **2** Qui concerne la prospective. *Étude prospective.*

**prospective** *nf* Ensemble des recherches qui ont pour objet l'évolution des sociétés dans un avenir prévisible.

**prospectus** *nm* Feuille volante, brochure publicitaire, distribuée pour annoncer qqch au public ou pour vanter un produit. [PHO] [pʀɔspɛktys] [ETY] Mot lat.

**Prosper d'Aquitaine (saint)** (près de Bordeaux, v. 385 – ?, v. 460), théologien gallo-romain. Il développa les thèses de saint Augustin sur la grâce.

**prospère** *a* Qui est dans un état, une situation de succès, de réussite. *Une entreprise prospère.* [ETY] Du lat.

**prospérer** *vi* [14] **1** Avoir du succès, se développer. *Ses affaires prospèrent.* **2** Croître en abondance, proliférer. *L'olivier prospère en Italie.*

**prospérité** *nf* **1** État prospère, situation favorable. **2** État de grande abondance, de richesse.

**Prost Alain** (Lorette, Loire, 1955), coureur automobile français ; champion du monde de formule 1 en 1985, 1986, 1989 et 1993.

**prostaglandine** *nf* BIOCHIM Substance dérivée d'un acide présente dans de nombreux tissus, et qui intervient dans l'agrégation des plaquettes sanguines, les contractions utérines et le fonctionnement du système sympathique.

**prostate** *nf* ANAT Glande de l'appareil génital masculin, située sous la vessie, autour de la partie initiale de l'urètre, et qui sécrète l'un des constituants du sperme. [ETY] Du gr. *prostatês,* « qui se tient en avant ». [DER] **prostatique** *a, nm*

**prostatectomie** *nf* CHIR Ablation de la prostate.

**prostatisme** *nm* MED Ensemble des symptômes signalant un adénome de la prostate.

**prostatite** *nf* Inflammation de la prostate.

**prosterner (se)** *vpr* [1] S'incliner, s'abaisser très bas en signe d'adoration, de respect profond, en partic. dans une pratique religieuse. [ETY] Du lat. [DER] **prosternation** *nf* – **prosternement** *nm*

**prosthèse** *nf* LING Adjonction d'un élément à l'initiale d'un mot, sans changement de sens ; lettre, syllabe ainsi ajoutée. (Ex. : le *e* de *espérer* ajouté au lat. *sperare* ; le *l* de *lierre* pour *l'ierre.*) [ETY] Du gr. [DER] **prosthétique** *a*

**prostitué, ée** *n* Personne qui se prostitue.

**prostituer** *v* [1] **A** *vt* **1** Inciter, livrer qqn à la prostitution. **2** litt Avilir par intérêt. *Prostituer son talent.* **B** *vpr* Se livrer à la prostitution. [ETY] Du lat. *prostituere,* « déshonorer ».

**prostitution** *nf* **1** Fait d'avoir des rapports sexuels contre rémunération ; phénomène social constitué par l'existence des prostitué(e)s. **2** fig, litt Avilissement intéressé. [DER] **prostitutionnel, elle** *a*

**prostomium** *nm* ZOOL Région antérieure du corps des annélides, en avant de la bouche. [PHO] [pʀɔstɔmjɔm] [ETY] Du gr. *stoma,* « bouche ».

**prostration** *nf* **1** MED Affaiblissement extrême des forces musculaires qui accompagne certaines maladies aiguës. **2** fig Abattement profond.

**prostré, ée** *a* En état de prostration ; très abattu. [ETY] Du lat. *prosternere,* « jeter à terre ».

**prostyle** *a, nm* ARCHI Qui présente une rangée de colonnes sur la façade antérieure.

**prot(o)-** Élément, du gr. *prôtos,* « premier ».

**protactinium** *nm* CHIM Élément radioactif naturel de la famille des actinides, de numéro atomique Z = 91, de masse atomique 231 (symbole Pa). [PHO] [pʀotaktinjɔm]

**protagoniste** *nm* **1** LITTER Acteur qui tenait le premier rôle dans une tragédie grecque. **2** fig Personne qui a le premier rôle, ou un des premiers rôles, dans une affaire, un récit. [ETY] Du gr.

**protège-coude** *nm* Syn. de coudière. PLUR protège-coudes.

**Protagoras** (Abdère, auj. Adra, v. 485 – en mer, v. 410 av. J.-C.), sophiste grec. Pour lui, « nos connaissances viennent de la sensation, et la sensation varie selon les individus ». Socrate le pourfend dans le *Protagoras* de Platon.

**Protais (saint)** frère de saint Gervais. Gervais et Protais, dont la légende fait des martyrs, furent très honorés au Moyen Âge.

**protamine** *nf* BIOCHIM Polypeptide de masse molaire élevée, l'un des constituants des nucléoprotéides.

**protandre** *a* BIOL Se dit des êtres vivants hermaphrodites dont les gamètes mâles sont mûrs avant les gamètes femelles. [VAR] **protérandre** [DER] **protandrie** ou **protérandrie**

**protase** *nf* LING Proposition qui, dans une phrase, en amorce une autre, dite *apodose.* [ETY] Du gr.

**prote** *nm* vieilli Contremaître d'un atelier typographique. [ETY] Du gr. *prôtos,* « premier ».

**protéagineux, euse** *a, nm* Se dit d'une plante riche en protéines (pois, lentilles, soja, etc.).

**protéase** *nf* BIOL Enzyme qui provoque la protéolyse.

**protéasome** *nm* BIOL Assemblage de molécules chargé de la dégradation des protéines.

**protecteur, trice** *n, a* **A** *n* **1** Personne qui protège. *Il se pose en protecteur du faible et de l'opprimé.* **2** Homme qui vit des revenus d'une prostituée. **B** *nm* HIST Titre du régent, en Angleterre et en Écosse, du XV$^{e}$ au XVII$^{e}$ s. **C** *a* **1** Qui protège. **2** ECON Qui relève du protectionnisme. *Système protecteur.* **3** Qui marque une certaine condescendance. *Un air, un ton protecteur.*

**protection** *nf* **1** Action de protéger, de se protéger. *Bénéficier de la protection de qqn.* **2** Dispositif, institution qui protège. *Protection sociale.* **3** Personne ou chose qui protège. *Une protection efficace.* **LOC** TECH ***Protection cathodique :*** destinée à ralentir la corrosion d'une surface métallique en contact avec l'eau ou exposée à l'humidité. — ***Protection civile :*** qui vise à protéger les populations civiles en cas de guerre ou de catastrophe. — ***Protection maternelle et infantile (PMI) :*** service public départemental qui assure un suivi médical et social des femmes enceintes et des jeunes enfants. — ***Protection périodique :*** serviette hygiénique. — ***Protection rapprochée :*** service assuré par un garde du corps. [ETY] Du lat.

**protectionnisme** *nm* ECON Ensemble des mesures (contingentements, droits de douane, etc.) visant à limiter ou à interdire l'entrée des produits étrangers afin de protéger les intérêts économiques nationaux. ANT libre-échange. [DER] **protectionniste** *a, n*

**protectorat** *nm* **1** Régime juridique international instituant la protection d'un État faible par un État fort ; l'État dépendant. **2** HIST Régime politique de la Grande-Bretagne à l'époque de Cromwell (1653-1659).

**protée** *nm* **1** litt Homme qui change continuellement d'apparence ou d'attitude. **2** Amphibien urodèle cavernicole de Croatie, à peau dépourvue de pigment, aux yeux atrophiés, qui possède des branchies externes et des poumons. [ETY] De *Prôteus,* « dieu gr. de la mer ».

**Protée** dieu grec de la Mer, fils de Poséidon ; il pouvait changer de forme à volonté.

**protégé, ée** *a, n* **A** *a* **1** Qui est à l'abri, que l'on a protégé. *Passage protégé.* **2** Se dit d'un rapport sexuel pratiqué avec un préservatif ou un contraceptif **B** *n* Personne que l'on protège, à qui l'on apporte son appui.

**protège-cahier** *nm* Couverture souple qui sert à protéger la couverture d'un cahier. PLUR protège-cahiers.

**protège-coude** *nm* Syn. de *coudière.* PLUR protège-coudes.

**protège-dent** *nm* Appareil que les boxeurs portent dans la bouche pour protéger leurs dents. PLUR protège-dents.

**protège-document** *nm* Étui de plastique transparent servant à contenir des documents divers. PLUR protège-documents.

**protège-genou** *nm* Accessoire protégeant les genoux, utilisé par les sportifs, les jardiniers, etc. PLUR protège-genoux.

**protéger** *vt* **1** Assister, prêter secours à qqn de manière à garantir sa sécurité. **2** Préserver, garantir l'existence de qqch. *Protéger la liberté du culte.* **3** Mettre à l'abri, préserver. *Protéger son visage du soleil. Se protéger la peau à l'aide d'une crème.* **4** Favoriser, encourager le développement de qqch. *Protéger les arts.* **5** Accorder son soutien, son aide matérielle à qqn. [ETY] Du lat. [DER] **protégeable** *a*

**protège-poignet** *nm* Accessoire destiné à protéger les poignets dans la pratique de certains sports. PLUR protège-poignets.

**protège-slip** *nm* Mince couche absorbante, jetable, adhésive, destinée à protéger le slip d'une femme. PLUR protège-slips.

**protège-tibia** *nm* Dispositif qui protège le tibia des joueurs de rugby, de football, etc. PLUR protège-tibias.

**protéide** *nf* BIOL Polymère protéique.

| dates approximatives | | civilisations |
| --- | --- | --- |
| 0 | 2e âge du fer | La Tène finale |
| 100 | 2e âge du fer | La Tène moyenne |
| 300 | 2e âge du fer | La Tène ancienne |
| 450 | 1er âge du fer | Hallstatt récent |
| 650 | 1er âge du fer | Hallstatt ancien |
| 850 | âge du bronze | bronze final |
| 1250 | âge du bronze | bronze moyen |
| 1500 | âge du bronze | bronze ancien |
| 1850 | | chalcolithique |

La Tène moyenne ; site : Münsingen (Suisse, canton de Berne)
fibule en fer, longueur : 13,2 cm

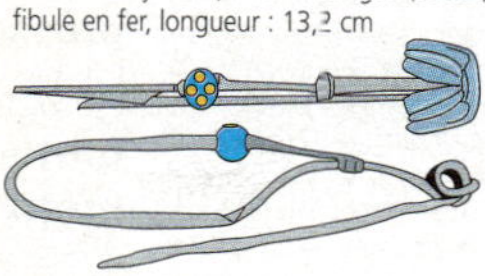

La Tène finale ;
site : Manching (Allemagne, Bavière)
céramique à motifs géométriques
rouge et blanc,
hauteur : 34,8 cm ; largeur : 26 cm

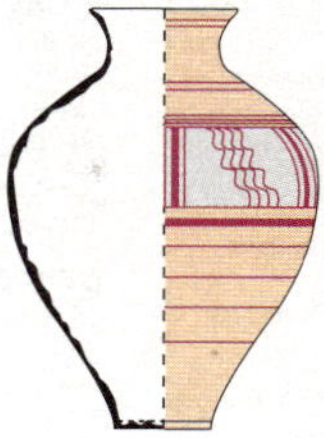

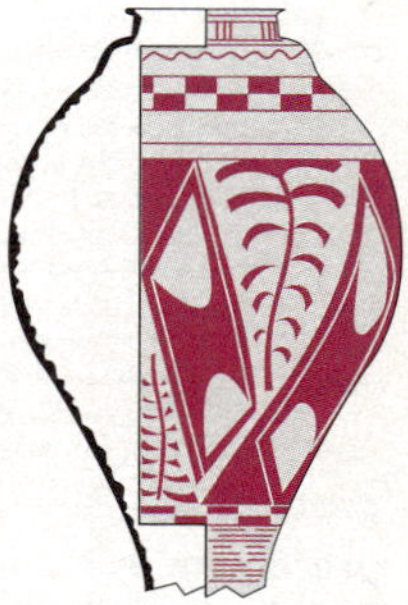

La Tène finale ;
site : Aulnat (Puy-de-Dôme)
céramique à motifs géométriques
rouge et blanc,
hauteur : 36,8 cm ; largeur : 28 cm

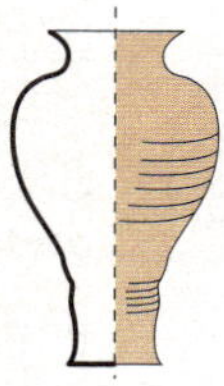

La Tène finale ;
site : Villeneuve-Saint-Germain
(Aisne) céramique
hauteur : 21,3 cm
diamètre max. : 14,4 cm

La Tène finale ; site : Manching (Allemagne, Bavière)
ciseaux de tonte, longueur : 22,8 cm

La Tène finale ; site : Manching (Allemagne, Bavière)
couteau en fer, longueur : 34 cm

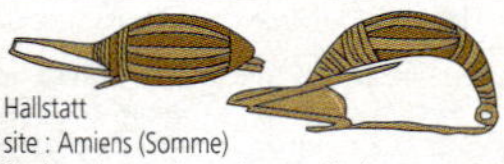

Hallstatt
site : Amiens (Somme)
fibule en bronze à arc cintré renflé, longueur : 7,8 cm

Hallstatt ; site : Hallstatt (Autriche) tombe 569
seau en bronze, hauteur : 37,2 cm

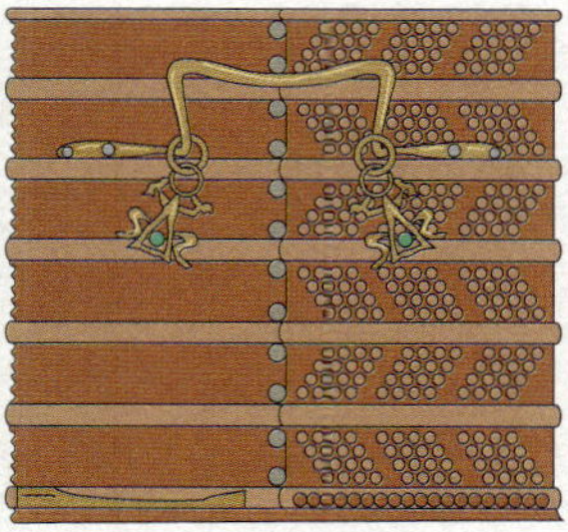

Hallstatt ancien ; site : Hochdorf (Allemagne, Bade-Wurtemberg)
ciste à cordons en bronze, hauteur : 32 cm ; diamètre : 34,5 cm

Hallstatt ancien ; site : Hochdorf (Allemagne, Bade-Wurtemberg)
poignard à antenne en bronze,
hauteur : 32 cm
diamètre : 34,5 cm

Hallstatt ; site : Pont-Sainte-Maxence (Oise) épée en bronze
longueur : 68 cm

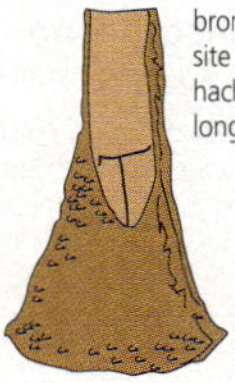

bronze moyen
site : Habsheim (Alsace)
hache à talon en bronze
longueur : 17 cm

bronze final
site : Barbuise-Courtavant (Aube)
épingle à collerettes en bronze
longueur : 55 cm

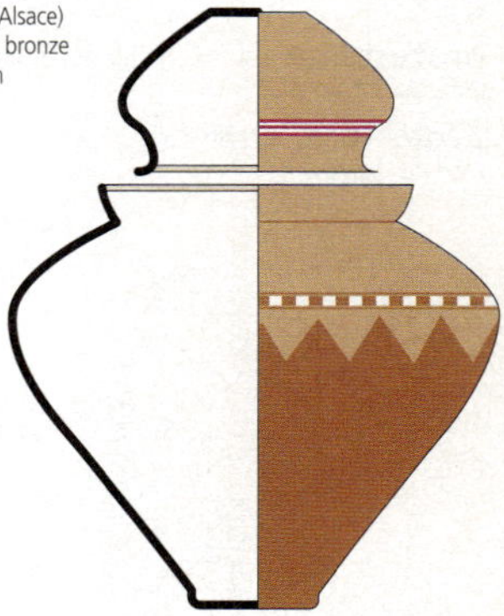

bronze final
site :
Le fours-aux-Lions (Oise)
urne à incinération
hauteur : 51 cm
diamètre max. : 68 cm

bronze moyen
site : Thoune (Suisse,
canton de Berne)
épée en bronze
longueur : 77 cm

bronze final
site : Danebury (Grande-Bretagne)
rasoir en bronze
hauteur : 9,7 cm

**protéiforme** *a* litt Qui se manifeste sous des aspects variés. ETY De *Protée*, n. pr.

**protéine** *nf* BIOL Polymère composé d'acides aminés, de masse moléculaire élevée. DER **protéinique** ou **protéique** *a*

ENC Les protéines sont présentes dans tous les tissus de l'organisme sous forme de protéines de structure (l'hémoglobine, la myoglobine, la fibrine, le collagène) et d'enzymes. Leur synthèse (protéosynthèse) s'effectue dans toutes les cellules au niveau des ribosomes ; leur structure est déterminée par l'information génétique inscrite dans l'ADN et transmise par l'ARN messager. Les protéines peuvent être formées uniquement d'acides aminés *(holoprotéines)* ou contenir d'autres composés, glucidiques ou lipidiques *(protéines conjuguées* ou *hétéroprotéines).*

**protéiné, ée** *a* Enrichi en protéines.

**protéinémie** *nf* BIOL Taux sanguin de protéines.

**protéinurie** *nf* BIOL Présence de protéines dans les urines.

**protèle** *nm* Mammifère carnivore d'Afrique du S., voisin de l'hyène rayée, qui se nourrit surtout de termites, appelé aussi *loup fouisseur.*

**protéolyse** *nf* Hydrolyse des protéines permettant leur dégradation et libérant leurs constituants. DER **protéolytique** *a*

**protéome** *nm* BIOL Ensemble des protéines produites par un organisme à partir des informations codées par les gènes.

**protéomique** *nf, a* BIOL Science qui consiste à identifier les protéines et à comprendre leur rôle à l'intérieur des cellules.

**protéosynthèse** *nf* BIOCHIM Synthèse des protéines par l'organisme.

**protérandre, protérandrie** → **protandre.**

**protéroglyphe** *a* Se dit des serpents venimeux tel le cobra, dont les crochets, fixes, sont à l'avant de la mâchoire supérieure.

**protérogyne, protérogynie** → **protogyne.**

**protérozoïque** *nm* GEOL Éon constitué par la partie la plus récente du précambrien, entre l'archéen et le phanérozoïque. SYN anc. algonkien.

**protestable** *a* DR Susceptible d'être protesté. *Traite protestable.*

**protestant, ante** *n, a* Qui appartient à l'une des Églises réformées.

**protestantisme** *nm* Doctrine et culte de la religion réformée ; ensemble des Églises protestantes, des protestants.

ENC Le protestantisme retient de la doctrine chrétienne quelques thèmes fondamentaux : le salut par la foi en Jésus-Christ (et non par les œuvres, ni par la médiation de la Vierge et des saints) ; la méditation de l'Écriture ; la participation de tous les fidèles, inspirés par l'Esprit-Saint, à l'interprétation des Écritures. Il en résulte une simplification du *culte* (le salut vient de la foi seule, les sacrements, uniquement le baptême et l'eucharistie, n'en étant qu'un symbole) et de l'*organisation ecclésiale* (l'ensemble des fidèles constitue le sacerdoce universel, la hiérarchie devient un simple pastorat au service de la communauté). Actuellement, les protestants et les anglicans (plus proches du catholicisme) sont approximativement 350 millions, répartis sur l'ensemble des continents. C'est en Europe (110 millions) et en Amérique du N. (100 millions) qu'ils sont les plus nombreux. V. Réforme, Luther, luthéranisme, Calvin, calvinisme, anglicanisme.

**protestataire** *a, n* Qui fait entendre une protestation. LOC ***Les députés protestataires :*** les députés d'Alsace et de Lorraine qui protestèrent à partir de 1871 contre l'annexion allemande.

**protester** *v* ① **A** *vt* DR Faire dresser un protêt contre. *Protester un effet.* **B** *vti* litt Affirmer avec force, publiquement. *Protester de son innocence, de sa bonne foi.* **C** *vi* S'élever avec force contre qqch, déclarer son opposition. ETY Du lat. *protestari*, « déclarer hautement ». DER **protestation** *nf*

**protêt** *nm* DR COMM Acte dressé par un huissier à la demande du porteur d'un effet de commerce, constatant le refus de payer un effet échu ou un chèque.

**proteus** *nm* Bactérie intestinale qui provoque des infections essentiellement urinaires. PHO [pʀɔteys]

**prothalle** *nm* Chez les fougères, petite plaque de cellules chlorophylliennes sur une face de laquelle se développent les organes reproducteurs.

**prothèse** *nf* Remplacement ou consolidation d'un membre ou d'un organe par un appareillage approprié ; cet appareillage. ETY Du gr. *prosthêsis*, « addition ». DER **prothétique** *a*

**prothésiste** *n* Fabricant de prothèses, en partic. de prothèses dentaires.

**prothorax** *nm* ZOOL Premier segment thoracique des insectes. SYN corselet. DER **prothoracique** *a*

**prothrombine** *nf* BIOL Globuline, facteur de la coagulation sanguine.

**protide** *nm* BIOCHIM Composé organique azoté contenant des acides aminés. *Les protides englobent les peptides et les protéines.* DER **protidique** *a*

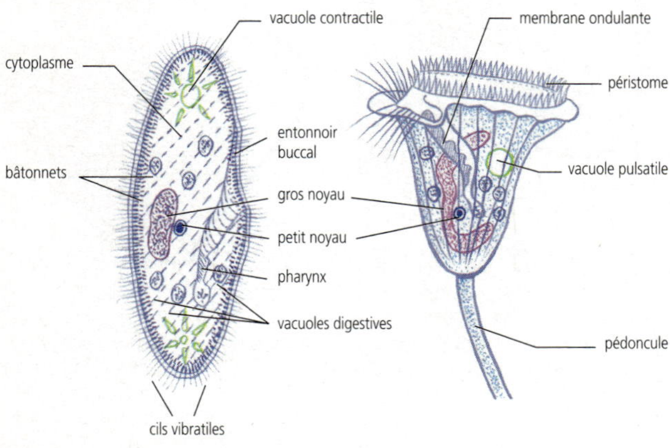


**protozoaire** paramécie à g. et vorticelle à dr.

**protiste** *nm* Organisme unicellulaire végétal (protophytes) ou animal (protozoaires).

**protistologie** *nf* Branche de la microbiologie qui étudie les protistes. DER **protistologique** *a* – **protistologue** *n*

**protium** *nm* CHIM Hydrogène léger. PHO [pʀɔtjɔm]

**protococcale** *nf* BOT Algue unicellulaire qui colore en vert les troncs d'arbres humides, les rochers et les murs.

**protocolaire** *a* Conforme au protocole.

**protocole** *nm* **1** HIST Formulaire contenant les modèles des actes publics, à l'usage des officiers ministériels. **2** Ensemble des usages qui régissent les cérémonies et les relations officielles ; service chargé du cérémonial officiel. SYN étiquette. **3** DR Procès-verbal des déclarations d'une conférence internationale. **4** didac Énoncé des règles de déroulement d'une expérience scientifique, d'un test, d'un traitement médical. ETY Du gr. *prôtokollon*, « ce qui est collé en premier ».

**protoétoile** *nf* Étoile en cours de formation.

**protogine** *nf* Granite verdâtre du massif du Mont-Blanc, dans lequel les micas se sont transformés en chlorite.

**protogyne** *a* Se dit des animaux hermaphrodites dont les gamètes femelles sont mûrs avant les gamètes mâles. VAR **protérogyne** DER **protogynie** ou **protérogynie** *nf*

**protohistoire** *nf* Période intermédiaire entre la préhistoire et l'histoire. DER **protohistorique** *a* ▶ pl. p. 1315

ENC En Europe occidentale, la protohistoire ou âge des métaux s'étend sur les deux derniers millénaires av. J.-C. ; c'est l'histoire des premières civilisations qui utilisèrent le métal sans avoir encore de tradition écrite. La chronologie la plus couramment admise est la suivante : l'âge de bronze succède au chalcolithique en 1800 av. J.-C. et s'achève en 725 av. J.-C. En 1500 av. J.-C., la civilisation crétoise atteint son apogée. De 1400 à 1200 av. J.-C., la civilisation mycénienne atteint le sien. Le premier âge du fer, dont le site éponyme est La Tène (sur la rive du lac de Neuchâtel), s'étend de 450 à 50 av. J.-C. La Gaule passe alors de la protohistoire à l'histoire (civilisation gallo-romaine).

**protolyse** *nf* Réaction chimique consistant en un échange de protons entre deux corps.

**protomé** *nm* Bx-A Motif décoratif représentant un buste. ETY Mot gr.

**proton** *nm* PHYS NUCL Particule constitutive du noyau de l'atome, dont la charge, positive, est égale à celle de l'électron (de charge négative) et dont la masse est 1 840 fois supérieure à celle de l'électron. ETY Mot angl. DER **protonique** *a*

**protonéma** *nm* Chez les mousses, ensemble des filaments produits par la germination d'une spore qui donnent naissance à de nouveaux pieds.

**protonotaire** *nm* Prélat (non évêque) près le Saint-Siège, dont la charge est la plus élevée parmi les notaires apostoliques.

**protonthérapie** *nf* MED Traitement des tumeurs cancéreuses utilisant un laser aux impulsions ultracourtes et ultrapuissantes.

**protophyte** *nm* Algue unicellulaire.

**protoplanète** *nf* ASTRO Planète en cours de formation.

**protoplasme** *nm* BIOL Syn. de *cytoplasme.* VAR **protoplasma** DER **protoplasmique** *a*

**protoptère** *nm* ZOOL Poisson dipneuste d'Afrique tropicale.

**protothérien** *nm* ZOOL Mammifère primitif ovipare dont la sous-classe ne comprend que les monotrèmes, tels que l'ornithorynque.

**prototypage** *nm* TECH Réalisation de prototypes.

**prototype** *nm* 1 didac Original, modèle. *Il est le prototype de la vulgarité. Des vaccins prototypes.* 2 Premier exemplaire d'un produit industriel, essayé et mis au point avant la fabrication en série. DER **prototypique** *a*

**prototypiste** *n* Professionnel qui participe à la mise au point de prototypes.

**protoxyde** *nm* CHIM Oxyde le moins oxygéné d'un élément.

**protozoaire** *nm* Animal unicellulaire.
ENC Chaque protozoaire est une cellule très différenciée, remplissant les nombreuses fonctions nécessaires à la vie et comportant des organites complexes: vacuoles pulsatiles, vacuole digestive, cils, flagelles, etc. On distingue plusieurs embranchements, parmi lesquels: les zooflagellés; les rhizopodes; les actinopodes (radiolaires, notam.); les sporozoaires (coccidies, notam.); les cnidosporidies; les infusoires (ciliés, notam.).

**protozoologie** *nf* Science qui étudie les protozoaires. DER **protozoologique** *a*

**protractile** *a* ZOOL Qui peut être étiré vers l'avant. *La langue protractile de la grenouille.*

**protubérance** *nf* 1 Saillie. *Le vieux mur présentait des enfoncements et des protubérances.* 2 ANAT Éminence, saillie d'un organe. 3 ASTRO Dans la couronne solaire, gaz maintenu à une grande distance de la photosphère par le champ magnétique du Soleil. LOC ANAT ***Protubérance cérébrale*** ou ***annulaire*** : saillie du tronc cérébral située au-dessus du bulbe. SYN pont de Varole. ETY Du lat. *tuber*, « tumeur ».

**protubérant, ante** *a* Qui fait saillie.

**protuteur, trice** *n* DR anc Personne qui, sans avoir été nommée tuteur, est chargée de gérer les biens, les affaires d'un mineur.

**prou** *av* LOC litt *Peu ou prou* : plus ou moins. ETY De l'a. fr. *proud*, « beaucoup ».

**Proudhon** Pierre Joseph (Besançon, 1809 – Paris, 1865), théoricien politique français. Condamné pour délit de presse, il s'enfuit en Belgique (1858); revenu en France (1862), il abandonna le combat polit. On connaît de lui: « La propriété, c'est le vol ». Sa pensée a marqué le mouvement ouvrier français. Princ. œuvres: *Qu'est-ce que la propriété?* (1840), *Système des contradictions économiques ou la Philosophie de la misère* (1846, critiqué par Marx dans *Misère de la philosophie*), *Du principe fédératif et de la nécessité de reconstituer le parti de la révolution* (1863). DER **proudhonien, enne** *a, n*

**proue** *nf* Avant d'un navire. ETY Du lat.

**prouesse** *nf* 1 litt Acte de courage accompli par un preux. 2 Exploit. *Accomplir une prouesse sportive.* ETY De *preux*.

**Prousa** (auj. *Brousse*, Turquie), v. de l'anc. Bithynie. VAR **Prusa**

**Prousias I$^{er}$** dit le Boiteux (mort v. 182 av. J.-C.), roi de Bithynie (vers 229-vers 182 avant J.-C.). Il dut livrer son hôte Hannibal aux Romains. — **Prousias II** dit le chasseur (mort en 149 av. J.-C.), fils et successeur du préc. (vers 182-149 av. J.-C.); il se soumit aux Romains et fut assassiné par son fils Nicomède II. VAR **Prusias**

**Proust** Joseph Louis (Angers, 1754 – id., 1826), chimiste français. En 1806, il énonça la *loi des proportions définies* ou *loi de Proust* : les masses des corps simples qui constituent un composé sont, entre elles, dans un rapport constant.

**Proust** Marcel (Paris, 1871 – id., 1922), écrivain français. Auteur de nouvelles (*les Plaisirs et les Jours*, 1896; *l'Indifférent*, posth., 1978), de *Chroniques* (posth., 1949), il interrompt en 1897 un long roman autobiographique (*Jean Santeuil*, posth., 3 vol., 1952). Il traduit et préface *la Bible d'Amiens* (1904) et *Sésame et les lys* (1905) de Ruskin. En 1908, il rédige des *Pastiches et mélanges* (posth., 1954). Divers textes (réunis dans le recueil posth. *Contre Sainte-Beuve* en 1954) le conduisent aux esquisses de *À la recherche du temps perdu*, cycle romanesque en sept parties: *Du côté de chez Swann* (1913); *À l'ombre des jeunes filles en fleurs* (1918); *le Côté de Guermantes* (1922); *Sodome et Gomorrhe* (1922); *la Prisonnière* (posth., 1923); *Albertine disparue*, parfois nommée *la Fugitive* (posth., 1925); *le Temps retrouvé* (posth., 1927). Rigoureuse, la recherche du héros-narrateur illustre les lois qui régissent société et individus « baignant dans le temps »; elle utilise de longues périodes, riches en comparaisons poétiques. La publication de la correspondance complète de Proust, commencée en 1970, aura plus de 20 volumes. DER **proustien, enne** *a, n*

P. J. Proudhon

M. Proust

**Prout (le)** fl. né en Ukraine, dans les Carpates du N. (950 km), affl. du Danube (r. g.); sépare la Moldavie et la Roumanie. VAR **le Prut**

**Prout** William (Horton, 1785 – Londres, 1850), médecin et biochimiste anglais. En 1815, il émit l'hypothèse que l'hydrogène était la substance mère de tous les corps simples.

**Prouvé** Victor (Nancy, 1858 – Sétif, 1943), peintre, graveur, sculpteur et décorateur français de l'école de Nancy. — **Jean** (Nancy, 1901 – id., 1984), fils du préc.; architecte, pionnier de la construction préfabriquée.

**prouver** *vt* 1 1 Établir la vérité, la réalité de qqch par le raisonnement, ou par des pièces à conviction. 2 Constituer une preuve de; indiquer avec certitude. *Cet exposé prouve une bonne connaissance du sujet. Il a voulu se prouver qu'il était capable d'agir seul.* ETY Du lat. DER **prouvable** *a*

**provenance** *nf* Origine, source. *Marchandise de provenance étrangère.*

**provençal, ale** *a, nm* Ensemble des parlers occitans de la Provence et des régions voisines l'occitan. PLUR provençaux. LOC CUIS ***À la provençale*** : avec de l'ail et du persil haché.

**Provence** anc. province du S.-E. de la France qui correspond à la Rég. Provence-Alpes-Côte d'Azur (l'ancien comté de Nice exclu). Au VI$^{e}$ s. avant J.-C., les Phocéens fondèrent Massalia (Marseille). Après une longue paix prospère, Marseille se heurta aux populations celte et ligure (confédération des Salyens) et fit appel à Rome, qui conquit le pays jusqu'au Rhône (125-121 av. J.-C.). Fondée en 122, Aix fut la cap. de cette *Provincia*, devenue en 27 av. J.-C. la Narbonnaise, où une brillante civilisation gallo-romaine s'épanouit. Conquis par les Wisigoths, les Burgondes et les Francs, le pays fut donné à Lothaire au traité de Verdun (843) et devint un royaume (855). En 1112, la Provence passa aux comtes de Barcelone; enrichies par le commerce avec l'Orient, ses villes s'émancipèrent et toute la Provence développa un art roman brillant. Après la mort de René le Bon, duc d'Anjou (1480), le roi poète dont la cour s'était installée à Aix-en-Provence, le comté échut au roi de France (1482). DER **provençal, ale, aux** *a, n*

**Provence (comte de)** titre de Louis XVIII avant son avènement.

**Provence (la)** quotidien français résultant de la fusion, en 1997, du *Provençal* et du *Méridional*, tous deux fondés à Marseille en 1944.

**Provence-Alpes-Côte d'Azur** (abrév.: PACA), Région française et de l'UE formée des dép. des Alpes-de-Haute-Provence, des Hautes-Alpes, des Alpes-Marit., des Bouches-du-Rhône, du Var et du Vaucluse; 31 395 $km^2$; 4 896 850 hab.; cap. *Marseille*. DER **provençal, ale, aux** *a, n*
**Géographie** Au N. et à l'E., s'élèvent de hauts massifs alpins. Au S.-O., les chaînes calcaires de la basse Provence encadrent la baie de Marseille et l'étang de Berre. À l'O., les plaines alluviales du Bas-Rhône se terminent dans le delta camarguais. Du Petit Rhône au golfe de Fos domine un littoral sableux; vers l'E., les côtes rocheuses l'emportent. L'été est chaud et sec; en hiver, la douceur des littoraux s'oppose à la rigueur des montagnes. La pop. se concentre dans les vallées, les plaines et sur le littoral. Sa croissance a été forte entre 1968 et 1990: un million d'hab. supplémentaires; 200 000 hab. dans les années 1990.
**Économie** L'agric. a presque disparu des montagnes; plaines et vallées concentrent une polyculture intensive (fruits, légumes, fleurs). De nombr. vignobles sont réputés. La Rég. a bénéficié de l'industrialisation de l'étang de Berre (raffinage), de la création du grand pôle industr. de Fos-sur-Mer et des activités de pointe dans la région niçoise, mais les activités tertiaires dominent; les littoraux attirent chaque année 6 millions de vacanciers. La Région a deux métropoles: Marseille (1$^{er}$ port français et de la Méditerranée) et Nice (l'une des villes françaises les plus dynamiques).

**provende** *nf* 1 litt Vivres, provisions de bouche. 2 Préparation nutritive, pour certains animaux d'élevage. ETY Du lat.

**provenir** *vi* 36 Avoir son origine, venir de. *D'où provient son hostilité à ce projet.* ETY Du lat.

**proverbe** *nm* 1 Formule figée exprimant une vérité d'expérience, un conseil, et connue de tout un groupe social. 2 Petite comédie qui développe le contenu d'un proverbe. ETY Du lat.

**Proverbes (livre des)** livre sapiential de la Bible (IV$^{e}$-III$^{e}$ s. av. J.-C.), ensemble de maximes qui proposent un art de vivre, mais dans la crainte et l'amour de Dieu.

**proverbial, ale** *a* 1 Qui tient du proverbe. 2 Célèbre, digne d'être cité en modèle. *Sa dextérité est proverbiale.* PLUR proverbiaux. DER **proverbialement** *av*

**providence** *nf* 1 RELIG (Avec une majuscule.) Volonté, sagesse divine qui gouverne le monde et les destins individuels. *Les desseins impénétrables de la Providence.* 2 fig Personne, chose qui aide comme par miracle. *Ce refuge est une providence pour les randonneurs.* ETY Du lat. *providere*, « pourvoir ».

**Providence** v. et port des É.-U., cap. de l'État de Rhode Island; 1,2 million d'hab. (aggl.). Industries.

**providentialisme** *nm* didac Doctrine philosophique qui explique la nature et la marche du monde par l'intervention de la Providence. PHO [pʀɔvidɑ̃sjalism]

**providentiel, elle** *a* 1 RELIG Dû à la Providence. 2 Dû à un hasard heureux. PHO [pʀɔvidɑ̃sjɛl] DER **providentiellement** *av*

**provigner** *vt* 1 Replanter un rejet de vigne. DER **provignage** *nm*

**provin** *nm* Rejet de cep de vigne que l'on a replanté par marcottage. ETY Du lat.

**province** *nf* 1 ANTIQ ROM Pays conquis par Rome, hors de l'Italie, et gouverné selon les lois romaines. *Le gouverneur d'une province.* 2 Division administrative d'un État. *La province de Québec.* 3 Région, partie d'un pays. *C'est sa province d'origine.* 4 Ensemble de la France, par oppos. à la *capitale*. LOC DR CANON ***Province ecclésiastique*** : ensemble de diocèses dépendant d'un même archevêque. — ***Province religieuse*** : dans certains ordres religieux, ensemble de maisons placées territorialement sous l'autorité d'un même supérieur. ETY Du lat.

**Provinces maritimes (les)** nom donné aux provinces canadiennes du Nouveau-Brunswick, de la Nouvelle-Écosse et de l'Île-du-Prince-Édouard. VAR **les Maritimes**

**Provinces-Unies** nom adopté en 1588 par les provinces septentrionales des Pays-Bas espagnols. En 1572, elles se proclamèrent indépendantes. En 1579, elles formèrent l'Union d'Utrecht, qui devint en 1588 la république des Provinces-Unies, à l'origine des Pays-Bas actuels.

**provincial, ale** *a, n* **A** *a* Qui concerne une province, une région. *Une coutume provinciale.* **B** *a, n* De la province (par oppos. à la *capitale*). **C** *nm* DR CANON Supérieur d'un ordre religieux exerçant son autorité sur une province. PLUR provinciaux.

**Provinciales (les)** œuvre épistolaire de Pascal (1657), ainsi sous-titrée : *Lettres écrites par Louis de Montalte à un provincial de ses amis, et aux RR. PP. jésuites sur le sujet de la morale et de la politique de ces pères.* Rome et la Sorbonne condamnèrent cette œuvre comme janséniste.

**provincialisme** *nm* **1** Caractère maladroit, emprunté, que l'on attribue parfois aux provinciaux. **2** Expression, mot, emploi appartenant à l'usage linguistique d'une province.

**Provins** ch.-l. d'arr. de Seine-et-Marne ; 11 667 hab . Tourisme. – Remparts XII^e^-XIV^e^ s., égl. XII^e^-XIII^e^ s., tour de César XII^e^-XIII^e^ s. DER **provinois, oise** *a, n*

**provirus** *nm* BIOL Virus intégré au chromosome d'une cellule hôte. DER **proviral, ale, aux** *a*

**proviseur** *n* **1** Fonctionnaire chargé de la direction d'un lycée. **2** Belgique Adjoint du préfet d'un athénée. VAR **proviseure** *nf*

**provision** *nf* **A** **1** Réserve de choses nécessaires ou utiles pour la subsistance. *Provision de charbon. Faire provision de qqch.* **2** DR Ce qu'on alloue préalablement à l'une des parties, en attendant le jugement définitif. *Provision alimentaire.* **3** COMPTA Somme représentant sur un bilan des charges incertaines. **4** FIN Somme réunie pour servir d'acompte ou pour assurer le paiement d'un titre bancaire. **B** *nfpl* Nourriture et produits nécessaires à la vie quotidienne, qu'on achète régulièrement, vivres. *Faire les provisions.* ETY Du lat. *providere,* « pourvoir ».

**provisionnel, elle** *a* DR Qui se fait en attendant un règlement. *Acompte provisionnel.*

**provisionner** *vt* ① Créditer un compte bancaire d'une somme suffisante. DER **provisionnement** *nm*

**provisoire** *a, nm* **A** *a* **1** DR Se dit d'une décision judiciaire prise avant un jugement définitif. **2** Qui se fait en attendant qqch d'autre, temporaire, transitoire. *Gouvernement provisoire.* **B** *nm* Ce qui est censé ne pas durer. *Il arrive que le provisoire dure.* LOC DR ***Détention provisoire :*** incarcération d'un inculpé avant son passage en justice. ETY Du lat. DER **provisoirement** *av*

**provisorat** *nm* Fonction de proviseur ; durée de cette fonction.

**provitamine** *nf* BIOCHIM Substance que l'organisme transforme en vitamine.

**provoc** *nf* fam Provocation. *Faire de la provoc.*

**provocant, ante** *a* **1** Qui cherche à provoquer des sentiments violents, qui est agressif. **2** Excitant. *Une femme provocante.*

**provocateur, trice** *a, n* **1** Qui incite à la violence, au conflit. **2** Se dit d'une personne chargée de provoquer des troubles, qui donneront à une autorité des raisons d'intervenir.

**provocation** *nf* **1** Action de provoquer, geste ou parole destiné à provoquer. *Provocation au meurtre. Provocation en duel.* **2** DR Incitation à commettre qqch d'illégal.

**provolone** *nm* Fromage de vache italien, à caillé plastique, en forme de poire, recouvert de paraffine.

**provoquer** *vt* ① **1** Inciter, pousser qqn à qqch en le défiant. *Provoquer qqn à l'action, à agir.* **2** Défier qqn, l'inciter à se battre. **3** Chercher à susciter le désir sensuel, aguicher. **4** Être la cause de qqch, en être à l'origine. *Un court-circuit a provoqué l'incendie.* ETY Du lat. *provocare,* « appeler dehors ».

**proxémique** *nf, a* Partie de la sémiotique qui étudie les significations liées à l'utilisation de l'espace par les sujets.

**proxène** *nf, a* ANTIQ GR Magistrat chargé par la cité d'accueillir et de protéger les étrangers. ETY Du gr.

**proxénète** *n* Personne qui vit de la prostitution d'autrui. SYN souteneur ; très fam maquereau. ETY Du gr. *proxenêtês,* « médiateur ».

**proxénétisme** *nm* Délit qui consiste à tirer profit de la prostitution d'autrui.

**Proxima Centauri** petite étoile rouge invisible à l'œil nu, l'étoile la plus proche de la Terre (4,25 années de lumière, soit plus de 40 000 milliards de km), dans la constellation du Centaure.

**proximal, ale** *a* ANAT Qui est situé le plus près d'un centre, d'un axe. PLUR proximaux. ETY Du lat.

**proximité** *nf* Caractère de ce qui est proche, dans l'espace ou dans le temps. *La proximité d'une ville, d'un fait.* LOC ***À proximité (de) :*** près (de). — ***De proximité :*** qui concerne une activité proche du domicile des clients ou des utilisateurs potentiels.

**proyer** *nm* Bruant d'Europe et d'Afrique du Nord, à dos brun et à ventre clair moucheté de brun.

**pruche** *nf* Canada Tsuga.

**prude** *a, nf* Qui affecte une pudeur outrée. ETY De *preux.* DER **pruderie** *nf*

**prudence** *nf* Attitude qui consiste à apercevoir les dangers, prévoir les conséquences fâcheuses d'un acte et pousse à les éviter ; refus de courir des risques inutiles.

**Prudence** (en lat. *Aurelius Prudentius Clemens*) (Calahorra, près de Saragosse, 348 – en Espagne [?], v. 415), poète latin chrétien : *Cathemerinon,* hymnes ; *Psychomachia,* poème allégorique sur le combat des vices et des vertus.

**prudent, ente** *a, n* **A** Qui se comporte avec prudence. **B** *a* Déterminé par la prudence. ETY Du lat. DER **prudemment** *av*

**prudentiel, elle** *a* didac Observé par prudence, par précaution. *Règles prudentielles.*

**Prudhoe Bay** baie de l'Alaska, sur la mer de Beaufort (océan Arctique) ; pétrole.

**prud'homie** *nf* DR Juridiction des prud'hommes. VAR **prudhommie**

**prud'homme** *nm* Membre d'une juridiction paritaire compétente pour juger les différends entre employeurs et employés. PHO [pʀydɔm] ETY De *preux,* et *homme.* VAR **prudhomme** DER **prud'homal** ou **prudhommal, ale, aux** *a*

**Prudhomme (Monsieur Joseph)** personnage d'Henri Monnier (*la Famille improvisée,* comédie, 1831 ; *Grandeur et décadence de M. Joseph Prudhomme,* id., 1853 ; *Mémoires de Joseph Prudhomme,* récit, 1857), bourgeois conformiste et content de soi.

**prudhommesque** *a* litt À la fois banal, niais et prétentieux. ETY Du n. pr.

**Prud'hon Pierre Paul** (Cluny, 1758 – Paris, 1823), peintre français néoclassique, précurseur du romantisme.

**pruine** *nf* BOT Couche poudreuse, blanchâtre et cireuse, qui recouvre divers végétaux tels que les prunes, les feuilles de choux. ETY Du lat. *pruina,* « gelée blanche ». DER **pruineux, euse** *a*

**prune** *nf, a inv* **A** *nf* **1** Fruit du prunier, sphérique, ou un peu allongé, sucré et juteux. *La mirabelle, la quetsche, la reine-claude sont des variétés de prunes.* **2** fam Contravention. **3** fam Coup de poing. **B** *a inv* Couleur violet sombre tirant sur le rouge. LOC fam ***Pour des prunes :*** pour rien. ETY Du lat.

**pruneau** *nm* **1** Prune séchée au soleil ou à l'étuve pour être conservée. **2** Balle de fusil, de révolver.

**prunelaie** *nf* Plantation de pruniers.

**prunelier** → **prunellier.**

**1 prunelle** *nf* **1** Petit fruit bleu-noir, très âpre, du prunellier. **2** Eau-de-vie faite avec ce fruit.

**2 prunelle** *nf* **1** Pupille de l'œil. *La frayeur dilatait ses prunelles.* **2** L'œil, l'iris considérés quant à leur aspect, leur couleur. LOC ***Tenir à qqch comme à la prunelle de ses yeux :*** y tenir énormément.

**prunellier** *nm* Prunier sauvage, épineux, commun dans les haies, qui produit la prunelle. VAR **prunelier**

**prunier** *nm* Arbre (rosacée) qui produit la prune. LOC fam ***Secouer qqn comme un prunier :*** avec force.

**prunier**

**prunus** *nm* Prunier d'ornement. PHO [pʀynys]

**prurigineux, euse** *a* MED Qui provoque un prurit.

**prurigo** *nm* MED Dermatose se manifestant par des lésions papuleuses érythémateuses.

**prurit** *nm* **1** MED Sensation de démangeaison. **2** fig, péjor Désir violent, irrésistible. PHO [pʀyʀit] ETY Du lat. *prurire,* « démanger ».

**Prus Aleksander Głowacki, dit Bolesław** (Hrubieszów, 1847 – Varsovie, 1912), romancier polonais : *l'Avant-Poste* (1886), *la Poupée* (1887-1890), *les Émancipées* (1891-1893).

**Prusias** → **Prousias.**

**Prusiner Stanley B.** (Des Moines, 1942), biologiste américain. Il découvrit les prions. Prix Nobel 1997.

**Prusse** anc. État de l'Allemagne du Nord. DER **prussien, enne** *a, n*

**Histoire** Peuplé de Baltes, le pays, que cernent la Baltique, la Vistule et le Niémen, fut conquis au milieu du XIII^e^ s. par les chevaliers Teutoniques, auxquels le Polonais Ladislas II Jagellon I^er^ imposa en 1410 sa suzeraineté. En 1525, Albert de Brandebourg embrassa la Réforme et conclut avec la Pologne la paix de Cracovie, qui lui octroyait le titre de duc de Prusse. En 1618, le duché de Prusse fut uni à l'électorat de Brandebourg. Ravagé pendant la guerre de Trente Ans, le nouvel État reçut des compensations aux traités de Westphalie (1648). Le Grand Électeur Frédéric-Guillaume s'affranchit en 1660 de la suzeraineté polonaise, puis son fils, Frédéric Ier, reçut de l'empereur le titre de *roi en Prusse* (1701). Dotée d'une armée puissante, la Prusse de Frédéric-Guillaume Ier, le Roi-Sergent (1713-1740), contenait en germe l'État puissant de Frédéric II le Grand (1740-1786). Mais elle fut vaincue par la France révolutionnaire (Valmy, 1792) et Napoléon Ier (traité de Tilsit, 1807) amputa l'État de la moitié de son territoire. En 1813, la Prusse vainquit Napoléon Ier à Leipzig ; en 1815, le traité de Vienne l'agrandit fortement. Entrée dans la Confédération germanique, la Prusse y supplanta l'Autriche, qu'elle vainquit à Sadowa (1866). Guillaume Ier (1861-1888) et son chancelier, Bismarck, imposèrent leur domination sur l'Allemagne et l'entraînèrent dans la guerre contre la France (1870-1871), à l'issue de laquelle le souverain prussien reçut la couronne impériale. Dès lors, l'histoire de la Prusse fut celle de l'Allemagne.

**Prusse-Occidentale** anc. province de Prusse (cap. *Dantzig*, auj. *Gdańsk*), annexée à la Pologne en 1945.

**Prusse-Orientale** anc. prov. de Prusse (cap. *Königsberg*, auj. *Kaliningrad*), partagée en 1945 entre l'URSS et la Pologne.

**Prusse-Rhénane** anc. prov. de Prusse (cap. *Coblence*).

**prussiate** *nm* CHIM Syn. anc. de *cyanure*.

**prussien, enne** *a, n* De Prusse et, par ext., d'Allemagne (entre 1870 et 1914).

**prussique** *am* **LOC** CHIM vx ***Acide prussique*** : acide cyanhydrique.

**Prut** → **Prout (le).**

**prytane** *nm* ANTIQ GR **1** Premier magistrat dans certaines cités grecques. **2** À Athènes, chacun des cinquante délégués qui dirigent les travaux de la boulê. (ETY) Du gr.

**prytanée** *nm* **1** ANTIQ GR Édifice public où étaient logés les prytanes. **2** Établissement d'enseignement réservé aux enfants de militaires.

**Przemyśl** ville de Pologne, ch.-l. de la voïévodie du m. nom ; 66 000 hab. Industries. – Combats entre les Russes et les Austro-Allemands (1914-1915).

**Przewalski** → **Prjevalski.**

**PS** *nm* Abrév. de *postscriptum*.

**PS** Sigle de *Parti socialiste*.

**psallette** *nf* RELIG École où l'on apprenait à chanter aux enfants de chœur. (ETY) Du gr.

**psalliote** *nm, nf* BOT Syn. de *agaric*. (ETY) Du gr. *psallis*, « voûte ».

**psalmiste** *nm* RELIG Auteur de psaumes.

**psalmodie** *nf* **1** MUS, RELIG Manière de chanter les psaumes sans inflexion de voix. **2** litt Déclamation monotone. (ETY) Du gr.

**psalmodier** *v* ② **A** *vi* MUS, RELIG Chanter les psaumes sans inflexion de voix. **B** *vt, vi* Réciter, dire qqch de manière monotone.

**psaltérion** *nm* Instrument à cordes pincées de l'Antiquité et du Moyen Âge.

**Psammétik Ier** pharaon égyptien (vers 663-609 avant J.-C.), fils de Néchao ; il libéra l'Assyrie. (VAR) **Psammétique Ier** — **Psammétik II** pharaon, petit-fils du préc. ; il succéda (594-588 avant J.-C.) à son père, Néchao II. — **Psammétik III** le dernier pharaon de la XXVIe dynastie (fondée par Psammétik Ier). Il régna six mois (526-525 av. J.-C.), vaincu par Cambyse, roi des Perses.

**psammique** *a* ZOOL Se dit d'un animal vivant dans le sable.

**psammophyte** *a, nm* BOT Se dit d'un végétal poussant sur terrain sablonneux.

**psaume** *nm* **1** RELIG Chant sacré biblique, propre aux liturgies juive et chrétienne. **2** MUS Pièce vocale composée sur le texte d'un psaume. (ETY) Du gr. *psalmos*, « action de faire vibrer ».

**Psaumes (livre des)** livre biblique comprenant 150 psaumes écrits entre le Xe s. (attribués au roi David) et le IVe s. av. J.-C.

**psautier** *nm* RELIG Ensemble des psaumes bibliques ; livre qui les renferme.

**pschent** *nm* Double couronne des pharaons, symbole de leur souveraineté sur la Haute- et la Basse-Égypte. (PHO) [pskent] (ETY) De l'égyptien.

Ptolémée coiffé du **pschent** – bas-relief du temple d'Horus, Edfou

**pschitt** *interj* **A** Onomatopée évoquant un liquide qui jaillit et, au fig., une entreprise qui échoue, qui se dégonfle piteusement. **B** fam Aérosol.

**PSE** *nm* Abrév. de *placement sous surveillance électronique*.

**Psellos Michel** (Constantinople, 1018 – id., 1078), écrivain byzantin ; auteur d'une *Chronographie* (chronique de 976 à 1077).

**pseud(o)-** Élément, du gr. *pseudês*, « menteur ».

**pseudarthrose** *nf* MED Fausse articulation qui se forme au niveau d'une fracture dont la consolidation spontanée est impossible.

**pseudo** *nm* fam Pseudonyme.

**pseudobulbe** *nm* BOT Partie renflée, servant de réserve d'eau, à la base de la tige d'une orchidée.

**pseudocœlomate** *nm* ZOOL Métazoaire à cavité générale plus primitive que le cœlome des cœlomates. (PHO) [psødoselomat]

**pseudogène** *nm* GENET Gène ayant perdu sa fonctionnalité au cours de l'évolution par accumulation de mutations.

**pseudogrippal, ale** *a* MED Qui ressemble à la grippe. *Syndrome pseudogrippal.* PLUR pseudogrippaux.

**pseudomembrane** *nf* Exsudat pathologique qui se forme à la surface des muqueuses ou des séreuses lors de certaines inflammations.

**pseudomembraneux, euse** *a* **LOC** MED ***Angine pseudomembraneuse*** : d'origine diphtérique, caractérisée par des exsudats dans le larynx et le pharynx.

**pseudonyme** *nm* Nom d'emprunt d'une personne qui veut dissimuler sa véritable identité. *Écrire un livre sous un pseudonyme.*

**pseudopode** *nm* **1** BIOL Prolongement rétractile du cytoplasme, qu'émettent certains protozoaires, comme les rhizopodes, et certaines cellules, comme les leucocytes, pour se nourrir et se déplacer. **2** fig, fam Extension, prolongement de qqch.

**pseudoscience** *nf* Savoir organisé à la manière d'une science, mais qui repose sur des postulats fantaisistes. (DER) **pseudoscientifique** *a*

**pseudosuchien** *nm* Reptile fossile du trias, ancêtre des oiseaux.

**psi** *nm* Vingt-troisième lettre de l'alphabet grec (Ψ, ψ), qui sert à noter le son [ps].

**psilocybe** *nm* Petit champignon hallucinogène au chapeau très pointu.

**psilocybine** *nf* Alcaloïde contenu dans le psilocybe, à effet hallucinogène.

**psilophytale** *nf* Ptéridophyte fossile du dévonien, première plante terrestre connue.

**psitt !** *interj* fam Petit sifflement destiné à attirer l'attention de qqn. *Psitt ! Venez voir !* (PHO) [ps(i)t] (VAR) **pst !**

**psittacidé** *nm* ORNITH Oiseau grimpeur à bec crochu, absent du continent européen, tel que le perroquet, la perruche. (ETY) Du gr. *psittakos*, « perroquet ».

**psittacisme** *nm* PSYCHO Répétition mécanique par un sujet, de mots et de phrases qu'il ne comprend pas.

**psittacose** *nf* MED Maladie infectieuse des perroquets, transmissible à l'homme.

**Pskov** v. de Russie, ch.-l. de la prov. du m. nom, près du *lac de Pskov* (partie S. du lac Peïpous) ; 197 000 hab. Centrale électrique. – Remparts (XIIIe s.) entourant la citadelle (XIIe s.). Nombr. églises et couvents.

**psoas** *nm* ANAT Chacun des deux muscles unissant la partie antérieure des vertèbres lombaires au petit trochanter. (PHO) [psoas] (ETY) Du gr. *psoa*, « lombes ».

**psoque** *nm* Insecte néoptère vivant sous les feuilles des arbres ou dans les maisons, muni de pièces buccales broyeuses, appelé aussi « pou des livres » ou « pou des poussières ». (ETY) Du gr.

**psoralène** *nm* PHARM Activateur de la pigmentation de la peau.

**psoriasis** *nm* MED Dermatose squameuse à évolution chronique, qui affecte principalement les genoux, les coudes et le cuir chevelu. (PHO) [psɔrjazis]

**pst** → **psitt !**

**PSU** Sigle pour *Parti socialiste unifié*, parti français (1960-1989) situé plus à gauche que la SFIO.

**psy** *n* fam Pychothérapeute.

**psych(o)-** Élément, du gr. *psukhê*, « âme sensitive ». (PHO) [psik(o)]

**psychanalyse** *nf* Méthode thérapeutique fondée sur l'analyse des processus psychiques profonds élaborée par Freud ; ensemble des théories de Freud et de ses continuateurs. (DER) **psychanalyste** *n* – **psychanalytique** *a*

ENC Élaborée à partir de 1885 par S. Freud, la psychanalyse est une méthode de cure de certains troubles psychiques (névroses, essentiellement), fondée sur l'investigation des processus mentaux inconscients du sujet. Celui-ci, au fur et à mesure qu'il avancera dans l'analyse, prendra conscience de l'origine de ses troubles et de la façon dont ceux-ci s'articulent en lui. Il pourra alors affronter le conflit dont il a souffert, et ce, après avoir revécu son drame personnel avec ou en la présence (non neutre) de l'analyste (phénomène de *transfert*). La cure psychanalytique (mieux nommée *analyse*) consiste en une série d'« entrevues » entre l'analyste et l'analysé (souvent nommé *analysant*). Elle s'étend généralement sur plusieurs années. Freud n'a pas inventé la notion d'inconscient, mais il en a entrepris l'exploration, s'attachant à cerner la façon dont celui-ci est structuré. L'équilibre d'un adulte est, selon Freud, intimement lié à un drame infantile : le complexe d'Œdipe. L'universalité de ce complexe est largement admise. À partir de 1902, divers médecins et chercheurs rejoignirent Freud, et des sociétés de psychanalyse se fondèrent en Europe occidentale et aux États-Unis. Dès 1910, des dissidences se manifestèrent. Aujourd'hui, il existe une multitude d'écoles, souvent rivales. La psychanalyse a ainsi marqué l'ethnologie, la sociologie, l'esthétique, l'art, la critique littéraire et artistique, la linguistique, etc. V. Freud, inconscient, libido, manqué, Œdipe, rêve, transfert.

**Psychanalyse du feu (la)** essai de Bachelard (1938).

**psychanalyser** *vt* ① Traiter par la psychanalyse. *Se faire psychanalyser.*

**psychasthénie** *nf* PSYCHOPATHOL Névrose caractérisée principalement par l'aboulie, l'obsession, le doute, les appréhensions irraisonnées. DER **psychasthénique** *a, n*

**1 psyché** *nf* Grand miroir mobile monté sur châssis, inclinable pour se regarder en pied. PHO [psiʃe] ETY Du n. pr.

**2 psyché** *nf* PHILO Ensemble des phénomènes psychiques qui constituent l'individualité. PHO [psiʃe] ETY Du gr. *psukhê*, « âme ».

**Psyché** dans la myth. gr., princesse dont la beauté excita la jalousie d'Aphrodite, qui demanda à son fils Éros de la faire périr. Éros s'éprit de Psyché, mais elle devait ignorer son identité. Une nuit, elle regarda son visage ; Éros s'enfuit. Le couple ne se reforma qu'après de nombr. péripéties. ▷ LITTER Le mythe de Psyché, qu'Apulée raconte dans *l'Âne d'or* (IIe s.), inspira à La Fontaine un conte, *les Amours de Psyché et de Cupidon* (1669), et une tragi-comédie-ballet en 5 actes, *Psyché*, à Molière, Corneille et Quinault, avec une mus. de Lully (1671).

**psychédélique** *a* PSYCHIAT Se dit des effets produits par l'absorption de drogues hallucinogènes.

**psychiatrie** *nf* Partie de la médecine qui concerne l'étude et le traitement des maladies mentales, des troubles psychiques. DER **psychiatre** *n* – **psychiatrique** *a*

**psychiatriser** *vt* ① **1** Soumettre abusivement un malade à un traitement psychiatrique. **2** Interpréter qqch selon des méthodes psychiatriques. DER **psychiatrisation** *nf*

**psychide** *nf* ENTOM Lépidoptère dont les chenilles s'abritent dans un fourreau fait de la soie qu'elles secrètent et des débris de la plante dont elles mangent les feuilles.

**psychique** *a* Qui concerne l'esprit, la pensée. *L'activité psychique.* DER **psychiquement** *av*

**psychisme** *nm* Vie psychique ; ensemble particulier de faits psychiques. *Le psychisme animal.* PHO [psiʃism]

**psychoactif, ive** *a, nm* Se dit d'une substance qui exerce une action sur le psychisme (le tabac, l'alcool, le cannabis, par ex.).

**psychoaffectif, ive** *a* PSYCHO Se dit d'un fait mental qui concerne l'affectivité.

**psychoanaleptique** *a, nm* PHARM Se dit d'une substance qui stimule l'activité psychique.

**psychobiologie** *nf* Étude du psychisme en relation avec les faits biologiques. DER **psychobiologique** *a*

**psychochirurgie** *nf* Thérapeutique des troubles mentaux par intervention chirurgicale sur le cerveau. DER **psychochirurgical, ale, aux** *a* – **psychochirurgien, enne** *n*

**psychoclinicien, enne** *n* Spécialiste de psychologie clinique.

**psychocorporel, elle** *a* PSYCHO Se dit de techniques de maîtrise du corps et du psychisme.

**psychocritique** *nf, a* LITTER Méthode d'étude des textes littéraires inspirée de la psychanalyse.

**psychodrame** *nm* **1** PSYCHO Jeu théâtral improvisé, organisé dans un but thérapeutique à travers lequel peuvent s'exprimer les conflits propres à chacun des participants. **2 fig** Situation conflictuelle au sein d'un groupe s'exprimant de manière spectaculaire. DER **psychodramatique** *a*

**psychodynamique** *a* PSYCHO Se dit des thérapies d'inspiration psychanalytique.

**psychodysleptique** *a, nm* MED Se dit d'une substance qui perturbe l'activité mentale en provoquant des délires, des hallucinations, etc.

**psychogène** *a* MED Dont la cause est uniquement psychique. *Céphalées psychogènes.*

**psychogenèse** *nf* **1** Naissance et développement des fonctions psychiques. **2** Origine psychique d'un phénomène somatique (maladie) ou psychologique (névrose).

**psychogénétique** *nf, a* Étude de la psychogenèse. DER **psychogénéticien, enne** *n*

**psycholeptique** *a, nm* PHARM Se dit d'une substance qui réduit l'activité mentale, abaisse la vigilance et diminue les réactions émotives.

**psycholinguistique** *nf, a* Étude psychologique des comportements linguistiques tels que le processus de production et de compréhension des énoncés, de l'acquisition du langage. DER **psycholinguiste** *n*

**psychologie** *nf* **1** Étude scientifique des faits psychiques. **2** Connaissance empirique des sentiments, de la conduite d'autrui. *Manquer de psychologie.* **3** Mentalité, état d'esprit. *Une psychologie très fruste.*

ENC En découvrant, en 1897, le réflexe conditionné, le physiologiste russe Pavlov montra qu'on pouvait étudier scientifiquement sur l'animal l'équivalent d'une fonction psychologique : la formation d'une habitude. Peu après, l'Américain Watson élaborait le béhaviorisme, faisant de la psychologie « l'étude des comportements objectivement observables des êtres humains ». Dans le même temps, la théorie de la forme (en all. *Gestalttheorie*) affirmait qu'il n'existe pas de sensation isolée ; la plus simple n'est perçue que si elle se détache sur un fond (point noir sur la page blanche, par ex.). Tout comportement est une réaction d'ensemble à des « formes » (ou structures), susceptibles de transposition. Auj., la psychologie hésite encore entre des modèles structuralistes et des modèles génétiques. Pour Jean Piaget, les étapes de l'intelligence chez l'enfant, par ex., mettent en œuvre des structures souples, douées d'autorégulation à la manière des mécanismes biologiques et dont chacune appelle la suivante. La psychologie sociale se situe entre la psychologie générale et la sociologie. Son domaine comprend l'étude des petits groupes, des interactions entre l'individu et les groupes dont il fait partie, et de l'influence exercée par les groupes sociaux sur la perception, la mémoire, l'invention, la motivation, etc. La psychologie sociale utilise les méthodes de la sociologie (sondages d'opinion, échelles d'attitudes, interviews) et de la psychologie (tests, notam.). En outre, elle a créé les techniques sociométriques, le psychodrame, le sociodrame, la dynamique de groupe, et les notions d'attitude, de modèle de conduite, de statut et de rôle.

**psychologique** *a* **1** Qui a rapport à la psychologie. **2** Qui agit sur les sentiments, le comportement de qqn. DER **psychologiquement** *av*

**psychologisant, ante** *a* Qui privilégie la psychologie dans l'explication de qqch.

**psychologisme** *nm* **didac** Tendance à faire prévaloir le point de vue psychologique dans l'étude des faits individuels et sociaux.

**psychologue** *n, a* **A** *n* Spécialiste de psychologie. **B** *a, n* Se dit de qqn qui fait preuve d'une certaine connaissance empirique des sentiments d'autrui.

**psychomachie** *nf* Bx-A Thème allégorique du combat du bien contre le mal, fréquent dans l'iconographie médiévale.

**psychométrie** *nf* PSYCHO Mesure, étude quantitative des phénomènes psychiques. DER **psychométricien, enne** *n* – **psychométrique** *a*

**psychomoteur, trice** *a* Qui a trait à la fois aux fonctions psychiques et motrices.

**psychomotricité** *nf* Ensemble des fonctions motrices en relation avec le psychisme.

**psychomotricien, enne** *n* Spécialiste de rééducation psychomotrice.

**psychopathe** *n* **1** Malade mental. **2** PSYCHIAT Personne atteinte de psychopathie.

**psychopathie** *nf* PSYCHIAT Affection mentale caractérisée par l'instabilité, l'impulsivité. DER **psychopathique** *a*

**psychopathologie** *nf* **didac** Étude des troubles mentaux. DER **psychopathologique** *a*

**Psychopathologie de la vie quotidienne** ouvrage de Freud (1904) qui étudie les oublis (de mots et noms, de souvenirs, etc.), les lapsus, les méprises, bref toutes les catégories d'*actes manqués*.

**psychopédagogie** *nf* **didac** Psychologie appliquée à la pédagogie. DER **psychopédagogique** *a* – **psychopédagogue** *n*

**psychopharmacologie** *nf* **didac** Science qui étudie les effets des psychotropes. DER **psychopharmacologique** *a* – **psychopharmacologue** *n*

**psychophysiologie** *nf* **didac** Science qui étudie les rapports entre le psychisme et l'activité physiologique. DER **psychophysiologique** *a* – **psychophysiologiste** *n*

**psychopompe** *a* Conducteur des âmes des morts (épithète appliquée à Hermès, Apollon, Charon, Orphée, etc.).

**psychoprophylaxie** *nf* MED Prévention de certains troubles ou préparation à une épreuve par une méthode psychologique. DER **psychoprophylactique** *a*

**psychorigidité** *nf* PSYCHO Rigidité, manque d'adaptabilité intellectuelle et psychologique. DER **psychorigide** *a*

**psychose** *nf* **1** Maladie mentale que le sujet est incapable de reconnaître comme telle et caractérisée par la perte du contact avec le réel et une altération de la personnalité. *La paranoïa et la schizophrénie sont des psychoses. Psychose maniaco-dépressive.* **2** Obsession, angoisse collective. PHO [psikoz] DER **psychotique** *a*

ENC Le mot *psychose* a remplacé les termes anciens de *folie* et d'*aliénation mentale*. Les multiples psychoses se caractérisent par une perte de la notion du réel et l'irruption d'une fantasmagorie délirante, qui réalisent une autre personnalité *(aliénation)*. Certaines psychoses sont déclenchées par des substances extérieures (drogues) ou par des lésions du système nerveux. Les autres, dites endogènes, se répartissent ainsi : confusion mentale primitive ; bouffée délirante aiguë, à tendance répétitive ; psychose maniaco-dépressive, dans laquelle alternent la dépression (mélancolie) et l'excitation (turbulence maniaque) ; les psychoses les plus graves sont les schizophrénies et les paranoïas.

**psychosensoriel, elle** *a* Qui a trait à la fois aux fonctions psychiques et sensorielles.

**psychosocial, ale** *a* didac Relatif à la psychologie de l'individu dans ses rapports avec la vie sociale. PLUR psychosociaux.

**psychosociologie** *nf* didac Étude des rapports entre faits sociaux et faits psychiques. SYN psychologie sociale. DER **psychosociologique** *a* – **psychosociologue** *n*

**psychosomatique** *a, nf* **A** *a* Se dit des troubles physiques d'origine psychique. **B** *a, nf* Médecine qui traite les affections psychosomatiques. DER **psychosomaticien, enne** *n*

ENC Influencé par les travaux de Freud (qui avait étudié l'hystérie de conversion), Groddeck employa le mot *ça,* vers 1920, pour désigner les pulsions libidinales refoulées qui constituent l'origine profonde de maladies organiques (tuberculose, cancer). Ainsi naquit l'idée de maladies psychosomatiques. Dans les années 1930, les expérimentateurs provoquèrent des *ulcères de contrainte* chez les animaux de laboratoire. En 1950, le médecin canadien H. Selye étudia le stress. L'enfouissement psychosomatique s'observe surtout dans les maladies suivantes : asthme bronchique, ulcère de l'estomac, hypertension artérielle et infarctus du myocarde, psoriasis, glaucome.

**psychostasie** *nf* Bx-A Thème iconographique d'origine égyptienne représentant la pesée de l'âme du défunt.

**psychostimulant, ante** *a, nm* PHARM Qui stimule l'activité psychique.

**psychotechnique** *nf, a* didac Ensemble des méthodes destinées à évaluer les attitudes d'un individu, pour l'organisation du travail, l'orientation professionnelle. DER **psychotechnicien, enne** *n*

**psychoter** *vi* ① fam Passer son temps à se poser des questions, à avoir peur.

**psychothérapie** *nf* Toute thérapie par des moyens psychologiques. *Psychothérapie analytique.* DER **psychothérapeute** *n* – **psychothérapique** ou **psychothérapeutique** *a*

**psychotique** → **psychose.**

**psychotonique** *a, nm* Psychostimulant.

**psychotoxique** *a, nm* Qui s'attaque au psychisme. *Arme psychotoxique.*

**psychotrope** *a, nm* PHARM Se dit de toute substance qui agit sur le psychisme.

**psychromètre** *nm* Instrument de mesure du degré hygrométrique de l'air. ETY Du gr. *psukhros,* « froid ». DER **psychrométrie** *nf*

**1 psylle** *nm* litt Charmeur de serpents.

**2 psylle** *nf* Homoptère voisin des pucerons qui suce la sève des feuilles des fruitiers. ETY Du gr.

**Pt** CHIM Symbole du platine.

**Ptah** dieu de l'anc. Égypte, adoré notam. à Memphis comme créateur du monde.

**ptér(o)-, -ptère** Éléments, du gr. *pteron,* « aile ».

**ptéranodon** *nm* PALEONT Reptile volant aux mâchoires édentées, fossile du crétacé. *Le ptéranodon fut le plus grand des ptérosauriens.*

**ptéridophyte** *nm* BOT Végétal cryptogame vasculaire, tel que les lycopodes, les sélaginelles, les prêles, les fougères, etc.

**ptéridospermale** *nf* PALEONT Préspermatophyte dont l'ordre a été abondamment représenté au carbonifère.

**ptérodactyle** *a, n* **A** *a* ZOOL Qui a les doigts reliés par une membrane. **B** *nm* PALEONT Ptérosaurien du jurassique à mâchoires dentées.

**ptéropode** *nm* ZOO Mollusque gastéropode opisthobranche dont le pied présente deux expansions latérales utilisées pour nager.

**ptérosaurien** *nm* PALEONT Reptile fossile secondaire adapté au vol grâce à une membrane alaire tendue entre le cinquième doigt de la main et le corps.

un **ptérosaurien** en vol, le ptéranodon

**ptérygoïde** *a* LOC ANAT *Apophyse ptérygoïde :* apophyse osseuse attenante à la grande aile et à la face inférieure du sphénoïde. ETY Du gr. *pterugoeidês,* « en forme d'aile ». DER **ptérygoïdien, enne** *a*

**ptérygote** *nm* ENTOM Tout insecte ailé par oppos. à *aptérygote.*

**Ptolémaïs** nom de plusieurs villes hellénistiques d'Asie Mineure ou d'Afrique du Nord.

**Ptolémée** nom de quinze souverains d'origine macédonienne qui régnèrent sur l'Égypte de 305 à 30 avant J.-C. — **Ptolémée Ier Sôter** (« le Sauveur ») (en Macédoine, vers 360 – 283), lieutenant d'Alexandre ; satrape d'Égypte (323-305), puis roi (305-283), il y fonda la dynastie dite des *Lagides* (du nom de son père, Lagos). Il secourut (« sauva ») les Rhodiens. Il établit le culte de Sérapis, fonda le musée d'Alexandrie et sa bibliothèque. — **Ptolémée II Philadelphe** (« Qui aime sa sœur ») (Cos, vers 308 – 246), fils et successeur du préc. (283-246). Sous l'influence de sa sœur et seconde épouse (inceste pharaonique), Arsinoé II, il entreprit d'importants travaux (phare d'Alexandrie). — **Ptolémée III Évergète Ier** (« le Bienfaiteur ») (vers 280 – 221), fils et successeur du préc. (246-221). Il conquit le sud de l'Asie Mineure et domina la mer Égée. — **Ptolémée IV Philopatôr Ier** (« Qui aime son père ») (vers 244 – 203), fils et successeur du préc. (221-vers 203) ; vainqueur du Séleucide Antiochos III Mégas à la bataille de Raphia (217). — **Ptolémée V Épiphane** (« l'Illustre ») (vers 209 – 181), fils et successeur du préc. (vers 203-181). Il perdit la Syrie et l'Égypte entra en décadence. — **Ptolémée VI Philomêtôr** (« Qui aime sa mère ») (186 – Syrie, 145), fils et successeur du préc. (181-145). Capturé par Antiochos IV, il fut sauvé par les Romains. — **Ptolémée VII Neos Philopatôr** (mort en 144), le plus jeune fils du préc. Il régna avec son père (147-145), puis lui succéda (145), mais fut déposé puis assassiné. — **Ptolémée VIII** (ou **VII**) **Évergète II** (mort en 116), roi d'Égypte, frère de Ptolémée VI et successeur du préc. (145-116). — **Ptolémée XIII** (ou **XIV** ou **XII**) **Dionysos II** (vers 61 – 47), roi d'Égypte, frère et époux de Cléopâtre VII. Monté sur le trône en 51, il fit assassiner Pompée (48), croyant plaire à César, qui ne lui laissa aucun pouvoir. Il périt en combattant celui-ci. — **Ptolémée XIV** (ou **XV** ou **XIII**) (59 – 44), frère et successeur du préc. ; époux de leur sœur Cléopâtre VII. Il régna de 47 à 44. — **Ptolémée XV** (ou **XVI** ou **XIV**) **Caesar** dit Césarion (47 – 30), roi d'Égypte, fils de César et de Cléopâtre VII. Il régna associé à sa mère de 44 à 30 ; Octave le fit mettre à mort. DER **ptolémaïque** *a*

le dieu **Ptah** représenté sous forme humaine et reconnaissable à sa tête rasée – tombeau de Horemheb, Vallée des Rois, Égypte

**Ptolémée Kéraunos** (« le Foudre ») (v. 320 – 279 av. J.-C.), roi de Macédoine (281-279 av. J.-C.) ; fils aîné de Ptolémée Ier Sôter ; tué dans une guerre contre les Celtes.

**Ptolémée Apion** (« le Maigre »), fils de Ptolémée VIII Évergète II. Il régna sur la Cyrénaïque de 117 à 96 av. J.-C.

**Ptolémée** Claude (Ptolémaïs Hermiu [?], auj. Menchiyèh, v. 90 – Canope, v. 168), savant grec de l'école d'Alexandrie, auteur de nombr. ouvrages. Le plus célèbre, *l'Almageste,* contient les principes astronomiques que Copernic récusa : le géocentrisme, le mouvement circulaire uniforme et la division du monde en deux domaines : le cosmos et le monde sublunaire. DER **ptoléméen** ou **ptoloméen, enne** *a*

**ptomaïne** *nf* Alcaloïde toxique produit par la putréfaction des matières animales. ETY De l'ital., du gr. *ptôma,* « cadavre ».

**ptôse** *nf* MED Descente d'un organe, due au relâchement de ses moyens de fixation. ETY Du gr.

**ptosis** *nm* MED Abaissement permanent, d'origine paralytique ou congénitale, de la paupière supérieure. PHO [ptɔzis] ETY Mot gr.

**ptyaline** *nf* BIOCHIM Enzyme salivaire qui joue un rôle dans la digestion de l'amidon. ETY Du gr. *ptuein,* « cracher ».

**ptyalisme** *nm* MED Sécrétion salivaire excessive. ETY Du gr. *ptuein,* « cracher ».

**PTT** Sigle de *Postes, Télégraphe, Téléphone,* puis (1980-1991) de *Postes et Télécommunications.* V. Poste (la) et France Télécom.

**Pu** CHIM Symbole du plutonium.

**puant, ante** *a* **1** Qui sent mauvais. **2** fig, fam Odieux par son impudence, sa vanité. LOC VEN *Bêtes puantes :* fouines, putois, renards, etc., qui dégagent une odeur forte et repoussante.

**puanteur** *nf* Odeur infecte, fétide.

**1 pub** *nm* **1** En Grande-Bretagne, établissement public où l'on consomme des boissons alcoolisées. **2** En France, bar, café, dont le cadre évoque les pubs anglais. (PHO) [pœb] (ETY) Mot angl.

**2 pub** *nf* fam Publicité. (PHO) [pyb]

**pubalgie** *nf* MED Douleur dans la région pubienne. (DER) **pubalgique** *a*

**pubère** *a, n* Qui a atteint l'âge de la puberté. (ETY) Du lat.

**puberté** *nf* Passage de l'enfance à l'adolescence, marqué par l'apparition de certains caractères sexuels secondaires et par l'acquisition de la capacité de procréer. (DER) **pubertaire** *a*

**pubescent, ente** *a* BOT Se dit d'un organe, d'une plante, couverts d'un fin duvet. (DER) **pubescence** *nf*

**pubis** *nm* **1** ANAT Pièce osseuse formant la partie antérieure de l'os iliaque. **2** Région inférieure du bas-ventre, qui se couvre de poils à la puberté. (PHO) [pybis] (ETY) Mot lat. (DER) **pubien, enne** *a*

**public, ique** *a, nm* **A** *a* **1** Qui appartient à la nation, à l'État ; qui les concerne. *Le Trésor public. Les services publics.* **2** Commun, à l'usage de tous. *Voie publique.* **3** Manifeste, connu de tous. *De notoriété publique.* **4** Où tout le monde est admis. *Audience publique.* **B** *nm* **1** Les gens en général. *L'intérêt du public.* **2** Personnes réunies pour assister à un spectacle. *Le public applaudit.* **LOC** ***En public*** : en présence d'un certain nombre de personnes. — fam ***Être bon public*** : apprécier sans réticence un spectacle. (ETY) Du lat.

**publicain** *nm* ANTIQ ROM Fermier des revenus publics.

**publication** *nf* **1** Action par laquelle qqch est rendu public. *Publication d'une loi.* **2** Parution, sortie d'un texte, d'un livre. *Date de publication d'un livre.* **3** Ouvrage publié. **LOC** ***Publication assistée par ordinateur (PAO)*** : édition réalisée en utilisant des techniques informatiques.

**Publicis** société de publicité, la plus anc. de France, fondée en 1927 par Marcel Bleustein-Blanchet (1906 – 1996).

**publiciste** *n* **1** Spécialiste du droit public. **2** Publicitaire.

**publicitaire** *a, n* **A** *a* De la publicité. *Message publicitaire.* **B** *a, n* Qui s'occupe de publicité. *Agence publicitaire.* (DER) **publicitairement** *av*

**publicité** *nf* **1** Caractère de ce qui est public. *La publicité des débats parlementaires.* **2** Activité qui consiste à faire connaître un produit, une entreprise, etc., afin d'inciter les consommateurs à acheter ce produit, à utiliser les services de cette entreprise, etc. ; ensemble des moyens employés à cet effet. *Campagne de publicité.* **3** Annonce, affiche, film publicitaire. **LOC** ***Publicité comparative*** : dans laquelle les produits présentés sont comparés aux concurrents. — ***Publicité rédactionnelle*** : texte publicitaire présenté sous forme d'article de journal ou de revues.

**Publicola** → **Valerius Publicola.**

**publier** *vt* ② **1** Rendre public. *Publier des bans.* **2** Faire paraître un écrit. *Publier un livre.* (ETY) Du lat. (DER) **publiable** *a*

**publiphone** *nm* Téléphone public à cartes. (ETY) Nom déposé.

**publipostage** *nm* COMM Prospection, démarchage, publicité ou vente par voie postale ou électronique. SYN (déconseillé) mailing.

**publipromotionnel, elle** *a* De la promotion d'un produit par la publicité.

**publiquement** *av* En public.

**publirédactionnel** *nm* Publicité rédactionnelle.

**publireportage** *nm* Publicité présentée sous la forme d'un reportage.

**Puccini** Giacomo (Lucques, 1858 – Bruxelles, 1924), compositeur italien, auteur d'opéras véristes : *Manon Lescaut* (1893), *la Bohème* (1896), *Tosca* (1900), *Madame Butterfly* (1904).

Giacomo Puccini

**puccinia** *nm* BOT Champignon basidiomycète parasite provoquant la rouille de divers végétaux, notam. le blé. (PHO) [pyksinja] (ETY) D'un n. pr. (VAR) **puccinie** *nf*

**puce** *nf, a inv* **A** *nf* **1** Insecte de l'ordre des siphonaptères, dépourvu d'ailes, brun, sauteur, parasite des êtres humains et de certains mammifères. *Les puces sont des vecteurs de gènes pathogènes.* **2** INFORM Plaquette de silicium sur laquelle est gravé un microprocesseur. **B** *a inv* Brun-rouge foncé. *Des rideaux puce.* **LOC** fam ***Excité comme une puce*** : très excité. — ***Marché aux puces*** ou ***les puces*** : marché de brocante et d'objets d'occasion divers. — fam ***Mettre la puce à l'oreille*** : inspirer des inquiétudes, de la méfiance. — ***Puce à ADN*** ou ***à protéines*** : biopuce. — ***Puce d'eau*** : daphnie. — ***Puce de mer*** : talitre. — fam ***Secouer les puces à qqn*** : le réprimander. (ETY) Du lat.

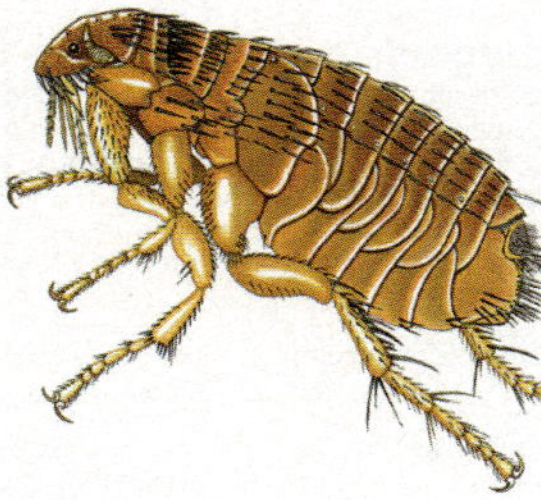

**puce** du chat

**puceau, elle** *n, a* fam Garçon, fille vierge. **LOC** ***La pucelle d'Orléans*** : Jeanne d'Arc. (ETY) Du lat. *pullus*, « petit d'un animal ».

**pucelage** *nm* fam Virginité.

**Pucelle** Jean (? – Paris, 1334), enlumineur français, auteur de livres d'heures.

**pucer** *vt* ⑫ Placer une puce électronique sous la peau d'un animal à des fins d'identification. (DER) **puçage** *nm*

**puceron** *nm* Petit insecte homoptère vivant sur les plantes, dont il suce la sève.

**pucier** *nm* fam Lit.

**pucier, ère** *a, n* **A** *a* Qui concerne les marchés aux puces. **B** *n* Commerçant qui exerce son activité sur un marché aux puces.

**pudding** *nm* Gâteau anglais, qu'on appelle aussi *plum-pudding*, à base de farine, d'œufs, de graisse de bœuf, de raisins secs, etc., le plus souvent parfumé au rhum. (PHO) [pudiŋ] (ETY) Mot angl. (VAR) **pouding**

**puddlage** *nm* Ancien procédé d'affinage de la fonte consistant à la décarburer dans un four à l'aide de scories oxydantes pour obtenir l'acier. (PHO) [pœdlaʒ] (ETY) De l'angl. *to puddle*, « brasser ». (DER) **puddler** *vt* ① – **puddleur** *nm*

**pudeur** *nf* **1** Tendance à éprouver de la gêne, de la honte devant ce qui touche à la sexualité. **2** Retenue, réserve ; délicatesse. *Il a eu la pudeur de ne pas mentionner sa mort.* (ETY) Du lat.

**pudibond, onde** *a* Exagérément pudique. (ETY) Du lat. *pudibundus*, « honteux ». (DER) **pudibonderie** *nf*

**pudique** *a* **1** Plein de pudeur. **2** Discret, réservé. (DER) **pudicité** *nf* – **pudiquement** *av*

**Pudong** district de Shanghai où se développe depuis 1990 un important centre d'affaires.

**Puebla** v. du Mexique central ; 1,3 million d'hab. (aggl.) ; cap. de l'État de Puebla (33 919 km$^2$ ; 4 126 100 hab.). Cathédrale.

**Pueblos** Amérindiens des É.-U. vivant en Arizona, au Nouveau-Mexique et au Colorado. Princ. groupes ethniques : Zuñis, Hopis. Arts : poterie, vannerie, tissage. (DER) **pueblo** *a*

**puer** *v* ① **A** *vt* Exhaler une odeur désagréable de. *Puer le vin.* **B** *vi* Sentir mauvais.

**puériculture** *nf* Ensemble des méthodes propres à assurer le développement de l'enfant, de sa naissance à sa troisième ou quatrième année. (ETY) Du lat. *puer*, « enfant ». (DER) **puériculteur, trice** *n*

**puéril, ile** *a* **1** Qui évoque l'enfance. **2** Enfantin, qui ne convient pas à un adulte. *Discussion puérile.* (DER) **puérilement** *av* – **puérilité** *nf*

**puérilisme** *nm* État pathologique caractérisé par la régression de l'esprit d'un adulte au niveau de la mentalité enfantine.

**puerpéral, ale** *a* MED Relatif aux femmes en couches ou à l'accouchement et à ses suites immédiates. *Fièvre puerpérale.* PLUR puerpéraux. (ETY) Du lat. *puerpera*, « accouchée ».

**Puerto Cabello** v. et port du Venezuela, à l'O. de Caracas ; 128 000 hab. Industries.

**Puerto La Cruz** v. pétrolière et port du Venezuela, à l'E. de Caracas ; 156 520 hab.

**Puertollano** v. industr. d'Espagne (Castille-la Manche) ; 50 190 hab.

**Puerto Montt** ville et port du Chili mérid., ch.-l. de prov. ; 150 000 hab. Tourisme.

**Puerto Rico** → **Porto Rico.**

**Pufendorf** Samuel (baron von) (Chemnitz, 1632 – Berlin, 1694), juriste allemand : *Du droit de la nature et des gens* (1672).

**puffin** *nm* Oiseau marin migrateur (procellariiforme) voisin du pétrel. (ETY) Mot angl.

**Puget** Pierre (Marseille, 1620 – id., 1694), sculpteur, peintre et architecte français : *Milon de Crotone* (1683, Louvre).

**Puget Sound** fjord de la côte O. des É.-U. (État de Washington) où s'abritent les ports de Seattle, de Tacoma, etc. Foyer industriel.

**pugilat** *nm* **1** ANTIQ Sport comparable à la boxe, dans lequel les combattants portaient au poing un gantelet garni de fer ou de plomb. **2** Rixe à coups de poing. (ETY) Du lat. (DER) **pugiliste** *n* – **pugilistique** *a*

**Pugin** Augustus Welby Northmore (Londres, 1812 – Ramsgate, 1852), architecte anglais, adepte du style gothique.

**pugnace** *a* litt Qui aime la lutte ; combatif. (PHO) [pygnas] (ETY) Du lat. (DER) **pugnacité** *nf*

**puîné, ée** *a, n* vieilli Cadet. (ETY) De *puis* et *né*. (VAR) **puiné, ée**

**puis** *av* **1** Ensuite, après. *Il dit quelques mots, puis se tut.* **2** Plus loin. *Voici la fontaine, puis ma maison.* **LOC** ***Et puis*** : d'ailleurs, en outre. (ETY) Du lat.

**puisard** *nm* Excavation pratiquée dans le sol pour évacuer les eaux de pluie. SYN puits perdu.

**puisatier** *nm* Entrepreneur, ouvrier qui creuse ou qui répare les puits.

**Puisaye (la)** région de bocage du S. du Bassin parisien, entre l'Yonne et la Loire. DER **poyaudin, ine** *a, n*

**Puisaye Joseph (comte de)** (Mortagne-au-Perche, 1755 – Hammersmith, 1827), général français ; un des chefs de la chouannerie.

**puiser** *vt* 1 **1** Prendre du liquide au moyen d'un récipient que l'on plonge dans ce liquide. *Puiser de l'eau dans une mare.* **2** fig Prendre. *Puiser dans la caisse. Puiser des renseignements dans un ouvrage.* **LOC** ***Puiser aux sources :*** consulter les originaux. DER **puisage** *nm*

**puisette** *nf* Afrique Récipient servant à puiser l'eau d'un puits.

**Puiseux Victor** (Argenteuil, 1820 – Frontenay, Jura, 1883), astronome et mathématicien français ; il étudia les fonctions à variable complexe. — **Pierre** (Paris, 1855 – Frontenay, 1928), astronome, fils du préc. ; il participa à l'élaboration de cartes du ciel et de la Lune.

**puisque** *conj* Du moment que, étant donné que. *Puisqu'il pleut, je reste ici.* (La voyelle *e* ne s'élide que devant *il, elle, on, en, un, une.*)

**puissance** *nf* **A 1** Pouvoir d'exercer une autorité, d'avoir une grande influence. *La puissance royale. Asseoir sa puissance sur l'argent.* **2** Caractère de ce qui exerce une grande influence, de ce qui produit des effets notables. *La puissance de l'habitude.* **3** État souverain. *Les grandes puissances.* **4** PHYS Travail fourni par unité de temps. *La puissance s'exprime en watts.* **5** Pouvoir d'action d'un appareil, d'un mécanisme. *Puissance d'un moteur.* **6** MINES Épaisseur d'une veine de minerai. **7** PHILO Potentialité, virtualité. **B** *nf pl* THEOL Troisième chœur de la deuxième hiérarchie des anges. **LOC** PHILO ***En puissance :*** potentiel, virtuel. — ***Puissance administrative*** ou ***fiscale :*** puissance d'un véhicule automobile établie d'après sa cylindrée pour le calcul de la taxe, et qui s'exprime en chevaux fiscaux. — MATH ***Puissance n d'un nombre :*** produit de n fois ce nombre (n entier supérieur ou égal à 2).

**Puissance et la Gloire (la)** roman de Graham Greene (1940).

**puissant, ante** *a, nm* **1** Qui est capable de produire de grands effets. *Un remède puissant.* **2** Qui peut développer une grande énergie. *Moteur puissant.* **3** Très robuste, doté d'une grande force physique. **4** Qui a une grande intensité. *Voix puissante. Lumière puissante.* **5** Qui a une grande autorité, un grand pouvoir. *Un roi puissant.* ETY Anc. part. prés. de *pouvoir.* DER **puissamment** *av*

**puits** *nm* **1** Profonde excavation creusée dans le sol pour recueillir les eaux d'infiltration. *Tirer de l'eau au puits.* **2** Excavation pratiquée dans le sol, destinée à l'exploitation d'un gisement. *Puits de pétrole.* **LOC** ECOL ***Puits de carbone :*** stockage du gaz carbonique de l'atmosphère par les forêts et les océans. SYN pompe à carbone. — ***Puits de fondation :*** fouille dans laquelle on coule du béton, destinée à asseoir les fondations d'un ouvrage. — fig ***Puits de science, d'érudition :*** personne très savante, très érudite. — ***Puits perdu :*** puisard. ETY Du lat.

**puja** *nf* RELIG Dans l'hindouisme, adoration d'une image sacrée impliquant divers rites. ETY Du sanscrit.

**pula** *nm* Unité monétaire du Botswana.

**Pula** port de Croatie ; 56 000 hab. Arsenal. Chantiers navals. – Monuments romains. Cathédrale XII^e^ s. VAR **Pola**

**pulicaire** *nf* Plante herbacée (composée), aux capitules jaunes, qui pousse dans les endroits humides. ETY Du lat. *pulicaria herba,* propr. « *herbe aux puces* ».

**Pulchérie (sainte)** (Constantinople, 399 – ?, 453), impératrice d'Orient ; sœur de Théodose II, elle lui succéda (450).

**Pulci Luigi** (Florence, 1432 – Padoue, 1484), auteur italien d'un poème en vers octosyllabiques sur le cycle carolingien : *Morgant* (1460-1470).

**Pulcinella** personnage du théâtre de marionnettes napolitain, l'équivalent du Polichinelle français, mais il n'est pas bossu.

**Pulitzer Joseph** (Makó, Hongrie, 1847 – Charleston, Caroline du Sud, 1911), journaliste américain d'origine hongroise. Il fonda, par testament, les *prix Pulitzer* que l'université Columbia décerne chaque année, depuis 1917, à huit journalistes et cinq écrivains.

**pull** → **pull-over.**

**pullman** *nm* **1** vieilli Voiture de chemin de fer luxueusement aménagée. **2** Autocar très confortable. PHO [pulman] ETY Du n. de l'inventeur.

**Pullman George Mortimer** (Brocton, État de New York, 1831 – Chicago, 1897), industriel américain qui fonda les wagons-lits (1863).

**pullorose** *nf* Maladie bactérienne des poussins, contagieuse et mortelle. ETY Du lat.

**pull-over** *nm* Tricot qu'on met en l'enfilant par la tête ; chandail. PLUR pull-overs. PHO [pylɔvɛʀ] ETY Mot angl., « tirer par-dessus ». VAR **pullover** ou **pull**

**pulluler** *vi* 1 **1** Se multiplier rapidement et abondamment. **2** Être en abondance, foisonner. ETY Du lat. DER **pullulement** *nm* ou **pullulation** *nf*

**1 pulmonaire** *a* **1** Qui concerne le poumon, ses vaisseaux. **2** Qui affecte le poumon.

**2 pulmonaire** *nf* Plante herbacée (borraginacée), aux feuilles allongées, aux fleurs violacées.

**pulmoné** *nm* ZOOL Mollusque gastéropode respirant par un poumon tel que l'escargot, la limace, etc.

**pulpaire** *a* didac Relatif à la pulpe dentaire.

**pulpe** *nf* **1** Tissu charnu de certains fruits. *La pulpe d'une orange.* **2** Extrémité charnue des doigts. **LOC** ***Pulpe dentaire :*** tissu conjonctif qui remplit la cavité dentaire. ETY Du lat.

**pulpeux, euse** *a* **1** Qui contient de la pulpe ; qui a la consistance, l'aspect de la pulpe. *Des lèvres pulpeuses.* **2** fig, fam Se dit d'une femme aux formes sensuelles. *Une blonde pulpeuse.*

**pulpite** *nf* MED Inflammation de la pulpe dentaire.

**pulqué** *nm* Boisson mexicaine obtenue en faisant fermenter du suc d'agave. ETY Mot indien. VAR **pulque**

**pulsar** *nm* ASTRO Étoile à neutrons fortement magnétisée et en rotation rapide, dont l'émission se caractérise par une série d'impulsions régulièrement espacées dans le temps. ETY Mot angl., de *pulsating star,* « étoile vibrante ».

**pulsatif, ive** *a* **1** Relatif à la pulsation. **2** MED Se dit d'une douleur provoquée par la pulsation des artères dans une partie enflammée.

**pulsatile** *a* didac Qui est animé de pulsations.

**pulsatille** *nf* Anémone (renonculacée) à feuillage fin et à grandes fleurs de couleur variée, spontanée en montagne et que l'on cultive en rocaille. ETY Du lat.

**pulsation** *nf* **1** Battement du cœur, des artères. *Rythme des pulsations.* **2** didac Oscillation périodique régulière plus ou moins rapide.

**pulser** *v* 1 **A** *vt* TECH Envoyer par pression, notam. de l'air. **B** *vi* MUS Donner une sensation de pulsation. ETY Du lat. *pulsare,* « pousser ».

**pulsion** *nf* PSYCHAN Manifestation de l'inconscient qui pousse un individu à agir pour réduire un état de tension. ETY De *impulsion.* DER **pulsionnel, elle** *a*

ENC La pulsion humaine est, comme l'instinct animal, d'origine biologique (faim, soif, besoin sexuel, agressivité). Elle peut s'orienter sur divers objets (transfert, perversions) et se satisfaire par des moyens très diversifiés. Selon Freud, la pulsion vise à réduire un état de tension organique déplaisant, ce qui crée un plaisir. (V. libido). À partir de 1920, il a étudié l'opposition et la rencontre des pulsions de vie *(éros)* et de mort *(thanatos).*

**pulsoréacteur** *nm* TECH Moteur à réaction fonctionnant par combustion discontinue.

**pultacé, ée** *a* Qui a l'aspect, la consistance d'une bouillie. ETY Du lat.

**pulvérin** *nm* TECH Poudre à canon très fine employée pour les pièces d'artifice. ETY Du lat.

**pulvérisateur** *nm* Instrument utilisé pour projeter une poudre ou de fines gouttelettes de liquide.

**pulvériser** *vt* 1 **1** Réduire en poudre, en très petits fragments. *Pulvériser du sucre.* **2** Projeter un liquide en fines gouttelettes. **3** fig Détruire, anéantir. **LOC** fam ***Pulvériser un record :*** le battre

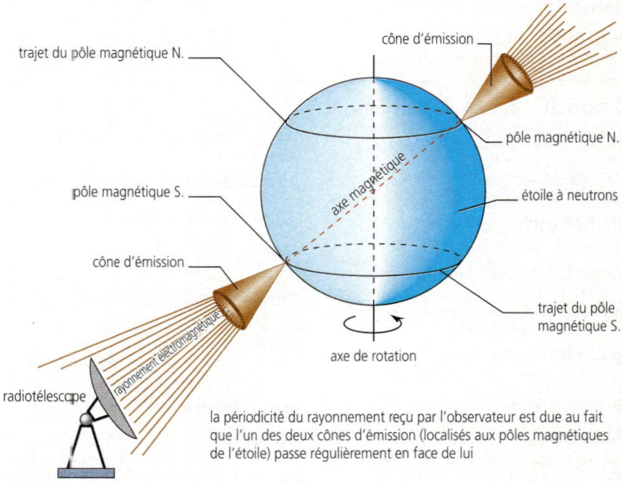


**pulsar**

très nettement. ETY Du lat. *pulvis, pulveris*, « poudre ». DER **pulvérisable** *a* – **pulvérisation** *nf*

**pulvériseur** *nm* AGRIC Machine agricole destinée à ameublir la terre en brisant les mottes.

**pulvérulent, ente** *a* Qui se présente sous forme de poudre, ou qui peut se réduire facilement en poudre. DER **pulvérulence** *nf*

**puma** *nm* Félin américain carnassier au pelage beige uni, qui chasse la nuit. SYN couguar. ETY Mot esp., du quechua.

**puma**

**puna** *nf* GEOGR Haute plaine semi-aride dans les Andes. ETY Du quechua.

**punaise** *nf* **1** Petit insecte hétéroptère, appelé aussi *punaise des lits*, au corps aplati, malodorant, parasite de l'homme qu'il pique pour se nourrir de son sang. **2** ENTOM Nom cour. de tous les insectes hétéroptères. **3** Petit clou à large tête plate et à pointe fine et courte qui se fixe par simple pression. LOC fam, péjor ***Punaise de sacristie*** : bigote. ETY De l'a. fr. *punais*, « qui sent mauvais ».

**punaise** des lits

**punaiser** *vt* ① Fixer au moyen de punaises.

**1 punch** *nm* Boisson alcoolisée à base de rhum, de citron, de sucre et d'épices. PLUR punchs. PHO [pɔ̃ʃ] ETY Mot angl., de l'hindi. VAR **ponch**

**2 punch** *nm* **1** Grande puissance de frappe, pour un boxeur. *Il a du punch.* **2** fig, fam Énergie, vitalité. PHO [pœnʃ] ETY Mot angl., « coup ».

**Punch** hebdomadaire satirique anglais publié de 1841 à 2002 (sous-titré *The London Charivari*).

**puncheur** *nm* SPORT Boxeur qui a du punch, qui frappe fort.

**punching-ball** *nm* Ballon fixé par des liens élastiques, dans lequel les boxeurs frappent pour s'entraîner. PLUR punching-balls. PHO [pœnʃiŋbol] VAR **punchingball**

**punchy** *a inv* fam Qui a de l'énergie, du punch. *Un leader, un discours punchy.* PHO [pœnʃi]

**Pune** → **Poona.**

**punique** *a, n* **A** HIST Relatif aux Carthaginois. *Les guerres puniques.* **B** *nm* Langue parlée à Carthage, issue du phénicien.

ENC Les guerres puniques qui opposèrent les Romains aux Carthaginois (ou Puniques), sont au nombre de trois. **1.** La *première guerre punique* (264-241 av. J.-C.) est déclenchée par les Mamertins, mercenaires installés en Sicile. Ceux-ci font appel aux Romains, qui prennent aux Carthaginois Messine (264). Hiéron, roi de Syracuse, se rallie à eux. Les Romains sont vainqueurs à Agrigente (262), à Myles (260), à Ecnome (256). En Afrique, les Carthaginois ont l'avantage mais, après leur défaite aux îles Ægates (241), ils doivent céder la Sicile et laisser Rome conquérir la Corse et la Sardaigne (238-237 av. J.-C.). **2.** Le Carthaginois Hannibal déclenche la *deuxième guerre punique* (218-201 av. J.-C.) en prenant la v. ibérique de Sagonte, alliée de Rome. En un an, il passe le Rhône et les Alpes, acquiert l'aide des Celtes de la plaine du Pô et écrase l'armée romaine sur les bords de la Trébie (218) et du lac Trasimène (217), puis à Cannes, en Apulie (216). Fabius le Temporisateur constitue un noyau de résistance qu'Hannibal hésite à attaquer, laissant de surcroît ses troupes se perdre dans les « délices de Capoue », ville qu'il avait annexée en 215. Bientôt, le jeune Scipion attaque les arrières carthaginois en Espagne, où il tue Hasdrubal Barca, le père d'Hannibal, en 207. Il débarque en Afrique (204) et, après s'être allié au roi numide Masinissa, écrase à Zama (202) l'armée d'Hannibal. Carthage vaincue doit payer une indemnité considérable et cède l'Espagne aux Romains. **3.** Caton l'Ancien affirmait sans cesse que Carthage devait être détruite *(Carthago delenda est)*, et Rome déclenche la *troisième guerre punique* (149-146 av. J.-C.), sous prétexte d'aider le roi numide Masinissa. Carthage résistera deux ans aux légions de Scipion Émilien, avant que ses murs soient rasés et ses habitants massacrés (146 av. J.-C.). Rome constitue une province en Afrique. S'étant débarrassée de Carthage, Rome bâtira un Empire puissant.

**punir** *vt* ③ **1** Infliger un châtiment à qqn. *Punir qqn de prison.* **2** Sanctionner une faute par une peine. *Punir un crime.* LOC ***Être puni par où l'on a péché*** : voir la faute que l'on a commise se retourner contre soi-même. ETY Du lat. DER **punissable** *a*

**punitif, ive** *a* Dont le but est de punir.

**punition** *nf* **1** Action de punir. **2** Châtiment infligé pour une faute. **3** Mal que l'on éprouve à cause d'une faute, d'un défaut, etc. *Cette indigestion est la punition de sa gourmandise.*

**punk** *a, n* **A** *a* Se dit d'un mouvement social, culturel et musical né en Grande-Bretagne, vers 1975, en réaction contre la société et contre l'évolution alors prise par la pop music. **B** *n, a* Adepte du mouvement punk. PHO [pœ̃k] ou [pœnk] ETY Mot amér., « pouilleux ».

**punkette** *nf* fam Jeune fille punk.

**Punta Arenas** ville et port du Chili, sur le détroit de Magellan ; 111 720 hab. ; ch.-l. de prov. Conserveries de viande.

**Punta del Este** ville balnéaire de l'Uruguay, sur l'Atlantique, à l'est de Montevideo ; 6 610 hab. – Festival cinématographique. – En 1961, vingt États y signèrent la charte de l'Alliance pour le progrès, qui visait le développement économique de l'Amérique latine (avec l'aide des É.-U.).

**puntillero** *nm* En tauromachie, celui qui est chargé d'achever le taureau estoqué. PHO [puntijeʀo] VAR **puntilléro**

**Puntland** région du N.-E. de la Somalie qui réclame son autonomie.

**pupazzo** *nm* Marionnette italienne à gaine. PLUR pupazzos ou pupazzi.

**pupe** *nf* ZOOL Nymphe de certains insectes diptères, notam. la mouche, en forme de tonnelet. ETY Du lat. *pupa*, « poupée ».

**pupillarité** *nf* DR Situation de pupille.

**1 pupille** *n* **1** Personne mineure qui est sous l'autorité d'un tuteur. **2** Enfant orphelin, abandonné ou nécessiteux, dont l'entretien et l'éducation sont assurés par une collectivité. *Pupilles de l'État.* LOC ***Pupilles de la Nation*** : orphelins de guerre. ETY Du lat. *pupillus*, « petit garçon ». DER **pupillaire** *a*

**2 pupille** *nf* Orifice circulaire au centre de l'iris de l'œil. ETY Du lat. DER **pupillaire** *a*

**Pupin** Michael Idvorsky (Idvor, Banat, 1858 – New York, 1935), physicien américain d'origine serbe. Il inventa la pupinisation.

**pupinisation** *nf* TELECOM Introduction, dans un circuit téléphonique, de bobines d'induction régulièrement espacées, permettant d'éviter l'affaiblissement des signaux avec la distance. ETY D'un n. pr.

**pupipare** *a* ZOOL Se dit d'un insecte diptère dont la femelle, au lieu de pondre des œufs, donne naissance à des larves qui se transforment rapidement en pupes.

**pupitre** *nm* **1** Petit meuble dont la partie supérieure est en plan incliné et qui sert à écrire, à poser des livres, des partitions de musique. *Pupitre d'écolier, de musicien.* **2** TECH Tableau de commande, de contrôle, etc., d'une machine électronique. ETY Du lat. *pulpitum*, « estrade ».

**pupitreur, euse** *n* INFORM Personne chargée de la commande et de la surveillance du fonctionnement d'un ordinateur.

**pur, pure** *a, n* **A** *a* **1** Qui n'est pas mélangé à autre chose. *Vin pur. Pur jus de fruits. Or pur.* **2** fig Exempt de toute souillure morale. *Une conscience pure.* **3** Qui ne comporte pas d'imperfections, de fioritures. *Style pur. Meuble d'une ligne très pure.* **4** Envisagé sous un angle théorique, abstrait. *Mathématiques pures.* **5** Qui est bien tel et non autre. *Faire souffrir qqn par pure cruauté.* **B** *n* Personne qui, ayant embrassé une doctrine politique, religieuse, dans son intégralité, n'accepte aucune compromission. LOC CHIM ***Corps pur*** : constitué de molécules identiques et caractérisé par la constance de ses caractères physiques. — ***Pur et dur*** : qui suit une ligne de pensée avec une grande rigueur. — ***Pur et simple*** : sans restriction, sans réserve. — fam ***Pur sucre*** : authentique. (On trouve aussi *pur jus, pur laine*, etc.). ETY Du lat.

**Purāna** textes sanscrits anonymes, de caractère épique, qui célèbrent les dieux de l'hindouisme, princ. Vishnu et ses incarnations. Ils furent élaborés du IVe au XIVe s. pour tous ceux, notam. les femmes, qui n'avaient pas accès aux Vedas. On distingue 18 Purāna majeurs (dont les *Bhāgavata-purāna* et *Vishnu-purāna*) et 18 mineurs.

**Purcell** Henry (Londres, 1659 – id., 1695), compositeur anglais. Il manifeste un étonnant sens dramatique dans ses œuvres lyriques pour la scène (*Didon et Énée*, 1689 ; *King Arthur*, 1691 ; *The Indian Queen*, 1695 ; *The Tempest*, 1695). Autres œuvres : musique religieuse, fantaisies pour violes, sonates pour deux violons et basse, pièces pour clavecin.

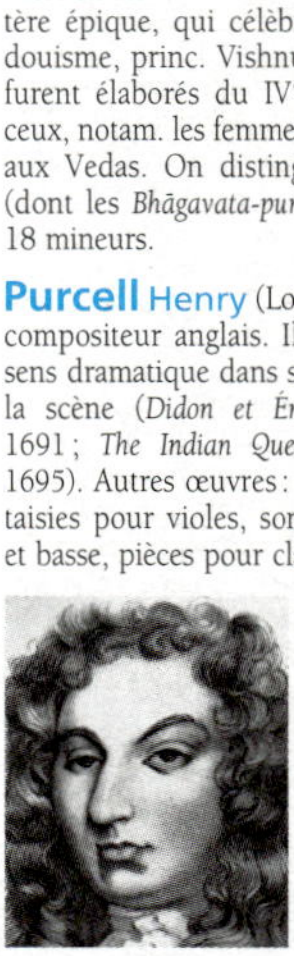

**Henry Purcell**

**Purcell** Edward Mills (Taylorville, Illinois, 1912 – Cambridge, Massachusetts, 1997), physicien et astronome américain. Prix Nobel 1952 avec F. Bloch pour ses travaux sur les moments magnétiques des noyaux atomiques.

**Purdy** James (Ohio, 1923 – Englewood, New Jersey, 2009), romancier américain : *Malcolm* (1959), *les Inconsolés* (1981).

**pureau** *nm* CONSTR Partie d'une tuile ou d'une ardoise non recouverte par la tuile ou l'ardoise supérieure.

**purée** *nf* **1** Préparation de légumes cuits dans l'eau et écrasés. **2** fam Misère, situation fâcheuse. *Être dans la purée.* **3** fam Exclamation marquant la surprise, le dépit. LOC ***Purée de pois*** : brouillard très épais. ETY De l'a. fr. *purer,* « nettoyer ».

**purement** *av* Uniquement, exclusivement. *À des fins purement humanitaires.* LOC ***Purement et simplement*** : sans réserve et sans condition.

**pureté** *nf* **1** Qualité de ce qui est pur, sans mélange. *Pureté de l'eau.* **2** État de ce qui est sans défaut, sans altération. *Pureté d'un diamant.* **3** fig Qualité de qqn, de qqch qui est pur sur un plan moral. *Pureté des intentions.* **4** État de ce qui est sobre, dépourvu de fioritures. *Pureté des formes.*

**purgatif, ive** *a, nm* Se dit d'une substance, d'un médicament qui purge.

**purgation** *nf* vieilli Action de purger ; purge.

**purgatoire** *nm* **1** RELIG CATHOL Lieu ou état de purification dans lequel les âmes des justes achèvent l'expiation de leurs fautes avant d'être admises au Paradis. **2** fig Temps d'épreuve, période difficile.

**purge** *nf* **1** Action de purger ; purgatif. **2** Action d'évacuer d'une canalisation, ou d'un récipient un fluide, un gaz indésirable. *Robinet de purge.* **3** DR Formalités tendant à affranchir un immeuble des hypothèques qui le grèvent. **4** Épuration politique.

**purger** *vt* 13 **1** Provoquer l'évacuation des matières fécales au moyen d'un purgatif. **2** TECH Purifier une substance. **3** Effectuer la purge d'une canalisation, d'un appareil. **4** Débarrasser une société des individus jugés indésirables. LOC DR ***Purger les hypothèques*** : libérer un bien des hypothèques qui le grèvent. — ***Purger une peine*** : subir la peine à laquelle on est condamné. ETY Du lat.

**purgeur** *nm* Dispositif servant à la purge d'un récipient, d'une canalisation.

**Puri** ville de l'Inde (Orissa), sur le golfe du Bengale ; 100 940 hab. – Temple de Jagannāth (XIIe s.), lieu d'un pèlerinage hindou.

**purificateur, trice** *a, nm* **A** *a* Qui purifie, qui a la vertu de purifier. *Jeûne purificateur.* **B** *nm* Appareil servant à purifier.

**purification** *nf* **1** Action de purifier. *La purification de l'air. La purification du corps.* **2** LITURG CATHOL Moment de la messe où le célébrant essuie le calice avec le purificatoire.

**purificatoire** *nm, a* **A** *nm* LITURG CATHOL Linge avec lequel le prêtre essuie le calice après la communion. **B** *a* litt Purificateur.

**purifier** *vt* 2 **1** Débarrasser des éléments étrangers, de ce qui altère. *Purifier l'eau. Purifier l'haleine.* **2** Laver d'une souillure par des cérémonies religieuses. **3** Rendre pur moralement. *La pénitence purifie le pécheur.* DER **purifiant, ante** *a*

**Purim** → **Pourim.**

**purin** *nm* Liquide s'égouttant du fumier, composé d'urine et de produits de décomposition. LOC ***Purin d'orties*** : engrais liquide préparé à partir d'orties en décomposition. ETY De l'a. fr. *purer,* « égoutter ».

**purine** *nf* BIOCHIM Base azotée dont certains dérivés entrent dans la composition des acides nucléiques.

**purique** *a* LOC BIOCHIM ***Bases puriques*** : adénine et guanine, dérivées de la purine, importants constituants des acides nucléiques et des nucléotides.

**purisme** *nm* **1** Respect scrupuleux, excessif, de la correction du langage. **2** BX-A Mouvement plastique néocubiste fondé par A. Ozenfant et Le Corbusier en 1918. **3** Respect scrupuleux d'un idéal, d'une doctrine. DER **puriste** *a*

**puritain, aine** *n, a* **A** *n* **1** HIST, RELIG Membre d'une secte de presbytériens rigoristes qui se constitua en Angleterre, sous les règnes d'Élisabeth Ire et des deux premiers Stuarts. **2** Personne qui a un respect sévère et intransigeant des principes moraux. **B** *a* **1** HIST, RELIG Propre aux puritains. **2** Austère, rigoriste. ETY De l'angl. DER **puritanisme** *nm*

ENC Le puritanisme anglais naquit après qu'Élisabeth Ire eut confirmé, en 1559 et en 1563, les rites de la liturgie anglicane. Les protestants les plus sévères condamnaient le maintien d'une hiérarchie ecclésiastique et la subordination de l'Église à l'État (V. presbytérianisme). Ils voulaient libérer le christianisme de toute superstition et de toute intervention humaine. Élisabeth Ire réagit vigoureusement ; la prison et l'exil décapitèrent le mouvement, qui réapparut. Il appuya le Parlement dans sa révolte contre Charles Ier (1642) et forma l'armée des Têtes rondes de Cromwell, à la mort (1658) duquel le puritanisme s'atténua. Il demeura vigoureux en Amérique, où les 102 passagers du *Mayflower* (1620) l'implantèrent solidement sur les côtes du Massachusetts. Leur extrémisme se manifesta parfois par des chasses aux sorcières (notamment à Salem, Massachusetts, 1692).

**puro** *nm* Cigare fait d'un tabac d'une seule origine. ETY Mot esp.

**purotin** *nm* fam, vieilli Personne sans ressources. ETY De purée.

**purpura** *nm* MED Épanchement de sang au niveau de la peau ou des muqueuses donnant lieu à des pétéchies ou à une ecchymose. ETY Mot lat. « pourpre ».

**purpurin, ine** *a* litt D'une couleur voisine du pourpre.

**purpurine** *nf* CHIM Un des principes colorants contenus dans la garance.

**pur-sang** *nm* Cheval de course issu d'une race due au croisement d'étalons arabes avec des juments anglaises. PLUR purs-sangs ou pur-sang.

**purulent, ente** *a* Qui a la nature ou l'aspect du pus ; qui produit du pus. DER **purulence** *nf*

**Purus** (-ío) rivière du Pérou et du Brésil (3 380 km), affl. de l'Amazone (r. dr.).

**pus** *nm* Liquide pathologique, généralement jaunâtre, tenant en suspension des leucocytes altérés, des débris cellulaires et de nécrose, et contenant ou non des germes. ETY Du lat.

**Pusan** princ. port de la Corée du Sud, sur le détroit de Corée. La ville constitue une prov. industr. de 433 km² et 3,6 millions d'hab.

**Pusey** Edward Bouverie (Pusey, 1800 – Oxford, 1882), théologien anglais ; promoteur, avec Newman, du puseyisme.

**puseyisme** *nm* RELIG Doctrine de Pusey et de Newman, qui tenta de rétablir certains dogmes dans leur forme catholique. DER **puseyiste** *n, a*

**push-pull** *nm inv* ELECTR Montage électronique constitué de deux étages amplificateurs de même puissance recevant simultanément des tensions en opposition de phase, et destiné à réduire le taux de distorsion. PHO [puʃpul] ETY Mot angl., de *to push,* « pousser », et *to pull,* « tirer ». VAR **pushpull** *nm*

**pusillanime** *a* litt Qui manque de courage, de caractère ; qui fuit les responsabilités. PHO [pyzilanim] ETY Du lat. *pusillus,* « tout petit », et *animus,* « âme ». DER **pusillanimité** *nf*

**Puskas** Ferenc (Budapest, 1927 – id., 2006), footballeur espagnol d'origine hongroise. Il quitta la Hongrie en 1956 pour le Real Madrid.

**pustule** *nf* **1** Lésion cutanée, soulèvement circonscrit de l'épiderme contenant du pus. **2** Petite éminence sur la tige ou les feuilles d'une plante, sur la peau de certains animaux (crapauds). ETY Du lat. DER **pustuleux, euse** *a*

**pustulose** *nf* MED Éruption de pustules.

**Puszta (la)** partie de la plaine hongroise (E. et S.-E. du pays), nommée ainsi quand elle était inculte.

**putain** *nf, a* **A** *nf* **1** vulg Prostituée. **2** vulg, inj Femme de mœurs faciles. **B** *a* fig, fam Complaisant, prêt à n'importe quelle concession. *Il est un peu putain.* LOC très fam ***Putain !*** : exclam. marquant la surprise, l'indignation. — très fam ***Putain de*** (+ subst.) : exclam. servant à maudire qqch. ETY De l'a. fr. *put,* « puant ».

**Putain respectueuse (la)** pièce en un acte et deux tableaux de Sartre (1946).

**putasser** *vi* 1 vulg **1** Faire la putain. **2** Fréquenter les prostituées.

**putassier, ère** *a* vulg **1** Propre aux prostituées. **2** fig Qui cherche à plaire à tout prix.

**putatif, ive** *a* DR Qui est considéré comme légitime malgré l'absence de fondement juridique. LOC ***Mariage putatif*** : mariage nul, mais contracté de bonne foi et dont les effets antérieurement produits subsistent jusqu'à son annulation. ETY Du lat. *putare,* « supposer ». DER **putativement** *av*

**pute** *nf* vulg Putain.

**Puteaux** ch.-l. de cant. des Hauts-de-Seine (arr. de Nanterre), sur la Seine (r. g.) ; 43 277 hab.. Industries. V. Défense (la). DER **putéolien, enne** *a, n*

**putier** *nm* rég Merisier à grappes, ornemental. ETY De l'a. fr. *put,* « puant ». VAR **putiet**

**Putiphar** personnage biblique, chef des gardes du pharaon et maître de Joseph. Sa femme voulut séduire Joseph qui la repoussa ; elle le fit emprisonner en l'accusant de viol.

**Putnik** Radomir (Kragujevac, 1847 – Nice, 1917), général serbe ; commandant en chef (guerre des Balkans) de 1912 à 1915.

**putois** *nm* **1** Petit mammifère carnivore (mustélidé), au pelage brun tacheté de blanc sur la face, à l'odeur désagréable. **2** Fourrure du putois. *Col en putois.* **3** TECH Brosse à poils courts servant à étendre les couleurs sur la porcelaine. LOC fam ***Crier comme un putois*** : très fort. ETY De l'a. fr. *put,* « puant ».

**putois** commun d'Europe

**putréfaction** *nf* Décomposition des organismes privés de vie sous l'influence d'agents microbiens.

**putréfier** *v* 2 **A** *vt* Corrompre, faire pourrir. **B** *vpr* Tomber en putréfaction, pourrir. ETY Du lat. *putris,* « pourri ». DER **putréfiable** *a*

**putrescent, ente** *a* Qui est en cours de putréfaction. DER **putrescence** *nf*

**putrescible** *a* Qui peut se putréfier. PHO [pytʀesibl] DER **putrescibilité** *nf*

**putrescine** *nf* BIOCHIM Diamine d'odeur repoussante résultant de la putréfaction de la viande.

**putride** *a* **1** En putréfaction. **2** Relatif au travail de la putréfaction ; produit par la putréfaction. **3** litt, fig Corrupteur, qui pourrit l'esprit, les mœurs. *Écrits putrides.* DER **putridité** *nf*

**putsch** *nm* POLIT Coup de force effectué par un groupe armé, en vue d'une prise de pouvoir. PHO [putʃ] ETY Mot all. DER **putschiste** *a, n*

**putt** *nm* Coup de golf joué sur le green avec le putter. PHO [pœt] ETY Mot angl.

**1 putter** *nm* Club de golf servant à diriger la balle vers le trou lorsqu'on l'a amenée sur le green. PHO [pœtœʀ]

**2 putter** *vt*① Au golf, envoyer la balle vers le trou avec le putter.

**putto** *nm* Bx-A Petit amour peint ou sculpté. PLUR puttos ou putti. ETY Mot ital.

**puvathérapie** *nf* MED Traitement dermatologique associant psoralène et irradiation par des ultraviolets A.

**Puvis de Chavannes** Pierre (Lyon, 1824 – Paris, 1898), peintre français : décorations murales traitées en aplat (Panthéon, Sorbonne).

**Pierre Puvis de Chavannes** *l'Espoir*, 1872 – musée du Louvre

**puy** *nm* Montagne volcanique, dans le centre de la France.

**Puy-de-Dôme** département franç. (63) ; 7 965 km$^2$ ; 641 000 hab. ; 80,5 hab./km$^2$ ; ch.-l. *Clermont-Ferrand* ; ch.-l. d'arr. *Ambert, Issoire, Riom* et *Thiers*. V. Auvergne.

**Puy-en-Velay (Le)** (*Le Puy* jusqu'en 1988), ch.-l. du dép. de la Haute-Loire ; 19 700 hab. Centre admin. du *bassin du Puy* (dépression pittoresque et fertile que dominent des pitons volcaniques). Tourisme. Industries. – Évêché. Cath. romane. Musée Crozatier. Égl. (XIVe-XVe s.). Maisons anciennes. Le rocher Corneille porte une gigantesque statue de la Vierge (XIXe s.). Oratoire (Xe-XIe s.) sur le mont Aiguilhe. DER **ponot, ote** *a, n*
**Histoire** Anc. *Podium Aniciense*, Le Puy fut la cap. du Velay, spécialisée dès le XVe s. dans la fabrication de dentelles (dites du Puy). Il fut, à partir du Xe s., le lieu d'un pèlerinage à la Vierge noire.

**Puyi** (Pékin, 1906 – id., 1967), dernier empereur de Chine (1908-1912). Les Japonais le firent régner sur le Mandchoukouo (1934-1945). Il fut emprisonné en URSS puis (1950-1959) en Chine et occupa de modestes emplois. VAR **P'ou-yi**

**Puylaurens** ch.-l. de cant. du Tarn (arr. de Castres) ; 3 300 hab. – Église XIVe-XVIIe s. – Place forte albigeoise. Siège d'une académie protestante. DER **puylaurentais, aise** *a, n*

**Puy-l'Évêque** ch.-l. de cant. du Lot (arr. de Cahors), sur le Lot ; 2 100 hab. Chaudronnerie. – Église (XIVe-XVIe s.). Donjon (XIIIe s.) du château des évêques de Cahors. DER **puy-l'évêquois, oise** *a, n*

**Puymorens (col de)** col des Pyrénées-Orientales (1 915 m) reliant la vallée de l'Ariège, en France, à celle du Sègre, en Espagne. Sports d'hiver.

**Puys (chaîne des)** partie N. de l'alignement de monts volcaniques (les *puys*) qui dominent le fossé d'effondrement de la Limagne. Elle culmine au *puy de Dôme* (1 465 m). VAR **monts Dôme**

**puzzle** *nm* **1** Jeu de patience formé de petites pièces à contours irréguliers que l'on doit assembler pour former une image. **2** fig Situation compliquée, confuse. PHO [pœzl] ETY Mot angl.

**p-v** *nm* fam Contravention, amende. PHO [peve]

**PVC** *nm* TECH Polychlorure de vinyle, matière plastique autref. très répandue, remplacée auj. par le PET. ETY Sigle de l'angl. *PolyVinylChloride*.

**PVD** *nm* Abrév. de *pays en voie de développement*.

**pycnogonide** *nm* ZOOL Arthropode chélicérate au corps très réduit supporté par de longues pattes grêles. SYN pantopode.

**pycnomètre** *nm* PHYS Récipient servant à mesurer la densité des solides et des liquides.

**pycnose** *nf* BIOL Altération du noyau de la cellule consistant en une condensation de la chromatine.

**Pydna** anc. v. de Macédoine, sur le golfe de Thessalonique. Le consul Paul Émile y vainquit Persée (168 av. J.-C.).

**pyélite** *nf* MED Inflammation du bassinet. ETY Du gr. *puelos*, « cavité ».

**pyélonéphrite** *nf* MED Atteinte inflammatoire et infectieuse du parenchyme rénal et des voies excrétrices urinaires hautes.

**pygargue** *nm* Grand aigle qui vit près des côtes et se nourrit d'oiseaux et de poissons. SYN orfraie, aigle de mer. ETY Mot gr. « à derrière blanc ».

**-pyge, -pygie** Éléments, du gr. *pugê*, « fesse ».

**Pygmalion** roi légendaire de l'île de Chypre ; auteur d'une statue de Galatée dont il devint amoureux. Aphrodite l'anima et la lui donna pour épouse. ▷ LITTER Virgile (*Énéide I*) et Ovide (*Métamorphoses*, livre X) évoquent ce mythe, que G. B. Shaw adapta à son époque dans une comédie (1913). ▷ MUS *Pygmalion*, ballet en un acte de Rameau (1748). ▷ CINE D'apr. G. B. Shaw, films : de l'Anglais Anthony Asquith (1902 – 1969), en 1912, avec Leslie Howard (1893 – 1943), Wendy Hiller (1912 – 2003) ; remake musical : *My Fair Lady*, de Cukor (1963), avec Rex Harrison (1908 – 1990), Audrey Hepburn (1929 – 1993).

**Pygmées** population africaine vivant surtout dans la forêt équatoriale, caractérisée par une petite taille (moins de 1,50 m). Ils parlent une grande variété de langues, appartenant à la famille nigéro-congolaise (langues bantoues et oubanguiennes) et à la famille nilo-saharienne (langues du groupe soudanais central). Traditionnellement, les Pygmées sont des chasseurs-cueilleurs nomades. Ils se nomment Bingas au Cameroun et au Gabon, Mbutis en Ituris (N.-E. de la rép. dém. du Congo) et Twas au Rwanda et au Burundi. DER **pygmée** *a*

**pyjama** *nm* Vêtement de nuit ou d'intérieur composé d'une veste et d'un pantalon amples. ETY De l'hindi, par l'angl.

**Pylade** héros grec, ami de son cousin Oreste, dont il épousa la sœur Électre.

**pylône** *nm* **1** ANTIQ Portail colossal d'un temple égyptien, flanqué de deux piliers massifs en forme de pyramides tronquées. **2** Construction métallique ou en béton armé, qui sert de support à un pont suspendu, à des câbles aériens, à une antenne de radio. ETY Du gr. *pulôn*, « porche »

**pylore** *nm* ANAT Orifice intérieur de l'estomac faisant communiquer celui-ci avec le duodénum. ETY Du gr. *pulôros*, « portier ». DER **pylorique** *a*

**Pylos** (anc. *Navarin*), v. et port de Grèce (Péloponnèse), sur la mer Ionienne ; 5 400 hab.

**Pym** John (Brymore, 1584 – Londres, 1643), homme politique anglais, le chef des opposants à Charles Ier (1640).

**Pynchon** Thomas (Long Island, 1937), écrivain américain d'avant-garde : *V* (1963), *l'Arc-en-ciel de la gravité* (1973), *Vineland* (1990).

**pyo-** Élément, du gr. *puo-*, de *puon*, « pus ».

**pyocyanique** *a* **LOC** BIOL ***Bacille pyocyanique*** : bacille Gram négatif, redoutable du fait de sa résistance à de nombreux antibiotiques.

**pyodermite** *nf* MED Lésion suppurante de la peau.

**pyogène** *a* MED Se dit des germes qui entraînent une suppuration.

**Pyongyang** cap. de la Corée du Nord, sur le Taedong ; 1 million d'hab. (aggl.). Industries.

**pyorrhée** *nf* MED Écoulement de pus.

**pyr(o)-** Élément, du gr. *pûr*, *puros*, « feu ».

**pyracantha** *nm* BOT Autre nom du *buisson-ardent*.

**pyrale** *nf* ENTOM Petit papillon nocturne à l'aspect soyeux, dont les chenilles de certaines espèces sont nuisibles aux cultures.

**pyralène** *nm* TECH Huile synthétique utilisée comme isolant dans les industries électriques et électroniques, et qui, sous l'effet de la chaleur, dégage de la dioxine.

**Pyrame** héros d'une légende babylonienne. Il se tua, persuadé qu'une lionne avait dévoré son amie Thisbé. Celle-ci se tua.

**pyramidal, ale** *a* En forme de pyramide. PLUR pyramidaux. **LOC** ANAT ***Cellules pyramidales*** : cellules nerveuses de l'écorce cérébrale. — ANAT ***Faisceaux pyramidaux*** : groupements de fibres motrices contenues dans la substance blanche de la moelle épinière.

**pyramide** *nf* **1** ANTIQ Monument à quatre faces triangulaires et à base quadrangulaire qui servait de tombeau aux pharaons d'Égypte. **2** Dans les civilisations précolombiennes du Mexique, grand monument de forme pyramidale, surmonté d'un temple. **3** Monument de forme pyramidale. **4** GEOM Solide qui a pour base un polygone et pour faces latérales des triangles dont les sommets se réunissent en un même point. **5** Entassement en forme de pyramide. *Pyramide de fruits.* **LOC** ANAT ***Pyramide de Malpighi*** : petit faisceau conique de tubes urinifères situé dans le rein. — ***Pyramide des âges*** : représentation graphique de la répartition par classes d'âge d'une population donnée. — ***Pyramide financière*** : système d'emprunt reposant sur le recrutement d'un nouveau cercle d'emprunteurs par ceux du cercle précédent. (ETY) Du lat.

▶ pl. **géométrie**

ENC Lieu de sépulture abritant les sarcophages de la famille royale, la pyramide égyptienne est surtout caractéristique de l'Ancien Empire (IIIe-VI[e] dynastie, 2780-2380 av. J.-C.). À Gizeh, près du Caire, se dressent les trois pyramides les plus célèbres : du roi Chéops (ou *Grande Pyramide*, une des Sept Merveilles du monde : elle a auj. 138 m de haut, 227 m de côté), de Chéphren et de Mykérinos ; à Saqqarah se trouve la plus anc., la pyramide à degrés du roi Djoser (IIIe dynastie). – En Amérique (Mexique, Honduras, Guatemala, Pérou), de nombr. peuples précolombiens ont également édifié des pyramides (qui n'abritaient pas des tombeaux) : civilisations dite de Teotihuacán (pyramides du Soleil et de la Lune, près de Mexico), toltèque (grande pyramide de Tula), maya (pyramides de Palenque, Uxmal, Chichén Itzá, Tikal, etc.), pré-inca (pyramides jumelles de Moche, sur la côte N. du Pérou).

**pyramide** à degrés du roi Djoser, Saqqarah

**Pyramides (bataille des)** victoire remportée en Égypte par Bonaparte sur les Mamelouks, le 21 juil. 1798, près des pyramides de Gizeh.

**pyramidion** *nm* **1** ARCHEOL Petite pyramide qui surmonte un obélisque. **2** ARCHI Petite pyramide satellite d'une autre.

**pyranne** *nm* BIOCHIM Composé carboné dont le cycle, hexagonal, comporte un atome d'oxygène ($C_5H_6O$).

**pyrène** *nm* CHIM Hydrocarbure cyclique $C_{16}H_{10}$ contenu dans les goudrons de houille.

**Pyrénées** chaîne de montagnes de France et d'Espagne, située entre l'océan Atlantique à l'O. et la Méditerranée à l'E. Apparues à l'ère primaire et soulevées au tertiaire, elles présentent trois zones longitudinales : une *zone axiale*, cristalline, où se trouvent les princ. sommets (pic d'Aneto, 3 404 m, en Espagne ; pic Vignemale, 3 298 m, en France) ; une *zone nord-pyrénéenne*, sédimentaire, formant deux séries de rides plissées ; une *zone sud-pyrénéenne*, divisée en deux vastes anticlinaux. Les Pyrénées ne sont franchissables qu'à l'O. et en bordure de la Méditerranée (col du Perthus, 290 m). Le climat, doux et humide à l'O. et sur le versant français, devient rigoureux au centre et continental sur le versant

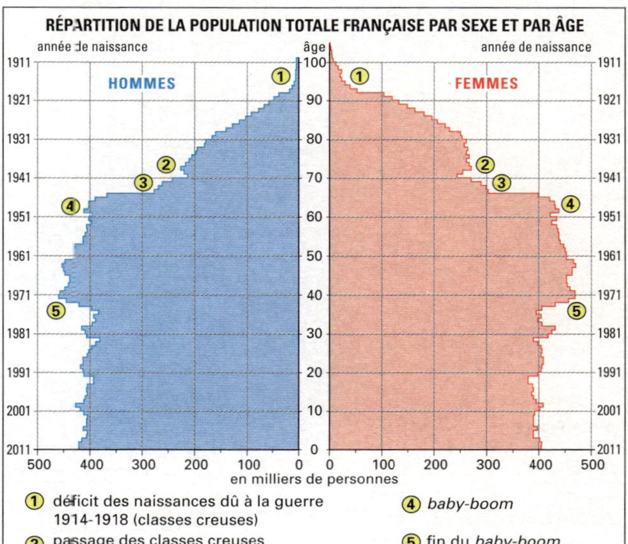


**pyramide** des âges au 1er janvier 2012

espagnol. Auj., la pop. a émigré vers les villes du piémont (Pau, Pampelune, Tarbes). L'aménagement hydroélectrique n'a pas fixé de grande industrie. Le tourisme (Lourdes) et le thermalisme sont vivaces. (V. aussi basque [Pays].)

**Pyrénées (paix des)** paix conclue par Mazarin et don Luis de Haro dans l'île des Faisans, au milieu de la Bidassoa (7 nov. 1659). L'Espagne perdait notam. le Roussillon et l'Artois.

**Pyrénées (Hautes-)** dép. franç. (65) ; 4 507 km$^2$ ; 228 900 hab. ; 50,8 hab./km$^2$ ; ch.-l. *Tarbes* ; ch.-l. d'arr. *Argelès-Gazost* et *Bagnères-de-Bigorre*. V. Midi-Pyrénées. DER **haut-pyrénéen, enne** *a, n*

**Pyrénées-Atlantiques** dép. franç. (64) ; 7 629 km$^2$ ; 664 100 hab. ; 87 hab./km$^2$ ; ch.-l. *Pau* ; ch.-l. d'arr. *Bayonne* et *Oloron-Sainte-Marie*. V. Aquitaine. ▶ carte p. 1327

**Pyrénées-Orientales** dép. franç. (66) ; 4 087 km$^2$ ; 462 700 hab. ; 113,2 hab./km ; ch.-l. *Perpignan* ; ch.-l. d'arr. *Céret* et *Prades*. V. Languedoc-Roussillon.

**pyrénéisme** *nm* Pratique de l'alpinisme dans les Pyrénées. DER **pyrénéiste** *n*

**pyrénomycète** *nm* BOT Champignon ascomycète caractérisé par des fructifications closes, responsables de nombreuses maladies des végétaux supérieurs.

**pyrèthre** *nm* BOT Plante (composée), dont diverses espèces donnent une poudre insecticide obtenue par broyage des capitules.

**pyréthrine** *nf* Principe actif du pyrèthre à action insecticide et vermicide.

**pyréthrinoïde** *nm* Insecticide très employé, à base de pyréthrine.

**pyrétique** *a* MED Qui a rapport à la fièvre ou qui la détermine.

**pyrex** *nm* Verre résistant aux chocs thermiques et aux agents chimiques. ETY Nom déposé.

**pyridine** *nf* Composé hétérocyclique aromatique de formule $C_5H_5N$ contenu dans divers goudrons.

**pyridoxine** *nf* MED Vitamine B6.

**pyrimidine** *nf* BIOCHIM Noyau azoté de formule brute $C_4H_4N_2$, dont dérivent les bases pyrimidiques.

**pyrimidique** *a* LOC BIOCHIM ***Bases pyrimidiques*** : cytosine, thymine et uracyle, bases azotées, constituants des acides nucléiques et des nucléotides.

**pyrite** *nf* MINER Sulfure de fer ($FeS_2$) naturel qui cristallise en cubes jaunes et s'oxyde facilement à l'air.

**pyroclastique** *a* GEOL Se dit d'une roche formée de pyroclastites. LOC ***Coulée pyroclastique*** : nuée ardente.

**pyroclastite** *nf* GEOL Projection volcanique en général (cendres, tufs, etc.).

**pyroélectricité** *nf* PHYS Apparition de charges électriques sur les faces opposées de certains cristaux sous l'effet de la chaleur. DER **pyroélectrique** *a*

**pyrogallol** *nm* CHIM Phénol dérivé du benzène utilisé comme révélateur en photographie et souvent improprement dénommé *acide pyrogallique*. DER **pyrogallique** *a*

**pyrogénation** *nf* CHIM Réaction chimique obtenue en soumettant un corps à une température élevée.

**pyrogène** *a* MED Qui provoque de la fièvre.

**pyrographe** *nm* TECH Instrument à pointe chauffante utilisé par les pyrograveurs.

**pyrograver** *vt* ① TECH Exécuter un motif en pyrogravure ; décorer par le procédé de la pyrogravure. DER **pyrograveur, euse** *n*

**pyrogravure** *nf* Procédé de décoration qui consiste à dessiner, au moyen d'une pointe métallique chauffée, sur un objet de bois, de cuir, etc. ; gravure ainsi obtenue.

**pyrole → pirole.**

**pyroligneux, euse** *a, nm* CHIM Partie aqueuse des produits de distillation du bois (acide acétique, acétone, méthanol). LOC *Acide pyroligneux :* acide acétique obtenu par pyrogénation du bois.

**pyrolyse** *nf* CHIM Décomposition chimique provoquée par la chaleur. *Pyrolyse des toxines animales. Four à pyrolyse.* DER **pyrolyser** *vt* ①

**pyromancie** *nf* Méthode de divination par observation des flammes.

**pyromanie** *nf* Impulsion pathologique qui pousse à allumer des incendies. DER **pyromane** *n*

**pyromètre** *nm* TECH Appareil servant à la mesure des hautes températures. DER **pyrométrie** *nf* – **pyrométrique** *a*

**pyrophyte** *a, nf* BOT Se dit d'une espèce végétale qui résiste au passage d'un feu.

**pyrosis** *nm* MED Sensation de brûlure remontant de l'estomac à la gorge, accompagnée de renvoi d'un liquide acide. PHO [pirozis]

**pyrotechnie** *nf* TECH Technique de la fabrication et de la mise en œuvre des pièces d'artifice et des explosifs. DER **pyrotechnicien, enne** *n* – **pyrotechnique** *a*

**pyroxène** *nm* MINER Silicate constitutif des roches basaltiques et métamorphiques. DER **pyroxénique** *a*

**pyroxénite** *nf* GEOL Roche métamorphique constituée surtout de pyroxènes.

**pyroxylé, ée** *a* CHIM Se dit d'une poudre sans fumée à base de nitrocellulose.

**Pyrrha** dans la myth. gr., fille d'Épiméthée et de Pandore, femme de Deucalion.

**pyrrhique** *nf* ANTIQ GR Danse des Spartiates et des Crétois exécutée par des guerriers en armes. ETY Du gr.

**pyrrhocoris** *nm* Punaise rouge tachetée de noir qui vit au pied des arbres, des vieux murs. SYN gendarme. PHO [pirɔkɔris] ETY Du gr. VAR **pyrrhocore**

**Pyrrhon** (Elis, auj. Kaliskopi, v. 365 – id., 275 av. J.-C.), philosophe grec, le premier maître de l'école sceptique.

**pyrrhonisme** *nm* PHILO Doctrine de Pyrrhon. Scepticisme radical. DER **pyrrhonien, enne** *a*

**Pyrrhus** dans la myth. gr., fils d'Achille et de Déidamie. Lors de la prise de Troie, il tua Priam et alla fonder un royaume en Épire, où il emmena la veuve d'Hector, Andromaque. Il eut d'elle un enfant, Molosse, et épousa Hermione. Celle-ci n'eut pas d'enfant, ce qui déchaîna sa haine contre Andromaque ; elle s'enfuit avec Oreste. ▷ LITTER Racine, dans *Andromaque,* a modifié ces faits. VAR **Pyrrhos** ou **Néoptolème**

**Pyrrhus II** (?, v. 318 – Argos, 272 av. J.-C.), roi d'Épire (295-272). Il secourut la colonie grecque de Tarente contre les Romains et remporta deux victoires importantes, à Héraclée (280) et à Ausculum (279), mais il ne put en tirer avantage (d'où l'expression *victoire à la Pyrrhus*). Il pilla la Sicile et, battu par les Romains à Bénévent (275), il regagna l'Épire. Partant conquérir la Macédoine, il fut tué à Argos. VAR **Pyrrhos II**

**pyrrole** *nm* BIOCHIM Composé hétérocyclique azoté, dont dérivent certains pigments (hémoglobine). DER **pyrrolique** *a*

**pyruvique** *a* LOC BIOCHIM *Acide pyruvique :* acide cétonique, de formule $CH_3$–CO–COOH, produit lors de la dégradation des sucres et susceptible de se transformer, à l'abri de l'air, en acide lactique.

**Pythagore** (VIe s. av. J.-C.), philosophe et mathématicien grec. Sa vie est mal connue. Créateur des sciences mathématiques, il enseignait que « les nombres sont les éléments de toutes choses ». On lui attribue le théorème qui porte son nom. Il entrevit le mouvement de la Terre sur elle-même et enseigna qu'elle était sphérique. Le *pythagorisme* fut développé par ses disciples, les *pythagoriciens,* qui l'appliquèrent à la cosmologie, à l'ontologie, à la psychologie et à la morale. ▷ MATH *Table de Pythagore :* table à double entrée qui donne le produit de deux nombres entiers compris entre 1 et 9. ▷ GEOM *Théorème de Pythagore :* le carré de la longueur de l'hypoténuse d'un triangle rectangle est égal à la somme des carrés des longueurs des deux autres côtés.

**pythagorisme** *nm* PHILO Doctrine de Pythagore. DER **pythagoricien, enne** *a, n* – **pythagorique** *a*

**Pythéas** (IVe s. av. J.-C.), navigateur, géographe et astronome grec, né à Marseille. Il découvrit dans l'Atlantique N. l'île de « Thulé », que l'on a identifiée à l'une des Shetland ou des Féroé.

**pythie** *nf* litt Devineresse. ETY Du gr. *Puthô,* a. n. de Delphes.

**Pythie (la)** prêtresse d'Apollon qui, à Delphes, rendait les oracles. V. Python.

**pythien, enne** *a* didac De Delphes.

**pythique** *a* ANTIQ GR Qui se rapporte à la Pythie ou à Apollon Pythien, dieu de Delphes.

**Pythiques (jeux)** jeux qui se déroulaient à Delphes, tous les quatre ans, en hommage à Apollon, ainsi nommés par allusion au Python.

**Pythiques (les)** recueil d'odes triomphales de Pindare en l'honneur des vainqueurs des jeux Pythiques.

**python** *nm* Serpent non venimeux des régions chaudes d'Afrique et d'Asie qui tue ses proies en les étouffant grâce à ses puissants anneaux. *Le python royal atteint 2 m de long ; le python réticulé, 9 m ; le python-tigre, ou python-molure, 10 m.* ETY Du gr. *Puthôn,* n. d'un serpent myth. tué par Apollon.

**Python** dans la myth. grecque, serpent monstrueux qu'Héra lança à la poursuite de Léto, enceinte de Zeus. Léto ayant mis au monde Artémis et Apollon, celui-ci, encore enfant, tua le monstre dans son repaire, à Delphes, où il rendait des oracles, et lui substitua la Pythie.

**pythonisse** *nf* **1** ANTIQ GR Femme qui annonçait l'avenir. **2** plaisant Voyante.

**pyurie** *nf* MED Présence de pus dans les urines.

**pyxide** *nf* **1** BOT Capsule dont la partie supérieure s'ouvre à la manière d'un couvercle. *Pyxides du mouron rouge.* **2** LITURG Boîte dans laquelle on conservait les hosties consacrées ; petite boîte ronde qui sert à transporter les hosties aux malades. SYN custode. ETY Du gr.

**pz** PHYS Symbole de la pièze.

# Q q

**q** *nm* **1** Dix-septième lettre (q, Q) et treizième consonne de l'alphabet, employée seule en fin de mot (*coq* [kɔk]) ou, dans le groupe *qu*, notant les sons [k] (*quatre*), [kw] (*équateur*) ou [kɥ] (*équidistant*). **2** MATH Q : symbole du corps des nombres rationnels. **3** PHYS Q : symbole de quantité d'électricité ou de chaleur, de puissance réactive. **4** q : symbole de charge électrique. (PHO) [ky]

**Qacentina** → **Constantine.**

**Qadesh** ville cananéenne, sur l'Oronte (Syrie), devant laquelle une bataille opposa Ramsès II au Hittite Mouwatalli (v. 1299) ; son issue fut indécise. (VAR) **Kadesh**

**Qādjārs** dynastie d'origine turkmène qui régna en Perse de 1786 à 1925. (VAR) **Kadjars** (DER) **qadjar** ou **kadjar, e** *a*

**Qalāt Siman** site du N. de la Syrie comprenant des monuments chrétiens (V$^{e}$ s.) qui célèbrent saint Siméon Stylite.

**Qandahar** → **Kandahar.**

**qanun** *nm* Dans la musique arabo-islamique, harpe sur caisse que l'on joue avec des onglets de métal. (PHO) [kanun] (ETY) Mot ar.

**Qaraïtes** → **Karaïtes.**

**qat** → **khat.**

**Qatar** État de la péninsule d'Arabie, sur une presqu'île du golfe Persique ; 11 430 km$^{2}$ ; 2,2 millions d'hab. (dont env. 60 % d'Indiens, Pakistanais, Iraniens, etc.) ; cap. *al-Dawha,* où se concentre la pop. Nature de l'État : monarchie (émirat). Langue off. : arabe. Monnaie : riyal du Qatar. Relig. off. : islam sunnite (wahhabite). (DER) **qatari, ie** ou **qatarien, enne** *a, n*
**Géographie** Le pays occupe un plateau calcaire désertique. Le pétrole (exploité depuis 1949) et le gaz (depuis 1988) assurent un revenu par habitant très élevé et ont permis un développement puissant.
**Histoire** À la fin du XVIII$^{e}$ siècle, l'actuelle dynastie Al-Thani prend possession du Qatar et consolide sa souveraineté en signant un traité avec les Britanniques (1896). Un second traité (1916) en fait un véritable protectorat britannique jusqu'à l'indépendance, en 1971. En 1974, le Qatar prend le contrôle des sociétés pétrolières. En 1995, le prince héritier, cheikh Hamad Ben Khalifa Al-Thani chasse son père du pouvoir. Il multiplie les réformes sociales et politiques et dote le pays d'une nouvelle Constitution. En 2013, il abdique en faveur de son fils Tamim Ben Hamad Al-Thani. ▶ carte **Arabie**

**qawwali** *nm* Chant mystique soufi du Pakistan, souvent à la gloire d'Ali.

**Qazvīn** v. du N. de l'Iran ; 350 000 hab. – Cap. de la Perse au XVI$^{e}$ s. (VAR) **Kazvin**

**QCM** *nm* Sigle pour *questionnaire à choix multiple.*

**QG** *nm* Sigle pour *quartier général.*

**QHS** *nm* Sigle pour *quartier de haute sécurité.*

**QI** *nm* Sigle pour *quotient intellectuel.*

**Qianlong** (Pékin, 1711 – id., 1799), empereur de Chine (1736-1796). Il réalisa une importante expansion territoriale du pays. (VAR) **Ki'en-long**

**qibla** *nf* RELIG Direction de La Mecque vers laquelle les musulmans se tournent pour prier. (ETY) Mot ar.

**qi gong** *nm* Méthode de gymnastique chinoise fondée sur la concentration et la respiration, et destinée au contrôle du souffle vital. (ETY) Mot chin

**qin** *nm* Antique cithare chinoise à sept cordes. (PHO) [kin] (ETY) Mot chin.

**Qin** dynastie chinoise (221-206 av. J.-C.). (VAR) **Ts'in** (DER) **qin** ou **ts'in** *a*

**Qing** dernière dynastie impériale chinoise (1644-1912). D'origine mandchoue, elle prit fin avec la proclamation de la république. (VAR) **Ts'ing** (DER) **qing** ou **ts'ing** *a*

**Qingdao** v. et port de Chine (Shandong), sur la mer Jaune ; 3 300 000 hab. (aggl.). Centre industriel.

**Qinghai** (« lac Bleu »), lac de Chine, situé au N.-E. du Tibet, à 3 070 m d'alt. Il donne son nom à la chaîne de montagnes qui l'entoure. (VAR) **Koukou Nor**

**Qinghai** vaste prov., montagneuse et inhospitalière, du N. de la Chine, formant la bordure N.-E. du Tibet ; 721 000 km$^{2}$ ; 5 627 000 hab. ; ch.-l. *Xining*

**Qinling** chaîne montagneuse boisée de la Chine centrale (alt. max. 4 107 m), au sud du bassin moyen du Huanghe.

**Qin Shi Huangdi** (mort en 210 av. J.-C.), empereur de Chine (221-210 av. J.-C.). Il unifia la Chine et fonda la dynastie Qin. Il entreprit de construire la Grande Muraille. (VAR) **Ts'in Che Houang-ti**

**Qiqihar** v. de Chine (Heilongjiang), au pied du Grand Khingan ; 1 600 000 hab. Centre industriel. (VAR) **Tsitsihar**

**Qom** → **Qum.**

**QR** *nm* Sigle pour *quotient respiratoire.*

**QSR** *nm* Sigle pour *quartier de sécurité renforcée.*

**quad** *nm* **1** Sorte de moto tout-terrain à quatre roues. **2** Patin à roulettes traditionnel, à deux paires de roues. (PHO) [kwad] (ETY) Mot angl.

**quadeur, euse** *n* Personne qui conduit un quad, se déplace sur un quad.

**quadr-, quadri-, quadru-** Élément d'orig. lat., même rac. que *quattuor,* « quatre ». (PHO) [kadʀ] ou [kwadʀ]

**quadra** *n* fam Quadragénaire.

**quadragénaire** *a, n* Qui a entre quarante et cinquante ans. (ETY) Du lat.

**Quadragésime** *nf* Premier dimanche du carême. (ETY) Du lat. *quadragesimus,* « quarantième ». (DER) **quadragésimal, ale, aux** *a*

**quadrangle** *nm* GEOM Figure formée par quatre points et les six droites qui les joignent deux à deux.

**quadrangulaire** *a* **1** Qui a quatre angles et quatre côtés. **2** Dont la section est un quadrilatère. **3** Se dit d'une élection mettant quatre partis en présence.

**quadrant** *nm* GEOM Quart de la circonférence, correspondant à un arc de 90 degrés.

**Quadrantides** étoiles filantes qui jaillissent d'un point situé au nord de la constellation du Bouvier au début du mois de janvier.

**quadrat** *nm* ECOL Carré de terrain qui sert de base d'échantillonnage dans les recherches d'écologie terrestre.

**quadratique** *a* MATH Qui est du second degré. **LOC** MINER ***Système quadratique :*** auquel appartiennent les cristaux caractérisés par les éléments de symétrie du prisme droit à base carrée. SYN système tétragonal.

**quadrature** *nf* **1** GEOM Réduction d'une figure quelconque à un carré de surface égale. **2** MATH Calcul d'une intégrale définie quelconque. **3** ASTRO Position de deux astres dont les directions à partir de la Terre forment un angle de 90 degrés. *La Lune est en quadrature au premier et au dernier quartier.* **4** PHYS Caractère de deux phénomènes périodiques présentant un déphasage de 90 degrés (soit $\pi/2$). **LOC** ***La quadrature du cercle :*** construction, impossible à réaliser, du côté d'un carré dont la surface serait égale à celle d'un cercle donné, à l'aide de la règle et du compas seuls ; fig problème insoluble.

**quadrette** *nf* Équipe de quatre joueurs, au jeu de boules.

**quadriceps** *nm* ANAT Muscle antérieur de la cuisse. (PHO) [kwadʀisɛps] (ETY) Mot lat., « à quatre têtes ».

**quadrichromie** *nf* TECH Procédé de reproduction des couleurs utilisant la superposition des couleurs primaires (jaune, magenta, cyan) et du noir ou d'une teinte foncée neutre.

**quadriennal, ale** *a* **1** Qui dure quatre ans. **2** Qui se renouvelle tous les quatre ans. PLUR quadriennaux.

**quadrifide** *a* BIOL Se dit d'un organe qui comporte quatre divisions ou quatre prolongements.

**quadrifolié, ée** *a* BOT Se dit d'une plante à quatre feuilles, comme la parisette, ou d'une feuille à quatre folioles, comme celles de la marsilia.

**quadrige** *nm* ANTIQ Char à deux roues, attelé de quatre chevaux de front.

**quadrijumeaux** *am pl* **LOC** ANAT ***Tubercules quadrijumeaux*** : petites masses nerveuses du mésencéphale situées en avant du cervelet, relais pour les voies optiques et auditives.

**quadrilatère** *nm* GEOM Polygone à quatre côtés. DER **quadrilatéral, ale, aux** *a*

**quadrillage** *nm* **1** Réseau de droites perpendiculaires qui s'entrecroisent en formant des carrés ou des rectangles sur du papier, une étoffe, etc. **2** Subdivision d'une zone, d'une région, en petits secteurs indépendants. **3** Opération de contrôle ou de surveillance d'un territoire par le déploiement d'unités militaires ou policières.

**quadrille** *n* **A** *nf* Troupe de cavaliers dans un carrousel, de toréros dans une course de taureaux. **B** *nm* **1** Danse rapide, très en vogue au XIXe s., constituée d'une suite de figures exécutée par quatre couples de danseurs ; air de cette danse ; groupe formé par ces couples. **2** CHOREGR Premier grade dans la hiérarchie du corps de ballet de l'Opéra de Paris.

**quadriller** *vt* ① **1** Tracer un quadrillage sur. **2** Opérer le quadrillage d'une zone. ETY De *quadrille*, autref. « point en losange ».

**quadrillion → quatrillion.**

**quadrimestre** *nm* didac Durée de quatre mois. DER **quadrimestriel, elle** *a*

**quadrimoteur** *nm* Avion à quatre moteurs.

**quadripartite** *a* didac Où sont impliquées quatre parties. *Accord quadripartite.*

**quadriphonie** *nf* Procédé d'enregistrement et de restitution des sons utilisant quatre canaux. DER **quadriphonique** *a*

**quadripolaire** *a* didac Qui possède quatre pôles.

**quadripôle** *nm* ELECTR Dispositif comportant quatre pôles.

**quadrique** *a, nf* GEOM Se dit d'une surface définie par une équation du second degré. *La sphère, l'ellipsoïde, le paraboloïde sont des quadriques.*

**quadriréacteur** *nm* Avion à quatre réacteurs.

**quadrirème** *nf* ANTIQ Galère à quatre rangs de rames.

**quadrisyllabe** *nm* Mot ou vers qui comporte quatre syllabes. DER **quadrisyllabique** *a*

**quadrithérapie** *nf* MED Prescription conjointe de quatre antirétroviraux dans le traitement du sida.

**quadrivium** *nm* HIST Au Moyen Âge, division de l'enseignement des arts libéraux qui comprenait l'arithmétique, la géométrie, la musique et l'astronomie (par oppos. à *trivium*). PHO [kwadʀivjɔm] ETY Mot lat., « carrefour ».

**quadrumane** *a, nm* ZOOL Dont chacun des quatre membres se termine par une main.

**quadrupède** *a, nm* Se dit d'un mammifère qui a quatre pattes.

**quadruple** *a, nm* Qui vaut quatre fois (la quantité dont on parle). *Ses revenus représentent le quadruple des miens.*

**quadruplé, ée** *n, a* Se dit de chacun des quatre enfants nés d'un même accouchement.

**quadrupler** *v* ① **A** *vt* Multiplier par quatre. *Quadrupler une allocation.* **B** *vi* Se multiplier par quatre. *Ses revenus ont quadruplé.*

**quadruplet** *nm* didac Séquence de quatre éléments.

**quadruplex** *nm* **1** TELECOM Système permettant la réception et l'envoi simultané de quatre messages distincts. **2** Canada Maison ou groupe de maisons contiguës comprenant quatre logements indépendants identiques.

**quadrupôle** *nm* NUCL Assemblage de quatre pôles magnétiques, utilisé dans les accélérateurs de particules pour concentrer le faisceau de particules.

**quagga → couagga.**

**quai** *nm* **1** Ouvrage de maçonnerie élevé le long d'un cours d'eau pour l'empêcher de déborder, pour retenir ses berges. **2** Voie publique sur les berges d'un cours d'eau. **3** Ouvrage construit dans un port ou sur la rive d'un fleuve, qui sert à l'amarrage des navires, à l'embarquement et au débarquement des passagers, au chargement et au déchargement des cargaisons. *Les quais du Havre. Bateau à quai*, rangé le long d'un quai. **4** Plateforme le long de la voie ferrée, qui, dans une gare, sert à l'embarquement et au débarquement des passagers, des marchandises. *Quai n° 5.* **LOC** ***Le quai d'Orsay*** : à Paris, lieu où se trouve le ministère des Affaires étrangères ; fam (avec une majuscule) ce ministère. ETY Du gaul.

**Quai Branly (musée du)** musée parisien consacré aux arts premiers, ouvert en 2006 dans un bâtiment dû à Jean Nouvel.

**Quai des brumes (le)** roman de Mac Orlan (1927). ▷ CINE *Quai des brumes*, film de Carné (1938), écrit par Prévert, avec J. Gabin, M. Morgan, M. Simon. ▶ illustr. Carné

**Quai des Orfèvres** film de Clouzot (1947) d'ap. un roman de Stanislas-André Steeman (1907 – 1970) ; avec L. Jouvet, Ch. Dullin, B. Blier. ▶ illustr. Clouzot

**quaker, quakeresse** *n* RELIG Membre d'un mouvement religieux protestant répandu surtout aux É.-U et en G.-B (où il débuta au XVIIe s.), de mœurs sévères et opposé à toute guerre. *Les quakers furent les premiers objecteurs de conscience.* PHO [kwekœʀ, kwekəʀɛs] ETY Mot angl., « celui qui tremble (à la parole de Dieu) ». DER **quakerisme** *nm*

**qualifiant, ante** *a* Qui donne une qualification professionnelle. *Formation qualifiante.*

**qualificatif, ive** *a, nm* **A** *a* **1** GRAM Qui sert à exprimer une qualité. *Adjectif qualificatif.* **2** Qui permet de se qualifier. *Épreuve qualificative.* **B** *nm* **1** Mot qui sert à qualifier. *Des qualificatifs injurieux.* **2** GRAM Adjectif qualificatif.

**qualification** *nf* **1** Attribution d'une qualité, d'un titre, d'une appellation, d'un nom. **2** DR Détermination de la nature du fait incriminé, des textes et des tribunaux qui le répriment. **3** Ensemble de ce qui constitue le niveau de capacité, de formation, reconnu à un ouvrier, à un employé. **4** SPORT Fait de se qualifier pour une épreuve sportive.

**qualifié, ée** *a* **1** Qui a les qualités requises pour. *Vous n'êtes pas qualifié pour juger de cela.* **2** SPORT Qui a obtenu sa qualification pour une épreuve sportive. **3** DR Se dit d'un acte qui constitue normalement un délit, mais qui, en raison de circonstances aggravantes définies par la loi, est passible d'une peine criminelle. *Vol qualifié.* **LOC** ***Ouvrier qualifié*** : ouvrier qui a fait l'apprentissage complet d'un métier, généralement sanctionné par un CAP (par oppos. à *ouvrier spécialisé*).

**qualifier** *v* ② **A** *vt* **1** Caractériser une chose, une personne en la désignant de telle manière. *Une conduite qu'on ne saurait qualifier. Qualifier qqn d'imposteur.* **2** Exprimer la qualité de. *L'adjectif qualifie le nom.* **3** Conférer un titre, une qualité, une qualification à qqn. *Son expérience le qualifie pour mener à bien cette mission.* **B** *vpr* SPORT Être admis à participer à une compétition après avoir subi avec succès les épreuves éliminatoires. ETY Du lat. DER **qualifiable** *a*

**qualitatif, ive** *a, nm* Se dit de ce qui a rapport à la qualité, à la nature des choses. ANT quantitatif. DER **qualitativement** *av*

**qualité** *nf* **A** **1** Manière d'être, bonne ou mauvaise ; état caractéristique d'une chose. *Produit de bonne, de mauvaise qualité.* **2** Bonne qualité. *Les qualités de son style. Voyez la qualité de nos produits !* **3** Ce qui fait la valeur de qqn ; aptitude, disposition heureuse. *Un garçon plein de qualités.* **4** PHILO Propriété sensible et non mesurable qui détermine la nature d'un objet. *Les qualités constitutives d'un objet.* **5** Condition sociale, civile, juridique. *Décliner ses nom, prénom et qualité.* **6** Titre donnant certains droits, certains devoirs. *Qualité de citoyen. En qualité de tuteur. Avoir qualité juridique pour agir.* **B** *nf pl* DR Acte d'avoué qui précise les données d'un procès (nom et qualité des parties, énoncé des faits, etc.), reproduit en tête d'un jugement. ETY Du lat. *qualis*, « quel ».

**qualiticien, enne** *n* Personne chargée, dans une entreprise, de veiller à la qualité des produits.

**quand** *conj, av* **A** *conj* **1** Lorsque, au moment où, toutes les fois que. *Je partirai quand il viendra. Quand il criait, nous avions peur.* **2** Indique une relation d'opposition. *Quand vous l'auriez voulu, vous ne l'auriez pas pu.* **B** *av* Interroge sur le temps. *Quand viendra-t-il ? Vous le voulez pour quand ? Je ne me souviens plus quand c'était.* **LOC** ***Quand bien même*** : même si. PHO [kɑ̃] ou [kɑ̃t] (devant une voyelle). ETY Du lat.

**Quand la ville dort** (en amér. *Asphalt Jungle*), film de John Huston (1950), d'après le roman de William Riley Burnett (1899 – 1982).

**quand même** *av* **1** Marque l'opposition ; malgré tout. *C'était interdit, il l'a fait quand même.* **2** Marque la réprobation. *Quand même, il exagère !*

**Quand passent les cigognes** film (1958) du Soviétique Mikhaïl Kalatozov (1903 – 1973), avec Tatiana Samoïlova (1934 – 2014).

**quanta → quantum.**

**quant à** *prép* Pour ce qui est de, en ce qui concerne. *Quant à lui, il pourra choisir ce qu'il voudra.* ETY Du lat.

**quant-à-soi** *nm inv* Réserve plus ou moins affectée. *Rester sur son quant-à-soi.*

**quantième** *nm* Chiffre qui désigne chaque jour du mois.

**quantificateur** *nm* LOG, MATH Opérateur qui lie une ou plusieurs variables à une quantité ; symbole de cet opérateur. *Quantificateur universel* ($\forall$ = « quel que soit… » ou « pour tout… »). *Quantificateur existentiel* ($\exists$ = « il existe au moins un »).

**quantifié, ée** *a* PHYS Se dit d'une grandeur qui ne peut varier que par multiple d'un quantum.

**quantifier** *vt* ② **1** Déterminer la quantité de, chiffrer. **2** LOG Attribuer une certaine quantité à un terme. **3** PHYS Fragmenter une grandeur physique en quantités discontinues ou quanta. DER **quantifiable** *a* – **quantification** *nf*

**quantile** *nm* STATIS Valeur partageant une distribution statistique en groupes de même effectif (déciles, centiles, quartiles, etc.).

**quantique** *a* PHYS Relatif aux quanta ; qui repose sur la théorie des quanta. *Mécanique quantique.* **LOC** ***Nombres quantiques*** : ensemble de quatre nombres (notés *n, l, m* et *s*) définissant complètement l'état de chaque électron d'un atome. PHO [k(w)ɑ̃tik]

**quantitatif, ive** *a, nm* Qui a rapport à la quantité. ANT qualitatif. DER **quantitativement** *av*

**quantité** *nf* **1** Collection de choses, portion de matière, considérées du point de vue de la mesure, du nombre d'unités qu'elles représentent. *Une grande, une petite quantité d'assiettes, de pain, d'argent.* **2** Propriété de la grandeur mesurable ; ce qui est susceptible d'être mesuré. **3** VERSIF Durée relative d'une syllabe. **4** PHON Durée relative d'énonciation d'un phonème, qui permet le classement des voyelles en longues et brèves. **5** LOG Extension des termes d'une proposition, de la proposition elle-même. **LOC** ***En quantité*** : en grande quantité. — CHIM ***Quantité de matière*** : quantité d'atomes, de molécules, d'ions, etc. — PHYS ***Quantité de mouvement*** : grandeur vectorielle caractéristique de l'état de mouvement d'un corps. — PHYS ***Quantité de mouvement d'une particule*** : en mécanique newtonienne, produit de sa masse par sa vitesse. ETY Du lat.

**quanton** *nm* PHYS NUCL Objet relevant de la mécanique quantique. PHO [k(w)ɑ̃tɔ̃]

**quantum** *nm* **1** Quantité déterminée. *Le quantum des dommages sera fixé par jugement.* **2** PHYS Plus petite quantité d'une grandeur physique susceptible d'être échangée. PLUR quantums ou quanta. PHO [k(w)ɑ̃tɔm] ETY Mot lat.

ENC L'étude du rayonnement du corps noir conduit Planck, en 1900, à introduire la notion de *quantum de lumière*. Le rayonnement électromagnétique n'est pas continu, mais formé de quantités discrètes d'énergie, les *quanta*. Einstein en 1905, cherchant à expliquer l'effet photoélectrique, démontre que chaque « grain de lumière » - ou *photon* - est porteur d'un quantum d'énergie E = hν (produit de la constante de Planck par la fréquence de la lumière). Les électrons émis par le métal ont acquis cette énergie. La théorie des quanta a conduit Bohr à proposer un modèle de l'atome dans lequel les électrons périphériques occupent des niveaux d'énergie correspondant à des valeurs déterminées : lorsqu'un électron passe d'une orbite à une autre, c.-à-d. d'un niveau d'énergie à un autre, il émet un rayonnement. À la suite de Louis de Broglie, qui effectua la synthèse entre la théorie corpusculaire et la théorie vibratoire de la lumière (mécanique ondulatoire), Heisenberg jeta les bases de la mécanique quantique, qui rejeta l'image de particules se déplaçant sur des trajectoires déterminées. La mécanique quantique a permis l'essor de la physique nucléaire.

**Quantz** Johann Joachim (Oberscheden, Hanovre, 1697 – Potsdam, 1773), compositeur et flûtiste allemand (traité de flûte).

**quarantaine** *nf* **1** Nombre d'environ quarante. *Une quarantaine de jours.* **2** Âge de quarante ans environ. **3** Isolement de durée variable, imposé aux personnes, aux animaux présentant des risques de contagion. **4** BOT Crucifère ornementale, variété de giroflée. **LOC** ***Mettre qqn en quarantaine*** : le mettre à l'écart en refusant de lui parler, d'avoir des rapports avec lui.

**quarante** *a num inv, nm inv* **A** *a num inv* **1** Quatre fois dix (40). **2** Quarantième. *Page quarante.* **B** *nm inv* **1** Le nombre quarante. *Trente et dix font quarante.* **2** Numéro quarante. *Habiter au quarante de la rue.* **LOC** ***Les Quarante*** : les 40 membres de l'Académie française. ETY Du lat.

**quarante-huitard, arde** *a, n* fam Qui a rapport aux révolutionnaires de 1848. PLUR quarante-huitards.

**quarantenaire** *a* **1** Qui dure quarante ans. **2** Relatif à la quarantaine sanitaire. *Mesures quarantenaires.*

**quarantième** *a, n* **A** *a num, n* Dont le rang est marqué par le nombre 40. *C'est sa quarantième traversée.* **B** *nm* Chaque partie d'un tout divisé en quarante parties égales. *Trois quarantièmes.* **LOC** ***Quarantièmes rugissants*** : zone comprise entre 40 et 50 degrés de latitude sud, où le gros temps sévit presque en permanence.

**quarderonner** *vt* ① TECH Tailler en quart-de-rond l'angle d'une solive, d'une pierre.

**Quarenghi** Giacomo (prov. de Bergame, 1744 – Saint-Pétersbourg, 1817), architecte italien au service de Catherine II.

**quark** *nm* PHYS NUCL Constituant des hadrons. PHO [kwaʀk] ETY Mot de J. Joyce, écrivain irlandais.

ENC Dès 1961, Gell-Mann a supposé que tous les hadrons (particules subissant l'interaction forte) sont des assemblages d'entités plus élémentaires, nommées quarks : les mésons sont constitués de deux quarks (un quark et un antiquark) ; les baryons (protons, neutrons, etc.) sont constitués de trois quarks. La théorie fait intervenir six quarks différents, dont les charges électriques peuvent prendre les valeurs 2e/3 ou – e/3, e désignant la charge élémentaire. Fortement liés entre eux, les quarks restent confinés à l'intérieur des hadrons. V. particule et interaction.

**1 quart, quarte** *a* vx Quatrième. **LOC** MED anc ***Fièvre quarte*** : fièvre paludéenne caractérisée par des accès se répétant tous les quatre jours. ETY De l'ital.

**2 quart** *nm* **1** Chaque partie d'un tout divisé en quatre parties égales. **2** Quatrième partie d'une mesure, d'un poids, d'une quantité. *Un quart de vin.* **3** Gobelet à anse d'environ un quart de litre, dont on se sert pour boire à l'armée ou en camping. **4** Période pendant laquelle une partie de l'équipage d'un bateau, à son tour, est de service. *Prendre son quart. Officier de quart.* **5** Intervalle entre deux aires de vent, valant 11° 15' ; distance angulaire de 11° 15'. **LOC** ***Aux trois quarts*** : en grande partie. — ***De trois quarts*** : le sujet présentant les trois quarts de son visage. — ***Le dernier quart d'heure*** : le moment décisif. — ***Les trois quarts du temps*** : le plus souvent, presque toujours. — ***Passer un mauvais quart d'heure*** : un moment très désagréable. — SPORT ***Quart de finale*** : épreuve éliminatoire dont les vainqueurs disputeront les demi-finales. — MUS ***Quart de soupir*** : silence dont la valeur est celle d'une double croche. — ***Un quart d'heure*** : quinze minutes. ETY Du lat.

**quartaut** *nm* rég Petit fût de contenance variable (de 57 à 137 l).

**quart-de-rond** *nm* TECH Moulure ayant le profil d'un quart de cercle. PLUR quarts-de-rond.

**quarte** *nf* **1** MUS Quatrième degré de la gamme diatonique. *Fa est la quarte dans la gamme d'ut.* **2** Intervalle de quatre degrés diatoniques conjoints. **3** SPORT En escrime, la quatrième position classique des engagements et parades.

**quarté** *nm* Pari mutuel portant sur les quatre premiers chevaux d'une course. ETY Nom déposé.

**1 quarteron** *nm* **1** vx Quart d'un cent (25). **2** fig, péjor Petit nombre, poignée de personnes. ETY De *quartier.*

**2 quarteron, onne** *n* Personne née d'un métis et d'une Blanche ou d'un Blanc et d'une métisse. ETY De l'esp.

**Quartet** groupe formé par les États-Unis, la Russie, l'Union européenne et l'ONU, intervenant dans les questions du Proche-Orient.

**quartette** *nm* Formation de jazz avec quatre musiciens. ETY De l'ital. VAR **quartet**

**quartidi** *nm* HIST Quatrième jour de la décade, dans le calendrier républicain.

**quartier** *nm* **A 1** Portion constituant le quart environ d'une chose, d'un ensemble ; portion en général. *Un quartier de pomme, de viande.* **2** Pièce de cuir qui, dans un soulier, emboîte le talon. **3** Chacune des quatre phases de la Lune. **4** HERALD Chacune des quatre parties de l'écu écartelé. **5** Degré d'ascendance noble. *Avoir quatre quartiers de noblesse.* **6** Division administrative d'une ville. **7** Partie d'une ville qui présente certains caractères distinctifs. *Un quartier très commerçant.* **8** Ensemble des habitants d'un quartier. *Tout le quartier est au courant.* **9** Dans une prison, partie réservée à une catégorie de détenus. **B** *nm pl* **1** MILIT Cantonnement d'un corps de troupe, caserne. **2** Grand ensemble résidentiel des banlieues déshéritées. **LOC** ***Avoir quartier libre*** : avoir la liberté de sortir de la caserne ; ne plus être en service. — ***Pas de quartier !*** : n'accorder la vie sauve à personne ; ne pas avoir de pitié. — ***Quartier de haute sécurité (QHS)*** ou ***quartier de sécurité renforcée (QSR)*** : quartiers d'une prison qui étaient réservés aux détenus considérés comme dangereux. — ***Quartier général (QG)*** : lieu où est établi l'état-major de commandement d'une unité.

**Enguerrand Quarton** *Couronnement de la Vierge,* retable conçu pour la chartreuse de Villeneuve – musée de l'Hospice, Villeneuve-lès-Avignon

**Quartier latin (le)** quartier de Paris situé sur la r. g. de la Seine, au S. de la Cité, de part et d'autre du boulevard Saint-Michel (V^e et VI^e arr.) ; nombreuses facultés, dont la Sorbonne ; grandes écoles.

**quartier-maître** *nm* MAR Grade compris entre celui de matelot et celui de second maître, correspondant au grade de caporal dans les armées de terre et de l'air. PLUR quartiers-maîtres. ETY De l'all. VAR **quartier-maitre**

**quartile** *nm* MATH Chacune des trois valeurs qui partagent une distribution statistique en quatre groupes de même effectif ; chacun de ces quatre groupes.

**quartique** *nf* GEOM Courbe dont l'équation est du quatrième degré.

**quart-monde** *nm* **1** Ensemble des classes les plus défavorisées de la population, dans un pays donné. **2** Ensemble des pays les plus pauvres, dits aussi pays les moins avancés (PMA).

**quarto** *av* Quatrièmement, après *tertio.* PHO [kwaʀto] ETY Mot lat.

**Quarton** Enguerrand (près de Laon, v. 1410 – Avignon, apr. 1462), peintre français de l'école d'Avignon : *le Couronnement de la Vierge* (1453-1454, Villeneuve-lès-Avignon). On lui attribue la *Pietà de Villeneuve-lès-Avignon* (Louvre). VAR **Charonton, Charreton, Charton**

▶ illustr. p. 1333

**quart-temps** *nm* SPORT Chacune des quatre périodes qui divisent un match de basket-ball. PLUR quarts-temps.

**quartz** *nm* Variété très répandue de silice cristallisée dans le système rhomboédrique. PHO [kwaʀts] ETY De l'all. DER **quartzeux, euse** ou **quartzique** *a*

ENC Le quartz est un constituant de nombreuses roches (granite, sable, grès). Il se caractérise par sa dureté (l'acier ne le raie pas) et, lorsqu'il est pur, par sa limpidité (cristal de roche). Lorsqu'il contient des impuretés, il est violet (améthyste), jaune (citrine), noir (quartz fumé), orangé ou rose, et on l'utilise en bijouterie. Cristallisé, il donne des prismes à 6 faces terminés par des pyramides. Les propriétés piézoélectriques du cristal de quartz sont utilisées pour produire des ultrasons, pour stabiliser des émetteurs radio et également en horlogerie.

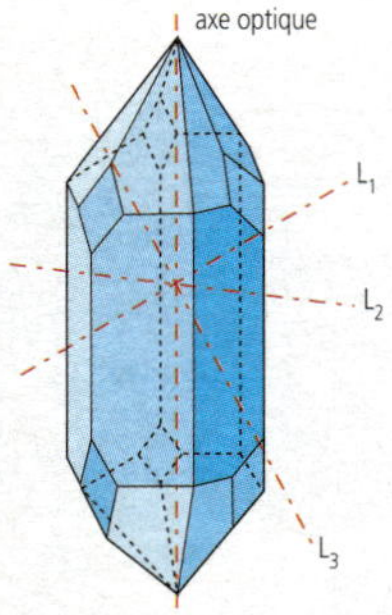


le cristal de quartz possède 3 axes de symétrie $L_1$, $L_2$, $L_3$ ; une pression exercée dans la direction d'un tel axe fait apparaître des charges électriques à la surface du cristal (première loi de la piézoélectricité)

**quartz**

**quartzifère** *a* GEOL Qui contient du quartz.

**quartzite** *nm* GEOL Grès à ciment siliceux dans lequel les grains de quartz ne sont plus discernables. PHO [kwaʀtsit]

**quasar** *nm* ASTRO Astre extragalactique parmi les plus lumineux de l'Univers. ETY Acronyme de l'angl. *quasi stellar radiosource.*

ENC Découverts au début des années 1960 grâce à leurs émissions d'ondes radioélectriques, les quasars sont des objets célestes tellement lumineux qu'il est possible de les observer très loin dans l'espace, donc très loin dans le temps. Les plus éloignés que l'on a observés (plus de 12 milliards d'années de lumière) sont les témoins d'un passé très reculé de l'Univers.

**1 quasi** *nm* En boucherie, morceau du haut de la cuisse du veau. ETY P.-ê. du turc.

**2 quasi** *av* Presque, en quelque sorte ; pour ainsi dire. *Elle est quasi folle. Un quasi-délit.* PLUR quasi-certitudes. ETY Mot lat.

**quasi-contrat** *nm* DR **1** Acte licite et volontaire qui, sans qu'il y ait eu convention, oblige son auteur envers une autre personne et quelquefois réciproquement. **2** Convention entre l'Administration et un entrepreneur en vue d'encourager une production présentant un intérêt pour l'économie nationale. PLUR quasi-contrats.

**quasi-cristal** *nm* PHYS Corps, découvert en 1984, dont la structure est intermédiaire entre celle des cristaux et celle des verres. PLUR quasi-cristaux.

**quasi-délit** *nm* DR Acte illicite commis sans intention de nuire, donnant lieu à une action en réparation. PLUR quasi-délits.

**quasi-frère** *nm* Dans une famille recomposée, garçon par rapport aux enfants du beau-parent. PLUR quasi-frères.

**quasiment** *av* fam Quasi. *Résultats quasiment nuls.*

**Quasimodo** *nf* Le premier dimanche qui suit Pâques. ETY Mots lat., *quasi modo,* ouvrant l'introït de la messe de ce dimanche.

**Quasimodo** Salvatore (Syracuse, 1901 – Naples, 1968), poète italien : *Eaux et Terres* (1930), *la Terre incomparable* (1958). P. Nobel 1959.

**Quasimodo** personnage du roman de Victor Hugo, *Notre-Dame de Paris* (1831), bossu, borgne, sourd et boiteux, amoureux (platonique) d'Esmeralda.

**quasi-monnaie** *nf* FIN Ensemble des actifs financiers gérés par les banques et le Trésor rapidement transformables en moyens de paiement. PLUR quasi-monnaies.

**quasi-particule** *nf* PHYS NUCL Élément se comportant comme une particule. PLUR quasi-particules.

**quasi-sœur** *nf* Dans une famille recomposée, fille par rapport aux enfants du beau-parent. PLUR quasi-sœurs.

**quassia** *nm* Arbuste d'Amérique tropicale dont le bois était utilisé en médecine pour la préparation d'un breuvage tonique. PHO [kwasja] ETY Du n. pr. *Coissi.* VAR **quassier**

**quater** *av* Se dit d'un numéro qu'on répète pour la quatrième fois. *10, 10 bis, 10 ter, 10 quater.* PHO [kwatɛʀ] ETY Mot lat.

**quaternaire** *a, nm* **A** *a* didac Composé de quatre éléments. **B** *a, nm* Se dit de l'ère géologique la plus récente et la plus brève, marquée par l'apparition de l'homme.

ENC On situe le début de l'ère quaternaire aux environs de 1,65 million d'années. Deux phénomènes caractérisent cette ère : les glaciations et les transgressions marines. Quatre glaciations (Günz, Mindel, Riss, Würm) ont déterminé la faune et la flore quaternaires. La plupart des espèces vivantes du tertiaire disparurent lors de la première glaciation et seules subsistèrent les espèces adaptées au froid (rhinocéros laineux, par ex.) ; les espèces tropicales furent repoussées vers le sud ; elles remontèrent vers le nord à chaque période interglaciaire, mais furent arrêtées par la Méditerranée, ce qui explique la pauvreté de la faune et de la flore européennes. Le quaternaire est divisé en deux époques extrêmement inégales : 1° le pléistocène, qui s'achève (arbitrairement) à la fin du paléolithique et occupe donc la quasi-totalité du quaternaire ; 2° l'holocène, qui se prolonge jusqu'à nos jours, ne dure que depuis environ 10 000 ans.

**quaterne** *nm* Au loto, ensemble de quatre numéros d'une même ligne horizontale.

**quaternion** *nm* MATH Quantité complexe, constituée par quatre unités, dont l'une forme la partie scalaire et les trois autres la partie vectorielle, et généralisant la notion traditionnelle de nombre complexe.

**quatorze** *a num inv, nm inv* **A** *a num inv* **1** Dix plus quatre (14). *Quatorze cents* (ou mille quatre cents). **2** Quatorzième. *Louis XIV. Le quatorze août.* **B** *nm inv* **1** Le nombre quatorze. *Treize et un font quatorze.* **2** Numéro quatorze. *Habiter au quatorze de telle rue.* ETY Du lat.

**quatorzième** *a, n* **A** *a num, n* Dont le rang est marqué par le nombre 14. *Le quatorzième siècle. Être la quatorzième à un concours.* **B** *nm* Chaque partie d'un tout divisé en quatorze parties égales. *Un quatorzième de la somme.* DER **quatorzièmement** *av*

**quatrain** *nm* Poème ou strophe de quatre vers.

**quatre** *a num inv, nm inv* **A** *a num inv* **1** Trois plus un (4). *Les quatre éléments. Un trèfle à quatre feuilles.* **2** Quatrième. *Henri IV. Le quatre juin.* **B** *nm inv* **1** Le nombre quatre. *Deux et deux font quatre.* **2** Numéro quatre. *Habiter au quatre.* **3** Carte, face de dé ou côté de domino portant quatre marques. *Le quatre de trèfle.* **4** SPORT Embarcation manœuvrée par quatre rameurs. LOC ***Comme quatre :*** comme quatre personnes, beaucoup. — ***Dire à qqn ses quatre vérités :*** lui dire, avec une franchise brutale, les choses désobligeantes que l'on pense de lui. — fam ***Entre quat'z'yeux :*** face à face, sans témoin. — ***Monter un escalier quatre à quatre :*** en enjambant plusieurs marches à la fois, précipitamment. — ***Ne pas y aller par quatre chemins :*** aller droit au but. — ***Se mettre en quatre :*** s'employer de tout son pouvoir à rendre service. ETY Du lat.

**Quatre-Bras (les)** lieu-dit de Belgique que le maréchal Ney ne put enlever à Wellington, l'avant-veille de Waterloo (16 juin 1815).

**Quatre-Cantons (lac des)** (en all. *Vierwaldstättersee,* « lac des Quatre-Communes forestières »), lac de Suisse centr. (114 km²), entre les cant. d'Uri, Unterwald, Schwyz et Lucerne, à 434 m d'alt. Sinueux, dominé par de hauts sommets, il est alimenté par la Reuss.

**Quatre-Cents (conseil des)** assemblée oligarchique d'Athènes instituée en 411 av. J.-C. par un coup d'État. Elle abolit la démocratie et fut renversée au bout de quatre mois.

**Quatre Cents Coups (les)** le premier long métrage de Truffaut (1959) ; il inaugure la « saga » consacrée à Antoine Doinel, qu'interprète Jean-Pierre Léaud (né en 1944).

**quatre-cent-vingt-et-un** *nm inv* Jeu de dés, proche du zanzibar, où la meilleure combinaison des trois dés avec lesquels on joue est composée d'un quatre, d'un deux et d'un as. VAR **quatre-vingt-et-un**

**quatre-épices** *nm inv* **1** Plante originaire des Antilles dont les graines fournissent un condiment rappelant le poivre, le girofle, le gingembre et la muscade (myrtacée). **2** CUIS Mélange de ces quatre condiments utilisé comme assaisonnement. SYN poivre de la Jamaïque. **3** Graines de nigelle utilisées comme condiment.

**quatre-feuilles** *nm inv* ARCHI Ornement à quatre lobes de forme ronde ou lancéolée, très fréquent dans l'architecture gothique.

**Quatre Filles du docteur March (les)** roman pour la jeunesse (1869) de Louisa May Alcott (1832 – 1888). ▷ CINE Films : de Cukor, en 1933, avec Katharine Hepburn ; de Mervin Le Roy en 1948.

**Quatre Fils Aymon (les)** → **Aymon.**

**quatre-heures** *nm inv* fam Goûter.

**quatre-huit** *nm inv* MUS Mesure à quatre temps qui a la croche pour unité.

**quatre-mâts** *nm inv* Voilier à quatre mâts.

**Quatre-Nations (collège des)** collège de Paris, fondé par le testament de Mazarin en 1661. Ouvert en 1668, il accueillait les enfants de bonne famille originaires des prov. de Pignerol, d'Alsace, de Flandre et du Roussillon, nouvellement rattachées à la France, d'où le nom de Quatre-Nations. Fermé sous la Révolution, il fut donné en jouissance, en 1806, à l'Institut de France. (V. Mazarine [bibliothèque].)

**Quatre Parties du monde (les)** bronze de Carpeaux (1867-1872), jardins de l'Observatoire à Paris.

**quatre-quarts** *nm inv* Gâteau dans lequel les quatre ingrédients (beurre, farine, sucre œufs) sont présents en quantité égale.

**1 quatre-quatre** *nm inv* MUS Mesure dont la valeur est égale à quatre noires.

**2 quatre-quatre** *nm inv, a inv* Véhicule tout-terrain à quatre roues motrices (souvent écrit 4 × 4).

**Quatre Quatuors** recueil poétique de T. S. Eliot (1935-1942).

**quatre-saisons** *nf inv* LOC ***Marchand(e) des quatre-saisons*** : qui vendait sur une voiture à bras, dans la rue, des légumes de saison.

**Quatre Saisons (les)** titre des quatre premiers concertos pour violon et cordes du recueil de Vivaldi intitulé *la Confrontation de l'harmonie et de l'invention* (1725).

**quatre-vingt** *a num, nm* **A** *a num* **1** (Prend un s quand il n'est suivi d'aucun autre adj. numéral). Huit fois dix (80). *Quatre-vingts millions. Quatre-vingt mille. Quatre-vingt-quatre.* **2** Quatre-vingtième. *Page quatre-vingt.* **B** *nm* **1** Le nombre quatre-vingts. *Soixante et vingt font quatre-vingts.* **2** Numéro quatre-vingt. *Le quatre-vingt de telle rue.*

**quatre-vingt-dix** *a num inv, nm inv* **A** *a num inv* **1** Neuf fois dix (90). **2** Quatre-vingt-dixième. *Page quatre-vingt-dix.* **B** *nm inv* **1** Le nombre quatre-vingt-dix. **2** Numéro quatre-vingt-dix. *Aller jusqu'au quatre-vingt-dix de la rue.*

**quatre-vingt-dixième** *a, n* **A** *a num, n* Dont le rang est marqué par le nombre 90. *Être dans sa quatre-vingt-dixième année. Être la quatre-vingt-dixième dans une file d'attente.* **B** *nm* Chaque partie d'un tout divisé en quatre-vingt-dix parties égales. *Trois quatre-vingt-dixièmes.*

**quatre-vingtième** *a, n* **A** *a num, n* Dont le rang est marqué par le nombre 80. *Être quatre-vingtième. La quatre-vingtième de la liste.* **B** *nm* Chaque partie d'un tout divisé en quatre-vingts parties égales. *Deux quatre-vingtièmes.*

**Quatre-Vingt-Treize,** roman de Victor Hugo (1874).

**quatrième** *a, n* **A** *a num, n* Dont le rang est marqué par le nombre 4. *Habiter au quatrième étage, au quatrième. Passer la quatrième vitesse, la quatrième. La quatrième de la liste.* **B** *nf* Troisième classe du cycle de l'enseignement secondaire en France. *Il passe en quatrième.* LOC EDITION ***Quatrième de couverture*** : revers d'un livre, portant un texte de présentation de l'ouvrage. (DER) **quatrièmement** *av*

**quatrillion** *nm* Un million de trillions ($10^{24}$). (VAR) **quadrillion**

**quattrocento** *nm* Quinzième siècle italien ; période de l'histoire de l'art italien correspondant à cette époque. (PHO) [kwatʀɔtʃɛnto] (ETY) Mot ital., « quatre cents ».

ENC Succédant aux primitifs, les peintres les plus célèbres de cette période sont : Masaccio, Fra Angelico, Uccello, Botticelli, Piero della Francesca, Mantegna, Carpaccio. V. préraphaélite.

**quatuor** *nm* **1** MUS Morceau de musique vocale ou instrumentale à quatre parties. **2** MUS Formation composée de quatre musiciens. **3** fam Groupe de quatre personnes. LOC ***Quatuor à cordes*** : œuvre écrite pour deux violons, un alto et un violoncelle. (PHO) [kwatɥɔʀ] (ETY) Mot lat.

**Quatuor d'Alexandrie (le)** cycle romanesque de Durrell : *Justine*, 1957 ; *Balthazar*, 1958 ; *Mountolive*, 1958 ; *Clea* 1960, se déroulant dans l'Alexandrie britannique dans la prem. moitié du XX^e s.

**1 que, qu'** *pr* **A** Pronom relatif qui désigne une personne ou une chose en fonction de complément d'objet direct. *L'homme que vous avez vu. Je retrouve ce que j'ai dit.* **B** Pronom interrogatif qui désigne une chose en fonction de complément d'objet direct. *Que mangeons-nous ? Qu'allez-vous faire ?* (ETY) Du lat.

**2 que, qu'** *conj* **1** Introduit une subordonnée complétive. *Nous voulons que vous veniez.* **2** Introduit une proposition circonstancielle. *Il était à peine sorti que le chahut recommençait.* **3** Après le verbe *être* introduit une proposition attribut. *L'ennui est que nous ne savons pas ce qu'il faut faire.* **4** Forme avec un autre élément une locution conjonctive. *Afin que, après que, de manière que,* etc. **5** Coordonné à une première conjonction, évite la répétition de celle-ci. *Avant que tu partes et qu'il ne soit trop tard.* **6** Répété, avec la valeur de *soit que*. *Qu'on me loue ou qu'on me blâme, je le ferai quand même.* **7** Employé comme corrélatif de *tel, quel, même, autre*. *Quelle que soit ton impatience.* **8** Employé comme corrélatif d'un comparatif, d'un adverbe de comparaison. *Ses cheveux sont plus blonds que les miens.* **9** Avec *ne* pour exprimer la restriction ou l'insistance. *Je n'ai plus que quelques francs. On ne les connaît que trop !* **10** Introduit une proposition indépendante dans laquelle le subjonctif exprime un ordre. *Qu'il se taise !* **11** Renforce l'affirmation ou la négation. *Oh ! Que oui ! Oh ! Que non !* (ETY) Du lat.

**3 que, qu'** *av* **1** Interrog. *Que lui sert maintenant sa fortune ?* **2** Exclam. *Qu'il est laid !* LOC ***Que ne le disiez-vous ?*** : pourquoi... ? (ETY) Du lat.

**Québec** v. du Canada, cap. de la prov. du m. nom, édifiée sur le cap Diamant (106 m d'alt.), au confluent du Saint-Laurent et de la rivière Saint-Charles ; 533 000 hab., francophones à 96 %. Port actif et centre industriel. – Une des rares villes fortifiées d'Amérique du Nord. L'île d'Orléans et le vieux Québec sont très pittoresques. Chât. Frontenac (XIX^e s.). Université Laval. (DER) **québécois, oise** *a, n*

**Québec** le château Frontenac et la ville basse

**Québec (le)** la plus vaste des provinces canadiennes (dite la « Belle Province »), située entre la baie d'Hudson et le golfe du Saint-Laurent ; 1 540 681 km$^2$ ; 8,2 millions d'hab., dont 80 % de francophones et env. 20 % d'anglophones (Anglais de souche et immigrés récents, Slaves, Allemands, Italiens, etc.) ; Amérindiens et Inuits représentent 1,2 % de la pop. ; cap. *Québec* ; v. princ. *Montréal*. Religion : cathol. (87 %). (DER) **québécois, oise** *a, n*

**Géographie** On distingue trois grandes régions géographiques : 1. le Bouclier canadien, qui comprend, des Laurentides à l'extrême nord : le plateau laurentien, couvert d'une grande forêt exploitable ; la taïga, avec forêt boréale ; la toundra septentrionale, dont le sol est gelé en permanence ; 2. la zone d'effondrement de la vallée du Saint-Laurent, aux terres les plus fertiles ; 3. les Appalaches (Estrie, sud de l'estuaire du Saint-Laurent et Gaspésie). Des milliers de lacs couvrent 12 % de la superficie. La pop., d'origine française, a connu un taux de natalité très élevé jusqu'en 1960.

**Économie** L'économie est celle d'un pays hautement évolué, mais le revenu moyen des francophones est encore inférieur à celui des anglophones. L'agriculture n'emploie plus que 2,6 % de la pop. La pêche, importante en Gaspésie, ne contribue que faiblement au PIB québécois. Les richesses naturelles sont immenses : fer, cuivre, zinc, or, argent, plomb, niobium, amiante, quartz, tourbe mousseuse, houille blanche. Les forêts commerciales couvrent 779 256 km$^2$, dont 546 916 sont accessibles. Leurs transformations industr. constituent la moitié du PNB. Le secteur tertiaire est l'un des plus importants du monde (74 %). Le commerce extérieur s'effectue surtout avec les É.-U., suivis par les États de l'Union européenne et le Japon. Le tourisme est auj. important.

**Histoire** DE LA NOUVELLE-FRANCE À LA COLONIE ANGLAISE Baptisé Nouvelle-France dès 1524 par Giovanni da Verrazano, le pays fut exploré en 1534 par J. Cartier ; Samuel de Champlain en entreprit la colonisation, fondant la ville de Québec en 1608. Quand la guerre de Sept Ans (1756-1763) opposa la France et l'Angleterre en Europe, les Anglais vainquirent l'armée de la Nouvelle-France, commandée par Montcalm (qui fut tué), en 1759, et la Nouvelle-France devint colonie anglaise par le traité de Paris (1763). La Constitution de 1791 lui donna le nom de Bas-Canada. En 1837, le soulèvement des patriotes canadiens français, dirigé par Louis Joseph Papineau, fut écrasé par les Anglais. L'Union constitutionnelle du Haut-Canada (région des Grands Lacs) et du Bas-Canada eut lieu en 1841, chaque région ayant le même nombre de députés et le français cessant d'être langue officielle.

LA FÉDÉRATION CANADIENNE En 1867, l'Acte de l'Amérique du Nord britannique fédéra le Québec, la Nouvelle-Écosse, le Nouveau-Brunswick et l'Ontario, ce qui apaisa la rancœur des Canadiens français dont le statut était semblable à celui des hab. des autres provinces. Vers 1870, des luttes opposèrent le clergé, ultramontain, et les libéraux. Honoré Mercier, Premier ministre du Québec, en affirma la singularité face au gouvernement fédéral. L'industrialisation et le développement des moyens et voies de communication transformèrent le pays, qui subit l'invasion des capitaux anglais et américains. En 1936, l'Union nationale de Maurice Le Noblet Duplessis succéda aux libéraux, au pouvoir depuis 1897. Après le second gouv. Duplessis (1944-1959), les libéraux, avec Jean Lesage (1960-1966), revinrent au pouvoir et entreprirent la « révolution tranquille » : la toute-puissance de l'Église catholique, qui avait préservé la personnalité des francophones au prix d'une lourde tutelle, s'effrita ; la natalité chuta ; l'économie décolla ; l'indépendantisme progressa.

ÉVÈNEMENTS MARQUANTS DEPUIS 1960 1962, nationalisation de l'électricité ; 1964, création du ministère de l'Éducation ; 1967, Exposition internationale de Montréal ; 1968, transformation de l'Assemblée législative en Assemblée nationale et fondation du Parti québécois (PQ), né de la fusion de plusieurs partis indépendantistes ; 1969, vote de la loi 63 pour « promouvoir la langue française au Québec » ; 1970, troubles sociaux et politiques, qui conduisent à l'assassinat du ministre libéral Pierre Laporte par le Front de libération du Québec ; 1974, vote de la loi 22, qui érigeait le français comme seule « langue officielle » de la province ; 1976, victoire électorale du PQ (René Lévesque), qui prôna la « souveraineté » politique du Québec dans le cadre d'une « association » économique avec le reste du Canada ; 1977, vote de la Charte du français (loi 101), devenue seule langue officielle et professionnelle au Québec ; 1980, échec du référendum sur la souveraineté-association. En 1985, le Parti libéral mené par Robert Bourassa a repris le pouvoir. **LA CRISE INSTITUTIONNELLE** En 1990, l'accord du lac Meech, qui reconnaît le Québec comme une « société distincte » est refusé par le Manitoba et Terre-Neuve. Un nouveau projet de réforme constitutionnelle, soumis à référendum, est rejeté (1992). Depuis, le Québec et donc le Canada tout entier connaissent une crise institutionnelle. En 1994, le PQ remporte les élections. Son leader, Jacques Parizeau organise un nouv. référendum sur l'indépendance, rejetée de justesse. Parizeau démissionne et le nouveau leader du PQ, Lucien Bouchard, devient Pr. ministre. Il démissionne en 2001, et est remplacé par Bernard Landry. En 2003, les libéraux remportent les élections qu'ils gagnent à nouveau en 2008. Le PQ retrouve le pouvoir avec les législatives de 2012, mais est à nouveau battu par le Parti libéral lors des élections législatives anticipées de 2014.

**québécisme** *nm* LING Fait de langue caractéristique du français du Québec.

**québécois** *nm* Variété de français en usage au Québec.

**québracho** *nm* BOT Arbre d'Amérique (apocynacée), au bois rouge très dur, à l'écorce fébrifuge et riche en tanin. (PHO) [kebʀatʃo] (ETY) Du brésilien. (VAR) **quebracho**

**Que choisir ?** magazine mensuel publié dep. 1961 par l'Union fédérale des consommateurs, créée en 1951.

**quechua** *nm* Langue amérindienne parlée dans l'Empire inca et toujours en usage au Pérou et en Bolivie. (PHO) [ketʃwa] (VAR) **quichua**

**Quechuas** important peuple amérindien d'Amérique du S. (6 millions de personnes), établi princ. en Bolivie et au Pérou, mais aussi en Équateur et dans le N. des Andes chiliennes. Les Incas étaient issus d'une tribu quechua. (VAR) **Quichuas** (DER) **quechua** ou **quichua** *a*

**que dalle** *av* **fam** Rien du tout. *Son charabia, on n'y comprend que dalle !* (ETY) De l'all.

**Quedlinburg** ville d'Allemagne (Saxe-Anhalt), sur la Bode ; 22 000 habitants. – Château (XVI^e^-XVII^e^ s.) transformé en musée.

**Queen** groupe anglais de rock fondé en 1970. La plupart des chansons furent composées par le chanteur Freddie Mercury (1946 – 1991) et par le guitariste Brian May (Hampton, 1947). *We are the champions* (1977).

**Queens** un des cinq districts de New York, très industrialisé, dans l'île de Long Island, au N. de Brooklyn ; 2,3 millions d'hab. Les deux aéroports de New York y sont implantés ainsi que Flushing Meadow.

**Queensland** État du N.-E. de l'Australie ; 1 727 200 km$^2$ ; 4 560 000 hab. ; cap. *Brisbane.* – La région côtière concentre la pop. et l'industrie. L'intérieur est le domaine de l'élevage bovin et ovin extensif et des activités minières.

**Que faire ?** roman de Tchernychevski (1863).

**Que faire ?** brochure de Lénine (mars 1902, à Stuttgart).

**Queffélec** Henri (Brest, 1910 – Maisons-Laffitte, 1992), romancier français, chantre du peuple breton : *Un recteur de l'île de Sein* (1944). — **Yann** (Paris, 1949), fils du préc., romancier : *les Noces barbares* (1985).

**Queipo de Llano y Sierra** Gonzalo (Tordesillas, 1875 – Gambada, près de Séville, 1951), général espagnol. Au service de Franco, il prit Séville et Málaga (1937).

**Queirós** Pedro Fernandes de (Evora, 1565 – Panamá, 1615), navigateur portugais. Il découvrit plusieurs îles Marquises et Tahiti.

**Queirós** José Maria Eça de (près de Porto, 1845 – Paris, 1900), auteur portugais de romans réalistes : *le Crime du père Amaro* (1875).

**quel, quelle** *a* S'emploie pour interroger sur la nature, l'identité, la qualité, la quantité ou le quantième. **1** Valeur interrogative. *Quel temps fait-il ? Quel est ce livre dont vous parlez ? Je ne sais quelle mouche le pique. Je me demande quelle sera sa réaction.* **2** Valeur exclamative. *Quel malheur ! Quelle fut notre déception... !* **LOC** ***Quel que, quelle que*** : toujours en fonction d'attribut et

construit avec le subj., marque une supposition ou une concession. ETY Du lat.

**quelconque** *a* **1** Quel qu'il soit, n'importe lequel. *Prendre un prétexte quelconque.* **2** Ordinaire, commun, de qualité médiocre. *C'est quelconque. Des personnes très quelconques.*

**Quelimane** ville et port du Mozambique ; 16 070 hab. ; ch.-l. de distr. Aéroport.

**Qu'elle était verte ma vallée** roman (1939) de Richard Llewellyn (1907 – 1983). ▷ CINE Film de John Ford (1941).

**quelque** *a, av* **A** *a sing* Exprime le nombre ou la quantité d'une manière indéterminée. *Cette affaire présente quelque difficulté. Dans quelque temps.* **B** *a pl* Un certain nombre de, plusieurs. *Quelques écrivains ont traité ce sujet. Il possède quelques arpents de terre.* **C** *av* litt Environ. *Quelque deux cents personnes.* LOC Variable, avec un nom. ***Quelque... que*** : quel (quelle) que soit le (la). *Quelques efforts que vous fassiez, vous ne réussirez pas.* — Invariable avec un adjectif. ***Quelque... que*** : à quelque degré que. *Quelque riches qu'ils soient.* ETY Du lat.

**quelque chose** *pr indéf m* Une certaine chose. *J'ai lu quelque chose qui m'a plu. Vous prendrez bien quelque chose.* LOC ***C'est quelque chose !*** : exprime l'admiration ou l'indignation.

**quelquefois** *av* Un certain nombre de fois, de temps en temps. *Il m'est arrivé quelquefois d'y aller.* SYN parfois.

**quelque part** *av* Dans un endroit quelconque ou un lieu difficile à préciser.

**quelques-uns, -unes** *pr indéf pl* **1** Plusieurs personnes ou plusieurs choses parmi d'autres. *On lui a fait de nombreuses critiques, dont quelques-unes étaient fondées.* **2** litt Plusieurs personnes indéterminées ; un petit nombre de personnes. *Quelques-uns ont soutenu qu'Homère n'avait pas existé.* SYN d'aucuns.

**quelqu'un** *pr indéf* **1** Une personne quelconque, indéterminée. *Quelqu'un est venu.* SYN on. **2** Une personne. *C'est quelqu'un de très aimable.* **3** Un personnage important. *Cet homme, c'est quelqu'un.*

**Queluz** v. du Portugal, à l'O. de Lisbonne ; 65 000 hab. Château royal XVIII^e s.

**quémander** *vt* ① Demander, solliciter humblement et avec insistance. *Quémander de l'aide.* ETY De l'a. fr. *caïmand*, « mendiant ». DER **quémandeur, euse** *a, n*

**Quemoy** nom donné par les Occidentaux à *Jinmen*, île fortifiée du détroit de Formose, dépendance la plus occidentale de Taiwan ; 175 km$^2$ ; 53 940 hab.

**qu'en-dira-t-on** *nm inv* Bruits qui courent sur qqn, sur sa conduite ; opinion des gens. *Se moquer du qu'en-dira-t-on.*

**Queneau Raymond** (Le Havre, 1903 – Paris, 1976), écrivain français. Surréaliste, porté par son goût des mathématiques aux jeux verbaux (notam. *Exercices de style*, 1947), il publia des romans (*le Chiendent*, 1933 ; *Pierrot mon ami*, 1942 ; *Zazie dans le métro*, 1959) et des recueils poétiques (*les Ziaux*, 1943 ; *Cent Mille Milliards de poèmes*, 1961). En 1960, il fonda l'Oulipo avec Fr. Le Lionnais. DER **quenien, enne** *a*

Raymond Queneau

**quenelle** *nf* CUIS Rouleau de viande ou de poisson finement haché avec de la mie de pain ou de la semoule et de l'œuf. *Quenelles de brochet.* ETY De l'all. par l'alsacien.

**quenotte** *nf* fam Dent d'un enfant. ETY Mot normand, du frq.

**quenouille** *nf* **1** anc Petit bâton que l'on garnit de la matière textile destinée à être filée. **2** ARBOR Arbre auquel des tailles successives ont donné la forme effilée d'une quenouille garnie. LOC ***Tomber en quenouille*** : perdre sa force, sa valeur. ETY Du lat.

**Quentin Durward** roman de W. Scott (1823).

**quéquette** *nf* fam Pénis d'un petit garçon. ETY Formation enfantine.

**quérable** *a* DR Que le créancier doit aller chercher au domicile du débiteur. *Rente, créance quérable.* ANT portable.

**Quercia** → **Jacopo della Quercia.**

**quercitrin** *nm* TECH Colorant jaune extrait du quercitron. VAR **quercitrine** *nf*

**quercitron** *nm* Chêne vert d'Amérique du N. dont l'écorce renferme un colorant jaune. SYN chêne tinctorial ETY Du lat.

**Quercy** région et ancien pays de France, aux confins du Massif central et du Bassin aquitain. Le *haut Quercy*, autour de Cahors, est une région de Causses entaillés par le Lot, la Dordogne : élevage ovin, arboriculture, tourisme. Le *bas Quercy*, autour de Montauban, est un pays de collines où l'on pratique la polyculture. – Partie de la Guyenne, le Quercy fut rattaché définitivement à la France en 1472. DER **quercynois** ou **quercinois, oise** *a, n*

**querelle** *nf* **1** Contestation, différend amenant un échange de mots violents. **2** Controverse, différend intellectuel. LOC ***Chercher querelle à qqn*** : le provoquer. — ***Épouser la querelle de qqn*** : prendre son parti dans un litige. — ***Querelle d'Allemand*** : querelle sans motif. ETY Du lat. DER **querelleur, euse** *a, n*

**quereller** *v* ① **A** *vt* **1** Attaquer verbalement qqn. **2** Réprimander, faire des reproches à qqn. **B** *vpr* Avoir une querelle, une dispute. SYN se disputer, fam se chamailler.

**Querétaro** v. du Mexique, au N.-O. de Mexico ; 454 000 hab. ; cap. de l'État du m. nom (11 769 km$^2$, 1 051 200 hab.), agricole et minier. – L'empereur Maximilien y fut fusillé (1867).

**quérir** *vt* ㊳ vx, litt (Ne s'emploie qu'à l'inf., après les verbes *aller, venir, envoyer, faire*.) Chercher, avec l'intention de ramener, de rapporter. *Qu'on l'aille quérir.* ETY Du lat.

**quérulence** *nf* PSYCHIAT Tendance pathologique à se plaindre d'injustices dont on se croit victime. ETY Du lat *querela*, « plainte ». DER **quérulent, ente** *a*

**Quesnay François** (Méré, Île-de-France, 1694 – Versailles, 1774), médecin et économiste français. Physiocrate, il considérait l'agriculture comme la princ. source de richesse et prônait le libre-échangisme.

**Quesnel Pasquier** (Paris, 1634 – Amsterdam, 1719), théologien français ; oratorien (1657), propagateur du jansénisme. Son ouvrage *Réflexions morales sur le Nouveau Testament* (1671) fut condamné par l'Église (1713) et il se réfugia en Hollande

**Quesnoy (Le)** ch.-l. de cant. du Nord (arr. d'Avesnes-sur-Helpe) ; 5 158 hab. – Fortifications XVI^e-XVII^e s. DER **quercitain, aine** *a, n*

**Qu'est-ce que la propriété ?** ouvrage de Proudhon (1840).

**Qu'est-ce que le tiers état ?** brochure de Sieyès (janv. 1789).

**questeur** *nm* **1** ANTIQ ROM Magistrat d'abord chargé de la recherche des criminels puis de la gestion des deniers publics. **2** Membre d'une assemblée parlementaire responsable de son administration, de sa police intérieure et de son budget. ETY Du lat.

**question** *nf* **1** Interrogation adressée à qqn pour obtenir un renseignement. *Poser des questions.* **2** Interrogation adressée à un candidat par un examinateur. *Question difficile.* **3** Sujet, point, problème qui donne lieu à réflexion, à discussion. **4** HIST Torture appliquée autrefois pour arracher des aveux. *Soumettre à la question.* LOC ***Chose, personne en question*** : celle dont on parle, celle qui est en cause. — ***Être en question*** : faire l'objet d'une discussion, être en cause. — ***Il est, il n'est pas question de*** : il est, il n'est pas envisagé, envisageable de. — ***Question de*** : affaire, matière où telle chose est en jeu. — ***Question écrite*** : posée par écrit à un ministre par un parlementaire, insérée au Journal officiel et à laquelle il est répondu par la même voie. — ***Question fermée, ouverte*** : dans un questionnaire, question à laquelle la réponse est suggérée (question fermée) ou non (question ouverte). — ***Question orale*** : posée à un ministre en séance par un parlementaire sur un point précis, en dehors d'un débat. ETY Du lat.

**questionnaire** *nm* Série de questions servant de base à une enquête, à un test ; formulaire où elles sont écrites. *Remplir un questionnaire.* LOC ***Questionnaire à choix multiple (QCM)*** : test dans lequel le choix entre plusieurs réponses est proposé pour chaque question.

**questionnement** *nm* didac **1** Fait de susciter la réflexion. *Le questionnement de la recherche en génétique.* **2** Action de poser un ensemble de questions ; l'ensemble de ces questions.

**questionner** *vt* ① **1** HIST Soumettre un accusé ou un condamné à la torture. **2** Interroger qqn ; poser une(des) question(s).

**questionneur, euse** *n, a* Se dit d'une personne qui pose sans cesse des questions.

**questure** *nf* **1** ANTIQ ROM Dignité, charge de questeur ; durée de cette charge. **2** Bureau des questeurs d'une assemblée parlementaire.

**quétaine** *a, n* Canada fam De peu de valeur, de mauvais goût, ringard.

**quête** *nf* **1** vx Action d'aller chercher ; recherche. *La quête du Saint-Graal.* **2** VEN Recherche du gibier. **3** Action de recueillir des aumônes pour des œuvres, collecte ; produit, argent ainsi recueilli. LOC ***En quête de*** : à la recherche de. ETY Du lat.

**Quételet Adolphe** (Gand, 1796 – Bruxelles, 1874), astronome et mathématicien belge. Ses recherches statistiques sur la taille des hommes fondèrent l'anthropométrie.

**quêter** *vt* ① **1** VEN Chercher le gibier. **2** Faire la quête. *Les enfants des écoles quêteront en faveur des handicapés.* **3** fig Rechercher, solliciter, souvent avec insistance. *Quêter des louanges.*

**quêteur, euse** *n, a* **A** *n* Personne qui fait la quête. **B** *a* Se dit, dans un ordre mendiant, de celui qui est chargé de recueillir les aumônes pour le couvent.

**quetsche** *nf* **1** Prune de forme allongée, à peau violacée. *Confiture de quetsches.* **2** Eau-de-vie de quetsches. PHO [kwɛtʃ] ETY De l'all.

**Quetta** v. du Pākistān ; ch.-l. de la prov. du Béloutchistan ; 285 000 hab.

**quetzal** *nm* **1** ORNITH Oiseau trogoniforme d'Amérique centrale, aux très longues plumes d'un vert éclatant. *Le quetzal est l'emblème du Guatemala.* **2** Unité monétaire du Guatemala. PLUR quetzals. PHO [kɛtzal] ETY Mot aztèque.
▶ illustr. p. 1338

**Quetzalcóatl** (« Serpent-Oiseau »), divinité du Mexique précolombien, maître de l'air et des phénomènes atmosphériques, représentée sous la forme d'un serpent à plumes.

**queue** *nf* **1** Organe postérieur, plus ou moins long et flexible, prolongement de la colonne vertébrale de nombreux mammifères. *Queue d'un chien, d'un chat.* **2** Ensemble des plumes du croupion, chez les oiseaux. **3** Extrémité postérieure du corps de certains animaux, de forme allongée ou effilée. *Queue d'un lézard, d'un scorpion.* **4** vulg Pénis. **5** Traîne d'un manteau, d'une robe ; longs pans d'un vêtement. *Habit à queue.* **6** Tige par laquelle certains organes végétaux tiennent à la plante ; pétiole ou pédoncule. *La queue d'une pomme.* **7** Partie allongée qui sert à saisir certains objets. *La queue d'une casserole.* **8** Grosse mèche de cheveux noués derrière la tête. **9** Partie d'une lettre que l'on trace sous la ligne d'écriture. *La queue d'un* p. **10** Empennage d'un avion. *Les ailerons de queue.* **11** Traînée lumineuse d'une comète. **12** fig Bout, extrémité, fin de qqch. *La queue d'une longue phrase. La queue d'un orage.* **13** Dernière partie, derniers rangs d'un groupe. *Être à la queue, en queue. Wagon de queue.* **14** File de personnes alignées les unes derrière les autres ; file d'attente. *Faire la queue. Prendre la queue.* **15** Au billard, bâton garni d'un procédé et dont on se sert pour propulser les billes. **16** MUS Trait qui tient au corps d'une note, perpendiculaire aux lignes de la portée. **17** PHYS Partie de l'onde où l'amplitude décroît. **LOC** ***Finir en queue de poisson*** : d'une manière décevante, sans résultat appréciable. — fam ***Pour des queues de cerises*** : pour un profit dérisoire, pour des prunes. — ***Sans queue ni tête*** : qui semble n'avoir ni début ni fin, incohérent. ETY Du lat.

**queue-d'aronde** *nf* TECH Tenon en forme de trapèze isocèle, s'encastrant dans une entaille de même profil. PLUR queues-d'aronde.

**queue-de-cheval** *nf* **1** Coiffure dans laquelle les cheveux, tirés vers l'arrière et noués haut sur la tête, retombent sur la nuque. **2** ANAT Faisceau de cordons nerveux formé autour de l'extrémité inférieure de la moelle par les racines des trois derniers nerfs lombaires et celles des nerfs sacrés et des nerfs du coccyx. **3** BOT Prèle. PLUR queues-de-cheval.

**quetzal**

**queue-de-cochon** *nf* TECH **1** Tarière se terminant en vrille. **2** En ferronnerie, pointe en vrille d'une grille. PLUR queues-de-cochon.

**queue-de-morue** *nf* **1** TECH Large pinceau plat. **2** Syn. de *queue-de-pie*. PLUR queues-de-morue.

**queue-de-pie** *nf* fam Habit de cérémonie à longues basques étroites. SYN queue-de-morue. PLUR queues-de-pie.

**queue-de-poisson** *nf* Manœuvre dangereuse d'un automobiliste qui se rabat trop vite devant le véhicule qu'il vient de doubler. PLUR queues-de-poisson.

**queue-de-rat** *nf* TECH Lime de section circulaire, longue et fine. PLUR queues-de-rat.

**queue-de-renard** *nf* **1** Nom usuel de l'amarante, du mélampyre, du vulpin, etc. **2** TECH Ciseau à deux biseaux servant à percer. PLUR queues-de-renard.

**Queuille** Henri (Neuvic-d'Ussel, Corrèze, 1884 – Paris, 1970), homme politique français ; radical-socialiste ; président du Conseil en 1948-1949, 1950 et 1951.

**queusot** *nm* TECH Tube en verre qui sert à faire le vide dans les ampoules électriques et éventuellement à les remplir d'un gaz inerte.

**queuter** *vi* ① Au billard, faute qui consiste à pousser la bille au lieu de la frapper.

**queux** *nm* **LOC** ***Maître queux*** : chef cuisinier. ETY Du lat.

**Quevedo y Villegas** Francisco Gómez de (Madrid, 1580 – prov. de Ciudad Real, 1645), écrivain espagnol : poèmes, écrits politiques, historiques et religieux, satires burlesques, roman picaresque (*Don Pablo de Ségovie*, 1626).

**Quevedo y Villegas**

**Que viva Mexico !** film d'Eisenstein (1931-1932), qui, inachevé, eut plusieurs versions : *Tonnerre sur le Mexique* (1933) monté par le producteur, le romancier Upton Sinclair ; *Time in The Sun* (1939), monté par Marie Seton ; *Eisenstein's Mexican Project* (1954), montage de 5 heures dû à Jay Leda ; *Que viva Mexico !* (1979), dû au Soviétique Grigori Aleksandrov (1903 – 1983), est la seule version fidèle.

**Queyras** rég. montagneuse des Htes-Alpes (1 500 à 2 000 m), drainée par le Guil, affl. de la Durance (r. g.).

**Quezaltenango** v. du Guatemala ; 150 000 hab. ; ch.-l. du dép. du m. nom. – Ravagée en 1902 par une éruption volcanique.

**Quezón** Manuel (Baler, Tayabas, 1878 – Saranac Lake, État de New York, 1944), homme politique philippin. Il lutta dès 1898 pour l'indépendance de son pays, dont il fut le prem. président, élu en 1935, réélu en 1941. Il s'exila lors de l'invasion japonaise.

**Quezón City** v. des Philippines, à 16 km au N.-E. de Manille ; 2 200 000 hab. – Créée en 1948, la ville porte le nom de Manuel Quezón. Cap. des Philippines jusqu'en 1976.

**Qufu** v. de Chine (Shandong), où serait né Confucius ; 580 000 hab. – Temple de Confucius (XI^e^-XII^e^ s).

**qui** *pr* **A** *pr rel* **1** Désigne une personne ou une chose ; lequel. *L'homme qui travaille. C'est moi qui ai parlé. La pluie tombait, qui inondait les champs. L'homme à qui je parle, pour qui je plaide.* **2** Ceux-ci..., ceux-là ; les uns..., les autres. *Ils cherchèrent, qui d'un côté, qui d'un autre.* **3** Celui qui, celle qui, ceux qui, celles qui, ce qui. *Qui m'aime me suive.* **B** *pr interrog* Désigne généralement une personne, dans l'interrogation directe et indirecte, rarement une chose. *Qui est là ? Dites-moi qui vous voyez. Qui est-ce qui vient ? À qui est-ce que je m'adresse ?* **LOC** ***À qui...*** : exprime la rivalité. — ***Comme qui dirait*** : pour ainsi dire. — ***Qui plus est*** : en outre. — ***Qui que*** : quelque personne que. ETY Mot lat.

**quia (à)** *av* **LOC** vx ***Mettre qqn à quia*** : le réduire à ne pouvoir répondre. ETY Du lat.

**Qui a peur de Virginia Woolf ?** pièce d'Edward Albee (1962). ▷ CINE Film de Mike Nichols (1931 – 2014), en 1966, avec Elizabeth Taylor et Richard Burton.

**Quiberon** ch.-l. de cant. du Morbihan (arr. de Lorient), sur la *presqu'île de Quiberon* ; 5 133 hab. Pêche (sardines). Stat. balnéaire. Thalassothérapie. – Le 27 juin 1795, la flotte anglaise débarqua dans la presqu'île des Français émigrés, qui se rendirent le 22 juil. après qu'on leur eut promis la vie sauve. Mais, obéissant au Comité de salut public, Hoche fit fusiller 748 d'entre eux. DER **quiberonnais, aise** *a, n*

**quiche** *nf* Plat fait d'une pâte à tarte garnie d'un mélange de crème, d'œufs et de lardons. *Quiche lorraine.* ETY De l'all.

**quichenotte** *nf* Coiffure traditionnelle à large bord des femmes de Saintonge et de Vendée. ETY Mot dial. VAR **kichenotte**

**Quicherat** Louis (Paris, 1799 – id., 1884), philologue français : *Thesaurus poeticus linguae latinae* (1836), *Dictionnaire français-latin* et *Dictionnaire latin-français* (en collab. avec Daveluy, 1844).

**Quichés** Amérindiens du Guatemala d'origine maya ; soumis en 1524 par Pedro de Alvarado (lieutenant de Cortés), qui brûla leur cap., Utatlán. DER **quiché** *a*

**Quichuas** → **Quechuas.**

**quiconque** *pr* **1** Qui que ce soit, toute personne qui. *Quiconque l'a vu peut le raconter.* **2** Personne, n'importe qui. *Ne le dites à quiconque. Il est aussi capable que quiconque.* ETY Du lat.

**quid** *av* fam Sert à interroger à propos de qqn ou de qqch. *Quid de la situation ?* PHO [kwid] ETY Mot lat.

**quidam** *nm* fam Personne dont on ignore ou dont on veut taire le nom ; un certain individu, quelqu'un. PHO [kidam] ou [kɥidam] ETY Mot lat.

**quiddité** *nf* PHILO Ce qui fait qu'une chose est ce qu'elle est ; essence de cette chose, en tant qu'elle est exprimée dans sa définition. PHO [kɥidite] ETY Du lat.

**Quierzy** com. de l'Aisne (arr. de Laon) ; 449 hab. – Elle fut l'une des résidences des Carolingiens. Charles le Chauve y promulgua en 877 un capitulaire protégeant sa famille et instaurant l'hérédité des bénéfices pour les comtes et leurs vassaux.

**quiescent, ente** *a* BIOL Se dit d'un organisme en équilibre avec son milieu, d'un processus momentanément interrompu par suite de conditions défavorables. PHO [kɥiesɑ̃, ɑ̃t] DER **quiescence** *nf*

**quiet, quiète** *a* litt Tranquille, calme, paisible. *Une atmosphère quiète et feutrée.* PHO [kje, kjet] ETY Du lat.

**quiétisme** *nm* RELIG Doctrine mystique du théologien espagnol M. de Molinos (1628-1696), selon laquelle on peut obtenir le salut par un état de contemplation passive et d'absorption en Dieu, la quiétude. DER **quiétiste** *a, n*

**quiétude** *nf* **1** Tranquillité d'âme, calme, repos. *La quiétude d'un lieu.* ANT inquiétude. **2** THEOL État de contemplation passive, d'absorption en Dieu.

**Quiévrain** com. de Belgique (Hainaut), sur la Honelle, à la frontière française ; 6 950 hab. – *Le pays d'outre-Quiévrain* : la Belgique.

**Quignard** Pascal (Verneuil-sur-Avre, 1948), écrivain français : *le Lecteur* (1976), *Tous les matins du monde* (1991), *Terrasse à Rome* (2000).

**quignon** *nm* fam Gros morceau, bout de pain. ETY De coin.

**quillard** *nm* MAR Voilier muni d'une quille (par oppos. à *dériveur*).

**1 quille** *nf* **1** Pièce oblongue en bois tourné ou en matière moulée que l'on doit abattre avec une boule lancée d'une certaine distance. *Jouer aux quilles.* **2** Bouteille de forme mince et allongée. **3** fam Jambe. **4** arg des militaires Libération, fin du service militaire. **LOC** ***Arriver comme un chien dans un jeu de quilles*** : mal à propos. ETY De l'all.

**2 quille** *nf* MAR Pièce axiale longitudinale de la partie inférieure d'un bateau, sur laquelle repose l'ensemble de la coque. ETY Du norois.

**Quillet** Aristide (Villiers-Adam, 1880 – Paris, 1955), éditeur français d'encyclopédies.

Aristide Quillet

**quilleur, euse** *n* Canada Joueur(euse) de quilles.

**quillon** *nm* Chacune des deux branches qui partent de la garde d'une épée.

**Quilmes** v. industr. d'Argentine, dans la banlieue S.-E. de Buenos Aires ; 446 590 hab.

**quilt** *nm* Couverture traditionnelle en patchwork d'Amérique du Nord. PHO [kilt] ETY Mot angl.

**quimboiseur, euse** *n* Antilles Sorcier, sorcière, jeteur(euse) de sorts.

**Quimper** ch.-l. du dép. du Finistère, sur l'Odet, à 16 km de l'Atlantique ; 68 237 hab. Faïenceries ; industries. Tourisme. – Évêché. Cath. (XIII^e^-XVI^e^ s.). Musée. – Longtemps appelée *Quimper-Corentin*, la ville fut la cap. du comté de Cornouaille. DER **quimpérois, oise** *a, n*

**Quimper** la cathédrale Saint-Corentin vue de la rue Kéréon

**Quimperlé** ch.-l. de cant. du Finistère (arr. de Quimper), au confl. de l'Isole et de l'Ellé, qui forment la Laïta ; 10 850 hab. – Égl. Ste-Croix (XI^e^-XVI^e^ s.) ; deux églises (XIV^e^-XV^e^ s.). DER **quimperlois, oise** *a, n*

**quinaire** *nm* ANTIQ Pièce d'argent romaine qui valait cinq as. ETY Du lat.

**Quinault** Philippe (Paris, 1635 – id., 1688), poète français. Auteur de tragédies (*Astrate*, 1665), attaqué par Boileau, il écrivit des livrets d'opéra pour Lully. Acad. fr. (1670).

**quincaillerie** *nf* **1** Industrie et commerce des articles en métal tels que les clous, la serrurerie pour les bâtiments, etc. ; ces articles. **2** Magasin où l'on vend de la quincaillerie. **3** Ramassis d'objets de peu de valeur. **4** fam, péjor Bijoux de pacotille ; médailles, décorations, avec une idée d'abondance ostentatoire. ETY De l'a. fr. *clinquer*, « faire du bruit ».

**quincaillier, ère** *n* Personne qui vend ou qui fabrique de la quincaillerie. VAR **quincailler, ère**

**Quincey (De)** → **De Quincey.**

**Quincke** Heinrich (Francfort-sur-l'Oder, 1842 – Francfort-sur-le-Main, 1922), médecin allemand qui, le premier, pratiqua la ponction lombaire (1891). ▷ MED *Œdème de Quincke* : œdème cervicofacial, d'origine allergique.

**quinconce** *nm* Plantation d'arbres disposés en quinconce. **LOC** ***En quinconce*** : se dit d'un groupe de cinq objets dont quatre sont disposés à chaque angle d'un quadrilatère et le cinquième au milieu. ETY Du lat.

**quinconcial, ale** *a* **1** didac Dont la disposition est en quinconce. **2** BOT Se dit d'une disposition des pétales d'une fleur qui en comporte cinq quand deux sont recouvrants dans le bouton floral, deux recouverts et le cinquième mixte. PLUR quinconciaux.

**Quinctius Flamininus** → **Flamininus.**

**quincy** *nm* Vin blanc AOC du Berry, issu du sauvignon. ETY D'un n. pr.

**quindécemvir** *nm* ANTIQ ROM Chacun des magistrats (quinze à l'origine) chargés de la garde des livres sibyllins. PHO [k(w)ɛ̃desemviʀ]

**quine** *nm* Au loto, série de cinq numéros cochés sur la même ligne horizontale.

**Quine** Willard van Orman, dit Willard (Akron, Ohio, 1908 – Boston, 2000), logicien et philosophe américain.

**Quinet** Edgar (Bourg-en-Bresse, 1803 – Paris, 1875), historien français. Guizot suspendit son cours, jugé anticlérical, au Collège de France (1846). Député en 1848, proscrit en déc. 1851, il rentra en France en 1870.

**Qui Nhon** port de comm. du Viêt-nam, au S.-E. de Huê ; 213 760 hab. Pêche.

**quinine** *nf* Alcaloïde de l'écorce du quinquina, utilisé dans le traitement du paludisme.

**Quinn** Anthony (Chihuahua, Mexique, 1915 – Boston, 2001), acteur américain : *la Strada* (1954), *Zorba le Grec* (1964).

**Quino** Joaquin Salvador Lavado dit (Mendoza, 1932), dessinateur et scénariste argentin de bandes dessinées, créateur du personnage de Mafalda, fillette devenue l'emblème de la résistance à la dictature.

**quinoa** *nm* Céréale d'Amérique centrale (chénopodiacée), proche du sarrasin. ETY Mot quechua.

**quinoléine** *nf* CHIM Composé extrait du goudron de houille ou produit par synthèse, qui entre dans la composition de nombreux médicaments synthétiques. DER **quinoléique** *a*

**quinolone** *nf* Antibiotique agissant en inhibant la synthèse de l'ADN chez les micro-organismes.

**quinone** *nf* CHIM Composé benzénique dans lequel deux atomes d'hydrogène du noyau sont remplacés par deux atomes d'oxygène.

**quinqu(a)-** Élément, du lat. *quinque*, « cinq ». PHO [kɛ̃ka] ou [kɥɛ̃kwa]

**quinqua** *n* fam Quinquagénaire.

**quinquagénaire** *a, n* Qui a entre cinquante et soixante ans.

**Quinquagésime** *nf* RELIG CATHOL Dimanche qui précède le premier dimanche de Carême, cinquantième jour avant Pâques. ETY Du lat. *quinquagesimus*, « cinquantième ».

**quinquennal, ale** *a* **1** Qui dure cinq ans, qui s'étend sur cinq ans. *Plan quinquennal.* **2** Qui se reproduit tous les cinq ans. *Fêtes quinquennales.* PLUR quinquennaux.

**quinquennat** *nm* Durée d'une fonction, d'un mandat, d'un plan de cinq ans.

**quinquet** *nm* **1** Ancienne lampe à huile à double courant d'air, alimentée par un réservoir placé plus haut que la mèche. **2** pop Œil. ETY Du n. du pharmacien qui fabriqua cette lampe.

**quinquina** *nm* **1** Arbre originaire d'Amérique du S. (rubiacée), auj. cultivé en Inde et en Indonésie, qui fournit la quinine. **2** Écorce de cet arbre, fébrifuge, tonique et astringente, au goût amer. **3** Vin apéritif au quinquina. ETY Mot quechua.

**quint-** Élément, du lat. *quintus*, « cinquième ».

**quintaine** *nf* HIST Poteau fiché en terre, supportant un mannequin pivotant tenant un bâton, et qui servait de cible aux cavaliers s'exerçant au maniement de la lance ; le mannequin.

**quintal** *nm* METROL Unité de masse valant cent kilogrammes. PLUR quintaux. ETY De l'ar.

**Quintana** Manuel José (Madrid, 1772 – id., 1857), poète espagnol : *Ode à la paix entre l'Espagne et la France* (1795), *Poésies patriotiques* (1808), contre Napoléon.

**1 quinte** *nf* **1** MUS Cinquième degré de la gamme diatonique. Sol *est la quinte dans la gamme d'*ut. **2** MUS Intervalle de cinq degrés diatoniques conjoints. **3** JEU Série de cinq cartes qui se suivent dans la même couleur. **4** SPORT En escrime, la cinquième position classique des engagements et parades. ETY Du lat.

**2 quinte** *nf* Accès de toux. ETY De *quinte* 1.

**quinté** *nm* Pari mutuel portant sur les cinq premiers chevaux d'une course. ETY Nom déposé.

**Quinte-Curce** (en lat. *Quintius Curtius Rufus*) (I^er^ s. apr. J.-C.), auteur latin d'une *Histoire d'Alexandre le Grand* en 10 livres.

**quintefeuille** *n* **A** *nf* BOT Potentille rampante. **B** *nm* ARCHI Ornement d'architecture à cinq lobes.

**quintessence** *nf* **1** PHILO anc Éther, cinquième élément par rapport aux quatre éléments des Anciens : la terre, l'eau, l'air et le feu. **2** En alchimie, principe essentiel d'une substance. **3** Substance volatile obtenue par distillations répétées. **4** fig Ce qui constitue l'essentiel d'une chose ; ce qu'il y a en elle de plus raffiné, de plus précieux. *La quintessence d'un art.* ETY Du gr.

**quintessencié, ée** *a* litt Raffiné au plus haut degré.

**quintet** *nm* Quintette de jazz ou de pop. ETY Mot angl.

**quintette** *nm* **1** MUS Morceau de musique pour cinq instruments ou cinq parties concertantes. **2** Petite formation comprenant cinq musiciens ou cinq chanteurs. ETY De l'ital.

**1 quinteux, euse** *a* vieilli, litt Capricieux. ETY De *quinte* 2.

**2 quinteux, euse** *a* MED Qui se manifeste par quintes. *Une toux quinteuse.* ETY De *quinte* (vx), « accès soudain de mauvaise humeur ».

**quintidi** *nm* HIST Cinquième jour de la décade dans le calendrier républicain.

**Quintilien** (en lat. *Marcus Fabius Quintilianus*) (v. 30 – v. 100 apr. J.-C.), rhéteur latin : *De institutione oratoria* (12 livres), traité d'art oratoire inspiré par l'exemple de Cicéron.

**quintillion** *nm* Un million de quatrillions ($10^{30}$).

**quinto** *av* Cinquièmement, après *quarto*. ETY Mot lat.

**quintolet** *nm* MUS Groupe de cinq notes, réunies sous le chiffre 5, dont la durée d'exécution équivaut à quatre ou six notes de la même valeur.

**Quinton René** (Chaumes-en-Brie, Seine-et-M., 1866 – Paris, 1925), physiologiste français. Le *plasma de Quinton*, sérum injectable, rétablit le métabolisme perturbé des nourrissons.

**quintoyer** *vi* ㉓ MUS Émettre, au lieu d'une note, la quinte supérieure de cette note, en parlant d'un instrument à vent. PHO [kɛ̃twaje]

**quintuple** *a, nm* Cinq fois plus grand. *Nombre quintuple d'un autre. 20 est le quintuple de 4.*

**quintuplé, ée** *n, a* Se dit de chacun des cinq enfants nés d'un même accouchement.

**quintupler** *v* ① **A** *vt* Multiplier par cinq. *Quintupler une somme.* **B** *vi* Être multiplié par cinq. *Son prix a quintuplé en vingt ans.*

**quinzaine** *nf* **1** Ensemble de quinze éléments. *Deux quinzaines de clous.* **2** Quinze environ. *Une quinzaine de spectateurs.* **3** Deux semaines. *La quinzaine commerciale.*

**quinze** *a num inv, nm inv* **A** *a num inv* **1** Dix plus cinq (15). *Quinze francs. Quinze ans.* **2** Quinzième. *Chapitre quinze. Le quinze août.* **B** *nm inv* **1** Le nombre quinze. *Neuf et six font quinze.* **2** Numéro quinze. *Jouer le quinze.* **3** SPORT Équipe de rugby (composée de quinze joueurs). *Le quinze de France.* ETY Du lat.

**Quinze Joies du mariage (les)** satire anonyme (v. 1450) qui décrit les malheurs de l'homme marié.

**Quinze-Vingts (les)** hospice pour aveugles créé à Paris par Louis IX en 1254, initialement prévu pour 300 (15 x 20) malades. L'hôpital actuel (Paris XII^e arr.) reste spécialisé dans l'ophtalmologie.

**quinzième** *a, n* **A** *a num, n* Dont le rang est marqué par le nombre 15. *La quinzième ville de France.* **B** *nm* Chaque partie d'un tout divisé en quinze parties égales. *Le quinzième du salaire.* DER **quinzièmement** *av*

**quinziste** *nm* Joueur de rugby à quinze.

**quinzomadaire** *a, nm* fam Se dit d'une publication qui paraît toutes les deux semaines.

**quipo** *nm* ARCHEOL Assemblage de cordes de laine dont les couleurs, les combinaisons et les nœuds étaient utilisés par les populations précolombiennes pour calculer et pour transmettre des messages. ETY Mot quechua, « nœud ». VAR **quipu**

**quiproquo** *nm* Méprise qui fait prendre une chose pour une autre, malentendu. ETY Du lat. *quid pro quo*, « un quoi pour un ce que ».

**quirat** *nm* MAR Part dans la propriété d'un bateau. PHO [kiʀa] ETY De l'ar. DER **quirataire** *a, n*

**Quirinal (mont)** une des sept collines de Rome, au N.-O. de la ville. – Le *palais du Quirinal* (fin du XVI^e s.), résidence d'été des papes, puis du roi d'Italie (1870-1946), est auj. la demeure du président de la République.

**Quirinus** divinité latine qui, dans les premiers temps de Rome, formait une triade avec Jupiter et Mars.

**quirite** *nm* ANTIQ ROM Citoyen romain qui résidait à Rome, par oppos. à celui qui était aux armées. ETY Du lat.

**quiscale** *nm* Oiseau passériforme d'Amérique centrale au plumage noir à reflets rouges, qui ressemble à un corbeau. PHO [kɥiskal] ETY Mot d'une langue indienne d'Amérique.

**Quisling Vidkun** (Fyresdal, Telemark, 1887 – Oslo, 1945), homme politique norvégien. L'occupant allemand fit de lui le chef du gouvernement (1942) ; il fut jugé et exécuté.

**Quito** cap. de l'Équateur, à 2 850 m d'alt., au pied du volcan Pichincha ; 1,8 million d'hab. (aggl.). Centre industriel. – Archevêché. Université. Nombr. églises et couvents de style colonial baroque. – Cap. d'un royaume (X^e s.) réuni à l'Empire inca (XV^e s.), la ville fut prise en 1533 par les Espagnols, qui y créèrent en 1563 une *audiencia* (administrant les colonies d'Amérique). DER **quiténien, enne** *a, n*

**quittance** *nf* Document par lequel un créancier atteste qu'un débiteur s'est acquitté de sa dette. *Quittance de loyer.*

**quittancer** *vt* ⑫ DR, COMPTA Donner quittance d'une dette, d'une obligation.

**quitte** *a* Libéré d'une obligation juridique, pécuniaire ou d'une dette morale. *Estimez-vous quitte.* LOC ***En être quitte pour :*** n'avoir eu à supporter comme inconvénient que. — ***Jouer (à) quitte ou double :*** jouer une dernière partie où la perte d'un des joueurs sera acquittée s'il gagne et doublée s'il perd ; fig risquer tout. — ***Quitte à*** (+ inf.) : au risque de.

**quitter** *vt* ① **1** Se retirer de, abandonner un lieu. *Il a quitté son domicile.* **2** Sortir, s'éloigner d'un lieu. *Il vient de quitter l'hôpital. Quitter la table.* **3** Cesser une activité, un métier, y renoncer. *Il a quitté l'enseignement.* **4** Ôter un vêtement. *Quitter son manteau.* **5** S'éloigner, se séparer de qqn. *Son mari l'a quittée. Ils se sont quittés fâchés. Ton portrait ne me quitte jamais.* LOC ***Ne pas quitter des yeux qqn ou qqch :*** surveiller attentivement, avoir les yeux fixés sur qqn ou qqch.

**quitus** *nm* DR Acte en vertu duquel la gestion d'un responsable d'une affaire est reconnue exacte et régulière. *Donner quitus à qqn.* PHO [kitys] ETY Mot lat.

**qui-vive** *nm inv* LOC ***Sur le qui-vive :*** sur ses gardes. *Rester sur le qui-vive.*

**quiz** *nm* Jeu qui consiste à répondre à une série de questions. PHO [kwiz] ETY Mot angl.

**quôc-ngu** *nm* Système de translittération en caractères latins de la langue vietnamienne. PHO [kɥɔkŋy] ETY Mots vietnamiens, « langue nationale ».

**Qum** ville d'Iran, au sud de Téhéran ; 424 000 hab. – Pèlerinage chiite au mausolée de Fatima. VAR **Qom**

**Qumran** site archéologique palestinien (Cisjordanie), sur la rive N.-O. de la mer Morte, où furent découverts les manuscrits de la mer Morte.

palais du **Quirinal**

**Qunaytra** v. du S.-O. de la Syrie, proche du plateau du Golan ; 45 000 hab.

**quoi** *pr, interj* **A** *pr rel* Renvoie à une phrase, à une proposition. *Ce à quoi je pense. Venez très vite, sans quoi il sera trop tard.* **B** *pr interrog* Quelle chose ? *À quoi penses-tu ? Qu'est-ce que tu veux dire ? – Rien. – Quoi, rien ? Je sais de quoi il s'agit.* **C** *interj* Marque la surprise, l'impatience ou l'indignation. *« Quoi ! vous la soutenez ? »* (Molière). *Décide-toi, quoi !* LOC fam ***Avoir de quoi :*** avoir de l'argent. — ***Avoir de quoi*** (+ inf.) : ce qui est nécessaire ou suffisant pour. — fam ***De quoi ?, de quoi ! :*** marque la menace, le mécontentement ou le défi. — ***Il n'y a pas de quoi :*** il n'y a pas de raison pour. — ***Ou quoi ? :*** ou est-ce autre chose ? — ***Quoi que :*** quelque chose que. — ***Quoi que ce soit :*** quelque chose que ce soit. ETY Du lat.

**quoique** *conj* **1** Exprime l'opposition, la concession. *Quoiqu'il soit malade, il travaille durement. Quoique pauvre, il est généreux.* **2** fam Introduit une objection faite a posteriori. *Prenez cette chaise, quoique vous serez mieux dans ce fauteuil.*

**quolibet** *nm* Plaisanterie malveillante, propos railleur, ironique adressé à qqn. ETY Du lat.

**quorum** *nm* Nombre minimum de membres qui doivent être représentés dans une assemblée pour que celle-ci puisse valablement délibérer et prendre une décision. PHO [k(w)ɔʀɔm] ETY Mot lat.

**quota** *nm* Pourcentage, contingent fixé. *Quota fixant le nombre de femmes dans les appareils politiques.* PHO [k(w)ɔta] ETY Abrév. du lat. *quota pars*, « quote-part ».

**quote-part** *nf* Part que chacun doit payer ou recevoir dans la répartition d'une somme. PLUR quotes-parts. VAR **quotepart**

**quotidien, enne** *a, nm* **A** *a* Qui a lieu chaque jour ; de chaque jour. *Trajet quotidien.* **B** *nm* **1** Journal qui paraît chaque jour. *Un quotidien du matin.* **2** Vie de tous les jours, les menus évènements de la vie courante. ETY Du lat. DER **quotidiennement** *av* – **quotidienneté** *nf*

**Quotidien du peuple** organe du PC chinois, créé en 1948.

**quotient** *nm* MATH Résultat de la division d'un nombre par un autre. LOC POLIT ***Quotient électoral :*** obtenu en divisant le nombre des suffrages exprimés par celui des sièges à pourvoir et permettant ainsi une répartition des sièges dans le cadre d'un système électoral proportionnel. — FIN ***Quotient familial :*** obtenu en divisant le revenu imposable en un certain nombre de parts fixé d'après la situation et les charges de famille du contribuable. — PSYCHO ***Quotient intellectuel (QI) :*** indice, déterminé par des tests de niveau intellectuel, servant à évaluer l'âge mental d'un sujet ou ses capacités intellectuelles. PHO [kɔsjɑ̃] ETY Du lat.

**quotité** *nf* DR Montant d'une quote-part. LOC FIN ***Impôt de quotité :*** dans lequel la somme à payer par chaque contribuable est déterminée d'avance suivant son avoir. — ***Quotité disponible :*** partie du patrimoine dont on peut disposer librement par donation ou testament malgré la présence d'héritiers réservataires. ETY Du lat.

**Quo Vadis ?** roman de Sienkiewicz (1896). ▷ CINE Films de : l'Italien Enrico Guazzoni (1876 – 1949), en 1912 ; D'Annunzio, en 1924 ; l'Américain Mervyn Le Roy (1900 – 1987), en 1951, avec Robert Taylor (1911 – 1969) et Deborah Kerr (1921-2007).

**Qurayshites** membres de la tribu arabe (*Quraysh*) qui, dès le V^e s., imposa sa suprématie sur La Mecque ; ils y développèrent un commerce très actif. Le prophète Mahomet et les quatre premiers califes de l'islam, Abu Bakr, Umar, Uthman et Ali, sont issus de cette tribu. VAR **Koraïchites** DER **qurayshite** ou **koraïchite** *a*

**Qu Yuan** (343 – v. 277 av. J.-C.), poète chinois, le plus grand, peut-être, de l'Antiquité : *Lisao* (« Douleur de l'éloignement »). Il se suicida.

# R r

**r** *nm* **1** Dix-huitième lettre (r, R) et quatorzième consonne de l'alphabet, appelée parfois liquide, notant la constrictive uvulaire [ʀ], dit *r* grasseyé ou parisien (ex. *rare* [ʀɑʀ]), et, dans certaines régions, la vibrante sonore apicale, dite *r* roulé. **2** MATH R : symbole du corps des nombres réels. **3** PHYS R : symbole de la résistance électrique. **4** ℝ : symbole de la réluctance magnétique. **5** R : symbole de la constante molaire des gaz parfaits (R = 8,3145 J par kelvin et par mole). **6** R : symbole du röntgen. **7** R : accolé à un nom, indique qu'il s'agit d'un nom de marque protégé (abrév. de l'angl. *registered*, « déposé »).

**r-, re-, ré-** Élément, du lat. *re*, indiquant un mouvement en arrière, exprimant la répétition *(redire)*, le renforcement *(revivifier, renfoncement)*, le retour en arrière ou à un état antérieur *(revenir, revisser)*.

**Ra** CHIM Symbole du radium.

**Râ** → **Rê.**

**Raab** → **Rába.**

**Raabe** Wilhelm (Eschershausen, Brunswick, 1831 – Brunswick, 1910), romancier allemand réaliste : *le Pasteur famélique* (1864), *Abu Telfan* (1868), *Schüdderump* (1870), trilogie.

**rab** *nm* **fam** Rabiot. **LOC** *En rab* : en plus.

**Rab** île croate de l'Adriatique ; 94 km² ; 8 000 hab. Tourisme. – À *Rab*, v. princ. et port de l'île, monuments gothiques et Renaissance.

**Rába (la)** (en all. *Raab*), riv. austro-hongroise (398 km) qui coule surtout en Hongrie ; affl. du Danube (r. dr.).

**rabab** → **rebab.**

**rabâcher** *vt* ① Répéter sans cesse, d'une manière inutile ou fastidieuse. *Il rabâche toujours les mêmes histoires.* (ETY) De l'a. fr. *rabaster*, « ramener sur sa base ». (DER) **rabâchage** *nm* – **rabâcheur, euse** *n, a*

**Rabah** (près de Khartoum, v. 1840 – Kousseri, 1900), aventurier soudanais. Trafiquant d'ivoire et d'esclaves, il bâtit un empire autour du lac Tchad et se proclama sultan du Bornou en 1893. Il fut vaincu et tué par l'armée française à Kousseri (dans le N. du Cameroun).

**rabais** *nm* Diminution du prix, de la valeur primitive d'une chose. *Vendre au rabais.*

**rabaisser** *v* ① **A** *vt* **1** Mettre plus bas, placer au-dessous. *Rabaisser l'orgueil de qqn.* **2** Diminuer, déprécier. *Rabaisser le taux de l'escompte.* **B** *vpr* S'humilier, s'avilir.

**raban** *nm* MAR Cordage, tresse servant à amarrer, à saisir. (ETY) Du germ.

**rabane** *nf* Tissu en fibres de raphia. (ETY) Du malgache.

**Raban Maur** bienheureux (Mayence, v. 780 – Winkel, Rhénanie, 856), prélat allemand, archevêque de Mayence (847), auteur de commentaires sur l'Écriture, de traités divers, de poèmes, etc.

**Rabanne** Francisco Rabane da Cuervo, dit Paco (Pasajes, au Pays basque, 1934), couturier espagnol. Il fonda sa maison en 1967.

**rabasse** *nf* **rég** En Provence, syn. de *truffe*.

**rabat** *nm* **1** CHASSE Action de rabattre le gibier. **SYN** rabattage. **2** Morceau d'étoffe, cravate portée par les magistrats, certains ecclésiastiques, notam. les pasteurs, et les professeurs d'université en robe. **3** Partie d'un vêtement, d'un objet en matière souple, qui se rabat sur une autre.

**Rabat** cap. du Maroc et port sur l'Atlantique, à l'embouchure du Bou Regreg ; 1,5 million d'hab. (aggl.). Industries textiles (tapis) et alimentaires. – Archevêché. Université. Mur des Andalous (remparts du XVII<sup>e</sup> s.). Tour Hassan (XII<sup>e</sup> s.). Casbah des Oudaïa. (DER) **rabati, ie** *a, n*

**Histoire** Fondée lors de la colonisation de l'Andalousie par les Almohades (XII<sup>e</sup> s.), Rabat connut un grand essor au XVII<sup>e</sup> s. avec l'arrivée des morisques exilés d'Espagne. En 1912, Lyautey en fit la cap. administrative et politique du protectorat.

**Rabat** embouchure du Bou Regreg

**rabat-joie** *n, a* Personne qui par son humeur maussade trouble la joie d'autrui. **PLUR** rabat-joies ou rabat-joie.

**rabattable** → **rabattre.**

**rabattage** *nm* **1** CHASSE Syn. de *rabat*. **2** ARBOR Action de rabattre un arbre. **3 fig, fam** Racolage.

**rabattement** *nm* **1** Action de rabattre. **2** GEOM Rotation par laquelle on applique un plan sur l'un des plans de projection, en géométrie descriptive.

**rabatteur, euse** *n* **A 1** Personne qui rabat le gibier. **2 fig** Personne chargée de trouver des clients à un vendeur, des adhérents à un groupement, etc. **B** *nm* Partie d'une moissonneuse servant à rabattre les tiges des céréales vers la lame.

**rabattre** *v* ⑥① **A** *vt* **1** Rabaisser, faire descendre ce qui s'élève. *Le vent rabattait la fumée dans la cheminée.* **2 fig** Abaisser, rabaisser. *Rabattre l'orgueil de qqn.* **3** Rabaisser, appliquer une chose sur une autre par un mouvement de haut en bas. *Rabattez la tablette.* **4** Aplatir. *Rabattre ses cheveux en arrière.* **5** Replier, refermer. *Rabattre les volets.* **6** Obliger à prendre une certaine direction. *Un cordon de policiers rabattait la foule vers la sortie.* **7** Diminuer, retrancher une partie de ce qui était demandé. *C'est le juste prix et je n'en rabattrai pas un centime.* **8** ARBOR Tailler un arbre jusqu'à la naissance de ses branches, pour favoriser de nouvelles pousses. **9** CHASSE Débusquer le gibier pour le faire venir là où les chasseurs l'attendent. **B** *vpr* **1** Changer de direction par un brusque mouvement latéral. *La voiture s'est rabattue vers le trottoir.* **2 fig** En venir, faute de mieux, à choisir, à accepter qqch, qqn. *La viande manquant, il s'est rabattu sur le poisson.* **LOC** *En rabattre* : diminuer ses prétentions, ses exigences. (DER) **rabattable** *a*

**Rabaud** Henri (Paris, 1873 – Neuilly-sur-Seine, 1949), compositeur et chef d'orchestre français : opéras (*Mârouf, savetier du Caire*, 1914), symphonies, mélodies.

**Rabaul** v. de Papouasie-Nouvelle-Guinée (Nouvelle-Bretagne) ; 15 000 hab. – Base aéronavale japonaise de 1942 à 1945.

**rabbin** *nm* RELIG **1** Chef spirituel d'une communauté juive ; ministre du culte israélite. **2** HIST RELIG Docteur de la Loi juive dans l'ancienne Palestine. **LOC** *Grand rabbin* : chef d'un consistoire israélite. (ETY) Plur. de l'araméen *rabb*, « maître ». (VAR) **rabbi**

**rabbinat** *nm* RELIG **1** Dignité, fonction de rabbin. **2** Ensemble des rabbins, dans un pays donné.

**rabbinique** *a* RELIG Relatif aux rabbins. *École rabbinique.* **LOC** *Hébreu rabbinique* : mêlé d'araméen et d'arabe, utilisé au Moyen Âge.

**rabbinisme** *nm* RELIG Enseignement, doctrine des rabbins.

**Rabearivelo** Jean-Joseph (Tananarive, 1901 ou 1903 – id., 1937) poète malgache, en français et en malgache : *la Coupe des cendres* (1924), *Sylves* (1927), *Presque-Songes* (1934).

**Rabelais** François (La Devinière, près de Chinon, v. 1494 – Paris, 1553), écrivain français.

Élève des cordeliers (franciscains) près d'Angers, puis dans un couvent de Vendée, il y reçut la prêtrise (1511) et étudia latin, grec, hébreu. Il se défroqua en 1527, fut étudiant en médecine à Montpellier (1530), médecin à Lyon (1532), chanoine près de Paris (1537), curé de Saint-Martin de Meudon (1551). En 1532, il publia, sous le nom d'Alcofribas Nasier (anagramme de François Rabelais), *les Horribles et Épouvantables Faits et Prouesses du très renommé Pantagruel,* satire burlesque de l'éducation scolastique qui fut censurée par la faculté de théologie, de même que *la Vie inestimable du grand Gargantua, père de Pantagruel,* publiée en 1534 mais qui constitue le premier livre de la chronique romanesque ; suivirent le *Tiers Livre* (1546), le *Quart Livre* (1548-1552) et le *Cinquième Livre* (posth., 1564), sans doute en partie apocryphe. DER **rabelaisien, enne** *a*

**Rabemananjara** Jacques (prov. de Toamasina, 1913 – Paris, 2005), poète malgache ; député français (1946), il fut emprisonné (1947-1956) : *Sur les marches du soir* (1940), *Antsa* (1956), *Thrènes d'avant l'aurore* (1985).

**Rabi** Isaac Isidor (Rymanów, Galicie, 1898 – New York, 1988), physicien américain : travaux sur le spin. P. Nobel 1944.

**rabibocher** *vt* 1 fam **1** Raccommoder, réparer sommairement. **2** fig Réconcilier. *Ils se sont rabibochés.* ETY Mot dial. DER **rabibochage** *nm*

**Rabier** Benjamin (La Roche-sur-Yon, 1869 – Faverolles, 1939), dessinateur français, précurseur de la bande dessinée : *Tintin lutin.*

**Rabin** Yitzhak (Jérusalem, 1922 – Tel-Aviv, 1995), général et homme politique israélien. Commandant l'armée pendant la guerre des Six Jours (1967), Premier ministre de 1974 à 1977 et de 1992 à sa mort ; en 1993-1994, il signa avec l'O.L.P. un accord reconnaissant l'autonomie partielle de Gaza et de Jéricho, puis un accord de paix avec la Jordanie (1994). Il fut assassiné par un Israélien opposé à la paix. P. Nobel de la paix 1994 avec Y. Arafat et S. Peres.

Rabelais

Yitzhak Rabin

**rabiot** *nm* fam **1** Ensemble des vivres, des boissons, etc., restant après une première distribution. **2** Temps de travail supplémentaire imposé. *Faire du rabiot.* **3** fig, fam Supplément auquel on ne s'attend pas. *Un petit rabiot de vacances.* ETY Du lat.

**rabioter** *v* 1 fam **A** *vi* Faire de petits profits supplémentaires. **B** *vt* S'approprier indûment. *Il est parvenu à rabioter quelques cigarettes.*

**rabique** *a* MED Relatif à la rage ; qui est causé par la rage ou la provoque. ETY Du lat.

**1 râble** *nm* TECH Râteau à long manche servant à remuer la braise dans un four, à agiter des bains de teinture, etc. ETY Du lat.

**2 râble** *nm* **1** Partie du lièvre, du lapin allant du bas des côtes à la naissance de la queue. **2** fam Reins, bas du dos chez l'homme. LOC ***Tomber sur le râble de qqn*** : l'agresser physiquement ou verbalement. ETY P.-ê. de *râble* 1.

**râblé, ée** *a* **1** Qui a le râble épais. *Lièvre bien râblé.* **2** Qui a une forte carrure ; trapu et musclé.

**râblure** *nf* MAR Rainure pratiquée dans la quille, l'étrave et l'étambot des navires en bois.

**Raboliot** roman de Genevoix (1925).

**rabonnir** *v* 3 **A** *vt* Rendre meilleur. **B** *vi* Devenir meilleur, en parlant d'un vin, d'un fruit ou d'une terre.

**rabot** *nm* **1** Outil de menuisier formé d'un fût à l'intérieur duquel se trouvent un fer et un coin de blocage, pour parfaire le dressage des pièces de bois. **2** TECH Outils servant à aplanir, polir, égaliser. ETY De *rabotte,* dial., « lapin ».

**raboter** *vt* 1 **1** Rendre uni, aplanir au rabot. **2** TECH Usiner au moyen d'une raboteuse. DER **rabotage** *nm* – **raboteur** *nm*

**raboteuse** *nf* TECH Machine-outil servant à raboter le bois, le métal.

**raboteux, euse** *a* **1** Se dit d'une surface noueuse, inégale. *Planche raboteuse.* **2** fig, litt Rude, sans élégance ni fluidité.

**rabougri, ie** *a* Chétif, malingre. *Plante rabougrie. Vieillard tout rabougri.*

**rabougrir** *v* 3 **A** *vt* Arrêter ou ralentir la croissance d'une plante. *La chaleur du radiateur a rabougri les plantes.* **B** *vpr* S'étioler. *L'âge venant, il se rabougrit.* ETY De *bougre,* « chétif ». DER **rabougrissement** *nm*

**rabouillère** *nf* Terrier d'un lapin de garenne. ETY De *rabotte,* dial. « lapin ».

**rabouilleur, euse** *n* rég Personne qui troublait l'eau avec une branche pour pêcher plus facilement. ETY Du lat. *bullare,* « bouillonner ».

**rabouter** *vt* 1 Assembler bout à bout. *Rabouter deux cordages.* DER **raboutage** *nm*

**rabrouer** *vt* 1 Traiter avec brusquerie ; accueillir ou repousser durement. ETY De l'a. fr. *brouer,* « gronder ».

**racage** *nm* MAR Collier de boules de bois liant une vergue au mât le long duquel elle doit glisser. ETY De l'anc. normand.

**racahout** *nm* Fécule alimentaire à base de diverses farines, employée en Orient pour faire des bouillies. ETY De l'ar.

**racaille** *nf* **1** Rebut de la population. **2** fam Individu méprisable, fripouille. ETY Du lat.

**Racan** Honorat de Bueil (seigneur de) (Aubigné, 1589 – Paris, 1670), poète français ; disciple et ami de Malherbe : élégies (*Stances sur la retraite,* v. 1618), pastorale dramatique (*les Bergeries,* 1625), psaumes, etc. Acad. fr. (1634).

**raccard** *nm* Suisse Grange à blé caractéristique du Valais. VAR **rascart** (Val d'Aoste)

**raccommodement** *nm* fam Réconciliation.

**raccommoder** *vt* 1 **1** Réparer en cousant. *Raccommoder une chemise.* SYN repriser. **2** fam Réconcilier. *Ils se sont raccommodés.* DER **raccommodable** *a* – **raccommodage** *nm*

**raccommodeur, euse** *n* Personne qui raccommode. *Raccommodeur de porcelaines.*

**raccompagner** *vt* 1 Accompagner, reconduire qqn qui rentre chez lui.

**1 raccord** *nm* **1** Liaison que l'on établit entre deux parties contiguës d'un ouvrage qui offrent quelque inégalité, quelque différence. *Faire un raccord de peinture.* **2** TECH Pièce ou ensemble de pièces qui servent à assembler deux tuyauteries, deux canalisations. **3** CINE Liaison entre deux plans, entre deux séquences. **4** THEAT Répétition au cours de laquelle les enchaînements sont vérifiés.

**2 raccord** *a* Qui est en parfaite harmonie avec qqn, qqch. *Tout est raccord dans son projet.*

**raccorder** *vt* 1 **1** Faire, constituer un raccord entre deux choses séparées. *Raccorder deux galeries par une rotonde.* **2** Mettre en communication avec un réseau, un point de distribution. *Raccorder un poste téléphonique. Ce fil se raccorde à l'ensemble du circuit électrique.* DER **raccordement** *nm*

**raccourci** *nm* **1** Traverse, chemin plus court que le chemin principal. *Prendre un raccourci à travers champs.* **2** fig Expression concise, elliptique, suggestive. **3** PEINT Réduction opérée par le peintre sur une figure ou la partie d'une figure vue en perspective. *Les raccourcis de Michel-Ange.* LOC ***En raccourci*** : en abrégé. — INFORM ***Raccourci clavier*** : sur un microordinateur, combinaison de touches permettant d'accéder à une fonction sans passer par le clavier.

**raccourcir** *v* 3 **A** *vt* Rendre plus court. *Raccourcir une jupe.* **B** *vi* Devenir plus court. *Les jours raccourcissent.* DER **raccourcissement** *nm*

**raccroc** *nm* vx Au billard, coup de chance. LOC ***Par raccroc*** : par hasard. PHO [RAKRO]

**raccrocher** *v* 1 **A** *vt* **1** Accrocher de nouveau. *Raccrocher un tableau.* **2** Rattraper ce qui semblait perdu. *Raccrocher une affaire.* **3** Arrêter au passage. *Bonimenteur qui raccroche les badauds.* **B** *vi* **1** fam Cesser définitivement d'exercer une activité. *Ce boxeur a raccroché il y a peu de temps.* **2** Mettre fin à une communication téléphonique. *Raccroche !* **3** Se réinsérer dans le circuit scolaire, s'agissant d'un élève qui avait décroché. **C** *vpr* Se retenir, se cramponner à qqch pouvant servir d'appui, de soutien. *Se raccrocher à des prétextes.* DER **raccrochage** ou **raccrochement** *nm*

**raccrocheur, euse** *a* fam Qui cherche à attirer l'attention. *Une affiche raccrocheuse.*

**race** *nf* **1** vx ou litt Ensemble des membres d'une grande lignée, les ascendants d'une famille de haute origine, d'un grand peuple. *La race de Clovis.* **2** fam Catégorie de personnes qui ont un même comportement, des inclinations semblables ou exercent une même activité. *La race des pédants.* **3** Division de l'espèce humaine, fondée sur certains caractères héréditaires, physiques (couleur de la peau, forme du crâne, etc.) et physiologiques (groupes sanguins, notam.). **4** Équivalent vieilli de *peuple* ou de *nation.* **5** BIOL Subdivision de l'espèce zoologique, constituée par des individus ayant des caractères héréditaires communs. *Les différentes races bovines.* **6** fig, fam Catégorie, sorte, type, variété. *Une nouvelle race d'anti-dépresseurs.* LOC ***Avoir de la race*** : avoir une élégance, une distinction naturelles. — ***De race*** : de race pure, non métissée. — ***Fin de race*** : décadent. ETY Du lat.

ENC Le concept de race entraîna l'apparition du *racisme.* La conviction de leur supériorité biologique a déterminé ou conforté l'attitude des Blancs au cours de leur expansion dans le monde (massacre des populations autochtones en Amérique et en Australie, traite négrière, ségrégation raciale aux États-Unis). Dans l'*Essai sur l'inégalité des races humaines* (1853), Gobineau prétendit prouver que les Aryens, anciens habitants de la Perse, constituaient l'élite de la race humaine. Cette théorie fut reprise par les nazis qui considérèrent les Allemands, et plus largement les Européens, comme les descendants des Aryens et exterminèrent six millions de Juifs et de nombreux Tsiganes. Ce même racisme, renforcé par des motifs pseudo-religieux, inspira le régime d'*apartheid* (développement séparé) qui permit à la minorité blanche d'Afrique du Sud d'opprimer, jusqu'en 1991, la majorité noire. Aujourd'hui, les progrès de la génétique conduisent au rejet des classifications raciales de l'espèce humaine.

**racé, ée** *a* **1** Qui est de race, a les qualités propres à un animal de race. *Un chien racé.* **2** Qui a une distinction, une élégance, une finesse naturelles.

**racème** *nm* BOT Syn. de *grappe.*

**racémeux, euse** *a* BOT Se dit de végétaux dont les fruits ou les fleurs sont disposés en grappes. ETY Du lat.

**racémique** *a* CHIM Se dit d'un mélange équimolaire de deux énantiomères, qui ne peut donc faire tourner le plan de polarisation de la lumière.

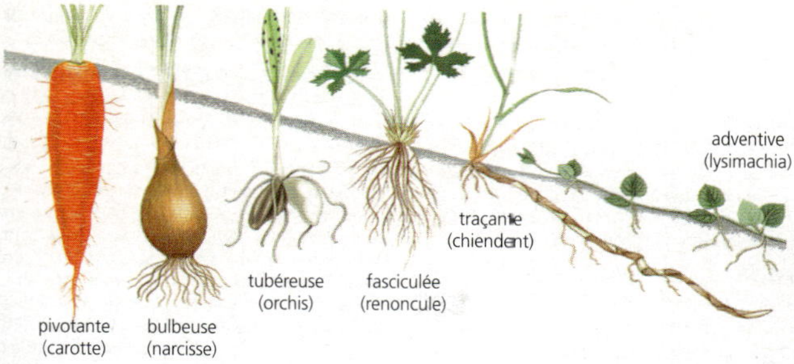


**racine**

**racémisation** *nf* CHIM Transformation chimique faisant passer un énantiomère au mélange racémique correspondant.

**racer** *nm* SPORT Yacht ou canot à moteur destiné à la course. (PHO) [resœr] (ETY) Mot angl.

**rachat** *nm* **1** Action de racheter. **2** Action de se libérer d'une obligation par le versement d'une somme. *Rachat de servitude.* **3** Action de faire libérer un prisonnier, un esclave en payant une rançon. **4** Fait de se racheter. **5** RELIG Rédemption.

**Rachel** personnage biblique (Genèse), seconde fille de Laban. Pour l'épouser, Jacob resta sept ans au service de Laban, dont il épousa la fille aînée. Il passa sept ans avec celle-ci et obtint la main de Rachel.

**Rachel** Élisabeth Rachel Félix, dite Mlle (Mumpf, Suisse, 1821 – Le Cannet, 1858), tragédienne française.

**racheter** *v* ⑱ **A** *vt* **1** Acheter de nouveau. *Il n'y a plus de pain, il faudra en racheter.* **2** Rentrer, par achat, en possession de ce qu'on avait vendu. **3** Acheter d'occasion à un particulier. *Racheter sa voiture à qqn.* **4** Se libérer d'une obligation moyennant le versement d'une somme. *Racheter une rente.* **5** Faire libérer qqn en payant une rançon. *Racheter un prisonnier.* **6** RELIG Sauver par la rédemption. *Le Christ racheta les hommes.* **7** Obtenir le pardon de ses fautes, ses péchés. **8** Compenser, faire oublier. *Son courage d'aujourd'hui rachète ses lâchetés passées.* **B** *vpr* Se réhabiliter ; faire oublier ses fautes. *Se racheter aux yeux de qqn.* (DER) **rachetable** *a*

**Rach Gia** v. et port du S. du Viêt-nam, sur la baie du m. nom ; 110 000 hab. ; ch.-l. de prov.

**Rachi** Salomon ben Isaac, dit (Troyes, 1040 – id., 1105), rabbin, commentateur du Talmud. (VAR) **Rashi**

**rachialgie** *nf* MED Mal au dos en général. (DER) **rachialgique** *a*

**rachianesthésie** *nf* MED Méthode d'anesthésie partielle consistant à injecter dans le canal rachidien une substance qui provoque l'anesthésie des régions innervées par les nerfs sous-jacents.

**Rachid Ali** (Bagdad, 1892 – Beyrouth, 1965), homme politique irakien. Ancien Premier ministre, il s'empara du pouvoir (3 avr. 1941) avec l'aide de l'Allemagne. Les Brit. le chassèrent.

**rachidien, enne** *a* ANAT Relatif au rachis. LOC ***Canal rachidien*** : formé par les trous vertébraux et qui contient la moelle épinière. — ***Nerfs rachidiens*** : qui naissent de la moelle épinière.

**Rachilde** Marguerite Eymery, Mme Vallette, dite (Château-l'Évêque, 1860 – Paris, 1953), essayiste française. Elle fonda, avec son mari, *le Mercure de France* (1889).

**rachis** *nm* **1** ANAT Colonne vertébrale, épine dorsale. **2** SC NAT Axe central de la fronde des fougères, de l'épi des graminées, de la plume des oiseaux. (PHO) [raʃis] (ETY) Du gr.

**rachitisme** *nm* MED Maladie de la croissance affectant le squelette, due à un défaut de minéralisation osseuse par carence en vitamine D. (DER) **rachitique** *a, n*

**Rachmaninov** Sergueï Vassilievitch (Oneg, gouv. de Novgorod, 1873 – Beverly Hills, 1943), compositeur et pianiste russe, d'inspiration post-romantique : *Prélude* (1891), *Rhapsodie sur un thème de Paganini* (1934), quatre concertos pour piano, etc.

**racial, ale** *a* **1** Relatif à la division de l'espèce humaine fondée sur la race. *Ségrégation raciale.* **2** Relatif à une race d'animaux. PLUR raciaux. (DER) **racialement** *av*

**racialiser** *vt* ① Faire relever de considérations raciales. *La tendance à racialiser les religions.* (DER) **racialisation** *nf*

**racinage** → **raciner.**

**racinaire** *a* BOT Qui concerne les racines.

**racinal** *nm* TECH Grosse pièce de charpente qui en supporte d'autres. PLUR racinaux.

**racine** *nf* **1** Partie des plantes qui les fixe au sol et par où elles puisent l'eau et les sels minéraux nécessaires à leur nutrition. **2** fig Lien, attache solide qui fonde la stabilité de qqch. *Tradition qui a de profondes racines.* **3** Partie par laquelle est implanté un organe. *Racine des ongles, des cheveux, des poils.* **4** LING Élément irréductible, commun à tous les mots d'une même famille et qui constitue un support de signification. **5** Cause profonde, principe. *L'égoïsme est à la racine de bien des maux. Prendre le mal à la racine.* LOC ***Prendre racine*** : rester trop longtemps en un endroit, ne pas vouloir se retirer. — MATH ***Racine carrée d'un nombre A*** : nombre, noté $\sqrt{A}$, dont le carré est égal au nombre A. — ***Racine cubique d'un nombre A*** : nombre, noté $\sqrt[3]{A}$, dont le cube est égal au nombre A. — ***Racine d'une équation*** : valeur de l'inconnue qui satisfait à l'équation. — ***Racine d'une dent*** : partie de la dent implantée dans un alvéole. — ANAT ***Racine nerveuse*** : chacune des deux branches d'un nerf rachidien à l'émergence de la moelle. — ***Racine nième de A*** : nombre B tel que $B^n = A$, noté $\sqrt[n]{A}$. (ETY) Du bas lat.

**Racine** Jean (La Ferté-Milon, 1639 – Paris, 1699), poète dramatique français. Il ne put devenir prêtre et s'établit en 1663 à Paris, où il se lia avec Boileau et La Fontaine. Il fit représenter *la Thébaïde* (1664) par la troupe de Molière puis *Alexandre* (1665) à l'Hôtel de Bourgogne. Il donna ensuite ses chefs-d'œuvre : *Andromaque* (1667), qui fut un triomphe, *les Plaideurs* (1668), son unique comédie, *Britannicus* (1669), *Bérénice* (1670), *Bajazet* (1672), *Mithridate* (1673), *Iphigénie* (1674) et *Phèdre* (1677), qu'une cabale fit échouer. Malgré son succès, Racine renonça au théâtre pour devenir historiographe du roi et épousa Catherine de Romanet. Réconcilié avec ses anciens maîtres de Port-Royal (avec lesquels il s'était brouillé en 1666), il mena une vie dévote et eut sept enfants. Mme de Maintenon lui commanda deux pièces à thèmes bibliques pour les jeunes filles de Saint-Cyr : *Esther* (1689) puis *Athalie* (1691). Il se tourna de plus en plus vers Port-Royal (rédigeant dans le secret un *Abrégé de l'histoire de Port-Royal*), ce qui l'éloigna du roi. Acad. fr. (1673). — **Louis** (Paris, 1692 – id., 1763), le plus jeune fils du préc., poète, auteur de *Mémoires sur la vie de Jean Racine* (1747 et 1752). (DER) **racinien, enne** *a*

**Rachmaninov**

**Jean Racine**

**raciné, ée** *a* BOT Se dit d'une plante qui a des racines bien développées.

**Racine et Shakespeare** pamphlet de Stendhal (2 opuscules : 1823 et 1825).

**raciner** *vt* ① TECH Orner d'un dessin imitant les veines du bois le cuir d'une reliure. (DER) **racinage** *nm*

**racinette** *nf* Canada Boisson gazeuse aromatisée avec des extraits de racines, des épices, etc.

**racisme** *nm* **1** Théorie fondée sur l'idée de la supériorité de certaines « races » sur les autres ; doctrine qui en résulte, prônant notam. la ségrégation entre « races inférieures » et « races supérieures » ; comportements fondés sur cette théorie. **2** Hostilité contre un groupe, une catégorie de personnes. *Le racisme anti-jeunes.* (DER) **raciste** *a, n*

**rack** *nm* **1** Élément de rangement pour matériel électroacoustique, aux dimensions normalisées. **2** Boîte présentant sur la voie publique des journaux gratuits. (ETY) Mot angl. « râtelier ».

**racket** *nm* Activité organisée de malfaiteurs qui pratiquent l'extorsion de fonds par la terreur ou le chantage. (PHO) [raket] (ETY) Mot amér.

**racketter** *vt* ① Soumettre qqn à un racket. (PHO) [rakete] (DER) **racketteur, euse** *n*

**raclée** *nf* fam **1** Volée de coups. **2** fig Écrasante défaite.

**raclement** *nm* Action de racler ; bruit qui en résulte. *Un raclement de gorge.*

**racler** *vt* ① **1** Frotter en grattant pour nettoyer, pour égaliser une surface. *Racler le fond d'une casserole.* **2** Frotter rudement et bruyamment. *Roue de vélo décentrée qui racle le garde-boue.* **3** fig Produire une sensation d'âpreté, en parlant d'une boisson. **4** Jouer d'un instrument maladroitement, sans délicatesse. *Racler un air.* LOC ***Se racler la gorge*** : tousser volontairement pour s'éclaircir la voix. (ETY) Du lat. (DER) **raclage** *nm*

**raclette** *nf* **1** Petit outil servant à racler. **2** Fondue faite avec un quartier de fromage qu'on expose à une source de chaleur et dont on racle la surface au fur et à mesure qu'elle fond ; le fromage avec lequel on fait cette fondue.

**racleur, euse** *n* **1** TECH Ouvrier, ouvrière, chargé du raclage. **2** péjor Personne qui joue maladroitement d'un instrument à cordes.

**racloir** *nm* Instrument pour racler.

**raclure** *nf* Petite parcelle qu'on enlève d'un corps en le raclant. *Raclures d'ivoire.*

**racoler** *vt* ① **1** Recruter, attirer par des moyens plus ou moins honnêtes. **2** Solliciter un client, en parlant d'un(e) prostitué(e). (DER) **racolage** *nm* – **racoleur, euse** *a, n*

**racontar** *nm* Nouvelle peu sérieuse ; médisance, commérage. SYN ragot.

**raconter** *vt* ① **1** Faire le récit de. *Raconter une histoire.* SYN rapporter. **2** Dire à la légère ou avec mauvaise foi. *Qu'est-ce que tu racontes ?* **LOC** très fam ***Se la raconter*** : se persuader de choses fausses, s'illusionner. ETY De l'a. fr. *aconter,* de *conter.* DER **racontable** *a* – **raconteur, euse** *n*

**racornir** *vt* ③ **1** Rendre dur et coriace, donner la consistance de la corne à. **2** fig Endurcir, faire perdre son ouverture d'esprit à. DER **racornissement** *nm*

**Racoviţâ** Emil (Iaşi, 1868 – Bucarest, 1947) biologiste roumain : travaux sur la faune et la flore des milieux spéléologiques.

**racquetball** *nm* Variété de squash pratiqué avec une raquette à manche court. PHO [ʀakɛtbɔl] ETY Mot anglais.

**rad** *nm* PHYS NUCL Anc. unité d'irradiation correspondant à l'absorption de 0,01 J/kg. SYMB rd. PHO [ʀad] ETY De *radiation.*

**rad** Symbole du radian.

**Radama I$^{er}$** (1791 – 1828), roi de Madagascar (1810-1828). Il pratiqua une politique de conquête de l'île. — **Radama II** (v. 1830 – 1863), roi de Madagascar (1861-1863). Fils de Ranavalona I$^{re}$, il gouverna dès 1852, adoptant une politique nouvelle. Il rouvrit notam. son pays aux Européens et à leurs missionnaires.

**radar** *nm* **1** Dispositif émetteur-récepteur d'ondes électromagnétiques qui permet de déterminer la direction et la distance d'un objet faisant obstacle à la propagation de celles-ci. **2** Cinémomètre utilisé pour détecter les excès de vitesse. ETY Mot angl., acronyme de *radio detecting and ranging.*

**radar** de surveillance « Sea Tiger » qui équipe, notamment, le porte-avion *Charles-de-Gaulle*

**radarastronomie** *nf* Principe du radar appliqué à l'astronomie.

**radariste** *n* Spécialiste assurant le fonctionnement et la maintenance des radars.

**Radcliffe** Ann Ward (Mrs.) (Londres, 1764 – id., 1823), romancière anglaise. Ses récits de terreur (*les Mystères d'Udolphe,* 1794) fondèrent le roman noir.

**Radcliffe-Brown** Alfred Reginald (Birmingham, 1881 – Londres, 1955), anthropologue britannique : *Structure et fonction dans la société primitive* (1952).

**1 rade** *nf* Vaste bassin naturel comportant une libre issue vers la mer, où les navires peuvent trouver de bons mouillages. *La rade de Brest.* **LOC** fam ***Laisser, rester en rade*** : abandonner, être abandonné. ETY De l'a. angl.

**2 rade** *nm* fam Café, bistrot. ETY De *radeau.*

**radeau** *nm* **1** Plate-forme flottante faite de pièces de bois liées ensemble et pouvant servir d'embarcation de fortune. **2** Train de bois sur une rivière. ETY Du lat.

**Radeau de la Méduse (le)** peinture de Géricault (1819, Louvre) inspirée par un fait réel. V. Méduse [naufrage de la].

**Radegonde** (sainte) (en Thuringe, v. 520 – Poitiers, 587), reine franque ; femme de Clotaire I$^{er}$ (538), qui fit assassiner son frère. Elle prit le voile à Noyon (555), fut consacrée diaconesse par saint Médard, et fonda le monastère Sainte-Croix à Poitiers.

**Radek** Karl Sobelsohn, dit Karl (Lemberg, auj. Lvov, 1885 – ?, apr. 1937), homme politique soviétique d'origine polonaise. Dirigeant du Komintern, il fit partie de l'opposition de gauche à Staline (1927) puis se rallia à lui (1929) et fut victime des purges de 1936-1937.

**rader** *vt* ① TECH Entailler un bloc de pierre au ciseau en dessus et en dessous pour le diviser. ETY Du lat. *radere,* « raser ».

**Radetzky von Radetz** Joseph (comte) (Trebnitz, auj. Třebnice, Bohême, 1766 – Milan, 1858), maréchal autrichien. Il vainquit le roi de Piémont-Sardaigne Charles-Albert à Novare (1849).

**radeuse** *nf* fam Prostituée qui fait le trottoir.

**radiaire** *a* didac Qui forme des rayons autour d'un axe. *Symétrie radiaire.* ETY Du lat.

**1 radial, ale** *a* ANAT Qui a rapport au radius. PLUR radiaux. **LOC** ***Nerf radial*** : nerf sensitif et moteur de l'avant-bras et de la main. ETY De *radius.*

**2 radial, ale** *a, nf* **A** *a* **1** TECH Relatif au rayon. **2** Disposé suivant un rayon. PLUR radiaux. **B** *nf* URBAN Voie qui joint le centre d'une ville à une voie périphérique. ETY Du lat.

**radian** *nm* GEOM Unité SI de mesure d'angle (symbole rad) correspondant à l'angle au centre qui intercepte un arc de cercle de longueur égale à celle du rayon (1 rad = 57,296° = 63,662 grades ; 180° = 200 grades = π rad). ETY Du lat.

**radiant, ante** *a, nm* **A** *a* didac Qui émet un rayonnement, se propage par radiation. *Chaleur radiante.* **B** *a, nm* ASTRO Se dit d'un point du ciel d'où semblent issus des groupes d'étoiles filantes.

**radiateur** *nm* **1** Corps de chauffe transmettant au milieu environnant la chaleur qu'il reçoit d'un fluide lui-même chauffé par une chaudière ou une résistance électrique. **2** Appareil de chauffage alimenté par le gaz ou l'électricité. **3** TECH Organe de refroidissement de certains moteurs à explosion. ETY Du lat.

**1 radiation** *nf* **1** PHYS Ébranlement oscillatoire électromagnétique. **2** Flux de particules. **3** PALEONT Direction dans laquelle s'est faite l'évolution d'un organe animal ou végétal de manière à adapter l'espèce à un environnement particulier. ETY Du lat. DER **radiatif, ive** *a*

**2 radiation** *nf* Action de radier d'une liste, d'un compte, d'un corps, etc. ETY Du lat.

**radical, ale** *a, nm* **A** *a* **1** BOT Relatif aux racines, qui naît des racines. *Pédoncules radicaux.* **2** Qui tient au principe fondamental, à la nature d'une chose, d'un être. *C'est le vice radical de cette théorie.* **3** Résolu, intransigeant. *Un attachement radical.* **4** Qui touche, concerne les fondements mêmes de ce que l'on veut modifier. *Réforme radicale.* **5** Qui est d'une efficacité certaine. *Traitement radical.* **B** *nm* **1** LING Forme d'un mot dépouillé des désinences qui constituent sa flexion, sa déclinaison, sa conjugaison, etc. **2** CHIM Groupement d'atomes susceptibles d'être séparés en bloc d'une molécule et d'entrer dans la composition d'une autre molécule de structure différente. *Le radical hydroxyle –OH se rencontre dans la molécule d'eau (H–OH), dans les alcools (R–OH), etc.* **3** MATH Symbole √ qui sert à noter l'extraction de la racine. **C** *n* POLIT Membre d'un groupe qui montre une attitude résolue, au sein d'une assemblée, d'un parti, d'un courant. PLUR radicaux. **LOC** CHIM ***Radical libre*** : atome porteur d'un électron célibataire, très instable et très réactif, dangereux pour les cellules vivantes. ETY Du lat. *radix,* « racine ».

**radicalaire** *a* CHIM Qui se rapporte à un radical chimique.

**radicalement** *av* Dans son principe même, absolument. *C'est radicalement différent.*

**radical et radical-socialiste (Parti républicain)** parti formé en 1901 et qui s'installa rue de Valois (Paris I$^{er}$), d'où le nom fam. de « valoisien ». Le *radicalisme,* c.-à-d. l'attachement *radical* à un gouv. républicain, existait dès la monarchie de Juillet. En 1876, les députés de gauche formèrent le groupe *républicain radical-socialiste* (leader : Clemenceau). Le parti radical gouverna la France jusqu'en 1914. En 1936, il entra dans le gouv. du Front populaire. Après la Seconde Guerre mondiale, il se divisa (leader de l'aile gauche : Mendès France). En 1973, fut créé le Mouvement des radicaux de gauche. En 1974, les « valoisiens » soutinrent Giscard d'Estaing et, en 1978, ils entrèrent dans l'UDF. Cette division demeure aujourd'hui.

**radicaliser** *vt* ① Rendre plus radical ; durcir une position. *Radicaliser un mouvement.* DER **radicalisant, ante** *a* – **radicalisation** *nf*

**radicalisme** *nm* **1** POLIT Doctrine, engagement politique des radicaux et des radicaux-socialistes. **2** Attitude intellectuelle qui consiste à reprendre les questions à partir du commencement, sans tenir compte de l'acquis.

**radicalité** *nf* Caractère radical, absolu. *La radicalité de son opposition.*

**radical-socialisme** *nm* POLIT Tendance apparue au sein du radicalisme, dans les débuts de la III$^{e}$ République. PLUR radicaux-socialismes. DER **radical-socialiste** *a, n*

**radicant, ante** *a* BOT Se dit de plantes dont les tiges émettent des racines adventives. ETY Du lat.

**radicelle** *nf* BOT Racine secondaire.

**Radichtchev** Alexandre Nicolaïevitch (près de Moscou, 1749 – Saint-Pétersbourg, 1802), écrivain russe. Auteur d'une ode *À la liberté* (1783), il fut banni par Catherine II et rappelé par Paul I$^{er}$ (1796). Il s'empoisonna.

**radicivore** *a* ZOOL Syn. de *rhizophage.*

**radiculaire** *a* **1** BOT Qui appartient ou qui se rapporte à la racine ou à la radicule. **2** MED Qui concerne la racine des nerfs rachidiens ou crâniens, ou la racine des dents.

**radiculalgie** *nf* MED Douleur liée à l'irritation d'une racine nerveuse.

**radicule** *nf* BOT Partie inférieure de l'axe de l'embryon qui, en se développant, deviendra la racine. ETY Du lat. *radicula,* « petite racine ».

**radiculite** *nf* MED Inflammation de la racine d'un nerf, spécial. d'un nerf spinal.

**radié, ée** *a, nf* **A** *a* didac Disposé en rayons. *Capitule radié des pâquerettes.* **B** *nf* BOT Composée au capitule radié dont l'ensemble comprend les marguerites, les chrysanthèmes, etc.

**1 radier** *vt* ② **1** Rayer d'une liste, d'un compte, d'un registre. *Être radié des listes électorales.* **2** Exclure qqn d'un corps, rayer son nom de la liste des inscrits, le plus souvent par mesure disciplinaire. *Radier un avocat du barreau.* ETY De *radiation* 2.

**2 radier** *nm* Dalle constituant le plancher d'une fosse, d'un canal. ETY De *radeau.*

**radiesthésie** *nf* Faculté qu'auraient certaines personnes d'être sensibles aux radiations qu'émettraient différents corps ; ensemble des procédés de détection des objets cachés, fondés sur cette faculté. DER **radiesthésique** *a* – **radiesthésiste** *n*

**radieux, euse** *a* **1** Qui émet des rayons lumineux d'un vif éclat. *Soleil radieux.* **2** fig Éclatant. *Une beauté radieuse.* **3** Particulièrement lumineux, ensoleillé. *Une journée radieuse.* **4** Rayonnant de joie, de bonheur. *Avoir un air, un visage radieux.* ETY Du lat. *radius,* « rayon ». DER **radieusement** *av*

**radifère** *a* CHIM Qui contient du radium.

**Radiguet** Raymond (Saint-Maur-des-Fossés, 1903 – Paris, 1923), romancier français : *le Diable au corps* (1923), *le Bal du comte d'Orgel* (posth., 1924). ▶ illustr. p. 1348

**radin, ine** *n, a* fam Avare. *Un vieux radin. Elle est radine* ou *radin.* ETY Mot arg., « tiroir-caisse », de *radeau*, « comptoir ». DER **radinerie** *nf* ou **radinisme** *nm*

**radiner** *vi* ① fam Arriver, venir. ETY Probab. du lat. *rapidus*, « rapide, vite ». VAR **se radiner** *vpr* ①

**radio-** Élément, tiré du lat. *radius*, « rayon », ou de *radiation*, ou de *radiodiffusion*.

**1 radio** *nm, nf* Abrév. de certains composés de *radio* : *radiodiffusion, radiographie, radionavigateur, radiotéléphonie, etc.*

**2 radio** *nf* **1** Station émettrice d'émissions radiophoniques. **2** Récepteur de radiodiffusion. LOC *Radio libre* : radio locale privée. — *Radio périphérique* : qui émet à partir d'un pays limitrophe.

**radioactivité** *nf* Émission, par certains éléments, de rayonnements divers, résultant de réactions nucléaires. DER **radioactif, ive** *a*

ENC Certains éléments lourds, comme l'uranium, le radium ou le thorium, se désintègrent spontanément en émettant des rayonnements α (noyaux d'hélium), $\beta^-$ (électrons) et γ (photons de haute énergie). On les appelle *radionucléides* (ou *radioéléments*, ou *radio-isotopes*) *naturels*. En bombardant des éléments non radioactifs à l'aide de particules (neutrons, par ex.), on obtient des *radionucléides artificiels* dont la désintégration produit des rayonnements. La radioactivité s'accompagne d'une transmutation des éléments, un corps radioactif donnant naissance à d'autres corps qui peuvent être radioactifs à leur tour. L'ensemble des corps obtenus à partir d'un corps radioactif naturel constitue une *famille* radioactive dont le dernier élément est stable (plomb, par ex.). Un élément radioactif est caractérisé par sa *période* (temps pendant lequel la moitié de ses noyaux s'est désintégrée) et par son *activité* (nombre de désintégrations par seconde), qui s'exprime en *becquerels*. La mesure de l'activité d'un corps radioactif permet de déduire le temps depuis lequel ce corps se désintègre et, en partic., de procéder à la *datation* d'échantillons (V. datation). Les radionucléides sont utilisés comme traceurs pour étudier la diffusion d'un élément dans un solide ou un liquide (organique, notam.).
Les corps radioactifs agissent sur l'organisme par irradiation (action des rayonnements) ou par contamination (inhalation, ingestion ou contamination externe). Ils provoquent des ionisations entraînant des modifications biochimiques plus ou moins graves. La dose de rayonnements reçus est exprimée en *röntgens* ou en *rems*. L'effet destructeur des irradiations sur les organismes vivants est mis à profit lors du traitement de certaines tumeurs (radiothérapie), pour stériliser les denrées alimentaires (lait, viande, etc.) et pour créer, par mutation, de nouvelles espèces (horticulture, agronomie).

**radioalignement** *nm* AVIAT, MAR Dispositif de matérialisation d'un axe de navigation, comportant deux radiophares qui émettent sur la même fréquence des signaux complémentaires.

**radioaltimètre** *nm* AVIAT Appareil servant à mesurer, au moyen d'ondes radioélectriques, la distance d'un avion par rapport au sol.

**radioamateur** *nm* Particulier autorisé à émettre et à recevoir de manière non professionnelle, sur certaines fréquences, des émissions radiophoniques.

**radioastronomie** *nf* ASTRO Étude des ondes radioélectriques émises par les astres. DER **radioastronome** *n* – **radioastronomique** *a*

**radiobalisage** *nm* AVIAT Signalisation par radiobalises. DER **radiobaliser** *vt* ①

**radiobalise** *nf* MAR, AVIAT Balise formée d'un poste radioémetteur permettant aux avions et aux navires de repérer un point fixe connu, par radiogoniométrie.

**radiobiologie** *nf* BIOL Science qui étudie l'action des radiations (X, α, β, γ, ultraviolettes, etc.) sur les êtres vivants. DER **radiobiologique** *a*

**radiocarbone** *nm* CHIM Carbone 14, isotope radioactif utilisé pour les datations.

**radiocassette** *nf, nm* Appareil combinant un récepteur de radio et un lecteur (ou un lecteur-enregistreur) de cassettes.

**radiochimie** *nf* CHIM Étude des phénomènes liés à la radioactivité. DER **radiochimique** *a*

**radiochronologie** *nf* Méthode de datation absolue des roches fondée sur les propriétés des isotopes radioactifs. SYN géochronologie absolue. DER **radiochronologique** *a*

**radiocommande** *nf* TECH Commande à distance au moyen d'ondes radioélectriques.

**radiocommunication** *nf* TECH Communication par ondes radioélectriques.

**radiocompas** *nm* AVIAT, MAR Radiogoniomètre, souvent automatique, permettant de guider l'avion, ou le navire, par rapport aux directions de faisceaux radioélectriques émis par les radiophares.

**radioconducteur** *nm* TELECOM Syn. de *cohéreur*.

**radioconductivité** *nf* PHYS Conductivité due à l'ionisation acquise sous l'effet des ondes électromagnétiques.

**radiocontraste** *nm* MED Opacité aux rayons X. *Produit de radiocontraste.*

**radiocristallographie** *nf* PHYS Branche de la cristallographie qui a pour objet l'étude de la diffraction des rayons X, des électrons et des neutrons dans les structures cristallines.

**radiocrochet** *nm* Concours de chanteurs jugés par les spectateurs qui crient « crochet » pour les éliminer.

**radiodermite** *nf* MED Lésion cutanée due à une irradiation par les rayons X.

**radiodiagnostic** *nm* MED Diagnostic reposant sur l'examen d'images radiologiques.

**radiodiffusion** *nf* Mise en ondes, transmission de programmes sonores au moyen d'ondes électromagnétiques ; ensemble des procédés utilisés à cet effet. DER **radiodiffuser** *vt* ① – **radiodiffuseur** *nm*

**radio-télévision (Union européenne de - UER)** organisation internationale siégeant à Genève depuis sa création (1950) sous le nom de *Union européenne de radiodiffusion*.

**Radiodiffusion française** service créé en 1926 (les premières émissions furent diffusées, depuis le poste militaire de la tour Eiffel, en 1922) sous l'égide de l'administration des PTT. Elle prend ce nom en 1939-1940. En 1945, elle dépend du ministère de l'Information et on lui rattache la télévision naissante : Radiodiffusion-Télévision française (RTF) jusqu'en 1974. V. Office de radiodiffusion-télévision française (ORTF).

**radiodistribution** *nf* Distribution de programmes radiodiffusés par câbles.

**radioécologie** *nf* Partie de l'écologie qui étudie les effets des rayonnements ionisants sur l'environnement. DER **radioécologique** *a*

**radioélectricité** *nf* ELECTR Partie de l'électricité consacrée à la transmission de signaux par des ondes électromagnétiques. DER **radioélectricien, enne** *n* – **radioélectrique** *a*

ENC La radioélectricité constitue un domaine qui recouvre la production, la transmission et la réception des ondes électromagnétiques dont la fréquence est comprise entre 3 000 hertz (3 kHz) et 300 milliards de hertz (300 GHz ou gigahertz), donc de longueur d'onde comprise entre 100 km et 0,1 cm. Ces ondes sont appelées ondes *hertziennes* ou ondes *radioélectriques*. Les astres émettent en permanence des ondes radioélectriques (que peuvent capter des radiotélescopes). L'homme produit ces ondes en faisant passer un courant alternatif de fréquence suffisamment grande dans un circuit électrique appelé *antenne*. Les ondes radioélectriques se propagent directement, par réflexion sur le sol ou sur les hautes couches de l'atmosphère (ionosphère), ou par diffraction sur les obstacles rencontrés. La détection des ondes radioélectriques s'effectue au moyen d'une antenne qui recueille les signaux émis, grâce au phénomène d'induction électrique (création d'un courant dans le circuit électrique constitué par l'antenne). Les signaux sont alors amplifiés en utilisant le phénomène de résonance. La transmission d'informations par les ondes radioélectriques s'effectue au moyen d'une *onde porteuse* de haute fréquence dont on module l'amplitude, la fréquence ou la phase en fonction des signaux de basse fréquence représentant les informations à transmettre. Les applications de la radioélectricité sont très nombreuses : radiodiffusion, télévision, radionavigation, radioguidage, radar, télécommunications, etc.

**radioélément** *nm* PHYS NUCL Élément radioactif. SYN radio-isotope.

**radioétiquette** *nf* Syn. de *RFID*.

**Radio-France** société nationale issue du démantèlement de l'Office de radiodiffusion-télévision française (ORTF) en 1974. Elle dirige France-Inter, France-Musiques, France-Culture, Radio-France internationale (RFI), Radio bleue, France-Info, Radio-France outre-mer (RFO, qui a un service de télévision) et des radios locales.

**radiofréquence** *nf* TELECOM Fréquence d'une onde radioélectrique.

**radiogalaxie** *nf* Galaxie connue surtout par les ondes radioélectriques qu'elle émet.

**radiogoniométrie** *nf* TECH Ensemble des procédés utilisés pour déterminer la position d'émetteurs d'ondes radioélectriques. DER **radiogoniomètre** *nm* – **radiogoniométrique** *a*

**radiogramme** *nm* TECH Message transmis par radiotélégraphie. ETY De *radiotélégramme*.

**radiographie** *nf* **1** Ensemble des procédés qui permettent d'obtenir sur une surface sensible l'image d'un objet exposé aux rayons X. **2** fig Description en profondeur d'un phénomène, d'une situation. *Radiographie de la société française.* DER **radiographier** *vt* ①

ENC On distingue : les radiographies simples, consistant à prendre des clichés sous des incidences variables (face, profil, etc.) ; les radiographies utilisant des moyens de contraste (air, produits iodés, baryte) pour visualiser le tube digestif, les voies urinaires et biliaires, les vaisseaux, diverses cavités. La tomographie consiste à isoler un plan de l'organisme, rendu net, alors que les autres restent flous. Depuis 1975, le *scanographe* ou *tomodensitomètre* ou *scanner* permet de mesurer au moyen de cellules photoélectriques l'absorption des rayons X par l'organe observé, les informations recueillies étant traitées par ordinateur et restituées sur un écran de visualisation.

**radioguider** *vt* ① **1** Guider à distance un engin au moyen d'ondes radioélectriques. **2** Diffuser par radio des conseils visant à fluidifier la circulation routière. DER **radioguidage** *nm*

**radio-immunologie** *nf* BIOL Technique permettant d'établir un dosage ou un diagnostic à l'aide de méthodes immunologiques en utilisant un isotope comme réactif.

**radio-indicateur** *nm* TECH Traceur radioactif. PLUR radio-indicateurs.

**radio-induit, ite** *a* Se dit des cancers survenant après exposition aux rayons ionisants.

**radio-isotope** *nm* Radioélément. PLUR radio-isotopes. DER **radio-isotopique** *a*

**radiolaire** *nm* ZOOL Protozoaire actinopode marin à squelette siliceux. ETY Du lat.

**radiolarite** *nf* PETROG Roche constituée de squelettes de radiolaires.

**radiolésion** *nf* MED Affection causée par une irradiation.

**radiolocalisation** *nf* Localisation par radar.

**radiologie** *nf* Partie de la médecine qui utilise les rayonnements à des fins diagnostiques ou thérapeutiques. DER **radiologique** *a* – **radiologue** ou **radiologiste** *n*

**radiolyse** *nf* BIOL Décomposition d'une substance organique par l'action de rayonnements ionisants.

**radiomessagerie** *nf* Messagerie électronique.

**radiométallographie** *nf* METALL Étude de la structure des métaux et des alliages au moyen des rayons X ou des rayons $\gamma$.

**radiométrie** *nf* PHYS Mesure de l'intensité des rayonnements, en partic. des rayons X et $\gamma$. DER **radiomètre** *nm* – **radiométrique** *a*

**radiomoquette** *nf* fam Dans une entreprise, une collectivité, rumeurs internes, bruits de couloir, bouche-à-oreille.

**radionavigant** *nm* Membre de l'équipage chargé du service des appareils de radiocommunication à bord d'un navire, d'un aéronef. VAR **radionavigateur**

**radionavigation** *nf* MAR, AVIAT Mode de navigation dans lequel la position est déterminée au moyen d'appareils radioélectriques.

**radionécrose** *nf* MED Nécrose d'un tissu due aux rayons X ou à des corps radioactifs.

**radionucléide** *nm* PHYS NUCL Nucléide radioactif. VAR **radionuclide**

**radiopathologie** *nf* Discipline étudiant et traitant les troubles dus aux irradiations.

**radiophare** *nm* TELECOM Émetteur d'ondes radioélectriques permettant aux navires et aux aéronefs de déterminer leur position.

**radiopharmaceutique** *a* MED Se dit d'un produit à usage thérapeutique contenant des radionucléides.

**radiophonie** *nf* TELECOM Transmission des sons au moyen d'ondes radioélectriques. DER **radiophonique** *a*

**radiophotographie** *nf* TECH Photographie d'une image de radioscopie.

**radiophysique** *nf, a* MED Spécialité médicale du traitement des tumeurs par les rayonnements ionisants. DER **radiophysicien, enne** *a, n*

**radioprotection** *nf* TECH Ensemble des procédés et des appareils protégeant l'homme contre la radioactivité.

**radiorécepteur** *nm* TECH Récepteur de radiodiffusion.

**radioreportage** *nm* Reportage radiodiffusé. DER **radioreporter** ou **radioreporteur, euse** *n*

**radiorésistance** *nf* MED Résistance d'un tissu vivant à l'action des rayons ionisants. DER **radiorésistant, ante** *n*

**radioréveil** *nm* Appareil combinant un récepteur radio et un réveil.

**radioscopie** *nf* **1** Observation de l'image formée sur un écran fluorescent par un corps traversé par les rayons X. **2** fig Description en profondeur de qqch. DER **radioscopique** *a*

**radiosensibilisateur, trice** *a, nm* MED Se dit d'un produit diminuant la résistance naturelle des cellules aux rayons ionisants.

**radiosensibilité** *nf* BIOL Sensibilité des tissus aux rayons ionisants.

**radiosondage** *nm* Mesure météorologique effectuée au moyen d'une radiosonde.

**radiosonde** *nf* METEO Appareil attaché à un ballon-sonde, qui transmet au sol, au moyen d'ondes radioélectriques, les résultats des mesures qu'il effectue en altitude.

**radiosource** *nf* ASTRO Objet céleste connu par les ondes radioélectriques qu'il émet de façon permanente. V. rayonnement.

**radiotaxi** *nm* Taxi équipé d'un émetteur-récepteur radioélectrique lui permettant de communiquer avec un standard qui lui transmet les appels de clients. PLUR radiostaxis.

**radiotechnique** *nf, a* ELECTR Ensemble des techniques relatives à la radioélectricité et à ses applications. DER **radiotechnicien, enne** *n*

**radiotélégramme** *nm* TELECOM Télégramme transmis par ondes radioélectriques. SYN radiogramme.

**radiotélégraphie** *nf* TELECOM Procédé de transmission par ondes radioélectriques de messages traduits en signaux conventionnels (morse, par ex.) ; télégraphie sans fil. DER **radiotélégraphique** *a* – **radiotélégraphiste** *n*

**radiotéléphone** *nm* Téléphone mobile.

**radiotéléphonie** *nf* TELECOM Procédé de transmission des sons par ondes radioélectriques. DER **radiotéléphonique** *a* – **radiotéléphoniste** *n*

**radiotélescope** *nm* ASTRO Appareil servant à capter les ondes radioélectriques émises par les astres.

une des branches du VLA (Very Large Array), réseau interférométrique de vingt-sept **radiotélescopes** paraboliques (26 m de diamètre chacun), plaine de San Augustin, Nouveau-Mexique

**radiotélévisé, ée** *a* AUDIOV Diffusé par radio et télévision.

**radiotélévision** *nf* AUDIOV Ensemble des procédés de diffusion des sons et des images par ondes radioélectriques.

**radiothérapie** *nf* MED Traitement par des radiations ionisantes. *On distingue la radiothérapie externe, la radiothérapie de contact et la radiothérapie par injection d'un isotope.* PHO [radjoteʀapi] DER **radiothérapeute** *n* – **radiothérapique** *a*

**radiotoxique** *a, nm* MED Se dit d'un corps émettant des rayonnements toxiques pour l'organisme. DER **radiotoxicité** *nf*

**radiotrottoir** *nm* fam Dans les pays où l'information est contrôlée, nouvelles transmises par la rumeur publique.

**radis** *nm* Plante potagère (crucifère) cultivée pour sa racine comestible, de saveur piquante, consommée crue. LOC fam *Ne pas (plus) avoir un radis* : un sou. PHO [ʀadi] ETY Du lat.

**Radisson** Pierre Esprit (Paris, v. 1635 – en Angleterre, v. 1710), explorateur français, l'un des fondateurs de la Compagnie (angl.) de la baie d'Hudson (1670).

**radium** *nm* **1** Élément alcalinoterreux radioactif de numéro atomique Z = 88, de masse atomique 226,025 (symbole Ra). **2** Métal (Ra) qui fond à 700 °C et bout à 1 140 °C. Très rare dans la nature, le radium est extrait des minerais d'uranium et de thorium ; c'est aussi un sous-produit de la préparation de l'uranium. PHO [ʀadjɔm] ETY De *radioactif.*

**radiumthérapie** *nf* MED Traitement des tumeurs par le radium. SYN curiethérapie.

**radius** *nm* ANAT Le plus court des deux os de l'avant-bras, situé à la partie externe de celui-ci, qui s'articule avec l'humérus en haut et avec le carpe en bas (du côté du pouce), et qui est relié au cubitus par ses deux extrémités. PHO [ʀadjys] ETY Mot lat.

**radjah** → **rajah.**

**Radom** v. de Pologne ; 214 910 hab.

**radôme** *nm* Vaste dôme en matière synthétique abritant une antenne de radar. ETY De l'angl.

**radon** *nm* **1** CHIM Élément radioactif de numéro atomique Z = 86, de masse atomique 222 (symbole Rn). **2** Gaz rare (Rn) qui se liquéfie à – 61,8 °C et se solidifie à – 71 °C. ETY Rad. de *radium.*

**radoter** *v* ① **A** *vi* Tenir des propos qui dénotent un affaiblissement de l'esprit. **B** *vt* Rabâcher. ETY Du néerl. *doten,* « rêver ». DER **radotage** *nm* – **radoteur, euse** *a, n*

**radoub** *nm* MAR Réparation, entretien de la coque d'un navire. PHO [ʀadu(b)]

**radouber** *vt* ① MAR Réparer ou nettoyer la coque d'un navire. LOC PECHE ***Radouber un filet*** : le raccommoder. ETY De *adouber.*

**radoucir** *vt* ③ **1** Rendre plus doux. *La pluie a radouci le temps.* **2** fig Rendre moins rude, apaiser. *Ce petit présent a radouci son humeur.* DER **radoucissement** *nm*

**radsoc** *n, a* fam, vieilli Radical-socialiste. PHO [ʀadsɔk]

**radula** *nf* ZOOL Lame cornée râpeuse située sur le plancher buccal de certains mollusques comme l'escargot. ETY Mot lat.

**Radziwill** famille lituanienne puis polonaise qui s'illustra de 1500 à 1900.

**Raeburn** sir Henry (Stockbridge, 1756 – Édimbourg, 1823), peintre anglais ; portraitiste.

**Raeder** Erich (Wandsbeck, 1876 – Kiel, 1960), amiral allemand ; commandant en chef de la flotte de 1935 à 1943. Condamné à la prison à vie en 1946, il fut libéré en 1955.

**RAF** Sigle de *Royal Air Force.*

**rafale** *nf* **1** Coup de vent soudain et violent mais qui dure peu ; brusque augmentation de la vitesse du vent. *Vent qui souffle par rafales.* SYN bourrasque. **2** Suite de coups tirés à brefs intervalles par une batterie d'artillerie, une arme automatique, etc. ETY De *affaler.*

**rafaler** *vt* ① MILIT Tirer par rafales sur un objectif. *Rafaler des blindés au canon.*

**Raffarin** Jean-Pierre (Poitiers, 1948), homme politique français, Premier ministre de mai 2002 à juin 2005.

**raffermir** *vt* ③ **1** Rendre plus ferme, plus dur. *Le soleil a raffermi les chemins.* **2** fig Remettre dans un état plus stable, plus assuré. *Raffermir son autorité.* DER **raffermissement** *nm*

**Raffet** Denis Auguste Marie (Paris, 1804 – Gênes, 1860), peintre, dessinateur et lithographe français : scènes militaires de la Révolution et de l'Empire.

**raffinage** *nm* Opération qui consiste à raffiner un produit. *Raffinage du pétrole.*

**raffiné, ée** *a* **1** Qui a été soumis à un raffinage. **2** fig D'une grande délicatesse ; fin, subtil. *Personne raffinée. Goûts raffinés.* ANT grossier.

**raffinement** *nm* **1** État, qualité de ce qui est raffiné ; extrême délicatesse, subtilité. *S'exprimer avec raffinement.* **2** Recherche excessive. *Raffinement dans la cruauté.*

**raffiner** *v* ① **A** *vt* **1** Soumettre une matière brute à une suite d'opérations ayant pour but de l'épurer ou de la transformer en un produit utilisable. *Raffiner du sucre, du pétrole, du papier.* **2** fig, vieilli Rendre plus fin, plus délicat. *Raffiner ses manières.* **B** *vi* vieilli Mettre un soin exagéré à accomplir une tâche ; rechercher une subtilité excessive. SYN fignoler. ETY De *r-* et *affiner*.

**raffinerie** *nf* Lieu où l'on raffine certains produits. *Raffinerie de sucre, de pétrole.*

**raffineur** *nm* **1** Industriel du raffinage. **2** Appareil servant au raffinage de la pâte à papier.

**raffle → rafle 2.**

**rafflésiacée** *nf* BOT Plante dicotylédone apétale, parasite, surtout tropicale (Indonésie).

**rafflésie** *nf* BOT Plante tropicale aux fleurs gigantesques (diamètre : 1 m, poids 5 kg). ETY D'un n. pr. VAR **rafflesia** *nm*

**raffoler** *vti* ① Aimer à la folie, avoir une prédilection très marquée pour. *Il raffole d'opéra.*

**raffut** *nm* fam Tapage, vacarme. *Faire du raffut.* PHO [Rafy] ETY Du dial. *raffuter*, « gronder ».

**raffût** *nm* Au rugby, geste du joueur qui raffûte. VAR **raffut**

**raffûter** *vt* ① **1** Affûter de nouveau. *Raffûter un couteau.* **2** Au rugby, pour le porteur du ballon, écarter un plaqueur avec son bras libre, main paume ouverte. VAR **raffuter**

**rafiot** *nm* fam Mauvais bateau.

**rafistoler** *vt* ① fam Remettre grossièrement en état, réparer sans grand soin ou avec des moyens de fortune. ETY Du lat. *fistula*, « tuyau ». DER **rafistolage** *nm*

**1 rafle** *nf* **1** Action de rafler, de tout emporter. *Les enfants ont fait une rafle dans le placard à gâteaux.* **2** Arrestation en masse faite à l'improviste par la police. *Il a été pris dans une rafle.* ETY De l'all.

**2 rafle** *nf* BOT, VITIC Ensemble formé par l'axe central et les pédoncules des fruits d'une grappe de raisin, de groseilles, etc. SYN râpe. ETY Var. de *râpe 2.* VAR **raffle**

**rafler** *vt* ① fam Prendre, enlever promptement tout ce que l'on trouve. *Les voleurs ont tout raflé.*

**rafraîchir** *v* ③ **A** *vt* **1** Rendre frais, donner de la fraîcheur à. *Rafraîchir du vin.* **2** Diminuer la température du corps ; calmer la soif de qqn. *Buvez, cela vous rafraîchira.* ANT réchauffer. **3** Remettre en état, redonner de la fraîcheur à ce qui était défraîchi. *Rafraîchir un mur.* **B** *vi* Devenir plus frais. *Mettez les fruits à rafraîchir.* LOC fam *Rafraîchir la mémoire à qqn :* lui rappeler ce qu'il a ou ce qu'il prétend avoir oublié. VAR **rafraichir**

**rafraîchissant, ante** *a* **1** Qui diminue la chaleur de l'atmosphère, du corps, etc. *Brise rafraîchissante.* **2** Qui désaltère. *Boisson rafraîchissante.* **3** fig Qui donne une impression de fraîcheur, de jeunesse. *Des rires clairs, rafraîchissants.* VAR **rafraichissant**

**rafraîchissement** *nm* **A** **1** Fait de rafraîchir, de se rafraîchir. *Rafraîchissement de la température. Ce mur a besoin d'un sérieux rafraîchissement.* **2** Boisson fraîche. *Prendre un rafraîchissement.* **3** INFORM Réaffichage total de l'écran. **B** *nm pl* Boissons fraîches, fruits frais, etc., que l'on sert dans les fêtes, les réunions. VAR **rafraichissement**

**Rafsandjani** Ali Akbar Hachemi (Nough, 1934), homme politique iranien. Proche de Khomeyni, il fut prés. de la République islamique de 1989 à 1997. ▶ illustr. p. 1348

**raft** *nm* SPORT Bateau léger, en caoutchouc armé, conçu pour la descente des torrents. PHO [Raft] ETY Mot angl.

**rafting** *nm* SPORT Sport consistant à descendre les torrents en raft. PHO [Raftiŋ]

**raga** *nm inv* MUS Mode mélodique de la musique indienne traduisant un certain climat émotionnel. ETY Mot sanskrit.

**ragaillardir** *vt* ③ Redonner des forces, de l'entrain à qqn. SYN revigorer.

**rage** *nf* **1** Maladie virale épidémique qui affecte certains mammifères, lesquels la transmettent à l'homme en général par morsure. *Vaccin contre la rage.* **2** Colère, dépit portés au plus haut degré. *Cela me met en rage.* SYN fureur. **3** Passion portée à l'excès, penchant outré. *La rage d'écrire.* SYN manie. **4** Volonté farouche et passionnée, résolution inflexible. *La rage de vaincre, de survivre.* LOC *Faire rage :* être à son paroxysme. — *Rage de dents :* très violent mal de dents. ETY Du lat.

**rager** *vi* ② fam Éprouver un violent dépit. SYN enrager. DER **rageant, ante** *a*

**rageur, euse** *a* **1** Porté à des colères violentes. *Enfant rageur.* **2** Qui traduit la colère, la rage. *Geste rageur.* DER **rageusement** *av*

**raggamuffin** *nm* Style de musique issu du rap et du reggae. ETY De *reggae*. VAR **ragga**

**raglan** *nm, a inv* **A** *nm* Pardessus ample à manches dont l'épaulement remonte jusqu'au col par des coutures en biais. **B** *a inv* Se dit d'une veste ou de manches cousues comme celles d'un raglan. ETY Du n. pr.

**Raglan** lord Fitzroy James Henry Somerset (baron) (Badminton, 1788 – devant Sébastopol, 1855), maréchal anglais. En 1854-1855, il commanda les troupes britanniques en Crimée, où il mourut du choléra.

**Ragnarokkr** (« destin final des dieux »), légende scandinave (née en Islande) qui décrit la fin du monde, suivie d'une renaissance de la vie. VAR **Ragnarok**

**ragondin** *nm* **1** Gros rongeur amphibie originaire d'Amérique du S., élevé en Europe pour sa fourrure. **2** Fourrure de cet animal.

**ragondin**

**ragot** *nm* fam Commérage plus ou moins malveillant, cancan. PHO [Rago] ETY Du lat.

**ragougnasse** *nf* fam Plat mal préparé et peu appétissant ; mauvaise cuisine.

**ragoût** *nm* **1** vx Assaisonnement. **2** CUIS Plat de viande ou de poisson et de légumes, coupés en morceaux et cuits dans une sauce abondante. *Ragoût de mouton.* PHO [Ragu] ETY De l'a. fr. *ragoûter*, « réveiller l'appétit, le goût ». VAR **ragout**

**ragoûtant, ante** *a* **1** (Le plus souvent en tournure négative.) Qui excite l'appétit. *Mets peu ragoûtant.* **2** fig Engageant, qui plaît. VAR **ragoutant, ante**

**ragréer** *vt* ⑪ ARCHI **1** Mettre la dernière main à une construction pour en corriger les petits défauts. **2** Ravaler. *Ragréer une façade.*

**ragtime** *nm* MUS Style de musique pour piano né aux États-Unis à la fin du XIX$^e$ s., l'une des sources du jazz. PHO [Ragtajm] ETY Mot amér.

**raguer** *vi* ① MAR S'user, s'endommager par frottement. *Écoute qui rague.* ETY Du néerl. *ragen*, « brosser ».

**Raguse** v. d'Italie (Sicile) ; 63 400 hab. ; ch.-l. de la prov. du m. nom. – Mon. du XVIII$^e$ s.

**Raguse → Dubrovnik.**

**rahat-loukoum → loukoum.**

**Rahman** cheikh Mujibur (Tongipura, Bengale-Oriental, auj. Bangladesh, 1920 – Dhākā, 1975), homme politique bangladais. Cofondateur de la ligue Awami (1949), il devint le premier chef d'État du Bangladesh indép. (1971), tué lors d'un coup d'État militaire.

**Rahner** Karl (Fribourg, 1904 – Innsbruck, 1984), théologien allemand ; il joua un rôle imp. au concile Vatican II : *Écrits théologiques* (1954-1984).

**rai** *nm* litt Rayon de lumière. ETY Du lat.

**raï** *nm* MUS Musique populaire algérienne, originaire d'Oran, qui utilise des thèmes traditionnels avec une orchestration occidentale moderne, sur des sujets de la vie quotidienne. PHO [Raj] ETY Mot ar., « opinion ».

**Raiatea** île de la Polynésie française, dans les îles de la Société ; 192 km$^2$ ; 6 406 hab. ; ch.-l. *Uturoa.*

**Raibolini → Francia (il).**

**raid** *nm* **1** Rapide opération de reconnaissance ou d'attaque menée par des éléments très mobiles en territoire inconnu ou ennemi. **2** Mission de bombardement aérien visant un objectif lointain. **3** AVIAT Vol d'endurance. *Raid Paris-Tokyo.* **4** SPORT Épreuve de vitesse, de résistance et d'endurance sur une longue distance. *Raid à skis.* **5** Opération boursière menée par un raider. PHO [Rɛd] ETY Mot angl.

**raide** *a, av* **A** *a* **1** Tendu ; dépourvu d'élasticité, de souplesse. *Cette amarre n'est pas assez raide.* **2** Qui ne se plie pas, qui reste droit ou plat. *Des cheveux raides. Des membres, des doigts raides de froid.* **3** Qui manque de grâce, de souplesse. *Démarche, gestes raides. Style raide.* **4** Qui manque de souplesse de caractère. *Attitude raide.* SYN dur, rigide. **5** Abrupt. *Pente raide.* ANT doux. **6** fig, fam Difficile à admettre. *Ça alors ! C'est un peu raide !* **7** fam Qui n'a plus d'argent, qui est totalement démuni. **8** Ivre ou sous l'effet d'une drogue. **B** *av* **1** En pente raide. *Escalier qui monte raide.* **2** Subitement. *Tomber raide mort. Tomber raide.* ETY Du lat.

**raider** *nm* ECON Personne qui, par le biais de transactions financières, prend le contrôle d'une entreprise, parfois dans le seul but d'en tirer profit lors d'une revente. SYN prédateur, (recommandé) attaquant. PHO [RedœR] ETY Mot angl.

**raideur** *nf* **1** Caractère, état de ce qui est raide. *Marcher avec raideur. Raideur d'un caractère.* **2** Froideur. *Répondre avec raideur.* **3** Forte inclinaison d'une pente. *La raideur d'un escalier.*

**raidillon** *nm* Court sentier en pente raide.

**raidir** *v* ③ **A** *vt* Rendre raide ; tendre. *Raidir le bras. Raidir un cordage.* **B** *vi, vpr* Devenir raide. *Le linge humide raidit au gel. Ses membres se raidissaient.* **C** *vpr* fig Tenir ferme, résister avec opiniâtreté. *Se raidir contre la douleur.* DER **raidissement** *nm*

**raidisseur** *nm* TECH Appareil servant à raidir un câble, une charpente, une tôle, etc.

**1 raie** *nf* **1** Trait, ligne. *Faire, tracer une raie sur une feuille.* **2** Bande ou ligne formant un motif décoratif. *Étoffe à raies noires.* **3** Ligne de séparation entre deux masses de cheveux, laissant apparaître le cuir chevelu. **4** AGRIC Entre-deux des sillons ; sillon. **LOC** PHYS ***Raie spectrale :*** fine bande claire ou sombre que l'on observe sur un spectre et qui correspond à une augmentation de luminosité *(raie d'émission)* ou à une diminution de luminosité *(raie d'absorption)* à une fréquence donnée. ETY Du gaul.

**2 raie** *nf* Poisson cartilagineux (sélacien), au corps aplati, aux fentes branchiales ventrales, et dont les fortes nageoires antérieures sont développées en ailerons et soudées à la tête. **LOC** ***Raie électrique :*** torpille. ETY Du lat.

**raie** bouclée

**raifort** *nm* Plante crucifère dont on utilise la racine comme condiment pour sa saveur piquante. PHO [ʀɛfɔʀ] ETY De *raiz fort,* « racine forte ».

**rail** *nm* **1** Chacune des bandes d'acier profilé fixées les unes à la suite des autres, en deux lignes parallèles, sur des traverses, et qui constituent une voie ferrée. **2** Profilé métallique le long duquel une pièce mobile peut glisser. *Rail d'une tringle à rideau.* **3** Voie imposée au trafic maritime dans les zones de circulation intense. **4** fam Prise de cocaïne en poudre que l'on inhale par un tube. **LOC** ***Être sur les rails :*** être sur la bonne voie, capable de progresser. — ***Rail de sécurité :*** bordure métallique le long d'une route, d'une autoroute. SYN glissière. ETY De l'a. fr. *raille,* « barre », par l'angl.

**railler** *v* ① **A** *vt* Tourner en dérision. SYN moquer. **B** *vi* vieilli Badiner, ne pas parler sérieusement. SYN plaisanter. **C** *vpr* Se moquer. ETY Du lat. *ragere,* « braire ».

**raillerie** *nf* **1** Action de railler ; habitude de railler. **2** vieilli Propos railleur, moquerie.

**railleur, euse** *a* **1** Qui raille. **2** Qui exprime la moquerie. *Ton railleur.* SYN ironique, narquois.

**rail-route** *nm* TRANSP Syn. de *ferroutage.*

**Raimond (saint)** (Villafranca del Penedés, v. 1175 – Barcelone, 1275), religieux espagnol ; auteur d'une *Somme* théologique sur la pénitence ; cofondateur, avec Pierre Nolasque, de l'ordre de Notre-Dame-de-la-Merci. VAR **Raymond de Peñafort**

**Raimond** nom de sept comtes de Toulouse. VAR **Raymond** — **Raimond IV** dit Raimond de Saint-Gilles (Toulouse, 1042 – Tripoli, 1105), comte de Toulouse en 1093, fut un des chefs de la 1re croisade. — **Raimond VI** (?, 1156 – Toulouse, 1222), comte de Toulouse en 1194. Ses sujets étant devenus albigeois, il soutint les hérétiques, sans embrasser cette hérésie ; en 1208, le pape l'excommunia et déclencha une croisade. Simon de Montfort prit Toulouse et Raimond s'enfuit en Angleterre (1215). À partir de 1217, il parvint à reconquérir une partie de ses États. — **Raimond VII** (Beaucaire, 1197 – Millau, 1249), fils et successeur du préc. (1222). Victime d'une nouvelle croisade, il dut céder la majeure partie de ses biens au roi de France (traité de Lorris, 1243).

**Raimond Bérenger Ier** (?, vers 1082 – ?, 1131), comte de Barcelone et de Provence, conquit Majorque et la Cerdagne. — **Raimond Bérenger II le Vieux** (?, vers 1115 – Borgo San Dalmazo, 1176), fils et successeur du préc. (1131), réunit Aragon et Catalogne. — **Raimond Bérenger V** (?, 1204 – Aix-en-Provence, 1245), comte de Provence ; allié de Louis VIII, roi de France, il donna ses quatre filles en mariage à Saint Louis, Henri III d'Angleterre, Richard de Cornouailles, Charles d'Anjou.

**Raimondi** Ruggero (Bologne, 1941), chanteur italien d'opéra, à la voix de basse.

**Raimu** Jules Muraire, dit (Toulon, 1883 – Neuilly-sur-Seine, 1946), acteur français de théâtre et de cinéma : *Marius* (1931), *Fanny* (1932), *César* (1936), *Gribouille* (1937), *la Femme du boulanger* (1938), *l'Homme au chapeau rond* (1946). ▶ illustr. **Pagnol**

**Raimund** Ferdinand Raimann, dit Ferdinand (Vienne, 1790 – Pottenstein, 1836), acteur, directeur de théâtre et auteur dramatique autrichien : *le Roi des Alpes et le Misanthrope* (1828), *le Dissipateur* (1834).

**Raincy (Le)** ch.-l. d'arr. de la Seine-Saint-Denis ; 12 961 hab. – Égl. Notre-Dame, par Auguste Perret (1923). DER **raincéen, enne** *a, n*

**rainer** *vt* ① TECH Creuser d'une ou de plusieurs rainures. SYN rainurer.

**rainette** *nf* Petite grenouille arboricole dont l'extrémité des doigts porte des pelotes adhésives. ETY Du lat.

**rainette** verte

**Rainier (mont)** point culminant de la chaîne des Cascades, dans le N.-O. des É.-U. (État de Washington) ; 4 392 mètres.

**Rainier III** (Monaco, 1923 – id., 2005), duc de Valentinois, prince de Monaco de 1949 à 2005. Il succéda à son grand-père maternel, Louis II (V. Grimaldi). En 1956, il épousa l'actrice américaine Grace Kelly.

**R. Radiguet**

**Rainier III**

**Rainilaiarivony** (?, 1828 – Alger, 1896), homme politique malgache. Époux et Premier ministre des reines Rasoherina puis Ranavalona II et Ranavalona III, il tenta de moderniser son pays et d'en sauvegarder l'indépendance. Après la conquête française (1895), il fut déporté à Alger.

**rainure** *nf* Fente ou entaille longue et étroite de section régulière. *Couvercle qui coulisse dans deux rainures.* ETY De l'a. fr.

**rainurer** *vt* ① TECH Syn. de *rainer.* DER **rainurage** *nm*

**raiponce** *nf* Nom cour. de diverses campanulacées dont une espèce est cultivée pour sa racine et ses feuilles comestibles. ETY Du lat.

**raire** *vi* ㊽ VEN Pousser son cri, en parlant du cerf, du chevreuil. SYN bramer. ETY Du lat. VAR **réer** *vi* ⑪

**Rais → Retz.**

**Rais** Gilles de Laval (baron de) (Champtocé, 1404 – Nantes, 1440), maréchal de France (1429), compagnon de Jeanne d'Arc. Convaincu de sorcellerie, assassin de nombreux enfants, il fut pendu et brûlé. VAR **Retz** ou **Rays**

**raïs** *nm* Chef arabe, leader. **LOC** ***Le raïs :*** le président égyptien. PHO [ʀais] ETY Mot ar.

**raisin** *nm* **1** Fruit de la vigne. *Raisin blanc, noir. Raisins secs.* **2** Format de papier (50 × 65 cm) ainsi nommé à cause de la marque en grappe de raisin qu'il portait autref. en filigrane. **LOC** ***Raisin de mer :*** paquet d'œufs de seiche. — ***Raisin de renard :*** fruit de la parisette. — ***Raisin d'ours :*** busserole. ETY Du lat.

**raisiné** *nm* Confiture liquide à base de jus de raisin et de divers fruits.

**raisinet** *nm* Suisse Groseille rouge à grappes.

**Raisins de la colère (les)** roman de Steinbeck (1939). ▷ CINE Film de John Ford (1940), avec Henry Fonda.

**Raismes** com. du Nord (arr. de Valenciennes) ; 13 699 hab. Industries nées de la houille. DER **raismois, oise** *a, n*

**raison** *nf* **1** Faculté propre à l'homme de connaître et de juger. *Cultiver sa raison.* **2** Ensemble des facultés intellectuelles. *Perdre la raison.* SYN esprit, intelligence. **3** Faculté de distinguer le vrai du faux, le bien du mal, et de régler ainsi sa conduite. *Âge de raison.* **4** Ce qui est sage, raisonnable. *Se rendre à la raison. Entendre, parler raison.* **5** Ce qui est le fait d'un raisonnement (par oppos. à *sentiment,* à *instinct,* etc.). *Mariage de raison.* **6** Ce qui est juste et vrai. *Avoir raison.* ANT tort. **7** vx (Sauf en loc.) Ce qui est de droit, de justice. *Rendre raison à qqn. Demander, faire raison d'un affront.* **8** Sujet, cause, motif. *« Le cœur a ses raisons que la raison ne connaît point »* (Pascal). **9** Argument. *Il s'est enfin rendu à nos raisons.* **10** MATH Rapport de deux quantités. **LOC** ***À raison de :*** à proportion de. — ***Avoir raison de qqn :*** triompher, avoir l'avantage sur lui. — ***Comme de raison :*** comme il est juste. — ***En raison de :*** à cause de, en considération de. — ***La raison d'État :*** l'ensemble des considérations qui font primer l'intérêt supérieur de l'État sur l'équité à l'égard des individus. — ***Raison de plus, à plus forte raison :*** par un motif d'autant plus fort. — MATH ***Raison directe :*** rapport de deux quantités dont l'une varie proportionnellement à l'autre. — MATH ***Raison d'une progression arithmétique*** (ou ***géométrique***) **:** nombre constant auquel on ajoute (ou par lequel on multiplie) un terme de la progression pour obtenir le terme suivant. — MATH ***Raison inverse :*** rapport de deux quantités dont l'une varie de manière inversement proportionnelle à l'autre. — DR ***Raison sociale :*** désignation d'une société, liste des noms des associés, rangés dans un ordre déterminé. — litt ***Rendre raison de qqch :*** l'expliquer, l'expliciter. — ***Se faire une raison :*** se résigner. ETY Du lat.

ENC Le concept philosophique de *raison* est né, en même temps que la philosophie elle-même, chez les présocratiques grecs (Ve s. av. J.-C.), lorsque le terme de *logos,* qui désignait tout discours (incantation, prière ou poème), s'est appliqué plus spécialement au discours logique, argumenté et convaincant. La raison qui prononce ce discours est la faculté de raisonner, d'ordonner entre elles des propositions. Chez Platon, p. ex., elle s'oppose à l'argumentation spécieuse (V. sophiste) et aux passions, aux désirs déréglés : elle fonde la morale. Chez Descartes ou chez Kant, la raison est l'ensemble des principes *a priori*, c'est-à-dire universels, nécessaires et indépendants de l'expérience, grâce auxquels l'homme comprend le monde et le domine. Chez Hegel, la raison se fait dialectique : loin de rejeter les contradictions, comme le faisaient les philosophes et les logiciens depuis Aristote, elle les intègre pour aller de l'avant. Auj., l'épistémologue, tirant la leçon des découvertes modernes (géométries non euclidiennes, relativité, freudisme, etc.), récuse la notion d'une raison stable, universelle et éternelle.

**Raison (culte de la)** culte proposé par les hébertistes (V. Hébert) et destiné à supplanter le christianisme sous la Révolution française. La Raison fut célébrée à N.-D. de Paris (« Temple de la Raison ») le 10 nov. 1793. Robespierre élimina les hébertistes (mars 1794) et instaura le culte de l'Être suprême, éliminé après Thermidor.

**raisonnable** *a* **1** Doué de raison. *L'homme est un être raisonnable.* SYN intelligent, pensant. **2** Qui pense selon la raison, le bon sens ; qui agit d'une manière réfléchie et mesurée. **3** Conforme à la raison, à la sagesse. SYN sensé, sage. ANT déraisonnable. **4** Qui n'est pas excessif ; modéré, convenable. *Prix raisonnable.* [DER] **raisonnablement** *av*

**raisonné, ée** *a* Qui explique et illustre. *Catalogue raisonné.*

**raisonnement** *nm* **1** Opération discursive de la pensée qui consiste à enchaîner des idées ou des jugements. **2** Suite des arguments employés quand on raisonne.

[ENC] Le raisonnement qui consiste à partir de faits observés pour aboutir à une proposition plus générale s'appelle *induction*. Celui qui consiste, au contraire, à tirer une proposition nouvelle de propositions antérieures admises se nomme *déduction*. Aristote a fondé la logique sur l'emploi du syllogisme, qui est la forme la plus simple de la déduction.

**raisonner** *v* [1] **A** *vi* **1** Se servir de sa raison pour juger, démontrer ; conduire un raisonnement. *Raisonner juste, faux.* **2** Répliquer, alléguer des raisons, des excuses. **B** *vt* **1** Soumettre au raisonnement. *Raisonner ses actions.* **2** Contrôler par le raisonnement, la raison. *Raisonner sa peur.* **3** Chercher à amener qqn à la raison. *J'ai tenté de le raisonner et de le calmer.*

**raisonneur, euse** *n, a* **1** Se dit d'une personne qui raisonne. *Un bon raisonneur. Esprit raisonneur.* **2** péjor Se dit d'une personne qui réplique, discute les ordres. *« Tu fais le raisonneur »* (Molière). *Enfant raisonneur.*

**rajah** *nm* Souverain d'une principauté, en Inde. [PHO] [raʒa] [ETY] Du sanskrit. [VAR] **radjah** ou **raja**

**Rājasthān** État du N.-O. de l'Inde ; 342 214 km$^2$ ; 68 600 000 hab ; cap. *Jaipur.* Désertique à l'O., l'État est plus fertile à l'E. (millet). Élevage de moutons. Industr. textiles (laine). – Depuis 1949, cet État rassemble la plupart des anc. territoires des Rājputs (V. Rājputāna et Rājputs). [DER] **rajasthani, ie** *a, n*

**rajeunir** *v* [3] **A** *vt* **1** Faire redevenir plus jeune ; rendre la jeunesse à qqn. **2** fig Donner un air de fraîcheur, de nouveauté à. *Rajeunir une maison en la ravalant.* **3** Faire paraître plus jeune. *Cette coiffure la rajeunit.* **4** Attribuer à qqn un âge moindre que son âge véritable. **B** *vi* Redevenir jeune, reprendre un air de jeunesse. [DER] **rajeunissant, ante** *a* – **rajeunissement** *nm*

**rajiforme** *nm* ZOOL Sélacien tel que la raie, par oppos. à squaliforme (requin). [ETY] Du lat.

**Rajk László** (Székelyudvarhely, auj. Odorhei, 1909 – Budapest, 1949), homme politique hongrois. Ministre communiste des Affaires étrangères en 1948, il fut accusé de titisme et condamné à mort.

**Rājkot** v. de l'Inde (Gujerāt), dans la presqu'île de Kāthiāwār ; 1 200 000 hab. Industries.

**rajouter** *vt* [1] Ajouter de nouveau ; ajouter encore, par surcroît. *Rajoutez un peu d'eau à ce thé, il est trop fort.* LOC fam *En rajouter :* exagérer. [DER] **rajout** *nm*

**Rajoy Mariano** (Saint-Jacques-de-Compostelle 1955), homme politique espagnol (Parti populaire). Il devient Premier ministre en 2011.

**Rājputāna** rég. du N.-O. de l'Inde, faisant partie du Rājasthān. – Habité au VII$^e$ s. par les Rājputs, envahi par les musulmans (XI$^e$-XVI$^e$ s.) puis par les Mahrattes (XVIII$^e$ s.), le Rājputāna fut un protectorat brit. en 1818. L'école de peinture du XVII$^e$ s. (albums enluminés) est célèbre.

**Rājputs** peuple de l'Inde du N.-O. (V. Rajputana et Rājasthān.) [DER] **rajput** *a*

**Rājshāhi** v. du Bangladesh, sur le Gange ; 171 600 hab. ; ch.-l. de division. Houille.

**rajuster** *v* [1] **A** *vt* **1** Ajuster de nouveau ; remettre en bon ordre. *Rajuster son chapeau, sa toilette.* **2** Remettre à son juste niveau. *Rajuster les salaires, les prix.* **B** *vpr* Remettre ses vêtements en ordre. [VAR] **réajuster** [DER] **rajustement** ou **réajustement** *nm*

**raki** *nm* Eau-de-vie parfumée à l'anis des pays du Proche-Orient. [ETY] Mot ar.

**Rákóczi Ferenc** ou **François II** (Borsi, 1676 – Rodosto, 1735) aristocrate hongrois, prince d'Empire en 1697 ; il prit une grande partie de la Hongrie à l'Autriche mais fut vaincu à Trenčín (à l'est de Brno) en 1708 et s'exila.

**Rákosi Mátyás** (Ada, 1892 – Gorki, 1971), homme politique hongrois. Secrétaire général du parti communiste, il dirigea le pays de 1949 à 1953, suivant la ligne stalinienne. Il se réfugia en URSS après la révolution de 1956.

**raku** *nm* Poterie japonaise à glaçures brillantes, noire ou rouge, destinée à la cérémonie du thé. [PHO] [raku]

**râlant, ante** *a* fam Qui fait râler, protester.

**1 râle** *nm* Oiseau (rallidé) au plumage terne, aux fortes pattes, adapté aux conditions de vie des lieux humides et marécageux. [ETY] Du lat.

**2 râle** *nm* **1** MED Bruit anormal perçu à l'auscultation, indiquant une lésion bronchopulmonaire. **2** Respiration bruyante de certains moribonds. **3** Plainte rauque. [ETY] De *râler.*

**Raleigh** v. des É.-U., cap. de la Caroline du Nord ; 403 892 hab. Université. Industries.

**Raleigh sir Walter** (Hayes, Devon, v. 1552 – Londres, 1618), navigateur anglais. Favori d'Élisabeth I$^{re}$, il explora la Virginie (1584-1585) et en rapporta le tabac et la pomme de terre. En 1596, il mena une expédition contre Cadix. Emprisonné par Jacques I$^{er}$ (1603-1616), il fut décapité après l'échec de son expédition dans l'Orénoque.

**ralenti** *nm* **1** Bas régime d'un moteur à combustion interne. *Ralenti bien réglé.* **2** CINE Procédé de prise de vues consistant à tourner à une vitesse qui permet de faire paraître les mouvements plus lents qu'ils ne le sont dans la réalité. LOC *Au ralenti :* lentement.

**ralentir** *v* [3] **A** *vt* **1** Rendre plus lent. *Ralentir sa course. Mouvement qui se ralentit.* **2** Modérer, diminuer. *Ralentir son ardeur. La croissance semble se ralentir.* **B** *vi* **1** Réduire sa vitesse. *Le train ralentit avant d'entrer en gare.* **2** Ralentir la vitesse de son véhicule. [ETY] De l'anc. v. *alentir,* « rendre lent ». [DER] **ralentissement** *nm*

**Ralentir travaux** recueil de poèmes composés en commun par Breton, Char et Éluard.

**ralentisseur** *nm* **1** AUTO Dispositif auxiliaire de freinage destiné à empêcher un véhicule lourd de prendre une vitesse excessive. **2** Bourrelet aménagé en travers de la chaussée pour obliger les automobilistes à ralentir. **3** PHYS NUCL Substance qui, dans un réacteur nucléaire, ralentit les neutrons émis lors d'une réaction de fission.

**râler** *vi* [1] **1** Faire entendre une respiration bruyante. **2** fam Se plaindre avec humeur, protester. [ETY] Même rad. que *racler.*

**râleur, euse** *n, a* fam Personne qui a l'habitude de râler, de se plaindre à tout propos.

**ralingue** *nf* MAR Cordage cousu le long des bords d'une voile pour la renforcer. LOC *Voile en ralingue :* qui faseye, qui bat dans le vent.

**ralinguer** *v* [1] MAR **A** *vt* Munir d'une ralingue. **B** *vi* Être en ralingue, faseyer.

**rallidé** *nm* Oiseau échassier tel que le râle, la poule d'eau et la foulque.

**ralliement** *nm* **1** Action de rallier, rassemblement ; lieu de rassemblement. *Le ralliement des troupes. Un signe de ralliement.* **2** Fait de se rallier à un parti, une opinion. **3** HIST Mouvement par lequel un certain nombre de monarchistes français se rallièrent au régime républicain, à la fin du XIX$^e$ s. [PHO] [ralimɑ̃]

**rallier** *v* [2] **A** *vt* **1** Rassembler des personnes dispersées, des fuyards. **2** Gagner à un parti, à une opinion, une cause. *Rallier des dissidents.* **3** Rejoindre. *Le navire dut rallier le port de toute urgence.* **B** *vpr* **1** Se rassembler. *Les soldats se sont ralliés.* **2** Rejoindre un parti ; adhérer à une opinion. *Se rallier à une cause.*

**ralliforme** *nm* ORNITH Oiseau carinate, dont l'ordre est très diversifié. [ETY] Du lat.

**rallonge** *nf* **1** Ce qui sert à rallonger. *Ajouter une rallonge à un fil électrique.* SYN prolongateur. **2** Abattant ou planche à coulisse fixée au plateau d'une table et qui permet d'augmenter la longueur de celle-ci. **3** fam Supplément de temps, d'argent, etc. LOC fam *À rallonge :* qui comporte plusieurs éléments. *Nom à rallonge.*

**rallonger** *v* [13] **A** *vt* Rendre plus long. *Rallonger un pantalon. Rallonger un délai.* **B** *vi* fam Devenir plus long. *Les jours rallongent.* [DER] **rallongement** *nm*

**rallumer** *vt* [1] **1** Allumer de nouveau. *Rallumer un projecteur. L'incendie risque de se rallumer.* **2** Donner une nouvelle activité à. *Rallumer la sédition. Les passions se rallument.*

**rallye** *nm* **1** Épreuve sportive, compétition dans laquelle les concurrents, parfois partis de points différents, doivent rallier un point déterminé après un certain nombre d'étapes. *Rallye pédestre, équestre, automobile.* **2** Série de réunions mondaines destinées à mettre en présence jeunes gens et jeunes filles. [PHO] [rali] [ETY] De l'angl.

**Rāma** divinité de l'Inde, septième incarnation de Vishnu. (V. Rāmāyana.)

**ramadan** *nm* **1** Neuvième mois de l'année lunaire musulmane, pendant lequel le jeûne est prescrit du lever au coucher du soleil. **2** Ensemble des prescriptions religieuses qui concernent ce mois. [PHO] [ramadɑ̃] [ETY] De l'ar.

**Ramadier Paul** (La Rochelle, 1888 – Rodez, 1961), homme politique français. Socialiste, président du Conseil de janv. à nov. 1947, il écarta les communistes du gouvernement.

**ramage** *nm* **A** litt Chant des oiseaux. **B** *nmpl* Dessins de branchages, de rameaux. *Étoffe, papier à ramages.* [ETY] Du lat.

**ramager** *v* [13] **A** *vi* Faire entendre son ramage. **B** *vt* TECH Couvrir de ramages. *Ramager du velours.*

**Rāmakrishna Gadādhara Chattopādhyāya,** dit (Karmapukar, 1836 – Calcutta, 1886), mystique hindou. Sa doctrine, qui repose sur les principes universels du Vedānta de Çankara, a été vulgarisée par Vivekānanda.

**Ramallah** (en ar. *Ram Allah*) v. de Cisjordanie, au N. de Jérusalem ; 50 000 hab. Siège de l'Autorité palestinienne.

**Raman sir Chandrasekhara Venkata** (Trichinopoly, auj. Tiruchirapalli, 1888 – Bangalore, 1970), physicien indien : travaux sur les cristaux et la diffusion de la lumière par les milieux transparents. P. Nobel 1930.

**ramapithèque** *nm* PALEONT Singe anthropomorphe fossile de la fin du miocène de l'Inde, ancêtre probable de l'australopithèque. ETY De *Rhāma*, divinité de l'Inde.

**ramassage** *nm* Action de ramasser. LOC ***Ramassage scolaire*** : transport quotidien, par autocar, des élèves habitant loin des établissements scolaires dans les régions rurales.

**ramasse** *nf* ALP Technique de descente consistant à se laisser glisser sur les talons. LOC fam ***À la ramasse*** : sur le point d'échouer, de se ramasser.

**ramassé, ée** *a* **1** Épais, trapu. *Une stature ramassée.* **2** Blotti, pelotonné, recroquevillé. **3** Qui dit beaucoup en peu de mots, concis.

**ramassement** *nm* Au judo, fait de chercher à saisir la jambe de l'adversaire avec la main.

**ramasse-miette** *nm* Instrument servant à ramasser les miettes sur une table après un repas. PLUR ramasse-miettes.

**ramasse-poussière** *nm* **1** Belgique Petite pelle à balayures. SYN ramassette. **2** fam Aspirateur. PLUR ramasse-poussières.

**ramasser** *v* ① **A** *vt* **1** Prendre à terre. *Ramasser des châtaignes, du bois mort. Ramasser un ivrogne, un blessé.* **2** fig, fam Attraper. *Ramasser un rhume, une gifle.* **3** Réunir en un amas, en une masse. *Ramasser ses cheveux en chignon.* **4** Rassembler ce qui est épars ; réunir des personnes dispersées. *Ramasser des soldats en déroute.* **5** Collecter, réunir. *Ramasser des dons.* **6** fam S'assurer de la personne de qqn, l'arrêter. *Il s'est fait ramasser par une ronde de police.* **B** *vpr* **1** Ramasser son propre corps, se mettre en boule. *Se ramasser avant de sauter.* **2** fam Échouer. LOC fam ***Ramasser une pelle, une bûche*** : faire une chute.

**ramassette** *nf* Belgique Ramasse-poussière.

**ramasseur, euse** *n* **1** Personne qui ramasse. *Les ramasseurs de champignons. Les ramasseurs de balles au tennis.* **2** Personne qui assure un ramassage, une collecte. *Ramasseur de lait d'une coopérative agricole.*

**ramasseuse-presse** *nf* AGRIC Machine destinée à mettre en bottes la paille ou le foin sur le champ même. PLUR ramasseuses-presses.

**ramassis** *nm* Ensemble de choses disparates et sans valeur, de personnes peu estimables. *Un ramassis de vieux bibelots. Un ramassis d'escrocs.*

**ramassoire** *nf* Suisse Ramasse-poussière.

**Ramat Gan** v. d'Israël (banlieue de Tel-Aviv) ; 116 000 hab. Université. Industries.

**Rāmāyana** poème épique sanskrit (24 000 strophes) traditionnellement attribué à Vālmiki, mais écrit du V^e s. av. J.-C. au III^e s. apr. J.-C. Il célèbre les exploits de Rāma.

**rambarde** *nf* Garde-fou, balustrade, parapet. ETY De l'ital.

**Rambouillet** ch.-l. d'arr. des Yvelines, au sud de la *forêt de Rambouillet* (13 100 ha) ; 26 454 hab. – Chât. (XIV^e-XVIII^e s.), une des résidences du président de la République. DER **rambolitain, aine** *a, n*

**Rambouillet (hôtel de)** hôtel, auj. disparu, bâti rue Saint-Thomas-du-Louvre, à Paris, d'après les plans de Catherine de Vivonne, marquise de Rambouillet (Rome, 1588 – Paris, 1665). À partir de 1610, aristocrates et beaux esprits y développèrent le mouvement précieux.

**ramboutan** *nm* Fruit voisin du litchi dont la peau comporte des excroissances en filaments. ETY Mot malais. ▶ pl. **fruits exotiques**

**Rambuteau Claude Philibert Barthelot (comte de)** (Mâcon, 1781 – Champgrenon, 1869), administrateur français. Préfet de la Seine (1833-1848), il fit éclairer au gaz les rues de Paris.

**ramdam** *nm* fam Tapage, vacarme. PHO [ʀamdam] ETY De *ramadan*.

**1 rame** *nf* HORTIC Branche plantée en terre pour servir d'appui à une plante grimpante (pois, haricots, etc.). ETY Du lat.

**2 rame** *nf* **1** IMPRIM Ensemble de vingt mains de papier, soit cinq cents feuilles. **2** TRANSP File de voitures attelées. *Rame de métro.* ETY De l'ar.

**3 rame** *nf* Longue pièce de bois élargie en pelle à l'une de ses extrémités, qui sert à propulser une embarcation. SYN aviron. LOC fam ***Ne pas en fiche une rame*** : ne rien faire. ETY Du lat.

**ramé** *am* LOC VEN ***Cerf ramé*** : dont le bois a commencé à pousser.

**rameau** *nm* **1** Petite branche d'arbre, d'arbuste. **2** ANAT Subdivision d'un nerf, d'un vaisseau. **3** Subdivision, dans la représentation en arbre d'un système. *Rameau d'un arbre généalogique.* **4** Chose que représente cette subdivision. *Un rameau éloigné de la maison impériale.* LOC ***Dimanche des Rameaux*** ou ***les Rameaux*** : dimanche qui, précédant Pâques, commémore l'entrée du Christ à Jérusalem, où il fut accueilli par une foule qui agitait des palmes. SYN Pâques fleuries. ETY Du lat.

**Rameau Jean-Philippe** (Dijon, 1683 – Paris, 1764), compositeur français. En 1733, il débuta à l'Opéra avec *Hippolyte et Aricie* puis composa l'opéra-ballet *les Indes galantes* (1735), les opéras *Castor et Pollux* (1737) et *Dardanus* (1739). Dans la querelle des Bouffons (1752-1754), il défendit la musique française. Auteur d'un important *Traité d'harmonie* (1722), il fit preuve dans ses ouvrages les plus divers d'une grande invention mélodique et rythmique.

sir Raman

J.-P. Rameau

**ramée** *nf* litt Ensemble des branches d'un arbre, couvertes de leurs feuilles. ETY Du lat. *ramus*, « branche ».

**ramen** *nm* Variété de nouilles japonaises, servant à faire une soupe, appelée également *ramen*. PHO [ʀamɛn] ETY Mot jap.

**ramenard, arde** *a, n* fam Prétentieux, qui la ramène.

**ramender** *vt* ① TECH **1** Amender de nouveau. **2** Redorer. **3** Réparer un filet.

**ramener** *v* ⑯ **A** *vt* **1** Amener de nouveau. *Il était déjà venu avec elle et il l'a ramenée.* **2** Faire revenir une personne, un animal en un lieu d'où il était parti. *Ramener qqn chez lui. Ramener les bœufs à l'étable.* **3** Réduire. *Ramener l'inflation à un taux inférieur.* **4** Faire régner de nouveau, rétablir. *Mesures destinées à ramener l'ordre.* **5** Amener ou apporter au retour d'un déplacement. *Les bateaux des colons ramenaient des épices et des esclaves.* **6** Replacer dans sa position initiale. *Ramener une couverture sur ses jambes.* **B** *vpr* **1** Se réduire à. *La difficulté se ramène à un manque de temps.* **2** fam Arriver, venir. LOC fam ***Ramener sa fraise*** ou ***la ramener*** : se mettre au premier plan de façon prétentieuse.

**ramequin** *nm* **1** Pâtisserie au fromage. **2** Petit récipient allant au four. ETY Du néerl.

**1 ramer** *vt* ① AGRIC Soutenir par une ou plusieurs rames des plantes grimpantes. *Pois ramés.*

**2 ramer** *vi* ① **1** Manœuvrer les rames pour faire avancer une embarcation. **2** fig, fam Faire des efforts pour surmonter des obstacles.

**ramette** *nf* Rame de papier de petit format.

**rameur, euse** *n* **A** Personne qui rame. **B** *nm* Appareil de musculation qui permet de reproduire les mouvements de l'aviron.

**rameuter** *vt* ① **1** Ameuter de nouveau ; regrouper en causant une émotion. *Rameuter la population.* **2** VEN Regrouper en meute. *Rameuter les chiens.*

**rameux, euse** *a* BOT ou litt Qui a de nombreux rameaux. *Tige rameuse.*

**rami** *nm* Jeu de cartes qui consiste à rassembler dans sa main des figures telles que séquences, carrés, etc. ETY De l'angl. *rummy*, « bizarre ».

**Ramidus** australopithèque de 4,4 millions d'années découvert en Éthiopie en 1994.

**ramie** *nf* Plante textile (urticacée), appelée aussi *ortie de Chine*, cultivée pour ses longues fibres très résistantes. ETY Du malais.

**ramier** *nm* Grand pigeon des champs, au plumage gris, qui porte une tache blanche sur chaque aile et une tache hachurée de chaque côté du cou. SYN palombe. ETY Du lat.

**ramifié, ée** *a* Qui comporte des ramifications. LOC CHIM ***Chaîne ramifiée*** : structure d'une molécule organique dans laquelle un des atomes de carbone est lié à 3 ou 4 atomes de carbone voisins.

**ramifier (se)** *vpr* ② Se partager en plusieurs rameaux. SYN se subdiviser. ETY Du lat. DER **ramification** *nf*

**ramille** *nf* **A** Menue ramée, petites branches coupées avec leurs feuilles. **B** *nf pl* Dernières divisions des rameaux.

**ramin** *nm* Arbre d'Indonésie au bois clair, apprécié en ébénisterie mais dont le commerce est réglementé du fait de sa surexploitation.

**Raminagrobis** (« le chat qui fait le gros dos »), personnage de Rabelais. Consulté par Panurge, qui voulait se marier, il répond un rondeau équivoque (« Prenez-la, ne la prenez pas. »)

**ramingue** *a* EQUIT Se dit d'un cheval qui se défend contre l'éperon. ETY De l'ital. *ramo*, « rameau ».

**Ramla** v. d'Israël ; 43 500 hab. Nœud ferroviaire et routier entre Tel-Aviv et Jérusalem. Industries. – Cath. romane St-Jean, devenue, au XIII^e s., la Grande Mosquée.

**ramolli, ie** *a, n* fam Qui est sans énergie, sans réaction, faible d'esprit, gâteux.

**ramollir** *vt* ③ **1** Amollir, rendre plus mou. *Ramollir de la cire. Matière qui se ramollit à la chaleur.* **2** fig Affaiblir, rendre moins énergique. *L'oisiveté ramollit la volonté.* DER **ramollissant, ante** *a*

**ramollissement** *nm* Fait de se ramollir ; état de ce qui est ramolli. LOC MED ***Ramollissement cérébral*** : lésion du parenchyme cérébral due à un défaut d'apport sanguin.

**ramollo** *a* fam Mou, sans énergie. *Être tout ramollo.*

**Ramon Gaston** (Bellechaume, Yonne, 1886 – Garches, 1963), vétérinaire et microbiologiste français. Membre de l'Institut Pasteur, il mit au point de nombr. vaccins.

**ramonda** *nm* Plante herbacée ornementale à feuilles en rosette et à grandes fleurs violettes, que l'on cultive en rocaille. ETY D'un n. pr. VAR **ramondie** *nf*

**ramoner** *vt* ① **1** Nettoyer une cheminée, son conduit, en ôter la suie. **2** ALPIN Faire l'escalade d'une « cheminée », d'un passage étroit entre deux parois très rapprochées. ETY De l'a. fr. *ramon*, « balai ». DER **ramonage** *nm*

**ramoneur** *nm* Celui dont le métier est de ramoner les cheminées.

**Ramonville-Saint-Agne** com. de la Hte-Garonne (arr. de Toulouse) ; 12 327 hab. DER **ramonvillois, oise** *a, n*

**Ramón y Cajal** Santiago (Petilla de Aragón, Navarre, 1852 – Madrid, 1934), médecin et biologiste espagnol. Il étudia les neurones et leurs connexions. P. Nobel 1906 avec C. Golgi.

**Ramos** Fidel (île de Luçon, 1928), homme d'État philippin. Ancien commandant de la gendarmerie du général Marcos, il soutint l'insurrection pop. (1986) qui amena Cory Aquino à la présidence. Président de la Rép. de 1992 à 1998.

**Rampal** Jean-Pierre (Marseille, 1922 – Paris, 2000), flûtiste français ; soliste virtuose.

**rampant, ante** *a, nm* **A** *a* **1** Qui rampe. *Animal rampant. Tige rampante.* **2** Obséquieux, servile. *Courtisan rampant.* **3** fig Peu sensible, peu perceptible. *Crise rampante.* **4** ARCHI Incliné, en pente. **B** *nm* **1** Partie disposée en pente. *Les rampants d'un pignon.* **2** fam Dans l'aéronautique, membre du personnel au sol, qui ne vole pas.

**rampe** *nf* **1** Plan incliné destiné à permettre le passage entre deux niveaux, deux plans horizontaux. *Rampe d'accès à une autoroute.* **2** Portion de route, de voie ferrée, etc., fortement inclinée. **3** Balustrade ou barre, à hauteur d'appui, suivant un escalier. **4** Rangée de lumières au bord d'une scène de théâtre. *Les feux de la rampe.* LOC fam *Passer la rampe :* intéresser le public, porter. — *Rampe de lancement :* dispositif assurant le support, le maintien et le guidage d'un engin à réaction, d'une fusée, au moment de son lancement.

**rampeau** *nm* JEU Second coup, dans une partie qui n'en compte que deux. ETY De *rappel.*

**ramper** *vi* ① **1** Progresser par ondulations ou par contractions et décontractions successives du corps ou de certaines de ses parties, en parlant des animaux dépourvus de membres. *Limace, couleuvre qui rampe.* **2** Progresser en s'aplatissant à terre, ventre contre le sol. *Soldat qui rampe vers une tranchée.* **3** Croître en s'étalant, sur un support ou à terre, en parlant d'une plante. *Le lierre rampe.* **4** fig Se déplacer lentement au ras du sol. *Un épais brouillard rampait près de la rivière.* **5** S'abaisser, s'humilier. *Ramper devant les puissants.* ETY Du germ.

**rampon** *nm* Suisse Mâche, doucette. ETY Du lat. *rapum* « rave ».

**ramponneau** *nm* pop Coup, bourrade. ETY Du n. d'un cabaretier du XVIII^e s.

**Ramsay** sir William (Glasgow, 1852 – High Wycombe, 1916), chimiste anglais. Il découvrit les gaz rares. P. Nobel 1904.

**Ramsden** Jesse (Salterhebble, Yorkshire, 1735 – Brighton, 1800), physicien et opticien anglais ; inventeur du théodolite.

**Ramsès** nom de onze pharaons des XIX^e et XX^e dynasties. — **Ramsès I^er** pharaon d'Égypte, le fondateur de la XIX^e dynastie ; successeur du roi Horemheb et roi d'Égypte de 1314 à 1312 avant J.-C. — **Ramsès II Méiamoun** dit Ramsès le Grand petit-fils du préc., l'une des plus grandes figures de l'Égypte pharaonique ; successeur de son père, Séthi I^er, et roi d'Égypte de 1301 à 1235 env. avant J.-C. Il mena contre l'Empire hittite des combats incessants, entrecoupés de traités de paix. Il édifia cités et monuments : à Tanis, Abydos, Louxor, Thèbes (Ramesseum), Abu-Simbel (temples).

Ramsès II le Grand

— **Ramsès III** second pharaon de la XX^e dynastie, fils de Sethnakht, roi d'Égypte de 1198 env. à 1166 avant J.-C. ; il stoppa l'invasion des Peuples de la mer.

**Ramsey** Norman Foster (Washington, 1915 – Wayland, Mass. 2011), physicien américain. Il mit au point des horloges atomiques. Prix Nobel 1989.

**Ramsgate** v. d'Angleterre (Kent), à l'embouchure de la Tamise ; 39 640 hab. Stat. balnéaire. Navigation de plaisance.

**Ramuntcho** roman de Loti (1897). ▷ CINE Film du Français René Barberis (1886 – 1959), en 1938.

**ramure** *nf* **1** Ensemble des branches, des ramifications. *La ramure d'un arbre.* **2** Bois d'un cervidé. *La ramure d'un cerf.*

**Ramus** Pierre de La Ramée, dit (Cuts, Vermandois, 1515 – Paris, 1572), philosophe, mathématicien et humaniste français. Hostile à l'aristotélisme, il fit de la raison et de l'expérience les bases de toute connaissance. Ayant opté pour la Réforme dès 1561, il fut assassiné lors de la Saint-Barthélemy.

**Ramuz** Charles Ferdinand (Cully, canton de Vaud, 1878 – Pully, près de Lausanne, 1947), écrivain suisse d'expression française. Séjournant à Paris de 1902 à 1914, il publia des récits réalistes. Après *l'Histoire du soldat* (1918, mis en musique par Stravinski), il peignit des héros paysans : *les Signes parmi nous* (1919), *la Grande Peur dans la montagne* (1926), *Derborence* (1934), *Si le soleil ne revenait pas* (1937). On lui doit aussi des essais (*Besoin de grandeur,* 1937) et un *Journal* (1940-1947).

C.F. Ramuz

**ranale** *nf* BOT Dicotylédone dont les pièces florales, bien différenciées, sont disposées en spirale (magnoliacées ligneuses et renonculacées herbacées). SYN polycarpique. ETY Du lat. *rana,* « grenouille ».

**ranatre** *nf* Punaise d'eau au corps allongé, dont la piqûre est douloureuse. ETY Du lat. *rana,* « grenouille ».

**Ranavalona I^re** (Ambohimanga, vers 1790 – Antananarivo, 1861), reine de Madagascar (1828-1861), épouse de Radama I^er, auquel elle succéda. Elle se remaria avec Rainiharo, Premier ministre, qui s'opposa à la pénétration européenne. — **Ranavalona II** (m. à Antananarivo en 1883), reine de Madagascar (1868-1883). Veuve de Radama II, elle épousa Rainilaiarivony. — **Ranavalona III** (Antananarivo, 1862 – Alger, 1917), dernière reine de Madagascar (1883-1897), cousine de Ranavalona II, dont elle épousa le veuf. Elle signa le traité franco-malgache de Tamatave (1885), subit l'expédition française de 1895 et, après une insurrection réprimée, fut déposée en 1897.

Ranavalona III

**Rancagua** v. du Chili central, ch.-l. de prov. ; 200 000 hab. Cuivre (mine proche) ; industr. alimentaires.

**rancard** *nm* **1** fam Rendez-vous. **2** arg Renseignement. VAR **rencard**

**rancarder** *v* ① **1** fam Donner un rendez-vous à. **2** arg Renseigner. *Se rancarder.* VAR **rencarder**

**rancart** *nm* LOC fam *Mettre au rancart :* au rebut. ETY De *récarter.* VAR **rencart**

**rance** *a* Qui a pris en vieillissant une saveur âcre et une odeur forte, en parlant des denrées grasses. *Beurre, lard rance.* ETY Du lat.

**Rance (la)** fl. côtier de France (100 km), qui, après Dinan, se jette dans la Manche par un profond estuaire, sur lequel est installée depuis 1966 une usine marémotrice.

**Rancé** Armand Jean Le Bouthillier de (Paris, 1626 – Soligny, près de Mortagne, 1700), religieux français. Retiré chez les cisterciens de N.-D.-de-la-Trappe à Soligny (1664), il imposa des règles de vie austères. Chateaubriand écrivit une *Vie de Rancé* (1844).

**ranch** *nm* Aux É-U, ferme d'élevage extensif de la Prairie. PLUR ranchs ou ranches. PHO [rɑ̃tʃ] ETY Mot anglo-amér.

**rancher** *nm* Fermier qui exploite un ranch. PHO [rɑ̃tʃœʀ]

**ranching** *nm* Élevage extensif pour la viande. PHO [rantʃiŋ]

**rancio** *nm* **1** Vin de liqueur qui s'est velouté en vieillissant. **2** Goût velouté et persistant caractéristique de ces vins. ETY Mot esp.

**rancir** *vi* ③ Devenir rance. *L'huile a ranci.* DER **rancissement** *nm* – **rancissure** *nf*

**rancœur** *nf* Amertume tenace due à une injustice, une déception, etc. ETY Du lat. *rancor,* « ce qui est rance ».

**rançon** *nf* **1** Somme d'argent que l'on donne en échange de la liberté d'une personne captive. **2** fig Contrepartie pénible d'une chose agréable. *La rançon du succès.* ETY Du lat.

**rançonner** *vt* ① Extorquer de l'argent à qqn sous la menace. DER **rançonnement** *nm* – **rançonneur, euse** *n*

**rancune** *nf* Ressentiment profond, accompagné du désir de se venger, que l'on garde d'une offense. *Garder rancune à qqn.* ETY Du lat. DER **rancunier, ère** ou **rancuneux, euse** *a, n*

**rand** *nm* Monnaie de la République sud-africaine.

**Rand** → **Witwatersrand.**

**Randers** port du Danemark (Jylland), sur le fjord du m. nom ; 60 970 hab. Industries.

**randomiser** *vt* ① STATIS Valider un résultat par l'étude comparative du résultat obtenu à partir d'un échantillon tiré au hasard. ETY De l'angl. DER **randomisation** *nf*

**Randon** Jacques César (comte) (Grenoble, 1795 – Genève, 1871), maréchal de France. Gouverneur général de l'Algérie (1851-1858), il soumit la Kabylie (1857).

**randonnée** *nf* Longue marche ininterrompue, grande promenade. *Randonnée pédestre, équestre.* ETY De l'a. fr. VAR **rando** fam

**randonner** *vi* ① Faire de la randonnée.

**randonneur, euse** *n* Personne qui fait une randonnée, ou qui s'adonne régulièrement à la randonnée.

**rang** *nm* **1** Série de personnes, de choses identiques disposées en ligne. *Élèves qui se mettent en rangs.* **2** Série de sièges placés côte à côte. *Les premiers rangs d'une salle de spectacle.* **3** Ligne de mailles dans un tricot. **4** Suite de soldats placés côte à côte. **5** Place occupée dans une série. *Être classé par rang d'ancienneté, de taille.* **6** Position dans une hiérarchie, une échelle de valeurs. *Être reçu à un concours dans un bon rang.* **7** Canada Partie du territoire d'une municipalité rurale composée d'une suite de lots agricoles de forme rectangulaire, aboutissant à une ligne où est tracé généralement un chemin de desserte ; ce chemin. **LOC** ***Être au rang des*:** compter parmi les. — ***Être sur les rangs*:** en compétition avec d'autres. — ***Les rangs des*:** le groupe, l'ensemble des. — ***Officier sorti du rang*:** qui n'est pas passé par une grande école militaire. — ***Prendre rang parmi les*:** se mettre au nombre de. — fam ***Rentrer dans le rang*:** renoncer à ses ambitions, à ses prérogatives. [PHO] [rɑ̃] [ETY] Du frq.

**Rangabês** Alexandros Rizos (Istanbul, 1810 – Athènes, 1892), homme politique, archéologue et écrivain grec : *Poésies diverses* (1837-1840), *Antiquités helléniques* (1842-1855), etc. [VAR] **Rangavís, Rangabê**

**rangé, ée** *a* Se dit d'une personne dont la conduite est sage et exempte de tout excès, qui mène une existence tranquille, sans aventure. **LOC** ***Bataille rangée*:** livrée par des troupes rangées.

**rangée** *nf* Suite de choses ou de personnes placées côte à côte sur une même ligne. *Une rangée de sièges.*

**rangement** *nm* **1** Action de ranger. **2** Espace spécialement conçu pour ranger des objets. *Des rangements bien conçus.*

**1 ranger** *v* [13] **A** *vt* **1** Mettre en rangs ou en files. *Ranger des soldats en ordre de bataille.* **2** Disposer en bon ordre. *Ranger ses papiers, la vaisselle.* **3** Mettre de l'ordre dans. *Ranger sa chambre, un tiroir.* **4** Classer, faire figurer parmi. *Ranger un poète parmi les classiques.* **5** Mettre de côté ; garer. *Ranger un camion le long du trottoir.* **B** *vpr* **1** Se mettre en rangs. *Se ranger par quatre.* **2** S'écarter pour laisser le passage. *Se ranger pour laisser passer l'ambulance.* **3** Se rassembler, se rallier. **4** Devenir sage, tranquille. **LOC** fam ***Se ranger des voitures*:** cesser toute activité, en partic. délictueuse.

**2 ranger** *nm* **1** Soldat d'un corps d'élite de l'armée de terre américaine. **2** Dans les pays anglo-saxons, gardien de parc national. **3** Brodequin muni d'une guêtre de cuir utilisé dans l'armée. [PHO] [rɑ̃dʒœʀ] [ETY] Mot amér.

**Ranger** famille d'engins spatiaux américains qui étudièrent la Lune (1961-1965).

**Rangoon** (*Yangoun* dep. 1989), anc. cap. de la Birmanie ; 4,1 millions d'hab. (aggl.). Port situé près de l'embouchure de l'Irrawaddy. Lieu saint bouddhique (pagode de Shwedagon). Centre industriel. – Université. – Occupée par les Britanniques de 1824 à 1826 puis de 1852 à 1942, prise par les Japonais en 1942, rendue aux Brit. (1945-1946). [VAR] **Rangoun**

**Rangoon** pagode de Shwedagon

**rani** *nf* Épouse d'un rajah.

**ranidé** *nm* ZOOL Amphibien anoure dont le type est la grenouille. [ETY] Du lat. *rana*, « grenouille ».

**ranimation** *nf* Syn. de *réanimation.*

**ranimer** *vt* [1] **1** Faire revenir à la conscience. *Ranimer un électrocuté.* **SYN** réanimer. **2** Redonner de la vivacité à. *Ranimer un feu. Ranimer l'ardeur de ses troupes.*

**Rank** Otto Rosenfeld, dit Otto (Vienne, 1884 – New York, 1939), psychanalyste autrichien : *le Traumatisme de la naissance* (1924).

**Ranke** Leopold von (Wiehe, Thuringe, 1795 – Berlin, 1886), historien allemand, spécialiste des États occidentaux aux XVI^e^ et XVII^e^ s.

**Rankine** William J. Macquorn (Édimbourg, 1820 – Glasgow, 1872), ingénieur et physicien britannique : travaux sur la thermodynamique.

**Ranson** Paul (Limoges, 1864 – Paris, 1909), peintre français du groupe des nabis. En 1908, il fonda avec sa femme France l'Académie Ranson (rue Joseph-Bara, Paris 6^e^).

**rantanplan !** → **rataplan !**

**Rantanplan** chien policier stupide, personnage (créé en 1962) de la bande dessinée *Lucky Luke* ; dep. 1987, il est le héros d'albums.

**Rantzau** Josias (comte de) (Bothkamp, Holstein, 1609 – Paris, 1650), maréchal de France (1645). Allemand au service du Danemark, de la Suède, etc., puis de la France (1635) ; emprisonné, durant la Fronde, par Mazarin (1649-1650).

**Ranvier** Louis Antoine (Lyon, 1835 – Vendranges, Loire, 1922), physiologiste français ; auteur d'ouvrages d'histologie et d'anatomie.

**ranz** *nm* **LOC** ***Le ranz des vaches*:** air populaire des bergers suisses. [PHO] [ʀɑ̃s] [ETY] Mot all.

**Raoul** (m. à Auxerre en 936), duc de Bourgogne (921-923) et roi de France (923-936) à la mort de son beau-père, Robert I^er^. Il vainquit les Normands en 930. [VAR] **Rodolphe**

**Raoul de Cambrai** chanson de geste du XII^e^ s. dont le héros est courageux et brutal.

**Raoult** François Marie (Fournes-en-Weppes, Nord, 1830 – Grenoble, 1901), chimiste et physicien français : travaux sur les propriétés des solutions.

**raout** *nm* vieilli Réunion mondaine. [PHO] [ʀaut] [ETY] De l'angl.

**rap** *nm* Style de musique syncopée, de style funky, dont les textes, parlés, sont scandés. [ETY] Mot angl.

**rapace** *a, nm* **A** *a* **1** Ardent à poursuivre sa proie, en parlant d'un oiseau. *L'aigle rapace.* **2** fig Avide de gain, cupide. *Usurier rapace.* **B** *nm* Oiseau carnivore dont l'ordre comprend les falconiformes (diurnes) et les strigiformes (nocturnes). [ETY] Du lat.

**Rapaces (les)** film de Stroheim (1923) d'ap. le roman *McTeague* (1899) de Frank Norris ; Stroheim tourna un film de 7 heures, coupé par le producteur Irving Thalberg (1899 – 1936).

**rapacité** *nf* **1** Avidité d'un animal qui se jette sur sa proie. **2** fig Avidité, cupidité.

**râpage** → **râper.**

**rapailler** *vt* [1] Canada Rassembler ce qui est épars. *Rapailler ses affaires, ses souvenirs.*

**Rapallo** v. d'Italie (Ligurie), sur le golfe de Gênes ; 28 320 hab. Port de pêche. Stat. balnéaire. Industries. – Le 12 nov. 1920 y fut signé un traité entre la Yougoslavie, qui acquérait la Dalmatie, et l'Italie, qui conservait Zara. Le 16 avril 1922, l'Allemagne et l'U.R.S.S. y rétablirent leurs relations diplomatiques.

**rapatrié, ée** *a, n* **1** Ramené dans sa patrie. **2** Qui a rejoint la métropole, en parlant d'anciens coloniaux. *Les rapatriés d'Algérie.*

**rapatrier** *vt* [2] Faire revenir dans son pays, dans sa patrie. *Rapatrier des exilés. Rapatrier des œuvres d'art.* [DER] **rapatriable** *a* – **rapatriement** *nm*

**1 râpe** *nf* **1** Lime à grosses aspérités utilisée dans le travail des matières tendres. *Râpe à bois.* **2** Ustensile de cuisine servant à réduire certaines substances en poudre ou en fragments. *Râpe à fromage.* [ETY] Du germ.

**2 râpe** *nf* VITIC Syn de *rafle* 2. [ETY] Du germ., par le lat. *raspa*, « grappe de raisin ».

**râpé, ée** *a, nm* **A** *a* Usé jusqu'à la corde, en parlant d'une étoffe, d'un vêtement. **B** *nm* Fromage (partic., gruyère) passé à la râpe. **LOC** fam ***C'est râpé*:** il ne faut pas y compter.

**râper** *vt* [1] **1** Réduire en poudre, en fragments avec une râpe. *Râper du fromage.* **2** User la surface d'un corps avec une râpe. *Râper du bois.* **3** fig Irriter. *Alcool qui râpe le gosier.* **4** User un tissu jusqu'à la corde. [DER] **râpage** *nm*

**rapercher** *vt* [1] Suisse fam Réunir, rassembler, attraper. *Rapercher le chat sur le toit.* [VAR] **rappercher**

**râperie** *nf* TECH Atelier où l'on opère le râpage des betteraves à sucre, du bois destiné à la pâte à papier, etc.

**rapetasser** *vt* [1] fam, vieilli Raccommoder grossièrement. [ETY] Du provenç. *petas*, « morceau de cuir ». [DER] **rapetassage** *nm*

**rapetisser** *v* [1] **A** *vt* **1** Rendre plus petit ; faire paraître plus petit. *L'éloignement rapetissait les objets.* **2** fig Diminuer la valeur, le mérite de. *Cette mesquinerie le rapetisse.* **B** *vi* Devenir plus petit, plus court. *Dès le mois d'août, les jours rapetissent.* [ETY] De l'a. v. *apetisser*, « diminuer ». [DER] **rapetissement** *nm*

**râpeux, euse** *a* **1** Rugueux comme une râpe. *La langue des chats est râpeuse.* **2** fig Âpre au goût, à l'oreille. *Cidre râpeux. Voix râpeuse.*

**Raphaël** personnage biblique, ange (archange pour les catholiques), protecteur de Tobie.

**Raphaël** Raffaello Santi ou Sanzio, dit en fr. (Urbino, 1483 – Rome, 1520), peintre et architecte italien. Disciple du Pérugin, il se rendit à Florence (1504-1508), puis Bramante l'introduisit au Vatican, où Jules II puis Léon X lui confièrent la décoration de trois *stanze* (ou *chambres*) : *chambre de la Signature* (1509-1511), qui renferme *l'École d'Athènes*, *chambre d'Héliodore* (1511-1514) et *chambre de l'Incendie du bourg* (1514-1517). Les fresques de cette dernière, de la *chambre de Constantin* (1517-1525) et des Loges vaticanes sont dues, en majeure partie, à ses élèves, car il travailla aussi à des retables, à des madones (*la Vierge à la chaise*, 1514), à des cartons de tapisserie, à des portraits. Architecte, Raphaël, à la mort de Bramante (1514), dirigea les travaux de Saint-Pierre de Rome, transformant la croix grecque du plan en croix latine. [DER] **raphaélique** ou **raphaélesque** *a*

**raphé** *nm* ANAT Ligne saillante sur la peau, correspondant à l'entrecroisement de fibres musculaires. *Raphé médian du périnée.* [ETY] Du gr.

**raphia** *nm* **1** Palmier d'Afrique et de Madagascar, dont on tire une fibre souple et résistante. **2** Cette fibre, qu'on emploie comme lien ou pour faire des tissus, des objets de vannerie, etc. *Natte en raphia.* [ETY] Mot malgache.

**raphiolepis** *nm* Arbuste ornemental (rosacée) originaire d'Extrême-Orient, à feuilles persistantes, à fleurs disposées en grappes.

**rapiat, ate** *a, n* fam Pingre, cupide. *Elle est drôlement rapiat* (ou, moins cour. *rapiate*). [ETY] De *râper.*

**rapide** *a, n* **A** *a* **1** Qui va très vite ; qui peut aller très vite. *Voiture puissante et rapide.* **2** Qui se fait, se produit à une vitesse ou avec une fréquence élevée. *Course rapide. Pouls rapide.* **3** D'une grande promptitude dans le mouvement, l'action, l'intelligence, etc. *Être rapide en affaires.* **4** Qui permet d'aller, d'agir, etc., rapidement. *Itinéraire rapide.* **5** À forte déclivité. *Descente rapide.* **6** PHOTO Se dit d'un film de sensibilité élevée. **B** *n* Personne qui comprend, qui agit vite. **C** *nm* **1** Portion du cours d'une rivière, d'un fleuve, où le courant devient rapide et tourbillonnant. **2** Train rapide, qui ne s'arrête que dans les villes importantes. **LOC** TECH ***Acier rapide*** : acier spécial, très dur, utilisé pour l'usinage des métaux. [ETY] Du lat. [DER] **rapidement** *av* – **rapidité** *nf*

**rapido** *av* fam Très vite. [VAR] **rapidos**

**rapiécer** *vt* [14] Raccommoder en posant une pièce. [DER] **rapiéçage** ou **rapiècement** *nm*

**rapière** *nf* anc Épée de duel longue et effilée, conçue pour frapper d'estoc, en usage du XV^e au XVII^e s. [ETY] De *râper.*

**rapin** *nm* fam, vieilli Peintre médiocre.

**Rapin** Nicolas (Fontenay-le-Comte, v. 1535 – Poitiers, 1608), magistrat et poète français ; un des auteurs de la *Satire Ménippée.*

**rapine** *nf* litt **1** Action de ravir par violence. **2** Larcin, pillage ; concussion. *Les rapines d'un intendant.* **3** Ce qui est pris par rapine. *Vivre de rapines.* [ETY] Du lat.

**rapiner** *vt, vi* [1] vieilli Prendre par rapine. [DER] **rapinerie** *nf*

**raplapla** *a inv* fam Sans force, très fatigué.

**raplatir** *vt* [3] Aplatir de nouveau ou davantage.

**Rapp** Jean (comte) (Colmar, 1772 – Rheinweiler, Bade, 1821), général français. Gouverneur de Dantzig, il défendit la ville pendant un an après la retraite de Russie (1812-1813).

**rappareiller** *vt* [1] Réassortir. *Rappareiller les verres d'un service.*

**rapparier** *vt* [2] **1** Joindre une chose à une autre pareille, pour reformer une paire. *Rapparier des bas.* **2** Apparier de nouveau des animaux. *Rapparier un bœuf de labour.*

**rappel** *nm* **1** Action de rappeler, de faire revenir. *Rappel d'un exilé.* **2** MILIT Batterie de tambour ou sonnerie de clairon pour avertir les troupes de se rassembler. **3** Applaudissements prolongés invitant un artiste à revenir saluer le public. **4** Évocation, remise en mémoire ; répétition. *Rappel d'un souvenir.* **5** Nouvelle administration de vaccin destinée à prolonger l'immunité conférée par une vaccination antérieure. **6** Paiement rétroactif d'une portion d'appointements restée en suspens. **7** MAR Mouvement d'un navire qui revient à sa position d'équilibre après un coup de roulis. **8** Position de l'équipage d'un dériveur, qui porte son poids au vent pour limiter la gîte. **9** ALPIN Manœuvre de descente qui consiste à se servir d'une corde double, accrochée au point haut sur un piton et récupérée ensuite par traction sur l'un des brins. **LOC** ***Rappel à l'ordre*** : avertissement à un membre d'une assemblée qui s'est écarté du règlement, des convenances.

*Raphaël et son maître d'armes,* v. 1518 – musée du Louvre

**rappelé, ée** *a, n* Appelé de nouveau sous les drapeaux

**rappeler** *v* [19] **A** *vt* **1** Appeler de nouveau, en particulier par téléphone. **2** Appeler pour faire revenir. *Rappeler qqn qui sort.* **3** fig Ramener à. *Rappeler qqn à la vie. Rappeler à l'ordre.* **4** Remettre en mémoire. *Rappeler une promesse à qqn.* **5** Faire penser, par ressemblance ou par analogie, à. *Ce récit m'en rappelle un autre.* **6** INDUSTR Faire revenir à l'usine un produit défectueux pour vérification et réparation. **B** *vpr* Conserver ou retrouver le souvenir de. *Se rappeler un fait. Il se rappelle être venu ; il se le rappelle.* **LOC** ***Se rappeler à qqn*** : à son souvenir

**rapper** *vi* [1] Interpréter du rap. [DER] **rappeur, euse** ou **rapper** *n*

**rappercher** → **rapercher.**

**rappliquer** *v* [1] **A** *vt* Appliquer de nouveau. **B** *vi* fam Revenir, arriver.

**rappointis** *nm* TECH Pointe à large tête enfoncée dans un bois pour retenir l'enduit.

**rapport** *nm* **A** **1** Action de rapporter, d'ajouter. **2** DR Action par laquelle une somme, un bien reçus par avance sont restitués à la succession, pour être comptés au partage. **3** Revenu, produit. *Vigne d'un bon rapport.* **4** Compte rendu ou exposé ; témoignage, récit. *Rapport financier.* **5** MILIT Réunion d'une unité militaire pour la communication de l'ordre du jour, des décisions disciplinaires, etc. **6** Relation constatée ou établie entre deux ou plusieurs choses. *Faire le rapport entre deux incidents. Rapport qualité prix* (ou *qualité-prix*). **7** Conformité, accord. *Il y a un rapport parfait entre les parties de cet édifice.* **8** MATH Comparaison de deux grandeurs. *Rapport de deux nombres.* **9** MATH Quotient. **10** Relation entre des personnes, des groupes, des États. *Mettre, se mettre en rapport avec qqn.* **B** *nm pl* fam Relation sexuelle. *Avoir des rapports.* **LOC** ***Bien sous tous (les) rapports*** : à tous égards. — ***Maison de rapport*** : dont le propriétaire tire des revenus locatifs. — ***Par rapport à*** : relativement à, en fonction de ; par comparaison avec. — fam ***Pièce de rapport*** : rapportée. — pop ***Rapport à*** : à cause de. — fam ***Sous le rapport de*** : quant à, du point de vue de.

**rapportable** *a* **LOC** DR ***Créance rapportable*** : annulable.

**rapportage** *nm* fam Mouchardage.

**rapporté, ée** *a* Se dit d'un élément façonné, ajouté à un ensemble par assemblage. *Poche rapportée* **LOC** fam ***Pièce rapportée*** : membre par alliance d'une famille.

**rapporter** *v* [1] **A** *vt* **1** Apporter de nouveau. *Rapporter un texte après correction.* **2** Apporter une chose au lieu où elle était, la rendre à son propriétaire. *Je vous rapporte vos livres.* **3** Apporter en revenant d'un lieu. *Rapporter un masque d'Afrique. Chien qui rapporte le gibier abattu.* **4** Ajouter, surajouter pour compléter, améliorer, orner, etc. *Rapporter un rabat.* **5** DR Restituer à la masse d'une succession ce qu'on a reçu d'avance. **6** GEOM Tracer sur le papier une figure semblable à une autre. *Rapporter un angle.* **7** Donner un revenu, un profit ; produire. *Commerce qui rapporte beaucoup d'argent. Ces plantations ne rapportent pas.* **8** DR Abroger, annuler. *Rapporter un arrêté.* **9** Faire le compte rendu, le récit de. *Rapporter un fait. Rapporter des paroles.* **10** Répéter par indiscrétion, légèreté ou malice. **11** fam, langage des écoliers Se livrer à des dénonciations, moucharder. **12** Faire remonter, rattacher un fait, une chose à un, une autre par un lien logique. *Rapporter l'effet à la cause.* **13** Comparer. *Rapporter l'effort fourni au résultat obtenu.* **B** *vpr* Avoir rapport, se rattacher à. *Cette question se rapporte au débat.* **LOC** ***S'en rapporter à qqn*** : lui faire confiance pour décider, agir.

**1 rapporteur, euse** *a, n* Se dit de qqn qui se livre à des dénonciations ; mouchard.

**2 rapporteur, euse** *n* Personne chargée du compte-rendu ou de l'exposé d'un procès, d'un projet de loi, etc. [VAR] **rapporteure** *nf*

**3 rapporteur** *nm* GEOM Demi-cercle gradué qui sert à mesurer ou à rapporter des angles.

**rapprendre** *vt* [52] Apprendre de nouveau. [VAR] **réapprendre**

**rapprêter** *vt* [1] TECH Donner un nouvel apprêt à une étoffe.

**rapproché, ée** *a* **1** Voisin, proche. *Leurs maisons sont assez rapprochées.* **2** Qui n'est pas éloigné dans le temps. *Réunions rapprochées.*

**rapprochement** *nm* **1** Action de rapprocher, fait de se rapprocher. *Rapprochement de pièces disjointes.* **2** Établissement de relations plus étroites. *Rapprochement de deux États.* **3** Action de rapprocher pour comparer, confronter.

**rapprocher** *vt* [1] **1** Mettre plus près. *Rapprocher sa chaise de l'âtre. Se rapprocher de la ville.* **2** Rendre plus proche dans le temps. *Chaque heure nous rapproche du terme. L'échéance se rapproche.* **3** Disposer à l'entente, à l'union, etc. ; réconcilier. **4** Mettre en parallèle, confronter pour mettre en évidence les similitudes ou les différences. *Rapprocher des faits.*

**rapprovisionner** *vt* [1] Approvisionner de nouveau. [VAR] **réapprovisionner** [DER] **rapprovisionnement** ou **réapprovisionnement** *nm*

**rapsode, rapsodie** → **rhapsode, rhapsodie.**

**rapt** *nm* **1** Enlèvement d'une personne. *Rapt en vue d'obtenir une rançon.* **2** PHYS NUCL Réaction nucléaire dans laquelle le projectile enlève un des nucléons du noyau cible. [PHO] [rapt] [ETY] Du lat.

**raptus** *nm* PSYCHIAT Impulsion violente et soudaine qui peut pousser un malade à un acte violent. [PHO] [raptys] [ETY] Mot lat.

**râpure** *nf* Ce qu'on enlève avec une râpe.

**Raqqa** v. de Syrie, sur l'Euphrate ; 126 690 hab. – Ruines (palais du IX^e s.).

**raquer** *vt, vi* [1] pop Payer. [ETY] Mot dial.

**raquette** *nf* **1** Instrument formé d'un cadre ovale garni d'un réseau de cordes et muni d'un manche, qui sert à renvoyer la balle ou le volant, au tennis, au badminton, etc., ou constitué d'une petite plaque de bois munie d'un manche court pour le ping-pong. **2** Large semelle de forme ovale que l'on adapte aux chaussures pour marcher sur la neige. **3** Au basket-ball, zone située à proximité immédiate du panier. **4** BOT Tige aplatie du nopal ; cette plante. [ETY] Du lat.

**raquetteur, euse** *n* Canada Adepte de la promenade sur neige avec des raquettes.

**rare** *a* **1** Qui n'est pas commun, qui n'existe qu'en petit nombre. *Perles rares.* **2** Peu nombreux. *Des visiteurs rares.* **3** Qui n'est pas fréquent. *Incident rare.* **4** Exceptionnel, remarquable. *Une rare intelligence.* **5** Peu dense, clairsemé. *Végétation, barbe rare.* **LOC** ***Se faire rare*** : venir moins souvent quelque part ; faire défaut. *L'argent se fait rare.* [ETY] Du lat.

**raréfier** *vt* [2] **1** PHYS Diminuer la densité, la pression de. *Gaz qui se raréfie.* **2** Rendre rare. *Une chasse trop intensive a raréfié l'espèce.* [ETY] Du lat. [DER] **raréfaction** *nf* – **raréfiable** *a*

**rarement** *av* Peu souvent.

**rarescent, ente** *a* didac Qui se raréfie.

**rareté** *nf* **1** Caractère de ce qui est rare. *La rareté des choses fait leur valeur. Rareté d'un évènement.* **2** Chose rare, précieuse ou curieuse. *Les raretés d'une collection.*

**rarissime** *a* Très rare.

**Rarotonga** île de l'archipel des îles Cook (Nouvelle-Zélande) ; 67,6 km$^2$ ; 9 530 hab. ; ch.-l. de l'île et de l'archipel : *Avarua*.

**1 ras** *nm* En Éthiopie, titre de la plus haute dignité après celle de négus. [PHO] [ʀɑs] [ETY] Mot amharique.

**2 ras, rase** *a* **1** Dont les poils, les brins, etc., sont coupés au plus court. *Une barbe rase. Un tissu ras.* **2** Qui est naturellement court, peu élevé. *Végétation rase.* **LOC** ***À ras bord*** : jusqu'au bord. — ***À ras de, au ras de*** : presque au niveau de. — **fam** ***Au ras des pâquerettes*** : à un niveau très bas, sommaire, grossier. — ***En rase campagne*** : en terrain découvert ; **fig** se dit d'une défaite particulièrement humiliante. [ETY] Du lat.

**rasade** *nf* Contenu d'un verre plein à ras bord. *Rasade de vin.*

**rasage** *nm* **1** Action de raser, surtout la barbe. **2** TECH Opération consistant à égaliser tous les poils des peaux, des étoffes, etc.

**Ra's al-Khayma** l'un des Émirats arabes unis, sur le golfe Persique ; 1 625 km$^2$ ; env. 116 000 hab. ; cap. *Ra's al-Khayma* (42 000 hab.).

**rasant, ante** *a* **1** Qui rase, qui effleure. *Tir rasant.* **2** Au ras du sol. *Fortifications rasantes.* **3** **fam** Qui rase, qui ennuie.

**rascart** → **raccard.**

**rascasse** *nf* Poisson perciforme à la tête globuleuse hérissée de piquants, commun en Méditerranée. **SYN** scorpène. [ETY] Du provenç.

**ras-de-cou** *nm inv* Collier qui épouse exactement la base du cou.

**ras-du-cou** *nm inv* Vêtement, pull-over dont l'encolure s'arrête à la base du cou.

**ras-el-hanout** *nm inv* Mélange d'épices en usage dans les pays arabes. [PHO] [razelanut]

**rase-motte** *nm* Vol au ras du sol. *Avion qui fait du rase-motte.* **PLUR** rase-mottes.

**raser** *vt* [1] **1** Couper au plus près de la peau. *Raser la laine des moutons.* **2** Couper très court les poils, les cheveux de. *Raser la tête de qqn.* **3** Faire la barbe à qqn. *Se raser avant de sortir.* **4** Abattre un édifice à ras de terre. *Raser des fortifications.* **5** Passer très près de, effleurer. *La balle lui a rasé l'oreille.* **6** **fam** Ennuyer, fatiguer. [ETY] Du lat.

**rasette** *nf* AGRIC Petit soc d'une charrue, fixé en avant du coutre et destiné à couper les mauvaises herbes.

**raseur, euse** *n* **A** *nm* TECH Ouvrier qui rase les étoffes. **B** *n* **fam** Personne ennuyeuse.

**rash** *nm* MED Éruption fugace observée parfois pendant la période d'invasion de certaines maladies. [ETY] Mot angl.

**Rashōmon** film de Kurosawa (1950) d'après un récit d'Akutagawa Ryūnosuke (1892 – 1927), avec Mifune Toshirō.

**rasibus** *av* **fam** À ras, tout près. [PHO] [ʀɑzibys]

**Rask** Rasmus (Brøndekilde, 1787 – Copenhague, 1832), linguiste danois, l'un des pionniers de la grammaire comparée.

**raskol** *nm* HIST Schisme de l'Égl. russe provoqué, au XVII$^e$ s., par les réformes liturgiques du patriarche Nikon (1605 – 1681). [ETY] Mot russe.

**Raskolnikov** héros du roman de Dostoïevski *Crime et Châtiment* (1866).

**ras-le-bol** *nm inv* **fam** Lassitude, saturation.

**Rasmussen** Knud (Jakobshavn, 1879 – Copenhague, 1933), explorateur danois. À partir de 1912, il dirigea plusieurs expéditions dans l'Arctique et étudia les Esquimaux.

**Rasmussen** Poul Nyrup (Esbjerg, 1943), homme politique danois. Social-démocrate, il est Premier ministre depuis 1993. Il n'a pu faire adopter l'euro aux Danois.

**Rasoherina** (m. en 1868), reine de Madagascar (1863-1868). Veuve de Radama II, elle épousa Rainilaiarivony.

**rasoir** *nm, a inv* **A** *nm* Instrument qui sert à raser le visage, à faire la barbe. **B** *nm, a inv* **fig, fam** Se dit d'une personne ou d'une chose ennuyeuse.

**Raspail** François Vincent (Carpentras, 1794 – Arcueil, 1878), chimiste et homme politique français. Ardent républicain, rendu populaire par ses ouvrages de vulgarisation scientifique, il participa aux journées révolutionnaires de 1830 et de 1848. Banni en 1849, il se retira en Belgique jusqu'en 1863.

François Vincent Raspail

**Raspoutine** Grigori Iefimovitch Novykh, dit (Pokrovskoïe, 1865 – Petrograd, 1916), aventurier russe. Moine illettré, il sut gagner, par ses dons de guérisseur, la confiance de la tsarine Alexandra (dont le fils Alexis souffrait d'hémophilie) ; ses débauches discréditèrent le régime. Le prince Youssoupov, le grand-duc Dimitri, tous deux parents du tsar, et le député Pourichkevitch l'assassinèrent.

**raspoutitsa** *nf* GEOGR Dégel du sol, qui entraîne la formation d'une couche de boue gluante. [ETY] Mot russe, « chemin rompu ».

**rassasier** *vt* [2] Nourrir à satiété, apaiser complètement la faim de. **LOC** ***Être rassasié de qqch*** : en avoir à satiété, en être repu. — ***Rassasier ses yeux d'un spectacle*** : le regarder avec avidité sans se lasser. [ETY] Du lat. *satis*, « assez ». [DER] **rassasiement** *nm*

**rassemblement** *nm* **1** Action de rassembler des choses éparses, des personnes dispersées ; fait de se rassembler. **2** Action de rassembler des soldats ; fait, pour ceux-ci, de se rassembler. **3** Groupe de personnes assemblées, attroupement. **4** Union de personnes rassemblées par un dessein commun. **5** Groupement politique rassemblant des tendances diverses.

**Rassemblement du peuple français** (RPF) mouvement politique français fondé en avril 1947 par le général de Gaulle, dissous en 1953.

**Rassemblement pour la République** (RPR) formation politique fondée en 1976 par Jacques Chirac et dissoute en 2002 pour faire place à l'UMP.

**rassembler** *vt* [1] **1** Réunir, regrouper. *Rassembler ses troupes.* **2** Mettre ensemble. *Rassemblez vos affaires, nous partons. Rassembler tout son courage.* **3** TECH Assembler de nouveau. *Rassembler une charpente démontée.*

**rassembleur, euse** *a, n* Qui rassemble, réunit. *Une liste peu rassembleuse.*

**rasseoir** *vt* [41] **1** Asseoir de nouveau. *Se rasseoir sur sa chaise.* **2** Remettre en place. *Rasseoir une statue.* [VAR] **rassoir**

**rasséréner** *vt* [14] **litt** Faire redevenir serein, calme. *Cette nouvelle l'a rasséréné.* [ETY] De serein.

**Ras Shamra** site archéologique de la côte de Syrie, au N. de Lattaquié. (V. Ougarit.)

**rassir** *vi* [3] Devenir rassis.

**rassis, ise** *a* **1** Se dit d'un pain qui n'est plus frais, sans être encore dur. **2** Se dit de la viande d'un animal tué depuis plusieurs jours. **3** **fig, litt** Calme, posé, réfléchi. *Un esprit rassis.* [ETY] Pp. de *rasseoir.*

**rassortir** *vt* [3] Assortir de nouveau ; compléter un assortiment en remplaçant les éléments manquants. *Rassortir un service de table.* [VAR] **réassortir** [DER] **rassortiment** ou **réassortiment** *nm*

**rassoul** *nm* Argile saponifère naturelle utilisée pour les soins capillaires et corporels. *Shampooing au rassoul.* [ETY] Mot ar.

**rassurer** *vt* [1] Redonner l'assurance, la tranquillité, la confiance à. *Vos raisons me rassurent. Rassurez-vous, c'est sans danger.* [DER] **rassurant, ante** *a*

**rasta** *a, n* Se dit d'un mouvement culturel d'origine jamaïcaine prônant un retour mystique aux sources africaines et s'exprimant par la musique reggae. [ETY] De *ras Tafari*, n. donné à Hailé Sélassié, négus d'Éthiopie. [VAR] **rastafari**

**Ra's Tannura** port d'Arabie Saoudite, sur le golfe Persique, où aboutit la plus grande partie du pétrole saoudien, raffiné sur place.

**rastaquouère** *nm* **fam, vieilli** Étranger qui fait étalage d'un luxe exagéré et suspect. [PHO] [ʀastakwɛʀ] [ETY] De l'esp. d'Amérique *rastracuero*, parvenu enrichi dans le commerce des cuirs.

**Rastatt** v. d'All. (Bade-Wurtemberg), sur la Murg ; 37 600 hab. – Le *traité de Rastatt* (1714) mit fin à la guerre de la Succession d'Espagne. – Le *congrès de Rastatt* (1797-1799), prévu pour réorganiser l'Allemagne après le traité de Campioformio, n'aboutit pas. Le Directoire rappela ses délégués, dont deux furent assassinés par des hussards impériaux.

**Rastignac** Eugène de personnage de *la Comédie humaine* de Balzac, prototype de l'arriviste intelligent et sans scrupules. Il apparaît pour la prem. fois dans *le Père Goriot* (1834).

**Rastrelli** Bartolomeo Carlo (comte) (Florence, vers 1675 – Saint-Pétersbourg, 1744), sculpteur italien ; appelé à la cour de Russie en 1716 : statue de l'impératrice Anna Ivanovna. — **Bartolomeo Francesco** (Paris [?], vers 1700 – Saint-Pétersbourg, 1771), fils du préc. ; architecte baroque de la cour de Russie : palais d'Hiver à Saint-Pétersbourg, palais d'Été à Tsarskoïe Selo, couvent Smolnyï à Saint-Pétersbourg.

**rat** *nm* **1** Rongeur (muridé) au pelage sombre, à la queue écailleuse, très prolifique, qui vit le plus souvent en commensal de l'homme. *Le rat d'égout ou surmulot joue un rôle dans la transmission de certaines maladies.* **2** **fig** Personne avare. *Un vieux rat.* **LOC** **fam** ***Être fait comme un rat*** : être attrapé ; être dans une situation fâcheuse et sans issue. — ***Petit rat de l'Opéra*** : jeune élève de la classe de danse de l'Opéra. — ***Rat à crête*** : rat d'Afrique orientale, long d'une quarantaine de centimètres, qui porte une crinière dorsale. — ***Rat araignée*** : musaraigne. — **fam** ***Rat de bibliothèque*** : personne qui fréquente assidûment les bibliothèques, qui y passe sa vie. — **anc** ***Rat de cave*** : mince bougie enroulée sur elle-même, que l'on tient à la main. — ***Rat des bois*** : mulot. — ***Rat des champs*** : campagnol. — **fam** ***Rat d'hôtel*** : voleur qui opère dans les chambres d'hôtel. — ***Rat musqué*** : ondatra.

**rata** *nm* **fam** Plat peu appétissant. [ETY] De *ratatouille*.

**ratafia** *nm* Liqueur à base de marc et de jus de raisin. [ETY] Du créole.

**ratage** *nm* Fait de rater ; échec. **SYN** **fam** fiasco.

**rataplan !** Onomatopée exprimant le bruit du tambour. *Plan, plan, rataplan !* [VAR] **rantanplan !**

**ratatiné, ée** *a* **1** Rapetissé, déformé par l'âge ; ridé, flétri. *Vieillard ratatiné. Pomme ratatinée.* **2** **fig, fam** Brisé, démoli, hors d'usage.

**ratatiner** *vt* ① 1 Raccourcir, resserrer en déformant, en plissant. *Le phylloxéra a complètement ratatiné les feuilles de la vigne.* 2 fig, fam Exterminer, massacrer, démolir. *Ils vont se faire ratatiner !*

**ratatouille** *nf* Plat provençal fait d'aubergines, de tomates, de courgettes, de poivrons, d'oignons, etc., cuits dans l'huile d'olive. ETY De *touiller.*

**1 rate** *nf* Femelle du rat.

**2 rate** *nf* ANAT Organe lymphoïde fortement vascularisé, de consistance molle et spongieuse, situé dans la partie gauche de la cavité péritonéale, sous le diaphragme. LOC fam ***Se dilater la rate*** : rire fort et longtemps. ETY Du néerl.

**raté, ée** *n* **A** *nm* 1 Fait de rater, pour une arme à feu ; coup qui ne part pas. *Raté d'un fusil.* 2 Bruit produit par un moteur à explosion dont l'allumage est défectueux. 3 fig Petite difficulté, incident. *Les ratés du plan de redressement économique.* **B** *n* Personne qui n'a pas réussi dans sa carrière, qui a échoué dans ses entreprises.

**Rateau Auguste** (Royan, 1863 – Neuilly-sur-Seine, 1930), ingénieur français. Il inventa une turbine.

**râteau** *nm* 1 Instrument constitué de dents de fer ou de bois fixées à une traverse munie d'un long manche, qui sert à ramasser les feuilles, les brindilles, à égaliser la terre fraîchement sarclée, etc. 2 Instrument de forme analogue, plaquette munie d'un manche avec laquelle le croupier ramasse les mises, à une table de jeu. 3 fam Échec cuisant, partic. dans le domaine amoureux. ETY Du lat.

**ratel** *nm* Mammifère carnivore mustélidé d'Afrique et d'Asie du Sud, long d'une soixantaine de centimètres, à dos blanc et à ventre noir, très friand de miel.

**râtelée** *nf* AGRIC Quantité que l'on peut ramasser en un seul coup de râteau.

**râteler** *vt* ⑰ ou ⑲ AGRIC Rassembler au moyen d'un râteau. DER **râtelage** *nm*

**râteleur, euse** *n* AGRIC **A** Celui, celle qui râtelle. **B** *nf* Machine à dents qui ramasse le foin.

**râtelier** *nm* 1 Claie fixée au mur d'une écurie, d'une étable, à la hauteur de la tête des bêtes, et destinée à recevoir le fourrage. 2 Support destiné au rangement vertical d'objets oblongs. *Râtelier d'armes, de pipes, d'outils.* 3 fam Dentier. LOC fam ***Manger à plusieurs*** (ou ***à tous les***) ***râteliers*** : tirer profit de plusieurs sources, même si elles représentent des intérêts contradictoires ; servir des partis opposés. ETY De *râteau.*

**rater** *v* ① **A** *vi* 1 Ne pas partir, en parlant d'une arme à feu. 2 Échouer. *L'affaire a raté.* **B** *vt* 1 Ne pas atteindre, ne pas toucher le but, la cible. *La balle l'a raté de peu.* 2 Manquer. *Rater un train, un rendez-vous.* 3 Ne pas réussir, ne pas mener à terme. *Rater un plat.* LOC ***Ça n'a pas raté*** : cela n'a pas manqué de se produire. — fam ***Ne pas rater qqn*** : ne pas manquer de lui faire subir ce qu'il mérite. ETY De *rat.*

**Rathenau Walther** (Berlin, 1867 – id., 1922), industriel et homme politique allemand. Ministre des Affaires étrangères (1922), il signa avec l'URSS le traité de Rapallo (1922). Cible de la propagande antisémite, il fut assassiné.

**ratiboiser** *vt* ① 1 fam Rafler au jeu, voler, ruiner. 2 Ruiner un lieu, détruire. 3 Couper très court les cheveux de qqn. ETY De *ratisser.*

**ratiche** *nf* fam Dent.

**ratichon** *nm* pop, péjor Prêtre. ETY De *rat.*

**raticide** *a, nm* Qui détruit les rats.

**ratier** *nm* Chien dressé à chasser les rats.

**ratière** *nf* 1 Piège à rats. 2 TECH Mécanisme de commande des lames d'un métier à tisser.

**ratification** *nf* 1 Action de ratifier, confirmation dans la forme requise. *Donner sa ratification.* 2 Document qui atteste une telle confirmation.

**ratifier** *vt* ② Approuver, confirmer légalement dans la forme requise ce qui a été fait ou promis. *Ratifier un contrat, un traité.* ETY Du lat.

**ratine** *nf* 1 Drap dont le poil tiré au dehors et frisé forme de petits grains. 2 Canada Tissu-éponge. ETY Du lat. *radere,* « raser ».

**ratiner** *vt* ① TECH Soumettre une étoffe à une opération de frisure. DER **ratinage** *nm*

**rating** *nm* 1 MAR Indice qui permet de répartir les voiliers en différentes classes et de déterminer le handicap de chaque concurrent dans une course. 2 FIN Syn. (déconseillé) de *notation.* PHO [ratiŋ] ETY Mot angl.

**ratio** *nm* STATIS, FIN Rapport entre deux grandeurs. PHO [rasjo] ETY Mot lat.

**ratiociner** *vi* ① litt Faire des raisonnements oiseux et interminables. PHO [rasjɔsine] ETY Du lat. DER **ratiocination** *nf* – **ratiocineur, euse** *n, a*

**ration** *nf* 1 Quantité journalière de vivres, de boissons distribuée aux soldats, aux marins. *Ration de pain, de vin.* 2 Quantité journalière d'aliments nécessaire à une personne ou à un animal. *Ration de foin.* 3 fig Part, quantité, dose considérée comme normale ou comme suffisante. *J'ai eu ma ration d'ennuis !* LOC ***Ration alimentaire*** : quantité et nature des aliments nécessaires à une personne pendant 24 heures. PHO [rasjɔ̃] ETY Du lat.

**rationaliser** *vt* ① 1 Rendre rationnel, conforme à la raison. 2 Tenter de comprendre, d'expliquer ou de justifier d'une manière rationnelle, logique ce qui, par nature, semble échapper à une telle tentative. *Rationaliser le rêve, la poésie.* 3 ECON Organiser selon des principes rationnels une entreprise, une activité économique, etc. *Rationaliser la production.* DER **rationalisation** *nf*

**rationalisme** *nm* 1 PHILO Doctrine selon laquelle tout ce qui existe ayant sa raison d'être, il n'est rien qui, en théorie, ne soit intelligible. 2 PHILO Doctrine selon laquelle toute connaissance certaine est issue de principes a priori, universels et nécessaires, par oppos. à *empirisme. Le rationalisme cartésien.* 3 Toute doctrine tendant à attribuer à la raison une valeur éminente. 4 Attitude, conviction de ceux qui rejettent toute explication métaphysique du monde, par oppos. à *mysticisme,* à *spiritualisme,* etc. 5 THEOL Doctrine selon laquelle les dogmes de la foi ne doivent être reçus qu'après avoir été examinés à la lumière de la raison, par oppos. à *fidéisme.* 6 Bx-A Doctrine esthétique née au début du XXe s. par réaction contre le modern style, subordonnant la beauté des formes à l'adéquation de l'objet ou de l'édifice à sa fonction. ETY Du lat. DER **rationaliste** *a, n*

**rationnaire** *n* ADMIN Personne qui a droit à une ration

**rationnel, elle** *a* 1 Fondé sur la raison. *Connaissance rationnelle.* 2 Conforme à la raison, au sens commun. *Un choix rationnel.* 3 Bien conçu et pratique. *Des rangements rationnels.* ETY Du lat. DER **rationalité** *nf* – **rationnellement** *av*

**rationner** *vt* ① 1 Distribuer par rations limitées, contingenter une denrée, un produit. *Rationner le sucre, l'essence.* 2 Restreindre la quantité d'aliments de qqn. *Il se rationne autant que possible.* DER **rationnement** *nm*

**Ratisbonne** (en all. *Regensburg*), v. d'Allemagne (Bavière), sur la rive dr. du Danube ; 123 820 hab. Centre commercial et industriel. – Cathédrale (XIIIe-XVI[e] s.). Hôtel de ville (XIVe s.). Pont de pierre sur le Danube (XIIe s.). – La ville fut le siège de la diète d'Empire de 1663 à 1806. – En 1809, Ratisbonne fut prise par Napoléon Ier (qui y fut blessé).

**Ratisbonne Théodore Marie** (Strasbourg, 1802 – Paris, 1884), religieux français ; juif converti au catholicisme en 1827, il fonda les congrégations masculine et féminine de Notre-Dame-de-Sion (1842). — **Alphonse Marie** (Strasbourg, 1812 – près de Jérusalem, 1884), religieux, frère du préc. ; converti en 1842, il implanta la congrégation de Notre-Dame-de-Sion en Palestine.

**ratissage** *nm* 1 Action de ratisser avec un râteau. 2 Action de ratisser au cours d'une opération militaire ou de police.

**ratisser** *vt* ① 1 Nettoyer, égaliser avec un râteau. *Ratisser une allée.* 2 Enlever à l'aide d'un râteau. *Ratisser les feuilles mortes.* 3 Explorer minutieusement une zone à l'aide d'éléments très rapprochés, au cours d'une opération militaire ou de police. 4 fig, fam Soutirer tout son argent à qqn, le ruiner. 5 SPORT Au rugby, chercher à s'emparer du ballon en le talonnant. LOC fam ***Ratisser large*** : chercher à rassembler le plus possible d'adhésions. ETY De l'anc. v. *rater.*

**ratite** *nm* Oiseau coureur aux ailes réduites et au sternum dépourvu de bréchet, tel que l'autruche, l'émeu, le nandou, le kiwi. ETY Du lat.

**raton** *nm* 1 Petit du rat. 2 Mammifère carnivore d'Amérique (procyonidé), bon grimpeur et excellent nageur. *Raton laveur. Raton crabier.*

**raton** laveur

**ratonnade** *nf* 1 Violences racistes exercées par des Européens contre des Nord-Africains. 2 Agression raciste. ETY D'un sens raciste de *raton.*

**RATP** Sigle de *Régie autonome des transports parisiens.*

**Ratsiraka Didier** (Vatomandry, 1936), officier et homme politique malgache. Chef de l'État après un coup d'État milit. (1975), il décréta la révolution socialiste et fut président de la Rép. de 1976 à 1993 puis de 1997 à 2002.

**rattacher** *vt* ① 1 Attacher de nouveau. 2 Relier, établir un lien entre. *Traité qui a rattaché une province à la France.* 3 Placer dans un lien de dépendance, de hiérarchie. *Rattacher une question secondaire à un problème général. Espèce animale qui se rattache à un genre.* DER **rattachement** *nm*

**rattachiste** *a, n* Se dit d'un partisan du rattachement à la France de la Belgique francophone. DER **rattachisme** *nm*

**rat-taupe** *nm* Nom donné à divers rongeurs fouisseurs, qui vivent en groupe dans des réseaux de galeries, rappelant les sociétés d'insectes. PLUR rats-taupes.

**ratte** *nf* Variété de pomme de terre à chair ferme, très appréciée.

**Rattigan Terence** (Londres, 1911 – Hamilton, 1977), auteur anglais de farces et de drames : *le Français sans larmes* (1936), *Ross* (1960).

**Rattle sir Simon** (Liverpool, 1955), chef d'orchestre britannique.

**rattrapage** *nm* Action de rattraper, de se rattraper. LOC ***Cours de rattrapage*** : destinés aux élèves qui ont pris du retard par rapport à la scolarité normale.

**rattraper** *v* ① **A** *vt* 1 Reprendre, attraper de nouveau. *Rattraper un prisonnier.* 2 Rejoindre qqn, qqch qui a pris de l'avance. **3** **fig** Regagner, recouvrer le temps ou l'argent perdu. **4** Pallier, compenser les inconvénients d'un retard, d'une erreur. *Rattraper une situation désespérée.* **B** *vpr* **1** Se retenir. *Se rattraper à une branche.* **2** Profiter de ce dont on a longtemps été privé. *Elle n'avait jamais beaucoup voyagé, mais maintenant elle se rattrape.*

**rature** *nf* Trait dont on barre un ou plusieurs mots pour les annuler, effectuer une correction. [ETY] Du lat. *radere*, « racler ».

**raturer** *vt* [1] Corriger ou annuler par des ratures. *Raturer une phrase.* [DER] **raturage** *nm*

**Ratzel** Friedrich (Karlsruhe, 1844 – Ammerland, 1904), géographe allemand ; auteur d'une *Anthropogéographie* (1882-1891).

**Rau** Johannes (Wuppertal, 1931 – Berlin, 2006), homme politique allemand. Social-démocrate, il est président de la Rép. depuis 1999.

**Rauh** Frédéric (Saint-Martin-le-Vinoux, Isère, 1861 – Paris, 1909), philosophe positiviste français : *l'Expérience morale* (1903).

**rauque** *a* Rude, âpre et comme enroué, en parlant d'un son, d'une voix. *Cris rauques.* [ETY] Du lat. [DER] **raucité** *nf*

**Rauschenberg** Robert (Port Arthur, Texas, 1925 – Captive Island, Floride, 2008), peintre américain, pionnier du pop'art.

**Robert Rauschenberg** *Story Pine I* – coll. privée

**rauwolfia** *nm* BOT Plante tropicale (apocynacée) dont on extrait la réserpine, utilisée comme calmant et pour lutter contre l'hypertension. [PHO] [rovɔlfja] [ETY] De *Rauwolf*, botaniste all.

**Ravachol** François Claudius Kœnigstein, dit (Saint-Chamond, 1859 – Montbrison, 1892), anarchiste français qui commit plusieurs attentats. Il fut guillotiné.

**ravage** *nm* (Le plus souvent au plur.) **1** Dégâts importants causés avec violence et rapidité par l'action de l'homme ou de la nature. *Les ravages causés par un séisme.* **2** Désordres physiques, grave altération de la santé. *Les ravages de la drogue.* **LOC** **fam** ***Faire des ravages :*** susciter de nombreuses passions amoureuses. [ETY] De *ravir*.

**ravagé, ée** *a* **1** Marqué, flétri par l'âge, la maladie, les excès, etc. **2** **fam** Fou, inconscient. *Vous êtes complètement ravagé !*

**ravager** *vt* [13] **1** Dévaster, détériorer gravement, saccager. *Les sangliers ont ravagé le champ.* **2** **fig** Nuire gravement au moral, à la santé. *La douleur l'a ravagé.*

**ravageur, euse** *a, n* **A** **1** Qui ravage, saccage. **2** **fig, fam** Qui fait des ravages, suscite les passions. **B** *nm* AGRIC Animal qui ravage les cultures (rongeurs, pucerons, nématodes, etc.).

**Ravaillac** François (Touvre, Charente, 1578 – Paris, 1610), assassin d'Henri IV. Il fut écartelé.

**Ravaisson-Mollien** Félix Lacher (Namur, 1813 – Paris, 1900), philosophe et archéologue français, représentant du « positivisme spiritualiste » : *l'Habitude* (1839).

**ravalement** *nm* **1** **vieilli** Action de ravaler qqn, avilissement. **2** TECH Nettoyage, restauration des parements extérieurs d'un immeuble. **3** AGRIC Sectionnement des branches d'un arbre à une petite distance du tronc.

**ravaler** *vt* [1] **1** Avaler de nouveau. *Ravaler sa salive.* **2** **fig** Retenir, taire ce qu'on est sur le point de laisser paraître, d'exprimer. *Ravaler son indignation.* **3** **fig** Déprécier, rabaisser. *Ravaler qqn, ses mérites.* **4** TECH Faire le ravalement d'un bâtiment, d'une façade, d'un arbre.

**ravaleur** *nm* Ouvrier qui travaille à un ravalement.

**Ravalomanana** Marc (Imerin Kasinina, 1949), homme politique malgache, élu président de la République en 2002.

**Rava-Russkaïa** (en polonais *Rawa-Ruska*), v. d'Ukraine ; 8 000 hab. – Les nazis installèrent près de cette ville un camp de la mort.

**ravauder** *vt* [1] **1** Raccommoder à l'aiguille des vêtements usagés. **2** **fig** Réparer, rectifier superficiellement, grossièrement. *Ravauder un texte.* [ETY] De l'a. fr. [DER] **ravaudage** *nm* – **ravaudeur, euse** *n*

**1 rave** *nf* Plante potagère (crucifère) à racine comestible. *Le navet, le rutabaga sont des raves.* **LOC** ***Cèleri-rave :*** cèleri à racine renflée. — ***Chou-rave :*** variété de chou à tige renflée. [ETY] Du lat.

**2 rave** *nf* Réunion dansante des amateurs de techno et de house, dans laquelle la violence de la musique et des éclairages conduit les participants à une sorte de transe. [PHO] [rev] [ETY] Mot angl., « s'extasier, délirer ». [VAR] **rave-party**

**Ravel** Maurice (Ciboure, Pyr.-Atl., 1875 – Paris, 1937), compositeur français ; élève de Fauré. Par sa rythmique et son orchestration, il se distingue de Debussy et reste classique : *Pavane pour une infante défunte* (pièce pour piano, 1899), *Quatuor en fa* (pour cordes, 1902-1903), *Daphnis et Chloé* (ballet, 1909-1912), *Trio en la* (pour piano, violon et violoncelle, 1914), *la Valse* (poème chorégraphique, 1919-1920), *l'Enfant et les sortilèges* (fantaisie lyrique, 1920-1925), *Boléro* (1928), *Concerto pour la main gauche* (1929-1930). [DER] **ravélien, enne** *a*

**Maurice Ravel** au piano

**Ravello** v. d'Italie (Campanie), qui domine le golfe de Salerne ; 2 310 hab. – Nombreux monuments de style arabo-normand (XIe-XIIIe s.). Jardins suspendus.

**ravenala** *nm* Plante tropicale (musacée) voisine du bananier, dont une espèce est appelée *arbre du voyageur* à cause de l'eau de pluie qui s'accumule à la base de ses feuilles. [ETY] Mot malgache.

**ravenelle** *nf* **1** Nom cour. de la moutarde sauvage. **2** Giroflée jaune. [ETY] Du lat.

**Ravenne** v. d'Italie (Émilie-Romagne), reliée par un canal à la mer Adriatique ; ch.-l. de la prov. du m. nom ; 137 010 hab. Port pétrolier et centre industriel. – Archevêché. Monuments romains (amphithéâtre, aqueduc de Trajan) et byzantins : mausolée de Galla Placidia (milieu du Ve s.), tombeau de Théodoric (520), basilique Saint-Vital (VIe s., au chœur orné de mosaïques), égl. Sant'Apollinare Nuovo (Ve s., mosaïques) et Sant'Apollinare in Classe (VIe s., mosaïques des VIe et VIIe s.). Cath. (XVIIIe s.). Tombeau de Dante (1483). – Ravenne fut la capitale de l'Empire romain d'Occident sous Honorius, puis celle d'Odoacre et de Théodoric (Ve s.). Conquise en 540 par les Byzantins (Bélisaire), elle devint alors la cap. d'un exarchat. [DER] **ravennate** *a, n*

**Ravenne** chœur de l'église Saint-Vital

**Ravenne (exarchat de)** province byzantine d'Italie officiellement constituée en 584. Byzantine depuis 540, la région repoussa l'invasion lombarde, et en 584 l'empereur Maurice y établit un exarque, chef de toutes les forces et possessions impériales en Italie (Istrie, Gênes, Rome, Naples, etc.). Les conflits avec les Lombards et avec la papauté furent nombreux. En 751, les Lombards prirent Ravenne ; le pape Étienne II, se sentant menacé, demanda (754) le secours de Pépin le Bref. Celui-ci contraignit les Lombards à céder l'exarchat à la papauté (756), qui devenait une puissance temporelle.

**Ravensbrück** local. d'Allemagne (Brandebourg, près de Potsdam) ; camp nazi de 1934 à 1945 (où étaient princ. internés des femmes et des enfants).

**raver** *n* Personne qui participe à une rave. [PHO] [REVœR] [VAR] **raveur, euse**

**ravi, ie** *a, nm* **A** *a* Qui éprouve, qui manifeste un grand contentement. **B** *nm* **rég** Santon des crèches provençales à l'expression extatique.

**Rāvi (la)** rivière de l'Inde et du Pākistān (725 km) ; l'une des cinq grandes rivières du Pendjab, elle se jette dans la Chenāb (r. g.).

**ravier** *nm* Petit plat, généralement oblong, où l'on sert les hors-d'œuvre. [ETY] Du lat.

**ravière** *nf* AGRIC Champ planté de raves.

**ravigote** *nf* Vinaigrette mêlée d'œufs durs pilés et relevée d'échalotes. *Sauce ravigote.*

**ravigoter** *vt* [1] **fam** Redonner de la vigueur, de la force. [ETY] De l'a. v. *ravigorer.* [DER] **ravigotant, ante** *a*

**ravin** *nm* **1** Lit creusé par les eaux de ruissellement. **2** Vallée encaissée aux versants abrupts. **3** Chemin au fond d'un ravin.

**ravine** *nf* **1** **vieilli** Torrent. **2** Lit creusé par un ruisseau, un torrent ; petit ravin. [ETY] Du lat.

**raviner** *vt* ① **1** Creuser le sol de ravines. **2 fig** Creuser le visage de rides, de marques. (DER) **ravinement** *nm*

**raviole** *nf* Petit carré de pâte farci de fromage, spécialité du Dauphiné.

**ravioli** *nm* Petit carré de pâte alimentaire farci d'un hachis de viande ou de légumes. (ETY) Mot ital.

**ravir** *vt* ③ **1** litt Enlever de force ; emporter avec violence ou par ruse. *Ravir une femme. La mort lui a ravi ses proches.* **2** THEOL Transporter au ciel. **3 fig** Transporter hors de soi dans la contemplation. *Être ravi en extase.* **4** Charmer le cœur, l'esprit de qqn ; transporter d'admiration. *Cette musique m'a ravie.* **LOC** ***À ravir :*** très bien, admirablement. (ETY) Du lat.

**raviser (se)** *vpr* ① Changer d'avis.

**ravissant, ante** *a* Qui charme, qui est d'une grande beauté. *La campagne alentour est ravissante. Une femme ravissante.*

**ravissement** *nm* **1** THEOL Fait d'être transporté au ciel. **2** État d'une âme ravie en extase. **3** Mouvement de l'esprit, du cœur d'une personne qui est ravie, transportée de joie, d'admiration.

**ravisseur, euse** *n* Auteur d'un rapt.

**ravitaillement** *nm* **1** Action de ravitailler ; fait de se ravitailler. **2 fam** Action de se procurer les aliments nécessaires à la consommation d'un ménage, d'une famille ; denrées ainsi obtenues.

**ravitailler** *vt* ① **1** Faire parvenir des vivres, des munitions à. *Ravitailler une armée.* **2** Fournir en vivres une communauté. **3** Alimenter en carburant. *Ravitailler un avion en vol.* (ETY) De l'anc. v. *avitailler,* « pourvoir de nourriture ».

**ravitailleur, euse** *n* **A** Personne qui a la charge de ravitailler. **B** *nm* Navire, avion spécialement équipé pour alimenter en carburant les bâtiments en mer, les avions en vol.

**raviver** *vt* ① **1** Rendre plus vif. *Raviver le feu.* **2** TECH Décaper un objet à dorer ou à souder. **3** CHIR Exciser une plaie pour accélérer la cicatrisation. **4 fig** Ranimer, faire revivre. *Raviver une douleur. Raviver un souvenir.* (DER) **ravivage** *nm*

**ravoir** *vt* (Ne s'emploie qu'à l'inf.) **1** Avoir de nouveau, recouvrer. *Ravoir son bien.* **2 fam** Redonner à un objet son aspect initial, son éclat. *Je suis arrivé à ravoir les cuivres.*

**Rawalpindi** ville du Pākistān (Pendjab) ; 806 000 hab. Centre industriel.

**Rawa-Ruska** → **Rava-Russkaïa.**

**Rawlings** Jerry (Accra, 1947), officier et homme politique ghanéen. Il prend le pouvoir en 1979, le rend aux civils la même année et le reprend en 1981. Élu prés. de la République en 1992, réélu en 1996, il a doté son pays d'une solide économie et s'est retiré en 2000.

**Rawls** John (Baltimore, 1921 – Lewiston, Massachussets, 2002), sociologue américain : *Théorie de la justice* (1971), sur la justice sociale.

**Ray** John, dit Raius (Black Notley, Essex, 1627 – id., 1705), prêtre et naturaliste anglais. Il a établi la distinction entre monocotylédones et dicotylédones, et accompli des travaux de zoologie et de géographie. (VAR) **Wray**

**Ray** Raymond Jean Marie De Kremer, dit Jean (Gand, 1887 – id., 1964), écrivain belge d'expression (surtout) française, auteur de récits fantastiques et des *Aventures de Harry Dickson,* le « Sherlock Holmes américain » (1930-1940).

**Ray** Emmanuel Redensky, dit Man (Philadelphie, 1890 – Paris, 1976), photographe, peintre et cinéaste américain. Il participa, avec Marcel Duchamp, aux premières manifestations du mouvement dada à New York, puis vint à Paris (1921), où il fréquenta les surréalistes.

**Ray** Raymond Nicholas Kienzle, dit Nicholas (La Crosse, Wisconsin, 1911 – New York, 1979), cinéaste américain : *les Amants de la nuit* (1949), *Johnny Guitar* (1954), *la Fureur de vivre* (1955), *Traquenard* (1958). Wenders filma sa fin : *Nick's Movie* (1980). ▶ illustr. **Dean**

**Ray** Satyājit (Calcutta, 1921 – id., 1992), cinéaste indien qui associe la tradition indienne et le néoréalisme ; auteur complet (y compris de la musique) : *Pather Panchali* (1955), *le Monde d'Apu* (1958), *le Salon de musique* (1959), *Charulata* (1964), *les Joueurs d'échecs* (1977).

**Satyājit Ray**

**rayé, ée** *a* **1** Couvert, décoré de rayures. *Étoffe rayée.* **2** Qui porte des cannelures, en parlant d'une arme, de son canon. *Fusil rayé.*

**rayer** *vt* ① **1** Faire des raies sur. *Rayer une feuille de papier.* **2** Faire une, des éraflures sur une surface. *Rayer un verre.* **3** TECH Creuser l'intérieur d'une arme à feu de cannelures. **4** Barrer d'un trait un mot, une phrase, etc. **5 fig** Supprimer, exclure d'un ensemble. *Il a été rayé de la liste des bénéficiaires.* (DER) **rayage** *nm*

**rayère** *nf* ARCHI Jour oblong pratiqué verticalement dans le mur d'une tour. (ETY) Du lat.

**ray-grass** *nm inv* **1** Ivraie vivace. **2** Ivraie dont diverses variétés sont utilisées pour les gazons. (PHO) [regras] (ETY) Mot angl. (VAR) **raygrass**

**Rayleigh** John William Strutt (3^e^ baron) (Terling Place, Essex, 1842 – id., 1919), physicien anglais : travaux d'acoustique, d'électricité et, surtout, d'optique. P. Nobel 1904.

**Raymond** (saint) → **Raimond (saint).**

**Raymond** → **Raimond.**

**Raymond** Alex (New Rochelle, État de New York, 1909 – Westport, Connecticut, 1956), auteur américain de bandes dessinées : *Flash Gordon* (1934).

**Raynal** abbé Guillaume (Saint-Geniez-d'Olt, 1713 – Paris, 1796), historien et philosophe français, ami des encyclopédistes. Son *Histoire philosophique et politique des établissements et du commerce des Européens dans les deux Indes* (1770) attaque le clergé, l'Inquisition et le colonialisme ; elle fut condamnée.

**Raynaud (maladie de)** *nf* MED Trouble de la circulation qui atteint les extrémités, surtout les mains, souvent déclenché par le froid.

**Man Ray** *Autoportrait,* photo solarisée, v. 1934 – BN

**Raynaud** Fernand (Clermont-Ferrand, 1926 – Riom, 1973), comique français, auteur et interprète de monologues burlesques.

**Raynaud** Jean-Pierre (Colombes, 1939), artiste français, auteur de « psycho-objets », de la « maison de Raynaud » (ensemble de blocs de démolition), etc.

**Raynouard** François (Brignoles, 1761 – Passy, 1836), écrivain français : tragédies (*Caton d'Utique,* 1794 ; *les Templiers,* 1805) ; travaux sur les langues romanes qui annoncent la renaissance occitane. Acad. fr. (1807).

**1 rayon** *nm* **A 1** Émanation de lumière ; ligne droite selon laquelle celle-ci se propage. *Un rayon de soleil. Rayons lumineux.* **2 fig** Ce qui répand la lumière, la joie, etc. *Un rayon d'espérance.* **3** PHYS Trajectoire que parcourent les particules émises par une source. *Dans un milieu homogène, les rayons sont des lignes droites.* **4** Chacune des pièces oblongues qui unissent le moyeu d'une roue à sa jante. **5** Chacun des éléments qui divergent à partir d'un centre commun. **6** GEOM Segment de droite reliant le centre d'un cercle ou d'une sphère à un point quelconque de sa circonférence, de sa surface. **B** *nm pl* Rayonnement. *Rayons α, β, γ.* **LOC** ***Dans un rayon de x kilomètres :*** à *x* kilomètres à la ronde. — ***Du second rayon :*** se dit de la littérature érotique. — AVIAT, MAR ***Rayon d'action :*** éloignement maximal d'un aéronef ou d'un navire de son point de ravitaillement ; **fig** zone d'action, d'influence. — ELECTR ***Rayon électronique*** ou ***cathodique :*** faisceau d'électrons. — ***Rayon vert :*** bref éclat de couleur verte observable parfois au lever ou au coucher du soleil et qui est dû à l'absorption des rayons solaires par l'atmosphère. — ***Rayons cosmiques :*** rayonnement parcourant le milieu interstellaire, constitué de particules de très hautes énergies. — BOT ***Rayons médullaires :*** lames de tissu reliant l'écorce à la moelle, dans la tige des dicotylédones. (ETY) Du lat.

**2 rayon** *nm* AGRIC Petit sillon. *Semer en rayons.* (ETY) De *raie 1.*

**3 rayon** *nm* **1** Gâteau de cire fait par les abeilles pour emmagasiner le miel, le pollen, ou pour loger le couvain. **2** Planche, tablette horizontale servant au rangement ; étagère. *Les rayons d'une bibliothèque.* **3** Secteur d'un grand magasin où l'on vend des marchandises de même nature. *Le rayon de l'outillage, de la parfumerie.* **LOC fam** ***C'est son rayon :*** c'est un domaine qu'il connaît bien. — **fam** ***En connaître un rayon :*** être très compétent en la matière. (ETY) Du frq.

**1 rayonnage** *nm* AGRIC Opération qui consiste à tracer des rayons sur un sol.

**2 rayonnage** *nm* Ensemble de rayons, d'étagères. *Les rayonnages d'une bibliothèque.*

**rayonnant, ante** *a* **1** Disposé selon des rayons. *Motifs décoratifs rayonnants.* **2** Qui émet des rayons. *Soleil rayonnant.* **3 fig** Éclatant, resplendissant. *Un visage rayonnant de santé, de bonheur.* **LOC** ARCHI ***Gothique rayonnant :*** caractérisé par une abondante décoration à motifs circulaires.

**rayonne** *nf* Fibre textile artificielle à base de cellulose ; étoffe de rayonne. (ETY) Nom déposé.

**rayonné, ée** *a* Disposé en rayons ; orné de rayons. **LOC** BIOL ***Symétrie rayonnée :*** dans laquelle les organes sont placés comme les rayons d'une roue, symétriquement par rapport à un axe.

**rayonnement** *nm* **1** Fait de rayonner ; éclat de ce qui rayonne. *Le rayonnement du soleil.* **2** PHYS Propagation d'énergie sous forme de force, de particules ou de vibrations. **3 fig** Impression de force, de bonheur qui se dégage de qqn. **4 fig** Éclat, influence bienfaisante. *Rayonnement d'une idée, d'une culture.* ▶ tableau p. 1358

ENC Les propriétés d'un rayonnement électromagnétique dépendent de sa longueur d'onde. Au-delà d'une longueur d'onde de 0,3 mm (énergie inférieure à 0,04 eV), ce sont les ondes hertziennes ; de 1 mm à 0,8 µm (1,5 eV), les rayons infrarouges. Le rayonnement lumineux visible occupe un domaine très étroit, de 0,8 µm à 0,4 µm (3 eV). En deçà de 0,4 µm et jusqu'à $10^{-8}$ m (100 eV), ce sont les rayons ultraviolets. De $10^{-8}$ m à $2.10^{-11}$ m, on a les rayons X. Les rayons X sont absorbés par les éléments de numéro atomique élevé ; cette propriété permet de les utiliser en radiographie et en radiométallographie ; en outre, leur forte énergie leur permet de détruire des tumeurs (radiothérapie) ; leur faible longueur d'onde entraîne leur diffraction par les cristaux. Les rayons gamma (γ) sont des ondes électromagnétiques de longueur d'onde inférieure à $2.10^{-11}$ m ; plus pénétrants que les rayons X, ils ne sont arrêtés que par de fortes épaisseurs de béton ou de plomb. Le rayonnement thermique, forme particulière de rayonnement électromagnétique, résulte de l'agitation thermique des particules qui constituent la matière. On a découvert en 1965 que l'Univers tout entier semble baigner dans un rayonnement électromagnétique dont la répartition en longueur d'onde correspond à l'émission d'un corps noir porté à 2,7 kelvins. Ce phénomène a reçu le nom de *rayonnement cosmologique* car il serait le résidu du *big bang*. V. Univers.

**rayonner** *vi* ① **1** Émettre des rayons lumineux, de l'énergie. *Astre qui rayonne.* **2 fig** Répandre son éclat, faire sentir au loin son action. *Un esprit qui rayonne.* **3** Laisser paraître une satisfaction, un bonheur intense. *Rayonner de joie.* **4** Partir d'un même point dans des directions diverses. *Rayonner autour de Paris.*

**rayonnisme** *nm* Mouvement pictural abstrait créé à Moscou par M. Larionov et par sa femme, N. Gontcharova, en 1911-1912. (DER) **rayonniste** *a, n*

**Rayons et les Ombres (les)** recueil de poèmes de Victor Hugo (1840) : *Oceano Nox*, *Tristesse d'Olympio*, etc.

**Rays** → **Rais.**

**Raysse** Martial (Golfe-Juan, 1936), peintre, sculpteur et cinéaste français, *nouveau réaliste* puis auteur d'assemblages. Cinéma : *le Grand Départ* (1971).

**rayure** *nf* **1** Chacune des lignes, des bandes étroites qui contrastent avec un fond de couleur différente. *Les rayures du zèbre.* **2** Trace, éraflure laissée sur une surface par un corps pointu ou coupant. **3** Chacune des cannelures hélicoïdales pratiquées à l'intérieur du canon d'une arme à feu ou d'une pièce d'artillerie pour stabiliser le projectile sur sa trajectoire.

**raz** *nm* **1** MAR Courant marin violent, dans un passage resserré. **2** (Dans des noms propres.) Passage resserré, détroit où règnent des courants violents. *Le raz de Sein, le raz Blanchard.* **LOC** ***Raz de marée*** : très haute vague d'origine sismique ou volcanique qui pénètre dans les terres ; **fig** bouleversement important. (PHO) [ʀɑ] (ETY) De l'a. scand.

**Raz (pointe du)** cap situé à l'extrémité occid. du dép. du Finistère et prolongé par l'île de Sein. Parages dangereux pour la navigation.

**Razilly** Isaac de (Chinon, 1587 – La Hève, Acadie, 1635), administrateur français. Lieutenant général de la Nouvelle-France (1632), il reconquit l'Acadie, que les Anglais occupaient depuis 1613.

**Razine** Stepan Timofeïevitch Razine, dit Stenka (Zimoveïskaïa, région du Don, v. 1630 – Moscou, 1671), chef cosaque. En 1667, il se mit à la tête des serfs insoumis et conquit de nombreuses villes de la Volga et du Don. Vaincu par l'armée tsariste, il fut écartelé.

**razzia** *nf* **1** Attaque lancée par des pillards pour enlever les troupeaux, les récoltes, etc. **2 fam** Fait de tout rafler, de tout emporter. (PHO) [ʀazja] (ETY) Mot ar.

**razzier** *vt* ② **1** Exécuter une razzia contre. **2** Piller, voler lors d'une razzia.

**Rb** CHIM Symbole du rubidium.

**rd** PHYS NUCL Symbole du rad.

**RD** *nf* ECON Abrév. de *recherche-développement.* (VAR) **R&D**

**RDA** Sigle de *République démocratique allemande.* V. Allemagne.

**RDC** Sigle de *République démocratique du Congo.*

**RDS** *nm* Abrév. de *remboursement de la dette sociale.*

**re-** Élément, du lat. *re*, exprimant la répétition *(ravoir)*, le renforcement *(renfoncement)*, le retour en arrière *(revenir, revisser)*. (VAR) **ré** ou **r-** (devant voyelle)

**Re** CHIM Symbole du rhénium.

**ré** *nm* MUS Deuxième note de la gamme d'*ut* ; signe figurant cette note. (ETY) V. ut.

**Ré (île de)** île du littoral atlant. (Charente-Maritime, arr. de La Rochelle), reliée par un pont au continent dep. 1988 ; 85,3 km² ; 14 179 hab. Com. : *Saint-Martin-de-Ré* et *Ars-en-Ré* (ch.-l. de deux cant.). Tourisme. (DER) **rétais, aise** *a, n*

**Martial Raysse** *Made in Japon, tableau turc et invraisemblable*, 1965 – coll. particulière.

**Rê** dieu du Soleil chez les anciens Égyptiens, représenté en général par un homme à tête de faucon que surmonte le disque solaire, ou sous la forme d'un scarabée. Au Nouvel Empire, il fut nommé *Amon-Rê* (Amon étant le dieu de Thèbes) et il eut une tête de bélier. (VAR) **Râ**

*Stèle de la dame Taperet*, adorant **Rê** à tête de faucon, bois stuqué, peint, troisième période intermédiaire – musée du Louvre

**réa** *nm* Roue à gorge d'une poulie. (ETY) De *rouet.*

**réabonner** *vt* ① Abonner de nouveau. (DER) **réabonnement** *nm*

**réabsorber** *vt* ① Absorber de nouveau.

**réac** *a, n* **fam** Réactionnaire. (PHO) [ʀeak]

**réaccoutumer** *vt* ① Accoutumer de nouveau. *Se réaccoutumer à la ville après un séjour à la campagne.*

**réactance** *nf* ELECTR Impédance d'un dipôle ne contenant que des inductances et des condensateurs. *La réactance d'un condensateur est négative.*

**réactant** *nm* CHIM Molécule qui entre en réaction.

**réacteur** *nm* **1** Moteur à réaction. *Réacteur d'avion.* **2** TECH Appareil dans lequel s'effectue une réaction. *Réacteur catalytique.* **LOC** ***Réacteur nucléaire*** : appareil qui produit de l'énergie à partir des réactions de fission nucléaire. **SYN** pile atomique.

ENC Un réacteur nucléaire comprend : un cœur, dans lequel sont placés des éléments combustibles (uranium naturel ou enrichi, plutonium) ; des dispositifs de réglage et de sécurité servant à contrôler la réaction en chaîne et à arrêter la réaction en cas d'incident. Le tout est entouré d'une enceinte étanche qui arrête les rayonnements émis. Il existe 2 types de réacteurs : à neutrons rapides (V. surrégénérateur) ; à neutrons thermiques. Ce dernier type, le plus répandu, possède un modérateur, constitué d'éléments à noyaux légers (hydrogène, par ex.), dont le rôle est de ralentir les neutrons émis lors de

| types | fréquence (en Hz) | longueur d'onde (en m) | énergie du photon (en eV) | variétés et utilisation | |
|---|---|---|---|---|---|
| courant de basse fréquence | $< 10^2$ | $> 3.10^6$ | | usages industriels et domestiques | |
| ondes hertziennes | $10^5$ | $3.10^3$ | | grandes ondes | radiodiffusion |
| | $10^6$ | $3.10^2$ | | ondes moyennes | |
| | $10^7$ | 30 | | ondes courtes | |
| | $10^8$ | 3 | | modulation de fréquence | |
| | $10^9$ | 0,3 | | télévision | |
| | $10^{10}$ | $3.10^{-2}$ | | radar | |
| | $10^{11}$ | $3.10^{-3}$ | | micro-ondes | |
| ondes lumineuses | $10^{13}$ | $> 8.10^{-7}$ | | infrarouge | chauffage, vision nocturne ... |
| | $3,7.10^{14}$ | $8.10^{-7}$ | 1,5 | rouge – lumière visible | instruments optiques |
| | $7.10^{14}$ | $4.10^{-7}$ | 3 | violet | |
| | $10^{16}$ | $3.10^{-8}$ | 40 | ultraviolet | photographie, désinfection |
| rayons X | $10^{17}$ | $3.10^{-9}$ | $4.10^2$ | rayons X mous | dermatologie, radiologie |
| | $10^{19}$ | $3.10^{-11}$ | $4.10^4$ | rayons X durs | radiothérapie, diffraction cristaline |
| rayons γ | $> 1,4.10^{19}$ | $< 2.10^{-11}$ | $> 5.10^4$ | physique nucléaire, analyse des rayons cosmiques | |

tableau des **rayonnements** électromagnétiques

la fission. L'énergie dégagée lors de la fission est extraite du cœur du réacteur par un fluide caloporteur (eau, dioxyde de carbone $CO_2$, hélium, métal liquide tel que sodium ou potassium). Les princ. filières sont les suivantes : uranium naturel - graphite - $CO_2$ ; uranium légèrement enrichi - eau lourde ou graphite - $CO_2$ ; uranium enrichi - eau légère (à la fois modérateur et caloporteur), bouillante ou sous pression. L'énergie calorifique transportée par le fluide caloporteur est cédée à un circuit eau-vapeur à l'intérieur d'échangeurs de chaleur. La vapeur produite alimente les turboalternateurs qui transforment l'énergie mécanique en énergie électrique. L'ensemble constitué par un réacteur nucléaire et ses installations de production de vapeur et d'électricité est appelé centrale nucléaire. Les réacteurs nucléaires sont également utilisés pour la propulsion des navires. Leurs sous-produits (isotopes radioactifs artificiels) servent en radiochimie et en radiobiologie. ▶ illustr. **centrales**

**réactif, ive** *a, nm* **A** *a* **1** Qui réagit. **2 fig** Se dit de qqn qui réagit rapidement, efficacement. **B** *nm* CHIM Substance que l'on utilise pour déterminer la nature d'un corps en observant la réaction qu'elle produit avec celui-ci.

**réaction** *nf* **1** Action contraire à une action précédente et provoquée par celle-ci. **2** Comportement, acte d'une personne en réponse à un évènement, à une action. **3** POLIT Attitude, courant de pensée opposé aux innovations, aux changements sociaux et favorable au maintien ou au rétablissement des institutions héritées du passé. **4** Ensemble des forces politiques réactionnaires. **5** PHYS Force qui résulte de l'action mécanique exercée par un corps sur un autre corps qui agit en retour. *Principe d'action et de réaction. Avion à réaction.* **6** CHIM Réarrangement à l'échelle moléculaire d'un ensemble de corps réagissant, qui conduit à un nouvel ensemble de corps. **7** Processus qui se déclenche dans un organisme vivant en réponse à un stimulus, à une modification du milieu, à une perturbation de l'équilibre physiologique, etc. *Le frisson est une réaction au froid.* **LOC** ***Réaction en chaîne :*** réaction chimique ou nucléaire qui, une fois amorcée, se poursuit d'elle-même ; **fig** suite de phénomènes déclenchés les uns par les autres. — ***Réaction nucléaire :*** mettant en jeu les constituants du noyau de l'atome. ETY Du lat.

ENC La propulsion par réaction obéit au principe physique de la conservation de la quantité de mouvement : lorsque deux corps A et B exercent l'un sur l'autre une action mécanique, la force qui représente l'action de A sur B est égale et de sens opposé à celle (réaction) de B sur A. La propulsion par réaction présente un intérêt considérable dans divers domaines : transports aériens, lancement et pilotage des engins spatiaux, utilisations militaires.
Une *réaction chimique* est la transformation d'une espèce chimique en une autre. Elle se caractérise par un échange d'atomes, de molécules, d'ions ou d'électrons (parfois avec émission ou absorption de photons). Pour qu'elle se produise, il faut que les liaisons entre les atomes des molécules qui doivent se former soient plus stables que celles des molécules de départ. Sur le plan énergétique, la possibilité d'une réaction se mesure par son *enthalpie libre,* qui varie avec la température et la pression. Au cours d'une réaction, il peut y avoir dégagement de chaleur (réaction *exothermique*) ou, au contraire, absorption de chaleur (réaction *endothermique*). Certaines réactions sont totales, si les réactifs sont en proportion *stœchiométrique ;* c'est le cas des réactions de combustion. En revanche, de nombreuses réactions correspondent à un équilibre : les composés formés se décomposent à leur tour, etc. La vitesse d'une réaction peut être modifiée en agissant sur divers facteurs ou en utilisant des catalyseurs. Citons quelques grandes catégories de réactions : d'*oxydo-réduction,* réactions *acide-base,* de *substitution,* d'*addition,* de *polymérisation.*

**réactionnaire** *a, n* POLIT Qui appartient à la réaction, conservateur. ABREV **fam** **réac.**

**réactionnel, elle** *a* **1** CHIM, MED Qui a rapport à une réaction. **2** PSYCHO, PSYCHAN Se dit d'un trouble apparaissant à la suite d'un choc affectif traumatisant.

**réactiver** *vt* 1 Activer de nouveau, remettre en activité. *Réactiver le feu. Réactiver un agent secret.* DER **réactivation** *nf*

**réactivité** *nf* **1** CHIM Aptitude d'un corps à réagir. **2 fig** Caractère d'une personne réactive, conduite marquée par la rapidité et l'efficacité. **3** MED Manière dont un sujet réagit à un vaccin, un médicament.

**réactualiser** *vt* 1 Remettre à jour. *Réactualiser un dictionnaire.* DER **réactualisation** *nf*

**réadapter** *vt* 1 Adapter de nouveau. *Réadapter qqn à la vie active après un accident.* DER **réadaptation** *nf*

**Reade** Charles (près d'Ipsden, Oxfordshire, 1814 – Londres, 1884), écrivain réaliste anglais : *Masques et Visages* (drame, 1852), *Argent comptant* (roman, 1863).

**Reading** v. d'Angleterre (Berkshire), sur la Tamise et la Kennet ; 122 600 hab. Université. Industries. – O. Wilde, emprisonné, y écrivit *Ballade de la geôle de Reading* (1898).

**réadmettre** *vt* 60 Admettre de nouveau. DER **réadmission** *nf*

**ready-made** *nm inv* Bx-A Œuvre d'art constituée par un quelconque objet modifié ou non, promu au statut d'œuvre par la seule affirmation de l'artiste. *Le créateur du ready-made est Marcel Duchamp.* PHO [Redimed] ETY Mot angl., « tout fait ». VAR **readymade**

**réaffirmer** *vt* 1 Affirmer de nouveau, avec plus de fermeté. DER **réaffirmation** *nf*

**Reagan** Ronald Wilson (Tampico, Illinois, 1911 – Los Angeles, 2004), acteur de cinéma puis homme politique américain. Il a été gouverneur (républicain) de la Californie de 1967 à 1975, puis président des États-Unis de 1981 à 1989. Il a remis en cause *le Welfare State* (« État Providence ») et pratiqué, à l'extérieur, un interventionnisme marqué. Son hostilité à l'égard de l'URSS ne l'empêcha pas de signer avec M. Gorbatchev un accord de dénucléarisation. DER **reaganien, enne** *a*

**réagir** *vi* 3 **1** PHYS Exercer une action en sens contraire. *Un corps élastique réagit sur le corps qui le choque.* **2** MED Avoir une réaction, en parlant du corps, des organes. **3** PHYSIOL Répondre à un stimulus. **4 fig** Exercer une action en retour sur. *L'homme agit sur son environnement et son environnement réagit sur lui.* **5 fig** Manifester une réaction face à, agir en réponse à un évènement, une stimulation, etc. *Réagir violemment à des insultes, à une provocation.* **6 fig** S'opposer, résister par une action contraire à. *Réagir contre une influence.* **7** Faire un effort pour résister, pour lutter. *Ne vous découragez pas, réagissez !* **8** CHIM Entrer en réaction, en parlant d'espèces chimiques.

**réajustement, réajuster** → **rajuster.**

**real** *nm* Unité monétaire du Brésil. PHO [Real]

**1 réal** *nm* Ancienne monnaie d'argent espagnole. PLUR **réaux.**

**2 réal, ale** *a, nf* HIST Se disait de la principale galère, réservée au roi ou à l'amiral. PLUR **réaux.**

**Réal** Pierre François (comte) (Chatou, 1757 – Paris, 1834), homme politique français. Adjoint de Fouché sous le Consulat, il déjoua le complot de Cadoudal (1803).

**réalcoolisation** *nf* Reprise de la consommation d'alcool après un sevrage.

**réaléser** *vt* 14 TECH Aléser de nouveau. *Réaléser un cylindre.* DER **réalésage** *nm*

**réalgar** *nm* MINER Sulfure naturel d'arsenic, de couleur rouge. ETY De l'ar.

**réaligner** *vt* 1 ECON Fixer un nouveau taux de change pour une monnaie. DER **réalignement** *nm*

**réalisable** *a* **1** Qui peut se réaliser, être réalisé. **2** Que l'on peut convertir en espèces. *Valeurs réalisables.*

**réalisateur, trice** *n* **1** Personne qui réalise, qui a des aptitudes pour réaliser. **2** Personne qui réalise un film, une émission de radio ou de télévision.

**réalisation** *nf* **1** Action de réaliser ; son résultat. **2** Chose réalisée ; ce qui s'est réalisé. **3** Conversion d'un bien en espèces. **4** MUS Notation ou exécution complète des accords d'une base chiffrée. **5** Mise en scène d'un film ou d'une émission télévisée ; mise en ondes d'une émission radiodiffusée.

**réaliser** *v* 1 **A** *vt* **1** Rendre réel et effectif, faire exister qqch. *Réaliser un projet.* **2** Effectuer, accomplir. *Réaliser des prouesses.* **3** Convertir en espèces. *Réaliser une propriété, des actions.* **4** (Critiqué) Comprendre, se représenter clairement. *As-tu réalisé ce que tu viens de dire ?* **5** PHILO Donner un caractère de réalité à une abstraction. **6** MUS Compléter les accords indiqués par une base chiffrée. **7** Assurer la réalisation d'un film, d'une émission télévisée, d'une émission radiodiffusée. **B** *vpr* **1** Devenir effectif, réel. *Espérances qui se réalisent.* **2** Rendre réel ce qui en soi-même n'était que virtuel ; s'accomplir en tant qu'individu.

**réalisme** *nm* **1** PHILO Doctrine platonicienne selon laquelle les apparences sensibles et les êtres individuels ne sont que le reflet des véritables réalités, les Idées. **2** Doctrine médiévale d'après laquelle les universaux sont réels, ont une existence propre par oppos. à *conceptualisme,* à *nominalisme.* **3** Doctrine selon laquelle le monde extérieur a une existence indépendante du sujet qui le perçoit par oppos. à *idéalisme.* **4** LITTER, Bx-A Attachement à représenter le monde, les hommes tels qu'ils sont. **5** Aptitude à tenir compte de la réalité, à apprécier les données d'une situation avant d'agir. DER **réaliste** *a, n* – **réalistement** *av*

ENC Le terme de *réaliste* s'appliqua de façon courante aux écrivains qui, à partir de 1850, réagirent contre le sentimentalisme romantique en s'en tenant, comme les savants, à l'étude et à la description des faits. Le Français Jules Husson, dit Champfleury (*le Réalisme* 1857), théorisa cette tendance, fort diverse suivant les auteurs : Flaubert, A. Daudet, Maupassant, les frères Goncourt, Zola (V. naturalisme). Parmi les peintres que l'on a qualifiés de réalistes, il faut citer Courbet, Daumier et Millet. Le *réalisme socialiste* fit de l'art un instrument de propagande au service des conceptions du pouvoir socialiste, notam. en URSS, où son théoricien fut Jdanov.

art **réaliste** édifiant, le réalisme socialiste se voua souvent aux édifices publics : esquisse pour une mosaïque exaltant les constructeurs soviétiques, 1959-1960

**réalité** *nf* **1** Caractère de ce qui a une existence réelle, de ce qui existe comme chose. *La réalité du monde physique.* **2** Chose réelle. *Rêve qui devient réalité.* **3** Fait, évènement qui constitue la trame de notre existence. *Les dures réalités de la vie.* **LOC** ***En réalité*** : effectivement, réellement. — ***Réalité augmentée*** : superposition à une image réelle d'informations numériques. (ETY) Du lat.

**reality-show** *nm* Émission de télévision mettant en scène des faits réels. PLUR reality-shows. (PHO) [realitiʃo] (ETY) De l'angl. (VAR) **réality-show**

**realpolitik** *nf* Politique qui tient compte avant tout des possibilités concrètes. (PHO) [realpolitik] (ETY) Mot all. (VAR) **réalpolitik**

**réaménager** *vt* [13] **1** Aménager de nouveau, sur de nouvelles bases. **2** ECON Revoir les conditions de remboursement d'une dette. (DER) **réaménagement** *nm*

**réamorcer** *vt* [12] Amorcer de nouveau.

**réanimation** *nf* Ensemble des techniques médicales remédiant à la défaillance d'une ou de plusieurs des grandes fonctions vitales (respiration et circulation, notam.). (DER) **réanimateur, trice** *n* – **réanimer** *vt* [1]

**réapparaître** *vi* [73] Apparaître de nouveau. (VAR) **réapparaitre** (DER) **réapparition** *nf*

**réapprendre → rapprendre.**

**réapproprier (se)** *vpr* [2] Reprendre qqch dont on avait été privé. (DER) **réappropriation** *nf*

**réapprovisionnement, réapprovisionner → rapprovisionner.**

**réargenter** *vt* [1] Argenter de nouveau.

**réarmer** *v* [1] **A** *vt* Armer de nouveau. **B** *vi* S'armer de nouveau. *Ce pays réarme.* (DER) **réarmement** *nm*

**réarrangement** *nm* **1** Action d'arranger à nouveau, d'une autre manière. **2** CHIM Migration de radicaux ou d'atomes à l'intérieur d'une molécule. (DER) **réarranger** *vt* [13]

**réassigner** *vt* [1] DR Assigner une seconde fois. (DER) **réassignation** *nf*

**réassort** *nm* **1** Rassortiment. **2** COMM Marchandises destinées à réapprovisionner un commerçant.

**réassortiment, réassortir → rassortir.**

**réassurance** *nf* DR Assurance par laquelle un assureur se fait garantir par une autre compagnie ses propres risques. (DER) **réassurer** *vt* [1] – **réassureur** *nm*

**Réaumur René Antoine Ferchault de** (La Rochelle, 1683 – Saint-Julien-du-Terroux, 1757), chimiste et physicien français. Il inventa le thermomètre à alcool (v. 1730) et une échelle thermométrique (fusion de la glace à 0 °R et vaporisation de l'eau à 80 °R). Zoologiste, il étudia les animaux invertébrés.

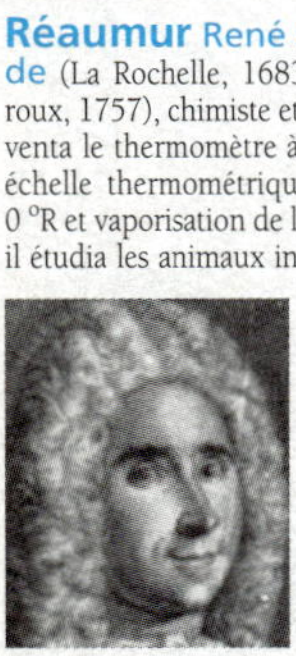

René Antoine Ferchault de Réaumur

**rebab** *nm* Instrument de musique à cordes frottées ou pincées, utilisé du Maghreb à l'Inde. (VAR) **rabab** ou **rebeb**

**rebaptiser** *vt* [1] Donner un nouveau nom à. *Rebaptiser un navire.*

**rébarbatif, ive** *a* **1** Qui rebute par son aspect peu avenant. *Visage rébarbatif.* **2** **fig** Qui est difficile et ennuyeux. *Texte rébarbatif.* (ETY) De l'a. v. *rebarber,* « faire face ».

**rebâtir** *vt* [3] Bâtir de nouveau ce qui a été détruit, reconstruire.

**rebattement** *nm* HERALD Répétition des pièces ou des partitions de l'écu.

**rebattre** *vt* [61] TECH Battre de nouveau. *Rebattre l'acier après un recuit.* **LOC** ***Rebattre les oreilles à qqn d'une chose*** : le lasser en lui répétant cette chose à toute occasion.

**rebattu, ue** *a* Qui a perdu tout intérêt à force d'être répété. *Idée, phrase rebattue.*

**rebeb → rebab.**

**rebec** *nm* MUS Instrument médiéval à trois cordes et à archet. (ETY) De l'ar.

**Rébecca** personnage biblique, femme d'Isaac, mère d'Ésaü et de Jacob.

**Rebecca** roman de D. Du Maurier (1938). ▷ CINE Film d'Hitchcock (1940), avec Laurence Olivier et Joan Fontaine (née en 1917).

**Rebel Baptiste,** dit **Jean-Ferry** (Paris, 1666 – id., 1747), violoniste, claveciniste et compositeur français : *Ulysse,* tragédie lyrique (1703). — **François** (Paris, 1701 – id., 1775), fils du préc., violoniste et compositeur ; directeur de l'Académie royale (Opéra de Paris) à partir de 1757.

**rebelle** *a, n* **A** Qui refuse de se soumettre à une autorité, se révolte. *Factions rebelles.* **B** *a* **1** Qui refuse de se plier à. *Esprit rebelle à toute logique.* **2** Qui résiste à tous les traitements. *Maladie rebelle.* **LOC** ***Mèche rebelle*** : difficile à coiffer. (ETY) Du lat.

**rebeller (se)** *vpr* [1] **1** Se soulever contre une autorité. **2** **fig** Se plaindre, protester.

**rébellion** *nf* **1** Révolte, résistance ouverte aux ordres de l'autorité. **2** Ensemble des rebelles.

**rebelote** *interj* **fam** Se dit quand une situation se reproduit à l'identique.

**rébétiko** *nm* En Grèce, musique populaire des bas quartiers portuaires.

**rebeu** *a, n* **fam** Forme verlanisée de *beur.*

**Rebeyrolle Paul** (Eymoutiers, 1926 – Boudreville, Côte d'Or, 2005), peintre français de tendance expressionniste.

**rebibes** *nf pl* **Suisse** Fines lamelles de fromage enroulées sur elles-mêmes.

**rebiffer (se)** *vpr* [1] **fam** Refuser vivement une contrainte ou une brimade.

**rebiquer** *vi* [1] **fam** Se redresser, se retrousser en formant un angle. *Épi dans les cheveux qui rebique.*

**reblochon** *nm* Fromage savoyard à pâte grasse, de saveur douce. (ETY) Mot savoyard, de *reblocher,* « traire de nouveau une vache ».

**reboire** *vt* [70] Boire de nouveau.

**reboiser** *vt* [1] Planter d'arbres un terrain déboisé. (DER) **reboisement** *nm*

**rebond** *nm* **1** Fait de rebondir. *Les rebonds d'une balle.* **2** MED Réapparition transitoire des symptomes après l'arrêt d'un traitement.

**rebondeur, euse** *n* Joueur de basketball de grande taille chargé de récupérer le ballon sous les panneaux.

**rebondi, ie** *a* Rond et charnu. *Des joues rebondies.*

**rebondir** *vi* [3] **1** Faire un ou plusieurs bonds après avoir heurté un autre corps. *La balle rebondit.* **2** **fig** Connaître un, des rebondissements. *L'affaire rebondit.* **3** **fig** Retrouver un nouvel élan après une période difficile.

**rebondissement** *nm* **1** Rebond. **2** **fig** Reprise d'une évolution, après un temps d'arrêt ; épisode nouveau et inattendu.

**rebooter → rebouter.**

**rebord** *nm* **1** Bord en saillie. *Le rebord d'une fenêtre.* **2** Bord, limite d'une surface. *Le rebord d'un plateau.*

**reborder** *vt* [1] Border une seconde fois.

**rebot** *nm* **rég** Pelote basque dans laquelle l'engagement se fait à la main. (ETY) De l'a. v. *reboter, rebouter,* « repousser ».

**reboucher** *vt* [1] **1** Boucher de nouveau. *Reboucher une bouteille.* **2** Boucher, obturer, combler. *Reboucher une fissure.* (DER) **rebouchage** *nm*

**rebours (à)** *av* En sens contraire, au contraire de ce qu'il faut. **LOC** litt ***À*** ou ***au rebours de*** : contrairement à. (ETY) Du lat. *reburrus,* « qui a les cheveux rebroussés ».

**rebouter** *vt* [1] INFORM Faire redémarrer un système informatique. (VAR) **rebooter**

**rebouteux, euse** *n* **fam** Personne qui remet en place par des procédés empiriques un membre foulé, luxé ou démis.

**reboutonner** *vt* [1] Boutonner de nouveau.

**rebroder** *vt* [1] TECH Garnir un tissu ou un vêtement d'une broderie, après sa fabrication.

**rebroussement** *nm* Action de rebrousser ; état de ce qui est rebroussé. **LOC** GEOM ***Point de rebroussement*** : point d'une courbe où s'arrêtent brusquement deux branches de cette courbe tangentes entre elles.

**rebrousse-poil (à)** *av* **1** À l'opposé du sens dans lequel les poils se couchent naturellement. *Caresser un chat à rebrousse-poil.* **2** **fig** À contresens, avec maladresse.

**rebrousser** *vt* [1] Relever à contre-poil. *Le vent rebroussait sa crinière.* **LOC** ***Rebrousser chemin*** : retourner dans le sens opposé, faire demi-tour. (ETY) De *rebours.*

**rebuffade** *nf* Mauvais accueil, refus accompagné de paroles dures. *Essuyer une rebuffade.* (ETY) De l'ital.

**rébus** *nm* Suite de lettres, de mots, de dessins, représentant par homophonie le mot ou la phrase que l'on veut faire deviner. (PHO) [rebys] (ETY) Du lat.

**rebut** *nm* **1** Ce qu'on a rejeté, ce dont on n'a pas voulu. *Entasser les rebuts.* **2** **fig, litt** Ce qu'il y a de plus mauvais, de plus vil. *Le rebut d'une société.* **LOC** ***De rebut*** : sans valeur, inutile. — ***Mettre au rebut*** : mettre à l'écart, rejeter.

**rebuter** *vt* [1] **1** Décourager, dégoûter par des obstacles. *L'effort le rebute.* **2** Décourager toute sympathie, déplaire, choquer. (DER) **rebutant, ante** *a*

**recacheter** *vt* [18] ou [20] Cacheter de nouveau.

**recadrer** *vt* [1] **1** Changer le cadrage d'une prise de vue. **2** **fig** Redéfinir l'orientation générale d'un projet, d'une entreprise. **3** **fig** Rappeler qqn au sens des réalités, le sermonner. *Être recadré par la direction.* (DER) **recadrage** *nm*

**recalage → recaler.**

**recalcifier** *vt* [2] MED Augmenter la fixation du calcium dans les tissus qui en ont perdu. (DER) **recalcification** *nf*

**récalcitrant, ante** *a, n* Qui résiste à toute espèce de contrainte. (ETY) Du lat.

**recalculer** *vt* [1] Calculer de nouveau.

**recalé, ée** *a, n* Qui a été refusé à un examen.

**recaler** *vt* [1] **1** Caler de nouveau. **2** **fig** Repositionner. *Se recaler sur un nouveau système de valeurs.* **3** Refuser à un examen. (DER) **recalage** *nm*

**Récamier Julie Adélaïde Bernard (M$^{me}$)** (Lyon, 1777 – Paris, 1849), femme de lettres française célèbre par sa beauté et son esprit. Son salon de l'Abbaye-aux-Bois (rue de Sèvres, à Paris) fut, après 1819, un foyer intellectuel, animé notam. par Chateaubriand. Œuvres (posth.) : *Correspondance* (1859), *Souvenirs* (1872).

Madame **Récamier**

**recapitaliser** *vt* [1] ECON Augmenter le capital d'une entreprise et /ou en modifier la répartition. DER **recapitalisation** *nf*

**récapitulatif, ive** *a, nm* **A** *a* Qui sert à récapituler. *Tableau récapitulatif.* **B** *nm* Texte, état qui récapitule.

**récapituler** *vt* [1] Résumer, reprendre sommairement. *Récapituler les points d'un discours.* ETY Du lat. DER **récapitulation** *nf*

**recaser** *vt* [1] fam Caser, établir de nouveau ou dans une nouvelle situation. DER **recasement** *nm*

**recauser** *vi* [1] Causer, parler de nouveau.

**Reccared Ier** (m. à Tolède en 601), roi des Wisigoths (586-601). En 589, il abjura l'arianisme pour le catholicisme.

**recéder** *vt* [14] **1** Céder à qqn ce qu'il avait cédé auparavant. SYN rétrocéder. **2** Revendre une chose achetée pour soi-même.

**receler** *vt* [17] **1** Détenir et cacher qqch ou qqn illégalement. **2** Contenir, renfermer. *L'épave du bateau recèle un trésor.* VAR **recéler** *vt* [14] DER **recel** *nm* – **receleur, euse** *n*

**récemment** *av* Depuis peu, à une époque récente. SYN dernièrement. PHO [resamɑ̃]

**recenser** *vt* [1] **1** Dénombrer les habitants d'une ville, d'un État. **2** Inventorier des personnes, des biens. PHO [ʀ(ə)sɑ̃se] ETY Du lat. DER **recensement** *nm* – **recenseur, euse** *n*

**recension** *nf* **1** Vérification du texte d'une édition d'après les manuscrits. **2** Critique d'un ouvrage dans une revue. **3** fig Inventaire détaillé. *Recension informatique.* ETY Du lat.

**récent, ente** *a* Qui s'est produit, qui existe depuis peu. ANT ancien. ETY Du lat.

**recentrer** *vt* [1] **1** Opérer un nouveau centrage. **2** Adapter qqch à de nouveaux objectifs. *Ce parti s'est recentré à l'approche des élections.* **3** SPORT Remettre le ballon au centre. DER **recentrage** *nm*

**recéper** *vt* [14] **1** AGRIC Tailler une vigne, étêter ou couper près du sol un jeune arbre, pour obtenir des rejets drus et vigoureux. **2** TRAV PUBL Couper à la hauteur convenable des pieux, des pilotis insuffisamment enfoncés. VAR **receper** *vt* [16] DER **recépage** ou **recepage** *nm*

**récépissé** *nm* Écrit attestant qu'on a reçu. SYN reçu. ETY Du lat.

**réceptacle** *nm* **1** Ce qui reçoit des choses de provenances diverses. *Ce terrain est le réceptacle des immondices de la ville.* **2** BOT Extrémité du pédoncule de la fleur, sur laquelle sont insérées les pièces florales.

**récepteur, trice** *nm, a* **A** *a* Qui reçoit, dont la fonction est de recevoir. **B** *nm, a* **1** TECH Se dit d'un appareil qui reçoit de l'énergie électrique et la transforme en énergie calorifique, chimique, mécanique, etc., par oppos. à *générateur.* **2** BIOL Se dit d'une glycoprotéine, présente sur la surface des membranes cellulaires, réagissant spécifiquement aux médiateurs (hormones, cytokines, etc.) qui circulent dans le milieu extérieur. **C** *nm* **1** LING Destinataire du message, par oppos. à *émetteur.* **2** PHYSIOL Structure, organe qui reçoit des stimuli et les transmet sous forme d'influx nerveux ou de message chimiquement codé. *Récepteur sensoriel.* **3** TECH Appareil utilisé pour la réception des ondes radioélectriques, par oppos. à *émetteur. Récepteur de télévision.*

**réceptif, ive** *a* **1** Susceptible de recevoir des impressions, les idées d'autrui ; sensible à. *Être réceptif au charme d'un paysage.* **2** BIOL, MED Susceptible de contracter une infection, une maladie. DER **réceptivité** *nf*

**réception** *nf* **1** Action, fait de recevoir qqch, qqn. **2** Service d'accueil pour les clients d'un hôtel ou d'une entreprise, les usagers d'un service public, etc. **3** Réunion mondaine. *Donner une réception.* **4** SPORT Action de recevoir le ballon. **5** Action, manière de se recevoir au sol après un saut. LOC COMM *Réception de travaux* : acte par lequel le client accepte la livraison d'un ouvrage, d'une installation, etc., après avoir contrôlé sa conformité aux spécifications de la commande. ETY Du lat.

**réceptionnaire** *n* Personne qui réceptionne une marchandise.

**réceptionner** *vt* [1] COMM, TECH Accepter une livraison après vérification de la conformité à la commande passée et au cahier des charges. DER **réceptionnaire** *n*

**réceptionniste** *n* Employé chargé de la réception des clients.

**récessif, ive** *a* **1** BIOL Se dit d'un gène qui ne fait apparaître le caractère qui lui est lié que si celui-ci existe sur les deux chromosomes hérités des parents. **2** ECON De la récession économique. *L'impact récessif d'une politique budgétaire.* SYN récessionniste. DER **récessivité** *nf*

**récession** *nf* **1** fig Ralentissement de l'activité économique d'un pays. **2** ASTRO Éloignement progressif des galaxies les unes par rapport aux autres, à une vitesse proportionnelle à leur distance. ETY Du lat.

**récessionniste** *a* ECON Syn. de *récessif.*

**recette** *nf* **1** Ce qui est reçu, perçu en argent, en effets de commerce. **2** Action de recevoir, de recouvrer ce qui est dû. *Garçon de recette d'une banque.* **3** Bureau où l'on perçoit les taxes. **4** TECH Vérification de la conformité d'un matériel livré aux spécifications de la commande. **5** Ensemble des indications qui permettent de confectionner un mets. *Recette d'un gâteau.* **6** Formule d'une préparation médicamenteuse. **7** fig Moyen, procédé pour réussir qqch. *Une recette pour faire fortune.* **8** TECH Dans les mines, partie du carreau où sont reçus les produits extraits. LOC *Faire recette* : rapporter de l'argent ; avoir du succès. ETY Du lat.

**recevable** *a* **1** Qui peut être reçu. SYN admissible. **2** DR Se dit d'une demande qui réunit les conditions légales permettant à la justice de l'accueillir. DER **recevabilité** *nf*

**receveur, euse** *n* **1** Personne chargée de recouvrer ou de gérer les taxes. **2** Fonctionnaire recevant les deniers publics. *Receveur des postes.* **3** Employé qui percevait, dans les transports en commun, le montant des places. **4** MED Personne qui reçoit du sang, un fragment de tissu ou un organe, dans une transfusion, une greffe, une transplantation, par oppos. à *donneur.* LOC *Receveur universel* : personne du groupe sanguin AB, susceptible de recevoir du sang de tous les groupes.

**recevoir** *v* [5] **A** *vt* **1** Se voir donner, envoyer, adresser qqch. *Recevoir du courrier. Recevoir des ordres.* **2** Prendre sur soi, subir. *Recevoir des coups. Recevoir un affront.* **3** Laisser entrer ; recueillir. *La mer reçoit l'eau des fleuves.* **4** Accueillir ; faire un certain accueil à. *Comment a-t-il reçu votre proposition ?* **5** Accueillir chez soi ou pour une entrevue. *Le directeur vous recevra dans un instant.* **6** Admettre à un examen, dans une société. *Recevoir un candidat.* **7** litt Agréer, admettre ; accepter comme vrai. *Recevoir une pièce de théâtre. Des idées reçues.* **8** RADIOELECTR Capter des ondes. **B** *vpr* SPORT Retomber d'une certaine manière après un saut. *Se recevoir sur les mains.* ETY Du lat.

**réchampir** *vt* [3] TECH Détacher un ornement d'un fond, en soulignant les contours. VAR **rechampir** DER **réchampissage** ou **rechampissage** *nm*

**1 rechange** *nm* DR COMM Émission d'une nouvelle lettre de change.

**2 rechange** *nm* LOC *De rechange* : destiné à remplacer un objet défectueux ou à se substituer à qqch d'inadéquat. *Linge de rechange. Trouver une solution de rechange.*

**rechanger** *vt* [13] Changer de nouveau.

**rechanter** *vt* [1] Chanter de nouveau.

**rechaper** *vt* [1] TECH Appliquer une nouvelle couche de gomme sur un pneumatique usé. DER **rechapage** *nm*

**réchapper** *vi* [1] Se tirer d'un grand péril. *Il a réchappé de l'accident.*

**recharge** *nf* **1** Action de recharger. *Mettre une batterie en recharge.* **2** Seconde charge d'explosif ; ce qui sert à recharger. *Recharge de briquet.*

**recharger** *vt* [13] **1** Charger de nouveau. **2** Garnir d'une nouvelle charge. *Recharger une arme.* **3** TECH Ajouter de la matière à une pièce usée. **4** Ajouter des pierres sur une route, sur le ballast d'une voie ferrée. DER **rechargeable** *a* – **rechargement** *nm*

**réchaud** *nm* Petit appareil portatif servant à réchauffer ou à cuire.

**réchauffé, ée** *a, nm* Se dit de ce qui est vieux et trop connu. *Ton histoire, c'est du réchauffé.*

**réchauffement** *nm* Fait de se réchauffer. LOC *Réchauffement global* : modification du climat terrestre, en cours actuellement.

**réchauffer** *vt* [1] **1** Chauffer ce qui était froid ou refroidi. **2** fig Ranimer, rendre plus chaleureux, plus vivant. *Plaisanterie qui réchauffe l'atmosphère.* **3** Redonner de la chaleur au corps de qqn. *Une tasse de thé vous réchauffera.* **4** fig Réconforter. *Des paroles qui réchauffent le cœur.* DER **réchauffage** *nm*

**réchauffeur** *nm* TECH Appareil servant à réchauffer. *Réchauffeur d'eau.*

**rechausser** *vt* [1] **1** Chausser de nouveau. *Rechausser ses skis.* **2** Remplacer les pneus usés par des pneus neufs. **3** AGRIC Remettre de la terre au pied d'un végétal. **4** CONSTR Reprendre en sous-œuvre, consolider le pied d'un ouvrage. DER **rechaussement** *nm*

**rêche** *a* **1** Âpre au goût. *Pomme rêche.* **2** Rude au toucher. *Peau rêche.* **3** fig De caractère difficile, peu aimable. SYN revêche. ETY Du frq.

**recherche** *nf* **1** Action de rechercher. **2** Ensemble de ces travaux, visant à faire progresser la connaissance. *Recherche scientifique.* **3** Soin, raffinement. *Recherche dans le style, dans la toilette.*

**recherché, ée** *a* **1** Que l'on cherche à obtenir ; peu commun. *Un meuble très recherché.* **2** Que l'on cherche à fréquenter. *Des gens très recherchés.* SYN prisé. **3** Qui témoigne d'un souci de raffinement. *Élégance recherchée.*

**Recherche de la vérité (la)** œuvre de Malebranche (1674-1675).

**recherche-développement** *nf* ECON Processus qui va de la conception à la réalisation d'un nouveau produit. (Souvent abrégé RD ou R&D). PLUR recherches-développements.

**rechercher** *vt* [1] **1** Chercher de nouveau. *Aller rechercher des informations.* **2** Chercher avec soin pour trouver, découvrir. *Rechercher la cause* *d'un phénomène.* **3** Tâcher d'obtenir, d'atteindre. *Rechercher la perfection.*

**recherchiste** *n* Personne qui recherche de la documentation pour les médias.

**rechigner** *vti* ① Témoigner de la mauvaise volonté pour. *Rechigner au travail.* SYN renâcler. ETY Du frq *kinan*, « tordre la bouche ».

**rechristianiser** *vt* ① Ramener à la foi chrétienne une population. DER **rechristianisation** *nf*

**Recht** v. d'Iran, au N.-O. de Téhéran, sur la mer Caspienne ; 260 000 hab. ; ch.-l. de prov.

**rechuter** *vi* ① Tomber malade de nouveau. DER **rechute** *nf*

**récidiver** *vi* ① **1** MED Réapparaître, en parlant d'une maladie qui semblait complètement guérie. **2** DR Commettre une nouvelle infraction après une condamnation définitive pour une infraction précédente. **3** Refaire la même faute. ETY Du lat. DER **récidivant, ante** *a* – **récidive** *nf*

**récidiviste** *n* Personne qui récidive, commet une nouvelle infraction, refait la même faute. DER **récidivisme** *nm*

**récidivité** *nf* MED Caractère récidivant d'une maladie.

**récif** *nm* Rocher ou ensemble de rochers à fleur d'eau dans la mer. ETY De l'ar. DER **récifal, ale, aux** *a*

ENC Les récifs coralliens sont des édifices calcaires sécrétés par des animaux du groupe des cnidaires : les coraux. Ces constructions sont des écosystèmes complexes où vivent des algues, des mollusques, des oursins, des poissons. On distingue trois formes récifales : le *récif-barrière*, situé à une certaine distance du rivage ; le *récif frangeant*, fixé au littoral ; *l'atoll*.

**Recife** (anc. *Pernambouc*), ville et port du N.-E. du Brésil, cap. de l'État de Pernambouc ; 3,5 millions d'hab. (aggl.). Archevêché. Centre industriel. – Égl. baroques XVII^e^-XVIII^e^ s. ; maisons coloniales. – Fondée par les Portugais (1548), la ville se développa sous l'impulsion des Hollandais, qui l'occupèrent au XVII^e^ s.

**récipiendaire** *n* **1** Personne reçue dans un corps, dans une compagnie, avec un certain cérémonial. **2** Personne qui reçoit un diplôme universitaire. ETY Du lat.

**récipient** *nm* Tout ustensile destiné à contenir une substance quelconque.

**réciproque** *a, nf* **A** *a* Que deux personnes, deux choses ont l'une pour l'autre, exercent l'une sur l'autre. *Amour, influence réciproque.* SYN mutuel. **B** *a, nf* LOG Se dit de propositions où le sujet de l'une peut devenir l'attribut de l'autre, et vice versa (ex. : *L'homme est un animal raisonnable* et *Un animal raisonnable est un homme*). **C** *nf* La pareille. *Rendre la réciproque.* LOC MATH ***Application réciproque d'une application f d'un ensemble A dans un ensemble B*** : application, notée $f^{-1}$, de l'ensemble B dans l'ensemble A. — ***Propositions*** ou ***théorèmes réciproques*** : tels que l'hypothèse de l'un est la conclusion de l'autre. — ***Verbe réciproque*** : verbe pronominal indiquant que l'action est réalisée simultanément par deux sujets au moins, chacun étant à la fois agent et objet de cette action (ex. : Ils se battent). ETY Du lat. DER **réciprocité** *nf* – **réciproquement** *av*

**réciproquer** *vt* ① Belgique, Afrique Adresser en retour des vœux, des souhaits.

**récit** *nm* **1** Narration de faits réels ou imaginaires. *Récit d'aventures.* **2** LITTER Relation d'évènements qui ne sont pas représentés sur la scène, dans le théâtre classique. **3** MUS vx Récitatif. **4** MUS Un des claviers de l'orgue.

**récital** *nm* Concert où se produit un artiste seul. *Récital de violon, de danse.* PLUR récitals.

**récitant, ante** *a, n* **A** *a* MUS Se dit de la voix ou de l'instrument qui exécute seul la partie principale d'une œuvre. **B** *n* **1** Personne qui chante un récitatif. **2** Dans une œuvre scénique, un film, personne qui dit un texte permettant de comprendre l'action.

**récitatif** *nm* MUS Dans la musique dramatique, déclamation notée, manière de chanter proche de la parole.

**récitation** *nf* **1** Action de réciter. **2** Texte littéraire, poème qu'un écolier doit apprendre par cœur.

**réciter** *vt* ① Prononcer à haute voix ce qu'on connaît par cœur. *Réciter une leçon.* ETY Du lat.

**Récits d'un chasseur** recueil de nouvelles de Tourgueniev (1852).

**Recklinghausen** ville industr. d'Allemagne (Rhénanie-du-Nord-Westphalie), dans la Ruhr ; 117 590 hab.

**Recklinghausen (maladie de)** *nf* Syn. de *neurofibromatose*.

**réclamant, ante** *n* DR Personne qui réclame qqch en justice.

**réclamation** *nf* Action de réclamer pour faire respecter un droit. *Bureau des réclamations.*

**1 réclame** *nm* FAUC Cri, signe destiné à faire revenir un oiseau. ETY De l'a. fr. *reclaim*, « appel ».

**2 réclame** *nf* vieilli **1** Petit article de journal où l'on vante les qualités d'un produit dans un dessein commercial. **2** Publicité commerciale. LOC ***En réclame*** : à prix réduit.

**réclamer** *v* ① **A** *vt* **1** Demander de façon pressante ce dont on a besoin, ce à quoi l'on a droit. *Malade qui réclame de l'eau. Réclamer la récompense promise.* **2** fig Nécessiter. *Son état réclame des précautions.* **B** *vi* litt Protester, s'élever contre une injustice. *Réclamer en faveur d'un innocent.* **C** *vpr* S'appuyer sur la notoriété, le prestige de qqn ou de qqch, s'en prévaloir. *Se réclamer d'une tradition séculaire.* ETY Du lat.

**reclasser** *vt* ① **1** Classer de nouveau ou d'une manière différente. **2** Affecter qqn qui ne peut plus exercer son emploi à un poste ou dans un secteur différent. **3** Réajuster le traitement d'une catégorie de fonctionnaires. DER **reclassement** *nm*

**reclus, use** *a, n* Qui vit enfermé, isolé du monde.

**Reclus Élie** (Sainte-Foy-la-Grande, Gironde, 1827 – Bruxelles, 1904), écrivain français : *les Primitifs, études d'ethnologie comparée* (1885). Membre de la Commune, il fut banni en 1871, comme son frère Élisée. — **Élisée** (Sainte-Foy-la-Grande, 1830 – Thourout, Belgique, 1905), frère du préc., géographe : *Géographie universelle* (1875-1894), *l'Homme et la Terre* (posth., 1905-1908).

**réclusion** *nf* **1** litt État d'une personne recluse. **2** DR Peine afflictive et infamante, privative de liberté, comportant l'obligation de travailler. ETY Du lat. DER **réclusionnaire** *n*

**récognitif** *am* DR Se dit d'un acte par lequel on reconnaît ou rectifie une obligation ou un droit en se référant à un acte antérieur.

**récognition** *nf* PHILO Action de reconnaître qqn, qqch par la mémoire. PHO [rekɔgnisjɔ̃] ETY Du lat. VAR **recognition**

**recoiffer** *vt* ① **1** Coiffer de nouveau. **2** Remettre un chapeau à qqn.

**recoin** *nm* Coin bien caché. *Dissimuler qqch dans un recoin.*

**récoler** *vt* ① didac Vérifier d'après un inventaire. *Récoler les manuscrits d'une bibliothèque.* ETY Du lat. DER **récolement** *nm*

**récollection** *nf* RELIG Action de se recueillir, retraite spirituelle.

**recoller** *v* ① **A** *vt* Coller de nouveau ; réparer un objet cassé avec de la colle. **B** *vi* SPORT Se trouver à nouveau dans le peloton après avoir été distancé. DER **recollage** ou **recollement** *nm*

**récollet** *nm* Religieux appartenant à la branche réformée des augustins ou à l'une des branches réformées des franciscains. ETY Du lat.

**récoltant, ante** *a, n* Qui fait lui-même sa récolte. *Propriétaire récoltant.*

**récolter** *vt* ① **1** Recueillir des produits végétaux. *Récolter des céréales.* **2** fig Obtenir, recevoir. *Récolter de mauvaises notes.* DER **récoltable** *a* – **récolte** *nf* – **récolteur, euse** *n*

**recombinaison** *nf* **1** CHIM Formation d'une entité chimique à partir de fragments qui résultent de la dissociation de cette entité. **2** GENET Processus par lequel, à une génération donnée, les gènes se combinent entre eux d'une façon différente de celle de la génération précédente. DER **recombiner** *vt* ①

**recombinant, ante** *a* GENET Se dit d'une protéine, d'une cellule, d'un organisme obtenus par génie génétique ou résultant d'une recombinaison.

**recommandation** *nf* **1** Conseil sur lequel on insiste. *Faire des recommandations à qqn.* **2** Action de recommander qqn. *Lettre de recommandation.* **3** Formalité par laquelle on recommande un envoi postal.

**recommandé, ée** *a, n* Se dit d'un envoi auquel s'applique la recommandation postale.

**recommander** *v* ① **A** *vt* **1** Indiquer, conseiller qqch à qqn, dans son intérêt. *Recommander un film.* **2** Faire savoir à qqn ce qu'on attend de lui en insistant pour qu'il se conforme à cette demande. *Elle lui a recommandé de ne rien dire.* **3** Demander à une personne d'être favorable à qqn. *Il m'a recommandé ce candidat.* **4** Rendre digne de considération. *Son talent le recommande.* **5** S'assurer, en payant une taxe, qu'un envoi postal sera remis en main propre au destinataire. **B** *vpr* **1** Demander aide, protection à. *Se recommander à Dieu.* **2** Invoquer l'appui de qqn. **3** Se faire estimer. *Ce restaurant se recommande par ses spécialités.* LOC ***Recommander son âme à Dieu*** : implorer sa pitié au moment de mourir. DER **recommandable** *a*

**recommencer** *vt* ⑫ Commencer de nouveau ; refaire. *Recommencer un devoir. Recommencer à travailler.* DER **recommencement** *nm*

**récompense** *nf* **1** Ce qu'on donne à qqn pour un service rendu, un mérite particulier. **2** DR Indemnité due, en cas de liquidation de communauté légale, par l'un des époux à la communauté (s'il a enrichi son propre patrimoine), ou par la communauté à l'un des époux (si ses biens propres ont servi à augmenter la masse commune). ETY Du lat. DER **récompenser** *vt* ①

**recomposé, ée** *a* Se dit d'une famille où un couple cohabite avec des enfants nés d'une union précédente.

**recomposer** *vt* ① **1** Restructurer sur de nouvelles bases. **2** Composer à nouveau. DER **recomposition** *nf*

**recompter** *vt* ① Compter de nouveau. DER **recompte** *nm*

**réconcilier** *vt* ② **1** Remettre d'accord des personnes brouillées. **2** LITURG CATHOL Consacrer de nouveau une église qui a été profanée ; réadmettre dans l'Église un apostat, un clerc suspens. **3** fig Faire s'accorder entre elles des choses apparemment opposées. *Réconcilier la politique et la morale.* ETY Du lat. DER **réconciliateur, trice** *n, a* – **réconciliation** *nf*

**recondamner** *vt* ① Condamner à nouveau.

**reconduction** *nf* **1** Action de reconduire. **2** DR Renouvellement d'un contrat. LOC ***Tacite***

*reconduction :* fait, pour un contrat, d'être reconduit systématiquement si l'une des parties ne s'y oppose pas. ETY Du lat.

**reconduire** *vt* ⑥⑨ **1** Accompagner qqn qui s'en va. *Reconduire des amis jusqu'à la porte.* **2** Renouveler, proroger. *Reconduire un contrat.* **3** Conduire de nouveau un véhicule. LOC ***Reconduire à la frontière :*** expulser un étranger en situation irrégulière. DER **reconductible** *a* – **reconduite** *nf*

**reconfigurer** *vt* ① Réorganiser la configuration d'un système informatique. DER **reconfiguration** *nf*

**réconforter** *vt* ① **1** Rendre des forces physiques à qqn. **2** Redonner de la force morale, du courage à une personne éprouvée. *Réconforter qqn par des témoignages d'amitié.* DER **réconfort** *nm* – **réconfortant, ante** *a*

**reconnaissance** *nf* **1** Action de reconnaître qqn, qqch. **2** Fait d'admettre pour tel ou de reconnaître la légitimité de. *La reconnaissance d'un gouvernement.* **3** Acte écrit par lequel on reconnaît une obligation. *Signer une reconnaissance de dette.* **4** Sentiment qui témoigne qu'on se souvient d'un bienfait reçu. SYN gratitude. **5** DR Fait de reconnaître officiellement pour sien un enfant.

**reconnaissant, ante** *a* Qui éprouve, qui manifeste un sentiment de reconnaissance.

**reconnaître** *vt* ⑦③ **1** Percevoir qqn, qqch comme déjà connu, identifier. *Reconnaître une odeur.* **2** Admettre comme vrai, comme certain. *Je reconnais ses mérites.* **3** Avouer, confesser qqch. **4** Admettre, tenir qqn pour tel. *Reconnaître qqn pour roi.* **5** Examiner un lieu pour le connaître ; déterminer l'emplacement de qqch. *Reconnaître une position ennemie.* LOC ***Reconnaître un enfant :*** déclarer officiellement qu'on est le père ou la mère d'un enfant naturel. — ***Reconnaître un gouvernement :*** admettre sa légitimité. VAR **reconnaitre**

**reconnu, ue** *a* **1** Qui a été admis comme vrai. **2** Dont la valeur n'est pas mise en doute. *Un musicien reconnu.*

**reconquérir** *vt* ③⑤ Conquérir de nouveau. DER **reconquête** *nf*

**Reconquista** (« Reconquête »), terme par lequel les historiens désignent la conquête (du VIIIe s. au XVe s., mais surtout du XIe s. au XIIIe s.), par les chrétiens, des territoires que les Arabes occupaient en Espagne. La Reconquista s'acheva en 1492 (prise de Grenade).

**Reconquista** cortège des Rois Catholiques entrant à Grenade, détail du retable (sculpté par Philippe de Bourgogne), 1520-1522, Chapelle royale de la cathédrale, Grenade

**reconsidérer** *vt* ①④ Réexaminer pour réviser la décision précédemment adoptée. DER **reconsidération** *nf*

**reconstituant, ante** *a, nm* Se dit d'un aliment, d'un médicament qui redonne des forces.

**reconstituer** *vt* ① **1** Constituer, créer de nouveau. **2** Redonner à une chose dont il ne reste que des éléments épars sa forme primitive. *Reconstituer un vase grec.* **3** Représenter un fait, un évènement tel qu'il s'est produit. *Reconstituer un crime.* DER **reconstitution** *nf*

**reconstruire** *vt* ⑥⑨ Construire de nouveau ce qui a été détruit. DER **reconstructeur, trice** *a, n* – **reconstruction** *nf*

**reconvention** *nf* DR Demande que formule le défendeur contre le demandeur, devant le même juge. DER **reconventionnel, elle** *a* – **reconventionnellement** *av*

**reconvertir** *v* ③ **A** *vt* **1** Adapter l'économie d'un pays, d'une région à de nouvelles conditions financières, politiques, économiques. **2** Changer la nature des activités d'une entreprise par suite de l'évolution du marché. **B** *vpr* Changer de métier. DER **reconversion** *nf*

**recopier** *vt* ② Copier un texte ; le mettre au propre. *Recopier un brouillon. Recopier des données sur son disque dur.* DER **recopiage** *nm* ou **recopie** *nf*

**record** *nm* Exploit, fait surpassant tout ce qui a été fait, vu jusqu'alors dans le domaine. *Record de vitesse. Record d'affluence.* ETY Mot angl.

**recorder** *vt* ① **1** Attacher de nouveau avec une corde. **2** Munir de nouvelles cordes. *Recorder une raquette.* DER **recordage** *nm*

**recordman** *nm* Détenteur d'un record. PLUR recordmans ou recordmen. PHO [ʀəkɔʀdman] ETY Faux anglicisme, de *record,* et *man,* « homme ».

**recordwoman** *nf* Détentrice d'un record. PLUR recordwomans ou recordwomen. PHO [ʀəkɔʀdwuman]

**recorriger** *vt* ①③ Corriger de nouveau.

**recors** *nm* anc Personne qui accompagnait un huissier pour lui servir de témoin.

**recoucher** *v* ① **A** *vt* Coucher de nouveau. **B** *vpr* Se remettre au lit.

**recoudre** *vt* ⑦⑥ **1** Coudre une étoffe décousue ou déchirée. **2** CHIR Coudre une plaie.

**recoupe** *nf* **1** AGRIC Seconde coupe de foin dans la même année. **2** TECH Morceau qui tombe quand on coupe qqch. SYN chute. **3** Farine de seconde mouture, de qualité inférieure. **4** Eau-de-vie faite d'alcool étendu d'eau.

**recoupement** *nm* **1** CONSTR Retraite donnée à chaque assise de pierre pour consolider un bâtiment. **2** TECH Levé d'un point par l'intersection de lignes qui se coupent en ce point. **3** fig Vérification d'un fait, d'une information par confrontation de données provenant d'autres sources.

**recouper** *vt* ① **1** Couper de nouveau. **2** TECH Ajouter divers vins au produit d'un premier coupage. **3** fig Vérifier par recoupement. *Recouper des témoignages. Tous les faits se recoupent.* SYN coïncider. DER **recoupage** *nm*

**recourber** *vt* ① **1** Courber une nouvelle fois. **2** Courber à son extrémité. *Recourber un fer.* DER **recourbement** *nm* – **recourbure** *nf*

**recourir** *v* ②⑥ **A** *vi* Courir de nouveau. **B** *vti* **1** Demander aide, assistance à qqn. *Recourir au médecin.* **2** User de, employer un moyen, un procédé. *Recourir à certains expédients.*

**recours** *nm* **1** Action de recourir à qqn, à qqch. *Avoir recours à la justice.* **2** Ce à quoi l'on recourt. SYN ressource. **3** DR Action qu'on a contre qqn pour être indemnisé ou garanti. **4** DR Démarche auprès d'une juridiction, par laquelle on demande la révision d'une décision de justice. *Recours en cassation.* LOC ***Recours en grâce :*** demande adressée au chef de l'État pour obtenir la remise ou la commutation d'une peine infligée par un jugement. ETY Du lat.

**1 recouvrement** → **recouvrer.**

**2 recouvrement** *nm* **1** Fait de recouvrir. **2** GEOL Couche géologique recouvrant une autre plus récente. **3** Partie qui en recouvre une autre. *Recouvrement d'une tuile par une autre.* LOC MATH ***Recouvrement des parties P d'un ensemble E :*** famille de parties de E dont la réunion contient P.

**recouvrer** *vt* ① **1** litt Rentrer en possession de. *Recouvrer la vue.* SYN récupérer, retrouver. **2** Recevoir en paiement une somme due. ETY Du lat. DER **recouvrable** *a* – **recouvrement** *nm*

**recouvrir** *vt* ③② **1** Couvrir de nouveau. **2** Couvrir complètement. *La mer recouvre une grande partie du globe.* **3** Couvrir en partie. *Tuiles qui se recouvrent.* **4** fig Masquer, cacher. *Sa nonchalance recouvre une volonté inflexible.* **5** Inclure ; s'appliquer à ; coïncider avec. *Votre exposé recouvre en partie ce que j'allais dire.* DER **recouvrage** *nm*

**recracher** *v* ① **A** *vt* Rejeter par la bouche ce qu'on ne veut ou ne peut pas avaler. **B** *vi* Cracher de nouveau.

**récré** *nf* fam Récréation.

**récréance** *nf* DR CANON anc Jouissance provisionnelle d'un bénéfice en litige. LOC DR ***Lettres de récréance :*** qu'un gouvernement envoie à un ambassadeur qu'il rappelle pour que celui-ci les présente au gouvernement auprès duquel il était accrédité. SYN lettres de rappel.

**récréatif, ive** *a* Qui récrée, délasse.

**récréation** *nf* **1** Divertissement, détente. **2** Temps accordé à des élèves pour se délasser entre les heures de classe. *Cour de récréation.*

**recréer** *vt* ①① **1** Créer de nouveau. **2** Reconstituer ; reconstruire mentalement. DER **recréation** *nf*

**récréer** *vt* ①① litt Divertir, détendre, délasser. ETY Du lat.

**recrépir** *vt* ③ Crépir de nouveau. DER **recrépissage** *nm*

**recreuser** *vt* ① Creuser à nouveau ou davantage. *La rivière a recreusé son lit.*

**récrier (se)** *vpr* ② litt S'exclamer sous l'effet de l'étonnement, de la surprise, de l'indignation, etc. *Se récrier d'admiration.*

**récriminer** *vi* ① Se plaindre, protester, critiquer amèrement. ETY Du lat. *crimen,* « accusation ». DER **récriminateur, trice** *a, n* – **récrimination** *nf* – **récriminatoire** *a*

**récrire** *vt* ⑥⑦ **1** Écrire de nouveau, recopier. **2** Rédiger à nouveau, en modifiant. *Récrire un chapitre.* **3** Écrire une nouvelle lettre à qqn ou lui écrire en retour. VAR **réécrire** DER **récriture** ou **réécriture** *nf*

**recristallisation** *nf* GEOL Modification des constituants d'une roche avec formation de cristaux différents. DER **recristalliser** *v* ①

**recroqueviller** *v* ① **A** *vt* Replier, tordre en desséchant. *La sécheresse a recroquevillé les feuilles.* **B** *vpr* Se ramasser sur soi-même. *Se recroqueviller pour avoir moins froid.* SYN se pelotonner. ETY De l'a. v. *recoquiller.*

**recru, ue** *a* litt Épuisé, harassé. *Être recru de fatigue.* ETY Du lat.

**recrû** *nm* SYLVIC **1** Ce qui a poussé après une coupe. **2** Pousse annuelle d'un taillis, d'un bois. VAR **recru**

**recrudescence** *nf* 1 MED Exacerbation des signes d'une maladie après une rémission passagère. 2 Retour avec accroissement ; développement, intensification. *Recrudescence du froid, du banditisme.* PHO [ʀəkʀydesɑ̃s] ETY Du lat. DER **recrudescent, ente** *a*

**recrue** *nf* 1 Soldat nouvellement incorporé. 2 Nouveau membre d'une société, d'un groupement. ETY De l'a. v. *recroître*, « augmenter ».

**recruter** *v* 1 A *vt* 1 Appeler, engager des recrues. *Recruter une troupe.* 2 Engager du personnel ; amener à faire partie d'un groupe. B *vpr* Provenir de. *Les membres de ce parti se recrutent parmi les mécontents.* DER **recrutement** *nm* – **recruteur, euse** *n*

**rect(i)-** Élément, du lat. *rectus*, « droit ».

**recta** *av* fam Ponctuellement, exactement. *Payer recta.* ETY Mot lat., « tout droit ».

**rectal** → **rectum.**

**rectangle** *a, nm* A *a* GEOM Qui possède au moins un angle droit. *Triangle rectangle.* B *nm* Quadrilatère dont les angles sont droits et dont les diagonales ont la même longueur. ETY Du lat. DER **rectangulaire** *a*

**recteur, trice** *n* A 1 Fonctionnaire de l'Éducation nationale responsable d'une académie. 2 Canada, Belgique Professeur qui est à la tête d'une université. B *nm* 1 RELIG CATHOL Supérieur de certains collèges, en partic., de jésuites. 2 Prêtre à qui l'évêque confie la charge d'églises de pèlerinage non paroissiales. 3 Curé d'une paroisse rurale, en Bretagne. ETY Du lat.

**rectificateur, trice** *n, a* A litt Qui rectifie. B *nm* CHIM Appareil servant à rectifier les liquides.

**rectificatif, ive** *a, nm* A *a* Qui sert à rectifier une erreur. *Lettre rectificative.* B *nm* Mention, note rectificative.

**rectification** *nf* 1 Action de rectifier, de corriger ce qui est inexact. 2 Insertion dans un journal d'un article modifiant le sens d'un article précédemment paru. 3 TECH Opération qui consiste à rectifier une pièce métallique. 4 Action de rendre droit. 5 CHIM Nouvelle distillation. 6 GEOM Détermination de la longueur d'un arc de cercle.

**rectifier** *vt* 2 1 Rendre droit. 2 Rendre correct, exact. *Rectifier une procédure.* 3 TECH Mettre une pièce à ses dimensions exactes ; corriger ses imperfections, lui donner le dernier fini. 4 Modifier en améliorant. *Rectifier sa conduite.* 5 CHIM Distiller de nouveau un liquide pour le rendre plus pur. 6 fam Tuer, assassiner. 7 GEOM Déterminer la longueur d'un arc. LOC fam ***Rectifier le tir*** : modifier sa manière de procéder pour parvenir à son but. ETY Du lat. DER **rectifiable** *a*

**rectifieur, euse** *n* TECH A Personne qui rectifie les pièces mécaniques. B *nf* Machine-outil utilisée en métallurgie pour rectifier les pièces en fin d'usinage.

**rectiligne** *a* 1 En ligne droite. *Mouvement rectiligne.* 2 GEOM Composé de lignes droites, limité par des lignes droites. *Figure rectiligne.*

**rectilinéaire** *a* PHOTO LOC ***Objectif rectilinéaire*** : qui ne déforme pas l'image sur les bords.

**rection** *nf* LING Fait de régir ou d'entraîner la présence d'une catégorie grammaticale déterminée. *Rection d'un complément d'objet direct par un verbe transitif.* ETY Du lat.

**rectite** *nf* MED Inflammation du rectum.

**rectitude** *nf* 1 Qualité de ce qui est droit. *Rectitude d'une ligne.* 2 Qualité de ce qui est juste, conforme à la raison. *Rectitude du jugement.* 3 Honnêteté, rigueur morale.

**recto** *nm* Première page d'un feuillet par opp. à *verso*. LOC ***Recto verso*** : au recto et au verso. ETY Du lat. *folio recto*, « sur le feuillet qui est à l'endroit ».

**rectocolite** *nf* MED Inflammation du rectum et du côlon.

**rectorat** *nm* 1 Charge, dignité de recteur d'académie. 2 Siège de l'administration rectorale. DER **rectoral, ale, aux** *a*

**rectoscopie** *nf* MED Examen du rectum à l'endoscope. DER **rectoscope** *nm* – **rectoscopique** *a*

**1 rectrice** *a, nf* Se dit des grandes plumes de la queue des oiseaux, servant à diriger le vol.

**2 rectrice** → **recteur.**

**rectum** *nm* ANAT Segment terminal du gros intestin, qui fait suite au côlon sigmoïde et aboutit à l'orifice anal. PHO [ʀɛktɔm] DER **rectal, ale, aux** *a*

**reçu, ue** *n* A Candidat admis à un examen, un concours. B *nm* Écrit attestant qu'on a reçu une somme d'argent, un objet. SYN récépissé.

**recueil** *nm* Volume réunissant des écrits de provenances diverses.

**recueillement** *nm* Fait de se recueillir ; état d'esprit d'une personne recueillie.

**recueilli, ie** *a* Qui marque le recueillement. *Air recueilli.*

**recueillir** *v* 27 A *vt* 1 Rassembler, collecter. *Recueillir des dons.* 2 Remporter, obtenir. *Recueillir un tiers des suffrages.* 3 DR Recevoir par héritage. 4 Recevoir chez soi, héberger. *Recueillir un orphelin.* B *vpr* 1 RELIG Se livrer à de pieuses méditations. *La foule recueillie des fidèles.* 2 Faire retour sur soi-même, méditer. ETY Du lat.

**recuire** *vt* 69 1 Cuire de nouveau. 2 METALL Soumettre au recuit.

**recuit** *nm* METALL Traitement thermique qui rend son homogénéité à un métal.

**recul** *nm* 1 Action, fait de reculer. 2 Éloignement dans l'espace ou dans le temps. *Prendre du recul pour regarder une toile. Manquer de recul pour juger un évènement.* 3 Mouvement vers l'arrière d'une arme à feu au départ du coup.

**reculade** *nf* 1 Action de reculer. 2 fig, péjor Dérobade de qqn qui s'était trop avancé.

**reculé, ée** *a* 1 Lointain, difficile d'accès. *Un quartier reculé.* 2 Éloigné dans le temps.

**reculée** *nf* GEOGR Vallée à parois abruptes, terminée par un cirque d'où sort une source vauclusienne.

**reculer** *v* 1 A *vi* 1 Aller en arrière. 2 fig Perdre en importance, régresser. *Maladie, idée qui recule.* 3 Hésiter ou renoncer à agir. *Reculer devant un obstacle.* B *vt* 1 Tirer ou pousser en arrière. *Reculer sa chaise.* 2 Repousser, déplacer en éloignant. *Reculer les frontières d'un État.* 3 Retarder, différer. *Reculer la date du départ.* LOC ***Ne reculer devant rien*** : ne se laisser arrêter par aucune difficulté ; n'avoir aucun scrupule. — ***Reculer pour mieux sauter*** : remettre à plus tard une décision de toute façon inévitable.

**reculons (à)** *av* En reculant.

**reculotter** *vt* 1 Remettre la culotte, le pantalon de.

**récup** *nf* fam Réutilisation, recyclage d'objets mis au rebut.

**récupérateur, trice** *a, n* A *a* 1 Qui permet de récupérer. *Un sommeil récupérateur.* 2 Qui favorise une récupération politique. B *nm* 1 Entreprise qui récupère les déchets, les matériaux usagés. 2 TECH Appareil qui récupère des matières ou de l'énergie. C *n* SPORT Au football, joueur(euse) chargé(e) de récupérer le ballon.

**récupérer** *v* 14 A *vt* 1 Recouvrer, rentrer en possession de ce qu'on avait perdu. 2 Recueillir ce qui pourrait être mis au rebut pour l'utiliser. *Récupérer de la ferraille.* 3 Effectuer un temps de travail pour compenser celui qui avait été perdu. 4 POLIT Détourner à son profit un mouvement de contestation en le dénaturant et en lui ôtant tout caractère subversif. 5 fam Aller chercher qqn. *Récupérer son enfant chez la nourrice.* B *vi* Recouvrer ses forces, la santé. ETY Du lat. DER **récupérable** *a* – **récupération** *nf*

**récurer** *vt* 1 Nettoyer en frottant. DER **récurage** *nm*

**récurrence** *nf* didac Caractère de ce qui est récurrent, répétitif. LOC MATH, LOG ***Raisonnement par récurrence*** : qui étend à tous les termes d'une série une relation vérifiée pour les deux premiers.

**récurrent, ente** *a, nm* A *a* 1 ANAT Qui revient en arrière vers son point de départ. *Nerf récurrent.* 2 Qui revient périodiquement ; répétitif. *Un rêve récurrent.* B *nm* Série télévisée dont le héros réapparaît de film en film, de saison en saison. LOC MED ***Fièvre récurrente*** : dont les accès reviennent, alternant avec des périodes sans fièvre. — MATH ***Suite récurrente*** : dont chaque terme est une fonction d'un nombre déterminé de termes précédents. ETY Du lat.

**récursif, ive** *a* LING Qui peut être répété un nombre infini de fois. LOC LOG ***Fonction récursive*** : qu'on peut définir à l'aide d'une classe de fonctions élémentaires. ETY Du lat. DER **récursivité** *nf*

**récuser** *v* 1 A *vt* 1 DR Refuser d'accepter en tant que juré, expert, témoin. 2 Contester, n'accorder aucune valeur à. *Récuser l'autorité d'un historien.* B *vpr* Refuser de prendre une responsabilité, d'émettre un avis. DER **récusable** *a* – **récusation** *nf*

**recycler** *vt* 1 1 TECH Réintroduire un produit dans le circuit normal pour pouvoir le réutiliser dans un cycle d'opérations complexes. *Recycler du papier. Recycler de l'argent sale.* 2 fig Donner une nouvelle destination à des capitaux. 3 Dispenser une formation à une personne engagée dans la vie active pour mettre à jour ses compétences professionnelles. DER **recyclabilité** *nf* – **recyclable** *a, nm* – **recyclage** *nm* – **recycleur, euse** *a, n*

**recyclerie** *nf* Centre de ramassage des déchets, chargé également de leur recyclage et de leur valorisation. SYN ressourcerie.

**rédacteur, trice** *n* 1 Personne dont la profession est de rédiger des textes. *Rédacteur d'une revue.* 2 Personne qui a écrit un texte. 3 Fonctionnaire chargé de rédiger des pièces d'administration. LOC ***Rédacteur en chef*** : journaliste responsable de la coordination d'une rédaction.

**rédaction** *nf* 1 Action, manière de rédiger. 2 Devoir scolaire composé sur un sujet donné. 3 Ensemble des rédacteurs d'un journal, d'une maison d'édition ; lieu où ils travaillent.

**rédactionnel, elle** *a, nm* A *a* De la rédaction. *Contraintes rédactionnelles.* B *nm* Partie rédigée d'un média (par oppos. au *visuel*).

**redan** *nm* 1 ARCHI Ressaut que présente un mur construit sur un terrain en pente. 2 Ouvrage de fortification constitué de deux murs formant un angle saillant. 3 Suite d'ornements sculptés formant des dents. 4 MAR Décrochement dans une carène de bateau ou d'hydravion. LOC ***Toiture à redans*** : constituée d'une succession de combles à pentes inégales, disposées en dents de scie. SYN shed. VAR **redent**

**Redding Otis** (Dawson, Géorgie, 1941 – Madison, 1967), chanteur américain de soul.

**reddition** *nf* Fait de se rendre, capitulation. ETY Du lat.

**redécouper** *vt* 1 POLIT Diviser une région administrative en nouvelles circonscriptions électorales. DER **redécoupage** *nm*

**redécouvrir** *vt* 32 Découvrir de nouveau. DER **redécouverte** *nf*

**redéfaire** *vt* 10 Défaire à nouveau.

**redéfinir** *vt* [3] Définir à nouveau. *Redéfinir les grandes lignes d'un plan.* [DER] **redéfinition** *nf*

**redemander** *vt* [1] 1 Demander de nouveau. 2 Réclamer ce que l'on a donné ou prêté.

**redémarrer** *v* [1] **A** *vi* Prendre un nouveau départ. **B** *vt fam* Donner un nouvel élan. [DER] **redémarrage** *nm*

**rédempteur, trice** *a* RELIG Qui rachète du péché et donne le salut éternel.

**Rédempteur (le)** Jésus-Christ, dont, selon les chrétiens, la mort a racheté le genre humain de ses péchés.

**rédemption** *nf* RELIG Rachat du péché et obtention du salut. [PHO] [redɑ̃psjɔ̃] [ETY] Du lat.

**Rédemption (la)** le rachat du genre humain par la mort et la résurrection de Jésus-Christ (le Rédempteur).

**rédemptoriste, istine** *n* RELIG Membre d'une des congrégations du Très-Saint-Rédempteur, fondées par saint Alphonse-Marie de Liguori en 1732.

**redent** → **redan.**

**redéploiement** *nm didac* Réorganisation d'ensemble d'une activité, dans le domaine militaire, économique, etc. [DER] **redéployer** *vt* [23]

**redescendre** *v* [6] **A** *vi* Descendre une nouvelle fois. *Redescendre à un rang inférieur.* **B** *vt* Descendre de nouveau. *Redescendre un escalier.*

**redevable** *a, n* **A** *a* 1 Qui doit de l'argent à qqn. *Il m'est redevable de trois mille francs.* 2 Qui a une obligation envers qqn. *Je vous suis redevable de ce service.* **B** *n* Personne assujettie à une redevance. *Les redevables de l'impôt.*

**redevance** *nf* Somme versée à échéances déterminées en contrepartie d'un avantage, d'un service, d'une concession.

**redevenir** *vi* [36] Devenir de nouveau, recommencer à être ce qu'on était auparavant.

**Redford Robert** (Santa Monica, 1937), acteur et cinéaste américain : *la Poursuite impitoyable* (1966), *Butch Cassidy et le Kid* (1969), *Jeremiah Johnson* (1972), *les Hommes du président* (1976), *Milagro* (comme réalisateur, 1987).

**rédhibition** *nf* DR Annulation par l'acheteur de la vente d'une marchandise entachée de vice rédhibitoire.

**rédhibitoire** *a* Qui constitue un empêchement absolu, une gêne irrémédiable. *Il est d'une bêtise rédhibitoire.*

**rédie** *nf* ZOOL Larve de trématode, précédant la cercaire.

**rediff** *nf fam* Rediffusion d'une émission télévisée. [VAR] **redif**

**rediffuser** *vt* [1] Diffuser une nouvelle fois sur les ondes radiophoniques, à la télévision, etc. [DER] **rediffusion** *nf*

**rédiger** *vt* [13] Coucher sur le papier dans la forme prescrite ; exprimer par écrit. *Rédiger un procès-verbal.* [ETY] Du lat. *redigere*, « réduire ».

**redimensionner** *vt* [1] *Suisse* Restructurer. *Redimentionner un projet de travaux publics.* [DER] **redimensionnement** *nm*

**rédimer** *vt* [1] RELIG Racheter, sauver. *Rédimer l'homme de ses péchés.*

**redingote** *nf* 1 *anc* Veste d'homme à longues basques. 2 Manteau de femme cintré à la taille. [ETY] De l'angl. *riding-coat*, « manteau pour aller à cheval ».

**rédintégration** *nf* PSYCHO Phénomène par lequel un souvenir fait resurgir la totalité d'un état de conscience ancien. [ETY] Mot angl.

**redire** *vt* [65] 1 Répéter ; dire plusieurs fois. *Il m'a encore redit de venir le voir.* 2 Répéter ce qu'on a appris de qqn. *Redire un secret.* LOC *Trouver, avoir à redire :* critiquer, avoir des objections à faire.

**rediscuter** *vt* [1] Reprendre une discussion.

**redistribuer** *vt* [1] Distribuer une seconde fois ou selon une répartition différente. [DER] **redistribution** *nf*

**redistributif, ive** *a* Relatif à la redistribution des revenus. *Le rôle redistributif de l'impôt.* [VAR] **redistributeur, trice** [DER] **redistributivité** *nf*

**redite** *nf* Répétition inutile dans un texte, un discours.

**Redon** ch.-l. d'arr. d'Ille-et-Vilaine, sur la Vilaine et le canal de Nantes à Brest ; 9 499 hab. – Égl. romane (clocher XIIe s.) et goth. Maisons des XVe et XVIe s. [DER] **redonnais, aise** *a, n*

**Redon Odilon** (Bordeaux, 1840 – Paris, 1916), peintre, graveur et pastelliste français. Symboliste, inspiré par la littérature fantastique, il illustra E. Poe, Baudelaire et Flaubert.

**Odilon Redon** *Vase de fleurs* – musée du Louvre

**redondance** *nf* 1 Caractère superflu de certains développements, de certaines répétitions dans le discours. 2 Répétition, redite. *Texte plein de redondances.* 3 *didac* Fait de doubler les éléments assurant une fonction de façon que le service continue en cas de défaillance de l'un d'entre eux. 4 LING Caractère d'un énoncé dans lequel un même trait signifiant est présent sous plusieurs formes différentes. [ETY] Du lat. *redundare*, « déborder ». [DER] **redondant, ante** *a*

**redonder** *vi* [1] Être redondant.

**redonner** *vt* [1] 1 Donner de nouveau. 2 Rendre ce qui a été perdu, restituer. *Redonner de l'éclat à un tableau. Redonner de l'appétit.*

**redorer** *vt* [1] Dorer de nouveau. LOC *Redorer son blason :* épouser une riche roturière, en parlant d'un noble ; rétablir sa réputation.

**redoublant, ante** *n* Élève qui redouble une classe.

**redoublé, ée** *a* 1 Répété. *Rime redoublée.* 2 Répété de plus en plus vite ou de plus en plus fort. *Frapper à coups redoublés.*

**redoublement** *nm* 1 Action de redoubler. 2 Répétition dans un mot (par ex. « Dada », « bébête ») 3 Action d'augmenter, d'accroître. *Redoublement de prudence.* 4 Fait de redoubler une classe.

**redoubler** *v* [1] **A** *vt* 1 Doubler, répéter. *Redoubler une consonne.* 2 Renouveler avec insistance. *Redoubler ses prières.* 3 Recommencer une classe, y passer une nouvelle année scolaire. **B** *vti* Agir avec encore plus de. *Redoubler de vigilance.* **C** *vi* 1 Devenir encore plus fort. *Ma crainte redouble.* 2 Passer dans la même classe une nouvelle année scolaire. *Élève qui redouble.*

**redoutable** *a* Qui est à redouter, qui inspire la crainte. *Un mal redoutable.*

**redoutablement** *av litt* Terriblement, très. *Il est redoutablement stupide.*

**redoute** *nf anc* Ouvrage de fortification isolé. [ETY] De l'ital. *ridotto*, « abri ».

**Redoute (la)** société française spécialisée dans la vente de vêtements par correspondance, créée en 1922.

**Redouté Pierre** (Saint-Hubert, près de Liège, 1759 – Paris, 1840), peintre de fleurs et lithographe français.

**redouter** *vt* [1] Avoir peur de, craindre. [ETY] De *douter*.

**redoux** *nm* Radoucissement de la température après une période de froid.

**redox** *a inv* LOC CHIM *Couple redox :* constitué par les formes oxydée et réduite du même élément.

[ENC] Quand on considère une réaction générale d'oxydoréduction, on peut se demander si la réaction est une oxydation ou une réduction lorsqu'on met les réactants en présence. Pour le savoir, on plonge une électrode de métal inattaquable, comme le platine, dans une solution aqueuse contenant les ions correspondant au couple dont on veut mesurer le pouvoir oxydant. Le métal de l'électrode peut prendre des électrons au réducteur (il devient alors négatif par rapport à la solution) ou au contraire en céder à l'oxydant du système (il devient positif par rapport à la solution). Il s'établit donc une différence de potentiel, que l'on mesure.

**redresse (à la)** *a fam* Énergique. *Un mec à la redresse.*

**redressement** *nm* 1 Action de redresser ou de se redresser ; son résultat. *Redressement d'une barre tordue.* 2 Rétablissement de la prospérité, restauration de l'économie et des finances d'un pays. 3 ELECTR Transformation d'un courant alternatif en courant continu. 4 Rectification d'un compte erroné. LOC *Redressement fiscal :* rectification de l'imposition fiscale à la suite d'une déclaration erronée. — *Redressement judiciaire :* décision judiciaire instituant une période probatoire pendant laquelle est mise en observation une société, ou un commerçant, ou un artisan, en cessation de paiement.

**redresser** *v* [1] **A** *vt* 1 Remettre dans une position verticale. 2 Rendre une forme droite à. *Redresser un axe.* 3 *fig* Remettre en bon ordre. *Redresser l'économie d'un pays.* 4 *vx* Corriger. *Redresser son jugement.* 5 ELECTR Transformer un courant alternatif en courant continu. **B** *vi* Remettre les roues d'un véhicule parallèles à la route après un virage. **C** *vpr* 1 Se remettre debout. 2 Se remettre droit. 3 *fig* Retrouver sa puissance, sa prospérité. *Le pays a eu du mal à se redresser.*

**redresseur, euse** *a, n* **A** *a* Qui redresse. **B** *nm* ELECTR Appareil servant à redresser un courant alternatif. LOC *Redresseur de torts :* personne qui prétend faire régner la justice autour d'elle.

**Red River (la)** fl. des É.-U. dont un bras se jette dans le Mississippi (r. dr.) ; un autre (2 000 km), dans le golfe du Mexique.

**Red River** → **Rouge (rivière).**

**réductase** *nf* BIOCHIM Enzyme qui catalyse l'oxydoréduction.

**réducteur, trice** *a, nm* **A** *a* 1 Qui réduit ; qui simplifie abusivement. *Un point de vue réducteur.* 2 CHIM Susceptible de céder des électrons. *L'hydrogène, le carbone sont réducteurs.* ANT oxydant. **B** *nm* 1 TECH Appareil permettant de réduire les dessins. 2 TECH Dispositif servant à réduire la vitesse de rotation d'un axe. 3 CHIM Corps réducteur.

**réductible** *a* **1** Qui peut être réduit, diminué. **2** Qui peut être ramené à une forme plus simple. *Fraction réductible.* **3** CHIM Qui peut subir une réduction. **4** MED Qui peut être traité par une réduction. *Fracture réductible.* (DER) **réductibilité** *nf*

**1 réduction** *nf* **1** Action de rendre plus petit. *Réduction d'une photographie.* **2** Diminution de tarif. *Avoir une réduction sur les chemins de fer.* **3** Fait de ramener une chose complexe à une autre plus simple. *Réduction de fractions au même dénominateur.* **4** MED Opération par laquelle on remet en place les os luxés ou fracturés, les organes déplacés. **5** CHIM Réaction inverse de l'oxydation, au cours de laquelle un corps réducteur cède des électrons à un corps oxydant. LOC ***Réduction chromatique*** : phase essentielle de la méiose, au cours de laquelle le génome diploïde se divise en deux cellules haploïdes, ou gamètes, aptes à la fécondation. (ETY) Du lat.

**2 réduction** *nf* HIST Village chrétien d'Indiens Guaranis, créé au Paraguay au XVIe s. par les jésuites missionnaires et organisé en communauté autonome. (ETY) De l'esp. *reducir,* « civiliser ».

**réductionnisme** *nm* didac Tendance à réduire ce qui est complexe à ses composants, considérés comme des éléments plus simples et fondamentaux. (DER) **réductionniste** *a, n*

**réduire** *v* ⑥⑨ **A** *vt* **1** Restreindre, diminuer, rendre plus petit. *Réduire ses dépenses.* **2** Reproduire avec des dimensions plus petites et avec les mêmes proportions. *Réduire un dessin.* **3** Transformer une substance par broyage, trituration, pulvérisation, etc. *Réduire en poudre.* **4** Amener à une forme plus simple. *Réduire une fraction.* **5** Identifier qqch d'apparemment complexe à qqch de plus simple. *Réduire un conflit à une simple question de personnes.* **6** MED Remettre à leur place des os luxés, des organes qui font hernie, etc. **7** CHIM Effectuer la réduction d'un composé. **8** CUIS Rendre plus concentré par une longue cuisson. *Réduire une sauce.* **9** Amener par la contrainte à tel état ; obliger à. *Réduire au silence, à la mendicité.* **10** Soumettre, mater. *Réduire l'opposition.* **B** *vpr* **1** Se limiter à, consister seulement en. *Nos divergences se réduisent à peu de chose.* **2** Limiter son train de vie, ses dépenses. (ETY) Du lat.

**1 réduit, ite** *a, nm* **A** *a* **1** Qui a subi une réduction, en dimension, en nombre, etc. *Modèle réduit. Tarif réduit.* **2** MATH Qualifie une courbe ou une loi dont l'expression a été simplifiée par un changement de variable. **B** *nm* Canada Sève de l'érable à sucre épaissie par évaporation.

**2 réduit** *nm* **1** Petit local ne recevant en général pas la lumière du jour. **2** Recoin dans une pièce. **3** FORTIF anc Petit ouvrage à l'intérieur d'un autre, pouvant servir d'abri. (ETY) Du lat.

**réduplication** *nf* LING Répétition d'un mot. (DER) **réduplicatif, ive** *a*

**réduve** *nm* Punaise au corps allongé dont certaines espèces tropicales peuvent transmettre à l'homme une trypanosomiase, la maladie de Chagas. (ETY) Du lat. *reduvee,* « débris, dépouilles ».

**redynamiser** *vt* ① Donner un nouveau dynamisme. (DER) **redynamisation** *nf*

**rééchelonner** *vt* ① ECON Établir un nouveau calendrier de paiement en allongeant la durée du remboursement d'une dette. (DER) **rééchelonnable** *a* – **rééchelonnement** *nm*

**réécouter** *vt* ① Écouter de nouveau.

**réécrire, réécriture** → **récrire.**

**Reed John** (Portland, 1887 – Moscou, 1920), journaliste américain, chantre de la révolution d'Octobre : *Dix jours qui ébranlèrent le monde* (1919).

**Reed sir Carol** (Londres, 1906 – id., 1976), cinéaste britannique : *le Troisième Homme* (1949).

**réédifier** *vt* ② litt Édifier de nouveau ce qui a été détruit, ce qui s'est écroulé. (DER) **réédification** *nf*

**rééditer** *vt* ① **1** Éditer de nouveau. **2** fig Répéter, refaire. (DER) **réédition** *nf*

**rééducation** *nf* **1** MED Traitement visant à faire recouvrer l'usage d'une fonction lésée à la suite d'un accident, ou d'une maladie. **2** Nouvelle éducation sociale, morale, idéologique. **3** Ensemble des mesures judiciaires prises à l'égard de l'enfance délinquante ou en danger, sur le plan social. (DER) **rééduquer** *vt* ①

**réel, elle** *a, nm* **A** *a* **1** DR Qui concerne les choses. ANT personnel. *Un droit réel.* **2** PHILO Qui existe effectivement, et pas seulement à l'état d'idée ou de mot. **3** Qui existe, ou a existé en réalité. ANT fictif, imaginaire, mythique. *Personnage réel.* **4** Véritable, sensible. SYN notable. *Des améliorations réelles.* **B** *nm* Ce qui est réel, le monde des réalités ; les choses, les faits qui existent effectivement. *L'imaginaire et le réel.* LOC ***Nombre réel*** : nombre appartenant à l'ensemble, noté **R**, qui comprend tous les nombres rationnels et irrationnels. (ETY) Du lat. *res,* « chose ».

**réélire** *vt* ⑥⑥ Élire de nouveau. (DER) **réélection** *nf* – **rééligibilité** *nf* – **rééligible** *a*

**réellement** *av* **1** En réalité, effectivement. *Cela a eu lieu réellement.* **2** Vraiment. *C'est réellement incroyable !*

**réembaucher** *vt* ① Embaucher à nouveau des salariés licenciés. (VAR) **rembaucher**

**réémetteur** *nm* TECH Émetteur de faible puissance servant à retransmettre des signaux provenant d'un émetteur principal.

**réemploi** *nm* **1** Fait d'employer ou d'être employé de nouveau. **2** FIN Nouvel emploi des fonds provenant de la vente d'un bien propre. (VAR) **remploi**

**réemployer** *vt* ②③ Employer de nouveau. (VAR) **remployer**

**réemprunter** → **remprunter.**

**réengagé, réengagement, réengager** → **rengager.**

**réensemencer** *vt* ①② AGRIC Ensemencer de nouveau après un premier ensemencement. (DER) **réensemencement** *nm*

**rééquilibrer** *vt* ① Donner un nouvel équilibre à. *Rééquilibrer les forces politiques.* (DER) **rééquilibrage** *nm*

**réer** → **raire.**

**réescompte** *nm* FIN Escompte consenti à un établissement bancaire par un autre, sur des effets de commerce déjà escomptés par le premier. (DER) **réescompter** *vt* ①

**réessayer** → **ressayer.**

**réétudier** *vt* ② Étudier de nouveau, reconsidérer.

**réévaluation** *nf* FIN **1** Évaluation sur de nouvelles bases. *Réévaluation des bilans.* **2** Augmentation du taux de change officiel d'une monnaie par rapport aux devises étrangères. ANT dévaluation. (DER) **réévaluer** *vt* ①

**Reeves Hubert** (Montréal, 1932), astrophysicien et écrivain canadien. Il s'est consacré à la vulgarisation de sa discipline.

**réexaminer** *vt* ① **1** Examiner de nouveau. *Réexaminer un malade.* **2** Reconsidérer. *Réexaminer le problème.* (DER) **réexamen** *nm*

**réexpédier** *vt* ② **1** Expédier vers une nouvelle destination. *Réexpédier du courrier.* **2** Retourner un courrier, des marchandises à l'expéditeur. (DER) **réexpédition** *nf*

**réexporter** *vt* ① Exporter vers un pays des marchandises qu'on avait précédemment importées d'un autre. (DER) **réexportation** *nf*

**refaçonner** *vt* ① Façonner de nouveau, donner une nouvelle forme à.

**réfaction** *nf* **1** DR COMM Réduction sur les prix des marchandises, à la livraison, quand toutes les conditions convenues ne sont pas réunies. **2** FISC Diminution d'une base imposable.

**refaire** *v* ①⓪ **A** *vt* **1** Faire de nouveau ce qu'on a déjà fait, ou ce qui a déjà été fait en apportant plus ou moins de modifications. *Refaire un voyage. Refaire sa vie.* **2** Remettre en état, réparer. *Refaire le toit.* **3** fam Duper, attraper. *Ils l'ont refait sur la qualité de la marchandise.* **B** *vpr* **1** Rétablir sa fortune après des pertes au jeu. **2** Se rétablir du point de vue de la santé. **3** (En tournure négative.) Changer complètement son caractère, ses habitudes. *À mon âge, on ne se refait pas.*

**réfection** *nf* **1** Action de refaire, de remettre en état. *Travaux de réfection.* **2** LING Révision d'une forme populaire suivant l'étymologie. **3** Repas, dans une communauté religieuse.

**réfectoire** *nm* Lieu où les membres d'une communauté prennent leurs repas. (ETY) Du lat. *refectorius,* « qui restaure ».

**refend (de)** *a* LOC ***Bois de refend*** : scié en long. — ***Mur de refend*** : mur de soutien formant séparation intérieure dans un bâtiment.

**refendre** *vt* ⑥ TECH Fendre ou scier en long.

**référé** *nm* DR Procédure rapide ayant pour but de faire juger provisoirement une affaire urgente.

**référé-liberté** *nm* Procédure de suspension d'une mise en détention jugée abusive. PLUR référés-libertés.

**référence** *nf* **A** **1** Action de se référer à qqch ; ce à quoi l'on se réfère pour situer une chose par rapport à une autre, pour fonder l'argument que l'on avance. *Indemnité fixée par référence à tel indice.* **2** Action de se référer à qqch ou à qqn dans un texte, dans son discours, ou d'y renvoyer le lecteur, l'auditeur, etc. *Références aux grands classiques.* **3** Indication précise des ouvrages, des passages, etc. auxquels on renvoie le lecteur, dans un texte. *Références en bas de page.* **4** ADMIN, COMM Indication, portée en tête d'une lettre, qui désigne l'affaire, le dossier, etc. et que le destinataire est prié de rappeler dans sa réponse. **5** Chiffre, numéro d'un code, qui correspond à un article précis, sur un bon de commande, un catalogue, etc. **6** LING Fonction par laquelle un signe linguistique renvoie au référent. **B** *nfpl* Témoignages de personnes pouvant renseigner sur une personne qui fait une demande d'emploi, une proposition commerciale, etc. *Sérieuses références exigées.* LOC ECON ***Actionnaire de référence*** : actionnaire principal d'une société. — MED ***Référence médicale opposable (RMO)*** : traitement standard qui doit être appliqué à telle pathologie.

**référencer** *vt* ①② **1** Indiquer la référence de. **2** COMM Inscrire un produit dans la liste des produits en vente dans un circuit commercial. (DER) **référencement** *nm*

**référendaire** *a, nm* **A** *a* Relatif à un référendum. **B** *nm* Magistrat de la Cour des comptes chargé de vérifier la comptabilité publique, hiérarchiquement au-dessus de l'auditeur.

**référendum** *nm* **1** Vote direct par lequel les citoyens se prononcent sur une proposition de mesure législative ou constitutionnelle émanant du pouvoir exécutif. **2** Consultation qui s'adresse à tous les membres d'un groupe. (PHO) [ReferɛЀdɔm] (ETY) Du lat. *ad referendum,* « pour rapporter ».

**référent, ente** *nm, a* **A** *nm* LING Objet réel ou imaginaire que désigne un signe linguistique. **B** *a, n* À qui ou à quoi on doit se référer, recourir comme à une autorité, point ou système de référence. *Le généraliste est le médecin référent. Médicament référent.*

**référentiel, elle** *a, nm* **A** *a* **1** Qui fait référence, sert de référence. *Un manuel référentiel.* **2** LING Relatif à la référence. *Fonction référentielle du langage.* **B** *nm* **1** didac Système de référence, ensemble de points de comparaison. **2** PHYS Système de repérage qui permet de situer un évènement dans l'espace et le temps.

**référer** *v* [14] **A** *vti* **1** DR Faire rapport à. *En référer au juge d'instruction.* **2** En appeler à. *En référer à un supérieur.* **3** LING Correspondre à un référent. **B** *vpr* **1** S'en rapporter à qqn ou qqch pour fonder ou appuyer ce que l'on avance. *Se référer à un ouvrage.* **2** Se rapporter, renvoyer à. *Article qui se réfère à une théorie.* [ETY] Du lat. *referre*, « rapporter ».

**refermer** *vt* [1] Fermer ce qu'on avait ouvert, ou ce qui s'était ouvert. *Refermer la fenêtre. Plaie qui se referme.* [DER] **refermable** *a*

**refiler** *vt* [1] fam Donner une chose dont on veut se débarrasser.

**refinancer (se)** *vpr* [12] ECON Pour une banque, une entreprise, se procurer de nouvelles ressources sur le marché financier. [DER] **refinancement** *nm*

**réfiom** *nm* Résidus d'épuration des fumées des incinérateurs d'ordures ménagères, cendres d'incinération des déchets. [ETY] Acronyme.

**reflation** *nf* ECON Politique gouvernementale visant à stimuler la demande pour relancer l'économie et l'emploi.

**réfléchi, ie** *a* **1** PHYS Renvoyé. *Rayon réfléchi.* **2** Fait ou dit avec réflexion. *Des propositions réfléchies.* **3** Qui agit avec réflexion. *Un homme réfléchi.* **4** PSYCHO Dont l'activité comporte une maîtrise volontaire de ses processus. ANT spontané. LOC GRAM ***Pronom réfléchi :*** pronom personnel qui représente, en tant que complément, la personne qui est le sujet du verbe et sert à la formation des verbes pronominaux réfléchis (ex. : il *se* lave ; je *me* suis fâché). — ***Verbe pronominal réfléchi :*** exprimant une action réalisé par le sujet lui-même, par oppos. à *réciproque*.

**réfléchir** *v* [3] **A** *vt* Renvoyer par réflexion dans une nouvelle direction. *Son image se réfléchissait sur l'eau.* **B** *vi* User de réflexion, penser mûrement. *Réfléchir avant de parler.* **C** *vti* Avoir pour sujet de réflexion. *Réfléchir à un problème.* [ETY] Du lat. *reflectere*, « recourber ».

**réfléchissant, ante** *a* Qui réfléchit une onde, partic. la lumière.

**réflecteur** *nm* Appareil destiné à réfléchir des rayonnements lumineux, radioélectriques.

**réflectif, ive** *a* **1** PHILO Qui concerne la réflexion. **2** PHYSIOL Qui se rapporte aux réflexes.

**réflectivité** *nf* PHYSIOL Aptitude d'une partie du corps à réagir par réflexe à un stimulus.

**réflectorisé, ée** *a* TECH Muni d'un dispositif réfléchissant la lumière.

**reflet** *nm* **1** Lumière renvoyée par la surface d'un corps. *Le reflet d'un rayon de soleil.* **2** Image réfléchie. *Le reflet des saules dans l'eau.* **3** fig Représentation. *Un roman qui est le reflet de son siècle.*

**refléter** *vt* [14] **1** Renvoyer de manière affaiblie la lumière, l'image de. *La vitre reflétait son visage. Le bleu du ciel se reflète dans la mer.* **2** fig Indiquer, traduire, exprimer. *Ses lectures reflètent ses préoccupations. La joie se reflétait sur son visage.*

**refleurir** *v* [3] **A** *vi* **1** Fleurir de nouveau. **2** fig Renaître. *L'espoir refleurit.* **3** Redevenir florissant. *Le commerce refleurit.* **B** *vt* Garnir à nouveau de fleurs. *Refleurir une tombe.*

**réflex** *a, nm* Se dit d'un appareil photographique dont le viseur présente, grâce à un dispositif à miroir, une image cadrée exactement comme celle qui va se former sur la surface sensible. [ETY] Mot angl.

**réflexe** *a, nm* **A** *a* **1** PHYS Produit par réflexion. *Image réflexe.* **2** PHYSIOL Relatif aux réflexes. *Mouvement réflexe.* **B** *nm* **1** PHYSIOL Réaction immédiate, involontaire et prévisible d'un organe effecteur à un stimulus donné. **2** Réaction rapide pour répondre à une situation imprévue. [ETY] Du lat.

[ENC] Les *réflexes innés* (ou *naturels*) sont inhérents à la constitution de l'organisme et répondent à un excitant (*stimulus*) qui agit sur les centres nerveux en mettant en jeu des liaisons nerveuses préexistantes. Cet excitant détermine soit une réponse motrice ou sécrétoire élémentaire (par ex., salivation après l'excitation par des aliments des muqueuses de la langue et de la cavité buccale), soit des processus complexes, propres à déclencher tel comportement « instinctif ». Les centres nerveux inférieurs (moelle, bulbe, cervelet) interviennent dans les réflexes naturels ; leurs arcs réflexes sont localisés (niveau médullaire). Les *réflexes conditionnés* (décrits par Pavlov en 1903) mettent en jeu des circuits nerveux plus complexes, qui passent par l'écorce cérébrale. Ils reposent sur la propriété qu'a le système nerveux d'acquérir, par association, de nouvelles liaisons nerveuses. Au-delà des réflexes conditionnés provoqués en laboratoire chez des animaux, l'*apprentissage* conduit à l'acquisition des réflexes conditionnés complexes (par ex., réactions automatiques des automobilistes).

**réflexible** *a* PHYS Qui peut être réfléchi. [DER] **réflexibilité** *nf*

**réflexif, ive** *a* **1** PHILO Dont le fondement consiste en une réflexion, en un retour de la conscience sur soi. *Analyse réflexive.* **2** MATH Se dit d'une relation binaire dans laquelle tout élément est en relation avec lui-même. [DER] **réflexivement** *av* – **réflexivité** *nf*

**réflexion** *nf* **1** PHYS Changement de direction d'une onde lumineuse, acoustique, radioélectrique, causé par un obstacle. **2** Action de la pensée qui considère attentivement une idée, un problème ; pensée exprimée résultant de cette action. **3** Remarque, critique désobligeante. *Faire une réflexion à qqn.* ▶ illustr. **réfraction**

**réflexologie** *nf* Technique de soins par action sur les points réflexes de la plante du pied.

**réflexothérapie** *nf* Méthode thérapeutique fondée sur la réflexologie.

**refluer** *vi* [1] **1** Se mettre à couler en sens inverse. **2** fig Être refoulé ; reculer. *Faire refluer la foule.* [ETY] Du lat.

**reflux** *nm* **1** Mouvement de la mer se retirant du rivage, à marée descendante, après le flux. SYN jusant. **2** Mouvement de ce qui reflue. *Le reflux de la foule.* **3** MED Mouvement d'un liquide organique dans le sens contraire du sens physiologique. [PHO] ʀəfly]

**refonder** *vt* [1] Rénover profondément un parti politique, une institution. [DER] **refondateur, trice** *a, n* – **refondation** *nf*

**refondre** *vt* [6] **1** Fondre de nouveau un métal. **2** fig Refaire complètement un ouvrage. *Nouvelle édition refondue.* [DER] **refonte** *nf*

**reforestation** *nf* Reboisement.

**réformable** → **réformer.**

**reformage** *nm* TECH Procédé thermique ou catalytique de traitement des fractions légères du pétrole, qui permet d'extraire les essences à forts indices d'octane ou à teneur élevée en hydrocarbures aromatiques.

**reformater** *vt* [1] Donner un nouveau format, une nouvelle organisation. *Reformater une entreprise.*

**réformateur, trice** *n, a* **A** *n* **1** Personne qui réforme ou qui veut réformer. **2** Fondateur de l'Église réformée. **B** *a* Qui réforme.

**réformation** *nf* **1** vx Action de réformer. *La réformation du calendrier sous la Révolution.* **2** DR Modification d'un jugement par voie d'appel. LOC RELIG ***La Réformation :*** la Réforme.

**réforme** *nf* **1** RELIG Rétablissement dans sa forme primitive de la règle monastique qui s'était relâchée, dans un ordre religieux. **2** Changement apporté à une institution en vue de l'améliorer. *Réforme fiscale, agraire.* **3** MILIT Mise hors de service du matériel périmé. **4** MILIT Libération d'un soldat des obligations militaires après qu'il a été reconnu physiquement inapte au service. LOC ELEV ***Animal de réforme :*** animal qui, du fait de son âge, n'est plus apte à remplir sa fonction reproductrice ou laitière.

**Réforme (la)** mouvement religieux dont naquit le protestantisme. Annoncée par les vaudois, par Wyclif et par Jan Hus, la Réforme a déterminé, au XVI<sup></sup>e s., une partie de la chrétienté à se détacher de l'Église romaine.

**Le luthéranisme** Luther, le premier des réformateurs, n'envisageait pas de créer une communauté indépendante : il espérait que l'Église rétablirait le christianisme des origines, libéré des adjonctions qui, au cours des siècles, l'avaient selon lui altéré. La rupture fut consommée par l'excommunication de Luther (1520) et sa mise au ban de l'Empire (1521). Le luthéranisme se répandit en Allemagne, malgré l'opposition de Charles Quint, ainsi qu'en Scandinavie et dans les pays Baltes. Les luthériens présentèrent leur Confession de foi (rédigée par Melanchthon et Camerarius) à la diète d'Augsbourg en 1530 (*Confession d'Augsbourg*), puis le principe selon lequel chaque prince pouvait imposer sa religion à ses sujets fut admis à la paix d'Augsbourg (1555).

**Le calvinisme** Un mouvement analogue prit naissance en Suisse sous l'impulsion de Zwingli, qui mourut prématurément. Le Français Jean Calvin définit cette réforme distincte du luthéranisme dans *Institution de la religion chrétienne* (1536). Le calvinisme se répandit en France malgré l'opposition royale. Un synode clandestin, convoqué à Paris en 1559, adopta une Confession de foi rédigée en grande partie par Calvin et nommée *Confession de La Rochelle* parce que le synode de La Rochelle (1570) la confirma. L'horreur des guerres dites de Religion culmina avec le massacre de la Saint-Barthélemy (24 août 1572). Promulgué en 1598 par Henri IV, l'édit de Nantes accorda aux protestants le droit de célébrer leur culte. Mais cet édit fut révoqué en 1685 par Louis XIV. La promulgation de l'édit de tolérance (1787) et les Articles organiques de 1801 consacrèrent l'existence des Églises réformées. La Réforme calviniste se répandit assez largement en Europe, partic. en Hongrie, aux Pays-Bas, au Palatinat et en Écosse, souvent malgré l'opposition du prince.

**L'anglicanisme** Une troisième famille protestante, demeurée proche du catholicisme, vit le jour en Grande-Bretagne sous le règne d'Henri VIII, qui détacha de Rome l'Église d'Angleterre et la soumit au roi en faisant proclamer par le Parlement l'*Acte de suprématie* (1534). L'anglicanisme s'imposa sous Élisabeth I<sup></sup>re après une brève tentative de réaction cathol. due à la reine Marie Tudor. Depuis l'Angleterre, la Réforme (partic. sous son aspect puritain) se répandit dans les colonies anglaises d'Amérique du Nord. V. aussi Réforme catholique.

**Réforme catholique** réforme de l'Église catholique qui suivit, au XVI<sup></sup>e s., la Réforme protestante. L'Église cathol., à la fin du XV<sup></sup>e s., avait amorcé une réforme, mais le concile de Latran (1512) ne put la mener à bien. Par la suite, le concile de Trente (1545-1563) précisa le dogme à l'encontre de la Réforme, combattit les abus, créa les séminaires. Pie V édita un catéchisme, un missel et un bréviaire. L'ordre des Jésuites (créé en 1540) contribua à la modernisation du catholicisme qui ne reconquit du terrain qu'aux Pays-Bas et en Allemagne. Le tribunal de l'Inquisition, renouvelé en 1542, servit la Contre-Réforme jusqu'au XVIII<sup></sup>e siècle. En art, la Contre-Réforme a inspiré le style dit « jésuite » (égl. du Gesù à Rome) et le baroque. [VAR] **Contre-Réforme**

**réformé, ée** *a, n* **1** RELIG Adepte de la religion réformée. **2** MILIT Personne reconnue inapte au service.

**reformer** *vt* [1] **1** Former de nouveau, refaire ce qui était défait. *Reformez les rangs ! Abcès qui se reforme.* **2** TECH Traiter une essence par reformage.

**réformer** *vt* [1] **1** Établir dans une forme différente et meilleure ce qui est institué. *Réformer les lois.* **2** VX Corriger en supprimant ce qui est nuisible. *Réformer les abus.* **3** MILIT Décider la réforme de personnel ou de matériel. **4** ELEV Éliminer un animal de réforme. [ETY] Du lat. [DER] **réformable** *a*

**réformette** *nf* fam Petite réforme sans portée réelle.

**réformisme** *nm* **1** Tendance favorable aux réformes. **2** Doctrine politique de ceux qui sont partisans d'une transformation progressive de la société par la voie légale en faisant aboutir des réformes en vue d'une plus grande justice sociale. [DER] **réformiste** *n, a*

**refouiller** *vt* [1] TECH, SCULP Évider, creuser. [DER] **refouillement** *nm*

**refoulé, ée** *a, n* **A 1** Qui réprime l'expression de sa sexualité. **2** Qui se trouve dans l'inconscient. *Pulsions refoulées.* **B** *nm* PSYCHAN Ce qui a été rejeté, maintenu dans l'inconscient. *Le retour du refoulé s'exprime dans les actes manqués.*

**refoulement** *nm* **1** Action de refouler, de faire reculer, de refluer. **2** PSYCHO Action de s'interdire d'exprimer un désir, un sentiment qu'on porte en soi. **3** PSYCHAN Processus inconscient par lequel le moi s'efforce de maintenir dans l'inconscient des représentations (pensées, images, souvenirs) dont l'émergence est incompatible avec les exigences morales, sociales qui constituent l'idéal du moi.

**refouler** *vt* [1] **1** TECH Élargir à chaud la section d'une pièce de métal, en la comprimant. **2** Faire reculer. *Refouler un train.* **3** Repousser un fluide. **4** Faire reculer, refluer des personnes. *Refouler les envahisseurs.* **5** fig Faire rentrer en soi l'expression d'un sentiment, d'un désir. *Refouler ses larmes.* **6** PSYCHAN Rejeter dans son inconscient. *Refouler un désir.* **7** Aspirer incomplètement la fumée. *Cheminée qui refoule.*

**réfractaire** *a, nm* **A** *a* **1** Qui refuse de se soumettre, d'obéir. *Être réfractaire à toute hiérarchie.* **2** Qui est inaccessible, insensible à qqch. *Il est réfractaire aux conseils qu'on lui donne.* **3** Qui résiste à de très hautes températures. *Brique réfractaire.* **B** *nm* **1** Celui qui refuse de se soumettre à l'appel de la loi du recrutement. SYN insoumis. **2** HIST Celui qui refusait d'effectuer le service du travail obligatoire en Allemagne, pendant l'Occupation. **3** HIST Prêtre qui, sous la Révolution, avait refusé de prêter serment à la Constitution civile du clergé (1790). SYN insermenté. [ETY] Du lat. *refringere*, « briser ».

**réfracter** *vt* [1] PHYS Produire la réfraction de. *Les prismes réfractent la lumière.*

**réfracteur, trice** *a* didac Qui a un pouvoir de réfraction.

**réfraction** *nf* PHYS Déviation d'un rayon lumineux qui passe d'un milieu transparent à un autre. LOC ***Indice de réfraction d'un milieu*** : rapport de la vitesse de la lumière dans le vide (c) à la vitesse de la lumière dans le milieu considéré (v), noté n=c/v. [DER] **réfractif, ive** *a*

**réfractométrie** *nf* PHYS Ensemble des techniques de mesure des indices de réfraction. [DER] **réfractomètre** *nm* – **réfractométrique** *a*

**refrain** *nm* **1** Reprise de quelques mots ou de quelques vers à la fin de chaque couplet d'une chanson. **2** fig Paroles qui reviennent sans cesse.

**réfrangible** *a* PHYS Susceptible d'être réfracté. [DER] **réfrangibilité** *nf*

**réfréner** *vt* [14] Réprimer, mettre un frein à. *Réfréner son impatience.* [PHO] [refʀene] [VAR] **refréner** [DER] **réfrènement** ou **refrènement** *nm*

**réfrigérateur** *nm* Appareil muni d'un organe producteur de froid et destiné à conserver des denrées périssables.

**réfrigérer** *vt* [14] **1** Refroidir qqch, en partic un produit alimentaire, pour le conserver. **2** Mettre mal à l'aise, glacer. LOC fam ***Être réfrigéré*** : avoir très froid. [ETY] Du lat. *frigus*, « froid ». [DER] **réfrigérant, ante** *a* – **réfrigération** *nf*

**réfringent, ente** *a* PHYS Qui a la propriété de réfracter les rayons lumineux, les ondes électromagnétiques. *Milieu réfringent.* [ETY] Du lat. *refringere*, « briser ». [DER] **réfringence** *nf*

**refroidir** *v* [3] **A** *vt* **1** Rendre froid, plus froid ; abaisser la température de qqch. **2** fig Diminuer l'ardeur de qqn, le décourager. *Leur méchanceté l'a refroidi.* **3** fam Assassiner. **B** *vi* Devenir froid ou moins chaud. **C** *vpr* **1** Devenir plus frais, plus froid. **2** Attraper froid. **3** fig Devenir tendu. *Leurs relations se sont refroidies.*

**refroidissement** *nm* **1** Abaissement de la température. **2** Indisposition causée par une baisse subite de la température ambiante. **3** fig Diminution de l'enthousiasme, de la chaleur dans les relations, les sentiments.

**refroidisseur** *nm* Appareil servant à refroidir, à empêcher un échauffement excessif.

**refuge** *nm* **1** Asile, lieu où l'on se retire pour être en sûreté. *Chercher refuge chez qqn.* **2** Abri destiné aux excursionnistes, aux alpinistes, en montagne. **3** Emplacement délimité, au milieu d'une voie très large où la circulation est intense, qui permet aux passants de traverser en deux temps. [ETY] Du lat.

**réfugié, ée** *a, n* Qui a dû quitter son pays d'origine pour fuir un danger (guerre, invasion, persécutions politiques, catastrophes naturelles, etc.).

**réfugier (se)** *vpr* [2] Se retirer en un lieu pour se mettre à l'abri.

**refus** *nm* **1** Action, fait de refuser. *Opposer un refus à qqn.* **2** EQUIT Désobéissance d'un cheval devant l'obstacle. LOC fam ***Ce n'est pas de refus*** : avec plaisir, volontiers.

**refusé, ée** *a, n* Non admis à un examen, un concours.

**refuser** *v* [1] **A** *vt* **1** Ne pas accepter ce qui est offert. *Refuser un cadeau.* **2** Ne pas accepter ce qui est présenté. *Éditeur qui refuse un manuscrit.* **3** Ne pas accorder ce qui est demandé. *Refuser une autorisation à qqn.* **4** Ne pas consentir à reconnaître une qualité. *On lui refuse toute compétence en la matière.* **5** Ne pas recevoir qqn à un examen. *Refuser un candidat.* **6** Ne pas laisser entrer des personnes. *On refuse du monde chaque soir.* **7** Ne pas consentir. *Refuser d'obéir.* **B** *vpr* **1** Se priver de. *Il ne se refuse rien !* **2** Ne pas accepter de. *Se refuser à travailler dans ces conditions.* LOC EQUIT ***Refuser l'obstacle*** : se dérober devant l'obstacle. [ETY] Croisement du lat. *recusare*, « refuser », avec *refutare*, « repousser ». [DER] **refusable** *a*

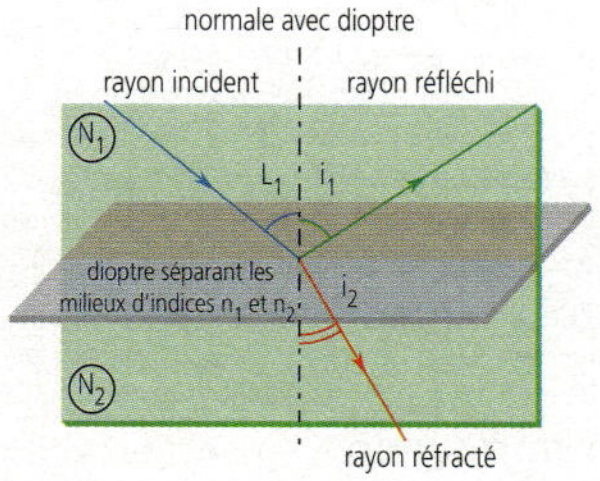


$L_1 = i_1$ : loi de Descartes de la réflexion

$n_2 \sin L_2 = n_1 \sin i_1$ : loi de Descartes de la réfraction

**réflexion** et **réfraction**

**réfutation** *nf* **1** Action de réfuter ; discours, raisonnement par lequel on réfute. **2** fig Démenti qui s'impose comme une évidence, sans qu'on l'exprime. **3** RHET Partie du discours où l'on réfute les objections exprimées.

**réfuter** *vt* [1] Rejeter ce qui est affirmé par qqn en en démontrant la fausseté. *Réfuter une thèse.* [ETY] Du lat. [DER] **réfutabilité** *nf* – **réfutable** *a*

**refuznik** *n* HIST En URSS, personne qui, désireuse d'émigrer en Israël, essuyait un refus de la part des autorités. [PHO] [ʀəfyznik]

**reg** *nm* GEOGR Désert rocheux formé par la déflation. [PHO] [ʀɛg] [ETY] Mot ar.

**regagner** *vt* [1] **1** Gagner de nouveau ce qu'on avait perdu. *Regagner le temps perdu.* **2** Revenir, retourner à un endroit. *Regagner son domicile.*

**regain** *nm* **1** Herbe qui repousse dans une prairie après la première fauchaison. **2** fig Retour de ce qui paraissait perdu, fini. *Un regain d'activité.* [ETY] Du frq.

**régal** *nm* **1** Mets délicieux. *Ce dessert est un régal.* **2** fig Grand plaisir causé par qqch. *C'était un régal de les voir.* PLUR régals. [ETY] De l'a. fr. *gale* « réjouissance ».

**régalade** *nf* LOC ***À la régalade*** : en renversant la tête et en faisant couler la boisson dans la bouche sans que le récipient touche les lèvres.

**1 régale** *nf* HIST Droit qu'avaient, sous l'Ancien Régime, les rois de France de jouir des revenus des évêchés vacants (*régale temporelle*) et de nommer les titulaires des bénéfices ecclésiastiques (*régale spirituelle*). [ETY] Du lat. *regalis*, « royal ».

**2 régale** *nm* MUS L'un des jeux de l'orgue, à anches, appelé aussi « voix humaine ».

**3 régale** *af* CHIM *Eau régale* : mélange d'acide nitrique et d'acide chlorhydrique, capable de dissoudre l'or.

**régalec** *nm* Poisson téléostéen pélagique au corps rubané et brillant, surmonté d'une nageoire dorsale rouge, pouvant atteindre 10 mètres de long. SYN roi des harengs.

**1 régaler** *v* [1] **A** *vt* Offrir un bon repas à qqn. **B** *vi* fam Offrir, payer à boire ou à manger. *Servez-vous, c'est moi qui régale.* **C** *vpr* **1** Prendre un grand plaisir à déguster un mets, un repas délicieux. **2** fig Se divertir agréablement.

**2 régaler** *vt* [1] TECH Aplanir, niveler un terrain. [ETY] De *égaler*. [DER] **régalage** ou **régalement** *nm*

**régalien, enne** *a* **1** HIST Qui est propre à la royauté, au roi. *Droits régaliens.* **2** didac Qui est du ressort de l'État, du chef de l'État.

**regard** *nm* **1** Action de regarder, de porter sa vue, son attention sur. *Porter son regard sur qqch.* **2** Coup d'œil. *Jeter un regard sur qqch.* **3** Expression des yeux de qqn. *Un regard franc.* **4** fig Action, manière d'observer, d'examiner. *Porter un regard critique sur qqch.* **5** Ouverture pratiquée pour permettre la visite et le nettoyage d'un conduit (canalisation, égout, etc.), la surveillance des cuissons à l'intérieur d'un four, etc. LOC ***Au regard de*** : par rapport à. *Au regard de la loi.* — ***En regard*** : en vis-à-vis.

**regardant, ante** *a* **1** Qui regarde trop à la dépense ; parcimonieux. **2** Attentif, rigoureux. *Il n'était pas très regardant sur leurs agissements.*

**regarder** *v* [1] **A** *vt* **1** Porter les yeux, la vue sur qqch ou qqn en s'appliquant à voir, en faisant preuve d'une certaine attention. *Nous l'avons regardé partir. Se regarder dans un miroir.* **2** fig Considérer. *Regarder les choses d'un bon œil.* **3** Concerner, avoir rapport à. *Cela ne regarde que moi, cela me regarde.* **4** fig Être tourné vers. *Maison* qui regarde la mer. **C** *vti* Considérer avec attention, en faisant attention. *Regarder à la dépense.* **LOC** ***Regarder les choses en face*** : objectivement, sans chercher à s'abuser. — ***Regarder qqn de travers*** : avec mépris ou hostilité. — ***Y regarder à deux fois*** : se méfier, prendre toutes précautions utiles avant d'agir. — ***Y regarder de près*** : examiner les choses soigneusement avant de juger, de se décider. [ETY] De *garder*. [DER] **regardable** *a* – **regardeur, euse** *n*

**Regards sur le monde actuel et autres essais** recueil d'essais de Valéry (1931, éd. définitive 1945).

**regarnir** *vt* [3] Garnir de nouveau.

**régate** *nf* Course de bateaux, à la voile ou à l'aviron. [ETY] Du vénitien *regatar*, « rivaliser ». [DER] **régater** *vi* [1] – **régatier, ère** *n*

**regel** *nm* Gel survenant après un dégel.

**régence** *nf* **1** Direction d'un État par un régent. **2** Dignité, fonction de régent ; durée de cette fonction. **3** (en appos.) Qui appartient à l'époque de la Régence. *Style Régence.*

**Régence (la)** la période de l'histoire de France pendant laquelle, après la mort de Louis XIV (1715), son neveu Philippe d'Orléans fut régent du royaume jusqu'à la majorité de Louis XV, à 13 ans, en 1723. La réaction contre le siècle précédent fut complète : libération des mœurs ; la cour quitte Versailles pour le Palais-Royal ; Law tente de résoudre la crise financière (latente sous Louis XIV) ; Dubois négocie l'alliance avec l'Angleterre et les Provinces-Unies contre l'Espagne.

**Régences barbaresques** nom donné sous l'Ancien Régime à chacune des entités territoriales, sous suzeraineté turque, de l'Afrique du Nord : Tripoli, Tunis et Alger.

**Regency (style)** style anglais (architecture, mobilier) qui, pendant le règne de George IV (1811-1830), combina néoclassicisme et influence de l'Extrême-Orient. V. Nash (John) et Regent's Park.

**régénérateur, trice** *a, nm* **A** *a* Qui régénère. *Principe régénérateur de l'épiderme.* **SYN** régénérant, régénératif. **B** *nm* **1** TECH Appareil servant à régénérer un catalyseur. **2** AGRIC Appareil employé pour labourer superficiellement les prairies.

**régénération** *nf* **1** BIOL Reconstitution naturelle d'un tissu ou d'un organe qui avait été détruit. **2** fig, litt Renouvellement moral, renaissance de ce qui était dégénéré. **3** CHIM Opération qui consiste à régénérer un catalyseur.

**régénérer** *vt* [14] **1** BIOL Reconstituer ce qui est détruit. *Tissus détruits qui se régénèrent.* **2** Renouveler moralement ce qui est dégénéré. *Régénérer les mœurs.* **3** CHIM Réactiver un catalyseur. [ETY] Du lat. *generare*, « produire ». [DER] **régénérant, ante** ou **régénératif, ive** *a*

**régent, ente** *n* **1** Personne qui gouverne l'État pendant la minorité ou l'absence du roi. **2** vx Professeur dans un collège. **3** Afrique Second d'un chef coutumier. [ETY] Du lat. *regere*, « diriger ».

**Régent (le)** Philippe II d'Orléans, qui fut régent du royaume de France de 1715 à sa mort (1723). V. Orléans (maisons d') et Régence (la).

**régenter** *vt* [1] Diriger, ordonner en exerçant une autorité excessive ou abusive.

**Régents de l'hospice des vieillards à Haarlem (les)** ultime chef-d'œuvre de Frans Hals, avec son pendant *les Régentes* (1664, musée Frans Hals, Haarlem).

**Regent's Park** grand parc du N.-O. de Londres dessiné dans le style Regency par J. Nash en 1814 ; jardin zoologique, roseraie.

**Reger Max** (Brand, Bavière, 1873 – Leipzig, 1916), compositeur néoclassique allemand.

**reggae** *nm, a* MUS Style de musique à structure binaire avec décalage du temps fort, spécifique aux Noirs jamaïquains. [PHO] [Rege] [ETY] Mot angl. de la Jamaïque.

**Reggan** localité du Sahara algérien (wilaya d'Adrar), anc. centre français d'essais nucléaires (évacué en 1967). La première bombe atomique française y explosa le 13 fév. 1960. [VAR] **Reggane**

**Reggiani Serge** (Reggio nell'Emilia, 1922 – Paris, 2004), acteur et chanteur de variétés français : *les Amants de Vérone* (1949), *Casque d'or* (1952), *l'Apiculteur* (1986).

**Reggio di Calabria** v. et port d'Italie (Calabre), sur le détroit de Messine ; 176 440 hab. ; ch.-l. de la prov. du m. nom. – Archevêché. Musées. – Détruite par des séismes en 1783, 1841, 1908.

**Reggio nell'Emilia** v. d'Italie (Émilie-Romagne), sur le *Crostolo* ; 130 750 hab. ; ch.-l. de la prov. du m. nom. Centre agricole ; industr. alimentaires.

**régicide** *n, a* **A** *n, a* **1** Assassin d'un roi. **2** HIST Se dit de ceux qui condamnèrent à mort Charles Ier en Angleterre, Louis XVI en France. **B** *nm* Assassinat ou condamnation à mort d'un roi.

**régie** *nf* **1** DR Gestion d'une entreprise d'intérêt public par des fonctionnaires de l'État ou d'une collectivité publique. **2** Dans les noms de certaines entreprises nationalisées. *La Régie Renault.* **3** HIST Système de perception directe des impôts par les fonctionnaires royaux. **4** Direction du personnel et du matériel d'un théâtre, d'une production de cinéma, de télévision. **5** AUDIOV Local à partir duquel le réalisateur dirige les prises de vues et de son lorsqu'elles sont effectuées en studio. **LOC** ***Régie intéressée*** : dont le service est assuré par une entreprise privée sous le contrôle de l'Administration. — ***Régie simple*** ou ***directe*** : dont le service est assuré par des fonctionnaires.

**Régie autonome des transports parisiens (RATP)** établissement autonome issu en 1948 de la fusion de la Compagnie du chemin de fer métropolitain et de la Société des transports en commun de la région parisienne (autobus). Les lignes du RER dépendent soit de la RATP, soit de la SNCF.

**regimber** *vi* [1] **1** Refuser d'avancer, en ruant. *Cheval qui regimbe.* **2** fig Résister en refusant d'obéir. *Regimber contre un ordre.* [ETY] De l'a. fr. *regiber*, « ruer ». [DER] **regimbement** *nm* – **regimbeur, euse** *n, a*

**1 régime** *nm* **1** Ordre, constitution, forme d'un État ; manière de le gouverner. *Régime démocratique.* etc. **2** Ensemble de dispositions réglementaires ou légales qui régissent certaines institutions ; organisation de ces institutions. **3** Ensemble des dispositions qui régissent certaines choses. *Régime des vins et spiritueux.* **4** Usage raisonné de la nourriture, en accord avec les règles de la diététique appliquées aux besoins particuliers d'un individu. *Régime sans sel.* **5** PHYS Manière dont se produit l'écoulement d'un fluide. *Régime laminaire, turbulent.* **6** Vitesse de rotation d'un moteur. **7** GEOGR Mode d'évolution de certains processus hydrologiques et météorologiques cycliques, au cours d'une année. **8** LING Mot régi par un autre, dans la phrase. *Régime direct, indirect.* **LOC** GRAM ***Cas régime*** : en ancien français, forme que prend un nom, un pronom ou un qualificatif lorsqu'il est régi par un autre mot. — ***Régime d'imposition*** : mode de calcul de l'impôt. — ***Régime sec*** : dans lequel les boissons alcoolisées sont proscrites ; fig restriction des dépenses. [ETY] Du lat. *regere*, « diriger ».

**2 régime** *nm* Grosse grappe que forment les fruits des bananiers et des palmiers-dattiers. [ETY] Mot des Antilles, de l'esp. *racimo*, « grappe ».

**régiment** *nm* **1** Corps militaire composé de plusieurs bataillons, escadrons ou groupes et que commande un colonel ; ensemble des soldats d'un régiment. **2** fam, vieilli Service militaire. **3** fig Multitude. *Un régiment de créanciers.* [ETY] Du lat. *regimentum*, « action de diriger ». [DER] **régimentaire** *a*

**Regina** v. du Canada ; 179 170 hab. ; cap. de la Saskatchewan. Industries. – Université. Archevêché catholique. Évêché anglican.

**Regiomontanus Johann Müller** (connu sous le nom lat. de) (rég. de Königsberg, 1436 – Rome, 1476), astronome allemand. Il détermina le parcours des comètes en utilisant la trigonométrie arabe.

**région** *nf* **1** Grande étendue de pays, possédant des caractéristiques notam. géographiques et humaines qui en font l'unité. *Les régions polaires.* **2** Étendue de pays autour d'une ville, d'un point géographique remarquable. **3** (avec une majuscule) Division territoriale administrative et de l'Union européenne. *La France est divisée en 21 Régions en métropole et 4 Régions outre-mer..* **4** Division territoriale administrative de divers pays dont la Chine, le Royaume-Uni, le Mali. **5** Partie déterminée du corps. *Région pectorale.* **LOC** ***Région militaire (RM)*** : circonscription territoriale commandée par un officier général. [ETY] Du lat.

**régional, ale** *a, nfpl* **A** *a* **1** Relatif à une région. *Parlers régionaux.* **2** Relatif à une région administrative. *Conseil régional.* **3** Relatif à une partie du corps. *Anesthésie régionale.* **PLUR** régionaux. **B** *nfpl* Élections régionales.

**régionaliser** *vt* [1] **1** Décentraliser au profit des Régions. **2** Fixer par Région. *Régionaliser un programme d'investissement.* [DER] **régionalisation** *nf*

**régionalisme** *nm* **1** Système politique ou administratif, tendant à assurer une certaine autonomie aux Régions. **2** didac Attention particulière portée à la description des mœurs, des paysages, d'une région déterminée, dans une œuvre littéraire. **3** Locution, mot, tour propre à une région. [DER] **régionaliste** *a, n*

**régir** *vt* [3] **1** Déterminer, régler en parlant d'une loi, d'une règle, etc. *La loi régit les rapports entre les hommes.* **2** GRAM Imposer une catégorie grammaticale à un autre mot. [ETY] Du lat.

**régisseur, euse** *n* **1** Personne qui gère un domaine agricole. **2** HIST Personne qui est à la tête d'une entreprise d'intérêt public. *Régisseur des poudres.* **3** Personne qui a la charge de l'organisation matérielle des spectacles. *Régisseur des théâtres.*

**registraire** *n* Canada Fonctionnaire chargé de la tenue des registres (lycées, tribunaux, etc.)

**registre** *nm* **1** Livre public ou privé sur lequel on consigne les actes, les affaires de chaque jour. *Les registres de l'état civil.* **2** INFORM Mémoire qui sert à stocker une information élémentaire. **3** MUS Mécanisme qui commande chacun des jeux d'orgue. **4** MUS Chacune des parties de l'échelle totale des sons qu'un instrument peut émettre sans changer son timbre ; étendue totale de l'échelle vocale d'un chanteur. *Registre grave, aigu.* **5** fig Tonalité propre, caractéristique d'une œuvre, d'un discours. **6** TECH Pièce qui masque une ouverture pour régler un débit. **LOC** ***Registre du commerce*** : répertoire officiel des commerçants, des sociétés civiles et commerciales. [ETY] Du lat. *regerere*, « reporter ».

**réglable, réglage** → **régler.**

**règle** *nf* **A** **1** Instrument allongé qui sert à tracer des lignes droites. *Règle graduée.* **2** Principe qui doit servir de ligne directrice à la conduite ; prescription ou ensemble de prescriptions qui portent sur la conduite à tenir dans un cas déterminé. *Les règles de la politesse.* **3** Ensemble des conventions propres à un jeu, à un sport, à une discipline, à une technique. *Les règles de la belote.*

*Règle de grammaire.* **4** RELIG Ensemble des préceptes disciplinaires qui régissent la vie des membres d'un ordre religieux. *La règle de saint Benoît.* **5** MATH Formule, opération qui permet d'effectuer certains calculs. **B** *nfpl* Écoulement menstruel. SYN menstruation, menstrues. **LOC** ***En règle :*** conforme à l'usage qui règle les modalités d'une pratique ; conforme à la tradition du genre ; conforme aux prescriptions légales. — ***En règle générale :*** d'une manière générale, habituellement. — ***Pour la bonne règle :*** pour que la règle soit bien respectée ; pour la forme. — ***Règle à calcul :*** instrument servant à effectuer certains calculs constitué de deux réglettes à graduation logarithmique, coulissant l'une sur l'autre. — ***Règle de trois :*** opération qui permet de calculer l'un des quatre termes d'une proportion lorsqu'on connaît les trois autres. — ***Règle d'or (budgétaire) :*** règle imposant à un État d'équilibrer son budget. — ***Selon les règles, dans les règles, dans les règles de l'art :*** comme il se doit. [ETY] Du lat.

**réglé, ée** *a* **A** GEOM Engendré par le déplacement d'une droite. *Surface réglée d'un cône.* **B** *af* Se dit d'une jeune fille pubère, qui a ses règles.

**Règle (la)** constellation de l'hémisphère austral ; n. scientif. : *Norma, Normae.*

**Règle du jeu (la)** ouvrage de M. Leiris comprenant : *Biffures* (1948), *Fourbis* (1955), *Fibrilles* (1966), *Frêle bruit* (1976).

**Règle du jeu (la)** film de et avec Jean Renoir (1939), avec Dalio (1899 – 1983), Julien Carette (1897 – 1966), Mila Parély (née en 1917 – 2012), Roland Toutain (1905 – 1977).

**règlement** *nm* **1** vx Fait de régler, de soumettre à une discipline. **2** DR Acte législatif, posant une règle générale, qui émane d'une autre autorité que le Parlement. *Règlement de police.* **3** Ensemble de prescriptions que doivent observer les membres d'une société, d'un groupe, d'une assemblée, etc. *Règlement intérieur d'un lycée.* **4** Texte écrit qui contient le règlement. *Afficher le règlement.* **5** Action de régler une affaire. *Le règlement d'un litige.* **6** Action de régler un compte. *Règlement d'une dette.* **LOC** ***Règlement de comptes :*** action de vider une querelle avec violence. — DR ***Règlement judiciaire :*** procédure judiciaire concernant un débiteur en état de cessation de paiements, quand sa situation permet d'envisager le rétablissement de son entreprise.

**règlementaire** *a* **1** Relatif à un règlement. *Dispositions règlementaires.* **2** Fixé par règlement ; conforme au règlement. *Tenue règlementaire.* [VAR] **réglementaire** [DER] **règlementairement** ou **réglementairement** *av*

**règlementarisme** *nm* Tendance à vouloir tout règlementer. [VAR] **réglementarisme** [DER] **règlementariste** ou **réglementariste** *a, n*

**règlementation** *nf* **1** Action de règlementer. *La règlementation du stationnement.* **2** Ensemble de mesures légales, de règlements. [VAR] **réglementation**

**règlementer** *vt* [1] Soumettre à des règlements. *Règlementer les importations.* [VAR] **réglementer**

**régler** *vt* [14] **1** Couvrir de lignes droites parallèles. *Régler du papier à musique.* **2** litt Diriger ou modérer suivant des règles. *Régler sa conduite.* **3** Prendre pour modèle. *Régler sa conduite sur qqn. Se régler sur qqn.* **4** Fixer, déterminer, arrêter d'une manière précise ou définitive. *Régler l'ordre d'une cérémonie.* **5** Terminer, résoudre définitivement. *Régler ses affaires. Leur différend s'est réglé à l'amiable.* **6** Arrêter un compte et payer ce que l'on doit. **7** Payer une dette, un fournisseur. *Régler une note. Régler l'épicier.* **8** Mettre au point un mécanisme, un appareil, amener un phénomène à se produire convenablement, aux conditions voulues. *Régler le ralenti d'un moteur. Régler un téléviseur.* **LOC** ***Réglé comme du papier à musique :*** fait de façon très régulière. — ***Régler sa montre :*** la mettre à l'heure. — ***Régler son compte à qqn :*** lui administrer une correction ou le tuer, par vengeance. [DER] **réglable** *a* – **réglage** *nm*

**Règles de la méthode sociologique (les)** œuvre de Durkheim (1894) qui fonda la sociologie : « les faits sociaux sont des choses ».

**Règles pour la direction de l'esprit** (*Regulæ ad directionem ingenii*) bref essai que Descartes écrivit en latin vers 1626-1628 (publ. posth., 1701).

**réglette** *nf* Petite règle.

**régleur, euse** *n* Spécialiste des réglages.

**réglisse** *nf* **1** Plante dicotylédone (papilionacée) dont on utilise la racine pour ses propriétés médicinales. **2** Racine de cette plante ; suc qu'on en extrait. [ETY] Du gr. *glukurrhiza*, « racine douce ».

**réglo** *a inv* fam Correct, régulier, loyal.

**réglure** *nf* TECH Opération par laquelle on règle du papier ; manière dont le papier est réglé.

**régnant, ante** *a* **1** Qui règne, qui exerce le pouvoir souverain. *Prince régnant.* **2** fig, litt Dominant, qui a cours. *L'opinion régnante.*

**Regnard** Jean-François (Paris, 1655 – chât. de Grillon, près de Dourdan, 1709), auteur dramatique français. Ses comédies font de lui le successeur de Molière : *le Joueur* (1696), *le Distrait* (1697), *le Légataire universel* (1708).

**Regnault** Victor (Aix-la-Chapelle, 1810 – Paris, 1878), physicien et chimiste français : travaux sur la chaleur massique des corps, la statique des fluides, la thermodynamique, etc.

**Regnault de Saint-Jean-d'Angély** Michel (comte) (Saint-Fargeau, 1761 – Paris, 1819), homme politique français, membre influent du Conseil d'État sous l'Empire. Acad. française (1803). — **Auguste Étienne** (Paris, 1794 – Nice, 1870), fils du préc. ; aide de camp de Napoléon I$^{er}$ pendant les Cent-Jours. Napoléon III le nomma maréchal pour sa conduite à Magenta (1859).

**règne** *nm* **1** Gouvernement d'un prince souverain ; durée de ce gouvernement. **2** Pouvoir absolu, domination, influence prédominante. *Le règne de la justice et de la liberté.* **3** Chacune des grandes divisions que l'on distingue dans la nature. *Règne végétal, animal, fongique.* [ETY] Du lat.

**régner** *vi* [14] **1** Exercer le pouvoir souverain, monarchique ; exercer un pouvoir. *Louis XIV régna soixante-douze ans.* **2** fig Dominer, s'imposer. *Régner sur un cœur.* **3** Exister plus ou moins durablement ; avoir cours, prédominer. *Le mauvais temps qui règne actuellement sur le pays.* [ETY] Du lat.

**régnicole** *a, n* litt Qui possède la nationalité du pays qu'il habite.

**régnié** *nm* Cru du Beaujolais.

**Régnier** Mathurin (Chartres, 1573 – Rouen, 1613), poète français. Neveu et disciple de Desportes, il prôna, contre Malherbe, une « libre inspiration » : *Satires* (1608-1613).

**Régnier** Henri de (Honfleur, 1864 – Paris, 1936), écrivain français ; poète (*les Jeux rustiques et divins* 1897, *Flamma tenax* 1922-1928) et romancier : *le Mariage de minuit* (1903), *la Pécheresse* (1920). Acad. fr. (1911).

**Régnier-Desmarais** François (Paris, 1632 – id., 1713), grammairien français ; académicien (1670) ; un des princ. auteurs du *Dictionnaire de l'Académie* (1694).

**Regnitz (la)** riv. d'Allemagne (210 km), affl. du Main (r. g.). Elle arrose Fürth et Bamberg.

**régolite** *nf* GEOL Manteau de débris provenant de l'altération de la roche sous-jacente.

**regonfler** *v* [1] **A** *vt* **1** Gonfler de nouveau ce qui est dégonflé. *Regonfler un ballon.* **2** fig, fam Redonner courage. *Regonfler qqn, lui regonfler le moral.* **B** *vi* Se gonfler de nouveau, en parlant des eaux. [DER] **regonflage** ou **regonflement** *nm*

**regorger** *v* [13] **A** *vi* Déborder, s'épancher hors de ses limites normales. *Liquide qui regorge par un trop-plein.* **B** *vti* Avoir en grande abondance. *Ville qui regorge de trésors architecturaux.* [DER] **regorgement** *nm*

**regratter** *vt* [1] Gratter de nouveau, racler la pierre d'un bâtiment pour le nettoyer. [DER] **regrattage** *nm*

**regreffer** *vt* [1] Greffer de nouveau.

**régresser** *vi* [1] **1** Subir une régression. **2** Diminuer, reculer. *Le nombre des meurtres régresse.*

**régressif, ive** *a* **1** Qui revient en arrière. **2** BIOL, PSYCHO Qui constitue une régression, qui procède d'une régression. *Évolution régressive.* **3** PHILO Qui remonte des faits aux causes, des conséquences aux principes. *Raisonnement régressif.*

**régression** *nf* **1** Retour à un état antérieur. **2** BIOL Évolution d'un tissu, d'un organe, d'une espèce, etc., qui aboutit à des formes assimilables à un état de développement antérieur. **3** PSYCHO, PSYCHAN Retour du sujet à un stade antérieur de son développement. **4** Recul, diminution en force, en intensité ou en nombre. *La criminalité est en régression.* **LOC** GEOL ***Régression marine :*** recul de la mer qui abandonne les terres qu'elle avait occupées. [ETY] Du lat.

**regret** *nm* **1** Peine, chagrin causé par la perte de qqch ou de qqn. **2** Mécontentement, chagrin d'avoir ou de ne pas avoir fait une chose. *Être rongé de regrets.* **3** Contrariété, déplaisir causé par le fait qu'un désir, un souhait, un projet ne se soit pas réalisé. *Le regret d'avoir échoué.* **LOC** ***À regret :*** malgré soi, contre son désir.

**Regrets (les)** recueil de 91 sonnets de J. du Bellay (1558).

**regrettable** *a* Déplorable, fâcheux. *Un incident regrettable.* [DER] **regrettablement** *av*

**regretter** *vt* [1] **1** Éprouver de la peine, du chagrin, au souvenir de ce qui n'est plus, de ce que l'on n'a plus. *Regretter sa jeunesse. Regretter qqn.* **2** Éprouver du mécontentement, de la contrariété d'avoir ou de ne pas avoir fait qqch. *Il regrette de ne pas l'avoir dit plus tôt.* **3** Être mécontent de ce qui s'oppose à la réalisation d'un désir, d'un souhait, d'un projet. *Regretter la présence de qqn.* **4** Montrer son mécontentement d'une action dont on est responsable. *Je regrette de vous avoir causé tout ce mal.* [ETY] De l'anc. scand. *grâta*, « pleurer ».

**regrimper** *vi* [1] Grimper de nouveau.

**regrossir** *vi* [3] Grossir de nouveau.

**regrouper** *vt* [1] Rassembler en un même lieu ou à une même fin ce qui était dispersé. *La foule s'est regroupée.* [DER] **regroupement** *nm*

**régulariser** *vt* [1] **1** Rendre régulier, conforme aux lois ; donner une forme légale à. *Régulariser sa situation.* **2** Mettre un étranger en situation régulière. **3** Rendre régulier ce qui était inégal, inconstant. *Régulariser une rivière.* [DER] **régularisable** *a* – **régularisation** *nf*

**régularité** *nf* **1** Caractère de ce qui est régulier, uniforme, constant. *La régularité d'un pas.* **2** État d'une chose présentant une certaine symétrie, des proportions justes et harmonieuses. *La régularité des traits d'un visage.* **3** Conformité aux règles. *La régularité d'une élection.*

**régulateur, trice** *a, n* **A** *a* Qui règle, qui régularise. *Action régulatrice d'un thermostat.* **B** *nm* **1** didac Substance, mécanisme qui effectue une régulation. *Le lithium est un régulateur de l'humeur.* **2** TECH Dispositif qui maintient constante la température, la pression, la vitesse, l'intensité électrique, etc. **3** AGRIC Dispositif qui, sur une charrue, sert à régler la position des socs. **4** HORL Horloge servant à régler montres et pendules. **C** *n* **1** TRANSP Personne qui assure la régulation du trafic. **2** Personne qui assure la régulation des appels téléphoniques adressés à une collectivité.

**régulation** *nf* **1** Action de régler, de régulariser un mouvement, un débit. *La régulation du trafic.* **2** Maintien de l'équilibre d'un système complexe et structuré, assurant son fonctionnement correct. *Régulation thermique.* **LOC** ***Régulation des naissances*** *:* limitation du nombre de naissances par la contraception.

**régule** *nm* TECH Alliage de plomb ou d'étain et d'antimoine, utilisé comme métal antifriction.

**réguler** *vt* ① didac Assurer la régulation d'un mouvement, d'un système.

**régulier, ère** *a, nm* **A** *a* **1** Qui ne s'écarte pas des règles, de la norme. *Procédure régulière.* **2** fam Respectueux des règles, loyal, probe. SYN franc-jeu. **3** RELIG Qui concerne les ordres religieux soumis à une règle monastique. ANT séculier. **4** Conforme aux préceptes de la morale sociale. **5** Dont la vitesse, le rythme ou l'intensité ne varie pas. *Respiration régulière.* **6** Qui se reproduit à des intervalles égaux ; périodique. *Examens médicaux réguliers.* **7** Qui se produit de manière habituelle, constante ; qui est assuré à jour ou à heure fixe. *Service régulier d'autobus.* **8** Exact, ponctuel. *Être régulier dans ses habitudes.* **9** Qui présente une certaine symétrie ; harmonieux dans ses formes, bien proportionné. *Traits réguliers.* **B** *nm* **1** Soldat des troupes régulières. **2** Moine régulier. **LOC** BOT ***Fleur régulière*** *:* pourvue d'un axe de symétrie (par oppos. à *fleur irrégulière,* pourvue d'un plan de symétrie). — MATH ***Polyèdre régulier*** *:* dont toutes les faces sont des polygones réguliers égaux. — MATH ***Polygone régulier*** *:* dont tous les côtés, tous les angles sont égaux. — ***Troupes régulières*** *:* qui constituent la force armée officielle d'un État, par oppos. à *partisans, francs-tireurs, supplétifs,* etc. ETY Du lat. *regula,* « règle ». DER **régulièrement** *av*

**Régulus** étoile bleue de la constellation du Lion, de magnitude 1,3.

**Regulus** Marcus Atilius (IIIe s. av. J.-C.) général romain, consul en 256 av. J.-C. Vaincu et capturé par les Carthaginois, il fut envoyé à Rome pour négocier la paix ; il dissuada ses compatriotes de payer la rançon des prisonniers et retourna à Carthage, où il périt sous la torture.

**régurgiter** *vt* ① Rendre sans effort de vomissement des aliments non digérés contenus dans l'estomac ou l'œsophage. ETY Du lat. *gurges,* « gouffre ». DER **régurgitation** *nf*

**réhabiliter** *vt* ① **1** Rétablir dans ses droits une personne déchue par suite d'une condamnation. **2** Réinsérer qqn dans la société. *Réhabiliter un détenu à sa sortie de prison.* **3** Faire recouvrer l'estime d'autrui à. *Cette action l'a réhabilité aux yeux de tous.* **4** Remettre en état un immeuble insalubre, un quartier dégradé. DER **réhabilitable** *a* – **réhabilitation** *nf* – **réhabilité, ée** *a, n*

**réhabituer** *vt* ① Habituer de nouveau. *Se réhabituer au froid.*

**rehausser** *vt* ① **1** Hausser davantage. *Rehausser une muraille.* **2** Faire valoir, mettre en relief. *Les ombres rehaussent l'éclat des couleurs.* DER **rehaussement** *nm*

**rehausseur** *nm* Accessoire servant à asseoir un enfant sur le siège arrière d'une voiture de manière à pouvoir le protéger par une ceinture de sécurité.

**rehaut** *nm* PEINT Touche de couleur ou hachure claire ou brillante qui sert à faire ressortir des figures, des ornements, etc.

**réhoboam** *nm* Grande bouteille de vin dont la contenance est égale à six fois celle de la bouteille ordinaire, soit 4,5 litres.

**réhydrater** *vt* ① MED Administrer de l'eau dans un organisme qui en manque. DER **réhydratation** *nf*

**Reich** (« empire », en all.), nom donné au Saint Empire romain germanique (962-1806) ou Ier Reich, puis à l'Empire fondé par Bismarck (1871-1918) ou IIe Reich, enfin au régime nazi (1933-1945) ou IIIe Reich.

**Reich** Wilhelm (Dobrzcynica, Galicie, 1897 – Lewisburg, Pennsylvanie, 1957), psychanalyste américain d'origine autrichienne. Militant communiste, il prôna la libération sexuelle : *la Fonction de l'orgasme* (1927), *la Lutte sexuelle des jeunes* (1932). En 1939, il se réfugia aux É.-U., où il fut accusé d'escroquerie et mourut en prison. DER **reichien, enne** *a, n*

Wilhelm Reich

**Reich** Steve (New York, 1936), compositeur américain, auteur de musique répétitive.

**Reicha** Anton (Prague, 1770 – Paris, 1836), compositeur français d'origine tchèque : opéras, symphonies, quators ; *Traité de haute composition musicale* (1824-1826). Il fut le professeur de Liszt et de Berlioz.

**Reichenau** île du lac de Constance (Allemagne) ; 4 km². Viticulture. Tourisme. – Nombr. églises romanes. L'abbaye bénédictine, fondée en 724, recelait le *glossaire de Reichenau* (VIIIe s.), dictionnaire latin-roman servant à la lecture de la Bible.

**Reichenbach** Hans (Hambourg, 1891 – Los Angeles, 1953), philosophe et logicien allemand ; cofondateur du cercle de Vienne.

**Reichshoffen** com. du Bas-Rhin (arr. de Haguenau) ; 5 637 hab. – Pendant la bataille de Wœrth-Frœschwiller (6 août 1870), les cuirassiers français tentèrent un assaut inutile.

**Reichsrat** nom allemand du Conseil d'Empire austro-hongrois (1848-1861), puis du Parlement autrichien (1861-1918). – En Allemagne, de 1919 à 1934, l'une des chambres, composée de représentants des États.

**Reichstadt** (auj. *Zákupy,* Rép. tchèque), bourg de Bohême, ch.-l. d'une seigneurie dont François Ier d'Autriche fit un duché qu'il donna en 1818 à son petit-fils, Napoléon II. – *Entrevue de Reichstadt* (1876), entre la Russie et l'Autriche, qui resta neutre face à la Turquie.

**Reichstag** chambre législative, élue au suffrage universel, de la Confédération de l'Allemagne du Nord (1867-1871), de l'Empire allemand (1871-1918) et de la république de Weimar (1919-1933). Le palais où se réunissait ce Parlement, à Berlin, fut incendié le 27 fév. 1933 à l'instigation des nazis, qui accusèrent un communiste (Van der Lubbe), puis Hitler élimina les communistes (procès de Leipzig). Le Reichstag fut maintenu sous le IIIe Reich, mais seul siégeait le Parti nazi.

**Reichstein** Tadeusz (Włocławek, 1897 – Bâle, 1996), biochimiste suisse d'origine polonaise : travaux sur la cortisone. Prix Nobel de médecine 1950 avec P. S. Hench et E. C. Kendall.

**Reichswehr** (« défense de l'Empire »), nom donné de 1921 à 1935 à l'armée allemande organisée par le traité de Versailles (1919).

**Reid** Thomas (Strachan, 1710 – Glasgow, 1796), philosophe écossais, opposé à Hume et à Berkeley : *Recherche sur l'entendement humain d'après les principes du sens commun* (1764), *Essais sur les facultés actives* (1788).

**Reid** Thomas Mayne (Ballyroney, 1818 – Londres, 1883), auteur britannique de romans d'aventures : *les Chasseurs de scalps* (1851), *le Cavalier sans tête* (1866).

**Reid** → **Mayne Reid.**

**réifier** *vt* ② PHILO Transformer en chose ; constituer en une chose extérieure et autonome ce qui provient de sa subjectivité. SYN chosifier. DER **réification** *nf*

**Reille** Honoré Charles (comte) (Antibes, 1775 – Paris, 1860), maréchal de France (1847). Il s'illustra à Essling et à Wagram (1809), puis au Portugal (1812).

**réimperméabiliser** *vt* ① Imperméabiliser de nouveau. DER **réimperméabilisation** *nf*

**réimplantation** *nf* CHIR **1** Réinsertion d'un organe sectionné. **2** Implantation chez le receveur d'un organe prélevé sur un donneur. *Réimplantation cardiaque.* **3** Réinsertion d'une dent dans son alvéole. DER **réimplanter** *vt* ①

**réimporter** *vt* ① ECON Importer dans son pays d'origine une marchandise exportée. DER **réimportation** *nf*

**réimprimer** *vt* ① Imprimer de nouveau un ouvrage. DER **réimpression** *nf*

**Reims** ch.-l. d'arr. de la Marne, sur la Vesle ; 184 984 hab. Vinification et comm. du champagne. Industries. – Université. Archevêché. Musées. Cath. goth. (XIIIe s.) ; les portails de la façade O. sont ornés de sculptures, dont l'ange nommé *Sourire de Reims.* Basilique romane (XIe-XIIe s.). Porte de Mars (IIe s.). – Cap. de la Gaule Belgique, Reims, qui eut un évêché dès 290, a vu le baptême de Clovis (496). Aussi, à partir de Louis VII, les rois de France furent sacrés dans la cathédrale de Reims. DER **rémois, oise** *a, n*

**Reims** façade occidentale de la cathédrale Notre-Dame

**Reims** (Montagne de) plateau peu élevé du dép. de la Marne, au S. de Reims. Vignobles. Parc régional.

**rein** *nm* **A** Chacun des deux organes qui élaborent l'urine. **B** *nm pl* Les lombes, la partie inférieure du dos. *Avoir mal aux reins.* **LOC** ***Avoir les reins solides*** *:* être assez puissant, assez prospère pour pouvoir surmonter d'éventuelles difficultés. — fam ***Casser les reins à qqn*** *:* briser sa carrière. — ***Rein artificiel*** *:* appareil qui se branche en dérivation sur la circulation sanguine d'un malade et qui assure l'épuration et l'équilibrage ionique du sang. — ARCHI ***Reins d'une voûte*** *:* partie comprise entre la portée et le sommet. ETY Du lat.

[ENC] Les reins sont situés de part et d'autre de la colonne vertébrale, en arrière du péritoine. Chaque rein est coiffé par une glande endocrine, la capsule surrénale. Le tissu fonctionnel rénal se compose de deux parties : une zone centrale (dite médullaire) et une zone corticale périphérique. La zone médullaire est composée de huit à dix pyramides de Malpighi. Les deux parties du rein sont constituées des *tubes urinifères* ou *néphrons* (environ un million par rein). Chaque tube long et contourné s'évase en une capsule, qui coiffe un peloton de vaisseaux, le *glomérule*. L'urine est élaborée par filtration du sang au niveau de la capsule, puis par des échanges complexes au niveau du tube ; elle est déversée dans le bassinet par des pores situés au sommet des pyramides. Ainsi, les reins maintiennent l'équilibre du milieu intérieur en épurant le sang des substances toxiques et en compensant les « entrées » par des « sorties » (sécrétion d'urine). En outre, le rein participe au contrôle de la pression artérielle par la sécrétion de rénine. Le rein peut être le siège de nombreuses affections : lithiase, abcès, pyélonéphrite, tuberculose, tumeur (bénigne ou maligne). La greffe rénale a pu sauver de nombreux insuffisants rénaux.

**réincarcérer** *vt* [14] DR Incarcérer de nouveau. [DER] **réincarcération** *nf*

**réincarner (se)** *vpr* [1] Revivre dans un autre corps. [DER] **réincarnation** *nf*

**réincorporer** *vt* [1] Incorporer de nouveau.

**réindustrialiser** *vt* [1] Développer de nouvelles industries dans des régions où elles étaient en recul. [DER] **réindustrialisation** *nf*

**reine** *nf* **1** Épouse d'un roi. **2** Souveraine d'un royaume. **3** Femme qui l'emporte sur toutes les autres dans une circonstance particulière. *La reine de la fête.* **4** Ce qui occupe la première place, qui prévaut sur tout le reste. *La valse, reine des danses.* **5** Pièce du jeu d'échecs qui a la marche la plus étendue. **6** Femelle pondeuse, chez les insectes sociaux tels que les abeilles, les termites, les fourmis. **LOC** vieilli ***La petite reine :*** la bicyclette. — ***Reine mère :*** mère du souverain régnant. [ETY] Du lat.

**Reine-Charlotte (archipel de la)** groupe d'env. 150 îles de Colombie-Britannique (Canada). – Le *détroit de la Reine-Charlotte* sépare l'île Vancouver et le continent.

**Reine Christine (la)** film de Rouben Mamoulian (1933), avec Greta Garbo et John Gilbert (1895 – 1936).

**reine-claude** *nf* Prune ronde et verte, à chair très parfumée. PLUR reines-claudes. ▶ illustr. **prunier**

**reine-des-prés** *nf* Spirée ulmaire. PLUR reines-des-prés.

**Reine-Élisabeth (îles de la)** îles canadiennes de l'océan Arctique, au N. de l'île Victoria.

**reine-marguerite** *nf* Plante proche de la marguerite, originaire de Chine (composée), cultivée pour ses fleurs. PLUR reines-marguerites.

**reinette** *nf* Pomme à couteau, très parfumée, à peau grisâtre ou tachetée. *Reine des reinettes* ou *reinette du Mans. Reinette du Canada* ou *reinette grise.*

**Reinhardt Max Goldmann,** dit **Max** (Baden, 1873 – New York, 1943), directeur de théâtre et metteur en scène autrichien : *Œdipe roi* de Sophocle ; *Jules César* de Shakespeare.

**Reinhardt Jean-Baptiste,** dit **Django** (Liberchies, Belgique, 1910 – Fontainebleau, 1953), compositeur et guitariste de jazz français d'origine tsigane.

**Django Reinhardt**

**réinscriptible** *a* INFORM Qui permet d'enregistrer de nouvelles informations. *Mémoire effaçable et réinscriptible.*

**réinscrire** *vt* [67] Inscrire de nouveau. *Se réinscrire à la faculté.* [DER] **réinscription** *nf*

**réinsérer** *vt* [14] Insérer de nouveau ; assurer une nouvelle insertion sociale à. *Réinsérer un accidenté du travail.* [DER] **réinsertion** *nf*

**réinstaller** *vt* [1] Installer de nouveau. [DER] **réinstallation** *nf*

**réintégrer** *vt* [14] **1** DR Rétablir qqn dans la possession de ce dont il avait été dépouillé. *Réintégrer qqn dans une fonction.* **2** Rentrer dans. *Réintégrer son domicile.* [DER] **réintégration** *nf*

**réintroduire** *vt* [69] Introduire de nouveau. [DER] **réintroduction** *nf*

**réinventer** *vt* [1] Inventer de nouveau une chose oubliée, disparue ; donner un caractère de nouveauté à qqch. [DER] **réinvention** *nf*

**réinvestir** *vt* [3] Investir de nouveau. [DER] **réinvestissement** *nm*

**réinviter** *vt* [1] Inviter de nouveau. [DER] **réinvitation** *nf*

**Reiser Jean-Marc** (Réhon, Meurthe-et-Moselle, 1941 – Paris, 1983), dessinateur français à l'humour ravageur : *On vit une époque formidable* (1976).

**réislamisation** *nf* RELIG Retour aux principes de l'islam. [DER] **réislamiser** *vt* [1]

**Reisz Karel** (Ostrava, 1926 – Londres, 2002), cinéaste britannique d'origine tchèque : *Samedi soir et dimanche matin* (1960), *Morgan* (1966), *la Maîtresse du lieutenant français* (1981).

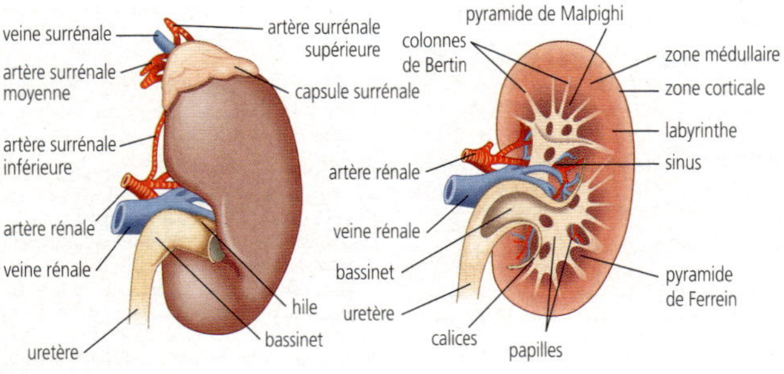


profil et coupe d'un **rein**

**réitérer** *vt* [14] Répéter, recommencer. *Réitérer une demande.* [ETY] Du lat. *iterum,* « derechef ». [DER] **réitératif, ive** *a* – **réitération** *nf*

**reître** *nm* **1** anc Cavalier mercenaire allemand, au service de la France au XVIe s. **2** litt Soudard. [ETY] De l'all. [VAR] **reitre**

**Rej Mikołaj** (Zórawno, 1505 – ?, 1569), écrivain polonais ; poète et prosateur calviniste : *le Miroir de tous les états* (1568).

**rejaillir** *vi* [3] **1** Jaillir avec force, en parlant d'un liquide. **2** fig Retomber. *Le scandale a rejailli sur ses proches.* [DER] **rejaillissement** *nm*

**Réjane Gabrielle Réju,** dite (Paris, 1856 – id., 1920), actrice française.

**rejet** *nm* **1** Action de rejeter ; fait d'être rejeté. *Rejet des eaux usées. Rejet d'un pourvoi en cassation.* **2** Membre de phrase placé au début d'un vers et dépendant étroitement du vers précédent. (Ex. : *« Et lorsque je la vis au seuil de sa maison / S'enfuir... »,* Musset.) **3** MED Réaction immunitaire qui aboutit à l'élimination d'un greffon par l'organisme du sujet receveur. **4** BOT Nouvelle pousse d'une plante ; pousse émise par une souche.

**rejeter** *v* [20] **A** *vt* **1** Jeter en retour ; renvoyer. *Rejeter une balle. Rejeter un poisson à la rivière.* **2** Jeter hors de soi ; restituer. *La mer a rejeté les débris du naufrage.* **3** Laisser échapper de son corps, évacuer. *Il a rejeté tout son repas.* **4** Mettre dans un autre endroit ; renvoyer. *Rejeter une note à la fin d'un chapitre.* **5** fig Faire supporter par qqn d'autre. *Il a rejeté la faute sur son associé.* **6** Refuser, écarter, exclure. *Rejeter des offres, une candidature.* **B** *vi* BOT Produire des rejets, en parlant d'une plante. **LOC** ***Se rejeter en arrière :*** reculer brusquement. — ***Se rejeter sur qqch :*** l'adopter faute de mieux. [DER] **rejetable** *a*

**rejeton** *nm* **1** Nouveau jet qui pousse au pied de la tige d'une plante ou sur la souche d'un arbre. **2** fam Enfant. *Comment va ton rejeton ?*

**rejoindre** *vt* [56] **1** Aller retrouver une ou plusieurs personnes. *Rejoindre des amis à la campagne. Ils doivent se rejoindre au sommet.* **2** Rattraper qqn. *Ses concurrents l'ont rejoint dans la ligne droite.* **3** Se réunir à. *Ce sentier rejoint la grand-route. Rues qui se rejoignent.* **4** Avoir des points communs avec. *Vos affirmations rejoignent les siennes.*

**rejointoyer** *vt* [23] CONSTR Jointoyer de nouveau. [DER] **rejointoiement** *nm*

**rejouer** *vi, vt* [1] Jouer de nouveau.

**réjoui, ie** *a* Qui exprime la joie. *Mine réjouie.*

**réjouir** *v* [3] **A** *vt* Apporter de la joie, faire plaisir à. *Vos succès nous réjouissent.* **B** *vpr* Être content. *Se réjouir à la pensée de revoir qqn.* [ETY] De l'a. fr. *esjoïr,* « rendre joyeux ». [DER] **réjouissant, ante** *a*

**réjouissance** *nf* **A** Joie collective. **B** *nfpl* Fête publique. *Réjouissances officielles du 14 Juillet.*

**rejuger** *vt* [13] Juger de nouveau.

**relâche** *nf* **1** Interruption d'un travail ; pause, détente. **2** MAR Port d'escale ; escale. *Faire relâche.* **3** Suspension momentanée des représentations, dans un théâtre, une salle de spectacle. **LOC** ***Sans relâche :*** sans interruption.

**relâché, ée** *a* Qui manque de rigueur. *Morale relâchée.*

**relâcher** *v* [1] **A** *vt* **1** Diminuer la tension de ; desserrer, détendre. *Relâcher un ressort.* **2** fig Rendre moins intense, moins rigoureux. *Relâcher son attention. Relâcher la discipline.* **3** Libérer, élargir. *Relâcher un prisonnier.* **B** *vpr* **1** Devenir moins tendu, moins serré. *Étreinte qui se relâche.* **2** Perdre de sa rigueur, de sa fermeté. *Son zèle s'est un peu relâché.* **C** *vi* MAR Faire escale, en parlant d'un navire. [ETY] Du lat. [DER] **relâchement** *nm*

**relais** *nm* **1** anc Chevaux postés en un lieu déterminé pour remplacer les chevaux fatigués ; lieu où ces chevaux sont postés. **2** TECH Dispositif destiné à recevoir des signaux radioélectriques et à les émettre à nouveau, éventuellement en les amplifiant. *Relais hertzien.* **3** TECH Dispositif permettant la commutation à distance d'un circuit électrique. **4** Intermédiaire entre plusieurs personnes. *Servir de relais.* **LOC** SPORT ***Course de relais*** ou ***relais*:** opposant des équipes de coureurs ou de nageurs qui se succèdent. — ***Prendre le relais*:** succéder à, assurer la continuité de. (ETY) De *relayer.* (VAR) **relai**

**relancer** *v* 12 **A** *vt* **1** Lancer de nouveau ou en sens inverse. *Relancer le ballon.* **2** VEN Faire repartir une bête qui se repose. **3** Solliciter avec insistance qqn, le presser pour en obtenir qqch. *Relancer un débiteur.* **4** Donner un nouvel élan, une nouvelle vigueur à. *Relancer l'économie.* **B** *vi* JEU Risquer un enjeu supérieur à celui de l'adversaire. (DER) **relance** *nf*

**relanceur, euse** *n* Joueur de tennis habile à renvoyer le service de l'adversaire.

**relaps, apse** *a, n* RELIG Qui est de nouveau tombé dans l'hérésie, après l'avoir abjurée. (PHO) [Rəlaps] (ETY) Du lat.

**relarguer** *vt* 1 didac Répandre, disperser dans un milieu des éléments qui étaient jusque-là confinés. *En fondant, le permafrost relargue du méthane.* (DER) **relargage** *nm*

**relater** *vt* 1 Raconter de façon détaillée, rapporter. (ETY) Du lat.

**relatif, ive** *a* **1** Qui implique une relation, un rapport. *Positions relatives.* **2** Qui n'a pas de valeur en soi, mais seulement par rapport à autre chose. *La notion de vérité est toute relative.* **3** Moyen, incomplet, insuffisant. *Jouir d'une tranquillité très relative.* **4** Qui a rapport à. *Les lois relatives au divorce.* **5** GRAM Se dit des mots qui mettent en relation le nom ou le pronom qu'ils représentent et une proposition dite *proposition relative. Pronoms, adjectifs relatifs.* **6** MUS Se dit de deux gammes qui possèdent les mêmes altérations, mais qui ont une tonique différente, et dont l'une est majeure et l'autre mineure. **LOC** MATH ***Nombre relatif*:** tout nombre entier positif ou négatif. (ETY) Du lat.

**relation** *nf* **1** Fait de relater ; narration, récit. *Relation fidèle des évènements.* **2** Rapport entre des choses, entre des personnes. *Relation de cause à effet. Relations amoureuses.* **3** Personne avec qui on est en rapport. *Une relation de travail.* **4** Rapport entre groupes organisés, pays, etc. *Relations internationales.* **5** Liaison assurée par un moyen de transport. **6** MATH Liaison déterminée entre des ensembles ou des éléments de ces ensembles. *Relation d'équivalence.* **LOC** ***Avoir des relations*:** connaître des gens influents. — BIOL ***Fonctions de relation*:** fonctions par lesquelles est assuré le contact entre un être vivant et son milieu. — ***Relations publiques*:** ensemble des moyens mis en œuvre par des organismes publics ou privés pour informer le public de leurs activités et favoriser leur rayonnement. (ETY) Du lat.

**relationnel, elle** *a, nm* **A** *a* **1** Qui concerne les relations entre les individus. **2** didac Qui concerne la relation. *Calcul relationnel.* **B** *nm* Aptitude à avoir de bonnes relations avec son entourage.

**relationniste** *n* Canada Spécialiste des relations publiques, dans une entreprise, un organisme.

**relativement** *av* **1** De manière relative, non absolue. **2** Par comparaison à. **3** Passablement. *C'est relativement facile.* **4** À l'égard de, en ce qui concerne. *Relativement à la question posée.*

**relativiser** *vt* 1 Rendre relatif ; considérer par rapport à d'autres choses comparables. (DER) **relativisation** *nf*

**relativisme** *nm* PHILO **1** Doctrine selon laquelle la connaissance humaine ne peut être que relative. *Le système de Kant est un relativisme subjectif.* **2** Doctrine selon laquelle les notions morales, esthétiques sont fonction des circonstances et n'ont donc rien d'absolu.

**relativiste** *a, n* **A** PHILO Qui relève du relativisme ; qui adhère au relativisme. **B** *a* PHYS Qui a rapport à la théorie de la relativité.

**relativité** *nf* Caractère relatif. *Relativité de la connaissance.* **LOC** PHYS ***Théorie de la relativité*:** théorie développée par Einstein, remettant en question les notions d'espace et de temps.

ENC Auteur de la *théorie de la relativité,* Einstein remit en question les notions de temps absolu et d'espace universel. Il critiqua partic. la notion de simultanéité de deux évènements se produisant en des lieux différents : deux signaux pourront être simultanés pour un observateur placé dans un repère R sans l'être pour un observateur placé dans un repère R' en mouvement par rapport à R. Einstein proposa en 1905 les postulats de la *relativité restreinte.* **1.** Des repères animés les uns par rapport aux autres de mouvements rectilignes uniformes sont équivalents ; il n'est pas possible de distinguer parmi eux un repère privilégié qui serait *absolu.* De tels repères sont dits *galiléens.* Les lois physiques ont même formulation mathématique dans tous ces repères. **2.** La lumière se propage dans le vide de façon isotrope, et sa vitesse c est la même quel que soit le repère dans lequel on la mesure. La formule d'Einstein $E_0 = mc^2$ montre qu'une particule au repos possède une énergie considérable du fait même de sa masse ; c'est cette énergie qui peut être libérée au cours des réactions nucléaires. La *relativité générale* postule que les forces d'inertie sont assimilables aux forces gravitationnelles. La masse gravitationnelle (masse pesante) est égale à la masse inerte. L'*espace-temps,* qui comprend les trois dimensions d'espace plus une quatrième dimension, le temps, est courbé au voisinage d'une masse et le mouvement d'une particule au voisinage de cette masse s'effectue en suivant le plus court chemin dans cet espace-temps.

**relaver** *vt* 1 **1** Laver de nouveau. **2** Suisse Faire la vaisselle.

**relax** *a, av, nm* fam **A** *a* Détendu. *Une soirée relax. Être relax.* **B** *av* De façon détendue. *Vas-y relax, ça marchera bien.* **C** *nm* Fauteuil très confortable. (VAR) **relaxe**

**relaxation** *nf* **1** Relâchement d'une tension musculaire destiné à provoquer une détente psychique ; détente, délassement. **2** PHYS Retour d'un système vers un de ses états d'équilibre.

**1 relaxe** *nf* DR Décision judiciaire d'abandonner l'action contre un prévenu.

**2 relaxe** → **relax.**

**1 relaxer** *vt* 1 DR Remettre en liberté un prévenu reconnu non coupable. (ETY) Du lat.

**2 relaxer** *vt* 1 Mettre en état de relaxation, détendre. (ETY) De l'angl. (DER) **relaxant, ante** *a, nm*

**relaxine** *nf* PSYSIOL Hormone produite par le corps jaune pendant la grossesse, provoquant le relâchement des ligaments pelviens.

**relaxologie** *nf* Méthode thérapeutique fondée sur la relaxation. (DER) **relaxologique** *a* – **relaxologue** *n*

**relayer** *vt* 21 **1** Remplacer dans un travail, une tâche, une activité. *L'équipe de nuit relaye l'équipe de jour. Deux équipes se relaient.* **2** TELECOM Retransmettre l'émission d'un émetteur principal en utilisant un relais hertzien, un satellite de télécommunications. (ETY) De l'a. fr. *laier,* « laisser ».

**relayeur, euse** *n* Coureur de relais.

**releasing factor** *nm* PHYSIOL Syn. (déconseillé) de *libérine.* PLUR releasing factors. (PHO) [rilizinfaktɔr] (ETY) Mots angl.

**relecture** *nf* Action de relire.

**relégation** *nf* **1** DR Peine de détention perpétuelle hors de la métropole, remplacée en 1970 par la tutelle pénale. **2** SPORT Rétrogradation. *Relégation d'une équipe en seconde division.*

**reléguer** *vt* 14 **1** Condamner à la relégation. **2** Mettre qqch à l'écart. *Reléguer un tableau au grenier.* **3** fig Envoyer dans un lieu retiré ; confiner dans une situation, un emploi peu importants. *Reléguer qqn au second plan.* **4** SPORT Placer à un rang inférieur, dans une catégorie inférieure. (ETY) Du lat. (DER) **relégable** *a, n*

**relent** *nm* **1** Mauvaise odeur. *Relents de friture.* **2** fig Trace. *Un relent de nationalisme.*

**relevable, relevage** → **relever.**

**relevailles** *nfpl* RELIG CATHOL anc Cérémonie de bénédiction d'une femme relevée de couches.

**relève** *nf* Remplacement d'une personne, d'un groupe, dans une occupation, une tâche ; personne, groupe qui assure ce remplacement. **LOC** ***Prendre la relève*:** relayer.

**relevé, ée** *a, nm* **A** *a* **1** Disposé, ramené vers le haut. *Manches relevées.* **2** litt Élevé, au-dessus du commun. *Propos relevés.* **3** Épicé. *Sauce relevée.* **B** *nm* **1** État, liste. *Faire un relevé. Relevé d'identité bancaire (RIB).* **2** Ensemble des cotes nécessaires à l'établissement d'un plan. **LOC** ***Relevé de compte*:** document envoyé périodiquement par une banque à son client, faisant apparaître les mouvements et la situation de son compte.

**relèvement** *nm* **1** Action de relever, de remettre debout ou vertical. *Relèvement d'un mât.* **2** Action de relever, d'augmenter ; hausse, majoration. *Relèvement des loyers.* **3** MAR Angle que fait avec le nord la direction d'un point à terre, d'un bateau, d'un astre ; mesure de cet angle au moyen du compas. **4** GEOM Mouvement inverse du rabattement.

**relever** *v* 16 **A** *vt* **1** Remettre debout qqn ; remettre à la verticale qqch. *Elle était tombée, je l'ai relevée. Relever un siège.* **2** fig Remettre en position favorable. *Relever l'économie d'un pays.* **3** Ramasser. *Relever des copies d'examen.* **4** Noter, constater. *Relever une erreur.* **5** Inscrire, copier. *Relever les noms des absents. Relever un plan.* **6** Mettre ou remettre en position haute, redresser. *Relever une manette. Relever la tête.* **7** Retrousser. *Relever ses manches.* **8** Augmenter. *Relever les salaires.* **9** Donner plus de relief, plus d'éclat à. *Fards qui relèvent un teint pâle.* **10** CUIS Donner un goût plus prononcé, plus piquant à, en ajoutant un assaisonnement, des épices. **11** Remplacer un groupe dans une occupation ; relayer. *Relever une sentinelle.* **12** Libérer d'une obligation. *Relever un religieux de ses vœux.* **B** *vti* **1** Se rétablir de. *Relever de couches.* **2** Dépendre de ; être du ressort, du domaine de. *Cette affaire relève de la justice.* **C** *vpr* **1** Se remettre debout. *Aider qqn à se relever.* **2** Sortir de nouveau du lit. *Se relever plusieurs fois dans la nuit.* **LOC** ***Relever qqn de ses fonctions*:** le révoquer. (ETY) Du lat. (DER) **relevable** *a* – **relevage** *nm*

**releveur, euse** *a, n* **A** *a* Qui relève. **B** *nm* MAR Engin, navire utilisé pour relever, renflouer les objets immergés. *Releveur de mines.* **C** *n* Personne qui relève, collecte ou fait des relevés. *Releveur de compteurs.* **LOC** ANAT ***Muscle releveur*** ou ***releveur*:** qui relève une partie du corps.

**relief** *nm* **A** **1** Saillie que présente une surface. *Reliefs d'une paroi rocheuse. Caractères en relief de l'écriture Braille.* **2** Ensemble des inégalités de la surface terrestre. *Relief d'un pays.* **3** Bx-A Ouvrage de sculpture dont le sujet ou certains éléments font saillie sur un fond plan. **4** fig Caractère marqué de qqch résultant du contraste avec une autre chose. *La modestie donne du relief au mérite.* **B** *nmpl* vieilli Restes d'un repas. **LOC** ***Mettre en relief*:** mettre en évidence, accentuer. (ETY) De *relever.*

**relier** *vt* 2 **1** Assembler les feuillets d'un livre, et les munir d'une couverture. **2** Rattacher, joindre. *Ligne qui relie deux points.* **3** fig Établir un lien, un rapport entre. *Relier des idées.* **4** Faire communiquer. *Pont qui relie deux berges.*

**relieur, euse** *n* Personne qui fait métier de relier les livres.

**relifter** *vt* 1 fam Donner une nouvelle allure à qqch, restyler. *Relifter une carrosserie.*

**religieusement** *av* **1** De façon religieuse. *Se marier religieusement.* **2** Scrupuleusement. *Écouter religieusement.*

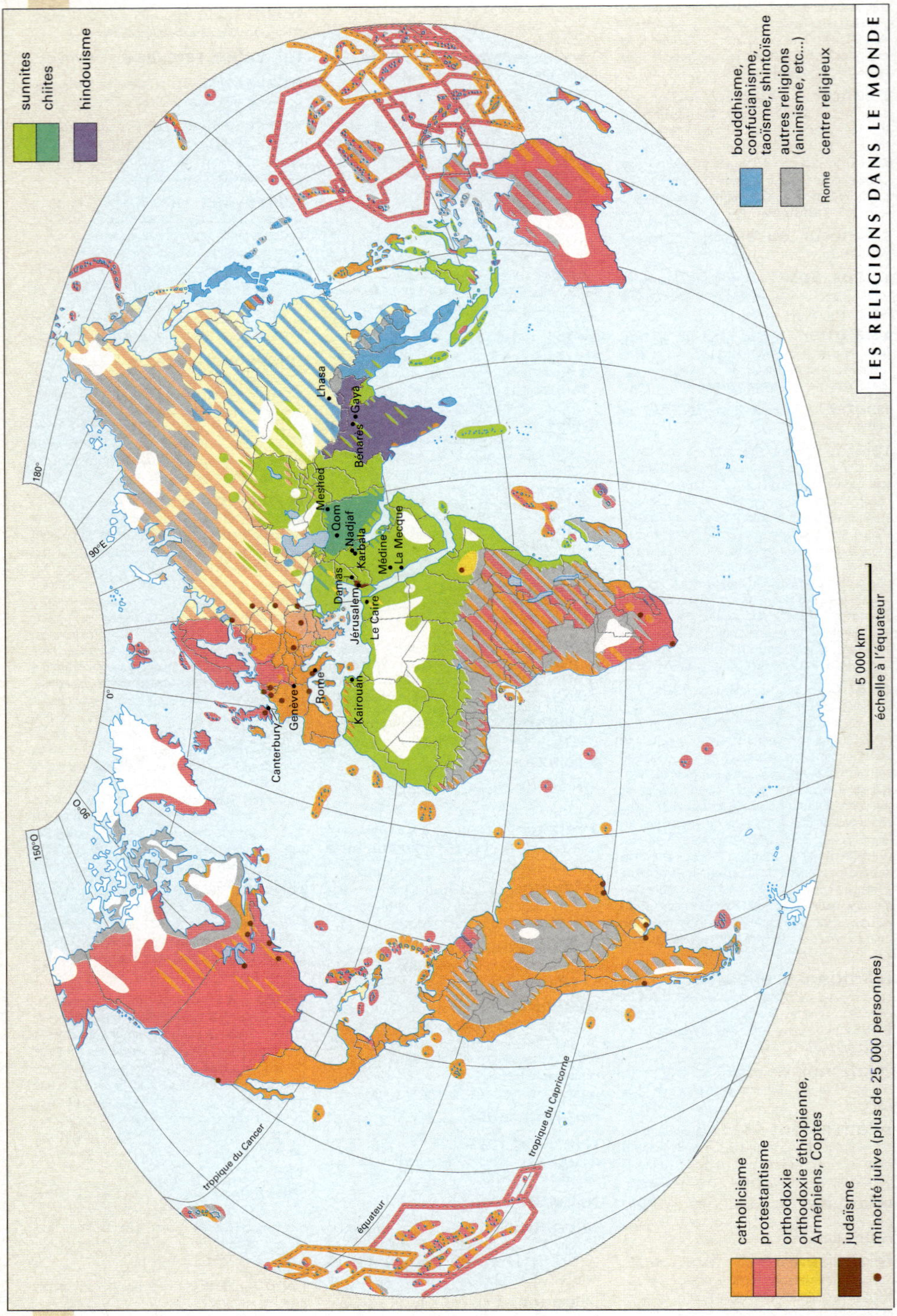
LES RELIGIONS DANS LE MONDE
catholicisme
protestantisme
orthodoxie
orthodoxie éthiopienne, Arméniens, Coptes
judaïsme
minorité juive (plus de 25 000 personnes)
sunnites
chiites
hindouisme
bouddhisme, confucianisme, taoïsme, shintoïsme
autres religions (animisme, etc...)
Rome centre religieux
5 000 km
échelle à l'équateur
tropique du Cancer
équateur
tropique du Capricorne
150°O
90°O
0°
90°E
180°
Canterbury
Genève
Rome
Kairouan
Jérusalem
Damas
Le Caire
Karbala
Nadjaf
Qom
Meshed
Médine
La Mecque
Bénarès
Gaya
Lhasa

**religieux, euse** *a, n* **A** *a* **1** Relatif à la religion, propre à une religion. *Une cérémonie religieuse.* **2** Conforme aux règles d'une religion. *Mariage religieux.* **3** Pieux, croyant. *Esprit religieux.* **4** Qui a rapport aux ordres réguliers. *Congrégation religieuse.* **5** fig Respectueux, scrupuleux, recueilli. *Un silence religieux.* **B** *n* Membre d'un ordre ou d'une congrégation obéissant à une règle approuvée par l'Église. **C** *nf* Pâtisserie faite de deux boules de pâte à choux de tailles différentes superposées, fourrées de crème pâtissière, au café ou au chocolat.

**religion** *nf* **1** Ensemble de croyances, de doctrines et de pratiques cultuelles qui constituent les rapports de l'homme avec la divinité ou le sacré. *Religion chrétienne, musulmane, shintoïste.* **2** Foi, piété, croyance. *Avoir de la religion.* **3** Sentiment de vénération profonde pour qqch, foi en un idéal. *Avoir la religion du progrès.* LOC ***Entrer en religion*:** dans les ordres. — ***Se faire une religion sur qqch*:** se former des idées précises sur ce sujet. ETY Du lat.

**Religion (guerres de)** ensemble des troubles et des guerres civiles suscités en France par la Réforme (1562-1598). Déclenchées par le massacre des protestants à Wassy (1^er^ mars 1562), ces guerres eurent pour princ. épisodes : l'édit de pacification d'Amboise (1563), le massacre de la Saint-Barthélemy (24 août 1572), la paix de Monsieur (1576), l'assassinat du duc de Guise (1588), chef de la Ligue catholique, l'assassinat du roi Henri III (1589). Le nouveau roi de France, Henri IV, qui avait abjuré le protestantisme en 1572, puis pris la tête du parti protestant, renouvela son abjuration en 1593 ; il reconquit le royaume et mit fin à la guerre en accordant à ses anciens coreligionnaires l'édit de Nantes (1598).

**religiosité** *nf* Disposition d'esprit religieuse.

**reliquaire** *nm* Boîte, coffret où l'on conserve des reliques.

**reliquat** *nm* **1** Ce qui reste. **2** DR Ce qui reste d'une somme due, d'un compte arrêté.

**relique** *nf* **1** RELIG Ce qui reste du corps d'un saint ; objet qui lui a appartenu ou qui a servi à son martyre. **2** Vieil objet que l'on garde soigneusement. **3** BIOL Espèce vivante appartenant à un groupe ancien, animal ou végétal, dont les autres représentants ont disparu. *La limule est une relique.* SYN fossile vivant. ETY Du lat. *reliquiæ*, « restes ».

**relire** *vt* [66] **1** Lire de nouveau. **2** Lire ce qu'on a écrit pour le corriger au besoin. *Se relire sur épreuves.*

**reliure** *nf* **1** Art, métier du relieur. **2** Manière dont un livre est relié ; couverture rigide d'un livre.

**Relizane** → **Ghilizane.**

**relocaliser** *vt* [1] ECON Réimplanter une production dans un pays après une délocalisation insatisfaisante. DER **relocalisation** *nf*

**reloger** *vt* [13] Procurer un nouveau logement à qqn. DER **relogement** *nm*

**relooker** *vt* [1] fam Donner un nouveau look, une nouvelle allure. *Relooker un produit.* PHO [rəluke] ETY Mot angl. DER **relookage** ou **relooking** *nm* – **relookeur, euse** *n*

**relouer** *vt* [1] Louer de nouveau.

**réluctance** *nf* ELECTR Aptitude d'un circuit à s'opposer à la pénétration d'un flux magnétique. ANT perméance. *La réluctance s'exprime en henrys à la puissance moins un* ($H^{-1}$). ETY Du lat. *reluctare*, « résister ».

**reluire** *vi* [69] Luire en réfléchissant la lumière, briller.

**reluisant, ante** *a* Qui reluit. *Chrome reluisant.* LOC ***Peu reluisant*:** médiocre.

**reluquer** *vt* [1] fam Regarder avec curiosité ou convoitise. ETY Du néerl.

**relutif, ive** *a* FIN Se dit d'une opération boursière qui augmente le bénéfice par action. ANT dilutif.

**rem** *nm* PHYS Ancienne unité servant à mesurer la quantité de rayonnement ionisant absorbée par l'organisme, aujourd'hui remplacée par le sievert. ETY Sigle de l'angl. *röntgen equivalent man.*

**remâcher** *vt* [1] **1** Mâcher de nouveau. **2** fig Repasser dans son esprit, ressasser, ruminer.

**remaillage, remailler** → **remmailler.**

**remake** *nm* Version nouvelle d'un film ancien ; reprise d'un sujet, d'un thème déjà traité. PHO [rimɛk] ETY Mot angl.

**rémanence** *nf* **1** PHYS Persistance d'un phénomène lumineux, magnétique, etc. après la disparition de la cause qui l'a provoqué. **2** PHYSIOL, PSYCHO Propriété de certaines sensations de subsister après que l'excitation a disparu.

**rémanent, ente** *a* Qui présente le phénomène de rémanence. ETY Du lat. *remanere*, « demeurer ».

**remanger** *vt* [13] Manger de nouveau.

**remanier** *vt* [2] Retoucher, modifier la composition de. *Remanier un roman. Remanier un ministère.* DER **remaniable** *a* – **remaniement** *nm*

**remaquetter** *vt* [1] Faire une nouvelle maquette.

**remaquiller** *vt* [1] Maquiller de nouveau.

**remarcher** *vi* [1] **1** Marcher de nouveau. **2** Fonctionner de nouveau.

**remarier** *vt* [2] Marier de nouveau. *Il pense à se remarier.* DER **remariage** *nm*

**remarquable** *a* Digne d'être remarqué, par sa singularité ou sa qualité. LOC MATH ***Identités remarquables*:** égalités vérifiées quelles que soient les valeurs qu'on attribue aux lettres qui y figurent (ex. : $(a + b)^2 = a^2 + 2ab + b^2$). DER **remarquablement** *av*

**remarque** *nf* **1** Observation orale ou écrite. *Remarque pertinente.* **2** Bx-A Petite gravure dans la marge d'une estampe.

**Remarque Erich Paul Remark,** dit **Erich Maria** (Osnabrück, 1898 – Locarno, 1970), romancier américain d'origine allemande : *À l'ouest, rien de nouveau* (témoignage pacifiste sur la Première Guerre mondiale, 1929).

**remarqué, ée** *a* Qui attire l'attention. *Une intervention très remarquée.*

**reliure** d'un manuscrit sur vélin du XII^e^ s., ornée d'un christ en ivoire et de pierres précieuses

**remarquer** *vt* [1] **1** Faire attention à, constater, noter. *Remarquer le moindre défaut.* **2** Distinguer parmi d'autres. *Remarquer un visage dans la foule.* LOC ***Se faire remarquer*:** attirer l'attention ; péjor manquer de tenue.

**remastériser** *vt* [1] Rééditer un disque vinyle en CD à partir du master d'origine. DER **remastérisation** *nf*

**remballer** *vt* [1] Emballer de nouveau. DER **remballage** *nm*

**rembarquer** *v* [1] **A** *vt* Embarquer de nouveau. **B** *vi, vpr* S'embarquer de nouveau. DER **rembarquement** *nm*

**rembarrer** *vt* [1] fam Repousser vivement qqn par des paroles rudes ou désobligeantes.

**rembaucher** → **réembaucher.**

**remblai** *nm* Masse de matériaux rapportés pour élever un terrain, combler un creux ; ouvrage fait de matériaux rapportés.

**remblaiement** *nm* GEOL Colmatage alluvial.

**remblaver** *vt* [1] Emblaver de nouveau.

**remblayer** *vt* [21] Apporter des matériaux pour hausser ou combler. *Remblayer une chaussée.* ETY De l'a. fr. *emblayer*, « ensemencer de blé ». DER **remblayage** *nm*

**remblayeuse** *nf* TECH Engin de terrassement pour les travaux de remblai.

**rembobiner** *vt* [1] Embobiner de nouveau ; bobiner de nouveau.

**remboîter** *vt* [1] **1** Remettre en place ce qui est déboîté. **2** TECH Remettre un livre dans sa reliure d'origine ou dans une reliure d'époque. VAR **remboiter** DER **remboîtage** ou **remboitage** *nm* – **remboîtement** ou **remboitement** *nm*

**rembourrage** *nm* **1** Action de rembourrer. **2** Matière pour rembourrer. SYN rembourrure.

**rembourrer** *vt* [1] Garnir de bourre, de crin, etc.

**rembourrure** *nf* TECH Rembourrage.

**remboursement** *nm* Action de rembourser. LOC ***Envoi contre remboursement*:** contre paiement à la livraison. — ***Remboursement de la dette sociale (RDS)*:** contribution de 0,5 % sur tous les revenus, créée en 1996, destinée à combler le déficit de la Sécurité sociale.

**rembourser** *vt* [1] Rendre à qqn l'argent qu'il a déboursé ou avancé. *Rembourser un emprunt. Rembourser qqn de ses frais.* DER **remboursable** *a*

**Rembrandt Rembrandt Harmenszoon Van Rijn,** dit (Leyde, 1606 – Amsterdam, 1669), peintre et graveur hollandais. Apprenti à Leyde, il s'installa en 1631 à Amsterdam, où il fit les portraits de riches négociants. Dès cette époque (*le Philosophe en méditation*, v. 1631, Louvre ; *la Leçon d'anatomie du professeur Tulp*, 1632, Mauritshuis, La Haye), il utilisa un clair-obscur personnel : *la Prise d'armes de la compagnie du capitaine Banning Cock*, cour. nommée *Ronde de nuit* (1642, Rijksmuseum, Amsterdam), *le Bœuf écorché* (1655, Louvre), *la Fiancée juive* (v. 1668, Rijksmuseum, Amsterdam). En 1642, sa femme Saskia mourut. Hendrickje Stoffels entra dans sa vie ; elle fut son modèle (*Bethsabée*, 1654, Louvre), éduqua son fils Titus et donna au peintre une fille, Cornelia. Protestant, lecteur de la Bible, il ne cessa de s'interroger sur la destinée humaine et rendit visible, par son œuvre, la dimension divine et cachée inhérente à la condition humaine. À partir de 1655, les coups du sort s'accumulèrent : dettes, faillite, mort de Hendrickje (1662) puis de Titus (1668). Dans le dénuement, il affirma sans relâche sa liberté de style (*Syndics des drapiers*, 1662, Rijksmuseum, Amsterdam). Il laissa une œuvre immense : 400 tableaux, 300 gravures, des milliers de dessins. DER **rembranesque** *a*

**Rembrandt** *Grand portrait de l'artiste par lui-même*, 1652 – musée d'Histoire de l'art, Vienne

**rembrunir (se)** *vpr* ③ Prendre un air sombre, soucieux. *Il s'est rembruni.* DER **rembrunissement** *nm*

**rembucher** *vt* ① VEN Faire rentrer la bête dans le bois. DER **rembuchement** *nm*

**remède** *nm* **1** Substance, moyen employés pour combattre une maladie. **2** fig Ce qui sert à prévenir, apaiser, faire cesser un mal. *Le travail, remède à l'ennui.* ETY Du lat.

**remédiation** *nf* Programme éducatif visant à l'évaluation et à la remise à niveau d'élèves en difficulté.

**remédier** *vti* ② Porter remède à. *Remédier à des malaises. Remédier à une défaillance.* DER **remédiable** *a*

**remembrement** *nm* Opération consistant à regrouper, par échanges ou redistribution, des propriétés rurales morcelées, pour en faire des domaines facilement exploitables. DER **remembrer** *vt* ①

**remémorer** *vt* ① litt Remettre en mémoire. *Je lui ai remémoré sa promesse. Se remémorer une date.* ETY Du lat. DER **remémoration** *nf*

**remercier** *vt* ② **1** Exprimer sa gratitude à qqn, lui dire merci. *Remercier qqn de son hospitalité.* **2** Congédier. *Remercier un employé.* **LOC** ***Je vous remercie :*** exprime un refus poli. DER **remerciement** *nm*

**réméré** *nm* DR Clause d'une vente permettant au vendeur de racheter la chose vendue, dans un certain délai, au prix de vente, augmenté des frais de l'acquisition.

**remettre** *v* ⑥⓪ **A** *vt* **1** Mettre qqch à l'endroit où il était auparavant. *Remettre un livre à sa place.* **2** Rétablir dans sa position ou dans son état antérieur. *Remettre en ordre.* **3** Reconnaître qqn. *Je vous remets bien.* **4** Rétablir la santé, les forces de qqn. *Cette cure l'a remis.* **5** Mettre de nouveau un vêtement. *Remettre son manteau.* **6** Mettre de nouveau, en plus. *Remettre de l'eau dans un vase.* **7** Livrer ; confier qqch à qqn. *Remettre une lettre à son destinataire.* **8** Faire grâce de qqch ; pardonner. *Remettre une dette à qqn. Remettre les péchés.* **9** Ajourner, différer. *Remettre une tâche au lendemain.* **B** *vpr* **1** Se mettre de nouveau. *Se remettre en route.* **2** Recommencer à. *Se remettre à boire.* **3** Recouvrer la santé ; retrouver son calme, son esprit. *Se remettre d'une maladie. Se remettre d'une émotion.* **LOC** fam ***En remettre :*** exagérer. — fam ***Remettre ça :*** recommencer. — ***Remettre qqn à sa place :*** le rappeler aux convenances ; le rabrouer. — ***S'en remettre à qqn, à son avis, etc. :*** lui faire confiance, se reposer sur lui. ETY Du lat.

**remeubler** *vt* ① Meubler de nouveau.

**Remi (saint)** (?, v. 440 – ?, v. 530), évêque de Reims (v. 459). Il convertit Clovis et le baptisa (496). VAR **Remy**

**rémige** *nf* Grande plume rigide des ailes des oiseaux. ETY Du lat. *remex*, « rameur ».

**remilitariser** *vt* ① Militariser de nouveau. DER **remilitarisation** *nf*

**Remington** Philo (Lichtfield, État de New York, 1816 – Silver Springs, Floride, 1889), industriel américain. Il inventa un fusil qu'on charge par la culasse et fabriqua en série la première machine à écrire.

**réminiscence** *nf* **1** PSYCHO Rappel à la mémoire d'un souvenir qui n'est pas reconnu comme tel. **2** didac Emprunt plus ou moins conscient fait par l'auteur d'une œuvre artistique ou littéraire à d'autres créateurs. *Poésie pleine de réminiscences mallarméennes.* **3** Souvenir vague et confus. PHO [reminisɑ̃s] ETY Du lat. *reminisci*, « se souvenir ».

**Remiremont** ch.-l. de cant. des Vosges sur la Moselle ; 8 538 hab. Industr. textiles. – Église XIV$^e$-XVI$^e$ s. Hôtel de ville XVIII$^e$ s. DER **romarimontain, aine** *a, n*

**Rémire-Montjoly** ch.-l. de cant de la Guyane ; 15 555 hab. – Port de Cayenne.

**remise** *nf* **1** Action de remettre dans le lieu ou dans l'état d'origine. *Remise en place d'un tableau. Remise à neuf d'un vêtement.* **2** Action de donner, de livrer qqch à qqn. *Remise d'un mandat.* **3** Réduction, diminution. *Consentir une remise à ses clients. Condamné qui obtient une remise de peine.* **4** Local destiné à abriter des véhicules, à ranger des instruments, des outils, etc.

**remiser** *vt* ① **1** Placer dans une remise. **2** Ranger. *J'ai remisé les skis au grenier.* **3** Faire une remise sur un prix. DER **remisage** *nm*

**rémission** *nf* **1** Pardon des péchés ; grâce, remise de peine. **2** Atténuation temporaire d'une maladie, de ses symptômes. **LOC** ***Sans rémission :*** de manière implacable ; fig sans délai. ETY Du lat.

**rémittent, ente** *a* MED Sujet à des rémissions. *Fièvre rémittente.* DER **rémittence** *nf*

**remix** *nm* Musique obtenue en remixant d'autres œuvres. ETY Mot angl.

**remixer** *vt* ① Arranger une musique de variétés par des moyens informatiques (découpages, collages, etc.).

**rémiz** *nm* Oiseau passériforme voisin de la mésange, qui construit des nids suspendus. PHO [remiz] ETY Du polonais.

**Remizov** Alekseï (Moscou, 1877 – Paris, 1957), romancier russe : *l'Étang* (1908), *Sœurs en croix* (1920). Exilé (1921), il ne publia plus que des souvenirs.

**remmailler** *vt* ① Relever, réparer les mailles usées ou rompues d'un tricot, d'un filet. VAR **remailler** DER **remmaillage** ou **remaillage** *nm*

**remmancher** *vt* ① Emmancher de nouveau.

**remmener** *vt* ⑯ Emmener qqn ou qqch qui a été amené.

**remnographie** *nf* MED Examen par résonance magnétique nucléaire (ou RMN).

**remodeler** *vt* ⑰ **1** Donner une nouvelle forme à qqch en le refaçonnant. **2** Modifier profondément pour adapter. *Remodeler un secteur de l'économie.* DER **remodelage** *nm*

**rémois** → **Reims.**

**Rémond** René (Lons-le-Saulnier, 1918 – Paris, 2007), historien français : *l'Anticléricalisme en France* (1976) ; *les Droites en France* (1982). Acad. fr. (1998).

**remontage** *nm* **1** Action de remonter un ressort, un mécanisme. **2** Action de remonter ce qui a été démonté.

**remontant, ante** *a, nm* **A** *a* HORTIC Se dit de plantes qui redonnent des fleurs ou des fruits à l'arrière-saison. **B** *nm* Boisson, médicament qui remonte, qui redonne des forces.

**remonte** *nf* **1** Action de remonter un cours d'eau. **2** Action de remonter une rivière au moment du frai, en parlant des poissons.

**remontée** *nf* **1** Action, fait de remonter. *Remontée d'une rivière à la nage.* **2** Floraison d'une plante remontante. **LOC** ***Remontée mécanique :*** dispositif qui permet de remonter des skieurs en haut d'une pente.

**remonte-pente** *nm* Dispositif comportant un câble mobile muni de perches, qui permet à des skieurs de gravir une pente enneigée. SYN téléski. PLUR remonte-pentes.

**remonter** *v* ① **A** *vi* **1** Monter de nouveau. *Remonter au grenier. Remonter à bicyclette.* **2** S'élever de nouveau. *Le soleil remonte à l'horizon.* **3** S'accroître de nouveau. *La valeur de nos actions remonte.* **4** Aller vers la source d'un cours d'eau. **5** Aller vers l'origine. *Remonter jusqu'au début d'une affaire.* **6** MAR Aller contre le vent ; louvoyer. **7** Avoir son origine. *La Sainte-Chapelle remonte à Saint Louis.* **8** HORTIC Fleurir à nouveau dans l'arrière-saison. **B** *vt* **1** Monter de nouveau. *Remonter l'escalier.* **2** Aller contre le cours de. *Remonter une rivière en canoë. Machines à remonter le temps.* **3** Mettre plus haut. *Remonter une étagère dans un meuble.* **4** Retendre le ressort de. *Remonter une montre.* **5** Remettre ensemble les pièces de ce qui était démonté. *Remonter un poste de radio.* **6** Redonner de la vigueur, de l'énergie à qqn. **7** Pourvoir à nouveau des choses nécessaires. *Remonter à neuf sa garde-robe.* **8** SPORT Rattraper un adversaire. **C** *vpr* Reprendre des forces. **LOC** fam ***Être remonté contre qqn :*** lui en vouloir. — fam ***Remonter au déluge :*** être très ancien. — fam ***Se faire remonter les bretelles :*** être rappelé à l'ordre, être réprimandé vertement.

**remonteur** *nm* TECH Ouvrier qui procède au montage de certains appareils.

**remontoir** *nm* Organe qui permet de remonter un ressort, un mécanisme.

**remontrance** *nf* **1** Observation, reproche. *Faire des remontrances à qqn.* **2** HIST Sous l'Ancien Régime, discours adressé au roi par les parlements et autres cours souveraines, pour lui exposer les inconvénients d'un édit.

**remontrant** *nm* RELIG Syn. de *arminien*.

**remontrer** *vt* ① Montrer de nouveau. **LOC** ***En remontrer à qqn :*** se montrer supérieur à lui ; lui faire la leçon.

**rémora** *nm* Poisson des mers chaudes, long d'une soixantaine de centimètres, possédant sur la tête une ventouse qui lui permet de se faire transporter par d'autres poissons, par des cétacés, des tortues, etc. ETY Du lat. *remora*, « retardement ».

**remords** *nm* Malaise moral, accompagné de regrets, dû au sentiment d'avoir mal agi. *Avoir des remords.* ETY De l'a. v. *remordre*, « faire souffrir ».

**remorquable, remorquage** → **remorquer.**

**remorque** *nf* **1** Câble qui sert au remorquage. **2** Véhicule sans moteur tiré par un autre. **LOC** ***Être à la remorque de qqn :*** se laisser diriger, mener par lui. — ***Prendre en remorque :*** remorquer.

**remorquer** *vt* ① **1** Traîner derrière soi au moyen d'une remorque. *Remorquer un navire.* **2**

fig, fam Traîner à sa suite. *Remorquer une bande de parasites.* [ETY] Du lat. *remulcum*, « corde de halage ». [DER] **remorquable** *a* – **remorquage** *nm*

**Remorques** film de Grémillon (1939-1940), d'après le roman de Roger Vercel avec J. Gabin, M. Morgan et M. Renaud.

**remorqueur** *nm* Navire spécialement construit pour le remorquage.

**rémoulade** *nf* Sauce piquante à base de mayonnaise additionnée de moutarde et, éventuellement, de fines herbes hachées. [ETY] Du picard *rémola*, « radis noir ».

**rémouleur** *nm* Ouvrier, artisan qui aiguise les couteaux, les outils tranchants ou pointus. SYN repasseur. [ETY] De l'a. fr. *rémoudre*, « aiguiser ».

**remous** *nm* **1** Tourbillon dû à un obstacle qui s'oppose à l'écoulement d'un fluide. *Remous du sillage d'un bateau.* **2** fig Agitation confuse. *Remous de la foule.* [ETY] Du provenç.

**rempailler** *vt* [1] Garnir un siège d'une nouvelle paille. [DER] **rempaillage** *nm* – **rempailleur, euse** *n*

**rempaqueter** *vt* [18] ou [20] Remballer.

**rempart** *nm* **1** Muraille entourant et protégeant une place fortifiée. **2** litt Ce qui sert de défense. *Faire un rempart de son corps à qqn.*

**remparts** de Guérande : la porte Saint-Michel

**rempiéter** *vt* [14] CONSTR Reprendre en sous-œuvre un mur, un édifice. [DER] **rempiètement** ou **rempiétement** *nm*

**rempiler** *v* [1] **A** *vt* Empiler de nouveau. **B** *vi* fam **1** Signer un nouvel engagement dans l'armée. **2** fig Continuer à exercer une certaine activité. *Le député sortant a rempilé.*

**remplaçant, ante** *n* Personne qui en remplace une autre dans ses fonctions.

**remplacer** *vt* [12] **1** Mettre à la place de. *Remplacer du mobilier démodé.* **2** Prendre la place de, succéder à. *Il a remplacé son père à la tête de la firme.* **3** Prendre momentanément la place de, faire provisoirement fonction de ; tenir lieu de. *Je le remplace pendant son congé.* [DER] **remplaçable** *a* – **remplacement** *nm*

**remplage** *nm* **1** CONSTR Blocage dont on remplit l'intervalle entre les deux parements d'un mur de pierre. **2** ARCHI Armature de pierre dans la baie d'une fenêtre gothique.

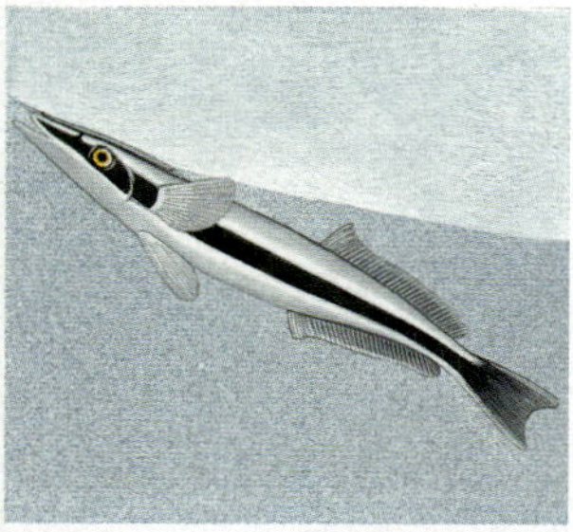

**rémora** rayé

**rempli** *nm* COUT Pli que l'on fait à une étoffe pour la rétrécir ou la raccourcir sans la couper.

**remplir** *vt* [3] **1** Rendre plein un récipient, un espace, un temps vide. *Remplir un verre. Il a rempli quinze pages sur le sujet. Le fossé s'est rempli d'eau. Bien remplir ses journées.* **2** Occuper l'esprit de qqn. *Cette nouvelle l'a rempli de joie.* **3** Compléter. *Remplir une fiche d'inscription.* **4** Accomplir, exécuter. *Remplir son devoir.* **5** Occuper, exercer. *Remplir un emploi.* **6** Satisfaire à. *Remplir une condition.*

**remplissage** *nm* **1** Action de remplir ; son résultat. **2** Développement inutile d'un texte.

**remploi** → **réemploi.**

**remployer** → **réemployer.**

**remplumer (se)** *vpr* [1] **1** Se couvrir de plumes nouvelles. **2** fam Reprendre du poids. **3** fig, fam Rétablir sa situation financière.

**rempocher** *vt* [1] Remettre dans sa poche.

**rempoissonner** *vt* [1] Repeupler un cours d'eau, un étang. [DER] **rempoissonnement** *nm*

**remporter** *vt* [1] **1** Repartir avec ce qu'on avait apporté. **2** Gagner, obtenir. *Remporter la victoire.*

**rempoter** *vt* [1] Changer une plante de pot, la mettre dans un pot plus grand. [DER] **rempotage** *nm*

**remprunter** *vt* [1] Emprunter de nouveau. [VAR] **réemprunter**

**Remscheid** v. industr. d'Allemagne (Rhén.-du-N.-Westphalie) ; 122 800 hab.

**remuage** *nm* ŒNOL Phase de la fabrication du champagne consistant à remuer périodiquement la bouteille.

**remuant, ante** *a* Qui s'agite sans cesse. *Un enfant très remuant.*

**remue-ménage** *nm* **1** Bruit accompagnant une agitation désordonnée. *Faire du remue-ménage.* **2** Trouble, agitation. PLUR remue-ménages ou remue-ménage.

**remue-méninge** *nm* Syn. (recommandé) de *brainstorming.* PLUR remue-méninges. [VAR] **remue-méninges** *nm inv*

**remuer** *v* [1] **A** *vt* **1** Faire changer de place. *Remuer des meubles.* **2** Faire bouger une partie du corps. *Remuer la tête.* **3** Mélanger, agiter les éléments de. *Remuer une sauce. Remuer la salade.* **4** Émouvoir. *L'orateur a remué l'auditoire.* **B** *vi* Bouger. *Reste tranquille, cesse de remuer.* **C** *vpr* **1** Bouger, se mouvoir. **2** fam Se donner de la peine, agir pour faire aboutir qqch. LOC ***Remuer ciel et terre :*** employer toutes sortes de moyens. — fam ***Remuer de l'air :*** se faire remarquer. [ETY] De *muer.* [DER] **remuement** *nm*

**remueur, euse** *n* ŒNOL Professionnel du remuage.

**remugle** *nm* litt Odeur de renfermé. [ETY] De l'anc. nordique *mygla*, « moisissure ».

**rémunératoire** *a* DR Qui a un caractère de récompense.

**rémunérer** *vt* [14] Payer, rétribuer. *Rémunérer un travail.* [ETY] Du lat. *remunare*, de *munus*, « cadeau ». [DER] **rémunérateur, trice** *a* – **rémunération** *nf*

**Remus** frère jumeau de Romulus, qui le tua.

**Rémusat** Claire Élisabeth Gravier de Vergennes (comtesse de) (Paris, 1780 – id., 1821), dame d'honneur de l'impératrice Joséphine ; auteur de *Lettres* et de *Mémoires.* — **Charles François Marie** (Paris, 1797 – id., 1875), fils de la préc., homme politique et historien. Acad. fr. (1846).

**Rémusat** Abel (Paris, 1788 – id., 1832), sinologue français : *Essai sur la langue et la littérature chinoises* (1811).

**Remy (saint)** → **Remi (saint).**

**Rémy** Gilbert Renault, dit le colonel (Vannes, 1904 – Guingamp, 1984), écrivain et résistant français : *Mémoires d'un agent secret de la France libre* (1946), *la Ligne de démarcation* (1964-1970).

**renâcler** *vi* [1] **1** Renifler avec bruit, en parlant d'un animal. **2** Témoigner de la répugnance, rechigner. *Renâcler à obéir.* [ETY] De l'a. fr. *naquer*, « flairer ».

**renaissance** *nf, a* **A** *nf* **1** Nouvelle naissance. **2** Nouvel essor, renouveau. *La renaissance de la pensée philosophique.* **B** *a* (avec une majuscule) Se dit du style de la Renaissance. *Mobilier, château Renaissance.*

**Renaissance (la)** nom donné à une période de transformation et de renouvellement socioculturel de l'Europe occidentale, qui s'étend de la fin du XIV^e^ s. au début du XVII^e^ s. : on parle d'une première Renaissance ou d'une Renaissance italienne pour désigner l'épanouissement culturel des cités-États telles que Florence à la fin du Trecento et au Quattrocento (XIV^e^ et XV^e^ s.). Sans que se produise une rupture brutale avec le Moyen Âge, les changements dans l'économie ont engendré des mutations sociales et politiques, commençant à rompre avec la féodalité. Traits essentiels : naissance de la notion d'État, accroissement démographique, essor des techniques (développement de l'imprimerie) et des échanges, urbanisation, formation d'une bourgeoisie d'affaires, éclat culturel (fastes de la vie de cour, goût de la fête et des œuvres d'art). Le culte platonicien du beau s'intègre à la pensée chrétienne ; les artistes abandonnent l'esthétique byzantine et prônent le modelé et le réalisme. Bramante implante l'architecture nouvelle, inspirée de l'Antiquité, dans la Rome des papes Jules II (1503-1513) et Léon X (1513-1521). De là, elle gagne Florence (Vasari), Venise (il Sansovino), Mantoue (Jules Romain), Gênes (Galeazzo Alessi). Palladio et ses *Quatre Livres d'architecture* (1570) influenceront l'Europe entière. En peinture et en sculpture, les noms de Léonard de Vinci, de Raphaël et de Michel-Ange sont souvent associés pour marquer un apogée. Au XVI^e^ s., la peinture italienne s'épanouit non seulement à Milan et à Rome, mais aussi à Parme (le Corrège) et surtout à Venise (Carpaccio, Giorgione, Titien, le Tintoret, Véronèse). En France, la Renaissance résulta, tardivement, des guerres d'Italie et brilla de son plus vif éclat sous le règne de François I^er^ (décoration de Fontainebleau, fondation du Collège de France et de l'Imprimerie nationale, etc.). Dans les domaines de la philosophie et de l'éthique, l'humanisme tendit souvent à la Réforme ; dans celui de la littérature, de nombr. poètes et prosateurs assirent l'autorité de la langue française : Marguerite de Navarre, Rabelais, C. Marot, Ronsard et le groupe de la Pléiade (avec du Bellay, notam.), La Boétie, Montaigne. Ses plus grands artistes furent : les architectes P. Delorme, P. Lescot, J. Bullant ; les sculpteurs P. Bontemps, J. Goujon, G. Pilon ; les peintres J. Cousin, J. et Fr. Clouet, A. Caron ; le céramiste B. Palissy.

**renaissant, ante** *a* **1** Qui renaît, qui se renouvelle. *Besoins toujours renaissants.* **2** BX-A De la Renaissance.

**renaître** *v* [74] **A** *vi* **1** Naître de nouveau ; revivre. *Le phénix renaît de ses cendres.* **2** Croître de nouveau, repousser. *Feuillages qui renaissent au printemps.* **3** Reparaître, se montrer de nouveau. *Le jour renaît.* **B** *vti* Retrouver tel état. *Renaître au bonheur.* LOC ***Renaître à la vie :*** recouvrer la santé, la joie de vivre, après avoir été durement éprouvé. [VAR] **renaitre**

**rénal, ale** *a* ANAT, MED Relatif aux reins. PLUR rénaux.

**Renan** Ernest (Tréguier, 1823 – Paris, 1892), philologue, historien, philosophe et critique français. D'abord séminariste, il embrassa ensuite le rationalisme (*l'Avenir de la science,* 1848, publié en 1890). Sa *Vie de Jésus,* premier vol. de l'*Histoire des origines du christianisme* (7 vol., 1863-1881), fit scandale. Citons aussi l'*Histoire du peuple d'Israël* (1887-1893). Acad. fr. (1878).

**renard** *nm* **1** Mammifère carnivore (canidé), au museau pointu, à la queue longue et touffue, répandu dans le monde entier. **2** Fourrure de cet animal. **3** fig Homme rusé. **4** TECH Fente, trou par lequel fuit l'eau d'un réservoir. ETY De *Renart,* n. donné à l'animal dans le *Roman de Renart.*

ENC Les vrais renards appartiennent tous au genre *Vulpes;* les autres canidés qui portent le nom cour. de *renard* (genres *Alopex, Urocyon, Cerdocyon,* etc.) ont seulement l'aspect extérieur des *Vulpes.* Le renard roux *(Vulpes vulpes)* est le renard commun d'Eurasie et d'Amérique du Nord ; le renard argenté, de la même espèce, est recherché (et élevé au Canada) pour sa fourrure. Le renard polaire ou isatis *(Alopex lagopus)* a également une fourrure appréciée. En Afrique, l'espèce la plus commune est le renard pâle *(Vulpes pallida).* Leur nourriture est très variée : petit gibier (faons, lièvres, canards, etc.), rongeurs, escargots, lombrics, larves d'insectes et insectes adultes, fruits, etc. Le renard est dit très rusé ; il est surtout très prudent et beaucoup moins intelligent que le loup. La fourrure du renard est très recherchée ; diverses races sont sélectionnées : renards argentés, platinés, blancs ; ces derniers doivent être distingués des renards polaires ou isatis. Le renard glapit.

**renard** roux d'Europe (au centre) ; tête de renard dit « charbonnier »

**Renard (le Petit)** constellation de l'hémisphère boréal ; n. scientif. : *Vulpecula, Vulpeculae.*

**Renard Charles** (Damblain, Vosges, 1847 – Meudon, 1905), officier français ; spécialiste des aérostats. ▷ TECH *La série Renard,* progression géométrique de dix termes entre 1 et 10, très utilisée dans la normalisation industrielle.

**Renard Jules** (Châlons, Mayenne, 1864 – Paris, 1910), écrivain français ; moraliste amer : *Poil de Carotte* (roman, 1894, puis pièce en un acte, 1900), *Histoires naturelles* (roman, 1896). Son *Journal* (1887-1910) fut publié à partir de 1925. Théâtre : *le Plaisir de rompre* (1897), *le Pain de ménage* (1898).

**renarde** *nf* Femelle du renard.

**renardeau** *nm* Jeune renard.

**renardière** *nf* **1** Tanière du renard. **2** Canada Ferme où l'on élève le renard pour sa fourrure.

**Renart** nom donné à l'un des princ. personnages du *Roman de Renart.* Astucieux, sans scrupules, il triomphe d'animaux plus forts que lui, notam. du loup Isengrin. V. Roman de Renart.

**Renaud Madeleine** (Paris, 1900 – Neuilly-sur-Seine, 1994), actrice française de théâtre et de cinéma : *Jean de la lune* (1931), *Remorques* (1941), *le Plaisir* (1952). Elle fonda en 1947, avec son mari, J.-L. Barrault, la compagnie Renaud-Barrault.

**Renaud Renaud Séchan,** dit (Paris, 1952), auteur-compositeur et chanteur français, auteur de chansons à la fois tendres et critiques.

**Renaud de Châtillon** (m. en 1187), prince d'Antioche (1153-1160). Il devint un pillard téméraire que Saladin vainquit et fit mettre à mort.

**Renaud de Montauban** l'un des poèmes épiques qui composent le cycle de Doon de Mayence (chanson de geste du XII$^{e}$ s.). VAR **Renaut de Montauban**

**renauder** *vi* ① fam, vieilli Se plaindre avec mauvaise humeur, maugréer.

**Renaudie Jean** (La Meyze, Haute-Vienne, 1925 – Paris, 1981), architecte français, spécialiste du logement social : ensembles d'Ivry-sur-Seine, de Givors et de Cergy-Pontoise.

**Renaudot Théophraste** (Loudun, 1586 – Paris, 1653), médecin et journaliste français. Il fonda *la Gazette* (1631), le premier journal hebdomadaire français. Il dirigea aussi *le Mercure français* (1635). ▷ LITTER Le *prix Renaudot* est décerné chaque automne depuis 1926 à un ouvrage (généralement un roman) publié dans l'année.

**Renault Louis** (Paris, 1877 – id., 1944), mécanicien et industriel français qui, à partir de 1898, fabriqua des véhicules automobiles. Ses usines furent nationalisées en 1945.

Jules Renard

Louis Renault

**rencaisser** *vt* ① **1** FIN Remettre une somme dans une caisse. **2** HORTIC Mettre une plante dans une nouvelle caisse. DER **rencaissage** ou **rencaissement** *nm*

**rencard** → **rancard.**

**rencarder** → **rancarder.**

**rencart** → **rancart.**

**renchérir** *v* ③ **A** *vt* Rendre plus cher. *Renchérir des denrées.* **B** *vi* **1** Augmenter de prix. *L'essence a renchéri.* **2** Faire une enchère supérieure. **3** Dire ou faire plus qu'un autre. *Il a renchéri sur les louanges déjà prodiguées.*

**renchérissement** *nm* Hausse de prix.

**renchérisseur, euse** *n* Personne qui renchérit, qui poursuit l'enchère.

**rencogner** *v* ① **A** *vt* Pousser, serrer qqn dans un coin. **B** *vpr* Se cacher dans un coin.

**1 rencontre** *nf* **1** Fait de se rencontrer, pour des personnes. *Ma rencontre avec lui n'a pas eu lieu.* **2** Combat entre deux corps de troupes peu importants. **3** Compétition sportive. **4** Fait de se toucher ou de se heurter. *La rencontre de deux routes.* LOC ***Aller à la rencontre de qqn :*** au-devant de lui.

**2 rencontre** *nm* HERALD Tête d'animal se présentant de face.

**rencontrer** *v* ① **A** *vt* **1** Se trouver en présence de qqn, de façon fortuite ou non ; entrer en relation avec qqn. *Rencontrer un ami par hasard. Chercher à rencontrer qqn.* **2** SPORT Affronter. *Rencontrer un adversaire dans une compétition.* **3** Trouver qqch ou se heurter à qqch, par hasard. *Une plante qu'on rencontre rarement. Rencontrer un obstacle.* **B** *vpr* **1** Se trouver en présence l'un de l'autre. *Nous nous sommes déjà rencontrés.* **2** Avoir les mêmes pensées sur le même sujet. *Les grands esprits se rencontrent.* **3** Se toucher, se heurter. *Les deux véhicules se sont rencontrés dans un virage.* **4** Exister, se trouver. *Cela peut se rencontrer.* ETY De l'a. v. *encontrer,* « venir en face ».

**rendement** *nm* **1** Produit, gain obtenu, rentabilité de capitaux. *Rendement d'une affaire.* **2** AGRIC Ce que produit une surface déterminée de terrain. *Rendement à l'hectare.* **3** PHYS Rapport entre l'énergie utile restituée par un appareil ou une machine et l'énergie absorbée. **4** Rapport entre le temps passé à faire un travail et le résultat obtenu. **5** CHIM Rapport entre le nombre de moles réellement obtenues et le nombre de moles correspondant à une réaction.

**rendez-vous** *nm inv* **1** Rencontre ménagée à l'avance entre des personnes. *Recevoir sur rendez-vous.* **2** Lieu où l'on est convenu de se rencontrer ; lieu où des personnes se retrouvent habituellement. *Ce café est le rendez-vous des joueurs d'échecs.* LOC ***Être au rendez-vous :*** survenir, avoir lieu. *Les résultats ne sont pas au rendez-vous.*

**rendormir** *v* ㉚ **A** *vt* Faire dormir de nouveau. **B** *vpr* S'endormir à nouveau.

**rendosser** *vt* ① Endosser de nouveau.

**rendre** *v* ⑥ **A** *vt* **1** Remettre, restituer à qqn. *Rendre ce qu'on a emprunté. Rendre la monnaie.* **2** Remettre à la disposition de qqn ce qu'il a offert, cédé. *Rendre un cadeau. Rendre un article qui ne convient pas.* **3** Redonner à qqn ce qu'il avait perdu. *Rendre des forces. Rendre l'espoir à qqn.* **4** Donner en contrepartie. *Rendre une invitation.* **5** fam Vomir. *Rendre son repas.* **6** Produire, donner. *Instrument qui rend un son harmonieux.* **7** Faire devenir. *Le chagrin l'a rendu fou.* **8** Exprimer, représenter. *Ces mots rendent bien ma pensée.* **B** *vi* Avoir un certain rendement. *Ce champ rend bien.* **C** *vpr* **1** Aller, se diriger vers. *Se rendre à son travail.* **2** Céder, se soumettre. *Se rendre à la raison, à l'évidence.* **3** S'avouer vaincu. *La garnison assiégée s'est rendue.* **4** Devenir tel. *Se rendre ridicule.* LOC ***Rendre justice à qqn :*** reconnaître son droit, sa valeur. — litt ***Rendre l'âme, le dernier soupir :*** mourir. — litt ***Rendre les armes :*** capituler. ETY Du lat.

**rendu, ue** *a, nm* **A** *a* **1** vieilli Exténué. *L'attelage était rendu.* **2** Arrivé. *Vous voilà rendus.* **B** *nm* **1** Représentation exacte de la réalité dans une œuvre d'art. *Le rendu d'un drapé.* **2** Objet rendu par un client à un commerçant. **3** Action de rendre, ce qui est rendu. *Un rendu de monnaie.* **4** Dessin finalisé d'un projet d'architecture. LOC ***Un prêté pour un rendu :*** un mauvais tour que l'on joue à qqn pour lui rendre la pareille.

**rendzine** *nf* PEDOL Sol carbonaté, calcique, alcalin, qui possède une structure grenue. PHO [rɛ̃dzin] ETY Mot polonais.

**rêne** *nf* Courroie fixée au mors d'un cheval et par laquelle on le conduit. LOC ***Tenir les rênes de qqch :*** le diriger. ETY Du lat. *retinere,* « retenir ».

**René** roman de Chateaubriand, publié dans le *Génie du christianisme* (1802), puis en un vol. séparé (1805).

**René I$^{er}$ d'Anjou,** dit **le bon roi René** (Angers, 1409 – Aix-en-Provence, 1480), duc d'Anjou et de Bar (1430-1480), duc de Lorraine (1431-1453), comte de Provence (1434-1480), roi effectif de Naples (1438-1442), roi titulaire de Sicile (1434-1480), roi nominal de Jérusalem. Fils de Louis II, roi de Sicile et duc d'Anjou, il épousa Isabelle de Lorraine (1420), mais ne put régner sur le duché de Lorraine. En 1438, il succéda sur le trône de Naples à son frère Louis III (mort en 1434) mais en fut chassé par Alphonse d'Aragon (1442). En 1473, Louis XI le déposséda de l'Anjou. Dès 1456, il avait préféré écrire, au milieu d'artistes et de savants, notam. en Provence, où il se retira en

René I$^{er}$ d'Anjou

1471. — **René II** (?, 1451 – Fains, 1508), petit-fils du préc., duc de Lorraine (1473-1508) et de Bar (1480-1508). Chassé de Lorraine par Charles le Téméraire, il soutint victorieusement le siège de Nancy (1477), où son adversaire trouva la mort. À la mort de René Ier d'Anjou, il acquit le Barrois, mais non la Provence, donnée à son cousin Charles du Maine.

**Renée de France** (Blois, 1510 – Montargis, v. 1575), fille de Louis XII et d'Anne de Bretagne, duchesse de Ferrare (1534-1559) par son mariage (1528) avec Hercule II d'Este. Elle soutint le parti protestant pendant les guerres de Religion.

**renégat, ate** *n* **1** Personne qui a renié sa religion. **2** Personne qui a abjuré ses opinions, trahi son parti ou sa patrie, etc. [ETY] De l'ital.

**renégocier** *vt* [2] Négocier de nouveau. *Renégocier un contrat de travail.* [DER] **renégociable** *a* – **renégociation** *nf*

**rénette** *nf* TECH **1** Instrument utilisé pour couper la corne du sabot des chevaux. **2** Instrument utilisé pour tracer des lignes sur le bois, le cuir. [ETY] De *roisne*, anc. forme de *rouanne*. [VAR] **rainette**

**renfermé, ée** *a, nm* **A** *a* Qui n'est pas ouvert, qui n'est pas communicatif. **B** *nm* Mauvaise odeur d'un local non aéré.

**renfermer** *v* [1] **A** *vt* **1** Enfermer de nouveau. **2** Contenir. *Sa bibliothèque renferme des livres rares. Ce texte renferme des idées intéressantes.* **B** *vpr* Ne pas extérioriser ses sentiments. *Se renfermer sur soi-même.* [DER] **renfermement** *nm*

**renfiler** *vt* [1] Enfiler de nouveau.

**renflé, ée** *a* Dont le diamètre est plus grand à certains endroits. **LOC** ARCHI ***Colonne renflée :*** plus grosse dans sa partie médiane.

**renflement** *nm* **1** État de ce qui est renflé. **2** Partie renflée.

**renfler** *vt* [1] Donner une forme arrondie, bombée à qqch. *Bourgeon qui se renfle.*

**renflouer** *vt* [1] **1** Remettre à flot un navire échoué, coulé. **2** **fig** Procurer des fonds à qqn, une entreprise, pour rétablir sa situation financière. [ETY] Du norm. *flouée*, « marée ». [DER] **renflouage** ou **renflouement** *nm*

**renfoncé, ée** *a* Profondément enfoncé. *Yeux renfoncés.*

**renfoncement** *nm* Partie de qqch qui est en retrait.

**renfoncer** *vt* [12] Enfoncer de nouveau ou plus avant.

**renforçateur** *nm* **1** PHOTO Bain servant au renforcement. **2** Produit qui renforce le goût d'un aliment.

**renforcement** *nm* **1** Action de renforcer ; son résultat. **2** PHOTO Opération corrective destinée à augmenter les contrastes d'une image.

**renforcer** *vt* [12] **1** Accroître la force, le nombre de qqch. *Renforcer une troupe.* **2** Rendre plus solide, plus résistant. *Renforcer un mur.* **3** Donner plus d'intensité, plus de force à qqch. *Renforcer un éclairage. Cela renforce mes convictions.*

**renfort** *nm* **1** Effectif matériel qui vient renforcer un groupe, une armée. **2** TECH Pièce servant à augmenter la solidité d'une autre. **LOC** ***À grand renfort de :*** en se servant d'une grande quantité de. [ETY] De *renforcer*.

**renfrogner (se)** *vpr* [1] Prendre une expression de mécontentement.

**rengager** *v* [13] **A** *vt* Engager de nouveau. **B** *vpr, vi* Renouveler son engagement dans l'armée. SYN **fam** rempiler. [VAR] **réengager** [DER] **rengagé, ée** ou **réengagé** *n* – **rengagement** ou **réengagement** *nm*

**rengaine** *nf* **1** Banalité répétée de façon lassante. **2** Chanson qu'on entend sans cesse.

**rengainer** *vt* [1] **1** Remettre dans la gaine, dans le fourreau. *Rengainer une épée.* **2** **fig, fam** Ne pas dire, ne pas achever ce qu'on avait envie de dire. *Rengainer un compliment.*

**Renger-Patzsch Albert** (Würzburg, 1897 – Wamel, 1966), photographe allemand.

**rengorger (se)** *vpr* [13] **1** Faire ressortir sa gorge en rejetant la tête en arrière, en parlant des oiseaux. *Paon qui se rengorge.* **2** **fig** Prendre des airs importants, avantageux.

**rengraisser** *vi* [1] Redevenir gros.

**rengréner** *vt* [14] TECH **1** Remplir de nouveau une trémie de grain. **2** Engrener de nouveau entre les dents d'une roue. [DER] **rengrènement** *nm*

**Reni** → **Guide.**

**renier** *vt* [2] **1** Nier, en dépit de la vérité, qu'on connaît qqn. **2** Refuser de reconnaître qqn, qqch comme sien. *Renier ses amis. Renier ses origines.* **3** Abandonner, abjurer qqch. *Renier ses opinions.* [DER] **reniement** *nm*

**reniflard** *nm* TECH Conduit qui met en communication avec l'atmosphère le carter d'huile d'un moteur.

**renifler** *v* [1] **A** *vi* Aspirer par le nez avec bruit. **B** *vt* **1** Aspirer qqch par le nez. *Renifler une prise de tabac.* **2** **fig, fam** Pressentir, flairer. *Renifler un mauvais coup.* [ETY] De l'all. *niffeln*, « flairer ». [DER] **reniflement** *nm*

**renifleur, euse** *a, n* **A** Qui renifle. *Chien renifleur.* **B** *nm* Dispositif chargé de déceler une pollution atmosphérique.

**réniforme** *a* **didac** En forme de rein, de haricot.

**rénine** *nf* BIOCHIM Substance protéique sécrétée par le rein et qui provoque indirectement l'hypertension artérielle.

**rénitent, ente** *a* MED Qui, à la palpation, offre une certaine résistance élastique. [ETY] Du lat. [DER] **rénitence** *nf*

**renne** *nm* Cervidé des régions arctiques, aux bois aplatis, à la robe grisâtre. [ETY] Du scand.
[ENC] Le renne fut très abondant en Europe occidentale au pléistocène supérieur ; par la suite, il a gagné les régions polaires en des migrations successives.

**renne**

**Rennequin René Sualem,** dit (Jemeppe-sur-Meuse, près de Liège, 1645 – Bougival, 1708), technicien liégeois. Il réalisa la machine de Marly (1676-1682), ensemble de pompes qui alimentaient en eau de la Seine le château de Versailles.

**Renner Karl** (Untertannowitz, Moravie, 1870 – Vienne, 1950), homme politique autrichien ; social-démocrate ; chancelier de 1918 à 1920 et en 1945 ; président de la Rép. (1945-1950).

**Rennes** ch.-l. du dép. d'Ille-et-Vilaine et de la Rég. Bretagne, au confl. de l'Ille et de la Vilaine ; 214 813 hab. (385 000 dans l'aggl.). Marché agricole au centre d'un bassin fertile, Rennes a bénéficié de l'installation d'industries décentralisées. – Archevêché. Université. Plus. écoles supérieures. Égl. XIVe s. Palais de justice XVIIe s. Hôtel de ville de style Louis XV. Musées. Maisons anciennes. [DER] **rennais, aise** *a, n*
**Histoire** Rennes fut réunie à la Couronne avec le duché de Bretagne en 1532 ; en 1561, Henri II y établit le parlement de Bretagne. Tombée aux mains de la Ligue (1589), la ville fut reprise par Henri IV en 1598. Un terrible incendie la ravagea en 1720.

**Rennes** palais abbatial Saint-Georges

**Reno** v. des É.-U. (Nevada) ; 133 850 hab. Naguère célèbre par ses divorces immédiats. Établissements de jeu.

**Auguste Renoir** *la Danse à la campagne,* 1883 – musée d'Orsay, Paris

**Renoir Auguste** (Limoges, 1841 – Cagnes-sur-Mer, 1919), peintre français. Après des œuvres telles que *le Bal du Moulin de la Galette* (1876), il s'éloigna de l'impressionnisme v. 1883. Auteur de figures féminines plantureuses et nues, il modela la couleur vaporeuse. — **Jean** (Paris, 1894 – Beverly Hills, 1979), fils du préc. ; cinéaste français, maître du réalisme poétique : *Nana* (1926), *Boudu sauvé des eaux* (1932), *Toni* (1934), *le Crime de M. Lange* (1936), *Une partie de campagne* (1936, puis 1946), *la Grande Illusion* (1937), *la Bête humaine* (1938), *la Règle du jeu* (1939), *le Carrosse d'or* (1952), *le Caporal épinglé* (1962). ▶ illustr. p. 1380

**renom** *nm* Opinion généralement favorable répandue sur qqn, qqch.

**renommé, ée** *a* De grande réputation.

**renommée** *nf* Renom. *La renommée d'un écrivain.*

**renommer** *vt* ① Donner un nouveau nom. *Renommer un fichier.*

**renon** *nm* Belgique Renonciation à un bail.

**renonçant, ante** *n* RELIG Personne qui quitte la vie laïque pour se consacrer à son salut.

**renonce** *nf* JEU Aux cartes, absence d'une couleur.

**renoncement** *nm* **1** Action de renoncer. **2** Détachement ; abnégation.

**renoncer** *v* ⑫ **A** *vti* **1** Abandonner un bien, un pouvoir, un droit. *Renoncer à une succession, à une action entreprise.* **2** Abandonner l'idée de, cesser d'envisager. *Renoncer à punir qqn.* **B** *vt* Belgique Résilier un bail, donner congé à un locataire. **C** *vi* JEU Aux cartes, ne pas pouvoir fournir la couleur demandée. ETY Du lat.

**renonciataire** *n* DR Personne en faveur de qui on renonce à qqch par oppos. à *renonciateur*.

**renonciateur, trice** *n* DR Personne qui renonce à qqch en faveur de qqn.

**renonciation** *nf* DR Action de renoncer à un droit ; acte par lequel on renonce à un droit.

**renonculacée** *nf* Plante dicotylédone aux pièces florales disposées en spirale, le plus souvent herbacée, dont de nombreuses espèces sont ornementales (renoncule, pivoine, anémone).

**renoncule** *nf* Plante herbacée (renonculacée) dont l'espèce la plus commune est le *bouton-d'or*. LOC ***Renoncule aquatique*** ou ***grenouillette*** : aux fleurs blanches, qui flotte sur des eaux calmes. ETY Du lat. *ranunculus*, « petite grenouille ».

**Renou** Louis (Paris, 1896 – Vernon, 1966), orientaliste français, auteur de travaux sur le sanskrit et sur la civilisation indienne.

**renouée** *nf* Plante herbacée (polygonacée) à feuilles simples et à petites fleurs.

**renouer** *v* ① **A** *vt* **1** Nouer une chose dénouée. **2** Reprendre ce qui a été interrompu. *Renouer la conversation.* **B** *vti* **1** Entrer de nouveau en relation avec qqn. *Renouer avec de vieux amis.* **2** fig Retrouver une situation antérieure. *Renouer avec la tradition, le succès.*

**renouveau** *nm* **1** litt Printemps. **2** Caractère nouveau de qqch ; renaissance. *Le renouveau du romantisme.*

**renouvelable** *a, nm* **A** *a* Qui peut être renouvelé. **B** *nm* Industrie de l'énergie renouvelable. LOC ***Énergie renouvelable*** : qui se régénère naturellement.

**renouvelant, ante** *n* RELIG CATHOL Personne qui renouvelait sa profession de foi, un an après sa communion solennelle.

**renouveler** *v* ⑰ ou ⑲ **A** *vt* **1** Rendre nouveau en remplaçant une chose ou une personne par une autre. *Renouveler un stock. Renouveler une équipe.* **2** Donner un caractère nouveau à qqch. *Renouveler son style.* **3** Faire de nouveau. *Renouveler une erreur.* **4** Reconduire pour une nouvelle période. *Renouveler un bail.* **B** *vpr* **1** Être renouvelé, remplacé. *Les techniques se renouvellent.* **2** Changer fréquemment de style, d'inspiration, en matière artistique ou littéraire. *Cinéaste qui se renouvelle souvent.* **3** Se reproduire, se répéter. *Fait qui se renouvelle.* DER **renouvèlement** ou **renouvellement** *nm*

**Jean Renoir** *la Grande Illusion*, 1937, avec Éric von Stroheim (à g.) et Pierre Fresnay

**Renouvier** Charles (Montpellier, 1815 – Prades, 1903), philosophe français néokantien.

**rénovateur, trice** *a, n* **1** Qui rénove qqch. **2** Membre d'une organisation politique partisan d'un changement radical d'orientation.

**rénover** *vt* ① **1** Donner une forme nouvelle à qqch. *Rénover les structures administratives.* **2** Remettre à neuf qqch. *Rénover un immeuble.* ETY Du lat. *renovare*. DER **rénovation** *nf*

**renseignement** *nm* **1** Ce qu'on fait connaître à qqn en le renseignant ; information, éclaircissement. *Donner des renseignements.* **2** Information d'intérêt national, dans les domaines militaire, économique, politique. LOC MILIT ***Service de renseignements (SR)*** : chargé de la recherche des renseignements nécessaires à la stratégie.

**renseigner** *v* ① **A** *vt* **1** Fournir à qqn des indications, des précisions sur qqn, qqch. *Renseigner un collaborateur sur une affaire.* **2** Inscrire quelque part des renseignements, des données. **3** Belgique Indiquer qqch à qqn. *Il m'a renseigné le meilleur itinéraire.* **B** *vpr* Prendre des renseignements, s'informer. *Se renseigner sur qqn.*

**rentabiliser** *vt* ① Rendre rentable une opération, une entreprise. DER **rentabilisable** *a* – **rentabilisation** *nf*

**rentable** *a* Qui produit une rente, un bénéfice. *Une affaire rentable.* DER **rentabilité** *nf*

**rente** *nf* **1** Revenu régulier que l'on tire d'un bien, d'un capital. *Vivre de ses rentes.* **2** Paiement annuel résultant soit d'un titre de créance, soit d'un contrat, soit d'un jugement. **3** Emprunt de l'État qui donne droit à un intérêt contre remise de coupons. *Rente perpétuelle. Rente amortissable.* LOC ***Culture de rente*** : culture qui procure un revenu en argent, par oppos. aux *cultures vivrières*. — ***Rente de situation*** : avantage dû au seul fait d'occuper une situation stratégique ou privilégiée. — ***Rente viagère*** : pension payable à qqn sa vie durant. ETY De *rendre*.

**rentier, ère** *n* Personne qui a des rentes, qui vit de ses rentes.

**renoncule**

**rentoiler** *vt* ① Coller la toile peinte ou la couche de peinture d'un tableau sur une toile neuve. DER **rentoilage** *nm* – **rentoileur, euse** *n*

**rentraiture** *nf* Réparation à l'aiguille des parties usées d'un tapis ou d'une tapisserie.

**rentrant, ante** *a* GEOM Se dit d'un angle supérieur à 180°. ANT saillant.

**rentre-dedans** *nm inv, a inv* **A** *nm inv* **1** fam Volonté de séduction directe, voire agressive. *Faire du rentre-dedans.* **2** Jeu brutal dans les sports d'équipe. **B** *a inv* fam Agressif, dynamique. *Un service commercial très rentre-dedans.*

**rentré, ée** *a, nm* **A** *a* Que l'on n'extériorise pas. *Colère rentrée.* **B** *nm* COUT Repli du tissu maintenu vers l'intérieur par une couture.

**rentrée** *nf* **1** Action de rentrer dans un lieu. *Rentrée des foins.* **2** Reprise des activités, des travaux après les vacances ; époque où elle a lieu. *La rentrée politique. La rentrée des classes.* **3** Somme recouvrée. *Compter sur des rentrées régulières.*

**rentrer** *v* ① **A** *vi* **1** Entrer, revenir dans un lieu après en être sorti ; revenir chez soi. *Rentrer du travail.* **2** Reprendre ses fonctions. *Les écoles rentrent aujourd'hui.* **3** Être compris dans qqch. *Cela rentre dans vos attributions.* **4** Être reçu, perçu en parlant d'argent. **5** Pénétrer, s'emboîter. *La valise ne rentre pas dans le coffre.* **6** Entrer violemment en contact, en collision avec. *La voiture est rentrée dans un camion.* **7** Entrer. *Rentrer dans une boutique.* **B** *vt* **1** Amener, transporter à l'intérieur, mettre à l'abri. *Rentrer ses moutons, du bois.* **2** Introduire qqch dans. **3** Rétracter. *Rentrer ses griffes.* **4** Ne pas extérioriser un sentiment. *Rentrer sa haine.* LOC ***Rentrer dans l'ordre*** : retrouver son cours normal. — ***Rentrer dans ses frais*** : en être remboursé, en avoir la compensation. — ***Rentrer en grâce*** : être pardonné. — ***Rentrer en soi-même*** : réfléchir, méditer sur soi-même.

**renversant, ante** *a* fam Qui stupéfie. *Une nouvelle renversante.*

**renverse** *nf* MAR Changement de direction de 180° du courant ou du vent. LOC ***À la renverse*** : sur le dos.

**renversé, ée** *a* Inversé par rapport à la position habituelle. *Image renversée.* LOC ***C'est le monde renversé*** : cela va contre l'ordre habituel, contre le bon sens. — CUIS ***Crème renversée*** : crème cuite, à base d'œufs et de lait, assez ferme, et que l'on démoule en la renversant sur un plat.

**renversement** *nm* **1** Action de renverser ; fait d'être renversé. *Le renversement du régime.* **2** Changement de direction de 180°. *Renversement de la marée, du courant.* **3** Inversion d'un ordre. *Renversement des termes d'une proposition.* **4** MUS Interversion de l'ordre naturel des notes constituant un accord. **5** fig Changement total dans le sens inverse. *Renversement de la situation.*

**renverser** *vt* ① **1** Retourner qqch de façon que ce qui était en haut soit en bas. *Renverser une boîte pour la vider.* **2** Jeter à terre, faire tomber qqn, qqch. *Se faire renverser par une voiture.* **3** Répandre un liquide. *Renverser de l'eau.* **4** fig Provoquer la chute, la destruction de qqch. *Renverser un régime.* **5** Mettre ou faire aller en sens inverse. *Renverser les termes d'un rapport.* **6** Éliminer, supprimer. *Renverser les obstacles.* **7** Stupéfier, bouleverser. *Ce film m'a renversé.* LOC ***Renverser la tête*** : la rejeter en arrière. — ***Renverser la vapeur*** : la faire agir sur l'autre face du piston pour stopper une machine à vapeur ; fig changer totalement sa façon d'agir. ETY De l'a. fr. *envers*, « à la renverse ».

**renvoi** *nm* **1** Action de renvoyer ; son résultat. *Renvoi de la balle. Renvoi d'un colis.* **2** Licenciement, exclusion. *Signifier son renvoi à qqn.* **3** Transmission d'une demande, d'une proposition à une autorité, une juridiction compétente. **4** Marque renvoyant le lecteur à des notes, à d'autres passages d'un texte. **5** MUS Signe qui indique une reprise. **6** Remise, ajournement. *Renvoi d'un procès.* **7** Éructation. LOC TECH ***Renvoi d'angle*** : organe qui transmet un mouvement en en changeant la direction.

**renvoyer** *vt* (24) **1** Faire retourner. *Renvoyer un malade à l'hôpital.* **2** Mettre qqn dans l'obligation de quitter un lieu, congédier. *Renvoyer un élève. Renvoyer un employé.* **3** Faire reporter à qqn ce qu'il avait envoyé, prêté, perdu. *Renvoyer un objet oublié.* **4** Lancer qqch en retour. *Renvoyer une balle.* **5** Réfléchir des ondes lumineuses, sonores. *L'écho renvoie les sons.* **6** Adresser à. *Être renvoyé au service compétent. Renvoyer une affaire à telle commission.* **7** Remettre à plus tard, ajourner. *Renvoyer une réunion au lendemain.* **LOC** fam ***Renvoyer l'ascenseur*** : répondre à un service rendu par un acte comparable. — fam ***Renvoyer qqn à ses chères études*** : le déclarer incompétent ou dépassé.

**renvoyeur, euse** *n* Au tennis, joueur qui renvoie inlassablement la balle.

**Renzi** Matteo (Florence, 1975), homme politique italien, prés. du Conseil en 2014 (démocrate).

**réoccuper** *vt* (1) Occuper de nouveau. DER **réoccupation** *nf*

**Réole (La)** ch.-l. de cant. de la Gironde (arr. de Langon), sur la rive dr. de la Garonne ; 4 187 hab. Industr. du meuble. – Anc. hôtel de ville XII^e s. Égl. XI^e-XV^e s. Vest. de remparts XII^e et XIV^e s. DER **réolais, aise** *a, n*

**réopérer** *vt* (14) Opérer de nouveau.

**réorchestrer** *vt* (1) MUS Concevoir une orchestration différente pour une même pièce. DER **réorchestration** *nf*

**réorganiser** *vt* (1) Organiser de nouveau ou d'une autre manière. DER **réorganisateur, trice** *n, a* – **réorganisation** *nf*

**réorienter** *vt* (1) Donner une nouvelle orientation à. DER **réorientation** *nf*

**réouverture** *nf* **1** Action de rouvrir un établissement qui a été fermé. *Réouverture d'un café.* **2** DR Mesure par laquelle on rouvre des débats qui avaient été clos.

**repaire** *nm* **1** Lieu où se réfugient des animaux sauvages. **2** fig Lieu où se réunissent des malfaiteurs. *Repaire de brigands.* ETY Du lat. *repatriare*, « rentrer chez soi ».

**repairer** *vi* (1) VEN Être au repaire, au gîte.

**repaître** *v* (74) **A** *vt* litt Rassasier. *Repaître ses yeux d'un spectacle.* **B** *vpr* litt Se nourrir, se rassasier. *Tigre qui se repaît d'une proie.* VAR **repaitre**

**répandre** *v* (6) **A** *vt* **1** Verser, laisser tomber qqch qui s'étale, se disperse. *Répandre un liquide, des graviers. Répandre des larmes.* **2** Dégager, émettre. *Répandre de la chaleur. Lumière qui se répand.* **3** Distribuer généreusement. *Répandre ses bienfaits.* **4** Faire connaître à un vaste public. *Répandre une nouvelle.* **B** *vpr* **1** S'écouler en s'étalant. *Café qui se répand sur la nappe.* **2** Se disperser en occupant un lieu. *Les invités se répandent dans le jardin.* **3** Se propager. *Idée qui se répand.* **LOC** ***Se répandre en paroles, en invectives, en compliments, etc.*** : parler, invectiver, complimenter longuement.

**répandu, ue** *a* **1** Communément admis, pratiqué. *Opinion très répandue.* **2** Abondant. *Ce mollusque est très répandu.*

**réparable** → **réparer.**

**reparaître** *vi* (73) Paraître de nouveau. VAR **reparaitre**

**réparateur, trice** *n, a* **A** *n* Personne qui répare ce qui est endommagé. **B** *a* **1** Qui répare, compense une faute, un dommage. *Geste réparateur.* **2** Qui redonne des forces. *Sommeil réparateur.* **LOC** ***Chirurgie réparatrice*** : chirurgie plastique.

**réparation** *nf* **1** Action de réparer une chose matérielle ; travail qu'il faut faire pour la réparer. *Voiture en réparation.* **2** Rétablissement. *Réparation des forces.* **3** Action de réparer un tort, une erreur, etc. **LOC** DR ***Réparations civiles*** : dommages-intérêts que peut obtenir une personne qui a subi un préjudice du fait de qqn. — SPORT ***Surface de réparation*** : au football, surface rectangulaire délimitée autour des buts, à l'intérieur de laquelle toute faute commise par un défenseur est sanctionnée par un *coup de pied de réparation* ou *penalty.*

**réparer** *vt* (1) **1** Remettre qqch en bon état, en état de fonctionnement. *Réparer un toit, une machine.* **2** Faire disparaître qqch par une réparation. *Réparer un accroc.* **3** Compenser les effets d'une faute, d'un dommage. *Réparer une maladresse.* **LOC** ***Réparer ses forces*** : les rétablir. ETY Du lat. DER **réparable** *a*

**reparler** *vi, vti* (1) Parler de nouveau.

**repartager** *vt* (1) Partager à nouveau.

**repartement** *nm* FISC Répartition de l'impôt entre les collectivités.

**repartie** *nf* Vive réplique. PHO [rəparti] VAR **répartie** [reparti]

**1 repartir** *vt* (30) vx, litt Répliquer, répondre vivement. *Il lui a reparti aussitôt ceci.* PHO [rəpartir] VAR **répartir** [repartir]

**2 repartir** *vi* (30) **1** Partir de nouveau. **2** Retourner à l'endroit d'où l'on vient. PHO [rəpartir]

**répartir** *vt* (3) **1** Distribuer, partager. *Répartir des biens. Se répartir les tâches.* **2** Échelonner. *Répartir un plan sur deux ans.* ETY De *partir*, « partager ».

**répartiteur, trice** *n* **A** Personne qui fait une répartition. **B** *nm* TECH Dispositif qui répartit qqch. *Répartiteur électronique de freinage.*

**répartition** *nf* **1** Partage, division, distribution ; manière dont qqch est réparti. *Répartition du travail. La répartition inégale des fortunes.* **2** Action de répartir, de se répartir dans l'espace ; son résultat. *Répartition géographique d'une espèce.* **3** Classement. **4** Financement des retraites par ceux qui cotisent au moment où elles sont versées (par oppos. à la *capitalisation*). **LOC** ***Impôt de répartition*** : impôt fixé d'année en année et réparti de degré en degré entre les départements, les arrondissements, les communes et les contribuables.

**reparution** *nf* Fait de reparaître.

**repas** *nm* Nourriture que l'on prend chaque jour à des heures régulières. ETY De l'a. fr. *past*, « pâtée ».

**Repas chez Lévi (le)** peinture de Véronèse (1573, Académie, Venise) montrant le luxe des patriciens (de façon ostentatoire, selon l'Inquisition : procès du 18 juillet 1573).

**repassage** *nm* **1** Action d'aiguiser un couteau, des ciseaux. **2** Action de repasser du linge.

**repasser** *v* (1) **A** *vi* Passer de nouveau. *Je repasserai chez vous plus tard.* **B** *vt* **1** Traverser de nouveau. *Repasser le fleuve.* **2** Faire passer de nouveau qqch. *Repasser le plat aux convives. Repasser un disque.* **3** vieilli Revenir sur qqch qu'on a étudié, appris. *Repasser sa leçon.* **4** Aiguiser des couteaux, des ciseaux sur une meule. **5** Défroisser du linge, un vêtement en passant dessus un fer chaud.

**repasseur** *nm* Syn. de *rémouleur.*

**repasseuse** *nf* **1** Femme dont le métier est de repasser du linge. **2** Machine à repasser le linge, composée de cylindres chauffés.

**repaver** *vt* (1) Paver de nouveau. DER **repavage** *nm*

**repayer** *vt* (21) Payer à nouveau.

**repêchage** *nm* **1** Action de sortir de l'eau. **2** fig, fam Fait de repêcher un candidat. **LOC** ***Épreuve de repêchage*** : épreuve supplémentaire qui peut permettre à un candidat éliminé d'être reçu à un examen.

**repêcher** *vt* (1) **1** Retirer de l'eau ce qui y est tombé. **2** fig, fam Donner une nouvelle chance à un candidat qui a échoué.

**repeindre** *vt* (55) Peindre de nouveau.

**repeint** *nm* BX-A Partie d'un tableau qui a été couverte d'une nouvelle couche de peinture, pour le modifier ou le restaurer.

**repenser** *v* (1) **A** *vti* Penser, réfléchir de nouveau à qqch. **B** *vt* Revenir sur le fond, la conception même de qqch. *Repenser un article.*

**repentance** *nf* litt Repentir, regret du mal qu'on a fait.

**repentant** → **repentir (se).**

**repenti, ie** *a, n* **A** Qui s'est repenti. **B** *n* Membre d'une organisation illégale (terroristes, mafia) qui accepte, contre protection et remise de peine, de collaborer avec la justice.

**Repentigny** v. du Québec ; 48 400 hab. Banlieue résidentielle de Montréal.

**1 repentir (se)** *vpr* (30) **1** Éprouver un regret sincère du mal qu'on a fait. *Se repentir de ses fautes.* **2** Regretter ce qu'on a fait à cause de ses conséquences fâcheuses. *Je me repens de lui avoir prêté de l'argent.* ETY Du lat. DER **repentant, ante** *a*

**2 repentir** *nm* **1** Sentiment de celui qui se repent d'une faute. **2** PEINT Correction effectuée par l'artiste sur le tableau qu'il est en train de peindre.

**repérable** *a* Qu'il est possible de repérer. **LOC** PHYS ***Grandeur repérable et non mesurable*** : dont on peut définir l'égalité ou l'inégalité, mais sur laquelle on ne peut effectuer d'opération mathématique, telle que la température.

**repérage** *nm* **1** Action de repérer. **2** ARTS GRAPH Indication, par des signes, de l'endroit où des dessins en feuillets séparés doivent s'ajuster. **3** IMPRIM Action de faire coïncider les diverses plages colorées dont la superposition permet d'obtenir un document en couleurs. **4** CINE Reconnaissance des lieux précédant un tournage en décors naturels.

**répercussion** *nf* **1** Fait, pour un son, de se répercuter. **2** fig Suite, contrecoup. *Les répercussions d'un échec.*

**répercuter** *v* (1) **A** *vt* **1** Renvoyer un son. *Cri qui est répercuté par l'écho.* **2** fig Faire payer une charge à d'autres. *Répercuter l'augmentation de l'impôt sur une catégorie de contribuables.* **3** fig, fam Transmettre d'une personne à une autre. *Répercuter des directives.* **B** *vpr* Avoir des conséquences par contrecoup sur qqch. *Le renchérissement des matières premières se répercute sur les prix des produits finis.* ETY Du lat. DER **répercutable** *a*

**reperdre** *vt* (6) Perdre de nouveau ; perdre ce qu'on vient de gagner.

**repère** *nm* **1** Signe indiquant une place, une distance, un niveau, etc. **2** fig Ce qui permet de se situer, de se retrouver dans un ensemble. *Perdre ses repères.* SYN référence, marque. **3** TECH Marque faite sur une pièce, qui permet de l'ajuster avec précision ou de la remettre exactement à la même place. **4** MATH, PHYS Ensemble d'axes par rapport auxquels on définit la position d'un point par ses coordonnées. **LOC** ***Point de repère*** : ce qui sert à se retrouver, à situer qqch dans l'espace, dans le temps, dans un ordre. ETY De *repaire.*

**repérer** *v* (14) **A** *vt* **1** Marquer, indiquer au moyen d'un repère. *Repérer une hauteur.* **2** Déterminer avec précision la position de qqch. *Repérer un avion à l'aide de radars.* **3** fam Découvrir, remarquer qqch, qqn. *Repérer un individu bizarre.* **B** *vpr* fam Se retrouver grâce à des points de repère.

**répertoire** *nm* **1** Inventaire, recueil où les matières sont rangées dans un ordre qui permet de les retrouver facilement. *Noter des adresses sur un répertoire.* **2** Liste des pièces qui sont jouées habituellement dans un théâtre ; ensemble des pièces qui forment une catégorie. *Le répertoire classique.* **3** Ensemble des œuvres qu'un comédien, un chanteur, etc., interprète habituellement. [ETY] Du lat., de *reperire*, « trouver ».

**répertorier** *vt* [2] Porter sur un répertoire, inventorier.

**répéter** *v* [14] **A** *vt* **1** Dire ce qu'on a déjà dit ou ce qu'un autre a dit. *Répéter inlassablement la même chose.* **2** Refaire, recommencer qqch. *Répéter une expérience.* **3** Participer à la répétition d'une pièce, d'un morceau de musique. **4** Reproduire qqch à certains intervalles dans l'espace ou dans le temps. *Répéter un motif sculpté.* **B** *vpr* **1** Redire les mêmes choses inutilement. **2** Se produire à plusieurs reprises. [ETY] Du lat. *repetere*, « reprendre ».

**répéteur** *nm* TELECOM Amplificateur servant à retransmettre les signaux qu'il reçoit.

**répétiteur, trice** *n* **A** vieilli Personne qui donne des leçons particulières aux élèves. **B** *nm* TECH Appareil qui reproduit les indications d'un autre appareil.

**répétitif, ive** *a* Qui se répète. *Travail répétitif.* [DER] **répétitivement** *av* – **répétitivité** *nf*

**répétition** *nf* **1** Retour du même mot, de la même idée. **2** Action de faire plusieurs fois la même chose. *La répétition des mêmes gestes.* **3** Séance pour mettre au point l'interprétation d'une pièce, d'un concert, etc. **4** vx Leçon particulière. **5** DR Action en justice par laquelle on réclame le remboursement de ce qu'on a payé. *Répétition de l'indu.* **LOC** ***Arme à répétition*** : qui permet de tirer plusieurs coups en ne la chargeant qu'une seule fois.

**repeupler** *vt* [1] **1** Peupler de nouveaux habitants. *Repeupler une région. Le village s'est repeuplé.* **2** Regarnir d'animaux, de végétaux. *Repeupler une forêt.* [DER] **repeuplement** *nm*

**Répine** Ilia Iefimovitch (Tchougouiev, 1844 – Kuokkala, auj. Répino en Carélie, 1930), peintre russe réaliste.

**repiquer** *vt* [1] **1** Transplanter un jeune plant issu d'un semis. *Repiquer des salades.* **2** Piquer de nouveau. **3** PHOTO Retoucher. **4** Enregistrer sur un nouveau support. *Repiquer un disque.* **5** fam Attraper, surprendre une nouvelle fois. *Si je vous repique à rôder par ici…* **LOC** fam ***Repiquer au truc*** : recommencer. [DER] **repiquage** *nm*

**répit** *nm* Arrêt de qqch de pénible ; détente, repos. *S'accorder un moment de répit.* **LOC** ***Sans répit*** : sans arrêt, sans relâche. *Travailler sans répit.* [ETY] Du lat. *respectum*, « regard en arrière ».

**replacer** *vt* [12] **1** Remettre qqch en place ou le placer ailleurs. **2** Fournir un nouvel emploi à qqn. [DER] **replacement** *nm*

**replanter** *vt* [1] Planter de nouveau. [DER] **replantation** *nf*

**replat** *nm* GEOGR Terrasse en épaulement au flanc d'un versant.

**replâtrer** *vt* [1] **1** Plâtrer de nouveau. **2** fig, fam Arranger sommairement, grossièrement. [DER] **replâtrage** *nm*

**replet, ète** *a* Gras, dodu.

**réplétion** *nf* PHYSIOL État d'un organe rempli. [DER] **réplétif, ive** *a*

**repleuvoir** *v impers* [39] Pleuvoir de nouveau.

**repli** *nm* **A** **1** Rebord plié. **2** Ondulation. *Repli de terrain.* **3** Régression, recul. *Repli d'un indice boursier.* **4** MILIT Recul sur des positions moins avancées effectué sur ordre. **B** *nm pl* fig, litt Ce qui est caché, secret. *Les plis et les replis de l'âme.*

**réplication** *nf* BIOCHIM Synthèse d'une molécule d'acide nucléique dans le noyau cellulaire par copie d'une molécule préexistante.

**replier** *v* [2] **A** *vt* **1** Plier ce qui avait été déplié, déployé. **2** Faire opérer un mouvement de repli à. *Replier des troupes.* **B** *vpr* Reculer, faire retraite. *Armée qui se replie.* **LOC** ***Se replier sur soi-même*** : se fermer, s'isoler. [DER] **repliable** *a* – **repliement** *nm*

**répliquant** *nm* Dans la science-fiction, androïde, clone.

**réplique** *nf* **1** Réponse, repartie. *Avoir la réplique facile.* **2** Ce qu'un acteur répond à un autre. *Lancer sa réplique.* **3** Copie, double d'une œuvre d'art. **4** GEOL Chacune des petites secousses qui suivent le choc principal d'un tremblement de terre.

**répliquer** *vt* [1] **1** Répondre vivement, protester. *Enfant qui réplique.* **2** BIOL Multiplier par réplication. **3** fig Reproduire sous la même forme, dans les mêmes conditions. *Répliquer une expérience scientifique.* [ETY] Du lat.

**replonger** *v* [13] **A** *vt, vi* Plonger de nouveau. **B** *vpr* Se laisser accaparer de nouveau par une activité. *Se replonger dans la lecture du journal.*

**reployer** *vt* [23] litt Replier. [PHO] [rəplwaje] [DER] **reploiement** *nm*

**repolir** *vt* [3] Polir de nouveau. [DER] **repolissage** *nm*

**répondant, ante** *n* **1** Caution, garant. *Accepter d'être le répondant de qqn.* **2** Personne qui répond à une requête, à un questionnaire. **LOC** fam ***Avoir du répondant*** : avoir de l'argent en réserve ; fig avoir le sens de la repartie, de la riposte.

**répondeur, euse** *a, nm* **A** *a* Qui répond vivement aux remontrances. **B** *nm* Appareil automatique qui, en réponse à un appel téléphonique, fait entendre un message préalablement enregistré sur bande magnétique.

**répondeur-enregistreur** *nm* Répondeur téléphonique qui peut enregistrer le message du correspondant. PLUR répondeurs-enregistreurs.

**répondre** *v* [6] **A** *vt, vi* Faire réponse à ce qui a été dit, demandé. *On vous appelle, répondez vite. Répondre par écrit. Répondre une sottise.* **B** *vti* **1** Dire, écrire en réponse à. *Je réponds à votre lettre.* **2** Correspondre à. *Solution qui répond à une attente.* **3** Donner en retour à. *Répondre à l'affection des siens.* **4** Servir de garant, de caution à qqn. *Je réponds entièrement de lui.* **5** Réagir normalement à une action, à une substance. *Les freins ne répondent plus. Répondre à certains antibiotiques.* [ETY] Du lat.

**répons** *nm* LITURG Chant dont les paroles sont extraites des Écritures, exécuté tour à tour par une voix et par le chœur. [PHO] [Repɔ̃]

**réponse** *nf* **1** Ce qui est dit ou écrit en retour à une question posée, une lettre. *Donner, obtenir une réponse.* **2** Solution, explication. *Réponse à un problème.* **3** PHYSIOL Réaction à un stimulus. **LOC** ***Avoir réponse à tout*** : ne jamais être à bout d'arguments, savoir affronter toutes sortes de difficultés. — ***Droit de réponse*** : droit appartenant à toute personne mise en cause dans un média d'obtenir l'insertion dans celui-ci d'une réponse rectificative. — BIOL ***Réponse immunitaire*** : ensemble des manifestations de défense de l'organisme envers toute agression. [ETY] Du lat.

**repopulation** *nf* Retour à l'accroissement de la population après une période de déficit démographique.

**report** *nm* **1** FIN Action de reporter à la liquidation suivante l'exécution d'une opération à terme. **2** Renvoi à plus tard. **3** Action de reporter, de transcrire ailleurs. **LOC** POLIT ***Report des voix*** : transfert des voix d'un candidat sur un autre, notam. au second tour d'une élection.

**reportage** *nm* **1** Article, photographies ou film réalisé par un journaliste à partir d'informations recueillies sur place. **2** Métier de reporter.

**1 reporter** *v* [1] **A** *vt* **1** Porter une chose là où elle se trouvait auparavant. **2** Transporter par la pensée à une époque antérieure. *Ce récit nous reporte à la fin du Moyen Âge. Se reporter à son enfance.* **3** Transcrire ailleurs. *Reportez le total au bas de la page.* **4** FIN Procéder au report de. *Reporter des titres.* **5** Renvoyer à une date ultérieure, différer. *Reporter une réunion.* **6** Faire un report, transférer sur qqch, qqn. *Reporter les voix sur un autre candidat. Reporter toute son affection sur qqn.* **B** *vpr* Se référer. *Se reporter à la préface.*

**2 reporter** *n* Journaliste qui fait des reportages. SYN reporteur. **LOC** ***Grand reporter*** : envoyé spécialement pour couvrir un évènement important ou lointain. [PHO] [RəpɔRtɛR] [ETY] Mot angl.

**reporter-caméraman** *nm* Syn. de *reporteur d'images*. PLUR reporters- caméramans.

**reporter-photographe** *n* Photographe chargé des photos d'un reportage. SYN photojournaliste. PLUR reporters-photographes.

**Reporters sans frontières** (RSF) organisation non gouvernementale internationale créée en 1985 pour défendre la liberté de la presse.

**reporteur, trice** *n* **1** FIN Personne qui procède à un report. **2** Syn. (recommandé) de *reporter 2*. **LOC** ***Reporteur d'images*** : journaliste qui effectue des reportages filmés ou télévisés. SYN (déconseillé) reporter-caméraman.

**reporting** *nm* ECON Suivi de la situation comptable d'une entreprise, d'un service. [ETY] Mot angl.

**repos** *nm* **1** Immobilité. *Être à l'état de repos.* **2** Fait de se reposer, de se délasser. *Prendre du repos.* **3** Congé ; interruption du travail. *C'est mon jour de repos.* **4** MILIT Position du soldat qui abandonne le garde-à-vous. **5** VERSIF Césure dans un vers. **LOC** ***De tout repos*** : qui donne une totale tranquillité. — litt ***Repos éternel*** : la béatitude des bienheureux.

**repose** *nf* TECH Action de remettre en place ce qui avait été enlevé.

**reposé, ée** *a* Qui a pris du repos ; sans traces de fatigue. *Visage reposé.* **LOC** ***À tête reposée*** : en prenant le temps de réfléchir.

**repose-pied** *nm* **1** Support pour les pieds sur une moto, devant un fauteuil. **2** Appui attenant à un fauteuil (avion, train, etc.) pour poser ses pieds. **3** Partie plate d'une trotinette sur laquelle on pose le pied. PLUR repose-pieds.

**repose-poignet** *nm* Coussinet amortisseur destiné aux utilisateurs intensifs de souris d'ordinateur. PLUR repose-poignets.

**1 reposer** *v* [1] **A** *vt* **1** Appuyer. *Reposer sa tête sur un oreiller.* **2** Dissiper la fatigue, la tension de ; délasser. *Activité qui repose l'esprit.* **B** *vi* **1** litt Dormir. **2** Être étendu ou enterré, en parlant d'un mort. *Son corps repose ici.* **3** Se décanter, en parlant des liquides. *Cette eau est trouble, il faut la laisser reposer.* **C** *vti* **1** Être fondé sur. *Cet édifice repose sur le roc.* **2** fig Être établi sur. *Un raisonnement qui ne repose sur rien.* **D** *vpr* Se délasser en cessant toute activité. **LOC** ***Se reposer sur qqn*** : lui faire confiance ; lui laisser la responsabilité d'une affaire. [ETY] Du lat. [DER] **reposant, ante** *a*

**2 reposer** *vt* [1] **1** Poser de nouveau ce qu'on avait enlevé. *Reposer une vitre.* **2** Poser de nouveau ce qu'on avait soulevé. *Reposer un verre sur la table.* **3** Poser de nouveau une question.

**repose-tête** *nm* Partie supérieure du dossier d'un siège destinée à appuyer la tête. SYN appui-tête. PLUR repose-têtes.

**repositionnable** *a* Se dit d'un adhésif que l'on peut décoller puis recoller facilement.

**repositionner** *vt* [1] Positionner de nouveau. [DER] **repositionnement** *nm*

**reposoir** *nm* **1** LITURG CATHOL Autel élevé sur le parcours d'une procession, destiné à recevoir le saint sacrement. **2** Dans un hôpital, local où est exposé le corps d'un défunt.

**repoudrer** *v* [1] **A** *vt* Poudrer de nouveau. **B** *vpr* Remettre de la poudre sur son visage.

**repoussage** *nm* TECH Façonnage à froid, à l'aide d'un marteau et d'un outil d'emboutissage, de pièces métalliques minces.

**repoussant, ante** *a* Qui inspire du dégoût.

**repousse** *nf* BOT Nouvelle pousse.

**repoussé, ée** *a, nm* **A** *a* Façonné par repoussage. *Cuir repoussé.* **B** *nm* Métal ou cuir décoré par repoussage.

**1 repousser** *vt* ① **1** Faire reculer, pousser en arrière qqn, qqch. *Repousser l'ennemi.* **2** TECH Travailler le métal, le cuir par repoussage. **3** Ne pas agréer, rejeter. *Repousser une demande.* **4** Remettre à plus tard. *Repousser un délai.*

**2 repousser** *vi* ① Pousser de nouveau. *Herbe qui repousse après la fenaison.*

**repoussoir** *nm* **1** TECH Petit ciseau utilisé dans le travail du repoussage. **2** PEINT Élément très coloré ou ombré placé au premier plan d'un tableau pour faire paraître par contraste les éléments éloignés. **3** fig Chose ou personne qui en fait valoir une autre par contraste. **4** Personne laide.

**répréhensible** *a* Digne de blâme.

**reprendre** *v* (52) **A** *vi* **1** Se remettre à pousser, croître de nouveau. *Cet arbre reprend bien.* **2** Recommencer. *Le froid a repris.* **B** *vt* **1** Prendre de nouveau. *Reprendre une idée. Reprendre du pain.* **2** Retrouver. *Reprendre haleine. Reprendre courage.* **3** Prendre ce qu'on avait donné ; retirer. *Reprendre une veste laissée au pressing.* **4** Continuer qqch, après une interruption. *Reprendre son travail.* **5** Redire, répéter ; revenir sur. *Reprendre un refrain en chœur. Reprenons l'histoire au début.* **6** Améliorer par un nouveau travail en modifiant. *Reprendre un article.* **7** Attirer l'attention de qqn sur une erreur qu'il a faite, le corriger ; réprimander. **C** *vpr* **1** Se corriger, rectifier ce que l'on a dit. **2** Retrouver ses esprits. **LOC** fam ***On ne m'y reprendra plus :*** je ne me laisserai plus tromper. — ***Reprendre sa parole :*** se délier d'une promesse.

**repreneur, euse** *n* ECON Personne qui prend le contrôle d'une entreprise en difficulté.

**représailles** *nfpl* **1** Mesure qu'un État prend à l'égard d'un autre État pour riposter à un acte illicite. **2** Vengeance. *Se taire par peur des représailles.* ETY Du lat.

**représentant, ante** *n* **1** Personne qui représente qqn, un groupe, qui peut agir en son nom. *Le représentant d'un syndicat.* **2** Personne qui représente des électeurs dans une assemblée parlementaire. **3** Personne qui représente un État auprès d'un autre. **4** Personne qui voyage et fait des affaires pour une maison de commerce. *Représentant de commerce.*

**représentatif, ive** *a* **1** Qui représente qqn, un groupe. *Gouvernement représentatif.* **2** PSYCHO Qui a rapport à la représentation mentale. **3** Caractéristique ; considéré comme typique. *Il est très représentatif de son époque.* DER **représentativité** *nf*

**représentation** *nf* **1** Fait de représenter qqch par une image, un signe, un symbole. *La représentation d'une église par une croix.* **2** Image, signe, symbole qui représente. **3** PSYCHO Image fournie à la conscience par les sens, la mémoire. **4** Spectacle donné devant un public. *Représentation d'une pièce de théâtre.* **5** Train de vie imposé par une position sociale élevée. **6** DR Fait de tenir la place de qqn, de parler en son nom. **7** Pouvoir législatif exercé par les représentants élus. *La représentation nationale.* **8** Métier de représentant de commerce.

**représentationnel, elle** *a* PSYCHO Qui concerne la représentation mentale.

**représenter** *v* ① **A** *vt* **1** Présenter de nouveau. **2** Rendre présent à l'esprit, évoquer le souvenir de qqch, qqn. *Ces images lui représentent ce triste évènement.* **3** Rendre présent à la vue par des images. *La scène représente une forêt.* **4** Jouer une pièce de théâtre en public. **5** Exprimer par la parole. *Représenter une scène avec précision.* **6** Personnifier, symboliser. *Cet auteur représente bien l'esprit de son époque.* **7** Équivaloir à. *Cette dépense représente pour eux des sacrifices importants.* **8** litt Faire observer. *Représenter les difficultés du projet.* **9** Tenir la place de qqn, d'un groupe ; avoir mandat pour parler, décider en son nom. *Ce député représente telle circonscription.* **10** Être représentant de commerce. *Représenter une gamme de produits.* **B** *vpr* **1** Se présenter de nouveau. *Se représenter aux élections.* **2** Imaginer qqch. ETY Du lat. *representare*, « rendre présent ». DER **représentable** *a*

**répresseur** *nm* BIOCHIM Substance qui régule l'activité génétique en empêchant soit la transcription de l'ADN en ARN, soit la synthèse des protéines au niveau des ribosomes.

**répressif, ive** *a* Qui réprime. *Loi répressive.*

**répression** *nf* **1** Action de réprimer. *Répression des crimes.* **2** PSYCHO Inhibition volontaire d'une motivation ou d'une conduite consciente.

**réprimande** *nf* Blâme, admonestation. ETY Du lat. *reprimanda culpa*, « faute qui doit être réprimée ». DER **réprimander** *vt* ①

**réprimer** *vt* ① **1** Empêcher qqch jugé dangereux de se développer. *Réprimer une révolte.* **2** Contenir, dominer. *Réprimer sa colère.* ETY Du lat.

**reprint** *nm* Réimpression en fac-similé d'un ouvrage épuisé. PHO [rəprint] ETY Mot angl.

**repris de justice** *nm inv* Personne qui a subi une ou plusieurs condamnations pénales.

**reprise** *nf* **1** Action de reprendre. *La reprise des hostilités. Reprise d'une pièce de théâtre.* **2** Regain d'activité dans les affaires financières, économiques. **3** MUS Section d'un morceau que l'on doit rejouer ; signe qui indique le début d'une telle section. **4** Réfection d'une construction ou de l'une de ses parties. **5** Réparation à l'aiguille d'une étoffe trouée. **6** EQUIT Partie d'une leçon d'équitation ou de dressage ; ensemble des cavaliers qui y participent, des figures effectuées. **7** Chacune des parties d'un combat de boxe, d'un assaut d'escrime. **8** Accélération rapide d'un moteur. *Voiture qui a de bonnes reprises.* **9** Somme payée par le locataire sortant au locataire entrant pour la rétrocession des objets mobiliers, des aménagements d'un logement. **10** Fait de se remettre à pousser, en parlant d'un végétal. **LOC** ***À plusieurs reprises :*** de nombreuses fois.

**repriser** *vt* ① Raccommoder en faisant une, des reprises. DER **reprisage** *nm*

**réprobateur, trice** *a* Qui exprime la réprobation.

**réprobation** *nf* Blâme sévère, désapprobation. *Encourir la réprobation générale.* ETY Du lat.

**reprochable** *a* DR Récusable, en parlant d'un témoin.

**reproche** *nm* Blâme, remontrance adressés à qqn sur sa conduite. *Faire des reproches à qqn.* **LOC** DR ***Reproche d'un témoin :*** sa récusation. — ***Sans reproche(s) :*** à qui l'on ne peut rien reprocher, parfait.

**reprocher** *v* ① **A** *vt* **1** Blâmer, critiquer qqn au sujet de qqch. *Reprocher à qqn son ingratitude.* **2** DR Récuser un témoin. **B** *vpr* Se considérer comme coupable de. *Je n'ai rien à me reprocher.* ETY Du lat. *repropriare*, « rapprocher ».

**reproducteur, trice** *a, n* **A** *a* Qui reproduit. **B** *nm* Animal destiné à la reproduction. **C** *nf* TECH Machine électromécanique qui effectue la duplication de cartes perforées.

**reproductible** *a* didac Qui peut être reproduit. DER **reproductibilité** *nf*

**reproduction** *nf* **1** Processus par lequel un être vivant produit d'autres êtres de même espèce. **2** Action de reproduire, d'imiter. *Reproduction photographique.* **3** Imitation, copie, réplique. *Une reproduction de « la Joconde ».* **4** SOCIOL Processus par lequel un groupe social se perpétue. DER **reproductif, ive** *a*

ENC La *reproduction asexuée* ou multiplication s'effectue à partir d'un seul individu, soit par fragmentation naturelle ou accidentelle, soit par bourgeonnement, bouturage, etc. Elle aboutit à la production de plusieurs individus rigoureusement semblables génétiquement à l'individu initial. Ce mode de reproduction est répandu chez les bactéries, les végétaux, les invertébrés inférieurs, et n'existe chez les animaux supérieurs que dans quelques rares cas. Dans la *reproduction sexuée* ou procréation, répandue chez de nombreux végétaux et chez la plupart des animaux, il y a fusion (fécondation) des équipements génétiques de deux cellules et association des gènes portés par des individus différents.

**reproduire** *v* (69) **A** *vt* **1** Répéter, copier, représenter exactement. *Reproduire un paysage dans un tableau.* **2** Créer une réplique d'une œuvre. *Gravure qui reproduit un tableau de maître.* **B** *vpr* **1** Donner naissance à des individus de même espèce. **2** Se produire de nouveau. *Les mêmes évènements se sont reproduits.*

**reprofiler** *vt* ① didac Donner un nouveau profil, une nouvelle ligne générale. DER **reprofilage** *nm*

**reprogrammer** *vt* ① **1** Mettre de nouveau au programme. **2** INFORM Reprendre un programme pour le corriger, le modifier. DER **reprogrammation** *nf*

**reprographie** *nf* TECH Ensemble des techniques de reproduction des documents écrits. DER **reprographier** *vt* ② – **reprographique** *a*

**reprotoxique** *a* MED Se dit d'un produit chimique affectant la reproduction et la descendance.

**réprouver** *vt* ① **1** Rejeter, blâmer, condamner qqch. *Réprouver une action vile.* **2** THEOL Exclure du nombre des élus. ETY Du lat. DER **réprouvé, ée** *n*

**reps** *nm* Tissu d'ameublement à côtes perpendiculaires aux lisières. PHO [reps]

**reptation** *nf* **1** Action de ramper. **2** ZOOL Mode de locomotion des animaux rampants. PHO [rɛptasjɔ̃]

**reptile** *nm* Vertébré tétrapode, à température variable, reccouvert d'écailles, tel que les serpents, les lézards, les tortues. ETY Du lat. *reptilis*, « rampant ».

ENC Les reptiles constituent une classe extrêmement hétéroclite ; aussi, de nombreux auteurs la divisent en des groupes bien distincts. Le corps des reptiles est couvert d'écailles épidermiques ; ce revêtement subit des mues caractéristiques. Les reptiles sont pour la plupart terrestres, mais on compte bon nombre d'espèces aquatiques ; ils abondent surtout dans les régions chaudes. Les membres, de type tétrapode, se sont transformés en ailes ou en nageoires chez diverses lignées fossiles ; les serpents et les lézards apodes ont « perdu » leurs membres. Les glandes salivaires des serpents sont souvent devenues des glandes à venin. La plupart des reptiles sont carnivores ; quelques tortues et lézards sont herbivores. Les reptiles sont ovipares, mais quelques-uns sont ovovivipares (vipères) ou vivipares (certains lézards). L'embryon des reptiles est pourvu d'un amnios : les reptiles sont les premiers amniotes apparus sur notre planète. Ils vivent en général longtemps (cent ans, voire un peu plus, pour les tortues). L'origine des reptiles est mal connue. Ils dérivent probablement des amphibiens stégocéphales (qui furent les prem. tétrapodes terrestres). Deux lignées de reptiles ont une importance partic. : celle des reptiles mammaliens, qui a conduit aux mammifères, et celle des dinosaures avipelviens, dont une espèce fut l'ancêtre de l'archéoptéryx, et donc des oiseaux. La vaste classe des reptiles comprend donc surtout des groupes disparus ; elle est divisée en plusieurs sous-classes. La première regroupe des espèces archaïques dont seuls subsistent les chéloniens (tortues). Les autres comprennent notam. : l'ordre des reptiles mammaliens ; l'ordre qui comprend le sphénodon ; l'ordre des squamates, qui comprend 3 sous-ordres actuels, les sauriens (lézards), les amphisbéniens et les ophidiens (serpents) ; l'ordre des crocodiles ; l'ordre des reptiles volants ; les ordres qui englobent les divers dinosaures (mot qui recouvre des groupes extrêmement différents) ; les ordres qui correspondent aux lignées marines (plésiosaures, ichtyosaures).

**reptilien, enne** *a* Des reptiles. LOC ANAT ***Cerveau reptilien*** : autre nom du tronc cérébral, considéré comme la région la plus archaïque du système nerveux, par oppos. au néocortex.

**repu, ue** *a* Qui a satisfait son appétit, rassasié.

**Repubblica (la)** quotidien italien de gauche fondé à Rome en 1976.

**républicain, aine** *a, n* **A** *a* De la république. *Calendrier républicain.* **B** *a, n* Partisan de la république. **C** *nm* Oiseau passériforme d'Afrique tropicale qui construit de grands nids communautaires.

**républicain** (Parti) l'un des deux grands partis qui gouvernent en alternance les É.-U., fondé en 1856. Un premier Parti républicain, réuni autour de Jefferson (président de 1801 à 1809), avait donné naissance au Parti démocrate dans les années 1830. L'antiesclavagisme suscita, à partir de 1854, la constitution d'un deuxième Parti républicain qui fit élire Lincoln président en 1861 puis en 1865. Depuis, les républicains ont plus souvent accédé au pouvoir que les démocrates. Ils ont mené une politique sociale et raciale plus conservatrice.

**Républicain lorrain (le)** quotidien régional fondé à Metz en 1919.

**Républicains (Les)** nouveau nom du parti *Union pour un mouvement populaire.*

**républicanisme** *nm* vieilli Opinion des partisans de la république.

**république** *nf* Forme de gouvernement où des représentants élus par le peuple sont responsables devant la nation ; État ainsi gouverné. LOC ***La république des lettres*** : les gens de lettres. ETY Du lat. *res publica*, « chose publique ».

**république** (les Six Livres de la) traité de Jean Bodin (1576) consacré à la « chose publique » : à l'État, à ses diverses formes, à la justice, à la diplomatie, à la guerre.

**République (la)** dialogue de Platon, son œuvre la plus longue (10 livres) écrite dans les années 380-370 av. J.-C. Il inspira à Cicéron le dialogue *De la république* (env. 50 av. J.-C.).

**République arabe unie** (RAU) État fondé le 1er fév. 1958 par l'union de l'Égypte et de la Syrie. Le Yémen rejoignit la RAU pour former l'État arabe uni (1958-1961). La Syrie se retira en sept. 1961. L'Égypte conserva le nom jusqu'en 1971.

**République centrafricaine** → **centrafricaine (République).**

**république Dominicaine** → **Dominicaine (république).**

**République française** régime politique proclamé cinq fois en France. La *Ire République*, établie le 21 sept. 1792 après l'abolition de la royauté, s'acheva le 18 mai 1804 : proclamation du Premier Empire. La *IIe République*, issue de la révolution de 1848, dura du 25 fév. 1848 au 2 déc. 1852 : proclamation du Second Empire. La *IIIe République*, proclamée par un gouvernement de la Défense nationale le 4 sept. 1870 et définitivement instituée en 1875, s'acheva le 10 juil. 1940, quand Pétain créa l'État français. La *IVe République*, constituée le 3 juin 1944, eut la forme d'un gouvernement provisoire, puis une Constitution fut approuvée par le référendum du 13 oct. 1946. Les évènements de mai 1958 en Algérie précipitèrent la chute de la IVe Rép., qui prit fin le 8 janv. 1959. La *Ve République* commença alors. Voulue par le général de Gaulle, sa Constitution avait été approuvée par référendum le 28 sept. 1958. Les présidents de la Ve République furent : le général de Gaulle (élu le 21 déc. 1958, entré en fonction le 8 janv. 1959, réélu, cette fois au suffrage universel, le 19 déc. 1965, démissionnaire le 28 avr. 1969) ; Georges Pompidou (élu le 15 juin 1969, mort le 2 avr. 1974), Valéry Giscard d'Estaing (élu le 19 mai 1974, il acheva son mandat en mai 1981), François Mitterrand (élu le 10 mai 1981 et réélu le 8 mai 1988, il acheva son deuxième mandat en mai 1995), et Jacques Chirac (élu le 7 mai 1995).

**République tchèque** → **tchèque (République).**

**répudier** *vt* ② **1** Dans certains pays ou à certaines époques, renvoyer son épouse selon les formes légales. **2** DR Renoncer à. *Répudier une succession.* **3** Rejeter, abandonner une opinion, un sentiment, etc. ETY Du lat. DER **répudiation** *nf*

**répugnance** *nf* **1** Aversion, dégoût. *Avoir de la répugnance pour qqch.* **2** Hésitation, manque d'empressement.

**répugner** *vti* ① **1** Éprouver du dégoût, de l'aversion à. *Répugner à la violence, à mentir.* **2** Dégoûter. *Son aspect me répugnait.* ETY Du lat. *repugnare*, « lutter contre ». DER **répugnant, ante** *a*

**répulsif, ive** *a, nm* **A** *a* **1** litt Qui provoque de la répulsion. **2** PHYS Qui provoque une répulsion. **B** *nm* Substance ou appareil qui tient divers animaux, et particulièrement les insectes, à l'écart.

**répulsion** *nf* **1** Aversion, dégoût, répugnance. **2** PHYS Action réciproque de deux systèmes qui tendent à s'éloigner l'un de l'autre. ETY Du lat.

**réputation** *nf* **1** Opinion commune sur qqch, sur qqn. *Bonne, mauvaise réputation.* **2** Bonne opinion, considération dont jouit qqn, qqch. *Tenir à sa réputation.* ETY Du lat. *reputatio*, « évaluation ».

**réputé, ée** *a* **1** Qui jouit d'un grand renom. *Médecin réputé.* **2** Qui est considéré comme.

**requin** blanc

**requalifier** *vt* ② Donner une nouvelle qualification, une nouvelle classification de qqch ou qqn. DER **requalification** *nf*

**requérable** *a* DR Qu'il faut requérir en personne. *Créance requérable.*

**requérant, ante** *a, n* DR Qui requiert, qui demande en justice.

**requérir** *vt* ㉟ **1** Mander, réclamer légalement ; faire la réquisition de. *Requérir la force armée.* **2** DR Demander qqch en justice ; prononcer un réquisitoire. *Requérir des dommages-intérêts.* **3** Exiger. *Cela requiert tous vos soins.* ETY Du lat.

**Requesens y Zúñiga** Luis de (Barcelone, 1528 – Bruxelles, 1576), homme politique et général espagnol. Gouverneur des Pays-Bas, en 1573, il ne put mater la révolte du Nord (les Pays-Bas actuels).

**requête** *nf* **1** Demande verbale ou écrite ; supplique. **2** DR Demande écrite adressée à un magistrat pour obtenir rapidement une décision provisoire ; mémoire rédigé par un avocat pour introduire un recours devant la Cour de cassation ou le Conseil d'État. LOC ***À, sur la requête de*** : à la demande de. — ***Maître des requêtes*** : titre de certains membres du Conseil d'État.

**Réquichot** Bernard (Asnières-sur-Vègre, 1929 – Paris, 1961), peintre français, auteur d'exercices « psychoplastiques ». Il s'est suicidé.

**requiem** *nm inv* **1** LITURG CATHOL Office pour le repos de l'âme d'un défunt. **2** MUS Œuvre de musique composé sur le texte liturgique de la messe des morts. PHO [rekɥijɛm] ETY Mot lat., « repos ».

**Requiem pour une nonne** roman de Faulkner (1951), adapté à la scène par Camus (1956).

**requin** *nm* **1** Poisson cartilagineux sélacien, au corps fuselé, au museau généralement pointu surmontant la bouche, dont certaines espèces sont dangereuses pour l'homme. **2** fig Personne cupide, impitoyable en affaires.

ENC Les requins, ou squales, constituent avec les raies la sous-classe des sélaciens. Leur tête présente généralement cinq fentes branchiales de chaque côté. Certaines espèces ne dépassent pas un mètre. Des espèces de grande taille peuvent s'attaquer à l'homme, notam. le requin blanc, long de 9 m, et le requin bleu. Les requins géants sont inoffensifs pour l'homme : le *requin-baleine* des mers tropicales, le plus gros poisson (18 m, 10 tonnes), se nourrit de plancton, de petits poissons, de céphalopodes ; le *requin pèlerin* (14 m, 6 tonnes) ne se nourrit que de petits crustacés, d'œufs et larves de poissons.

**requinquer** *v* ① **A** *vt* fam Redonner de l'énergie, de la vitalité à qqn. **B** *vpr* Reprendre des forces, se rétablir.

**requis, ise** *a, nm* **A** *a* Demandé, exigé. *Posséder les diplômes requis.* **B** *nm* Personne requise par l'autorité civile pour effectuer un travail déterminé.

**réquisition** *nf* **1** DR Action de requérir, demande incidente présentée en cours d'audience. **2** DR Réquisitoire. **3** Fait, pour une autorité civile ou militaire, d'imposer à une personne, ou à une collectivité, une prestation de services ou la remise de certains biens. LOC ***Réquisition de la force armée*** : faite par une autorité civile en vue de maintenir l'ordre ou de rétablir le fonctionnement d'un service public. ETY Du lat.

**réquisitionner** *vt* ① **1** Se faire remettre qqch, requérir les services de qqn par voie de réquisition légale. *Réquisitionner des véhicules, des ouvriers.* **2** fam Faire appel à qqn. *Il m'a réquisitionné pour l'aider à déménager.*

**réquisitoire** *nm* **1** DR Discours prononcé à l'audience par le ministère public pour demander l'application de la loi à l'égard de l'accusé. **2** fig Thèse développée contre qqn, qqch. *Ce livre est un réquisitoire contre la guerre.* DER **réquisitorial, ale, aux** *a*

**RER** *nm* Métro régional, installé en 1969, desservant Paris et sa banlieue. [ETY] Sigle pour *réseau express régional*.

**rerouter** *vt* [1] INFORM Envoyer dans une autre direction. *Un lien qui reroute vers d'autres sites Internet.* [DER] **reroutage** *nm*

**Rerum novarum** encyclique promulguée par Léon XIII, le 15 mai 1891, pour donner une base au catholicisme social.

**RES** *nm* Abrév. de *rachat d'entreprise par les salariés*, mode particulier de transmission du capital.

**resaler** *vt* [1] Saler de nouveau.

**resalir** *vt* [3] Salir de nouveau.

**rescapé, ée** *a, n* Qui est sorti vivant d'une situation dangereuse, d'un accident. [ETY] Forme picarde de *réchappé*.

**rescinder** *vt* [1] DR Annuler. *Rescinder un contrat.* [ETY] Du lat. *rescindere*. [DER] **rescindable** *a* – **rescindant, ante** *a, n* – **rescision** *nf*

**rescisoire** *a* DR Qui cause la rescision.

**rescousse** *nf* **LOC** ***À la rescousse*** : au secours. *Aller, appeler à la rescousse.* [ETY] De l'a. v. *rescourre*, « délivrer ».

**rescrit** *nm* **1** DR ROM Réponse écrite faite par l'empereur à ceux qui lui soumettaient un cas particulier à résoudre. **2** anc Ordonnance d'un souverain. **3** Réponse du pape à une requête ou à une consultation. **LOC** ***Rescrit fiscal*** : procédure de transmission d'un bien dans laquelle le contribuable consulte le fisc sur la validité de l'opération. [ETY] Du lat. *scribere*, « écrire ».

**réseau** *nm* **1** Entrelacement de fils, de lignes, etc. *Un réseau de vaisseaux sanguins.* **2** Fond d'une dentelle à mailles géométriques. **3** Ensemble de voies, de canalisations, de conducteurs, d'ordinateurs, etc, reliés les uns aux autres. *Réseau routier. Réseau téléphonique.* **4** Ensemble de personnes, d'organismes, d'établissements, etc., qui sont en relation pour agir ensemble. *Réseau de distribution. Réseau de résistance.* **LOC** PHYS ***Réseau cristallin*** : arrangement dans l'espace des ions, des molécules ou des atomes qui constituent les corps cristallisés. — INFORM ***Réseau neuronal*** : dispositif constitué de neurones formels, utilisé en intelligence artificielle. — ***Réseau numérique à intégration de services (RNIS)*** : réseau de télécommunication acheminant sous forme numérisée des informations (textes, images, sons, données). — PHYS ***Réseau optique*** : ensemble de fentes parallèles équidistantes et très rapprochées diffractant un faisceau lumineux en produisant des interférences. — INFORM ***Réseau social*** : ensemble d'internautes en communication à des fins de sociabilité. [ETY] De *rets*.

[ENC] Il existe différents types de réseaux : les réseaux téléphoniques, télématiques (minitel), informatiques, etc. Pour créer un réseau informatique on connecte des ordinateurs entre eux, au sein d'un même bâtiment *(réseau local)* ou à des milliers de kilomètres (par le réseau téléphonique), afin de partager des ressources matérielles (imprimantes, disques de stockage, etc.) et logicielles (applications, fichiers, banques de données, messageries, etc.), tout en conservant la possibilité de fermer l'accès à certaines données. Le premier réseau local commercialisable, *Ethernet*, est apparu en 1979. Outre les nombreux réseaux créés depuis, Internet, le « réseau des réseaux », est devenu mondial en 1988. V. information et Internet.

**réseauter** *vi* [1] fam Organiser des réseaux relationnels. [DER] **réseautage** *nm* – **réseauteur, euse** *a*

**résection** *nf* CHIR Opération qui consiste à enlever un fragment ou la totalité d'un organe ou d'un tissu. [ETY] Du lat.

**réséda** *nm* Plante dicotylédone dialypétale aux fleurs très parfumées, blanches ou jaunes, disposées en grappes, et dont une espèce fournit un colorant jaune. [ETY] Du lat. *resedare*, « calmer ».

**réséquer** *vt* [14] CHIR Opérer la résection de. [ETY] Du lat. [DER] **résécable** *a*

**réserpine** *nf* PHARM Alcaloïde du rauwolfia.

**réservataire** *a, nm* DR Se dit d'un héritier qui a droit à la réserve légale.

**réservation** *nf* Action de réserver une place dans le train, l'avion, une chambre à l'hôtel, etc.

**réserve** *nf* **1** Quantité de choses accumulées pour être utilisées en cas de besoin. *Réserves de nourriture.* **2** PHYSIOL Ensemble des substances nutritives stockées dans les tissus animaux et végétaux. *Réserves lipidiques.* **3** Quantité de richesses minérales que l'on peut tirer de la terre. *Réserves pétrolières.* **4** Ensemble des citoyens mobilisables en cas de besoin pour renforcer l'armée active. **5** DR Part d'un patrimoine, appelée aussi *réserve héréditaire* ou *légale*, réservée par la loi à certains héritiers, dits réservataires. **6** Endroit, local où sont stockées des marchandises. **7** ARBOR Étendue de forêt où on laisse les arbres croître en futaie. **8** Territoire réservé aux Amérindiens et soumis à un régime particulier. **9** DR Clause que l'on ajoute pour éviter qu'un texte soit interprété dans un sens que l'on ne souhaite pas. **10** Restriction nuançant ou réfutant par avance une appréciation. *Émettre des réserves sur l'état de santé d'un blessé.* **11** Discrétion, retenue, prudence. **LOC** ***En réserve*** : à part, de côté. *Garder qqch en réserve.* — ***Réserve de pêche, de chasse*** : portion d'un cours d'eau, d'un terrain, réservée au repeuplement. — COMPTA ***Réserve légale*** : fonds que toute société doit constituer au moyen de prélèvements sur les bénéfices. — ***Réserve naturelle*** : territoire où les plantes et les animaux sont protégés par des mesures spéciales. — FIN ***Réserves monétaires*** ensemble des avoirs d'un pays, en or et en devises. — ***Sans réserve*** : sans restriction. — ***Sous toutes réserves*** : sans préjuger de ce qui peut survenir, sans garantie.

**réservé, ée** *a* **1** Destiné exclusivement à qqn, qqch. *Emplacement réservé aux voitures officielles.* **2** Retenu à l'avance. *Place réservée.* **3** Qui montre de la réserve ; discret, circonspect. **LOC** DR CANON ***Cas réservé*** : péché d'une gravité telle que seul le pape ou l'évêque peut l'absoudre. — ***Chasse réservée*** : où seuls les ayants droit peuvent chasser.

**réserver** *v* [1] **A** *vt* **1** Mettre qqch de côté dans l'attente d'une meilleure occasion pour l'utiliser, ou à l'intention de qqn. *Réserver la plus grosse part pour qqn.* **2** Retenir à l'avance une place, une chambre, etc. **3** Destiner qqch à une personne en particulier. *Je vous ai réservé cette tâche.* **4** Destiner qqch à qqn. *Ce voyage me réservait bien des déceptions.* **B** *vpr* **1** Mettre de côté pour soi. *Se réserver les meilleurs morceaux.* **2** Attendre le moment opportun pour faire qqch. *Je me réserve d'intervenir ultérieurement.* [ETY] Du lat.

**réserviste** *n* Personne qui fait partie de la réserve de l'armée.

**réservoir** *nm* Cavité, bassin, récipient dans lequel un liquide ou un gaz est accumulé ou gardé en réserve. *Réservoir d'un barrage. Réservoir d'essence d'un véhicule.*

**résidanat** *nm* Fonction hospitalière assurée par les étudiants en fin d'études.

**résidant, ante** *a, n* Qui réside, demeure en un lieu. **LOC** ***Membre résidant d'une association*** : qui habite la localité où cette association a son siège, par oppos. à *membre correspondant*.

**résidence** *nf* **1** Fait de résider dans un lieu ; ce lieu. **2** DR Lieu où l'on réside de fait, par oppos. à *domicile*, lieu où l'on réside de droit. **3** Séjour obligé d'un fonctionnaire, d'un ecclésiastique, dans le lieu où il exerce ses fonctions. **4** Bâtiment d'habitation très confortable. **LOC** ***En résidence*** : se dit d'un artiste engagé par un organisme culturel pour réaliser une œuvre spécifique. — ***Résidence mobile*** : habitation tractable en convoi exceptionnel stationnant sur des terrains autorisés. SYN (déconseillé) mobile-home. — ***Résidence secondaire*** : lieu d'habitation où l'on ne demeure que pendant les vacances, les week-ends par oppos. à *résidence principale*.

**résident, ente** *n, a* **A** *n* **1** Titre de certains agents diplomatiques. **2** Personne qui réside ailleurs que dans son pays d'origine. **3** Personne qui habite dans une résidence, dans un ensemble résidentiel. **4** Étudiant en résidanat. **B** *a* INFORM Se dit d'un programme qui est à demeure dans la mémoire centrale de l'ordinateur. **LOC** anc ***Résident général*** : haut fonctionnaire placé par une nation auprès du chef d'un État soumis au protectorat de cette nation.

**résidentiel, elle** *a* Se dit des zones urbaines où dominent les immeubles et maisons d'habitation et, en partic., les habitations cossues. *Quartiers résidentiels.*

**résider** *vi* [1] **1** ADMIN Demeurer, habiter dans tel endroit. **2** fig Se trouver, exister dans qqch. *Là réside la difficulté.* [ETY] Du lat.

**résidu** *nm* **1** Déchet, détritus. *Résidus industriels.* **2** CHIM Ce qui reste d'une substance soumise à une opération physique ou chimique. *Résidus de combustion.* **LOC** LOG ***Méthode des résidus*** : qui consiste à retrancher d'un phénomène les effets auxquels on peut assigner des causes connues et à examiner le reste pour tenter d'en découvrir l'explication. [ETY] Du lat.

**résiduaire** *a* didac Qui forme un résidu.

**résiduel, elle** *a* Qui constitue un résidu. **LOC** GEOGR ***Relief résiduel*** : qui n'a pas subi d'érosion.

**résignataire** *nm* DR Celui en faveur de qui est résigné un office, un bénéfice.

**résignation** *nf* **1** DR Abandon de qqch en faveur de qqn. **2** État d'esprit de qqn qui se résigne. *Supporter ses souffrances avec résignation.*

**résigné, ée** *a, n* Se dit de qqn qui accepte qqch sans révolte, qui a renoncé à lutter.

**résigner** *v* [1] **A** *vt* DR Abandonner volontairement une charge, un bénéfice. **B** *vpr* Accepter, se soumettre sans révolte à. [ETY] Du lat. *resignare*, « décacheter ».

**résilience** *nf* **1** METALL Résistance d'un métal aux chocs. **2** PSYCHO Aptitude mentale à résister aux chocs, aux traumatismes. [DER] **résilient, ente** *a*

**résilier** *vt* [2] DR Mettre fin à un acte, un contrat par la volonté des parties ou à la suite d'un évènement fortuit. [ETY] Du lat. *resilire*, « sauter en arrière ». [DER] **résiliable** *a* – **résiliation** *nf*

**résille** *nf* **1** Filet qui sert à envelopper les cheveux. **2** TECH Armature en plomb d'un vitrail. **LOC** ***Bas résille*** : à mailles peu serrées. [ETY] De *réseau*.

**résine** *nf* **1** Substance visqueuse et odorante, sécrétée par divers végétaux tels que les conifères, les térébinthacées. **2** GEOL, PALEONT Substance végétale fossile riche en carbone. *L'ambre est une résine.* **3** CHIM Substance organique de masse molaire élevée servant de point de départ à la fabrication d'une matière plastique. [ETY] Du lat.

**résiné** *am, nm* Se dit d'un vin qui contient de la résine. *Le vin résiné grec.*

**résiner** *vt* [1] TECH **1** Extraire la résine de. **2** Enduire de résine.

**résineux, euse** *a, nm* **A** *a* **1** Qui contient, qui produit de la résine. **2** De la nature de la résine, qui rappelle la résine. **B** *nm* Arbre riche en résine, tel les conifères.

**résinier, ère** *n, a* **A** *n* Personne qui pratique les saignées dans les pins et recueille la résine. **B** *a* Relatif à la résine. *Industrie résinière.*

**résinifère** *a* didac Qui produit de la résine.

**résinique** *a* CHIM Se dit d'un acide contenu dans le bois des résineux.

**résipiscence** *nf* RELIG Pour les chrétiens, reconnaissance de sa faute suivie d'amendement. *Venir à résipiscence.* PHO [ʀesipisɑ̃s] ETY Du lat.

**résistance** *nf* **1** Action ou propriété d'un corps qui résiste à une action. *Résistance d'un métal à la déformation.* **2** PHYS Force qui s'oppose à un mouvement. **3** ELECTR Grandeur exprimée en ohms mesurant l'aptitude d'un corps à s'opposer au passage d'un courant électrique ; conducteur qui résiste au passage du courant, utilisé notam. pour produire de la chaleur. **4** Aptitude à supporter la fatigue, les privations, etc. **5** Action de résister physiquement ou moralement à qqn, à une autorité, à une occupation étrangère. **LOC** ***Plat de résistance :*** plat principal d'un repas. — TECH ***Résistance des matériaux :*** discipline technologique qui étudie la capacité des éléments de construction à résister aux contraintes, aux forces auxquelles ils seront soumis.

**Résistance** nom donné à l'action clandestine menée en France et en Europe par diverses organisations pour lutter contre l'occupation allemande durant la Seconde Guerre mondiale et parvenir à la libération des territoires. En France, de telles organisations se réunirent au sein du Conseil national de la Résistance ; 115 000 résistants français furent déportés ; 75 000 moururent dans des camps ; 20 000 furent fusillés.

**Résistance** maquisards apprenant à manier des armes parachutées pendant la nuit

**Résistance (parti de la)** en 1830, parti qui voulait que la monarchie de Juillet fût conservatrice. Ce parti vainquit le parti du Mouvement dès 1831-1832. V. Guizot.

**résistant, ante** *a, n* **A** *a* **1** Qui présente une certaine résistance. *Matière résistante.* **2** Qui résiste à la fatigue, à la maladie, etc. **B** *n* Personne qui s'oppose à une occupation étrangère ; personne ayant pris part à la Résistance.

**Resistencia** ville d'Argentine, ch.-l. de la prov. du Chaco ; 174 420 hab. Industries.

**résister** *vti* ① **1** Ne pas céder, ne pas se détériorer sous l'action de. *Matériaux qui résistent aux chocs.* **2** Être capable de supporter qqch. *Résister à la maladie.* **3** Se défendre contre, s'opposer par la force à. *Résister à l'occupant.* **4** Ne pas se plier à la volonté de qqn. *Personne n'ose lui résister.* **5** Tenir ferme contre ce qui porte vers qqn, qqch. *Résister à une impulsion.* ETY Du lat.

**résistible** *a* litt À quoi on peut résister.

**Résistible Ascension d'Arturo Ui (la)** pièce en vers et en prose de Brecht (1941) ; Arturo Ui est Hitler (de 1933 à 1938).

**résistivité** *nf* ELECTR Résistance spécifique d'un conducteur.

**résistor** *nm* ELECTR Dipôle qui obéit à la loi d'Ohm. SYN résistance.

**Reşiţa** v. industr. de l'O. de la Roumanie ; ch.-l. du distr. de Caraş-Severin ; 102 560 hab.

**resituer** *vt* ① didac Replacer qqn, un évènement, dans le contexte idéologique de son époque.

**Resnais Alain** (Vannes, 1922 – Paris, 2014), cinéaste français. Après des courts métrages (*Guernica* 1950, *Nuit et Brouillard* 1955), il réalisa *Hiroshima mon amour* (1959), *l'Année dernière à Marienbad* (1961), *Muriel* (1963), *On connaît la chanson* (1997), *les Herbes folles* (2009).

**Alain Resnais** *l'Année dernière à Marienbad*, 1961, avec Delphine Seyrig

**resocialiser** *vt* ① SOCIOL Réinsérer dans la vie sociale. DER **resocialisation** *nf*

**résolu, ue** *a* Qui ne se laisse pas détourner d'une décision prise ; déterminé, hardi. ETY De *résoudre*. DER **résolument** *av*

**résoluble** *a* DR Qui peut être annulé.

**résolutif, ive** *a, nm* MED Se dit des médicaments qui font disparaître les inflammations.

**résolution** *nf* **1** Fait, pour un corps, de se résoudre. *Résolution de la glace en eau.* **2** MED Disparition sans suppuration d'une inflammation. **3** DR Annulation d'un contrat pour inexécution des conditions. **4** PHYS Distance minimale perceptible entre deux points que l'on observe avec un instrument d'observation. **5** INFORM Mesure de la précision d'une image numérique, donnée en nombre de points ou pixels qui s'y trouvent. **6** Action, fait de résoudre un problème. **7** Décision fermement arrêtée. **8** POLIT Proposition retenue par une assemblée. **9** litt Qualité d'une personne résolue. **LOC** MATH ***Résolution d'une équation :*** détermination de la valeur de ses inconnues. — ***Résolution musculaire :*** diminution ou disparition des contractions musculaires que l'on observe dans l'anesthésie ou la paralysie. ETY Du lat.

**résolutoire** *a* DR Qui a pour effet de résoudre, d'annuler un acte. *Clause résolutoire.*

**résonance** *nf* **1** Propriété qu'ont certains objets, certains lieux, de résonner ; modification du son qu'ils provoquent. *Résonance d'une église.* **2** PHYS Accroissement de l'amplitude d'une vibration lorsque la période des vibrations imposées devient égale à la période propre du système. **3** CHIM Phénomène présenté par des composés qui réagissent comme s'ils possédaient plusieurs structures atomiques. **4** fig, litt Effet produit sur l'esprit. *Une mélodie qui éveille de douces résonances.* **LOC** ***Caisse de résonance :*** enceinte close où se produisent des phénomènes de résonance. ; fig lieu où un phénomène peut prendre de l'ampleur. *Une caisse de résonance pour des revendications.* — MED ***Imagerie par résonance magnétique (IRM) :*** technique d'imagerie médicale qui utilise la RMN. — PHYS ***Résonance magnétique nucléaire (RMN) :*** étude de la résonance nucléaire lorsqu'on applique une fréquence de radiation électromagnétique et une intensité de champ magnétique données. — PHYS NUCL ***Résonance nucléaire :*** phénomène de résonance à l'intérieur du noyau, dû aux transitions entre niveaux d'énergie.

**résonateur** *nm, a* PHYS Appareil qui vibre sous l'influence d'oscillations.

**résonnant, ante** *a* PHYS Qui est le siège d'un phénomène de résonance. VAR **résonant, ante**

**résonner** *vi* ① **1** Réfléchir le son en le renforçant ou en le prolongeant. *Local qui résonne.* **2** Rendre un son vibrant. *Faire résonner un tambour.* ETY Du lat.

**résorber** *v* ① **A** *vt* **1** MED Opérer la résorption d'une tumeur, d'un épanchement, etc. **2** fig Faire disparaître peu à peu ce qui gêne, ce qui est en excès. *Résorber l'excédent de la production.* **B** *vpr* Disparaître. ETY Du lat. *resorbere*, « avaler de nouveau ». DER **résorbable** *a*

**résorcine** *nf* CHIM Dérivé du benzène utilisé dans l'industrie chimique et pharmaceutique. ETY De *résine* et *oseille*. VAR **résorcinol** *nm*

**résorption** *nf* **1** MED Disparition totale ou partielle d'un tissu dégénéré, d'un produit pathologique ou d'un corps étranger, qui est détruit et assimilé par les tissus voisins. **2** fig Action de faire disparaître peu à peu ; son résultat. *Résorption d'un déficit.*

**résoudre** *v* (75) **A** *vt* **1** Donner une solution à. *Résoudre un problème.* **2** Dissocier en ses éléments. *Le froid condense les nuages et les résout en pluie.* **3** MED Faire disparaître peu à peu une tumeur, une inflammation. **4** DR Annuler un contrat. **5** Décider qqch, de faire qqch. *On résolut la destruction du quartier. Il résolut d'attendre.* **B** *vpr* **1** Être décomposé, transformé en. **2** Se déterminer, se décider à. *Se résoudre à partir.* **LOC** MATH ***Résoudre une équation :*** en déterminer les inconnues. ETY Du lat.

**respect** *nm* **1** Considération que l'on a pour qqn et que l'on manifeste par une attitude déférente envers lui. *Manquer de respect à qqn.* **2** Souci de ne pas porter atteinte à qqch. *Le respect des lois, de la vie.* **LOC** ***Présenter ses respects à qqn :*** ses hommages. — ***Respect humain :*** crainte du jugement d'autrui. — ***Sauf votre respect :*** sans vous offenser. — ***Tenir qqn en respect :*** le contenir, le tenir à distance ; le menacer d'une arme. PHO [ʀɛspɛ] ETY Du lat.

**respectabiliser** *vt* ① Rendre respectable.

**respectable** *a* **1** Qui mérite du respect. *Famille respectable.* **2** Assez important pour être pris en considération. *Une taille respectable.* DER **respectabilité** *nf*

**respecter** *v* ① **A** *vt* **1** Éprouver du respect pour qqn. **2** Observer une prescription, une interdiction, un usage, une règle. **B** *vpr* Se conduire de manière à garder l'estime de soi. **LOC** ***Qui se respecte :*** digne de ce nom. *Un écrivain qui se respecte.*

**respectif, ive** *a* Qui concerne chaque chose, chaque personne par rapport aux autres. *Les chances respectives de deux adversaires.*

**respectivement** *av* Chacun en ce qui le concerne. *Leurs deux fils ont respectivement quinze et vingt ans.*

**respectueux, euse** *a* Qui témoigne, qui marque du respect. **LOC** ***Se tenir à distance respectueuse :*** assez loin de qqn ou de qqch que l'on respecte ou que l'on craint. DER **respectueusement** *av*

**Respighi Ottorino** (Bologne, 1879 – Rome, 1936), compositeur néoclassique italien : *les Fontaines de Rome* (poème symphonique, 1916).

**respirabilité** *nf* INDUSTR Qualité d'un tissu, d'un vêtement, d'une chaussure qui ne retient pas la transpiration.

**respirable** → **respirer.**

**respirant, ante** *a* Se dit d'un tissu qui ne retient pas la transpiration.

**respirateur** *nm* MED Appareil destiné à assurer la ventilation pulmonaire d'un sujet.

**respiration** *nf* **1** Action de respirer. **2** PHYSIOL Fonction qui préside aux échanges gazeux entre un être vivant et le milieu extérieur, et qui assure l'oxydation des substances organiques. **LOC** MED ***Respiration artificielle :*** ensemble des méthodes permettant d'assurer la ventilation pulmonaire en cas de défaillance de celle-ci (insufflations, bouche-à-bouche, procédés manuels produisant le mouvement thoracique, etc.). SYN ventilation artificielle.

ENC Toute cellule aérobie, végétale ou animale, respire. La respiration s'effectue chez les organismes simples par diffusion à travers la membrane cellulaire (et, s'il y a lieu, les tissus) du dioxygène de l'air ou de l'eau. Chez les animaux dotés d'une taille et d'une activité métabolique importantes, les appareils respiratoires sont de trois types : branchies (poissons, têtards, etc.) ; poumons (poissons dipneustes, amphibiens adultes, reptiles, oiseaux, mammifères) ; trachées (insectes, myriapodes). Chez les plantes, les échanges gazeux respiratoires ont lieu au niveau de tous les tissus, sans appareils différenciés. Chez les animaux munis de poumons, donc chez l'homme, la respiration comprend deux temps : l'*inspiration*, active (où l'air pénètre dans les voies respiratoires), est produite par une contraction du diaphragme et des muscles intercostaux qui dilate la cage thoracique et par suite les poumons ; l'*expiration*, passive (où l'air est expulsé), est due à l'élasticité de la cage thoracique et des poumons. Les échanges gazeux se font au niveau des alvéoles pulmonaires entre l'air inspiré et le sang veineux ; c'est le phénomène de l'*hématose* : le dioxygène, qui a diffusé à travers la paroi des alvéoles, parvient au sang, où la plus grande partie se combine à l'hémoglobine pour former l'oxyhémoglobine ; le sang oxygéné, rouge vif, parvenu aux tissus, leur abandonne son dioxygène et se charge à nouveau de dioxyde de carbone ($CO_2$).

**respiratoire** *a* De la respiration ; qui sert à la respiration. *Voies respiratoires.* LOC ***Quotient respiratoire*** : rapport entre la quantité de gaz carbonique produite et la quantité de dioxygène absorbée pendant la respiration.

**respirer** *v* ① **A** *vi* **1** Absorber du dioxygène et rejeter du gaz carbonique, en parlant des êtres vivants. **2** fig Avoir un moment de répit. *Laissez-moi respirer !* **B** *vt* **1** Aspirer par les organes respiratoires. *Respirer un air vicié.* **2** fig Donner des signes extérieurs de. *Respirer l'honnêteté.* ETY Du lat. DER **respirable** *a*

**resplendir** *vi* ③ Briller avec éclat. *Astre qui resplendit. Il resplendit de bonheur.* ETY Du lat. DER **resplendissant, ante** *a* – **resplendissement** *nm*

**responsabiliser** *vt* ① Rendre qqn responsable, conscient de ses responsabilités. DER **responsabilisation** *nf*

**responsabilité** *nf* **1** Fait d'être responsable. *Fuir les responsabilités.* **2** Capacité, pouvoir de prendre des décisions. *Avoir un poste de responsabilités.* LOC DR ***Responsabilité civile*** : obligation de réparer les dommages que l'on a causés à autrui de son propre fait ou de celui de personnes, d'animaux, de choses dont on est responsable. — ***Responsabilité ministérielle*** : dans un régime parlementaire, obligation faite au gouvernement de démissionner quand le Parlement lui retire sa confiance. — ***Responsabilité pénale*** : obligation de subir la peine prévue pour l'infraction dont on est l'auteur ou le complice.

**responsable** *a, n* **A** *a* **1** Qui est tenu de répondre de ses actes ou, dans certains cas, de ceux d'autrui. *Être responsable devant la loi.* **2** Qui est sérieux, qui réfléchit aux conséquences de ses actes. **B** *a, n* **1** Qui est la cause de, coupable de. *La conduite en état d'ivresse est responsable de nombreux accidents. Retrouver le responsable d'un accident.* **2** Qui a le pouvoir de prendre des décisions. ETY Du lat. *respondere*, « répondre ».

**resquiller** *vt, vi* ① fam Profiter de qqch sans y avoir droit, sans le payer. ETY Du provenç. *resquilia*, « glisser ». DER **resquillage** *nm* ou **resquille** *nf* – **resquilleur, euse** *n, a*

**ressac** *nm* Retour des vagues sur elles-mêmes après avoir frappé un obstacle ou le rivage. PHO [Rəsak] ETY De l'esp.

**ressaigner** *vi* ① Saigner de nouveau.

**ressaisir** *v* ③ **A** *vt* Saisir de nouveau, reprendre. **B** *vpr* Redevenir maître de soi.

**ressasser** *vt* ① **1** Retourner sans cesse dans son esprit. *Ressasser de vieilles rancunes.* **2** Répéter à satiété. *Ressasser les mêmes histoires.* ETY De *sas*, « tamis ». DER **ressasseur, euse** *n*

**ressaut** *nm* ARCHI Saillie que fait une partie horizontale d'une construction par rapport à un plan vertical. *Le ressaut d'une corniche.*

**ressauter** *v* ① Sauter de nouveau.

**ressayer** *vt* ㉑ Essayer de nouveau. VAR **réessayer**

**ressembler** *vti* ① Avoir des traits communs (nature, aspect, etc.) avec. *Votre fils vous ressemble. Elles se ressemblent.* LOC ***Cela ne vous ressemble pas*** : cela n'est pas conforme à votre caractère. DER **ressemblance** *nf* – **ressemblant, ante** *a*

**ressemeler** *vt* ⑰ ou ⑲ Changer les semelles des chaussures. DER **ressemelage** *nm*

**ressemer** *vt* ⑯ Semer de nouveau.

**ressenti** *nm* PSYCHO Manière de ressentir qqch. *Le ressenti d'une maladie.*

**ressentiment** *nm* Souvenir que l'on garde d'offenses, de torts que l'on n'a pas pardonnés. SYN rancœur.

**ressentir** *v* ㉚ **A** *vt* Éprouver une sensation physique, un sentiment. *Ressentir une vive douleur. Ressentir de l'affection pour qqn.* **B** *vpr* Subir les effets, les conséquences de. *Il se ressent encore de sa maladie.*

**resserre** *nf* Endroit où l'on range des outils, du bois, etc. ; remise.

**resserrer** *vt* ① **1** Serrer davantage. *Resserrer un nœud.* **2** Réduire les dimensions, la durée de qqch. *Le froid resserre les pores. Le défilé se resserre à cet endroit.* DER **resserrement** *nm*

**resservir** *v* ㉚ **A** *vi* Servir de nouveau. *Cette robe pourra resservir.* **B** *vt* Servir qqch une nouvelle fois. *Resservir un plat.*

**1 ressort** *nm* **1** Pièce élastique qui tend à reprendre sa forme initiale dès que cesse l'effort qui s'exerce sur elle. **2** fig Activité, énergie ; cause motrice. *Manquer de ressort.*

**2 ressort** *nm* DR **1** Étendue d'une juridiction. *Le ressort d'une cour d'appel.* **2** Limite de compétence d'un corps judiciaire. *Affaire du ressort de tel tribunal.* LOC ***Cela n'est pas de mon ressort*** : de ma compétence. — ***En dernier ressort*** : en définitive, en fin de compte. — ***Juger en dernier ressort*** : sans appel possible.

**1 ressortir** *v* ㉚ **A** *vi* **1** Sortir peu de temps après être entré. **2** Se distinguer nettement par contraste. *Ce tableau ressortirait mieux sur un fond clair.* **B** *vt* **1** Sortir de nouveau. *J'ai ressorti mon vieux manteau.* **2** fam Répéter. *Il nous ressort toujours les mêmes histoires.* LOC ***Il ressort de tout cela que*** : si l'on examine cela, il apparaît que.

**2 ressortir** *vti* ③ **1** DR Être du ressort d'une juridiction. *Cette affaire ressortit au juge d'instance.* **2** fig Relever de. *Cela ressortit à la philosophie.*

**ressortissant, ante** *a, n* **A** *a* DR Qui ressortit à une juridiction. **B** *n* Personne qui ressortit à la législation d'un pays, du fait de sa nationalité.

**ressouder** *vt* ① Souder de nouveau.

**ressource** *nf* **A 1** Moyen employé pour se tirer d'embarras. *N'avoir d'autre ressource que la fuite.* **2** AVIAT Manœuvre de redressement d'un avion, mettant fin à un piqué. **B** *nfpl* **1** Moyens pécuniaires. *Être sans ressources.* **2** Richesses, moyens matériels dont dispose un pays. *Ressources minières.* **3** fig Moyens d'action, réserves de forces, d'habileté, etc. LOC fam ***Avoir de la ressource*** : n'être pas à bout de forces, d'expédients. — ***Ressources humaines*** : service du personnel d'une entreprise qui gère également les relations internes, la gestion des carrières, etc. ETY De l'a. v. *resourdre*, « se rétablir ».

ENC La notion de ressources est liée à celle de *réserves*, c.-à-d. à ce qu'il est possible de prélever. Certaines ressources (produits agricoles, forêts) se renouvellent, contrairement à d'autres (minerais, pétrole) dont le cycle de formation peut couvrir des millions d'années (charbon, pétrole). Les *ressources agricoles* dépendent de la surface des terres cultivables (le quart des surfaces émergées, dont la moitié seulement est auj. cultivée) et de leur rendement. Les *ressources en eau douce* sont renouvelables ; 4 % du stock disponible étant consommés chaque année, aucun problème grave ne se posera avant l'an 2015 pour l'ensemble de la planète, mais l'eau douce est très inégalement répartie et la pollution s'accroît. Les *ressources en énergie et en minerais* sont limitées : quelques dizaines d'années pour le pétrole, le gaz naturel, l'uranium, le cuivre ; durée moindre pour le mercure, le plomb, le zinc, l'étain. Les *ressources de la mer* sont très variées, difficiles à dénombrer (sels, iode, minerais, pétrole) et peu exploitables au-delà d'une profondeur de quelques centaines de mètres. L'épuisement progressif des ressources naturelles appelle des mesures à l'échelle planétaire : lutte contre la pollution (en partic. celle des océans), réduction du gaspillage, recyclage de l'eau et des matières premières, développement de l'énergie solaire, de la géothermie, de l'énergie éolienne, de la fusion contrôlée, etc.

**ressourcer (se)** *vpr* ⑫ Revenir à ses racines ; faire un retour aux sources. DER **ressourcement** *nm*

**ressourcerie** *nf* Syn. de *recyclerie*.

**ressouvenir (se)** *vpr* ㊱ litt Se souvenir de nouveau.

**ressuer** *vi* ① **1** TECH Rendre son humidité. *Crépi qui ressue.* **2** METALL Extraire les substances hétérogènes d'un métal par fusion partielle. DER **ressuage** *nm*

**ressui** *nm* VEN Lieu où le gibier se retire pour se sécher après la pluie ou après la rosée du matin. PHO [Resyi] ETY De *ressuyer*.

**ressurgir** → **resurgir.**

**ressusciter** *v* ① **A** *vi* **1** Revenir de la mort à la vie. **2** fig Renaître, se ranimer. **B** *vt* **1** Ramener de la mort à la vie. **2** fig Faire revivre. *Ressusciter une coutume.* PHO [Resysite] ETY Du lat.

**ressuyer** *v* ㉒ **A** *vt* Essuyer de nouveau. **B** *vi, vpr* AGRIC Perdre son excès d'eau, en parlant d'un sol. DER **ressuyage** *nm*

**restanque** *nf* rég Dans le Midi, champ en terrasse ; muret en pierres sèches destiné à retenir la terre de ce champ.

**restant, ante** *a, nm* **A** *a* Qui reste. *L'argent restant.* **B** *nm* Reste.

**restau** → **resto.**

**restaurant** *nm* Établissement public où l'on sert des repas moyennant paiement. abrév fam restau ou resto.

**1 restaurateur, trice** *n, a* Spécialiste en restauration d'objets, de pièces anciennes. LOC ***Chirurgie restauratrice*** : chirurgie plastique pratiquée en cas de lésion ou de malformation.

**2 restaurateur, trice** *n* Personne qui tient un restaurant.

**1 restauration** *nf* **1** Action de réparer, de restaurer. *Restauration d'un édifice.* **2** Rétablissement d'une ancienne dynastie sur le trône.

**2 restauration** *nf* Secteur d'activités des restaurants. LOC ***Restauration rapide*** : syn. (recommandé) de *fast food*.

**Restauration** nom donné en France au régime marqué par le rétablissement des Bourbons (Louis XVIII, 1814-1824 ; Charles X, 1824-1830). Il comporta deux périodes : la *première Restauration* (avril 1814-mars 1815), interrompue par l'épisode des Cent-Jours, durant lesquels Napoléon reprit le pouvoir ; la *seconde Restauration* (juillet 1815-juillet 1830), conclue par la révolution de Juillet, qui mit en place la monarchie de Juillet (Louis-Philippe). – En Angleterre, ce terme désigne la Restauration des Stuarts (1660) et, dans un sens plus large, les douze années qui suivirent.

**restaurer** *vt* ① **1** Réparer, remettre en son état premier. *Restaurer un monument.* **2** fig Rétablir. *Restaurer une coutume.* ETY Du lat.

**restaurer (se)** *vpr* ① Rétablir ses forces en mangeant.

**reste** *nm* **A 1** Ce qui demeure d'un tout, relativement à la partie retranchée, considérée, etc. *Payer le reste d'une dette.* **2** Ce qu'il y a encore à faire, à dire. *Nous lirons le reste demain.* **3** Ce qu'il y a en outre. *Inutile de préciser, vous imaginez le reste.* **4** Petite quantité. *Un reste de vertu.* **5** MATH Différence de deux nombres, dans une soustraction. **6** MATH Ce qui demeure du dividende, et qui est inférieur au diviseur. **B** *nmpl* **1** Ce qui subsiste d'un tout détruit, perdu, consommé, etc. *Les restes d'un naufrage. Les restes d'un repas.* **2** Ce qui a été dédaigné. *N'avoir que les restes.* LOC ***Au reste, du reste*** : au surplus, d'ailleurs. — plaisant ***Avoir de beaux restes*** : avoir gardé des traces de sa beauté passée. — ***De reste*** : plus qu'il n'est nécessaire. — ***Et (tout) le reste*** : et cætera. — ***Être en reste*** : demeurer débiteur. — ***Les restes de qqn*** : son cadavre, ses ossements. — ***Ne pas demander son reste*** : ne pas insister.

**resténose** *nf* MED Récidive de la sténose d'un vaisseau sanguin.

**rester** *vi* ① **1** Continuer d'être à tel endroit ; dans tel état. *Rester chez soi. Rester calme.* **2** rég Habiter, vivre en un endroit. *Rester à Montréal.* **3** Persister, durer. *Cette œuvre restera.* **4** Continuer d'être à qqn, lui demeurer attaché. *Ce surnom lui est resté.* **5** Subsister. *Voyons ce qui reste à faire.* LOC ***En rester à*** : s'arrêter à, s'en tenir à. *Restons-en là.* — ***Il reste que*** : il est néanmoins vrai que. — ***Rester sur sa faim*** : n'avoir pas mangé à sa faim ; fig ne pas voir ses aspirations, ses désirs pleinement satisfaits. — ***Rester sur une impression*** : ne pas vouloir ou ne pas pouvoir l'oublier. — fam ***Y rester*** : mourir. ETY Du lat.

**Restif de La Bretonne** Nicolas **Restif,** dit (Sacy, Auxerrois, 1734 – Paris, 1806), écrivain français. Réaliste et libertin, il a peint les paysans et le petit peuple des villes : *le Paysan perverti* (1775), *la Vie de mon père* (1779), *les Contemporaines* (42 vol. de nouvelles, 1780-1785), *Monsieur Nicolas* (1794-1797). VAR **Rétif**

**restituable** *a* Que l'on doit restituer. *Prêt restituable à la demande du créancier.*

**restituer** *vt* ① **1** Rendre ce qui est possédé indûment. *Restituer des terres.* **2** didac Rétablir dans son état premier. *Restituer un texte.* **3** Rendre, libérer ce qui a été accumulé, absorbé. *Les accumulateurs restituent de l'énergie électrique.* **4** Reproduire un son enregistré. ETY Du lat. DER **restitution** *nf*

**resto** *nm* fam Restaurant. VAR **restau**

**restoroute** *nm* Restaurant situé sur une autoroute ou sur une route à grande circulation. ETY Nom déposé.

**Restos du cœur (les)** association créée par Coluche en 1985 qui vient en aide aux plus démunis en servant notam. des repas gratuits.

**Restout** Jean (Rouen, 1692 – Paris, 1768), peintre français (sujets religieux).

**restreindre** *v* ⑤⑤ **A** *vt* Réduire, limiter. *Restreindre un droit.* **B** *vpr* **1** Devenir moins étendu. *Le nombre des choix s'est restreint.* **2** Réduire ses dépenses. ETY Du lat.

**restrictif, ive** *a* Qui restreint. *Clause restrictive.*

**restriction** *nf* **A 1** Action de restreindre. **2** Condition qui restreint. **B** *nfpl* Mesures destinées à limiter la consommation ; rationnement. *Restrictions imposées en temps de guerre.* LOC ***Faire des restrictions*** : émettre des réserves, des critiques. — ***Restriction mentale*** : réserve faite à part soi d'une partie de ce qu'on pense, pour tromper l'interlocuteur. — ***Sans restriction*** : entièrement, sans condition.

**restructuration** *nf* **1** Action de restructurer. **2** ECON Réorganisation d'une entreprise se traduisant par des licenciements, un plan social.

**restructurer** *vt* ① Donner une nouvelle structure à ; réorganiser. DER **restructurable** *a*

**restyler** *vt* ① Modifier le style d'un produit pour en relancer les ventes. DER **restylage** ou **restyling** *nm*

**resucée** *nf* fam **1** Quantité supplémentaire de boisson. **2** fig Reprise, répétition sans intérêt. *Une médiocre resucée cinématographique.*

**résultant, ante** *a, nf* **A** *a* vieilli Qui résulte de qqch. **B** *nf* Effet découlant de plusieurs causes convergentes ; résultat. LOC PHYS ***Résultante cinétique*** : somme des quantités de mouvement. — ***Résultante dynamique*** : somme des forces appliquées sur un objet, sur un point.

**résultat** *nm* **A 1** Ce qui résulte d'une action, d'un fait. *Le résultat d'une enquête.* **2** Succès ou échec à un examen, un concours, une compétition, etc. **B** *nmpl* COMPTA Bénéfices ou pertes, dans l'exploitation d'une entreprise. LOC fam ***Résultat des courses*** : en fin de compte, en conséquence. — MATH ***Résultat d'une opération*** : produit, quotient, reste, somme.

**résulter** *vi* ① S'ensuivre ; être l'effet, la conséquence de ; découler de. *Cette conclusion résulte de vos déclarations.* ETY Du lat. *resultare,* « rebondir ».

**résumé** *nm* **1** Présentation succincte. *Le résumé d'une conférence.* **2** Précis, abrégé. LOC ***En résumé*** : pour récapituler brièvement.

**résumer** *v* ① **A** *vt* **1** Exprimer en moins de mots, de manière plus brève. *Résumer un livre.* **2** fig Être l'image en petit de, présenter en raccourci. *Cette anecdote résume le personnage.* **B** *vpr* **1** Reprendre brièvement ce que l'on a dit, écrit. **2** Être résumé. *Cela se résume en une phrase.* ETY Du lat.

**résurgence** *nf* **1** GEOL Eaux résurgentes. **2** fig Réapparition. *Résurgence d'une mode.*

**résurgent, ente** *a* GEOL Se dit des eaux d'infiltration qui, après un trajet souterrain, resurgissent en surface.

**resurgir** *vi* ③ Surgir de nouveau. VAR **ressurgir**

**résurrection** *nf* **1** Retour de la mort à la vie. *La résurrection de Lazare.* **2** Œuvre d'art représentant la résurrection du Christ. **3** fig Réapparition ; nouvel essor. *Résurrection d'un art ancien.* ETY Du lat.

**Résurrection (la)** la résurrection de Jésus-Christ, le jour de Pâques. V. Jésus.

**Résurrection** roman de Tolstoï (1899).

**retable** *nm* Panneau vertical décoré, placé derrière un autel, le plus souvent peint et richement orné. ▶ illustr. **Grünewald**

**rétablir** *v* ③ **A** *vt* **1** Établir de nouveau. *Rétablir la paix.* **2** Remettre en fonctionnement, en bon état. *Rétablir le téléphone.* **3** Redonner la santé. *Cette thérapeutique l'a rétabli.* **B** *vpr* **1** Revenir à son état premier. *Le pouls se rétablit.* **2** Recouvrer la santé. **3** Faire un mouvement qui consiste, lorsqu'on est suspendu par les mains, à se hisser après traction sur les bras tendus. *Se rétablir sur les avant-bras.* LOC ***Rétablir les faits*** : en rectifier une version inexacte. DER **rétablissement** *nm*

**retaille** *nf* TECH **1** Opération consistant à retailler un diamant, une pierre fine. **2** Partie qu'on retranche d'une chose en la retaillant.

**retailler** *vt* ① Tailler de nouveau.

**rétais** → **Ré (île de).**

**rétamer** *v* ① **A** *vt* **1** Étamer de nouveau un objet métallique. **2** fam Battre au jeu, dans une compétition. *Se faire rétamer.* **B** *vpr* fam Tomber, échouer. LOC ***Être rétamé*** : épuisé. DER **rétamage** *nm*

**rétameur** *nm* Ouvrier qui rétame.

**retape** *nf* LOC fam ***Faire la retape*** : racoler ; fig faire une publicité ou une propagande outrancière ; essayer de recruter des adhérents, etc.

**retaper** *vt* ① **1** Redonner sa forme à qqch. *Retaper un lit.* **2** fam Remettre sommairement en état ; rendre l'aspect du neuf à. *Retaper une vieille ferme.* **3** fam Rétablir les forces, la santé de. *Vacances qui retapent.* **4** Taper de nouveau un texte à la machine. DER **retapage** *nm*

**retard** *nm* **1** Fait d'arriver, de se produire, après le moment fixé ; temps écoulé entre le moment où qqch ou qqn aurait dû arriver et le moment où il arrive réellement. *Être en retard. Avoir du retard.* **2** Différence de temps, de distance, qui résulte d'une lenteur relative. *Être en retard sur qqn.* **3** Action de retarder, de différer. *Se décider après bien des retards.* **4** MED Prolongation de l'action d'un médicament par adjonction de produits qui en diffèrent l'élimination. *Insuline retard.* **5** MUS Prolongation d'une note d'un accord sur l'accord suivant. **6** TECH Fait de fonctionner avec un certain décalage dans le temps. *Retard à l'échappement.* **7** fig État de celui qui est moins avancé, par rapport à une norme. *Ce pays a un siècle de retard.* **8** TECH Mécanisme qui sert à régler le mouvement d'une pendule. LOC fig, fam ***Retard à l'allumage*** : fait d'être lent à comprendre, à se décider. — ***Sans retard*** : sans délai, rapidement.

**retardant, ante** *a, nm* Se dit d'un produit qui ralentit la combustion, utilisé dans la lutte contre les incendies de forêt.

**retardataire** *a, n* **1** Qui arrive en retard. **2** Moins avancé que les autres. *Mœurs retardataires.*

**retardateur, trice** *a, nm* **A** *a* didac Qui retarde, qui provoque un ralentissement. **B** *nm* **1** CHIM Corps qui ralentit une réaction. **2** Dispositif d'un appareil photo qui diffère de quelques secondes l'ouverture de l'obturateur. LOC MILIT ***Action retardatrice*** : destinée à ralentir la progression de l'ennemi.

**retardé, ée** *a, n* Se dit d'un enfant qui est en retard dans sa scolarité, dans son développement physique ou intellectuel.

**retardement** *nm* Action de mettre en retard. LOC ***À retardement*** : se dit d'un mécanisme dont l'action est différée au moyen d'un compteur ou d'une horloge intégrés ; fig après coup. *Payer ses dettes à retardement.*

**retarder** *v* ① **A** *vt* **1** Mettre en retard. *Ne l'attends pas, tu vas te retarder.* **2** Différer. *Retarder son départ.* **B** *vi* **1** Indiquer une heure déjà passée, en parlant d'une montre, d'une pendule, etc. **2** Manifester des idées, des attitudes dépassées, rétrogrades. *Retarder sur son temps.* LOC ***Retarder une montre*** : lui faire indiquer une heure moins avancée que celle qu'elle indique. ETY Du lat.

**retendoir** *nm* TECH Clé utilisée pour régler la tension des cordes d'un piano.

**retendre** *vt* ⑥ Tendre de nouveau.

**retenir** *v* ③⑥ **A** *vt* **1** Garder ce qui est à autrui. *Retenir des marchandises en gage.* **2** Prélever, déduire d'une somme. *Retenir une cotisation.* **3** Garder dans sa mémoire. *Retenir sa leçon.* **4** Réserver. *Retenir une place d'avion.* **5** DR Garder un chef d'accusation, etc. *Le délit de vol a été retenu contre lui.* **6** Considérer favorablement ; agréer. *Retenir une candidature.* **7** Faire demeurer en un lieu. *Retenir qqn à dîner.* **8** Maintenir en place, contenir. *Barrage qui retient l'eau. Retenir l'attention.* **9** Empêcher d'agir ou de se manifester. *La prudence l'a retenu.* **10** Saisir, maintenir pour empêcher d'aller, de tomber, etc. *Retenir qqn au bord d'une pente.* **11** ARITH Réserver un chiffre pour l'ajouter aux chiffres de la colonne à gauche, dans une opération.

**B** *vpr* Différer de satisfaire un besoin naturel. LOC fam *Je vous retiens !* : je ne risque pas d'oublier la façon dont vous avez agi.

**retenter** *vt* ① Tenter de nouveau.

**rétention** *nf* **1** Action de retenir, de conserver. *Rétention de plus-values.* **2** MED Accumulation d'une substance destinée à être évacuée. *Rétention d'urine.* **3** GEOGR Immobilisation de l'eau des précipitations. LOC DR ***Droit de rétention :*** qui autorise un créancier à retenir un bien reçu en gage. — ***Rétention administrative :*** fait de retenir dans un lieu *(centre de rétention)* un étranger en situation irrégulière avant son expulsion. — ***Rétention de sûreté :*** fait de retenir prisonnier un condamné ayant purgé sa peine mais qui présente une particulière dangerosité et une probabilité élevée de récidive.

**retentir** *vi* ③ **1** Faire entendre un son puissant, éclatant. *Les trompettes retentirent.* **2** Être rempli par un son, un bruit. *La maison retentissait de coups de marteau.* **3** Avoir un retentissement, des répercussions sur. *La fatigue retentit sur le caractère.* ETY Du lat. *tintere*, « résonner ».

**retentissant, ante** *a* **1** Sonore, éclatant. *Voix retentissante.* **2** Qui a un grand retentissement, dont on parle beaucoup. *Échec retentissant.*

**retentissement** *nm* **1** litt Fait de retentir ; bruit, son renvoyé avec éclat. **2** fig Contrecoup, répercussion. *Cette réussite eut un profond retentissement sur sa vie.* **3** fig Fait de se répandre avec beaucoup de bruit auprès d'un public nombreux. *Retentissement d'une nouvelle.*

**retenue** *nf* **1** Fait de retenir, de garder. *Retenue de marchandises par la douane.* **2** ARITH Chiffre qu'on retient dans sa mémoire, dans une opération. **3** Fait de retenir de l'eau ; masse d'eau que l'on retient. *Lac de retenue d'un barrage.* **4** MAR Cordage servant à retenir. **5** Punition scolaire consistant à garder en classe un élève en dehors des heures de cours. **6** Attitude, qualité d'une personne discrète, réservée. **7** Embouteillage, bouchon. *Dix kilomètres de retenue sur l'autoroute.* LOC FISC ***Retenue à la source :*** prélèvement fiscal sur un revenu, avant paiement de celui-ci.

**retercer** *vt* ⑫ AGRIC Labourer une quatrième fois, une vigne notam. DER **reterçage** *nm*

**Rethel** ch.-l. d'arr. des Ardennes, sur l'Aisne ; 8 052 hab. – La ville fut disputée pendant la Fronde. DER **rethélois, oise** *a, n*

**Rethondes** com. de l'Oise (arr. de Compiègne), sur l'Aisne ; 668 hab. – Dans une clairière proche de la gare de Rethondes, la France et l'Allemagne ont signé les armistices du 11 nov. 1918 et du 22 juin 1940.

**Rethondes** signature de l'armistice du 11 novembre 1918, dans le wagon de Rethondes – musée d'Histoire contemporaine, Paris

**rétiaire** *nm* ANTIQ ROM Gladiateur armé d'un trident et d'un filet. ETY Du lat. *rete*, « filet ».

**réticence** *nf* **1** Omission volontaire d'une chose qu'on devrait dire ; cette chose même. **2** RHET Figure consistant à interrompre sa phrase, en laissant entendre ce qui n'est pas dit. **3** Attitude de réserve, de désapprobation, manifestée par le refus de donner un accord, de s'engager nettement. ETY Du lat. *tacere*, « taire ».

**réticent, ente** *a* **1** Qui use de réticences, d'omissions. *Témoignage réticent.* **2** Qui manifeste de la réticence, de la réserve. *Être réticent à l'égard d'un projet.*

**réticulaire** *a* didac En forme de réseau.

**réticulation** *nf* **1** didac État d'une surface réticulée. **2** CHIM Formation de liaisons transversales entre des chaînes macromoléculaires linéaires.

**réticule** *nm* **1** OPT Système de fils croisés servant à définir l'axe de visée d'un instrument d'optique. **2** ANTIQ Filet pour les cheveux. **3** Petit sac de femme. ETY Du lat.

**Réticule (le)**, constellation de l'hémisphère austral ; n. scientif. : *Reticulum, Reticuli.*

**réticulé, ée** *a* **1** didac Qui figure un réseau ; qui comporte un réseau. *Feuille réticulée.* **2** ARCHI Se dit d'un type de maçonnerie à petits moellons régulièrement disposés, caractéristique de l'architecture romaine. LOC ***Porcelaine réticulée :*** dont l'enveloppe extérieure est découpée à jour. — ANAT ***Substance réticulée :*** réseau dense de fibres nerveuses situé dans la partie centrale du tronc cérébral, jouant un rôle important dans la coordination et la synthèse de nombreuses fonctions.

**réticuline** *nf* BIOCHIM Protéine qui entre dans la composition des fibres élastiques du tissu conjonctif.

**réticulocyte** *nm* BIOL Globule rouge jeune.

**réticuloendothélial, ale** *a* LOC BIOL ***Système réticuloendothélial :*** ensemble de cellules disséminées dans l'organisme, aptes à la phagocytose et jouant un rôle de défense. — ***Tissu réticuloendothélial :*** tissu qui constitue la trame de nombreux organes.

**réticulosarcome** *nm* MED Tumeur maligne développée aux dépens du tissu réticuloendothélial.

**réticulose** *nf* MED Affection du tissu réticuloendothélial. VAR **réticuloendothéliose**

**réticulum** *nm* ANAT Réseau fibreux ou vasculaire. LOC BIOL ***Réticulum endoplasmique :*** prolongement réticulé de la membrane nucléaire dans le cytoplasme, qui enserre les ribosomes. PHO [retikylɔm] ETY Mot lat.

**Rétie → Rhétie.**

**rétif, ive** *a* **1** Se dit d'une monture qui refuse d'obéir. *Cheval, mulet rétif.* **2** fig Difficile à conduire, à persuader. *Caractère, enfant rétif.* ETY Du lat. DER **rétiveté** ou **rétivité** *nf*

**Rétif de la Bretonne → Restif de la Bretonne.**

**rétine** *nf* Membrane du fond de l'œil tapissant la choroïde, sensible à la lumière, qui enserre les cellules nerveuses sensorielles. ETY Du lat. *rete*, « filet ». DER **rétinien, enne** *a*

**rétinite** *nf* MED Inflammation de la rétine.

**rétinoïde** *nm* PHARM Dérivé du rétinol, utilisé en cancérologie et en dermatologie.

**rétinoïque** *a* LOC ***Acide rétinoïque :*** acide obtenu par oxydation du rétinol, employé en dermatologie (traitement de l'acné).

**rétinol** *nm* CHIM Vitamine A.

**rétinopathie** *nf* Affection de la rétine.

**rétique → rhétique.**

**retirage** *nm* Nouveau tirage d'un livre, d'une gravure, etc.

**retiration** *nf* IMPRIM Opération consistant à imprimer le verso d'une feuille. LOC ***Presse à retiration :*** qui imprime en une seule opération les deux faces d'une même feuille.

**retiré, ée** *a* **1** Se dit d'un lieu situé à l'écart, peu fréquenté. *Petite bourgade retirée.* **2** Qui vit loin du monde. **3** Qui a abandonné ses occupations professionnelles.

**retirer** *v* ① **A** *vt* **1** Tirer en arrière ce qu'on avait poussé, porté en avant. *Retirer sa main.* **2** Ne pas maintenir ce qu'on avait dit, formulé. *Retirer une plainte.* **3** Reprendre ce qu'on avait donné, accordé. *On lui a retiré son permis de conduire.* **4** Faire sortir, tirer du lieu où qqn, qqch se trouvait. *Retirer un seau du puits.* **5** Enlever, ôter un vêtement, ses chaussures. **6** Extraire, obtenir. *L'huile que l'on retire de certaines graines.* **7** Tirer de nouveau. *L'archer retira une flèche.* **8** Faire le retirage d'un livre. **B** *vpr* **1** Partir, prendre congé. *Il est temps que je me retire.* **2** Quitter une activité, une profession. *Se retirer d'un jeu. Se retirer du barreau.* **3** Rentrer dans son lit, en parlant d'un cours d'eau. *La rivière se retire.* **4** Refluer. *La mer se retire à plusieurs kilomètres.*

**retisser** *vt* ① Tisser de nouveau. DER **retissage** *nm*

**retombe** *nf* ARCHI Retombée.

**retombée** *nf* **A 1** Action de retomber. *La retombée de l'enthousiasme.* **2** ARCHI Naissance d'une voûte, d'une arcade. **B** *nfpl* Conséquences, effets à plus ou moins long terme d'un évènement, d'une situation, d'une recherche, d'une découverte. *Les retombées médicales de la recherche spatiale.* LOC PHYS NUCL ***Retombées radioactives :*** retour à la surface du globe des substances radioactives libérées à haute altitude lors d'une explosion nucléaire.

**retomber** *vi* ① **1** Faire une nouvelle chute. **2** fig Retourner dans une certaine position, revenir à la situation antérieure. *Retomber malade.* **3** fig, fam Rencontrer, trouver par hasard, une nouvelle fois. *Retomber sur une bonne occasion.* **4** Atteindre le sol après avoir accompli une certaine trajectoire ou après un saut, un rebond. *La balle est retombée dans le jardin voisin.* **5** Se recevoir lors d'une chute, d'un saut. *Chat qui retombe sur ses pattes.* **6** fig Mollir, devenir moins intense, moins soutenu. *L'enthousiasme est retombé.* **7** fig Peser sur, incomber à qqn. *La responsabilité retombera sur vous.* DER **retombant, ante** *a*

**retondre** *vt* ⑥ Tondre de nouveau.

**retoquer** *vt* ① fam Refuser qqn ou qqch à un examen ou après un examen. DER **retoquage** *nm*

**retordre** *vt* ⑥ **1** Tordre de nouveau. **2** TECH Tordre ensemble des fils. LOC ***Donner du fil à retordre à qqn :*** lui causer des difficultés, des soucis, lui résister. DER **retordage** ou **retordement** *nm* – **retordeur, euse** *n*

**rétorquer** *vt* ① Répondre, répliquer. ETY Du lat. *retorquere*, « retordre ».

**retors, orse** *a, nm* **A** TECH Qui a été retordu. *Fil retors ou du retors.* **B** *a* fig Rusé, artificieux. *Personnage retors.* PHO [ʀətɔʀ, ɔʀs]

**rétorsion** *nf* **1** vx, litt Emploi que l'on fait, contre son adversaire, des arguments dont il s'est servi. *Argument sujet à rétorsion.* **2** DR INTERN Acte de représailles d'un État à l'égard d'un autre. LOC ***Mesures de rétorsion :*** de représailles.

**retouche** *nf* **1** Dernière façon donnée à une œuvre pour en corriger les défauts. **2** Partie retouchée. *Les retouches d'un tableau.* **3** Rectification apportée à un vêtement.

**retoucher** *vt* ① Corriger, modifier par des retouches. *Retoucher une photo, un vêtement.* DER **retoucheur, euse** *n*

**retour** *nm* **1** Action de retourner, de revenir à son point de départ. *Billet d'aller et retour.* **2** Arrivée au lieu d'où l'on était parti. *Je vous écrirai dès mon retour.* **3** Fait de revenir à un état, un stade antérieur. *Retour au calme, à la normale.* **4** Réapparition d'une chose qui revient périodiquement. *Retour du printemps.* **5** Action de repartir en arrière, d'aller dans le sens inverse de celui qui avait été amorcé. *Retour en arrière.* **6** AUDIOV Syn. (recommandé) de *flash-back.* **7** fig Changement brusque, revirement. *Un retour de fortune.* **8** Action de retourner, de renvoyer qqch à qqn. *Retour d'un colis à l'envoyeur.* **9** Livres invendus que le libraire retourne à l'éditeur. **10** Pourcentage de rentabilité d'un investissement. *Un retour de 5 %.* **11** ARCHI Coude formé par une partie de construction qui fait saillie en avant d'une autre. **12** MAR Partie d'une manœuvre, d'un cordage sur laquelle on exerce l'effort de traction. **13** TECH Mouvement brutal en sens inverse du sens normal. **LOC** ***En retour (de)*** : en échange, en contrepartie (de). — ***Être de retour*** : être revenu. — ***Être sur le retour*** : commencer à vieillir. — ***Retour d'âge*** : ménopause. — ***Retour de flamme*** : épanchement subit de la flamme à l'extérieur d'un foyer ; fig brusque retournement d'une action contre son auteur ; regain d'activité, de vigueur. — ***Retour de manivelle*** : mouvement brutal d'une manivelle en sens inverse du sens normal ; fig, fam revirement brutal et fâcheux d'une situation. — PHILO ***Retour éternel*** : chez les stoïciens, retour cyclique des mêmes êtres, des mêmes évènements dans l'histoire. — ***Retour sur soi-même*** : réflexion sur soi-même.

**retournage** *nm* COUT Action de retourner un vêtement.

**retourne** *nf* JEU Carte que l'on retourne et qui décide de l'atout.

**retourné** *nm* Au football, action d'un joueur qui envoie le ballon vers l'arrière en le faisant passer au-dessus de sa tête.

**retournement** *nm* **1** Action de retourner, de se retourner. **2** fig Revirement, changement complet, radical, dans une situation ; changement d'attitude, d'opinion.

**retourner** *v* [1] **A** *vt* **1** Faire tourner une chose sur elle-même de manière à mettre en avant la partie qui était en arrière, ou à mettre au-dessus la partie qui était au-dessous ; mettre à l'envers. *Retourner une crêpe. Retourner un matelas.* **2** fam Mettre en désordre, sens dessus dessous. *Il a retourné toute la bibliothèque pour trouver ce livre.* **3** Tourner plusieurs fois, dans divers sens. *Il tournait et retournait l'objet entre ses mains.* **4** fig, fam Examiner sous tous les angles. *Retourner un problème dans sa tête.* **5** fig, fam Troubler, émouvoir fortement. *La nouvelle l'a retourné.* SYN bouleverser. **6** Renvoyer. *Retourner une lettre à son expéditeur. Retourner un compliment.* **7** Faire changer d'opinion, d'attitude, de camps. *Retourner un leader de l'opposition.* **B** *vi* **1** Aller de nouveau. *Retourner dans son village natal.* **2** Revenir, rentrer du lieu où l'on est allé. *Retourner chez soi.* **3** Revenir, être rendu à qqn. *Ces biens retourneront à leur légitime possesseur.* **4** Reprendre, retrouver un état antérieur, initial ; revenir vers. *Animal domestique qui retourne à l'état sauvage.* **C** *vpr* **1** Tourner la tête en regardant derrière soi. *Partir sans se retourner.* **2** fig Adopter une autre manière d'agir, changer les dispositions qu'on avait prises. *Il saura bien se retourner.* **3** Devenir défavorable à qqn, après avoir été favorable. *Ses arguments se sont retournés contre lui.* **LOC** ***De quoi il retourne*** : de quoi il s'agit, de quoi il est question. — ***Retourner le fer, le couteau dans la plaie*** : raviver une souffrance morale en l'évoquant. — ***Retourner le sol, la terre*** : les travailler de manière à exposer à l'air une couche profonde. — fam ***Retourner sa veste*** : changer radicalement d'opinion, de camp par désaffection ou par opportunisme. — ***S'en retourner*** : repartir vers le lieu d'où l'on vient, revenir.

**retracer** *vt* [12] **1** Tracer de nouveau. *Retracer une ligne effacée.* **2** fig Raconter, décrire des évènements passés. *Retracer les exploits d'un héros.*

**1 rétracter** *v* [1] **A** *vt* Nier, désavouer. *Rétracter des aveux.* **B** *vpr* Déclarer faux ce qu'on avait affirmé précédemment. *Témoin qui se rétracte.* [DER] **rétractation** *nf*

**2 rétracter** *v* [1] **A** *vt* Retirer, faire rentrer en dedans, raccourcir par traction. *Le chat rétracte ses griffes.* **B** *vpr* Se contracter. *Muscle qui se rétracte.* [DER] **rétractable** *a* – **rétraction** *nf*

**rétractif, ive** *a* didac Qui produit une rétraction.

**rétractile** *a* Qui peut se rétracter. *Griffes rétractiles des félins.* [DER] **rétractilité** *nf*

**retraduire** *vt* [69] **1** Traduire de nouveau. **2** Traduire ce qui est déjà une traduction.

**1 retrait, aite** *a* TECH Se dit du bois coupé dont les fibres ont raccourci en séchant.

**2 retrait** *nm* **1** Action de se retirer, de s'éloigner. *Le retrait des troupes.* **2** Action de reprendre, de retirer. *Retrait d'un dépôt. Retrait d'un projet de loi.* **3** DR Action de reprendre un bien aliéné. *Exercer un retrait successoral.* **4** TECH Contraction d'un matériau qui fait sa prise, qui sèche ou qui se refroidit. *Retrait du béton, du bois, du métal moulé.* **LOC** ***Droit de retrait*** : possibilité pour un salarié de cesser de travailler en cas de danger grave ou imminent pour sa vie ou sa santé. — ***En retrait*** : en arrière d'un alignement ; fig qui est moins audacieux, moins avancé dans un domaine.

**retraitant, ante** *n* RELIG Personne qui fait une retraite.

**retraite** *nf* **1** Mouvement de repli en bon ordre effectué par des troupes qui ne peuvent tenir une position. **2** Isolement, repos. **3** Période d'éloignement de la vie active, consacrée à la méditation religieuse. **4** Situation d'une personne qui n'exerce plus de profession et qui touche une pension ; cette pension. *Être à la retraite.* **5** Lieu où l'on se retire, où l'on se réfugie. **6** ARCHI Diminution d'épaisseur d'un mur à partir du pied. **LOC** ***Battre en retraite*** : en parlant des troupes qui se replient ; fig abandonner, céder à un adversaire. [ETY] De l'a. v. *retraire,* « se retirer ».

**retraité, ée** *a, n* Qui n'exerce plus de profession. *Militaire retraité.*

**retraite-chapeau** *nf* Retraite complémentaire d'un montant très élevé, accordée aux dirigeants d'entreprises. PLUR retraites-chapeaux.

**1 retraiter** *vt* [1] TECH Trier et récupérer les éléments réutilisables d'un produit. *Retraiter des déchets chimiques, du combustible nucléaire.* [DER] **retraitable** *a* – **retraitement** *nm*

**2 retraiter** *vt* [1] Afrique Mettre à la retraite. [DER] **retraitable** *a, n*

**retraiteur** *nm* Entreprise qui assure le retraitement des matières polluantes, dangereuses.

**retraitologie** *nf* Étude des problèmes posés par les retraités.

**retranchement** *nm* **1** vx Action de retrancher, de supprimer. *Faire des retranchements dans un texte.* **2** MILIT Obstacle naturel ou artificiel utilisé pour se protéger des attaques ennemies et y résister. **LOC** ***Forcer, pousser qqn dans ses derniers retranchements*** : réfuter ses ultimes arguments, le mettre à quia.

**retrancher** *v* [1] **A** *vt* **1** Enlever, supprimer une partie d'un tout. **2** Soustraire une partie d'une quantité. *De douze retrancher huit.* SYN déduire, défalquer. **3** fig Exclure. *Retrancher qqn du nombre des participants.* **4** vx Protéger par un retranchement, par des fortifications. *Camp retranché.* **B** *vpr* Se mettre à l'abri. *Se retrancher derrière un mur.*

**retranscrire** *vt* [67] Transcrire de nouveau. [DER] **retranscription** *nf*

**retransmettre** *vt* [60] **1** Transmettre de nouveau. **2** Transmettre par relais une émission de radio, de télévision ; diffuser avec ou sans enregistrement préalable. [DER] **retransmission** *nf*

**retravailler** *v* [1] Travailler de nouveau.

**retraverser** *vt* [1] Traverser de nouveau ; traverser en sens inverse.

**rétrécir** *v* [3] **A** *vt* Rendre plus étroit. *Rétrécir une chaussée.* **B** *vi* Devenir plus étroit, plus petit, plus court ; diminuer dans ses proportions. *Rétrécir au lavage.* [ETY] De l'anc. v. *étrécir,* « rendre plus étroit ».

**rétrécissement** *nm* **1** Action de rétrécir ; fait de se rétrécir. *Rétrécissement de la chaussée.* **2** MED Diminution permanente du calibre d'un canal, d'un vaisseau, d'un orifice. *Rétrécissement mitral, aortique, urétéral.*

**rétreindre** *vt* [55] TECH Réduire par martelage la surface ou le diamètre d'une pièce. [DER] **rétreint** *nm* ou **rétreinte** *nf*

**retrempe** *nf* TECH Nouvelle trempe.

**retremper** *vt* [1] **1** Plonger de nouveau dans un liquide. *Retremper une étoffe dans un bain de teinture.* **2** TECH Faire subir de nouveau le traitement de la trempe. *Retremper de l'acier.* **3** fig Endurcir. *Cette épreuve lui a retrempé le caractère.*

**rétribuer** *vt* [1] Payer un travail, un service rendu. *Notre société rétribuera votre collaboration.* SYN rémunérer. [DER] **rétribution** *nf*

**retriever** *nm* Chien de chasse dressé pour rapporter le gibier. [PHO] [retrivœr] [ETY] Mot angl. [VAR] **rétrieveur**

**rétro-** Élément, du lat. *retro,* « en arrière ».

**1 rétro** *nm, a inv* **A** *nm* Au billard, coup consistant à frapper la boule par-dessous pour qu'elle revienne en arrière après avoir touché la boule visée. **B** *a inv, nm* Qui fait référence au sens esthétique, aux modes d'un passé récent (Libération, entre-deux-guerres, etc.). *Style rétro.* [ETY] De *rétrograde.*

**2 rétro** *nm* fam Rétroviseur.

**rétroactes** *nm pl* Belgique Antécédents d'une affaire.

**rétroactif, ive** *a* **1** Qui est considéré par convention comme étant entré en vigueur avant la date de sa publication, de sa promulgation. *Une loi avec effet rétroactif.* **2** Qui exerce une action sur ce qui est situé antérieurement dans l'enchaînement des causes et des effets. [DER] **rétroactivement** *av* – **rétroactivité** *nf*

**rétroaction** *nf* **1** didac Effet rétroactif. **2** TECH Action exercée, après une perturbation, sur les valeurs d'entrée d'un système cybernétique par les valeurs de sortie, et qui rétablit les valeurs initiales. **3** BIOCHIM Action en retour exercée par un mécanisme biochimique sur lui-même et qui assure son autorégulation. SYN (déconseillé) feed-back.

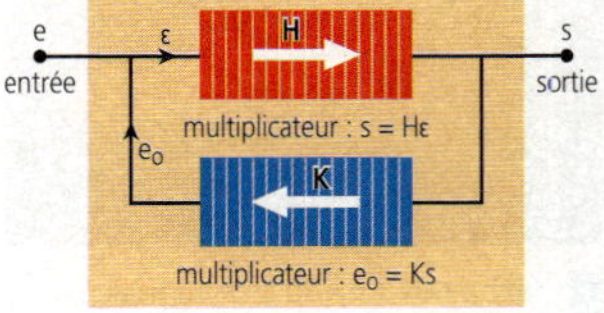


le signal s sortant de l'opérateur H est réinjecté vers l'entrée après passage par l'opérateur K (chaîne de retour)

**rétroaction**

**rétroagir** *vi* [3] Produire un effet rétroactif.

**rétrocéder** *v* [14] **A** *vt* **1** DR Rendre à qqn ce qu'il avait précédemment cédé. *Rétrocéder un droit.* **2** Céder, vendre à qqn une chose que l'on a achetée pour soi-même. **3** Céder à qqn tout ou partie d'une recette. **B** *vi* MED Disparaître, en parlant d'une affection. [DER] **rétrocession** *nf*

**rétrocommission** *nf* Commission occulte perçue sur un marché.

**rétroéclairage** *nm* Éclairage interne d'un écran d'ordinateur, d'un téléviseur, etc. (DER) **rétroéclairé, ée** *a*

**rétroflexe** *a* LING Se dit d'un phonème articulé avec la pointe de la langue repliée vers l'arrière.

**rétroflexion** *nf* didac Flexion en arrière de la partie supérieure d'un organe. (DER) **rétrofléchi, ie** *a*

**rétrofusée** *nf* ESP Moteur-fusée dont la poussée s'exerce dans le sens inverse du déplacement d'un engin et qui sert à ralentir celui-ci.

**rétrogradation** *nf* **1** ASTRO Phase du mouvement apparent d'une planète qui, après avoir décrit un mouvement d'ouest en est, se déplace dans le sens inverse. **2** litt Action de rétrograder. SYN recul, régression. **3** Mesure disciplinaire consistant à ramener qqn à un échelon inférieur de la hiérarchie.

**rétrograde** *a* **1** Qui va en arrière, qui s'effectue vers l'arrière. *Marche rétrograde.* **2** fig Qui fait preuve d'un attachement excessif au passé, qui s'oppose à toute innovation, à tout progrès. *Idées rétrogrades.* ANT novateur. LOC ASTRO ***Sens rétrograde :*** sens de rotation inverse du sens trigonométrique.

**rétrograder** *v* ① **A** *vi* **1** ASTRO Avoir un mouvement de rétrogradation. **2** Revenir, retourner en arrière. **3** fig Retourner à un stade antérieur, perdre ce qu'on a acquis. SYN régresser. **4** AUTO Passer à une vitesse inférieure. **B** *vt* Frapper de rétrogradation. *Rétrograder un militaire.* (ETY) Du lat. *gradi,* « marcher ».

**rétrogression** *nf* Mouvement en arrière.

**rétropédalage** *nm* **1** Action de pédaler en arrière. *Frein de bicyclette à rétropédalage.* **2** fig, fam Revirement précipité. *Les gaffes et rétropédalages du ministre.* (DER) **rétropédaler** *vi* ①

**rétroplanning** *nm* Planning rétrospectif. *Un calendrier de réformes présenté comme un rétroplanning.*

**rétroprojecteur** *nm* AUDIOV Projecteur permettant la reproduction, sur un écran situé derrière l'opérateur, d'un texte ou d'une image.

**rétroprojection** *nf* AUDIOV Projection effectuée avec un rétroprojecteur.

**rétropropulsion** *nf* ESP Freinage par des rétrofusées.

**rétroréfléchissant, ante** *a* Se dit d'un matériau qui réfléchit bien la lumière.

**rétrospectif, ive** *a, nf* **A** *a* **1** Qui est tourné vers le passé, qui concerne le passé. *Documentaire rétrospectif.* **2** Se dit d'un sentiment éprouvé dans le présent à l'égard d'un fait passé. *Peur rétrospective.* **B** *a, nf* Se dit d'une exposition qui réunit les œuvres d'un artiste, d'une école, d'une époque. *Rétrospective cinématographique.* (DER) **rétrospectivement** *av*

**rétrospection** *nf* Regard vers le passé.

**retroussé, ée** *a* LOC ***Nez retroussé :*** au bout relevé.

**retrousser** *vt* ① Replier, ramener vers le haut. *Retrousser sa jupe.* LOC ***Retrousser ses manches :*** se mettre au travail. (DER) **retroussement** *nm*

**retroussis** *nm* Partie retroussée ; revers.

**retrouvailles** *nfpl* fam Fait, pour des personnes, de se retrouver après une séparation.

**retrouver** *v* ① **1** Trouver, découvrir de nouveau. *Retrouver une formule.* **2** Rencontrer de nouveau. *C'est une idée qu'on retrouve dans ce livre.* **3** Trouver ce qui était perdu, ce que l'on cherchait. *Retrouver son portefeuille.* **4** fig Avoir de nouveau. *Retrouver son sourire, ses forces.* **5** Être à nouveau en présence de. *Retrouver des amis. Nous nous retrouverons un jour.* **6** Découvrir, trouver dans un certain état, une certaine situation. *Il a retrouvé son appartement dévasté. Il s'est retrouvé dehors avant d'avoir pu dire un mot.* **7** Reconnaître. *Avec ce sourire, je te retrouve. Il avait besoin de réfléchir, de se retrouver.* LOC fam ***S'y retrouver :*** rentrer dans ses frais ; faire un bénéfice.

**rétroversion** *nf* MED Renversement pathologique vers l'arrière. *Rétroversion de l'utérus.*

**rétrovirologie** *nf* Étude scientifique des rétrovirus. (DER) **rétrovirologique** *a* – **rétrovirologiste** ou **rétrovirologue** *n*

**rétrovirus** *nm* BIOL Virus dont le matériel génétique est constitué d'ARN, lequel peut se transcrire en ADN. *Les virus oncogènes sont tous des rétrovirus.* (PHO) [RetRoviRys] (DER) **rétroviral, ale, aux** *a*

**rétroviseur** *nm* Miroir qui permet au conducteur d'un véhicule de voir la route derrière lui sans avoir à se retourner. SYN rétro.

**rets** *nm* **1** vx Filet, réseau de cordes pour prendre des animaux. **2** fig, litt Piège. *Prendre qqn dans ses rets.* (PHO) [Rɛ] (ETY) Du lat.

**retsina** *nm* Vin grec résiné. (PHO) [Retsina]

**Retz** petit pays de Bretagne, au S. de l'estuaire de la Loire, qui fut érigé en duché-pairie en faveur de la famille de Gondi ; anc. cap. *Rezé.* (VAR) **Rais**

**Retz (forêt domaniale de)** autre nom de la forêt de Villers-Cotterêts (13 020 ha).

**Retz** → **Rais Gilles (baron de).**

le cardinal de **Retz**

**Retz Jean-François Paul de Gondi (cardinal de)** (Montmirail, 1613 – Paris, 1679), prélat, homme politique et écrivain français. Il participa à la Fronde et brava Mazarin. Cardinal en 1652, enfermé à Vincennes puis à Nantes, il s'évada en 1654. De Rome, il revint en France en 1661, fut absous et reçut l'abbaye de Saint-Denis. À partir de 1665, il rédigea de spirituels *Mémoires* (inachevés, posth., 1717), chef-d'œuvre de la prose classique.

**Reubell** → **Rewbell.**

**Reuchlin Johannes** (Pforzheim, 1455 – Bad-Liebenzell, 1522), humaniste allemand ; promoteur, avec Érasme, des études grecques et hébraïques : *De rudimentis hebraicis* (1506).

**reuilly** *nm* Vin blanc AOC du Berry, issu du sauvignon. (ETY) D'un n. pr.

**réunifier** *vt* ② Restaurer l'unité de. *Réunifier un pays, un parti politique.* (DER) **réunification** *nf*

**réunion** *nf* **1** Action de réunir des parties qui avaient été séparées. **2** fig Réconciliation. **3** Action de joindre une chose à une autre. SYN rattachement. **4** Action de rassembler divers éléments. **5** Groupement, assemblée de personnes. *Organiser une réunion.* **6** Temps pendant lequel se tient une assemblée. *La réunion se prolongea fort tard.* LOC DR ***En réunion :*** se dit d'un délit commis par plusieurs personnes réunies pour l'occasion. — MATH ***Réunion de deux ensembles A et B :*** ensemble E, noté A ∪ B (« A union B »), dont chaque élément appartient à l'un au moins des deux ensembles A et B.

**Réunion (la)** (anc. île *Bourbon*), île de l'océan Indien, dans l'archipel des Mascareignes, formant un dép. français d'outre-mer (974) dep. 1946, et une Région dep. 1982 ; 2 510 km² ; 821 136 hab. ; 327,1 hab./km² ; ch.-l. *Saint-Denis.* (DER) **réunionnais, aise** *a, n*
**Géographie** Île volcanique et montagneuse (3 069 m au piton des Neiges), la Réunion connaît un climat tropical que tempèrent l'insu-

larité et l'altitude. La pop., composée essentiellement de métis (de Noirs et d'Européens, ainsi que d'Indiens et d'Européens) et regroupée sur la plaine côtière, s'accroît à un rythme élevé, ce qui pose de graves problèmes. L'économie repose sur la culture de la canne à sucre, dans de vastes plantations ; on cultive aussi la vanille et des plantes à parfum (géranium et vétiver). Peu industrialisée, l'île connaît un chômage élevé. L'aide de la métropole est indispensable. Le cœur du *Parc national de la Réunion* est inscrit au patrimoine mondial de l'UNESCO dep. 2010. **Histoire** Prise par les Français en 1638, l'île *Bourbon*, jusqu'alors déserte, se développa sous l'impulsion de la Compagnie française des Indes. La culture du café, à partir de 1715, provoqua l'importation d'esclaves africains (60 000 hab. en 1789). Son nom, donné en 1793, commémorait la réunion des Marseillais et des gardes nationaux le 10 août 1792. Ayant perdu l'île Maurice, les planteurs développèrent la culture de la canne à sucre à partir de 1815.

**réunionner** *vi* [1] **fam** Faire des réunions trop nombreuses et peu utiles.

**réunionnite** *nf* **fam** Manie d'organiser des réunions souvent inutiles.

**Réunions (politique des)** stratégie suivie par Louis XIV pour annexer des territoires que la coutume ou le texte de traités pouvaient faire considérer comme français. À partir de 1679, des *chambres de réunion* se livrèrent à de telles enquêtes.

**réunir** *vt* [3] **1** Unir de nouveau, rapprocher. *Réunir par un nœud les extrémités d'un fil rompu.* **2** **litt** Réconcilier. *Travailler à réunir les esprits.* **3** Unir, former un lien entre. *La galerie réunit les deux ailes du château. La passion pour leur métier les a réunis.* **4** Rassembler, grouper plusieurs choses pour former un tout. *Réunir plusieurs corps d'armée en un seul.* **5** Regrouper. *Réunir des preuves.* **6** Rassembler plusieurs personnes en un même lieu. *Réunir sa famille, ses amis.* **7** Convoquer un corps, un groupe à une assemblée. *Réunir le conseil d'administration. Se réunir une fois par semaine.* **8** Comporter, avoir en soi. *Il réunit toutes les qualités requises pour ce poste.*

**réunissage** *nm* TECH Assemblage des fils dans les filatures.

**Reus** ville d'Espagne (prov. de Tarragone, Catalogne) ; 107 000 hab. Industries.

**Reuss (la)** riv. de Suisse (160 km), affl. de l'Aar (r. dr.). Née dans le massif du Saint-Gothard, elle traverse le lac des Quatre-Cantons.

**réussi, ie** *a* **1** Exécuté, accompli de telle manière. *Ce n'est qu'à demi réussi.* **2** Bien exécuté, bien fait ; qui a du succès, qui reçoit un accueil favorable. *Un plat réussi. Soirée réussie.*

**réussir** *v* [3] **A** *vi* **1** Avoir une issue satisfaisante, heureuse. *Expérience qui réussit.* **2** Obtenir le résultat recherché ; avoir du succès dans ce que l'on entreprend. *Réussir à un examen.* **3** Avoir du succès dans sa carrière, dans ses affaires. **4** Valoir des succès à qqn, lui être favorable. *Son aplomb lui a toujours réussi.* **5** Parvenir à. *Vous ne réussirez pas à me convaincre.* **B** *vt* Mener à bien, faire avec succès. *Réussir un plat.* **LOC** ***Réussir bien, mal*** : avoir une issue favorable, défavorable ; obtenir ou non le résultat recherché, avoir du succès ou non dans ce qu'on entreprend. [ETY] De l'ital. *uscire*, « sortir ».

**réussite** *nf* **1** Heureuse issue ; résultat favorable. *Réussite d'un projet. Fêter sa réussite à un examen.* **2** Fait de réussir, d'avoir réussi dans la vie. *Réussite sociale.* **3** Jeu solitaire consistant à combiner ou à retourner des cartes suivant certaines règles.

**Reuters (agence)** agence de presse anglaise. Fondée en 1851, à Londres, par Julius Reuter (1816-1899), elle utilisa, dès 1858, le télégraphe.

**réutiliser** *vt* [1] Utiliser de nouveau. [DER] **réutilisable** *a* – **réutilisation** *nf*

**revacciner** *vt* [1] Vacciner de nouveau. [DER] **revaccination** *nf*

**Reval** → **Tallinn.**

**revaloir** *vt* [45] Rendre la pareille à qqn, en bien ou en mal. *Je vous revaudrai cela.*

**revaloriser** *vt* [1] Rendre sa valeur ; donner une valeur plus grande à. *Revaloriser une monnaie.* [DER] **revalorisation** *nf*

**revanchard, arde** *a, n* **péjor** Qui nourrit un désir outrancier de revanche.

**revanche** *nf* **1** Fait de rendre le mal qu'on a reçu, de reprendre un avantage perdu. *Prendre sa revanche.* **2** Nouvelle partie, nouveau match, etc., permettant au perdant de tenter de nouveau sa chance. **LOC** ***En revanche*** : en contrepartie ; à l'inverse. [ETY] D'une var. anc. de *venger*.

**revanchisme** *nm* Esprit de revanche.

**revasculariser** *vt* [1] CHIR Rétablir la circulation dans un organe insuffisamment irrigué. [DER] **revascularisation** *nf*

**rêvasser** *vi* [1] S'abandonner à de vagues rêveries. [DER] **rêvasserie** *nf* – **rêvasseur, euse** *a, n*

**rêve** *nm* **1** Combinaison d'images, de représentations résultant de l'activité psychique pendant le sommeil ; cette activité psychique elle-même. *Faire un rêve.* **2** **fig** Production idéale ou chimérique de l'imagination. *Poursuivre un rêve.* **LOC** ***De rêve*** : aussi parfait qu'on peut le rêver.

[ENC] L'Antiquité (biblique, classique, extrême-orientale) voyait, dans les images des rêves, des symboles de la volonté des dieux ou l'annonce du futur. Abandonnant cette conception, la psychologie classique (XIX$^e$-déb. XX$^e$ s.) étudia les rapports du rêve avec l'activité de veille et avec les autres fonctions mentales ou physiologiques. La parution en 1900 de l'ouvrage de Freud, *la Science* (ou *l'Interprétation*) *des rêves*, marque un tournant : sous les images du rêve que le dormeur rapporte *(contenu manifeste)*, se dissimule un *contenu latent* qui exprime le psychisme profond du sujet. Le rêve permet au désir de se frayer (malgré la *censure*) une voie jusqu'à la conscience. Il est aussi « gardien du sommeil », car il permet au désir de se réaliser en l'absence de la répression exercée par la conscience et la réalité durant l'état de veille.

**Rêve (le)** roman de Zola (1888).

**rêvé, ée** *a* **1** Imaginé, souhaité. **2** Idéal, parfait. *C'est le coin rêvé pour pêcher le brochet.*

**Rêve dans le pavillon rouge (le)** roman (1791) du Chinois Cao Xueqin (1715 – 1763), peut-être achevé par le préfacier Gao. Ce roman d'amour décrit la société aristocratique.

**Rêve de d'Alembert (le)** ouvrage de Diderot (posth., 1831), composé de 3 dialogues philosophiques rédigés en 1769.

**revêche** *a* Rude, d'un abord difficile. *Personne, ton revêche.* [ETY] Du frq.

**revégétaliser** *vt* [1] Régénérer la végétation d'un endroit où elle avait été dévastée. [DER] **revégétalisation** *nf*

**1 réveil** *nm* **1** Passage du sommeil à l'état de veille. **2** MILIT Batterie de tambour, sonnerie de clairon qui annonce l'heure du lever. **3** **fig** Retour à l'activité. *Le réveil de la nature au printemps.* **4** **fig** Fin d'une illusion ; retour à la réalité.

**2 réveil** *nm* Petite pendule de chevet dont la sonnerie se déclenche à une heure préréglée.

**Réveil (le)** mouvement de renaissance du sentiment religieux protestant dans les pays anglo-saxons au XVIII$^e$ s., puis en Suisse, apr. 1815, et de là en France et en Allemagne.

**réveille-matin** *nm* **1** **vieilli** Syn. de *réveil.* **2** Euphorbe appelée aussi *herbe aux verrues*, très commune dans les jardins. PLUR réveille-matins ou réveille-matin.

**réveiller** *vt* [1] **1** Tirer qqn du sommeil. **2** **fig** Tirer de sa torpeur, de son inaction ; ranimer, faire renaître. *Réveiller des souvenirs.*

**réveillon** *nm* Souper de fête des nuits de Noël et du nouvel an ; la fête elle-même.

**réveillonner** *vi* [1] Faire un souper de fête, les nuits de Noël et du nouvel an.

**Revel** → **Tallinn.**

**révélateur, trice** *a, nm* **A** *a* Qui révèle. *Signe, lapsus révélateur.* **B** *nm* **1** Ce qui fait apparaître qqch au grand jour. *Le révélateur d'un malaise.* **2** PHOTO Composition chimique qui rend visible l'image latente.

**révélation** *nf* **1** Action de faire connaître ; ce qui est révélé. *Faire des révélations.* **2** Ensemble des vérités éternelles, inaccessibles en soi à la raison humaine, fondant les religions juive et chrétienne, que Dieu a révélées aux hommes dans la Bible. **3** Expérience intérieure au cours de laquelle on éprouve des sensations, des sentiments jusqu'alors ignorés ou qui permet de prendre subitement conscience de qqch. **4** Personne que l'on découvre, dont le talent, les dons se révèlent subitement. *Ce joueur a été la révélation du match.*

**révéler** *v* [14] **1** Faire connaître ce qui était inconnu ou secret. *Révéler ses intentions.* **2** Faire connaître par une inspiration surnaturelle. *Les mystères que le Christ a révélés.* **3** Laisser apparaître, montrer, témoigner de. *Ce tableau révèle toute la maîtrise du peintre. Cela s'est révélé exact.* **4** PHOTO Faire apparaître l'image latente sur une plaque, un film, etc. [ETY] Du lat.

**revenant, ante** *n* **A** *nm* Esprit d'un mort qu'on suppose revenir de l'autre monde. **B** *n* **fam** Personne qui revient après une longue absence.

**revendiquer** *vt* [1] **1** Réclamer ce que l'on considère comme son droit, son bien, son dû. *Revendiquer une succession.* **2** **fig** S'attribuer pleinement, assumer. *Revendiquer une responsabilité.* [ETY] Du lat. *vindicare*, « réclamer en justice ». [DER] **revendicateur, trice** *a, n* – **revendicatif, ive** *a* – **revendication** *nf*

**revendre** *vt* [6] Vendre ce qu'on a acheté ; vendre de nouveau. **LOC** ***Avoir de qqch à revendre*** : en avoir en abondance. [DER] **revendeur, euse** *n* – **revente** *nf*

**revenez-y** *nm inv* **fam** Chose qui, par le plaisir qu'elle procure, donne envie d'y revenir. *Un goût de revenez-y.*

**revenir** *vi* [36] **1** Venir de nouveau. *Il est revenu trois jours plus tard.* **2** Retourner au point de départ. *Revenir au pays. Le questionnaire est revenu sans avoir été rempli.* **3** Rattraper un concurrent, combler son retard. **4** Apparaître, se produire de nouveau. *Le soleil revient.* **5** Reprendre ce qu'on a quitté. *Revenir à ses habitudes.* **6** Être rapporté à. *Il m'est revenu certains propos.* **7** Être recouvré par qqn, en parlant d'un état, d'une faculté. *L'appétit lui est revenu.* **8** Se présenter de nouveau à l'esprit de qqn. *Cela me revient.* **9** Échoir, être dévolu à. *Cette part lui revient. C'est à vous qu'il revient de trancher.* **10** Équivaloir à. *Cela revient à dire que vous l'approuvez.* **11** Coûter. *Cela me revient cher.* **12** **fam** Inspirer confiance à. *Sa tête ne me revient pas.* **13** Rentrer de. *Revenir de voyage.* **14** Quitter un état. *Revenir d'une maladie.* **15** **fig** Prêter de nouveau attention, intérêt à qqch ; en reparler. *Il n'y a pas à revenir là-dessus.* **LOC** ***Cela revient au même*** : le résultat est le même. — ***Être revenu de tout*** : blasé. — CUIS ***Faire revenir un aliment*** : le faire cuire superficiellement, dans une matière grasse, le faire dorer. — ***Ne pas en revenir*** : être stupéfait. — ***N'y revenez pas*** : ne recommencez pas ; n'insistez pas. — ***Revenir à soi*** : sortir d'un évanouissement. — ***Revenir de loin*** : avoir échappé à un grand péril. — ***Revenir d'une erreur, d'une illusion*** : s'en débarrasser, s'en affranchir. — ***Revenir sur sa promesse*** : s'en dédire. —

*Revenir sur ses pas* : rebrousser chemin. — *Revenir sur une décision* : la reconsidérer, l'annuler.

**revenu** *nm* **1** Ce que perçoit une personne physique ou morale au titre de son activité ou de ses biens. **2** METALL Action de réchauffer l'acier après la trempe, suivie d'un refroidissement lent, destinée à augmenter sa résistance aux chocs. **LOC** *Impôt sur le revenu* : qui frappe les revenus annuels des contribuables. — *Revenu minimum d'activité (RMA)* : contrat de travail à temps partiel, rémunéré sur la base du SMIC et réservé à ceux qui touchent le RMI depuis deux ans. — *Revenu minimum d'insertion (RMI)* : allocation accordée à certaines personnes démunies et s'engageant à participer à des actions ou des activités d'insertion professionnelle. — *Revenu national* : ensemble des revenus annuels en rapport avec la production nationale des biens et des services. — *Revenu de solidarité active (RSA)* : complément de ressources destiné aux RMistes, leur permettant un retour à l'emploi sans perte de revenu.

**revenue** *nf* SYLVIC Jeune bois qui repousse.

**rêver** *v* [1] **A** *vi* **1** Faire un, des rêves. *J'ai rêvé toute la nuit.* **2** Laisser aller son imagination ; s'abandonner à des idées vagues et chimériques. *Il reste là des heures, à rêver.* **B** *vti* **1** Voir en rêve. *J'ai rêvé de vous.* **2** Songer à, méditer sur qqch. *À quoi rêvez-vous ?* **3** Penser souvent à qqch que l'on désire faire, accomplir, posséder. *Il rêve de voyages. Je rêve d'y parvenir.* **C** *vt* **1** Concevoir, imaginer, au cours du rêve ; voir en rêve. *Rêver qu'on vole.* **2** Se représenter en rêvant, imaginer de manière plus ou moins chimérique. *Rêver l'aventure sans oser la vivre.* **3** Souhaiter vivement, désirer. *Rêver fortune.* **LOC** *Ne rêver que plaies et bosses* : être belliqueux, batailleur. — *On croit rêver* : on n'arrive pas à le croire ; il y a de quoi être stupéfait, indigné. [ETY] Du lat. pop. *vagus*, « vagabond ».

**réverbération** *nf* **1** Réflexion de la lumière, de la chaleur, du son. *La réverbération du soleil sur la neige.* **2** PHYS Persistance du son dans une salle par réflexion sur les parois.

**réverbère** *nm* Appareil d'éclairage de la voie publique. **LOC** *Four à réverbère* : dont la voûte réfléchit le rayonnement thermique sur les matières à traiter.

**réverbérer** *vt* [14] Renvoyer, réfléchir la lumière, la chaleur. *Le soleil se réverbère sur les vitres.* [ETY] Du lat. [DER] **réverbérant, ante** *a*

**reverchon** *nf* Variété précoce de bigarreau.

**reverdir** *v* [3] **A** *vt* Rendre sa couleur verte, sa verdure à. **B** *vi* Redevenir vert. *Les bois reverdissent.* [DER] **reverdissement** *nm*

**Reverdy** **Pierre** (Narbonne, 1889 – Solesmes, 1960), poète français. Sa recherche de la « puissance émotive » de l'image influença les surréalistes : *Plupart du temps* (1945), *Main-d'Œuvre* (1949), *En vrac* (1956).

Pierre Reverdy

**révérence** *nf* **1** litt Respect profond. **2** Salut respectueux qu'on fait en fléchissant plus ou moins les genoux. **LOC** fam *Tirer sa révérence à qqn* : s'en aller brusquement, de façon désinvolte. [ETY] Du lat.

**révérenciel, elle** *a* **LOC** litt *Crainte révérencielle* : inspirée par le respect.

**révérencieux, euse** *a* litt Qui manifeste de la révérence. *Un ton révérencieux.* [DER] **révérencieusement** *av*

**révérend, ende** *a, n* **A** *a, n* Titre d'honneur donné par les catholiques à un religieux ou à une religieuse. *Le Révérend Père, la Révérende Mère.* **B** *n* Titre donné par les anglicans aux pasteurs de la plupart des Églises réformées.

**révérendissime** *a* RELIG CATHOL Épithète honorifique réservée à certains abbés et abbesses.

**révérer** *vt* [14] Honorer, traiter avec révérence. [ETY] Du lat.

**rêverie** *nf* **1** État de l'esprit qui s'abandonne à des évocations, des pensées vagues ; ces évocations, ces pensées. **2** Idée vaine, chimérique.

**Rêveries du promeneur solitaire (les)** ouvrage autobiographique de J.-J. Rousseau (inachevé, posth., 1782), qui décrit 10 promenades (1776-1778).

**Revermont (le)** chaînons occidentaux du Jura (500 à 800 m).

**revernir** *vt* [3] Vernir de nouveau.

**revers** *nm* **1** Côté opposé au côté principal ou au côté le plus apparent ; envers. *Le revers de la main.* **2** Côté d'une monnaie, d'une médaille opposé à celui qui porte la figure principale. *L'avers et le revers.* **3** Partie d'un vêtement repliée en dehors. *Les revers d'un pantalon.* **4** Coup porté avec le revers de la main. **5** Au tennis, renvoi de la balle avec la raquette tenue dos de la main en avant. **6** fig Échec survenant après une période faste. **LOC** *Le revers de la médaille* : le mauvais côté d'une chose. — *Prendre à revers* : par le flanc ou par derrière. [ETY] Du lat.

**reversal, ale** *a* Se dit des lettres par lesquelles, en diplomatie, on fait une concession en retour d'une autre. PLUR reversaux.

**reverser** *vt* [1] **1** Verser de nouveau. *Reverser à boire à qqn.* **2** Remettre dans un récipient. **3** FIN Reporter. *Reverser une somme sur un compte.* [DER] **reversement** *nm*

**reversi** *nm* Jeu de cartes où gagne celui qui fait moins de levées. [PHO] [rəvɛrsi] [ETY] De l'ital. *rovescio*, « à rebours ». [VAR] **reversis**

**réversible** *a* **1** DR Se dit d'un bien qui peut ou doit, en certains cas, retourner au propriétaire qui en a disposé, ou d'une pension dont un autre peut profiter après la mort du titulaire. **2** Qui peut s'effectuer en sens inverse. **3** Se dit d'un tissu, d'un vêtement utilisable à l'envers comme à l'endroit. **LOC** CHIM *Réaction réversible* : dans laquelle les corps formés réagissent les uns sur les autres pour redonner en partie les substances initiales. — PHYS *Transformation réversible* : transformation idéale, constituée par une succession d'états d'équilibre, et qui peut se produire en sens inverse. [DER] **réversibilité** *nf*

**réversion** *nf* BIOL Retour au phénotype primitif après deux mutations. **LOC** DR *Droit de réversion* : selon lequel les biens qu'une personne a donnés à une autre reviennent au donateur si le bénéficiaire meurt sans enfants. — *Pension de réversion* : versée, après la mort d'une personne bénéficiaire d'une pension, à son conjoint survivant ou à un tiers nommément désigné.

**reversoir** *nm* TECH Syn de *déversoir*.

**revêtement** *nm* TECH Ce dont on recouvre une chose pour l'orner, la protéger.

**revêtir** *vt* [33] **1** Mettre à qqn un vêtement particulier. *On l'avait revêtu d'un manteau de cérémonie.* **2** fig Investir. *Revêtir qqn d'un pouvoir.* **3** Garnir d'un revêtement. *Revêtir une piste de bitume.* **4** Pourvoir un acte d'une marque de validité. *Revêtir d'un visa, d'une signature.* **5** Mettre sur soi un vêtement particulier. *Revêtir l'uniforme.* **6** fig Prendre tel aspect, telle forme. *Revêtir un caractère politique.*

**rêveur, euse** *a, n* **A** *a, n* Qui est porté à la rêverie. *Des yeux rêveurs.* **B** *n* Personne qui n'a pas le sens des réalités. **LOC** *Laisser rêveur* : perplexe. [DER] **rêveusement** *av*

**revient** *nm* **LOC** *Prix (coût) de revient* : coût de la fabrication et de la mise en vente d'un produit, de la mise en œuvre d'un service.

**revif** *nm* MAR Période pendant laquelle l'amplitude de la marée va croissant.

**revigorer** *vt* [1] Redonner de la vigueur à. [ETY] Du lat. *vigor*, « vigueur ». [DER] **revigorant, ante** *a*

**Revin** ch.-l. de cant. des Ardennes (arr. de Charleville-Mézières), sur la Meuse ; 8 963 hab. Industries. [DER] **revinois, oise** *a, n*

**revirement** *nm* Changement d'opinion brusque et complet.

**réviser** *vt* [1] **1** Examiner de nouveau pour corriger, modifier, mettre au point. *Réviser une loi.* **2** Vérifier le bon fonctionnement de, remettre en bon état, en état de marche. *Réviser une machine.* **3** Relire pour se remettre en mémoire. *Réviser ses leçons.* [ETY] Du lat. [DER] **révisable** *a* – **réviseur, euse** *n*

**révision** *nf* **1** Action de réviser. **2** DR Nouvel examen et éventuellement annulation, par une juridiction supérieure, de la décision d'une autre juridiction. [DER] **révisionnel, elle** *a*

**révisionnisme** *nm* **1** Position de ceux qui remettent en cause les bases fondamentales d'une doctrine. **2** Position de ceux qui remettent en cause une loi, un jugement. **3** POLIT Syn. de *négationnisme*. [DER] **révisionniste** *a, n*

**revisiter** *vt* [1] **1** Visiter de nouveau. **2** fig Donner d'une œuvre une interprétation radicalement nouvelle.

**revisser** *vt* [1] Visser ce qui est dévissé.

**revitaliser** *vt* [1] Redonner de la vitalité, du dynamisme à. [DER] **revitalisant, ante** *a* – **revitalisation** *nf*

**revival** *nm* **1** Renouveau d'une idée, d'un mouvement, d'une mode. **2** RELIG Mouvement protestant de réveil à la foi ; assemblée fondée sur un tel mouvement. PLUR revivals. [PHO] [rəvival] ou [rivajvœl] [ETY] Mot angl.

**revivifier** *vt* [2] litt Vivifier de nouveau. *Se revivifier au grand air.* [DER] **revivification** *nf*

**reviviscence** *nf* **1** litt Fait de reprendre vie. **2** BIOL Propriété de certains organismes animaux et végétaux de reprendre vie après avoir été desséchés, lorsqu'ils se trouvent en présence d'eau. [ETY] Du lat. [DER] **reviviscent, ente** *a*

**revivre** *v* [63] **A** *vi* **1** Revenir à la vie ; ressusciter. **2** Recouvrer sa santé, sa vigueur ; retrouver l'espérance, la joie. **3** Renaître, se renouveler. *Croyances qui revivent.* **B** *vt* Vivre, éprouver de nouveau. *Revivre une angoisse. Revivre son passé.* **LOC** *Faire revivre qqch chose* : le remettre en usage, en honneur. — *Faire revivre un personnage* : le représenter à l'imagination, lui redonner vie par l'art. — *Revivre dans qqn* : se continuer en lui. [ETY] Du lat.

**Revizor (le)** comédie en 5 actes de Gogol (1836).

**révocabilité, révocable, révocation → révoquer.**

**révocatoire** *a* DR Qui révoque. *Décision révocatoire.*

**revoici** *prép* fam Voici de nouveau.

**revoilà** *prép* fam Voilà de nouveau.

**revoir** *vt* [46] **1** Voir de nouveau. *Revoir un parent.* **2** Revenir, retourner dans un lieu. *Revoir son pays, son village.* **3** Voir de nouveau en esprit, se représenter par la mémoire. *Je le revois enfant.* **4** Examiner de nouveau, réviser. *Revoir un programme d'examen.* **LOC** *Au revoir* : formule de politesse pour prendre congé de qqn que l'on pense revoir.

**revoler** *v* [1] Voler de nouveau.

**révolte** *nf* **1** Soulèvement contre l'autorité établie. **2** Opposition violente à une contrainte ; refus indigné de ce qui est éprouvé comme intolérable. *Un sentiment de révolte.*

**révolter** *v* ① **A** *vt* Indigner, choquer vivement. *Propos qui révoltent.* **B** *vpr* **1** Se soulever contre une autorité ; refuser de plier devant. *Se révolter contre ses chefs.* **2** S'indigner. *Se révolter devant une injustice.* ETY De l'ital. DER **révoltant, ante** *a* – **révolté, ée** *a, n*

**Révoltés du Bounty (les)** film de l'Américain Frank Lloyd (1887 – 1960), en 1935, avec Ch. Laughton, C. Gable ; d'ap. *la Mutinerie et la capture piratesque du Bounty* (1831) de John Barrow (1764 – 1848), qui romança un fait survenu en 1789. Suivit un remake de l'Américain Lewis Milestone (1895 – 1980), en 1962, avec M. Brando et le Brit. Trevor Howard (1916 – 1988).

**révolu, ue** *a* **1** Achevé, accompli. *Avoir trente ans révolus.* **2** Qui n'est plus. *Un passé révolu.* ETY Du lat. *revolvere*, « retourner ».

**révolution** *nf* **1** didac Mouvement d'un mobile accomplissant une courbe fermée ; durée de ce mouvement. *La révolution de la Terre autour du Soleil.* **2** GEOM Mouvement d'un corps autour de son axe. *Cône, cylindre de révolution.* **3** Tour complet d'une chose autour d'un axe. **4** Évolution, changement importants dans l'ordre moral, social, etc. *Révolution scientifique.* **5** Bouleversement d'un régime politique et social, le plus souvent consécutif à une action violente. *Révolution qui éclate.* **6** fam Agitation, effervescence. *Tout l'immeuble était en révolution.* LOC GEOM ***Axe de révolution d'une surface*** **:** axe autour duquel une ligne de forme invariable engendre, par rotation, une surface. — GEOM ***Axe de révolution d'un solide*** **:** axe autour duquel une surface de forme invariable, limitée d'un côté par cet axe, engendre, par rotation, un solide. — ***Révolution culturelle*** **:** profond bouleversement dans la manière de penser un problème, une situation. — ***Révolution tranquille*** **:** au Québec, période (1960-1966) de changements politiques, économiques et sociaux qui ont fait profondément évoluer la société. ETY Du lat.

**révolution brabançonne** soulèvement des Belges contre la domination autrichienne en 1789-1790. Débutant dans les États de Brabant, elle proclama les *États belgiques unis* en janvier 1790. L'empereur Léopold II, qui avait succédé à Joseph II, réussit à rétablir l'autorité de l'Autriche en octobre 1790.

**révolution culturelle** mouvement idéologique et armé (*grande révolution culturelle prolétarienne*) que Mao Zedong (président du PC dep. 1959) déclencha en Chine, en 1966, pour lutter contre le « danger révisionniste » que représentait notam. Liu Shaoqi (président de la Rép. dep. 1959). Mao Zedong, aidé de Lin Biao, mobilisa l'armée et les Gardes rouges (le plus souvent, jeunes). En 1969-1970, la lutte s'apaisa après avoir fait plusieurs millions de victimes.

**Révolution d'Angleterre (première)** (1642-1649), révolution née du mécontentement des classes moyennes devant l'absolutisme royal, alors que pesaient sur le royaume de graves problèmes religieux et sociaux. Marquée par 2 guerres civiles (1642-1646 et 1648), elle aboutit au procès puis à l'exécution de Charles I^er^ et à l'instauration du Commonwealth, que domina Cromwell (1649).

**Révolution d'Angleterre (seconde)** (1688-1689), révolution pacifique qui provoqua le départ de Jacques II, converti au catholicisme, et l'avènement de Guillaume d'Orange-Nassau. Son aboutissement fut l'instauration d'une monarchie constitutionnelle.

**Révolution française** ensemble des mouvements révolutionnaires qui se succédèrent en France de 1789 à 1799. Aux causes écon. et sociales s'ajoutèrent des facteurs politiques : critique de l'absolutisme royal par les privilégiés eux-mêmes ; indécision du roi ; attachement de la noblesse et du clergé à leurs privilèges ; la bourgeoisie, qui dirigea cette révolution, se disait la détentrice des idéaux humanistes et du rationalisme qu'avaient développés les philosophes et les encyclopédistes.
**Les États généraux** Lors des états généraux (réunis le 5 mai 1789), le tiers état imposa le principe de la souveraineté de la nation (serment du Jeu de Paume, 20 juin 1789) ; la prise de la Bastille (14 juil. 1789) couronna cette révolution politique.
**L'Assemblée nationale constituante (9 juil. 1789-30 sept. 1791)** décida l'abolition des privilèges (nuit du 4 août 1789), proclama la Déclaration des droits de l'homme (26 août), nationalisa les biens de l'Église (2 nov.) et élabora la Constitution civile du clergé (12 juil. 1790) et la Constitution de 1791. La France fut réorganisée dans les domaines juridique, financier, administratif (création des départements). Louis XVI, ramené de Versailles aux Tuileries, tenta de fuir à l'étranger (20-21 juin 1791), où la contre-révolution s'était organisée.
**L'Assemblée législative (1^er^ oct. 1791-20 sept. 1792)** essaya de faire fonctionner la monarchie constitutionnelle, mais dut déclarer la guerre à l'Autriche (20 avril 1792) ; les premiers échecs suscitèrent des mouvements populaires parisiens qui la contraignirent à voter la déposition du roi (insurrection du 10 août 1792).
**La Convention (21 sept. 1792-26 oct. 1795)** proclama la république (21 sept. 1792) et vota la mort du roi, décapité le 21 janv. 1793. Comme la situation s'aggrava (coalition européenne, révolte de Vendée, crise monétaire et sociale), le parti des Montagnards triompha à l'Assemblée (arrestations des Girondins en juin 1793) et instaura la Terreur. Robespierre domina le Comité de salut public qui exerca un gouv. dictatorial ; il fut renversé le 9 thermidor an II (27 juil. 1794). La *Convention thermidorienne* dura un peu plus d'un an.
**Le Directoire (26 oct. 1795-9 nov. 1799)** menacé par les Jacobins et par les royalistes (auteurs du coup de force du 13 vendémiaire an IV : 5 oct. 1795), tenta de mettre en place une république bourgeoise. Il fut renversé par un coup d'État, dû au général Bonaparte (18 et 19 brumaire an VIII : 9 et 10 nov. 1799), qui instaura le Consulat par la Constitution de l'an VIII.

**révolution française de 1830** **→ Juillet (révolution de).**

**révolution française de 1848** mouvement révolutionnaire qui débuta à Paris par les *journées de Février* (22, 23 et 24 fév. 1848) et se prolongea jusqu'au 26 juin 1848. Née d'une crise économique et politique, l'insurrection renversa le roi Louis-Philippe le 24 fév. Un Gouvernement provisoire républicain instaura la II^e^ République le 25 fév., adopta le suffrage universel et proclama les libertés de presse et de réunion. Les modérés remportèrent les élections du 23 avril à l'Assemblée constituante. Le 10 mai, une Commission exécutive (Arago, Garnier-Pagès, Marie, Lamartine, Ledru-Rollin) succéda au Gouvernement provisoire et s'opposa aux socialistes. La suppression des Ateliers nationaux, créés pour les chômeurs par le Gouvernement provisoire, provoqua l'émeute ouvrière dite « journées de Juin » (23-26 juin), que Cavaignac écrasa (1 500 morts, 12 000 condamnations). Il succéda, comme président du Conseil, à la Commission exécutive. À l'élection présidentielle du 10 déc. 1848 (la nouvelle Constitution avait été promulguée en nov.), il fut largement vaincu par Louis Napoléon Bonaparte (V. Napoléon III). En mai 1849, le parti de l'Ordre obtint les deux tiers des sièges aux élections législatives. Le 2 déc. 1851, Bonaparte fit un coup d'État et proclama le II^e^ Empire le 2 déc. 1852.
**Les révolutions européennes** À la même époque, des mouvements révolutionnaires éclatèrent à Vienne, à Prague, à Budapest, ainsi qu'en Italie, en Allemagne et dans l'Europe occidentale, où les aspirations démocratiques et nationales avaient été étouffées par le congrès de Vienne (1815). La répression du « printemps des peuples », à partir de juin, fut impitoyable. Elle se poursuivit jusqu'à l'été 1849 (écrasement des Hongrois, à Vilagos notam., le 13 août 1849).

**revolutionibus orbium cælestium libri VI (De)** ouvrage (publié en 1543) dans lequel Copernic expose que les planètes effectuent des révolutions autour du Soleil (que Copernic situait, immobile, au centre de l'Univers).

**révolution industrielle** nom donné à l'industrialisation rapide des pays européens (Europe de l'Ouest et centrale surtout) et des États-Unis à partir du premier tiers du XIX^e^ s. La prolétarisation, l'exode rural, l'enrichissement d'une bourgeoisie non terrienne créèrent une société nouvelle. Depuis les années 1970, on décrit ainsi la *deuxième révolution industrielle* : informatisation, mondialisation des échanges, division internationale du travail (de nombr. tâches sont accomplies dans des pays où la main-d'œuvre est peu onéreuse), incertitude de l'emploi, etc.

**révolutionnaire** *a, n* **A** *a* **1** Relatif à une révolution ; qui en est issu. *Assemblée révolutionnaire.* **2** Qui favorise ou apporte des changements radicaux dans un domaine quelconque. *Méthode éducative révolutionnaire.* **B** *n* Partisan, instigateur, acteur d'une révolution. DER **révolutionnairement** *av*

**révolutionnarisme** *nm* Tendance à faire de l'action révolutionnaire une fin en soi. DER **révolutionnariste** *a, n*

**révolutionner** *vt* ① **1** Agiter, troubler vivement. *Révolutionner les esprits.* **2** Transformer profondément. *Révolutionner une science.*

**Révolution permanente (la)** essai de Trotski (1930).

**révolution russe de 1905** série de rébellions et de manifestations qui suivirent la fin de la guerre russo-japonaise et les défaites de Mandchourie, notam. le Dimanche rouge à Saint-Pétersbourg (janv. 1905) et la mutinerie du *Cuirassé Potemkine*. Quand les modérés obtinrent l'élection d'une assemblée législative (la *douma*), les bolcheviks tentèrent de prendre la direction des soviets (conseils populaires) qui s'étaient spontanément formés (notam. à Saint-Pétersbourg), mais le tsar put briser le mouvement après l'élection de la *douma*.

**révolution russe de 1917** ensemble formé par deux révolutions successives qui eurent pour site princ. la ville de Petrograd (Saint-Pétersbourg). La *révolution de février* 1917 (du 8 au 15 mars dans le calendrier occidental) aboutit à l'abdication du tsar. La *révolution d'octobre* 1917 (du 6 au 8 nov. dans le calendrier occidental) aboutit à la prise du pouvoir par les bolcheviks de Lénine. V. Octobre 1917 (révolution d') et Russie.

**Révolution surréaliste (la)** l'une des revues éditées par les surréalistes ; 12 numéros entre le 1^er^ déc. 1924 et le 15 déc. 1929 ; directeurs : Naville et Péret, puis Breton.

**Révolution trahie (la)** œuvre de Trotski (1937) qui prolonge l'*Histoire de la révolution russe* (*Février* : 1931 ; *Octobre* : 1933).

**révolver** *nm* **1** Arme de poing à répétition, dont le magasin est un barillet tournant. **2** TECH Mécanisme tournant porteur de divers outils ou accessoires, dans certains appareils. *Microscope à révolver.* PHO [RevɔlvɛR] ETY De l'angl. *to revolve*, « tourner ». VAR **revolver**

**révolvériser** *vt* ① fam Tuer, blesser avec un révolver.

**revolving** *a inv* **LOC** ***Crédit revolving*** : qui se renouvelle au fur et à mesure des remboursements de l'emprunteur. (PHO) [ʀevɔlviŋ]

**révoquer** *vt* ① **1** Destituer d'une fonction. *Révoquer un préfet.* **2** DR Annuler. *Révoquer un arrêt.* (ETY) Du lat. (DER) **révocabilité** *nf* – **révocable** *a* – **révocation** *nf*

**revoter** *v* ① Voter de nouveau.

**revoyure (à la)** *av* fam Au revoir.

**revue** *nf* **1** Examen détaillé, élément par élément. *Faire la revue de ses livres.* **2** Inspection des troupes ou du matériel, dans l'armée. **3** Publication périodique consacrée le plus souvent à un domaine particulier. *Revue scientifique.* **4** Spectacle comique ou satirique sur des sujets d'actualité. *Revue de chansonniers.* **5** Spectacle de variétés. *Revue de music-hall.* **LOC** fam ***Être de la revue*** : être déçu dans ses espérances. — ***Passer en revue*** : examiner dans le détail, point par point. — ***Revue de détail*** : examen des détails de tenue, d'équipement, etc. — ***Revue de presse*** : compte-rendu d'articles permettant d'embrasser l'ensemble des points de vue sur l'actualité.

**Revue blanche (la)** revue franco-belge (Paris et Liège) fondée en 1889, uniquement franç. de 1891 à sa disparition (1903). Elle révéla Mallarmé, Verlaine, Barrès, Gide, Jarry, Claudel, Tchekhov.

**Revue des Deux Mondes (la)** périodique français fondé en 1829 par Mauroy et Ségur-Dupeyron. Balzac, Vigny, Sainte-Beuve, G. Sand y collaborèrent. Après de nombr. avatars, elle reprit son titre d'origine en 1982.

**revuiste** *n* **1** Auteur de revues, de spectacles. **2** Journaliste qui fait une revue de presse.

**révulser** *vt* ① **1** MED Produire une révulsion. **2** Retourner, bouleverser (le visage, les yeux). (ETY) Du lat.

**révulsif, ive** *a, nm* MED Qui produit une révulsion.

**révulsion** *nf* MED Afflux sanguin que l'on provoque dans une partie de l'organisme pour faire cesser une inflammation ou une congestion voisine.

**Rewbell** Jean-François (Colmar, 1747 – id., 1807), homme politique français. Devenu directeur, il organisa avec Barras le coup d'État antiroyaliste du 18 Fructidor (4 sept. 1797). En juin 1799, Sieyès le remplaça au Directoire. (VAR) **Reubell**

**rewriter** *vt* ① Récrire un texte destiné à la publication. (PHO) [ʀəʀajte] (ETY) Mot angl. (DER) **rewriteur, euse** ou **rewriter** *n* – **rewriting** *nm*

**rexisme** *nm* HIST Mouvement fasciste fondé en Belgique en 1935 par l'avocat Léon Degrelle. (ETY) Du lat. *Christus rex.* (DER) **rexiste** *a, n*

**Reyes** Alfonso (Monterrey, 1889 – Mexico, 1959), écrivain et diplomate mexicain : *Visión de Anáhuac* (poème en prose, 1917).

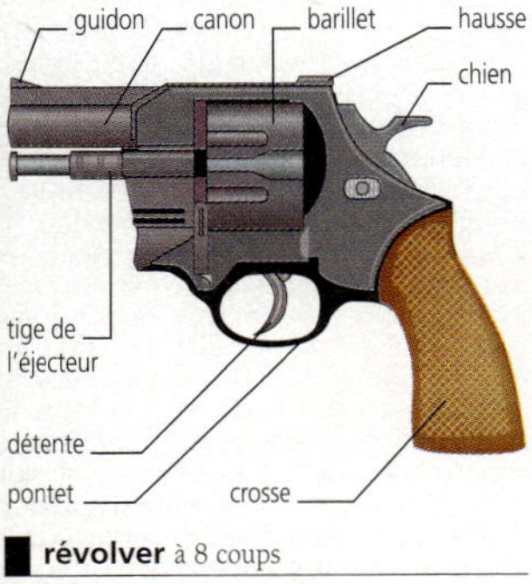


**révolver** à 8 coups

**Reykjavík** cap. de l'Islande, port sur la côte S.-O. de l'île ; 155 000 hab. (aggl.). Import. escale maritime et aérienne. Industr. dérivées de la pêche et du trafic portuaire.

Reykjavík

**Reymont** Władysław Stanisław (Kobiele-Wielkie, près de Radom, 1867 – Varsovie, 1925), romancier polonais, à la fois naturaliste et épique : *la Comédienne* (1896), *les Ferments* (1897), *la Terre promise* (1899), *les Paysans* (4 vol., 1902-1909). P. Nobel 1924.

**Reynaud** Émile (Montreuil, 1844 – Ivry, 1918), inventeur français. Il créa à partir du *praxinoscope* (appareil à tambour donnant aux images l'illusion du mouvement) le *théâtre optique* (1888), précurseur du dessin animé.

**Reynaud** Paul (Barcelonnette, 1878 – Neuilly-sur-Seine, 1966), homme politique français. Il devint président du Conseil en mars 1940. Hostile à l'armistice, il dut démissionner le 16 juin au profit du maréchal Pétain, sur l'ordre duquel il fut interné puis déporté (1940-1945). Auteur de *Mémoires* (1960-1963).

**Reynolds** sir Joshua (Plympton, Devon, 1723 – Londres, 1792), peintre anglais ; portraitiste de l'aristocratie et paysagiste.

**Reynolds** Osborne (Belfast, 1842 – Watchet, 1912), ingénieur anglais : travaux sur la mécanique des fluides.

**Rezāye** → **Ourmia.**

**rez-de-chaussée** *nm inv* Partie d'une habitation dont le plancher est au niveau du sol.

**rez-de-jardin** *nm inv* Partie d'une construction qui est de plain-pied avec un jardin.

**Rezé** ch.-l. de cant. de la Loire-Atl. (arr. de Nantes) ; 38 569 hab. Industries. – Anc. cap. du pays de Retz. (DER) **rezéen, enne** *a, n*

**Reznikoff** Charles (New York, 1894 – id., 1976), poète américain : *By the waters of Manhattan* (1962), *Testimony* (1965-1979).

**RF** Sigle de *République française.*

**RFA** Sigle de *République fédérale d'Allemagne.*

**RFI** Sigle pour *Radio-France Internationale,* société fr. de radiodiffusion vers les pays étrangers créée en 1975.

**RFID** *nf* Technologie permettant de localiser et d'identifier qqch ou qqn grâce à une puce qui lui est implantée. SYN radioétiquette. (ETY) De l'angl. *radio-frequency identification devices,* « dispositifs d'identification par radiofréquence ».

**RFO** Sigle pour *Réseau France-Outre-mer,* société nationale créée en 1982 (sous le nom de Radio-télévision française d'outre-mer, même sigle) et nommée ainsi en 1999.

**RG** Sigle de *Renseignements généraux,* service du ministère de l'Intérieur, qui recueille des informations d'ordre politique et social. En 2008, les RG fusionnent avec la DST pour devenir la *Direction centrale du renseignement intérieur.*

**RGO** *nm* MED Abrév. de *reflux gastro-œsophagien,* remontée du suc gastrique dans l'œsophage provoquant une œsophagite.

**rH** *nm* BIOCHIM Indice représentant quantitativement la valeur du pouvoir réducteur ou oxydant d'un milieu.

**Rh** **1** BIOL Abrév. de *(facteur) rhésus.* **2** CHIM Symbole du rhodium.

**rhabdomancie** *nf* didac Recherche de nappes d'eau, de gisements de métaux, etc., au moyen d'une baguette. (ETY) Du gr. *rhabdos,* « baguette ». (DER) **rhabdomancien, enne** *n*

**rhabdomyolyse** *nf* MED Maladie caractérisée par de graves lésions musculaires et parfois par une insuffisance rénale.

**rhabiller** *vt* ① **1** TECH Réparer, remettre en état. *Rhabiller une montre.* **2** Habiller de nouveau. *Rhabiller un enfant. Se rhabiller à la hâte.* **LOC** fam ***Il peut aller se rhabiller*** : il ne fait pas l'affaire, il n'est pas à la hauteur. (DER) **rhabillage** *nm*

**Rhadamanthe** dans la myth. gr., fils de Zeus et d'Europe, l'un des trois juges des enfers (avec son frère Minos et Éaque).

**Rhadamès** → **Ghadamès.**

**rhamnacée** *nf* Arbre ou arbuste souvent épineux, à petites fleurs, dont la famille comprend le nerprun, le jujubier, etc. (ETY) Du gr.

**rhapsode** *nm* ANTIQ GR Chanteur allant de ville en ville en récitant des extraits de poèmes épiques, notam. de poèmes homériques. (ETY) Du gr. (VAR) **rapsode**

**rhapsodie** *nf* **1** ANTIQ GR Suite d'extraits de poèmes épiques récités par les rhapsodes. **2** MUS Composition musicale de forme libre, d'inspiration souvent populaire. (VAR) **rapsodie** (DER) **rhapsodique** ou **rapsodique** *a*

**Rhapsodies hongroises** titre donné à 19 pièces pour piano de Liszt, publiées entre 1846 et 1885.

**Rhapsody in Blue** œuvre de Gershwin pour piano et orchestre (1924), inspirée par le jazz.

**Rharb** → **Gharb.**

**Rhaznévides** → **Ghaznévides.**

**Rhéa** dans la myth. gr., fille d'Ouranos et de Gaia, épouse de Cronos, mère de Zeus.

**Rhea Silvia** fille de Numitor, roi d'Albe, mère de Romulus et Remus.

**Rhee** Ree Syn Man, dit Syngman (prov. de Hwanghae, 1875 – Honolulu, 1965), homme politique coréen. Chef du gouvernement en exil (1919-1945), président de la rép. de Corée du Sud de 1948 à 1960, il instaura un régime autoritaire et fut renversé.

**Rheims** Maurice (Versailles, 1910 – Paris, 2003), critique d'art français : *la Vie étrange des objets* (1959). Acad. fr. (1976).

**Rheinhausen** ville d'Allemagne (Rhénanie-du-Nord-Westphalie), port sur le Rhin ; 70 410 hab. Industries.

**rhème** *nm* LING Syn. de *commentaire.* (ETY) Du gr. *rhêma,* « mot ».

**rhénan** → **Rhénanie** et **Rhin.**

**rhénan (Massif schisteux)** région hercynienne de l'O. de l'Allemagne, prolongeant l'Ardenne. Ces plateaux (400-800 m), drainés par le Rhin et la Moselle, ont un climat rude. La vie se concentre dans les riches vallées, aux vignobles célèbres. Tourisme. Ville princ. *Coblence.*

**Rhénanie** (en all. *Rheinland*), rég. d'Allemagne traversée par le Rhin (qui en fit l'importance hist., écon., comm., culturelle depuis l'Antiquité). Auj., le N. est rattaché à la Westphalie (Land de *Rhénanie-du-Nord-Westphalie*) et le S. au Palatinat (Land de *Rhénanie-Palatinat*). (DER) **rhénan, ane** *a, n*

**Histoire** Conquise par César (57 av. J.-C.), la région constitua les prov. romaines de Germanie inf. et sup. Au Ve s., les Francs ripuaires s'y établirent. Au Xe s., le N. fut intégré au duché de

Basse-Lorraine et le S. à la Haute-Lorraine (v. 960). Ensuite, ces régions éclatèrent en de nombr. principautés, laïques et ecclés. De 1793 à 1801, elles furent intégrées à la France, qui les conserva jusqu'en 1814. En 1824, la Rhénanie revint à la Prusse, qui en fit une province (Prusse-Rhénane). Le traité de Versailles (1919) la livra à l'occupation militaire des Alliés. En 1923, l'armée française occupa entièrement la Ruhr, mais dut se retirer. En mars 1936, Hitler réoccupa militairement la Rhénanie.

**Rhénanie-du-Nord-Westphalie** (en all. *Nordrhein-Westfalen*), Land d'Allemagne et région de l'UE ; 34 067 km$^2$ ; 16 711 800 hab. ; cap. *Düsseldorf* ; v. princ. : *Essen, Cologne, Dortmund, Münster, Aix-la-Chapelle*. La densité du réseau urbain témoigne de l'intense activité économique de ce Land, qui est la région la plus puissante de l'UE.

**Rhénanie-Palatinat** (en all. *Rheinland-Pfalz*), Land d'Allemagne et Région de l'UE ; 19 846 km$^2$ ; 3 630 800 hab. ; cap. *Mayence* ; v. princ. : *Coblence, Trèves*. Ce Land est relié aux régions industrielles du Rhin inférieur et au N.-E. de la France.

**rhénium** *nm* CHIM **1** Élément métallique de numéro atomique Z = 75, de masse atomique 186,2 (symb. Re). **2** Métal (Re) rare, de densité 21,02, qui fond à 3 180 °C. PHO [ʀenjɔm] ETY De l'all.

**rhéo-** Élément, du gr. *rheô, rhein*, « couler ».

**rhéobase** *nf* PHYSIOL Intensité minimale de courant électrique continu nécessaire pour obtenir une réponse d'une structure organique excitable.

**rhéologie** *nf* PHYS Branche de la mécanique qui étudie les rapports entre la viscosité, la plasticité et l'élasticité de la matière, et les comportements de celle-ci sous l'influence des pressions. DER **rhéologique** *a*

**rhéomètre** *nm* TECH Appareil qui mesure la vitesse d'écoulement des fluides.

**rhéophile** *a* ECOL Se dit des espèces adaptées à vivre dans de forts courants, en partic. dans les torrents.

**rhéostat** *nm* Appareil dont on peut faire varier la résistance et qui, intercalé dans un circuit électrique, permet de régler l'intensité du courant. DER **rhéostatique** *a*

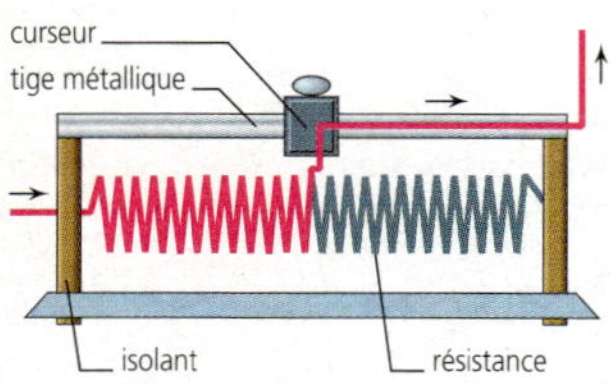


en déplaçant le curseur vers la droite, le courant parcourt une plus grande portion de la résistance, ce qui diminue son intensité

**rhéostat** à curseur

**rhésus** *nm* Macaque de l'Inde et de la Chine du Sud, au pelage gris-roux, ayant servi de sujet d'expériences dans des recherches sur le sang humain. LOC MED *Facteur rhésus* ou *rhésus* : agglutinogène existant dans les hématies de 85 % des sangs humains (*rhésus positif*) et créant une incompatibilité sanguine envers ceux qui en sont dépourvus (*rhésus négatif*). PHO [ʀezys] ETY Du gr.

**rhéteur** *nm* **1** ANTIQ Maître de rhétorique. **2** Orateur ou écrivain qui use d'une vaine rhétorique ; phraseur.

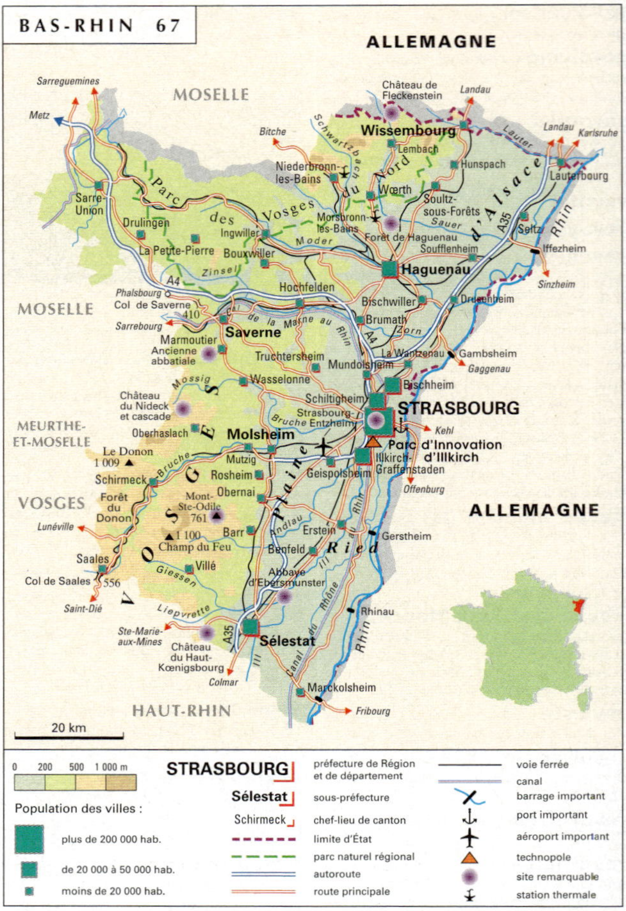


**Rhétie** anc. contrée du N. de la Gaule cisalpine (E. de la Suisse, Tyrol, N. de la Lombardie) dont la conquête, entreprise sous Auguste, s'acheva sous Drusus (15 av. J.-C.). Elle devint province impériale. Au Bas-Empire, celle-ci fut scindée : au S., la Rhétie Première avait pour cap. *Curia* (auj. Coire, ch.-l. du cant. des Grisons) ; au N., la Rhétie Seconde avait pour capitale la ville actuelle d'Augsbourg. VAR **Rétie** DER **rhétique** ou **rétique** *a*

**rhétique** *nm* LING Rhéto-roman. VAR **rétique**

**rhétiques (Alpes)** massif des Alpes centrales, coupé par les hautes vallées de l'Inn et de l'Adige (4 052 m à la Bernina).

**rhétoricien, enne** *n* didac Spécialiste de rhétorique.

**rhétorique** *nf* **1** Art de bien parler ; ensemble des procédés qu'un orateur emploie pour persuader, convaincre. **2** péjor Pompe, emphase. **3** Belgique Classe terminale de l'enseignement secondaire. ETY Du gr.

**rhétoriqueur** *nm* LOC LITTER *Grands rhétoriqueurs* : groupe des poètes de cour qui attachaient une grande importance au style et à la versification (fin XV$^e$ s.).

ENC À la fin du XV$^e$ et au déb. du XVI$^e$ s., les poètes des cours de France, de Bourgogne, de Bretagne et de Flandre cultivaient surtout la virtuosité lexicale, le goût du bizarre et les artifices de style : Jean Molinet (1435 – 1507), à la cour de Bourgogne ; Guillaume Crétin (v. 1460 – 1525), à Paris ; Jean Marot, père de Clément Marot ; Jean Lemaire de Belges.

**rhéto-roman, ane** *a, nm* LING Se dit des parlers romans de la Suisse orientale, du Tyrol et du Frioul. SYN rhétique. V. Rhétie.

**rhexistasie** *nf* GEOL Période au cours de laquelle, la végétation étant détruite, une érosion intense décape les sols. ANT biostasie. ETY Du gr. *rhêxis*, « rupture ».

**Rheydt** ville industrielle d'Allemagne (Rhénanie-du-Nord-Westphalie), dans la Ruhr ; 101 000 hab.

**rhin(o)-** Élément, du gr. *rhis, rhinos*, « nez ».

**Rhin (le)** (en all. *Rhein*, en néerl. *Rijn*), fleuve de l'Europe du N.-O. (1 298 km), qui naît en Suisse et se jette dans la mer du Nord. Le *Rhin supérieur* se forme, dans les Alpes suisses (Grisons), par la réunion du *Rhin antérieur*, né dans le Saint-Gothard, et du *Rhin postérieur*. Coulant vers le N., il traverse le lac de Constance, puis, coulant vers l'O., il sert de frontière entre la Suisse et l'Allemagne ; il reçoit alors l'Aar, ce qui régularise son débit. Après Bâle, le *Rhin moyen* quitte la Suisse et coule dans la plaine d'Alsace entre les Vosges à l'O. (France) et la Forêt-Noire à l'E. (Allemagne). Il reçoit le Main à Mayence (r. dr.), puis traverse le Massif schisteux rhénan, où le rejoint la Moselle (r. g.). Le *Rhin inférieur* s'achève aux Pays-Bas par un vaste delta. Première voie de circulation de l'Europe occid., le Rhin a bénéficié de nombr. aménagements. Des canaux l'unissent au Danube, à la Moselle canalisée, à la Marne, à l'Elbe et aux ports de la mer du Nord (Rotterdam, Anvers, Amsterdam). Le Rhin est jalonné de ports fluviaux (Duisburg, Strasbourg, Bâle). Il est depuis longtemps pollué par des usines chimiques. DER **rhénan, ane** *a*

**Rhin (Confédération du)** → **Confédération du Rhin.**

**Rhin (ligue du)** union formée par Mazarin (1658) avec le roi de Suède, les Électeurs rhénans et certains princes allemands.

**Rhin (Bas-)** dép. franç. (67) ; 4 787 km² ; 1 109 000 hab. ; 231,7 hab./km² ; ch.-l. *Strasbourg* ; ch.-l. d'arr. *Haguenau, Molsheim, Saverne* et *Sélestat-Erstein*. V. Alsace. DER **bas-rhinois, oise** *a, n*

**Rhin (Haut-)** dép. franç. (68) ; 3 523 km² ; 758 700 hab. ; 215,4 hab./km² ; ch.-l. *Colmar* ; ch.-l. d'arr. *Altkirch, Guebwiller, Mulhouse* et *Ribeauvillé*. V. Alsace. DER **haut-rhinois, oise** *a, n*

**rhinanthe** *nm* BOT Plante à fleurs jaunes (scrofulariacée), semi-parasite des racines de divers végétaux. SYN crête-de-coq.

**rhinencéphale** *nm* ANAT Partie la plus ancienne, d'un point de vue phylogénétique, du cortex cérébral, intervenant dans la régulation des comportements émotionnels et instinctifs, et dans les processus de mémorisation.

**rhingrave** *nm* HIST Titre de certains princes de l'Empire dont les domaines étaient situés sur les bords du Rhin. ETY De l'all. *Rheingraf*, « seigneur du Rhin ».

**rhinite** *nf* MED Rhume.

**rhinocéros** *nm* **1** Grand mammifère périssodactyle herbivore d'Asie et d'Afrique, aux formes massives et trapues, à la peau épaisse et peu poilue, qui porte une ou deux cornes à l'extrémité du museau. **2** ENTOMOL Orycte. ETY Du gr. *keras*, « corne ».

**rhinocéros** blanc

**Rhinocéros** pièce de Ionesco (1959).

**rhinoderme** *nm* Grenouille du Chili à museau pointu, dont le mâle incube les œufs dans sa cavité pharyngienne.

**rhinolophe** *nm* ZOOL Chauve-souris très commune en Europe, appelée cour. *fer-à-cheval* à cause de la membrane semi-circulaire qu'elle porte à la base du nez. ETY Du gr. *lophos*, « crête ».

**rhinopharyngite** *nf* MED Inflammation de la muqueuse du rhinopharynx.

**rhinopharynx** *nm* ANAT Partie haute du pharynx, en arrière des fosses nasales. DER **rhinopharyngien, enne** *a*

**rhinoplastie** *nf* CHIR Remodelage fonctionnel ou esthétique du nez.

**rhinorrhée** *nf* MED Écoulement de liquide par les narines.

**rhinoscopie** *nf* MED Examen des fosses nasales. DER **rhinoscopique** *a*

**rhinovirus** *nm* Virus du rhume.

**rhipidistien** *nm* PALEONT Poisson crossoptérygien aux nageoires ressemblant à des pattes, qui vécut en eau douce du dévonien au permien et donna naissance aux stégocéphales. ETY Du gr.

**rhizo-, -rhize** Éléments, du gr. *rhiza*, « racine ».

**rhizobium** *nm* BIOL Bactérie symbiotique qui se développe dans les racines de certains végétaux supérieurs, notam. légumineuses. PHO [ʀizɔbjɔm]

**rhizocéphale** *nm* ZOOL Crustacé cirripède tel que la sacculine, parasite d'autres crustacés, et dont le corps est formé d'une boule fixée sur son hôte par des prolongements ressemblant à des racines.

**rhizoctone** *nm* BOT Champignon basidiomycète saprophyte ou parasite des racines de nombreux végétaux supérieurs (betterave, luzerne, etc.). ETY Du gr. *kteinein*, « tuer ».

**rhizoflagellé** *nm* ZOOL Protozoaire dont le groupe, considéré autrefois comme embranchement, rassemble les rhizopodes et les flagellés.

**rhizoïde** *nm* BOT Chacun des filaments fixateurs et absorbants situés à la base des mousses.

**rhizome** *nm* Tige souterraine de certaines plantes telles que la fougère, l'iris, qui donne naissance à des racines adventives et à des tiges aériennes.

**rhizophage** *a* Qui se nourrit de racines. SYN radicivore.

**rhizopode** *nm* ZOOL Protozoaire caractérisé par son aptitude à émettre des pseudopodes locomoteurs et préhensiles dont l'embranchement comprend les amibes et les foraminifères.

**rhizosphère** *nf* PEDOL Ensemble des micro-organismes du sol qui prolifèrent autour des racines végétales.

**rhizostome** *nm* ZOOL Méduse géante dépourvue de tentacules périphériques.

**rhô** *nm* **1** Lettre grecque (Ρ, ρ), correspondant au *r* de l'alphabet latin. **2** PHYS NUCL Particule de la famille des mésons.

**rhod(o)-** Élément, du gr. *rhodon*, « rose » (la fleur), ou *rhodeos*, « rose » (la couleur).

**rhodamine** *nf* CHIM Matière colorante, d'un rouge vif fluorescent.

**rhodanien, enne** *a* Du Rhône. **LOC** ***Le couloir rhodanien*** : fossé tectonique emprunté par le Rhône entre le Massif central et les Préalpes.

**Rhode Island** État du N.-E. des É.-U., baigné par l'océan Atlantique ; 3 144 km$^2$ ; 1 052 567 hab. ; cap. *Providence.* – Ressources : élevage des volailles ; cultures maraîchères ; pêche ; industries. Forte urbanisation. – Cette très anc. (1636) et très riche colonie agricole de la Nouvelle-Angleterre, la prem. qui proclama son indépendance (1776), n'entra dans l'Union qu'en 1790.

**Rhodes (île de)** île grecque de la mer Égée ; 1 404 km$^2$ ; 67 000 hab. ; ch.-l. de l'île et du nome du Dodécanèse : *Rhodes* (42 000 hab.). Montagneuse (1 215 m au mont Atáviros), l'île a de faibles ressources (tabac, vigne, oliviers) et vit du tourisme. – La vieille ville de Rhodes, fondée en 408 av. J.-C., conserve des ruines antiques, des églises byzantines et des monuments bâtis par les *chevaliers de Rhodes.* – Puissante cité maritime de l'Antiquité, l'île fut, à partir de 1309, gouvernée par les *chevaliers de Rhodes* (qui formèrent ensuite l'ordre de Malte) puis devint turque (1523-1912). L'Italie la prit et céda à la Grèce tout le Dodécanèse en 1947. DER **rhodien, enne** *a, n*

île de **Rhodes**, l'entrée du port

**Rhodes (colosse de)** statue du dieu Hélios, en bronze, haute de 32 m, œuvre de Charès, l'une des Sept Merveilles du monde. Érigé sur le port de Rhodes v. 292 av. J.-C., il fut renversé en 227 av. J.-C. par un séisme.

**Rhodes Alexandre de** (Avignon, 1591 – Ispahan, 1660), missionnaire catholique français. Envoyé au Viêt-nam en 1624, il diffusa l'écriture romanisée du vietnamien (ou quôc ngu). Expulsé en 1646, il s'installa en Perse.

**Rhodes Cecil** (Bishop's Stortford, 1853 – Muizenberg, près du Cap, 1902), homme d'affaires et administrateur colonial anglais. Agent de l'expansion brit. en Afrique de l'Est et du Sud dès 1870, il fonda la *British South Africa Company,* acquit une immense fortune grâce aux diamants et conquit les territoires situés entre le Transvaal et le lac Tanganyika, appelés *Rhodésie* à partir de 1895. Premier ministre de la colonie du Cap (1890-1895), il ne put conquérir les rép. des Boers et démissionna.

**Rhodes-Extérieures** → **Appenzell.**

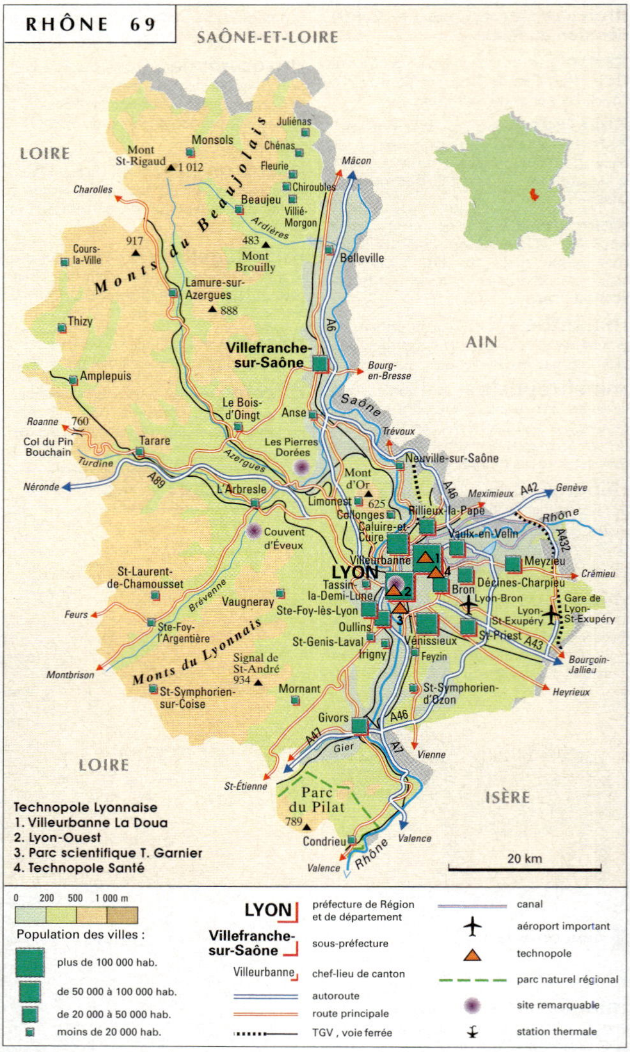


**Rhodésie** anc. région de l'Afrique australe britannique, auj. divisée en trois États : la Zambie (anc. Rhodésie du Nord), le Malawi (anc. Nyassaland) et le Zimbabwe (anc. rép. de Rhodésie). DER **rhodésien, enne** *a, n*

**Rhodésie** → **Zimbabwe.**

**Rhodes-Intérieures** → **Appenzell.**

**rhodite** *nm* ZOOL Cynips, agent du bédégar du rosier.

**rhodium** *nm* **1** Élément métallique de numéro atomique Z = 45, de masse atomique 102,9 (symb. Rh). **2** Métal (Rh) rare, de densité 12,4, qui fond vers 1 970 °C, résistant à l'action des acides. PHO [ʀɔdjɔm]

**rhododendron** *nm* Plante arbustive des montagnes (éricacée) à feuillage persistant, cultivé pour l'ornement.

**rhodoïd** *nm* Matière plastique à base d'acétate de cellulose. ETY Nom déposé.

**rhodonite** *nf* MINER Silicate de manganèse.

**Rhodope** massif montagneux de Bulgarie (2 925 m au pic Musala) et de Grèce.

**rhodophycée** *nf* BOT Algue, marine le plus souvent, appelée « algue rouge » à cause des plastes violacés qui la colorent.

**rhodopsine** *nf* PHYSIOL Syn. de *pourpre rétinien.*

**Rhômanos** → **Romanos.**

**rhomb(o)-** Élément, du gr. *rhombos,* « toupie, losange ».

**rhombe** *nm* **1** VX Losange. **2** MUS Instrument de musique rituel, formé d'une pièce de bois que l'on fait tourner au moyen d'une cordelette.

**rhombencéphale** *nm* ANAT Partie postérieure de l'encéphale embryonnaire des vertébrés, qui va donner le métencéphale et le myélencéphale.

**rhombique** *a* didac Qui a la forme d'un losange.

**rhomboèdre** *nm* **1** GEOM Parallélépipède dont les faces sont des losanges. **2** MINER Cristal à six faces en forme de losanges égaux.

**rhomboédrique** *a* didac Qui a rapport au rhomboèdre, qui en a la forme. **LOC** MINER ***Système rhomboédrique*** : l'un des sept systèmes cristallins, dans lequel la maille primitive est un rhomboèdre.

**rhomboïdal, ale** *a* didac Qui a la forme d'un losange ou d'un rhomboèdre. PLUR rhomboïdaux.

**rhomboïde** *nm, a* ANAT Se dit du muscle dorsal, élévateur de l'omoplate, en forme de losange.

**Rhondda** ville industr. du pays de Galles ; 81 730 hab.

**Rhône (le)** fl. de Suisse et de France (812 km, dont 522 en France), tributaire de la mer Méditerranée. Né à 1 750 m d'altitude dans le massif du Saint-Gothard, ce torrent descend jusqu'au Valais, qu'il draine, franchit le lac Léman (où il entre à l'E., au S. de Montreux, et dont il sort au S.-O., à Genève) et se régularise. Entré en France, il traverse le Jura puis reçoit l'Ain (r. dr.) ; à Lyon (où il reçoit la Saône), il se heurte au Massif central et coule vers le S., recevant à gauche des riv. alpestres (Isère, Drôme, Durance). Au N. d'Arles, il se divise et forme un delta, qui enserre la Camargue entre le *Grand Rhône* et le *Petit Rhône*. Le Rhône est difficilement navigable, mais sa vallée constitue auj. un axe majeur de la circulation européenne, axe auj. très aménagé : navigation, hydroélectricité, irrigation ; des centrales nucléaires utilisent son eau. Le Rhône est très pollué. DER **rhodanien, enne** *a*

**Rhône** dép. franç. (69) ; 3 215 km² ; 1 780 000 hab. ; 553,7 hab./km² ; ch.-l. *Lyon* ; ch.-l. d'arr. *Villefranche-sur-Saône*. V. Rhône-Alpes. DER **rhodanien, enne** *a, n*

**Rhône (côtes du)** coteaux de la vallée du Rhône, au S. de Lyon, couverts de vignobles qui donnent les *côtes-du-rhône*.

**Rhône-Alpes** ancienne Région française et de l'UE, comprenant les dép. de l'Ain, de l'Ardèche, de la Drôme, de l'Isère, de la Loire, du Rhône, de la Savoie et de la Haute-Savoie, intégrée en 2016 à la Région Auvergne-Rhône-Alpes DER **rhônalpin, ine** *a, n*
**Géographie** Le N. appartient au Jura méridional (1 718 m au crêt de la Neige) et aux pays de la Saône (Bresse et Dombes). L'E. est alpin : Préalpes calcaires, large sillon alpin, massifs centraux cristallins (4 808 m au mont Blanc), Alpes internes (Vanoise). L'O. comprend les contreforts orientaux du Massif central. Au S. s'élèvent des Préalpes calcaires. Traversée par le Rhône et ses affluents (Saône, Isère, Drôme, Ardèche), la Région a un climat varié : N. continental, S. méditerranéen ; l'altitude a une grande influence. La population (importante surtout dans le couloir rhodanien) enregistre un fort excédent migratoire. L'armature urbaine est solide : Lyon, Grenoble et Saint-Étienne forment une métropole d'équilibre de 2 millions d'habitants.
**Économie** Deuxième ensemble écon. derrière l'Île-de-France, la Région Auvergne-Rhône-Alpes occupe le 1er rang pour la production d'énergie (centrales nucléaires sur le Rhône, barrages alpins et du Rhône), le 2e pour la chimie. La crise a touché des centres anciens (Saint-Étienne). Le tourisme est important : les Alpes du Nord sont le domaine skiable le mieux équipé au monde. Malgré l'absence d'une liaison Rhin-Rhône à grand gabarit, la Région est un grand carrefour européen.

**Rhône au Rhin (canal du)** canal de l'E. de la France (320 km) reliant depuis 1833 le Rhône au Rhin, par la Saône, le Doubs et l'Ill. De faible gabarit, il est peu utilisé.

**Rhône-Poulenc** société française de chimie et de pharmacologie née en 1928 de la fusion de deux sociétés ; nationalisée en 1982 ; privatisée en 1993 ; réunie à la société all. Hoechst dans le groupe Aventis en 1999.

**rhopalocère** *nm* ZOOL Syn. de *papillon diurne*.

**rhotacisme** *nm* **1** MED Défaut de prononciation caractérisé par la difficulté ou l'impossibilité de prononcer les *r*. **2** LING Substitution de la consonne *r* à une autre consonne.

**rhovyl** *nm* Tissu synthétique fait de chlorure de polyvinyle. ETY Nom déposé.

**rhubarbe** *nf* Plante potagère (polygonacée), aux larges feuilles vertes, dont les pétioles charnus se consomment cuits et sucrés. ETY Du lat. *rheubarbarum*, « racine barbare ».

**rhubarbe**

**rhum** *nm* Eau-de-vie obtenue par fermentation alcoolique et distillation des produits extraits de la canne à sucre. PHO [Rɔm] ETY De l'angl.

**rhumatisant, ante** *a, n* Atteint de rhumatisme.

**rhumatisme** *nm* Affection douloureuse, aiguë ou chronique, se manifestant essentiellement au niveau des articulations. LOC ***Rhumatisme articulaire aigu*** **:** polyarthrite aiguë fébrile déclenchée par des streptocoques, comportant un risque de complications cardiaques. ETY Du gr. DER **rhumatismal, ale, aux** *a*

**rhumatoïde** *a* MED Qui a des caractères rhumatismaux.

**rhumatologie** *nf* Partie de la médecine qui traite des rhumatismes et, en général, des affections articulaires. DER **rhumatologique** *a* – **rhumatologue** *n*

**rhumb** *nm* MAR Intervalle angulaire entre chacune des trente-deux aires de vent de la rose. PHO [Rɔ̃b] ETY Du lat. VAR **rumb**

**rhume** *nm* **1** Inflammation aiguë des muqueuses des voies respiratoires supérieures. SYN rhinite. **2** Inflammation aiguë de la muqueuse des fosses nasales. *Rhume de cerveau.* SYN coryza. LOC ***Rhume des foins*** **:** dû à une allergie au pollen. PHO [Rym] ETY Du gr. *rheums*, « écoulement ».

**Rhumel** → **Rummel.**

**rhumer** *vt* ① Additionner de rhum.

**rhumerie** *nf* **1** Distillerie de rhum. **2** Lieu public où l'on sert surtout du rhum et des boissons à base de rhum.

**Rhune (la)** massif du Pays basque (Pyr.-Atl.), à la frontière esp. ; 900 m d'alt.

**Rhurides** → **Ghourides.**

**Rhuys (presqu'île de)** presqu'île de Bretagne fermant au S. le golfe du Morbihan.

**rhynch(o)-, -rhynque** Éléments, du gr. *rhugkhos*, « groin ».

**rhynchite** *nm* Charançon nuisible aux arbres fruitiers ou à la vigne. PHO [Rɛ̃kit]

**rhynchocéphale** *nm* PALEONT, ZOOL Reptile apparu au trias et qui n'est plus représenté aujourd'hui que par le sphénodon. PHO [Rɛ̃kɔsefal]

**rhynchonelle** *nf* ZOOL Brachiopode très abondant au primaire et surtout au secondaire, et dont quelques espèces subsistent dans les mers polaires. PHO [Rɛ̃kɔnɛl]

**rhynchotes** *nm pl* ENTOM Ensemble des hétéroptères et des homoptères.

**rhyolite** *nf* GEOL Lave granitique acide à inclusions de quartz. ETY Du gr. *rhein*, « couler ». DER **rhyolitique** *a*

**Rhys Ellen Gwendolen Rees,** dite **Jean** (Roseau, 1894 – Exeter, 1979), romancière anglaise : *Voyage dans les ténèbres* (1934).

**rhythm and blues** *nm* MUS Musique de danse des Noirs américains, sorte de blues orchestré et recourant à l'amplification électrique. SYN rnb, r'n'b. PHO [Ritmɛ̃ndbluz] ETY Mots anglo-amér.

**rhytidome** *nm* BOT Tissu périphérique mort d'un arbre, constituant la partie de l'écorce qui s'exfolie. ETY Du gr.

**rhytine** *nf* ZOOL Grand sirénien qui vivait en troupeaux sur les côtes et les îles de Sibérie orientale, et dont l'espèce s'est éteinte au XVIIIe s. ETY Du gr. *rhutis*, « ride ».

**rhyton** *nm* ANTIQ GR Coupe à boire en forme de corne. ETY Du gr. *rhein*, « couler.

**ria** *nf* GEOGR Vallée fluviale envahie par la mer. ETY Mot esp.

**Riabouchinski Dimitri** (Moscou, 1882 – Paris, 1962), physicien russe. Il fonda à Koutchino, près de Moscou, le prem. institut d'aérodynamique d'Europe (1904).

**riad** *nm* Au Maroc, maison distribuée autour d'un patio ou d'un jardin.

**Riad** → **Riyad.**

**rial** *nm* Unité monétaire d'Oman, de l'Iran et du Yémen. PLUR rials.

**Rialto (pont du)** pont à une seule arche, le plus important de Venise, construit sur le Grand Canal par Antonio da Ponte, de 1588 à 1591. Le *Rivo alto* était la plus anc. paroisse de Venise.

**riant, riante** *a* **1** Qui montre de la joie, de la gaieté. *Air, visage riant.* **2** Qui invite à la gaieté. *Paysage riant.* **3** Plaisant, engageant. *Perspective riante.*

**Riazan** ville industr. de Russie, ch.-l. de la prov. du m. nom ; 527 900 hab.

**RIB** *nm* Relevé d'identité bancaire.

**Ribalta Francisco** (Solsona, 1565 – Valence, 1628), peintre espagnol réaliste, influencé par le Caravage.

**ribambelle** *nf* Longue suite de personnes ou de choses. ETY De *riban*, « ruban ».

**ribaud, aude** *a, n* vx Luxurieux, débauché. ETY De l'a. fr. *riber*, « se livrer à la débauche ».

**ribaudequin** *nm* anc Machine de guerre médiévale, rangée de pièces d'artillerie de petit calibre montées sur deux roues. ETY De l'a. fr. *ribaude*, « canon ».

**Ribbentrop Joachim von** (Wesel, 1893 – Nuremberg, 1946), homme politique allemand ; ministre des Affaires étrangères de Hitler (1938-1945) ; condamné à mort par le tribunal de Nuremberg.

**Ribeauvillé** ch.-l. d'arr. du Haut-Rhin ; 5 000 hab. Vins. – Restes de remparts (porte des Bouchers, XIIe s.). Égl. XIIIe-XVe s. DER **ribeauvillois, oise** *a, n*

**Ribeirão Preto** ville du Brésil, au N. de l'État de São Paulo, près du rio Pardo ; 666 300 hab. Centre industriel. – Archevêché.

**Ribemont-Dessaignes Georges** (Montpellier, 1884 – Saint-Jeannet, Alpes-Maritimes, 1974), écrivain français ; membre des mouvements dada et surréaliste (rupture en 1927) : *l'Autruche aux yeux clos* (1924), *Déjà jadis* (1958).

**Ribera José de,** dit **l'Espagnolet** (Játiva, près de Valence, v. 1588 – Naples, 1652), peintre espagnol baroque. Élève de Ribalta et donc marqué par le caravagisme, il évolua vers un certain classicisme : *le Martyre de saint Barthélemy* (1630-1639), *le Pied-Bot* (1642, Louvre).

**José de Ribera** *le Pied-Bot*, 1642 – musée du Louvre

**Ribera** Pedro de (Madrid, 1683 – id., 1742), architecte espagnol baroque (style churrigueresque) : façade de l'hospice de San Fernando (1722-1726).

**riblon** *nm* METALL Déchet de fer ou d'acier utilisé comme produit d'addition dans les fours Martin. ETY Du germ. *riban*, « frotter ».

**ribo-** Élément, du rad. de *ribose*.

**riboflavine** *nf* BIOCHIM Vitamine B2, composé hydrosoluble appartenant à la classe des flavines et agissant comme coenzyme dans de nombreuses réactions.

**ribonucléase** *nf* BIOCHIM Enzyme qui hydrolyse l'acide ribonucléique.

**ribonucléique** *a* LOC BIOCHIM *Acide ribonucléique (ARN) :* acide nucléique assurant la synthèse des protéines à l'intérieur des cellules vivantes, conformément à un programme porté par l'ADN.

ENC On décrit quatre familles principales d'ARN : les ARN prémessagers, les ARN messagers, les ARN de transfert et les ARN ribosomiques. Dans la cellule, les ARN ont quatre localisations : noyau, mitochondries, chloroplastes, cytoplasme et ribosomes.

**ribose** *nm* BIOCHIM Pentose qui, combiné avec des bases azotées, forme les acides ribonucléiques.

**ribosome** *nm* BIOL Organelle cellulaire, de très petite taille, qui décode les séquences d'ARN messager et assemble les acides aminés en chaînes protéiques. DER **ribosomal, ale, aux** ou **ribosomique** *a*

**Ribot** Théodule (Guingamp, 1839 – Paris, 1916), philosophe français, initiateur de la psychologie expérimentale : *les Maladies de la mémoire* (1881), *les Maladies de la personnalité* (1885).

**Ribot** Alexandre (Saint-Omer, 1842 – Paris, 1923), homme politique français ; républicain modéré ; souvent ministre et président du Conseil de 1890 à 1917. Acad. fr. (1906).

**ribote** *nf* fam, vx Excès de table et surtout de boisson. *Faire ripaille et ribote.* ETY De *ribaud*.

**Riboud** Marc (Lyon, 1923), photographe français ; grands reportages dans le monde entier.

**ribouis** *nm* fam, vx Vieux soulier. ETY De l'arg. *rebouiser*, « rajuster ».

**ribouldingue** *nf* LOC fam, vieilli *Faire la ribouldingue :* faire la fête, la noce. ETY De l'anc. v. *ribouler*, « vagabonder ».

**ribozyme** *nf* BIOL Fragment d'ADN qui, dans certaines conditions, comme une enzyme, active et organise la réplication de l'ARN.

**ricain, aine** *a, n* fam Américain des États-Unis.

**ricaner** *vi* ① **1** Rire à demi, avec une intention moqueuse ou méprisante. **2** Rire sottement, sans raison. ETY De l'a. fr. *recaner*, « braire ». DER **ricanant, ante** *a* – **ricanement** *nm* – **ricaneur, euse** *a, n*

**Ricardo** David (Londres, 1772 – Gatcomb Park, Gloucestershire, 1823), économiste anglais. Ses études de la rente foncière et de la « valeur-travail » ont eu une grande influence, notam. sur Marx : *Principes de l'économie politique et de l'impôt* (1817).

**Ricardou** Jean (Cannes, 1932), écrivain français, théoricien du nouveau roman.

**Riccardi (palais)** édifice de Florence, autref. *palais des Médicis.* V. Medici-Riccardi.

**Ricci** Matteo (Macerata, 1552 – Pékin, 1610), missionnaire et savant italien. Jésuite, astronome, mathématicien et théologien, installé à la cour impériale (1582), il est à l'origine de la querelle des rites chinois.

**Ricci** Sebastiano (Belluno, 1659 – Venise, 1734), peintre vénitien, adepte du style rococo. — **Marco** (Belluno, 1676 – Venise, 1730), neveu du préc., paysagiste.

**Ricci** Lorenzo (Florence, 1703 – Rome, 1775), religieux italien ; général des jésuites (1758). En 1773, Clément XIX supprima l'ordre et le fit emprisonner à Saint-Ange, où il mourut.

**Ricci-Curbastro** Gregorio (Lugo, près de Ravenne, 1853 – Bologne, 1925), mathématicien italien. Il créa le calcul tensoriel.

**riccie** *nf* BOT Hépatique à thalle des terrains humides. PHO [ritʃi] ETY D'un n. pr.

**Riccoboni** Luigi (Modène, v. 1675 – Paris, 1753), acteur italien qui rénova la Comédie-Italienne de Paris à partir de 1716.

**Rice** Condoleezza (Birmingham, Alabama, 1954), femme politique américaine, secrétaire d'État de 2005 à 2009.

**ricercare** *nm* MUS Pièce instrumentale libre pour orgue, clavecin ou luth. PLUR ricercares ou ricercari. PHO [ritʃɛʀkaʀe] ETY Mot ital.

**richard, arde** *n* fam, péjor Personne riche.

**Richard I**er, dit Cœur de Lion (Oxford, 1157 – Châlus, Limousin, 1199), roi d'Angleterre (1189-1199). Duc d'Aquitaine en 1168, dressé avec ses frères contre son père Henri II, il le vainquit (1188), s'étant allié au roi de France Philippe II Auguste. Il participa à la 3e croisade en 1190 (prise de Chypre, de Saint-Jean-d'Acre, etc.) ; inquiet des intrigues que le roi de France menait contre lui avec Jean sans Terre, son frère, il quitta la Palestine en 1192, fut capturé en Autriche (1192) et versa une forte rançon à l'empereur Henri VI. Revenu en Angleterre (1194), il laissa le gouv. à son chancelier, Hubert Gautier, pour aller défendre ses possessions françaises. Il mourut en assiégeant Châlus (Limousin). — **Richard II** (Bordeaux, 1367 – Pontefract, 1400), roi d'Angleterre (1377-1399). Fils d'Édouard, le Prince Noir, il fut détrôné par son cousin Henri de Lancastre. ▷ LITTER *Richard II*, drame en 5 actes et en vers de Shakespeare (1595). — **Richard III** (Fotheringhay, 1452 – Bosworth, 1485), roi d'Angleterre (1483-1485). Régent à la mort de son frère aîné Édouard IV, il séquestra ses deux neveux, dont l'aîné, âgé de 13 ans, venait d'être sacré roi (Édouard V). Il monta sur le trône et commandita leur assassinat. Despote rusé et cynique, il fut tué pendant la bataille de Bosworth, qu'il livrait contre Henri Tudor. Ainsi s'éteignait la dynastie angevine. ▷ LITTER *Richard III*, drame en 5 actes et en prose de Shakespeare (1592). ▷ CINE Films de Laurence Olivier (1955-1956) et de Al Pacino (*Looking for Richard* 1995).

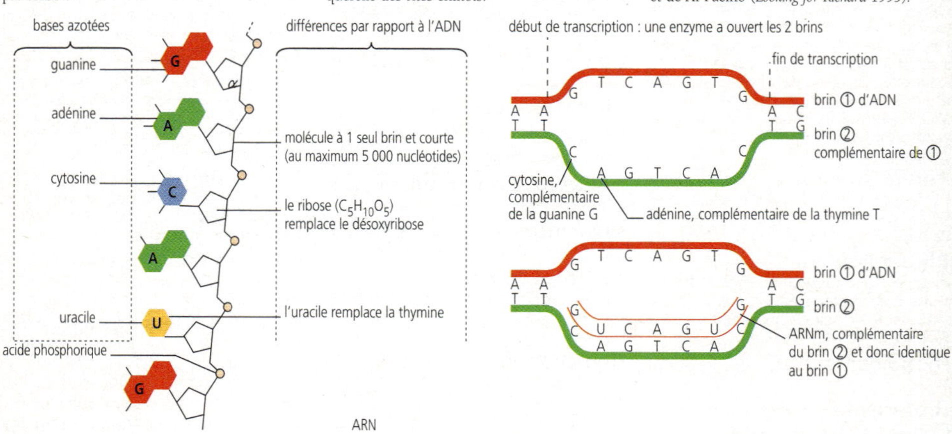


transcription d'une séquence d'ADN par une séquence d'acide **ribonucléique** messager (ARNm) (nota : la thymine T est transcrite par l'uracile U)

**Richard** François (Épinay-sur-Odon, Normandie, 1765 – Paris, 1839), industriel français. Il fonda la première filature de coton avec Lenoir-Dufresne. Quand, en 1806, celui-ci mourut, il adopta le nom de *Richard-Lenoir*.

**Richard** Jean-Pierre (Marseille, 1922), critique littéraire français : *l'Univers imaginaire de Mallarmé* (1961), *Microlectures* (1979), *Pages paysages* (1984).

**Richards** Theodore William (Germantown, Pennsylvanie, 1868 – Cambridge, Massachusetts, 1928), chimiste américain : travaux de thermodynamique. Il détermina la masse atomique de nombr. éléments. P. Nobel 1914.

**Richards** Dickinson W. (Orange, New Jersey, 1895 – Lakeville, Connecticut, 1973), médecin américain : travaux sur le cathétérisme du cœur. P. Nobel 1956 avec A. Cournand et W. Forssmann.

**Richardson** Samuel (Macworth, près de Derby, 1689 – Londres, 1761), écrivain anglais ; un des créateurs du roman psychologique : *Paméla ou la Vertu récompensée* (1740), *Clarisse Harlowe* (1747-1748), *l'Histoire de sir Charles Grandison* (1753).

**Richardson** sir Owen Williams (Dewsbury, Yorkshire, 1879 – Alton, Hampshire, 1959), physicien anglais. Son étude de l'émission thermoélectronique fit progresser l'électronique et la radiodiffusion. Il étudia le spectre moléculaire de l'hydrogène. P. Nobel 1928.

**Richardson** Cecil Antonio, dit Tony (Shipley, Yorkshire, 1928 – Los Angeles, 1991), cinéaste britannique : *les Corps sauvages* (1959), *la Solitude du coureur de fond* (1962), *Tom Jones* (1963), *Police frontière* (É.-U., 1982).

**riche** *a, n* **A** Qui a de l'argent, des biens en abondance. **B** *a* **1** Somptueux, de grand prix. *Un riche ameublement.* **2** Abondant, plantureux. *De riches moissons. Un sol riche.* LOC ***Faire un riche mariage*** : épouser une personne riche. — ***Nouveau riche*** : personne récemment enrichie, qui montre sa fortune avec ostentation et manque de goût. — ***Riche en, riche de*** : qui possède, renferme en abondance. — fam ***Riche idée*** : excellente idée. — ***Riche nature*** : personne pleine de vitalité. ETY Du frq. DER **richement** *av*

**Riché** Pierre (Paris, 1921), historien français : *Éducation et Culture dans l'Occident barbare* (1962), *les Carolingiens, une famille qui fit l'Europe* (1983), *Gerbert d'Aurillac* (1987).

**Richelet** César Pierre (Cheminon, 1631 – Paris, 1698), homme de lettres français, auteur du premier *Dictionnaire français* (1680).

**richelieu** *nm* Chaussure de ville, basse, à lacets. ETY Du n. pr.

gisant de **Richard Cœur de Lion**, pierre peinte – abbaye de Fontevraud

**Richelieu (le)** rivière du Québec, affluent du Saint-Laurent (r. dr.) à Sorel ; 130 km.

**Richelieu** ch.-l. de cant. d'Indre-et-Loire (arr. de Chinon) ; 2 165 hab. – Ville dessinée par Jacques Lemercier sur commande du cardinal de Richelieu.

**Richelieu** Armand Jean du Plessis (cardinal de) (Paris, 1585 – id., 1642), homme d'État français. Évêque de Luçon (Vendée), il devint cardinal (1622) après avoir réconcilié Marie de Médicis avec son fils Louis XIII, qui l'appela au Conseil en 1624. Il renforça l'absolutisme royal, imposa aux protestants, après le siège de La Rochelle, l'édit de grâce d'Alès (1629), lutta contre la noblesse (interdiction des duels, 1626) ; le parti catholique ne put l'abattre (journée des Dupes, 10 nov. 1630). Il affronta les Habsbourg (guerre de Trente Ans) et obtint le Roussillon (1642). Il favorisa l'industrie, le commerce maritime et la colonisation, et fonda l'Académie française (1635). — **Louis François Armand de Vignerot du Plessis** duc de Richelieu (Paris, 1696 – id., 1788), petit-neveu du préc., maréchal de France (1748). Il s'illustra à Fontenoy (1745) et pendant la guerre de Sept Ans. Esprit brillant, il fut l'ami de Voltaire. Ses *Mémoires* (9 vol., 1790-1791) ont été rédigés par Soulavie. Acad. fr. (1720). — **Armand Emmanuel du Plessis** duc de Richelieu (Paris, 1766 – id., 1822), petit-fils du préc., homme politique. Premier ministre sous la Restauration (sept. 1815-déc. 1818, puis fév. 1820-déc. 1822), il obtint la libération du territoire national (1818). Acad. fr. (1816).

le cardinal de **Richelieu**

**Richepin** Jean (Médéa, Algérie, 1849 – Paris, 1926), poète français populiste (*la Chanson des gueux*, 1876), auteur de romans populaires (*la Glu*, 1881 ; *Miarka, la fille à l'ourse*, 1883). Acad. fr. (1908).

**Richer** Edmond (Chaource, 1559 – Paris, 1631), théologien catholique français, théoricien du gallicanisme au XVIII^e s.

**richesse** *nf* **A 1** Possession en abondance d'argent ou de biens, opulence ; situation, état d'une personne riche. **2** Caractère de ce qui est abondant, plantureux. *Richesse d'un gisement. Richesse de l'imagination.* **3** Magnificence, somptuosité. *La richesse d'une parure.* **B** *nf pl* **1** Les biens matériels, l'argent. *Aimer les richesses.* **2** Choses précieuses, avec une idée de grand nombre. *Les richesses d'un musée.* **3** Ressources. *Richesses minières.*

**richesse des nations (Recherches sur la nature et les causes de la)** œuvre princ. d'Adam Smith (5 vol., 1776), qui fonda la science économique.

**Richet** Alfred (Dijon, 1816 – Hyères, 1891), chirurgien français : *Traité pratique d'anatomie médico-chirurgicale* (1855-1857). — **Charles** (Paris, 1850 – id., 1935), fils du préc., médecin, découvrit, avec P. Portier, l'anaphylaxie. Prix Nobel 1913.

**Richier** Ligier (Saint-Mihiel, v. 1500 – Genève, 1567), sculpteur français. Son naturalisme chrétien fait de lui le dernier grand représentant de la sculpture gothique : statue funéraire de René de Chalon (1547, égl. de Bar-le-Duc).

**Richier** Germaine (Grans, Bouches-du-Rhône, 1904 – Montpellier, 1959), sculpteur français : série des *Hommes-Oiseaux* (1953-1955).

**richissime** *a* Extrêmement riche.

**Richler** Mordecai (Montréal, 1931 – id., 2001), écrivain canadien d'expression anglaise et yiddish : *Saint Urbain's Horseman* (1971).

**Richmond** agglomération résidentielle de la banlieue O. de Londres, sur la rive dr. de la Tamise ; 154 600 hab. Grand parc.

**Richmond** v. des É.-U., cap. de la Virginie, sur la riv. James ; 796 100 hab. (aggl.). Port fluvial. Métallurgie lourde ; manuf. de cigarettes. – Cap. des sudistes (1861-1865) durant la guerre de Sécession, elle subit le siège de Grant.

**Richter** Johann → **Jean-Paul.**

**Richter** Jeremias Benjamin (Hirschberg, Silésie, 1762 – Berlin, 1807), chimiste allemand. Il découvrit la loi qui régit les combinaisons en masse des éléments.

**Richter** Hans (Berlin, 1888 – Muralto, près de Locarno, 1976), peintre et cinéaste américain d'origine all. ; membre (1916) du groupe dada de Zurich : *Dreams That Money Can Buy* (1944).

**Richter** Charles Francis (Butler County, Ohio, 1900 – Pasadena, 1985), géophysicien américain. ▷ *Échelle de Richter* : échelle semi-logarithmique (de 1 à 9), mise au point en 1935 pour mesurer la magnitude des séismes.

**Richter** Hans Werner (Bansin, 1908 – Munich, 1993), romancier allemand : *les Vaincus* (1949) ; promoteur du Groupe 47.

**Richter** Sviatoslav (Jitomir, 1915 – Moscou, 1997), pianiste russe.

**Richter** Burton (New York, 1931), physicien américain. Il découvrit en 1974 la particule « psi ». P. Nobel 1976 avec S. C. C. Ting.

**Richter** Gerhard (Dresde, 1932), peintre allemand. Il est l'auteur d'une œuvre à facettes multiples traduisant le caractère fondamentalement hétérogène du réel et du savoir.

**Ricimer** (m. en 472), général romain d'origine suève. Il déposa Avitus (456), nomma les empereurs d'Occid. et exerça le pouvoir de 456 à 472.

**ricin** *nm* BOT Plante herbacée de très grande taille (euphorbiacée) à feuilles palmées, à fleurs en grappes, originaire d'Asie. LOC ***Huile de ricin*** : tirée des graines de cette plante, utilisée comme purgatif. ETY Du lat.

**ricine** *nf* Alcaloïde présent dans la graine de ricin, constituant un poison très violent.

**rickettsie** *nf* Bactérie de taille réduite, parasite des animaux et de l'homme. ETY D'un n. pr.

**rickettsiose** *nf* MED Maladie causée par des rickettsies (en partic. typhus).

**rickshaw** *nm* En Asie, véhicule tiré par un vélo ou une moto, faisant office de taxi. PHO [rikʃo] ETY Du pidgin.

**ricocher** *vi* ① Faire ricochet, rebondir.

**ricochet** *nm* Rebond d'un objet plat lancé obliquement sur la surface de l'eau, ou d'un projectile rebondissant sur une surface dure. LOC ***Par ricochet*** : indirectement, par contrecoup.

**Ricœur** Paul (Valence, 1913 – Châtenay-Malabry, 2005), philosophe français. Il entreprit une *Philosophie de la volonté* (1950) et fonda l'herméneutique moderne : *De l'interprétation, essai sur Freud* (1965), *la Métaphore vive* (1975).
▶ illustr. p. 1402

**ricotta** *nf* Fromage italien, obtenu à partir du sérac. ETY Mot ital.

**ric-rac** *av* fam **1** Avec une exactitude rigoureuse, souvent avec une idée de parcimonie. *C'est compté ric-rac.* **2** Tout juste, de justesse. *La voiture est passée ric-rac.* ETY Onomat.

**rictus** *nm* **1** MED Contraction spasmodique des muscles du visage. **2** Contraction des lèvres produisant un sourire forcé et grimaçant. *Rictus sarcastique.* PHO [riktys] ETY Mot lat.

**ride** *nf* **1** Sillon, pli qui se forme sur la peau, et partic. sur la peau du visage et du cou, généralement par l'effet de l'âge. **2** Ondulation, strie. *Le vent forme des rides sur le sable.* **LOC** fam ***Ne pas avoir pris une ride*** : être toujours actuel, moderne, au goût du jour.

**rideau** *nm, interj* **A** *nm* **1** Pièce d'étoffe destinée à intercepter la lumière, à masquer qqch ou à décorer. *Poser des rideaux aux fenêtres.* **2** Toile peinte, draperie qui dissimule la scène ou l'écran aux spectateurs, dans une salle de spectacle. **3** Assemblage mobile de lames métalliques fermant le devant d'une cheminée. SYN tablier. **4** Ce qui forme écran ; ce qui masque, dissimule. *Un rideau d'arbres, de verdure, de fumée.* **B** *interj* fam C'est fini, il n'en est plus question. **LOC** fam ***Grimper aux rideaux*** : manifester une vive excitation ou une vive indignation. — ***Rideau de fer*** : fermeture métallique d'une devanture de magasin ; rideau métallique permettant de séparer la scène d'un théâtre de la salle, en cas d'incendie. — ***Tirer le rideau sur qqch*** : ne plus s'en occuper, ne plus en parler.

**Rideau de fer** *(Iron Curtain)*, nom donné par Churchill à la frontière qui séparait les États socialistes d'Europe de l'Est et les États d'Europe occidentale jusqu'à la chute (1989) du mur de Berlin, et plus encore pendant la guerre froide.

**ridée** *nf* Filet servant à prendre les alouettes.

**ridelle** *nf* Chacun des deux côtés d'une charrette, d'un camion, etc., servant à maintenir le chargement. ETY Du moyen all. *reidel*, « rondin ».

**1 rider** *n* Pratiquant du snowboard, du skate ou du surf. PHO [Rajdœr] ETY Mot angl., « cavalier ».

**2 rider** *vt* ① **1** Faire, causer des rides à. *L'âge a ridé ses joues.* **2** Creuser de rides, dessiner des ondulations sur. *Le vent ride la surface de l'eau.* **3** MAR Raidir une manœuvre dormante. ETY De l'anc. all. *ridân*, « tordre ».

**Ridgway** Matthew Bunker (Fort Monroe, Virginie, 1895 – Fox Chapel, près de Pittsburgh, 1993), général américain. Il commanda les forces de l'ONU en Corée (1951), puis celles de l'OTAN (1952-1953).

**ridicule** *a, nm* **A** *a* **1** Digne de risée, de moquerie. *Chapeau ridicule. Vous êtes ridicule.* **2** Très petit, insignifiant. *Je l'ai eu pour une somme ridicule.* **B** *nm* Ce qui est ridicule, ce qui excite le rire, la moquerie. *Se couvrir de ridicule.* ETY Du lat. DER **ridiculement** *av*

**ridiculiser** *vt* ① Rendre ridicule, tourner en ridicule.

**ridoir** *nm* MAR Dispositif intercalé entre une manœuvre dormante et son point d'ancrage et permettant d'en régler la tension. *Ridoir hydraulique, à vis.*

**ridule** *nf* Petite ride.

**Riec-sur-Bélon** com. du Finistère (arr. de Quimper) ; 4 216 hab. Ostréiculture. DER **rieccois** ou **riécois, oise** *a, n*

Paul Ricœur

**Riedisheim** com. du Haut-Rhin (arr. de Mulhouse) ; 12 358 hab. DER **riedisheimois, oise** *a, n*

**Riefenstahl** Helene, dite Leni (Berlin, 1902 – Pöking, Bavière, 2003), actrice et cinéaste allemande. Réalisatrice officielle du III$^e$ Reich, elle filma le congrès de Nuremberg (*le Triomphe de la volonté*, 1935) et les jeux Olympiques de Berlin (*les Dieux du stade*, 1938).

**Riego y Núñez** Rafael del (Santa María de Tuñas, Asturies, 1785 – Madrid, 1823), général et patriote espagnol. Il mena l'insurrection de 1820 à Cadix ; en 1823, il lutta contre les troupes françaises, fut trahi et pendu.

**riel** *nm* Unité monétaire du Cambodge.

**Riel** Louis (Saint-Boniface, Manitoba, 1844 – Regina, 1885), Métis canadien de la colonie Rivière-Rouge (devenue le Manitoba en 1870). Il dirigea deux rébellions des métis (1869 et 1884-1885) contre les Anglais. Il fut pendu.

**Riemann** Georg Friedrich Bernhard (Breselenz, Hanovre, 1826 – Selasca, Italie, 1866), mathématicien allemand. Il fit considérablement progresser de nombr. branches des mathématiques, jetant les bases de la topologie et créant une géométrie non euclidienne, dite aussi sphérique. DER **riemannien, enne** *a*

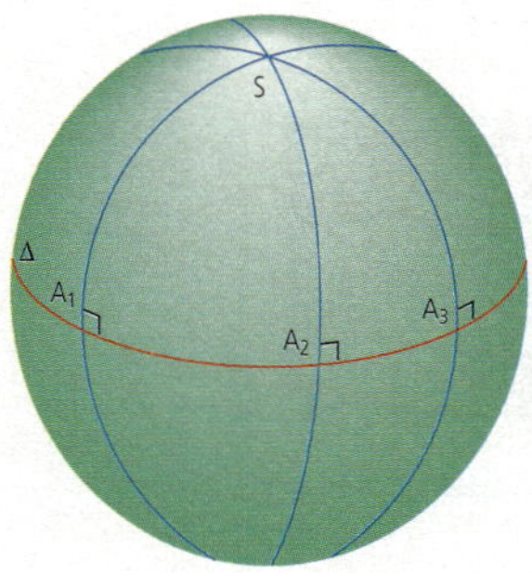


Δ étant considéré comme une géodésique d'une sphère, les perpendiculaires en $A_1$, $A_2$ et $A_3$ à Δ se coupent en S et les distances $SA_1$, $SA_2$, $SA_3$ sont égales

géométrie de **Riemann**

**Riemenschneider** Tilman (Osterode [?], v. 1460 – Würzburg, 1531), sculpteur allemand, représentant du style gothique tardif.

**rien** *pr indéf, nm, av* **A** *pr indéf* **1** Quelque chose, quoi que ce soit. *Y a-t-il rien de si beau qu'un coucher de soleil ? Il est parti sans rien dire.* **2** Nulle chose, néant. *Il ne fait rien du tout. Cela ne sert à rien. Il ne me gêne en rien. Je veux tout ou rien. À quoi pensez-vous ? À rien.* **3** Chose, quantité, valeur, utilité nulle ou négligeable. *Travailler pour rien. C'est trois fois rien.* **B** *nm* **1** Peu de chose. *Un rien le fâche.* **2** Chose sans importance, sans valeur. *S'amuser à des riens.* **C** *av* pop Par antiphrase. Très. *C'est rien moche !* **LOC** fam ***Ce n'est pas rien*** : c'est important, difficile, pénible. — ***Comme si de rien n'était*** : comme s'il ne s'était rien passé ; en feignant l'inattention ou l'indifférence. — fam ***De rien !*** : réponse polie à un remerciement, je vous en prie, il n'y a pas de quoi. — ***De rien, de rien du tout*** : insignifiant, sans valeur. — fam ***N'en avoir rien à faire*** ou très fam ***rien à foutre, rien à cirer, à battre, à secouer*** : être indifférent, s'en moquer. — ***Rien de moins que*** : réellement, bel et bien. — ***Rien que*** : seulement. — ***Un (une) moins que rien, un (une) rien du tout*** : une personne sans importance, sans valeur, sans vertu. — ***Un rien*** : légèrement. *C'est un rien trop cuit.* — ***Un rien de*** : très peu de, un soupçon de. *En un rien de temps.* ETY Du lat.

**Rienzo** Cola di (Rome, v. 1313 – id., 1354), homme politique italien. Élu tribun et libérateur de l'État romain (mai-déc. 1347), chassé de Rome, il y revint en 1354 et périt dans une émeute. VAR **Rienzi**

**Riesener** Jean-Henri (Gladbeck, près d'Essen, 1734 – Paris, 1806), ébéniste français d'origine allemande : meubles de style Louis XV puis Louis XVI.

**riesling** *nm* Cépage blanc cultivé surtout en Alsace et en Rhénanie ; vin blanc sec issu de ce cépage. PHO [Rislin] ETY Mot all.

**Riesz** Frigyes (Győr, 1880 – Budapest, 1956), mathématicien hongrois : travaux d'analyse fonctionnelle.

**Rieti** ville d'Italie (Latium), au N.-E. de Rome ; 47 900 hab. ; ch.-l. de la prov. du m. nom. – Ville à l'architecture médiévale. – Sous le nom de *Reate*, elle fut la cap. des Sabins.

**rieur, rieuse** *n, a* **A** *n* Personne qui rit. **B** *a* **1** Qui aime à rire, à s'amuser. **2** Qui dénote la gaieté. *Une voix rieuse.* **LOC** ***Mettre les rieurs de son côté*** : faire rire aux dépens de son contradicteur, dans une discussion, un débat.

**Riez** ch.-l. de canton des Alpes-de-Haute-Provence (arr. de Digne-les-Bains) ; 1 848 hab. Comm. de la lavande. – Ruines romaines. Baptistère mérovingien. Maisons anc. DER **riézois, oise** *a, n*

**rif** *nm* fam Bagarre. ETY Arg. ital. *ruffo*, « feu ». VAR **riffe**

**Rif** chaîne côtière du Maroc septent. (2 452 m au djebel Tidighine), difficilement pénétrable, peuplée à l'O. de cultivateurs et à l'E., plus aride, d'éleveurs semi-nomades. – *Campagne* ou *guerre du Rif* : opérations militaires menées de 1921 à 1926 par les troupes franco-espagnoles contre la révolte d'Abd el-Krim. DER **rifain, aine** *a, n*

**riff** *nm* MUS Courte phrase mélodique récurrente servant à rythmer un morceau de jazz, de rock, etc. ETY Mot angl.

**rififi** *nm* fam Dispute violente tournant à la bagarre, règlement de comptes. ETY De *rif*.

**riflard** *nm* TECH **1** Laine la plus longue et la plus avantageuse d'une toison. **2** Grand rabot servant à dégrossir. **3** Couteau de plâtrier à lame triangulaire. **4** fam, vieilli Parapluie.

**rifle** *nm* Carabine de petit calibre, à canon long, utilisée pour le tir de précision. ETY Mot angl.

**rifler** *vt* ① TECH Aplanir avec un riflard ou un rifloir. ETY De l'a. haut all.

**rifloir** *nm* TECH Râpe, lime aux extrémités recourbées, que l'on tient par le milieu.

**rift** *nm* GEOL Grand fossé d'effondrement le long d'une fracture de l'écorce terrestre. PHO [Rift] ETY Mot angl.

**rifting** *nm* GEOL Expansion de la lithosphère au niveau d'un rift. PHO [Riftin] ETY Mot angl.

**Rift Valley** suite de dépressions de l'Afrique de l'Est, jalonnant une faille qui s'allonge de la vallée du Jourdain au Malawi ; la Rift Valley est occupée par des plaines étroites et les grands lacs africains. De nombr. découvertes de paléontologie humaine y ont été faites, notam. à Olduvai (dans le N. de la Tanzanie) et dans la vallée de l'Omo (Éthiopie). VAR **(le) Rift**

**Rift Valley** anc. prov. du Kenya ; 173 868 km$^2$. Elle fut divisée en comtés en 2013.

**Riga** cap. de la Lettonie, sur l'estuaire de la Dvina ; 950 000 hab (aggl.). Port actif de la Baltique, au fond du *golfe de Riga*, et centre industriel. DER **rigois, oise** *a, n*

**Histoire** Fondée en 1201, Riga entra dans la ligue hanséatique et adopta la Réforme. Polonaise (1561), suédoise (1621), russe (1709), elle devint la cap. de la Lettonie en 1917. Le *traité de Riga*, en 1921, mit fin à la guerre polono-soviétique. Les Soviétiques l'occupèrent de juin 1940 à juil. 1941 et la reprirent aux Allemands en oct. 1944.

**Rigaud** Hyacinthe Rigau y Ros, dit Hyacinthe (Perpignan, 1659 – Paris, 1743), peintre français, l'un des portraitistes classiques : *Bossuet, Louis XIV en armure.*

**rigaudon** *nm* Danse gaie et animée, à la mode aux XVII^e^ et XVIII^e^ s. ; air à deux temps de cette danse. ETY Du lat. VAR **rigodon**

**Rigault de Genouilly** Charles (Rochefort, 1807 – Paris, 1873), amiral français. Il occupa Saigon en 1859.

**Rigaut** Jacques (Paris, 1898 – Châtenay-Malabry, 1929), écrivain français lié aux surréalistes. Ses œuvres complètes (*Écrits*, posth., 1970) relèvent de l'humour noir.

**Rigel** système triple d'étoiles d'Orion, comprenant notam. une supergéante bleue.

**Righi** montagne de Suisse (1 798 m au Kulm) entre les lacs des Quatre-Cantons et de Zoug. Stat. touristique. VAR **Rigi**

**rigide** *a* **1** Raide, peu flexible. *Une barre rigide.* **2** D'une sévérité inflexible, qui manque de souplesse. *Système trop rigide.* ETY Du lat. DER **rigidement** *av* – **rigidité** *nf*

**rigidifier** *vt* 2 TECH Rendre rigide.

**Rigil Kentarus** système triple d'étoiles du Centaure, comprenant *Proxima Centauri.*

**rigolade** *nf* fam **1** Partie de plaisir, moment d'amusement, de joie. *Quelle rigolade !* **2** Plaisanterie. *Prendre qqch à la rigolade.* **3** Chose qui ne peut être prise au sérieux ; chose sans gravité, sans importance. *C'est une vraie rigolade, ce projet.*

**rigolage** *nm* TECH Action de creuser des rigoles.

**rigolard, arde** *a* fam Qui rigole ; qui exprime la gaieté ou la moquerie.

**rigole** *nf* **1** Petit fossé étroit pratiqué dans la terre, rainure creusée dans la pierre pour l'écoulement des eaux. **2** Filet d'eau de ruissellement. **3** AGRIC Petite tranchée destinée à recevoir des plants. **4** CONSTR Tranchée étroite servant aux fondations d'un ouvrage. ETY Du néerl. *regel*, « ligne droite ».

**rigoler** *vi* 1 fam **1** Rire, se divertir. **2** Plaisanter. *Je ne rigole pas, c'est sérieux !*

**Rigoletto** opéra en 3 actes de Verdi (1851), sur un livret de Francesco Maria Piave (1810 – 1876), d'après *Le roi s'amuse* (1832) de V. Hugo.

**rigolo, ote** *a, n* fam **A** *a* **1** Qui fait rigoler, amusant. *Une histoire rigolote.* **2** Inattendu, surprenant. *C'est rigolo de vous retrouver ici.* SYN drôle. **B** *n* **1** Personne qui sait faire rire ; amuseur, boute-en-train. **2** péjor Personne peu sérieuse en qui on ne peut avoir confiance.

**rigorisme** *nm* Sévérité extrême en matière de religion ou de morale. DER **rigoriste** *n, a*

**rigotte** *nf* Très petit fromage cylindrique fabriqué dans le Lyonnais et dans le Forez.

**rigoureusement** *av* **1** Avec rigueur, sévérité. *Punir rigoureusement.* SYN durement. **2** De façon stricte, formelle. *C'est rigoureusement défendu.* **3** De façon incontestable. *Rigoureusement vrai.* SYN absolument. **4** Avec une grande précision. *Une longueur rigoureusement mesurée.*

**rigoureux, euse** *a* **1** Rude, âpre, dur à supporter. *Hiver rigoureux.* **2** Sévère, draconien. *Sanction rigoureuse.* **3** Qu'on ne saurait fléchir ; rigide, inflexible. *Juges rigoureux.* **4** D'une grande précision, d'une grande rigueur. *Démonstration rigoureuse.* **5** Strict. *Application rigoureuse des règles.*

**rigueur** *nf* **A** **1** Sévérité, austérité. *Traiter ses enfants avec trop de rigueur.* **2** Dureté, âpreté. *La rigueur d'un climat.* **3** Grande exactitude, grande fermeté dans la démarche logique. *Rigueur d'un raisonnement.* **4** Sûreté, précision. *Son style manque de rigueur.* **B** *nfpl* litt Acte de sévérité. *Les rigueurs d'un tyran.* LOC ***À la rigueur :*** au pis aller, à tout prendre. — ***De rigueur :*** exigé, rigoureusement nécessaire ; imposé par les usages, les règlements. — ***Tenir rigueur à qqn de qqch :*** lui en vouloir, lui en garder rancune. ETY Du lat.

**Rig-Veda** le plus ancien des livres védiques, composé entre le XVI^e^ et le IX^e^ s. av. J.-C. : 1 028 hymnes à caractère lyrique posent les bases du brahmanisme. VAR **Rigveda**

**Rijeka** port de Croatie, sur la mer Adriatique ; 159 430 hab. Centre industriel. – Ville hongroise, elle appartint, de 1919 à 1947, à l'Italie, sous le nom de *Fiume*, puis à la Yougoslavie (traité de Paris).

**Rijswijk** → **Ryswick.**

**rikiki** → **riquiqui.**

**Rila** partie O. du massif du Rhodope, en Bulgarie (2 925 m au pic *Musala*). – Monastère.

**Riley** Terry (Colfax, Californie, 1935), compositeur américain de musique répétitive.

**Rilke** Rainer Maria (Prague, 1875 – sanatorium de Val-Mont, Montreux, 1926), poète autrichien. Son œuvre est une méditation sur la mort et sur l'invisible : *le Livre d'heures* (1905), *Élégies de Duino* (1923), *Sonnets à Orphée* (1923). Roman autobiographique : *les Cahiers de Malte Laurids Brigge* (1910). Il eut une liaison avec Lou Andreas-Salomé (1897-1900).

R.M. Rilke

A. Rimbaud

**rillettes** *nf pl* Charcuterie faite de viande de porc ou d'oie, découpée et cuite longuement dans sa graisse. ETY De l'anc. fr. *rille*, « barde de lard ».

**Rillieux-la-Pape** ch.-l. de canton du Rhône (arr. de Lyon) ; 28 367 hab. DER **rilliard, arde** *a, n*

**rillons** *nm pl* rég **1** Cubes de viande de porc cuits dans la graisse. **2** Résidu de viande de porc ou d'oie dont on a fait fondre la graisse.

**rilsan** *nm* **1** Matière plastique polyamide obtenue à partir de l'huile de ricin. **2** Fibre textile légère, résistante et infroissable, faite avec cette matière. ETY Nom déposé.

**rimailler** *vi* 1 vieilli Faire de mauvaises rimes, de mauvais vers. DER **rimailleur, euse** *n*

**rimaye** *nf* GEOMORPH Crevasse qui sépare un glacier de son névé. ETY Mot savoyard.

**Rimbaud** Arthur (Charleville, 1854 – Marseille, 1891), poète français. Brillant élève étouffé par l'autorité de sa mère, il fait plusieurs fugues (en 1870 et en 1871). Ses poèmes de forme régulière (1870) montrent un « vagabond » tendre et révolté. *Le Bateau ivre* (poème, sept. 1871) et le sonnet des *Voyelles* créent des « formes nouvelles ». Invité par Verlaine à Paris (sept. 1871), il l'accompagne en Belgique (juil. 1872), puis à Londres. À Bruxelles, Verlaine blesse son amant d'un coup de revolver (1873). Dans *Une saison en enfer* (prose et vers, 1873), Rimbaud ironise sur lui-même. Les *Illuminations* (1886, écrites probablement de 1872 à 1875), suite de 44 visions (en prose) où perception et mémoire interfèrent, annoncent la poésie moderne. Rimbaud renonce à la litt. et, en 1876, s'engage dans l'armée hollandaise ; à Batavia (Djakarta), il déserte (1877). Après Chypre (1879-1880), l'Éthiopie et la Somalie (1882-1883), il fait du trafic d'armes au Harar (1884-1891). Atteint d'un cancer osseux à la jambe, il est amputé à Marseille (1891) et meurt. DER **rimbaldien, enne** *a*

**rime** *nf* Retour des mêmes sons à la fin de deux périodes rythmiques ou de deux vers. LOC ***Rime pour l'œil :*** identité graphique, sans homophonie *(aimer / amer).* — ***Rimes croisées :*** alternées. — ***Rimes féminines, rimes masculines :*** terminées ou non par un *e* muet. — ***Rimes pauvres :*** où l'identité porte seulement sur la voyelle accentuée *(passé / chanté).* — ***Rimes riches :*** où l'identité porte à la fois sur la voyelle accentuée, sur la consonne qui la suit et sur celle qui la précède *(cheval / rival).* — ***Sans rime ni raison :*** d'une manière absurde, inexplicable, dénuée de sens. ETY Du frq.

**rimer** *v* 1 **A** *vi* **1** Constituer une rime. *Ces deux mots ne riment pas.* **2** Employer des rimes ; faire des vers. **B** *vt* Mettre en vers. *Rimer un conte.* LOC ***Cela ne rime à rien :*** cela est dépourvu de sens, de raison.

**rimeur, euse** *n* péjor Poète médiocre qui se borne à aligner des rimes.

**rimier** *nm* Syn. de *arbre à pain.*

**Rimini** v. d'Italie (Émilie), sur l'Adriatique ; 129 860 hab. Import. stat. balnéaire. – Ruines antiques (notam. arc d'Auguste). Égl. (XIII^e^-XV^e^ s.), dite temple de Malatesta.

**Rimini** Francesca da → **Francesca da Rimini.**

**rimmel** *nm* Fard à cils. ETY Nom déposé.

**Rimouski** v. du Québec, sur l'estuaire du Saint-Laurent ; 30 870 hab. – Archevêché. DER **rimouskois, oise** *a, n*

**Rimski-Korsakov** Nikolaï Andreïevitch (Tikhvine, Novgorod, 1844 – Lioubensk, près de Saint-Pétersbourg, 1908), compositeur russe. Son œuvre, folklorique, brille par l'ornementation mélodique : *Capriccio espagnol* (1887), *Schéhérazade* (poème symphonique, 1888), *le Coq d'or* (opéra, 1907-1909), etc. Il fit partie du groupe des Cinq.

Rimski-Korsakov

**rinçable** *a* Qui peut être rincé ; éliminable par rinçage.

**rinçage** *nm* **1** Action de rincer ; son résultat. **2** Fait de rincer les cheveux avec un produit laissant des reflets ; ce produit.

**rinceau** *nm* ARCHI Ornement peint ou sculpté, figurant des branchages disposés en enroulement. ETY Du lat.

**rince-bouche** *nm* anc Récipient rempli d'eau tiède aromatisée, utilisé pour se rincer la bouche à la fin des repas. PLUR rince-bouches.

**rince-bouteille** *nm* Machine à rincer les bouteilles. PLUR rince-bouteilles.

**rince-doigt** *nm* Petit récipient rempli d'eau tiède généralement aromatisée au citron, qui sert à se rincer les doigts à table. PLUR rince-doigts.

**rincée** *nf* fam **1** vieilli Volée de coups. **2** fig Défaite. **3** Averse.

**rincer** *vt* 12 **1** Nettoyer, laver à l'eau. **2** Passer à l'eau claire pour éliminer un produit de lavage. *Rincer du linge.* **3** fam Offrir à boire. **4** fam Dépouiller au jeu ; ruiner. *Il s'est fait rincer au bacca-*

ra. LOC fam *Se faire rincer :* se faire tremper par la pluie. — fam *Se rincer le gosier, la dalle :* boire. — fam *Se rincer l'œil :* regarder avec plaisir un spectacle (général. érotique). ETY Du lat. *recentigre*, « rafraîchir ».

**rincette** *nf* fam Eau-de-vie qu'on boit dans la tasse après le café.

**rinceur, euse** *n* **A** Personne qui rince la vaisselle. **B** *nf* Rince-bouteille.

**rinçure** *nf* **1** Eau qui a servi à rincer. **2** Vin très étendu d'eau. **3** fam Mauvais vin.

**Riner Teddy** (Pointe-à-Pitre, 1989), judoka français (catégorie lourds), champion du monde (2007, 2008, 2009, 2010), médaillé de bronze aux JO de Pékin (2008).

**rinforzando** *adv* MUS En renforçant le son. PHO [rinfɔrdzando] ETY Mot ital.

**1 ring** *nm* Estrade entourée de trois rangs de cordes, sur laquelle se disputent les combats de boxe et de catch. PHO [riŋ] ETY Mot angl., « cercle ».

**2 ring** *nm* Belgique Boulevard périphérique, rocade. ETY Mot all.

**1 ringard** *nm* Sorte de grand tisonnier utilisé en métallurgie. ETY Mot wallon.

**2 ringard, arde** *n, a* fam **A** *n* **1** Acteur sans talent. **2** Personne médiocre, sans capacités. **B** *a* Démodé, de mauvaise qualité. *Une publicité ringarde.* ETY Mot esp. DER **ringardise** *nf* ou **ringardisme** *nm*

**ringarder** *vt* 1 TECH Remuer avec le ringard une matière en fusion.

**ringardiser** *vt* 1 fam Rendre ringard, démodé, ridicule. DER **ringardisation** *nf*

**ringgit** *nm* Unité monétaire de la Malaisie. PHO [ringit]

**Ringuet Philippe Panneton,** dit (Trois-Rivières, 1895 – Lisbonne, 1960), romancier québécois : *30 Arpents* (1938), *Fausse Monnaie* (1947), *le Poids du jour* (1949).

**ringuette** *nf* Variété de hockey sur glace adapté à la pratique féminine.

**rink-hockey** *nm* Sport dérivé du hockey sur glace, pratiqué avec des patins à roulettes. PHO [rinkɔkɛ] ETY Mot angl. VAR **rinkhockey**

**Rin Tin Tin** (en Allemagne, 1916 – aux É.-U., 1932), chien berger allemand, héros de nombr. films américains.

**rio** *nm* Cours d'eau. ETY Mot esp.

**Riobamba** v. de l'Équateur, ch.-l. de la prov. de Chimborazo, à 2 800 m d'alt. ; 75 460 hab. Industr. textiles. – Évêché.

**Rio Branco** cap. de l'État brésilien de Acre ; 146 000 hab.

**Rio Bravo** → **Grande (Rio).**

**Rio Bravo** film de Howard Hawks (1959), avec J. Wayne, Dean Martin, Angie Dickinson.

**Rio de Janeiro** v. du Brésil, cap. de l'État du m. n. ; 11,5 millions d'hab. (aggl.) (*Cariocas*). – Premier port du Brésil, exutoire des États miniers brésiliens, la ville est un très grand centre industriel. Un arrière-pays difficile (marécages à palétuviers), un relief granitique (Corcovado, Pain de Sucre) caractérisent le site de Rio, qui s'étend le long de la baie de Guanabara. Les bidonvilles (*favelas*) se sont multipliés. – Archevêché. Université. Métropole culturelle et artistique. Célèbre carnaval. Siège de la Conférence des Nations unies sur l'environnement (1992). – Fondé en 1565, Rio de Janeiro devint la cap. du Brésil en 1763 et fut la cap. fédérale de l'État brésilien jusqu'en 1960.

**Rio de Janeiro (État de)** État du Brésil, sur l'Atlantique ; 44 268 km$^2$ ; 14 millions d'hab. ; cap. *Rio de Janeiro.*

**Rio de la Plata (vice-royauté du)** division de l'Empire espagnol (cap. Buenos Aires) qui a réuni (1776-1810) les territ. nommés auj. Argentine, Paraguay, Uruguay et Bolivie.

**Rio de la Plata** → **Plata.**

**Río de Oro** anc. protectorat espagnol du Sahara occidental, prov. espagnole (1958-1975).

**Rio Grande del Norte** → **Grande (Rio).**

**Rio Grande do Norte** État du N.-E. du Brésil, sur l'Atlantique, au climat sec et chaud ; 53 015 km$^2$ ; 2 224 000 hab. ; cap. *Natal.* Culture du coton et de la canne à sucre.

**Rio Grande do Sul** État du Brésil méridional, sur l'océan Atlantique ; 282 184 km$^2$ ; 8 859 000 hab. ; cap. *Pôrto Alegre.* Formé par la retombée du plateau brésilien, l'État se consacre à l'élevage extensif des bovins et à la polyculture. Industr. textiles et alim. Commerce portuaire.

**rioja** *nm* Vin rouge espagnol réputé. PHO [rjɔxa] ETY Du n. pr.

**Rioja (La)** région historique du N. de l'Espagne, drainée par l'Èbre. Communauté autonome espagnole et Région de l'UE : 5 034 km$^2$ ; 266 280 hab. ; ch.-l. *Logroño.* Vins renommés.

**Riom** ch.-l. d'arr. du Puy-de-Dôme ; 18 548 hab. Industr. électr. – Deux égl. (XIV$^e$-XV$^e$ s.) Ste-Chapelle (XIV$^e$ s., dans le palais de justice). Musée Francisque-Mandet. DER **riomois, oise** *a, n*

**Histoire** *Le procès de Riom,* mené de fév. à avril 1942 par le gouvernement de Vichy contre les prétendus responsables de la défaite (notam. Blum, Daladier et Gamelin), ne donna lieu à aucun verdict, mais les accusés furent livrés à l'Allemagne en 1943.

**Rio Muni** partie continentale de la Guinée équatoriale.

**Rion (le)** (anc. *Phase*), fl. de Géorgie, tributaire de la mer Noire (315 km). Son bassin inférieur constituait l'antique Colchide.

**Riopelle Jean-Paul** (Montréal, 1923 – Québec, 2002), peintre québécois, représentant de l'abstraction lyrique.

**Rio Tinto** → **Minas de Riotinto.**

**Riourik** → **Rurik.**

**ripaille** *nf* fam Bonne chère, débauche de table. *Faire ripaille.* ETY De *riper.* DER **ripailler** *vi* 1 – **ripailleur, euse** *n, a*

**ripaton** *nm* fam Pied.

**ripe** *nf* TECH Outil de sculpteur constitué d'une tige recourbée en S dont les extrémités, aplaties et affûtées, servent à gratter et à polir.

**riper** *v* 1 **A** *vt* **1** TECH Polir, gratter avec une ripe. **2** Déplacer un fardeau en le faisant glisser sur le sol ou sur son support. *Riper une charge à la main.* **B** *vi* **1** Glisser en frottant, déraper. *L'échelle a ripé.* **2** fam Partir. ETY Du moy. néerl. DER **ripage** *nm*

**Rio de Janeiro** le Pain de Sucre, dans la baie de Guanabara

**ripeur** *nm* Éboueur qui charge les ordures dans le camion-benne.

**ripicole** *a* ECOL Se dit des espèces qui vivent sur les rives des cours d'eau.

**ripiéno** *nm* MUS Dans le concerto grosso, ensemble de la masse orchestrale accompagnant les instrumentistes. ETY Mot ital. VAR **ripieno**

**ripolin** *nm* Peinture laquée, très brillante. ETY Nom déposé.

**ripoliner** *vt* 1 Peindre au ripolin.

**riposter** *vi* 1 **1** Répondre avec vivacité à un contradicteur, un railleur. **2** SPORT Porter une attaque immédiatement après une parade, en escrime. **3** Contre-attaquer. ETY Du lat. DER **riposte** *nf*

**ripou** *am, nm* fam Corrompu en parlant d'un policier. PLUR ripoux. ETY *Pourri* en verlan.

**ripper** *nm* TRAV PUBL Machine servant à défoncer. SYN défonceuse. PHO [ripœr] ETY Mot angl. VAR **rippeur**

**ripple-mark** *nf* GEOGR Ride formée par la mer sur le sable des fonds littoraux. PLUR ripple-marks. PHO [ripəlmark] ETY Mot angl. VAR **ripplemark**

**ripuaire** *a* HIST Propre ou relatif aux tribus franques stationnant au V$^e$ s. autour de Cologne et jusqu'à la haute Moselle. ETY Du lat. *ripa*, « rive ».

**Riquet Pierre Paul de** (Béziers, 1604 – Toulouse, 1680), ingénieur français. Il conçut (1662) et réalisa partiellement la construction du canal du Midi.

**Riquet à la houppe** conte en prose de Perrault (1697).

**Riquewihr** com. du Haut-Rhin (arr. de Ribeauvillé) ; 1 212 hab. Vins. – Enceinte médiévale. Château XVI$^e$ s.

**riquiqui** *a inv* fam Très petit, mesquin. ETY Onomat. VAR **rikiki**

**1 rire** *v* 68 **A** *vi* **1** Marquer la gaieté qu'on éprouve par un mouvement de la bouche et des muscles du visage, accompagné d'expirations saccadées plus ou moins sonores. *Rire aux éclats.* **2** Se divertir, se réjouir. *Aimer rire.* **3** Badiner, railler ; ne pas parler, ne pas agir sérieusement. *C'était pour rire.* **B** *vti* Se moquer de. *Les gens rient de lui.* **C** *vpr* Venir facilement à bout de, triompher aisément de ce qui s'oppose à l'action. *Se rire des obstacles, des difficultés.* LOC *Rire aux anges :* seul et sans raison. ETY Du lat.

**2 rire** *nm* Action de rire. LOC *Fou rire :* rire incoercible, incontrôlable.

**Rire (le)** essai de Bergson (1900) sur la signification du comique.

**1 ris** *nm* MAR Chacune des bandes horizontales d'une voile, que l'on peut serrer sur la bôme pour les soustraire à l'action du vent. *Prendre deux ris. Larguer les ris.* PHO [ri] ETY De l'a. scand.

**2 ris** *nm pl* LOC *Ris de veau, d'agneau :* thymus comestible de ces animaux.

**risberme** *nf* TECH Talus ménagé à la base d'une jetée, des piles d'un pont, etc. pour protéger les fondations de l'action de l'eau. ETY Du néerl.

**risc** *a inv* INFORM Se dit d'un système d'architecture de microprocesseur. ETY Abrév. de l'ang. *reduced instruction set computing*, système de calcul à instructions réduites.

**1 risée** *nf* Moquerie collective aux dépens de qqn. LOC *Être la risée de :* être un objet de moquerie pour. ETY Du lat.

**2 risée** *nf* MAR Augmentation passagère de la force du vent. ETY De *ris 1.*

**risette** *nf* **1** Sourire d'un enfant. *Fais risette !* **2** Sourire plus ou moins franc de politesse, d'amabilité. *Je n'ai aucune envie de lui faire des risettes.*

**rishi** *nm inv* RELIG Sage, saint, dans l'hindouisme. ETY Mot sanskrit.

**Risi** Dino (Milan, 1916 – Rome, 2008), cinéaste italien, à l'humour féroce : *le Fanfaron* (1962), *les Monstres* (sketches, 1963), *Parfum de femme* (1974).

**risible** *a* **péjor** Digne de moquerie. *Cette prétention est tout à fait risible.* DER **risiblement** *av*

**risk manager** *n* Spécialiste de la gestion et de la prévention des risques auxquels l'entreprise est confrontée. PHO [riskmanadʒœʀ] ETY Mots angl.

**Ris-Orangis** ch.-l. de cant. de l'Essonne (arr. d'Évry) ; 27 689 hab. – Chât. XVIIe s. DER **rissois, oise** *a, n*

**Risorgimento** (mot ital. signif. *résurrection*), terme désignant en Italie le mouvement nationaliste, idéologique et polit. qui, né dans la seconde moitié du XVIIIe s., aboutit à la formation de l'unité nationale (1859-1870).

**risorius** *nm* ANAT Muscle de la commissure des lèvres contribuant à l'expression du rire. PHO [ʀizɔʀjys] ETY Mot lat., « riant ».

**risotto** *nm* Plat italien à base de riz légèrement coloré par une cuisson dans une matière grasse. **PLUR** risottos. ETY Mot ital.

**risque** *nm* **1** Danger dont on peut jusqu'à un certain point mesurer l'éventualité, que l'on peut plus ou moins prévoir. *Courir, prendre un risque.* **2** Perte, préjudice éventuels garantis par une compagnie d'assurances moyennant le paiement d'une prime. *Assurance tous risques.* **LOC** ***À risque(s)*** : qui présente un danger ou une éventualité d'échec. *Grossesse à risque.* — ***À ses risques et périls*** : en prenant sur soi tous les risques, en les assumant totalement. — ***Au risque de*** : en s'exposant au danger de. ETY Mot ital.

**risqué, ée** *a* **1** Qui comporte des risques, hasardeux. *Entreprise risquée.* **2** Osé, trop libre. *Plaisanteries risquées.*

**risquer** *v* ① **A** *vt* **1** Mettre en danger. *Risquer sa vie, son honneur.* **2** Exposer au risque d'être vu, blessé, etc. *Il risqua une main dans l'étroite ouverture.* **3** Essayer, sans être assuré du résultat. *On peut risquer l'aventure.* **4** Émettre une parole, une opinion en courant le risque d'être désapprouvé, mal compris, etc. *Risquer une plaisanterie.* **5** S'exposer à un danger, une peine. *Il risque la mort, une forte amende.* **B** *vpr* Se hasarder. *Se risquer dans une affaire.* **LOC** ***Risquer de*** (+ inf.) : courir le risque de ; avoir une chance de. *Risquer de perdre son emploi. Cette opération risque de réussir.* — ***Risquer le tout pour le tout*** : jouer son va-tout.

**risque-tout** *n, a inv* Personne audacieuse, qu'aucun danger n'arrête. VAR **risquetout**

**riss** *nm* GEOL Glaciation quaternaire, intermédiaire entre le mindel et le würm. ETY D'un n. pr.

**1 rissole** *nf* Petit morceau de pâte feuilletée, fourré d'un hachis de viande ou de poisson, et frit. ETY Du lat. *russeolus*, « rougeâtre ».

**2 rissole** *nf* Filet de pêche à mailles serrées utilisé en Méditerranée. ETY Du provenç.

**rissoler** *v* ① Cuire, rôtir un aliment de façon à lui donner une couleur dorée.

**Rist** Charles (Lausanne, 1874 – Versailles, 1955), économiste français : *Histoire des doctrines économiques depuis les physiocrates jusqu'à nos jours* (avec Ch. Gide, 1909).

**riste** *nf* **rég** En Provence, plat d'aubergines frites avec des tomates.

**ristourne** *nf* **1** Remise faite par un commerçant à un client. **2** Bonification ou commission plus ou moins licite. **3** Part de bénéfice qui, dans une coopérative de consommation, revient aux acheteurs ou aux associés en fin d'exercice. ETY De l'ital. DER **ristourner** *vt* ① – **ristourneur, euse** *n*

**ristrette** *nm* **Suisse** Café express. ETY De l'ital.

**rital, ale** *n* **fam, péjor** Italien. **PLUR** ritals.

**Rita Mitsouko (les)** duo de rock français formé par Frédéric Chichin (1954-2007) et Catherine Ringer (née en 1957).

**ritardando** *av* MUS En retardant, en ralentissant ponctuellement le temps. ETY Mot ital.

**rite** *nm* **1** Ensemble des cérémonies en usage dans une religion. *Rites protestants.* **2** Ensemble des règles qui régissent la pratique d'un culte particulier. *Rites des Églises chrétiennes d'Orient unies à Rome.* **3** Détail des prescriptions en vigueur pour le déroulement d'un acte cultuel ; l'acte cultuel lui-même. *Le rite du baptême.* **4** Pratique à caractère sacré, symbolique ou magique. **5** SOCIOL Pratique sociale habituelle, coutume. *Le rite du sapin de Noël.* **6** Usage auquel la force de l'habitude a fait prendre la valeur d'un rite. *Après le dîner, il fume un cigare, c'est un rite.* ETY Du lat.

**rites chinois (querelle des)** querelle qui opposa des jésuites à d'autres missionnaires sur la question : les Chinois convertis ont-ils le droit de suivre certains de leurs rites traditionnels ? Benoît XIV décida l'interdiction (1742).

**ritournelle** *nf* **1** Courte phrase instrumentale jouée à la fin de chacun des couplets d'une chanson. **2** Chanson à refrain ; refrain. **3** **fig** Propos rabâché, rebattu. ETY De l'ital.

**Rítsos** Yannis (Monemvassía, 1909 – Athènes, 1990), poète grec engagé aux côtés des opprimés : *Tracteurs* (1934), *Veille* (1954), *le Mur dans le miroir* (1973).

**Ritter** Carl (Quedlinburg, 1779 – Berlin, 1859), géographe allemand, l'un des pionniers de la géographie humaine.

**Rittmann** Alfred (Bâle, 1893 – Catane, 1980), vulcanologue suisse.

**ritualiser** *vt* ① **didac** Organiser qqch à la manière d'un rite. DER **ritualisation** *nf*

**ritualisme** *nm* **1** RELIG Mouvement religieux tendant à restaurer, au sein de l'Église anglicane, certains des rites catholiques romains. **2** Attachement étroit aux rites, formalisme religieux. DER **ritualiste** *a, n*

**rituel, elle** *a, nm* **A** *a* **1** Qui a valeur de rite, qui constitue un rite. *Prières rituelles.* **2** Habituel, coutumier et aussi précis qu'un rite. *C'était l'heure de sa promenade rituelle.* **B** *nm* **1** Livre liturgique de l'Église catholique qui contient le déroulement précis des rites, des cérémonies et des prières. **2** Ensemble des rites. DER **rituellement** *av*

**rivage** *nm* **1** Bande de terre qui limite une étendue d'eau, et plus partic. d'eau marine. **2** DR Partie du littoral soumise à l'action des marées.

**Rivage des Syrtes (le)** roman de Julien Gracq (1951).

**rival, ale** *n, a* **A** *n* **1** Personne qui prétend au même but, au même succès qu'un ou plusieurs autres concurrents. *Supplanter ses rivaux.* **2** Personne qui dispute à qqn l'amour de qqn d'autre. **3** (Avec une négation) Personne susceptible de faire aussi bien qu'une autre. *Il n'a pas de rival.* **B** *a* Concurrent. *Entreprises rivales.* **PLUR** rivaux. ETY Du lat.

**rivaliser** *vi* ① S'efforcer d'égaler, de surpasser qqn. *Rivaliser d'adresse, d'esprit avec qqn.*

**rivalité** *nf* Situation de deux ou de plusieurs personnes rivales. *Rivalité politique, amoureuse.*

**Rivarol** Antoine Rivaroli, dit le comte de (Bagnols-sur-Cèze, Gard, 1753 – Berlin, 1801), écrivain français : *Discours sur l'universalité de la langue française* (1784). Violent polémiste, il attaqua la Révolution et dut s'exiler (1792).

**Rivas** Ángel de Saavedra y Ramirez (duc de) (Cordoue, 1791 – Madrid, 1865), poète espagnol romantique : *Bâtard maure* (1833), *les Romances historiques* (1841). Théâtre : *Don Alvaro ou la Force du destin* (1830), dont Verdi a tiré le livret de *la Force du destin*.

**rive** *nf* **1** Bord d'un cours d'eau, d'un lac. *La rive droite d'un fleuve.* **2** POET Bord de mer. *Les rives de la mer Noire.* **3** TECH Bord rectiligne d'une pièce de bois, de métal. **LOC** ***Rive d'un four*** : bord d'un four, près de la gueule. ETY Du lat.

**Rive-de-Gier** ch.-l. de cant. de la Loire (arr. de Saint-Étienne) ; 15 153 hab. Industries. DER **ripagérien, enne** *a, n*

**rivelaine** *nf* TECH Pic de mineur à deux pointes. ETY Du néerl.

**river** *vt* ① **1** Assujettir un rivet, une pièce métallique oblongue par matage. **2** Fixer au moyen de rivets. **SYN** riveter. **3** **fig** Immobiliser. *La maladie l'a rivé au lit.* **LOC** ***River son clou à qqn*** : le faire taire par un argument irréfutable. — ***River un clou*** : en rabattre la pointe sur l'objet traversé.

**Rivera** Diego (Guanajuato, 1886 – Mexico, 1957), peintre mexicain. Ses fresques monumentales célèbrent la révolution de 1910 : Palais national de Mexico (1929-1934 et 1945).

**Diego Rivera** *Rêve d'un dimanche après-midi dans le parc d'Alameda*, 1947-1948, détail d'une fresque – hôtel del Prado, Mexico

**riverain, aine** *n, a* **1** Qui est situé ou qui habite le long d'un cours d'eau, d'un lac, etc. **2** Qui est situé ou qui habite le long d'une rue, d'une route, près d'un aéroport, etc. *Accès réservé aux riverains.*

**riveraineté** *nf* DR Ensemble des droits reconnus aux propriétaires riverains d'un cours d'eau.

**Rivers** William Halse (Luton, Kent, 1864 – Londres, 1922), ethnologue anglais : *Histoire de la société mélanésienne* (1914).

**Rives** Jean-Pierre (Toulouse, 1952), joueur de rugby français, capitaine de l'équipe de France.

**rivesaltes** *nm* Vin doux naturel du Roussillon. ETY Du n. pr.

**Rivesaltes** ch.-l. de cant. des Pyrénées-Orientales ; 8 330 hab. – Vin blanc liquoreux. DER **rivesaltais, aise** *a, n*

**rivet** *nm* Courte tige cylindrique en métal dont une extrémité est renflée et dont l'extrémité opposée est destinée à être matée sur la pièce à assembler. **LOC** ***Rivet tubulaire*** : en deux parties, l'une mâle, l'autre femelle.

**Rivet** Paul (Wassigny, Ardennes, 1876 – Paris, 1958), anthropologue français. Fondateur du musée de l'Homme (1937), il étudia les peuples d'Amérique : *les Origines de l'homme américain* (1943), *Métallurgie précolombienne* (1946).

**riveter** *vt* ⑱ ou ⑳ TECH Fixer au moyen de rivets. **SYN** river. DER **rivetage** *nm*

**riveteuse** *nf* TECH Machine à riveter, à river. SYN riveuse.

**Rivette** Jacques (Rouen, 1928 – Paris, 2016), cinéaste français de la Nouvelle Vague : *la Religieuse* (1966), *Céline et Julie vont en bateau* (1974), *la Belle Noiseuse* (1991), *Jeanne la Pucelle* (1994).

**riveur, euse** *n* TECH **A** *n* Ouvrier, ouvrière qui rive, qui pose des rivets. **B** *nf* Syn. de *riveteuse*.

**Rivier** Jean (Villemomble, 1896 – Aubagne, 1987), compositeur français néoclassique.

**Riviera (la)** nom donné au littoral du golfe de Gênes (Italie), de la frontière française à La Spezia, et parfois (abusiv.) à la Côte d'Azur.

**rivière** *nf* **1** Cours d'eau de moyenne importance, qui se jette dans un autre. **2** SPORT Pièce d'eau constituant un obstacle sur le parcours d'un steeple. LOC ***Rivière de diamants*** : collier de diamants montés en chatons. ETY Du lat.

**Rivière** Henri (Paris, 1827 – Hanoi, 1883), officier de marine français. Il prit Hanoi (1882) et fut tué au cours du siège de cette ville.

**Rivière** Henri (Paris, 1864 – Sucy-en-Brie, 1951), aquarelliste, graveur et lithographe français influencé par l'impressionnisme et le japonisme : *la Mer, études de vagues* (1890-1892), *Trente-six vues de la tour Eiffel* (1902).

**Rivière** Jacques (Bordeaux, 1886 – Paris, 1925), écrivain français ; directeur de la *Nouvelle Revue française* de 1919 à sa mort : romans (*Aimée*, 1922 ; *Florence*, posth., 1935), critique, correspondance avec Alain-Fournier, son beau-frère, Claudel, Artaud.

**Rivière-Pilote** com. de la Martinique (arr. du Marin) ; 12 500 hab.

**Rivière-Rouge** → **Rouge (rivière).**

**Rivière sans retour (la)** film de Otto Preminger (1954) avec R. Mitchum et M. Monroe.

**Rivne** (anc. *Rovno*), ville d'Ukraine ; 249 600 hab. ; ch.-l. de la prov. du même nom. Centrale nucléaire.

**rivoir** *nm* TECH **1** Marteau utilisé pour river. **2** Machine à river.

**Rivoli** bourg d'Italie (prov. de Vérone), sur l'Adige ; 2 200 hab. – Bonaparte y vainquit les Autrichiens (14 janv. 1797).

**rivure** *nf* TECH **1** Assemblage réalisé au moyen de rivets. **2** Partie du rivet aplatie après rivetage.

**rixdale** *nf* HIST Ancienne monnaie d'argent de certains pays d'Europe orientale et septentrionale. PHO [riksdal]

**rixe** *nf* Querelle violente accompagnée de coups. ETY Du lat.

**Rixheim** com. du Haut-Rhin (arr. de Mulhouse) ; 14 000 hab. – Industries. – Commanderie de l'ordre Teutonique (XVII^e s.). DER **rixheimois, oise** *a, n*

**Riyad** cap. de l'Arabie Saoudite et ch.-l. du Nadjd ; 6,2 millions d'hab. Située dans une région clémente (palmeraies, vergers), cap. depuis 1932, cette ville historique est auj. un import. centre politique et financier. VAR **Ryad** ou **Riad** DER **riyadien, enne** *a, n*

**riyal** *nm* Unité monétaire de l'Arabie Saoudite et du Qatar. PLUR riyals.

**riz** *nm* **1** Graminée céréalière des régions chaudes. **2** Grain comestible de cette plante. LOC ***Riz sauvage*** : V. zizanie. ETY Du lat. par l'ital.

**Rīza Chah** → **Pahlavi.**

**Rizal y Alonso** José (Calamba, 1861 – Manille, 1896), écrivain et homme politique philippin. Tenu pour l'instigateur de la révolte de 1896, il fut fusillé par les Espagnols.

**rizerie** *nf* TECH Usine de traitement du riz.

**riziculture** *nf* Culture du riz. DER **rizicole** *a* – **riziculteur, trice** *n*

**rizière** *nf* Terrain inondable où l'on cultive le riz ; plantation de riz.

**riz-pain-sel** *nm inv* **fam, vieilli** Militaire du service de l'intendance.

**RMA** *nm* Sigle de *revenu minimum d'activité*.

**RMC** → **Monte-Carlo.**

**RMI** *nm* Sigle de *revenu minimum d'insertion*.

**RMiste** *n* Bénéficiaire du RMI. PHO [ɛremist]

**RMN** *nf* Sigle de *résonance magnétique nucléaire*.

**RMO** *nf* Sigle de *référence médicale opposable*.

**Rn** CHIM Symbole du radon.

**RNA** *nm* BIOCHIM Sigle de l'angl. *ribonucleic acid*, souvent employé pour *ARN*.

**rnb** *nm* Syn. de *rhythm and blues*. VAR **r'n'b, R&B.**

**RNIS** *nm* TELECOM Réseau qui permet de faire transiter des informations codées numériquement sur des lignes téléphoniques. ETY *Sigle de réseau numérique à intégration de services.*

**Roach** Max (Elizabeth City, Caroline du N., 1924 – New York, 2007), batteur de jazz américain : nombreux enregistrements avec Charlie Parker.

**roadie** *n* Personne qui fait partie de la caravane d'un chanteur de pop en tournée. PHO [rodi] ETY Mot amér.

**road-movie** *nm* Genre cinématographique américain qui a pour cadre la route ; film appartenant à ce genre. PLUR road-movies. PHO [rodmuvi] ETY Mot angl.

**roadster** *nm* Automobile à deux places et à capote, avec un spider à l'arrière. PHO [rodstɛr] ETY Mot angl.

**Riyad** le nouveau ministère des Affaires étrangères, au cœur des quartiers modernes

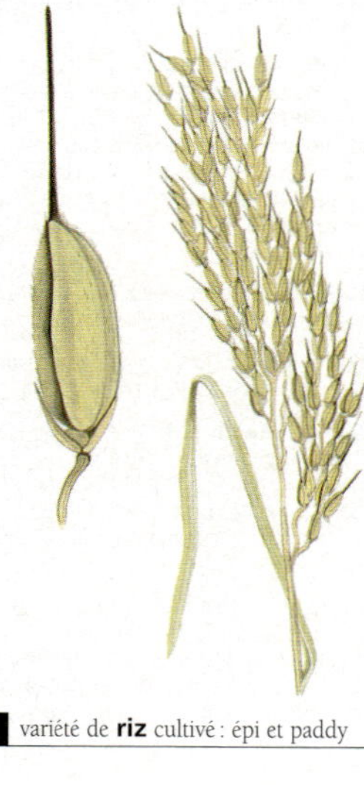

variété de **riz** cultivé : épi et paddy

**Roanne** ch.-l. d'arr. de la Loire, sur la Loire, au centre du *bassin de Roanne* (élevage bovin) ; 36 700 hab. Centre industriel. DER **roannais, aise** *a, n*

**Robbe-Grillet** Alain (Brest, 1922 – Caen, 2008), écrivain et cinéaste français, théoricien du nouveau roman : *les Gommes* (1953), *le Voyeur* (1955), *la Jalousie* (1957), *Dans le labyrinthe* (1959), *la Maison de rendez-vous* (1965). Princ. films : *l'Immortelle* (1963), *Glissements progressifs du plaisir* (1974). Mémoires : *Romanesques* (2 vol., 1985-1988). Acad. fr. (2004).

**Robbins** Jerome (New York, 1918 – id., 1998), danseur et chorégraphe américain. Il monta *West Side Story* (1957).

**robe** *nf* **1** Vêtement féminin comportant un corsage et une jupe d'un seul tenant. **2** Vêtement long et ample, enveloppant le corps jusqu'aux pieds, porté par les hommes chez les Anciens, et aujourd'hui en Orient. **3** Long vêtement porté par les juges et les avocats dans l'exercice de leurs fonctions, par les professeurs d'université dans les cérémonies officielles, et par certains ecclésiastiques. **4** Pelage de certains animaux. **5** Enveloppe de certains légumes, de certains fruits. *La robe d'un oignon.* **6** Feuille de tabac constituant l'enveloppe extérieure d'un cigare. **7** Couleur d'un vin. LOC ***Pommes de terre en robe de chambre, en robe des champs*** : cuites avec leur peau. — ***Robe de chambre*** : vêtement d'intérieur à manches, long et ample. ETY Du germ.

**rober** *vt* ① TECH Envelopper un cigare de sa robe. DER **robage** ou **robelage** *nm*

**Robert (Le)** com. de la Martinique (arr. de la Trinité), sur la côte E. ; 23 500 hab. DER **robertin, ine** *a, n*

**Robert Bellarmin (saint)** (en ital. *Roberto Bellarmino*) (Montepulciano, Toscane, 1542 – Rome, 1621), jésuite, théologien et cardinal italien ; célèbre pour ses réfutations des thèses de la Réforme. Docteur de l'Église (1931).

**Robert de Molesmes (saint)** (en Champagne, v. 1028 – Molesmes, Bourgogne, 1111), bénédictin français ; fondateur de l'abbaye de Cîteaux (1098).

**Empire latin**

**Robert I^er de Courtenay** (m. en Morée, 1228), empereur latin de Constantinople (1221-1228). L'empereur Jean III Doukas Vatatzès lui reprit l'Asie Mineure.

**Artois**

**Robert I^er le Vaillant** (?, 1216 – Mansourah, 1250), comte d'Artois (1237-1250) ; frère de Saint Louis ; il périt lors de la 7^e croisade. — **Robert II le Noble** (?, 1250 – Courtrai, 1302), fils posth. et successeur (1250-1302) du préc. ; il prit part à la 8^e croisade, soutint Charles I^er d'Anjou contre les Aragonais et périt devant les Flamands. — **Robert III** (?, 1287 – Vannes, 1342), comte d'Artois (1302-1309) ; petit-fils du préc. ; dépouillé du comté par sa tante Mahaut, il se réfugia à Bruxelles puis en Angleterre.

**Écosse**

**Robert I^er Bruce** (Tumberry, 1274 – chât. de Cardross, 1329), roi d'Écosse (1306-1329) ; chef des patriotes écossais (1306), il remporta en 1314 une victoire décisive contre les Anglais. — **Robert II Stuart** (?, 1316 – Dundonald, 1390), roi d'Écosse (1371-1390) ; petit-fils du préc. par sa mère Marjorie ; le premier des Stuarts. — **Robert III** (?, vers 1340 – Rothesay [?], 1406), roi d'Écosse (1390-1406), fils aîné du préc. (légitimé en 1349). Son frère Robert, duc d'Albany, gouverna et laissa mourir en prison le fils de Robert III (1402).

**France**

**Robert le Fort** (m. à Brissarthe, 866), comte d'Anjou et de Blois, marquis de Neustrie. Ancêtre des Capétiens, il lutta contre les Normands et les Bretons. — **Robert Ier** (?, vers 865 – Soissons, 923), roi de France (922-923) ; second fils du préc. Il chassa les Normands d'Île-de-France. Fait roi par les seigneurs révoltés contre Charles le Simple, il mourut en luttant contre celui-ci. — **Robert II le Pieux** (Orléans, vers 970 – Melun, 1031), roi de France (996-1031) ; arrière-petit-fils du préc., fils et successeur d'Hugues Capet, qui l'associa au trône dès 987. Il répudia Rosala pour épouser Berthe de Bourgogne, et Grégoire V l'excommunia (997). Il épousa en troisièmes noces Constance de Provence (1003). Il donna une base territoriale au domaine capétien.

**Naples**

**Robert le Sage** (?, 1278 – Naples, 1343), duc d'Anjou et roi de Naples (1309-1343) ; fils de Charles II le Boiteux. Pétrarque et Boccace vécurent à sa cour. VAR **Robert le Bon**

**Normandie**

**Robert Ier le Magnifique** (?, vers 1010 – Nicée, 1035), duc de Normandie (1027-1035). Il soutint le roi de France Henri Ier et reçut le Vexin. Il fit de son bâtard, Guillaume le Conquérant, son héritier, et mourut en pèlerinage. VAR **Robert le Diable** — **Robert II Courteheuse** (?, vers 1054 – Cardiff, 1134), duc de Normandie (1087-1106) ; fils aîné de Guillaume le Conquérant. En 1096, il partit pour la 1re croisade, puis disputa la couronne d'Angleterre à son cadet Henri Beauclerc (futur Henri Ier), qui le battit à Tinchebray (1106) ; il mourut en captivité.

**Robert Hubert** (Paris, 1733 – id., 1808), peintre et graveur français : paysages préromantiques, ruines antiques (*le Pont du Gard*, 1786).

**Robert Léopold** (Les Éplatures, près de La Chaux-de-Fonds, 1794 – Venise, 1835), peintre suisse d'inspiration classique et romantique.

**Robert Paul Charles Jules** (Orléansville, auj. Ech-Cheliff, Algérie, 1910 – Mougins, 1980), lexicographe et éditeur français : *Dictionnaire alphabétique et analogique de la langue française* (1950-1964), *le Petit Robert* (1967).

**Robert Yves** (Saumur, 1920 – Paris, 2002), acteur et cinéaste français. Il réalisa *la Guerre des boutons* (1962), *les Copains* (1964), *la Gloire de mon père* et *le Château de ma mère* (1990, d'apr. Pagnol).

**Robert Michel** (Corbelin, 1948), cavalier français (saut d'obstacles).

**Robert d'Arbrissel** (en Bretagne, v. 1045 – dans le Berry, 1117), moine français qui fonda en 1101 l'abb. de Fontevrault.

**Robert de Courçon** (Kedleston, Derby, v. 1160 – Damiette, Égypte, 1219), théologien d'origine anglaise. Légat du pape, il donna en 1215 ses statuts à l'université de Paris.

**Robert Guiscard** (Hauteville-la-Guichard, v. 1015 – Céphalonie, 1085), comte (1057-1059), puis duc de Pouille, de Calabre et de Sicile (1059-1085). Il conquit l'Italie du S., fondant ainsi le futur royaume de Sicile. En 1084, il délivra le pape Grégoire VII, assiégé dans Rome par l'empereur Henri IV.

**Robert-Houdin Jean Eugène** (Blois, 1805 – Saint-Gervais-la-Forêt, 1871), prestidigitateur français ; auteur de traités.

**Robert le Diable** opéra en 5 actes de Meyerbeer (1831) sur un livret de Scribe et de Germain Delavigne (1790-1868).

**roberts** *nm pl* fam Seins. ETY Du n. d'une anc. marque de biberons.

**Roberts Frederick Sleigh (lord)** (Cawnpore, auj. Kānpur, Inde, 1832 – Saint-Omer, 1914), maréchal britannique. Il fut généralissime de l'armée britannique (1901-1904). VAR **Roberts of Kandahar**

**Robertson sir William Robert** (Welbourn, Lincolnshire, 1860 – Londres, 1933), maréchal britannique ; chef de l'état-major (1916-1918).

**Roberval Gilles Personne de** (Roberval, près de Senlis, 1602 – Paris, 1675), mathématicien et physicien français. Il formula la loi de composition des forces. La *balance de Roberval* (1670) est composée de deux fléaux constituant un parallélogramme articulé et de deux plateaux supportés par le fléau supérieur. ▶ illustr. **balance**

**Robeson Paul** (Princeton, 1898 – Philadelphie, 1976), chanteur américain de negro-spirituals.

**Robespierre Maximilien de,** dit **l'Incorruptible** (Arras, 1758 – Paris, 1794), homme polit que français. Avocat en 1781, député de l'Artois aux états généraux (1789) puis conventionnel, il provoqua, à la tête des Montagnards, la chute des Girondins (2 juin 1793). Princ. inspirateur du Comité de salut public (juillet 1793) il instaura la Terreur, se débarrassa des hébertistes et de Danton (mars-avril 1794), créa le culte de l'Être suprême (juin 1794). Le 27 juillet 1794 (9 thermidor an II), il fut renversé par une coalition de Montagnards et de modérés de la Plaine, et guillotiné (28 juillet 1794). — **Augustin,** dit **Robespierre le Jeune** (Arras, 1763 – Paris, 1794), frère du préc. ; représentant en mission à l'armée d'Italie ; exécuté en même temps que son frère. DER **robespierriste** *a* ▶ illustr. p. 1409

**Robida Albert** (Compiègne, 1848 – Neuilly-sur-Seine, 1926), écrivain, dessinateur (dessins d'anticipation, caricatures) et graveur français.

**robin** *nm* vx, péjor Homme de robe, magistrat.

**Robin Armand** (Plougernevel, Côtes-du-N., 1912 – Paris, 1961), poète français : *Le temps qu'il fait* (1942), *Poèmes indésirables* (1946). Il dénonça les propagandes radiodiffusées dans *la Fausse Parole* (1953).

**Robin des Bois** (en angl. *Robin Hood*), héros légendaire anglais du Moyen Âge ; Saxon, adversaire des Normands, défenseur des pauvres contre les seigneurs ; d'une grande adresse à l'arc. ▷ LITTER Célébré par de nombr. ballades populaires anglaises (à partir du XIIIe s.), il a inspiré à Walter Scott son *Ivanhoé* (1820). ▷ CINE Films : de l'Américain Allan Dwan (1885 – 1981), en 1922, avec Douglas Fairbanks ; de M. Curtiz (1938), avec Errol Flynn (1909 – 1959) ; dessin animé produit par Walt Disney (1973) ; *Robin des Bois, prince des voleurs*, de l'Américain Kevin Reynolds (1991), avec Kevin Costner (né en 1955).

**robinet** *nm* Dispositif qui permet de régler ou de suspendre l'écoulement d'un fluide dans une canalisation, hors d'un réservoir, etc. LOC fam ***Un robinet d'eau tiède*** : une personne très bavarde qui dit des choses sans intérêt. ETY De *robin*, nom donné au mouton au Moyen Âge.

**robinetterie** *nf* **1** Industrie, commerce des robinets. **2** Usine où l'on fabrique des robinets. **3** Ensemble des robinets, d'une installation. DER **robinetier** *nm*

**robinier** *nm* BOT Arbre (papilionacée) originaire d'Amérique du Nord, aux rameaux épineux, aux feuilles pennées, aux fleurs blanches odorantes disposées en grappes, appelé à tort *acacia*. ETY De J. Robin (1550 – 1629), botaniste fr.

**robinson** *nm* Personne qui vit dans la nature, en solitaire. ETY De *Robinson* Crusoé.

**Robinson sir Robert** (Bufford, près de Chesterfield, 1886 – Great Missenden, près de Londres, 1975), chimiste anglais ; il synthétisa la pénicilline. P. Nobel 1947.

**Robinson Abraham** (Waldenburg, 1918 – Yale, 1974), mathématicien américain d'origine allemande : travaux de logique, d'algèbre, d'analyse et d'aérodynamique.

**Robinson Walker Smith,** dit **Ray Sugar** (Detroit, 1920 – Culver-City, 1989), boxeur américain, plusieurs fois champion du monde des poids moyens entre 1951 et 1959.

**Robinson Mary** (Ballina, 1944), femme politique irlandaise ; candidate indép. de gauche, elle fut prés. de la rép. d'Irlande (1990-1997).

**Robinson Crusoé** roman de Defoe (1719), inspiré par l'aventure de A. Selkirk. Robinson, unique survivant d'un naufrage, est rejeté sur une île déserte où il parvient à survivre. Vingt-huit ans s'écouleront avant qu'il puisse regagner sa patrie. Il avait pu briser sa solitude grâce à Vendredi, un jeune Noir que des anthropophages venaient sacrifier sur son île. – Ce chef-d'œuvre inspira *le Robinson suisse*, roman pour la jeunesse (1812-1827), à J. D. Wyss. ▷ CINE *Robinson Crusoé*, film de Buñuel (1952).

**robinsonnade** *nf* fam Aventure exotique. ETY De *Robinson Crusoé*.

**Robiquet Pierre Jean** (Rennes, 1780 – Paris, 1840), chimiste français : travaux de pharmacologie (découverte de l'asparagine et de la cocaïne), sur les colorants.

**Roblès Emmanuel** (Oran, 1914 – Boulogne-Billancourt, 1995), romancier français : *l'Action* (1938), *la Chasse à la licorne* (1985). Théâtre : *Montserrat* (1948).

**Roboam** (v. 930 – v. 913 av. J.-C.), fils et successeur de Salomon. Il refusa d'alléger la fiscalité et la Judée se divisa en deux royaumes : Juda (dont il fut le premier roi) et Israël (dont Jéroboam fut le roi).

**roboratif, ive** *a* litt Fortifiant. ETY Du lat. *roborare*, « fortifier ».

**robot** *nm* **1** Machine à l'aspect humain, capable de se mouvoir, de parler et d'agir. **2** Machine automatique dotée d'une mémoire et d'un programme, capable de se substituer à l'homme pour effectuer certains travaux. *Robot ménager*. **3** fig Personne agissant comme un automate. ETY Du tchèque *robota*, « travail forcé ».

**robotique** *nf, a* TECH Étude et mise au point des machines automatiques qui peuvent remplacer ou prolonger les fonctions de l'homme. DER **roboticien, enne** *n*

**robotiser** *vt* Ⓘ **1** TECH Équiper de robots, automatiser. **2** fig Transformer un être humain en robot ; faire perdre certains caractères propres aux humains au profit de comportements mécaniques. DER **robotisation** *nf*

**Rob Roy Robert MacGregor Campbell,** dit (Buchanan, 1671 – Balquhidder, 1734), brigand écossais gracié en 1727. ▷ LITTER Le *Rob Roy* de Walter Scott (roman, 1818) détrousse les riches pour secourir les pauvres. ▷ MUS *Rob Roy*, ouverture de Berlioz (1831), qui l'a ensuite désavouée.

**robinier** fruit, rameau et fleur

**Robuchon** Joël (Poitiers, 1945), chef cuisinier français.

**robusta** *nm* Variété de caféier originaire du Gabon ; graine de ce caféier.

**robuste** *a* Fort, solide, résistant. *Un mécanisme robuste. Une robuste confiance en soi.* ETY Du lat. DER **robustement** *av* – **robustesse** *nf*

**roc** *nm* **1** Masse de pierre très dure qui fait corps avec le sol ; matière rocheuse. **2** Symbole de solidité. *Cet homme est un roc.* **LOC** ***Bâtir sur le roc*** : faire œuvre solide, durable. ETY De *roche*.

**Roca (cap)** cap du Portugal, à l'O. de Lisbonne, le point le plus occid. de l'Europe.

**rocade** *nf* **1** MILIT Voie de communication parallèle à la ligne de feu. **2** Voie routière de dérivation, qui évite le centre d'une ville. ETY De *roquer*.

**rocaillage** *nm* TECH Revêtement en rocaille.

**rocaille** *n, ainv* **A** *nf* **1** Étendue jonchée de pierres, de cailloux ; pierraille. **2** Ouvrage fait de pierres cimentées ou brutes, incrustées de coquillages, de cailloux. **3** Ornement de jardin composé de fleurs plantées entre des pierres. **B** *ainv, nm* Se dit d'un style décoratif aux formes imitées des coquillages, des plantes, des rochers, en vogue sous Louis XV.

**rocailleux, euse** *a* **1** Pierreux, caillouteux. **2** **fig** Dur, heurté. *Style rocailleux.* **LOC** ***Voix rocailleuse*** : rauque.

**rocamadour** *nm* Petit fromage rond du Quercy, au lait de chèvre.

**Rocamadour** com. du Lot (arr. de Gourdon) ; 700 hab. Site pittoresque dans la gorge de l'Alzou. – Pèlerinage à une Vierge noire. Église romane. Chât. XIV$^e$ s.

**rocambole** *nf* Ail doux, appelé aussi *échalote d'Espagne*. ETY De l'all.

**Rocambole** personnage de plus de 20 romans-feuilletons « rocambolesques » (1859-1884) de Ponson du Terrail.

**rocambolesque** *a* Extravagant, plein de péripéties qui paraissent invraisemblables. ETY De *Rocambole*, n. pr.

**Rocard** Michel (Courbevoie, 1930), homme politique français. Secrétaire général du Parti socialiste unifié (PSU) de 1967 à 1974, puis socialiste (1974), il fut Premier ministre de 1988 à 1991. DER **rocardien, enne** *a, n*

**Rocco et ses frères** film de Visconti (1960), avec Alain Delon et Annie Girardot (1931 – 2011).

**Roch (saint)** (début du XIV$^e$ s.), personnage semi-légendaire ; originaire du Languedoc, il aurait secouru des pestiférés en Italie.

**Rocha** Glaúber (Vitória da Conquista, Bahia, 1938 – Rio de Janeiro, 1981), cinéaste brésilien ; animateur du « cinema novô » : *le Dieu noir et le Diable blond* (1964), *Antônio das Mortes* (1969), *l'Âge de la Terre* (1980).

**Rochambeau** Jean-Baptiste de Vimeur (comte de) (Vendôme, 1725 – Thoré, Orléanais, 1807), maréchal de France (1791). Durant la guerre de l'Indépendance américaine, il commanda le corps expéditionnaire français (1781). — **Donatien** (Rochambeau, près de Vendôme, 1755 – Leipzig, 1813), fils du préc., général. En 1803, il remplaça en Haïti le général Leclerc, mort, et se signala par sa cruauté et fut vaincu par Dessalines.

**rochassier** *nm* Alpiniste spécialiste des escalades dans le rocher.

**Rochdale** ville de G.-B. (Lancashire) ; 88 100 hab. Industries. – Siège de la prem. coopérative ouvrière britannique de consommation (1844).

**roche** *nf* **1** Bloc ou masse de pierre dure. **2** GEOL Toute matière minérale d'origine terrestre. **LOC** ***Eau de roche*** : qui sourd d'une roche, très limpide. — **fam** ***Clair comme de l'eau de roche*** : évident. ETY Du lat.

ENC Les roches peuvent être classées selon plusieurs critères : roches liquides (pétrole, etc.), meubles (sable, faluns, etc.), tendres (craie, etc.), dures (granite, grès, etc.) ; ou d'après leur composition : roches calcaires, siliceuses, carbonées, etc. ; leur origine : roches sédimentaires, magmatiques (ou volcaniques, ou éruptives), métamorphiques, etc. L'étude des roches constitue la *pétrographie*, ou *pétrologie*, que l'on doit distinguer de la minéralogie, qui étudie les minéraux constituant les roches.

**Roche** Maurice (Clermont-Ferrand, 1924 – Sèvres, 1997), écrivain français : *Compact* (1965), *Codex* (1974), *Fidèles félidés* (1992).

**Roche** Denis (Paris, 1937 – id., 2015), écrivain français : *Éros énergumène* (1958), *le Mécrit* (1972), *Dépôts de savoir et de technique* (1981).

**Rochechouart** ch.-l. d'arr. de la Haute-Vienne ; 3 900 hab. – Chât. XIII$^e$-XV$^e$ s. DER **rochechouartais, aise** *a, n*

**Rochefort** ch.-l. d'arr. de la Charente-Maritime, port de comm. sur la Charente ; 27 600 hab. Industries. – École technique de l'armée de l'air. – Anc. port de guerre créé par Colbert (1666) et fortifié par Vauban. Musées. Maison de P. Loti. DER **rochefortais, aise** *a, n*

**Rochefort** Henri, marquis de Rochefort-Luçay, dit Henri (Paris, 1831 – Aix-les-Bains, 1913), journaliste, homme politique et écrivain français. Il attaqua le Second Empire dans *la Lanterne*, qu'il créa en 1868. Déporté après la Commune (1871-1880), il fonda *l'Intransigeant* (de gauche). Il fut ensuite boulangiste et antidreyfusard.

**Rochefort** Christiane (Paris, 1917 – Le Pradet, Var, 1998), romancière française : *le Repos du guerrier* (1958).

**Rochefoucauld (La)** → **La Rochefoucauld.**

**Rochelle (La)** ch.-l. de la Charente-Maritime, sur l'Atlantique ; 77 300 hab. (env. 100 300 hab. dans l'aggl.). Port de pêche et de commerce, grâce à son avant-port de La Pallice ; centre industriel. – Porte de la Grosse-Horloge (XIII$^e$ s.). Deux tours du XIV$^e$ s. à l'entrée du vieux port. Tour du XV$^e$ s. Évêché. Cath. du XVIII$^e$ s. (due aux Gabriel). Musées. – Import. citadelle protestante, la ville fut prise par le duc d'Anjou (1573) puis par Richelieu (1627-1628), auquel elle résista héroïquement avant de se rendre. La révocation de l'édit de Nantes puis la perte du Canada entraînèrent son déclin. DER **rochelais, aise** *a, n*

**La Rochelle** bassin du vieux port

**roche-magasin** *nf* GEOL Syn. de *roche-réservoir*. PLUR roches-magasins.

**roche-mère** *nf* GEOL **1** Partie inférieure du sol minéral. **2** Site de formation d'hydrocarbures. PLUR roches-mères.

**Roche-Posay (La)** com. de la Vienne ; 1 600 hab. Stat. therm. (maladies de la peau). DER **rochelais, aise** *a, n*

**1 rocher** *nm* **1** Masse de pierre, ordinairement élevée, escarpée. **2** ANAT Pièce osseuse qui forme la partie interne de l'os temporal, à l'intérieur de laquelle se situe l'oreille interne. **3** Pâtisserie ou confiserie qui a l'aspect d'un rocher.

**2 rocher** *vi* ① **1** METALL Se couvrir d'excroissances au cours de la solidification, en parlant d'un métal, d'un alliage. **2** TECH Mousser, en parlant de la bière qui fermente. DER **rochage** *nm*

**roche-réservoir** *nf* GEOL Roche perméable imprégnée d'hydrocarbures et recouverte d'une couche imperméable. SYN roche-magasin. PLUR roches-réservoirs.

**Rochester** v. des É.-U. (État de New York), au S. du lac Ontario ; 210 000 hab. Centre de l'industrie photographique. – Musée George Eastman.

**Roche-sur-Yon (La)** ch.-l. de la Vendée ; 56 100 hab. Centre agricole. Industries. – Créée par Napoléon I$^{er}$, la ville s'appela *Napoléon-sur-Yon* sous le Premier Empire, *Bourbon-Vendée* sous la Restauration. DER **yonnais, aise** *a, n*

**1 rochet** *nm* Surplis des évêques, des abbés, des chanoines. ETY Du frq.

**2 rochet** *nm* **LOC** MECA ***Roue à rochet*** : roue dentée munie d'un cliquet, qui ne peut tourner que dans un sens. ETY Du germ. *rukka*, « quenouille ».

**Rochet** Waldeck (Sainte-Croix, Saône-et-Loire, 1905 – Nanterre, 1983), homme politique français, secrétaire général du Parti communiste de 1964 à 1972.

**Rocheuses (montagnes)** système montagneux de l'O. de l'Amérique du Nord, qui s'étend de l'Alaska au Mexique ; de nombr. sommets excèdent 4 000 mètres. On applique souvent à tort le nom de Rocheuses à l'ensemble des chaînes montagneuses de cette région (chaîne des Cascades, sierra Nevada, etc.).

**rocheux, euse** *a* Couvert, formé de roches, de rochers.

**Roch ha-Chana** → **Rosh ha-Shana.**

**rochier** *nm* Nom cour. de plusieurs poissons téléostéens des zones rocheuses.

**1 rock** *nm* Oiseau fabuleux et gigantesque des contes orientaux. ETY De l'ar. VAR **roc**

**2 rock** *nm* Rock and roll.

**rockabilly** *nm* Première forme du rock and roll, née du contact du blues et de la country dans le sud des États-Unis.

**rock and roll** *nm, a* **A** *nm* **1** Musique populaire née aux États-Unis vers 1955, participant à la fois du rhythm and blues et de la musique folklorique anglo-américaine, et caractérisée par un large recours à l'amplification électrique, une accentuation vigoureuse, soulignée par la batterie, des deuxième et quatrième temps de la mesure. **2** Danse à quatre temps sur cette musique. **B** *a* **fig, fam** Débridé, déchaîné, plein d'originalité, de fantaisie. *Une discussion des plus rock and roll au Parlement.* PHO [rɔkɛnrɔl] ETY Mot angl. VAR **rock'n'roll**

**Rockefeller** John Davison (Richford, État de New York, 1839 – Ormond Beach, Floride, 1937), industriel américain. Ce *roi du pétrole* fonda en 1870 la Standard Oil Company et soutint de nombr. institutions philanthropiques.

**rockeur, euse** *n* **1** Chanteur, musicien de rock and roll. **2** Amateur de rock and roll, dont le style de vie, les vêtements s'apparentent à ceux des musiciens de rock and roll. PHO [rɔkœr, øz] VAR **rocker**

**rocking-chair** *nm* Fauteuil à bascule. PLUR rocking-chairs. PHO [rɔkiŋʃɛr] ou [rɔkiŋtʃɛr] ETY Mot angl. VAR **rockingchair**

**rococo** *a inv, nm* **A** Se dit d'un style rocaille très surchargé, en vogue au XVIII$^e$ s. *Vase rococo.*

**B** *a inv* Passé de mode et un peu ridicule. ETY De *rocaille*.

**rocou** *nm* Colorant d'un rouge orangé tiré de la gelée qui entoure les graines du rocouyer. ETY Du tupi.

**rocouer** *vt* ① TECH Teindre avec du rocou.

**rocouyer** *nm* BOT Arbuste d'Amérique du Sud dont les graines fournissent le rocou.

**Rocroi** ch.-l. de cant. des Ardennes (arr. de Charleville-Mézières) ; 2 420 hab. – Fortifications achevées par Vauban. – Victoire du Grand Condé sur les Espagnols (1643). DER **rocroyen, enne** *a, n*

**rôdailler** *v intr* ① fam Rôder, vagabonder.

**Rodenbach** Georges (Tournai, 1855 – Paris, 1898), écrivain belge d'expression française. Poésie : *la Jeunesse blanche* (1886), *le Règne du silence* (1891). Romans : *Bruges-la-Morte* (1892), *le Carillonneur* (1897).

**rodéo** *nm* **1** Fête donnée à l'occasion du marquage du bétail, aux É.-U. et au cours de laquelle sont organisés des jeux qui consistent à maîtriser une bête (cheval ou taureau) non domestiquée ; ce jeu lui-même. **2** fig, fam Course-poursuite pratiquée avec des voitures volées. ETY De l'esp.

**roder** *vt* ① **1** TECH User par frottement une pièce pour qu'elle s'adapte parfaitement à une autre. **2** Faire fonctionner à vitesse réduite pour permettre un ajustage progressif des pièces mobiles en contact. **3** fig Adapter progressivement à sa fonction ; mettre au point. *Roder une organisation.* ETY Du lat. *rodere*, « ronger ». DER **rodage** *nm*

**rôder** *vi* ① **1** Aller et venir çà et là, avec des intentions suspectes. **2** Errer, marcher sans but. ETY Du lat. *rotare*, « tourner ».

**Roderic** → **Rodrigue.**

**rôdeur, euse** *n, a* **A** *n* péjor Individu suspect qui rôde à la recherche d'un mauvais coup. **B** *a* Se dit des animaux qui rôdent en quête de nourriture. *Bêtes rôdeuses.*

**Rodez** ch.-l. du dép. de l'Aveyron, sur l'Aveyron ; 26 078 hab. Industries. – Évêché. Ruines romaines. Cath. XIII$^e$-XVI$^e$ s. – Anc. cap. du Rouergue. DER **ruthénois, oise** *a, n*

**Rodin** Auguste (Paris, 1840 – Meudon, 1917), sculpteur français, élève de Carpeaux et de Barye. Son œuvre, qui domine la sculpture européenne de la fin du XIX$^e$ s. et du déb. du XX$^e$ s., établit la liaison entre le romantisme et la modernité, rendant le mouvement et la force expressive de l'attitude : *le Baiser* (1886), *les Bourgeois de Calais* (1889), *Balzac* (1897), *le Penseur* (1904, plâtre exécuté en 1880), etc., qui figurent dans la *Porte de l'Enfer* (1880-1917, inachevée).

**Rodinson** Maxime (Paris, 1915 – Marseille, 2004), sociologue français : *Mahomet* (1961), *Islam et Capitalisme* (1966), *le Coran* (1996), *Peuple juif ou problème juif ?* (1997).

**Rodogune** (II$^e$ s. av. J.-C.), fille du roi des Parthes, Mithridate. Elle épousa, v. 140 av. J.-C., Démétrios II Nikatôr, roi de Syrie, captif de Mithridate. Le couple revint en Syrie, où Cléopâtre Théa fit assassiner Démétrios (qui l'avait répudiée). ▷ LITTER *Rodogune*, tragédie de Corneille (1644).

**Robespierre**

**Rockefeller**

**rodoir** *nm* TECH Outil servant à roder une pièce.

**Rodolphe** (lac) → **Turkana.**

**Rodolphe** → **Raoul.**

**Rodolphe I$^{er}$ de Habsbourg** (Limburg an der Lahn, 1218 – Spire, 1291), roi des Romains (1273-1291). Donnant l'Autriche en apanage à son fils Albert, il fonda la puissance des Habsbourg. — **Rodolphe II de Habsbourg** (Vienne, 1552 – Prague, 1612), empereur du Saint Empire (1576-1612), roi de Hongrie (1572-1608) et de Bohême (1575-1611) ; fils de Maximilien II. Son frère Mathias lui prit ses États. — **Rodolphe de Habsbourg** (Laxenburg, 1858 – Mayerling, 1889), archiduc d'Autriche ; fils unique de François-Joseph I$^{er}$ ; retrouvé mort avec sa maîtresse, la baronne Marie Vetsera, dans un pavillon de chasse ; l'enquête conclut à un double suicide.

**rodomont** *nm, a* litt Fanfaron, faux brave. ETY De *Rodomonte*, personnage de l'Arioste.

**Rodomont** personnage du *Roland amoureux* de Boiardo et du *Roland furieux* de l'Arioste. Orgueil (cf. rodomontades) et force physique le caractérisent.

**rodomontades** *nf pl* litt Fanfaronnades.

**Rodrigue** (m. à Xeres, auj. Jerez de la Frontera, 711), dernier roi des Wisigoths d'Espagne. Vaincu près de Cadix, il fut tué par les Arabes, ainsi maîtres de l'Espagne. VAR **Roderic**

**Rodrigues** île volcanique de l'océan Indien, dépendance de l'île Maurice ; 37 000 hab. DER **rodrigais, aise** *a, n*

**Rodrigues** Amália (Lisbonne, 1920 – id., 1999), chanteuse portugaise de fado.

**Rodtchenko** Alexandre Mikhaïlovitch (Saint-Pétersbourg, 1891 – Moscou, 1956), peintre et sculpteur soviétique ; influencé par le suprématisme puis par le constructivisme.

**roentgen** → **Röntgen.**

**Roentgen** David (Herrnhaag, 1743 – Wiesbaden, 1807), ébéniste allemand. Fournisseur de la cour de Louis XVI, il exécuta des meubles à secret et des ouvrages de mécanique, avec l'aide de l'horloger Kinzing (1746 – 1816).

**Auguste Rodin** *Saint Jean-Baptiste*, bronze, 1898 – coll. privée

**roentgenium** → **röntgenium.**

**Roethke** Theodor (Saginaw, Michigan, 1908 – Bainbridge Island, Washington, 1963), poète américain : *Maison ouverte* (1941), *l'Éveil* (1953).

**rogations** *nf pl* RELIG CATHOL Prières et processions précédant l'Ascension, destinées à attirer la bénédiction divine sur les troupeaux et les récoltes. ETY Du lat.

**rogatoire** *a* DR Relatif à une demande. LOC *Commission rogatoire* : délégation judiciaire donnée par un juge d'instruction ou un tribunal à un autre pour l'accomplissement d'un acte d'instruction ou de procédure qu'il ne peut accomplir lui-même. ETY Du lat. DER **rogatoirement** *av*

**rogatons** *nm pl* vieilli, fam Restes de nourriture. ETY Du lat.

**Roger I$^{er}$** (en Normandie, 1031 – Mileto, Calabre, 1101), comte de Sicile (1062-1101). Alors que son frère Robert Guiscard conquérait l'Italie du Sud, il entreprit la conquête de la Sicile. — **Roger II** (?, vers 1095 – Palerme, 1154), comte (1101-1127) puis roi de Sicile (1130-1154), fils du préc. Il lutta contre la papauté et Innocent II dut le reconnaître roi.

**Roger** personnage du *Roland amoureux* de Boiardo et du *Roland furieux* de l'Arioste, qui conte ses amours avec Bradamante.

**Roger Bontemps** → **Collerye.**

**Rogers** Carl Ransom (Oak Park, 1902 – La Jolla, 1987), psychopédagogue américain. Traitement « non directif » de la schizophrénie.

**Rogers** Virginia Katherine McMath, dite Ginger (Independence, Missouri, 1911 – Los Angeles, 1995), danseuse et actrice américaine, partenaire de Fred Astaire : *la Joyeuse Divorcée* (1934), *Top Hat* (1935), *Entrons dans la danse* (1949).

Fred Astaire et **Ginger Rogers**

**Rogers** Richard (Florence, 1933), architecte britannique : Centre Georges-Pompidou (1977, avec R. Piano). Prix Pritzker 2007.

**Rogier** Charles (Saint-Quentin, 1800 – Bruxelles, 1885), homme politique belge ; chef du gouv. de 1847 à 1852 et de 1857 à 1868, favorable à la laïcité de l'enseignement, il contribua au développement écon. de son pays.

**Rognac** com. des Bouches-du-Rhône (arr. d'Istres), près de l'étang de Berre ; 11 631 hab. DER **rognacien, enne** *a, n*

**1 rogne** *nf* TECH Coupe au massicot d'un livre imprimé.

**2 rogne** *nf* fam Mauvaise humeur, colère. *Être en rogne.* ETY Orig. onomat.

**1 rogner** *vt* 1 1 Couper sur les bords. *Rogner les pages d'un livre au massicot.* **2** fig Retrancher une petite partie de qqch. *Ces dépenses ont rogné mes économies.* LOC ***Rogner les ailes à qqn*** : diminuer son pouvoir, sa liberté. ETY Du lat. *rotundus,* « rond ». DER **rognage** *nm*

**2 rogner** *vi* 1 fam Être en rogne.

**rogneur, euse** *n* TECH Personne qui rogne le papier.

**rognon** *nm* **1** Rein comestible de certains animaux. *Rognon de veau, de porc.* **2** MINER Concrétion rocheuse sans angle vif, incluse originellement dans une roche de nature différente. *Rognons de silex.* ETY Du lat. *renes,* « reins ».

**rognonnade** *nf* CUIS Morceau de viande cuit ou farci avec un rognon.

**rognonner** *vi* 1 fam Bougonner.

**rognure** *nf* **1** Ce que l'on retranche en rognant, déchet restant après un rognage. *Rognures d'ongles.* **2** Reste plus ou moins répugnant. *Quelques rognures de viande.*

**rogomme** *nm* vx, fam Liqueur forte, eau-de-vie. LOC fam ***Voix de rogomme*** : enrouée par l'abus d'alcool.

**1 rogue** *a* Rude et hautain, arrogant, plein de morgue. *Une voix rogue.* ETY De l'anc. scand.

**2 rogue** *nf* PECHE Œufs de poisson. ETY Du breton.

**rogué, ée** *a* PECHE Se dit d'une femelle de poisson qui porte des œufs.

**Rohan (maison de)** ancienne famille de Bretagne, issue d'Alain de Porhoët, qui fit construire le château de Rohan (vers 1128).

**Rohan Henri, prince de Léon (duc de)** (Blain, 1579 – Königsfelden, Argovie, 1638) général français ; un des chefs calvinistes sous Louis XIII.

**Rohan Louis (chevalier de)** (?, 1635 – Paris, 1674) grand veneur de France et colonel des gardes. Lié (pour des raisons financières) aux Hollandais contre Louis XIV, il fut décapité.

**Rohan Édouard (prince de)** (Paris, 1734 – Ettenheim, Bade, 1803) cardinal et grand aumônier de France. Il fut compromis dans l'affaire du Collier de la reine (1785-1786).

**Rohan (hôtel de)** hôtel construit rue Vieille-du-Temple (Paris 3e) au début du XVIIIe s. pour le cardinal de Rohan. De 1808 à 1925, il abrita l'Imprimerie nationale, puis, réuni à l'hôtel de Soubise, les Archives nationales.

**Rohani Hassan** (Sorkheh, près de Semnan, 1948), homme politique iranien ; prés. de la République dep. 2013. Il apparaît comme un modéré.

**rohart** *nm* TECH Ivoire tiré des défenses de morse ou des dents d'hippopotame. ETY De l'anc. scand.

**Róheim Géza** (Budapest, 1891 – New York, 1953), psychanalyste américain d'origine hongroise : *Psychanalyse et anthropologie* (1950).

**Rohingyas** peuple musulman vivant en majorité dans le nord-ouest de la Birmanie (env. 2 millions de personnes), persécuté par le pouvoir central.

**Röhm Ernst** (Munich, 1887 – id., 1934), homme politique allemand. Chef des Sections d'assaut (SA) nazies (1930), il fut accusé de complot par Göring et Himmler, et périt lors de la « Nuit des longs couteaux » (30 juin 1934).

**Rohmer Maurice Scherer, dit Éric** (Tulle, 1920 – Paris, 2010), cinéaste français : « contes moraux » (*Ma nuit chez Maud,* 1969, *le Genou de Claire,* 1970, *Conte d'été,* 1996) ; « comédies et proverbes » (*les Nuits de la pleine lune,* 1984, *l'Arbre, le Maire et la Médiathèque,* 1993).

**Rohrer Heinrich** (Buchs, cant. de Saint-Gall, 1933 – Wollerau, Suisse, 2013), physicien suisse. Il mit au point le prem. microscope utilisant l'effet tunnel. Prix Nobel 1986.

**roi** *nm* **1** Chef d'État qui exerce, généralement à vie, le pouvoir souverain, en vertu d'un droit héréditaire ou, plus rarement, électif. *Roi absolu. Roi constitutionnel.* **2** Celui qui est le premier de son espèce ; celui qui règne, domine. *Le chêne, roi de la forêt.* **3** Celui qui s'est assuré la prépondérance dans un secteur industriel. *Les rois du pétrole.* **4** Principale pièce du jeu d'échecs, qui peut se mouvoir d'une case à la fois dans tous les sens. **5** Chacune des quatre cartes figurant un roi, dans un jeu. LOC ***Bleu roi*** : très vif, outremer. — ***Le roi des animaux*** : le lion. — HIST ***Le Roi des rois*** : le roi des anciens Perses ; le souverain d'Éthiopie. — ***Le Roi-Soleil*** : Louis XIV. — ***Le Roi des Romains*** : titre que portait, avant son couronnement, le successeur élu d'un empereur du Saint Empire romain germanique. — ***Le roi n'est pas son cousin*** : il (elle) se prend pour un personnage extraordinaire. — ***Le Roi Très Chrétien*** : le roi de France, aux XVIIe et XVIIIe siècles. — ***Les Rois Catholiques*** : Ferdinand II d'Aragon et Isabelle Ire de Castille. — ***Les rois fainéants*** : les derniers rois mérovingiens, qui laissèrent gouverner les maires du palais. — ***Tirer les rois*** : se réunir pour manger la galette contenant la fève, le jour de l'Épiphanie. — ***Travailler pour le roi de Prusse*** : sans profit. — ***Un morceau de roi*** : un mets délicieux. ETY Du lat.

**roide** *a* vx Raide. DER **roideur** *nf* – **roidir** *vt* 3

**Roi des aulnes (le)** ballade de Goethe (*Erlkönig,* 1782), d'après une anc. chanson danoise. ▷ MUS Titre fr. d'un lied de Schubert (1815) sur le texte de Goethe.

**Roi des Aulnes (le)** roman de M. Tournier (1970).

**Roi de Thulé (le)** ballade de Goethe en 6 strophes, mise en musique par Seckendorff ; dans *Faust,* Marguerite la chante. Elle inspira Schubert, Schumann, Liszt, Gounod et Berlioz.

**Roi-Guillaume (île** ou **terre du)** île du Canada (Territoires du Nord-Ouest), dans l'archipel arctique.

**Roi Lear (le)** tragédie en 5 actes, en vers et en prose, de Shakespeare (1606). ▷ CINE *Ran,* de Kurosawa (1985), transposition de cette tragédie dans le Japon médiéval.

**roiller** *vi* 1 Suisse fam Pleuvoir à verse. PHO [ʀɔje] ETY Du lat.

**Rois (livres des)** nom de deux livres de la Bible. La version des Septante et la Vulgate leur incorporent les deux livres de Samuel. Ces livres relatent l'histoire des Hébreux, de la naissance de Samuel à la destruction du Temple.

**Rois (Vallée des)** site archéologique d'Égypte, au N. de Deir el-Bahari. C'est la nécropole des pharaons du Nouvel Empire.

**roi s'amuse (Le)** drame historique en 5 actes et en vers de V. Hugo (1832). V. Rigoletto.

**roi se meurt (Le)** pièce de Ionesco (1962).

**Rois mages (les)** riches sages (mages) qui, selon l'Évangile de saint Matthieu, rendirent visite à Jésus nouveau-né, guidés par un astre mystérieux. Une légende ultérieure précisa leur nom : Balthazar, Gaspard et Melchior, qui vinrent d'Arabie à Bethléem en suivant une étoile. L'Église fête leur visite le 6 janvier (*jour des Rois,* dit aussi Épiphanie).

**Roissy-en-Brie** ch.-l. de cant. de la Seine-et-Marne (arr. de Melun) ; 19 693 hab. DER **roisséen, enne** *a, n*

**Roissy-en-France** com. du Val-d'Oise (arr. de Montmorency) ; 2 367 hab. – Aéroport Charles-de-Gaulle. DER **roisséen, enne** *a, n*

**roitelet** *nm* **1** péjor, plaisant Petit roi, roi d'un très petit État. **2** Très petit oiseau passériforme insectivore, au plumage olivâtre, qui porte une calotte orange bordée de noir, hôte habituel des forêts de conifères.

**Rojas Fernando de** (Puebla de Montalbán, v. 1465 – Talavera, v. 1541), écrivain espagnol ; auteur présumé de la *Tragicomedia de Calisto y Melibea* (1499), roman dialogué surtout connu sous le titre de *la Célestine.*

**Rojas Zorrilla Francisco de** (Tolède, 1607 – Madrid, 1648), poète dramatique espagnol : *Hormis le roi, personne* (drame), *les Édits de Vérone* (comédie).

**Rokossovski Konstantine Konstantinovitch** (Velikié Louki, près de Poltava, 1896 – Moscou, 1968), maréchal soviétique d'origine polonaise. Il servit dans l'Armée rouge (1942-1945), devint ministre de la Défense de Pologne (1949-1956), puis vice-ministre de la Défense en URSS (1956-1958).

**Roland** (VIIIe s.), comte de la marche de Bretagne, tué par un détachement de Vascons (Basques) en 778 dans les Pyrénées, à l'arrière-garde de l'armée de Charlemagne. ▷ LITTER Héros de chansons de geste, notam. de *la Chanson de Roland* (fin du XIe s.), il apparaît dans de très nombr. œuvres à caractère épique : *Morgant le géant* (1460-1470) de Luigi Pulci (1432 – 1484), *Roland amoureux* de Boiardo, *Roland furieux* de l'Arioste, *le Petit Roland* et *Roland écuyer* (1811) de Uhland, *le Cor* de Vigny (1826), *le Mariage de Roland* de Victor Hugo (dans *la Légende des siècles,* 1859-1883).

**Roland Pauline** (Falaise, 1805 – Lyon, 1852), féministe française, formée par les cercles saint-simoniens.

**Roland amoureux** poème épique en 3 livres et 69 chants de Boiardo (inachevé, 1495). V. Roland furieux.

**Roland de La Platière Jean-Marie** (Thizy, Beaujolais, 1734 – Bourg-Beaudouin, Eure, 1793), homme politique français ; Girondin, ministre de l'Intérieur en 1792. En janvier 1793, il refusa de voter la mort du roi et s'enfuit à Rouen, où, apprenant l'exécution de sa femme, il se suicida. — **Jeanne-Marie** née **Manon Phlipon** (Paris, 1754 – id., 1793), épouse du préc. Extrêmement cultivée, elle tint à Paris, pendant la Révolution, un salon que fréquentaient les Girondins. Elle fut guillotinée avec ses amis.

**Roland furieux** (*Orlando furioso*), poème épique en 46 chants (version définitive, 1532) de l'Arioste, qui prolonge le *Roland amoureux* de Boiardo.

**Roland-Garros (stade)** stade parisien de tennis, au S. du bois de Boulogne, où se déroulent chaque année les Internationaux de France (sur terre battue).

**Rolando Luigi** (Turin, 1773 – id., 1831), médecin et anatomiste italien. ▷ ANAT *Scissure de Rolando* : sillon situé sur la face externe de l'hémisphère cérébral et qui sépare les circonvolutions frontale et pariétale ascendantes. DER **rolandique** *a*

**rôle** *nm* **1** DR Feuillet sur lequel sont transcrits recto verso certains actes juridiques. **2** DR ADMIN Registre officiel portant la liste des contribuables d'une commune et le montant de leurs impôts respectifs. **3** DR Liste, établie selon l'ordre chronologique, des causes qui doivent être plaidées devant un tribunal. **4** Ensemble des répliques qui doivent être prononcées par le même acteur, dans une œuvre dramatique. *Bien savoir son rôle.* **5** Personnage joué par l'acteur. *Jouer le rôle principal.* **6** Ensemble des conduites qui constituent l'apparence sociale de qqn et qui ne correspondent pas à sa véritable personnalité. *Il est comique, dans son* *rôle de grand séducteur.* **7** Fonction, emploi. *Rôle social du médecin. Rôle du cœur dans la circulation sanguine.* **8** Action, influence exercée. *Jouer un grand rôle dans la vie de qqn.* **LOC** ***À tour de rôle*** : l'un après l'autre, chacun à son tour. — ***Avoir le beau rôle*** : la tâche facile. — PSYCHO ***Jeu de rôles*** : technique de groupe, dérivée du psychodrame, visant à l'analyse du comportement interindividuel en fonction des rôles sociaux. — DR MARIT ***Rôle d'équipage*** : liste officielle des membres de l'équipage d'un navire. ETY Du lat. *rotulus,* « parchemin roulé ».

**rôle-titre** *nm* Rôle du personnage qui donne son nom à l'œuvre interprétée. PLUR rôles- titres.

**Rolin Nicolas** (Autun, 1376 – id., 1462), chancelier de Bourgogne. Il commanda à Van Eyck le tableau nommé auj. *la Vierge du chancelier Rolin* (v. 1435, Louvre).

**Rolin Dominique** (Bruxelles, 1913 – Paris, 2012), romancière belge : *le Souffle* (1952), *l'Accoudoir* (1996).

**Rolland Romain** (Clamecy, 1866 – Vézelay, 1944), écrivain français. Il associa l'idéal patriotique et l'internationalisme : pièces de théâtre, biographies (*Beethoven,* 1903, etc.), manifeste pacifiste (*Au-dessus de la mêlée,* 1915), récits (*Colas Breugnon,* 1919), cycles romanesques : *Jean-Christophe* (10 vol., 1904-1912), consacré à un musicien imaginaire et *l'Âme enchantée* (7 vol., 1922-1934). En 1923, il fonda la revue *Europe.* P. Nobel 1915.

Romain Rolland

**Rolle Michel** (Ambert, 1652 – Paris, 1719), mathématicien français ; pionnier de l'analyse mathématique : *Traité d'algèbre* (1690).

**roller** *nm* **1** Chaussure de sport montante munie de roulettes alignées selon un axe longitudinal ; sport pratiqué avec ces patins (épreuves de vitesse, de free-style, de rink-hockey). **2** Crayon à bille. PHO [rolœr] ETY Mot angl.

**rolleur, euse** *n* Personne qui pratique le roller.

**rollier** *nm* Oiseau coraciadiforme dont l'espèce européenne a un plumage bleu-vert, une grosse tête et un fort bec. ETY De l'all.

**Rollin Charles** (Paris, 1661 – id., 1741), universitaire français ; janséniste : *Traité des études* (1726-1728).

**Rolling Stones (Les)** groupe britannique de rock, formé en 1962. La musique des chansons est écrite par le guitariste Keith Richards (Richmond, 1943) ; les paroles, par le chanteur Mick Jagger (Dartford, 1943).

Les Rolling Stones

**Rollins Theodore Walter,** dit **Sonny** (New York, 1929), saxophoniste de jazz américain.

**rollmops** *nm inv* Petit hareng roulé conservé dans du vinaigre. PHO [rɔlmɔps] ETY Mot all.

**Rollon** (m. v. 927), chef de pirates normands. Il menaça les territoires de Charles le Simple, qui le vainquit mais lui céda en 911 une partie de la Neustrie : Rollon fut le premier duc de Normandie.

**roll on-roll off** *nm inv* TRANSP Manutention par roulage. PHO [rɔlɔnrɔlɔf] ETY Mots angl.

**rollot** *nm* Fromage picard AOC au lait de vache, à pâte molle, en forme de cœur. ETY Mot all.

**rolls** *nf* **LOC** fam ***La rolls de qqch*** : l'objet le plus luxueux dans sa catégorie. *La rolls des aspirateurs.*

**Rolls-Royce** société britannique, fondée à Manchester en 1904, spécialisée dans la fabrication de voitures de grand luxe, de moteurs d'automobiles et d'avions.

**rom** → **Roms.**

**Romagne** anc. prov. d'Italie. (V. Émilie-Romagne.) DER **romagnol, ole** *a, n*

**romain, aine** *a, n* **A** *a* **1** Relatif à l'ancienne Rome. *L'Empire romain. Chiffres romains.* **2** Relatif à la Rome moderne. **3** Relatif à Rome, en tant que siège de la papauté et capitale spirituelle de l'Église catholique. **B** *am, nm* Se dit d'un caractère d'imprimerie dont les jambages, parallèles entre eux, sont perpendiculaires à la ligne, par oppos. à *italique.* **C** *n* **1** Citoyen, sujet de la Rome antique, de l'Empire romain. **2** Habitant de la Rome moderne. **LOC** ***Chiffres romains*** : lettres I, V, X, L, C, D, M servant de symboles pour la numération romaine et représentant respectivement 1, 5, 10, 50, 100, 500 et 1 000. — ***Travail de Romain*** : travail gigantesque et de longue haleine. ETY Du lat.

**Romain Giulio Pippi,** dit **Giulio Romano,** en fr. **Jules** (Rome, 1499 – Mantoue, 1546), architecte et peintre italien. Il collabora avec Raphaël (loges du Vatican) et construisit le palais du Te à Mantoue (1524-1530).

**Romain Ier Lécapène** (né vers 872 – mort dans un couvent de l'île de Proti, auj. Kinali, Turquie, 948), empereur d'Orient (920-944) ; il fut renversé par ses fils. — **Romain II** (939 – 963), empereur d'Orient (959-963) ; il laissa le pouvoir à sa femme Théophano. — **Romain III Argyre** (vers 970 – 1034) empereur d'Orient (1028-1034) ; tué par sa femme Zoé. — **Romain IV Diogène** (mort en 1072), empereur d'Orient (1068-1072) ; renversé par Michel VII.

**1 romaine** *nf* Balance composée d'un fléau aux bras inégaux, dont le plus court comporte un crochet auquel on suspend l'objet à peser, et dont le plus long, gradué, est muni d'une masse que l'on déplace jusqu'à ce que la position d'équilibre soit atteinte. ETY De l'ar.

**2 romaine** *nf* Laitue à feuilles allongées et croquantes. SYN chicon. **LOC** fam ***Être bon comme la romaine*** : être dans la position de victime toute désignée. ETY De *(laitue) romaine.*

**romaine (Question)** lors du Risorgimento, conflit opposant les partisans de la papauté (tels que Napoléon III) aux Italiens qui voulaient annexer les États pontificaux.

**romaine (Ire République)** république sœur de la France que des jacobins italiens instaurèrent dans les États pontificaux le 15 fév. 1798. Les Napolitains (nov. 1798 et sept. 1799) rétablirent la papauté.

**romaine (IIe République)** république instaurée à Rome le 9 fév. 1849 par Mazzini dans les États pontificaux. Les troupes françaises rétablirent la papauté (4 juil. 1849).

**Romains Louis Farigoule,** dit **Jules** (Saint-Julien-Chapteuil, Haute-Loire, 1885 – Paris, 1972), écrivain français, poète (*la Vie unanime,* 1908), puis auteur de très nombr. romans, notam. *les Copains* (1913) et *les Hommes de bonne volonté* (27 vol., 1932-1947), de comédies, notam. *Knock ou le Triomphe de la médecine* (1930), et d'essais. Acad. fr. (1946).

**Romainville** ch.-l. de cant. de la Seine-Saint-Denis (arr. de Bobigny) ; 26 025 hab. Industries. DER **romainvillois, oise** *a, n*

**1 roman, ane** *nm, a* **A** *nm* LING Langue populaire issue du latin, parlée en France avant l'ancien français. **B** *a* **1** Se dit des langues issues du latin populaire parlé dans l'ensemble des pays romanisés. *Le français, le romanche, l'occitan, le catalan, l'italien, l'espagnol, le portugais, le roumain sont des langues romanes.* **2** Qui a rapport aux langues romanes. **C** BX-A Se dit de la forme d'art et, partic., d'art architectural, répandue dans les pays d'Europe occidentale aux XIe et XIIe s., avant l'apparition du gothique.

ENC Le style roman caractérise une architecture religieuse dont les formes s'élaborent de façons diverses dans toute l'Europe quand, vers l'an mil, la chrétienté occidentale connaît la prospérité. À la nef couverte par une charpente de bois apparente, typique de l'architecture carolingienne, se substitue peu à peu la voûte de pierre. La formation des éléments stylistiques, liée à certains progrès techniques (arc-doubleau), se précise au cours du XIe s. L'église romane se caractérise par un plan en croix latine (nef rectangulaire coupée aux deux tiers par un transept), une nef flanquée de bas-côtés ou de nefs latérales, un chœur souvent entouré d'un déambulatoire, une abside pourvue d'absidioles parallèles ou rayonnantes. Certaines églises possèdent un narthex.

**2 roman** *nm* **1** LITTER Récit médiéval en vers ou en prose, écrit en roman. *Le Roman de Renart.* **2** Récit de fiction en prose, relativement long, qui présente comme réels des personnages dont il décrit les aventures, le milieu social, la psychologie. *Les romans de Balzac. Roman policier.* **3** fig Suite d'aventures extraordinaires. *Sa vie est un vrai roman.* **4** Histoire inventée, mensonge. *Tout ce qu'il raconte n'est que du roman.* ETY De l'a. fr.

**Roman bourgeois (le)** récit satirique et « réaliste » de Furetière (1666).

**romance** *n* LITTER **A** *nm* Poème espagnol en vers de huit syllabes. **B** *nf* **1** Composition poétique de forme très simple sur un sujet sentimental, destinée à être chantée ; air sur lequel on la chantait. **2** Chanson sentimentale.

**romancer** *vt* ⑫ Présenter comme un roman, en ajoutant des détails imaginés. *Biographie romancée.*

**romancéro** *nm* LITTER Recueil de romances espagnoles d'inspiration épique. PHO [rɔmɑ̃seʀo] ETY Mot esp VAR **romancero**

**Romancero gitan** recueil poétique de García Lorca (1928).

**Romances sans paroles** recueil poétique de Verlaine (1874).

**romanche** *nm* LING Parler d'origine romane en usage dans les Grisons, devenu, en 1938, la quatrième langue officielle de la Suisse.

**Romanche (la)** riv. des Alpes françaises (78 km), affl. du Drac (r. dr.). Nombr. centrales.

**romancier, ère** *n* Auteur de romans.

**Roman comique (le)** récit satirique de Scarron (2 parties, 1651 et 1657).

Jules Romains

**romand, ande** *a, n* **A** De la partie francophone de la Suisse, de ses habitants. **B** *nm* Dialecte franco-provençal parlé en Suisse.

**Roman d'Alexandre** ensemble de romans et de chansons de geste français du XIIe s. consacrés à Alexandre le Grand. Le roman de Lambert le Tort, écrit en vers de 12 syllabes, donna naissance au mot *alexandrin*.

**Roman de Brut** œuvre en vers de Robert Wace. V. Wace (Robert) et breton (roman).

**Roman de la momie (le)** roman de Th. Gautier (1858).

**Roman de la rose** poème allégorique, l'un des chefs-d'œuvre de la littér. médiévale (XIIIe s.), formé de deux parties mises bout à bout : *l'Art d'aimer*, écrit v. 1230 par Guillaume de Lorris (4 028 vers octosyllabiques) ; *le Miroir aux amoureux*, écrit v. 1275 par Jean de Meung (21 750 octosyllabes).

**Roman de Renart** recueil de 27 narrations en vers octosyllabiques dues à des auteurs inconnus (fin XIIe-déb. XIIIe s.) et dont les héros sont des animaux : *Renart*, le goupil ; *Isengrin*, le loup ; *Chantecler*, le coq ; *Noble*, le lion, etc.

**Roman de Troie** poème épique du XIIe s. dû à Benoît de Sainte-Maure et composé de 30 000 vers octosyllabiques.

**romanée** *nm* Vin rouge de Bourgogne très estimé.

**romanesco** *nm* Variété de chou-fleur vert-jaune à fines inflorescences coniques en forme de pyramides.

**romanesque** *a, nm* **A** Qui tient du roman ; merveilleux comme les aventures racontées dans un roman. **B** *a* **1** Qui a tendance à concevoir la vie comme un roman ; imaginatif, rêveur. **2** LITTER Qui a rapport au roman, au genre littéraire qu'il constitue ; qui est propre à ce genre.

**romani** *n* **A** Romanichel, gitan. **B** *nm* LING Langue parlée par les Roms.

**romanichel, elle** *n* péjor **1** Tsigane, bohémien nomade. **2** Vagabond.

**romanisant, ante** *a, n* **A** *a* RELIG Qui a tendance à se rapprocher des rites de l'Église romaine, en parlant d'un autre culte chrétien. **B** *a, n* LING Qui s'occupe de linguistique romane.

**romaniser** *v* ① **A** *vi* RELIG Être fidèle à la foi de l'Église catholique romaine. **B** *vt* **1** HIST Faire adopter la civilisation, la langue romaines à. **2** Transcrire en caractères latins. DER **romanisation** *nf*

**1 romaniste** *n* **1** RELIG Partisan de l'Église de Rome, du pape. **2** DR Juriste spécialiste du droit romain. **3** Bx-A Peintre flamand du XVIe s. inspiré par l'art italien de son temps.

**2 romaniste** *n* LING Philologue, linguiste spécialisé dans l'étude des langues romanes.

**romanité** *nf* HIST Ensemble du monde romain ; civilisation romaine.

**romano** *n* fam, péjor Romanichel.

**Romanos le Mélode** (Émèse, fin du Ve s. – ?, ap. 555), poète grec. Il nous reste de lui env. 80 *kontakia*, sortes d'homélies rythmées et chantées. C'est le plus grand poète de Byzance. VAR **Rhômanos**

**Romanov** dynastie russe (originaire de Lituanie) fondée par Michel III Fiodorovitch en 1613 ; son dernier représentant fut Nicolas II.

**roman-photo** *nm* Histoire romanesque racontée sous la forme d'une suite de photographies. PLUR romans-photos.

**Romans-sur-Isère** ch.-l. de cant. de la Drôme (arr. de Valence), sur l'Isère ; 34 187 hab. Industr. de la chaussure (en déclin). – Égl. XIIIe s. DER **romanais, aise** *a, n*

**romantique** *a, n* **A** *a, nm* ART Qui a rapport au romantisme, qui lui est propre. *Littérature romantique. Les romantiques du XIXe s.* **B** *a* Qui évoque les thèmes du romantisme. *Site romantique.* **C** *a* Qui a un caractère sentimental et passionné. ETY De l'angl.

**romantisme** *nm* **1** Ensemble de mouvements artistiques et littéraires du XIXe s. rejetant le rationalisme et le classicisme. **2** Sensibilité, esprit, caractère romantique.

ENC Les précurseurs du romantisme, ou « préromantiques », apparaissent, en France, dès la deuxième moitié du siècle des Lumières, princ. Rousseau. Mais les véritables initiateurs seront Chateaubriand *(René, Atala)*, qui inaugure le « mal du siècle », et Mme de Staël *(De l'Allemagne)*. En Allemagne, le courant *Sturm und Drang* (v. 1770) annonce la sensibilité romantique (Novalis, Schiller), qui s'affirme surtout avec Goethe *(les Souffrances du jeune Werther)*. Le romantisme a pour caractéristique de donner libre cours à l'imagination et à la sensibilité individuelles. La plupart des œuvres romantiques traduisent un désir d'évasion et de rêve, rompent avec les règles et les modèles d'équilibre hérités du classicisme et manifestent un retour à la nature dans ses aspects originaux ou pittoresques. Le romantisme anglais s'incarne dans les romans historiques de Walter Scott et dans les poèmes de Wordsworth et Coleridge, puis de Keats, Byron et Shelley. En Allemagne, Goethe, Hölderlin, Heine, Kleist, E.T.A. Hoffman et les frères Grimm dominent la littérature et le théâtre. En France, le romantisme n'apparaît qu'en 1820, avec la publication des *Méditations* de Lamartine, que suivront les premiers poèmes de Vigny et de Hugo, puis de Musset et de Gautier. Groupés en cénacles, les écrivains romantiques lutteront pendant dix ans pour faire prévaloir leur conception de la littérature (*Racine et Shakespeare*, par Stendhal, 1823 et 1825 ; préface de *Cromwell*, par Hugo, 1827). En 1830, la bataille d'*Hernani* leur apporte une victoire éclatante et le romantisme français s'épanouit dans le théâtre (drames de Hugo), le roman (George Sand, Stendhal, Mérimée, Balzac), l'histoire (Michelet, A. Thierry). Puissante figure, Victor Hugo, poète, dramaturge, romancier, prolongera le romantisme jusqu'à la fin du siècle. – Plusieurs peintres français sont considérés comme les maîtres de l'art romantique : Gros, Géricault, Delacroix. Si l'on excepte Berlioz, Liszt et Chopin, le romantisme musical est le fait des grands compositeurs allemands et autrichiens auxquels Beethoven ouvre la voie : Weber, Schubert, Schumann et Brahms.

**romarin** *nm* Arbrisseau odorant des garrigues (labiée), dont les feuilles sont employées comme condiment. ETY Du lat.

**Rombas** ch.-l. de cant. de la Moselle (arr. de Metz-Campagne), sur l'Orne ; 10 249 hab. DER **rombasien, enne** *a, n*

**rombière** *nf* fam Femme d'un certain âge prétentieuse et ennuyeuse.

**Rome** cité-État, sur le site de la Rome actuelle, puis cap. du plus vaste État qu'ait connu l'Antiquité européenne. Son histoire débute avec la formation de la ville de Rome en 753 av. J.-C. Au premier roi légendaire de la cité, Romulus, la tradition fait succéder le Sabin Numa Pompilius, le Romain Tullus Hostilius, vainqueur d'Albe (combat des Horaces et des Curiaces), le Sabin Ancus Martius, créateur du port d'Ostie, puis les rois étrusques Tarquin l'Ancien, Servius Tullius et Tarquin le Superbe. DER **romain, aine** *a, n*

**La République** Vers 509 av. J.-C., les nobles romains renversent ce dernier et instaurent la république. Le roi est remplacé par deux consuls, élus pour un an (et, parfois, par un dictateur, élu pour six mois). Dès lors, vont se produire de longues luttes entre les *patriciens*, chefs des plus anc. *gentes* (familles au sens très large), et les *plébéiens* (étrangers, descendants de peuples vaincus par Rome ou anc. *clients*), privés de droits politiques et religieux. Vers 300 av. J.-C., les plébéiens sont admis à la totalité des magistratures et obtiennent l'égalité devant la loi. En fait, les plébéiens riches, qui forment la *nobilitas*, dominent la plèbe urbaine et rurale, y compris les publicains et les financiers, qui forment peu à peu les *chevaliers*. Les campagnes militaires se succèdent : guerres contre les Étrusques (prise de Véies, 395 av. J.-C.), les Latins (soumis en 335 av. J.-C.), les Volsques, les Èques, et surtout contre les Samnites (343-290 av. J.-C.). Rome devient maîtresse de presque toute l'Italie ; elle prend Tarente (272 av. J.-C.) et entre en conflit avec Carthage (guerres puniques, 264-146 av. J.-C.). En 146, la destruction de Carthage permet la création de la prov. romaine d'Afrique, tandis que Corinthe est rasée et que la Grèce devient une province.

**La fin de la République** Rome étend ses conquêtes à la péninsule Ibérique (prise de Numance par Scipion Émilien en 133 av. J.-C.), à la Gaule méridionale et, vers l'est, aux royaumes hellénistiques ; Pergame est donnée à Rome en 133 ; après Sylla, Pompée achève en 63 la conquête de l'Orient. La guerre de Numidie met au premier plan Marius, qui capture le roi Jugurtha en 105 av. J.-C. Marius, porté au pouvoir par les *populares*, affronte Sylla, le représentant de l'aristocratie. Sylla l'emporte en 82 av. J.-C., devient dictateur, puis abdique brusquement (79 av. J.-C.). Pompée forme avec César et Crassus (vainqueur de la révolte des esclaves menée par Spartacus) le premier triumvirat (60 av. J.-C.). Soutenu par le sénat, il affronte César, le conquérant des Gaules, vainqueur de Vercingétorix (52 av. J.-C.). César élimine Pompée (bataille de Pharsale en 48 av. J.-C.) et instaure un pouvoir personnel. Il est assassiné aux ides de mars 44. La guerre civile entre Antoine, lieutenant de César, et Octave, héritier de ce dernier, voit le succès d'Octave (victoire d'Actium, en 31), qui, en 27 av. J.-C., se fait décerner par le sénat le titre d'*auguste*.

**L'Empire** Auguste met en place de nouvelles structures pour administrer un empire qui s'étend de la Manche à la mer Rouge, du Danube au Sahara. Sans établir une règle de succession, il adopte son beau-fils Tibère. Celui-ci lui succède (14-37 apr. J.-C.) ; il est le deuxième souverain de la dynastie dite julio-claudienne qui amène successivement au pouvoir Caligula (37-41), Claude (41-54), Néron (54-68), Galba (68-69), Othon (69) et Vitellius (69). Leur règne est suivi par celui des Flaviens : Vespasien (69-79), Titus (79-81), Domitien (81-96). Viennent ensuite les Antonins : Nerva (96-98), Trajan (98-117), Hadrien (117-138), Antonin le Pieux (138-161), Marc Aurèle (161-180, associé à Vérus de 161 à 169), Commode (180-192). À la mort de Commode, les généraux des diverses prov. se disputent l'Empire. Septime Sévère (193-211) l'emporte et fonde la dynastie des Sévères : Caracalla (211-217), Élagabal (218-222) et Sévère Alexandre (222-235).

**Le Bas-Empire** Le désordre (235-268) marque le début du Bas-Empire : on se défend localement contre les Barbares et contre les paysans révoltés. Les structures urbaines, qui s'étaient développées, s'étiolent ; les grands propriétaires terriens dominent les provinces ; les populations paysannes ont un statut inférieur (colons). Les empereurs illyriens (268-284) parviennent à sauver l'unité de l'Empire (V. Aurélien). En 293, Dioclétien instaure la tétrarchie, qui scinde l'Empire en un ensemble occidental (jusqu'à l'Adriatique) et un ensemble oriental (des Balkans à l'Euphrate). Le christianisme prend une place prépondérante, en particulier sous Constantin Ier, fondateur de Constantinople (324-330). Après le retour au paganisme sous Julien l'Apostat (361-363), le christianisme s'affirme définitivement avec Théodose Ier (379-395). À sa mort, l'Empire, débordé par les Barbares, se scinde entre ses deux fils, Arcadius, empereur d'Orient, et Honorius, empereur d'Occident. En 410, Rome tombe aux mains des Wisigoths d'Alaric ; en 476, Odoacre détrône Romulus Augustule, le dernier empereur romain d'Occident. Seul l'Empire romain d'Orient sub-

## CULTURE DE LA ROME ANTIQUE

| ÉPOQUE | | ARCHITECTURE | SCULPTURE, PEINTURE, ARTS MINEURS | VIE SOCIALE ET INTELLECTUELLE DE LANGUE LATINE |
|---|---|---|---|---|
| **VIIIe-IVe s. av. J.-C.** | *753 : fondation de Rome*<br>*509 : la République*<br>*conquête de l'Italie centrale* | œuvre des rois étrusques : temple de la triade capitoline (520)<br>remparts dits de Servius Tullius<br>Cloaca Maxima<br>Circus maximus | sculpture de terre cuite : statues (Apollon de Véies)<br>plaques ornementales<br>sarcophages<br><br>bronze : Louve du Capitole (Ve s.) | généralisation de l'écriture : loi écrite des XII Tables (450)<br>Italie du Sud : grands temples grecs (Paestum)<br>312 : la via Appia relie Rome et Capoue |
| **IIIe s. av. J.-C.** | *conquête de l'Italie*<br>*1re et 2e guerres puniques*<br>*227 : la Sicile, 1re « province »* | | pratique des «imagines» (portraits en cire des nobles défunts)<br>bronze : buste de Brutus, dit capitolin (IIIe s.) | 272 : prise de Tarente, capitale de l'hellénisme<br>264 : 1er combat de gladiateurs<br>240 : 1re tragédie en langue latine<br>204 : le culte de Cybèle à Rome<br>Plaute (254-184) ;<br>Ennius (239-169) |
| **IIe s. av. J.-C.** | *conquête du bassin méditerranéen*<br><br>*fondation de colonies : Aix-en-Provence (122), Narbonne (118)* | constructions de temples, de portiques et de basiliques (Porcia, en 185 ; Emilia, en 179 ; Sempronia, en 170), notam. sur le Forum<br><br>1er aqueduc (Aqua Marcia), en 144<br><br>pont Emilius, en 142 | pour leurs demeures, les riches empruntent à l'Orient grec : mosaïques, premières peintures murales ; statues ; jardins entourés de portiques<br>frappes monétaires à décor d'actualité<br>bronze : l'*Arringatore* (l'« Orateur »)<br>multiplication des copies de statues grecques | pénétration des éléments de la culture grecque<br>vigilance et répression des autorités : affaire des Bacchanales (186) ; philosophes et rhéteurs grecs chassés de Rome (161) ;<br>Caton l'Ancien (234-149)<br>formation d'une culture gréco-romaine ; le « cercle » de Scipion Émilien : Térence (190-159), Polybe (v. 200-v. 120), Lucilius (180-102) |
| **Ier s. av. J.-C.** | *fin de la conquête du bassin méditerranéen, de la Gaule et de l'Orient*<br>*les guerres civiles*<br>*90-88 : tous les Italiens sont des citoyens romains*<br>*27 : début du pouvoir impérial* | nouveau temple de la Fortune à Préneste (78) ;<br>à Rome, théâtres en pierre : Th. de Pompée (54) et de Marcellus (11) ;<br>agrandissement du Circus maximus ; basilique Julia sur le Forum (54-46) ; forum de César ; forum d'Auguste<br>panthéon d'Agrippa (27) ; Ara Pacis (13) ou « Autel de la Paix »<br>pont du Gard (19) ; Maison carrée de Nîmes (16) ; arc d'Orange ;<br>trophée de la Turbie (6) | portrait réaliste et idéalisé : sculpture funéraire ; bustes de l'époque des guerres civiles (Pompée, César ; Auguste) ; statue dite de la *Prima Porta*<br>portraits augustéens : Auguste ; Livie (Louvre) ; Agrippa<br>bas-reliefs : autel de Domitius Ahenobarbus (Louvre) ; mausolée de St-Rémy-de-Provence<br>décor de la maison : mosaïques (Préneste), fresques (maison de Livie, sur le Palatin ; Pompéi)<br>décors stuqués<br>bijoux et camées | l'âge d'or de l'*éloquence :* Hortensius (114-50) ; Cicéron (106-43)<br>*poésie :* Lucrèce (98-55) ; les élégiaques (Catulle, Tibulle, Properce)<br>*histoire :* César (101-44) ; Salluste (86-35)<br>le « Siècle d'Auguste » : Virgile (70-19) ; Horace (65-8) ; Tite-Live (59 av. J.-C.-17 apr. J.-C.)<br>*érudition :* Varron (116-27)<br>*sciences et techniques :* Celse (médecine) ; Vitruve (architecture) |
| **Ier s. apr. J.-C.** | *l'Empire : les Julio-Claudiens et les Flaviens*<br>*la citoyenneté romaine est conférée aux élites provinciales* | dans toutes les provinces, les cités se donnent une parure monumentale imitée de Rome : théâtre d'Orange (50), amphithéâtres de Nîmes (16) et d'Arles<br>à Rome, « Maison dorée » de Néron (60-64) et Colisée (72-80) ; forum de Vespasien<br>le port d'Ostie est réaménagé par Claude | extension à tout le monde romain de la statuaire en ronde-bosse, de l'art du portrait et du bas-relief décoratif ;<br>diffusion de la mosaïque ;<br>à Pompéi, peintures dites du « quatrième style » (tableaux avec décors architecturaux) ; le *Grand Camée de France* (B.N.) ; verrerie ; poterie sigillée ; argenterie (trésor de Boscoreale) | *histoire :* Velleius Paterculus (19 av. J.-C.-31 apr. J.-C.) ; Quinte-Curce<br>*poésie :* Phèdre (15 av. J.-C.-50 apr. J.-C.) ; Perse (34-62) ; Lucain (39-65) ; Pétrone (?-66) ; Martial (40-104)<br>*philosophie :* Sénèque (4 av. J.-C.-65 apr. J.-C.) ; Quintilien (30-100)<br>*sciences, érudition :* Pline l'Ancien (23-79) |
| **IIer s.** | *l'Empire atteint, en 117, son extension maximale*<br>*« l'immense majesté de la paix romaine »* | à Rome : forum de Trajan (111-114) et colonne Trajane ; colonne Antonine de Marc Aurèle ;<br>Villa d'Hadrien à Tivoli : mausolée d'Hadrien (auj. château St-Ange)<br>expansion monumentale dans tout l'Empire. En Afrique : amphithéâtre d El-Djem ; monuments de Leptis Magna, patrie de Septime Sévère | reliefs commémoratifs des colonnes Trajane et Antonine<br>nombreuses statues au type d'Antinoüs<br>statue équestre de Marc Aurèle en bronze (v. 170)<br>sarcophages à bas-reliefs<br>orfèvrerie ; verrerie (vase Portland)<br>généralisation de la mosaïque, notam. en Afrique | *histoire :* Tacite (55-120) ; Suétone (69-126)<br>*poésie :* Juvénal (60-130) ; Apulée (125-180)<br>*art oratoire :* Pline le Jeune (62-114)<br>*médecine :* Galien (131-201)<br>œuvre législative et réglementaire des jurisconsultes<br>1res persécutions contre les chrétiens (Asie Mineure ; Lyon, 177) |
| **IIIe s.** | *après 235, anarchie militaire ; invasions barbares (276) ; la tétrarchie (293-324)*<br>*en 212, tous les hommes libres de l'Empire sont citoyens romains* | à Rome, arc de Septime Sévère (203) ; thermes de Caracalla<br>Aurélien protège Rome par des remparts (271-283)<br>*Porta Nigra* de Trèves | sarcophages paléochrétiens<br>art des catacombes : fresques paléochrétiennes<br>mosaïques africaines et syriennes<br>sculpture aux thèmes réalistes et violents<br>verrerie rhénane ; argenterie | nombreuses persécutions antichrétiennes (Dèce, Valérien, Dioclétien)<br>*apologistes chrétiens :* Tertullien (155-220) ; Lactance (260-325)<br>*histoire :* Dion Cassius (155-235)<br>*le codex* (livre cousu) remplace le *volumen* (rouleau) |
| **IVe s.** | *l'Empire chrétien* | à Rome, thermes de Dioclétien (306), basilique de Constantin et Maxence (306-312), arc de Constantin (315)<br>basiliques chrétiennes de St-Pierre de Rome et St-Jean-de-Latran<br>palais -forteresse de Dioclétien, à Salone (Split) (305)<br>mise en chantier du palais impérial et du forum de Constantinople (328) | sarcophages chrétiens ;<br>généralisation du thème du Bon Pasteur<br>bas-reliefs de l'arc de Constantin ;<br>groupe des Tétrarques<br>décor de mosaïques des premières églises chrétiennes (Ste-Constance)<br>virtuosité de la verrerie rhénane<br>argenterie<br>ivoires (diptyques) | *pères de l'Église :* saint-Ambroise (339-397)<br>saint Jérôme (347-420)<br>saint Augustin (354-430)<br>*histoire :* Ammien Marcellin (330-400)<br>*poésie :* Ausone (310-394)<br>évangélisation des milieux ruraux<br>destruction du sérapéum d'Alexandrie (391) |

sistera jusqu'en 1453, date de la prise de Constantinople par les Turcs (V. byzantin [Empire]).

**Rome** (en ital. *Roma*), cap. de l'Italie, sur le Tibre ; 2 828 690 hab. ; ch.-l. de la prov. du m. nom et du Latium. Ses fonctions politiques, administratives, religieuses (V. Vatican) et artistiques contrastent avec la faiblesse de l'industrie. Le tourisme et les pèlerinages apportent des revenus importants. Université. DER **romain, aine** *a, n*

**Beaux-arts** LA ROME ANTIQUE Le Forum romain, centre polit., commercial, juridique et écon. de la Rome antique, contient des vestiges : a) de l'époque républicaine : plus. temples, des basiliques, la Curie (salle de réunion du sénat), etc. ; b) de l'époque impériale : plus. temples, une basilique, des arcs de triomphe, etc. De nombr. édifices furent convertis en églises. Le Forum romain est prolongé par les vestiges des forums de César, d'Auguste, de Trajan, le plus import. (IIe s. apr. J.-C.). Citons, en outre, le Panthéon, le Colisée, les thermes de Caracalla et ceux de Dioclétien, l'arc de triomphe de Constantin, le théâtre de Marcellus, le mausolée d'Auguste, celui d'Hadrien (château Saint-Ange), etc.

LA ROME CHRÉTIENNE Rome est la ville du monde qui compte le plus d'églises. – Égl. paléochrétiennes : basilique Ste-Marie-Majeure (IVe-Ve s.), basilique St-Paul-hors-les-Murs (fondée au IVe s., reconstruite au XIXe s.), St-Étienne-le-Rond (v. le Ve s.), etc. – Égl. médiévales : St-Laurent-hors-les-Murs (IVe s., remaniée au XIIIe s.), St-Clément (XIIe s.), etc. – Égl. Renaissance : basilique St-Pierre (V. Vatican), Ste-Marie-des-Anges, St-Pierre-aux-Liens, etc. – Égl. baroques : Chiesa Nuova, égl. du Gesù (qui fonda le style jésuite), basilique St-Jean-de-Latran (cath. de Rome, ville dont le pape est l'évêque), etc. Parmi les sites chrétiens : les catacombes, qui longent la *via Appia* ; le château Saint-Ange.

L'ARCHITECTURE CIVILE Les palais romains abondent. De l'époque Renaissance : palais de Venise (XVe s.), palais Farnèse (XVIe s.), etc. De l'époque baroque : palais de Montecitorio (auj. Chambre des députés), palais Borghèse, etc. Parmi les villas : le Quirinal (fin XVIe s., résidence du président de la Rép.) et la villa Médicis (XVIe s.).

LES MUSÉES musée du Vatican, galeries Borghèse et Barberini, galerie nationale d'Art moderne ; pour l'Antiquité : villa Giulia (art étrusque), musées du Capitole, des Thermes, etc.

**Histoire** La cité fut d'abord un groupe de villages bâtis au sommet des collines (sept, selon la tradition) par les Sabins et les Albins (VIIIe s. av. J.-C.). Soumise aux Étrusques (VIIe-VIe s. av. J.-C.), elle devint une ville entourée de murailles (mur de Servius, du IVe s.) et dotée du temple de Jupiter, Junon et Minerve. La muraille d'Aurélien (v. 270 apr. J.-C.) enveloppa une agglomération de près de 1 million d'hab. La fondation de Constantinople (324) annonça le déclin de Rome. Capitale de l'Empire romain d'Occident (395), elle fut prise et pillée par les Barbares au Ve s. et changea de mains quinze fois après 536, durant les guerres entre Byzance et les Ostrogoths. En 756, le roi des Francs Pépin le Bref donna au pape Étienne II l'exarchat byzantin de Ravenne et la région autour de Rome, qui fut à l'origine des *États pontificaux*, dits aussi *États de la papauté* ou *de l'Église* : V. Vatican.

DU XIe AU XVe SIÈCLE À partir du XIe s., l'autorité sur Rome fut revendiquée par les empereurs germaniques ; la longue querelle des Investitures opposa les papes aux empereurs : en 1084, Henri IV prit Rome que le Normand Robert Guiscard reprit, pour libérer le pape, mais il la ravagea. Les cités italiennes se divisèrent en partisans du pape (guelfes) et de l'empereur (gibelins). L'affaiblissement de la papauté entraîna la création d'une commune romaine, en 1143, dont les grandes familles (Colonna, Orsini) se disputèrent le gouv. ; les papes s'exilèrent à Avignon (1309-1376). À la fin du grand schisme d'Occident (1378-1417), Rome devint, définitivement, la cap. de l'Église (1427) : la ville s'enrichit, le domaine pontifical s'étendit (Marches, Ombrie).

LES TEMPS MODERNES Les papes de la Renaissance, à partir de Nicolas V (1447-1455), encouragèrent les arts (reconstruction de la basilique Saint-Pierre, 1506-1607). Le sac de Rome par les troupes de l'empereur germanique Charles Quint (1527) ôta à la ville son rôle de capitale artistique. À la fin du XVIe s., la Réforme catholique (ou Contre-Réforme) développa un art nouveau, le baroque. En 1798, Rome s'érigea en « république sœur » de la France, puis Napoléon Ier l'annexa (1809) et la déclara la seconde capitale de l'Empire, donnant à son fils le titre de « roi de Rome ».

LA ROME CONTEMPORAINE Le congrès de Vienne (1814) y restaura la papauté, mais, lors du *Risorgimento*, les États pontificaux s'émancipèrent du pape. La *Question romaine* (1861-1870) opposa le roi d'Italie, Victor-Emmanuel II, à Pie IX, qui voulait garder la ville ; en 1870, quand la guerre avec la Prusse eut forcé le corps d'armée français à rembarquer, Victor-Emmanuel II pénétra de force dans Rome ; le pape s'enferma au Vatican (V. Vatican [État de la cité du]). En 1929, les accords du Latran, entre le gouv. italien et le Saint-Siège, mirent un terme au conflit.

**Rome** place Saint-Pierre (colonnade du Bernin, 1657-1667) et, en arrière-plan, le château Saint-Ange

**Rome (sac de)** pillage de Rome par le roi wisigoth Alaric qui s'en était emparé en août 410. Début de l'agonie de l'Empire romain, l'événement marqua durablement les esprits.

**Rome (sac de)** pillage de Rome par l'armée de Charles Quint en mai 1527, le pape Clément VII s'étant allié à François Ier contre l'empereur.

**Rome (traité de)** accords signés à Rome le 25 mars 1957, instituant la Communauté économique européenne et la Communauté européenne de l'énergie atomique (dite Euratom). (V. Europe.)

L'EMPIRE ROMAIN AUX Ier ET IIe SIÈCLES APRÈS J.-C.

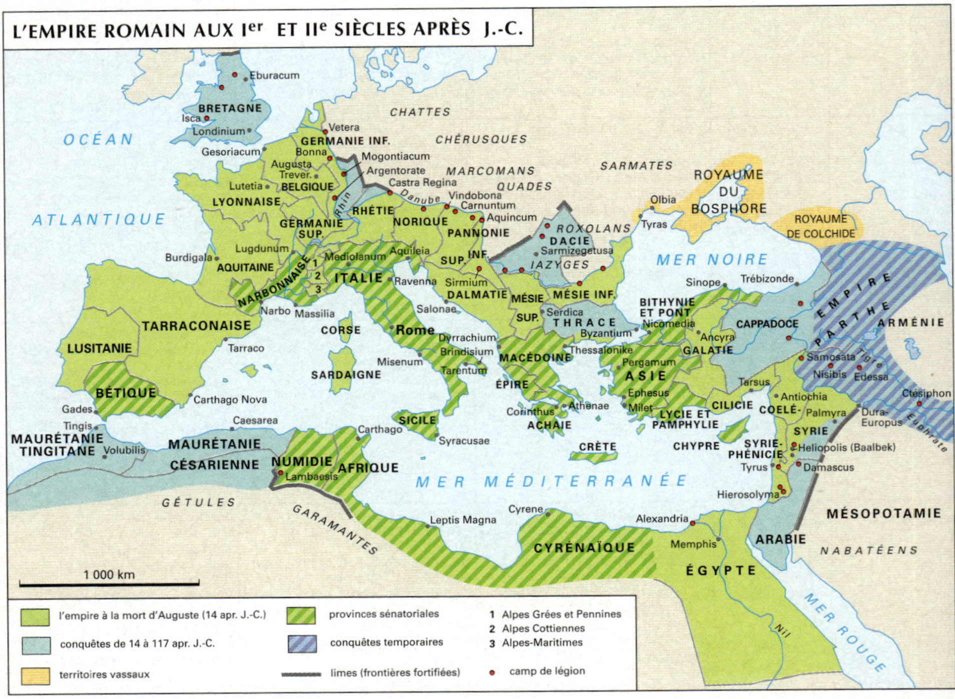

**Rome (prix de)** récompense attribuée, de 1664 à 1968, à de jeunes artistes français, lauréats d'un concours, et qui consistait en un séjour de 3 ans dans l'Académie de France à Rome (à la villa Médicis, à partir de 1803). Dep. 1968, l'Académie de France reçoit encore des pensionnaires, mais le concours a été aboli.

**Rome (Club de)** → **Club de Rome.**

**Rome (roi de)** → **Napoléon II.**

**Romé de l'Isle** Jean-Baptiste (Gray, 1736 – Paris, 1790), minéralogiste français. Il constata la constance des angles des cristaux, fondant ainsi la cristallographie.

**Roméo** héros du *Roméo et Juliette* de Shakespeare.

**Roméo et Juliette** tragédie en 5 actes, en vers et en prose (1594-1595), de Shakespeare, inspirée d'une nouvelle de Luigi Bandello (v. 1485-1561), qui, lui-même, s'inspira d'une légende née dans l'Antiquité. Les deux plus illustres familles de Vérone, qui existèrent réellement, les Montaigus, gibelins, et les Capulets, guelfes, se haïssent. Roméo, un Montaigu, et Juliette, une Capulet, s'aiment. Ils se marient secrètement. Pour échapper au mariage auquel son père veut la contraindre, Juliette, la veille de ses noces, absorbe un narcotique qui lui donnera l'apparence d'une morte pendant 40 heures. Roméo la croit morte et s'empoisonne. À son réveil, Juliette se poignarde. Les deux familles se réconcilient. ▷ MUS *Roméo et Juliette,* symphonie dramatique de Berlioz (1839) ; *Roméo et Juliette,* opéra de Gounod (1867) ; *Roméo et Juliette,* ouverture-fantaisie de Tchaïkovski (version définitive : 1880) ; *Roméo et Juliette,* ballet en 4 actes et 9 tableaux de Prokofiev (1938). ▷ CINE Films de : G. Cukor en 1935 ; l'Italien Renato Castellani (1913-1985), en 1954 ; l'Italien Franco Zeffirelli (né en 1923), en 1967.

**Römer** Olaüs (Århus, 1644 – Copenhague, 1710), astronome danois. Il mesura pour la première fois, en 1676, la vitesse de la lumière.

**Romilly** Jacqueline de (Chartres, 1913 – Boulogne-Billancourt, 2010), helléniste française : *Problèmes de la démocratie grecque* (1975) Acad. fr. (1988).

**Romilly-sur-Seine** ch.-l. de cant. de l'Aube (arr. de Nogent-sur-Seine) ; 14 700 hab. Industries. DER **romillon, one** *a, n*

**Rommel** Erwin (Heidenheim, 1891 – près d'Ulm, 1944), maréchal allemand. Nazi, membre des SA, il commanda l'Afrikakorps (1941-1943), en Libye et en Égypte, fut vaincu à El-Alamein (oct.-nov. 1942) et s'enfuit par la Tunisie. En France, il affronta le débarquement allié en Normandie. Compromis dans le complot des généraux contre Hitler (20 juillet 1944), il se suicida sur ordre du Führer, qui lui accorda des funérailles nationales.

**Romney** George (Dalton in Furness, 1734 – Kendal, 1802), peintre anglais ; portraitiste rival de Reynolds.

**Romorantin-Lanthenay** ch.-l. d'arr. du Loir-et-Cher, sur la Sauldre ; 17 600 hab. – Musée de Sologne. – *Édit de Romorantin* (1560) : édit de tolérance promulgué par François II, qui confiait les procès d'hérésie aux évêques. DER **romorantinais, aise** *a, n*

**rompre** *v* 53 **A** *vt* **1** Briser, casser, faire céder. *Rompre le pain. Les amarres se sont rompues.* **2** Faire cesser, mettre fin à, annuler. **3** Cesser de respecter un engagement. *Rompre ses vœux, un contrat.* **4** Défaire, troubler dans son ordre ou sa régularité. *Rompre la monotonie, le silence.* **5** Donner à qqn par la répétition, l'habitude, une aisance parfaite en matière de. *Rompre qqn au maniement des armes.* **B** *vi* **1** vieilli Se casser, se briser, céder. *La passerelle a rompu sous le poids.* **2** Renoncer aux relations qu'on avait avec qqn, renoncer à qqch. *Ils ont rompu. Rompre avec une habitude.* **LOC** ***Applaudir à tout rompre :*** avec transport. — ***Rompre les rangs :*** se disperser, en parlant d'une troupe rangée en ordre serré. ETY Du lat.

**rompu, ue** *a, nm* **A** *a* **1** Cassé, brisé. *Des liens rompus.* **2** Très fatigué. *Être rompu de fatigue.* **3** Parfaitement exercé à. *Être rompu aux débats.* **B** *nm* FIN Fraction d'une valeur mobilière.

**Roms (les)** l'un des trois grands groupes de Tsiganes, parlant la langue *romani,* dite aussi *tsigane,* dans laquelle homme se dit *rom.* Ils vivent surtout en Europe centrale. DER **rom** *a*

**romsteck** *nm* Morceau du bœuf pris dans le haut de la culotte. PHO [ʀɔmstɛk] ETY Mot angl. VAR **rumsteck**

**Romuald (saint)** (Ravenne, v. 950 – Val-di-Castro, près de Fabriano, 1027), bénédictin italien ; fondateur d'une communauté érémitique.

**Romulus** personnage légendaire, fils de Rhea Silvia (une vestale) et de Mars ; fondateur éponyme et premier roi de Rome (dates traditionnelles : 753-715 av. J.-C.). Abandonnés, Romulus et son frère jumeau Remus furent allaités par une louve, puis recueillis par le berger Faustulus. Ils décidèrent de fonder une ville et Romulus traça sur le mont Palatin le sillon qui en marquait l'enceinte. Remus, par dérision, franchit ce sillon Romulus le tua. Il disparut mystérieusement. On l'a confondu avec Quirinus.

**Romulus** et Remus (sculptures de Pollaiolo ajoutées au XV^e^ s.) allaités par la Louve du Capitole (bronze étrusque, V^e^ s. av. J.-C.) – palais des Conservateurs, Rome

**Romulus Augustule** (461 ou 462 – apr. 476), dernier empereur romain d'Occident (475-476), déposé par le Barbare Odoacre.

**Ronaldo** Luís Nazário de Lima, dit (Rio de Janeiro, 1976), footballeur brésilien.

**ronce** *nf* **1** Plante ligneuse (rosacée), épineuse, aux longues tiges emmêlées et aux fleurs blanches ou roses, que l'on trouve à l'état sauvage. *Le fruit de la ronce est la mûre.* **2** Irrégularité dans le veinage de certains bois ; bois qui présente une telle irrégularité, recherché en ébénisterie. *Ronce de noyer.* **LOC** TECH ***Ronce artificielle :*** fil de fer barbelé. ETY Du lat.

**ronceraie** *nf* Endroit où prolifèrent les ronces ; fourré de ronces.

**ronceux, euse** *a* **1** Plein de ronces. *Chemin ronceux.* **2** Qui présente des irrégularités dans le veinage. *Bois ronceux.*

**Roncevaux** (en esp. *Roncesvalles*), bourg d'Espagne (Navarre) à l'entrée d'un passage des Pyrénées vers Pampelune, près du *col de Roncevaux* ou d'*Ibañeta* (1 057 m), où Roland fut tué.

**Ronchamp** com. de la Haute-Saône ; 2 900 hab. – Chap. N.-D.-du-Haut, œuvre de Le Corbusier (1955).

**Ronchin** com. du Nord (arr. de Lille) ; 18 700 hab. DER **ronchinois, oise** *a, n*

**ronchonner** *vi* 1 fam Manifester de la mauvaise humeur en maugréant, en grognant. *Ronchonner après qqn.* ETY Du lat. *roncare,* « ronfler ». DER **ronchon, onne** ou **ronchonneur, euse** *a, n* – **ronchonnement** *nm*

**ronchopathie** *nf* MED Ronflement nocturne considéré comme une pathologie.

**roncier** *nm* Buisson de ronces. VAR **roncière** *nf*

**Ronconi** Luca (Sousse, Tunisie, 1933 – Milan, 2015), metteur en scène de théâtre italien, de tendance avant-gardiste.

**Roncq** com. du Nord (arr. et banlieue de Lille) ; 13 700 hab. Industries. DER **roncquois, oise** *a, n*

**rond, ronde** *a, nm* **A** *a* **1** De forme circulaire, sphérique ou cylindrique. *Table ronde.* **2** De forme courbe, arrondie. *Sommet rond.* **3** Se dit d'un nombre qui ne comporte pas de décimales ; qui se termine par un ou plusieurs zéros. **4** fig Sans détours, franc. *Être rond en affaires.* **5** fig, fam Ivre. **6** Se dit d'un vin moelleux, sans acidité. **B** *nm* **1** Figure circulaire. *Tracer un rond.* **2** fam Sou, argent. *N'avoir pas le rond.* **3** Tranche ronde. *Rond de saucisson.* SYN rondelle. **4** ANAT Nom de certains muscles. *Grand rond de l'épaule.* **C** *a, nf* Se dit d'une femme corpulente. **LOC** fam ***En baver des ronds de chapeau :*** être soumis à rude traitement. — ***En rond :*** en cercle. — fam ***Ne pas tourner rond :*** aller mal, être déséquilibré. — fam ***Rester comme deux ronds de flan :*** rester ébahi, stupéfait. — CONSTR ***Rond à béton :*** fer rond torsadé servant d'armature aux ouvrages en béton armé. — CHOREGR ***Rond de jambe :*** mouvement en demi-cercle d'une jambe ; fig amabilité affectée. — ***Rond de serviette :*** anneau dans lequel on met une serviette de table roulée. — BOT ***Rond de sorcière :*** tache circulaire dans un pré, un bois, due au mycélium de champignons dont les carpophores apparaissent à la périphérie. — ***Tourner rond :*** fonctionner normalement. ETY Du lat.

**rondache** *nf* HIST Bouclier circulaire des fantassins en usage aux XV^e^ et XVI^e^ s.

**rondade** *nf* SPORT En gymnastique au sol, prise d'élan.

**rond-de-cuir** *nm* fam, péjor Employé de bureau, par allus. au coussin de cuir qui garnissait les sièges de bureau. PLUR ronds-de-cuir.

**ronde** *nf* **A** **1** Danse dans laquelle plusieurs personnes forment un cercle et tournent en se tenant par la main ; chanson que l'on chante en dansant une ronde. **2** MILIT Inspection faite pour s'assurer que tout est en ordre et que les consignes sont respectées. **3** Visite de sécurité, de surveillance, effectuée selon un circuit ; personne, groupe qui fait une visite de sécurité. **4** MUS Note figurée par un rond vide, sans queue, qui vaut deux blanches. **5** Famille de caractères manuscrits à jambages arrondis. **B** *nfpl* Suisse Pommes de terre en robe des champs. **LOC** ***À la ronde :*** alentour ; tour à tour, pour des personnes placées en cercle. — ***Chemin de ronde :*** chemin ménagé au sommet des remparts d'une forteresse, d'une place, pour les rondes.

**Ronde (la)** comédie de Schnitzler (1900). ▷ CINE Film de Max Ophüls (1950), avec notam. S. Signoret, G. Philipe, D. Darrieux.

**1 rondeau** *nm* **1** TECH Disque de bois, de métal, etc., servant de support dans divers métiers. **2** Rouleau de bois pour aplanir la terre ensemencée. **3** LITTER Poème lyrique de forme fixe en vogue au Moyen Âge, sur deux rimes et un refrain. **4** MUS Syn. de *rondo.*

**2 rondeau** → **rondo.**

**ronde-bosse** *nf* Sculpture en plein relief, qui représente le sujet sous ses trois dimensions. *En ronde bosse.* PLUR rondes-bosses.

**Ronde de nuit** titre cour. d'un tableau monumental de Rembrandt (1642, Rijksmuseum, Amsterdam) qui s'intitule *la Prise d'armes du capitaine Frans Banning Cock et de son lieutenant Wilhem van Ruytenbuch.*

**rondel** *nm* vx Rondeau.

**rondelet, ette** *a* fam **1** Qui a un peu d'embonpoint ; grassouillet. **2** Se dit d'une somme assez importante.

**rondelle** *nf* **1** Petite pièce circulaire peu épaisse, petit disque. *Rondelle de caoutchouc.* **2** Petit disque percé que l'on intercale entre l'écrou et la pièce à serrer pour répartir régulièrement la pression. **3** Canada Au hockey, disque épais en caoutchouc durci qu'on lance vers le but. SYN palet. **4** TECH Ciseau arrondi de sculpteur. **5** Petite tranche ronde. *Rondelles de concombre.*

**rondement** *av* **1** Avec vivacité, décision. *Mener rondement une affaire.* **2** Franchement, sans façon. *Répondre rondement.*

**rondeur** *nf* **1** Caractère de ce qui est rond, forme ronde de qqch. *Rondeur d'un fruit.* **2** Chose, forme ronde ; partie ronde. *Rondeurs féminines.* **3** fig Franchise ; bonhomie. *Parler avec rondeur.*

**1 rondier** → **rônier.**

**2 rondier** *nm* Employé de surveillance chargé de faire des rondes.

**rondin** *nm* **1** Morceau de bois cylindrique, non refendu. **2** Tronc utilisé en construction, dans les travaux de soutènement, etc.

**rondo** *nm* Pièce musicale caractérisée par l'alternance d'un refrain et de plusieurs couplets. [ETY] De l'ital. [VAR] **rondeau**

**Rondônia** État de l'ouest du Brésil ; 243 044 km$^2$ ; 862 000 hab. ; cap. *Pôrto Velho.* Élevage, caoutchouc, bois, or.

**rondouillard, arde** *a* fam Qui a de l'embonpoint ; grassouillet.

**rond-point** *nm* Place circulaire où aboutissent plusieurs avenues, plusieurs voies. PLUR ronds-points. [VAR] **rondpoint**

**ronéo** *nf* Machine à reproduire les textes ou les dessins au moyen de stencils. [ETY] Nom déposé.

**ronéoter** *vt* [1] Reproduire à la ronéo. [VAR] **ronéotyper**

**rôneraie** *nf* Afrique Plantation de rôniers.

**ronflant, ante** *a* **1** Qui produit un bruit sourd et continu. *Poêle ronflant.* **2** fig Emphatique ; enflé et grandiloquent. *Phrases ronflantes.*

**ronfler** *vi* [1] **1** Faire un bruit particulier de la gorge et du nez en respirant pendant le sommeil. **2** Faire un bruit sourd et continu. [ETY] Du lat. [DER] **ronflement** *nm*

**ronfleur, euse** *n* **A** Personne qui ronfle, qui a l'habitude de ronfler. **B** *nm* ELECTR Dispositif avertisseur électromagnétique, à lame vibrante, qui produit une sonnerie sourde.

**ronger** *vt* [13] **1** Entamer, user peu à peu à petits coups de dents. *Chien qui ronge un os. Se ronger les ongles.* **2** Entamer, attaquer, percer, en parlant des vers, des insectes. *Larves qui rongent le bois.* **3** Détruire par une action lente, progressive ; corroder, miner. *La rouille ronge le fer. Le chagrin le ronge.* LOC fam *Se ronger les sangs* ou *se ronger* : se faire beaucoup de souci. [ETY] Du lat. [DER] **rongement** *nm*

**rongeur, euse** *a, nm* **A** *a* Qui ronge. **B** *nm* ZOOL Mammifère pourvu d'une paire d'incisives à croissance continue et d'un espace libre entre les incisives et les molaires dont l'ordre comprend les souris, les écureuils, les castors, etc.

**rônier** *nm* BOT Palmier d'Afrique occidentale et de l'Inde, qui fournit un vin de palme. [ETY] De *rond.* [VAR] **rondier**

**rônin** *nm* HIST Samouraï sans maître. [ETY] Mot jap.

**Ronis** Willy (Paris, 1910 – id., 2009), photographe français de Belleville, Ménilmontant, etc.

**ronron** *nm* **1** fam Ronronnement. **2** fig Routine monotone. *Le ronron de la vie quotidienne.* **3** Petit grondement régulier du chat. [ETY] Onomat.

**ronronner** *vi* [1] **1** Produire un bourdonnement continu sourd et régulier. *Moteur qui ronronne.* **2** Faire des ronrons, en parlant du chat. **3** fig, fam Végéter dans une sorte de routine. [DER] **ronronnement** *nm*

**Ronsard** Pierre de (château de la Possonnière, à Couture-sur-Loir, Vendômois, 1524 – Saint-Cosme-en-l'Isle, près de Tours, 1585), poète français. Atteint de surdité (1540), il renonça aux armes ; Dorat lui enseigna le latin et le grec. Ses *Odes* (1550-1552), imitées de Pindare et d'Horace, le rendirent célèbre. En 1553, il fonda la Pléiade. Lyrique dans *Amours* (1552), *Continuation des Amours* (1555-1556) et *Amours d'Hélène* (1578), il est épique dans *Hymnes* (1555-1556). Poète officiel de la cour de Charles IX, il prit parti pour les catholiques dans les guerres de Religion (*Discours sur les misères de ce temps,* 1562-1563). Après l'échec de son épopée en décasyllabes, *la Franciade* (1572, inachevée), il se retira dans un prieuré proche de Tours, où il mourut. [DER] **ronsardien, enne** *a*

**röntgen** *nm* PHYS NUCL Unité de mesure d'exposition à des rayonnements ionisants, valant 2,58. $10^{-4}$ C/kg (symb. R). [PHO] [rœntgen] [ETY] Du n. pr. [VAR] **roentgen**

**Röntgen** Wilhelm Conrad (Lennep, auj. annexée à Remscheid, 1845 – Munich, 1923), physicien allemand. Il découvrit les rayons X en 1895. Il reçut le premier prix Nobel de physique (1901). [VAR] **Roentgen**

Ronsard

Röntgen

**röntgenium** *nm* Élément chimique transuranien (Rg), de numéro atomique 111. [VAR] **roentgenium**

**röntgenthérapie** *nf* MED Traitement par les rayons X. [VAR] **roentgenthérapie**

**roof** → **rouf.**

**rookerie** → **roquerie.**

**Roosendaal** v. des Pays-Bas (Brabant-Septentrional) ; 58 650 hab. Industr. alim.

**Roosevelt** Theodore (New York, 1858 – Oyster Bay, État de New York, 1919), homme politique américain. Républicain, vice-président des É.-U. (1900), il devint président en 1901, après l'assassinat de McKinley, et fut réélu en 1904. Il combattit les trusts et renonça à l'"isolationnisme des É.-U. Prix Nobel de la paix 1906.

Theodore Roosevelt

**Roosevelt** Franklin Delano (Hyde Park, État de New York, 1882 – Warm Springs, Georgie, 1945), homme politique américain ; cousin de Theodore, dont il épousa (1905) la nièce, Eleanor Roosevelt (New York, 1884 – id., 1962). Démocrate, il fut élu président des É.-U. en 1932, alors que sévissait la crise économique. Il édicta des mesures dirigistes (*New Deal*) : dévaluation du dollar, résorption du chômage, aide à l'agriculture, réorganisation de l'industrie, réformes sociales. Réélu en 1936 et en 1940, il déclara la guerre à l'Axe après l'attaque japonaise contre Pearl Harbor (déc. 1941). Réélu en 1944, il décida de l'avenir du monde à Yalta (fév. 1945) et mourut un mois avant la capitulation allemande. [DER] **rooseveltien, enne** *a*

Franklin D. Roosevelt

**Rops** Félicien (Namur, 1833 – Essonnes, 1898), peintre, dessinateur et graveur belge : nombreuses eaux-fortes à caractère érotique et macabre (*la Buveuse d'absinthe, les Sataniques*).

**Rops (Daniel)** → **Daniel-Rops.**

**roque** *nm* JEU Aux échecs, coup qui consiste à roquer. [VAR] **roquage**

**Roquebrune-Cap-Martin** com. des Alpes-Maritimes (arr. de Nice), sur la Méditerranée ; 11 692 hab. Stat. balnéaire. – Chât. XIII$^e$ s. [DER] **roquebrunois, oise** *a, n*

**Roque-d'Anthéron (La)** com. des Bouches-du-Rhône ; 4 545 hab. – Chât. (XVII$^e$ s.). Festival annuel de piano. V. Silvacane (abbaye de). [DER] **roquassier, ère** *a, n*

**roquefort** *nm* Fromage de lait de brebis, ensemencé d'une moisissure spéciale, fabriqué à Roquefort-sur-Soulzon.

**Roquefort-sur-Soulzon** com. de l'Aveyron ; 679 hab. Le bourg est adossé à une falaise calcaire creusée de caves où l'on affine les *roqueforts.* [DER] **roquefortais, aise** *a, n*

**roquer** *v* [1] JEU **1** Aux échecs, mettre, en un seul coup, l'une de ses tours auprès du roi, et faire passer ce dernier de l'autre côté de la tour. **2** Au croquet, toucher et pousser la boule d'un adversaire avec sa propre boule. [ETY] De *roc,* anc. nom de la tour au jeu d'échecs.

**roquerie** *nf* Rassemblement, spécialement de manchots, pour la couvaison et l'élevage des jeunes oiseaux de mer. [ETY] De l'angl. *rook,* « freux ». [VAR] **rookerie**

**roquet** *nm* **1** Petit chien hargneux. **2** fig Personne hargneuse, mais peu redoutable. [ETY] Du dial. *roquer,* « heurter ».

**1 roquette** *nf* Crucifère à fleurs blanches ou jaunâtres, veinées, dont les feuilles se mangent en salade. SYN rouquette. [ETY] De l'ital.

**2 roquette** *nf* Projectile autopropulsé, utilisé notam. comme arme antichar. [ETY] De l'angl.

**Roquette (la Grande-)** prison de Paris (1830, démolie en 1900) où furent notam. fusillés les otages de la Commune (24 mai 1871).

**Roquette (la Petite-)** prison de Paris (11$^e$) pour femmes (1832, désaffectée en 1973).

**Roraima** État de l'extrême nord du Brésil ; 230 104 km$^2$ ; 116 000 hab. ; cap. *Boa Vista.*

**Rore** Cyprien de (Malines, 1515 ou 1516 – Parme, 1565), compositeur flamand, installé en Italie : madrigaux, motets.

**rorqual** *nm* Syn. de *baleinoptère.* PLUR rorquals. [ETY] De l'a. norv.

**Rorschach** Hermann (Zurich, 1884 – Herisau, 1922), neuropsychiatre suisse. Le *test de Rorschach* a pour objet l'étude de la personnalité et repose sur l'interprétation d'une série de taches d'encre.

**Rosa** Salvatore (Arenella, près de Naples, 1615 – Rome, 1673), peintre, graveur, poète satirique et musicien italien ; précurseur du romantisme. Il a écrit des vers pour des cantates.

**rosace** *nf* **1** Figure circulaire composée d'éléments radiaux équidistants. **2** Rose gothique. **3** TECH Ornement circulaire qui sert à masquer la tête d'un clou, d'une vis.

**rosacé, ée** *a, nf* **A** *a* Semblable à la rose. **B** *nf* BOT Plante dicotylédone dialypétale dont la famille comprend 3 500 espèces, parmi lesquelles le rosier et de nombreux arbres fruitiers (prunier, pommier, etc.). **LOC** MED *Acné rosacée* ou *la rosacée* : couperose.

**rosaire** *nm* RELIG CATHOL **1** Grand chapelet comportant quinze dizaines de petits grains (correspondant aux Ave) dont chacune est précédée d'un grain plus gros (correspondant à un Pater). **2** Récitation de ce chapelet. ETY Du lat. *rosarium*, « guirlande de roses ».

**rosalbin** *nm* Cacatoès d'Australie, gris et rose. ETY Du lat. *rosa*, « rose », et *albus*, « blanc ».

**rosale** *nf* BOT Plante dont l'ordre comprend notam. les rosacées, les crassulacées et les saxifragacées.

**rosaniline** *nf* CHIM Base organique dont les dérivés constituent des colorants (fuchsine, vert de méthyle, etc.).

**Rosario** v. d'Argentine (prov. de Santa Fe), port sur le Paraná ; 1,2 million d'hab. (aggl.) Troisième ville d'Argentine, Rosario doit sa prospérité à la proximité de riches régions agricoles et à l'industrie.

**Rosas** Juan Manuel de (Buenos Aires, 1793 – Southampton, 1877), homme politique argentin. Porté par les fédéralistes à la tête de la prov. de Buenos Aires, où il eut des pouvoirs dictatoriaux (1835-1852), il fut renversé par le Brésil, l'Uruguay et le Paraguay coalisés.

**rosat** *a inv* PHARM Se dit d'une préparation où il entre des roses. *Miel rosat.*

**Rosati (les)** (anagramme d'Artois, par référence aux roses), société littéraire, créée en 1778 par Joseph Le Guay, dont fit partie Robespierre et qui existe toujours.

**rosâtre** *a* D'un rose indécis ou sale.

**rosbif** *nm* Morceau de bœuf à rôtir, généralement coupé dans l'aloyau, bardé et ficelé en un cylindre. ETY De l'angl.

**Roscelin** (Compiègne, v. 1050 – Tours [?], v. 1120), philosophe scolastique ; fondateur du nominalisme ; maître d'Abélard.

**Roscoff** com. du Finistère (arr. de Morlaix), sur la Manche ; 3 608 hab. Port de pêche et stat. balnéaire. Cult. maraîchères. Thalassothérapie. Laboratoire de biologie marine. DER **roscovite** *a, n*

**1 rose** *nf* **1** Fleur du rosier. *Rose thé.* **2** Nom de diverses fleurs. *Rose trémière.* **3** Grande baie circulaire, ornée de vitraux, des églises et des cathédrales gothiques. SYN rosace. **4** Diamant taillé en facettes, à culasse plane. **LOC** *À l'eau de rose* : d'une sentimentalité mièvre et convenue. — *Bois de rose* : bois précieux, palissandre d'un jaune doré veiné de rose, utilisé en ébénisterie et en marqueterie. — *Eau de rose* : essence de rose étendue d'eau. — fam *Envoyer qqn sur les roses* : l'envoyer promener, le rembarrer. — *Être frais comme une rose* : avoir le teint frais et vermeil. — fam *Ne pas sentir la rose* : sentir mauvais. — *Rose de Jéricho* : crucifère reviviscente des régions sablonneuses du Moyen-Orient. — *Rose de Noël* : ellébore. — *Rose des sables* : concrétion de gypse évoquant les pétales d'une rose, que l'on trouve dans les déserts sableux. — *Rose des vents* : étoile dont les trente-deux branches (dites *aires de vent*) donnent les points cardinaux et intermédiaires, divisant la circonférence en trente-deux rhumbs de 11° 15' chacun. — *Rose d'Inde* : tagète. ETY Du lat.

**2 rose** *a, nm* **A** *a* **1** De la couleur, entre rouge et blanc, de la rose commune. *Des robes roses.* **2** Qui se rapporte à la sexualité, souvent à son commerce vénal. *Messagerie rose.* **3** fam Qui concerne le parti socialiste. **B** *nm* Couleur rose. **LOC** *Ce n'est pas rose* : ce n'est pas réjouissant. — *Rose bonbon* : rose vif. — *Rose thé* : rose tirant sur le jaune. — *Vieux rose* : rose grisâtre. — *Voir la vie en rose, voir tout en rose* : être très optimiste.

**Rose (mont)** massif des Alpes (4 633 m au pic Dufour), à la frontière de la Suisse et de l'Italie (N.-O. du Piémont).

**rosé, ée** *a, nm* Teinté de rose ou de rouge clair. **LOC** *Vin rosé* ou *rosé* : vin rouge clair, obtenu par macération légère de jus de raisin noir.

**roseau** *nm* Plante à long chaume (graminée) croissant au bord des eaux. ETY Du germ.

**Roseau** (anc. *Charlotte Town*), cap. de la Dominique, port au S.-O. de l'île ; 16 600 hab.

**rose-croix** *nm inv* **1** Membre de la Rose-Croix. **2** Dans la franc-maçonnerie, titre du titulaire d'un grade supérieur à celui de maître.

**Rose-Croix (la)** confrérie mystique qui se constitua en Allemagne au déb. du XVII^e^ s. et dont la philosophie occulte synthétise le christianisme et des doctrines théosophiques et alchimiques. Des confréries analogues furent créées en G.-B., en France, aux É.-U., aux Pays-Bas, etc., à la fin du XX^e^ s. Certaines sont encore très actives. DER **rosicrucien, enne** *a, nm*

**rosé-des-prés** *nm* Psalliote à lames roses, champignon comestible. SYN agaric champêtre. PLUR rosés-des-prés.

**rosée** *nf* Condensation de la vapeur d'eau des couches inférieures de l'atmosphère en gouttelettes, au contact des corps froids exposés à l'air ; ces gouttelettes. *La rosée matinale.* **LOC** PHYS *Point de rosée* : température à laquelle une vapeur se condense. ETY Du lat.

**Roselend** local. de Savoie, à 1 475 mètres d'alt. (com. de Beaufort, arr. d'Albertville). Le *barrage de Roselend* alimente une centrale.

**roselet** *nm* Hermine portant sa fourrure d'été ; cette fourrure, d'un jaune tirant sur le roux.

**roselier, ère** *a, nf* **A** *a* Qui produit des roseaux ; où croissent des roseaux. **B** *nf* Lieu où croissent des roseaux.

**roselin** *nm* Petit passereau voisin du chardonneret, au plumage en partie rose.

**Rosenberg** Alfred (Reval, auj. Tallinn, 1893 – Nuremberg, 1946), homme politique allemand ; théoricien du racisme nazi. Condamné à mort au procès de Nuremberg.

**Rosenberg (affaire)** affaire judiciaire américaine qui eut un retentissement international. L'ingénieur **Julius Rosenberg** (New York, 1918 – Ossining, État de New York, 1953) et sa femme **Ethel** (New York, 1915 – Ossining, 1953) furent accusés d'avoir livré aux Soviétiques des « secrets atomiques », condamnés à mort sans preuve décisive et électrocutés malgré une protestation internationale.

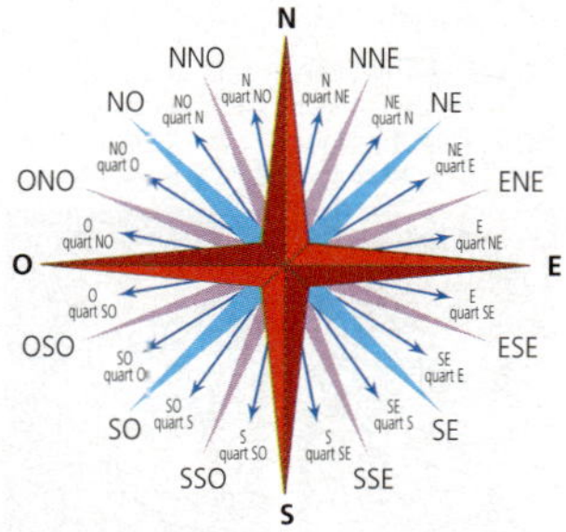


**rose** des vents

**Rosenkranz** Karl (Magdeburg, 1805 – Königsberg, 1879), philosophe allemand : *Commentaires critiques sur le système hégélien* (1840), *Vie de Hegel* (1844).

**Rosenquist** James (Grand Forks, Dakota du Nord, 1933), peintre américain ; l'un des chefs de file du pop'art.

**roséole** *nf* MED Éruption cutanée de petites macules rose pâle, observée dans certaines maladies infectieuses et certaines intoxications.

**roser** *vt* ① litt Rosir.

**roseraie** *nf* Terrain, jardin planté de rosiers.

**Roses (vallée des)** vallée du centre de la Bulgarie, autour de Kazanlak. On y cultive des roses pour les distiller.

**Rosetta (programme)** programme spatial (2004-2015) qui a permis à l'ESA de poser une sonde sur une comète afin d'en étudier le noyau et l'environnement.

**rosette** *nf* **1** Ornement en forme de petite rose. **2** Nœud à deux boucles qui se défait lorsqu'on tire sur l'un des deux bouts libres. **3** Insigne d'officier dignitaire de divers ordres civils ou militaires français, que l'on porte à la boutonnière. *Rosette de la Légion d'honneur.* **4** BOT Ensemble des feuilles étalées au ras du sol. **5** rég Gros saucisson sec de Lyon.

**Rosette** (en ar. *Rachīd*), v. et port d'Égypte, sur une branche du delta du Nil, à l'E. d'Alexandrie ; 60 000 hab. – La *pierre de Rosette* (British Museum), datée de 196 av. J.-C., est le fragment d'une stèle (en basalte noir) découverte à Rosette en 1799 ; ses inscriptions en grec, en démotique et en hiéroglyphes (les trois versions d'un décret pharaonique) permirent à Champollion de déchiffrer, en 1822, les hiéroglyphes égyptiens.

**roseur** *nf* Couleur de ce qui est rose, rosé.

**roseval** *nf* Pomme de terre à bulbe rose. PLUR rosevals.

**Rosh ha-Shana** nouvel an juif célébré en automne à une date variable. VAR **Roch ha-Chana**

**Rosi** Francesco (Naples, 1922 – Rome, 2015), cinéaste italien : *Salvatore Giuliano* (1961), *l'Affaire Mattei* (1971), *Cadavres exquis* (1975), *Le Christ s'est arrêté à Eboli* (1979), *la Trêve* (1997).

**Francesco Rosi** *Carmen*, 1984, avec la cantatrice Julia Migenes-Johnson (au centre)

**rosicrucien** → **Rose-Croix (la).**

**rosier** *nm* Arbrisseau épineux (rosacée), sauvage ou ornemental, dont il existe de très nombreuses variétés, aux fleurs odorantes.
▶ illustr.p. 1418

**rosiériste** *n* Horticulteur spécialisé dans la culture des rosiers, des roses.

**rosir** *v* ③ **A** *vi* Prendre une teinte rose. *Son visage a rosi de plaisir.* **B** *vt* Rendre rose. SYN roser.

**Roskilde** ville du Danemark, dans l'île de Sjælland, ch.-l. du comté du même nom ; 49 590 hab. – Musée (Vikings). Cath. gothique (tombeaux de souverains danois). – Cap. du royaume jusqu'au XV$^{e}$ s.

**Roslin** Alexander (Malmö, 1718, Paris, 1783), peintre suédois ; portraitiste qui travailla à Paris.

**Rosny** pseudonyme de deux écrivains français, les frères Boex. — **Joseph Henri** (Bruxelles, 1856 – Paris, 1940), dit *Rosny aîné*, et **Séraphin Justin** (Bruxelles, 1859 – Ploubazlanec, Côtes-du-Nord, 1948), dit *Rosny jeune*, publièrent en collab. des romans de 1886 à 1908. Rosny aîné écrivit seul des romans préhistoriques (*la Guerre du feu*, 1911) et de science-fiction (*les Navigateurs de l'infini*, 1927).

**Rosny-sous-Bois** ch.-l. de cant. de la Seine-St-Denis (arr. de Bobigny) ; 39 105 hab. Industries. DER **rosnéen, enne** *a, n*

**Rosny-sur-Seine** com. des Yvelines (arr. de Mantes-la-Jolie) ; 4 758 hab. – Chât. de Sully (1595-1610). DER **rosnéen, enne** *a, n*

**Ross (barrière de)** falaises de glace de l'Antarctique, situées entre les terres Marie-Byrd et Victoria, en bordure de la *mer de Ross*. La barrière prend appui à l'O. sur l'*île de Ross*, que surmonte le volcan Erebus (3 794 m).

**Ross** sir John (Balsarroch, Wigtownshire, Écosse, 1777 – Londres, 1856), navigateur britannique. Il explora les mers arctiques à la recherche du passage du Nord-Ouest. — **Sir James Clarke** (Londres, 1800 – Aylesbury, 1862), neveu du préc., l'un des premiers explorateurs de l'Antarctique (1841-1842). Il localisa le pôle magnétique de l'hémisphère Nord (1831).

**Ross** sir Ronald (en Inde, 1857 – Londres, 1932), médecin britannique : travaux sur le paludisme et sur son vecteur d'inoculation, l'anophèle.

**Ross** Scott (Pittsburgh, 1951 – Assas, Hérault, 1989), claveciniste américain, interprète de Couperin et de Scarlatti ; également organiste.

**rossard, arde** *n, a* fam Personne dure, médisante ou caustique.

**Rossbach** bourg d'Allemagne, près de Halle. – Frédéric II vainquit les Français de Soubise et les Impériaux (1757).

**Rossby** Carl Gustav Arvid (Stockholm, 1898 – id., 1957), physicien américain d'origine suédoise. Il fit évoluer la météorologie.

**rosse** *nf, a* fam **A** *nf* **1** vieilli Mauvais cheval. **2** fig Personne sévère, dure, jusqu'à la méchanceté. **B** *a* Mordant, caustique. ETY De l'all.

**Rossel** Louis (Saint-Brieuc, 1844 – Satory, 1871), officier français. Rallié à la Commune, délégué à la Guerre (mai 1871), il fut fusillé par les Versaillais.

**Rosselli** Cosimo (Florence, 1439 – id., 1507), peintre italien. Il travailla (1481) à la chapelle Sixtine : *la Dernière Cène*.

**Rossellini** Roberto (Rome, 1906 – id., 1977), cinéaste italien ; promoteur du néoréalisme : *Rome ville ouverte* (1945), *Païsa* (1946), *Allemagne année zéro* (1947), *Stromboli* (1949), *le Général Della Rovere* (1959), *la Prise du pouvoir par Louis XIV* (1966). DER **rossellinien, enne** *a*

**Roberto Rossellini** *Stromboli*, 1949, avec Ingrid Bergman

**Rossellino** Bernardo (Settignano, 1409 – Florence, 1464), architecte et sculpteur italien : tombeau de Leonardo Bruni (1444, Florence). On lui attribue le palais de Venise à Rome (1455). — **Antonio** (Settignano, 1427 – Florence, 1479), frère du préc., sculpteur : tombeau du cardinal de Portugal (Florence, 1461-1466).

**rosser** *vt* 1 fam Battre qqn violemment. DER **rossée** *nf*

**rosserie** *nf* **1** Méchanceté voulue. **2** Propos, acte rosse.

**Rossetti** Dante Gabriel (Londres, 1828 – Birchington, Kent, 1882), peintre et poète anglais ; princ. représentant du préraphaélisme. ▶ illustr. **préraphaélisme**

**Rossi** Luigi, dit aussi Aloysius de Rubeis (Torremaggiore, v. 1598 – Rome, 1653), compositeur italien : opéras (*Il Palazzo incantato d'Atlante* 1642, *Orfeo* 1647), oratorios, cantates, canzoni.

**Rossi** Pellegrino (comte) (Carrare, 1787 – Rome, 1848), économiste et homme politique français d'origine italienne. Ambassadeur de Guizot à Rome, où Pie IX lui confia un ministère constitutionnel (sept. 1848). Il fut assassiné au cours d'une émeute.

**Rossi** Constantin, dit Tino (Ajaccio, 1907 – Neuilly-sur-Seine, 1983), chanteur français, à la voix de ténor léger.

**Rossi** Aldo (Milan, 1931 – id., 1997), architecte italien. Il a allié modernité et traditions.

**rossignol** *nm* **1** Oiseau passériforme (turdidé), au plumage brun clair, au chant particulièrement mélodieux. **2** Instrument coudé pour forcer les serrures, passe-partout. **3** fam Objet démodé ; marchandise invendable. ETY Du lat.

**rossinante** *nf* litt Rosse, mauvais cheval. ETY Du n. du cheval de Don Quichotte.

**Rossini** Gioacchino (Pesaro, 1792 – Paris, 1868), compositeur italien d'opéras : *Tancredi* (1813), *l'Italienne à Alger* (1813), *le Barbier de Séville* (1816), *Moïse en Égypte* (1818 et 1827), *la Pie voleuse* (1817) ; *Guillaume Tell* (1829) fut son dernier opéra.

**Rosso** Giovanni Battista di Iacopo de Rossi, dit Rosso Fiorentino (ou en fr. *Maître*) (Florence, 1494 – Paris, 1540) peintre et décorateur italien maniériste. Il dirigea la décoration du chât. de Fontainebleau à partir de 1531.

**Rosso** Medardo (Turin, 1858 – Milan, 1928) sculpteur italien, ami et rival de Rodin.

**rossolis** *nm* BOT Syn. de *droséra*. PHO [rɔsɔli] ETY Du lat.

**Rostand** Edmond (Marseille, 1868 – Paris, 1918), poète et auteur dramatique français ; versificateur amoureux du panache : *Cyrano de Bergerac* (comédie héroïque, 1897), *l'Aiglon* (drame, 1900), *Chantecler* (1910). Acad. fr. (1901). — **Maurice** (Paris, 1891 – Ville-d'Avray, 1968), fils du préc., écrivain : *l'Homme que j'ai tué* (roman pacifiste, 1925). — **Jean** (Paris, 1894 – Ville-d'Avray, 1977), frère du préc., biologiste : travaux sur la parthénogenèse, la tératologie et l'hérédité. Nomb. œuvres : *l'Homme* (1941), *la Génétique des batraciens* (1951), *Notes d'un biologiste* (1954). Acad. fr. (1959).

**E. Rostand**

**J. Rostand**

**rösti** *nm pl* CUIS Plat suisse constitué de pommes de terre râpées et rissolées. PHO [rœʃti] ETY De l'all. *rösten*, « rôtir ».

**Rostock** v. et port d'Allemagne (Mecklembourg-Poméranie-Occidentale), sur la Warnow ; 236 010 hab. (avec Warnemünde, son avant-port sur la Baltique). Centre industriel. – Égl. (XIII$^{e}$ s.). Remparts.

**Rostopchine** Fedor Vassilievitch (comte) (dans le gouv. d'Orel, 1763 – Moscou, 1826), général russe ; gouverneur de Moscou dont on a cru qu'il l'avait incendié à l'arrivée des Français (1812). Sa fille *Sophie* devint la comtesse de Ségur.

**Rostov** v. de Russie, au N.-E. de Moscou ; 31 000 hab. env. Industries. – Centre d'une puissante principauté jusqu'au XIII$^{e}$ s. Nombreux monuments.

**Rostov-sur-le-Don** v. et port de Russie, sur le Don, près de la mer d'Azov ; ch.-l. de prov. ; 1 015 000 hab. Centre industriel. – Violents combats pendant la Seconde Guerre mondiale (1941-1943).

**Rostow** Walt Whitman (New York, 1916 – Austin, 2003), économiste américain, analyste du « décollage » des pays en voie de développement (*take-off*, terme qu'il créa).

**rostral, ale** *adj* ANT ROM Orné d'éperons de navires. *Colonne rostrale*. PLUR rostraux.

**-rostre** Élément, du lat. *rostrum*, « bec ».

**rosier** fleur, bouton et feuille

**Tino Rossi**

**Rossini**

**rossignol** philomèle

**rostre** *nm* **1** ANTIQ ROM Éperon qui armait la proue des navires de guerre. **2** ARCHI Ornement en forme d'éperon. **3** ZOOL Prolongement plus ou moins rigide et effilé, situé à l'avant de divers animaux. *Le rostre de l'espadon.* **4** ZOOL Partie de la carapace de certains crustacés qui fait saillie entre les yeux. **5** ZOOL Ensemble des pièces buccales, allongées en stylet, de certains insectes et acariens. **LOC** *Les Rostres :* tribune aux harangues à laquelle étaient fixés, en guise de trophées, les éperons enlevés aux navires ennemis. ETY Du lat.

**Rostropovitch** Mstislav Leopoldovitch (Bakou, 1927 – Moscou, 2007), violoncelliste et chef d'orchestre russe. Il met son art au service des droits de l'homme.

Rostropovitch

**rot** *nm* fam Émission plus ou moins bruyante, par la bouche, de gaz stomacaux. PHO [RO] ETY Du lat.

**Rota** Nino (Milan, 1911 – Rome, 1979), compositeur italien ; auteur de la mus. des films de Fellini.

**rotacé, ée** *a* BOT En forme de roue. *Corolle rotacée.*

**rotang** *nm* Palmier d'Asie qui fournit le rotin. PHO [Rɔtɑ̃g] ETY Mot malais.

**rotary** *nm* TECH **1** Appareil de forage par rotation. **2** Système téléphonique de commutation automatique. ETY Mot angl.

**rotateur, trice** *a, n* **A** *a* **1** Qui fait tourner. **2** ZOOL Se dit de l'organe vibratile des rotifères. **B** *a, nm* Se dit d'un muscle qui permet un mouvement de rotation.

**rotatif, ive** *a* **1** Qui agit en tournant. **2** Qui correspond à une rotation. *Mouvement rotatif.*

**rotation** *nf* **1** Mouvement d'un corps qui tourne autour d'un axe. *Rotation d'un astre sur lui-même.* **2** Mouvement de ce qui pivote. *Rotation du buste.* **3** GEOM Transformation ponctuelle qui, à un point M, associe un point M' situé sur un cercle de centre O et de rayon OM, l'angle orienté MOM' restant constant. **4** Série de permutations dans laquelle chacun des éléments d'un ensemble prend successivement toutes les places occupées précédemment par les autres éléments. *La rotation des équipes.* **5** Renouvellement ; roulement. *Rotation du stock.* **6** Succession, alternance cyclique d'opérations. **7** AGRIC Alternance ou succession méthodique des cultures sur un même sol. **8** Renouvellement du personnel d'une entreprise. ETY Du lat.

**rotationnel** *nm* MATH Champ de vecteurs qui opère une dérivation d'une fonction vectorielle.

**rotative** *nf* TECH Presse à formes cylindriques utilisée en partic. pour l'impression des journaux et périodiques. DER **rotativiste** *nm*

**rotatoire** *a* **1** didac Qui tourne, qui décrit un cercle. *Mouvement rotatoire.* **2** Se dit du pouvoir d'un corps de faire tourner le plan de polarisation de la lumière.

**rotavirus** *nm* BIOL Virus provoquant des gastroentérites du nourrisson.

**rote** *nf* RELIG CATHOL Tribunal ecclésiastique établi à Rome, qui s'occupe notam. d'instruire les demandes d'annulation de mariage. ETY Du lat.

**rotengle** *nm* ZOOL Poisson d'eau douce (cyprinidé), aux nageoires rouge vif. SYN gardon rouge. ETY De l'all. *Rotengel,* « œil rouge ».

**roténone** *nf* PHARM Substance insecticide extraite de la racine de certaines légumineuses tropicales. SYN gardon rouge. ETY Du jap.

**roter** *vi* ① fam Faire un, des rots.

**Roth** Joseph (Schwabendorf, Galicie, auj. en Ukraine, 1894 – Paris, 1939), romancier autrichien : *la Marche de Radetzky* (1932), *la Crypte des capucins* (1938).

**Roth** Philip (Newark, New Jersey, 1933), romancier américain : *Portnoy et son complexe* (1969), *le Sein* (1972), *la Contrevie* (1989).

**Rothko** Mark (Dvinsk, auj. Daougavpils, Lettonie, 1903 – New York, 1970), peintre américain d'origine russe. Il évolua vers un art abstrait dépouillé (« abstraction chromatique »).

**Rothschild** famille de financiers originaires de Francfort-sur-le-Main (Allemagne) d'une richesse proverbiale dont l'ancêtre fut **Meyer Amschel** (1743 – 1812), banquier de Guillaume I^er^ de Hesse-Cassel. — **Amschel Meyer,** dit Anselme (1773 – id., 1855), fils aîné du préc., lui succéda à Francfort. Ses frères s'établirent dans les princ. villes d'Europe : — **Salomon** (1774 – 1855), à Vienne ; — **Nathan** (1777 – 1836), à Londres ; il finança l'effort de guerre anglais contre Napoléon I^er^. — **Karl** (1788 – 1855), à Naples. — **James** (1792 – 1858), à Paris, d'où il aida Nathan contre Napoléon I^er^.

**rôti, ie** *a, n* **A** *a* Cuit à feu vif ou au four. *Poulet rôti.* **B** *nm* Morceau de viande bardé et ficelé, destiné à être rôti. **C** *nf* rég Tranche de pain grillé.

**rotifère** *nm* ZOOL Métazoaire acœlomate microscopique, en général d'eau douce, pourvu à son extrémité antérieure d'un organe cilié vibratile, l'organe rotateur.

**1 rotin** *nm* Tige du rotang, utilisée dans la fabrication de meubles légers. ETY De *rotang,* par le holl.

**2 rotin** *nm* fam Sou. *Je n'ai plus un rotin.*

**rôtir** *v* ③ **A** *vt* Faire cuire une viande sans sauce, à feu vif ou au four. **B** *vi* **1** Cuire à feu vif ou au four. **2** fig, fam Subir une chaleur très vive. *Vous allez rôtir près du feu.* ETY Du frq. DER **rôtissage** *nm*

**rôtisserie** *nf* **1** Boutique où l'on vend des viandes rôties. **2** Restaurant où les viandes sont rôties à la broche ou au gril devant le client. DER **rôtisseur, euse** *n*

**Rôtisserie de la reine Pédauque (la)** roman d'Anatole France (1893).

**rôtissoire** *nf* **1** Ustensile servant à rôtir la viande à la broche. **2** Appareil électrique permettant la cuisson à la broche ou au gril.

**rotonde** *nf* **1** Édifice de forme circulaire. **2** Pavillon circulaire à dôme et à colonnes. **3** Édifice équipé, en son centre, d'une plaque tournante, pour le remisage des locomotives. ETY De l'ital.

**rotondité** *nf* Caractère de ce qui est rond, sphérique. *Rotondité de la Terre.*

**Rotondo (monte)** montagne du centre de la Corse (2 622 m).

**rotor** *nm* **1** ELECTR Partie tournante des machines électriques. **2** TECH Partie mobile d'une turbine. **3** AVIAT Voilure tournante. ETY Du lat.

**Rotrou** Jean de (Dreux, 1609 – id., 1650), poète dramatique français ; préclassique, maître de l'illusion théâtrale : *Bélisaire* (1643), *Venceslas* (1647), *Cosroès* (1649).

**rotrouenge** *nf* LITTER Pièce de poésie lyrique des XII^e^ et XIII^e^ s., composée de strophes et se terminant par un refrain. ETY De l'a. fr. *retrover,* « répéter ».

**Rotterdam** v. et port des Pays-Bas (Hollande-Méridionale), sur la Nieuwe Maas (« nouvelle Meuse », branche septentrionale du delta commun au Rhin et à la Meuse), à 30 km de la mer ; 1,1 million d'hab. (aggl.). Troisième port mondial marin et fluvial, surtout port pétrolier. L'activité industr. est import. Rotterdam abrite le « marché libre » mondial du pétrole. – Jardin zoologique. Musée Boymans. – Créée au XIV^e^ s., Rotterdam fut au XVII^e^ s. la 2^e^ ville comm. de Hollande ; elle devint un port mondial à la fin du XIX^e^ s.

**rottweiler** *nm* Gros chien de garde, au pelage noir marqué de brun. PHO [Rɔtvajlœr] ETY Mot all.

**rotule** *nf* **1** Petit os plat et mobile situé à la partie antérieure du genou. **2** TECH Articulation formée d'une pièce sphérique tournant dans un logement, permettant la rotation dans toutes les directions. **LOC** fam *Être sur les rotules :* accablé de fatigue. ETY Du lat. *rota,* « roue ». DER **rotulien, enne** *a*

**roture** *nf* **1** HIST État d'une personne ou d'un héritage qui n'est pas noble. **2** Ensemble des personnes non nobles. ETY Du lat. DER **roturier, ère** *a, n*

**Roty** Louis Oscar (Paris, 1846 – id., 1911), sculpteur et graveur en médailles français : *la Semeuse* (1897).

**rouage** *nm* **1** Chacune des pièces circulaires tournantes d'un mécanisme. **2** fig Chacun des éléments nécessaires au fonctionnement d'un ensemble organisé. *Les rouages d'une administration.*

**rouan, anne** *a, n* didac Se dit d'un cheval aubère, avec la crinière et la queue noire. ETY De l'esp.

**Rouault** Georges (Paris, 1871 – id., 1958), peintre et graveur français. Son dessin cursif, elliptique, rehaussé par des bleus et des noirs profonds, traite le cirque, la prostitution, le prétoire (*les Juges* 1908), des thèmes religieux.

Georges Rouault *la Sainte Face,* 1933 – MNAM

**Roubaix** ch.-l. de cant. du Nord (arr. de Lille), sur le *canal de Roubaix ;* 96 682 hab. Naguère, grand centre textile ; forme avec Lille et Tourcoing une vaste conurbation. DER **roubaisien, enne** *a, n*

**Roubaud** Jacques (Caluire-et-Cuire, Rhône, 1932), écrivain français, membre de l'Oulipo. Poésie : ∈ (1967), *Dors* (1982), *Quelque chose noir* (1986). Prose : *la Vieillesse d'Alexandre* (1978), *le Grand Incendie de Londres* (1989).

**roubignoles** *nf pl* vulg Testicules. ETY Du provenç. *robin,* surnom du bélier.

**roublard, arde** *a, n* fam Rusé et peu scrupuleux dans la défense de ses intérêts. ETY De l'ital. DER **roublardise** *nf*

**rouble** *nm* Unité monétaire principale de la Russie et de la Biélorussie.

**Roublev** Andreï (v. 1360 – v. 1430), moine russe. Peintre d'icônes : *la Trinité* (icône d'autel, v. 1410). ▷ CINE *Andreï Roublev,* film de Tarkovski (1966). VAR **Roubliov**

**Andreï Roublev** *la Trinité*, v. 1410 – musée Andreï Roublev, Moscou

**Roubtsovsk** v. industr. de Russie, au pied de l'Altaï ; 147 500 hab.

**Rouch** Jean (Paris, 1917 – Nord du Niger, 2004), ethnographe et cinéaste français. Adepte du « cinéma-vérité », il a notam. filmé les Africains : *Moi, un Noir* (1958), *Chronique d'un été* (1961), *Cocorico Monsieur Poulet* (1977).

**rouchi** *nm* LING Dialecte picard parlé dans la région de Valenciennes. ETY Mot picard.

**roucouler** *v* ① **A** *vi* **1** Faire entendre son cri, en parlant du pigeon, de la tourterelle. **2** fig Tenir des propos tendres et langoureux. *Jeunes mariés qui roucoulent.* **B** *vt* Prononcer tendrement. *Roucouler des mots doux.* ETY Onomat. DER **roucoulant, ante** *a* – **roucoulement** *nm* ou **roucoulade** *nf*

**Roud** Gustave (Saint-Légier, 1897 – Moudon, 1976), écrivain suisse d'expression française, auteur de poèmes en prose.

**roudoudou** *nm* fam Bonbon coloré moulé dans un coquillage ou une petite boîte ronde. PLUR roudoudous.

**roue** *nf* **1** Pièce rigide, de forme circulaire, qui tourne autour d'un axe perpendiculaire à son plan de symétrie et qui permet la sustentation d'un véhicule ou l'entraînement d'un organe mécanique. *Les roues d'une automobile.* **2** Tambour en forme de roue contenant des numéros de loterie, ou grand disque monté sur pivot, comportant des cases numérotées. **3** HIST Supplice qui consistait à briser les membres d'un condamné attaché à une roue sur laquelle on le laissait mourir. LOC fam ***Être la cinquième roue du carrosse :*** être inutile. — ***Faire la roue :*** en parlant du paon, du dindon, déployer sa queue en éventail ; fig en parlant d'une personne, se pavaner ; en gymnastique, tourner sur soi-même latéralement, en prenant appui sur les mains puis sur les pieds. — ***Grande roue :*** attraction foraine, sorte de manège vertical, à nacelles suspendues sur une roue dressée. — ***La roue de la Fortune :*** allégorie des vicissitudes humaines. — ***Pousser à la roue :*** aider qqn à réussir ce qu'il entreprend. — ***Roue libre :*** dispositif permettant de suspendre l'action de l'organe moteur sur la roue menée, qui peut ainsi tourner librement. ETY Du lat.

**roué, ée** *a, n* litt Se dit d'une personne rusée qui ne s'embarrasse pas de scrupules. LOC HIST ***Les Roués :*** sous la Régence, les compagnons de débauche du Régent, Philippe II d'Orléans, jugés dignes du supplice de la roue. DER **rouerie** *nf*

**rouelle** *nf* **1** Morceau de boucherie coupé dans la cuisse. **2** HIST Au Moyen Âge, signe distinctif imposé aux Juifs. ETY Du lat. *rotella,* « petite roue ».

**Rouen** ch.-l. du dép. de la Seine-Mar., import. port fluvial sur la Seine (avant-port de Paris) ; 113 400 hab. (aggl. urb. : 412 000 hab.). Centre industriel. – Archevêché. Université. Cathédrale XIIe-XVIe s., nombr. églises du XIIe s. au XVIe s. Palais de justice (déb. XVIe s.). Musée des Beaux-Arts. DER **rouennais, aise** *a, n*
**Histoire** En 841, les Normands mirent à sac Rouen qui, en 911, devint la ville princ. du duché de Normandie. En 1204, les rois de France l'annexèrent et la dotèrent d'un port militaire. Les Anglais la prirent (1419-1449) et y brûlèrent Jeanne d'Arc (1431). Catholique, la ville résista à Henri IV, qui la soumit en 1594.

**Rouen** le port

**Rouen-les-Essarts (circuit de)** circuit automobile de Seine-Maritime (6 km), situé au S. de Rouen, près du hameau des Essarts.

**rouer** *vt* ① HIST Faire subir à qqn le supplice de la roue. LOC ***Rouer qqn de coups :*** lui donner des coups nombreux et violents.

**Rouergue** anc. pays de France, qui correspond au rebord S. du Massif central ; cap. *Rodez.* – Comté (IXe s.) réuni à la Couronne en 1607. DER **rouergat, ate** *a, n*

**rouet** *nm* Machine à filer comportant une roue actionnée par une pédale.

**rouf** *nm* MAR Superstructure élevée sur le pont supérieur d'un navire et n'occupant pas toute la largeur de celui-ci. ETY Du néerl. VAR **roof**

**Rouffignac** local. de Dordogne (arr. de Sarlat), où une partie est ornée de peintures magdaléniennes.

**rouflaquette** *nf* fam **1** Mèche de cheveux recourbée en accroche-cœur sur la tempe. **2** Favori.

**rougaille** *nm* Réunion Sauce tomate pimentée ; plat de riz, de viande ou de poisson servi avec cette sauce. ETY Du tamoul. VAR **rougail**

**rouge** *a, n* **A** *a* **1** De la couleur du sang, du coquelicot. *Foulard rouge.* **2** Favorable aux opinions politiques révolutionnaires ou d'extrême gauche. **3** Qui a le visage coloré par un afflux de sang. *Être rouge de colère.* **4** Qui a pris la couleur du feu par élévation de température. *Fer rouge.* **5** D'un roux très vif, en parlant des cheveux ou du pelage d'un animal. **B** *n* vieilli Communiste, révolutionnaire, militant d'extrême gauche. **C** *nm* **1** Couleur rouge. **2** Substance colorante rouge. *Rouges organiques.* **3** Fard rouge pour le maquillage. *Rouge à lèvres, à joues.* **4** fam Vin rouge. **5** Coloration rouge du visage, due à la honte, à la colère, etc. *Le rouge lui est monté aux joues.* **6** Couleur du métal porté à incandescence. *Fer chauffé au rouge.* **7** Situation financière difficile ou déficitaire. *Avoir son compte dans le rouge.* LOC ***Gros rouge :*** vin rouge ordinaire. — ***Se fâcher tout rouge :*** devenir rouge de colère. — ***Voir rouge :*** entrer dans une violente colère. ETY Du lat.

**Rouge (fleuve)** (en vietnamien *Sông Hông*), fleuve du N. du Viêt-nam (1 200 km) ; né en Chine, dans le Yunnan, il se jette dans le golfe du Tonkin par un immense delta.

**Rouge (mer)** (anc. *golfe Arabique*), mer étroite qui sépare l'Afrique (du N.-E.) et l'Asie (péninsule Arabique), et communique avec l'océan Indien (golfe d'Aden) par un détroit. Elle se caractérise par la chaleur et la très grande salinité de ses eaux. Ancien axe commercial, reliée à la Méditerranée depuis 1869 par le canal de Suez, la mer Rouge est un couloir stratégique menacé par les conflits entre les États riverains. ▷ RELIG D'après l'Exode, ses eaux se séparèrent et les Hébreux, conduits par Moïse, passèrent à pied sec. Elles se refermèrent sur les Égyptiens.

**Rouge (place)** (en russe *Krasnaïa Plochtchad, krasnaïa* signifiant « rouge » et « belle »), grande place de Moscou séparant le Kremlin de la vieille ville. Elle date de la création de la cité. Sur cette vaste esplanade s'élèvent l'église Basile-le-Bienheureux et le mausolée de Lénine. Les Alliés la bombardèrent pendant la Seconde Guerre mondiale.

**Rouge (rivière)** rivière des États-Unis et du Canada (900 km) ; née au Minnesota, elle se jette dans le lac Winnipeg. – La colonie de la *Rivière-Rouge (Red River),* fondée par un Écossais en 1811, était peuplée de métis issus de Français et d'Amérindiennes. En 1870, l'Angleterre en fit la prov. du Manitoba. Conduits par Louis Riel, les métis se révoltèrent en 1869 et 1885.

**rougeâtre** *a* Qui tire sur le rouge.

**rougeaud, aude** *a, n* Qui a le visage rouge.

**Rouge et le Noir (le)** roman de Stendhal (nov. 1830) qui s'inspira d'un procès de déc. 1827. Princ. personnages : Julien Sorel, Mme de Rénal (Louise), Mathilde de La Mole. ▷ CINE Film d'Autant-Lara (1954), avec G. Philipe, D. Darrieux, Antonella Lualdi (née en 1931).

**rouge-gorge** *nm* Petit oiseau passériforme (turdidé), commun dans toute l'Europe et caractérisé par la couleur rouge sombre de sa gorge et de sa poitrine. PLUR rouges-gorges.

**rouge-gorge**

**Rougemont** Denis de (Cauvet, Neuchâtel, 1906 – Genève, 1985), essayiste suisse d'expression française : *l'Amour et l'Occident* (1939), *Lettre ouverte aux Européens* (1970).

**rougeole** *nf* Maladie virale aiguë, endémique et épidémique, très contagieuse, immunisante. DER **rougeoleux, euse** *a, n*

**rougeot** *nm* Nom de diverses maladies de la vigne, caractérisées par un rougissement des feuilles.

**rougeoyer** *vi* ㉓ Se colorer de diverses nuances de rouge, avoir des reflets rouges et changeants. DER **rougeoiement** *nm* – **rougeoyant, ante** *a*

**rouge-queue** *nm* Petit oiseau passériforme (turdidé) à la queue roussâtre. PLUR rouges-queues.

**rouget** *nm* **1** Nom cour. de plusieurs poissons comestibles de couleur rose à rouge vif qui vivent en Méditerranée ou dans l'Atlantique Nord. *Rouget barbet. Rouget grondin.* **2** MED VET Maladie infectieuse du porc, très contagieuse et transmissible à l'homme.

**rouget** grondin

**Rouget de Lisle** Claude Joseph (Lons-le-Saunier, 1760 – Choisy-le-Roi, 1836), officier français du génie. Il composa en 1792, à Strasbourg, les paroles et la musique de *la Marseillaise*. Toutefois, il fut emprisonné sous la Terreur (1793-1794). Il composa des romances et des pièces de théâtre (*l'École des mères* 1798).

**rougeur** *nf* **1** Teinte rouge, rougeâtre. **2** Coloration rouge du visage, provoquée par une émotion. **3** Tache rouge qui apparaît sur la peau.

**rough** *nm* **1** Partie d'un terrain de golf qui n'est pas entretenue, située en dehors des fairways et des greens. **2** Syn. (déconseillé) de *crayonné*. PHO [rœf] ETY Mot angl., « grossier ».

**rougir** *v* ③ **A** *vt* Donner une couleur rouge à. *Les veilles ont rougi ses yeux.* **B** *vi* **1** Devenir rouge. *Les cerises commencent à rougir. Rougir de confusion.* **2** Avoir honte, être confus. *Vous devriez rougir de vos mensonges.* DER **rougissant, ante** *a* – **rougissement** *nm*

**Rougon-Macquart (les)** titre général sous lequel Zola a réuni les 20 romans (1871 à 1893) de son *Histoire naturelle et sociale d'une famille sous le Second Empire*.

**Rouher** Eugène (Riom, 1814 – Paris, 1884), homme politique français. Fidèle du prés. Louis Napoléon Bonaparte, il fut l'un des piliers du II$^{e}$ Empire, de tendance conservatrice.

**rouille** *nf, a inv* **A** *nf* **1** Hydroxyde ferrique brun orangé dont se couvrent le fer et l'acier corrodés par l'humidité. **2** AGRIC Nom de diverses maladies cryptogamiques de végétaux supérieurs. **3** CUIS Aïoli additionné de piment rouge. **B** *a inv* De la couleur de la rouille. ETY Du lat.

**rouillé, ée** *a* **1** Attaqué, rongé par la rouille. **2** Atteint de la maladie de la rouille. **3** fig Qui a perdu une partie de ses capacités par manque d'exercice. *Jambes rouillées. Mémoire rouillée.*

**rouiller** *v* ① **A** *vt* Rendre rouillé. *L'eau rouille le fer. L'inactivité rouille le corps et l'esprit.* **B** *vi* Devenir rouillé.

**rouillure** *nf* **1** Effet de la rouille sur un métal. **2** AGRIC État d'une plante atteinte de rouille.

**rouir** *vt* ③ *vt* TECH Faire tremper dans l'eau du lin, du chanvre afin que les fibres textiles se séparent des parties pectiques et autres des tiges. ETY Du frq. DER **rouissage** *nm*

**rouissoir** *nm* TECH Endroit où se fait le rouissage.

**roulade** *nf* **1** MUS Ornementation mélodique, suite de notes légères et rapides chantées sur une seule syllabe. **2** CUIS Tranche de viande roulée et farcie. **3** Mouvement de qqn qui roule sur lui-même roulé-boulé, culbute.

**roulage** *nm* **1** DR Fait de rouler, pour un véhicule. **2** Transport des marchandises par véhicules automobiles. **3** TECH En papeterie, déformation d'une feuille ayant tendance à s'enrouler en forme de cylindre. **4** MINES Transport du minerai par berlines. **5** AGRIC Opération qui consiste à passer le rouleau sur un champ labouré. LOC *Manutention par roulage :* dans laquelle les véhicules qui ont assuré le transport par route d'une marchandise embarquent à bord du navire qui doit en assurer ensuite le transport par mer. — *Police de roulage :* réglementation de la circulation des véhicules.

**roulant, ante** *a, nf* **1** Se dit de ce qui peut rouler ; monté sur roues, sur roulettes. *Table roulante.* **2** Se dit d'un engin de manutention ou de transport des personnes sur de courtes distances dont le mouvement se fait par roulement sur des galets ou des rouleaux. *Pont, tapis roulant. Escalier roulant.* LOC MILIT *Cuisine roulante* ou *la roulante :* cuisine ambulante employée par les armées en campagne. — *Feu roulant :* tir continu d'armes à feu ; fig série de questions en salve. — CH DE F *Matériel roulant :* les locomotives, les voitures et les wagons — *Personnel roulant :* qui effectue son service à bord d'un train ou d'un véhicule de transports en commun.

**roulé, ée** *a, nm* **A** *a* Dont on a fait un rouleau. *Couverture roulée.* **B** *nm* En pâtisserie, gâteau dont la pâte est enroulée sur elle-même. LOC fam *Bien roulée :* bien faite, en parlant d'une femme. — *Épaule roulée :* en boucherie, épaule désossée et parée en forme de rouleau. — PHON *R roulé :* prononcé avec la pointe (apex) de la langue, par oppos. au *r grasseyé* ou *vélaire*, prononcé du fond de la gorge (*r* dit *parisien*).

**rouleau** *nm* **1** Morceau d'une matière souple enroulé sur lui-même et formant un cylindre. *Rouleau de papier.* **2** Cylindre en matière dure destiné à presser, à aplatir. *Rouleau à pâtisserie.* **3** AGRIC Instrument utilisé pour aplanir un terrain, écraser les mottes de terre. **4** Cylindre recouvert de matière absorbante pivotant librement sur un axe emmanché, utilisé pour peindre de grandes surfaces. **5** Bigoudi constitué par un cylindre. **6** Coiffure féminine où les cheveux sont roulés en cylindre, sur la nuque. **7** Lame qui se brise sur une plage, et qui a la forme d'un cylindre. **8** SPORT Technique de saut en hauteur consistant à faire tourner le corps au-dessus de la barre dans une position proche de l'horizontale. *Rouleau ventral, dorsal.* LOC fam *Être au bout du rouleau :* ne plus avoir de ressources physiques, financières, etc. — *Rouleau compresseur :* engin de travaux publics utilisé pour aplanir les revêtements des voies ; fig groupe puissant qui écrase toute résistance ; phénomène massif que rien n'arrête. — *Rouleau de printemps :* mets vietnamien constitué d'une galette de riz fourrée de crudités hachées.

**roulé-boulé** *nm* SPORT Technique de réception au sol consistant à se ramasser sur soi-même et à se laisser rouler à terre. PLUR roulés-boulés.

**roulement** *nm* **1** Mouvement de ce qui roule. *Roulement des yeux.* **2** TECH Organe servant à réduire les frottements entre des pièces dont l'une est en rotation, constitué de deux bagues entre lesquelles tournent des billes, des rouleaux ou des aiguilles. *Roulement à billes.* **3** Bruit sourd et continu produit par qqch qui roule. *Roulement de tambour.* **4** Succession, alternance de personnes qui se remplacent pour effectuer certains travaux, certaines tâches.

**rouler** *v* ① **A** *vt* **1** Pousser une chose en la faisant tourner sur elle-même. *Rouler un tonneau.* **2** Déplacer un objet comportant une, des roues. *Rouler une brouette.* **3** Enrouler qqch, en faire un rouleau ou une boule. *Rouler une couverture.* **4** Aplanir au rouleau. *Rouler la pâte.* **5** fig, litt Envisager sous tous les angles, examiner en tournant et en retournant dans son esprit. *Rouler des projets dans sa tête.* **6** fam Duper qqn. *Se faire rouler.* **7** AGRIC Pratiquer le roulage. **8** BOT Provoquer la roulure. **B** *vi* **1** Avancer, se déplacer en tournant sur soi-même, en parlant d'un objet de forme ronde. **2** Avancer sur des roues. *Train qui roule à grande vitesse. Nous avons roulé toute la nuit.* **3** IMPRIM Commencer le tirage après que toutes les vérifications ont été faites. **4** MAR Être balancé par le roulis. **5** Circuler rapidement, en parlant de l'argent. **6** Faire entendre un son sourd et prolongé. **7** Porter sur tel ou tel sujet, en parlant de la conversation. *La discussion roulait sur un problème important.* **C** *vpr* **1** Se tourner de côté et d'autre, étant couché. *Se rouler dans l'herbe, par terre.* **2** S'envelopper de qqch qui couvre le corps. *Se rouler dans son manteau pour dormir.* **3** Ramasser le corps sur lui-même, se mettre en boule. LOC fam *Ça roule :* tout va bien. — *Rouler les mécaniques :* faire étalage de sa force physique, faire le fier-à-bras. — *Rouler les r :* les prononcer en faisant vibrer la pointe de la langue contre le palais. — fam *Rouler pour qqn :* travailler pour lui, pour qu'il réussisse. — fam *Rouler sa bosse :* mener une existence vagabonde. — *Rouler sur l'or :* être très riche. — *Rouler une cigarette :* la confectionner en façonnant en rouleau une pincée de tabac enveloppée de papier mince. — *Se rouler les pouces* ou *se les rouler :* ne rien faire. ETY Du lat.

**Roulers** (en néerl. *Roeselare*), v. industr. de Belgique ; ch.-l. d'arr. de la Flandre-Occid. ; 51 980 hab. – Égl. XV$^{e}$-XVI$^{e}$ s.

**Rouletabille** Joseph Joséphin, dit, reporter détective, héros de romans policiers de Gaston Leroux.

**roulette** *nf* **1** Chacune des petites roues qui permettent de faire rouler l'objet auquel elles sont fixées. *Fauteuil à roulettes.* **2** Instrument muni d'une petite roue dentée et qui sert à faire des marques, des empreintes, à découper, etc. **3** fam Fraise de dentiste. **4** Jeu de hasard dans lequel une petite boule est lancée dans un plateau tournant comportant trente-sept cases numérotées rouges ou noires. LOC fam *Comme sur des roulettes :* sans aucune difficulté. — *Roulette russe :* duel dans lequel on tire sur soi-même avec un revolver dont on fait tourner le barillet chargé d'une seule balle.

**rouleur, euse** *n* **1** Ouvrier, ouvrière qui va travailler d'atelier en atelier. **2** SPORT Coureur cycliste qui excelle sur les parcours plats, par oppos. à *grimpeur*.

**roulier** *nm* **1** anc Voiturier chargé du transport des marchandises. **2** MAR Navire spécialement aménagé pour la manutention par roulage.

**roulis** *nm* **1** Oscillation d'un navire d'un bord sur l'autre sous l'effet de la houle. **2** Oscillation comparable d'un avion ou d'un véhicule routier. PHO [ruli]

**roulottage** *nm* fam Vol à la roulotte.

**roulotte** *nf* Voiture servant de logement aux forains, aux nomades. LOC fam *Vol à la roulotte :* vol d'objets dans des véhicules en stationnement.

**roulotter** *vt* ① COUT Faire un ourlet constitué d'un rouleau très fin. VAR **rouloter** DER **roulotté** ou **rouloté** *nm*

**roulottier, ère** *n* fam Voleur(euse) à la roulotte.

**roulure** *nf* **1** BOT Maladie des arbres due au gel qui provoque la séparation et l'enroulement des couches ligneuses. **2** grossier, inj Femme de mauvaise vie, prostituée.

**roumain** *nm* Langue romane parlée en Roumanie.

**Roumain** Jacques (Port-au-Prince, 1907 – Mexico, 1944), écrivain haïtien ; créateur de *la Revue indigène* (1927) et fondateur du Parti communiste haïtien. Romans : *la Montagne ensorcelée* (1931), *Gouverneurs de la rosée* (1944).

**Roumanie (république de)** État du S.-E. de l'Europe, limité à l'ouest par la Hongrie et la Serbie, au nord par l'Ukraine, à l'est par la Moldavie, au sud par la Bulgarie et la mer Noire. 237 500 km$^2$ ; 20 millions d'hab. ; accroissement naturel : – 0,3 % par an ; cap. *Bucarest.* Nature de l'État : rép. de type parlementaire. Pop. : Roumains (89,5 %), Hongrois (7,7 %), Allemands, Tsiganes, Tatars, Ukrainiens. Langue off. : roumain. Monnaie : leu. Relig. : orthodoxes (86,8 %), catholiques (6,1 %), protestants (5,9 %). DER **roumain, aine** *a, n*

**Géographie** Trois entités géographiques, montagnes centrales, collines de piémont et plaines de bordure, couvrent chacune un tiers de la superficie. L'arc des Carpates (2 543 m au Moldoveanu) prend en écharpe le centre du pays. Il enveloppe le plateau de Transylvanie et les monts Apuseni. À l'E. et au S. s'étendent les collines et les plaines de la rive gauche du Danube (Moldavie, Dobroudja, Munténie, Valachie) qui s'ouvrent sur la mer Noire où le fleuve se jette par un vaste delta. Le climat est semi-continental : étés chauds, froid hivernal.

**Économie** La production agricole est diversifiée : maïs, blé, vin, tournesol, soja, betterave. Les rendements restent médiocres malgré la privatisation des grandes fermes d'État. Faibles, les ressources énergétiques sont la lignite, l'hydroélectricité (barrage de Djerdap, dans la région des Portes de Fer), une centrale nucléaire (inaugurée en 1994). L'industrie lourde, importante, est vétuste. L'investissement étranger est faible. Après une récession constante, une diminution du pouvoir d'achat et une longue absence de réformes, la croissance est apparue en 2000, mais s'est ralentie dans les années 2010.

**Histoire** L'ANTIQUITÉ ET LE MOYEN ÂGE Peuplée de Gètes, qui avaient fondé le royaume de Dacie, une partie du territoire actuel de la Roumanie fut conquise par Trajan, qui en fit en 106 une province romaine. Après le départ des Romains (de 271 à 276), dont l'influence fut déterminante, le pays subit de nombr. invasions : Goths, Huns, Slaves, Bulgares, Magyars, etc. À partir du X$^e$ s. se constituèrent de petites principautés, dont le développement fut interrompu par l'invasion des Mongols (1237-1242). Au XIV$^e$ s., les premiers États indépendants se constituèrent (Valachie, Moldavie, Transylvanie), mais passèrent bientôt sous la suzeraineté de la Hongrie (pour la Transylvanie), de la Pologne, puis de la Turquie. Au XVIII$^e$ s., la Transylvanie fut occupée par l'Autriche, tandis que la Turquie imposait le gouvernement des Phanariotes à la Moldavie et à la Valachie.

VERS L'INDÉPENDANCE Au XIX$^e$ s., les rivalités entre Turcs, Russes et Autrichiens sauvèrent l'intégrité des États roumains. En 1859, avec l'appui de la France, les principautés de Moldavie et de Valachie réalisèrent leur union en élisant comme prince régnant le colonel Cuza. Renversé en 1866, il fut remplacé par Charles de Hohenzollern. En 1867, la Hongrie annexa la Transylvanie, et le sort des Roumains y devint précaire. En 1878 (congrès de Berlin), la Roumanie, qui avait lutté aux côtés des Russes contre les Turcs, gagna son indépendance, mais dut échanger contre la Dobroudja le S. de la Bessarabie. Le prince Charles devint le roi Carol I$^{er}$ de Roumanie.

LES DEUX GUERRES MONDIALES S'étant rangée aux côtés des Alliés en 1916, la Roumanie obtint les territoires revendiqués : Transylvanie, Bessarabie, Bucovine. Elle les perdit en 1940, à la suite du pacte germano-soviétique et du diktat de Vienne imposé par Hitler et Mussolini (août 1940). En sept. 1940, des groupements profascistes (notam. la Garde de fer) portèrent au pouvoir le général Ion Antonescu, et Carol II abdiqua en faveur de son fils Michel I$^{er}$ ; Antonescu lança le pays au côté de l'Allemagne contre les Soviétiques (22 juin 1941). Le 23 août 1944, une insurrection mit fin à la dictature d'Antonescu ; Michel I$^{er}$ reprit le pouvoir ; les troupes roumaines se retournèrent contre l'Allemagne nazie, mais le traité de Paris (10 fév. 1947) ne restitua à la Roumanie que le N. de la Transylvanie (elle dut renoncer à la Bessarabie, au N. de la Bucovine et au S. de la Dobroudja).

LA ROUMANIE SOCIALISTE Les élections de 1946 portèrent au pouvoir le Parti communiste roumain ; Michel I$^{er}$ abdiqua le 30 déc. 1947 et la République populaire roumaine fut proclamée. Elle fut dirigée par Groza, qui collectivisa les terres. À partir de 1962, la Roumanie s'écarta de l'orbite soviétique. À Groza succédèrent Gheorghiu-Dej (1955-1965), Chivu Stoica (1965-1967) et Nicolae Ceaușescu, président du Conseil d'État à partir de 1967, puis président de la République en 1974. En 1972, la Roumanie adhéra au FMI et obtint des crédits importants. Mais le renchérissement du prix de l'énergie, à partir de 1979, provoqua une grave crise économique. Des troubles à Brașov, en 1987, annoncèrent que la révolte couvait contre la dictature de Ceaușescu. En déc. 1989, l'annonce d'un massacre d'opposants à Timișoara déclencha un processus révolutionnaire, sous la conduite du Front de salut national (FSN), dominé par d'anc. communistes.

UNE TRANSITION DIFFICILE Le FSN prit le pouvoir le 22 déc. 1989, fit exécuter les époux Ceaușescu le 25 déc. et remporta facilement les élections de mai 1990. Son chef, Ion Iliescu, fut élu président de la République et P. Roman nommé Premier ministre. En sept. 1991, des manifestations de mineurs provoquèrent la démission du cabinet Roman. Iliescu remporta en 1992 l'élection présidentielle. En 1996, l'opposition (la Convention démocrate) remporta les élections législatives. Son candidat, Emil Constantinescu, fut élu président de la Rép. Il a constitué des cabinets de coalition dont l'impuissance a provoqué des troubles. La contestation a culminé en 1999 avec les manifestations des mineurs. En 2000, Iliescu a remporté une victoire écrasante sur Constantinescu et il est devenu une nouvelle fois président de la Rép. ; son parti « néocommuniste » a remporté les législatives. Les élections générales de 2004 ont amené au pouvoir le leader de l'opposition Traian Basescu, réélu en 2009. La Roumanie intègre l'Union européenne en 2007. En 2012, Basescu doit composer avec un gouv. de gauche mené par Victor Ponta, lui-même battu par le libéral Klaus Iohannis lors des élections présidentielles de 2014.

**Roumanille** Joseph (Saint-Rémy-de-Provence, 1818 – Avignon, 1891), écrivain français d'expression occitane : *Contes provençaux* (1883). Cofondateur du félibrige (1854), il édita l'*Armana prouvençau* (« Almanach provençal »).

**Roumélie** anc. rég. de la Turquie d'Europe, qui comprenait la Macédoine et la Thrace. La *Roumélie-Orientale,* baignée par la mer Noire, est auj. bulgare.

**roumi** *n* Chrétien, pour les musulmans (notam. sous les Ottomans). ETY De l'ar. *rumi,* « romain ».

**Roumois (le)** pays de Normandie, délimité par la Seine et la Risle. Élevage bovin.

**round** *nm* **1** SPORT À la boxe, reprise lors d'un combat. **2** fig Épisode d'un débat, d'une négociation. PHO [Rund] ou [Rawnd] ETY Mot angl.

**1 roupie** *nf* Unité monétaire de l'Inde, du Sri Lanka, de l'île Maurice, du Népal, des îles Maldives, des Seychelles et du Pākistān. ETY De l'hindoustani

**2 roupie** *nf* vx Goutte qui coule du nez. LOC fam *Roupie de sansonnet :* chose sans importance, sans intérêt. ETY De l'a. fr. *reupie,* « crachat ».

**roupiller** *vi* 1 fam Dormir.

**roupillon** *nm* fam Petit somme. *Piquer un roupillon.*

**Roupnel** Gaston (Laissey, Doubs, 1871 – Gevrey-Chambertin, 1946), écrivain français : *Histoire de la campagne française* (1932). Romans paysans : *Nono* (1910), *Siloë* (1927).

**rouquette** *nf* BOT Syn. de *roquette.*

**rouquin, ine** *a, n* **A** fam Qui a les cheveux roux. **B** *nm* fam Vin rouge.

**Rous** Francis Peyton (Baltimore, 1879 – New York, 1970), généticien américain. En 1911, il transplanta la tumeur maligne d'un poulet malade sur un poulet sain (*sarcome de Rous*) et forgea une théorie virale du cancer. P. Nobel de médecine 1966 avec C. B. Huggins.

**rouscailler** *vi* 1 fam Réclamer, protester bruyamment.

**rouspéter** *vi* [14] fam Protester avec vigueur, réclamer. [DER] **rouspétance** *nf* – **rouspéteur, euse** *n, a*

**roussane** *nf* Cépage blanc des côtes du Rhône et de la Savoie.

**roussâtre** *a* Qui tire sur le roux.

**rousse** *nf* fam, vx Police.

**Rousseau Jean-Baptiste** (Paris, 1671 – Bruxelles, 1741), poète lyrique français : *Odes sacrées et profanes*, *Cantates*, *Épigrammes* violentes. En 1712, il fut banni pour diffamation.

**Rousseau Jean-Jacques** (Genève, 1712 – Ermenonville, 1778), écrivain et philosophe genevois de langue française. Fils d'un horloger, il perdit sa mère à sa naissance. Après plusieurs apprentissages, il émigra en Savoie, où il fut recueilli par une jeune femme, Mme de Warens (1728). Converti au catholicisme, il voyagea à pied et exerça divers métiers, avant de retrouver sa protectrice à Chambéry (1732). Son séjour avec elle aux Charmettes (1737-1740) fut l'époque la plus heureuse de sa vie ; mais Mme de Warens, qui l'avait initié à l'amour, se détacha de lui. Rousseau se rendit alors à Paris (1741), entra en relation avec Voltaire, Grimm et Diderot, qui lui commanda des articles sur la musique pour l'*Encyclopédie*. En 1745 débuta sa liaison avec Thérèse Levasseur, une ancienne servante. Il l'épousa en 1768 après avoir eu d'elle cinq enfants, qui furent tous abandonnés. En 1750, son *Discours sur les sciences et les arts* le rendit célèbre. Il fit jouer avec succès un opéra, *le Devin du village* (1752). En 1755, son *Discours sur l'origine de l'inégalité parmi les hommes* condamne la société, fondée sur la propriété, et lui oppose un « état de nature » idéal. En 1756, accueilli par Mme d'Épinay (amie de Diderot) dans son chalet de l'Ermitage, près de Paris, Rousseau s'éprit de Mme d'Houdetot. Son caractère susceptible, aggravé par une maladie de la vessie, l'amena à rompre avec Mme d'Épinay et avec les encyclopédistes (1757). En 1758, sa condamnation du théâtre (*Lettre à d'Alembert sur les spectacles*) lui attira l'animosité de Voltaire. Hôte à Montmorency (dans le Val-d'Oise actuel) du maréchal de Luxembourg (1758-1762), il acheva *Julie ou la Nouvelle Héloïse* (1761), roman épistolaire préromantique, écrivit *Du contrat social* (1762), qui prône la démocratie, et donna *l'Émile* (1762), ouvrage sur l'éducation aux principes modernes. Poursuivi par le Parlement pour le passage de *l'Émile* nommé *Profession de foi du vicaire savoyard*, il s'enfuit en Suisse (1762) puis gagna l'Angleterre (1766). De retour en France, il publia un *Dictionnaire de la musique* (1767). Il continua ses *Confessions* (récit de sa vie commencé en 1765, publié en 1782-1789), son chef-d'œuvre. En 1778, le marquis de Girardin l'accueillit à Ermenonville (Oise), où il acheva *les Rêveries du promeneur solitaire* (commencées en 1776, publiées en 1782) et mourut brusquement. On l'enterra dans l'île des Peupliers à Ermenonville. La Convention fit transporter ses restes au Panthéon en 1794. Son œuvre a inspiré la Déclaration des droits de l'homme (1789) ; elle annonce le romantisme. Son influence demeure vivace (par ex. sur le courant écologiste). [DER] **rousseauiste** *a, n*

Jean-Jacques Rousseau

**Rousseau Théodore** (Paris, 1812 – Barbizon, 1867), peintre français ; chef de file de l'école de Barbizon ; paysagiste.

**Rousseau Henri, dit le Douanier** (Laval, 1844 – Paris, 1910), peintre français, maître de l'art naïf. Employé à l'octroi de Paris (« douanier ») de 1871 à 1893, il connut Gauguin, Picasso, et n'appartint à aucune école : *la Bohémienne endormie* (1897), *la Charmeuse de serpents* (1907), *le Rêve* (1910).

le Douanier Rousseau : *Moi-même*, 1890 – galerie Narodni, Prague

**Rousseff Dilma** (Belo Horizonte, 1947), femme politique brésilienne (Parti des travailleurs), élue présidente de la Rép. en 2010, réélue en 2014.

**Roussel Albert** (Tourcoing, 1869 – Royan, 1937), musicien français, influencé par Debussy : *le Festin de l'araignée* (ballet, 1913), *Padmâvatî* (opéra-ballet, 1923), *Bacchus et Ariane* (ballet, 1931), *Sinfonietta* (pour cordes, 1934).

**Roussel Raymond** (Paris, 1877 – Palerme, 1933), écrivain français. Ses œuvres, élaborées à partir de combinaisons phoniques entraînant un dédoublement du sens, font de lui un précurseur du surréalisme et du nouveau roman : *la Doublure* (1897), *Impressions d'Afrique* (1910), *l'Étoile au front* (théâtre, 1924), *Nouvelles Impressions d'Afrique* (1932), *Comment j'ai écrit certains de mes livres* (posth., 1935).

**rousserolle** *nf* Petit oiseau passériforme, proche parent des fauvettes, au plumage beige, qui vit dans les roseaux. [VAR] **rousserole**

**Rousses (Grandes)** massif cristallin des Alpes françaises (3 468 m au *pic de l'Étendard*), partagé entre l'Isère et la Savoie.

**Rousses (Les)** com. du Jura (arr. de Saint-Claude) ; 3 263 hab. Station de sports d'hiver. [DER] **rousselan, ane** *a, n*

**Rousset David** (Roanne, 1912 – Paris, 1997), écrivain français, déporté en Allemagne (1943-1945) : *l'Univers concentrationnaire* (1946), *les Jours de notre mort* (1947).

**roussette** *nf* **1** Grande chauve-souris frugivore d'Afrique et d'Asie. **2** Petit requin à peau tachetée commun dans les mers d'Europe. SYN chien de mer. **3** Vin blanc de Savoie.

**rousseur** *nf* Couleur rousse. LOC ***Tache de rousseur :*** petite tache pigmentaire brun clair, fréquente sur la peau des blonds et des roux. SYN éphélide.

**roussi** *nm* Odeur de ce qui a commencé à brûler. LOC fam ***Sentir le roussi :*** se dit d'une situation, d'une affaire qui risquent de se gâter, de mal tourner.

**Roussillon** anc. prov. française qui forme auj. le dép. des Pyrénées-Orientales ; cap. *Perpignan*. Cultures maraîchères et fruitières. Vignobles. (V. Languedoc-Roussillon.) – Possession d'Alphonse II d'Aragon (1172), le Roussillon fut rattaché à la France en 1659 (paix des Pyrénées). [DER] **roussillonnais, aise** *a, n*

**roussin** *nm* vx Cheval entier un peu épais, employé autref. à la guerre.

**Roussin André** (Marseille, 1911 – Paris, 1987), auteur français de comédies à succès : *la Petite Hutte* (1947), *Nina* (1949), *Lorsque l'enfant paraît* (1951), *la Mamma* (1957). Acad. fr. (1973).

**roussir** *v* [3] **A** *vt* Rendre roux, spécial. en brûlant superficiellement. **B** *vi* Devenir roux. [DER] **roussissement** *nm* – **roussissure** *nf*

**Roussy Gustave** (Vevey, 1874 – Paris, 1948), cancérologue français. Il fonda en 1913, à Villejuif, l'Institut du cancer, auj. *Institut Gustave-Roussy*.

**Roustan** (Géorgie, 1780 – Dourdan, 1845), mamelouk qui fut donné par le cheikh du Caire à Bonaparte. [VAR] **Roustam**

**rouste** *nf* fam Volée de coups, correction.

**routage** *nm* **1** Groupage en liasses, et par destinations, d'imprimés, de journaux, etc., en vue de leur acheminement. **2** MAR Action de router un navire. **3** TELECOM Dans un système de télécommunications, gestion des lignes et acheminement des messages.

**routard, arde** *n* fam Voyageur en général jeune qui prend la route à pied ou en auto-stop.

**route** *nf* **1** Voie terrestre carrossable d'une certaine importance. *Route nationale, départementale.* **2** Direction à prendre pour aller quelque part, itinéraire. *Les grandes routes maritimes.* **3** Parcours, chemin, voyage. *Faire la route à pied.* **4** Ensemble des routes ; l'ensemble des moyens de transport qui utilisent les routes. *Code de la route. Le rail et la route.* **5** Direction suivie par un navire ou un aéronef. LOC ***Faire fausse route :*** aller dans la mauvaise direction, se fourvoyer ; fig se tromper, faire erreur. — ***Faire route :*** marcher ; voyager. — ***La route est toute tracée :*** on ne peut douter de la conduite à suivre. — ***Mettre en route :*** faire démarrer un moteur, une machine, etc. ; commencer à exécuter. — ***Nos routes se sont croisées :*** nos destins se sont croisés. [ETY] Du lat. *via rupta*, « voie ouverte ».

**Route des Flandres (la)** roman de Claude Simon (1960), une des œuvres fondatrices du nouveau roman.

**router** *vt* [1] **1** TECH Faire le routage des journaux, des prospectus, etc. **2** MAR, AVIAT Établir la route d'un navire, d'un avion.

**routeur** *nm* **1** TECH Professionnel du routage. **2** MAR, AVIAT Personne qui route un navire, un avion. **3** SPORT Dans une course à la voile, personne qui indique au skipper la meilleure route. **4** TELECOM Logiciel assurant le routage.

**1 routier** *nm* HIST Soldat pillard, appartenant à des bandes organisées, dans la France du Moyen Âge. LOC ***Vieux routier :*** homme qui a de l'expérience. [ETY] De l'a. fr. *route*, « bande ».

**2 routier, ère** *a, n* **A** *a* Qui a rapport aux routes, à la route. *Trafic routier. Carte routière.* **B** *n* SPORT Cycliste spécialisé dans les épreuves sur route, par oppos. à *pistard*. **C** *nm* **1** Chauffeur de poids lourds qui effectue de longs trajets. **2** Restaurant bon marché placé sur un axe de circulation et fréquenté par des routiers. **3** Scout âgé de plus de seize ans. **D** *nf* Automobile conçue pour faire de longs parcours sur route.

**routine** *nf* **1** Habitude d'agir et de penser toujours de la même manière. **2** Action(s) quotidienne(s), accomplie(s) machinalement et avec une certaine monotonie. **3** INFORM Ensemble d'instructions exécutables à un certain point d'un programme. LOC ***De routine :*** ordinaire, habituel. [DER] **routinier, ère** *a, n* – **routinièrement** *av*

**routiniser** *vt* [1] Rendre routinier. *Routiniser les tâches.* [DER] **routinisation** *nf*

**rouverin** *am* LOC TECH *Fer rouverin* : fer cassant, difficile à travailler. ETY De l'a. fr. *rovelent*, « rougeâtre ». VAR **rouverain**

**Rouvier** Maurice (Aix-en-Provence, 1842 – Neuilly-sur-Seine, 1911), homme politique français, prés. du Conseil (1887 et 1905-1906).

**Rouvray (forêt du)** forêt domaniale de la Seine-Maritime (3 240 ha), dans une boucle de la Seine (r. g.), en face de Rouen.

**rouvre** *nm* Chêne courant en France, dont il existe deux sous-espèces, l'une aux glands pédonculés, l'autre aux glands sessiles.

**rouvrir** *v* ㉜ Ouvrir de nouveau.

**roux, rousse** *a, n* **A** *a* **1** D'une couleur entre le jaune orangé et le rouge. *Vache rousse.* **2** Se dit du beurre fondu et cuit jusqu'à devenir roux. **B** *am* Qui a les cheveux roux. **C** *nm* **1** Couleur rousse. **2** CUIS Préparation faite avec de la farine et du beurre roussis sur le feu, que l'on utilise pour lier une sauce. ETY Du lat.

**Roux** Jacques (Pranzac, 1752 – Bicêtre, 1794), révolutionnaire français. Vicaire à Paris, membre de la Commune (1791), chef des Enragés, il se poignarda lors de son procès.

**Roux** Émile (Confolens, 1853 – Paris, 1933), médecin français ; directeur de l'Institut Pasteur (1904-1933). Il mit au point le traitement de la diphtérie par le sérum de cheval.

**Rouyn-Noranda** ville du Québec ; 31 400 hab. Centre minier (or, cuivre) et métallurgique. DER **rouynorandien, enne** *a, n*

**rover** *nm* Robot mobile utilisé en astronautique pour explorer le sol d'une planète. PHO [rɔvœr] ETY Mot amér.

**Rovigo** ville d'Italie (Vénétie) ; 51 700 hab. ; ch.-l. de la prov. du m. nom. Centre agric.

**Rovno** → **Rivne.**

**Rowland** Henry Augustus (Honesdale, Pennsylvanie, 1848 – Baltimore, 1901), physicien américain : travaux sur les réseaux de diffraction et sur le spectre solaire.

**Rowlandson** Thomas (Londres, 1756 – id., 1827), caricaturiste anglais. Il s'attaqua à Napoléon Ier et à George III.

**Rowling** Joanne Kathleen (Chipping Sodbury, Avon, 1965), romancière anglaise, créatrice du personnage d'Harry Potter, jeune héros d'une série de best-sellers mondiaux.

**Roxane** (m. à Amphipolis, v. 310 av. J.-C.), fille d'un satrape de Bactriane, épouse d'Alexandre le Grand dont elle eut un fils posthume. Cassandre fit mettre à mort la mère et le fils.

**Roxelane** (v. 1505 – v. 1560), épouse de Soliman II le Magnifique. Elle intrigua avec férocité pour que son fils accède au trône (Selim II).

**Roy** Jules (Rovigo, Algérie, 1907 – Vézelay, 2000), écrivain français : *Retour de l'enfer* (1951), *les Chevaux du soleil* (1968-1975).

**Roy** Gabrielle (Saint-Boniface, Manitoba, 1909 – Québec, 1983), romancière canadienne d'expression française : *Bonheur d'occasion* (1945), *Ces enfants de ma vie* (1977).

**royal, ale** *a, nf* **A** *a* **1** Qui appartient, qui a rapport à un roi. *Palais royal. Famille royale.* **2** Qui est digne d'un roi. *Un accueil royal.* **3** Qualifie certaines races ou variétés d'animaux, de végétaux, remarquables par leur beauté, leur taille. *Tigre royal.* PLUR royaux. **B** *nf* Touffe de poils sous la lèvre inférieure, plus longue que la mouche. ETY Du lat. DER **royalement** *av*

**Royal Air Force** (RAF) nom donné à l'armée de l'air britannique.

**Royal de luxe** compagnie française de théâtre de rue, créée en 1979. Marionnettes géantes.

**Royal Dutch-Shell** groupe pétrolier et chimique issu de la fusion, en 1907, d'une société néerlandaise et d'une société britannique.

**Royale (la)** nom fam. de la marine de guerre française (qui servait le roi, donc la nation), par oppos. à la marine marchande.

**royal gala** *nfinv* Variété de pomme rouge, juteuse et sucrée.

**royalisme** *nm* Attachement à la royauté, à la monarchie.

**royaliste** *a, n* Partisan du roi, de la royauté. LOC *Être plus royaliste que le roi* : prendre à cœur les intérêts de qqn plus qu'il ne le fait lui-même.

**royalties** *nfpl* Redevance payée à un inventeur, un auteur, un éditeur, un propriétaire de gisement de pétrole, etc. SYN (recommandé) redevance. PHO [rwajaltiz] ETY Mot angl.

**Royan** ch.-l. de cant. de la Char.-Mar., à l'entrée de la Gironde ; 17 102 hab. Stat. balnéaire. – Les troupes allemandes s'y étant maintenues en 1944, la ville fut détruite par les bombardements de 1945. – Église de G. Gillet (1954-1959). DER **royannais, aise** *a, n*

**Royans (le)** région de collines du bas Dauphiné, entre l'Isère et le Vercors.

**Royat** ch.-l. de cant. du Puy-de-Dôme ; 4 658 hab. Stat. thermale. Taillerie de pierres fines. – Égl. XIIe-XIIIe s. – Près des thermes, *grotte du Chien*, aux émanations toxiques. DER **royatais, aise** ou **royadère** *a, n*

**royaume** *nm* État gouverné par un roi. LOC *Le royaume de Dieu* : le paradis. ETY Du lat.

**Royaumes combattants (les)** seigneuries indép. en lesquelles la Chine se divisa pendant les deux derniers siècles de la dynastie Zhou. Sept États princiers s'affrontèrent, puis le souverain des Qin unifia la Chine et s'en proclama le premier empereur en 221 av. J.-C. Pendant la période des Royaumes combattants (481-221 av. J.-C.), la pensée chinoise fut très florissante : le confucianisme, le taoïsme, l'école des légistes se développèrent. En effet, sages et lettrés allaient de ville en ville ; ces « cent écoles » créèrent la prose chinoise.

**Royaume-Uni de Grande-Bretagne et d'Irlande du Nord** → **Grande-Bretagne.**

**Royaumont** écart de la com. d'Asnières-sur-Oise (Val-d'Oise, arr. de Montmorency). – Abb. fondée par Saint Louis en 1228, endommagée sous la Révolution, auj. centre culturel.

**royauté** *nf* **1** Dignité de roi. *Renoncer à la royauté.* **2** Régime monarchique. *Le déclin de la royauté.*

**Royer-Collard** Pierre Paul (Sompuis, Champagne, 1763 – Châteauvieux, Loir-et-Cher, 1845), philosophe et homme politique français. Universitaire, il devint, sous la Restauration, le chef des doctrinaires. Acad. fr. (1827).

**Rozebeke** com. de Belgique (Flandre-Orientale) à l'E. d'Oudenarde. – Victoire de l'armée française sur les hab. de Gand révoltés contre le comte de Flandre ; le chef des rebelles, Philippe Van Artevelde, fut tué (27 nov. 1382).

**RPF** Sigle de *Rassemblement du peuple français.*

**RPR** Sigle de *Rassemblement pour la République.*

**-rragie** Élément, du gr. *rhêgnumi*, « jaillir ».

**-rrhée** Élément, du gr. *rhein*, « couler ».

**RSA** *nm* Sigle de *revenu de solidarité active.*

**RSF** sigle de *Reporters sans frontières.*

**RTL** → **Luxembourg (Radio-Télé-).**

**RTT** *nf* Abrév. de *réduction du temps de travail*, limité à 35 heures hebdomadaires par les lois Aubry de 1998 et 2000.

**ru** *nm* vx, rég Petit ruisseau. ETY Du lat.

**Ru** CHIM Symbole du ruthénium.

**R-U** Abréviation de *Royaume-Uni* V. Grande-Bretagne et d'*Irlande du Nord* (Royaume-Uni de).

**ruade** *nf* Action de ruer, mouvement d'une bête qui rue.

**Ruanda** → **Rwanda.**

**Ruanda-Urundi** ancien territoire de l'Afrique-Orientale allemande, placé en 1919 sous mandat de la Belgique. En 1961, il a été partagé en deux États, le Rwanda et le Burundi, indépendants depuis 1962.

**Rub' al-Khali (Al-)** désert du S.-E. de la péninsule d'Arabie ; 300 000 km².

**ruban** *nm* **1** Bandelette de tissu, mince et étroite. *Un ruban de soie.* **2** Petit morceau de tissu que l'on porte à la boutonnière comme insigne de décoration. *Le ruban rouge de la Légion d'honneur.* **3** Bande étroite de métal, de tissu, etc. *Ruban d'une machine à écrire.* LOC *Ruban bleu* : supériorité marquée dans un domaine. ETY Du moy. néerl.

**rubanerie** *nf* TECH Industrie, commerce des rubans. DER **rubanier, ère** *n, a*

**rubato** *a, av, nm* MUS Se dit d'un tempo très libre, sans pulsion rythmique marquée. PHO [rubato] ETY Mot ital.

**Rubbia** Carlo (Gorizia, 1934), physicien italien ; identification des bosons W et Z. Prix Nobel 1984 avec S. Van der Meer.

**rubéfier** *vt* ② MED Provoquer le rougissement de la peau par congestion dans un but thérapeutique. DER **rubéfaction** *nf* – **rubéfiant, ante** *a*

**rubellite** *nf* MINER Variété de tourmaline rose ou rouge.

**Rubempré** Lucien Chardon, dit Lucien de héros d'*Illusions perdues* (1837-1843) et de *Splendeurs et misères des courtisanes* (1838-1847), de Balzac.

**Ruben** personnage biblique, fils aîné de Jacob, chef de l'une des 12 tribus d'Israël.

**Rubén** Darío → **Darío.**

**Rubens** Pierre Paul (Siegen, Westphalie, 1577 – Anvers, 1640), peintre flamand. Fils d'un échevin calviniste d'Anvers réfugié à Cologne, il fut apprenti dans plus. ateliers de 1591 à 1600. Il partit alors pour l'Italie. Rappelé à Anvers, en 1609, comme peintre officiel du gouverneur espagnol des Pays-Bas, il reçut des commandes de l'Europe entière. Vers 1619-1620, il installa un vaste atelier, où il employa de nombreux collaborateurs. De 1621 à 1625, il peignit à Paris les

**Rubens** *Descente de Croix*, 1612 – musée de Lille

21 grandes toiles de l'*Histoire de Marie de Médicis.* En 1626, sa femme Isabelle Brandt mourut. Ambassadeur de l'infante Isabelle d'Espagne, il voyagea (1627-1630). À son retour, il épousa la jeune Hélène Fourment et reprit la peinture : portraits (*Hélène Fourment et ses enfants,* Louvre), nus mythologiques (*les Trois Grâces*), paysages, bacchanales, noces villageoises, fêtes galantes. DER **rubénien, enne** *a*

**rubéole** *nf* Maladie infectieuse, épidémique et contagieuse, due à un virus, fréquente chez l'enfant. *La rubéole de la femme enceinte peut provoquer des malformations fœtales.* ETY Du lat. *rubeus,* « rouge ».

**rubescent, ente** *a* didac Qui devient rouge.

**rubiacée** *nf* BOT Plante dicotylédone gamopétale aux feuilles opposées et munies de stipules, dont la famille comprend le caféier, la garance, le gaillet, etc. ETY Du lat.

**rubican** *am* didac Se dit d'un cheval à robe noire, baie ou alezane semée de poils blancs. ETY De l'esp.

**Rubicon (le)** rivière tributaire de l'Adriatique, qui séparait la Gaule cisalpine de l'Italie. Après la conquête des Gaules, César franchit le Rubicon pour marcher contre Pompée (50 av. J.-C.), en s'écriant : *Alea jacta est !* (« Les dés ont été jetés », ou « Le sort en est jeté »). — *Franchir le Rubicon :* prendre une décision irrévocable et périlleuse.

**rubicond, onde** *a* Très rouge de teint. *Visage rubicond.*

**rubidium** *nm* **1** CHIM Élément alcalin de numéro atomique Z = 37, de masse atomique 85,47 (symbole Rb). **2** Métal (Rb) blanc brillant, de densité 1,53, qui fond à 39 °C. PHO [Rybidjɔm] ETY Du lat.

**rubigineux, euse** *a* didac **1** Couvert de rouille. **2** Qui a la couleur de la rouille.

**Rubinstein** Anton Grigorievitch (Vykhvatintsy, 1829 – Peterhof, auj. Petrodvorets, 1894), compositeur et pianiste russe. Il fonda les conservatoires de Saint-Pétersbourg (1862) et de Moscou (1867).

**Rubinstein** Ida (Kharkov, v. 1885 – Vence, 1960), danseuse et mime russe ; créatrice de nombr. mimodrames ; mécène de musiciens, chorégraphes et écrivains.

**Rubinstein** Artur (Łódź, 1887 – Genève, 1982), pianiste américain d'origine polonaise ; interprète virtuose de Chopin.

**rubis** *nm* **1** Pierre précieuse rouge, variété de corindon coloré par l'oxyde de chrome ; bijou fait avec cette pierre. **2** HORL Monture de pivot en pierre dure, dans un rouage de montre, d'horlogerie. LOC ***Payer rubis sur l'ongle :*** payer comptant tout ce qu'on doit. ETY Du lat. *rubeus,* « rouge ».

**rubricard** *nm* Journaliste qui tient une rubrique. VAR **rubriquard**

**rubriquage** *nm* Ensemble des rubriques d'un journal, d'un site web.

**rubrique** *nf* **1** Ensemble d'articles publiés régulièrement par un périodique, traitant d'un même domaine. *La rubrique des faits divers.* **2** Catégorie, série dans un classement. *Les bottes sont à la rubrique « vêtements » du catalogue.* ETY Du lat.

**rubriquer** *vt* ① Classer selon une rubrique, une catégorie.

**Rubroek** Guillaume de (Rubroek, près de Cassel, v. 1220 –?, v. 1295), religieux flamand. Saint Louis l'envoya en Asie, où il rendit visite au khān de Mongolie en 1254. Il décrivit (en lat.) son voyage. VAR **Ruysbroek**

**ruche** *nf* **1** Habitation des abeilles, naturelle ou construite par l'homme. **2** Ensemble formé par une habitation et une société d'abeilles. **3** fig Lieu où règne une activité intense. **4** COUT Bande plissée de tulle, de dentelle, etc., qui sert de garniture à une collerette, un bonnet, etc. LOC ***Ruche bourdonneuse :*** dont le couvain ne comporte que des œufs de mâles. — ***Ruche orpheline :*** qui n'a plus de reine. ETY Du lat. *rusca,* « écorce ».

**Ruche (la)** cité d'artistes, à Paris (15e), fondée en 1902 par le sculpteur Alfred Boucher (1850 – 1934). Elle accueillit Chagall, Léger, Modigliani, Soutine, etc.

**ruchée** *nf* Population d'une ruche.

**1 rucher** *vt* ① COUT Plisser une étoffe en ruche. DER **ruché** *nm*

**2 rucher** *nm* Ensemble des ruches d'une même exploitation.

**Rückert** Friedrich (Schweinfurt, 1788 – Neuses, 1866), poète lyrique et orientaliste allemand : *Printemps de l'amour* (1823), *Chants des enfants morts* (posth. 1872) mis en musique par Mahler.

**Rūdakī** (près de Rūdak, région de Samarkand, fin du IXe s. – id., 940), poète persan ; le père de la poésie lyrique persane.

**Ruda Śląska** ville minière et industr. de Pologne (banlieue de Katowice) ; 165 430 hab.

**Rudbeck** Olof (Vinberg, 1708 – Drottningholm, 1765), écrivain suédois : poésies (*la Légende du cheval,* 1740) ; tragédies classiques : *Histoire de la Suède* (1747-1762).

**rudbeckie** *nf* BOT Plante ornementale composée, cultivée pour ses grands capitules jaune et brun. PHO [Rydbeki] ETY D'un n. pr. VAR **rudbeckia** *nm*

**Rudd** Kevin (Nambour, Queensland, 1957), homme politique australien, Prem. ministre (travailliste) de 2007 à 2010 et en 2013.

**rude** *a* **1** Dont le contact est dur, désagréable. *Barbe, étoffe rude.* **2** Difficile à supporter, pénible. *Hiver rude. Une rude épreuve.* **3** Dur, sévère. *Une règle bien rude.* **4** Fruste, mal dégrossi. *Un homme rude.* **5** Sévère et brutal. *Être rude avec ses enfants.* **6** Redoutable. *Un rude jouteur.* ETY Du lat.

**Rude** François (Dijon, 1784 – Paris, 1855), sculpteur français romantique : *le Départ des volontaires de 1792,* dit cour. *la Marseillaise* (1833-1835), statues de *Gaspard Monge* (1847, Beaune) et du *Maréchal Ney* (1852-1853, Paris).

**rudement** *av* **1** De façon rude. *Être rudement traité.* **2** fam Beaucoup, très. *J'ai rudement mal.*

**François Rude** *Départ des volontaires de 1792,* dit *la Marseillaise,* 1833-1835 – arc de triomphe de l'Étoile, Paris

**rudenture** *nf* ARCHI Ornement en forme de câble ou de baguette, au bas des cannelures d'une colonne. DER **rudenté, ée** *a*

**rudéral, ale** *a* BOT Qui pousse dans les décombres. ETY Du lat. *rudus,* « décombres ».

**rudération** *nf* TECH Pavage en cailloux ou en petites pierres.

**rudesse** *nf* **1** Caractère de ce qui est rude. *Rudesse d'une matière.* **2** Caractère d'une personne rude ; brutalité, dureté. *La rudesse de ses manières.*

**rudiment** *nm* **A** BIOL Forme ébauchée ou atrophiée d'un organe. *Rudiment d'aile.* **B** *nmpl* Premières notions d'une science, d'un art. ETY Du lat. *rudimentum,* « apprentissage ».

**rudimentaire** *a* **1** Peu développé, sommaire. *Savoir rudimentaire. Confort rudimentaire.* **2** BIOL À l'état de rudiment. *Organe rudimentaire.*

**rudiste** *nm* Mollusque lamellibranche fossile à coquille épaisse (jurassique et crétacé).

**Rudnicki** Adolf (Varsovie, 1912 – id., 1990), romancier polonais, auteur de nombr. nouvelles traitant de l'Holocauste : *le Marchand de Lodz* (1963), *Têtes polonaises* (1981).

**Rudolf von Ems** (mort en Italie vers 1254), écrivain allemand : *Baarlam et Josaphat* (v. 1225), *le Bon Gérard* (apr. 1230), *Guillaume d'Orléans* (v. 1240).

**rudologie** *nf* Étude scientifique des déchets, du contenu des poubelles, des décharges publiques. DER **rudologique** *a* – **rudologue** *n*

**rudoyer** *vt* ㉓ Traiter rudement. DER **rudoiement** *nm*

**1 rue** *nf* **1** Voie bordée de maisons, dans une agglomération. **2** Ensemble des habitants d'une rue. *Toute la rue était aux balcons.* **3** Lieu de manifestations, d'émeutes ; ces mouvements eux-mêmes. *La rue alors imposait sa loi.* **4** THEAT Espace entre deux coulisses. LOC ***Être à la rue :*** être sans domicile ; être dans la misère. — ***L'homme de la rue :*** le citoyen ordinaire. ETY Du lat. *ruga,* « ride ».

**2 rue** *nf* BOT Plante herbacée (rutacée), vivace, à fleurs jaunes, malodorante, dont certaines espèces sont officinales. ETY Du lat.

**ruée** *nf* Action de se ruer ; fait de se précipiter en nombre vers un même lieu.

**Ruée vers l'or (la)** film de et avec Charlie Chaplin (1925).

**Rueff** Jacques (Paris, 1896 – id., 1978), économiste français : *le Péché monétaire de l'Occident* (1971). Acad. fr. (1964).

**Rueil-Malmaison** ch.-l. de cant. des Hauts-de-Seine (arr. de Nanterre) ; 80 425 hab. – Le *château de Malmaison,* construit en 1622 (remanié en 1799), fut habité, sous le Consulat, par Bonaparte et Joséphine, puis par cette dernière seule. DER **rueillois, oise** *a, n*

**ruelle** *nf* **1** Petite rue étroite. **2** vx Espace laissé entre un lit et un mur ou entre deux lits. **3** LITTER Aux XVIe et XVIIe s., chambre à coucher, alcôve où l'on tenait salon.

**ruer** *v* ① **A** *vi* Lancer en l'air avec force les pieds de derrière, en parlant d'un cheval, d'un âne, etc. **B** *vpr* Se lancer vivement, impétueusement. *Se ruer sur qqn, vers la sortie.* LOC ***Ruer dans les brancards :*** se rebeller. ETY Du lat. *ruere,* « pousser ».

**Rue sans joie (la)** film de Pabst (1925), d'apr. le roman de Hugo Bettauer, avec Greta Garbo.

**Ruffié** Jacques (Limoux, 1921 – Paris, 2004), médecin français, spécialiste d'anthropologie physique.

**rufian** *nm* litt Homme audacieux et sans scrupule, qui vit d'expédients. ETY Du germ. VAR **ruffian**

**Rufisque** v. et port du Sénégal, sur l'Atlantique, près de Dakar ; 51 000 hab. Industries.

**ruflette** *nf* Galon servant à doubler les hauts de rideaux et permettant de les accrocher aux tringles. ETY Nom déposé.

**Rugambwa** Laurian (Bukongo, 1912 – Dar es-Salaam, 1997), prélat tanzanien ; premier cardinal noir (1960).

**rugby** *nm* Sport qui oppose deux équipes de quinze, de treize (rugby à XIII) ou de sept joueurs (rugby à VII), et qui consiste à porter un ballon ovale, joué à la main ou au pied, derrière la ligne de but adverse, ou à le faire passer d'un coup de pied entre les poteaux de but, au-dessus de la barre transversale. ETY Du n. d'une ville anglaise. DER **rugbystique** *a*

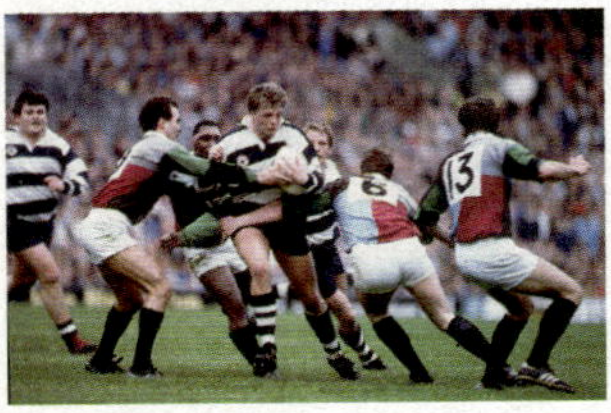

rugby

**Rugby** ville d'Angleterre (Warwickshire) ; 83 400 hab. Collège célèbre où l'on joua pour la première fois au rugby (1823).

**rugbyman** *nm* Joueur de rugby. PLUR rugbymans ou rugbymen. PHO [Rygbiman]

**rugbywoman** *nf* Joueuse de rugby.

**Ruggieri** Cosimo (Italie, ? – Paris, 1615), astrologue florentin, conseiller de Catherine de Médicis qu'il suivit en France ; accusé de complot en 1574, condamné aux galères, puis grâcié, il publia des almanachs.

**Ruggieri** famille d'artificiers français, descendants de **Petronio Ruggieri** (l'un des cinq frères qui, en 1730, quittèrent Bologne pour Paris).

**rugine** *nf* CHIR Instrument qui sert à racler les os. ETY Du lat. *runcina*, « rabot ». DER **ruginer** *vt* ①

**rugir** *v* ③ **A** *vi* **1** Pousser son cri en parlant du lion, des bêtes féroces. **2** Faire entendre un bruit semblable au cri du lion. *La tempête rugit.* **3** Hurler, vociférer. *Rugir de colère.* **B** *vt* Dire en criant, en menaçant. *Rugir des insultes.* ETY Du lat. DER **rugissant, ante** *a* – **rugissement** *nm*

**rugueux, euse** *a* Qui est rude au toucher ; qui présente de petites aspérités à la surface. ETY Du lat. DER **rugosité** *nf*

**Ruhlmann** Émile Jacques (Paris, 1879 – id., 1933), décorateur français ; utilisateur raffiné de bois précieux, d'ivoire, d'écaille, etc.

**Ruhmkorff** Heinrich Daniel (Hanovre, 1803 – Paris, 1877), physicien allemand. ▷ ELECTR La *bobine de Ruhmkorff* transforme un courant d'intensité élevée en un courant de tension élevée.

**Ruhr (la)** rivière d'Allemagne (235 km), affl. du Rhin (r. dr.). – Le riche foyer industriel qu'elle traverse, entièrement inclus dans le Land de Rhénanie-du-Nord-Westphalie, est cour. appelé *bassin de la Ruhr* ou *Ruhr*. Fondée sur l'extraction du charbon, l'industrie s'y est développée puissamment à partir de 1850. Entre 1961 et 1981, la Ruhr a réduit sa prod. de charbon et perdu 200 000 emplois. Par la suite, elle s'est reconvertie dans le tertiaire. Au confl. Rhin-Ruhr, Duisburg-Ruhrort est le premier port fluvial d'Europe ; au S., Düsseldorf constitue la cap. admin. et fin. de la région.
**Histoire** Comme l'Allemagne tardait à exécuter les réparations prévues par le traité de Versailles, la France occupa, le 8 mars 1921, Düsseldorf et Duisburg, puis, avec l'accord de la Belgique et de l'Italie (mais non de la G.-B.), toute la Ruhr (11 janvier 1923). En 1924, l'adoption du plan Dawes entraîna le départ des troupes étrangères. L'impopularité de cette occupation contribua au succès ultérieur du nazisme.

**ruiler** *vt* ① Combler au mortier l'intervalle entre un mur et un toit. ETY Du lat. *regula*, « règle ».

**ruine** *nf* **A 1** Dégradation, écroulement d'un édifice. *Château qui menace ruine, qui tombe en ruine.* **2** fig Effondrement, destruction. *La ruine d'un État.* **3** Perte des biens, de la fortune. *Ruine d'un banquier.* **4** Personne dans un état de grande dégradation physique ou morale. *Cet homme n'est plus qu'une ruine.* **B** *nfpl* Débris d'une ville, d'un édifice détruits. ETY Du lat.

**ruine-de-Rome** *nf* BOT Cymbalaire. PLUR ruines-de-Rome.

**ruiner** *v* ① **A** *vt* **1** litt Ravager, détruire. *L'averse a ruiné la moisson.* **2** fig Causer la ruine de. *Ruiner une carrière. Il se ruine la santé.* **3** Infirmer, réduire à rien. *Ruiner une hypothèse.* **4** Faire perdre sa fortune à qqn. *Le krach l'a ruiné.* **B** *vpr* Perdre sa fortune ; dépenser trop. *Il s'est ruiné au jeu. Il se ruine en voyages.*

**ruineux, euse** *a* Qui cause la ruine, qui entraîne à des dépenses excessives. *Plaisirs ruineux.* DER **ruineusement** *av*

**ruiniforme** *a* GEOL Se dit des roches ou des reliefs auxquels l'érosion a donné un aspect de ruine.

**ruiniste** *n* Bx-A Se dit d'un peintre de ruines.

**ruinure** *nf* TECH Entaille faite sur le côté d'une solive pour donner prise à la maçonnerie.

**Ruisdael** → **Ruysdael.**

**ruisseau** *nm* **1** Petit cours d'eau. **2** fig Flot de liquide qui coule, s'épanche. *Des ruisseaux de larmes.* **3** anc Eau qui coule au milieu d'une rue ou le long des trottoirs ; caniveau où elle coule. **4** fig, litt Origine misérable, situation avilissante. *Tirer qqn du ruisseau.* ETY Du lat.

**ruisseler** *vi* ⑦ ou ⑲ **1** Couler en filets d'eau. *Larmes qui ruissellent.* **2** Avoir sur soi un liquide qui coule en filets. *Ruisseler de sueur.* DER **ruisselant, ante** *a*

**ruisselet** *nm* litt Petit ruisseau. SYN ru.

**ruissellement** *nm* **1** Fait de ruisseler. **2** GEOL Écoulement des eaux pluviales sur une pente. VAR **ruissèlement**

**Ruiz** Raul (Puerto Montt, 1941), cinéaste chilien : *Trois tristes Tigres* (1968). Il s'exila en France en 1973 : *les Trois Couronnes du matelot* (1982), *le Temps retrouvé* (1999).

**Ruiz de Alarcón y Mendoza** Juan (au Mexique, v. 1580 – Madrid, 1639), dramaturge espagnol : *la Vérité suspecte* (1630), comédie dont Corneille s'inspira dans *le Menteur* ; *le Tisserand de Ségovie* (drame, 1634).

**rumb** → **rhumb.**

**rumba** *nf* Danse d'origine afrocubaine ; air très syncopé sur lequel on la danse. PHO [Rumba] ETY Mot esp. des Antilles.

**rumen** *nm* ZOOL Premier estomac des ruminants, appelé aussi *panse*. PHO [Rymen] ETY Mot lat.

**rumeur** *nf* **1** Bruit confus de voix. *Rumeur d'un auditoire.* **2** Bruit sourd, lointain. *La rumeur de la mer.* **3** Bruit, nouvelle qui court dans le public. **4** Murmure de mécontentement. ETY Du lat.

**Rumford** Benjamin Thompson (comte) (Woburn, Massachusetts, 1753 – Auteuil, 1814), physicien américain. Il étudia la chaleur et inventa un photomètre.

**ruminant, ante** *a, nm* **A** *a* Qui rumine. **B** *nm* ZOOL Mammifère artiodactyle pourvu d'un appareil digestif propre à la rumination, dont le sous-ordre comprend les bovidés, les camélidés, les cervidés, etc.

**ruminer** *vt* ① **1** Chez les ruminants, ramener les aliments, après une première déglutition, de la panse dans la bouche pour les mâcher de nouveau. **2** fig Penser et repenser à qqch, ressasser. *Ruminer un dessein.* DER **rumination** *nf*

**Rummel (oued)** fleuve de l'Algérie occidentale (250 km) ; tributaire de la Méditerranée. Né en Petite Kabylie, il coule dans la gorge de Constantine, puis devient l'*oued el-Kebir.* VAR **Rhumel**

**rumsteck** → **romsteck.**

**runabout** *nm* Canot de course ou de plaisance à moteur intérieur. PHO [Rœnabawt] ETY Mot angl., « vagabonder ».

**Rundstedt** Gerd von (Aschersleben, 1875 – Hanovre, 1953), maréchal allemand. Battu en Normandie (juil. 1944), il commanda l'offensive allemande dans les Ardennes (déc. 1944).

**rune** *nf* Caractère des anciens alphabets germaniques et scandinaves. ETY Mot norv. DER **runique** *a*

**Runeberg** Johan Ludvig (Pietarsaari, 1804 – Porvoo, 1877), poète romantique finlandais de langue suédoise : *le Roi Fialar* (1844), *Récits de l'enseigne Staal* (1848 et 1860), *les Rois à Salamine* (drame, 1863).

**Rungis** com. du Val-de-Marne (arr. de L'Haÿ-les-Roses) ; 5 424 hab. Un marché d'intérêt national (MIN) y remplace depuis 1969 les halles de Paris. DER **rungissois, oise** *a, n*

**ruolz** *nm* TECH Alliage blanc, composé de cuivre, de nickel et d'argent. ETY Du n. d'un chimiste fr.

**Ruolz-Montchal** comte Henri de (Paris, 1808 – Neuilly-sur-Seine, 1887), chimiste français. Il découvrit l'argenture par électrolyse.

**Rupert (le)** fl. du Québec (600 km) ; issu du lac Mistassini, il se jette dans la baie de James.

**Rupert** Robert (comte palatin) dit le Prince (Prague, 1619 – Londres, 1682), amiral anglais. Fils de l'Électeur palatin Frédéric V et d'Élisabeth Stuart, il servit Charles Ier Stuart, fut battu par Cromwell (bataille de Naseby, 1645) et par Blake en Irlande (1650). Charles II le fit Premier lord de l'Amirauté.

**rupestre** *a* **1** Qui vit sur les rochers. *Plante rupestre.* **2** Exécuté sur ou dans des rochers. *Tombe rupestre.* **3** Se dit des peintures visibles sur les parois des cavernes. ETY Du lat.

intérieur d'une église **rupestre** décorée de peintures byzantines (Cappadoce)

**rupiah** *nf* Unité monétaire de l'Indonésie.

**rupicole** *nm, a* **A** *nm* Oiseau passériforme, au plumage orange vif, appelé aussi *coq de roche.* **B** *a* Se dit d'un végétal qui pousse sur les parois rocheuses. ETY Du lat.

**rupin, ine** *a, n* fam Riche.

**rupiner** *vi* ① fam briller, réussir. *Rupiner à l'oral.*

**rupteur** *nm* ELECTR Appareil d'ouverture et de fermeture du circuit primaire dans une bobine d'induction.

**rupture** *nf* **1** Action de rompre, fait de se rompre. *Rupture d'une branche, d'un câble.* **2** MED Déchirure subite d'un vaisseau, d'un organe. *Rupture d'anévrisme.* **3** Cessation, changement brusque. *Rupture de rythme. Rupture de contrat.* **4** Séparation de personnes qui étaient liées. **LOC** ***En rupture de stock*** : les marchandises d'un stock étant devenues insuffisantes pour satisfaire les commandes. — ***Rupture conventionnelle*** : fin de contrat convenue d'un commun accord entre l'employeur et l'employé. — ***Rupture de charge*** : transbordement de marchandises d'un véhicule à un autre. (ETY) Du lat. *rumpere*, « rompre ».

**rural, ale** *a, n* **A** *a* Relatif à la campagne, aux personnes qui l'habitent. *Vie rurale. Monde rural.* **B** *n* Habitant de la campagne. PLUR ruraux. (ETY) Du lat.

**ruralisme** *nm* Idéalisation de la vie à la campagne. (DER) **ruraliste** *a, n*

**ruralité** *nf* Appartenance au monde rural.

**rurbanisation** *nf* SOCIOL Peuplement des villages proches des villes par des personnes travaillant dans celles-ci. (DER) **rurbain, aine** *a, n*

**Rurik** (m. v. 880), chef des Varègues qui s'empara de Novgorod (v. 860) et fonda le premier État et la première dynastie russes. Les récits de sa vie sont en partie légendaires. (VAR) **Riourik**

**ruse** *nf* **1** Moyen habile dont on se sert pour tromper. **2** Habileté à tromper, à feindre. *Vaincre par la ruse.* **LOC** ***Ruse de guerre*** : stratagème pour tromper l'ennemi. (ETY) Du lat.

**Ruse** v. de Bulgarie, port sur le Danube ; ch.-l. du distr. du m. nom ; 179 000 hab. Industries.

**rusé, ée** *a, n* **A** Qui a de la ruse. **B** *a* Qui dénote la ruse. *Air rusé.*

**ruser** *vi* (1) Agir avec ruse ; employer des ruses.

**rush** *nm* **A 1** SPORT Ruée d'un groupe de joueurs. **2** SPORT Effort final d'un concurrent. **3** Ruée, afflux. *Le rush des vacanciers.* **B** *nmpl* CINE, AUDIOV Prises de vues avant montage. SYN (recommandé) épreuve de tournage. PLUR rushs ou rushes. (PHO) [rœʃ] (ETY) Mot angl.

**Rushdie** Salman (Bombay, 1947), écrivain britannique d'orig. indienne : *les Enfants de minuit* (1981) ; *les Versets sataniques* (1988), livre sacrilège aux yeux des musulmans traditionalistes, qui lui a valu des menaces de mort ; *le Dernier soupir du Maure* (1995) ; *Est, Ouest* (1997).

**Rushmore (mont)** site des É.-U. (Dakota du Sud) où sont sculptées, dans la masse granitique, les têtes (d'env. 20 m de haut) des prés. Washington, Jefferson, Lincoln et Roosevelt.

**Ruska** Ernst (Heidelberg, 1906 – Berlin, 1988), physicien allemand. Il inventa le microscope électronique (1931). Prix Nobel 1986.

**Ruskin** John (Londres, 1819 – Brantwood, Cumberland, 1900), écrivain, critique d'art, sociologue et aquarelliste anglais. Ses écrits esthétiques exercèrent une grande influence, notam. sur Proust (son traducteur) : *les Pierres de Venise* (1851-1853), *Sésame et les lys* (1865), *la Bible d'Amiens* (1880-1885).

**russe** *nm* Langue slave parlée en Russie, écrite en alphabet cyrillique. **LOC** ***Les Russes blancs*** : les Russes qui combattirent la révolution (1917-1922) ou qui émigrèrent.

**Russell** Edward, comte d'Orford (1653 – 1727), amiral anglais. Il vainquit les Français à La Hougue (1692).

**Russell** John (1^er comte) (Londres, 1792 – Pembroke Lodge, Richmond Park, 1878), homme politique anglais ; chef du parti whig ; Premier ministre (1846-1852 et 1865-1866) ; ministre des Affaires étrangères (1852-1855 et 1860-1865).

**Russell** Bertrand (3^e comte) (Trelleck, pays de Galles, 1872 – près de Penrhyndeudraeth, id., 1970), mathématicien et philosophe britannique. Il promut un logicisme rigoureux : *Principia mathematica* (1910-1913, en collab. avec A. N. Whitehead). Selon lui, les mathématiques sont entièrement contenues dans la logique. En 1966, le « tribunal Russell » condamna l'intervention des É.-U. au Viêt-nam. P. Nobel de littérature 1950.

Bertrand Russell

**Russell** Henry Norris (Oyster Bay, État de New York, 1877 – Princeton, 1957), mathématicien et astronome américain. Il mit au point, en collaboration avec Hertzsprung, le *diagramme de Hertzsprung-Russell.*

**Russell** Morgan (New York, 1886 – Broomall, Pennsylvanie, 1953), peintre américain ; un des fondateurs du synchromisme.

**Russie (Fédération de)** État d'Europe et d'Asie, limité à l'O. par la Finlande, l'Estonie, la Lettonie, la Biélorussie et l'Ukraine, au S. par la Géorgie, l'Azerbaïdjan, le Kazakhstan, la Mongolie et la Chine, et baigné par la mer Baltique à l'O., la mer Blanche et l'océan Arctique au N., la mer Noire et la mer Caspienne au S., et l'océan Pacifique à l'E. ; premier État du monde par la superficie (17 075 400 km$^2$) ; 142,7 millions d'hab. ; cap. *Moscou.* Nature de l'État : rép. présidentielle. Langue off. : russe. Monnaie : rouble. Religions : orthodoxie (dominante) et islam. (DER) **russe** *a, n*

**Observations** Après s'être longtemps confondue avec l'empire tsariste, puis soviétique, la Russie a entamé une importante mutation : les nombr. républiques soviétiques d'Europe (Biélorussie, Ukraine, etc.) et d'Asie ont accédé en 1991 à l'indépendance, mais sont restées unies à la Russie au sein de la Communauté des États indépendants (CEI). Néanmoins, l'anc. République socialiste fédérative soviétique de Russie, libérée du système soviétique (déc. 1991), se veut l'héritière légitime de l'URSS. Depuis 1993, la Fédération comprend 89 entités : 21 républiques, 49 régions *(oblast)*, 10 arrondissements autonomes *(okroug)*, 6 territoires de la frontière *(kraï)*, 1 région autonome et 2 villes fédérales (Moscou et Saint-Pétersbourg).

**Géographie** La Russie, qui s'étend sur près de 10 000 km d'O. en E. et plus de 4 000 km du N. au S., comprend surtout des plaines et des plateaux. Montagnes : la chaîne de l'Oural (culminant à 1 894 m) qui s'étend sur 2 400 km du N. au S. et sépare la Russie d'Europe et la Russie d'Asie ; la chaîne du Caucase (culminant à 5 642 m) ; la chaîne de l'Altaï (culminant à 4506 m) située aux confins de la Mongolie et de la Chine ; les chaînes et les arcs montagneux de la Sibérie orientale (monts Verkhoïansk, Kamtchatka, etc.). La plaine située à l'O. de l'Oural est arrosée par le Don et la Volga. La steppe au sol noir fertile (tchernoziom) occupe une grande partie de la Russie méridionale et se prolonge au-delà de l'Ob. On distingue du N. au S. : la toundra (peu étendue en Europe), la taïga, la forêt mixte et les steppes herbacées. La Sibérie, aux hivers extrêmes, a de grandes réserves d'eau (Ob-, Irtych, Ienisseï, Lena, Amour, lac Baïkal, etc.). Les écarts de température peuvent atteindre 70 °C entre le S. et le N.-E. de la Sibérie, immense région peu peuplée : 8,6 hab./km$^2$, contre 326 hab./km$^2$ dans la région de Moscou. La population de la Russie, russe à env. 80 %, comporte de nombr. minorités : Ukrainiens, Tatars, Tchouvaches, Biélorusses, etc. qui représentent environ 30 millions de personnes. Plus de 74 % de la population est urbanisée. Avec un taux de natalité plus faible que celui de mortalité depuis plusieurs années, la Russie connaît actuellement un net recul démographique.

**Économie** La Russie a hérité des problèmes économiques de l'URSS, liés à une planification rigide et à une bureaucratie corrompue. Son industrie lourde, aux équipements obsolètes, le sous-développement de l'électronique, de l'automobile, etc., la fin des échanges avec les pays de l'Est laissent la Russie en position de faiblesse face à la concurrence internationale. Le climat et la grande distance qui sépare ses principales sources d'énergie (en Sibérie) de son noyau industriel (en Russie d'Europe) constituent des handicaps. De 1991 à 2000, la production industrielle a diminué. Les réformes économiques piétinent. Si la Russie figure parmi les premiers pays producteurs d'orge et de blé, les rendements agricoles sont faibles et le déficit de la balance agricole représente 1,5 % du PNB. Sa richesse minière constitue un atout considérable : la Russie est au 1^er rang mondial pour les réserves de gaz, au 8^e rang pour les réserves de pétrole et parmi les cinq premiers pays pour la production d'or, de diamants, d'uranium et de fer. En août 1998, le rouble a subi un cataclysme qui a porté un coup terrible à l'économie russe mais aussi à celle de ses voisins (Ukraine, Biélorussie). En 1999-2000, la remontée du cours du pétrole et des métaux a amélioré la situation, mais la guerre de Tchétchénie a coûté cher ; la dévaluation du rouble a relancé l'industrie locale et l'hyperinflation a été (relativement) maîtrisée. Le FMI et la Banque mondiale, qui ne cessent de consentir des prêts, ont exigé de V. Poutine que les riches (appartenant ou non à la « Mafia ») paient des impôts et que soit mis fin au scandale de banques secrètes, de sociétés parallèles, etc.

**Histoire** LES ORIGINES À partir du VIII^e s. av. J.-C., les steppes de l'actuelle Russie du S. font partie de l'Empire scythe, après avoir appartenu aux nomades cimmériens. Vers 300 av. J.-C., les Sarmates occupent la région pendant plus d'un demi-millénaire. Puis se succèdent Avares et Khazars. Le nom de Slaves apparaît dans l'histoire au VI^e s. apr. J.-C. Vers 600, les Slaves orientaux atteignent la haute Volga. Au IX^e s., des tribus de Slaves orientaux et des Varègues venus de Scandinavie créent autour de Kiev un État féodal, la *Rous*, appelée aussi *Russie kiévienne*, qui est le berceau commun des Russes, des Biélorusses et des Ukrainiens actuels. Au XI^e s., la langue de la Rous est encore proche du vieux slavon, commun à tous les Slaves. Les premiers princes élargissent leur territoire autour de Kiev. L'influence byzantine grandit quand Vladimir I^er le Grand (v. 980-1015) convertit son État au christianisme. L'agriculture se développe et le commerce favorise l'essor des villes. Mais, au XII^e s., l'État kiévien éclate en une douzaine de principautés rivales. Celles-ci ne peuvent résister aux envahisseurs mongols, qui conquièrent le pays (1238-1240).

LA FIN DU MOYEN ÂGE La Russie centrale passe sous domination mongole pendant plus de deux siècles. Au N., Alexandre Nevski réussit à sauver Novgorod des chevaliers Porte-Glaive (1242). Au S.-O., Kiev et Smolensk sont intégrées à la Lituanie et la Galicie est conquise par la Pologne. Aux XIV^e-XV^e s., la langue et la culture des Russes, des Biélorusses et des Ukrainiens se différencient. La tutelle mongole, en échange d'un lourd tribut, assure la paix et le développement. En 1325, le chef de l'Église orthodoxe s'installe à Moscou. En 1380, le grand-prince de Moscou, Dimitri Donskoï, assure la domination de la Moscovie sur les autres principautés russes. Ivan III (1462-1505) rejette la tutelle mongole (1480) et organise un puissant État centralisé. Ivan IV, dit le Terrible (1533-1584), prend, le

RUSSIE
OCÉAN GLACIAL ARCTIQUE
MER DE BARENTS
MER DE KARA
MER DE LAPTEV
MER DE SIBÉRIE ORIENTALE
MER DE BÉRING
MER D'OKHOTSK
MER DU JAPON
MER NOIRE
MER CASPIENNE
MER D'ARAL
MER BALTIQUE
MER BLANCHE
MER D'AZOV
MER DU NORD
NORVÈGE
SUÈDE
FINLANDE
DANEMARK
POLOGNE
ESTONIE
LETTONIE
LITUANIE
BIÉLORUSSIE
UKRAINE
KAZAKHSTAN
OUZBÉKISTAN
KIRGHIZSTAN
MONGOLIE
CHINE
JAPON
ÉTATS-UNIS
MOSCOU
Saint-Pétersbourg
Nijni-Novgorod
Samara
Volgograd
Rostov-sur-le-Don
Krasnodar
Kazan
Perm
Ekaterinbourg
Tcheliabinsk
Oufa
Omsk
Novossibirsk
Krasnoïarsk
Novokouznetsk
Irkoutsk
Khabarovsk
Vladivostok
Mourmansk
Arkhangelsk
Magadan
Iakoutsk
Norilsk
Plaine de Sibérie occidentale
Plateau de Sibérie centrale
Monts de Verkhoïansk
Monts Tcherski
Monts de la Kolyma
Kamtchatka
Sakhaline
Oural
Altaï
Caucase
Lac Baïkal
Sites du "patrimoine mondial" UNESCO :
1 Ensemble du monastère de Ferapontov
2 Ensemble architectural de la Laure de la Trinité-St-Serge à Sergiev Possad
3 Église de l'Ascencion à Kolomenskoïe
4 Monuments de Vladimir et de Souzdal
5 Caucase de l'Ouest
1 ARMÉNIE
2 AZERBAÏDJAN
3 GÉORGIE
0 200 500 1 000 2 000 m
marais
MOSCOU capitale d'État
limite d'État
Population des villes :
plus de 4 000 000 d'hab.
de 1 000 000 à 4 000 000 d'hab.
de 500 000 à 1 000 000 d'hab.
de 100 000 à 500 000 hab.
autre ville
route principale
route secondaire
canal
voie ferrée
port important
aéroport important
site du "patrimoine mondial" UNESCO
800 km

premier, le titre de tsar (1547). Il soumet la noblesse (les boyards) et impose le servage à la pop. paysanne. La prise de Kazan (1552) permet l'expansion russe vers l'E. et le S.

**DU XVIe AU XVIIIe SIÈCLE** Après une période de troubles, les Romanov prennent le pouvoir en 1613 ; ils le conserveront jusqu'en 1917. Ils placent l'Église sous la tutelle de l'État et généralisent le servage. À l'O., l'Ukraine orientale est annexée en 1654 ; à l'E, les Russes, qui ont fondé Iakoutsk (1632) en Sibérie orientale, atteignent le Kamtchatka en 1697. Pierre Ier le Grand (1682-1725) modernise les institutions militaires et politiques, et tente d'occidentaliser les mœurs. L'annexion de l'Estonie, de la Lettonie et de la Carélie, au terme de la guerre du Nord (1700-1721), consacre la suprématie russe aux dépens de la Suède. Pierre le Grand, qui veut une « fenêtre sur l'Europe », fait construire Saint-Pétersbourg, sa nouvelle capitale. Il se proclame empereur et crée l'Empire russe en 1721. Anna Ivanovna (1730-1740), Élisabeth Petrovna (1741-1762) et Catherine la Grande (1762-1796) étendent leurs possessions vers le S. (mer Noire), et vers l'O. (Lituanie, Biélorussie, Ukraine occidentale) à l'issue des partages de la Pologne en 1772, 1793 et 1795. L'aggravation du servage suscite de nombreuses révoltes (V. Pougatchev).

**DE 1801 À 1914** L'invasion napoléonienne provoque un sursaut patriotique. Alexandre Ier (1801-1825) annexe la Finlande (1809), participe au congrès de Vienne et adhère à la Sainte-Alliance, mais Nicolas Ier (1825-1855) maintient le régime autocratique ; en 1825, une tentative de coup d'État par de jeunes officiers libéraux (les *décabristes*) échoue. La Russie poursuit son expansion au Caucase. En 1856, la Russie est battue en Crimée par les armées franco-britanniques, alliées de la Turquie. Entre 1860 et 1897, la Russie annexe toute la Sibérie, le Caucase et conquiert l'Asie centrale. Alexandre II (1855-1881) abolit le servage en 1861 ; ses réformes ne satisfont pas l'intelligentsia et l'agitation populaire grandit. Le tsar est assassiné en 1881. Sous Alexandre III (1881-1894) et Nicolas II (1894-1917), le pays s'industrialise rapidement. La bourgeoisie (Parti constitutionnel-démocrate, KD, d'où « Cadet ») réclame une monarchie constitutionnelle, tandis que les idées socialistes progressent dans le monde ouvrier (Parti ouvrier social-démocrate, POSD) et dans le monde paysan (Parti social-révolutionnaire, SR, d'inspiration populiste). En 1903, le POSD se scinde entre mencheviks (« minoritaires ») et bolcheviks (« majoritaires ») menés par Lénine. La guerre avec le Japon (1904-1905) est un désastre qui contribue à la révolution de 1905 : le tsar accorde la création d'une assemblée consultative élue, la Douma (V. révolution russe de 1905).

**LA GUERRE ET LA RÉVOLUTION** Sans aucune préparation, le pays (qui en 1880 avait conclu une alliance avec la France) s'engage en 1914 dans la guerre contre l'Allemagne. Très vite, c'est la débâcle : 2,5 millions de morts et tout l'O. du pays occupé. En mars 1917 (fév. dans l'anc. calendrier russe), Petrograd (nom de Saint-Pétersbourg de 1914 à 1924) connaît des émeutes *(révolution de Février)* et le régime tsariste est remplacé par un gouvernement républicain libéral, soutenu par la bourgeoisie. Les classes populaires s'organisent en soviets d'ouvriers et de soldats. Sous la pression des Occidentaux, le gouvernement, dirigé par Kerenski à partir de juillet, diffère les réformes et poursuit la guerre, soutenu par les mencheviks et les sociaux-révolutionnaires. Le mécontentement des soviets profite aux bolcheviks. Les 6 et 7 novembre (24 et 25 octobre de l'anc. calendrier), c'est la *révolution d'Octobre* (V. octobre 1917). Des bolcheviks prennent le palais d'Hiver à Petrograd, siège du gouvernement ; tout le pouvoir revient alors aux soviets, en fait à Lénine.

**LA RUSSIE SOVIÉTIQUE** Dès le 8 nov. 1917, Lénine décide réforme agraire, contrôle ouvrier des usines, reconnaissance des droits des nationalités. Le 20 déc. 1917, il crée une police politique, la Tcheka. Après avoir dissous l'Assemblée constituante où les bolcheviks n'avaient obtenu qu'un tiers des sièges (janvier 1918), le IIIe congrès des soviets proclame la République socialiste fédérative soviétique de Russie (RSFSR), qui va intégrer des rép. et des rég. autonomes en Crimée, en Asie centrale, dans le N. du Caucase. Le 3 mars 1918, par le traité de Brest-Litovsk, la Russie renonce à de vastes territoires occidentaux en échange de la paix avec l'Allemagne. Les « Blancs », fidèles au tsarisme (après l'assassinat en juil. 1918 de Nicolas II et de sa famille), lancent des offensives contre le jeune État, avec l'appui des Occidentaux (Français et Anglais) et des Japonais. Le pays devient un camp retranché ; l'armée Rouge est organisée par Trotski. En 1921, le pays sort épuisé de la guerre civile, le « communisme de guerre » est de plus en plus mal supporté.

**L'URSS DE 1922 À 1939** L'Union des républiques socialistes soviétiques fut proclamée le 30 déc. 1922. Lénine assure alors une libéralisation contrôlée du régime : la NEP (« nouvelle politique économique »), pour relancer l'écon., ruinée par la guerre civile. En 1924, l'URSS absorbe les rép. non russes (qui eurent donc une indép. éphémère) et adopte une Constitution. Après la mort de Lénine (1924), Staline, secrétaire général du Parti communiste de l'Union soviétique (PCUS), élimine Trotski et l'opposition de « gauche » en 1929, puis l'opposition de « droite » (Boukharine). De 1934 à 1939, le NKVD, nouvelle police politique, instaure la terreur : emprisonnements, exécutions et déportations ; on emprisonne, on exécute, on déporte tous les opposants : de gauche, de droite, réels ou virtuels. Une série de grands procès (1936-1938) frappe en priorité la « génération d'Octobre ». Les plans quinquennaux, à partir de 1929, exigent de chaque citoyen travail acharné et sacrifices. L'infrastructure et l'industrie lourde font des progrès importants, mais les industries légères sont négligées, et le niveau de vie reste bas. Dans les campagnes, la collectivisation forcée se heurte aux paysans enrichis par la NEP, les koulaks. La répression, impitoyable, désorganise le secteur agricole. En politique extérieure, Staline suggère la rupture des PC avec les sociaux-démocrates, ce qui ouvre la voie au nazisme, notam., puis soutient la constitution de « fronts populaires » : France, Espagne (où des dirigeants du PC et des émissaires sov. persécutent leurs alliés anarchistes et trotskistes).

**DE 1939 À 1964** Le pacte germano-soviétique (23 août 1939) permet l'annexion de vastes territoires occidentaux et retarde la guerre avec l'Allemagne, qui envahit l'URSS en 1941. Après d'écrasantes défaites, l'armée Rouge sauve Moscou (hiver 1941-1942) puis stoppe la nouvelle offensive allemande à Stalingrad (hiver 1942-1943). Les É.-U. apportent une aide considérable, par le détroit de Béring, à l'URSS, qui en avril 1945 atteint Berlin. Elle est épuisée (20 millions de morts) mais agrandie vers l'ouest. Après Yalta, elle domine l'Europe de l'Est. De 1945 à 1948, elle installe des gouvernements vassaux. La « guerre froide » avec l'Occident est déclenchée par la crise de Berlin (avr. 1948) et aggravée par la guerre de Corée (1950-1953). La possession par l'URSS de l'arme nucléaire établit avec les É.-U. un « équilibre de la terreur ». À l'intérieur de l'URSS et de ses satellites, la répression s'abat sur les opposants (souvent communistes) et évite la contagion du « schisme » yougoslave (1948). Peu après la mort de Staline (1953), Khrouchtchev devient secrétaire général du PCUS. Le XXe congrès du PCUS (1956) entame la « déstalinisation », dont font douter les crises extérieures de 1953-1956 (Berlin, Pologne et, surtout, Hongrie). La réorganisation de l'écon. tourne court (en dépit d'un bon taux de croissance). En 1960, la Chine rompt avec l'URSS, puis la crise de Cuba (1962) entraîne une nouvelle tension avec les É.-U., bientôt apaisée : Khrouchtchev et Kennedy entament la détente.

**L'ÈRE BREJNEV** En oct. 1964, Khrouchtchev est limogé. Dans la « troïka » Brejnev-Kossyguine-Podgornyï qui lui succède, Brejnev acquiert rapidement la prépondérance. En 1968, il anéantit le « printemps de Prague ». Il cherche une coopération avec l'Occident : RFA (1970-1971), É.-U. (pour limiter les armements nucléaires), Europe (France, notam.), mais partout dans le monde (Viêt-nam, Éthiopie, Angola, etc.) l'URSS affronte indirectement l'Occident. Malgré la conférence internationale d'Helsinki sur la détente en Europe (1975), l'image de l'URSS souffre des atteintes aux droits de l'homme et de l'intervention en Afghānistān (1979).

**L'ÈRE GORBATCHEV** Après I. Andropov (1982-1984) et K. Tchernenko (1984-1985), Mikhaïl Gorbatchev veut sortir l'URSS de ses archaïsmes. Les dissidents emprisonnés sont libérés. De nouveaux cadres sont appelés. L'accord de désarmement nucléaire entre les É.-U. et l'URSS (1987) est confirmé par le retrait des troupes sov. d'Afghānistān en 1988. Une nouvelle Constitution (déc. 1988) entraîne des élections en mars 1989. Cette même année, l'URSS permet l'émancipation de ses satellites européens. Élu prés. de la République le 15 mars 1990, Gorbatchev est réélu secrétaire général du PCUS en juil. Le 18 août 1991, quelques communistes conservateurs tentent un coup d'État dont l'échec précipite la décomposition de l'URSS. Boris Eltsine, prés. élu de la république de Russie, y gagne la crédibilité internationale que perd Gorbatchev. Celui-ci démissionne du secrétariat d'un PCUS autodissous le 29 août. Alors que la plupart des républiques proclament leur souveraineté ou leur indépendance, Gorbatchev démissionne de la présidence de l'URSS et celle-ci est dissoute en déc. 1991. Le même mois, la Communauté des États indépendants (CEI), rassemblant la quasi-totalité des anc. Républiques soviétiques, est créée.

**ELTSINE PUIS POUTINE** Président de la rép. féd. de Russie, élu au suffrage universel en juin 1991, Boris Eltsine est alors celui de la rép. nouvellement indép. Il engage son pays dans la voie des réformes libérales, mais le marasme écon. s'accroît. L'aide occid., non négligeable, n'a aucune efficacité. Le Parlement, élu au temps de l'URSS, conteste les réformes d'Eltsine, qui le dissout (sept. 1993) et envoie l'armée contre des parlementaires retranchés. Dès 1994, la Russie est agitée par des soubresauts séparatistes qui touchent des territoires périphériques, peuplés de non-Slaves (guerre de Tchétchénie, 1994-1996). Le poids de la guerre et les vicissitudes écon. provoquent la victoire, aux élections législatives de 1995, des ex-communistes et des nationalistes. Toutefois, Eltsine est réélu en juil. 1996. En 1997, la Russie signe un accord avec l'Ukraine (qui met un terme à cinq ans de frictions) sur le partage de la flotte de la mer Noire et du port de Sébastopol. La même année, elle signe deux accords de paix : avec la Tchétchénie et avec le Tadjikistan, et un traité de l'OTAN. En 1998, elle rejoint le G7, qui devient le G8. Mais, à l'intérieur, le Parlement ne cesse de manifester son opposition à Eltsine. En 1999, la guerre de Tchétchénie est relancée et, paradoxalement, le conflit onéreux et cruel rend populaire le nouveau Premier ministre Vladimir Poutine. En déc., Eltsine démissionne et lui laisse la place. En mars 2000, celui-ci est élu président. Il s'emploie à restaurer l'autorité du pouvoir central sur les féodalités régionales et les oligarchies financières. L'économie se redresse grâce à l'augmentation des cours du pétrole et à la relance de la consommation intérieure. Après les attentats du 11 sept. 2001, la Russie revient dans le concert internat. au nom de la lutte contre le terrorisme. En 2004, V. Poutine est réélu prés. ; la dérive autoritariste du régime se poursuit. Ne pouvant pas enchaîner trois mandats consécutifs, Poutine se fait nommer Premier ministre par son dauphin Dmitri Medvedev élu prés. en 2008, puis se fait réélire président en 2012.

**Russie** (campagne de) expédition menée en 1812 par Napoléon Ier, qui pénétra en

Russie le 24 juin, disputa la prem. bataille, meurtrière, le 7 sept. (bataille de la *Moskova* ou de *Borodino*), et entra dans Moscou le 14 sept. Privée de vivres, disparus dans l'incendie de Moscou, et craignant l'encerclement par les forces russes, la Grande Armée dut faire retraite (19 oct.) dans des conditions désastreuses et fut décimée ; l'épisode le plus effroyable fut le passage de la Berezina (26-29 nov.). L'Empereur, inquiet de la conspiration de Malet (à Paris, où il avait fait croire à la mort de Napoléon Ier), quitta l'armée le 5 déc., laissant le commandement au maréchal Murat. Les 10 000 survivants repassèrent le Niémen le 30 décembre. Napoléon avait perdu 500 000 hommes (300 000 morts, 100 000 prisonniers, 100 000 disparus).

**Russie Blanche** → **Biélorussie.**

**russifier** *vt* ② Faire adopter les mœurs, les institutions, la langue russes à. DER **russification** *nf*

**russkof** *a, n* fam Russe.

**russo-japonaise (guerre)** conflit qui opposa de fév. 1904 à sept. 1905 le Japon et la Russie, tous deux désireux de conquérir la Chine du N.-E. Après avoir détruit par surprise l'escadre russe à Port-Arthur (8 fév. 1904), qu'ils prirent après un an de siège, les Japonais débarquèrent en Corée et en Mandchourie, et vainquirent les Russes sur terre et sur mer (fév.-mai 1905). Le traité de Portsmouth (É.-U.) donna au Japon divers avantages (sept. 1905). Pour la première fois, une puissance asiatique vainquait une puissance européenne.

**russophile** *a, n* Qui aime les Russes, la Russie.

**russophone** *a, n* De langue russe.

**russo-turques (guerres)** guerres qui opposèrent la Russie et la Turquie en 1736-1739, en 1768-1774 (la Russie prend la Crimée), en 1787-1791 (la Russie étend ses possessions sur la mer Noire), en 1828-1829 (la Russie soutient les Grecs), en 1854-1855 (guerre de Crimée) et en 1877-1878 (dans les Balkans).

**russule** *nf* BOT Champignon basidiomycète à lamelles, au chapeau jaune-vert, rouge ou brun violacé, dont certaines espèces sont comestibles.

**rustaud, aude** *a, n* vieilli Qui manque de délicatesse ; pataud, grossier. ETY De *rustre*. DER **rustauderie** *nf*

**rusticité** *nf* **1** Simplicité rustique. **2** Caractère d'une plante, d'un animal rustique.

**rustine** *nf* **1** Rondelle adhésive de caoutchouc qui sert à réparer les chambres à air. **2** fig, fam Solution provisoire, pis-aller. ETY Nom déposé.

**1 rustique** *a, nm* **A** *a* **1** litt De la campagne ; des gens de la campagne. *Vie rustique.* **2** D'une simplicité rude. *Manières rustiques.* **3** ARCHI Qui est fait de pierres brutes, naturelles ou imitées, et ornées de saillies. **4** Qui s'adapte à toutes les conditions climatiques. *Plante, animal rustique.* **B** *a, nm* AMEUB D'un style provincial traditionnel, ou imité de ce style. ETY Du lat.

**2 rustique** *nm* TECH Outil de tailleur de pierre, marteau à deux tranchants crénelés.

**rustiquer** *vtr* ① TECH **1** Donner par la taille un aspect brut à une pierre **2** Donner par façonnage ou par un crépi grossier un aspect brut à un mur. DER **rusticage** *nm*

**rustre** *a, n* Grossier, qui manque d'éducation. *C'est un rustre. Des manières rustres.* ETY Du lat.

**Rustres (les)** comédie en dialecte vénitien de Goldoni (1760).

**rut** *nm* État physiologique des mammifères, qui les pousse à l'accouplement. PHO [Ryt] ETY Du lat.

**rutabaga** *nm* Variété de navet à grosse racine tubéreuse jaune comestible. ETY Du suéd.

**rutacée** *nf* BOT Plante dicotylédone dialypétale, dont la famille comprend notam. les agrumes. ETY Du lat.

**Rutebeuf** poète parisien du XIIIe s. ; le premier grand poète de la littérature française : fabliaux, complaintes (*la Pauvreté Rutebeuf*), roman (*Renart le Bestourné*), poèmes satiriques (*Dit des ribauds de Grève*) et dramatiques (*le Miracle de Théophile*).

**Ruth** personnage biblique ; épouse moabite de Booz, dont elle eut un fils, Obed, lui-même père de Jessé, l'ancêtre de David et de la lignée d'où naîtra Marie, mère de Jésus.

**Ruthénie** anc. nom de la partie occid. de l'Ukraine actuelle. – Polonaise depuis le XIVe s., la Ruthénie fut annexée par l'Autriche au XVIIIe s. Rattachée à la Tchécoslovaquie en 1919, elle revint à la Hongrie (nov. 1938-mars 1939) puis à l'Ukraine (1945). VAR **Ukraine subcarpatique** DER **ruthène** *a, n*

**ruthénium** *nm* CHIM **1** Élément métallique de numéro atomique Z = 44, de masse atomique 101,07 (symb. Ru). **2** Métal blanc, de densité 12,2, qui fond vers 2 500 °C. PHO [Rytenjɔm]

**ruthénois** → **Rodez.**

**rutherfordium** *nm* Élément chimique radioactif artificiel de numéro atomique 104 (symb. Rf). PHO [RytɛRfɔRdjɔm] ETY De *Rutherford*, nom propre.

**Rutherford of Nelson** Ernest (lord) (Nelson, Nouvelle-Zélande, 1871 – Cambridge, 1937), physicien anglais : travaux sur la radioactivité, les isotopes et la structure de la matière. Il réussit la première transmutation d'un élément stable. P. Nobel de chimie 1908.

**rutile** *nm* MINER Oxyde naturel de titane ($TiO_2$).

**rutiler** *vi* ① **1** Briller d'un rouge ardent. **2** Briller d'un vif éclat. ETY Du lat. DER **rutilance** *nf* ou **rutilement** *nm* – **rutilant, ante** *a*

**Rütli** → **Grütli.**

**Rutules** peuple de l'Italie anc., installé dans le Latium ; soumis par Rome au Ve s. av. J.-C.

**Ruwenzori** massif montagneux d'Afrique centrale, situé à la frontière de la Rép. dém. du Congo et de l'Ouganda (5 119 m au pic Marguerite).

**Ruy Blas** drame en 5 actes et en vers de Victor Hugo (1838). ▷ CINE Film de Cocteau (d'apr. Hugo), réalisé par Pierre Billon (1906 – 1981) en 1948, avec J. Marais et D. Darrieux. *La Folie des grandeurs*, adaptation comique de G. Oury (1971), avec L. de Funès, Y. Montand.

**Ruysbroek** → **Rubroek.**

**Ruysdael** Jacob Van (Haarlem, v. 1628 – id., 1682), peintre et graveur hollandais ; paysagiste à la matière colorée et aux tons sourds. VAR **Ruisdael**

**Jacob Van Ruysdael** *le Moulin de Wijk*, v. 1670 – Rijksmuseum, Amsterdam

**Ruyter** Michiel Adriaanszoon de (Flessingue, 1607 – Syracuse, 1676), amiral néerlandais. Il vainquit la flotte franco-brit. au large de la Zélande (1673). Envoyé en Sicile au secours de l'Espagne, il fut vaincu par Duquesne (1676) et mortellement blessé.

**ruz** *nm* GEOMORPH Vallée jurassienne au flanc d'un anticlinal. ETY Mot jurassien.

**Ružička** Leopold (Vukovar, 1887 – Zurich, 1976), chimiste suisse d'origine croate. Il synthétisa de nombreux parfums. P. Nobel de chimie 1939 avec A. Butenandt.

**Ruzzante** Angelo Beolco, dit (Padoue, 1502 – id. 1542), comédien italien, auteur de nombr. comédies en dialecte padouan.

**Rwanda** (*Republika y'u Rwanda*, République rwandaise), État d'Afrique centrale, entre la Rép. dém. du Congo, le Burundi, la Tanzanie et l'Ouganda ; 26 340 km² ; 10,4 millions d'hab. ; accroissement naturel : 2,9 % par an ; cap. *Kigali*. Nature de l'État : rép. présidentielle. Pop. : Hutus (90 %), Tutsis (9 %), Twas (1 %). Langues off. : français et kinyarwanda. Monnaie : franc rwandais. Relig. : catholicisme (64,8 %), relig. traditionnelles (17 %), protestantisme (9,2 %), islam (9 %). VAR **Ruanda** DER **rwandais** ou **ruandais, aise** *a, n*

**Géographie** Pays de hautes terres volcaniques au N. (4 507 m dans les monts Virunga), le Rwanda est longé à l'O. par le fossé du lac Kivu ; à l'E., la zone des « mille collines » concentre la majorité des hab. Le climat équatorial est tempéré par l'altitude. La densité de peuplement est la plus élevée d'Afrique.

**Économie** L'agriculture, qui occupe 85 % des actifs, est la grande ressource : cultures vivrières (haricots secs, sorgho, patates douces), café, thé. Sans créer de famine, les troubles, depuis 1994, ont ruiné l'économie. Mais le génocide a suscité une aide internationale de grande ampleur qui a relancé la croissance. En 2000, aide et croissance se sont amenuisées. La reprise amorcée en 2004 semble se confirmer.

**Histoire** Peuplé d'agriculteurs bantous, les Hutus, le Rwanda a été envahi au XVe s. par les Tutsis, pasteurs nilotiques venus du N., qui adoptèrent la langue (bantou) des Hutus : le kinyarwanda. Le brassage des populations fut tel que deux thèses s'affrontent encore auj. : Hutus et Tutsis sont des classes sociales, non des ethnies ; ce sont des ethnies, dont l'une (les Tutsis), largement minoritaire, a toujours dominé l'autre. Colonisé par les Allemands à partir de 1894, le Rwanda fut placé par la SDN (avec l'Urundi) sous le mandat des Belges (1923), qui l'avaient occupé en 1916. Ceux-ci l'unirent au Congo belge en 1925. Ils encouragèrent la domination des Tutsis jusque dans les années 1950, puis leur préférèrent alors les Hutus, car les Tutsis militaient en faveur de l'indépendance du pays.

**LE RWANDA INDÉPENDANT** En 1961, la Belgique autorisa les Hutus à établir la république sous la présidence de Grégoire Kayibanda, qui obtint l'indépendance du pays en 1962. Les Tutsis réfugiés à l'étranger tentèrent à plusieurs reprises de déstabiliser l'État (1963 et 1966). L'armée intervint en 1973 ; le pouvoir revint au général hutu Juvénal Habyarimana, qui fut élu en 1978 et réélu en 1983 et 1988. À partir de 1990, la guerre civile qui opposa l'armée gouvernementale au Front patriotique rwandais (FPR), à majorité tutsie, entraîna l'envoi de troupes françaises (1990 et 1993). Les accords d'Arusha, signés par les protagonistes en août 1993, devaient mettre fin à cette guerre civile. Le 6 avril 1994, l'avion de J. Habyarimana fut abattu dans des circonstances mystérieuses. Cet attentat déclencha dans tout le pays un massacre (500 000 morts), tant de l'opposition démocratique hutue ou tutsie que des populations tutsies, par des milices de l'ex-parti unique, et provoqua l'exode de plus de 2 millions de réfugiés. La France dépêcha alors des troupes pour une assistance humanitaire, mais certaines affirmèrent que la France soutenait, comme par le passé, le pouvoir hutu.

**UN RWANDA TUTSI** Le Front patriotique rwandais (FPR), formé essentiellement de Tutsis, lança une offensive et, dès juillet 1994, put constituer à Kigali un gouv. présidé par Pasteur Bizimungu. De nomb. Hutus se réfugièrent dans le N.-E. du Zaïre. En sept. 1996, une minorité tutsie du Zaïre attaqua ces camps, qui ensuite subirent les assauts de Kabila (lequel s'empara ensuite du pouvoir au Zaïre, qu'il rebaptisa Rép. dém. du Congo en mai 1997). En nov. 1998, une partie des réfugiés revint au Rwanda. Les autorités tutsies du Rwanda se défendirent de vouloir venger le génocide, mais la situation demeura confuse. En outre, le conflit qui, à partir de 1998, opposa le Rwanda et l'Ouganda, d'une part, à leur anc. allié, Kabila, d'autre part, a dévasté l'E. de la République démocratique du Congo (1,7 million de morts) et a finalement opposé en juin 2000 Rwandais et Ougandais à Kisangani. En août 2003, le général Paul Kagamé a été élu président de la République. Il est réélu en août 2010. Les relations diplomatiques entre le Rwanda et la France qui étaient rompues depuis 2006 se rétablissent à partir de fin 2009. ▶ carte **Burundi**

**Ryad** → **Riyad.**

**Rybinsk** v. de Russie, port sur la Volga supérieure ; 207 000 hab. Centrale hydroélectr.

**Rybnik** v. de Pologne, au S.-O. de Katowice ; 136 560 hab. Industries.

**Rydberg** Johannes Robert (Halmstad, 1854 – Lund, 1919), physicien suédois : travaux de spectroscopie.

**Rykiel** Sonia (Paris, 1930), créatrice de mode française. Elle cherche à affranchir les femmes du diktat de la mode des grands couturiers.

**rye** *nm* Whisky canadien, à base de seigle. (PHO) [ʀaj] (ETY) Mot angl.

**Ryle** Gilbert (Brighton, 1900 – Whitby, 1976), logicien britannique, influencé par Wittgenstein : *La Notion d'esprit* (1949).

**Ryle** sir Martin (Brighton, 1918 – Cambridge, 1984), astronome britannique. Il développa l'interférométrie. P. Nobel de physique 1974 avec A. Hewish.

**Ryleïev** Kondrati Fiodorovitch (Batovo, près de Saint-Pétersbourg, 1795 – Saint-Pétersbourg, 1826), poète russe ; chantre de la liberté : *Voïnarovski* (1825) ; exécuté pour avoir participé au complot décabriste.

**ryokan** *nm* Au Japon, auberge traditionnelle. (PHO) [ʀjɔkan] (ETY) Mot jap.

**Ryswick** (auj. *Rijswijk*), v. des Pays-Bas (Hollande-Méridionale) ; 48 660 hab. Pétrole offshore. – Les *traités de Ryswick* (1697) mirent fin à la guerre qui opposait Louis XIV à la ligue d'Augsbourg.

**rythme** *nm* **1** Organisation spécifique de la durée des temps forts et des temps faibles dans une phrase musicale, un vers, etc. **2** Alternance régulière. *Le rythme des saisons.* **3** Mouvement périodique ou cadencé. *Rythme cardiaque.* **4** Allure d'une action, d'un processus quelconque. *Vivre au rythme de son temps.* (ETY) Du gr.

**rythmer** *vt* (1) **1** Donner du rythme à. *Rythmer un air.* **2** Soumettre à un rythme ; marquer le rythme de. *Rythmer du pied une chanson.*

**rythmicien, enne** *n* didac **1** Spécialiste de la rythmique grecque ou latine. **2** Poète habile dans l'utilisation des rythmes.

**rythmicité** *nf* didac Caractère rythmique d'un phénomène.

**rythmique** *a, nf* **A** *a* **1** Relatif au rythme. *Harmonie rythmique.* **2** Qui est soumis à un rythme. *Danse rythmique.* **3** Qui donne le rythme. *Section rythmique.* **B** *nf* **1** Science des rythmes en prose ou en poésie, partic. dans les vers grecs ou latins. **2** MUS Ensemble des instruments d'un orchestre qui marquent le rythme (batterie, contrebasse, piano). (DER) **rythmiquement** *av*

**Ryūkyū** (auj. *Nansei*), archipel volcanique japonais du Pacifique occidental, entre Kyūshū et Taiwan ; 2 250 km² ; 1 179 000 hab. ; sa plus grande île est Okinawa. – L'archipel fut placé sous l'admin. des É.-U. de 1945 à 1972. Bases militaires américaines.

**Rzeszów** ville de Pologne, sur la Wisłok ; ch.-l. de la voïévodie du m. nom ; 170 000 hab.

# S

**S** *nm* **1** Dix-neuvième lettre (s, S) et quinzième consonne de l'alphabet, notant la fricative alvéolaire sourde [s] (ex. *sel, resaler, dessaler*) ou sonore [z] entre voyelles (ex. *muse*). **2** S. : abrév. de *sud*. **3** s : symbole de la seconde. **4** PHYS S : symbole du siemens. **5** CHIM S : symbole du soufre. **LOC** *Route en S* : en lacet(s). PHO [ɛs]

**sa** → **son.**

**1 SA** *nf* Sigle de *société anonyme*. PHO [ɛsa]

**2 SA** *nm* HIST Membre de la SA. PHO [ɛsa]

**SA** HIST Sigle de l'all. *Sturm Abteilung*, « section d'assaut ». Formation paramilitaire nazie, créée en 1921 par Hitler en Bavière. La SA aida Hitler à prendre le pouvoir, mais, inquiété par sa puissance, il en élimina les chefs (Nuit des longs couteaux, 30 juin 1934).

**Saadi** Mucharrif al-Din (Chirāz, 1213 [?] – id., v. 1290), poète persan : le *Gulistān* (« le Jardin de roses »), traité de savoir-vivre et de sagesse mêlant prose et vers ; *le Bustān* (« le Verger »). VAR **Sa'di**

**Saadiens** dynastie marocaine (1554-1659) qui pratiqua l'isolationnisme. VAR **Sa'diens**

**Saakachvili** Mikhaïl (Tbilissi, 1967), homme politique géorgien, président de la République de 2004 à 2013.

**Saale (la)** riv. d'Allemagne (427 km), affl. de l'Elbe (r. g.) ; elle traverse Iéna et Halle. Centrale hydroélectrique sur son cours supérieur.

**Saalfeld** ville d'Allemagne, sur la Saale ; 26 000 hab. – Égl. XIII<sup></sup>e-XIVe s. – Victoire de Lannes sur les Prussiens (1806).

**Saarema** (en suédois *Ösel*), île d'Estonie, à l'entrée du golfe de Riga ; 2 714 km$^2$.

**Saarinen** Eliel (Rantasalmi, 1873 – Bloomfield Hills, Michigan, 1950), architecte finlandais : gare centrale d'Helsinki (1904-1914), tour du *Michigan Tribune* (1922). — **Eero** (Kirkkonummi, 1910 – Birmingham, Michigan, 1961), architecte et designer américain, fils du préc. : centre technique de la General Motors (1950-1955) ; bâtiment de la TWA (aéroport J.-F.-Kennedy, New York, 1956-1961).

**Saavedra Lamas** Carlos (Buenos Aires, 1878 – id., 1959), homme politique et juriste argentin. P. Nobel de la paix 1936.

**Saba** anc. royaume de l'Arabie du S.-O. (dans l'actuel Yémen). Au VIIIe s. av. J.-C., selon des textes assyriens, il payait tribut à l'Assyrie. Il se maintint jusqu'à la conquête persane du VIe s. apr. J.-C., puis s'intégra à l'Islam. Ma'rib et Zufar furent ses cap. successives. – La *reine de Saba* dont parle la Bible (I Rois, X) aurait vécu au Xe s. av. J.-C. (V. Salomon). DER **sabéen, enne** *a, n*

**Saba** Umberto Poli, dit Umberto (Trieste, 1883 – Gorizia, 1957), poète italien (*Poésies*, 1911). Ses sujets d'inspiration : la Trieste populaire, son épouse, les adolescents.

**Sabadell** ville d'Espagne (Catalogne) ; 207 000 hab. Centre textile depuis le XIIIe s.

**Sabah** (anc. *Bornéo-Septentrional*), État fédéré de Malaisie dans l'île de Bornéo ; 73 711 km$^2$ ; 3 117 000 hab. ; cap. *Kota Kinabalu*. – Ce territoire montagneux (4 101 m au Kinabalu) est couvert à 85 % par la forêt équatoriale. Princ. ressources : riz, pétrole, pêche, exportation de bois et de caoutchouc.

**Sabatier** Auguste (Vallon-Pont-d'Arc, 1839 – Paris, 1901), théologien protestant français ; l'un des créateurs de la faculté de théologie protestante de Paris (1877).

**Sabatier** Paul (Carcassonne, 1854 – Toulouse, 1941), chimiste français ; créateur de l'hydrogénation catalytique. Prix Nobel 1912 avec V. Grignard.

**Sabatier** Robert (Paris, 1923 – id., 2012), romancier français : *Canard au sang* (1958), *les Allumettes suédoises* (1969), *Trois Sucettes à la menthe* (1972).

**Sábato** Ernesto (Buenos Aires, 1911 – Santos Lugares, 2011), physicien et écrivain argentin : essais sociopolitiques (*Sartre contre Sartre*, 1968), romans existentialistes (*le Tunnel*, 1948 ; *Alejandra*, 1961 ; *l'Ange des ténèbres*, 1974).

**sabayon** *nm* Crème à base de vin, d'œufs, de sucre et d'aromates. ETY De l'ital.

**sabbat** *nm* **1** Repos consacré au culte observé par les juifs le samedi. SYN shabbat. **2** Assemblée nocturne de sorciers et de sorcières, dans les croyances médiévales. PHO [saba] ETY De l'hébreu.

ENC Le sabbat est la journée de repos que la loi de Moïse prescrit aux juifs le samedi, septième jour de la semaine, consacré au culte, à la prière, à l'étude de la Torah. Les interdictions multiples (ne pas travailler, ne pas toucher au feu ni à l'électricité, etc.) commencent le vendredi, au crépuscule, et cessent le samedi, au crépuscule.

**sabbatique** *a* Relatif au sabbat. **LOC** ***Année sabbatique*** : année qui revenait tous les sept ans et pendant laquelle les juifs laissaient les terres en jachère ; année de congé accordée aux universitaires ou à des cadres d'entreprise.

**1 sabéen** → **Saba.**

**2 sabéen, enne** *n, a* HIST Membre d'une secte néoplatonicienne qui influença l'islam à ses débuts. ETY De l'araméen *c'ba*, « baptiser ». DER **sabéisme** *nm*

**sabelle** *nf* ZOOL Annélide polychète sédentaire marin, qui vit dans un tube muqueux d'où sort un panache de branchies. ETY Du lat.

**sabellianisme** *nm* RELIG Hérésie de Sabellius selon laquelle la Trinité forme une seule personne se manifestant sous trois aspects. DER **sabellien, enne** *a, n*

**Sabelliens** anc. peuples de l'Apennin, dont les Samnites faisaient partie.

**Sabellius** (IIIe s.), hérésiarque chrétien excommunié en 217, fondateur du sabellianisme.

**Sabin** Albert Bruce (Białystok, 1906 – Washington, 1993), biologiste américain d'origine russe, auteur d'un vaccin oral contre la poliomyélite.

**sabine** *nf* Genévrier des Alpes et des Pyrénées, arbuste à propriétés médicinales. ETY Du lat. *sabina (herba)*, « (herbe) des Sabins ».

**Sabine** anc. région de l'Italie centrale, située au N. du Latium et habitée par les Sabins ; elle correspond à l'actuelle région de Rieti.

**Sabines (les)** peinture de David (1799, Louvre).

**Sabinien** (Blera, ? – Rome, 606), pape de 604 à 606.

**Sabins (monts)** massif calcaire d'Italie (Latium).

**Sabins** anc. peuple de l'Italie centrale (groupe des Sabelliens) installé en Sabine, non loin de Rome. ▷ *Enlèvement des Sabines* : légende de la Rome antique d'après laquelle les compagnons de Romulus, manquant de femmes, auraient invité leurs voisins, les Sabins, à une fête pour s'emparer de leurs épouses et de leurs filles. Une guerre éclata, que suivit un traité d'alliance. DER **sabin, ine** *a*

**Sabinus** Julius (m. à Rome en 79 apr. J.-C.), citoyen romain d'origine gauloise qui, v. 70, voulut soulever la Gaule contre Vespasien ; trahi (au bout de neuf ans), il fut livré à Vespasien et supplicié, ainsi que sa femme Éponine.

**sabir** *nm* **1** anc Mélange d'arabe, d'espagnol, de français, d'italien, parlé en Afrique du Nord et dans le Levant. **2** LING Langue mixte, généralement à usage commercial, parlée par des communautés voisines de langues différentes. **3** péjor Langue formée d'éléments hétéroclites ; charabia. ETY De l'esp. *saber*, « savoir ».

**1 sable** *nm, a inv* **A** *nm* Roche détritique meuble composée de petits grains. *Sables siliceux, calcaires.* **B** *a inv* Beige clair. **LOC** ***Bâtir sur le sable*** : entreprendre qqch sur des bases très fragiles. — fam ***Être sur le sable*** : être sans argent ou sans emploi. — ***Sables mouvants*** : sables humides, sans consistance, où l'on risque de s'enliser ; sables secs que les vents déplacent dans les régions désertiques. [ETY] Du lat.

**2 sable** *nm* HERALD Couleur noire. [ETY] Du pol. *sabol,* « zibeline ».

**sablé, ée** *nm, a* Petit gâteau sec à pâte sablée. **LOC** ***Pâte sablée :*** pâte friable, riche en beurre.

**Sablé Madeleine de Souvré (marquise de)** (en Touraine, 1599 – Port-Royal, 1678), femme de lettres française (*Maximes,* 1678), amie de La Rochefoucauld.

**sabler** *vt* [1] **1** Couvrir de sable. *Sabler une allée.* **2** TECH Couler dans un moule de sable. **3** TECH Décaper, dépolir, etc., à l'aide d'un jet de sable, d'une sableuse. **LOC** ***Sabler le champagne :*** boire du champagne pour fêter un évènement. [DER] **sablage** *nm*

**sablerie** *nf* TECH Partie d'une fonderie où l'on fait des moules de sable.

**Sables-d'Olonne (Les)** ch.-l. d'arr. de la Vendée, sur l'Atlantique ; 15 532 hab. Stat. balnéaire. Pêche. [DER] **sablais, aise** *a, n*

**Sablé-sur-Sarthe** ch.-l. de cant. de la Sarthe (arr. de La Flèche) ; 12 716 hab. – Chât. XVIII^e^ s. [DER] **sabolien, enne** *a, n*

**sableur** *nm* **1** Ouvrier qui prépare les moules en sable dans une fonderie. **2** Ouvrier qui travaille à la sableuse.

**sableuse** *nf* **1** Machine qui projette un jet de sable fin pour décaper, dépolir, etc. **2** Machine utilisée pour sabler les chaussées.

**sableux, euse** *a* Qui contient du sable.

**1 sablier, ère** *a* Relatif au sable. *Exploitation sablière.*

**2 sablier** *nm* Appareil composé de deux ampoules dont l'une contient du sable fin qui s'écoule dans l'autre par un étroit conduit, utilisé pour mesurer le temps.

**sablière** *nf* **1** TECH Longue poutre horizontale, sur laquelle s'appuient les autres pièces d'une charpente. **2** Carrière de sable.

**sablon** *nm* Sable très fin.

**sablonner** *vt* [1] Récurer avec du sablon.

**sablonneux, euse** *a* Où le sable abonde.

**sablonnière** *nf* Carrière de sablon.

**sabodet** *nm* CUIS Saucisson à cuire à base de tête de porc (spécialité lyonnaise).

**sabord** *nm* MAR Ouverture quadrangulaire dans la muraille d'un navire pour donner passage à la volée d'un canon. **LOC** fam ***Mille sabords ! :*** juron prêté aux marins. — ***Sabord de charge :*** pour embarquer des marchandises, etc. [ETY] De *bord.*

**saborder** *v* [1] **A** *vt* **1** Percer des voies d'eau sous la flottaison d'un navire pour le couler. **2** fig Mettre volontairement fin à l'existence de qqch. *Saborder son entreprise. Régime qui se saborde.* **B** *vpr* Couler son propre navire pour qu'il ne tombe pas aux mains de l'ennemi. [DER] **sabordage** ou **sabordement** *nm*

**sabot** *nm* **1** Chaussure faite en une seule pièce de bois ou constituée d'une semelle de bois. **2** Enveloppe cornée de la dernière phalange des doigts, chez les ongulés. SYN onglon. **3** TECH Garniture d'ornement ou de protection à l'extrémité d'un pied de meuble, d'un pieu, etc. **LOC** ***Baignoire sabot :*** petite baignoire courte dans laquelle l'on se tient assis. — ***Sabot de Denver :*** grosse pince utilisée par les services de police pour bloquer la roue d'un véhicule en stationnement illicite. — ***Sabot de frein :*** pièce mobile qui vient s'appliquer contre le bandage d'une roue pour la freiner. — fam ***Travailler comme un sabot :*** très mal. — ***Voir venir qqn avec ses gros sabots :*** deviner facilement ses intentions qu'il dissimule très mal. [ETY] De l'a. fr. *çabot,* « toupie ».

**sabot-de-Vénus** *nm* Orchidée sauvage des montagnes d'Europe. PLUR sabots-de-Vénus

**saboter** *vt* [1] **1** TECH Garnir d'un sabot. *Saboter un pilotis, un pieu.* **2** Faire vite et mal. *Saboter un travail.* **3** Détériorer, détruire, désorganiser qqch. *Saboter une machine. Saboter une négociation.* [DER] **sabotage** *nm* – **saboteur, euse** *n*

**saboterie** *nf* Fabrique de sabots.

**sabotier, ère** *n* Personne qui fabrique ou qui vend des sabots.

**sabra** *n* Juif né en Israël. [ETY] Mot hébreu.

**sabrage** *nm* TECH Opération consistant à débarrasser de ses impuretés la laine des toisons.

**sabre** *nm* **1** Arme blanche à lame droite ou recourbée, tranchante d'un seul côté. **2** TECH Instrument pour tondre les haies. **3** fam Rasoir à main, à longue lame. **4** Poisson perciforme comestible des mers tempérées, au corps allongé en ruban. [ETY] De l'all. ▶ illustr. escrime

**sabrer** *vt* [1] **1** Frapper à coups de sabre. **2** Biffer, amputer largement un texte. *Sabrer un article.* **3** fam Congédier qqn, le refuser à un examen, à un poste. **LOC** fam ***Sabrer un travail :*** le faire vite et mal.

**sabretache** *nf* anc Sac plat que les cavaliers portaient à côté du sabre.

**sabreur, euse** *n* **A** Escrimeur spécialiste du sabre. **B** *nm* litt Soldat habile au sabre. **C** *nf* Machine utilisée pour le sabrage.

**sabulicole** *a* ECOL Se dit d'un organisme inféodé aux biotopes sablonneux.

**Sabunde Raimundo** (Barcelone, fin XIV^e^ s. – Toulouse, 1436), médecin, philosophe et théologien catalan d'expression latine. Montaigne traduisit sa *Theologia naturalis sive Liber creaturarum* et lui consacra un chapitre des *Essais.* [VAR] **Sebonde, Sebond**

**saburral, ale** *a* MED Se dit de la langue lorsqu'elle est recouverte d'un enduit blanc jaunâtre. SYN langue chargée. PLUR saburraux.

**1 sac** *nm* **1** Poche en toile, en papier, en cuir, etc., ouverte seulement par le haut et servant de contenant. *Sac de voyage, à provisions.* **2** Contenu d'un sac. *Gâcher un sac de plâtre.* **3** fam Somme de mille anciens francs (dix francs). **4** ANAT Cavité, enveloppe organique. *Sac lacrymal, herniaire.* **LOC** ***Avoir plus d'un tour dans son sac :*** être très retors. — ***Course en sac :*** où les concurrents, enfermés dans un sac jusqu'au cou ou jusqu'à la taille, doivent avancer en sautant. — fam ***L'affaire est dans le sac :*** le succès en est assuré. — ***Mettre dans le même sac :*** confondre dans la même réprobation. — ***Prendre qqn la main dans le sac :*** en flagrant délit. — ***Sac à dos :*** sac de voyage que l'on porte sur le dos, maintenu par deux bretelles. — ZOOL ***Sac aérien :*** réservoir d'air qui prolonge les bronches d'un oiseau. — ***Sac à main :*** sac de femme, servant à contenir les papiers, le maquillage, etc. — fam ***Sac à vin :*** ivrogne. — ***Sac de couchage :*** sac en matériau isolant, dans lequel on se glisse pour dormir en camping. — ***Sac de nœuds, d'embrouilles :*** affaire inextricable. — BOT ***Sac embryonnaire :*** partie de l'ovule des angiospermes qui contient le gamète femelle. — ***Vider son sac :*** dire tout ce qu'on pense, ce qu'on a sur le cœur. [ETY] Du lat.

**2 sac** *nm* litt Pillage. *Le sac d'une ville.* **LOC** ***Mettre à sac :*** piller. [ETY] De l'ital.

**SAC** acronyme pour *Service d'action civique.* Service d'ordre d'inspiration gaulliste fondé en 1968, dissous en 1982.

**Sá-Carneiro Mário de** (Lisbonne, 1890 – Paris, 1916), poète portugais : *Dispersão* (1914). Il se suicida.

**saccade** *nf* **1** EQUIT Secousse brusque donnée aux rênes d'un cheval. **2** Mouvement brusque et irrégulier. *Avancer, parler par saccades.* [ETY] De l'a. fr. *saquer,* « tirer ».

**saccadé, ée** *a* Qui est fait par saccades ; brusque, irrégulier. *Marche saccadée. Débit saccadé.*

**saccader** *vt* [1] **1** EQUIT Donner des saccades à un cheval. **2** Rendre saccadé.

**saccager** *vt* [13] **1** Mettre à sac ; dévaster. *Saccager un pays.* **2** Bouleverser. *Saccager un appartement.* [ETY] De l'ital. [DER] **saccage** *nm* – **saccageur, euse** *a, n*

**sacchar(o)-** Élément, du gr. *sakkharos,* « sucre ». [PHO] [sakaʀo] [VAR] **saccar(o)-**

**saccharase** *nf* BIOCHIM Syn. de *invertase.* [VAR] **saccarase**

**saccharate** *nm* CHIM Sel de l'acide saccharique. [VAR] **saccarate**

**saccharifère** *a* didac Qui renferme du sucre. [VAR] **saccarifère**

**saccharifier** *vt* [2] BIOCHIM Transformer en sucre les substances amylacées ou cellulosiques. [VAR] **saccarifier** [DER] **saccharification** ou **saccarification** *nf*

**saccharimétrie** *nf* CHIM Détermination de la quantité et de la nature des sucres contenus dans une solution. [VAR] **saccarimétrie** [DER] **saccharimètre** ou **saccarimètre** *nm*

**saccharin, ine** *a* didac De la nature du sucre. [VAR] **saccarin**

**saccharine** *nf* Substance blanche synthétique, utilisée comme succédané du sucre. [VAR] **saccarine** [DER] **sacchariné** ou **saccariné, ée** *a*

**saccharique** *a* **LOC** CHIM ***Acide saccharique :*** obtenu par action de l'acide nitrique sur le saccharose, le glucose, le lactose et l'amidon. [VAR] **saccarique**

**saccharoïde** *a* didac Qui a l'aspect du sucre. *Gypse saccharoïde.* [VAR] **saccaroïde**

**saccharolé** *nm* PHARM Médicament à base de sucre. [VAR] **saccarolé**

**saccharomyces** *nm* BOT Levure qui décompose les sucres. [PHO] [sakaʀɔmises] [VAR] **saccaromyces**

**saccharomycétale** *nm* BOT Champignon ascomycète dont le saccharomyces est le genre type. [VAR] **saccaromycétale**

**saccharose** *nm* BIOCHIM Sucre alimentaire extrait de la canne à sucre ou de la betterave, constitué de glucose et de fructose. [VAR] **saccarose**

**saccharure** *nm* PHARM Saccharolé solide. [VAR] **saccarure**

**Sacchetti Franco** (Raguse, v. 1330 – San Miniato, 1400) , écrivain italien : *Trois Cents Nouvelles* sur les mœurs du temps.

**Sacco et Vanzetti (affaire)** affaire judiciaire américaine. Deux anarchistes, immigrés italiens, *Nicola Sacco* (né en 1891) et *Bartolomeo Vanzetti* (né en 1888), furent condamnés à mort sans preuves pour meurtre (1921) et exécutés en 1927. Le soutien de leur cause enflamma l'Europe.

**Nicola Sacco** et **Bartolomeo Vanzetti,** pendant leur emprisonnement (1921-1927)

**saccule** *nm* ANAT Vésicule de l'oreille interne, à la partie inférieure du vestibule.

**sacculine** *nf* Crustacé cirripède rhizocéphale, parasite du crabe vert.

**SACEM** acronyme pour *Société des auteurs, compositeurs et éditeurs de musique* qui, fondée en 1851, perçoit les droits d'exécution publique de leurs œuvres et les leur distribue.

**sacerdoce** *nm* **1** RELIG Dignité et fonction du ministre d'un culte. **2** fig Toute fonction qui requiert de l'abnégation. (ETY) Du lat. *sacerdos*, « prêtre ». (DER) **sacerdotal, ale, aux** *a*

**Sacerdoce et de l'Empire (lutte du)** conflit qui opposa en Allemagne et en Italie la papauté (Sacerdoce) et le Saint Empire (1154-1250). Frédéric Ier Barberousse envahit les villes lombardes et fut finalement vaincu par le pape Alexandre III (trêve de Venise, 1177). La lutte reprit en 1227 et culmina sous Frédéric II, maître de la Sicile. Deux fois excommunié, l'empereur mourut en 1250. Victorieux, le Sacerdoce sortit affaibli de ces luttes.

**sachée** *nf* Contenu d'un sac.

**sachem** *nm* Vieillard faisant partie du conseil de la tribu, chez les Indiens d'Amérique du Nord. (PHO) [saʃɛm] (ETY) Mot iroquois.

**sacherie** *nf* Industrie des sacs à l'emballage ; les produits de cette industrie.

**Sacher-Masoch Leopold (chevalier von)** (Lemberg, auj. Lvov, 1836 – Lindheim, Hesse, 1895), écrivain autrichien. Ses récits autobiographiques ( *la Vénus à la fourrure*, 1870 ; *les Messalines de Vienne*, 1874) traitent une forme d'érotisme appelée depuis *masochisme*.

**sachet** *nm* Petit sac. *Sachet de thé, de lavande.*

**sachet-cuisson** *nm* Présentation d'un produit alimentaire dans un emballage qui servira à le faire cuire. PLUR sachets-cuissons.

**Sachs Hans** (Nuremberg, 1494 – id., 1576), poète-musicien (*Meistersinger*) allemand : *le Rossignol de Wittenberg* (1523).Wagner l'a évoqué dans *les Maîtres chanteurs de Nuremberg*.

**Sachs Leonie, dite Nelly** (Berlin, 1891 – Stockholm, 1970), écrivain suédois d'origine et d'expression allemandes ; chantre du martyre juif : *Dans les demeures de la mort* (1947), *Voyage dans des pays sans poussière* (1961). P. Nobel 1966 avec S. J. Agnon.

**Sachsenhausen** → **Oranienburg.**

**Sackville Thomas (baron de Buckhurst et 1er comte de Dorset)** (Buckhurst, 1536 – Londres, 1608), homme politique et dramaturge anglais (V. Norton).

**Saclay** com. de l'Essonne (arr. de Palaiseau) ; 2 883 hab. Centre d'études nucléaires du Commissariat à l'énergie atomique. (DER) **saclaysien, enne** *a, n*

**sacoche** *nf* **1** Sac de cuir, de toile, etc., muni, d'une bandoulière et d'attaches. **2** Belgique, Canada Sac à main. (ETY) De l'ital.

**sacolève** *nm* MAR Voilier utilisé par les Grecs et les Turcs pour la pêche des éponges. (ETY) Du gr.

**sacome** *nm* ARCHI Moulure en saillie. (ETY) De l'ital.

**sac-poubelle** *nm* Sac de plastique destiné aux ordures ménagères. PLUR sacs-poubelle.

**sacquer** *vt* ① fam Punir ou noter sévèrement. LOC *Ne pas pouvoir sacquer qqn* : le détester. (ETY) De sac 2. (VAR) **saquer**

**sacral, ale** *a* didac Revêtu d'un caractère sacré. PLUR sacraux. (DER) **sacralité** *nf*

**sacraliser** *vt* ① Rendre sacré. (DER) **sacralisation** *nf*

**sacramentaire** *nm, a* **A** *nm* HIST Nom donné au XVIe s. par les luthériens aux protestants qui niaient la Présence réelle dans l'eucharistie. **B** *a* didac Relatif aux sacrements.

**sacramental** *nm* LITURG Rite sacré auquel sont attachés des effets d'ordre spirituel. PLUR sacramentaux.

**sacramentel, elle** *a* **1** THEOL Qui appartient à un sacrement. **2** fig Qui a un caractère solennel, rituel.

**Sacramento** v. des É.-U., cap. de la Californie ; 1 600 000 hab. (aggl.). Centre agricole et industriel. – La ville se situe en amont du *Sacramento* (620 km), affl. du San Joaquin, qui se jette dans la baie de San Francisco.

**1 sacre** *nm* **1** Cérémonie religieuse par laquelle un souverain est consacré. **2** Cérémonie religieuse par laquelle un prêtre reçoit la plénitude du sacerdoce et devient évêque. **3** fig Consécration solennelle. *Le sacre du prix Nobel.* **4** Canada Juron formé sur le nom d'un objet sacré (par ex. ostie, tabernak).

**2 sacre** *nm* Faucon d'Europe et d'Asie centrale. (ETY) De l'ar.

**1 sacré, ée** *a, nm* **A** *a, nm* Qui concerne la religion, le culte divin. ANT profane. *Musique sacrée.* **B** *a* **1** Qui appelle un respect absolu ; digne de vénération. *Devoir sacré.* **2** fam Placé devant un nom, renforce un terme injurieux ou admiratif. *Je ne peux pas ouvrir cette sacrée porte.* LOC *Le Sacré Collège* : ensemble des cardinaux de l'Église romaine.

**2 sacré, ée** *a* ANAT Relatif au sacrum.

**Sacré (mont)** colline (37 m) au N. de Rome où l'armée romaine se retira pour protester contre la cisette (494 av. J.-C.) ; les plébéiens menaçaient de faire sécession sur l'Aventin.

**sacrebleu !** *interj* Juron. (VAR) **sacredieu !**

**Sacré-Cœur** *nm* RELIG CATHOL Le cœur de Jésus-Christ, symbole de l'amour divin pour les hommes, auquel l'Église rend un culte.

**Sacré-Cœur (basilique du)** église édifiée à Paris (1876-1912), sur la butte Montmartre, par Paul Abadie, dans le style dit romano-byzantin, consacrée en 1919.

**Sacre du printemps (le)** ballet de Stravinski (1913), chorégr. de Nijinski.

**sacrées (guerres)** nom de trois guerres qui se déroulèrent en Grèce entre 590 et 346 av. J.-C. pour le contrôle du sanctuaire d'Apollon à Delphes. Lors de la dernière, Philippe II de Macédoine conquit la Phocide (346). En 339, il vainquit les Athéniens (guerre dite parfois *quatrième guerre sacrée*).

**sacrement** *nm* Dans les Églises catholique et orthodoxe, signe concret et efficace de la grâce, institué par le Christ pour sanctifier les hommes. *Administrer les sacrements.* LOC *Le saint sacrement* : l'eucharistie. (ETY) Du lat. *sacramentum*, « serment ».

ENC Il existe sept sacrements : le baptême, la confirmation, l'eucharistie, la pénitence (ou réconciliation), le sacrement des malades (dit, avant 1963, extrême-onction), l'ordre et le mariage. Les protestants n'ont retenu que deux sacrements : le baptême et l'eucharistie, auxquels ils n'attribuent pas les mêmes effets que les catholiques et les orthodoxes.

**sacrément** *av* fam Extrêmement.

**sacrer** *v* ① **A** *vt* **1** Conférer, par une cérémonie religieuse, un caractère sacré à. *Sacrer un roi.* **2** fig Déclarer solennellement tel. *Elle fut sacrée meilleure actrice de sa génération.* **B** *vi* Canada Prononcer des jurons. (ETY) Du lat.

**sacret** *nm* Faucon sacre mâle.

**sacrificateur, trice** *n* **1** ANTIQ Prêtre, prêtresse qui offrait les sacrifices. **2** Chez les juifs et les musulmans, personne chargée de tuer les animaux de boucherie selon les rites (viande cachère ou halal).

**sacrifice** *nm* **1** RELIG Offrande faite à une divinité. *Immoler un taureau en sacrifice à Zeus.* **2** Renoncement, privation volontaire ou forcée. *Faire le sacrifice de sa vie.* **3** Privation matérielle. *Imposer de grands sacrifices à qqn.* LOC RELIG CATHOL *Le Saint Sacrifice* : la messe. (ETY) Du lat. (DER) **sacrificatoire** *a*

**sacrificiel, elle** *a* didac Qui relève d'un sacrifice religieux.

**sacrifié, ée** *a, n* Se dit d'une personne qui se sacrifie pour autrui. LOC *Prix sacrifié* : très bas pour écouler la marchandise.

**sacrifier** *v* ② **A** *vt* **1** Offrir, immoler en sacrifice à une divinité. *Sacrifier un agneau.* **2** Renoncer à qqch, abandonner au profit de qqn, de qqch. *Sacrifier sa famille à son travail.* **3** Abandonner par nécessité et à regret. *Sacrifier quelques répliques pour raccourcir une pièce.* **B** *vti* Se conformer à qqch. **C** *vpr* S'offrir en sacrifice ; se dévouer sans réserve. *Se sacrifier pour ses enfants.*

**sacrilège** *nm, a* **A** *nm* **1** Profanation impie de ce qui est sacré. **2** Outrage à qqn, qqch particulièrement digne de respect. *Abattre cet arbre centenaire serait un sacrilège.* **B** *a* Qui a le caractère du sacrilège. *Paroles sacrilèges.* **C** *a, n* Qui commet, a commis un sacrilège. (ETY) Du lat.

**sacripant** *nm* fam Mauvais sujet. SYN vaurien. (ETY) Du n. pr.

**Sacripant** personnage du *Roland amoureux* (1495) de Boiardo et du *Roland furieux* (1532) de l'Arioste, chef sarrasin d'une vaillance extraordinaire.

**sacristain** *nm* Personne qui a la charge de la sacristie et de l'entretien d'une église.

**sacristaine** *nf* Religieuse ou laïque chargée de la sacristie d'un couvent, d'une église. (VAR) **sacristine**

**sacristi !** *interj* Syn. de *sapristi !* (ETY) Altér. de sacré.

**sacristie** *nf* Salle, attenante à une église, où l'on range les objets du culte.

**sacro-iliaque** *a* ANAT Qui concerne le sacrum et l'os iliaque.

**sacro-saint, sacro-sainte** *a* iron Qui fait l'objet d'un respect absolu. *La sacro-sainte promenade dominicale.* (VAR) **sacrosaint**

**sacrum** *nm* ANAT Os symétrique et triangulaire constitué par cinq vertèbres soudées situées au bas de la colonne vertébrale. (PHO) [sakʀɔm] (ETY) Du lat. *os sacrum*, « os offert aux dieux ».

**Sadate Anouar el-** (Mit Abu-l-Kom, gouvernorat de Ménoufieh, 1918 – Le Caire, 1981), officier et homme politique égyptien. Président de l'Assemblée nationale (1960-1969), vice-président de la Rép. (1969), il succéda à Nasser (1970). Il se rapprocha des É.-U. et signa avec Israël un traité de paix en mars 1979. Il fut assassiné lors d'un défilé militaire. P. Nobel de la paix 1978 avec l'Israélien M. Begin. ▶ illustr. p. 1436

**sadducéen, enne** *n* ANTIQ Membre d'une secte juive qui affirmait la primauté de la Torah sur toute tradition orale et niait la résurrection des morts. (VAR) **saducéen, enne**

**Sade Donatien Alphonse François (marquis de)** (Paris, 1740 – Charenton, 1814), écrivain français. Il passa trente années de sa vie en prison et mourut captif à l'hospice de Charenton. Dans *Justine ou les Malheurs de la vertu* (1791), *la Philosophie dans le boudoir* (1795), *les Cent Vingt Journées de Sodome* (publiées en 1931-1935), il alterne scènes d'orgie et « dissertations morales ». (V. sadisme.) (DER) **sadien, enne** *a* ▶ illustr. p. 1436

**Sá de Miranda Francisco** (Coimbra, v. 1480 – Quinta de Tapada, 1558), poète portugais (sonnets, élégies, etc.), auteur de comédies.

**sadhu** *n* En Inde, ascète qui fait vœu de pauvreté et de célibat, peut vivre en ermite, errer seul ou faire partie d'un ordre religieux. PHO [sadu] ETY Du sanskrit.

**Sa'di** → **Saadi.**

**Sa'diens** → **Saadiens.**

**sadique-anal, ale** *a* PSYCHAN Se dit de la deuxième phase de l'évolution libidinale entre 2 et 5 ans, où l'enfant fait l'apprentissage et tire satisfaction de la maîtrise anale. PLUR sadique-anaux.

**sadisme** *nm* **1** PSYCHIAT Perversion sexuelle dans laquelle la satisfaction dépend de la souffrance physique ou morale infligée à autrui. **2** Goût à faire ou à voir souffrir autrui. ETY De *Sade*, n. pr. DER **sadique** *a, n* – **sadiquement** *av*

**sadomasochisme** *nm* Pratique sexuelle dans laquelle la satisfaction est obtenue par la douleur infligée et/ou ressentie. DER **sadomasochiste** ou **sadomaso** *a, n*

**Sadoul** Georges (Nancy, 1904 – Paris, 1967), journaliste et écrivain français : *Histoire générale du cinéma* (6 vol., 1946-1954).

**Sadoveanu** Mihail (Paşcani, Moldavie, 1880 – Bucarest, 1961), écrivain roumain. Il a peint notam. les paysans moldaves : *le Hachereau* (1930), *les Frères Jderi* (1935-1942).

**Sadowa** bourg de Bohême orientale. – Le 3 juil. 1866, la victoire décisive de l'armée prussienne de Moltke sur les troupes autrichiennes de Benedek révéla la puissance de la Prusse. VAR **Sadová**

**saducéen** → **sadducéen.**

**Saenredam** Pieter (Assendelft, 1597 – Haarlem, 1665), peintre hollandais ; il peignit surtout des intérieurs d'églises.

**SAF** *nm* Acronyme de *syndrome d'alcoolisation fœtale*, pathologie infantile provoquée par l'alcool bu par la femme enceinte et marquée par une déficience intellectuelle et des malformations diverses.

**safari** *nm* Expédition de chasse en Afrique. ETY Mot swahili.

**safari-photo** *nm* Excursion au cours de laquelle on photographie les bêtes sauvages. PLUR safaris-photos.

**safer** *nf* Abrév. de *société d'aménagement foncier et d'établissement rural*, société d'économie mixte destinée à faciliter l'établissement des agriculteurs.

**Safi** (en ar. *Asfi*), v. et port du Maroc, sur l'Atlantique ; 197 310 hab. ; ch.-l. de la prov. du m. nom. Pêche. Phosphates.

**safou** *nm* **Afrique** Fruit allongé du safoutier, très tendre, consommé comme légume.

**safoutier** *nm* **Afrique** Grand arbre tropical (burséracée) qui donne le safou.

**1 safran** *nm, a inv* **A** *nm* **1** Crocus. **2** Condiment et colorant constitués de stigmates floraux du crocus séchés, réduits ou non en poudre. *Poulet au safran.* **B** *a inv* Jaune-orangé. ETY De l'ar.

**2 safran** *nm* MAR Pièce plate qui constitue la partie essentielle du gouvernail.

Sadate

Sade

**safrané, ée** *a* **1** De couleur safran, jaune-orangé. **2** Assaisonné ou coloré avec du safran.

**safranière** *nf* Plantation de safran.

**safre** *nm* CHIM Oxyde bleu de cobalt ; verre coloré avec cet oxyde, qui imite le saphir. SYN smalt. ETY Var. de *saphir*.

**saga** *nf* **1** LITTER Conte ou légende du Moyen Âge scandinave. **2** Cycle romanesque évoquant l'épopée d'une famille. ETY De l'a. nord.

**sagace** *a* Doué de finesse, de vivacité d'esprit. ETY Du lat. DER **sagacité** *nf*

**Saga des Forsyte (la)** cycle romanesque de Galsworthy (6 vol., 1906-1928).

**sagaie** *nf* Javelot dont une extrémité est munie d'un fer de lance, utilisé par divers peuples primitifs. ETY Du berbère, par l'esp.

**Sagan** Carl (New York, 1934 – Seattle, 1996), astrophysicien américain, spécialiste des planètes du système solaire, auteur d'ouvrages de vulgarisation.

**Sagan** Françoise Quoirez, dite Françoise (Cajarc, Lot, 1935 – Honfleur, 2004), romancière française : *Bonjour tristesse* (1954), *Un certain sourire* (1956).

**sagard** *nm* **rég** Ouvrier qui débite le bois en planches, dans les scieries des Vosges. ETY De l'all. *Säger*, « scieur ».

**sage** *a, n* **A** Modéré, prudent, raisonnable. **B** *a* **1** Tranquille, obéissant. *Il est sage comme une image.* **2** Qui évite les excès ; chaste. *Une mode sage.* **C** *nm* **1** Personne que son art de vivre met à l'abri des passions, des inquiétudes, de l'agitation. **2** Expert chargé d'étudier une question politique, économique ou déontologique et de proposer des solutions. *Comité des sages.* ETY Du lat. DER **sagement** *av*

**sage-femme** *n* Auxiliaire médical(e) diplômé(e) qui assiste les femmes lors de l'accouchement. (Depuis 1982, ce diplôme est ouvert aux hommes dits *hommes sages-femmes*). PLUR sages-femmes. VAR **sagefemme**

**Sages (les Sept)** nom donné à des philosophes et à des hommes politiques grecs du VIe s. av. J.-C. : Thalès de Milet, Pittacos de Mytilène, Bias de Priène, Solon d'Athènes, Périandre de Corinthe, Cléobule de Lindos et Chilon de Lacédémone.

**sagesse** *nf* **1** Modération, prudence, circonspection. *Il a eu assez de sagesse pour ne pas se fâcher.* **2** Conduite de qqn qui allie modération et connaissance. **3** Réserve dans la conduite, dans les mœurs. **4** Docilité d'un enfant.

safran

**Sagesse (livre de la)** livre deutérocanonique de l'Ancien Testament (Bible) écrit en grec au Ier s. av. J.-C.

**sagine** *nf* Petite plante herbacée (caryophyllacée) à fleurs blanches. ETY Du lat.

**sagittaire** *nf* BOT Plante monocotylédone aquatique à feuilles en forme de flèches. SYN flèche d'eau. ETY Du lat. VAR **sagette**

**Sagittaire (le)** constellation zodiacale de l'hémisphère austral ; n. scientif. : *Sagittarius, Sagittarii*. – Signe du zodiaque (23 nov.-21 déc.).

**sagittal, ale** *a* **didac** **1** En forme de flèche ; orienté comme une flèche. **2** ANAT Médian et suivant le plan de symétrie. *Coupe sagittale.* PLUR sagittaux. **LOC** MATH ***Schéma sagittal*** : constitué de flèches qui figurent des relations.

**sagitté, ée** *a* **didac** Qui est en forme de fer de flèche.

**Sagone** petit port de la Corse-du-Sud (com. de Vico, arr. d'Ajaccio). – Ville import. au Moyen Âge, sur le *golfe de Sagone*.

**Sagonte** v. de l'anc. Tarraconaise (Espagne orient.) dont la prise (219 av. J.-C.) par Hannibal entraîna la deuxième guerre punique.

**sagou** *nm* Fécule alimentaire extraite de la moelle du cycas et de certains palmiers (sagoutier). ETY Mot malais.

**sagouin, ouine** *n* **A** *nm* **vx** Petit singe d'Amérique du Sud. **B** *n* **fam** Personne, enfant malpropre. ETY Du tupi par le portug.

**sagoutier** *nm* Palmier dont la moelle fournit le sagou.

**Saguenay (le)** riv. du Québec (200 km env.), affl. du Saint-Laurent (r. g.). Nombreux aménagements hydroélectriques.

**Saguenay** v. du Canada (Québec), sur le Saguenay ; 148 109 hab. – Centre administratif et culturel. Résultat du regroupement, en 2002, de plusieurs villes dont Chicoutimi, Jonquière et La Baie. DER **saguenayen, enne** *a, n*

**Saguenay-Lac-Saint-Jean** région admin. du Québec ; 294 220 hab. ; v. princ. : *Saguenay*. DER **saguenayen, enne** *a, n*

**Saguia el-Hamra** partie N. du Sahara occid. annexée par le Maroc en 1976 ; 82 317 km² ; 40 000 hab. ; ch.-l. *El-Aaiún*. Élevage. Phosphates.

**Sahara** désert d'Afrique septentrionale, le plus grand du monde (environ 10 millions de km²). S'étendant de l'Atlantique à la mer Rouge et de l'Atlas au Soudan, il est partagé entre dix États : la Libye, la Tunisie, l'Algérie, le Maroc, la Mauritanie, le Mali, le Niger, le Tchad, l'Égypte et le Soudan. Il est formé de zones tabulaires sableuses (*ergs*) et de plates-formes pierreuses (*regs* et *hamadas*) d'où émergent des massifs : Hoggar, Tibesti (3 415 m à l'Emi Koussi), Aïr. Les précipitations sont partout inférieures à 100 mm par an ; elles varient avec l'altitude et la latitude. Des nappes d'eau souterraines semblent importantes. La vie humaine se concentre dans les oasis (peu nombr.). L'exploitation du sous-sol (hydrocarbures d'Algérie et de Libye, fer de Mauritanie, phosphates du Sahara occid.) s'intensifie depuis 1960 env. La pop. saharienne (Maures, Touareg et Toubous) se partage entre les sédentaires, groupés dans les oasis, et les nomades, éleveurs de moutons, de chèvres et de dromadaires ; ces derniers sont de moins en moins nombreux. Au paléolithique et au néolithique, le Sahara était une rég. humide ; de nombr. peintures rupestres attestent l'existence d'une civilisation pastorale active. Auj., le Sahara tend à s'étendre. (V. aussi Sahel). DER **saharien, enne** *a*

**Sahāranpur** v. industr. de l'Inde (Uttar Pradesh), au N. de Delhi ; 374 000 hab.

**Sahara occidental** nom donné à l'anc. *Sahara espagnol* (rég. du Sahara bordée par l'Atlantique), dont les Marocains annexèrent en

1976 la partie N., la Saguia el-Hamra, puis le S., le Río de Oro (1979) ; 266 000 km² ; 500 000 hab. Anc. cap. *El-Aaiún*. Princ. ressources : pêche côtière, élevage de chameaux, salines, phosphates (riches gisements de Bu Kra, encore peu exploités). DER **sahraoui, ie** *a, n*
**Histoire** Ce territoire, occupé par l'Espagne à la fin du XIXe s., province esp. en 1958, fut convoité par les pays limitrophes (Maroc, Mauritanie, Algérie) après leur indépendance. Quand l'Espagne décida de décoloniser le territoire (1974), le Maroc organisa la « Marche verte » : 350 000 Marocains pénétrèrent pacifiquement dans le N. du territoire. En 1976 (accords de Madrid), l'Espagne remit l'administration du territoire au Maroc (Saguia el-Hamra) et à la Mauritanie (Río de Oro). Créé en 1973, le Front Polisario, soutenu par l'Algérie et la Libye, se lança, à partir de 1976, dans la guérilla contre le Maroc (et contre la Mauritanie jusqu'au traité de paix de 1979). Le Maroc construisit six murs fortifiés pour contrôler la côte atlantique du Sahara, l'une des plus poissonneuses du monde. Soixante et un pays reconnurent la République arabe sahraouie démocratique, proclamée en 1976 et admise en 1982 au sein de l'OUA. Le 6 septembre 1991, le Maroc et le Front Polisario signèrent un cessez-le-feu ; le plan de paix de l'ONU prévoyait un référendum d'autodétermination, qui a été sans cesse repoussé.

**saharienne** *nf* Veste de toile légère à grandes poches plaquées.

**Sahel (le)** zone semi-désertique (5 millions de km²), au sud du Sahara, aux confins de la savane et du désert, qui s'étend sur huit pays : le Tchad, le Niger, le Mali, le Burkina Faso, la Mauritanie, le Sénégal, la Gambie et les îles du Cap-Vert. La saison sèche dure neuf mois ; celle des pluies, de juillet à septembre. La sècheresse fut maximale entre 1968 et 1974, puis en 1977. Quatre millions de têtes de bétail et près du tiers des récoltes furent perdus. Un tel désastre s'était produit en 1913-1914 et de 1940 à 1947. Les actions humaines ont aggravé ce phénomène climatique : les monocultures ont remplacé les jachères depuis la colonisation ; la steppe succède à la forêt ; le déboisement a nui aux sols, érodés ou recouverts de sel. L'eau est présente à 15 ou 20 m sous terre, voire à 150 ou 200 m, mais creuser des puits coûte très cher. – On nomme aussi *sahel* (mot arabe signif. « rivage », « lisière ») les régions côtières d'Algérie et de Tunisie. DER **sahélien, enne** *a, n*

**sahib** *nm* En Inde, titre de respect à l'adresse d'un homme. PHO [saib] ETY Mot hindi.

**Sahlins** Marshall (1930), anthropologue américain : *la Découverte du vrai sauvage* (2007).

**sahraoui** → **Sahara occidental.**

**saï** *nm* Petit singe d'Amérique du Sud du genre sajou. PHO [sai] ETY Mot tupi.

**Saïan** chaîne montagneuse (3 491 m au Mounkou Sardyk), aux confins de la Russie et de la Mongolie.

**Saïda** ville d'Algérie, au S.-E. d'Oran ; 84 370 hab. ; ch.-l. de wilaya. Industries.

**Saïda** (anc. *Sidon*), port du sud du Liban ; 24 700 hab. ; ch.-l. de prov. – Archevêchés (maronite et melkite catholique). Chât. des croisés (XIIe s.). JAR **Sayda**

le village de Timimoun, dans le **Sahara**

**Saïd Pacha** Muhammad (Le Caire, 1822 – Alexandrie, 1863), vice-roi d'Égypte (1854-1863), fils de Méhémet-Ali. Il supprima l'esclavage (1856) et soutint la création du canal de Suez.

**saie** *nf* ANTIQ Manteau court des soldats romains et gaulois.

**saïga** *nm* Antilope d'Asie occidentale et d'Europe orientale, au pelage beige clair, au très long museau, aux cornes en lyre. ETY Mot russe.

**saignant, ante** *a* **1** Qui saigne. **2** Féroce, impitoyable. *Des reproches saignants.* LOC *Viande saignante* : très peu cuite.

**saignée** *nf* **1** Opération visant à extraire des vaisseaux une certaine quantité de sang. **2** Pli formé par le bras et l'avant-bras. **3** fig Prélèvement abondant. *Saignée fiscale.* **4** Grande perte d'hommes. *Saignée de la guerre de 1914-1918.* **5** TECH Rigole, tranchée pratiquée pour établir un drainage, une irrigation. **6** Longue entaille, rainure sur une pièce. **7** Méthode de fabrication du rosé consistant à prélever une partie d'une cuvée destinée à être vinifiée en rouge.

**saignement** *nm* Épanchement de sang. LOC MED *Temps de saignement* : temps nécessaire à l'arrêt du saignement, avant coagulation.

**saigner** *v* ① **A** *vi* **1** Perdre du sang. *Saigner du nez.* **2** fig, litt Éprouver une grande douleur morale. *Son cœur saigne.* **B** *vt* **1** Tirer du sang à qqn en ouvrant une veine. *Saigner un malade.* **2** Tuer un animal en le vidant de son sang. **3** fig Épuiser en soutirant toutes les ressources. *La guerre a saigné ce pays* LOC fam *Ça va saigner* : il va y avoir un conflit, de la bagarre. — *Saigner à blanc* : vider de son sang ; fig dépouiller de tout son argent. — *Se saigner aux quatre veines* : faire tous les sacrifices possibles. ETY Du lat.

**saigneur, euse** *n* TECH Personne qui saigne les animaux de boucherie, ou pratique des saignées dans les arbres.

**saignoir** *nm* Couteau à saigner les bêtes.

**Saigon** → **Hô Chi Minh-Ville.**

**Saigō Takamori** (Kagoshima, 1826 – id., 1877), homme de guerre japonais. Il contribua à la restauration (1868) du pouvoir impérial, mais s'opposa à la modernisation ; il dirigea alors la lutte armée contre l'empereur, fut défait et se fit hara-kiri. — **Saigō Yorimichi** (Satsuma, 1843 – ?, 1902), homme politique, frère du préc., dont il combattit la révolte. Il fit du Japon une puissance navale.

**Saikaku** Ihara (Ōsaka, 1641 – id., 1693), écrivain japonais ; créateur de l'étude de mœurs à caractère réaliste et souvent licencieux : *la Vie d'une femme* (1668), *Vie d'une amie de la volupté* (1686), *le Grand Miroir de la pédérastie* (1687).

**Sailer** Toni (Kitzbühel, 1935 – Innsbruck, 2009), skieur autrichien. Il triompha aux JO de 1956.

**saillant, ante** *a, nm* **A** *a* **1** Qui avance, qui fait saillie. *Corniche saillante.* **2** fig Qui appelle l'attention, marquant. *Des faits saillants.* **B** *nm* Partie qui fait saillie. LOC GEOM *Angle saillant* : dont le sommet est tourné vers l'extérieur de la figure. ANT rentrant.

**saillie** *nf* **1** Partie d'un édifice qui avance par rapport à une autre dans le plan vertical. **2** Accouplement des animaux domestiques. **3** vx, litt Trait d'esprit brillant et imprévu. LOC *Faire saillie* : saillir.

**1 saillir** *vi* ㉘ Être en saillie, former un relief. *Les veines de son front saillaient à chaque effort.* ETY Du lat. *salire*, « sauter ».

**2 saillir** *vt* ③ Couvrir la femelle, en parlant de certains animaux. ETY Du lat.

**saïmiri** *nm* Petit singe arboricole d'Amérique du S. à longue queue non préhensile. ETY Du tupi.

**sain, saine** *a* **1** En bonne santé physique. **2** Qui n'est pas abîmé, gâté. *Fruit sain.* **3** Juste, sensé, conforme à la raison. *Jugement sain.* **4** Favorable à la santé. *Une alimentation saine.* **5** Qui ne comporte pas de faiblesse, de vices cachés. *Une affaire saine.* LOC *Sain et sauf* : sans dommage ; indemne. ETY Du lat. DER **sainement** *av*

**sainbois** *nm* BOT Syn. de *garou* 2.

**saindoux** *nm* Graisse de porc fondue. ETY De l'a. fr. *saïm*, « graisse ».

**sainfoin** *nm* Plante herbacée (papilionacée) dont une espèce est cultivée comme fourrage.

**saint, sainte** *a, n* **A** RELIG Personne défunte qui, ayant porté à un degré héroïque la pratique des vertus chrétiennes, a été canonisée par l'Église. *Saint François d'Assise.* **B** *n* Personne qui mène une vie exemplaire. *Votre mère était une sainte.* **C** *a* **1** En parlant de Dieu, parfait, pur. *La Sainte Trinité.* **2** Qui mène une vie conforme aux lois de l'Église, de la religion. *Un saint homme.* **3** Qui relève du culte et est consacré. *La sainte table, les saintes huiles.* **4** Se dit de chacun des jours qui précède Pâques. *Le lundi saint.* **5** Qui a un caractère vénérable, qui ne peut être transgressé. *Au nom de la sainte liberté.* **6** Extrême. *Avoir une sainte horreur de l'eau.* LOC *La Saint(e)-X* : le jour où l'on fête ce(tte) saint(e) X. — *Le saint des saints* : la partie la plus sacrée du Temple de Salomon, où se trouvait l'Arche d'alliance ; fig lieu secret, impénétrable. — *Les saints de glace* : période de l'année souvent accompagnée d'un abaissement de la température, qui correspond à la Saint-Mamert, la Saint-Pancrace et la Saint-Servais (autref. les 11, 12 et 13 mai). — *Ne pas savoir à quel saint se vouer* : ne pas savoir à quel moyen recourir pour résoudre un problème. — fam *Toute la sainte journée* : sans arrêt. ETY Du lat. DER **saintement** *av*

**Saint-Acheul** faubourg d'Amiens. – Site préhistorique. (V. acheuléen.)

**Saint-Aignan** ch.-l. de cant. de Loir-et-Cher (arr. de Blois), sur le Cher ; 3 542 hab. Égl. romane. Chât. Renaissance. DER **saint-aignanais, aise** *a, n*

**Saint-Alban-du-Rhône** com. de l'Isère (arr. de Vienne) ; 840 hab. – Centrale nucl.

**Saint Albans** v. d'Angleterre (Hertfordshire) ; 122 400 hab. Constr. aéronautiques. – Cath. XIe-XIIe s. – Durant la guerre des Deux-Roses, victoire des York (1455), puis des Lancastre (1461).

**Saint-Amand-les-Eaux** ch.-l. de cant. du Nord (arr. de Valenciennes), sur la Scarpe ; 17 175 hab. Station thermale soignant les rhumatismes. DER **amandinois, oise** *a, n*

**Saint-Amand-Montrond** ch.-l. d'arr. du Cher, sur le Cher ; 11 447 hab. – Égl. romane. Aux environs, abb. cistercienne XIIe-XIVe s. et chât. XVIe s. DER **saint-amandois, oise** *a, n*

**Saint-Amant** Marc Antoine Girard (sieur de) (Quevilly, Normandie, 1594 – Paris, 1661), poète français : *la Solitude* (ode, 1618), *Moïse sauvé* (épopée, 1653), poèmes réalistes (*les Goinfres, le Melon*). Acad. fr. (1634).

**saint-amour** *nm inv* Cru du Beaujolais.

**Saint-Amour** → **Guillaume de Saint-Amour.**

**Saint-André** ch.-l. de canton de la Réunion, dans le N.-E. de l'île ; 52 147 hab. Sucreries. DER **saint-andréen, enne** *a, n*

**Saint-André (ordre de)** ordre de chevalerie de la Russie tsariste, créé par Pierre le Grand en 1698.

**Saint-André-les-Vergers** com. de l'Aube (arr. de Troyes) ; 11 125 hab. Industries. DER **dryat, ate** *a, n*

**Saint-André-lez-Lille** com. du Nord (arr. et banlieue N. de Lille) ; 10 113 hab. Industries. DER **andrésien, enne** *a, n*

**Saint Andrews** v. d'Écosse, au S. de la *baie de Saint Andrews* (mer du Nord) ; 12 000 hab. Tourisme. – Université fondée au XV$^e$ s.

**Saint-Ange (château)** citadelle de Rome, sur la r. dr. du Tibre ; anc. mausolée d'Hadrien (terminé en 139) transformé en citadelle au X$^e$ s., puis en prison, en caserne, enfin en musée.

**Saint-Antoine (faubourg)** quartier de Paris (11$^e$ et 12$^e$ arr.) situé à l'E. de la Bastille, spécialisé dans les meubles et la décoration. Ses artisans jouèrent un rôle important pendant la Révolution française et les révolutions du XIX$^e$ s.

**Saint-Arnaud** **Arnaud Leroy,** dit **Achille Leroy de** (Paris, 1798 – en mer Noire, 1854), maréchal de France (1852). Ministre de la Guerre en 1851, il participa au coup d'État du 2 Décembre. En Crimée, il remporta la bataille de l'Alma (1854).

**Saint-Aubin** **Charles Germain de** (Paris, 1721 – id., 1786), peintre et graveur français en vogue, ainsi que ses frères **Gabriel Jacques** (Paris, 1724 – id., 1784) et **Augustin** (Paris, 1736 – id., 1807).

**Saint-Avertin** ch.-l. de cant. d'Indre-et-Loire (arr. de Tours) ; 14 092 hab. – Vins rouges. – Égl. XI$^e$-XII$^e$ s. DER **saint-avertinois, oise** *a, n*

**Saint-Avold** ch.-l. de cant. de la Moselle (arr. de Forbach), au S. de la *forêt de Saint-Avold* ; 16 922 hab. Industries. – Église XVIII$^e$ s. – Cimetière américain de Lorraine. DER **saint-avoldien** ou **naborien, enne** *a, n*

**Saint-Barthélemy** île française des Petites Antilles formant une collectivité d'outre-mer ; 21 km$^2$ ; 6 852 hab. ; ch.-l. *Gustavia.* Zone franche. Tourisme. – Colonisée par la France en 1648, occupée par la Suède de 1784 à 1876.

**Saint-Barthélemy (la)** nom donné au massacre des protestants à Paris, dans la nuit de la Saint-Barthélemy (24 août 1572) sur l'ordre de Charles IX. Catherine de Médicis, sa mère, l'avait persuadé d'un complot huguenot. Les Guise exécutèrent la décision royale : 3 000 protestants et leurs chefs (dont Coligny) furent tués. En province, les massacres durèrent plusieurs mois relançant la guerre de Religion.

**Saint-Béat** ch.-l. de cant. de la Haute-Garonne (arr. de Saint-Gaudens) ; 364 hab. Carrières de marbre blanc. – Égl. romane. DER **saint-béatais, aise** *a, n*

**Saint-Benoît** ch.-l. d'arr. de la Réunion, sur la côte nord-est de l'île ; 33 474 hab. DER **bénédictin, ine** *a, n*

**Saint-Benoît-sur-Loire** com. du Loiret (arr. d'Orléans) ; 1 876 hab. – Abb. bénédictine de Fleury, fondée v. 651. L'égl. du monastère (XI$^e$-XIII$^e$ s.) est un chef-d'œuvre roman. DER **bénédictin, ine** *a, n*

**saint-bernard** *nm inv* Chien alpestre de grande taille, au poil long, blanc taché de roux, dressé pour le sauvetage des personnes perdues en montagne.

**Saint-Bernard** nom de cols des Alpes. – Le *Grand-Saint-Bernard* (2 473 m), entre le Valais et l'Italie (Val d'Aoste), est doublé par un tunnel routier de 5 826 m ; près du col, hospice et couvent suisses fondés au X$^e$ s. par saint Bernard de Menthon. Le *Petit-Saint-Bernard* (2 188 m), dans les Alpes françaises (Savoie), relie la Tarentaise et le Val d'Aoste ; près du col se trouve un autre hospice fondé par saint Bernard de Menthon.

**Saint-Bertrand-de-Comminges** com. de la Haute-Garonne (arr. de Saint-Gaudens), sur la Garonne ; 237 hab. – Vest. de la ville romaine. Enceinte médiévale. Cath. romane et gothique. Musée archéologique. DER **saint-bertranais, aise** *a, n*

**Saint-Brévin-les-Pins** stat. balnéaire de la Loire-Atlantique (arr. de Nantes) ; 9 790 hab. DER **brévinois, oise** *a, n*

**Saint-Brice-sous-Forêt** com. du Val-d'Oise (arr. de Montmorency) ; 12 540 hab. – Égl. en partie du XII$^e$ s. Chât. XVII$^e$ s. DER **saint-bricéen, enne** *a, n*

**Saint-Brieuc** ch.-l. du dép. des Côtes-d'Armor, près de la *baie de Saint-Brieuc* ; 48 407 hab. Essor industriel récent. Port de pêche (*Le Légué*) à l'embouchure du Gouët. – Évêché. Cath. XIII$^e$-XIV$^e$ s. DER **briochin, ine** *a, n*

**Saint Catharines** ville industr. du Canada (Ontario), port sur le canal Welland, au S. de Toronto ; 315 000 hab. (aggl.).

**Saint-Céré** ch.-l. de cant. du Lot (arr. de Figeac) ; 3 515 hab. – Châteaux médiév. et Renaissance. DER **saint-céréen, enne** *a, n*

**Saint-Chamas** com. des Bouches-du-Rhône ; 6 595 hab. Centrale hydroélectrique. DER **saint-chamassien, enne** *a, n*

**Saint-Chamond** ch.-l. de canton de la Loire (arr. de Saint-Étienne), sur le Gier ; 36 272 hab. Industries. DER **saint-chamonais, aise** *a, n*

**Saint-Christophe et Niévès** Nom français de Saint-Kitts-et-Nevis.

**Saint-Ciers-sur-Gironde** ch.-l. de cant. de la Gironde (arr. de Blaye) ; 3 095 hab. – Égl. XIV$^e$ s. – Centrale nucléaire du *Blayais.*

**Saint-Clair (lac)** lac (1 060 km$^2$) séparant le Canada (Ontario) des É.-U. (Michigan), relié au lac Huron par la *rivière Saint-Clair* (65 km) et au lac Érié par la rivière Detroit.

**Saint-Clair-sur-Epte** com. du Val-d'Oise (arr. de Pontoise) ; 801 hab. – Égl. XIII$^e$-XV$^e$ s. – En 911, Charles le Simple y signa un traité qui laissait en fief la Normandie, de l'Epte à la mer, au chef normand Rollon. DER **saint-clairois, oise** *a, n*

**Saint-Claude** ch.-l. d'arr. du Jura, au confluent de la Bienne et du Tacon ; 12 303 hab.. – Évêché de Belley-Saint-Claude. – Fabrication de pipes. DER **sanclaudien, enne** *a, n*

**Saint-Cloud** ch.-l. de cant. des Hauts-de-Seine (arr. de Nanterre), sur la Seine (r. g.), au N. du *parc de Saint-Cloud* ; 29 839 hab.. Aggl. résidentielle et industrielle (sur la Seine). Hippodrome. École normale supérieure. – Parc d'un chât. XVII$^e$ s., résidence de Napoléon III, incendié par les Prussiens en 1870. DER **clodoaldien, enne** *a, n*

**Saint-Benoît-sur-Loire** chœur roman de l'église du monastère

**Saint-Cucufa (étang de)** petit étang des Hauts-de-Seine (Rueil-Malmaison), dans le *bois de Saint-Cucufa.*

**Saint-Cyran (abbé de)** → **Du Vergier de Hauranne.**

**saint-cyrien, enne** *n* Élève ou ancien élève de l'École spéciale militaire de Saint-Cyr. PLUR saints-cyriens.

**Saint-Cyr-l'École** ch.-l. de cant. des Yvelines (arr. de Versailles) ; 14 566 hab. – M$^{me}$ de Maintenon y fonda une maison d'éducation pour les jeunes filles nobles et sans fortune (1686). Une école milit., installée en 1808 dans ces bâtiments, fut transférée en 1946 à Coëtquidan (cour. : *École de Saint-Cyr-Coëtquidan).* DER **saint-cyrien, enne** *a, n*

**Saint-Cyr-sur-Loire** ch.-l. de canton d'Indre-et-Loire (arr. de Tours) ; 16 100 hab. Industries. Vins. DER **saint-cyrien, enne** *a, n*

**Saint Denis** **Ruth Denis,** dite **Ruth** (Newark, v. 1877 – Hollywood, 1968), danseuse et chorégraphe américaine, pionnière de la modern dance.

**Saint-Denis** ch.-l. d'arr. de la Seine-Saint-Denis (arr. de Bobigny), sur le *canal Saint-Denis,* près de la Seine ; 98 937 hab.. (341 000 dans l'aggl.). Centre industriel. – Évêché. Université. Musée d'art et d'histoire. Égl. abbatiale (XII$^e$-XIII$^e$ s.), devenue basilique puis cathédrale (1967), l'un des premiers grands édifices goth., lieu de sépulture des rois de France à partir de Saint Louis (XIII$^e$ s.) ; leurs restes furent dispersés pendant la Révolution. DER **dionysien, enne** *a, n*

basilique de **Saint-Denis**
tombeau de Louis XII et d'Anne de Bretagne

**Saint-Denis** ch.-l. du dép. de la Réunion, port sur la côte N. de l'île ; 139 863 hab. ; 177 535 dans l'aggl. Aéroport. Industries. – Évêché. DER **dionysien, enne** *a, n*

**Saint-Dié-des-Vosges** ch.-l. d'arr. des Vosges, sur la Meurthe ; 22 647 hab. Industries. – Évêché. Égl. romane (XII$^e$ s.) en grès rouge. DER **déodatien, enne** *a, n*

**Saint-Dizier** ch.-l. d'arr. de la Haute-Marne, sur la Marne ; 27 947 hab. Industries. DER **bragard, arde** *a, n*

**Saint-Domingue** → **Haïti (île).**

**Saint-Domingue** (en esp. *Santo Domingo ; Ciudad Trujillo* de 1936 à 1961), cap. de la République Dominicaine, port sur la côte S. ; 2,4 millions d'hab. (aggl.). Industries. DER **dominguois, oise** *a, n*

**Sainte** → Les noms propres qui commencent par « Sainte- » sont classés après « Saint-Yrieix-la-Perche ».

**sainte-barbe** *nf* MAR Soute à poudre des anciens navires à voiles. PLUR saintes-barbes.

**Saint-Égrève** ch.-l. de cant. de l'Isère (arr. et banlieue nord-ouest de Grenoble) ; 15 517 hab. Industries électroniques. DER **saint-égrèvois, oise** *a, n*

**Saint-Élie** (en angl. *Saint Elias*), massif montagneux de l'Amérique du N. (6 050 m au mont Logan, point culminant du Canada), à la frontière de l'Alaska et du Canada.

**sainte-maure** *nm inv* Fromage de chèvre AOC, cylindrique, fabriqué en Touraine.

**saintement** → **saint.**

**saint-émilion** *nm inv* Vin rouge des vignes de la région de Saint-Émilion.

**Saint-Émilion** commune de la Gironde (arr. de Libourne) ; 2 345 hab. Vins rouges. – Remparts (XIIIe s.). Église. (XIIe-XVe s.). Église creusée dans le roc à la fin du XIe s. DER **saint-émilionnais, aise** *a, n*

Saint-Émilion

**Saint Empire romain germanique** nom donné à l'empire fondé en 962 par Otton Ier. La dislocation de l'empire de Charlemagne permit à Otton Ier, roi de Germanie, puis d'Italie, protecteur de l'Église, de prétendre à la couronne impériale. Au faîte de sa puissance (XIe s.), le Saint Empire englobait l'Allemagne, l'Italie du N. et du Centre, la Lorraine, la Bourgogne et les marches de l'Est. Le pape Grégoire VII, qui voulait renforcer le pouvoir de l'Église, déclencha la querelle des Investitures (1059-1122), que suivit la lutte du Sacerdoce (c'est-à-dire la papauté) et de l'Empire (1154-1250). Ce dernier, dépouillé de ses territ. italiens et bourguignons, se réduisit, à partir du XVe s., au royaume germanique, un agrégat de 350 territoires. En 1356, Charles IV, par la Bulle d'or, organisa l'élection impériale, confiée à sept princes dits « Électeurs ». En 1440, avec Frédéric III, les Habsbourg accédèrent au trône impérial, qui disparut quand François II prit le titre d'empereur d'Autriche (1806) sous le nom de François Ier.

**sainte-nitouche** *nf* Personne qui affecte des airs d'innocence, de pruderie. PLUR saintes-nitouches.

**Saint-Esprit** troisième personne de la sainte Trinité. VAR **Esprit-Saint**

**Saint-Esprit (ordre du)** ordre de chevalerie créé par Henri III en 1578.

**Saint-Estèphe** com. de la Gironde (arr. de Lesparre-Médoc), sur la Gironde ; 1 799 hab. Vins rouges. DER **stéphanois, oise** *a, n*

**sainteté** *nf* Qualité d'une personne ou d'une chose sainte. LOC *Sa Sainteté* : titre donné au pape.

**Saint-Étienne** ch.-l. du dép. de la Loire, au cœur d'un bassin drainé par le Gier et le Furan ; 180 210 hab. ; 292 000 dans l'aggl. Centre industriel. Pôle industriel précoce, fondé sur la houille, puis la métallurgie et la mécanique de précision, le bassin stéphanois se reconvertit dans le tertiaire à partir de 1960. DER **stéphanois, oise** *a, n*

**Saint-Étienne-du-Mont (église)** église de Paris, située derrière le Panthéon ; fondée en 1220, réédifiée de 1491 à 1622. Jubé (XVIe s.), le seul de Paris ; tombeau et châsse de sainte Geneviève.

**Saint-Étienne-du-Rouvray** ch.-l. de cant. de la Seine-Maritime (arr. et fbg S. de Rouen), sur la Seine ; 29 092 hab. Industries. DER **stéphanais, aise** *a, n*

**Saint-Eustache (église)** église de Paris, dans le quartier des anc. Halles ; fondée au XIIIe s., réédifiée de 1532 à 1637. Sépulture de Colbert.

**Saint-Évremond Charles de Marguetel de Saint-Denis de** (Saint-Denis-le-Gast, v. 1614 – Londres, 1703), écrivain français. Un écrit hostile à Mazarin l'obligea à s'exiler en 1661. Cet essayiste libertin (au sens du XVIIe s.) annonce les philosophes du XVIIIe s. : *Comédie des académistes* (1650), *Correspondance* (posth., 1705).

**Saint-Exupéry Antoine de** (Lyon, 1900 – disparu en 1944, au cours d'une mission aérienne, au large de la Corse), aviateur et écrivain français. Il vanta le devoir et la grandeur de l'homme : *Vol de nuit* (1931), *Terre des hommes* (1939), *Pilote de guerre* (1942), *le Petit Prince* (1943), *Lettre à un otage* (1943), *Citadelle* (posth., 1948).

**saint-félicien** *nm inv* Fromage de vache AOC, à pâte molle, fabriqué dans le Dauphiné.

**Saint-Florent** com. de la Haute-Corse (arr. de Bastia), sur le *golfe de Saint-Florent* ; 1 474 hab. Stat. balnéaire. – À proximité, cath. romane, unique vestige de *Nebbio*, ville import. ruinée au XVIe s. DER **saint-florentin, ine** *a, n*

**saint-florentin** *nm inv* Fromage de lait de vache à pâte molle.

**Saint-Flour** ch.-l. d'arr. du Cantal, accroché à la *planèze de Saint-Flour* ; 6 625 hab. – Évêché. Cath. (en basalte) XIVe-XVe s. DER **sanflorain, aine** *a, n*

**Saint-Fons** com. du Rhône (arr. de Lyon) ; 15 671 hab. Industries chimiques. DER **saint-foniard, arde** *a, n*

**Saint-François (le)** rivière du Québec, affl. du Saint-Laurent (r. dr.) ; 260 km. Hydroélectricité.

**saint-frusquin** *nm inv* fam Effets et bagages. *Arriver avec son saint-frusquin.* LOC fam ***Et tout le saint-frusquin :*** et tout le reste.

**Saint-Gall** (en all. *Sankt Gallen*), v. de Suisse ; 75 850 hab. ; ch.-l. du cant. du m. nom (2 014 km$^2$ ; 452 600 hab.), limitrophe de l'Autriche et du Liechtenstein. Centre textile. Industries. – La ville se développa autour de l'abbaye,

Antoine de Saint-Exupéry

LE SAINT EMPIRE ROMAIN GERMANIQUE AU XIIe SIÈCLE

qui eut un grand rayonnement du VIIIe au XIIe s., puis fut un centre de la Contre-Réforme.

**Saint-Galmier** ch.-l. de cant. de la Loire (arr. de Montbrison) ; 5 293 hab. Eaux minérales. Métallurgie. – Égl. XVe-XVIe s. DER **baldomérien, enne** *a, n*

**Saint-Gaudens** ch.-l. d'arr. de la Haute-Garonne, sur une hauteur dominant la Garonne ; 10 845 hab.. Industr. du bois. – Égl. XIe-XIIe s. DER **saint-gaudinois, oise** *a, n*

**Saint-Gelais Mellin de** (Angoulême, 1491 – Paris, 1558), poète français, courtisan, auteur de poèmes de circonstance influencés par Marot.

**Saint-Genis-Laval** ch.-l. de cant. du Rhône (arr. de Lyon) ; 20 622 hab. – En 1944, 120 personnes y furent massacrées par les Allemands. DER **saint-genois, oise** *a, n*

**Saint George (canal)** détroit entre la G.-B. (pays de Galles) et l'Irlande, qui unit l'Atlantique à la mer d'Irlande.

**Saint George's** cap. et port de l'État de Grenade (Petites Antilles) ; 31 000 hab (aggl.).

**Saint-Georges-de-Didonne** com. de la Charente-Maritime (arr. de Rochefort), sur la Gironde ; 5 034 hab. Stat. balnéaire. DER **saint-georgeais, aise** *a, n*

**Saint-Germain (comte de)** (?, 1707 [?] – Eckernförde, Schleswig-Holstein, 1784), aventurier qui, prétendant vivre depuis plusieurs siècles, conquit diverses cours européennes, notam. celle de France (1750-1760).

**Saint-Germain-des-Prés (abbaye de)** abb. parisienne fondée par Childebert Ier v. 558 et ruinée par les Normands. De 1631 à 1789, le monastère fut le centre intellectuel de la congrégation de Saint-Maur. Ses bâtiments brûlèrent en 1794. Il reste le palais abbatial (XVIe s.) et l'église (tour XIe s.). – Le quartier *Saint-Germain-des-Prés* (VIe arr.) a été le lieu de rendez-vous des intellectuels parisiens à partir de 1900, et surtout dans les années 1940-1950. DER **germanopratin, ine** *a, n*

**Saint-Germain-en-Laye** chef-lieu d'arr. des Yvelines, sur un plateau dominant la Seine, au sud de la *forêt domaniale de Saint-Germain-en-Laye* (3 500 ha) ; 43 015 hab. Ville résidentielle et touristique. – Le château, reconstruit sous François Ier et restauré sous Napoléon III, conserve une sainte chapelle du XIIIe s. et un donjon du XIVe s. ; il abrite auj. le musée des Antiquités nationales. La terrasse a été tracée par Le Nôtre en 1672. – Divers édits et traités y furent signés. 1570 : Catherine de Médicis reconnaît aux protestants la liberté de conscience. 1632 : l'Angleterre restitue à la France Québec et la région du Saint-Laurent (pris en 1629). 1919 : un traité entre les Alliés et l'Autriche consacre la fin de l'Autriche-Hongrie. DER **saint-germanois, oise** *a, n*

**Saint-Germain-l'Auxerrois (église)** église de Paris (en face de la colonnade du Louvre) construite vers 700, détruite par les Normands au IXe s., reconstruite aux XIe-XIIe s., puis modifiée. Son tocsin déclencha la Saint-Barthélemy (1572). Elle était l'église paroissiale des rois de France.

**Saint-Gervais-les-Bains** ch.-l. de cant. de la Haute-Savoie (arr. de Bonneville), dans le massif du Mont-Blanc ; 5 276 hab. Stat. thermale. Stat. de sports d'hiver. DER **saint-gervolain, aine** *a, n*

**Saint-Gildas (pointe)** cap de l'Atlantique, entre la Loire et la baie de Bourgneuf.

**Saint-Gildas-de-Rhuys** com. du Morbihan (arr. de Vannes), dans le S. de la *presqu'île de Rhuys* ; 1 436 hab. – Égl. romane (XIIe s.). DER **gildasien, enne** *a, n*

**Saint-Gilles** ch.-l. de cant. du Gard (arr. de Nîmes), sur la *Costière de Saint-Gilles* ; 11 626 hab. Vins. – Égl. à la façade XIIe s. ornée de sculptures. VAR **Saint-Gilles-du-Gard** DER **saint-gillois, oise** *a, n*

**Saint-Gilles** (en néerl. *Sint-Gillis*), com. de Belgique, fbg industriel au sud de Bruxelles ; 52 000 hab.

**Saint-Girons** ch.-l. d'arr. de l'Ariège, sur le Salat ; 6 254 hab. Centrale hydroélectrique. DER **saint-gironnais, aise** *a, n*

**saint-glinglin (à la)** *loc av* fam Dans un avenir lointain ; jamais.

**Saint-Gobain** com. de l'Aisne (arr. de Laon), dans la *forêt de Saint-Gobain* (4 200 ha) ; 2 340 hab. La Manufacture des glaces fondée en 1665 s'est transformée en une grande société de produits chimiques. DER **gobanais, aise** *a, n*

**Saint-Gond (marais de)** vaste marais (plus de 3 000 ha) au voisinage d'Épernay, drainé par le Petit Morin. – Victoire de Foch (9 sept. 1914), lors de la bataille de la Marne.

**Saint-Gothard** (en all. *Sankt Gotthard*), massif des Alpes suisses (3 197 m au Pizzo Rotondo), où le Rhône et le Rhin prennent leur source. Le col du m. nom y unit la haute vallée de la Reuss à celle du Tessin. Un tunnel ferroviaire de 15 km (1872-1882) et un tunnel routier relient la Suisse et l'Italie.

**Saint-Graal** → **Graal.**

**Saint-Gratien** com. du Val-d'Oise (arr. de Montmorency) ; 21 612 hab. – Chât. (1806), résidence de la princesse Mathilde. DER **gratiennois, oise** *a, n*

**Saint-Grégoire-le-Grand (ordre de)** ordre pontifical fondé en 1831 par Grégoire XVI.

**Saint-Guénolé** port de pêche du Finistère (com. de Penmarch). Pardon.

**Saint-Guilhem-le-Désert** com. de l'Hérault (arr. de Montpellier) ; 245 hab. – Égl. romane XIe-XVe s.

**Saint Helens (mont)** volcan des É.-U. (État de Washington) ; 2 949 m ; siège d'une forte éruption en 1980.

**Saint-Hélier** chef-lieu de l'île de Jersey ; 28 000 hab. Stat. balnéaire. Pêche.

**Saint-Herblain** ch.-l. de cant. de la Loire-Atlantique (arr. de Nantes) ; 44 775 hab. DER **herblinois, oise** *a, n*

**Saint-Honorat (île)** une des îles de Lérins (Alpes-Maritimes). – Monastère fondé au Ve s.

**saint-honoré** *nm inv* Gâteau garni de crème chantilly et formé d'une couronne de pâte surmontée de petits choux.

**Saint-Imier** com. de Suisse (Berne), dans le *val de Saint-Imier* ; 5 400 hab. Horlogerie.

**saint-jacques** *nm inv* Coquille saint-Jacques.

**Saint-Jacques-de-Compostelle** (en esp. *Santiago de Compostela*), ville d'Espagne ; 82 400 hab. ; cap. de la communauté auton. de Galice. Université. Tourisme. – Cath. romane (XIIe s.), palais archiépiscopal. – Depuis le XIe s., célèbre pèlerinage, vers lequel convergent, suivant des itinéraires déterminés, des chrétiens de l'Europe entière.

**saint-jean** *nm inv* anc Ensemble des outils du typographe.

**Saint-Jean (lac)** lac du Québec dans la région admin. du Saguenay-Lac-Saint-Jean ; 1 003 km$^2$.

**Saint-Jean (le)** fleuve des É.-U. (Maine) et du Canada (Nouveau-Brunswick) ; 720 km. Chutes près de son embouchure. VAR **Saint John**

**Saint-Jean** ville industr. et port du Canada (Nouveau-Brunswick), sur l'embouchure du fleuve du même nom ; 74 960 habitants. VAR **Saint John**

**Saint-Jean** → **Saint John's.**

**Saint-Jean-Cap-Ferrat** com. des Alpes-Maritimes (arr. de Nice), près du *cap Ferrat* ; 1 895 hab. Stat. balnéaire. DER **saint-jeannois, oise** *a, n*

**Saint-Jean d'Acre** → **Acre.**

**Saint-Jean-d'Angély** ch.-l. d'arr. de la Charente-Maritime, sur la Boutonne ; 7 681 hab. – Tour (XVe s.) ; abbaye (XVIIe-XVIIIe s.). – La ville, passée à la Réforme, fut prise par Charles IX (1569) et par Louis XIII (1621). DER **angérien, enne** *a, n*

**Saint-Jean-de-Braye** ch.-l. de cant. du Loiret (arr. et fbg E. d'Orléans), sur la Loire ; 17 758 hab. Industries. DER **abraysien, enne** *a, n*

**Saint-Jean-de-Dieu (Frères hospitaliers de)** ordre relig. fondé par saint Jean de Dieu (à Grenade, 1537) pour le soin des malades.

**Saint-Jean-de-Jérusalem (ordre hospitalier de)** → **Malte (ordre de).**

**Saint-Jean-de-la-Ruelle** ch.-l. de cant. du Loiret (arr. et fbg N.-O. d'Orléans) ; 16 560 hab. Industries. DER **stéoruellan, ane** *a, n*

**Saint-Jean-de-Luz** ch.-l. de cant. des Pyr.-Atl. (arr. de Bayonne), à l'embouchure de la Nivelle ; 13 247 hab. Pêche. Stat. balnéaire. – Égl. du XVIe s., où fut célébré le mariage de Louis XIV et de Marie-Thérèse. DER **luzien, enne** *a, n*

**Saint-Jean-de-Maurienne** ch.-l. d'arr. de la Savoie, sur l'Arc ; 8 902 hab. Industr. de l'aluminium. – Évêché. Cath. XIIe-XVe s. DER **saint-jeannais, aise** *a, n*

**Saint-Jean-Pied-de-Port** ch.-l. de cant. des Pyrénées-Atlantiques (arr. de Bayonne), sur la Nive ; 1 417 hab. – Remparts du Moyen Âge ; citadelle du XVIIe s. DER **saint-jeannais, aise** *a, n*

**Saint-Jean-sur-Richelieu** v. industr. du Québec (Montérégie) ; 36 000 hab.

**Saint John** → **Saint-Jean (fleuve et ville).**

**Saint-John Perse** Alexis Léger, dit Saint-Léger Léger (Pointe-à-Pitre, 1887 – Giens, Var, 1975), diplomate et poète français. Ses poèmes sont une méditation sur la nature et sur l'histoire : *Éloges* (1911), *Anabase* (1924), *Exil* (1942), *Vents* (1946), *Amers* (1957), *Chronique* (1960), *Oiseaux* (1962). P. Nobel 1960.

**Saint John's** cap. de l'État d'Antigua et Barbuda, port dans l'île d'Antigua ; 12 000 hab. (aggl.). Sucreries.

**Saint John's** v. et port du Canada ; ch.-l. de la prov. de Terre-Neuve-et-Labrador ; 95770 hab. Industr. de la pêche. VAR **Saint-Jean**

Saint-Jacques-de-Compostelle

**saint-joseph** *nm inv* Vin AOC des Côtes du Rhône du nord.

**Saint-Joseph** com. de la Martinique (arr. de Fort-de-France) ; 15 785 hab.

**Saint-Joseph** ch.-l. de cant. de la Réunion (arr. de Saint-Pierre), sur la côte S. de l'île ; 33 973 hab. DER **saint-joséphois, oise** *a, n*

**Saint-Jouin-de-Marnes** com. des Deux-Sèvres (arr. de Parthenay) ; 562 hab. – Abbaye fondée au IV$^{e}$ s. (?), église XI$^{e}$-XIII$^{e}$ s.

**Saint-Julien-en-Genevois** ch.-l. d'arr. de la Haute-Savoie ; 9140 hab. DER **saint-juliennois, oise** *a, n*

**Saint-Julien-le-Pauvre (église)** égl. (XII$^{e}$-XIII$^{e}$ s.) de Paris (5$^{e}$), affectée au culte grec catholique (melkite) d'Antioche.

**Saint-Junien** ch.-l. de cant. de la Haute-Vienne (arr. de Rochechouart), sur la Vienne ; 10 666 hab. – Égl. (XII$^{e}$ s.). Pont (XIII$^{e}$ s.). DER **saint-juniaud, aude** *a, n*

**Saint-Just** Louis Antoine Léon (Decize, 1767 – Paris, 1794), homme politique français. Fidèle de Robespierre, membre du Comité de salut public, il contribua à éliminer les Girondins, les partisans de Danton et les hébertistes. En mission aux armées, il facilita notam. la victoire de Fleurus. Il fit prendre les décrets de ventôse (mars 1794), qui favorisaient les patriotes démunis au détriment des riches suspects. Il fut exécuté avec Robespierre.

Saint-Just

**Saint-Just-Saint-Rambert** chef-lieu de cant. de la Loire (arr. de Montbrison) ; 13 192 hab. – Église romane. DER **pontrambertois, oise** *a, n*

**Saint-Kitts-et-Nevis** États des Petites Antilles, au N.-O. de la Guadeloupe, formé princ. des îles Saint Kitts (176 km$^2$) et Nevis (93 km$^2$) ; en tout, 269 km$^2$ ; 50 000 hab. (95 % de Noirs) ; cap. Basseterre (dans l'île Saint Kitts). Langue : anglais. Monnaie : dollar des Caraïbes de l'E. Relig. : protestantisme et catholicisme. – Pop. d'origine africaine majoritaire. – Ressources : tourisme, sucre, ateliers de montage (sociétés américaines). – Les îles, occupées par les Anglais au XVII$^{e}$s., furent partagées avec les Français. Elles revinrent définitivement à l'Angleterre en 1783 (traité de Versailles) et formèrent une colonie brit., qui accéda à l'indépendance en 1983, dans le cadre du Commonwealth. DER **kittitien et névicien, enne** *a, n* ▶ carte **Antilles**

**Saint-Laurent (le)** grand fleuve d'Amérique du Nord (3 700 km depuis le lac Supérieur ; 1 200 km depuis le lac Ontario, dont il est l'émissaire direct). Il arrose Montréal et Québec, puis forme un estuaire de 570 km aboutissant au *golfe du Saint-Laurent* (vaste mer intérieure) ; il relie ainsi les Grands Lacs à l'Atlantique. D'import. travaux (1954-1959) ont amélioré la navigation (interrompue pendant quelques semaines d'hiver). Canalisé de l'Ontario à Québec, le fleuve est accessible aux navires de fort tonnage. Le trafic, important, crée une forte pollution. DER **laurentien, enne** *a, n*

Saint-John Perse

**Saint-Laurent** v. du Québec, banlieue O. de Montréal dont elle fait partie intégrante depuis 2002. Industries aéronautiques. DER **laurentien, enne** *a, n*

**Saint-Laurent** Louis Stephen (Compton, Québec, 1882 – Québec, 1973), homme politique canadien du parti libéral ; Premier ministre (1948-1957).

**Saint Laurent** Yves (Oran, 1936 – Paris, 2008), couturier français. Il travailla chez Dior puis fonda sa société en 1961.

**Saint-Laurent-des-Eaux** → **Saint-Laurent-Nouan.**

**Saint-Laurent-du-Maroni** ch.-l. d'arr. de la Guyane ; port sur le *Maroni ;* 33 863 hab. Anc. lieu de déportation.

**Saint-Laurent-du-Var** ch.-l. de cant. des Alpes-Mar. (arr. de Grasse), près de l'embouchure du Var ; 30 383 hab.

**Saint-Laurent-Nouan** commune du Loir-et-Cher (arr. de Blois) ; 3 686 hab. Centrale nucléaire *(Saint-Laurent-des-Eaux).*

**Saint-Lazare (enclos et prison)** anc. léproserie parisienne (XII$^{e}$ s.), devenue maison mère des Prêtres de la Mission (lazaristes). Maison de correction en 1779, prison durant la Révolution, puis prison et hôpital de femmes, cet établissement a été démoli en 1940.

**Saint-Lazare de Jérusalem (ordre de)** ordre hospitalier militaire fondé à Jérusalem au début du XII$^{e}$ s. (après la 1$^{re}$ croisade).

**Saint-Léon** Arthur Michel, dit Arthur (Paris, 1821 – id., 1870), danseur et chorégraphe français : *Coppélia* (1870).

**Saint-Léonard** v. du Québec, réunie à Montréal en 2002 DER **léonardois, oise** *a, n*

**Saint-Léonard-de-Noblat** ch.-l. de cant. de la Haute-Vienne (arr. de Limoges) ; 4 764 hab. Porcelaines. – Égl. XI$^{e}$-XIII$^{e}$ s. DER **miaulétous, ouse** *a, n*

**Saint-Leu** ch.-l. de cant. de la Réunion (arr. de Saint-Paul), sur la côte O. ; 29 278 hab. DER **saint-leusien, enne** *a, n*

**Saint-Leu-la-Forêt** ch.-l. de cant. du Val-d'Oise (arr. de Pontoise), au S. de la forêt de Montmorency ; 15 127 hab. Centre résidentiel. DER **saint-loupien, enne** *a, n*

**Saint-Lô** ch.-l. du dép. de la Manche, sur la Vire ; 20 613 hab. – Cath. XV$^{e}$-XVI$^{e}$ s. Graves destructions en 1944 (bataille de Normandie). DER **saint-lois, oise** *a, n*

**Saint-Louis (île)** île de la Seine, à Paris, en amont de l'île de la Cité, formée par la réunion, au XVII$^{e}$ s., de l'île Notre-Dame et de l'île aux Vaches.

**Saint-Louis** com. du Haut-Rhin (arr. de Mulhouse), jouxtant Bâle ; 20 221 hab. Industries. DER **ludovicien, enne** *a, n*

**Saint Louis** v. des É.-U. (Missouri), au S. du confluent du Mississippi et du Missouri ; 2,2 millions d'hab. (aggl.). Import. centre industriel. – Universités. City Art Museum (antiquités grecques). – Ville fondée en 1764.

**Saint-Louis** ch.-l. de cant. de la Réunion (arr. de Saint-Pierre), sur la côte S.-O. ; 49 958 hab. Industries.

**Saint-Louis** port du Sénégal, dans une île à l'embouchure du fl. Sénégal ; 118 200 hab. ; ch.-l. de la rég. du m. nom. Le trafic du port est gêné par la barre. – Fondée vers 1638 par les Français, cap. de l'A.-O.F. (v. 1895-1903), la ville fut supplantée par Dakar.

**Saint Louis** → **Louis IX.**

**Saint-Louis (ordre de)** ordre royal et militaire créé par Louis XIV en 1693, le prem. ordre décerné à des officiers d'origine bourgeoise.

**Saint-Loup** Robert de personnage de *À la recherche du temps perdu.* Neveu du duc de Guermantes, ami du narrateur, il épousera Gilberte Swann et deviendra homosexuel.

**Saint-Maixent-l'École** ch.-l. de cant. des Deux-Sèvres (arr. de Niort), sur la Sèvre Niortaise ; 6 602 hab. École militaire, créée en 1874. – Égl. des XI$^{e}$-XIII$^{e}$ s., reconstruite au XVII$^{e}$ s. – Place protestante aux XVI$^{e}$-XVII$^{e}$ s. DER **saint-maixentais, aise** *a, n*

**Saint-Malo** ch.-l. d'arr. d'Ille-et-Vilaine, sur une presqu'île dominant la Manche, à l'embouchure de la Rance ; 51 292 hab. Port de pêche et de commerce. Industries. Centre touristique. – Remparts (XII$^{e}$-XIII$^{e}$ s.), restaurés. Chât. (XV$^{e}$ s.). – Cartier, Duguay-Trouin, Surcouf sont originaires de cette ville. Partiellement détruite en 1944, elle a été reconstituée avec fidélité. DER **malouin, ine** *a, n*

**Saint-Mandé** ch.-l. de cant. du Val-de-Marne (arr. de Nogent-sur-Marne), en bordure du bois de Vincennes ; 22 429 hab. Aggl. résidentielle. DER **saint-mandéen, enne** *a, n*

**Saint-Mandrier-sur-Mer** ch.-l. de cant. du Var (arr. de Toulon), dans une presqu'île de la rade de Toulon ; 5232 hab. Pêche. DER **mandréen, enne** *a, n*

**Saint-Marc (place)** place principale de Venise, bordée par la *basilique Saint-Marc* (commencée en 829, reconstruite dans le style byzantin de 1063 à 1094, remaniée du XIII$^{e}$ au XVII$^{e}$ s.), le palais des Doges, le campanile, et la bibliothèque, œuvre de Sansovino (XVI$^{e}$ s.).

**saint-marcellin** *nm inv* Petit fromage de vache rond, à pâte molle, fabriqué dans le Dauphiné.

**Saint-Marcellin** ch.-l. de cant. de l'Isère (arr. de Grenoble) ; 6 955 hab. Fromages. DER **saint-marcellinois, oise** *a, n*

**Saint-Marcet** com. de la Haute-Garonne (arr. de Saint-Gaudens) ; 393 hab. Gaz naturel. DER **saint-marcetois, oise** *a, n*

**Saint-Marin (République de)** *(Repubblica di San Marino)*, petit État enclavé en territoire italien, au S.-S.-O. de Rimini ; 60,6 km$^2$ ; 30 000 hab. ; cap. *Saint-Marin (San Marino) :* 2 400 hab. Nature de l'État : rép. gouvernée par un Grand Conseil général (pouvoir législatif), qui élit deux capitaines-régents pour six mois, et par un Congrès d'État (pouvoir exécutif). Langue off. : italien. Monnaie : euro. Relig. : cathol. majoritaire. – Adossé à l'Apennin, le pays est formé de collines marneuses. La cap. a été bâtie sur l'éperon calcaire du mont Titano (726 m). – Ressources : vigne, pierre à bâtir, émission de timbres et, surtout, tourisme. – Ce petit territoire isolé, organisé en république au XIII$^{e}$ s., sauvegarda son autonomie. DER **saint-marinais** ou **marinais, aise** *a, n*

**Saint-Martin (canal)** canal de 4 500 m qui traverse l'E. de Paris, du bassin de la Villette à la Seine ; construit de 1802 à 1825 ; cours souterrain entre le fbg du Temple et la Bastille.

**Saint-Martin** (en néerl. *Sint Maarten*), île des Petites Antilles, partagée depuis 1648 entre la France et les Pays-Bas. La partie française, au N. (ch.-l. *Le Marigot*), constitue une collectivité d'outre-mer ; 52 km$^2$ ; 35 692 hab. La partie néerl. (34 km$^2$ ; 17 000 hab. ; ch.-l. *Philipsburg*) est rattachée à Curaçao. Canne à sucre, salines. Tourisme.

**Saint-Martin** Louis Claude de (Amboise, 1743 – Aulnay-sous-Bois, 1803), mystique français, influencé par Swedenborg: *l'Homme de désir* (1790), *le Ministère de l'homme-esprit* (1802).

**Saint-Martin** Yves (Agen, 1941), jockey français. Il domina le monde hippique de 1958 à 1987.

**Saint-Martin-Boulogne** commune du Pas-de-Calais (arr. de Boulogne-sur-Mer); 11 499 hab.

**Saint-Martin-de-Crau** com. des Bouches-du-Rhône (arr. d'Arles), capitale de la Crau; 11 023 hab. – Grande foire aux moutons (mi-février). – Égl. néo-romane.

**Saint-Martin-de-Ré** ch.-l. de cant. de la Charente-Maritime (arr. de La Rochelle), port sur la côte N. de l'île de Ré; 2 637 hab. Stat. balnéaire. – Fortifications dues à Vauban. Pénitencier. DER **martinais, aise** *a, n*

**Saint-Martin-d'Hères** chef-lieu de cant. de l'Isère (arr. et aggl. de Grenoble); 35 777 hab. DER **martinérois, oise** *a, n*

**Saint-Martory** ch.-l. de cant. de la Haute-Garonne (arr. de Saint-Gaudens), sur la Garonne; 873 hab. Le *canal de Saint-Martory* (qui débouche à Toulouse) irrigue la région. – Vestiges gaulois. Château XV$^e$ -XVI$^e$ s.

**Saint-Mathieu** (pointe) cap granitique du N.-O. du Finistère. Phare.

**Saint-Maur** (congrégation de) congrégation bénédictine spécialisée dans l'érudition (1618-1791), active notam. dans l'abbaye de Saint-Germain-des-Prés (Paris). Ses membres se nommaient *mauristes*.

**Saint-Maur-des-Fossés** ch.-l. de cant. du Val-de-Marne (arr. de Créteil), dans une boucle de la Marne; 76 053 hab. Centre résidentiel et industriel. DER **saint-maurien, enne** *a, n*

**Saint-Maurice (le)** riv. du Québec (520 km), affl. du Saint-Laurent (r. g.). Hydroélectricité (barrage Gouin).

**Saint-Maurice** com. du Val-de-Marne (arr. de Créteil), sur la Marne; 12 748 hab. DER **saint-mauricien, enne** *a, n*

**Saint-Maurice** com. de Suisse (Valais), sur le Rhône; 3 800 hab. – Abb. bénédictine d'Agaune, fondée au IV$^e$ s. Grotte des Fées.

**Saint-Max** ch.-l. de cant. de Meurthe-et-Moselle (arr. de Nancy); 10 939 hab. DER **maxois, oise** *a, n*

**Saint-Maximin-la-Sainte-Baume** ch.-l. de canton du Var (arr. de Brignoles); 12 402 hab. – Égl. XIII$^e$-XVI$^e$ s. DER **saint-maximinois, oise** *a, n*

**Saint-Médard-en-Jalles** ch.-l. de canton de la Gironde (arr. de Bordeaux), dans le Médoc; 27 450 hab. Vins. Industries. – Château XV$^e$ s. DER **saint-médardais, aise** *a, n*

**Saint-Michel-de-Cuxa** (abbaye de) abb. bénédictine, fondée près de Codalet (Pyrénées-Orientales) à la fin du IX$^e$ s.: égl. de style mozarabe (XI$^e$ s.); crypte XI$^e$ s.; cloître XII$^e$ s.

**Saint-Michel-l'Observatoire** com. des Alpes-de-Haute-Provence (arr. de Forcalquier); 904 hab. Observatoire astron. (télescope de 1,93 m de diamètre), à 650 m d'alt. VAR **Saint-Michel-de-Provence** DER **saint-michelois, oise** *a, n*

**Saint-Michel-sur-Orge** ch.-l. de canton de l'Essonne (arr. de Palaiseau); 20 375 hab. DER **saint-michelois, oise** *a, n*

**Saint-Mihiel** ch.-l. de cant. de la Meuse (arr. de Commercy), sur la Meuse; 5 260 hab. – Anc. abbaye XVII$^e$-XVIII$^e$ s., auj. palais de justice. Égl. XVII$^e$ s. (renferme la *Vierge défaillante* de Ligier Richier). Église gothique flamboyant (*Saint-Sépulcre* de Ligier Richier). – Cap. du duché de Bar, prise par les Français en 1635. Victoire des Américains en sept. 1918. DER **sammiellois, oise** *a, n*

**Saint-Moritz** (en all. *Sankt Moritz*, en romanche *San Murezzan*), com. de Suisse (Grisons), sur le *lac de Saint-Moritz*, en Engadine; 5 900 hab. Stat. de sports d'hiver.

**Saint-Nazaire** chef-lieu d'arr. de la Loire-Atlantique, à l'embouchure de la Loire, sur la r. dr.; 71 373 hab. Cet avant-port de Nantes (depuis 1857) s'est spécialisé dans la constr. navale (1$^{er}$ centre français, auj. en crise) et s'est puissamment industrialisé. – Des bombardements alliés ravagèrent la ville en mars 1942. DER **nazairien, enne** *a, n*

**saint-nectaire** *nm inv* Fromage d'Auvergne au lait de vache à pâte pressée.

**Saint-Nectaire** com. du Puy-de-Dôme (arr. d'Issoire); 675 hab. Fromages. Stat. thermale (affections rénales). – Égl. XII$^e$ s. DER **saint-nectérien, enne** *a, n*

**Saint-Nicolas** (en néerl. *Sint-Niklaas*), com. industr. de Belgique (Flandre-Orientale); 68 200 hab.

**Saint-Office** (congrégation du) congrégation pontificale fondée par Paul III en 1542 afin de combattre la Réforme, de juger les cas d'hérésie, etc. En 1917, on lui attribua les tâches de la congrégation de l'Index. En 1965, elle devint la *congrégation pour la Doctrine de la foi*.

**Saint-Ogan** Alain (Colombes, 1895 – Paris, 1974), auteur français d'une des prem. bandes dessinées: *Zig et Puce* (1925-1952).

**Saint-Omer** ch.-l. d'arr. du Pas-de-Calais, sur l'Aa; 15 747 hab. Industries. – Évêché (1559-1790). Anc. cathédrale (XIII$^e$-XV$^e$ s.) Égl. (XIII$^e$-XV$^e$ s.) Musée (beaux-arts et archéologie). DER **audomarois, oise** *a, n*

**Saint-Ouen** ch.-l. de cant. de la Seine-Saint-Denis (arr. de Bobigny); 43 302 hab. Industries. Célèbre marché aux puces. DER **audonien, enne** *a, n*

**Saint-Ouen-l'Aumône** ch.-l. de canton du Val-d'Oise (arr. de Pontoise), sur l'Oise; 22 977 hab. Industries. DER **saint-ouennais, aise** *a, n*

**Saint-Paul** com. pittoresque des Alpes-Maritimes (arr. de Grasse), fréquentée par les artistes; 2 847 hab. – Enceinte du XVI$^e$ s. Fondation Maeght (art moderne). VAR **Saint-Paul-de-Vence** DER **saint-paulois, oise** *a, n*

**Saint-Paul** ch.-l. d'arr. de la Réunion, sur la côte N.-O.; 100 818 hab. Industrie sucrière. DER **saint-paulois, oise** *a, n*

**Saint Paul** v. des É.-U., cap. du Minnesota, sur le Mississippi (r. dr.); 272 200 hab. (conurbation avec Minneapolis, 2 113 500 hab.). Centre industriel et commercial.

**Saint-Paul-hors-les-Murs** (en ital. *San Paolo fuori le Mura*), basilique de Rome

abbaye de **Saint-Michel-de-Cuxa**

**Niki de Saint-Phalle**

fondée au IV$^e$ s. (reconstruite en 1823). Mosaïques du V$^e$ s.

**saintpaulia** *nm* Petite plante herbacée (gesnériacée) d'Afrique orientale aux feuilles charnues et aux fleurs colorées. SYN violette du Cap.

**saint-paulin** *nm inv* Fromage de vache à pâte ferme non cuite et à croûte lavée.

**saint-péray** *nm inv* Vin blanc sec ou mousseux AOC des Côtes du Rhône du nord.

**saint-père** *nm* Nom donné au pape. PLUR saints-pères.

**Saint-Père** com. de l'Yonne (arr. d'Avallon), en contrebas de Vézelay; 385 hab. – Égl. XIII$^e$ s. DER **saint-pèrois, oise** *a, n*

**Saint-Pétersbourg** (*Petrograd* de 1914 à 1924, *Leningrad* de 1924 à 1991), v. et port de Russie, à l'embouchure de la Neva; 5,3 millions d'hab. (aggl.); ch.-l. de rég. Import. centre industriel et culturel. – Fondée en 1703 par Pierre le Grand, qui voulait une « fenêtre » sur l'Europe, la ville s'élève sur la Neva (r. g.). Conçue par des architectes italiens et français, elle renferme: la forteresse Pierre-et-Paul et la cath. St-Pierre-et-St-Paul, construites sous Pierre le Grand par le Suisse D. Trezzini; le palais d'Hiver (1754-1762, par Rastrelli); le palais de Marbre (bâti par Rinaldi de 1768 à 1785); la statue équestre de Pierre le Grand, par Falconet; la Bourse maritime (1805-1810, par Thomas de Thomon); la cath. St-Isaac (1819-1858, par Auguste Montferrand). Des palais et des églises bordent la perspective Nevski. Le musée de l'Ermitage, fondé par Catherine II, occupe plusieurs palais (dont le palais d'Hiver) et abrite une richissime collection de tableaux. – De sept. 1941 à janv. 1944, la ville, encerclée par les troupes allemandes, subit de lourdes pertes. DER **pétersbourgeois** ou **saint-pétersbourgeois, oise** *a, n*

**Saint-Pétersbourg** palais de l'Ermitage

**Saint Petersburg** port des É.-U. (Floride), sur la baie de Tampa (golfe du Mexique); 238 600 hab. Stat. balnéaire.

**Saint-Phalle** Marie-Agnès, dite Niki de (Neuilly-sur-Seine, 1930 – San Diego, 2002), peintre et sculpteur français : « sculptures-jeux ». VAR **Saint Phalle**

**Saint-Philbert-de-Grand-Lieu** ch.-l. de cant. de la Loire-Atlantique (arr. de Nantes) ; 6 253 hab. – Égl. carolingienne. DER **philibertin,ine** *a, n*

**saint-pierre** *nm inv* Poisson téléostéen des mers tempérées de forme aplatie, à la chair estimée, qui porte sur chaque flanc une tache noire. SYN zée.

**Saint-Pierre** ch.-l. de canton de la Martinique (arr. de Fort-de-France), port dans le N.-O. de l'île ; 4 453 hab. – L'éruption de la montagne Pelée détruisit la ville (8 mai 1902). DER **pierrotin, ine** *a, n*

**Saint-Pierre** ch.-l. d'arr. de la Réunion, sur la côte S. ; 75 381 hab. Industries. DER **saint-pierrois, oise** *a, n*

**Saint-Pierre** chef-lieu de la collectivité territoriale de Saint-Pierre-et-Miquelon, dans l'île *Saint-Pierre* (26 km$^2$) ; 5 683 hab. DER **saint-pierrais, aise** *a, n*

**Saint-Pierre** → **Eustache de Saint-Pierre.**

**Saint-Pierre** Charles Irénée Castel (abbé de) (Saint-Pierre-Église, Manche, 1658 – Paris, 1743), philosophe français. Son *Projet de paix perpétuelle* (1713) propose aux souverains européens de s'unir et de former un tribunal et un parlement communs. Acad. fr. (1695).

**Saint-Pierre de Rome** basilique de Rome, sur la r. dr. du Tibre, à côté du palais du Vatican, commencée vers 1450 et reprise en 1506 ; l'église la plus vaste de la chrétienté. Sa construction fut successivement dirigée par Bramante, Raphaël, Michel-Ange, Carlo Maderno et le Bernin. La coupole (plans de Michel-Ange) s'élève à 132 m. Devant la basilique, la place Saint-Pierre comporte un portique semi-circulaire dû au Bernin (1656-1665).

basilique **Saint-Pierre de Rome**

**Saint-Pierre-des-Corps** ch.-l. de canton d'Indre-et-Loire (arr. de Tours) ; 15 773 hab. Important centre ferroviaire. DER **corpopétrussien, enne** *a, n*

**Saint-Pierre-et-Miquelon** archipel français, à 20 km au S. de Terre-Neuve, territ. (1946-1976) puis dép. français d'outre-mer (1976), enfin collectivité territoriale de la Rép. française (1985) ; 242 km$^2$ ; 6 277 hab., pour la plupart dans l'*île Saint-Pierre* (26 km$^2$), où se trouve le ch.-l. *Saint-Pierre* ; ch.-l. d'arr. *Miquelon*. DER **saint-pierrais aise** *a, n*

**Géographie** De longueurs presque égales, la Grande Miquelon et Langlade (ou Petite Miquelon) sont alignées N.-S. et réunies par le long isthme de Langlade ; au S.-E. de Langlade, l'île Saint-Pierre, plus petite, est séparée d'elle par un détroit, la Baie. Ces trois îles, aux côtes découpées, ont un climat rude. La pêche à la morue a quasiment disparu, le tourisme est insuffisant, l'aide de la métropole est indispensable.
**Histoire** Les Français s'installèrent dans ces îles au XVI$^e$ s. ; elles furent occupées à plusieurs reprises par les Anglais, jusqu'à leur restitution définitive à la France en 1814 (V. Terre-Neuve).

**Saint-Pierre-Port** (en angl. *Saint Peter Port*), cap. de Guernesey, port sur la côte E. ; 17 000 hab. Tourisme. – Égl. XIII$^e$ s. Musée Victor-Hugo, dans sa maison d'exil.

**Saint-Pol** Louis de Luxembourg-Ligny (comte de) (?, 1418 – Paris, 1475), connétable de France (1465) que Louis XI fit décapiter.

**Saint-Pol-de-Léon** ch.-l. de cant. du Finistère (arr. de Morlaix) ; 7 121 hab. – Anc. cath. XIII$^e$-XVI$^e$ s. ; chapelle du Kreisker (XIV$^e$-XV$^e$ s.). DER **saint-politain, aine** *a, n*

**Saint-Pol Roux** Paul Roux, dit (Saint-Henry, près de Marseille, 1861 – Brest, 1940), écrivain français symboliste, salué par les surréalistes : *la Dame à la faulx* (tragédie, 1899), *les Féeries intérieures* (poèmes, 1907).

**Saint-Pol-sur-Mer** com. du Nord (arr. de Dunkerque) ; 22 354 hab. DER **saint-polois, oise** *a, n*

**Saint-Pourçain-sur-Sioule** ch.-l. de canton de l'Allier (arr. de Moulins) ; 5 266 hab. Vins. – Égl., anc. abbatiale bénédictine. DER **saint-pourcinois, oise** *a, n*

**Saint-Preux** héros du roman de Jean-Jacques Rousseau *Julie ou la Nouvelle Héloïse*.

**Saint-Priest** chef-lieu de canton du Rhône (arr. de Lyon) ; 41 127 hab. Centre industriel. DER **san-priot, ote** *a, n*

**Saint-Quentin** (canal de) canal de 92 km qui relie l'Escaut à l'Oise, de Cambrai à Fargniers.

**Saint-Quentin** ch.-l. d'arr. de l'Aisne, sur la Somme et sur le canal de Saint-Quentin ; 58 486 hab. Industries. – Collégiale XII$^e$-XV$^e$ s. Hôtel de ville (achevé au XVI$^e$ s.). Musée. – En 1557, la ville fut prise par les Espagnols. En 1871, les Prussiens y défirent l'armée du Nord. Les All. y résistèrent en 1917-1918. DER **saint-quentinois, oise** *a, n*

**Saint-Quentin-en-Yvelines** v. nouvelle des Yvelines, entre Trappes et Saint-Cyr-l'École 128 663 hab. Construite à partir de 1970, elle regroupait onze com. Depuis 1982, elle s'étend sur le territ. de 7 com. seulement. DER **saint-quentinois, oise** *a, n*

**Saint-Raphaël** ch.-l. de cant. du Var (arr. de Draguignan), au fond du golfe de Fréjus ; 34 425 hab. Stat. balnéaire. – Débarquement franco-américain en août 1944. DER **raphaëlois, oise** *a, n*

**Saint-Rémy-de-Provence** ch.-l. de cant. des Bouches-du-Rhône (arr. d'Arles) ; 9 806 hab. – À proximité, Glanum. DER **saint-rémois, oise** *a, n*

**Saint-Riquier** com. de la Somme (arr. d'Abbeville) ; 1 186 hab. – Beffroi XV$^e$ s. Égl. XIII$^e$-XV$^e$ s.

**Saint-Sacrement** (Compagnie du) société religieuse à caractère secret, créée vers 1630. Olier, Bossuet, Vincent de Paul en firent partie. Voulant réprimer « l'immoralité », elle eut de nombr. ennemis et disparut en 1665.

**Saint-Saëns** Camille (Paris, 1835 – Alger, 1921), compositeur et organiste français, au classicisme souvent froid : *la Danse macabre* (1874), poème symphonique ; *Samson et Dalila* (1877), drame lyrique ; *le Carnaval des animaux* (1886), fantaisie.

**Saint-Savin** ch.-l. de cant. de la Vienne (arr. de Montmorillon) ; 1 009 hab. – Église romane du XII$^e$ s., renfermant d'admirables peintures murales. DER **saint-savinois, oise** *a, n*

**Saint-Sébastien** (en esp. *San Sebastián-Donostia*), v. et port d'Espagne, ch.-l. de la prov. basque de Guipúzcoa ; 183 940 hab. Pêche. Industries. Stat. balnéaire.

**Saint-Sébastien-sur-Loire** commune de la Loire-Atlantique (arr. de Nantes) ; 25 223 hab. DER **sébastiennais, aise** *a, n*

**Saint-Sépulcre (le)** nom donné à l'ensemble de constructions érigées à Jérusalem sur la tombe du Christ et sur le lieu (proche) de sa crucifixion. Cet ensemble, partiellement détruit au VII$^e$ s. et au XI$^e$ s., fut souvent restauré. Les croisés groupèrent les différents sanctuaires dans une basilique, auj. conjointement gérée par les catholiques latins, les Grecs orthodoxes, les Arméniens et les Coptes.

**Saint-Sépulcre** (ordre du) ordre de chevalerie créé vers le XI$^e$ s. (?). L'ordre militaire, encore décerné, fut créé à la fin du XVI$^e$ s. par le pape.

**Saint-Sever** ch.-l. de cant. des Landes (arr. de Mont-de-Marsan), sur l'Adour ; 4 455 hab. – Égl. XII$^e$ s., anc. abbatiale bénédictine. Le manuscrit à peintures *Commentaire* sur l'Apocalypse, dit *Apocalypse de Beatus* (son auteur) ou *de Saint-Sever* (Bibliothèque nationale), y fut exécuté au XI$^e$ s. DER **saint-severin, ine** *a, n*

**Saint-Siège** le siège pontifical, à Rome, et le gouvernement papal, la papauté. V. Vatican (État de la cité du).

**Saint-Simon** Louis de Rouvroy (duc de) (Paris, 1675 – id., 1755), écrivain et mémorialiste français. Fils d'un écuyer de Louis XIII devenu duc et pair, il servit aux armées jusqu'en 1702 ; il vint alors habiter Versailles et tenta de jouer un rôle politique, notam. sous la Régence. Il se retira sur ses terres de La Ferté-Vidame à la mort du Régent (1723) pour poursuivre ses *Mémoires* au style pittoresque et imagé, qui présentent un tableau monumental de la vie à la cour de Louis XIV.

**Saint-Simon** Claude Henri de Rouvroy (comte de) (Paris, 1760 – id., 1825) philosophe et économiste français, parent du mémorialiste. Sa doctrine ouvrit la voie à la fois au positivisme et au socialisme humanitaire. Hostile aux « oisifs » (nobles, prêtres, fonctionnaires, etc.), il voulait confier aux producteurs le soin d'assurer la paix et le bonheur des peuples : *Mémoire sur la science de l'homme* (1813-1816), *Du système industriel* (1820-1823), etc. Ses disciples (Enfantin, notam.) constituèrent une secte, dispersée en 1832.

le comte de **Saint-Simon**

**saint-simonisme** *nm* Doctrine de Claude de Saint-Simon et de ses disciples. DER **saint-simonien, enne** *n, a*

**Saint-Sulpice** (Compagnie des prêtres de) société de prêtres (sulpiciens), fondée en 1645 par M. Olier, curé de Saint-Sulpice.

**Saint-Sulpice (église)** église parisienne (6$^{e}$ arr.) de style jésuite, dont la construction fut entreprise en 1646. La façade ne fut achevée qu'en 1745, sur des plans de Servandoni ; la tour de dr., en 1749 ; celle de g., en 1777.

**Saint-Thégonnec** chef-lieu de canton du Finistère (arr. de Morlaix) ; 2 267 hab. – Chapelle-ossuaire XVII$^{e}$ s. Calvaire (1610). DER **saint-thégonnecois, oise** *a, n*

**Saint Thomas (île)** une des îles Vierges (83 km$^2$ ; 44 300 hab.), où se trouve le ch.-l. de ces îles, *Charlotte Amalie*.

**Saint-Thomas (île)** → **São Tomé et Principe.**

**Saint-Tropez** chef-lieu de cant. du Var (arr. de Draguignan), sur le *golfe de Saint-Tropez ;* 5 444 hab. Station balnéaire. – Musée de l'Annonciade. DER **tropézien, enne** *a, n*

**Saint-Vaast (abbaye de)** ancienne abbaye bénédictine construite à Arras au VII$^{e}$ s., reconstruite au XVIII$^{e}$ s.

**Saint-Vallier** com. de Saône-et-Loire (arr. de Chalon-sur-Saône) ; 9 541 hab. DER **saint-valliérois, oise** *a, n*

**saint-véran** *nm inv* Vin blanc sec AOC produit dans le Mâconnais.

**Saint-Véran** commune des Hautes-Alpes (arr. de Briançon), dans le Queyras, située entre 1 990 m et 2 040 m., la plus haute commune d'Europe ; 267 hab. Sports d'hiver. DER **saint-véranais, aise** *a, n*

**Saint-Vincent (cap)** (en portug. *São Vicente*), cap à l'extrémité S.-O. du Portugal.

**Saint-Vincent-de-Paul (Sœurs de)** congrégation de religieuses dévouées aux malades et aux pauvres, fondée en 1633 par saint Vincent de Paul et Louise de Marillac. VAR **Filles de la Charité**

**Saint-Vincent-de-Paul (Société de)** société religieuse créée à Paris en 1833 par Fr. Ozanam et six étudiants, composée de laïcs qui aident les victimes de la société. VAR **Conférence de Saint-Vincent-de-Paul**

**Saint-Vincent et les Grenadines** État des Petites Antilles, formé de l'île *Saint-Vincent* et des *Grenadines* septentrionales ; 389 km$^2$ ; 100 000 hab. ; cap. *Kingstown*. Langue off. : angl. Monnaie : dollar des Caraïbes de l'Est. Population : origines africaines (65,2 %), métis, Indiens, origines européennes. Relig. : protestantisme, cathol. Ressources : tourisme, bananes. – Colonie britannique jusqu'en 1969, État indépendant depuis 1979. DER **saint-vincentais, aise** *a, n* ▶ carte : **Antilles**

**Saint-Wandrille-Rançon** com. de la Seine-Maritime (arr. de Rouen) ; 1 172 hab. – Abbaye fondée au VII$^{e}$ s. : ruines de l'égl. abbatiale (XIII$^{e}$-XIV$^{e}$ s.), cloître (XIV$^{e}$-XVI$^{e}$ s.) DER **wandrégésilien, enne** *a, n*

**Saint-Yorre** com. de l'Allier (arr. et près de Vichy), sur l'Allier ; 2 897 hab. Eaux minérales. DER **saint-yorrais, aise** *a, n*

**Saint-Yrieix-la-Perche** ch.-l. de canton de la Haute-Vienne (arr. de Limoges) ; 7 251 hab. Marché à bestiaux. Carrières de kaolin, destiné à la porcelaine de Limoges. DER **arédien, enne** *a, n*

**Sainte-Adresse** com. de la Seine-Maritime (arr. du Havre) ; 7 883 hab. Stat. balnéaire. – Siège du gouv. belge de 1914 à 1918.

**Sainte-Anne** ch.-l. de cant. de la Guadeloupe (arr. de Pointe-à-Pitre), dans le S. de la Grande-Terre ; 23 342 hab. Port.

**Sainte-Anne-d'Auray** commune du Morbihan (arr. de Lorient) ; 1 844 hab. – Pèlerinage.

**Sainte-Anne-de-Beaupré** v. du Québec située sur la rive N. du Saint-Laurent. 3 270 hab. Pèlerinage.

**Sainte-Assise** écart de la com. de Seine-Port (Seine-et-Marne, arr. de Melun). Centre de télécommunications.

**Sainte-Barbe (collège)** école fondée en 1460 sur la montagne Sainte-Geneviève (Paris 5$^{e}$) et qui dispense encore auj. un enseignement privé.

**Sainte-Baume (massif de la)** massif du Var et des Bouches-du-Rhône (1 154 m au *signal des Béguines*). – Pèlerinage.

**Sainte-Beuve Charles Augustin** (Boulogne-sur-Mer, 1804 – Paris, 1869), écrivain français. Romantique (*Vie, poésies et pensées de Joseph Delorme*, 1829), il décrit sa liaison avec l'épouse de Victor Hugo, Adèle Hugo, dans un roman (*Volupté*, 1834). Critique, il étudie la relation entre l'œuvre et la vie des écrivains : *Port-Royal* (1840-1859), *Causeries du lundi* (1851-1862), *Nouveaux Lundis* (1863-1870). Acad. fr. (1843).

**Sainte-Chapelle** chapelle gothique située dans l'enceinte du Palais de Justice de Paris, bâtie (peut-être par Pierre de Montreuil) de 1242 à 1248, sur l'ordre de Saint Louis, pour abriter les reliques de la passion du Christ.

Sainte-Chapelle

**Sainte-Claire-Deville Henri** (Saint-Thomas, Antilles, 1818 – Boulogne-sur-Seine, 1881), chimiste français. Il découvrit l'acide nitrique (1849) et prépara industriellement l'aluminium (1854) et le magnésium (1857). — **Charles** (Saint-Thomas, Antilles, 1814 – Paris, 1876), frère du préc., vulcanologue et pionnier de la météorologie.

**Sainte-Croix** la plus grande des îles Vierges ; 207 km$^2$ ; 50 000 hab. ; ch.-l. *Christiansted*. Canne à sucre ; élevage.

**Sainte-Foy** ville du Québec, réunie à Québec en 2002. – Université Laval (créée en 1852). DER **fidéen, enne** *a, n*

**Sainte-Foy-lès-Lyon** ch.-l. de cant. du Rhône (arr. de Lyon), sur la Saône ; 22 692 hab. Produits pharm. DER **fidésien, enne** *a, n*

**Sainte-Geneviève (abbaye)** anc. abbaye de Paris (XII$^{e}$-XVII$^{e}$ s.), auj. lycée Henri-IV (place du Panthéon).

**Sainte-Geneviève (bibliothèque)** bibliothèque de Paris, construite de 1844 à 1850 par Labrouste (place du Panthéon).

**Sainte-Geneviève-des-Bois** ch.-l. de cant. de l'Essonne (arr. de Palaiseau) ; 34 320 hab. Cité résidentielle. DER **génovéfain, aine** *a, n*

**Sainte-Hélène** île britannique de l'Atlantique Sud, à 1 800 km des côtes de l'Angola ; 122 km$^2$ ; 6 528 hab. ; ch.-l. *Jamestown*. Pêche. – Napoléon, déporté par les Anglais en 1815, y mourut en 1821.

**Sainte-Hermandad** → **Hermandad.**

**Sainte Jeanne des abattoirs** pièce en vers et en prose, de Brecht (1932).

**Sainte Ligue** → **Ligue.**

**Sainte-Lucie** État des Petites Antilles, au S. de la Martinique ; 615 km$^2$ ; 200 000 hab. ; cap. *Castries*. Langue off. : angl. Monnaie : dollar des Caraïbes de l'Est. Population : origines africaines (90,1 %), métis, origines européennes. Relig. : cathol (89,8 %), protestantisme. Ressources : tourisme, bananes. – Colonie brit. jusqu'en 1967. État indépendant depuis 1979, Sainte-Lucie fait partie de la Francophonie. DER **saint-lucien, enne** *a, n* ▶ carte **Antilles**

**Sainte-Marie** ch.-l. de cant. de la Martinique (arr. de Trinité), sur la côte N.-E. ; 20 098 hab. Pêche. DER **samaritain, aine** *a, n*

**Sainte-Marie** com. de la Réunion (arr. du Vent), sur la côte N. ; 30 977 hab.

**Sainte-Marie-aux-Mines** ch.-l. de cant. du Haut-Rhin (arr. de Ribeauvillé), dans les Vosges ; 5 816 hab. Textiles. – Mines d'argent, de plomb et de cuivre (IX$^{e}$-XVIII$^{e}$ s.). DER **sainte-marien, enne** *a, n*

**Sainte-Maxime** com. du Var (arr. de Draguignan) ; 11 785 hab. Stat. balnéaire. – Les troupes franco-américaines y débarquèrent le 15 août 1944. DER **maximois, oise** *a, n*

**Sainte-Menehould** ch.-l. d'arr. de la Marne, sur l'Aisne ; 4 879 hab. – Égl. XIII$^{e}$-XIV$^{e}$ s. Cimetière militaire. – Anc. place forte, incendiée en 1719. VAR **Sainte-Ménehould** DER **ménéhildien, enne** *a, n*

**Sainte-Mère-Église** ch.-l. de cant. de la Manche (arr. de Cherbourg) ; 1 585 hab. – Égl. XIII$^{e}$ s. – Une division américaine fut parachutée dans la nuit du 5 au 6 juin 1944, avant le débarquement. DER **sainte-mère-églisais, aise** *a, n*

**Sainte-Odile (abbaye de)** abbaye de la com. d'Ottrot (Bas-Rhin, arr. de Molsheim), fondée par sainte Odile au VII$^{e}$ s., reconstruite au XVII$^{e}$ s.

**Sainte-Pélagie (prison)** anc. établissement parisien pour filles repenties, devenue au XIX$^{e}$ s. une prison (notam. pour délits de presse et pour dettes), démolie en 1898.

**Sainte-Rose** ch.-l. de cant. de la Guadeloupe (arr. de Basse-Terre), sur la côte N. de Basse-Terre ; 20 253 hab. DER **sainte-rosien, enne** *a, n*

**Saintes (îles des)** archipel des Antilles, dépendant de la Guadeloupe ; 13 km$^2$ ; 3 400 hab. ; ch.-l. *Terre-de-Haut*. Pêche. DER **saintois, oise** *a, n*

**Saintes** ch.-l. d'arr. de la Charente-Maritime, sur la Charente ; 28 122 hab. Centre commercial (pineau, cognac). – Deux églises romanes (XII$^{e}$ s. et XII$^{e}$-XV$^{e}$ s.). Amphithéâtre et arc romains. Musée. – La ville fut la cap. de la Saintonge. Calviniste, elle souffrit des guerres de Religion. DER **saintais, aise** *a, n*

**Saintes-Maries-de-la-Mer** ch.-l. de cant. des Bouches-du-Rhône (arr. d'Arles), en Camargue ; 2 478 hab. Stat. balnéaire. – Égl. romane ; sa crypte renferme le tombeau de sainte Sara, patronne des gitans. Pèlerinage. DER **saintois, oise** *a, n*

**Sainte-Sophie (église)** ancienne basilique de Constantinople, construite de 532 à 537 par Anthémios de Tralles et Isidore de Milet. Elle devint une mosquée (1453), puis un musée (1934).

**Sainte-Sophie** vue intérieure

**Sainte-Suzanne** ch.-l. de canton de la Réunion (arr. de Saint-Denis), sur la côte N. ; 21 856 hab. Distilleries.

**Sainte Union** → **Ligue.**

**Sainte-Vehme** → **Vehme.**

**Sainte-Victoire (montagne de la)** petit massif (1 011 m) à l'E. d'Aix-en-Provence ; un des sujets favoris de Cézanne.

**Saintonge** anc. prov. de France formant auj. le S. du dép. de la Charente-Mar. et une partie du dép. de la Charente ; cap. *Saintes.* DER **saintongeais, aise** *a, n*
**Histoire** Peuplée par les Celtes Santones, envahie par les Alains, les Vandales et les Wisigoths, elle fit partie de l'Aquitaine, passa à l'Angleterre (1152), fut reprise (1204-1210 puis 1371) et réunie à la France en 1375. Le protestantisme y fut actif.

**Saïs** (auj. *Sá al-Hagar*), v. de l'Égypte anc. (delta du Nil) célèbre pour le sanctuaire de la déesse Neith. Cap. des pharaons *saïtes* (XXIV$^e$, XXVI$^e$, XXVIII$^e$ et XXX$^e$ dynasties). DER **saïte** *a, n*

**saisi, ie** *a, n* DR Qui fait l'objet d'une saisie.

**saisie** *nf* **1** DR Acte par lequel un créancier, pour sûreté de sa créance, frappe d'indisponibilité, dans les formes légales, les biens de son débiteur. *Saisie mobilière* ou *saisie-exécution.* **2** Prise de possession de qqch par voie administrative ou judiciaire. **3** INFORM Enregistrement de données par un ordinateur en vue de leur traitement.

**saisie-arrêt** *nf* DR Saisie effectuée par un créancier sur des sommes dues à son débiteur par un tiers. PLUR saisies-arrêts.

**1 saisine** *nf* DR **1** Formalité par laquelle une juridiction se trouve saisie d'une affaire. **2** Prise de possession des biens d'un défunt dévolus à son héritier.

**2 saisine** *nf* MAR Cordage utilisé pour amarrer un objet, sur un navire.

**saisir** *v* 3 **A** *vt* **1** Prendre, attraper vivement. *Saisir qqn aux épaules.* **2** Mettre immédiatement à profit. *Saisir l'occasion.* **3** Prendre, attraper un objet. **4** Comprendre, sentir. *Saisir le ridicule d'une situation.* **5** litt S'emparer de qqn. *Être saisi d'admiration.* **6** Exposer peu de temps un aliment à un feu vif. *Saisir une viande.* **7** DR Opérer la saisie de. **8** DR Porter une affaire devant un tribunal. **9** INFORM Effectuer une saisie. **B** *vpr* S'emparer, se rendre maître de. *Il s'est saisi du dossier.* ETY Du lat.

**saisissable** *a* **1** Qui peut être saisi, perçu, compris. **2** DR Qui peut faire l'objet d'une saisie.

**saisissant, ante** *a, nm* **A** *a* Qui fait une vive impression, qui saisit. *Tableau saisissant.* **B** *a, nm* DR Qui pratique une saisie.

**saisissement** *nm* Émotion soudaine causée par une impression vive.

**saison** *nf* **1** Période de l'année caractérisée par la constance de certaines conditions climatiques et par l'état de la végétation. *La belle, la mauvaise saison.* **2** Chacune des quatre grandes divisions de l'année, dont deux commencent aux solstices et deux aux équinoxes. **3** Période de l'année où une activité bat son plein. *La saison théâtrale.* **4** Période pendant laquelle on trouve en abondance tel produit naturel, telle denrée, ou pendant laquelle on peut se livrer à telle activité. *La saison des fraises.* **5** Période d'affluence des vacanciers. *Il est moniteur de ski pendant la saison.* **6** Séjour dans une station thermale. **7** Ensemble d'épisodes d'une série télévisée, diffusés à la suite avant un arrêt d'une durée indéterminée. LOC ***Être de saison*** : être approprié aux circonstances, venir à propos. — ***Fruits de saison*** : propres à la saison où l'on se trouve. — ***Haute, basse saison*** : période pendant laquelle l'affluence des vacanciers est la plus grande, la plus faible. — ***Hors de saison*** : mal à propos, déplacé. ETY Du lat.
ENC Dans les pays tropicaux, il n'y a que deux saisons : la saison sèche et la saison des pluies. Quand on se rapproche de l'équateur, on voit apparaître deux périodes de sécheresse inégales, séparées par deux périodes pluvieuses, plus ou moins rapprochées. Dans les régions polaires, l'été et l'hiver se succèdent brutalement.

**saisonnalité** *nf* Aspect saisonnier d'une activité.

**saisonnier, ère** *a, n* **A** *a* **1** Qui est lié à l'alternance des saisons ; qui caractérise une saison. **2** Qui ne dure qu'une saison. **B** *n* Ouvrier, ouvrière qui fait du travail saisonnier.

**Saisons (les)** oratorio pour chanteurs solistes, chœurs et orchestre de Haydn (1801).

**Sajama (mont)** sommet du N.-O. de la Bolivie, dans les Andes ; 6 520 m.

**sajou** *nm* Petit singe des forêts vierges d'Amérique du Sud, à longue queue préhensile, brun avec une calotte sombre. SYN sapajou, capucin. ETY Mot tupi.

**Sakai** v. du Japon (Honshū), près d'Ōsaka ; 818 270 hab. Centre industriel.

**Sakalaves** population de Madagascar, établie sur la côte occidentale de l'île. VAR **Sakalavas** DER **sakalave** *a*

**Sakarya (le)** fleuve de Turquie (Anatolie), tributaire de la mer Noire (650 km). Hydroélectricité. – Mustafa Kemal y vainquit les Grecs en 1921.

**saké** *nm* Boisson alcoolisée japonaise, obtenue par fermentation du riz. ETY Mot jap.

**Sakha** nom officiel de la rép. de Iakoutie.

**Sakhaline (île)** île de Russie, dans le Pacifique N., au N. de Hokkaidō ; 87 100 km$^2$ ; 700 000 hab. – Cette île montagneuse (alt. max. 1 550 m) et forestière s'allonge sur 950 km du N. au S. ; le climat, froid, est tempéré par la mer. Sous-sol riche : pétrole, gaz naturel, charbon. Pêcheries.
**Histoire** Les Russes occupèrent l'île à partir de 1857 ; en 1905, ils obtinrent la partie N. et les Japonais la partie S., qu'ils durent céder à l'URSS en 1945.

**Sakharov Andreï Dimitrievitch** (Moscou, 1921 – id., 1989), physicien nucléaire soviétique, « père » de la bombe H. Défenseur des droits de l'homme en URSS, assigné à résidence à Gorki de 1980 à 1986, il fut élu député en 1989. P. Nobel de la paix 1975.

**saki** *nm* ZOOL Petit singe (cébidé) d'Amérique du Sud à grande queue et à longs poils gris. ETY Mot tupi.

**sakieh** *nf* Noria égyptienne dont la roue est mue par des bœufs. PHO [sakje] ETY De l'ar.

**Sakkarah** → **Saqqarah.**

**Sakuntalā** dans le Mahābhārata, fille de roi, recueillie par un ermite, qui épouse le roi Dusyanta ; leur fils sera le roi Bhārata.

**sal** *nm* Grand arbre de l'Inde du Nord fournissant une matière grasse. PLUR sals.

**Salaberry-de-Valleyfield** (anc. *Valleyfield*), v. du Québec, sur le Saint-Laurent ; 36 360 hab. Métallurgie du zinc.

**Salabert Francis** (Paris, 1884 – Shannon, Irlande, 1946), éditeur français de musique.

**salace** *a* **1** litt Qui recherche les rapprochements sexuels. SYN lubrique. **2** Grivois, licencieux. *Plaisanteries salaces.* DER **salacité** *nf*

**Salacrou Armand** (Rouen, 1899 – Le Havre, 1989), auteur français de comédies (*Patchouli*, 1930) et de drames (*l'Inconnue d'Arras*, 1935 ; *Boulevard Durand*, 1961).

**salade** *nf* **A** **1** Mets composé de feuilles d'herbes potagères crues, assaisonnées de vinaigrette. **2** Plante potagère qui compose ce mets, telle que la laitue, l'endive, le pissenlit, la mâche, etc. **3** Mets froid composé de légumes crus ou cuits, de viande, de crustacés, de poissons, assaisonnés d'une vinaigrette. *Salade de tomates.* **4** fam Situation confuse et compliquée. SYN brouillamini. **B** *nfpl* fam Discours mensongers. *Raconter des salades.* LOC ***Salade de fruits*** : mélange de fruits coupés en morceaux. — ***Salade niçoise*** : salade à base de légumes crus, d'olives, d'anchois, etc., assaisonnée d'huile d'olive. — ***Salade russe*** : macédoine de légumes cuits, assaisonnée à la mayonnaise. ETY Du provenç. *salada*, « mets salé ».

**saladelle** *nf* BOT Lavande de mer.

**saladerie** *nf* **1** Ensemble de salades préparées (carottes rapées, cèleri rémoulade, etc.) présenté à la clientèle dans une grande surface. **2** Restaurant spécialisé dans les salades.

**saladier** *nm* Récipient dans lequel on sert la salade ; son contenu.

**Saladin I$^{er}$** (en ar. *Ṣalāḥ ad-Dīn Yūsuf*) (Takrit, Mésopotamie, 1138 – Damas, 1193), premier sultan ayyoubide d'Égypte (1171-1193) et de Syrie (1174-1193). D'origine kurde, il servit Nur al-Din Mahamoud, seigneur d'Alep puis sultan de Syrie, qui en 1163 l'envoya conquérir l'Égypte. Vizir d'Égypte en 1169, il déposa la dynastie fatimide en 1171 et devint sultan. En 1174, à la mort de son maître Nur al-Din, il devint sultan de Syrie. Il soumit la Mésopotamie et vainquit les chrétiens à Hittin (près du lac de Tibériade) en 1187. Il entra alors à Jérusalem, ce qui suscita la 3$^e$ croisade. La paix de 1192 établit un *modus vivendi*, les Francs gardant les zones côtières. Saladin, homme chevaleresque, inspira de nombr. légendes en Occident.

**Salado (río)** fl. d'Argentine (620 km) ; se jette dans l'Atlantique au S. du Río de La Plata.

**Salado (río)** riv. d'Argentine (2 000 km), affl. du Colorado (r. g.), souvent asséché.

**Salado del Norte (río)** riv. d'Argentine (2 000 km) qui traverse le Chaco et conflue avec le Paraná (r. dr.) près de Santa Fe.

**salafisme** *nm* Mouvement islamique réformiste fondé à la fin du XIX$^e$ s., qui préconise un retour aux sources du Coran et de la sunna. ETY De l'ar. *salafi*, « les anciens ». VAR **Salafiya** DER **salafi, ite** ou **salafiste** *a, n*

**salage** → **saler.**

**Sakharov** et son épouse, Elena Bonner

**salaire** *nm* **1** Rémunération d'un travail payée régulièrement par l'employeur à l'employé en vertu d'un contrat de travail. *Bulletin de salaire.* **2 fig** Récompense ou punition méritée pour une action. *Recevoir le salaire de ses crimes.* **LOC** ***Salaire de base*** **:** salaire théorique sur lequel sont calculées les prestations familiales. — ***Salaire minimum interprofessionnel de croissance (SMIC)*** **:** salaire plancher au-dessous duquel aucun salaire ne peut être rémunéré et qui varie en fonction de l'évolution des prix et du développement économique. ETY Du lat. *salarium*, « ration de sel ».

ENC Le *salaire brut* est le salaire calculé avant déduction des retenues à la source et des cotisations sociales du salarié ; le *salaire net* est le salaire perçu par le salarié après ces déductions. Le *salaire nominal* est le salaire exprimé en termes monétaires ; le *salaire réel* exprime le pouvoir d'achat du salarié en fonction de la quantité de biens et de services qu'il peut acheter avec son salaire nominal. (V. SMIC, SMIG.)

**Salaire de la peur (le)** film de Clouzot (1953), d'après le roman (1949) de Georges Arnaud (1918 – 1987), avec Y. Montand et Ch. Vanel.

**salaison** *nf* **1** Action de saler des aliments pour les conserver. **2** Aliment conservé par le sel.

**salaisonnerie** *nf* Industrie de la salaison, des produits de charcuterie. DER **salaisonnier** *nm*

**Salam** Abdus (Jhang, près de Lahore, 1926 – Londres, 1996), physicien pakistanais. Auteur, avec S. Weinberg, de la théorie électrofaible qui unifie dans une même description les interactions électromagnétique et faible. P. Nobel 1979 avec Weinberg et S. L. Glashow

**salamalecs** *nm pl* **fam** Politesses exagérées. ETY De l'ar.

**salamandre** *nf* **1** Petit amphibien urodèle terrestre, vivipare, dont la peau noire marbrée de jaune sécrète une humeur corrosive. **2** Appareil de chauffage à feu continu qui se place dans une cheminée. ETY Du lat.

**salamandre** tachetée

**Salamanque** (en esp. *Salamanca*), ville d'Espagne (Castille et Léon), sur le Tormes ; 162 000 hab. ; ch.-l. de la prov. du m. nom. Tourisme. – Université. Nombr. monuments du Moyen Âge, de la Renaissance et baroques.

**salami** *nm* Gros saucisson sec d'Italie, de porc haché fin.

**Salamine** île de Grèce, à l'O. du Pirée ; 95 km$^2$ ; 28 600 hab. ; v. princ. *Salamina.* – *La bataille navale de Salamine* (480 av. J.-C.) vit la victoire des Grecs sur la flotte perse, pendant la seconde guerre médique.

**Salammbô** roman historique de Flaubert (1862).

**Salan** Raoul (Roquecourbe, Tarn, 1899 – Paris, 1984), général français. Commandant en chef en Indochine (1952-1953) et en Algérie (1956-1958), il appela de Gaulle en mai 1958, puis s'associa au putsch d'Alger (1961) et fonda l'O.A.S. Il fut emprisonné de 1962 à 1968.

**salangane** *nf* Martinet des côtes de l'Extrême-Orient dont les nids, faits de salive et d'algues, sont consommés sous le nom de « nids d'hirondelles ».

**salant** *am, nm* **A** *am* Qui produit, qui contient du sel. *Marais salant.* **B** *nm* Terrain proche de la mer où apparaissent des efflorescences salines.

**salarial, ale** *a* Relatif au salaire. **PLUR** salariaux. **LOC** ***Masse salariale*** **:** montant global des salaires versés dans une entreprise, dans un pays, etc.

**salariat** *nm* **1** Condition du salarié. **2** Mode de rémunération du travail par le salaire. **3** Ensemble des salariés.

**salarier** *vt* ② Rétribuer par un salaire. DER **salarié, ée** *a, n*

**Salat (le)** riv. des Pyrénées centrales (75 km), affl. de la Garonne (r. dr.).

**salaud** *nm, am* **vulg** Se dit d'un homme moralement méprisable. *Il a été salaud avec nous.* (Au fém, on emploie *salope*). VAR **salop**

**Salazar** Antonio de Oliveira (Vimieiro, près de Santa Comba Dão, 1889 – Lisbonne, 1970), homme politique portugais. Professeur de sciences écon., il fut nommé en 1928 ministre des Finances par Carmona, puis président du Conseil (1932). Jusqu'à sa retraite (1968), il gouverna de façon autoritaire l'« État nouveau » (1933), anticommuniste, corporatiste, nationaliste et chrétien (*salazarisme*).

**salchow** *nm* En patinage artistique, variété de saut. PHO [salʃo] ETY D'un n. pr.

**Saldanha** João d'Oliveira e Daun (duc de) (Azinhaga, Santarém, 1790 – Londres, 1876), homme politique et maréchal portugais. Petit-fils de Pombal, il gouverna en 1835-1836, en 1846-1849 et en 1851-1856. Il s'empara du pouvoir de mai à août 1870.

**Saldjūqides** → **Seldjoukides.**

**sale** *a* **1** Qui est malpropre, dont la pureté est visiblement altérée. *De l'eau sale.* **2** Mal lavé, crasseux. **3** Mauvais, désagréable ou dangereux. *Une sale affaire. Sale temps.* **4 fam** Méprisable, détestable. *Un sale type.* **5** Se dit d'une couleur peu franche, ternie. **6** Se dit d'argent provenant d'activités illicites (racket, prostitution, etc.). **LOC fam** ***Faire une sale tête, une sale gueule*** **:** avoir l'air contrarié. ETY Du frq.

**1 salé** *nm* Viande de porc salée.

**2 salé, ée** *a* **1** Qui contient du sel ; qui est assaisonné avec du sel. *Beurre salé.* **2 fig** Licencieux, grivois. *Plaisanterie salée.* **3 fig, fam** Exagéré, excessif ; dont le montant est trop élevé. *Addition salée.*

**Salé** → **Grand Lac Salé.**

**Salé** ville du Maroc, fbg de Rabat, sur le Bou Regreg ; 289 390 hab.

**Saleh** Ali Abdallah al- (près de Sanaa, 1942), homme politique yéménite ; président du Yémen du Nord (1978-1990) puid du Yémen unifié (depuis 1990).

**Salem** ville des É.-U., capitale de l'Oregon ; 107 780 hab. Industries.

**Salem** ville des É.-U. (Massachusetts), au N. de Boston, port sur l'Atlantique ; 50 000 hab. – Au XVII$^e$ s., une affaire de sorcellerie déchaîna la colère des puritains. ▷ LITTER *Les Sorcières de Salem* (1953), pièce de H. Miller dirigée contre le maccarthysme.

**Salem** ville de l'Inde (Tamil Nadu) ; 364 000 hab. Centre minier (chrome et fer) et industriel.

**salement** *av* **1** D'une manière sale. *Manger salement.* **2 fam** Grandement, très.

**Salengro** Roger (Lille, 1890 – id., 1936), homme politique français. Député socialiste (1928), ministre de l'Intérieur du Front populaire (1936), il fut accusé à tort d'avoir déserté en 1915 et se suicida.

**saler** *vt* ① **1** Assaisonner avec du sel. **2** Pratiquer la salaison de. *Saler du poisson.* **3** Répandre du sel pour dégeler. *Saler une rue verglacée.* **4 fam** Demander un prix exagéré. *Saler la note.* **5 fam, vieilli** Punir sévèrement. DER **salage** *nm*

**Salerne** v. d'Italie (Campanie), au S.-E. de Naples, sur le *golfe de Salerne ;* 156 600 hab. ; ch.-l. de la prov. du m. nom. Port actif ; centre industriel. – Université. Archevêché. Cath. XI$^e$ s., remaniée. L'école de médecine de Salerne fut célèbre au Moyen Âge. DER **salernitain, aine** *a, n*

**saleron** *nm* Petite salière en forme de godet.

**salers** *n* **A** *nm* Fromage de cantal fabriqué de façon artisanale dans la région de Salers. **B** *n* Race de bovins de grande taille, à la robe acajou.

**Salers** ch.-l. de cant. du Cantal (arr. de Mauriac) ; 401 hab. Race bovine. – Vestiges d'une enceinte du XV$^e$ s. DER **salersois, oise** ou **sagranier, ère** *a, n*

**Sales** → **François de Sales (saint).**

**salésien, enne** *n* Prêtre de la congrégation de Saint-François-de-Sales ou religieuse de la congrégation des Filles de Marie-Auxiliatrice.

**saleté** *nf* **1** État de ce qui est sale. **2** Chose sale, ordure. **3 fig** Obscénité. *Raconter des saletés.* **4** Action basse, méprisable, malhonnête. *Il m'a fait une saleté.* **5 fam** Objet sans valeur. *Entasser des saletés.*

**Salette-Fallavaux (La)** com. de l'Isère (arr. de Grenoble) ; 76 hab. – Pèlerinage. Basilique érigée là où deux jeunes bergers affirmèrent avoir vu la Vierge en 1846.

**saleur, euse** *n* **A** Personne dont le métier consiste à faire des salaisons. **B** *nm* Marin-pêcheur qui sale le poisson, à bord d'un bateau de pêche. **C** *nf* Véhicule utilisé pour le salage des chaussées.

**Salève (mont)** chaînon isolé des Préalpes, surplombant Genève ; culmine au Grand Piton (1 375 m). Téléphérique.

**Salgado** Sebastião (Aimorés, Minas Gerais, 1944), photographe brésilien, auteur de reportages (sur le Sahel, 1986).

**Salgótarján** v. de Hongrie, près de la frontière slovaque ; 49 000 hab. ; ch.-l. du comté de Nógrád. Industries. Tourisme.

**salicacée** *nf* BOT Arbre à fleurs en chatons, dont la famille comprend le peuplier, le saule. ETY Du lat.

**salicaire** *nf* BOT Plante herbacée à fleurs roses, dont une variété, la salicaire commune, abonde dans les lieux humides. ETY Du lat. *salix, salicis*, « saule ».

**salicorne** *nf* Plante (chénopodiacée) des zones littorales, aux fleurs en épis, qui pousse sur les vases salées.

**saliculture** *nf* Exploitation des marais salants. DER **salicole** *a* – **saliculteur, trice** *n*

**salicylate** *nm* CHIM, PHARM Sel ou ester de l'acide salicylique.

**salicylé** *nm* PHARM Famille de médicaments contenant de l'acide salicylique ou un dérivé, et dont le plus connu est l'aspirine.

**salicylique** *a* **LOC** CHIM ***Acide salicylique*** **:** acide phénol utilisé comme antithermique, antiseptique. *L'un des dérivés de l'acide salicylique, l'acide acétyl salicylique, est l'aspirine.*

**Saliège** Jules Géraud (Crouzy-Haut, Cantal, 1870 – Toulouse, 1956), prélat français ; archevêque de Toulouse (1928). Il protesta contre les arrestations des Juifs (1942-1944) et fut assigné à résidence par les Allemands.

**Saliens** populations franques établies au IVe s. apr. J.-C. dans ce qui constitue auj. la région de l'Overijssel, aux Pays-Bas. VAR **Francs Saliens** DER **salien, enne** *a*

**salière** *nf* **1** Petit récipient destiné au sel pour la table. **2** fig, fam Enfoncement en arrière de chaque clavicule, chez les personnes maigres.

**Salieri Antonio** (Legnago Veneto, 1750 – Vienne, 1825), compositeur italien ; rival de Mozart : *les Danaïdes* (opéra, 1784), *la Grotta di Trofonio* (opéra bouffe, 1785).

**Salies-de-Béarn** ch.-l. de cant. des Pyrénées-Atlantiques (arr. de Pau) ; 5 027 hab. Stat. thermale. DER **salisien, enne** *a, n*

**Salies-du-Salat** ch.-l. de cant. de la Haute-Garonne (arr. de Saint-Gaudens) ; 1 986 hab. Stat. thermale. DER **salisien, enne** *a, n*

**salifère** *a* GEOL, BOT Qui contient du sel. *Argile salifère. Plante salifère.*

**salifier** *vt* ② CHIM Transformer en sel par la réaction d'un acide sur une base. DER **salifiable** *a* – **salification** *nf*

**saligaud** *nm* très fam Personne ignoble, moralement répugnante.

**Salim** → **Selim.**

**salin, ine** *a, nm* **A** *a* Qui contient du sel ; qui est formé de sel. **B** *nm* Marais salant. LOC ***Roche saline*** : qui contient du sel gemme, du gypse, des sels de potassium.

**Salinas Pedro** (Madrid, 1891 – Boston, 1951), poète espagnol d'inspiration lyrique : *Présages* (1923), *la Voix qui t'est due* (1933).

**Salinas de Gortari Carlos** (Mexico, 1948), homme politique mexicain ; président de la République de 1988 à 1994.

**Salin-de-Giraud** écart de la commune d'Arles. Salines et industries chimiques.

**saline** *nf* Entreprise industrielle de production de sel gemme ou marin.

**Salinger Jerome David** (New York, 1919 – Cornish, 2010), auteur américain de romans et de nouvelles : *l'Attrape-Cœur* (1951), *Neuf Histoires* (1953), *Franny et Zooey* (1961).

**salinier, ère** *a, n* **A** *a* Qui concerne la production de sel. **B** *n* Producteur de sel.

**saliniser (se)** *vpr* ① didac En parlant d'un sol ou d'une eau, augmenter sa teneur en sel. DER **salinisation** *nf*

**salinité** *nf* didac Proportion de matières salines en solution.

**Salins-les-Bains** ch.-l. de cant. du Jura (arr. de Lons-le-Saunier) ; 2 982 hab. Station thermale. Salines. DER **salinois, oise** *a, n*

**Saliout** programme soviétique (1971-1986) de stations orbitales auxquelles furent amarrés les vaisseaux spatiaux Soyouz. VAR **Salyout**

**salique** *a* HIST Relatif aux Francs Saliens.

ENC Les terres saliques étaient les domaines distribués aux Francs qui s'établissaient en Gaule. La loi salique fut rédigée à l'époque de Clovis. Un de ses articles excluait les femmes de la succession à la terre salique ; il fut invoqué à partir de 1328 pour justifier l'exclusion des femmes de la succession au trône, et fut considéré comme une loi fondamentale de la monarchie française.

**salir** *vt* ③ **1** Rendre sale. **2** fig Avilir, déshonorer. *Salir le nom de qqn. Se salir dans un scandale.*

**Salisbury** ville de G.-B. (Wiltshire), sur l'Avon ; 42 000 hab. – Cath. XIIIe s.

**Salisbury** → **Harare.**

**Salisbury Robert Gascoyne-Cecil (marquis de)** (Hatfield, Hertfordshire, 1830 – id., 1903), homme politique britannique. Chef des conservateurs à la mort de Disraeli (1881). Premier ministre de 1885 à 1892, il promut l'expansion coloniale (Fachoda, guerre des Boers, etc.) et combattit le nationalisme irlandais.

**salissant, ante** *a* **1** Qui salit. *Travail salissant.* **2** Qui se salit facilement. *Le blanc est salissant.* LOC AGRIC ***Plantes salissantes*** : dont la culture favorise la pousse des mauvaises herbes.

**salissure** *nf* Saleté, souillure.

**salivant, ante** *a* Qui provoque la salivation.

**salive** *nf* Liquide sécrété par les glandes salivaires et contenant plusieurs enzymes actives dans la digestion, qui humecte toute la bouche. LOC fam ***Dépenser beaucoup de salive*** : parler beaucoup et inutilement. ETY Du lat. DER **salivaire** *a*

**saliver** *vi* ① **1** Sécréter de la salive. **2** fig, fam Avoir envie de qqch. DER **salivation** *nf*

**Salk Jonas Edward** (New York, 1914 – La Jolla, Californie, 1995), biologiste américain : travaux sur la vaccination contre la poliomyélite, puis sur les structures protéiques et virales.

**Sall Macky** (Fatick, 1961), homme politique sénégalais, élu président en 2012.

**Sallal Abdallah** (en Irak, 1917 – Sanaa, 1994), homme politique yéménite. Chef d'état-major en 1962, il instaura la république la même année et fut renversé en 1967.

**Sallanches** ch.-l. de cant. de la Haute-Savoie (arr. de Bonneville) ; 16 688 hab. DER **sallanchard, arde** *a, n*

**Sallaumines** com. du Pas-de-Calais (arr. de Lens) ; 9 716 hab. Industries. DER **sallauminois, oise** *a, n*

**salle** *nf* **1** Pièce d'un appartement, d'une maison, destinée à un usage particulier. *Salle à manger. Salle de bains.* **2** Local affecté à un usage particulier dans un établissement ouvert au public. *Salle de spectacle. Salle d'attente.* **3** Public d'une salle. LOC ***Salle blanche*** : espace clos, à l'atmosphère soigneusement contrôlée, utilisé pour la recherche scientifique et dans certaines industries. — ***Salle d'armes*** : salle d'escrime. — ***Salle de marché*** : dans une banque, lieu où l'on traite les opérations portant sur les devises, les titres, les produits financiers. — ***Salle de réveil*** : local spécialement équipé où le réveil des opérés est étroitement surveillé. — ***Salle de séjour*** : pièce principale d'un appartement, d'une maison. — ***Salle obscure*** : cinéma. ETY Du frq.

**Sallé Marie** (?, 1707 ? – Paris, 1756), danseuse et chorégraphe française.

**Salluste** (en lat. *Caius Sallustius Crispus*) (Amiternum, auj. San Vittorino, 86 – ?, v. 35 av. J.-C.), historien latin. Gouverneur de la Numidie (46 av. J.-C.), il amassa une immense fortune. Après l'assassinat de César (44 av. J.-C.), il se consacra à des travaux historiques : *Conjuration de Catilina, Guerre de Jugurtha* et *Histoires.*

**Salman ben Abdel Aziz Al-Saoud** (Riyad, 1935), roi d'Arabie Saoudite depuis 2015.

**Salmanasar Ier** roi d'Assyrie (v. 1265-v.1235 av. J.-C.). Il massacra ou déporta les peuples vaincus. — **Salmanasar III** roi d'Assyrie (858-824 av. J.-C.). Il conquit la Phénicie. La coalition des princes araméens, dont faisait partie Israël, lui résista (bataille de *Qarqar*). — **Salmanasar V** roi d'Assyrie (727-722 av. J.-C.). Il mourut devant Samarie qu'il assiégeait et que prit son successeur Sargon II, mettant fin au royaume d'Israël.

**salmanazar** *nm* Grande bouteille de vin dont la contenance équivaut à celle de 12 bouteilles ordinaires, soit 9 litres. ETY D'un n. pr.

**salmigondis** *nm* Mélange de choses disparates. PHO [salmigɔ̃di] ETY Du moyen fr. *condire*, « assaisonner ».

**salmis** *nm* Ragoût de pièces de gibier ou de volaille préalablement cuites à la broche, mijoté avec une sauce au vin, dite *sauce salmis. Salmis de perdreaux.* PHO [salmi] ETY De *salmigondis.*

**Salmon André** (Paris, 1881 – Sanary-sur-Mer, 1969), poète français : *le Calumet* (1910), *l'Âge de l'humanité* (1921).

**salmonelle** *nf* MED Bacille agent des salmonelloses. ETY D'un n. pr.

**salmonellose** *nf* MED Infection due à une salmonelle, telle que la fièvre typhoïde, certaines intoxications alimentaires, etc.

**salmoniculture** *nf* TECH Élevage des salmonidés. DER **salmonicole** *a* – **salmoniculteur, trice** *n*

**salmonidé** *nm* Poisson téléostéen caractérisé par une nageoire dorsale à rayons squelettiques mous, suivie d'une seconde, plus petite, adipeuse, dont la famille comprend le saumon, la truite, etc.

**Salo** com. d'Italie (prov. de Brescia), sur la rive O. du lac de Garde ; 10 623 hab. Tourisme. – Siège de la *République sociale italienne* (sept. 1943-avr. 1945), dite cour. *République de Salo,* que Mussolini fonda après sa libération par les Allemands.

**saloir** *nm* Récipient dans lequel on met à saler les denrées.

**salol** *nm* CHIM Dérivé de l'acide salicylique dont la fonction acide est estérifiée par un phénol.

**salomé** *nf* Escarpin à lanière axiale se prolongeant sur le cou-de-pied.

**Salomé** (m. v. 72 apr. J.-C.), princesse juive. Sur la demande de sa mère, Hérodiade (ou Hérodias), elle dansa devant son beau-père Hérode Antipas pour obtenir la tête de saint Jean-Baptiste. ▷ LITTER, MUS Salomé est l'héroïne d'*Hérodias,* l'un des *Trois Contes* (1877) de Flaubert, de l'opéra de Massenet *Hérodiade* (1881), du drame d'Oscar Wilde *Salomé* (1896) et de l'opéra de R. Strauss (1905), d'après ce drame.

**Salomon (îles)** État du Pacifique, à l'E. de la Papouasie-Nouvelle-Guinée ; 28 450 km² ; 600 000 hab. ; cap. *Honiara.* Nature de l'État : rép. membre du Commonwealth. Langue off. : anglais. Population : Mélanésiens (93 %). Religion : protestantisme majoritaire. Monnaie : dollar des îles Salomon. – Volcaniques, les îles Salomon ont une écon. de subsistance (igname, porc, poisson) et exportent des produits de la pêche, du bois et du coprah. DER **salomonais, aise** *a, n*

**Histoire** Découvert par l'Espagnol Álvaro de Mendaña de Neira (1568), redécouvert par Bougainville, l'archipel fut partagé en 1898 entre la G.-B. et l'Allemagne ; celle-ci reçut les îles Bougainville et Buka, qui furent administrées par l'Australie (1921) puis incluses dans la Papouasie-Nouvelle-Guinée (1975). Les îles Salomon sont indépendantes depuis juil. 1978. – L'archipel fut le théâtre de violents combats entre Américains et Japonais en 1942-1943, notam. sur l'île de Guadalcanal. ▶ carte **Océanie**

**Salomon** troisième roi des Hébreux de 970 à 931 av. J.-C., fils de David et de Bethsabée. Allié au roi Hiram Ier de Tyr, il fit venir de Phénicie bois et métaux pour bâtir le temple et le palais royal de Jérusalem, ainsi qu'une flotte sur la mer Rouge ; il fit exploiter les mines du Néguev et créa les fonderies de cuivre d'Ezion Géber. Son autoritarisme et ses impôts provoquèrent, après sa mort, le schisme du royaume. Les tribus du N. se séparèrent de Juda et de Benjamin pour fonder le roy. d'Israël (cap. Samarie). Salomon a joui d'une réputation de sagesse, illustrée par son jugement (I Rois, III, 16) : deux femmes affirmant être la mère d'un même enfant, Salomon ordonna qu'on le coupât en deux, pour en donner une moitié à chacune ; la femme qui refusa ce partage était la vraie mère. De sa liaison légendaire avec la reine de Saba serait né Ménélik Ier, ancêtre mythique de la dynastie éthiopienne dite *salomonide*. La tradition attribue à Salomon des psaumes et des textes de sagesse.

**Salomon Erich** (Berlin, 1886 – Auschwitz, 1944), photographe allemand, pionnier du reportage politique.

**Salomon Ernst von** (Kiel, 1902 – Winsen-an-der-Luhe, Basse-Saxe, 1972), écrivain allemand. Il décrivit le désespoir de l'Allemagne vaincue : *les Réprouvés* (1930), *les Cadets* (1933). Silencieux sous l'hitlérisme, il publia *le Questionnaire* en 1951.

**salon** *nm* **1** Pièce de réception d'un appartement, d'une maison privée. **2** Maison où l'on reçoit régulièrement des gens en vue, des artistes, etc. ; les gens qui s'y réunissent, la société mondaine. *Les salons littéraires du XVIIe et XVIIIe s.* **3** Local où l'on reçoit la clientèle, dans certains commerces. *Salon de coiffure.* **4** (Avec une majuscule). Exposition périodique d'œuvres d'art, de produits de l'industrie. *Le Salon de l'automobile.* LOC ***Salon de thé*** : pâtisserie où l'on sert des gâteaux, des boissons. — Canada ***Salon funéraire*** ou ***mortuaire*** : entreprise de pompes funèbres. ETY De l'ital.

**Salon de musique (le)** film de Satyâjit Ray (1958) : la fin des maharadjahs.

**Salon-de-Provence** ch.-l. de canton des Bouches-du-Rhône (arr. d'Aix-en-Provence) ; 40 849 hab. Centrale hydroélectrique sur la Durance canalisée. École de l'air. – Égl. XIIIe s. Chât. des archevêques d'Arles XIIe-XVIe s. DER **salonais, aise** *a, n*

**Salone** dans l'Antiquité romaine, cap. de la Dalmatie, près de laquelle Dioclétien se retira dans un immense palais. Celui-ci donna naissance à la v. actuelle de Split. VAR **Salona** ou (auj.) **Solin**

**Salonique** → **Thessalonique.**

**salonnard, arde** *n* péjor Habitué des salons mondains.

**salonnier, ère** *a* Relatif aux salons mondains.

**Salons (les)** comptes-rendus des expositions d'œuvres contemporaines écrits par Diderot entre 1759 et 1781 pour la *Correspondance littéraire* de Grimm.

**saloon** *nm* Bar du Far West. PHO [salun] ETY Mot amér.

**salop** → **salaud.**

**salopard** *nm* fam Salaud.

**salope** *nf* vulg **1** Femme malfaisante, méprisable. **2** Individu infâme, abject.

**saloper** *vt* ① fam **1** Effectuer sans soin un travail. **2** Salir, endommager.

**saloperie** *nf* fam **1** Grande malpropreté. **2** Discours, propos orduriers. *Dire des saloperies.* **3** Mauvais procédé, vilenie. *Il m'a fait une belle saloperie.* **4** Objet, marchandise de mauvaise qualité.

**salopette** *nf* **1** Vêtement de travail qui se porte par-dessus les autres vêtements pour les protéger. **2** Vêtement composé d'un pantalon prolongé d'un plastron à bretelles.

**Salouen (le ou la)** (en chin. *Nujiang*), fl. d'Asie du S.-E. (2 500 km) ; il naît au Tibet à 4 000 m d'alt., traverse le Yunnan, la Birmanie orientale et se jette dans l'océan Indien.

**Saloum (le)** fl. côtier du Sénégal (250 km).

**salpe** *nf* Tunicier pélagique translucide, se reproduisant alternativement de façon sexuée et asexuée. ETY Du gr.

**salpêtre** *nm* **1** Nitrate de potassium ($KNO_3$). **2** Efflorescences de nitrates, qui se forment sur les murs humides. ETY Du lat. *salpetræ*, « sel de pierre ».

**salpêtrer** *vt* ① Couvrir d'efflorescences de salpêtre. *Murs salpêtrés.* DER **salpêtrage** *nm*

**Salpêtrière (la)** emplacement d'une fabrique de poudre à Paris, où en 1656 fut construit un hôpital par Le Vau et Le Muet ; la chapelle est due à Bruant (1670). L'hôpital est auj. intégré au CHU de la Pitié-Salpêtrière.

**salpicon** *nm* CUIS Préparation de viande coupée en petits dés, champignons, truffes, etc., garnissant un vol-au-vent. ETY Mot esp.

**salpingite** *nf* MED Inflammation aiguë ou chronique d'une trompe utérine. ETY Du gr.

**salsa** *nf* MUS Genre et courant musical latino-américain qui mêle des orchestrations proches du jazz à des rythmes d'origine africaine. ETY Mot esp. DER **salsero** *n*

**salsepareille** *nf* Plante ligneuse grimpante à tiges et à feuilles épineuses (liliacée), dont les racines ont des propriétés dépuratives. ETY De l'esp.

**salsifis** *nm* Plante potagère (composée) cultivée pour ses racines comestibles ; ces racines. LOC ***Salsifis noir*** : scorsonère. PHO [salsifi] ETY De l'ital.

**SALT** acronyme pour l'angl. *Strategic Arms Limitation Talks*, « discussions sur la limitation des armes stratégiques », menées, de 1969 à 1979, par l'URSS et les États-Unis.

**Salta** v. du N.-O. de l'Argentine, dans les Andes ; 31 900 hab. ; ch.-l. de la prov. du m. nom. Centre industriel.

**saltation** *nf* **1** ANTIQ ROM Art des mouvements de danse, de pantomime, etc. **2** didac Déplacement par sauts successifs des particules charriées par un fluide en mouvement. **3** ZOOL Mode de locomotion des animaux qui se déplacent par sauts. **4** PALEONT Saut brusque dans l'évolution. ETY Du lat.

**saltatoire** *a* didac Qui sert au saut. *Appareil saltatoire de la puce.*

**Saltillo** ville du nord-est du Mexique ; 823 100 hab. ; capitale de l'État de *Coahuila*. Industries.

**saltimbanque** *nm* **1** Jongleur, bateleur qui fait des tours d'adresse, des acrobaties en public. **2** Artiste. ETY De l'ital.

**saltique** *nf* ENTOM Araignée qui se déplace par bonds.

**Salt Lake City** v. des É.-U., près du Grand Lac Salé ; 186 400 hab. (aggl. : 1 million d'hab.) ; cap. de l'Utah. Centre industriel. – Université. Temple des mormons. Jeux Olympiques d'hiver en 2002. – La ville fut fondée en 1847 par le chef mormon Brigham Young.

**salto** *nm* SPORT Saut périlleux, en gymnastique, en patinage. ETY Mot ital.

**Salto** v. industr. de l'Uruguay, port sur le río Uruguay ; 80 790 hab. ; ch.-l. du dép. du m. nom. – Évêché.

**Saltykov-Chtchedrine Mikhaïl Ievgrafovitch Saltykov,** dit (Spas-Ougol, gouvernement de Tver, 1826 – Saint-Pétersbourg, 1889), romancier russe satirique : *Histoire d'une ville* (1869-1870), *les Golovlev* (1880).

**salubre** *a* Qui est favorable à la santé. *Air, climat salubre.* ETY Du lat.

**salubrité** *nf* Qualité de ce qui est salubre. LOC ***Mesures de salubrité publique*** : prises dans l'intérêt de l'hygiène publique.

**Saluces** (en ital. *Saluzzo*), v. d'Italie (Piémont) ; 16 470 hab. – Cap. d'un marquisat fondé en 1142, conquis par Henri II puis reconquis par la Savoie en 1588.

**saluer** *vt* ① **1** Donner une marque extérieure de civilité, de respect, à qqn que l'on rencontre ou que l'on quitte. **2** Rendre hommage à qqch par des marques extérieures réglées par l'usage. *Saluer le drapeau.* **3** Rendre hommage à qqch. *Saluer le courage de qqn.* **4** Accueillir par des manifestations de joie, de mépris, etc. *Saluer l'arrivée de qqn par des applaudissements.* **5** En parlant d'un artiste, s'incliner devant le public pour le remercier de ses applaudissements. ETY Du lat.

**salure** *nf* didac Caractère de ce qui est salé ; taux de chlorure de sodium dans un corps.

**1 salut** *nm, interj* **A** *nm* **1** Action de saluer ; geste ou parole de civilité, de respect, qu'on adresse à qqn. *Les acteurs se sont fait siffler au salut.* **2** Cérémonie par laquelle on salue qqch. *Le salut au drapeau.* **3** RELIG CATHOL Office en l'honneur du saint sacrement. **B** *interj* fam Formule exclamative d'accueil ou d'adieu. ETY Du lat.

**2 salut** *nm* **1** Fait d'échapper à un danger, de se sauver ou d'être sauvé. *Ne devoir son salut qu'à la fuite.* **2** RELIG Rédemption, fait de ne pas être damné. *Prier pour le salut de l'âme d'un défunt.*

**Salut (îles du)** îles côtières (Royale, Saint-Joseph et du Diable) de la Guyane française, au N.-O. de Cayenne. – Autref., établissement pénitentiaire.

**Salut (Armée du)** → **Armée du Salut.**

**salutaire** *a* Qui exerce une action bénéfique ; bienfaisant, profitable. DER **salutairement** *av*

**salutation** *nf* **A** Action de saluer avec des marques ostentatoires de respect, d'empressement, etc. **B** *nf pl* Formule de politesse pour terminer une lettre. *Je vous prie d'agréer, Madame, mes salutations distinguées.*

**Salutation angélique** prière à la Vierge Marie dont le texte est constitué par les mots (traduits en latin) que lui aurait adressés l'ange Gabriel lors de l'Annonciation : *« Ave, Maria... »*, en français « Je vous salue, Marie... ».

**salutiste** *n, a* De l'Armée du Salut.

**Salvador** (anc. *Bahia*), v. et port import. du Brésil, cap. de l'État de Bahia ; 3,3 millions d'hab. (aggl.). Exportation de café et prod. tropicaux. Tourisme. – Archevêché. Nombr. monuments. – Ville fondée en 1500, cap. du Brésil de 1549 à 1763.

**Salvador (République du)** (*República de El Salvador*), État d'Amérique centrale baigné au S. et au S.-O. par le Pacifique, bordé au N. par le Guatemala et à l'E. par le Honduras ; 21 040 km² ; 6,3 millions d'hab. ; accroissement naturel : 1,2 % par an ; cap. *San Salvador*. Nature de l'État : rép. de type présidentiel. Langue off. : esp. Monnaie : colón du Salvador. Population : métis (93,8 %), Amérindiens (4,9 %), origines européennes (1,3 %). Relig. cathol. (75,2 %). DER **salvadorien, enne** *a, n*

**Géographie** Une plaine côtière, chaude et humide, est dominée par deux chaînes volcaniques (2 386 m au Santa Ana), encadrant un haut plateau au climat plus sain, qui groupe l'essentiel des hab. Les 40 % de ruraux vivent de maïs, millet, haricots, riz. Le pays exporte du café, de la canne à sucre, du coton et du bois. L'hydroélectricité a favorisé l'industrie, mais la guerre civile (1977-1992) a désorganisé le pays. Auj., l'austérité et la maîtrise de l'inflation ne parviennent pas à attirer les investisseurs et à créer la croissance. Une extrême pauvreté frappe la population.

**Histoire** Le territoire subit l'influence des Mayas, puis celle des Pipils, qui fondèrent Cuscatlán (Xe s.). Conquis par l'Espagnol Pedro de Alvarado (1524), le pays s'affranchit de la tutelle esp. en 1821. Il subit de nombr. dictatures mili-

taires, soutenues par « quatorze familles ». Sous la dictature du général Maximiliano Martínez (1931-1944), une révolte paysanne (1932) entraîna une terrible répression. Ensuite, les gouvernements militaires se succédèrent, provoquant une opposition croissante. Une brève guerre avec le Honduras (1969) accentua la crise. **LA GUERRE CIVILE, ET APRÈS** En 1977 commença la guerre civile. En 1979, une junte prit le pouvoir, soutenue par les É.-U. Président en 1980, le démocrate-chrétien Napoleón Duarte décida une réforme agraire pour désarmorcer le programme du Front Farabundo Marti de libération nationale (FMLN, créé en 1980). Les propriétaires soutinrent l'Alliance rép. nationaliste (Arena), qui remporta les présidentielles de 1989, de 1994, de 1999 et de 2004. En 1992, un cessez-le-feu intervint, mais des grèves répondirent à la politique libérale du pouvoir. En 2000, le FMLN remporta les législatives et les municipales, mais ne put obtenir les réformes sociales indispensables. En 2009, le FMLN accède enfin au pouvoir avec l'élection de Mauricio Funes, puis celle de Salvador Sanchez Ceren (2014) à la prés.
▶ carte **Amérique centrale**

**Salvador** Henri (Cayenne, 1917 – Paris, 2008), auteur-compositeur et chanteur français : *Faut rigoler, Zorro est arrivé.*

**salvateur, trice** *a* litt Qui sauve.

**Salvatore Giuliano** film de Francesco Rosi (1962) évoquant la Sicile et la Mafia.

**salve** *nf* Décharge simultanée de plusieurs armes à feu. *Salve d'artillerie. Feu de salve.* **LOC** ***Salve d'applaudissements*** **:** nombreux applaudissements simultanés. ETY Du lat.

**Salviati** Francesco de' Rossi, dit Francesco ou Cecchino (Florence, 1510 – Rome, 1563), peintre italien académique.

**Salyens** (en lat. *Salluvii*), confédération de peuples celtes et ligures établis au sud de la Durance. Leur cap., Entremont, fut détruite par les Romains en 123 av. J.-C.

**Salyout** → **Saliout.**

**Salzach (la)** riv. d'Autriche et du S. de l'Allemagne (220 km), affl. de l'Inn (r. dr.) ; arrose Salzbourg.

**Salzbourg** (en all. *Salzburg*), v. d'Autriche, sur la Salzach, dominée par les *Préalpes de Salzbourg* (massifs calcaires) ; 143 970 hab. ; cap. du Land de Salzbourg (7 154 km$^2$ ; 442 000 hab.). Centre industriel (alim., prod. chim.) et touristique. – Archevêché. Universités. Cath. baroque (1614-1628). Palais (XVI$^e$ s.-XVIII$^e$ s.). Chât. des anciens princes-archevêques. Festival annuel de musique (août) en l'honneur de Mozart.

**Salzgitter** v. d'Allemagne (Basse-Saxe) ; 105 390 hab. Mines de fer et de potasse.

**Salzkammergut** rég. des Préalpes autrichiennes, connue pour ses salines.

**Sam** (Oncle) (en angl. *Uncle Sam*), personnification plaisante des initiales U.S.Am. (United States of America) : grand homme maigre, à barbiche, portant un pantalon rayé et un chapeau haut de forme étoilé.

**Samain** Albert (Lille, 1858 – Magny-les-Hameaux, 1900), poète français : *Au jardin de l'infante* (1893), *Aux flancs du vase* (1898).

**Sāmānides** dynastie qui régna en Perse et en Transoxiane (cap. *Boukhara*), de 874 à 1004.

**Samar** île montagneuse des Philippines ; 13 079 km$^2$. Exploitation de bois et de fer ; culture de l'abaca. – L'*État de Samar* a une superficie de 5 591 km$^2$ et compte 501 500 hab.

**samara** *nf* **Afrique** Sandale faite d'une simple semelle qui tient au pied par une lanière passant entre les orteils. ETY Du persan.

**Samara** (*Kouïbychev* de 1935 à 1990), v. de Russie, port sur la Volga ; ch.-l. de la prov. du m. nom ; 1,2 million d'hab. (aggl.). Centre industr. stimulé par le pétrole et le gaz du Second-Bakou

**samare** *nf* BOT Akène ailé. *Samare de l'orme, du frêne, de l'érable.* ETY Du lat.

**Samarie** anc. v. de Palestine, cap. du royaume d'Israël à partir du règne d'Omri (885-874 av. J.-C.), conquise par Sargon II, roi d'Assyrie, en 721 av. J.-C. Il remplaça les hab. par des colons babyloniens et araméens. Cette pop. fut rejetée par les Juifs rentrés d'exil (538) ; les Samaritains élevèrent alors sur le mont Garizim un lieu de culte concurrent de Jérusalem ; Sichem fut leur métropole. Prise par Alexandre (331 av. J.-C.), puis détruite par Hyrcan I$^{er}$ (108 av. J.-C.), la ville fut reconstruite par Hérode le Grand sous le nom de Sébaste (en lat. *Augusta*). En 529 apr. J.-C., la plupart des Samaritains furent massacrés. DER **samaritain, aine** *a, n*

**Samarie** rég. de Cisjordanie, située entre la Galilée au N. et la Judée au S., bordée à l'E. par le Jourdain ; administrée par Israël depuis 1967. DER **samaritain, aine** *a, n*

**Samaritains** habitants de la ville de Samarie ; nom donné après 721 av. J.-C. (fin du royaume d'Israël) à la population du district de Samarie, jugée impure par les juifs. ▷ *Le bon Samaritain*, personnage généreux dans l'Évangile de Luc (X, 29-37) : sur une route, il secourut un homme blessé par des brigands, alors que des prêtres juifs n'avaient pas daigné s'arrêter.

**samarium** *nm* CHIM **1** Élément appartenant à la famille des lanthanides, de numéro atomique Z = 62, de masse atomique 150,35. SYMB **Sm. 2** Métal (Sm) de densité 7,5, qui fond vers 1 080 °C. PHO [samaʀjɔm] ETY D'un n. pr.

**Samarkand** ville d'Ouzbékistan, dans l'oasis du Zeravchan ; 371 000 hab. Industr. alimentaires et textiles. – Mosquées (XIV$^e$-XV$^e$ s.). – Prise par Alexandre (329 av. J.-C.), par les Arabes (712), centre culturel sous les Sāmānides (X$^e$ s.), ravagée par Gengis khān (1220), la ville fut la cap. de Tamerlan et rayonna au XV$^e$ s.

**Samarra** v. d'Irak, sur le Tigre, au N. de Bagdad ; 62 000 hab. – Cap. des Abbassides au IX$^e$ s. – Ruines de palais et de mosquées.

**1 samba** *nf* Danse populaire brésilienne sur un rythme à deux temps. ETY Mot brésilien.

**2 samba** *nm* Grand arbre africain (sterculiacée) fournissant un bois léger recherché pour les placages. SYN obéché.

**Samba** Chéri (Kinto m'Vuila, 1956), peintre congolais, narrateur truculent de la réalité quotidienne, proche de l'art naïf.

**Sambin** Hugues (Gray, 1518 – Dijon, v. 1600), sculpteur et architecte bourguignon.

**sambo** *nm* Sport de combat russe.

**Sambre (la)** riv. de France et de Belgique (190 km), affl. de la Meuse (r. g., confl. à Namur) ; née en Thiérache, elle arrose Charleroi.

**samedi** *nm* Sixième jour de la semaine, qui suit le vendredi. **LOC** ***Samedi saint*** **:** samedi qui précède le dimanche de Pâques. ETY Du lat.

**Samedi soir, dimanche matin** film social de K. Reisz (1960), d'apr. le roman de A. Sillitoe (1958), avec A. Finney.

**Samis** nom que les Lapons se donnent à eux-mêmes. DER **sami, ie** *a*

**samizdat** *nm* HIST Édition et diffusion clandestines de textes censurés, en URSS et ses satellites ; ces textes. PHO [samizdat] ETY Mot russe.

**Sammartini** Giovanni Battista (Milan, 1700 ou 1701 – id., 1775), compositeur italien, l'un des précurseurs de la symphonie.

**Samnites** anc. peuple d'Italie, établi en Campanie au V$^e$ s. av. J.-C. Rome ne les réduisit qu'au III$^e$ s. av. J.-C., après trois *guerres samnites* : 343-341, que Rome remporta lors du siège de Capoue par les Samnites ; 327-304, où les Samnites vainquirent au défilé des fourches Caudines (321) ; 298-291, où les Romains vainquirent à Sentinum (295). DER **samnite** *a*

**Samoa** archipel du Pacifique, en Polynésie, formé des *Samoa orientales* ou *américaines* et de l'*État indépendant des Samoa occidentales.* Ressources : cacao, coprah, noix de coco. DER **samoan, ane** *a, n*
**Histoire** Découvertes en 1722, les îles furent partagées en 1899 entre les É.-U. et l'Allemagne, qui reçut les Samoa occidentales. La SDN confia l'administration de celles-ci à la Nouvelle-Zélande, en 1920. Elles furent indépendantes en 1962.

**Samoa américaines** ensemble de six îles d'Océanie appartenant aux É.-U., principalement l'île Tutuila (135 km$^2$ ; 35 000 hab.) ; en tout 197 km$^2$ ; 46 000 hab. (Polynésiens) ; v. princ. et base navale *Pago Pago,* dans l'île Tutuila, où se trouve également le ch.-l. (siège du gouv.) *Fagatogo.* Dotées du statut de territoire « non incorporé », les Samoa américaines sont dirigées par un gouverneur et un parlement à deux chambres. Religion : protestantisme. Ressources : bananes, coprah, pêche et tourisme. DER **samoan, ane** *a, n*

**Samoa occidentales (État indépendant des)** État d'Océanie, formé de deux îles princ., *Savaii* et *Upolu* ; 2 840 km$^2$ ; 200 000 hab. ; cap. *Apia* (île Upolu). Nature de l'État : monarchie parlementaire (la royauté doit être abolie à la mort de l'actuel souverain), État membre du Commonwealth. Langues off. : samoan et anglais. Monnaie : tala. Population : Polynésiens (92,5 %). Relig. : christianisme majoritaire, survivances païennes. – Volcaniques et forestières, les îles produisent du coprah, des noix de coco et du cacao. DER **samoan, ane** *a, n* ▶ carte **Océanie**

**samoan** *nm* Langue polynésienne parlée à Samoa et en Nouvelle-Zélande.

**Samora Machel** Moises (Chilembene, prov. de Gaza, 1933 – en territoire sud-africain, 1986), homme politique mozambicain. Il succéda à Eduardo Mondlane à la tête du Frelimo (1970) et fut chef de l'État de l'indépendance (1975) à sa mort (dans un accident d'avion).

**Samory Touré** (Sanankoro, haut Niger, auj. au Mali, v. 1837 – N'Djolé, Gabon, 1900), souverain d'origine mandingue qui se forgea un empire dans les régions du haut Niger à partir de 1870. Il résista à la conquête française (1882-1898), fut capturé (1898) et déporté.

**Samos** île grecque de la mer Égée (Sporades), proche de la Turquie ; elle forme un nome : 478 km$^2$ ; 41 850 hab. ; ch.-l. *Samos.* – Ruines d'un temple d'Héra, d'où provient la statue dite *Héra de Samos* (VI$^e$ s. av. J.-C.). DER **samiote** *a, n*

**Samosate** (auj. *Samsat,* Turquie), anc. v. d'Asie Mineure, sur l'Euphrate, cap. du royaume de Commagène.

**samossa** *nm* CUIS Mets indien constitué d'un petit morceau de pâte triangulaire fourré et frit. ETY Mot hindi. VAR **samoussa**

**Samothrace** île grecque du N. de la mer Égée ; 180 km$^2$ ; 3 000 hab. – On y trouva, en 1863, une statue de marbre (privée de tête), figurant une Victoire ailée, dite *Victoire de Samothrace* (vers 200 av. J.-C., Louvre). ▶ illustr. p. 1450

**samouraï** *nm* HIST Membre de la classe des guerriers au service d'un seigneur, au Japon jusqu'en 1868. PHO [samuʀaj] ▶ illustr. p. 1450

**Samouraï (le)** film policier de J.-P. Melville (1967), d'après le roman de G. Meleod, avec A. Delon.

**samovar** *nm* Ustensile destiné à la préparation du thé, utilisé à l'origine en Russie, composé d'un réchaud à charbon de bois et d'une petite chaudière à robinet. ETY Mot russe.

**samoyède** *nm* LING Groupe de langues de la famille finno-ougrienne parlées par les Samoyèdes. LOC ***Chien samoyède***: chien de traîneau, blanc, à fourrure épaisse.

**Samoyèdes** tribus d'origine mongole, qui habitent la toundra sibérienne entre le cours infér. de l'Ob et la presqu'île de Taïmyr. DER **samoyède** *a*

**Sampaio** Jorge (Lisbonne, 1939), homme politique portugais ; socialiste, maire de Lisbonne (1989-1995), élu président de la Rép. de 1996 à 2006.

**sampan** *nm* Bateau chinois non ponté, à fond plat, comportant un abri en son centre. ETY Mot chinois. VAR **sampang**

**samouraï** peinture japonaise du XVIIe s.

Victoire de **Samothrace**, marbre – musée du Louvre

**sampi** *nm* Lettre numérale grecque valant 900.

**Sampiero Corso** → **Ornano.**

**sample** *nm* MUS Échantillon de sons prélevé grâce à un sampleur pour être intégré dans d'autres mélodies. PHO [sɑ̃mpəl] ETY Mot angl.

**sampler** *vt* 1 Obtenir par sampling.

**sampleur** *nm* Dispositif servant à faire du sampling. ETY Mot angl. VAR **sampler**

**sampling** *nm* MUS Sorte de collage électronique de matériels sonores préenregistrés, effectué par le disc-jockey. PHO [sɑ̃pliŋ] ETY Mot angl.

**sampot** *nm* Pièce d'étoffe enveloppant la taille et les cuisses, portée au Cambodge, en Thaïlande. ETY Mot cambodgien.

**Sampras** Pete (Washington, 1971), tennisman américain. Il a dominé le tennis mondial de 1993 à 2002.

**samsara** *nm* Dans le bouddhisme et l'hindouisme, cycle des morts et des renaissances successives auquel est soumis tout être vivant et dont il doit se libérer pour atteindre le nirvana éternel.

**Samson** personnage biblique ; juge d'Israël (XIIe s. av. J.-C.), célèbre par la force surhumaine qu'il devait à sa longue chevelure. Dalila lui coupa les cheveux pendant son sommeil et le livra aux Philistins. Ses cheveux repoussés, il put renverser les colonnes du temple dédié au dieu Dagon, s'ensevelissant avec une foule de Philistins. ▷ MUS *Samson et Dalila,* opéra de Saint-Saëns (1877), livret du poète F. Lemaire. ▷ CINE *Samson et Dalila,* de C. B. De Mille (1949), avec Victor Mature et Hedy Lamarr.

**Samsun** princ. port de Turquie, sur la mer Noire ; 240 670 hab. ; ch.-l. de l'il du m. nom.

**SAMU** *nm* Service hospitalier assurant les premiers soins et le transfert dans un hôpital. LOC ***Samu social***: service mobile d'aide aux sans-abris. ETY Acronyme pour *service d'aide médicale d'urgence.*

**Samuel** personnage biblique ; prophète et juge d'Israël (XIe s. av. J.-C.). Il lutta contre les Philistins, instaura la monarchie en proclamant Saül roi et, plus tard, sacra David secrètement pour succéder à Saül.

**Samuel (livres de)** livres historiques de la Bible (I Samuel, 31 chapitres ; II Samuel, 24 chapitres) rédigés v. la fin du VIIe s. av. J.-C., chronique des règnes de Saül et de David. Dans la Vulgate et les Septante, ils forment les deux premiers livres des Rois.

**Samuelson** Paul Anthony (Gary, 1915 – Belmont, Mass., 2009), économiste américain. Il a donné une base mathématique aux sciences économiques. P. Nobel 1970.

**san** *nm* Langue parlée par les Sans.

**sana** *nm* fam Sanatorium.

**Sanaa** cap. de la rép. du Yémen, à 2 380 mètres d'alt., au centre du pays ; 760 000 hab. (aggl.). Comm. et artisanat. – Maisons à plusieurs étages construites en adobe.

**Sanaga (la)** princ. fleuve du Cameroun (520 km). Équipements hydroélectriques.

**San Agustin** v. du S. de la Colombie, dans la Cordillère centrale. – Une culture précolombienne (VIe s. av. J.-C. – XIIe s. apr. J.-C.) construisit des mégalithes dans ce site.

**San Andreas (faille de)** faille tectonique d'env. 500 km de long, qui fissure la Californie du golfe de Californie au cap Mendocino (à 300 km au N.-O. de San Francisco) ; elle fait l'objet d'une surveillance sismique. ▶ illustr. **faille**

**San Antonio** ville des É.-U. (Texas), dans le S.-O. de l'État, près de champs pétrolifères ; 935 900 hab. Industries. – Archevêché.

**San-Antonio** commissaire de police, héros et truculent narrateur de multiples aventures imaginées, de 1949 à 1999, par Fr. Dard (qui publia ces romans sous ce pseudonyme).

**Sanary-sur-Mer** com. du Var (arr. de Toulon) ; 16 995 hab. Stat. balnéaire. DER **sanaryen, enne** *a, n*

**sanatorium** *nm* Établissement de cure qui était destiné au traitement de la tuberculose. PHO [sanatɔʀjɔm] ETY Mot angl. DER **sanatorial, ale, aux** *a*

**San Bernardino (col de)** col des Alpes suisses (Grisons), à 2 063 m d'alt., reliant Coire à Bellinzona ; tunnel routier à 1 644 m.

**San Bernardino** v. des É.-U. (Californie), dans une vallée irriguée ; 164 160 hab. Fruits.

**san-bénito** *nm inv* HIST Casaque jaune dont étaient revêtus ceux que l'Inquisition avait condamnés au bûcher. PHO [sɑ̃benito] ETY Mot esp., « saint Benoît ». VAR **sanbenito** *nm*

**sancerre** *nm* Vin blanc, rosé ou rouge de la région de Sancerre.

**Sancerre** ch.-l. de cant. du Cher (arr. de Bourges), sur la Loire ; 1 799 hab. Comm. du vin. – Tour des Fiefs (donjon du XVe s.). DER **sancerrois, oise** *a, n*

**Sancerrois** rég. de collines vinicoles, au S.-O. de Sancerre.

**Sanche Ier Ramírez** (?, 1043 – Huesca, 1094), roi d'Aragon (1063-1094) et de Navarre (Sanche V) (1076-1094), un des grands noms de la *Reconquista.*

**Sanche III Garcés el Mayor** (v. 970 – 1035), roi de Navarre (v. 1000-1035) et comte de Castille (1028-1029). Régnant sur toute l'Espagne chrétienne (*rex Iberorum),* il partagea ses États entre ses quatre fils ; Navarre, Castille, Léon et Aragon seront unifiés au XVIe s.

**Sanche Ier o Povoador** (« le Colonisateur ») (Coimbra, 1154 – id., 1211), roi de Portugal (1185-1211). Fils d'Alphonse Ier Henriques, il poursuivit la *Reconquista* et appela sur les terres conquises des colons allemands et anglais. — **Sanche II o Capelo** (« le Bedeau ») (Coimbra, vers 1210 – Tolède, 1248), roi de Portugal (1223-1248), fils d'Alphonse II. Il conquit définitivement l'Alentejo et l'Algarve, et fut déposé au profit de son frère Alphonse III.

**Sānchī** site bouddhique de l'Inde centrale (Madhya Pradesh) : stupa (IIe s. av. J.-C. – Ier s. apr. J.-C.) ; temples (IVe – VIe s.).

**Sancho Pança** personnage du *Don Quichotte* de Cervantès (1605 et 1615), l'écuyer du chevalier errant à la folie duquel il oppose son bon sens.

**San Cristóbal** v. du Venezuela, dans une riche vallée des Andes ; 230 950 hab. ; cap. d'État *(Táchira).* Centre commercial.

**sanctificateur, trice** *n, a* RELIG Qui sanctifie. LOC ***Le Sanctificateur***: l'Esprit-Saint.

**sanctifier** *vt* 2 **1** RELIG Rendre saint. *La grâce qui sanctifie les âmes.* **2** Honorer comme saint. *« Que ton nom soit sanctifié. »* **3** Célébrer comme le veut l'Église. *Sanctifier le dimanche.* ETY Du lat. DER **sanctifiant, ante** *a* – **sanctification** *nf*

**sanction** *nf* **1** DR Acte par lequel le chef de l'exécutif rend exécutoire une loi. **2** fig Approbation, ratification. *Sanction de l'emploi d'un mot par l'usage.* **3** Conséquence naturelle. *Ses difficultés sont la sanction de son imprévoyance.* **4** DR Peine qu'une loi porte pour assurer son exécution. **5** Mesure répressive prise par une autorité. ETY Du lat.

**sanctionner** *vt* 1 **1** Approuver, confirmer par une sanction. *Sanctionner un décret.* **2** Réprimer, punir par des sanctions. DER **sanctionnable** *a* – **sanctionné, ée** *a, n*

**sanctuaire** *nm* **1** Endroit le plus saint d'un temple, d'une église ; partie d'une église située autour de l'autel. **2** Édifice sacré ; endroit où l'on célèbre un culte. **3 fig** Asile, lieu protégé, inviolable. *Un sanctuaire pour les baleines.* **4** MILIT Territoire rendu inaccessible aux coups de l'ennemi par dissuasion nucléaire, protection d'un État ami. ETY Du lat.

**Sanctuaire** roman de Faulkner (1931).

**sanctuariser** *vt* ① **1** MILIT Transformer en sanctuaire. *Sanctuariser l'espace national.* **2 fig** Mettre hors d'atteinte, préserver. *Sanctuariser un site touristique.* DER **sanctuarisation** *nf*

**sanctus** *nm* LITURG CATHOL **1** Chant latin qui commence par ce mot. **2** Partie de la messe au cours de laquelle on chante cette hymne. PHO [sɑ̃ktus] ETY Mot lat.

**Sancy (puy de)** point culminant du Massif central (1 885 m), dans la chaîne des monts Dore. Téléphérique.

**Sand Aurore Dupin, baronne Dudevant,** dite **George** (Paris, 1804 – Nohant, Indre, 1876), écrivain français. Son premier roman, *Rose et Blanche* (1831), fut écrit en collab. avec Jules Sandeau, qui lui fournit son pseudonyme. Après ses liaisons avec Musset (1833-1834), puis Chopin (1838-1847), elle se retira en 1848 à Nohant (Indre). Ses romans sont : sentimentaux (*Indiana,* 1832), socialisants (*Consuelo* 1842-1843), champêtres (*la Mare au diable* 1846, *François le Champi* 1847-1848, *la Petite Fadette* 1849). Citons aussi : *Histoire de ma vie* (1855), *Elle et Lui* (sur sa liaison avec Musset, 1859), un *Journal intime* (posth., 1926), sa *Correspondance.*

George Sand

**Sandage Allan Rex** (Iowa City, 1926 – San Gabriel, Californie, 2010), astrophysicien américain. Il découvrit le premier quasar, en 1960.

**sandale** *nf* Chaussure légère formée d'une simple semelle qui s'attache au pied par des lanières. ETY Du lat.

**sandalette** *nf* Sandale légère à empeigne basse.

**sandaraque** *nf* Résine jaune pâle, extraite de diverses espèces de thuya et entrant dans la préparation de certains vernis.

**Sandburg Carl** (Galesburg, Illinois, 1878 – Flat Rock, Caroline du Nord, 1967), poète américain : *Poèmes de Chicago* (1915), *Fumée et acier* (1920), *le Peuple, oui* (1936).

**Sandeau Julien,** dit **Jules** (Aubusson, 1811 – Paris, 1883), romancier français : *Rose et Blanche* (1831, en collab. avec George Sand et signé Jules Sand) ; *Mademoiselle de La Seiglière* (1848), et auteur dramatique : *le Gendre de M. Poirier* (1854, en collab. avec É. Augier). Acad. fr. (1859).

**Sander August** (Herdorf, 1876 – Cologne, 1964), photographe allemand. Les nazis détruisirent 50 000 de ses négatifs.

**sanderling** *nm* ZOOL Bécasseau de l'Arctique, long d'une vingtaine de cm, qui hiverne dans les régions australes. PHO [sɑ̃dɛʀlɛ̃] ETY Mot angl., de *sand,* « sable ».

**Sandhurst** ville de G.-B. (Berkshire) ; 20 000 hab. École militaire créée en 1802, transférée en 1947 à Frimley Camberley.

**San Diego** v. et port des É.-U. (Californie), sur la *baie de San Diego,* près de la frontière mexicaine ; 3 370 000 hab. (aggl.). Import. base navale. Industries. Pêche (thon).

**sandinisme** *nm* Mouvement nicaraguayen nationaliste et antiimpérialiste se réclamant de C. Sandino. DER **sandiniste** *a, n*

**Sandino César** (Niquinohomo, 1895 – Managua, 1934), patriote nicaraguayen. Il dirigea la guérilla contre les troupes américaines d'occupation, qui organisèrent son assassinat.

**sandjak** *nm* Anc. subdivision territoriale, dans l'empire ottoman. PHO [sɑ̃dzak] ETY Mot turc.

**Sandjak** région des Balkans (Serbie et Monténégro) limitrophe de la Bosnie-Herzégovine, peuplée en majorité de Slaves musulmans ; cap. : *Novi Pazar.* Après l'éclatement de la Yougoslavie, plus. dizaines de milliers de musulmans furent chassés par la pression serbe.

**Sandomierz** v. de Pologne (voïévodie de Kielce), sur la Vistule ; 21 000 hab. Industr. textiles. – Évêché. Chât. fort des Piast.

**sandow** *nm* Cordon élastique qui sert notam. à fixer des colis sur un support. PHO [sɑ̃do] ETY Nom déposé.

**sandre** *nm, nf* Poisson d'eau douce, voisin de la perche, à chair estimée, que l'on rencontre en Europe. ETY De l'all.

**sandwich** *nm* **1** Tranches de pain entre lesquelles on a placé des aliments froids. *Sandwich au saucisson.* **2** TECH Matériau composite constitué d'une couche prise entre deux plaques minces et résistantes. PLUR sandwichs ou sandwiches. **LOC fam** *En sandwich :* comprimé, coincé entre deux objets, deux personnes. PHO [sɑ̃dwitʃ] ETY Du n. du comte de *Sandwich,* dont le cuisinier lui inventa ce mets pour lui épargner de quitter sa table de jeu.

**Sandwich (îles)** → **Hawaii.**

**Sandwich du Sud (îles)** archipel volcanique de l'océan Austral, dépendant des îles Falkland (britanniques), inhabité.

**sandwicherie** *nf* Établissement qui vend des sandwichs à emporter.

**San Fernando** port d'Espagne (Andalousie), sur le golfe de Cadix ; 96 000 hab. Arsenal.

**San Francisco** v. des É.-U. (Californie), sur la *baie de San Francisco,* qui s'ouvre sur l'océan Pacifique par le détroit de la *Golden Gate ;* 812 000 hab. (aggl. urb. 3 969 000 hab.). Princ. port de commerce de l'O. des É.-U., grand centre industriel, culturel et touristique. – La ville, fondée au XVIIIe s., connut un essor continu après 1850 (ruée vers l'or). Le tremblement de terre de 1906 y fit 3 000 morts ; celui de 1989, une centaine. – En 1945 (avril-juin), la *première conférence de San Francisco* établit la charte des Nations unies. En 1951 (4-8 sept.), la *seconde conférence* établit le traité de paix entre le Japon et les Alliés.

San Francisco

**sang** *nm* **1** Liquide rouge, visqueux, qui circule dans tout l'organisme par un système de vaisseaux et y remplit les fonctions nutritive, respiratoire, excrétoire, immunisante, etc. *Sang artériel, veineux. Transfusion de sang.* **2** Parenté, famille. *Être du même sang. Liens du sang.* **LOC** ***Apport de sang frais :*** d'éléments plus jeunes, plus dynamiques ; apport de capitaux. — ***Avoir du sang dans les veines :*** être courageux, prompt à l'action. — ***Avoir du sang de navet :*** être sans vigueur, lâche. — ***Avoir le sang chaud :*** être fougueux, ardent, coléreux. — ***Avoir les mains tachées, couvertes de sang :*** avoir la responsabilité de nombreux crimes. — ***Avoir qqch dans le sang :*** avoir cette qualité innée. — ***Coup de sang :*** congestion, apoplexie ; accès de violente colère. — ***Fouetter le sang :*** stimuler, exciter. — ***Mettre un pays à feu et à sang :*** y perpétrer des crimes. — ***Se faire du mauvais sang, un sang d'encre ; se ronger les sangs :*** s'inquiéter. — ***Verser, répandre, faire couler le sang :*** commettre un crime. — ***Verser son sang pour qqch :*** donner sa vie pour qqch. ETY Du lat.

ENC Le sang, de couleur rouge chez l'homme et les vertébrés, diversement coloré chez les invertébrés, circule dans un système de vaisseaux et se distribue à tous les organes. L'homme en possède 4 à 5 litres, soit 7 à 9 % du poids du corps. Le sang est composé de *plasma* et d'*éléments figurés* (en suspension dans le plasma). **I.** Le plasma est la partie liquide du sang (env. 55 % du volume total). Il contient : **1.** des éléments nutritifs : sels minéraux, protéines (albumine et globulines), lipides, glucose ; **2.** des substances issues du catabolisme : urée, acide urique ; **3.** la prothrombine et le fibrinogène ; **4.** des enzymes et des hormones. **II.** Les éléments figurés forment 3 groupes : les hématies, dites aussi érythrocytes ou globules rouges (4,5 à 5 millions par $mm^3$ de sang) ; les leucocytes, ou globules blancs ; les thrombocytes, ou pla-

**GROUPES SANGUINS – SYSTÈME A B O**

| Antigène de l'hématie | Agglutinine correspondante | Groupe sanguin | Peut recevoir du sang de | Peut donner du sang à |
|---|---|---|---|---|
| A | Anti-B | A | O et A | A et AB |
| B | Anti-A | B | O et B | B et AB |
| A et B | absente | AB | tous (receveur universel) | AB |
| absent | Anti-A et Anti-B | O | O | tous (donneur universel) |

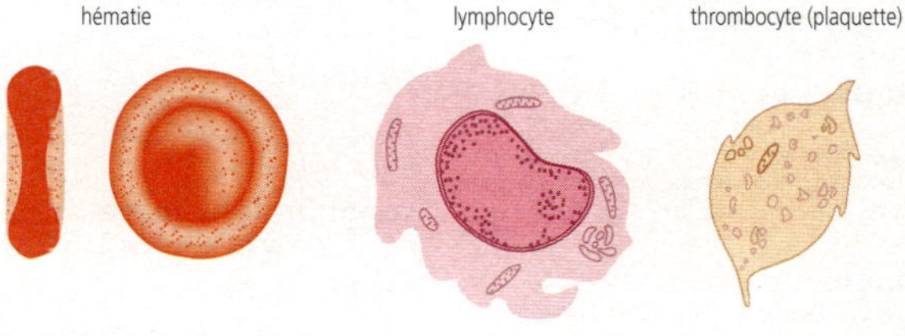

sang

quettes. Les leucocytes (5 000 à 8 000 par mm³ de sang) forment 2 groupes, suivant la forme de leur noyau : les mononucléaires et les polynucléaires. Les mononucléaires comprennent notam. les lymphocytes, qui ont une importante fonction immunologique. Les thrombocytes, ou plaquettes (150 000 à 400 000 par mm³ de sang), sont des facteurs d'hémostase. La moelle osseuse produit la plupart des éléments sanguins. Les hématies de tout individu sont porteuses d'antigènes héréditaires : chaque individu a soit des antigènes A, soit des antigènes B, soit à la fois des antigènes A et B, soit aucun antigène. En outre, son plasma possède un anticorps (dit agglutinine) qui détruit les antigènes qu'il ne possède pas. Toutes ces données définissent le système ABO. Les hématies contiennent de nombr. antigènes autres que les antigènes A ou B, de sorte que des systèmes autres que le système ABO existent (V. rhésus). Les leucocytes et les plaquettes portent les mêmes facteurs de groupe que les hématies et, en outre, des antigènes tissulaires, déterminants pour le choix des donneurs de greffons dans le cas de greffes. (V. histocompatibilité.)

**Sanga** → **Sangha.**

**Sangallo** Giuliano Giamberti, dit Giulano da (Florence, vers 1445 – id., 1516), architecte et sculpteur florentin : église Santa Maria delle Carceri, à Prato (1485-1493). — **Antonio Giamberti,** dit Antonio da Sangallo l'Ancien (Florence, vers 1455 – id., vers 1534), architecte, frère du préc. : église San Biagio à Montepulciano (1518-1529). — **Antonio Cordini,** dit Antonio da Sangallo le Jeune (Florence, 1483 – Terni, 1546), architecte, neveu des précédents : palais Farnèse, à Rome (achevé par Della Porta et Michel-Ange), participation aux plans de la basilique Saint-Pierre (1520), fortifications de Rome et de Florence.

**Sangay** Lobsang (Darjeeling, 1968), juriste tibétain, élu Prem. ministre du gouv. tibétain en exil.

**sang-de-dragon** *nm inv* **1** Résine rouge foncé, extraite du dragonnier, servant à colorer les vernis. **2** BOT Variété de patience aux tiges et nervures rouge sang. VAR **sang-dragon**

**Sang d'un poète (le)** moyen-métrage surréalisant de Jean Cocteau (1930).

**Sanger** Frederick (Rendcomb, Gloucestershire, 1918 – Cambridge, 2013), biochimiste anglais. Il a déterminé la structure de l'insuline (1955). P. Nobel de chimie 1958 et 1980 (avec P. Berg et W. Gilbert).

**sang-froid** *nm inv* Maîtrise de soi, calme, présence d'esprit dans les moments critiques. LOC *De sang-froid :* froidement, en pleine conscience de ce que l'on fait.

**Sangha (la)** riv. d'Afrique équatoriale (1 700 km), affl. du Congo (r. dr.) ; naît dans le massif de l'Adamaoua. VAR **Sanga**

**San Gimignano** ville d'Italie (Toscane) ; 7 380 hab. – Pittoresque cité médiévale : 13 tours anc., place de la Citerne (XIII^e^ s.), cath. (XII^e^ s.), palais du Podestat et palais du Peuple (XIII^e^ s.), égl. (XIII^e^ s.). – Cette rép. indépendante fut annexée par Florence en 1354.

**sanglant, ante** *a* **1** Couvert de sang. **2** Qui fait couler beaucoup de sang. *Combat sanglant.* **3** fig Très offensant. *Reproches sanglants.* **4** litt Couleur de sang.

**sangle** *nf* **1** Bande plate et large de cuir, de tissu, etc. qui sert à ceindre, à serrer. **2** Bande de toile forte qui forme le fond d'un siège, d'un lit. LOC *Sangle abdominale :* ensemble des muscles de la paroi abdominale. ETY Du lat. *cingere,* « ceindre ».

**sangler** *vt* ① **1** Serrer la sangle passant sous le ventre d'un animal de monte, et destinée à maintenir la selle. **2** Serrer fortement. *Se sangler dans un corset.*

**sanglier** *nm* Porc sauvage (suidé), au corps massif, à poils durs et raides, aux canines très développées ; chair de cet animal. ETY Du lat. *singularis porcus,* « porc qui vit seul ».

**sanglier**

**sanglot** *nm* Spasme respiratoire bruyant de qqn qui pleure. ETY Du lat. *singultus,* « hoquet ». DER **sangloter** *vi* ① – **sanglotement** *nm*

**sang-mêlé** *n inv* Métis, métisse.

**Sangnier** Marc (Paris, 1873 – id., 1950), journaliste et homme politique français. Fondateur du « Sillon » (1902), il prôna le christianisme social, condamné par Pie X en 1910. Il créa la « Jeune République » (1912), qui fusionna avec le MRP en 1946.

**Sang noir (le)** roman de L. Guilloux (1935). Adaptation au théâtre : *Cripure* (1962).

**sango** *nm* Langue nigéro-congolaise parlée en Centrafrique (langue nationale) et au Tchad.

**sangria** *nf* Boisson d'origine espagnole faite de vin rouge sucré dans lequel ont macéré des morceaux de fruits. ETY Mot esp.

**sangsue** *nf* **1** Ver annelé (hirudinée) des eaux stagnantes, qui se fixe par sa ventouse buccale à la peau des animaux dont il suce le sang. **2** fig Personne qui soutire abusivement de l'argent à autrui ; parasite. **3** fam Personne ennuyeuse dont on ne peut se défaire. PHO [sɑ̃sy] ETY Du lat.

**sangsue**

**sanguin, ine** *a, n* **A** *a* **1** Qui a rapport au sang. *Transfusion sanguine.* **2** Qui a la couleur du sang. *Orange sanguine. Visage sanguin* **B** *a, n* Qui est impulsif, coléreux. *Un tempérament sanguin.*

**1 sanguinaire** *a* Qui se plaît à répandre le sang ; cruel.

**2 sanguinaire** *nf* BOT Herbe vivace (papavéracée), commune en Amérique du Nord, dont le latex rouge sang était utilisé par les Indiens pour se teindre la peau.

**Sanguinaires (îles)** îlots à l'entrée N. du golfe d'Ajaccio.

**sanguine** *nf* **1** Variété d'hématite rouge. **2** Crayon rouge foncé fait avec ce minéral ; dessin exécuté avec ce crayon. **3** Orange d'une variété à pulpe rouge.

**sanguinolent, ente** *a* **1** Teinté ou mêlé de sang. **2** De la couleur du sang.

**sanguisorbe** *nf* BOT Syn. de *pimprenelle.*

**Sanhadjas** population berbère implantée dans l'Adrar de Mauritanie qui fut à l'origine de la dynastie tunisienne des Zirides (X^e^ s.) et de la dynastie marocaine des Almoravides (XI^e^ s.).

**sanhédrin** *nm* HIST Tribunal civil et religieux des Juifs de la Palestine antique. PHO [sanedʀɛ̃] ETY Mot araméen.

**sanicle** *nf* BOT Herbacée (ombellifère) aux inflorescences irrégulières blanc rosé et aux feuilles en rosette. ETY Du lat. *sanus,* « sain », à cause des vertus médicinales de la racine. VAR **sanicule**

**sanie** *nf* MED Matière purulente, sanguinolente et fétide qui s'écoule des plaies infectées. ETY Du lat. DER **sanieux, euse** *a*

**sanisette** *nf* Toilettes publiques payantes, à nettoyage automatique. ETY Nom déposé.

**sanitaire** *a, nm pl* **A** *a* **1** Relatif à la santé et, partic., à la santé publique et à l'hygiène. *Mesures sanitaires. Cordon sanitaire.* **2** Se dit des appareils, des installations qui alimentent un bâtiment en eau et évacuent les eaux usées. **B** *nm pl* Local équipé d'appareils de propreté, tels que lavabos, W.-C., etc. ETY Du lat. DER **sanitairement** *av*

**San Jose** v. des É.-U. (Californie), au S. de la baie de San Francisco ; 945 942 hab. Centre agricole (fruits) et industriel.

**San José** cap. du Costa Rica, au centre du pays, à 1 135 m d'alt. ; 1,8 million d'hab. (aggl.). Princ. centre comm. du pays. – Archevêché.

**San José de Cúcuta** → **Cúcuta.**

**San Juan** v. d'Argentine, au N. de Mendoza ; 118 050 hab. ; ch.-l. de la prov. du m. nom. Industr. alim.

**San Juan** cap. et port de Porto Rico ; 2,6 millions d'hab. (aggl.). Industries.

**San Juan de Pasto** → **Pasto.**

**Sanjurjo** José (Pampelune, 1872 – Estoril, 1936), général espagnol. Associé à Franco pour soulever l'armée contre le gouv. républicain, il disparut dans un accident d'avion.

**Sankt Florian** com. de Haute-Autriche ; 18 000 hab. Abbaye caractéristique de l'architecture baroque allemande (fin XVII^e^ – milieu XVIII^e^ s.)

**Sankt Pölten** v. d'Autriche ; cap. du Land de Basse-Autriche ; 49 800 hab. Industries. – Nombr. monuments baroques.

**Sanlúcar de Barrameda** port d'Espagne (Andalousie) ; 48 390 hab. – Christophe Colomb s'y embarqua pour son troisième voyage (1498), et Magellan pour son tour du monde (1519).

**San Luis Potosí** v. du Mexique, au centre du pays ; 772 800 hab. Cap. de l'État du m. nom (2 585 518 hab.). Industries.

**San Martín** José de (Yapeyú, Corrientes, 1778 – Boulogne-sur-Mer, 1850), général argentin. Il participa à la libération de son pays (1813-1816), contribua à celle du Chili (victoire de Maipú, 1818), puis du Pérou (1821), dont il fut élu protecteur. En désaccord avec Bolívar, il quitta ses fonctions (1822) et s'exila en France.

**Sanmicheli** Michele (Vérone, 1484 – id., 1559), architecte et ingénieur italien : palais Cornaro Mocenigo (1543) et Grimani (1557), à Venise ; fortifications de Vérone (1528-1538) et de Padoue (1534).

**San Miguel** ville de l'E. du Salvador ; 161 000 hab. ; ch.-l. du dép. du m. nom. Textiles.

**San Miguel de Tucumán** v. du N.-O. de l'Argentine, au pied des Andes ; 548 900 hab. ; ch.-l. de la prov. de Tucumán.

**Sannazaro** Iacopo (Naples, 1457 – id., 1530), poète et humaniste italien. Son œuvre *l'Arcadie* (1504), en vers et en prose, influença le roman pastoral dans toute l'Europe. VAR **Sannazzaro**

**Sannois** ch.-l. de cant. du Val-d'Oise (arr. d'Argenteuil) ; 25 349 hab. DER **sannoisien, enne** *a, n*

**San Pedro** port de la Côte d'Ivoire, à l'O. d'Abidjan, le deuxième du pays ; 55 000 hab.

**San Pedro Sula** v. du Honduras ; ch.-l. de dép. ; 397 200 hab. (2e ville du pays).

**San Remo** v. d'Italie (Ligurie), sur le golfe de Gênes, à la frontière française ; 60 790 hab. Stat. balnéaire. – À la *conférence de San Remo* (avr. 1920), les Alliés (France, G.-B., Italie) préparèrent le traité de Sèvres. VAR **Sanremo**

**sans** *prép* **1** Marque l'absence, la privation, l'exclusion. *Il est parti sans argent. Du pain sans sel. Une audace sans égale.* **2** Marque une supposition. *Sans lui, j'étais mort. Sans lui, je n'aurais pu réussir.* LOC fam ***Être sans un*** : être totalement dépourvu d'argent. — ***Non sans*** : avec. *Non sans difficultés.* — ***Sans que*** (+ subj.) : de telle manière que qqch ne se fasse pas. *Partez sans qu'on vous voie.* — ***Sans quoi, sans ça*** : sinon. ETY Du lat.

**Sans** → **Boschimans.**

**sans-abri** *n* Personne qui n'a plus de logement. PLUR sans-abris ou sans-abri.

**San Salvador** cap. du Salvador, au pied du volcan *San Salvador* (1 950 m) ; plus d'1 million d'hab. (aggl.) ; ch.-l. du dép. du m. nom. Centre commercial et industriel du pays.

**San Salvador de Jujuy** v. du N.-O. de l'Argentine, sur le río Grande ; 148 000 hab. ; ch.-l. de la prov. de Jujuy. Centre industriel.

**Sansanding** local. du Mali, sur le Niger. Pont-barrage pour l'irrigation.

**sans-cœur** *a, n* fam Dur, insensible. PLUR sans-cœurs ou sans-cœur.

**sanscrit** → **sanskrit.**

**sans-culotte** *nm* HIST Sous la Convention, partisan déclaré de la Révolution, qui portait le pantalon des hommes du peuple au lieu de la culotte aristocratique. PLUR sans-culottes.

deux **sans-culottes** cherchant à imposer le port de la cocarde tricolore à un passant, gouache du XVIIIe s. – musée Carnavalet, Paris

**sans-emploi** *n* Chômeur. PLUR sans-emplois ou sans-emploi.

**Sanseverina (la)** personnage du roman de Stendhal *la Chartreuse de Parme* (1839), tante de Fabrice del Dongo.

**sansevière** *nf* BOT Plante monocotylédone (amaryllidacée) des régions tropicales, aux feuilles bordées ou non de blanc, dont une espèce fournit des fibres textiles. ETY D'un n. pr. VAR **sansevieria**

**sans-façon** *nm* vieilli Manière d'agir sans cérémonie ; désinvolture. *Une hospitalité d'un charmant sans-façon.* PLUR sans-façons ou sans-façon.

**Sans famille** roman pour la jeunesse d'Hector Malot (1878).

**sans-faute** *nm* Épreuve accomplie sans erreur. PLUR sans-fautes ou sans-faute.

**sans-fil** *nm* **1** Technologie des appareils qui fonctionnent grâce à une connexion radio avec le réseau téléphonique. **2** Téléphone sans fil. PLUR sans-fils ou sans-fil.

**sans-filiste** *nm* Opérateur de radiotélégraphie. PLUR sans-filistes.

**sans-gêne** *n, a* **A** *nm* Habitude d'agir en s'affranchissant des formes habituelles de la politesse ; désinvolture inconvenante. **B** *a, n* Se dit d'une personne qui agit sans s'imposer de gêne, sans se préoccuper des autres. PLUR sans-gênes ou sans-gêne.

**sans-grade** *n* fam Subordonné, subalterne. PLUR sans-grades ou sans-grade.

**sanskrit, ite** *nm, a* **A** *nm* Ancienne langue de l'Inde, de la famille indo-européenne, utilisée comme langue littéraire et langue sacrée de la religion brahmanique. **B** *a* Qui a rapport à cette langue. ETY Mot sanskrit, « parfait ». VAR **sanscrit**

**sanskritisme** *nm* Ensemble des disciplines qui étudient le sanskrit. VAR **sanscritisme** DER **sanskritiste** ou **sanscritiste** *n*

**sans-le-sou** *n inv* fam Personne qui n'a pas d'argent.

**sans-logis** *n* Personne sans domicile fixe.

**Sanson** nom d'une famille (d'origine florentine) dont les membres furent bourreaux à Paris, de 1688 à 1847. — **Charles Henri** (Paris, 1740 – id., 1806), guillotina Louis XVI. — **Henri** (Paris, 1767 – id., 1840), fils du préc., guillotina Marie-Antoinette.

**sansonnet** *nm* Étourneau commun. ETY De *Samson.*

**Sansovino Andrea Contucci,** dit **il** (Monte San Savino, 1460 – id., 1529), sculpteur italien : *Baptême du Christ* (1502-1505, baptistère de Florence) — **Iacopo Tatti** dit **il Sansovino** (Florence, 1486 – Venise, 1570), sculpteur et architecte ; élève du préc. Il construisit à Venise le palais Corner (1536), la loggetta du campanile de San Marco (1537-1540).

**sans-papier** *n* Personne dépourvue de papiers d'identité et qui se trouve donc en situation irrégulière. PLUR sans-papiers. VAR **sans-papiers** *n inv*

**sans-parti** *n* Personne qui n'est inscrite à aucun parti politique. PLUR sans-partis ou sans-parti.

**sans-plomb** *nm inv* Essence sans plomb.

**sans-souci** *a, n* vieilli Qui est léger, insouciant. PLUR sans-soucis ou sans-souci.

**Sans-Souci (château de)** anc. chât. royal de Prusse, près de Potsdam, bâti de 1745 à 1747 par Knobelsdorff pour Frédéric II.

**San Stefano** (auj. *Yeşilköy*), local. de Turquie, proche d'Istanbul, où la Turquie et la Russie signèrent en 1878 le traité qui concluait la guerre balkanique de 1877-1878.

**sans-terre** *n* Paysan dépourvu de terre, en attente de réforme agraire. PLUR sans-terres ou sans-terre.

**sans-voix** *n inv* Personne qui ne peut pas se faire entendre par le biais des médias.

**Santa Ana** v. des É.-U. (Californie), dans une riche vallée ; 293 700 hab.

**Santa Ana** v. du Salvador, au N. du *volcan Santa Ana* (2 365 m) ; 220 000 hab.

**Santa Anna Antonio López de** (Jalapa, 1794 – Mexico, 1876), général et homme politique mexicain. Élu président (1833), il réprima (notam. à Alamo) le soulèvement du Texas, qu'il perdit après la défaite de San Jacinto (1836). Banni en 1845, il revint pour combattre les É.-U. ; battu en 1847, il céda en 1848 le Texas, la Californie et le Nouveau-Mexique. Exilé puis rappelé (1853), il se proclama dictateur à vie et fut renversé en 1855.

**Santa Barbara** v. des É.-U. (Californie), au N.-O. de Los Angeles, sur le *détroit de Santa Barbara* ; 85 570 hab. Centre agricole. – Au S., près de la côte, *archipel de Santa Barbara.*

**Santa Catarina** État du Brésil méridional, sur l'Atlantique ; 95 985 km² ; 4,5 millions d'hab. ; cap. *Florianópolis* (dans l'*île Santa Catarina*). – La plaine côtière est dominée par des montagnes et des plateaux. Le climat est subtropical (forêts). Ressources : exploitation forestière, élevage bovin, café, riz, vigne, mines de charbon.

**Santa Clara** v. du centre de Cuba ; 190 450 hab. ; ch.-l. de prov. Sucreries ; tabac.

**Santa Cruz** archipel du Pacifique, dépendance des îles Salomon, au N. de Vanuatu ; 938 km² ; 3 500 hab. – Bataille aéronavale entre Américains et Japonais (oct. 1942).

**Santa Cruz de la Sierra** v. de Bolivie, au pied des Andes, dans une zone pétrolifère ; 44 720 hab. ; ch.-l. du dép. du m. nom.

**Santa Cruz de Tenerife** v. et port de l'*île de Tenerife* (Canaries) ; 222 890 hab. ; ch.-l. de la prov. du m. nom. Tourisme.

**Santa Fe** v. d'Argentine, sur un affl. du Paraná ; 310 000 hab. ; ch.-l. de la prov. du m. nom. Centre industriel. – Archevêché.

**Santa Fe** v. des É.-U., cap. du Nouveau-Mexique, dans la vallée du río Grande, à 2 100 mètres d'alt. ; 55 850 hab. Tourisme. Extraction de minerais.

**Santa Isabel** → **Malabo.**

**santal** *nm* **1** Petit arbre d'Asie tropicale, parasite des racines d'autres végétaux, cultivé pour son bois odorant. **2** Bois de cet arbre utilisé en ébénisterie, en marqueterie ; essence qui en est extraite. LOC ***Santal rouge*** : papilionacée qui fournit une matière colorante rouge. ETY Du lat. *sandalum,* de l'ar.

**santaline** *nf* Matière colorante du santal rouge.

**Santa Marta** v. et port de Colombie, au pied de la *sierra de Santa Marta,* sur la mer des Antilles ; 177 920 hab. ; ch.-l. de dép.

**Santa Monica** v. des É.-U. (Californie), près de Los Angeles, sur l'océan Pacifique ; 90 000 hab. Stat. balnéaire.

**Santander** v. d'Espagne, sur le golfe de Gascogne ; 194 200 hab. ; cap. de la communauté auton. de Cantabrie. Industries. Stat. balnéaire. Université internationale.

**Santander Francisco de Paula** (Rosario de Cúcuta, 1792 – Bogotá, 1840), homme politique colombien. Il conspira contre Bolívar (1828) et dut s'exiler. Président de la Rép. (1832-1836), il accomplit une œuvre décisive.

**Santarém** v. du Portugal, au N.-E. de Lisbonne, sur le Tage ; 25 000 hab. Nombr. églises gothiques et baroques.

**santé** *nf* **1** État d'un être humain chez qui le fonctionnement de tous les organes est harmonieux et régulier ; bon état physiologique. *Visage qui respire la santé. Être plein de santé et de vigueur.* **2** Équilibre mental. **3** État de l'organisme, fonctionnement habituel du corps. *Avoir bonne, mauvaise santé.* **4** État sanitaire d'une collectivité. *Ministère de la Santé.* LOC fam ***Avoir une petite santé*** : être de constitution délicate, fragile. — ***À votre santé !*** ou ***santé !*** : formule prononcée en levant son verre en l'honneur de qqn. — ***Boire à la santé de qqn*** : boire en formant des vœux pour sa santé ; boire en son honneur. — fam ***De santé*** : qui est sans difficulté, sans risque, de tout repos. — ***Maison de santé*** : établissement médical privé où l'on soigne les maladies nerveuses et mentales. — ***Service de santé*** : service des armées chargé de l'hygiène et de la santé des troupes. — ***Service de santé maritime*** : chargé de s'assurer de l'état sanitaire des navires entrant au port. ETY Du lat.

**Santé (prison de la)** maison d'arrêt pour hommes, à Paris (13e), bâtie en 1867.

**Santer** Jacques (Wasserbillig, 1937), homme politique luxembourgeois ; président de la Commission européenne de 1995 à 1999.

**Santerre** Antoine (Paris, 1752 – id., 1809), général français ; commandant de la garde nationale de Paris sous la Convention.

**santiag** *nf fam* Botte de style américain, décorée de piqûres, à talon oblique et à bout pointu. PHO [sɑ̃tjag]

**Santiago** cap. du Chili, au centre du pays ; 5,9 millions d'hab. (aggl.), plus du tiers de la pop. du pays. Princ. centre industr., comm. et culturel du Chili.

Santiago

**Santiago de Cuba** v. et port de Cuba, sur la côte S.-E. ; 402 050 hab. ; ch.-l. de la prov. du m. nom. Industries. – Victoire navale des É.-U. sur l'Espagne (3 juil. 1898).

**Santiago del Estero** v. d'Argentine ; 172 000 hab. ; ch.-l. de la prov. du m. nom.

**Santiago de los Caballeros** v. du nord-ouest de la rép. Dominicaine ; 316 040 hab. ; ch.-l. de la prov. du m. nom.

**Santillana** → **López de Mendoza.**

**Santo André** v. du Brésil, dans la banlieue de São Paulo ; 676 407 hab. Centre industr. – Évêché.

**santoline** *nf* BOT Arbrisseau méditerranéen (composée) aux capitules jaunes et aux feuilles dentelées. ETY Du lat.

**santoméen** → **São Tomé et Principe.**

**santon** *nm* Figurine de terre cuite qui orne la crèche de Noël, en Provence. ETY Du provenç.

**santonine** *nf* Principe actif du semencontra, utilisé autref. comme purgatif.

**Santorin** archipel grec du S. des Cyclades ; domaine d'une activité volcanique. Île princ. : *Santorin* ou *Thêra*. Vins. – Ruines antiques.

**Santos** v. industr. et port du Brésil (São Paulo), dans l'île de São Vicente ; 419 400 hab.

**Santos-Dumont** Alberto (Palmira, auj. Santos Dumont, Minas Gerais, 1873 – São Paulo, 1932), aéronaute brésilien qui vécut surtout en France. Il construisit des dirigeables et un des premiers avions, la *Demoiselle,* qu'il fit décoller le 23 oct. 1906 à Bagatelle.

**santour** *nm* Sorte de cithare de l'Inde et des pays musulmans. VAR **santur**

**Sanusis** → **Senoussis.**

**sanve** *nf rég* Moutarde des champs ou sénevé sauvage. ETY Du lat.

**sanza** *nf* Instrument de musique africain fait de languettes que l'on fait vibrer en les pinçant.

**São Francisco (le)** fleuve du Brésil (3 161 km) ; naît dans le S. du Minas Gerais et se jette dans l'Atlantique, au S. de Recife. Centrales.

**São Gonçalo** v. du Brésil, dans la banlieue de Rio de Janeiro ; 999 728 hab.

**São Luís do Maranhão** v. du Nordeste du Brésil, cap. de l'État de Maranhão, port dans l'île de Maranhão ; 1 014 837 hab. Textiles (coton). Tourisme. – Archevêché.

**São Miguel** la plus grande (747 km²) et la plus peuplée (150 000 hab.) des îles des Açores ; ch.-l. *Ponta Delgada.*

**Saône (la)** riv. de France (480 km), affl. princ. du Rhône (r. dr.) ; naît dans le seuil de Lorraine, arrose Chalon-sur-Saône, Mâcon ; confl. à Lyon. Son débit est régulier et abondant. Les canaux qui la relient à la Moselle, à la Meuse, à la Marne, à la Seine, au Rhin, à la Loire sont utilisés par des péniches.

**Saône (Haute-)** dép. franç. (70) ; 5 343 km² ; 239 194 hab. ; 44,8 hab./km² ; ch.-

l. *Vesoul* ; ch.-l. d'arr. *Lure*. V. Franche-Comté. (DER) **haut-saônnois, oise** *a, n*

**Saône-et-Loire** dép. franç. (71) ; 8 565 km$^2$ ; 556 200 hab. ; 64,9 hab./km$^2$ ; ch.-l. *Mâcon* ; ch.-l. d'arr. *Autun, Chalon-sur-Saône, Charolles* et *Louhans*. V. Bourgogne. (DER) **saône-et-loirien, enne** *a, n*

**São Paulo** v. du Brésil, la plus import. du pays, son princ. centre économique, cap. de l'État du m. nom ; 12 millions d'hab. Le café a créé son essor. – Archevêché. Université. Musée des beaux-arts. – L'essor de la ville (fondée en 1554) est dû à la culture du café (fin du XIX$^e$ s.). (DER) **pauliste** *a, n*

**São Paulo** vue du centre moderne

**São Paulo** État du Brésil méridional, sur l'Atlantique ; 247 898 km$^2$ ; 44 400 000 hab. (État le plus peuplé du pays) ; cap. *São Paulo*. – Des chaînons montagneux (culminant à plus de 2 800 m) et des plateaux dominent la plaine côtière. Le climat, tropical, est tempéré en altitude. La région centrale est fertile : café, coton, riz, canne à sucre ; l'élevage bovin est important. Le sous-sol contient de la bauxite. Puissantes et diversifiées, les industries se concentrent à São Paulo.

**Saos** ethnie qui vivait sur les bords du lac Tchad où elle s'implanta avant le V$^e$ siècle. Les statuettes en terre cuite des Saos ont des formes stylisées. (DER) **sao** *a*

**São Tomé** cap. de l'État de Sao Tomé-et-Principe, située sur l'île de São Tomé au sud de Príncipe ; 71 000 hab. (VAR) **Saint-Thomas** (DER) **santoméen, enne** *a, n*

**Sao Tomé-et-Principe (République démocratique de)** État du golfe de Guinée, formé des îles de São Tomé et de Príncipe, situé (légèrement au N. de l'équateur) au large du Gabon ; 965 km$^2$ (836 km$^2$ pour São Tomé, 129 km$^2$ pour Príncipe) ; 200 000 hab. ; cap. *São Tomé*. Nature de l'État : rép. Langue off. : portugais. Monnaie : dobra. Relig. : cathol. majoritaire.– Princ. ressources : cacao, café, noix de coco, coprah. São Tomé espère exploiter du pétrole. Le pays est toujours tributaire de l'aide internationale. – Cette anc. colonie portugaise (prov. d'outre-mer) a accédé à l'indépendance en juil. 1975. Elle fait partie de la Francophonie. (VAR) **Rép. dém. de Saint-Thomas et du Prince** (DER) **santoméen, enne** *a, n*
▶ carte **Afrique**

**Saoud** → **Séoud.**

**saoudien** → **Arabie Saoudite.**

**Saoudite** → **Arabie Saoudite.**

**saoul, saouler** → **soûl, soûler.**

**sapajou** *nm* Syn. de *sajou*.

**1 sape** *nf* Boyau, galerie creusée sous une construction, une fortification, pour la faire écrouler. LOC ***Travail de sape :*** intrigue souterraine destinée à détruire qqn, qqch.

**2 sape** *nf* fam Vêtement.

**sapelli** *nm* Très grand arbre africain (méliacée) fournissant un bois brun-rouge, odorant, utilisé en menuiserie.

**sapement** → **saper 1.**

**sapèque** *nf* HIST Pièce de monnaie chinoise, de faible valeur. (ETY) Du malais.

**1 saper** *vt* ① **1** Détruire les fondements d'une construction pour la faire tomber. **2** fig Travailler à détruire qqch en l'attaquant dans ses principes, miner. *Saper les fondements de la civilisation. Saper le moral.* (ETY) De l'ital. (DER) **sapement** *nm*

**2 saper (se)** *vpr* ① fam S'habiller.

**saperde** *nf* ENTOM Coléoptère longicorne parasite du saule, du tremble et du peuplier. (ETY) Du lat. *saperda*, « poisson salé ».

**saperlipopette !** *interj* vieilli Juron familier. (VAR) **saperlotte !**

**sapeur** *nm* Soldat du génie employé à la sape. LOC ***Fumer comme un sapeur :*** fumer beaucoup.

**Sapeur Camember (le)** héros non héroïque d'un album de Christophe (1896).

**sapeur-pompier** *nm* Pompier. PLUR sapeurs-pompiers.

**saphène** *nf, a* ANAT Chacune des deux veines qui collectent le sang des veines superficielles du membre inférieur. (ETY) De l'ar.

**saphique** → **saphisme et Sappho.**

**saphir** *nm* **1** Pierre précieuse, variété de corindon, de couleur bleu transparent. **2** Petite pointe de saphir servant à la lecture des disques phonographiques. (ETY) Du gr.

**saphisme** *nm* litt Homosexualité féminine. (ETY) De *Sappho*, n. pr. (DER) **saphique** *a*

**Sapho** → **Sappho.**

**sapide** *a* didac Qui a de la saveur. ANT insipide. (ETY) Du lat. (DER) **sapidité** *nf*

**sapience** *nf* vx Sagesse et science. (ETY) Du lat.

**sapientiaux** *am pl* Se dit des livres de la Bible qui renferment surtout des maximes morales : les Proverbes, le Livre de Job, l'Ecclésiaste, l'Ecclésiastique, la Sagesse, auxquels on joint les Psaumes et le Cantique des cantiques. (PHO) [sapjẽsjo] (ETY) Du lat.

**sapin** *nm* **1** Résineux caractérisé par ses feuilles persistantes en aiguilles insérées isolément. **2** Tout conifère à aiguilles, tel que épicéa, mélèze, etc. **3** Bois de cet arbre. *Charpente en sapin.* **4** fam Taxi. LOC fam ***Sentir le sapin :*** n'avoir plus longtemps à vivre. (ETY) Du gaul.

**sapin**

**sapindacée** *nf* BOT Dicotylédone dont la famille comprend des arbres, des arbustes et des lianes, tels le savonnier et le litchi. (ETY) Du lat. *sapo*, « savon », et *indus*, « indien ».

**sapine** *nf* **1** Planche, solive en sapin. **2** TECH Charpente verticale munie à son sommet d'un engin de levage.

**sapinette** *nf* Nom cour. donné à certains pins d'Amérique du Nord et à l'épicéa.

**sapinière** *nf* Lieu planté de sapins.

**Sapir Edward** (Lauenburg, 1884 – New Haven, 1939), linguiste américain d'origine allemande, l'un des fondateurs de la phonologie et de la typologie des langues : *le Langage, une introduction à l'étude de la parole* (1921).

**sapon-** Élément, du lat. *sapo, saponis*, « savon ».

**saponacé, ée** *a* didac Qui a les caractères du savon.

**saponaire** *nf* Plante (caryophyllacée) à fleurs roses contenant de la saponine.

**saponifier** *vt* ② CHIM, TECH **1** Transformer un ester en sel de l'acide correspondant. **2** Transformer un corps gras en savon. (DER) **saponifiable** *a* – **saponification** *nf*

**saponine** *nf* CHIM Nom générique de diverses substances, à l'origine extraites de la saponaire, qui ont la propriété de faire mousser l'eau.

**Sapor** transcription latine du nom perse Châhpuhr.

**sapotacée** *nf* BOT Dicotylédone gamopétale tropicale dont la famille comprend des arbres et arbustes riches en produits de sécrétion variés (chiclé, gutta-percha, etc.).

**sapotille** *nf* Fruit comestible du sapotillier. (ETY) De l'aztèque. (VAR) **sapote**

**sapotillier** *nm* BOT Arbre des Antilles (sapotacée), au fruit comestible, dont on tire un latex qui sert à la fabrication du chewing-gum. (VAR) **sapotiller, sapotier**

**Sappho** (Lesbos, v. 620 – id., v. 580 av. J.-C.), poétesse lyrique grecque. Elle tint une école féminine de poésie et de musique. La légende veut qu'elle se soit adonnée à l'homosexualité *(saphisme)*, mais aussi que, éprise du jeune Phaon et désespérée par l'indifférence de celui-ci, elle se soit jetée dans la mer du haut du cap de Leucade. (VAR) **Sapho** (DER) **saphique** *a*

**Sapporo** v. du Japon, ch.-l. de l'île d'Hokkaidō ; 1,9 million d'hab. Centre industriel. – Ville construite à l'ère Meiji pour coloniser l'île d'Hokkaidō.

**sapristi !** *interj* fam Juron exprimant l'irritation, l'étonnement.

**sapro-** Élément, du gr. *sapros*, « pourri ».

**saprogène** *a* didac Qui cause la putréfaction.

**sapropèle** *nm* GEOL Vase riche en matières organiques en décomposition, qui est à l'origine des hydrocarbures. (ETY) Du gr. *pêlos*, « boue ». (DER) **sapropélique** *a*

**saprophage** *a, nm* ZOOL Se dit d'un animal qui se nourrit de matières organiques en décomposition.

**saprophyte** *a, nm* **1** BOT Se dit d'un végétal qui tire des matières organiques en décomposition les substances qui lui sont nécessaires. *Le bolet est un saprophyte.* **2** MED Se dit de tout microbe qui vit dans l'organisme sans être pathogène.

**Saqqarah** village et site archéologique d'Égypte, au S.-O. du Caire, gigantesque nécropole avec la grande pyramide à degrés du roi Djoser (III$^e$ dynastie) et de la reine Sekhséchet (VI$^e$ dynastie). (VAR) **Sakkarah** ▶ illustr. **pyramide**

**saquer** → **sacquer.**

**sar** *nm* Poisson perciforme rayé, commun en Méditerranée. (ETY) Du provenç.

**Sara** personnage biblique (Genèse), épouse d'Abraham. Longtemps stérile, elle adopta Ismaël, fils d'Abraham et de sa servante Agar ; devenue mère d'Isaac à un âge très avancé, elle fit renvoyer Agar et son fils. (VAR) **Sarah**

**sarabande** *nf* **1** Danse populaire espagnole à trois temps, en vogue du XVI$^e$ s. au XVIII$^e$ s. ; danse française postérieure, plus lente et grave, proche du menuet. **2** Composition musicale dans le caractère de ces danses. **3** fig Agitation vive, bruyante. *Faire la sarabande.* (ETY) De l'esp.

**Saragat** Giuseppe (Turin, 1898 – Rome, 1988), homme politique italien ; socialiste-démocrate ; président de la Rép. (1964-1971).

**Saragosse** (en esp. *Zaragoza*), ville d'Espagne (Aragon), sur l'Èbre ; 700 000 hab. ; cap. de la communauté auton. d'Aragon ; ch.-l. de la prov. de Saragosse. Centre commercial, culturel, agricole et industriel. – Archevêché. Université. Cath. XII^e^-XVI^e^ s. Belles égl. de style mudéjar. **Histoire** Soumise au califat de Cordoue (VIII^e^ s.), royaume arabe indépendant au XI^e^ s., la ville fut reconquise en 1118 par Alphonse I^er^, qui en fit la cap. de l'Aragon. En 1808-1809, la ville résista aux troupes françaises.

**Sarah** → **Sara.**

**Sarajevo** cap. de la Bosnie-Herzégovine, sur la Miljacka ; 400 000 hab (aggl.). Centre artisanal (cuir, tapis) et industriel. – Nombreux monuments de l'époque ottomane. – Le 28 juin 1914, l'archiduc héritier d'Autriche François-Ferdinand y fut assassiné ; ce meurtre déclencha la Première Guerre mondiale. – Les milices serbes hostiles à l'indépendance de la Bosnie-Herzégovine assiégèrent la ville de mai 1992 à déc. 1995. DER **sarajévien, enne** *a, n*

**Sarakolés** peuple de l'Afrique occidentale (Gambie, Sénégal, Mauritanie, Mali, Burkina Faso) ; 1 million de personnes. Ils parlent une langue nigéro-congolaise du groupe mandé, le *soninké*. Ils sont musulmans. VAR **Soninkés** DER **sarakolé** ou **soninké, ée** *a*

**Saramago** José (Azinhaga, près de Santarem, 1922 – Lanzarote, Canaries, 2010), écrivain portugais. Son œuvre mêle étroitement la fiction et l'histoire de son pays : *le Dieu manchot* (1982). Prix Nobel 1998.

**Saramakas** ethnie du Surinam, composée de descendants d'esclaves marrons (XVIII^e^ s.). Ils ont maintenu leurs traditions et leur créole, le *saramaccan* ; environ 30 000 personnes.

**Saran** com. du Loiret (arr. d'Orléans) ; 15 628 hab. – Photocomposition. DER **saranais, aise** *a, n*

**Saransk** v. de Russie, cap. de la rép. auton. de Mordovie ; 307 000 hab. Industries.

**Sarapis** → **Sérapis.**

**Sarasate** Pablo de Martin Melitòn Sarasate y Nascués, dit Pablo de (Pampelune, 1844 – Biarritz, 1908), violoniste et compositeur espagnol.

**Saratoga Springs** ville des É.-U. (État de New York) ; 29 126 hab. – Le 17 octobre 1777, le général anglais Burgoyne y capitula devant les Américains.

**Saratov** v. de Russie, port sur la Volga ; 926 000 hab. ; ch.-l. de la prov. du m. nom. Industries (notam. suscitées par la présence d'hydrocarbures). Centrale hydroélectrique. – Université.

**Sarawak** État de Malaisie, dans le N.-O. de Bornéo ; 124 449 km² ; 2,4 millions d'hab. ; cap. *Kuching*. La forêt couvre 80 % du territoire. Princ. ressources : hévéas, pétrole, bauxite, or. – Cet anc. protectorat britannique (1888) est entré en 1963 dans la fédération de Malaisie.

**Sarazin** Jacques (Noyon, 1588 – Paris, 1660), sculpteur français, précurseur du classicisme.

**sarbacane** *nf* Tuyau à l'aide duquel on lance, par la force du souffle, des projectiles légers. ETY Du malais, par l'ar. et l'esp.

**sarcasme** *nm* Raillerie acerbe, insultante. ETY Du gr. *sarkazein*, « mordre la chair ».

**sarcastique** *a* Qui tient du sarcasme ; ironique et méchant. *Ton sarcastique.* DER **sarcastiquement** *av*

**sarcelle** *nf* Petit canard sauvage, au vol très rapide. ETY Du lat.

**sarcelle**

**Sarcelles** ch.-l. de cant. du Val-d'Oise (arr. de Montmorency) ; 59 829 hab. Ensemble résidentiel construit de 1958 à 1961. Industries. DER **sarcellois, oise** *a, n*

**sarcine** *nf* MICROB Bactérie saprophyte qui forme des colonies cubiques, agent de la gangrène pulmonaire. ETY Du lat. *sarcina*, « paquet, fardeau ».

**sarcler** *vt* ① **1** Arracher les mauvaises herbes au moyen d'un outil. *Sarcler le chiendent.* **2** Débarrasser un terrain, une culture des mauvaises herbes. *Sarcler des plates-bandes.* ETY Du lat. *sarculum*, « houe ». DER **sarclage** *nm*

**sarclette** *nf* Petit sarcloir.

**sarcloir** *nm* Outil servant à sarcler, houe à deux dents.

**sarco-** Élément, du gr. *sarx, sarkos*, « chair ».

**sarcoïde** *nf* MED Petite tumeur cutanée bénigne, à l'aspect noduleux.

**sarcoïdose** *nf* MED Lymphogranulomatose bénigne.

**sarcome** *nm* MED Tumeur maligne qui se développe aux dépens du tissu conjonctif. DER **sarcomateux, euse** *a*

**sarcopénie** *nf* MED Fonte des muscles liée au vieillissement.

**sarcophage** *n* **A** *nm* **1** ANTIQ Cercueil de pierre. *Les sarcophages des momies égyptiennes.* **2** Construction en béton destinée à isoler un réacteur nucléaire accidenté ou un site pollué. **3** Sac de couchage à capuchon. **B** *nf* Mouche grise de la viande. ETY Du gr.

**sarcophage** égyptien

**sarcophile** *nm* ZOOL Marsupial carnivore de Tasmanie, dit cour. *diable de Tasmanie.*

**sarcoplasme** *nm* BIOL Cytoplasme qui entoure les fibrilles des fibres musculaires. DER **sarcoplasmique** *a*

**sarcopte** *nm* ZOOL Acarien parasite de l'homme et de divers mammifères, dont la femelle creuse des galeries sous la peau, occasionnant la gale.

**Sardaigne** (en italien *Sardegna*), une des grandes îles de la Méditerranée occidentale, au S. de la Corse. Région d'Italie et de l'UE formée des prov. de Cagliari, Nuoro, Oristano, Sassari ; 24 090 km² ; 1 651 220 hab. ; cap. *Cagliari.* DER **sarde** *a, n*
**Géographie** Ce socle cristallin soulevé au tertiaire (1 834 m dans les monts du Gennargentu), au littoral très découpé, comporte au S. une grande plaine. Le climat, très chaud et sec en été, est humide en hiver. Élevage ovin ; céréales dans les plaines. Quelques industries. Le tourisme et l'aide de la CEE (puis de l'UE) ont freiné l'émigration.
**Histoire** Dès l'âge du bronze, la Sardaigne connut une civilisation originale (tombes, dolmens). L'île fut envahie par les Carthaginois (VII^e^ s. av. J.-C.), les Phocéens (VI^e^ s. av. J.-C.), les Romains, les Byzantins. Appelés contre les Sarrasins (qui dévastaient ses côtes dep. 711), Gênes et Pise se disputèrent l'île (XI^e^-XIII^e^ s.). Le pape l'attribua à l'Aragon, qui l'occupa par la force au XIV^e^ s. Vice-royauté (1478), elle ne bénéficia guère de la présence espagnole. Elle fut cédée (1718), en échange de la Sicile, au duc de Savoie, proclamé roi de Sardaigne. C'est autour du *royaume de Sardaigne*, dit aussi de *Piémont-Sardaigne*, que se constitua le royaume d'Italie, créé en 1861. ▶ carte **Italie**

**sardanapale** *nm* Papillon diurne d'Amérique du Sud, à couleurs dominantes carmin et noir. ETY Du n. pr.

**Sardanapale** dernier souverain d'Assyrie, selon les Grecs. Pour échapper aux Mèdes qui l'assiégeaient dans Ninive, il se donna la mort sur un bûcher, où il avait fait égorger ses femmes et rassembler ses trésors. DER **sardanapalesque** *a*

**sardane** *nf* Danse catalane dans laquelle les danseurs se tiennent par la main et forment un cercle ; air de cette danse. ETY Mot catalan.

**sarde** *nm* Ensemble des parlers romans en usage en Sardaigne.

**Sardes** (auj. *Sart*, en Turquie), anc. v. de l'Asie Mineure, sur la riv. Pactole ; cap. du royaume de Lydie, richissime sous Crésus (VI^e^ s. av. J.-C.).

**sardine** *nf* **1** Poisson clupéiforme, long d'une vingtaine de centimètres, qui se déplace par bancs et qui fait l'objet d'une pêche intensive. **2** fam Galon de sous-officier. **3** Piquet de tente. ETY Du lat. *sardina*, « poisson de Sardaigne ».

**sardinelle** *nf* Poisson voisin de la sardine, plus petit et vivant dans des eaux plus chaudes.

**sardinerie** *nf* Usine où l'on met des sardines en boîtes.

**sardinier, ère** *a, nm* **A** *a* Relatif à la pêche à la sardine, à l'industrie alimentaire qui s'y rattache. **B** *nm* **1** Pêcheur de sardines. **2** Bateau armé pour la pêche à la sardine. **3** Industriel de la sardinerie.

**sardoine** *nf* Variété de calcédoine rouge-brun. ETY Du gr.

**sardonique** *a* Méchant, sarcastique. *Rire sardonique.* DER **sardoniquement** *av*

**Sardou** Victorien (Paris, 1831 – id., 1908), dramaturge français : *la Famille Benoîton* (1865), *Madame Sans-Gêne* (1893). Acad. fr. (1877).

**sargasse** *nf* Algue brune, fixée ou libre, à thalle ramifié coriace. ETY Du portug. ▶ illustr. **algues**

**Sargasses (mer des)** vaste zone de l'Atlantique Nord, à l'est des Bahamas, où s'accumulent des végétaux (des sargasses, notamment) charriés par les courants marins. Les anguilles viennent s'y reproduire.

**Sargent** John Singer (Florence, 1856 – Londres, 1925), peintre américain, portraitiste de la haute société anglaise.

**Sargodha** v. du N.-E. du Pākistān ; 1 283 000 hab. Centre commercial.

**Sargon l'Ancien** prince sémite, fondateur de la dynastie d'Akkad (IIIe millénaire av. J.-C.). (VAR) **Sharroukīn**

**Sargon II** (m. en 705 av. J.-C.), roi d'Assyrie (722-705), frère de Salmanasar V. Il détruisit le royaume d'Israël (prise de Samarie, 721), vainquit les Égyptiens (720) à Qarqar. Il fit bâtir le palais de Dour-Sharroukīn (actuel Khursabad). (VAR) **Sharroukīn**

**Sarh** (anc. *Fort-Archambault*), v. du S. du Tchad, sur le Chari ; 110 000 hab. ; ch.-l. de préfecture. Industr. textiles.

**sari** *nm* Costume féminin de l'Inde, fait d'une longue pièce d'étoffe drapée. (ETY) Mot hindi.

**sarigue** *nf* Mammifère marsupial d'Amérique du Sud, dont l'opossum est l'espèce la plus connue. (ETY) Mot portug.

**sarin** *nm* Gaz phosphoré toxique, utilisable comme arme chimique.

**Sarine (la)** (en all. *Saane*), riv. de Suisse (120 km), affl. de l'Aar (r. g.).

**sarisse** *nf* ANTIQ Très longue pique des soldats de la phalange macédonienne. (ETY) Du lat.

**Sarkozy Nicolas** (Paris, 1955), homme politique français (UMP), élu président de la Rép. au 2e tour en 2007 face à Ségolène Royal (PS). Il est battu en 2012 au 2e tour par François Hollande (PS). Il est prés. de l'UMP dep. 2014.

Nicolas Sarkozy

**SARL** *nf* Sigle de *société à responsabilité limitée.* (PHO) [ɛsaɛʀɛl]

**Sarlat-la-Canéda** (anc. *Sarlat*), ch.-l. d'arr. de la Dordogne, dans le Périgord noir ; 9 963 hab. Marché agric. ; conserveries. – Maisons anc. (DER) **sarladais, aise** *a, n*

**Sarmates** peuple nomade d'Asie centrale qui envahit au IIIe s. av. J.-C. les terres occupées par les Scythes entre le Don et la mer Caspienne. Ils atteignirent le Danube au Ier s. apr. J.-C. et s'intégrèrent aux Germains (IVe s.). (DER) **sarmate** *a*

**Sarmatie** anc. contrée des Sarmates.

**sarment** *nm* **1** Branche de vigne de l'année. **2** Tige, branche ligneuse et grimpante. (ETY) Du lat.

**sarmenteux, euse** *a* **1** Se dit d'une vigne dont les sarments sont abondants. **2** BOT Se dit d'une plante à tige longue, flexible et grimpante comme un sarment.

**Sarmiento Domingo Faustino** (San Juan, 1811 – Asunción, Paraguay, 1888), homme politique et écrivain argentin : *Facundo* (1845) ; président de la Rép. (1868-1874).

**Sarnath** local. de l'Inde, au N. de Bénarès, où le Bouddha aurait fait ses premiers prêches.

**Sarnen** com. de Suisse, ch.-l. du demi-canton d'Obwald (Unterwald) ; 9 495 hab.

**Sarney José** (São Luís, État de Maranhão, 1930), homme politique brésilien. Vice-président de la Rép., devenu président à la mort de Tancredo Neves (1985-1990).

**Sarnia** ville industr. du Canada (Ontario), à l'extrémité S. du lac Huron ; 72 400 hab.

**sarod** *nm* Instrument de musique indien, sorte de luth à quatre cordes pincées. (VAR) **sarode** (DER) **sarodiste** *n*

**Saron** plaine côtière d'Israël, fertile et densément peuplée. (VAR) **Sharon**

**sarong** *nm* Pagne long et étroit porté par les hommes et les femmes dans certains pays de l'Asie du Sud-Est. (PHO) [saʀɔ̃g] (ETY) Mot malais.

**saros** *nm* ASTRO Période de 223 lunaisons (18 ans et 10 ou 11 jours), au bout de laquelle les 42 éclipses de Soleil et les 42 éclipses de Lune se reproduisent dans le même ordre. (PHO) [saʀos] (ETY) Mot gr.

**saroual** *nm* Pantalon de toile, très large et à entrejambe bas, porté dans certaines régions du Maghreb. PLUR sarouals. (ETY) Mot ar. (VAR) **sarouel**

**Saroyan William** (Fresno, Californie, 1908 – id., 1981), auteur américain de nouvelles (*l'Audacieux Jeune Homme au trapèze volant*, 1934), de romans et de pièces de théâtre.

**sarracénie** *nf* BOT Plante dite carnivore des marécages d'Amérique du Nord. (VAR) **sarracénia** *nm*

**Sarrail Maurice** (Carcassonne, 1856 – Paris, 1929), général français ; chef de l'armée d'Orient (1915-1917), haut-commissaire en Syrie (1924).

**sarrancolin** *nm* Marbre à fond gris veiné de rouge et de rose, parfois de jaune. (ETY) D'un n. pr. (VAR) **sérancolin**

**Sarrans** local. de l'Aveyron où l'on a construit un barrage et une centrale sur la Truyère.

**1 sarrasin, ine** *a, n* Se disait des musulmans d'Afrique, d'Espagne et d'Orient, au Moyen Âge.

**2 sarrasin** *nm* Céréale (polygonacée) appelée aussi *blé noir,* aux feuilles en forme de fer de lance, dont les graines sont riches en amidon ; farine faite avec les graines du sarrasin. (ETY) De *blé sarrasin,* « blé noir ».

**sarrau** *nm* Blouse courte et ample portée par-dessus les vêtements. *Des sarraus.* (ETY) Du moyen haut all.

**Sarraut Albert** (Bordeaux, 1872 – Paris, 1962), homme politique français ; radical-socialiste, président du Conseil en 1933 et en 1936 ; déporté en Allemagne (1944-1945).

**Sarraute Nathalia Tcherniak, Mme Raymond Sarraute,** dite **Nathalie** (Ivanovo, 1900 – Paris, 1999), écrivain français ; précurseur du nouveau roman : *Tropismes* (1939), *Martereau* (1953), *l'Ère du soupçon* (1956), *le Planétarium* (1959), *Enfance* (1983), *Tu ne t'aimes pas* (1989).

**Sarre (la)** (en all. *Saar*), riv. de France et d'Allemagne (240 km), affl. de la Moselle (r. dr.) ; née dans les Vosges, elle passe à Sarrebourg, Sarreguemines, Sarrebruck et Sarrelouis.

**Sarre** (en all. *Saarland*), Land d'Allemagne et Région de l'UE, à la frontière française ; 2 569 km² ; 990 700 hab. ; cap. *Sarrebruck.* (DER) **sarrois, oise** *a, n*

**Géographie** Ce pays de collines et de plateaux est une grande région industrielle dep. le XVIIIe s. grâce à sa houille. Auj., la haute technologie a supplanté la métallurgie traditionnelle.

**Histoire** Relevant de diverses seigneuries, la région fut en grande partie réunie à la France au XVIIe s., puis devint un dép. franç. en 1790, cédé à la Prusse en 1814. Revendiquée en 1919 par la France, placée sous l'autorité de la SDN, elle choisit par plébiscite le rattachement à l'Allemagne (1935). Après 1947, elle fut rattachée économiquement à la France. Un référendum de 1955 l'intégra à la RFA en 1957.

**Sarrebourg** ch.-l. d'arr. de la Moselle, sur la Sarre ; 12 682 hab. Industries. (DER) **sarrebourgeois, oise** *a, n*

**Sarrebruck** (en all. *Saarbrücken*), v. d'Allemagne, capitale de la Sarre, sur la Sarre ; 176 500 hab. Centre industriel. – Université.

Monuments baroques. DER **sarrebruckois, oise** *a, n*

**Sarreguemines** ch.-l. d'arr. de la Moselle, sur la Sarre, à la frontière all. ; 22 322 hab. Industries. DER **sarregueminois, oise** *a, n*

**Sarrelouis** (en all. *Saarlouis ; Saarlautern* sous le IIIe Reich), v. d'Allemagne (Sarre), sur la Sarre ; 37 410 hab. Industries.

**sarrette** *nf* BOT Serratule.

**sarriette** *nf* Plante herbacée (labiée), aux feuilles très odorantes, utilisées comme condiment. ETY Du lat.

**sarrussophone** *nm* Instrument de musique à vent, à anche double, dont le timbre est proche de celui du saxophone. ETY D'un n. pr.

**Sartène** ch.-l. d'arr. de la Corse-du-Sud, au S. d'Ajaccio ; 3 649 hab. Vignobles. DER **sartenais, aise** *a, n*

**Sarthe (la)** riv. de France (285 km), qui, unie à la Mayenne (avant Angers) et au Loir, forme la Maine ; née dans le Perche, elle passe à Alençon et au Mans.

**Sarthe** dép. franç. (72) ; 6 210 km$^2$ ; 568 708 hab. ; 91,6 hab./km$^2$ ; ch.-l. *Le Mans* ; ch.-l. d'arr. *La Flèche* et *Mamers*. V. Loire (Pays de la) [Région]. DER **sarthois, oise** *a, n*

▶ carte p. 1457

**Sartine** Antoine de (comte d'Alby) (Barcelone, 1729 – Tarragone, 1801), homme politique français. Lieutenant général de police (1759-1774), il fit éclairer les rues de Paris ; secrétaire d'État à la Marine (1774-1780).

**Sarto** → **Andrea del Sarto.**

**Sartre** Jean-Paul (Paris, 1905 – id., 1980), philosophe et écrivain français. Après deux essais inspirés par Husserl, *l'Imagination* (1936) et *l'Imaginaire* (1940), *l'Être et le Néant* (1943) fonde un existentialisme athée et prône l'engagement : Sartre créa la revue *les Temps modernes* (1945), publia *L'existentialisme est un humanisme* (1946), se rapprocha du marxisme (*Critique de la raison dialectique*, 1960), visa une audience populaire : romans (*la Nausée*, 1938 ; *les Chemins de la liberté*, 1945-1949), nouvelles (*le Mur*, 1939), pièces de théâtre (*les Mouches*, 1943 ; *Huis clos*, 1944 ; *la Putain respectueuse*, 1946 ; *les Mains sales*, 1948, etc.), récit autobiographique (*les Mots*, 1964). Il réunit ses essais dans *Situations* (1947-1976), étudia Baudelaire (1947), Jean Genet (*Saint Genet, comédien et martyr*, 1952), Flaubert (*l'Idiot de la famille*, 1971-1972). En 1964, il refusa le prix Nobel de littérature. DER **sartrien, enne** *a, n*

**Jean-Paul Sartre** et Simone de Beauvoir

**Sartrouville** ch.-l. de cant. des Yvelines (arr. de Saint-Germain-en-Laye), sur la Seine ; 52 090 hab. DER **sartrouvillois, oise** *a, n*

**Sarzeau** ch.-l. de cant. du Morbihan (arr. de Vannes) ; 6 143 hab. – Ruines d'un chât. XIIIe-XVe s. DER **sarzeautin, ine** *a, n*

**sas** *nm* **1** Tamis formé d'un tissu tendu sur un cadre de bois. **2** Bassin compris entre les deux portes d'une écluse. **3** Compartiment étanche qui permet de passer dans des milieux de pression différente. *Sas d'un sous-marin, d'un engin spatial.* PHO [sas] ETY Du lat.

**Sasebo** v. du Japon, dans le N.-O. de l'île Kyūshū ; 250 630 hab. Pêche. Port militaire.

**sashimi** *nm* CUIS Plat japonais constitué par de minces tranches de poisson cru. PHO [saʃimi]

**Saskatchewan (la)** riv. du Canada, tributaire du lac Winnipeg, formée par la réunion des *Saskatchewan du Nord* (1 200 km) et *du Sud* (880 km), nées dans les Rocheuses.

**Saskatchewan (la)** prov. du centre du Canada ; 652 330 km$^2$ ; 988 900 hab. (2,5 % de francophones) ; cap. *Regina*. – Cette prov. de la Prairie, au climat continental, est une riche région agricole (sauf dans le N., forestier et lacustre) : blé, lin, élevage bovin et porcin. L'industrie traite ces ressources et celles du sous-sol : pétrole, potasse, houille, uranium, etc. – La colonisation, qui débuta au XVIIIe s., prit son essor quand la voie ferrée transcontinentale fut achevée (1885). En 1905, le territoire devint une province. DER **saskatchewanais, aise** *a, n*

**Saskatoon** v. du Canada (Saskatchewan), sur la Saskatchewan du Sud ; 186 050 hab.

**sassafras** *nm* BOT Arbre d'Amérique du Nord (lauracée) dont les feuilles, riches en substances aromatiques, sont utilisées comme condiment. PHO [sasafʀa] ETY De l'esp.

**Sassanides** dynastie perse fondée par Ardachêr Ier (petit-fils d'un prêtre de Persépolis nommé Sâssân), qui vainquit les Parthes Arsacides en 224. Les Sassanides régnèrent de 226 à 651 sur un empire qui s'étendit du Khorāsān à la Mésopotamie. Souveraineté de droit divin, centralisme étatique, mazdéisme, brillant art de cour caractérisent la civilisation sassanide, qui, à la différence des Parthes, refusa l'hellénisme. Ennemie acharnée de Rome puis de Byzance, la Perse sassanide succomba à la conquête arabe (défaite d'Al-Qadisiyyah, 637). DER **sassanide** *a*

**Sassari** v. d'Italie, dans le N.-O. de la Sardaigne ; 119 840 hab. ; ch.-l. de prov. – Archevêché. Université. Cathédrale gothique. Musée.

**sassenage** *nm* Fromage de vache AOC du Dauphiné, à moisissures internes.

**Sassenage** com. de l'Isère (arr. de Grenoble) ; 9 735 hab. – Grottes (*Cuves*). – Chât. XVIIe s. DER **sassenageois, oise** *a, n*

**sasser** *vt* ① **1** TECH Passer au sas ou au sasseur, tamiser. **2** MAR Faire passer un bateau d'un bief, ou d'un bassin, à un autre par un sas.

**Sassetta** Stefano di Giovanni (Sienne, v. 1392 – id., 1451), peintre siennois, précurseur de la Renaissance.

**sasseur, euse** *n* **A** Personne qui sasse. **B** *nm* Instrument qui sépare différents produits grâce à l'action d'un courant d'air.

**Sassoon** Siegfried Lorraine (Londres, 1886 – Heytesbury, Wiltshire, 1967), écrivain anglais : *Mémoires d'un chasseur de renom* (1928).

**Satan** (en hébreu *haschatân*, « l'ennemi »), chef des anges rebelles devenu l'esprit du mal (dans la Bible et dans le Nouveau Testament).

**satané, ée** *a* **fam** (Devant un nom.) Sacré, maudit. *C'est encore une de vos satanées inventions !*

**satanique** *a* **1** De Satan. *Culte satanique.* **2** Digne de Satan, diabolique. *Orgueil satanique.*

**satanisme** *nm* **didac** **1** Culte rendu à Satan. **2** Esprit satanique. DER **sataniste** *a, n*

**saté** *nm* CUIS Petite brochette de poulet ayant mariné dans une sauce piquante aux cacahuètes ; cette sauce (spécialité indonésienne). VAR **satay**

**satelliser** *vt* ① **1** ESP Mettre sur orbite autour d'un corps céleste, de la Terre. **2** **fig** Transformer en satellite, rendre dépendant, assujettir. DER **satellisable** *a* – **satellisation** *nf*

**satellite** *nm* **1** Astre qui gravite autour d'une planète. *La Lune est le satellite de la Terre.* **2** MECA Chacun des pignons coniques fixés sur la couronne d'un différentiel d'automobile et sur lesquels s'engrènent les planétaires. **3** Dans une aérogare, bâtiment servant à l'embarquement et au débarquement des passagers. **4** **fig** Nation qui est sous la dépendance d'une autre plus puissante qu'elle. *État satellite.* **LOC** ESP ***Satellite artificiel*** : engin mis en orbite autour de la Terre ou d'une autre planète. — ANAT ***Veine satellite d'une artère*** : qui suit le même trajet que celle-ci. ETY Du lat. *satelles*, « garde du corps ». DER **satellitaire** *a*

**satellite** de communication en orbite au-dessus de la Terre

**satello-opérateur** *nm* TELECOM Entreprise qui met en œuvre la télévision par satellites. PLUR satello-opérateurs.

**sati** *n* **A** *nf* HIST Veuve qui, en Inde, suivait son mari dans la mort en montant sur le bûcher funéraire. **B** *nm* Ce rite. PLUR satis ou sati. ETY Mot hindi.

**Satie** Alfred Erik Leslie-Satie, dit Erik (Honfleur, 1866 – Paris, 1925), compositeur français. Son œuvre se caractérise par sa simplicité mélodique et par son humour : *Trois Gymnopédies* (pièces pour piano, 1888) ; *Parade* (ballet, 1917) ; *Socrate* (oratorio, 1918). ▶ illustr. p. 1460

**satiété** *nf* État d'une personne complètement rassasiée. *Manger, boire à satiété.* **LOC** ***À satiété*** : jusqu'au dégoût. — ***Répéter qqch à satiété*** : jusqu'à fatiguer son interlocuteur. PHO [sasjete] ETY Du lat.

**satin** *nm* Étoffe de soie fine, douce et lustrée ; étoffe offrant l'aspect du satin. *Satin de laine.* **LOC** ***Peau de satin*** : très douce. ETY De l'ar.

**satiné, ée** *a, nm* Qui a le poli, le brillant du satin. *Papier satiné. Le satiné d'un tissu.* **LOC** ***Peau satinée*** : douce comme le satin.

**satiner** *vt* ① Donner l'aspect lustré du satin à une étoffe, du papier. DER **satinage** *nm*

**satinette** *nf* Étoffe de coton ou de soie qui imite le satin.

**satire** *nf* **1** LITTER Ouvrage généralement en vers, dans lequel l'auteur attaque les ridicules, les vices de ses contemporains. **2** **mod** Pamphlet, écrit ou discours piquant qui raille qqn, qqch. **3** Critique railleuse. ETY Du lat. DER **satirique** *a* – **satiriquement** *av*

**Satire Ménippée** pamphlet dirigé contre la Ligue, composé en 1594 sur l'instigation de Pierre Le Roy, chanoine de Rouen, et nommé ainsi par allusion aux *Satires Ménippées* de l'écrivain latin Varron (lequel se référait à l'écrivain gr. Ménippe). Cette critique burlesque du catholicisme servait Henri IV.

**Satiricon** roman en prose mêlée de vers attribué à Pétrone (Ier s. ap. J.-C.). Il n'en reste que des fragments. ▷ CINE Film de Fellini (1969). VAR **Satyricon**

**satiriser** *vt* 1 litt Railler.

**satiriste** *n* Auteur de satires, de dessins satiriques.

**satisfaction** *nf* **1** État d'esprit de qqn dont les besoins, les désirs, les souhaits sont satisfaits ; contentement, plaisir. *Ce succès lui a procuré une profonde satisfaction.* **2** Action par laquelle qqn obtient réparation d'une offense qui lui a été faite. **3** Fait d'accorder à qqn ce qu'il demande. *Je n'ai pu lui donner satisfaction.*

**satisfaire** *v* 10 **A** *vt* **1** Contenter, donner un sujet de contentement à. *Satisfaire des créanciers.* **2** Contenter un besoin ; assouvir un désir. *Satisfaire un besoin naturel.* **B** *vti* Faire ce qui est exigé par qqch. *Satisfaire aux clauses du contrat.* **C** *vpr* Se contenter de qqch. *Se satisfaire de peu.* ETY Du lat. *satis,* « assez ».

**satisfaisant, ante** *a* Qui satisfait ; qui est correct, acceptable.

**satisfait, aite** *a* Dont les désirs sont comblés ; content.

**satisfecit** *nm* litt Témoignage de satisfaction. *Décerner un satisfecit.* PHO [satisfesit] ETY Mot lat. VAR **satisfécit**

**Satledj** → **Sutlej.**

**Satō Eisaku** (Tabuse, Honshū, 1901 – Tōkyō, 1975), homme politique japonais ; un des chefs du parti libéral ; Premier ministre de 1964 à 1972. P. Nobel de la paix 1974 avec S. MacBride.

**satori** *nm* Illumination spirituelle que les bouddhistes zen recherchent grâce au zazen.

**Satory (plateau de)** plateau situé au S.-O. de Versailles. Champ de manœuvres militaires. – Lieu d'exécution des chefs de la Commune (1871).

**satrape** *nm* **1** ANTIQ Gouverneur d'une satrapie. **2** fig, litt Homme despotique vivant dans les plaisirs et le faste. ETY Du gr.

**satrapie** *nf* ANTIQ Province de l'Empire perse, gouvernée par un satrape.

**Satu Mare** v. de Roumanie, sur le Someş ; 125 820 hab. ; ch.-l. du distr. du m. nom. Centre agricole, industriel et culturel.

**saturable** *a* CHIM Que l'on peut saturer. DER **saturabilité** *nf*

**saturant, ante** *a* Propre à saturer. LOC PHYS ***Vapeur saturante*** : vapeur d'un liquide en équilibre avec ce liquide.

**saturateur** *nm* Réservoir d'eau, placé contre un appareil de chauffage, pour humidifier l'atmosphère.

**saturation** *nf* **1** didac Action de saturer ; état de ce qui est saturé. **2** fig État de celui ou de ce qui ne peut recevoir, contenir davantage. *La saturation du marché.* **3** ELECTR État correspondant à la valeur maximale que peut atteindre une tension, une intensité, etc.

**saturé, ée** *a* **1** Qui ne peut recevoir davantage, encombré à l'excès. *Autoroute saturée. Marché saturé.* **2** Dont le niveau sonore est porté au maximum. *Son saturé.* **3** CHIM Se dit d'une solution qui ne peut dissoudre une quantité supplémentaire de la substance dissoute. **4** GEOL Se dit d'une roche magmatique ne contenant pas de feldspathoïdes. **5** OPT Se dit d'une couleur pure présentant une coloration perçue comme maximale. LOC ***Hydrocarbure saturé*** : dont les atomes de carbone ne peuvent plus fixer d'autres atomes d'hydrogène.

**saturer** *v* 1 **A** *vt* **1** CHIM Dissoudre un corps dans un liquide jusqu'au degré de concentration maximale. **2** fig Rassasier jusqu'au dégoût. *Saturer qqn de conseils.* **3** Remplir, encombrer de façon excessive. **B** *vi* **1** fam Être excédé, en avoir par-dessus la tête. **2** Être très encombré. *La mémoire de l'ordinateur sature.* ETY Du lat.

**saturnales** *nfpl* **1** ANTIQ ROM Fêtes célébrées à Rome en l'honneur de Saturne, au cours desquelles les esclaves prenaient la place de leurs maîtres. **2** fig, litt Fête, temps où règne la licence, le désordre. ETY Du lat.

**saturne** *nm* Plomb, en alchimie.

**Saturne** dans la myth. italique et romaine, divinité identifiée au Cronos des Grecs. Rome fit de lui le protecteur des semailles.

**Saturne** la plus lointaine des planètes visibles à l'œil nu, entourée d'un système d'anneaux. Sa distance au Soleil varie de 1 350 à 1 509 millions de km ; l'orbite qu'elle décrit, en 29 ans et 167 jours, est inclinée de 2° 30' sur le plan de l'écliptique. Avec un diamètre de 120 660 km, Saturne est la deuxième des planètes du système solaire, après Jupiter. Elle a la plus faible densité (0,69). Nos connaissances sont dues à son survol par les sondes américaines *Voyager* en 1980 et 1981. Les sondes *Cassini* (amér.) et *Huygens* (européenne), lancées toutes deux le 15 oct. 1997, ont atteint, comme prévu, Saturne en déc. 2004. La planète présente de nombr. similitudes avec Jupiter, notam. sa structure interne. Les anneaux de Saturne, identifiés dès 1656 par Huygens, comprennent des myriades de petits corps qui résultent de la désagrégation de satellites ou sont des résidus du nuage primitif. On connaît auj. l'existence de 18 satellites (9 avant *Voyager*) : Titan (5 118 km de diamètre) ; 4 satellites moyens (1 000 à 1 500 km de diamètre), constitués d'un agrégat de roches et de glace d'eau ; 13 plus petits (20 à 500 km de diamètre). DER **saturnien, enne** *a*

**Saturne** et ses anneaux, vus par *Voyager 2*

**saturnien, enne** *a* litt Sombre et mélancolique.

**saturnin, ine** *a* MED Qui concerne le plomb ; qui est produit par le plomb.

**Saturnin (saint)** (IIIe s.), selon la tradition, premier évêque de Toulouse, martyrisé. VAR **Sernin**

**saturnisme** *nm* MED Intoxication aiguë ou chronique par le plomb ou par ses dérivés.

**satyre** *nm* **1** MYTH GR Demi-dieu champêtre, figuré avec des cornes, des oreilles pointues et des jambes de bouc. **2** fig, fam Homme lubrique ; exhibitionniste, voyeur. **3** ENTOM Papillon diurne aux grandes ailes brun-noir. **4** BOT Syn. de *phallus.* ETY Du gr.

**satyriasis** *nm* MED Exacerbation pathologique du désir sexuel chez l'homme. PHO [satiʀjazis] ETY Mot gr.

**satyrique** *a* MYTH GR Qui a rapport aux satyres. LOC ***Drame satyrique*** : pièce tragi-comique du théâtre grec antique.

**sauce** *nf* **1** Assaisonnement liquide ou semi-liquide accompagnant certains mets. **2** Afrique Ragoût de viande ou de légumes servi avec des féculents. **3** fig, fam Présentation, arrangement. *Varier la sauce.* **4** fam Courant électrique. LOC fam ***À quelle sauce serai-je mangé ?*** : quel sera mon sort ? — fam ***Mettre à toutes les sauces*** : traiter de toutes les façons. — ***Sauce hollandaise*** : faite avec des jaunes d'œufs, du beurre et du citron ou du vinaigre. ETY Du lat. *salsus,* « salé ».

**saucée** *nf* fam Averse.

**saucer** *vt* 12 **1** Éponger la sauce avec un morceau de pain que l'on mange. *Saucer son assiette.* **2** CUIS Garnir de sauce. *Saucer des asperges de vinaigrette.* LOC fam ***Se faire saucer*** : se faire mouiller par la pluie.

**saucier, ère** *n* **A** Cuisinier(ère) spécialisé(e) dans la préparation des sauces. **B** *nm* Appareil électroménager servant à faire les sauces. **C** *nf* Récipient à bec utilisé pour servir les sauces.

**sauciflard** *nm* fam Saucisson.

**saucisse** *nf* **1** Charcuterie faite d'un boyau rempli de viande hachée et assaisonnée. **2** Ballon captif de forme allongée, servant à l'observation pendant la Première Guerre mondiale. LOC fam ***Ne pas attacher son chien avec des saucisses*** : être très regardant à la dépense. ETY Du lat. *salsicius,* « salé ».

**saucisson** *nm* Grosse saucisse, séchée, fumée ou cuite, fortement assaisonnée, qui se mange froide. ETY De l'ital.

**saucissonné, ée** *a* fam À l'étroit dans ses vêtements.

**saucissonner** *v* 1 fam **A** *vi* Se restaurer sommairement avec du saucisson, des plats froids, des sandwichs. **B** *vt* **1** Serrer, ficeler étroitement qqn ou qqch. **2** Découper en tranches. *Le film était saucissonné par de la publicité.* DER **saucissonnage** *nm*

**saucissonnier** *nm* **1** Arbre d'Afrique tropicale (bignoniacée) dont le fruit a la forme d'un saucisson. **2** Fabricant de saucisson.

**Sa'ud** → **Séoud.**

**1 sauf, sauve** *a* Hors de danger, d'atteinte. *Sain et sauf. Avoir la vie sauve.*

**2 sauf** *prép* **1** Sans aller à l'encontre de. *Sauf le respect que je vous dois.* **2** Hormis, excepté. *J'ai lu tous ces livres, sauf un.* LOC ***Sauf que*** (+ indicatif) : en écartant le fait que. ETY Du lat.

**sauf-conduit** *nm* Pièce délivrée par l'autorité compétente, permettant d'aller ou de séjourner quelque part sans être inquiété. PLUR sauf-conduits. VAR **saufconduit**

**sauge** *nf* Plante (labiée) des régions chaudes ou tempérées, aux propriétés médicinales et aromatiques. ETY Du lat. *salvus,* « sauf ».
▶ illustr. labiée et p. 1460

nymphe et **satyre**, détail d'une fresque Renaissance (Jules Romain) : *la Bacchanale*, salle de l'*Amour et de Psyché* – palais du Té, Mantoue

**saugrenu, ue** *a* D'une bizarrerie, d'une absurdité déroutante et ridicule. *Une idée saugrenue.* ETY De l'a. fr. *sau,* « sel », et *grain.*

**Sauguet Henri Poupard,** dit **Henri** (Bordeaux, 1901 – Paris, 1989), compositeur français : ballets (*la Chatte,* 1927 ; *les Forains,* 1945) ; *Quatrième Symphonie* (1971).

**Saül** premier roi des Hébreux (XIe s. av. J.-C.), qui, vaincu par les Philistins, se donna la mort. Le chef de ses gardes, David, lui succéda. ▷ LITTER *Saül,* tragédie d'Alfieri (1782). ▷ MUS *Saül,* oratorio de Haendel (1739).

**saulaie** *nf* Lieu planté de saules. VAR **sauleraie, saussaie**

**Sauldre (la)** riv. franç., affl. du Cher (r. d.) ; 166 km.

**saule** *nm* Arbre ou arbuste (salicacée) aux fleurs en chatons, qui croît dans les lieux humides. LOC ***Saule pleureur :*** à la ramure tombante. ETY Du frq.

**saule** pleureur

**saulée** *nf* rég Rangée de saules.

**Saulieu** ch.-l. de cant. de la Côte-d'Or (arr. de Montbard) ; 2 830 hab. – Église de style roman bourguignon. Église XIe-XVe s. DER **sédélocien, enne** *a, n*

**sauge** officinale

**Sault-Sainte-Marie** v. industr. du Canada (Ontario), sur la *rivière Sainte-Marie,* face à la ville américaine du même nom (Michigan, 14 680 hab.) ; 81 470 hab. Tourisme. – Le *canal de Sault-Sainte-Marie* ou *Soo-Canal* relie les lacs Supérieur et Huron.

**saumâtre** *a* Qui a le goût salé de l'eau de mer. LOC ***Eau saumâtre :*** mélange d'eau douce et d'eau de mer. — fam ***La trouver saumâtre :*** trouver qqch difficilement acceptable. ETY Du lat.

**saumon** *nm, a inv* **A** *nm* Poisson (salmonidé) à la chair rose orangé très estimée. **B** *a inv* Rose orangé. ETY Du lat.

**saumon**

**saumoné, ée** *a* Se dit de poissons à chair rose. *Truite saumonée.*

**saumoneau** *nm* Jeune saumon.

**saumonette** *nf* Nom donné à la *roussette* par les poissonniers.

**Saumur** ch.-l. d'arr. de Maine-et-Loire, sur la Loire ; 29 587 hab. Centre viticole (vins blancs et mousseux). Industries. – École d'équitation militaire de Saumur (1825), devenue en 1946 l'École d'application de l'arme blindée et de la cavalerie. – Égl. XIIe s. Chât. XIVe s. Hôtel de ville XVIe s. Musée. – Héroïque défense du passage de la Loire par les cadets de Saumur en juin 1940. DER **saumurois, oise** *a, n*

château de **Saumur**

**saumure** *nf* **1** Solution salée utilisée pour conserver des aliments. **2** Toute solution saline concentrée. ETY Du lat.

**saumurer** *vt* ① TECH Conserver dans la saumure. DER **saumurage** *nm*

**Saumurois** rég. du N. de l'Anjou, autour de Saumur, célèbre par ses vins.

**sauna** *nm* **1** Établissement où l'on prend des bains de vapeur sèche à la manière finlandaise ; pièce où l'on prend ces bains. **2** Ce bain lui-même. ETY Mot finnois.

**Saunders Hilary Aidan St. George** (Brighton, 1898 – Nassau, Bahamas, 1951), auteur anglais de livres d'histoire (*la Bataille d'Angleterre,* 1941) et de romans d'espionnage sous des pseudonymes : *la Maison du Dr. Edwards* (1927).

**sauner** *vi* ① TECH Extraire du sel dans un marais salant. DER **saunage** *nm*

**saunier, ère** *n* Ouvrier travaillant à l'extraction du sel ou qui en vend. SYN salinier.

**saupe** *nf* Poisson herbivore de la Méditerranée et de l'Atlantique, à la chair peu estimée. ETY Du gr.

**saupiquet** *nm* CUIS Sauce ou ragoût à la saveur piquante. ETY De *sau,* « sel » et *piquer.*

**saupoudrer** *vt* ① **1** Recouvrir qqch d'une matière en poudre. *Saupoudrer de sucre.* **2** fig Parsemer. *Saupoudrer un discours de citations.* ETY De *sau,* « sel », et *poudrer.* DER **saupoudrage** *nm*

**saupoudreur, euse** *a, nf* **A** *a* Servant à saupoudrer. *Bouchon saupoudreur.* **B** *nf* Flacon muni d'un couvercle percé de trous.

**saur** *a m* LOC ***Hareng saur :*** salé et fumé. ETY Du moy. néerl. *soor,* « séché ».

**Saura Antonio** (Huesca, 1930 – Cuenca, 1998), peintre espagnol ; expressionniste abstrait. — **Carlos** (Huesca, 1932), frère du préc., cinéaste : *Anne et les loups* (1972), *Cría Cuervos* (1976), *Maman a 100 ans* (1979), *Carmen* (1983).

**-saure, -saurien** Éléments, du gr. *sauros* ou *saura,* « lézard ».

**saurer** *vt* ① TECH Faire sécher à la fumée. VAR **saurir** ③ DER **saurage** ou **saurissage** *nm*

**saurien** *nm* Reptile squamate dont le sous-ordre comprend les lézards.

**saurin** *nm* Hareng saur laité.

**sauripelvien** *nm* PALEONT Reptile dinosaurien tel que le tyrannosaure, le diplodocus. VAR **saurischien**

**sauris** *nm* Saumure des harengs.

**saurisserie** *nf* **1** Usine où l'on fume le poisson. **2** Ensemble du poisson fumé (hareng, saumon, etc.) proposé à la clientèle d'une grande surface. DER **saurisseur, euse** *n*

**sauropode** *nm* PALEONT Grand reptile dinosaurien herbivore, à la queue et au cou longs.

**sauropsidé** *nm* ZOOL Vertébré tétrapode, dont le groupe réunit les reptiles et les oiseaux.

**saussaie** → **saulaie.**

**Saussure Horace Bénédict de** (Conches, près de Genève, 1740 – id., 1799), physicien suisse. Inventeur de l'hygromètre à cheveu ; pionnier de la météorologie. Il organisa la première ascension du mont Blanc (1786). — **Ferdinand** (Genève, 1857 – château de Vufflens, canton de Vaud, 1913), linguiste suisse, arrière-petit-fils du préc. Il est le fondateur de la linguistique moderne : le *Cours de linguistique générale* (posth., 1916, publié par ses élèves de l'université de Genève) est à l'origine du structuralisme. V. linguistique. DER **saussurien, enne** *a*

**Erik Satie**

**F. de Saussure**

**saut** *nm* **1** Mouvement brusque d'extension par lequel le corps se projette en haut, en avant, en quittant le sol ou son point d'appui. *Saut en longueur, saut à la perche.* **2** Fait de se laisser tomber d'un endroit élevé. *Saut d'un parachutiste.* **3** fig Mouvement brusque et discontinu. *Sa pensée procède par sauts.* **4** Chute d'eau sur le cours d'une rivière. **5** INFORM Syn. de *branchement.* LOC ***Faire le saut :*** se déterminer à une action risquée. — ***Faire un saut quelque part :*** y passer un court instant. — ***Saut à l'élastique :*** syn de *benji.* — ***Saut périlleux :*** au cours duquel le corps fait un tour complet sur lui-même, en l'air. ETY Du lat.

**saut-de-lit** *nm* Peignoir féminin léger.

**saut-de-loup** *nm* Fossé creusé à l'extrémité d'une allée, d'un jardin, pour en empêcher l'accès. PLUR sauts-de-loup.

**saut-de-mouton** *nm* Ouvrage qui permet d'éviter le croisement à niveau de plusieurs routes ou de plusieurs voies ferrées. PLUR sauts-de-mouton.

**saute** *nf* Changement subit. *Saute de vent. Saute d'humeur.*

**sauté, ée** *a, nm* CUIS Se dit d'un aliment cuit à feu vif dans une petite quantité de matière grasse. *Sauté de veau. Sauté de légumes.*

**saute-mouton** *nm* Jeu dans lequel on saute successivement par-dessus tous ses partenaires penchés en avant. PLUR saute-moutons.

**sauter** *v*① **A** *vi* **1** Faire un saut, des sauts. *Sauter par-dessus un mur. Sauter à pieds joints.* **2** Se jeter dans le vide. **3** S'élancer sur. *Le chien lui a sauté dessus.* **4** Passer sans transition d'une chose à une autre. *Sauter à la page 3. Sauter d'une idée à une autre.* **5** Être envoyé brusquement en l'air, exploser. *Faire sauter un bouchon.* **6** Être omis. *La ligne a sauté.* **7** Fondre, causer un court-circuit. *Les plombs ont sauté.* **B** *vt* **1** Franchir en s'élevant au-dessus du sol. *Sauter une barrière.* **2** Omettre, passer. *Sauter une ligne en recopiant.* **3** vulg Posséder sexuellement. *Sauter une fille.* LOC fam ***Et que ça saute !*** : et que cela se fasse vite ! — CUIS ***Faire sauter de la viande, des légumes*** : les faire revenir à feu vif, avec un corps gras. — ***Faire sauter la cervelle à qqn*** : le tuer d'un coup de feu, tirer dans la tête. — fam ***Faire sauter qqn*** : lui faire perdre son poste. — fam ***La sauter*** : se passer de manger, avoir faim. — fam ***Sauter au plafond*** : avoir un accès de colère ; être très surpris. — ***Sauter aux yeux*** : être manifeste, évident. — ***Sauter du coq à l'âne*** : d'un sujet à un autre. — ***Sauter le pas*** : prendre une décision, après avoir longtemps hésité. — ***Sauter une classe*** : être admis dans une classe supérieure sans passer par la classe intermédiaire.

**sautereau** *nm* TECH Petite lame de bois que la touche d'un clavecin fait sauter pour faire vibrer la corde.

**sauterelle** *nf* **1** Insecte orthoptère, aux longues antennes, qui se déplace en sautant à l'aide de ses longues pattes postérieures. **2** fig, fam Femme maigre et dégingandée. **3** TECH Fausse équerre mobile. **4** TECH Transporteur muni d'une courroie inclinée qui sert au chargement ou au déchargement de marchandises.

**sauterelle** verte

**sauteriau** *nm* Criquet ravageur autre que les grandes espèces migratrices. ETY De *sauterelle*.

**sauterie** *nf* fam Petite soirée dansante entre intimes.

**sauternes** *nm* Vin blanc liquoreux de la région de Sauternes.

**Sauternes** com. de la Gironde (arr. de Langon) ; 586 hab. Vins. DER **sauternais, aise** *a, n*

**saute-ruisseau** *nm* vx Jeune clerc ; jeune garçon de courses. PLUR saute-ruisseaux.

**Sautet** Claude (Montrouge, 1924 – Paris, 2000), cinéaste français : *les Choses de la vie* (1970), *Vincent, François, Paul et les autres* (1974), *Nelly et M. Arnaud* (1995).

**sauteur, euse** *n, a* **A** *n* Athlète qui pratique le saut. **B** *nm* **1** Cheval dressé à sauter. **2** fig, fam Personne qui prend ses engagements à la légère, en qui on ne peut avoir confiance. **B** *a* Se dit des animaux qui se déplacent par sauts. LOC TECH ***Scie sauteuse*** : scie à moteur, à lame étroite, utilisée pour le découpage des planches ou des panneaux de bois.

**sauteuse** *nf* CUIS Casserole large et plate utilisée pour faire sauter de la viande, des légumes.

**sautiller** *vi*① Effectuer de petits sauts, sur place ou en progressant. DER **sautillant, ante** *a* – **sautillement** *nm*

**sautoir** *nm* **1** Long collier ou longue chaîne. **2** HERALD Pièce formée de la combinaison de la bande et de la barre. **3** Endroit où les athlètes s'exercent au saut.

**sauvage** *a, n* **A** *a* **1** Qui n'est pas domestiqué, en parlant d'un animal. **2** Qui croît naturellement, sans intervention humaine, en parlant d'un végétal. **3** GENET Se dit de la souche, du gène pris conventionnellement comme référence pour une étude. ANT mutant. **4** Inculte, inhabité. *Une région sauvage.* **5** Qui se fait indépendamment de toute organisation officielle, spontanément. *Grève sauvage.* **B** *a, n* **1** vieilli, péjor Qui vit en dehors de la civilisation. *Des tribus sauvages.* **2** Qui évite les contacts humains, recherche la solitude. ANT sociable. **3** Très rude, brutal, féroce. *Une cruauté sauvage.* ETY Du lat. *silva*, « forêt ». DER **sauvagement** *av* – **sauvagerie** *nf* – **sauvagesse** *nf*

**Sauvage** Henri (Rouen, 1873 – Paris, 1932), architecte français. Il construisit des immeubles à gradins en béton, notam. rue Vavin (1912) et rue des Amiraux (1925) à Paris.

**sauvageon, onne** *n* **A** *nm* Jeune arbre non greffé. **B** *n* **1** Enfant au caractère sauvage. **2** Jeune délinquant, coupable d'actes violents.

**sauvagin, ine** *a, nm* VEN Se dit du goût, de l'odeur propre à quelques oiseaux aquatiques.

**sauvagine** *nf* **1** CHASSE Ensemble des oiseaux dont la chair a le goût sauvagin. **2** TECH Ensemble des pelleteries non apprêtées provenant des petits animaux sauvages, tels que écureuils, renards, etc.

**sauvegarde** *nf* **1** Protection accordée par une autorité. *Se placer sous la sauvegarde des autorités consulaires.* **2** Ce qui assure une protection ; ce qui sert de garantie, de défense contre un danger. **3** INFORM Copie des données faite par sécurité. **4** MAR Chaîne ou cordage fixant un objet qui risque de se détacher ou d'être enlevé par la mer. LOC DR ***Sauvegarde de justice*** : régime permettant de protéger un incapable majeur des conséquences d'actes qu'il a passés ou d'engagements qu'il a contractés.

**sauvegarder** *vt* ① **1** Assurer la sauvegarde de, défendre, protéger. *Sauvegarder les institutions.* **2** INFORM Effectuer une sauvegarde. SYN sauver.

**sauve-qui-peut** *nm inv* Panique générale où chacun essaie de se sauver, de fuir.

**sauver** *v*① **A** *vt* **1** Tirer qqn du danger. **2** Préserver qqch de la destruction. *La ville a été sauvée.* **3** INFORM Enregistrer, sauvegarder. **4** RELIG Procurer le salut éternel à qqn. *Dieu a envoyé son fils pour sauver tous les hommes.* **B** *vpr* **1** S'enfuir devant un danger. **2** fam S'en aller rapidement. *Il faut que je me sauve.* **3** fam Déborder en bouillant, en parlant d'un liquide. *Le lait se sauve.* LOC ***Sauver les apparences*** : faire en sorte de dissimuler ce qui pourrait nuire à la réputation. — fam ***Sauver les meubles*** : sauvegarder le minimum, l'essentiel. ETY Du lat. *salvus*, « sauf ».

**sauvetage** *nm* **1** Action de secourir qqn, qqch sur l'eau. *Sauvetage en mer. Gilet, bouée de sauvetage.* **2** Action de sauver qqn d'un danger, d'une situation difficile.

**sauveté** *nf* HIST FEOD Bourgade franche, jouissant d'une immunité, fondée à l'initiative d'un monastère, dans le midi de la France.

**Sauveterre (causse de)** causse de l'Aveyron, situé entre le Tarn et le Lot.

**sauveteur** *nm* Personne qui participe à un sauvetage.

**sauvette (à la)** *av* Avec précipitation, en cachette. LOC ***Vente à la sauvette*** : vente sur la voie publique, sans autorisation.

**sauveur** *nm, a* **A** *nm* Personne qui sauve, libérateur. **B** *a* (Au féminin : *salvatrice*.) Qui sauve. *Un geste sauveur.* LOC ***Le Sauveur*** : Jésus-Christ.

**Sauveur** Joseph (La Flèche, 1653 – Paris, 1716), mathématicien et physicien français ; créateur de l'acoustique musicale.

**sauvignon** *nm* Cépage blanc du centre et du sud-ouest de la France ; vin issu de ce cépage.

**Sauvy** Alfred (Villeneuve-de-la-Raho, Pyrénées-Orientales, 1898 – Paris, 1990), démographe et économiste français : *Théorie générale de la population* (1954-1956).

Alfred Sauvy

**savagnin** *nm* Cépage blanc du Jura.

**Savaii** la plus grande île (1 715 km²) de l'État des Samoa ; 42 000 hab.

**Savall** Jordi (Igualada, 1941), chef d'orchestre espagnol. Joueur de viole de gambe, il a renouvelé l'interprétation de la musique ancienne et baroque.

**savamment** *av* **1** De façon savante. **2** Habilement, dans les règles de l'art.

**savane** *nf* **1** Plaine herbeuse, aux arbres rares, des régions tropicales. **2** Canada Terrain marécageux. **3** Antilles Place principale d'une ville. ETY De l'esp.

**savanisation** *nf* GEOGR Transformation d'une forêt en savane.

**Savannah** v. des É.-U. (Georgie), port sur l'*estuaire de la Savannah* (505 km) qui sépare la Caroline du Sud et la Georgie ; 137 560 hab.

**Savannakhet** v. du Laos, port sur le Mékong ; 50 690 hab. ; ch.-l. de prov.

**savant, ante** *a, n* **A** Qui sait beaucoup de choses, qui possède une grande érudition. **B** *a* **1** Se dit d'un animal dressé à faire des tours. *Chien savant.* **2** Qui suppose des connaissances, difficile. *Un raisonnement savant.* **3** Habile, bien calculé. *Une manœuvre savante.* **C** *nm* Personne qui a une notoriété scientifique. LOC ***Société savante*** : qui regroupe des savants. ETY De *savoir*.

**Savard** Félix-Antoine (Québec, 1895 – id., 1982), prélat et romancier québécois, chantre du terroir : *Menaud, maître-draveur* (1937).

**savarin** *nm* CUIS Grand baba en forme de couronne, imbibé de sirop à la liqueur et servi avec des fruits confits ou de la crème. ETY D'un n. pr.

**savart** *nm* Unité d'intervalle tonal égal à 1 000 fois le logarithme décimal du rapport des fréquences de deux sons (1 octave = 301 savarts). ETY Du n. pr.

**Savart Félix** (Mézières, 1791 – Paris, 1841), physicien français : travaux d'acoustique.

**Savary Anne (duc de Rovigo)** (Marcq, Ardennes, 1774 – Paris, 1833), général français (1803). Il organisa l'enlèvement et l'exécution du duc d'Enghien (1804) ; ministre de la Police (1810-1814) ; chef de l'armée d'Algérie en 1831.

**Savary Alain** (Alger, 1918 – Paris, 1988), homme politique français ; premier secrétaire du parti socialiste de 1969 à 1971 ; ministre de l'Éducation nationale de 1981 à 1984.

**Savary Jérôme** (Buenos Aires, 1942 – Levallois-Perret, 2013), metteur en scène de théâtre français ; fondateur en 1965 du Grand Magic Circus, il a dirigé le Théâtre national de Chaillot, puis l'Opéra-comique.

**savate** *nf* **1** Vieille pantoufle, vieille chaussure très usée. **2** Sport de combat, proche de la boxe française, associant des coups de pied et des coups de poing. **LOC** fam ***Traîner la savate*** : vivre misérablement. ETY Du turc.

**Save (la)** rivière de France (150 km), affluent de la Garonne (r. g.) ; naît sur le plateau de Lannemezan.

**Save (la)** (en serbe *Sava*), rivière (940 km) née dans les Alpes slovènes, qui conflue avec le Danube (r. dr.) à Belgrade.

**Savenay** ch.-l. de cant. de la Loire-Atlantique (arr. de Saint-Nazaire) ; 8 500 hab. – Kléber et Westermann y écrasèrent les Vendéens (22-23 déc. 1793). DER **savenaisien, enne** *a, n*

**Saverne** chef-lieu d'arrondissement du Bas-Rhin, sur la Zorn et le canal de la Marne au Rhin ;

11 900 habitants. Industries. – Château XVIIIe s. – Le *col de Saverne* (altitude 410 m), dans le Nord des Vosges, marque le point culminant de la *trouée de Saverne*, qui relie le plateau lorrain et la plaine d'Alsace. DER **savernois, oise** *a, n*

**savetier** *nm* vx Cordonnier. *Le savetier et le financier (fable de La Fontaine).*

**saveur** *nf* **1** Impression que produit un corps sur l'organe du goût. *Saveur salée.* **2** fig Qualité de ce qui est agréable, plaisant à l'esprit. *Ironie pleine de saveur.* ETY Du lat.

**Savignac Raymond** (Paris, 1907 – Trouville, 2002), affichiste français : *Monsavon au lait* (1949).

**Savigny-le-Temple** ch.-l. de cant. de Seine-et-Marne (arr. de Melun) ; 30 300 hab. DER **savinien, enne** *a, n*

**Savigny-sur-Orge** ch.-l. de cant. de l'Essonne (arr. de Palaiseau) ; 37 700 hab. DER **savinien, enne** *a, n*

**Savinio Andrea De Chirico, dit Alberto** (Athènes, 1891 – Rome, 1952), écrivain, peintre et musicien italien ; frère de G. De Chirico ; influencé par le surréalisme. Romans : *Hermaphrodite* (1918), *Achille énamouré* (1938) ; théâtre : *La Vie humaine* (1951).

**Savoie** région de France, limitrophe de la Suisse et de l'Italie, correspondant auj. aux dép. de la Savoie et de la Haute-Savoie (dans la Rég. Auvergne-Rhône-Alpes). DER **savoyard, arde** ou **savoisien, enne** *a, n*
**Histoire** Peuplée par les Celtes Allobroges, soumise par les Romains de 122 à 118 av. J.-C., annexée par les fils de Clovis (534), attribuée à Lothaire (843), la région fit partie du royaume de Bourgogne (888), puis du Saint Empire (1032-1038). Du XIe au XIVe s., elle s'agrandit : pays de Vaud, Piémont, Nice, etc. En 1416, le comté fut érigé en un duché qui bientôt déplaça sa cap. de Chambéry à Turin. En 1536, le cant. de Berne annexa le pays de Vaud. Le duc de Savoie, Victor-Amédée II (1675-1730), reçut la couronne de Sicile au traité d'Utrecht (1713), mais dut l'échanger contre celle de Sardaigne en 1718-1729, devenant roi de *Piémont-Sardaigne*. C'est autour de ce royaume que se fit l'unité italienne au XIXe s., mais la Savoie fut définitivement cédée à la France, avec Nice, en 1860 . V. Savoie (maison de).

**Savoie** dép. franç. (73) ; 6 036 km$^2$ ; 423 700 hab. ; 70,2 hab./km$^2$ ; ch.-l. *Chambéry* ;

ch.-l. d'arr. *Albertville* et *Saint-Jean-de-Maurienne*. V. Rhône-Alpes. DER **savoyard, arde** *a, n*

**Savoie (Haute-)** dép. franç. (74) ; 4 391 km$^2$ ; 769 700 hab. ; 175,3 hab./km$^2$ ; ch.-l. *Annecy* ; ch.-l. d'arr. *Bonneville, Saint-Julien-en-Genevois* et *Thonon-les-Bains*. V. Rhône-Alpes. DER **haut-savoyard, arde** *a, n*

**Savoie (maison de)** famille qui a régné sur la Savoie à partir du XI$^e$ s. (les comtes de Savoie). Au XV$^e$ s., on reconnut sa possession du Piémont. En 1718, elle échangea la Sicile (reçue en 1713) contre le royaume de Sardaigne, de sorte qu'on parla de royaume de Piémont-Sardaigne. Cette maison unifia l'Italie et régna sur le royaume d'Italie de 1861 à 1946.

**1 savoir** *vt* 47 **1** Connaître, être informé de. *Tu sais la nouvelle ? On ne savait pas qui était son père.* **2** Avoir présent dans la mémoire. *Il sait sa leçon par cœur.* **3** Avoir une bonne connaissance de. *Elle croit tout savoir.* **4** Être capable de. *Un ami qui sait écouter.* **5** Avoir conscience de. *Il ne savait plus ce qu'il faisait.* LOC ***À savoir*** ou ***savoir*** : c'est-à-dire. *Il manque deux couleurs, à savoir le rouge et le vert.* — ***Ne rien vouloir savoir*** : se refuser à faire qqch. — ***Que je sache*** : pour autant que je puisse en juger. — ***Un je ne sais quoi*** : qqch d'indéfinissable. ETY Du lat.

**2 savoir** *nm* Ensemble des connaissances acquises par l'apprentissage ou l'expérience.

**savoir-être** *nm inv* Comportement adéquat dans une situation donnée.

**savoir-faire** *nm inv* Habileté à mettre en œuvre ses connaissances, compétence.

**savoir-vivre** *nm inv* Connaissance des règles de politesse à respecter en société.

**savoisien** → **Savoie.**

**savon** *nm* **1** Produit obtenu par action d'un agent alcalin sur des corps gras, employé pour le blanchissage et le nettoyage ; morceau de ce produit. *Savon de Marseille.* **2** CHIM Nom générique des sels d'acides gras. **3** fam Semonce, réprimande. *Passer un savon à qqn.* ETY Du lat.

**Savonarole** **Girolamo Savonarola** (en fr. *Jérôme*) (Ferrare, 1452 – Florence, 1498), prédicateur italien. Ses prêches, dans le couvent Saint-Marc de Florence, dénonçaient la perversion des mœurs et la tyrannie des Médicis. La fuite de ceux-ci devant l'invasion française (1494) lui livra Florence, dont il fit une démocratie théocratique et policière. Il fut excommunié (1497) et condamné au bûcher (1498).

**Savone** v. d'Italie (Ligurie), sur le golfe de Gênes ; 61 800 hab. ; ch.-l. de la prov. du m. nom. Port actif. Centre industriel.

**savonner** *vt* 1 Laver au savon. *Se savonner le dos.* LOC fam ***Savonner la planche à qqn*** : chercher à le faire échouer. DER **savonnage** *nm*

**savonnerie** *nf* Usine de savon.

**Savonnerie (la)** manufacture de tapis créée en 1604 et transférée en 1627 dans une anc. savonnerie de Chaillot ; manufacture royale (1712), réunie aux Gobelins en 1826.

**savonnette** *nf* Petit savon parfumé pour la toilette.

**savonneux, euse** *a* **1** Qui contient du savon dissous. *Eau savonneuse.* **2** Qui rappelle le savon par son caractère onctueux et glissant. LOC ***Être sur une pente savonneuse*** : suivre une évolution fâcheuse qui mène à l'échec, à la décadence.

**savonnier, ère** *n, a* **A** *n* Ouvrier ou industriel qui fabrique du savon. **B** *a* Qui concerne le savon. **C** *nm* Arbre des régions tropicales (sapindacée), dont les fruits et le bois sont riches en saponine.

**Savorgnan de Brazza** → **Brazza.**

**savourer** *vt* 1 **1** Déguster, absorber lentement pour mieux goûter. *Savourer un vin, un mets.* **2** fig Jouir de qqch avec délectation. *Savourer une vengeance.* ETY De saveur.

**savoureux, euse** *a* **1** Qui a une saveur, un goût agréable. **2** fig Qui stimule agréablement l'intérêt. *Un récit savoureux.* DER **savoureusement** *av*

**savoyard** → **Savoie.**

**Sax Antoine Joseph**, dit **Adolphe** (Dinant, 1814 – Paris, 1894), facteur d'instruments et flûtiste belge naturalisé français. Inventeur des saxophones (1845) et des saxhorns.

**saxatile** *a* BOT Syn. de *saxicole.*

**saxe** *nm* Porcelaine de Saxe.

**Saxe** (en all. *Sachsen*), anc. État d'Allemagne situé au N. de la Bohême. DER **saxon, onne** *a, n*

**Histoire** Peuplée par les Saxons, la Saxe forma un duché au IX$^e$ s. En 1260, celui-ci fut scindé en Basse-Saxe et Haute-Saxe, scindées encore en 1485. Au XVII$^e$ s., la guerre de Trente ans ruina la Saxe, que supplantèrent le Brandebourg et la Prusse. En 1806, Napoléon en fit un royaume. Intégrée en 1871 à l'Empire allemand, la Saxe demeura un royaume jusqu'en 1918 ; puis son destin fut celui de l'Allemagne. Occupée en 1945 par l'URSS, la Saxe fit partie de la RDA. Dans l'Allemagne réunifiée (1990), elle constitue deux Länder : la Saxe proprement dite (cap. Dresde) et la Saxe-Anhalt (cap. Magdeburg). L'anc. Basse-Saxe était un Land de la RFA et le demeure (cap. Hanovre).

**Saxe** Land d'Allemagne et Région de l'UE, entre la Basse-Saxe, à l'O., et le Brandebourg, à l'E. ; 18 300 km$^2$ ; 4 100 000 hab. ; cap. *Dresde.* – Les montagnes du S. se consacrent à l'élevage ; les riches plaines du N., aux cultures intensives (blé, betterave, pomme de terre). Grâce au sous-sol (lignite, potasse, charbon) et aux traditions industr., la Saxe était la première région écon. de l'anc. RDA.

**Saxe (Basse-)** (en all. *Niedersachsen*), Land d'Allemagne et Région de l'UE, sur la mer du Nord ; 47 423 km$^2$ ; 7 800 000 hab. ; cap. *Hanovre.* – Le N. est peu fertile, contrairement au S. La région s'industrialisa grâce à ses gisements de potasse, de fer, de pétrole et de gaz ; après 1945, 2 millions de réfugiés de RDA ont grossi la main-d'œuvre et favorisé l'essor industriel.

**Saxe Maurice (comte de)** dit le **Maréchal de Saxe** (Goslar, 1696 – Chambord, 1750), fils naturel d'Auguste II (Électeur de Saxe et roi de Pologne) et d'Aurore von Königsmarck. Passé au service de la France (1720), maréchal en 1744, il fut victorieux à Fontenoy (1745).

**Saxe-Anhalt** Land d'Allemagne et Région de l'UE, situé au S.-O. de Berlin ; 20 445 km$^2$ ; 2 200 000 hab. ; cap. *Magdeburg.* Land agricole et minier.

**Saxe-Cobourg-Gotha** anc. duché allemand créé en 1806 par un échange de territoires ; cap. *Gotha.* – Descendant des Électeurs de Saxe, le premier duc, Ernest I$^{er}$, eut pour frère cadet Léopold I$^{er}$ de Belgique et pour fils aîné Albert, époux de la reine d'Angleterre Victoria, dont les descendants ont adopté en 1917 le nom de Windsor.

**Saxe-Weimar Bernard (duc de)** (Weimar, 1604 – Neuenburg, Bade, 1639), général allemand. Chef de l'armée suédoise (1632-1634), vaincu à Nördlingen (1634), il se rangea au côté de la France (1635).

**saxhorn** *nm* MUS Instrument à vent en cuivre, à embouchure et à pistons. ETY De *Sax*, n. pr.

**saxi-** Élément, du lat. *saxum*, « rocher ».

**saxicole** *a* BOT Se dit d'une plante qui croît sur les rochers. SYN saxatile.

**saxifragacée** *nf* BOT Plante dicotylédone à fleurs dialypétales des climats tempérés ou froids, dont le fruit est une capsule ou une baie, et dont la famille comprend le saxifrage et l'heuchère.

**saxifrage** *nf* BOT Plante herbacée, dont certaines espèces sont ornementales.

**saxifrage**

**saxitoxine** *nf* Toxine secrétée par des péridiniens planctoniques, susceptible de s'accumuler dans les tissus des moules et autres lamellibranches.

**saxo** *nm* Abrév. de *saxophone, saxophoniste.*

**Saxo Grammaticus** (XII$^e$ s.), premier écrivain danois. Il recueillit les traditions poétiques et historiques dans la *Gesta danorum.*

**saxon** *nm* LOC ***Vieux saxon*** : forme la plus archaïque du bas allemand.

**Saxons** peuple germanique établi v. le II$^e$ s. à l'embouchure de l'Elbe. Ils essaimèrent vers le S. et vers l'O. ; la branche frisonne s'implanta au V$^e$ s. dans le S. de l'Angleterre. Charlemagne les soumit (797) et les christianisa. DER **saxon, onne** *a*

**saxophone** *nm* Instrument de musique à vent en cuivre, à clés et à anche simple, pourvu d'un bec identique à celui d'une clarinette. ETY De *Sax*, n. pr. DER **saxophoniste** *n*

▶ illustr. **musique**

**Say Jean-Baptiste** (Lyon, 1767 – Paris, 1832), économiste français, hostile au protectionnisme.

**Sayda** → **Saïda.**

**saynète** *nf* **1** Petite pièce bouffonne du théâtre espagnol. **2** Petite pièce comique avec peu de personnages. ETY De l'esp.

**sayon** *nm* Casaque portée par les soldats gaulois et romains. ETY De l'esp.

**Sb** CHIM Symbole de l'antimoine.

**sbire** *nm* Homme de main.

**sbrinz** *nm* Variété suisse de gruyère, longuement affiné, à goût relevé. PHO [sbʀinz] ETY D'un n. pr.

**Sc** CHIM Symbole du scandium.

**scabieuse** *nf* BOT Plante herbacée (dipsacacée) à fleurs mauves, roses ou blanches, groupées en capitules. ETY Du lat.

**scabieux, euse** *a* MED Relatif à la gale.

**scabinal, ale** *a* **Belgique** Qui concerne l'échevin. PLUR scabinaux.

**scabreux, euse** *a* **1** Qui comporte des risques, des difficultés. *Entreprise scabreuse.* **2** Qui choque la décence. *Plaisanterie scabreuse.* ETY Du lat.

**Scævola** → **Mucius Scævola.**

**scaferlati** *nm* Tabac coupé en lanières minces pour la cigarette ou la pipe.

**Scala** → **Della Scala.**

**Scala (théâtre de la)** théâtre lyrique construit à Milan en 1778 par G. Piermarini.

**1 scalaire** *nm* ICHTYOL Poisson d'aquarium au corps aplati, souvent rayé de noir. ETY Du lat.

scalaire

**2 scalaire** *a* MATH Se dit d'une grandeur dont la mesure s'exprime par un nombre seul par oppos. aux *grandeurs vectorielles.* **LOC** ***Produit scalaire de deux vecteurs*** $\vec{V_1}$ et $\vec{V_2}$ : produit de leur module par le cosinus de l'angle α qu'ils forment ($\vec{V_1} \cdot \vec{V_2} = V_1 \ V_2 \cdot \cos \alpha$) ETY Du lat. par l'angl.

**scalde** *nm* LITTER Ancien poète scandinave. DER **scaldique** *a*

**scaldien** → **Escaut.**

**scalène** *a, nm* **A** *a* GEOM Se dit d'un triangle dont les trois côtés sont inégaux. **B** *nm* ANAT Chacun des trois muscles de la région située sous la clavicule, qui servent à l'inspiration. ETY Du lat.

**Scaliger** **Giulio Cesare Scaligero** (en fr. *Jules César*) (Riva del Garda, 1484 – Agen, 1558), médecin et écrivain italien. Sa *Poétique* annonce le classicisme.

**Scaligeri** → **Della Scala.**

**scalp** *nm* **1** Action de scalper ; chevelure d'un ennemi conservée comme trophée. **2** MED Arrachement traumatique d'une surface plus ou moins grande du cuir chevelu. ETY Mot angl.

**scalpel** *nm* Bistouri à lame fixe utilisé pour la dissection. ETY Du lat.

**scalper** *vt* ① **1** Découper la peau du crâne de qqn et l'arracher avec sa chevelure. **2** Arracher accidentellement la peau du crâne.

**Scamandre (le)** fl. qui arrosait la Troade. VAR **Xanthe**

**scampi** *nm* Grosse crevette servie frite. ETY Mot ital.

**scandale** *nm* **1** RELIG Discours, exemple corrupteurs qui incitent autrui à mal agir et à pécher. *Malheur à celui par qui le scandale arrive !* **2** Effet, indignation que suscite un acte, un événement qui choque la morale. *Ses paroles ont fait scandale. Au grand scandale de ses auditeurs.* **3** Événement, fait révoltant. **4** Affaire malhonnête qui arrive à la connaissance du public. *Le scandale des pots-de-vin.* **5** Bruit, désordre. *Scandale sur la voie publique.* ETY Du gr. *skandalon,* « obstacle ».

**scandaleux, euse** *a* **1** Qui crée du scandale. **2** Très choquant. *Une désinvolture scandaleuse.* DER **scandaleusement** *av*

**scandaliser** *v* ① **A** *vt* Provoquer le scandale ; révolter, choquer. *Sa conduite a scandalisé tout le monde.* **B** *vpr* S'indigner.

**scander** *vt* ① **1** Marquer la mesure d'un vers. **2** Prononcer en appuyant sur les mots, les syllabes. *Scander des slogans.* ETY Du lat. *scandere,* « escalader ».

**Scanderbeg** **Georges Castriota,** dit (?, v. 1403 – Leshi, 1468), prince albanais, surnommé le *prince* (beg) *Alexandre* (Scander). Il maintint, grâce à ses alliés occidentaux et à ses talents d'homme de guerre, l'indépendance de l'Albanie contre Murat II et Mehmet II. VAR **Skanderbeg, Skander-Beg**

**scandinave** *a* Se dit des langues germaniques parlées en Scandinavie (danois, suédois, norvégien, islandais).

**Scandinavie** rég. de l'Europe du N. comprenant la Norvège et la Suède auxquelles on joint traditionnellement le Danemark et, de plus en plus souvent, la Finlande. DER **scandinave** *a, n*

**scandium** *nm* CHIM **1** Élément métallique de numéro atomique Z = 21, de masse atomique 44,95 (symbole Sc). **2** Métal (Sc) gris de densité 3, qui fond à 1 540 °C. PHO [skɑ̃djɔm]

**Scanie (la)** (en suédois *Skåne*), presqu'île méridionale de la Suède, entre le Sund et la mer Baltique ; v. princ. *Malmö* ; plaine fertile. – Prov. danoise jusqu'en 1658.

**1 scanner** *nm* **1** TECH Appareil utilisé en photogravure et en informatique, qui analyse par rayon lumineux, point par point, le document à reproduire. **2** MED Syn. (déconseillé) de *scanographe.* **3** Appareil servant à balayer une gamme de fréquences afin de localiser un émetteur. PHO [skanɛʀ] ETY Mot angl. VAR **scanneur**

**2 scanner** *vt* ① **1** INFORM Numériser une image, un texte, par passage au scanner. **2** Balayer une gamme de fréquences avec un scanner. PHO [skane] VAR **scannériser** DER **scannage** *nm* ou **scannérisation** *nf*

**scanographe** *nm* MED Appareil de radiographie par rayons X permettant d'obtenir des séries de tomographies traitées par ordinateur. SYN tomodensitomètre, (déconseillé) scanner.

ENC Un scanographe (en anglais *scanner,* « examineur ») est un appareil radiologique qui fournit des *mesures de densité* en tout point d'une *coupe* du corps examiné, c'est-à-dire pour tous les points d'un plan qui « coupe » (au sens géométrique) une région de ce corps. La connaissance de ces mesures permet de construire une image de la « coupe », en attribuant à chaque point de cette image une intensité lumineuse ou une teinte.

**scanographie** *nf* MED Technique, application du scanographe. DER **scanographique** *a*

**scansion** *nf* **didac** Action ou manière de scander un vers.

**Scapa Flow** vaste rade des Orcades (N. de la G.-B.), base de la flotte britannique (à partir de 1914). La flotte allemande y fut placée sous surveillance en nov. 1918 et s'y saborda le 21 juin 1919.

**scaphandre** *nm* Équipement isolant individuel des plongeurs, des astronautes, etc. ETY Du gr. *skaphê,* « barque ».

**scaphandrier** *nm* Plongeur équipé d'un scaphandre.

**scaphite** *nm* PALEONT Ammonite du crétacé, à spire déroulée.

**scaphoïde** *a, nm* Se dit du petit os de la rangée supérieure des os du carpe et de la rangée antérieure des os du tarse. ETY Du gr.

**scaphopode** *nm* Mollusque marin ovipare, à pied allongé, à coquille en forme de cornet dont la classe comprend les dentales. ETY Du gr.

**Scapin** personnage de la comédie italienne, valet intrigant et rusé, repris par Molière dans *les Fourberies de Scapin* (1671).

**scapulaire** *nm, a* **A** *nm* **1** Vêtement porté par certains religieux catholiques latins, fait d'une pièce d'étoffe tombant des épaules, devant et derrière. **2** Objet de dévotion composé de deux petits morceaux d'étoffe bénis, réunis par des rubans qui s'attachent autour du cou. **B** *a* ANAT De l'épaule. ETY Du lat. *scapula,* « épaule ».

**scapulohuméral, ale** *a* ANAT Qui concerne l'omoplate et l'humérus. PLUR scapulohuméraux.

**scarabée** *nm* **1** Insecte coléoptère aux élytres noirs ou à reflets métalliques. **2** Dans l'ancienne Égypte, pierre sacrée, gravée en forme de scarabée.

scarabée

**Scarabée d'or (le)** l'une des *Histoires extraordinaires* de Poe (1840-1845).

**scarabéidé** *nm* Coléoptère lamellicorne dont la famille comprend les scarabées.

**Scaramouche** personnage bouffon de l'anc. comédie italienne, habillé de noir et portant de fortes moustaches.

**scare** *nm* Poisson téléostéen des récifs coralliens, aux couleurs vives, appelé aussi *poisson-perroquet.* ETY Du gr. *skaros,* propr. « bondissant ».

plongeur équipé d'un **scaphandre** « pieds-lourds »

**Scarface** film de H. Hawks (1932), avec Paul Muni et George Raft. Film de B. De Palma (1984) avec Al Pacino.

**scarieux, euse** *a* Se dit d'un organe mince, sec et semi-transparent. ETY Du gr. *eskhara*, « croûte ».

**scarificateur** *nm* **1** MED Appareil permettant de faire une scarification. **2** AGRIC Cadre muni de dents monté à l'arrière d'un tracteur pour scarifier le sol.

**scarification** *nf* **1** MED Incision peu profonde de l'épiderme, pratiquée notam. pour une vaccination. **2** Dans certains groupes ethniques d'Afrique, marquage rituel symbolisant l'appartenance au groupe, obtenu en introduisant une substance irritante dans une incision. **3** ARBOR Incision sur l'écorce d'un arbre, destinée à arrêter la circulation de la sève au voisinage des fruits.

**scarifier** *vt* ② **1** MED, ARBOR Faire une scarification sur. **2** AGRIC Labourer légèrement pour ameublir la terre. ETY Du lat. DER **scarifiage** *nm*

**scarlatine** *nf, af* Maladie infectieuse avec fièvre et rougeurs. ETY Du lat.

**Scarlatti** Alessandro (Palerme, 1660 – Naples, 1725), compositeur italien. Il fixa la forme de l'opéra napolitain : *Il Mitridate Eupatore* (1707), *Il Trionfo della libertà* (1707), *Cambise* (1719), *la Griselda* (1721). — **Domenico** (Naples, 1685 – Madrid, 1757), compositeur, fils du préc. : opéras, œuvres religieuses et, surtout, 555 *Exercices* pour clavecin, brèves sonates éblouissantes de grâce.

**Scarlett O'Hara** héroïne du roman de M. Mitchell *Autant en emporte le vent* (1936).

**scarole** *nf* Chicorée aux longues feuilles peu dentées que l'on mange en salade.

**Scarpa** Antonio (en Vénitie, 1752 – Pavie, 1832), chirurgien italien, auteur d'importants travaux d'anatomie.

**Scarpe (la)** riv. de France (100 km), affl. de l'Escaut (r. g.) ; canalisée depuis Arras.

**Scarron** Paul (Paris, 1610 – id., 1660), écrivain français. Privé en 1638 de l'usage de ses jambes par une maladie, il créa la poésie burlesque et publia le *Roman comique* (1651-1657). Il avait épousé en 1652 Françoise d'Aubigné (future Mme de Maintenon).

**scat** *nm* MUS Style de jazz vocal dans lequel les paroles sont remplacées par des onomatopées. ETY Mot amér., onomatopée.

**scato-** Élément, du gr. *skatos*, « excrément ».

**scatologie** *nf* didac Propos, écrits portant sur les excréments. DER **scatologique** *a*

**scatophile** *a* SC NAT Qui vit, qui pousse sur les excréments.

**sceau** *nm* **1** Cachet apposé sur des actes pour les rendre authentiques ou les clore de façon inviolable. **2** Empreinte faite avec ce cachet. *Apposer son sceau.* **3** Caractère inviolable. *Confier sous le sceau du secret.* **4** Marque, signe. *Le sceau du génie.* PHO [so] ETY Du lat.

**sceau-cylindre** *nm* ARCHEOL Petit cylindre portant une gravure en creux que l'on pouvait reproduire en le roulant dans l'argile (Moyen-Orient, IIIe et IIe millénaires). SYN cylindre-sceau. PLUR sceaux-cylindres.

**sceau-de-Salomon** *nm* Plante des bois (liliacée), aux fleurs blanc verdâtre, dont le rhizome porte des empreintes semblables à un sceau. PLUR sceaux-de-Salomon.

**Sceaux** ch.-l. de cant. des Hauts-de-Seine (arr. d'Antony) ; 19 494 hab. Aggl. résidentielle. – Du château XVIIe s., démoli en 1798, il reste le parc, conçu par Le Nôtre, où se trouve le musée de l'Île-de-France. DER **scéen, enne** *a, n*

**scélérat, ate** *a, n* litt Coupable ou capable de crimes, d'actions malhonnêtes. LOC HIST ***Lois scélérates*** : nom donné aux lois qui, votées en 1894, après l'assassinat du président Sadi Carnot, soumettaient les délits de presse aux tribunaux correctionnels. PHO [selera, at] ETY Du lat. *scelus*, « crime » DER **scélératesse** *nf*

**scellement** *nm* CONSTR **1** Action de sceller. **2** Extrémité scellée dans la maçonnerie d'une pièce.

**sceller** *vt* ① **1** Appliquer un sceau sur un acte. **2** Apposer les scellés sur. *Sceller un local.* **3** Fermer hermétiquement. *Sceller une bouteille.* **4** Cacheter une lettre. **5** CONSTR Fixer l'extrémité d'une pièce dans un mur avec du plâtre, du ciment. **6** fig Confirmer, ratifier. *Sceller une alliance.* ETY Du lat. DER **scellage** *nm*

**scellés** *nm pl* DR Bande d'étoffe ou de papier, ou ficelle fixée par de la cire empreinte d'un sceau officiel, apposée par autorité de justice sur un meuble ou un local pour en empêcher l'ouverture.

**Scelsi** Giacinto (La Spezia, Ligurie, 1905 – Rome, 1988), compositeur italien, dont le langage repose sur la densité du son et sa position spatiale : *Quatuor à cordes n° 4* (1964), *Pranam* (1972).

**scénarimage** *nm* CINE Syn. (recommandé) de *story-board.*

**scénario** *nm* **1** Canevas d'une pièce de théâtre, d'un roman. **2** Description détaillée des différentes scènes d'un film. **3** Histoire d'une bande dessinée, d'un logiciel de jeu, d'une application multimédia. **4** fig Déroulement, préétabli ou prévisible, d'une action. *Examiner différents scénarios de crise.* ETY De l'ital.

**scénariser** *vt* ① Élaborer un scénario à partir d'une œuvre littéraire, d'une situation, etc. *Scénariser un film publicitaire.* DER **scénarisation** *nf*

**scénariste** *n* Auteur de scénarios pour le cinéma, la télévision, une bande dessinée, un logiciel de jeu, etc.

**scénaristique** *a* Du scénario d'un film.

**scène** *nf* **1** Partie du théâtre où jouent les acteurs. *Entrer en scène.* **2** Art du théâtre. *Cet acteur est passé de la scène à l'écran.* **3** Lieu où se passe l'action ; décor. *La scène est à Paris. La scène représente le palais d'Auguste.* **4** Chacune des parties d'un acte dans une pièce de théâtre. **5** Action, évènement remarquable, émouvant, drôle, etc. *Être témoin d'une scène attendrissante.* **6** Querelle. *Scène de ménage.* LOC ***Mettre en scène*** : assurer la réalisation d'un film, d'une pièce. ETY Du gr.

**Scènes de la vie de bohème** suite de 24 nouvelles (1847-1849) de Murger, qui adapta son œuvre au théâtre (1851) avec Théodore Barrière (1823-1877). ▷ MUS *La Bohème*, opéra de Puccini (1896). ▷ CINE *La Bohème*, de King Vidor (1926), avec Lilian Gish ; *la Vie de bohème*, de M. L'Herbier (1942) ; *la Vie de bohème* (France, 1992), du Finlandais Aki Kaurismaki.

**scénique** *a* **1** Adapté aux exigences du théâtre. *Lieu scénique.* **2** Qui a rapport à la scène, au théâtre. DER **scéniquement** *av*

**scénographie** *nf* didac **1** Technique des aménagements intérieurs des théâtres, de la scène. **2** Organisation, aménagement de l'espace d'un musée, d'une exposition, etc. DER **scénographe** *n* – **scénographique** *a*

**scénographier** *vt* ① Assurer la scénographie d'un spectacle, d'une exposition.

**scénologie** *nf* didac Science de la mise en scène. DER **scénologique** *a*

**scepticisme** *nm* **1** PHILO Doctrine philosophique qui conteste à l'esprit la possibilité d'atteindre avec certitude à la connaissance et érige le doute en système. **2** fig Incrédulité, doute. *Ses thèses hardies furent reçues avec scepticisme.*

**sceptique** *a, n* **1** PHILO Qui professe le scepticisme ; qui se rapporte à cette doctrine. **2** Incrédule, non convaincu de qqch. *Je reste sceptique quant à son honnêteté.* ETY Du gr. *skeptikos*, « observateur ». DER **sceptiquement** *av*

**sceptre** *nm* **1** Bâton de commandement, symbole de l'autorité monarchique. **2** fig Pouvoir souverain. **3** litt Signe de supériorité, prééminence. ETY Du lat.

**Scève** Maurice (Lyon, v. 1501 – id., v. 1560), poète français ; le plus célèbre des lettrés de l'école de Lyon avec Louise Labé : *Blasons* (1536) ; *Microcosme* (1562), épopée biblique ; *Délie, objet de plus haute vertu* (1544), chant d'amour platonique.

**schabraque** → **chabraque.**

**Schacht** Hjalmar (Tingleff, 1877 – Munich, 1970), homme politique allemand. Ministre de l'Économie (1934-1937), il fut incarcéré par Hitler (1944-1945) et acquitté à Nuremberg (1946).

**Schaeffer** Pierre (Nancy, 1910 – Les Milles, Savoie, 1995), ingénieur et musicien français, pionnier de la musique concrète : *Symphonie pour un homme seul* (1950).

**Schaerbeek** com. de Belgique, fbg N.-E. de Bruxelles ; 106 760 hab. Industries.

**Schaffhouse** (en all. *Schaffhausen*), com. de Suisse ; ch.-l. du cant. du m. nom, sur la r. dr. du Rhin (en amont d'une import. chute) ; 34 630 hab. – Pittoresque cité médiévale. Cath. romane. – Le *canton de Schaffhouse* (298 km$^2$ ; 75 303 hab.), limitrophe de l'Allemagne, s'étend sur un plateau coupé de vallées fertiles (polyculture) ; l'industrie se concentre à Schaffhouse. Le canton entra dans la Confédération en 1501.

**schah** *nm* Titre des souverains d'Iran. PHO [ʃa] VAR **shah** ou **chah**

**schako** → **shako.**

**schappe** *nf* TECH Fils obtenus par filature des déchets de soie. ETY Mot germ.

**schapska** → **chapska.**

**Scharnhorst** Gerhard von (Bordenau, Hanovre, 1755 – Prague, 1813), général prussien. Il réorganisa l'armée après 1807.

**Schatzman** Evry (Neuilly-sur-Seine, 1920 – Paris, 2010), astrophysicien français : travaux sur l'évolution des étoiles, notam. du Soleil.

**Schawlow** Arthur Leonard (Mount Vernon, État de New York, 1921 – Stanford, Californie, 1999), physicien américain. Avec C. H. Townes, il donna dès 1958 le principe du laser. P. Nobel 1981 avec N. Bloembergen et K. Siegbahn.

**Scheel** Walter (Solingen, 1919), homme politique ouest-allemand ; leader du parti libéral (1968) ; président de la République de 1974 à 1979.

**Scheele** Carl Wilhelm (Stralsund, 1742 – Köping, 1786), chimiste suédois. Il isola l'hydrogène (1768), l'oxygène (1773), le chlore (1774), et découvrit la glycérine (1779).

**Schefferville** anc. ville minière de l'E. du Québec abandonnée dans les années 1980.

**Schéhadé** Georges (Alexandrie, 1907 – Paris, 1989), écrivain libanais d'expression française. Ses poèmes et son théâtre (*Monsieur Bob'le*, 1951 ; *la Soirée des proverbes*, 1954 ; *Histoire de Vasco*, 1956 ; *l'Émigré de Brisbane*, 1965) mêlent l'humour et le pathétique.

**Schéhérazade** personnage des *Mille et Une Nuits*, épouse du sultan Châhriyâr auquel elle racontait ses contes. ▷ MUS *Schéhérazade*, poème symphonique de Rimski-Korsakov (1888) ; *Schéhérazade*, poèmes lyriques de Ravel (1903) sur 3 textes de Tristan Klingsor (1874 – 1966). VAR **Shéhérazade**

**scheidage** *nm* TECH Triage à la main du minerai. PHO [edaʒ] ETY De l'all. *scheiden*, « séparer ».

**Scheidt Samuel** (Halle, 1587 – id., 1654), organiste et compositeur all. (orgue et chœurs).

**scheikh** → **cheik.**

**Scheiner Christoph** (Wald, Souabe, 1575 – Neisse, 1650), jésuite, astronome et opticien allemand : travaux sur le Soleil.

**schelem** → **chelem.**

**Scheler Max** (Munich, 1874 – Francfort-sur-le-Main, 1928), philosophe allemand. Il accorde le primat à la personne humaine : *le Renversement des valeurs* (1919), *Nature et formes de la sympathie* (1923).

**Schelling Friedrich Wilhelm Joseph von** (Leonberg, Wurtemberg, 1775 – Bad Ragaz, Suisse, 1854), philosophe allemand. Parti de Kant et de Fichte, il professa une « philosophie de la nature » (*Système de l'idéalisme transcendantal*, 1800) puis une « philosophie de l'identité » (*Dialogue sur le principe divin et le principe naturel des choses*, 1802) et, finalement, il remplaça l'absolu par un Dieu plus personnel (*Philosophie de la Révélation*, 1854).

**schéma** *nm* **1** Représentation simplifiée d'un objet, d'un ouvrage, d'un organisme, destinée à expliquer sa structure, à faire comprendre son fonctionnement. **2** Plan sommaire d'un ouvrage de l'esprit. **LOC** ***Schéma directeur*** **:** fixant le développement de l'urbanisation d'une région. ETY Du gr. *skhêma*, « manière d'être ».

**schématique** *a* **1** Qui constitue un schéma, une représentation simplifiée. **2** Sommaire, rudimentaire. DER **schématiquement** *av*

**schématiser** *vt* ① **1** PHILO Considérer les objets comme des schèmes. **2** Représenter d'une manière schématique. DER **schématisable** *a* – **schématisation** *nf*

**schématisme** *nm* **1** PHILO Usage des schèmes, chez Kant. **2** Caractère schématique ; simplification excessive.

**schème** *nm* **1** PHILO Chez Kant, représentation qui assure un rôle d'intermédiaire entre les catégories de l'entendement et les phénomènes sensibles. *Le schème pur de la quantité est le nombre.* **2** didac Disposition, forme, structure.

**Schenectady** v. des É.-U. (État de New York) ; 65 560 hab. Grand centre industriel.

**Schengen (accords de)** conventions signées en 1985 à Schengen (Luxembourg) par la France, l'Allemagne, la Belgique, les Pays-Bas et le Luxembourg et intégrées en 1997 au traité d'Amsterdam. À partir de 1990, les autres pays de l'UE (à l'exception de la G.-B. et de l'Irlande qui ne signent que les accords sur la coopération policière), ainsi que la Suisse, l'Islande et la Norvège ratifient peu à peu les conventions. Les accords instaurent la libre circulation des personnes à l'intérieur de l'« espace Schengen » et une politique commune à l'égard des tiers (visas, fichier informatisé commun).

**Scherchen Hermann** (Berlin, 1891 – Florence, 1966), chef d'orchestre allemand. Il a promu la musique contemporaine.

**scherzando** *av* MUS Avec légèreté et gaité. PHO [skɛʀdzɑ̃do]

**scherzo** *nm, av* MUS **A** *nm* Morceau de caractère vif et brillant, qui se substitue au menuet dans la symphonie, le quatuor, etc. dès le début du XVIII^e s. **B** *av* Dans le mouvement du scherzo. PHO [skɛʀdzo] ETY Mot ital.

**Scheveningen** port et banlieue de La Haye. Stat. balnéaire.

**Schiaparelli Giovanni** (Savigliano, 1835 – Milan, 1910), astronome italien. Il observa sur Mars ce qu'il crut être des canaux.

**schibboleth** *nm* litt Test, épreuve décisive. PHO [ʃibɔlɛt] ETY Mot hébreu.

**schiedam** *nm* Eau-de-vie de Belgique et des Pays-Bas, parfumée au genièvre. PHO [skidam] ETY Du n. pr.

**Schiedam** v. industr. et port des Pays-Bas (Hollande-Méridionale) ; 69 280 hab.

**Schiele Egon** (Tull, 1890 – Vienne, 1918), peintre et graveur autrichien expressionniste. L'érotisme de certaines de ses œuvres lui valut la prison (*Autoportrait en prisonnier*, 1912).

**Egon Schiele** *Autoportrait aux alkékenges*, huile et détrempe sur bois, 1912 – coll. Léopold, Vienne

**Schiller Friedrich von** (Marbach, Wurtemberg, 1759 – Weimar, 1805), poète et dramaturge allemand. Ses premiers drames (*les Brigands*, 1782 ; *la Conjuration de Fiesque*, 1783) exaltent le droit des peuples et la tolérance. En 1785, il écrivit *l'Ode à la joie* (V. Hymne à la joie), et, en 1787, le drame *Don Carlos*. Professeur d'histoire à l'université d'Iéna en 1789, il publia *Histoire de la guerre de Trente Ans* (1791-1793), traités et essais (notam. esthétiques) *Ballades* (1797) et *le Chant de la cloche* (1799), *Wallenstein* (trilogie, 1798-1799), puis il revint au théâtre : *Marie Stuart* (1800), *la Pucelle d'Orléans* (1801), *la Fiancée de Messine* (1803), *Guillaume Tell* (1804).

**Friedrich von Schiller**

**schilling** *nm* Anc. unité monétaire de l'Autriche. PHO [ʃiliŋ]

**Schiltigheim** ch.-l. de cant. du Bas-Rhin (arr. de Strasbourg) ; 30 841 hab. Industries. DER **schilikois, oise** *a, n*

**Schinkel Karl Friedrich** (Neuruppin, Brandebourg, 1781 – Berlin, 1841), peintre et architecte allemand (plusieurs monum. à Berlin).

**Schiphol** aéroport d'Amsterdam.

**Schirmeck** chef-lieu de cant. du Bas-Rhin (arr. de Molsheim), sur la Bruche ; 2 177 hab. – Camp de concentration nazi. DER **schirmeckois, oise** *a, n*

**schisme** *nm* **1** RELIG Séparation amenant la rupture de l'unité des fidèles, dans une religion. **2** Division, scission dans un mouvement, un parti. ETY Du gr. DER **schismatique** *a, n*

ENC Les princ. schismes de l'Église catholique sont : celui des donatistes au IV^e s. ; le schisme d'Orient, au XI^e s., provoqué par les désaccords qui opposaient, dès le IV^e s., le clergé byzantin au clergé romain ; le grand schisme d'Occident, qui divisa l'Église de 1378 à 1417 et donna lieu à l'élection de papes siégeant simultanément à Rome et à Avignon. En 1417, lors du concile de Constance, Martin V fut reconnu comme seul pape.

**schiste** *nm* Roche sédimentaire de structure feuilletée, provenant de la transformation des argiles. **LOC** ***Schistes bitumineux*** **:** schistes imprégnés de bitume, que l'on peut extraire par chauffage. ETY Du gr. *skhistos*, « qu'on peut fendre ». DER **schisteux, euse** *a*

**schistoïde** *a* GEOL Qui l'apparence du schiste.

**schistosité** *nf* GEOL Structure feuilletée d'une roche.

**schistosome** *nm* Bilharzie.

**schistosomiase** *nm* Bilharziose.

**schizo-** Élément, du gr. *skhizein*, « fendre ». PHO [skizo]

**schizogamie** *nf* BIOL Mode de reproduction asexuée par division de l'organisme.

**schizoïdie** *nf* Constitution mentale prédisposant à la schizophrénie. DER **schizoïde** *a, n*

**schizophrénie** *nf* PSYCHIAT Psychose caractérisée par une dissociation des différentes fonctions psychiques et mentales, accompagnée d'une perte de contact avec la réalité et d'un repli sur soi. ETY De *schizo-*, et du gr. *phrên, phrenos*, « esprit ». DER **schizophrène** *n, a* – **schizophrénique** *a*

**schlague** *nf* Punition corporelle en usage dans les anciennes armées allemandes. **LOC** ***Mener, conduire à la schlague*** **:** d'une manière autoritaire et brutale. ETY De l'all.

**schlamm** *nm* MINES Poudre fine, produit du concassage d'un minerai. ETY Mot all.

**schlass** *a inv* fam Ivre. PHO [ʃlas] ETY Mot all.

**Schlegel August Wilhelm von** (Hanovre, 1767 – Bonn, 1845), écrivain allemand, théoricien du romantisme (*Cours de littérature dramatique*, 1808-1809), traducteur de Shakespeare, Calderón, Pétrarque, etc. — **Friedrich** (Hanovre, 1772 – Dresde, 1829), écrivain, critique et orientaliste allemand, frère du préc., avec lequel il publia en 1798 la revue romantique *l'Athenäum*.

**Schleicher August** (Meiningen, 1821 – Iéna, 1868), linguiste allemand, auteur de travaux sur l'indo-européen.

**Schleiermacher Friedrich, Daniel Ernst** (Breslau, 1768 – Berlin, 1834), théologien allemand. Selon lui, la religion est le sens de la relation entre l'unique et l'infini, et ne s'oppose donc ni à la métaphysique ni à l'histoire : *Monologues* (1800).

**Schleswig-Holstein** Land d'Allemagne et Région de l'UE, à la frontière danoise ; 15 720 km$^2$ ; 2 614 100 hab. ; cap. *Kiel*. – Bordé par la mer du Nord et par la Baltique, cet État agricole a développé ses industries après 1945, notam. à Kiel et à Lübeck.
**Histoire** En 1460, le duché danois de Slesvig (Schleswig) et le comté (duché en 1474) de Holstein devinrent la propriété personnelle du roi de Danemark, qui les perdit au XVI^e s. et les retrouva en 1815. À l'issue de la guerre des Duchés, la Prusse les annexa (1867). En 1920, par plébiscite, le nord du Schleswig fut rendu aux Danois et le Sud forma avec le Holstein un Land allemand.

**Schlick Moritz** (Berlin, 1882 – Vienne, 1936), logicien allemand, l'un des fondateurs du cercle de Vienne.

**Schlieffen** Alfred (comte von) (Berlin, 1833 – id., 1913), maréchal allemand. Chef d'état-major (1891-1906), il conçut le plan d'attaque de la France que l'Allemagne appliqua en 1914.

**Schliemann** Heinrich (Neubukow, Mecklembourg, 1822 – Naples, 1890), archéologue allemand. Il pratiqua, à partir de 1870, des fouilles à Hissarlik, emplacement présumé de l'anc. Troie, puis à Mycènes (1874), Orchomène (1880) et Tirynthe (1884).

**schlitte** *nf* TECH Traîneau employé dans les Vosges pour descendre le bois abattu des hauteurs dans les vallées.

**schlitter** *vt* ① TECH Faire descendre du bois au moyen de la schlitte. DER **schlittage** *nm* – **schlitteur** *nm*

**Schlœsing** Jean-Jacques Théophile (Marseille, 1824 – Paris, 1919), biochimiste français : travaux sur la fixation de l'azote par les végétaux.

**Schlöndorff** Volker (Wiesbaden, 1939), cinéaste allemand : *les Désarrois de l'élève Törless* (1966), *l'Honneur perdu de Katharina Blum* (1975), *le Tambour* (1978), *Un amour de Swann* (1983), *les Légendes de Rita* (2000).

**Schlucht** (col de la) col des Vosges (1 258 m), sur la route Paris-Colmar. Station de sports d'hiver.

**Schlumberger** Jean (Guebwiller, 1877 – Paris, 1968), écrivain français : romans (*Saint-Saturnin*, 1931), théâtre (*la Mort de Sparte*, 1921), essais (*Madeleine et André Gide*, 1956).

**Schlumberger** Conrad (Guebwiller, 1878 – Stockholm, 1936), physicien et industriel français. Inventeur d'un procédé électrique de prospection minière, il fonda avec son frère **Marcel** (Guebwiller, 1884 – Le Val Richer, 1953) une société de services pour l'industrie du pétrole, toujours leader dans ce secteur.

**Schlüter** Poul (Tønder, 1929), homme politique danois, Premier ministre (conservateur) de 1982 à 1993.

**Schmidt** Arno (Hambourg, 1914 – Bargfeld, 1979), écrivain allemand : *Léviathan* (nouvelles, 1949) ; trilogie des *Enfants de Nobodaddy* (1951-1953), dont *Scènes de la vie d'un faune* ; *Berechnungen I* (1955), *II* (1956) et *III* (1980) ; *Zettels Traum* (1970).

**Schmidt** Helmut (Hambourg, 1918 – id., 2015), homme politique allemand social-démocrate ; chancelier de la RFA de 1974 à 1982.

**Schmidt-Rottluff** Karl (Rottluff, près de Chemnitz, 1884 – Berlin-Ouest, 1976), peintre et graveur expressionniste allemand ; l'un des fondateurs du groupe Die Brücke.

**schmilblick** *nm* LOC fam *Faire avancer le schmilblick* : débloquer la situation.

**schmitt** *nm* fam Policier. PHO [ʃmit] ETY Mot all.

**Schmitt** Florent (Blâmont, Meurthe-et-Moselle, 1870 – Neuilly-sur-Seine, 1958), compositeur français : *Psaume XLVII* (1904) ; *la Tragédie de Salomé* (mimodrame, 1907) ; musique de chambre.

**Schnabel** Artur (Lipnik, 1882 – Morschach, Suisse, 1951), pianiste américain d'origine autrichienne, interprète du répertoire romantique.

**Schnabel** Julian (New York, 1951), peintre américain, adepte du postmodernisme.

**schnaps** *nm* Eau-de-vie dans les pays germaniques. PHO [ʃnaps] ETY Mot all.

**schnauzer** *nm* Chien à poil dru, proche du griffon. PHO [ʃnawzɛʀ] ETY Mot suisse all.

**Schnebel** Dieter (Lahr, 1930), compositeur allemand, auteur d'œuvres expérimentales.

**Schneider** famille d'industriels français. — **Eugène** (Bidestroff, 1805 – Paris, 1875), et son frère **Adolphe** (Nancy, 1802 – Le Creusot, 1845) donnèrent un essor considérable aux forges du Creusot à partir de 1836.

**Schneider** Hortense (Bordeaux, 1833 – Paris, 1920), actrice et chanteuse française ; interprète des opérettes d'Offenbach.

**Schneider** Rosemarie Albach-Retty, dite Romy (Vienne, 1938 – Paris, 1982), actrice de cinéma autrichienne : série des *Sissi* (1954-1957), *les Choses de la vie* (1969), *César et Rosalie* (1972), *la Mort en direct* (1980).

**Romy Schneider** dans *L'important, c'est d'aimer*, 1974

**Schnittke** Alfred Garrievitch (Engels, région de Saratov, 1934 – Hambourg, Allemagne, 1998), compositeur allemand d'origine russe (double nationalité en 1990), influencé par Prokofiev puis par la mus. sérielle.

**Schnitzler** Arthur (Vienne, 1862 – id., 1931), écrivain autrichien ; peintre de Vienne en 1900. Théâtre : *Liebelei* (1895), *la Ronde* (1900). Romans : *Lieutenant Gustl* (1901), *Mademoiselle Else* (1924).

**schnock** *a inv, nm* fam Imbécile, fou. PHO [ʃnɔk] VAR **chnoque**

**schnorchel** *nm* Dispositif permettant à un sous-marin de rester en communication avec l'atmosphère et d'utiliser ses diésels pour assurer sa propulsion et recharger ses batteries. PHO [ʃnɔʀkɛl] ETY Mot all., « renifleur ». VAR **schnorkel**

**schnouf** *nf* fam Drogue. ETY De l'all. VAR **chnouf**

**Schœlcher** ch.-l. de cant. de la Martinique ; 20 300 hab. DER **schœlcherois, oise** *a, n*

**Schœlcher** Victor (Paris, 1804 – Houilles, 1893), homme politique français. Sous-secrétaire d'État à la Marine pendant la révolution de 1848, il obtint l'abolition de l'esclavage (27 avr. 1848). Ses cendres sont au Panthéon.

**Schöffer** Peter (Gernsheim, près de Darmstadt, v. 1425 – Mayence, v. 1502), imprimeur allemand ; gendre et successeur de Fust.

**Schöffer** Nicolas (Kalocsa, auj. Autriche, 1912 – Paris, 1992), sculpteur français d'origine hongroise ; pionnier de l'art cinétique.

**Schola cantorum** école de musique fondée à Paris en 1894 par Charles Bordes, Vincent d'Indy et Alexandre Guilmant.

**Scholastique** (sainte) (Nursie, Pérouse, v. 480 – Piumarola, près du mont Cassin, v. 547), sœur jumelle de saint Benoît de Nursie ; fondatrice de l'ordre des Bénédictines.

**Scholem** Gershom (Berlin, 1897 – Jérusalem, 1982), philosophe israélien : travaux sur la Kabbale.

**scholiaste** → **scoliaste.**

**scholie** → **scolie 1.**

**Schomberg** Frédéric Armand (duc de) (Heidelberg, 1615 – sur les rives de la Boyne, Irlande, 1690), homme de guerre allemand. Il servit la Suède, la France (1650-1685), qu'il quitta à la révocation de l'édit de Nantes, puis Guillaume d'Orange.

**Schönberg** Arnold (Vienne, 1874 – Los Angeles, 1951), compositeur autrichien. D'abord influencé par Wagner et Mahler, il élimine les relations tonales et élabore le *Sprechgesang* (« mélodie parlée ») dans *Pierrot lunaire* (1912). À partir de 1923, il se fonde sur la notion de série : *Suite pour piano* op. 25 (1923), *Moïse et Aron* (opéra inachevé, 1930-1932). Fuyant le nazisme, il développe aux É.-U. (1933) un dodécaphonisme « classique » : *Un survivant de Varsovie* (oratorio, 1947). VAR **Schoenberg** DER **schönbergien, enne** *a* ▶ illustr. p. 1468

**Schönbrunn** château construit sous le règne de Marie-Thérèse (XVIII$^e$ s.) pour les empereurs d'Autriche (résidence d'été), dans la banlieue de Vienne.

**Schongauer** Martin (Colmar [?], v. 1450 – Vieux-Brisach, 1491), peintre et graveur alsacien. Ses estampes influencèrent Dürer.

**Schopenhauer** Arthur (Dantzig, 1788 – Francfort-sur-le-Main, 1860), philosophe allemand. *Le Monde comme volonté et comme représentation* (1818) prône la volonté : renoncement au plaisir (simple répit négatif), culte de l'art, ascétisme, et fait de la pitié le fondement de la morale. Citons aussi *De la quadruple racine du principe de raison suffisante* (1813).

**V. Schœlcher**

**Schopenhauer**

**schorre** *nm* GEOMORPH Partie haute de la zone vaseuse d'un estuaire et du littoral, où croissent des plantes halophiles, par oppos. à la *slikke*. PHO [ʃɔʀ] ETY Mot flamand.

**Schottky** Walter (Zurich, 1886 – Pretzfeld, Bavière, 1976), physicien allemand : travaux sur l'électronique des solides.

**schrapnell** → **shrapnel.**

**Schrieffer** John Robert (Oak Park, Illinois, 1931), physicien américain : travaux sur la supraconductivité. Prix Nobel 1972 avec J. Bardeen et L. N. Cooper.

**Schrœder** Barbet (Téhéran, 1941), cinéaste français. *More* (1969), *la Vierge des tueurs* (2000), *l'Avocat de la terreur* (2007).

**Schröder** Gerhard (Mossenberg, Rhénanie-du-N.-Westphalie, 1944), homme politique allemand ; social-démocrate. Chancelier de 1998 à 2005, il a fait entrer les Verts dans son gouv. et appliqué certaines mesures libérales.

**Schrödinger** Erwin (Vienne, 1887 – id., 1961), physicien autrichien : importants travaux de physique nucléaire et de mécanique ondulatoire. P. Nobel 1933 avec P. Dirac.

**Schtroumpfs (les)** héros d'une bande dessinée de Peyo (à partir de 1959), petits bonshommes bleus au parler étrange.

**Schtroumpfs (les)**

**Schubert** Franz (Vienne, 1797 – id., 1828), compositeur autrichien. Son sens de la ligne mélodique anime ses 600 lieder (cycles de *la Belle Meunière*, 1823, du *Chant du cygne*, 1828), ses nombr. pièces pour piano, sa musique de chambre (*la Truite*, 1819, *la Jeune Fille et la Mort*, 1824-1826). Schubert a également laissé des opéras, des messes, des motets et neuf symphonies, dont la *Tragique* (1816) et l'*Inachevée* (1822). Il mourut du typhus. DER **schubertien, enne** *a, n*

**A. Schönberg**

**F. Schubert**

**Schultz** Theodore William (Arlington, Dakota du Sud, 1902 – Chicago, Illinois, 1998), économiste américain : travaux sur l'agriculture dans le tiers-monde. Prix Nobel 1979.

**Schulz** Bruno (Drogobytch, 1892 – id., 1942), écrivain et dessinateur polonais, proche de Kafka et de Gombrowicz : *les Boutiques de cannelle* (1934). Juif, il fut assassiné par la Gestapo.

**Schulz** Charles (Minneapolis, 1922 – Santa Rosa, Californie, 2000), auteur américain de bandes dessinées, créateur de *Peanuts*.

**Schumacher** Michael (Cologne, 1969), coureur automobile allemand, sept fois champion du monde (1994, 1995, 2000-2004).

**Schuman** Robert (Luxembourg, 1886 – Scy-Chazelles, Moselle, 1963), homme politique français ; l'un des « pères de l'Europe ». Député MRP (1945), président du Conseil (1947-1948), l'un des fondateurs de la CECA (1951), il présida l'Assemblée européenne (1958-1960).

**Schumann** Robert (Zwickau, 1810 – Endenich, près de Bonn, 1856), compositeur allemand. En 1840, il épousa Clara Wieck (1819 – 1896), pianiste qui fut son inspiratrice et son interprète. Dès 1833, il souffrit d'une affection cérébrale qui le mènera à l'asile d'Endenich (1854). Romantique, il écrivit : pour le piano, *Carnaval* (1834-1835), *Kreisleriana* (1838), un *Concerto* (1845) ; des lieder (cycles *l'Amour et la vie d'une femme*, 1840 ; *les Amours du poète*, 1840) ; de la mus. de chambre, quatre symphonies, des *Concertos pour violoncelle* (1850) et *pour violon* (1853). DER **schumannien, enne** *a, n*

**Schumann** Maurice (Paris, 1911 – id., 1998), homme politique français. Gaulliste, il fut « la voix de la France libre » à Radio Londres (1940-1944), puis l'un des fondateurs du MRP.

**Schumpeter** Joseph (Třešt, 1883 – Salisbury, 1950), économiste autrichien : *Capitalisme, socialisme et démocratie* (1942).

**Schuschnigg** Kurt von (Riva, lac de Garde, 1897 – Mutters, Tyrol, 1977), homme politique autrichien. Député chrétien-social (1927), chancelier en 1934, il tenta d'éviter l'Anschluss. Hitler obtint sa démission (11 mars 1938) et le déporta à Dachau (1938-1945).

**schuss** *nm, av* SPORT Au ski, descente en trace directe suivant la ligne de la plus grande pente. **LOC** fam *Tout schuss* : directement et rapidement. PHO [ʃus] ETY De l'all.

**Schüssel** Wolfgang (Vienne, 1945), homme politique autrichien. Chef des conservateurs, il a été chancelier de 2000 à 2006 avec l'appui de l'extrême droite.

**Schütz** Heinrich (Köstritz, Bad Köstritz, 1585 – Dresde, 1672), compositeur allemand. Influencé par la tradition italienne et la polyphonie allemande, il créa un style de cantate (*Symphoniae sacrae*, 1629, 1647 et 1650) que Bach portera à sa perfection.

**Schwäbisch Gmünd** v. d'All. (Bade-Wurtemberg) ; 56 140 hab. – Église-halle XIV$^{e}$ s.

**Schwann** Theodor (Neuss am Rhein, 1810 – Cologne, 1882), physiologiste allemand. Il définit la cellule comme l'unité structurale de tous les organismes vivants (1839). ▷ *Gaine de Schwann* : gaine de myéline qui entoure de nombr. fibres nerveuses.

**Schwartz** Laurent (Paris, 1915 – id., 2002), mathématicien français. Sa théorie des distributions (1945) généralise la notion de fonction. Médaille Fields 1950.

**Schwartz** Melvin (New York, 1932 – Twin Falls, Idaho, 2006), physicien américain. On lui doit la production du premier faisceau de neutrinos (1962). Prix Nobel 1988.

**Schwartz-Bart** André (Metz, 1928 – Pointe-à-Pitre, 2006), écrivain français : *le Dernier des justes* (1959). — **Simone** (île des Saintes, 1938), épouse du préc., romancière : *Un plat de porc aux bananes vertes* (1967, en collab. avec son mari), *Ti Jean l'horizon* (1979).

**Schwarz** Berthold (Fribourg-en-Brisgau, v. 1310 – Venise, 1384), moine et inventeur allemand. Le premier, il fondit des canons de bronze (notam. pour Venise).

**Schwarzenberg** Karl Philipp (prince von) (Vienne, 1771 – Leipzig, 1820), général autrichien ; il commanda les armées coalisées à Leipzig (1813) et en France (1814). — **Félix** (Krumau, Bohême, 1800 – Vienne, 1852), neveu du préc. Chancelier, il réprima les mouvements révolutionnaires de 1848.

**Schwarzkopf** Elisabeth (Jarotschin, Allemagne [auj. Jarocin, Pologne], 1915 – Schruns, Autriche, 2006), cantatrice britannique d'origine allemande ; soprano.

**Schwarzschild** Karl (Francfort-sur-le-Main, 1873 – Potsdam, 1916), astrophysicien allemand : méthodes statistiques (photométrie).

**Schweinfurt** ville d'Allemagne (Bavière), sur le Main ; 50 570 hab. Industries.

**Schweitzer** Albert (Kaysersberg, 1875 – Lambaréné, 1965), pasteur, théologien, médecin, organiste et musicologue français. Missionnaire, il fonda un hôpital à Lambaréné en 1913. P. Nobel de la paix 1952.

**R. Schumann**

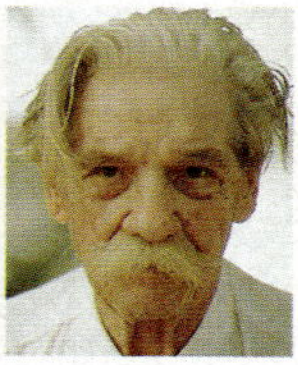

**A. Schweitzer**

**Schwerin** v. d'Allemagne, sur le *lac de Schwerin* ; cap. du Land de Mecklembourg-Poméranie-Occidentale ; 130 000 hab. Industr. chimiques. Travail du bois. – Anc. cap. du grand-duché de Mecklembourg-Schwerin.

**Schwinger** Julian Seymour (New York, 1918 – id., 1994), physicien américain : travaux de quantification du champ électromagnétique. Prix Nobel 1965 avec R. P. Feynman et S. Tomonaga.

**Schwitters** Kurt (Hanovre, 1887 – Ambleside, Westmorland, 1948), peintre, sculpteur et écrivain allemand ; représentant du mouvement Dada à Hanovre. Le prem., il fit des collages avec des « déchets » (*Anna Blume*, 1919 ; revue *Merz*, 1923-1932).

**Schwob** Marcel (Chaville, 1867 – Paris, 1905), écrivain français : contes (*Cœur double*, 1891 ; *le Roi au masque d'or*, 1893) ; poèmes en prose (*Vies imaginaires*, 1896).

**Schwyz** ville de Suisse, chef-lieu du canton du même nom ; 12 000 habitants. Le *canton de Schwyz* (908 km$^{2}$ ; 131 400 habitants), dans les Préalpes, vit de l'élevage bovin et du tourisme. – Ses habitants prêtèrent en 1291 le serment du Grütli et luttèrent contre les Habsbourg. Le canton donna son nom à la *Suisse*.

**SCI** *nf* Abrév. de *société civile immobilière*.

**sciage** → **scier.**

**scialytique** *nm, a* didac Appareil d'éclairage muni d'un réflecteur à miroirs éliminant les ombres portées, utilisé dans les salles de chirurgie. ETY Nom déposé.

**sciant, ante** *a* fam Très étonnant.

**sciaphile** *a* ECOL Se dit d'un végétal qui ne peut se développer qu'à l'ombre. ETY Du gr. *skia*, « ombre ».

**Sciascia** Leonardo (Racalmuto, Sicile, 1921 – Palerme, 1989), écrivain italien. Il mêla la fiction et le reportage social : *Todo modo* (1975), *l'Affaire Moro* (1978).

**sciatique** *a, n* **A** *a* ANAT De la hanche, qui a rapport à la hanche. **B** *nf* MED Affection douloureuse due à l'irritation du nerf sciatique ou de ses racines. **LOC** ***Nerf grand sciatique*** ou ***le sciatique*** : nerf sensitivomoteur qui innerve le bassin, la fesse et la face postérieure de la cuisse, où il se divise en *sciatiques poplités* qui innervent la jambe et le pied. ETY Du gr. *iskion*, « hanche ».

**scie** *nf* **1** Instrument qui comporte une lame d'acier munie de dents et dont on se sert pour diviser, couper les matières dures. *Scie circulaire. Scie à métaux.* **2** fig, fam Chose dont la monotonie fatigue ; personne ennuyeuse. **3** Chanson, refrain dont la répétition fatigue ; rengaine. **4** Poisson sélacien au museau prolongé par un long rostre aplati hérissé de dents latérales. SYN poisson-scie. **LOC** MUS ***Scie musicale*** : instrument de musique fait d'une lame d'acier que l'on met en vibration au moyen d'un archet. PHO [si]

**sciemment** *av* En sachant ce que l'on fait ; de propos délibéré, volontairement. PHO [sjamɑ̃]

**science** *nf* **A** **1** litt Connaissance que l'on a d'une chose. *La science du bien et du mal.* **2** Savoir, ensemble de connaissances que l'on acquiert par l'étude, l'expérience, l'observation, etc. *Cet homme est un puits de science.* **3** litt Savoir-faire, compétence, habileté. *La science d'un peintre.* **4** Branche du savoir ; ensemble, système de connaissances sur une matière déterminée. **5** Corps de connaissances constituées, articulées par déduction logique et susceptibles d'être vérifiées par l'expérience. *Les mathématiques, la physique sont des sciences.* **6** Activité humaine tendant à la découverte des lois qui régissent les phénomènes. **B** *nfpl* Sciences fondées essentiellement sur le calcul et l'observation (mathématiques, physique, chimie, etc.). (On dit aussi *sciences exactes* ou fam *sciences dures*.) **LOC** ***Avoir la science infuse*** : prétendre tout connaître sans avoir étudié. — ***Sciences humaines*** : qui ont l'homme pour objet. — ***Sciences naturelles*** : qui étudient la nature et ses lois. — ***Sciences pures*** : dont l'objet est la connaissance fondamentale, par oppos. aux *sciences appliquées*. ETY Du lat. *scire*, « savoir ».

**Science chrétienne** → **Christian Science.**

**Science et l'Hypothèse (la)** essai d'Henri Poincaré (1902).

**science-fiction** *nf* Genre romanesque qui cherche à décrire une réalité à venir, à partir des données scientifiques du présent ou en extrapolant à partir de celles-ci. *Film de science-fiction.* ABREV SF. PLUR sciences-fictions.

**sciène** *nf* Grand poisson perciforme de l'Atlantique, comestible. SYN maigre. ETY Du gr.

**scientifique** *a, n* **A** *a* **1** Qui concerne la science ou les sciences. *Recherches scientifiques.* **2** Conforme aux procédés rigoureux, aux méthodes précises des sciences. *Observation scientifique.* **B** *n* Personne qui étudie les sciences ; spécialiste d'une science. DER **scientificité** *nf* – **scientifiquement** *av*

**scientisme** *nm* didac Attitude intellectuelle, tendance de ceux qui pensent trouver dans la science la solution des problèmes philosophiques. DER **scientiste** *a, n*

**Scientologie (Église de)** secte internationale fondée en 1952 par l'Américain Ron Hubbard (1911 – 1986). ETY Nom déposé.

**scientométrie** *nf* Ensemble des techniques d'évaluation de la recherche scientifique. DER **scientométrique** *a*

**scier** *vt* ② **1** Couper avec une scie. **2** fig, fam, vieilli Fatiguer, ennuyer. *Elle me scie avec ses lamentations.* **3** fig, fam Surprendre, étonner fortement. *Cette histoire m'a scié.* ETY Du lat. DER **sciage** *nm*

**scierie** *nf* Usine où l'on scie le bois à la machine. PHO [siʀi]

**scieur** *nm* LOC *Scieur de long :* ouvrier qui débitait des troncs d'arbre dans le sens de la longueur.

**scille** *nf* BOT Liliacée aux fleurs bleues, violettes ou jaunes, dont certaines espèces ont des propriétés tonicardiaques et diurétiques. ETY Du gr.

**Scilly (îles)** archipel anglais, au S.-O. de la G.-B., au large de la Cornouailles ; 2 300 hab. ; ch.-l. *Hugh Town.* VAR **Sorlingues**

**scinder** *vt* ① Couper, diviser, fractionner. *Ce parti s'est scindé en deux.* PHO [sɛ̃de] ETY Du lat.

**scinque** *nm* ZOOL Reptile saurien vivant dans les régions sableuses désertiques. ETY Du gr.

**scintigramme** *nm* Document obtenu par scintigraphie.

**scintigraphe** *nm* Appareil de scintigraphie.

**scintigraphie** *nf* MED Procédé de diagnostic consistant à suivre le cheminement dans l'organisme d'un isotope radioactif émetteur de rayons gamma. SYN gammagraphie. DER **scintigraphique** *a*

ENC L'isotope radioactif dont on veut suivre le cheminement dans l'organisme est introduit par voie buccale, intraveineuse ou sous-cutanée. Le rayonnement qu'émet cet isotope est enregistré par un compteur à scintillations et reporté sur un document qui donne des renseignements sur l'organe observé.

**scintillation** *nf* **1** Variation de l'éclat apparent des étoiles, due à la réfraction de la lumière à travers des couches d'air inégalement réfringentes. **2** PHYS Luminescence de faible durée. **3** Variation rapide d'éclat, vibration lumineuse. SYN scintillement.

**scintillement** *nm* **1** Fait de scintiller ; éclat de ce qui scintille. **2** ELECTR Effet parasite dû à une variation de la vitesse de défilement d'une bande magnétique.

**scintiller** *vi* ① **1** Briller d'un éclat irrégulier et tremblotant. *Les étoiles scintillent.* **2** Briller en jetant des éclats comparables à des étincelles. SYN étinceler. ETY Du lat. *scintilla,* « étincelle ». DER **scintillant, ante** *a*

**scion** *nm* **1** Jeune rameau mince et flexible. **2** ARBOR Très jeune arbre greffé dont le greffon n'est pas encore ramifié. **3** PECHE Brin très fin qui termine une canne à pêche. PHO [sjɔ̃] ETY Du frq.

**sciotte** *nf* TECH Scie servant à tailler la pierre ou le marbre.

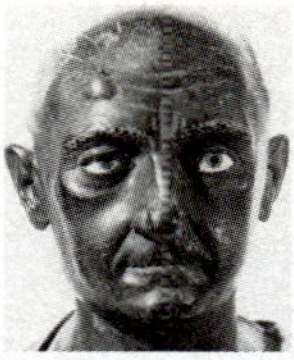

**Scipion l'Africain**

**Scipions (les)** (en latin *Scipio,* « bâton »), famille de l'ancienne Rome, de la *gens Cornelia.* — **Lucius Cornelius Scipio,** dit **Barbatus** patricien romain, fut consul en 298 avant J.-C. — **Cneus Cornelius Scipio,** dit **Asina** fils du préc., deux fois consul (260 et 254 avant J.-C.) ; vaincu par les Carthaginois aux îles Lipari, il conquit ensuite une partie de la Sicile. — **Lucius Cornelius Scipio,** frère du préc. ; consul en 259 avant J.-C., il prit la Corse aux Carthaginois. — **Cneus Cornelius Scipio,** dit **Calvus** fils du préc. ; consul en 222 avant J.-C. Il arrêta sur l'Èbre le Carthaginois Hasdrubal (226). — **Publius Cornelius Scipio** frère du préc. ; consul en 218 avant J.-C., battu par Hannibal, vaincu et tué par son frère en 210. — **Publius Cornelius Scipio,** dit **Africanus** (en français *Scipion l'Africain*) (?, 235 – Liternum, 183 avant J.-C.), fils du préc. Proconsul en 211, il chassa les Carthaginois d'Espagne (206) ; consul (205), il alla affronter Hannibal en Afrique ; sa victoire de Zama (202) mit fin à la deuxième guerre punique. — **Lucius Cornelius Scipio,** dit **Asiaticus** (en français *Scipion l'Asiatique*) (mort après 184 avant J.-C.), frère du préc., au côté duquel il vainquit Antiochos III Mégas. — **Publius Cornelius Scipio Nasica,** dit **Serapio** (mort à Pergame en 133 avant J.-C.), consul en 138, meurtrier de Tiberius Gracchus (133). — **Publius Cornelius Scipio Æmilianus** (en français *Scipion Émilien,* dit **le Second Africain** ou **le Numantin)** (vers 185 – 129 avant J.-C.), fils de Paul Émile le Macédonique et petit-fils adoptif de Scipion l'Africain ; homme de lettres et orateur. Consul en 147 et en 134, il s'empara de Carthage (146) et de Numance (133).

**scirpe** *nm* BOT Plante herbacée (cypéracée) des terrains marécageux, dont une espèce, cour. nommée *jonc des tonneliers,* est utilisée en vannerie.

**scissile** *a* GEOL vieilli Qui peut être fendu, séparé en lamelles. *L'ardoise est scissile.*

**scission** *nf* **1** Action, fait de se scinder. SYN division, schisme. **2** BIOL, PHYS Séparation, division, fission. DER **scissionner** *vi* ①

**scissionnisme** *nm* POLIT Tendance à provoquer une scission dans un groupe. DER **scissionniste** *a, n*

**scissipare** *a* BIOL Dont le mode de reproduction asexuée se fait par division en deux. DER **scissiparité** *nf*

**scissure** *nf* ANAT Sillon profond à la surface de certains organes.

**sciure** *nf* Poussière résultant du travail de la scie.

**sciuridé** *nm* ZOOL Mammifère rongeur dont la famille comprend l'écureuil, la marmotte, etc. ETY Du gr.

**Sciuscia** film social de V. De Sica (1946).

**sclér(o)-** Élément, du gr. *sklêros,* « dur ». PHO [skleʀ(ɔ)]

**scléral, ale** *a* Relatif à la sclérotique. PLUR scléraux.

**sclérenchyme** *nm* BOT Tissu végétal formé de cellules aux parois fortement lignifiées.

**scléreux, euse** *a* MED Atteint de sclérose.

**sclérification** *nf* MED Durcissement des parois cellulaires, d'un organe, etc., par dépôt de sels minéraux, de lignine, etc.

**sclérodermie** *nf* MED Affection cutanée caractérisée par une induration profonde de la peau, parfois accompagnée de lésions viscérales.

**scléroprotéine** *nf* BIOL Protéine fibreuse du tissu conjonctif, des phanères et des os.

**sclérose** *nf* **1** MED Durcissement pathologique d'un organe ou d'un tissu. *Sclérose des artères,* ou *artériosclérose.* **2** fig État d'un esprit, d'une institution, etc., sclérosés. LOC ***Sclérose en plaques :*** maladie caractérisée par des lésions disséminées dans tout le système nerveux central.

ENC Chez un sujet atteint de *sclérose en plaques,* la lésion de la moelle épinière (où la substance blanche affleure en surface) a l'aspect d'une plaque de forme ovoïde. La dissémination des lésions explique la grande variété des symptômes : déficits musculaires, sensations anormales, troubles oculaires, de l'équilibre. L'évolution se fait par poussées successives, séparées par des rémissions.

**scléroser** *vt* ① **1** MED Provoquer le durcissement de. *Artères qui se sclérosent. Scléroser une varice.* **2** fig Faire cesser l'évolution de. *Une société qui se sclérose.* DER **sclérosant, ante** *a*

**sclérote** *nm* BOT Agglomération compacte du mycélium de certains champignons, leur permettant de survivre en milieu hostile.

**sclérotique** *nf* ANAT Membrane fibreuse blanche qui forme l'enveloppe externe du globe oculaire.

**Scola Ettore** (Trevico, Campanie, 1931 – Rome, 2016), cinéaste italien : *Nous nous sommes tant aimés* (1974), *Affreux, sales et méchants* (1975), *Une journée particulière* (1977), *le Bal* (1983).

**scolaire** *a, nm pl* **A** *a* **1** Relatif à l'école, aux écoles. *Livres scolaires.* **2** péjor Qui évoque un devoir d'écolier ; laborieux et conventionnel. *Un discours très scolaire.* **B** *nm pl* Enfants et adolescents d'âge scolaire. LOC ***Âge scolaire :*** âge légal à partir duquel un enfant doit fréquenter l'école (6 ans, en France). ETY Du lat.

**scolariser** *vt* ① **1** Pourvoir d'établissements scolaires. *Scolariser un pays.* **2** Mettre, envoyer à l'école. *Scolariser des enfants.* DER **scolarisable** *a* – **scolarisation** *nf*

**scolarité** *nf* **1** Fait de fréquenter l'école. *En France, la scolarité est obligatoire de 6 à 16 ans.* **2** Études suivies dans une école ; durée de ces études.

**scolasticat** *nm* Maison dépendant d'un couvent, où les jeunes religieux complètent leurs études après le noviciat.

**scolastique** *n, a* didac **A** *nf* Enseignement de la philosophie et de la théologie donné dans les universités médiévales. **B** *nm* Théologien, philosophe scolastique. **C** *a* **1** Qui a rapport à la scolastique. **2** péjor Qui évoque le formalisme étroit, le verbalisme de la scolastique décadente.

ENC L'enseignement de la philosophie et de la théologie dispensé entre le IXe et le XVIIe s., et inspiré de la philosophie d'Aristote à partir du XIIe s., utilisait la méthode de la logique formelle et du syllogisme. Les plus grands scolastiques furent Scot Érigène, saint Anselme, Abélard, saint Albert le Grand, saint Thomas d'Aquin, Duns Scot, Guillaume d'Occam et Raymond Lulle. Étroitement liée à la théologie chrétienne, la scolastique chercha un accord entre la raison et la Révélation rapportée dans les Écritures et commentée par les Pères de l'Église.

**scolex** *nm* Segment antérieur des vers cestodes (ténias, etc) à partir duquel bourgeonnent les anneaux. SYN tête. ETY Du gr. *skôlex,* « ver, larve ».

**scoliaste** *nm* Auteur des scolies. VAR **scholiaste**

**1 scolie** *n* **A** *nf* didac Note philologique ou critique pour servir à l'explication d'un auteur ancien. **B** *nm* LOG Note, remarque ayant trait à une proposition ou à un théorème précédemment énoncés. VAR **scholie**

**2 scolie** *nf* Gros hyménoptère à allure de guêpe dont la larve est parasite des scarabées.

**scoliose** *nf* MED Déviation latérale de la colonne vertébrale. ETY Du gr. *skolios,* « tourné de côté ». DER **scoliotique** *a, n* ▶ illustr. **vertèbre**

**1 scolopendre** *nf* Fougère de grande taille aux frondes entières, commune sur les rochers humides. ETY Du gr.

**2 scolopendre** *nf* Mille-pattes carnassier à la morsure venimeuse, courant dans le Midi et dans les régions tropicales. ETY Du lat.

**scolopendre**

**scolyme** *nm* Plante (composée) ressemblant à un chardon, à racines comestibles. ETY Du gr.

**scolyte** *nm* Coléoptère xylophage cosmopolite, qui creuse des galeries entre le bois et l'écorce des arbres. ETY Du gr. *skôlex,* « ver ».

**scombridé** *nm* Poisson perciforme dont le maquereau est le type. ETY Du gr.

**sconse** *nm* Fourrure de la moufette. PHO [skɔ̃s] ETY De l'angl. VAR **sconce, skons, skunks**

**scoop** *nm* Information donnée en exclusivité par un journal, une agence de presse, etc. SYN (recommandé) exclusivité. PHO [skup] ETY Mot angl.

**scooter** *nm* Motocycle léger à moteur arrière, à roues de petit diamètre, que son cadre permet de conduire assis et non à califourchon. **LOC** ***scooter des mers****:* syn. de *motomarine.* — ***Scooter des neiges****:* syn. de *motoneige.* PHO [skutœʀ] ETY Mot anglo-amér. DER **scootériste** *n*

**Scopas** (IVe s. av. J.-C.), sculpteur grec né dans l'île de Paros, précurseur de la statuaire hellénistique. *Ménade au chevreau* (Dresde).

**-scope, -scopie, -scopique** Éléments, du gr. *skopein,* « observer ».

**scopolamine** *nf* CHIM Alcaloïde tiré des solanacées, aux propriétés antispasmodiques. ETY D'un n. pr.

**scorbut** *nm* MED Maladie provoquée par une carence en vitamine C. PHO [skɔʀbyt] ETY De l'a. scand. DER **scorbutique** *a, n*

**score** *nm* **1** Décompte des points marqués par chacun des adversaires. SYN marque. *Score électoral.* **2** Résultat chiffré d'un test. ETY Mot angl.

**scorer** *vi* 1 SPORT fam Marquer un but.

**scoreur, euse** *n* SPORT Joueur, joueuse qui marque des buts.

**scoriacé, ée** *a* didac Qui a le caractère, l'apparence des scories.

**scories** *nfpl* **1** Résidus solides résultant de la combustion de certaines matières, de la fusion des minerais, de l'affinage de métaux, etc. **2** fig Parties à éliminer, déchets. **LOC** GEOL ***Scories volcaniques****:* projections ou produits de surface des coulées de lave. ETY Du gr.

**scorpène** *nf* Rascasse. ETY Du gr.

**scorpénidé** *nm* ICHTYOL Poisson téléostéen perciforme à grosse tête, pourvu d'épines venimeuses (rascasse, sébaste, etc.).

**scorpion** *nm* ZOOL Arachnide dont l'abdomen est terminé par un aiguillon venimeux recourbé vers le haut et dont la piqûre peut être mortelle. **LOC** ***Scorpion d'eau****:* nèpe. ETY Du gr.

**scorpion** languedocien

**Scorpion (le)** constellation zodiacale de l'hémisphère austral ; n. scientif. : *Scorpius, Scorpii.* – Signe du zodiaque (24 oct.-22 nov.).

**scorpionide** *nm* ZOOL Arthropode arachnide dont l'ordre comprend les scorpions.

**Scorsese Martin** (Flushing, Long Island, 1942), cinéaste américain : *Taxi Driver* (1976), *la Dernière Tentation du Christ* (1988), *Casino* (1995).

**scorsonère** *nf* BOT Plante (composée) à capitules jaunes, dont plusieurs espèces aux racines comestibles sont cultivées sous le nom de *salsifis noirs.* ETY De l'ital.

**Scot** → **Duns Scot.**

**1 scotch** *nm* Whisky écossais. PLUR scotchs ou scotches. PHO [skɔtʃ] ETY Mot angl., « écossais ».

**2 scotch** *nm* Ruban adhésif. ETY Nom déposé, de l'angl. *to scotch,* « arrêter ».

**scotcher** *vt* 1 Coller avec du ruban adhésif. **LOC** fam ***Être scotché****:* étroitement collé ou immobilisé. *Être scotché dans un embouteillage.*

**scotch-terrier** → **scottish-terrier.**

**Scot Érigène Jean** (en Irlande, v. 810 – v. 875), théologien irlandais ou écossais dont le néoplatonisme fut condamné par l'Église. Son œuvre la plus célèbre traite de la prédestination.

**Scotland** nom anglais de l'Écosse.

**Scotland Yard** rue de Londres, près du pont de Westminster, où siégeaient les services centraux de la police. En 1967, ce siège a été déplacé et nommé *New Scotland Yard.*

**scotome** *nm* MED Lacune dans le champ visuel, due à l'absence de perception dans une zone de la rétine. ETY Du gr.

**scotomiser** *vt* 1 PSYCHAN Éliminer une réalité du champ de sa conscience. DER **scotomisation** *nf*

**scotophile** *a* ECOL Se dit d'une espèce qui se développe dans l'obscurité. ETY Du gr. *skotos,* « obscurité ».

**Scots** pirates irlandais qui, au VIe s., envahirent la côte occidentale du pays des Pictes et lui donnèrent leur nom (*Scotland :* Écosse).

**Scott sir Walter** (Édimbourg, 1771 – Abbotsford, 1832), auteur écossais de romans historiques : *Waverley* (1814), *Rob Roy* (1818), *la Fiancée de Lammermoor* (1819), *Ivanhoé* (1820), *Quentin Durward* (1823), *la Jolie Fille de Perth* (1828).

**Scott Robert Falcon** (Devonport, 1868 – dans l'Antarctique, 1912), explorateur anglais. Il atteignit le pôle Sud en 1912 mais périt au retour avec ses quatre compagnons.

**Scott Ridley** (South Shields, pr. de Durham, 1937), cinéaste britannique de science-fiction : *Blade Runner* (1982), *Gladiator* (2000).

**scottish** *nm* Danse voisine de la polka (XIXe s.). PHO [skɔtiʃ] ETY Mot angl., « écossais ».

**scottish-terrier** *nm* Terrier d'Écosse, au poil dru et rude. PLUR scottish-terriers. ETY De l'angl. VAR **scotch-terrier**

**Scotto Vincent** (Marseille, 1876 – Paris, 1952), compositeur français de chansons (*Sous les ponts de Paris, J'ai deux amours*) et d'opérettes (*Au pays du soleil, Violettes impériales*).

**scoubidou** *nm* **1** Petit objet fait d'une tresse de fils de plastique colorés. **2** Sorte d'hélice servant à la récolte du goémon.

**scoumoune** *nf* fam Malchance. ETY Du lat. *excommunicare,* « excommunier ».

**scoured** *a, nm* Se dit d'une laine lavée sur le dos du mouton avant la tonte. PHO [skuʀed] ETY Mot angl., pp. subst. de *to scour,* « nettoyer, dégraisser ».

**scout, e** *n, a* **A** *n* Garçon ou fille qui adhère à un mouvement de scoutisme. **B** *a* **1** Relatif aux scouts, au scoutisme. **2** péjor Naïvement idéaliste. PHO [skut] ETY De l'angl. *boy-scout.*

**scoutisme** *nm* Mouvement éducatif, fondé en 1907 par lord Baden-Powell, fondé sur la vie en commun et les activités de plein air.

**SCPI** *nf* Abrév. de *société civile de placement immobilier.*

**scrabble** *nm* Jeu de société consistant à former des mots sur une grille, à l'aide de jetons portant une lettre. PHO [skʀab(ə)l] ETY Nom déposé. DER **scrabbler** *vi* 1 – **scrabbleur, euse** *n*

**scramasaxe** *nm* ARCHEOL Grand poignard de guerre des Francs. ETY Du frq.

**Scranton** v. des É.-U. (Pennsylvanie), dans les Appalaches ; 726 800 hab. (aggl.). Houille. Centre industriel.

**scrapbook** *nm* Ouvrage résultant d'un collage ordonné de photos de famille, de voyage, etc. accompagnées ou non de textes, de dessins. PHO [skʀapbuk] ETY Mot angl., « livre de découpures ».

**scrapbooking** *nm* Art de fabriquer des scrapbooks. PHO [skʀapbukiŋ]

**scraper** *nm* TRAV PUBL Syn. (déconseillé) de *décapeuse.* PHO [skʀapœʀ] ETY Mot angl., de *to scrap,* « gratter ». VAR **scrapeur**

**scrapie** *nf* VETER Tremblante du mouton. ETY Mot angl.

**1 scratch** *a inv, nm* SPORT **LOC** ***Classement scratch****:* classement au meilleur temps, toutes catégories confondues. — vieilli ***Course scratch****:* dans laquelle les concurrents partent d'une même ligne, sans handicap. PHO [skʀatʃ] ETY Mot angl.

**2 scratch** *nm* **1** MUS Action de scratcher, sons obtenus en scratchant. **2** fam Fermeture à velcro. PHO [skʀatʃ] ETY Mot angl.

**scratcher** *v* 1 **A** *vi* MUS Produire un effet sonore en agissant sur la surface d'un disque en vinyle pendant qu'il tourne. **B** *vpr* fam S'écraser contre un obstacle.

**Scriabine Alexandre Nikolaïevitch** (Moscou, 1872 – idem, 1915), compositeur et pianiste russe. Il évolua vers l'atonalité : *le Poème divin* (1903-1904), *Préludes* pour piano (1907), *le Poème de l'extase* (1905-1907), *le Poème du feu* (1909). VAR **Skriabine**

**scriban** *nm* Sorte de secrétaire dont le pupitre est escamotable. VAR **scribanne** *nf*

**sir Walter Scott**

**scribe** *nm* **1** ANTIQ Lettré ayant la charge de rédiger ou de copier les actes publics, les textes liturgiques, etc. **2** ANTIQ Docteur enseignant et interprétant la loi de Moïse. **3** mod, péjor Employé aux écritures, copiste. ETY Du lat.

**Scribe Eugène** (Paris, 1791 – id., 1861), auteur français de comédies de mœurs (*Adrienne Lecouvreur*, 1849) et de livrets d'opéras (*la Juive*, 1835 ; *les Huguenots* 1836). Acad. fr. (1834).

**Scribe accroupi (le)** statue égyptienne (entre 2600 et 2350 av. J.-C., Louvre).

**scribouillard, arde** *n* fam, péjor Employé(e) aux écritures.

**scribouilleur, euse** *n* fam Écrivain médiocre.

**scripophilie** *nf* Collection de vieux titres boursiers. DER **scripophile** *n* – **scripophilique** *a*

**1 script** *nm* FIN Écrit à l'usage d'un créancier, d'un obligataire, mentionnant la fraction d'une dette qu'une collectivité emprunteuse ne peut honorer à échéance. PHO [skʀipt] ETY Mot angl.

**2 script** *nm* Type d'écriture manuscrite proche des caractères d'imprimerie. *Écriture script.*

**3 script** *nm* AUDIOV Scénario écrit comportant le plan de découpage et les dialogues.

**scripte** *n* AUDIOV Assistant du réalisateur chargé de noter tous les détails des prises de vues afin d'assurer la continuité des plans.

**scripteur** *nm* **1** RELIG CATHOL Officier de la chancellerie pontificale qui écrit les bulles. **2** didac Personne qui écrit un texte (par oppos. à *lecteur* et à *locuteur*).

**scriptorium** *nm* HIST Atelier monastique de production de manuscrits. PHO [skʀiptɔʀjɔm] ETY Mot lat.

**scripturaire** *a* **1** RELIG Relatif aux Écritures sacrées. **2** didac Relatif à l'écrit, au texte écrit.

**scriptural, ale** *a* LING Qui concerne le code écrit (par opposition à *oral*). PLUR scripturaux. LOC FIN ***Monnaie scripturale*** : tout moyen de paiement fondé sur des écritures comptables.

**scrofulaire** *nf* BOT Plante médicinale herbacée (scrofulariacée). ETY Du lat.

**scrofulariacée** *nf* BOT Dicotylédone gamopétale superovariée, à fleur zygomorphe et à fruit capsulaire, dont la famille comprend la scrofulaire, la digitale, le muflier, etc.

**scrogneugneu !** *interj* Exclamation que l'on met dans la bouche de vieux militaires grognons.

**scrotum** *nm* ANAT Enveloppe cutanée des testicules. PHO [skʀɔtɔm] ETY Mot lat. DER **scrotal, ale, aux** *a*

**scrub** *nm* GEOGR Brousse épineuse, en Australie. PHO [skʀœb] ETY Mot angl.

**scrupule** *nm* **1** Trouble de conscience, doute, hésitation d'ordre moral. *Se faire (un) scrupule de qqch. Avoir des scrupules.* **2** Souci extrême du devoir, grande délicatesse morale. **3** Exigence, souci de rigueur intellectuelle. *Un scrupule d'objectivité.* ETY Du lat. *scrupus*, « pierre pointue ».

**scrupuleux, euse** *a* **1** Sujet à avoir des scrupules. **2** D'une grande minutie, d'une grande exactitude. *Une recherche scrupuleuse.* DER **scrupuleusement** *av*

**scrutateur, trice** *a, n* **A** *a* Qui scrute. **B** *n* Personne chargée du dépouillement, de la vérification d'un scrutin.

**scrutation** *nf* **1** Action de scruter qqch. **2** INFORM Examen répétitif d'un ou plusieurs éléments d'un système informatique pour y détecter un changement.

**scruter** *vt* ① Examiner très attentivement, en cherchant à découvrir ce qui se discerne mal, ce qui est caché. *Scruter l'horizon.* ETY Du lat.

**scrutin** *nm* **1** Vote émis au moyen de bulletins que l'on dépose dans une urne, d'où on les tire ensuite pour les compter. **2** Opération par laquelle sont désignés des représentants élus. *Ouverture du scrutin.* LOC ***Scrutin majoritaire*** : dans lequel le candidat qui recueille le plus grand nombre de suffrages est élu. — ***Scrutin proportionnel*** : dans lequel les sièges à pourvoir dans chaque circonscription sont attribués à chacun des partis proportionnellement au nombre de suffrages qu'il a réunis. — ***Scrutin uninominal*** : dans lequel on désigne un seul candidat (par oppos. à *scrutin de liste*).

**Scudéry Georges de** (Le Havre, 1601 – Paris, 1667), écrivain français. Il prit parti contre Corneille dans la querelle du *Cid* (1637). Acad. fr. (1649). — **Madeleine** (Le Havre, 1607 – Paris, 1701), sœur du préc., avec lequel elle écrivit de très longs romans (*Artamène ou le Grand Cyrus*, 10 vol., 1649-1653 ; *Clélie, histoire romaine*, 1654-1660) aux subtiles analyses psychologiques. Son salon littéraire fut le dernier bastion de la préciosité.

**scud** *nm* **1** Missile balistique sol-sol de courte portée fabriqué à l'origine par l'URSS après 1965. **2** fig Critique virulente contre qqn, qqch. *Le scud du député contre la politique culturelle.*

**scull** *nm* Embarcation de compétition pour un rameur tenant un aviron dans chaque main. PHO [skœl] ETY Du suédois.

**sculpter** *vt* ① **1** Tailler dans une matière dure ou modeler une figure, un ornement. *Sculpter un buste.* **2** Travailler, façonner une matière dure pour obtenir une figure, un ornement. *Sculpter le bois.* PHO [skylte] ETY Du lat.

**sculpteur** *n* Artiste qui sculpte. (On rencontre aussi pour le féminin *sculptrice, sculpteure* ou *sculpteuse*.)

**Sculpteur (le)** constellation de l'hémisphère austral ; n. scientif. : *Sculptor, Sculptoris.*

**sculptural, ale** *a* **1** BX-A Qui a rapport à la sculpture ; qui constitue une sculpture. **2** Qui évoque une sculpture par sa beauté plastique. *Corps aux formes sculpturales.* PLUR sculpturaux.

**sculpture** *nf* **1** Art de sculpter. *Les chefs-d'œuvre de la sculpture.* **2** Ouvrage d'un sculpteur ; pièce sculptée. *Une sculpture de Rodin.*

**Scutari** fbg d'Istanbul, sur la rive asiatique du Bosphore. – Mosquée Mihrimah (XVI^e s.). VAR **Üsküdar**

**scutellaire** *nf* Plante herbacée (labiée) aux fleurs roses, pourpres ou bleues des lieux humides. ETY Du lat. *scutella*, « petite coupe, plateau ».

**scutum** *nf* Long bouclier rectangulaire des légionnaires romains. PHO [skytɔm] ETY Mot lat.

**Scylla** écueil du détroit de Messine, en face du tourbillon de Charybde.

**scyllare** *nm* ZOOL Crustacé décapode macroure, aux antennes en forme de plaques, nommé cour. *cigale de mer.* ETY Du gr.

**scyphozoaire** *nm* ZOOL Cnidaire dont la superclasse comprend les méduses acalèphes. ETY Du gr. *skuphos*, « coupe ».

**Scythes** peuple indo-européen de langue iranienne, qui s'est fixé tardivement (X^e s. av. J.-C.) dans la steppe située au N. de la mer Noire, entre la Volga, le Caucase et le Danube. Archers et cavaliers redoutables, les Scythes s'avancèrent (VII^e s. av. J.-C.) jusqu'en Égypte, d'où Psammétik I^er les détourna en leur payant un tribut. Leur civilisation mêle les influences de la steppe (art animalier), de l'hellénisme et de l'Orient. Ils disparurent de l'histoire au début des grandes invasions barbares (v. le III^e s. apr. J.-C.). DER **scythe** ou **scythique** *a*

**Scythie** anc. région au N. de la mer Noire, peuplée jadis par les Scythes.

**SDF** *n* Personne sans travail et sans logement, qui vit dans la rue. PHO [ɛsdeɛf] ETY Sigle de *sans domicile fixe.*

**SDGL** Sigle de *Société des gens de lettres.*

**SDN** Sigle de *Société des Nations.*

**se** *pr pers* Pronom de la 3^e pers. des deux genres et des deux nombres, toujours employé comme comp. d'un v. tr. dir. ou indir., et toujours placé avant le verbe ; s'élide en *s'* devant une voyelle ou un *h* muet. **1** Comp. d'objet d'un v. pron. réfl. *Il se couche tôt. Il se fait du mal.* **2** Comp. d'un v. pron. récipr. *Ils se battent. Ils se sont dit des injures.* **3** Avec un v. pron. de sens passif. *Ce produit se vend bien.* **4** Avec un v. essentiellement pronominal. *Il s'abstient. Il s'en est fallu de peu.* ETY Du lat.

**Se** CHIM Symbole du sélénium.

**SE** Abrév. de *Son Excellence.*

**Seaborg Glenn Theodore** (Ishpeming, 1912 – Lafayette, 1999), physicien nucléaire américain. Il découvrit de nombr. transuraniens. Prix Nobel de chimie 1951.

**seaborgium** *nm* Élément chimique artificiel (Sg), de numéro atomique 106. PHO [sibɔʀʒjɔm]

**sea-line** *nm* TECH Canalisation sous-marine servant à charger ou à décharger des pétroliers. PLUR sea-lines. PHO [silajn] ETY Mot angl.

**séance** *nf* **1** Réunion des membres d'un conseil, d'une assemblée qui siège pour mener à bien ses travaux ; durée d'une telle réunion. *Ouvrir, lever la séance. Tenir séance.* **2** Temps que l'on passe à une activité déterminée avec une ou plusieurs personnes. *Séance de pose chez un peintre.* **3** Représentation d'un spectacle à un horaire déterminé. LOC ***Séance tenante*** : au cours de la séance ; fig immédiatement, sans délai.

**1 séant** *nm* fam, plaisant Derrière de l'homme. LOC litt ***Se mettre sur son séant*** : passer de la position allongée à la position assise. ETY De l'a. v. *seoir*, « être assis ».

**2 séant, ante** *a* litt Qui sied, qui est convenable. ETY Part. prés. de *seoir.*

**Searle Ronald** (Cambridge, 1920 – Draguignan, 2011), dessinateur satirique anglais : *Pardong M'sieur* (1965).

**Searle John** (Denver, 1932), philosophe américain : *les Actes du langage* (1969).

**Seattle** v. et port des É.-U. (État de Washington), sur le Puget Sound ; 3 millions d'hab. (aggl.). Chantiers navals et constr. aéronaut.

**seau** *nm* Récipient tronconique ou cylindrique muni d'une anse, qui sert à puiser, à recueillir ou à transporter les liquides et certaines matières concassées ou pulvérulentes ; son contenu. *Une pelle et un seau.* LOC ***Seau à champa-***

art des **Scythes** : peigne en or provenant d'un tumulus (à Solodcha, au nord de Volvograd), V^e-III^e s. av. J.-C.

*gne :* servant à garder les bouteilles au frais, dans de la glace pilée. ETY Du lat.

**sébacé, ée** *a* PHYSIOL Qui a rapport au sébum ; de la nature du sébum. **LOC** ***Glandes sébacées :*** annexées à la base des poils et qui sécrètent le sébum.

**sébaste** *nm* Poisson perciforme (scorpénidé), à tête épineuse, des mers froides et tempérées. ETY Du gr.

**Sebastiano del Piombo** **Sebastiano Luciani,** dit (Venise, v. 1485 – Rome, 1547), peintre italien, influencé par Giorgione et Raphaël.

**Sébastien (saint)** martyr romain (IIIe s.) qui, officier de la garde de Dioclétien, aida les chrétiens, fut dénoncé comme tel et transpercé de flèches. Patron des archers.

**Sébastien** (Lisbonne, 1554 – plaine d'Alcaçar-Quivir, 1578), roi de Portugal (1557-1578). Nostalgique des croisades, il lutta contre les Maures du Maroc (1574, 1578) et mourut lors de sa terrible défaite d'Alcaçar-Quivir.

**Sébastopol** v. d'Ukraine, port sur la mer Noire (Crimée) ; 34 000 hab. Industries. – Sièges : en 1854-1855 par les armées franco-anglaises, victorieuses ; en 1941-1942 par les Allemands, qui l'occupèrent de juil. 1942 à mai 1944.

**Sebha** v. de Libye, dans une oasis du Fezzan ; 36 000 hab. ; ch.-l. de la prov. du m. nom. – Les Français la prirent en 1943.

**sébile** *nf* Petit récipient rond et creux utilisé par les mendiants. ETY De l'ar. *sabīl,* « aumône ».

**sebkha** *nf* GEOGR Étendue temporaire d'eau salée, en Afrique du Nord. ETY De l'ar.

**Sebond, Sebonde** → **Sabunde.**

**séborrhée** *nf* MED Augmentation pathologique de la sécrétion des glandes sébacées. DER **séborrhéique** *a*

**Sebou (oued)** fl. du Maroc (458 km) ; naît dans le Moyen Atlas, traverse la plaine du Gharb et se jette dans l'Atlantique.

**sébum** *nm* PHYSIOL Substance grasse sécrétée par les glandes sébacées, qui protège et lubrifie la peau. PHO [sebɔm] ETY Du lat.

**sec, sèche** *a, nm, av* **A** *a* **1** Qui est peu ou qui n'est pas humide ; aride. *Terrain sec. La saison sèche.* **2** Dont on a laissé l'eau s'évaporer, qui a séché. *Fossé sec. Légumes, fruits secs.* **3** Qui n'est plus imprégné de liquide, qui n'a pas son humidité naturelle. *Toux sèche. Des yeux secs.* **4** Maigre, nerveux, peu charnu. *Un homme sec.* **5** fig Peu sensible ; dépourvu de chaleur humaine, de bienveillance. *Un cœur sec.* **6** Sans moelleux, sans douceur. *Des contours secs. Un coup sec.* **7** Dénué de charme, d'agrément. *Style sec.* **8** Que rien n'accompagne, qui n'est pas suivi d'autre chose. *Pain sec.* **B** *nm* **1** Ce qui est sec, sans humidité. *La sensation du sec et du mouillé. À conserver au sec.* **2** fig, fam Sans ressources. *Être à sec.* **C** *av* Avec rudesse, brièvement. *Parler sec à qqn.* **LOC** ***À sec :*** sans eau. — fam ***Aussi sec :*** sans attendre un instant, immédiatement. — ***Boire un alcool sec :*** sans eau, ou non sucré. — ***Mur de pierres sèches :*** assemblées sans mortier. — MAR ***Naviguer à sec de toile :*** sans aucune voile (par vent très fort). — ***Nettoyage à sec :*** à l'aide de solvants très volatils. — ***Nourrice sèche :*** qui n'allaite pas le nourrisson qu'elle garde. — fam ***Rester sec :*** ne pas pouvoir répondre à une question. — ***Un vin sec :*** très peu sucré. ETY Du lat.

**sécable** *a* didac Qui peut être coupé, divisé.

**SECAM** *nm* Procédé français de télévision en couleurs. ETY Acronyme pour *séquentiel à mémoire.*

**sécant, ante** *a, nf* **A** *a* GEOM Qui coupe une courbe ou une surface. *Plan sécant.* **B** *nf* **1** MATH L'inverse du cosinus d'un angle. **2** Droite sécante. ETY Du lat.

**sécateur** *nm* Outil de jardinier, gros ciseaux à ressort, dont une seule branche est tranchante.

**Secchi Angelo** (Reggio nell'Emilia, 1818 – Rome, 1878), jésuite et astronome italien. Le premier, il étudia le spectre des étoiles et les classa.

**secco** *nm* **1** Afrique Claie faite de tiges de graminées entrelacées. **2** Enclos limité par ces claies servant au stockage des récoltes. ETY Mot portug.

**sécession** *nf* Fait pour une population, une région, de se séparer de la collectivité nationale pour former une entité politique autonome. ETY Du lat.

**Sécession** nom de mouvements artistiques d'avant-garde qui se constituèrent dans plusieurs villes germaniques à partir de 1892 (Munich). La Sécession de Vienne (1897) diffusa l'art nouveau (*Jugendstil*). Celle de Berlin (1899) défendit l'art de Munch.

**Sécession (guerre de)** guerre civile (1861-1865) qui opposa les États du N. des États-Unis, partisans de l'abolition de l'esclavage, et ceux du S., qui utilisaient des esclaves noirs. Après l'élection (1860) de Lincoln, antiesclavagiste, à la présidence des É.-U., onze États du S. quittèrent l'Union pour former une Confédération. Les sudistes (ou confédérés), dirigés brillamment par Lee, Bragg, Johnston, vainquirent à Richmond et à Fredericksburg (1862), mais les nordistes (ou fédéraux), sous la conduite de Grant et de Sherman, les battirent à Gettysburg, Vicksburg (1863) et Atlanta (1864), tandis que leur flotte prenait La Nouvelle-Orléans. Supérieurs en nombre et soutenus par une industrie puissante, les nordistes finirent par l'emporter : capitulation de Lee à Appomattox et de Johnston à Durham (avr. 1865). Plus de 600 000 Américains avaient péri.

**sécessionnisme** *nm* Volonté de faire sécession. DER **sécessionniste** *a, n*

**séchage** → **sécher.**

**1 sèche** *nf* MAR Écueil à fleur d'eau à marée basse.

**2 sèche** *nf* fam Cigarette.

**sèche-cheveu** *nm* Appareil électrique qui sert à sécher les cheveux après un shampooing. SYN séchoir. PLUR sèche-cheveux. VAR **sèche-cheveux** *nm inv*

**sèche-linge** *nm* Appareil muni d'un dispositif de ventilation d'air chaud, pour sécher le linge. PLUR sèche-linges ou sèche-linge.

**sèche-main** *nm* Appareil à air chaud pulsé, installé dans un lieu public, destiné à sécher les mains après lavage. PLUR sèche-mains.

**sèchement** *av* **1** D'une manière sèche ; avec force et brièveté. *Taper sèchement.* **2** Avec dureté, froideur. *Répondre sèchement.* **3** D'une manière dépourvue de charme, de grâce. *Écrire sèchement.*

**sécher** *v* 14 **A** *vt* **1** Rendre sec. *Le soleil aura vite séché vos vêtements.* **2** Éliminer un liquide par absorption ou évaporation. *Sécher l'encre avec un buvard.* **3** fam Ne pas assister volontairement à un cours. *Sécher les maths.* **B** *vi* **1** Devenir sec. *Les arbres sèchent sur pied.* **2** fam Ne pas savoir répondre. *Il a séché en géométrie.* DER **séchage** *nm*

**sècheresse** *nf* **1** État, caractère de ce qui est sec. **2** Temps très sec ; absence ou insuffisance des précipitations. *Année de sècheresse.* **3** fig Défaut de sensibilité, froideur. *Sècheresse de cœur.* **4** Caractère de ce qui manque de grâce, de charme, d'agrément. *Sècheresse d'exécution d'une œuvre musicale.* VAR **sécheresse**

**sècherie** *nf* **1** Lieu où l'on fait sécher des matières humides. **2** Lieu où l'on fait sécher le poisson. VAR **sécherie**

**sécheur** *nm* **1** Appareil, dispositif pour le séchage. **2** Canada Sèche-linge. VAR **sécheuse** *nf*

**séchoir** *nm* **1** Lieu où s'opère le séchage des matières humides. *Séchoir à bois.* **2** Dispositif à tringles ou à fils sur lequel on dispose ce que l'on veut faire sécher. *Séchoir à linge.* **3** Appareil pour le séchage. **4** Sèche-cheveux.

**Seclin** ch.-l. de cant. du Nord (arr. de Lille) ; 12 089 hab. Industries. DER **seclinois, oise** *a, n*

**second, onde** *a, n* **A** *a* **1** Qui vient après le premier. *La seconde partie d'un spectacle.* **2** Autre, nouveau. *C'est un second César.* **B** *n* Personne, chose qui vient après la première. *Elle est la seconde de la liste.* **C** *nm* **1** Second étage d'une maison. **2** Adjoint, collaborateur immédiat. *C'est son fidèle second.* **3** Officier de marine qui, dans la hiérarchie du bord, vient immédiatement après le commandant, et qui est chargé le cas échéant de le suppléer. **D** *nf* **1** Classe d'un lycée, d'un collège, qui précède la première. **2** Seconde classe, dans un train, un bateau. *Billet de seconde.* **3** Seconde vitesse d'une automobile. *Passer en seconde.* **4** MUS Intervalle entre deux degrés conjoints. *Seconde mineure.* **LOC** ***Don de seconde vue :*** faculté qu'auraient certaines personnes de percevoir par l'esprit, par l'intuition, les choses qui échappent à la vue. — ***En second :*** après ce qui est le plus important. — ***État second :*** état anormal et passager de qqn qui agit sans avoir conscience de ce qu'il fait et n'en conserve aucun souvenir. PHO [səgɔ̃, ɔ̃d] ETY Du lat. *sequi,* « suivre ».

**Second Jean Everaerts,** dit **Jean** (La Haye, 1511 – Tournai, 1536), humaniste flamand : poésies érotiques en latin, *les Baisers.*

**secondaire** *a, nm* **A** *a* **1** Qui passe en second, qui n'est pas de première importance. *Question secondaire.* **2** Qui vient après un autre dans le temps ou dans un enchaînement logique. **B** *a, nm* **1** Se dit de l'enseignement du second degré (de la classe de 6e à la terminale). **2** GEOL, PALEONT Se dit de l'ère qui succède au primaire et s'étend approximativement de moins 250 millions à moins 65 millions d'années, caractérisée par la diversification des reptiles et l'apparition des premiers mammifères et des oiseaux. *Le secondaire est divisé en trois périodes : le trias, le jurassique et le crétacé.* **LOC** ECON ***Secteur secondaire :*** secteur des activités de transformation des matières premières ; l'industrie et les activités qui s'y rattachent. — BOT ***Tissus*** ou ***formations secondaires :*** bois, liber, liège des dicotylédones et des gymnospermes. DER **secondairement** *av*

**secondant, ante** *n* Personne qui assiste un joueur d'échecs lors d'un tournoi.

**seconde** *nf* **1** Soixantième partie de la minute ; unité de temps du système international (symb. s), égale à la durée de 9 192 631 770 périodes de la radiation correspondant à la transition entre les deux niveaux hyperfins de l'état fondamental de l'atome de césium 133. **2** Laps de temps très court. *Je reviens dans une seconde.* **3** GEOM Soixantième partie de la minute d'angle, 3 600e partie du degré (symbole : ''). ETY Du lat.

**secondement** *av* litt Deuxièmement.

**seconder** *vt* 1 **1** Aider qqn dans ses activités, son travail ; être son collaborateur, son second. **2** Favoriser, servir. *Leur négligence a secondé nos desseins.*

**secouer** *v* 1 **A** *vt* **1** Remuer, agiter fortement. *Secouer un arbre, un vêtement.* **2** Éliminer par des mouvements vifs. *Secouer la poussière.* **3** fig Ébranler physiquement ou moralement. *Cet accident l'a secoué.* **B** *vpr* fam Réagir contre la fatigue, l'abattement, la paresse. *Secouez-vous donc un peu !* **LOC** ***Secouer la tête :*** faire un mouvement de tête pour exprimer le refus, le doute. — litt ***Secouer le joug :*** s'affranchir d'une domination. — fam ***Secouer les puces à qqn :*** le réprimander ou le presser de sortir de son inertie. ETY Du lat. DER **secouement** *nm*

**secoueur** *nm* TECH Élément d'une batteuse qui secoue la paille pour la séparer des grains.

**secourable** *a* Qui porte volontiers secours à autrui.

**secourir** *vt* [26] Aider, assister une personne dans une situation critique ou dans le besoin. [ETY] Du lat.

**secourisme** *nm* Assistance de premier secours aux blessés, aux accidentés, aux malades, etc. ; ensemble de connaissances qu'une telle assistance exige. [DER] **secouriste** *n*

**secours** *nm* **A 1** Aide, assistance à. *Porter secours à qqn.* **2** Ce qui sert à secourir. **3** MILIT Renfort. *Colonne de secours.* **B** *nmpl* Soins qui doivent être donnés rapidement à un blessé, à un malade. *Porter les premiers secours aux victimes d'un accident.* **LOC** ***Au secours !*** : cri pour appeler à l'aide. — ***De secours*** : qui sert en cas d'insuffisance ou de défaillance de la chose en service. — ***Poste de secours*** : équipé de tout ce qui est nécessaire pour donner les premiers soins. — ***Sociétés de secours mutuel*** : associations de prévoyance.

**Secours catholique** organisation de charité créée à Lourdes en 1946.

**Secours populaire français** organisation de solidarité qui succéda en 1938 au *Secours rouge* (fondé par des militants du PCF en 1926, section franç. du *Secours rouge international* fondé à Moscou en 1922).

**secousse** *nf* **1** Mouvement qui secoue. **2** fig Émotion très vive, choc émotif. *Il n'est pas remis de cette secousse.* **LOC** ***Secousse tellurique*** : tremblement de terre.

**1 secret, ète** *a* **1** Qui n'est pas ou qui ne doit pas être connu d'autrui, du grand nombre. *Dossiers secrets.* **2** Dissimulé au regard, dérobé, en parlant d'un lieu, de certains objets. *Escalier secret.* **3** Qui n'apparaît pas, qui ne révèle pas son existence par des signes manifestes ; invisible, caché. *Des sentiments secrets.* **4** Qui ne parle pas de soi, qui ne se livre pas facilement. *Un garçon très secret.* [ETY] Du lat. *secernere*, « écarter ». [DER] **secrètement** *av*

**2 secret** *nm* **1** Ce que l'on ne doit dire à personne, ce qui doit rester secret, caché. *Confier, garder, révéler un secret.* **2** Discrétion absolue, silence sur une chose dont on a été informé. *e vous demande le secret.* **3** Moyen, procédé connu seulement d'une personne ou de quelques-unes. *Secret de fabrication.* **4** fig Moyen particulier en vue d'un résultat. *Le secret de la réussite.* **5** Ce qu'il y a de caché, de mystérieux dans qqch. *Dans le secret de son cœur. Trouver le secret de qqch*, l'explication. **LOC** ***Au secret*** : en un lieu où il est impossible de communiquer avec quiconque. — ***En secret*** : sans témoin, secrètement. — ***Être dans le secret*** : être au courant d'une chose confidentielle. — ***Secret d'État*** : chose qui doit être tenue secrète dans l'intérêt de l'État. — ***Secret professionnel*** : obligation pour un avocat, un médecin, notam., de ne pas révéler ce dont ils se trouvent dépositaires par suite de l'exercice de leur profession. — ***Serrure à secret*** : dont le fonctionnement n'est connu que de quelques personnes.

**sécrétagogue** *nm* BIOCHIM Substance qui provoque la sécrétion d'une autre substance. *Un sécrétagogue d'hormone de croissance.*

**secrétaire** *n* **A 1** Personne dont l'emploi consiste à écrire ou à rédiger pour qqn. **2** Employé(e) dont le travail consiste à rédiger et à classer le courrier de qqn, à prendre ses communications téléphoniques, à noter ses rendez-vous, etc. **3** Personne chargée de certains travaux de rédaction ou de certaines tâches administratives. **B** *nm* Meuble à tiroirs pour le rangement des papiers, comportant un panneau abattant qui sert de table à écrire. **LOC** ***Premier secrétaire, secrétaire général d'un parti politique, d'un syndicat*** : personne qui est à la tête des instances supérieures de ces organisations. — ***Secrétaire d'ambassade*** : agent du corps diplomatique. — ***Secrétaire de mairie*** : responsable supérieur de certains travaux administratifs, dans une mairie. — ***Secrétaire de rédaction*** : personne qui seconde le rédacteur en chef. — ***Secrétaire de séance*** : membre du bureau d'une assemblée chargé de rédiger les comptes-rendus. — ***Secrétaire d'État*** : en France, membre du gouvernement placé sous l'autorité d'un ministre et qui a la charge d'un département ministériel ; aux É.-U., ministre des Affaires étrangères ; au Canada, titre donné à certains ministres fédéraux ; au Vatican, cardinal assurant la fonction de premier ministre. [ETY] Du lat. *secretarium*, « lieu retiré ».

**secrétairerie** *nf* **LOC** ***Secrétairerie d'État*** : ensemble des services de la Curie romaine dirigés par le cardinal secrétaire d'État, « premier ministre » du pape.

**secrétariat** *nm* **1** Poste, fonction de secrétaire. *Secrétariat général d'une société.* **2** Durée de cette fonction. **3** Bureau, service où travaillent des secrétaires, dans une entreprise ; ensemble des secrétaires. **4** Travail, métier de secrétaire.

**secret-défense** *nm* Information protégée pour des raisons de sécurité nationale. PLUR secrets-défenses.

**secrètement** → **secret 1.**

**sécréter** *vt* [14] **1** Produire par sécrétion. **2** fig Engendrer. *Son discours sécrète l'ennui.*

**sécréteur, trice** *a* PHYSIOL Qui produit une sécrétion.

**sécrétine** *nf* BIOCHIM Hormone sécrétée par le duodénum et le jéjunum, et qui stimule la sécrétion exocrine du pancréas.

**sécrétion** *nf* **1** PHYSIOL Production d'une substance déversée dans le sang ou évacuée par un canal excréteur. **2** BOT Production d'une substance par un arbre, une plante. *Sécrétion du latex, de la résine.* **3** Substance ainsi produite. [ETY] Du lat. [DER] **sécrétoire** *a*

**sectaire** *a, n* **A** Se dit d'une personne qui fait preuve d'intolérance en matière de philosophie, de politique de religion. *Esprit sectaire.* **B** *a* Qui concerne les sectes. **C** *n* Sectateur.

**sectarisme** *nm* **1** Attitude d'une personne ou d'un groupe sectaire. **2** Phénomène constitué par le développement des sectes.

**sectateur, trice** *n* Adepte d'une secte.

**secte** *nf* **1** HIST Groupe de personnes, notam. d'hérétiques, qui, à l'intérieur d'une religion, professent les mêmes opinions hétérodoxes. **2** Groupe idéologique et mystique dont les membres vivent en communauté, sous l'emprise exclusive d'un guide spirituel. **3** péjor Ensemble de personnes étroitement attachées à une doctrine. [ETY] Du lat. *sequi*, « suivre ».

**secteur** *nm* **1** GEOM Portion de plan comprise entre un arc de cercle et les deux rayons qui le délimitent. **2** MILIT Partie du front de bataille ou d'un territoire, occupée par une unité. **3** fam Endroit, lieu quelconque. *Il n'y a personne dans le secteur.* **4** Subdivision d'une zone urbaine, d'une région. **5** Subdivision du réseau de distribution de l'électricité. *Panne de secteur.* **6** Ensemble d'activités économiques de même nature. *Secteur primaire, secondaire, tertiaire.* **LOC** ***Secteur postal*** : lieu, désigné par un numéro conventionnel, où est adressée la correspondance destinée à une unité donnée. — ***Secteur public*** : ensemble des entreprises qui dépendent de l'État (par oppos. à *secteur privé*). [ETY] Du lat. *secare*, « couper ».

**section** *nf* **1** Surface que présente une chose à l'endroit où elle est coupée transversalement. *Section ronde d'une balle.* **2** Cette surface considérée d'un point de vue théorique, sans qu'il y ait effectivement coupure. *Câble de deux centimètres carrés de section.* **3** Représentation théorique, selon un plan transversal ; coupe. **4** GEOM Lieu de l'espace où deux lignes, deux surfaces se coupent. *La section de deux lignes est un point. La section de deux plans est une droite.* **5** Division, dans une administration, une organisation. *Section syndicale d'entreprise. Section de vote.* **6** MILIT Subdivision d'une compagnie, d'une batterie, comprenant de trente à quarante hommes. **7** Portion d'une voie de communication ; division du parcours de certains véhicules de transport en commun. *Section d'autoroute.* **8** Subdivision d'un ouvrage. *Livre en trois sections.* **9** MUS Division d'un grand orchestre de jazz. *La section des cuivres, des anches.* **LOC** ***Section droite d'un prisme, d'un cylindre*** : section perpendiculaire aux arêtes de ce prisme, aux génératrices de ce cylindre. — MUS ***Section rythmique*** : ensemble des instruments qui assurent le soutien rythmique d'un orchestre de jazz ; spécial., le groupe formé par le piano, la basse et la batterie. [ETY] Du lat.

**Section française de l'Internationale ouvrière (SFIO)** nom officiel du parti socialiste français, qui en 1905 adhéra à la IIe Internationale. V. Parti socialiste.

**sectionner** *vt* [1] **1** Couper net, trancher. **2** Diviser en sections. [DER] **sectionnement** *nm*

**sectionneur** *nm* ELECTR Appareil isolant une ou plusieurs sections d'une ligne électrique.

**sectoriel, elle** *a* didac Qui concerne plus particulièrement un ou plusieurs secteurs. *Chômage sectoriel.* [DER] **sectoriellement** *av*

**sectoriser** *vt* [1] ADMIN, ECON Répartir, diviser en secteurs géographiques. *Sectoriser la carte scolaire.* [DER] **sectorisation** *nf*

**séculaire** *a* **1** didac Qui a lieu une fois par siècle. **2** Qui existe depuis un ou plusieurs siècles. *Un chêne deux fois séculaire.* **LOC** ***Année séculaire*** : qui termine un siècle. [DER] **séculairement** *av*

**séculariser** *vt* [1] RELIG **1** Faire passer de l'état régulier à l'état séculier. *Séculariser un religieux.* **2** Faire passer du domaine ecclésiastique au domaine laïc. [DER] **sécularisation** *nf*

**sécularisme** *nm* POLIT Dans les pays musulmans, terme désignant la séparation du religieux et du profane (de préférence au mot laïcité).

**séculier, ère** *a, nm* **A** *a* HIST Qui appartient au siècle, au monde laïque, et non à l'Église. *Juridictions séculières et tribunaux d'Église.* **B** *a, nm* Se dit des ecclésiastiques qui ne sont pas soumis à la règle d'un ordre religieux. *Le clergé séculier.* [ETY] Du lat. [DER] **séculièrement** *av*

**secundo** *av* Secondement, en second lieu. [PHO] [səgɔ̃do] [ETY] Mot lat.

**sécuriser** *vt* [1] **1** Donner un sentiment de sécurité à qqn, l'apaiser, le rassurer. **2** Rendre qqch plus sûr, conforme aux normes de sécurité, le mettre à l'abri des accidents, des indiscrétions. *Carte d'identé sécurisée.* **3** Mettre en sécurité une population, un lieu. **4** Prendre le contrôle d'un objectif militaire. [DER] **sécurisant, ante** *a* – **sécurisation** *nf*

**sécuritaire** *a* **1** Relatif à la sécurité publique, la protection des biens et des personnes. *Des mesures sécuritaires.* **2** Qui concerne la sécurité, l'absence de danger. *Des pneus sécuritaires.*

**sécurité** *nf* **1** Tranquillité d'esprit de celui qui pense qu'aucun danger n'est à craindre. *Avoir un sentiment de sécurité.* **2** Situation dans laquelle aucun danger n'est à redouter. *Assurer la sécurité publique.* **3** TECH Organe qui empêche de manœuvrer la détente d'un appareil. **LOC** ***De sécurité*** : qui assure la sécurité. — ***Sécurité routière*** : ensemble des mesures visant à assurer la sécurité des usagers de la route. — ***Sécurité sociale*** : organisation officielle visant à assurer la sécurité matérielle des travailleurs et de leur famille en cas de maladie, d'accident du travail, de maternité, etc., et à leur garantir une retraite. [ETY] Du lat.

[ENC] En Allemagne, Bismarck institua trois assurances obligatoires : contre la maladie (1883), les accidents (1884), l'invalidité (1889). En France, la loi du 9 avril 1898 porta notam. sur la réparation des accidents ; en 1930 fut conçu un régime d'assurances sociales pour les travailleurs aux salaires modestes. En G.-B., le *National Insurance Act* de 1911 créa une prem. législation, mais c'est en 1942 que lord Beveridge posa les principes d'une Sécurité sociale révolutionnaire qui visait à une redistribution des richesses. Dans les pays industrialisés, de nombreux gouvernements s'en inspirèrent. La France l'institua en 1945 et refondit son système en 1966-1967. Face au déficit grandissant de la Sécurité sociale, elle créa en 1991 la Contribution sociale généralisée (CSG).

**Sedaine Michel Jean** (Paris, 1719 – id., 1797), auteur français de livrets d'opéras-comiques et d'une « comédie sérieuse » (selon Diderot), *le Philosophe sans savoir* (1765). Acad. fr.

**Sedan** ch.-l. d'arr. des Ardennes, sur la Meuse ; 20 467 hab. Industries (centre drapier aux XVI^e^ et XVII^e^ s.). – Napoléon III, encerclé par les Prussiens, y capitula le 2 sept. 1870. Le 13 mai 1940, les Allemands y effectuèrent une percée décisive. DER **sedanais, aise** *a, n*

**sédater** *vt* 1 MED Effectuer la sédation d'un patient souffrant.

**sédatif, ive** *a, nm* MED Se dit d'un produit qui modère l'activité fonctionnelle d'un organe ou d'un système. ETY Du lat.

**sédation** *nf* MED Action de calmer la souffrance ; effet produit par un sédatif.

**Sédécias** (m. à Babylone en 586 av. J.-C.), dernier roi de Juda (597-586 av. J.-C.). Il se rebella et Nabuchodonosor II l'assiégea dans Jérusalem, le fit prisonnier, lui creva les yeux et le déporta à Babylone.

**sédentaire** *a, n* **A 1** Qui sort rarement de chez soi. **2** Fixe, attaché à un lieu. *Peuples sédentaires.* ANT nomade. **B** *a* Qui se passe, s'exerce dans un même lieu. *Emploi sédentaire.* ETY Du lat. *sedere*, « être assis ». DER **sédentarité** *nf*

**sédentariser** *vt* 1 Rendre sédentaire, fixer. *Population nomade qui se sédentarise.* DER **sédentarisation** *nf*

**sedia gestatoria** *nf* Siège de cérémonie sur lequel on portait le pape dans certaines cérémonies. ETY Mots ital.

**sédiment** *nm* **1** didac Dépôt formé par la précipitation de substances en suspension dans un liquide. **2** GEOL Dépôt abandonné par les eaux, les glaces ou le vent. ETY Du lat. *sedere*, « être assis, séjourner ».

**sédimentaire** *a* GEOL Qui a le caractère d'un sédiment ; qui est produit par un sédiment. LOC *Roche sédimentaire :* qui provient d'un sédiment et n'a subi que des transformations peu importantes.

**sédimentation** *nf* **1** GEOL Formation des sédiments. **2** MED Dépôt des cellules du sang rendu incoagulable et laissé au repos dans un tube à essais. DER **sédimenter** *vi* ou **se sédimenter** *vpr* 1

**sédimentologie** *nf* GEOL Branche de la géologie qui étudie les roches sédimentaires. DER **sédimentologique** *a* – **sédimentologiste** *n*

**séditieux, euse** *a, n* **A** Qui participe ou qui est prêt à participer à une sédition. *Des groupes séditieux.* **B** *a* Qui a le caractère de la sédition, qui incite à la sédition. *Écrit séditieux.* PHO [sedisjø, øz] DER **séditieusement** *av*

**sédition** *nf* Révolte, soulèvement prémédités contre l'autorité établie. ETY Du lat.

**séducteur, trice** *n, a* **A** *n* **1** Personne qui a de nombreux succès galants. **2** Personne qui sait plaire, charmer. **B** *a* Qui plaît, séduisant.

**séduire** *vt* 69 **1** litt, plaisant En parlant d'un homme, amener une femme à lui accorder ses faveurs hors mariage. **2** mod Plaire à qqn et obtenir amour ou faveurs. **3** Conquérir l'admiration, l'estime, la confiance de qqn. *Ce chanteur américain a séduit le public parisien.* **4** Convaincre par le charme, la persuasion, le savoir-faire, fût-ce en créant l'illusion. *L'escroc avait réussi à séduire plusieurs hommes d'affaires.* **5** Captiver, charmer. *La beauté de ce petit village nous a séduits.* ETY Du lat. *seducere*, « emmener à l'écart ». DER **séduction** *nf* – **séduisant, ante** *a*

**sédum** *nm* BOT Syn. de *orpin*. PHO [sedɔm]

**Sée Camille** (Colmar, 1827 – Paris, 1919), homme politique français, créateur des lycées de jeunes filles (1880).

**Seebeck Thomas** (Reval, auj. Tallinn, 1770 – Berlin, 1831), physicien allemand. Il découvrit la thermoélectricité.

**seersucker** *nm* Tissu de coton gaufré, écossais ou rayé. PHO [siʀsœkœʀ] ETY Mot angl.

**Sées** ch.-l. de cant. de l'Orne (arr. d'Alençon), sur l'Orne ; 4 504 hab. – Évêché. Cath. XIII^e^ – XIV^e^ s. DER **sagien, enne** *a, n*

**séfarade** *n, a* Juif habitant les pays méditerranéens ou originaire de ces régions. ETY De l'hébreu *sepharad*, « Espagne ».

ENC La plupart des séfarades descendent des Juifs qui durent fuir l'Espagne et le Portugal, où les autorités catholiques les persécutaient ; ils se réfugièrent dans l'Empire ottoman. Leur langue était le ladino ou judéo-espagnol. V. ashkénaze.

**Séféris Gheórghios Seferiádhis,** dit **Georges** (Smyrne, auj. Izmir, 1900 – Athènes, 1971), poète grec : *Mythologie* (1935), *Journal de bord* (3 vol., 1940, 1944, 1955). P. Nobel 1963.

**Séfévides** dynastie persane (1502-1736). Elle tire son nom de Safīt al-Dīn (1253-1334). Ismā'il I^er^, couronné schah à Tabriz en 1502, répandit le chiisme. Les Séfévides développèrent un art original. Ils luttèrent contre les Turcs et les Ouzbeks, notam. sous Abbās I^er^ le Grand (1587-1629), qui mena l'empire à son apogée. Au déb. du XVIII^e^ s., l'empire s'effrita et, en 1736, Nādir shāh prit le pouvoir. DER **séfévide** *a*

**sefirot** *nm pl* Dans la kabbale juive, ensemble des dix manifestations de l'essence divine. PHO [sefiʀɔt]

**séga** *nm* Musique et danse de l'île Maurice et de la Réunion, née de la rencontre des styles européens et noirs. DER **ségatier, ère** *n*

**Segal George** (New York, 1924 – Trenton, 2000), sculpteur américain : environnements peuplés de figures humaines grandeur nature.

**ségala** *nm* AGRIC Terre ensemencée en seigle.

**Ségala** plateaux du Massif central, entre le Tarn et l'Aveyron ; leur altitude varie entre 600 et 1 000 m. Réputés pauvres, ils ont connu un renouveau au XX^e^ s. grâce à l'élevage bovin.

**Segalen Victor** (Brest, 1878 – Huelgoat, 1919), écrivain français et médecin de la marine. Il accomplit de nombreux voyages dans le Pacifique, en Chine, en Mandchourie, en Indochine : *les Immémoriaux* (roman, 1907), *Stèles* (poèmes, 1912), *Équipée* (journal, posth., 1929).

**Ségeste** anc. v. du N.-O. de la Sicile où subsistent des vestiges de l'Antiquité grecque.

**Seghers Hercules** (Harlem, v. 1590 – Amsterdam, v. 1640), peintre et aquafortiste hollandais, auteur de paysages tourmentés.

**Seghers Netty Radványi,** dite **Anna** (Mayence, 1900 – Berlin-Est, 1983), romancière allemande : *la Révolte des pêcheurs de Sainte-Barbara* (récit, 1928), *la Septième Croix* (1942).

**Seghers Pierre** (Paris, 1906 – Créteil, 1987), éditeur, poète et résistant français.

**segment** *nm* **1** Partie délimitée d'un ensemble abstrait, sous-ensemble, portion. *Un segment du marché des devises.* **2** GEOM Portion, partie. *Segment de disque.* **3** MATH Dans l'ensemble des nombres réels, segment est synonyme d'intervalle. **4** ZOOL Chacun des articles du corps des annélides et des arthropodes. SYN métamère. **5** TECH Bague d'étanchéité, sur un piston. LOC TECH *Segment de frein :* pièce en forme de croissant comportant une garniture rivée qui s'applique contre le tambour du frein. ETY Du lat. DER **segmentaire** *a*

**segmentation** *nf* **1** Action de segmenter, fait de se segmenter. **2** BIOL Ensemble des premières divisions cellulaires que subit l'œuf fécondé. **3** COMM Action de déterminer des groupes homogènes de clients selon des comportements d'achat.

**segmenter** *vt* 1 Diviser en segments, fractionner, diviser. *Une cellule qui se segmente.*

**Segonzac** → **Dunoyer de Segonzac.**

**Ségou** v. du Mali, sur le Niger ; 99 000 hab. ; ch.-l. de la rég. du m. nom. Coton. – Elle fut le centre du *royaume de Ségou* (XVII^e^-XIX^e^ s.), formé par les Bambaras.

**Segovia Andrés** (Linares, Jaén, 1893 – Madrid, 1987), guitariste espagnol.

**Ségovie** v. d'Espagne (Castille et León), à 1 000 m d'alt. ; 55 180 hab. ; ch.-l. de la prov. du m. nom. Industries. – Évêché. Aqueduc romain. Nombr. égl. romanes. Alcazar XIV^e^-XV^e^ s. Cath. XVI^e^ s. ▶ illustr. **alcazar**

**Segrais Jean Regnault de** (Caen, 1624 – id., 1701), écrivain français : *Nouvelles françaises* (1657).

**ségrais** *nm* SYLVIC Bois isolé de la forêt, et qu'on exploite à part. ETY Du lat. *secretum*, « lieu secret ».

**Sègre (le** ou **la)** riv. de Catalogne (260 km), affl. de l'Èbre (r. g.) ; naît en France (Pyrénées-Orientales) ; arrose Lérida.

**Segré** ch.-l. d'arr. de Maine-et-Loire ; 6 410 hab. Mines de fer, travail du cuir. DER **segréen, enne** *a, n*

**Segrè Emilio** (Tivoli, 1905 – Lafayette, Californie, 1989), physicien américain d'origine italienne. Il obtint artificiellement le technétium et l'astate (1936-1938) puis les antiprotons (1955). P. Nobel 1959 avec O. Chamberlain.

**ségrégation** *nf* **1** Action de mettre à part, de séparer d'un tout, d'une masse. **2** Discrimination organisée, règlementée, entre les groupes raciaux (notam. entre Noirs et Blancs), dans certains pays **3** Discrimination de droit ou de fait entre les individus ou entre les collectivités, fondée sur des critères autres que raciaux (âge, sexe, niveau de fortune, religion, etc.). ETY Du lat. *segregare*, « séparer du troupeau ». DER **ségrégatif, ive** *a*

**ségrégationnisme** *nm* Système politique de ceux qui sont favorables à la ségrégation raciale. DER **ségrégationniste** *n, a*

**ségréguer** *vt* 14 Soumettre à une ségrégation raciale, sociale. *Une société ségréguée.*

**séguedille** *nf* Danse espagnole sur un rythme rapide à trois temps ; air de cette danse. ETY De l'esp.

**séguia** *nf* Canal d'irrigation, en Afrique du Nord. ETY Mot ar. VAR **seguia**

**Séguier Antoine** (Paris, 1552 – id., 1624), magistrat français ; président du parlement de Paris, il s'opposa à la Ligue. — **Pierre** (Paris, 1588 – Saint-Germain-en-Laye, 1672), neveu du préc., chancelier sous Louis XIII et Louis XIV, il fut chargé de l'instruction du procès de Cinq-Mars, puis de celui de Fouquet. Pendant la Fronde, il avait soutenu Mazarin.

**Seguin Marc** (Annonay, 1786 – id., 1875), ingénieur français. En 1824, il construisit le premier pont suspendu par câbles (sur le Rhône, entre Tain-l'Hermitage et Tournon). En 1827, il inventa la chaudière tubulaire pour les locomotives.

**Séguin Philippe** (Tunis, 1943 – Paris, 2010), homme politique français ; gaulliste ; président de l'Assemblée nationale (1993-1997).

**Ségur Sophie Rostopchine (comtesse de)** (Saint-Pétersbourg, 1799 – Paris, 1874), écrivain français d'origine russe ; auteur de romans pour la jeunesse : *les Petites Filles modèles* (1858), *Mémoires d'un âne* (1860), *les Malheurs de Sophie* (1864), *Un bon petit diable* (1865), *le Général Dourakine* (1866), etc.

la comtesse de **Ségur**

**Séguy Georges** (Toulouse, 1927), syndicaliste français, secrétaire général de la CGT (1967-1982).

**1 seiche** *nf* Mollusque céphalopode marin comestible, au corps bordé d'une nageoire continue, qui, lorsqu'il est menacé, rejette une encre noire qui camoufle sa fuite. ETY Du gr.

**seiche**

**2 seiche** *nf* GEOGR Variation subite du niveau de certains lacs.

**séide** *nm* Fanatique qui obéit aveuglément à un chef.

**Seifert Jaroslav** (Prague, 1901 – id., 1986), poète tchèque d'inspiration prolétarienne : *les Mains de Vénus* (1936), *Mozart à Prague* (1946), *Maman* (1954). P. Nobel 1984.

**seigle** *nm* Céréale (graminée) panifiable, aux épis barbus, très résistante au froid, poussant sur les terrains pauvres. ETY Du lat. ▶ illustr. **céréales**

**Seignelay Jean-Baptiste Colbert (marquis de)** (Paris, 1651 – Versailles, 1690), fils de Colbert, à qui il succéda à la Marine et à la Maison du roi (1683), puis comme ministre d'État (1689).

**seigneur** *nm* **1** FEOD Possesseur d'un fief, d'une terre. **2** anc Titre honorifique donné à des personnes de haut rang. **3** (Avec une majuscule.) Dieu. **4** Celui qui détient la puissance, l'autorité. *Seigneur et maître.* **LOC** ***Le jour du Seigneur :*** le dimanche. — fam, plaisant ***Mon seigneur et maître :*** mon mari. — ***Notre Seigneur :*** Jésus-Christ. — ***Seigneur de la guerre :*** en période de troubles civils, potentat local à la tête d'une armée privée. ETY Du lat. *senior,* « aîné ». DER **seigneurial, ale, aux** *a*

**seigneuriage** *nm* FEOD Droit du seigneur, spécial. celui de battre monnaie.

**seigneurie** *nf* **1** FEOD Autorité du seigneur sur sa terre et sur les personnes qui relèvent de lui. **2** Terre seigneuriale. **3** HIST Au Canada, terre octroyée par le roi à un seigneur à charge d'y installer des colons. **4** Titre honorifique donné autref. aux pairs de France. **5** Séniorie.

**Seignobos Charles** (Lamastre, Ardèche, 1854 – Ploubazlanec, 1942), historien français ; adepte de l'histoire évènementielle : *Histoire politique de l'Europe contemporaine* (1897).

**Seikan (tunnel de)** tunnel le plus long du monde (54 km) qui, depuis 1988, relie les îles japonaises de Honshū et de Hokkaidō.

**seille** *nf* **1** rég Seau tronconique en bois, muni d'oreilles dans lesquelles on passe une corde ou un bâton pour le transport. **2** Grand récipient en bois ou en toile. ETY Du lat.

**Seille (la)** riv. de France (110 km), affl. de la Saône (r. g.) ; naît dans le Jura.

**Seille Lorraine (la)** riv. de France (130 km), affl. de la Moselle (r. dr.) à Metz.

**seime** *nm* MED VET Fente verticale pathologique affectant le sabot du cheval. ETY Du lat. *semis,* « moitié ».

**sein** *nm* **1** Chacune des deux mamelles de la femme, qui renferment les glandes mammaires. *Nourrir un enfant au sein.* **2** litt Partie antérieure de la poitrine humaine, où sont les mamelles. *Presser sur, contre son sein.* **3** litt Ventre de la femme, en tant qu'il contient les organes de la gestation. *Porter un enfant dans son sein.* **4** fig, litt Partie intérieure, centrale d'une chose. *Le sein de la terre.* **LOC** ***Au sein de :*** à l'intérieur de, au milieu de, dans. — ***Le sein de l'Église :*** la communion des fidèles, dans le catholicisme. ETY Du lat.

**Sein (île de)** île de l'Atlantique, séparée de la pointe du Raz par le *raz de Sein* (8 km) aux nombreux écueils.

**seine** → **senne.**

**Seine (la)** fl. de France (776 km) qui draine le Bassin parisien ; née sur le plateau de Langres à 471 mètres d'alt., elle pénètre en Champagne, reçoit l'Aube, puis longe la côte d'Île-de-France. Grossie de l'Yonne, elle traverse la Brie. Aux env. de Paris, elle reçoit ses princ. affl., la Marne et l'Oise. Son cours forme des méandres accusés à partir de Paris. Elle passe à Rouen et se jette dans la Manche par un vaste estuaire sur lequel est établi Le Havre. Ce fleuve calme et régulier constitue une grande voie commerciale.

**Seine (basse)** basse vallée de la Seine, en aval de Rouen. Proche de Paris, grand axe de communication, elle concentre population et industries.

**Seine** anc. dép. (ch.-l. *Paris*) qui, en 1964, a été divisé en quatre : Paris et (en partie) Seine-Saint-Denis, Hauts-de-Seine et Val-de-Marne. (V. Île-de-France.)

**Seine-et-Marne** dép. franç. (77) ; 5 917 km$^2$ ; 1 294 762 hab. ; 218,8 hab./km$^2$ ; ch.-l. *Melun* ; ch.-l. d'arr. *Fontainebleau, Meaux* et

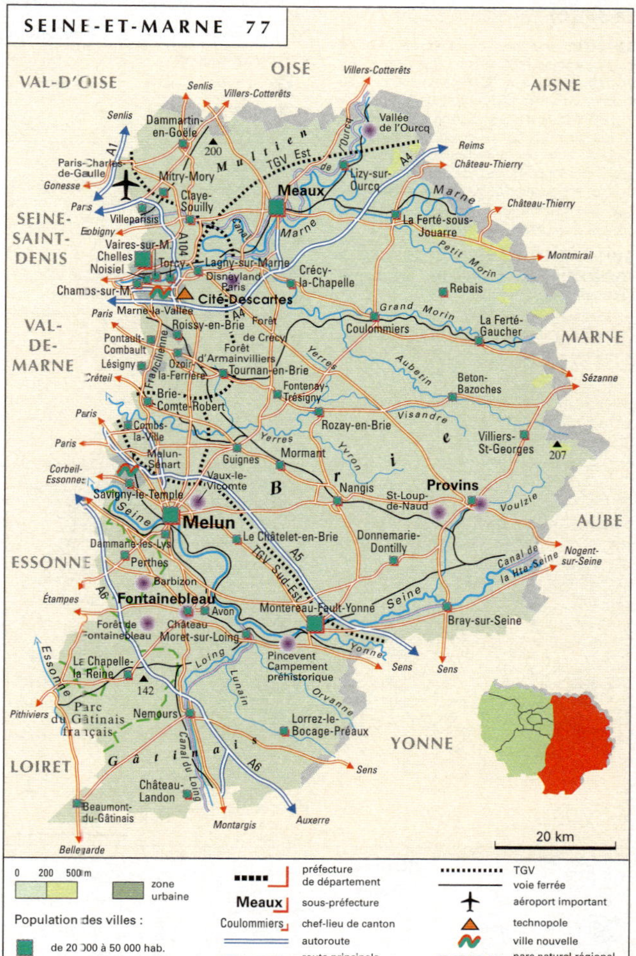

*Provins.* V. Île-de-France (Rég.). (DER) **seine-et-marnais, aise** *a, n*

**Seine-et-Oise** anc. dép. de la région parisienne (ch.-l. *Versailles*) qui a formé en 1964 les dép. du Val-d'Oise, des Yvelines et de l'Essonne, et (en partie) la Seine-Saint-Denis, les Hauts-de-Seine et le Val-de-Marne. (V. Île-de-France).

**Seine-Maritime** dép. franç. (76) ; 6 254 km$^2$ ; 1 254 600 hab. ; 200,6 hab./km$^2$ ; ch.-l. *Rouen* ; ch.-l. d'arr. *Dieppe* et *Le Havre*. V. Normandie (Rég.).

**Seine-Saint-Denis** dép. franç. (93) ; 236 km$^2$ ; 1 552 500 hab. ; 6 578,4 hab./km$^2$ ; ch.-l. *Bobigny* ; ch.-l. d'arr. *Le Raincy*. V. Île-de-France (Rég.). (DER) **séquano-dionysien, enne** *a, n*

**seing** *nm* DR Signature qui rend un acte valable. **LOC** ***Sous seing privé*** : se dit d'un acte qui n'a pas été reçu par un officier public. (PHO) [sɛ̃] (ETY) Du lat. *signum*, « signe ».

**Seipel** Ignaz (Vienne, 1876 – Pernitz, 1932), prélat et homme politique autrichien ; chancelier de 1922 à 1924 et de 1926 à 1929.

**Sei Shōnagon** (fin X$^e$ s.-déb. XI$^e$ s.), écrivain japonaise. Elle est l'auteur du *Makura-no-sōshi* (Notes de chevet), l'un des chefs-d'œuvre de la littérature japonaise.

**séism(o)-** Anc. forme de *sism(o)-*.

**séisme** *nm* **1** Secousse ou série de secousses plus ou moins brutales qui ébranlent le sol ; tremblement de terre. **2** fig Bouleversement important. *Un séisme politique.* (ETY) Du gr.

ENC L'étude des séismes permet de définir l'*épicentre*, point de la surface terrestre où l'ébranlement présente le maximum d'intensité, et l'*hypocentre*, point situé en profondeur (généralement à la verticale de l'épicentre) d'où part l'onde d'ébranlement à la suite du frottement de deux plaques de l'écorce terrestre l'une contre l'autre. (V. plaque.)

**séismicité, séismique, séismologie** → **sismicité, sismique, sismologie.**

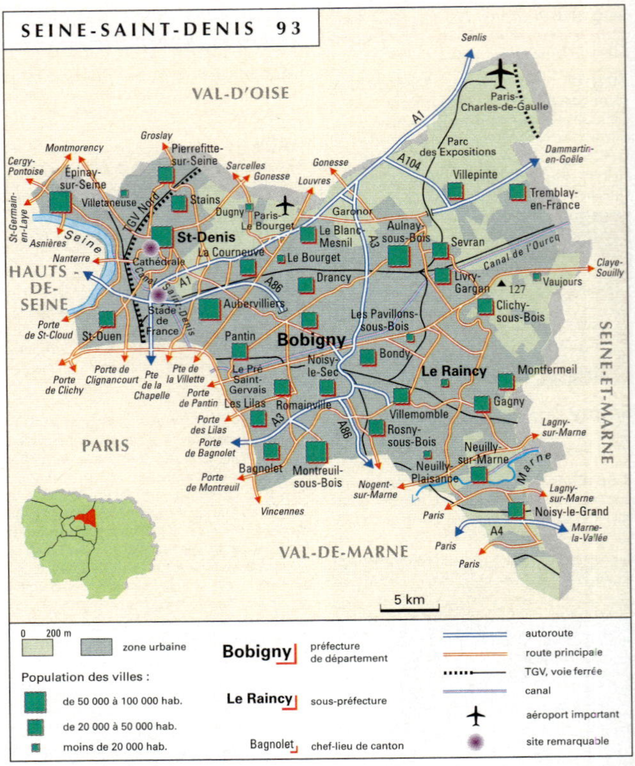


**Séistan** rég. steppique et aride d'Iran et d'Afghānistān. – C'est l'anc. prov. grecque de *Drangiane*, prospère jusqu'au XIV$^e$ s. grâce à un système d'irrigation ; ruinée par les Mongols. (VAR) **Sīstān**

**SEITA** acronyme pour *Société nationale d'exploitation industrielle des tabacs et allumettes*, qui a remplacé, en 1980, le Service d'exploitation industrielle des tabacs et allumettes fondé en 1926. En 1995, la SEITA est privatisée. En 1999, elle fusionne avec la société espagnole Tabacalera pour former le groupe Altadis racheté en 2008 par Imperial Tobacco. (VAR) **Seita**

**seize** *a num inv, nm inv* **A** *a num inv* **1** Dix plus six (16). **2** Seizième. *Chapitre seize. Louis XVI.* **B** *nm inv* **1** Le nombre seize. **2** Chiffres qui le représentent (16). **3** Numéro seize. *Composer le seize.* (ETY) Du lat.

**seizième** *a, n* **A** *a num ord* Dont le rang est marqué par le nombre 16. *La seizième fois. Le seizième siècle.* **B** *n* Personne, chose qui occupe la seizième place. *La seizième de la liste.* **C** *nm* Chaque partie d'un tout divisé en seize parties égales. *Un seizième du total.* (DER) **seizièmement** *av*

**Séjan** Lucius Ælius Seianus dit (Volsinies, v. 18 av. J.-C. –?, 31 apr. J.-C.), homme politique romain. Favori de Tibère, il intrigua contre lui et fut mis à mort.

**Sejima** Kazuyo (Mito, 1956), architecte japonaise. Prix Pritzker 2010 avec R. Nishizawa.

**séjour** *nm* **1** Fait de séjourner ; temps pendant lequel on séjourne dans un lieu. *Un long séjour à la campagne.* **2** fam Salle de séjour. **3** Lieu où l'on séjourne. *Séjour champêtre.* **LOC** ***Permis de séjour*** : autorisation écrite officielle donnée à un étranger de séjourner dans un pays pour une période déterminée.

**séjourner** *vi* ① Demeurer quelque temps dans un lieu. *Séjourner à l'hôtel.* (ETY) Du lat. *diurnus*, « de jour ».

**Sekondi-Takoradi** v. et port du Ghāna, ch.-l. de région ; 445 200 hab.

**1 sel** *nm* **A 1** Substance cristallisée, blanche, d'origine marine, ou terrestre (*sel gemme*), constituée de chlorure de sodium, de saveur piquante, utilisée pour assaisonner ou conserver les aliments. *Gros sel. Sel fin* ou *sel de table.* **2** fig Ce qu'il y a de piquant ou de spirituel dans une situation, un propos, un récit, etc. *Le sel d'une anecdote.* **3** CHIM Composé provenant du remplacement

d'un ou de plusieurs atomes d'hydrogène d'un acide par un ou plusieurs atomes d'un métal. **B** *nm pl* Substances volatiles (carbonate d'ammonium, en partic.) données autref. à respirer à une personne évanouie pour la ranimer. **LOC** ***Bœuf gros sel*:** bœuf bouilli servi avec du gros sel. — ***Le sel de la terre*:** les meilleurs d'un groupe. — ***Sel ammoniac*:** chlorure d'ammonium. — ***Sel d'Angleterre*** ou ***de magnésie*:** sulfate de magnésium. — ***Sel de céleri*:** sel fin additionné de céleri en poudre. — ***Sel de Glauber*:** sulfate de sodium. — ***Sel de Vichy*:** bicarbonate de sodium. — ***Sels de bain*:** cristaux parfumés qu'on dissout dans l'eau du bain. ETY Du lat.

**2 sel** *nm* Système de troc de produits et de services. ETY Acronyme pour *système d'échange local.* VAR **SEL** DER **seliste** *a, n*

**sélacien** *nm* ZOOL Poisson cartilagineux, dont la sous-classe comprend les requins et les raies. ETY Du gr.

**sélaginelle** *nf* BOT Ptéridophyte à l'aspect de mousse, proche des lycopodes. ETY Du lat.

**Selangor** État de Malaisie, sur le détroit de Malacca, au N. de Kuala Lumpur; 8 200 km$^2$; 4 millions d'hab.; cap. *Shah Alam.* Princ. ressources: caoutchouc, fer, étain.

**Selby Hubert** (Brooklyn, 1928 – Los Angeles, 2004), romancier américain de la marginalité: *Last exit to Brooklyn* (1960), *le Démon* (1976).

**Seldjoukides** dynastie turkmène descendant de Saldjūq, qui se fixa au X$^e$ s. à l'embouchure du Syr-Daria. Toghrul-Beg (1038-1063) accomplit de grandes conquêtes (Khorāsān, Iran, califat de Bagdad). L'empire fut à son apogée sous Malik chāh (1072-1092), qui régna en outre sur l'Asie Mineure. Mais le système d'héritage créa plusieurs États: Kermān (1041-1186), en Perse mérid.; Irak (1118-1194); Syrie (1078-1117); Rūm (1081-1302), en Asie Mineure. Vers 1290, ce dernier concéda un fief à Osman, qui fonda la dynastie ottomane. Grands bâtisseurs, les Seldjoukides se firent les défenseurs de la sunna. VAR **Saldjūqides** DER **seldjoukide** *a*

**sélect, ecte** *a* fam, vieilli Choisi, distingué. *Un public sélect.* ETY De l'angl.

**sélecter** *vt* ① TECH Actionner un sélecteur.

**sélecteur, trice** *a, nm* **A** *a* Qui sélectionne. **B** *nm* **1** TECH Dispositif de sélection. **2** Commutateur à plusieurs directions. **3** MECA Pédale de changement de vitesse d'une motocyclette. **4** Levier de changement de vitesse, sur une voiture à embrayage automatique.

**sélectif, ive** *a* **1** Qui opère une sélection, un choix. *Examen, classement sélectif.* **2** TELECOM Se dit d'un récepteur qui opère une séparation satisfaisante des ondes de fréquences voisines. DER **sélectivement** *av* – **sélectivité** *nf*

**sélection** *nf* **1** Choix entre des personnes ou des choses, en fonction de critères déterminés. *Faire une sélection entre des projets.* **2** Ensemble des personnes ou des choses ainsi retenues. *Sélection régionale, nationale.* **3** Choix des types reproducteurs pour la perpétuation d'une espèce animale ou végétale. **LOC** BIOL ***Sélection naturelle*:** selon le darwinisme, survivance d'une espèce animale ou végétale par ses individus les plus aptes à subsister et à se reproduire. ETY Du lat.

**sélectionné, ée** *a, n* **A** *a* **1** Qui a subi une sélection. **2** De bonne qualité. *Fruits sélectionnés.* **B** *n* Concurrent choisi parmi d'autres pour participer à une compétition, à un match dans lesquels il représentera son club, son pays.

**sélectionner** *vt* ① Choisir par sélection. *Sélectionner des plantes. Sélectionner des athlètes.* DER **sélectionnable** *a*

**sélectionneur, euse** *n* **1** Personne qui procède à une sélection. **2** SPORT Personne qui sélectionne des sportifs en vue d'une compétition.

**Séléné** dans la mythologie gr., déesse de la Lune; fille d'Hypérion et sœur d'Hélios.

**séléniate** *nm* CHIM Sel de l'acide sélénique.

**sélénien, enne** *a* Syn. de *sélénite.*

**sélénieux** *am* Sel de l'acide $H_2SeO_3$ et de l'anhydride correspondant.

**sélénique** *am* Se dit de l'acide $H_2SeO_4$ et de l'anhydride correspondant.

**sélénite** *n, a* **A** *n* Habitant supposé de la Lune. **B** *nm* Sel de l'acide sélénieux. **C** *a* Relatif à la Lune. SYN sélénien.

**sélénium** *nm* CHIM **1** Élément de numéro atomique Z = 34, de masse atomique 78,96 (symbole Se). **2** Semi-métal (Se) dont la variété grise fond à 217 °C et bout à 685 °C, et dont la variété métallique possède deux propriétés intéressantes: sa photoconductivité et son pouvoir photoélectrique. PHO [selenjɔm] ETY Du gr.

**séléniure** *nm* CHIM Composé du sélénium avec un autre corps simple.

**séléno-** Élément, du gr. *Selênê,* « Lune ».

**sélénodonte** *a* ZOOL Se dit des molaires des ruminants dont les surfaces d'usure présentent des crêtes d'émail en forme de croissant.

**sélénographie** *nf* ASTRO Description de la Lune. DER **sélénographique** *a*

**sélénologie** *nf* ASTRO Étude de la Lune. DER **sélénologue** *n*

**Sélestat** ch.-l. d'arr. du Bas-Rhin, sur l'Ill; 19 700 hab. – Égl. XII$^e$ s. Égl. gothique XIII$^e$-XV$^e$ s. – Ville libre impériale (XIII$^e$ s.), foyer humaniste au XV$^e$ s., française en 1648, anc. fortif. par Vauban. DER **sélestadien, enne** *a, n*

**Séleucides** dynastie hellénistique, fondée par Séleucos I$^{er}$ Nikatôr v. 305 av. J.-C., qui régna sur la Syrie, la Mésopotamie, l'Asie Mineure, l'Iran, la Bactriane, la Sogdiane et la Parthie. Affaiblie sous les fils de Séleucos I$^{er}$, Antiochos I$^{er}$, la domination séleucide fut rétablie par Antiochos III Mégas (roi de 223 à 187 av. J.-C.). Réduit à la Syrie actuelle, le royaume fut conquis par les Romains en 64 av. J.-C. DER **séleucide** *a*

**Séleucie** nom de plus. villes de l'Asie ancienne, fondées par Séleucos I$^{er}$ Nikatôr. – *Séleucie du Tigre,* à 75 km env. de Babylone, prise par les Parthes en 141 av. J.-C., incendiée par Trajan en 116 apr. J.-C. – *Séleucie de Piérie,* à l'embouchure de l'Oronte, qui servait de port à Antioche. – *Séleucie Trachée* ou *du Calycadnos,* prospère à l'époque romaine.

**Séleucos** nom de plusieurs rois de la dynastie hellénistique des Séleucides. — **Séleucos I$^{er}$ Nikatôr** (« le Vainqueur ») (Doura-Europos, vers 355 – près de Lysimacheia, Thrace, 280 avant J.-C.), général d'Alexandre le Grand, satrape de Babylonie (321-316 et 312-305 avant J.-C.); il prit le titre de roi vers 305 (fondant ainsi la dynastie des Séleucides). Il fut assassiné par Ptolémée I$^{er}$ Sôter. — **Séleucos II Kallinikos** (« le Grand Vainqueur ») (vers 265 – 225 avant J.-C.), roi de 246 à 225; il lutta contre les Égyptiens et contre les Parthes.

**self-** Élément, de l'angl. *self,* « soi-même ».

**self** *nm* fam Restaurant self-service.

**self-control** *nm* Maîtrise de soi. PLUR self-controls

**self-government** *nm* Système de gouvernement d'origine britannique qui consiste à laisser à un territoire une grande autonomie en matière de politique intérieure et locale. PLUR self-governements. PHO [sɛlfgɔvɛrnmənt] ETY Mot angl.

**selfie** *nm* Photo de soi que l'on prend avec son téléphone portable, destinée, le plus souvent, à être publiée sur Internet. ETY Mot angl. DER **selfiser (se)** *vpr* ①

**self-inductance** *nf* ELECTR Syn. (déconseillé) de *inductance.* PLUR self-inductances.

**self-induction** *nf* ELECTR Syn. (déconseillé) de *auto-induction.* PLUR self-inductions.

**self-made-man** *nm* Homme qui ne doit qu'à lui-même sa situation sociale. PLUR self-made-mans ou self-made-men. PHO [sɛlfmɛdman] ETY Mot angl.

**self-service** *nm* Libre-service. PLUR self-services. ETY Mot angl.

**Selim** nom de trois sultans ottomans. VAR **Salim** — **Selim I$^{er}$ le Cruel** (Amasya, 1467 – Istanbul, 1520), sultan de 1512 à 1520, fils de Bajazet II; il fit de grandes conquêtes: Kurdistān, Syrie, Égypte; sunnite, il massacra des chiites. VAR **Selim I$^{er}$ le Terrible** — **Selim II** (Magnésie, 1524 – Istanbul, 1574), sultan de 1566 (grâce aux intrigues de sa mère Roxelane) à 1574. Il fut vaincu à Lépante (1571). — **Selim III** (Istanbul, 1761 – id., 1808), sultan de 1789 à 1807; menacé par la Russie et l'Autriche, il fut renversé par les janissaires pour avoir tenté des réformes.

**Sélinonte** anc. v. grecque de Sicile, fondée v. 629 av. J.-C. par les Mégariens. Elle fut mise à sac par les Carthaginois en 409 et en 250 av. J.-C. – Ruines de temples du VI$^e$ s. av. J.-C.

**Selkirk (monts)** chaîne montagneuse du Canada, en Colombie-Britannique (3 533 m au mont Sir Sanford).

**Selkirk Alexander** (Largo, Fifeshire, 1676 – en mer, 1721), marin écossais abandonné dans une île inhabitée de l'archipel Juan Fernández (au large du Chili), où il resta six ans (1703-1709). Cette aventure inspira le *Robinson Crusoé* de Defoe (1719).

**Sellars Peter** (Pittsburgh, 1937), metteur en scène de théâtre américain, souvent audacieux. Il a transposé des opéras de Mozart à l'époque actuelle.

**selle** *nf* **A 1** Petit siège, fait le plus souvent de cuir, que l'on sangle sur le dos d'une bête de somme pour la monter commodément. **2** Siège d'une bicyclette, d'une motocyclette, d'un scooter. **3** Trépied à plateau pivotant des sculpteurs, sur lequel on place le matériau à travailler. **B** *nf pl* Matières fécales. **LOC** ***Aller à la selle*:** aux cabinets. — ***Être bien en selle*:** être affermi dans son poste. — ***Selle d'agneau, de chevreuil*:** morceau de viande pris entre le gigot et la dernière côte. — ***Se remettre en selle*:** rétablir ses affaires. ETY Du lat.

**seller** *vt* ① Munir une monture d'une selle.

**sellerie** *nf* **1** Art, industrie, commerce du sellier; ensemble des ouvrages du sellier. **2** Ensemble des selles et des harnais; lieu où on les range.

**selles-sur-cher** *nm* Fromage de chèvre AOC, en forme de palet, du Loir-et-Cher.

**sellette** *nf* **1** anc Petit siège sur lequel devait s'asseoir l'accusé qu'on interrogeait. **2** Petite selle de sculpteur. **3** Table étroite et haute sur laquelle on pose une plante, une statue, etc. **4** Pièce de harnais supportant les courroies qui portent les brancards. **5** TECH Petit siège, suspendu à une corde à nœuds, des ouvriers du bâtiment. **LOC** mod ***Être sur la sellette*:** être interrogé; être la personne en cause (en bien ou en mal). — ***Mettre qqn sur la sellette*:** le harceler de questions.

**sellier** *nm* Celui qui fabrique ou qui vend des selles, des harnais, des coussins et des garnitures pour voitures, etc.

**selon** *prép* **1** Suivant, conformément à. *Agir selon l'usage. Déplacement selon une courbe.* **2** En proportion de. *Vivre selon ses moyens.* **3** D'après; au jugement, au dire de. *Selon la formule. Selon cet auteur.* **4** À en croire, à se fonder sur. *Selon toute vraisemblance.* **5** Relativement à. *Selon les cas.* **LOC** fam ***C'est selon*:** cela dépend des circonstances. — ***Selon que*** (+ ind.): indique un choix, suivant que. ETY Du lat. *sublongum,* « le long de ».

**Seltz (eau de)** *nf* Boisson constituée d'eau gazéifiée au gaz carbonique.

**selve** *nf* GEOGR Forêt vierge équatoriale. ETY Du lat. VAR **selva**

**Selye** Hans (Vienne, 1907 – Montréal, 1982), médecin canadien d'origine autrichienne ; spécialiste des états de choc et du *stress*, terme qu'il créa en 1950.

**Selznick** David Oliver (Pittsburgh, 1902 – Los Angeles, 1965), producteur américain : *Autant en emporte le vent* (1939), *Rebecca* (1940), *Duel au soleil* (1947), *l'Adieu aux armes* (1957).

**S. Ém.** Abrév. de *Son Éminence*.

**Sem** personnage biblique ; fils aîné de Noé, frère de Cham et Japhet (Genèse, V-X) ; considéré comme l'ancêtre des peuples *sémitiques*.

**semailles** *nfpl* **1** Action de semer. **2** Graines semées. **3** Époque où l'on sème.

**semaine** *nf* **1** Période de sept jours décomptée du lundi au dimanche. **2** Cette période, envisagée relativement au temps du travail, aux jours ouvrables. *Semaine de trente-cinq heures.* **3** Période de sept jours consécutifs. *Le transport prendra une semaine.* **4** Rémunération d'un travail payé à la semaine. *Toucher sa semaine.* LOC fam ***À la petite semaine*** : en improvisant ; au moyen d'expédients. — ***En semaine*** : un jour de la semaine, un jour ouvrable. — ***Être de semaine*** : assurer des fonctions exercées à tour de rôle, pendant une semaine. — ***Semaine anglaise*** : semaine de travail qui, selon l'usage d'abord anglais, s'arrête le samedi à midi ou le vendredi soir. — ***Semaine sainte*** : la semaine qui s'achève par le dimanche de Pâques (lundi saint, mardi saint, etc.). ETY Du lat. *septem*, « sept ».

**semainier, ère** *n* **A** Personne qui assure un service déterminé pendant une semaine dans une communauté. **B** *nm* **1** Agenda groupant les jours par semaines. **2** Commode à sept tiroirs. **3** Bracelet à sept anneaux.

**sémantème** *nm* LING Élément de mot porteur du contenu sémantique.

**sémantique** *nf, a* LING **A** *nf* Étude du langage du point de vue du sens. **B** *a* Relatif à la sémantique ou au sens. LOC ***Phrase sémantique*** : qui a un sens. ETY Du gr. *sêmainein*, « signifier ». DER **sémanticien, enne** *n* – **sémantiquement** *av*

**sémantisme** *nm* LING Contenu sémantique, d'un signe, d'une unité linguistique.

**sémaphore** *nm* **1** Poste d'observation du trafic maritime établi sur la côte et à partir duquel il est possible de communiquer par signaux optiques avec les navires. **2** CH DE F Mât équipé d'un bras mobile, qui indique si une voie est libre ou non. ETY Du gr. DER **sémaphorique** *a* – **sémaphoriste** *n*

**Semarang** v. et port d'Indonésie, au centre de Java, sur la côte N. ; 1 026 000 hab. ; ch.-l. de prov. Centre industriel.

**sémasiologie** *nf* LING Science qui étudie les significations en parlant des mots (à l'inverse de l'*onomasiologie*). ETY Du gr. *sêmasia*, « signification ». DER **sémasiologique** *a*

**Sembène** Ousmane (Ziguinchor, 1923 – Dakar, 2007), écrivain et cinéaste sénégalais ; autodidacte et marxiste. Princ. romans : *le Docker noir* (1956), *les Bouts de bois de Dieu* (1960), *Vehi-Ciosana* (1965, film *Niaye* la m. année), *le Mandat* (1965, film en 1968), *Xala* (1973, film en 1974), *le Dernier de l'Empire* (1981). Princ. autres films : *Ceddo* (1976), *Guelwaar* (1992).

**semblable** *a, n* **A** *a* **1** De même apparence, de même nature. *Cas semblables. Être semblable à son frère.* **2** Tel, pareil. *Pourquoi tenir de semblables propos ?* **B** *n* **1** Personne, chose comparable. *Il n'a pas son semblable.* **2** Être humain, considéré par rapport aux autres. *Secourir ses semblables.* LOC GEOM ***Figures semblables*** : figures dont les angles sont égaux deux à deux et dont les côtés homologues sont proportionnels. DER **semblablement** *av*

**Semblançay** Jacques de Beaune (seigneur de) (Tours, v. 1445 – Paris, 1527), financier français. Banquier de Louis XII, puis de François Ier, il fut accusé de malversations et pendu à Montfaucon.

**semblant** *nm* Apparence. *Un semblant de vérité.* LOC ***Faire semblant de*** : feindre de. — ***Ne faire semblant de rien*** : feindre l'indifférence.

**sembler** **A** *vi, v impers* 1 **A** *vi* Avoir l'air, paraître ; donner l'impression de. *Ce fruit semble mûr.* **B** *v impers* **1** Il apparaît, on dirait. *Il me semble vain d'espérer.* **2** (Avec le subj., s'il y a doute, ou dans les phrases nég. ou interrog.) *Il semble que le pari soit perdu. Il peine, semble-t-il.* LOC (En incise.) ***Ce me semble, me semble-t-il*** : à mon avis. — ***Il me (te, etc.) semble que*** : (+ inf.) je (tu, etc.) crois que. — litt ***Que vous en semble ?*** : qu'en pensez-vous ? — ***Si bon lui semble, comme bon vous semblera*** : s'il lui plaît, comme il vous plaira. ETY Du lat. *similis*, « semblable ».

**sème** *nm* LING Trait sémantique constituant l'unité minimale de signification. DER **sémique** *a*

**Semeï** (anc. *Semipalatinsk*), ville industr. du Kazakhstan, sur l'Irtych ; 317 000 habitants.

**séméiologie** *nf* MED Syn. de *sémiologie*. DER **séméiologique** *a* – **séméiologue** *n*

**semelage** *nm* Ensemble des pièces formant le dessous d'une chaussure.

**Sémélé** dans la myth. gr., fille de Cadmos, roi de Thèbes, et d'Harmonia. Amante de Zeus, elle conçut Dionysos. La foudre de Zeus, qu'elle voulut voir dans sa gloire, la consuma.

**semelle** *nf* **1** Pièce constituant le dessous de la chaussure. **2** Pièce découpée à la forme du pied, que l'on met à l'intérieur de la chaussure. **3** Dessous du pied d'un bas, d'une chaussette. **4** TECH Pièce plate qui répartit sur le sol les efforts transmis par une pièce pesante, une machine, une construction. **5** Partie chauffante d'un fer à repasser. LOC ***C'est de la semelle*** : se dit d'une viande coriace. — ***Ne pas quitter qqn d'une semelle*** : le suivre partout. — ***Ne pas reculer d'une semelle*** : tenir ferme en place ; fig être ferme sur sa décision. ETY Du lat. *lamella*, « petite lame ».

**sémelpare** *a* BIOL Se dit d'une espèce dont les individus meurent après s'être reproduits une seule fois (cas de nombreux insectes). ETY Du lat. *semel*, « une fois ». DER **sémelparité** *nf*

**sémème** *nm* LING Unité sémantique résultant de la combinaison de plusieurs sèmes.

**semence** *nf* **1** Organe ou partie d'organe végétal qui se sème (graines, noyaux, pépins). **2** Liquide séminal, sperme. **3** Ensemble de très petits diamants, de très petites perles. **4** TECH Clou à tête large et à tige courte.

**semencier, ère** *a, nm* **A** *a* Relatif aux semences. **B** *nm* INDUSTR Entreprise qui produit et commercialise des semences.

**semen-contra** *nm inv* PHARM Médicament constitué des capitules d'une armoise, employé comme vermifuge. PHO [semɛnkɔ̃tʀa] ETY Mots lat.

**Semenov** Nikolaï Nikolaïevitch (Saratov, 1896 – Moscou, 1986), chimiste soviétique. P. Nobel 1956. VAR **Semionov**

**semer** *vt* 16 **1** Épandre des semences sur une terre préparée ; mettre en terre des semences. *Semer du blé.* **2** Ensemencer une terre. *Semer un champ.* **3** litt Jeter, répandre çà et là. *Semer les rues de fleurs.* **4** fam Laisser tomber de petits objets sans s'en rendre compte. *Alors, tu sèmes tes sous !* **5** fig Répandre, propager. *Semer la discorde.* **6** fam Se débarrasser de qqn en lui faussant compagnie, en le devançant. ETY Du lat.

**Semeru** (mont) volcan indonésien (3 676 m), point culminant de l'île de Java.

**semestre** *nm* **1** Période de six mois consécutifs. *Premier semestre.* **2** Rente, traitement qui se paie tous les six mois. *Recevoir son semestre.* ETY Du lat. DER **semestriel, elle** *a* – **semestriellement** *av*

**semestrialiser** *vt* 1 ADMIN Organiser l'année universitaire en semestres. DER **semestrialisation** *nf*

**semeur, euse** *n* **A** Personne qui sème. **B** *nf* Machine agricole servant à semer.

**semi-** Élément, du lat. *semi*, « à demi ».

**semi-aride** *a* GEOGR Qui n'est pas complètement aride. PLUR semi-arides.

**semi-automatique** *a* **1** Qui n'est pas entièrement automatique. **2** Se dit d'une arme dont le chargement est automatique, mais qui requiert l'intervention du tireur pour le départ de chaque coup. PLUR semi-automatiques.

**semi-auxiliaire** *a, nm* GRAM Se dit d'un verbe qui joue un rôle d'auxiliaire devant un infinitif (ex. : aller dans « je vais partir »). PLUR semi-auxiliaires.

**semi-chenillé, ée** *a* TECH Se dit d'un véhicule muni de chenilles à l'arrière et de roues directives à l'avant. PLUR semi-chenillés, ées.

**semi-circulaire** *a* Qui a la forme d'un demi-cercle. PLUR semi-circulaires.

**semi-conducteur, trice** *a, nm* ELECTR Se dit d'un matériau solide dont la résistivité, intermédiaire entre celle des métaux et celle des isolants, varie sous l'influence de facteurs tels que la température, l'éclairement, le champ électrique, etc. PLUR semi-conducteurs.

ENC Les principaux semi-conducteurs sont le germanium, le silicium et le sélénium. Les semi-conducteurs sans défauts sont appelés semi-conducteurs *intrinsèques*. En introduisant des corps étrangers (impuretés) dans le semi-conducteur intrinsèque, on réalise des semi-conducteurs *dopés* de type N (négatif) ou P (positif). Ils entrent dans des composants complexes aux multiples fonctions : amplification, commutation, automatismes, calcul, etc., conversion de l'énergie solaire en énergie électrique (effet photovoltaïque), etc. (V. transistor.)

**semi-conserve** *nf* Conserve alimentaire partiellement stérilisée qui doit être gardée au frais. PLUR semi-conserves.

**semi-consonne** *nf* PHON Syn. de *semi-voyelle*. PLUR semi-consonnes.

**semi-fini, ie** *a* INDUSTR Se dit d'un produit qui a subi une transformation mais doit en subir d'autres avant d'être livré sur le marché. SYN semi-ouvré. PLUR semi-finis, ies.

**semi-grossiste** *n* Commerçant qui vend en demi-gros. PLUR semi-grossistes.

**semi-liberté** *nf* DR Régime pénitentiaire permettant à un condamné d'exercer une activité professionnelle hors de la prison. PLUR semi-libertés.

**sémillant, ante** *a* litt Pétulant ; plein de vivacité, de gaieté. ETY De *semer*, « s'agiter ».

**sémillon** *nm* VITIC Cépage blanc du Bordelais donnant des vins liquoreux. ETY Mot occitan, du lat. *semen*, « semence ».

**semi-logarithmique** *a* MATH Se dit d'un diagramme dont l'un des axes a une échelle arithmétique et l'autre une échelle logarithmique. PLUR semi-logarithmiques.

**semi-lunaire** *a, nm* **A** *a* Qui est en forme de demi-lune. **B** *nm* ANAT L'un des os de la première rangée du carpe. PLUR semi-lunaires.

**semi-marathon** *nm* Course de fond de 21,1 kilomètres. PLUR semi-marathons.

**semi-métal** *nm* CHIM Anc. nom donné à des corps simples d'aspect métallique (germanium, arsenic, antimoine). SYN métalloïde. PLUR semi-métaux.

**séminaire** *nm* **1** Établissement religieux où sont formés les jeunes gens qui se destinent à l'état ecclésiastique. (On dit aussi *grand séminaire*). **2** Groupe d'études animé et dirigé par un professeur, au sein duquel chaque étudiant mène un travail de recherche. **3** Groupe de spécialistes réunis pour étudier certaines questions touchant leur spécialité. **LOC** ***Petit séminaire*** : école religieuse d'enseignement secondaire fréquentée par des garçons qui ne deviendront pas nécessairement des ecclésiastiques. ETY Du lat. *seminarium*, « pépinière ».

**séminal, ale** *a* BIOL Qui a rapport au sperme. PLUR séminaux. ETY Du lat.

**séminariste** *nm* Élève d'un grand séminaire.

**séminifère** *a* BIOL Qui conduit le sperme.

**Séminoles** Indiens de Floride qui, vaincus après de longues guerres (1817, puis 1836-1846), furent enfermés dans des réserves en Oklahoma. DER **séminole** *a*

**semi-nomadisme** *nm* Genre de vie qui combine élevage nomade et agriculture, pratiqué en particulier en bordure des déserts. PLUR semi-nomadismes. DER **semi-nomade** *a, n*

**séminome** *nm* MED Tumeur maligne du testicule.

**sémio-** Élément, du gr. *sêmeion*, « signe ».

**semi-occlusif, ive** *a, nf* PHON Se dit d'un son qui résulte d'une articulation complexe, combinant une occlusive et une fricative (ex. : le [tʃ] de l'esp. *mucho*). PLUR semi-occlusifs, ives.

**semi-officiel, elle** *a* Qui n'a pas de caractère officiel, tout en étant inspiré par les autorités. PLUR semi-officiels, elles.

**sémiologie** *nf* **1** MED Partie de la médecine consacrée à l'étude des signes des maladies. SYN séméiologie. **2** LING Science qui étudie les signes et les systèmes de signes au sein de la vie sociale. DER **sémiologique** *a* – **sémiologue** *n*

ENC F. de Saussure, qui introduisit le terme de « sémiologie » dans la linguistique moderne, donne comme exemples de tels systèmes de signes les rites symboliques, l'alphabet des sourds-muets, les signaux militaires et la langue elle-même : la linguistique est la branche privilégiée de la sémiologie. Par la suite, des linguistes tels que Jakobson, Hjelmslev, Benveniste ont tenté de déterminer la place que le langage occupe au sein des autres systèmes de signes. Dans les années 1970, la sémiologie et la sémiotique se sont différenciées. La sémiotique, se fondant sur la théorie du langage, intègre le concept de *procès* (c.-à-d. de *processus*). Aux couples saussuriens langue/parole et signifiant/signifié, la sémiotique ajoute les couples système/procès et expression/contenu : un objet à connaître peut être envisagé comme un *système* (axe paradigmatique) ou comme un *procès* (axe syntagmatique).

**Semionov** → **Semenov.**

**sémiotique** *nf, a* **1** Théorie générale des signes et des systèmes de significations linguistiques et non linguistiques. **2** Système signifiant. *La sémiotique d'un texte.* DER **sémioticien, enne** *n*

**semi-ouvré, ée** *a* TECH Syn. de *semi-fini*. PLUR semi-ouvrés, ées.

**semi-perméable** *a* PHYS, BIOL Se dit d'une membrane qui, séparant deux solutions d'un même solvant, laisse diffuser le solvant mais arrête le soluté. PLUR semi-perméables.

**semi-précieuse** *af* Se dit d'une pierre fine. PLUR semi-précieuses.

**semi-produit** *nm* TECH Matière première ayant subi une première transformation. PLUR semi-produits.

**semi-public, ique** *a* ECON Qui est en partie privé en partie public. PLUR semi-publics, iques.

**sémique** → **sème.**

**Sémiramis** dans la myth. grecque, reine d'Assyrie et de Babylonie, à qui l'on attribue les célèbres jardins suspendus de Babylone. Elle serait Shammuramat, régente de l'Assyrie de 810 à 806 av. J.-C.

**semi-remorque** *n* **A** *nf* Remorque pour le transport routier, dont l'avant, dépourvu de roues, vient reposer sur la sellette d'attelage d'un tracteur. **B** *nm* Ensemble constitué par la semi-remorque et son tracteur. PLUR semi-remorques.

**semis** *nm* **1** Action de semer. **2** Plant venant de graines qui ont été semées. *Repiquer des semis.* **3** Terrain où poussent ces plants. **4** fig Ornement fait d'un motif de petite dimension répété de façon régulière.

**sémite** *a, n* **1** Qui appartient à un des peuples originaires d'Asie occidentale, que la tradition fait descendre de Sem, fils de Noé, et qui parlent les langues dites *sémitiques*. **2** abusiv Juif.

**sémitique** *a* Se dit des langues d'Asie occidentale et d'Afrique du Nord, caractérisées notam. par des racines renfermant pour la plupart trois consonnes et par la prise en charge par les voyelles des éléments de signification accessoires du mot (notam. l'arabe et l'hébreu).

**sémitisme** *nm* Caractères propres aux Sémites (civilisation, langues, etc.).

**semi-voyelle** *nf* PHON Phonème intermédiaire entre la consonne et la voyelle. *Le* [j] *de* [pje] *(pied), le* [ɥ] *de* [tɥe] *(tuer), le* [w] *de* [fwe] *(fouet) sont des semi-voyelles.* SYN semi-consonne.

**Semmelweis** Ignác Fülöp (Buda, 1818 – Vienne, 1865), médecin hongrois. Obstétricien, il lutta en faveur de l'asepsie.

**Semmering (le)** col des Alpes autrichiennes orientales (986 m), emprunté par la voie ferrée et la route qui mènent de Vienne à Trieste.

**semnopithèque** *nm* Singe cercopithécidé asiatique, qui vit en bandes dans les arbres et se nourrit de fruits. ETY Du gr. *semnos*, « majestueux ».

**semoir** *nm* Machine agricole destinée à semer.

**Semois (la)** riv. de Belgique et de France (198 km), affl. de la Meuse (r. dr.) ; draine l'Ardenne. VAR **Semoy**

**semonce** *nf* Avertissement mêlé de reproches, réprimande. *Une verte semonce.* **LOC** MAR ***Coup de semonce*** : coup tiré à blanc, ou réel, pour ordonner à un navire d'arborer ses couleurs, et éventuellement de stopper ; fig manœuvre visant à intimider. ETY Du lat.

**semoncer** *vt* ⑫ **1** litt Réprimander. **2** MAR Faire une semonce à un navire.

**semoule** *nf* Farine granulée obtenue par broyage grossier d'une céréale, notam. du blé dur. *Semoule de riz, de maïs.* ETY Du lat.

**semoulier, ère** *a, nm* **A** *a* Relatif à la semoule. **B** *nm* Industriel de la semoule. DER **semoulerie** *nf*

**Sempach** bourg de Suisse (Lucerne), sur le *lac de Sempach*. – Victoire des Suisses sur le duc Léopold d'Autriche (1386), qui y fut tué.

**Sempé** Jean-Jacques (Bordeaux, 1932), dessinateur humoristique français : *le Petit Nicolas* (avec Goscinny), *Rien n'est simple.*

**sempervirens** *a inv* Se dit des plantes à feuillage persistant ou des forêts composées de telles plantes. PHO [sɛ̃pɛrvirɛ̃s] ETY Mots lat., « toujours vert ». VAR **sempervirent, ente** *a*

**sempiternel, elle** *a* Continuel, perpétuel, avec une idée de répétition lassante. ETY Du lat. *semper*, « toujours », et *æternus*, « éternel ». DER **sempiternellement** *av*

**Semprun** Jorge (Madrid, 1923 – Paris, 2011), écrivain espagnol d'expression française et castillane : *la Deuxième Mort de Ramón Mercader* (1968), *l'Écriture ou la vie* (1994), scénarios (*Z*, 1968 ; *l'Aveu*, 1969). Membre du PC espagnol (exclu en 1964), résistant, déporté à Buchenwald, il a été ministre de la Culture (1988-1991).

Jorge Semprun

**Semur-en-Auxois** ch.-l. de cant. de la Côte-d'Or, sur l'Armançon ; 4 636 hab. – Égl. XIIIe-XV[e] s. Remparts. Ruines d'un chât. XIIe et XVIIe s. DER **semurois, oise** *a, n*

**sen** *nm inv* Monnaie divisionnaire de plusieurs pays d'Extrême-Orient. PHO [sɛn] ETY Mot jap.

**Sen** Mrinal (Faridpur, dans le Bangladesh actuel, 1923), cinéaste indien : *M. Shome* (1969), *les Marginaux* (1977), *Genesis* (1986).

**Sen** Amartya Kumar (Santiniketan, 1933), économiste indien, auteur d'études économétriques sur le développement et sur la misère. Prix Nobel 1998.

**Sena** dynastie indienne qui régna sur le Bengale méridional aux XIe et XIIe s.

**Sénac** Jean (Beni-Saf, 1926 – Alger, 1973), poète algérien d'expression française : *Citoyens de beauté* (1967), *les Désordres* (1972). Il fut assassiné.

**Senanayake** Don Stephen (Colombo, 1884 – id., 1952), homme politique de Ceylan. Premier ministre (1947-1952), il négocia avec la G.-B. l'indépendance de l'île (1948).

**Senancour** Étienne Pivert de (Paris, 1770 – Saint-Cloud, 1846), écrivain français préromantique, disciple de Rousseau : *Rêveries sur la nature primitive de l'homme* (1799) ; *Oberman* (1804), roman sur le mal de vivre.

**Sénanque (abbaye de)** abbaye cistercienne (fondée en 1148), située sur la com. de Gordes (Vaucluse, arr d'Apt).

l'abbaye de **Sénanque**, XIIe s.

**Sénart (forêt de)** forêt (2 500 ha) du dép. de l'Essonne, au S.-E. de Paris, entre les vallées de la Seine et de l'Yerres. V. Melun-Sénart.

**sénat** *nm* **1** HIST Nom donné aux assemblées politiques les plus importantes, chez divers peuples, à diverses époques. *Le sénat romain. Le sénat de Venise.* **2** (Avec une majuscule.) En France, sous le Consulat, le Premier et le Second Empire, conseil dont le rôle principal était de veiller au respect de la Constitution. **3** (Avec une majuscule.) Une des deux assemblées délibérantes de certaines nations (France, É.-U., Italie, etc.). **4**

Édifice où siège cette assemblée. (ETY) Du lat. *senex*, « vieillard ».

(ENC) En France, le Sénat a essentiellement un pouvoir législatif (l'Assemblée nationale conservant seule la possibilité de mettre en cause la responsabilité du gouv. et ayant le dernier mot dans l'élaboration de la loi). Il est formé de 321 membres élus au suffrage universel indirect pour neuf ans (sauf pour les 6 représentants des Français établis à l'étranger) et renouvelable par tiers tous les trois ans.

**sénateur, trice** *n* Membre d'un sénat.

**sénatorial, ale** *a* Relatif aux sénateurs. PLUR sénatoriaux. **LOC** ***Élections sénatoriales*** ou ***les sénatoriales*** : élections des sénateurs au suffrage indirect. — HIST ***Ordre sénatorial*** : classe assujettie au cens, dans laquelle se recrutaient les sénateurs de la Rome antique, à l'époque impériale.

**sénaturerie** *nf* HIST Dotation viagère accordée à un sénateur sous le Consulat et l'Empire.

**sénatus-consulte** *nm* **1** HIST Décision du sénat, dans la Rome antique. **2** Acte voté par le Sénat et ayant la valeur d'une loi sous le Consulat, le Premier et le Second Empire. PLUR sénatus-consultes. (PHO) [senatyskɔ̃sylt] (ETY) Du lat.

**Sendai** v. industr. du Japon, dans le N.-E. de Honshū ; 2,4 millions d'hab. ; ch.-l. de ken.

**Senderens** Alain (Hyères, 1939), chef cuisinier français.

**séné** *nm* **1** Arbrisseau d'Afrique tropicale (césalpiniacée) aux feuilles pennées et dont le fruit est une gousse. **2** Pulpe des gousses de cet arbrisseau, aux propriétés laxatives. **LOC** litt ***Passez-moi la rhubarbe, je vous passerai le séné*** : rendez-moi service, je vous le revaudrai. (ETY) De l'ar.

**sénéchal** *nm* HIST **1** Officier de cour présentant les plats au roi. **2** Officier chargé de gouverner la maison d'un prince. **3** À l'époque franque et sous les premiers Capétiens, le premier des officiers royaux. **4** Titre donné à des officiers royaux possédant des attributions judiciaires et financières. PLUR sénéchaux. (ETY) Du frq.

**sénéchaussée** *nf* HIST **1** Étendue de la juridiction d'un sénéchal. **2** Lieu où se tient le tribunal d'un sénéchal ; ce tribunal lui-même.

**sèneçon** *nm* **1** BOT Plante adventice (composée), commune en Europe. **2** Genre de composée dont diverses espèces sont arborescentes (en Afrique orientale) ou ornementales (notam. la cinéraire). (PHO) [sɛnsɔ̃] (ETY) Du lat. (VAR) **séneçon**

**Senefelder** Aloys (Prague, 1771 – Munich, 1834), écrivain et inventeur allemand. Il mit au point la lithographie.

**Sénégal (le)** fl. de l'Afrique occid. (1 700 km). Formé par la réunion, au Mali, du Bafing, né dans le Fouta-Djalon (Guinée), et du Bakhoy, il sépare le Sénégal et la Mauritanie, et se jette dans l'Atlantique, en aval de Saint-Louis, par une embouchure marécageuse, où se forme une barre dangereuse. Ce fleuve, en partie navigable, sert surtout à l'irrigation (riche vallée) et a reçu plusieurs barrages.

**Sénégal (république du)** État d'Afrique occid., sur l'océan Atlantique ; 196 720 km$^2$ ; 12,5 millions d'hab. ; accroissement naturel : 2,7 % par an ; cap. *Dakar*. Nature de l'État : rép. de type présidentiel. Langue off. franç. Monnaie : franc CFA. Population : Wolofs (42,6 %), Toucouleurs, Sérères, Diolas et Mandingues. Relig. : islam (92 %). (DER) **sénégalais, aise** *a, n*

**Géographie** Le pays, très plat, est drainé au N. par le Sénégal et au S. par la Gambie et la Casamance. Le climat, tropical sec sahélien au N. (steppe), est plus humide au S. (savane arborée ; forêt en Casamance). Côtes et vallées groupent la majorité des hab. La pop. est rurale à 61,3 %.

**Économie** L'État a cherché à diversifier les cultures d'exportation : arachide (7$^e$ rang mondial, en régression), coton, canne à sucre ; la production vivrière (riz, mil, sorgho) subit une sècheresse endémique depuis 1968. L'élevage est peu florissant, contrairement à la pêche. L'exploitation minière progresse : un peu de pétrole, des phosphates surtout, fer, salines. Les industries, dans la rég. de Dakar, transforment arachide et phosphates (huiles, engrais), et produisent des cotonnades et des biens de consommation courante. Le comm. extérieur, déficitaire, se fait surtout avec la France. Le Sénégal possède d'assez bonnes liaisons intérieures. Le tourisme est en plein essor. Le port de Dakar demeure le plus important de la côte africaine.

**Histoire** LES ORIGINES Très tôt, la région qui correspond au Sénégal actuel eut des relations avec les populations sahariennes et, par là, avec l'Afrique du Nord. La vallée du Sénégal fut islamisée ; de là, le pays tout entier. Au XIII$^e$ s. fut fondé le royaume Diolof, qui devint un empire couvrant tout le Sénégal ; au XVI$^e$ s., il se disloqua.

LA COLONIE FRANÇAISE La colonisation débuta au XVII$^e$ s. (fondation de Saint-Louis, 1659). L'intérieur du pays fut soumis par Faidherbe (1854-1865), qui le mit en valeur (arachide, coton) et fonda Dakar en 1857. La citoyenneté française fut accordée aux habitants de quatre com. : Dakar, Gorée, Rufisque et Saint-Louis. La colonie fut une base de l'expansion française en Afrique occidentale, et Dakar devint le siège du gouvernement général de l'AOF en 1902.

L'INDÉPENDANCE République autonome en 1958, le Sénégal fut d'abord groupé, avec la rép. du Soudan (auj. Mali), en une fédération du Mali (1959-1960). Après la rupture, le pays devint une république indépendante (1960), dotée en 1963 d'une Constitution de type présidentiel à parti unique. Léopold S. Senghor fut président de la République de 1960 à 1980. Le 1$^{er}$ janvier 1981, il remit le pouvoir à son Premier ministre, Abdou Diouf, qui instaura le multipartisme. Il fit proclamer en déc. 1981 la fédération de Sénégambie, alors que l'armée sénégalaise maintenait l'ordre en Gambie depuis nov. 1980. En 1983, il fut élu président et fut réélu jusqu'en 2000, mais en 1988 le gouv. fut accusé de fraudes électorales. À partir d'avr. 1989, des massacres furent perpétrés de chaque côté de la frontière, entre Noirs, sénégalais ou mauritaniens, et Mauritaniens arabophones. En août, Mauritanie et Sénégal rompirent leurs relations. Cette m. année 1989, le Sénégal mit fin à la fédération de Sénégambie. Les élections de 1993 montrèrent l'érosion de Diouf et de son parti. À partir de 1995, la Casamance fut agitée par un mouvement séparatiste. Diouf fut réélu en 1998 et son Premier ministre poursuivit le programme de libéralisation de l'économie, ce qui la redressa et rétablit la croissance, mais le niveau de vie demeura bas. En 2000, l'opposant de toujours, Abdoulaye Wade vainquit le président Diouf, marquant la fin du « senghorisme », qui dominait le pays depuis plus de 40 ans. Les premières mesures de Wade concernèrent la lutte contre la corruption. Il fut réélu en 2007. Peu à peu, A. Wade cherche à exercer seul le pouvoir et les atteintes aux droits de l'homme se multiplient. Wade est battu aux élections de 2012 par Macky Sall.

**sénégali** *nm* Petit passereau africain appartenant au groupe des astrilds.

**sénégalisme** *nm* LING Particularité du français parlé au Sénégal.

**Sénégambie** confédération réunissant les États du Sénégal et de la Gambie, proclamée le 17 déc. 1981, en vigueur de 1982 à 1989. (DER) **sénégambien, enne** *a, n*

**Sénèque le Père** (en latin *Lucius Annæus Seneca*) (Cordoue, vers 55 avant J.-C. – Rome, vers 39 après J.-C.), écrivain latin : *Controverses*, traité d'art oratoire. — **Sénèque le Philosophe** (en latin *Lucius Annæus Seneca*) (Cordoue, vers 4 avant J.-C. – Rome, 65 après J.-C.), fils du préc. ; philosophe, homme d'État

SÉNÉGAL, GAMBIE ET RÉP. DU CAP-VERT

et auteur tragique latin. Il commença à Rome une brillante carrière politique, favorisée par son éloquence, mais Messaline le fit exiler en Corse (41-49). Agrippine le rappela et le chargea de l'éducation du jeune Néron. Nommé consul (57), il tomba en disgrâce (62). En 65, Néron l'impliqua dans la conspiration de Calpurnius Pison et Sénèque dut s'ouvrir les veines. Le stoïcisme nourrit son œuvre : traités de morale (*De la clémence, Des bienfaits*), dialogues philosophiques (*Consolations à Helvia, Sur la brièveté de la vie, Sur la providence*), tragédies (*Médée, les Troyennes, Phèdre*), lettres (*Lettres à Lucilius*).

**Sénèque** le philosophe

**sénescence** *nf* didac **1** Vieillissement. **2** Affaiblissement des capacités d'un individu, provoqué par le vieillissement. ETY Du lat. *senescere*, « vieillir ». DER **sénescent, ente** *a*

**sénestre** *nf, a* **A** *nf* Côté gauche. **B** *a* ZOOL Se dit d'une coquille de mollusque qui présente un enroulement vers la gauche (l'ouverture est à gauche quand l'apex est en haut). **LOC** HERALD ***Le côté sénestre*** : le côté gauche de l'écu (c.-à-d. le côté droit pour l'observateur). ANT dextre. PHO [senɛstʀ] ETY Du lat. VAR **senestre** [sənɛstʀ]

**sénestrochère** *nm* HERALD Bras gauche représenté sur l'écu. VAR **senostrochère**

**sénestrorsum** *a inv* didac Qui va dans le sens contraire des aiguilles d'une montre. ANT dextrorsum. PHO [senɛstʀɔʀsɔm] ETY Mot lat. VAR **senestrorsum**

**sènevé** *nm* Moutarde des champs (crucifère). PHO [sɛnve] ETY Du lat. VAR **sénevé**

**Senghor** Léopold Sédar (Joal, Sénégal, 1906 – Verson, Calvados, 2001), homme politique et poète sénégalais. Ses œuvres (*Chants d'ombre* 1945, *Hosties noires* 1948, *Éthiopiques* 1956, *Nocturnes* 1961, *Élégies majeures* 1979) célèbrent la « négritude ». Élu premier président de la république du Sénégal (1960), réélu en 1963, 1968, 1973 et 1978, il laissa son poste à Abdou Diouf le 1^er^ janv. 1981. Acad. fr. (1983).

**sénile** *a* **1** Qui est dû à la vieillesse ou qui s'y rapporte. **2** Dont les capacités intellectuelles sont diminuées à cause de l'âge. ETY Du lat. DER **sénilité** *nf*

**senior** *n, a* **1** Personne de plus de cinquante ans, en fin de carrière ou retraitée. **2** Sportif adulte de la catégorie intermédiaire entre celle des juniors et celle des vétérans. **3** Personne ayant une bonne expérience professionnelle. PHO [senjɔʀ] ETY Mot lat. par l'angl. VAR **sénior**

**séniorie** *nf* Belgique Résidence médicalisée pour personnes âgées, retraitées ou dépendantes. VAR **seigneurie**

**séniorita** → **señorita.**

**séniorité** *nf* didac Prérogatives conférées à qqn du fait de son ancienneté au sein d'un groupe.

**Senlis** ch.-l. d'arr. de l'Oise ; 16 327 hab. Industries. – Anc. évêché. Enceinte gallo-romaine. Anc. cath. XII^e^-XIII^e^ s. Hôtel de ville XV^e^-XVIII^e^ s. DER **senlisien, enne** *a, n*

**Senna** Ayrton (São Paulo, 1960 – Bologne, 1994), coureur automobile brésilien, champion du monde en 1988, 1990 et 1991, mort après un accident sur le circuit d'Imola.

**Sennachérib** (m. en 681 av. J.-C.), roi d'Assyrie (705-681 av. J.-C.), fils et successeur de Sargon II. Il réprima les soulèvements de plusieurs provinces (détruisant Babylone en 689 av. J.-C.) et embellit Ninive.

**senne** *nf* PECHE Long filet que l'on traîne sur les fonds sableux en eau peu profonde. ETY Du lat. VAR **seine**

**Senne (la)** riv. de Belgique (103 km), affl. de la Dyle (r. g.) ; naît dans le Hainaut ; passe à Bruxelles.

**Sennett** Michael Sinnott, dit **Mack** (Danville, Canada, 1880 – Hollywood, 1960), cinéaste américain. Formé par Griffith, il créa le style burlesque. Il découvrit les grands comiques américains : Chaplin, Keaton, Harold Lloyd, W. C. Fields, etc.

**L.S. Senghor**

**Mack Sennett**

**senneur** *nm* Chalutier équipé de sennes.

**sénologie** *nf* Spécialité médicale qui s'occupe du sein. DER **sénologique** *a* – **sénologue** *n*

**sénonais** → **Sens.**

**Senones** anc. peuple de la Gaule installé entre l'Yonne, la Seine et la Marne. Leur cap. était *Agedincum* ou *Senones* (Sens, dont la rég. est nommée auj. le *Sénonais*). VAR **Sénons**

**señorita** *nm* Petit cigare. PHO [seɲɔʀita] ETY Mot esp. VAR **séniorita**

**senostrochère** → **sénestrochère.**

**Sénoufos** peuple du N. de la Côte d'Ivoire, du Mali et du Burkina Faso ; 3,5 millions de personnes. Ils parlent une langue nigéro-congolaise du groupe gur. Cultivateurs sédentaires, ils ont créé un art (masques, figures d'ancêtres, etc.) d'une grande originalité. DER **sénoufo** *a*

**Sénousret** nom porté par trois pharaons égyptiens de la XII^e^ dynastie, aux XX^e^ et XIX^e^ s. av. J.-C. VAR **Sésostris**

**Senoussis** confrérie musulmane (*Sanūsiyyah*) fondée v. 1837 par *Muhammad ibn 'Ali al-Sanūsī* (Al-Wasitah, Algérie, v. 1787 – Djaghbub, Libye, 1859). En 1951, le chef de cette confrérie devint roi de Libye (Idris I^er^). VAR **Sanusis** DER **senoussi** ou **sanusi, ie** *a*

**1 sens** *nm* **1** Faculté d'éprouver des sensations et, en conséquence, de percevoir les réalités matérielles. *Les organes des sens.* **2** Manière de juger, de voir les choses. *Abonder dans le sens de qqn. À mon sens.* **3** Idée, concept représenté par un signe ou un ensemble de signes. *Sens d'un geste. Sens propre, sens figuré d'un mot.* **4** Caractère intelligible de qqch, permettant de justifier son existence. *Le sens de la vie.* **LOC** ***Avoir le sens de*** : la connaissance spontanée, intuitive de. — ***Bon sens*** : capacité de bien juger. — ***Cela tombe sous le sens*** : c'est évident. — ***Le sixième sens*** : l'intuition. — ***Les plaisirs des sens*** : les plaisirs liés aux sensations physiques, spécial. dans le sens du plaisir sexuel. — ***L'éveil des sens*** : de la sexualité. — ***Sens commun*** : ensemble des jugements communs à tous les hommes. — ***Sens pratique*** : habileté à résoudre les problèmes de la vie quotidienne. — ***Un faux sens*** : une interprétation erronée du sens d'un mot. PHO [sɑ̃s] ETY Du lat.

**2 sens** *nm* **1** Orientation donnée à une chose. *Disposer une ouverture dans le sens de la longueur.* **2** Axe suivant lequel on exerce une action sur une chose, et qui est défini par rapport à un ou à plusieurs éléments de cette chose. *Couper du tissu dans le sens des fils.* **3** Orientation d'un déplacement. *Le sens de la marche d'un train.* **4** MATH Orientation d'un vecteur le long de son support. **5** fig Orientation, destination. *Toutes ces recherches vont dans le même sens. Le sens de l'histoire.* **LOC** ***Sens dessus dessous*** : de manière que ce qui devrait être dessus se trouve dessous ; dans un grand désordre. — ***Sens devant derrière*** : de façon que ce qui devrait être devant se trouve derrière. — ***Sens direct*** ou ***sens trigonométrique*** : sens inverse de celui des aiguilles d'une montre. — ***Sens horaire*** : celui des aiguilles d'une montre. — ***(Voie à) sens unique*** : voie sur laquelle la circulation n'est autorisée que dans un seul sens. ETY Du germ.

**Sens** ch.-l. d'arr. de l'Yonne, sur l'Yonne ; 26 906 hab. (V. Sénones.) Industries. – Archevêché. Cath. XII^e^- XVI^e^ s. Palais synodal (XIII^e^ s., restauré par Viollet-le-Duc). DER **sénonais, aise** *a, n*

**Sens (hôtel de)** hôtel du quartier du Marais, au bord de la Seine à Paris, construit de 1475 à 1519 pour Tristan de Salazar, archevêque de Sens (jusqu'en 1622, l'évêché de Paris dépendit de Sens). Depuis 1961, il abrite la bibliothèque Forney (art décoratif, techniques).

**sensas** *a inv* fam Sensationnel. VAR **sensass**

**sensation** *nf* **1** Phénomène psychique élémentaire provoqué par une excitation physiologique. *Les sensations peuvent être externes (tactiles, thermiques, visuelles, etc.) ou internes (faim, fatigue, vertige, etc.).* **2** Émotion. *Ce concert nous a procuré des sensations inoubliables.* **LOC** ***Faire sensation*** : produire une vive impression sur le public, dans une assemblée, etc. ETY Du lat.

**sensationnalisme** *nm* Recherche systématique du sensationnel dans les médias. DER **sensationnaliste** *a*

**sensationnel, elle** *a, nm* **A** *a* **1** Qui produit une forte impression. *Un article sensationnel.* **2** fam Extraordinaire, remarquable. *Un type sensationnel.* **B** *nm* Ce qui est susceptible de provoquer dans le public l'émotion, la curiosité ou la passion. *Privilégier le sensationnel.*

**sensé, ée** *a* Qui a du bon sens ou qui dénote le bon sens. DER **sensément** *av*

**Sensée (la)** riv. de France (60 km), affl. de l'Escaut (r. g.). – Le *canal de la Sensée* (25 km) relie la Sensée et l'Escaut à la Scarpe.

**senseur** *nm* **1** TECH Syn. de *capteur.* **2** ESP Système d'optoélectronique permettant de déterminer l'orientation d'un satellite. ETY De l'angl.

**sensibilisateur, trice** *a, nm* Qui sensibilise, peut sensibiliser. **LOC** ***Sensibilisateur chromatique*** : substance utilisée pour rendre une émulsion sensible à certaines couleurs.

**sensibiliser** *vt* ① **1** BIOL Produire le mécanisme immunologique de réponse de l'organisme mis en présence d'un antigène ou d'une substance sensibilisatrice. **2** PHOTO Rendre sensible (une plaque, une émulsion). **3** fig Rendre sensible une chose à qqn, la lui faire percevoir, comprendre. DER **sensibilisation** *nf*

**sensibilité** *nf* **1** Caractère d'un être sensible physiquement. *Sensibilité à la douleur.* **2** PHYSIOL Ensemble des fonctions sensorielles. **3** Propriété d'un élément anatomique qui peut être excité par des stimuli. **4** Caractère d'une personne sensible, au point de vue affectif, esthétique, moral. **5** Propriété d'un instrument, d'une chose sensible. *Sensibilité d'une balance. Sensibilité d'une émulsion photographique.* **6** PHYS Rapport entre la variation de la grandeur de sortie d'un appareil et la variation correspondante de la grandeur d'entrée. *Sensibilité d'une cellule photoélectrique.*

**sensible** *a, nf* **A** *a* **1** Qui éprouve des sensations. *L'homme et les animaux sont des êtres sensibles.* **2** Qui a la propriété de réagir à certains stimuli. *L'œil est sensible à la lumière.* **3** Qui devient facilement douloureux. *Point sensible.* **4** Qui ressent vivement certaines émotions, certaines impressions morales, esthétiques. *Être sensible à la misère, à la beauté, aux compliments.* **5** Qui pose des problèmes de sécurité, d'éthique, etc. et qui est donc soumis à une surveillance particulière. *Quartier sensible. Dossier sensible.* **6** Qui réagit à de faibles variations, en parlant d'instruments, d'appareils. *Balance sensible au milligramme.* **7** PHILO Qui peut être perçu par les sens. ANT intelligible. **8** Perceptible, appréciable, notable. *Faire des progrès sensibles.* **B** *nf* MUS Se dit du 7ᵉ degré de la gamme, de la note placée à un demi-ton au-dessous de la tonique. **LOC** ***Cœur sensible*** : compatissant. — PHOTO ***Plaque, papier, émulsion sensible*** : qui peut enregistrer une image photographique. (ETY) Du lat.

**sensiblement** *av* **1** De façon perceptible, appréciable. *La ville s'est sensiblement agrandie.* **2** À peu de chose près. *Ils sont sensiblement du même âge.*

**sensiblerie** *nf* Sensibilité puérile, outrée.

**sensitif, ive** *a, n* **A** *a* **1** PHYSIOL Qui a rapport aux sensations, qui les transmet. *Nerfs sensitifs.* **2** TECH Qui fonctionne par simple contact du doigt. *Touche sensitive.* **B** *a, n* Sensible aux moindres impressions.

**sensitive** *nf* Plante herbacée (mimosacée) originaire du Brésil, dont les feuilles composées se replient au moindre contact.

**sensitivomoteur, trice** *a* PHYSIOL Qui concerne à la fois la sensibilité et la motricité.

**sensitométrie** *nf* PHOTO Étude de la sensibilité d'une émulsion photographique. (DER) **sensitomètre** *nm* – **sensitométrique** *a*

**Senso** film de Visconti (1954), d'ap. le roman (1883) de Camillo Boito (1836 – 1914), avec Alida Valli (1921 – 2006) et Farley Granger (1925 – 2011).

**sensoriel, elle** *a* PSYCHO, PHYSIOL Relatif aux sens, aux organes des sens. (DER) **sensorialité** *nf*

**sensorimoteur, trice** *a* PSYCHO, PHYSIOL Qui concerne à la fois la sensibilité et la motricité.

**sensualisme** *nm* PHILO Doctrine selon laquelle toute connaissance dérive de la sensation. (DER) **sensualiste** *a, n*

**sensuel, elle** *a, n* **A** *a* **1** Qui a rapport aux sensations physiques. *Une jouissance toute sensuelle.* **2** Qui donne ou exprime une émotion de caractère charnel. *Une voix sensuelle.* **B** *a, n* Se dit de personnes attachées aux plaisirs des sens et notam. aux plaisirs sexuels. (DER) **sensualité** *nf* – **sensuellement** *av*

**sente** *nf* litt Sentier. (ETY) Du lat.

**sentence** *nf* **1** Décision de justice, jugement rendu par une autorité compétente. *Prononcer une sentence de mort.* **2** vieilli Formule énonçant généralement une règle de morale. *Parler par sentences.* (ETY) Du lat.

**sentencieux, euse** *a* **1** péjor Qui s'exprime fréquemment par sentences. **2** D'une gravité affectée. (DER) **sentencieusement** *av*

**senteur** *nf* litt Odeur, parfum.

**senti, ie** *a* **1** Qui dénote sensibilité et authenticité. *Une œuvre bien sentie.* **2** Qui est exprimé avec force et conviction. *Des remarques bien senties.*

**sentier** *nm* Chemin étroit. **LOC** ***Sentier de grande randonnée (GR)*** : sentier balisé permettant de longs itinéraires loin des grands axes. (ETY) De sente.

**Sentier lumineux** mouvement de guérilla péruvien, fondé en 1970 qui appliqua avec violence la stratégie maoïste de l'encerclement des villes par les campagnes. En 1992, son chef et fondateur, Abimaël Guzman, a été arrêté et condamné à la prison à vie en 2006.

**Sentiers de la gloire (les)** film antimilitariste de Kubrick (1957) avec Kirk Douglas, longtemps interdit en France.

**sentiment** *nm* **A** **1** Tendance affective relativement durable, liée à des émotions, des représentations, des sensations ; état qui en résulte. **2** Ensemble des phénomènes affectifs. **3** État affectif d'origine morale. *Avoir le sentiment de l'honneur.* **4** Conscience, connaissance intuitive. *J'ai le sentiment d'être observé, que je suis observé.* **5** litt Faculté d'apprécier qqch. *Avoir le sentiment de la nature.* **6** litt Opinion, avis. *Quel est votre sentiment sur sa conduite ?* **B** *nm pl* **1** Employé dans des formules de politesse. *Veuillez agréer l'expression de mes sentiments distingués.* **2** Dispositions altruistes. *Ne pas s'embarrasser de sentiments dans les affaires.* **LOC** ***Avoir qqn au sentiment*** : par des démonstrations sentimentales. — fam ***Faire du sentiment*** : manifester une sentimentalité hors de propos.

**sentimental, ale** *a, n* **A** *a* **1** Relatif à la vie affective, et spécial. à l'amour. *La vie sentimentale de qqn.* **2** Qui est empreint d'une tendance à l'émotion facile, un peu mièvre. *Une chanson sentimentale.* **B** *a, n* Se dit d'une personne dont la sensibilité est romanesque, vive et souvent un peu naïve. PLUR sentimentaux. (ETY) Mot angl., de *sentiment*. (DER) **sentimentalement** *av*

**sentimentalisme** *nm* Tendance à manifester une sentimentalité excessive dans sa conduite. (DER) **sentimentaliste** *a*

**sentimentalité** *nf* Fait d'être sentimental ; caractère de ce qui est sentimental.

**sentine** *nf* **1** MAR anc Partie basse de la cale d'un navire, où s'amassaient les eaux. **2** litt Endroit malpropre.

**sentinelle** *nf* Soldat armé qui fait le guet, qui assure la garde d'un camp, d'une caserne, etc. (ETY) De l'ital.

**sentir** *v* [30] **A** *vt* **1** Percevoir par le moyen des sens (ne se dit pas pour la vue, ni pour l'ouïe ; s'emploie spécial. pour le toucher et l'odorat). *Sentir une douleur.* **2** Respirer volontairement l'odeur de. *Sentez cette rose !* **3** fig Révéler, trahir. *Ces pages sentent l'effort.* **4** fig Être conscient de, se rendre compte de. *Sentir le ridicule d'une situation.* **5** Être sensible du point de vue esthétique à qqch. *Sentir les beautés d'un poème.* **6** Percevoir intuitivement. *Je sens que tu te trompes à son égard.* **7** Être affecté par ; éprouver, ressentir. *Elle a senti son absence ce soir-là.* **B** *vi* Exhaler, répandre une odeur de. *Cela sent le brûlé. Cela sent bon.* **C** *vpr* **1** (Suivi d'un attribut.) Avoir conscience d'être. *Se sentir soulagé. Je ne me sens pas bien.* **2** (Suivi d'un inf.) *Elle se sentit défaillir.* **3** Se rendre compte qu'on a telle disposition intérieure. *Vous sentez-vous le courage de continuer ?* **4** Être senti, perçu. *Une force morale qui se sent.* **LOC** fam ***Cela sent mauvais*** : se dit d'une affaire qui prend mauvaise tournure. — ***Faire sentir qqch à qqn*** : lui en faire prendre conscience. — fam ***Ne pas pouvoir sentir qqn*** : ne pas pouvoir le supporter, ressentir de l'aversion à son égard. — ***Ne pas se sentir de joie*** : être envahi, égaré par une joie extrême. — (Choses) ***Se faire sentir*** : se manifester. (ETY) Du lat.

**Seo de Urgel** v. d'Espagne (Catalogne), sur le Sègre, près d'Andorre ; 10 190 hab. – L'évêque d'Urgel est suzerain (avec le président de la Rép. française) d'Andorre. (VAR) **Urgel**

**seoir** *v* [41] **A** *vi* litt Aller bien à, être convenable pour. *Cette robe vous sied.* **B** *v impers* Être souhaitable. *Il ne vous sied guère de me faire des remarques.* (PHO) [swar] (ETY) Du lat. *sedere*, « être fixé » (dans l'esprit).

**Séoud** nom sous lequel sont connus en Occident deux rois d'Arabie Saoudite. — **Abd al-Aziz III ibn Saoud** (Riyad, 1881 – id., 1953), roi d'Arabie Saoudite de 1932 à 1953. Émir du Nadjd (1902), il se fit proclamer roi du Hedjaz en 1926 et réunit les deux territoires en un royaume d'Arabie Saoudite (1932). Après 1945, les richesses pétrolières lui permirent de moderniser le pays. — **Saoud Abd al-Aziz** (Koweït, 1902 – Athènes, 1969), fils du préc., roi de 1953 à 1964 ; déposé par son frère Faysal. (VAR) **Saoud, Sa'ud** (DER) **séoudien** ou **saoudien, enne** *a, n*

**Séoul** cap. de la Corée du Sud, sur le Han, à 60 km du port d'Inchon ; 9,8 millions d'hab. (aggl.). Grand centre commercial et industriel. – La ville, très éprouvée pendant la guerre de Corée (1950-1953), a été reconstruite. Elle fut le siège des jeux Olympiques de 1988. (VAR) **Kyöngsong** (DER) **séoulien, enne** *a, n*

Séoul

**sep** *nm* TECH Partie de la charrue qui porte le soc. (ETY) Du lat. (VAR) **cep**

**sépale** *nm* BOT Chacune des pièces du calice d'une fleur. (ETY) Du gr.

**séparable** → **séparer.**

**séparateur, trice** *a, nm* **A** *a* Qui a la propriété de séparer. **B** *nm* **1** TECH Appareil servant à séparer des éléments d'un mélange hétérogène. *Séparateur magnétique.* **2** Cloison isolante placée entre les plaques d'un accumulateur. **LOC** PHYS ***Pouvoir séparateur d'un instrument d'optique*** : sa capacité à donner des images séparées de points ou d'objets rapprochés.

**séparatif, ive** *a* didac Qui sépare, vise à séparer. *Collecte séparative des déchets.*

**séparation** *nf* **1** Action de séparer, de se séparer. **2** Chose qui sépare un espace, un objet d'un autre. **3** fig Délimitation. **LOC** DR ***Séparation de biens*** : régime matrimonial dans lequel chacun des époux gère ses propres biens. — ***Séparation de corps*** : état résultant d'une décision de justice, dans lequel se trouvent deux époux qui, tout en restant mariés et soumis aux autres obligations du mariage, vivent séparément. — ***Séparation des pouvoirs*** : principe constitutionnel en vertu duquel les pouvoirs législatif, exécutif et judiciaire sont séparés.

**séparatisme** *nm* Opinion de ceux qui souhaitent une sécession politique entre leur région et l'État dont celle-ci fait partie. (DER) **séparatiste** *a, n*

**séparé, ée** *a* **1** Différent, distinct. *Chambres séparées.* **2** Se dit de personnes qui ne vivent plus ensemble.

**séparément** *av* À part l'un de l'autre, isolément. *On les a interrogés séparément.*

**séparer** *v* [1] **A** *vt* **1** Faire en sorte que cesse de former un tout ce qui est joint ou mêlé. **2** Faire en sorte que cessent d'être ensemble des personnes, des êtres vivants. *Un malentendu a séparé les deux amis.* **3** Diviser un espace en plusieurs parties. *Cet appartement a été séparé en deux.* **4** Former une séparation entre deux choses, deux êtres vivants. *Le mur qui sépare ces deux maisons.* **B** *vpr* **1** Devenir séparé. *Nos chemins se séparent ici.* **2** Se quitter. *Nous devons nous séparer.* **3** S'éloigner de ; ne plus vivre avec. *Se séparer à regret de ses amis.* (ETY) Du lat. (DER) **séparable** *a*

**sépia** *nf* **1** ZOOL Matière colorante brunâtre sécrétée par la seiche pour se dérober à la vue de ses prédateurs. **2** Liquide colorant brun foncé dans la composition duquel entrait cette matière. **3** Dessin, lavis exécuté avec la sépia. ETY Du lat.

**sépiole** *nf* Mollusque céphalopode des mers d'Europe, voisin des seiches, de petite taille et possédant deux nageoires arrondies.

**sépiolite** *nf* MINER Écume de mer. ETY Du gr.

**seppuku** *nm* Au Japon, suicide par ouverture de l'abdomen, nommé en Occident *hara-kiri*. PHO [sepuku] ETY Mot jap.

**seps** *nm* Reptile saurien méditerranéen ovovivipare, au corps fusiforme allongé et aux pattes réduites. PHO [seps] ETY Mot lat.

**sepsis** *nm* MED Grave complication des infections, provoquant une inflammation généralisée et des troubles de la coagulation. SYN syndrome septique.

**sept** *a num inv, nm inv* **A** *a num inv* **1** Six plus un (7). *Les sept péchés capitaux.* **2** Septième. *Page sept. Le sept décembre.* **B** *nm inv* **1** Le nombre sept. **2** Chiffre représentant le nombre sept (7). *Tracer un sept.* **3** Numéro sept. *Habiter au sept.* **4** JEU Carte portant sept marques. *Le sept de cœur.* PHO [sɛt] ETY Du lat.

**septain** *nm* Poème ou strophe de sept vers.

**septal** → **septum.**

**Sept Ans (guerre de)** guerre qui opposa, de 1756 à 1763, la France et l'Autriche à l'Angleterre et à la Prusse. L'Angleterre vainquit Montcalm en Nouvelle-France, en 1759, et Lally-Tollendal aux Indes, en 1761. En Europe, la France et l'Autriche, aidées par la Russie, la Suède et les princes allemands, furent vaincus par Frédéric II de Prusse (notam. à Rossbach en 1757). Par le traité de Paris (10 fév. 1763), Louis XV cédait le Canada, l'E. de la Louisiane (au sens large, c.-à-d. les territ. situés à l'E. du Mississipi), quelques îles des Antilles et la plupart des territ. de l'Inde ; l'Angleterre put ainsi forger son empire. Par le traité d'Hubertsbourg (15 fév. 1763), Marie-Thérèse d'Autriche cédait définitivement la Silésie à la Prusse.

**Sept ans de réflexion** film de B. Wilder (1955), d'apr. la pièce de George Axelrod, avec M. Monroe.

**septante** *a num cardinal* Suisse, Belgique Soixante-dix. PHO [sɛptɑ̃t] ETY Du lat. DER **septantième** *a, n*

**Septante (les)** les 72 ou 70 docteurs juifs d'Alexandrie à qui la légende attribue la prem. traduction de la Bible en grec, au IIIᵉ s. av. J.-C. Cette *version,* dite *des Septante* ou *alexandrine,* fut achevée à la fin du IIᵉ s. av. J.-C.

**Sept Chefs (guerre des)** guerre légendaire qui opposa Étéocle, roi de Thèbes, à son frère Polynice et à six autres chefs. Étéocle et Polynice se donnèrent mutuellement la mort ; les autres chefs, sauf Adraste, périrent. Dix ans plus tard, leurs fils, les Épigones, s'emparèrent de Thèbes. ▷ Tragédies d'Eschyle (*les Sept contre Thèbes,* 467 av. J.-C.), d'Euripide (*les Phéniciennes,* 409 av. J.-C.), et de Racine (*la Thébaïde,* 1664).

**septembre** *nm* Neuvième mois de l'année, comprenant trente jours. PHO [sɛptɑ̃bʀ] ETY Du lat.

**Septembre (massacres de)** massacres perpétrés du 2 au 6 septembre 1792 par les membres des sections révolutionnaires dans les princ. prisons parisiennes (Abbaye, Carmes, Salpêtrière, Bicêtre). La peur face à l'invasion prussienne, attisée par Marat et Danton, suscita ces tueries. Le mouvement toucha Reims et Lyon.

**Septembre (lois de)** lois d'exception votées après l'attentat de Fieschi contre Louis-Philippe (1835).

**Septembre (révolution du 4)** révolution qui suivit la capitulation de Sedan (2 sept. 1870) : à Paris, sans effusion de sang, fut proclamée la république et le gouvernement de la *Défense nationale.*

**11 Septembre 2001** journée marquée par une série d'attentats dirigés contre les États-Unis. Des avions de ligne détournés sont précipités sur les tours jumelles du World Trade Center à New York et sur le Pentagone à Washington, faisant plusieurs milliers de victimes. Ces actes sont attribués à une organisation terroriste islamiste, Al-Qaida, et à son chef Oussama Ben Laden, accueillis en Afghanistan par le régime fondamentaliste des talibans contre lequel une action militaire est entreprise en octobre.

**Septembre noir** massacre de nombr. militants palestiniens par les forces jordaniennes, en septembre 1970.

**septembrisades** *nf pl* HIST Massacres de Septembre.

**septembriseur** *nm* HIST Personne ayant pris part aux massacres de Septembre.

**Septèmes-les-Vallons** com. des Bouches-du-Rhône (arr. d'Aix-en-Provence) ; 10 202 hab. DER **septémois, oise** *a, n*

**septemvir** *nm* ANTIQ ROM Magistrat qui appartenait à un collège de sept membres.

**septennal, ale** *a* didac Qui dure sept ans ; qui se produit tous les sept ans. PLUR septennaux. DER **septennalité** *nf*

**septennat** *nm* **1** Durée de sept ans d'une fonction. **2** Mandat septennal du président de la République française de 1873 à 2002.

**septentrion** *nm* litt, vieilli Nord. ETY Du lat.

**septentrional, ale** *a* didac Situé au nord. PLUR septentrionaux.

**septette** *nm* Orchestre de jazz comprenant sept musiciens. VAR **septet**

**septicémie** *nf* MED Infection générale grave causée par la dissémination dans le sang de germes pathogènes à partir d'un foyer primitif. DER **septicémique** *a*

**septidi** *nm* Septième jour de la décade dans le calendrier républicain.

**septième** *a, n* **A** *a num ord* Dont le rang est marqué par le nombre 7. *Le septième jour. Habiter au septième étage.* **B** *n* Personne, chose qui occupe la septième place. **C** *nm* Chaque partie d'un tout divisé en sept parties égales. **D** *nf* MUS Intervalle de sept degrés. **LOC** ***Être au septième ciel*** : être dans le ravissement. PHO [sɛtjɛm] DER **septièmement** *av*

**Septième Sceau (le)** film allégorique d'Ingmar Bergman (1957), avec Max von Sydow.

**Sept-Îles (les)** archipel breton (Côtes-d'Armor) : sept îlots, dont l'île aux Moines. – Réserve ornithologique.

**Sept-Îles** port du Québec, sur l'estuaire du Saint-Laurent (r. g.), au débouché de la voie ferrée provenant du N. du Québec ; 24 800 hab. DER **septilien, enne** *a, n*

**Septimanie** région de la Gaule qui s'étendait des Pyrénées au Rhône, vestige de l'État wisigothique après la défaite de Vouillé (507).

**Septime Sévère** (en lat. *Lucius Septimius Severus*) (Leptis Magna, auj. Lebda, en Libye, 146 – Eburacum, auj. York, 211), empereur romain (193-211). Bon administrateur, autoritaire, il vainquit les Parthes (197-202) et créa la prov. de Mésopotamie. Il favorisa les cultes orientaux.

**septique** *a* **1** MED Qui provoque ou peut provoquer l'infection. **2** Contaminé ou provoqué par des germes pathogènes. **LOC** ***Fosse septique*** : fosse d'aisances dans laquelle les matières organiques se décomposent par fermentation. — MED ***Syndrome septique*** : syn. de *sepsis.* ETY Du gr. *sêpein,* « pourrir ». DER **septicité** *nf*

**septmoncel** *nm* Fromage du Jura à moisissures internes, fait avec un mélange de lait de vache et de lait de chèvre. PHO [sɛtmɔ̃sɛl] ETY D'un n. p.

**Sept Piliers de la sagesse (les)** autobiographie de T. E. Lawrence (1926).

**Sept Sages (les)** → **Sages.**

**Sept Samouraïs (les)** film d'aventures de Kurosawa (1954), qui inspira *les Sept Mercenaires,* western de J. Sturges (1960).

**septuagénaire** *a, n* Qui a entre soixante-dix et quatre-vingts ans.

**septuagésime** *nf* LITURG Premier des trois dimanches précédant le carême.

**septum** *nm* ANAT, SC NAT Cloison qui sépare deux cavités, deux parties d'un organe. *Septum nasal.* PHO [sɛptɔm] ETY Mot lat. DER **septal, ale, aux** *a*

**septuor** *nm* **1** MUS Composition pour sept voix ou sept instruments. **2** Ensemble vocal ou instrumental de sept exécutants. PHO [sɛptɥɔʀ] ETY De *sept,* d'ap. *quatuor.*

**septuple** *a, nm* Se dit de ce qui vaut sept fois autant. *Valeur septuple. Mise qui rapporte le septuple.* PHO [sɛptypl] ETY Du lat.

**septupler** *v* ⓘ **A** *vt* Rendre sept fois plus grand. *Septupler son revenu.* **B** *vi* Devenir septuple. *Les prix ont septuplé.*

**sépulcral, ale** *a* fig Qui fait penser au tombeau, à la mort. PLUR sépulcraux. **LOC** ***Voix sépulcrale*** : caverneuse.

**sépulcre** *nm* litt Tombeau. *Le Saint-Sépulcre* ETY Du lat.

**sépulture** *nf* **1** litt Inhumation. **2** Lieu où l'on enterre un mort ; monument funéraire.

**Séquanaise** région de la Gaule romaine, entre les sources de la Seine et le Jura.

**Séquaniens** (de *Sequana,* nom lat. de la Seine), peuple de la Gaule installé dans la Séquanaise. VAR **Séquanais, Séquanes** DER **séquanien, enne** ou **séquanais, aise** ou **séquane** *a*

**séquanodionysien** → **Seine-Saint-Denis.**

**séquelle** *nf* **1** MED Manifestation pathologique qui persiste après une maladie, un accident, etc. **2** fig Suite fâcheuse d'un état, d'un évènement, etc. ETY Du lat.

**séquence** *nf* **1** LITURG Chant rythmé qui suit le verset de l'alléluia dans certaines messes solennelles. **2** JEU Suite d'au moins trois cartes de même couleur. **3** Au poker, suite de cinq cartes de couleur quelconque. **4** LING Suite ordonnée d'éléments. **5** CINE, AUDIOV Suite de plans constituant une des divisions du récit cinématographique. **6** INFORM Suite de phases d'un automatisme séquentiel. **7** BIOL Ordre dans lequel s'enchaînent les acides aminés d'une protéine, les bases d'un acide nucléique. **8** PHOTO Série de photos constituant une œuvre. **9** PEDAG Ensemble de séances visant un objectif d'apprentissage. *Séquence d'arithmétique.* **10** didac Suite d'opérations, d'éléments ordonnés ou enchaînés. ETY Du lat.

**séquencer** *vt* ⑫ BIOL Décrypter les diverses séquences moléculaires constituant un gène. DER **séquençage** *nm*

**séquenceur** *nm* **1** INFORM Organe de commande d'un automatisme séquentiel. **2** BIOL Dispositif de séquençage automatique.

**séquencier** *nm* CINE Document de tournage d'un film, où celui-ci est analysé séquence par séquence.

**séquentiel, elle** *a* **1** didac Relatif à une suite d'opérations ordonnées. **2** INFORM Qui commande une suite ordonnée d'opérations. PHO [sekɑ̃sjɛl] DER **séquentiellement** *av*

**séquestre** *nm* **1** DR Remise d'une chose litigieuse en main tierce jusqu'au règlement de la contestation. *Placer un bien sous séquestre.* **2** Acte par lequel un État en guerre s'empare des biens ennemis situés sur son territoire. ETY Du lat.

**séquestrer** *vt* ① **1** DR Mettre sous séquestre. **2** Tenir qqn enfermé arbitrairement et illégalement. DER **séquestration** *nf*

**sequin** *nm* Ancienne monnaie d'or de Venise. ETY De l'ar.

**séquoia** *nm* Conifère de Californie d'une taille élevée (jusqu'à 100 m) et d'une longue durée de vie (jusqu'à 20-30 siècles). PHO [sekɔja] ETY D'un n. pr.

**séquoia** géant

**sérac** *nm* **1** GEOL Bloc de glace dû à la fragmentation d'un glacier aux ruptures de pente. **2** Caillé blanc et compact obtenu à partir du sérum provenant de la fabrication du gruyère. SYN séré. ETY Du lat.

**sérail** *nm* **1** Palais du sultan à Istanbul, d'un gouverneur de province, dans la Turquie ottomane. **2** fig Milieu étroit, proche du pouvoir. **3** Harem. **LOC** fig ***Nourri dans le sérail*** : qui a une longue expérience d'un milieu, d'une organisation, etc. ETY Du turco-persan par l'ital.

**Seraing** com. de Belgique (Liège), sur la Meuse ; 64 540 hab. Centre industriel.

**sérancer** *vt* ⑫ TECH Peigner le lin ou le chanvre. DER **sérançage** *nm*

**sérancolin → sarrancolin.**

**sérapéum** *nm* **1** ARCHEOL En Égypte, nécropole des taureaux Apis, devenus Osiris à leur mort. **2** Temple de Sérapis. PHO [seʀapeɔm] VAR **serapeum**

**Sérapéum** nécropole souterraine près de Memphis, en Égypte, qui renfermait notam. les restes des taureaux Apis. Mariette fit cette découverte en 1850.

**1 séraphin** *nm* THEOL Ange appartenant au premier chœur de la première hiérarchie des anges. ETY De l'hébreu.

**2 séraphin, ine** *a, n* Canada, fam Avare.

**Séraphine de Senlis** Séraphine Louis, dite (Assy, Oise, 1864 – Clermont, 1942), peintre naïve française. Femme de ménage à Senlis, elle peignait fleurs et fruits avec ardeur. Elle mourut dans un asile d'aliénés. ▷ CINE Film de Martin Provost (2008).

**Séraphins (ordre des)** ordre de chevalerie suédois créé au XIII$^{e}$ s.

**séraphique** *a* **1** THEOL Relatif aux séraphins. **2** fig Angélique, éthéré. *Grâce séraphique.*

**Sérapion (les Frères)** groupe littéraire de Petrograd (1920-1925) influencé par Gorki.

**Sérapis** divinité unissant Osiris et Apis, créée en Égypte par les Ptolémées, dieu des Morts et dieu guérisseur. Son culte s'est étendu à tout le monde méditerranéen. VAR **Sarapis**

**Sérapis** sous sa forme humaine, haut-relief d'une stèle à deux faces, sculpture ptolémaïque – Musée égyptien, Turin

**serbe** *nm* Langue slave parlée en Serbie-et-Monténégro où elle est la langue officielle.

**Serbie** (en serbe *Srbija*), État de l'Europe balkanique (rép. fédérée de l'État de Serbie-et-Monténégro jusqu'en 2006) ; 77 474 km$^2$ (avec les territoires de Vojvodine) ; 7,1 millions d'hab. ; cap. *Belgrade*. Langue off. : serbe. Monnaie : dinar. Population : Serbes (65,6 %), minorités hongroise et albanaise. Relig. : christianisme orthodoxe. DER **serbe** *a, n*

**Géographie** La région s'étend sur les massifs des Balkans et du Rhodope, coupés de bassins. L'agriculture est dominante : céréales (maïs, surtout), élevage. Les import. ressources minières et énergétiques (lignite, cuivre, antimoine, hydroélectricité) ont suscité l'industrialisation (dans la vallée de la Morava et à Belgrade). La guerre et les sanctions adoptées par l'ONU (1991-1995) ont affecté gravement l'économie, ainsi que la guerre du Kosovo (1999). L'élection de V. Kostunica a suscité l'aide internationale.

**Histoire** DES ORIGINES À LA CONQUÊTE TURQUE Rattachée à la province romaine de Mésie, envahie v. le VII$^{e}$ s. par les Serbes, la région, christianisée au IX$^{e}$ s., fut disputée par les Byzantins et les Bulgares. Elle forma un royaume indépendant en 1180 et eut une Église autonome v. 1220. Elle s'agrandit sous les Nemanjič (XII$^{e}$-XIV$^{e}$ s.). Après le règne glorieux d'Étienne Douchan (1331-1355), elle fut vaincue dans le Kosovo (1389) par les Turcs, qui l'annexèrent et l'occupèrent jusqu'au XIX$^{e}$ s. Dirigée par Karageorges, une insurrection échoua (1804-1813). En 1830, Miloš Obrenović obtint l'autonomie.

L'INDÉPENDANCE Le pouvoir fut disputé durant le XIX$^{e}$ s. entre la famille des Obrenović et celle des Karadjordjević. Placée sous la protection des puissances européennes par le traité de Paris (1856), la Serbie, totalement indépendante en 1878 (congrès de Berlin), forma un royaume héréditaire en 1882 au profit des Obrenović. La Serbie voulait unir tous les Slaves du Sud en s'appuyant sur la Russie, que les guerres balkaniques (1912-1913) avaient renforcée. Elle provoqua l'hostilité de l'Autriche, qui lui déclara la guerre le 28 juillet 1914 à la suite de l'attentat de Sarajevo (28 juin 1914).

LA YOUGOSLAVIE Durement éprouvée par l'occupation germano-bulgare (1915-1918), délivrée par les Alliés, la Serbie domina le royaume des Serbes, Croates et Slovènes, créé en 1918 et dénommé plus tard (1929) Yougoslavie. En 1945, elle devint république fédérée au sein de la Yougoslavie. Alors que le communisme s'effondrait dans l'orbite sov. (1989), Slobodan Milosevic, président de la Ligue communiste de Serbie dep. 1986, fut élu prés. de la rép. féd. de Serbie et adopta une politique nationaliste. En 1990, il nomma Parti socialiste la Ligue. Les Serbes, qui dominaient la Yougoslavie, réprimèrent les soulèvements des Albanais au Kosovo et des Hongrois en Vojvodine, provinces dont ils abolirent l'autonomie. En 1991, ils tentèrent de maintenir par la force une fédération de Yougoslavie où la Serbie dominerait les autres rép., qui désiraient leur indép. Dès mai 1991, les conflits éclatèrent dans ces rép. entre les minorités serbes et les majorités autochtones. En juin-juillet, la Croatie et la Slovénie proclamèrent leur indép. et l'armée fédérale, essentiellement serbe, intervint. La Macédoine fut indép. en sept. Puis ce fut le tour de la Bosnie-Herzégovine (fin fév.-déb. mars), dont la CEE reconnut l'indép. le 6 avril.

LA SECONDE YOUGOSLAVIE Le 27 avril, la Serbie constitua une nouv. rép. fédérale de Yougoslavie avec le Monténégro. Elle soutint les Serbes de Bosnie (30 %, orthodoxes) contre les Slaves musulmans (près de 50 %) et les Croates (20 %, cathol.), pratiquant la « purification ethnique » (qui consistait à chasser les non-Serbes), ainsi qu'au Kosovo, au Sandjak et en Vojvodine. En 1994, pour mettre fin à son isolement international, Milosevic s'est désolidarisé des Serbes de Bosnie et il a signé en nov. 1995 les accords de Dayton. (V. Bosnie-Herzégovine.) En nov. 1996, l'opposition gagna les élections municipales dans quatorze villes de Serbie, dont Belgrade ; Milosevic accepta seulement en fév. 1997 cette victoire, qui n'affecta pas son pouvoir. Ne pouvant briguer un troisième mandat en Serbie, il fit élire Milan Milutinovic (déc. 97) président de la Serbie et fut élu président de la Yougoslavie. En mars 1998, la Serbie réprime durement les manifestations des Albanais du Kosovo. Au printemps 1999, pendant onze semaines, l'OTAN bombarde les positions de l'armée serbe au Kosovo puis les sites névralgiques de la Serbie. Le Kosovo (où l'exode des populations a atteint une ampleur tragique) et la Serbie sont ruinés. En 2000, S. Milosevic perd l'élection à la présidence de la Yougoslavie face à un nationaliste modéré, Vojislav Kostunica. Les législatives confirment la victoire de l'opposition démocratique. Soucieux de rassurer la communauté internationale et d'entamer la reconstruction du pays, le gouv. fait arrêter S. Milosevic et le remet au TPI de La Haye en échange d'aides écon. En 2003, la Serbie et le Monténégro transforment, par une nouvelle charte, la Yougoslavie en une Fédération de Serbie-et-Monténégro. En 2004, malgré le retour en force de l'extrême droite, Boris Tadic (démocrate) est élu prés. de la Serbie, et V. Kostunica devient Premier ministre. En 2006, le Monténégro vote son indépendance et la Fédération est dissoute. En 2008, Tadic est réélu. Peu après le Kosovo déclare son indépendance que refuse de reconnaître le pouvoir serbe. Les élections générales de 2012 donnent la victoire aux conservateurs nationalistes. Tomislav Nikolić est élu prés. ▶ carte p. 1736

**Serbie-et-Monténégro** nom pris entre 2003 et 2006 par la République fédérale de Yougoslavie.

**serbo-croate** *a, n* **A** *a* Relatif à la Serbie et à la Croatie. PLUR serbo-croates. **B** *nm* Langue slave parlée en Serbie, en Croatie, en Bosnie-Herzégovine et dans le Monténégro, et qui s'écrit soit avec l'alphabet cyrillique (Serbie), soit avec l'alphabet latin (Croatie).

**Sercq** (en angl. *Sark*), une des îles Anglo-Normandes ; 5 km$^2$ ; 580 hab. DER **sercquais, aise** *a, n*

**serdab** *nm* ARCHEOL Petite salle où étaient placées les statues du mort, dans les tombes égyptiennes. ETY Du persan.

**serdeau** *nm* HIST Officier de bouche à la cour des rois de France. ETY *De sert d'eau.*

**séré** *nm* Suisse Fromage blanc compact.

**1 serein, eine** *a* **1** Pur et calme, en parlant des conditions atmosphériques. *Ciel serein.* **2** fig Exempt de trouble, d'inquiétude. *Des jours sereins. Un esprit serein.* ETY Du lat. DER **sereinement** *av* – **sérénité** *nf*

**2 serein** *nm* litt Humidité ou fraîcheur qui tombe par temps clair, les soirs d'été. ETY Du lat., avec infl. de *serum,* « heure tardive ».

**Serein (le)** riv. de France (186 km), affl. de l'Yonne (r. dr.) ; passe à Chablis.

**Serena (La)** ville et port du Chili ; 106 620 hab. ; ch.-l. de la rég. de Coquimbo.

**sérénade** *nf* **1** anc Concert donné la nuit sous les fenêtres de qqn. **2** MUS Composition en plusieurs mouvements. **3** fam Charivari. **4** fig, fam Reproches. ETY Du lat.

**sérénissime** *a* Titre honorifique donné à certains princes. *Altesse sérénissime.* ETY De l'ital.

**Sérénissime République (la)** nom donné à la rép. de Venise à partir du XV^e s.

**sérénité** → **serein 1.**

**Sérères** population de l'ouest du Sénégal. Ils parlent le *sérère,* langue nigéro-congolaise du groupe ouest-atlantique. DER **sérère** *a*

**séreux, euse** *a, nf* MED **A** *a* Qui a les caractères de la sérosité, du sérum. **B** *a, nf* Se dit des membranes qui tapissent les cavités closes de l'organisme. ETY Du lat. *serum,* « petit-lait ».

**serf, serve** *n, a* **A** *n* FEOD Personne attachée à une terre et vivant dans la dépendance d'un seigneur. **B** *a* Relatif aux serfs, à leur état. *Condition serve.* PHO [sɛʀ(f)] ETY Du lat. *servus,* « esclave ».

**serfouette** *nf* AGRIC Petite pioche dont le fer comporte une lame et une fourche ou une houe. ETY Du lat.

**serfouir** *vt* ③ AGRIC Ameublir, gratter superficiellement (le sol) à la serfouette. ETY Du lat. class. *circumfodere,* « creuser autour ». DER **serfouissage** *nm*

**serge** *nf* Tissu de laine sec et serré à armure de sergé. ETY Du lat.

**Serge** (en gr. *Sergios*) (m. en 638), patriarche de Constantinople (610-638) ; il est l'inspirateur du monothélisme.

**Serge** nom de quatre papes. VAR **Sergius** — **Serge I^er (saint)** (en Syrie, ? – Rome, 701), pape de 687 à 701 — **Serge III** (Rome, ? – id., 911), pape de 904 à 911 ; il gouverna sous l'influence de femmes débauchées.

**sergé** *nm* TEXT Une des armures fondamentales utilisées dans le tissage à côtes obliques.

**Serge de Radonège (saint)** (Rostov-sur-le-Don, v. 1314 – Zagorsk, 1392), rénovateur de la vie monastique en Russie.

**sergent** *n* **A** Sous-officier du grade le plus bas dans certaines armes (infanterie, génie, aviation, etc.). **B** *nm* TECH Serre-joint de menuisier. ETY Du lat. VAR **sergente** *nf*

**sergent-chef** *n* Sous-officier de grade intermédiaire entre le sergent et l'adjudant. PLUR sergents-chefs. VAR **sergente-chef** *nf*

**sergent-major** *nm* Sous-officier supérieur au sergent-chef, grade supprimé en 1972. PLUR sergents-majors.

**Sergents de La Rochelle (les Quatre)** les sergents Bories, Goubin, Pommier et Raoul du 45^e régiment d'infanterie cantonné à La Rochelle ; suspectés de carbonarisme, ils furent condamnés sans preuves et guillotinés à Paris (sept. 1822).

**Sergipe** petit État marit. du N.-E. du Brésil ; 21 994 km² ; 1 336 000 hab. ; cap. *Aracajú.*

**Serguiev Possad** (anc. *Zagorsk*), v. de Russie, au N. de Moscou ; 110 000 hab. – Célèbre monastère (XIV^e s.) ; centre culturel.

**serial** *nm* Film à épisodes, feuilleton télévisé. ETY Mot angl. VAR **sérial**

**sérialisme** *nm* Théorie de la musique sérielle.

**serial killer** *n* Assassin psychopathe multirécidiviste. SYN tueur en série. PLUR serial killers. PHO [sɛʀjalkilœʀ] ETY Mot angl. VAR **sérial-killer**

**sériation** → **sérier.**

**séri-** Élément, du lat. *sericus,* « de soie ».

**sériciculture** *nf* TECH Élevage des vers à soie ; production de la soie. DER **séricicole** *a* – **sériciculteur, trice** *n*

**séricigène** *a* didac Qui produit la soie.

**séricite** *nf* MINER Variété de mica blanc d'aspect soyeux.

**série** *nf* **1** MATH Suite de termes se succédant ou se déduisant les uns des autres suivant une loi. **2** CHIM Ensemble de composés ayant des propriétés communes et une même formule générale. **3** GEOL Ensemble des terrains qui correspondent à une époque. **4** Suite, succession de choses analogues et constituant un ensemble. **5** MUS Base de la musique atonale dodécaphonique, qui se compose de la succession des douze demi-tons de la gamme chromatique. **6** Catégorie ; groupe correspondant à une division ou à une sélection, dans un classement. *Élèves de la série A.* **7** Suite d'émissions télévisées mettant en scène les mêmes personnages, chaque épisode formant un tout autonome (à la différence du feuilleton). **8** SPORT Chaque groupe de concurrents, dans une épreuve qualificative ; l'épreuve elle-même. *Séries éliminatoires.* LOC ELECTR ***En série :*** se dit d'un montage de conducteurs ou d'appareils qui, placés bout à bout, sont traversés par le même courant, par oppos. à *en parallèle.* — ***Fabrication en série :*** fabrication normalisée et en grand nombre d'un produit. — ***Hors série :*** en dehors de la fabrication normalisée ; fig hors du commun. — ***Loi des séries :*** prétendue loi statistique invoquée lors de catastrophes qui se suivent. — ***Série B :*** film à petit budget. — COMM ***Série de prix :*** document fixant les tarifs unitaires des services, utilisé notam. dans l'établissement des devis. — ***Série noire :*** suite de malheurs, de revers, etc. — PHYS ***Série spectrale :*** ensemble de raies correspondant aux transitions entre deux niveaux d'énergie d'un atome. — ***Série Z :*** film de série B très médiocre. ETY Du lat.

ENC On appelle *série de terme général* $u_n$ le couple constitué de la suite $(u_n)$ et de la suite $(s_n)$ définie par la relation : $s_n = u_0 + u_1 + ... + u_n$. Le nombre $s_n$ s'appelle *somme d'ordre n de la série.* On dit que la série considérée est *convergente* si la suite $(s_n)$ l'est. La limite s de la suite $(s_n)$ s'appelle alors *somme de la série.*

**sériel, elle** *a* didac Relatif à une série ; constitué en série(s). LOC MUS ***Musique sérielle :*** fondée sur l'utilisation de séries atonales.

**Série noire** collection de romans policiers créée en 1945, chez Gallimard, par le surréaliste français Marcel Duhamel (1900-1977).

**sérier** *vt* ② Classer par séries ; classer pour examiner tour à tour. *Sérier les difficultés.* DER **sériation** *nf*

**sérieusement** *av* **1** De manière sérieuse, appliquée. *Travailler sérieusement.* **2** Sans plaisanter. *Parler sérieusement.* **3** Gravement. *Être sérieusement blessé.* **4** Réellement, vraiment, très. *Il en a sérieusement besoin.*

**sérieux, euse** *a, nm* **A** *a* **1** Se dit d'une personne, d'une attitude, d'un travail, etc., réfléchi, conséquent, appliqué. *Un employé, un auditoire sérieux.* **2** À qui ou à quoi l'on peut se fier. *Un associé sérieux. Une proposition sérieuse.* **3** Qui ne manifeste pas de gaieté ; grave. *Sérieux comme un pape.* **4** Rangé dans sa conduite, dans ses mœurs. *Jeune fille sérieuse.* **5** Important, digne de considération. *C'est une affaire sérieuse.* **6** Considérable en valeur ou en quantité. *Il a fait de sérieux progrès.* **7** Qui peut avoir des suites fâcheuses. *Un incident sérieux.* **8** Qui n'est pas destiné à amuser, à distraire. *Musique sérieuse.* **B** *nm* **1** État, attitude d'une personne qui ne rit ni ne plaisante. *Conserver, tenir son sérieux.* **2** Qualité d'une personne réfléchie, appliquée. *Faire preuve de sérieux.* **3** Caractère d'une chose digne de considération, de crédit, ou faite avec soin. *Le sérieux d'une offre, d'un travail.* LOC ***Prendre qqch au sérieux :*** y attacher de l'importance, y croire. — ***Prendre qqn au sérieux :*** attacher de l'importance à ce qu'il dit ou à ce qu'il fait. — ***Se prendre au sérieux :*** attacher une importance excessive à sa propre personne, à ses actions, etc. ETY Du lat.

**sérigraphie** *nf* TECH Procédé d'impression fondé sur le principe du pochoir et utilisant des écrans de soie ; image, épreuve obtenue par ce procédé. DER **sérigraphier** *vt* ② – **sérigraphique** *a*

**serin** *nm* **1** Petit oiseau passériforme (fringillidé) dont une espèce, le serin des Canaries, possède un plumage jaune vif. **2** fam Niais, nigaud. LOC ***Jaune serin :*** jaune vif. ETY Du gallo-romain *cerinus,* « jaune ».

**Serinde** nom parfois donné au Xinjiang, où les influences chinoise et indienne se mêlaient autrefois.

**serine** *nf* Femelle du serin.

**sérine** *nf* BIOCHIM Acide aminé possédant une fonction alcool, présent dans les protéines. ETY Du lat. *sericus,* « de soie ».

**seriner** *vt* ① fig Faire apprendre une chose en la répétant. *Seriner une leçon à un enfant.*

**serinette** *nf* Petit orgue mécanique pour apprendre des airs aux oiseaux.

**seringa** *nm* Arbrisseau (saxifragacée) à fleurs blanches odorantes. ETY Du lat. VAR **seringat**

**seringue** *nf* **1** Petite pompe à main servant à injecter des liquides dans l'organisme, ou à en prélever. **2** AGRIC Instrument de jardinier, petite pompe destinée aux arrosages légers et aux projections d'insecticide. ETY Du lat.

**seringuer** *vt* ① AGRIC Arroser des plantes avec une seringue. DER **seringage** *nm*

**séringuéro** *nm* Au Brésil, récolteur du latex des hévéas. ETY Mot portug. VAR **seringuero**

**sériole** *nf* Grand poisson perciforme de l'Atlantique et de la Méditerranée. ETY Du lat. *serra,* « scie ».

**sérique** → **sérum.**

**Serkin Rudolf** (Eger, 1903 – Guilford, Surrey, 1991), pianiste américain d'origine autrichienne.

**Serlio Sebastiano** (Bologne, 1475 – Fontainebleau, v. 1555), architecte italien. En 1537, il entreprit à Venise la publication de son traité d'architecture (7 vol.). En 1541, François I^er l'appela à Fontainebleau.

**serment** *nm* **1** Attestation, en prenant comme témoin Dieu ou ce que l'on considère comme sacré, de la vérité d'une affirmation, de la sincérité d'une promesse. *Témoigner sous la foi du serment.* **2** Promesse formelle. *Serment d'amour.* LOC ***Serment d'Hippocrate :*** serment énonçant les principes de la déontologie médicale prononcé par tout médecin avant de pouvoir exercer. — fam ***Serment d'ivrogne :*** qui n'a aucune valeur. — ***Serment professionnel :*** celui par lequel on jure de remplir strictement les fonctions dont on est investi. ETY Du lat.

**Serment des Horaces (le)** tableau de David (1784, Louvre).

**sermon** *nm* **1** Discours prononcé en chaire pour instruire et exhorter les fidèles. **2** péjor Discours ennuyeux et moralisateur ; remontrance. ETY Du lat.

**sermonnaire** *nm* didac **1** Auteur de sermons. **2** Recueil de sermons.

**sermonner** *vt* ① Adresser un sermon, des remontrances à. *Sermonner un enfant.* DER **sermonneur, euse** *a, n*

**Sernam** acronyme pour *Service national des messageries,* département de la SNCF qui assure le transport des colis.

**Sernin (saint)** → **Saturnin (saint).**

**séro-** Élément, de *sérum.*

**séroconversion** *nf* MED Passage de la séronégativité à la séropositivité.

**sérodiagnostic** *nm* MED Méthode de diagnostic fondée sur la mise en évidence d'anticorps spécifiques dans le sérum du sujet.

**sérodiscordant, ante** *a* MED Se dit de partenaires sexuels dont l'un est séropositif et l'autre séronégatif.

**sérogroupe** *nm* MED Groupe sérologique.

**sérologie** *nf* BIOL Étude des sérums, de leurs propriétés. DER **sérologique** *a*

**séronégatif, ive** *a* Chez qui le sérodiagnostic donne un résultat négatif, spécial. concernant le virus du sida. DER **séronégativité** *nf*

**séropositif, ive** *a, n* **1** Chez qui le sérodiagnostic donne un résultat positif. **2** Présentant un test sérologique positif concernant le virus du sida. DER **séropositivité** *nf*

**séroprévalence** *nf* didac Nombre d'individus séropositifs à un moment donné pour un microbe et une population donnés.

**sérosité** *nf* PHYSIOL Liquide analogue au sérum sanguin, qui se forme dans les séreuses ; liquide des hydropisies, des œdèmes, etc.

**sérothérapie** *nf* MED Emploi thérapeutique d'un sérum, provenant d'un sujet humain ou d'un animal immunisé. DER **sérothérapique** *a*

ENC Alors que la vaccinothérapie détermine une immunité active, la sérothérapie (née en 1892) apporte une immunité passive au moyen d'anticorps élaborés par un autre organisme. L'immunité ainsi acquise est immédiate et passagère, car l'organisme élimine rapidement ces anticorps étrangers. Auj., les sérums antimicrobiens sont délaissés au profit des antibiotiques, mais les sérums antitoxiques sont toujours employés (dans les cas de tétanos, botulisme, gangrène gazeuse, diphtérie).

**sérotonine** *nf* BIOCHIM Neurotransmetteur de la douleur à l'action vasoconstrictrice intense, sécrété par les fibres nerveuses et, lors de la formation du caillot sanguin, par les plaquettes.

**sérotoninergique** *a* PHYSIOL Qui concerne le métabolisme de la sérotonine.

**sérotype** *nm* BIOL Forme particulière d'une bactérie, d'un virus.

**Serov** v. de Russie, grand centre minier de l'Oural ; 102 000 hab.

**sérovaccination** *nf* MED Immunisation par l'action associée d'un sérum et d'un vaccin.

**Serpa Pinto** Alexandre Alberto da Rocha (Tendais, 1846 – Lisbonne, 1900), explorateur portugais du S.-E. africain. Gouverneur général du Mozambique (1889), il affronta la G.-B.

**serpe** *nf* Outil tranchant à large lame recourbée, utilisé pour tailler les arbres, fendre du bois, etc. LOC ***Visage taillé à la serpe, à coups de serpe :*** aux traits anguleux. ETY Du lat.

**serpent** *nm* **1** Reptile au corps allongé, dépourvu de membres, et qui se déplace par reptation. **2** fig Personne perfide, mauvaise. **3** MUS Ancien instrument à vent, en forme de S. LOC ***Le Serpent :*** le démon tentateur, dans les Écritures. — ***Réchauffer un serpent dans son sein :*** favoriser les débuts dans la vie d'une personne qui plus tard nuira à son bienfaiteur. — ***Serpent à lunettes :*** naja. — ***Serpent à sonnette(s) :*** crotale. — ***Serpent d'eau :*** couleuvre aquatique. — fam ***Serpent de mer :*** sujet à sensation repris périodiquement par des journalistes. — ***Serpent de verre :*** orvet. ETY Du lat.

ENC Les serpents les plus dangereux sont les serpents protéroglyphes et solénoglyphes. Les premiers gestes à accomplir en cas de morsure sont de mettre la victime au repos, de la rassurer, de calmer ses douleurs par un antalgique, de désinfecter la plaie. L'injection d'un sérum antivenimeux est essentielle.

**serpent** vipère

**Serpent (le)** constellation des hémisphères austral et boréal ; n. scientif. *Serpens, Serpentis.*

**serpentaire** *n* **A** *nf* Nom de diverses plantes, notam. d'une aracée. **B** *nm* Oiseau falconiforme huppé d'Afrique tropicale, haut sur pattes, qui se nourrit de serpents.

**Serpent à plumes (le)** roman de D. H. Lawrence (1926).

**serpenteau** *nm* **1** Jeune serpent. **2** TECH Fusée d'artifice à mouvement sinueux.

**serpenter** *vi* ① Former des ondulations, des sinuosités. DER **serpentement** *nm*

**serpentin, ine** *a, nm* **A** *a* Qui tient du serpent par sa forme, son mouvement. *Ligne, danse serpentine.* **B** *nm* **1** Tuyauterie sinueuse ou en hélice. **2** Petit rouleau étroit de papier de couleur vive, qui se déroule quand on le lance.

**serpentine** *nf* **1** MINER Silicate de magnésium hydraté, de couleur verte. **2** GEOL Nom cour. de la *serpentinite.*

**serpentinite** *nf* GEOL Roche métamorphique vert sombre constituée essentiellement de serpentine.

**serpette** *nf* Petite serpe.

**serpigineux, euse** *a* MED Se dit des affections cutanées qui se déplacent de façon sinueuse, guérissant en un point et s'étendant sur un autre. ETY Du lat.

**serpillière** *nf* Torchon fait de grosse toile, utilisé pour laver les sols. ETY Probabl. de *charpie.* VAR **serpillère**

**serpolet** *nm* Plante aromatique voisine du thym. ETY Du lat.

**Serpollet** Léon (Culoz, 1858 – Paris, 1907), ingénieur français, inventeur de moteurs à vapeur pour automobiles.

**serpule** *nf* ZOOL Ver annélide polychète marin vivant dans un tube calcaire qu'il sécrète. ETY Du lat.

**Serra** Richard (San Francisco, 1939), sculpteur américain. Il utilise notam. des plaques de métal.

**serrage** → **serrer.**

**serran** *nm* Poisson perciforme marin carnivore, très vorace, appelé aussi *perche de mer.* ETY Mot dial.

**Serrano y Domínguez** Francisco (duc de la Torre) (Isla de León, auj. San Fernando, 1810 – Madrid, 1885), maréchal et homme politique espagnol. Favori d'Isabelle II, qui le congédia, il fomenta la chute de celle-ci (1868), fut régent en 1869-1870 puis chef du gouvernement.

**serratule** *nf* BOT Plante annuelle composée à feuilles finement dentées, dont une espèce fournit un colorant jaune. ETY Du lat.

**Serrault** Michel (Brunoy, 1928 – Honfleur, 2007), acteur français : *Bébert et l'omnibus* (1963), *l'Ibis rouge* (1975), *la Cage aux folles* (1980).

**serre** *nf* **A 1** Abri clos à parois translucides destiné à protéger les végétaux du froid. *Les serres chaudes abritent les plantes tropicales et équatoriales.* **2** TECH Action de serrer, de presser du raisin ou d'autres fruits. **B** *nfpl* Griffes puissantes des rapaces. LOC METEO ***Effet de serre :*** phénomène de réchauffement dû à l'action de l'atmosphère qui laisse passer certaines radiations solaires, tandis qu'elle en arrête d'autres venues de la Terre et qu'elle lui renvoie.

**Serre** Jean-Pierre (Bages, Pyrénées-Orientales, 1926), mathématicien français : travaux de topologie et sur la théorie des nombres. Médaille Fields 1954 ; premier lauréat du prix Abel en 2003.

**serré, ée** *a, av* **A** *a* **1** Dont les éléments sont étroitement rapprochés. *Un gazon dru et serré.* **2** fig Qui dénote la rigueur, la vigilance. *Raisonnement serré.* **3** fig Gêné par des difficultés financières. **4** fig Qui offre peu de latitude, de marge. *Emploi du temps serré.* **B** *av* **1** En serrant les éléments. *Tricoter serré.* **2** fig Avec vigilance. *Jouer serré.* LOC ***Café serré :*** fait avec beaucoup de poudre de café et peu d'eau. — ***Jeu serré :*** qui laisse peu de prise à l'adversaire. — CINE, AUDIOV ***Montage serré :*** comportant des plans très courts.

**Serreau** Jean-Marie (Poitiers, 1915 – Paris, 1973), acteur et metteur en scène de théâtre français. Il monta Brecht, Beckett, Genet.

**serre-câble** *nm* Dispositif servant à assujettir l'extrémité d'un câble. PLUR serre-câbles.

**Serre-Chevalier** station de sports d'hiver des Hautes-Alpes (arr. de Briançon).

**serre-fil** *nm* ELECTR Raccord servant à connecter deux fils. PLUR serre-fils. VAR **serre-fils** *nm inv*

**serre-file** *nm* **1** MILIT Officier qui, placé à l'arrière d'une troupe, surveille la marche de celle-ci. **2** MAR Dernier bâtiment d'une ligne de file ou d'un convoi. PLUR serre-files.

**serre-frein** *nm* CH DE F Employé chargé de la manœuvre des freins d'un convoi autres que ceux commandés de la locomotive. PLUR serre-freins.

**serre-joint** *nm* Instrument serrant un joint pendant le temps de prise de la colle. PLUR serre-joints.

**serre-livre** *nm* Chacun des deux objets lourds entre lesquels on dispose des livres debout. PLUR serre-livres.

**serrement** *nm* **1** Action de serrer. *Serrement de main.* **2** Dans une mine, barrage étanche destiné à empêcher l'envahissement des galeries par les eaux. LOC ***Serrement de cœur :*** sensation pénible provoquée par l'angoisse, la tristesse.

**Serre-Ponçon** défilé franchi par la Durance, dans les Hautes-Alpes. Centrale hydroél.

**serrer** *v* ① **A** *vt* **1** Tenir, entourer en exerçant une pression. *Serrer contre soi. Serrer la main à qqn.* **2** Gainer très, trop étroitement. *Col qui serre le cou.* **3** Rendre très étroit un lien, un nœud. *Serrer une ficelle autour d'un paquet.* **4** Appliquer fortement une chose contre une autre en tournant, en pressant. *Serrer un écrou, un frein.* **5** Rapprocher des personnes, des choses espacées. *Serrer les rangs.* **6** Longer de très près. *Serrer le trottoir.* **7** vieilli, rég Mettre à couvert, en sûreté. *Serrer son argent* *dans une cachette.* **8** fam Arrêter, appréhender. *La police a serré les cambrioleurs.* **B** *vpr* **1** Entourer une partie de son corps en la comprimant. *Se serrer la taille.* **2** Se rapprocher les uns des autres. *Serrez-vous pour nous faire un peu de place.* **LOC** ***Cela serre le cœur*** : excite la compassion, le chagrin. — ***Serrer la gorge à qqn*** : l'oppresser, l'empêcher de parler. — fam ***Serrer la vis à qqn*** : se montrer rigoureux, sévère à son égard. — ***Serrer les dents*** : crisper les mâchoires ; fig rassembler son énergie pour résister à qqch de pénible. — MAR ***Serrer le vent*** : naviguer au plus près du vent. — ***Serrer qqn de près*** : le suivre à faible distance. (ETY) Du lat. (DER) **serrage** *nm*

**Serres** Olivier de (Villeneuve-de-Berg, 1539 – Le Pradel, près de Villeneuve-de-Berg, 1619), agronome français, auteur d'un grand traité : *Théâtre d'agriculture et mesnage des champs* (1600).

**Serres** Michel (Agen, 1930), philosophe français, spécialiste d'épistémologie : *le Système de Leibniz et ses modèles mathématiques* (1968), *Hermès* (5 vol., 1969-1980), *Statues* (1987), *Nouvelles du monde* (1997). Acad. française (1990).

O. de Serres

M. Serres

**serre-tête** *nm* Bandeau rigide qui retient la chevelure. PLUR serre-têtes.

**serriculture** *nf* Culture en serre.

**serriste** *n* TECH Agriculteur, horticulteur spécialisé dans la serriculture.

**serrure** *nf* Dispositif mécanique fixe qui permet de bloquer une porte, un panneau pivotant ou coulissant, un tiroir, etc., en position fermée au moyen d'une clé.

**serrurerie** *nf* **1** Art, métier du serrurier. **2** TECH Confection d'ouvrages en fer pour le bâtiment (grilles, balcons, rampes d'escaliers, ferrures d'huisseries, etc.).

**serrurier** *nm* Celui qui fabrique, pose, vend des serrures et des ouvrages en fer.

**Sert** Josep Lluis (Barcelone, 1902 – id., 1983), architecte espagnol, élève de Le Corbusier ; adepte du fonctionnalisme « méditerranéen » : fondation Maeght à Saint-Paul-de-Vence (1962-1964).

**sertão** *nm* GEOGR Au Brésil, zone semi-aride du Nordeste où l'on pratique l'élevage extensif. (PHO) [sɛrtɑ̃] (ETY) Mot portug.

**serte** *nf* TECH Sertissage des pierres précieuses ou des pierres fines.

**sertir** *vt* ③ **1** Enchâsser une pierre dans un chaton. **2** TECH Fixer, assujettir une pièce métallique par pliage à froid. (ETY) Du lat. *sarcire*, « réparer ». (DER) **sertissage** *nm*

**sertisseur, euse** *n* TECH **A** *n* Personne dont le métier est de sertir. **B** *nm* Appareil à sertir les cartouches.

**sertissure** *nf* TECH **1** Manière dont une pierre est sertie. **2** Partie du chaton dans laquelle la pierre est sertie.

**Sertorius** Quintus (Nursia, v. 123 – en Espagne, 72 av. J.-C.), général romain. Il lutta au côté de Marius et, après le triomphe de Sylla, créa un État indépendant en Espagne (83 av. J.-C.). Son lieutenant Perpenna le fit assassiner. ▷ - LITTER Tragédie de Corneille (1662).

**sérum** *nm* Partie liquide du sang, plasma débarrassé de la fibrine et de certains agents de la coagulation. **LOC** ***Sérum physiologique*** : soluté de chlorure de sodium, isotonique au plasma sanguin, administré notam. en cas de déperdition saline avec déshydratation. — ***Sérum thérapeutique*** : sérum prélevé sur un animal immunisé ou sur un sujet convalescent ou récemment vacciné, et que l'on injecte à titre préventif ou curatif. (PHO) [seʀɔm] (ETY) Du lat. (DER) **sérique** *a*

**sérumalbumine** *nf* BIOL Protéine du sérum, qui joue un rôle important dans le transport de certaines substances.

**sérumglobuline** *nf* BIOL Protéine sérique du groupe des globulines.

**Sérurier** Jean Philibert (comte) (Laon, 1742 – Paris, 1819), maréchal de France (1804) ; gouverneur des Invalides (1804-1814).

**Sérusier** Paul (Paris, 1864 – Morlaix, 1927), peintre français d'inspiration symboliste. Membre du groupe de Pont-Aven (1888), il fonda le groupe des nabis.

**Paul Sérusier** *la Barrière fleurie*, 1889-1891 – musée d'Orsay, Paris

**servage** *nm* **1** HIST État de serf. **2** fig Servitude morale ; entrave à la liberté de penser, d'agir.

**serval** *nm* ZOOL Petit mammifère félidé africain au pelage tâcheté. PLUR servals. (ETY) Du portug.

**Servance (ballon de)** sommet du sud des Vosges (1 216 m).

**Servandoni** Giovanni Niccolo (Florence, 1695 – Paris, 1766), architecte italien : façade de l'égl Saint-Sulpice (1732-1745) à Paris.

**servant** *nm* **1** RELIG CATHOL Clerc ou laïque qui sert une messe basse. **2** MILIT Artilleur chargé d'approvisionner une pièce pendant le tir. **3** SPORT Celui qui sert la balle. SYN serveur. **LOC** ***Cavalier, chevalier servant*** : compagnon empressé et galant d'une femme.

**Servant (The)** film de Losey (1963), écrit par Harold Pinter, avec Dirk Bogarde et James Fox (né en 1939).

**servante** *nf* **1** vieilli Employée de maison, domestique. **2** TECH Support réglable utilisé pour soutenir les pièces longues dont on travaille une extrémité sur l'établi.

**Servante maîtresse (la)** opéra de style *buffa* en 2 actes de Pergolèse (1733), d'ap. une comédie (1709 ; éd. 1731) du Siennois Jacopo Angelo Nelli (1673 – 1767). Sa représentation à Paris (1752) provoqua la querelle des Bouffons.

**serve** → **serf.**

**Servet** Michel (Villanueva de Sigena ou Tudela, 1511 – Genève, 1553), médecin et théologien espagnol. Panthéiste, il fut dénoncé par Calvin, qui le fit brûler vif. Certains attribuent à Servet la découverte de la circulation pulmonaire du sang.

**serveur, euse** *n* **A** **1** Personne qui sert les repas ou les consommations, dans un restaurant, un café, etc. **2** SPORT Personne qui sert la balle. SYN servant. **B** *nm* INFORM **1** Ordinateur sur lequel sont stockées des informations auxquelles les utilisateurs accèdent à distance. **2** Gros ordinateur permettant de se connecter à un réseau.

**serviable** *a* Qui rend volontiers service ; obligeant. (DER) **serviabilité** *nf*

**service** *nm* **A** **1** Fonction, travail des gens de maison, du personnel hôtelier. *Entrer au service de qqn.* **2** Manière dont ce travail est effectué. *Restaurant où le service est irréprochable.* **3** Gratification laissée par le client pour ce travail ; pourboire. *Service compris.* **4** Marche, fonctionnement, activité. *Mettre une machine en service. Ascenseur hors service.* **5** Fait de servir en vertu d'une obligation morale. *Être au service de son pays.* **6** Fait de s'acquitter de ses obligations envers un employeur. *Avoir vingt ans de service dans une entreprise. Prendre son service à 8 heures.* **7** Division administrative de l'État, d'une organisation publique ou privée, correspondant à une branche d'activité. *Le service de cardiologie d'un hôpital.* **8** Ce qu'on fait bénévolement pour être utile à qqn. *Rendre (un) service.* **9** Envoi, fourniture. *Faire le service gratuit d'un journal à qqn.* **10** SPORT Action de servir la balle. **11** Chacune des séries de repas servies dans un endroit public. *Premier, deuxième service.* **12** Assortiment de vaisselle, de linge de table. *Service de porcelaine.* **B** *nm pl* **1** Travail rémunéré. *Être satisfait des services de qqn.* **2** ECON Avantages ou satisfactions fournis, à titre onéreux ou gratuit, par les entreprises ou par l'État ; activités économiques qui ne produisent pas directement des biens concrets. *Société de services.* **LOC** ***À votre service*** : formule de civilité — iron ***De service*** : se dit de qqn qui semble ne servir que dans une situation donnée. — ***États de services*** : relevé des postes occupés par un fonctionnaire, un militaire. — ***Être de service*** : être tenu d'exercer ses fonctions à un moment précis ; être en train de les exercer. — ***Être en service commandé*** : accomplir une tâche qui découle de ses fonctions. — ***Service après-vente*** : ensemble des opérations nécessitées par la pose, l'entretien, la réparation d'une machine, d'un appareil, qui sont assurées par le vendeur. — ***Service de la dette*** : ensemble des charges liées à l'exécution des obligations contractées (remboursement et amortissement des emprunts, paiement des intérêts, etc.). — ***Service de presse*** : distribution gratuite d'exemplaires d'un ouvrage aux critiques, aux journalistes ; ces exemplaires. — ***Service d'ordre*** : ensemble des personnes préposées au maintien de l'ordre au cours d'une manifestation. — ***Service militaire*** ou ***service national*** : temps pendant lequel un citoyen doit remplir ses obligations militaires. — ***Service public*** : organisme ayant une fonction d'intérêt public (postes, transports, etc.) ; cette fonction. — ***Service religieux*** : célébration de l'office divin.

**Service du travail obligatoire** (STO), service institué par le gouv. de Vichy (1943), sous la pression de l'occupant, afin de procurer de la main-d'œuvre aux usines allemandes. De nombr. appelés (dits « STO ») réfractaires rejoignirent le maquis.

**serviette** *nf* **1** Linge utilisé pour s'essuyer, spécial. à table ou lors de la toilette. **2** Sac rectangulaire à rabat servant au transport des livres, des documents, etc. **LOC** ***Serviette hygiénique*** : accessoire d'hygiène féminine consistant en une bande de matière absorbante jetable utilisée pendant la période des règles. (ETY) De *servir*.

**serviette-éponge** *nf* Serviette de toilette en tissu-éponge. PLUR serviettes-éponges.

**servile** *a* **1** Qui appartient à l'état d'esclave, de serf. *Tâches serviles.* **2** HIST Qui concerne les serfs, le servage. **3** fig Qui s'abaisse de façon dégradante devant ceux dont il dépend. *Complai-*

*sance servile.* **4** Qui ne prend pas assez de liberté à l'égard d'un modèle. *Traducteur servile.* (DER) **servilement** *av* – **servilité** *nf*

**servir** *v* [30] **A** *vt* **1** Remplir les fonctions d'employé de maison auprès de qqn. **2** S'acquitter de devoirs, d'obligations envers. *Servir l'État.* **3** Combattre, être militaire. *Il avait servi sous Turenne.* **4** Apporter son aide, son appui à. *Servir son prochain. Servir la cause de la paix.* **5** Fournir un client. *Ce boucher nous sert bien.* **6** Présenter ou donner un mets, une boisson à un convive. *Servir un plat. Servir à boire.* **7** Mettre à la disposition de qqn. *Servir des cartes.* **8** SPORT Mettre la balle en jeu. **9** Mettre une pièce d'artillerie, une arme à tir rapide en état de fonctionner. **B** *vti* **1** Être destiné à un usage ; être utile, bon à. *À quoi sert(-il) de continuer ?* **2** Tenir lieu, faire office de. *Cela lui sert de prétexte.* **C** *vpr* **1** Prendre soi-même ce dont on a besoin ou envie, à table, chez un hôte, un commerçant. *Servez-vous.* **2** Se fournir. *Elle se sert chez vous.* **3** Faire usage de, utiliser. *Se servir d'un outil. Se servir de qqn pour arriver à ses fins.* **4** Être servi habituellement. *Ce plat se sert avec une garniture.* **LOC** ***Bien servir qqn :*** bien l'aider. — ***Servir la messe :*** assister le prêtre durant la messe. — ***Servir une rente :*** la payer régulièrement. (ETY) Du lat. *servire,* « être esclave ».

**serviteur** *nm* vieilli Domestique. **LOC** litt ***Serviteur de... :*** celui qui sert qqn, qqch envers qui ou envers quoi il a des obligations. — plaisant ***Votre serviteur :*** moi qui vous parle.

**servitude** *nf* **1** HIST État du serf ; esclavage. **2** mod État d'une personne ou d'un peuple privés de leur indépendance. *Réduire un pays en servitude.* **3** Entrave à la liberté d'action ; contrainte, assujettissement. *Tout métier comporte ses servitudes.* **4** DR Charge imposée sur une propriété, pour l'usage et l'utilité d'une autre qui n'appartient pas au même propriétaire. **LOC** MAR ***Bâtiment de servitude :*** qui assure les services d'un port, d'une rade, d'un arsenal.

**Servitude et grandeur militaires** œuvre de A. de Vigny (1835), composée de 3 récits.

**Servius Tullius** (d'après la tradition 578 – 535 av. J.-C.), sixième roi de Rome. Il aurait regroupé les citoyens dans des classes selon leur fortune.

**servo-** Élément, du lat. *servus,* « esclave ».

**servocommande** *nf* TECH Dispositif qui amplifie un effort et le transmet à un organe pour en commander le fonctionnement.

**servodirection** *nf* AUTO Servocommande qui actionne les organes de direction d'un véhicule, constituant une direction assistée.

**servofrein** *nm* AUTO Servocommande agissant sur les organes de freinage.

**servomécanisme** *nm* TECH Dispositif qui réalise automatiquement un asservissement.

**servomoteur** *nm* TECH Moteur servant au réglage d'un organe dans un servomécanisme.

**servovalve** *nf* TECH Soupape, vanne actionnée par un servomoteur.

**ses** → **son 1.**

**1 sésame** *nm* Plante dicotylédone gamopétale originaire de l'Inde, cultivée pour ses graines oléagineuses. (ETY) Du gr.

**2 sésame** *nm* Ce qui permet d'atteindre un but, comme par enchantement. *Votre lettre a servi de sésame.* (ETY) Par allusion au conte d'*Ali Baba (« sésame, ouvre-toi ! »),* dans les *Mille et Une Nuits.*

**Sésame et les lys** ouvrage de Ruskin (1865), traduit en franç. par Proust (1906).

**sésamie** *nf* Noctuelle commune dans le Midi et dont la chenille ravage les cultures de maïs.

**sésamoïde** *a* ANAT, ZOOL Se dit de petits os arrondis présents parfois, en particulier au niveau du carpe et du tarse. (ETY) Du gr. *sêsamoeidês,* « qui ressemble au grain de sésame ».

**sesbanie** *nf* BOT Arbuste indien (papilionacée) dont les tiges produisent une filasse utilisée pour fabriquer du papier à cigarette. (ETY) De l'arabo-persan. (VAR) **sesbania** *nm*

**Sésostris** → **Sénousret.**

**sesqui-** Élément d'orig. lat. signifiant une fois et demi.

**sesquiterpène** *nm* CHIM Hydrocarbure très fréquent dans les végétaux comme constituant odorant.

**Sesshu** (près d'Okayama, 1420 – Yamaguchi, 1506), moine et peintre japonais, le prem. grand paysagiste du Japon.

**sessile** *a* BOT Qui s'insère sur un organe sans être porté par un pédoncule. *Fleur, feuille sessile.* (ETY) Du lat.

**session** *nf* **1** Temps pendant lequel siège un corps délibérant, un tribunal, etc. *Session parlementaire. Session de printemps.* **2** Temps pendant lequel siège un jury d'examen. *Session d'octobre.* **3** Séance de travail, de soins, etc. *Un stage divisé en quatre sessions de deux jours.* (ETY) Du lat. *sessio,* « fait d'être assis ».

**sesterce** *nm* ANTIQ ROM Monnaie romaine. (ETY) Du lat.

**Sestos** anc. v. de la Chersonèse de Thrace, sur l'Hellespont (détroit des Dardanelles).

**Sesto San Giovanni** v. industr. d'Italie, dans la banlieue de Milan ; 94 740 hab.

**Sestrières** com. d'Italie (Piémont), près du col du Montgenèvre ; 720 hab. Stat. de sports d'hiver et estivale (alt. 2 035-2 850 m).

**set** *nm* **1** Manche d'une partie de tennis, de tennis de table, de badminton, de volley-ball. **2** MUS Temps imparti à un orchestre de jazz dans une soirée, un concert. **LOC** ***Set de table :*** service de table constitué par un assortiment de napperons que l'on place sous les assiettes ; chacun de ces napperons. (PHO) [sɛt] (ETY) Mot angl.

**sétacé, ée** *a* SC NAT Qui ressemble à une soie de porc. (ETY) Du lat.

**Setchouan** → **Sichuan.**

**Sète** (*Cette* jusqu'en 1927), ch.-l. de cant. de l'Hérault (arr. de Montpellier), entre la Méditerranée et l'étang de Thau ; 43 139 hab. Port. – Musée Paul-Valéry. (DER) **sétois, oise** *a, n*

**Seth** dieu égyptien du Mal et des Ténèbres, frère d'Osiris, qu'il assassina.

**Seth** personnage biblique, troisième fils d'Adam et d'Ève (Genèse, IV, 25).

**Seth Vikram** (Calcutta, 1952), écrivain indien d'expression angl. : *Un garçon convenable* (1993), *Deux vies* (2006).

**Séthi** nom de deux pharaons de la XIX^e^ dynastie. (VAR) **Séti** — **Séthi I^er^** ancien grand prêtre de Seth, roi d'Égypte de 1312 à 1298 avant J.-C. ; il lutta contre les Hittites. Son tombeau se trouve dans la Vallée des Rois.

**setier** *nm* Ancienne mesure de capacité pour les grains et les liquides, de valeur très variable selon les régions (entre 150 et 300 l). (ETY) Du lat. *sextarius,* « sixième partie ».

**Sétif** v. de l'Algérie orientale, à 1 100 mètres d'alt. ; 186 640 hab. ; ch.-l. de la wilaya du m. nom. Centre agricole. – Du 8 au 10 mai 1945, des émeutes nationalistes furent réprimées dans le sang. (DER) **sitifien, enne** *a, n*

**séton** *nm* MED anc Drain que l'on passait sous la peau par deux ouvertures pour entretenir un exutoire. **LOC** ***Blessure en séton :*** plaie superficielle ayant deux orifices, l'une d'entrée, l'autre de sortie de la lame ou du projectile.

**Settat** v. du Maroc, au S. de Casablanca ; 65 200 hab. ; ch.-l. de la prov. du m. nom. Marché agricole. – Casbah du XVII^e^ s.

**setter** *nm* Grand chien d'arrêt à longs poils doux et ondulés. *Le setter irlandais a une robe acajou brillant.* (PHO) [setɛʀ] (ETY) Mot angl. ▶ illustr. **chiens**

**Settons (lac des)** lac-réservoir, alimenté par la Cure et destiné à régulariser l'Yonne, dans le parc régional du Morvan. Tourisme.

**Setúbal** ville et port de pêche du S. du Portugal ; 77 890 hab. – Deux égl. (XV^e^ et XVI^e^ s.).

**Seudre (la)** fleuve côtier de Charente-Maritime (69 km). Ostréiculture.

**seuil** *nm* **1** Partie inférieure de l'ouverture d'une porte. **2** Entrée d'une maison ; emplacement devant la porte, à proximité immédiate de celle-ci. **3** GEOGR Élévation d'un fond marin ou fluvial ; exhaussement de terrain séparant deux régions d'altitudes comparables. **4** Valeur à partir de laquelle un phénomène produit un effet. **5** PHYSIOL Valeur minimale en deçà de laquelle un stimulus ne produit pas d'effet. **6** Niveau au-delà duquel la situation est critique. **LOC** litt ***Au seuil de :*** au début, au commencement de. *Au seuil de l'année.* — PHYS NUCL ***Seuil d'énergie d'une particule :*** énergie minimale nécessaire pour que cette particule déclenche la réaction nucléaire. — ***Seuil de pauvreté :*** niveau de revenu à partir duquel les besoins essentiels ne sont pas couverts. — ECON ***Seuil de rentabilité :*** niveau de vente à partir duquel les frais sont couverts. (PHO) [sœj] (ETY) Du lat.

**seul, seule** *a, n* **A** *a* **1** Qui est momentanément sans compagnie. *Se promener seul.* **2** Qui est généralement isolé, qui vit sans amis. **3** Un, unique. *Le seul bien qui lui reste.* **4** À l'exclusion de tous les autres. *Spectacle que seuls les enfants apprécient.* **B** *n* Une personne unique. *Le pouvoir d'un seul.* **LOC** ***Seul à seul :*** en tête à tête. — ***Tout seul :*** facilement. *Cela va tout seul.* (ETY) Du lat.

**seulement** *av* **1** Sans rien de plus, et pas davantage. *Ils sont seulement trois dans le secret. Je vous demande seulement de partir.* **2** À la seule condition que. *Venez quand vous voudrez, seulement prévenez-moi.* **3** Tout juste. *Il vient seulement de manger.* **4** Pas plus tôt que. *Il arrivera seulement dans deux jours.* **LOC** ***Pas seulement :*** pas même. — ***Sans seulement :*** sans même. — ***Si seulement... :*** si au moins...

**Seuls les anges ont des ailes** film d'aventures de Howard Hawks (1939), avec Cary Grant et Jean Arthur (1905 – 1991).

**Seurat Georges** (Paris, 1859 – id., 1891), peintre et dessinateur français, impressionniste, puis divisionniste : *Un dimanche d'été à la Grande Jatte* (1884-1886). Il annonce le futurisme et, par ex. dans *la Parade de cirque* (1887-1888), l'abstraction géométrique.

peinture du temple de **Séthi I^er^** à Abydos : le grand prêtre présentant une offrande à Osiris (assis) et à Isis (à g.)

**Sevan (lac)** lac d'Arménie (1 400 km$^2$), à 1 900 m. d'alt. Centrale hydroélectrique.

**sève** *nf* **1** Liquide nourricier des végétaux. **2** fig Force, vigueur, énergie. *La sève de la jeunesse.* ETY Du lat. *sapa,* « vin cuit ».

ENC La *sève brute* est une solution aqueuse de sels minéraux absorbés par les racines et circulant dans le xylème (bois). La *sève élaborée* est une solution concentrée et visqueuse riche en sucres, en acides aminés et en diverses substances plus ou moins complexes, fabriquées au cours de la photosynthèse ; la sève élaborée circule dans toute la plante par le phloème (liber).

**seventies** *nfpl* fam Les années 1970. PHO [seventiz] ETY Mot angl.

**Séverac Déodat de** (Saint-Félix-de-Caraman, Hte-Garonne, 1872 – Céret, 1921), compositeur français, auteur d'un opéra, de mélodies et de pièces pour piano.

**sévère** *a* **1** Qui ne tolère pas les fautes, les erreurs ; dépourvu d'indulgence. *Un maître, un juge sévère.* **2** Qui exprime la dureté, la rigueur. *Ton, air sévère.* **3** Dur, rigoureux. *Punition sévère. Des mesures sévères.* **4** litt Sans ornements ; régulier et sobre. *Un style sévère. Une femme d'une beauté sévère.* **5** Important, grave. *L'armée a subi des pertes sévères.* ETY Du lat. DER **sévèrement** *av* – **sévérité** *nf*

**Sévère Flavius Valerius Severus,** dit (en Illyrie, ? – Rome, 307), empereur romain (306), dans le cadre de la tétrarchie. Il attaqua Maxence, qui le fit mettre à mort.

**Sévère Alexandre** (Phénicie, v. 208 – près de Mayence, 235), empereur romain de 222 à 235. Il combattit en Orient les Perses et se montra tolérant envers les chrétiens.

**Sévères (les)** nom donné à la dynastie des empereurs romains (193-235) fondée par Septime Sévère et qui compte, après lui, Geta, Caracalla, Élagabal et Sévère Alexandre.

**Severi Francesco** (Arezzo, 1879 – Rome, 1961), mathématicien italien : travaux de géométrie algébrique.

**Séverin (saint)** (m. en 482), évangélisateur du S. de l'Allemagne, vénéré à Naples.

**Séverin (saint)** (m. v. 540), ermite (sur les rives de la Seine) à Paris.

**Severini Gino** (Cortona, 1883 – Paris, 1966), peintre italien ; futuriste (1910-1915), cubiste (1915-1920), néoclassique (1921-1934), puis adepte de l'abstraction géométrique.

**Georges Seurat** *Poseuse assise de profil,* huile, 1887 – musée d'Orsay

**Severn (la)** fl. de G.-B. (338 km) ; naît dans le pays de Galles, passe à Gloucester et se jette dans l'Atlantique par le canal de Bristol.

**Severnaïa Zemlia** (« Terre du Nord »), archipel russe inhabité de l'Arctique, au N. de la presqu'île de Taïmyr ; 36 700 km$^2$.

**Seveso** v. d'Italie (Lombardie) ; 18 000 hab. – En 1976, l'explosion d'un réacteur chimique répandit de la dioxine.

**séveux, euse** *a* ŒNOL Se dit d'un vin puissant.

**sévices** *nmpl* Violences corporelles, mauvais traitements exercés contre une personne sur laquelle on a autorité ou qu'on a sous sa garde.

**Sévigné Marie de Rabutin-Chantal (marquise de)** (Paris, 1626 – chât. de Grignan, 1696), épistolière française. Après le mariage de sa fille avec le comte de Grignan (1669), elle écrivit à celle-ci de nombr. lettres, ainsi qu'à d'autres correspondants. Ses *Lettres* (posth., 1726) constituent des documents précieux sur la vie aristocratique au XVII$^e$ s. et valent par leur génie littéraire.

la marquise de **Sévigné**

**Séville** v. d'Espagne, port sur le Guadalquivir ; 678 200 hab. ; cap. de la communauté auton. d'Andalousie ; ch.-l. de la prov. de Séville. Centre touristique. – Archevêché. Université. Tour-minaret (fin XII$^e$ s.). Cath. gothique et Renaissance (XV$^e$-XVI$^e$ s.). Alcazar (du XII$^e$ au XVI$^e$ s.). Hôtel de ville (XVI$^e$ s.). Nombr. égl. baroques. Maisons anciennes. DER **sévillan, ane** *a, n*
**Histoire** La ville, anc. *Hispalis,* conquise par César, cap. de la prov. romaine de Bétique, fut un import. foyer culturel aux VI$^e$ et VII$^e$ s. Conquise par les Arabes (712), incluse dans le califat de Cordoue, elle devint la cap. des Abbadides (XI$^e$ s.). Reconquise en 1248 par Ferdinand III de Castille, qui expulsa les musulmans, Séville fut un grand centre commercial, que Cadix supplanta au XVIII$^e$ s. Exposition universelle de 1992.

**Séville** place d'Espagne, construction en hémicycle élevée pour la Foire ibéro-américaine (1929)

**sévir** *vi* 3 **1** Se comporter durement. Punir, réprimer avec rigueur. *Sévir contre un abus.* **2** Causer de gros dégâts. *La tempête sévit depuis trois jours.* **3** Exercer de façon durable une action néfaste, pénible. *Le charlatanisme sévit toujours.* ETY Du lat.

**sevrage** *nm* **1** Remplacement progressif de l'allaitement par une alimentation plus variée. **2** Action de priver un toxicomane de drogue, dans une cure de désintoxication.

**Sevran** ch.-l. de cant. de la Seine-Saint-Denis (arr. du Raincy), sur le canal de l'Ourcq ; 51 405 hab. DER **sevranais, aise** *a, n*

**Sèvre Nantaise (la)** riv. de France (126 km) ; née dans les Deux-Sèvres, elle conflue avec la Loire (r. g.) à Nantes.

**Sèvre Niortaise (la)** fl. côtier de France (150 km) ; naît dans le Poitou ; se jette dans l'Atlantique.

**sevrer** *vt* 16 **1** Procéder au sevrage d'un enfant, d'un petit animal, d'un toxicomane. **2** litt Priver d'un plaisir. ETY Du lat. *separare,* « séparer ».

**sèvres** *nm* Porcelaine fabriquée à la manufacture nationale de Sèvres. *Un vieux sèvres.*

**Sèvres** ch.-l. de cant. des Hauts-de-Seine (arr. de Boulogne-Billancourt), sur la Seine ; 24 066 hab. Manufacture nationale de porcelaine (transférée depuis Vincennes en 1756). V. Breteuil (pavillon de). – Musée de la Céramique (fondé en 1824). – Le *traité de Sèvres* (1920) entre la Turquie et les Alliés, qui démembrait l'Europe ottomane, fut remplacé par le traité de Lausanne (1923). DER **sévrien, enne** *a, n*

**Sèvres (Deux-)** → **Deux-Sèvres.**

**sévrienne** *nf* anc Élève ou ancienne élève de l'École normale supérieure de jeunes filles (autrefois installée à Sèvres).

**sexage** *nm* **1** BIOL Détermination du sexe d'un embryon. **2** ELEV Détermination du sexe d'un poussin dès la naissance.

**sexagénaire** *a, n* Qui a entre soixante et soixante-dix ans.

**sexagésimal, ale** *a* didac Relatif à la numération à base soixante. PLUR sexagésimaux. LOC GEOM ***Division sexagésimale :*** division en minutes, en secondes.

**sexagésime** *nf* RELIG CATHOL Dimanche qui précède de deux semaines le premier dimanche du carême, env. 60 jours avant Pâques.

**sex-appeal** *nm* Attrait sexuel qu'exerce une personne. PHO [seksapil] ETY Mot anglo-amér.

**sexe** *nm* **1** Ensemble des caractéristiques physiques qui permettent de différencier le mâle de la femelle, l'homme de la femme. *Enfant du sexe féminin.* **2** Ensemble des êtres humains ou animaux du même sexe. *Le sexe mâle.* **3** Sexualité. *Les problèmes du sexe.* **4** Organes génitaux externes de l'homme et de la femme. LOC fam ***Le sexe des anges :*** le sujet de discussions oiseuses. — fam ***Le sexe faible, le beau sexe :*** les femmes. — fam ***Le sexe fort :*** les hommes. ETY Du lat. *sectus,* « séparation ».

**sexisme** *nm* Attitude de discrimination fondée sur le sexe. DER **sexiste** *a, n*

**sexoactif, ive** *a, nm* PHARM Qui stimule l'activité sexuelle. VAR **sexostimulant, ante**

**sexologie** *nf* Étude des problèmes relatifs à la sexualité humaine. DER **sexologique** *a* – **sexologue** *n*

**sexothérapie** *nf* Psychothérapie destinée à traiter les troubles sexuels. DER **sexothérapeute** *n*

**Sex Pistols (The)** groupe britannique de rock, pionnier de la musique punk (1975-1978).

**sex-ratio** *nm* STATIS Rapport entre le nombre des naissances de garçons et de filles. PLUR sex-ratios. PHO [seksrasjo] ETY Mot angl.

**sex-shop** *nm* Magasin spécialisé dans la vente de publications et d'objets pornographiques. PLUR sex-shops. PHO [seksʃɔp] ETY Mot angl.

**sex-symbol** *nm* Comédien ou chanteur symbolisant l'idéal du moment sur le plan sexuel. PLUR sex-symbols. ETY Mot angl.

**sextant** *nm* ASTRO, MAR Instrument utilisé pour mesurer des distances angulaires et des hauteurs d'astres au-dessus de l'horizon. ETY Du lat. ▶ illustr. p. 1490

**sexte** *nf* LITURG Heure canoniale qui se récite à la sixième heure du jour (à midi). ETY Du lat.

**sextette** *nm* Orchestre de jazz comprenant six musiciens. VAR **sextet**

**sextidi** *nm* HIST Sixième jour de la décade dans le calendrier républicain.

**sexto** *av* litt En sixième lieu.

**sextolet** *nm* MUS Groupe de six notes jouées dans le même temps occupé par un triolet.

**sex-tour** *nm* Voyage organisé vers des pays où la prostitution est bon marché. PLUR sex-tours.

**sextoy** *nm* Accessoire destiné au plaisir sexuel. PHO [sɛkstɔj] ETY De l'angl. *toy*, « jouet ».

**sextuor** *nm* MUS **1** Composition écrite pour six voix ou pour six instruments. **2** Ensemble instrumental ou vocal formé de six interprètes.

**sextuple** *a, nm* Qui vaut six fois autant.

**sextupler** *vt* ① Multiplier par six.

**sextuplé, ée** *n, a* Se dit de chacun des six enfants nés d'un même accouchement.

**Sextus Empiricus** (IIe – IIIe s.), savant grec, philosophe sceptique : *Hypotyposes pyrrhoniennes* et *Contre les savants*.

**sexualisation** *nf* **1** BIOL Différenciation sexuelle au cours du développement. **2** Introduction de la sexualité dans un domaine quelconque. *La sexualisation de la vie politique.* DER **sexualiser** *vt* ①

**sexualité** *nf* **1** Ensemble des caractères qui différencient l'individu mâle de l'individu femelle. **2** Ensemble des comportements caractérisant l'instinct sexuel et sa satisfaction.
ENC Selon Freud, la sexualité infantile évolue en plusieurs étapes : le stade oral (1re année), la zone érogène étant la bouche ; le stade sadique-anal (2e et 3e années), où la zone érogène est l'anus ; le stade phallique (4e et 5e années), où la zone érogène est le pénis ou le clitoris, le plaisir pouvant être provoqué par la masturbation. De l'âge de 6 ans à la puberté se déroule une période de latence, les pulsions sexuelles diminuant d'intensité, l'énergie se tournant vers des sentiments sociaux et moraux. À la puberté, le stade génital proprement dit s'exprime.

**sexué, ée** *a* **1** BIOL Pourvu d'organes sexuels. **2** Marqué quant au sexe, conditionné, influencé par le sexe. *Statistiques sexuées.* LOC ***Reproduction sexuée*** : dans laquelle il y a conjonction des deux sexes.

**sexuel, elle** *a* **1** BIOL Qui se rapporte au sexe ou qui est déterminé par lui. **2** Qui se rapporte au sexe, à l'accouplement, pour les êtres humains. *Rapports sexuels.* LOC ***Acte sexuel*** : accouplement. — ***Caractères sexuels*** : qui différencient les animaux mâles des femelles. DER **sexuellement** *av*
ENC Les maladies sexuellement transmissibles (MST) sont variées : syphilis ; blennorragie ou gonorrhée, populairement appelée chaude-pisse (V. gonococcie) ; chancre mou ; granulome inguinal. De nombreuses maladies urogénitales sont dues à des bactéries, à des virus ou à des parasites qui se développent sur les muqueuses superficielles (*Chlamydia*, *Candida*, *Trichomonas*, virus de l'herpès, virus de l'hépatite, etc.). Le sida est la plus redoutable des MST. Les pays du Sud sont les plus atteints par les MST parce que les conditions d'hygiène et d'alimentation provoquent une immunodéficience qu'aggravent les maladies infectieuses tropicales. En outre, l'information et la prévention sont beaucoup moins développées que dans le Nord.

**sextant** de Baker, fabriqué au XVIIIe s., en Angleterre – coll. de l'Antiquaire de Marine

**sexy** *a* **1** fam Qui a du sex-appeal. **2** fig Attirant, séduisant, valorisant. *Un métier très sexy.* ETY Mot anglo-amér.

**seyant, ante** *a* Qui va bien à qqn, qui flatte son apparence.

**Seybouse (oued)** fleuve de l'E. de l'Algérie (225 km) ; draine la plaine d'Annaba.

**Seychelles (les)** État de l'océan Indien, formé d'une centaine d'îles, à 1 100 km au N.-E. de Madagascar ; 453 km² ; 100 000 hab. ; cap. *Victoria* (Mahé). Nature de l'État : rép. membre du Commonwealth. Langues off. : angl. et franç. (créole). Monnaie : roupie des Seychelles. Relig. : cathol. (90 %). DER **seychellois, oise** *a, n*
**Géographie** Cet archipel volcanique, au climat tropical humide, est peuplé surtout de créoles ; 90 % de la pop. vit à Mahé. L'écon., assez prospère, est fondée sur le tourisme et la pêche (thon) ; l'agric. (coprah, cannelle, vanille) est en déclin. En 1999-2001, les problèmes financiers ont culminé.
**Histoire** Découvertes par les Portugais au XVIe siècle et colonisées par les Français au XVIIIe siècle, les Seychelles furent cédées aux Anglais en 1814 et accédèrent à l'indépendance en 1976. En 1977, le Premier ministre France-Albert René renversa le président James Mancham. Il resta à la tête du pays jusqu'à sa démission en 2004. Le vice-président, James Michel, lui succéda et fut élu président de la République en 2006. Il est réélu en 2011.

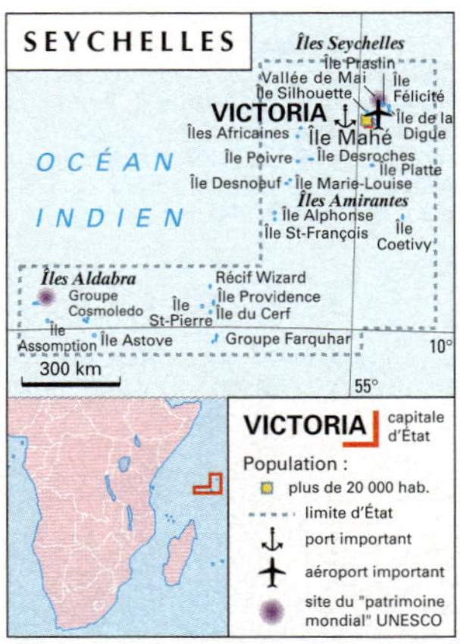


**Seymour** Édward (duc de Somerset) (?, v. 1506 – Londres, 1552), frère de Jeanne Seymour, régent de son neveu Édouard VI (1547). Il favorisa le protestantisme. Renversé par Dudley, il fut exécuté.

**Seymour** David → **Chim.**

**Seyne-sur-Mer (La)** ch.-l. de cant. du Var (arr. de Toulon), sur la rade de Toulon ; 62 285 hab. DER **seynois, oise** *a, n*

**Seynod** ch.-l. de cant. de la Haute-Savoie (arr. d'Annecy) ; 18 441 hab. – Industrie alim. DER **seynodien, enne** *a, n*

**Seyrig** Delphine (Beyrouth, 1932 – Paris, 1990), actrice française : *l'Année dernière à Marienbad* (1961), *Muriel* (1963), *India Song* (1975).

**Seyssel** localités sur le Rhône, l'une dans l'Ain, l'autre en Haute-Savoie ; barrage et centrale hydroélectrique. DER **seysselan, ane** *a, n*

**Seyssinet-Pariset** com. de l'Isère ; 12 381 hab. DER **seyssinettois, oise** *a, n*

**seyyed** *n* En Iran, musulman qui appartient à la lignée du prophète.

**Sezer** Ahmet Necdit (Afyon, 1941), homme politique turc, président de la République de 2000 à 2007.

**sézigue** *pr pers* fam Soi, lui. (V. mézigue.)

**SF** *nf* fam Science-fiction.

**Sfax** v. et grand port de Tunisie, sur le golfe de Gabès ; 231 910 hab. Pêche. Industries.

**SFIO** sigle pour *Section française de l'Internationale ouvrière*. V. Parti socialiste.

**Sforza** famille italienne qui régna sur le duché de Milan (1450-1535). Elle fut fondée par le condottiere *Muzio* ou *Giacomo Attendolo* (1369 – 1424), surnommé *Sforza*. — **François Ier** (San Miniato, 1401 – Milan, 1466), fils du préc. ; gendre de Philippe-Marie Visconti (m. en 1447), duc de Milan, il se fit reconnaître duc en 1450. — **Jean-Galéas** (Abbiategrasso, 1469 – Pavie, 1494), petit-fils du préc., fut spolié par son oncle Ludovic le More (1494), qui, peut-être, le fit assassiner. — **Maximilien** (?, 1493 – Paris, 1530), fils de Ludovic le More, fut dépossédé par François Ier après Marignan (1515). — **François II** (?, v. 1495 – ?, 1535), frère du préc. ; rétabli dans le duché par Charles Quint, il légua ses États à ce dernier.

**sforzando** *a* MUS En passant brusquement de piano à forte puis à piano. PHO [sfɔʀdzãndo] ETY Mot ital., de *forza*, « force ».

**sfumato** *nm* Bx-A Modelé estompé, vaporeux. PHO [sfumato] ETY Mot ital.

**Sganarelle** personnage comique créé et joué par Molière, présent dans plusieurs pièces. Il est notam. le héros du *Médecin malgré lui* (1666) et le valet de *Dom Juan* (1665).

**SGBD** *nm* INFORM Abrév. de *système de gestion de bases de données*, logiciel de traitement de fichiers.

**SGDG** Sigle de *sans garantie du gouvernement*.

**SGML** *nm* INFORM Norme internationale permettant de structurer les informations contenues dans un texte. ETY Abrév. de l'angl. *standard generalized markup language*.

**sgraffite** *nm* Bx-A Ancienne technique de décoration murale consistant à appliquer sur un fond sombre un enduit clair qu'on hachure. PHO [zgʀafit] ETY De l'ital.

**'s Gravenhage** → **Haye (La).**

**Shaba** → **Katanga.**

**shabbat** *nm* Syn. de *sabbat*. PHO [ʃabat] ETY Mot hébreu.

**Shabouot** fête juive commémorant le séjour de Moïse sur le mont Sinaï.

**Shackleton** sir Ernest Henry (Kilkee, Irlande, 1874 – en Géorgie du Sud, 1922), explorateur britannique des régions antarctiques, où il mourut.

**Shadoks (les)** héros d'une série culte de dessin animé télévisé, créée en 1968 par Jacques Rouxel (1931 – 2004).

**Shafi'i** (Gaza, 767 – Le Caire, 820), théologien musulman ; fondateur de l'école juridique shafi'ite, l'une des quatre écoles de l'islam. VAR **Chafi'i**

**shafiisme** *nm* École juridique de l'islam sunnite (VIIIe s.) qui tenta de faire la synthèse entre la loi coranique et la raison, présente en Afrique, en Syrie, en Malaisie et en Indonésie. PHO [ʃafism] VAR **chafiisme** DER **shafiite** ou **chafiite** *a*

**Shaftesbury** Anthony Ashley Cooper (1er comte de) (Wimborne, Dorset, 1621 – Amsterdam, 1683), homme politique anglais ; l'un des auteurs de l'Habeas Corpus Act.

Chef de l'opposition protestante (whig) en 1673, il dut s'exiler en 1682.

**shah** → **schah.**

**Shah-i-Zendeh** → **Chah-i-Zendeh.**

**Shahn** Ben (Kovno, auj. Kaunas, 1898 – New York, 1969), peintre, dessinateur et photographe américain d'origine lituanienne : reportages sur les marginaux des États-Unis.

**Shâhpur** → **Châhpuhr.**

**1 shaker** *nm* Récipient dans lequel on agite pour les mélanger les ingrédients d'un cocktail. PHO [ʃekœʀ] ETY Mot angl.

**2 shaker** *a* Se dit d'un style de meubles artisanaux d'Amérique du nord. PHO [ʃekœʀ]

**Shakespeare** William (Stratford upon Avon, Warwickshire, 1564 – id., 1616), poète dramatique anglais. Dès 1588, il acquit à Londres une grande réputation d'acteur ; il acheta une maison à Stratford upon Avon où il naquit et vécut de 1611 env. à sa mort, et écrivit ses premiers drames historiques (*Henri VI* 1590-1592, *Richard III* 1592-1593, *Richard II* 1595, *Henri IV* 1597-1598), des comédies (*la Mégère apprivoisée* 1593-1594, *le Songe d'une nuit d'été* 1595 , *le Marchand de Venise* 1596) et des drames (*Roméo et Juliette* 1594-1595, *le Roi Jean* 1596-1597). Deux drames (*Henri V* 1598-1599, *Jules César* 1599) et quatre comédies (*Beaucoup de bruit pour rien* 1598 , *Comme il vous plaira* 1599, *les Joyeuses Commères de Windsor* 1600-1601, *la Nuit des rois* 1600-1601) terminent la période de « jeunesse ». Vers 1600, une révolution se produit : les héros shakespeariens, complexes, sont en proie à de terribles hantises (*Hamlet*, 1600-1601), à la jalousie (*Othello* 1604), à l'ambition (*Macbeth* 1605), au désespoir et à la folie (*le Roi Lear* 1606) ; citons aussi *Troïlus et Cressida* (1601), *Mesure pour mesur* (1604), *Antoine et Cléopâtre* (1606) et *Timon d'Athènes* (1607). À la fin, Shakespeare adopte une vision plus sereine : *Périclès* (1608), *Cymbeline* (1609), *le Conte d'hiver* (1610), *la Tempête* (1611), *Henri VIII* (1612). À l'exception de ses poèmes (*Vénus et Adonis* 1593, *le Viol de Lucrèce* 1594, *Sonnets* 1609), Shakespeare n'a rien publié sous son nom, et l'on ne possède aucun manuscrit de ses œuvres, ce qui a fait naître des légendes sur son identité. DER **shakespearien, enne** *a*

William Shakespeare

**shako** *nm* Coiffure militaire rigide, à visière, de forme tronconique. ETY Du hongrois. VAR **schako**

**shakuhachi** *nm* Flûte japonaise en bambou, à cinq trous. PHO [ʃakuaʃi] ETY Mot jap.

**Shamir** Yitzhak (Ruzinoy, Pologne, 1915 – Tel-Aviv, 2012), homme politique israélien. Chef du Likoud (1983-1992), il fut Premier ministre en 1983-1984 et de 1986 à 1992.

**shamisen** *nm* Luth japonais à trois cordes. PHO [ʃamizen] ETY Mot jap.

**shampoing** *nm* **1** Lavage des cheveux. **2** Produit utilisé pour ce lavage. **3** Produit utilisé pour nettoyer. *Shampoing pour chien, pour moquette.* PHO [ʃɑ̃pwɛ̃] ETY De l'hindi. VAR **shampooing**

**shampouiner** *vt* ① Faire un shampoing. PHO [ʃɑ̃pwine] VAR **shampooiner**

**shampouineur, euse** *n* **A** Employé(e) d'un salon de coiffure qui fait les shampoings. **B** *nf* Appareil servant à nettoyer les moquettes. VAR **shampooineur, euse**

**Shamroy** Leon (New York, 1901 – Los Angeles, 1974), chef opérateur américain : *Ambre* (1947), *Cléopâtre* (1963).

**Shandong** prov. de la Chine du N.-E., sur la mer Jaune ; 153 300 km$^2$ ; 95 800 000 hab. ; ch.-l. *Jinan*. – Cette rég. surpeuplée, que fertilisent les alluvions du bas Huanghe, comprend la *presqu'île du Shandong*. – Houille, fer, métaux non ferreux. VAR **Chantoung**

**Shanghai** la plus grande v. et le premier port de Chine, au S. de l'estuaire du Yangzijiang ; 23 millions d'hab. ; municipalité autonome dépendant du pouvoir central (5 970 km$^2$). Grand centre industriel en essor constant. – Des concessions internationales s'y maintinrent de 1842 à 1949. VAR **Chang-hai** DER **shangaïen, enne** *a, n*

Shanghai

**Shanghai Express** film d'aventures amér. de J. von Sternberg (1932), avec M. Dietrich.

**Shangs** (v. 1800 – v. 1100 av. J.-C.), deuxième dynastie chinoise d'après la tradition. VAR **Changs**

**Shankar** Ravi (Bénarès, 1920 – San Diego, Cal., 2012), musicien indien, virtuose du sitar et compositeur.

**Shannon (le)** fl. d'Irlande (370 km), tributaire de l'Atlantique (Limerick). Il traverse plus. lacs. Des canaux le relient à la mer d'Irlande.

**Shannon** Claude Elwood (Gaylord, Michigan, 1916 – Medford, Massachusetts, 2001), mathématicien américain ; fondateur, avec W. Weaver, de la théorie de l'information (*Théorie mathématique de la communication*, 1949).

**Shans** ethnie de l'E. de la Birmanie, appartenant au groupe thaï, localisée sur le *plateau Shan*, vaste enclave entre la Chine et la Thaïlande. – *État des Shans* : État de l'est de la Birmanie (160 000 km$^2$ ; env. 3 726 420 hab.), jouissant d'une certaine autonomie. VAR **Chans** DER **shan** ou **chan** *a*

**Shantou** v. industr. et port de la Chine méridionale (Guangdong) ; 4,7 millions d'hab. (aggl.). VAR **Swatow**

**shantung** *nm* Tissu de soie d'aspect irrégulier. PHO [ʃɑ̃tuŋ] ETY De *Chantoung*, province de Chine. VAR **chantoung**

**Shanxi** prov. montagneuse de la Chine du N., limitée à l'ouest par le Huanghe ; 157 100 km$^2$ ; 35 700 000 hab. ; cap. *Taiyuan.* Ses plateaux fertiles recèlent de gigantesques bassins houillers. Nombr. centres sidérurgiques.

**Shānxi** prov. de la Chine du Nord-Est, dans la boucle du Huanghe ; 190 000 km$^2$ ; 37,2 millions d'hab. ; cap. *Xi'an*. – Ses plateaux fertiles recèlent des gisements de houille et de fer. Les villes s'industrialisent. – En 1934, les rescapés de la Longue Marche aboutirent dans cette province. VAR **Shenxi, Shaanxi**

**shaouabti** *nm* Statuette funéraire égyptienne dont le rôle était de se substituer au mort pour accomplir certains travaux dans l'au-delà. SYN ouchebti. PHO [ʃauabti] VAR **chaouabti**

**SHAPE** acronyme pour *Supreme Headquarters Allied Powers Europe*, quartier général des forces de l'OTAN en Europe qui siège à Casteau, près de Mons (Belgique), depuis 1966.

**Shapiro** Karl (Baltimore, 1913 – id., 2000), poète américain : *Lettre V* (1944), *Procès d'un poète* (1947), essais théoriques.

**Shapley** Harlow (Nashville, Missouri, 1885 – Boulder, Colorado, 1972), astronome américain : travaux sur la Galaxie.

**Sharaku** Saito Jurōbei, dit Tōshūsaï (m. en 1801), peintre japonais ; l'un des maîtres de l'estampe (portraits d'acteurs). Il semble qu'il n'ait exercé son art qu'en 1794-1795.

**shareware** *nf* INFORM Logiciel mis à la disposition du public moyennant le versement d'une redevance en cas d'utilisation. SYN logiciel contributif. PHO [ʃɛʀwɛʀ] ETY Mot angl.

**sharka** *nf* Grave maladie virale des arbres fruitiers.

**Sharon** → **Saron.**

**Sharon** Ariel (Kefar Malal, 1928 – Ramat Gan, 2014), général et homme politique israélien. Leader du Likoud, il devint Premier ministre en 2001 et forma un gouv. d'union nationale. En 2005, il quitta le Likoud et forma un nouveau parti centriste, le Kadima, en vue des élections de mars 2006. Gravement malade, il quitta la scène pol. en déc. 2005.

**sharpei** *nf* Dogue à la peau plissée, d'origine chinoise. PHO [ʃaʀpej] VAR **shar-pei**

**Sharroukīn** → **Sargon.**

**Shaw** George Bernard (Dublin, 1856 – Ayot Saint Lawrence, Hertfordshire, 1950), écrivain irlandais. Il rédigea le manifeste de la Fabian Society (1884). Au théâtre, il traita avec humour l'usure (*L'argent n'a pas d'odeur* 1892), la prostitution (*la Profession de Mrs. Warren* 1898), l'héroïsme (*le Héros et le Soldat* 1898, *Sainte Jeanne* 1923), les préjugés de classe (*Pygmalion*, 1916). P. Nobel 1925.

**Shaw** Irwin (New York, 1913 – Davos, Suisse, 1984), romancier américain, pacifiste : *le Bal des maudits* (1948).

**Shawinigan** v. industr. du Québec, sur le Saint-Maurice ; 47 700 hab.

**Shawn** Ted (Kansas City, 1891 – Orlando, 1972), danseur et chorégraphe américain, pionnier de la modern dance.

**Shawnees** tribu amérindienne du groupe algonquin. Ils furent repoussés par les colons du N.-E. des É.-U. jusqu'en Indiana, où ils furent vaincus à Tippecanoe en 1811. Leurs descendants vivent dans des réserves en Oklahoma. DER **shawnee** *a*

**shed** *nm* Syn. (déconseillé) de *toiture à redans*. PHO [ʃɛd] ETY Mot angl.

**Sheffield** v. de G.-B. (South Yorkshire) ; 551 800 hab. ; un des grands centre de la métallurgie mondiale depuis le XII$^e$ s. (coutellerie et, auj., aciers spéciaux).

**Shéhérazade** → **Schéhérazade.**

**shekel** *nm* Unité monétaire d'Israël.

**Shell** → **Royal Dutch-Shell.**

**Shelley** Percy Bysshe (Field Place, Horsham, Sussex, 1792 – au large de Viareggio, 1822), poète romantique anglais. Il mena une

G. B. Shaw

Shelley

vie agitée avant de se fixer en Italie avec Mary Godwin (1820). Après deux poèmes : *la Reine Mab* (1813) et *Alastor ou l'Esprit de la solitude* (1816), il publia : en 1819, *Prométhée délivré*, drame lyrique en vers qui célèbre la liberté et l'amour idéal, *les Cenci*, tragédie, l'*Ode au vent d'ouest, la Sensitive*, l'*Ode à l'alouette* ; en 1821, *Epipsychidion*, chant d'amour platonique, et *Adonaïs*, élégie sur la mort de Keats. Il périt en traversant sur son bateau, l'*Ariel*, le golfe de Gênes. — **Mary** (Londres, 1797 – id., 1851), seconde épouse du préc., fille du romancier William Godwin (1756 – 1836) ; auteur du roman fantastique *Frankenstein* (1818).

**Shenxi** → **Shanxi.**

**Shenyang** (anc. *Moukden*), v. du N.-E. de la Chine ; 6 037 000 hab. (aggl.) ; ch.-l. du Liaoning. Centre industriel. – Anc. cap. de la dynastie mandchoue des Qing (XVII$^{e}$ s.). – Victoire des Japonais sur les Russes (1905).

**Shenzhen** v. de Chine (Guangdong) ; 12,3 millions d'hab. (aggl.). Centre industriel qui doit son essor à la proximité de Hong Kong et à son statut de zone franche.

**Shen Zhou** (Suzhou, 1427 –?, 1509), peintre chinois, fidèle à la tradition.

**Shepard** Alan Bartlett (East Derry, 1923 – Monterey, 1998), astronaute américain, le prem. que les Amér. envoyèrent dans l'espace (mai 1961).

**Shepp** Archie (Fort Lauderdale, Floride, 1937), compositeur et saxophoniste de jazz américain.

**Sherbrooke** v. du Québec (Estrie) ; 140 000 hab. Centre commercial et industriel. – Archevêché. Université.

**Sheridan** Richard Brinsley Butler (Dublin, 1751 – Londres, 1816), auteur anglais de comédies qui flétrissent les aristocrates (*l'École de la médisance*, 1777) et les gens de lettres (*le Critique*, 1779).

**shérif** *nm* **1** En G.-B., premier magistrat d'un comté. **2** Aux É.-U., chef de la police d'un comté. **3** fig, fam Policier aux manières expéditives. ETY De l'angl.

**Sherlock Holmes** héros de très nombr. romans policiers de Conan Doyle, détective privé. Ses surprenantes déductions ont pour base l'examen de détails infimes qui ont échappé à son ami le docteur Watson. ▷ CINE Aux É.-U., *le Chien des Baskerville*, de Sydney Lanfield (1899 – 1972), et *Sherlock Holmes*, d'Alfred Werker, les deux en 1939, avec Basil Rathbone (1892 – 1967) ; *la Vie privée de Sherlock Holmes* de B. Wilder (1969), avec Robert Stephens (1931 – 1995). En G.-B. : *le Chien des Baskerville*, de Terence Fisher (1904 – 1980), en 1959, avec Christopher Lee (né en 1922) ; *Sherlock Holmes contre Jack l'Éventreur*, de James Hill (1919 – 1994), en 1965, avec John Neville.

**Sherman** William Tecumseh (Lancaster, Ohio, 1820 – New York, 1891), général américain (nordiste) de la guerre de Sécession. Sa « Grande Marche vers la mer » (déc. 1864) à travers la Georgie donna la victoire finale aux fédéraux.

**Sherman** Cindy (Glen Ridge, 1954), artiste américaine : autoportraits photographiques.

**sherpa** *nm* **1** Porteur, guide de montagne, dans l'Himalaya. **2** fam Conseiller spécial d'un chef d'État, chargé de l'assister lors de ses rencontres avec ses homologues. ETY Mot du Népal.

**Sherpas** peuple d'orig. tibétaine qui habite les montagnes du Népal.

**Sherrington** sir Charles Scott (Londres, 1857 – Eastbourne, East Sussex, 1952), physiologiste anglais ; l'un des fondateurs de la neurologie moderne. Prix Nobel de médecine 1932 avec E. D. Adrian.

**sherry** *nm* Xérès. ETY Mot angl.

**shetland** *nm* **1** Laine d'Écosse. **2** Tricot fait avec cette laine. PHO [ʃɛtlɑ̃d]

**Shetland (îles)** archipel britannique au N. de l'Écosse ; 1 429 km$^2$ ; 22 500 hab. ; ch.-l. *Lerwick*. Élevage ; pêche. VAR **Zetland**

**Shetland du Sud** archipel subantarctique (G.-B.), au S. de la Terre de Feu, revendiqué par l'Argentine et le Chili ; 4 662 km$^2$. – Station météorologique et scientifique.

**shiatsu** *nm* Traitement par des applications des doigts sur des points d'acupuncture. PHO [ʃiatsu] ETY Mot chin.

**shiatsuki** *n* Personne pratiquant le shiatsu.

**shiba** *nm* Petit chien à poil court, d'origine japonaise. PHO [ʃiba] ETY Mot jap.

**shido** *nm* Au judo, pénalité sanctionnant une infraction légère. PHO [ʃido] ETY Mot jap.

**shigelle** *nf* Entérobactérie, agent des shigelloses. PHO [ʃizɛl] ETY D'un n. pr.

**shigellose** *nf* MED Grave dysenterie due à une shigelle.

**shiitaké** *nm* Champignon basidiomycète à chair ferme, originaire d'Extrême-Orient, faisant l'objet d'une culture intensive. SYN lentin de chêne. PHO [ʃiitake] ETY Mot jap.

**Shiji** vaste compilation (130 vol.) de la fin du II$^{e}$ s. av. J.-C., due à Sima Qian, historien officiel de l'empereur de Chine. Ces *Mémoires historiques* (annales, chronologies, biographies, etc.) remontent aux débuts de la dynastie Qin (221 av. J.-C.). VAR **Cheki**

**Shijiazhuang** ville industr. de Chine ; ch.-l. de la prov. du Hebei ; 3 270 000 hab.

**Shijing** l'un des Jing, la prem. anthologie de la poésie chinoise. Composée au II$^{e}$ s. av. J.-C., elle regroupe plus de 300 poèmes, dont les plus anc. remontent au VI$^{e}$ s. av. J.-C. VAR **Che-king**

**Shikoku** la plus petite des quatre îles principales du Japon, au S. de Honshū ; 18 792 km$^2$ ; 4 227 000 hab. ; v. princ. *Matsuyama*. – L'île, montagneuse (alt. max. 1 982 m) et forestière, a un climat tempéré et tropical. La pop. se concentre dans les plaines côtières, vouées à une agriculture diversifiée. Pêche. Industries. VAR **Sikok**

**shilling** *nm* **1** Unité monétaire de divers pays (Ouganda, Kenya, Somalie, Tanzanie). **2** Anc. division de la livre sterling, correspondant à un vingtième de cette unité. PHO [ʃiliŋ] ETY Mot angl.

**Shillong** v. de l'Inde, cap. de l'État du Meghalaya (Assam), sur le *plateau de Shillong*, à 1 350 mètres d'alt. ; 130 000 hab.

**shilom** *nm* Petite pipe utilisée pour fumer du haschich. PHO [ʃilɔm] ETY Du persan.

**shimaoré** *nm* Langue parlée à Mayotte.

**Shimazaki Tōson** Shimazaki Haruki, dit (Nagano, 1872 – Ōiso, 1943), écrivain japonais ; poète, puis romancier naturaliste : *Forfaiture* (1906), *Avant l'aube* (1929-1935).

**Shimizu** v. et port de comm. du Japon, au S.-O. de Tōkyō (Honshū) ; 242 000 hab.

**shimmy** *nm* TECH Vibration ou flottement dans le train avant d'une automobile. PLUR shimmys ou shimmies. ETY Mot amér., altér. du fr. « chemise ».

**Shimonoseki** port du Japon (S.-O. de Honshū), sur le *détroit de Shimonoseki*, relié par tunnel à l'île de Kyūshū ; 290 000 hab. Centre industriel. – Traité de paix (1895) entre la Chine et le Japon, qui obtenait Taiwan ; la Corée devenait indépendante. VAR **Simonoseki**

**shingle** *nm* Matériau de couverture en feutre imprégné de bitume. PHO [ʃiŋgœl] ETY Mot angl.

**Shining** film fantastique de S. Kubrick (1979), d'après le roman de S. King (1976), avec J. Nicholson.

**Shinkansen** train japonais à grande vitesse qui parcourt Honshū du N. au S., desservant notam. Tōkyō, Ōsaka et Hiroshima.

**shinto** *nm* Religion officielle du Japon jusqu'en 1945. PHO [ʃinto] VAR **shintoïsme** DER **shintoïque** *a* – **shintoïste** *a, n*

**shipchandler** *nm* MAR Commerçant qui tient un magasin d'articles de marine. PHO [ʃipʃɑ̃dlœr] ETY Mot angl.

**Shiraoka** Jun (Niihama, 1944), photographe japonais ; installé en France en 1970.

**Shirley** James (Londres, 1596 – id., 1666), dramaturge anglais. Il prolonge le théâtre élisabéthain : *le Traître* (1631), *la Mondaine* (1635), *le Cardinal* (1641).

**shirting** *nm* Toile de coton utilisée dans la fabrication des chemises et de la lingerie. PHO [ʃœrtiŋ] ETY Mot angl. de *shirt*, « chemise ».

**shit** *nm* fam Haschisch. PHO [ʃit] ETY Mot angl.

**Shitao** (prov. du Guangxi, 1641 – v. 1720), peintre, calligraphe, poète et théoricien chinois ; prolifique et individualiste, il est l'auteur de *Propos sur la peinture*. VAR **Che-t'ao**

**shitzu** *nm* Petit chien à poil long, d'origine chinoise. PHO [ʃitzu] ETY Mot chin. VAR **shi-tzu**

**Shiva** → **Çiva.**

**shivaïsme** *nm* RELIG Ensemble des doctrines et groupes hindouistes selon lesquels le dieu Çiva est le dieu suprême. VAR **sivaïsme** DER **shivaïste** ou **sivaïste** *a, n*

**Shizuoka** v. du Japon, sur la côte S. de Honshū, au S.-O. de Tōkyō ; 700 000 hab. ; ch.-l. du ken du m. nom. Centre industriel.

**Shkodra** v. du N. de l'Albanie, sur le lac du m. nom (en partie monténégrin) ; 86 000 hab. ; ch.-l. du distr. du m. nom. Centre industriel. – La ville (*Scutari*) appartint à Venise au XV$^{e}$ s. VAR **Shkodër**

**Shlonsky** Abraham (Kremenchtoug, Ukraine, 1900 – Tel-Aviv, 1973), poète israélien : *Douleur* (1924), *Pierres brûlées* (1960), *le Livre des échelles* (1972).

**Shoah (la)** mot hébreu qui signifie « catastrophe » et s'applique à l'entreprise d'extermination des Juifs par les nazis.

**shochu** *nm* Alcool fort japonais, de riz ou de patate douce. PHO [ʃoʃu]

**shocking** *a inv* fam, vieilli Inconvenant. PHO [ʃɔkiŋ] ETY De l'angl. *to shock* « choquer ».

**Shockley** William Bradford (Londres, 1910 – Stanford, Californie, 1989), physicien américain. Sa participation à l'invention du transistor lui valut le P. Nobel 1956.

**shogun** *nm* HIST Chef militaire qui, sous l'autorité nominale de l'empereur, détint au Japon le pouvoir effectif de 1192 à 1868. PHO [ʃɔgun] VAR **shogoun** DER **shogunal** ou **shogounal, ale, aux** *a*

**Sholāpur** v. de l'Inde (Mahārāshtra), dans le Dekkan ; 1 million d'hab. (aggl.). Studios de cinéma.

**shona** *nm* Langue bantoue parlée au Zimbabwe et au Mozambique.

**Shonas** pop. bantoue du Zimbabwe, du Mozambique et du Botswana ; 10 millions de personnes VAR **Chona** DER **shona** ou **chona** *a*

**shooter** *v* [1] **A** *vi* **1** Au football, donner un coup de pied dans le ballon pour dégager ou pour marquer. SYN tirer. **2** fam Prendre des photos en rafales. **B** *vt* fam Prendre en photo. **C** *vpr* **1** fam S'injecter des stupéfiants. **2** fig, fam Se stimuler comme avec une drogue. PHO [ʃute] ETY De l'angl. DER **shoot** *nm*

**shopping** *nm* Action de courir les magasins pour comparer, choisir et faire des achats. (PHO) [ʃɔpiŋ] (ETY) Mot angl.

**short** *nm* Culotte courte portée pour le sport, en vacances, etc. (PHO) [ʃɔʀt] (ETY) De l'angl.

**short-track** *nm* Patinage de vitesse sur piste courte (111 m). (ETY) Mot angl.

**shorty** *nm* Sous-vêtement féminin, culotte qui couvre les fesses et remonte sur les hanches. (PHO) [ʃɔʀti] (ETY) Mot angl.

**shosha** *nf* Société de commerce japonaise. (PHO) [ʃoʃa] (ETY) Mot jap. (VAR) **sogo-shosha**

**Shoshones** Amérindiens des É.-U. (Nevada, Utah, etc.) de langue aztèque. (DER) **shoshone** *a*

**Shotoku Taishi** (573 – 622), nom posth. du prince Umayado. Neveu de l'impératrice Suiko, il gouverna le Japon de 600 à 622. Son édit de 604 répandit les sanctuaires bouddhiques et l'influence de la culture chinoise.

**show** *nm* Spectacle de variétés. (PHO) [ʃo] (ETY) Mot angl.

**Showa Tenno** nom posth. de l'empereur Hirohito.

**show-business** *nm inv* Industrie du spectacle. (PHO) [ʃobiznɛs] (ETY) De l'angl. (VAR) **showbizness, showbiz** *nm*

**showman** *nm* Artiste particulièrement inspiré dans les spectacles live. (PHO) [ʃoman] (ETY) Mot angl.

**showroom** *nm* Local dans lequel un industriel ou un commerçant expose sa production. (PHO) [ʃoʀum] (ETY) Mot angl.

**shoyu** *nm* Sauce de soja utilisée dans la cuisine japonaise. (PHO) [ʃoju] (ETY) Mot jap.

**shrapnel** *nm* Obus portant une charge de balles. (ETY) D'un n. pr. (VAR) **schrapnell** *nm*

**Shreveport** v. industr. des É.-U. (Louisiane), sur la Red River ; 198 500 hab.

**Shrewsbury** ville de G.-B., sur la Severn ; 59 830 hab. Égl. XIVe s. et XIIIe-XVe s.

**Shropshire** comté de Grande-Bretagne ; 3 490 km² ; 401 600 hab. ; ch.-l. *Shrewsbury.*

**shtetel** *nm* Bourgade juive d'Europe centrale et orientale, avant l'Holocauste. (PHO) [ʃtetɛl] (ETY) Du yiddish *stot*, « ville ».

**shudra** *n* Dans l'hindouisme, membre de la caste des artisans et des serviteurs. (PHO) [ʃudʀa] (ETY) Mot sanskrit. (VAR) **sudra**

**Shujing** (« le Classique des documents »), l'un des jing, recueil de discours, édits, exhortations, etc., consignés sur ordre de souverains ou de dignitaires entre le XIe s. et 625 av. J.-C. Détruit en 213 av. J.-C., reconstitué à l'époque des Han, en 179-157 av. J.-C., il exerça une immense influence. (VAR) **Chou-king**

**shunt** *nm* **1** ELECTR Résistance placée en dérivation entre les bornes d'une portion de circuit afin de réduire le courant. **2** MED Communication entre deux cavités cardiaques ou deux vaisseaux dont l'un contient du sang veineux et l'autre du sang artériel. (PHO) [ʃœt] (ETY) Mot angl.

**shunter** *vt* ① ELECTR Munir d'un shunt. (PHO) [ʃœte] (DER) **shuntage** *nm*

**Shylock** personnage central du *Marchand de Venise*, de Shakespeare (1596), usurier juif impitoyable finalement berné, auquel l'auteur a donné une grandeur pathétique insolite.

**1 si** *conj, nm inv* (Si s'élide en s' devant *il, ils*) **A** *conj* **1** Introduit une proposition subordonnée conditionnelle indiquant le caractère réalisable ou irréalisable de la condition. *Si j'étais en vacances, j'irais me baigner. Si la nuit avait été plus claire, on l'aurait vu s'enfuir.* **2** Dans une phrase exclamative, exprime une hypothèse dont la conclusion est sous-entendue. *Et s'il t'arrive un accident !* **3** fam Combien, comme. *Vous pensez s'ils étaient contents !* **4** Chaque fois que. *Si le matin je reçois une lettre, je suis de bonne humeur pour la journée.* **5** Bien que. *Si mes dépenses ne changent pas, mes ressources, elles, diminuent.* **6** Introduit une proposition complétive ou une interrogative indirecte. *Excusez-moi si je vous dérange. Je verrai si ce que tu dis est vrai.* **B** *nm inv* Supposition. *Assez de si et de mais.* **LOC** ***Si ce n'est*** : excepté. — ***Si ce n'est que*** : sauf que. — ***Si tant est que*** (+ subj.) : en admettant que. (ETY) Du lat. *si.*

**2 si** *av* **1** Exprime l'affirmation en réponse à une phrase négative. *Il n'était pas là hier. Si, je l'ai vu.* **2** Tellement. *C'est si triste !* **3** Aussi. *N'avoir jamais rien vu de si beau.* **LOC** ***Si bien que*** : de sorte que. — ***Si... que*** : introduit une proposition concessive. *Si petit qu'il soit.* (ETY) Du lat. *sic.*

**3 si** *nm inv* Septième note de la gamme d'*ut* ; signe qui la représente.

**Si** CHIM Symbole du silicium.

**SI** Sigle de *Système international d'unités.*

**sial** *nm* GEOL Ancien nom de la croûte continentale. (ETY) De *silicium* et *aluminium.* (DER) **sialique** *a*

**Sialkot** ville du N. du Pākistān (Pendjab) ; 296 000 hab. Métallurgie.

**sialorrhée** *nf* MED Exagération de la sécrétion salivaire. (ETY) Du gr.

**Siam** → **Thaïlande.**

**siamang** *nm* Grand singe arboricole d'Indo-Malaisie, proche du gibbon. (PHO) [sjamɑ̃g] (ETY) Mot malais.

**siamois, oise** *a, n* **1** Du Siam. **2** Se dit d'un chat aux yeux bleus et au pelage beige et brun. **3** Se dit de jumeaux, de jumelles attachés l'un à l'autre par une partie du corps. ▶ pl. **chats**

**Sian** → **Xian.**

**Sibelius Jean** (Hämeenlinna, 1865 – Järvenpää, 1957), compositeur finlandais, fidèle à l'inspiration finnoise : *Kuolema* (mus. de scène qui comprend la *Valse triste*), *Finlandia* (légende symphonique, 1899), sept symphonies.

**Sibérie** vaste rég. située en Russie, entre l'Oural, l'Arctique, le Pacifique et, au sud, entre le Kazakhstan, la Mongolie et la Chine ; 12 765 000 km² ; env. 30 millions d'hab. Les rég. bordières du Pacifique et du fleuve Amour sont parfois exclues de la Sibérie. (DER) **sibérien, enne** *a, n*
**Géographie** La *Sibérie occidentale* (entre l'Oural et l'Ienisseï) est une vaste plaine, souvent marécageuse, drainée par l'Ob et ses affl. La *Sibérie centrale* (entre l'Ienisseï et la Lena) est un immense plateau faillé. En *Sibérie orientale*, des chaînes récentes (4 850 m au Kamtchatka) se développent jusqu'au Pacifique. De longs hivers (janv. : – 15 à – 40 °C) sont coupés de brefs étés (juil. : 10 à 20 °C) ; le sol est presque gelé en permanence (merzlota). À la toundra, au N., succède la taïga (énorme réserve de bois) puis la steppe. L'agriculture (céréales, élevage) n'est pratiquée que dans le S.-O. La pop. russe a submergé les peuples turco-mongols. Le sous-sol recèle d'immenses richesses : houille (exploitée surtout dans le Kouzbass), fer, métaux non ferreux, or, diamants, hydrocarbures. Le potentiel hydroél. est colossal. Quelques centres industr. ont été installés (à Novossibirsk, notam.). Le climat rude et les mauvaises communications freinant l'exploitation des richesses, le gouvernement attend beaucoup de l'aide extérieure (É.-U et Japon, notam.).
**Histoire** Occupée dès le paléolithique (Sibérie méridionale), habitée vers l'ère chrétienne par des peuples nomades turco-mongols, la Sibérie s'ouvrit à la colonisation russe au XVIe s. ; le Kamtchatka fut atteint v. 1650. À partir du XVIIIe s., les déportés formèrent une importante main-d'œuvre. Le Transsibérien, édifié de 1891 à 1916, favorisa la colonisation. L'ère stalinienne a multiplié les goulags, dont les prisonniers ont été employés sur tous les grands chantiers.

**Sibérie orientale (mer de)** partie de l'océan Arctique située au N. de la *Sibérie orientale* (dite *Nouvelle-Sibérie*).

**sibilant, ante** *a* MED Se dit d'un râle bronchique sifflant entendu à l'auscultation lors d'une crise d'asthme. (ETY) Du lat.

**Sibiu** v. de Roumanie, en Transylvanie ; 173 120 hab. ; ch.-l. du distr. du m. nom. Centre industriel et commercial. – Égl. XIVe s.

**sibylle** *nf* ANTIQ Femme qui passait pour avoir reçu d'Apollon le don de prédire l'avenir. (ETY) Du gr.

**sibyllin, ine** *a* **1** didac D'une sibylle. **2** litt, plaisant Obscur comme les prophéties des sibylles. *S'exprimer en termes sibyllins.* **LOC** ANTIQ ROM ***Livres sibyllins*** : recueils d'oracles attribués à la sibylle de Cumes.

**sic** *av* Se met entre parenthèses à la suite d'un passage ou d'un mot pour indiquer qu'il a été cité textuellement, quelles que soient les erreurs ou les bizarreries qu'il contient. (PHO) [sik] (ETY) Mot lat. « ainsi ».

**sicaire** *nm* litt Assassin à gages.

**Sicambres** peuple germanique, installé au S. de la Lippe, soumis par les Romains (8 apr. J.-C.), puis intégré aux Francs. (DER) **sicambre** *a*

**Sicanes** peuple qui, dans des temps reculés, occupait le S. et l'O. de la Sicile. (V. Sicules.) (DER) **sicane** *a*

**sicav** *nf inv* **1** FIN Société qui gère collectivement un portefeuille de valeurs mobilières et dont le capital varie suivant les souscriptions et les retraits. **2** Valeur mobilière constitutive de cette société. *Acheter des sicav.* (ETY) Acronyme pour *société d'investissement à capital variable.* (VAR) **SICAV**

**siccatif, ive** *a, nm* TECH Se dit d'une substance qui facilite le séchage d'une peinture, d'un vernis. **LOC** CHIM ***Huile siccative*** : qui se polymérise rapidement à l'air et durcit très vite. (ETY) Du lat.

**siccité** *nf* État de ce qui est sec. (PHO) [siksite]

**Sichem** → **Naplouse.**

**Sichuan** prov. de la Chine centrale ; 569 000 km² ; 101 880 000 hab. (la prov. la plus peuplée de Chine) ; cap. *Chengdu.* – L'O. est occupé par des montagnes culminant à 7 590 mètres dans les *Alpes du Sichuan.* La pop. se concentre dans la plaine orientale (le *Bassin rouge*), fertile (cult. du riz, surtout) et qui recèle de la houille, du pétrole et des minerais. Les industries sont implantées à Chengdu et à Chongqing (situé sur le Yangzijiang). (VAR) **Setchouan** (DER) **sichuanais** ou **setchouanais, aise** *a, n*

**Sicié (cap)** cap de Provence (Var), sur la Méditerranée, à 10 km au S.-O. de Toulon.

**Sicile** la plus vaste et la plus peuplée des îles de la Méditerranée, séparée de la péninsule italienne par le détroit de Messine ; région d'Italie et de l'UE, formée de neuf prov. : Agrigente, Caltanissetta, Catane, Enna, Messine, Palerme, Raguse, Syracuse et Trapani ; 25 708 km² ; 5 141 340 hab. ; cap. *Palerme.* (DER) **sicilien, enne** *a, n*
**Géographie** Montagneuse et volcanique au N. et au N.-E. (Etna : 3 295 m), comprenant des collines au centre et au S.-O., la Sicile n'a qu'une grande plaine à l'E., autour de Catane. Le climat méditerranéen, aux étés longs et secs, est plus aride au S. La pop. se concentre sur les littoraux : polyculture irriguée, viticulture (Marsala), pêche. À l'intérieur, elle reste très rurale ; céréales, moutons, olives, amandes. La potasse (Agrigente), le pétrole (Gela et Raguse), quelques complexes industriels, l'essor du tourisme et les aides de la CEE (puis UE) ont freiné l'émigration séculaire.

**Histoire** L'O. fut colonisé par Carthage, puis l'E. (« grenier à blé ») reçut des colons grecs à partir de 700 av. J.-C. Syracuse devint la cité la plus importante (dès le VII$^e$ s. av. J.-C.). Les diverses cités (qui, avec celles d'Italie du Sud, formaient la Grande-Grèce) se firent une guerre continuelle et la plupart eurent à leur tête des tyrans. L'apogée de la Sicile grecque se situe au V$^e$ s. av. J.-C. ; en 414-413, Syracuse écrasa l'expédition athénienne et domina l'île. Enjeu de la première guerre punique, la Sicile devint une prov. romaine (241 av. J.-C.), définitivement soumise en 212 av. J.-C. Son blé nourrit Rome. Après la chute de l'Empire romain, la Sicile fut envahie par les Vandales (439 apr. J.-C.), puis par les Ostrogoths (491). Conquise par le général byzantin Bélisaire (535), rattachée à l'empire d'Orient, l'île subit dès le VII$^e$ s. les incursions des Arabes, qui la conquirent au IX$^e$ s. (à l'exception du N.-E.).

**LE ROYAUME DE SICILE** Les Normands conquirent l'île entre 1061 et 1091. Leur royaume passa aux Hohenstaufen (1194-1266), puis à la maison d'Anjou, enfin, après la révolte des Vêpres siciliennes, à la maison d'Aragon (1282), qui fonda en 1442 le royaume des Deux-Siciles. (V. aussi Naples.) Après avoir été successivement espagnole, savoyarde, autrichienne, la Sicile échut aux Bourbons de Naples en 1734.

**LA SICILE ITALIENNE** Conquise par les troupes de Garibaldi en 1860, elle vota son rattachement au Piémont. Elle reçut en 1948 un statut d'autonomie régionale. La Sicile pose le problème permanent de sa pauvreté et des agissements de la Mafia.

**Siciles (Deux-)** → **Deux-Siciles.**

**sicilien, enne** *n* **A** *nm* Dialecte italien parlé en Sicile. **B** *nf* Danse pastorale, sur une mesure à six-huit ; air sur lequel elle se dansait.

**sicle** *nm* Unité de poids (6 grammes) et monnaie d'argent des Hébreux de l'Antiquité. [ETY] De l'hébreu *cheqel,* « monnaie ».

**Sicules** peuple qui, venu de la péninsule italique, occupa la Sicile avant 1000 av. J.-C. (On ne sait s'ils y supplantèrent les Sicanes ou s'il s'agit du même peuple.) [DER] **sicule** *a*

**Sicyone** v. de la Grèce anc. (Péloponnèse), près de Corinthe. Ruines.

**sida** *nm* MED Syndrome constitué par une ou plusieurs maladies révélant un déficit immunitaire de l'organisme, dû à un agent viral transmissible. [ETY] Acronyme pour *syndrome d'immunodéficience acquise.* [DER] **sidéen, enne** *a, n* ▶ illustr. **virus**

ENC S'attaquant à certains leucocytes dont il utilise des fragments d'A.D.N. pour se reproduire, le virus du sida (virus de l'immunodéficience humaine : V.I.H.) provoque un effondrement des défenses immunitaires qui rend l'organisme incapable de se défendre contre les infections. Il est transmissible soit au cours de rapports sexuels (d'où l'intérêt de l'emploi des préservatifs), soit par voie sanguine : lors d'une transfusion si le sang transfusé en contient, ou du fait de l'usage d'une seringue infectée (toxicomanes, notam.). On connaît deux types de virus du sida : le V.I.H.$_1$, découvert en 1983, responsable d'une pandémie, et le V.I.H.$_2$, prédominant en Afrique de l'Ouest et également décrit en Inde. Il existe de nombreux autres mutants du V.I.H., encore mal connus, mais tous sont activement étudiés. On distingue deux groupes de sujets porteurs de V.I.H. : les séropositifs, portant le virus et des anticorps anti-V.I.H., qui ne sont pas malades mais qui sont contagieux ; les sidéens, porteurs du V.I.H., qui sont malades et contagieux. Auj., le traitement du sida par la trithérapie permet de lutter plus ou moins efficacement contre cette maladie, en attendant la mise au point d'un vaccin.

**Siddharta Gautama** nom original du Bouddha.

**side-car** *nm* Nacelle à roue, qui se fixe sur le côté d'une motocyclette ; ensemble formé par la motocyclette et la nacelle. PLUR side-cars. [PHO] [sajdkaʀ] ou [sidkaʀ] [ETY] Mot angl. [VAR] **sidecar**

**side-cariste** *a, n* **A** *a* Qui concerne la pratique du side-car. **B** *n* Conducteur ou équipier de side-car. PLUR side-caristes. [VAR] **sidecariste**

**1 sidér(o)-** Élément, du lat. *sidus, sideris,* « astre ».

**2 sidér(o)-** Élément, du gr. *sidêros,* « fer ».

**sidéral, ale** *a* litt Qui a rapport aux astres. PLUR sidéraux. **LOC** ASTRO ***Révolution sidérale d'une planète :*** mouvement de cette planète entre ses deux passages consécutifs au point vernal, supposé fixe ; durée de ce mouvement.

**sidération** *nf* MED Anéantissement subit des fonctions vitales, avec arrêt respiratoire, produit par certains chocs.

**sidérer** *vt* [14] fam Stupéfier, étonner fortement. [ETY] Du lat. *sideraei,* « subir l'influence néfaste des astres ». [DER] **sidérant, ante** *a*

**sidérite** *nf* MINER Carbonate naturel de fer ($FeCO_3$). SYN sidérose.

**sidérolithique** *a* GEOL Se dit des terrains tertiaires riches en minerai de fer.

**sidérophile** *a* ECOL Se dit d'un végétal qui pousse sur les terrains riches en fer.

**sidérose** *nf* **1** MED Pneumoconiose due à l'inhalation prolongée de poussières de fer. **2** MINER Syn. de *sidérite.*

**sidérostat** *nm* ASTRO Appareil à miroir mobile qui annule le mouvement apparent d'un astre et qui permet l'observation de cet astre avec un instrument à poste fixe.

**sidéroxylon** *nm* BOT Arbre tropical (sapotacée) au bois très dur, appelé *bois de fer.*

**sidérurgie** *nf* Métallurgie du fer et de ses alliages. [DER] **sidérurgique** *a* – **sidérurgiste** *n*

**Sidi-bel-Abbès** v. d'Algérie, au S. d'Oran, dans une plaine fertile ; ch.-l. de la wilaya du m. nom ; 156 140 hab. – Base de la Légion étrangère française de 1843 à 1962.

**Sidi-Brahim** localité d'Algérie, près du Maroc, où des chasseurs et hussards français affrontèrent les cavaliers d'Abd el-Kader les 23, 24 et 25 sept. 1845. – Vin.

**Sidi-Ferruch** (auj. *Sîdi-Fredj*), localité d'Algérie, à l'ouest d'Alger. L'armée française y débarqua le 14 juin 1830.

**Sidi-Kacem** (anc. *Petitjean*), v. du Maroc, en bordure du Gharb ; 55 830 hab.

**Sidney sir Philip** (Penshurst, 1554 – Arnhem, 1586), diplomate et écrivain anglais : *Arcadia* (1590), roman pastoral.

**Sidobre** plateau du Massif central, dans le Tarn. Chaos granitiques.

**Sidoine Apollinaire (saint)** (Lyon, v. 431 – Clermont-Ferrand, v. 487), écrivain latin, évêque de Clermont qui défendit l'Auvergne contre les Wisigoths : *Lettres,* qui nous renseignent sur la Gaule du V$^e$ s. ; poèmes.

**sidologue** *n* Spécialiste du sida.

**Sidon** (auj. *Ṣayda* au Liban), v. de Phénicie, port prospère aux II$^e$ et I$^{er}$ millénaires av. J.-C. On y découvrit en 1856 une nécropole contenant de nombr. tombes royales.

**siècle** *nm* **1** Durée de cent ans. **2** Durée de cent ans comptée à partir d'un moment arbitrairement choisi. *Le III$^e$ siècle après Jésus-Christ.* **3** Période historique marquée par tel évènement, tel personnage. *Le siècle des Lumières. Le siècle de Louis XIV.* **4** fam Très longue période. **5** RELIG Vie dans le monde, par oppos. à vie religieuse. [ETY] Du lat.

**Siècle de Louis XIV (le)** essai historique de Voltaire (1752).

**sied** → **seoir.**

**Sieff Jean-Loup** (Paris, 1933 – id., 2000), photographe français : portraits.

**Siegbahn Manne** (Örebro, 1886 – Stockholm, 1978), physicien suédois : travaux sur les rayons X. Prix Nobel 1924. — **Kai** (Lund, 1918 – Ängelholm, Suède, 2007), physicien, fils du préc. Il utilisa la rapidité à des fins d'analyse chimique. Prix Nobel 1981.

**siège** *nm* **1** Meuble fait pour s'asseoir ; partie de ce meuble sur laquelle on s'assied. **2** Place occupée dans une assemblée d'élus ; fonction de celui qui occupe cette place. *Parti qui gagne trois sièges.* **3** Fesses. *Bain de siège.* **4** Lieu où réside une autorité. *Siège d'un tribunal, d'un parti.* **5** Place où s'assoit le juge pour rendre la justice. **6** RELIG Dignité de pontife, d'évêque. *Siège pontifical, épiscopal.* **7** fig Endroit d'où part, où se fait sentir un phénomène. *Le siège d'une douleur.* **8** Opération militaire visant à prendre une place forte. *Lever le siège.* **9** OBSTETR Présentation du fœtus par les fesses lors de l'accouchement. **LOC** ***État de siège :*** régime exceptionnel sous lequel l'autorité militaire maintient l'ordre. — ***Faire le siège de qqn :*** s'imposer à lui avec insistance pour obtenir qqch. — ***Siège social :*** domicile légal d'une société. [ETY] Du lat.

**Siegen** v. d'Allemagne (Rhénanie-du-Nord-Westphalie) ; 107 420 hab. Sidérurgie. – Université.

**siéger** *vi* [15] **1** Tenir séance. *Le Parlement siège jusqu'au 14.* **2** Avoir un siège dans une assemblée. **3** Avoir pour lieu de réunion, de séance. **4** Se produire, se localiser. *La douleur siège à cet endroit.*

**Siegfried (ligne)** nom donné au système fortifié allemand, édifié de 1937 à 1940 entre la Suisse (au niveau de Bâle) et Clèves.

**Siegfried André** (Le Havre, 1875 – Paris, 1959), économiste et sociologue français : *Tableau politique de la France de l'Ouest* (1913). Acad. fr. (1944).

**Siegfried** héros de la myth. germanique. Il terrasse un dragon et se trempe dans le sang du monstre, ce qui le rend invulnérable, mais une zone de son corps échappe à cette protection. (V. Nibelungen.)

**Sie Ho** → **Xie He.**

**siemens** *nm* PHYS Unité SI de conductance électrique, inverse de l'ohm. SYMB S. [PHO] [simens] ou [sjemɛns] [ETY] Du n. pr. [VAR] **siémens**

**Siemens Werner von** (Lenthe, près de Hanovre, 1816 – Berlin, 1892), ingénieur allemand, pionnier de l'électrotechnique. En 1847, il fonda la *société Siemens.*

**Siem Reap** ville du Cambodge (150 000 hab.). Aéroport internat. donnant accès au site d'Angkor. Musée d'art khmer.

**sien, sienne** *a poss, pr poss, nm pl* **A** *a* litt Qui est à lui, à elle. *Un sien cousin. Faire siennes les opinions de qqn.* **B** *pr* Celui, celle qui lui appartient. *Tu vois cette maison ? C'est la sienne.* **C** *nm pl* Les membres de sa famille, ses amis. **LOC** fam ***Faire des siennes :*** des sottises. — ***Y mettre du sien :*** faire des efforts. [ETY] Du lat.

**Sienkiewicz Henryk** (Wola Okrzejska, 1846 – Vevey, 1916), auteur polonais de romans historiques : *Quo vadis ?* (1895), *les Chevaliers Teutoniques* (1897-1900). P. Nobel 1905.

**Sienne** (en ital. *Siena*), v. d'Italie (Toscane) ; 61 890 hab. ; ch.-l. de la prov. du m. nom. Centre comm. (chianti). Tourisme. – Archevêché. Cath. (XII$^e$-XIV$^e$ s.). Palais public (XIV$^e$ s.). Baptistère (XIV$^e$ s.). Égl. (XIII$^e$-XIV$^e$ s.). Piazza del Campo où se déroule une course de chevaux annuelle, dite *Palio,* qui oppose les quartiers de la cité. Pinacothèque. – Sienne fut une cité importante à partir du (XII$^e$ s.) et un grand centre bancaire au (XIII$^e$ s.). En déclin après 1348 (peste noire), elle fut annexée par Florence en 1555. – L'école siennoise de peinture brilla au

XIV^e s. (Duccio, S. Martini, A. et P. Lorenzetti). DER **siennois, oise** *a, n*

**Sienne** piazza del Campo

**Sierpiński Wacław** (Varsovie, 1882 – id., 1969), mathématicien polonais : travaux sur la théorie des ensembles, la topologie, etc.

**sierra** *nf* Chaîne de montagnes, dans les pays de langue espagnole. ETY Mot lat.

**Sierra Leone (république de)** État de l'Afrique occidentale, sur l'océan Atlantique ; 71 740 km$^2$ ; 6,5 millions d'hab. ; accroissement naturel : 2,3 % par an ; cap. *Freetown*. Nature de l'État : rép. membre du Commonwealth. Langue off. : anglais. Monnaie : leone. Population : Mendés (34,6 %), Timnés (31,7 %), Limbas (8,3 %). Relig. : islam sunnite (60,1 %), relig. traditionnelles (29,9 %) et christianisme (10 %). DER **sierra-léonais, aise** *a, n*
**Géographie** Des plateaux et des hauteurs aux formes lourdes (1 945 m aux monts Loma) dominent une plaine littorale échancrée de profonds estuaires et bordée de mangrove. La forêt dense, due à un climat tropical très humide, a reculé devant les cultures vivrières (riz, manioc) et d'exportation (café, cacao). La pop. est rurale à plus de 59 %. Le pays exporte surtout des produits miniers : rutile, diamants, bauxite, or. L'économie, affaiblie par la corruption et les conflits, se redresse difficilement.
**Histoire** Reconnue au XV^e s. par les Portugais, la région côtière fut un centre de la traite des esclaves ; achetée en 1787 par une société britannique antiesclavagiste, elle accueillit d'anciens esclaves, puis devint (1808) une colonie britannique. La G.-B. soumit l'intérieur et en fit un protectorat en 1896. Réunis, la colonie et le protectorat accédèrent à l'indépendance (1961) dans le cadre du Commonwealth. Siaka Stevens, président de la République de 1971 à 1985, instaura un parti unique, avant d'être remplacé par le général Momoh, lui-même renversé par une junte que dirigeait Valentine Strasser (1992-1996). En 1996, un civil, Ahmad Tejan Kabbah, est élu président de la Rép., mais il est renversé en 1997. Immédiate, l'intervention milit. du Nigeria est un échec. L'armée des États de l'Afrique de l'Ouest occupe Freetown en 1998 et rétablit Kabbah. En 1999, celui-ci signe un accord fragile avec la rébellion. En 2000, la guerre a repris. En 2002, un accord est conclu avec les rebelles. A.T. Kabbah est réélu président de la République. Le leader de l'opposition, Ernest Bai Koroma, est élu prés. en 2007, réélu en 2012. ▶ carte **Guinée**

**sieste** *nf* Repos pris après le repas de midi. ETY Du lat.

**sieur** *nm* DR Monsieur. *Le sieur X.* PHO [sjœʀ]

**sievert** *nm* PHYS Unité SI équivalant à 100 rems. SYMB Sv. PHO [sivɛʀt] ETY Du n. pr.

**Sieyès Emmanuel Joseph** (Fréjus, 1748 – Paris, 1836), homme politique français. Prêtre, il résuma dans *Qu'est-ce que le tiers état ?* (1789) les aspirations du tiers, dont il fut député aux états généraux. Membre du Directoire en 1799, il soutint Bonaparte dans le coup d'État du 18 Brumaire et devint consul provisoire. Il dut s'exiler de 1816 à 1830. Acad. fr. (1803).

**sifflant, ante** *a, nf* **A** *a* Qui produit un sifflement. **B** PHON Se dit d'une consonne fricative caractérisée par un sifflement, telle que [s] ou [z].

**siffler** *v* ① **A** *vi* **1** Produire un son aigu, en chassant l'air par une ouverture étroite (dents, lèvres, sifflet, appeau, etc.). **2** Produire un son aigu, pour des animaux (merle, serpent) ou des choses (balles, vent). **B** *vt* **1** Moduler un air en sifflant. *Siffler une rengaine.* **2** Appeler en sifflant. **3** Conspuer, huer par des sifflets. *Siffler un acteur.* **4** Indiquer par un coup de sifflet. *L'arbitre a sifflé la fin du match.* **5** fam Avaler d'un trait. *Siffler un verre.* ETY Du lat. DER **sifflement** *nm* – **siffleur, euse** *a, n*

**sifflet** *nm* **1** Petit instrument formé d'un étroit canal terminé par une embouchure taillée en biseau, avec lequel on siffle. *Sifflet d'agent de police.* **2** Marque de désapprobation faite en sifflant. *Acteur accueilli par des sifflets.* LOC ***En sifflet*** : en biseau.

**siffleux** *nm* Canada Marmotte.

**siffloter** *vi, vt* ① Siffler doucement ou distraitement. DER **sifflotement** *nm*

**sifilet** *nm* Paradisier de Nouvelle-Guinée, dont le mâle porte sur la tête six longues plumes fixes. ETY De *six* et *filet*.

**Sig (oued)** cours d'eau de l'Algérie occidentale (220 km), qui se perd dans la *plaine du Sig*, vouée aux cultures (céréales, vigne, olivier) et dont le centre princ. est *Sig*.

**Sigebert** nom de trois rois d'Austrasie. — **Sigebert I^er** (?, 535 – Vitry-en-Artois, 575), roi d'Austrasie de 561 à 575 ; fils de Clotaire I^er et époux (556) de Brunehaut. Frédégonde le fit assassiner. — **Sigebert II** (vers 601 – 613), roi d'Austrasie en 613 ; livré par ses vassaux à Clotaire II, qui le fit tuer. — **Sigebert III** (630-631 – 656), roi d'Austrasie de 634 à 656 ; fils de Dagobert I^er. Son maire du palais, Grimoald, régna.

**Sigebert de Gembloux** (?, v. 1030 – Gembloux, 1112), bénédictin brabançon, auteur d'une chronique qui concerne la période 380-1110.

**Siger de Brabant** (?, v. 1235 – Orvieto, 1281 ou 1284), théologien brabançon ; professeur à l'université de Paris. Il polémiqua avec Thomas d'Aquin (*De æternitate mundi*).

**sigillaire** *a, nf* **A** *a* didac Relatif aux sceaux. **B** *nf* PALEONT Arbre fossile du carbonifère, dont le tronc porte des marques régulières (insertions foliaires). PHO [siʒilɛʀ] ETY Du lat.

**sigillé, ée** *a* didac Marqué d'un sceau. LOC ***Vase sigillé*** : décoré de marques et de poinçons.

**sigillographie** *nf* didac Science de la description et de l'interprétation des sceaux. DER **sigillographique** *a*

**sigisbée** *nm* plaisant Chevalier servant. ETY De l'ital.

**Sigismond (saint)** (m. près d'Orléans en 523), roi des Burgondes (516-523). Vaincu par les fils de Clovis, il fut mis à mort sur ordre de Clodomir.

**Sigismond de Luxembourg** (Nuremberg, 1368 – Znaïm, auj. Znojmo, 1437), roi de Hongrie (1387-1437) par son mariage avec la reine Marie, roi des Romains (1411-1433), empereur germanique (1433-1437) et roi de Bohême (1419-1437) ; fils de l'empereur Charles IV. À la tête d'une croisade contre les Turcs, il fut battu à Nicopolis (1396). Il mit fin au schisme d'Occident (concile de Constance, 1414). En Bohême, il se heurta aux hussites.

**Sigismond I^er** (Kozienice, 1467 – Cracovie, 1548), grand-duc de Lituanie et roi de Pologne (1506-1548) ; fils de Casimir IV. Il affermit le royaume face à ses voisins. — **Sigismond II Auguste Jagellon** (Cracovie, 1520 – Knyszyn, 1572), fils du préc. ; roi de Pologne et grand-duc de Lituanie (1548-1572), qu'il réunit (Union de Lublin, 1569). — **Sigismond III Vasa** (Stockholm, 1566 – Varsovie, 1632), roi de Pologne (1587-1632) et de Suède (1592-1599) ; fils de Jean III Vasa et de Catherine Jagellon. Les Suédois le déposèrent et lui enlevèrent Riga et la Livonie maritime (1621-1626).

**siglaison** *nf* didac Formation d'un sigle.

**sigle** *nm* Lettres initiales servant d'abréviation. *OMS* est le sigle de *Organisation mondiale de la santé*. ETY Du lat.

**siglé, ée** *a* Qui est marqué d'un sigle faisant office d'ornement. *Un sac siglé.*

**sigma** *nm* **1** Dix-huitième lettre de l'alphabet grec (Σ, σ, ς), correspondant à *s*. **2** PHYS NUCL Particule de la famille des hypérons.

**Sigmaringen** v. d'Allemagne (Bade-Wurtemberg), sur le Danube ; 15 230 hab. – Cap. de l'anc. principauté de Hohenzollern. De sept. 1944 à avr. 1945, résidence du gouvernement de Vichy.

**sigmoïde** *a, nm* **A** *a* ANAT Qui a la forme d'un sigma majuscule (Σ). **B** *a, nm* Se dit de la portion iliopelvienne du côlon, en amont du rectum. LOC ***Valvules sigmoïdes*** : situées à l'entrée de l'aorte et de l'artère pulmonaire.

**Signac Paul** (Paris, 1863 – id., 1935), peintre français ; théoricien du divisionnisme, cofondateur du Salon des indépendants.

**signal** *nm* **1** Signe convenu utilisé pour servir d'avertissement, pour provoquer un certain comportement, pour transmettre une information. *Au signal, tout le monde se leva. Signal optique, sonore.* **2** Fait qui annonce une chose ou la détermine, qui marque le début d'un processus. *La prise de la Bastille fut le signal de la Révolution.* **3** PSYCHO Signe qui sert d'avertissement et déclenche une conduite. *L'enfant qui accourt quand il entend la voix de sa mère réagit à un signal.* **4** Construction utilisée en géodésie, marquant l'emplacement d'un point trigonométrique et visible de loin. **5** TECH Forme physique d'une information véhiculée dans un système ; cette information. PLUR signaux. LOC ***Donner le signal de*** : déclencher. ETY Du lat.

**signalé, ée** *a* litt Remarquable, très important. *Un signalé service.*

**signalement** *nm* **1** Description des caractères physiques de qqn, établie pour le faire reconnaître. **2** Action de signaler qqch d'anormal. *Le signalement d'un fait délectueux.*

**signaler** *v* ① **A** *vt* **1** Annoncer par un signal. *Sonnerie qui signale l'arrivée du train.* **2** Appeler l'attention sur, faire remarquer. *On m'a signalé cette particularité.* **3** Mentionner, désigner. *Signaler les références d'une citation.* **B** *vpr* Se faire remarquer en bien ou en mal par sa conduite, ses actions.

**signalétique** *a, nf* **A** *a* didac Qui donne un signalement. **B** *nf* **1** Ensemble des moyens de signalisation équipant un lieu. *La signalétique d'un musée.* **2** Ensemble de pictogrammes catégorisant les programmes télévisés. **3** Partie de la sémiotique qui étudie les signaux. LOC ***Bulletin signalétique*** : qui indique des références bibliographiques, documentaires.

**signaleur, euse** *n* Préposé à la signalisation, au signalement.

**signalisation** *nf* **1** Action d'utiliser des signaux. **2** Ensemble des signaux par lesquels la circulation est réglée sur les routes, les voies ferrées, aux abords des ports, etc. ; leur disposition. *Signalisation routière.* DER **signaliser** *vt* ①

**signataire** *n* Personne qui a signé un acte, un écrit, etc.

**signature** *nf* **1** Nom d'une personne, écrit de sa main sous une forme qui lui est particulière et constante, servant à affirmer la sincérité d'un écrit, l'authenticité d'un acte, d'une œuvre, etc. *Apposer sa signature en bas de page.* **2** fig Auteur important ou célèbre. *Les plus grandes signatures de la littérature.* **3** Action de signer. *La signature d'un* *traité, du courrier.* **4** didac Trace laissée par un objet ou un phénomène, et qui permet de l'identifier. *Signature acoustique d'un sous-marin. Signature spectrale d'un corps.* **5** IMPRIM Lettre ou numéro apposé sur chacune des feuilles d'un ouvrage, facilitant leur groupement en vue du brochage. **LOC** ***Signature électronique*** : procédure informatique destinée à authentifier un document numérique.

**signe** *nm* **1** Chose qui est l'indice d'une autre, qui la rappelle ou qui l'annonce. *La fièvre est le signe d'une infection.* **2** Ce qui permet de reconnaître, de distinguer. *Signe particulier.* **3** Geste, démonstration qui permet de faire connaître qqch à qqn. *Signes de dénégation.* **4** Tout objet ou phénomène qui symbolise autre chose que lui-même. *Signes verbaux et non verbaux.* **5** Ce qui est utilisé conventionnellement pour représenter, noter, indiquer. *Signes de ponctuation.* **6** LING Entité linguistique formée par l'association du signifié et du signifiant. **7** ASTROL Division du zodiaque. **LOC** ***Faire signe à qqn*** : prendre contact avec lui. — ***Ne pas donner signe de vie*** : sembler mort ; ne donner aucune nouvelle. — ***Signes extérieurs de richesse*** : biens visibles de qqn tels que propriétés immobilières, automobiles, yachts, etc. — ***Sous le signe de*** : sous les auspices, avec la marque de. ETY Du lat.

**signer** *v* ① **A** *vt* **1** Revêtir de sa signature. *Signer une lettre, un contrat.* **2** TECH Marquer une pièce d'orfèvrerie au poinçon, pour indiquer le titre légal. **3** Attester, reconnaître la paternité d'une œuvre en y apposant sa signature, son nom. *Signer un tableau.* **4** fam S'attacher par contrat un artiste, un chanteur. **B** *vpr* Faire le signe de la croix. **C** *vi* S'exprimer au moyen du langage des signes, en usage chez les personnes atteintes de surdité. ETY Du lat.

**signet** *nm* Repère qui sert à marquer une page d'un livre, un endroit dans un fichier informatique.

**signifiant, ante** *a, nm* **A** *a* Qui est chargé de sens. **B** *nm* LING Manifestation matérielle du signe (symbole graphique, image acoustique), par oppos. au *signifié* dont elle est le support.

**significatif, ive** *a* **1** Qui exprime nettement, précisément ; révélateur. *Faire un choix très significatif de son caractère.* **2** fam Important, marquant, mais non chiffré. *Il a fait des progrès significatifs.* **LOC** MATH ***Chiffre significatif*** : à prendre en compte dans une valeur approchée. DER **significativement** *av*

**signification** *nf* **1** Ce que signifie une chose, un signe, un mot. **2** LING Relation nécessaire qu'entretiennent le signifiant et le signifié. **3** DR Notification d'un acte, d'un jugement à qqn, par les voies légales.

**signifié** *nm* LING Contenu du signe, manifesté concrètement par le signifiant.

**signifier** *vt* ② **1** Être le signe de qqch. *Faire un geste qui signifie le mépris.* **2** Équivaloir à, devoir être considéré comme étant. *La liberté ne signifie pas l'anarchie.* **3** Avoir pour sens, vouloir dire. *Le mot latin « puer » signifie « garçon » en français.* **4** Notifier qqch à qqn de manière expresse ou par voie de droit. *Signifier son congé à qqn.* ETY Du lat.

**Signorelli** Luca, dit Luca da Cortona (Cortone, v. 1445-1450 – id., 1523), peintre italien : fresques de la cath. d'Orvieto (1499-1504) représentant *l'Apocalypse*.

**Signoret** Simone Kaminker, dite Simone (Wiesbaden, 1921 – Autheuil-Authouillet, Eure, 1985), actrice de cinéma française : *Dédée d'Anvers* (1948), *Casque d'or* (1952).

**Simone Signoret** (au centre) avec Serge Reggiani et Raymond Bussière, dans le film de Jacques Becker, *Casque d'or*, 1952

**Sigurd** héros scandinave assimilé à Siegfried.

**Sihamoni, Sihanouk** → **Norodom Sihanouk.**

**Sihanoukville** → **Kompong Som.**

**Luca Signorelli** *l'Antéchrist*, cathédrale d'Orvieto

**Sikasso** v. du S.-E. du Mali ; 73 000 hab. Cap. d'un royaume, prise par la France en 1898.

**Sikelianós** Ángelos (Leucade, 1884 – Athènes, 1951), poète grec : *Prologue à la vie* (1915-1917), *Poème akritiques* (1943).

**sikhara** *nm* Haute tour d'un temple hindou, surmontant le sanctuaire. ETY Mot sanskrit, « couronne ».

**sikhisme** *nm* Religion monothéiste de l'Inde fondée au début du XVI$^{e}$ s. par Nānak et florissante surtout au Pendjab, où se trouve Amritsar, sa cité sainte. ETY Du sanskrit *çishya*, « disciple » DER

**sikh, sikhe** *a, n*

ENC La doctrine des sikhs s'inspire à la fois du brahmanisme et de la foi en un Dieu unique. Remarquables soldats, ils s'illustrèrent dans des guerres contre l'islam (XVIII$^{e}$ s.) et des campagnes contre les Anglais (XIX$^{e}$ s.). Auj., ils sont plus de 20 millions, dont 17 en Inde, où ils affrontent les autorités ; le massacre, en 1984, par l'armée indienne, d'une secte extrémiste sikhe retranchée dans le temple sacré d'Amritsar poussa des sikhs à commettre l'attentat qui tua Indira Gandhi.

**Sikhote-Alin'** chaîne de montagnes inhospitalières de Russie (alt. max. 2 078 m), entre l'Amour, l'Oussouri et le Pacifique, au sous-sol riche (fer, or, etc.).

**siki** *nm* Requin abyssal qui fait l'objet d'une pêche au chalut profond, espèce menacée de disparition.

**Sikkim** État himalayen de l'Inde, à l'E. du Népal ; 7 298 km$^2$ ; 403 600 hab. ; cap. *Gangtok.* – Le haut bassin de la Tista est encadré de fortes chaînes de montagnes. Le climat de mousson (mai-nov.) et la végétation varient avec l'altitude. Seul le S., moins élevé et forestier, est cultivé. – En 1641, le royaume du Sikkim fut fondé par des Tibétains. De 1861 à 1890, la G.-B. imposa son protectorat. L'Inde lui succéda en 1950 et fit du Sikkim son 22$^{e}$ État en 1975.

**Sikok** → **Shikoku.**

**Sikorski** Władysław (Tuszów, 1881 – Gibraltar, 1943), général et homme politique polonais. Chef du gouvernement (1922-1923), il se retira en France après le coup d'État de Piłsudski (1926). À partir de 1939, il dirigea le gouv. polonais en exil. Il mourut dans un accident d'avion.

**sil** *nm* Terre ocreuse dont les Anciens faisaient des poteries.

**silane** *nm* CHIM Composé formé de silicium et d'hydrogène sans doubles liaisons. *Les silanes ont la même structure moléculaire que les alcanes* ($Si_n H_{2n+2}$).

**Silbermann** roman de Lacretelle (1922).

**Si le grain ne meurt** récit autobiographique de Gide (1924).

**silence** *nm* **1** Fait de se taire, de s'abstenir de parler. **2** Fait de ne pas parler d'une chose, de ne rien dire, de ne rien divulguer. *Passer qqch sous silence.* **3** Absence de bruit. *Le silence de la nuit.* **4** MUS Interruption du son d'une durée déterminée ; signe graphique qui indique cette interruption et sa durée. **LOC** fam ***Silence radio*** : refus de communiquer une information, de s'exprimer sur un sujet. ETY Du lat.

**Silence de la mer (le)** roman de Vercors (1942). ▷ CINE Film de J.-P. Melville (1947-1948).

**silence est d'or (Le)** film poétique de René Clair (1947), avec M. Chevalier.

**silencieux, euse** *a, nm* **A** *a* **1** Où l'on n'entend aucun bruit. *Un endroit très silencieux.* **2** Qui a lieu, qui se fait sans bruit ; qui fonctionne sans bruit. *Moteur silencieux.* **3** Qui garde le silence, qui s'abstient de parler. **4** Qui est peu communicatif. *Un garçon calme et silencieux.* SYN taciturne. **5** MED Qui n'a pas de manifestation visible. *Phase silencieuse d'une infection.* **B** *nm* TECH Dispositif adapté à l'échappement d'un moteur à explosion, pour le rendre moins bruyant, au canon d'une arme à feu pour étouffer le bruit. DER **silencieusement** *av*

**silène** *nm* BOT Plante herbacée (caryophyllacée) dont une espèce, le *silène à bouquet,* est cultivée pour ses fleurs pourpres ou roses. ETY Du n. pr.

**Silène** dans la myth. gr., père nourricier de Dionysos. Fils d'Hermès ou de Pan et d'une nymphe, c'était un vieillard chauve et replet, au nez camus et toujours ivre.

**Silésie** (en polonais *Śląsk*, en all. *Schlesien*), région de l'Europe centrale, drainée par l'Odra (Oder). On distingue en Pologne la *haute Silésie* (v. princ. *Katowice*) à l'E., région minière (houille) et industrielle, et la *basse Silésie* (v. princ. *Wrocław*) à l'O., agricole et minière. La Silésie déborde en Slovaquie (v. princ. *Ostrava*). DER **silésien, enne** *a, n*

**Histoire** Disputée dès le XI<sup></sup>e s. entre la Pologne et la Bohême, la Silésie revint aux Habsbourg, rois de Bohême à partir de 1526. Annexée par la Prusse en 1742, elle connut au XIXe s. un essor écon. En 1945, elle fut incluse dans la Pologne ; la pop. allemande fut expulsée.

**silex** *nm* Roche siliceuse très dure constituée de calcédoine presque pure, qui se casse en formant des arêtes tranchantes. ETY Du lat.

**silhouette** *nf* **1** Dessin représentant un profil tracé d'après l'ombre que projette un objet, un visage. **2** Toute forme sombre se profilant sur un fond clair. *La silhouette des montagnes à l'horizon.* **3** Aspect général que la corpulence et le maintien donnent au corps. *Avoir une silhouette élancée.* ETY Du n. pr.

**Silhouette** Étienne de (Limoges, 1709 – Bry-sur-Marne, 1767), homme politique français. Contrôleur des Finances (1759), il voulut réduire la fortune des privilégiés, ce qui entraîna sa disgrâce.

**silhouetter** *v* 1 **A** *vt* litt Dessiner la silhouette. **B** *vpr* Se profiler, se découper.

**silicagel** *nm* Gel de silice, utilisé pour absorber l'humidité.

**silicate** *nm* Minéral dont la structure élémentaire est un tétraèdre occupé, au centre, par un atome de silicium et, à chaque sommet, par un atome d'oxygène. *Les silicates sont très variés et constituent l'essentiel de l'écorce terrestre.*

**silice** *nf* MINER, CHIM Dioxyde de silicium ($SiO_2$). ETY Du lat. DER **siliceux, euse** *a*

**silicico-** CHIM Élément, du rad. de *silice,* servant à marquer la présence de silicium dans un composé. VAR **silico-**

**silicicole** *a* BOT Se dit des plantes qui poussent particulièrement bien sur les terrains siliceux (châtaignier, bruyère, prêle, etc.).

**silicique** *a* CHIM Se dit de l'anhydride $SiO_2$ et de certains de ses dérivés.

**silicium** *nm* CHIM **1** Élément non métallique de numéro atomique Z = 14, de masse atomique 28,086. SYMB Si. **2** Corps simple (Si), de couleur gris foncé, de densité 2,33, qui fond vers 1 420 °C et bout vers 2 700 °C. PHO [silisjɔm]

ENC Le silicium est le semi-conducteur le plus utilisé dans les composants électroniques. C'est l'élément le plus répandu après l'oxygène sous la forme de *silicates* (quartz, silex, jaspe, topaze, etc.) ou de *silice* (dioxyde de silicium), constituant principal du sable, utilisés dans la fabrication du verre, des enduits, des émaux, du ciment et de la porcelaine.

**siliciure** *nm* CHIM Combinaison de silicium avec un métal.

**silicone** *nm* Matière plastique dont les molécules contiennent des atomes de silicium et d'oxygène.

**siliconer** *vt* 1 Garnir, recouvrir de silicone, de résine de silicone. *Poitrine siliconée.*

**Silicon Valley** zone industrielle californienne, située entre San José et San Francisco, qui doit son nom (en fr. « Vallée du Silicium »), aux sociétés d'électronique et d'informatique utilisant du silicium, composant des semi-conducteurs.

**silicose** *nf* MED Maladie professionnelle due à l'inhalation prolongée de poussières de silice, qui détermine ces lésions pulmonaires irréversibles. DER **silicosé, ée** ou **silicotique** *a, n*

**silicule** *nf* BOT Silique courte.

**silionne** *nf* CHIM Fibre de verre dont les fils, continus, sont étirés et réunis en mèches non torsadées.

**silique** *nf* BOT Fruit sec, spécifique des crucifères, qui s'ouvre à maturité et dont les graines sont disposées en deux groupes séparés par une fausse cloison. ETY Du lat.

**Silius Italicus** Tiberius Catius (v. 25 – 101 apr. J.-C.), homme politique latin ; consul en 68 ; auteur d'une épopée sur la deuxième guerre punique.

**Silla** anc. royaume situé, à l'origine, dans le S.-E. de la Corée du Sud actuelle. Fondé au Ier s. av. J.-C., il domina toute la péninsule coréenne du VIIe jusqu'à sa chute en 935. Au VIe s., il avait adopté le bouddhisme comme religion officielle.

**sillage** *nm* **1** Trace qu'un navire en marche laisse derrière lui à la surface de l'eau. **2** Trace laissée par un corps se déplaçant dans l'air. LOC ***Marcher dans le sillage de qqn*** : suivre son exemple.

**Sillanpää** Frans Eemil (Hämeenkyrö, à l'O. de Tampere, 1888 – Helsinki, 1964), romancier finlandais : *Sainte Misère* (1919), *Silja ou Une brève destinée* (1931). P. Nobel 1939.

**Sillery** Nicolas Brulart (marquis de) (Sillery, 1544 – id., 1624), homme d'État français. Chancelier de France (1607-1624), il dirigea le gouv., avec son fils **Pierre** (Paris, 1583 – id., 1640), avant l'avènement de Richelieu.

**sillet** *nm* MUS Petit morceau de bois ou d'ivoire fixé sur le haut de la touche de certains instruments, et qui maintient les cordes éloignées de la touche. ETY Du lat. *cilium,* « cil ».

**sillimanite** *nf* MINER Silicate d'aluminium, présent dans certaines roches métamorphiques.

**Sillitoe** Alan (Nottingham, 1928 – Londres, 2010), écrivain anglais : romans, récits (*Samedi soir, dimanche matin,* 1958), nouvelles (*la Solitude du coureur de fond,* 1959).

**sillon** *nm* **1** Longue tranchée faite dans la terre par le soc de la charrue. **2** Rainure. **3** ANAT Rainure que présente la surface de certains organes. *Sillon labial.* **4** TECH Rainure en forme de spirale, gravée à la surface d'un disque, qui contient les informations enregistrées. ETY Du lat.

**Sillon (le)** revue créée en 1894 et qui, dirigée par Marc Sangnier (1902), fonda le christianisme social, condamné par Pie X en 1910.

**Sillon alpin** dépression des Alpes françaises, entre les Préalpes et les massifs centraux, comprenant les vallées de l'Arve, de l'Arly, de l'Isère et du Drac.

**sillonner** *vt* 1 **1** Creuser, labourer en faisant des sillons. **2** Marquer d'un sillon. **3** Traverser, parcourir en tous sens. *Des patrouilles de police sillonnent la région.*

**silo** *nm* **1** Réservoir servant à conserver des produits agricoles. **2** MILIT Construction souterraine servant au stockage et au lancement des missiles stratégiques. ETY Du gr.

**Silo** (auj. *Seilūn*, en Israël), v. de Palestine, le plus import. centre religieux des Hébreux au temps des Juges ; patrie de Samuel. VAR **Silōh**

**Siloé** Gil de (XVe s.), sculpteur flamand qui s'établit à Burgos en 1486. — **Diego de** (Burgos, v. 1495 – Grenade, 1563), sculpteur et architecte espagnol, fils du préc. Il construisit plus. cathédrales, notam. celle de Grenade.

**Silone** Secondo Tranquilli, dit Ignazio (Pescina, Aquila, 1900 – Genève, 1978), romancier italien : *Fontamara* (1930), *le Pain et le Vin* (1937), *le Grain sous la neige* (1942), *le Secret de Luc* (1956).

**silotage** *nm* TECH Ensilage.

**siloxane** *nm* Dérivé organique du silicium.

**silphe** *nm* Coléoptère proche du nécrophore et dont certaines espèces phytophages sont nuisibles. ETY Du gr.

**silphium** *nm* Plante ornementale (composée) herbacée, vivace, à capitules jaunes, originaire d'Amérique du Nord. PHO [silfjɔm]

**silure** *nm* Poisson de mer et d'eau douce, à peau nue, dont la tête porte de longs barbillons. ETY Du gr.

**silure** glane

**silurien, enne** *a, nm* GEOL Se dit de la troisième période de l'ère primaire, caractérisée par l'apogée des trilobites et l'apparition des premiers vertébrés à mâchoires (poissons cuirassés).

**Silva** Luiz Inacio da, dit **Lula** (dans le Nordeste, 1945), fils de paysans, ancien ouvrier, syndicaliste, président de la république du Brésil de 2002 à 2010.

**Silvacane (abbaye de)** abb. cistercienne fondée en 1147 près de La Roque-d'Anthéron (Bouches-du-Rhône). ▶ illustr. **abbaye**

**silvaner** → **sylvaner**

**Silverstone (circuit de)** circuit automobile britannique situé près de Northampton.

**Silvestre** → **Sylvestre.**

**Silvestre de Sacy** Antoine Isaac (Paris, 1758 – id., 1838), orientaliste français : *Mémoire sur l'histoire des Arabes avant Mahomet* (1785), *Grammaire arabe* (1810), etc.

**sima** *nm* GEOL Ancien nom de la zone située sous le sial, caractérisée par la présence de silicium et de magnésium.

**Sima** Joseph (Jaroměř, 1891 – Paris, 1971), peintre français d'orig. tchèque, aux préoccupations métaphysiques ; fondateur du *Grand Jeu.*

**simagrées** *nfpl* Manières affectées, minauderies. SYN chichis, manières.

**Sima Guang** (1019 – 1086), écrivain chinois : *Miroir universel de l'Histoire pour servir aux gouvernants.* VAR **Sseu-ma Kouang**

**Sima Qian** (Longmen, v. 145 – v. 86 av. J.-C.), lettré chinois, historien de l'empereur, considéré comme l'auteur des *Mémoires historiques* (V. Shiji). VAR **Sseu-ma Ts'ien**

**simarre** *nf* anc **1** Robe ample, d'homme ou de femme (XVe-XVIe s.). **2** Soutane d'intérieur.

**simaruba** *nm* Arbre de l'Amérique tropicale, dont l'écorce a des propriétés médicinales. ETY Mot guyanais.

**simarubacée** *nf* BOT Plante dicotylédone dialypétale arborescente telle que le simaruba, le quassia et l'ailante.

**Sima Xiangru** (Chengdu, Sichuan, 179 – 117 av. J.-C.), poète chinois ; l'un des plus célèbres auteurs du genre *fu* (ou *fou*), mélange de prose et de poésie, chanté ou psalmodié. VAR **Sseu-ma Siang-jou**

**Simbirsk** (*Oulianovsk* de 1924 à 1991), ville de Russie, sur la Volga ; 675 000 hab. ; ch.-l. de la prov. du même nom. Industries. – Le rebelle Razine fit de cette ville sa capitale (XVII$^{e}$ s). Lénine y naquit.

**Simenon Georges** (Liège, 1903 – Lausanne, 1989), écrivain belge d'expression française ; auteur de romans d'atmosphère (le plus souvent policiers) : cycle des enquêtes du commissaire Maigret (à partir de 1932), *les Fiançailles de M. Hire* (1933), *la Marie du port* (1938), *les Inconnus dans la maison* (1940), *la Vérité sur Bébé Donge* (1943), *La neige était sale* (1948). Récit autobiographique : *Mémoires intimes* (1981).

Georges Simenon

**Siméon** personnage biblique, deuxième fils de Jacob et de Lia (Genèse, XXXIV).

**Siméon (saint)** (I$^{er}$ s.), vieillard de Jérusalem qui aurait tenu dans ses bras l'Enfant Jésus présenté au Temple et aurait reconnu en lui le Messie (Luc, II, 25-35).

**Siméon Stylite (saint),** dit **l'Ancien** (Sis, Cilicie, près de l'actuelle Kozan, en Turquie, v. 390 – ?, 459), ascète chrétien d'Orient. Solitaire du désert, il a vécu une quarantaine d'années au sommet d'une colonne.

**Siméon I$^{er}$ le Grand** (mort en 927), khān des Bulgares (893-927). Il prit à Byzance une grande partie des Balkans. Rome lui aurait accordé le titre de tsar et l'autorisation de créer une Église bulgare indépendante de Byzance. — **Siméon II** (Sofia, 1937), tsar de Bulgarie (1943-1946). Il s'exila après l'abolition de la monarchie. De retour en 2001, à la tête d'un parti populiste, il remporte les élections législatives.

**Siméon de Polotsk Samouil Emelianovitch Petrovski-Sitnianovitch,** dit (Polotsk, 1629 – Moscou, 1680), écrivain biélorusse : homélies (*Vêpres spirituelles*, 1683), drames (*Nabuchodonosor*, *le Fils prodigue*).

**Simferopol** ville d'Ukraine, en Crimée ; 331 000 hab. ; ch.-l. de prov. Industries.

**Simiand François** (Gières, Isère, 1873 – Saint-Raphaël, 1935), économiste français : *le Salaire, l'évolution sociale et la monnaie* (1932).

**simien, enne** *a, nm* **A** *a* Qui concerne le singe. **B** *nm* ZOOL Mammifère primate tel que le singe. ETY Du lat.

**simiesque** *a* Qui rappelle le singe.

**simil(i)-** Élément, du lat. *similis*, « semblable ».

**similaire** *a* À peu près de même nature ; analogue. DER **similarité** *nf*

**Similaun** glacier alpin à la frontière austro-italienne. En 1991, on y découvrit la momie glaciaire que l'on nomma Hibernatus.

**simili** *n* **A** *nm* Imitation d'une matière. *Ce n'est pas de l'argent, c'est du simili.* **B** *nf* Similigravure.

**similigravure** *nf* TECH **1** Procédé de photogravure qui permet de reproduire une image à modelé continu en la transformant en un réseau d'éléments géométriques très fins, au moyen de trames intercalées dans l'appareil photographique entre l'objectif et la surface sensible. **2** Cliché ainsi obtenu.

**similiser** *vt* ① TEXT Donner au coton un aspect brillant et soyeux rappelant le mercérisage. DER **similisage** *nm*

**simliste** *n* Spécialiste de similigravure.

**similitude** *nf* **1** Rapport qui unit des choses semblables ; analogie. **2** GEOM Caractère de deux figures semblables.

**similor** *nm* Alliage imitant l'or.

**Simitis Constantine,** dit **Costas** (Athènes, 1936), homme politique grec, Premier ministre, de 1996 à 2004.

**Simla** v. de l'Inde, cap. de l'Himāchal Pradesh, à 2 200 m d'alt. ; 56 000 hab. Observatoire. – Anc. cap. d'été de l'Inde.

**Simmel Georg** (Berlin, 1858 – Strasbourg, 1918), sociologue allemand : *Questions fondamentales de la sociologie* (1917).

**simmental** *nf* Race suisse de bovins à robe rouge, bonne laitière.

**Simmental** vallée des Alpes bernoises (Suisse), drainée par la *Simme* (53 km), tributaire du lac de Thoune.

**Simon** → **Pierre (saint).**

**Simon (saint)** dit **le Cananéen** ou **le Zélote** (I$^{er}$ s.), l'un des douze apôtres ; il évangélisa probablement l'Égypte puis la Perse, où il serait mort crucifié.

**Simon Richard** (Dieppe, 1638 – id., 1712), historien français. Membre de l'Oratoire, il est le fondateur de l'étude scientifique de la Bible : *Histoire critique du Vieux Testament* (1678).

**Simon Jules François Simon Suisse,** dit **Jules** (Lorient, 1814 – Paris, 1896), philosophe et homme politique français ; chef du gouvernement (déc. 1876-mai 1877).

**Simon Michel** (Genève, 1895 – Bry-sur-Marne, 1975), acteur français d'origine suisse : *Boudu sauvé des eaux* (1932), *l'Atalante* (1934), *Drôle de drame* (1937), *le Quai des brumes* (1938), *la Beauté du diable* (1950).

**Simon Claude** (Tananarive, 1913 – Paris, 2005), écrivain français, rattaché au « nouveau roman » : *le Vent* (1957), *l'Herbe* (1958), *la Route des Flandres* (1960), *le Palace* (1962), *la Bataille de Pharsale* (1969), *les Géorgiques* (1981), *l'Acacia* (1989), *le Jardin des plantes* (1997). P. Nobel 1985.

Claude Simon

Michel Simon

**Simon Herbert** (Milwaukee, 1916 – Pittsburgh, 2001), économiste et sociologue américain : travaux sur la prise de décision. P. Nobel d'économie 1978.

**simonie** *nf* DR CANON Convention illicite par laquelle on donne ou reçoit une rétribution pécuniaire ou une récompense temporelle en échange de valeurs spirituelles ou saintes. ETY De *Simon le Magicien*. DER **simoniaque** *a, n*

**Simon le Magicien** (I$^{er}$ s.), magicien originaire de Samarie. Bien que chrétien, il voulut corrompre saint Pierre et saint Jean pour leur acheter le pouvoir de conférer les dons du Saint-Esprit.

**Simone Eunice Kathleen Waymon,** dite **Nina** (Tryon, Caroline du N., 1933 – Carry-le-Rouet, Bouches-du-Rhône, 2003), chanteuse et pianiste américaine ; elle s'est engagée dans la lutte pour les droits civiques des Noirs américains.

**Simonov Kirill Mikhaïlovitch,** dit **Konstantin** (Saint-Pétersbourg, 1915 – Moscou, 1979), écrivain soviétique : *les Jours et les Nuits* (1943-1944, roman sur la bataille de Stalingrad).

**simoun** *nm* Vent violent, brûlant et sec au Sahara. ETY De l'ar.

**simple** *a, nm* **A** *a* **1** PHILO Qui n'est pas composé et qui ne peut donc pas être analysé. **2** Qui n'est pas composé de parties et qui est donc indivisible. **3** Qui n'est pas composé d'éléments divers. **4** Qui n'est pas double ou multiple. *Nœud simple.* **5** Qui est seulement cela, sans rien de plus. *Une simple lettre suffira.* **6** Qui comporte un nombre restreint d'éléments. *Une opération simple.* **7** Qui est facile à comprendre, à employer, à exécuter. *Un appareil très simple.* **8** Qui est dénué d'ornements, de fioritures, sans luxe. *Une maison toute simple.* **9** Qui agit sans vanité, sans affectation, sans ostentation. **10** litt Qui est d'une droiture et d'une honnêteté naturelles, candides. **11** Qui est naïf, crédule, qui se laisse facilement abuser. **B** *a, nm* SPORT Se dit d'une partie de tennis qui n'oppose que deux adversaires (par oppos. à *double*). **C** *nm pl* Plantes médicinales. *Soigner par les simples.* **LOC** CHIM ***Corps simple*** **:** dont la molécule est composée d'atomes identiques. — BOT ***Fleur simple*** **:** dont la corolle n'a qu'un seul rang de pétales. — ***Simple d'esprit*** **:** dont l'intelligence n'est pas normalement développée. — GRAM ***Temps simple d'un verbe*** **:** qui se conjugue sans auxiliaire (par oppos. à *composé*). ETY Du lat.

**simplement** *av* **1** D'une manière simple, sans ostentation, sans affectation. **2** Seulement. *C'est simplement un problème d'argent.*

**simplet, ette** *a* Qui est d'une simplicité niaise, naïf.

**simplexe** *nm* MATH Ensemble formé par les parties d'un ensemble.

**Simplice (saint)** (Tibur, auj. Tivoli, Italie, ? – Rome, 483), pape de 468 à 483 ; il combattit le monophysisme. VAR **Simplicius**

**simplicité** *nf* **1** Caractère d'une chose simple, facile à comprendre, à exécuter ; caractère d'une chose dépourvue d'éléments superflus. *La simplicité de sa tenue.* **2** Qualité d'une personne simple, sans affectation.

**Simplicius Simplicissimus** roman picaresque de Grimmelshausen (1669) dont Brecht tira *Mère Courage et ses enfants* (1938).

**simplifier** *vt* ② Rendre plus simple ; faciliter. *Appareil qui simplifie les tâches ménagères.* **LOC** MATH ***Simplifier une fraction*** **:** diviser ses deux termes par le même nombre entier. DER **simplifiable** *a* – **simplificateur, trice** *a* – **simplification** *nf*

**simpliste** *a, n* Qui simplifie à l'excès les choses, qui ne voit pas ou ne représente pas le réel dans sa complexité. DER **simplisme** *nm*

**Simplon (le)** col des Alpes suisses situé à 2 000 m, entre le Valais et le Piémont. Napoléon I$^{er}$ y fit édifier une route (1807). À proximité, deux tunnels ferroviaires, distants de 17 mètres, ouverts en 1906 et 1922, relient Brigue (Suisse) à Isella (Italie).

**Simpson Thomas** (Market Bosworth, Leicestershire, 1710 – id., 1761), mathématicien anglais : travaux sur les probabilités. Il établit une méthode de calcul des aires courbes.

**Simpson George Gaylord** (Chicago, 1902 – Tucson, 1984), paléontologue américain. *Rythme et modalités de l'évolution* (1944) a fondé la théorie synthétique de l'évolution, à l'origine du néo-darwinisme.

**Simpson** Norman Frederick (Londres, 1919 – Cornwall, 2011), écrivain anglais. Il illustre le théâtre de l'absurde : *Playback 625* (1970).

**Simpson (les)** série animée télévisée américaine créée en 1989 par Matt Groening (né en 1954).

**simulacre** *nm* **1** Apparence qui se donne pour une réalité ; illusion, apparence dérisoire. *Un simulacre de bonheur, de justice.* **2** Objet qui imite un autre objet. **3** Action simulée. *Un simulacre de combat.* ETY Du lat.

**simulateur, trice** *n* **A** Personne qui simule. **B** *nm* TECH Appareil, installation qui permet de simuler une situation, un phénomène. *Simulateur de vol, de tir.*

**simulation** *nf* **1** Action de simuler. **2** TECH Reproduction expérimentale des conditions réelles dans lesquelles devra se produire une opération complexe. **3** Représentation d'un objet par un modèle analogue plus facile à étudier. **4** Établissement d'un modèle mathématique ou physique destiné à étudier ou à tester un système, un phénomène, un appareil.

ENC On appelle *simulation* la reproduction expérimentale de certains états, de certaines conditions, afin d'étudier leurs influences sur des phénomènes déterminés. Ainsi, lors de la préparation des vols spatiaux, on simule les conditions existant dans l'espace (radiations, apesanteur, etc.). Les relations qui régissent les divers paramètres à étudier sont représentées par un modèle mathématique, traité informatiquement. Une telle simulation numérique (c'est-à-dire par ordinateur) est appliquée à tous les domaines : circulation des automobiles, trafic des passagers dans les aéroports, sondage d'opinion, évolution des étoiles et des galaxies, comportement d'un produit, mise au point de stratégies, etc.

**simuler** *vt* ① **1** Feindre, faire paraître comme réelle une chose qui ne l'est pas. *Simuler la folie.* **2** TECH Procéder à la simulation de. *Simuler un vol spatial.* ETY Du lat.

**simulie** *nf* ENTOM Insecte diptère, dont la femelle seule est piqueuse, dont la larve vit dans les cours d'eau rapides, et qui est le vecteur de l'onchocercose. ETY Du lat.

**simultané, ée** *a, nf* **A** *a* Qui se produit en même temps, dans le même temps. *Mouvements simultanés des bras et des jambes.* **B** *nf* Aux échecs, épreuve qui oppose un joueur à plusieurs autres en même temps. ETY Du lat. DER **simultanéité** *nf* – **simultanément** *av*

**simultanéisme** *nm* LITTER Procédé narratif qui consiste à présenter sans transition les évènements vécus simultanément en des lieux différents par les personnages du récit. DER **simultanéiste** *a, n*

**Sinaï** presqu'île montagneuse (alt. max. 2 637 m), au N. de la mer Rouge. Désertique, peuplé de rares nomades, le Sinaï recèle des gisements de pétrole. – L'un des sommets du Sinaï (Djebel Moussa) serait la montagne où Moïse eut la vision du Buisson ardent et reçut les tables de la Loi. Le monastère de Sainte-Catherine fut fondé à proximité en 527 et le Sinaï devint un foyer de monachisme chrétien. DER **sinaïtique** *a*
**Histoire** Ce territoire égyptien (56 000 km$^2$) fut conquis par les Israéliens en 1967 (guerre des Six Jours). En oct.1973, de durs combats opposèrent Israéliens et Égyptiens, qui avaient franchi le canal de Suez. Le traité israélo-égyptien de 1979 prévit l'évacuation définitive des troupes israéliennes, laquelle s'acheva en 1982.

**Sinan** Mi'mar (près de Kayseri, 1489 – Istanbul, 1578 ou 1588), architecte turc : mosquée Süleymaniye d'Istanbul (1550-1557), mosquée Selimiye d'Edirne (1569-1575).

**sinanthrope** *nm* PREHIST Fossile hominien de l'espèce *Homo erectus*, appelé aussi *homme de Pékin*, proche du pithécanthrope.

**sinapisé, ée** *a* MED Qui contient de la farine de moutarde.

**sinapisme** *nm* MED Médication à base de farine de moutarde, appliquée sous forme de cataplasme et destinée à produire une révulsion ; ce cataplasme. ETY Du gr. *sinapi*, « moutarde ».

**Sinatra** Francis Albert, dit Frank (Hoboken, New Jersey, 1915 – Los Angeles, 1998), chanteur et acteur de cinéma américain : *Tant qu'il y aura des hommes* (1953), *Haute Société* (1956), *Tony Rome* (1967).

**sincère** *a* **1** Qui exprime ses véritables pensées, ses véritables sentiments. **2** Qui est réellement pensé ou senti. *Sentiments, paroles sincères.* **3** Non altéré, non truqué. *Document sincère.* ETY Du lat. DER **sincèrement** *av* – **sincérité** *nf*

**sinciput** *nm* ANAT Partie supérieure de la voûte crânienne. PHO [sɛ̃sipyt] ETY Mot lat. DER **sincipital, ale, aux** *a*

**Sinclair** sir John (Thurso Castle, Caithness, 1754 – Édimbourg, 1835), économiste anglais ; un des fondateurs de la statistique.

**Sinclair** Upton (Baltimore, Maryland, 1878 – Bound Brook, New Jersey, 1968), romancier américain : *la Jungle* (1906), *le Pétrole* (1927), *la Fin d'un monde* (1940).

**Sind (le)** prov. du S.-E. du Pākistān, drainée par l'Indus et irriguée ; 140 913 km$^2$ ; 55 millions d'hab. ; ch.-l. *Karāchi.* – Théâtre d'affrontements ethniques entre les *Mohajirs*, immigrants indiens de 1947, et les *Sindhis.* DER **sindhi** ou **sindi, ie** *a, n*

**Sindbād le Marin** personnage d'un conte des *Mille et Une Nuits*. Au cours de 7 voyages extraordinaires, il s'expose à mille dangers, tel Ulysse (naufrage, cyclope à aveugler, etc.). VAR **Sindibad**

**sindhi** *nm* Langue indo-aryenne parlée dans le Sind et au Gujerat (Inde). VAR **sindi**

**Siné** (Paris, 1928), dessinateur français d'esprit anarchiste, à l'humour féroce et provocateur.

**sinécure** *nf* Place qui procure une rémunération sans exiger beaucoup de travail. **LOC** fam ***Ce n'est pas une sinécure :*** ce n'est pas facile. ETY Du lat. *sine cura*, « sans souci ».

**sine die** *av* DR, ADMIN Sans fixer de date. *Renvoyer un débat sine die.* PHO [sinedje] ETY Mots lat.

**sine qua non** *a* **LOC** ***Condition sine qua non :*** obligatoire, indispensable. PHO [sinekwanɔn] ETY Mots lat.

**singalette** *nf* Mousseline de coton employée pour préparer la gaze apprêtée et la gaze hydrophile. ETY De *Saint-Gall*, ville suisse.

**Singapour** État de l'Asie du S.-E. formé d'une île et d'îlots séparés de la pointe de la péninsule malaise par le détroit de Johore ; 581 km$^2$ ; 5,3 millions d'hab. ; accroissement naturel : 0,5 % par an ; cap. *Singapour.* Nature de l'État : rép. membre du Commonwealth. Langues off. : malais, chinois, angl., tamoul. Monnaie : dollar de Singapour. Relig. : bouddhisme, taoïsme, hindouisme, islam. DER **singapourien, enne** *a, n*

Sinan mosquée Selimiye, dite de Selim II, chef-d'œuvre de l'architecture ottomane conçu d'après Sainte-Sophie, XVI$^e$ s., Edirne

**Géographie** Le centre de l'île, urbanisée à plus de 80 %, est occupé par une colline granitique, entourée de terrasses alluviales et de plaines marécageuses. La forêt dense, due au climat équatorial, a été remplacée par une végétation artificielle : cocotiers, hévéas, arbres fruitiers ; un aqueduc venant de Malaisie couvre 50 % des besoins en eau. La pop. est composée de Chinois (75 %), de Malais et d'Indiens.
**Économie** Premier port mondial pour le transit, princ. place financière de l'Asie du Sud-Est, Singapour reçoit du monde entier des marchandises qu'elle redistribue dans toute l'Asie du S. L'industrialisation, due à des investissements amér., jap. et brit., attirés par la fiscalité, a été très rapide (industries de pointe et à haute productivité). Le pays a subi la crise boursière et financière qui a frappé l'Asie du Sud-Est en 1997, mais la croissance a repris dès 1999 (13% en 2000). La puissance financière du pays demeure colossale. Le tourisme est actif.
**Histoire** En 1819, sir Stamford Raffles acheta l'île au rajah de Johore pour la Compagnie anglaise des Indes orientales et fonda la ville de Singapour. En 1828, Singapour fut rattachée aux comptoirs anglais de Malaisie et devint, après 1921, une puissante base écon. et stratégique. Les Japonais s'en emparèrent en fév. 1942. Redevenue brit. en sept. 1945, Singapour accéda à l'indép. en 1959, adhéra à la Féd. de Malaisie en 1963 puis fit sécession en 1965. Lee Kuan Yew, Premier ministre de 1959 à 1990, musela toute opposition. Son successeur, Goh Chok Tong, appartient au même Parti d'action du peuple (PAP), lié aux É.-U. et au Japon. En 2004, Lee Hsien Loong, fils aîné du fondateur de Singapour, devient Premier ministre.

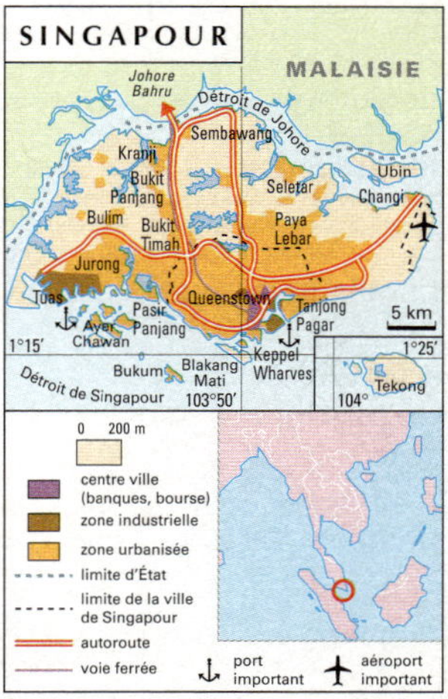


**singe** *nm* **1** Mammifère primate anthropoïde à la face glabre, aux pieds et aux mains préhensiles, au cerveau développé. **2** Mâle de l'espèce, par oppos. à *guenon.* **3** Celui qui imite les gestes, les mimiques, les attitudes, les actions d'un autre. **4** fam Patron. **5** fam Bœuf de conserve (corned-beef). **LOC** ***Payer en monnaie de singe :*** en paroles creuses, en contrepartie sans valeur. ETY Du lat.

ENC Les singes, ou simiens, se divisent en deux groupes : les *platyrhiniens*, ou *singes du Nouveau Monde* (tamarins, etc.), et les *catarhiniens*, ou *singes de l'Ancien Monde* (cercopithèques, pongidés, etc.). Les premiers singes apparurent à l'éocène. Les singes actuels de l'Ancien Monde, de même que les hommes, résultent de l'évolution de rameaux parallèles issus de singes primitifs de l'Ancien Monde.

**singe** hurleur

**singe-araignée** *nm* Atèle. PLUR singes-araignées.

**singer** *vt* [13] **1** Imiter, contrefaire. *Enfant qui singe les adultes.* **2** Affecter, feindre une attitude, un sentiment. *Singer la vertu.*

**Singer** **Isaac Merrit** (Pittstown, 1811 – Torquay, Devonshire, 1875), inventeur américain. Il perfectionna la machine à coudre (1851).

**Singer** **Isaac Bashevis** (Radzymin, près de Varsovie, 1904 – Miami, 1991), écrivain américain d'origine polonaise, d'expression yiddish : *la Famille Moskat* (1950), *le Manoir* (1967). P. Nobel 1978.

**singerie** *nf* **A 1** Grimace, tour de malice. **2** Cage des singes, dans une ménagerie. **B** *pl* Simagrées.

**Singh** **Manmohan** (Gah, Pendjab occidental, 1932), homme politique indien. De confession sikh, il a été Premier min. après la victoire du parti du Congrès en 2004, jusqu'en 2014.

**single** *nm* **1** Cabine, compartiment, chambre d'hôtel, occupés par une seule personne. **2** Disque ne comprenant que deux morceaux. [PHO] [singœl] [ETY] Mot angl.

**singlet** *nm* **Belgique, Afrique** Maillot de corps sans manches.

**singleton** *nm* **1** JEU Au whist, au bridge, carte seule de sa couleur dans la main d'un joueur. **2** MATH Ensemble qui ne comprend qu'un seul élément. [PHO] [sɛ̃glətɔ̃] [ETY] Mot angl.

**singulariser** *v* [1] **A** *vt* Rendre singulier, extraordinaire. *Son insolence le singularise.* **B** *vpr* Se faire remarquer. *Chercher à se singulariser.* [DER] **singularisation** *nf*

**singularité** *nf* **1** Fait d'être singulier, unique, irremplaçable. **2** Ce qui rend une chose singulière ; chose, manière singulière. *C'est une des singularités de son caractère.*

**singulet** *nm* ELECTRON Électron unique pouvant réaliser une liaison chimique entre deux atomes.

**singulier, ère** *a, nm* **A** *a* **1** Qui est individuel. **2** Qui se rapporte à une seule chose ou à une seule personne. **3** Qui se distingue des autres ; étonnant, extraordinaire. *Un personnage singulier.* **B** *nm* Catégorie grammaticale qui exprime l'unité. ANT pluriel. LOC *Combat singulier* : qui oppose un seul adversaire à un seul autre. [ETY] Du lat.

**singulièrement** *av* **1** Particulièrement, principalement. **2** Beaucoup, extrêmement. *Être singulièrement déçu.* **3** litt D'une manière singulière, bizarre.

**Siniavski** **Andréï** (Moscou, 1925 – Fontenay-aux-Roses, 1997), écrivain russe (*Une voix dans le chœur* 1974) et l'une des grandes figures de la dissidence en URSS.

**sinigrine** *nf* CHIM Principe actif de la farine de moutarde. [VAR] **sinigroside** *nm*

**sinisant, ante** *n, a* **A** *n* Syn. de *sinologue*. **B** Se dit de qqn qui a appris le chinois.

**siniser** *vt* [1] Faire adopter la civilisation, la langue, les mœurs chinoises à une population. [DER] **sinisation** *nf*

**sinistralité** *nf* DR Taux de sinistres par rapport à la population assurée.

**1 sinistre** *a* **1** Qui fait craindre un malheur. *Un sinistre présage.* **2** Qui fait peser un sentiment d'effroi. *L'ombre sinistre des grands bois.* **3** Triste, ennuyeux. **4** Méchant, pernicieux. [ETY] Du lat. *sinister*, « gauche, néfaste ». [DER] **sinistrement** *av*

**2 sinistre** *nm* **1** Catastrophe qui cause des pertes considérables. **2** DR Tout fait qui entraîne une indemnisation.

**sinistré, ée** *a, n* **A** Qui a subi un sinistre. *Région sinistrée. Secourir les sinistrés.* **B** *a* En proie à une grave crise économique. *Secteur sinistré.*

**sinistrose** *nf* **1** MED Syndrome psychique observé chez certains malades ou accidentés, qui consiste en une appréciation exagérée des préjudices subis. **2** fam Pessimisme systématique.

**Sin-Kiang** → **Xinjiang.**

**Sin-le-Noble** com. du Nord ; 15 990 hab. Cité minière. [DER] **sinois, oise** *a, n*

**Sinnamary (le)** fl. de la Guyane française (env. 300 km). *Port de Sinnamary* (arr. de Cayenne) à l'embouchure (2 055 hab.).

**Sinn Féin** (terme gaélique signif. « nous, nous-mêmes »), mouvement nationaliste irlandais fondé en 1905 par Arthur Griffith. À la suite de l'insurrection de 1916, organisée par son aile militaire, il remporta les élections de 1918. Il se dota (1919) d'une organisation militaire, l'IRA, pour lutter contre la Grande-Bretagne. Le traité de Londres (1921) provoqua son éclatement. En 1966, il resurgit en Irlande du Nord, où il apparut comme la face politique de l'IRA.

**sinnfeiner** *n* Membre du Sinn Féin.

**sino-** Élément, du lat. *Sina*, « Chine ».

**sino-japonaises (guerres)** guerres d'invasion menées par le Japon sur le territ. chinois. **1.** En 1894-1895, le Japon intervint en Corée (sous domination chinoise) et s'empara de Taiwan (restituée à la Chine en 1945). **2.** En août 1937, les Japonais débarquent à Shanghai, s'emparent de Nankin (déc.), de Canton (avr. 1938), de Hainan (janv. 1939) et commettent des massacres, mais nationalistes et communistes organisent la résistance. Le 14 août 1945, le Japon capitule.

**sinologie** *nf* Étude de la langue, de la culture et de l'histoire de la Chine. [DER] **sinologique** *a* – **sinologue** *n*

**sinon** *conj* **1** Autrement, sans quoi. *Ce document doit être certifié, sinon il n'est pas valable.* **2** Si ce n'est. *Il ne s'intéresse à rien sinon à la musique.* **3** Marque une concession ou une restriction. *Faites-le, sinon aujourd'hui, du moins demain.* **4** Et même. *Cela m'est indifférent, sinon désagréable.* LOC *Sinon que* : si ce n'est que.

**Sinop** (anc. *Sinope*), v. de Turquie, sur la mer Noire ; 30 000 hab. ; ch.-l. de l'il du m. nom. – En 1853, une flotte turque y fut anéantie par les Russes.

**sinople** *nm* HERALD Émail de couleur verte représentée en gravure par des hachures diagonales de senestre à dextre. [ETY] Du gr. *sinôpis*, « terre rouge de *Sinope* ».

**sinoque** *a, n* fam Fou. [ETY] P.-ê. rég., *sinoc*, « bille à jouer ».

**sino-tibétain, aine** *a, nm* LING Se dit d'une famille de langues réunissant le tibéto-birman, le chinois et le thaï. PLUR sino-tibétains.

**Sintra** (autref. *Cintra*), ville du Portugal, près de Lisbonne ; 33 000 hab. – Anc. palais royal, gothique, mauresque, manuélin. – Vaincu par les Anglo-Portugais, Junot signa la *capitulation de Sintra* (1808).

**sinuer** *vi* [1] Former des courbes nombreuses.

**sinueux, euse** *a* **1** Qui forme des courbes nombreuses. *Sentier sinueux.* **2** fig Qui procède par détours, tortueux. *Une approche sinueuse.* [ETY] Du lat. [DER] **sinuosité** *nf*

**Sinuiju** v. de l'O. de la Corée du Nord, à la frontière chinoise ; 280 000 hab. ; ch.-l. de prov. Industries.

**1 sinus** *nm* ANAT **1** Cavité irrégulière à l'intérieur de certains os. *Sinus maxillaire.* **2** Partie dilatée de certains vaisseaux. *Sinus carotidien.* [PHO] [sinys] [ETY] Mot lat. « courbe ». [DER] **sinusien, enne** *a*

**2 sinus** *nm* MATH Ordonnée de l'extrémité d'un arc porté sur le cercle trigonométrique. LOC *Sinus d'un angle aigu d'un triangle rectangle* : rapport entre le côté opposé à cet angle et l'hypoténuse. ABREV SIN. [PHO] [sinys] [ETY] Modification par confusion avec *sinus 1*, de l'ar. *djayb*, « ouverture d'un vêtement ».

**sinusite** *nf* Atteinte inflammatoire ou infectieuse des muqueuses des sinus de la face.

**sinusoïdal, ale** *a* GEOM Relatif à la sinusoïde. PLUR sinusoïdaux. LOC PHYS *Mouvement sinusoïdal* : mouvement d'un point matériel dont l'élongation est une fonction sinusoïdale du temps.

**sinusoïde** *nf* GEOM Courbe qui représente les variations de la fonction $y = \sin x$ et, d'une manière générale, celles des fonctions $y = a \sin (\omega t + \Phi)$ et $y = a \cos (\omega t + \Phi)$. ▶ illustr. **courbes**

**Sion** une des collines de Jérusalem (sur laquelle étaient bâtis l'anc. citadelle et le Temple). – Synonyme, dans le langage biblique, de Jérusalem.

**Sion** v. de Suisse, ch.-l. du Valais, sur le Rhône ; 23 400 hab. Vins. Tourisme. – Évêché catholique. Égl. fortifiée (XIIe-XVe s.). Chât. (XIIIe s.). [DER] **sédunois, oise** *a, n*

**sionisme** *nm* HIST Mouvement qui visait à la restauration d'un État juif indépendant en Palestine, et qui fut à l'origine de la fondation de l'État d'Israël. [ETY] Du n. pr. [DER] **sioniste** *a, n*

[ENC] Associé à l'idée d'avènement messianique, le retour du peuple juif en Palestine est le fondement du sionisme. Des bases lui furent données par T. Herzl, qui organisa à Bâle le premier congrès sioniste (1897). Il rencontra de nombr. oppositions au sein même des Juifs de la Diaspora. La déclaration Balfour (1917) admit la création en Palestine d'un *Foyer juif*, dont le développement suscita des luttes armées entre Juifs, Arabes et Anglais. La création officielle de l'État d'Israël date de mai 1948.

**Siouah** → **Siwa.**

**Sioule (la)** riv. du Massif central (150 km), affl. de l'Allier (r. g.).

**sioux** *a, nm* **A** *a* **fam, vieilli** Astucieux, malin. **B** *nm* LING Famille de langues parlées par les Sioux. [PHO] [sju]

**Sioux** Amérindiens des États-Unis (Dakota, surtout). Ils résistèrent héroïquement à l'armée américaine, sous les ordres de Crazy Horse et Sitting Bull, et furent définitivement vaincus en 1890. Ils vivent auj. dans des réserves (notam. au Dakota, au Nebraska et au Montana). [DER] **sioux** *a*

**siphoïde** *a* TECH Qui a la forme d'un siphon.

**siphomycète** *nm* BOT Champignon dont le mycélium est formé de tubes continus.

**siphon** *nm* **1** Tube recourbé permettant de faire passer un liquide d'un niveau donné à un niveau inférieur en l'élevant d'abord au-dessus du niveau le plus haut. **2** Dispositif intercalé entre un appareil sanitaire et son tuyau de vidange pour empêcher la remontée des mauvaises odeurs. **3** TECH Conduite permettant de faire passer des eaux d'alimentation ou d'évacuation sous un cours d'eau. **4** En spéléologie, galerie ou boyau inondé. **5** Bouteille munie d'un bouchon mécanique à levier et contenant de l'eau sous pression, gazéifiée par du gaz carbonique. **6** ZOOL Canal qui traverse les cloisons et fait communiquer entre elles les diverses loges de certaines coquilles de céphalopodes. **7** Tube prolongeant les orifices d'entrée et de sortie de l'eau respiratoire, chez certains lamellibranches fouisseurs. **8** BOT Cellule en forme de tube allongé, constitutive du thalle de divers champignons et algues. ETY Du gr.

**siphonaptère** *nm* Insecte dépourvu d'ailes, dont les nombr. espèces sont appelées cour. puces. SYN aphaniptère.

**siphonné, ée** *a* **fam** Un peu fou.

**siphonner** *vt* ① **1** Transvaser un liquide au moyen d'un siphon. **2** Vider un récipient au moyen d'un siphon. **3 fig, fam** Prélever de l'argent d'une caisse, des données informatiques d'un logiciel, etc. DER **siphonnage** *nm*

**siphonophore** *nm* ZOOL Cnidaire hydrozoaire qui forme, en haute mer, des colonies où les individus (polypes ou méduses) restent attachés les uns aux autres.

**sipo** *nm* Très grand arbre africain (méliacée) fournissant un bois brun très utilisé en menuiserie ; ce bois.

**Siqueiros David Alfaro** (Chihuahua, 1896 – Cuernavaca, 1974), peintre mexicain ; un des dirigeants du parti communiste. Ses peintures murales, expressionnistes, renouent avec l'art précolombien.

**David Alfaro Siqueiros** *Notre image actuelle*, 1947 – musée David-Alfaro-Siqueiros, Mexico

**sir** *nm* Titre honorifique donné en Grande-Bretagne, qui précède le prénom, ou le prénom et le nom de famille. PHO [sœr] ETY Du fr. *sire.*

**sirdar** *nm* HIST Titre porté par le général britannique qui commandait les troupes du khédive en Égypte.

**sire** *nm* **1** HIST Titre donné d'abord à certains seigneurs féodaux puis à de simples roturiers. **2** Titre que l'on donne à un souverain lorsqu'on s'adresse à lui. **LOC** *Triste sire :* individu peu digne de confiance ou de considération. ETY Du lat. *senior,* « plus vieux ».

**sirène** *nf* **A 1** MYTH Être ayant un buste de femme et un corps de poisson ou d'oiseau, dont le chant mélodieux attirait les navigateurs sur les écueils. **2 fig, litt** Femme très séduisante, au charme dangereux. **3** Appareil de signalisation sonore utilisé pour alerter les populations ou pour signaler une présence. **B** *nf pl* **fig** Offre séduisante, souvent risquée et/ou fallacieuse. *Les sirènes du marché boursier.* ETY Du gr.

**sirénien** *nm* ZOOL Mammifère placentaire aquatique proche des ongulés, tels le dugong et le lamantin.

**Siret (le)** riv. de Roumanie (726 km), affl. du Danube (r. g.) ; naît en Ukraine.

**sirex** *nm* ENTOM Insecte hyménoptère au dimorphisme sexuel très marqué, dont la femelle perfore l'écorce des conifères pour y pondre. ETY Mot lat.

**Sirey Jean-Baptiste** (Sarlat, 1762 – Limoges, 1845), juriste français. Son *Recueil des lois et arrêts* (1800) est encore tenu à jour.

**Sirice (saint)** (Rome, v. 320 – id., 399), pape de 384 à 399 ; auteur de la prem. ordonnance sur la discipline ecclésiastique.

**Sirius** système double d'étoiles du Grand Chien proche de la Terre (8,8 années de lumière). L'étoile bleue est la plus brillante du ciel. La naine blanche, invisible à l'œil nu, gravite autour de l'étoile bleue en un peu plus de 50 ans. – *Point de vue de Sirius :* point de vue de celui qui voit les choses de très haut, de trop haut.

**Sirk Claus Detlev Sierck,** dit **Douglas** (Skagen, Danemark, 1900 – Lugano, 1987), cinéaste américain d'origine danoise : *Écrit sur du vent* (1957) ; *le Temps d'aimer et le Temps de mourir* (1958).

**Sirmione** com. d'Italie (Lombardie), au S. du lac de Garde ; 4 470 hab. Stat. estivale. – Ruines romaines. Château XII^e s.

**sirocco** *nm* Vent chaud et sec, chargé de poussière, qui vient des déserts africains et souffle en Algérie, en Tunisie, en Sicile. ETY De l'ar.

**Sironi Mario** (Sassari, 1885 – Milan, 1961), peintre italien : vues de faubourgs comportant des éléments imaginaires.

**sirop** *nm* **1** Solution concentrée de sucre additionnée ou non de substances aromatiques ou médicamenteuses. *Sirop de citron. Sirop d'érable.* **2 Belgique** Mélasse obtenue à partir de jus de pommes, de poires ou de betteraves. **3 fig** Chose douceâtre, mièvre. ETY De l'ar. *charāb,* « boisson ».

**siroperie** *nf* **Belgique** Fabrique de sirop.

**siroter** *v* ① **A** *vt* **fam** Boire à petites gorgées, en prenant son temps. **B** *vi* **fam** Boire. *Dès onze heures, elle sirote.*

**sirtaki** *nm* Danse populaire grecque.

**sirupeux, euse** *a* **1** Qui a la consistance du sirop. **2 fig, péjor** D'une douceur mièvre.

**Sirven Pierre-Paul** (Castres, 1709 – Suisse, 1777), protestant français accusé du meurtre de sa fille, qui s'était suicidée en 1762. Condamné à mort (1764), il s'enfuit en Suisse. Voltaire obtint son acquittement (1771).

**sirventès** *nm* LITTER Au Moyen Âge, poème de circonstance, souvent satirique, en langue d'oc. PHO [sirvɛ̃tɛs] ETY Du provenç. *sirvent,* « serviteur ». VAR **sirvente**

**sis, sise** *a* DR litt Situé. *Un domaine sis dans telle commune.* PHO [si, siz]

**sisal** *nm* Agave (amaryllidacée) dont les feuilles donnent une fibre textile très résistante ; cette fibre elle-même. PLUR sisals. ETY D'un n. pr.

**sisalerie** *nf* Usine où l'on traite le sisal.

**Sisley Alfred** (Paris, 1839 – Moret-sur-Loing, 1899), peintre anglais de l'école impressionniste française. Il peignit surtout des paysages d'Île-de-France.

**Alfred Sisley** *le Village de Voisins*, 1874 – musée d'Orsay, Paris

**sism(o)-** Élément, du gr. *seismos,* « secousse, tremblement ». VAR **séism(o)-**

**sismicité** *nf* GEOL Fréquence et intensité des séismes dans une région. VAR **séismicité**

**sismique** *a* Relatif aux séismes. *Secousse sismique.* VAR **séismique**

**sismogénique** *a* GEOL Se dit des failles actives qui peuvent provoquer des séismes.

**sismogramme** *nm* Enregistrement graphique donné par le sismographe.

**sismographe** *nm* GEOL Appareil enregistrant la fréquence et l'amplitude des séismes.

**sismographie** *nf* GEOL Étude des mouvements du sol enregistrés par les sismographes. DER **sismographique** *a*

**sismologie** *nf* GEOL Étude des séismes. VAR **séismologie** DER **sismologique** *a* – **sismologue** *n*

**Sismondi Jean Charles Léonard Simonde de** (Genève, 1773 – id., 1842), historien et économiste suisse d'origine italienne. Son dirigisme influença Marx : *Nouveaux Principes*

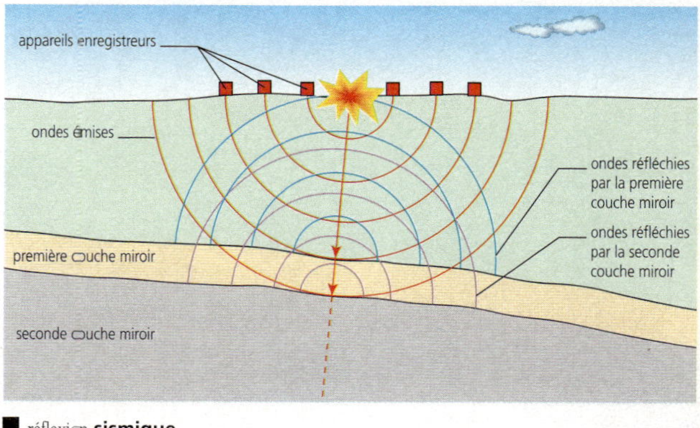


réflexion **sismique**

*d'économie politique* (1819), *Études sur l'économie politique* (1837).

**sismotectonique** *nf, a* GEOL Étude des failles actives, visant à la prévision des séismes.

**sismothérapie** *nf* PSYCHIAT Traitement par électrochoc.

**Sīstān** → **Séistan.**

**Sisteron** ch.-l. de cant. des Alpes-de-Haute-Provence (arr. de Forcalquier), sur la Durance ; 6 964 hab. Centrale hydroélectrique. – Égl. (XIIe s.). Ruines de remparts (XIVe s.). Citadelle (XIIIe-XVIIIe s.). DER **sisteronais, aise** *a, n*

**sister-ship** *nm* Navire construit exactement sur le même modèle qu'un autre. Syn. (recommandé) *navire-jumeau.* PLUR sister-ships. PHO [sistsɛʀʃip] VAR **sistership**

**sistre** *nm* Instrument de musique à percussion, constitué de coquilles ou de pièces de métal enfilées sur des branches.

**sisymbre** *nm* BOT Plante herbacée (crucifère) aux fleurs jaunes et aux feuilles profondément découpées. ETY Du gr.

**Sisyphe** dans la myth. gr., roi de Corinthe, fils d'Éole. Il fut condamné à rouler éternellement, dans les Enfers, jusqu'au sommet d'une montagne un rocher qui en retombait aussitôt.

**sitar** *nm* Instrument de musique à cordes pincées, long manche et caisse de résonance hémisphérique originaire du N. de l'Inde. ETY Mot hindi. DER **sitariste** *n*

**sitcom** *nf* Série télévisée présentant des scènes de la vie quotidienne. PHO [sitkɔm] ETY Acronyme pour l'angl. *situation comedy.*

**site** *nm* **1** Lieu, tel qu'il s'offre aux yeux de l'observateur ; paysage, envisagé quant à sa beauté. *Site classé.* **2** Configuration, envisagée du point de vue pratique, économique, du lieu où est édifiée une ville. **3** ARCHEOL Lieu où se trouvent des vestiges. **4** Lieu où se déroule une activité économique ; implantation industrielle. **5** Lieu virtuel du réseau Internet défini par une adresse électronique. **6** BIOL Partie d'un gène séparable des éléments voisins et susceptible de produire une mutation de l'organisme. LOC ARTILL, TECH ***Angle de site*** **:** formé par l'horizontale et la direction visée. — TRANSP ***Site propre*** **:** partie réservée à la circulation des véhicules d'un moyen de transport déterminé. ETY Du lat.

**sit-in** *nm inv* Manifestation non violente dans laquelle les participants occupent un endroit public en s'asseyant par terre. ETY Mot angl.

**sitone** *nm* Charançon nuisible aux petits pois et à d'autres légumineuses.

**sitostérol** *nm* CHIM Stérol très répandu chez les plantes.

**sitôt** *av, prép* **A** *av* **1** vx Aussi promptement. *« Quoi donc, elle devait périr sitôt ! »* (Bossuet). **2** Aussitôt. *Sitôt dit, sitôt fait.* **B** *prép* fam Dès. *Sitôt mon arrivée je lui téléphonerai.* LOC ***Pas de sitôt*** ou ***pas de si tôt*** **:** pas avant longtemps. — ***Sitôt que*** (+ indic.) **:** dès que.

**Sitruk** Joseph (Tunis, 1944), rabbin français ; élu grand rabbin de France en 1987, réélu en 1994.

**sittelle** *nf* Passereau (sittidé) grimpeur, à long bec et à pattes courtes, qui niche dans des trous d'arbres. ETY Du gr. *sittê,* « pivert ».

**Sitter** Willem de (Sneek, 1872 – Leyde, 1934), astronome néerlandais. En 1917, il opposa au modèle cosmologique d'Einstein un Univers dont la densité est nulle.

**sittidé** *nm* Oiseau passériforme insectivore tel que la sittelle et le tichodrome.

**Sitting Bull** (« Taureau assis ») (Grand River, Dakota du Sud, v. 1834 – Fort Yates, Dakota du Nord, 1890), nom angl. de Tatanka Iyotake, chef des Sioux du Dakota. En 1876, il vainquit le général Custer à Little Big Horn. Il fut vaincu en 1890.

**Sittwe** (anc. *Akyab*), v. et port de Birmanie, sur le golfe du Bengale ; 143 215 hab.

**situation** *nf* **1** Position, emplacement d'une ville, d'une maison, d'un terrain. **2** Ensemble des conditions dans lesquelles se trouve qqn à un moment donné. *Situation pécuniaire, familiale.* **3** Emploi qui confère une position sociale assez élevée. *Avoir une belle situation.* **4** État des affaires ; conjoncture. *La situation économique, politique.* **5** FIN Tableau indiquant l'actif et le passif d'une entreprise à une date donnée. **6** Moment important de l'action, dans une œuvre littéraire. LOC ***En situation*** **:** dans des circonstances réelles et concrètes. — ***Être en situation de*** (+ inf.) **:** pouvoir.

chapelle **Sixtine** : voûte décorée par Michel-Ange (1508-1512)

**Situation de la classe laborieuse en Angleterre (la)** essai d'Engels (1845).

**situationnel, elle** *a* LING Qui concerne la situation psychologique, sociale, historique du locuteur.

**situationnisme** *nm* Mouvement de contestation philosophique, esthétique et politique, créé en 1957, dans la lignée du marxisme et du surréalisme. DER **situationniste** *a, n*

**Situations** ensemble (10 vol., 1947-1976) d'articles et d'essais de Sartre.

**situer** *vt* ① **1** Placer dans un certain endroit ou d'une certaine manière. *La maison située près de la rivière.* **2** Déterminer la place de qqch, de qqn, dans l'espace, dans le temps, dans un ensemble organisé. *Où situez-vous cette ville ?* ETY Du lat.

**Si tu t'imagines** chanson de Queneau (1949, mus. de J. Kosma) et titre d'un recueil de poèmes (1952).

**Siva** → **Çiva.**

**sivaïsme** → **shivaïsme.**

**Sivas** v. de Turquie (Anatolie), sur le Kizil Irmak ; 198 550 hab. ; chef-lieu de l'il du m. nom. Mines de cuivre. – Archevêché. Mosquée XIIe s. ; médersas XIIIe s.

**SIVOM** *nm* ADMIN Regroupement de communes pour des actions concertées. ETY Sigle de *Syndicat intercommunal à vocation multiple.*

**SIVU** *nm* ADMIN Regroupement de communes pour une action spécifique. ETY Sigle de *Syndicat intercommunal à vocation unique.*

**Siwa** oasis située au N.-O. de l'Égypte. Alexandre le Grand vint y consulter l'oracle du dieu Amon. VAR **Siouah**

**Siwaliks (chaîne des)** chaîne de montagnes de l'Inde et du Népal, située au N. de la plaine du Gange ; altitude moyenne : 800 m-1 200 m.

**six** *a num, nm inv* **A** *a num* **1** Cinq plus un (6). *Un vers de six pieds.* **2** Sixième. *Charles VI.* **B** *nm inv* Le nombre six. PHO [sis,si] devant une consonne, [siz] devant une voyelle ou un *h* muet.

**Six (groupe des)** groupe formé en 1918 par six compositeurs français néoclassiques : G. Auric, L. Durey, A. Honegger, D. Milhaud, F. Poulenc et G. Tailleferre.

**sixain** → **sizain.**

**Six-Fours-les-Plages** ch.-l. de cant. du Var (arr. de Toulon), dans la presqu'île du cap Sicié ; 32 742 hab. Stat. balnéaire. DER **six-fournais, aise** *a, n*

**six-huit** *nm inv* MUS Mesure à deux temps ayant la noire pointée (ou trois croches) pour unité de temps. *Mesure à six-huit (6/8).* PHO [sisɥit]

**sixième** *a, n* **A** *a num ord, n* Dont le rang est marqué par le nombre 6. *Le sixième jour. Habiter au sixième étage. La sixième du palmarès.* **B** *nf* Première classe du premier cycle de l'enseignement secondaire. *Entrer en sixième.* **C** *nm* Chaque partie d'un tout divisé en six parties égales. *Le sixième d'une somme.* PHO [sizjɛm] DER **sixièmement** *av*

**Six Jours (guerre des)** nom donné à la troisième des guerres israélo-arabes, remportée par Israël (5-10 juin 1967).

**Six-Nations (tournoi des)** tournoi annuel de rugby créé en 1910, qui opposait alors (tournoi des *Cinq-Nations*) l'Angleterre, l'Écosse, la France, l'Irlande et le pays de Galles ; en 2000, l'Italie les a rejoints.

**Six Personnages en quête d'auteur** comédie en 3 actes de Pirandello (1921), pièce de théâtre dans le théâtre.

**six-quatre-deux (à la)** *av* fam À la hâte, sans soin. SYN à la va-vite.

**sixte** *nf* **1** MUS Intervalle de six degrés. **2** Sixième degré d'une gamme diatonique. **3** SPORT En escrime, parade avec la lame dirigée vers le haut.

**Sixte** nom de 5 papes. — **Sixte II** (saint) (en Grèce, ? – Rome, 258), pape de 257 à 258 ; martyrisé. — **Sixte III** (saint) (Rome, ? – id., 440), pape de 432 à 440 ; il fit restaurer la basilique Sainte-Marie-Majeure. — **Sixte IV** (Francesco Della Rovere) (Celle Ligure, 1414 – Rome, 1484), pape de 1471 à 1484. Il fit construire au Vatican la chapelle Sixtine. — **Sixte V**, dit Sixte Quint (Felice Peretti) (Grottammare, 1520 – Rome, 1590), pape de 1585 à 1590. Il travailla à l'édition dite sixtine de la Vulgate (1590). Il excommunia Henri de Navarre, le futur Henri IV (1585).

**sixties** *nf pl* fam Les années 1960. *La mode des sixties.* PHO [sikstiz] ETY Mot angl.

**Sixtine** (chapelle) chapelle du palais du Vatican construite en 1473, sous Sixte IV, par Giovanni de Dolci et décorée de fresques de Signorelli, Botticelli, Ghirlandaio, le Pérugin, il Pinturicchio et Michel-Ange.

**sixtus** *nm* Suisse Pince à cheveux. PHO [sikstys]

**Siyaad Barre** Muhammad (Garbaharrey, 1921 – Lagos, 1995), officier et homme politique somalien. En 1969 un putsch lui donna le pouvoir. Il fut renversé en 1991.

**Siza** Alvaro (Matosinhos, 1933), architecte portugais. Son classicisme s'inscrit dans une vision sociale et le respect des traditions régionales.

**sizain** *nm* **1** LITTER Strophe de six vers. **2** JEU Paquet de six jeux de cartes. PHO [sizɛ̃] VAR **sixain**

**sizerin** *nm* Petit oiseau (fringillidé) voisin du chardonneret, à calotte rouge, fréquent au Canada. ETY Du flamand *sijsje*, « serin ».

**Sjælland** (en all. *Seeland*), la plus étendue (7 439 km$^2$) et la plus peuplée (2 139 000 hab.) des îles danoises, en Baltique. Sol fertile. Élevage intensif. Pêche. Industries à Copenhague.

**Sjöström** Victor (Silbodal, 1879 – Stockholm, 1960), cinéaste suédois : *les Proscrits* (1917), *la Voix des ancêtres* (1918), *la Charrette fantôme* (1920) ; sous le nom de Seastrom, *la Lettre écarlate* (1926) et *le Vent* (1928).

**ska** *nm* Style musical dérivé du reggae et du rock, en vogue au début des années 80.

**Skagerrak (le)** détroit reliant la mer du Nord au Kattégat, entre Norvège et Danemark.

**skaï** *nm* Matière synthétique imitant le cuir. ETY Nom déposé.

**Skanderbeg** → **Scanderbeg.**

**skat** *nm* Jeu de cartes d'origine allemande, très populaire en Alsace. PHO [skat] ETY Mot all.

**skateboard** *nm* Syn (déconseillé) de *planche à roulettes.* PHO [skɛtbɔʀd] ETY Mot angl. VAR **skate** DER **skateboardeur, euse** ou **skateur, euse** *n*

**skatepark** *nm* Espace aménagé pour la pratique de la planche à roulettes et du roller. PHO [skɛtpaʀk] ETY Mot angl.

**skateur** → **skating, skateboard.**

**skating** *nm* **1** Patinage à roulettes. **2** Style de ski de fond rappelant le pas des patineurs. PHO [sketiŋ] ETY Mot angl. DER **skateur, euse** *n*

**skeet** *nm* Épreuve olympique de tir au fusil sur des plateaux d'argile. PHO [skit] ETY Mot angl.

**skeleton** *nm* Sorte de luge sur laquelle le conducteur est allongé à plat ventre, la tête en avant ; sport pratiqué avec cet engin SYN luge canadienne. PHO [skəletɔn] ETY Mot angl., du gr.

**sketch** *nm* Petite scène, généralement gaie, jouée au théâtre, au music-hall. PLUR sketchs ou sketches. PHO [skɛtʃ] ETY Mot angl., « esquisse ».

**Skhirra (La)** port pétrolier de Tunisie, au N. de Gabès ; terminal d'oléoducs.

**ski** *nm* **1** Long patin de bois, de fibre de verre, à l'extrémité antérieure (*spatule*) relevée, utilisé pour glisser sur la neige, sur l'eau. **2** Sport pratiqué sur skis. *Faire du ski.* LOC ***Ski alpin*** : pratiqué sur des pistes aménagées, en pente raide. — ***Ski artistique*** : discipline comportant des figures de ballet, des sauts acrobatiques et des descentes de champs de bosses. — ***Ski de fond*** : pratiqué sur de longues distances et sur des terrains de faible dénivellation. — ***Ski nautique*** : sport nautique qui se pratique sur un ou deux skis. ETY Mot norvég.

**ski** épreuve de slalom

**ski nautique**

**skiable** *a* Où l'on peut skier.

**ski-alpinisme** *nm* Sport de compétition combinant le ski de randonnée et l'escalade, qui se pratique par équipe de deux.

**skiascopie** *nf* MED Examen de l'ombre portée par la pupille sur la rétine, qui permet de déterminer le degré de réfraction de l'œil. ETY Du gr.

**skicross** *nm* Compétition de ski sur un tracé très technique, ponctué de virages relevés, de sauts et de bosses.

**skidoo** *nm* Canada Motoneige. PHO [skidu] ETY Nom déposé.

**skier** *vi* ② Pratiquer le ski. DER **skieur, euse** *n*

**skiff** *nm* Bateau de course, long et très étroit, pour un seul rameur. VAR **skif**

**Skikda** (anc. *Philippeville*), port pétrolier de l'Algérie orient. ; 130 880 hab. ; ch.-l. de wilaya.

**skimmia** *nm* Arbuste ornemental (rutacée), à grappes de fruits rouges et brillants.

**skinhead** *n, a* Marginal adhérant à des thèses extrémistes de droite, xénophobe, ayant le crâne rasé et une tenue évoquant l'uniforme militaire. PHO [skinɛd] ETY Mot angl. VAR **skin**

**Skinner** Burrhus Frederic (Susquehanna, 1904 – Cambridge, 1990), psychologue américain, béhavioriste ; il mit au point l'enseignement programmé.

**1 skipper** *n* **1** Chef de bord d'un yacht. **2** Barreur d'un bateau à voiles de régate. PHO [skipœʀ] ETY Mot angl. VAR **skippeur, euse**

**2 skipper** *vt* ① Être le skipper d'un bateau.

**Skolem** Thoralf (Sandsvaer, 1887 – Oslo, 1963), mathématicien norvégien : travaux sur la théorie des ensembles.

**skons, skunks** → **sconse.**

**Skopje** cap. de la Macédoine, sur le Vardar ; 570 000 hab. (aggl.). Industries. – Université. – Séisme destructeur en 1963. VAR **Skoplje** DER **skopiote** *a, n*

**Skriabine** → **Scriabine.**

**skua** *nm* Stercoraire des îles Kerguelen, carnivore au bec et aux griffes acérées.

**skydome** *nm* Ouverture vitrée au plafond d'une pièce. PHO [skajdom] ETY Mot angl.

**Skye** une des îles Hébrides (G.-B.), près du rivage de l'Écosse ; 1 650 km$^2$ ; 7 500 hab. ; ville princ. *Portree.* Élevage ovin. Tourisme.

**skye-terrier** *nm* Chien terrier à longs poils. PLUR skye-terriers. PHO [skajteʀje] ETY Mot angl.

**Skylab** station orbitale amér. (1973-1979).

**skyline** *nm* Paysage présenté par le profil des gratte-ciels des cités américaines, canadiennes, etc. PHO [skajlajn] ETY Mot amér.

**Skýros** île grecque de la mer Égée ; 210 km$^2$ ; 2 300 hab. ; ch.-l. *Skýros.*

**skysurf** *nm* Saut en chute libre d'un parachutiste monté sur une planche de surf. PHO [skajsœʀf] VAR **skysurfing** DER **skysurfeur, euse** *n*

**slalom** *nm* **1** SPORT Descente à skis sur un parcours sinueux jalonné de piquets qui figurent des portes. **2** Parcours sinueux entre des obstacles. LOC ***Slalom géant*** : sur un parcours long. — ***Slalom spécial*** : sur un parcours plus court, aux portes plus rapprochées, et couru en deux manches. DER **slalomer** *vi* ① – **slalomeur, euse** *n*

**slam** *nm* Improvisation poétique mêlant harangue et expression corporelle. ETY De l'angl. *to slam*, « claquer ». DER **slameur, euse** *n*

**slang** *nm* Argot anglais. PHO [slɑ̃g]

**Slánský** Rudolf (Nezvěstice, Bohême, 1901 – Prague, 1952), homme politique tchécoslovaque. Secrétaire général du Parti communiste (1945-1951), il fut accusé de complot et exécuté.

**slap** *nm* MUS Sonorité percutante obtenue en lâchant brusquement les cordes d'une guitare basse. ETY Mot angl.

**slapstick** *nm* CINE Petit film comique américain, reposant sur une succession de gags. ETY Mot angl.

**slash** *nm* Caractère typographique en forme de barre oblique, servant à séparer des éléments. PHO [slaʃ] ETY Mot angl.

**Slauerhoff** Jan Jacob (Leenwarden, 1898 – Hilversum, 1936), écrivain néerlandais. Ses poèmes (d'abord influencés par Rimbaud) et romans expriment la fascination de l'ailleurs.

**slave** *a, nm* Se dit des langues indo-européennes parlées dans l'est et centre de l'Europe (bulgare, polonais, russe, serbo-croate, slovaque, slovène, tchèque, etc.). ETY Du lat.

**Slavejkov** Petko (Tărnovo, v. 1827 – Sofia, 1895), écrivain bulgare ; promoteur du renouveau des lettres dans son pays.

**Slaves** ensemble de peuples parlant des langues indo-européennes du groupe slave. On distingue les Slaves orientaux (Russes, Ukrainiens, Biélorusses), les Slaves occidentaux (Polonais, Tchèques, Slovaques) et les Slaves du Sud, ou méridionaux (Serbes, Croates, qui parlent le serbo-croate, Bulgares, Slovènes, Macédoniens). DER **slave** *a*

**slavisant, ante** *n* Linguiste spécialiste des langues slaves. VAR **slaviste**

**slaviser** *vt* ① didac Rendre slave.

**slavistique** *nf, a* Étude des langues slaves.

**slavon** *nm* LING Chacune des langues liturgiques nationales des Slaves orthodoxes, dérivées du vieux slave. *Le slavon bulgare, serbe.*

**Slavonie** (en serbo-croate *Slavonija*), rég. de la Croatie, entre la Drave, la Save et le Danube. – Les Serbes, majoritaires, ont, à partir d'août 1991, provoqué l'exil de plusieurs milliers de Croates. En 1998, la Croatie a recouvré la Slavonie.

**slavophile** *a, n* HIST Se dit d'un partisan de la tradition slave en Russie au XIXe s., par oppos. au modèle de l'Europe occidentale.

**sleeping** *nm* vieilli Wagon-lit. (PHO) [slipiŋ] (ETY) Mot angl. (VAR) **sleeping-car**

**Slesvig** → **Schleswig-Holstein.**

**slice** *nm* Effet latéral donné à une balle de tennis ou de golf. (PHO) [slajs] (ETY) Mot angl. (DER) **slicer** *vt* ⑫

**slikke** *nf* GEOMORPH Vase déposée par les marées ; partie du littoral où elle se dépose (par oppos. au *schorre*). (ETY) Mot néerl.

**slim** *a, nm* Se dit d'un pantalon moulant et serré aux chevilles. (ETY) Mot angl., « mince ».

**1 slip** *nm* MAR Plan incliné destiné à tirer au sec les navires de faible tonnage. (ETY) Mot angl.

**2 slip** *nm* Culotte très courte et ajustée servant de sous-vêtement. (ETY) De l'ang. *to slip*, « glisser ».

**Slipher Vesto Melvin** (Mulberry, 1875 – Flagstaff, 1969), astrophysicien américain : travaux sur les nébuleuses et les galaxies.

**Sliven** ville de la Bulgarie orientale ; 102 420 hab. ; ch.-l. de distr. Industries.

**Slochteren** ville des Pays-Bas (Groningue) ; 15 000 hab. Gaz naturel.

**Slocum Joshua** (Wilmot, 1844 – en mer, 1909), navigateur américain. Il a réalisé le premier tour du monde en solitaire (1895-98).

**Slodtz Sébastien** (Anvers, 1655 – Paris, 1726), sculpteur français d'origine flamande. — **René Michel,** dit Michel-Ange (Paris, 1705 – id., 1764), fils du préc., il travailla pour la cour de France : décors de style baroque.

**slogan** *nm* Formule brève et frappante que l'on réitère à des fins persuasives. *Slogan publicitaire.* (ETY) Du gaélique *sluagh*, « troupe », et *gairm*, « cri ».

**sloop** *nm* MAR Bateau à voiles à un mât ne gréant qu'un foc à l'avant. (PHO) [slup] (ETY) Du néerl.

**sloughi** *nm* Lévrier à poil ras, originaire d'Afrique du Nord. (PHO) [slugi] (ETY) Mot ar.

**slovaque** *nm* Langue slave du groupe occidental, officielle en Slovaquie.

**Slovaquie** (*Slovenska Republika*), État d'Europe de l'Est, frontalier de la Pologne au nord, de l'Ukraine à l'est, de la Hongrie au sud et de la Rép. tchèque à l'ouest ; 48 630 km$^2$ ; 5,4 millions d'hab. ; cap. *Bratislava.* Nature de l'État : rép. parlementaire. Langue off. : slovaque, Monnaie : euro. Pop. : Slovaques (81,8 %) ; Hongrois (10,8 %). Relig. : catholicisme majoritaire (60,2 %). (DER) **slovaque** *a, n*

**Géographie** Cette région montagneuse et boisée s'étend sur les Carpates et comprend quelques plaines. Le climat est continental. Ressources traditionnelles : forêts, céréales, élevage. Les industries se sont développées depuis 1945 grâce à l'hydroélectricité et au fer.

**Histoire** Le pays des Slaves Slovaques fait partie de la Grande-Moravie (IXe s.), puis tombe aux mains des Magyars (XIe s.). Un nationalisme slovaque s'éveille au XVIIIe s., et se manifeste au XIXe s. contre la Hongrie (dont la Slovaquie dépend, au sein de l'Autriche-Hongrie). Quand l'Autriche-Hongrie disparaît (1918), la Slovaquie est unie à la Bohême et à la Moravie dans la Tchécoslovaquie. Un courant séparatiste est animé par l'abbé Hlinka puis par Mgr Jozef Tiso. En 1939, Hitler intervient et Tiso proclame l'« indépendance » sous la « protection » nazie (mars 1939). En 1945, la Slovaquie retourne à la Tchécoslovaquie. Le 1er janv. 1969, elle bénéficie du statut d'État fédéré. L'effondrement du socialisme (fin 1989) en Tchécoslovaquie fait renaître le nationalisme slovaque.

**L'INDÉPENDANCE** La souveraineté de la rép. slovaque a été proclamée en 1992. En 1993, Michel Kovac, candidat off. du parti de Vladimir Meciar (artisan de l'indép., Premier ministre), est élu prés. de la République. En 1998, V. Meciar cumule les fonctions de Premier ministre et de président quand Kovac démissionne, puis il perd les élections. Un chrétien-démocrate, Mikulas Dzurinda, devient Premier ministre. En 1999, Rudolf Schuster est élu président (au suffrage universel, pour la prem. fois). En 2000, V. Meciar suscite un référendum sur des élections anticipées ; c'est un échec, qui conforte le gouv. dans sa politique d'austérité et de réformes économiques résolument libérales. En 2004, la Slovaquie entre dans l'UE et dans l'OTAN. Cette même année, Ivan Gasparovic est élu prés. (réélu en 2009). La Slovaquie adopte l'euro en janvier 2009. Le libéral Andrej Kiska est élu président en 2014.

▶ carte République **tchèque**

**slovène** *nm* Langue slave des Slovènes, apparentée au serbo-croate.

**Slovénie** (*Republika Slovenija*), État d'Europe, frontalier de l'Autriche au nord, de la Hongrie et de la Croatie à l'est, de l'Italie à l'ouest ; l'une des républiques fédérées de Yougoslavie jusqu'en 1992 ; 20 255 km$^2$ ; 2,1 millions d'hab. ; cap. *Ljubljana.* Nature de l'État : rép. parlementaire. Langue off. : slovène. Monnaie : euro. Religion : catholicisme (96,2 %). (DER) **slovène** *a, n*

**Géographie** Dans cette région de montagnes et de plateaux, l'agric. est forte : pommes de terre, élevage bovin et ovin. L'industrie a bénéficié des infrastructures implantées par l'Autriche et de richesses hydroélectr. et minières : houille, lignite, mercure, plomb, etc.

**Histoire** Slaves venus de l'Est, les Slovènes s'installèrent dans le pays au VIe s. Du XIIIe au XVe s., les Habsbourg annexèrent celui-ci, le divisèrent et tentèrent de le germaniser. L'admin. française (notam. de 1809 à 1813 dans les Provinces illyriennes) a fait naître le sentiment national. La Slovénie retourna à l'Autriche en 1814. Certains nationalistes prônèrent l'union avec les Slaves du Sud. En 1918 naissait le royaume des Serbes, Croates et Slovènes, future Yougoslavie. En 1941, Hitler divisa la Slovénie entre l'Allemagne, l'Italie et la Hongrie. En 1945, la Yougoslavie fut reconstituée.

**L'INDÉPENDANCE** En fév. 1990, les communistes slovènes, adversaires des communistes serbes, fondèrent le Parti du renouveau démocratique (PRD). En avril 1990, les premières élections libres ne donnèrent pas la victoire au PRD, mais son leader, Milan Kučan, fut élu président de la Rép. Le 25 juin 1991, comme la Croatie, la Slovénie proclama son indépendance. Les élections de déc. 1992 donnèrent le pouvoir à une coalition de centre gauche, dirigée par Janez Drnovsek (leader du Parti libéral démocrate slovène : LDS), et confirmèrent le président Kučan. Drnovsek remporta les élections de 1996 et Kučan fut réélu en 1997. En 2000, le LDS remporte les élections anticipées et Drnovsek forme une nouv. coalition avec des ex-communistes. En 2004, la Slovénie est entrée dans l'OTAN et dans l'UE. Elle a adopté l'euro en 2007. Cette même année, Danilo Türk (opposition de gauche) remporte haut la main les présidentielles. En 2012, il est battu par le social-démocrate Borut Pahor.

**slow** *nm* Danse à pas glissés, sur une musique lente ; cette musique. (PHO) [slo] (ETY) Mot angl.

**Słowacki Juliusz** (Krzemieniec, 1809 – Paris, 1849), poète romantique polonais : *Baniowski* (1838) ; nombr. drames.

**Sluter Claus** (Haarlem, v. 1340-1350 – Dijon, 1405 ou 1406), sculpteur hollandais. Attaché à la cour du duc de Bourgogne (1383), il créa l'école bourguignonne de sculpture.

**Claus Sluter** *Puits de Moïse*, XIVe s. – cloître de la chartreuse de Champmol, Dijon

**Sm** CHIM Symbole du samarium.

**SM** *a, n* Abrév. de *sadomasochiste* et de *sadomasochisme.*

**smala** *nf* **1** Ensemble des tentes abritant les personnes qui suivent un chef arabe dans ses déplacements. **2** fam Famille, suite nombreuse. (ETY) Mot ar. (VAR) **smalah**

**Smalkalde** (en all. *Schmalkalden*), v. d'Allemagne (Thuringe) ; 19 500 hab. – En 1531, la *ligue de Smalkalde* groupa contre Charles Quint les villes et les princes réformés d'Allemagne ; elle reçut l'appui de la France mais fut vaincue à Mühlberg (1547).

**Smalkalde (articles de)** texte fondateur du luthéranisme, rédigé par Luther en 1537, à la demande de la ligue de Smalkalde.

**Smalley Richard Errett** (Akron, 1943 – Houston, 2005), chimiste américain. Avec R. Curl Jr et H. Kroto, il découvrit les fullerènes et obtint avec eux le prix Nobel 1996.

**smalt** *nm* **1** MINER Silicate bleu de cobalt. **2** TECH Verre coloré en bleu par l'oxyde de cobalt. (ETY) De l'ital. *smalto*, « émail ».

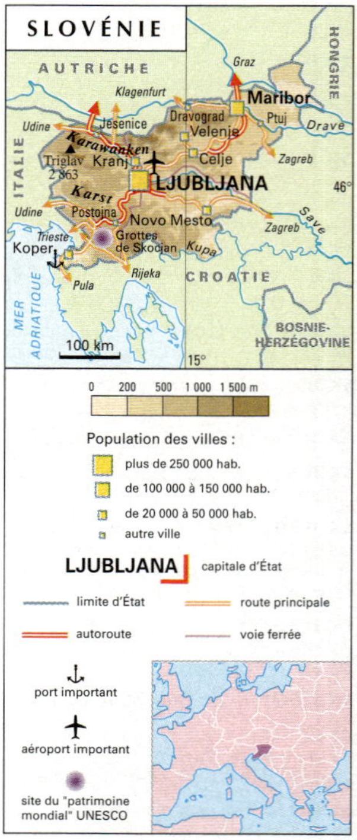

**smaltite** *nf* MINER Arséniure de cobalt.

**smaragdin, ine** *a* litt D'un vert émeraude. ETY Du gr.

**smaragdite** *nf* MINER Hornblende vert émeraude.

**smart** *a inv* fam Élégant, chic. PHO [smaʀt] ETY Mot angl.

**smartphone** *nm* Téléphone portable intégrant des applications informatiques et multimédias. PHO [smaʀtfɔn] ETY Mot angl.

**smasher** *vi* ① Au tennis, au ping-pong, au volley-ball, rabattre violemment une balle haute. PHO [sma(t)ʃe] ETY De l'angl. DER **smash** *nm*

**SME** *nm* Sigle de *système monétaire européen.*

**smectique** *a* PHYS, CHIM Se dit d'un des états mésomorphes de certains cristaux liquides. LOC *Argile smectique :* terre à foulon servant à dégraisser la laine. ETY Du gr. *smêgma,* « savon ».

**smegma** *nm* MED Matière blanche qui s'accumule dans les replis des organes génitaux externes. ETY Mot gr.

**Smerdis** prince perse ; second fils de Cyrus II le Grand. Il fut mis à mort par son frère Cambyse II. VAR **Bardiya**

**Smetana** Bedřich (Litomyšl, 1824 – Prague, 1884), compositeur et pianiste tchèque. Il exalta le sentiment national : *la Fiancée vendue* (opéra, 1866-1870), *Ma patrie* (poèmes symphoniques comprenant la célèbre *Moldau,* 1874-1879).

**SMIC** *nm* Acronyme de *salaire minimum interprofessionnel de croissance.*

**smicard, arde** *n* fam Travailleur payé au SMIC.

**smicardisation** *nf* ECON Généralisation du SMIC dans un secteur de l'économie.

**smiley** *nm* Sorte d'idéogramme, composé avec les signes du clavier, employé par les utilisateurs du réseau Internet. SYN émoticône, frimousse, binette. PHO [smajlε] ETY De l'angl. *smile,* « sourire ».

**smille** *nf* CONSTR Marteau à deux pointes des tailleurs de pierre. PHO [smij]

**smiller** *vt* ① Dégrossir du moellon, du grès, à la smille. DER **smillage** *nm*

**Smith** Adam (Kirkcaldy, 1723 – Édimbourg, 1790), économiste écossais. Son œuvre princ., *Recherches sur la nature et les causes de la richesse des nations* (1776), est le premier grand traité du capitalisme libéral.

**Smith** Joseph (Sharon, Vermont, 1805 – Carthage, Illinois, 1844), fondateur du mouvement religieux des mormons. Il fut lynché.

**Smith** Elizabeth, dite Bessie (Chattanooga, Tennessee, 1894 – Clarksdale, Mississippi, 1937), chanteuse américaine, l'« impératrice du blues » : *Saint Louis Blues* (1925).

Adam Smith

Bessie Smith

**Smith** David (Decatur, Indiana, 1906 – Bennington, Vermont, 1965), sculpteur américain : structures métalliques.

**Smith** Ian Douglas (Selukwe, 1919 – Le Cap, 2007), homme politique rhodésien. Premier ministre en 1964, il rompit avec la G.-B. en proclamant l'indépendance du pays (1965), où il maintint la ségrégation raciale, mais il ne put s'opposer à la naissance du Zimbabwe.

**Smith** Michael (Blackpool, 1932 – Vancouver, 2000), biochimiste canadien. Il a accompli des manipulations génétiques destinées à étudier diverses protéines. Prix Nobel 1993.

**Smith** Patricia Lee dite Patty (Chicago, 1946), musicienne américaine de rock (*Horses,* 1975).

**smithsonite** *nf* MINER Carbonate naturel de zinc. PHO [smitsɔnit] ETY D'un n. pr.

**smocks** *nm pl* COUT Fronces à plusieurs rangs rebrodées sur l'endroit. PHO [smɔk] ETY Mot angl. DER **smocké, ée** *a*

**smog** *nm* Brouillard épais et mêlé aux polluants atmosphériques. ETY Mot angl.

**smoking** *nm* **1** Costume d'homme comportant une veste à revers de soie et un pantalon garni sur chaque jambe d'une bande de même tissu. **2** Ensemble féminin constitué d'une veste noire et d'un gilet sur un pantalon ou une jupe. PHO [smɔkiŋ] ETY De l'angl. *smoking-jacket,* « veste d'intérieur ».

**Smolensk** v. de Russie, sur le Dniepr ; 331 000 hab. Industries. – La Russie, la Pologne et la Lituanie se disputèrent la ville jusqu'en 1654. Les Allemands l'occupèrent (1941-1943).

**Smollett** Tobias George (Dalquhurn, 1721 – Pise, 1771), auteur anglais de romans picaresques : *les Aventures de Ferdinand, comte Fathom* (1753), *Voyage de Humphry Clinker* (1771).

**smolt** *nm* Jeune saumon, à l'âge de sa descente vers la mer. ETY Mot angl.

**smoothie** *nm* Boisson fraîche à base de fruits ou de légumes mixés avec ou sans laitage. PHO [smusi] ETY Mot angl.

**smorrebrod** *nm* CUIS Assortiment de canapés à la scandinave. PHO [smɔʀbʀɔd]

**SMR** *nm* Abrév. de *service médical rendu,* indice d'efficacité attribué aux médicaments.

**SMS** *nm* Message court laissé sur la messagerie d'un téléphone mobile. SYN minimessage, télémessage. ETY Abrév. de l'angl. *short message service.*

**SMUR** *nm* Acronyme de *service médical d'urgence et de réanimation,* organisme dépendant du SAMU.

**smurf** *nm* Danse caractérisée par des mouvements saccadés et des figures acrobatiques, et qui se pratique dans la rue. PHO [smœʀf] ETY Du n. angl. des *Schtroumpfs.*

**Smuts** Jan Christiaan (Bovenplaats, Le Cap, 1870 – Irene, près de Pretoria, 1950), général et homme politique sud-africain. Il combattit dans les rangs boers, participa à la formation de l'État sud-africain (1910), fut Premier ministre au Cap, de 1919 à 1924, puis de 1939 à 1948.

**Smyrne** → **Izmir.**

**Sn** CHIM Symbole de l'étain.

**snack-bar** *nm* Café-restaurant où l'on sert rapidement des repas à toute heure. PLUR snack-bars. ETY De l'amér. VAR **snack** *nm*

**snacking** *nm* Habitude alimentaire consistant à manger des snacks entre les repas. SYN grignotage. PHO [snakiŋ] ETY Mot angl.

**snacks** *nm pl* Produit alimentaire de consistance croustillante, souvent servi à l'apéritif. ETY Mot angl.

**Snake River (la)** riv. du N.-O. des É.-U. (1 450 km) affl. du Columbia (r. g.) ; naît dans le parc national de Yellowstone.

**SNCF** sigle de *Société nationale des chemins de fer français.*

**sneaker** *nm* Sandale de toile à semelle de caoutchouc. PHO [snikœʀ] ETY Nom déposé.

**Snéfrou** premier pharaon de la IV^e dynastie (v. 2730 av. J.-C.). Il fit élever les pyramides de Dachour et de Meïdoum.

**Snell Van Royen** Willebrord, dit Willebrordus Snellius (Leyde, apr. 1580 – id., 1626), savant néerlandais. Il découvrit la loi de la réfraction (que Descartes formula ensuite avec clarté).

**sniff** *nm* fam Prise de drogue en poudre par inhalation nasale. *Un sniff de coke.* PHO [snif] ETY De l'amér. DER **sniffer** *vt* ① – **sniffeur, euse** *n*

**Snijders** → **Snyders.**

**sniper** *nm* MILIT Tireur isolé embusqué. PHO [snajpœʀ] ETY Mot angl.

**snob** *n, a* Se dit de qqn qui affecte les manières, le mode de vie et le parler d'un milieu qui lui semble plus distingué que le sien et qu'il imite sans discernement. ETY Mot angl., « cordonnier ».

**snober** *vt* ① Traiter de haut, avec mépris.

**snobinard, arde** *n, a* fam, péjor Un peu snob.

**snobisme** *nm* Comportement des snobs.

**snooker** *nm* Variété de billard à poches, qui se joue avec 22 billes de couleur. PHO [snukœʀ] ETY Mot angl.

**snorkeling** *nm* Plongée avec palmes, masque et tuba. PHO [snɔʀkliŋ] ETY Mot angl.

**Snorri Sturluson** (Hvamm, v. 1179 – Reykjaholt, 1241), poète islandais : *Heimskringla* (la saga des rois de Norvège), *l'Edda* en prose.

**snowboard** *nm* Planche pour le surf des neiges ; ce sport. SYN planche à neige PHO [snobɔʀd] ETY Mot angl. DER **snowboardeur, euse** *n*

**snow-boot** *nm* vieilli Chaussure de caoutchouc portée par-dessus les souliers pour les protéger de la neige. PLUR snow-boots. PHO [snobut] ETY De l'angl. VAR **snowboot**

**Snowdon** massif de G.-B. portant le point culminant du pays de Galles (1 085 m).

**snowpark** *nm* Espace aménagé pour la pratique de divers sports de glisse. PHO [snopaʀk] ETY Mot angl.

**Snyder** Gary (San Francisco, 1930), poète américain : *l'Arrière-Pays* (1967).

**Snyders** Frans (Anvers, 1579 – id., 1657), peintre flamand, influencé par Rubens : scènes de chasse. VAR **Snijders**

**soap-opéra** *nm* Feuilleton télévisé américain. PLUR soap-opéras. PHO [sopɔpeʀa] ETY Mot amér.

**Soares** Mario (Lisbonne, 1924), homme politique portugais ; Premier ministre, socialiste (1976-1978 et 1983-1985), président de la République (1986-1996). ▶ illustr. p. 1507

**soba** *nm* CUIS Nouilles de farine de sarrasin, utilisées dans la cuisine japonaise.

**Sobibór** camp d'extermination nazi (1942-1943), implanté au S.-E. de Varsovie.

**Sobieski** → **Jean III (Pologne).**

**Soboul** Albert (Tizi-Ouzou, Algérie, 1914 – Nîmes, 1982), historien français, marxiste : *Précis d'histoire de la Révolution française* (1962).

**sobre** *a* **1** Qui boit et mange sans excès. **2** litt Qui fait preuve de discrétion, de retenue. **3** Sans fioritures ; dépouillé. *Style sobre.* ETY Du lat. DER **sobrement** *av* – **sobriété** *nf*

**sobriquet** *nm* Surnom familier, donné souvent par dérision.

**soc** *nm* Fer triangulaire d'une charrue, qui creuse le sillon. ETY Du gaul.

**socca** *nf* CUIS Galette de farine de pois chiches, spécialité niçoise.

**soccer** *nm* Nom du football au Canada et dans les pays anglophones. ETY Mot angl., de *football association,* d'après le groupe *-soc-* du deuxième mot.

**Sochaux** ch.-l. de cant. du Doubs (arr. de Montbéliard) ; 4 491 hab. Usines Peugeot. DER **sochalien, enne** *a, n*

**sociabiliser** *vt* ① Rendre sociable, intégrer dans la vie sociale. DER **sociabilisation** *nf*

**sociabilité** *nf* **1** didac Aptitude à vivre en société. **2** Fait d'être sociable. **3** SOCIOL Nature des relations entre les membres d'un groupe.

**sociable** *a* **1** didac Qui est fait pour vivre avec ses semblables. *L'homme est naturellement sociable.* **2** Qui aime à fréquenter autrui, à vivre en société ; ouvert et accommodant. *Être sociable. Avoir un caractère sociable.*

**social, ale** *a, nm* **A** *a* **1** Qui concerne la vie en société, son organisation. *Morale sociale.* **2** Qui vit en société. *L'homme, animal social.* **3** Qui concerne l'organisation de la société. *Changement social. Classes sociales.* **4** Relatif au monde du travail. *Conflits sociaux. Sécurité sociale.* **5** Qui vise à l'amélioration des conditions de vie des travailleurs. *Politique sociale. Logements sociaux.* **6** Qui a rapport à une société commerciale. *Raison sociale. Capital social.* PLUR sociaux. **B** *nm* Les questions sociales, la politique sociale. LOC ***Sciences sociales :*** qui étudient les structures et le fonctionnement des groupes humains (sociologie, psychologie sociale, droit, économie, histoire, géographie humaine, etc.). ETY Du lat.

**social-chrétien belge (parti)** parti nommé *parti catholique* jusqu'en 1945. En 1968, il s'est scindé en deux branches : wallonne et flamande *(Christelijke Volkspartij).*

**social-démocrate allemand (parti) (SPD)** parti socialiste fondé en 1875, adhérent de la Ire puis de la IIe Internationale. En 1914, il vota les crédits de guerre. En 1933, Hitler l'interdit. À l'Ouest, il se reconstitua après la Seconde Guerre mondiale et exerça plusieurs fois le pouvoir. À l'Est, il fut intégré en 1946 par le parti communiste au sein du parti socialiste unifié (SED), puis fusionna avec le SPD de l'Ouest en 1990.

**social-démocrate de Russie (parti ouvrier) (POSDR)** parti révolutionnaire russe fondé en 1898 à Minsk. Il se scinda en 1903 en une fraction majoritaire, les bolcheviks, et une fraction minoritaire, les mencheviks.

**social-démocratie** *nf* POLIT Mouvement visant à des réformes socialistes dans le cadre de la démocratie libérale. ETY De l'all. DER **social-démocrate** *a, n*

**sociale (guerre)** soulèvement des peuples d'Italie contre Rome de 91 à 88 av. J.-C. Ces peuples étaient dits *socii*, c.-à-d. associés. Marius et Sylla les vainquirent, mais la citoyenneté romaine *(civitas)* fut conférée à tous les Italiens qui reconnaissaient la domination romaine.

**socialement** *av* Relativement à la société ; du point de vue de l'organisation de la société.

**socialisant, ante** *a* Qui a des sympathies, des tendances socialistes.

**socialisation** *nf* **1** Ensemble des processus par lesquels l'individu s'intègre pendant l'enfance à la société ; apprentissage de la vie de groupe par l'enfant. **2** Appropriation des moyens de production et d'échange par la collectivité. SYN collectivisation. DER **socialiser** *vt* ①

**socialisme** *nm* Doctrine économique et politique qui préconise la disparition de la propriété privée des moyens de production et l'appropriation de ceux-ci par la collectivité. DER **socialiste** *a, n*

ENC Engels, théoricien, avec Marx, du communisme, stade suprême du socialisme, distingue deux formes : le socialisme utopique et le socialisme scientifique. Il rattache au premier toutes les tentatives philosophiques, sociales ou économiques d'organisation de la société sur des bases égalitaires. Les prédécesseurs sont nombreux : Platon, More, Morelly, Rousseau, Diderot, Mably, Fichte, Owen, Saint-Simon, Fourier, Babeuf, Cabet, Blanqui. À tous ces utopistes Engels oppose le seul marxisme, « socialisme scientifique » en ceci qu'il repose sur une analyse rigoureuse du capitalisme, auquel le socialisme succédera. Dans les faits, le mouvement socialiste se développe dans la seconde moitié du XIXe s. au sein d'un prolétariat urbain né de la grande industrie. Les dissensions internes qui avaient mené la Ire Internationale (1867-1876) à sa dissolution se manifestent entre les réformistes, majoritaires, et les révolutionnaires marxistes, adeptes de la dictature du prolétariat. Après la Première Guerre mondiale, au cours de laquelle se produisit la révolution russe de 1917, la plupart des partis socialistes du monde se scindèrent : voyant dans la Russie soviétique le premier État socialiste de l'histoire, les révolutionnaires marxistes fondèrent des partis communistes, qui se nommèrent ainsi pour se distinguer des partis socialistes. V. marxisme, communisme, Internationale, Parti socialiste, Parti communiste, etc.

**socialité** *nf* didac Comportement social de qqn, d'un groupe.

**social-libéralisme** *nm* POLIT Doctrine qui prétend concilier le socialisme et le libéralisme. DER **social-libéral, ale, aux** *a, n*

**social-révolutionnaire (parti) (SR)** parti russe fondé en 1900 qui prônait la collectivisation des terres et pratiquait l'action terroriste (attentats) ; son audience était surtout paysanne. Majoritaires à Petrograd et dans toute la Russie, en 1917, les SR portèrent Kerenski au pouvoir et, après la révolution d'Octobre, s'opposèrent aux léninistes, à l'exception des *SR de gauche*, mais Lénine les élimina eux aussi.

**sociétaire** *a, n* Qui fait partie de certaines sociétés, d'une mutuelle, etc. LOC ***Sociétaire de la Comédie-Française :*** comédien possédant des parts dans les bénéfices du théâtre (par oppos. à *pensionnaire*). DER **sociétariat** *nm*

**sociétal, ale** *a* SOCIOL Relatif à la société globale, à la vie sociale. *Approche sociétale de la toxicomanie.* PLUR sociétaux.

**société** *nf* **1** vieilli, litt Commerce, relations habituelles que l'on a avec qqn. *Trouver plaisir à la société de qqn.* **2** État des êtres qui vivent en groupe organisé. *La vie en société.* **3** Ensemble d'individus unis au sein d'un même groupe par des institutions, une culture, etc. *La société industrielle.* **4** Réunion de personnes qui s'assemblent pour le plaisir, la conversation, le jeu. **5** Ensemble des classes sociales favorisées. *La haute société.* **6** Groupe organisé de personnes unies dans un dessein déterminé. **7** DR Personne morale issue d'un contrat de société groupant des personnes qui sont convenues de mettre certains éléments en commun dans l'intention de partager des bénéfices ou d'atteindre un but commun. *Société commerciale.* LOC DR ***Contrat de société :*** contrat par lequel deux ou plusieurs personnes conviennent de mettre qqch en commun dans la vue de partager le bénéfice qui pourra en résulter. — FIN ***Société civile :*** société ayant une activité non commerciale. — ***La société civile :*** l'ensemble des organisations socioprofessionnelles et des mouvements associatifs, supposés représenter le pays réel, par opposition à la classe politique. — FIN ***Société civile immobilière (SCI) :*** société dont le but est la construction, la vente ou la gestion d'immeubles. — ***Société de Bourse :*** depuis 1988, appellation des agents de change. — ***Société d'économie mixte (SEM) :*** société anonyme dont une partie des actions appartient à une collectivité publique. — ***Société mère :*** qui détient au moins 50 % du capital d'autres sociétés dites filiales. ETY Du lat.

**Société (îles de la)** princ. archipel de la Polynésie française, 1 647 km² ; 142 000 hab. ; ch.-l. *Papeete.* Il est formé des îles du Vent (1 173 km² ; 123 000 hab.), qui comprennent notam. Tahiti, et des îles Sous-le-Vent (472 km² ; 22 230 hab.), dont Bora Bora.

**Société civile des auteurs multimédia (SCAM)** association créée en 1981 par la Société des gens de lettres.

**Société des gens de lettres (SDGL)** association française, fondée en 1838 (par Balzac, V. Hugo, A. Dumas, G. Sand, etc.) et reconnue d'intérêt public en 1891, qui défend les intérêts des auteurs d'œuvres littéraires (dont les droits ont été reconnus par les lois de 1957 et de 1985). En 1981, la SDGL a créé la Société civile des auteurs multimédia (SCAM). Les deux sociétés siègent à l'hôtel de Massa (Paris 14e).

**Société des Nations (SDN)** organisation internationale créée en 1919 par le traité de Versailles (à l'instigation de Wilson, président des É.-U., mais le Congrès amér. refusa leur adhésion) et fixée à Genève. Ses objectifs étaient la paix et la coopération entre les nations. La SDN souffrit de la désunion des États et ne survécut pas à la Seconde Guerre mondiale ; l'ONU la remplaça.

**Société générale (SOCGEN)** banque française, fondée en 1864, nationalisée en 1946, privatisée en 1987.

**Société nationale des chemins de fer français (SNCF)** société d'économie mixte créée en 1937 qui, sur le territoire franç., gérait la totalité du réseau ferroviaire jusqu'en 1997. À cette date, une société distincte, le Réseau ferré de France (FRR), a été créée pour gérer les infrastructures.

**Socin** Lelio Sozzini ou Socini, dit (Sienne, 1525 – Zurich, 1562), réformateur italien. Il niait la Trinité et la divinité du Christ.

**socinianisme** *nm* THEOL Hérésie du protestant italien Socin (XVIe s.), qui rejette la divinité de Jésus-Christ et le mystère de la Trinité. DER **socinien, enne** *a, n*

**socio-** Élément, du rad. de *social.*

**sociobiologie** *nf* Doctrine qui fonde l'étude sociologique sur des modèles tirés de la biologie. DER **sociobiologique** *a* – **sociobiologiste** *n*

**socioculturel, elle** *a* didac Qui concerne à la fois un groupe social et la culture qui lui est propre.

**sociodémographie** *nf* Analyse sociologique d'une population dans ses rapports avec sa démographie. DER **sociodémographique** *a* – **sociodémographe** *n*

**sociodrame** *nm* PSYCHO Psychodrame concernant un groupe.

**socioéconomique** *a* Relatif à la fois au domaine social et au domaine économique.

**socioéducatif, ive** *a* Relatif aux phénomènes sociaux en relation avec l'enseignement.

**sociogramme** *nm* PSYCHO, SOCIOL Schéma qui représente les relations interindividuelles au sein d'un groupe.

**sociolinguistique** *nf, a* Partie de la linguistique ayant pour objet l'étude du langage et de la langue sous leur aspect socioculturel. DER **sociolinguiste** *n*

**sociologie** *nf* Science qui a pour objet l'étude des phénomènes sociaux humains. *Sociologie générale. Sociologie du langage.* LOC ***Sociologie animale :*** étude de la vie sociale chez les animaux. DER **sociologique** *a* – **sociologiquement** *av* – **sociologue** *n*

ENC Les véritables fondateurs de la sociologie sont Émile Durkheim, Vilfredo Pareto et Max Weber, qui voyaient en elle une science générale des sociétés. Selon Durkheim (*Règles de la méthode sociologique* 1894), le sociologue doit « considérer les faits sociaux comme des choses » et les reconnaître à la contrainte extérieure qu'ils exercent sur l'individu. Selon Weber, il doit dégager des régularités de l'histoire comparative ; pour chaque époque étudiée, Weber s'efforça de construire le « type idéal ». Ces fondateurs furent suivis par l'école américaine, fort influente depuis 1945 mais à laquelle on reproche d'être exagérément pragmatique, descriptive, quantitative (statistiques, sondages, etc.). Auj., la critique sociale prime en sociologie : le sociologue apparaît souvent comme l'analyste des dysfonctionnements.

**sociologisme** *nm* PHILO Doctrine selon laquelle la sociologie suffit à rendre compte de la totalité des faits sociaux.

**sociométrie** *nf* Méthode d'évaluation quantitative des relations entre individus au sein des groupes. DER **sociométrique** *a*

**sociopathe** *n* Syn. de *psychopathe*.

**socioprofessionnel, elle** *a, n* **A** *a* Se dit de catégories sociales définies par l'appartenance à une profession, à un secteur économique. **B** *n* Élu ou responsable d'une organisation socioprofessionnelle (syndicat, chambre de métiers).

**sociotechnique** *nf, a* Étude des interactions entre les aspects sociaux et techniques du travail.

**sociothérapie** *nf* Thérapie qui soigne le sujet en l'intégrant dans des situations de groupe. DER **sociothérapeute** *n*

**soclage** *nm* Mise sur un socle d'un petit objet d'art.

**socle** *nm* **1** Base sur laquelle repose un édifice, une colonne, une statue, etc. **2** GEOL Ensemble de terrains anciens, souvent recouverts de sédiments, qui forment le soubassement des continents. *Socle hercynien.* ETY De l'ital.

**Socotra** (en ar. *Suquṭrā*), île de l'océan Indien, dépendance du Yémen, à l'E. du cap Guardafui ; 3 626 km² ; 15 000 hab. ; ch.-l. *Tamridah.* VAR **Socotora**

**socque** *nm* **1** ANTIQ ROM Chaussure basse des acteurs comiques. **2** Chaussure à semelle de bois, galoche. ETY Du lat.

**socquette** *nf* Chaussette très courte.

**Socrate** (Alôpekê, Attique, v. 470 – Athènes, 399 av. J.-C.), philosophe grec. Fils de Sôphroniskos, un tailleur de pierre, et de Phainaretê, une sage-femme, il vécut modestement, dispensant son enseignement dans les gymnases et les lieux publics. Accusé d'impiété et de corrompre la jeunesse, il fut condamné à mort par l'Héliée (tribunal pop. d'Athènes) et but calmement une décoction de ciguë, s'entretenant avec ses disciples. Platon consacre à cette mort *Phédon, l'Apologie de Socrate* et *Criton*. Socrate n'a publié aucun ouvrage, mais Xénophon (*les Mémorables*), Aristophane (qui l'attaque dans *les Nuées*) et surtout Platon nous l'ont fait connaître. Sa *maïeutique* (art d'accoucher les esprits) amène l'interlocuteur à découvrir la vérité qu'il porte en lui ; elle s'accompagne d'*ironie*, c.-à-d. de fausse naïveté. Chacun peut ainsi acquérir une meilleure *connaissance de soi* (« Connais-toi toi-même » est la devise de Socrate) et son savoir se confondra avec la vertu, c.-à-d. avec « la science du bien ». DER **socratique** *a*

Mario Soares

Socrate

**Sócrates** José Sócrates Carvalho Pinto de Sousa, dit José (Porto, 1957), homme politique portugais, socialiste. Premier ministre de 2005 à 2011.

**soda** *nm* **1** Boisson gazeuse ordinairement aromatisée aux fruits. **2** Canada Bicarbonate de soude. ETY De l'angl. *soda-water*.

**sodalite** *nf* MINER Aluminosilicate naturel de sodium, de couleur bleue.

**sodar** *nf* METEO Sorte de radar émettant des ondes acoustiques et servant à étudier l'atmosphère.

**Soddy** Frederick (Eastbourne, 1877 – Brighton, 1956), chimiste anglais : travaux sur la radioactivité. Prix Nobel 1921.

**sodé, ée** *a* CHIM Qui contient de la soude ou du sodium.

**sodique** *a* CHIM Qui a rapport à la soude ou au sodium ; qui contient du sodium.

**sodium** *nm* CHIM **1** Élément alcalin de numéro atomique Z = 11, de masse atomique 22,99 (symbole Na). **2** Métal (Na) à l'éclat blanc, malléable et mou, très abondant dans la nature sous forme de chlorure, qui fond à 97,8 °C et bout à 880 °C. PHO [sɔdjɔm] ETY Du lat. *soda*, « soude ».

ENC Le sodium (qui doit son symbole Na à son ancien nom : natrium) s'oxyde facilement à l'air, avec une flamme jaune. Il entre dans la composition de la soude (carbonate de sodium), utilisée dans la fabrication du verre et des céramiques, la réduction du bois en pâte à papier et la synthèse du savon. L'hypochlorite de sodium, mélangé au chlorure de sodium, constitue l'eau de Javel. Le sodium liquide sert de fluide colporteur dans certains réacteurs nucléaires. Les lampes à vapeur de sodium sont utilisées dans l'éclairage public. Le sodium est très présent à l'état d'ions dans l'organisme, notamment dans le plasma. Il est apporté par l'alimentation sous forme de chlorure de sodium (le sel).

**sodoku** *nm* MED Maladie infectieuse due à un spirille, et transmise par la morsure du rat, qui se manifeste par des accès de fièvre et une éruption de plaques rouges. PHO [sɔdɔku] ETY Du jap. *so*, « rat », et *doku*, « poison ».

**Sodoma** Giovanni Antonio Bazzi, dit le (Verceil, Piémont, 1477 – Sienne, 1549), peintre italien influencé par Léonard de Vinci.

**Sodome** v. de l'anc. Palestine, sur la mer Morte, célèbre, comme Gomorrhe, par les mœurs dissolues de ses habitants. En butte à la colère divine, elle fut détruite par une pluie de soufre et de feu (Genèse, XIX, 24).

**sodomie** *nf* Pratique du coït anal. ETY De *Sodome*. DER **sodomiser** *vt* ① – **sodomite** *nm*

**Soekarno** → **Sukarno.**

**sœur** *nf* **1** Celle qui est née de même père et de même mère qu'une autre personne. **2** Titre donné aux religieuses dans certains ordres. **3** Désignant des personnes de sexe féminin se trouvant dans la même situation, les mêmes conditions que la personne considérée. **4** Femme membre d'une loge maçonnique. **5** Terme d'affection. *Mon amie, ma sœur.* **6** Désigne des choses qui ont beaucoup de points communs. *La poésie et la musique sont sœurs.* ETY Du lat.

**sœurette** *nf* Petite sœur.

**Sœurs de Gion (les)** film de Mizoguchi (1936).

**sofa** *nm* **1** Lit de repos à trois appuis pouvant être utilisé comme siège. **2** Canada Canapé. ETY De l'ar.

**soffioni** *nm pl* GEOL Jets de vapeur d'eau qui sortent du sol. ETY Mot ital.

**soffite** *nm* ARCHI **1** Dessous d'un larmier, d'un linteau, etc. **2** Plafond orné de caissons, de rosaces. ETY De l'ital.

**Sofia** cap. de la Bulgarie, au pied du mont Vitoša (2 290 m) ; 1,2 million d'hab. (aggl.). ch.-l. de distr. Grand centre intellectuel, commercial et industriel. – Cap. de la Dacie au IIIᵉ s., turque de 1396 à 1878 ; à cette date, elle devint la cap. de la Bulgarie. DER **sofiote** *a, n*

**Sofres** société française de sondages utilisés en politologie et en recherche commerciale (études de marché), créée en 1963.

**soft** *a* **1** fam Édulcoré, atténué, souple, progressif. *Une évolution soft.* ANT hard. **2** Se dit d'un film pornographique dans lequel les actes sexuels sont simulés. ETY Mot angl.

**softball** *nm* Variété de baseball pratiqué avec une balle plus grosse et moins dure, joué surtout par les femmes. SYN balle-molle PHO [sɔftbol] ETY Mot angl.

**softdrink** *nm* Catégorie de boissons non alcoolisées et aromatisées. PHO [sɔftdʀink] ETY Mot angl.

**software** *nm* **1** INFORM Logiciel, par oppos. à *hardware*. **2** Industrie de programmes, dans les domaines audiovisuel et multimédia. PHO [sɔftwɛʀ] ETY Mot amér.

**Sogdiane (la)** anc. pays de la haute Asie, correspondant à l'Ouzbékistan ; v. princ. *Maracanda* (auj. Samarkand).

**Sognefjord** le plus long fjord de Norvège (175 km), sur la côte O., au N. de Bergen.

**sogo-shosha** → **shosha.**

**Sohag** (en ar. *Suhādj*), v. de Haute-Égypte, sur le Nil ; 128 000 hab. ; ch.-l. de gouvernorat.

**Soho** quartier du centre de Londres, célèbre pour son pittoresque et son cosmopolitisme.

**soi** *pr pers, nm* **A** *pr* Pronom réfléchi des deux genres et des deux nombres, pouvant se rapporter à des personnes ou à des choses. *Chacun travaille pour soi.* **B** *nm* PSYCHAN La personnalité de chacun. LOC ***Chez soi*** : dans sa demeure. — ***En soi*** : de par sa nature ; à s'en tenir à la chose elle-même. — ***Sur soi*** : sur sa personne. ETY Du lat.

**soi-disant** *a inv, av* **A** *a inv* **1** Qui se dit tel ou telle. *Des soi-disant savants.* **2** Prétendu. *Un soi-disant empêchement de dernière heure.* **B** *av* Prétendument. *Il venait tous les jours, soi-disant pour la distraire.*

**soie** *nf* **1** ZOOL Substance protéique fibreuse sécrétée et filée par divers arthropodes. **2** Fibre textile souple et brillante obtenue à partir du cocon du bombyx du mûrier. *Fil, étoffe de soie.* **3** Tissu de soie. *Robe de soie.* **4** Poil long et rude de certains mammifères. *La soie du sanglier.* **5** ZOOL Poil des annélides, des arthropodes. **6** BOT Poil raide et isolé, au sommet des feuilles ou des enveloppes florales de certaines graminées. LOC ***Soie grège*** : telle qu'elle est tirée du cocon. — ***Soie sauvage*** : produite par les chenilles de bombyx autres que le bombyx du mûrier. — ***Soie végétale*** : fabriquée avec les soies d'une plante du Proche-Orient (asclépiade). ETY Du lat.

**soie (route de la)** voie commerciale qui, à partir du IIᵉ s. av. J.-C., réunissait la Chine (productrice de soie) à la Méditerranée, passant notam. par le Turkestan chinois et le nord de la Perse. Son rôle économique et culturel fut immense.

**soierie** *nf* **1** Étoffe de soie. **2** Industrie, commerce de la soie.

**soif** *nf* **1** Désir de boire, sensation de sécheresse de la bouche et des muqueuses liée à un besoin de l'organisme en eau. *Étancher sa soif.* **2** fig Désir avide. *La soif des honneurs.* LOC fam ***Jusqu'à plus soif*** : à satiété. ETY Du lat.

Sofia la ville moderne, au pied du mont Vitoa

**Soif du mal (la)** film noir de et avec O. Welles (1958), avec Charlton Heston et Janet Leigh (1926 – 2004).

**soiffard, arde** *a, n fam* Qui a toujours envie de boire de l'alcool.

**soignant, ante** *a, n* Qui fait profession de soigner, de donner des soins.

**soigner** *vt* ① **1** Exécuter qqch avec soin, application ; accorder un soin particulier à. *Soigner son style.* **2** Prendre soin de, s'occuper de qqn, qqch. *Soigner un enfant. Soigner des fleurs.* **3** Administrer des soins médicaux à, traiter. *Soigner un malade, une maladie.* (ETY) Du frq.

**soigneur** *nm* SPORT Personne qui soigne, masse un athlète, un sportif.

**soigneux, euse** *a* **1** Qui apporte soin et attention à ce qu'il fait ; qui est propre et ordonné. *Ouvrier, écolier soigneux.* **2** Fait avec soin, précision. *Recherches soigneuses.* **3** Qui prend soin de. *Soigneux de sa personne, de sa santé.* (DER) **soigneusement** *av*

**soin** *nm* **A 1** Attention, application que l'on met à faire qqch. *Travailler avec soin.* **2** Charge, devoir de s'occuper de qqch ou de qqn, ou d'accomplir quelque action. *Il lui a laissé le soin de ses affaires. Je vous confie le soin de leur parler.* **3** Produit cosmétique destiné à entretenir et à préserver la peau. *Soin hydratant.* **B** *nm pl* **1** Actions par lesquelles on prend soin de qqch, de qqn. **2** Actions, moyens hygiéniques ou thérapeutiques visant à l'entretien du corps et de la santé, ou au rétablissement de celle-ci. *Prodiguer des soins à un malade.* **LOC** ***Aux bons soins de*** : formule qu'on inscrit sur l'enveloppe d'une lettre pour que la personne mentionnée la fasse parvenir au destinataire. — ***Être aux petits soins pour qqn*** : avoir pour lui des attentions délicates. — ***Prendre, avoir soin de*** (+ inf.) : être attentif à, bien veiller à. *Prenez soin de fermer la porte à clé.* — ***Prendre, avoir soin de qqch, de qqn*** : veiller à la conservation, à la réussite de qqch, au bien-être de qqn.

**soir** *nm* **1** Dernières heures du jour ; tombée de la nuit. *Les fleurs s'ouvrent le matin pour se fermer le soir.* **2** Moment de la journée entre la fin de l'après-midi et minuit. *Cours du soir. Hier soir.* (ETY) Du lat. *serus*, « tardif ».

**Soir (le)** quotidien belge du soir fondé à Bruxelles en 1887.

**soirée** *nf* **1** Espace de temps compris entre le déclin du jour et le moment où l'on se couche. *Il passe ses soirées à lire.* **2** Assemblée, réunion qui a lieu le soir. *Donner une soirée. Soirée dansante.* **3** Séance de spectacle donnée le soir. *La pièce sera jouée en matinée et en soirée.*

**Soirées de Médan (les)** recueil (1880) de 6 nouvelles portant sur la guerre de 1870, dues à 6 écrivains naturalistes : Zola, Maupassant *(Boule-de-Suif)*, Huysmans, Henri Céard (1851 – 1924), Léon Hennique (1851 – 1935) et Paul Alexis (1847 – 1901).

**Soissons** ch.-l. d'arr. de l'Aisne, sur l'Aisne ; 29 846 hab. Marché agricole. Industries. – Évêché. Cath. XIIe-XIIIe s. Vestiges de deux abbayes (IXe s. et XIIIe-XIVe s.). – Victoire de Clovis sur Syagrius (486) ; un de ses soldats aurait refusé de rendre un vase sacré revendiqué par l'évêque de la ville et l'aurait cassé ; un an plus tard, Clovis tua ce soldat (« Souviens-toi du vase de Soissons »). – La ville a souffert des guerres, notam. en 1914-1918. (DER) **soissonnais, aise** *a, n*

**soissons** *nm* Gros haricot blanc.

**Soisy-sous-Montmorency** ch.-l. de cant. du Val-d'Oise (arr. de Montmorency), au S. de la *forêt de Montmorency* ; 17 670 hab. (DER) **soiséen, enne** *a, n*

**soit** *conj, av* **A** *conj* **1** À savoir, c.-à-d. *Trois objets à dix euros, soit trente euros.* **2** Marque une supposition, une hypothèse. *Soit un triangle rectangle. Soit, soient deux droites parallèles.* **B** *av d'affirmation* Bien, admettons. *Vous partez ? Soit, mais soyez prudents.* **LOC** ***Soit que... soit que*** (+ subj.) *Il s'abstint de venir, soit qu'il eût peur, soit qu'il se désintéressât de l'affaire.* — ***Soit... soit*** : marque l'alternative. *Soit l'un, soit l'autre.* (ETY) Du lat.

**soit-communiqué** *nm inv* **LOC** DR ***Ordonnance de soit-communiqué*** : par laquelle un juge d'instruction communique au parquet le dossier relatif à une instruction pénale.

**soixantaine** *nf* **1** Nombre de soixante ou environ. **2** Âge de soixante ans.

**soixante** *a inv, nm inv* **A** *a num inv* **1** Six fois dix (60). **2** Soixantième. *Page soixante.* **B** *nm inv* Le nombre soixante. (PHO) [swasɑ̃t] (ETY) Du lat.

**soixante-dix** *a inv, nm inv* **A** *a num inv* **1** Sept fois dix (70). **2** Soixante-dixième. *Page soixante-dix.* **B** *nm inv* Le nombre soixante-dix.

**soixante-dixième** *a, n* **A** *a num ord, n* Dont le rang est marqué par le nombre 70. **B** *nm* Chaque partie d'un tout divisé en soixante-dix parties égales.

**soixante-huitard, arde** *a, n fam* Qui concerne les évènements de mai 1968.

**soixantième** *a, n* **A** *a num, n* Dont le rang est marqué par le nombre 60. *La soixantième page.* **B** *nm* Chaque partie d'un tout divisé en soixante parties égales. *Recevoir le soixantième d'un héritage.*

**soja** *nm* Plante grimpante (papilionacée) originaire des régions chaudes d'Extrême-Orient, dont la graine est une fève oléagineuse. (ETY) Mot mandchou.

**soja**

**Soka Gakkai** secte bouddhiste japonaise, s'inspirant de l'enseignement de Nichiren ; 6 millions d'adeptes.

**Sokoto** v. du N.-O. du Nigeria ; 350 000 hab. ; cap. de l'État du m. nom. Marché agricole. Industries. – Ousmane dan Fodio y forma un royaume au début du XIXe s.

**1 sol** *nm inv* MUS Cinquième degré de la gamme d'ut. (ETY) V. ut.

**2 sol** *nm* **1** Surface sur laquelle on se tient, on marche, on bâtit, etc. *Coucher sur le sol, à même le sol. Revêtements de sol.* **2** Surface considérée en tant qu'étendue d'un territoire, d'un pays déterminé. *Le sol natal.* **3** Surface considérée en tant qu'objet susceptible d'appropriation. *Posséder le sol et les murs.* **4** Terrain considéré quant à sa nature ou à ses qualités productives. *Sol argileux. Sol fertile.* **5** GEOL Couche superficielle, meuble, d'épaisseur variable, résultant de l'altération des roches superficielles par divers processus et de l'accumulation des produits d'altération. *La pédologie est l'étude des sols.* **LOC** ***Coefficient d'occupation des sols (COS)*** : qui détermine la densité autorisée de construction dans un espace donné. — ***Plan d'occupation des sols (POS)*** : document d'urbanisme déterminant les conditions et servitudes relatives à l'utilisation des sols, remplacé à partir de 2000 par le *plan local d'urbanisme.* (ETY) Du lat.

**3 sol** *nm* Unité monétaire du Pérou.

**4 sol** *nm* Forme anc. de *sou.*

**5 sol** *nm* CHIM Solution colloïdale dépourvue de rigidité (à la différence des gels) (ETY) De *solution.*

**solaire** *a, nm* **A** *a* **1** Relatif au Soleil. *Système solaire.* **2** Qui est dû au Soleil, à ses rayonnements. *Chaleur, lumière, énergie solaire.* **3** Qui utilise la lumière, la chaleur du soleil. *Cadran solaire. Batterie solaire.* **4** Qui protège du soleil. *Crème solaire.* **5** fig, litt Qui évoque le soleil, radieux, rayonnant. **B** *nm* Énergie solaire, ensemble des techniques et des industries qui s'y rattachent.

ENC Le *système solaire* est constitué par le Soleil, l'ensemble des planètes (avec leurs satellites), les astéroïdes, les comètes, ainsi que par les météorites, poussières et gaz interplanétaires. Il est parcouru par des courants de particules formant le *vent solaire.* On pense que le système solaire s'étend jusqu'au nuage de Oort, vaste réservoir hypothétique de noyaux de comètes, situé à env. 1,5 année de lumière du Soleil et d'où se détacheraient les comètes, sous l'effet des perturbations induites par les étoiles les plus proches. Le système solaire, dont l'origine remonte à 4,6 milliards d'années, s'est sans doute formé par condensation d'une nébuleuse discoïdale. À partir de 1977, les sondes Voyager ont effectué une exploration du système solaire. (V. Pluton, Neptune, Uranus, Saturne, Mars, Jupiter, Terre, Vénus, Mercure, comète, météorite.) L'*énergie solaire* parvient sur le sol terrestre après avoir été en partie absorbée par l'atmosphère. L'énergie solaire reçue en 24 heures sous les tropiques est environ le triple de l'énergie reçue aux pôles. Elle peut être captée : –

**PHYSIQUES**

| catégories | qualités mécaniques | travail | nature pétrographique | exemples géographiques français |
|---|---|---|---|---|
| légers | meubles perméables | facile | calcaire ou siliceuse | Champagne pouilleuse<br>granits de Bretagne et d'Aquitaine |
| lourds | compacts, imperméables | difficile | argileuse ou marneuse | Argonne<br>Bassin parisien |
| normaux | riches | facile | diverse | terre noire de la Limagne,<br>limons du nord de la France |

**CHIMIQUES**

| catégories | pH | arbres et arbrisseaux | cultures |
|---|---|---|---|
| acides | 4,5 à 6,5 | chêne rouvre, chêne-liège, châtaignier, pin maritime, genêt, bruyère | seigle, sarrasin, bruyère |
| calcaires<br>50 à 80 % de calcaire | 7 à 8 | chêne vert, hêtre, pin d'Alep, romarin, lavande | blé, orge, avoine, betterave, luzerne et trèfle |

**sol** grandes catégories de sols

par *effet de serre*, ce qui permet d'obtenir des températures d'environ 200 °C ; – à l'aide de miroirs orientables, les *héliostats*, qui dirigent le rayonnement solaire vers un point fixe ; – à l'aide de miroirs disposés le long d'une surface en forme de paraboloïde, qui concentrent également le rayonnement vers le point à chauffer, où l'on peut obtenir des températures de 2 000 à 3 000 °C. Les piles solaires (dites aussi photopiles) produisent directement de l'énergie, notam. à bord des engins spatiaux et satellites. Dans les centrales solaires, la production d'électricité s'effectue indirectement : on chauffe un fluide caloporteur (sels fondus, par ex.) qui échange sa chaleur avec un circuit eau-vapeur, lequel actionne un turboalternateur.

Carristo, la plus importante installation **solaire** en Californie

**Solal** Martial (Alger, 1927), musicien de jazz français, pianiste, compositeur et chef d'orchestre, auteur de mus. de films.

**solanacée** *nf* BOT Plante dicotylédone gamopétale des régions tempérées et tropicales telle que la pomme de terre, la tomate, le tabac, l'aubergine, etc. ETY Du lat. *solanum*, « morelle ». VAR **solanée** *nf*

**Solanas** Fernando Ezequiel (Onivos, Argentine, 1936), cinéaste argentin : *l'Heure des brasiers* (1966-1968) ; *Tangos, l'exil de Gardel* (1985) ; *Voyage* (1992).

**solarigraphe** *nm* TECH Appareil servant à mesurer le rayonnement solaire.

**Solario** Cristoforo (Angera, 1460 – Milan, 1527), sculpteur et architecte lombard qui travailla à Pavie (chartreuse) et à Milan (Dôme). VAR **Solari** — **Andrea** (Milan, 1470 –?, 1524), frère du préc., peintre italien, élève de Léonard de Vinci, travailla en France au début du XVI<sup>e</sup> s.

**solariser** *vt* 1 **1** PHOTO Soumettre une surface sensible en cours de développement à l'insolation d'une surface sensible pour obtenir certains effets spéciaux. **2** Utiliser l'énergie solaire pour produire de la chaleur. DER **solarisation** *nf*

**solarium** *nm* **1** ANTIQ ROM Terrasse surmontant certaines maisons. **2** Établissement d'héliothérapie. **3** Lieu où l'on prend des bains de soleil. PHO [sɔlaʀjɔm]

**soldanelle** *nf* Plante herbacée (primulacée) montagnarde à fleurs violettes. ETY Du provenç.

**soldat** *nm* **1** Homme qui sert dans une armée ; militaire. *Soldat appelé, engagé.* **2** Militaire non gradé des armées de terre et de l'air ; homme de troupe. *Simple soldat.* **3 fig, litt** Celui qui se bat pour une cause, un idéal. *Soldats de la foi.* **4** ZOOL Termite adulte non sexué, chargé de la défense de la société. ETY De l'ital. *soldare*, « payer une solde ».

**soldate** *nf* **fam** Femme soldat.

**soldatesque** *a, nf* **péjor A** *a* Propre aux soldats. *Des manières soldatesques.* **B** *nf* Soldats brutaux et indisciplinés. ETY De l'esp.

**Soldat fanfaron (le)** (*Miles gloriosus*), comédie de Plaute (v. 205 av. J.-C.).

**Soldati** Mario (Turin, 1906 – Tellaro, 1999), cinéaste italien : *Malombra* (1942), *la Provinciale* (1952). Roman : *l'Émeraude* (1974).

**Soldat inconnu (le)** soldat français non identifié, mort au front pendant la Première Guerre mondiale, dont la tombe, sous l'Arc de triomphe de l'Étoile (dep. janv. 1921), constitue le symbole du sacrifice à la patrie.

**Soldats (les)** comédie de Lenz (1776). ▷ MUS Opéra de B. A. Zimmermann (1965).

**1 solde** *nf* **1** Rémunération versée aux militaires et à certains fonctionnaires civils assimilés. **2 Afrique** Paie, salaire, traitement. **LOC péjor** *Être à la solde de* : être payé et dirigé par. ETY De l'ital. *soldo*, « sou ».

**2 solde** *nm* **A 1** COMPTA Différence entre le débit et le crédit d'un compte. *Solde débiteur, créditeur.* **2** COMM Somme restant à payer pour s'acquitter d'un compte ; paiement de cette somme. *Pour solde de tout compte.* **3** COMM Marchandises invendues ou défraîchies que l'on écoule au rabais. *Vendre en solde.* **B** *nm pl* Articles vendus au rabais.

**solder** *vt* 1 **A 1** COMPTA Arrêter, clore un compte en en établissant le bilan. **2** Acquitter entièrement un compte en payant ce qui reste dû. **3** Vendre en solde. *Solder des fins de série.* SYN brader. **4 Afrique** Payer son salaire à qqn. **B** *vpr* **fig** Avoir pour conclusion, résultat final. *La campagne se solda par un échec.* ETY De l'ital.

**solderie** *nf* Magasin spécialisé dans la vente de marchandises soldées, au rabais. DER **soldeur, euse** *n*

**1 sole** *nf* **1** Partie cornée concave formant le dessous du sabot des ongulés. **2** CONSTR Pièce de bois d'une charpente, posée à plat et servant d'appui. **3** Partie horizontale d'un four, destinée à recevoir les produits à traiter, à cuire. ETY Du lat. *solea*, « sandale » et de *solum*, « sol ».

**2 sole** *nf* Poisson téléostéen, de forme aplatie et oblongue, à la chair très estimée.

**sole**

**3 sole** *nf* AGRIC Partie d'un domaine cultivé soumise à l'assolement.

**soléaire** *a, nm* ANAT Muscle de la partie postérieure de la jambe, extenseur du pied.

**solécisme** *nm* GRAM Faute de syntaxe (ex. : *l'affaire que je m'occupe* pour *dont je m'occupe*). ETY De *Soloi*, v. de Cilicie dont les colons athéniens parlaient un grec incorrect.

**soleil** *nm* **1** (Avec une majusc.) Astre qui produit la lumière du jour. *La distance de la Terre au Soleil.* **2** Le disque lumineux du Soleil, l'aspect de cet astre pour un observateur terrestre. *Le soleil se lève à l'est et se couche à l'ouest.* **3** Rayonnement, chaleur, lumière du Soleil. *Il fait soleil, du soleil. Se protéger du soleil.* **4** Cercle entouré de rayons divergents, représentant le soleil. *Le soleil, emblème de Louis XIV.* **5** Grand capitule à ligules jaune d'or, hélianthe. SYN tournesol. **6** SPORT Grand tour exécuté le corps droit et les bras tendus, à la barre fixe. **7** Pièce d'artifice tournante. **8** Astre rayonnant d'une lumière propre, au centre d'un système. **LOC** ***Avoir du bien au soleil*** : posséder des terres, des propriétés. — ***Coup de soleil*** : brûlure causée par les rayons du soleil. — ***Empire du Soleil levant*** : le Japon. — ***Il n'y a rien de nouveau sous le soleil*** : dans le monde, dans la vie quotidienne, tout est un perpétuel recommencement. — ***Le soleil de minuit*** : le Soleil, visible à l'horizon vers minuit, l'été, dans les régions polaires. — ***Le soleil luit, brille pour tout le monde*** : il est des avantages dont tout le monde peut jouir. — ***Une place au soleil*** : une place en vue, une bonne situation. ETY Du lat.

ENC Le Soleil est une étoile naine âgée de 4,6 milliards d'années composée de 74 % d'hydrogène et de 25 % d'hélium. Situé dans le plan galactique, à env. 28 000 années de lumière du centre galactique, il participe au mouvement de rotation de la Galaxie. Au niveau du Soleil, une révolution complète dure environ 250 millions d'années. Par rapport à l'ensemble des étoiles proches, le Soleil est animé d'un mouvement propre de 20 km/s qui l'entraîne vers un point (*l'apex*) situé dans la constellation d'Hercule. Le Soleil est une boule de gaz (masse $1{,}989.10^{30}$ kg) dont la période moyenne de rotation est 27, 28 jours. La plus profonde couche visible est la *photosphère* (épaisseur 300 km, rayon 696 000 km, température moyenne 5 770 K). Au-delà, on rencontre la *chromosphère* (épaisseur 8 000 km) puis la *couronne* (env. un million de K), qui s'étend à plus de 10 rayons solaires de la photosphère. Les taches solaires sont les manifestations les plus connues de l'activité du Soleil ; leur nombre et leur situation à la surface du Soleil varient suivant un cycle qui a une durée moyenne de 11 ans. La puissance rayonnée par le Soleil ($3{,}83.10^{26}$ W) provient de la réaction thermonucléaire de fusion de 4 atomes d'hydrogène (donc de 4 protons) qui forment un atome d'hélium (élément dont le noyau comporte 2 protons et 2 neutrons) ; ce cycle proton-proton se déroule au cœur du Soleil (15 millions de K). Dans 5 milliards d'années, le Soleil se dilatera en une géante rouge atteignant 100 millions de K.

**Soleil (autoroute du)** autoroutes (A6 et A7) qui relient Paris, Lyon et Marseille.

**Soleil (cirque du)** compagnie québécoise de cirque contemporain fondée en 1984.

**Soleil levant (Empire du)** nom poétique du Japon.

**soleil se lève aussi (Le)** roman de Hemingway (1926). ▷ CINE Film de Henry King (1957), avec Ava Gardner et Tyrone Power.

**solen** *nm* ZOOL Mollusque lamellibranche comestible, vivant enfoui verticalement dans le sable des plages. SYN couteau. PHO [sɔlɛn] ETY Du gr. *sôlên*, « tuyau ».

**solennel, elle** *a* **1** Célébré par des cérémonies publiques. *Fête solennelle.* **2** Qui se fait avec beaucoup d'apparat, de cérémonie. *Audience solennelle. Faire une entrée solennelle.* **3** Accompagné de formalités ou de cérémonies publiques qui lui confèrent une grande importance. *Contrat solennel. Vœu solennel.* **4** Empreint de gravité. *Instant solennel. Paroles solennelles.* **5 péjor** D'une gravité outrée. PHO [sɔlanɛl] ETY Du lat. *solemnis*, « qui n'a lieu qu'une fois l'an ». DER **solennellement** *av*

**solenniser** *vt* 1 Rendre solennel.

**solennité** *nf* **1** Fête solennelle. **2** Caractère solennel, gravité. *Il fut reçu avec solennité.* **3 péjor** Pompe, emphase, gravité outrée. *Parler avec solennité.*

**solénodonte** *nm* Mammifère insectivore des Antilles en voie de disparition, au museau allongé en forme de trompe.

**solénoglyphe** *a* ZOOL Se dit d'un serpent venimeux tel que la vipère ou le crotale, dont les crochets sont creusés d'un canal, longs et repliés vers l'arrière quand la bouche est fermée.

**solénoïde** *nm* ELECTR Bobine formée par un conducteur enroulé autour d'un cylindre, et qui produit un champ magnétique lorsqu'elle est parcourue par un courant. ETY Du gr. *sôlên*, « tuyau ». DER **solénoïdal, ale, aux** *a*

▶ illustr. p. 1510

**soleret** *nm* HIST Partie articulée de l'armure, qui protégeait la face antérieure du pied. ETY De l'a. fr. *soller*, « soulier ».

**Solesmes** com. de la Sarthe (arr. de La Flèche), près de la Sarthe ; 1 437 hab. – Abbaye fondée au XI<sup>e</sup> s., devenue en 1837 l'abb. mère de la congrégation bénédictine de France : sculptures de la fin du XV<sup>e</sup> s. (Saints de Solesmes). La communauté relig. s'adonne au chant grégorien. DER **solesmien, enne** *a, n*

**Soleure** (en all. *Solothurn*), v. de Suisse, ch.-l. du cant. du m. nom, sur l'Aar ; 15 700 hab. Industries. – Cath. baroque (XVIII$^{e}$ s.). Hôtel de ville (XV$^{e}$-XVII$^{e}$ s.). – Le *canton de Soleure* (791 km$^2$ ; 245 500 hab.) s'étend en majeure partie sur le Jura. Élevage, polyculture. Horlogerie. – Soleure fut une ville libre en 1218 et le cant. entra dans la Confédération en 1481. DER **soleurois, oise** *a, n*

**solfatare** *nf* GEOL Terrain volcanique d'où sortent des fumerolles sulfureuses. ETY De l'ital.

**solfège** *nm* **1** Discipline concernant la notation de la musique. **2** Étude des premiers éléments de la théorie musicale. **3** Manuel servant à cette étude ; recueil de morceaux de musique vocale à solfier. ETY Du lat. *solfa*, « gamme », par l'ital.

**Solferino** bourg d'Italie (prov. de Mantoue) où les Franco-Piémontais, commandés par Napoléon III, vainquirent les Autrichiens (24 juin 1859). Cette bataille meurtrière incita H. Dunant à fonder ce qui devint la Croix-Rouge.

**solfier** *vt* ② Chanter un morceau de musique en nommant les notes. *Solfier un cantique.*

**solidago** *nm* BOT Plante herbacée (composée), aux capitules jaunes groupés en longues grappes dressées, et dont le type est la verge d'or. VAR **solidage** *nf*

**solidaire** *a* **1** DR Qui implique pour chacun la responsabilité totale d'un engagement commun. **2** Se dit de personnes liées entre elles par des responsabilités et des intérêts communs. **3** Se dit de choses qui dépendent les unes des autres, qui vont ensemble. **4** TECH Qui est fixé à un autre organe. *Le guidon est solidaire de la fourche.* **5** ECON Qui contribue au développement d'une société plus équitable. *Des investissements solidaires.* ETY Du lat. *in solidum*, « pour le tout ». DER **solidairement** *av*

**solidariser** *v* ① **A** *vt* Rendre solidaire. **B** *vpr* **1** Se déclarer solidaire de qqn. *Se solidariser avec qqn.* **2** Se déclarer mutuellement solidaires. *Devant l'adversité, ils se sont solidarisés.* DER **solidarisation** *nf*

**solidarité** *nf* **1** DR Nature de ce qui est solidaire ; engagement solidaire. **2** Situation de débiteurs, de créanciers solidaires. **3** Sentiment de responsabilité mutuelle entre plusieurs personnes, plusieurs groupes. **4** Lien fraternel qui oblige tous les êtres humains les uns envers les autres.

**Solidarność** (en fr. *Solidarité*), union de syndicats polonais, constituée à Gdańsk en sept. 1980 et dissoute en oct. 1982. Présidée par Lech Walesa de 1981 à 1990, elle fut à nouveau légalisée en 1989. Elle est entrée ensuite dans plus. gouvernements.

**solide** *a, nm* **A** *a* **1** Qui présente une consistance ferme, qui n'est pas fluide. *Aliments solides et aliments liquides.* **2** PHYS Dont les atomes ou les molécules occupent des positions moyennes invariantes. *Corps solide. États solide, liquide et gazeux de la matière.* **3** Qui résiste à l'effort, aux chocs, à l'usure. *Un matériau très solide.* **4** Vigoureux, robuste. *Un solide gaillard.* **5** Stable, ferme. *Être solide sur ses jambes.* **6** Positif, durable ; sur quoi l'on peut compter. *Une solide amitié. Une fortune solide.* **7** Stable, sérieux, rationnel. *Un esprit plus solide que brillant.* **8** fam Considérable, fort. *Il s'est fait flanquer une solide correction.* **B** *nm* **1** Corps solide. *Physique des solides.* **2** GEOM Figure indéformable à trois dimensions, limitée par une surface fermée. *Le cône, la pyramide sont des solides.* **LOC** fam ***Solide au poste :*** présent à son poste, à son travail, malgré les circonstances, l'âge, le mauvais temps, etc. ETY Du lat. *solidus*, « massif ». DER **solidement** *av*

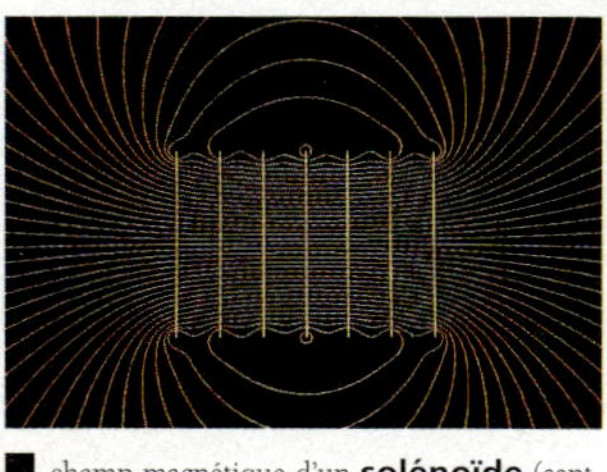

champ magnétique d'un **solénoïde** (sept spires de même axe horizontal) : à l'intérieur, ce champ est quasi uniforme

**solidifier** *v* ② **A** *vt* Rendre solide ce qui était gazeux, liquide. **B** *vpr* Passer de l'état liquide à l'état solide. DER **solidification** *nf*

**solidité** *nf* **1** Qualité de ce qui est solide, résistant. *La solidité d'un cordage.* **2** fig Qualité de ce qui repose sur des bases sérieuses et bien assises. *La solidité d'un raisonnement.*

**soliflore** *nm* Vase conçu pour une seule fleur.

**solifluxion** *nf* GEOL Glissement en masse du sol superficiel le long d'une pente. ETY Du lat.

**Solignac** com. de la Haute-Vienne (arr. de Limoges) ; 1 367 hab. – Égl. romane à coupoles (XII$^{e}$ s.). DER **solignacois, oise** *a, n*

**Soligny-la-Trappe** com. de l'Orne, dans le Perche ; 694 hab. – Monastère cistercien de la Grande Trappe (reconstruit en 1815).

**soliloque** *nm* Discours qu'une personne se tient à elle-même. SYN monologue. ETY Du lat. *solus*, « seul » et *loqui*, « parler ». DER **soliloquer** *vi* ①

**Soliman** (mort à Andrinople, 1411), sultan ottoman (1403-1411), fils de Bajazet I$^{er}$. VAR **Süleyman I$^{er}$** — **Soliman II le Magnifique** (Trébizonde, 1494 – Szeged, 1566), le dernier des grands sultans ottomans (1520-1566). Il prit Belgrade (1521) et soumit la Hongrie, vaincue à Mohács (1526). Il ne put prendre Vienne (1529), mais s'empara de Bagdad (1534) et établit sa domination sur la quasi-totalité du monde arabe. En 1536, il signa avec la France un traité qui donnait à celle-ci une place privilégiée en Orient. Il protégea les arts et les lettres, et fut un grand bâtisseur et un grand législateur. VAR **Soliman II le Législateur** — **Soliman III** (Istanbul, 1642 – Andrinople, 1691), sultan ottoman (1687-1691), vaincu par l'Autriche.

**Soliman II le Magnifique** peinture de l'école turque, XVI$^{e}$ s. – bibliothèque Topkapi, Istanbul

**Soliman pacha** Octave Joseph de Seves, dit (Lyon, 1788 – Alexandrie, 1860), officier français qui s'exila en Égypte (1816) et organisa l'armée de Méhémet-Ali (1830-1833).

**Solimena** Francesco, dit l'Abbate Ciccio (Canale di Serino, 1657 – Barra, près de Naples, 1747), peintre italien, princ. représentant du baroque napolitain.

**Solimoes** nom donné à la haute Amazone, avant qu'elle reçoive le río Negro.

**solin** *nm* CONSTR Garnissage en plâtre ou en mortier destiné à combler un espace vide, à raccorder deux surfaces, à assurer l'étanchéité d'un joint. ETY De *sole* 1.

**soling** *nm* Voilier monotype à trois équipiers utilisé en série olympique. PHO [sɔliŋ] ETY Mot angl.

**Solingen** v. d'Allemagne (Rhénanie-du-Nord-Westphalie), dans le S. de la Ruhr ; 158 400 hab. Coutellerie.

**solipède** *a, nm* ZOOL Dont les membres se terminent par un seul doigt muni d'un sabot, par oppos. à *fissipède*. *Le cheval est un solipède.*

**solipsisme** *nm* PHILO Doctrine qui soutient que le monde extérieur n'a pas d'existence réelle, le sujet pensant ne reconnaissant d'autre réalité que lui-même. ETY Du lat. *solus*, « seul » et *ipse*, « même ». DER **solipsiste** *a, n*

**soliste** *n, a* Instrumentiste ou chanteur qui exécute un solo.

**solitaire** *a, n* **A** *a* **1** Qui est seul ; qui aime vivre seul. *Humeur solitaire.* **2** Que l'on fait seul, qui a lieu dans la solitude. *Une randonnée solitaire.* **3** Isolé et peu fréquenté. *Un manoir solitaire.* **B** *n* **1** Personne qui reste volontairement à l'écart du monde. **2** Religieux qui vit dans la solitude. **C** *nm* **1** VEN Vieux sanglier mâle sorti de la compagnie. **2** Diamant monté seul. **3** Jeu de combinaisons auquel on joue seul, avec un plateau percé de 37 ou 34 trous, sur lequel on déplace des fiches ou des billes selon des règles précises. DER **solitairement** *av*

**soliton** *nm* PHYS Onde qui se propage sans déformation.

**solitude** *nf* **1** Fait d'être solitaire. *Rechercher la solitude.* **2** Sentiment d'être seul moralement.

**Solitude du coureur de fond (la)** film de Tony Richardson (1959), scén. d'Alan Sillitoe d'apr. sa nouvelle (1959).

**Solitudes (les)** poème de Góngora (1613), qui décrit des scènes champêtres.

**solive** *nf* Pièce de charpente horizontale sur laquelle sont posées les lambourdes d'un plancher. ETY De *sole* 1.

**soliveau** *nm* Petite solive.

**Soljenitsyne** Alexandre Issaïevitch (Kislovodsk, Caucase, 1918 – Moscou, 2008), écrivain russe. Il fut emprisonné de 1945 à 1953. Ses romans et chroniques dénoncent le communisme : *Une journée d'Ivan Denissovitch* (1962), *le Pavillon des cancéreux* (1968), *Août 14* (1971), *l'Archipel du Goulag* (3 vol., 1973-1976). Expulsé d'URSS (1974), il s'établit aux États-Unis. En 1994, il regagna la Russie. P. Nobel 1970.

**Sollers** Philippe Joyaux, dit Philippe (Talence, 1936), écrivain français ; directeur de la revue *Tel Quel* (1960-1982). Romans : *Une curieuse solitude* (1958), *le Parc* (1961), *Nombres* (1968), *Femmes* (1983), *Passion fixe* (2000). Nombr. essais critiques.

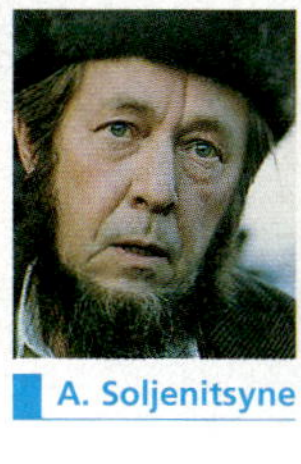

**A. Soljenitsyne**

**P. Sollers**

A. Notation de la hauteur

B. Clefs

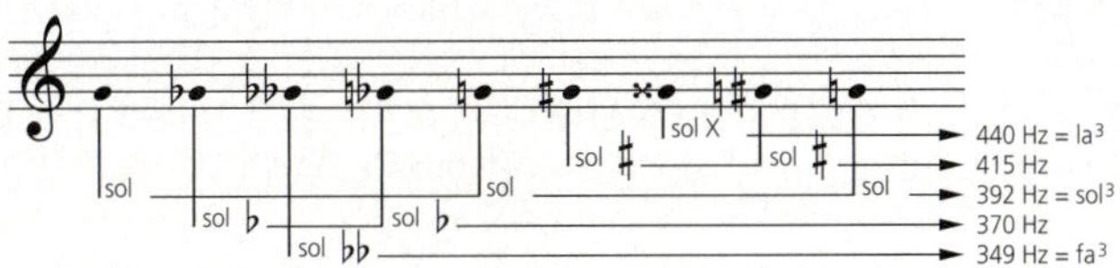


C. Accidents (notation des altérations)

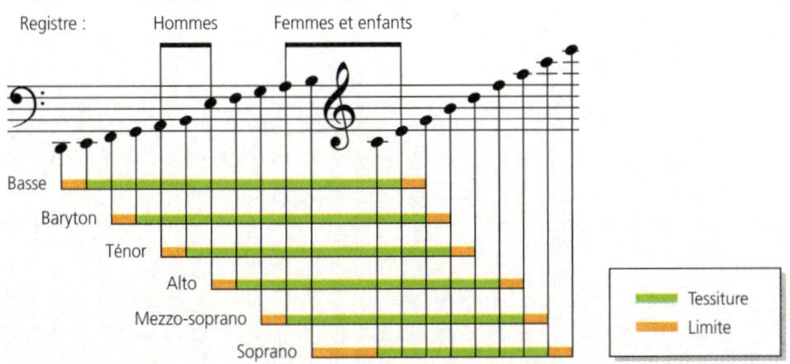


D. Étendues vocales

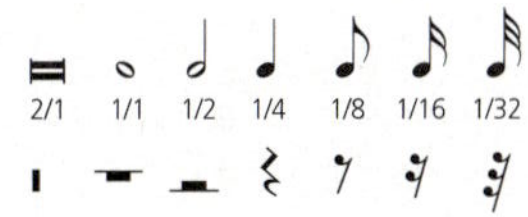


E. Valeurs des notes et des silences

F. Division égale d'une note

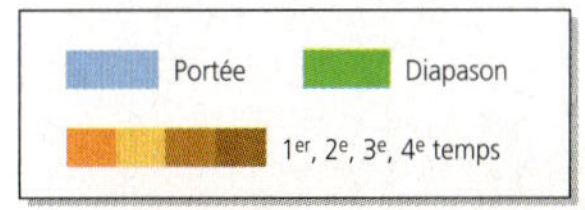

G. Point et liaison de prolongation

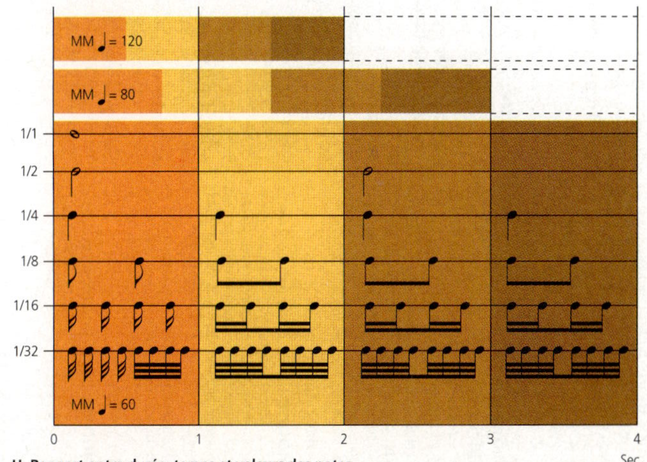


H. Rapport entre durée, temps et valeurs des notes

**solliciter** *vt* ① **1** Prier instamment qqn en vue d'obtenir qqch. *Démarcheur qui sollicite des clients à domicile. Un homme très sollicité.* **2** Prier d'accorder qqch dans les formes établies par l'usage. *Solliciter une audience auprès du ministre.* **3** Attirer l'attention, la curiosité, l'intérêt, etc. *Spectacle qui sollicite le regard.* ETY Du lat. *sollicitare,* « remuer totalement ». DER **sollicitation** *nf* – **solliciteur, euse** *a*

**sollicitude** *nf* Prévenance que l'on a pour qqn, ensemble des égards, des soins attentifs dont on l'entoure.

**1 solo** *nm, a* **A** *nm* **1** MUS Morceau ou passage exécuté par un seul musicien, avec ou sans accompagnement. **2** Partie de ballet dansée par un seul artiste. **B** *a* Qui joue sans accompagnement. *Violon solo.* PLUR solos ou soli.

**2 solo** *a, n* fam Célibataire.

**Sologne** rég. du Bassin parisien, entre la Loire, le Cher et le Sancerrois ; v. princ. : *Romorantin-Lanthenay.* Son sol argileux (forêts, landes, nombr. étangs) a été partiellement amendé (cultures maraîchères). La région est une grande réserve de chasse. DER **solognot, ote** *a, n*

**Sologoub Fiodor Kouzmitch Teternikov,** dit **Fédor** (Saint-Pétersbourg, 1863 – id., 1927), poète symboliste russe : *le Cercle de feu* (1908).

**Solomós Dionýsios (comte)** (Zante, 1798 – Corfou, 1857), poète grec : *Hymne à la liberté* (1823), devenu l'hymne national.

**Solon** (v. 640 – v. 558 av. J.-C.), législateur et poète athénien, l'un des Sept Sages de la Grèce. Archonte v. 590, il démocratisa la Constitution d'Athènes.

**Solothurn** → **Soleure.**

**Solow Robert Merton** (New York, 1924), économiste américain : travaux sur la croissance écon. Prix Nobel 1987.

**solstice** *nm* Époque de l'année à laquelle la hauteur du Soleil au-dessus du plan équatorial (déclinaison), dans son mouvement apparent sur l'écliptique, est maximale (solstice d'été, vers le 21 juin dans l'hémisphère Nord) ou minimale (solstice d'hiver, vers le 21 décembre dans l'hémisphère Nord). ETY Du lat. *sol,* « soleil », et *stare,* « s'arrêter ». DER **solsticial, ale, aux** *a*

**Solti sir Georg** (Budapest, 1912 – Antibes, 1997), chef d'orchestre britannique d'origine hongroise.

**solubiliser** *vt* ① TECH Rendre soluble une substance. DER **solubilisation** *nf*

**soluble** *a* **1** Qui peut se dissoudre. **2** Qui peut être résolu. *Ce problème n'est pas soluble.* ANT insoluble. ETY Du lat. *solvere,* « dissoudre ». DER **solubilité** *nf*

**soluté** *nm* **1** PHARM Liquide contenant un médicament dissous. **2** CHIM Corps dissous dans un solvant.

**solution** *nf* **1** Résultat d'une réflexion, permettant de résoudre un problème, de venir à bout d'une difficulté. *Apporter une solution à un problème technique.* **2** Dénouement, conclusion, issue. *S'acheminer vers la solution d'un conflit.* **3** CHIM Processus par lequel un corps se dissout dans un liquide. **4** CHIM Mélange homogène de deux ou plusieurs corps. *Solution liquide.* **5** Liquide contenant un corps dissous. **6** Être mathématique (nombre, par ex.) pour lequel une équation est vérifiée. LOC ***Solution de continuité*** : séparation, rupture de la continuité entre des choses qui sont habituellement jointes. — ***Solution solide*** : mélange homogène en phase solide.

**solution finale (la)** le plan, arrêté par les nazis, d'exterminer les Juifs et les Tsiganes, et de massacrer les ennemis du nazisme. Le plus important des camps d'extermination fut Auschwitz, qui commença à fonctionner en mai 1940 (prisonniers polonais). Le processus s'amplifia de 1942 à 1945.

**solutionner** *vt* ① fam Apporter une solution à. SYN résoudre.

**solutréen, enne** *a, nm* De la période du paléolithique supérieur au cours de laquelle les techniques de taille de la pierre atteignirent leur plus grande perfection. ETY Du n. pr.

**Solutré-Pouilly** com. de Saône-et-Loire (arr. de Mâcon) ; 393 hab. Vignobles (Pouilly). – Site préhistorique.

**solvabiliser** *vt* ① Rendre solvable un débiteur. DER **solvabilisable** *a* – **solvabilisation** *nf*

**solvable** *a* Qui a de quoi payer ce qu'il doit. *Débiteur solvable.* DER **solvabilité** *nf*

**solvant** *nm* **1** Substance, en général liquide, dans laquelle d'autres substances peuvent être dissoutes. SYN dissolvant. **2** Celui des composants d'une solution dans lequel l'autre ou les autres composants sont dissous. ETY Du lat. *solvere,* « dissoudre ».

**solvatation** *nf* CHIM Association des molécules du solvant et du soluté, dans une solution.

**solvate** *nm* CHIM Mélange résultant de la dissolution d'un corps dans un solvant.

**Solvay Ernest** (Rebecq-Rognon, 1838 – Bruxelles, 1922) industriel belge. À partir des années 1860, il fabriqua le carbonate de sodium (soude).

**solvolyse** *nf* CHIM Réaction chimique qui se produit entre un soluté et un solvant et au terme de laquelle on obtient un composé d'addition.

**som** *nm* Unité monétaire de l'Ouzbékistan.

**soma** *nm* BIOL Ensemble des cellules non reproductrices d'un organisme. ANT germen.

**Somain** com. du Nord (arr. de Douai) ; 12 602 hab. Industries. DER **somainois, oise** *a, n*

**somali** *nm* Langue conchitique parlée en Somalie.

**Somalie (république démocratique de)** État de l'Afrique orientale, sur le golfe d'Aden et l'océan Indien ; 637 660 km$^2$ ; 10,1 millions d'hab. ; accroissement naturel : 2,8 % par an ; cap. *Muqdisho.* Nature de l'État : rép. présidentielle. Langues officielles : arabe, somali. Monnaie : shilling somalien. Relig. : islam sunnite majoritaire. DER **somalien, enne** *a, n*
**Géographie** Un bourrelet montagneux longe le littoral N. Le reste du pays est un plateau aride, bordé au S. par une plaine côtière arrosée (mousson d'été). Celle-ci concentre 63 % des hab. et les zones cultivées et irriguées (maïs, canne à sucre, sorgho, bananes). Ailleurs domine l'élevage nomade, première activité du pays, complété par la pêche et l'exploitation du sel. La lutte des clans a rendu plus tragique encore le marasme écon.
**Histoire** Dans l'Antiquité, les Égyptiens allaient dans ce « Pays de Pount » chercher de l'or, de l'ébène et de l'encens. Ensuite, les commerçants arabes et persans islamisèrent le pays. La pop. somalie, venue du S. de l'Arabie,

s'établit vers le X^e^ s., et l'islam y triompha au XIII^e^ s. Au début du XIX^e^ s., les côtes furent placées sous la domination du sultan de Zanzibar. La G.-B. s'installa dans le N. en 1884 ; l'Italie en 1889, s'adjugea la majeure partie du pays. En 1941, la G.-B. occupa la Somalie italienne, qu'elle rendit à la tutelle de l'Italie en 1950.

**L'INDÉPENDANCE** En 1960, les deux Somalies accèdèrent à l'indépendance et s'unirent en une république mais sans retrouver les terres de l'Ogaden, ni Djibouti. En 1969, le général Muhammad Siyaad Barre s'empara du pouvoir et déclara la Somalie « État socialiste ». Alliée aux Soviétiques, la Somalie rompit ce lien en 1977, à la suite du conflit de l'Ogaden ; en effet, l'URSS soutenait l'Éthiopie, qui vainquit (1978). La paix fut signée en 1988, alors que la guérilla des Issas, ethnie commune aux deux pays, menaçait la Somalie. En 1991, Siyaad Barre fut renversé et plusieurs clans s'affrontèrent. Devant l'ampleur de la famine, les États-Unis, la France, l'Italie réalisèrent en 1992, sous l'égide de l'ONU, une intervention *Restore Hope* (« Rendre l'espoir ») qui voulait assurer l'aide humanitaire et désarmer les milices rivales. Une deuxième opération conduite par l'ONU, « Onusom » (1993), a poursuivi cette double action, mais les forces de l'ONU, devant l'enlisement du conflit, se retirèrent définitivement le 2 mars 1995. En 1996, le général Aïdid, mort, a été remplacé par son fils Hussein. Le pays eut alors deux présidents rivaux et intérimaires : Hussein Aïdid et Ali Mahdi. Tous deux siègent à Muqdisho. L'intérieur du pays est soumis à divers clans. En 2000, une conférence nationale met en place un Parlement présidé par Abdoulkassim Salat Hassan. La division du pays en clans demeure, mais les armes se sont tues. En 2004, Abdullahi Youssouf Ahmed est élu président. Mais les conflits reprennent en 2008. Incapables de ramener la paix, le président et son gouvernement démissionnent en déc. Ahmed Sharif, islamiste modéré, est élu président en janv. 2009. Il est battu en 2012 par Hassan Cheikh Mohamoud, du même parti.

**Somaliland** région du N.-O. de la Somalie. La région fait sécession en 1991.

**Somalis** population islamisée établie en Somalie, en Éthiopie, au Kenya et à Djibouti. Ils parlent le somali, langue afro-asiatique du groupe couchitique. DER **somali, ie** *a*

**soman** *nm* Gaz toxique phosphoré utilisé comme arme chimique.

**somation** *nf* BIOL Variation du soma d'un organisme, provoquée par les modifications de l'environnement et n'atteignant pas le germen.

**somatique** *a* **1** MED, PSYCHO Qui concerne le corps, n'appartient qu'au corps. ANT psychique. **2** BIOL Relatif au soma. ANT germinal, germinatif.

**somatiser** *vt* ① MED, PSYCHO Convertir des troubles psychiques en symptômes somatiques, en parlant du sujet atteint de ces troubles. *Somatiser une angoisse. Il somatise depuis son enfance.* DER **somatisation** *nf*

**somato-, -some** Éléments, du gr. *sôma, sômatos*, « corps ».

**somatostatine** *nf* BIOCHIM Hormone, constituée d'un polypeptide, présente dans l'hypothalamus et dans de nombreux tissus, qui, notam., inhibe la sécrétion de somatotrophine.

**somatotrope** *a* **LOC** BIOCHIM ***Hormone somatotrope*** : somatotrophine.

**somatotrophine** *nf* BIOCHIM Hormone sécrétée par le lobe antérieur de l'hypophyse. SYN hormone de croissance.

**Sombart** Werner (Ermsleben, 1863 – Berlin, 1941), historien allemand : travaux sur l'évolution du capitalisme.

**sombre** *a* **1** Où il y a peu de lumière. *Une pièce sombre. Il fait sombre.* SYN obscur. **2** Tirant sur le noir. *Un tissu sombre. Un vert sombre.* SYN foncé. **3** fig Qui manifeste de la tristesse, de l'inquiétude. *Personne, humeur sombre.* **4** Marqué par le malheur, l'inquiétude, le désespoir. *Une sombre journée.* **5** fam Qui n'a pas été tiré au clair, en parlant d'une affaire louche, criminelle. **6** fam Pour renforcer un terme péjor. *Sombre crétin !* ETY Du lat. *umbra*, « ombre ».

**sombrer** *vi* ① **1** S'engloutir, couler, en parlant d'un navire. *Sombrer corps et biens.* **2** fig Disparaître, se perdre. *Sombrer dans le désespoir.* ETY De l'esp.

**sombréro** *nm* Chapeau à larges bords porté dans les pays hispaniques. PHO [sɔ̃bʀeʀo] ETY Mot esp. VAR **sombrero**

**Some of These Days** composition musicale (1910) de Shelton Brooks, popularisée par L. Armstrong (1929) et C. Hawkins (1935).

**Somers** John (baron) (Worcestershire, 1651 – Londres, 1716), homme politique anglais. Conseiller (libéral) de Guillaume d'Orange, il servit ensuite Anne Stuart. VAR **Sommers**

**Somerset** comté du S.-O. de l'Angleterre, sur le canal de Bristol ; 3 458 km² ; 910 200 hab. ; ch.-l. *Taunton*.

**Someş (le)** riv. de Roumanie et de Hongrie (sous le nom de *Szamos*), affl. de la Tisza (r. g.) ; 411 km.

**somesthésie** *nf* PHYSIOL Domaine relatif à l'ensemble des sensibilités cutanées et internes. DER **somesthésique** *a*

**somite** *nm* BIOL Syn de *métamère*. ETY De soma.

**sommable** *a* Dont on peut calculer la somme.

**sommaire** *a, nm* **A** *a* **1** Abrégé, peu développé. *Exposé sommaire.* **2** Réduit à l'essentiel. *Toilette sommaire.* **3** Trop simplifié ; simpliste. *Vues sommaires.* **4** Expéditif, rapide ; sans formalités, sans jugement. *Exécution sommaire.* **B** *nm* **1** Résumé d'un livre, d'un chapitre. **2** Liste des grandes divisions d'un ouvrage, d'une revue, des grandes articulations d'un dossier. DER **sommairement** *av*

**1 sommation** *nf* **1** MATH Opération consistant à calculer la somme de plusieurs quantités. **2** MATH Calcul de la valeur d'une intégrale définie. **3** PHYSIOL Phénomène par lequel deux stimulations isolément non efficaces le deviennent lorsqu'elles sont associées.

**2 sommation** *nf* **1** MILIT Appel règlementaire d'une sentinelle enjoignant de s'arrêter ou d'un représentant de la force publique de se faire connaître. **2** DR Acte écrit contenant une injonction faite par voie de justice.

**1 somme** *nf* **1** MATH Résultat d'une addition. **2** Quantité d'argent. *Une somme de trois cents francs. Dépenser de grosses sommes.* **3** Ensemble de choses considérées globalement. *La somme de nos efforts.* **4** Ouvrage rassemblant et résumant tout ce que l'on connaît sur un sujet. *La « Somme théologique » de saint Thomas d'Aquin.* **LOC** ***En somme, somme toute*** : en conclusion, en résumé, tout compte fait. — ***Somme d'une famille d'ensembles*** : réunion de ces ensembles. ETY Du lat. *summus*, « qui est le plus haut ».

**2 somme** *nf* **LOC** ***Bête de somme*** : animal domestique employé à porter des fardeaux. — ***Travailler comme une bête de somme*** : très durement. ETY Du lat. *sagma*, « bât ».

**3 somme** *nm* **LOC** ***Faire un somme, un petit somme*** : dormir un moment. ETY Du lat.

**Somme (la)** fl. de Picardie (245 km) ; naît dans le dép. de l'Aisne ; arrose Saint-Quentin, Amiens ; se jette dans la *baie de Somme*. – La *bataille de la Somme* (juil.-nov. 1916) contraignit les Allemands à dégarnir Verdun ; les chars d'assaut y furent employés pour la première fois. Du 5 au 8 juin 1940, les forces françaises ne purent résister à l'assaut allemand.

**Somme** dép. franç. (80) ; 6 176 km² ; 571 000 hab. ; 92,5 hab./km² ; ch.-l. *Amiens* ; ch.-l. d'arr. *Abbeville, Montdidier* et *Péronne*. V. Picardie.

**sommeil** *nm* **1** Suspension périodique et naturelle de la vie consciente, correspondant à un besoin de l'organisme. **2** Besoin de dormir. *Avoir sommeil.* **3** fig État provisoire d'inactivité, d'inertie. *Le sommeil hivernal de la nature.* **LOC** ***En sommeil*** : en état d'inactivité, de latence ou d'activité réduite. — fig, litt ***Le dernier sommeil, le sommeil éternel*** : la mort. — MED ***Maladie du sommeil*** : trypanosomiase. — ***Sommeil de plomb*** : très profond. — ***Sommeil léger*** : que le moindre bruit interrompt. — PSYCHO, PHYSIOL ***Sommeil para-***

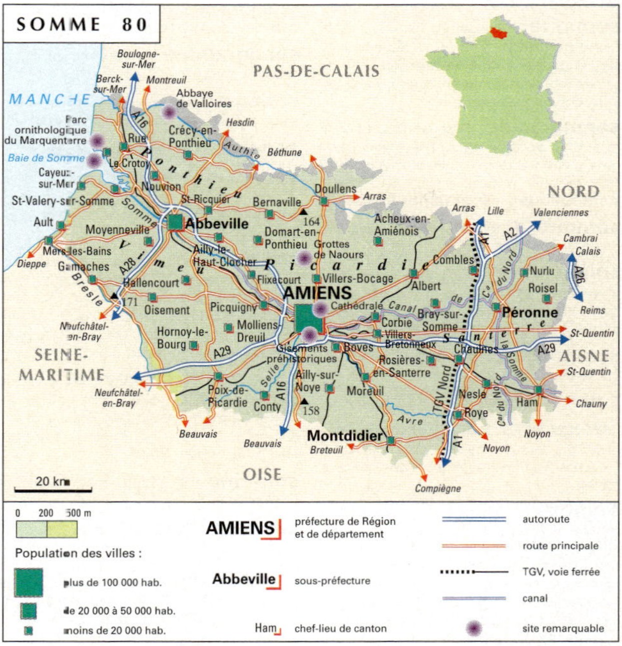

*doxal* ou *rapide* : phase du sommeil pendant laquelle apparaissent les rêves, par oppos. au *sommeil lent*, plus ou moins profond.

**sommeiller** *vi* ① **1** Dormir d'un sommeil léger. **2** fig Exister de manière potentielle, latente, sans se manifester. *Les désirs qui sommeillent.*

**sommeilleux, euse** *a, n* **1** litt Somnolent. **2** MED Atteint de la maladie du sommeil.

**sommelier, ère** *n* **A** Personne chargée du service des vins et des liqueurs, et de l'approvisionnement de la cave, dans un restaurant. **B** *nf* Suisse Serveuse. ETY Du lat. *sagmarius,* « bête de somme », par le provenç. DER **sommellerie** *nf*

**1 sommer** *vt* ① MATH Calculer la somme de.

**2 sommer** *vt* ① Intimer à qqn, dans les formes établies, l'ordre de faire qqch. *Sommer qqn de quitter les lieux.* ETY Du lat. *summa,* « résumé ».

**Sommerfeld** Arnold (Königsberg, 1868 – Munich, 1951), mathématicien et physicien allemand ; spécialiste de mécanique quantique. Il perfectionna en 1915 le modèle d'atome élaboré par Niels Bohr. V. atome.

**sommet** *nm* **1** Partie la plus élevée de certaines choses. *Le sommet d'une montagne, d'un mur.* **2** fig Plus haut degré. *Le sommet de la gloire, de la perfection.* **3** Conférence à laquelle ne participent que des chefs d'État ou de gouvernement. *Une conférence au sommet.* **4** GEOM Point où se coupent les deux côtés d'un angle. ETY Du lat. *summus,* « le plus élevé ».

**Somme théologique** ouvrage princ. de saint Thomas d'Aquin, qui l'écrivit de 1266 à sa mort (1274), laissant la 3e partie inachevée, et qui démontre la complémentarité entre foi et raison.

**sommier** *nm* **1** Partie d'un lit sur laquelle repose le matelas. **2** ARCHI Pierre qui reçoit la retombée d'une voûte ou d'un arc. **3** CONSTR Pièce de charpente servant de linteau. **4** Partie de l'orgue qui reçoit l'air venant des soufflets. **5** vx Gros registre. LOC ***Sommiers judiciaires*** : tenus par la police et sur lesquels sont portées toutes les condamnations prononcées. ETY Du lat.

**sommital, ale** *a* didac Relatif au sommet. PLUR sommitaux.

**sommité** *nf* **1** didac, litt Extrémité d'une tige, d'une branche, d'une plante dressée. **2** fig Personne qui se distingue particulièrement par sa position, son talent, son savoir. *Les sommités de la science, de la littérature.*

**somnambule** *n* Personne qui effectue de manière automatique, pendant son sommeil, certains mouvements accomplis ordinairement à l'état de veille (marche notam.). DER **somnambulique** *a* – **somnambulisme** *nm*

**somnifère** *a, nm* Qui provoque le sommeil. *Prendre un somnifère.*

**somnolence** *nf* **1** État intermédiaire entre le sommeil et la veille ; disposition à l'assoupissement, au sommeil. **2** fig Mollesse, engourdissement. ETY Du lat. DER **somnolent, ente** *a*

**somnoler** *vi* ① Dormir peu profondément, être assoupi.

**somoni** *nm* Unité monétaire du Tadjikistan.

**Somosierra (col de)** col d'Espagne (1 430 m), dans la sierra de Guadarrama, reliant les deux Castilles. – Victoire de Napoléon (1808).

**Somoza** Anastasio, dit Tacho (San Marcos, 1896 – León, 1956), dictateur nicaraguayen. Chef de la garde nationale, il fit assassiner Sandino (1934). Il fut président de la République de 1937 à 1947, puis de 1951 à son assassinat. — **Luis** (León, 1922 – Managua, 1967), fils et successeur du préc. (1957-1963). — **Anastasio** dit **Tachito** (León, 1925 – Asunción, 1980), frère du préc. Président de la République en 1967, il fut renversé par le Front sandiniste en 1979. Il s'exila et mourut assassiné.

**Somport (col du)** col des Pyrénées-Atlantiques (1 632 m), reliant la France (vallée d'Aspe) à l'Espagne (río Aragón).

**somptuaire** *a* **1** didac Relatif à la dépense. **2** Qui a pour objet de règlementer ou de restreindre les dépenses, de taxer le luxe. *Loi, règlement, impôt somptuaire.* **3** emploi critiqué Excessif. *Dépenses somptuaires.* ETY Du lat. *sumptus,* « dépense ».

**somptueux, euse** *a* **1** Dont le luxe, la magnificence ont nécessité de grandes dépenses. *Des présents somptueux.* **2** Superbe. DER **somptueusement** *av* – **somptuosité** *nf*

**1 son, sa, ses** *a poss* (*Son* remplace *sa* devant un n. ou un adj. fém. commençant par une voyelle ou un *h* muet : *son avarice, son habileté.*) **1** Marque l'appartenance. *Son livre. Sa barbe. Son bon caractère.* **2** Devant certains titres. *Sa Majesté. Son Éminence.* ETY Du lat. *suus.*

**2 son** *nm* **1** Sensation auditive engendrée par une vibration acoustique ; cette vibration. *Son grave, aigu.* **2** Émission de voix utilisée pour communiquer, unité phonique du langage. *Classement, étude des sons par la phonétique.* **3** Ensemble du matériel et des disques servant à la sonorisation d'une manifestation. **4** Qualité particulière, rendu acoustique d'une musique, d'un enregistrement. **5** Musique traditionnelle des campagnes cubaines, style issu de la fusion afro-hispanique. LOC ***Son complexe*** : qui comporte plusieurs fréquences. — ***Son et lumière*** : évocation de scènes historiques sur le lieu de leur déroulement au moyen de jeux de lumière et de la diffusion d'un texte dramatique. — ***Son musical*** : d'une hauteur déterminée dans l'échelle tonale. — ***Son pur*** : produit par une vibration acoustique sinusoïdale. ETY Du lat.

ENC La vitesse de propagation du son varie suivant les milieux : 331 m/s dans l'air à 0 °C (vitesse, dite *vitesse du son,* qui sert de référence en aérodynamique) ; 1 435 m/s dans l'eau à 8 °C ; 5 000 m/s dans l'acier. Physiologiquement, un son est caractérisé par son *intensité* (exprimée en décibels), par sa *hauteur* (liée à sa fréquence) et par son *timbre,* qui dépend du nombre, de la hauteur et de l'intensité de ses harmoniques. V. acoustique.

**3 son** *nm* Déchet de la mouture du blé, des céréales, formé par les enveloppes des graines. ETY Du lat. *secundus,* « secondaire ».

**sonagramme** *nm* PHON Graphique fourni par un sonagraphe.

**sonagraphe** *nm* PHON Appareil permettant la représentation des composantes de la voix.

**sonal** *nm* Syn. (recommandé) de *jingle.*

**sonar** *nm* MAR Appareil émetteur et récepteur d'ondes ultrasonores, utilisé pour la détection des objets immergés. ETY De l'angl. *sound navigation and ranging.*

**sonate** *nf* MUS Pièce de musique instrumentale comportant trois ou quatre mouvements et écrite pour le piano ou deux instruments, dont le piano. LOC ***Forme sonate*** : structure propre au mouvement initial de la symphonie, de la sonate classiques. ETY De l'ital.

**Sonate à Kreutzer (la)** sonate de Beethoven (nº 9 pour violon et piano, 1803), dédiée en 1805 au violoniste franç. Rodolphe Kreutzer (1766-1831). ▷ LITT *La Sonate à Kreutzer* (1891), nouvelle de Tolstoï.

**sonatine** *nf* MUS Petite sonate, en général d'exécution facile.

**sondage** *nm* **1** Action de sonder ; son résultat. **2** TECH Opération qui consiste à forer le sol pour déterminer la nature, l'épaisseur et la pente des couches qui le constituent, ou pour rechercher des nappes d'eau, de pétrole, etc. **3** fig Enquête, investigation discrète pour obtenir des renseignements. *Pratiquer un sondage dans les milieux politiques.* **4** Enquête menée auprès d'un certain nombre de personnes considérées comme représentatives d'un ensemble social donné en vue de déterminer leur opinion.

**sondagier, ère** *a* Relatif aux sondages d'opinion.

**sonde** *nf* **1** Instrument constitué d'une masse pesante attachée au bout d'une ligne, servant à mesurer la profondeur de l'eau et à déterminer la nature du fond. **2** Mesure de la profondeur obtenue par sondage. **3** CHIR Instrument tubulaire cylindrique et allongé, présentant ou non un canal central, destiné à pénétrer dans un conduit naturel ou pathologique, à des fins diagnostiques ou thérapeutiques. *Sondes vésicale, œsophagienne.* **4** TECH Appareil servant à forer le sol. **5** Instrument servant à prélever un échantillon d'un produit pour en vérifier la qualité. *Sonde à fromage.* **6** ESP Véhicule spatial non habité, utilisé pour pratiquer de brèves incursions au-delà de l'atmosphère ou des missions d'exploration du système solaire. *Sonde planétaire.* LOC METEO ***Sonde aérienne*** : ballon-sonde. ETY De l'anc. nordique *sund,* « mer ».

**Sonde (archipel de la)** longue chaîne d'îles, appelée aussi *îles de l'Insulinde,* dont l'Indonésie possède la plus grande partie (Java, Sumatra, une partie de Bornéo, etc.).

**Sonde (détroit de la)** détroit qui sépare Java et Sumatra.

**sondé, ée** *n* Personne interrogée lors d'un sondage d'opinion.

**sonder** *vt* ① TECH Explorer, reconnaître au moyen d'une sonde ; pratiquer le sondage de. *Sonder une mer, une rivière. Sonder un terrain.* **2** Explorer avec une sonde l'intérieur, la masse de. *Sonder un mur.* **3** CHIR Introduire une sonde dans. *Sonder une plaie.* **4** fig Chercher à pénétrer, à reconnaître. *Sonder du regard la profondeur d'un ravin.* **5** Faire un sondage d'opinion. **6** Chercher à pénétrer, à deviner les intentions de qqn, son état d'esprit. LOC ***Sonder le terrain*** : examiner avec soin une affaire avant de s'engager.

**Sonderbund** (« ligue séparée »), alliance séparatiste conclue en 1845 par les sept cantons suisses conservateurs et catholiques (Fribourg, Lucerne, Schwyz, Unterwald, Uri, Valais, Zoug), qui protestaient notam. contre les mesures décidées par le gouvernement fédéral à l'encontre des jésuites. En 1847, la Diète exigea la dissolution du Sonderbund, effectuée militairement par le général Dufour en nov., puis décréta l'expulsion des jésuites.

**sondeur, euse** *n* **A** Personne qui effectue des sondages. **B** *nm* TECH Appareil servant à déterminer la profondeur de l'eau et la nature du fond. *Sondeur à ultrasons.* **C** *nf* Appareil utilisé pour les forages peu profonds.

**Song** dynastie qui régna en Chine de 960 à 1279. Elle unifia le pays, promut une civilisation brillante et fut renversée par les Mongols. DER **song** *a*

**songe** *nm* litt Rêve, association d'idées et d'images qui se forment pendant le sommeil. ETY Du lat.

**songe-creux** *nm inv* vieilli Personne qui nourrit son esprit de projets chimériques.

**songe de Poliphile (Discours du)** livre du dominicain italien Francesco Colonna (1433 ? – 1527) publié à Venise en 1499.

**Songe d'une nuit d'été (le)** comédie-féerie en 5 actes, en vers et en prose, de Shakespeare (1595). Cette pièce inspira un poème héroïcomique à Wieland (*Obéron,* 1780), et celui-ci un opéra en 3 actes à Weber (*Obéron,* 1826). ▷ MUS La mus. de scène de Mendelssohn (1843) renferme la *Marche nuptiale.*

**Songe du vergier (le)** œuvre anonyme de la fin du XVIe s. traitant des pouvoirs respectifs du roi de France et du pape.

**songer** *vti* [13] **1** vx, litt Rêver, faire un songe. *J'ai songé que je volais.* **2** Penser à ; envisager de. *Il faut songer au départ, à partir.* **3** Avoir l'intention de. *Il songe à se marier.* **4** Suivi d'une interrog. indir. ou d'une complétive. Considérer, faire attention au fait que. *Songez qu'il y va de votre vie.* **5** Se préoccuper de, faire attention à. *Songer à l'avenir.* **6** Évoquer par la pensée. *Songer au passé, à ceux qui ont disparu.*

**songerie** *nf* vieilli, litt Rêverie ; état d'une personne qui songe.

**songeur, euse** *n, a* **A** *n* litt Personne qui songe, qui se livre à la rêverie. **B** *a* Absorbé dans une rêverie, pensif.

**songhay** *nm* Langue véhiculaire parlée dans la région de la boucle du Niger.

**Songhays** ethnie de l'Afrique occidentale installée dans l'E. du Mali et dans l'O. du Niger ; env. 1 500 000 personnes. Ils parlent une langue nilo-saharienne du groupe songhay-zarma. [VAR] **Songhaïs** ou **Sonrhaïs**

[ENC] Le royaume songhay fut fondé au VII^e s. dans la région de Gao. À partir des XI^e-XIII^e s., le passage des caravanes l'enrichit. Dominé par l'empire du Mali au début du XIV^e s., il redevint indép. en 1375. La dynastie des Sonnis (dont Sonni Ali Ber) et, à partir de 1492, celle des Askias (fondée par l'Askia Mohammed) portèrent l'empire à son apogée aux XV^e et XVI^e s. Il s'étendait alors du Sénégal au Tchad, et l'Askia l'avait islamisé. En 1591, l'armée marocaine vainquit à Tondibi (au N. de Gao) Issihak II, empereur du Songhay, lequel entra en décadence

**Sông Hông** → **Rouge (fleuve).**

**Songhuajiang** rivière du N.-E. de la Chine (1 800 km), affl. de l'Heilongjiang (Amour). [VAR] **Soungari**

**songwriter** *n* Dans la musique pop-rock, auteur-compositeur et chanteur. [PHO] [sɔŋgʀajtœʀ] [ETY] Mot angl.

**soninké** *nm* Langue mandé parlée au Mali et au Sénégal.

**Soninkés** → **Sarakolés.**

**sonique** *a* **1** Relatif au son. **2** Relatif aux phénomènes qui se produisent aux vitesses voisines de celle du son.

**sonnaille** *nf* **1** Clochette attachée au cou des bestiaux. **2** Son produit par une sonnaille.

**sonnailler** *vi* [1] Sonner, tinter, de façon désordonnée, désagréable.

**sonnant, ante** *a, av* **A** *a* **1** Qui rend un son clair et distinct. *Métal sonnant.* **2** Qui annonce les heures en sonnant. *Horloge sonnante, réveil sonnant.* **B** *av* Exactement. *À midi sonnant.*

**sonné, ée** *a* **1** Annoncé par le son d'une cloche, d'une sonnerie. *Messe sonnée.* **2** fam Abruti, assommé par les coups. *Boxeur sonné.* **3** fig, fam Fou. **4** Passé. *Il est minuit sonné.* **5** fam Largement dépassé. *Il a la cinquantaine bien sonné.*

**sonner** *v* [1] **A** *vi* **1** Rendre un son, retentir sous l'effet d'un choc. *Cristal qui sonne. Le réveil a sonné.* **2** Émettre un son, en parlant de certains instruments de cuivre à embouchure. *Clairon qui sonne.* **3** Jouer de certains instruments à vent. *Sonner de la cornemuse.* **4** Être annoncé par une sonnerie. *Huit heures ont sonné.* **5** Être articulé, prononcé clairement. *Faire sonner la consonne finale dans un mot.* **6** Actionner une sonnette, une sonnerie. *Entrez sans sonner.* **7** Être harmonieux ou non à l'oreille. *Mot qui sonne bien. Sonner faux.* **B** *vt* **1** Faire rendre un, des sons à un instrument, une cloche. *Sonner le cor.* **2** Annoncer, indiquer par le son d'un instrument, d'une sonnerie. *Sonner la charge. L'horloge sonne minuit.* **3** Appeler qqn avec une sonnette. *Sonner la femme de chambre.* **4** fam Appeler qqn au téléphone. **5** fam Assommer, abrutir. *Ce coup de poing l'a sonné.* **6** fig Déconcerter. *La nouvelle l'a sonné.* **LOC** fam ***On ne vous a pas sonné*** : on ne vous a pas demandé votre avis. [ETY] Du lat.

**sonnerie** *nf* **1** Son produit par des cloches ou par un timbre. *Sonnerie d'un carillon.* **2** Air joué par un instrument de cuivre à embouchure. **3** Ensemble des cloches d'une église, des pièces qui permettent à une horloge, à un réveil, etc., de sonner. **4** Appareil d'appel ou d'alarme actionné par l'électricité.

**sonnet** *nm* LITTER Pièce de quatorze vers de même mesure, en deux quatrains à rimes embrassées et deux tercets. [ETY] De l'ital.

**sonnette** *nf* **1** Clochette dont on se sert pour avertir, pour appeler. **2** Sonnerie que l'on peut déclencher à distance ; son émis par cette sonnerie. **3** TECH Engin constitué d'une lourde masse qui descend entre des glissières. *Sonnette à enfoncer les pieux.*

**sonneur** *nm* **1** Celui qui sonne les cloches. **2** Celui qui sonne de la trompe, du cor, de la cornemuse.

**Sonni Ali Ber** (XV^e s.), dernier empereur de la dynastie des Sonni qui régna sur le Songhay (1464-1492) et dont il fut le plus grand souverain. Il prit Tombouctou en 1469 mais fut vaincu en 1492 par l'Askia Mohammed.

**Sonnini de Manoncourt** Charles (Lunéville, 1751 – Paris, 1812), naturaliste français : *Histoire naturelle des reptiles* (1802).

**sono-** Élément, du lat. *sonus,* « son ».

**sono** *nf* fam Ensemble des appareils utilisés pour sonoriser un lieu. *Une bonne sono.*

**sonomètre** *nm* TECH Appareil utilisé pour la mesure des niveaux d'intensité acoustique des bruits.

**sonore** *a* **1** Qui est susceptible de produire un, des sons ; qui produit un son. *Les corps sonores.* **2** Dont le son est puissant, éclatant. *Une voix sonore.* **3** Qui résonne, où le son retentit. *Couloir sonore.* **4** didac Qui a rapport au son. *Ondes sonores.* **5** PHON Dont l'émission s'accompagne d'une vibration des cordes vocales. *Les consonnes sonores du français sont [b], [v]...* ANT sourd.

**sonorisation** *nf* **1** Action de sonoriser un lieu. **2** Ensemble des appareils utilisés pour sonoriser un lieu en vue d'un spectacle. **3** Opération consistant à reporter l'enregistrement du son sur la bande d'un film portant les images. **4** PHON Acquisition du trait de sonorité par un phonème.

**sonoriser** *vt* [1] **1** Équiper un lieu de tous les appareils nécessaires à l'amplification et à la diffusion du son, timbre. **2** Effectuer la sonorisation d'un film. **3** PHON Rendre sonore une consonne sourde.

**sonorité** *nf* **1** Caractère de ce qui peut produire des sons. **2** Propriété qu'ont certains lieux de répercuter les sons. *La sonorité d'une nef de cathédrale.* **3** Qualité du son. *Sonorité d'un violon.* **4** PHON Vibration des cordes vocales lors de l'émission des phonèmes sonores.

**sonothèque** *nf* Lieu où sont conservés des enregistrements de bruits, de fonds sonores.

**Sonrhaïs** → **Songhays.**

**Sontag** Susan (New York, 1933 – id., 2004), essayiste et romancière américaine. *La Photographie* (1977), *le Sida et ses métaphores* (1989).

**Sony Corporation** société japonaise, créée en 1946, qui couvre auj. toutes les branches de l'audiovisuel.

**Sony Labou Tansi** Marcel Sony, dit (Kimwenza, 1947 – Brazzaville, 1995), écrivain congolais. *La Vie et demie* (1979), *les Yeux du volcan* (1988).

**Sophia-Antipolis** technopole française, la première du genre (1969), sur les com. d'Antibes, Valbonne, etc. (Alpes-Mar.).

**Sophie Alexeïevna** (Moscou, 1657 – Novodievitchi, 1704), régente de Russie (1682-1689). Fille du tsar Alexis (m. en 1676), elle prit le pouvoir à la mort de Fédor III (1682) ; ses frères mineurs, Ivan V (débile) et Pierre I^er, avaient le titre de tsar ; Pierre I^er le Grand la fit incarcérer en 1689.

**sophisme** *nm* LOG Raisonnement valide en apparence, mais dont un des éléments est fautif et, généralement, fait avec l'intention de tromper. [ETY] Du gr.

**sophiste** *n* **A** *nm* ANTIQ GR Maître de philosophie rétribué, qui enseignait l'art de l'éloquence et les moyens de défendre n'importe quelle thèse par le raisonnement ou des artifices rhétoriques. **B** *n* Personne qui use de sophismes.

[ENC] Les sophistes sont des penseurs du V^e s. av. J.-C. qui développèrent la dialectique dans un sens relativiste et sceptique. Professant une philosophie empiriste et sensualiste, ils critiquèrent les croyances religieuses de la Grèce antique. Les plus célèbres sophistes furent Protagoras, Prodicos, Hippias et, au IV^e s. av. J.-C., Gorgias. Platon, qui les a attaqués avec insistance tout au long de son œuvre (et notamment dans les dialogues *Protagoras* et *Gorgias*), a contribué à leur discrédit.

**sophistique** *a, nf* **A** *a* Qui est de la nature du sophisme. **B** *nf* PHILO Mouvement de pensée représenté par les sophistes grecs.

**sophistiqué, ée** *a* **1** Extrêmement recherché, qui laisse peu de place au naturel. *Maquillage très sophistiqué.* **2** Extrêmement perfectionné. *Matériel sophistiqué.* **3** fig Très élaboré, complexe. *Raisonnement sophistiqué.*

**sophistiquer** *vt* [1] **1** Soigner à l'extrême qqch en laissant peu de place au naturel. *Sophistiquer sa coiffure.* **2** Perfectionner par des techniques de pointe. [DER] **sophistication** *nf*

**Sophocle** (Colone, près d'Athènes, v. 496 – Athènes, 406 av. J.-C.), poète tragique grec. Il aurait écrit plus de cent pièces ; il ne reste que sept tragédies complètes *(Ajax, Électre, Œdipe roi, Œdipe à Colone, Antigone, les Trachiniennes, Philoctète).* Dans un style vigoureux et concis, elles exaltent le héros qui se révolte ou préfère la mort à la soumission.

Sophocle

**Sophonie** (VII^e s. av. J.-C.), un des douze petits prophètes juifs.

**Sophonisbe** (Carthage, v. 235 – id., 203 av. J.-C.), fille d'Hasdrubal ; épouse de Syphax, roi des Numides occidentaux, puis de Masinissa, roi des Numides orientaux. Prise par les Romains, elle s'empoisonna. ▷ LITTER Tragédies de : Mairet (1634), la prem. qui applique la règle des 3 unités ; Corneille (1663) ; Alfieri (1789).

**sophora** *nm* BOT Grand arbre ornemental (papilionacée) originaire d'Asie, à grappes de fleurs blanches. [ETY] De l'ar.

**sophrologie** *nf* MED Étude des changements d'états de conscience de l'homme obtenus par des moyens psychologiques, et de leurs possibilités d'application thérapeutique. [ETY] Du gr. *sôs,* « harmonie » et *phrên,* « esprit ». [DER] **sophrologique** *a* – **sophrologue** *n*

**soporifique** *a, nm* **A** *a* **1** Qui fait naître le sommeil. **2** fig, fam Ennuyeux à faire dormir. *Discours soporifique.* **B** *nm* Substance dont l'absorption entraîne le sommeil.

**Sopot** v. de Pologne, sur la baie de Gdańsk ; 52 000 hab. Stat. balnéaire.

**sopraniste** *nm* MUS Chanteur adulte à la voix de soprano.

**soprano** *n* **A** *nm* **1** La plus haute des voix (voix de femme ou de jeune garçon). **2** fam Instrument d'une famille qui a la tessiture la plus élevée. *Saxophone soprano.* **B** *n* Chanteur, chanteuse qui a une voix de soprano. (ETY) Mot ital. (VAR) **soprane**

**Sopron** (en all. *Ödenburg*), v. de l'O. de la Hongrie ; 57 000 hab. – Égl. gothiques.

**Sorabes** peuple slave de Lusace (appelé en allemand *Wendes*). (DER) **sorabe** *a*

**sorbe** *nf* Fruit du sorbier, baie rouge orangé en forme de petite poire. (ETY) Du lat.

**sorbet** *nm* Glace aux fruits, confectionnée sans crème. (ETY) De l'ar.

**sorbetière** *nf* Récipient, appareil pour préparer les glaces, les sorbets.

**sorbier** *nm* Arbre (rosacée) aux feuilles composées. LOC ***Sorbier domestique*** : cultivé pour ses fruits comestibles et son bois très dur. — ***Sorbier des oiseleurs*** : ornemental.

**sorbitol** *nm* PHARM Polyalcool dérivé du glucose, employé comme médicament.

**Sorbon** Robert de (Sorbon, près de Rethel, 1201 – Paris, 1274), théologien français. Chapelain de Saint Louis, il fonda à Paris un collège auquel on donna son nom : la Sorbonne.

**sorbonnard, arde** *n, a* fam Enseignant ou étudiant de la Sorbonne.

**Sorbonne (la)** établissement public d'enseignement supérieur, situé à Paris (Quartier latin) et abritant auj. plusieurs unités d'enseignement et de recherche (UER) rattachées à des universités différentes. Ce fut d'abord un collège de théologie fondé en 1257 par Sorbon. Elle s'opposa aux humanistes (XVI^e^ s.) et aux encyclopédistes (XVIII^e^ s.).

**sorcellerie** *nf* **1** Pratiques occultes des sorciers. **2** Action prodigieuse inexplicable.

**sorcier, ère** *n, a* **A** *n* Personne qui est réputée avoir pactisé avec les puissances occultes afin d'agir sur les êtres et les choses au moyen de charmes et de maléfices. **B** *nf* Vieille femme à l'air méchant. **C** *am* fam Surtout en tournure négative. Compliqué. *Ce n'est pas sorcier.* (ETY) Du lat.

**Sorcière (la)** étude historique et récit de Michelet (1862).

**sordide** *a* **1** Dont la saleté dénote une grande pauvreté. *Quartier sordide.* **2** fig Méprisable, ignoble. *Des calculs sordides. Un crime sordide.* (ETY) Du lat. *sordes,* « saleté ». (DER) **sordidement** *av* – **sordidité** *nf*

**sore** *nm* Amas de sporanges des frondes de fougères. (ETY) Du gr. *sôros,* « tas ».

**Sorel** Agnès → **Agnès Sorel.**

**Sorel** Charles (sieur de Souvigny) (Paris, v. 1600 – id., 1674), écrivain français, historiographe de France (1635-1663) : *la Vraie Histoire comique de Francion* (1623), roman picaresque.

**Sorel** Georges (Cherbourg, 1847 – Boulogne-sur-Seine, 1922), écrivain français. Théoricien du syndicalisme révolutionnaire, partisan de la violence, il eut une certaine influence sur le fascisme : *Réflexions sur la violence* (1908), *Matériaux pour une théorie du prolétariat* (1919).

**Sorel** Julien héros du roman *le Rouge et le Noir* (1830) de Stendhal.

**Sorel-Tracy** v. du Québec, port au confl. du Saint-Laurent et du Richelieu ; 36 000 hab. (DER) **sorelois, oise** *a, n*

**Sørensen** Søren Peter Lauritz (Havrebjerg, 1868 – Charlottenlund, 1939), chimiste danois. Il eut l'idée, en 1909, d'indiquer l'acidité d'une solution par son pH.

**sorgho** *nm* Graminée originaire de l'Inde, cultivée pour ses grains et comme fourrage. SYN gros mil. (ETY) De l'ital.

**Sorgue (la)** petite riv. du Vaucluse (36 km), affl. du Rhône (r. g.) ; issue de la fontaine de Vaucluse. (VAR) **Sorgue de Vaucluse**

**Sorgues** com. du Vaucluse (arr. d'Avignon) ; 17 539 hab. Poudrerie. (DER) **sorguais, aise** *a, n*

**Soria** v. d'Espagne (Castille et León), sur le Douro ; 32 600 hab. ; ch.-l. de la prov. du m. nom (10 306 km$^2$ ; 94 600 hab.). – Église XII^e^-XIII^e^ s. Ruines romanes.

**soricidé** *nm* ZOOL Petit mammifère insectivore, dont la famille comprend notam. les musaraignes. (ETY) Du lat.

**sorite** *nm* Raisonnement consistant en une suite de propositions liées de telle sorte que l'attribut de chacune d'elles soit aussi le sujet de la suivante, et que la conclusion ait pour sujet le sujet de la première, et pour attribut l'attribut de l'avant-dernière. (ETY) Du gr. *sôros,* « tas ».

**Sorlingues** → **Scilly.**

**sornette** *nf* fam Propos frivole, bagatelle, bêtise. (ETY) Du moyen fr. *sorne,* « raillerie ».

**Sorocaba** v. industr. du Brésil, à l'O. de São Paulo ; 629 200 hab.

**Sorokin** Pitirim Alexandrovitch (Touria, 1889 – Winchester, Massachusetts, 1968), sociologue américain d'origine russe ; théoricien du changement social.

**sororal, ale** *a* didac De la sœur. PLUR sororaux.

**sororat** *nm* ETHNOL Système social qui oblige un veuf à prendre pour épouse la sœur de sa femme.

**sororité** *nf* litt Solidarité entre femmes.

**Sorrente** v. d'Italie (Campanie), sur le golfe de Naples ; 17 030 hab. Tourisme.

**sort** *nm* **1** Hasard, destin. *Les caprices du sort.* **2** Effet du hasard, de la rencontre fortuite des évènements bons ou mauvais ; situation d'une personne, destinée. **3** Décision soumise au hasard. **4** Maléfice. *Jeter un sort à qqn.* LOC ***Au sort*** : par le hasard. — ***Faire un sort à une chose*** : en finir avec elle. *Faire un sort à un pâté.* — ***Le sort en est jeté*** : la décision est prise irrévocablement. (ETY) Du lat.

**sortable** *a* fam Avec qui l'on peut sortir, qui est bien élevé.

**sortant, ante** *a, n* **1** Qui sort d'un lieu. *Les entrants et les sortants.* **2** Tiré par hasard. *Numéro sortant.* **3** Dont le mandat vient d'expirer. *Député sortant.*

**sorte** *nf* **1** Espèce, genre. *Diverses sortes d'animaux.* **2** Ensemble des traits caractéristiques qui distinguent une chose ; manière d'être. *Cette sorte d'affaires.* LOC ***De la sorte*** : de cette manière. — ***De sorte que*** ou vieilli ***en sorte que*** : de telle façon que. — ***De (telle) sorte que*** : si bien que. — ***En quelque sorte*** : presque, pour ainsi dire. — ***Faire en sorte que*** (+ subj.), ***faire en sorte de*** (+ inf.) : agir de manière à. — ***Toutes sortes de*** : beaucoup de. — ***Une sorte de...*** : se dit d'une chose qu'on ne peut caractériser que par rapport à une autre à laquelle elle ressemble, sans toutefois lui être absolument semblable. *Une sorte de casquette qui tient du béret et du képi.*

**sortie** *nf* **1** Action de sortir. *C'est sa première sortie depuis sa maladie.* **2** Action de quitter son domicile pour se distraire. **3** Moment où l'on sort. *La sortie des spectacles.* **4** Porte, issue. **5** Transport de marchandises hors d'un pays. **6** INFORM Donnée qui sort de l'ordinateur après traitement. **7** Somme dépensée. *Les entrées et les sorties.* **8** Attaque faite pour sortir d'une place investie. *Les assiégés tentèrent une sortie.* **9** AVIAT Envol d'un appareil, d'une escadrille, etc., pour une mission de guerre. **10** fig Brusque emportement contre qqn. *Faire une sortie.* **11** Incongruité, parole déplacée que qqn laisse échapper en public. **12** Fait d'être rendu public, publié. *Sortie d'un film.* **13** Action de quitter la scène. *Régler la sortie d'un acteur.* LOC ***Sortie de bain*** : peignoir en tissu-éponge porté au sortir du bain. — vieilli ***Sortie de bal*** : manteau mis sur une robe de bal.

**sortilège** *nm* Maléfice ; action magique.

**1 sortir** *v* (30) **A** *vi* **1** Passer du dedans au dehors. *Sortir de chez soi.* **2** Commencer à paraître, pousser. *Les bourgeons sortent.* **3** Dépasser à l'extérieur. *Le rocher sort de l'eau.* **4** S'échapper, s'exhaler. *La fumée sort de la cheminée.* **5** Aller hors de chez soi pour se distraire, se promener. *Il sort tous les soirs.* **6** Paraître, être publié, mis en vente, présenté au public. *Ce film sort le mois prochain.* **7** Être désigné par le hasard, dans un tirage au sort, dans un jeu. *C'est le neuf qui sort.* **8** Cesser d'être dans tel état, telle situation. *Sortir de maladie.* **9** Être issu de. *Sortir d'une famille paysanne.* **B** *vt* **1** Conduire dehors qqn. *Sortir des enfants.* **2** fam Emmener qqn quelque part pour le distraire. **3** Mettre dehors. *Sortir un cheval de l'écurie.* **4** Tirer. *Sortir qqn d'un mauvais pas.* **5** fam Éliminer un concurrent lors d'une compétition. **6** Publier, mettre en vente, faire paraître, rendre public. *Sortir un roman, un film.* **7** fam Dire. *Il en sort de bonnes.* **C** *vpr* Se tirer de. *Comment se sortir de ce mauvais pas ?* LOC fam ***Je sors d'en prendre*** : je viens d'en faire la désagréable expérience. — fam ***Ne pas sortir de là*** : persévérer dans son opinion. — fam ***Sortir du bois*** : dévoiler ses intentions. — fam ***Sortir par les yeux*** : exaspérer à force d'insistance. (ETY) Du lat. *surgere,* « jaillir ».

**2 sortir** *nm* LOC ***Au sortir de*** : au moment où l'on sort de, à l'issue de.

**SOS** *nm* Signal de détresse radiotélégraphique consistant en l'émission continue de trois points (lettre S, en morse) suivis de trois traits (lettre O). *Capter un SOS.* (PHO) [esoes]

**Soseki** Natsume Soseki, dit (Tōkyō, 1867 – id. 1916) , écrivain japonais, fondateur de la littérature japonaise moderne (*Je suis un chat,* 1905, *Clair-obscur,* 1916).

**sosie** *nm* Personne qui ressemble parfaitement à une autre. *Avoir un sosie.* (ETY) Du n. pr.

**Sosie** personnage de la comédie de Plaute *Amphitryon* (v. 214 av. J.-C.) repris par Molière (*Amphitryon,* 1668). Il est le valet d'Amphitryon, dont Mercure a pris les traits.

**Sosnowiec** v. de Pologne, en haute Silésie ; 216 400 hab. Centre houiller et industriel.

**sosot, otte** *a* fam Un peu sot. (PHO) [soso, sosɔt]

**SOS Racisme** association fondée en 1984 pour lutter, en France, contre toutes les formes de racisme et d'exclusion.

**sostenuto** *av* MUS En jouant de façon soutenue. (PHO) [sɔstenuto] (ETY) Mot ital.

**sot, sotte** *a, n* **A** **1** Qui est sans intelligence ni jugement. **2** Qui dénote la sottise. *Une sotte idée.* **B** *nm* LITTER Bouffon, personnage de sotie. (DER) **sottement** *av*

**Sōtatsu** Nonomura, dit Tawaraya (Kyōto, déb. XVII^e^ s.), peintre japonais ; un des maîtres de la peinture sur paravent.

**sotch** *nm* GEOMORPH Doline.

**Sotchi** v. de Russie, sur la mer Noire, au pied du Caucase ; 343 300 hab. Tourisme. Jeux Olympiques d'hiver (2014).

**sotériologie** *nf* THEOL Branche de la théologie qui traite de la rédemption du genre humain par Jésus-Christ. ETY Du gr. DER **sotériologique** *a*

**Sotheby and Co** société qui organise la vente d'œuvres d'art aux enchères, fondée en 1733 à Londres, auj. sous contrôle américain. VAR **Sotheby's**

**sotho** *nm* Langue bantoue parlée par les Sothos, officielle au Lesotho et en Afrique du Sud.

**Sothos** ethnie d'Afrique du Sud et du Lesotho ; 10 millions de personnes. Ils parlent une langue bantoue, le *sotho* ou *sesotho,* du groupe *sotho-tswana.* VAR **Bassoutho, Basuto** DER **sotho, bassoutho** ou **basuto** *a*

**sotie** *nf* LITTER Farce satirique, aux XIVe et XVe s. ETY Du gr. VAR **sottie**

**sot-l'y-laisse** *nm inv* Morceau savoureux, au-dessus du croupion des volailles.

**Soto Hernando de** (Barcarrota, 1500 – rives du Mississippi, 1542), navigateur espagnol. Compagnon de Pizarro au Pérou (1532), il conquit la Floride et poursuivit vers l'Ouest.

**Soto Jesús Rafael** (Ciudad Bolívar, 1923 – Paris, 2005), peintre vénézuélien (art cinétique).

**sotte, sottement** → **sot.**

**Sotteville-lès-Rouen** ch.-l. de cant. de la Seine-Maritime ; 29 977 hab. Centre industriel. DER **sottevillais, aise** *a, n*

**sottie** → **sotie.**

**sottise** *nf* **1** Manque d'intelligence et de jugement. **2** Action, parole qui dénote la sottise. *Dire des sottises.* **3** Action déraisonnable d'un enfant, bêtise.

**sottisier** *nm* Recueil de bévues d'auteurs célèbres, de sottises relevées dans la presse, les devoirs d'élèves, etc.

**Sottsass Ettore** (Innsbruck, 1917 – Milan, 2007), architecte et designer italien.

**sou** *nm* **A 1** Monnaie qui valait le vingtième de la livre. **2** Pièce de cinq centimes créée sous la Révolution française et supprimée en 1959. **3** Canada Centième partie du dollar. **B** *nmpl* fam Argent. *Être près de ses sous.* **LOC** ***D'un sou, de quatre sous :*** sans valeur. — ***N'avoir pas le sou, pas un sou vaillant ; être sans le sou :*** ne pas avoir d'argent. — ***Sou à sou, sou par sou :*** par très petites sommes. ETY Du lat. *soldus,* « pièce d'or ».

**Souabe** (en all. *Schwaben*), anc. duché d'Allemagne, dans le S.-O. de la Bavière (ch.-l. *Augsbourg*). – Occupée par les Suèves (Ier s. av. J.-C.), la Souabe forma la prov. romaine de Rhétie. Elle appartint à l'Empire carolingien (746). Ses comtés devinrent indépendants au IXe s. Duché (Xe s.), elle revint aux Hohenstaufen (1079-1268). Au XIVe s., des ligues se formèrent pour maintenir l'ordre. La Grande Ligue souabe, alliée en 1488 au Saint Empire, battit le duc de Wurtemberg en 1519, mais ne résista pas à la Réforme (1533). Les traités de Westphalie (1648) la démembrèrent. DER **souabe** *a, n*

**Souabe et Franconie (bassin de)** grand bassin sédimentaire du S. de l'Allemagne, entre la Forêt-Noire et le massif de Bohême ; partagé entre la Bavière, le Bade-Wurtemberg et la Hesse.

**souahéli** → **swahili.**

**soubassement** *nm* **1** Partie inférieure d'un édifice, reposant sur les fondations. **2** GEOL Socle sur lequel reposent des couches de terrain.

**Soubise Benjamin de Rohan (seigneur de)** (La Rochelle, 1583 – Londres, 1642), homme de guerre français. D'Angleterre, il soutint les protestants pendant le siège de La Rochelle (1627-1628). — **Charles de Rohan (prince de)** (Versailles, 1715 – Paris, 1787), maréchal de France. Il assista le maréchal de Saxe à Fontenoy (1745). Il fut vaincu à Rossbach (1757).

**Soubise (hôtel de)** hôtel du quartier du Marais, à Paris, construit au XVe s., agrandi par les Guise (XVIe s.) et les Rohan-Soubise (XVIIIe s.). Il abrite auj. les Archives nationales et le musée de l'Histoire de France.

**soubresaut** *nm* **1** Mouvement brusque et inopiné. *Les soubresauts d'une carriole.* **2** Mouvement spasmodique, tressaillement. *Ses jambes étaient agitées de soubresauts.* ETY Du provenç.

**soubrette** *nf* LITTER Servante de comédie. ETY Du provenç.

**soubreveste** *nf* Vêtement militaire sans manches qui se portait par-dessus les autres vêtements. ETY De l'ital.

**souche** *nf* **1** Bas du tronc et racines qui restent en terre après l'abattage d'un arbre. **2** Personne, être dont descend une famille. *Les crossoptérygiens constituent la souche commune des vertébrés tétrapodes.* **3** CONSTR Massif de maçonnerie ou de béton qui traverse une toiture et qui contient les conduits de fumée. **4** Partie d'un carnet, d'un registre, qui reste quand on en a détaché les feuilles, et qui permet d'éventuels contrôles. **LOC** ***Comme une souche :*** tout à fait immobile. — ***Faire souche :*** être le premier d'une suite de descendants. ETY Du gaul.

**Sou Che** → **Su Shi.**

**souchet** *nm* **1** Canard européen à la tête verte et au large bec. **2** Plante herbacée (cypéracée) des lieux humides.

**souchette** *nf* Sorte de collybie comestible poussant sur les souches.

**Souchon Alain** (Casablanca, 1944), auteur-compositeur et chanteur français.

**souchong** *nm* Thé noir de Chine. PHO [suʃɔ̃g] ETY Du chin.

**1 souci** *nm* **1** Préoccupation, contrariété. **2** Ce qui contrarie, préoccupe. **LOC** ***C'est le cadet, le dernier, le moindre de mes soucis :*** cela me laisse indifférent.

**2 souci** *nm* Plante herbacée ornementale (composée) aux capitules jaunes ou orange. **LOC** ***Souci d'eau :*** syn. cour. de *populage.* ETY Du lat. *solsequia,* « qui suit le soleil ».

**soucier (se)** *vpr* ② Se préoccuper. *Ne vous souciez de rien.* ETY Du lat.

**soucieux, euse** *a* **1** Inquiet, préoccupé. **2** Qui prend intérêt, qui fait attention à. *Soucieux de bien faire.* DER **soucieusement** *av*

**soucoupe** *nf* Petite assiette qui se place sous une tasse. SYN sous-tasse. LOC ***Soucoupe volante*** : objet volant non identifié en forme de disque. ETY De l'ital.

**soudabilité, soudable, soudage → souder.**

**1 soudain, aine** *a* Subit, brusque. *Départ soudain.* ETY Du lat. DER **soudainement** *av* – **soudaineté** *nf*

**2 soudain** *av* Tout à coup, subitement.

**Soudain l'été dernier** film de J. Mankiewicz (1959), d'apr. la pièce de T. Williams (1958), avec Elizabeth Taylor.

**Soudan** nom donné autref. à la région semi-désertique qui s'étend, au S. de l'Égypte et du Sahara, depuis la mer Rouge (désert de Nubie), à l'E., jusqu'à la Guinée, à l'O. Auj., la partie orient. constitue la rép. du Soudan et le Soudan du S. À l'autre extrémité de cette « bande » se trouvait le *Soudan français* (le Mali actuel). DER **soudanais, aise** ou **soudanien, enne** *a*

**Soudan (république démocratique du)** *(al-Jumhūrīya ad-Dīmūqrātīya as-Sūdānīya)*, État de l'Afrique orientale, ayant une ouverture sur la mer Rouge ; 1 861 500 km$^2$ ; 34,9 millions d'hab. ; accroissement naturel : 2,2 % par an ; cap. *Khartoum*. Nature de l'État : rép. Langue off. : arabe. Monnaie : livre soudanaise. Pop. : Arabes (49 %) ; plus de 500 ethnies composent la pop. noire. Relig. officielle : islam sunnite (70 %). DER **soudanais, aise** *a, n*

**Géographie** Un ensemble de plateaux (300 à 1 200 m), drainé par le haut Nil et ses affluents, est encadré de quelques massifs périphériques : à l'ouest, dans le Darfour (3 088 m), au N.-E., en bordure de la mer Rouge. Le climat tropical fait se succéder le désert au N. et la steppe sahélienne au centre. La population, rurale à 70 %, se concentre là où s'unissent le Nil Blanc et le Nil Bleu.

**Économie** L'agriculture occupe 70 % des actifs, mais 5 % des terres seulement sont cultivées. L'exploitation trop intensive crée la désertification. Fertilisées par l'irrigation, elles portent des cultures vivrières (mil, sorgho, patates douces, manioc) et celles, en essor, du coton (princ. produit d'exportation), de l'arachide et de la canne à sucre. L'élevage (chameaux, chèvres, moutons) est extensif. La balance agricole est largement excédentaire. Les ressources minières (cuivre, fer, manganèse) sont faibles et peu exploitées.Le pays peine à s'industrialiser et la dette extérieure est énorme.

**Histoire** La partie nord du pays (anc. Nubie), conquise par les Égyptiens (XX$^e$ s. av. J.-C.) qui la nommèrent *pays de Koush*, devint, dès le I$^{er}$ millénaire av. J.-C., un royaume indépendant (cap. Napata, puis Méroé) qui domina l'Égypte de 750 à 663 av. J.-C. (XXV$^e$ dynastie, dite « éthiopienne »). Christianisée au VI$^e$ s., la Nubie fut lentement occupée par les Arabes. Partiellement islamisée au XVI$^e$ s. et divisée en plusieurs États (royaumes du Darfour et du Kordofan, notam.) qui vivaient du trafic des esclaves, elle fut conquise par les Égyptiens (1820 et 1821). En 1898, l'armée anglo-égyptienne écrasa les forces du Mahdi (V. Muhammad Ahmad ibn Abdallah) et poursuivit sa marche vers le S. jusqu'à Fachoda, que les Français de Marchand évacuèrent.

**L'INDÉPENDANCE** Le condominium anglo-égyptien établi en 1899 sur le Soudan fut rompu en 1951 par l'Égypte, dont le roi, Farouk I$^{er}$, fut également proclamé roi du Soudan. Avec l'accord de Néguib et de Nasser, le pays choisit l'indépendance (1956). À la dictature militaire du maréchal Abbud (1958-1964) succéda celle du général Nemeyri. En 1973, ce dernier accorda l'autonomie aux prov. révoltées du Sud (cap. *Juba*). En 1983, la décision de diviser le Sud en trois régions et la proclamation de la loi islamique déclenchèrent une nouvelle insurrection, tandis que le marasme écon. discréditait Nemeyri, renversé en 1985 et remplacé par un comité militaire. En juin 1989, après l'échec, face à la guérilla, du gouvernement civil de Sadik al-Mahdi, l'armée reprit le pouvoir, en la personne du général Omar Hassan el-Bechir, qui appliqua la loi islamique en 1991 et lança, en 1992, une puissante offensive contre la guérilla sudiste. Les années 2000 sont marquées par la guerre civile. La province du Darfour subit des représailles sanglantes faisant plus de 250 000 morts et entraînant le déplacement de près de deux millions de personnes. Des accords de paix avec les rebelles du Sud aboutissent en 2005. Le référendum de janvier 2011, reconnu par le président el-Béchir toujours au pouvoir, entérine la création de l'État indépendant Sud-Soudan. ▶ carte p. 1517

**soudanais, aise** *a, nm* Se dit de langues africaines parlées de l'Éthiopie au Tchad et du sud de l'Égypte à l'Ouganda et à la Tanzanie. ETY De l'ar. *aswad*, « noir ».

**Soudan du Sud (république du)** État d'Afrique orientale situé au sud du Soudan ; 644 329 km$^2$ ; 8,3 millions d'hab. ; cap. *Juba*. Nature de l'État : rép. fédérale. Langue off. : anglais. Monnaie : livre sud-soudanaise. DER **soudanais, aise** *a, n*

**Géographie** Les plaines dominent le Nord et le centre ; de hauts plateaux s'élèvent à l'Ouest et au Sud. Le pétrole est la principale ressource du pays qui est l'un des plus pauvres du monde.

**Histoire** L'État a été créé le 9 juillet 2011 à la suite du référendum portant sur la partition du Soudan. Malgré la reconnaissance du pays par Khartoum, les tensions restent très fortes entre les deux États. ▶ carte p. 1517

**soudanien, enne** *a* GEOGR De la zone climatique qui va du Sénégal au Soudan.

**soudard** *nm* **1** HIST Mercenaire. **2** péjor Soldat grossier et brutal. ETY De l'a. fr. *soute*, « solde ».

**soude** *nf* **1** Plante (chénopodiacée) des terrains côtiers dont on tirait autref. le carbonate de sodium. SYN kali. **2** CHIM Hydroxyde de sodium, de formule NaOH, base très forte et caustique, utilisée notam. dans la fabrication de la pâte à papier et en savonnerie. **3** anc Carbonate de sodium. **4** PHARM Sodium. *Bicarbonate de soude.*

**souder** *v* ① **A** *vt* **1** Joindre à chaud des pièces de métal, de matière fusible, de manière à former un tout solidaire. **2** Unir étroitement, joindre, agréger. **B** *vpr* Devenir solidaire, en parlant des membres d'un groupe. LOC ***Fer à souder*** : outil constitué d'une masse métallique fixée à une tige emmanchée, que l'on chauffe pour faire fondre l'alliage utilisé pour la soudure. ETY Du lat. *solidus*, « dense ». DER **soudabilité** *nf* – **soudable** *a* – **soudage** *nf* – **soudeur, euse** *n*

**soudier, ère** *n* TECH **A** *nf* Usine où l'on fabrique de la soude. **B** *nm* Ouvrier employé dans une soudière.

**soudoyer** *vt* ㉓ S'assurer le secours, la complaisance de qqn à prix d'argent, avec une intention malhonnête. *Soudoyer des témoins.*

**soudure** *nf* **1** Composition métallique utilisée pour souder. *Soudure à l'étain, à l'argent.* **2** Soudage ; manière dont des pièces sont soudées ; partie soudée. **3** Union, adhérence étroite de deux éléments voisins. *Soudure des os du crâne.* LOC ***Faire la soudure*** : assurer l'approvisionnement entre deux récoltes, deux livraisons, etc. ; faire la transition entre deux périodes, deux personnes, etc.

**soue** *nf* Étable à porcs. ETY Du lat.

**Souen-Tsen → Sun Zi.**

**soufflage** *nm* Opération par laquelle on souffle le verre.

**soufflant, ante** *a, n* **A** *a* **1** Qui produit un souffle. *Brosse soufflante.* **2** fig, fam Étonnant. **B** *nm* fam Pistolet. **C** *nf* Élément constitutif d'un turboréacteur à double flux, situé en avant du compresseur et constitué de pales et d'aubes.

**soufflard** *nm* GEOL Jet de vapeur d'eau dans une région volcanique.

**souffle** *nm* **1** Mouvement de l'air que l'on expulse par la bouche ou par le nez. **2** fig Inspiration, dynamisme. **3** Agitation de l'air causée par le vent. **4** MED Bruit anormal, évoquant le souffle, perçu à l'auscultation de l'appareil respiratoire ou circulatoire. **5** Ensemble des effets de surpression dus à l'onde de choc que produit une explosion. **6** Bruit de fond émis par un récepteur radio. LOC ***À bout de souffle*** : très essoufflé, hors d'haleine ; fig incapable de poursuivre son effort, son action. — ***Avoir le souffle coupé*** : la respiration interrompue ; fig incapable de poursuivre son effort, son action ; fig être très étonné. — ***Le dernier souffle*** : le dernier soupir. — ***Manquer de souffle*** : s'essouffler facilement ; fig, fam manquer d'aplomb, d'audace, d'inspiration. — ***Second souffle*** : regain d'activité.

**soufflé, ée** *a, nm* **A** *a* **1** Gonflé par la cuisson. *Pommes soufflées.* **2** fig, fam Très étonné, abasourdi. **B** *nm* Mets à base de blancs d'œufs battus, dont la pâte gonfle. *Soufflé au fromage.*

**souffler** *v* ① **A** *vi* **1** Expulser de l'air par la bouche ou le nez, volontairement. *Souffler dans une trompette.* **2** Respirer avec effort. *Souffler comme un bœuf.* **3** Reprendre haleine, se reposer. *Souffler un moment.* **4** Se manifester, en parlant du vent. *La bise souffle.* **5** TECH Actionner une soufflerie. *Souffler à l'orgue.* **B** *vt* **1** Envoyer un courant d'air sur qqch. **2** fig, fam Subtiliser qqch à qqn. **3** TECH Envoyer de l'air, du gaz dans qqch. *Souffler le verre.* **4** Dire tout bas. *Souffler son texte à un comédien.* **5** fig Suggérer. *Qqn lui en a soufflé l'idée.* **6** Détruire par effet de souffle. *L'explosion a soufflé les vitres.* **7** fam Étonner fortement. *Son aplomb m'a toujours soufflé.* LOC ***Ne pas souffler mot*** : ne rien dire. — ***Souffler n'est pas jouer*** : au jeu de dames, souffler un pion ne compte pas pour un coup. — ***Souffler une bougie*** : l'éteindre en soufflant dessus. — JEU ***Souffler un pion, une dame*** : l'ôter à son adversaire, aux dames, parce qu'il a négligé de s'en servir pour prendre. ETY Du lat. DER **soufflement** *nm*

**soufflerie** *nf* **1** Appareillage destiné à souffler de l'air, un gaz. *Soufflerie d'un orgue.* **2** Installation destinée aux essais aérodynamiques, constituée par un tunnel dans lequel on souffle de l'air à grande vitesse.

**soufflet** *nm* **1** Instrument destiné à souffler de l'air sur un foyer, constitué en général d'une poche de matière souple fixée entre deux plaques rigides que l'on éloigne et que l'on rapproche alternativement pour expulser de l'air à travers un conduit. **2** Ce qui se replie comme le cuir d'un soufflet. *Une serviette à soufflets.* **3** Passage flexible entre deux voitures de chemin de fer. **4** litt Gifle.

**souffleter** *vt* ⑱ ou ⑳ litt Donner un soufflet, une gifle à qqn.

**souffleur, euse** *n* **A** Au théâtre, personne qui souffle leur texte aux comédiens si besoin est. **B** *nm* **1** TECH Ouvrier qui souffle le verre. **2** ZOOL Grand dauphin à grand nez. **C** *nf* Canada Chasse-neige équipé d'une soufflerie. **D** *nm, nf* Appareil servant à souffler de l'air pour nettoyer le sol, rassembler les feuilles mortes.

**Soufflot Germain** (Irancy, 1713 – Paris, 1780), architecte français. Il dirigea la construction de l'égl. qui devint le Panthéon.

**soufflure** *nf* Cavité à l'intérieur d'une pièce moulée due à un dégagement de gaz lors de la solidification.

**souffrance** *nf* Fait de souffrir, physiquement ou moralement. LOC ***En souffrance*** : en attente, en suspens.

**souffrant, ante** *a* **1** litt Qui souffre. **2** Légèrement malade.

**souffre-douleur** *nm* Personne en butte au mépris et aux mauvais traitements des autres. PLUR souffre-douleurs ou souffre-douleur.

**souffreteux, euse** *a* De constitution débile, maladive.

**souffrir** *v* [4] **A** *vi* **1** Éprouver une sensation douloureuse ou pénible. *Souffrir du froid. Il a beaucoup souffert de cette séparation.* **2** Éprouver un dommage. *Les vignes ont souffert de la gelée.* **B** *vt* **1** Endurer, éprouver, supporter. *Cette maladie lui fait souffrir le martyre.* **2** litt Permettre. *Souffrez que je vous dise...* **3** Tolérer, admettre. *Ne souffrez pas de tels caprices.* **C** *vpr* Se supporter mutuellement. **LOC** ***Ne pas souffrir qqn*:** ne pas pouvoir le supporter ; l'exécrer. [ETY] Du lat. *suffere*, « supporter ».

**soufisme** *nm* RELIG Mouvement mystique et ascétique de l'islam, du VIII$^e$ au XIII$^e$ s., souv. en butte à la doctrine officielle. [ETY] De l'ar. [DER] **soufi, ie** *n, a*

**soufre** *nm, a inv* **A** *nm* **1** Élément non métallique de numéro atomique Z = 16, de masse atomique 32,064 (symbole S). **2** Solide ($S_8$) jaune et cassant, qui fond à 112 °C pour la variété S$\alpha$ et à 119 °C pour la variété S$\beta$, et bout à 444,67 °C. **B** *a inv* De la couleur jaune clair du soufre. **LOC** ***Fleur de soufre*:** soufre pulvérulent. — ***Sentir le soufre*:** avoir qqch de diabolique. [ETY] Du lat.
[ENC] Le soufre est un non-métal apparenté à l'oxygène par son caractère très oxydant. Il est très répandu dans la nature (sulfure de plomb, ou galène, sulfure de zinc, ou blende, sulfure de fer ou pyrite, sulfates tels que le gypse). Le soufre est utilisé dans l'acide sulfurique, les médicaments (sulfamide, pommades dermatologiques), la fabrication d'allumettes, de caoutchouc vulcanisé, de colorants, de poudre à canon, des fongicides, des engrais et dans la photographie (hyposulfite).

**soufré, ée** *a* **1** Enduit de soufre. *Allumettes soufrées.* **2** Qui évoque l'odeur piquante du soufre en combustion. *Senteur soufrée.* **3** De la couleur jaune clair du soufre.

**soufrer** *vt* [1] **1** TECH Enduire de soufre. **2** AGRIC Saupoudrer des végétaux de fleur de soufre. *Soufrer une vigne.* [DER] **soufrage** *nm*

**soufreuse** *nf* Appareil utilisé pour soufrer les végétaux.

**soufrière** *nf* Lieu d'où l'on retire du soufre.

**Soufrière (la)** volcan actif de la Guadeloupe (Basse-Terre) ; 1 467 m. – Les Petites Antilles comptent trois autres volcans nommés *la Soufrière* : à Sainte-Lucie (éruption en 1746), à Saint-Vincent (éruption en 1902) et à Montserrat (éruption en 1996-1997).

**souhait** *nm* **1** Désir d'obtenir qqch qu'on n'a pas. **2** Vœu que l'on formule à l'adresse de qqn. *Souhaits de bonne année.* **LOC** ***À souhait*:** aussi bien que l'on peut souhaiter ; parfaitement. — ***À vos souhaits !*:** formule de politesse adressée à qqn qui éternue.

**souhaiter** *vt* [1] Désirer, former un souhait, des souhaits pour. *Je souhaite votre succès. Souhaiter l'anniversaire de qqn.* [ETY] Du frq. [DER] **souhaitable** *a*

**Souillac** ch.-l. de cant. du Lot (arr. de Gourdon) ; 3 671 hab. Industr. alim. – Égl. XII$^e$ s. [DER] **souillagais, aise** *a, n*

**souillard** *nm* TECH Trou percé dans une pierre, dans un mur, et qui assure l'écoulement des eaux ménagères ou pluviales.

**souillarde** *nf* rég Arrière-cuisine.

**souille** *nf* **1** VEN Bourbier où se vautre le sanglier. **2** MAR Enfoncement que forme dans la vase ou le sable un navire échoué. **3** Fosse ou fossé creusé dans le sol du fond de la mer.

**souiller** *vt* [1] **1** litt Salir. *Souiller ses habits.* **2** Salir d'excréments. *Souiller son lit.* **3** fig, litt Déshonorer. *Souiller le nom, la réputation de qqn.* [ETY] Du lat.

**souillon** *nf* **1** vx Servante malpropre. **2** Femme peu soigneuse.

**souillure** *nf* **1** litt Tache, saleté. **2** fig Flétrissure morale.

**soui-manga** *nm* Petit oiseau passériforme d'Afrique tropicale, au plumage coloré, qui se nourrit essentiellement du nectar des fleurs. PLUR soui-mangas. [PHO] [swimãga] [ETY] Mot malgache. [VAR] **souimanga**

**souk** *nm* **1** Marché, dans les pays arabes. **2** fig, fam Grand désordre. [ETY] Mot ar.

**Souk-Ahras** (anc. *Tagaste*), v. d'Algérie, au S.-E. d'Annaba ; ch.-l. de la wil. du m. nom ; 87 280 hab.

**Soukhot** fête des Tabernacles ou des Cabanes, dans la religion juive, qui commémore le séjour des Hébreux dans le désert [VAR] **Soukkot**

**Soukhoumi** v. de Géorgie, port sur la mer Noire ; cap. de la rép. auton. d'Abkhazie ; 126 000 hab. Station balnéaire.

**soukouss** *nm* Musique du Congo, née de la rencontre de la musique cubaine et des rythmes locaux.

**soul** *nf* Musique noire américaine, issue dans les années 1960 du rhythm and blues. [ETY] Mot angl., « âme ».

**soûl, soûle** *a* **1** vx Pleinement repu. **2** Ivre. **3** Grisé par qqch. *Soûl de paroles.* **LOC** ***Tout son (mon, ton, notre, votre, leur) soûl*:** autant qu'il suffit, autant qu'on veut. [PHO] [su(l)] [ETY] Du lat. *satur*, « rassasié ». [VAR] **soul, soule** ou **saoul, saoule**

**Soulac-sur-Mer** com. de la Gironde (arr. de Lesparre-Médoc) ; 2 720 hab. Stat. balnéaire. [DER] **soulacais, aise** *a, n*

**soulager** *v* [13] **A** *vt* **1** Débarrasser qqn, qqch d'une partie d'un fardeau, d'une charge. *Soulager une bête de somme. Soulager une poutre.* **2** Débarrasser qqn d'une partie de ce qui pèse sur lui, de ce qui lui pèse (souffrance, angoisse, misère, etc.). *Soulager un malade.* **3** Rendre qqch moins pénible à supporter. *Cette piqûre doit soulager ses douleurs.* **B** *vpr* fam Satisfaire un besoin naturel, notam. uriner. [ETY] Du lat. [DER] **soulagement** *nm*

**Soulages** Pierre (Rodez, 1919), peintre français abstrait : jeu de larges bandes sombres.

**soûlant, ante** *a* fam Fatigant, assommant. [VAR] **soulant, ante**

**soûlard, arde** *n* fam Ivrogne, ivrognesse. [VAR] **soûlaud** ou **soulaud, aude** ou **soûlot** ou **soulot, ote**

**soulcie** *nm* Petit passereau (plocéidé) des régions méditerranéennes. [ETY] De *sourcil*.

**soule** *nf* Ancien jeu de balle qui serait l'ancêtre du rugby.

**Soule (pays de)** anc. vicomté du Pays basque, autour de Mauléon.

**soûler** *vt* [1] **1** fam Enivrer. *Il se soûle pour oublier sa peine.* **2** fig Griser. *Se soûler de mots.* **3** fam Ennuyer, fatiguer. *Tu nous soûles !* [VAR] **saouler, souler**

**soûlerie** *nf* fam Beuverie. [VAR] **soulerie**

**soulèvement** *nm* **1** Fait de se soulever, d'être soulevé. *Soulèvement de terrain.* **2** fig Vaste mouvement de révolte.

**soulever** *vt* [16] **1** Lever à une faible hauteur. *Soulever un meuble pour le déplacer.* **2** Relever une chose qui en couvre une autre. *Soulever un voile.* **3** Mettre en mouvement, faire s'élever. *La poussière se soulevait sous l'effet du vent.* **4** pop Voler, dérober. *Il s'est fait soulever sa montre.* **5** Exciter, provoquer un sentiment, une réaction. *Ces propos soulèvent l'indignation. Soulever un tonnerre d'applaudissements.* **6** Provoquer la colère, l'indignation de qqn. *Ces mesures avaient soulevé l'opinion contre lui.* **7** Pousser à la révolte. *Soulever les travailleurs. Trois provinces se sont déjà soulevées.* **8** Évoquer une question, un problème afin qu'ils soient débattus, discutés. **LOC** ***Soulever le cœur de qqn*:** susciter son dégoût.

**soulier** *nm* **1** Chaussure solide, à semelle rigide, couvrant le pied et, éventuellement, la cheville. *De gros souliers de marche.* **2** Chaussure légère. *Des souliers vernis. Des souliers de daim.* **LOC** ***Être dans ses petits souliers*:** se sentir mal à l'aise, embarrassé. [ETY] Du lat.

**Soulier de satin (le)** drame baroque en 4 journées, de Claudel (1929). ▷ CINE Film de M. de Oliveira (1985).

**souligner** *vt* [1] **1** Tirer une ligne, un trait, sous un ou plusieurs mots sur lesquels on veut attirer l'attention. *Vous soulignerez tous les verbes en rouge.* **2** Faire ressortir, mettre en valeur. *Modèle de robe qui souligne la taille.* **3** Faire remarquer en insistant. *Souligner l'importance d'une démarche.* [DER] **soulignage** ou **soulignement** *nm*

**soulman** *nm* Chanteur de soul. [PHO] [sulman] [ETY] Mot angl.

**soûlographe** *nm* fam Ivrogne. [VAR] **soulographe**

**soûlographie** *nf* fam Ivrognerie. [VAR] **soulographie**

**soûlon** *nm* Canada,, Suisse fam Ivrogne. [VAR] **soulon**

**Soulouque** Faustin (Petit-Goâve, 1782 – id., 1867), homme politique haïtien ; président de la Rép. en 1847, empereur en 1849 (Faustin I$^{er}$), renversé en 1859.

**Soult** Nicolas Jean de Dieu (duc de Dalmatie) (Saint-Amans-la-Bastide, auj. Saint-Amans-Soult, 1769 – id., 1851), maréchal de France (1804). Général (1794), il s'illustra à Austerlitz (1805). Ministre de la Guerre (1814-1815), il se rallia à Napoléon I$^{er}$ durant les Cent-Jours. Il fut prés. du Conseil sous Louis-Philippe (1832-1834, 1839-1840, 1840-1847).

le maréchal Soult

**soulte** *nf* DR Somme versée pour compenser les inégalités de valeur entre des biens qui sont l'objet d'un échange ou d'un partage. [ETY] De l'a. fr. *soldre*, « payer ».

**soumaintrain** *nm* Fromage AOC de l'Yonne, à pâte molle, au lait de vache. [ETY] D'un n. pr.

**Soumarokov** Alexandre Petrovitch (Saint-Pétersbourg, 1717 – id., 1777), écrivain russe : tragédies classiques (*Khorev* 1747, *Hamlet* 1748), comédies (*le Tuteur*, 1765), *Satires* et *Fables*.

**soumettre** *v* [60] **A** *vt* **1** Mettre dans un état de dépendance, ramener à l'obéissance. *Soumettre des rebelles.* **2** Assujettir à une loi, un règlement, astreindre à une obligation. *Soumettre les revenus à l'impôt.* **3** Exposer qqn, qqch à une action, à un effet ; faire subir qqch à qqn. *Le médecin l'a soumis à un régime sévère.* **4** Proposer qqch à l'examen, au jugement de. *Le problème a été soumis à la commission.* **B** *vpr* **1** Revenir à l'obéissance ; se rendre. *Les mutinés se sont soumis.* **2** Accepter un fait, une décision ; consentir. [ETY] Du lat.

**Soumgaït** v. d'Azerbaïdjan ; 228 000 hab. – En 1988, Arméniens chrétiens et Azerbaïdjanais musulmans s'y sont affrontés.

**soumis, ise** *a* Qui fait preuve de soumission ; docile, obéissant. *Un enfant soumis. Attitude* *soumise.* LOC vieilli *Fille soumise :* prostituée soumise aux contrôles sanitaires et de police.

**soumission** *nf* **1** Disposition à obéir, à se soumettre. **2** Fait de se soumettre, d'être soumis. *La soumission d'une décision à l'approbation d'une assemblée.* **3** Action de se rendre, de se soumettre après avoir combattu. **4** DR Acte écrit par lequel un entrepreneur se propose pour conclure un marché par adjudication.

**soumissionner** *vt* ① DR Présenter une soumission pour obtenir un marché. DER **soumissionnaire** *n*

**Soummam (la)** fl. côtier d'Algérie, qui se jette dans la Méditerranée à Bejaia, à l'E. d'Alger. – Dans la *vallée de la Soummam* s'est tenu en 1956 un congrès qui organisa le FLN.

**Soundanais** peuple musulman de l'O. de Java, proche des Javanais ; env. 30 millions de personnes. Leur art et leur architecture sont originaux. VAR **Sundanais** DER **soundanais** ou **sundanais, aise** *a*

**Soundiata Keita** (mort v. 1255), empereur du Mali. À la tête de guerriers mandingues, il conquit l'empire du Ghana (1235-1240), fondant ainsi l'empire du Mali. Son épopée a inspiré la littérature orale.

**sound system** *nm* **1** Système autonome de sonorisation très performant (house, techno). **2** Ensemble des musiciens amateurs qui font fonctionner ce système. PHO [sawndsistɛm] ETY Mots angl.

**Soungari** → **Songhuajiang.**

**Sounion (cap)** pointe située au S.-E. de l'Attique, dominant la mer Égée. – Temple de Poséidon (V^e^ s. av J.-C.). VAR **Colonne**

**cap Sounion** temple de Poséidon, V^e^ s. av. J.-C.

**soupape** *nf* **1** Obturateur mobile destiné à empêcher ou à régler la circulation d'un fluide, qui s'ouvre sous l'effet d'une pression déterminée et reste fermé quand cette pression est insuffisante. **2** fig Exutoire. **3** ELECTR Dispositif qui, dans un circuit, ne laisse passer le courant que dans un sens. ETY Du lat.

**Soupault Philippe** (Chaville, 1897 – Paris, 1990), écrivain français surréaliste (*les Champs magnétiques*, avec A. Breton, 1920).

**soupçon** *nm* **1** Opinion fondée sur certaines apparences et par laquelle on attribue à qqn des actes ou des intentions blâmables. *Éveiller, dissiper les soupçons. Être au-dessus de tout soupçon.* **2** litt Conjecture ; idée, opinion. *J'ai le soupçon qu'il arrivera le premier.* **3** Très petite quantité. *Un soupçon de cannelle.* ETY Du lat.

**soupçonner** *vt* ① **1** Avoir des soupçons sur qqn. *On l'a soupçonné de meurtre.* **2** Pressentir qqch d'après certaines apparences. *Cela fait soupçonner l'escroquerie.* DER **soupçonnable** *a*

**soupçonneux, euse** *a* Enclin aux soupçons, défiant. DER **soupçonneusement** *av*

**soupe** *nf* **1** vx Tranche de pain sur laquelle on versait du bouillon. *Tremper la soupe.* **2** Potage fait de bouillon, de légumes, etc., épaissi avec du pain ou des pâtes. **3** Plat plus ou moins liquide qui constituait le repas du soldat ; ce repas. *Corvée de soupe.* **4** fam Neige molle, fondante. LOC fam ***Aller à la soupe :*** là où l'on obtiendra toutes sortes d'avantages. — fam ***Être soupe au lait :*** se mettre facilement en colère. — fam ***Être trempé comme une soupe :*** complètement mouillé. — fam ***Servir la soupe à qqn :*** agir dans son intérêt, lui servir de faire-valoir. — CUIS ***Soupe anglaise :*** génoise accompagnée d'une crème anglaise. — ***Soupe populaire :*** repas gratuit servi aux indigents ; lieu où l'on sert ces repas ; institution qui les distribue. — BIOL ***Soupe primitive :*** milieu liquide qui aurait permis l'apparition de la vie sur la Terre. — fam ***Un gros plein de soupe :*** un homme très gros. ETY Du lat.

**Soupe au canard** film de l'Américain Leo McCarey (1933), avec les Marx Brothers.

**soupente** *nf* Réduit pratiqué dans la hauteur d'une pièce ou sous un escalier. ETY Du lat. *suspendere*, « suspendre ».

**1 souper** *nm* **1** vieilli, rég Repas du soir. **2** Repas qu'on prend à une heure avancée de la nuit, après le spectacle.

**2 souper** *vi* ① Faire un souper. LOC fam ***En avoir soupé (d'une chose) :*** en être excédé. DER **soupeur, euse** *n*

**soupeser** *vt* ⑯ **1** Soulever et tenir dans la main pour juger approximativement du poids. **2** fig Peser, évaluer. *Soupeser un argument.*

**Souphanouvong (prince)** (Luang Prabang, 1912 – Vientiane, 1995), homme politique laotien ; demi-frère de Souvanna Phouma. En 1950, il fonda le Pathet Lao, procommuniste, et devint le premier président de la rép. dém. et pop. du Laos (1975-1986).

**soupière** *nf* Récipient large et profond dans lequel on sert la soupe, le potage.

**soupir** *nm* **1** Expiration ou respiration plus ou moins forte qui accompagne certains états émotionnels. *Pousser un soupir de soulagement. Soupir de découragement.* **2** MUS Silence d'une durée égale à celle d'une noire ; signe qui l'indique.

**soupirail** *nm* Ouverture pratiquée à la partie inférieure d'un édifice pour donner de l'air ou du jour à une cave, à une pièce en sous-sol. PLUR soupiraux.

**soupirant** *nm* plaisant, vieilli Amoureux.

**soupirer** *v* ① **A** *vi* **1** Pousser des soupirs. *Soupirer et se plaindre. Soupirer d'aise.* **2** litt, vieilli Aimer, désirer. *Soupirer d'amour pour qqn, d'envie après qqch. Soupirer après les honneurs.* **B** *vt* Dire en soupirant. ETY Du lat.

**souple** *a* **1** Qui se courbe ou se plie aisément, sans se rompre ni se détériorer. *Un plastique souple.* ANT rigide. **2** Qui peut se mouvoir, jouer avec aisance, facilement, en parlant des membres, des articulations du corps. *Avoir le poignet très souple.* **3** Dont le corps est souple. **4** Qui est capable de s'adapter à des situations très diverses. *Un esprit souple.* **5** Se dit d'un vin peu acide, peu tannique. ETY Du lat. *supplex*, « suppliant ». DER **souplement** *av* – **souplesse** *nf*

**souquenille** *nf* Blouse de grosse toile, notam. des cochers et palefreniers. ETY Moyen haut all. d'orig. slave.

**souquer** *v* ① MAR **A** *vt* Serrer très fort un nœud, un amarrage. *Nœud qui se souque.* **B** *vi* Tirer fort sur les avirons. ETY Du provenç.

**Sour** port du Liban ; env. 18 000 hab. V. Tyr.

**sourate** *nf* RELIG Chapitre du Coran divisé en versets. ETY De l'ar. VAR **surate**

**source** *nf* **1** Eau qui jaillit du sol. **2** Point d'émergence d'une eau souterraine à la surface du sol. *Source thermale. La Loire prend sa source près du mont Gerbier-de-Jonc.* **3** fig Point de départ d'une chose. *La source d'un malentendu.* **4** Origine d'une information. *Apprendre de source sûre.* **5** Œuvre antérieure qui a fourni à un écrivain un thème, une idée, etc. **6** Système, objet, etc., générateur d'ondes lumineuses électriques, sonores, etc. ; lieu de provenance de ces ondes. LOC LING ***Langue source :*** que l'on veut traduire, par oppos. à *langue cible.* ETY De *sourdre.*

**sourcellerie** *nf* Pratique du sourcier.

**sourcer** *vt* ⑫ Établir la source d'un document, d'une information. *Des exemples détaillés et sourcés.*

**sourcier, ère** *n* Personne à qui l'on attribue le talent de découvrir des sources à l'aide d'un pendule, d'une baguette.

**sourcil** *nm* Éminence arquée, garnie de poils, au-dessus de l'orbite de l'œil. *S'épiler les sourcils.* LOC ***Froncer les sourcils :*** en signe de mécontentement. PHO [sursi] ETY Du lat.

**sourcilier, ère** *a* ANAT Relatif aux sourcils. *Arcade sourcilière.*

**sourciller** *vi* ① LOC ***Ne pas sourciller :*** ne pas laisser paraître son trouble, son mécontentement. *Subir un affront sans sourciller.*

**sourcilleux, euse** *a* litt Sévère, pointilleux.

**sourd, sourde** *a, n* **1** Qui n'entend pas les sons ou les perçoit mal. SYN malentendant. **2** fig Indifférent, insensible à. *Rester sourd aux supplications de qqn.* **3** Qui manque de sonorité. *Un bruit sourd. Une voix sourde.* **4** Sans éclat, peu lumineux. *Des teintes sourdes.* **5** Diffus, qui ne se manifeste pas nettement. *Douleur sourde.* **6** PHON Se dit des consonnes émises sans vibration des cordes vocales (en français : [p, k, t, f, s, ʃ]), par oppos. à *sonores.* **7** Caché, secret. *Une lutte sourde.* LOC ***Crier, cogner comme un sourd :*** de toutes ses forces. — ***Dialogue de sourds :*** dans lequel les interlocuteurs ne se comprennent absolument pas. — ***Faire la sourde oreille :*** feindre de ne pas entendre. — ***Sourd comme un pot :*** complètement sourd. ETY Du lat.

**sourdement** *av* **1** Avec un bruit sourd. **2** fig D'une manière sourde, cachée.

**sourdine** *nf* Appareil que l'on adapte à certains instruments de musique pour assourdir leur son. *Sourdine de violon, de trompette.* LOC ***Jouer en sourdine :*** en atténuant la sonorité, très doucement. — ***Mettre une sourdine à :*** manifester un sentiment, une attitude avec moins de véhémence. ETY De l'ital.

**sourdingue** *a, n* fam, péjor Sourd.

**Sourdis François d'Escoubleau (cardinal de)** (Bordeaux, 1575 – id., 1628), prélat français ; archevêque de Bordeaux (1599). — **Henri** (?, 1593 – Auteuil, 1645), frère du préc., archevêque de Bordeaux (1628) ; homme de guerre, il reprit les îles de Lérins aux Espagnols (1637).

**sourd-muet, sourde-muette** *n, a* Se dit d'une personne atteinte à la fois de surdité et de mutité. PLUR sourds-muets, sourdes-muettes.

**sourdre** *vi* ⑥ litt (Ne s'emploie plus qu'à l'inf. et à la troisième pers. de l'indic. prés. et imparf.) **1** Jaillir, sortir de terre, en parlant de l'eau. **2** fig Naître, commencer à se développer. *Le désespoir qui sourdait en lui.* ETY Du lat.

**Sourgout** v. de Russie (Sibérie occid.), port sur l'Ob ; 203 000 hab. Pétrole.

**souriant, ante** *a* Qui sourit, dont les traits sont gais. *Une personne souriante. Un visage souriant.*

**souriceau** *nm* Petit de la souris.

**souricide** *a, nm* Se dit d'un produit destiné à détruire les souris.

**souricière** *nf* **1** Piège à souris. **2** fig Piège tendu par la police qui cerne un lieu où doit se rendre qqn.

**1 sourire** *vi* (68) **1** Prendre une expression rieuse par un léger mouvement de la bouche et des yeux. *Sourire à qqn.* **2** Être agréable à qqn. *Cette idée ne lui sourit guère.* **3** Être favorable. *La chance avait cessé de lui sourire.* **4** Amuser. *Sourire de qqch. Cela fait sourire.* ETY Du lat.

**2 sourire** *nm* Action de sourire ; expression d'un visage qui sourit. *Faire un sourire à qqn.* **LOC** ***Garder le sourire*** *:* rester souriant malgré une déception, un échec. ETY De *sourire* 1.

**souris** *nf* **1** Petit mammifère rongeur, formant avec le rat la famille des muridés, et dont l'espèce la plus courante est la souris domestique, au pelage gris plus ou moins sombre. **2** fam Jeune fille, jeune femme. **3** En boucherie, muscle charnu à l'extrémité de l'os du gigot. **4** INFORM Petit dispositif électronique de commande, manuel et mobile, permettant de repérer et de pointer sur l'écran un point d'image que l'on souhaite traiter. **LOC** ***Gris souris*** *:* variété de gris. — ***Souris blanche*** *:* variété albinos de souris, élevée pour servir de sujet à des expériences médicales et biologiques. ETY Du lat.

**souris** grise

**sournois, oise** *a, n* Qui dissimule ses véritables sentiments ou intentions, le plus souvent par malveillance. *Manœuvre sournoise.* ETY De l'a. provenç. *sorn,* « sombre ». DER **sournoisement** *av* – **sournoiserie** *nf*

**sous-** Préfixe marquant la position *(sous-sol),* la subordination *(sous-préfet),* la subdivision *(sous-classe),* la médiocre qualité *(sous-littérature),* l'insuffisance *(sous-alimentation).*

**sous** *prép* **1** Marque une position inférieure, par rapport à ce qui est au-dessus ou à ce qui enveloppe, avec ou sans contact. *Sous une couche de peinture. Sous l'eau, sous la mer, sous la terre. Mettre une lettre sous pli. Dormir sous la tente.* **2** fig Derrière telle apparence ; en adoptant un autre nom, un autre visage, une autre identité. **3** Devant ; exposé à. *Cela s'est passé sous mes yeux.* **4** fig Marque un rapport de dépendance, de subordination. *Travailler sous la direction de qqn. Être sous le coup d'une inculpation.* **5** Sous l'action, sous l'influence de. *Malade sous antibiotiques.* **6** Pendant le règne de, à l'époque de. *Sous Louis XIII.* **7** Avant tel délai. *Sous huitaine.* **8** Par l'effet, du fait de. *S'effondrer sous le choc.* **9** Introduit un compl. de manière. *Voir les choses sous tel angle, sous tel aspect.* ETY Du lat.

**Sous (oued)** fl. du S. du Maroc (180 km) ; naît près du djebel Toubkal ; se jette dans l'Atlantique ; irrigue la *plaine du Sous.*

**sous-administration** *nf* Administration insuffisante. PLUR sous-administrations. DER **sous-administré, ée** *a*

**sous-alimentation** *nf* Insuffisance alimentaire, susceptible à long terme de nuire gravement à la santé de l'homme. PLUR sous-alimentations. DER **sous-alimenté, ée** *a*

**sous-arbrisseau** *nm* BOT Plante de petite taille à base ligneuse, tel le thym. PLUR sous-arbrisseaux.

**sous-barbe** *nf* **1** Partie postérieure de la mâchoire inférieure du cheval, sur laquelle porte la gourmette. **2** Chaîne ou cordage placé sous le beaupré. PLUR sous-barbes.

**sous-bas** *nm* Socquette basse protégeant le bas.

**sous-bois** *nm* **1** Végétation qui pousse sous les arbres d'un bois ; partie du bois où elle pousse. **2** Bx-A Tableau représentant un bois.

**sous-brigadier** *nm* Gardien de la paix d'un grade inférieur à celui de brigadier. PLUR sous-brigadiers.

**sous-calibré, ée** *a* MILIT Se dit d'un projectile dont le calibre est inférieur à celui du canon qui tire. PLUR sous-calibrés.

**sous-capitalisation** *nf* ECON Insuffisance en capital, manque d'assise financière. PLUR sous-capitalisations. DER **sous-capitalisé, ée** *a*

**sous-chef** *n* Personne qui vient immédiatement après le chef. PLUR sous-chefs.

**sous-chemise** *nf* Enveloppe légère servant à tirer les documents contenus dans une chemise. PLUR sous-chemises.

**sous-classe** *nf* BIOL Division de la classe. PLUR sous-classes.

**sous-clavier, ère** *a, nf* ANAT Situé sous la clavicule *L'artère sous-clavière.* PLUR sous-claviers, sous-clavières.

**sous-comité** *nm* Subdivision d'un comité. PLUR sous-comités.

**sous-commission** *nf* Commission formée parmi les membres d'une commission. PLUR sous-commissions.

**sous-comptoir** *nm* Succursale d'un comptoir commercial. PLUR sous-comptoirs.

**sous-consommation** *nf* ECON **1** Consommation inférieure à la normale, à la moyenne. **2** Consommation insuffisante par rapport à la production. PLUR sous-consommations.

**sous-continent** *nm* GEOGR Vaste partie, délimitée, d'un continent. *Le sous-continent indien.* PLUR sous-continents.

**sous-couche** *nf* Première couche de peinture. PLUR sous-couches.

**souscripteur, trice** *n* **1** DR Personne qui souscrit un effet de commerce. **2** Personne qui prend part à une souscription pour une édition, un emprunt, etc.

**souscription** *nf* **1** DR Apposition de signature au bas d'un acte. **2** Action de souscrire ; la somme souscrite. **LOC** ***Droit de souscription*** *:* droit pour un actionnaire de souscrire en priorité à des actions lors d'une augmentation de capital.

**souscrire** *vt* 67 **1** DR Signer un acte pour l'approuver. *Souscrire un contrat.* **2** Signer un engagement à payer. *Souscrire des traites.* **3** Donner, ou s'engager à donner, une somme pour une dépense commune. *Souscrire à l'édification d'une stèle. Souscrire à une publication, à un emprunt.* **4** fig Adhérer, consentir à. *Souscrire à un propos, une décision.* ETY Du lat.

**sous-culture** *nf* Culture d'un groupe social déterminé, le plus souvent jugée inférieure. PLUR sous-cultures.

**sous-cutané, ée** *a* ANAT, MED Situé ou pratiqué sous la peau. PLUR sous-cutanés.

**sous-déclaration** *nf* Déclaration minimisant les faits réels. PLUR sous-déclarations.

**sous-développé, ée** *a* Se dit d'un pays dont l'économie est insuffisamment développée relativement aux besoins de sa population. SYN en voie de développement. PLUR sous-développés. DER **sous-développement** *nm*

**sous-diaconat** *nm* RELIG CATHOL Dans l'anc. hiérarchie, le premier des ordres majeurs, au-dessous du diaconat et de la prêtrise, ordre supprimé en 1972. PLUR sous-diaconats.

**sous-diacre** *nm* RELIG CATHOL Celui qui était promu au sous-diaconat. PLUR sous-diacres.

**sous-directeur, trice** *n* Directeur, directrice en second. PLUR sous-directeurs, sous-directrices.

**sous-dominante** *nf* MUS Quatrième degré de la gamme diatonique. *Fa est la sous-dominante dans la gamme de do.* PLUR sous-dominantes.

**sous-effectif** *nm* Effectif insuffisant. PLUR sous-effectifs.

**sous-embranchement** *nm* BIOL Division de l'embranchement. PLUR sous-embranchements.

**sous-emploi** *nm* ECON Emploi d'une partie seulement des travailleurs disponibles. ANT plein-emploi. PLUR sous-emplois.

**sous-employer** *vt* 23 ECON Employer une partie seulement des capacités de travail en personnel, en matériel, etc.

**sous-ensemble** *nm* MATH Ensemble contenu dans un autre ensemble. PLUR sous-ensembles.

**sous-entendre** *vt* 6 Faire comprendre une chose sans la dire expressément. DER **sous-entendu** *nm*

**sous-entrepreneur** *nm* ECON Entrepreneur sous-traitant. PLUR sous-entrepreneurs.

**sous-épidermique** *a* ANAT, MED Situé sous l'épiderme. PLUR sous-épidermiques.

**sous-équipement** *nm* ECON Fait d'avoir un équipement industriel insuffisant. PLUR sous-équipements. DER **sous-équipé, ée** *a*

**sous-espèce** *nf* BIOL Division de l'espèce. SYN race géographique. PLUR sous-espèces.

**sous-estimer** *vt* 1 Estimer au-dessous de sa valeur, de son importance. *Sous-estimer ses adversaires.* DER **sous-estimation** *nf*

**sous-évaluer** *vt* 1 Évaluer au-dessous de sa valeur marchande. DER **sous-évaluation** *nf*

**sous-exploiter** *vt* 1 Exploiter insuffisamment. *Une source d'énergie sous-exploitée.* DER **sous-exploitation** *nf*

**sous-exposer** *vt* 1 PHOTO Soumettre une pellicule, un film à un temps de pose insuffisant. *Des photographies sous-exposées.* DER **sous-exposition** *nf*

**sous-famille** *nf* BIOL Division de la famille. PLUR sous-familles.

**sous-fifre** *nm* fam Personne qui occupe une situation très subalterne. PLUR sous-fifres.

**sous-garde** *nf* Pièce semi-circulaire protégeant la détente d'une arme à feu. SYN pontet. PLUR sous-gardes.

**sous-gorge** *nf* EQUIT Courroie qui passe sous la gorge du cheval et réunit les deux côtés de la têtière. PLUR sous-gorges.

**sous-gouverneur** *nm* Gouverneur en second, particulièrement d'une banque. PLUR sous-gouverneurs.

**sous-groupe** *nm* **1** Subdivision d'un groupe. **2** MATH Partie stable d'un groupe, qui est, elle-même, un groupe pour la loi induite. PLUR sous-groupes.

**sous-homme** *nm* Homme inférieur, selon certaines théories racistes. PLUR sous-hommes.

**sous-ingénieur** *n* Technicien supérieur secondant un ingénieur. PLUR sous-ingénieurs.

**sous-intendant, ante** *n* Intendant(e) en second. PLUR sous-intendants.

**sous-jacent, ente** *a* **1** Situé au-dessous. *Couche sous-jacente.* **2** fig Qui n'est pas clairement manifesté ; caché, latent. *Motivations sous-jacentes.* PLUR sous-jacents.

**Sous le soleil de Satan** roman de Bernanos (1926). ▷ CINE Film de M. Pialat (1987), avec G. Depardieu.

**Sous les toits de Paris** film de René Clair (1930), avec Albert Préjean (1894 – 1979).

**Sous-le-Vent (îles)** îles des Petites Antilles situées au N. du Venezuela ; elles appartiennent aux Pays-Bas (Aruba, Curaçao, Bonaire) et au Venezuela (Nueva Esparta).

**Sous-le-Vent** → **Société (île de la).**

**Sous-le-Vent (îles)** îles de l'O. de l'archipel de la Société, en Polynésie fr. : Bora Bora, Raiatea, etc.

**sous-lieutenant, ante** *n* Officier du grade le moins élevé dans les armées de terre et de l'air. PLUR sous-lieutenants, antes.

**Sous l'œil des Barbares** roman de Barrès (1888).

**sous-louer** *vt* ① **1** Donner à loyer tout ou partie d'une maison, d'une terre, etc., dont on est soi-même locataire. **2** Prendre à loyer, occuper en sous-locataire une maison, une terre, etc. du locataire principal. DER **sous-locataire** *n* – **sous-location** *nf*

**sous-main** *nm* Support plan posé sur un bureau et sur lequel on place le papier où l'on écrit. PLUR sous-mains ou sous-main. **LOC** ***En sous-main*** : en secret, clandestinement.

**sous-maître, -maîtresse** *n* **A** *nm* MILIT Sous-officier du Cadre noir. PLUR sous-maîtres. **B** *nf* Surveillante de maison close avant leur suppression, en 1946. PLUR sous-maîtresses. VAR **sous-maitre, -maitresse**

**sous-marin, ine** *a, nm* **A** *a* **1** Qui est dans ou sous la mer. *Relief sous-marin.* **2** Qui a lieu, qui est utilisé sous la surface de la mer. *Navigation sous-marine. Fusil sous-marin.* **B** *nm* **1** Navire capable de naviguer en plongée. **2** fig, fam Personne qui agit clandestinement. **3** Canada Sandwich. PLUR sous-marins.

ENC Navire de guerre, un sous-marin possède : une coque intérieure épaisse conçue pour résister à la pression de l'immersion ; une coque extérieure mince, qui assure l'hydrodynamisme. Des ballasts sont situés entre les deux coques ; l'introduction ou la chasse de l'eau de mer permet de faire plonger ou de remonter le sous-marin. En plus du radar et du sonar, le sous-marin dispose de nombreux moyens de détection : les périscopes de veille et d'attaque, les détecteurs de radar, qui le protègent contre les radars aéroportés, et surtout les microphones.

**sous-marinier, ère** *n* Membre de l'équipage d'un sous-marin. PLUR sous-mariniers, ères.

**sous-marque** *nf* Produit d'un certain type fabriqué par une entreprise qui dépend d'une autre appartenant au même secteur écon., mais plus importante ou plus connue. PLUR sous-marques.

**sous-maxillaire** *a* ANAT Qui est situé sous la mâchoire inférieure. *Glande sous-maxillaire.* PLUR sous-maxillaires.

**sous-médicalisé, ée** *a* Où il y a un nombre insuffisant de médecins, d'hôpitaux. PLUR sous-médicalisés. DER **sous-médicalisation** *nf*

**sous-ministre** *n* **1** Canada Haut fonctionnaire qui seconde un ministre. **2** fam, péjor Secrétaire d'État. PLUR sous-ministres.

**sous-multiple** *nm, a* MATH Se dit d'une quantité qui est contenue un nombre entier de fois dans une autre. *7 et 2 sont des sous-multiples de 14. Nombres, grandeurs sous-multiples.* PLUR sous-multiples.

**sous-munition** *nf* Ensemble d'explosifs contenus dans un missile ou une bombe (BASM), et destinés à se disperser dans toutes les directions. PLUR sous-munitions.

**sous-muqueuse** *nf* Tissu conjonctif lâche situé sous une muqueuse. PLUR sous-muqueuses.

**sous-nappe** *nf* Molleton, tissu protecteur qu'on met sur une table, sous la nappe. PLUR sous-nappes.

**sous-normale** *nf* GEOM Projection, sur un axe, du segment de la normale en un point d'une courbe comprise entre ce point et son intersection avec l'axe considéré. PLUR sous-normales.

**sous-occipital, ale** *a* ANAT, MED Situé ou pratiqué sous l'os occipital. *Ponction sous-occipitale.* PLUR sous-occipitaux.

**sous-œuvre** *nm* Fondement d'une construction. PLUR sous-œuvres. **LOC** ***En sous-œuvre*** : se dit d'un travail qu'on fait sous un bâtiment notam. pour reprendre ses fondations ; figse dit d'un travail qu'on reprend à la base, pour le corriger ou le compléter.

**sous-off** *nm* fam Sous-officier. PLUR sous-offs.

**sous-officier** *nm* Militaire ayant un grade qui en fait un auxiliaire de l'officier. PLUR sous-officiers.

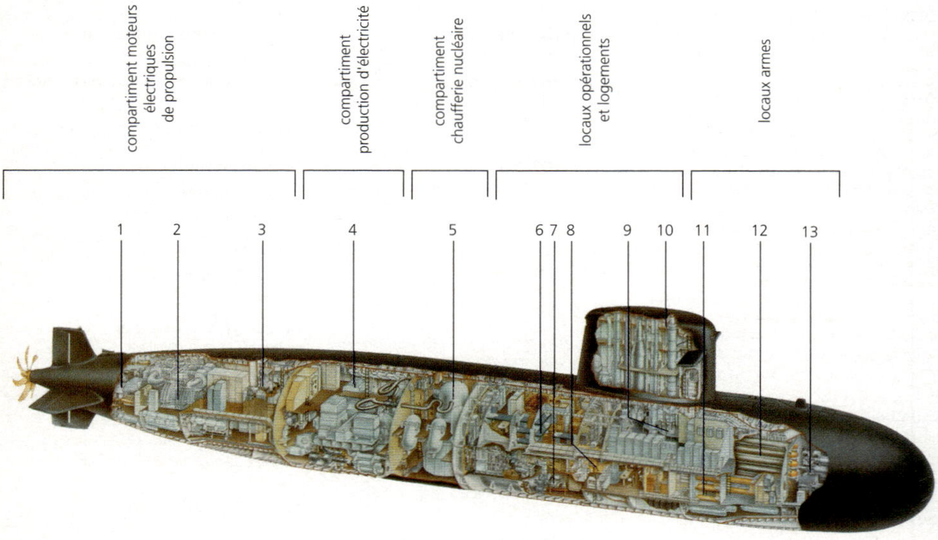


déplacement en surface : 2 400 tonnes
longueur : 73,6 m
diamètre : 7,6 m
vitesse : supérieure à 25 nœuds
immersion : supérieure à 300 m
effectif : 66 hommes
tubes lance-armes : 4
capacité d'emport : 14 armes
autonomie en vivres : 60 jours

1. moteur électrique de secours
2. moteur électrique principal
3. poste de conduite de la propulsion
4. turbo-alternateurs
5. générateur de vapeur
6. logement officiers
7. compartiment d'auxiliaires
8. cuisine
9. poste central navigation opérations
10. périscope
11. logements équipage
12. stockage des armes
13. tubes lance-armes

**sous-marin** nucléaire d'attaque type « Rubis » : version « Améthyste »

**sous-orbitaire** *a* ANAT Situé sous l'orbite. PLUR sous-orbitaires.

**sous-ordre** *nm* **1** DR Procédure par laquelle une somme adjugée à qqn est distribuée à ses créanciers, opposants sur lui. **2** fig Employé subalterne. **3** BIOL Division de l'ordre. PLUR sous-ordres.

**sous-palan (en)** *a* Se dit d'une marchandise qui doit être livrée au port prête pour l'embarquement.

**sous-payer** *vt* [21] Payer au-dessous de la normale, payer trop peu. *Sous-payer des ouvriers. Travailleurs sous-payés.*

**sous-peuplement** *nm* Fait d'être trop peu peuplé, pour une région, un pays. PLUR sous-peuplements. DER **sous-peuplé, ée** *a*

**sous-pied** *nm* Bande passant sous le pied pour garder tendu un pantalon. PLUR sous-pieds.

**sous-préfectoral, ale** *a* Qui a rapport à une sous-préfecture, à un sous-préfet. PLUR sous-préfectoraux.

**sous-préfecture** *nf* **1** Fonction de sous-préfet. **2** Ville où réside un sous-préfet, chef-lieu d'arrondissement. **3** Bâtiment où sont les bureaux du sous-préfet. PLUR sous-préfectures.

**sous-préfet** *nm* Grade du fonctionnaire subordonné au préfet. PLUR sous-préfets.

**sous-préfète** *nf* **1** Femme d'un sous-préfet. **2** Femme sous-préfet. PLUR sous-préfètes.

**sous-production** *nf* Production insuffisante. PLUR sous-productions.

**sous-produit** *nm* **1** Produit secondaire obtenu lors de la fabrication d'un autre produit. *Les sous-produits de la distillation du pétrole.* **2** Produit qui n'est pas l'objet principal d'une activité industrielle ou commerciale. *Les abats sont des sous-produits par rapport à la viande de boucherie.* **3** fig, péjor Mauvaise imitation. **4** Produit de qualité médiocre. PLUR sous-produits.

**sous-programme** *nm* INFORM Programme particulier intégré dans un programme plus vaste. PLUR sous-programmes.

**sous-prolétaire** *a, n* SOCIOL Se dit d'une personne appartenant à la partie la plus défavorisée du prolétariat. PLUR sous-prolétaires. DER **sous-prolétariat** *nm*

**sous-pull** *nm* Pull-over fin à col roulé, qui se porte sous un autre. PLUR sous-pulls.

**Sousse** port de Tunisie, sur le golfe d'Hammamet ; 180 000 hab. ; ch.-l. du gouvernorat du m. nom. Industries. – Casbah, Grande Mosquée IXe s., forteresse VIIIe s. Musée archéologique.

**sous-secrétaire** *nm* LOC ***Sous-secrétaires d'État*** : membres d'un gouvernement adjoints à un secrétaire d'État ou à un ministre. DER **sous-secrétariat** *nm*

**sous-seing** *nm* DR Acte sous seing privé. PLUR sous-seings.

**soussigné, ée** *a, n* Dont la signature est ci-dessous. *Je soussigné, Untel, déclare... Les personnes soussignées.*

**sous-sol** *nm* **1** Ensemble des couches du sol situées au-dessous de la couche arable. *L'exploitation des richesses du sous-sol.* **2** Étage inférieur au niveau du sol ; partie aménagée d'un bâtiment, située au-dessous du rez-de-chaussée. *Garage en sous-sol.* PLUR sous-sols.

**soussou** *nm* Langue du groupe mandé, parlée en Guinée et au Sierra Leone.

**sous-station** *nf* TECH Station secondaire dans un réseau de transport, de distribution d'électricité. PLUR sous-stations.

**sous-tangente** *nf* GEOM Projection, sur un axe, du segment de la tangente en un point d'une courbe compris entre ce point et l'intersection de la tangente avec l'axe considéré. PLUR sous-tangentes.

**sous-tasse** *nf* Soucoupe. PLUR sous-tasses.

**Soustelle** Jacques (Montpellier, 1912 – Neuilly-sur-Seine, 1990), homme politique et ethnologue français (spécialiste des Aztèques). Gaulliste, il combattit la politique algérienne du général de Gaulle. Acad. fr. (1983).

**sous-tendre** *vt* [6] **1** GEOM Constituer la corde d'un arc. **2** fig Constituer les fondements, les bases d'un raisonnement. ÉTY Du lat.

**sous-tension** *nf* ELECTR Tension inférieure à la normale. PLUR sous-tensions.

**sous-texte** *nm* LITTER Signification latente, cachée sous le texte littéral d'une œuvre littéraire. PLUR sous-textes.

**sous-titre** *nm* **1** Second titre d'un livre ou d'une pièce de théâtre. **2** Dans un film en version originale, traduction du dialogue, qui apparaît en surimpression au bas de l'image. PLUR sous-titres.

**sous-titrer** *vt* [1] Mettre des sous-titres à un film. *Version originale sous-titrée.* DER **sous-titrage** *nm*

**sous-toiler** *vt* [1] Mettre trop peu de voilure à un bateau.

**sous-total** *nm* Total partiel, intermédiaire. PLUR sous-totaux.

**soustraction** *nf* **1** Action de dérober qqch. *La soustraction d'un document.* **2** MATH Opération inverse de l'addition, notée –, dans laquelle deux quantités A et B étant données, on en cherche une troisième, C, telle que A soit la somme de B et de C. DER **soustractif, ive** *a*

**soustraire** *vt* [58] **1** Dérober qqch. *Soustraire des documents compromettants.* **2** Faire échapper qqn à. *Soustraire qqn à l'influence d'un mauvais milieu. Se soustraire à une obligation.* **3** Retirer par soustraction. ÉTY Du lat.

**sous-traitant, ante** *nm, a* Qui exécute, pour le compte de l'entrepreneur principal et sous sa responsabilité, certaines tâches concédées à ce dernier. PLUR sous-traitants. DER **sous-traitance** *nf*

**sous-traiter** *v* [1] **A** *vi* Prendre en charge des marchés conclus en sous-traitance. **B** *vt* **1** Exécuter un travail, un marché à titre de sous-traitant. **2** Concéder en partie ou en totalité un marché, une affaire à un sous-traitant.

**sous-utiliser** *vt* [1] Utiliser de façon insuffisante. *Un équipement informatique sous-utilisé.*

**sous-ventrière** *nf* Courroie attachée aux deux limons d'une voiture et qui passe sous le ventre du cheval. PLUR sous-ventrières.

**sous-verge** *nm* Cheval non monté attelé à la droite du cheval monté par le conducteur, dans un attelage. PLUR sous-verges ou sous-verge.

**sous-verre** *nm* Gravure, photographie placée entre une plaque de verre et un carton rigide ; cet encadrement. PLUR sous-verres ou sous-verre.

**sous-vêtement** *nm* Vêtement de dessous. PLUR sous-vêtements.

**sous-vide** *nm* Préparation alimentaire conditionnée sous vide. PLUR sous-vides.

**sous-virer** *vi* [1] AUTO Déraper par les roues avant dans un virage, l'axe du véhicule se déplaçant vers l'extérieur du virage. ANT survirer. DER **sous-virage** *nm* – **sous-vireur, euse** *a*

**soutache** *nf* Tresse, galon qui servait autrefois d'ornement distinctif pour les uniformes et qui orne aujourd'hui certains vêtements. ÉTY Du hongrois. DER **soutacher** *vt* [1]

**soutane** *nf* Longue robe boutonnée par-devant des ecclésiastiques catholiques séculiers. *L'obligation du port de la soutane a été supprimée en 1962.* ÉTY De l'ital. *sottana*, « vêtement de dessous ».

**soutanelle** *nf* anc Redingote courte à collet droit et sans revers remplaçant la soutane dans certains pays.

**soute** *nf* **1** Magasin situé dans le fond d'un navire. *Soute à charbon.* **2** Lieu où l'on place la cargaison, dans un avion. *Soute à bagages.* ÉTY Du lat.

**soutenable** *a* **1** Qui peut être soutenu par des raisons valables. *Son idée n'est guère soutenable.* **2** Supportable. *Ce bruit n'est pas soutenable.* DER **soutenabilité** *nf*

**soutenance** *nf* Action de soutenir un mémoire, une thèse de doctorat.

**soutènement** *nm* **1** Dispositif destiné à soutenir ; contrefort, appui. *Mur de soutènement.* **2** DR Ensemble des moyens et des documents réunis pour prouver la sincérité d'un compte.

**souteneur** *nm* Proxénète.

**soutenir** *vt* [36] **1** Tenir qqch par-dessous, pour supporter, pour servir d'appui. *Les colonnes qui soutiennent la voûte.* **2** Empêcher qqn de tomber. *Soutenir un malade.* **3** Empêcher qqn de défaillir ; réconforter. *Cette bonne nourriture le soutient.* **4** Encourager, aider. *Je l'ai soutenu dans son épreuve.* **5** Aider financièrement. **6** Appuyer, prendre parti pour. *Soutenir un candidat aux élections.* **7** Faire valoir, défendre un point de vue en s'appuyant sur des arguments fondés. *Soutenir une opinion.* **8** Maintenir, faire durer, empêcher la défaillance, le relâchement d'une chose abstraite. *Soutenir son effort. Soutenir le moral de qqn.* **9** Subir sans fléchir. *Soutenir un siège. Soutenir le regard de qqn. Soutenir l'intérêt.* **10** Affirmer, prétendre que. *Je soutiens qu'il a tort.* LOC ***Soutenir une thèse de doctorat*** : la défendre devant le jury compétent, subir l'épreuve de la soutenance. ÉTY Du lat.

**soutenu, ue** *a* **1** Qui ne se relâche pas, qui ne faiblit pas. *Rythme soutenu.* **2** Accentué, prononcé. *Couleur soutenue.* **3** Élevé, noble, en parlant d'un discours. *Style soutenu. Langue soutenue.*

**souterrain, aine** *a, nm* **A** *a* **1** Qui est sous terre. *Conduit souterrain.* **2** fig Caché, secret. *Menées souterraines.* **B** *nm* Galerie ou ensemble de galeries souterraines, naturelles ou creusées par l'homme. DER **souterrainement** *av*

**Southampton** v. et port de G.-B. (Hampshire), sur la Manche, au fond de la *rade de Southampton Water* ; 240 000 hab. Grand port de voyageurs et de commerce. Centre industriel.

**Southend-on-Sea** v. de G.-B. (Essex), à l'embouchure de la Tamise ; 160 300 hab.

**Southey** Robert (Bristol, 1774 – Greta Hall, Keswick, 1843), poète anglais, auteur de biographies : *Vie de Nelson* (1813).

**South Glamorgan** comté du pays de Galles ; 416 km² ; 383 300 hab. ; ch.-l. *Cardiff*.

**South Shields** v. industr. et port de G.-B. (Tyne and Wear) ; 80 000 hab.

**South Yorkshire** comté d'Angleterre ; 1 560 km² ; 1 248 500 hab. ; ch.-l. *Barnsley*.

**soutien** *nm* **1** Ce qui soutient, supporte. *Ce pilier est le soutien de la voûte.* **2** Action de soutenir financièrement, politiquement, moralement, etc. ; aide, appui. **3** Personne ou groupe qui soutient, appuie qqn d'autre, un autre groupe. LOC ***Soutien de famille*** : jeune homme, jeune fille qui se trouvent seuls à faire vivre leur famille.

**soutien-gorge** *nm* Sous-vêtement féminin servant à soutenir les seins. PLUR soutiens-gorge.

**soutier** *nm* **1** Matelot qui travaillait dans la soute à charbon, à bord d'un navire à vapeur. **2** fig Personne qui effectue un travail pénible et peu qualifié.

**soutif** *nm* fam Soutien-gorge.

**Soutine** Chaïm (Smilovitchi, gouv. de Minsk, 1893 – Paris, 1943), peintre français d'origine lituanienne. Ses œuvres expressionnistes sont travaillées en pleine pâte. ▶ illustr. p. 1524

**soutirer** *vt* ① **1** Transvaser un liquide, un fluide d'un récipient dans un autre de manière à éliminer les dépôts. **2** fig Obtenir qqch de qqn par tromperie, en usant d'artifices. *Soutirer de l'argent.* SYN extorquer. DER **soutirage** *nm*

**Souto de Moura** Eduardo (Porto, 1952), architecte portugais. Prix Pritzker 2011.

**soutra** → **sutra.**

**Soutter** Louis (Morges, 1871 – Ballaigues, 1942), peintre suisse, d'inspiration expressionniste et fantasmatique.

**Souvanna Phouma** (prince Tiao) (Luang Prabang, 1901 – Vientiane, 1984), homme politique laotien. Plus. fois Premier ministre de 1951 à 1975, il défendit le neutralisme et céda le pouvoir au Pathet Lao.

**souvenance** *nf* litt Souvenir. *Avoir souvenance de qqch, que...*

**1 souvenir (se)** *vpr* ㊱ **1** Avoir de nouveau à l'esprit qqch appartenant au passé. *Se souvenir de son enfance. Se souvenir qu'on a un rendez-vous.* **2** Garder à la mémoire avec rancune ou avec reconnaissance. *Je m'en souviendrai !* **3** Ne pas oublier ; ne pas perdre de vue. *Souvenez-vous de mon affaire.* ETY Du lat.

**2 souvenir** *nm* **A 1** Mémoire. *Cela s'était effacé de son souvenir.* **2** Fait de se souvenir. *Garder le souvenir de qqch.* **3** Image, idée, représentation que la mémoire conserve. *Souvenirs de collège.* **4** Formule de politesse adressant une pensée amicale à qqn. *Mon bon souvenir.* **5** Ce qui permet de conserver le souvenir de. *J'ai gardé cela en souvenir de lui.* **6** Ce qui rappelle la mémoire de qqn, de qqch. *Cette photo est un souvenir de lui.* **7** Bibelot que l'on vend aux touristes comme souvenir. **B** *nm pl* Livre de souvenirs. *Écrire ses souvenirs.*

**Souvenirs d'égotisme** bref récit autobiographique de Stendhal (inachevé, 1832 ; prem. éd. 1892, éd. intégrale 1927).

**Souvenirs de la maison des morts** récit de Dostoïevski (1861-1862).

**Souvenirs entomologiques** ouvrage de Fabre (10 vol., 1879-1907).

**souvent** *av* **1** Fréquemment, plusieurs fois. *Je vais souvent le voir.* **2** D'ordinaire, en général. ETY Du lat.

**1 souverain, aine** *a, n* **A** *a* **1** litt Suprême. *Le souverain bien.* **2** D'une efficacité totale. *Un remède souverain.* **3** Qui possède l'autorité suprême. *Puissance souveraine.* **4** litt Supérieur. *Beauté souveraine.* **B** *n* **1** Monarque. **2** Instance possédant l'autorité suprême. **LOC** DR *Cour souveraine* : qui juge en dernier ressort. ETY Du lat.

Chaïm Soutine *le Groom*, v. 1927 – MNAM

**2 souverain** *nm* Ancienne monnaie d'or anglaise. ETY De l'angl.

**souverainement** *av* **1** Extrêmement. *Elle est souverainement belle.* **2** DR De manière souveraine, sans appel. *Juger souverainement.*

**souveraineté** *nf* **1** Autorité suprême. *L'exercice de la souveraineté. La souveraineté populaire.* **2** Caractère d'un État souverain. *Souveraineté nationale.*

**souverainisme** *nm* **1** POLIT Mouvement qui met au premier plan la souveraineté nationale, s'opposant à l'Europe supranationale. **2** Canada Mouvement réclamant l'autonomie d'une région par rapport au pouvoir central. DER **souverainiste** *a, n*

**Souvigny** ch.-l. de cant. de l'Allier (arr. de Moulins) ; 2 005 hab. – Égl. XI$^{e}$-XV$^{e}$ (dans la crypte, tombeaux des prem. ducs de Bourbon). DER **souvignyssois, oise** *a, n*

**souvlaki** *nm* CUIS En Grèce, brochette.

**Souvorov** Alexandre Vassilievitch (comte, puis prince) (Moscou, 1729 – Saint-Pétersbourg, 1800), maréchal russe. Il combattit la Pologne (1768-1772) et les Turcs (1773-1774, 1787-1789). En 1794, il réprima la révolte polonaise. Envoyé en Italie (1795), il fut vaincu par la France à Zurich.

**Souzdalie** anc. principauté russe (XI$^{e}$-XIV$^{e}$ s.) ayant pour centres *Souzdal, Rostov et Vladimir* (haute Volga) ; elle fut le berceau de l'État moscovite.

**soviet** *nm* HIST **1** Conseil d'ouvriers ou de militaires pendant les révolutions russes de 1905 et de 1917. **2** Nom de deux assemblées élues en URSS jusqu'en 1989, le *Soviet de l'Union* et le *Soviet des nationalités*, dont la réunion formait le *Soviet suprême*. PHO [sɔvjɛt] ETY Mot russe.

**soviétique** *a, n* Relatif aux soviets, à l'URSS ; habitant de l'URSS.

**soviétiser** *vt* ① Soumettre à l'influence politique de l'URSS. DER **soviétisation** *nf*

**soviétologue** *n* Spécialiste de la politique de l'URSS.

**sovkhoze** *nm* HIST Grande ferme d'État, en URSS, dont les ouvriers étaient payés par l'État. ETY Du russe.

**Sow** Ousmane (Dakar, 1935), sculpteur sénégalais, groupes puissants et tourmentés traduisant sa fascination pour le corps humain.

**Soweto** (acronyme de *South West Township*, « ville du Sud-Ouest »), v. d'Afrique du Sud, près de Johannesburg ; 2 millions d'hab. – Le 16 juin 1976, une manifestation de lycéens donna lieu à un massacre par la police.

**Soyaux** ch.-l. de cant. de la Charente (arr. et aggl. d'Angoulême) ; 10 639 hab. DER **sojaldicien, enne** *a, n*

**soyeux, euse** *a, nm* **A** *a* Doux et fin comme de la soie. *Cheveux soyeux.* **B** *nm* Fabricant de soieries, à Lyon.

**Soyinka** Wole (Abeokuta, 1934), écrivain nigérian d'expression anglaise. Son théâtre (*le Lion et la Perle*, 1959), ses romans (*les Interprètes*, 1965), ses poèmes puisent dans la culture yorouba et posent un regard lucide sur le monde moderne. Il a été le premier Africain à recevoir le prix Nobel de littérature (1986).

**Soyouz** (« Union »), famille de lanceurs russes utilisés dep. 1967 notam. pour desservir les stations *Saliout* puis *Mir*.

**spa** *nm* Centre de remise en forme par balnéothérapie, massages, etc. ETY Acronyme du lat. *sanitas per aquam*, « la santé par l'eau », ou de la ville de *Spa*.

**Spa** com. de Belgique (Liège), dans l'Ardenne 9 620 hab. Stat. thermale. – Circuit automobile de Spa-Francorchamps. DER **spadois, e** *a, n*

**SPA** Sigle de *Société protectrice des animaux*.

**Spaak** Paul Henri (Schaerbeek, 1899 – Bruxelles, 1972), homme politique belge ; socialiste ; président du Conseil (1938-1939, 1946, 1949) ; président de l'assemblée consultative de la CECA (1952-1954) ; secrétaire général de l'OTAN (1957-1961). — **Charles** (Bruxelles, 1903 – Vence, 1975), écrivain d'expression française ; scénariste : *la Kermesse héroïque* (1935), *la Grande Illusion* (1937), *Justice est faite* (1950).

**Spacelab** (abrév. de *Space laboratory*, « laboratoire de l'espace »), laboratoire spatial réalisé par l'Agence spatiale européenne (1983-1998).

**space opera** *nm* Genre de la science-fiction dont le thème principal est l'aventure intergalactique. PHO [spesɔpeʀa] ETY Mot angl.

**spacieux, euse** *a* Où il y a de l'espace ; grand, vaste. *Pièce spacieuse.* ETY Du lat. DER **spacieusement** *av*

**spadassin** *nm* litt, vieilli Assassin à gages. ETY De l'ital. *spada*, « épée ».

**SPADEM** acronyme pour *Société de la protection artistique et des dessins et modèles*, société en activité de 1954 à 1995.

**spadice** *nm* BOT Sorte d'épi à axe charnu, enveloppé d'une grande bractée, la spathe. *Le spadice de l'arum.* ETY Du lat.

**spaetzle** → **spätzle**

**spaghetti** *nm* **1** Pâte alimentaire fine et longue. *Un paquet de spaghettis.* **2** plaisant CINE Se dit d'un western italien caractérisé par une reprise systématique des poncifs du genre. ETY Mot ital., du lat. *spacus*, « ficelle ».

**spahi** *nm* anc Cavalier des corps auxiliaires d'indigènes de l'armée fr. en Afrique du N. (Créé en 1834, ce corps a été dissous en 1962.) ETY Du turc.

**spalax** *nm* Rongeur d'Europe orientale à fourrure, adapté à la vie sous-terre, sans queue ni oreilles externes. ETY Mot gr., « taupe ».

**Spallanzani** Lazzaro (Scandiano, 1729 – Pavie, 1799), biologiste italien. Il étudia les grandes fonctions physiologiques et mit en évidence le rôle du sperme dans la fécondation.

**spallation** *nf* PHYS NUCL Fragmentation d'un noyau atomique sous l'action d'un bombardement corpusculaire. ETY De l'angl. *to spall*, « éclater ».

**spalter** *nm* TECH Brosse plate utilisée pour peindre une surface en imitant l'aspect du bois. PHO [spaltœʀ] ETY De l'all. *spalten*, « fendre ».

**spam** *nm* Message publicitaire envoyé par spamming. SYN pollupostage, pourriel. ETY Mot amér. « mortadelle ».

**spammeur** *nm* Personne, entreprise qui envoie des spams. SYN polluposteur.

**spamming** *nm* Envoi massif de messages publicitaires sur des messageries électroniques. SYN pollupostage.

**Spandau** quartier de Berlin, sur la Spree, où les criminels de guerre allemands condamnés à Nuremberg (1946) furent emprisonnés.

**spanglish** *nm* Anglais mêlé d'espagnol parlé aux États-Unis.

**sparadrap** *nm* Bande adhésive servant à fixer un pansement. PHO [spaʀadʀa] ETY Du lat.

**spardeck** *nm* MAR Pont léger qui s'étend de l'avant à l'arrière d'un navire et qui ne comporte ni dunette ni gaillards. ETY Mot angl.

Wole Soyinka

**sparganier** *nm* BOT Plante monocotylédone aquatique (sparganiacées), appelée cour. *ruban d'eau.* ETY Du gr.

**sparidé** *nm* ZOOL Poisson perciforme que l'on trouve dans toutes les mers chaudes et tempérées, tel que la daurade. ETY Du lat. *sparus,* « daurade ».

**Spark Sarah,** dite **Muriel** (Edimbourg, 1918 – Florence, 2006), romancière anglaise : *Memento Mori* (1958), *Intentions suspectes* (1982).

**sparring-partner** *nm* SPORT Partenaire d'un boxeur à l'entraînement. PLUR sparring-partners. PHO [spariŋpartnɛr] ETY Mot angl.

**spart** *nm* BOT Nom de diverses graminées utilisées en sparterie, notam. de l'alfa. PHO [spart] ETY Du gr. VAR **sparte**

**Spartacus** (m. en Lucanie, 71 av. J.-C.), esclave révolté. Berger thrace, soldat déserteur repris et vendu comme esclave, il s'évada d'une école de gladiateurs de Capoue (73 av. J.-C.), avec des compagnons. Ils formèrent le noyau d'une armée de 100 000 esclaves qui vainquit plus. fois les troupes romaines. Crassus l'écrasa en Lucanie du N. 6 000 prisonniers furent crucifiés sur la route de Capoue à Rome.

**spartakisme** *nm* HIST Mouvement des socialistes révolutionnaires allemands, né en 1914, qui fondèrent, en 1918, le parti communiste allemand. ETY De Spartacus. DER **spartakiste** *a, n*

**Spartakus (groupe)** fraction du Parti social-démocrate allemand (SPD), dirigée par Karl Liebknecht et Rosa Luxemburg, qui reprochait au SPD d'avoir opté pour la guerre en 1914. En déc. 1918, elle se transforma en un parti communiste qui, contre l'avis de ses deux dirigeants, déclencha une insurrection aussitôt écrasée (janv. 1919). VAR **Spartacus**

**Sparte** v. de Grèce, ch.-l. du nome de Laconie (S.-E. du Péloponnèse) ; 14 000 hab. DER **spartiate** *a, n*
**Histoire** La ville de Sparte, dite aussi *Lacédémone* dans l'Antiquité, fut fondée par les Doriens au IX^e s. av. J.-C. Au VII^e s. av. J.-C., elle conquit la Laconie et la Messénie ; les deux rois (représentant deux dynasties : les Agides et les Eurypontides) cédèrent progressivement la place à cinq éphores, nommés pour un an par le Conseil des Anciens. Vers 550 av. J.-C., l'éphore Chilon donna sa forme à l'État spartiate : les *citoyens* dominaient les cultivateurs des terres les moins fertiles ; des serfs, les *ilotes,* cultivaient les domaines fertiles des citoyens. Ceux-ci, qui redoutaient une révolte des ilotes, constituèrent une caste militaire toujours plus rigide (sévère éducation guerrière du Spartiate, pris en charge par l'État dès l'âge de sept ans). À l'époque des guerres médiques, Sparte dominait presque tout le Péloponnèse, mais sa participation au conflit fut modeste (bien que le sacrifice de 300 Spartiates dans les Thermopyles constitue l'une des pages les plus héroïques de l'hist. de la Grèce antique, en 480) et Athènes développa son empire maritime. Remportant contre Athènes la guerre du Péloponnèse (431-404), Sparte parvint à son tour à l'hégémonie, mais son despotisme suscita la coalition de plusieurs cités, dont Athènes. Après avoir infligé à Sparte la défaite de Leuctres (371 av. J.-C.), Thèbes, sous la conduite d'Épaminondas, rendit à la Messénie son indépendance. Philippe II de Macédoine réduisit Sparte à la Laconie. En 146 av. J.-C., Sparte fut soumise par Rome. Les Wisigoths la dévastèrent au IV^e s. apr. J.-C. La ville actuelle date du XIX^e s.

**spartéine** *nf* PHARM Alcaloïde extrait du genêt et du lupin, utilisé comme ocytocique.

**sparterie** *nf* **1** Confection d'objets en fibres végétales. **2** Objet ainsi confectionné.

**spartiate** *a, n* **A** *a* Digne de la réputation d'austérité et de courage stoïque des anciens Spartiates. *Éduquer un enfant à la spartiate.* **B** *nf pl* Sandales à lanières de cuir. PHO [sparsjat] ETY Du gr.

**spasme** *nm* Contraction musculaire involontaire, intense et passagère. ETY Du gr. DER **spasmodique** *a*

**spasmophilie** *nf* MED Excitabilité neuromusculaire excessive, liée à des troubles du métabolisme phosphocalcique et à une insuffisance de l'activité des parathyroïdes. DER **spasmophile** *a, n* – **spasmophilique** *a*

**spastique** *a* MED Qui s'accompagne de spasmes. DER **spasticité** *nf*

**spatangue** *nm* Oursin en forme de cœur, des sables vaseux littoraux. ETY Du gr.

**spath** *nm* LOC ***Spath d'Islande*** : calcite biréfringente très pure en gros cristaux. — ***Spath fluor*** : syn. de *fluorine.* ETY Mot all.

**spathe** *nf* BOT Bractée enveloppant le spadice, inflorescence des aracées. ETY Du gr.

**spathique** *nf* MINER Qui ressemble au spath ; qui contient du spath. ETY Du gr.

**spatial, ale** *a, nm* **A** *a* **1** De l'espace, dans l'espace ; relatif à notre perception, notre représentation de l'espace. *Configuration spatiale. Coordonnées spatiales.* **2** De l'espace interplanétaire ou interstellaire. *Vaisseau spatial. Sonde spatiale.* **B** *nm* Secteur économique dépendant de l'exploration interplanétaire. PLUR spatiaux. PHO [spasjal] ETY Du lat. DER **spatialité** *nf*

**spatialiser** *vt* ① **1** PSYCHO Percevoir dans l'espace les rapports de positions, de distances, de grandeurs, de formes, etc. **2** ESP Rendre un matériel apte à résister aux contraintes mécaniques imposées par les lanceurs spatiaux et aux conditions physiques qui règnent dans l'espace. DER **spatialisation** *nf*

**spationaute** *n* Pilote ou passager d'un vaisseau spatial.

ENC Le terme de *spationaute* a été créé dans les années 1980 dans un souci d'universalité. En effet, les *astronautes* étaient américains et les *cosmonautes* étaient soviétiques.

**spationef** *nm* Vaisseau spatial.

**spatiotemporel, elle** *a* didac Relatif à la fois à l'espace et au temps.

**spatule** *nf* **1** Instrument ayant une extrémité arrondie et l'autre aplatie ou comportant une lame plate et souple, qui sert à remuer, étendre, modeler une matière pâteuse. *Spatule de mouleur. Spatule à beurre.* **2** Extrémité antérieure d'un ski, recourbée vers le haut. **3** Oiseau ciconiiforme au bec aplati et élargi à son extrémité, qui niche dans les roseaux des marais littoraux. **4** Grand poisson voisin de l'esturgeon dont la tête est prolongée par un rostre en spatule. ETY Du lat.
▶ illustr. bec

**spatulé, ée** *a* didac Dont l'extrémité s'élargit en s'aplatissant.

**spätzle** *nm* Petite nouille irrégulière aux œufs, dont on accompagne les viandes en sauce (Alsace, Suisse). PHO [ʃpetzle] ETY Mot alsacien. VAR **spaetzle**

**speakeasy** *nm* Aux États-Unis, pendant la prohibition, débit d'alcool clandestin. PHO [spikizi] ETY Mot anglais.

**SPD** Sigle de *Sozialdemokratische Partei Deutschlands,* Parti social-démocrate allemand.

**1 speaker** *nm* **1** Président de la Chambre des communes, en G-B. **2** Président de la Chambre des représentants, aux États-Unis. PHO [spikœr] ETY Mot angl., « orateur ». VAR **speakeur**

**2 speaker, speakerine** *n* vieilli Personne qui fait les annonces informatives à la radio et à la télévision. SYN présentateur, annonceur. PHO [spikœr], [spikrin] VAR **speakeur**

**spécial, ale** *a, nf* **A** *a* **1** Qui correspond, qui s'applique exclusivement à une chose, à une personne, à une espèce, à une activité. *Lessive spéciale pour les lainages. Emploi qui exige une formation spéciale. Shampoing spécial cheveux gras.* **2** Exceptionnel, qui sort de l'ordinaire. *Édition spéciale. N'avoir rien de spécial à dire.* **3** Qui est particulier dans son genre et quelque peu déconcertant. *Une musique très spéciale.* **4** fam Bizarre. *Un type spécial.* **B** *nf* **1** Huître grasse qui a séjourné longtemps en claire. **2** SPORT Dans un rallye automobile, épreuve courue sur un parcours imposé. PLUR spéciaux. ETY Du lat. DER **spécialement** *av*

**spécialiser** *v* ① **A** *vt* Affecter qqn à une spécialité, le rendre compétent dans un certain domaine. **B** *vpr* Se consacrer à un domaine particulier. *Libraire qui se spécialise dans la vente d'ouvrages anciens.* DER **spécialisation** *nf*

**spécialiste** *n* **1** Personne qui s'est spécialisée dans un domaine, qui y a acquis une compétence, des connaissances particulières. **2** MED Médecin exerçant une spécialité médicale, par oppos. à *généraliste.*

**spécialité** *nf* **1** Domaine d'activité, de connaissance dans lequel qqn est spécialisé. **2** Produit résultant d'une activité spécialisée. **3** CUIS Mets originaire d'une région ou que qqn a le secret d'accommoder. *La quiche est une spécialité lorraine.* LOC DR ***Principe de la spécialité administrative*** : qui délimite les attributions de chaque autorité. — ***Principe de la spécialité budgétaire*** : selon lequel les crédits votés pour tel chapitre ne doivent pas être employés pour un autre. — ***Spécialité médicale*** : branche de la médecine dans laquelle un médecin possède des connaissances approfondies, acquises au cours d'études spéciales (cardiologie, urologie, radiologie, réanimation, etc.). — ***Spécialités pharmaceutiques*** : préparations pharmaceutiques industrielles. ETY Du lat.

**spéciation** *nf* BIOL Formation d'espèces nouvelles par différenciation d'une espèce ancienne.

**spécieux, euse** *a* litt Qui, sous une apparence de vérité, est faux ou est destiné à tromper. ETY Du lat. *speciosus,* « de bel aspect ». DER **spécieusement** *av* – **spéciosité** *nf*

**spécification** *nf* **1** Fait de spécifier, d'indiquer avec précision. **2** Désignation précise des éléments devant obligatoirement entrer dans la fabrication d'une chose. **3** DR Action de créer une chose nouvelle avec une matière, une chose appartenant à autrui.

**spécifier** *vt* ② Exprimer, indiquer de façon précise. *Spécifier la date et l'heure de son retour.* ETY Du lat.

**spécifique** *a* Propre à une espèce, à une chose donnée. *Les caractères spécifiques distinguent entre elles les espèces d'un même genre.* LOC ***Droits de douane spécifiques*** : droits fixes établis selon la nature des objets. — MED ***Remède spécifique*** : qui agit uniquement sur une affection ou un organe donné. DER **spécificité** *nf* – **spécifiquement** *av*

**spécimen** *nm* **1** Être vivant, objet considéré en tant qu'il possède les caractéristiques de l'espèce à laquelle il appartient. *De beaux spécimens d'une variété de roses.* **2** Exemplaire d'un livre, d'une revue ou partie d'un tel exemplaire donné à titre publicitaire. PHO [spesimen] ETY Du lat.

**speck** *nm* Longe de porc fumée, spécialité du Tyrol et des Dolomites. ETY Mot all., « lard ».

**spectacle** *nm* **1** Ce qui attire le regard, l'attention. *Jouir du spectacle de la nature.* **2** Représentation donnée au public. *Un spectacle de variétés.* **3** Ensemble des activités théâtrales, cinématographiques, etc. *Le monde du spectacle.* LOC ***À grand spectacle*** : se dit d'une pièce, d'un film à la mise en scène fastueuse. — ***Se donner en spectacle*** : se faire remarquer. — ***Société du spectacle*** : vision de la société contemporaine dans laquelle les médias assument un rôle d'intermédiaire obligatoire entre la réalité et l'individu. — ***Spec-***

*tacle solo* : syn. (recommandé) de *one man show.* ETY Du lat.

**spectaculaire** *a* Qui surprend, étonne, frappe l'imagination de ceux qui en sont témoins. *Des progrès spectaculaires.* DER **spectaculairement** *av*

**spectateur, trice** *n* **1** Personne qui est témoin oculaire d'un évènement, d'une action. **2** Personne qui assiste à un spectacle théâtral, cinématographique, etc.

**Spectator (The)** périodique publié à Londres, en 1711-1712, par Richard Steele et Addison, qui le reprit, seul, en 1714. *The Spectator* voulait « bannir le vice et l'ignorance ».

**spectre** *nm* **1** Fantôme, apparition surnaturelle d'un défunt, d'un esprit. **2** litt Personne très maigre et très pâle. *Ce n'est plus qu'un spectre.* **3** litt Perspective effrayante. *Le spectre de la famine.* **4** PHYS Bande composée d'une succession de raies ou de plages lumineuses, traduisant la répartition des fréquences qui constituent un rayonnement électromagnétique. *Spectre solaire, stellaire.* **5** PHYS Matérialisation des lignes de force d'un champ, des trajectoires des éléments d'un fluide en mouvement, des composants d'une grandeur électrique ou acoustique. *Spectre magnétique, aérodynamique.* **6** PHARM Champ d'action d'un médicament, en partic. d'un antibiotique. **7** fig Choix, gamme, éventail. *Un appareil qui offre un large spectre de prestations électroniques.* ETY Du lat. DER **spectral, ale, aux** *a*

ENC Lorsqu'un pinceau de lumière blanche traverse un prisme, il se décompose en rayons de diverses couleurs et donc de fréquences différentes, dont on peut observer sur un écran le *spectre continu*, formé d'une succession de plages lumineuses. Certains spectres sont constitués d'un fond continu sur lequel se superposent un certain nombre de raies de couleur claire (raies d'émission) ou sombre (raies d'absorption), caractéristiques des rayonnements étudiés. En étudiant les spectres des rayonnements émis par les astres, on a pu déterminer leur composition chimique, leur température, leur vitesse par rapport à la Terre, etc. Lorsqu'un astre s'éloigne de la Terre, la fréquence de son rayonnement diminue par effet Doppler-Fizeau et son spectre est décalé vers le rouge ; inversement, si l'astre se rapproche de la Terre, son spectre se décale vers le violet.

**spectro-** Élément, de *spectre.*

**spectrochimique** *a* CHIM Se dit d'une analyse reposant sur l'étude du spectre de la substance à analyser.

**spectrographe** *nm* PHYS Appareil servant à former et à enregistrer le spectre d'un rayonnement. LOC *Spectrographe de masse :* appareil permettant de séparer des particules de masses voisines (isotopes, notam.) au moyen de champs électriques et magnétiques. DER **spectrogramme** *nm*

**spectrographie** *nf* PHYS Enregistrement des spectres des rayonnements. DER **spectrographique** *a*

**spectrohéliographe** *nm* Spectrographe servant à l'étude de l'atmosphère solaire.

**spectromètre** *nm* PHYS Spectroscope permettant de mesurer les longueurs d'onde des raies d'un spectre.

**spectrométrie** *nf* PHYS Étude quantitative des spectres. DER **spectométrique** *a*

**spectrophotomètre** *nm* PHYS Appareil composé d'un spectroscope et d'un photomètre, qui sert à comparer un spectre étalon.

**spectroscope** *nm* PHYS Appareil servant à l'étude des spectres.

**spectroscopie** *nf* PHYS Étude du spectre d'un rayonnement, de l'absorption ou de l'émission énergétique qui caractérise un rayonnement en fonction de sa fréquence. DER **spectroscopique** *a*

**spéculaire** *a, nf* **A** *a* **1** didac Qui a rapport au miroir. *Image spéculaire.* **2** MINER Se dit de certains minéraux composés de lames brillantes. **B** *nf* Plante dicotylédone (campanulacée) dont une variété, cour. appelée *miroir de Vénus,* est cultivée pour ses fleurs violettes. ETY Du lat.

**spéculation** *nf* **1** PHILO Étude, recherche purement théorique. **2** Opération financière ou commerciale par laquelle on joue sur les fluctuations des cours du marché. DER **spéculatif, ive** *a*

**spéculer** *vi* ① **1** Faire des spéculations. **2** fig Tabler sur qqch pour parvenir à ses fins. *Spéculer sur la crédulité de qqn.* ETY Du lat. DER **spéculateur, trice** *n*

**spéculoos** *nm* Biscuit sec au sucre candi, spécialité belge. VAR **speculoos, spéculos** ou **speculos**

**spéculum** *nm* MED Instrument destiné à écarter l'orifice externe d'une cavité naturelle pour l'explorer. PHO [spekylɔm] ETY Du lat.

**speech** *nm* fam Brève allocution. PLUR speechs ou speeches. PHO [spitʃ] ETY Mot angl.

**speed** *nm* fam Amphétamines utilisées comme drogue (antifatigue, euphorisant). PHO [spid] ETY Mot angl. « vitesse ».

**speeddating** *nm* Rencontre chronométrée où l'on est censé, en quelques minutes, nouer une relation sentimentale, décrocher une embauche. PHO [spidɛtiŋ] ETY Mot angl. « rencontre rapide ».

**speedé, ée** *a* fam Excité, pressé. PHO [spide] VAR **speed** *a inv*

**speeder** *vi* ① fam Aller vite, foncer.

**speedsail** *nm* Planche à roulettes équipée d'une voile. PHO [spidsɛl] ETY Mot angl.

**Speer** Albert (Mannheim, 1905 – Londres, 1981), architecte et homme politique allemand ; nazi dès 1931 ; ministre de l'Armement (1942) ; condamné à vingt ans de prison à Nuremberg.

**speiss** *nm* METALL Minerai de plomb qui a subi un premier grillage, pouvant contenir de petites quantités d'autres métaux et de l'arsenic. PHO [spes] ETY De l'all.

**Speke** John Hanning (Bideford, Devon, 1827 – près de Corsham, Wiltshire, 1864), explorateur anglais. En 1858, il découvrit le lac africain qu'il appela *Victoria.*

**spéléologie** *nf* **1** Étude des cavités naturelles (grottes, gouffres) et des cours d'eau souterrains. **2** Exploration de ces cavités, de ces cours d'eau. ETY Du gr. *spêlaion,* « caverne ». DER **spéléologique** *a* – **spéléologue** *n*

expédition de **spéléologie** dans une galerie active

**spéléonaute** *n* Spéléologue qui expérimente de longs séjours en milieu souterrain.

**Spemann** Hans (Stuttgart, 1869 – Fribourg-en-Brisgau, 1941), biologiste allemand : travaux d'embryologie (notam. sur l'œuf de grenouille). P. Nobel de médecine 1935.

**spencer** *nm* **1** Veste s'arrêtant à la ceinture. **2** Dolman court et très ajusté. PHO [spɛnsœʀ] ou [spɛnsɛʀ] ETY D'un n. pr.

**Spencer** Herbert (Derby, 1820 – Brighton, 1903), philosophe anglais. Évolutionniste, il s'intéressa au principe de la complexité croissante : *la Statique sociale* (1851), *Principes de psychologie* (1855), *Principes de biologie* (1864), *Principes de sociologie* (1877-1896).

**Spender** Stephen (Londres, 1909 – id., 1995), écrivain anglais, de tendance communiste : *Au-delà du libéralisme* (1946).

**Spengler** Oswald (Blankenburg, Harz, 1880 – Munich, 1936), philosophe allemand : *Prussianisme et socialisme* (1919), *le Déclin de l'Occident* (2 vol., 1918-1922).

**Spenser** Edmund (Londres, 1552 – id., 1599), poète anglais : *la Reine des fées* (1590-1596), épopée allégorique ; sonnets (les *Amoretti* 1595) ; ode (*Epithalamion* 1595).

**spéos** *nm* Temple souterrain de l'Égypte ancienne. ETY Mot gr.

**spermacéti** *nm* didac Syn. de *blanc de baleine.* PHO [spɛʀmaseti]

**spermat(o)-, spermo-, -sperme** Éléments, du gr. *sperma,* « semence ».

**spermathèque** *nf* ZOOL Organe creux des femelles de certains insectes servant à conserver le sperme du mâle.

**spermatide** *nm* BIOL Spermatozoïde encore immature.

**spermatique** *a* BIOL Du sperme. LOC ANAT *Cordon spermatique :* cordon auquel est relié le testicule et qui renferme le canal déférent des vaisseaux et des nerfs.

**spermatocyte** *nm* BIOL Cellule germinale mâle qui, lors de la méiose, engendre quatre spermatides haploïdes identiques.

**spermatogenèse** *nf* BIOL Formation des gamètes mâles. DER **spermatogénétique** *a*

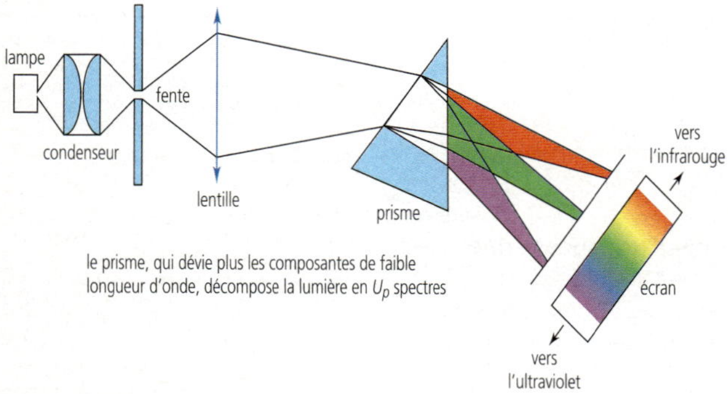


**spectroscopie** analyse de la lumière émise par une lampe à vapeur de mercure

**spermatogonie** *nf* BIOL Cellule souche des gamètes mâles.

**spermatophore** *nm* BIOL Poche dans laquelle les spermatozoïdes sont regroupés chez divers groupes d'invertébrés, en particulier les insectes, pour être introduits dans les voies génitales femelles.

**spermatophyte** *nf* BOT Plante possédant une vraie graine telle que les gymnospermes et les angiospermes. SYN anc phanérogame. VAR **spermaphyte**

**spermatozoïde** *nm* BIOL Cellule reproductrice mâle comportant un renflement constitué par le noyau, un segment intermédiaire à la base de ce renflement et un flagelle.

**sperme** *nm* Liquide visqueux, blanchâtre, émis par le mâle lors de l'accouplement, et qui est composé de spermatozoïdes et d'une substance nutritive sécrétée par les différentes glandes génitales annexes.

**spermicide** *a, nm* Se dit d'un produit contraceptif qui détruit les spermatozoïdes.

**spermiducte** *nm* ANAT Conduit évacuateur du sperme. SYN canal déférent.

**spermogramme** *nm* MED Examen du sperme.

**spermophile** *nm* ZOOL Petit rongeur sciuridé aux bajoues volumineuses, qui se nourrit de graines et vit le plus souvent dans des terriers.

**Sperry** Roger Wolcott (Hartford, 1913 – Pasadena, 1994), neurophysiologiste américain. Il étudia l'asymétrie fonctionnelle des hémisphères cérébraux. P. Nobel de médecine 1981 avec D. H. Hubel et T. N. Wiesel.

**Spessivtseva** Olga (Saint Pétersbourg, 1895 – New York, 1991), danseuse russe, interprète du répertoire romantique.

**Spétsai** petite île grecque du Péloponnèse, en mer Égée, à l'entrée du golfe de Nauplie ; 22 km$^2$ ; 4 000 hab.

**spetsnaz** *nm* Membre des forces spéciales de l'armée russe. ETY Mot russe.

**Spey (la)** fl. d'Écosse (180 km) ; naît dans les Grampians ; se jette dans la mer du Nord. Sa vallée produit de l'orge et donc du whisky.

**Spezia (La)** v. d'Italie (Ligurie), au fond du *golfe de La Spezia* ; 98 060 hab. ; ch.-l. de la prov. du m. nom. Port de commerce et port militaire. Centre industriel.

**sphacèle** *nm* MED Fragment de tissu nécrosé. ETY Du gr. *sphakelos*, « gangrène ».

**sphagnale** *nf* BOT Mousse dont l'ordre ne comprend que les sphaignes. ETY Du gr. *sphakelos*, « gangrène ».

**sphaigne** *nf* BOT Mousse des marais dont la décomposition continue est à l'origine de la tourbe. PHO [sfɛɲ] ETY Du gr.

**sphénisciforme** *nm* ORNITH Oiseau dont l'ordre comprend les manchots et les gorfous. ETY Du gr.

**sphénodon** *nm* Reptile de la Nouvelle-Zélande, seul représentant actuel des rhynchocéphales, ressemblant à un grand lézard, dont la crête dorsale porte une rangée d'épines. SYN hattéria.

**sphénoïde** *nm* ANAT Os qui forme le plancher central de la boîte crânienne. DER **sphénoïdal, ale, aux** *a*

**sphère** *nf* **1** MATH Ensemble des points situés à égale distance d'un point appelé *centre* dans un espace à 3 dimensions. *La sphère est une surface, qui délimite un volume appelé « boule ».* **2** Corps sphérique. *Une sphère de métal.* **3** Représentation de la sphère céleste, de la sphère terrestre. **4** fig Étendue, domaine du pouvoir, de l'activité de qqn, de qqch. *Les hautes sphères de la finance.* LOC ASTRO *Sphère céleste :* sphère fictive ayant pour centre l'œil de l'observateur et à la surface de laquelle sont situés les corps célestes. — *Sphère d'influence :* groupe, pays, etc. sur lesquels un organisme, un État exerce un certain contrôle politique, économique. ETY Du gr.
▶ pl. géométrie

**sphérique** *a* Qui a la forme d'une sphère ; qui a rapport à la sphère. LOC *Triangle sphérique :* portion de la surface d'une sphère, comprise entre trois grands cercles. DER **sphéricité** *nf*

**sphéroïde** *nm* didac Solide dont la forme est proche de celle d'une sphère. DER **sphéroïdal, ale, aux** *a*

**sphéromètre** *nm* TECH Instrument servant à mesurer le rayon des surfaces sphériques.

**sphérule** *nf* didac Petite sphère ; petit objet en forme de sphère.

**sphex** *nm* ZOOL Guêpe fouisseuse, prédatrice des criquets notam. ETY Du gr.

**sphincter** *nm* ANAT Ensemble de fibres musculaires lisses ou striées contrôlant l'ouverture d'un orifice naturel. *Sphincter anal.* PHO [sfɛ̃ktɛʀ] ETY Du gr. DER **sphinctérien, enne** *a*

**sphinge** *nf* Sphinx à tête et buste de femme.

**sphingidé** *nm* ENTOM Papillon nocturne ou crépusculaire nommé cour. *sphinx*.

**sphingolipide** *nm* BIOCHIM Lipide contenant un alcool azoté. ETY Du gr. *sphiggein*, « enserrer étroitement », et de *lipide*.

**sphinx** *nm* **1** Personnage énigmatique, impénétrable. **2** Ex-A Figure monstrueuse de lion couché à tête d'homme, de bélier ou d'épervier. **3** ENTOM Papillon nocturne ou crépusculaire au vol rapide. LOC *Sphinx tête de mort :* grand papillon d'Europe, qui pille les rayons de miel des ruches. PHO [sfɛ̃ks] ETY Du gr.

**Sphinx (le)** monstre hybride originaire de l'ancienne Égypte, enrichi par la mythologie grecque, qui lui donne pour parents Typhon et Échidna. Dans la légende d'Œdipe, ce monstre ailé arrête les voyageurs se rendant à Thèbes, leur soumet des énigmes et les dévore s'ils ne peuvent les résoudre. Œdipe, en réponse à la question : « Quel est l'être qui, doué d'une seule voix, a successivement quatre pieds le matin, deux pieds à midi, trois pieds le soir ? », proposa l'homme (il se traîne, enfant, à quatre pattes, est droit dans sa maturité et, devenu vieillard, s'appuie sur un bâton). Le Sphinx, désappointé, se précipita dans le vide du haut de son rocher.

**sphygmogramme** *nm* MED Enregistrement du pouls. ETY Du gr.

**sphygmographe** *nm* MED Appareil qui enregistre le pouls.

**sphygmomanomètre** *nm* MED Appareil qui mesure la pression artérielle. VAR **sphygmotensiomètre**

**sphyrène** *nf* Poisson marin extrêmement vorace, au corps allongé et à la mandibule proéminente. SYN barracuda. ETY Du gr.

**spi** *nm* Spinnaker.

**spic** *nm* Lavande dont on extrait une huile odorante. SYN aspic. ETY Du lat.

**spica** *nm* MED Bandage croisé appliqué à la racine d'un membre. ETY Mot lat., « épi ».

**spiccato** *av* MUS Indique que les notes, exécutées d'un seul coup d'archet, doivent être détachées les unes des autres. ETY Mot ital.

**spicilège** *nm* didac Recueil d'actes, de pensées, de maximes. ETY Du lat. *spicilegium*, « glanage ».

**spicule** *nm* **1** ZOOL Corpuscule de forme le plus souvent allongée ou pointue, siliceux, calcaire ou autrement minéralisé, qui constitue le squelette des spongiaires, des holothuries, des actinopodes, etc. **2** ASTRO Jet de matière qui s'élève au-dessus de la photosphère solaire. ETY Du lat. *spiculum*, « dard ».

**spider** *nm* Espace ménagé à l'arrière d'un cabriolet pour les bagages, des passagers. PHO [spidɛʀ] ETY Mot angl., « araignée ».

**spiegel** *nm* METALL Fonte à forte teneur en carbone contenant jusqu'à 25 % de manganèse, utilisée en partic. pour enrichir en carbure certains aciers au moment de la coulée. PHO [spigəl] ETY De l'all. *Spiegeleisen*, « fer à miroir ».

**Spiegelman** Art (Stockholm, 1948), auteur américain de bandes dessinées inspirées par la Shoah : *Mauss* (1972).

**Spielberg** Steven (Cincinnati, 1947), cinéaste et producteur américain : *les Dents de la mer* (1975), *les Aventuriers de l'arche perdue* (1981), *E.T.* (1982), *Jurassic Park* (1993), *la Liste de Schindler* (1993), *la Guerre des mondes* (2005).

**Špilberk** (en all. *Spielberg*), citadelle de Brno (Rép. tchèque), autref. prison d'État autrichienne, où Silvio Pellico fut détenu.

**spilite** *nf* GEOL Roche métamorphique de couleur verte, d'origine basaltique. ETY Du gr. *spilos*, « tache ».

**Spilliaert** Léon (Ostende, 1881 – Bruxelles, 1946), peintre belge expressionniste.

**spin** *nm* PHYS NUCL Mouvement de rotation des particules élémentaires sur elles-mêmes. LOC *Nombre quantique de spin :* nombre qui détermine les valeurs possibles du moment cinétique (σ) propre d'une particule. PHO [spin] ETY Mot angl.

**spina-bifida** *nm inv* MED Malformation liée à une absence congénitale de l'arc postérieur des vertèbres sacrées ou lombaires. VAR **spinabifida**

**spinal, ale** *a* ANAT Du rachis ou de la moelle épinière. PLUR spinaux.

**spinalien** → **Épinal.**

**spina-ventosa** *nm inv* Tuberculose osseuse de la main (phalanges) ou du pied. PHO [spinavɛntoza] ETY Mots lat., « épine venteuse », à cause de l'aspect boursouflé de l'os. VAR **spinaventosa**

**spinelle** *nf* Minéral diversement coloré, oxyde d'aluminium et de magnésium ($Mg\,Al_2\,O_4$).

**Spinello Aretino** Spinello di Luca Spinelli, dit (Arezzo, v. 1350 – id., 1410), peintre italien, disciple de Giotto.

**spinnaker** *nm* MAR Voile triangulaire d'avant, très creuse et de grande surface, utilisée sur les yachts. PHO [spinekœʀ] ETY Mot angl. VAR **spinnakeur**

**Spinola** Ambrogio (Gênes, 1569 – Castelnuovo Scrivia, 1630), homme de guerre génois au service de l'Espagne. Il combattit Maurice de Nassau (1603-1605) et prit Breda (1625).

**Spínola** António Sebastião Ribeiro de (Estremoz, 1910 – Lisbonne, 1996), maréchal (1981) et homme politique portugais. Il combattit en Espagne pour Franco (1936-1939) et servit en Afrique. Son livre *le Portugal et l'avenir* proposant la décolonisation, il fut mis à la retraite (1974). Il renversa le gouv. salazariste (avr. 1974). Président de la Rép. (mai), il démissionna (sept.).

**spinosaure** *nm* Dinosaure théropode carnivore à museau et dents de crocodile, découvert dans le nord de l'Afrique.

**Spinoza** Baruch de (Amsterdam, 1632 – La Haye, 1677), philosophe hollandais. Né dans une famille de commerçants d'orig. juive portugaise, il fut exclu en 1656 de la communauté israélite d'Amsterdam, car ses idées religieuses n'étaient pas conformes à l'orthodoxie. S'étant retiré près de Leyde, puis à La Haye, il vécut du polissage de lentilles pour microscope. Son ouvrage princ., *l'Éthique* (1677), en cinq livres, est un exposé à la fois rationnel et mystique. Dieu, substance unique, éternelle, infinie, increéée, existant par elle-même, n'a pas créé le monde : présent en toutes choses, il s'y déploie et vit la vie de chaque être. Ce panthéisme, ou monisme, est déterministe : Dieu n'agit qu'en vertu de la nécessité de son essence ; en lui, le possible et le réel se confondent ; parmi ses attributs infinis, nous ne connaissons que l'étendue et la pensée. L'homme, que son corps intègre au mécanisme total de l'Univers et que sa pensée attache à la communauté humaine, est enraciné dans la nature de Dieu. Les trois derniers livres de *l'Éthique* montrent que les passions nous aliènent, et proposent une sagesse qui sera « méditation, non de la mort, mais de la vie ». Dans le *Tractatus theologico-politicus* (1670) et le *Tractatus politicus* (posth. et inachevé, 1677), Spinoza, le premier, propose la séparation de l'Église et de l'État ; apôtre de la tolérance, il en confie la garde au pouvoir civil. Cette idée fit scandale et l'on persécuta Spinoza.

Spinoza

**spinozisme** *nm* didac Doctrine philosophique de Spinoza. (DER) **spinoziste** *a, n*

**spintronique** *nf* PHYS Discipline qui utilise le spin de l'électron pour stocker de l'information.

**spiracle** *nm* Orifice réduit situé en avant des fentes branchiales des têtards. (ETY) Du lat. *spiraculum,* « soupirail ».

**spiral, ale** *a, nm* **A** *a* En forme de spirale. *Galaxie spirale.* **B** *nm* TECH Ressort qui assure les oscillations du balancier d'une montre. PLUR spiraux. (ETY) Du lat.

**spirale** *nf* **1** GEOM Courbe qui s'éloigne de plus en plus d'un point central *(pôle)* à mesure qu'elle tourne autour de lui. *Spirale d'Archimède. Spirale logarithmique.* **2** fig Amplification rapide et continue d'un phénomène. *Spirale inflationniste.* **3** Courbe en forme d'hélice. *Spirales des vrilles de la vigne.* (DER) **spiralé, ée** *a*

**spirante** *af, nf* PHON Se dit d'une consonne dont l'émission comporte un resserrement du canal buccal donnant lieu à des résonances (ex. : le [d] espagnol entre deux voyelles). (ETY) Du lat.

**spire** *nf* **1** GEOM Partie d'une hélice correspondant à un tour complet sur le cylindre générateur. **2** Arc d'une spirale correspondant à un tour complet autour du pôle. **3** TECH Tour d'un enroulement, d'un bobinage. *Les spires d'un solénoïde.* **4** ZOOL Ensemble des tours d'une coquille de gastéropode, à l'exception du dernier tour. (ETY) Du gr.

**Spire** (en all. *Speyer*), ville d'Allemagne (Rhénanie-Palatinat), sur la r. g. du Rhin ; 42 870 hab. – Évêché. Cath. de style roman rhénan (1030-1061), restaurée au XIX$^e$ s. Musée.
**Histoire** Cité celte *(Noviomagus)*, bastion romain sur le Rhin, Spire connut une grande expansion au Moyen Âge, sous les Francs Saliens. Ville libre impériale (1294), siège de la Chambre impériale (1526-1689), elle abrita des diètes ; celle de 1529 vit les princes réformés défendre la liberté religieuse contre Charles Quint.

**spirée** *nf* BOT Plante herbacée ou arbrisseau à fleurs blanches ou roses (rosacée) dont diverses espèces sont ornementales. LOC ***Spirée ulmaire :*** syn. de *reine-des-prés.*

**spirifer** *nm* Brachiopode fossile du dévonien. (PHO) [spiʀifɛʀ]

**spirille** *nm* MICROB Bactérie spirale des eaux souillées, dont certaines espèces sont pathogènes.

**spirillose** *nf* MED Maladie due à un spirille.

**spiritisme** *nm* Doctrine occulte qui affirme l'existence des esprits après la mort et admet la possibilité de communication entre les vivants et les esprits des défunts. (DER) **spirite** *a, n*

**spiritualiser** *vt* ① litt Donner une marque, un caractère de spiritualité à. *Ce peintre spiritualise les visages.* (DER) **spiritualisation** *nf*

**spiritualisme** *nm* PHILO Doctrine qui considère comme deux substances distinctes la matière et l'esprit et proclame la supériorité de celui-ci. ANT matérialisme. (DER) **spiritualiste** *a, n*

**spiritualité** *nf* **1** PHILO Qualité de ce qui est de l'ordre de l'esprit. *La spiritualité de l'âme.* **2** THEOL Ce qui a trait à la vie spirituelle.

**spirituel, elle** *a* **1** PHILO Qui est de la nature de l'esprit, qui est esprit. *Nature spirituelle de Dieu.* **2** Qui a rapport à la vie de l'âme. **3** RELIG Qui regarde la religion, l'Église. *Pouvoir temporel et pouvoir spirituel.* **4** D'un esprit vif et fin, plein de drôlerie. *Un convive très spirituel.* (ETY) Du lat. (DER) **spirituellement** *av*

**spirituel dans l'art et dans la peinture en particulier (Du)** écrit théorique de Kandinsky (1911).

**spiritueux, euse** *a, nm* **A** *a* ADMIN Qui contient de l'alcool. **B** *nm* Boisson très alcoolisée. *Commerce des vins et spiritueux.* (ETY) Du lat. *spiritus,* « esprit ».

**spirochète** *nm* MICROB **1** Bactérie non pathogène vivant dans l'eau. **2** Ancien groupe de bactéries qui comprenait les leptospires et les tréponèmes. (PHO) [spiʀɔket] (ETY) Du gr.

**spirochétose** *nf* MED Affection due à un leptospire ou à un tréponème. (PHO) [spiʀɔketoz]

**spirographe** *nm* ZOOL Annélide polychète sédentaire marin qui vit dans un tube membraneux qu'il sécrète, d'où sortent des branchies enroulées en spirale. (ETY) Du lat.

**spiroïdal, ale** *a* didac En spirale, proche de la forme d'une spirale. PLUR spiroïdaux.

**spirogyre** *nf* Algue filamenteuse d'eau douce à chloroplastes spiralés.

**spiromètre** *nm* MED Instrument qui mesure la capacité respiratoire des poumons. (DER) **spirométrie** *nf*

**spirorbe** *nm* ZOOL Ver marin sédentaire, annélide polychète de petite taille, qui vit dans un tube calcaire spiralé fixé sur des algues, des cailloux, etc.

**Spirou** personnage de groom créé par le Français Rob-Vel (1909 – 1997) pour l'hebdomadaire *Spirou* (créé en 1938). En 1940, Jijé (1914 – 1980) reprit le personnage, puis lui accola Fantasio.

**spiruline** *nf* Cyanobactérie des eaux peu profondes d'Afrique et du Mexique, comestible. (ETY) Du lat.

**spitant, ante** *a* Belgique, fam Vif, éveillé, déluré.

**Spitteler** Carl (Liestal, près de Bâle, 1845 – Lucerne, 1924), poète suisse d'expression allemande : *Printemps olympien* (1900-1905), *Imago* (roman, 1906). P. Nobel 1919.

**Spitz** René (Vienne, 1887 – Denver, 1974), psychanalyste américain d'origine autrichienne. Il étudia le nourrisson, sa relation à sa mère, sa solitude *(hospitalisme).*

**Spitz** Mark (Modesto, Californie, 1950), nageur américain. Il remporta 7 médailles d'or aux jeux Olympiques de 1972.

**Spitzberg (le)** la plus importante des îles de l'archipel Svalbard. (VAR) **Spitsberg**

**Spitzer** Lyman (Toledo, Ohio, 1914 – Princeton, New Jersey, 1997), physicien américain : travaux sur les plasmas (fusion contrôlée, notam.), sur les amas d'étoiles et le milieu interstellaire.

**splanchnique** *a* ANAT Se dit des nerfs du système végétatif qui innervent les viscères. (PHO) [splɑ̃knik] (ETY) Du gr.

**splanchnologie** *nf* didac Partie de l'anatomie qui traite des viscères. (PHO) [splɑ̃knɔlɔʒi] (ETY) Du gr.

**spleen** *nm* litt Ennui que rien ne paraît justifier, mélancolie. *Avoir le spleen.* (PHO) [splin] (ETY) Mot angl.

**Spleen de Paris (le)** recueil de 50 poèmes en prose de Baudelaire (posth., 1869).

**splén(o)-** Élément, du lat. *splen,* « rate », mot d'origine grecque.

**splendeur** *nf* **1** Beauté d'un grand éclat, magnificence. *La splendeur d'un paysage.* **2** Plein essor, gloire éclatante d'un pays, d'une époque, etc. *La splendeur du règne de Louis XIV.* **3** Chose splendide. *Ce palais est une splendeur.*

**Splendeur des Amberson (la)** film d'Orson Welles (1941-1942), d'apr. le roman (1918) de l'Américain Booth Tarkington (1869 – 1946), avec Joseph Cotten (1905 – 1994).

**Splendeurs et misères des courtisanes** roman de Balzac (1838-1847), qui fait suite aux *Illusions perdues.*

**splendide** *a* **1** Très beau, d'une beauté éclatante. SYN superbe. **2** Somptueux, luxueux. *Une réception splendide.* (ETY) Du lat. (DER) **splendidement** *av*

**splénectomie** *nf* CHIR Ablation de la rate.

**splénique** *a* ANAT Qui se rapporte à la rate.

**splénite** *nf* Inflammation de la rate.

**splénomégalie** *nf* MED Augmentation du volume de la rate.

**Split** port de Croatie, sur l'Adriatique, à proximité des ruines de l'antique *Salone ;* 169 320 hab. Centre industriel. – L'empereur Dioclétien se retira en 305 dans ce site, où il fit construire un vaste palais carré. En 615, après la destruction de leur ville par les Avars, les hab. de Salone s'installèrent dans ce palais, fondant ainsi Split. Les enceintes du palais impérial demeurent ; le mausolée de Dioclétien est devenu au VII$^e$ s. une cath. (remaniée ensuite).

**Splügen (le)** col des Alpes (2 117 m) qui relie Coire (Suisse) au lac de Côme (Italie).

**Spoerri** Daniel (Galaţi, 1930), artiste suisse d'origine roumaine : assemblages.

**spoiler** *nm* AUTO Accessoire fixé sous le pare-choc pour améliorer l'aérodynamisme. (PHO) [spɔjlœʀ] (ETY) Mot angl.

**Spokane** v. des É.-U. (Washington), sur la *Spokane,* affl. de la Columbia ; 177 190 hab. Les ressources hydroélectriques ont suscité les industries.

**Spolète** (en ital. *Spoleto*), v. d'Italie (Ombrie) ; 38 840 hab. Sidérurgie. – Archevêché. Ruines romaines. Cath. XII$^e$-XV$^e$ s. – Soumise par Rome au III$^e$ s. av. J.-C., la ville fut la cap. d'un duché lombard (VI$^e$ s.), donné par Charlemagne au Saint-Siège.

**spolier** *vt* ② litt Dépouiller, déposséder par force ou par fraude. ETY Du lat. DER **spoliateur, trice** *a, n* – **spoliation** *nf*

**spondaïque** *a, nm* Se dit d'un hexamètre grec ou latin dont le 5e pied est un spondée.

**Sponde Jean de** (Mauléon, 1557 – Bordeaux, 1595), humaniste et poète français ; calviniste protégé par le futur Henri IV : sonnets d'amour, stances et sonnets sur la mort.

**spondée** *nm* METR ANC Pied composé de deux syllabes longues. ETY Du gr.

**spondias** *nm* BOT Arbre tropical (anacardiacée), aux feuilles composées, dont certaines espèces portent des fruits comestibles mombins. PHO [spɔ̃djas] ETY Mot gr. « prunier sauvage ».

**spondilarthrose** → **spondylose.**

**spondyl(o)-** Élément, du lat. *spondylus*, « vertèbre ».

**spondylarthrite** *nf* **LOC** MED ***Spondylarthrite ankylosante*** : affection rhumatismale chronique se traduisant par une ankylose douloureuse de la colonne vertébrale.

**spondylite** *nf* MED Inflammation d'une vertèbre.

**spondylose** *nf* MED Rhumatisme vertébral. VAR **spondilarthrose**

**spongiaire** *nm* ZOOL Animal pluricellulaire primitif dont l'embranchement comprend toutes les éponges.

**spongiaire** une éponge cornée

**spongieux, euse** *a* **1** Qui rappelle l'éponge par sa consistance, son aspect. *Corps spongieux.* **2** Qui s'imbibe d'eau. *Sol spongieux.* ETY Du lat. DER **spongiosité** *nf*

**spongiforme** *a* Qui présente au microscope un aspect spongieux.

**spongille** *nf* ZOOL Éponge d'eau douce.

**sponsor** *nm* Personne privée ou morale qui pratique le mécénat d'entreprise. SYN (recommandé) commanditaire, parrain, parraineur. PHO [spɔnsɔʀ] ETY Mot angl.

**sponsoriser** *vt* ① Parrainer et financer à des fins publicitaires un sportif, une équipe, etc. SYN (recommandé) commanditer. PHO [spɔ̃sɔʀize] DER **sponsoring** ou **sponsorat** *nm* – **sponsorisation** *nf*

**spontané, ée** *a* **1** Que l'on fait librement, volontairement. *Aveu spontané.* **2** Qui agit, parle sous l'impulsion de ses pensées, de ses sentiments, sans calcul ni réflexion. *Un enfant spontané.* **3** Qui se produit, qui existe de soi-même, sans avoir été provoqué. **4** BOT Qui pousse sans avoir été mis en terre par l'homme. ETY Du lat. DER **spontanéité** *nf* – **spontanément** *av*

**spontanéisme** *nm* POLIT Doctrine de certains groupes d'extrême gauche qui font essentiellement confiance à la spontanéité révolutionnaire des masses. DER **spontanéiste** *a, n*

**Spontini Gaspare** (Maiolati, Ancône, 1774 – id., 1851), compositeur italien : nombr. opéras (*la Vestale* 1807, *Fernand Cortez* 1809).

**Sporades** îles grecques de la mer Égée, comprenant les *Sporades du Nord* (Skýros, Skiathos, etc.), au N. et au N.-E. de l'Eubée, et les *Sporades du Sud* ou *Dodécanèse* (Samos, Rhodes, etc.), proches de la Turquie.

**Sporades équatoriales** (en angl. *Line Islands*, « îles de la Ligne »), îles du Pacifique, dépendances de l'État de Kiribati.

**sporadique** *a* **1** MED Se dit d'une maladie qui touche quelques individus isolément. ANT épidémique, endémique. **2** SC NAT Se dit d'une espèce dont les individus sont épars. **3** Qui apparaît, se produit par cas isolés, irrégulièrement. *Phénomène sporadique.* ETY Du gr. DER **sporadicité** *nf* – **sporadiquement** *av*

**sporange** *nm* BOT Organe des végétaux cryptogames, à paroi pluricellulaire, où se forment les spores.

**spore** *nf* BIOL Élément reproducteur de la plupart des végétaux cryptogames, de divers protozoaires et bactéries. *Spores unicellulaires, pluricellulaires.* ETY Du gr.

**sporée** *nf* BOT Ensemble des spores libérées par un champignon, dont la couleur est importante pour son identification.

**sporifère** *a* BOT Qui porte des sporanges ou des sporocystes.

**sporocyste** *nm* BOT Cellule dont l'enveloppe est constituée par la paroi de la cellule mère des spores et qui donne des spores par méiose.

**sporogone** *nm* BOT Appareil producteur des spores, chez les mousses, qui parasite le gamétophyte.

**sporophyte** *nm* BOT Individu végétal diploïde, issu du développement de l'œuf fécondé et qui donne, à maturité, des spores haploïdes. ANT gamétophyte.

**sporozoaire** *nm* ZOOL Protozoaire dépourvu d'appareil locomoteur à l'état adulte, parasite des cellules animales et dont l'embranchement comprend la coccidie, le plasmodium, etc.

**sport** *nm, a inv* **A** *nm* **1** Activité physique destinée à développer et à entraîner le corps. *Pratiquer un sport.* **2** Ensemble des disciplines sportives impliquant certaines règles et pratiquées par des amateurs ou des professionnels ; chacune de ces disciplines. *Sports d'équipe et sports individuels.* **3** fig, fam Entreprise difficile demandant beaucoup d'efforts. *C'est du sport de le faire travailler !* **4** Agitation, bagarre. *Il va y avoir du sport !* **B** *a inv* Se dit d'un style de vêtements confortables et pratiques. *Tenue sport et tenue habillée.* **LOC** ***De sport*** : conçu pour le sport. — ***Être sport*** : se montrer loyal, beau joueur. ETY Mot angl., de l'a. fr. *se déporter* « s'amuser ». ▶ pl. p. 1530

**sportif, ive** *a, n* **A** *a* **1** Relatif au sport, à un sport. *Compétition sportive.* **2** Qui implique un certain effort physique. *C'est sportif !* **3** Qui respecte les règles du sport, qui est beau joueur. *Comportement sportif.* SYN franc-jeu, fair-play. **4** fam Mouvementé, agité. *La séance avec les opposants risque d'être sportive.* **B** *a, n* Qui aime le sport, qui pratique le sport. *L'entraînement des sportifs.*

**sportivement** *av* Avec un esprit sportif. *Admettre sportivement sa défaite.*

**sportivité** *nf* Esprit, attitude sportive.

**sportswear** *nm* Style de prêt-à-porter destiné à la pratique du sport. PHO [spɔʀtswɛʀ] ETY Mot angl.

**sportule** *nf* ANTIQ Don en espèces ou en nature fait quotidiennement à Rome par les patrons à leurs clients. ETY Du lat. *sporta*, « panier ».

**sporuler** *vi* ① BIOL Produire des spores. DER **sporulation** *nf*

**spot** *nm* **1** PHYS Tache lumineuse en mouvement sur un écran cathodique. **2** TECH Appareil d'éclairage à faisceau lumineux de faible ouverture. SYN projecteur directif. **3** AUDIOV Court message publicitaire. **4** Point du rivage marin propice à la pratique du surf. **5** fig Lieu propice à la pratique de qqch ; endroit privilégié. PHO [spɔt] ETY Mot angl.

**Spot** acronyme pour *Système probatoire d'observation de la Terre*, famille de satellites français (depuis 1986), aux buts cartographiques, géographiques, agronomiques, etc.

**Spoutnik** (« Compagnon de route »), série de dix satellites soviétiques (1957-1961). Spoutnik 1 a été le premier satellite artificiel mis en orbite autour de la Terre (4 oct. 1957).

**Spranger Bartholomeus** (Anvers, 1546 – Prague, 1611), peintre tchèque d'origine flamande, de tendance maniériste.

**sprat** *nm* Petit poisson marin (clupéidé), proche du hareng. PHO [spʀat] ETY Mot angl.

**Spratly (îles)** archipel inhabité de la mer de Chine mérid., riche en hydrocarbures, convoité par la Chine, le Viêt-nam, Taiwan, Brunei, la Malaisie et les Philippines.

**spray** *nm* **1** Nuage ou jet de liquide vaporisé en fines gouttelettes. **2** Vaporisateur, atomiseur. *Déodorant, insecticide en spray.* PHO [spʀɛ] ETY Mot angl., « embrun ».

**Sprechgesang** (all. « chant parlé »), style de récitation à mi-chemin de la déclamation parlée et du chant, inauguré par Schönberg dans *Pierrot lunaire* (1912). Du *Wozzeck* (1914-1921) de Berg aux *Soldats* (1965) de B. A. Zimmermann, en passant par l'*Epifanie* (1961) de Berio, le *Sprechgesang* constitue un apport capital à la mus. contemporaine.

**Sprée (la)** (en all. *Spree*), riv. d'Allemagne (403 km) ; née à la frontière tchèque ; passe à Berlin ; se jette dans la Havel (r. dr.).

**springbok** *nm* Antilope d'Afrique du S., aux cornes en forme de lyre. PHO [spʀiŋbɔk] ETY Mot holl., « bouc sauteur ».

**Springer (éditions)** maison d'édition fondée à Berlin en 1842 par Julius Springer (1817 – 1877). Axel Caesar Springer (1912 – 1985) en fit en 1945 le *Springer Verlag*, le princ. groupe d'édition et de presse allemand.

**Springfield** v. industr. des É.-U., cap. de l'Illinois, dans un bassin houiller ; 105 200 hab.

**Springfield** v. des É.-U. (Massachusetts), sur le Connecticut ; 515 900 hab. (aggl.). Industries. – Musée des beaux-arts.

**Springfield** v. des É.-U. (Missouri) ; 140 490 hab. Centre agricole et industriel.

**Springs** v. d'Afrique du Sud, à l'E. de Johannesburg ; 153 970 hab. Mines d'or ; houille.

**Springsteen Bruce** (Freehold, New Jersey, 1949), musicien américain. Auteur-compositeur, chanteur, guitariste et harmoniciste, il mêle l'inspiration issue du folksong et du rock.

**sprinkler** *nm* TECH **1** Système d'arrosage tournant. **2** Système de projection automatique de liquide pour prévenir les incendies. PHO [spʀinklœʀ] ETY Mot angl.

**sprint** *nm* **1** Accélération de l'allure à la fin d'une course ; fin d'une course. **2** Course de vitesse sur une petite distance. **LOC** fam ***Piquer un sprint*** : courir à toute allure sur une courte distance. PHO [spʀint] ETY Mot angl.

**1 sprinter** → **sprinteur.**

**2 sprinter** *vi* ① Effectuer un sprint. PHO [spʀinte]

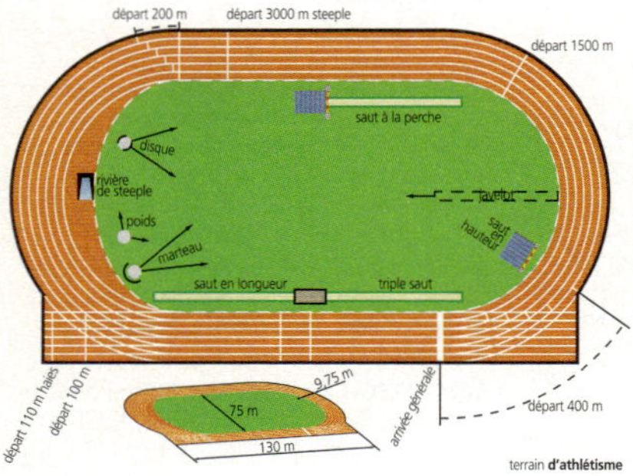


terrain **d'athlétisme**

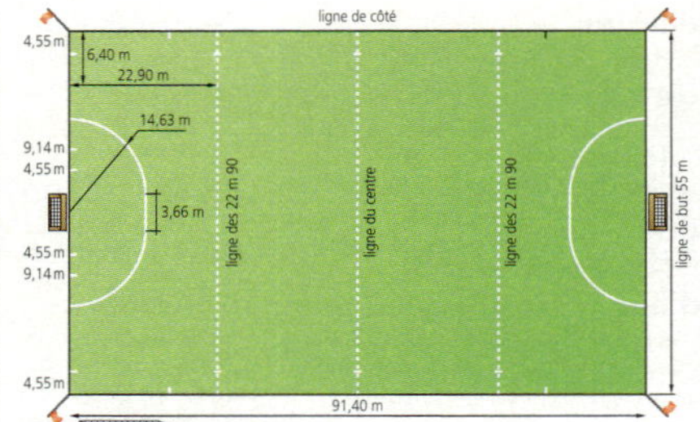


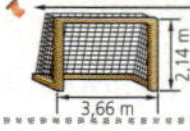


deux équipes de onze joueurs dont un gardien qui participent à l'aide d'une crosse aussi bien à l'attaque qu'à la défense en deux mi-temps de 35 minutes effectives

**hockey sur gazon**

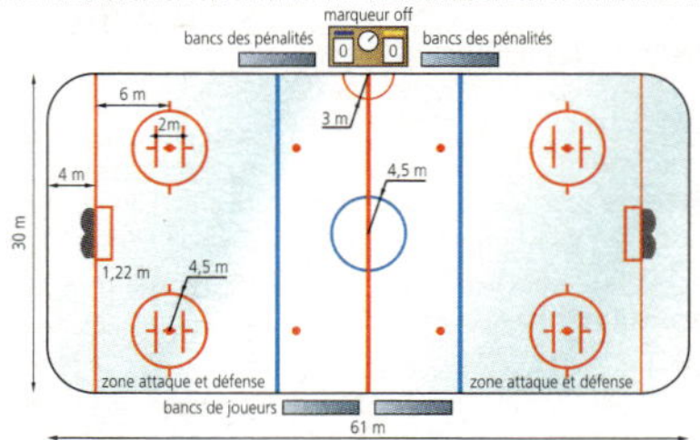


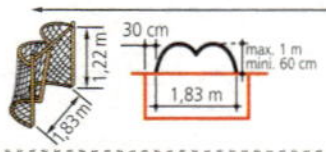


deux équipes de six joueurs dont un gardien qui, sur une patinoire, participent à l'aide d'une crosse aussi bien à l'attaque qu'à la défense en trois tiers-temps de 20 minutes effectives

**hockey sur glace**

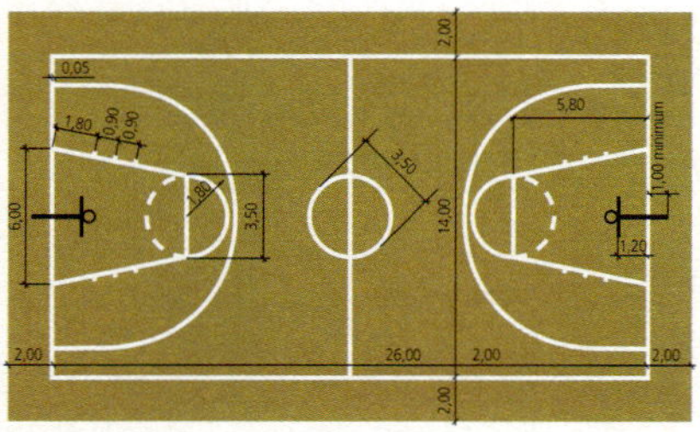


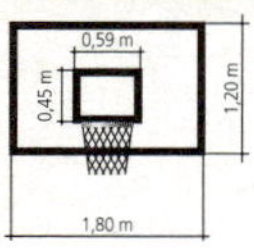


deux équipes de cinq joueurs qui tous participent aussi bien à l'attaque qu'à la défense en deux mi-temps de 20 minutes effectives

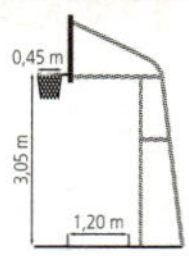


**basket-ball**

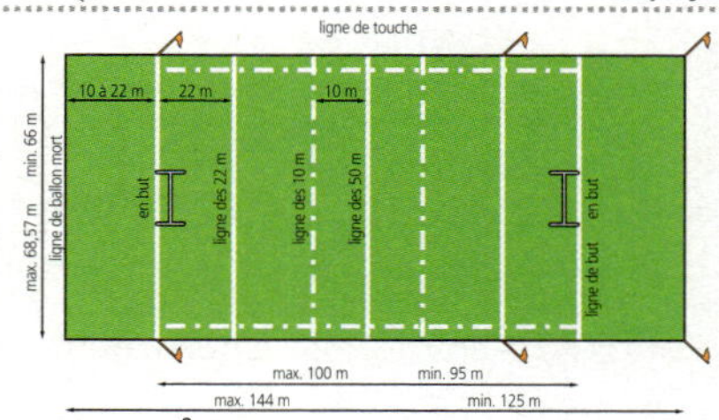


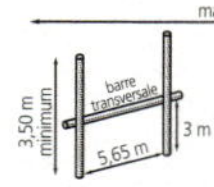


deux équipes de quinze joueurs qui participent, à la main ou au pied avec un ballon ovale, aussi bien à la défense qu'à l'attaque en deux mi-temps de 40 minutes

**rugby à quinze**

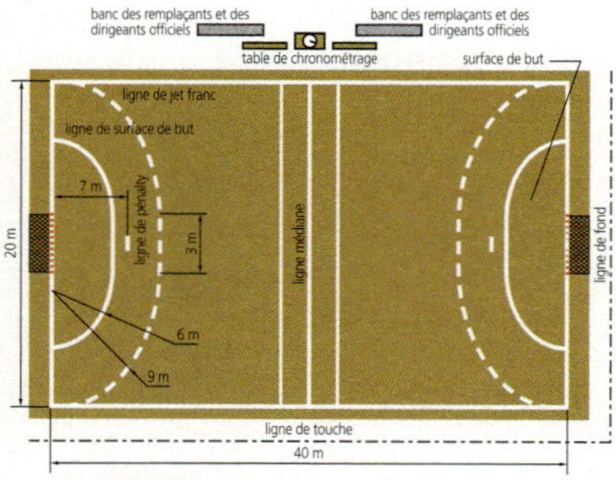


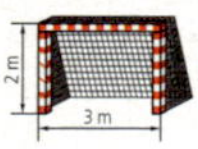


deux équipes de sept joueurs dont un gardien qui, uniquement avec les mains, participent aussi bien à l'attaque qu'à la défense en deux mi-temps de 30 minutes (25 minutes pour les femmes)

**handball**

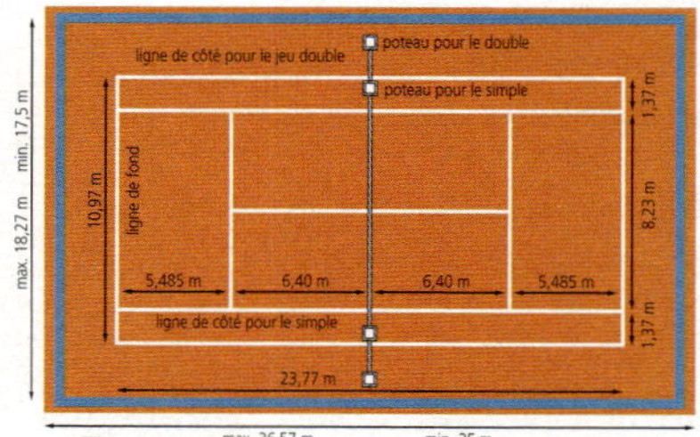

deux joueurs (simple) ou quatre joueurs (double) se renvoient la balle au-dessus du filet dans les limites du court à l'aide d'une raquette ; la partie se déroule en 2 ou 3 sets gagnants

**tennis**

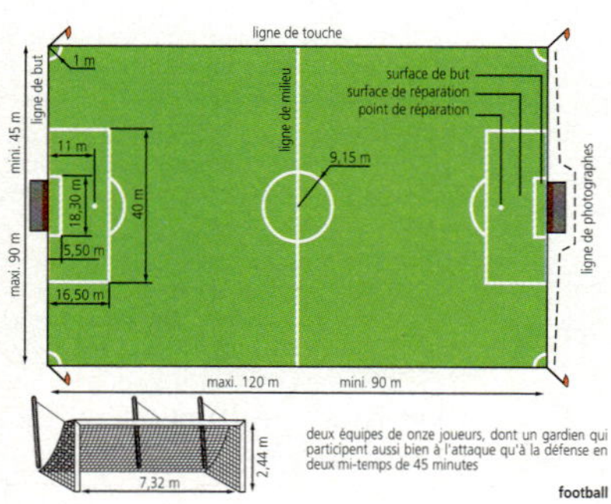





deux équipes de onze joueurs, dont un gardien qui participent aussi bien à l'attaque qu'à la défense en deux mi-temps de 45 minutes

**football**

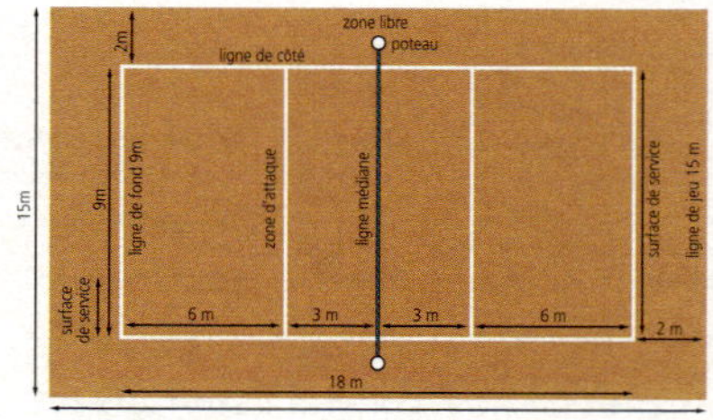


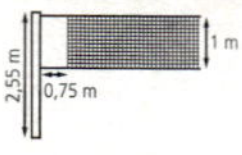


deux équipes de six joueurs envoient le ballon au-dessus du filet et cherchent à lui faire toucher le sol du camp adverse à l'intérieur des lignes de jeu ; la partie se joue en 3 sets gagnants

**volley-ball**

**sprinteur, euse** *n* **1** Athlète spécialiste des courses sur une courte distance. **2** Athlète, cycliste qui donne le meilleur de lui-même au sprint. VAR **sprinter**

**sprue** *nf* MED Maladie chronique de l'intestin, accompagnée de diarrhée. ETY Mot angl.

**spumescent, ente** *a* didac Qui produit de l'écume ; qui en a l'aspect. PHO [spymesɑ̃, ɑ̃t]

**spumeux, euse** *a* didac Qui a l'aspect de l'écume. ETY Du lat. DER **spumosité** *nf*

**spyware** *nm* INFORM Syn. de *espiogiciel*. PHO [spajwɛʀ] ETY Mot angl.

**squale** *nm* Requin. PHO [skwal] ETY Du lat.

**squaliforme** *nm* ZOOL Sélacien tel que le requin.

**squamate** *nm* ZOOL Reptile tel que le serpent, le lézard. PHO [skwamat]

**squame** *nf* **1** SC NAT Écaille. **2** MED Lamelle qui se détache de la peau. PHO [skwam] ETY Du lat. DER **squameux, euse** *a*

**squamule** *nf* SC NAT Petite écaille. *Squamules des ailes des papillons.*

**square** *nm* Jardin public de petite dimension généralement entouré d'une grille. PHO [skwaʀ] ETY De l'a. fr. *esquarre*, « carré ».

**squash** *nm* Sport qui se pratique avec une petite balle de caoutchouc et une raquette à manche long et mince, dans une salle où les deux joueurs utilisent les murs pour le rebond. PHO [skwaʃ] ETY Mot angl.

**squat** *nm* Immeuble ou maison désaffectés, occupés par des squatteurs. PHO [skwat] ETY Mot angl., de *to squat*, « s'accroupir ».

**squatter** *vt* ① **1** Occuper illégalement un logement vacant. **2** fig, fam Accaparer de façon gênante. *Squatter une ligne téléphonique.* PHO [skwate] VAR **squattériser**

**squatteur, euse** *n* **1** Personne qui squatte un logement vide. **2** HIST Pionnier qui s'établissait dans les contrées non encore défrichées des É-U. PHO [skwatœʀ] VAR **squatter**

**squaw** *nf* Femme mariée, chez les Indiens d'Amérique du N. PHO [skwo]

**Squaw Valley** station de sports d'hiver des É.-U. (Californie), dans la sierra Nevada. Les JO de 1960 s'y déroulèrent.

**squeeze** *nm* JEU Action de squeezer. PHO [skwiz] ETY Mot angl., de *to squeeze*, « serrer ».

**squeezer** *vt* ① **1** JEU Au bridge, contraindre l'équipe adverse à se défausser d'une carte maîtresse ou de sa garde. **2** fig, fam Remporter un avantage sur qqn en l'acculant, en ne lui laissant aucune échappatoire. PHO [skwize]

**squelette** *nm* **1** Ensemble des éléments qui constituent la charpente du corps des vertébrés et de certains invertébrés. *Les os du squelette.* **2** Ensemble des os d'un corps mort et décharné. **3** fig, fam Personne très maigre. **4** CHIM Ensemble d'atomes formant une chaîne dans une molécule. *Squelette carboné des molécules organiques.* **5** fig Armature, charpente, carcasse. *Le squelette d'un avion.* **6** Plan général d'une œuvre. *Squelette d'un exposé.* ETY Du gr. *skeletos*, « desséché ».

**squelettique** *a* **1** ANAT Relatif au squelette. **2** Très maigre. **3** fig D'une concision excessive. *Un rapport squelettique.*

**squille** *nf* Crustacé comestible (malacostracé) à pattes ravisseuses et abdomen hypertrophié. SYN mante de mer. ETY Du lat.

**squirre** *nm* MED Épithélioma accompagné d'une sclérose et d'une rétraction locales, qui touche surtout le sein. ETY Du gr. VAR **squirrhe** DER **squirreux** ou **squirrheux, euse** *a*

**sr** PHYS Symbole du stéradian.

**Sr** CHIM Symbole du strontium.

**SR** Sigle de *social-révolutionnaire*.

**SRAS** *nm* Pneumonie atypique qui a causé, en 2003, une épidémie en Extrême-Orient. ETY Acronyme de *syndrome respiratoire aigu sévère*.

**Sri Lanka (république de)** (*Srī Lanka Janarajaya*), État insulaire de l'Asie méridionale, au S.-E. de l'Inde, appelé *Ceylan* jusqu'en 1972 ; 65 610 km² ; 20,9 millions d'hab. ; accroissement naturel : 1,2 % par an ; cap. *Sri Jayawardenepura Kotte*. Nature de l'État : rép. présidentielle, membre du Commonwealth. Langues officielles : cinghalais, tamoul, anglais. Monnaie : roupie de Sri Lanka. Population : Cinghalais (73,8 %), Tamouls (17,9 %), Maures. Relig. : bouddhisme (68,8 %), hindouisme, christianisme, islam. DER **sri-lankais, aise** *a, n*

**Géographie** Le centre-sud de l'île est occupé par un vieux massif cristallin fracturé (fragment de l'ancien continent du Gondwana), culminant à 2 524 m. Il est entouré d'un vaste plateau ondulé (300 m) que borde une plaine littorale. Le climat tropical de mousson oppose le S.-O. de l'île, très arrosé, couvert de forêt dense, au N.-E., plus sec, couvert de forêts claires et de savanes. Les Cinghalais, bouddhistes, descendants d'Indo-Aryens venus du N. de l'Inde, sont majoritaires (74 % des hab.) ; une lutte les oppose aux Tamouls, hindouistes (18 % de la pop.), majoritaires dans le N. et l'E. de l'île. La pop. se concentre à 85 % dans la zone humide.

**Économie** Rurale à plus de 80 %, la pop. pratique des cultures vivrières (riz, manioc, patates douces) et d'exportation dans les plantations du S.-O. (thé, hévéa, noix de coco, coprah). Autres ressources : élevage, pêche, bois, pierres précieuses. La guerre civile appauvrit le pays et nuit au tourisme, mais la croissance n'est pas négligeable. La croissance industrielle concerne les télécommunications et le textile.

**Histoire** Jusqu'au déb. du XVIe s., l'histoire de Ceylan est marquée par les migrations successives d'Indo-Aryens et de Tamouls, et par leurs luttes incessantes. La période la plus brillante fut celle du souverain Parākramabāhu (XIIe s.), qui unifia l'île autour de la cap. Polonnaruwa. En 1505 débarquèrent les Portugais, qui contrôlèrent le comm. des épices et des pierres précieuses. Au XVIIe s., l'île devint néerlandaise puis passa en 1796 sous la domination de la G.-B., qui développa les plantations, mais se heurta à des révoltes (notam. en 1817 et en 1848).

**L'INDÉPENDANCE** L'île acquit l'autonomie interne (1931) puis le statut de dominion indép. dans le Commonwealth (4 fév. 1948) et devint, en 1972, la rép. dém. de Sri Lanka. Deux partis, représentant la grande bourgeoisie, ont alterné au pouvoir : le parti d'Union nationale (UNP), conservateur, animé par la famille Senanayake, et le parti de la Liberté (SLFP), de centre gauche, animé par la famille Bandaranaike. Victorieux aux élections de 1977, l'UNP a dirigé le pays jusqu'en 1994. Il a prôné le libéralisme et, à partir de 1983 surtout, il s'est heurté à la dissidence tamoule : les Tigres tamouls occupent le N.-E. et le N. (Jaffna) de l'île et provoquent une guerre civile. De 1987 à 1990, l'armée indienne a été appelée à la rescousse. En 1994, le SLFP est revenu au pouvoir : Chandrika Bandaranaïke Kamaratunga de 1994 à 2005 et Mahinda Rajapakse, depuis 2005 (réélu en 2010). En 2009, l'armée lance une offensive contre les derniers bastions dissidents et met fin à la rébellion tamoule qui durait depuis plus de 25 ans. En 2015, le candidat de l'opposition, Maithripala Sirisena, remporte l'élection prés.

**Srinagar** ville de l'Inde, cap. de l'État de Jammu-et-Cachemire (*Jammu* est la cap. d'hiver) ; 1,2 million d'hab.

**SS** Abrév. de *Sa Sainteté*, ou de *Sa Seigneurie*.

**SS** *nm* HIST Membre de la SS. PHO [esɛs]

**SS** HIST (Sigle de l'all. *Schutz-Staffel*, « échelon de protection »). Organisation de police militarisée du parti nazi puis de l'Allemagne nazie. Créée en 1925 par Hitler, la SS fut dirigée de 1929 à 1945 par Himmler, qui, à partir de 1934, dirigea aussi la Gestapo. À partir de 1940, les *Waffen SS* constituèrent des troupes de choc composées des membres de la SS. Les SS accomplirent de multiples crimes (racistes, notam.) en Allemagne, dans les territoires occupés, dans les camps.

**Sseu-ma Kouang** → **Sima Guang.**

**Sseu-ma Siang-jou** → **Sima Xiangru.**

**Sseu-ma Ts'ien** → **Sima Qian.**

**SSII** *nf* Sigle de *société de service et d'ingénierie informatique*.

**Staal de Launay** Marguerite Jeanne Cordier (baronne de) (Paris, 1684 – Gennevilliers, 1750), femme de lettres française : *Mémoires* (posth., 1755) sur la Régence.

**stabat mater** *nm inv* LITURG CATHOL **1** Prose chantée le vendredi saint, qui rappelle les souffrances de la Vierge pendant le crucifiement de Jésus. **2** Musique écrite sur cette prose. ETY Mots lat., « la mère se tenait debout ».

**Stabies** anc. v. de Campanie (auj. *Castellammare di Stabia*), détruite par l'éruption du Vésuve qui anéantit Pompéi (79 apr. J.-C.).

**stabile** *nm* Bx-A Sculpture métallique monumentale.

**stabilisant, ante** *a, nm* CHIM Se dit d'un additif qui ralentit une réaction. SYN stabilisateur.

**stabilisateur, trice** *a, nm* **A** *a* Qui stabilise. **B** *nm* TECH Appareil qui améliore la stabilité d'un engin, d'un véhicule, qui assure la permanence d'un fonctionnement. *Un stabilisateur de tirage.* **C** *a, nm* CHIM Syn. de *stabilisant*.

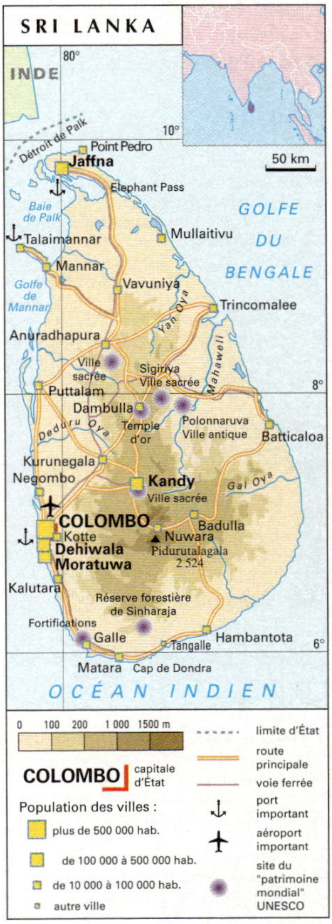

**stabiliser** *vt* ① **1** Rendre stable. *Stabiliser une monnaie.* **2** TRAV PUBL Augmenter la dureté, la résistance d'un sol par l'adjonction de liants ou par compactage. DER **stabilisation** *nf*

**stable** *a* **1** Qui a une base ferme, solide. *Cet escabeau est stable.* **2** Qui demeure dans le même état, la même situation. *Valeurs stables.* SYN permanent, durable. **3** CHIM Se dit d'un composé qui conserve ses caractéristiques dans un large éventail de températures et de pressions. **LOC** MATH ***Partie stable d'un ensemble*** E (pour une loi de composition donnée) : partie de E telle que le composé de tout couple d'éléments de cette partie appartient encore à cette partie. ETY Du lat. DER **stabilité** *nf*

**stabulation** *nf* **1** Séjour des animaux à l'étable. **2** Bâtiment pour le bétail. ETY Du lat.

**staccato** *av, nm* MUS **A** *av* En détachant les notes. ANT legato. **B** *nm* Passage joué en staccato. ETY Mot ital.

**Stace** (en lat. *Publius Papinius Statius*) (Naples, v. 45 – id., 96 apr. J.-C.), poète latin : *la Thébaïde* et *l'Achilléide* (inachevée), poèmes épiques ; *les Silves*, pièces de circonstance.

**stade** *nm* **1** ANTIQ GR Mesure de longueur valant environ 180 m. **2** Enceinte comprenant une piste de cette longueur, sur laquelle on disputait des courses à pied. **3** Terrain aménagé pour la pratique des sports, parfois entouré de gradins. **4** Période, phase d'une évolution. **5** PSYCHAN Phase dans l'évolution de la libido de l'enfant. *Stade oral, sadique-anal* ou *phallique, génital.* ETY Du gr.

**stadhouder** → **stathouder.**

**stadia** *nm* TECH Mire graduée des géomètres, des arpenteurs.

**stadiaire** *a* Qui concerne les stades. *Assistance stadiaire.*

**stadier, ère** *n* Personne chargée dans les stades, de l'assistance et de la sécurité des spectateurs.

**Staël** Germaine Necker (baronne de Staël-Holstein), dite Mme de (Paris, 1766 – id., 1817), écrivain français. Fille du banquier Necker, elle épousa en 1786 l'ambassadeur de Suède à Paris, Erik Magnus, baron de Staël-Holstein. D'abord favorable à la Révolution, elle se réfugia en Suisse, à Coppet (1792), où elle se lia à Benjamin Constant (1794-1808). Elle revint à Paris en 1797, mais, en 1803, Bonaparte l'exila. Ses œuvres annoncent le romantisme : *Delphine* (1802), *Corinne* (1807), romans ; *De l'Allemagne* (1810).

Madame de Staël

**Staël** Nicolas de (Saint-Pétersbourg, 1914 – Antibes, 1955), peintre français d'origine russe. De l'abstraction il passa à la figuration stylisée peu avant son suicide.

**1 staff** *nm* TECH Matériau fait de plâtre à modeler, armé d'une matière fibreuse et servant à réaliser des décors tels que les moulures, les corniches, etc. ETY De l'a. fr. *estoffer*, « rembourrer ». DER **staffer** *vt* ① – **staffeur, euse** *n*

**2 staff** *nm* **1** Ensemble des conseillers et des collaborateurs directs d'un homme d'affaires, d'un homme politique. **2** Groupe de personnes travaillant ensemble, équipe. ETY Mot anglo-amér.

**Staffa** petite île des Hébrides (G.-B.), célèbre pour ses grottes basaltiques.

**Staffarde** village d'Italie (Piémont), où N. Catinat battit le duc de Savoie (1690).

**Stafford** ville industr. d'Angleterre, au N.-O. de Birmingham, ch.-l. du *Staffordshire* (2 716 km² ; 1 020 300 hab.) ; 117 000 hab.

**stage** *nm* **1** Période d'études pratiques dont l'aspirant à une profession doit justifier pour être admis à l'exercer. *Stage pédagogique.* **2** Période de travail salarié dans une entreprise ou un service, qui a pour but la formation ou le perfectionnement dans une spécialité. ETY De l'a. fr. DER **stagiaire** *n*

**stagflation** *nf* ECON Situation d'un pays où coexistent la stagnation de l'activité économique et l'inflation. PHO [stagflasjɔ̃]

**Stagire** anc. v. de la Chalcidique (Macédoine). Patrie d'Aristote (dit le *Stagirite*).

**stagner** *vi* ① **1** Ne pas s'écouler, en parlant d'un fluide. *Eaux qui stagnent.* **2** fig Ne marquer aucune évolution. *Les affaires stagnent.* PHO [stagne] ETY Du lat. DER **stagnant, ante** *a* – **stagnation** *nf*

**Stahl** Georg Ernst (Ansbach, 1660 – Berlin, 1734), médecin et chimiste allemand. Il expliquait la combustion par le comportement d'un fluide immatériel, le *phlogistique*.

**Stahly** François (Constance, 1911 – Meudon, 2006), sculpteur français : compositions monumentales à caractère « totémique ».

**Stains** ch.-l. de cant. de la Seine-Saint-Denis (arr. de Bobigny) ; 32 839 hab. DER **stanois, oise** *a, n*

**stakhanovisme** *nm* HIST En URSS et dans les pays socialistes, méthode appliquée de 1930 à 1950 environ et destinée à augmenter le rendement du travail, par émulation. ETY D'un n. pr. DER **stakhanoviste** *a, n*

**stakning** *nm* SPORT En ski de fond, façon de se propulser en avant en plantant simultanément les deux bâtons. PHO [stakniŋ] ETY Mot norvégien.

**stalactite** *nf* **1** Concrétion calcaire pendante. **2** ARCHI Ornement en forme de stalactite. ETY Du gr.

**stalag** *nm* Camp de prisonniers en Allemagne, réservé aux hommes de troupe et aux sous-officiers, pendant la guerre de 1940-1945. PHO [stalag] ETY Mot all., abrév. de *Stammlager*, « camp d'origine ».

**stalagmite** *nf* GEOL Concrétion calcaire conique, dressée, qui se forme sur le sol d'une grotte, sous une stalactite. ETY Du gr.

**Nicolas de Staël** *Paysage*, 1955 – coll. part., Zurich

**stalagmomètre** *nm* PHYS Instrument constitué essentiellement d'un tube capillaire, qui sert à mesurer la tension superficielle des liquides.

**stalagmométrie** *nf* PHYS Mesure de la tension superficielle des liquides.

**Staline** Joseph Vissarionovitch Djougatchvili, dit (Gori, Géorgie, 1879 – Moscou, 1953), homme politique soviétique. Fils d'un cordonnier géorgien, acquis dès 1899 au marxisme, il fut arrêté et exilé plusieurs fois (notam. en Sibérie, 1913-1916). En 1904, il adhéra à la fraction bolchevique du POSDR dirigée par Lénine, qui le fit entrer au comité central du parti en 1912. On le surnomma Staline (« l'homme d'acier ») en 1913. Secrétaire général du parti (1922), il parvint à succéder à Lénine (1924), dont le testament jugeait sévèrement Staline. Partisan d'une révolution circonscrite à la seule URSS, d'un développement de l'industrie lourde et d'une centralisation autoritaire, il fit triompher ses thèses contre Trotski (éliminé en 1927, ainsi que Zinoviev) et contre la droite du parti (Boukharine et Rykov, notam., éliminés en 1929). De 1934 à 1938, de grandes « purges » liquidèrent les derniers opposants. Il utilisa la terreur (exécutions, procès truqués, déportations massives) et développa le culte de sa personnalité. Il signa un pacte de non-agression (1939) avec Hitler, qui le viola en 1941. La victoire (1945) lui permit d'agrandir le territoire soviétique et de contrôler les États voisins (démocraties populaires). Après le XXe Congrès du PCUS (1956), sa politique fut condamnée et Khrouchtchev se livra à une « déstalinisation » limitée, mais l'étendue de ses crimes fut divulguée lentement.

Staline

**Stalingrad** nom donné de 1925 à 1961 à la ville de Volgograd. – À la fin de sept. 1942, l'armée allemande de Paulus pénétra dans la ville, mais l'armée sov. s'y maintint. Fin nov., les assiégeants furent encerclés et capitulèrent (31 janv. 1943).

**stalinisme** *nm* POLIT Mode de gouvernement despotique tel qu'il fut pratiqué en URSS sous Staline. DER **stalinien, enne** *a, n*

**Stalker** film fantastique de A. Tarkovski (1979) d'après le roman d'Arkadi et Boris Strougatski.

**stalactites** et **stalagmites**, dans l'aven de la grotte de Marzal, Ardèche

**stalle** *nf* **1** Chacun des sièges de bois à haut dossier disposés sur les deux côtés du chœur d'une église, et réservés au clergé. **2** Compartiment assigné à un cheval, dans une écurie. **3** Compartiment destiné au parcage d'une automobile. SYN (déconseillé) box. ETY Du frq.

**Stambolov** Stefan (Tărnovo, 1854 – Sofia, 1895), homme politique bulgare ; prés. du Conseil (1887-1894), autoritaire et sans scrupule. Il fut assassiné. VAR **Stamboulov**

**stambouliote** → **Istanbul.**

**staminal, ale** *a* BOT Relatif aux étamines. PLUR staminaux.

**staminé, ée** *a* BOT Se dit d'une fleur pourvue d'étamines.

**staminifère** *a* Qui porte des étamines.

**Stamitz** Johann Wenzel (Německý Brod, 1717 – Mannheim, 1757), violoniste et compositeur tchèque. Il fixa la symphonie dans sa forme classique (quatre mouvements). VAR **Stamic Jan Václav**

**Stampa (la)** quotidien italien créé à Turin en 1894, de tendance libérale et progressiste.

**Stamp Act** loi imposant, en 1765, un droit de timbre aux actes publiés dans les colonies angl. d'Amérique du Nord. La protestation des Américains aboutit à la guerre d'Indépendance.

**stance** *nf* **A** LITTER vx Strophe. **B** *nf pl* Pièce de poésie composée de strophes d'inspiration philosophique, religieuse ou élégiaque. ETY De l'ital.

**1 stand** *nm* Lieu aménagé pour le tir à la cible. PHO [stɑ̃d] ETY Mot suisse all.

**2 stand** *nm* **1** Dans une exposition, espace réservé à un exposant, à une catégorie de produits. **2** Dans un circuit de course automobile, emplacement réservé au ravitaillement et aux réparations. PHO [stɑ̃d] ETY Mot angl.

**Standaard (De)** quotidien belge néerlandophone, créé en 1914 à Anvers.

**standard** *nm, a* **A** *nm* **1** Modèle, type, norme de fabrication, de production. **2** MUS En jazz, morceau classique sur lequel on peut improviser. **3** Ensemble des éléments servant à définir un signal de télévision. **4** Dispositif permettant de brancher les différents postes d'une installation téléphonique sur le réseau urbain ou de les relier entre eux. **B** *a* **1** Qui fait partie d'une production d'éléments normalisés ; de série courante. *Modèle standard.* **2** fig Ordinaire, courant, sans originalité. *Un visage standard.* **3** LING Se dit d'un état de langue moyen, sans écarts sociaux, stylistiques ou régionaux. ETY Mot angl.

**standardiser** *vt* 1 **1** Rendre conforme à un standard, normaliser. **2** fig Uniformiser, simplifier. DER **standardisable** *a* – **standardisation** *nf*

**standardiste** *n* Téléphoniste assurant le service d'un standard.

**stand-by** *a inv, n inv* **1** Se dit d'un passager qui, n'ayant pas réservé, n'embarque qu'au cas où une place se libère en dernière minute. **2** Qui permet d'attendre une solution ultérieure. *Crédit stand-by.* **LOC** ***En stand-by*** : en attente. PHO [stɑ̃dbaj] ETY De l'angl.

**standing** *nm* **1** Position sociale élevée ; ensemble des éléments du train de vie marquant une telle position. **2** Confort, luxe. *Immeuble de grand standing.* PHO [stɑ̃diŋ] ETY Mot angl.

**standing-ovation** *nf* Manifestation d'enthousiasme du public, qui se lève et acclame un champion, un acteur. PLUR standing-ovations. PHO [standiŋɔvɛʃjɔn] ETY Mots angl.

**standiste** *n* Concepteur et réalisateur de stands pour les salons et les foires.

**stand-up** *nm inv* Prestation d'un comédien qui se produit seul sur scène, face au public. PHO [stɛndœp] ETY Mot angl.

**Stanford (université)** université américaine créée en 1891 à Palo Alto en Californie.

**Stanhope** James (1er comte) (Paris, 1673 – Londres, 1721), général et homme politique anglais du parti whig. Chef de la diplomatie de 1714 à 1721, il conclut la Triple-Alliance (1717) et la Quadruple-Alliance (1718).

**Stanislas (saint)** (Szczepanow, 1030 – Cracovie, 1079), évêque de Cracovie en 1072, assassiné par le roi Boleslas II, qu'il avait excommunié. Patron de la Pologne.

**Stanislas Ier Leczinsky** (Lwów, 1677 – Lunéville, 1766), roi de Pologne (1704-1709 et 1733-1736). Élu roi de Pologne grâce à Charles XII de Suède, il s'enfuit après l'écrasement de ce dernier à Poltava (1709). Le roi de France Louis XV, qui avait épousé sa fille (1725), le fit à nouveau élire roi (1733), puis lui retira son appui. Stanislas Ier abdiqua (1736) et reçut (1738) les duchés de Lorraine et de Bar. — **Stanislas II Auguste Poniatowski** (Wołczyn, 1732 – Saint-Pétersbourg, 1798), dernier roi de Pologne (1764-1795). Élu grâce à Catherine II de Russie, il abdiqua apr. le troisième partage de la Pologne.

Stanislas Ier Leczinsky

**Stanislavski** Constantin Sergheïevitch Alexeïev, dit (Moscou, 1863 – id., 1938), acteur et metteur en scène de théâtre russe ; cofondateur du Théâtre d'art de Moscou (1898), il créa un studio expérimental (1905), dont s'inspira l'Actor's Studio new-yorkais.

**Stanković** Borisav (Vranje, 1875 – Belgrade, 1927), écrivain serbe : *Sang impur* (1910).

**Stanley** John Rowlands, sir Henry Morton (Denbigh, 1841 – Londres, 1904), journaliste et explorateur anglais. Au service de l'Association africaine internationale (AIT), créée en 1876 par Léopold II, il remonta le Congo (1879-1884) jusqu'au *Stanley Pool* et prit possession de la rive gauche du Congo.

**Stanley** Wendell Meredith (Ridgeville, 1904 – Salamanque, 1971), biochimiste américain. Il cristallisa le virus qui provoque la mosaïque du tabac. P. Nobel 1946.

**Stanley Pool** → **Pool Malebo.**

**Stanleyville** → **Kisangani.**

**stannate** *nm* Sel d'un acide stannique. ETY Du lat. *stannum*, « étain ».

**stanneux, euse** *a* CHIM Se dit des composés de l'étain au degré d'oxydation 2.

**stannifère** *a* MINER Qui contient de l'étain.

**stannique** *a* CHIM Se dit des composés de l'étain au degré d'oxydation 4.

**Stanovoï (monts)** chaîne de Sibérie orient., au nord du fl. Amour ; alt. max. 2 412 m.

**Stans** com. de Suisse (Unterwald), ch.-l. du demi-canton de Nidwald ; 5 700 hab.

**Stanton** Elizabeth Cady (Mrs Elizabeth) (Johnstown, 1815 – New York, 1902), féministe américaine, organisatrice d'une convention de la femme avec L. Mott (1848).

**staphisaigre** *nf* BOT Delphinium vénéneux (renonculacée) des régions méditerranéennes. ETY Du lat. *staphis agria*, « raisin sauvage ».

**staphylier** *nm* BOT Arbuste à grappes de fleurs blanches, à fruits rouges comestibles. ETY Du gr. *staphulê*, « grappe de raisin mûr ».

**staphylin** *nm* ENTOM Coléoptère aux élytres courts, à l'abdomen découvert et souvent relevé pendant la marche.

**staphylinidé** *nm* ENTOM Vaste famille de coléoptères répandue dans le monde entier, dont le staphylin est le type.

**staphylococcie** *nf* MED Infection à staphylocoques telle que le furoncle, l'anthrax, la pleurésie. PHO [stafilokɔksi]

**staphylocoque** *nm* MED Bactérie de forme ronde, dont les individus groupés en grappes sont les agents de diverses infections, notam. cutanées.

**staphylome** *nm* MED Saillie de la cornée, due à une inflammation ou à un traumatisme.

**STAPS** *nf pl* Acronyme de *sciences et techniques des activités physiques et sportives*, secteur de formation des professeurs et animateurs sportifs.

**star** *nf* Personne très en vue, vedette. ETY Mot angl., « étoile ».

**Stara Planina** (« Vieille Montagne »), nom bulgare du mont Balkan.

**Stara Zagora** v. industr. du S. de la Bulgarie ; 150 800 hab. ; ch.-l. de distr.

**Starck** Philippe Patrick (Paris, 1949), architecte d'intérieur français. Il a aménagé les salles du musée de la Villette (1984).

**starets** *nm* HIST Dans l'ancienne Russie, religieux contemplatif, ascète qui jouait le rôle de guide spirituel. PHO [staʀɛts] ETY Mot russe, « vieillard ». VAR **stariets** [staʀjɛts]

**Starhemberg** Ernst Rüdiger (comte von) (Graz, 1638 – Wesendorf, Vienne, 1701), général autrichien qui défendit Vienne contre les Turcs (1683).

**stariser** *vt* 1 Transformer en star. VAR **starifier** 2 DER **starisation** ou **starification** *nf*

**Stark** Johannes (Schickenhof, Bavière, 1874 – Traunstein, id., 1957), physicien allemand. Il étudia le dédoublement des raies spectrales par un champ électrique. P. Nobel 1919.

**starking** *nf* Variété de pomme rouge. PHO [staʀkiŋ] ETY Mot angl.

**starlette** *nf* Jeune actrice de cinéma qui espère devenir une star. ETY Mot angl.

**Starobinski** Jean (Genève, 1920), critique suisse d'expression française, influencé par la psychanalyse : *Jean-Jacques Rousseau, la Transparence et l'Obstacle* (1957), *les Mots sous les mots* (1971), *Montaigne en mouvement* (1982), etc.

**staroste** *nm* HIST **1** En Pologne, seigneur qui tenait en fief un domaine de la couronne, contre redevance. **2** Chef de l'administration du mir, dans la Russie tsariste. ETY Du polonais.

**star-system** *nm* Organisation de la production et de la distribution cinématographiques fondée sur le culte de la star. PLUR star-systems. ETY Mot angl.

**START** acronyme pour l'angl. *Strategic Arms Reduction Talks*, « discussions sur la réduction des armes stratégiques », entre les É.-U. et l'URSS, puis la Russie (1982-1993).

**starter** *nm* **1** SPORT, TURF Personne qui donne le signal du départ dans une course. **2** Dispositif qui facilite le démarrage d'un moteur à explosion. PHO [staʀtɛʀ] ETY Mot angl.

**starting-block** *nm* SPORT Appareil constitué de deux cales servant d'appui aux pieds d'un coureur, au départ d'une course de vitesse. SYN (recommandé) bloc ou cale de départ. PLUR starting-blocks. PHO [staʀtiŋblɔk] ETY Mot angl. VAR **startingblock**

**starting-gate** *nm* TURF Barrière que l'on relève pour donner le départ aux chevaux, dans une course. PLUR starting-gates. (PHO) [staʀtiŋget] (ETY) Mot angl. (VAR) **startinggate**

**start-up** *nf inv* ECON Entreprise qui se lance dans un secteur de pointe, soutenue par le capital-risque. SYN (recommandé) jeune pousse. (PHO) [staʀtœp] (ETY) Mot angl. (VAR) **startup**

**stase** *nf* MED Ralentissement ou arrêt de la circulation d'un liquide dans l'organisme. (ETY) Du gr.

**Stasi** abrév. de *Staatssicherheitsdienst* (« Service de la sûreté intérieure de l'État »), la police politique de la RDA (1950-1989).

**stasophyte** *nm* BOT Végétal propre aux eaux stagnantes.

**-stat** Élément, du gr. *statos,* « stationnaire ».

**Staten Island** île des É.-U., quartier de New York situé au S.-O. de Manhattan ; env. 400 000 hab.

**statère** *nm* ANTIQ GR Monnaie d'argent valant 2 ou 4 drachmes. LOC ***Statère d'or*** : monnaie macédonienne. (ETY) Du gr.

**stathouder** *nm* HIST **1** Gouverneur de province, dans les Pays-Bas espagnols. **2** Chef d'une ou de plusieurs provinces des Provinces-Unies. (PHO) [statudɛʀ] (VAR) **stadhouder**

**stathouderat** *nm* HIST Titre, fonction de stathouder ; durée de cette fonction.

**statice** *nm* BOT Plante à fleurs en épis colorés dont une espèce, la *lavande de mer* ou *saladelle* ou *immortelle bleue*, croît sur les sables des côtes atlantiques. (ETY) Du gr.

**statif, ive** *nm, a* **A** *nm* TECH Socle lourd et stable servant de support à un appareil ou à des accessoires. **B** *a* LING Qui indique la durée. *« Persister » est un verbe statif.*

**statine** *nf* PHARM Médicament faisant baisser le taux sanguin de LDL cholestérol.

**station** *nf* **1** Action, fait de s'arrêter au cours d'un déplacement. **2** Fait de se tenir de telle façon. *La station debout.* **3** Lieu aménagé pour l'arrêt des véhicules. *Station de taxis, d'autobus.* **4** Lieu de villégiature, de vacances. *Station thermale, balnéaire.* **5** Installation, fixe ou mobile, destinée à effectuer des observations. *Station météorologique.* **6** Ensemble d'installations émettrices. *Station de radio, de télévision.* **7** MAR Subdivision d'un quartier confiée à un fonctionnaire des Affaires maritimes appelé *syndic des gens de mer.* **8** Lieu de vie d'une espèce animale ou végétale. LOC ASTRO ***Planète en station*** : qui, pour l'observateur terrestre, apparaît immobile. — INFORM ***Station de travail*** : installation reliée à un réseau, et dédiée à une tâche déterminée (en partic. conception assistée par ordinateur). — RELIG ***Station du chemin de croix*** : chacun des quatorze arrêts de Jésus pendant sa montée au Calvaire ; tableau représentant l'une de ces scènes. — ***Station spatiale*** ou ***orbitale*** : vaste infrastructure destinée à assurer une présence permanente d'humains dans l'espace. (ETY) Du lat.

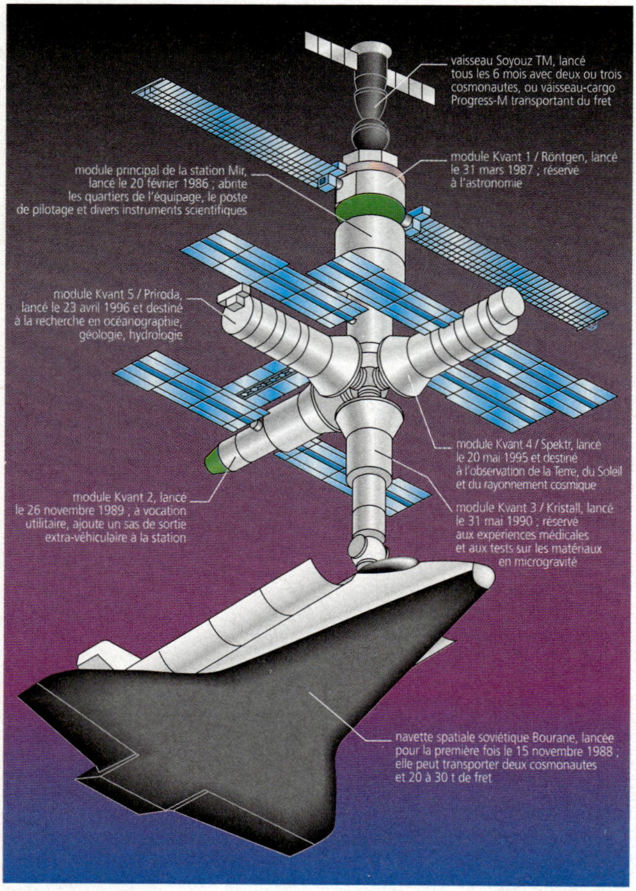


**station** spatiale Mir

**stationnaire** *a, nm* **A** *a* **1** Qui reste un certain temps à la même place. **2** Qui ne change pas, n'évolue pas. *L'état du blessé reste stationnaire.* **B** *nm* MILIT Bâtiment de guerre d'où l'on surveille une étendue de mer déterminée. LOC PHYS ***Onde stationnaire*** : qui résulte de l'interférence de deux vibrations et est caractérisée par des points d'amplitude nulle *(nœuds)* et des points d'amplitude maximale *(ventres).*

**stationnement** *nm* **1** Action, fait de stationner. **2** Canada Parking. *Le stationnement d'un centre commercial.*

**stationner** *vi* ① S'arrêter et demeurer au même endroit.

**station-service** *nf* Poste de distribution d'essence assurant les travaux d'entretien courant des automobiles. SYN (Afrique) essencerie. PLUR stations-service.

**statique** *nf, a* **A** *nf* MECA Étude des conditions auxquelles doit satisfaire un corps pour rester immobile dans un repère donné, par oppos. à *dynamique.* **B** *a* **1** Relatif à l'équilibre des forces. **2** Qui demeure dans le même état, qui n'évolue pas. *Société statique.* LOC PHYS ***Électricité statique*** : qui se développe sur un corps par influence, par frottement, etc. (ETY) Du gr. (DER) **statiquement** *av*

**statistique** *nf, a* **A** *nf* **1** MATH Étude des phénomènes mettant en jeu un grand nombre d'éléments. **2** Ensemble de données numériques concernant l'état ou l'évolution d'un phénomène qu'on étudie au moyen de la statistique. *Statistiques socio-économiques.* **3** PHYS Loi qui décrit le comportement des systèmes de particules à l'aide de la statistique. **B** *a* Qui se rapporte aux opérations et aux moyens de la statistique. *Évaluations statistiques.* LOC PHYS ***Mécanique statistique*** : qui applique à l'étude des systèmes de particules les lois de la statistique. (ETY) Probabl. d'apr. l'ital. *statista,* « homme d'état ». (DER) **statisticien** *n* – **statistiquement** *av*

ENC La statistique repose sur l'étude de *populations,* constituées par un ensemble d'*individus,* ou *unités statistiques* (habitants d'un pays, pièces d'un lot, passages de voitures à un endroit déterminé, etc.). Lorsque la population statistique à étudier est trop nombreuse, on prélève sur celle-ci un lot, ou *échantillon,* sur lequel portent les observations. Tel est le principe des sondages d'opinion. On définit les *caractères* de la population à étudier. Les caractères quantitatifs, appelés aussi *variables statistiques,* peuvent être classés en variables *discrètes* (nombre de pièces d'un logement, par ex.) ou, à l'inverse, *continues* (âge d'une personne, par ex.). Les observations statistiques sont analysées soit au moyen de *distributions,* soit au moyen de fonctions de répartition. V. aussi probabilité.

**statocyste** *nm* ZOOL Chez de nombreux invertébrés, organe du sens de l'équilibre.

**stator** *nm* TECH Partie fixe de certaines machines (moteurs électriques, turbines, etc.), par oppos. au *rotor.* (ETY) Du lat.

**statoréacteur** *nm* AVIAT Moteur à réaction sans organe mobile, constitué d'une entrée d'air, d'une chambre de combustion et d'une tuyère.

**statthalter** *nm* Gouverneur allemand, en Alsace-Lorraine entre 1879 et 1918. (PHO) [statalteʀ] (ETY) Mot all.

**statuaire** *a, n* **A** *a* Relatif aux statues. *Bronze statuaire.* **B** *nf* Art de faire des statues. *La statuaire médiévale.* **C** *n* Sculpteur qui fait des statues.

**statue** *nf* Figure sculptée représentant en entier un être vivant. (ETY) Du lat.

**statuer** *v* ① **A** *vt* vx Ordonner. **B** *vi* Prendre une décision quant à qqch. *Statuer sur un cas particulier.* (ETY) Du lat.

**statuette** *nf* Statue de petite taille.

**statufier** *vt* ② fam Élever une statue à qqn, représenter par une statue.

**statu quo** *nm inv* Situation actuelle, état actuel des choses. *Maintenir le statu quo.* PHO [statykwo] ETY Mots lat. VAR **statuquo**

**stature** *nf* **1** Taille de qqn. *Haute stature.* **2** *fig* Importance de qqn. *La stature de ce philosophe domine la vie intellectuelle.* ETY Du lat.

**staturopondéral, ale** *a* Relatif à la taille et au poids. PLUR staturopondéraux.

**statut** *nm* **A 1** Situation personnelle résultant de l'appartenance à un groupe régi par des dispositions juridiques ou administratives particulières. *Bénéficier du statut de fonctionnaire.* **2** Situation personnelle au sein d'un groupe, d'un ensemble social. **B** *nm pl* Textes qui régissent le fonctionnement d'une société, d'une association, etc. ETY Du lat. DER **statutaire** *a* – **statutairement** *av*

**Staudinger** Hermann (Worms, 1881 – Fribourg-en-Brisgau, 1965), chimiste allemand. Il synthétisa de nombr. matières plastiques. P. Nobel 1953.

**Stauffenberg** Claus (comte Schenk von) (Jettingen, Augsburg, 1907 – Berlin, 1944), officier allemand ; auteur de l'attentat manqué contre Hitler, le 20 juil. 1944 ; arrêté le soir même à Berlin, il fut fusillé.

**staurothèque** *nf* didac Reliquaire renfermant une parcelle de bois supposée provenir de la croix du Christ. ETY Du gr.

**staurotide** *nf* MINER Silicate d'aluminium et de fer, se présentant en cristaux prismatiques maclés en croix. ETY Du gr. *stauros*, « croix ».

**Stavanger** v. industr. et port de la Norvège, sur l'Atlantique ; 97 300 hab. ; ch.-l. de comté.

**Stavelot** com. de Belgique (Liège) ; 5 920 hab. – Vestiges d'une abbaye fondée en 651.

**Stavisky** Alexandre (Slobodka, Ukraine, 1886 – Chamonix, 1934), homme d'affaires français d'origine ukrainienne. La révélation de ses escroqueries, en déc. 1933, la compromission d'hommes polit., sa mort (meurtre ou suicide ?), en janv. 1934, constituèrent *l'affaire Stavisky*, que la droite exploita : émeutes du 6 février 1934. ▷ CINE *Stavisky*, film d'Alain Resnais (1974), avec J.-P. Belmondo.

**Stavropol** → **Togliatti.**

**Stavropol** (*Vorochilovsk* de 1935 à 1943), ville de Russie, au nord du Caucase ; 293 000 hab. ; ch.-l. du territ. du m. nom. Gaz naturel.

**stawug** *nm* SPORT En ski de fond, façon de se déplacer combinant la marche et le stakning. PHO [stavyg] ETY Mot norvég.

**stayer** *nm* **1** TURF Cheval apte à courir dans des épreuves de fond. **2** SPORT Coureur cycliste spécialiste des courses de demi-fond sur piste derrière motocyclette. PHO [stejœʀ] ETY Mot angl. VAR **stayeur**

**steak** *nm* Bifteck. PHO [stɛk] ETY Mot angl.

**steamer** *nm* vieilli Navire à vapeur. PHO [stimœʀ] VAR **steameur**

**stéar(o)-, stéat(o)-** Éléments, du gr. *stear, steatos*, « graisse ».

**stéarate** *nm* CHIM Sel ou ester de l'acide stéarique.

**stéarine** *nf* CHIM **1** Triester du glycérol et de l'acide stéarique. **2** Solide blanc et translucide constitué d'un mélange d'acide stéarique et de paraffine. *Bougie en stéarine.*

**stéarinerie** *nf* TECH Fabrique de stéarine. DER **stéarinier** *nm*

**stéarique** *a* LOC CHIM ***Acide stéarique*** : acide gras saturé, abondant dans le suif de mouton et de bœuf.

**stéatite** *nf* MINER Silicate naturel de magnésium utilisé comme craie par les tailleurs et les couturières, et servant à fabriquer les pastels.

**stéatopyge** *a* didac Dont les fesses sont le siège d'importantes localisations graisseuses. DER **stéatopygie** *nf*

**stéatose** *nf* MED Accumulation de granulations graisseuses dans les cellules d'un tissu.

**steel-band** *nm* Orchestre des Caraïbes constitué d'instruments confectionnés avec des tonneaux et des récipients de récupération en métal. PLUR steel-bands. PHO [stilbɑ̃d] ETY Mot angl. VAR **steelband**

**Steele** sir Richard (Dublin, 1672 – Carmarthen, pays de Galles, 1729), journaliste, dramaturge, essayiste et pamphlétaire irlandais. Après avoir lancé *The Tatler* en 1709, il fonda en 1711, avec Addison, *The Spectator*. Comédies : *l'Enterrement* (1701), *l'Amoureux menteur* (1703).

**Steeman** Stanislas André (Liège, 1908 – Menton, 1970), écrivain belge d'expression française. Clouzot adapta plusieurs de ses romans policiers, notam. *Quai des Orfèvres* (1947).

**Steen** Jan (Leyde, 1626 – id., 1679), peintre hollandais de genre.

**Steenrod** Norman Earl (Dayton, Ohio, 1910 – Princeton, New Jersey, 1971), mathématicien américain : travaux de topologie.

**steeple-chase** *nm* TURF Course d'obstacles pour chevaux. PLUR steeple-chases LOC SPORT ***Trois mille mètres steeple*** : course à pied de 3 000 m, sur piste, au cours de laquelle les concurrents doivent franchir des obstacles. PHO [stipœltʃez] ETY Mot angl. VAR **steeple**

**Stefan** Josef (Sankt Peter, près de Klagenfurt, 1835 – Vienne, 1893), physicien autrichien : travaux sur le corps noir et le rayonnement thermique.

**stéganalyse** *nf* Recherche et décodage des messages cachés par stéganographie.

**stéganographie** *nf* INFORM Technique de cryptage consistant à modifier certains points d'une image en fonction des informations que l'on veut y cacher. ETY Du gr. *steganos*, « impénétrable ». DER **stéganographique** *a*

**stégo-** Élément, du gr. *stegos*, « toit ».

**stégocéphale** *nm* PALEONT Amphibien fossile qui fut le premier vertébré à venir vivre sur la terre ferme.

**stégomyie** *nf* ENTOM Moustique dont une espèce est le vecteur de la fièvre jaune. PHO [stegomii] VAR **stegomyia**

**stégosaure** *nm* PALEONT Dinosaure herbivore du jurassique qui portait deux rangées de plaques osseuses dressées sur le dos et deux paires de piques sur la queue. ▶ illustr. **dinosaures**

**Steichen** Edward (Luxembourg, 1879 – West Retting, Connecticut, 1973), photographe de mode américain.

**Stein** Karl (baron von) (Nassau, 1757 – Kappenberg, Westphalie, 1831), homme politique prussien. Ministre d'État (de 1804 à 1808), il releva la Prusse (réformes libérales) après Tilsit et réalisa l'alliance avec la Russie contre Napoléon I^er^.

**Stein** Gertrude (Alleghany, Pennsylvanie, 1874 – Neuilly-sur-Seine, 1946), écrivain américain. Elle s'installa à Paris en 1903. Après *Trois Vies* (1909), elle se livra à une recherche d'avant-garde sur le langage : *Dix Portraits* (1930). Souvenirs : *Américains d'Amérique* (1925), *Autobiographie d'Alice B. Toklas* (1933).

Gertrude Stein

**Stein** Edith, en religion bienheureuse Thérèse Bénédicte de la Croix (Breslau, 1891 – Auschwitz, 1942), philosophe allemande, élève de Husserl. Juive, elle se convertit au catholicisme. En 1938, elle émigra aux Pays-Bas. Elle mourut en déportation.

**Stein** William Howard (New York, 1911 – id., 1980), biochimiste américain : travaux sur les protéines. P. Nobel de chimie 1972 avec S. Moore et Chr. Anfinsen.

**Stein** Peter (Berlin, 1937), metteur en scène allemand de théâtre, influencé par Brecht.

**Stein am Rhein** com. de Suisse (cant. de Schaffhouse), sur le Rhin, peu après le lac de Constance ; 3 000 hab. – Anc. couvent bénédictin (XIV^e^-XVI^e^ s.).

**Steinbeck** John (Salinas, Californie, 1902 – New York, 1968), écrivain américain. Souffle épique, générosité, émotion caractérisent *Tortilla Flat* (1935), *Des souris et des hommes* (1937), *les Raisins de la colère* (1939), *À l'est d'Éden* (1952). P. Nobel 1962. ▶ illustr. p. 1536

**Steinberg** Saul (Rîmnicu-Sărat, près de Ploieşti, 1914 – New York, 1999), dessinateur humoristique américain d'origine roumaine.

**steinbock** *nm* Petite antilope d'Afrique du Sud. PHO [stejnbɔk] ETY De l'afrikaans. VAR **steenbock** [stinbɔk]

**Steiner** Rudolf (Kraljević, Croatie, 1861 – Dornach, près de Bâle, 1925), philosophe autrichien. Il fonda la Société anthroposophique, qui unit les mystiques chrétienne et orientale.

**Steinert** Otto (Sarrebruck, 1915 – Essen, 1978), photographe allemand, adepte de la photographie subjective (tendant à l'abstraction).

**Steinitz** Ernst (Laurahütte, auj. Siemianowice, Pologne, 1871 – Kiel, 1928), mathématicien allemand ; l'un des fondateurs de l'algèbre moderne.

**Steinkerque** (auj. *Steenkerque*), anc. com. de Belgique (Hainaut, arr. de Soignies), auj. intégrée à Braine-le-Comte. – Les Français commandés par le maréchal de Luxembourg y vainquirent l'armée de la ligue d'Augsbourg (1692).

**Steinlen** Théophile Alexandre (Lausanne, 1859 – Paris, 1923), peintre, dessinateur, lithographe et affichiste français d'origine suisse ; collaborateur de *l'Assiette au beurre.*

**Steinway** Henry Engelhard (originellement *Heinrich Engelhardt Steinweg*) (Wolfshagen, 1797 – New York, 1871), facteur de pianos allemand. Après avoir créé deux manufactures de pianos en Allemagne, il ouvrit à New York, avec ses fils, la maison *Steinway and Sons* (1853), toujours active.

**stèle** *nf* Monument monolithe portant une inscription ou une représentation figurée. *Stèle funéraire.* ETY Du gr.

**Stella** Frank (Malden, Massachusetts, 1936), peintre américain, auteur de bas-reliefs métalliques violemment coloriés : *Oiseaux exotiques* (1977-1980).

**stellage** *nm* FIN Opération à terme dans laquelle le spéculateur se réserve le droit, à l'échéance, d'acheter ou de vendre des titres à des cours différents de ceux du marché du jour. ETY De l'all.

**1 stellaire** *a* didac Qui a rapport aux étoiles. *Astronomie stellaire.* LOC ANAT ***Ganglion stellaire*** ou ***étoilé*** : formé par la réunion de deux ganglions sympathiques. ETY Du lat.

**2 stellaire** *nf* BOT Plante herbacée (caryophyllacée) dont les fleurs blanches ont des pétales divisés en deux.

**stelléroïde** *nm* ZOOL Échinoderme tel que l'astérie et l'ophiure.

**stellionat** *nm* DR Délit consistant à hypothéquer un bien dont on n'est pas le propriétaire, à présenter comme libres des biens hypothéqués ou à déclarer des hypothèques moindres que celles dont ces biens sont grevés. [ETY] Du lat. *stellio*, « fourbe ». [DER] **stellionataire** *n*

**stellite** *nm* METALL Alliage de cobalt, de chrome, de tungstène et de silicium, particulièrement dur, utilisé notam. pour fabriquer les soupapes de moteurs. [ETY] Nom déposé.

**Stelvio (col du)** col des Alpes italiennes (2 757 m), entre l'Adda et l'Adige.

**stem** *nm* SPORT Technique de virage basée sur le transfert du poids du corps d'un ski à l'autre. [PHO] [stɛm] [ETY] Mot norvég. [VAR] **stemm** ou **stem-christiania**

**stén(o)-** Élément, du gr. *stenos*, « étroit ».

**stencil** *nm* Papier paraffiné servant à la reproduction d'un texte ou d'un dessin au moyen d'un duplicateur. [PHO] [stɛnsil] [ETY] Du fr. *étinceler*.

**Stendhal Henri Beyle,** dit (Grenoble, 1783 – Paris, 1842), écrivain français. Fils d'un magistrat grenoblois, il fut intendant aux armées (1806-1808). La chute de l'Empire mit fin à sa carrière militaire ; il partit en 1814 pour Milan, où il séjourna jusqu'en 1821, publiant des essais : *Lettres sur Haydn, Mozart et Métastase* (1814), *Rome, Naples et Florence* (1817, sous le nom de Stendhal, pour la prem. fois) *Histoire de la peinture en Italie* (1817). Suspect de carbonarisme, il dut rentrer en France ; de 1821 à 1830, il se fixa à Paris. Il publia *De l'amour* (1822), défendit le romantisme (*Racine et Shakespeare*, 1823 et 1825), fit éditer un roman, *Armance* (1827), des *Promenades dans Rome* (1829) et *le Rouge et le Noir* (1830). Ce roman, dont le héros est Julien Sorel, eut peu de succès. Consul de France à Trieste (1830), puis à Civitavecchia, Stendhal écrivit en 1834 *Lucien Leuwen*, roman inachevé (posth., 1927). De 1836 à 1839, il passa un congé à Paris, publiant les *Mémoires d'un touriste* (1838), les *Chroniques italiennes* (nouvelles, 1839) ; son roman *la Chartreuse de Parme* (1839), dont le héros est Fabrice del Dongo, obtint un succès d'estime. Il laissa un roman inachevé, *Lamiel* (publié en 1889). Méconnu de son vivant, Stendhal est auj. l'un des écrivains français les plus admirés. De même que ses personnages cultivent l'énergie, la lucidité, la haine du conformisme et de la soumission, Stendhal vise, par son écriture, à l'efficacité. Il aimait parler de lui : son *Journal*, tenu de 1802 à 1817, épisodiquement jusqu'en 1823 (publié en 1888), les brefs *Souvenirs d'égotisme* (1832, éd. posth. 1892), la *Vie de Henry Brulard* (1835-1836, éd. posth. 1890) révèlent un mode unique de percevoir et de raisonner, qu'on a nommé le *beylisme*. [DER] **stendhalien, enne** *a*

J. Steinbeck

Stendhal

**sténo** *n* **A** **1** Sténodactylo. **2** Sténographe. **B** *nf* Sténographie.

**sténodactylo** *n* Professionnel de la sténographie et de la dactylographie. [DER] **sténodactylographie** *nf*

**sténographie** *nf* Procédé d'écriture très simplifié, grâce auquel on peut noter un texte aussi vite qu'il est prononcé. [DER] **sténographe** *n* – **sténographier** *vt* [2] – **sténographique** *a* – **sténographiquement** *av*

**sténohalin, ine** *a* BIOL Se dit d'un organisme marin qui ne supporte pas les variations de salinité de son milieu. ANT euryhalin.

**Sténon Niels Steensen,** dit en franç. **Nicolas** (Copenhague, 1638 – Schwerin, 1686), naturaliste danois : travaux d'anatomie hum., de géologie, etc.

**sténopé** *nm* PHOTO Très petit trou percé dans la paroi d'une chambre noire et faisant office d'objectif photographique.

**sténose** *nf* MED Rétrécissement d'un conduit, d'un orifice, d'un organe. [DER] **sténosé, ée** *a*

**sténotype** *nf* TECH Machine à clavier qui utilise la sténographie. [DER] **sténotypie** *nf* – **sténotypiste** *n*

**stent** *nm* CHIR Sorte d'armature métallique maintenant ouvert un vaisseau sanguin sténosé. [PHO] [stɛnt] [ETY] Mot angl.

**stentor** *nm* **1** Homme possédant une voix forte, retentissante. **2** ZOOL Protozoaire cilié d'eau douce en forme de trompe. [PHO] [stɑ̃tɔʀ] [ETY] D'un n. pr.

**step** *nm* Accessoire en plastique, de hauteur réglable, utilisé en gymnastique comme une marche d'escalier ; activité pratiquée au moyen de cet accessoire. [ETY] Mot angl., « marche ».

**Stepanakert** v. d'Azerbaïdjan, ch.-l. du Haut-Karabakh ; 30 290 hab.

**stéphanois** → **Saint-Étienne.**

**Stephenson George** (Wylam, près de Newcastle, 1781 – Tapton House, Chesterfield, 1848), ingénieur anglais. Il construisit, en 1813, la première locomotive à vapeur et remporta en 1829, avec son fils **Robert** (Willington Quay, Northumberland, 1803 – Londres, 1859), un concours : leur locomotive tira un train de 40 t à la vitesse de 26 km/h. Il construisit la ligne Liverpool-Manchester (1826-1829).

**steppage** *nm* MED Boitement des malades atteints de paralysie des muscles des orteils. [ETY] De l'angl. *to step*, « trotter ».

**steppe** *nf* **1** GEOGR Formation végétale des zones semi-arides, constituée par une couverture discontinue de graminées xérophiles dont les intervalles peuvent être occupés par des dicotylédones diverses. **2** Vaste plaine couverte par une telle végétation. **LOC** ARCHEOL *Art des steppes* : art ornemental créé par les peuples nomades qui, entre le IIIᵉ millénaire av. J.-C. et le IIIᵉ s. apr. J.-C., occupèrent la steppe eurasiatique, du Danube à la Mongolie. [ETY] Du russe. [DER] **steppique** *a*

[ENC] L'art des steppes, apparu en Sibérie orientale vers 1000 av. J.-C., inaugure la période préclassique (XIᵉ-VIIIᵉ s. av. J.-C.). L'art de la période classique (VIIIᵉ-IIIᵉ s. av. J.-C.) est dominé par les productions des Scythes, qui mêlent avec vigueur réalisme et fantastique. La période post-classique (IIIᵉ s. av. J.-C.-IIIᵉ s. ap. J.-C.) est illustrée par les Sarmates.

**stéradian** *nm* PHYS Unité d'angle solide (symbole sr), égale à l'angle solide qui découpe, sur une sphère centrée au sommet de cet angle, une surface égale à celle d'un carré ayant pour côté le rayon de la sphère. [ETY] Du gr.

**1 stercoraire** *nm* ORNITH Gros oiseau des régions polaires, au bec crochu, qui attaque les autres oiseaux pour leur prendre leur proie, également appelé *mouette ravisseuse* ou *mouette pillarde*. SYN labbe. [ETY] Du lat. *stercus*, « excrément ».

**2 stercoraire** *a* **1** Qui se nourrit d'excréments, qui croît sur les excréments. **2** MED Qui a rapport aux excréments. *Fistule stercoraire.*

**stercoral, ale** *a* didac Qui a un rapport aux excréments. PLUR stercoraux.

**sterculiacée** *nf* BOT Plante arborescente tropicale dont la famille comprend le cacaoyer. [ETY] Du lat. *stercus*, « excrément », à cause de l'odeur de certaines espèces.

**stère** *nm* Unité de volume (symbole st) égale au mètre cube, utilisée pour le bois.

**stéréo-** Élément, du gr. *stereos*, « solide ».

**stéréo** → **stéréophonie.**

**stéréobate** *nm* ARCHI Soubassement sans moulure d'un édifice, d'une colonne.

**stéréochimie** *nf* CHIM Étude des rapports entre les propriétés des corps et la configuration spatiale des atomes de leurs molécules. [DER] **stéréochimique** *a*

**stéréocomparateur** *nm* En topographie, appareil permettant d'effectuer des mesures sur des clichés de levés de plans photographiques, par observation stéréoscopique.

**stéréognosie** *nf* PHYSIOL Fonction sensorielle permettant de reconnaître la forme et le volume des objets qu'on palpe. [PHO] [stereognɔzi]

**stéréographie** *nf* Représentation des solides par leurs projections sur des plans. [DER] **stéréogramme** *nm*

**stéréographique** *a* **LOC** didac *Projection stéréographique* : projection de la sphère dans laquelle l'observateur se trouve à l'antipode du point de tangence du plan de projection.

**stéréo-isomérie** *nf* CHIM Isomérie de corps présentant la même formule semi-développée, mais de configurations spatiales différentes. PLUR stéréo-isoméries.

**stéréométrie** *nf* **1** GEOM Mesure des solides. **2** Mesure approximative des volumes des corps usuels (troncs d'arbres, tonneaux, tas de sable, etc.). [DER] **stéréométrique** *a*

**stéréophonie** *nf* Procédé de reproduction des sons utilisant plusieurs canaux pour restituer un relief sonore. *Émission en stéréophonie.* ANT monophonie. [VAR] **stéréo** [DER] **stéréophonique** ou **stéréo** *a*

**stéréoscopie** *nf* TECH Procédé qui permet de restituer l'impression du relief à partir du fusionnement de deux images planes. [DER] **stéréoscope** *nm* – **stéréoscopique** *a*

**stéréotaxie** *nf* CHIR Méthode de localisation dans l'espace d'une structure nerveuse cérébrale à partir de repères osseux du crâne.

**stéréotomie** *nf* TECH Art de la coupe des pierres, des matériaux de construction.

**stéréotype** *nm* Idée toute faite, poncif, banalité. SYN cliché.

**stéréotypé, ée** *a* Qui a le caractère convenu d'un stéréotype, banal, sans originalité.

**stéréotypie** *nf* PSYCHIAT Tendance à répéter les mêmes paroles ou les mêmes attitudes, observée chez certains malades mentaux.

**stérer** *vt* [14] TECH Évaluer en stères un volume de bois.

**stéride** *nm* BIOCHIM Lipide résultant de l'estérification d'un stérol par un acide gras.

**stérile** *a, nm* **A** *a* **1** Qui n'est pas apte à la reproduction. *Animal, fleur stérile.* **2** Qui ne produit rien, ne rapporte rien. *Une terre stérile.* **3** fig Qui n'aboutit à rien. *Discussion stérile.* **4** Exempt de tout germe. *Pansement stérile.* **B** *nm pl* Déblais sans valeur d'une exploitation minière. [ETY] Du lat. [DER] **stérilement** *av* – **stérilité** *nf*

**stérilet** *nm* Dispositif anticonceptionnel intra-utérin.

**stériliser** *vt* ① **1** Rendre inapte à la reproduction. **2** Rendre exempt de germes. *Stériliser du lait.* **3** fig Appauvrir, rendre inefficace, improductif. *Le manque d'entretien stérilise la mémoire.* DER **stérilisant, ante** *a* – **stérilisation** *nf*

**stérique** *a* LOC CHIM *Empêchement stérique* : présence de radicaux carbonés dont le volume empêche l'accès du réactif au groupement fonctionnel d'une molécule.

**sterlet** *nm* Esturgeon d'Europe orientale et d'Asie occidentale, dont les œufs servent à préparer un caviar estimé. ETY Du russe.

**sterling** *a inv* LOC *Livre sterling* : monnaie de compte de Grande-Bretagne. — *Zone sterling* : zone monétaire de la livre sterling. PHO [stɛʀliŋ]

**Sterlitamak** v. industr. de Russie (Bachkirie), au S.O. de l'Oural, dans une rég. pétrolifère ; 240 000 hab.

**Stern** Daniel → **Agoult (Marie d').**

**Stern** Otto (Sorau, auj. Zary, en Pologne, 1888 – Berkeley, 1969), physicien nucléaire américain d'origine allemande. P. Nobel 1943.

**Stern** Isaac (Kremenets, 1920 – New York, 2001), violoniste américain d'origine russe.

**sternal** → **sternum.**

**Sternberg** Jonas Sternberg, dit Josef von (Vienne, 1894 – Hollywood, 1969), cinéaste américain d'origine autrichienne : *les Nuits de Chicago* (1927). Il fit de Marlène Dietrich une star : *l'Ange bleu* (film all., 1930), *Shanghai Express* (1932), *l'Impératrice rouge* (1934). ▶ illustr. **Dietrich**

**sterne** *nf* ORNITH Oiseau lariforme proche des mouettes, aux ailes longues et étroites, à la queue fourchue, au plumage le plus souvent clair avec une calotte noire. SYN hirondelle de mer.

**sterne** arctique

**Sterne** Laurence (Clonmel, 1713 – Londres, 1768), écrivain anglais. Son chef-d'œuvre, *la Vie et les Opinions de Tristram Shandy* (1759-1767), est un roman plein d'humour qui exerça (notam. sur Diderot : *Jacques le fataliste*) une grande influence. *Le Voyage sentimental* (1768) montre la vie quotidienne en France.

**sterno-** Élément, de *sternum*, du gr. *sternon*.

**sternoclaviculaire** *a* ANAT Qui se rapporte au sternum et à la clavicule.

**sternocléidomastoïdien, enne** *nm, a* ANAT Se dit du muscle du cou qui s'insère sur le sternum, la clavicule et l'apophyse mastoïde.

**sternum** *nm* ANAT Os plat de la face antérieure du thorax, sur lequel s'articulent les côtes et les clavicules. PHO [stɛʀnɔm] DER **sternal, ale, aux** *a*

**sternutation** *nf* MED Action d'éternuer. ETY Du lat.

**sternutatoire** *a* MED Qui provoque l'éternuement. *Poudre sternutatoire.*

**stéroïde** *a, nm* BIOCHIM Se dit d'une substance dérivée d'un stérol. DER **stéroïdien, enne** *a*

**stérol** *nm* BIOCHIM Nom générique des alcools dérivés du noyau du phénanthrène, constituants essentiels des hormones génitales et surrénales.

**stertor** *nm* MED Respiration bruyante et profonde. ETY Du lat. DER **stertoreux, euse** *a*

**Stésichore** (v. 640 – v. 550 av. J.-C.), poète lyrique grec ; il aurait inventé la triade de l'ode chorale : strophe, antistrophe, épode.

**stéthoscope** *nm* MED Instrument permettant l'auscultation des bruits à travers les parois du corps. ETY Du gr. *sthêthos*, « poitrine » et de *-scope*.

**stetson** *nm* Chapeau texan à larges bords. PHO [stɛtsɔn]

**Stettin** → **Szczecin.**

**Stevenage** ville d'Angleterre créée en 1946 au N. de Londres ; 73 700 hab.

**Stevens** John (New York, 1749 – Hoboken, New Jersey, 1838), industriel américain qui développa aux É.-U. l'utilisation de la vapeur (navigation et chemins de fer).

**Stevens** Siaka Probyn (Tolubu, Moyamba, 1905 – Freetown, 1988), homme politique de la Sierra Leone ; Premier ministre puis président de la Rép. (1971-1985).

**Stevens** Stanley Smith (Ogden, 1906 – Vail, Colorado, 1973), psychologue américain : travaux sur la mesure des sensations.

**Stevenson** Robert Louis Balfour (Édimbourg 1850 – Vailima, Samoa occidentales, 1894), romancier écossais : *l'Île au trésor* (1883), *Docteur Jekyll et Mister Hyde* (1886), *la Flèche noire* (1888), *le Maître de Ballantrae* (1889).

**Robert Louis Stevenson**

**stevia** *nf* Plante d'Amérique du sud à très fort pouvoir sucrant.

**Stevin** Simon, dit Simon de Bruges (Bruges, 1548 – La Haye, 1620), mathématicien et physicien flamand. Il fit progresser l'algèbre, la mécanique et l'hydrostatique.

**steward** *nm* Maître d'hôtel ou garçon de service à bord des paquebots, des avions. PHO [stjuwaʀd] ou [stiwaʀt] ETY Mot angl.

**Stewart** James (Indiana, Pennsylvanie, 1908 – Los Angeles, 1997), acteur américain, dirigé notam. par Capra (*Monsieur Smith au Sénat*, 1939) et Hitchcock (*Fenêtre sur cour*, 1954 ; *Sueurs froides*, 1958).

**Stewart** Jacky (Milton, Écosse, 1939), coureur automobile britannique, champion du monde en 1969, 1971 et 1973.

**Steyr** v. de Haute-Autriche, au confl. de la *Steyr* et de l'Enns ; 39500 hab. Centre industriel.

**sthénie** *nf* MED État d'activité physiologique. ANT asthénie. ETY Du gr. DER **sthénique** *a*

**stibié, ée** *a* PHARM Qui contient de l'antimoine. ETY Du lat.

**stibine** *nf* MINER Sulfure naturel d'antimoine.

**Stibitz** George Robert (York, Pennsylvanie, 1904 – Hanover, New Jersey, 1995), électronicien américain, pionnier de l'informatique dans les années 1930-1940.

**stichomythie** *nf* LITTER Dialogue tragique dans lequel les interlocuteurs se répondent vers pour vers. PHO [stikɔmiti] ETY Du gr.

**stick** *nm* **1** Canne mince et flexible. **2** MILIT Groupe de parachutistes largués d'un même avion. **3** Produit conditionné sous forme de bâtonnet solide. *Stick de rouge à lèvres.* **4** Emballage étanche contenant une dose de produit (café soluble, sucre en poudre, moutarde, etc.). ETY Mot angl.

**sticker** *nm* Badge autocollant. PHO [stikœʀ] ETY Mot angl.

**Stieglitz** Alfred (Hoboken, New Jersey, 1864 – New York, 1946), photographe américain ; pionnier du reportage sociologique.

**Stiernhielm** Georg (Vika, Dalécarlie, 1598 – Stockholm, 1672), poète et humaniste suédois : *Trésor de l'ancienne langue des Suédois et des Goths* (1643), *Hercule* (épopée, 1658).

**Stif** → **Sétif.**

**Stifter** Adalbert (Oberplan, 1805 – Linz, 1868), romancier autrichien, humaniste et optimiste : *l'Été de la Saint-Martin* (1857).

**Stigler** George (Renton, 1911 – Chicago, 1991), économiste américain : travaux d'analyse microéconomique. P. Nobel 1982.

**Stiglitz** Joseph (Gary, 1943), économiste américain. Études sur le développement. P. Nobel 2001.

**stigmate** *nm* **A 1** litt Marque que laisse une plaie ; cicatrice. **2** anc Marque au fer rouge que l'on imprimait sur l'épaule de certains délinquants. **3** litt, péjor Marque, trace honteuse. *Les stigmates du vice.* **4** MED Signe clinique révélant une affection. **5** BOT Renflement terminal du style, qui reçoit le pollen. **6** ZOOL Orifice externe des trachées des arthropodes. **B** *nmpl* RELIG Marques des cinq plaies du Christ visibles sur le corps de certains mystiques. ETY Mot gr., « piqûre ».

**stigmatique** *a* PHYS Se dit d'un système optique qui donne d'un point une image ponctuelle. ANT astigmatique. DER **stigmatisme** *nm*

**stigmatisé, ée** *n* RELIG Personne qui porte les stigmates du Christ.

**stigmatiser** *vt* ① **1** RELIG Marquer des stigmates. **2** fig Blâmer, condamner publiquement. *Stigmatiser les vices de son temps.* DER **stigmatisant, ante** *a* – **stigmatisation** *nf*

**Stijl (De)** (« le Style »), revue et mouvement artistiques néerlandais, créés à Leyde en 1917 par Theo Van Doesburg et P. Mondrian, qui se retira en 1925 : il reprochait à Van Doesburg d'autoriser l'utilisation de lignes obliques. La revue cessa de paraître en 1928.

**stilb** *nm* PHYS Unité CGS de luminance ; symbole sb (1 sb = 10 000 nits). ETY Du gr.

**stil-de-grain** *nm inv* TECH Matière colorante jaune verdâtre. ETY Altér. du néerl. *schijtgroen*, propr., « vert *(groen)* d'excréments *(schijt)* ».

**stiletto** *nm* Escarpin dont le talon fin dépasse 10 cm.

**Stilicon** (en lat. *Flavius Stilicho*) (?, v. 360 – Ravenne, 408), général romain d'origine vandale ; régent de l'Empire pendant la minorité d'Honorius. Il lutta efficacement contre les Barbares en Italie.

**stillation** *nf* didac Écoulement goutte à goutte d'un liquide. PHO [stilasjɔ̃] ETY Du lat. DER **stillatoire** *a*

**Stiller** Mauritz (Helsinki, 1883 – Stockholm, 1928), cinéaste suédois : *la Légende de Gösta Berling* (1924), qui révéla Greta Garbo.

**stilligoutte** *nm* Compte-gouttes.

**stilton** *nm* Fromage anglais au lait de vache, à pâte persillée. PHO [stiltɔn]

**Stilwell** Joseph Warren (Palatka, Floride, 1883 – San Francisco, 1946), général américain. Chef d'état-major de Tchang Kai-chek, il réorganisa l'armée chinoise et résista aux Japonais depuis la Birmanie.

**stimulant** → **stimuler.**

**stimulateur** *nm* LOC MED *Stimulateur cardiaque* : appareil électrique que l'on utilise pour pallier certaines insuffisances cardiaques. SYN (déconseillé) pacemaker.

**stimuler** *vt* ① **1** Inciter à l'action, encourager, motiver. *Ce succès a stimulé son ardeur.* **2** Exciter, réveiller une activité physiologique. *Pilules pour stimuler la digestion.* ETY Du lat. DER **stimulant, ante** *a, nm* – **stimulation** *nf*

**stimuline** *nf* PHYSIOL Hormone hypophysaire qui stimule le fonctionnement des glandes endocrines.

**stimulus** *nm* PHYSIOL Facteur qui déclenche la réaction d'un système physiologique ou psychologique. PLUR stimulus ou stimuli. PHO [stimylys] ETY Mot lat., « aiguillon ».

**Stinnes Hugo** (Mülheim an der Ruhr, 1870 – Berlin, 1924), industriel allemand. Possesseur des mines de charbon de la Ruhr, il bénéficia de l'inflation après 1918.

**stipe** *nm* BOT Tige aérienne droite, sans ramification, terminée par un bouquet de feuilles, des palmiers, des cycas et des fougères arborescentes. ETY Du lat.

**stipendier** *vt* ② litt Payer qqn pour l'exécution de mauvais desseins. ETY Du lat.

**stipité, ée** *a* BOT Porté par un stipe.

**stipule** *nf* BOT Petit appendice foliacé ou membraneux, à la base du pétiole de certaines feuilles. DER **stipulaire** *a*

**stipuler** *vt* ① **1** DR Formuler comme condition dans un contrat. **2** Spécifier, mentionner expressément. ETY Du lat. DER **stipulation** *nf*

**Stiring-Wendel** com. de la Moselle (arr. de Forbach) ; 13 129 hab. Métallurgie.

**Stirling** v. d'Écosse, sur le Forth ; ch.-l. de la rég. d'Écosse du Centre ; 81 300 hab. – Université. Égl. gothique. Château fort.

**Stirling James** (Garden, Stirling, 1692 – Édimbourg, 1770), mathématicien écossais : travaux sur les séries (*formule de Stirling*).

**Stirling James Frazer** (Glasgow, 1926 – Londres, 1992), architecte écossais ; représentant du brutalisme.

**Stirner Kaspar Schmidt,** dit **Max** (Bayreuth, 1806 – Berlin, 1856), philosophe allemand, théoricien de l'individualisme et de l'anarchie : *l'Unique et sa propriété* (1845).

**STO** Sigle de *Service du travail obligatoire*.

**stochastique** *a, nf* didac **A** *a* **1** Qui est dû au hasard, qui relève du hasard. SYN aléatoire. **2** MATH Qui relève du domaine du calcul des probabilités. **B** *nf* Exploitation des statistiques par le calcul des probabilités. PHO [stɔkastik] ETY Du gr.

**stock** *nm* **A 1** Quantité de marchandises en réserve. *Vendre le fonds et le stock.* **2** fam Réserve. *Le stock de chocolat est dans le tiroir.* **3** Grande quantité de choses que l'on possède. *Avoir un stock d'étains anciens.* **B** *nm pl* COMPTA Ensemble des matières premières, des produits qu'une entreprise détient à une date donnée. LOC BIOL *Stock chromosomique :* génome. ETY Mot angl., « souche ».

**stock-car** *nm* **1** Vieille automobile, à protection renforcée, utilisée dans des courses où collisions, chocs volontaires sont autorisés. **2** Course où sont utilisées de telles voitures. PLUR stock-cars. PHO [stɔkkaʀ] ETY Mot angl. VAR **stockcar**

**stocker** *vt* ① **1** Mettre en stock, emmagasiner. **2** INFORM Mettre en mémoire des informations. DER **stockable** *a* – **stockage** *nm*

**stockfisch** *nm* **1** Poisson salé et séché. **2** Morue séchée à l'air et non salée. PHO [stɔkfiʃ] ETY Du néerl.

**Stockhausen Karlheinz** (Mödrath, près de Cologne, 1928 – Kürten, 2007), compositeur allemand ; l'un des princ. représentants de la musique aléatoire (*Klavierstück XI*, 1957) et expérimentale (*Kontakte* 1959, *Licht* 1988).

**Stockholm** cap. et port de la Suède, sur la Baltique ; 67 000 hab. (aggl., 1 700 000 hab.). Construite sur le détroit qui relie le lac Mälar à la mer Baltique, dans un site d'îles et de chenaux, la ville est le 1er centre industriel, commercial et culturel du pays. – Université. Évêché catholique. Musées (dont le musée en plein air du Skansen). Palais royal XVIIe s. ; égl. Saint-Nicolas (XIIIe-XVIIIe s.) et des Chevaliers (XIIIe s.), lieu de sépulture des rois. DER **stockholmois, oise** *a, n*
**Histoire** Fondée v. 1250, Stockholm, dominée par la Hanse, ne prit de l'importance qu'après l'indépendance de la Suède (1523), dont elle devint la cap. en 1624. Les jeux Olympiques s'y déroulèrent en 1912.

Stockholm

**Stockholm (syndrome de)** *nm* PSYCHO Phénomène selon lequel un prisonnier s'attache à ses geôliers et adopte leur point de vue.

**stockiste** *nm* Commerçant détenant les pièces détachées des machines ou des véhicules d'une marque donnée.

**stock-option** *nf* ECON Mode de rémunération des dirigeants d'entreprise, consistant à leur attribuer des actions de la société à des prix avantageux. PLUR stocks-options. ETY Mot angl.

**stock-outil** *nm* ECON Stocks élémentaires nécessaires au fonctionnement de l'entreprise. PLUR stocks-outils.

**Stockport** v. industr. d'Angleterre (Greater Manchester), sur la Mersey ; 276 800 hab.

**stock-shots** *nm pl* Images d'archives insérées dans un film, un reportage. ETY Mot angl.

**Stockton-on-Tees** v. et port d'Angleterre (Cleveland) ; 170 200 hab.

**stœchiométrie** *nf* CHIM Étude des rapports quantitatifs selon lesquels les atomes se combinent entre eux ou selon lesquels les composés réagissent entre eux. PHO [stekjometʀi] ETY Du gr. DER **stœchiométrique** *a*

**Stoetzel Jean** (Saint-Dié, 1910 – Paris, 1987), sociologue français ; créateur de l'Institut français d'opinion publique (IFOP) en 1938.

**Stofflet Jean Nicolas** (Lunéville, v. 1751 – Angers, 1796), général vendéen. En 1793, il s'empara de Cholet avec Cathelineau. Après une trêve (1795), il reprit les armes, fut capturé et exécuté.

**stoïcisme** *nm* **1** PHILO Doctrine du philosophe grec Zénon de Cittium (v. 335 – v. 264 av. J.-C.) et de ses disciples. **2** Fermeté d'âme devant la douleur ou l'adversité. ETY Du gr. *stoa,*

Stockhausen au synthétiseur

« portique » (du Pœcile, lieu où enseignait Zénon de Cittium). DER **stoïcien, enne** *a, n*

ENC Fondé à Athènes, au IVe s. av. J.-C., par Zénon de Cittium, le stoïcisme se poursuivit jusqu'à Sénèque, Épictète et l'empereur Marc Aurèle, au IIe s. apr. J.-C. Il inspira fortement les conduites morales de l'Occident. La morale stoïcienne préconise que l'homme suive sa nature ; en effet, celle-ci relève de la nature universelle, qui est sage et équilibrée en toutes choses. Il lui incombe, donc, de refréner ses passions, puisque sa nature est raison. Sous l'Empire romain, le stoïcisme, dit alors impérial, imprègne la vie spirituelle individuelle et permet de surmonter les difficultés de la vie sociale et politique, tout en s'accommodant des choses « qui ne dépendent pas de nous » (Épictète).

**stoïque** *a, n* Qui rappelle la fermeté d'âme prônée par les stoïciens. DER **stoïquement** *av*

**Stoke-on-Trent** v. industr. d'Angleterre (Staffordshire), sur la Trent ; 244 800 hab. Poterie et porcelaine depuis le XIIIe s.

**Stoker Bram** (Dublin, 1847 – Londres, 1912), écrivain irlandais : *Dracula* (1897).

**stokes** *nm* PHYS Anc. unité de viscosité cinématique (symbole St) valant 1 $cm^2/s$ soit $10^{-4} m^2/s$. PHO [stɔks] ETY Du n. pr.

**Stokes sir George Gabriel** (Bornat Skreen, 1819 – Cambridge, 1903), physicien anglais : travaux sur la fluorescence et la viscosité.

**Stokowski Leopold** (Londres, 1882 – Nether Wallop, Hampshire, 1977), chef d'orchestre américain d'origine anglo-polonaise.

**stol** *nm* Appareil à décollage et atterrissage courts. ETY Sigle angl., de *Short Takeoff and Landing*.

**stolon** *nm* **1** BOT Tige adventive rampante qui développe à son extrémité un nouveau pied. *Les stolons du fraisier.* **2** ZOOL Long bourgeon qui, chez certains animaux marins inférieurs, donne naissance à de nouveaux individus. ETY Du lat.

**Stolypine Piotr Arkadievitch** (Dresde, 1862 – Kiev, 1911), homme politique russe. Ministre de l'Intérieur (1904), puis président du Conseil (1906), il réprima durement les mouvements révolutionnaires. Il fut assassiné.

**stomacal, ale** *a* MED vieilli Relatif à l'estomac. SYN gastrique. PLUR stomacaux. ETY Du lat.

**stomachique** *a, nm* MED Qui facilite la digestion gastrique.

**stomat(o)-** Élément, du gr. *stoma, stomatos,* « bouche ».

**stomate** *nm* BOT Organe des végétaux, constitué de deux cellules se touchant par leurs extrémités et percé d'une ouverture (l'ostiole).

**stomatite** *nf* MED Inflammation de la muqueuse buccale.

**stomato** *n* fam Stomatologue.

**stomatologie** *nf* Branche de la médecine qui traite des affections de la bouche et des dents. DER **stomatologique** *a* – **stomatologiste** ou **stomatologue** *n*

**stomatoplastie** *nf* CHIR **1** Restauration des malformations de la cavité buccale. **2** Restauration de l'orifice du col utérin.

**stomie** *nf* MED Opération chirurgicale créant un anus artificiel (colostomie) ou un méat urinaire artificiel.

**stomisé, ée** *a, n* MED Se dit de qqn qui porte un appareillage après une stomie.

**stomocordé** *nm* ZOOL Animal marin au corps divisé en trois parties, présentant des fentes branchiales et une stomocorde, formation analogue à la corde des cordés, dont l'embranchement renferme les entéropneustes, les ptérobranches et les graptolites. SYN anc hémicordé.

**stomoxe** *nm* ZOOL Mouche piqueuse, vecteur de nombreuses maladies du bétail (charbon et streptococcies, notam.). VAR **stomoxys** [stɔmɔksis]

**Stone** sir Richard (Londres, 1913 – Cambridge, 1991), économiste anglais. Il promut la comptabilité nationale. P. Nobel 1984.

**Stonehenge** site préhistorique du S. de l'Angleterre (Wiltshire), au N. de Salisbury. Son cromlech (v. 2500 av. J.-C.), le plus important monument mégalithique des îles Britanniques, était vraisemblablement consacré au culte solaire.

cromlech de **Stonehenge**, v. 2500 av. J.-C.

**Stoney** George Johnstone (Oakley Park, King's County, auj. comté d'Offaly, 1826 – Londres, 1911), physicien irlandais. En 1891, il supposa l'existence de particules porteuses d'une charge négative et les nomma *électrons*.

**stop** *interj, nm* **A** *interj* **1** Marque un ordre, un signal d'arrêt. **2** Marque la fin des phrases dans un télégramme. **B** *nm* **1** Signal lumineux à l'arrière des véhicules, commandé par le frein. **2** Signal routier ordonnant l'arrêt absolu, à un croisement. **3** fam Auto-stop. *Faire du stop.* ETY Mot angl.

**stop-and-go** *nm inv* ECON Politique économique fondée sur une alternance de mesures inverses. PHO [stɔpendgo] ETY Mot angl.

**Stoph** Willi (Berlin, 1914 – id., 1999), homme politique est-allemand ; président du Conseil de 1964 à 1973, chef de l'État de 1973 à 1976, président du Conseil de 1977 à 1989.

**Stoppard** Thomas Straussler, dit Tom (Zlín, 1937), dramaturge anglais d'orig. tchèque du théâtre de l'absurde : *Rosencrantz et Guildenstern sont morts* (1966), *La musique adoucit les mœurs* (1977).

**1 stopper** *v* ① **A** *vt* **1** Faire cesser d'avancer, de fonctionner un véhicule, une machine. **2** fig Arrêter le mouvement, la progression de qqn, de qqch. *Stopper une attaque ennemie.* **B** *vi* S'arrêter pour un véhicule, une machine.

**2 stopper** *vt* ① Raccommoder une étoffe déchirée fil par fil. ETY Du néerl. DER **stoppage** *nm*

**stoppeur, euse** *n* **1** fam Personne qui fait de l'auto-stop. **2** Au football, arrière central spécialisé dans les actions défensives. **3** Spécialiste du stoppage.

**storax** → **styrax.**

**store** *nm* Rideau ou panneau souple placé devant une fenêtre, une ouverture, et qui s'enroule horizontalement. LOC ***Store vénitien :*** composé de lamelles orientables. ETY Du lat. *storea,* « natte ».

**Storm** Theodor (Husum, 1817 – Hademarschen, 1888), écrivain allemand néo-romantique ; poète et nouvelliste (*Immensee* 1850, *l'Homme au cheval blanc* 1886-1888).

**story-board** *nm* CINE Découpage du scénario d'un film en une suite de dessins correspondant chacun à un plan. PLUR story-boards. PHO [stɔʀibɔʀd] ETY Mot angl.

**Stoss** → **Stwosz.**

**stoupa** → **stupa.**

**stout** *nm, nf* Bière anglaise brune et forte. PHO [stut] ou [stawt]

**strabisme** *nm* Défaut de parallélisme des yeux, déviation de l'un ou des deux yeux vers l'intérieur (*strabisme convergent*) ou vers l'extérieur (*strabisme divergent*). ETY Du gr. DER **strabique** *a, n*

**Strabon** (en gr. *Strabôn,* en lat. *Strabo*) (Amasya, Cappadoce, v. 58 av. J.-C. –?, entre 21 et 25 apr. J.-C.), géographe grec. Sa *Géographie* décrit tous les pays et les peuples alors connus.

**Strachey** Lytton (Londres, 1880 – dans le Berkshire 1932), auteur anglais de biographies : *la Reine Victoria* (1921).

**Strada (la)** film de Fellini (1954), avec Giulietta Masina et Anthony Quinn.

**Stradella** Alessandro (Naples, 1644 – Gênes, 1682), compositeur et chanteur italien. Il aborda tous les genres et fit surtout évoluer l'aria, l'oratorio et la cantate. Il fut assassiné.

**stradivarius** *nm inv* Violon, alto ou violoncelle fabriqué par Stradivarius. PHO [stʀadivaʀjys]

**Stradivarius** Antonio Stradivari, dit (Crémone, v. 1644 – id., 1737), luthier italien ; le plus célèbre des fabricants de violons. Il en réalisa 1 100, dont 400 ont été conservés.

**Strafford** Thomas Wentworth (1er comte de) (Londres, 1593 – id., 1641), homme politique anglais. Charles Ier le nomma lord-député d'Irlande (1632-1639), où il fit régner l'ordre. Il fut l'une des premières victimes du conflit entre le roi et le Parlement, qui le jugea et le fit exécuter.

**Straits Settlements** (en fr. *Établissements des Détroits*), anc. colonie britannique (formée en 1867) qui comprenait les comptoirs de Singapour et de Malacca. À partir de 1946, ces territ. évoluèrent vers l'indépendance.

**Stralsund** v. et port d'Allemagne (Mecklembourg – Poméranie-Occid.), sur la Baltique ; 57 500 hab. – V. suédoise de 1648 à 1815.

**stramoine** *nf* BOT Datura dont certains alcaloïdes ont une action sédative et antispasmodique.

**Strand** Paul (New York, 1890 – Orgeval, 1976), photographe américain, adepte de la « straight photography » (pure photographie).

**strangulation** *nf* Action d'étrangler qqn ; son résultat. ETY Du lat.

**strap** *nm* Sorte de pansement élastique réalisant une contention. ETY Mot angl.

**strapontin** *nm* **1** Siège qu'on peut relever ou abaisser dans certains véhicules, dans les salles de spectacle, etc. **2** fig Fonction d'importance secondaire dans une assemblée, dans un groupe hiérarchisé. ETY De l'ital. *trapunto,* « piqué à l'aiguille ».

**strapping** *nm* MED Méthode d'immobilisation ou de contention souple d'une articulation (cheville, genou, pouce, etc.). PHO [stʀapiŋ] ETY Mot angl.

**Strasbourg** ch.-l. du dép. du Bas-Rhin et de la Rég. Alsace-Champagne-Ardenne-Lorraine, sur l'Ill et près du Rhin ; 280 100 hab. (460 000 hab. pour l'aggl.) ; métropole d'équilibre. Aéroport. – Le port (2e port fluvial de France) a suscité l'industrialisation. – Centre cult., la ville est aussi une cap. européenne : siège du Conseil de l'Europe depuis 1949, et depuis 1979 du Parlement européen. – Archevêché. Université. Musées. Cath. Notre-Dame, en grès rose (XIe-XVIe s., vitraux des XIIIe et XIVe s.). Égl. XIIIe-XIVe s. (tombeau du maréchal de Saxe par Pigalle). Château des Rohan (XVIIIe s.). Maisons anciennes (quartier de la Petite France). DER **strasbourgeois, oise** *a, n* **Histoire** Fondée v. 15 av. J.-C. par une légion romaine, la ville fut une cité gallo-romaine prospère, ruinée par les Barbares. Elle reparut au VIe s. sous le nom de *Strateburgum* (la « ville sur la route ») et bénéficia du renouveau commercial. Rattachée à la Lotharingie (843), puis à l'Allemagne (870), ville libre d'Empire en 1201, elle devint un centre de la Réforme. Annexée par Louis XIV en 1681, prise par les Allemands en 1870, française en 1918, réoccupée en 1940, elle fut libérée par Leclerc le 23 nov. 1944.

**Strasbourg** façade (XIVe-XVe s.) et flèche (149 m) de la cathédrale Notre-Dame

**Strasbourg (serments de)** pacte conclu entre Louis le Germanique et Charles le Chauve contre leur frère Lothaire (842). Ce document constitue le premier texte connu écrit en langues romane et allemande.

**strass** *nm* **1** Verre très réfringent, utilisé pour imiter les pierres précieuses. **2** fig Faux éclat, clinquant, tape-à-l'œil. ETY D'un n. pr.

**strat(o)-** Élément, du latin *stratum,* « couche ».

**stratagème** *nm* Tour d'adresse conçu dans le dessein de tromper ; ruse. ETY Du gr.

**strate** *nf* **1** GEOL Chacune des couches parallèles qui constituent un terrain. **2** fig Chacun des niveaux d'un ensemble. *Strates de cellules d'un tissu.* **3** STATIS Échantillon qui réunit des unités homogènes.

**stratège** *nm* **1** ANTIQ GR Magistrat élu chaque année pour exercer le commandement de l'armée, dans certaines cités. **2** Personne compétente en matière de stratégie.

**stratégie** *nf* **1** Organisation de l'ensemble des opérations d'une guerre, de la défense d'un pays. **2** Art de combiner des opérations pour atteindre un objectif. *Stratégie électorale.* ETY Du gr.

**stratégique** *a* **1** Relatif à la stratégie. *Repli stratégique.* **2** Qui présente un intérêt militaire. *Point stratégique.* **3** fig Choisi ou conçu dans le cadre d'un plan concerté. *Occuper un poste stratégique dans une entreprise.* DER **stratégiquement** *av*

**stratégiste** *n* Spécialiste des marchés financiers.

**Stratford-upon-Avon** (anc. *Stratford-on-Avon*), v. d'Angleterre (Warwickshire), sur l'*Avon* ; 27 600 hab. – Maison natale de Shakespeare (tombeau dans l'égl. XIIIe-XIVe s.). *Shakespeare Memorial Theatre.*

**Strathclyde** ancienne région administrative d'Écosse ; 13 849 km$^2$ ; ch.-l. *Glasgow.*

**stratifié, ée** *a, nm* **A** *a* Qui est constitué de strates. **B** *nm* TECH Matériau constitué de plusieurs couches d'une matière souple imprégnées de résines artificielles.

**stratifier** *vt* ② Disposer en couches superposées. DER **stratification** *nf*

**stratigraphie** *nf* GEOL Étude des strates constitutives des terrains. DER **stratigraphique** *a*

**stratocratie** *nf* Système politique dominé par l'armée.

**stratocumulus** *nm* METEO Couche de nuages gris présentant la forme de balles, de galets ou de rouleaux. SYN cumulostratus.

**Stratonice** (m. en 254 av. J.-C.), princesse grecque. Elle épousa Séleucos Ier Nikatôr, roi de Syrie. Le fils de ce dernier, Antiochos Ier Sôter, s'éprit d'elle et tomba malade ; Séleucos divorça et Antiochos épousa Stratonice.

**stratopause** *nf* METEO Limite supérieure de la stratosphère.

**stratosphère** *nf* Couche de l'atmosphère située entre la troposphère et la mésosphère (c.-à-d. entre 10 et 50 km d'altitude).

**stratosphérique** *a* **1** Relatif à la stratosphère. *Ballon stratosphérique.* **2** fig, fam Très élevé. *Des dépenses stratosphériques.*

**stratotype** *nm* GEOL Endroit servant de référence à un étage géologique.

**stratovolcan** *nm* GEOL Volcan explosif, constitué de couches de laves et de cendres.

**stratus** *nm* METEO Nuage bas en couche grise assez uniforme pouvant donner de la brume ou de la neige. PHO [stratys]

stratus

**Straus** Oscar (Vienne, 1870 – Bad Ischl, 1954), compositeur autrichien d'opérettes.

**Strauss** Johann (Vienne, 1804 – id., 1849), compositeur autrichien : valses, marches (*Marche de Radetzky*), polkas, etc. — **Johann II** (Vienne, 1825 – id., 1899), fils aîné du préc., compositeur : valses (*le Beau Danube bleu, Vie d'artiste, Sang viennois, Valse de l'Empereur*), opérettes : *la Chauve-Souris* (1874), *le Baron tzigane* (1885). – Ses deux frères, tous deux nés et morts à Vienne, **Joseph** (1827 – 1870), **Eduard** (1835 – 1916) composèrent aussi des valses.

**Strauss** David Friedrich (Ludwigsburg, 1808 – id., 1874), théologien allemand. Sa *Vie de Jésus* (1835 ; trad. fr. de Littré, 1839-1840), dans laquelle il assimile le Christ à un mythe, le fit expulser de l'université de Tübingen.

**Strauss** Richard (Munich, 1864 – Garmisch-Partenkirchen, 1949), compositeur et chef d'orchestre allemand, à l'inspiration postromantique : *Don Juan* (1889), *Till Eulenspiegel* (1895), *Ainsi parlait Zarathoustra* (1896), poèmes symphoniques ; *Salomé* (1905), *le Chevalier à la rose* (1911), *Ariane à Naxos* (1912), opéras. Après 1920, il revint au classicisme.

**Strauss** Leo (Kirchhain, 1899 – Annapolis, 1973), politologue américain : *Droit naturel et histoire* (1950).

**Strauss** Botho (Naumburg, 1944), auteur dramatique allemand : *la Trilogie du revoir* (1976).

**Stravinski** Igor Fiodorovitch (Oranienbaum, près de Saint-Pétersbourg, 1882 – New York, 1971), compositeur russe, naturalisé français puis américain. Il collabora, à Paris, avec Diaghilev : *l'Oiseau de feu* (1910), *Petrouchka* (1911), *le Sacre du printemps* (1913). Puis il s'inspira des contes populaires : *Histoire du soldat* (en collab. avec Ramuz, 1918), *Renard* (1922), *les Noces* (1923), et écrivit pour le théâtre *Pulcinella* (1920) , *Œdipus Rex* (1927), *Apollon Musagète* (1928). Vers la fin de sa vie, il utilisa le dodécaphonisme : *Agon* (ballet, 1957).

R. Strauss

I. F. Stravinski

**streaming** *nm* Diffusion sur Internet de musique et de vidéo en temps réel, et non en téléchargement. PHO [strimiŋ] ETY Mot angl.

**Streep** Mary Louise, dite Meryl (Summit, New Jersey, 1949), actrice américaine : *le Choix de Sophie* (1983).

**streetwear** *nm* Tenue vestimentaire décontractée inspirée de celle des adeptes de la culture hip-hop. PHO [stritwɛr] ETY Mot angl.

**Strehler** Giorgio (Barcola, près de Trieste, 1921 – Lugano, Suisse, 1997), metteur en scène de théâtre italien ; fondateur, en 1947, du Piccolo Teatro de Milan ; directeur, à Paris, du Théâtre de l'Europe (1982-1989).

**strelitzia** *nm* Plante ornementale originaire d'Afrique australe (musacée), aux vastes inflorescences orangées et violettes s'ouvrant en éventail. PHO [strelitsja] ETY D'un n. pr.

**streptococcémie** *nf* MED Présence de streptocoques dans le sang. PHO [streptɔkɔksemi]

**streptocoque** *nm* MED Bactérie de forme arrondie, dont les individus se groupent en chaînettes caractéristiques. ETY Du gr. *streptos*, « recourbé ». DER **streptococcie** *nf* – **streptococcique** *a*

**streptomyces** *nm* Mycobactérie aérobie dont de nombreuses espèces synthétisent des antibiotiques. PHO [streptɔmises]

**streptomycine** *nf* MED Antibiotique actif sur un grand nombre de bactéries.

**Stresa** v. d'Italie (Piémont), sur le lac Majeur ; 5 120 hab. Tourisme. – La *conférence de Stresa* (avril 1935) réunit la France, la Grande-Bretagne et l'Italie, inquiètes de la militarisation de l'Allemagne.

**Stresemann** Gustav (Berlin, 1878 – id., 1929), homme politique allemand du parti populiste. Chancelier (1923), puis ministre des Affaires étrangères (1923-1929), il fit admettre l'Allemagne à la SDN et signa le pacte Briand-Kellogg (1928). P. Nobel de la paix 1926.

**stress** *nm inv* Ensemble des perturbations physiologiques et métaboliques provoquées dans l'organisme par des agents agresseurs variés (choc traumatique, chirurgical, émotion, froid, etc.). SYN (recommandé) agression. **LOC** ECOL ***Stress hydrique*** : insuffisance de la ressource en eau, du fait d'un rapport défavorable entre les prélèvements d'eau et le total des ressources disponibles. ETY Mot angl.

**stresser** *v* 1 **A** *vt* Perturber par un stress. **B** *vi* fam Être soumis au stress, être angoissé. DER **stressant, ante** *a*

**stretch** *nm, a inv* Type de tissu élastique dans le sens horizontal. ETY Nom déposé.

**stretching** *nm* SPORT Méthode de gymnastique qui fait une large part à l'étirement musculaire. PHO [strɛtʃiŋ] ETY Mot angl., « étirement ».

**strette** *nf* MUS Partie d'une fugue qui précède la conclusion et dans laquelle on resserre les motifs du sujet. ETY De l'ital.

**striation** → **strier.**

**striatum** *nm* ANAT Syn. de *corps strié*. PHO [strijatɔm]

**strict, stricte** *a* **1** Qui doit être rigoureusement observé. *Consignes strictes.* **2** MATH Se dit d'une inégalité dans laquelle l'égalité est exclue. **3** Qui est rigoureusement conforme à une règle ; qui est d'une exactitude ou d'une valeur absolue. *La stricte vérité. Mot pris dans son sens strict.* **4** Intransigeant, sévère. *Ses parents sont très stricts.* **5** D'une sobriété un peu sévère. *Tailleur strict.* ETY Du lat. *strictus*, « serré ». DER **strictement** *av*

**striction** *nf* **1** didac Action de serrer. **2** MED Constriction.

**stricto sensu** *av* Au sens étroit, restreint. PHO [striktosɛ̃sy] ETY Loc. lat.

**strident, ente** *a* Se dit d'un son aigu et perçant. *Cris stridents.* ETY Du lat. *stridere*, « produire un son aigu ». DER **stridence** *nf*

**stridor** *nm* MED Bruit inspiratoire aigu, observé notam. dans certaines affections du larynx.

**striduler** *vi* 1 didac Produire un bruit aigu, lancinant, en parlant de certains insectes. DER **stridulant, ante** *a* – **stridulation** *nf*

**striduleux, euse** *a* MED Se dit d'un bruit respiratoire aigu et sifflant.

**strie** *nf* **1** Ligne très fine, en creux ou en relief, parallèle, sur une surface, à d'autres lignes semblables. *Les stries d'une coquille.* SYN rainure, sillon. **2** GEOL Trace laissée par un glacier sur les parois rocheuses de sa vallée. **3** ARCHI Filet séparant deux cannelures d'une colonne. ETY Du lat.

**strié, ée** *a* Qui présente des stries. *Roche striée.* **LOC** ANAT ***Corps strié*** : double masse de substance grise située à l'union du diencéphale et des deux hémisphères cérébraux.

**strier** *vt* 2 Marquer, orner de stries. DER **striation** *nf*

**striga** *nm* Scrofulariacée tropicale dont certaines espèces parasitent les cultures (sorgho, maïs, mil, riz, etc.). ETY Mot lat.

**strige** *nf* LITTER Être chimérique, sorte de vampire, à la fois femme et chienne, des légendes médiévales. ETY Du gr. VAR **stryge**

**strigidé** *nm* Oiseau rapace nocturne dont la famille comprend les chouettes et les hiboux (mais non les effraies). ETY Du lat.

**strigiforme** *nm* Oiseau rapace nocturne dont l'ordre est caractérisé par des yeux tournés vers l'avant et des serres emplumées.

**strigile** *nm* **1** ANTIQ ROM Racloir utilisé par les Romains pour se nettoyer la peau après les exercices à la palestre. **2** ARCHI Cannelure en forme de S. ETY Du lat.

**Strindberg** August (Stockholm, 1849 – id., 1912), écrivain suédois. Son roman *la Chambre rouge* (1879), ses nouvelles, ses drames *Père* (1887), *Mademoiselle Julie* (1888) et *les Créanciers* (1888) sont naturalistes. De 1886 à 1897, en proie à des crises de folie, il écrivit *le Plaidoyer d'un fou* (en franç., 1887-1888), *Inferno* (en franç., 1897), puis composa des pièces historiques (*Eric XIV* 1899, *Christine* 1903, etc.), deux drames (*la Danse de mort* 1900, *le Songe* 1902) et cinq

August Strindberg

sombres « kammarspel » (pièces de chambre). Il fut aussi peintre.

**string** *nm* Slip ou maillot de bain en forme de cache-sexe maintenu par un cordon passant entre les fesses. PHO [stʀiŋ] ETY Mot angl., « ficelle ».

**strioscopie** *nf* PHYS Procédé optique d'observation des irrégularités d'indice d'un milieu transparent. DER **strioscopique** *a*

**strip** *nm* Dans la bande dessinée, petite histoire ou gag raconté en quelques cases. ETY Mot angl.

**stripage** *nm* PHYS NUCL Réaction nucléaire dans laquelle un noyau d'un projectile cède un nucléon à la cible contre laquelle il a été projeté et continue sa course, presque dans sa direction initiale.

**stripping** *nm* CHIR Mode de traitement chirurgical des varices. SYN (recommandé) éveinage. PHO [stʀipiŋ] ETY Mot angl.

**strip-tease** *nm* **1** Déshabillage progressif et suggestif d'une ou plusieurs femmes sur un fond musical au cours d'un spectacle de cabaret ; ce spectacle. SYN effeuillage. **2** Cabaret où l'on donne ce genre de spectacle. PLUR strip-teases. PHO [stʀiptiz] ETY Mot angl., de *to strip*, « déshabiller » et *to tease*, « taquiner ». VAR **striptease** DER **strip-teaseur** ou **stripteaseur, euse** *n*

**Strittmatter** Erwin (Spremberg, 1912 – Schulzenhof, 1994), écrivain est-allemand, adepte du réalisme socialiste : *Tinko* (1954), *le Rossignol bleu* (1972).

**striure** *nf* Disposition en stries ; façon dont qqch est strié.

**strobile** *nm* **1** BOT Épi qui porte les sporanges, chez les prêles. **2** Inflorescence, cône mâle des gymnospermes. **3** ZOOL Chaîne d'anneaux (proglottis) formant le corps des cestodes. **4** Polype fixé constituant l'un des états larvaires des méduses acalèphes.

**strobo-** Élément, du gr. *strobos*, « rotation ».

**stroboscope** *nm* TECH Appareil qui permet d'observer et de mesurer la fréquence des mouvements périodiques rapides. DER **stroboscopie** *nf* – **stroboscopique** *a*

**Stroessner** Alfredo (Encarnación, 1912 – Brasilia, 2006), général et homme politique paraguayen. Il s'empara du pouvoir en 1954 et fut renversé en 1989.

**Strogonoff** famille de marchands puis d'industriels russes qui s'illustra du XVI$^e$ au début du XX$^e$ s. En 1581, ils commanditèrent la conquête de la Sibérie. VAR **Stroganov**

**Stroheim** Erich Hans Stroheim, dit Eric von (Vienne, 1885 – Maurepas, 1957), cinéaste et acteur américain d'origine autrichienne, l'un des grands maîtres du muet : *Folies de femmes* (1921), *les Rapaces* (1923), *la Symphonie nuptiale* (1927), *Queen Kelly* (1928). Cinéaste contesté à Hollywood, il fut acteur en France.

**stroma** *nm* **1** BIOL Ensemble des éléments conjonctifs formant la charpente de certains organes, de certains tissus ou de certaines tumeurs. **2** BOT Amas de filaments mycéliens chez les champignons. ETY Mot gr.

**stromatolite** *nm* GEOL Concrétion discoïdale constituée par des amas de bactéries fossilisées du précambrien.

**strombe** *nm* ZOOL Mollusque gastéropode tropical dont la coquille présente des prolongements en forme d'ailes. ETY Du gr. *strephein*, « tourner ».

**Stromboli (île)** la plus septentrionale des îles Éoliennes, au N.-E. de la Sicile ; 12,6 km$^2$ ; 700 hab. Le *volcan Stromboli* est actif (926 m).

**strombolien, enne** *a* GEOL Se dit d'un type de volcan caractérisé par des éruptions violentes, avec projection de débris, et une lave fluide.

**strongle** *nm* ZOOL Nématode très long, effilé, parasite des poumons et des intestins des mammifères. ETY Du gr. *stroggulos*, « rond ». VAR **strongyle**

**strongylose** *nf* MED VET Parasitose due au strongle.

**strontiane** *nf* CHIM Oxyde ou hydroxyde de strontium. PHO [stʀɔ̃sjan]

**strontium** *nm* **1** CHIM Élément alcalino-terreux de numéro atomique Z = 38, de masse atomique 87,62 (symbole Sr). **2** Métal (Sr) blanc de densité 2,54 qui fond vers 800 °C et bout vers 1 360 °C. PHO [stʀɔ̃sjɔm] ETY D'un n. pr.

**strophaire** *nm* BOT Champignon basidiomycète au chapeau le plus souvent visqueux ou lubrifié et squameux, non consommable. ETY Du lat. *strophiarius*, « artificieux ».

**strophantine** *nf* PHARM Substance tirée du strophantus, proche de la digitaline.

**strophantus** *nm* BOT Liane (apocynacée) d'Afrique tropicale, dont les graines contiennent diverses substances cardiotoniques. PHO [stʀɔfɑ̃tys] ETY Du gr. *strophos*, « torsade ».

**strophe** *nf* **1** didac Première partie de l'ode chorale grecque. *Strophe, antistrophe et épode.* **2** Groupe de vers formant un système de rimes complet et qui constitue une composante du poème. ETY Du gr. *strephein*, « tourner ».

**strophoïde** *nf* MATH Courbe du 3$^e$ degré affectant la forme d'une boucle.

**Štrosmajer** Josip Juraj (Osijek, 1815 – Djakovo, 1905), prélat croate ; évêque de Djakovo (1849). Il souhaita que les Slaves du Sud (Yougoslaves) forment un État. VAR **Strossmayer**

**Strouvé** → **Struve.**

**Strozzi** famille florentine connue à partir du XIV$^e$ siècle pour ses activités bancaires (en Italie et à Lyon) elle s'opposa aux Médicis. — **Filippo I$^{er}$** (Florence, 1426 – id., 1491), banquier (à Naples), fit construire à Florence le *palais Strozzi*. — **Filippo II** (Florence, 1489 – id., 1538), fils du préc., entra en lutte avec les Médicis et se suicida en prison. — **Piero** (Florence, 1510 – Thionville, 1558), fils du préc., servit la France, qui le fit maréchal (1556).

**Strozzi** Bernardo (Gênes, 1581 – Venise, 1644), peintre italien, influencé par Rubens.

**structurable** → **structurer.**

**structural, ale** *a* didac **1** Relatif à une structure. **2** Qui relève des méthodes du structuralisme. *Analyse structurale.* PLUR structuraux.

**structuralisme** *nm* didac Théorie et méthode d'analyse qui conduisent à considérer un ensemble de faits comme une structure. DER **structuraliste** *a, n*

ENC F. de Saussure fut l'initiateur du structuralisme linguistique ; pour lui, la langue constitue un système dont chaque élément dépend de tous les autres (V. encycl. linguistique). Dans les sciences humaines, deux principes caractérisent la démarche structuraliste : **1.** tout fait humain est analogue à un fait de langage, l'être humain « codant » la nature et la société dans laquelle il vit à l'aide d'un réseau de symboles **2.** les réalités humaines, en tant qu'ensembles symboliques, constituent des systèmes que le chercheur doit déchiffrer. Cette démarche a été appliquée à l'ethnologie (notam. par Lévi-Strauss), à la sociologie (anthropologie structurale), à la critique littéraire et artistique.

**structurant, structuration** → **structurer.**

**structure** *nf* **1** Manière dont un édifice est construit. *Ce palais est d'une belle structure.* **2** Ce qui soutient qqch, lui donne forme et rigidité ; ossature. *La structure métallique d'un fauteuil.* **3** Agencement, disposition, organisation des différents éléments d'un tout concret ou abstrait. *Structure d'un organisme, d'une plante. Structure d'une phrase.* SYN constitution, contexture, forme. **4** Organisation complexe considérée sous l'angle de ses principaux éléments constitutifs. *Structures administratives.* **5** PHILO Système, ensemble solidaire dont les éléments sont unis par un rapport de dépendance. **6** MATH Propriété d'un ensemble qui satisfait à une ou plusieurs lois de composition. ETY Du lat. *struere*, « construire ».

**structuré, ée** *a* **1** Qui a une certaine structure, correspond à une structure. *Parti peu structuré.* **2** FIN Se dit d'un produit financier complexe construit sur mesure à partir de produits dérivés.

**structurel, elle** *a* didac **1** Structural. **2** Qui relève des structures économiques. *Chômage structurel.* ANT conjoncturel. DER **structurellement** *av*

**structurer** *vt* ① Donner une structure à. *Structurer un organisme, un récit. Vêtement bien structuré.* DER **structurable** *a* – **structurant, ante** *a* – **structuration** *nf*

**Structures élémentaires de la parenté (les)** ouvrage ethnologique de Lévi-Strauss (1949).

**structurologie** *nf* Étude de la structure d'une roche ou d'un ensemble géologique.

**strudel** *nm* Gâteau fourré aux pommes et aux raisins secs. PHO [ʃtʀudɛl] ETY Mot all.

**Struensee** Johann Friedrich (comte de) (Halle, 1737 – Copenhague, 1772), homme politique danois. Médecin de Christian VII (1768), favori de la reine Caroline-Mathilde, conseiller d'État, il tenta des réformes, fut accusé de complot et décapité.

**Struma (la)** (anc. *Strymon*), fl. de Bulgarie et de Grèce (430 km) ; elle naît au S. de Sofia et se jette dans la mer Égée.

**strume** *nf* MED Goitre. ETY Du lat.

**struthioniforme** *nm* Oiseau dont l'ordre comprend seulement l'autruche. ETY Du lat. *struthi*, « autruche ».

**Struthof** écart de la com. de Natzwiller (Bas-Rhin), près de Schirmeck. Camp d'extermination nazi (1941-1944).

**Struve** Wilhelm von (Altona, près de Hambourg, 1793 – Saint-Pétersbourg, 1864), astronome russe d'origine all. ; directeur (1839) du princ. observatoire russe. — **Otto** (Dorpat, auj. Tartou, Estonie, 1819 – Karlsruhe, 1905), astronome, fils du préc., identifia des étoiles doubles. — **Otto** (Kharkov, 1897 – Berkeley, 1963), astronome américain, petit-fils du préc., fit des travaux de spectroscopie stellaire. VAR **Strouvé**

**strychnine** *nf* PHARM Alcaloïde très toxique extrait de la noix vomique. PHO [stʀiknin]

**strychnos** *nm* BOT Arbre tropical dont une espèce produit la noix vomique et une autre le curare. PHO [stʀiknos] ETY Mot gr., « vomiquier ».

**stryge** → **strige.**

**Strymon** → **Struma.**

**Strzeminski** Wladslaw (Minsk, 1893 – Lodz, 1952), peintre polonais, constructiviste.

**Stuart** (*Stewart* jusqu'en 1542), famille écossaise connue depuis le XII$^e$ s. Elle régna sur l'Écosse (1371-1714) et, conjointement, sur l'Angleterre (1603-1714). Elle s'éteignit en 1788, quand mourut, sans postérité, Charles-Édouard, dit *le Jeune Prétendant*, petit-fils de Jacques II d'Angleterre.

**Stubbs** William (Knaresborough, 1825 – Cuddesdon, 1901), historien et évêque anglais d'esprit libéral. Sa *Constitutional History of England in Its Origin and Development* (1873) dresse l'histoire du parlementarisme anglais.

**stuc** *nm* Composition de chaux éteinte et de poudre de marbre, d'albâtre ou de craie, servant à exécuter divers ouvrages décoratifs. ETY De l'ital.

**stucage** → **stuquer.**

**stucateur** *nm* TECH Ouvrier qui prépare ou qui applique le stuc.

**stud-book** *nm* TURF Registre contenant le nom, la généalogie, les victoires des pur-sang. PLUR stud-books. PHO [stœdbuk] ETY Mot angl. VAR **studbook**

**studette** *nf* Petit studio (logement).

**studieux, euse** *a* **1** Qui aime l'étude, qui s'y applique. *Élève studieux.* **2** Consacré à l'étude. *Des vacances studieuses.* ETY Du lat. *studium,* « zèle ». DER **studieusement** *av*

**studio** *nm* **1** Logement constitué d'une pièce unique, à laquelle s'ajoutent le plus souvent une cuisine et un cabinet de toilette ou une salle de bains. **2** Endroit aménagé pour le tournage de films, d'émissions de télévision, pour l'enregistrement d'émissions de radio, de musique. **3** Atelier d'artiste, de photographe. **4** Salle de spectacle où sont donnés des films d'art et d'essai. ETY Mot ital., « atelier d'artiste ».

**stuka** *nm* HIST Appareil de bombardement en piqué, utilisé par l'aviation allemande pendant la Seconde Guerre mondiale. PHO [ʃtuka] ETY Mot all.

**Stülpnagel** Karl Heinrich von (Darmstadt, 1886 – Berlin, 1944), général allemand. Chef des troupes d'occupation en France (1942), impliqué dans le complot du 20 juillet 1944 contre Hitler, il fut pendu en août.

**stupa** *nm* Monument funéraire bouddhique, formé d'un hémisphère de maçonnerie monté sur un piédestal. PHO [stupa] ETY Mot hindi. VAR **stoupa**

**stupa** de Sanchi et un de ses quatre portiques d'accès (à g.)

**stupéfait, aite** *a* Étonné au point de ne pouvoir réagir. SYN interdit.

**stupéfiant, ante** *a, nm* **A** *a* Qui stupéfie, qui cause la stupéfaction. **B** *nm* Substance médicamenteuse ayant un effet analgésique ou euphorisant et dont l'usage entraîne une dépendance et des troubles graves. *L'opium, la morphine, la cocaïne sont des stupéfiants.*

**stupéfier** *vt* ② Causer un grand étonnement à qqn, rendre stupéfait. *La nouvelle de sa mort nous a stupéfiés.* DER **stupéfaction** *nf*

**stupeur** *nf* **1** MED Engourdissement des facultés intellectuelles avec immobilité et physionomie étonnée ou indifférente, que l'on observe dans certaines affections psychiques. **2** Étonnement profond qui ôte toute possibilité de réaction. SYN stupéfaction. ETY Du lat. DER **stuporeux, euse** *a*

**stupide** *a* **1** Qui manque d'intelligence, de jugement. **2** Qui dénote un manque d'intelligence, ou de réflexion. *Un comportement stupide.* SYN idiot. DER **stupidement** *av* – **stupidité** *nf*

**stupre** *nm* litt Débauche avilissante ; luxure. ETY Du lat.

**stuquer** *vt* ① TECH Enduire de stuc. DER **stucage** *nm*

**Sturdee** sir Frederick Charles Doveton (Charlton, Kent, 1859 – Camberley, 1925), amiral britannique. Il vainquit la flotte allemande aux îles Falkland (1914).

**Sturges** Edmond P. Biden, dit Preston (Chicago, 1898 – New York, 1959), cinéaste américain : *les Voyages de Sullivan* (1941).

**Sturges** John (Oak Park, Illinois, 1911 – San-Luis-Obispo, Californie, 1992), cinéaste américain : *Règlement de comptes à O.K. Corral* (1956), *les Sept Mercenaires* (1960).

**Sturm** Charles (Genève, 1803 – Paris, 1855), mathématicien et physicien français d'origine suisse. ▷ OPT *Focales de Sturm* : segments de droite sur lesquels aboutissent les rayons lumineux qui sortent d'un système optique.

**Sturm (Der)** (all. « la Tempête »), revue et mouvement artistiques créés en 1910 à Berlin.

**Sturm und Drang** (« Tempête et Élan », titre d'une tragédie de Fr. M. von Klinger, 1776), mouvement littéraire et politique à caractère préromantique qui prit naissance en Allemagne v. 1770 et y rayonna jusqu'en 1790 env. Princ. membres : Schiller, Goethe, Lenz, Herder.

**Sturzo** Luigi (Caltagirone, prov. de Catane, 1871 – Rome, 1959), prêtre et homme politique italien. Il fonda en 1919 le parti populaire italien (précurseur du parti démocrate-chrétien).

**Stuttgart** v. d'Allemagne, cap. du Bade-Wurtemberg, port sur le Neckar ; 565 490 hab. Grand centre industriel, commercial et culturel. – Vieux Château XVIe s., Nouveau Château XVIIIe s., égl. gothique. Musées. DER **stuttgartois, oise** *a, n*

**Stutthof** camp de concentration nazi (1938 – 1944), implanté près de Dantzig.

**Stwosz** Wit Veit (?, v. 1440 – Nuremberg, 1533), sculpteur allemand, grande figure de l'art gothique finissant : retable de la cath. de Cracovie (1477-1489). VAR **Stoss**

**1 style** *nm* **1** Manière d'utiliser les moyens d'expression du langage, propre à un auteur, à un genre littéraire, etc. *Style clair, précis, élégant ; obscur, ampoulé. Style administratif, juridique.* **2** Manière de s'exprimer agréable et originale. *Orateur qui tourne ses phrases avec style.* **3** Ensemble des traits caractéristiques des œuvres d'un artiste, d'une époque, d'une civilisation. *Une décoration de style Régence.* **4** Caractère d'une œuvre originale. *Tableau qui a du style.* **5** Ensemble des comportements habituels de qqn. *Adopter un certain style de vie. Le style d'un joueur de tennis.* **6** Façon particulière de pratiquer un sport alliant les impératifs de l'esthétique à ceux de l'efficacité. *Ce boxeur doit améliorer son style.* LOC ***C'est tout à fait son style*** : c'est bien digne de lui. — ***De grand style*** : qui se fait sur une vaste échelle ou qui est fait avec brio. — ***De style*** : d'un style particulier, propre à une époque ancienne. *Une salle à manger de style.* — GRAM ***Style direct*** : qui rapporte telles quelles les paroles prononcées, par oppos. à *style indirect.* ETY Du lat.

**2 style** *nm* **1** ANTIQ Poinçon métallique servant à écrire sur les tablettes enduites de cire. **2** BOT Partie, souvent filiforme, du pistil qui surmonte l'ovaire. **3** Tige d'un cadran solaire, dont l'ombre donne l'heure.

**stylé, ée** *a* Qui accomplit son service domestique dans les règles.

**styler** *vt* ① Donner un certain style à qqch, à qqn. *Elles s'emploient à styler leur look.*

**stylet** *nm* **1** Poignard à petite lame aiguë. **2** ZOOL Partie saillante et effilée de certains organes.

**styliser** *vt* ① Représenter en simplifiant les formes, dans un but décoratif. *Styliser une fleur.* DER **stylisation** *nf*

**stylisme** *nm* **1** Excès de recherche dans le style. **2** Activité, art, profession du styliste.

**styliste** *n* **1** Écrivain qui apporte un très grand soin à son style. **2** Personne dont le métier est de définir le style d'un produit, dans les domaines de l'industrie, de la mode, de l'ameublement.

**stylistique** *nf, a* LING Étude du style dans ses aspects syntaxiques, lexicaux, rhétoriques, etc. DER **stylisticien, enne** *n*

**stylite** *nm* didac Ermite qui vivait au sommet d'une colonne, d'une tour, d'un portique.

**stylo** *nm* Porte-plume à réservoir d'encre. *Stylo à encre, stylo à plume.* VAR **stylographe** ou **stylo-plume**

**stylobate** *nm* Soubassement formant un piédestal continu et portant une rangée de colonnes.

**stylo-bille** *nm* Stylo à encre épaisse dans lequel la plume est remplacée par une bille métallique. PLUR stylos-bille.

**stylo-feutre** *nm* Stylo ayant une pointe en feutre ou en nylon en guise de plume. PLUR stylos-feutres.

**styloïde** *a* ANAT Se dit d'apophyses osseuses longues et minces. *Apophyse styloïde du temporal.* ETY Du gr. *stuloeidês,* « qui ressemble à une colonne ».

**stylométrie** *nf* LITTER Statistique appliquée à l'étude du style. DER **stylométrique** *a*

**stylomine** *nm* Porte-mine. ETY Nom déposé.

**stylommatophore** *nm* ZOOL Mollusque gastéropode pulmoné terrestre, possédant sur la tête deux paires de tentacules rétractiles dont l'ordre comporte les escargots et les limaces.

**Stymphale** v. de l'anc. Grèce, au N.-E. de l'Arcadie, sur les bords du lac du m. nom, où, selon la tradition, vivaient des oiseaux anthropophages au bec de fer qu'Héraclès extermina.

**styrax** *nm* **1** BOT Arbre tropical dicotylédone gamopétale, qui fournit une résine solide et odorante. **2** Résine grise sirupeuse utilisée dans la confection de sirops, de pommades et de parfums. ETY Du gr. VAR **storax**

**styrène** *nm* CHIM Carbure éthylénique et benzénique utilisé comme matière première dans l'industrie des plastiques. SYN phényléthylène. VAR **styrol** ou **styrolène**

**Styrie** (en all. *Steiermark*), Land du S.-E. de l'Autriche ; 16 387 km² ; 1 183 000 hab. ; cap. *Graz.* Ce Land montagneux est riche en lignite, magnésite, graphite, salines, fer, qui suscitèrent l'industrialisation. – Partie O. de la Pannonie romaine, incluse dans la Carinthie carolingienne, la région forma un duché (1180) qui passa aux Habsbourg en 1278.

**Styron** William (Newport News, 1925 – Martha's Vineyard, 2006), romancier américain : *la Proie des flammes* (1960), *le Choix de Sophie* (1979).

**Styx (le)** dans la myth. gr., l'un des fleuves des Enfers, qu'il entoure de ses méandres. En l'y plongeant, Thétis rendit son fils Achille invulnérable (sauf au talon, qu'elle tenait).

**su, sue** *a* Que l'on sait, que l'on a appris. *Une leçon bien sue.*

**suaire** *nm* litt Linceul. ETY Du lat. *sudarium,* « linge pour essuyer la sueur ».

**suaire (le saint)** le linge dans lequel le Christ aurait été enseveli et qui est conservé à Turin. Certaines expertises le font dater du XIVe s., d'autres le date du Ier s.

**suant, ante** *a* **1** fam Qui sue. *Un front suant.* **2** fig, fam Pénible, ennuyeux.

**Suarès** André (Marseille, 1868 – Saint-Maur-des-Fossés, 1948), essayiste français : *le Voyage du condottiere* (3 vol., 1910-1932).

**Suárez** Francisco (Grenade, 1548 – Lisbonne, 1617), jésuite et théologien espagnol : *Commentaires sur « la Somme » de saint Thomas d'Aquin* (1590-1603).

**Suárez** Adolfo (Cerebros, 1932 – Madrid, 2014), homme politique espagnol, de centre droit ; Premier ministre de l'après-franquisme (1976-1981).

**suave** *a* litt D'une douceur agréable aux sens. *Une odeur, une musique suave. Un plaisir suave.* SYN délicieux, exquis. [ETY] Du lat. [DER] **suavement** *av* – **suavité** *nf*

**sub-** Élément, du lat. *sub*, « sous ».

**subaigu, uë** *a* MED Qui a les caractères de l'état aigu sans en avoir la gravité. [VAR] **subaigu, üe**

**subalpin, ine** *a* GEOGR Qui est situé en bordure des Alpes.

**subalterne** *a, n* Dont la position est inférieure, subordonnée. *Officier subalterne.* [ETY] Du lat. *alter*, « autre ».

**subaquatique** *a* didac Qui se produit sous l'eau.

**subatomique** *a* PHYS D'une taille inférieure à celle de l'atome.

**subcarpatique** *a* GEOGR Que dominent les Carpates.

**subcellulaire** *a* BIOL Qui est situé en deçà de l'unité cellulaire.

**subclaquant, ante** *a* fam Qui est en train de mourir.

**subclinique** *a* MED Qui concerne la période de la maladie sans signes cliniques perceptibles.

**subconscient, ente** *a, nm* PSYCHO **A** *a* Dont on n'est pas clairement conscient. **B** *nm* Partie subconsciente du psychisme.

**subcontinent** *nm* GEOGR Sous-continent.

**subdélégué** *nm* HIST Officier chargé d'administrer une subdivision de l'intendance.

**subdéléguer** *vt* [14] ADMIN Commettre qqn pour accomplir une fonction dont on a été chargé par une autorité supérieure.

**subdésertique** *a* GEOGR Dont le climat est proche de celui des déserts.

**subdiviser** *vt* [1] Diviser les parties d'un tout déjà divisé. [DER] **subdivision** *nf*

**subduction** *nf* GEOL Enfoncement d'une plaque sous la plaque voisine.

**subéquatorial, ale** *a* GEOGR Propre aux régions proches de l'équateur. *Flore subéquatoriale.* PLUR subéquatoriaux.

**suber** *nm* BOT Nom scientif. du liège. [PHO] [sybɛʀ] [ETY] Mot lat. [DER] **subéreux, euse** *a*

**subérifié, ée** *a* BOT Transformé en tissu subéreux.

**subérine** *nf* BOT Substance lipidique qui imprègne les parois des cellules du liège.

**Subiaco** com. d'Italie (Latium, prov. de Rome) ; 8 890 hab. – Benoît de Nurcie y fonda son prem. monastère (fin du Ve s.).

**subintrant, ante** *a* MED Se dit de l'accès d'un mal périodique qui survient avant que le précédent ne soit terminé.

**subir** *vt* [3] **1** Supporter involontairement ce qui est imposé par qqn ou par qqch. *Subir le contrecoup de la crise économique mondiale. Métal qui subit une déformation.* **2** Devoir supporter qqn de pénible. **3** Se soumettre volontairement à. *Il a dû subir une opération assez grave.* [ETY] Du lat., *subire*, « aller sous ».

**subit, ite** *a* Qui arrive tout à coup, de façon rapide et imprévue. *Une attaque subite.* SYN soudain. [ETY] Du lat. [DER] **subitement** *av*

**subito** *av* fam Subitement. [ETY] Mot lat.

**subjacent, ente** *a* litt Sous-jacent.

**subjectif, ive** *a* **1** Qui a rapport au sujet pensant. *Experience subjective.* **2** Qui exprime une certitude tout individuelle, qui ne peut être étendue à tous. *Approche subjective d'un problème.* **3** Influencé par la personnalité, l'affectivité du sujet ; partial. *Jugement subjectif.* ANT objectif. [ETY] Du lat. *subjectus*, « sujet ». [DER] **subjectivement** *av* – **subjectivité** *nf*

**subjectile** *nm* PEINT Surface destinée à recevoir une couche de peinture. [ETY] Du lat. *subjectus*, « placé dessous ».

**subjectivisme** *nm* **1** PHILO Système qui n'admet d'autre réalité que celle du sujet pensant. **2** Propension à juger en se fondant sur sa subjectivité. [DER] **subjectiviste** *a, n*

**subjonctif** *nm* Mode personnel du verbe, exprimant notam. l'indécision, le doute, l'éventualité. *Les temps du subjonctif sont le présent, l'imparfait, le passé et le plus-que-parfait.* [ETY] Du lat. *subjungere*, « subordonner ».

**subjuguer** *vt* [1] Exercer un ascendant absolu sur qqn ; conquérir, charmer. [ETY] Du lat. *jugum*, « joug ».

**Subleyras** Pierre Hubert (Saint-Gilles-du-Gard, 1699 – Rome, 1749), peintre et graveur français fixé à Rome, précurseur du néoclassicisme.

**sublimation** *nf* **1** PHYS, CHIM Passage direct de l'état solide à l'état gazeux. **2** fig Action d'élever, de purifier. **3** PSYCHAN Mécanisme, généralement inconscient, par lequel des pulsions socialement réprouvées sont détournées de leur objet premier et orientées vers des buts considérés par le sujet comme plus conformes aux normes morales qu'il reconnaît.

**sublime** *a, nm* **A** *a* **1** Très beau, très grand, très haut placé dans l'échelle des valeurs esthétiques ou morales. *Un spectacle sublime. Une vertu, un acte sublime.* SYN admirable, parfait. **2** Qui s'élève aux sommets de l'esprit, de la vertu. *Un génie sublime. Un héros sublime.* **B** *nm* **1** Ce qu'il y a de plus grand dans l'échelle des valeurs morales, esthétiques. *Il y a du sublime dans cette action.* **2** LITTER Un des styles distingués par la rhétorique classique, destiné à élever l'esprit du lecteur. [ETY] Du lat. *sublimis*, « haut ». [DER] **sublimement** *av* – **sublimité** *nf*

**sublimé** *nm* CHIM Produit obtenu par sublimation.

**sublimer** *v* [1] **A** *vt* **1** PHYS, CHIM Faire passer directement de l'état solide à l'état gazeux. **2** fig Élever, purifier. **B** *vi* PSYCHAN Transformer les pulsions par la sublimation, les faire passer sur un plan supérieur de réalisation. **C** *vpr* fig Donner le meilleur de soi-même. *Se sublimer dans un match de Coupe du monde.*

**subliminal, ale** *a* **1** PSYCHO Qui ne dépasse pas le seuil de la conscience. **2** Qui, du fait de sa brièveté, ne peut être perçu que par l'inconscient. *Message subliminal.* PLUR subliminaux.

**sublingual, ale** *a* **1** ANAT Situé sous la langue. *Glandes sublinguales.* **2** Qui s'effectue sous la langue. *Médicament d'absorption sublinguale.* PLUR sublinguaux. [PHO] [syblɛ̃gwal]

**sublunaire** *a* ASTRO Qui est entre la Terre et la Lune.

**submerger** *vt* [13] **1** Couvrir complètement d'eau, de liquide ; inonder. *Le fleuve en crue a submergé ses rives.* **2** fig Envahir, déborder. *La foule a submergé le service d'ordre. Être submergé de travail.* [ETY] Du lat. *mergere*, « plonger ». [DER] **submersion** *nf*

**submersible** *a, nm* **A** *a* Qui peut être submergé. *Terres submersibles.* **B** *nm* Sous-marin.

**subodorer** *vt* [1] Pressentir, deviner. *Je subodore de la malhonnêteté dans cette proposition.*

**subordination** *nf* **1** Dépendance d'une personne à l'égard d'une autre. **2** Fait, pour une chose, de dépendre d'une autre. *Subordination de l'effet à la cause.* **3** GRAM Rapport syntaxique entre une proposition et une autre à laquelle elle est subordonnée.

**subordonnant, ante** *a, nm* GRAM Se dit d'un élément qui établit un lien de subordination (conjonction, relatif).

**subordonné, ée** *a, n* **A** Qui est hiérarchiquement inférieur à. *Il est courtois avec ses subordonnés.* **B** *a, n* GRAM Proposition qui se trouve dans une relation syntaxique de dépendance par rapport à une autre proposition et ne peut, à elle seule, former une unité syntaxique complète.

**subordonner** *vt* [1] **1** Mettre dans une situation hiérarchiquement inférieure à une autre. *Les prêtres sont subordonnés aux évêques.* **2** Considérer une chose comme secondaire par rapport à une autre. *Il subordonne tout à des questions d'intérêt.* **3** Faire dépendre une chose d'une autre. *Il subordonne son départ à la réussite de cette négociation.*

**suborner** *vt* [1] **1** DR Corrompre, acheter. *Suborner un témoin.* **2** vx Séduire. *Suborner une jeune fille.* [ETY] Du lat. *ornare*, « équiper ». [DER] **subornation** *nf*

**suborneur, euse** *n, a* litt Séducteur.

**Subotica** v. de Vojvodine, proche de la Roumanie ; 100 520 hab. Industries.

**subpolaire** *a* GEOGR Proche du pôle. *Climat subpolaire.*

**subprime** *nm* ECON Prêt hypothécaire à haut risque accordé à des foyers à la situation financière instable. [ETY] Mot angl.

**subrécargue** *nm* MAR Représentant de l'affréteur ou de l'armateur, embarqué sur un navire pour veiller à la gestion de la cargaison. [ETY] De l'esp.

**subreptice** *a* litt Qui est fait furtivement, à l'insu des personnes concernées. *Machinations subreptices.* [ETY] Du lat. *subrepere*, « ramper dessous ». [DER] **subrepticement** *av*

**subrogé, ée** *n, a* Personne qui devient titulaire de la créance en lieu et place du créancier. LOC DR ***Subrogé tuteur*** : personne chargée par le conseil de famille de défendre les droits du mineur quand les intérêts de celui-ci et ceux du tuteur sont opposés.

**subroger** *vt* [13] **1** DR Mettre à la place de qqn. *Je vous ai subrogé en mes droits.* **2** Nommer un juge rapporteur aux lieu et place d'un autre. [ETY] Du lat. [DER] **subrogation** *nf* – **subrogatoire** *a*

**subsaharien, enne** *a* Au sud du Sahara.

[ENC] La sculpture de l'Afrique subsaharienne, riche de l'art de cour des roy. d'Ifé et du Bénin, a surtout connu un extraordinaire développement en tant qu'art à fonction cultuelle (animisme, fétichisme) des peuples africains à organisation tribale. Cet art, représenté le plus souvent par des objets sculptés en bois (statuettes, masques), offre une extrême diversité de styles. Parmi les peuples dont la production artistique fut la plus remarquable, il faut citer : au Cameroun, les Bamilékés ; au Congo, les Bakongos ; au Zaïre, les Bakoubas, notam. ; en Côte d'Ivoire, les Baoulés, les Dans et les Sénoufos ; au Bénin, les Fons et les Yoroubas ; au Gabon, les Fangs ; au Ghana, les Achantis ; en Guinée, les Bagas et les Kissis ; au Burkina Faso, les Bobos ; au Mali, les Dogons, les Bambaras et les Sénoufos ; au Nigeria, les Ibos et les Yoroubas. Rares sont les objets africains en bois qui remontent à plus de deux siècles ; mais il existe des exceptions, par ex. certaines statuettes Tellem (ancêtres des Dogons) que l'on date des XIII$^{e}$-XIV$^{e}$ s.

**subséquent, ente** *a* litt DR Qui suit, qui vient après. *Un testament subséquent annule le précédent.* ETY Du lat. *subsequi,* « suivre de près ». DER **subséquemment** *av*

**subside** *nm* Aide financière accordée par un État à un autre, par une organisation ou une personne à une autre. ETY Du lat.

**subsidence** *nf* GEOL Mouvement d'affaissement du fond d'une dépression.

**subsidiaire** *a* Qui s'ajoute au principal pour le renforcer, le compléter. *Moyens subsidiaires.* LOC ***Question subsidiaire :*** question supplémentaire qui sert à départager des concurrents ex æquo. ETY Du lat. *subsidiarius,* « de réserve ». DER **subsidiairement** *av*

**subsidiarité** *nf* **1** Caractère subsidiaire de qqch. **2** POLIT Délégation du pouvoir d'un niveau à un autre d'une fédération. *Le principe de subsidiarité est inscrit dans le traité de Maastricht.*

**subsidier** *vt* ② Belgique, Afrique Subventionner.

**subsistance** *nf* Fait de subvenir aux besoins de qqn ; nourriture et entretien d'une personne. *Pourvoir à la subsistance de qqn.*

**subsister** *vi* ① **1** Exister encore. *Cette coutume subsiste.* **2** Subvenir à ses besoins essentiels. ETY Du lat. DER **subsistant, ante** *a*

**subsonique** *a* TECH Inférieur à la vitesse du son. ANT supersonique, transsonique.

**subspontané, ée** *a* GEOGR Se dit d'une espèce végétale ou animale qui prospère dans le milieu dans lequel on l'a introduite.

**substance** *nf* **1** PHILO Ce qui est en soi ; réalité permanente qui sert de support aux attributs changeants. **2** Matière, corps. *Substance minérale, liquide. Substance fondamentale des os.* **3** Ce qu'il y a d'essentiel dans un discours, un écrit. *La substance d'un livre.* LOC ***En substance :*** en se bornant à l'essentiel, en résumé. — ANAT ***Substance fondamentale :*** sorte de gel qui soutient les cellules et les fibres du tissu conjonctif. — BIOCHIM ***Substance P :*** neuropeptide contribuant à la transmission nerveuse de la douleur. ETY Du lat. *substare,* « se tenir dessous ».

**substantialisme** *nm* PHILO Doctrine qui admet l'existence d'une substance, soit matérielle, soit spirituelle. ANT phénoménisme. DER **substantialiste** *a, n*

**substantiel, elle** *a* **1** PHILO Qui appartient à la substance. *L'âme est la forme substantielle du corps.* **2** Nourrissant. *Un plat substantiel.* **3** Qui constitue une nourriture abondante pour l'esprit. *Les passages les plus substantiels d'un ouvrage.* **4** Important, non négligeable. *Il a obtenu des avantages substantiels.* DER **substantialité** *nf* – **substantiellement** *av*

**substantif, ive** *n, a* GRAM **A** *nm* Unité lexicale pouvant se combiner avec certains morphèmes et se référant à un objet matériel ou non. SYN nom. **B** *a* Relatif au substantif. *Proposition substantive.* ETY Du lat. DER **substantivement** *av*

**substantifier** *vt* ② PHILO Donner à qqch une forme concrète que l'esprit peut mieux concevoir.

**substantifique** *a* LOC litt « *La substantifique moelle* » (Rabelais) : ce qu'un texte contient d'enrichissant pour l'esprit.

**substantiver** *vt* ① LING Transformer en substantif un verbe, un adjectif. DER **substantivation** *nf*

**substituant** *nm* CHIM Atome qui se substitue à un autre dans une molécule.

**substituer** *v* ① **A** *vt* **1** Mettre une personne, une chose à la place d'une autre. *Substituer une copie à l'original.* **2** DR Appeler qqn à une succession après un autre héritier ou à son défaut. **B** *vpr* Se mettre à la place de. *Son oncle s'est substitué à son père.* ETY Du lat. DER **substituabilité** *nf* – **substituable** *a*

**substitut** *n* **A** DR Magistrat du parquet qui supplée le procureur de la République, le procureur général ou les avocats généraux. **B** *nm* **1** Personne, chose qui remplit une fonction à la place d'une autre. **2** PHARM Syn. de *succédané.*

**substitutif, ive** *a* **1** didac Qui peut se substituer à qqch, le remplacer. **2** MED Se dit d'un traitement destiné à suppléer une déficience de l'organisme.

**substitution** *nf* **1** Action de substituer. *Substitution d'enfant.* **2** didac Remplacement d'un produit par un autre (en économie, en thérapeutique, etc.). **3** CHIM Remplacement, dans une molécule, d'un atome ou d'un groupe d'atomes par un atome ou un groupe différent. *Réactions de substitution et réactions d'addition.* **4** MATH Remplacement d'un des éléments d'une suite par un autre. SYN permutation. **5** DR Disposition par laquelle un tiers est appelé à recueillir un don ou un legs au cas où le premier bénéficiaire institué n'en profiterait pas.

**substrat** *nm* **1** PHILO Ce qui, présent derrière les phénomènes, leur sert de support. **2** LING Langue qui, dans une communauté linguistique, a été éliminée au profit d'une autre, mais qui a néanmoins exercé une influence sur cette dernière. **3** BIOCHIM Molécule sur laquelle agit une enzyme. **4** GEOL Couche inférieure ou antérieure existant sous une couche plus récente. **5** AGRIC Mélange (terre, sable, compost, etc.) sur lequel on fait des semis. ETY Du lat. *substernere,* « étendre sous ». VAR **substratum**

**subsumer** *vt* ① PHILO Penser un élément particulier comme compris dans un ensemble plus vaste. ETY Du lat.

**subsurface** *nf* Couche du sol qui se trouve immédiatement sous la surface.

**subterfuge** *nm* Moyen détourné et artificieux pour se tirer d'embarras. *User de subterfuges.* SYN stratagème. ETY Du lat. *subterfugere,* « fuir en cachette ».

**subtil, ile** *a* **1** Qui a une finesse et une ingéniosité remarquables ; qui dénote ces qualités. *Personne subtile. Argument subtil.* **2** Difficile à saisir pour l'esprit, les sens. *Nuance subtile.* ETY Du lat. *subtilis,* « fin, délié ». DER **subtilement** *av*

**subtiliser** *v* ① **A** *vi* vx, litt Tenir des raisonnements très subtils. *Subtiliser sur des questions de morale.* **B** *vt* Voler habilement qqch. *On lui a subtilisé son porte-monnaie.* DER **subtilisation** *nf*

**subtilité** *nf* **1** Caractère d'une personne, d'une chose subtile. **2** Raffinement dans le raisonnement, dans la pensée.

**subtropical, ale** *a* GEOGR Situé sous les tropiques. *Région subtropicale.* PLUR subtropicaux.

**subulé, ée** *a* SC NAT Allongé et pointu comme une alêne. ETY Du lat.

**suburbain, aine** *a* Qui se trouve dans les environs d'une ville.

**suburbicaire** *a* RELIG CATHOL Se dit des sept diocèses de la périphérie de Rome.

**subvenir** *vti* ㊱ Pourvoir à des besoins matériels, financiers. *Il ne peut subvenir à cette dépense.* ETY Du lat. *subvenire,* « secourir »

**subvention** *nf* Somme versée à fonds perdus par l'État, une collectivité locale, un organisme, un mécène à une collectivité publique, une entreprise, un groupement, une association, un individu, pour lui permettre d'entreprendre ou de poursuivre une activité d'intérêt général. DER **subventionnel, elle** *a* – **subventionner** *vt* ① – **subventionneur, euse** *n*

**subversion** *nf* Action, activité visant au renversement de l'ordre existant, des valeurs établies, surtout dans le domaine politique. *Mouvement de subversion.* DER **subversif** *a* – **subversivement** *av*

**subvertir** *vt* ③ didac Bouleverser un ordre, un équilibre.

**suc** *nm* **1** Liquide organique susceptible d'être extrait d'un tissu animal ou végétal. *Le suc de la viande.* **2** PHYSIOL Produit de la sécrétion de certaines glandes digestives. *Suc gastrique, pancréatique.* **3** litt Ce qu'il y a de plus profitable, de plus substantiel. ETY Du lat.

**succédané** *nm* **1** Produit qu'on peut substituer à un autre dans certaines de ses utilisations. *Les succédanés du café.* SYN ersatz. **2** PHARM Médicament qui, possédant des propriétés proches d'un autre, peut être utilisé à sa place. SYN substitut. **3** fig Ce qui remplace qqch tout en ayant une valeur moindre. ETY Du lat. *succedere,* « remplacer ».

**succéder** *vti* ⑭ **1** Venir après qqn et le remplacer dans une charge, dans un emploi, etc. *Louis XIV a succédé à Louis XIII.* **2** Venir après qqch dans le temps, dans l'espace. *Le printemps succède à l'hiver. Les générations qui se sont succédé jusqu'à ce jour.* **3** DR Recueillir l'héritage de qqn. ETY Du lat.

**succenturié** *am* LOC ZOOL ***Ventricule succenturié :*** partie antérieure de l'estomac des oiseaux, dans laquelle est sécrété le suc gastrique. ETY Du lat. *succenturiare,* « tenir en réserve ».

**succès** *nm* **A** **1** Heureuse issue d'une opération, d'une entreprise. *Succès d'une expédition militaire.* **2** Bon résultat obtenu par qqn. *Succès scolaires.* **3** Fait de gagner la faveur du public. *Acteur, film qui a du succès.* **4** Fait de susciter l'intérêt amoureux, d'attirer les personnes du sexe opposé. **5** fam Chose qui a du succès, qui est à la mode. *Il a lu tous les succès du moment.* **B** *nm pl* Aventures amoureuses. *Se vanter de ses succès.* LOC ***À succès :*** qui obtient du succès, le plus souvent par des moyens faciles. PHO [sykse] ETY Du lat.

**successeur** *n* **A** Personne qui succède ou qui est appelée à succéder à une autre dans ses fonctions, ses biens. **B** *nm* MATH Élément d'un ensemble ordonné qui en suit un autre. ANT antécédent. VAR **successeure** *nf*

**successibilité** *nf* DR **1** Droit de succéder. **2** Ordre dans lequel se fait la succession. DER **successible** *a*

**successif, ive** *a* Qui se succède. *Les locataires successifs d'une maison.* DER **successivement** *av*

**succession** *nf* **1** Fait de succéder à qqn en ce qui concerne ses fonctions, sa charge. **2** Ensemble de personnes ou de choses qui se succèdent. *Une succession de catastrophes.* **3** DR Transmission par voie légale des biens et des droits d'une personne décédée à une personne qui lui survit. *Succession directe, collatérale.* **4** DR Biens dévolus aux successeurs. *Le partage d'une succession.*

ENC La loi distingue la succession *ab intestat,* lorsque la propriété des biens est déférée par la seule disposition de la loi, et la succession *testamentaire,* c.-à-d. réglée par le testateur de son vivant. Les successions *ab intestat* sont dévolues aux enfants et descendants du défunt, à ses ascendants, à ses parents collatéraux, à son conjoint survivant ou, à défaut, à l'État. Les successibles ont la faculté soit d'accepter la succession, soit d'y renoncer, soit de l'accepter sous bénéfice d'inventaire. Le partage d'une succession entraîne le paiement, au profit de l'État, de droits dont les taux varient en fonction de la parenté.

**Succession d'Autriche (guerre de la)** (1740-1748), conflit qui opposa la Prusse, la France, la Bavière, la Saxe, l'Espagne et (temporairement) la Sardaigne à l'Autriche, à laquelle l'Angleterre s'allia en 1742, livrant une guerre maritime et coloniale à la France. La France victorieuse, notam. à Fontenoy (1745), à Lawfeld (1747) et dans les colonies, put imposer la paix (traité d'Aix-la-Chapelle, 1748) mais n'en retira pas d'avantages ; la Prusse garda la Silésie, que l'Autriche ne revendiqua plus.

**Succession d'Espagne (guerre de la)** (1701-1714) conflit qui opposa la France et l'Espagne à l'Angleterre, aux Provinces-Unies, à l'Autriche et à la plupart des princes allemands. Quand le trône d'Espagne revint au petit-fils de Louis XIV, Philippe d'Anjou (Philippe V), que le roi d'Espagne Charles II avait choisi, par testament, pour lui succéder, une coalition européenne se forma contre la France. Les forces franco-espagnoles remportèrent des succès (1701-1703), puis de cuisantes défaites : Höchstädt (1704), Ramillies (1706). Celle d'Audenarde (1708) ouvrit la France du N. à l'invasion, mais Villars arrêta les Alliés à Malplaquet (sept. 1709). Envoyé en Espagne, le duc de Vendôme les vainquit à Villaviciosa (déc. 1710), dans les Asturies, et Philippe V put reconquérir son royaume. Dès janv. 1711, les Anglais négocièrent avec la France et signèrent la paix d'Utrecht (avril 1713), qui laissait à Philippe V le trône d'Espagne et les colonies américaines, mais les Pays-Bas devenaient autrichiens et Gibraltar, anglais. La France cédait l'Acadie et Terre-Neuve à l'Angleterre.

**Succession de Pologne (guerre de la)** (1733-1738), conflit qui opposa la France, l'Espagne, la Sardaigne et la Bavière à la Russie et à l'Autriche. Le trône de Pologne étant libre, la France et ses alliés firent élire Stanislas Leczinsky (beau-père de Louis XV) par la diète (1733). Mais les Austro-Russes l'emportèrent en Pologne (1734) et chassèrent Stanislas ; la France prit la Lorraine (1733) et fut victorieuse en Italie (1735). Stanislas renonça au trône et reçut la Lorraine, qu'il laissa à la France à sa mort.

**successoral, ale** *a* DR Qui a rapport aux successions. PLUR successoraux.

**success-story** *nf* fam Réussite exceptionnelle de qqn, largement médiatisée. PLUR success-stories. (PHO) [syksɛstɔri] (ETY) Mot angl.

**succin** *nm* didac Ambre jaune. (PHO) [syksɛ̃] (ETY) Du lat.

**succinct, incte** *a* **1** Bref, court. *Description succincte. Je serai succinct.* **2** plaisant Peu copieux. *Un repas succinct.* (PHO) [syksɛ̃, ɛ̃t] (ETY) Du lat. *succinctus*, « retroussé ». (DER) **succinctement** *av*

**succinique** *a* LOC CHIM *Acide succinique* : diacide, présent dans divers végétaux, indispensable au processus d'oxydoréduction cellulaire.

**succion** *nf* Action de sucer, d'aspirer avec la bouche ou avec certains appareils. (PHO) [sy(k)sjɔ̃]

**succomber** *v* ① **A** *vi* **1** Fléchir sous un fardeau. *Succomber sous la charge.* **2** fig Ne plus pouvoir supporter. *Succomber sous le poids des soucis.* **3** litt Avoir le dessous dans une lutte. **4** Mourir. *Succomber à la suite d'un accident.* **B** *vti* Céder à qqch. *Succomber à la fatigue, à la tentation.* (ETY) Du lat. *succumbere*, « tomber sous ».

**succube** *nm* Démon qui prendrait la forme d'une femme pour séduire un homme pendant son sommeil. (ETY) Du lat.

**succulent, ente** *a* **1** Très savoureux. *Mets succulent.* **2** BOT Dont les feuilles et la tige sont gorgées d'eau. *Plantes succulentes (dites cour. plantes grasses).* (ETY) Du lat. (DER) **succulence** *nf*

**succursale** *nf* **1** Établissement subordonné à un autre et qui concourt au même objet. *Les succursales de la Banque de France.* **2** RELIG Église qui supplée à l'insuffisance d'une église paroissiale. (ETY) Du lat. *succursus*, « secours ».

**succursalisme** *nm* Forme de commerce dans laquelle une grande entreprise possède de nombreuses succursales dispersées en de nombreux points. (DER) **succursaliste** *a, n*

**Suceava** ville de Roumanie (Bucovine) ; 114 000 hab. ; ch.-l. du district du m. nom. – Église XVI$^e$ s. ; vestiges de la citadelle XIV$^e$ s.

**sucer** *vt* ⑫ **1** Attirer un liquide dans sa bouche en aspirant. *Sucer le venin d'une plaie.* **2** Presser avec les lèvres et la langue en aspirant. *Sucer un bonbon, ses doigts.* LOC ***Sucer qqch avec le lait*** : en être imprégné très jeune. — fam ***Sucer qqn jusqu'à la moelle*** : obtenir de lui tout ce qu'il a. (ETY) Du lat.

**sucette** *nf* **1** Bonbon fixé au bout d'un bâtonnet. **2** Petite tétine qu'on donne aux bébés pour éviter qu'ils pleurent ou sucent leur pouce. **3** Canada Suçon.

**suceur, euse** *a, n* **A** Qui suce, qui exerce une succion. *Drague suceuse. La puce est un suceur.* **B** *nm* Embout qui s'adapte au tube d'un aspirateur, permettant d'obtenir une vitesse d'aspiration élevée. **C** *nf* TECH **1** Tuyau aspirant servant à la manutention pneumatique des produits en vrac. **2** Drague aspirante.

**Suchet Louis Gabriel (duc d'Albufera)** (Lyon, 1770 – chât. de Montredon, près de Marseille, 1826), maréchal de France (1811). Il se distingua notam. en Italie (1800), à Iéna (1806), en Espagne (1809-1814).

**suçoir** *nm* BOT Organe que certains végétaux parasites implantent dans les cellules de leur hôte pour en digérer le contenu.

**suçon** *nm* Marque laissée sur la peau par une succion longue et forte.

**suçoter** *vt* ① Sucer à petits coups.

**sucrage** *nm* **1** Action de sucrer. **2** ŒNOL Syn. de *chaptalisation*.

**sucrate** *nm* BIOCHIM Syn. de *saccharate*.

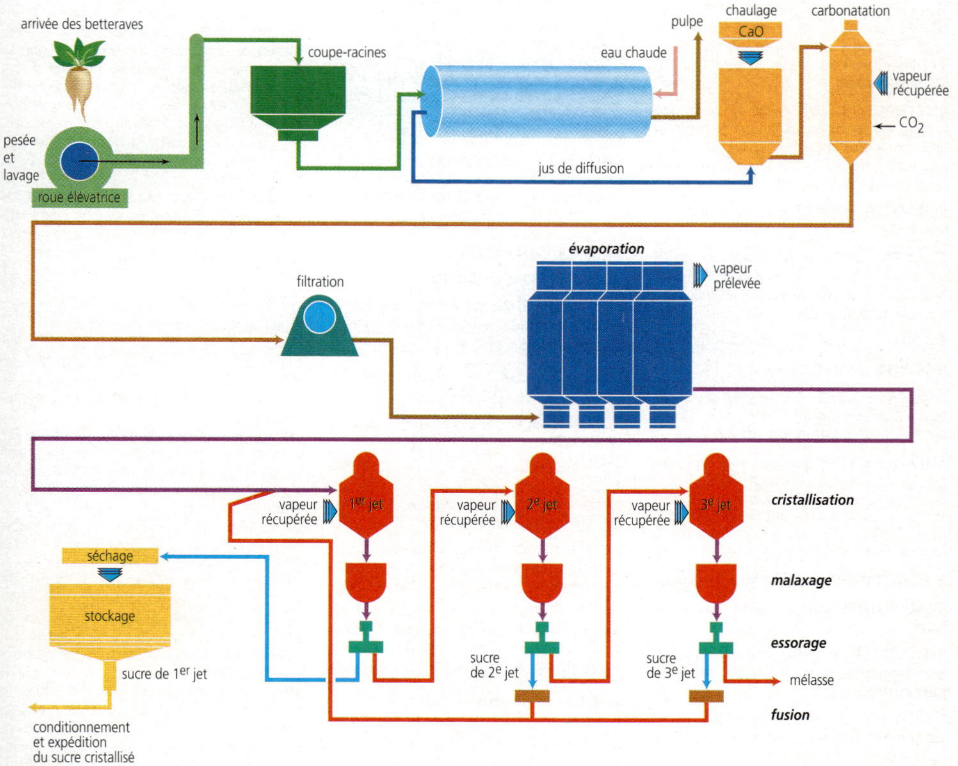


extraction du **sucre** de betterave

**sucre** *nm* **1** Substance alimentaire de saveur douce que l'on tire principalement de la betterave et de la canne à sucre ; saccharose. *Sucre raffiné. Sucre en morceaux, cristallisé.* **2** Morceau de sucre. *Tremper un sucre dans de l'eau-de-vie.* **3** CHIM Glucide. *Les sucres forment une vaste famille de molécules organiques.* **4** Canada Substance dorée obtenue par évaporation de la sève de l'érable. **LOC** Canada ***Aller aux sucres, à une partie de sucre*** : se rendre à la cabane à sucre pour déguster les produits de l'érable et se divertir. — ***Être en sucre*** : délicat, fragile. — ***Être tout sucre et tout miel*** : très doucereux. — Canada ***Sucre à la crème*** : confiserie fondante traditionnelle à base de sucre et de crème, qu'on sert découpée en carrés. — ***Sucre d'orge*** : sucre parfumé roulé en bâton. — ***Sucre glace*** : en poudre très fine. — ***Sucre mou*** : maintenu dans un état crémeux. — ***Sucre semoule*** : en poudre grossière. ETY De l'ar., par l'ital. ▶ illustr. p. 1545

**Sucre** (anc. *Chuquisaca*, puis *La Plata*), cap. constitutionnelle de la Bolivie, à 2 800 m d'alt., dans les Andes ; 490 000 hab. (aggl.). Industries. – Archevêché. Université. Cath. XVII^e s.

**Sucre** Antonio José de (Cumaná, Venezuela, 1795 – Berruecos, Colombie, 1830), général sud-américain. Lieutenant de Bolívar, il remporta sur les Espagnols la victoire décisive d'Ayacucho (1824). Élu président à vie de la Bolivie (1826), il abdiqua en 1828. Il fut assassiné peu après son élection à la présidence de la Colombie (1830).

**sucré, ée** *a, n* **A** *a* Qui contient du sucre, qui a le goût du sucre. *Boisson sucrée.* **B** *a, n* fig D'une douceur peu naturelle ; doucereux, mielleux. *Prendre un ton sucré. Faire sa sucrée.*

**sucrer** *v* ① **A** *vt* **1** Mettre du sucre, une substance sucrante dans. *Sucrer son café.* **2** fig, fam Supprimer qqch. *Sucrer une permission à un soldat.* **B** *vpr* fig, fam S'octroyer une bonne part de bénéfices, d'avantages matériels, etc. **LOC** fam ***Sucrer les fraises*** : avoir les mains qui tremblent. DER **sucrant, ante** *a*

**sucrerie** *nf* **1** Établissement où l'on fabrique le sucre, où on le raffine. **2** Produit de confiserie. *Aimer les sucreries.* **3** Canada Forêt d'érables à sucre ; local où l'on fabrique le sirop d'érable. **4** Afrique Boisson sucrée, soda.

**sucrette** *nf* Pastille d'ersatz de sucre. ETY Nom déposé.

**sucrier, ère** *a, nm* **A** *a* Relatif à la production du sucre. *Industrie sucrière.* **B** *nm* **1** Pièce de vaisselle dans laquelle on sert le sucre. **2** Industriel fabriquant du sucre.

**sucrin** *a, nm* Variété de melon très sucrée.

**sucrine** *nf* Variété de laitue.

**Sucy-en-Brie** ch.-l. de cant. du Val-de-Marne (arr. de Créteil), près de la Marne ; 26 241 hab. DER **sucycien, enne** *a, n*

**sud** *nm, a inv* **1** Un des quatre points cardinaux, opposé au nord. **2** (Avec une majuscule.) Partie du globe terrestre, d'un continent, d'un pays, etc., qui s'étend vers le sud. *L'Italie du Sud. Le pôle Sud.* **3** (Avec une majuscule.) Ensemble des pays en voie de développement. ETY De l'a. angl.

**sud-africain** → **Afrique du Sud.**

**sud-américain** → **Amérique du Sud.**

**sudation** *nf* MED Forte transpiration due à un effort physique, à la chaleur, à la fièvre. DER **sudatoire** *a*

**Sudbury** ville du Canada (Ontario) ; grand centre minier (nickel et cuivre). Elle fusionne en 2001 avec sa banlieue et se nomme *Grand Sudbury* (160 000 hab.).

**sud-coréen** → **Corée du Sud.**

**Sudek** Josef (Kolin, Autriche-Hongrie, auj. en Rép. tchèque, 1896 – Prague, 1976), photographe tchèque : série des *Fenêtres* (à partir de 1940).

**Sudermann** Hermann (Matzicken, Prusse-Orientale, 1857 – Berlin, 1928), écrivain naturaliste allemand : *Frau Sorge* (roman, 1887), *l'Honneur* (drame, 1889).

**sud-est** *nm, a inv* **1** Point de l'horizon situé à égale distance entre le sud et l'est. **2** (Avec majuscules.) Partie d'un pays, d'une région, qui s'étend vers le sud-est.

**Sud-Est** (en angl. *South East*), Région du S. de l'Angleterre et de l'UE drainée par la Tamise, sur la Manche et la mer du Nord ; 27 222 km$^2$ ; 8 308 000 hab. ; v. princ. *Southampton.* C'est la Région la plus riche de G.-B.

**Sud-Est asiatique** → **Asie du Sud-Est.**

**Sudètes (mont des)** rebord N.-E. du quadrilatère de Bohême, à la frontière de la Rép. tchèque et de la Pologne, culminant à 1 603 m dans les monts des Géants.

**Sudètes** nom donné après 1919 à la pop. de langue allemande installée sur le pourtour de la Bohême (où se dresse le *mont des Sudètes*). En 1919, cette minorité demanda en vain le rattachement de son territoire à l'Allemagne. En 1933, le parti allemand des Sudètes, pronazi, fut créé. Pour « protéger les Sudètes », Hitler envahit le pays (oct. 1938) et l'annexa. En 1945, la Tchécoslovaquie expulsa la quasi-totalité des Allemands. La Rép. tchèque et l'All. signèrent une déclaration de réconciliation en 1997. VAR **Allemands des Sudètes**

**sudiste** *n, a* **1** HIST Partisan des États esclavagistes du sud des États-Unis, pendant la guerre de Sécession. *Les nordistes et les sudistes (ou confédérés). L'armée sudiste.* **2** Qui concerne le Sud d'un pays, surtout dans un contexte d'opposition au centre ou au nord. *La guérilla sudiste du Soudan.*

ENC Peu après que Lincoln, antiesclavagiste, eut été élu président des É.-U. (nov.1860), onze États du Sud quittèrent l'Union (fédérale) entre déc. 1860 et fév. 1861. Ils formèrent une *confédération d'Amérique* qui, le 11 mars 1861, adopta une Constitution. En mai-juin 1862, 4 autres États du Sud rejoignirent la confédération. V. Sécession (guerre de).

**sudoku** *nm* Jeu de réflexion constitué d'une grille comportant 9 blocs de 9 carrés, à remplir des chiffres de 1 à 9, de manière que chaque ligne, chaque colonne et chaque carré contiennent tous les chiffres de 1 à 9. ETY Mot jap., « chiffre unique ». DER **sudokiste** *n*

**Su Dongpo** → **Su shi.**

**sudoral, ale** *a* MED Relatif à la sueur. PLUR sudoraux. ETY Du lat.

**sudorifère** *a* ANAT Qui conduit la sueur.

**sudorifique** *a, nm* MED Qui augmente la transpiration. *Médicaments sudorifiques.*

**sudoripare** *a* ANAT Qui sécrète la sueur. *Glandes sudoripares.*

**sud-ouest** *nm, a inv* **1** Point de l'horizon situé à égale distance entre le sud et l'ouest. **2** (Avec majuscules.) Partie d'un pays, d'une région, qui s'étend vers le sud-ouest.

**Sud-Ouest** (en angl. *South West*), Région du S. de l'Angleterre et de l'UE, sur la Manche et l'Atlantique ; 23 850 km$^2$ ; 5 177 000 hab. ; v. princ. *Bristol.*

**Sud-Ouest** quotidien régional créé à Bordeaux en 1944.

**Sud-Ouest africain** → **Namibie.**

**sudra** → **shudra.**

**Sue** Marie-Joseph, dit Eugène (Paris, 1804 – Annecy-le-Vieux, 1857), auteur français de romans-feuilletons à caractère social : *les Mystères de Paris* (1842-1843), *le Juif errant* (1844-1845), *les Mystères du peuple* (1849-1857).

**suède** *nm* Peau dont le côté chair est à l'extérieur, utilisée notam. dans la fabrication des gants. ETY Du n. pr. DER **suédé, ée** *a*

**Suède (royaume de)** (*Konungariket Sverige*), État de la péninsule scandinave, sur la Baltique et le Kattégat ; 449 965 km$^2$ ; 9,7 millions d'hab. ; accroissement naturel annuel : proche de 0 % ; cap. *Stockholm.* Nature de l'État : monarchie constitutionnelle. Langue off. : suédois. Monnaie : couronne suédoise (krona). Relig. : protestantisme majoritaire (Église luthérienne d'État), catholicisme. DER **suédois , oise** *a, n*

**Géographie** Adossé à l'O. à la chaîne scandinave, qui culmine à 2 123 m, le pays est un socle ancien qui s'incline vers la Baltique ; les plaines côtières sont surtout étendues dans le S. Les glaciers quaternaires ont modelé ce relief : profondes vallées, multitude de lacs, littoral découpé et frangé de nombr. îles, dépôts morainiques. Le climat, continental froid, est plus clément dans le S. ; couvert de forêts mixtes, il a les meilleurs terroirs et comporte l'essentiel de la pop. Ailleurs domine la forêt boréale de conifères, ainsi que landes à tourbières et toundra. La pop., urbanisée à 84 %, est vieillissante.

**Économie** L'agriculture, aux rendements élevés malgré la médiocrité du sol et du climat, emploie 4 % de la pop. active : céréales, pomme de terre, betterave sucrière, élevage bovin intensif. Elle couvre presque les besoins, avec la pêche, importante. L'exploitation forestière (50 % du pays) a favorisé dès le XIX^e s. une forte industrialisation, qu'ont accentuée les ressources hydroélectriques (et nucléaires) et minières : fer à haute teneur (65 %), cuivre, plomb. Dans l'industrie, très diversifiée, les secteurs traditionnels (sidérurgie, chantiers navals) ont reculé, tandis que les industries du bois, les constr. automobiles et aéronautiques, les industr. chimiques (explosifs, notam.) s'imposaient sur le marché mondial. Le « socialisme à la suédoise » s'est teinté de libéralisme, sans porter atteinte au niveau de vie, l'un des plus élevés du monde. La croissance est supérieure à la moyenne européenne ; le chômage, bien inférieur.

**Histoire** Peuplé dès le néolithique, le pays se donna une certaine unité au IV^e s. apr. J.-C. : les Svears du N., dominant les Goths du S., formèrent le royaume de Svearike ; centres princ. : Uppsala et Birka. Aux X^e et XI^e s., les Suédois participèrent au mouvement d'expansion des Vikings. Ils se dirigèrent surtout vers le S.-E. de l'Europe ; sous le nom de Varègues, ils se mêlèrent aux Slaves orientaux et fondèrent les principautés de Novgorod et de Kiev (V. Russie). De 1060 à 1250, des luttes dynastiques opposèrent la famille des Erik à celle des Sverker ; Erik IX le Saint (1156-1160) devint patron de la Suède. La christianisation du pays, commencée en 830 env., s'achevait alors. La conversion des païens finnois servit de prétexte à la conquête de la Finlande (1157), effective au début du XIII^e s. En 1397, la Suède entra dans l'Union de Kalmar des pays scandinaves, sous domination danoise. En 1523, Gustave I^er Vasa lui rendit son indépendance.

**LES TEMPS MODERNES** Au XVI^e s., la Suède adopta le protestantisme (1527), rejeta la tutelle comm. de la Hanse et affronta le Danemark, la Russie et la Pologne pour dominer la Baltique. Riche de ses forêts et de ses mines de fer et de cuivre, la Suède fut, au XVII^e s., une grande puissance européenne ; Gustave II Adolphe (1611-1632) fut victorieux dans la guerre de Trente Ans. Après deux traités avec le Danemark (1645 et 1658), et les traités de Westphalie (1648), elle fut maîtresse de la Baltique. Ses acquisitions furent perdues sous Charles XII (1697-1718), qui ne put, malgré de grands succès, remporter la guerre du Nord (1700-1721). Une Constitution (1719) laissa l'essentiel du pouvoir au Riksdag, assemblée dirigée par la noblesse. Il s'ensuivit une lutte entre le parti pacifiste des Bonnets et le parti belliqueux des Chapeaux, lequel engagea deux guerres malheureuses, contre la Russie (1741) et contre la Prusse (guerre de Sept Ans, 1756-1763).

**DE 1771 À 1907** En 1789, Gustave III (1771-1792) restaura l'absolutisme. Ayant pris parti contre Napoléon, puis contre la Russie, la Suède perdit la Finlande (1808) au profit de la Russie, mais prit en 1814 la Norvège au Danemark. La Constitution promulguée en 1809, sous Charles XIII (1809-1818), fut respectée par son successeur, le général français Bernadotte, devenu le roi Charles XIV (1818-1844). Sous Oscar I$^{er}$ (1844-1859), Charles XV (1859-1872) et Oscar II (1872-1907), l'économie se modernisa et un syndicalisme très actif apparut. L'union avec la Norvège fut dissoute en 1905.
**DEPUIS 1907** Neutre pendant les deux guerres mondiales, sous la règne de Gustave V (1907-1950), la Suède poursuivit son évolution politique (suffrage universel, 1907 et 1909 ; vote des femmes, 1921) et sociale : « socialisme à la suédoise ». Charles XVI Gustave monta sur le trône en 1973, à la mort de son grand-père Gustave VI Adolphe. En 1976, le parti social-démocrate, au pouvoir depuis 1932, laissa la place à une coalition plus à droite, qui gouverna jusqu'en 1982, puis de 1991 à 1994. Elle n'a pas remis en cause les acquis sociaux, pas plus que le gouv. social-démocrate (1982-1991 et 1994-2006) n'a renoncé aux mesures libérales prises par la droite. La Suède ne fait pas partie de l'OTAN. Le 1$^{er}$ janv. 1995, elle entre dans l'UE, mais en 2003 un référendum rejette l'adoption de l'euro. Lors des élections de 2006, une coalition des partis de droite reprend le pouvoir et le conserve à l'issue des élections de 2010. En 2014, les sociaux-démocrates remportent les législatives avec l'appui des écologistes.

**suédine** *nf* Tissu qui imite le suède.

**suédois** *nm* Langue nordique parlée en Suède et en certains points du littoral finlandais.

**suée** *nf* fam Transpiration abondante.

**suer** *v* ① **A** *vi* **1** Rejeter de la sueur par les pores. *Suer à grosses gouttes.* SYN transpirer. **2** fam, fig Se donner beaucoup de peine pour faire qqch. *J'ai sué sur cet ouvrage.* **3** Rendre de l'humidité. *Murs qui suent.* **B** *vt* **1** Rejeter par les pores. *Suer du sang.* **2** fig Dégager une impression de, exhaler. *Suer l'ennui, la peur.* **LOC** fam ***Faire suer qqn*** : l'ennuyer, l'impatienter. — fam ***Se faire suer*** : s'ennuyer. — ***Suer sang et eau*** : se donner beaucoup de mal. ETY Du lat.

**Suess** Eduard (Londres, 1831 – Vienne, 1914), géologue autrichien : *la Face de la Terre,* sur les origines du relief actuel de notre planète.

**Suétone** (en lat. *Caius Suetonius Tranquillus*) (v. 69 – v. 126 apr. J.-C.), historien latin. Ses *Vies des douze Césars* (de Jules César à Domitien) accumulent avec art les anecdotes.

**suette** *nf* **LOC** MED ***Suette miliaire*** : maladie caractérisée par une forte fièvre, des sueurs abondantes, puis une éruption de fines vésicules qui vont se desquamer.

**sueur** *nf* **1** Liquide salé, d'odeur caractéristique, de la transpiration cutanée. *Visage ruisselant de sueur.* **2** fig Travail, peine. *S'enrichir de la sueur des autres.* **LOC** ***À la sueur de son front*** : à force de travail et de peine. — ***Sueur froide*** : accompagnée de frissons et d'une sensation de froid, causée par la fièvre, la peur, etc.

**Sueurs froides** *(Vertigo)*, film policier de A. Hitchcock (1958), d'après le roman de Boileau-Narcejac *D'entre les morts* (1956), avec J. Stewart et Kim Novak (née en 1933).

**Suèves** anc. tribus germaniques nomades qui se fixèrent dans l'actuelle Souabe. Ils envahirent la Gaule au déb. du V$^e$ s., puis s'établirent en Galice (409), où leur royaume fut détruit par les Wisigoths en 585.

**Suez (isthme de)** isthme reliant l'Afrique à l'Asie, entre la Méditerranée et la mer Rouge.

**Suez (canal de)** canal percé à travers l'isthme de Suez. Long, à l'origine, de 161 km (195 km auj.), entre Port-Saïd au N. et Suez au S., large de 190 m, profond de 20 m (depuis 1980), il est doublé sur 67 km. Il permet à de puissants navires de passer d'Europe en Orient et inversement sans contourner l'Afrique.
**Histoire** En 1854, le pacha d'Égypte ayant donné son accord, une Compagnie du canal fut créée par Ferdinand de Lesseps. Les travaux durèrent de 1859 à 1863 et de 1866 à 1869. En 1875, la G.-E. acheta les titres du pacha et devint la princ. actionnaire de la Compagnie. En 1956, Nasser le nationalisa, suscitant une intervention franco-britannique (nov. 1956) qui fut arrêtée sous la pression des É.-U. À la suite de la guerre des Six Jours, la navigation fut interrompue de 1967 à 1975. ▶ illustr. p. 1548

**Suez** port d'Égypte, sur le *golfe de Suez* (au N. de la mer Rouge), au débouché sud du canal ; ch.-l. du gouv. du m. nom ; env. 500 000 hab.

**suffète** *nm* ANTIQ Chacun des deux principaux magistrats de la république de Carthage. ETY Du lat.

**suffire** *v* 64 **A** *vti* **1** Être en quantité satisfaisante, avoir les qualités requises pour. *Cette somme suffit à nos besoins. Votre parole me suffit.* **2** Pouvoir satisfaire à soi seul aux exigences de qqch, qqn. *Il ne suffit pas à la tâche. Un seul secrétaire lui suffit.* **B** *v impers* Il faut seulement. *Il suffit*

d'y aller. *Il suffit que vous le désiriez.* LOC *Cela suffit :* c'est assez. — *Se suffire à soi-même :* n'avoir pas besoin de l'assistance des autres. ETY Du lat. *sufficere*, « mettre à la place de ».

**suffisance** *nf* Caractère d'une personne suffisante. LOC litt *À suffisance, en suffisance :* en quantité suffisante.

**suffisant, ante** *a* **1** Qui suffit. *Ration suffisante.* **2** Trop satisfait et trop sûr de soi. DER **suffisamment** *av*

**suffixe** *nm* **1** LING Affixe placé après le radical d'un mot ou après la base de celui-ci et lui conférant une signification particulière : *« -ment », « -cole » sont des suffixes.* **2** INFORM Dernière partie d'une adresse électronique, indiquant l'origine géographique ou le secteur d'activité. ETY Du lat. *suffixus*, « fixé après ». DER **suffixal, ale, aux** *a* – **suffixation** *nf* – **suffixé, ée** *a*

**Suffolk** comté du S.-E. de la G.-B., sur la mer du Nord (3 801 km²; 629 900 hab. ; ch.-l. *Ipswich*). Agriculture.

**suffoquer** *v* [1] **A** *vt* **1** Gêner la respiration de qqn au point de produire une sensation d'étouffement. *Être suffoqué par des gaz.* **2** fig, fam Stupéfier qqn, souvent par une conduite, des propos choquants. *Son aplomb m'a suffoqué.* **B** *vi* **1** Avoir du mal à respirer sous l'effet d'une cause physique ou d'une émotion. **2** fig Être très choqué. *Suffoquer d'indignation.* ETY Du lat. *suffocare*, « étrangler ». DER **suffocant, ante** *a* – **suffocation** *nf*

**suffragant** *am* **1** Se dit d'un évêque placé sous l'autorité de l'archevêque métropolitain. **2** Se dit d'un ministre du culte protestant qui assiste le pasteur.

**suffrage** *nm* **1** Avis que l'on donne dans une élection, une délibération. *Recueillir de nombreux suffrages.* **2** Opinion, jugement favorable. *Cette pièce a mérité tous les suffrages.* LOC *Suffrage direct :* dans lequel un candidat est élu par les électeurs. — *Suffrage indirect :* dans lequel l'élu est désigné par certains électeurs qui ont eux-mêmes été élus. — *Suffrage restreint :* dans lequel seuls les citoyens répondant à certaines conditions sont électeurs. — *Suffrage universel :* dans lequel sont électeurs et éligibles tous les citoyens parvenus à un certain âge et jouissant de leurs droits civiques. ETY Du lat.

**suffragette** *nf* HIST Citoyenne britannique qui militait pour que le droit de vote fût accordé aux femmes (1903-1928).

**Suffren** Pierre André de Suffren de Saint-Tropez, dit le bailli de (chât. de Saint-Cannat, 1729 – Paris, 1788), vice-amiral français. Bailli de l'ordre de Malte, il vainquit les Anglais en Inde (1782-1783).

**suffusion** *nf* MED Infiltration diffuse d'un liquide dans un tissu. *Suffusion hémorragique, séreuse.* ETY Du lat.

**Suger** (Saint-Denis ou Argenteuil, v. 1081 – Saint-Denis, 1151), moine français ; abbé de Saint-Denis en 1122 ; conseiller de Louis VI, ministre de Louis VII et régent du royaume (1147-1149) pendant la 2ᵉ croisade. Il fit construire une nouvelle égl. abbatiale à Saint-Denis et écrivit en latin une *Histoire de Louis le Gros.*

**suggérer** *vt* [14] Faire venir à l'esprit. *Suggérer une idée à qqn. Image qui suggère la tristesse.* PHO [sygʒeʀe] ETY Du lat. *suggerere*, « porter sous ».

**suggestible** *a* didac Que l'on peut facilement suggestionner. DER **suggestibilité** *nf*

**suggestif, ive** *a* Qui a le pouvoir de suggérer des idées, des images, des sentiments, d'ordre érotique en partic.. *Un déshabillé suggestif.* DER **suggestivité** *nf*

**suggestion** *nf* **1** Action de suggérer ; chose suggérée. *Faire qqch sur la suggestion de qqn.* **2** PSYCHO Fait, pour un sujet, d'accepter certaines croyances, d'accomplir certains actes sous l'effet d'une influence extérieure, en dehors de sa volonté ou de sa conscience. PHO [sygʒɛstjɔ̃] DER **suggestionner** *vt* [1]

**Suhard** Emmanuel (Brains-sur-les-Marches, Mayenne, 1874 – Paris, 1949), prélat français ; cardinal (1935) et archevêque de Paris (1940). En 1941, il fonde la Mission de France.

**Suharto** (près de Jogjakarta, 1921 – Djakarta, 2008), général et homme d'État indonésien. Ministre de la guerre, il dirigea une sanglante répression anticommuniste (1965), élimina Sukarno (1966-1967), fut élu président de la Rép., réélu jusqu'en 1998, année où la crise écon. et sociale le contraignit à la démission.

**Suhrawardi** (?, v. 1155 – Alep, 1191), philosophe et théologien musulman ; commentateur d'Aristote, empreint de mysticisme. Il heurta les milieux relig. et fut mis à mort.

**Sui** dynastie chinoise (580-617) qui unifia la Chine du Nord et la Chine du Sud. VAR **Souei**

**suiboku** *nm* Bx-A Technique picturale japonaise dérivée du lavis monochrome chinois. ETY Mot japonais.

**suicidaire** *a, n* **A** *a* **1** Qui tend, mène au suicide. *Conduite suicidaire.* **2** fig Qui est voué à l'échec. *Projet suicidaire.* **B** *a, n* Que ses dispositions psychiques semblent pousser au suicide.

**suicidant, ante** *n* Personne qui a fait ou dont on craint une tentative de suicide.

**suicide** *nm* **1** Action de se donner volontairement la mort. **2** fig Fait d'exposer dangereusement sa vie par imprudence, inconscience, etc. *C'est un suicide de conduire à cette vitesse.* **3** fig Fait de se détruire soi-même. *Suicide moral.* ETY Du lat. *sui*, « de soi ».

**Suicide (le)** essai de Durkheim (1897).

**suicider (se)** *vpr* [1] Se tuer volontairement. DER **suicidé, ée** *a, n*

**suicidité** *nf* SOCIOL Taux de suicide dans une population.

**suicidogène** *a* Qui est générateur de suicide. *Caractère suicidogène du milieu carcéral.*

**suidé** *nm* ZOOL Mammifère artiodactyle non ruminant à l'aspect trapu, dont la tête, plus ou moins allongée en cône, se termine par un groin, aux canines souvent allongées en forme de défenses, et dont la famille comprend le porc, le sanglier, etc. ETY Du lat. *sus*, « porc ».

**suie** *nf* Matière noirâtre provenant de la décomposition des combustibles et que la fumée dépose dans les conduits de cheminée. ETY Du gaul.

**suif** *nm* Graisse des ruminants. *Suif de mouton, de bœuf.* ETY Du lat. *sebum*. DER **suiffeux, euse** *a*

**suiffer** *vt* [1] Enduire de suif.

**sui generis** *a* Caractéristique de l'espèce, qui n'appartient qu'à elle. *Couleur sui generis.* PHO [sɥiʒeneʀis] ETY Mots lat.

**Suiko** (v. 555 – 628), impératrice du Japon, la prem. femme à occuper le trône impérial (593 - 628). Elle confia le gouv. à son neveu Kunayado (V. Shotoku Taishi).

**suint** *nm* Matière grasse sécrétée par les animaux à laine et qui imprègne leurs poils. PHO [sɥɛ̃] ETY De *suer*.

**suinter** *vi* [1] **1** S'écouler presque imperceptiblement. *Sang qui suinte d'une plaie.* **2** Laisser échapper un liquide très lentement. *Vase poreux qui suinte.* DER **suintant, ante** *a* – **suintement** *nm*

**suisse** *nm* **1** anc Portier d'une maison particulière. **2** anc Bedeau en uniforme chargé de la garde d'une église et qui précédait le clergé dans les processions. **3** Canada Tamia rayé. LOC fam *En suisse :* seul, sans inviter ses amis.

**Suisse** (en all. *Schweiz*, en italien *Svizzera*), État d'Europe centrale, entre la France, l'Allemagne, le Liechtenstein, l'Autriche et l'Italie ; 41 290 km² ; 7,5 millions d'hab. ; accroissement naturel : 0,3 % par an ; cap. *Berne.* Nature de l'État : rép. confédérale (23 cantons). Langues off. : allemand (plus de 65 % de la pop.), français (18 %), italien (près de 10 %), romanche (plus de 1 %), nombreux dialectes alémaniques et romands. Monnaie : franc suisse. Relig. : catholique (46,4 %), protestantisme (39,8 %). VAR **Confédération suisse** ou **Confédération helvétique** DER **suisse** *a, n*

**Géographie** Trois ensembles se partagent le pays. Au S. et à l'E. se dressent les Alpes (60 % du territoire, 15 % de la population), culminant à 4 633 m au mont Rose ; forestières et herbagères, sculptées par les glaciers quaternaires (il en subsiste 140), elles constituent le principal château d'eau de l'Europe (sources du Rhin, du Rhône, de l'Inn, de l'Aar). À l'O., du lac Léman jusqu'au N. de Zurich, s'étend l'arc jurassien (10 % du territoire, 15 % de la population), qui culmine à 1 679 m au mont Tendre. Entre les Alpes et le Jura, le Plateau suisse ou Moyen-Pays ou Mittelland (70 % de la population sur 30 % du territoire) est la région vitale du pays, dépression aux nombreux lacs (Léman, Neuchâtel, Quatre-Cantons, Constance), dont les collines et plaines fertiles ont été découpées par l'Aar et ses affluents. La densité est exceptionnelle pour un

**canal de Suez** navires venant de Port-Saïd, lors des fêtes de l'inauguration – lithographie d'après une aquarelle française du XIXᵉ s.

pays montagneux, mais la population vieillit (20 % de plus de 60 ans) et l'on compte près d'un million d'étrangers (15 % des hab., 20 % des actifs).

**Économie** La Suisse a atteint le niveau de vie le plus élevé d'Europe (après le Liechtenstein et avec le Luxembourg). Elle le doit à sa situation, à sa neutralité et à son travail. L'agriculture (5,5 % de la pop. active, petites et moyennes exploitations) ne couvre pas les besoins, mais l'élevage bovin est excédentaire (prod. laitiers, notam.). La forêt (25,5 % de la superf.) constitue une bonne ressource. L'industrie (33,1 % des actifs) doit son essor à la richesse hydroélectrique, à la qualité de la main-d'œuvre et à l'abondance des capitaux. L'absence de matières premières l'a orientée vers des fabrications de précision, de luxe et de haute technicité. Le tourisme représente une ressource importante. La stabilité du pays a attiré les capitaux étrangers, faisant de la Suisse la prem. place bancaire mondiale. L'économie a marqué un léger fléchissement entre 1990 et 1997. Depuis, le chômage a baissé (1,7% en 2000) et la croissance se maintient à 2,5%.

**Histoire** Le peuplement de la région est attesté dès le paléolithique supérieur ; les civilisations celtiques de Hallstatt et de La Tène (âge du fer) sont bien représentées. Le territoire des Helvètes fut tôt romanisé, en raison de l'importance stratégique des cols alpins. Les grandes invasions du V^e s. (Alamans, Burgondes) expliquent le découpage linguistique entre la Suisse alémanique et la Suisse romande. Christianisée au VII^e s. par des missionnaires irlandais (saint Gall, notam.), englobée dans le royaume de Bourgogne puis rattachée en 1032 au Saint Empire romain germanique, l'Helvétie vit apparaître, à partir du XI^e s., des principautés (des Zähringen, puis des Habsbourg, notam.) et des communautés jalouses de leur autonomie.

**LA CONFÉDÉRATION** Selon la légende, les communautés de Schwyz, d'Uri et d'Unterwald se lièrent en 1291 au Grütli (cant. d'Uri) contre la domination des Habsbourg, qui, vaincus en 1315 à Morgarten, reconnurent en 1389 leur indépendance et celle des nouveaux cantons (Lucerne, Zurich, Glaris, Zoug, Berne). Les confédérés vainquirent Charles le Téméraire (1476), l'empereur Maximilien (1499), et accrurent leur puissance par des conquêtes (Argovie, Thurgovie, Tessin) et des alliances (Valais, Neuchâtel, Grisons). Les dissensions entre les cantons montagnards, démocrates, et les oligarques furent surmontées à la diète de Stans, en 1481. Soleure et Fribourg entrèrent alors dans la Confédération, puis Bâle et Schaffhouse (1501), et Appenzell (1513). La Suisse comptait 13 cantons quand elle remporta, pour le compte du duc de Milan, la victoire de Novare sur les Français en 1513. Face à ces mêmes français, la défaite de Marignan (1515) fut suivie d'une *paix perpétuelle* (1516) qui lia le pays à la France jusqu'en 1815. Au cours du XVI^e s., Genève, alliée de Berne, devint la « Rome du protestantisme », tandis que Fribourg et Lucerne dirigeaient la Contre-Réforme. Cependant, les Suisses réussirent à préserver leur unité.

**LE XIX^e SIÈCLE** Envahi par la France en 1798, le pays fut transformé en République helvétique. En 1803, Napoléon rétablit le fédéralisme par l'Acte de médiation. Les traités de 1815 fixèrent à peu près les frontières actuelles. La Confédération helvétique comptait désormais 22 cantons. Son indépendance et sa *neutralité perpétuelle* furent reconnues par les grandes puissances. En 1845, les tenants du conservatisme formèrent le Sonderbund ; l'armée fédérale, commandée par le général Dufour, vainquit les cantons catholiques conservateurs (1847). La Constitution de 1848, à l'instar de celle des É.-U., établit un compromis entre la centralisation et le fédéralisme ; en 1874, fut instauré le principe du référendum. La Suisse connut un progrès économique considérable après 1850, qu'accrut le percement des tunnels du Simplon et du Saint-Gothard.

**LE XX^e SIÈCLE** Havre de paix pendant les deux guerres mondiales, elle maintint l'équilibre des partis : démocrate-chrétien, radical, socialiste. L'Assemblée fédérale élit un Conseil fédéral, qui exerce le pouvoir exécutif. Le président du Conseil, nommé pour un an, est aussi le président de la Confédération. Le pouvoir législatif (Assemblée fédérale) est représenté par deux chambres : Conseil national et Conseil des États (c.-à-d. des cantons). Chaque canton a un Grand Conseil et un Conseil d'État. L'agitation autonomiste des régions jurassiennes francophones (canton de Berne) a abouti, en 1979, à la création d'un 23^e canton, la « république du Jura » (ch.-l. *Delémont*). La Suisse est le siège de nombr. organismes internationaux (Croix-Rouge, BIT, OMS, etc.), après avoir été celui de la Société des Nations. Elle est membre de l'AELE. Elle a adhéré au FMI et à la Banque mondiale en 1992, à l'ONU en 2002, aux accords de Schengen en 2005, mais elle refuse toujours d'intégrer l'Union européenne (victoire des populistes aux élections de 2003 et de 2007). Le 1^er janvier 1999, la socialiste Ruth Dreifuss a été la première femme à accéder à la présidence de la Confédération helvétique. ▶ carte p. 1550

**Suisse normande** nom parfois donné au S. du Bocage normand.

**Suisses (les Cent-)** compagnie de soldats suisses qui, à partir de 1496, veilla à la sécurité personnelle des rois de France.

**suisses (gardes)** soldats de la garde pontificale, instituée en 1505. Michel-Ange dessina leur tenue de cérémonie. VAR **gardes-suisses**

**suisses (régiment des gardes)** régiment recruté par le roi de France (à la suite d'un accord entre Charles VII et la Suisse). Pendant la Révolution, la compagnie des Cent-Suisses fut intégrée à ce régiment.

**Suisse saxonne** nom parfois donné à la rég. des monts Métallifères (Allemagne et Rép. tchèque) que draine l'Elbe.

**Suissesse** *nf* Fém. rare de *Suisse*.

**suite** *nf* **1** Fait, façon de suivre, de venir après qqch ou qqn. *Banquet qui fait suite à une cérémonie. Prendre la suite de qqn.* **2** Ensemble de ceux qui suivent un haut personnage dans ses déplacements. **3** Ce qui vient après, ce qui continue qqch. *La suite d'un roman publié par épisodes.* **4** Ensemble de personnes ou de choses qui se suivent dans l'espace, dans le temps, dans une série. **5** MATH Fonction numérique définie sur l'ensemble des entiers naturels. **6** Dans certains hôtels de luxe, série de pièces communicantes louée à un même client. **7** MUS Composition instrumentale se développant en plusieurs mouvements de même tonalité mais de caractères différents. **8** Conséquence d'un évènement. *Mourir des suites d'un accident.* **9** Enchaînement logique, cohérent, d'éléments qui se succèdent. *Marmonner des phrases sans suite.* **LOC** ***À la suite de*** : derrière dans l'espace ; après dans le temps. — ***Avoir de la suite dans les idées, avoir l'esprit de suite*** : être persévérant. — ***Dans la suite, par la suite*** : plus tard. — ***De suite*** : l'un après l'autre, sans interruption ; fam immédiatement, tout de suite. — DR ***Droit de suite*** : droit qu'a le propriétaire d'un bien de le revendiquer entre les mains d'un détenteur quelconque ; droit du créancier hypothécaire sur l'immeuble hypothéqué même après aliénation par son débiteur. — ***Par suite de*** : en conséquence de. — COMM ***Sans suite*** : se dit d'un article dont le réapprovisionnement n'est pas assuré. — ***Suite arithmétique*** : telle que la différence entre deux termes consécutifs est constante. — ***Suite géométrique*** : telle que le rapport de deux termes consécutifs est constant.

**suitée** *af* ELEV Se dit d'une femelle suivie de son ou de ses petits.

**suivant, ante** *a, n, prép* **A** *a, n* Qui vient tout de suite après un autre élément, dans une série, une succession. *Le client, le mois suivant. Au suivant.* **B** *a* Qui va être cité, énoncé immédiatement. *Il raconta l'histoire suivante.* **C** *nf* anc Dame de compagnie. **D** *prép* **1** Conformément à, selon. *Suivant vos directives. Suivant les circonstances.* **2** À proportion de. *Travailler suivant ses forces.* **LOC** ***Suivant que*** : selon que. — ***Suivant qqn*** : selon son opinion.

**suiveur, euse** *n* **1** Personne qui suit une course cycliste. **2** Personne qui se borne à suivre, à faire comme tout le monde, notam. en politique.

**suivi, ie** *a, nm* **A** *a* **1** Qui intéresse de nombreuses personnes. *Une émission très suivie.* **2** Continu, sans interruption. *Un travail suivi.* **3** COMM Dont le réapprovisionnement est assuré. *Article suivi.* **4** Dont les parties sont liées de façon cohérente. *Raisonnement suivi.* **B** *nm* Fait de suivre,

## LES CANTONS SUISSES

| canton | superficie en km² | population | chef-lieu | langue |
|---|---|---|---|---|
| **APPENZELL** | | | | |
| Rhodes-Extérieures | 243 | 53 200 | Herisau | *all.* |
| Rhodes-Intérieures | 173 | 15 000 | Appenzell | *all.* |
| **ARGOVIE** | 1 404 | 550 900 | Aarau | *all.* |
| **BÂLE** | | | | |
| Bâle-Ville | 37 | 186 700 | Bâle | *all.* |
| Bâle-Campagne | 428 | 261 400 | Liestal | *all.* |
| **BERNE** | 6 049 | 947 100 | Berne | *all.* |
| **FRIBOURG** | 1 670 | 239 100 | Fribourg | *all., franç.* |
| **GENÈVE** | 282 | 414 300 | Genève | *franç.* |
| **GLARIS** | 684 | 38 300 | Glaris | *all.* |
| **GRISONS** | 7 109 | 185 700 | Coire | *all., ital., rom.* |
| **JURA** | 837 | 69 100 | Delémont | *franç.* |
| **LUCERNE** | 1 492 | 350 600 | Lucerne | *all.* |
| **NEUCHÂTEL** | 797 | 166 500 | Neuchâtel | *franç.* |
| **SAINT-GALL** | 2 014 | 452 600 | Saint-Gall | *all.* |
| **SCHAFFHOUSE** | 298 | 73 400 | Schaffhouse | *all.* |
| **SCHWYZ** | 908 | 131 400 | Schwyz | *all.* |
| **SOLEURE** | 791 | 245 500 | Soleure | *all.* |
| **TESSIN** | 2 811 | 311 900 | Bellinzona | *ital.* |
| **THURGOVIE** | 1 013 | 228 200 | Frauenfeld | *all.* |
| **UNTERWALD** | | | | |
| Obwald | 491 | 32 700 | Starnen | *all.* |
| Nidwald | 276 | 38 600 | Stans | *all.* |
| **URI** | 1 076 | 35 000 | Altdorf | *all.* |
| **VALAIS** | 5 226 | 272 200 | Sion | *all., franç.* |
| **VAUD** | 3 219 | 626 200 | Lausanne | *franç.* |
| **ZOUG** | 239 | 100 900 | Zoug | *all.* |
| **ZURICH** | 1 729 | 1 228 600 | Zurich | *all.* |

SUISSE ET LIECHTENSTEIN
ALLEMAGNE
AUTRICHE
ITALIE
FRANCE
Lac de Constance
Lac Léman
Lac de Neuchâtel
Lac Majeur
Lac de Côme
Lac de Lugano
BERNE capitale d'État
Zurich capitale de canton
Population des villes :
plus de 100 000 hab.
de 50 000 à 100 000 hab.
de 20 000 à 50 000 hab.
de 10 000 à 20 000 hab.
autre ville
limite d'État
limite de canton
autoroute
route principale
voie ferrée
canal
aéroport important
site du "patrimoine mondial" UNESCO
glacier
200 500 1 000 1 500 2 000 m
50 km
1 APPENZELL (RHODES-EXTÉR.)
2 APPENZELL (RHODES-INTÉR.)
3 BÂLE-VILLE
4 BÂLE-CAMPAGNE
5 BERNE
6 UNTERWALD (NIDWALD)
7 UNTERWALD (OBWALD)
8 SOLEURE
9 SCHAFFHOUSE
10 THURGOVIE
11 VAUD
12 ZOUG
Genève
Lausanne
Bâle
Zurich
Lucerne
Saint-Gall
Winterthur
Bienne
Neuchâtel
Fribourg
Thoune
Sion
Lugano
Coire
Montreux
VADUZ LIECHTENSTEIN
Alpes bernoises
Alpes lépontiennes
Alpes des Grisons
Massif de l'Adula
Jura
Mittelland
Emmental
Oberland
Rhin
Rhône

de contrôler sans interruption pendant un temps donné. *Le suivi d'une procédure.*

**suivisme** *nm* Attitude de ceux qui suivent aveuglément une autorité. (DER) **suiviste** *a, n*

**suivre** *v* 62 **A** *vt* **1** Marcher, aller derrière qqn. *Il la suivait pas à pas.* **2** Accompagner qqn. *Je l'ai suivi dans tous ses voyages. Sa réputation l'a suivi jusqu'ici.* **3** Être, venir après, dans l'espace, dans le temps, dans une série. *Le nom qui suit le mien sur la liste. Ces numéros se suivent.* **4** Avoir lieu après qqch, comme conséquence. *La répression qui suivit l'insurrection.* **5** Aller dans une direction tracée. *Suivre un chemin. Suivre la filière.* **6** Longer. *La route qui suit la voie ferrée.* **7** Se laisser conduire par ce qui pousse intérieurement. *Suivre son idée.* **8** Se conformer à. *Suivre la mode, la règle.* **9** Adopter la façon de voir, la ligne de conduite de qqn. **10** Pratiquer régulièrement ; se soumettre à. *Suivre un régime.* **11** Assister à. *Suivre des cours de commerce.* **12** Porter un intérêt soutenu à qqch, qqn. *Suivre les cours de la Bourse. Maître qui suit son élève.* **13** Comprendre qqch dans son enchaînement logique. *Suivre un raisonnement.* **14** COMM Continuer la fabrication et la vente d'un produit commercial. **B** *vi* Au poker, payer pour rester dans le jeu. **LOC** ***À suivre*** : mention indiquant au lecteur qu'il trouvera la suite d'un récit dans le numéro suivant d'un périodique. — ***Faire suivre*** : formule inscrite sur une lettre afin qu'elle soit expédiée à la nouvelle adresse du destinataire. — fam ***Suivre le mouvement*** : faire comme les autres. — ***Suivre qqn, qqch des yeux*** : le regarder se mouvoir. — ***Vous me suivez ?*** : vous comprenez ce que je veux dire ? vous n'avez pas perdu le fil ? (ETY) Du lat.

**1 sujet, ette** *a, n* **A** *a* Qui, par sa nature, est exposé à, susceptible de. *Être sujet aux rhumes, à s'emporter.* **B** *n* Personne dominée par une autorité souveraine. **LOC** ***Sujet à caution*** : dont il faut se méfier. (ETY) Du lat. *subjicere*, « soumettre ».

**2 sujet** *nm* **1** Ce qui donne lieu à la réflexion, à la discussion ; ce qui constitue le thème principal d'une œuvre intellectuelle, artistique. *Sujet de conversation. Le sujet d'une thèse, d'un tableau.* **2** MUS Thème, phrase mélodique à développer. *Le sujet d'une fugue.* **3** Motif, raison d'un sentiment, d'une action. *Un sujet de querelle. Avoir sujet de se plaindre.* **4** LOG Ce dont on parle, par oppos. à ce que l'on en affirme. *Le sujet et le prédicat.* **5** LING Terme d'une proposition qui confère ses marques au verbe. *Le verbe s'accorde en genre et en nombre avec le sujet.* **6** PHILO Être connaissant (par oppos. à *objet*, être connu). **7** Être vivant sur lequel portent des observations, des expériences. *Sujet guéri. Un brillant sujet.* **LOC** ***Au sujet de*** : à propos de, sur. — vieilli ***Bon, mauvais sujet*** : personne qui a une bonne, une mauvaise conduite. — CHOREGR ***Petit, grand sujet*** : nom porté par des danseurs et des danseuses de l'Opéra de Paris et qui correspond à une classification hiérarchique. — GRAM ***Sujet logique*** ou ***réel*** : agent réel de l'action. (ETY) Du lat. *subjectum*, « ce qui est subordonné à ».

**sujétion** *nf* **1** Situation d'une personne, d'une nation qui dépend d'une autorité souveraine. **2** fig Contrainte imposée par qqch. *C'est une sujétion d'entretenir une maison aussi grande.*

**Sukarno** Achmed (Surabaya, 1901 – Djakarta, 1970), homme politique indonésien. Fondateur du parti nationaliste (1927), il fut emprisonné en 1929 et exilé en 1933. En 1942, les Japonais le libérèrent ; après leur départ (1945), il proclama l'indépendance du pays, devint président de la Rép. et lutta contre les Néerlandais jusqu'en 1949. L'un des leaders du neutralisme, il organisa la conférence de Bandung (1955). En 1963, il se fit élire président à vie. En 1966-1967, l'armée le contraignit à remettre le pouvoir au général Suharto. (VAR) **Soekarno**

**Sukarnoputri** Megawati (Jogjakarta, 1947), femme politique indonésienne, fille de Sukarno. Élue vice-présidente avec A. Wahid, elle le remplace à la tête de l'État lorsqu'il est destitué par le Parlement (2001-2004).

**Sukhothai** ville du N. de la Thaïlande ; 23 140 hab. ch.-l. de la prov. du m. nom. – Anc. cap. du Siam. Temples des XIII^e et XIV^e s.

**Sukkur** ville du Pākistān, sur l'Indus ; 165 000 hab. À proximité, important barrage.

**Sulawesi** → **Célèbes.**

**Süleyman** → **Soliman.**

**sulf(o)-** Élément, du lat. *sulfur*, « soufre ».

**sulfamide** *nm* MED Substance caractérisée par la présence d'un groupement $R{-}SO_2{-}NH_2$ et utilisée pour ses propriétés antibiotiques.

**sulfate** *nm* Sel ou ester de l'acide sulfurique.

**sulfater** *vt* 1 **1** Répandre du sulfate, notam. du sulfate ferreux, pour compenser une carence en fer, ou du sulfate d'ammonium, comme engrais. **2** Vaporiser sur des cultures une solution de sulfate de cuivre pour les protéger des maladies cryptogamiques. **3** Ajouter du plâtre au vin pour activer la fermentation. (DER) **sulfatage** *nm*

**sulfateur, euse** *n* **A** Personne qui sulfate. **B** *nf* **1** Appareil servant à sulfater les vignes. **2** fam Mitraillette.

**sulfhydrique** *a* **LOC** CHIM ***Acide sulfhydrique*** : solution obtenue par dissolution dans l'eau du gaz sulfhydrique. — ***Gaz sulfhydrique*** : gaz ($H_2S$) très toxique, à l'odeur d'œuf pourri, qui se dégage de toute matière organique sulfurée en fermentation. SYN sulfure d'hydrogène.

**sulfinisation** *nf* METALL Cémentation des alliages ferreux avec du soufre.

**sulfite** *nm* CHIM Sel de l'acide sulfureux.

**sulfiter** *vt* 1 OENOL Soumettre un vin à l'action de l'anhydride sulfureux comme antiseptique et antioxydant. (DER) **sulfitage** *nm*

**sulfocarbonique** *a* CHIM Se dit de l'acide dérivé de l'acide carbonique par substitution du soufre à l'oxygène.

**sulfochromique** *a* CHIM Se dit d'un mélange oxydant contenant du bichromate de potassium et de l'acide sulfurique.

**sulfonation** *nf* CHIM Action de transformer un corps en dérivé sulfonique.

**sulfone** *nm* CHIM Composé dont la molécule comporte deux radicaux carbonés reliés au groupement $-SO_2-$.

**sulfonique** *a* Se dit d'un dérivé dont la molécule contient un ou plusieurs groupes -$SO_3H$ fixés sur un atome de carbone ou d'azote.

**sulfurage** *nm* VITIC Traitement de la vigne par injection de sulfure de carbone dans le sol. (DER) **sulfurer** *vt* 1

**sulfuration** *nf* CHIM Action de combiner un corps avec du soufre. (DER) **sulfurer** *vt* 1

**sulfure** *nm* **1** CHIM Sel de l'acide sulfhydrique. **2** Objet décoratif constitué d'un morceau de cristal en forme de boule, d'œuf, etc., décoré dans la masse. **3** Combinaison de soufre avec un autre élément. **LOC** ***Sulfure de zinc*** : blende.

**sulfuré, ée** *a* CHIM À l'état de sulfure ; combiné avec le soufre.

**sulfureux, euse** *a* **1** Relatif au soufre ; qui contient des dérivés du soufre. *Eau sulfureuse.* **2** fig Lié à l'enfer ; démoniaque. *Un charme sulfureux.* **LOC** CHIM ***Acide sulfureux*** : acide de formule $H_2SO_3$, non isolé, mais dont on connaît des sels. — ***Anhydride sulfureux*** : dioxyde de soufre, de formule $SO_2$

**sulfurique** *a* **LOC** CHIM ***Acide sulfurique*** : acide, très caustique, de formule $H_2SO_4$, utilisé dans l'industrie chimique. — ***Anhydride sulfurique*** : trioxyde de soufre, de formule $SO_3$.

**sulfurisé, ée** *a* **LOC** ***Papier sulfurisé*** : rendu imperméable par trempage dans de l'acide sulfurique dilué.

**sulidé** *nm* ORNITH Oiseau pélécaniforme tel que le fou. (ETY) Du lat.

**sulky** *nm* TURF Voiture légère à deux roues pour les courses de trot. (ETY) Mot angl.

**Sulla** → **Sylla.**

**Sullivan** Louis Henry (Boston, 1856 – Chicago, 1924), architecte américain de l'école de Chicago : magasin Carson, Pirie, Scott and Co. (1899-1904, à Chicago).

**Sullivan** Vernon → **Vian (Boris).**

**Sully** Maurice de (Sully-sur-Loire, v. 1120 – Paris, 1196), évêque de Paris (1160), qui décida la construction de Notre-Dame (1163).

**Sully** Maximilien de Béthune, baron de Rosny (duc de) (Rosny-sur-Seine, 1560 – Villebon, Beauce, 1641), homme d'État français. Protestant, ami et conseiller du futur Henri IV, qui, devenu roi, lui confia d'importantes charges (1596), il redressa les finances, développa l'agric. et le commerce. À la mort d'Henri IV, il se retira dans son château de Sully-sur-Loire, où il écrivit ses mémoires (publiés en 1638). Il demanda aux protestants de se soumettre à l'autorité de Louis XIII et Richelieu le fit maréchal (1634).

Sukarno

Sully

**Sully (hôtel de)** hôtel situé à Paris (près de la place des Vosges), construit en 1624 par Androuet Du Cerceau et acquis en 1634 par Sully.

**Sully Prudhomme** René François Armand Prudhomme, dit (Paris, 1839 – Châtenay-Malabry, 1907), poète français parnassien : *les Solitudes* (1869), *les Vaines Tendresses* (1875). Acad. fr. (1881). Il reçut le premier prix Nobel de littérature (1901).

**Sully-sur-Loire** ch.-l. de cant. du Loiret (arr. d'Orléans) ; 5907 hab. – Chât. XIII^e-XIV^e s., remanié au XVII^e s. par Sully. (DER) **sullylois, oise** *a, n*

**Sulpice Sévère** (en Aquitaine, v. 360 – v. 420),, historien gallo-romain, auteur d'une *Vie de saint Martin* (en latin).

**sulpicien, enne** *a, nm* **A** Qui fait partie de la compagnie des prêtres de Saint-Sulpice. **B** *a* Qualifie les œuvres d'art religieux d'un style mièvre et conventionnel vendues dans le quartier de Saint-Sulpice à Paris.

**sultan** *nm* **1** HIST Souverain de l'Empire ottoman. **2** Titre de certains princes musulmans. *Le sultan d'Oman.* (ETY) De l'ar.

**sultanat** *nm* **1** Dignité de sultan. **2** État gouverné par un sultan.

**sultane** *nf* Épouse d'un sultan turc.

**sultanine** *nf* Cépage blanc fournissant des raisins sans pépins, utilisés comme raisins de table, raisin secs et en distillation.

**Sulu (îles)** archipel des Philippines qui s'étire entre Bornéo au S.-O. et Mindanao au N.-E., séparant la *mer de Sulu* et celle des Célèbes ; 1 600 km² ; 361 000 hab. ; ch.-l. *Jolo*, dans l'île du m. nom. (VAR) **Soulou**

**sumac** *nm* BOT Arbuste (anacardiacée) qui sécrète diverses gommes toxiques dont on tire des vernis, des colorants, des laques.

**Sumatra** la plus occidentale des grandes îles d'Indonésie ; 473606 km$^2$ ; 34 millions d'hab. ; v. princ. *Medan, Palembang* et *Padang.* La côte S.-O. est bordée par des volcans (3 801 m au Kerinci). Le reste du pays est une vaste plaine. Le climat est équatorial (forêt dense). Ressources : riz, thé, café, canne à sucre, hévéa, palmier à huile ; charbon et, surtout, pétrole. L'île est encore peu exploitée et peu peuplée. DER **sumatranais, aise** *a, n*

**Sumba** île d'Indonésie séparée de Flores par le détroit de Sumba ; 11 082 km$^2$ ; environ 250 000 hab.

**Sumbava** île d'Indonésie, entre Java et Timor ; 14 500 km$^2$ ; 550 000 hab. env. ; v. princ. *Raba.* VAR **Sumbawa**

**Šumen** (anc. *Kolarovgrad*), v. industr. de Bulgarie ; 100 120 hab. ; ch.-l. de prov.

**Sumer** anc. région de basse Mésopotamie, en bordure du golfe Persique. La civilisation de Sumer, qui brilla d'un vif éclat entre 3500 et 2000 avant J.-C., servit d'assise aux civilisations antiques de Mésopotamie ; les Sémites d'Akkad et d'Assyro-Babylonie transmirent à l'humanité les créations sumériennes : pouvoirs politiques de la cité-État (Eridu, Ur, Ourouk, Mari, Lagash, etc.), codes de lois, écriture cunéiforme, littérature, pensée religieuse. La production artistique fut prodigieuse : monuments en briques crues (temples, palais royaux, ziggourats), poterie, art du métal, statuaire *(Dame d'Ourouk).* DER **sumérien, enne** *a, n*

civilisation de **Sumer**, période Ourouk : statuette en albâtre, provenant de Warka, v. 3200 av. J.-C. – musée de Bagdad

**sumérien** *nm* La plus ancienne langue écrite connue, parlée à Sumer.

**Sumida** fleuve qui arrose Tokyo.

**sumiye** *nm* Bx-A Technique picturale japonaise fondée sur l'emploi d'une encre peu diluée dans l'eau. PHO [symije]

**summum** *nm* Plus haut point, plus haut degré. *Le summum de la gloire.* PHO [sɔmɔm] ETY Mot lat.

**Sumner James Batcheller** (Canton, Massachusetts, 1887 – Buffalo, 1955), biochimiste américain : travaux sur les enzymes. Prix Nobel de chimie 1946.

**sumo** *nm inv* Lutte japonaise traditionnelle, qui oppose deux lutteurs de poids très élevé.

**sumotori** *nm* Lutteur de sumo.

**Sun (The)** quotidien brit. de tendance conservatrice, à fort tirage. Il a remplacé en 1966 le *Daily Herald.*

**Sund** détroit qui sépare l'île danoise de Sjælland et la côte suédoise, reliant le Kattégat à la Baltique. VAR **Øresund**

**Sundanais** → **Soundanais.**

**Sundarbans (les)** vaste région marécageuse, insulaire et forestière (mangroves) du delta du Gange en bordure du golfe du Bengale.

**Sunderland** v. et port de G.-B., à l'embouchure de la *Wear* ; 286 800 hab. Industries.

**Sundgau (le)** rég. d'Alsace, au sud de Mulhouse.

**Sundsvall** v. et port de Suède, sur le golfe de Botnie ; 92 800 hab. Industrie du bois.

**sunlight** *nm* Puissant projecteur utilisé pour les prises de vues cinématographiques. PHO [sœnlajt] ETY Mot angl.

**sunna** *nf* RELIG Tradition de l'islam rapportant les faits, gestes et paroles *(hadith)* de Mahomet ; orthodoxie musulmane, majoritaire dans l'islam. PHO [syna] ETY Mot ar.

**sunnisme** *nm* RELIG Courant majoritaire de l'islam qui se conforme à la sunna (par oppos. au *chiisme*). DER **sunnite** *a, n*

**Sun Ra** Sonny Blonut, dit (Birmingham, Alabama, 1914 – New York, 1993), musicien de jazz américain.

**Sun Yat-sen** (Xiangshan, Guangdong, 1866 – Pékin, 1925), homme politique chinois. En 1894, il fonda un mouvement nationaliste (qui devint en 1911 le Guomindang). Il fit proclamer la république à Nankin en 1911 et exerça la prés., mais en 1912 Yuan Shikai le supplanta. Quand celui-ci mourut (1916), la rupture entre le N. et le S. était complète. Sun Yat-sen organisa à Canton un gouv. en sécession (1918). Il réorganisa le Guomindang, dans lequel il fit entrer les communistes et fut élu président de la Rép. (1921). VAR **Sun Zhong-shan**

**Sun Yat-sen**

**Sun Zi** (V$^e$ s. av. J.-C.), écrivain chinois. Son *Art de la guerre* est un classique. VAR **Souen-Tseu**

**Suomi** nom finnois de la Finlande.

**super-** Élément, du lat. *super,* « au-dessus ».

**1 super** *a inv* fam Extraordinaire, admirable. *C'était super, hier soir. Des filles super.*

**2 super** *nm* Supercarburant. *Le plein de super.*

**superalliage** *nm* Alliage conçu pour résister à des conditions extrêmes (température, pression, oxydation, etc.).

**superamas** *nm* Amas d'amas de galaxie.

**Superbagnères** → **Bagnères-de-Luchon.**

**1 superbe** *nf* litt Orgueil.

**2 superbe** *a* **1** D'une grande beauté, magnifique. *Une femme superbe. Un temps superbe.* SYN splendide. **2** Excellent, éminent, remarquable. *C'est une affaire superbe.* ETY Du lat. *superbus,* « orgueilleux ». DER **superbement** *av*

**superbénéfice** *nm* Superprofit.

**supercalculateur** *nm* Superordinateur.

**supercarburant** *nm* Essence d'un rendement supérieur, dont l'indice d'octane est plus élevé que celui de l'essence ordinaire.

**supercarré** *am* AUTO Se dit d'un moteur dont la course du piston est plus courte que le diamètre d'alésage du cylindre.

**supercentenaire** *n* Personne agée de 110 ans et plus.

**supercherie** *nf* Tromperie, fraude. ETY De l'ital. *soperchieria,* « excès ».

**superciment** *nm* TECH Ciment Portland artificiel à prise rapide et à haute résistance.

**superclasse** *nf* BIOL Unité systématique regroupant plusieurs classes au sein d'un embranchement.

**supercritique** *a* TECH Qui est porté à une température et à une pression supérieures à celles de son point critique.

**supère** *a* Se dit d'un ovaire situé au-dessus du point d'insertion du périanthe chez la tulipe, le coquelicot, etc. ANT infère.

**supérette** *nf* COMM Magasin d'alimentation en libre-service, à la surface de vente comprise entre 120 et 400 m$^2$. ETY De l'amér.

**superfamille** *nf* BIOL Unité systématique regroupant plusieurs familles au sein d'un ordre.

**superfétation** *nf* **1** BIOL Fécondation de deux ovules dans des périodes d'ovulation différentes, chez quelques espèces animales. **2** litt Redondance, ajout superflu. ETY Du lat.

**superfétatoire** *a* litt Superflu, qui vient s'ajouter sans nécessité.

**superficie** *nf* **1** Étendue d'une surface ; nombre qui exprime l'aire d'une surface. *Une superficie de 10 hectares.* **2** fig, vieilli Apparence extérieure. *Je ne connais le sujet qu'en superficie.* ANT fond. ETY Du lat.

**superficiel, elle** *a* **1** Qui ne concerne que la surface, qui est à la surface. *Plaie superficielle. Les veines superficielles.* **2** fig Futile, qui manque de profondeur. *Sentiments superficiels.* DER **superficialité** *nf* – **superficiellement** *av*

**superfinition** *nf* TECH Polissage très soigné de la surface d'une pièce métallique, réalisé par des moyens mécaniques ou électrolytiques.

**superflu, ue** *a, nm* **A** Qui vient en plus du nécessaire, dont on pourrait se passer. *Richesses superflues.* **B** *a* Qui est en trop. *Ornements superflus.* ETY Du lat. *superfluere,* « déborder ». DER **superfluité** *nf*

**superfluide** *a* PHYS Dont la viscosité disparaît presque entièrement à très basse température. *L'hélium liquide devient superfluide aux températures inférieures à 2,18 kelvins.* DER **superfluidité** *nf*

**super-G** *nm* SPORT Supergéant. DER **supergéantiste** *n*

**supergéant, ante** *a, n* **A** *a, nf* ASTRO Se dit des étoiles dont le volume est le plus considérable et la densité la plus faible. **B** *nm* SPORT Épreuve de ski alpin intermédiaire entre le slalom géant et la descente. SYN super-G.

**supergrand** *nm* fam Superpuissance.

**superhétérodyne** *nm* RADIOELECTR Récepteur de signaux dans lequel des signaux de haute fréquence sont mélangés à ceux que fournit un oscillateur local de façon à obtenir des signaux de moyenne fréquence.

**super-huit** *a, nm inv* CINE Se dit d'un format de film amateur de huit millimètres de largeur. *Tourner en super-huit.*

**supérieur, eure** *a, n* **A** *a* **1** Situé au-dessus, en haut. *La mâchoire supérieure.* **2** Qui est situé plus haut, plus vers l'amont. *Cours supérieur d'un fleuve. Le Rhône supérieur.* **3** Plus élevé, plus grand. *Un camion d'un poids supérieur à 3 tonnes.* **4** GEOL, PREHIST Se dit, en parlant de certaines périodes, de la partie la plus proche de notre époque. **5** Placé au-dessus, du point de vue qualitatif, hiérarchique, etc. *Officiers supérieurs.* **6** BIOL Plus évolué. *Plantes, animaux supérieurs.* **7** Hautain, arrogant. *Air, ton supérieur.* **B** *n* **1** Personne de qui on dépend hiérarchiquement. **2** Personne qui dirige une communauté religieuse. *La mère supérieure.* **C** *nm* Enseignement supérieur. **LOC** ***Enseignement supérieur :*** dispensé dans les grandes écoles et les facultés. — ASTRO ***Planètes supérieures :*** plus éloignées du Soleil que la Terre. (ETY) Du lat. (DER) **supérieurement** *av* – **supériorité** *nf*

**Supérieur (lac)** le plus étendu (84 131 km$^2$) et le plus occidental des Grands Lacs d'Amérique du Nord, entre le Canada et les É.-U. ; relié au lac Huron par la riv. Sainte-Marie. Navigation importante.

**superlatif, ive** *nm, a* **A** *nm* **1** GRAM Degré de l'adjectif ou de l'adverbe qui exprime un très haut degré, le plus haut degré d'une qualité. **2** Terme emphatique, hyperbolique. *Un dithyrambe farci de superlatifs.* **B** *a* GRAM Qui exprime le superlatif. *Adjectif, adverbe superlatif.* **LOC** GRAM ***Superlatif absolu :*** qui n'implique pas de comparaison. (Ex. : *un très bon élève.*) — ***Superlatif relatif :*** qui implique une comparaison avec les choses ou les personnes appartenant au même ensemble. (Ex. : *le meilleur élève de la classe.*) (ETY) Du lat. *superferre,* « porter au-dessus ».

**superlativement** *a* fam Extrêmement.

**superléger** *am, nm* SPORT Se dit d'un boxeur professionnel pesant entre 61,2 et 63,5 kg.

**superluminique** *a* PHYS Qui serait supérieur à la vitesse de la lumière.

**superman** *nm* fam Homme supérieur, exceptionnel ; surhomme. PLUR supermans ou supermen. (ETY) Du n. pr.

**Superman** personnage créé par l'Américain Philippe Wylie et qui en 1938 devint le héros d'une bande dessinée ; texte : Jerry Siegel (1914 – 1996) ; dessin : Joe Shuster. ▷ CINE *Superman* de l'Américain Richard Donner avec Christopher Reeve (1978-1987).

**supermarché** *nm* Magasin en libre-service, dont la surface de vente est comprise entre 400 et 2 500 m$^2$.

**supermolécule** *nf* CHIM Assemblage tridimensionnel d'atomes pouvant former une cavité susceptible d'accepter un ion ou une molécule.

**supernova** *nf* ASTRO Étoile de grande masse en phase finale d'évolution, au cours de laquelle son explosion s'accompagne d'un considérable dégagement d'énergie. PLUR supernovas ou supernovæ. (PHO) [sypɛʀnɔva]

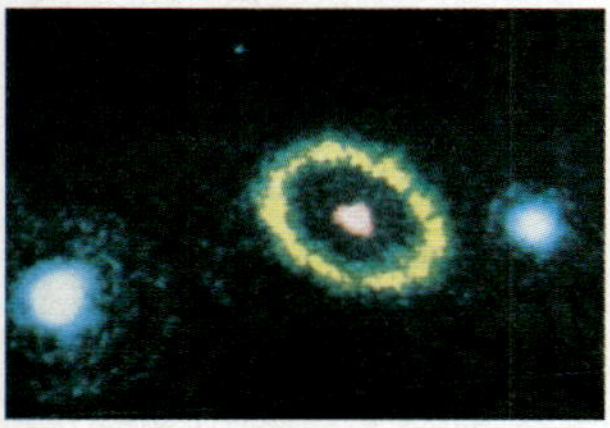

**supernova**

**superordinateur** *nm* Ordinateur d'une grande puissance de calcul, utilisé notam. pour la météorologie, la recherche et dans l'armement.

**superordre** *nm* BIOL Unité systématique regroupant plusieurs ordres au sein d'une classe, d'une sous-classe. PLUR superordres.

**superovarié, ée** *a* BOT Se dit des plantes dont les fleurs ont un ovaire situé au-dessus du point d'insertion du périanthe.

**superovulation** *nf* BIOL Accroissement provoqué du nombre des ovules produits simultanément par une femelle.

**superpétrolier** *nm* MAR Navire pétrolier de très grande capacité, de 100 000 t et plus. SYN (déconseillé) supertanker.

**superphosphate** *nm* CHIM Engrais constitué essentiellement de phosphate calcique additionné de sulfate de calcium.

**superplume** *nm* Se dit d'un boxeur professionnel pesant entre 57,1 et 58,9 kg.

**superposer** *vt* ① Poser des choses les unes sur les autres ; mettre par-dessus. *Superposer des caisses. Couches stratifiées qui se superposent.* (ETY) Du lat. (DER) **superposable** *a* – **superposition** *nf*

**superproduction** *nf* Film à grand spectacle, tourné avec de gros moyens matériels et financiers.

**superprofit** *nm* Profit particulièrement élevé, superbénéfice.

**superpuissance** *nf* État dont l'importance politique, militaire, économique est dominante.

**supersonique** *a, nm* **A** *a* D'une vitesse supérieure à celle du son. *Bang supersonique.* **B** *nm* Avion supersonique.

**superstar** *nf* fam Vedette très célèbre.

**superstitieux, euse** *a, n* **A** *a* Où il entre de la superstition. *Croyance, pratique superstitieuse.* **B** *n* Qui montre de la superstition, qui est influencé par des superstitions. (PHO) [sypɛʀstisjø, øz] (DER) **superstitieusement** *av*

**superstition** *nf* **1** Attachement étroit et formaliste à certains aspects du sacré ; croyance religieuse considérée comme non fondée. **2** Croyance à la manifestation de forces mystérieuses liées à des actes, à des objets, à des phénomènes. *Toucher du bois par superstition, pour conjurer le mauvais sort.* (ETY) Du lat.

**superstrat** *nm* LING Ensemble des traces qu'a laissées dans une langue donnée une langue disparue ; cette langue disparue. *Superstrat et substrat.*

**superstructure** *nf* **1** Partie d'une construction située au-dessus du sol. **2** Construction édifiée au-dessus du pont supérieur d'un navire. **3** SOCIOL Ensemble formé par les idées politiques, juridiques, religieuses, artistiques, etc. et les institutions, dans la terminologie marxiste, opposé à *infrastructure.* (DER) **superstructurel, elle** *a*

**supertanker** *nm* MAR Syn. (déconseillé) de *superpétrolier.* (PHO) [sypɛʀtɑ̃kœʀ] (ETY) Mot angl.

**Supervielle Jules** (Montevideo, 1884 – Paris, 1960), écrivain français. Ses poèmes (*Gravitations,* 1925 ; *Oublieuse Mémoire,* 1949), ses contes (*l'Enfant de la haute mer,* 1931), son théâtre (*la Belle au bois,* 1932) font valoir le merveilleux quotidien avec humour.

**superviser** *vt* ① Contrôler, vérifier un travail dans ses grandes lignes. (ETY) De l'angl. (DER) **supervision** *nf*

**superviseur** *nm* **1** Personne qui supervise. **2** INFORM Programme qui contrôle les traitements successifs de plusieurs autres programmes.

**superwelter** *am, nm* SPORT Se dit d'un boxeur professionnel pesant entre 66,7 et 69,8 kg. (PHO) [sypɛʀwɛltɛʀ]

**superwoman** *nf* fam Femme supérieure, exceptionnelle. PLUR superwomans ou superwomen. (PHO) [sypɛʀwuman]

**supin** *nm* GRAM Forme nominale du verbe latin. (ETY) Du lat. *supinus,* « renversé en arrière ».

**supinateur** *nm* ANAT Muscle permettant la supination. (ETY) Du lat.

**supination** *nf* PHYSIOL Mouvement de rotation de la main amenant la paume vers le haut ; position de la main, paume vers le haut. ANT pronation.

**supion** *nm* Seiche de petite taille. (ETY) Du lat.

**supplanter** *vt* ① **1** Prendre la place de qqn ; évincer. *Supplanter un rival.* **2** Remplacer qqch. *Le sucre de betterave a supplanté le sucre de canne.* (ETY) Du lat. *supplantare,* « faire un croc-en-jambe ».

**suppléant, ante** *n, a* Se dit d'une personne qui en remplace une autre dans ses fonctions. (DER) **suppléance** *nf*

**suppléer** *v* ⑪ **A** *vt* **1** litt Parer à l'insuffisance de ; compléter. *Suppléer le manque de volontaires par des désignations d'office.* **2** Remplacer ; être utilisé à la place de. *Le lieutenant-colonel supplée le colonel en son absence.* **B** *vti* Porter remède à une insuffisance, un manque ; compenser. *Le courage supplée à la faiblesse numérique.* (ETY) Du lat.

**supplément** *nm* **1** Ce qui vient en plus, ce qui est ajouté. *Un supplément d'argent de poche.* **2** Dans les transports, au théâtre, au restaurant, etc., somme payée en plus pour obtenir un avantage spécial. **LOC** GEOM ***Supplément d'un angle, d'un dièdre :*** angle, dièdre qu'il faut lui ajouter pour obtenir 180 degrés. (ETY) Du lat.

**supplémentaire** *a* Qui vient en supplément, en plus. *Train supplémentaire.*

**supplémenter** *vt* ① Enrichir un aliment. *Une alimentation pour animaux supplémentée en antibiotiques.* (DER) **supplémentation** *nf*

**supplétif, ive** *a, nm* **A** *a* **1** vx Qui complète, qui supplée. *Conclusions supplétives.* **2** mod MILIT Se dit de troupes, de forces qui renforcent l'armée régulière. **B** *nm* Soldat d'une troupe supplétive.

**supplétoire** *a* DR Qui supplée à l'insuffisance des preuves.

**Suppliantes (les)** tragédie d'Eschyle (v. 490 av. J.-C.), la prem. d'une trilogie qui comprenait *les Égyptiens* et *les Danaïdes,* perdues.

**Suppliantes (les)** tragédie d'Euripide (v. 422 av. J.-C.) représentant les mères des guerriers argiens tombés sous les murailles de Thèbes.

**supplication** *nf* **1** Prière instante et soumise. *Rester insensible aux supplications.* **2** RELIG CATHOL Prière solennelle. **3** HIST Remontrance faite au roi par le parlement.

**supplice** *nm* **1** HIST Punition corporelle grave, entraînant souvent la mort, ordonnée par la justice. *Le supplice de la croix.* **2** Ce qui cause une vive souffrance physique ou morale. *Le supplice de la soif, de l'attente.* **LOC** ***Le dernier supplice :*** la peine de mort. (ETY) Du lat.

**supplicié, ée** *n* Personne qui subit ou qui a subi un supplice.

**supplicier** *vt* ② Faire subir un supplice, le dernier supplice à. *Supplicier un criminel. Cette pensée le suppliciait.*

**supplier** *vt* ② **1** Prier qqn avec instance et soumission. *Je vous supplie de m'accorder un entretien.* **2** Prier de façon pressante. *Faites moins de bruit, je vous en supplie !* (ETY) Du lat. *supplicare,* « se plier sur les genoux ». (DER) **suppliant, ante** *a, n*

**supplique** *nf* didac Requête par laquelle on demande une grâce à une autorité officielle.

**support** *nm* **1** Ce sur quoi porte le poids de qqch ; soutien. *Ce pilier est le support de la voûte. Un support de tubes à essai.* **2** Élément matériel qui sert à éditer un produit éditorial, un logiciel. *Support* papier, support électronique. **3** Ce qui sert à porter, à transmettre une chose immatérielle par nature. *Les mots servent de support à la pensée.* **LOC** ***Support publicitaire :*** moyen matériel tel qu'affiche, radio, etc., pour la diffusion d'un message ou d'une campagne publicitaire.

**supportable** *a* Que l'on peut supporter, tolérer. *Le froid est encore supportable. Votre attitude n'est pas supportable.*

**1 supporter** → **supporteur.**

**2 supporter** *vt* ① **1** Servir de support à, soutenir. *Les poutres qui supportent le toit.* **2** Subir, endurer les effets de. *Il supporte mal la douleur. Supporter le froid.* **3** Tolérer un comportement, une personne désagréable, pénible, sans manifester d'impatience, d'irritation. *Supporter l'impertinence de qqn. Ils se supportent mal.* **4** Opposer une résistance à une action ; être à l'épreuve de. *Poterie qui supporte le feu. Cette théorie ne supporte pas l'examen.* **5** Avoir la charge de. *J'ai eu à supporter de gros frais.* **6** fam Encourager un sportif, une équipe sportive. **7** Afrique Subvenir aux besoins de qqn. ETY Du lat.

**supporteur, trice** *n* Personne qui encourage un concurrent, une équipe sportive, un candidat, qui lui apporte son appui. VAR **supporter**

**Supports-Surfaces** groupe artistique français d'avant-garde (1969-1972) : Jean-Pierre Pincemin, Claude Viallat, André-Pierre Arnal, Daniel Dezeuze, etc. Il insistait sur la matérialité de supports non rigides (filets, cordes, bâches).

**supposé, ée** *a* **1** Admis par supposition prétendu, présumé, hypothétique. **2** DR Qui est faux. *Nom supposé.*

**supposément** *av* Par supposition, prétendument, censément. *Des opposants supposément violents.*

**supposer** *vt* ① **1** Poser, imaginer comme établi. *Supposons deux droites parallèles...* **2** Tenir pour probable. *On suppose qu'il est mort.* **3** Impliquer comme condition nécessaire ou préalable. *La bonne entente suppose le respect mutuel.* **4** DR Présenter comme authentique qqch de faux. *Supposer un testament.* ETY Du lat. *supponere*, « mettre sous ». DER **supposable** *a*

**supposition** *nf* Hypothèse, opinion reposant sur de simples probabilités. **LOC** DR ***Supposition d'enfant :*** attribution d'un enfant à une femme qui ne l'a pas mis au monde. — fam ***Une supposition (que) :*** en supposant que.

**suppositoire** *nm* Préparation médicamenteuse solide, de forme conique ou ovoïde, que l'on administre par voie rectale.

**suppôt** *nm* litt Partisan d'une personne malfaisante, d'une chose nuisible, néfaste. *Un dangereux suppôt de la subversion.* **LOC** ***Suppôt de Satan, du diable :*** personne méchante.

**suppresseur** *nm* GENET Gène qui empêche les cellules tumorales de se multiplier.

**supprimer** *v* ① **A** *vt* **1** Faire disparaître, retrancher qqch. *Supprimer un paragraphe.* **2** Assassiner qqn. **B** *vpr* Se suicider. ETY Du lat. *supprimere*, « enfoncer, étouffer ». DER **suppression** *nf* – **supprimable** *a*

**suppurer** *vi* ① Produire, laisser écouler du pus, en parlant d'un organe, d'une plaie. DER **suppurant, ante** *a* – **suppuration** *nf*

**supputer** *vt* ① Évaluer à partir de certains éléments, de certains indices. *Supputer à combien s'élèvera une dépense. Supputer ses chances de réussite.* ETY Du lat. DER **supputation** *nf*

**supra-** Préfixe, du lat. *supra*, « au-dessus ».

**supra** *av* Ci-dessus, dans un passage antérieur. ETY Mot lat.

**supraconducteur, trice** *a, nm* Qui présente le phénomène de supraconductivité.

**supraconductivité** *nf* PHYS Conductivité très élevée que présentent certains corps aux températures voisines du zéro absolu. VAR **supraconduction**

ENC Découverte en 1911, la supraconductivité n'a longtemps pu être observée qu'à des températures extrêmement basses (une dizaine de kelvins) obtenues par l'emploi de l'hélium liquide. Depuis 1987, on sait préparer des matériaux qui sont supraconducteurs à des températures de l'ordre d'une centaine de kelvins, ce qui autorise l'emploi de l'azote liquide, beaucoup moins onéreux, pour leur conférer ces basses températures. Le transport d'énergie sans pertes, ainsi envisageable, est susceptible de nombreuses applications industrielles.

**supralittoral, ale** *a* ECOL Se dit de la zone du bord de mer située au-dessus du niveau moyen des hautes mers, qui n'est pas recouverte à chaque marée mais qui reçoit des embruns. PLUR supralittoraux.

**supranational, ale** *a* Qui a autorité sur les souverainetés nationales. *Instances supranationales.* PLUR supranationaux. DER **supranationalité** *nf*

**supranationalisme** *nm* POLIT Doctrine des partisans d'un pouvoir supranational.

**suprasegmental, ale** *a* Se dit d'un trait phonique tel que l'accent ou l'intonation, qui concerne plusieurs unités minimales d'analyse (ou *segments*). PLUR suprasegmentaux.

**suprasensible** *a* Que les sens ne peuvent percevoir.

**supraterrestre** *a* De l'au-delà.

**suprématie** *nf* **1** Supériorité de puissance, de rang. *Suprématie économique d'un pays.* **2** Excellence, maîtrise. *Il prétend à la suprématie dans son art.* PHO [sypʀemasi] ETY De l'angl.

**Suprématie (acte de)** loi qu'Henri VIII d'Angleterre fit voter en 1534 : le roi (ou la reine) devenait le chef de l'Église d'Angleterre. L'anglicanisme en résulta.

**suprématisme** *nm* Bx-A Art abstrait géométrique développé par Malevitch.

**suprême** *a, nm* **A** *a* **1** Qui est au-dessus de tout. *Le pouvoir suprême.* **2** Très grand. *Un plaisir suprême.* **3** Dernier, ultime. *Faire une suprême tentative.* **B** *nm* Filets de volaille ou de poisson nappés de sauce suprême. **LOC** ***L'heure suprême :*** la mort. — ***Les honneurs suprêmes :*** les funérailles. — ***Sauce suprême :*** mélange de consommé de volaille et de crème. ETY Du lat. DER **suprêmement** *av*

**sur-** Élément du lat. *super*, « au-dessus de » (ex. *surélever, surtout*), « en plus de, outre » (ex. *surabondance, surhomme*).

**1 sur** *prép* **1** Marque la situation de ce qui est plus haut par rapport à ce qui est en dessous. *La tasse est sur la table. Coller du papier sur les murs. La clé est sur la porte.* **2** fig Marque un rapport de supériorité. *L'emporter sur qqn.* **3** Indique la direction. *Faire cap sur Terre-Neuve.* **4** Indique l'objet d'un travail, le sujet d'une étude, etc. *Voilà deux heures que je m'échine sur ce moteur. Un essai sur Corneille.* **5** Indique un rapport de proportionnalité. *Sur dix, il n'en revint pas un seul. Il a quinze sur vingt à son devoir.* **6** Marque l'approximation. *Il est arrivé sur les dix heures.* **LOC** ***Sur ce :*** après cela, ensuite. ETY Du lat.

**2 sur, sure** *a* Qui a un goût légèrement acide, aigre. *Pommes sures.* ETY Du frq.

**sûr, sûre** *a* **1** Qui ne présente aucun risque ; sans danger. *Mettre qqn, qqch en lieu sûr.* **2** Digne de confiance ; sur qui ou sur quoi l'on peut s'appuyer. *Un ami sûr. Je le sais de source sûre. Un matériel très sûr.* **3** Ferme, assuré, rigoureux. *Un geste sûr.* **4** Qu'on ne peut mettre en question, certain. *Je pars demain, c'est sûr.* **5** Convaincu, certain, assuré. *Il est sûr de réussir.* **LOC** ***Avoir une main sûre :*** une main aux gestes précis, qui ne tremble pas. — ***Bien sûr ! :*** évidemment, bien entendu. — ***Sûr de soi :*** qui a confiance en soi, en ses capacités. ETY Du lat. VAR **sûr, sure**

**Surabaya** v. industr. et princ. port d'Indonésie, sur la côte N. de Java ; 3 millions d'hab.

**surabonder** *vi* ① Être plus abondant qu'il n'est nécessaire. *Cette année, les pommes surabondent. Pays qui surabonde de blé.* DER **surabondamment** *av* – **surabondance** *nf* – **surabondant, ante** *a*

**suractif, ive** *a* Doté d'une très forte activité. DER **suractivité** *nf*

**suractivé, ée** *a* Dont l'activité est accrue par un traitement spécial. *Décapant suractivé.*

**suraigu, uë** *a* **1** Très aigu. *Voix suraiguë.* **2** MED Qui évolue brutalement et rapidement. *Inflammation suraiguë.* VAR **suraigu, üe**

**surajouter** *vt* ① Ajouter en plus, à ce qui est déjà fini.

**Surakarta** (anc. *Solo*), v. d'Indonésie (Java centr.) ; 469 890 hab. Industries.

**sural, ale** *a* ANAT Qui concerne le mollet. PLUR suraux. ETY Du lat. *sura*, « mollet ».

**suralimentation** *nf* **1** Alimentation plus abondante que la normale. **2** TECH Alimentation d'un moteur à combustion interne avec de l'air porté à une pression supérieure à la pression atmosphérique. DER **suralimenter** *vt* ①

**suranné, ée** *a* litt Démodé, désuet, vieillot. *Conceptions surannées.* ETY De *an*.

**surarmer** *vt* ① Armer un pays au-delà de ce qui est nécessaire à sa défense. DER **surarmement** *nm*

**Sūrat** v. et port de l'Inde (Gujerāt) ; 3,6 million d'hab. (aggl.). Textiles (soie, coton).

**surate** → **sourate.**

**surbaissé, ée** *a* **1** ARCHI Se dit d'un arc, d'une voûte dont la flèche est inférieure à la moitié de la largeur. **2** AUTO Se dit d'une voiture dont la carrosserie est très basse. DER **surbaissement** *nm*

**surbooking** *nm* fam **1** Fait d'être très occupé, débordé. **2** Syn. de *surréservation*. DER **surbooké, ée** *a*

**surboum** *nf* fam, vieilli Surprise-partie.

**surbrillance** *nf* Luminosité mettant en valeur un élément sur l'écran d'un ordinateur.

**surcapacité** *nf* ECON Capacité de production supérieure aux besoins. DER **surcapacitaire** *a*

**surcapitalisation** *nf* FIN Attribution à une entreprise d'une valeur supérieure à sa valeur réelle.

**surcharge** *nf* **1** Charge ajoutée à la charge normale. *Une surcharge de responsabilités.* **2** Excédent de charge, de poids par rapport à ce qui est autorisé. *Rouler en surcharge.* **3** CONSTR Effort supplémentaire que peut avoir à supporter une construction. *Calcul des surcharges.* **4** Fait d'être trop chargé de matière, trop abondant. *La surcharge des programmes scolaires.* **5** Mot écrit au-dessus d'un autre pour le remplacer. **6** Impression surajoutée à un timbre-poste. **LOC** ***Surcharge pondérale :*** obésité.

**surcharger** *vt* ⑬ **1** Charger de façon excessive. *Surcharger un camion. Surcharger de travail.* **2** Faire une surcharge à un texte.

**surchauffe** *nf* **1** PHYS, TECH Action de surchauffer un liquide, de la vapeur. **2** ECON Déséquilibre économique provenant d'une expansion mal maîtrisée, et qui entraîne une inflation importante.

**surchauffer** *vt* ① **1** Chauffer excessivement. **2** PHYS Porter un liquide au-dessus de son point d'ébullition sans qu'il se vaporise.

**surchauffeur** *nm* TECH Appareil destiné à surchauffer la vapeur.

**surchemise** *nf* Chemise ample, en tissu épais, portée par-dessus les autres vêtements.

**surchoix** *a inv, nm* De toute première qualité. *Entrecôte surchoix.*

**surclasser** *vt* ① 1 SPORT Dominer très nettement par ses performances. **2** Être d'une qualité bien supérieure à. *Ce produit surclasse tous les autres.* **3** Mettre un voyageur dans une classe supérieure à celle correspondant à son billet. DER **surclassement** *nm*

**surcompenser** *vt* ① PSYCHO Réagir à un sentiment d'infériorité par une conduite agressive dans le domaine où cette infériorité est perçue. DER **supercompensation** *nf*

**surcomposé, ée** *a* GRAM Se dit d'un temps formé d'un auxiliaire à un temps composé et du participe passé. (ex. *quand j'ai eu terminé*...).

**surcompression** *nf* TECH Augmentation de la compression d'un gaz.

**surcomprimé, ée** *a* TECH Se dit d'un gaz dont la compression augmente. **LOC** ***Moteur surcomprimé*** : dans lequel le mélange détonant est soumis à la compression maximale.

**surcomprimer** *vt* ① TECH Comprimer davantage un gaz.

**surconsommation** *nf* Consommation supérieure aux besoins.

**surcontamination** *nf* MED Nouvelle exposition à un virus d'un sujet déjà contaminé.

**surcontrer** *vt* ① JEU Au bridge, enchérir sur un contre en maintenant une annonce contrée. DER **surcontre** *nm*

**surconvertisseur** *nm* PHYS NUCL Surgénérateur produisant une matière fissile différente de celle qu'il consomme.

**surcot** *nm* HIST Au Moyen Âge, vêtement porté sur la cotte.

**surcote** *nf* Valeur supplémentaire acquise par un bien.

**Surcouf Robert (baron)** (Saint-Malo, 1773 – id., 1827), corsaire français, puis riche armateur. Il pourchassa les Anglais sous la Révolution et l'Empire, notam. au large des Indes.

**surcouper** *vt* ① JEU Aux cartes, couper avec un atout plus fort que celui avec lequel le joueur précédent vient de couper. DER **surcoupe** *nf*

**surcoût** *nm* Coût supplémentaire. VAR **surcout**

**surcreusement** *nm* GEOL Creusement s'exerçant sur des vallées qui ont déjà subi une érosion.

**surcroît** *nm* Ce qui vient s'ajouter à qqch. *Sa promotion lui a valu un surcroît de travail.* **LOC** ***De surcroît, par surcroît*** : de plus, en outre. VAR **surcroit**

**surdensité** *nf* Densité trop élevée.

**surdétermination** *nf* PSYCHAN Caractère des productions de l'inconscient, dont le contenu manifeste renvoie à plusieurs contenus latents. DER **surdéterminer** *vt* ①

**surdéveloppé, ée** *a* ECON Dont le développement est très important ou excessif. DER **surdéveloppement** *nm*

**surdimensionner** *vt* ① Donner des dimensions supérieures à ce qui est nécessaire. DER **surdimensionné, ée** *a* – **surdimensionnement** *nm*

**surdimutité** *nf* État du sourd-muet.

**surdiplômé, ée** *a, n* Qui a une qualification très supérieure à l'emploi qu'il occupe.

**surdité** *nf* Affaiblissement ou disparition du sens de l'ouïe, fait d'être sourd. **LOC** ***Surdité verbale*** : impossibilité, due à une lésion cérébrale, de comprendre les mots. ETY Du lat.

**surdosage** *nm* Dosage excessif.

**surdose** *nf* Syn. (recommandé) de *overdose.*

**surdoué, ée** *a, n* Se dit d'un enfant qui présente un développement intellectuel exceptionnel.

**Sûre (la)** (en all. *Sauer*), riv. de l'Europe occidentale (173 km), affl. de la Moselle (r. g.) ; naît dans l'Ardenne belge ; passe au Luxembourg, qu'elle sépare de l'Allemagne.

**sureau** *nm* Arbuste (caprifoliacée) dont les fleurs donnent un fruit noir ou rouge et dont le bois renferme un large canal à une moelle.

**sureffectif** *nm* Effectif trop important.

**surélever** *vt* ⑯ **1** Donner plus de hauteur à. *Surélever un bâtiment de deux étages.* **2** Placer plus haut. *Surélever une lampe.* DER **surélévation** *nf*

**suremballage** *nm* Emballage supplémentaire permettant de présenter des produits en nombre.

**sûrement** *av* **1** Avec régularité et constance, sans faillir. *Progresser lentement mais sûrement.* **2** Certainement, selon toute probabilité. *Il arrivera sûrement en retard.* VAR **surement**

**surémission** *nf* FIN Émission excessive de papier-monnaie.

**suremploi** *nm* ECON **1** Utilisation d'une main-d'œuvre dépassant la production et le temps de travail normaux. **2** Pénurie de main-d'œuvre.

**surenchère** *nf* **1** DR Enchère supérieure à la précédente. **2** fig Proposition renchérissant sur celle d'un autre. DER **surenchérir** *vi* ③ – **surenchérisseur, euse** *n*

**surenchérissement** *nm* Augmentation des prix.

**surendetter** *vt* ① ECON Avoir recours à un endettement excédant ses possibilités de remboursement. DER **surendetté, ée** *n* – **surendettement** *nm*

**surentraîner** *vt* ① SPORT Soumettre un sportif à un entraînement trop poussé qui risque d'avoir des effets néfastes sur sa santé. VAR **surentrainer** DER **surentraînement** ou **surentrainement** *nm*

**suréquiper** *vt* ① Équiper plus qu'il n'est nécessaire. DER **suréquipement** *nm*

**Suresnes** ch.-l. de cant. des Hauts-de-Seine (arr. de Nanterre), sur la Seine ; 44 491 hab. Industries. – Fort du mont Valérien. Cimetière américain. DER **suresnois, oise** *a, n*

**surestarie** *nf* DR MARIT Somme que doit verser l'affréteur à l'armateur, en raison d'un retard apporté dans le chargement ou le déchargement d'un navire frété. ETY De l'esp.

**surestimer** *vt* ① Estimer au-dessus de sa valeur réelle. *Je pense que vous surestimez ce timbre. Surestimer ses forces. Il se surestime.* DER **surestimation** *nf*

**suret, ette** *a* rég Légèrement sur. *Lait suret.*

**sûreté** *nf* **1** Fait d'être sûr ; caractère d'un lieu où l'on ne risque aucun danger. *Sûreté d'une région.* **2** Fermeté, rigueur, précision des gestes, justesse des raisonnements. *Je me fie à la sûreté de votre goût.* **3** DR Assurance, garantie donnée à qqn. *Je lui ai donné toutes les sûretés qu'il me demandait.* **4** État de qqn, de qqch, qui ne court aucun risque, aucun danger ; sécurité. **LOC** ***Attentat, crime contre la sûreté de l'État*** : infractions menées contre l'autorité de l'État ou l'intégrité du territoire (trahison, espionnage, etc.). — ***De sûreté*** : spécialement conçu pour assurer la sûreté. *Épingles de sûreté.* — ***En sûreté*** : en sécurité ; à l'abri. — anc ***La Sûreté nationale*** ou ***la Sûreté*** : le service de police, remplacé depuis 1966 par le corps de la Police nationale, relevant de l'autorité du ministre de l'Intérieur. — DR ***Sûreté personnelle*** : garantie résultant pour le créancier de l'adjonction à son débiteur d'autres débiteurs, répondant sur leur patrimoine de l'exécution de l'obligation. — DR ***Sûreté réelle*** : garantie résultant pour le créancier de l'affectation spéciale d'un bien de son débiteur au paiement de la dette. VAR **sureté**

**surévaluer** *vt* ① Évaluer qqch au-delà de sa valeur. DER **surévaluation** *nf*

**surexciter** *vt* ① Exciter au plus haut point. *Procès qui surexcite l'opinion. Enfant surexcité.* DER **surexcitable** *a* – **surexcitation** *nf*

**surexploiter** *vt* ① Exploiter de façon excessive. DER **surexploitation** *nf*

**surexposer** *vt* ① **1** PHOTO Exposer trop longtemps une surface sensible à la lumière. **2** Exposer exagérément à un phénomène jugé néfaste (pression médiatique ou commerciale). DER **surexposition** *nf*

**surf** *nm* Sport nautique qui consiste à glisser sur les vagues déferlantes, en se maintenant en équilibre sur une planche. **LOC** ***Surf de neige*** : sport de glisse qui consiste à descendre une piste enneigée sur une planche spéciale (snowboard). PHO [sœrf] ETY Mot amér., « ressac ».

**surf** de mer

**surf** de neige

**surface** *nf* **1** Partie extérieure d'un corps, limitant son volume. *La surface de la Terre. Surface brillante d'un meuble.* **2** Étendue d'une surface ; aire, superficie. *Cet appartement a une surface de 100 m².* **3** GEOM Ensemble de points de l'espace dont les coordonnées *x, y, z* sont reliées par une équation de la forme $f(x,y,z) = 0$. **4** Aspect extérieur. *Ne considérer que la surface d'un problème.* **5** fam Crédit, influence, situation sociale importante. *Avoir de la surface.* **LOC** CHIM ***Agent de surface*** : composé chimique dont les solutions, même très diluées, modifient, à leur contact, les propriétés des surfaces. — ***Faire surface*** : émerger, en parlant d'un sous-marin, d'une personne. — ***Grande surface*** : magasin en libre-service dont la surface de vente est supérieure à 400 m². SYN supermarché, hypermarché. — ***Refaire surface*** : réapparaître après une absence ; recouvrer la santé, le moral, après une période difficile.

**surfacer** *vti* ⑫ TECH Donner un aspect régulier à une surface. DER **surfaçage** *nm*

**surfaceuse** *nf* Machine à surfacer.

**surfacique** *a* GEOM Relatif à la surface.

**surfactant, ante** *nm, a* CHIM Se dit d'une substance qui augmente les propriétés mouillantes d'un liquide en abaissant la tension superficielle de celui-ci.

**surfacturation** *nf* Facturation trop élevée. DER **surfacturer** *vt* ①

**surfaire** *vt* [10] litt Demander un prix trop élevé pour ; surestimer.

**surfait, aite** *a* Trop vanté, qui n'est pas à la hauteur de sa réputation. *Une beauté surfaite.*

**surfaix** *nm* TECH Sangle qui sert à retenir une charge sur le dos d'une bête. [PHO] [syʀfɛ]

**surfer** *vi* [1] **1** Pratiquer le surf. **2** fig, fam Être porté par un phénomène, un courant puissant. *Surfer sur les chiffres des ventes.* **3** INFORM Naviguer sur un réseau télématique. [PHO] [sœʀfe]

**surfeur, euse** *n* **1** Personne qui pratique le surf. **2** Personne qui navigue sur Internet.

**surfil** *nm* COUT Couture lâche exécutée sur les bords d'un tissu pour éviter qu'il ne s'effiloche. [DER] **surfilage** *nm* – **surfiler** *vt* [1]

**surfin, ine** *a* D'une très grande qualité.

**surfinia** *nm* Variété très florifère de pétunia. [ETY] Nom déposé.

**surfréquentation** *nf* Affluence excessive sur un site touristique.

**surfusion** *nf* PHYS État d'un corps qui reste liquide à une température inférieure à sa température normale de solidification. [DER] **surfondu, ue** *a*

**surgeler** *vt* [17] Congeler très rapidement à très basse température une denrée périssable. [DER] **surgélation** *nf* – **surgelé, ée** *a, nm*

**surgénérateur, trice** *a, nm* NUCL Se dit d'un réacteur nucléaire qui produit plus de matière fissile qu'il n'en consomme. [VAR] **surrégénérateur, trice**

**surgénération** *nf* NUCL Processus par lequel un réacteur nucléaire produit plus de matière fissile qu'il n'en consomme. [VAR] **surrégénération**

ENC Les surgénérateurs sont des réacteurs à neutrons rapides qui utilisent comme combustible de l'uranium 235 enrichi ou du plutonium 239. Si l'on place autour du cœur du réacteur une matière *fertile* constituée d'uranium 238 ou de thorium 232, ces isotopes non fissiles se transforment, par capture d'un neutron, en plutonium 239 et en uranium 233, isotopes fissiles. Si les réactions qui permettent la production de matière fissile sont plus nombreuses que les réactions de fission, le réacteur produit plus de matière fissile qu'il n'en consomme.

**surgeon** *nm* ARBOR Rejeton qui naît du collet ou de la souche d'un arbre.

**Surgères** ch.-l. de cant. de la Charente-Maritime (arr. de Rochefort) ; 6 900 hab. – Égl. romane. Château XVI$^e$ s. [DER] **surgérien, enne** *a, n*

**surgir** *vi* [3] Apparaître, se manifester brusquement. *Faire surgir une difficulté, un conflit.* [ETY] Du lat. [DER] **surgissement** *nm*

**surgras, asse** *a* Très riche en corps gras. *Un savon surgras.*

**surhausser** *vt* [1] **1** Surélever. **2** ARCHI Donner à une voûte, à un arc une flèche supérieure à la moitié de l'ouverture. [DER] **surhaussement** *nm*

**surhomme** *nm* **1** PHILO Selon Nietzsche, type d'homme supérieur auquel l'humanité donnera naissance quand elle se développera selon la « volonté de puissance ». **2** Homme qui dépasse, intellectuellement ou physiquement, la mesure normale de la nature humaine.

**surhumain, aine** *a* Qui est au-dessus des forces ou des qualités normales de l'homme.

**suricate** *nm* Petite mangouste (viverridé) des zones arides d'Afrique du Sud.

**surimi** *nm* Chair de poisson aromatisée au crabe et conditionnée. [ETY] Mot jap.

**surimposer** *vt* [1] Frapper d'une majoration d'impôt ou d'un impôt excessif. [DER] **surimposition** *nf*

**surimpression** *nf* PHOTO, CINE, AUDIOV Opération qui consiste à superposer sur un même support deux ou plusieurs images ou sons, pour produire certains effets spéciaux. LOC *En surimpression :* perçu en même temps.

**1 surin** *nm* fam, vieilli Couteau. [ETY] Du tsigane.

**2 surin** *nm* ARBOR Jeune pommier sauvage. [ETY] De *sur 2*.

**Suriname (république du)** (*Republiek van Suriname*, anc. *Guyane néerlandaise*), État du N. de l'Amérique du Sud, sur l'Atlantique ; 163 265 km$^2$ ; 600 000 hab. ; accroissement naturel : 1,1 % par an ; cap. *Paramaribo.* Nature de l'État : rép. parlementaire. Langue off. : néerlandais. Monnaie : florin du Suriname. Population : Indo-Pakistanais (32,8 %), créoles (35,4 %), Amérindiens, Chinois, origines européennes. Relig. princ. : hindouisme, protestantisme, cathol., islam sunnite. [VAR] **Surinam** [DER] **surinamien, enne** ou **surinamais, aise** *a, n*

**Géographie** Le pays s'étend sur le massif cristallin des Guyanes (1 280 m) que borde une plaine côtière marécageuse. La pop. occupe le littoral (4 % du territ.), le reste étant couvert de forêt dense équatoriale. Le pays vit d'une agriculture variée (riz, canne à sucre, bananes, oranges), de pêche et du bois. Il exporte bauxite et alumine. L'économie se redresse durablement depuis 2004, mais la corruption et la contrebande restent importantes.

**Histoire** Colonisée au XVII$^e$ s. par les Anglais et les Hollandais (cult. de la canne à sucre), la région revint aux Hollandais (1667). Elle fut occupée par les Brit. de 1799 à 1816. L'abolition de l'esclavage (1863) entraîna une immigration asiatique. L'exploitation de la bauxite (par des sociétés néerlandaises et américaines) s'intensifia après 1945. Partie intégrante des Pays-Bas en 1948, autonome en 1954, le Suriname acquit son indép. en 1975 et se donna un régime parlementaire. En 1980, le colonel Desi Bouterse instaura une dictature, alliée à Cuba et à l'URSS. À partir de 1982, une guérilla se developpa dans le Sud. En 1988, Bouterse rendit le pouvoir aux civils mais continua à contrôler l'armée. En 1996, il a fait élire président Jules Wijdenbosch. En 1999, un tribunal des Pays-Bas a infligé à Bouterse, par contumace, une forte peine pour trafic de drogue. En 2000, J. Wijdenbosch perd l'élection prés. anticipée. Le vainqueur, Ronald Venetiaan, s'efforce de remettre en ordre l'écon. avec l'aide, retrouvée, du FMI et des Pays-Bas. En 2010, Bouterse (réélu en 2015) accède à nouveau à la prés. après la victoire de son parti aux législatives.

**suriner** *vt* [1] fam, vieilli Frapper, tuer d'un coup de couteau. [DER] **surineur** *nm*

**surinfection** *nf* MED Infection survenant chez un sujet présentant déjà une maladie infectieuse. [DER] **surinfecter** *vt* [1]

**surinformation** *nf* Surabondance d'information. [DER] **surinformer** *vt* [1]

**surintendant** *nm* HIST Nom d'officiers chargés de la surveillance d'une administration, sous l'Ancien Régime. LOC *Surintendant des Finances :* titre du ministre des Finances, en France, jusqu'en 1661. [DER] **surintendance** *nf*

**surintendante** *nf* **1** HIST Épouse du surintendant. **2** Dame qui avait la première charge dans la maison de la reine. **3** Directrice d'une maison d'éducation de la Légion d'honneur.

**surintensité** *nf* ELECTR Intensité supérieure à l'intensité maximale que peut supporter un appareillage.

**surinterpréter** *vt* [14] Donner de qqch une interprétation abusive, outrancière. [DER] **surinterprétation** *nf*

**surinvestissement** *nm* **1** ECON Investissement trop important par rapport aux débouchés. **2** PSYCHO Action d'investir trop d'énergie psychique sur un objet. [DER] **surinvestir** *vi* [3]

**surir** *vi* [3] Devenir sur, aigre. *Le lait a suri.*

**surjalé, ée** *a* LOC MAR *Ancre surjalée :* dont la ligne de mouillage fait un ou plusieurs tours sur le jas.

**surjectif, ive** *a* LOC MATH *Application surjective :* application telle que tout élément de l'ensemble d'arrivée est l'image d'au moins un élément de l'ensemble de départ.
▶ illustr. application

**surjection** *nf* MATH Application surjective.

**surjet** *nm* COUT Couture qui réunit deux pièces d'étoffe bord à bord, par un point qui les chevauche. [DER] **surjeter** *vt* [20]

**surjouer** *vt* [1] SPECT Interpréter un rôle de façon appuyée. [DER] **surjeu** *nm*

**Sur la route** récit de Kerouac (1957) qui fit connaître la « beat generation ».

**sur-le-champ** *av* Immédiatement, sans délai.

**surlendemain** *nm* Jour après le lendemain.

**Sur les quais** film d'Elia Kazan (1954), avec M. Brando et Eva Marie Saint (née en 1924).

**surligneur** *nm* Feutre à encre transparente et lumineuse, servant à mettre en valeur certains mots ou phrases d'un texte. [DER] **surlignage** *nm* – **surligner** *vt* [1]

**surliure** *nf* MAR Enroulement de ligne fine autour de l'extrémité d'un cordage, destiné à éviter que les torons de celui-ci ne se défassent. [DER] **surlier** *vt* [2]

**surlonge** *nf* Morceau de l'échine du bœuf utilisé pour les pot-au-feu et les ragoûts.

**surloyer** *nm* COMM Indemnité payée par un locataire en sus du loyer.

**Surmâle (le)** « roman moderne » de Jarry (1902).

**surmédiatisation** *nf* Importance excessive accordée par les médias à qqn ou qqch. [DER] **surmédiatisé, ée** *a*

**surmédicaliser** *vt* [1] Pratiquer un excès de soins médicaux sur qqn, une population. [DER] **surmédicalisation** *nf*

**surmener** *vt* [16] Fatiguer à l'excès. *Homme d'affaires surmené.* [DER] **surmenage** *nm*

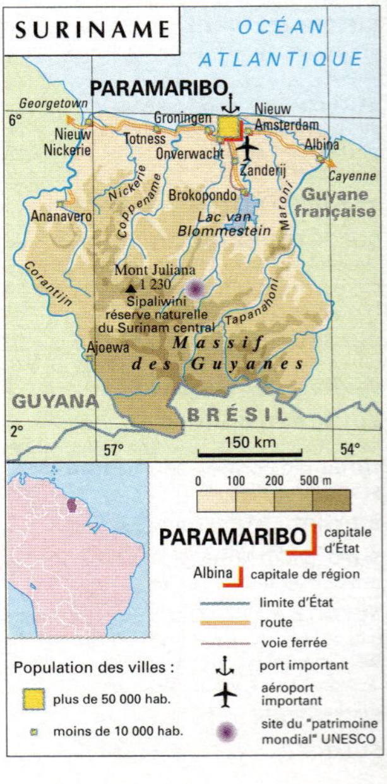

**sur-mesure** *nm inv* Marchandise ou service sur mesure. *Un sur-mesure associant transport et hébergement.*

**surmoi** *nm inv* PSYCHAN Élément du psychisme qui se constitue dans l'enfance par identification au modèle parental, et qui exerce un rôle de contrôle et de censure sur le moi.

**surmonter** *vt* [1] **1** Être placé au-dessus de. *Une statue surmonte la colonne.* **2** Venir à bout de, triompher de. *Surmonter une difficulté.* **3** Dominer, maîtriser une sensation, un sentiment, une émotion. *Surmonter sa douleur, sa colère.* [DER] **surmontable** *a*

**surmortalité** *nf* STATIS Mortalité plus importante dans un groupe donné par rapport à un autre pris comme référence.

**surmoulage** *nm* Moulage pris sur un autre moulage. [DER] **surmouler** *vt* [1]

**surmulet** *nm* Rouget de roche.

**surmulot** *nm* Rat très commun, appelé aussi *rat d'égout, rat gris.*

**surmultiplier** *vt* [2] AUTO Donner à l'arbre de transmission une vitesse supérieure à celle du moteur. *Vitesse surmultipliée.* [DER] **surmultiplication** *nf*

**surnager** *vi* [13] **1** Se maintenir à la surface d'un liquide. **2** fig Subsister, persister. *De vagues souvenirs surnageaient dans sa mémoire.*

**surnatalité** *nf* didac Natalité trop forte par rapport aux ressources.

**surnaturel, elle** *a, nm* **1** Qui semble échapper aux lois de la nature, se situer au-dessus d'elles. *Une puissance surnaturelle.* **2** Qui ne paraît pas naturel, qui tient du prodige ; extraordinaire. **3** RELIG Que l'on ne peut connaître que par la foi.

**surnom** *nm* Nom donné à qqn en plus de son nom véritable ; sobriquet. *Le Sage est le surnom de Charles V.* [DER] **surnommer** *vt* [1]

**surnombre** *nm* Quantité qui dépasse le nombre fixé. **LOC** ***En surnombre :*** en excédent, en surplus.

**surnuméraire** *a, n* Qui est en surnombre. *Employé surnuméraire.*

**suroffre** *nf* DR Offre renchérissant sur une première offre.

**suroît** *nm* **1** MAR Vent du sud-ouest. **2** Chapeau imperméable qui descend bas sur la nuque. [PHO] [syrwa] [ETY] Du normand. [VAR] **suroit**

**surpasser** *v* [1] **A** *vt* Être supérieur à, l'emporter sur. **B** *vpr* Faire mieux qu'à l'ordinaire. [DER] **surpassement** *nm*

**surpâturage** *nm* AGRIC Exploitation excessive d'un pâturage.

**surpayer** *vt* [21] Payer au-delà de ce qui est habituel ; acheter trop cher. [DER] **surpaye** *nf*

**surpêche** *nf* Exploitation excessive de certains fonds marins.

**surpeuplé, ée** *a* Qui souffre de surpopulation. *Région surpeuplée.* [DER] **surpeuplement** *nm*

**surpiqûre** *nf* COUT Piqûre apparente, souvent décorative, sur un tissu ou du cuir. [VAR] **surpiqure** [DER] **surpiquer** *vt* [1]

**surplace** *nm* **LOC** ***Faire du surplace :*** en cyclisme, se tenir en équilibre, immobile, prêt à démarrer dans une course de vitesse ; fig ne pas évoluer, être frappé d'immobilisme.

**surplis** *nm* RELIG CATHOL Tunique blanche de toile légère, à manches amples, portée par les prêtres et les enfants de chœur lors des cérémonies religieuses. [ETY] Du lat. *superpellicium,* « ce qui est sur la pelisse ».

**surplomb** *nm* Partie qui est en saillie par rapport à la base. [DER] **surplombant, ante** *a* – **surplomber** *vt* [1]

**surplus** *nm* **1** Ce qui dépasse une quantité fixée. SYN excédent. **2** Stock de produits invendus cédés à bas prix. **LOC** ***Au surplus :*** au reste, d'ailleurs. — ***Surplus américains :*** matériel militaire laissé en Europe par les Américains après 1945 et cédé à bas prix. [PHO] [syʀply]

**surpoids** *nm* Poids excessif, surcharge pondérale, obésité.

**surpopulation** *nf* GEOGR Population excessive relativement au développement économique, aux ressources.

**surprendre** *vt* [52] **1** Prendre qqn sur le fait. **2** Découvrir ce qui était tenu caché, secret. **3** Arriver sur qqn inopinément. *L'orage les a surpris à découvert.* **4** Arriver chez qqn sans avoir prévenu. *Il nous a surpris alors que nous partions.* **5** Étonner. *Tu me surprends en disant cela.* **LOC** litt ***Surprendre la confiance, la bonne foi de qqn :*** abuser qqn, le tromper. [DER] **surprenant, ante** *a*

**surpression** *nf* TECH Pression plus élevée que la pression normale.

**surprime** *nf* Prime d'assurance supplémentaire demandée en cas de risque aggravé ou de couverture d'un nouveau risque.

**surprise** *nf* **1** État d'une personne étonnée par qqch d'attendu. *À la surprise générale.* **2** Chose qui surprend ; événement inattendu. *Quelle bonne surprise ! Un match sans surprise. Grève surprise.* **3** Cadeau, plaisir inattendu. *Faire une surprise à qqn pour sa fête.* **LOC** fam ***Divine surprise :*** évènement inespéré. — ***Par surprise :*** en prenant au dépourvu.

**surprise-partie** *nf* vieilli Réunion privée de jeunes gens où l'on danse. PLUR surprises-parties. [ETY] De l'angl.

**surproduire** *vt* [69] Produire de façon excessive par rapport aux besoins, aux possibilités d'écoulement sur le marché. [DER] **surproducteur, trice** *a* – **surproduction** *nf*

**surprotéger** *vt* [15] Protéger de façon excessive qqn. [DER] **surprotection** *nf*

**surpuissant, ante** *a* Très ou trop puissant. *Moteur surpuissant.* [DER] **surpuissance** *nf*

**surqualification** *nf* Niveau de qualification professionnelle supérieure au travail effectué. [DER] **surqualifié, ée** *a*

**surréagir** *vi* [3] Réagir de façon excessive, exagérée. [DER] **surréaction** *nf*

**surréalisme** *nm* Mouvement littéraire et artistique du début des années 1920 visant à libérer l'expression poétique de la logique et des valeurs morales de l'époque.

ENC Le surréalisme, qui dérive du mouvement Dada, naquit en 1919 (premier numéro de la revue *Littérature*, fondée par A. Breton, L. Aragon et Ph. Soupault), mais la rupture avec Dada ne se produira officiellement qu'en 1922. En 1924, le *Manifeste du surréalisme,* de Breton, le définit par référence à l'écriture automatique et à la « toute-puissance du désir ». Le surréalisme réunira de nombr. poètes (P. Éluard, B. Péret, R. Crevel, R. Desnos), des prosateurs (M. Leiris), des peintres (M. Ernst, S. Dali, Y. Tanguy), des photographes (Man Ray), des cinéastes (L. Buñuel), etc. Bientôt, Artaud, Vitrac, Soupault, Desnos et bien d'autres quitteront le mouvement. La revue *la Révolution surréaliste* (créée en 1924) cessa de paraître en 1929. En 1930, dans un deuxième *Manifeste*, Breton flétrit les transfuges et décrivit l'échec du rapprochement entre son mouvement et le parti communiste. Devenu communiste, Aragon se détacha de Breton ; leur rupture fut consommée en 1936 ; celle d'Éluard, en 1938. La guerre, en 1939, dispersa les surréalistes. La paix revenue, le mouvement apparut comme une survivance.

**Surréalisme au service de la Révolution (le)** revue fondée et dirigée par Breton (6 numéros de juil. 1930 à mai 1933).

**Surréalisme et la Peinture (le)** ouvrage de Breton (1928 ; éd. définitive, 1965).

**surréaliste** *a, n* **A** Qui appartient au mouvement surréaliste. **B** *a* fig Qui évoque le surréalisme par son caractère bizarre, incongru, extravagant. *Une situation surréaliste.*

**surréalité** *nf* LITTER Réalité supérieure.

**surrection** *nf* GEOL Fait de se soulever. *La surrection de la chaîne alpine au tertiaire.* [ETY] Du lat.

le groupe **surréaliste** en 1925 : de g. à dr., autour de A. Breton, M. Morise, P. Naville, P. Eluard, G. De Chirico, F. Gérard, L. Aragon, Ch. Baron, R. Desnos

**surréel, elle** *a* litt Qui se situe au-delà du réel, dans le vocabulaire des surréalistes.

**surremise** *nf* COMM Remise supplémentaire pratiquée en cas d'achat important.

**surrénal, ale,** *a, nf* ANAT Se dit des glandes endocrines qui coiffent les reins et dont la partie centrale, la *médullosurrénale*, sécrète l'adrénaline, et le cortex, la *corticosurrénale*, des hormones corticoïdes, dont la cortisone. PLUR surrénaux. DER **surrénalien, enne** *a*

**surreprésenté, ée** *a* Qui a une représentation trop élevée dans une assemblée, un échantillon. DER **surreprésentation** *nf*

**surréservation** *nf* TRANSP Fait d'enregistrer plus de réservations que de places offertes, en prévision d'éventuelles défections. SYN (déconseillé) surbooking. DER **surréservé, ée** *a*

**Surrey** comté agricole de G.-B., au S. de Londres ; 1 655 km$^2$ ; 998 000 hab. ; ch.-l. *Kingston-upon-Thames*.

**Surrey Henry Howard (comte de)** (?, v. 1518 – Londres, 1547), homme politique et poète anglais. Initiateur du sonnet en anglais.

**surrisque** *nm* Risque d'acccident, de maladie, plus élevé que la moyenne.

**sursalaire** *nm* ECON Supplément au salaire.

**sursaturation** *nf* PHYS État d'équilibre d'une solution dans laquelle la substance dissoute, bien qu'en proportion plus élevée que celle qui correspond à la saturation, ne se dépose pas. DER **sursaturant, ante** *a*

**sursaturer** *vt* (1) **1** PHYS Provoquer la sursaturation de. **2** fig, litt Saturer, lasser à l'extrême.

**sursaut** *nm* **1** Mouvement brusque du corps occasionné par une sensation subite et violente. **2** fig Nouvel élan qui survient brusquement. *Un sursaut d'énergie.* **3** ASTRO Augmentation brutale et brève du rayonnement d'un astre. LOC ***En sursaut*** : avec une soudaineté brutale.

**sursauter** *vi* (1) Avoir un sursaut, tressaillir.

**sursemer** *vt* (16) AGRIC Semer dans une terre déjà ensemencée.

**surseoir** *vti* (41) (*Surseoir* n'a pas de formes en *-ie-* et *-ey-*, et garde le *e* de l'infinitif au futur et au conditionnel.) DR litt Remettre à plus tard, différer. *Surseoir à une exécution.* PHO [syʀswaʀ] VAR **sursoir**

**sursis** *nm* **1** DR Délai d'épreuve pendant lequel l'exécution d'une peine prononcée est suspendue ; délai à l'exécution d'une obligation. *Huit mois de prison ferme et quatre avec sursis. Sursis de paiement.* **2** Délai que l'on obtient avant d'accomplir qqch. *Il se donne un sursis de deux jours avant son départ.* **3** MILIT Délai qui était accordé pour accomplir son service militaire.

**sursitaire** *n* Qui a obtenu un sursis.

**sursoufflage** *nm* METALL Alimentation forcée en air d'un convertisseur destinée à déphosphorer l'acier.

**surtaxe** *nf* **1** Taxe qui s'ajoute à une autre. **2** Taxe dont est frappé un envoi postal insuffisamment affranchi. DER **surtaxer** *vt* (1)

**surtension** *nf* Tension trop élevée.

**surtitre** *nm* **1** Dans un journal, titre complémentaire placé au-dessus du titre. **2** Traduction simultanée d'un opéra ou d'une pièce de théâtre apparaissant au-dessus de la scène. DER **surtitrage** *nm* – **surtitrer** *vt* (1)

**1 surtout** *av* **1** Principalement, plus que toute autre chose. *Il est intelligent, mais surtout très retors.* **2** Insiste sur un ordre, un souhait. *Il ne faut surtout pas qu'il vienne.* LOC ***Surtout que*** : d'autant plus que.

**2 surtout** *nm* **1** vx Vêtement que l'on passe par-dessus les autres. **2** Grande pièce de vaisselle ou d'orfèvrerie qui orne le milieu d'une table.

**survaleur** *nf* COMPTA Syn. de *plus-value*.

**survaloriser** *vt* (1) Attribuer une valeur excessive à qqch. DER **survalorisation** *nf*

**surveillance** *nf* Action de surveiller ; son résultat. *Être sous surveillance médicale.*

**surveillant, ante** *n* **1** Personne dont la fonction est de surveiller. *Surveillant de prison.* **2** Personne chargée de surveiller les élèves, de veiller au respect de la discipline, dans un établissement scolaire. *Surveillant d'internat.*

**surveiller** *vt* (1) **1** Observer attentivement pour contrôler, vérifier ; observer les faits et gestes de qqn, pour s'assurer qu'il ne fait rien d'interdit, de dangereux, etc. *Surveiller un travail. Surveiller de jeunes enfants.* **2** Veiller à ce que l'on fait, ce que l'on dit. *Surveiller ses paroles, sa conduite. Il n'est jamais naturel, il se surveille trop.* LOC ***Surveiller d'un œil*** : distraitement.

**survenir** *vi* (36) Arriver de façon imprévue, brusquement. *Un orage survint. Un changement est survenu.* DER **survenance** ou **survenue** *nf*

**surveste** *nf* Veste très ample.

**survêt** *nm* fam Survêtement. PHO [syʀvɛt]

**survêtement** *nm* Vêtement d'étoffe souple et chaude, composé d'un blouson et d'un pantalon, que l'on met par-dessus une tenue de sport.

**survie** *nf* **1** Fait de survivre. *Chances de survie d'un blessé.* **2** Vie dans l'au-delà, prolongement de l'existence après la mort. *La survie de l'âme.*

**survirer** *vi* (1) AUTO Déraper des roues arrière dans un virage, l'axe du véhicule s'orientant vers le centre du virage, par oppos. à *sous-virer*. DER **survirage** *nm* – **survireur, euse** *a*

**survitaminé, ée** *a* fam **1** Qui déborde d'énergie, de dynamisme, tonique. **2** Se dit d'un moteur, d'un véhicule très puissant.

**survitrage** *nm* Vitrage supplémentaire destiné à l'isolation thermique ou phonique.

**survivance** *nf* Persistance de ce que l'évolution sociale, historique, etc., aurait pu faire disparaître. *La survivance d'une vieille coutume.*

**survivre** *v* (63) **A** *vti* **1** Demeurer en vie après la mort de qqn, après la disparition, la fin de qqch. *Survivre à ses enfants.* **2** Continuer d'exister. *Ses œuvres lui survivront longtemps.* **B** *vti, vi* **1** Rester en vie après un danger, un évènement qui aurait pu entraîner la mort. *Il a seul survécu à cet accident.* **2** Résister à ce qui pourrait entraîner une disparition. *La religion a survécu au communisme.* **3** Vivre dans des conditions difficiles. *Un salaire qui lui permet à peine de survivre.* DER **survivant, ante** *a, n*

**survoler** *vt* (1) **1** Voler au-dessus de. **2** fig Voir rapidement, superficiellement. *Je n'ai pas réellement lu ce chapitre, je l'ai seulement survolé.* DER **survol** *nm*

**survolter** *vt* (1) **1** ELECTR Soumettre à une tension supérieure à la normale. **2** fig Surexciter. DER **survoltage** *nm*

**survolteur** *nm* ELECTR Appareil servant à augmenter une tension.

**survolteur-dévolteur** *nm* Appareil destiné à régulariser une tension soumise à des fluctuations. PLUR survolteurs-dévolteurs.

**sus-** Élément, de l'adv. *sus*, « au-dessus, plus haut » (ex. *susnommé*).

**sus** *av* vx *Courir sus à qqn*, le poursuivre avec violence. LOC ***En sus (de)*** : en plus (de). PHO [sy] ou [sys] ETY Du lat. *sursum*, « vers le haut ».

**susceptance** *nf* ELECTR Admittance d'un dipôle ne comportant que des inductances et des condensateurs.

**susceptibilité** *nf* **1** Caractère de qqn qui s'offense facilement. *Vous risquez de froisser sa susceptibilité.* **2** MED Sensibilité particulière d'un organisme à un élément pathogène. LOC PHYS ***Susceptibilité magnétique*** : rapport de l'intensité d'aimantation d'une substance à l'intensité du champ magnétisant. PHO [syseptibilite]

**susceptible** *a* **1** Qui se froisse, s'offense facilement. **2** Qui peut présenter certaines qualités, subir certaines modifications. *Une affirmation susceptible de plusieurs interprétations.* **3** Éventuellement capable de. *Est-il susceptible de vous remplacer ?* ETY Du lat.

**susciter** *vt* (1) Faire naître. *Susciter un scandale. Susciter l'enthousiasme.* ETY Du lat.

**suscription** *nf* Adresse écrite sur le pli extérieur ou l'enveloppe d'une lettre.

**susdit, ite** *a, n* Qui est cité ci-dessus. PHO [sysdi, it]

**sus-dominante** *nf* MUS Sixième degré de la gamme diatonique (*la* dans la gamme de *do*). PLUR sus-dominantes. PHO [sysdɔminɑ̃t]

**Suse** anc. v. d'Élam, fondée en bordure de la plaine mésopotamienne au V$^{e}$ millénaire av. J.-C. (auj. en Iran). Détruite v. 640 av. J.-C. par Assurbanipal, elle devint une grande cité de l'Empire perse achéménide (VI$^{e}$-IV$^{e}$ s. av. J.-C.). Les fouilles (menées en Iran par des Français à partir de 1884) ont mis au jour des parties du palais de Darius I$^{er}$ (*frise des Archers*, fin VI$^{e}$-déb. V$^{e}$ s. av. J.-C., brique émaillée, Louvre), des poteries au décor stylisé (IV$^{e}$ millénaire av. J.-C.) et la stèle du code d'Hammourabi (Louvre).

**Suse** *frise des Archers*, provenant du palais de Darius I$^{er}$ – musée du Louvre

**Suse** (en ital. *Susa*), v. d'Italie (Piémont), sur la Doire Ripaire, au croisement des routes du Mont-Cenis et du col de Montgenèvre, près d'un défilé (*pas de Suse*) ; 7 120 hab. – Cath. XI$^{e}$ s. Arc d'Auguste (9 av. J.-C.). Fortif. de Vauban.

**sus-hépatique** *a* ANAT Qui est au-dessus du foie. *Veines sus-hépatiques.* PLUR sus-hépatiques.

**sushi** *nm* CUIS Préparation japonaise à base de poisson cru et de riz. PHO [suʃi]

**Su Shi** (1036 – 1101), poète chinois : *la Falaise rouge*. VAR **Sou Che** ou **Su Dongpo**

**sushi-bar** *nm* Restaurant japonais qui sert des sushis. PLUR sushis-bars.

**Susiane** anc. province de l'Empire perse ; cap. *Suse*. Correspondant à l'Élam, c'est auj. le *Khūzistān* (Iran).

**Süskind Patrick** (Ambach, Bavière, 1949), romancier allemand : *le Parfum* (1985), *le Pigeon* (1990).

**susmentionné, ée** *a, n* DR, ADMIN Mentionné plus haut.

**susnommé, ée** *a, n* DR Nommé plus haut. PHO [sysnɔme]

**suspect, ecte** *a, n* **A** **1** Qui inspire la méfiance, éveille les soupçons. **2** Qui est soupçonné de. *Cet homme est suspect de trahison.* **B** *a* D'une qualité douteuse. *Une viande suspecte.* PHO [syspɛ, ɛkt] ETY Du lat. *suspicere*, « regarder de bas en haut ».

**suspecter** *vt* ① Soupçonner, tenir pour suspect.

**suspects (loi des)** loi votée par la Convention le 17 sept. 1793 et qui déclarait suspects les citoyens dont le zèle révolutionnaire était trop tiède. Elle fut abrogée le 4 oct. 1795.

**suspendre** *vt* ⑥ **1** Attacher, fixer par un point de manière à laisser pendre. *Suspendre une lampe au plafond, un vêtement dans une penderie.* **2** Interrompre momentanément le cours de ; remettre à plus tard. *Suspendre sa marche. Suspendre une séance.* **3** Supprimer, interdire momentanément l'usage, l'exercice, l'action de. *Suspendre une loi. Suspendre un permis de conduire.* **4** Démettre momentanément qqn d'une fonction, d'une charge. ETY Du lat.

**suspendu, ue** *a* **1** Attaché en l'air de manière à pendre. *Jambons suspendus au plafond.* **2** Situé en hauteur. *Jardin suspendu.* **3** Interrompu. *Travaux suspendus.* **LOC** ***Pont suspendu :*** dont le tablier ne repose pas sur des piles. — TECH ***Voiture suspendue :*** supportée par des ressorts réunissant la caisse aux essieux.

**suspens** *nm* litt Suspense. **LOC** ***En suspens :*** qui n'a pas encore été débattu ou réglé ; dans l'incertitude, l'indécision. *Laisser une affaire en suspens. Tenir son auditoire en suspens.* PHO [syspɑ̃]

**suspense** *nm* **1** Dans un film, un roman, etc., circonstances de l'action amenées et combinées en vue de tenir l'esprit dans l'attente anxieuse de ce qui va arriver. **2** Attente anxieuse. PHO [syspens] ETY Mot angl., du fr. *suspens.*

**suspenseur** *am, nm* **A** *am* ANAT Qui soutient. *Ligament suspenseur du foie.* **B** *nm* BOT Ensemble de cellules dont une partie donne la radicule de l'embryon, l'autre partie servant à absorber les substances nécessaires à sa croissance.

**suspensif, ive** *a* DR Qui suspend, qui interrompt le cours de l'exécution d'une décision de justice. *Appel suspensif.*

**suspension** *nf* **1** Action de suspendre ; état d'une chose suspendue. **2** Appareil d'éclairage suspendu au plafond. **3** Bac suspendu contenant une plante retombante. **4** CHIM Dispersion de fines particules dans un liquide ; ces particules. **5** TECH Dispositif situé entre le châssis et les roues d'un véhicule pour atténuer les trépidations. *Suspension hydraulique.* **6** Action d'interrompre. *Suspension de séance. Suspension de paiements.* **7** Fait de retirer ses fonctions à un fonctionnaire. **LOC** ***Points de suspension :*** signe de ponctuation (...) marquant une interruption de l'énoncé, ou remplaçant l'une de ses parties.

**suspensoir** *nm* CHIR Bandage, dispositif destiné à soutenir un organe et spécial. le scrotum, les testicules.

**suspente** *nf* **1** MAR Chaîne ou cordage amarré au mât, qui supporte la vergue en son milieu. **2** AERON Chacun des cordages réunissant la nacelle d'un ballon au filet, ou la voilure d'un parachute au harnais. **3** TECH Tout élément (câble, barre, poutre, etc.) travaillant en traction verticale.

**suspicieux, euse** *a* litt Rempli de suspicion. SYN soupçonneux.

**suspicion** *nf* Fait de tenir pour suspect. *Il nous tient en suspicion.* SYN défiance. **LOC** DR ***Suspicion légitime :*** motif invoqué pour obtenir le renvoi d'une affaire pénale d'un tribunal devant un autre quand on craint de ne pas être jugé impartialement. ETY Du lat.

**Susquehanna (la)** fleuve de l'E. des É.-U. (750 km) ; naît dans les Appalaches et se jette dans la baie de Chesapeake.

**Sussex** anc. comté de G.-B., auj. divisé en East Sussex et West Sussex. – Le *royaume du Sussex* se forma v. 491 et fut soumis, v. 685, par le Wessex.

**Süssmayr Franz Xaver** (Schwanenstadt, 1766 – Vienne, 1803), musicien autrichien ; ami de Mozart, dont il acheva le *Requiem.*

**Susten (col du)** col des Alpes suisses, reliant la vallée de l'Aar à celle de la Reuss ; 2 262 m.

**sustentateur, trice** *a* AVIAT Qui mesure la sustentation.

**sustentation** *nf* AVIAT Fait, pour un appareil, de se maintenir en l'air ou juste au-dessus du sol. **LOC** PHYS ***Polygone*** ou ***base de sustentation :*** polygone circonscrit à la surface d'appui d'un corps, à l'intérieur duquel doit se trouver la projection verticale du centre de gravité pour qu'il y ait équilibre. ETY Du lat.

**sustenter** *v* ① **A** *vt* vieilli Soutenir les forces de qqn au moyen d'aliments. *Sustenter un malade.* **B** *vpr* plaisant Se nourrir.

**sus-tonique** *nf* MUS Deuxième degré de la gamme diatonique (*ré* dans la gamme de *do*). PLUR sus-toniques.

**susurrer** *vi, vt* ① Dire doucement, à voix basse. *Susurrer un secret à l'oreille de qqn.* SYN murmurer. ETY Du lat. *susurrare,* onomat. DER **susurration** *nf* – **susurrement** *nm*

**susvisé, ée** *a* ADMIN Visé ci-dessus.

**Sutherland Graham Vivian** (Londres, 1903 – id., 1980), peintre et graveur anglais : *Portrait de Winston Churchill.*

**Sutherland Earl Wilbur** (Burlingame, Kansas, 1915 – Miami, 1974), biochimiste américain. Il définit le rôle de l'adénosine monophosphate (AMP). P. Nobel de médecine 1971.

**Sutherland Joan** (Sydney, 1926 – Genève, 2010), soprano australienne.

**Sutlej (la)** une des cinq riv. du Pendjab (1 600 km), affl. de l'Indus (r. g.) ; naît au Tibet, pénètre en Inde puis au Pākistān. VAR **Satledj**

**sutra** *nm* RELIG Recueil d'aphorismes, de préceptes, concernant les règles de la morale, du rituel, de la vie pratique, etc., dans le bouddhisme et le brahmanisme. PHO [sutʀa] ETY Mot sanskrit. VAR **soutra**

**suture** *nf* **1** CHIR Réunion à l'aide de fils des lèvres d'une plaie. *Points de suture.* **2** ANAT Articulation immobile dont les pièces osseuses sont réunies par un tissu fibreux. **3** BOT Ligne de soudure de différentes parties d'un organe ou d'un organisme. *Ligne de suture des carpelles.* **4** ZOOL Ligne séparant les tours consécutifs de la spire d'une coquille de gastéropode. ETY Du lat. *suere,* « coudre ». DER **sutural, ale, aux** *a*

**suturer** *vt* ① CHIR Réunir par une suture.

**Suva** cap. et port princ. des Fidji, dans l'île de Viti Levu ; 86 000 hab. (aggl.).

**Suwon** v. de la Corée du Sud, au S. de Séoul ; 1 100 000 hab. Textiles. VAR **Su-wŏn**

**suzani** *nm* BX-A Broderie d'Asie centrale.

**Suzanne** personnage biblique, juive d'une grande beauté accusée d'adultère par deux vieillards qu'elle avait repoussés après qu'ils l'eurent surprise au bain. Daniel la sauva.

**Suzanne** personnage du *Mariage de Figaro,* de Beaumarchais (1784), et des *Noces de Figaro,* de Mozart (1786), fiancée de Figaro.

**suzerain, aine** *n, a* **A** *n* FEOD Seigneur dont dépendaient des vassaux. **B** *a* Se dit d'un État qui exerce sur un autre une autorité protectrice. *Puissance suzeraine.* ETY De *sus,* et de *souverain.* DER **suzeraineté** *nf*

**Suzhou** v. de Chine (Jiangsu), à l'O. de Shanghai ; 1 600 000 hab. Industries. – Célèbre pour ses canaux et ses jardins.

**Sv** PHYS, BIOL Symbole du sievert.

**Svalbard** archipel norvégien de l'Arctique, au N. de la Norvège, dont l'île la plus importante est le Spitzberg (mines de houille) ; 62 050 km$^2$ ; 3 700 hab. – Il fut attribué à la Norvège en 1920.

**svastika** *nm* Croix aux branches égales, coudées à angle droit dans le même sens, symbole sacré de l'Inde. *Le svastika à branches coudées vers la droite fut utilisé comme emblème par les nazis (croix gammée).* PHO [svastika] ETY Mot sanskrit. VAR **swastika**

**Svealand** partie centrale de la Suède. Elle comprend notam. la région de Stockholm.

**Svedberg Theodor** (Valbo, 1884 – Stockholm, 1971), biochimiste suédois : travaux sur les macromolécules constitutives de la matière vivante. P. Nobel de chimie 1926.

**svelte** *a* Qui a un aspect mince, élancé. *Taille svelte.* ETY De l'ital. *svellere,* « arracher ». DER **sveltesse** *nf*

**Sven I^er^** (?, v. 960 – Gainsborough, 1014), roi du Danemark (986-1014) qui conquit l'Angleterre, où il mourut.

**Sverdlovsk** → **Ekaterinbourg.**

**Svevo Ettore Schmitz, dit Italo** (Trieste, 1861 – Motta di Livenza, 1928), romancier italien ; ami de J. Joyce ; analyste raffiné : *Sénilité* (1898), *la Conscience de Zeno* (1923).

**Sviatoslav I^er^ Igorievitch** (m. près du Dniepr en 972), prince varègue, souverain de Kiev. Allié, puis adversaire de Byzance, il périt dans une embuscade des Petchenègues.

**Svoboda Ludvík** (Hroznatín, Moravie, 1895 – Prague, 1979), général et homme politique tchécoslovaque ; président de la République (1968-1975).

**SVP** Abrév. de *s'il vous plaît.*

**SVT** *nfpl* Sigle de *sciences de la Vie et de la Terre,* matière au programme de l'enseignement secondaire regroupant la biologie et la géologie.

**swahili** *nm* Langue bantoue parlée en Afrique orientale, langue officielle du Kenya et de la Tanzanie. PHO [swaili] ETY De l'ar. VAR **souahéli**

**Swahilis** peuple établi en Tanzanie (2,5 millions de personnes), ainsi qu'au Kenya, en Ouganda et dans le N. du Mozambique. Ils parlent une langue bantoue, le swahili, langue véhiculaire utilisée par plusieurs dizaines de millions de personnes. Ils sont musulmans. VAR **Souahélis** DER **swahili** ou **souahéli, ie** *a*

**Swan sir Joseph Wilson** (Sunderland, 1828 – Warlingham, 1914), chimiste anglais. Il inventa une lampe à incandescence et un papier photographique au bromure d'argent.

**Swann Charles** personnage de *À la recherche du temps perdu* de M. Proust, héros de *Un amour de Swann.* Il épouse Odette de Crécy.

**Swansea** (en gallois *Abertawe*), v. et port du pays de Galles (West Glamorgan), sur la *baie de Swansea* et le canal de Bristol ; 182 100 hab. Université. Centre industriel.

**Swanson Gloria** (Chicago, 1898 – New York, 1983), actrice américaine ; vedette du muet : *Queen Kelly* (1928). Elle incarna son propre mythe dans *Boulevard du Crépuscule* (1950).

**swap** *nm* FIN Crédit croisé. SYN (recommandé) échange financier. PHO [swap] ETY Mot angl., de *to swap,* « troquer ».

**Swapo** acronyme pour *South West Africa People's Organization,* « Organisation du peuple du Sud-Ouest africain ». (V. Namibie.)

**swastika** → **svastika.**

**Swat** district du N.-O. du Pakistan. Les Talibans ont pris le contrôle de la région de 2008 à 2009.

**Swatow** → **Shantou.**

**swazi** *nm* Langue bantoue parlée par les Swazis, officielle au Swaziland et en Afrique du Sud.

**Swaziland (royaume du)** État de l'Afrique australe, entre l'Afrique du Sud et le Mozambique ; 17 363 km$^2$ ; 1,2 million d'hab. ; accroissement naturel : 1,6 % par an ; cap. *Mbabane*. Nature de l'État : monarchie absolue. Langues off. : angl. et swazi. Monnaie : lilangeni. Pop. : Swazis (85 %), Zoulous (10 %). Relig. : christianisme (77 %), relig. traditionnelles (21 %). DER **swazi, ie** *a, n*
**Géographie** Ce pays de hautes terres tropicales est bien pourvu en eau. La balance agricole est largement excédentaire et la pop. demeure rurale à 80 %. Les ressources sont variées : agricoles (sucre, fruits, maïs, coton), forestières, minières (amiante, charbon, diamants) ; industries du bois, agroalimentaire, textile, chimique ; exportation de pâte à papier. Jusqu'en 1994, le pays a bénéficié du boycottage international de l'Afrique du Sud (où travaillent de nombr. Swazis). Auj., l'économie est fragile.
**Histoire** Au début du XIXe s., les Swazis, de langue bantoue, édifièrent le royaume de Ngwan, qui prospéra puis, face aux Zoulous, se rapprocha du Transvaal (1894). Il accepta le protectorat britannique en 1902. En 1921, le roi Sobhuza II entama son long règne, au cours duquel le pays obtint son indép. (1968). En 1973, le roi prit les pleins pouvoirs. À sa mort (1982), la reine fut régente. En 1986, Mswati III, âgé de 18 ans, monta sur le trône. Il associa son pays à l'Afrique du Sud contre l'ANC. Le régime est autoritaire. Les intérêts des anc. colons brit. demeurent puissants. Les manifestations demandant la libéralisation du régime sont toujours réprimées.

**Swazis** population bantoue proche des Zoulous, vivant en Afrique du Sud et au Swaziland. DER **swazi, ie** *a*

**sweater** *nm* Veste de jersey de laine ou de coton. PHO [swetœʀ] ou [switœʀ] ETY Mot angl., de *to sweat*, « suer ». VAR **sweateur**

**sweat-shirt** *nm* Pull-over en jersey de coton molletonné, resserré aux poignets et à la taille. PLUR sweat-shirts. PHO [swetʃœʀt] ou [switʃœʀt] ETY Mot angl. VAR **sweatshirt** ou **sweat**

**Swedenborg Emanuel** (Stockholm, 1688 – Londres, 1772), théosophe suédois. Chercheur scientifique, il eut en 1743-1744 des visions : il devait communiquer avec le monde des esprits qui commande le monde visible. Il écrivit *Arcanes célestes* (1749-1756), *la Nouvelle Jérusalem* (1758), etc. Ses disciples (princ. en Angleterre) s'organisèrent en « Églises de la Nouvelle Jérusalem ». DER **swedenborgien, enne** *a*

**Sweelinck Jan Pieterszoon** (Deventer, 1562 – Amsterdam, 1621), organiste et compositeur néerlandais. Ses pièces pour orgue et pour clavecin préfigurent la fugue ; nombr. œuvres vocales.

**sweepstake** *nm* Loterie combinée à une course de chevaux. PHO [swipstɛk] ETY Mot angl.

**Swift Jonathan** (Dublin, 1667 – id., 1745), écrivain irlandais. Membre du clergé anglican (1695), il participa aux querelles litt. (*la Bataille des livres*, 1704) et relig. (*le Conte du tonneau*, 1704), et défendit le peuple irlandais opprimé (*Lettres du drapier*, 1724). Son chef-d'œuvre, *les Voyages de Gulliver* (1726), violente satire de l'Angleterre et du monde civilisé, mêle le fantastique à un récit d'aventures. Son ironie glacée annonce l'humour noir moderne : *Instructions aux domestiques* (1745). DER **swiftien, enne** *a*

**swin** *nm* Variété simplifiée de golf. PHO [swin]

**Swinburne Algernon Charles** (Londres, 1837 – id., 1909), poète lyrique et critique anglais. L'érotisme de ses *Poèmes et ballades* (1866) fit scandale. Il chanta l'idéal républicain (*Ode sur la proclamation de la République française*, 1870) et l'indép. de l'Italie (*Chants d'avant l'aube*, 1871).

**Swindon** ville d'Angleterre (Wiltshire), 160 000 hab. Industries.

**swing** *nm* **1** À la boxe, coup de poing porté latéralement par un mouvement de bras très ample. **2** Au golf, mouvement de balancement du tronc qui accompagne la frappe de la balle. **3** Traitement du tempo et de l'accentuation propre au jazz, caractérisé par un balancement rythmique. **4** Style de jazz pratiqué dans les années 1930. **5** Danse sur une musique plus ou moins inspirée de ce style de jazz, à la mode entre 1940 et 1945. PHO [swiŋ] ETY Mot angl., de *to swing*, « balancer ».

**Swings Pol** (Ransart, 1906 – Esneux, 1983), astrophysicien belge : travaux sur les comètes.

**swinguer** *vi* 1 **1** MUS Jouer avec swing ; avoir du swing. **2** SPORT Au golf, effectuer un swing. DER **swingant, ante** *a*

**Sy Omar** (Trappes, 1978), acteur et comique français : *Intouchables* (2011).

**Syagrius Afranius** (v. 430 – 486), général gallo-romain, vaincu par Clovis à Soissons (486).

**Sybaris** anc. v. de la Grande-Grèce (Italie du S.), sur le golfe de Tarente ; célèbre pour la vie voluptueuse de ses habitants (*Sybarites*). – Fondée v. 720 av. J.-C. par les Achéens, elle fut détruite en 510 av. J.-C. par Crotone.

**sybarite** *a, n* litt Se dit d'une personne qui mène une vie voluptueuse. ETY Du n. pr. DER **sybaritique** *a* – **sybaritisme** *nm*

**sycomore** *nm* Érable (acéracée) à grappes de fleurs jaune verdâtre pendantes, appelé aussi *faux platane*. ETY Du gr.

**sycophante** *nm* **1** ANTIQ Dénonciateur professionnel, à Athènes. **2** litt Délateur. ETY Du gr.

**sycosis** *nm* MED Infection cutanée, associée au système pileux, provoquée par des staphylocoques. PHO [sikɔzis] ETY Du gr.

**Sydenham Thomas** (Wynford Eagle, Dorset, 1624 – Londres, 1689), médecin et chimiste anglais ; « l'Hippocrate anglais ». Il définit la danse de Saint-Guy, ou *chorée de Sydenham*.

**Sydney** princ. ville et port d'Australie, cap. de la Nouvelle-Galles du Sud, sur la *baie de Port Jackson* (Pacifique) ; 4 392 000 hab. (aggl.). Centre admin., fin., comm. et industr. – Archevêché cathol. Université. – Siège des JO d'été 2000.

**Sydney** le Nouvel Opéra, dessiné en 1956 par J. Utzon

**Sydow Carl Adolf,** dit **Max von** (Lund, Suède, 1929), acteur (*le Septième Sceau*, 1957) et cinéaste suédois ; nombr. films américains. Il a réalisé *Katinka* (1987).

**Syène → Assouan.**

**syénite** *nf* GEOL Roche magmatique grenue dépourvue de quartz cristallisé. ETY D'un n. pr.

**Sykes-Picot (accord)** accord secret (1946) entre la Grande-Bretagne (M. Sykes) et la France (Ch. F. Picot) sur le futur partage des possessions ottomanes hors de la Turquie.

**Syktyvkar** ville de Russie, cap. de la rép. des Komis ; 240 000 hab. Industrie du bois.

**Sylla Lucius Cornelius** (?, 138 – Cumes, 78 av. J.-C.), général et homme politique romain. Patricien sans fortune, Sylla vint tardivement à la politique. Élu questeur en 107 av. J.-C., il combattit en Afrique au côté de Marius et il fit livrer Jugurtha (105). Légat de Marius (104-103), il lutta avec succès contre les Germains. Devenu consul (88), il réprima la guerre sociale. Marius l'ayant écarté, il occupa Rome, dont Marius s'enfuit, alla vaincre Mithridate (86), rentra à Rome (83), écrasa les partisans de Marius (m. en 86). Dictateur à vie (82), il gouverna par la terreur. Il abdiqua brusquement en 79. VAR **Sulla**

**J. Swift**

**Sylla**

**syllabaire** *nm* **1** Livre destiné à l'apprentissage de la lecture, présentant les mots décomposés en syllabes. **2** LING Système d'écriture dans lequel chaque signe représente une syllabe.

**syllabation** *nf* LING Lecture des mots en les divisant par syllabes.

**syllabe** *nf* Unité phonétique fondamentale qui se prononce d'une seule émission de voix. LOC *Syllabe fermée* : terminée par une consonne (ex. [baʀ]). — *Syllabe ouverte* : terminée par une voyelle (ex. [ba]). ETY Du gr. *sullambanein*, « rassembler ».

**syllabique** *a* Relatif aux syllabes. LOC *Écriture syllabique* : dans laquelle chaque syllabe est représentée par un caractère. — *Versification syllabique* : dans laquelle le vers se définit par un nombre déterminé de syllabes. *La versification française est syllabique.* DER **syllabiquement** *av*

**syllabisme** *nm* LING Système d'écriture dans lequel le signe correspond à une syllabe.

**syllabogramme** *nm* LING Signe graphique correspondant à une syllabe.

**syllabus** *nm* **1** RELIG CATHOL Liste de propositions émanant de l'autorité ecclésiastique. **2** Belgique Texte reprenant l'essentiel d'un cours d'université. PHO [sillabys] ETY Mot lat., « sommaire ».

**Syllabus** document publié en 1864 par le pape Pie IX et condamnant un certain nombre de thèses et de doctrines contemporaines, telles que le naturalisme, le rationalisme, le socialisme, le libéralisme, la franc-maçonnerie, etc.

**syllepse** *nf* GRAM Accord d'un mot selon le sens plutôt que selon les règles grammaticales. ETY Du gr. *sullêpsis*, « compréhension ». DER **sylleptique** *a*

**syllogisme** *nm* LOG Type de déduction formelle telle que, deux propositions étant posées (*majeure, mineure*), on en tire une troisième (*conclusion*), qui est logiquement impliquée par les deux précédentes (ex. : *Tous les hommes sont mortels ; or, Socrate est un homme ; donc Socrate est mortel*). ETY Du gr.

**syllogistique** *a, nf* LOG **A** *a* Relatif au syllogisme. *Méthode syllogistique.* **B** *nf* Partie de la logique traitant du syllogisme.

**sylphe** *nm* Génie de l'air, dans la mythologie gauloise et germanique. ETY Du gaulois.

**sylphide** *nf* **1** Sylphe féminin. **2** fig, litt Femme très gracieuse.

**Sylphide (la)** ballet-féerie en 2 actes (1832), mus. de J. Schneitzhöffer sur un livret d'Adolphe Nourrit (1802 – 1839), d'après une nouvelle de Ch. Nodier ; chorégraphie romantique de Filippo Taglioni (1777 – 1871).

**Sylt** île d'Allemagne (Land de Schleswig – Holstein), reliée à la côte par une digue ; 93 km².

**sylv-** Élément, du lat. *silva*, « forêt ».

**sylvain** *nm* MYTH Génie des forêts.

**Sylvain** dans la religion rom., dieu des Champs et des Bois, proche du dieu grec Pan.

**sylvaner** *nm* VITIC Cépage blanc d'Alsace, de Suisse, d'Allemagne et d'Autriche ; vin issu de ce cépage. PHO [silvanɛʀ] VAR **silvaner**

**sylve** *nf* **poét, didac** Forêt.

**Sylvester James Joseph** (Londres, 1814 – id., 1897), mathématicien anglais : travaux sur les invariants algébriques.

**sylvestre** *a* **litt** Relatif aux bois, aux forêts.

**Sylvestre** nom de trois papes et d'un antipape. — **Sylvestre I^er^ (saint)** (Rome, ? – id., 335), pape de 314 à 335, convoqua le concile de Nicée (325). Il est fêté le 31 décembre. — **Sylvestre II** pape de 999 à 1003 (V. Gerbert d'Aurillac). VAR **Silvestre**

**sylviculture** *nf* **didac** Exploitation des forêts, culture des arbres. DER **sylvicole** *a* – **sylviculteur, trice** *n*

**sylviidé** *nm* ORNITH Passériforme au bec fin et au plumage terne dont les fauvettes sont le type.

**sylvine** *nf* MINER Chlorure de potassium naturel. ETY D'un n. pr. VAR **sylvite**

**sylvinite** *nf* MINER Mélange de chlorure de potassium et de chlorure de sodium qui sert d'engrais naturel.

**symbiose** *nf* **1** BIOL Association de deux êtres vivants d'espèces différentes, qui est profitable à chacun d'eux. *Symbiose des champignons et des algues dans les lichens.* **2 fig** Union étroite. ETY Du gr. *sumbioûn*, « vivre ensemble ». DER **symbiotique** *a*

**symbiote** *nm* BIOL Chacun des êtres vivants associés dans une symbiose.

**symbole** *nm* **1** RELIG CATHOL Formulaire contenant les principaux articles de la foi. *Symbole des apôtres, de Nicée.* **2** Représentation figurée, imagée, concrète d'une notion abstraite ; emblème. *Le blanc, symbole de pureté. Le sceptre, symbole de l'autorité suprême.* **3** Signe conventionnel abréviatif. **4** CHIM Lettre ou ensemble de deux lettres désignant un élément chimique. *O est le symbole de l'oxygène.* **5** PHYS, MATH Signe ou ensemble de signes utilisés par convention pour représenter une unité, une grandeur, un opérateur, etc. *V est le symbole du volt ; x est le symbole mathématique de la multiplication.* ETY Du gr.

**symbolique** *a, n* **A** *a* **1** Qui constitue un symbole, qui en présente les caractères. *Représentation symbolique.* **2** Qui n'a de valeur que par ce qu'il exprime, ce à quoi il renvoie. *Geste symbolique.* **B** *nf* **1** Ensemble des symboles propres à une religion, une culture, une époque, etc. *La symbolique bouddhique.* **2** Science des symboles. **C** *nm* PSYCHAN Ensemble des phénomènes psychanalytiques en tant qu'ils sont structurés comme un langage. DER **symboliquement** *av*

**symboliser** *vt* ① **1** Représenter par des symboles. **2** Être le symbole de. *La brebis symbolise la patience.* DER **symbolisation** *nf*

**symbolisme** *nm* **1** Système de symboles destinés à rappeler des faits ou à exprimer des croyances. **2** LITTER, Bx-A Mouvement littéraire et artistique de la fin du XIX^e^ siècle. DER **symboliste** *a, n*

ENC En littérature, le symbolisme se constitua en réaction contre le naturalisme et la poésie parnassienne (V. Parnasse [le]). Le *Manifeste du symbolisme*, que Jean Moréas publia dans *le Figaro* en 1886, demande au poète de ne pas nommer la chose, mais ses résonances qu'elle a dans son esprit. Mallarmé, de son côté, lance le slogan : « Point de reportage ». Le poème doit avoir des significations multiples ; les mots, les sonorités, suggèrent la sensation et l'idée l'apparence et la réalité transcendante, la forme et la vérité intérieure ; l'art poétique se fait musique. Les princ. symbolistes ont nom Henri de Régnier, É. Verhaeren, G. Rodenbach, J. Laforgue, R. Ghil, M. Maeterlinck ; certains critiques ont classé parmi eux Verlaine et Rimbaud. Le symbolisme a marqué quelques œuvres d'Oscar Wilde, de Saint-Pol Roux, de Claudel, de Valéry.
En art, le symbolisme se présente comme une suite de réactions individuelles dirigées, notam., contre l'impressionnisme, auquel les symbolistes reprochent la décadence de la forme. Il est illustré par G. Moreau, Puvis de Chavannes, O. Redon, M. Denis, P. Gauguin, les nabis, A. Böcklin, E. Burne-Jones, A. Beardsley, F. Khnopff, D. G. Rossetti, A. Kubin.

**symétrie** *nf* **1** Régularité et harmonie dans l'ordonnance des parties d'un tout. *Tableaux disposés avec symétrie.* **2** Similitude plus ou moins complète des deux moitiés d'un espace, de part et d'autre d'un axe ou d'un plan ; répétition régulière de la disposition d'éléments autour d'un centre. *La symétrie des jardins à la française.* **3** GEOM Correspondance point à point de deux figures, à égale distance de part et d'autre d'un point, d'un axe ou d'un plan dits *point, axe, plan de symétrie.* ETY Du gr.

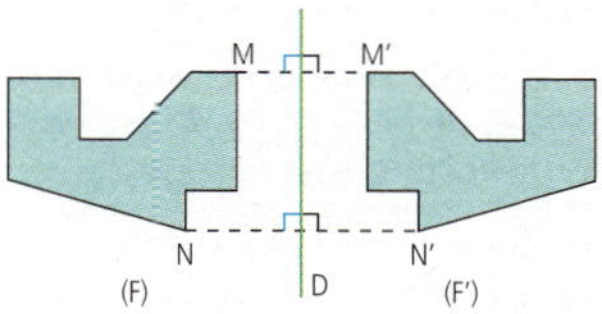


la figure F' est symétrique de F par rapport à la droite D axe de symétrie)

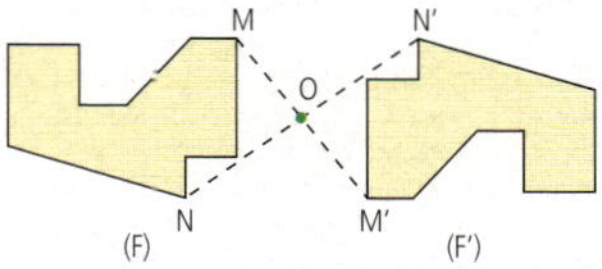


la figure F' est symétrique de F par rapport au point O (centre de symétrie)

**symétrie**

**symétrique** *a* **1** Qui présente une certaine symétrie. **2** Qui est disposé de manière à former une symétrie ; qui possède un axe ou un plan de symétrie. *Parterres symétriques.* **LOC** GEOM ***Relation symétrique R*** : telle que, pour tout couple (*x*, *y*), *x* R *y* = *y* R *x*. DER **symétriquement** *av*

**Symmaque** (en lat. *Quintus Aurelius Symmachus*) (Rome, v. 340 – ?, v. 410), orateur et homme politique romain ; préfet de Rome (384), puis consul (391). Païen hostile à saint Ambroise.

**sympa** *a* **fam** Sympathique.

**sympathectomie** *nf* CHIR Section de nerfs ou de ganglions sympathiques.

**sympathie** *nf* **1 litt** Part que l'on prend aux peines et aux plaisirs d'autrui. *Croyez à toute ma sympathie.* **2** Sentiment spontané d'attraction à l'égard de qqn. *Éprouver une vive sympathie pour qqn.* ANT antipathie. **3** Approbation, bienveillance à l'égard de qqn, de qqch. *Cette doctrine a toutes ma sympathie.* ETY Du gr. *sumpatheia*, « participation à la souffrance d'autrui ».

**sympathique** *a, nm* **1** Qui inspire la sympathie ; qui plaît. *Personne sympathique.* **2 fam** Très agréable. *Endroit sympathique.* ABREV sympa. **3** MED Se dit d'affections dues au retentissement des troubles morbides d'un organe sur un ou plusieurs autres. *Ophtalmie sympathique.* **LOC *Encre sympathique*** : encre incolore qui ne noircit que sous l'action de la chaleur ou de certains réactifs. — ANAT, PHYSIOL ***Système nerveux sympathique*** ou ***le sympathique*** : partie du système nerveux dont dépendent les fonctions végétatives. SYN orthosympathique, végétatif. DER **sympathiquement** *av* ▶ pl. **système nerveux**

**sympathisant, ante** *a, n* Qui, sans adhérer à un parti, en partage les idées.

**sympathiser** *vi* ① Éprouver une sympathie réciproque ; s'entendre. *Ces personnes ne sympathisent pas. Sympathiser avec qqn.*

**sympatholytique** *nm* PHARM Substance exerçant une action inhibitrice sur le système nerveux sympathique. SYN adrénolytique. VAR **sympathicolytique**

**sympathomimétique** *nm* PHARM Substance ayant une action stimulante sur le système nerveux sympathique, ou capable de reproduire l'action des médiateurs chimiques de ce système. SYN adrénergique VAR **sympathicomimétique**

**sympatrique** *a* ECOL Se dit de deux espèces voisines qui se trouvent dans le même biotope, mais ne s'hybrident pas.

**symphonie** *nf* MUS **1 anc** Morceau de musique ancienne (XVII^e^-déb. XVIII^e^ s.) composé pour des instruments concertants. **2 mod** Composition, généralement en quatre mouvements, pour un grand orchestre. **3 fig** Ensemble harmonieux. *Symphonie de couleurs.* ETY Du gr. *sumphônia*, « accord sonore ». DER **symphonique** *a*

**Symphonie du Nouveau Monde** sous-titre de la symphonie n° 9 de Dvořák (1893).

**Symphonie fantastique** (ou *Épisode de la vie d'un artiste*), œuvre de Berlioz (1830).

**Symphonie nuptiale** film de et avec Erich von Stroheim (1927).

**Symphonie pastorale** titre authentique de la symphonie n° 6 en *fa* majeur de Beethoven (1809).

**Symphonie pastorale (la)** récit de Gide (1919). ▷ CINE Film de J. Delannoy (1946), avec M. Morgan, P. Blanchar.

**Symphonie pour un homme seul** œuvre de mus. concrète composée par P. Henry et P. Schaeffer (1950), et qui inspira un ballet à M. Béjart (1955).

**symphoniste** *n* Compositeur ou exécutant d'une symphonie.

**symphorine** *nf* BOT Arbuste ornemental (caprifoliacée), originaire d'Amérique du Nord, aux grosses baies sphériques blanches.

**symphyse** *nf* ANAT Articulation fibreuse peu mobile réunissant deux os. *Symphyse pubienne.*

**symposium** *nm* **1** ANTIQ GR Seconde partie d'un repas, au cours de laquelle les convives buvaient. **2** Réunion d'étude, congrès, sur un sujet précis. PHO [sɛ̃pozjɔm] ETY Du gr. *sumposion*, « banquet ».

**symptomatique** *a* **1** MED Qui est le symptôme d'une maladie. **2 fig** Qui est l'indice, le signe de qqch. DER **symptomatiquement** *av*

**symptomatologie** *nf* MED Étude des symptômes, des signes cliniques des maladies. SYN sémiologie. DER **symptomatologique** *a*

**symptôme** *nm* **1** Phénomène physiologique qui révèle un état pathologique. *Présenter* *des symptômes de pleurésie.* **2** fig Indice, présage, signe. *Les symptômes d'une révolution.* ETY Du gr.

**syn-, syl-, sym-** Éléments, du gr. *sun,* « avec ».

**synagogue** *nf* Lieu de prière et de réunion israélite. DER **synagogal, ale, aux** *a*

**synagogue** de Carpentras

**synalèphe** *nf* GRAM Réunion de deux syllabes en une seule dans la prononciation.

**synallagmatique** *a* DR Se dit d'un contrat qui contient une obligation réciproque entre les parties. ANT unilatéral.

**synanthéré, ée** *a, n* BOT Se dit d'une fleur dont les étamines sont soudées par leurs anthères.

**synapse** *nf* BIOL Zone de contact entre deux neurones. *C'est au niveau des synapses qu'est polarisée la conduction de l'influx nerveux.* ETY Du gr. DER **synaptique** *a*

**synarchie** *nf* Gouvernement d'un État par plusieurs personnes à la fois.

**synarthrose** *nf* ANAT Articulation fixe entre deux os.

**synchrocyclotron** *nm* PHYS NUCL Accélérateur circulaire de particules dérivé du cyclotron.

**synchrone** *a* Qui se fait dans le même temps, ou à des intervalles de temps égaux. *Oscillations synchrones de deux pendules.* LOC ELECTR ***Moteur synchrone*** : dont la vitesse de rotation est telle qu'il tourne en synchronisme avec la fréquence du courant. PHO [sɛ̃kʀɔn]

**synchronie** *nf* **1** LING Ensemble des faits de langue à une époque précise, par oppos. à *diachronie.* **2** Simultanéité d'évènements.

**synchronique** *a* didac Qui étudie des évènements, des faits qui se sont produits au même moment dans des lieux différents. LOC LING ***Linguistique synchronique*** : qui étudie un système linguistique à un moment donné, par oppos. à *diachronique.* DER **synchronicité** *nf* – **synchroniquement** *av*

**synchroniser** *vt* ① **1** Rendre synchrones des phénomènes physiques, des actions. **2** AUDIOV Rendre synchrones la bande des images et la piste sonore d'un film. DER **synchronisable** *a* – **synchronisation** *nf*

**synchroniseur** *nm* **1** ELECTR Dispositif permettant de coupler automatiquement deux alternateurs au moment du synchronisme. **2** AUTO Dispositif de vitesses synchronisées.

**synchronisme** *nm* **1** TECH Qualité de ce qui est synchrone. *Synchronisme de deux pendules.* **2** Caractère d'évènements qui se produisent en même temps.

**synchrotron** *nm* PHYS NUCL Accélérateur de particules circulaire, dans lequel les particules sont accélérées par un champ électrique de fréquence variable et sont maintenues dans une trajectoire circulaire par un champ magnétique. LOC ***Rayonnement synchrotron*** : rayonnement électromagnétique produit par des électrons qui se déplacent à grande vitesse dans un champ magnétique. PHO [sɛ̃kʀɔtʀɔ̃]

**synclinal, ale** *nm, a* GEOL **A** *nm* Partie concave d'un pli simple, par oppos. à *anticlinal.* **B** *a* Relatif à un synclinal. PLUR synclinaux. ETY Du gr. *klinein,* « incliner ».

**syncope** *nf* **1** Suspension subite ou ralentissement des battements du cœur, avec perte de connaissance et interruption de la respiration. **2** MUS Élément sonore accentué sur un temps faible de la mesure, et prolongé legato sur un temps fort. **3** LING Disparition d'une lettre ou d'une syllabe à l'intérieur d'un mot. ETY Du gr. *sugkoptein,* « briser ». DER **syncopal, ale, aux** *a*

**syncopé, ée** *a* MUS Qui comporte de fréquentes syncopes. *Musique, rythme, notes syncopés.*

**syncoper** *v* ① MUS **A** *vt* Lier en formant une syncope. *Syncoper un rythme.* **B** *vi* Former une syncope.

**syncrétisme** *nm* **1** didac Combinaison de plusieurs systèmes de pensée, de plusieurs doctrines. *Syncrétisme religieux.* **2** PSYCHO Perception globale et confuse, dont les éléments hétérogènes ne sont pas distingués en tant que tels. ETY Du gr. DER **syncrétique** *a* – **syncrétiste** *a, n*

**syncytial, ale** *a* **1** Qui se rapporte à un syncytium. **2** MED Se dit d'un virus qui provoque des affections respiratoires. PLUR syncytiaux. VAR **syncitial, ale, aux**

**syncytium** *nm* BIOL Ensemble cellulaire à plusieurs noyaux. *La fibre musculaire striée est un syncytium.* PHO [sɛ̃sitjɔm] ETY Mot lat. VAR **syncitium**

**syndactylie** *nf* MED Malformation congénitale consistant en une soudure de plusieurs doigts ou orteils. DER **syndactyle** *a*

**synderme** *nm* TECH Substance imitant le cuir, obtenue par agglomération de fibres de cuir liées par un latex.

**syndic** *nm* **1** DR Mandataire chargé par un tribunal de représenter les créanciers et de procéder à la liquidation des biens du débiteur en état de cessation de paiements. **2** Mandataire choisi par l'assemblée des copropriétaires d'un immeuble pour faire exécuter ses décisions. **3** Membre du bureau du conseil municipal de Paris, dont la fonction est de surveiller les locaux et d'organiser les fêtes et les réceptions. ETY Du gr.

**syndical, ale** *a* Relatif à un syndicat. *Revendications syndicales. Association syndicale de copropriétaires.* PLUR syndicaux.

**syndicaliser** *vt* ① **1** Inscrire à un syndicat. *Il s'est syndicalisé tardivement.* **2** Organiser un syndicat. *Syndicaliser une profession.* DER **syndicalisation** *nf*

**syndicalisme** *nm* **1** Activité des syndicats. **2** Doctrine sociale et politique des syndicats de salariés envisagée dans son histoire. **3** Fait de militer dans un syndicat de salariés. *Faire du syndicalisme.* DER **syndicaliste** *a, n*

ENC En France, en 1884, la loi Waldeck-Rousseau reconnaît et règlemente l'existence des syndicats. On assiste à une multiplication des Bourses du travail et des fédérations. La CGT (Confédération générale du travail), première centrale syndicale, est créée en 1895. L'action syndicale connaîtra d'importants succès jusqu'à la guerre de 1914 : amélioration des garanties en cas d'accident du travail, réduction du temps de travail, etc. En 1919 apparaît, dans le sillage du catholicisme social, la CFTC (Confédération française des travailleurs chrétiens). Le syndicalisme français impose en 1936, sous le Front populaire, les accords Matignon : congés payés, conventions collectives. La Constitution de 1945 reconnaît le droit à l'action syndicale et le droit de grève (même aux fonctionnaires). Dès 1947, des diversifications apparaissent dans l'organisation syndicale : Léon Jouhaux quitte la CGT (dominée par le Parti communiste) et fonde la CGT-FO (Confédération générale du travail-Force ouvrière). En 1964, la CFTC éclate en CFDT (Confédération française démocratique du travail) et CFTC « maintenue ». Les cadres ont formé en 1944 la CGC (Confédération générale des cadres), devenue en 1981 CFE-CGC (Confédération française de l'encadrement).

**syndicat** *nm* Association de personnes ayant pour but la protection d'intérêts communs, spécialement dans le domaine professionnel. *Syndicat ouvrier, patronal.* LOC ***Syndicat d'initiative*** : organisme chargé du tourisme dans une commune ; bureau d'information de cet organisme auprès du public. — ***Syndicat financier*** : groupement de personnes physiques ou morales qui étudient ou réalisent une opération financière. — ***Syndicat intercommunal*** : établissement public créé pour gérer les services communs à plusieurs communes.

**syndicataire** *n, a* **A** *n* DR Membre d'un syndicat de propriétaires ou d'un syndicat financier. **B** *a* Qui concerne un tel syndicat.

**syndication** *nf* FIN Technique bancaire de regroupement de diverses banques engagées dans des opérations financières importantes.

**Syndics des drapiers (les)** peinture de Rembrandt (1662, Rijksmuseum, Amsterdam).

**syndiquer** *v* ① **A** *vt* Organiser une profession, des personnes en syndicat. **B** *vpr* Se réunir en syndicat ; s'inscrire à un syndicat. DER **syndiqué, ée** *a, n*

**syndrome** *nm* **1** MED Ensemble de signes, de symptômes dont les causes peuvent être diverses. **2** fig Ensemble de signes révélateurs d'une situation jugée préoccupante. *Syndrome inflationniste.* ETY Du gr. *sundromê,* « réunion ».

**synecdoque** *nf* RHET Figure consistant à prendre la partie pour le tout (ex. *un toit* pour *une maison*), la matière pour l'objet (ex. *une fourrure* pour *un manteau de fourrure*), le contenant pour le contenu (ex. *boire un verre*), etc., et inversement. ETY Du gr. *sunekdokhê,* « compréhension simultanée ».

**synéchie** *nf* MED Réunion anormale d'organes ou de tissus à la suite d'une cicatrisation. ETY Du gr.

**synécologie** *nf* ECOL Partie de l'écologie qui étudie les écosystèmes et d'une façon générale les relations entre les êtres vivants.

**synérèse** *nf* PHON Réunion en une seule syllabe de deux voyelles qui se suivent dans un mot (ex. miel : [mjɛl]). ANT diérèse. ETY Du gr.

**synergie** *nf* **1** didac Action d'éléments qui concourent au même résultat et dont l'interaction augmente le potentiel. **2** MED Action conjointe de plusieurs organes ou muscles dans l'accomplissement d'une fonction. **3** PHARM Action de médicaments dont l'association améliore l'effet de chacun. ETY Du gr. DER **synergique** *a*

**synesthésie** *nf* MED Trouble sensoriel caractérisé par le fait qu'un seul stimulus entraîne deux perceptions.

**Synge John Millington** (Rathfarnham, 1871 – Dublin, 1909), auteur irlandais de pièces réalistes et poétiques : *l'Ombre de la ravine* (1903), *la Chevauchée vers la mer* (1904), *la Fontaine aux saints* (1905), *le Baladin du monde occidental* (1907).

**Synge Richard Laurence Millington** (Liverpool, 1914 – Norwich, 1994), chimiste anglais ; inventeur, avec A. Martin, de la chromatographie sur papier. Tous deux reçurent le prix Nobel 1952.

**syngnathe** *nm* Poisson téléostéen marin au corps long et grêle, au museau allongé. SYN aiguille de mer. PHO [sɛ̃gnat]

**synode** *nm* RELIG **1** Assemblée d'ecclésiastiques et de laïcs réunie par un évêque. **2** Réunion de pasteurs et de laïcs protestants. ETY Du gr. DER **synodal, ale, aux** *a*

**Synode (Saint-)** conseil suprême de l'Église russe orthodoxe.

**Synode des évêques** assemblée consultative créée en 1967. Elle rassemble autour du pape, à des intervalles irréguliers, des évêques de diverses nations. VAR **Synode épiscopal**

**synodique** *a* RELIG CATHOL Qui émane d'un synode. *Lettre synodique.* LOC ***Mois synodique*** : durée d'une révolution synodique de la Lune. — ASTRO ***Révolution synodique*** : durée comprise entre deux passages consécutifs d'une planète à la même position par rapport au Soleil et à la Terre, par exemple entre deux conjonctions.

**synonyme** *a, nm* Qui a un sens identique, ou très voisin. *Mots, expressions synonymes. « Captif » est synonyme de « prisonnier ».* LOC ***Être synonyme de*** : signifier, impliquer. *Pour lui, Paris est synonyme de liberté.* ETY Du gr.

**synonymie** *nf* **1** Relation qui existe entre deux synonymes. **2** Fait linguistique que constitue l'existence des synonymes. DER **synonymique** *a*

**synopse** *nf* didac Recueil des évangiles présentés de manière parallèle, de façon à faire apparaître les concordances.

**synopsis** *n* **A** *nf* didac Vue d'ensemble d'une science, d'une question ; tableau synoptique. **B** *nm* AUDIOV Récit bref constituant le schéma d'un scénario. PHO [sinɔpsis] ETY Du gr.

**synoptique** *a* Qui permet de saisir d'un seul coup d'œil les diverses parties d'un ensemble. *Tableau synoptique.* LOC RELIG ***Évangiles synoptiques*** : les trois Évangiles de saint Luc, saint Marc et saint Matthieu, qui présentent les plus grandes concordances dans la relation de la vie de Jésus.

**synoptophore** *nm* Appareil de l'orthoptiste servant à la rééducation des troubles de la vision binoculaire.

**synovial, ale** *a, nf* ANAT Relatif à la synovie. PLUR synoviaux. LOC ***Membrane synoviale*** ou ***synoviale*** : membrane séreuse tapissant l'intérieur des capsules articulaires et sécrétant la synovie.

**synovie** *nf* PHYSIOL Liquide sécrété par la membrane synoviale, qui a un rôle de lubrifiant.

**synovite** *nf* MED Inflammation d'une membrane synoviale.

**syntacticien, enne** *n* LING Spécialiste de la syntaxe.

**syntagmatique** *a, nf* LING **A** *a* Relatif au syntagme, à la succession des mots dans le discours. **B** *nf* Étude des syntagmes.

**syntagme** *nm* LING Groupe de mots qui se suivent et forment une unité fonctionnelle et sémantique dans une phrase. *Syntagme verbal, nominal.* ETY Du gr. *suntagma*, « ordre, disposition ».

**syntaxe** *nf* **1** Partie de la grammaire qui étudie les règles régissant les relations entre les mots ou les syntagmes à l'intérieur d'une phrase ; ensemble de ces règles. **2** fig Ensemble structuré de règles qui régissent un art. *La syntaxe cinématographique.* **3** INFORM Ensemble des règles d'écriture d'un langage de programmation. ETY Du gr. *suntaxis*, de *sun*, « avec », et *taxis*, « ordre ». DER **syntaxique** *a* – **syntaxiquement** *av*

**synthé** *nm* fam Synthétiseur.

**synthèse** *nf* **1** Opération mentale qui consiste à regrouper des faits épars et à les structurer en un tout. ANT analyse. **2** Exposé méthodique de l'ensemble d'une question. *Faire une rapide synthèse de la situation.* **3** PHILO Accord de la thèse et de l'antithèse, en tant que conclusion du raisonnement dialectique. **4** CHIM Opération qui consiste à combiner des corps, simples ou composés, pour obtenir des corps plus complexes. **5** Création, reconstitution des sons à partir de leurs éléments constitutifs (fréquence, durée, etc.). ETY Du gr. *sunthesis*, « réunion ».

**synthétique** *a, nm* **A** *a* Qui réalise une synthèse intellectuelle, ou qui en est tiré. *Esprit synthétique. Méthode synthétique.* ANT analytique. **B** *a, nm* Obtenu par synthèse de corps chimiques, par oppos. à artificiel. *Le nylon, fibre textile synthétique.* LOC ***Musique synthétique*** : obtenue par synthèse des sons. DER **synthétiquement** *av*

**synthétiser** *vt* ① **1** Réunir par synthèse. *Synthétiser des faits.* **2** CHIM Faire la synthèse de. *Synthétiser une molécule.* DER **synthétisable** *a*

**synthétiseur** *nm* ELECTROACOUST Appareil électronique permettant de créer, de reproduire des sons à partir de leurs éléments constitutifs.

**synthétisme** *nm* Bx-A Démarche picturale initiée par Gauguin et les peintres de l'école de Pont-Aven, reposant sur un dessin précis et l'usage d'aplats de couleur.

**synthon** *nm* CHIM Molécule servant de base pour la synthèse de toute une série de molécules.

**syntone** *a* PSYCHO Dont les tendances sont en harmonie. ANT schizoïde. ETY Du gr.

**syntonie** *nf* ELECTR État de systèmes qui oscillent à la même fréquence.

**syntonisation** *nf* TECH Réglage d'un récepteur permettant de n'amplifier que les ondes d'une fréquence donnée.

**syntoniser** *vt* ① TECH Convertir un signal de radiofréquence à l'aide d'un syntoniseur.

**syntoniseur** *nm* Syn. (conseillé) de *tuner.*

**Syphax** (m. à Rome v. 202 av. J.-C.), roi des Numides occidentaux, adversaire de Masinissa. Influencé par son épouse Sophonisbe, il s'allia aux Carthaginois. Scipion l'Africain le vainquit.

**syphiligraphie** *nf* MED Étude de la syphilis. DER **syphiligraphe** *n*

**syphilis** *nf* Maladie vénérienne contagieuse, dont l'agent est un tréponème. SYN fam vérole. PHO [sifilis] ETY Mot lat., du n. d'un personnage d'Ovide. DER **syphilitique** *a, n*

**Syra** → **Syros.**

**Syracuse** v. des États-Unis (État de New York) ; 144 700 hab. – Université.

**Syracuse** v. et port d'Italie, sur la côte E. de la Sicile ; 122 300 hab. ; ch.-l. de la prov. du m. nom. Grand centre commercial. Pêche. Industries. – Archevêché. Théâtre grec du V$^e$ s. av. J.-C. ; latomies ; amphithéâtre romain. Chât. XIII$^e$ s. ; palais XIII$^e$-XV$^e$ s.. – Colonie de Corinthe, fondée par Archias v. 734 av. J.-C., Syracuse fut, du VI$^e$ s. av. J.-C. à sa prise par les Romains (213-212 av. J.-C.), la plus puissante ville de la Grande-Grèce. (V. Archimède) DER **syracusain, aine** *a, n*

**Syracuse** le théâtre grec, V$^e$ s. av. J.-C.

**syrah** *nf* VITIC Cépage rouge cultivé principalement dans la vallée du Rhône.

**Syr-Daria (le)** (anc. *Iaxarte*), fl. d'Asie (2 860 km) ; né dans le Tianshan, il traverse la Fergana et les déserts du Kyzyl-Koum, puis se jette dans la mer d'Aral. Il sert à l'irrigation.

**syriaque** *nm, a* Langue sémitique du groupe araméen parlée par les premiers chrétiens du royaume d'Édesse et de Perse, et qui demeure la langue liturgique de certaines Églises d'Orient.

**Syrie (république de)** (*Djamhūriyya l-'Arabiyya-s-Sūriyya*), État du Proche-Orient, entre la Méditerranée et la vallée moyenne de l'Euphrate ; 185 180 km$^2$ ; 22 millions d'hab. ; accroissement naturel : 2,1 % par an ; cap. *Damas.* Nature de l'État : rép. Langue off. : arabe. Monnaie : livre syrienne. Relig. : islam sunnite (74 %). DER **syrien, enne** *a, n*

**Géographie** La plaine côtière méditerranéenne est isolée par le djebel Ansariyyah (1 562 m), qui domine, à l'E., la dépression de l'Oronte. Plus au S., la chaîne de l'Anti-Liban, le mont Hermon (2 814 m) et le plateau du Golan dominent l'oasis de Damas, au S.-E. de laquelle s'élève le djebel Druze. Ces régions riches en eau groupent la pop. du pays. Le reste est un vaste plateau, steppique ou désertique, mais la vallée de l'Euphrate, qui coule du N.-O. au S.-E., est peuplée.

**Économie** L'agriculture (céréales, arbres fruitiers, coton) occupe 17 % des actifs. Une réforme agraire modérée a favorisé les coopératives et la sédentarisation des nomades ; le troupeau ovin reste import. L'industrie appartenait à l'État. L'extraction du pétrole, les redevances perçues sur les oléoducs venant d'Irak et d'Arabie Saoudite, l'aide sov. et arabe ont financé voies ferrées et irrigation. Après la guerre de 1973 avec Israël et l'intervention syrienne au Liban (1976), le gonflement des dépenses militaires, l'arrivée de réfugiés palestiniens et libanais, la croissance démographique ont posé des problèmes cruciaux. La hausse du pétrole en 1999-2001 a amélioré la situation, mais le chômage frapperait 20% des actifs. En 2011, la guerre civile ainsi que l'embargo décidé par l'UE, les É.-U. et plusieurs pays arabes mettent en péril l'économie du pays.

**Histoire** La Syrie antique, beaucoup plus vaste que l'État actuel, fut un champ de bataille permanent. Terre de civilisation cananéenne, elle subit les dominations égyptienne (XVI$^e$ s. av. J.-C.), hittite (XIV$^e$ s. av. J.-C.), araméenne (X$^e$-VIII$^e$ s. av. J.-C.), assyrienne (VIII$^e$-VII$^e$ s. av. J.-C.), perse (à partir de 539 av. J.-C.), grecque (conquête d'Alexandre, 334 av. J.-C.), romaine (conquête de Pompée, 64 av. J.-C.). Tôt christianisée, elle voulut résister à Byzance et accueillit favorablement l'occupation arabe (636). Capitale de l'Empire omeyyade, Damas connut une grande prospérité. Les Abbassides lui préférant Bagdad (762), Damas et la Syrie déclinèrent. Conquis par les croisés au XI$^e$ s., ruiné par les invasions mongoles au XIII$^e$ s., le pays fut annexé au déb. du XVI$^e$ s. à l'Empire ottoman. Méhémet-Ali et son fils libérèrent provisoirement la Syrie (1831-1840), où dès 1860 se développa le nationalisme arabe.

**LE XX$^e$ SIÈCLE** La Première Guerre mondiale délivra le pays de la Turquie. Le protectorat français (1920) suscita des révoltes (1925-1927, 1945). Indép. en 1946, la Syrie prit part à la guerre contre Israël en 1948, et la défaite fut suivie de plusieurs coups d'État militaires. L'union (République arabe unie) avec l'Égypte de Nasser dura de 1958 à 1961. En 1963, le Baas s'empara du pouvoir et adopta une orientation socialisante. L'équipe « modérée » fut renversée en 1966 par une faction de gauche prosoviétique, que la défaite de 1967 face à Israël (qui occupa le plateau du Golan) discrédita. En 1970, le général Hafiz al-Aassad (ou Asad) s'empara du pouvoir. Élu président de la Rép. en 1971, il subit la défaite de 1973 face à Israël et intervint au Liban en 1976. Dans la guerre Iran-Irak (1980-1988), il a soutenu l'Iran, puis il s'est rapproché des États arabes modérés (Égypte, notam.), car l'URSS réduisait son aide. En 1991, il a participé à la coalition anti-irakienne. À partir de 1994, il a poursuivi de difficiles négociations avec Israël pour obtenir la restitution du Golan. B. Netanyahou rompit le dialogue (1996), repris par E. Barak en 1999. Après la mort de Hafiz al-Assad (2000), son fils, Bachir al-Hassad, a été élu par le Parlement pour lui succéder (seul candidat). Il est réélu en 2007 et en 2014. En 2011, des mouvements de protestation réclamant la chute du régime sont réprimés dans le sang. Malgré les mesures d'assouplissement et les concessions annoncées par le gouvernement, le mouvement s'intensifie, plongeant le pays dans la guerre civile. La répression devient plus meurtrière encore en 2012. En 2013, la violence a franchi un nouveau palier avec l'utilisation d'armes chimiques par le pouvoir contre les rebelles et la population. Malgré cela, la communauté internationale n'intervient pas. La guerre civile profite aux djihadistes qui, à partir de 2014, prennent le contrôle d'une partie du pays.

**syringomyélie** *nf* MED Affection neurologique chronique entraînant la perte des sensations tactiles et douloureuses.

**syrinx** *nf* **1** ANTIQ GR Flûte de Pan. **2** ORNITH Organe du chant situé à la bifurcation des bronches, chez les oiseaux.

**Syrinx** dans la myth. gr., nymphe d'Arcadie changée en roseau dont Pan fit une flûte.

**Syros** île des Cyclades (Grèce, mer Égée) ; 86 km$^2$ ; 30 000 hab. ; v. princ. *Hermoupolis* (ch.-l. du nome des Cyclades). VAR **Syra**

**syrphe** *nm* Mouche, dite *mouche à fleurs*, rayée de jaune et de noir, dont les larves se nourrissent de pucerons. ETY Du gr.

**Syrtes** nom de deux golfes méditerranéens. La *Grande Syrte* borde la Libye ; à l'O., la *Petite Syrte*, qui borde la Tunisie, est nommée auj. *golfe de Gabès*.

**systématicien, enne** *n* Naturaliste qui s'occupe de systématique.

**systématique** *a, nf* **A** *a* **1** Qui obéit à un système ; qui témoigne de rigueur, de méthode. *Recherche systématique.* **2** Qui dénote un esprit de système, le parti pris. *Opposition systématique.* **B** *nf* **1** SC NAT Science de la classification des êtres vivants ; cette classification. **2** Ensemble de faits organisés selon un système. DER **systématicité** *nf* – **systématiquement** *av*

**systématiser** *vt* ① Organiser des éléments en système. DER **systématisation** *nf*

**systématisme** *nm* Caractère systématique de qqch.

**système** *nm* **1** Ensemble cohérent de notions, de principes liés logiquement. *Le système d'Aristote. Un système théologique.* **2** Classification méthodique. *Le système de Linné.* **3** Ensemble organisé de règles, de moyens tendant à une même fin. *Système économique. Système pénitentiaire.* **4** Mode de gouvernement. *Système républicain.* **5** Organisation sociale considérée comme aliénante pour l'individu. *Être prisonnier du système.* **6** fam Moyen ingénieux. *Trouver un système pour se tirer d'embarras.* **7** Ensemble d'éléments formant un tout structuré, ou remplissant une même fonction. *Système de transmission.* **8** ANAT Ensemble de structures organiques analogues. *Système cardiovasculaire. Système nerveux.* **LOC** ***Esprit de système*** : tendance à tout ramener à un système préconçu. — fam ***Porter, taper sur le système*** : agacer, irriter. — MILIT ***Système d'armes*** : ensemble d'équipements qui concourent au fonctionnement d'une arme complexe. — INFORM ***Système d'exploitation*** : programme assurant la gestion d'un ordinateur et de ses périphériques. — ***Système expert*** : logiciel simulant le raisonnement d'un expert humain dans un domaine donné. — ***Système international d'unités (SI)*** : système qui a remplacé le système métrique en 1962 et qui comprend sept unités de base (le mètre, le kilogramme, la seconde, l'ampère, le kelvin, la mole et la candela). — ***Système métrique*** : système rendu légal en 1799 en France et remplacé en 1962 par le système international d'unités. — ***Système monétaire*** : relation établie entre la monnaie en circulation et la monnaie de compte. — METEO ***Système nuageux*** : ensemble des nuages qui accompagnent une perturbation. ETY Du gr.

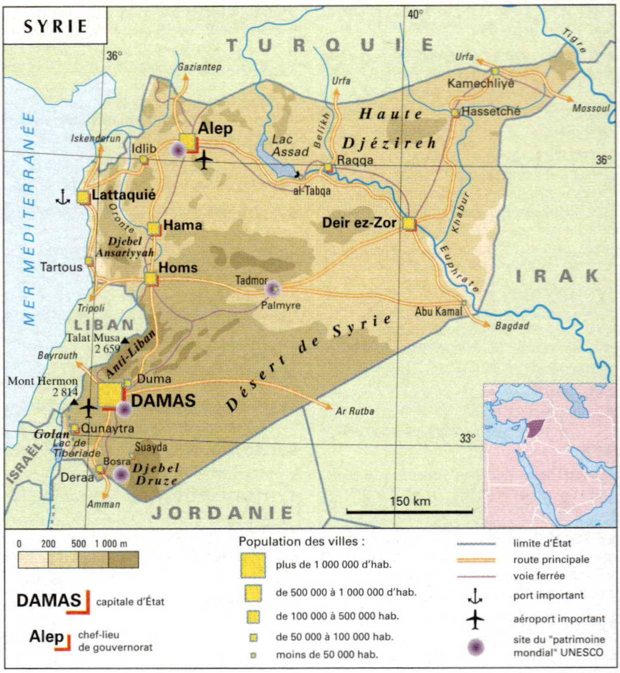


**Système de la nature** œuvre (en lat.) de Linné, dont la première édition date de 1735 ; c'est la dixième édition (1758) qui sert de point de départ à la systématique des animaux.

**Système monétaire européen (SME)** système monétaire adopté en 1979 par les neuf États membres de la CEE dont les monnaies ne devaient pas s'écarter d'un taux de change fixé. Il est abandonné en 1993.

**systémique** *a, nf* didac **A** *a* **1** Relatif à un système dans son ensemble. **2** MED Relatif à la circulation sanguine générale. *Cavités, ventricule systémiques.* **3** AGRIC Se dit d'un produit phytosanitaire qui agit sur toute la plante, en passant par la sève. **B** *nf* Technique, procédure scientifique utilisant un système.

**systole** *nf* PHYSIOL Phase de contraction du cœur. *Systole auriculaire, systole ventriculaire.* ANT diastole. ETY Du gr. DER **systolique** *a*

**systyle** *nm, a* ARCHI Se dit d'une ordonnance où les colonnes sont séparées par une distance égale au double de leur diamètre. ETY Du gr.

**syzygie** *nf* ASTRO Conjonction ou opposition d'une planète, ou de la Lune, avec le Soleil. *Les marées de vives eaux ont lieu quand le Soleil et la Lune sont en syzygie.* ETY Mot gr., « assemblage ».

**Szamos** → **Someş**.

**Szasz** Thomas Stephen (Budapest, 1920 – Manlius, New York, 2012), psychanalyste américain d'origine hongroise. Il contesta la psychiatrie officielle : *Fabriquer la folie* (1970).

**Szczecin** (en all. *Stettin*), ville et principal port polonais, à l'embouchure de l'Oder ; 415 000 hab. ; ch.-l. de la voïévodie de Poméranie occidentale. Centre industriel.

**Szeged** v. de Hongrie, au confl. de la Tisza et du Mureş ; 180 360 hab. ; ch.-l. de comté. Industries. – Université.

**Székesfehérvár** (anc. *Albe Royale*), ville de Hongrie, entre le lac Balaton et Budapest ; ch.-l. de comté ; 110 840 hab. Industries.

**Szent-Györgyi** Albert (Budapest, 1893 – Woods Hole, Massachusetts, 1986), biochimiste américain d'orig. hongroise. Il découvrit la vitamine C. Prix Nobel de médecine 1937.

**Szigligeti** József Szathmáry, dit Ede (Váradolaszi, 1814 – Budapest, 1878), auteur hongrois de drames populaires : *le Déserteur* (1843), *le Tsigane* (1853).

**Szilard** Leo (Budapest, 1898 – La Jolla, Californie, 1964), physicien américain d'origine hongroise. Avec Fermi, il étudia la fission de l'uranium et construisit la prem. pile atomique.

**Szolnok** v. de Hongrie, sur la Tisza ; 81 000 hab. ; ch.-l. du comté du même nom. Industries. – Université.

**Szombathely** v. industr. de l'O. de la Hongrie ; 86 000 hab. ; ch.-l. de comté.

**Szymanowski** Karol (Tymoszówka, Ukraine, 1882 – Lausanne, 1937), compositeur polonais : *le Roi Roger* (opéra, 1924).

**Szymborska** Wislawa (Bnin, près de Poznan, 1923 – Cracovie, 2012), poétesse polonaise : *Sel* (1962), *les Gens sur le pont* (1986), *À tout hasard* (1972). P. Nobel 1996.

# T t

**t** *nm* **1** Vingtième lettre (t, T) et seizième consonne de l'alphabet, notant l'occlusive dentale sourde [t] (ex. *dette, thé*), parfois la sifflante [s] dans le groupe *ti* (ex. *patience*). **2** PHYS t : symbole de tonne. **3** CHIM T : symbole du tritium. **4** METROL T : symbole de téra-. **5** MUS t : abrév. de *tutti* ou de *ton*. **LOC** ***En T :*** en forme de T majuscule. — BIOL ***T4 :*** cellules (lymphocytes) du système immunitaire. *Un taux de T4 inférieur à 200 est un critère de l'atteinte sidéenne.*

**Ta** CHIM Symbole du tantale.

**tabac** *nm, a inv* **A** *nm* **1** Plante herbacée (solanacée) originaire d'Amérique du Sud, de grande taille, dont les larges feuilles sont riches en nicotine. **2** Préparation obtenue avec les feuilles de cette plante, séchées et partiellement fermentées. *Tabac à fumer, à chiquer, à priser. Tabac brun à odeur forte et tabac blond léger.* **B** *a inv* Brun tirant sur le roux ou sur le jaune. *Du velours tabac.* **LOC** ***Bureau, débit de tabac*** ou ***un tabac :*** où l'on vend des produits du tabac et des timbres. — fam ***C'est le même tabac :*** la même chose. — ***Passer qqn à tabac :*** le rouer de coups. (PHO) [taba] (ETY) De l'esp.

tabac

**tabacologie** *nf* Spécialité médicale qui étudie les troubles liés au tabagisme et les moyens de sortir de la dépendance au tabac. (DER) **tabacologique** *a* – **tabacologue** *n*

**tabacomanie** *nf* Abus du tabac.

**tabaculture** *nf* Culture du tabac. (DER) **tabacole** *a* – **tabaculteur, trice** *n*

**tabagane** *nf* Canada Traîneau sans patins, long et étroit, fait de planches minces et dont l'avant est recourbé vers l'arrière. SYN toboggan, traîne sauvage. (ETY) De l'algonquin. (VAR) **tobagane**

**tabagie** *nf* **1** Lieu rempli de fumée de tabac ; atmosphère de ce lieu. **2** Canada Bureau de tabac.

**tabagisme** *nm* MED Intoxication aiguë ou chronique due au tabac. (DER) **tabagique** *a, n*

**tabard** *nm* HIST Manteau serré à la taille et ouvert sur les côtés que les chevaliers du Moyen Âge portaient par-dessus leur armure.

**Tabarin** Antoine Girard, dit (Paris, 1584 – id., 1633), bateleur français qui exerçait son art sur le Pont-Neuf, avec son frère, maître Mondor. Ses farces influencèrent Molière.

**Tabarka** v. et port de Tunisie (Kroumirie) ; 37 270 hab. Pêche. Stat. baln.

**Tabarly** Éric (Nantes, 1931 – disparu en mer d'Irlande, 1998), navigateur français. Il remporta la Course transatlantique en solitaire en 1964 et 1976, sur deux versions de son *Pen Duick*.

Éric Tabarly

**Tabaski (la)** en Afrique de l'Ouest, nom de l'Aïd-el-Kebir.

**tabassée** *nf* fam Volée de coups.

**tabasser** *vt* (1) fam Frapper qqn à coups violents et répétés. (ETY) D'un radical onomat. *tabb-*, idée de « frapper ». (DER) **tabassage** *nm*

**tabatière** *nf* Petite boîte pour le tabac à priser. **LOC** CONSTR ***Fenêtre à tabatière*** ou ***tabatière :*** qui pivote autour de son montant supérieur et a, en position fermée, la même inclinaison que le toit. — ANAT ***Tabatière anatomique :*** fossette formée, à la face extérieure de la main, par la contraction des extenseurs du pouce.

**tabellaire** *a* **LOC** TYPO ***Impression tabellaire :*** que l'on exécutait au moyen de planches gravées. (ETY) Du lat.

**tabelle** *nf* Suisse Liste, tableau.

**tabellion** *nm* **1** vx Officier qui délivrait les grosses de certains actes dont les notaires dressaient les minutes. **2** litt, plaisant Notaire. (ETY) Du lat.

**tabernacle** *nm* **1** RELIG Tente dressée par les Hébreux pour abriter l'Arche d'alliance, avant la construction du Temple. **2** RELIG CATHOL Petit coffre fermant à clef, placé sur l'autel et abritant les hosties consacrées. **3** TECH Espace ménagé autour d'un robinet enterré afin qu'on puisse le manœuvrer. **LOC** ***Fête des Tabernacles :*** autre nom de Soukhot. (ETY) Du lat. *tabernaculum*, « tente ».

**tabès** *nm* MED Manifestation neurologique tardive de la syphilis, caractérisée par une ataxie, une hypotonie globale, une abolition des réflexes et des douleurs violentes. (PHO) [tabɛs] (ETY) Du lat. (DER) **tabétique** *a, n*

**tabla** *nm* Instrument de musique indien constitué d'une paire de petits tambours que l'on frappe avec les doigts et la paume de la main. (DER) **tabliste** *n*

**tablard** *nm* Suisse Étagère, rayonnage. (VAR) **tablar**

**tablature** *nf* MUS Notation de la position des doigts propre à certains instruments. *La tablature ancienne pour le luth.*

**table** *nf* **1** Meuble formé d'une surface plane posée sur un ou plusieurs pieds et servant à divers usages. *Table de nuit, de chevet. Table à repasser. Table à dessin.* **2** Ce meuble destiné à prendre les repas. *Table de salle à manger. Réserver une table au restaurant.* **3** Nourriture, mets servis à table. *Aimer la table. Les plaisirs de la table.* **4** Ensemble des convives réunis autour d'une table ; tablée. *Toute la table a ri.* **5** TECH Partie plate et horizontale d'un instrument, d'une machine. *Table d'une raboteuse, d'une enclume.* **6** Surface plane naturelle. *Table glaciaire.* **7** Tableau qui indique les matières traitées dans un livre. *Table des matières. Table analytique.* **8** Recueil de données disposées de manière à en faciliter la lecture, l'usage. *Table de multiplication. Table de logarithmes.* **LOC** ***Faire table rase de :*** rejeter après un examen critique les actes, les idées du passé, de manière à repartir sur des bases entièrement nouvelles. — ***Faire un tour de table :*** demander son avis à chacune des personnes présentes. — ***La sainte table :*** l'autel ; la balustrade fermant le chœur, devant laquelle les fidèles venaient s'agenouiller pour recevoir la communion. — HIST *Les Douze Tables :* à Rome, le code publié par les Décemvirs vers 450 av. J.-C. — RELIG *Les Tables de la Loi :* plaques de pierre sur lesquelles étaient gravés les Dix Commandements reçus par Moïse sur le mont Sinaï. — *Mettre, dresser la table :* disposer sur la table tout ce qui est nécessaire pour prendre les repas. — *Se mettre à table :* commencer le repas ; fig, fam finir par avouer. — *Table de cuisson :* plaque chauffante servant à cuire les aliments. — MUS *Table d'harmonie :* partie de la caisse d'un instrument sur laquelle les cordes sont tendues. — *Table d'orientation :* plan circulaire sur lequel est représenté un point de vue, avec les noms de lieux, de monuments, etc. — *Table ronde :* assemblée de personnes réunies en vue de discuter d'une question, d'un problème commun. — INFORM *Table traçante :* syn. de *traceur de courbes.* — LOG *Table de vérité :* tableau à entrées multiples donnant exhaustivement toutes les configurations d'entrée et de sortie d'un circuit logique. — FIN *Tour de table :* ensemble de personnes réunies pour mener à bien une opération financière, un investissement. ETY Du lat. *tabula,* « planche ».

| p | q | p⇒q |
|---|---|---|
| V | V | V |
| V | F | F |
| F | V | V |
| F | F | V |

cette ligne se lit ainsi :

*" si la proposition p est vraie et si la proposition q est vraie, alors la proposition « p implique q » est vraie "*

**table** de vérité de l'implication matérielle

**tableau** *nm* **1** Ouvrage de peinture exécuté sur un panneau de bois, sur une toile tendue sur un châssis, etc. *Tableaux de Raphaël, de Manet.* **2** Scène, spectacle qui attire le regard, qui fait impression. *Un charmant tableau.* **3** Représentation, évocation par un récit oral ou écrit. *Faire, brosser le tableau de la vie des paysans au Moyen Âge.* **4** THEAT Subdivision d'un acte, correspondant à un changement de décor. **5** Panneau sur lequel on écrit, dans une classe, un amphithéâtre, etc. **6** Panneau qu'on fixe au mur pour y afficher des actes publics, des renseignements, des avis. **7** TECH Panneau sur lequel sont regroupés des dispositifs, des appareils de mesure, de contrôle et de signalisation. *Tableau de bord d'un véhicule.* **8** Liste des personnes composant une compagnie, un ordre, un corps. **9** Ensemble de renseignements regroupés et rangés méthodiquement de manière à pouvoir être lus d'un bref coup d'œil. *Tableau synoptique, chronologique.* LOC *Tableau d'avancement :* indiquant l'ordre selon lequel se fera l'avancement du personnel. — *Tableau de bord :* ensemble d'informations réunies périodiquement, qui facilitent la gestion d'un service, d'une entreprise. — *Tableau de chasse :* ensemble des animaux abattus au cours d'une partie de chasse ; fam ensemble des conquêtes féminines d'un séducteur. — *Tableau numérique :* écran relié à un rétroprojecteur et à un ordinateur, sur lequel l'enseignant fait ses cours. — *Tableau vivant :* scène historique ou mythologique figurée par des personnes d'après un tableau ou une mise en scène réglée. — MED, PHARM *Tableaux A, B, C :* dans lesquels sont classés les médicaments dont la prescription est règlementée.

**tableautin** *nm* Petit tableau peint.

**Tableaux d'une exposition** suite pour piano de Moussorgski (1874), orchestrée par Ravel (1922).

**tablée** *nf* Réunion de personnes assises autour d'une table pour un repas.

**tabler** *vti* ① Compter, faire fond sur qqch, sur qqn. *Tabler sur une croissance économique de 3 %.*

**Table ronde** table circulaire autour de laquelle le roi Arthur réunissait ses chevaliers (Lancelot, Perceval, etc.). V. breton (roman).

**tablette** *nf* **1** Petite planche, petite plaque disposée pour recevoir des objets. **2** Plaque de faible épaisseur posée à plat sur le chambranle d'une cheminée, l'appui d'une fenêtre, etc. **3** Aliment présenté sous la forme d'une plaquette. *Une tablette de chocolat.* **4** ARCHEOL Planchette de bois enduite de cire ou plaquette d'argile sur laquelle écrivaient les Anciens. **5** Petit appareil mobile consistant en un écran tactile à partir duquel on consulte des contenus multimédias (Internet, applications, vidéo...). LOC vieilli *Mettre sur ses tablettes :* noter. — fam *Tablettes de chocolat :* muscles abdominaux particulièrement apparents.

**tabletterie** *nf* Fabrication et commerce des échiquiers, des damiers et de petits objets d'ivoire, d'ébène, d'écaille, etc ; ensemble de ces objets. DER **tabletier, ère** *n*

**tableur** *nm* INFORM Logiciel permettant d'effectuer des calculs sur des données organisées et visualisées sous forme de tableaux.

**tablier** *nm* **1** Vêtement fait d'une pièce de toile, de cuir, etc., que l'on met devant soi pour préserver ses vêtements en travaillant. *Tablier de forgeron.* **2** Rideau métallique qui ferme l'ouverture d'une cheminée. **3** TRAV PUBL Partie horizontale d'un pont, qui reçoit la chaussée ou la voie ferrée. **4** TRANSP Cloison qui sépare le moteur de l'intérieur de la carrosserie. **5** Partie avant d'un scooter, protégeant les jambes. **6** Afrique Vendeur des rues utilisant un étal. LOC *Rendre son tablier :* cesser son service, démissionner. — CUIS *Tablier de sapeur :* morceaux de gras-double panés et poêlés. ETY De *table.*

**Tabligh** le plus important mouvement missionnaire de l'islam, fondé en Inde en 1927.

**tabliste** → **tabla.**

**tabloïd** *nm* Journal quotidien de format réduit *(format tabloïd),* de grande diffusion et destiné à un public populaire. ETY Nom déposé ; mot angl. VAR **tabloïde**

**tabor** *nm* HIST Corps de troupe composé de Marocains (créés en 1908), dont les gradés étaient français. ETY De l'ar.

**Tabor (mont)** → **Thabor.**

**Tábor** v. de la Rép. tchèque, au S. de Prague ; 32 000 hab. – Fondée au XV^e s. par les hussites radicaux, dits *taborites,* de Jan Žižka.

**Tabori George** (Budapest, 1914 – Berlin, 2007), auteur dramatique et metteur en scène britannique, critique amer du monde actuel.

**tabou, e** *nm, a* **A** *nm* **1** ETHNOL Interdit d'ordre religieux ou rituel qui frappe une personne, un animal ou une chose, considérés soit comme sacrés soit comme impurs. **2** Ce dont on n'a pas le droit de parler sans encourir la réprobation sociale. **B** *a* **1** ETHNOL Qui est marqué d'un tabou. **2** Dont on ne doit pas parler ; qu'on n'a pas le droit de critiquer. *Un sujet tabou.* ETY Du polynésien.

**Tabou** film muet de Murnau et Flaherty (1931), tourné dans l'île Bora Bora.

**tabouiser** *vt* ① didac Rendre tabou, déclarer tabou. DER **tabouisation** *nf*

**taboulé** *nm* Plat d'origine libanaise, à base de blé concassé, de feuilles de menthe, de persil, de tomates hachées, assaisonné d'huile d'olive et de jus de citron. ETY Mot ar.

**tabouret** *nm* Petit siège à pieds sans bras ni dossier. ETY De l'a. fr. *tabour,* « tambour ».

**Tabourot Jehan** (Dijon, v. 1520 – Langres, v. 1595), auteur bourguignon d'une notation chorégraphique (*Orchésographie,* 1588).

**Tabqa (al-)** barrage de Syrie, sur l'Euphrate.

**Tabrīz** v. d'Iran ; 1,4 million d'hab. (aggl.) ; ch.-l. de la prov. d'Azerbaïdjan oriental. Industries. – Cap. de la Perse (*Tauris*) sous les Séfévides.

**Tabucchi Antonio** (Pise, 1943 – Lisbonne, 2012), écrivain italien : *Nocturne indien* (1987), *Pereira prétend* (1995), *Le temps vieillit vite* (2009).

**tabulaire** *a* didac **1** En forme de table ; plat. *Relief tabulaire.* **2** Qui est disposé en tables, en tableaux. *Logarithmes tabulaires.*

**tabulateur** *nm* Dispositif équipant une machine à écrire, un traitement de texte et qui permet d'aligner des caractères sur une même colonne.

**tabulation** *nf* Utilisation d'un tabulateur.

**tabun** *nm* Gaz toxique phosphoré utilisable comme arme chimique. PHO [tabœ̃] ETY De l'all.

**1 tac** *nm* **1** Bruit sec. *Produire plusieurs tacs successifs.* **2** En escrime, bruit du fer qui heurte le fer. LOC *Répondre du tac au tac :* rendre aussitôt la pareille. ETY Onomat.

**2 tac** *nm* fam Taxi.

**tacaud** *nm* Petit poisson comestible (gadidé), commun dans l'Atlantique. ETY Du breton.

**tacca** *nm* Plante monocotylédone herbacée tropicale, utilisée comme ornement et dont une espèce tahitienne fournit un arrow-root. ETY Malais *takah,* « dentelé ».

**tacet** *nm* MUS Silence à observer, durant un passage généralement long, par l'un des exécutants, et qui est noté *tacet* sur sa partition. ETY Mot lat., « il se tait ».

**tache** *nf* **1** Salissure, marque qui salit. *Tache d'encre, d'huile sur un vêtement.* **2** fig Ce qui souille l'honneur, la réputation de qqn. *Une réputation sans tache.* **3** fam Imbécile, incapable, bon à rien (terme d'injure). **4** Marque sur la peau, le poil ou le plumage d'un être vivant, sur certaines parties des végétaux. *Tache de rousseur. Chien blanc à taches noires.* **5** Marque quelconque de couleur ou de lumière. LOC *Faire tache :* faire un contraste choquant dans un ensemble. — *Faire tache d'huile :* s'étendre, se répandre. — ANAT *Tache jaune :* point le plus sensible de la rétine qui ne comporte que des cônes. — ASTRO *Tache solaire :* région sombre de la photosphère, de température plus basse. ETY Du gothique.

**tâche** *nf* **1** Ouvrage qui doit être exécuté dans un temps donné. *Donner une tâche à un artisan. Travail payé à la tâche.* **2** Obligation à remplir, par devoir ou par nécessité. ETY Du lat. *taxare,* « toucher ».

**tachelhit** *nm* Syn. de *chleuh.*

**tachéo-, tachy-** Éléments, du gr. *takheos,* « vite ». PHO [takeo], [taki]

**tachéographe** *nm* TECH Appareil servant à faire les cartes et les plans.

**tachéomètre** *nm* TECH Appareil de topographie servant à effectuer le levé des terrains en altimétrie et en planimétrie.

**tachéométrie** *nf* TECH Méthode de levé des terrains au moyen d'un tachéomètre.

**tacher** *vt* ① **1** Faire une tache sur qqch. *Tacher sa robe.* **2** fig, litt Ternir, porter atteinte à. *Une faute qui tache sa réputation.*

**tâcher** *vt* ① Faire des efforts pour. *Tâcher de donner satisfaction. Tâchez qu'il réussisse.*

**tâcheron** *nm* **1** Ouvrier agricole qui travaille à la tâche. **2** péjor Personne qui exécute sur commande des tâches ingrates, sans intérêt.

**tacheter** *vt* ⑱ ou ⑳ Marquer de multiples petites taches.

**tacheture** *nf* Ensemble des marques de ce qui est tacheté.

**tachine** *nf* ZOOL Grosse mouche de couleur sombre, vivant sur les fleurs et dont les larves sont des parasites internes d'autres insectes.

(PHO) [takin] (ETY) Du gr. *takinos*, « rapide ». (VAR) **tachina** *nm*

**tachisme** *nm* PEINT Mouvement pictural non figuratif des années 1950, caractérisé par la juxtaposition ou la projection spontanées et aléatoires de taches de couleur. (DER) **tachiste** *a, n*

**tachistoscope** *nm* TECH Appareil servant à mesurer la rapidité de la perception visuelle au moyen d'images lumineuses projetées devant le sujet.

**Tachkent** cap. de l'Ouzbékistan ; 2,2 millions d'hab. (aggl.). Grand centre universitaire, commercial et industriel, à proximité de barrages sur le Syr-Daria. (DER) **tachkentois, oise** *a, n*

**tachyarythmie** *nf* MED Rythme cardiaque rapide et irrégulier. (DER) **tachyarythmique** *a*

**tachycardie** *nf* MED Accélération permanente ou paroxystique du rythme cardiaque. ANT bradycardie. (DER) **tachycardique** *a*

**tachygenèse** *nf* BIOL Développement embryonnaire accéléré de certains invertébrés. *Tachygenèse de l'escargot.*

**tachygraphe** *nm* TECH Appareil qui mesure et enregistre une vitesse. (DER) **tachygraphique** *a*

**tachymètre** *nm* TECH Appareil servant à mesurer la vitesse de rotation d'une machine, d'un moteur. (DER) **tachymétrique** *a*

**tachyon** *nm* PHYS NUCL Particule hypothétique dont la vitesse serait supérieure à celle de la lumière.

**tachyphémie** *nf* MED Accélération paroxystique du débit de la parole.

**tacite** *a* Qui n'est pas formellement exprimé ; sous-entendu. *Consentement tacite.* (ETY) Du lat. *tacere*, « se taire ». (DER) **tacitement** *av*

**Tacite** (en lat. *Publius Cornelius Tacitus*) (v. 55 – v. 120 apr. J.-C.), historien latin. Préteur (88), consul (97), proconsul d'Asie (v. 110-113), il écrivit tard : *Dialogue des orateurs*, (v. 81), *Vie d'Agricola* (éloge de son beau-père, 98), *la Germanie* (sur la culture germanique, v. 98). Les, *Histoires* (v. 106), dont il ne reste que quatre livres, vont de la mort de Néron (68) à celle de Domitien (96). Les *Annales* (v. 115-117) vont de la mort d'Auguste (14) à celle de Néron ; il ne reste que dix des seize livres.Tacite dépeint avec pessimisme et concision les mœurs de la cour impériale.

**Tacite** (en lat. *Marcus Claudius Tacitus*) (Amiternum, v. 200 – Tarse ou Tyane, en Turquie, 276), empereur romain (275-276), assassiné par ses soldats.

**taciturne** *a* Qui est de nature ou d'humeur à parler peu. *Un homme taciturne. Un caractère taciturne.* (DER) **taciturnité** *nf*

**tacle** *nm* **1** SPORT Au football, action de contrer l'adversaire en glissant un ou les deux pieds en avant. **2** fig, fam Attaque verbale venimeuse, peu loyale. (ETY) De l'angl. (DER) **tacler** *vt* ①

**Tacna** v. du S. du Pérou, dans une oasis ; 125 850 hab. ; ch.-l. du dép. du m. nom. Centre minier. – V. chilienne de 1883 à 1929.

**taco** *nm* Galette mexicaine croquante, faite avec du maïs, que l'on fourre avec de la viande, des légumes, etc. (ETY) Du nahuatl.

**Tacoma** v. et port des É.-U. (Washington), sur un bras du Puget Sound ; 198 397 hab.

**tacon** *nm* Jeune saumon avant sa descente en mer.

**tacot** *nm* fam Vieille voiture en mauvais état.

**tacrine** *nf* PHARM Médicament utilisé dans le traitement de la maladie d'Alzheimer. SYN THA. (ETY) Acronyme de *tétra-hydro-amino-acrine*.

**tact** *nm* **1** PHYSIOL Sens du toucher qui correspond à la perception des stimuli mécaniques sur la peau. **2** Discernement, délicatesse dans les jugements, les rapports avec autrui. *Manquer de tact.* (PHO) [takt] (ETY) Du lat.

**tacticien, enne** *n* **1** Personne qui manœuvre habilement. *Tacticien parlementaire.* **2** MILIT Expert en tactique.

**tactile** *a* **1** PHYSIOL Du toucher, propre au toucher, au tact. *Sensibilité tactile.* **2** Qui réagit au toucher. *Écran tactile.*

**tactique** *nf, a* **A** *nf* **1** MILIT Art de conduire une opération militaire limitée dans le cadre d'une stratégie. **2** Ensemble des moyens que l'on emploie pour atteindre un objectif. *Changer de tactique.* **B** *a* Relatif à la tactique. *Repli tactique.* (ETY) Du gr. (DER) **tactiquement** *av*

**tactisme** *nm* BIOL Réaction de déplacement (attirance ou répulsion) d'un animal provoquée par un facteur externe.

ENC Chez les animaux, les tactismes sont placés sous le contrôle hormonal et nerveux (pour leur inhibition). Leurs agents, comme pour les végétaux, sont de nature chimique (chimiotactisme, intense chez les insectes) ou physique : phototactisme, thermotactisme (surtout intense chez les animaux à température variable).

**Tademaït (le)** plateau calcaire du Sahara algérien, au N. d'In-Salah.

**tadjik** *nm* Dialecte persan parlé au Tadjikistan et en Afghānistān, et qui s'écrit en alphabet cyrillique. (PHO) [tadʒik]

**Tadjikistan** (*Respublika i Tojikiston*), État d'Asie centrale, situé entre le Kirghizstan, l'Ouzbékistan, l'Afghānistān et le N.-O. de la Chine ; 143 000 km$^2$ ; 8,1 millions d'hab. ; cap. *Douchanbe.* Langue : tadjik. Monnaie : somoni. Pop. : Tadjiks (64,9 %), Ouzbeks (25 %), Russes (3,3 %). Relig. : islam sunnite. (DER) **tadjik, ike** *a, n*

**Géographie** Occupé en partie par le Pamir (culminant à 7 495 m), le territoire excède souvent 2 000 m d'alt. La pop. a un taux d'accroissement de 2,4 %. L'essor écon. récent repose sur l'irrigation des régions basses : coton (haute qualité), riz, fruits, céréales, etc. ; élevage ovin dans les montagnes. En 2000, la sècheresse a créé la famine, notam. au N. et au S. L'industrie (agric., aluminium) bénéficie de l'hydroélectricité, mais le pays demeure très pauvre : la moitié de la pop. vit au-dessous du seuil de pauvreté.

**Histoire** La région forma une rép. autonome au sein de l'Ouzbékistan en 1924, puis une rép. sov. féd. en 1929. Les pop. musulmanes ont développé des revendications liées à la montée de l'islamisme ; des Tadjiks ont aidé la résistance afghane. En fév. 1990, de graves émeutes ont réclamé l'indép., effective en 1991, et le pays a adhéré à la CEI. Rakhmon Nabiev, dirigeant du parti communiste de 1982 à 1985, fut élu président. L'opposition islamique et démocrate a obtenu en août 1992 la fuite de Nabiev, puis les communistes ont repris Douchanbe (déc.). La guerre civile a embrasé le pays. La Russie soutient les communistes au pouvoir, car elle redoute davantage les islamistes. En 1994, Emomali Rakhmonov, communiste, a été élu président. En 1997, sous la pression de la Russie, il a signé un accord de paix fragile avec les islamistes (dirigés par Abdullo Nouri). Il a été réélu en 1999, en 2006 et en 2013. ▶ carte **Asie centrale**

**Tadjiks** population vivant princ. au Tadjikistan, mais aussi dans les État voisins : N. de l'Afghānistān, N. de l'Iran, etc. ; env. 8 millions de personnes. Ils parlent un dialecte persan, le tadjik. Relig. : islam sunnite. (DER) **tadjik, ike** *a*

**Tādj Mahall** mausolée élevé aux portes d'Āgra, de 1630 à 1652, par l'empereur moghol Chāh Jahān, en mémoire de son épouse Mumtāz-i-Mahall. (VAR) **Tāj Mahal** ▶ illustr. **Āgra**

**Tadjoura (golfe de)** golfe de la mer Rouge portant Djibouti au S. et *Tadjoura* au N.

**Tadla (le)** plaine irriguée de l'O. du Maroc.

**tadorne** *nm* Oiseau anatidé migrateur, proche des canards.

**tadorne** de Belon

**Taegu** v. de la Corée du Sud, au N.-O. de Pusan ; 2 500 000 hab. ; ch.-l. de prov. Grand centre commercial. Industries.

**Taejon** v. de la Corée du Sud, au S.-E. de Séoul ; 1 500 000 hab. ; ch.-l. de prov. Industries.

**taekwondo** *nm* Art martial et sport de combat d'origine coréenne. (PHO) [taekwɔ̃do] (ETY) Mot coréen. (DER) **taekwondiste** *n*

**tael** *nm* HIST Ancienne monnaie chinoise.

**tænia, tæniasis** → **ténia, téniasis.**

**taf** *nm* très fam Travail. *Aller au taf tous les matins.*

**taffe** *nf* fam Bouffée de cigarette.

**taffetas** *nm* Étoffe de soie mince tissée comme la toile. (PHO) [tafta] (ETY) De l'ital.

**tafia** *nm* vieilli Eau-de-vie fabriquée avec les mélasses de canne à sucre. *La plupart des rhums du commerce sont des tafias.* (ETY) Mot créole, de *ratafia*.

**Tafilalet** région du Sahara marocain, au S. du Haut Atlas ; nombr. oasis (princ. : *Erfoud*). – La région eut, au Moyen Âge, une grande activité comm. (VAR) **Tafilelt**

**Tafna (la)** fl. côtier de l'Algérie occidentale. – *Traité de Tafna* (1837), entre Bugeaud et Abd el-Kader : la France reconnaissait l'autorité de l'émir sur les deux tiers de l'Algérie.

**Taft William Howard** (Cincinnati, 1857 – Washington, 1930), homme politique américain. Secrétaire à la Guerre (1904), il réprima la révolte cubaine de 1906. Président (1909-1913), il fut battu par Wilson en 1912.

**tag** *nm* Graffiti peint ou dessiné qui figure un nom, une signature, un paraphe. (ETY) Mot angl.

**tagage** → **taguer.**

**tagalog** *nm* LING Langue officielle des Philippines, appartenant au groupe indonésien. (VAR) **tagal**

**Tagalogs** populations, d'origine malaise, qui constituent env. un tiers de la pop. des Philippines. Ils parlent le tagalog. (VAR) **Tagals** (DER) **tagalog** ou **tagal** *a*

**Taganrog** ville et port de Russie, sur la mer d'Azov ; 289 000 hab. Industries.

**Tagaste** → **Souk-Ahras.**

**Tage (le)** (en esp. *Tajo*, en portug. *Tejo*), princ. fl. de la péninsule Ibérique (1 006 km) ; naît dans l'O. de l'Espagne (prov. de Teruel) ; arrose Tolède et Alcántara, puis passe au Portugal, où il se jette dans la baie de Lisbonne.

**tagète** *nm* Plante ornementale (composée), dont la rose d'Inde et l'œillet d'Inde sont des espèces. (VAR) **tagette**

**tagine** → **tajine.**

**Tagliamento (le)** fl. d'Italie du N. (170 km) ; né dans les Alpes orientales, il se jette dans l'Adriatique.

**tagliatelle** *nf* Pâte alimentaire en forme de lamelle longue et mince. PHO [taljatel] ETY Mot ital.

**Taglioni Filippo** (Milan, 1777 – Côme, 1871), chorégraphe italien. On lui doit le prem. ballet romantique, *la Sylphide* (1832), interprété par sa fille **Marie** (Stockholm, 1804 – Marseille, 1884).

**Tagore Rabindranāth** (Calcutta, 1861 – Santiniketan, Bengale, 1941), écrivain indien (d'expression bengali et anglaise), également peintre et musicien. Romancier (*Gōra,* 1910), poète mystique et patriotique (*Gitānjali,* 1910), dramaturge (*Amal et la lettre du roi,* 1913), il prôna la tolérance. P. Nobel 1913.

**Rabindranāth Tagore**

**taguer** *vt, vi* ① Dessiner des tags, graffiter. DER **tagage** *nm* – **tagueur, euse** *n*

**tahina** *nf* CUIS Graines de sésame écrasées, à la base de nombreuses specialités orientales (houmous, halwa).

**Tahiti** la plus import. des îles de la Société ; 1 042 km$^2$ ; 116 000 hab. ; v. princ. *Papeete* (ch.-l. de la Polynésie française). Aéroport. DER **tahitien, enne** *a, n*

**Géographie** Formée par deux volcans éteints accolés (2 241 mètres au mont Orohena), que l'érosion a ravinés, l'île est ceinte d'un récif de corail. Le climat est tropical. La pop., concentrée sur l'étroite plaine côtière, se livre aux cultures vivrières (insuffisantes) et à la pêche. Le tourisme est en essor, mais toute l'économie de l'île et de la Polynésie française a dépendu de la présence du Centre d'expérimentation du Pacifique (1964-1997). Auj., l'aide de la France est plus nécessaire que jamais.

**Histoire** Découverte au XVIII$^e$ s., l'île attira les missionnaires protestants anglais, puis catholiques français, et devint l'enjeu d'une rivalité franco-britannique. En 1842, la France établit son protectorat sur l'île, puis l'annexa (1880).

**taïaut !** *interj* VEN Cri du chasseur pour lancer sa meute sur la bête. PHO [tajo] ETY Onomat. VAR **tayaut !**

**Taibei** → **Taipei.**

**taïchi** *nm* Gymnastique chinoise, pratique liée au taoïsme, dont le but est l'équilibre intérieur et la libération de l'énergie. PHO [tajʃi] VAR **taï chi chuan**

**taie** *nf* **1** Enveloppe de tissu dont on recouvre un oreiller ou un traversin. **2** MED Opacité cicatricielle de la cornée. ETY Du gr. *thêkê,* « étui ».

**Taïf** v. d'Arabie Saoudite, dans le Hedjaz ; 204 860 hab. Stat. estivale.

**Taifas (royaume des)** petits États musulmans d'Espagne (de l'ar., *taifa* « clan ») nés au XII$^e$ s. de la décomposition de l'émirat de Cordoue.

**taïga** *nf* Forêt de conifères du nord du Canada et de l'Eurasie. ETY Mot russe.

**taiji** *nm* Symbole cosmogonique confucianiste, représentant le principe fondamental de l'univers par l'union du yin et yang.

**taïkonaute** *n* Spationaute chinois.

**Tailhade Laurent** (Tarbes, 1854 – Combs-la-Ville, 1919), écrivain français anarchiste : *Au pays du mufle* (1891), *Imbéciles et Gredins* (contre les antidreyfusards, 1900), *Poèmes élégiaques* (1907).

**taillable** *a* HIST Soumis à l'impôt de la taille. LOC ***Taillable et corvéable à merci :*** bon pour toutes les corvées.

**taillade** *nf* **1** Coupure, entaille dans les chairs. **2** Fente en long dans un vêtement. *Pourpoint à taillades.* ETY De l'ital.

**taillader** *vt* ① Faire des entailles.

**taillage** *nm* TECH Usinage de certaines pièces. *Taillage d'engrenages.*

**taillanderie** *nf* Fabrication et commerce des outils à tailler tels que haches, marteaux, etc. DER **taillandier, ère** *n*

**taille** *nf* **1** Action de couper, de tailler ; manière dont qqch est taillé. *Taille d'une pierre.* **2** ARBOR Coupe de branches d'arbres effectuée pour leur donner une certaine forme, pour améliorer la production des fruits, pour favoriser leur croissance, etc. *Taille des arbres fruitiers, de la vigne.* **3** BOT Bois qui commence à repousser après avoir été coupé. *Une taille de deux ans.* **4** Bx-A Incision faite au burin sur une planche de cuivre, de bois. *Laisser peu d'encre au fond des tailles.* **5** Tranchant d'une épée. **6** Impôt qui était dû, sous l'Ancien Régime, par les seuls roturiers. **7** Dimensions, hauteur du corps de l'homme ou des animaux ; stature. *Personne de grande taille.* **8** Dimensions d'un objet ; format. *Des grêlons de la taille d'un œuf de pigeon.* **9** Dimensions normalisées d'un vêtement, correspondant à un type de stature. *Tailles 40, 42.* **10** Partie du corps humain située à la jonction de l'abdomen et du thorax ; partie du vêtement qui marque cette partie du corps. *Taille fine, épaisse. Tour de taille.* LOC fam ***De taille :*** de grande dimension, important. — ***Être de taille à :*** être capable de. — ARCHI, CONSTR ***Pierre de taille :*** pierre taillée pour être employée dans une construction. — CHIR ***Taille vésicale :*** intervention destinée à extraire les calculs de la vessie.

**taillé, ée** *a* **1** Coupé d'une certaine façon. *Haies taillées.* **2** Qui a une certaine taille, une certaine stature. *Être taillé en hercule.* LOC ***Taillé pour :*** fait pour ; capable de.

**taille-bordure** *nm* Syn. de *coupe-bordure.* PLUR taille-bordures.

**Taillebourg** com. de la Charente-Maritime. – Victoire de Saint Louis sur les Anglais (1242). DER **taillebourgeois, oise** *a, n*

**taille-crayon** *nm* Petit instrument à lame(s), servant à tailler les crayons. PLUR taille-crayons.

**taille-douce** *nf* Bx-A Gravure faite au burin sur une plaque généralement en cuivre, par opp. à *eau-forte.* PLUR tailles-douces.

**Tailleferre Germaine** (Parc-Saint-Maur, 1892 – Paris, 1983), compositrice française ; membre du groupe des Six : *les Mariés de la tour Eiffel* (pièce de Cocteau, 1921), musique de chambre.

**taille-haie** *nm* Appareil électrique portatif utilisé pour régulariser les haies. PLUR taille-haies.

**tailler** *v* ① **A** *vt* **1** Couper, retrancher les parties superflues d'une chose pour lui donner une certaine forme, pour la rendre propre à un usage. *Tailler une pierre, un diamant.* **2** Prélever à l'aide d'un instrument tranchant une partie d'un tout selon la forme, les dimensions voulues. *Le boucher taillait d'épaisses tranches dans le filet.* **B** *vi* Faire une entaille. *Tailler dans le vif.* **C** *vpr* **1** Prendre, obtenir pour soi. *Il s'est taillé un vif succès. Se tailler la part du lion.* **2** fam Partir rapidement, s'enfuir. LOC ***Tailler en pièces :*** anéantir. — fam ***Tailler un costume (un costard) à qqn :*** dire du mal de lui en son absence. — ***Tailler un vêtement :*** couper dans l'étoffe les morceaux qui le formeront. ETY Du lat. *talea,* « bouture ».

**taillerie** *nf* TECH **1** Art de tailler les cristaux et les pierres précieuses. **2** Atelier où on les taille.

**tailleur** *nm* **1** Ouvrier, artisan qui taille un objet, un matériau. *Tailleur de pierre.* **2** Ouvrier, artisan qui confectionne des costumes masculins sur mesure. **3** Costume féminin, composé d'une jupe et d'une veste assortie. LOC ***Assis en tailleur :*** les jambes repliées et croisées à plat, avec les genoux écartés.

**tailleur-pantalon** *nm* Costume féminin composé d'un pantalon et d'une veste assortie. PLUR tailleurs-pantalons.

**tailleuse** *nf* TECH Machine servant à tailler des engrenages.

**Taillevant Guillaume Tirel,** dit (m. v. 1395), cuisinier français ; auteur d'un traité de gastronomie, *le Viandier.* VAR **Taillevent**

**taillis** *nm* Dans un bois, une forêt, etc., ensemble de très jeunes arbres provenant des drageons ou des rejets des souches d'arbres abattus quelques années auparavant.

**tailloir** *nm* ARCHI Partie supérieure du chapiteau d'une colonne.

**taillole** *nf* rég Dans le Midi, large bande de tissu qui servait de ceinture. ETY Du provenç.

**Taïmyr (presqu'île de)** presqu'île de la Sibérie centrale, baignée par les mers de Kara, à l'O., et de Laptev, à l'E. ; env. 500 000 km$^2$.

**tain** *nm* TECH Amalgame d'étain dont on revêt l'envers d'une glace pour qu'elle réfléchisse la lumière. ETY Altér. de *étain.*

**Tainan** ville et port du S.-O. de Taiwan ; 474 840 hab. Industries.

**Taine Hippolyte** (Vouziers, 1828 – Paris, 1893), critique et historien français. Selon Taine, l'œuvre littéraire ou artistique est conditionnée par la « race », le milieu (géographique, social) et le moment (historique) : *Histoire de la littérature anglaise* (1864-1872) ; *De l'intelligence* (1870) ; *Origines de la France contemporaine* (1875-1893) ; *Philosophie de l'art* (1882). Acad. fr. DER **tainien, enne** *a*

**Tain-l'Hermitage** ch.-l. de canton de la Drôme (arr. de Valence), sur le Rhône ; 5 740 hab. Vignobles. DER **tainois, oise** *a, n*

**Taïnos** Arawaks qui vivaient dans les Grandes Antilles quand les Espagnols y débarquèrent ; leur art était original. Ils furent exterminés au XVI$^e$ s. DER **taïno** *a*

**Taipei** cap. de Taiwan, dans le N. de l'île ; 2,6 millions d'hab. (aggl.). Centre commercial et industriel. Très riche musée d'art chinois. VAR **Taibei**

**Taipings (révolte des)** révolte populaire chinoise (1851-1864) contre la dynastie mandchoue, à caractère religieux (fondation de la secte des « Adorateurs de Dieu », mêlant des notions bibliques aux traditions chinoises). Elle prit Nankin en 1853. À partir de 1862, l'armée régulière chinoise et des aventuriers européens la combattirent.

**Taira** famille japonaise qui, au XII$^e$ s., supplanta les Fujiwara puis fut vaincue militairement par les Minamoto en 1185.

**taire** *v* ⑲ **A** *vt* **1** Ne pas dire. *Taire un secret.* **2** fig Ne pas manifester, ne pas exprimer. *Taire sa douleur.* **B** *vpr* **1** Garder le silence, s'abstenir de parler. *Taisez-vous, votre bavardage me fatigue.* **2** Cesser de se faire entendre. *Les canons se sont tus.* LOC ***Faire taire :*** imposer le silence à ; fig empêcher de s'exprimer, de se manifester. *Faire taire le mécontentement.* ETY Du lat.

**Taïrov Aleksandr Kornblit,** dit **Aleksandr** (Romny, 1885 – Moscou, 1950), acteur et metteur en scène de théâtre soviétique, adepte du « théâtre de chambre ».

**taisant, ante** *a* DR Se dit d'un avocat qui refuse de plaider, d'un prévenu qui refuse de répondre.

**taiseux, euse** *a, n* fam Taciturne.

**Taishan** montagne de Chine (1 500 m), dans le Shandong, considérée comme un pic sacré ; nombreux temples.

**Taishō tennō Yoshihito,** dit après sa mort (Tōkyō, 1879 – Hayama, 1926), empereur du Japon (1912-1926) ; père de Hirohito.

**Taiwan** île située à 150 km au S.-E. de la Chine, constituant depuis 1949, avec les îles des Pescadores et les îlots Quemoy et Mazu, l'État de Chine nationaliste, dénommé off. *République de Chine* ; 35 961 km$^2$ ; 23,5 millions d'hab. ; accroissement naturel : 0,2 % ; cap. *Taipei*. Nature de l'État : rép. parlementaire. Langue off. : chinois. Monnaie : dollar de Taiwan. Relig. : bouddhisme, taoïsme et confucianisme. VAR **Formose** DER **taiwanais, aise** *a, n*
**Géographie** De hautes chaînes, culminant à 3 997 m, occupent l'E. de l'île, qu'affecte une forte sismicité. Elles s'abaissent vers l'O. où une large plaine alluviale côtière concentre les hab. et les grandes villes. Le climat tropical, tempéré en altitude, est rythmé par la mousson : pluies d'avril à octobre, plus fortes à l'E. qu'à l'O. La pop., urbanisée à plus de 70 %, a doublé de 1950 à 1990.
**Économie** Sans ressources énergétiques et minières, Taiwan est un nouveau pays industriel (NPI). Elle a d'abord développé, avec des capitaux japonais et américains, une industrie d'exportation (textiles, jouets, etc.), puis une industrie lourde (sidérurgie, chantiers navals, pétrochimie) et, dans la décennie 1980, la haute technologie. L'agric. (riz, canne à sucre) et la pêche, très productives, sont insuffisantes. Place financière mondiale, Taiwan a surmonté la tempête boursière et financière qui a secoué l'Asie du S.-E. en 1997-1998 et maintient un important excédent commercial dû aux exportations de hautes technologies vers les États-Unis, le Japon et la Chine.
**Histoire** L'île était peuplée par des Malais quand, en 1590, les Portugais la visitèrent et la nommèrent *Formosa* (« la Belle »). Vinrent ensuite les Hollandais (1624-1662). Intégrée à l'empire de Chine (1683), elle se peupla massivement de Chinois. Cédée au Japon après la guerre sino-japonaise (1894-1895), Taiwan revint à la Chine en 1945. En 1949, Tchang Kaï-chek (Jiang Jieshi) vaincu se replia sur l'île, où affluèrent 1,8 million de réfugiés. Il gouverna de façon autoritaire, en s'appuyant sur un parti unique, le Guomindang. Grâce aux É.-U., la Rép. de Chine nationaliste fut le seul représentant de la Chine à l'ONU, dont elle sera évincée en 1971. En 1975 Tchang King-kouo (Jiang Jingguo) succéda à son père, décédé. Lee Teng-hui, qui lui a succédé (à sa mort, en 1988), a assoupli le régime, mais l'opposition démocratique n'a cessé de s'accroître. En 1996, Lee Teng-hui a été réélu (au suffrage universel, non plus par l'Assemblée). Alors que le retour de Hong Kong (1997) et de Macao (1999) à la Chine isole Taiwan, un opposant démocrate connu pour son hostilité à la Chine, Chen Shui-bian, a été élu président en mars 2000. Les législatives de 2001 voient la déroute du Guomindang, favorable à la Chine, au profit du parti indépendantiste du prés. Chen Shui-bian qui est réélu en 2004, malgré la pression de la Chine. Mais en 2004, le Guomindang remporte les législatives. Son leader, Ma Ying-jeou, a été prés. de 2008 à 2016. L'indépendantiste Tsai Ing-wen est élue prés. en 2016.

**Taiyuan** v. de Chine, capitale du Shanxi ; 3,5 millions d'hab. (aggl.). Centre industriel.

**Taizé** com. de Saône-et-Loire (arr. de Mâcon) ; 161 hab. – Communauté protestante installée en 1945, à l'esprit œcuménique. DER **taizéen, enne** *a, n*

**Taizhong** v. de Taiwan, sur la côte N.-O. ; 1 225 000 hab. Industries.

**Taizz** v. du Yémen, au N.-O. d'Aden, dans l'intérieur ; 615 500 hab. VAR **Ta'izz**

**Tāj Mahal** → **Tādj Mahall.**

**Tajín (El)** v. précolombienne du Mexique (État de Veracruz). Nombr. édifices religieux des VII$^e$-X$^e$ s. (pyramide, etc.).

**tajine** *nm* CUIS Mets marocain, ragoût, cuit à l'étouffée dans un récipient en terre à couvercle conique ; ce récipient. ETY Mot ar. VAR **tagine**

**taka** *nm* Unité monétaire du Bangladesh.

**Takamatsu** v. et port du Japon (Shikoku) ; 419 200 hab. ; ch.-l. de ken. Industries.

**Takemitsu Toru** (Tōkyō, 1930 – id., 1996), compositeur japonais ; influencé notam. par Messiaen : *November Steps II* (1967).

**take-off** *nm* ECON Démarrage, essor d'une société. SYN décollage. PHO [tɛkɔf] ETY Mot angl.

**takht** *nm* Dans la musique arabe, orchestre traditionnel. ETY Mot ar.

**Takis Panayiotis Vassilakis,** dit (Athènes, 1925), artiste grec. Ses « sculptures » se réfèrent à la lumière et au son.

**taki-taki** *nm inv* Pidgin à base d'anglais, de la Guyane et du Surinam. ETY De l'angl. *to talk*, « parler ». VAR **takitaki**

**Taklimakan (désert de)** désert sableux de Chine (Xinjiang), riche en hydrocarbures ; 300 000 km$^2$. VAR **Takla-makan**

**Takoradi** → **Sekondi Takoradi.**

**Talaat Mehmet** (rég. d'Édirne, 1872 – Berlin, 1921), homme politique turc. Grand vizir (1917-1918), il s'exila en Allemagne, où il fut assassiné par un Arménien. VAR **Talât pacha**

**Talant** com. de la Côte-d'Or (arr. de Dijon) ; 11 400 hab – Égl. XII$^e$-XIII$^e$ s. DER **talantais, aise** *a, n*

**Talara** v. et port de comm. du Pérou ; 75 000 hab.

**talatat** *nm* ARCHEOL Bloc de pierre de démolition, souvent sculpté, ayant servi de remplissage dans certains monuments pharaoniques.

**Talavera de la Reina** v. d'Espagne (Castille-la Manche), sur le Tage ; 85 150 hab. – Centre anc. de la céramique.

**Talbot William Henry Fox** (Lacock, Angleterre, 1800 – id., 1877), physicien anglais. En photographie, il inventa le négatif et le tirage sur papier. Album : *The Pencil of Nature* (1844).

**talc** *nm* Silicate hydraté naturel de magnésium ; poudre de ce minéral, utilisée notam. pour les soins de la peau. ETY De l'ar. DER **talqueux, euse** *a*

**Talca** v. du Chili central ; 253 700 hab. ; ch.-l. de prov.

**Talcahuano** v. et port de comm. et de pêche du Chili central ; 231 360 hab. Conserveries, Chantiers navals. Université.

**Tal-Coat Pierre Jacob,** dit **Pierre** (Clohars-Carnoët, Finistère, 1905 – Dormont, Eure, 1985), peintre français ; expressionniste abstrait influencé par l'art de l'Extrême-Orient.

**taled** *nm* RELIG Châle dont les juifs se couvrent les épaules pour prier à la synagogue. PHO [talɛd] ETY De l'hébreu *tatal*, « couvrir ». VAR **taleth, tallit**

**Talence** ch.-l. de cant. de la Gironde (arr. de Bordeaux) ; 42 900 hab. – Université. DER **talençais, aise** *a, n*

**talent** *nm* **1** ANTIQ GR Poids (26 kg env.) et monnaie de compte. *Talent d'or, d'argent.* **2** Disposition, aptitude naturelle ou acquise. *Des talents de comédien. Avoir du talent.* SYN don, capacité. **3** Personne qui a du talent. *Cet éditeur cherche de jeunes talents.* ETY Du gr. *talanton*, « plateau de balance ». DER **talentueux, euse** *a*

**taler** *vt* ① Meurtrir, presser, fouler un fruit. *Les fruits se talent en tombant.* ETY Du germ.

**taliban** *nm* En Afghānistān, étudiant en religion, membre d'un mouvement islamiste fondamentaliste qui a fait régner, de 1997 à 2001, une dictature obscurantiste. ETY De l'ar. DER **taliban, ane** *a*

**talibé** *nm* En Afrique noire, disciple d'un marabout, élève d'une école coranique. ETY De l'ar.

**talion** *nm* DR anc Châtiment, infligé à un coupable, correspondant au tort qu'il a commis (cf. « œil pour œil, dent pour dent »). LOC *Appliquer la loi du talion* : se venger avec une rigueur égale à celle dont on a été victime. ETY Du lat. *talis*, « tel ».

**talipot** *nm* Grand palmier du sud de l'Inde, dont les feuilles furent utilisées pour l'écriture. ETY De l'hindi.

**talisman** *nm* **1** Objet sur lequel sont gravés des signes consacrés, auquel on attribue des vertus magiques. SYN amulette, porte-bonheur. **2** fig, litt Atout, pouvoir infaillible. ETY Du gr. *telesma*, « rite », par l'ar. DER **talismanique** *a*

**talitre** *nm* Petit crustacé amphipode dont une espèce, dite *puce de mer*, vit sous les algues échouées. ETY Du lat.

**talkie-walkie** *nm* Poste radioélectrique émetteur et récepteur portatif, de faible encombrement et de faible portée. PLUR talkies-walkies. PHO [tokiwoki] ETY De l'anglais. VAR **walkie-talkie**

**talk-show** *nm* Débat télévisé entre un animateur et un ou plusieurs invités. PLUR talk-shows. PHO [tokʃo] ETY Mot angl. VAR **talkshow**

**tallage** → **taller.**

**Tallahassee** v. des É.-U., cap. de la Floride ; 124 770 hab. Industries.

**talle** *nf* **1** AGRIC Tige adventive qui se développe au pied d'une tige principale. **2** Canada Groupe dense de plantes, d'arbres ou d'arbustes de la même espèce. ETY Du gr.

**Tallemant des Réaux** Gédéon (La Rochelle, 1619 – Paris, 1690), écrivain français. Ses *Historiettes* (écrites à partir de 1657, publiées en 1834-1835) peignent la noblesse de façon savoureuse.

**taller** *vi* ① AGRIC Émettre des talles. *Le blé talle.* DER **tallage** *nm*

**Talleyrand-Périgord** Charles Maurice de (Paris, 1754 – id., 1838), prince de Bénévent (1806), homme politique français. Évêque d'Autun (1788), député aux états généraux, chef du clergé constitutionnel (1790), il abandonna l'Église et fut diplomate à Londres (fév. 1792). Déclaré émigré (déc. 1792), il résida aux É.-U. de 1794 à 1796. Ministre des Relations extérieures (1797-1807), il servit la France avec génie, mais, hostile aux conquêtes et menant un double jeu, il fut disgracié par Napoléon. Ministre des Affaires étrangères en 1814-1815, il sauva la France au congrès de Vienne. Président du Conseil attaqué par les ultras (juil.-sept. 1815), il passa dans l'opposition libérale. En 1830, il contribua à l'instauration de la monarchie de Juillet. Il eut de nombr. liaisons ; on pense qu'Eugène Delacroix est son fils naturel.

Talleyrand-Périgord

**Tallien** Jean-Lambert (Paris, 1767 – id., 1820), homme politique français. Conventionnel montagnard, l'un des instigateurs du 9 Thermidor. — **Thérésa Cabarrus** (près de Madrid, 1773 – Chimay, 1835), épouse du préc., surnommée « Notre-Dame de Thermidor ».

**Tallinn** (anc. *Reval* ou *Revel*), cap. de l'Estonie, port sur le golfe de Finlande ; 500 000 hab. (aggl.). Centre industriel. – Ville fortifiée XIII^e s. riche d'églises et de maisons anc. Palais XVIII^e s. DER **tallinnais, aise** *a, n*

**tallit** → **taled.**

**Tallon** Roger (Paris, 1929), designer français actif dans de nombr. domaines industriels.

**Talma** François Joseph (Paris, 1763 – id., 1826), tragédien français ; interprète des tragédies classiques et des drames de Shakespeare.

**talmouse** *nf* CUIS Tartelette salée au fromage blanc.

**Talmud** (en hébreu, *« étude »*), transcription de la tradition orale juive destinée à servir de code du droit canonique et du droit civil. Le Talmud comprend 2 parties : la Mishna, étude des principes religieux, et son commentaire pratique, la Gemara. Il comporte 2 versions : l'une, produite par les académies rabbiniques de Palestine, est le Talmud de Jérusalem (déb. III^e s.) ; l'autre, mise en forme par les académies de Mésopotamie, ou Talmud de Babylone (IV^e-VI^e s.), plus complète, distingue avec netteté la Halakha (lois religieuses, civiles) et la Haggadah (tradition morale, philosophique, ésotérique, historique).

**talmudique** *a* Qui appartient, se rapporte au Talmud. *Recueil talmudique.*

**talmudiste** *nm* Érudit versé dans l'étude du Talmud.

**1 taloche** *nf* fam Gifle. ETY De *taler*. DER **talocher** *vt* ①

**2 taloche** *nf* TECH Planche munie d'un manche utilisée pour l'exécution des enduits. ETY Du gaul.

**talon** *nm* **1** Partie postérieure du pied, dont le squelette est formé par le calcanéum. **2** Point du sabot des ongulés où la paroi se replie postérieurement pour se porter en dedans. **3** Partie d'un soulier, d'un bas dans laquelle se loge le talon. **4** Pièce saillante en hauteur ajoutée en cet endroit sous la semelle. *Talons hauts, plats.* **5** Dans un registre, un carnet à souches, partie inamovible, par oppos. aux feuillets détachables. *Conserver les talons de chèques.* **6** Ce qui reste d'une chose entamée. *Un talon de saucisson, de pain.* **7** JEU Ce qui reste de cartes après la distribution aux joueurs. **8** ARCHI Moulure à double courbure, concave en bas, convexe en haut. **9** TECH Extrémité inférieure ou postérieure de divers objets. **10** MAR Extrémité postérieure de la quille d'un navire. LOC ***Être sur les talons de qqn*** : le suivre de près. — ***Montrer, tourner les talons*** : s'enfuir. — ***Talon d'Achille*** : point vulnérable. ETY Du lat.

**Talon** Omer (Paris, 1595 – id., 1652), avocat général au parlement de Paris (1613), dont il défendit les droits pendant la Fronde.

**Talon** Jean (Châlons-en-Champagne, 1625 – ?, 1694), administrateur français ; premier intendant de la Nouvelle-France (1665-1681).

**talon-aiguille** *nm* Talon de chaussure de femme, très mince et très haut. PLUR talons-aiguilles.

**talonnade** *nf* SPORT Au football, action de frapper le ballon avec le talon.

**talonnage** *nm* **1** MAR Fait de talonner, de heurter le fond. **2** SPORT Au rugby, action de talonner le ballon.

**talonnement** *nm* **1** Action de talonner un cheval. **2** fig Harcèlement.

**talonner** *v* ① **A** *vt* **1** Suivre, poursuivre qqn de très près. **2** Éperonner un cheval. **3** fig Presser sans répit, harceler. *Les créanciers le talonnent.* **4** SPORT Au rugby, sortir le ballon d'une mêlée à coups de talon. **B** *vi* MAR En parlant d'un navire, heurter le fond avec l'arrière de la quille, mais sans s'échouer.

**talonnette** *nf* **1** Petite plaque de cuir, de liège, placée sous le talon du pied, à l'intérieur d'une chaussure. **2** Renfort au talon d'une chaussette, d'un bas. **3** Ruban de tissu très résistant que l'on coud à l'intérieur des bas de pantalon pour les renforcer.

**talonneur, euse** *n* SPORT Au rugby, avant de première ligne, chargé de talonner le ballon dans la mêlée fermée.

**talonnière** *nf* MYTH Chacune des ailes que Mercure porte aux talons.

**talquer** *vt* ① Enduire, saupoudrer de talc, frotter avec du talc.

**talqueux** → **talc.**

**talus** *nm* **1** Terrain en pente formant le côté d'une terrasse, le bord d'un fossé, etc. **2** TECH Inclinaison, pente donnée à des élévations de terre, à des constructions verticales pour qu'elles soient soutenues. LOC GEOGR ***Talus continental*** : brusque rupture de pente, qui interrompt du côté du large la partie sous-marine de la plate-forme continentale. ETY Du gaul.

**talweg** *nm* **1** GEOGR Ligne imaginaire qui joint les points les plus bas d'une vallée et suivant laquelle s'écoulent les eaux. **2** METEO Vallée barométrique, prolongement d'une zone de basses pressions entre deux zones de hautes pressions. ANT dorsale. PHO [talvɛg] ETY Mot all. VAR **thalweg**

**tama** *nm* Petit tambour que l'on serre sous l'aisselle, utilisé au Sénégal.

**tamacheq** *nm* Langue berbère parlée par les Touaregs. SYN touareg.

**Tamale** v. du Ghana ; 168 090 hab. ; ch.-l. de la Région-Septentrionale.

**tamandua** *nm* Petit fourmilier à queue préhensile, xénarthre non cuirassé d'Amérique du S. et centrale, mi-terrestre, mi-arboricole. ETY Mot tupi.

**tamanoir** *nm* Grand fourmilier d'Amérique du S., à la fourrure abondante, à la queue en panache. ETY Du tupi.

tamanoir

**Tamanrasset** (auj. *Tamenghest*), v. du Sahara algérien, dans le Hoggar ; 38 280 hab. ; ch.-l. de la wilaya du m. nom. – Le père de Foucauld s'y établit en 1905 et y fut assassiné en 1916. Musée d'art du Hoggar.

**1 tamarin** *nm* Fruit (gousse) du tamarinier, aux propriétés laxatives ; tamarinier. ETY De l'ar.

**2 tamarin** *nm* Petit singe omnivore d'Amérique du S., à longue queue non préhensile, vivant en troupes dans les forêts tropicales. ETY Mot amérindien.

**tamarinier** *nm* Grand arbre à fleurs en grappes (césalpiniacée), haut de 20 à 25 m, originaire des régions sèches du sud du Sahara et de l'Inde, cultivé dans toutes les régions chaudes pour son magnifique ombrage et ses fruits.

**tamaris** *nm* Arbuste ornemental, à feuilles écailleuses sur des rameaux mous, et à petites fleurs roses en épi, qui croît dans les sables littoraux. PHO [tamaʀis] ETY Du lat. VAR **tamarix**

**Tamatave** → **Toamasina.**

**tamaya** *nm* Plante ornementale de la famille des bégonias, originaire d'Amérique du S., qui fleurit plusieurs fois par an.

**Tamayo** Rufino (Oaxaca, 1899 – Mexico, 1991), peintre mexicain, auteur de fresques monumentales.

**tamazight** *nm* Langue berbère parlée en Algérie et au Maroc dans la région du Moyen Atlas. PHO [tamaziʀt] VAR **tamazirt**

**tambouille** *nf* fam Mauvaise cuisine. LOC ***Faire la tambouille*** : préparer le repas.

**tambour** *nm* **1** Instrument à percussion, constitué d'un cadre cylindrique sur lequel sont tendues deux peaux et que l'on fait résonner au moyen de deux baguettes. *Battre du tambour.* **2** Personne qui bat du tambour. **3** TECH Pièce de forme cylindrique. *Tambour d'un treuil, d'un enregistreur de température.* **4** Petit métier en forme d'anneau sur lequel on tend une étoffe pour la broder à l'aiguille. **5** ARCHI Chacune des pierres cylindriques constituant le fût d'une colonne. **6** CONSTR À l'entrée d'un édifice, portes vitrées tournant ensemble autour d'un même axe. LOC ***Frein à tambour*** : dans lequel les garnitures viennent s'appliquer contre une partie cylindrique, solidaire de la roue. — ***Mener une affaire tambour battant*** : rondement, avec énergie. — fam ***Raisonner comme un tambour*** : d'une façon absurde. — fam ***Sans tambour ni trompette :*** discrètement, sans bruit. — ***Tambour de basque :*** petit cerceau de bois garni de grelots, dont une face est recouverte d'une peau tendue sur laquelle on frappe avec les doigts. — INFORM ***Tambour magnétique :*** cylindre magnétique sur lequel on enregistre les informations. ETY Du persan. ▶ pl. musique

**Tambour (le)** roman de Günter Grass (1959). ▷ CINE Film de Schlöndorff (1979).

**tambourin** *nm* **1** MUS Tambour de forme allongée que l'on bat d'une seule main, en s'accompagnant quelquefois du galoubet ou d'une flûte. *Tambourin provençal.* **2** Tambour de basque. **3** Cercle de bois tendu de peau, avec lequel on jouait à se renvoyer des balles. **4** Air de danse assez vif dont on marquait la mesure sur le tambourin.

**tambourinaire** *n* **1** rég Personne qui joue du tambourin provençal. **2** Tambourineur.

**tambouriner** *v* ① **A** *vi* Produire des roulements semblables à ceux du tambour. *Tambouriner sur une table avec ses doigts.* **B** *vt* **1** Jouer sur le tambour ou sur le tambourin. *Tambouriner la charge.* **2** fig Annoncer à grand bruit. *Elle tambourina partout la nouvelle.* DER **tambourinage** ou **tambourinement** *nm*

**tambourineur, euse** *n* Personne qui joue du tambour, du tam-tam.

**tambour-major** *nm* Sous-officier qui commande à la clique ou aux seuls tambours d'un régiment. PLUR tambours-majors.

**Tambov** v. de Russie, au S.-E. de Moscou ; 296 000 hab. ; ch.-l. de prov. Industries.

**Tamenghest** → **Tamanrasset.**

**Tamerlan** Tīmūr Lang « Tīmūr le Boiteux », dit en fr. (Kech, près de Samarkand, 1336 – Otrār, 1405), roi de Transoxiane (1370-1405). Se proclamant roi, il voulut reconstituer l'empire de Gengis khān et attaqua la Perse (1380), la Russie, l'Inde (1398-1399, prise de Delhi), la Syrie (1400-1401) et la Turquie (1402). Les campagnes guerrières de ce tyran cultivé furent dévastatrices, et son empire ne lui survécut pas, mais les Timurides se revendiquèrent de lui.

**tamia** *nm* Petit écureuil au pelage rayé sur la longueur, qui vit en Amérique du Nord et en Russie. SYN suisse.

**tamier** *nm* Plante grimpante, vivace (dioscoréacée), à baies rouges charnues, commune dans les haies et les bois. ETY Du lat.

**tamil** → **tamoul.**

**Tamil Nadu** (anc. *État de Madras*, puis *Tamizhagam*), État de l'Inde méridionale, sur la côte de Coromandel ; 130 357 km² ; 55 638 300 hab. ; cap. *Madras*. – À la plaine littorale succèdent des collines, puis un relief montagneux. Le climat, tropical, devient aride dans le centre. L'irrigation a permis l'essor des cultures : riz, surtout. Le sous-sol est riche, mais l'industrialisation reste faible. La pop., dravidienne, parle le tamoul. VAR **Tamilnād**

**tamioc** *nm* Hache traditionnelle des Kanaks de Nouvelle-Calédonie.

**tamis** *nm* **1** Instrument formé d'un treillis monté sur un cadre généralement cylindrique et destiné à trier des matières pulvérulentes ou à passer des liquides épais. *Passer au tamis.* **2** Cordage d'une raquette de tennis. ETY Du lat.

**Tamise (la)** (en angl. *Thames*), fl. de G.-B. (336 km) ; naît dans les Cotswold Hills, passe à Oxford, Richmond et Londres, et se jette dans la mer du Nord par un large estuaire. Trafic maritime intense. Vallée très industrialisée.

**tamiser** *v* ① **A** *vt* **1** Faire passer dans un tamis. *Tamiser du sable.* **2** Laisser passer en adoucissant. *Tamiser les sons, la lumière.* **B** *vi* TECH Passer dans un tamis. *Sable qui tamise facilement.* DER **tamisage** *nm*

**tamiserie** *nf* TECH Fabrique, commerce de tamis, de sas, de cribles. DER **tamisier, ère** *n*

**tamiseur, euse** *n* TECH **A** Personne spécialisée dans le tamisage de certaines matières. **B** *nm* Instrument utilisé pour tamiser les cendres. **C** *nf* Machine à tamiser.

**Tamizhagam** → **Tamil Nadu.**

**Tammerfors** → **Tampere.**

**Tammouz** dieu babylonien de la Fertilité.

**tamoul** *nm* Langue dravidienne parlée dans le sud-est de l'Inde et au Sri Lanka. VAR **tamil**

**tamoulophone** *a, n* Qui parle le tamoul.

**Tamouls** peuple mélano-indien de l'Inde du S.-E. et du Sri Lanka parlant le tamoul. De relig. hindouiste, ils s'opposent aux bouddhistes, majoritaires au Sri Lanka. VAR **Tamils** DER **tamoul, oule** ou **tamil, ile** *a*

**tamouré** *nm* Danse de Polynésie. ETY Mot polynésien.

**tamoxifène** *nm* PHARM Médicament à action antihormonale, utilisé dans la prévention et le traitement du cancer du sein.

**Tampa** v. industr. et port des É.-U. (Floride), sur le golfe du Mexique ; 1 810 900 hab. (aggl.).

**Tampere** (en suédois *Tammerfors*), v. du S. de la Finlande ; 173 790 hab. (2e ville du pays). La puissante industrialisation est due aux chutes de *Tammerkoski*, au centre de la ville.

**tampico** *nm* Crin végétal provenant des feuilles d'un agave du Mexique, utilisé pour la fabrication des cordes et la confection des matelas. ETY D'un n. pr.

**Tampico** v. et port du Mexique, sur le golfe du Mexique ; 271 600 hab. Pétrochimie.

**tampon** *nm* **1** Pièce découpée dans une matière dure, ou masse de matière souple comprimée, servant à boucher une ouverture, à étancher un liquide. *Tampon de bois, de liège, de tissu.* **2** TECH Pièce de bois, de fibre, etc., dont on garnit un trou pratiqué dans un mur, ou dans un objet quelconque, pour y enfoncer un clou, une vis. **3** TECH Cylindre servant à contrôler les dimensions d'un trou alésé ou fileté. **4** CONSTR Dalle, plaque qui obture un regard, un orifice. **5** CHIR Morceau d'ouate, de gaze roulé en boule, servant à étancher le sang. **6** Boule de tissu, morceau d'étoffe pressée servant à frotter un corps, à étendre un liquide. *Vernir au tampon.* **7** CH DE F Disque métallique monté sur ressort, placé par paires à l'avant et à l'arrière d'une voiture, d'un wagon et destiné à amortir les chocs. **8** fig Ce qui sert à amortir les chocs, à éviter les affrontements. *Servir de tampon entre deux adversaires.* LOC ***État tampon :*** placé entre deux États en conflit, pour éviter la lutte armée. — CHIM ***Solution tampon :*** mélange sensiblement équimolaire d'un acide faible et de sa base conjuguée, dont le pH ne varie quasiment pas lors d'une dilution ou lors de l'ajout d'un acide ou d'une base. — ***Tampon encreur :*** petite masse de matière spongieuse imprégnée d'encre grasse et servant à encrer un timbre gravé ou un cachet en caoutchouc ; ce timbre, ce cachet. — ***Tampon périodique*** ou ***hygiénique :*** placé dans le vagin pendant les règles. ETY Du frq.

**Tampon (Le)** ch.-l. de cant. du S. de la Réunion (arr. de Saint-Pierre) ; 48 436 hab. DER **tamponnais, aise** *a, n*

**tamponnade** *nf* MED Grave accident cardiaque, provoqué par un épanchement péricardique.

**tamponnage** *nm* **1** Action de boucher au moyen d'un tampon. **2** Action d'appliquer un liquide au moyen d'un tampon.

**tamponnement** *nm* **1** Heurt violent entre véhicules. **2** CHIR Introduction de mèches dans une cavité naturelle ou dans une plaie, destinée à arrêter une hémorragie.

**tamponner** *v* ① **A** *vt* **1** vieilli Boucher avec un tampon. **2** Placer un tampon dans un trou. *Tamponner un mur.* **3** CH DE F Heurter avec les tampons. **4** Heurter violemment. **5** Étendre, appliquer un liquide sur qqch au moyen d'un tampon. **6** Étancher, essuyer à l'aide d'un tampon d'ouate, de gaze. **7** CHIR Effectuer le tamponnement d'une cavité, d'une plaie. **8** Apposer un tampon, un cachet sur. *Tamponner une carte.* **B** *vpr* Se heurter violemment (véhicules). LOC ***S'en tamponner le coquillard*** ou ***s'en tamponner :*** s'en moquer. — CHIM ***Tamponner une solution :*** la transformer en solution tampon.

**tamponneur, euse** *a, n* **A** *a* Qui a tamponné un autre véhicule. *Train tamponneur.* **B** *n* Personne qui tamponne des documents. LOC ***Autos tamponneuses :*** dans une attraction foraine, petites voitures électriques garnies sur leur pourtour de pare-chocs caoutchoutés, que l'on fait se déplacer et se heurter sur une piste.

**tamponnoir** *nm* TECH Pointe d'acier très dur servant à percer les murs, pour y loger un tampon, une cheville, etc.

**tam-tam** *nm* **1** MUS Instrument d'origine chinoise fait d'une plaque ronde en métal suspendue à la verticale dans un cadre et que l'on frappe avec une mailloche. **2** Tambour africain. **3** fig, péjor Bruit, tapage ; réclame tapageuse. *Faire du tam-tam autour d'une affaire.* PLUR tam-tams. PHO [tamtam] ETY Onomat. d'orig. indienne. VAR **tamtam**

**tan** *nm* Écorce de chêne séchée et pulvérisée, employée pour le tannage des cuirs. ETY Du gaul. *tann*, « chêne ».

**Tana (la)** fl. (304 km) tributaire de l'Arctique, qui sépare la Finlande et la Norvège. VAR **le Teno**

**Tana** → **Tsana.**

**tanagra** *nm, nf* Figurine, statuette de terre cuite (IVe-IIIe s. av. J.-C.), d'un travail très fin, représentant une femme ou un enfant. ETY Du n. pr.

**Tanagra** village de Grèce (Béotie), à l'E. de Thèbes. – À la fin du XIXe s., on découvrit de fines statuettes de terre cuite dans ses nécropoles (V. tanagra.).

**tanaisie** *nf* Plante odorante (composée) aux capitules jaunes vermifuges. ETY Du lat.

**Tanaka (plan)** programme (1927) auquel le général japonais Tanaka (1863 – 1929), chef des services secrets en Mandchourie, donna son nom. Il prévoyait la conquête de la Chine puis du reste de l'Asie.

**Tananarive** → **Antananarivo.**

**Tanaro (le)** riv. d'Italie (276 km), affl. du Pô (r. dr.) ; naît dans les Alpes ; arrose Asti et Alexandrie.

**Tancarville** com. de la Seine-Maritime (arr. du Havre), sur le *canal de Tancarville* (26 km) et l'estuaire de la Seine ; 1 234 hab. Pont routier suspendu de 1 420 m (1959). DER **tancarvillais, aise** *a, n*

**tancer** *vt* ⑫ litt Réprimander, admonester. ETY Du lat.

**tanche** *nf* Poisson d'eau douce d'Europe (cyprinidé), comestible, à la peau vert sombre ou dorée, qui vit sur les fonds vaseux. ETY Du lat. ▶ illustr. p. 1572

**Tancrède de Hauteville** (m. à Antioche en 1112), prince de Galilée (1099 ou 1100-1112) et prince d'Antioche (1111-1112). Petit-fils de Robert Guiscard, il s'illustra lors de la 1re croisade. *La Jérusalem délivrée* du Tasse chante ses exploits.

**tandem** *nm* **1** anc Cabriolet à deux chevaux attelés l'un derrière l'autre. *Attelage en tandem.* **2** Bicyclette à deux places l'une derrière l'autre. **3** fig Association de deux personnes, de deux groupements ; couple. (PHO) [tɑ̃dɛm] (ETY) Du lat. *tandem*, « à la longue, en longueur ».

**tandis que** *conj* **1** Marque la simultanéité ; pendant que. *Tandis que nous marchions, minuit sonna au clocher.* **2** Marque l'opposition ; au lieu que, alors qu'au contraire. *Il aime la société, tandis que son frère recherche la solitude.* (PHO) [tɑ̃di(s)kə] (ETY) Du lat.

**Tandis que j'agonise** roman de Faulkner (1930).

**tandoori** *nm* Plat indien constitué de morceaux de viande marinés et cuits dans un four en terre (le tandoor). (PHO) [tɑ̃dɔʀi] (ETY) Mot hindi.

**Tanezrouft** (« Pays de la soif »), région du Sahara algérien, à l'O. du Hoggar.

**Tang** dynastie chinoise qui, succédant à celle des Sui, régna de 618 à 907. Fondée par Li Shimin (Taizong), elle créa le deuxième grand empire chinois après celui des Han.

**Tanga** v. et port de Tanzanie, face à l'île de Pemba ; 172 000 hab. ; ch.-l. de région.

**tangage** → **tanguer.**

**Tanganyika (lac)** grand lac de l'Afrique orientale (31 900 km²), long de 650 km et large de 30 à 50 km. Situé à 782 mètres d'altitude, il a une profondeur max. de 1 435 m. Son émissaire est le Lukuga, affl. du Congo. Navigable, il assure un trafic important entre les pays riverains.

**Tanganyika** → **Tanzanie.**

**tangara** *nm* Oiseau passériforme d'Amérique tropicale, au bec généralement court et épais, et au plumage éclatant. (ETY) Mot tupi.

**Tange Kenzo** (Imabari, Shikoku, 1913 – Tokyo, 2005), architecte et urbaniste japonais. Il a travaillé dans son pays, aux É.-U., en Arabie Saoudite, etc.

**tangelo** *nm* Fruit obtenu par hybridation (mandarinier et pomelo), ayant la forme d'une mandarine. (ETY) De *tangerine* et *pomelo*.

**tangence** *nf* GEOM Position de ce qui est tangent. *Point de tangence.*

**tangent, ente** *a, nf* **A** *a* **1** GEOM Qui n'a qu'un point de contact avec une courbe, une surface. *Plan tangent à une sphère.* **2** fig Qui se produit de justesse. *Il a été reçu à son examen, mais c'était tangent.* **B** *nf* **1** Droite tangente. **2** MATH Quotient du sinus d'un arc par son cosinus (symbole tan ou anc tg). **LOC** ***Droite tangente en un point $M_0$ d'une courbe*** **:** limite (si elle existe) d'une sécante $M_0M$ à la courbe lorsque le point M de la courbe se rapproche de $M_0$. — ***Plan tangent en un point $M_0$ à une surface S*** **:** ensemble des droites tangentes aux courbes tracées sur S et passant par $M_{0o}$, si ces droites sont coplanaires. — fam ***Prendre la tangente*** **:** éviter, contourner habilement une difficulté, une situation pénible ; s'esquiver. (ETY) Du lat. *tangere*, « toucher ».

**tangenter** *vt* ① fam Être très proche de qqch, friser, frôler. *On a tangenté la catastrophe.*

**tangentiel, elle** *a, nf* **A** *a* GEOM Relatif à la tangente, au plan tangent. **B** *nf* TRANSP Voie de communication qui évite le centre d'une agglomération. **LOC** PHYS ***Accélération tangentielle*** **:** représentée par la projection du vecteur accélération sur la tangente à la trajectoire (par oppos. à *accélération normale*). (PHO) [tɑ̃ʒɑ̃sjɛl] (DER) **tangentiellement** *av*

**Tanger** (en ar. *Ṭandjah*), v. et l'un des princ. ports du Maroc, sur le détroit de Gibraltar ; 266 350 hab. Tourisme. – La ville (anc. *Tingi* carthaginoise et *Tingis* romaine) fut convoitée dès le Moyen Âge. Elle fut portugaise de 1471 à 1662. Zone internationale en 1923, elle revint au Maroc en 1956. (DER) **tangérois, oise** *a, n*

**tangerine** *nf* Agrume de goût acidulé, obtenu par hybridation (mandarinier et citronnier). (ETY) Du n. pr. *Tanger*.

**tangible** *a* **1** Qui peut être touché, perçu par le toucher. *Une réalité tangible.* **2** fig Évident, manifeste. *Des preuves tangibles.* (ETY) Du lat. (DER) **tangibilité** *nf* – **tangiblement** *av*

**tango** *nm, a inv* **A** *nm* **1** Danse de couple d'origine argentine, sur un rythme à deux temps ; air de cette danse. *Danser un tango.* **2** Demi de bière mélangé à une petite quantité de grenadine. **B** *a inv* Couleur rouge orangé très vive. *Des rubans tango.* (ETY) Mot esp. d'Argentine.

**tangon** *nm* MAR **1** Long espar disposé à l'extérieur d'un navire, pour amarrer les embarcations. **2** Espar servant à déborder une voile d'avant. *Tangon de spinnaker.* (ETY) Du moy. neerl.

**tangram** *nm* Puzzle chinois visant à constituer des figures à partir de sept pièces géométriques.

**Tangshan** v. de Chine (Hebei), à l'E. de Pékin, dans un bassin houiller ; 1,8 million d'hab. (aggl.). – Détruite par un séisme (1976).

**tangue** *nf* AGRIC Sable calcaire, vaseux, du littoral de la Manche, utilisé comme amendement. (ETY) Du nordique.

**tanguer** *vi* ① **1** Être animé d'un mouvement oscillatoire dans le plan longitudinal sous l'action des vagues, en parlant d'un bateau. **2** Être animé d'un mouvement oscillatoire autour d'un axe transversal, en parlant d'un avion ou d'un véhicule terrestre. **3** Être soumis à des forces contraires, vaciller, chanceler. *Un vertige qui me fait tanguer.* (DER) **tangage** *nm*

**tanguière** *nf* Lieu où l'on trouve la tangue.

**Tanguy Yves** (Paris, 1900 – Woodbury, Connect., 1955), peintre français naturalisé américain. Surréaliste auteur de paysages mentaux.

**tanière** *nf* **1** Caverne, lieu abrité servant d'abri à une bête carnivore. *Un loup dans sa tanière.* **2** Logis misérable, taudis. **3** Habitation où l'on se retire, où l'on mène une vie solitaire. *Rester dans sa tanière.* (ETY) Du gaul. *taxo*, « blaireau ».

**tanin** *nm* **1** Substance astringente très abondante dans l'écorce de certains arbres (chêne, châtaignier) et utilisée dans le traitement des peaux pour les rendre imperméables et imputrescibles. **2** Substance fournie par les pellicules, les rafles et les pépins de raisin (antiseptique qui facilite la conservation et le vieillissement). (ETY) De *tan*. (VAR) **tannin**

**Tanis** v. de l'anc. Égypte, dans le delta du Nil, cap. sous la XXIe et la XXIIIe dynastie.

**taniser** *vt* ① TECH **1** Mettre du tan dans une poudre, un liquide. **2** Ajouter du tanin à un vin, un moût. (VAR) **tanniser** (DER) **tanisage** ou **tannisage** *nm*

**Tanit** déesse punique du Ciel et de la Fécondité, identifiée à l'Astarté des Grecs.

**Tanizaki Junichirō** (Tōkyō, 1886 – Yugawara, 1965), écrivain japonais. Il a peint le monde moderne avec un art traditionnel : *l'Amour d'un idiot* (1924-1925), *Neige fine* (1942-1948), *la Confession impudique* (1956).

**Tanjore** v. de l'Inde méridionale (Tamil Nadu) ; 184 020 hab. – Temple de Çiva (Xe ou XIe s.). (VAR) **Tanjur** ou **Thanjavur**

**Tanjung Karang** v. d'Indonésie (Sumatra) ; 284 280 hab. ; ch.-l. de province.

**tank** *nm* **1** Grand réservoir cylindrique à usage industriel. **2** Petit réservoir à eau des campeurs. **3** Char de combat, blindé. (ETY) Mot angl.

**1 tanka** *nm* Au Tibet et au Népal, bannière peinte à représentation religieuse. (ETY) Du tibétain *thang-ka*, « objet plat ». (VAR) **thanka**

**2 tanka** *nm* Dans la littérature japonaise, poème court, formé de 31 syllabes. (ETY) Mot jap.

**tanker** *nm* Navire-citerne. (PHO) [tɑ̃kœʀ] ou [tɑ̃kɛʀ] (ETY) Mot angl.

**tankiste** *nm* Membre de l'équipage d'un tank.

**tannage** *nm* Ensemble des opérations ayant pour but de transformer les peaux en cuir. *Tannage minéral. Tannage végétal.*

**tannant, ante** *a* **1** TECH Qui sert à tanner les peaux. *L'alun de chrome est une substance tannante.* **2** fig, fam Qui importune, lasse par son insistance.

**tannat** *nm* Cépage rouge, vigoureux et tannique, du Sud-Ouest (madiran, tursan).

**tanné, ée** *a, nf* **A** *a* Qui ressemble au cuir. *Mains à la peau tannée.* **B** *nf* **1** TECH Tan ayant servi et dépourvu de son tanin. **2** fam Volée de coups.

**Tannenberg** (en polonais *Stebark*), local. polonaise, autref. en Prusse-Orientale. – En août 1914, l'All. Hindenburg y écrasa les Russes.

**tanner** *vt* ① **1** Préparer les peaux avec du tan ou des substances analogues, pour les transformer en cuir. **2** Donner à la peau du corps la couleur brune du tan. **3** fig, fam Lasser, agacer, harasser. **LOC** fam ***Tanner le cuir à qqn*** **:** le battre.

**tanche** commune

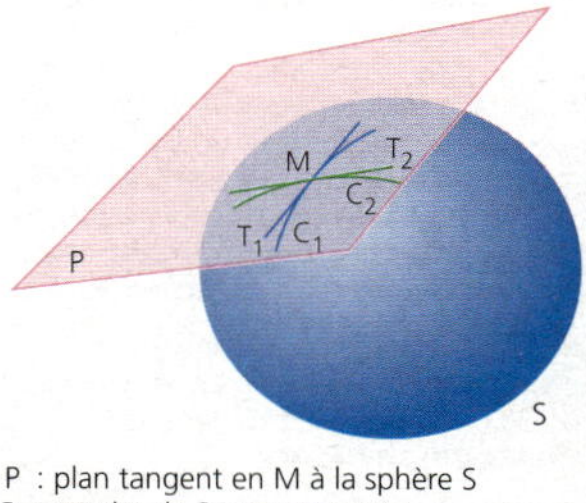


P : plan tangent en M à la sphère S
$C_1$ : courbe de S passant par M
$T_1$ : tangente à $C_1$ en M
$C_2$ : courbe de S passant par M
$T_2$ : tangente à $C_2$ en M

**tangente**

**Yves Tanguy** *Encore et toujours*, 1942 – coll. Thyssen-Bornemisza

**Tanner** Alain (Genève, 1929), cinéaste suisse : *Charles mort ou vif* (1969), *la Salamandre* (1971), *Dans la ville blanche* (1983), *Fourbi* (1996).

**tannerie** *nf* **1** Fabrication et commerce des peaux tannées. **2** Lieu où l'on tanne les peaux. (DER) **tanneur, euse** *n*

**Tannhäuser** (Tannhausen, près de Neumarkt [?], v. 1205 – v. 1268), poète allemand popularisé par Heine. ▷ MUS *Tannhäuser*, opéra en 3 actes, mus. et livret de Wagner (1845 à 1875, 4 versions).

**tannin** → **tanin.**

**tannique** *a* Qui contient du tanin.

**tannisage, tanniser** → **taniser.**

**tanrec** *nm* Petit mammifère insectivore de Madagascar au nez en forme de trompe, qui tient du hérisson et de la musaraigne. (ETY) Du malgache. (VAR) **tenrec**

grand **tanrec**

**tansad** *nm* Siège supplémentaire d'une motocyclette, derrière celui du conducteur. (PHO) [tɑ̃sad] (ETY) De l'angl. *tandem*, et *saddle*, « selle ».

**tansu** *nm* Meuble japonais à tiroirs, en forme d'escalier, intermédiaire entre la commode et le coffre. (PHO) [tansu]

**tant** *av* **1** Tellement, en si grande quantité. *C'est le jour où il a tant plu. Il a tant de peine. Un de ces hommes comme il y en a tant.* **2** Quantité non précisée, supposée connue des interlocuteurs. *Son bien se monte à tant. Ce costume coûte tant de francs.* **LOC** ***En tant que*** : dans la mesure où ; en qualité de, comme. — ***Le tant*** : tel jour du mois. — ***Si tant est que*** : même en supposant que. — ***Tant bien que mal*** : ni bien ni mal, médiocrement. — ***Tant et plus*** : autant et plus qu'il n'en faut. — ***Tant mieux, tant pis*** : marque la satisfaction ; le regret, le dépit. — fam ***Tant qu'à*** (+ inf.) : puisqu'il est nécessaire de. *Tant qu'à faire, j'aime mieux attendre ici.* — ***Tant... que*** : tellement... que, à un point tel que ; aussi bien... que... *Il a tant couru qu'il est essoufflé. Les partis, tant de droite que de gauche.* — ***Tant que*** : aussi loin, aussi longtemps que, autant que. — fam ***Tant que ça*** : tellement, à un tel point. — ***Tant s'en faut que*** (+ subj.) : il est très peu probable que. — ***Tant soit peu*** : si peu que ce soit. — fam ***Tu m'en diras tant !*** : tout devient clair après ce que tu viens de me dire. (ETY) Du lat.

**Tanta** v. d'Égypte, au centre du delta du Nil ; 1 100 000 hab. ; ch.-l. de gouvernorat. (VAR) **Tantah**

**1 tantale** *nm* CHIM **1** Élément métallique de numéro atomique Z = 73, de masse atomique 180,947 (symbole Ta). **2** Métal (Ta) blanc, de densité 16,65, qui fond vers 2 850 °C et bout vers 6 000 °C. (ETY) Du n. pr.

**2 tantale** *nm* Grande cigogne aux rémiges et à la queue noires.

**Tantale** dans la myth. gr., roi de Lydie qui égorgea son fils Pélops et le servit aux dieux dans un festin. Il fut condamné à subir dans les Enfers la faim et la soif, auprès d'eaux et de fruits qui se dérobaient à lui. ▷ *Supplice de Tantale* : situation douloureuse de qqn proche de l'objet de ses désirs mais qui ne peut l'atteindre.

**Tan-Tan** v. du Maroc ; 60 700 hab. ; ch.-l. de la prov. du m. nom. (VAR) **Tantān**

**tante** *nf* **1** Sœur du père ou de la mère. **2** Épouse de l'oncle. **3** pop, inj Homosexuel efféminé. **LOC** fam, vieilli ***Ma tante*** : le mont-de-piété, auj. le Crédit municipal. — ***Tante à la mode de Bretagne*** : cousine germaine du père ou de la mère. (ETY) Du lat.

**tantième** *nm* **1** Tant sur une quantité déterminée. **2** FIN anc Quote-part des bénéfices distribuée aux administrateurs d'une société.

**tantine** *nf* enfantin Tante.

**tantinet (un)** *av* fam Un peu, légèrement. *Il est un tantinet malhonnête.*

**tantôt** *av* **1** Cet après-midi, dans l'après-midi. *Si je ne pars pas ce matin, je partirai tantôt.* **2** vx ou rég Dans peu de temps ou il y a peu de temps dans une même journée. *On se verra tantôt.* **3** À tel moment..., à un autre moment. *Il se porte tantôt bien, tantôt mal.*

**tantouse** *nf* pop, inj Homme homosexuel efféminé. (ETY) De *tante*. (VAR) **tantouze**

**Tant qu'il y aura des hommes** film de Fred Zinnemann (1953), d'ap. le roman (1951) de James Jones, avec B. Lancaster, F. Sinatra, Montgomery Clift (1920 – 1966), Deborah Kerr (1920 – 2007).

**tantra** *nm* Texte sacré des Indes, rédigé en sanskrit. (ETY) Mot sanskrit.

**tantrisme** *nm* Ensemble de doctrines et de rites issus de l'hindouisme et ayant partiellement influencé le bouddhisme et le jaïnisme, dont les textes (*tantras*) proposent d'atteindre l'absolu par l'utilisation totale des potentialités de l'esprit et du corps. (DER) **tantrique** *a*

**Tanzanie (république unie de)** (*Jamhuri ya Muungano wa Tanzania*), État de l'Afrique orientale, sur l'océan Indien ; 945 090 km² ; 52,1 millions d'hab. ; accroissement naturel : 3 % par an ; cap. *Dodoma* ; v. princ. *Dar es-Salaam* (anc. cap.). Nature de l'État : rép. confédérale (unissant dep. 1964 le Tanganyika et Zanzibar), membre du Commonwealth. Langues off. : anglais et swahili. Monnaie : shilling tanzanien. Pop. : 120 ethnies, presque toutes de langues bantoues. Relig. : relig. traditionnelles, christianisme, islam (à Zanzibar, notam.). (DER) **tanzanien, enne** *a, n*

**Géographie** Un vaste plateau central (1 200 m d'alt.) est parcouru par de nombreux cours d'eau qui se jettent dans les lacs Malawi, Tanganyika et Victoria. Ils traversent la plaine côtière orientale que prolongent les îles de Zanzibar et de Pemba. Au N. se dressent de puissants volcans : Uhuru (anc. Kilimandjaro) à 5 892 m, Meru, Ngorongoro. Le climat tropical d'alizés est nuancé : la sècheresse ne frappe que l'intérieur. Forêts claires et savanes dominent, à la faune abondante. La pop. a doublé en 20 ans.

**Économie** L'agriculture occupe plus de 80 % des actifs ; désorganisée par l'expérience socialiste (1967-1986), elle a auj. une meilleure productivité : manioc, maïs, riz, sorgho, élevage extensif ; la pêche est en progrès. Café et coton assurent la moitié des exportations du pays. L'industrie est modeste. Les richesses minières sont peu exploitées. Dar es-Salaam, principal port et pôle d'activités, est aussi le terminal de la voie ferrée « Tanzam », qui assure les exportations de la Zambie. En 1999-2000, le FMI, satisfait des efforts du gouv., a réduit la dette. La croissance avoisine les 4 ou 5 %. Le tourisme est en expansion.

**Histoire** DES ORIGINES À LA COLONIE ANGLAISE La région fut peuplée dès le paléolithique. Bien avant le Moyen Âge, les commerçants indiens, indonésiens, persans et arabes relâchèrent sur les côtes et dans les îles (V. Zanzibar), à la recherche d'or, d'ivoire et d'esclaves. Les Portugais dominèrent ce commerce aux XVIe-XVIIe s. Au XVIIIe s., le sultanat d'Oman affirma sa prépondérance. Au XIXe s., la G.-B. établit son protectorat sur Zanzibar, tandis que se constituait l'Afrique-Orientale

allemande en 1891. En 1920, la G.-B. obtint de la SDN le mandat sur la région, désormais nommée Tanganyika. Un mouvement nationaliste se développa après la Seconde Guerre mondiale sous l'impulsion de Julius Nyerere, leader de la Tanganyika African National Union (TANU).

**L'INDÉPENDANCE** Nyerere obtint l'indépendance en 1961. Élu président de la Rép. en 1962, il réalisa, en 1964, l'union du Tanganyika et de Zanzibar, qui formèrent la Tanzanie. Il instaura en 1965-1967 un régime de parti unique à tendance socialiste. À plusieurs reprises la Tanzanie est intervenue dans la vie polit. de ses voisins (Zaïre, Comores, Ouganda). En 1985, Nyerere abandonna sa fonction de chef de l'État à Ali Hassan Mwinyi, élu prés. en 1985 et réélu en 1990. Celui-ci renonça au socialisme et instaura le pluralisme politique en 1992, mais, en 1995, la première élection présidentielle libre fut remportée par le candidat que soutenait Nyerere : Benjamin Mkapa qui entreprit d'éliminer de la vie publique les corrompus. Il est réélu en 2000 et Jakaya Mrisho Kikwete, son ministre des Affaires étrangères, lui succède en 2005. Le parti reste au pouvoir avec John Magufuli élu prés. en 2015. ▶ illustr. p. 1573

**tao** *nm* RELIG Principe à l'origine de la vie et régulant toutes choses dans l'Univers, pour les taoïstes. ETY Mot chinois. VAR **dao**

**taoïsme** *nm* Système philosophique et religieux de la Chine, l'un des deux grands courants de la pensée chinoise, avec le confucianisme. (V. tao et Tao-tö-king.) DER **taoïste** *a, n*

**taon** *nm* Insecte diptère dont la femelle pique les grands mammifères pour sucer leur sang. PHO [tɑ̃] ETY Du lat.

**taon** des bœufs

**Tao Qian** (dans le Jiangxi, v. 365 – id., 427), poète chinois, chantre délicat de la nature. VAR **Tao Yuanming**

**Taormina** v. de Sicile (prov. de Messine), au pied de l'Etna et dominant la mer Ionienne ; 11 000 hab. Tourisme. – Théâtre grec (IIIe s. av. J.-C.), agrandi par les Romains (v. le IIe s. apr. J.-C.). Cath. XIIIe-XVIe s.

**Tao-tö-king** (en pinyin *Daodejing*), livre attribué au philosophe chinois Lao-tseu (v. VIe-Ve s. av. J.-C.), « recueil d'aphorismes » sur le tao et sur l'idéal du sage qui pratique l'ascèse mentale. (V. taoïsme.)

**tapa** *nm* ETHNOL Étoffe faite avec de l'écorce de mûrier battue, d'une texture semblable à celle du papier. ETY Mot polynésien.

**tapage** *nm* **1** Bruit accompagné de désordre. *Tapage nocturne.* **2** Grand retentissement que connaît une affaire, émotion qu'elle suscite dans le public. *La nouvelle a fait du tapage.*

**tapageur, euse** *a* **1** Qui fait du tapage. *Noctambules tapageurs.* **2** Qui provoque le tapage ; qui suscite un certain scandale par son caractère inhabituel ou provocant. *Réclame tapageuse. Conduite tapageuse.* **3** Trop voyant, criard. *Élégance tapageuse.* DER **tapageusement** *av*

**Tapajós (le)** riv. du Brésil (1 980 km), affl. de l'Amazone (r. dr.), formé par la réunion du *Juruena* et du *São Manuel*.

**tapant, ante** *a* **LOC** ***À une (deux, trois, etc.) heure(s) tapante(s) :*** à cette heure exactement, au moment précis où l'heure sonne.

**tapas** *nfpl* En Espagne, amuse-gueules. ETY Mot esp.

**tape** *nf* Coup donné avec la main ouverte. *Une tape amicale.*

**tapé, ée** *a* **1** Se dit de fruits trop murs, abimés. **2** fam Un peu fou. **LOC** fam ***Bien tapé :*** réussi, bien fait ou bien dit.

**tape-à-l'œil** *a inv, nm inv* fam Se dit de ce qui est trop voyant ; qui cherche à éblouir par son caractère ostentatoire. *Couleurs tape-à-l'œil. Aimer le tape-à-l'œil.* PHO [tapalœj]

**tapecul** *nm* **1** Porte à bascule qui s'abaisse pour fermer l'entrée d'une barrière. **2** Balançoire constituée par une poutre reposant par le milieu sur un point d'appui. **3** EQUIT Exercice de trot sans étriers. **4** Petit cabriolet à deux places. **5** Voiture dont la suspension est mauvaise. **6** MAR Voile aurique ou triangulaire établie tout à fait à l'arrière de certains bateaux et dont la bôme déborde largement la poupe. *Cotre à tapecul* ou *yawl.* PHO [tapky] VAR **tape-cul**

**tapée** *nf* fam Grand nombre.

**tapenade** *nf* CUIS Spécialité provençale à base d'olives noires, d'anchois, de câpres, pilés ou écrasés, additionnés d'huile d'olive, de citron et parfois d'ail. ETY Du provenç. *tapeno*, « câpre ».

**taper** *v* ① **A** *vt* **1** Donner une, des tapes à. *Taper un animal rétif.* **2** Frapper, cogner. *Le ballon a tapé la barre transversale du but.* **3** Produire un son en frappant. *Taper des notes sur un piano.* **4** Dactylographier. *Taper une lettre.* **5** fig, fam Emprunter de l'argent à qqn. *Il m'a tapé (de) vingt euros.* **B** *vi* **1** Donner une tape. *Taper sur l'épaule de qqn.* **2** Donner un coup. *Taper avec un marteau. Taper du pied.* **3** fam Monter vite à la tête, en parlant d'un vin, d'un alcool. **4** fam Prélever sur, se servir de. *Taper dans ses économies.* **5** fam Dire du mal de qqn. *Il tape sur lui dès qu'il a le dos tourné.* **6** Afrique fam Aller à pied, marcher. **C** *vpr* **1** fam S'offrir qqch d'agréable. *Se taper un bon petit dîner.* **2** fam Avoir des relations sexuelles avec. *Se taper une fille, un garçon.* **3** fam Faire qqch de pénible. *Se taper une corvée.* **LOC** fam ***S'en taper :*** s'en moquer, rester indifférent. — ***Soleil qui tape :*** qui darde ses rayons, qui chauffe très fort. — fam ***Taper dans l'œil de qqn :*** le séduire d'emblée. — ***Taper le carton :*** jouer aux cartes. ETY Onomat. DER **tapement** *nm*

**tapette** *nf* **1** Petite tape. **2** Palette d'osier tressé, pour battre les tapis. **3** Palette souple à manche, pour tuer les mouches. **4** Souricière, ratière à ressort, qui tue les rongeurs en les assommant. **5** Jeu de billes dans lequel on fait taper celles-ci contre un mur. **6** fig, vieilli Langue en tant qu'organe de la parole. **7** Personne très bavarde. **8** vulg, inj Homosexuel efféminé.

**tapeur, euse** *n* fam Personne qui emprunte facilement de l'argent, qui tape autrui.

**taphonomie** *nf* GEOL Étude du processus de fossilisation des êtres vivants. ETY Du gr. *taphos*, « tombeau ». DER **taphonomique** *a*

**taphophilie** *nf* PSYCHIAT Goût morbide pour les tombes et les cimetières. DER **taphophile** *a, n*

**Tàpies Antoni** (Barcelone, 1923 – id., 2012), peintre espagnol. Il inscrit des signes tragiques sur des surfaces rugueuses et mates.

**tapin** *nm* **LOC** fam ***Faire le tapin :*** racoler, en parlant d'un(e) prostitué(e) ; faire le trottoir.

**tapiner** *vi* ① fam Faire le tapin. DER **tapineur, euse** *n*

**tapinois (en)** *av* En cachette, sournoisement. ETY *De se tapir.*

**tapioca** *nm* Fécule extraite de la racine de manioc, séchée et réduite en flocons. *Potage au tapioca.* ETY Mot tupi-guarani.

**1 tapir** *nm* **1** Mammifère herbivore et frugivore d'Amérique tropicale et de Malaisie, dont la tête se prolonge par une courte trompe mobile. **2** fam Élève qui reçoit des cours particuliers. ETY Mot tupi.

**tapir** malais

**2 tapir (se)** *vpr* ③ Se cacher en se ramassant sur soi-même, en se blottissant. ETY Du frq.

**tapis** *nm* **1** Pièce d'étoffe épaisse, de forme régulière, destinée à être étendue sur le sol d'un local pour le décorer ou le rendre plus confortable. *Tapis de Turquie. Tapis de bain.* **2** Pièce de tissu épais qui recouvre un meuble, une table (partic., une table de jeu ou la table d'une salle de réunion). *Mettre une grosse mise sur le tapis. Le conseil d'administration réuni autour du tapis vert.* **3** Ce qui recouvre une surface à la manière d'un tapis. *Un tapis de fleurs.* **4** Natte épaisse utilisée dans certains sports pour amortir les chutes. *Tapis d'une salle de judo.* **LOC** ***Amuser le tapis :*** jouer de petites mises ; fig éviter d'aborder un sujet épineux en entretenant ses interlocuteurs de choses sans grand intérêt. — fam ***Dérouler le tapis rouge à qqn :*** le recevoir avec les honneurs ; lui faire des propositions alléchantes. — ***Mettre une affaire sur le tapis :*** parler d'une affaire, amener une discussion à ce sujet. — ***Rester au tapis :*** être hors d'état de réagir. — fam ***Se prendre les pieds dans le tapis :*** agir avec maladresse, s'embrouiller. — ***Tapis de selle :*** petite couverture que l'on interpose entre la selle et le dos du cheval. ETY Du gr.

**tapis-brosse** *nm* Tapis placé sur un seuil, pour s'essuyer les pieds. PLUR tapis-brosses.

**tapissage** *nm* fam Séance d'identification d'un suspect par des témoins dans les locaux de la police.

**tapissant, ante** *a* BOT Se dit d'une plante qui recouvre bien le sol.

**tapisser** *vt* ① **1** Revêtir une pièce, ses murs de tapisserie, de papier peint, etc. *Tapisser un couloir.* **2** Recouvrir en une couche mince et régulière une surface, une paroi. *Membrane qui tapisse l'estomac.*

**tapisserie** *nf* **1** Pièce d'étoffe utilisée comme décoration murale, tenture de tapisserie. **2** Ce qui tapisse un mur (papier peint collé, tissu agrafé, etc.). **3** Ouvrage tissé au métier à main, et dans lequel le dessin résulte de la façon dont les fils de trame sont entrecroisés avec les fils de

**Antoni Tàpies** *le Chapeau renversé*, 1967 – MNAM

chaîne ; grande pièce d'un tel ouvrage, grand panneau destiné à revêtir et à parer une muraille ; art de la fabrication de tels ouvrages. *Tapisseries de haute lisse des Gobelins. Tapisseries de basse lisse de Beauvais et d'Aubusson.* **4** Ouvrage à l'aiguille, broderie effectués d'après un dessin tracé sur un canevas. *Fauteuil recouvert de tapisserie.* **LOC** ***Carton de tapisserie :*** maquette peinte d'après laquelle est exécutée une tapisserie. — **fam** ***Faire tapisserie :*** se dit d'une jeune femme que, dans un bal, l'on n'invite pas à danser.

**tapisserie** *Tenture de l'Apocalypse,* la cité sainte (1373-1383), Nicolas Bataille – Angers, musée de la Tapisserie

**tapissier, ère** *n* **1** Personne qui fait des tapisseries. **2** Personne qui vend ou pose des tissus d'ameublement. **3** Personne qui vend, qui pose le papier peint, le tissu qui revêt les murs.

**tapon** *nm* **vieilli** Petite boule faite d'un morceau d'étoffe, de papier, de matière souple, roulé ou froissé. ETY Du frq.

**taponner** *v* 1 **Canada fam A** *vt* Toucher, manipuler, tripoter. **B** *vi* Perdre son temps, hésiter, tergiverser.

**tapoter** *vt* 1 Taper à petits coups répétés sur. *Tapoter les joues d'un enfant.* **LOC** ***Tapoter du piano :*** en jouer mal ou négligemment. DER **tapotement** *nm*

**tapouille** *nf* **rég** En Guyane, grande pirogue à voiles.

**tapuscrit, ite** *a, nm* Se dit d'un texte tapé à la machine ou au traitement de texte, prêt à être composé. ETY De *taper,* et *manuscrit.*

**taquer** *vt* 1 IMPRIM **1 anc** Mettre au même niveau les caractères, les lignes. **2** Égaliser une rame de papier en tapant sa tranche sur une surface plane de manière à superposer les feuilles. ETY De *tac,* onomat. DER **taquage** *nm*

**taquet** *nm* **1** TECH Petite pièce en matière dure servant de cale, de butoir, de tampon, de repère, etc. **2 fig** Limite inférieure impérative, butoir. **3** MAR Pièce à deux oreilles solidement fixée en un point du navire ou de son gréement, et que l'on utilise pour amarrer des cordages. *Tourner une drisse au taquet.* **4** TECH Plateau horizontal qui se fixe aux barreaux d'une échelle ou qui se pose sur les marches d'un escalier, utilisé notam. par les peintres en bâtiment. **LOC fig, fam** ***Être au taquet :*** être au maximum de ses capacités, être en situation de ne plus pouvoir reculer, être le dos au mur. *Des entreprises au taquet.* ETY Du frq.

**taquin, ine** *a, n* **A** Qui se plaît à taquiner autrui. *Un enfant taquin.* **B** *nm* Jeu fait de plaquettes mobiles portant des numéros ou les lettres de l'alphabet, et qu'il faut ranger dans l'ordre convenable. ETY Du néerl.

**taquiner** *vt* 1 **1** S'amuser à agacer qqn par de petites moqueries sans gravité. **2** Contrarier quelque peu ; faire légèrement souffrir. *Il a une dent qui le taquine.* **LOC** ***Taquiner la muse :*** écrire des vers. — **fam** ***Taquiner le goujon :*** pêcher à la ligne. DER **taquinerie** *nf*

**taquoir** *nm* IMPRIM Morceau de bois qui sert à taquer.

**tar** *nm* **1** Dans la musique arabo-islamique, tambour sur cadre, parfois muni de petites cymbales. **2** Grand luth iranien, à caisse en forme spiralée.

**tara** *nm* **Afrique** Lit rustique fait de paille tressée.

**tarabiscot** *nm* TECH **1** Cavité peu profonde entre deux moulures sur bois. **2** Rabot qui sert à creuser cette cavité. PHO [tarabisko]

**tarabiscoté, ée** *a* **1** Surchargé d'ornements compliqués. *Décors tarabiscotés.* **2** Compliqué à l'extrême. *Esprit, raisonnement, style tarabiscoté.* DER **tarabiscoter** *vt* 1 – **tarabiscotage** *nm*

**tarabuster** *vt* 1 **1** Importuner en harcelant. **2** Tracasser. *Cette pensée me tarabuste.* ETY Du provenç.

**taraf** *nm* MUS Petit ensemble tsigane d'instruments à cordes.

**tarage** → **tarer.**

**tarama** *nm* CUIS Hors-d'œuvre à base d'œufs de cabillaud salés, mêlés à de la mie de pain détrempée et montés en émulsion avec de l'huile. ETY Mot roumain.

**Tarantino** Quentin (Knoxville, 1963), cinéaste américain : *Reservoir Dogs* (1992), *Pulp Fiction* (1994), *Inglorious Basterds* (2009).

**Tarapur** local. de l'Inde (Gujerāt), au N. de Bombay. Centrale nucléaire.

**tarare** *nm* AGRIC Appareil servant à vanner et à cribler les grains.

**Tarare** ch.-l. de canton du Rhône, dans le Beaujolais ; 10 487 hab. Industries textiles traditionnelles. DER **tararien, enne** *a, n*

**Tarascon** ch.-l. de cant. des Bouches-du-Rhône (arr. d'Arles), sur le Rhône, en face de Beaucaire ; 13 514 hab. – Chât. XIVe-XV[e] s. DER **tarasconnais, aise** *a, n*

**tarasque** *nf* Animal fabuleux, dragon amphibie, censé vivre autref. dans le Rhône, qu'on promenait dans certaines villes du Midi (dont Tarascon), le jour de la Sainte-Marthe et de la Pentecôte. ETY Du provenç.

**Tarass Boulba** récit de Gogol, inclus dans le recueil *Mirgorod* (1835). ▷ CINE Films : du Russe Alexis Granowski (1890 – 1937), en 1935, en France, avec Harry Baur ; de l'Anglais Jack Lee-Thompson (1914 – 2002), en 1962, avec Yul Brynner (1915 – 1986).

**taratata !** *interj* **fam** Marque l'incrédulité, le doute. *Tu as eu un empêchement ? Taratata ! tu avais bel et bien oublié !* ETY Onomat.

**taraud** *nm* TECH Outil servant à fileter les alésages. ETY De l'ar. fr. *tarrere,* « tarière ».

**tarauder** *vt* 1 **1** TECH Fileter au moyen d'un taraud. **2 fig** Tourmenter, torturer. DER **taraudage** *nm* – **taraudant, ante** *a*

**taraudeuse** *nf* TECH Machine-outil servant à tarauder.

**taravelle** *nf* VITIC **rég** Plantoir à deux poignées, muni d'un étrier pour le pied. ETY Du lat.

**Taraz** (anc. *Djamboul* ou *Jambyl*) v. du Kazakhstan, ch.-l. de prov. ; 340 000 hab.

**Tarbes** ch.-l. du dép. des Hautes-Pyrénées, anc. cap. de la Bigorre, sur l'Adour ; 46 116 hab. Élevage de chevaux (race *tarbaise*). Industrialisation récente. Aéroport international (*Tarbes-Ossun-Lourdes*). – Évêché. Cath. XIIIe-XVIII[e] s. DER **tarbais, aise** *a, n*

**tarbouche** *nm* Coiffure tronconique sans bord, en feutre rouge foncé, ornée d'un gland de soie noir, portée notam. autref. par les Ottomans. PHO [tarbuʃ] ETY Mot ar. VAR **tarbouch**

**tard** *av, a* **A** *av* **1** Après le temps déterminé, voulu ou habituel. *Arriver trop tard.* **2** Vers la fin de période de temps déterminée. *Il a neigé tard dans l'année.* **B** *av, a* Vers la fin de la journée ou de la nuit. *Se coucher tard. Il se fait tard.* **LOC** ***Sur le tard :*** vers la fin de la soirée ; **fig** à un âge qui n'est plus celui de la jeunesse ; vers la fin de sa vie. ETY Du lat.

**Tarde** Gabriel de (Sarlat, 1843 – Paris, 1904), sociologue français. Il a étudié la criminalité et les facteurs de la transformation sociale.

**Tardenois (le)** petit pays situé entre la Vesle et la Marne, à l'O. de Reims.

**tarder** *vi* 1 **1** Différer de faire qqch, mettre longtemps pour. *Tarder à partir.* **2** Mettre du temps à venir. *Sa réponse n'a pas tardé.* **LOC** ***Il me tarde de*** (+ inf.) **:** j'ai hâte de.

**Tardi** Jacques (Valence, 1946), dessinateur et scénariste de bande dessinée français, auteur complet des albums *Adèle Blanc-Sec.*

**Tardieu** André (Paris, 1876 – Menton, 1945), homme politique français ; fondateur du Centre républicain (1932). Président du Conseil (1929, 1930 et 1932), il tenta de combattre la crise économique.

**Tardieu** Jean (Saint-Germain-de-Joux, Ain, 1903 – Créteil, 1995), poète et auteur dramatique français. Il a joué sur « les incertitudes du langage » : *Choix de poèmes* (1961), *Margeries* (1986), *Théâtre de chambre* (1955-1975).

**tardif, ive** *a* **1** Qui vient, qui se fait tard. *Coucher tardif. Repentir tardif.* **2** Se dit des végétaux comestibles qui arrivent à maturité après les autres de même espèce. *Haricots tardifs. Fraises tardives.* DER **tardivement** *av* – **tardiveté** *nf*

**tardigrade** *nm* ZOOL Métazoaire de petite taille (moins de 1 mm), proche des arthropodes, qui vit dans les mousses, les lichens, etc. et qui, en cas de sècheresse, entre en état de vie ralentie. ETY Du lat. *tardigradus,* « qui marche lentement ».

**tardillon, onne** *n* **fam** Dernier enfant d'une famille, né bien après les autres.

**tardivement, tardiveté** → **tardif.**

**tare** *nf* **1** Poids de l'emballage vide d'une marchandise, que l'on doit défalquer du poids brut pour obtenir le poids net. **2** Poids que l'on met dans l'un des plateaux d'une balance pour équilibrer la charge de l'autre plateau, dans la méthode de la double pesée. *Faire la tare.* **3** Défaut qui entraîne une diminution de la valeur commerciale d'une marchandise, de l'objet d'une transaction. *Bois d'œuvre sans tares.* **4** Défectuosité, physique ou psychique, diminuant les capacités fonctionnelles de l'organisme, ou affaiblissant sa résistance aux maladies. **5 fig** Grave défaut, vice d'une personne ; défectuosité, imperfection majeure. *Les tares d'une société.* ETY De l'ar. *tarh,* « déduction ».

**taré, ée** *a, n* **1** Qui présente une tare, un défaut. **2 fam** Fou, ridicule par le comportement, stupide.

**tarentaise** *nf* Syn. de *tarine.*

**Tarentaise (la)** la vallée supérieure de l'Isère, en amont d'Albertville ; v. princ. *Bourg-Saint-Maurice, Moûtiers.* Élevage bovin (race *tarine*). Industries créées par les centrales hydroélectriques. Tourisme (Tignes, Val-d'Isère). DER **tarentais, aise** *a, n*

**Tarente** (en ital. *Taranto*), v. d'Italie (Pouilles), port milit. sur le *golfe de Tarente ;* 193 136 hab. ; ch.-l. de la prov. du m. nom. Centre industriel. – Archevêché. Musée d'archéologie. – Anc. colonie grecque (*Taras*), puissante du VIII$^{e}$ au III$^{e}$ s. av. J.-C. DER **tarentin, ine** *a, n*

**tarentelle** *nf* Danse populaire tournoyante du sud de l'Italie, au rythme rapide ; air accompagnant cette danse. ETY De l'ital.

**tarentule** *nf* Grosse araignée (lycose) appelée aussi *araignée-loup*, dont la piqûre passait autrefois pour déterminer un état morbide caractérisé par une alternance d'accès de torpeur et d'excitation. ETY De l'ital.

**tarer** *vt* ① COMM Peser un emballage, un contenant pour pouvoir calculer le poids net d'une marchandise. DER **tarage** *nm*

**taret** *nm* Mollusque lamellibranche des eaux marines, au corps vermiforme, à la coquille réduite, qui occasionne d'importants dégâts aux ouvrages en bois immergés en y forant ses galeries. ETY De *tarière*.

**targe** *nf* Petit bouclier bombé en usage au Moyen Âge. ETY Du frq.

**targette** *nf* Petit verrou constitué d'un pêne coulissant sur une plaquette. ETY Du frq.

**Targowica (Confédération de)** confédération formée en mai 1792 par des nobles polonais conservateurs qui s'opposaient à la Constitution jacobine de 1791. La Russie la soutint et obtint le deuxième partage de la Pologne (1793). VAR **Targovitsa**

**targuer (se)** *vpr* ① **1** litt Se prévaloir avec ostentation de qqch. **2** Se faire fort de (+inf). *Il se targue de tenir la distance.*

**targui** → **touareg.**

**tarière** *nf* **1** TECH Outil de charpentier, grande vrille servant à forer des trous dans le bois. **2** Instrument servant à forer dans le sol des trous peu profonds. **3** ZOOL Organe térébrant au moyen duquel certaines femelles d'insectes, notam. hyménoptères, introduisent leurs œufs dans le bois, le corps d'autres insectes, etc. SYN ovipositeur, oviscapte. ETY Du gaulois.

**tarif** *nm* Tableau indiquant le prix de marchandises, de services ou de droits ; ces montants. *Tarif douanier. Billet à tarif réduit.* ETY De l'ar. *ta'rif*, « notification ». DER **tarifaire** *a*

**tarifer** *vt* ① Fixer à un montant déterminé le prix de. VAR **tarifier** ② DER **tarification** *nf*

**Tarim (le)** fleuve de Chine (2 179 km), dans le Xinjiang ; né dans le Karakoram, il se perd dans le Lob Nor.

**1 tarin** *nm* Oiseau passériforme (fringillidé) au plumage jaune verdâtre, rayé de noir sur les ailes, hôte habituel des bois de conifères européens.

**2 tarin** *nm* fam Nez.

**tarine** *nf* Race de bovins français, à robe fauve, bien adaptée aux conditions montagnardes. SYN tarentaise.

**Tariq ibn Ziyad** chef berbère, affranchi de Musa ibn Nusayr. Il débarqua en Espagne dans un site qui devint le *djabal al-Tariq*, « mont de Tariq » (d'où vient le nom de Gibraltar), et battit le roi wisigoth Rodrigue près de Cadix (711). Avec Musa ibn Nusayr, débarqué après lui, il étendit la conquête jusqu'à Saragosse.

**tarir** *v* ③ **A** *vt* Mettre à sec, faire cesser de couler. *La sècheresse avait tari les sources et les puits. Tarir les larmes de qqn.* **B** *vi* Être mis à sec ; cesser de couler. *Cette source n'a jamais tari.* **C** *vpr* fig Perdre de sa vigueur, s'amenuir. *Inspiration qui se tarit.* LOC ***Ne pas tarir d'éloges sur qqn*** : faire des éloges continuels de qqn. — ***Ne pas tarir sur un sujet*** : en parler sans cesse. ETY Du frq. DER **tarissable** *a* – **tarissement** *nm*

**Tarkovski Andreï Arsenievitch** (Moscou, 1932 – Paris, 1986), cinéaste russe, poète austère et profond : *Andreï Roublev* (1966), *Solaris* (1972), *le Miroir* (1974), *Stalker* (1979), *le Sacrifice* (1986). ▶ illustr. p. 1578

**tarlatane** *nf* Étoffe de coton au tissage lâche, très apprêtée. ETY Du portug.

**tarmac** *nm* AVIAT Partie d'un aérodrome réservée à la circulation, au stationnement et à l'entretien des avions. ETY De *tarmacadam*.

**tarmacadam** *nm* vx Revêtement constitué de pierres concassées agglomérées avec du goudron. ETY De l'angl. *tar*, « goudron ».

**Tarn (le)** riv. de France (375 km), affl. de la Garonne (r. dr.) ; né au S. du mont Lozère, il coule dans des gorges profondes, puis passe à Millau, Albi et reçoit l'Aveyron (r. dr.).

**Tarn** dép. français (81) ; 5 751 km$^2$ ; 381 900 hab. ; 66,4 hab./km$^2$ ; ch.-l. *Albi* ; ch.-l. d'arr. *Castres*. V. Midi-Pyrénées. DER **tarnais, aise** *a, n*

**Tarn-et-Garonne** dép. franç. (82) ; 3 716 km$^2$ ; 250 300 hab. ; 67,4 hab./km$^2$ ; ch.-l. *Montauban* ; ch.-l. d'arr. *Castelsarrasin*. V. Midi-Pyrénées. DER **tarn-et-garonnais, aise** *a, n*

**Tarnier Étienne,** dit **Stéphane** (Aiserey, Côte-d'Or, 1828 – Paris, 1897), obstétricien français, pionnier de l'asepsie.

**Tarnovo** → **Veliko Tarnovo.**

**Tarnów** v. de la Pologne mérid. ; 115 500 hab. ; ch.-l. de la voïévodie du m. nom. Centre industriel.

**taro** *nm* BOT Plante des pays chauds (aracée) cultivée en Afrique tropicale et en Polynésie pour son tubercule comestible riche en amidon ; ce tubercule. ETY Mot polynésien.

**Taro Aso** (Iizuka, près de Fukuoka, 1940), homme politique japonais. Président du parti libéral démocrate et Premier ministre de 2008 à 2009.

**tarologie** *nf* Divination par les tarots. VAR **taromancie** DER **tarologue** *n*

**tarot** *nm* **1** Carte à jouer de grand format également utilisée en cartomancie pour dire la bonne aventure. *Le jeu de tarots comporte soixante-dix-huit cartes* (lames). **2** Jeu qui se joue avec ces cartes. ETY De l'ital.

**taroté, ée** *a* JEU Se dit de cartes dont les dos sont imprimés de grisaille en compartiments, comme les tarots.

**tarpan** *nm* Cheval sauvage d'Asie occidentale, dont les deux espèces, le *tarpan des forêts* et le *tarpan des steppes*, se seraient éteintes au XIX$^{e}$ s. ETY Mot kirghiz.

**Tarpeia** jeune vestale légendaire. Elle ouvrit la porte du Capitole aux assiégeants sabins, qui la massacrèrent.

**Tarpéienne (roche)** rocher du mont Capitolin, qui surplombe le Tibre, d'où certains criminels de la Rome antique étaient précipités.

**tarpon** *nm* ICHTYOL Gros poisson marin clupéiforme à grandes écailles, vivant au large des côtes dans l'Atlantique tropical. ETY Mot angl.

**Tarquinia** v. d'Italie (Latium, prov. de Viterbe) ; 16 500 hab. – Restes de l'anc. ville étrusque (nombr. tombes peintes).

**Tarquin l'Ancien** (en lat. *Lucius Tarquinius Priscus*) (m. v. 579 av. J.-C.), le cinquième roi de Rome selon la tradition. D'origine étrusque (ou grecque), il créa à Rome la *Cloaca maxima* (« le grand égout »).

**Tarquin le Superbe** (en lat. *Lucius Tarquinius Superbus*), le septième et dernier roi de Rome (v. 534 – v. 509 av. J.-C.). Successeur de Servius Tullius, son beau-père, il eut un règne glorieux, mais les nobles romains soulevèrent le peuple après le viol de Lucrèce par son fils, l'exilèrent et fondèrent la république.

**Tarraconaise** province romaine de la péninsule Ibérique. Cap. *Tarraco* (auj. Tarragone).

**Tarragone** (en esp. *Tarragona*), v. d'Espagne (Catalogne), port sur la Méditerranée ; ch.-l. de la prov. du m. nom ; 131 300 hab. Centre industriel. Tourisme. – Archevêché. Vestiges romains (V. Tarraconaise). Cath. XII$^{e}$-XIII$^{e}$ s. Musée archéologique.

**Tarrasa** v. d'Espagne (Catalogne) ; 106 100 hab. Industries.

**tarse** *nm, a* **1** ANAT Massif osseux formant la partie postérieure du pied de l'homme et des mammifères. **2** Cartilage qui forme le bord libre de la paupière. **3** ZOOL Dernière partie de la patte des insectes, composée de plusieurs articles (cinq au maximum). **4** Troisième article du pied des oiseaux. ETY Du gr. DER **tarsien, enne** *a*

**tarsidé** *nm* ZOOL Prosimien de mœurs nocturnes de l'Asie insulaire.

**tarsier** *nm* Petit primate arboricole (tarsidé), carnivore, remarquable par ses yeux très développés et ses longues pattes postérieures adaptées au saut.

**tarsier** spectre

**Tarski** Alfred (Varsovie, 1902 – Berkeley, 1983), mathématicien, logicien et sémanticien américain d'origine polonaise : *Logique, sémantique, métamathématique* (1956).

**tarsoptôse** *nf* MED Affaissement de la voûte plantaire.

**Tarsus** v. de Turquie, à l'O. d'Adana ; 324 000 hab. Textile. – Vestiges de l'antique *Tarse*. – Patrie de saint Paul.

**Tarsus Çayi (le)** (anc. *Cydnus*, en Cilicie), fl. côtier de Turquie. – Frédéric Barberousse s'y noya.

**Tartaglia** (« le Bègue ») Niccolo Fontana, dit (Brescia, v. 1500 – Venise, 1557), mathématicien italien. Il découvrit la solution des équations du 3$^{e}$ degré.

**1 tartan** *nm* **1** Étoffe de laine à bandes de couleur se coupant à angle droit, d'origine écossaise. *Autrefois, les dessins du tartan servaient à distinguer les clans.* **2** Vêtement fait de cette étoffe. **3** Tissu à dessin écossais. ETY Mot écossais.

**2 tartan** *nm* TECH Revêtement de sol très résistant, à base de résine polyuréthane, utilisé notam. pour les installations sportives. ETY Nom déposé.

**tartane** *nf* Petit voilier gréé d'une voile à antenne et d'un beaupré, très répandu autref. en Méditerranée. ETY Du provenç. *tartana*, « buse ».

**tartare** *a, n* **A** Se disait des peuples nomades de l'Asie centrale, partic. des tribus mongoles. **B** *nm* CUIS **1** Viande hachée crue mêlée d'un jaune d'œuf et d'un assaisonnement relevé. SYN steak tartare. **2** Poisson servi cru et haché. *Un tartare de thon.* **LOC** CUIS ***Sauce tartare*** : mayonnaise additionnée d'oignons verts et de ciboulette.

**Tartare** dans la myth. gr., espace souterrain qui constituait le fond des Enfers et dans lequel Zeus précipitait ses ennemis. DER **tartaréen, enne** *a*

**Tartares** → **Tatars.**

**Tartarie (détroit de)** détroit qui sépare la Sibérie et l'île Sakhaline, à l'embouchure de l'Amour. VAR **manche de Tartarie**

**tartarin** *nm* fam, vieilli Vantard, hâbleur, fanfaron. ETY Du n. pr.

**tartarinade** *nf* fam Fanfaronnade.

**Tartarin de Tarascon** Méridional hâbleur, héros d'une trilogie romanesque de Daudet : *Tartarin de Tarascon* (1872), *Tartarin sur les Alpes* (1885), *Port-Tarascon* (1890).

**tarte** *nf, a* **A** *nf* **1** Pâtisserie faite d'un fond de pâte brisée ou feuilletée, garnie de fruits et éventuellement de confiture, de compote ou de crème pâtissière. **2** fam Gifle. **B** *a* fam Niais et ridicule. *Ce que tu peux être tarte ! Elle est tarte, ta robe !* **LOC** fam ***C'est pas de la tarte*** : c'est difficile. — ***Tarte à la crème*** : argument, thème, exemple qui revient à tout propos. ETY De *tourte*.

**tartelette** *nf* Petite tarte.

**tartempion** *nm* fam, péjor (Le plus souvent avec une majuscule.) Untel. *Vous vous adressez à la maison Tartempion, qui vous envoie un devis.* ETY De *tarte* et *pion*.

**tartiflette** *nf* CUIS Mélange de pommes de terre et de reblochon fondu, spécialité savoyarde.

**tartignolle** *a* fam Niais et ridicule.

**tartinabilité** *nf* INDUSTR Aptitude à l'étalement d'un produit alimentaire.

**tartine** *nf* **1** Tranche de pain sur laquelle on a étalé du beurre, de la confiture, etc. **2** fig, fam Discours, texte de peu d'intérêt, qui s'étend sur un sujet.

**tartiner** *vt* ① **1** Étaler du beurre, de la confiture, etc. sur une tranche de pain. **2** fig, fam Écrire des textes très longs.

**Tartini** Giuseppe (Pirano, 1692 – Padoue, 1770), violoniste et compositeur italien ; fondateur d'une école de violon à Padoue : concertos, trios, sonates.

**tartir** *vi* **LOC** fam ***Faire tartir qqn*** : l'ennuyer.

**Tartou** v. d'Estonie ; 103 300 hab. Industries. – La ville, allemande (sous le nom de *Dorpat*) de 1224 à 1704, fut un centre import. de la Hanse. VAR **Tartu**

**tartrate** *nm* Sel ou ester de l'acide tartrique.

**tartrazine** *nf* Substance jaune utilisée comme colorant alimentaire.

**tartre** *nm* **1** Dépôt calcaire laissé par l'eau sur les parois internes des chaudières, des bouilloires, etc. **2** Dépôt produit par le vin dans un récipient. **3** Sédiment constitué de phosphate de calcium, qui se forme sur les dents. ETY Du lat. DER **tartreux, euse** *a*

**tartrique** *a* **LOC** CHIM ***Acide tartrique*** : composé possédant deux fonctions acide et deux fonctions alcool, contenu dans le tartre et les lies du vin.

**tartuffe** *nm* **1** litt Faux dévot. **2** Personne hypocrite, qui affiche de grands principes moraux auxquels elle ne se conforme pas. ETY Du n. pr. VAR **tartufe** DER **tartufferie** ou **tartuferie** *nf*

**Tartuffe** comédie en 5 actes et en vers de Molière (1664). Représentée devant Louis XIV, qui l'apprécia, cette pièce déplut à l'archevêque de Paris et ne fut jouée qu'en 1669.

**Tarvis (col de)** col des Alpes orientales (812 m), reliant les vallées de la Fella (Italie), de la Drave (Autriche) et de la Save (Slovénie).

**Tarzan** héros du roman de E. R. Burroughs *Tarzan, seigneur de la jungle* (1914). De 1929 à 1937, Harold Foster (1892 – 1981) fit de Tarzan le héros d'une bande dessinée, que continuèrent d'autres auteurs. ▷ CINE **1.** Plus. films muets, notam. *Tarzan chez les singes* (1918), avec Elmo Lincoln. **2.** De 1932 à 1948, 12 films avec Johnny Weissmuller (1904 – 1984), dont *Tarzan l'homme singe* (1932) et *Tarzan et sa compagne* (1934), incarnée par Maureen O'Sullivan (1911 – 1998). Il eut de nombr. successeurs, notam. Lex Barker (1919 – 1973) et Gordon Scott (1926 – 2007).

**Tarzan,** interprété par J. Weissmuller (1932)

**tas** *nm* **1** Accumulation de choses mises les unes sur les autres ; amas, monceau. *Tas de sable, de fagots.* **2** fig, fam Grande quantité, grand nombre de. *Il a un tas, des tas d'amis.* **3** CONSTR Masse d'un bâtiment en construction. **4** TECH Petite masse d'acier parallélépipédique servant d'enclume. *Tas de bijoutier.* **LOC** fam ***Sur le tas :*** sur le lieu de travail. — fam ***Tas de boue :*** vieille voiture déglinguée. — ARCHI ***Tas de charge :*** assises de pierre placées horizontalement sur un support et servant d'appui aux arcs en saillie, aux arcs latéraux et aux ogives. — ***Tirer dans le tas :*** sur un groupe, sans viser qqn en particulier. ETY Du frq.

**Tascher de La Pagerie** → **Joséphine.**

**Taschereau** Louis Alexandre (Québec, 1867 – id., 1952), homme politique québécois ; Premier ministre (libéral) du Québec de 1920 à 1936.

**taser** *nm* Sorte de pistolet à décharges électriques, destiné à paralyser temporairement l'adversaire. ETY Nom déposé.

**task-force** *nf* didac Groupe de spécialistes chargés d'examiner un projet, ainsi que sa mise en œuvre. SYN (recommandé) groupe de projet. PLUR task-forces. ETY Mot anglais. VAR **taskforce**

**Tasman (mer de)** partie de l'océan Pacifique située entre l'Australie et la Tasmanie à l'ouest, la Nouvelle-Zélande à l'est.

**Tasman** Abel Janszoon (Lutjegast, 1603 – Batavia, 1659), navigateur hollandais. En 1642-1643, il découvrit la terre nommée *Tasmanie* en 1853, l'île du sud de la Nouvelle-Zélande, les Tonga et les Fidji.

**Tasmanie** État d'Australie, formé par une île située au S. du détroit de Bass ; 67 800 km$^2$ ; 450 000 hab. ; cap. *Hobart.* DER **tasmanien, enne** *a, n*

**Géographie** L'île, aux côtes découpées, correspond à un massif ancien très raviné (1 618 mètres au mont Ossa). Le climat tempéré favorise l'élevage (bovins et ovins) et la culture des fruits. L'industrie bénéficie d'un sous-sol riche (zinc, plomb, tungstène, cuivre) et de ressources hydroélectriques.

**Histoire** Découverte en 1642 par A. Tasman, l'île fut colonisée au XIX^e^ s. par les Britanniques et servit notam. de terre de déportation. Les autochtones (Mélanésiens) furent massacrés. Séparée de la Nouvelle-Galles du Sud en 1825, l'île eut un gouv. autonome en 1856.

**Tass (agence)** acronyme pour *Telegrafnoïe Aguentstvo Sovietskogo Soïouza,* agence de presse soviétique créée en 1925 à Moscou. V. ITAR.

**tassage** → **tasser.**

**tasse** *nf* Récipient à boire muni d'une anse ; son contenu. *Tasse de porcelaine. Prendre une tasse de café.* **LOC** fam ***Boire la tasse :*** avaler de l'eau sans le vouloir, en nageant, en tombant à l'eau ; fig subir des pertes d'argent. — fam ***Ce n'est pas ma tasse de thé :*** ça ne m'intéresse pas. ETY De l'ar.

**Tasse** Torquato Tasso, dit en fr. le (Sorrente, 1544 – Rome, 1595), poète italien. Gentilhomme de la cour de Ferrare, il écrivit une épopée (*le Renaud* 1562) et de nombr. ouvrages en vers. *La Jérusalem délivrée* fut achevée en 1575, mais, craignant la damnation plus que le Saint-Office, il ne la publia qu'en 1581. Deux fois examiné par l'Inquisition, il eut des crises de folie et fut interné à l'hôpital de Ferrare (1579-1586). En 1593, il publia *la Jérusalem conquise,* une version expurgée.

**A. Tarkovski**

**le Tasse**

**tassé, ée** *a* **LOC** *Bien tassé :* servi avec abondance, en remplissant bien le verre, en parlant de boissons alcoolisées ; fig, fam au moins et même un peu plus. ***Il a soixante ans bien tassés.***

**tasseau** *nm* Pièce de bois de faible section, servant de cale ou de support. ETY Du lat. *taxillus,* « petit dé à jouer », et de *tessela,* « carreau, cube ».

**tasser** *v* ① **A** *vt* **1** Diminuer le volume de qqch en serrant, en pressant ; serrer des éléments de façon qu'ils occupent peu de place. *Tasser de la paille.* **2** SPORT Contraindre irrégulièrement un coureur concurrent à serrer le bord de la piste. **B** *vpr* **1** S'affaisser sur soi-même. *Construction qui se tasse. Vieillard qui se tasse.* **2** Se presser, se serrer les uns contre les autres. **3** fig, fam S'arranger. *Ça finira par se tasser.* DER **tassage** ou **tassement** *nm*

**tassette** *nf* ARCHEOL Plaque d'acier de la cuirasse qui protège les cuisses. ETY De l'a. fr. *tasse,* « poche, bourse ».

**tassili** *nm* GEOGR Grand plateau gréseux, au Sahara. ETY Mot berbère.

**Tassili des Ajjer** → **Ajjer.**

**Tassilon III** (v. 742 – m. apr. 794), duc de Bavière (748-788). Il se révolta contre Charlemagne, fut déposé en 788 et emprisonné.

**Tassin-la-Demi-Lune** ch.-l. de cant. du Rhône (arr. de Lyon) ; 15 977 hab. Industries. DER **tassilunois, oise** *a, n*

**Tassoni** Alessandro (Modène, 1565 – id., 1635), auteur italien de « pensées diverses » (10 vol., 1608-1620) et d'un poème héroï-comique, *le Seau enlevé* (1624).

**taste-vin** *nm* Petite coupe en métal ou pipette dont on se sert pour déguster le vin. PLUR taste-vins. VAR **tâte-vin**

**tata** *nf* Tante (langage enfantin).

**Tata** Jamshedji Nasarwanji (Navsāri, 1839 – Bad Nauheim, Rhénanie-du-Nord, 1904), industriel indien ; promoteur du développement industriel de son pays.

**Tatabánya** v. de Hongrie, à l'O. de Budapest ; 76 000 hab. ; ch.-l. de comté. Centre minier (lignite) et industriel (aluminium).

**tatami** *nm* **1** Natte en paille de riz utilisée comme tapis au Japon et servant d'unité de surface (2 m sur 1 m). **2** SPORT Tapis destiné à amortir les chutes dans la pratique des arts martiaux. ETY Mot jap.

**tatane** *nf* fam Chaussure.

**tatar** *nm* Langue turque parlée par les Tatars.

**Tatarka** Dominik (Drienov, 1913 – Bratislava, 1989), nouvelliste et romancier slovaque : *la République des curés* (1948), sur la période fasciste.

**Tatars** nomades turco-mongols dont la présence est attestée au VIII^e^ s. dans l'O. de l'actuelle Mongolie. Ils furent écrasés par Gengis khān en 1202, mais les Européens nommèrent longtemps « Tartares » de nombr. peuples turco-mongols. Auj., les Tatars, musulmans, sont évalués à 7 millions de personnes ; on distingue les *Tatars de la Volga* (V. Tatars [république autonome des]) et les *Tatars de Crimée.* Ces derniers, déportés par Staline en 1944-1945, désirent encore regagner leur territoire national. DER **tatar, are** *a*

**Tatars (république autonome des)** république autonome de Russie, sur la moyenne Volga ; 68 000 km$^2$ ; 3 564 000 hab. (Tatars 48 %, Russes 40 %) ; cap. *Kazan.* Région fertile (céréales) et forestière ; import. gisements de pétrole (Second-Bakou). Nombr. industries. VAR **Tatarstan, Tatarie** DER **tatar, are** *a, n*

**Tate Gallery** musée londonien (sur la rive g. de la Tamise) fondé en 1897 par le négociant en sucre Henry Tate. Il renferme une abondante collection de peinture angl. (dep. le XVI^e^ s.), notam. plus de 250 tableaux de Turner, et d'art moderne (dep. l'impressionnisme jusqu'à l'avant-garde contemporaine).

**tâter** *v* ① **A** *vt* **1** Toucher avec les doigts, évaluer, apprécier par le tact. *Tâter un fruit. Tâter le pouls de qqn.* **2** fig Essayer de connaître les capacités, les intentions de qqn. *Tâter l'ennemi.* **B** *vti* Essayer, faire l'expérience de qqch. *Il a tâté d'un peu de tous les métiers.* **C** *vpr* fig, fam Délibérer longuement en soi-même, hésiter avant de prendre une décision. **LOC** ***Tâter le terrain :*** étudier discrètement les dispositions des personnes, la situation, avant d'entreprendre qqch. ETY Du lat.

**tâteur** *nm* TECH Appareil de contrôle mécanique de certaines machines agricoles.

**tâte-vin** → **taste-vin.**

**Tati** Jacques Tatischeff, dit Jacques (Le Pecq, 1908 – Paris, 1982), cinéaste et acteur français ; observateur de la vie quotidienne et poète : *Jour de fête* (1949), *les Vacances de M. Hulot* (1953), *Mon oncle* (1958), *Playtime* (1964-1967), *Trafic* (1971), *Parade* (1974). ▶ illustr. p. 1580

**tatie** *nf* Grand-tante (langage enfantin).

**Tatien** (en grec *Tatianos*) (en Syrie, v. 120 – ?, apr. 173), apologiste syrien. Il attaqua la culture grecque dans son *Discours aux Grecs* et composa le *Diatessaron,* qui unifie les quatre Évangiles.

**tatillon, onne** *a* Qui s'attache à tous les petits détails avec une minutie exagérée.

**tatin** *nf* Tarte aux pommes cuite recouverte de pâte, puis retournée au moment de servir. (On dit aussi *tarte Tatin.*) ETY D'un n. pr.

**Tatius** roi légendaire des Sabins. Après l'enlèvement des Sabines, il combattit Romulus et obtint le partage du pouvoir à Rome.

**Tatline** Vladimir Ievgrafovitch (Kharkov, 1885 – Moscou, 1953), peintre et sculpteur soviétique ; promoteur du constructivisme (« tableaux-reliefs »), théoricien d'un art utilitaire au service du peuple : maquette du *Monument à la III^e^ Internationale* (1919-1920).

**tâtonner** *vi* ① **1** Chercher sans pouvoir utiliser le sens de la vue, en tâtant les objets autour de soi. **2** fig Essayer successivement divers moyens dont on n'est pas sûr, procéder par essais et corrections des erreurs, sans être guidé par une méthode. *Les médecins ne savent pas ce qu'il a, ils tâtonnent.* DER **tâtonnant, ante** *a* – **tâtonnement** *nm*

**tâtons (à)** *av* En tâtonnant. *Marcher à tâtons.*

**tatou** *nm* Mammifère xénarthre d'Amérique tropicale (dasypodidé), fouisseur et insectivore, pourvu d'une carapace osseuse et cornée qui l'enveloppe complètement lorsqu'il se roule en boule, et dont la taille varie d'une dizaine de centimètres à un mètre selon les espèces. ETY Mot tupi.

**tatou** à neuf bandes

**tatouer** *vt* 1 **1** Tracer sur une partie du corps un dessin indélébile, généralement en introduisant des pigments sous la peau au moyen d'une fine aiguille. **2** Marquer une voiture, une moto de manière à dissuader les voleurs. ETY Du tahitien. DER **tatouage** *nm* – **tatoueur, euse** *n* – **tatoué, ée** *n*

**Tatras (les)** le plus haut massif des Carpates (2 655 mètres au Gerlachovsky), formé des Hautes Tatras, au N. (à la frontière polono-slovaque), et des Basses Tatras, au S. (en Slovaquie). VAR **Tatry**

**Tatum Arthur,** dit **Art** (Toledo, Ohio, 1910 – Los Angeles, 1956), pianiste de jazz américain.

**tau** *nm* **1** Dix-neuvième lettre de l'alphabet grec (Τ, τ). **2** HERALD Meuble de l'écu en forme de T, appelé aussi *croix de Saint-Antoine.* **3** PHYS Syn. de *tauon.*

**Taube Henry** (Neudorf, Saskatchewan, 1915 – Stanford, Californie, 2005), chimiste américain. Il étudia les transferts d'électrons dans les complexes métalliques. P. Nobel 1983.

**taud** *nm* MAR Enveloppe, housse de protection en grosse toile. *Taud d'un canot de sauvetage.* ETY De l'anc. normand *tjald,* « tente ».

**taudis** *nm* Logement misérable, insalubre. ETY De l'a. fr. *se tauder,* « s'abriter ».

**Tauern (les)** massif des Alpes autrichiennes (3 798 m au Grossglockner, le plus haut sommet du pays) : à l'O. s'étendent les *Hohe Tauern,* les plus élevés ; à l'E., les *Niedere Tauern.* La pop. est faible ; le tourisme, actif. Centrales hydroélectriques.

**taulard, arde** *n* fam Personne qui est ou a été en prison. VAR **tôlard, arde**

**taule** *nf* **1** fam Prison. **2** fam, vieilli Chambre d'hôtel ; chambre, en général. **3** fam Société, entreprise. VAR **tôle**

**taulier, ère** *n* fam **1** Patron d'un hôtel, d'un restaurant. **2** Patron d'une société. VAR **tôlier, ère**

**Taunton** v. de G.-B. ; 38 000 hab. ; ch.-l. du Somerset. – Musée.

**Taunus** région du Massif schisteux rhénan, en Allemagne, sur la r. dr. du Rhin, au N. de Mayence (880 m au Feldberg).

**tauon** *nm* PHYS NUCL Particule la plus massive de la famille des leptons. SYN tau.

**taupe** *nf* **1** Petit mammifère insectivore au corps trapu, aux pattes antérieures fouisseuses robustes, au pelage brun-noir ras et velouté, qui vit dans des galeries qu'il creuse sous terre. *Myope comme une taupe.* **2** Fourrure faite avec la peau de cet animal. **3** Lamie (poisson). **4** TRAV PUBL Engin de terrassement utilisé pour creuser les tunnels, travaillant à pleine section et en continu. **5** fam Classe de mathématiques spéciales, qui prépare aux concours d'entrée des grandes écoles. **6** fam Agent secret infiltré dans un organisme de son pays et espionnant pour le compte d'une puissance étrangère. LOC *Vieille taupe :* vieille femme désagréable, à l'esprit mesquin et borné ; nom donné à l'histoire par certains philosophes. ETY Du lat.

**taupé** *nm, am* **A** Se dit d'une variété de feutre ressemblant à la fourrure de la taupe. **B** *nm* Coiffure faite avec ce tissu.

**taupe-grillon** *nm* Syn. de *courtilière.* PLUR taupes-grillons.

**taupier** *nm* Spécialiste de la destruction des taupes.

**taupière** *nf* Piège à taupes.

**taupin** *nm* **1** ENTOM Insecte coléoptère qui, posé sur le dos, peut se projeter en l'air. **2** fam Élève d'une classe de taupe.

**taupinière** *nf* Petit monticule de terre constitué par les déblais qu'une taupe rejette en creusant ses galeries.

**taure** *nf* rég litt Génisse.

**taureau** *nm* Bovin non castré, mâle de la vache. *Taureau de combat.* LOC *Cou de taureau :* court, épais et très musclé. — *Prendre le taureau par les cornes :* affronter une difficulté et tenter de la résoudre en l'abordant précisément par son côté dangereux ou fâcheux. ETY Du gr. DER **taurin, ine** *a*

**Taureau (le)** constellation zodiacale de l'hémisphère boréal ; n. scientif. : *Taurus, Tauri.* – Signe du zodiaque (21 avril-21 mai).

**Tauride** anc. nom de la *Crimée.* Selon les Grecs, ses hab. immolaient des étrangers (cf. Iphigénie en Tauride). VAR **Chersonèse Taurique**

**taurides** *nfpl* ASTRO Essaim de météorites qui semblent provenir en novembre de la constellation du Taureau.

**taurillon** *nm* Jeune taureau.

**taurin** → **taureau.**

**taurine** *nf* BIOL Substance azotée et soufrée présente dans la bile, qui joue un rôle dans la digestion des lipides.

**taurobole** *nm* ANTIQ Sacrifice expiatoire offert à Cybèle et à Mithra, au cours duquel on arrosait le prêtre du sang d'un taureau égorgé.

**tauromachie** *nf* Art de combattre les taureaux dans l'arène, de toréer. DER **tauromachique** *a*

**Taurus** chaîne de montagnes du S. de la Turquie qui culmine à 3 734 mètres. Au N.-E. s'étend le puissant *massif de l'Anti-Taurus.*

**Tautavel** com. des Pyrénées-Orientales (arr. de Perpignan) ; 851 hab. – En 1971, on a retrouvé près de cette local. le crâne d'un *Homo erectus,* dit *homme de Tautavel.*

**tauto-** Élément, du gr. *to auto,* « le même ».

**tautochrone** *a* PHYS Syn. de *isochrone.*

**tautogramme** *nm* Texte dont tous les mots commencent par la même lettre.

**tautologie** *nf* LOG **1** Caractère redondant d'une proposition dont le prédicat énonce une information déjà contenue dans le sujet. *« Un chat est un chat » est une tautologie.* **2** Formule de calcul propositionnel qui reste toujours vraie lorsqu'on remplace les énoncés qui la composent par d'autres. DER **tautologique** *a*

**tautomère** *a, nm* CHIM Se dit d'une substance qui existe sous plusieurs formes en équilibre. *Deux substances tautomères ont la même formule brute.* LOC ANAT *Organe tautomère :* entièrement situé du même côté du corps. DER **tautomérie** *nf*

**taux** *nm* **1** Prix officiel de certains biens, de certains services. *Taux des actions cotées en Bourse.* **2** Rapport entre des sommes d'argent, exprimé en pourcentage. **3** Rapport quantitatif, proportion, pourcentage. *Taux d'albumine dans le sang.* LOC FIN *Taux de base bancaire (TBB) :* taux minimum d'emprunt proposé par les banques à leurs meilleurs clients. SYN prime rate. — *Taux de l'impôt :* pourcentage déterminé servant à calculer le montant de l'impôt d'après la base imposable. — STATIS *Taux de natalité, de mortalité :* chiffre moyen (pour mille habitants) du nombre total de naissances ou de morts d'une population donnée pour une période donnée, en général une année. — *Taux d'intérêt :* pourcentage annuel auquel les intérêts sont réglés. — *Taux d'invalidité :* importance d'une invalidité relativement à l'incapacité qu'elle entraîne. — *Taux directeur :* taux d'intérêt pratiqué par les banques centrales pour leurs opérations sur le marché monétaire. — *Taux effectif global (TEG) :* coût réel du crédit pour l'emprunteur (taux d'intérêt augmenté des frais et de l'assurance). ETY De *taxer.*

**tavaillon** *nm* Savoie, Suisse CONSTR Bardeau. ETY Du lat. *tabellio,* « planchette ». VAR **tavillon**

**Tavant** com. d'Indre-et-Loire (arr. de Chinon) ; 238 hab. – Égl. du XII^e s., dont la crypte et le chœur sont ornés de fresques romanes. DER **tavantais, aise** *a, n*

**tavel** *nm* Côtes-du-rhône rosé, sec et corsé. ETY D'un n. pr.

**taveler** *vt* 17 ou 19 Parsemer de petites taches. *Mains tavelées.* ETY Du lat. *tabella,* « tablette ».

**tavelure** *nf* **1** État de ce qui est tavelé. **2** BOT Maladie cryptogamique des arbres fruitiers, qui se manifeste par des taches brunes et des crevasses sur les fruits et les feuilles.

**taverne** *nf* **1** anc Établissement public où l'on servait à boire et parfois à manger. SYN auberge. **2** Café, restaurant dont le décor évoque celui des anciennes tavernes. ETY Du lat.

**tavernier, ère** *n* anc Personne tenant une taverne.

**Tavernier Bertrand** (Lyon, 1941), cinéaste français : *le Juge et l'Assassin* (1976), *Un dimanche à la campagne* (1984), *l'Appât* (1995).

**Taverny** ch.-l. de cant. du Val-d'Oise (arr. de Pontoise), à l'orée de la forêt de Montmorency ; 25 909 hab. Base aérienne. – Égl. gothique XIII^e-XV^e s. DER **tabernacien, enne** *a, n*

**Taviani Vittorio et Paolo** (San Miniato, Italie, 1929 et 1931), cinéastes italiens : *Allonsanfan* (1974), *Padre padrone* (1977), *le Pré* (1979), *Kaos, contes siciliens* (1989), *Kaos II* (1999).

**tavillon** → **tavaillon.**

**Tawfiq** (Le Caire, 1852 – Helouan, 1892), khédive d'Égypte (1879-1892) ; fils d'Isma'il Pacha. À partir de 1883, le consul brit. exerça le pouvoir en Égypte.

**taxable** → **taxer.**

**taxacée** *nf* BOT Gymnosperme arborescente dont le type est l'if. ETY Du lat. *taxus,* « if ».

**taxateur, trice** *n* Personne qui taxe. LOC *Juge taxateur :* qui taxe les dépens.

**taxatif, ive** *a* DR Susceptible d'être taxé.

**taxation** *nf* **1** Action de fixer, de façon impérative, le prix de certaines marchandises ou de certains services. **2** Action de frapper d'un impôt.

**taxaudier** → **taxodium.**

**Taxco de Alarcón** v. pittoresque du Mexique, autref. minière, au S.-O. de Mexico ; 30 000 hab. Monuments baroques.

**taxe** *nf* **1** Prix fixé par l'autorité publique pour certaines marchandises, pour certains services. **2** DR Détermination du montant des frais de justice, des droits dus à des officiers publics. **3** Contribution, impôt. *Taxe sur les alcools. Taxes* municipales. LOC ***Taxe additionnelle*** : ayant la même base mais un taux plus faible que la taxe principale à laquelle elle est liée. — ***Taxe à la valeur ajoutée (TVA)*** : impôt indirect qui frappe les biens de consommation. — ***Taxe d'apprentissage*** : versée par les entreprises pour le financement de la formation professionnelle.

**taxer** *vt* 1 **1** Fixer en tant qu'autorité compétente le prix de. *Taxer les dépens d'un procès.* **2** Faire payer un impôt, une taxe. *Taxer les boissons alcoolisées.* **3** fig Accuser qqn de. *On me taxe d'outrecuidance.* **4** fig Désigner péjorativement sous le nom de. *Sa gentillesse que certains taxent de faiblesse.* **5** fam Extorquer, voler. *Il m'a taxé (de) cent francs.* ETY Du gr. DER **taxable** *a*

**taxi-, taxo-, -taxie** Éléments, du gr. *taxis*, « arrangement, ordre ».

**taxi** *nm* **1** Automobile munie d'un taximètre et conduite par un chauffeur professionnel, que l'on loue. **2** fam Chauffeur de taxi. **3** fam Société dont la seule activité est de fournir des fausses factures destinées à frauder le fisc ou à blanchir de l'argent. ETY De *taximètre*.

**taxiarque** *nm* ANTIQ GR Chacun des dix officiers élus chaque année qui commandaient l'infanterie athénienne.

**taxi-brousse** *nm* Afrique Taxi collectif qui s'arrête à la demande. PLUR taxis-brousse.

**taxidermie** *nf* Art de préparer les animaux morts pour les conserver sous leur forme naturelle. DER **taxidermiste** *n*

**taxie** *nf* BIOL Syn. de *tropisme*.

**taxi-girl** *nf* Jeune femme rétribuée pour servir de cavalière aux clients d'un dancing, d'un bar. SYN entraîneuse. PLUR taxi-girls. PHO [taksigœʀl] ETY Mot anglo-amér. VAR **taxigirl**

**Taxila** (autref. *Takshaçila*), anc. v. de l'Inde, auj. au Pākistān (au N.-O. de Peshāwar). Monastère et stupa bouddhiques.

**taximan** *nm* Afrique, Belgique Chauffeur de taxi.

**taximètre** *nm* **1** Compteur indiquant la somme à payer pour un trajet en taxi, d'après la distance parcourue et le temps d'occupation de la voiture. **2** MAR Couronne graduée qui sert à prendre des relèvements.

**taxinomie** *nf* didac **1** Science de la classification des êtres vivants. **2** Science de la classification, en général. **3** Classification d'éléments. VAR **taxonomie** DER **taxinomique** ou **taxonomique** *a*

**taxiphone** *nm* Téléphone public à pièces. ETY Nom déposé.

**taxiway** *nm* Sur un aérodrome, voie aménagée pour la circulation au sol des avions. PHO [taksiwɛ] ETY Mot anglo-amér.

**taxodium** *nm* BOT Grand conifère ornemental originaire des marais de Virginie et de Floride, appelé cour. *cyprès chauve.* PHO [taksɔdjɔm] ETY Du gr. VAR **taxodier** ou **taxaudier**

taxodium

**taxoïde** *nm* PHARM Médicament antitumoral extrait du taxol ou obtenu par synthèse.

**taxol** *nm* PHARM Substance antitumorale présente dans l'écorce de l'if du Pacifique. ETY Du lat. *taxus*, « if ».

**taxon** *nm* didac Unité systématique (espèce, genre, famille, etc.). PLUR taxons ou taxa.

**taxonomie** → **taxinomie.**

**taxotère** *nm* PHARM Analogue de synthèse du taxol.

**Tay (le)** fl. d'Écosse (193 km) qui se jette dans la mer du Nord par le large *firth of Tay*.

**tayaut !** → **taïaut !**

**Taygète** massif montagneux de la Grèce qui culmine à 2 404 m et domine Sparte.

**Taylor** Brook (Edmonton, 1685 – Londres, 1731), mathématicien anglais. La *formule de Taylor* permet de développer en série une fonction au voisinage d'un point.

**Taylor** Zachary (Montebello, 1784 – Washington, 1850), général et président des États-Unis (1849-1850).

**Taylor** Isidore Justin Séverin (baron) (Bruxelles, 1789 – Paris, 1879), écrivain et administrateur français, auteur des *Voyages pittoresques et romantiques de l'ancienne France* (1820-1863).

**Taylor** Frederick Winslow (Germantown, 1856 – Philadelphie, 1915), ingénieur américain. Dans les années 1890, il créa l'« organisation scientifique du travail » (dite *système Taylor* ou *taylorisme*), efficace et souvent jugée inhumaine. En 1900, il élabora des aciers à coupe rapide.

Jacques Tati

F. W. Taylor

**Taylor** Richard Edward (Medicine Hat, Alberta, 1929), physicien canadien : travaux expérimentaux sur les quarks. Prix Nobel 1990.

**Taylor** Paul (Allegheny, Pennsylvanie, 1930), danseur et chorégraphe américain ; disciple de M. Graham.

**Taylor** Charles (Montréal, 1931), philosophe canadien, analyste du comportement et de l'identité.

**Taylor** Elizabeth (Londres, 1932 – Los Angeles, 2011), actrice de cinéma américaine d'orig. anglaise : *la Fidèle Lassie* (1942), *la Chatte sur un toit brûlant* (1958), *Cléopâtre* (1963), *Qui a peur de Virginia Woolf ?* (1965), *Toscanini* (1988).

Elizabeth Taylor dans *la Chatte sur un toit brûlant* (1958)

**Taylor** Cecil Percival (Long Island City, 1933), pianiste et compositeur de jazz américain, figure marquante du free jazz.

**Taylor** Joseph (Philadelphie, 1941), astrophysicien américain. En 1974, il découvrit le prem. pulsar avec son élève Russell Hulse (New York, 1950). Prix Nobel 1993.

**taylorisation** *nf* ECON Application du taylorisme. DER **tayloriser** *vt* 1

**taylorisme** *nm* ECON Ensemble des méthodes d'organisation scientifique du travail industriel mises au point par F. W. Taylor. PHO [telɔʀism] DER **taylorien, enne** *a*

**Tayside** rég. du N.-E. de l'Écosse, 7 493 km$^2$ ; 387 000 hab. ; ch.-l. *Dundee*.

**Taza** v. du Maroc, au débouché du *couloir de Taza*, qui, entre le Rif et le Moyen Atlas, relie l'O. et l'E. du Maroc ; 140 000 hab.

**Tazieff** Haroun (Varsovie, 1914 – Paris, 1998), géologue et volcanologue français, auteur de livres et de films de vulgarisation.

Haroun Tazieff

**tazieh** *nm* Sorte d'opéra iranien, évocation rituelle du martyre de l'imam Husayn tué à Karbala. ETY Mot persan.

**Tazoult** (anc. *Lambèse*), v. d'Algérie ; 18 990 hab. – Ruines de la *Lambæsis* romaine.

**Tb** CHIM Symbole du terbium.

**TBB** *nm* Abrév. de *taux de base bancaire*.

**Tbilissi** (anc. *Tiflis*), cap. de la Géorgie ; 1,3 million d'hab. Centre universitaire et industriel. – Cath. de Sion (VI$^e$ s.). Musées. DER **tbilissien** ou **tiflisien, enne** *a, n*

**Tc** CHIM Symbole du technétium.

**TCC** *nf* PSYCHO Abrév. de *thérapie cognitivo-comportementale*, visant à guérir l'anxiété en agissant sur le symptôme, afin de désamorcer l'engrenage émotionnel.

**Tchad (lac)** vaste lac de l'Afrique centrale, aux confins du Nigeria, du Niger, du Cameroun et du Tchad. Sa superficie, variant de 10 000 à 25 000 km$^2$ suivant son alimentation (par le Chari, surtout) dans les années 1990, diminue auj. de façon alarmante. Les ressources en poissons et en eau douce sont menacées.

**Tchad (république du)** État de l'Afrique centrale ; 1 284 000 km$^2$ ; 11,5 millions d'hab. ; accroissement naturel : 2,9 % par an ; cap. *N'Djamena*. Nature de l'État : rép. Langues off. : franç. et arabe. Monnaie : franc CFA. Relig. : islam (env. 50 %), relig. traditionnelles, christianisme. DER **tchadien, enne** *a, n*

**Géographie** Vaste cuvette dont la zone la plus basse est occupée par le lac Tchad, le pays est encadré au N. par le massif du Tibesti et à l'E. par l'Ennedi et le Ouaddaï. Le N. appartient au désert du Sahara ; le climat sahélien domine au centre ; le S. a un climat soudanien plus humide (savane). Le Tchad compte une centaine d'ethnies, dont les langues relèvent des trois familles africaines : nilo-saharienne (groupe soudanais), afro-asiatique (groupe tchadique), nigéro-congolaise (sous-groupe adamawa). Les nomades sahariens et les pasteurs sahéliens sont musulmans. Les populations des bassins du Chari et du Logone pratiquent les religions traditionnelles ou le christianisme.

**Économie** Le Tchad fait partie des pays les moins avancés et le revenu par hab. est l'un des plus faibles d'Afrique. L'agric. vivrière (manioc, mil, sorgho, igname, arachide) et l'élevage extensif ne couvrent pas les besoins alim. ; la grande culture comm. est le coton. En dehors du pétrole, le pays exploite peu les ress. du sous-sol ; l'industrie est embryonnaire (agroalim., textile). Ruiné par vingt-cinq ans de guerre civile, le Tchad ne parvient pas à créer une économie malgré l'aide de la France et du FMI.

**Histoire** **LES ORIGINES** Les gravures rupestres du Tibesti et de l'Ennedi attestent un peuplement antérieur à 3000 av. J.-C. (début de l'assèchement du Sahara). Traversé par les routes transsahariennes, le pays abrita des pop. très diverses. Des royaumes puissants se constituèrent, dont celui du Kanem (fondé au VIIIe s. par les Toubous du Tibesti) puis celui du Bornou. Plus ou moins islamisés à partir du XIe s., ces royaumes vivaient surtout de la traite des esclaves, effectuant des razzias dans le Sud.

**LA COLONIE** Au XIXe s., Britanniques, Allemands et Français explorèrent le pays. Ces derniers, après avoir vaincu l'aventurier Rabah (1900), établirent leur protectorat, non sans difficultés. D'abord incorporé à l'Oubangui-Chari, le Tchad forma une colonie en 1922. En 1940, il fut le premier territoire africain rallié à la France libre.

**L'INDÉPENDANCE** Le Tchad devint une rép. autonome en 1958, indép. en 1960 sous la présidence de François Tombalbaye. Les pop. du N. et de l'E. se rebellèrent contre le gouv. central, que la France aida militairement de 1969 à 1971. En 1975, Tombalbaye fut renversé et assassiné. Le général Félix Malloum le remplaça, mais l'anarchie s'étendit à une grande partie du pays, qui, à partir de 1979, sombra dans une guerre civile opposant Goukouni Oueddeï et Hissène Habré, les deux leaders nordistes. Tandis que Habré s'installait en vainqueur à N'Djamena (1982), Goukouni faisait alliance avec la Libye, qui occupa le Nord (1983). Malgré sa victoire militaire sur les Libyens et leurs partisans, grâce à l'aide de la France et des É.-U., H. Habré ne put réaliser l'unité polit. du pays.

**LE TCHAD DE DÉBY** En 1990, Idriss Déby lança une vaste attaque et prit le pouvoir. En 1993, il décida le multipartisme mais retarda les élections. En 1994, la Cour internationale de justice déclara tchadienne la bande septentrionale d'Aozou, revendiquée par la Libye. En 1996, Déby remporta l'élection présidentielle et son parti remporta les législatives de 1997. Malgré la paix et les aides, l'économie ne parvint pas à « décoller ». En 1999, une nouvelle rébellion éclata dans le N. du pays. En 2000, le FMI félicita le gouv. pour sa remise en ordre des finances et de l'économie. Mais cela n'a pas duré. Réélu en 2001, 2006 et 2011, I. Déby mène ses différents mandats dans un climat de rébellions.

**tchador** *nm* Voile noir recouvrant la tête et en partie le visage, porté par les musulmanes chiites, en Iran notam. (ETY) Mot persan.

**tchadri** *nm* Syn. de *burqa*.

**Tchaïkovski Piotr Ilitch** (Votkinsk, 1840 – Saint-Pétersbourg, 1893), compositeur russe. Ses très nombr. œuvres sont empreintes d'un élan lyrique : symphonies, concertos pour piano, pour violon, opéras (*Eugène Onéguine*, 1878 ; *la Dame de pique*, 1890), ballets (*le Lac des cygnes*, 1876 ; *Casse-Noisette*, 1892).

Piotr Ilitch Tchaïkovski

**Tchampa** → **Champa.**

**tch'an** → **chan.**

**Tchang Kaï-chek** (près de Ningbo, prov. du Zhejiang, 1887 – Taibei, 1975), généralissime et homme politique chinois. Après avoir reçu une formation militaire au Japon, il prit le parti de Sun Yat-sen (1913) ; à la mort de celui-ci (1925), dont il épousa la belle-sœur, il dirigea l'armée du Guomindang et réprima durement le soulèvement communiste de Canton (1927). Établissant un gouv. nationaliste à Nankin, il reconquit le nord de la Chine ; élu président de la Rép. en 1928, il s'attaqua aux communistes, qui gagnèrent le Shănxi (« Longue Marche », 1934-1935), mais, en 1937, il accepta le concours de Mao Zedong pour lutter contre le Japon. L'alliance fut rompue après la victoire (1945). Vaincu par les communistes, Tchang Kaï-chek se replia en 1949 à Taiwan, où il présida avec autorité la rép. de Chine nationaliste. (VAR) **Chang Kaï-chek, Jiang Jieshi**

Tchang Kaï-chek

**Tchang King-kouo** (province du Zhejiang, 1910 – Taibei, 1988), homme politique taiwanais, fils de Tchang-Kaï-chek. Premier ministre (1972-1978), président de la République (1978-1988), il assouplit un peu le régime. (VAR) **Jiang Jingguo**

**tchao** → **ciao.**

**tchapalo** *nm* **Afrique** Bière artisanale de mil.

**tchapalotière** *nf* **Afrique** Fabricante et vendeuse de tchapalo.

**tchat** *nm* INFORM Variante de *chat 2*. (DER) **tchatter** *vi* ① – **tchatteur, euse** *n*

**tchatche** *nf* **fam** Bagou volubile, facilité à parler, baratin.

**tchatcher** *vi* ① **fam** Parler beaucoup, avec volubilité, pour convaincre, impressionner. (DER) **tchatcheur, euse** *n*

**Tcheboksary** v. de Russie, cap. de la république des Tchouvaches ; 440 000 hab.

**Tchebychev** Pafnouti Lvovitch (Borovsk, 1821 – Saint-Pétersbourg, 1894), mathématicien russe : travaux sur les nombres premiers, les fonctions continues, les probabilités. VAR **Tchebichev**

**Tchécoslovaquie** ancien État fédéral de l'Europe centrale, situé entre l'Allemagne, la Pologne, l'Ukraine, la Hongrie et l'Autriche, et constitué par les États tchèque (Bohême et Moravie) et slovaque. Elle avait une superficie de 127 877 km$^2$ et comptait 16 millions d'hab. ; cap. *Prague.* V. tchèque (République) et Slovaquie. DER **tchécoslovaque** *a, n*

**Économie** Héritière de traditions industrielles anc., la Tchécoslovaquie s'était spécialisée, au sein du Comecon, dans l'industrie lourde et les biens d'équipement, utilisant ses ressources minières et des matières premières sov., mais elle ne modernisa pas ses techniques et, notam., la pollution empira. L'agriculture était satisfaisante : céréales, betterave, houblon, tabac, élevage bovin et porcin. La Tchécoslovaquie avait entrepris la privatisation des biens d'État en 1991.

**Histoire** LES ORIGINES Tchèques et Slovaques formèrent au X$^e$ s. un État (Grande-Moravie), vite disloqué, la Slovaquie tombant sous la coupe des Hongrois. Le royaume de Bohême, créé au XI$^e$ s., eut pour roi un Habsbourg à partir de 1526. Il demeura dans l'orbite de l'Autriche-Hongrie jusqu'en 1918.

L'ÉTAT UNITAIRE Le démembrement de la monarchie austro-hongroise (oct. 1918) permit la formation d'un État réunissant Tchèques et Slovaques. Tomáš Masaryk présida jusqu'en 1935 la rép. de Tchécoslovaquie. La question des minorités (3 millions d'Allemands en Bohême et en Moravie, 700 000 Hongrois en Slovaquie, 500 000 Ruthènes, soit un tiers de la pop. de l'époque) opposa la Tchécoslovaquie à l'Allemagne, à la Hongrie et à la Pologne. Aussi, Edvard Beneš (ministre des Affaires étrangères puis successeur de Masaryk) posa, dès 1921, les bases de la Petite-Entente avec la Yougoslavie et la Roumanie, et signa un pacte d'alliance avec la France (1924).

L'OCCUPATION ALLEMANDE L'arrivée de Hitler au pouvoir (1933) accentua l'agitation des Allemands des Sudètes, conduits par Karl Henlein. La France et la G.-B. cédant à Hitler (Munich, sept. 1938), celui-ci occupa les Sudètes et soutint la Pologne et la Hongrie, qui s'approprièrent d'autres territ. (oct. 1938). En mars 1939, il fit de la Slovaquie un État indépendant sous la tutelle allemande et de la Bohême-Moravie un protectorat soumis à un dur régime ; la Hongrie annexa la Ruthénie. Le gouvernement formé en exil (Londres) par Beneš en 1940 revint après la libération du pays par les Soviétiques (1944-1945).

LES DÉBUTS DE LA TCHÉCOSLOVAQUIE SOCIALISTE Les frontières primitives furent restaurées (mais l'URSS annexa la Ruthénie), les Allemands des Sudètes et de très nombreux Hongrois furent expulsés. Obtenant 38 % des voix en 1946, le parti communiste étendit son emprise. La démission, en fév. 1948, des ministres « bourgeois » (remplacés par des communistes) permit au Parti communiste de faire voter en mai 1948 (« coup de Prague ») une Constitution qui transformait l'État en une démocratie populaire (devenue une république socialiste en 1960) ; la Slovaquie perdait son autonomie (retrouvée en 1969) ; toute opposition, notam. celle du clergé catholique, fut combattue, et le PC fut épuré par des procès staliniens (1949-1954).

LE PRINTEMPS DE PRAGUE ET LA NORMALISATION L'accession de Dubček à la direction du parti (janv. 1968) et de Svoboda à la présidence de la Rép. (mars 1968) permit le « printemps de Prague », libéralisation que l'URSS anéantit : le 20 août 1968, les troupes du pacte de Varsovie envahirent le pays. La « normalisation » s'effectua rapidement ; à la tête du parti, Dubček fut remplacé (avr. 1969) par G. Husák, qui, en 1975, succéda à Svoboda comme président de la Rép. Une opposition démocratique s'organisa, chez les intellectuels notam. (Charte de 1977, conduite par V. Havel).

LA FIN DE LA TCHÉCOSLOVAQUIE En nov. 1989, de grandes manifestations populaires provoquèrent la destitution des responsables de la normalisation. Le 28 déc., A. Dubček, symbole du « printemps de Prague », devenait président du Parlement ; Havel, président de la Rép. En 1990, le Forum civique du prés. Havel (qui se divisa l'année suivante) remporta les législatives. En 1991, la Tchécoslovaquie entra au Conseil de l'Europe. Le 1$^{er}$ janv. 1993, la Slovaquie devint une rép. indépendante. La Bohême et la Moravie restèrent unies dans la Rép. tchèque, présidée par Havel.

**Tcheka** abrév. de *Tchrezvytchaïnaïa Komissia,* « Commission extraordinaire ». Police politique soviétique créée par Lénine en déc. 1917 et remplacée en 1922 par le Guépéou.

**Tchekhov** Anton Pavlovitch (Taganrog, 1860 – Badenweiler, Allemagne, 1904), écrivain russe. Une tristesse poignante se dégage de ses très nombr. nouvelles (*la Cigale, la Salle n° 6, la Dame au petit chien*) et de ses pièces sans intrigue : *Ivanov* (1887), *la Mouette* (1896), *Oncle Vania* (1897), *les Trois Sœurs* (1901), *la Cerisaie* (1904). DER **tchékhovien, enne** *a, n*

**tchékiste** *n* HIST Agent de la Tcheka.

**Tcheliabinsk** v. industr. de Russie, dans l'Oural ; 1,1 million d'hab. ; ch.-l. de prov.

**Tcheou** → **Zhou.**

**tchèque** *nm* Langue slave du groupe occidental, officielle de la République tchèque.

**tchèque (République)** (*Ceska Republika*), État d'Europe centrale frontalier de l'Allemagne, de la Pologne, de la Slovaquie et de l'Autriche, qui fut jusqu'en 1992 l'une des deux rép. fédérées de Tchécoslovaquie ; 78 864 km$^2$ ; 10,5 millions d'hab. ; cap. *Prague.* Nature de l'État : rép. parlementaire. Langue off. : tchèque. Monnaie : couronne tchèque (koruna). Pop. : Tchèques (81,4 %), Slovaques (3,2 %). Relig. : catholicisme. DER **tchèque** *a, n*

**Géographie** Pays continental, la Rép. tchèque se partage en deux ensembles. À l'O., la Bohême est un quadrilatère de vieux massifs boisés (Sumava, monts Métallifères, Sudètes, collines de Moravie), encadrant le bassin de l'Elbe et la région de Prague. À l'E., le couloir de Moravie, fertile et peuplé, relie les pays du Danube à l'Europe du N. La pop. est en majorité citadine ; son taux de croissance est très faible.

**Économie** (V. Tchécoslovaquie.) Après la rupture avec la Slovaquie, la Rép. tchèque a accru ses échanges avec l'Allemagne, princ. investisseur étranger. En 1995, on a parlé de « miracle économique », mais à partir de 1997, la situation économique s'est dégradée. L'investissement étranger en cours dep. le début des années 2000 ne permet pas de réduire la dette.

**Histoire** La montée du nationalisme slovaque en Tchécoslovaquie entraîna en juin 1992 des négociations entre les dirigeants slovaque (Vladimir Meciar) et tchèque (Vaclav Klaus) qui ont abouti, le 1$^{er}$ janv. 1993, à la partition de la Tchécoslovaquie en deux États : la rép. de Slovaquie et la Rép. tchèque. V. Havel a été élu président de la nouvelle République, mais le Premier ministre Vaclav Klaus détenait l'essentiel des pouvoirs. Aux élections législatives de 1996, la droite, menée par V. Klaus, a été privée d'une majorité au Parlement par la poussée des sociaux-démocrates (ex-communistes). En nov. 1997, Klaus a dû démissionner. Cette m. année, la Rép. tchèque a intégré l'OTAN. En 1998, Havel a été réélu président, mais les sociaux-démocrates ont vaincu la droite : les Tchèques ont préféré le

TCHÈQUE (RÉPUBLIQUE) ET SLOVAQUIE

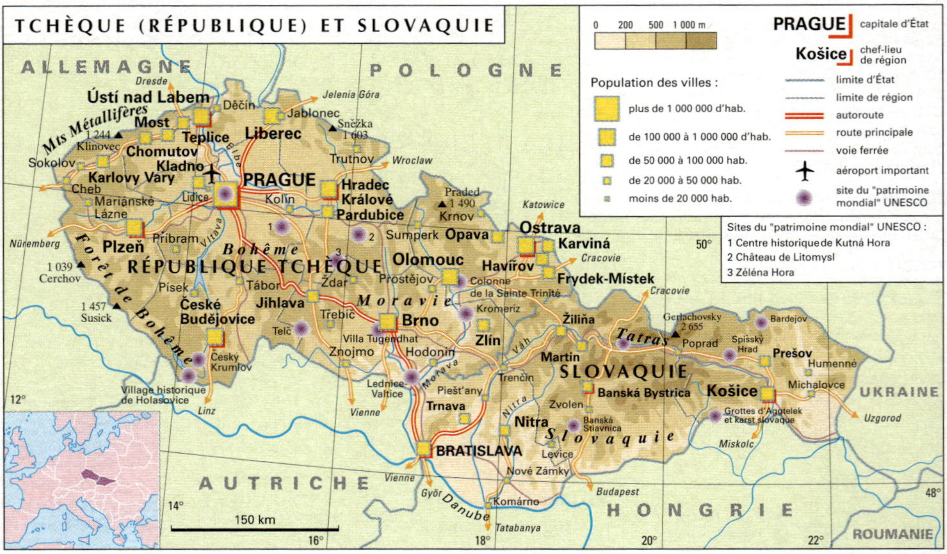

retour des ex-communistes à la poursuite de l'ultralibéralisme, et le social-démocrate Milos Zeman est devenu Premier ministre. Les élections de 2002 ont porté au pouvoir un gouv. de centre gauche. En 2003, Vaclav Klaus succède à V. Havel. En 2004, la République intègre l'UE. Les législatives de 2006 créent une grave crise gouvernementale et le démocrate Mirek Topolanek est nommé Prem. ministre. Son gouvernement démissionne en mars 2009. Les élections qui n'ont lieu qu'en 2010 placent au pouvoir un gouvernement de droite prônant un programme ultralibéral. Zeman est élu prés. en 2013. Le Premier ministre Bohuslav Sobotka (social-démocrate) forme un gouvernement de coalition.

**Tchéquie** nom parfois donné à la République tchèque.

**Tchérémisses** → **Maris.**

**Tcheremkhovo** v. industr. de Sibérie, près du lac Baïkal, dans le bassin houiller du m. nom ; 55 000 hab.

**Tcherenkov** Pavel Alekseïevitch (Novaïachigla, prov. de Voronej, 1904 – Moscou, 1990), physicien soviétique. P. Nobel 1958 avec I. M. Frank et I. I. Tamm. ▷ PHYS *Effet Tcherenkov* : phénomène analogue à une onde de choc, qui se produit lorsqu'une particule chargée a une vitesse supérieure à celle de la lumière.

A. Tchekhov

P. Tcherenkov

**Tcherepovets** v. de Russie, à l'E. de Saint-Pétersbourg ; 312 300 hab. Centre sidérurgique.

**Tcherkassov** Nikolaï (Saint-Pétersbourg, 1903 – Leningrad, 1966), acteur soviétique : *Ivan le Terrible* (1943-1946), *Moussorgski* (1950), *Rimski-Korsakov* (1953).

**Tcherkesses** peuple du N. du Caucase, musulman sunnite, auj. partiellement regroupé dans la rép. de Kabardino-Balkarie et les rég. des Karatchaïs-Tcherkesses et des Adyghéens. VAR **Circassiens** DER **tcherkesse** ou **circassien, enne** *a*

**Tchernenko** Konstantin Oustinovitch (Bolchaïa Tes, 1911 – Moscou, 1985), homme politique soviétique ; secrétaire général du PCUS (février 1984-mars 1985).

**Tchernihiv** (anc. *Tchernigov*), v. d'Ukraine ; ch.-l. de prov. ; 305 000 hab. Industries.

**Tchernivtsi** (anc. *Tchernovtsy* en roumain *Cernăuţi*, en all. *Czernowitz*), v. d'Ukraine, sur le Prout ; 244 000 hab. ; ch.-l. de prov. Industries.

**Tchernobyl** v. d'Ukraine, sur le Pripiat. L'explosion d'un des 4 réacteurs de la centrale nucléaire, le 26 avril 1986, a contaminé le site et les régions environnantes. La centrale a été arrêtée définitivement en 2000.

**tchernoziom** *nm* PEDOL Sol noir, mélange d'humus et d'argile, très fertile, caractéristique des steppes continentales. ETY Mot russe, « terre noire ». VAR **chernozem, tchernozem**

**Tchernychevski** Nikolaï Gavrilovitch (Saratov, 1828 – id., 1889), philosophe, savant et critique russe. Socialiste utopiste, il fut arrêté (1862) et déporté en Sibérie (1864-1883). *Que faire ?* (roman, 1863) eut une grande influence sur la jeunesse révolutionnaire.

**tchétchène** *nm* Langue caucasienne parlée par les Tchétchènes.

**Tchétchènes** peuple musulman du N. du Caucase (env. 800 000 personnes). En 1936, l'URSS créa la république de Tchétchéno-Ingouchie. En 1944, toute la population tchétchène fut déportée (avec les Ingouches) au Kazakhstan et en Sibérie. Elle ne put revenir dans sa république qu'en 1957. V. Tchétchéno-Ingouchie (rép. de) et Tchétchénie (rép. de). DER **tchétchène** *a*

**Tchétchénie (république de)** république de la Fédération de Russie, dans le nord du Caucase et sur la mer Caspienne, peuplée principalement de Tchétchènes ; env. 12 500 km² ; 1,3 million d' hab. ; cap. *Groznyï*. – Ressources pétrolières. DER **tchétchène** *a, n*
**Histoire** Jusqu'en 1992, ce territ. formait la partie princ. de la Tchétchéno-Ingouchie. En 1991, elle proclama unilatéralement son indépendance et élut un Parlement et un prés. Les Ingouches ne participèrent pas au scrutin, que Moscou jugea illégal. Aussitôt, les Ingouches formèrent la *république d'Ingouchie* (au sein de la Russie). La tension s'accrut et, en déc. 1994, l'armée russe fit le siège de Groznyï, qui tomba en fév. 1995, mais sans venir à bout de la résistance tchétchène. En 1997, Aslan Maskhadov, indépendantiste modéré, fut élu prés. de la République et il conclut un accord de paix avec la Russie. En 1999, V. Poutine, rouvrit brutalement les hostilités, ce qui le rendit populaire en Russie. La communauté internat. se contenta de condamner cette intervention sanglante. En 2003, une nouvelle Constitution mit fin à la Constitution indépendantiste de 1992. Alou Alkhanov, candidat pro-russe, est élu prés. en 2004. La mort d'A. Maskhadov, tué par les forces russes en 2005, laisse la guérilla aux mains des islamistes. La résistance se poursuit malgré une répression féroce. En 2007, Ramzan Kadyrov succède à A. Alkhanov.

**Tchétchéno-Ingouchie (république de)** anc. rép. autonome au sein de la Russie ; 19 300 km² ; cap. *Groznyï*.
**Histoire** Créée en 1936 par l'URSS au sein de la république fédérale de Russie, la rép. se souleva contre Staline (1941-1943). En oct. 1992, elle proclama son indépendance (non reconnue par la Russie) : V. Tchétchénie (rép. de) et Ingouchie.

**Tchicaya U Tam'si** Gérald (Mpili, Congo, 1931 – Bazancourt, Oise, 1988), écrivain congolais d'expression française, poète (*Épitomé*, 1962), homme de théâtre (*le Zoulou*, 1977) et romancier (*Ces fruits si doux de l'arbre à pain*, 1987).

**Tchimkent** → **Chymkent.**

**tchin-tchin !** *interj* Interjection dont on accompagne le heurt des verres, lorsqu'on trinque. PHO [tʃintʃin] ETY Du pidgin de Canton *tsing-sing*, « salut ». VAR **tchintchin**

**Tchita** v. industr. de Sibérie, à l'E. du lac Baïkal ; 324 000 hab. ; ch.-l. de prov.

**Tchitcherine** Gheorghi Vassilievitch (Karaul, gouv. de Tambov, 1872 – Moscou, 1936), homme politique soviétique ; commissaire aux Affaires étrangères (1918-1930).

**Tchernobyl** la centrale nucléaire, 3 jours après la catastrophe de 1986

**tchitola** *nm* Arbre (césalpiniacée) des forêts équatoriales, exploité pour son bois.

**Tchoïbalsan** Khorloghine (Baian-Toumen, auj. Tchoïbalsan, E. de la Mongolie, 1895 – Moscou, 1952), maréchal et homme politique mongol ; organisateur du Parti populaire révolutionnaire mongol (1919) ; chef du parti communiste et de l'État de 1939 à 1952.

**Tchong-K'ing** → **Chongqing.**

**Tchouang-tseu** → **Zhuangzi.**

**Tchoudsk (lac)** → **Peïpous.**

**Tch'ouen-ts'ieou** → **Chunqiu.**

**Tchou Hi** → **Zhu Xi.**

**Tchouktches** peuple de Sibérie du N.-E. (15 000 personnes). Ils pêchent, chassent le phoque et élèvent des rennes. DER **tchouktche** *a*

**Tchouvaches (république des)** république autonome de Russie, sur la moyenne Volga ; 18 300 km² ; 1 252 000 hab. ; cap. *Tcheboksary*. C'est un pays de collines, au sol fertile (céréales). – Les Tchouvaches constituent un peuple aux origines incertaines dont la langue appartient à la famille turque. Ils ont subi la domination russe dès le XVIe s. VAR **Tchouvachie** DER **tchouvache** *a*

**TD** *nm pl* Abrév. de *travaux dirigés*.

**te** *pr pers* de la 2e pers. du sing. des deux genres, employé comme complément, toujours placé avant le verbe ; s'élide en *t'* devant une voyelle ou un *h* muet. **1** Comp. d'objet direct. *Je te quitte.* **2** Comp. d'objet d'un v. réfl. *Tu te fatigues.* **3** Comp. indir. : à toi. *Je te donne beaucoup de souci.*

**Te** CHIM Symbole du tellure.

**té** *nm* Règle plate en forme de T. LOC *En té* : en forme de T.

**tea-room** *nm* Salon de thé. PLUR tea-rooms. PHO [tirum] ETY Mot angl. VAR **tearoom**

**teaser** *nm* Message publicitaire sans mention de marque, inaugurant une campagne de teasing. SYN aguiche. PHO [tizœr] ETY Mot angl.

**teasing** *nm* Technique publicitaire consistant à exciter l'intérêt du public par un message énigmatique. PHO [tiziŋ] ETY Mot angl.

**Tebaldi** Renata (Pesaro, 1922 – Saint-Marin, 2004), soprano italienne (bel canto).

**Tébélés** → **Matabélés.**

**Tébessa** (auj. *Tbessa*), v. de l'Algérie orientale, au pied des *monts Tébessa* (qui se prolongent en Tunisie) ; 153 200 hab. Phosphates. – Ruines romaines et byzantines.

**Tech (le)** fl. côtier des Pyrénées-Orientales (82 km). Centrale hydroélectrique.

**Téchiné** André (Valence-d'Agen, 1943), cinéaste français : *Souvenirs d'en France* (1975), *les Voleurs* (1996), *la Fille du RER* (2009).

**technétium** *nm* CHIM **1** Élément métallique artificiel de numéro atomique Z = 43 (symbole Tc). **2** Métal (Tc) qui fond à 2 170 °C et bout vers 4 880 °C. PHO [teknesjɔm] ETY De *technique*.

**technicien, enne** *a, n* **A** *n* **1** Personne qui connaît une technique déterminée. *Technicien du froid.* **2** Spécialiste de l'application des sciences au domaine de la production. **3** Professionnel spécialisé qui dirige les ouvriers dans une entreprise. **B** *a* Qui relève de la technique. *Civilisation technicienne.* LOC ***Technicien(ne) de surface*** : salarié(e) d'une entreprise de nettoyage, chargé(e) de faire le ménage.

**techniciser** *vt* ① didac Donner un caractère technique. DER **technicisation** *nf*

**technicisme** *nm* Tendance à donner à la technique une place prépondérante. DER **techniciste** *a*

**technicocommercial, ale** *a, n* Se dit de qqn dont l'activité commerciale exige une connaissance technique du produit vendu.

**technicolor** *nm* Procédé de films en couleurs. *Un film en technicolor.* ETY Nom déposé.

**technique** *n, a* **A** *nf* **1** Procédé particulier que l'on utilise pour mener à bonne fin une opération concrète, pour fabriquer un objet matériel ou l'adapter à sa fonction. **2** Ensemble des moyens, des procédés mis en œuvre dans la pratique d'une activité. *La technique de la peinture sur soie.* **3** Maîtrise plus ou moins grande, connaissance plus ou moins approfondie d'un tel ensemble de procédés. **4** Ensemble des applications des connaissances scientifiques à la production de biens et de produits utilitaires. **B** *a* **1** Qui a rapport à la mise en œuvre d'une technique, qui concerne l'utilisation d'objets ou de procédés concrets ; relatif au matériel ou à son emploi. *Problèmes techniques et problèmes humains.* **2** Qui a trait à la pratique d'une activité ; qui est propre à cette activité. *Termes techniques de musique.* **3** Se dit de ce qui a rapport à la technique, aux techniques. *L'enseignement technique. Le progrès technique.* **4** SPORT Qui a ou qui demande une bonne technique. *Un joueur très technique. Un parcours technique.* LOC ***Enseignement technique*** ou ***le technique*** : enseignement du second degré orienté vers les métiers de l'industrie et des services, aboutissant au baccalauréat technologique. SYN enseignement technologique. DER **technicité** *nf* – **techniquement** *av*

**techno-, -technie, -technique** Éléments, du gr. *tekhnê*, « art, métier ». PHO [tɛkno] – [tɛkni] – [tɛknik]

**techno** *a, nf* Se dit d'un style de musique rock issu de manipulations informatiques et caractérisé par des rythmes rapides et lancinants, apparu à la fin des années 80.

**technobureaucratie** *nf* Gouvernement de techniciens et de bureaucrates. DER **technobureaucratique** *a*

**technocentre** *nm* Établissement regroupant les activités de recherche appliquée d'une firme.

**technocratie** *nf* didac **1** Système d'organisation politique et sociale dans lequel les techniciens exercent une influence prépondérante. **2** péjor Pouvoir des technocrates. PHO [tɛknɔkʀasi] DER **technocrate** *n* – **technocratique** *a*

**technocratisme** *nf* POLIT Tendance à la technocratie, volonté technocratique.

**technoïde** *a, n* **1** Qui relève du progrès technique, partic. dans le domaine de l'informatique, des télécoms. **2** Fan de musique techno.

**technolecte** *nf* LING Ensemble des termes appartenant à une technique. DER **technolectal, ale, aux** *a*

**technologie** *nf* Étude des techniques industrielles (outillage, méthodes de fabrication, etc.), considérées dans leur ensemble ou dans un domaine particulier. DER **technologique** *a* – **technologiquement** *av* – **technologue** *n*

**technologiste** *a, n* Qui privilégie la technologie. *Un élitisme technologiste.*

**technophile** *a, n* Favorable au progrès technique.

**technophobe** *a, n* Hostile au progrès technique.

**technopole** *nf* Grande ville universitaire où peuvent se développer des activités industrielles de pointe. DER **technopolitain, aine** *a, n*

**technopôle** *nm* Site regroupant des entreprises de haute technologie et des institutions d'enseignement et de recherche.

**technoscience** *nf* didac Association de la technologie et des sciences, considérée comme un domaine. DER **technoscientifique** *a*

**technostructure** *nf* SOCIOL Ensemble des techniciens ayant pouvoir de décision au sein d'une entreprise ou d'une administration.

**teck** *nm* BOT Arbre des régions tropicales (verbénacée) ; bois très dur de cet arbre, apprécié en ébénisterie pour sa couleur rouge-brun et la diversité de son veinage, et en construction navale pour son imputrescibilité et sa résistance aux tarets. ETY Du portug. VAR **tek**

**teckel** *nm* Basset allemand à pattes courtes et à poil ras ou long. ETY Mot all.

**tecktonik** *nf* Style de danse spectaculaire et expressive, très rythmée, en faveur chez les adolescents. ETY Nom déposé.

**tectonique** *nf, a* GEOL Étude de la structure acquise par les roches et les couches de terrain après leur formation, par suite des mouvements de l'écorce terrestre ; ensemble de ces mouvements. *Tectonique des plaques. Mouvements tectoniques.* ETY Du gr. *tektonikos*, « propre au charpentier ».

**tectonophysique** *nf, a* GEOL Étude de la tectonique grâce aux méthodes de la physique.

**tectrice** *nf, af* Plume du corps et de la partie antérieure de l'aile des oiseaux. ETY Du lat.

**Tecumseh** (dans l'Ohio, v. 1768 – dans l'Ontario, 1813), chef indien de la tribu des Shawnees. Il tenta d'unir tous les Amérindiens contre les colons ; ayant échoué, il s'allia aux Anglais et périt à leurs côtés.

**teddy** *nm* Peluche synthétique imitant la fourrure. ETY D'un n. pr.

**Te Deum** *nm inv* **1** RELIG CATHOL Hymne d'action de grâces ; cérémonie solennelle où l'on chante ce cantique. **2** Composition musicale sur les paroles latines de ce cantique. PHO [tedeɔm] ETY Mots latins.

**tee** *nm* SPORT Au golf, petite cheville sur laquelle on place la balle pour driver. PHO [ti] ETY Mot angl.

**teenager** *n* Adolescent(e) âgé(e) de 13 à 19 ans. PHO [tinɛdʒœʀ] ETY Mot anglo-amér.

**Tees (la)** fl. du N. de l'Angleterre (Cleveland) ; 110 km. L'estuaire, industrialisé grâce au pétrole off-shore, est le site d'une conurbation de 50 000 hab. : *Teesside.*

**tee-shirt** *nm* Maillot de coton à manches courtes. PLUR tee-shirts. PHO [tiʃœʀt] ETY Mot anglo-amér., « chemise en forme de T ». VAR **T-shirt, teeshirt**

**tef** *nm* Céréale cultivée en Éthiopie.

**téfillin → téphillin.**

**téflon** *nm* Polymère du tétrafluoréthylène utilisé notam. dans la fabrication des ustensiles de cuisine. ETY Nom déposé.

**TEG** *nm* FIN Abrév. de *taux effectif global.*

**Tégée** v. de l'anc. Grèce (Arcadie) fondée à l'époque mycénienne ; prise par Sparte (VI<sup>e</sup> s. av. J.-C.).

**tégénaire** *nf* Grande araignée à longues pattes, commune dans les caves, les greniers, etc. ETY Du lat.

**tégéviste** *nf* Conducteur de TGV.

**Téglath-Phalasar III** roi d'Assyrie de 745 à 727 avant J.-C. Il fonda le Nouvel Empire assyrien. VAR **Tighat-Phalazar**

**tegmentum** *nm* Partie moyenne du mésencéphale. PHO [tɛgmɛ̃tɔm] ETY Mot lat., « enveloppe ».

**Tegnér** Esavas (Kyrkerud, 1782 – près de Växjö, 1846), poète suédois : *Saga de Frithiof* (1820-1825).

**Tegucigalpa** cap. du Honduras, à 1 000 mètres d'alt. ; 760 000 hab. ; centre commercial et industriel. – Université.

**tégument** *nm* **1** ANAT Tissu (peau, plumage, écailles, etc.) qui constitue l'enveloppe du corps d'un animal. *Le derme et l'épiderme, téguments des mammifères.* **2** BOT Enveloppe protectrice d'une graine, d'un ovule. ETY Du lat. *tegere*, « couvrir ». DER **tégumentaire** *a*

**Téhéran** (en persan *Tahrān*), cap. de l'Iran, sur le flanc sud de l'Elbourz, à 1 150 mètres d'altitude ; 7,3 millions d'hab. ; chef-lieu de la prov. du m. nom (19 118 km$^2$ ; 8 700 000 hab.). Grand centre commercial. Les industries sont récentes. – Universités. Palais. Mosquée Sépahasalar. Musée archéologique. – La ville, cap. de la Perse à partir de 1788, doit son développement à Rīza Pahlavi (1925 – 1941). – Du 28 nov. au 1er déc. 1943, une conférence réunit pour la prem. fois Churchill, Roosevelt et Staline. DER **téhéranais, aise** *a, n*

**Téhéran** ancien palais du schah

**Tehuantepec (isthme de)** isthme du Mexique, entre le *golfe de Tehuantepec* (Pacifique) et le golfe de Campeche (Atlantique).

**teigne** *nf* **1** Petit papillon aux couleurs ternes dont la chenille, très nuisible, se nourrit de matières organiques. *Teigne du colza, de la farine.* **2** Dermatose du cuir chevelu due à des champignons, et pouvant entraîner la chute des cheveux. **3** fig Personne méchante, malveillante. LOC ***Teigne domestique*** : mite. ETY Du lat.

**teigneux, euse** *a, n* **1** Atteint de la teigne. **2** fig, fam Hargneux, mauvais, méchant.

**Teilhard de Chardin** Pierre (chât. de Sarcenat, 1881 – New York, 1955), jésuite, philosophe et paléontologue français. Il a concilié l'évolutionnisme et les dogmes chrétiens. Son œuvre (longtemps suspecte à l'Église) fut publiée après sa mort : *le Phénomène humain* (1955), *l'Apparition de l'homme* (1956), *le Milieu divin* (1957). DER **teilhardien, enne** *a*

**teille** *nf* **1** TECH Liber du tilleul. **2** Écorce de la tige du chanvre. ETY Du lat. VAR **tille**

**teiller** *vt* ① TECH Séparer les fibres d'une plante des parties ligneuses. ETY Du lat. VAR **tiller** DER **teillage** ou **tillage** *nm*

**teindre** *vt* ⑤⑤ **1** Imprégner d'une matière colorante. *Teindre la laine.* **2** litt Colorer. *Le sang teignait l'eau en rouge.* ETY Du lat.

**teint, teinte** *a, nm* **A** *a* Qui a subi une teinture. *Cheveux teints.* **B** *nm* Couleur, carnation du visage. *Avoir le teint pâle, hâlé.* LOC plaisant ***Bon teint*** : dont les opinions sont solidement établies. — ***Étoffe grand teint*** : dont la teinture est solide, résiste au lavage, à l'ébullition.

**teinte** *nf* **1** Nuance qui résulte du mélange de deux ou plusieurs couleurs. *Teinte jaune verdâtre.* **2** Degré d'intensité d'une couleur. *Teinte faible, forte.* **3** fig Légère apparence, trace, ombre. *Une teinte de mélancolie.*

**teinter** *vt* ① Donner une teinte à, colorer légèrement. *Teinter son eau d'un peu de vin. Son refus se teinta de tristesse.* ETY Du lat.

**teinture** *nf* **1** Opération qui consiste à teindre. **2** Matière colorante utilisée pour teindre. **3** fig Connaissance toute superficielle. *Il a une vague teinture de philosophie.* **4** PHARM Solution de produits actifs dans l'alcool. *Teinture d'iode.*

**teinturerie** *nf* **1** Métier du teinturier. **2** Boutique de teinturier.

**teinturier, ère** *n* **A 1** TECH Personne qui procède à la mise en couleur de diverses matières (étoffes et cuirs, partic.). **2** Commerçant qui nettoie les vêtements. **B** *nm* Cépage rouge utilisé en assemblage pour son jus très coloré.

**Teisserenc de Bort** Léon (Paris, 1855 – Cannes, 1913), météorologiste français. Il découvrit la stratosphère (1899).

**tek** → **teck.**

**Tekakwitha** Kateri (Ossernenon, 1656 – Montréal, 1680), jeune Amérindienne convertie au christianisme ; béatifiée en 1980.

**Te Kanawa** Kiri (Auckland, 1944), chanteuse d'opéra néo-zélandaise ; soprano.

**Tékés** population bantoue vivant à la frontière des deux rép. du Congo ; 2 millions de pers. [VAR] **Batékés** [DER] **téké** ou **batéké** *a*

**tekke** *nm* En Turquie, établissement abritant les membres d'une confrérie mystique musulmane. [PHO] [teke] [ETY] Mot turc.

**teknival** *nm* Fête techno clandestine rassemblant des milliers de personnes, free-party géante. PLUR teknivals.

**tel, telle** *a, pron* **A** *a* **1** De cette sorte. *Une telle conduite vous honore.* SYN pareil, semblable. **2** Dans son état initial, sans modification. *Je l'ai retrouvé tel que je l'avais laissé.* **3** Si grand, d'une si grande importance. *Avec un tel enthousiasme, il est sûr de réussir.* **4** Introduit une subordonnée de conséquence. *Il s'y prend de telle manière qu'il a peu de chances d'y parvenir.* **5** Un certain. *Admettons qu'il arrive tel jour, avec tel ami pour faire telle chose.* **B** *pr indéf* **1** litt Une certaine personne. *Tel est pris qui croyait prendre.* **2** Mis pour un nom de personne. *Un tel l'a prévenu.* LOC ***En tant que tel :*** dans sa nature propre. — ***Pour tel, comme tel :*** possédant cette qualité. — ***Tel que :*** comme. *Bêtes féroces telles que le tigre, la panthère. Un homme tel que lui.* — ***Tel quel :*** sans modification. [ETY] Du lat.

**tél(o)-, téléo-** Éléments, du gr. *teleos, telos*, « fin, but ».

**télamon** *nm* ARCHI Syn. de *atlante.* [ETY] Du gr. *talân*, « supporter ».

**télangiectasie** *nf* Ensemble de vaisseaux capillaires dilatés apparaissant sur la peau.

**Tel-Aviv** v. et princ. centre économique d'Israël, sur la Méditerranée ; 3 millions d'hab. (aggl. de *Tel-Aviv-Jaffa*). – Universités. Musée des beaux-arts. Opéra. – Fondé en 1909 (au N.-E. de Jaffa) par les sionistes. [DER] **telavivien, enne** *a, n*

**télé-** Élément, du gr. *têlé*, « au loin ».

**télé** *nf* fam **1** Télévision. **2** Téléviseur.

**téléachat** *nm* Achat, par téléphone, d'objets présentés au cours d'une émission de télévision. [DER] **téléacheteur, euse** *n*

**téléacteur, trice** *n* COMM Personne qui travaille au moyen d'un téléphone (vente, enquêtes). SYN téléopérateur, téléprospecteur.

**téléaffichage** *nm* Affichage télécommandé d'informations.

**téléalarme** *nf* Alarme transmise par télécommunication à un centre de contrôle.

**téléassistance** *nf* Assistance médicale à distance.

**téléaste** *n* Réalisateur de télévision.

**télébenne** *nf* Syn. de *télécabine.*

**télébilletique** *nf* Application de l'informatique à l'achat de titres de transport.

**téléboutique** *nf* Établissement d'où l'on peut téléphoner à moindre coût vers l'étranger.

**télécabine** *nf* Téléphérique à un seul câble comportant de nombreuses petites cabines ; chacune de ces cabines. SYN télébenne.

**télécarte** *nf* Carte à puce permettant de téléphoner à partir d'un publiphone. [ETY] Nom déposé.

**télécartiste** *n* Collectionneur de télécartes.

**télécentre** *nm* Ensemble de locaux équipés pour permettre le télétravail.

**télécharger** *vt* [13] Copier dans la mémoire de son ordinateur des données obtenues via un réseau. [DER] **téléchargeable** *a* – **téléchargement** *nm* – **téléchargeur, euse** *n*

**télécommande** *nf* Commande à distance d'un appareillage ; dispositif qui permet cette commande à distance.

**télécommander** *vt* [1] **1** Actionner, déclencher, guider par télécommande. **2** fig Diriger de loin sans se faire connaître. [DER] **télécommandable** *a*

**télécommunication** *nf* Procédé de communication et de transmission à distance de l'information. *Télécommunications spatiales.*

▶ illustr. p. 1536

[ENC] De très nombreuses techniques ont donné leur essor aux télécommunications modernes : télégraphie, téléphone, télévision, etc. Dans le domaine du téléphone, les transmissions peuvent se faire à l'aide de nombr. moyens : câbles, satellites, guides d'ondes, fibres optiques ; des moyens de codage (modulation d'impulsions) utilisent les lignes installées pour véhiculer plusieurs dizaines de conversations, ou des liaisons nouvelles à très large bande passante, correspondant à plusieurs milliers de voies (V. multiplex). Comme le réseau téléphonique, le réseau *télex* (qui a remplacé l'ancien système télégraphique) établit des liaisons entre les abonnés dont chacun possède un téléimprimeur. La *télécopie*, dite aussi *fax* (abrév. de *téléfax*), utilise directement le réseau téléphonique. La *radiodiffusion* et la *télévision* font appel exclusivement aux ondes radioélectriques et doivent opérer une couverture maximale des territoires, ce qui nécessite la création d'un réseau complexe d'émetteurs et de relais. Les *satellites de télécommunications* servent de relais hertziens. Parmi les autres moyens de transport des informations, citons les *guides d'ondes*, cylindres à l'intérieur desquels les ondes ultracourtes se propagent par réflexions successives, les *fibres optiques*, qui permettent de transporter des signaux lumineux émis par des *lasers* et qui sont en fait des ondes radioélectriques cent mille fois plus courtes que les ondes ultracourtes. Les télécommunications sont également utilisées pour relier les *ordinateurs* ; on parle alors de *téléinformatique* et de *télématique* (V. réseau, Internet, information).

**télécoms** *nm pl* Organisme qui gère les télécommunications.

**téléconférence** *nf* Conférence dans laquelle plus de deux interlocuteurs sont reliés par des moyens de télécommunication.

**téléconseiller, ère** *n* Employé d'un centre d'appel chargé de donner par téléphone des informations sur un produit.

**télécopie** *nf* Procédé de reproduction à distance de documents utilisant le réseau téléphonique ; document ainsi obtenu. SYN fax.

**télécopier** *vt* [2] Syn. de *faxer.*

**télécopieur** *nm* Appareil de télécopie.

**télécoraniste** *nm* Prédicateur musulman qui officie à la télévision.

**télédéclarer** *vt* [1] Faire sa déclaration d'impôts par des moyens télématiques. [DER] **télédéclaration** *nf* – **télédéclarant, ante** *n*

**télédétection** *nf* Détection à distance.

**télédiagnostic** *nm* MED Diagnostic effectué par télécommunication.

**télédiffuser** *vt* [1] Diffuser par télévision. [DER] **télédiffusion** *nf*

**télédistribution** *nf* Diffusion par câbles d'émissions de télévision. SYN câblodistribution.

**téléenquêteur, trice** *n* Personne qui fait des enquêtes d'opinion par téléphone.

**téléenseignement** *nm* Enseignement à distance utilisant la radio et la télévision.

**téléférage** → **téléphérage**

**téléférique** → **téléphérique**

**téléfilm** *nm* Film tourné pour la télévision.

**téléga** *nf* Charrette à quatre roues utilisée en Russie. [ETY] Mot russe. [VAR] **télègue**

**télégénique** *a* Qui est flatté par l'image télévisée, est agréable à regarder à la télévision.

**télégestion** *nf* Syn. de *télétraitement.*

**télégramme** *nm* Message transmis par télégraphie.

**télégraphe** *nm* Dispositif de transmission à distance des dépêches. [DER] **télégraphie** *nf*

**télégraphier** *vt* [2] Transmettre par télégraphie ou sous forme de télégramme.

**télégraphique** *a* **1** Relatif au télégraphe. *Poteau télégraphique.* **2** fig Très concis. *Style télégraphique.* [DER] **télégraphiquement** *av*

**télégraphiste** *n* Personne qui transmet les dépêches télégraphiques.

**télègue** → **téléga.**

**téléguider** *vt* [1] **1** Guider un mobile à distance, notam. par ondes hertziennes. **2** fig Manipuler ; diriger de loin, parfois de façon cachée. *Intervention téléguidée.* [DER] **téléguidage** *nm*

**téléimprimeur** *nm* TECH Appareil télégraphique qui permet l'envoi de textes au moyen d'un clavier dactylographique, et leur réception en caractères typographiques.

**téléinformatique** *nf, a* INFORM Ensemble des procédés qui permettent l'utilisation à distance de l'ordinateur.

**téléjournal** *nm* Canada Journal télévisé. PLUR téléjournaux.

**télékinésie** *nf* didac Phénomène paranormal qui consisterait en la mise en mouvement à distance d'objets pesants, sans contact, par la seule intervention d'une énergie immatérielle.

**télémanipulateur** *nm* TECH Dispositif qui permet de manipuler à distance des produits

**teinture végétale** de g. à dr. : garance des teinturiers (teinture rouge vermillon), pastel ou guède et indigotier des Indes (teintures bleues)

dangereux (radioactifs, partic.), consistant essentiellement en une ou deux pinces articulées. (DER) **télémanipulation** *nf*

**Telemann Georg Philipp** (Magdeburg, 1681 – Hambourg, 1767), compositeur allemand d'une grande fécondité : suites, sonates, cantates, motets, passions, oratorios, opéras.

**Télémaque** dans la myth. gr., fils d'Ulysse et de Pénélope. Athéna (sous les traits de Mentor) le guida lorsqu'il partit chercher son père.

**Télémaque Hervé** (Port-au-Prince, 1937), peintre français d'origine haïtienne.

**Telemark** région montagneuse du S. de la Norvège (15 315 km$^2$ ; 163 000 hab. ; ch.-l. *Skien*).

**télémark** *nm* Virage à skis exécuté avec une jambe en avant le genou près du sol.

**télémarketing** *nm* COMM Marketing réalisé par l'intermédiaire d'un moyen de télécommunication. (PHO) [telemaʀketiŋ]

**télématique** *nf, a* INFORM Ensemble des techniques associant les télécommunications et l'informatique.

**télématiser** *vt* ① TECH Équiper de moyens télématiques. (DER) **télématisation** *nf*

**télémédecine** *nf* Médecine s'exerçant grâce aux télécommunications.

**télémessage** *nm* TELECOM Syn. de *SMS*.

**télémessagerie** *nf* Messagerie électronique.

**télémesure** *nf* TECH Transmission à distance des résultats de mesures.

**télémètre** *nm* TECH Appareil servant à mesurer la distance d'un point éloigné par un procédé optique ou radioélectrique. (DER) **télémétrie** *nf*

**télencéphale** *nm* ANAT Vésicule antérieure de l'encéphale embryonnaire des vertébrés, dont le développement aboutit à la formation des hémisphères cérébraux. (DER) **télencéphalique** *a*

**téléobjectif** *nm* PHOTO Objectif de longue distance focale utilisé pour photographier des objets éloignés.

**téléologie** *nf* PHILO **1** Étude de la finalité. **2** Doctrine selon laquelle le monde obéit à une finalité. (DER) **téléologique** *a*

**téléonomie** *nf* BIOL, PHILO Propriété qu'a la matière vivante de matérialiser une finalité.

**téléopérateur, trice** *n* Téléacteur.

**téléopéré, ée** *a* Syn. de *télécommandé*.

**téléostéen** *nm* ICHTYOL Poisson osseux dont le squelette est entièrement ossifié. *La plupart des poissons actuels sont des téléostéens.*

**télépaiement** *nm* Paiement télématique.

**télépathie** *nf* Communication à distance par la pensée, transmission de pensée. (DER) **télépathe** *n, a* – **télépathique** *a*

**télépéage** *nm* Péage autoroutier par télédétection d'un badge électronique.

**téléphérage** *nm* TECH Transport par câble aérien. (VAR) **téléférage**

**téléphérique** *a, nm* **A** *a* TECH Qui a rapport au téléphérage. *Câble téléphérique.* **B** *nm* Moyen de transport de personnes par une cabine suspendue à un câble aérien. *Prendre le téléphérique.* (VAR) **téléférique**

**téléphone** *nm* **1** Ensemble des dispositifs qui permettent de transmettre le son, et partic. la parole, à longue distance. *Appareil de téléphone.* **2** Appareil, poste de téléphone. *Téléphone portable.* **LOC** fam *Donner un coup de téléphone à qqn* : l'appeler au téléphone. — *Être au téléphone* : téléphoner. — fam *Téléphone arabe* : transmission rapide, de bouche à oreille, des nouvelles. (DER) **téléphonique** *a* – **téléphoniquement** *av*

**téléphoné, ée** *a* **1** Transmis par téléphone. *Message téléphoné.* **2** fig SPORT Se dit d'un coup exécuté trop lentement ou maladroitement pour ménager l'effet de surprise. **LOC** fam *C'est téléphoné* : tellement annoncé, prévisible que cela manque son but.

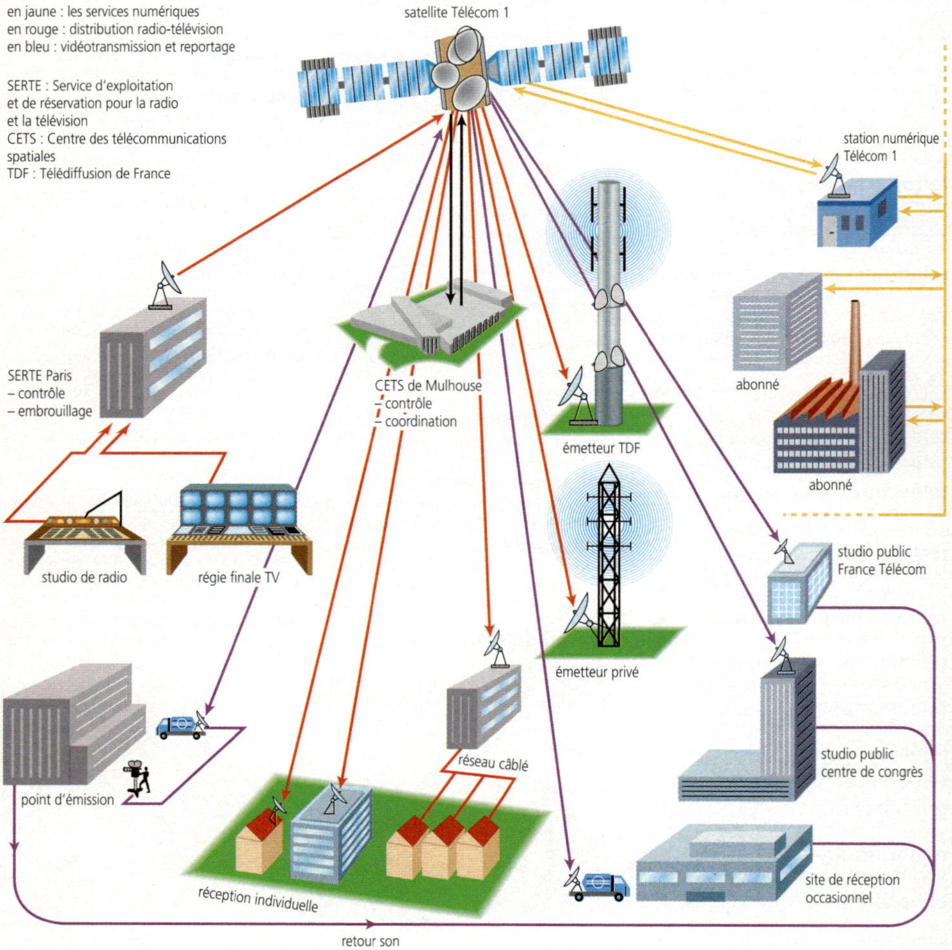


le rôle du satellite Télécom 1 dans les **télécommunications** en France métropolitaine

**téléphoner** *v* ① **A** *vt* Transmettre par téléphone. *Téléphone-lui ses résultats.* **B** *vti* Parler au téléphone. *Téléphoner à un ami.*

**téléphonie** *nf* TECH Transmission des sons à distance. *Téléphonie sans fil.*

**téléphoniste** *n* Personne dont le métier est d'assurer le service du téléphone.

**téléport** *nm* INDUSTR Site équipé de moyens de télécommunication très performants et destiné à recevoir des implantations d'entreprises.

**téléportation** *nf* **1** PHYS Fait de faire passer d'un point à un autre l'état quantique d'un objet (polarisation, champ magnétique, etc.). **2** LITTER Dans la science-fiction, transport instantané à grande distance. DER **téléporter** *vt* ①

**télépoubelle** *nf* Télévision qui flatte les plus bas instincts du public.

**téléprompteur** *nm* Syn. de *prompteur.*

**téléprospecteur, trice** *n* COMM Syn. de *téléacteur.*

**téléradiographie** *nf* MED Radiographie à distance (1,50 à 3 m) qui permet d'obtenir une image dont la déformation est négligeable. VAR **téléradio**

**téléréalité** *nf* Émission de télévision présentant des individus aux prises avec une réalité particulière (milieu hostile, clos, etc.).

**téléreporter** *n* Reporter de télévision. PHO [teleʀəpɔʀtɛʀ] DER **téléreportage** *nm*

**téléroman** *nm* Canada Feuilleton télévisé, soap-opéra. DER **téléromancier, ère** *n*

**télescope** *nm* TECH, ASTRO Instrument d'observation des objets lointains (des astres, notam.), dont l'objectif est un miroir.

**télescoper** *v* ① **A** *vt* Heurter violemment, enfoncer. *La voiture a télescopé la moto.* **B** *vpr* fig Empiéter l'un sur l'autre en créant la confusion. *Idées qui se télescopent.* DER **télescopage** *nm*

**télescopique** *a* **1** Qui se fait avec le télescope. *Mesures télescopiques.* **2** Dont les différents éléments s'insèrent les uns dans les autres. *Pied télescopique d'une caméra.* **LOC** ***Planète télescopique*:** que l'on ne peut observer qu'au moyen d'un instrument d'optique.

**téléscripteur** *nm* Appareil télégraphique qui assure à la réception l'impression directe des dépêches.

**télésécurité** *nf* Sécurité d'un lieu assurée par télésurveillance.

**téléservice** *nm* Service assuré par des moyens télématiques.

**télésiège** *nm* Remontée mécanique constituée d'un câble unique sans fin auquel sont suspendus des sièges à une ou deux places.

**téléski** *nm* Remonte-pente.

**téléspectateur, trice** *n* Personne qui regarde la télévision.

**télésurveillance** *nf* TECH Surveillance à distance par caméra vidéo.

**télétel** *nm* Système français de consultation de données par vidéographie, destiné aux usagers du réseau téléphonique. ETY Nom déposé.

**télétex** *nm* INFORM Norme internationale pour la transmission sur réseaux publics de textes composés et archivés par des machines de traitement de texte capables de communiquer entre elles *(terminaux télétex).* ETY Nom déposé.

**télétexte** *nm* Vidéographie diffusée.

**téléthèque** *nf* Endroit, local où sont conservés les enregistrements d'émissions télévisées ; ensemble de ces enregistrements.

**téléthon** *nm* Émission de télévision interactive destinée à collecter des fonds pour la recherche médicale. ETY Nom déposé.

**télétoxique** *a* BIOL Se dit des substances toxiques sécrétées par les êtres vivants et qui se répandent dans le milieu ambiant. DER **télétoxie** *nf*

**télétraitement** *nm* INFORM Traitement à distance des données, notam. au moyen de terminaux reliés à des ordinateurs. SYN télégestion.

**télétransmission** *nf* TECH Transmission à distance de signaux télégraphiques, vidéo, etc. DER **tététransmettre** *vt* ⑥⓪

**télétravail** *nm* Travail effectué à distance et dont le résultat est centralisé par télécommunication. DER **télétravailler** *vi* ① – **télétravailleur, euse** *n*

**télétype** *nm* Téléimprimeur. ETY Nom dép.

**télévangéliste** *nm* Prédicateur chrétien qui prodigue ses enseignements à la télévision au cours d'émissions à grand spectacle.

**télévente** *nf* Vente par correspondance d'objets présentés à la télévision. DER **télévendeur, euse** *n*

**télévidéothèque** *nf* Vidéothèque utilisable à distance par réseau câblé.

**téléviser** *vt* ① Transmettre des images par télévision.

**téléviseur** *nm* Récepteur de télévision.

**télévision** *nf* **1** Transmission des images à distance par ondes hertziennes ou par câble. **2** Organisme qui produit et diffuse des émissions par télévision. *Travailler à la télévision.* **3** fam Téléviseur. *Ils ont acheté une télévision.* **LOC** ***Télévision de rattrapage*:** service permettant de voir un programme télévisé après sa diffusion. SYN (déconseillé) catchup TV. DER **télévisuel, elle** *a*

▶ illustr. p. 1588

**télex** *nm* Système de télégraphie au moyen de téléimprimeurs. ETY Mot amér. DER **télexer** *vt* ① – **télexiste** *n*

**tell** *nm* ARCHEOL Colline artificielle formée par l'accumulation de ruines, de déblais au cours des âges. ETY Mot ar.

**Tell (le)** régions d'Algérie et de Tunisie proches de la Médit., où l'humidité permet de riches cultures (notam. près des côtes).

**tellement** *av* **1** Si, aussi. *Il est tellement jeune !* **2** Devant une comparaison. *Ce serait tellement mieux !* **3** Introduit une proposition de cause. *On ne pouvait respirer, tellement il y avait de monde.* SYN tant. **4** fam Tant de. *J'ai tellement de travail en retard !* **5** Introduit une subordonnée de conséquence. *Il est tellement fatigué qu'il ne tient plus debout.* **LOC** fam ***Pas tellement*:** pas beaucoup.

**Teller** Edward (Budapest, 1908 – Stanford, 2003), physicien américain d'origine hongroise. Il participa à l'élaboration des premières bombes A, dirigea la mise au point de la bombe H, puis inspira la politique de « guerre des étoiles » du président Reagan.

**Téllez Girón y Guzmán** Pedro de Alcántara (duc d'Osuna) (Valladolid, 1579 – Madrid, 1624), vice-roi espagnol de Naples (1616-1620) ; opposé à l'Inquisition, il mourut en prison.

**Tell Guillaume** → **Guillaume Tell.**

**Tellier** Charles (Amiens, 1828 – Paris, 1913), ingénieur français. Il aménagea le premier navire frigorifique (1876).

**telline** *nf* Mollusque bivalve marin à coquille ovale et allongée. ETY Du gr.

**tellure** *nm* CHIM **1** Élément de numéro atomique Z = 52, de masse atomique 127,60 (symbole Te). **2** Semi-métal (Te) de densité 6,24, qui fond à 450 °C et bout à 990 °C. ETY Du lat. *tellus,* « terre ». DER **tellurique** *a*

**1 tellurique** *a* **1** GEOL De la Terre. *Secousse tellurique.* **2** fig Qui évoque les profondeurs de la Terre. *Puissance tellurique d'un acteur.* **3** ASTRO Se dit des planètes de taille moyenne, dotées d'une croûte solide. VAR **tellurien, enne**

**2 tellurique** → **tellure.**

**téloche** *nf* fam Télévision.

**télolécithe** *a* BIOL Se dit d'un œuf dont le vitellus, très abondant, est localisé à l'un des pôles (œufs des reptiles, des oiseaux et de beaucoup de poissons). VAR **télolécithique**

**télomérase** *nf* BIOL Enzyme qui fabrique les télomères.

**télomère** *nm* BIOL Segment d'ADN coiffant l'extrémité d'un chromosome.

**télophase** *nf* BIOL Dernière phase de la mitose, caractérisée par la reconstitution des noyaux et par la formation d'une membrane séparant les deux cellules filles.

**télougou** *a, n* **A** De l'Āndhra Pradesh (Inde du S.). **B** *nm* Langue dravidienne de l'Āndhra Pradesh (langue officielle). VAR **telugu**

**Tel quel** revue littéraire (1960-1982) créée notam. par Sollers, qui la dirigea.

**telson** *nm* Dernier segment abdominal des arthropodes, qui ne porte pas d'appendices. ETY Mot gr., « limite ».

**Telstar** premier satellite de télécommunications lancé par les É.-U. (1962).

**telugu** → **télougou.**

**Tema** port du Ghāna ; 99 610 hab.

**téménos** *nm* ANTIQ GR Terrain sacré d'un sanctuaire, ouvert sur le péribole. PHO [temenɔs] ETY Mot gr. VAR **temenos**

**téméraire** *a, n* **A** Hardi jusqu'à l'imprudence. *Alpiniste téméraire.* **B** *a* Qui dénote la hardiesse. *Action téméraire.* ETY Du lat. *temere,* « au hasard ». DER **témérairement** *av* – **témérité** *nf*

**Temesvár** → **Timişoara.**

**Temin** Howard Martin (Philadelphie, 1934 – Madison, 1994), biochimiste américain. Il a découvert les processus enzymatiques de la réplication des virus. P. Nobel 1975.

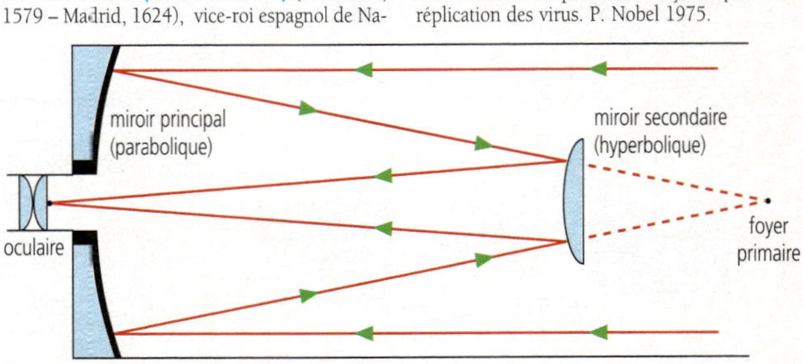


schéma de principe d'un **télescope** de Cassegrain

**Temirtaou** ville du Kazakhstan, proche de Karagandy ; 225 000 hab. Sidérurgie.

**Témiscamingue (lac)** lac du Canada, entre le Québec et l'Ontario ; 313 km$^2$.

**Temnés** ethnie de Sierra Leone ; ils parlent une langue nigéro-congolaise.

**témoignage** *nm* **1** Action de rapporter un fait, un évènement en attestant sa vérité. *Témoignage historique.* **2** fig Preuve, marque d'un sentiment. *Témoignage d'estime.* **3** DR Déposition d'un témoin devant la justice. *Faux témoignage.* **LOC** ***Porter témoignage :*** produire un témoignage, faire une déclaration ayant valeur de témoignage.

**témoigner** *v* ① **A** *vi* Être témoin, porter témoignage, spécial. devant la justice. *Témoigner en faveur de qqn ou contre qqn.* **B** *vti* Constituer le signe ou la preuve de ; marquer, dénoter. *Ce choix témoigne de son discernement.* **C** *vt* **1** Marquer, manifester. *Témoigner sa joie.* **2** Certifier la réalité, la vérité de. *Elle a témoigné qu'elle l'a entendu, l'avoir entendu.*

**témoin** *nm* **1** Personne qui voit, entend qqch et peut éventuellement le rapporter. *Être témoin d'un évènement.* **2** Personne appelée à faire connaître en justice ce qu'elle sait d'une affaire. **3** Personne qui en assiste une autre dans certains actes, pour servir de garant de leur authenticité, de leur sincérité. *Témoin d'un mariage.* **4** Personne qui observe son milieu, la société et rend compte de ses observations. *Un chroniqueur témoin de son temps.* **5** Personne qui, par ses actes, porte témoignage de l'existence de. *Les martyrs, témoins du Christ, de la foi.* **6** Ce qui prouve l'existence, la réalité de qqch. *Ces vestiges, témoins d'une civilisation disparue.* **7** Se dit de ce qui permet une comparaison, un contrôle avec une chose analogue. *Villa témoin. Lampe témoin d'un appareil électrique.* **8** CONSTR Plaquette de plâtre appliquée dans une fissure, permettant de constater son éventuel élargissement. **9** BIOL Sujet animal ou végétal sur lequel on n'a pas fait d'expérience et que l'on compare à celui ayant servi de cobaye. **10** SPORT Bâton que se passent les équipiers d'une course de relais. **LOC** ***Faux témoin :*** personne qui fait un faux témoignage. — fig ***Passage de témoin :*** transmission d'un pouvoir, d'une dignité, succession à un poste. — ***Prendre qqn à témoin :*** invoquer son témoignage, lui demander de témoigner. — ***Témoin à charge :*** qui témoigne contre un accusé. — ***Témoin à décharge :*** qui témoigne en faveur d'un accusé. — ***Témoin assisté :*** personne mise en cause entendue par le juge d'instruction en présence de son avocat. ETY Du lat.

**1 tempe** *nf* Région latérale de la tête, entre l'œil et le haut de l'oreille. ETY Du lat.

**2 tempe** *nf* En boucherie, pièce de bois maintenant écartés les deux côtés du ventre d'une bête abattue. ETY Du lat.

**Tempé (vallée de)** vallée verdoyante de la Thessalie antique, au N. de l'Olympe.

**Tempelhof** quartier S. de l'aggl. berlinoise. Aéroport.

**tempéra** *nf* PEINT Détrempe réalisée à partir de pigments naturels et d'œuf. On dit aussi *peindre a tempera* ou *à la tempera.* PHO [tɑ̃peʀa] ETY Mot ital. VAR **tempera**

**tempérament** *nm* **1** Ensemble des caractères physiologiques propres à un individu. *Un tempérament robuste.* **2** Ensemble des dispositions psychologiques de qqn. *Un tempérament calme.* **3** MUS Altération que, dans certains instruments, on fait subir à la proportion rigoureuse des intervalles pour que deux sons puissent être rendus par le même organe (corde, touche, etc.). **LOC** ***Acheter à tempérament :*** en payant par tranches successives la somme due. — fam ***Avoir du tempérament :*** manifester une forte personnalité ; manifester une forte inclination pour le plaisir sexuel. — ***Vente à tempérament :*** à crédit.

**tempérance** *nf* **1** THEOL Modération dans les désirs, dans les plaisirs des sens. *La tempérance est l'une des vertus cardinales.* **2** litt Modération dans les plaisirs de la table, dans l'usage des boissons alcoolisées. **LOC** vx ***Société de tempérance :*** qui combattait l'alcoolisme. DER **tempérant, ante** *a*

**température** *nf* **1** État de l'air, de l'atmosphère en un lieu, considéré du point de vue de la sensation de chaleur ou de froid que l'on y éprouve et dont la mesure objective est fournie par le thermomètre. **2** Degré de chaleur d'un corps quelconque. *Température d'ébullition d'un liquide.* **3** Degré de chaleur d'un organisme animal ou humain. *Prendre sa température.* **LOC** ***Avoir, faire de la température :*** être fiévreux. — fig, fam ***Prendre la température :*** se renseigner sur l'état d'esprit d'une ou de plusieurs personnes. ETY Du lat.

ENC L'échelle de température légale, celle du Système international (SI), est l'*échelle thermodynamique*, encore appelée *échelle absolue ;* la température s'exprime en kelvins (symbole K). Dans la vie courante, on utilise l'échelle Celsius, dont les points de repère 0 et 100 correspondent respectivement aux points de fusion et d'ébullition de l'eau pure à la pression normale. Un degré Celcius (°C) est égal à un kelvin (K).

**tempéré, ée** *a* **1** Ni très chaud, ni très froid. *Climat tempéré.* **2** litt Modéré, qui a de la mesure. *Un esprit tempéré.* **LOC** MUS ***Gamme tempérée :*** dont les demi-tons sont strictement égaux harmoniquement. — ***Monarchie tempérée :*** dans

**principe des téléviseurs couleur**

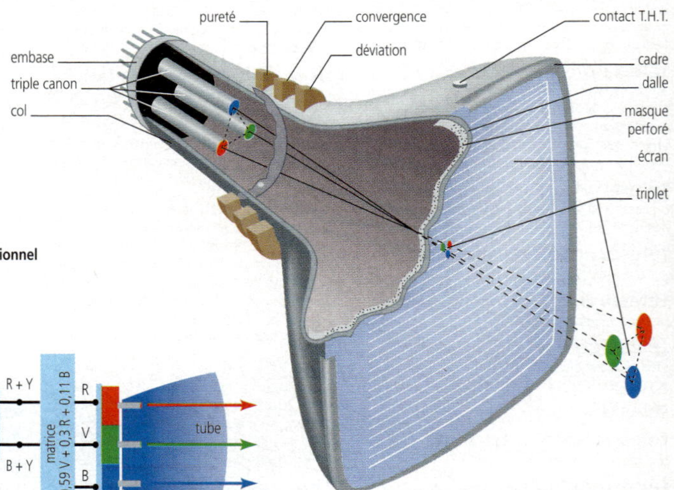

tube cathodique d'un téléviseur en couleurs

**synoptique de base d'un téléviseur conventionnel**

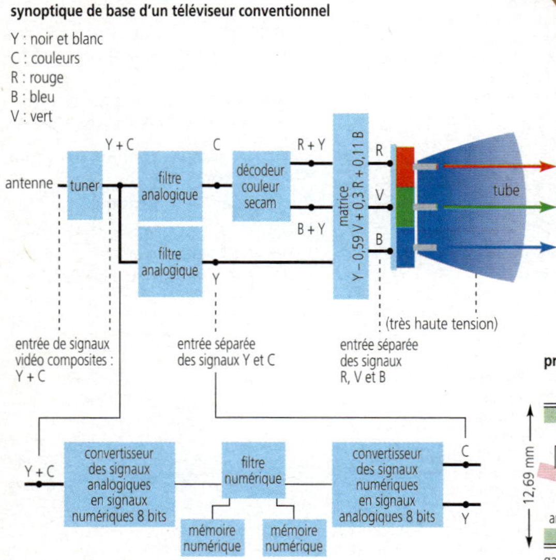


**principe du magnétoscope**

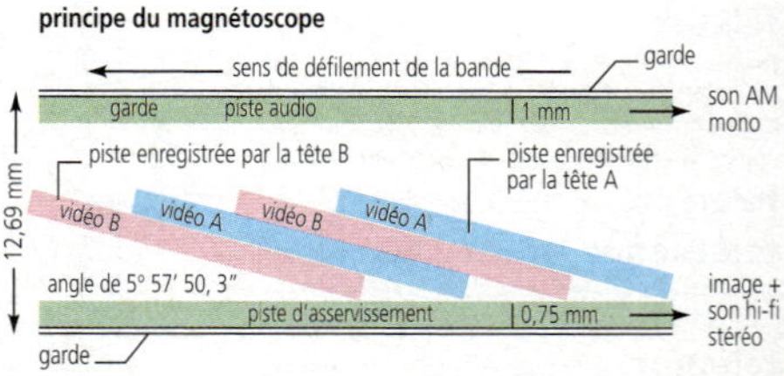


**télévision**

laquelle le pouvoir du souverain est limité par certaines institutions.

**tempérer** *vt* [14] **1** Adoucir. *La brise tempère l'ardeur du soleil.* **2 fig, litt** Modérer, atténuer. *Tempérer sa fougue.* [ETY] Du lat. *temperare,* « mélanger ».

**tempête** *nf* **1** Violente perturbation atmosphérique, très fort vent souvent accompagné de pluie et d'orage. **2** METEO, MAR Vent qui a une vitesse comprise entre 89 et 102 km/h (force 10 Beaufort). **3 fig** Trouble violent, agitation. *Les tempêtes de la Révolution.* **4 fig** Manifestation soudaine et violente ; bruit qui évoque celui d'une tempête. *Une tempête d'insultes.* **LOC fam** ***Une tempête dans un verre d'eau*** : une grande agitation à propos d'une bagatelle. — ***Violente tempête*** : vent entre 103 et 117 km/h (force 11 Beaufort). [ETY] Du lat.

**Tempête (la)** peinture de Giorgione (v. 1507, galerie de l'Académie, Venise). [VAR] **l'Orage**

**Tempête (la)** comédie-féerie en 5 actes, en vers mêlés de prose, de Shakespeare (v. 1611).

**tempêter** *vi* [1] Exprimer bruyamment son mécontentement.

**Tempête sur l'Asie** film de Poudovkine (1928), avec Valery Inkijinoff (1895 – 1976).

**tempétueux, euse** *a* **litt 1** Agité par la tempête. *Mer tempétueuse.* **2** Agité, tumultueux. *Assemblée tempétueuse.*

**temple** *nm* **1** ANTIQ Édifice consacré au culte d'une divinité. *Le temple d'Apollon à Delphes.* **2** Édifice consacré au culte israélite. SYN synagogue. **3** Édifice consacré au culte protestant. **4 litt, plaisant** Lieu où l'on rend honneur à qqch. *Ce magasin est le temple du bon goût.* [ETY] Du lat.

**Temple (le)** domaine fortifié de l'ordre des Templiers, établi à Paris au XII^e s., dont le donjon *(tour du Temple)* servit de prison sous la Révolution (Louis XVI et sa famille y furent enfermés en 1792) et fut démoli en 1811.

**Temple** sir **William** (Londres, 1628 – près de Farnham, Surrey, 1699), diplomate anglais ; auteur de nombr. essais politiques. Il unit l'Angleterre et les Provinces-Unies : Triple-Alliance (1668), mariage de Marie II Stuart avec Guillaume III (1677).

**Temple de Jérusalem (le)** temple bâti par le roi Salomon au X^e s. av. J.-C. ; les Babyloniens le détruisirent (587 av. J.-C.). Revenus de l'Exil (520 av. J.-C.), les Juifs construisirent un *Second Temple,* qui atteignit sa plus belle extension sous Hérode le Grand (fin du I^er s. av. J.-C.) ; l'empereur Titus le détruisit en 70 ap. J.-C. V. Mur des lamentations.

**Templiers (ordre des)** ordre religieux et militaire créé en 1119 par Hugues de Payns pour protéger les pèlerins en Terre sainte. Des dons l'enrichirent et il se dota d'une organisation internationale : le grand maître, assisté du chapitre général, dirigeait, depuis Jérusalem, les commandeurs de l'Orient latin et d'Occident. Chaque établissement était une seigneurie, dite *commanderie* ; on en a dénombré 9 000. Lors de la chute de l'Orient latin, les Templiers se replièrent en Europe, où leur richesse fit d'eux les trésoriers du roi de France et du pape. En 1307, Philippe le Bel, accusant l'ordre de corruption et voulant s'en approprier les richesses, ordonna l'arrestation de 138 templiers et fit pression sur le pape Clément V, qui prononça la dissolution du Temple (3 avril 1312). Les biens immobiliers de l'ordre furent donnés à l'ordre de Malte. Le grand maître Jacques de Molay et plusieurs de ses compagnons, torturés, puis condamnés à l'issue d'un long procès (1307-1314), moururent sur le bûcher (1314). [VAR] **chevaliers du Temple** [DER] **templier, ère** *a*

**tempo** *nm* MUS **1** Mouvement dans lequel doit être joué un morceau, qui inclut à la fois la rapidité du rythme et le caractère à donner à l'interprétation. *Tempo furioso.* **2** Rapidité plus ou moins grande du rythme. [PHO] [tempo] [ETY] Mot ital.

**temporaire** *a* Dont la durée est limitée. *Travail temporaire.* [DER] **temporairement** *av*

**temporal, ale** *a, nm* ANAT Qui a rapport aux tempes. **PLUR** temporaux. **LOC** ***Os temporal*** : formé de l'écaille, de l'os tympanal et du rocher.

**temporalité** *nf* **1 didac** Caractère de ce qui se déroule dans le temps. **2** LING Valeur temporelle d'un élément.

**temporel, elle** *a, nm* **A** *a* **1** Qui passe avec le temps. ANT éternel. **2** Qui concerne les choses matérielles. *Les biens temporels et les biens spirituels.* **3** GRAM Qui a rapport à l'expression du temps. *Proposition temporelle.* **4** Qui se rapporte au temps, qui se déroule dans le temps. **B** *nm* Puissance temporelle. **LOC** ***Pouvoir temporel du pape*** : son pouvoir en tant que chef d'État. [DER] **temporellement** *av*

**temporisateur, trice** *n, a* **A** *n, a* Qui temporise, qui a l'habitude de temporiser. **B** *nm* TECH Dispositif qui introduit un retard dans l'exécution d'une opération.

**temporiser** *vi* [1] Retarder le moment d'agir, généralement dans l'attente d'une occasion favorable. [DER] **temporisation** *nf*

**tempranillo** *nm* Cépage rouge espagnol, donnant en partic. le rioja.

**temps** *nm* **1** Dimension de l'Univers selon laquelle semble s'ordonner la succession irréversible des phénomènes. *Le temps et l'espace.* **2** Mesure du temps. *L'unité de temps est la seconde.* **3** Espace de temps. *Temps de cuisson.* **4** SPORT Performance d'un sportif dans une épreuve de vitesse. *Il a réalisé un temps médiocre.* **5** Durée, considérée du point de vue de l'activité de qqn. *Avoir du temps devant soi.* **6** Époque, période envisagée par rapport à ce qui l'a précédée ou suivie. *Les temps modernes.* **7** Période considérée par rapport à l'état, aux mœurs d'une société. *En temps de guerre, de crise.* **8** Saison, période de l'année caractérisée par telle ou telle activité. *Le temps des vendanges.* **9** Moment, occasion de faire, d'agir. *Il est temps de partir.* **10** GRAM Chacune des différentes séries des formes du verbe marquant un rapport déterminé avec la durée, le déroulement dans le temps. *Conjuguer un verbe à tous les modes et à tous les temps : présent, passé, futur.* **11** MUS Chacune des divisions de la mesure servant à régler le rythme. *Mesure à trois, à quatre temps.* **12** TECH Chacune des phases d'un cycle de moteur à explosion. *Moteur à deux, à quatre temps.* **13** État de l'atmosphère. *Temps orageux. Beau temps.* **LOC** ***À temps*** : dans les limites du temps fixé, convenable. — ***Au temps pour moi*** : mots qu'on dit pour reconnaître qu'on s'est trompé. — ***Avoir fait son temps*** : ne plus pouvoir servir. — ***Cela n'aura qu'un temps*** : ne durera pas. — ***De mon temps*** : à l'époque de ma jeunesse. — ***De temps en temps, de temps à autre*** : quelquefois. — ***De tout temps*** depuis toujours. — **fam** ***Donner du temps au temps*** : temporiser ou patienter. — ***En même temps*** : simultanément. — ***En temps et lieu*** : au moment et dans le lieu convenables. — ***Être de son temps*** : se conformer aux idées, aux usages de son époque. — MAR ***Gros temps*** : mauvais temps, vent fort et mer agitée par oppos. au *petit temps.* — ***Il est grand temps de, que*** : il est très urgent de, que. — **fam** ***Par les temps qui courent*** : dans les circonstances actuelles. — ***Perdre son temps*** : ne rien faire ; faire des choses inutiles. — ***Prendre son temps*** : ne pas se dépêcher, agir sans hâte. — ***Quelque temps*** : pendant un certain temps. — ***Signe des temps*** : fait, circonstance qui caractérise les mœurs de l'époque dont on parle. — INFORM ***Temps partagé*** : mode de fonctionnement dans lequel chaque utilisateur accède en permanence à l'ordinateur sans gêner les autres, et qui autorise les relations entre les usagers. SYN (déconseillé) time-sharing. — INFORM ***Temps réel*** : mode de fonctionnement qui permet l'introduction permanente des données et l'obtention immédiate des résultats. — ***Tout le temps*** : sans cesse. — **fam** ***Trouver le temps long*** : s'impatienter. [PHO] [tɑ̃] [ETY] Du lat.

[ENC] Le temps n'est pas une grandeur physique. Il constitue plutôt, au même titre que l'espace, une grandeur par rapport à laquelle le monde évolue. La mesure du temps doit être rattachée à un phénomène simple qui se reproduit périodiquement. L'*unité de temps* du Système international (SI) est la *seconde,* qui est définie à partir des vibrations de l'atome de césium. (V. seconde et heure.) La mesure du temps doit être distinguée de l'*échelle de temps,* qui permet d'assigner des dates à des évènements. Un intervalle de temps est limité par deux dates dans l'échelle de temps. En physique, à la notion de *temps absolu* il faut substituer celle de *temps relatif.* Deux évènements qu'un observateur juge simultanés ne le seront pas pour un autre observateur en mouvement par rapport au premier s'ils se produisent en des points distincts de l'espace. V. relativité.
L'échelle de *temps universel* (abrév. : UT) se déduit de la rotation de la Terre autour de son axe et de son mouvement autour du Soleil. Le *temps solaire vrai* est égal à l'angle horaire du Soleil : il est 0 h vraie lorsque le Soleil traverse le méridien. Le *temps solaire moyen* est calculé en supposant un Soleil fictif dont l'angle horaire varie uniformément, ce qui n'est pas le cas du Soleil réel, compte tenu de l'obliquité de l'écliptique en partic. Au temps solaire moyen on substitue le *temps civil,* par addition de 12 heures. Le jour civil commence donc à minuit. Le *temps universel* est par définition égal au temps civil de Greenwich. Les *temps légaux* dérivent du temps universel suivant le système des fuseaux horaires. En principe, chaque pays adopte l'heure du fuseau qui contient sa capitale (sauf pour les pays très étendus). Il existe un deuxième temps astronomique, le *temps des éphémérides,* dont l'échelle se déduit du mouvement de la Terre autour du Soleil. Sa période fondamentale est l'année. En 1972, on a défini une base du temps légal, le *temps universel coordonné* (UTC), établi à partir du *temps atomique international* (défini sur la base de la vibration de l'atome de césium) et du temps universel.

**Temps (le)** quotidien fondé en 1861 à Paris ; sa parution cessa en nov. 1942 (à Lyon). En 1944, *le Monde* lui succéda.

**Temps difficiles (les)** roman de Dickens (1854).

**Temps modernes (les)** film de et avec Charlie Chaplin (1936), satire de la société industrielle ; avec Paulette Goddard.

**Temps modernes (les)** revue politique, philosophique et littéraire créée par Sartre en 1945.

**tempura** *nm* CUIS Mets japonais constitué de morceaux de légume ou de poisson enrobés d'une pâte très légère et frit.

**Temuco** v. du centre-S. du Chili ; 217 790 hab. ; ch.-l. de prov.

**Temūjin** → **Gengis khān.**

**tenable** *a* (Souvent en tournure négative.) Que l'on peut tenir, défendre ; supportable. *Leurs positions n'étaient plus tenables. À l'ombre, c'est à peu près tenable.*

**tenace** *a* **1** Qui adhère fortement, qui est difficile à ôter. *Une couche tenace de rouille.* **2 fig** Difficile à faire disparaître. *Superstitions tenaces. Odeur tenace.* **3 fig** Qui ne renonce pas facilement à ses idées, à ce qu'il entreprend. *Un chercheur tenace.* **4** Se dit d'un métal qui résiste bien aux efforts de traction. [ETY] Du lat. *tenere,* « tenir ». [DER] **tenacement** *av* – **ténacité** *nf*

**tenaille** *nf* (Surtout au plur.) Outil composé de deux leviers articulés, pince servant à saisir et à serrer divers objets pendant qu'on les travaille. *Tenailles de forgeron.* **LOC** ***Prendre l'ennemi en tenailles*** : l'attaquer de deux côtés à la fois. [ETY] Du lat. *tenere,* « tenir ».

**tenailler** *vt* ① Faire souffrir cruellement ; tourmenter. *Le remords le tenaille.* DER **tenaillement** *nm*

**tenancier, ère** *n* **1** FEOD Personne occupant en roture des terres dépendantes d'un fief. **2** Fermier d'une petite exploitation agricole dépendant d'une ferme plus importante. **3** Personne qui gère un établissement soumis à une réglementation ou à une surveillance des pouvoirs publics. *Tenancier d'un hôtel.*

**tenant, ante** *n* **A** *nm* **1** anc Chevalier qui, dans un tournoi, s'offrait à jouter contre quiconque voulait se mesurer à lui. **2** HERALD Ornement extérieur de l'écu, figure humaine qui soutient celui-ci. **B** *n* fig Personne qui soutient, défend une opinion. *Les tenants d'une théorie.* LOC ***D'un seul tenant*** : qui forme un ensemble. — ***Les tenants et les aboutissants d'une affaire*** : son contexte. — DR ***Les tenants et les aboutissants d'un fonds de terre*** : les diverses pièces de terre qui le bornent. — ***Tenant(e) d'un titre*** : personne qui détient un titre sportif.

**Ténare** (auj. cap *Matapan*), cap de Grèce, en Laconie, situé à la pointe S. du Péloponnèse.

**Tenasserim** province forestière et côtière du S. de la Birmanie ; 43 328 km² ; 920 000 hab.

**Tencin Pierre Guérin de** (Grenoble, 1680 – Lyon, 1758), prélat français ; archevêque de Lyon (1740), ministre d'État (1742-1751), hostile aux jansénistes. — **Claudine Alexandrine** (Grenoble, 1682 – Paris, 1749), femme de lettres française, sœur du préc. Religieuse relevée de ses vœux (1715), elle accueillit dans son salon, à partir de 1726, Montesquieu, Helvétius, Marivaux. D'Alembert est son fils.

**Tendai** secte bouddhique japonaise fondée en 807 par Dengyō Daishi, bonze qui séjourna en 804-805 parmi les moines chinois du Tiantai (montagne sacrée du Zhejiang). La secte fut influente jusqu'au XVIᵉ s.

**tendance** *nf* **1** Composante de la personnalité d'un individu, qui le prédispose ou qui le pousse spontanément à certains comportements. *Tendance à la rêverie, à l'étourderie, à la mégalomanie.* SYN disposition, penchant. **2** Orientation politique, intellectuelle, artistique, etc. *Les tendances littéraires actuelles.* **3** Évolution probable dans un sens déterminé par l'évolution antérieure. *Tendance des cours à la hausse.* **4** Mouvement de la mode, ce qui est à la mode. *Devancer la tendance. Un chapeau très tendance.* LOC ***Avoir tendance à*** (+ inf.) : être enclin à ; en venir à, être en voie de. — ***Tendance de fond*** : syn. de *trend*. ETY De *tendre 2*.

**tendanciel, elle** *a* Qui indique une tendance dans une évolution, une orientation. DER **tendanciellement** *av*

**tendancieux, euse** *a* péjor Qui ne présente pas les faits avec objectivité. *Propos tendancieux.* DER **tendancieusement** *av*

**Tende (col de)** col des Alpes-Maritimes, à la frontière italienne (1 870 m) ; un tunnel routier et ferroviaire relie Nice à Cuneo.

**Tende** ch.-l. de cant. des Alpes-Maritimes (arr. de Nice) ; 1 844 hab. – Fondé en 1501, le *comté de Tende* fut français de 1796 à 1814. Il appartint ensuite à la maison de Savoie (puis à l'Italie). En 1947, le traité de Paris, approuvé par un référendum local, le donna à la France. DER **tendasque** *a*

**tende-de-tranche** *nm* En boucherie, parties supérieure et moyenne de la cuisse du bœuf. SYN tranche. PLUR tendes-de-tranche. ETY De *tendre* et *tranche*.

**tender** *nm* CH DE F Fourgon contenant l'eau et le combustible nécessaires à l'alimentation d'une locomotive à vapeur. PHO [tɑ̃dɛR] ETY Mot angl.

**tenderie** *nf* Chasse au moyen de pièges que l'on tend ; terrain où ils sont tendus.

**tendeur, euse** *n* **A** Personne qui tend qqch. **B** *nm* **1** Appareil, dispositif servant à tendre, à raidir. *Tendeur pour les fils métalliques des clôtures.* **2** Cordon élastique muni d'un crochet à chaque extrémité. SYN sandow.

**tendineux, euse** *a* **1** ANAT Qui appartient à un tendon ; qui est constitué d'un tissu analogue à celui des tendons. **2** Qui contient des tendons. *Viande tendineuse.*

**tendinite** *nf* MED Inflammation d'un tendon, d'origine traumatique ou rhumatismale.

**tendinopathie** *nf* MED Affection des tendons en général.

**tendon** *nm* Extrémité fibreuse et blanche d'un muscle, de forme cylindrique ou aplatie, par laquelle il s'insère sur un os. LOC ***Tendon d'Achille*** : réunion des tendons des muscles jumeaux et du soléaire, qui s'insère sur la face postérieure du calcanéum. ETY Du lat.

**1 tendre** *a, n* **A** *a* **1** Qui peut être facilement entamé, coupé. *De la viande tendre.* **2** Clair et délicat, en parlant d'une couleur. *Un bleu tendre.* **B** *a, n* Affectueux ; doux et délicat. LOC ***L'âge tendre*** : l'enfance. — ***La tendre enfance*** : la première enfance. ETY Du lat. DER **tendrement** *av*

**2 tendre** *v* ⑥ **A** *vt* **1** Tirer en écartant les extrémités d'une pièce afin qu'elle présente une certaine rigidité. *Tendre une corde, une bâche.* **2** Préparer, disposer un piège. *Tendre un filet.* **3** Tapisser. *Tendre un mur, une pièce.* **4** Présenter qqch en l'avançant. *Tendre un objet à qqn.* **B** *vti* **1** Avoir pour objectif, chercher à atteindre qqch. *Propos qui tendent à l'apaisement général. Tendre à la perfection.* **2** Être en voie de, en venir à. *Déficit qui tend à se résorber.* **3** Se rapprocher d'une valeur limite. *Tendre vers zéro.* **C** *vpr* Devenir tendu, difficile. *Leurs relations se sont tendues.* LOC ***Tendre la main*** : mendier. — ***Tendre la main à qqn*** : lui offrir son aide. — ***Tendre l'oreille*** : écouter avec attention. — ***Tendre son esprit*** : se concentrer sur qqch. — ***Tendre un piège à qqn*** : chercher à lui faire commettre une erreur fâcheuse sans qu'il s'en doute. ETY Du lat.

**Tendre (carte du)** dans *Clélie* (roman de Mˡˡᵉ de Scudéry), carte du *pays de Tendre*, comportant notamment les villages de Tendre-sur-Renaissance et Tendre-sur-Estime, que l'amoureux doit savoir explorer.

**tendresse** *nf* **1** Caractère, attitude, sentiments d'une personne tendre. *Aimer avec tendresse.* **2** Acte, parole tendre.

**tendreté** *nf* Qualité d'une denrée tendre.

**tendron** *nm* **1** Morceau de la partie inférieure du thorax du veau ou du bœuf. **2** fam, vieilli Très jeune fille, par rapport à un homme beaucoup plus âgé qu'elle.

**tendu, ue** *a* **1** Qui subit une tension. *Ressort tendu. Être tendu nerveusement.* **2** fig Rendu difficile par une mauvaise entente. *Rapports tendus.* **3** LING Se dit de sons articulés avec une grande tension des organes. *Consonne tendue.*

**Tène (La)** site protohistorique de Suisse, à l'extrémité orientale du lac de Neuchâtel ; il a donné son nom au second âge du fer (v. 450-50 av. J.-C.), apogée de la civilisation celtique continentale. Les fouilles commencèrent en 1858.

**ténèbres** *nfpl* **1** Obscurité épaisse. *Avancer dans les ténèbres.* **2** fig, litt État de ce qui est étranger à la raison, à la connaissance. LOC ***Le prince, l'ange des ténèbres*** : Satan. — ***Le royaume des ténèbres*** : l'enfer. ETY Du lat.

**ténébreux, euse** *a* **1** litt Où règnent les ténèbres. *Des ruelles ténébreuses.* **2** fig Difficile à comprendre, à débrouiller. *Une ténébreuse affaire.* **3** Sombre et mélancolique. LOC ***Un beau ténébreux*** : un beau garçon grave et taciturne.

**ténébrion** *nm* Insecte coléoptère noir, aux élytres striés, qui vit dans les lieux sombres et dont les larves, dites *vers de farine, vers de riz*, s'attaquent à ces denrées. ETY Du lat.

**Ténéré (le)** région du Sahara, située au Niger, au S.-E. du Hoggar ; env. 1,4 million d'hab.

**Tenerife** la plus grande des îles Canaries (Espagne) ; 1 929 km² ; 770 600 hab. ; ch.-l. *Santa Cruz de Tenerife*. Sol volcanique fertile : vigne, agrumes, tabac. Tourisme. VAR **Ténériffe**

**ténesme** *nm* MED Tension douloureuse du sphincter anal ou vésical, avec sensations de brûlure et envies continuelles d'aller à la selle ou d'uriner. PHO [tenesm] ETY Du gr.

**1 teneur** *nf* **1** Contenu, sens d'un écrit, d'un discours. **2** Proportion d'une substance dans un corps, dans un mélange. *La teneur de l'air en gaz carbonique.* ETY Du lat.

**2 teneur, euse** *n* LOC COMPTA ***Teneur de livres*** : personne qui tient les livres de comptabilité.

**Teng Siao-p'ing** → **Deng Xiaoping.**

**tengue** *nm* Unité monétaire du Kazakhstan. PHO [tenge]

**ténia** *nm* Ver plat (plathelminthe) cestode, parasite dans l'intestin de l'homme et des vertébrés. SYN ver solitaire. ETY Du gr. *tainia*, « bandelette ». VAR **tænia**

**téniasis** *nm* MED Parasitose due au ténia. VAR **tæniasis**

**Teniente (El)** com. du centre du Chili ; 11 000 hab. Mines de cuivre.

**Teniers David,** dit **le Vieux** (Anvers, 1582 – id., 1649), marchand de tableaux et peintre flamand. — **David,** dit **le Jeune** (Anvers, 1610 – Bruxelles, 1690), peintre flamand, fils du préc. : kermesses, noces, cabarets, etc.

**ténifuge** *a, nm* MED Se dit d'un produit qui provoque l'expulsion des ténias.

**tenir** *v* ㊳ **A** *vt* **1** Avoir à la main, dans les bras, etc. *Tenir un objet. Tenir qqn par le cou.* **2** Maintenir fixé. *La sangle qui tient la charge.* **3** Parvenir à avoir ou à garder en son pouvoir, sous son contrôle. *Nous tenons le coupable. Tenir son cheval.* **4** Avoir, posséder. *Je tiens la solution.* **5** Occuper un espace. *Ce meuble tient trop de place.* **6** Avoir la charge de ; être occupé à. *Tenir un restaurant. Tenir la caisse.* **7** Maintenir dans la même position, la même situation. *Tenir une chose secrète. Tenir qqn en haleine.* **8** Garder, conserver. *Tenir son sérieux.* **9** Pouvoir contenir. *Ce réservoir tient vingt litres.* **10** Rester dans un lieu ; conserver une direction. *Tenir la chambre, le lit. Tenir un cap.* **11** Être fidèle à un engagement. *Tenir sa parole.* **12** Considérer comme. *Tenir une chose pour vraie. Je le tiens pour un lâche.* **13** S'exprimer, parler de telle manière. *Tenir des propos évasifs.* **B** *vi* **1** Rester à la même place, dans la même position, sans se détacher, sans tomber. *Ce clou tient mal.* **2** Subsister sans changement. *Ce projet tient-il toujours ?* **3** fig Être cohérent, valable, digne de considération, crédible. *Ses arguments ne tiennent pas.* **4** Résister. *Ils ne pourront pas tenir longtemps. Tenir bon contre une attaque.* **5** Pouvoir être compris dans un certain espace, dans certaines limites. *Ses vêtements tiendront*

civilisation de **La Tène** : reconstitution d'une maison gauloise à Chasseny, Aisne

*dans une seule valise.* **C** *vti* **1** Adhérer, être attaché à. *Affiche qui tient au mur avec des punaises.* **2** (Suivi de l'inf. ou du subj.) Désirer à tout prix. *Je tiens à le rencontrer, à ce que tu le voies.* **3** Être contigu à. *Ma maison tient à la sienne.* **4** Dépendre, provenir de. *La maladresse tient parfois à l'inexpérience.* **5** Avoir une certaine ressemblance avec. *Il tient de son père. Cela tient de la folie.* **6** Être attaché affectivement à. *Tenir à qqn.* **D** *vpr* ① **1** Se retenir, s'accrocher à qqch. *Se tenir d'une main au trapèze.* **2** Se trouver, demeurer dans un certain lieu, une certaine position, un certain état. *Se tenir sur le pas de la porte. Se tenir sur ses gardes.* **3** Avoir lieu. *La réunion se tiendra dans mon bureau.* **4** fig Présenter une certaine cohérence ; être vraisemblable, crédible. *Son récit se tient.* **5** Se comporter correctement. *Il sait se tenir.* **6** Être très proche dans une compétition. **LOC** ***Cela lui tient à cœur*** : il y porte un grand intérêt. — ***Être tenu à qqch, à faire qqch*** : y être contraint, obligé. — ***Il ne tient qu'à vous que, de*** : cela ne dépend que de vous. — ***N'y plus tenir*** : ne plus pouvoir se dominer, se contrôler. — ***Qu'à cela ne tienne*** : que cela ne soit pas un empêchement. — ***Savoir à quoi s'en tenir*** : être bien renseigné, être fixé sur qqch. — ***S'en tenir à*** : rester dans les limites de qqch d'arrêté. — ***Se tenir bien, mal*** : avoir un bon, un mauvais maintien ; faire preuve d'une bonne, d'une mauvaise éducation. — fam ***Se tenir qqch pour dit*** : ne pas avoir besoin qu'on vous le rappelle. — ***Tenir conseil*** : s'assembler pour délibérer. — ***Tenir la mer*** : affronter sans risque le mauvais temps, être stable et sûr, en parlant d'un navire. — ***Tenir la route*** : avoir une bonne tenue de route ; fig être à la hauteur, résister à l'épreuve des faits. *Ses arguments ne tiennent pas la route.* — fam ***Tenir le choc*** : résister, tenir bon. — ***Tenir lieu de*** : faire figure de, remplacer. — ***Tenir qqch de qqn*** : en avoir été informé par lui. — ***Tenir rigueur à qqn*** : persister dans son ressentiment envers lui. — ***Tenir sa langue*** : savoir se taire. — ***Tenir tête à qqn*** : s'opposer à lui, lui résister. — ***Tenons-nous-en là*** : n'en disons, n'en faisons pas davantage. — ***Tiens ! tenez !*** : prends ! prenez ! ; sert à attirer l'attention, marquer l'étonnement. *Tiens, il pleut !* ETY Du lat.

**Tennessee (le)** riv. des É.-U. (1 600 km), affl. de l'Ohio (r. g.), issu des Appalaches. Des travaux (à partir de 1933) l'ont adapté à la navigation, à l'agriculture et à l'industrie (centrales).

**Tennessee** État du centre-est des É.-U., drainé par le Tennessee ; 109 411 km$^2$ ; 4 877 000 hab. ; cap. *Nashville* ; v. princ. *Memphis.* – Le plateau central appalachien, au climat chaud et humide, est bordé à l'O. par le Mississippi, à l'E. par une zone de crêtes. Ressources : agriculture, zinc, fer, charbon, hydroélectricité. – Colonisée au XVIII$^e$ s. par les Anglais, la région entra dans l'Union en 1796. Sécessionniste, l'État fut très éprouvé par la guerre de Sécession.

**tennis** *n* **A** *nm* **1** Sport pratiqué par deux ou quatre joueurs qui se renvoient une balle au moyen de raquettes, sur un terrain *(court)* séparé en deux camps par un filet. **2** Emplacement aménagé pour jouer au tennis. **B** *nm, nf* Chaussure basse à empeigne de matière souple et à semelle de caoutchouc, que l'on met pour pratiquer le tennis ou un autre sport. **LOC** ***Tennis de table*** : jeu analogue au tennis dans son principe, mais qui se joue sur une table spéciale avec des raquettes en bois revêtues de caoutchouc et des balles creuses. SYN ping-pong. PHO [tenis] ETY Mot angl. DER **tennistique** *a* ▶ pl. sport

**tennis-ballon** *nm* Sport de ballon qui se joue sur un terrain de volley-ball, avec des règles héritées du tennis.

**tennis-elbow** *nm* MED Épicondylite des joueurs de tennis. PLUR tennis-elbows. PHO [teniselbo] ETY De l'angl. *elbow*, « coudé ».

**tennisman** *nm* vieilli Joueur de tennis. PLUR tennismans ou tennismen. PHO [tenisman] ETY Faux anglicisme.

**tennistique** → **tennis.**

**tenno** *nm* Titre de l'empereur du Japon. ETY Mot jap., « seigneur du ciel ».

**Tennyson Alfred (lord)** (Somersby, Lincolnshire, 1809 – Aldworth, Surrey, 1892), poète anglais, représentatif de l'époque victorienne : *Poèmes* (1833, comprend *les Mangeurs de lotus*), *Maud* (1855), *les Idylles du roi* (1859-1885).

**Teno (le)** → **Tana (la).**

**Tenochtitlán** cap. des Aztèques, sur le site actuel de Mexico, fondée en 1325, prise par Cortès en 1521.

**Tenochtitlan** → **Mexico.**

**tenon** *nm* TECH Partie en relief d'un assemblage, façonnée selon une forme régulière et destinée à être enfoncée dans la partie creuse correspondante, la mortaise.

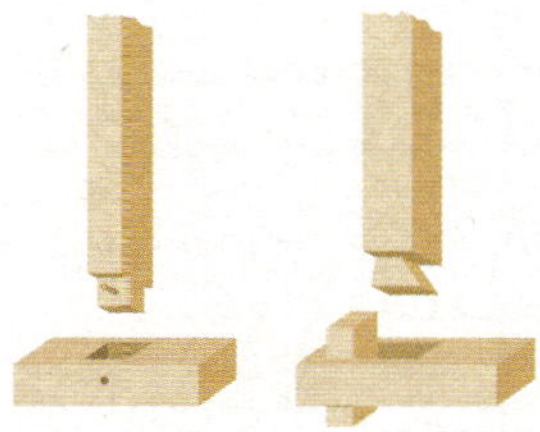


**tenon**

**ténor** *nm, am* **A** **1** Se dit de la voix d'homme dont le registre se situe entre ceux du baryton et du haute-contre. **2** Se dit des instruments à vent dont la tessiture correspond à celle de la voix de ténor. *Saxophone ténor.* **B** *nm* **1** Chanteur qui a cette voix. **2** fig Personne connue pour son grand talent dans l'activité qu'elle exerce. *Les ténors du barreau.* ETY De l'ital.

**ténorino** *nm* MUS Ténor léger, qui chante en voix de tête, dans l'aigu. ETY Mot ital.

**ténoriser** *vi* ① MUS Chanter d'une voix qui se rapproche de celle du ténor. DER **ténorisant, ante** *a*

**ténotomie** *nf* CHIR Section d'un tendon.

**tenrec** → **tanrec.**

**tennis** l'Américaine Venus Williams

**tenseur** *am, nm* **A** ANAT Se dit d'un muscle qui sert à tendre. **B** *nm* MATH Élément d'un espace vectoriel qui présente des propriétés particulières et généralise la notion de vecteur dans les espaces à plus de trois dimensions (le tenseur de deux vecteurs $\vec{x}$ et $\vec{y}$ se représente ainsi : $\vec{x} \otimes \vec{y}$ ; et se lit : « x tenseur y »). SYN produit tensoriel.

**tensioactif, ive** *a, nm* CHIM Se dit d'un corps qui modifie la tension superficielle. DER **tensioactivité** *nf*

**tensiomètre** *nm* MED Syn. de *sphygmomanomètre.*

**tension** *nf* **1** Action de tendre ; état de ce qui est tendu. *Hauban, câble sous tension.* **2** PHYSIOL Résistance opposée par une paroi aux liquides ou aux gaz contenus dans la cavité ou le conduit qu'elle limite. *Tension vasculaire. Tension oculaire.* **3** Pression du sang, équilibrée par la tension vasculaire. *Mesure de la tension au moyen du sphygmomanomètre.* **4** ELECTR Différence de potentiel. *Une tension de trois mille volts.* **5** PHYS Force expansive, pression d'une vapeur, d'un gaz. **6** fig Forte concentration de l'esprit appliqué à un seul objet. *Tension d'esprit.* **7** fig Discorde, hostilité plus ou moins larvée entre des personnes, des groupes, des États. *Tension diplomatique.* **LOC** ***Avoir de la tension*** : une pression sanguine trop élevée. — ***Tension nerveuse*** : nervosité. — ***Tension superficielle*** : résultante des forces de cohésion intermoléculaires qui s'exercent au voisinage de toute surface de séparation liquide-gaz, liquide-solide ou solide-gaz, perpendiculairement à celle-ci. ETY Du lat.

**tensionnel, elle** *a* MED De la tension artérielle. *Contrôle tensionnel.*

**tenson** *nf* LITTER Au Moyen Âge, débat entre des personnages, présenté sous forme de dialogue en vers. ETY Du lat. *tentio*, « querelle ».

**tensoriel, elle** *a* MATH Relatif aux tenseurs. *Calcul tensoriel.*

**tentaculaire** *a* **1** Qui a rapport aux tentacules. **2** fig Qui cherche à étendre son emprise de tous côtés. *Ville tentaculaire.*

**tentacule** *nm* ZOOL Appendice allongé et mobile, plus ou moins armé, dont sont munis divers invertébrés (cnidaires, cténaires, céphalopodes, etc.), et qui leur sert d'organe tactile, préhensile, locomoteur, etc. ETY Du lat. *tentare*, « toucher ».

**tentant** → **tenter.**

**tentateur, trice** *a, n* Qui cherche à entraîner au mal.

**tentation** *nf* **1** Ce qui pousse au mal, à ce qui est contraire à une loi morale, religieuse ; attirance pour le mal. *La tentation de la chair.* **2** Fait d'être attiré par, d'avoir envie de qqch, de faire qqch. *Céder à la tentation d'acheter qqch.*

**Tentation de saint Antoine (la)** œuvre de Flaubert (3 versions : 1849, 1856, 1874).

**tentative** *nf* **1** Action par laquelle on cherche à atteindre un but ; fait de tenter, d'essayer. *Faire une tentative de conciliation.* **2** DR Commencement d'exécution. *Tentative d'assassinat.*

**tente** *nf* Abri provisoire de forte toile, ou de tissu de matière synthétique, que l'on peut transporter et dresser facilement. **LOC** ***Se retirer sous sa tente*** : ne plus vouloir soutenir une cause, par dépit (par allus. à la colère d'Achille). — ANAT ***Tente du cervelet*** : prolongement de la dure-mère formant une cloison entre la face supérieure du cervelet et la face inférieure des lobes occipitaux du cerveau. ETY Du lat. *tendere*, « tendre ».

**tente-abri** *nf* Tente individuelle très légère. PLUR tentes-abris.

**tenter** *vt* ① **1** Entreprendre qqch de plus ou moins hasardé avec le désir de réussir. *Tenter une ascension périlleuse. Tenter de prouver qqch.* **2** Faire naître, provoquer chez qqn le désir, l'envie de qqch. *Ce gâteau, cette offre me tente.* **3** Inciter à pécher, à faire le mal. LOC ***Être tenté de*** (+ inf.) : éprouver l'envie de. — fam ***Tenter le diable*** : prendre des risques excessifs. — ***Tenter sa chance*** : prendre un risque dans l'espoir de réussir. ETY Du lat. DER **tentant, ante** *a*

**tenthrède** *nf* Insecte hyménoptère à abdomen non pédiculé, souvent aux couleurs vives, appelé cour. *mouche à scie.*

**tenture** *nf* **1** Ensemble de pièces de tapisserie, d'étoffe, ordinairement de même dessin, destinées à tendre les murs d'une chambre, d'une salle. *Tenture des Gobelins.* **2** Élément de garniture murale en tissu, en papier, etc.

**tenu, ue** *a, nm* **A** *a* FIN Ferme dans les cours. *Valeurs tenues.* **B** *nm* Dans certains sports (basket-ball et handball), faute commise par un joueur qui conserve le ballon trop longtemps. LOC ***Bien, mal tenu*** : dont l'entretien, la propreté sont satisfaisants, non satisfaisants.

**ténu, ue** *a* Très mince, très fin, grêle. DER **ténuité** *nf*

**tenue** *nf* **1** Temps pendant lequel certaines assemblées se tiennent. *La tenue des assises.* **2** Action de bien se tenir ; manière de se conduire, de se présenter. *Manquer de tenue.* **3** Action de tenir en ordre. *La tenue d'une maison.* **4** FIN Fermeté d'une valeur dans son prix. **5** MUS Action de soutenir une note pendant un certain temps. **6** Manière de s'habiller ; costume que l'on porte dans certaines occasions. *Une tenue de sport.* LOC ***Grande tenue*** : grand uniforme, habit de parade. — COMPTA ***Tenue de livres*** : action, manière de tenir des livres de comptes. — ***Tenue de route*** : aptitude d'une automobile à suivre exactement et en toutes circonstances la direction que son conducteur veut lui donner.

**ténuirostre** *a, nm* ZOOL Se dit d'un oiseau qui a le bec grêle, tel que la fauvette et la bergeronnette.

**ténuité** → **ténu.**

**tenure** *nf* DR FEOD Manière dont une terre était concédée. LOC ***Tenure féodale*** : concession d'une terre, d'un fief, par un noble à un autre noble. ETY De *tenir.*

**tenuto** *av* MUS Mot placé au-dessus de certaines notes pour indiquer que les sons doivent être tenus tout au long de leur émission. ABREV ten. PHO [tenuto] ETY Mot ital.

**Tenzin Gyatso** (province de Amdo, 1935), quatorzième dalaï-lama, monté sur le trône à 5 ans. Exilé en 1959, il lutte contre la domination chinoise. P. Nobel de la paix 1989. Il se retire du gouvernement en 2011.

**Tenzing Norgay** (Solo Khumbu, Népal, 1914 – Darjeeling, 1986), alpiniste népalais, d'ethnie sherpa, vainqueur de l'Everest avec E. Hillary (1953).

**téocalli** *nm* ARCHEOL Pyramide tronquée surmontée d'un temple, édifiée par les Aztèques.

**téorbe** → **théorbe.**

**téosinthe** *nm* Graminée fourragère d'Amérique centrale, voisine du maïs. VAR **téosinte**

**Teotihuacán** v. précolombienne du Mexique, au N.-E. de Mexico, foyer de l'import. *civilisation de Teotihuacán* (300 av. J.-C. à 1000 apr. J.-C.), qui connut son apogée entre 300 et 650 apr. J.-C. (période dite « Teotihuacán II »). Princ. monuments : pyramides de la Lune et du Soleil, temple de Quetzalcóatl (sculptures).

**tep** *nf* Unité permettant de comparer l'énergie contenue dans des combustibles de nature différente. ETY Acronyme de *tonne équivalent pétrole.*

**tépale** *nm* BOT Pièce du périanthe d'une fleur telle que la tulipe, où sépales et pétales se ressemblent.

**téphillin** *nm pl* RELIG Syn de *phylactère.* ETY De l'hébreu. VAR **téfillin**

**Tepic** v. du Mexique, au N.-O. de Guadalajara ; 238 100 hab. ; cap. de l'État de Nayarit.

**tépidarium** *nm* ANTIQ ROM Salle des thermes à température tiède. PHO [tepidaʀjɔm] ETY Mot lat.

**Teplice** v. de la Rép. tchèque, au N.-O. de Prague ; 54 000 hab. Stat. thermale.

**tépuy** *nm* GEOGR Haut plateau du Venezuela. VAR **tepuy**

**téquila** *nf* Alcool mexicain, obtenu par fermentation du jus d'agave. ETY D'un n. pr. VAR **tequila**

**ter** *av* **1** Trois fois. **2** MUS Indique que le passage doit être exécuté trois fois. **3** Indique que le même numéro de rue est répété. *8 ter, rue de la Paix.* ETY Mot lat.

**TER** *nm* Abrév. de *train express régional,* équivalant au RER d'Île-de-France dans les autres régions françaises.

**téra-** Élément, du gr. *teras, teratos,* « chose monstrueuse », que l'on place devant une unité pour la multiplier par $10^{12}$, soit un million de millions (symb. T).

**téraoctet** *nm* INFORM Capacité de mémoire d'ordinateur équivalant à 1 million de millions d'octets.

**Teramo** v. d'Italie (Abruzzes) ; 55 004 hab. ; ch.-l. de la prov. du m. nom. – Cath. XII$^{e}$ s.

**téraspic** *nm* BOT Syn. de *thlaspi.*

**térato-** Élément, du gr. *teras, teratos,* « chose monstrueuse, monstre ».

**tératogène** *a* MED Qui provoque des formes anormales lors de l'embryogenèse.

**tératogenèse** *nf* MED Développement de formes anormales ou monstrueuses chez les espèces vivantes. VAR **tératogénie**

**tératologie** *nf* BIOL Partie de la biologie qui étudie les anomalies et monstruosités chez les êtres vivants. DER **tératologique** *a* – **tératologiste** ou **tératologue** *n*

**tératome** *nm* MED Tumeur bénigne ou maligne qui se développe à partir de fragments de tissus restés à l'état embryonnaire.

**Terauchi Hisaichi** (Yamaguchi, Honshū, 1879 – Kuala Lumpur, 1946), maréchal japonais. Il commanda en Chine (1938-1942), puis dans le Pacifique Ouest.

**terbine** *nf* Hydroxyde de terbium Tb(OH)$_3$.

**terbium** *nm* **1** CHIM Élément appartenant à la famille des lanthanides, de numéro atomique Z = 65, de masse atomique 159 (symb. Tb). **2** Métal (Tb) qui fond à 1 356 °C et bout à 3 123 °C. PHO [tɛʀbjɔm] ETY D'un n. pr.

**Teotihuacán** escalier central de la pyramide du Soleil

**Terborch Gerard** (Zwolle, 1617 – Deventer, 1681), peintre hollandais : portraits et scènes de genre. VAR **Terborgh**

**Terbrugghen Hendrik** (Deventer, 1588 – Utrecht, 1629), peintre hollandais, influencé par le caravagisme.

**Terceira** île des Açores (Portugal) ; 396 $km^2$ ; ch.-l. *Angra do Heroísmo.*

**tercer** *vt* ⑫ AGRIC Labourer une terre pour la troisième fois. VAR **terser** ① ou **tiercer** ⑫

**tercet** *nm* Strophe de trois vers. ETY De l'ital.

**Tercio (le)** en Espagne, nom de l'infanterie aux XVI$^{e}$-XVII$^{e}$ s. puis de la Légion étrangère, créée en 1920.

**térébelle** *nf* Ver marin sédentaire porteur de branchies filamenteuses, qui vit dans un tube muqueux qu'il sécrète. ETY Du lat. *terebra,* « tarière ».

**térébellum** *nm* Mollusque gastéropode prosobranche à coquille allongée, abondant au tertiaire, et dont une seule espèce subsiste dans l'océan Indien. PHO [terebelɔm]

**térébenthène** *nm* CHIM Carbure terpénique, principal constituant de la térébenthine.

**térébenthine** *nf* TECH Résine semi-liquide de certains végétaux (anacardiacées et conifères). LOC ***Essence de térébenthine*** : liquide extrait de certaines résines et utilisé pour les vernis. ETY Du gr.

**térébinthacée** *nf* BOT Syn. anc. de *anacardiacée.*

**térébinthe** *nm* BOT Pistachier résineux des bords de la Méditerranée.

**térébrant, ante** *a* **1** ZOOL Qui perce, qui perfore. *Mollusques térébrants.* **2** Qui possède une tarière. *Hyménoptères térébrants.* **3** MED Qui tend à gagner les tissus en profondeur. *Ulcération térébrante.* **4** Se dit d'une douleur profonde et poignante. ETY Du lat.

**térébratule** *nf* Brachiopode articulé abondant au secondaire, encore présent dans toutes les mers, à coquille lisse au contour ovale.

**térèbre** *nm* Mollusque gastéropode des mers tropicales, à coquille allongée et spiralée. ETY Du lat. *terebra,* « tarière ».

**Terechkova Valentina Vladimirovna** (Maslennikovo, 1937), cosmonaute soviétique ; la première femme qui effectua un vol spatial (du 16 au 19 juin 1963).

**Térée** dans la myth. gr., roi de Thrace, époux de Procné et beau-frère de Philomèle.

**Térence** (en lat. *Publius Terentius Afer*) (Carthage, v. 190 – ? 159 av. J.-C.), poète comique latin ; esclave du sénateur Terentius Lucanus, qui l'éduqua et l'affranchit. Six de ses comédies (de 166 à 160 av. J.-C.) nous sont parvenues, notam. *l'Eunuque, Phormion* (dont Molière s'inspira dans ses *Fourberies de Scapin*) et *les Adelphes* (imitée par Molière dans *l'École des maris*).

**téréphtalique** *a* LOC CHIM ***Acide téréphtalique*** : diacide benzène paradicarboxylique, isomère de l'acide phtalique, utilisé dans la fabrication de certains textiles synthétiques.

**Teresa Agnes Gonxha Bajaxhiu,** en relig. **Mère** (Üsküp, auj. Skopje, 1910 – Calcutta, 1997), religieuse indienne d'origine albano-macédonienne. Fondatrice des Missionnaires de la Charité (1950), elle a voué sa vie aux déshérités de Calcutta et a créé de nombr. institutions caritatives dans le monde. P. Nobel de la paix 1979.

**Teresina** v. du Brésil, cap. de l'État de Piauí, sur la Parnaíba ; 814 439 hab.

**Terezin** v. de Bohême du Nord où les nazis avaient établi un camp de concentration destiné aux Juifs connus (personnalités, artistes).

**1 tergal, ale** *a* ZOOL De la région dorsale. PLUR tergaux. ETY Du lat.

**2 tergal** *nm* Fibre synthétique de ténacité élevée ; tissu fait avec cette fibre. PLUR tergals. ETY Nom déposé.

**tergiverser** *vi* 1 User de détours, de faux-fuyants, pour éluder une décision ; atermoyer, hésiter. ETY Du lat. *tergiversari,* « tourner le dos ». DER **tergiversation** *nf*

**Tergnier** ch.-l. de cant. de l'Aisne (arr. de Laon) ; 15 069 hab. Industries. DER **ternois, oise** *a, n*

**termaillage** *nm* FIN Accélération ou retard dans le rythme des règlements internationaux, en sens inverse du recouvrement des créances et du paiement des dettes.

**terme** *nm* **A 1** Limite, fin dans le temps. *Le terme de la vie.* **2** Moment normal de l'accouchement, neuf mois après la conception, dans l'espèce humaine. *Enfant né à terme, avant terme.* **3** DR Moment où expire un délai ; espace de temps fixé pour l'exécution d'une obligation. **4** Temps fixé pour le paiement d'un loyer, d'une dette. *Payer à terme échu.* **5** Somme due à la fin du terme, montant du loyer. *Payer son terme.* **6** Mot, tournure, expression. *Je ne connaissais pas ce terme. Terme technique.* **7** Chacun des éléments liés par une relation. *La majeure, la mineure et la conclusion, termes du syllogisme.* **8** MATH Chacun des éléments appartenant à un rapport, à une suite, à une équation. *Les termes d'une fraction.* **9** ANTIQ Statue dont la partie inférieure se termine en gaine comme les bornes romaines représentant la divinité Terme. **B** *nmpl* **1** Relations que l'on entretient avec une personne. *Être en bons, en mauvais termes avec qqn.* **2** Mots dont on use pour parler de qqch, de qqn. *Parler de qqn en bons termes.* **LOC** ***A court, à long terme :*** dans un avenir proche, lointain. — ***Moyen terme :*** solution intermédiaire. — COMM ***Termes de l'échange :*** rapport de l'indice des prix à l'importation et de l'indice des prix à l'exportation. ETY Du lat.

**Terme** dans la myth. rom., divinité protectrice des limites des champs.

**termicide** *a, nm* Se dit d'un produit qui détruit les termites.

**terminaison** *nf* **1** Ce qui termine qqch ; fin ou extrémité. *Les terminaisons nerveuses.* **2** LING Fin d'un mot, manière dont il se termine. *Terminaisons masculines, féminines.* **3** LING Désinence variable, par oppos. à *radical.*

**terminal, ale** *a, n* **A** *a* **1** Qui termine, qui constitue la fin ou l'extrémité de qqch. *Phase terminale d'une opération. Bourgeons terminaux.* **2** MED Qui précède la mort. *Insuffisance rénale terminale.* **3** ANAT Se dit des branches d'une artère, d'un nerf situées à la fin de ceux-ci (par oppos. à *collatéral*). **B** *nm* **1** Point où aboutit une ligne de transport ou de communication. **2** Installation, dispositif qui permet d'accéder à un réseau de télécommunications. **3** Aérogare d'un centre urbain, terminus de toutes les liaisons avec le ou les aéroports. **4** Ensemble des installations de pompage et de stockage de l'extrémité d'un pipeline. **5** INFORM Organe relié à un ou plusieurs ordinateurs par une ligne de transmission de données. PLUR terminaux. **C** *a, nf* Se dit de la dernière classe de l'enseignement secondaire qui prépare au baccalauréat.

**terminer** *vt* 1 **1** Limiter, marquer la fin de. *Citation qui termine un discours.* **2** Achever, finir. *Terminer un travail. Le film se termine.* ETY Du lat.

mère Teresa

**terminographie** *nf* Terminologie descriptive ou appliquée. DER **terminographe** *n* – **terminographique** *a*

**terminologie** *nf* didac **1** Ensemble des termes techniques propres à une activité particulière, à ceux qui l'exercent. **2** Étude systématique des termes liés aux notions, par domaine. DER **terminologique** *a* – **terminologue** *n*

**terminus** *nm* Dernière station d'une ligne de chemin de fer, d'autobus. PHO [tɛʀminys] ETY Mot angl. du lat.

**termite** *nm* Insecte social (isoptère) appelé aussi *fourmi blanche,* fréquent surtout dans les pays chauds et qui cause de grands dégâts aux habitations en creusant ses galeries dans le bois d'œuvre. ETY Du lat. DER **termitier, ère** *a*

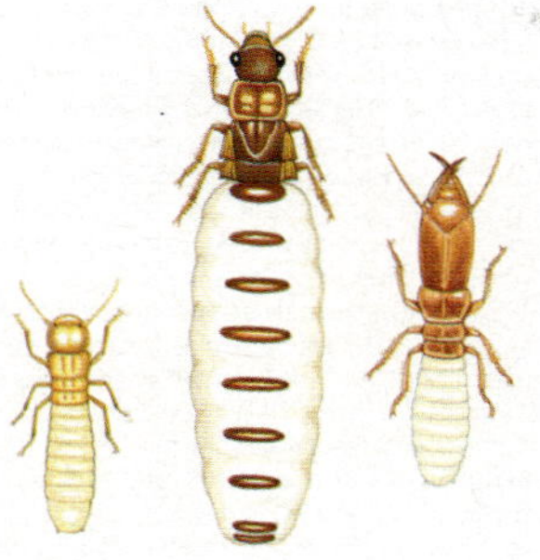

**termites** (de g. à dr.) ouvrier, reine, soldat

**termité, ée** *a* Se dit d'un lieu attaqué par les termites.

**termitière** *nf* Nid de termites.

**Termonde** (en néerl. *Dendermonde*),, v. de Belgique, ch.-l. d'arr. de la Flandre-orientale ; 45 000 hab. Égl. goth. (XIVe s.). Beffroi (XIVe s.).

**ternaire** *a* **1** didac Qui est fondé sur le nombre trois. *Composé chimique ternaire.* **2** MUS Se dit d'une mesure, d'un rythme dont chaque temps est composé de trois croches. ETY Du lat.

**1 terne** *nm* **1** JEU Coup qui amène deux trois, aux dés. **2** JEU Groupe de trois numéros gagnants sur une même ligne, au loto. **3** ELECTR Ensemble de trois conducteurs d'une ligne triphasée. ETY Du lat. *terni,* « par trois ».

**2 terne** *a* **1** Qui manque de luminosité, d'éclat. *Couleur terne.* **2** Qui manque d'originalité, qui est sans mouvement ni imagination. *Style terne.* **3** Se dit d'une personne médiocre, insignifiante. ETY De *ternir.*

**Terneuzen** v. et port des Pays-Bas (Zélande), sur l'estuaire de l'Escaut et sur le canal menant à Gand ; 35 170 hab. Pétrochimie.

**Terni** v. d'Italie (Ombrie) ; 111 110 hab. ; ch.-l. de la prov. du m. nom. Industries.

**ternir** *vt* 3 **1** Rendre terne, faire perdre de son éclat à. *L'humidité a terni le tain du miroir.* **2** fig Porter moralement atteinte à. *Ce scandale a terni sa réputation.* ETY Probabl. de l'a. haut all. *tarnjan,* « cacher ». DER **ternissement** *nm*

**ternissure** *nf* État de ce qui est terni.

**terpène** *nm* CHIM Hydrocarbure aromatique naturel, composé cyclique ou acyclique de formule $(C_5H_8)_n$. *Les terpènes entrent dans la composition de nombreuses essences végétales.* ETY De l'all. DER **terpénique** *a*

**terpine** *nf* CHIM Composé terpénique utilisé en pharmacie comme expectorant et comme diurétique.

**terpinol** *nm* CHIM Composé terpénique utilisé en parfumerie. VAR **terpinéol**

**Terpsichore** muse du Chant, de la Poésie lyrique et de la Danse.

**Terra Amata** site préhistorique de l'acheuléen découvert à Nice en 1966.

**terrage** *nm* DR FEOD Redevance en nature prélevée par certains seigneurs sur les récoltes.

**Terragni** Giuseppe (Meda, près de Milan, 1904 – Côme, 1942), architecte italien ; représentatif de l'architecture fasciste.

**terrain** *nm* **1** Espace de terre déterminé. *Terrain de sport.* **2** Endroit où se déroulent une bataille, un affrontement. **3** Sol. *Terrain caillouteux.* **4** GEOL Couche de l'écorce terrestre. **5** MED Tout ou partie de l'organisme considéré dans son état général, préexistant à l'apparition d'une affection donnée. **6** fig Endroit où se déroule une activité. *Les chercheurs sont sur le terrain.* **LOC** ***Chercher un terrain d'entente :*** un moyen de conciliation. — ***Être sur son terrain, en terrain connu :*** se trouver dans un domaine familier. — ***Gagner, perdre du terrain :*** avancer, reculer dans une action. — ***Homme de terrain :*** qui préfère les tâches concrètes aux spéculations intellectuelles, aux fonctions sédentaires. ETY Du lat.

**terra incognita** *nfinv* litt Domaine d'activité encore inexploré.

**terramare** *nf* AGRIC Terre riche en matières azotées, utilisée comme engrais, en partic. en Italie. ETY Mot ital.

**terraqué, ée** *a* litt Fait de terre et d'eau.

**terrariophilie** *nf* Élevage de collection, en terrarium, de petits reptiles, d'araignées, etc. DER **terrariophile** *n*

**terrarium** *nm* Enceinte close dans laquelle est reconstitué le milieu naturel d'un petit animal terrestre, permettant son élevage et l'étude de ses mœurs. PHO [tɛʀaʀjɔm]

**terrasse** *nf* **1** Levée de terre, ordinairement soutenue par de la maçonnerie, formant une plate-forme. **2** GEOGR Dans une vallée fluviale, nappe alluviale horizontale dans laquelle le cours d'eau s'est encaissé par suite d'une modification de son profil d'équilibre. **3** Toiture horizontale. **4** Dans certains immeubles, plate-forme ménagée par la construction d'un étage en retrait de façade par rapport à l'étage inférieur. **5** Grand balcon. **6** Partie du trottoir devant un café, où sont disposées des tables et des chaises. **7** TECH Partie d'un marbre, d'une pierre, trop tendre pour recevoir le poli. **8** TECH Partie horizontale du socle d'une statue ou d'une pièce d'orfèvrerie. **LOC** ***Cultures en terrasses :*** sur des retenues de terre s'étageant par degrés à flanc de colline, de montagne. ETY De l'a. fr.

**terrassement** *nm* **1** Travail de fouille, de nivelage, de déblaiement et de remblai effectué sur un terrain. **2** Ouvrage fait de terre amoncelée et consolidée.

**terrasser** *vt* 1 **1** Procéder au terrassement d'un terrain, d'un sol. **2** Renverser, jeter à terre qqn. *Terrasser un adversaire.* **3** fig Abattre. *La nouvelle l'a terrassé.*

**terrassier** *nm* Ouvrier travaillant à des travaux de terrassement.

**Terray** Joseph Marie (Boën, 1715 – Paris, 1778), ecclésiastique et homme d'État français. Il fit partie du triumvirat antiparlementaire avec Maupeou et d'Aiguillon (1770-1774) et exerça une fiscalité impopulaire.

**terre** *nf* **1** (Avec une majuscule.) Troisième planète du système solaire, habitée par l'espèce humaine ; ceux qui l'habitent. *La Lune, satellite de la Terre.* **2** Portion de la surface du globe qui n'est pas recouverte par les eaux marines ; étendue de sol, par oppos. à *mer. L'armée de terre.* **3** Région, pays. *Les terres boréales, australes.* **4** Domaine, fonds rural. *Acheter une terre. Une terre en friche.* **5** Sol ; surface sur laquelle on marche, on se déplace, on construit des édifices, etc. *Trem-*

*blement de terre.* **6** Surface cultivable. *Les fruits de la terre.* **7** Lieu de sépulture. *Porter un mort en terre.* **8** ELECTR Sol, en tant que conducteur de potentiel électrique nul. *Prise de terre.* **9** Conducteur ou ensemble de conducteurs qui établissent une liaison avec le sol. *Mettre à la terre le bâti d'une machine.* **10** Matière de composition variable, de texture granuleuse ou pulvérulente, qui constitue le sol. *Terre calcaire, argileuse.* **11** anc Un des quatre éléments distingués par l'ancienne alchimie. *La terre, l'air, le feu et l'eau.* **12** Lieu où vivent les hommes, où ils passent leur existence corporelle, par oppos. à *ciel*, à *au-delà*, etc. **LOC** ***À terre, par terre*** : sur le sol. — ***En pleine terre*** : se dit d'une plante qui pousse ses racines dans le sol même, par oppos. à *en pot, en bac*, etc. — ***Terre cuite*** : terre argileuse façonnée et durcie au feu ; un objet en terre cuite. — CHIM ***Terres rares*** : oxydes métalliques rares dans la nature, qui correspondent aux éléments de numéro atomique 21 *(scandium)*, 39 *(yttrium)*, 57 *(lanthane)* et 58 à 71 *(lanthanides)* ; ces éléments. ETY Du lat.

ENC La distance de la Terre au Soleil varie de 147 100 000 km au périhélie à 152 100 000 km à l'aphélie, en raison de l'excentricité de son orbite, qu'elle décrit en 365 j 6 h 9 min 9,5 s *(année sidérale)*, à une vitesse moyenne d'environ 30 km/s. L'orbite terrestre, dont l'excentricité varie sur une période d'environ 100 000 ans (elle vaut actuellement 0,0167), sera presque circulaire dans 24 000 ans. Dans un repère lié aux étoiles supposées fixes, le plan de l'orbite terrestre oscille de 2° 37′ en 41 000 ans. La Terre a la forme d'un ellipsoïde de révolution très peu aplati *(géoïde)*, dont le rayon équatorial (6 378,1 km) est à peine plus grand que le rayon polaire (6 356,8 km). La Terre tourne sur elle-même en 23 h 56 min 4,1 s *(jour sidéral)* autour d'un axe incliné sur le plan de l'orbite terrestre d'un angle, l'*obliquité* de l'écliptique, qui varie entre 24° 36′ et 21° 59′ en raison de l'oscillation du plan de l'orbite terrestre ; le 1er janvier 2000, l'obliquité de l'écliptique était de 23° 26′ 21,4″. Le phénomène des saisons résulte de l'obliquité de l'écliptique : tout au long de sa révolution orbitale, la Terre ne se présente pas toujours au Soleil sous le même aspect. L'axe de rotation de la Terre est animé d'une combinaison de mouvements dont les périodes et l'ampleur sont très diverses : un lent mouvement de rotation (période, environ 26 000 ans) autour d'une perpendiculaire au plan de l'écliptique (la *précession*), auquel s'ajoute la *nutation*, petite oscillation de 18,7 ans de période. La Terre a un unique satellite, la Lune.

L'âge de la Terre (estimé d'après celui des roches) est d'environ 4,55 milliards d'années. Sa masse est de $6.10^{24}$ kg ; sa densité moyenne vaut 5,52, ce qui, pour un rayon moyen de 6 370 km, induit une accélération de la pesanteur de g = 9,8 environ (9,83 aux pôles, 9,81 à Paris, 9,78 à l'équateur). L'étude des ondes sismiques a montré que la Terre comprend trois grandes unités concentriques. 1. L'*écorce* (ou *croûte*) est épaisse de 5 à 7 km sous les océans et de 35 km au niveau des continents. 2. Le *manteau*, séparé de l'écorce terrestre par la discontinuité de Mohorovičić, s'étend jusqu'à 2 900 km de profondeur ; sa couche supérieure, la *lithosphère*, se sépare en une mosaïque de plaques dont les dérives sont commandées par des courants très lents qui circulent à travers le manteau. 3. Le *noyau*, séparé du manteau par la discontinuité de Gutenberg, comporte le noyau externe, supposé liquide (2 200 km d'épaisseur), et le noyau interne (ou graine), considéré comme solide, d'environ 1 250 km de rayon. La Terre a un champ magnétique propre, probablement créé par des courants électriques circulant dans le noyau métallique de la planète. Il s'assimile au champ d'un barreau aimanté (champ dipolaire), dont l'axe fait un angle de 11,6° avec l'axe de rotation de la Terre et dont les *pôles magnétiques* constituent les deux extrémités ; son intensité vaut actuellement 0,5 gauss (en moyenne) à la surface du globe. Les lignes de force du champ magnétique terrestre se referment d'un pôle magnétique à l'autre jusqu'à une altitude d'environ 20 000 km. Au-delà, sous l'action du *vent solaire* (formé de protons émis par le Soleil), elles délimitent une vaste cavité, la *magnétosphère*, de forme très dissymétrique : la partie dirigée vers le Soleil est bordée par une onde de choc située à environ 10 rayons terrestres ; à l'opposé se situe la queue de la magnétosphère, qui s'étend sur plus de 60 rayons terrestres. L'atmosphère terrestre, qui a permis à la vie de naître et de se développer, comprend : la troposphère, entre le sol et une altitude variant entre 7 km aux pôles et 16 km à l'équateur (90 % de la masse gazeuse qui constitue l'atmosphère, 100 % de la vapeur d'eau) ; la stratosphère (ou ozonosphère), jusqu'à 60 km ; la mésosphère, jusqu'à 80 km ; la thermosphère, jusqu'à 1 000 km.

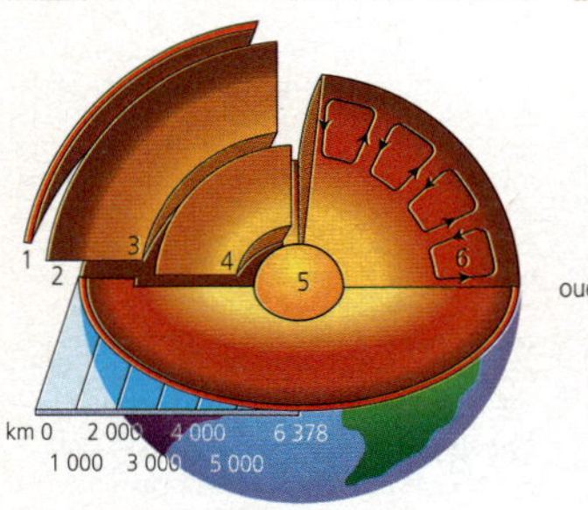


1. la croûte terrestre varie en épaisseur d'env. 35 km, pour les continents, à 5 à 7 km sous les océans. – 2. la discontinuité de Mohorovicic. – 3. le manteau : 2 900 km d'épaisseur. – 4. le noyau liquide : 2 200 km d'épaisseur. – 5. le noyau solide : 2 500 km de diamètre. – 6. les courants de convection, qui seraient générés dans le manteau par la chaleur intense du noyau liquide et responsables des mouvements tectoniques.

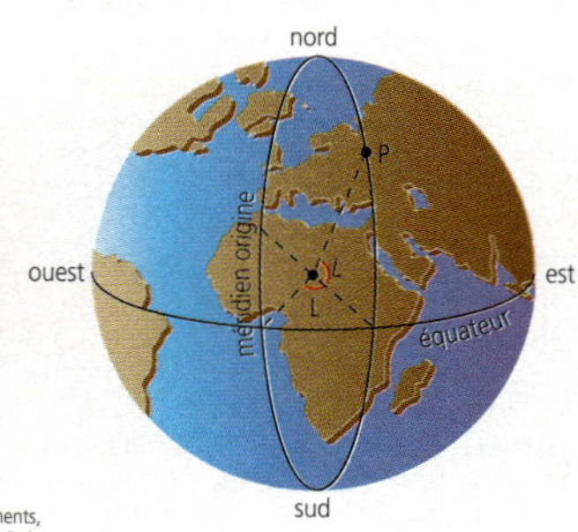


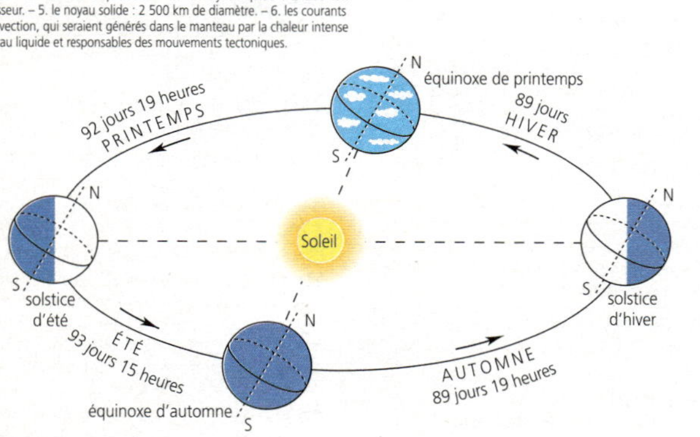


**Terre**

**Terre (la)** film de Dovjenko (1930).

**terre à terre** *a inv* Qui manque d'élévation de pensée, d'originalité ; commun, prosaïque. *Des préoccupations très terre à terre.*

**terreau** *nm* **1** Terre riche en matières organiques d'origine végétale ou animale. **2** fig Milieu qui favorise le développement de qqch.

**terreauter** *vt* 1 AGRIC Recouvrir, amender avec du terreau. DER **terreautage** *nm*

**Terre de Feu** (en esp. *Tierra del Fuego*), archipel (formé d'une grande île montagneuse et forestière, au N., et de nombr. petites îles) qui prolonge vers le S.-E. l'Amérique du Sud, dont la sépare le détroit de Magellan ; la partie occidentale appartient au Chili ; la partie orientale, à l'Argentine (21 263 km² ; 50 000 hab.). Le climat est froid et humide. – Découvert par Magellan en 1520, l'archipel ne fut colonisé qu'au XIXe s. DER **fuégien, enne** *a, n*

**Terre des hommes** ouvrage de Saint-Exupéry (1939).

**Terre d'Espagne** documentaire de long métrage de Joris Ivens (1938).

**terrefort** *nm* rég Sol argileux formé sur la molasse. ETY Mot dial.

**terre-neuvas** *nm inv* **1** Bateau armé pour la pêche à la morue sur les bancs de Terre-Neuve. **2** Marin-pêcheur qui fait la grande pêche sur ces bancs. VAR **terre-neuvier**

**terre-neuve** *nm inv* **1** Gros chien, à la tête forte et large, au pelage noir, long et ondulé sur le corps et les membres, dont la race est originaire de Terre-Neuve. *On dresse les terre-neuve au sauvetage.* **2** fig, plaisant Personne d'un grand dévouement, toujours prête à aider autrui.

**Terre-Neuve-et-Labrador** (en angl. *Newfoundland*), province orientale du Canada, comprenant l'*île de Terre-Neuve* (112 300 km²) et le Labrador ; 404 517 km² ; 568 470 hab. (pour la plupart dans l'île de Terre-Neuve) ; cap. *Saint-Jean* (en angl. *Saint John's*). DER **terre-neuvien, enne** *a, n*

**Géographie** Les côtes N. sont très découpées. La pop. se concentre sur le littoral. Le climat est rude, à cause du courant glacial du Labrador. La végétation est misérable (toundra, tourbières), mais les zones forestières sont exploitées (usines de papier). La pêche est très importante (morue, surtout). On commence à exploiter le fer et l'hydroélectricité du Labrador.

**Histoire** Les pêcheurs français et anglais furent attirés dès le XVIe s par cette île. Elle devint anglaise par le traité d'Utrecht (1713). La France garda le monopole de la pêche sur la côte N. jusqu'en 1904 ; les terre-neuvas se rabattirent alors sur Saint-Pierre-et-Miquelon (au S.). Dominion en 1917, rattachée au N.-E. du Labrador en 1927, Terre-Neuve devint après référendum la dixième prov. du Canada en 1949.

**terre-plein** *nm* Surface plane et unie d'une levée de terre ; cette levée de terre, généralement soutenue par de la maçonnerie. PLUR terre-pleins. **LOC** ***Terre-plein central d'une voie*** : bande qui sépare les deux chaussées d'une route à grande circulation. ETY De l'ital. VAR **terreplein**

**Terre promise (la)** le pays de Canaan (c.-à-d. la Palestine et la Phénicie) que Yahvé avait promis au peuple hébreu.

**terrer** *v* 1 **A** *vt* **1** ARBOR Mettre de la nouvelle terre au pied d'un arbre, d'une vigne. **2** TECH Dégraisser une étoffe en l'enduisant de terre à foulon. **B** *vpr* **1** Se cacher dans son terrier. **2** fig Se cacher comme dans un terrier, en parlant d'une personne.

**Terre sainte (la)** pour les chrétiens, l'ensemble des lieux où vécut Jésus-Christ.

**Terre sans pain** *(las Hurdes)*, court-métrage de L. Buñuel (1932).

**terrestre** *a* **1** De la Terre. *La surface terrestre.* **2** Qui a rapport, qui appartient à la vie sur terre ; qui n'est pas de nature spirituelle. *Les biens terrestres.* **3** Qui vit sur la terre ferme. *Plante, animal terrestre.* **4** Qui s'effectue, qui se déplace sur le sol, par oppos. à *aérien* ou *maritime*. *Transport terrestre.*

**terreur** *nf* **1** Sentiment de peur incontrôlée qui empêche d'agir en annihilant la volonté. *Être saisi de terreur.* **2** Ensemble de mesures arbitraires et violentes par lesquelles certains régimes établissent leur autorité en brisant toute velléité d'opposition ; peur engendrée par de telles mesures dans une population. *Gouverner par la terreur.* **3** Personne qui inspire une grande crainte ; personne qui fonde son autorité sur cette crainte. ETY Du lat.

**Terreur (la)** période de la Révolution française allant de sept. 1793 à juil. 1794. (Une « 1re Terreur » s'étend du 10 août au 20 sept. 1792, entre la prise des Tuileries et la première réunion de la Convention.) Pour combattre les ennemis extérieurs et intérieurs de la nation, le gouvernement révolutionnaire, représenté par le Comité de salut public (et les représentants en mission), qui obéissait à Robespierre, instaura une dictature policière (nombr. condamnations à mort) et économique (loi du Maximum). Fondée sur la loi des Suspects, la Terreur s'accentua (Grande Terreur) après le 10 juin 1794 et prit fin à la chute de Robespierre, le 9 Thermidor (27 juil. 1794). – *Terreur blanche :* nom donné, par analogie avec la Terreur de 1793-1794, aux exactions royalistes qui sévirent dans le S.-E. de la France, en mai 1795, et dans le midi de la France, en 1815 (au début de la Restauration).

**terreux, euse** *a* Mêlé de terre ; de la nature, de la couleur de la terre.

**terri** → **terril.**

**terrible** *a* **1** Qui inspire la terreur. **2** Fort, violent, intense. *Une chaleur terrible.* **3** Qui occasionne de la gêne, du dérangement à autrui, en partic. en s'entêtant dans une résolution inopportune. *Vous êtes terrible, quand vous vous y mettez !* **4** Très turbulent, très remuant, en parlant d'un enfant. **5** fam Propre à inspirer un engouement très vif, une admiration enthousiaste ; très beau, très bien fait, très commode, etc. *Elle est terrible, cette moto. C'est un type terrible.* **6** Extraordinaire, tout à fait étonnant. LOC ***Un enfant terrible :*** adulte qui perturbe et remet en question, par un comportement hors du commun, les habitudes et les façons de penser du milieu où il exerce son activité.

**terriblement** *av* **1** De façon terrible. **2** Extrêmement, excessivement. *Il est terriblement égoïste.*

**terricole** *a* ZOOL Qui vit dans la terre ou dans la vase.

**terrien, enne** *a, n* **A** *a* **1** De la terre, de la campagne. ANT citadin. **2** De la terre. ANT marin. **B** *a* Qui possède des terres. *Propriétaire terrien.* **C** *n* Habitant de la planète Terre.

**terrier** *nm* **1** DR, ANC Syn. de *censier*. **2** Trou dans la terre creusé par un animal pour s'y abriter, y hiberner. *Terrier de lapin.* **3** Chien employé pour la chasse des animaux à terrier (blaireaux, renards, etc.).

**terrifier** *vt* ② Inspirer la terreur à, épouvanter. DER **terrifiant, ante** *a*

**terrigène** *a* GEOL Se dit d'un dépôt apporté à la mer par les fleuves.

**terril** *nm* Éminence, colline formée par l'amoncellement des déblais d'une mine. VAR **terri**

**terrine** *nf* **1** Récipient en terre, en porcelaine, en métal, etc., aux bords évasés vers le haut ; son contenu. **2** Pâté cuit dans une terrine et servi froid.

**territoire** *nm* **1** Étendue de terre qu'occupe un groupe humain. **2** Étendue de terre qui dépend d'un État, d'une juridiction. *Sur le territoire de la commune.* **3** ZOOL Zone où vit un animal, qu'il interdit à ses congénères. **4** MED Région déterminée. *Douleur dans le territoire du nerf sciatique.* ETY Du lat.

**Territoire du Nord** territoire de l'Australie septentrionale et centrale, administré par le gouv. fédéral ; 1 346 200 km$^2$ ; 207 000 hab. ; cap. *Darwin.* Élevage bovin. Extraction minière.

**territorial, ale** *a, n* **A** *a* **1** D'un territoire. *Limites territoriales.* **2** Se dit des eaux où s'exerce la souveraineté d'un État. PLUR territoriaux. **B** *nf* Armée territoriale. **C** *n* Militaire de l'armée territoriale. LOC HIST ***Armée territoriale :*** armée (1872-1914) destinée en principe à des missions défensives sur le territoire national, et composée des plus anciennes classes mobilisables. DER **territorialement** *av*

**territorialiser** *vt* ① **1** SOCIOL Mettre un fait en relation avec un certain territoire. **2** ADMIN Appliquer une mesure dans le cadre d'une collectivité territoriale. DER **territorialisation** *nf*

**territorialité** *nf* **1** Caractère de ce qui est territorial, sous la souveraineté d'un État. **2** DR Fait pour une loi de s'appliquer à tous ceux qui sont sur le territoire.

**terroir** *nm* **1** Région, considérée du point de vue de la production agricole, vinicole. **2** Campagne, régions rurales. LOC ***Du terroir, de terroir :*** qui est enraciné dans les mœurs, dans la civilisation rurale. ETY Du lat.

**terroriser** *vt* ① **1** Frapper de terreur, épouvanter. **2** Soumettre à un régime de terreur. DER **terrorisant, ante** *a*

**terrorisme** *nm* **1** HIST Nom donné, dans la période qui suivit sa chute, au système du gouvernement de la Terreur. **2** Usage systématique de la violence (attentats, destructions, prises d'otages, etc.) auquel recourent certaines organisations politiques pour favoriser leurs desseins. **3** fig Attitude d'intimidation, d'intolérance dans le domaine de la culture, de la mode, etc. *Le terrorisme de l'avant-garde.* LOC ***Terrorisme d'État :*** recours systématique à des mesures d'exception, à des actes violents, par un gouvernement agissant contre ses propres administrés ou contre les populations d'un État ennemi. DER **terroriste** *a, n*

**terser** → **tercer.**

**tertiaire** *a, n* **A** *a, nm* **1** GEOL Se dit de l'ère qui succède à l'ère secondaire de moins 65 millions d'années à moins 1,65 million d'années, marquée par la multiplication des espèces de mammifères, l'abondance des nummulites et l'extension des plantes monocotylédones. *Le tertiaire est divisé en deux périodes : le paléogène et le néogène.* **2** Se dit du secteur de l'économie dont l'activité n'est pas directement liée à la production de biens de consommation (administrations, sociétés de services, etc.). **B** *a* **1** De l'ère tertiaire. *Les plissements tertiaires.* **2** MED Qui appartient au troisième stade de l'évolution d'une maladie. **C** *n* Membre d'un tiers ordre religieux. PHO [tɛʀsjɛʀ] ETY Du lat. *tertius*, « troisième ».

ENC Le tertiaire est une ère géologique courte : environ 65 millions d'années si on inclut en elle le quaternaire, phase finale (moins de 2 millions d'années) arbitrairement détachée. Le tertiaire est divisé en deux périodes : le *paléocène*, l'*éocène* et l'*oligocène* forment le *paléogène* ou *nummulitique* (de –65 à –23,5 millions d'années) ; le *miocène* et le *pliocène* forment le *néogène* (–23,5 à –1,65 million d'années). Ces limites sont très floues. Le tertiaire est marqué par l'« explosion » des mammifères (avec une tendance au gigantisme analogue à celui des reptiles du secondaire) et par celle des nummulites au paléogène. Dans le règne végétal, les monocotylédones commencent leur extension.

**tertiarisation** *nf* SOCIOL Évolution de la société vers la prédominance du secteur tertiaire. VAR **tertiairisation** DER **tertiariser** ou **tertiairiser** *vt* ①

**tertio** *av* Troisièmement, en troisième lieu dans une énumération commençant par *primo* et *secundo*. PHO [tɛʀsjo] ETY Mot lat.

**tertre** *nm* Monticule, petite éminence de terre. LOC ***Tertre funéraire :*** élevé au-dessus d'une sépulture. ETY Du lat.

**Tertry** com. de la Somme (arr. de Péronne) ; 188 hab. – En 687 (?), Pépin de Herstal y vainquit le roi de Neustrie Thierry III et s'empara de son royaume. DER **tertrycien, enne** *a, n*

**Tertullien** (en lat. *Quintus Septimius Florens Tertullianus*) (Carthage, v. 155 – id., v. 220), apologiste chrétien, Père de l'Église ; premier écrivain latin de religion chrétienne : *Apologétique* (197), *Contre Marcion* (v. 210).

**Teruel** v. d'Espagne (Aragon) ; 35 396 hab. ; ch.-l. de la prov. du m. nom. – Cath. XIVe-XVIe s. Nombr. monuments de style mudéjar. – Violents combats durant la guerre civile (1936-1939).

**tervueren** *n* Chien de berger belge au poil fauve. PHO [tɛʀvyʀɛn] ETY D'un n. pr.

**térylène** *nm* Fibre textile synthétique analogue au tergal, fabriquée en Grande-Bretagne. ETY Nom déposé.

**terza rima** *nf* LITTER Poème composé de tercets dont le premier et le troisième vers riment ensemble, le deuxième vers rimant avec le premier et le troisième du tercet suivant. PLUR terza rima ou terze rime. PHO [tɛʀdzaʀima] ETY Mots ital.

**terzetto** *nm* MUS Petite composition pour trois instruments ou pour trois voix. ETY Mot ital.

**Terzieff Laurent** (Toulouse, 1935 – Paris, 2010), acteur français de cinéma (*les Tricheurs*, 1958 ; *Médée*, 1970) et de théâtre, également metteur en scène de théâtre.

**tes** → **ton 1.**

**Teshigahara Hiroshi** (Tōkyō, 1927 – id., 2001), cinéaste japonais : *la Femme des sables* (1964), *la Carte brûlée* (1968).

**tesla** *nm* PHYS Unité SI de mesure du champ magnétique (symbole T) ; champ magnétique uniforme qui, réparti normalement sur une surface de 1 m$^2$, produit à travers cette surface un flux magnétique total de 1 weber. ETY Du n. pr.

**Tesla Nikola** (Smiljan, Croatie, 1856 – New York, 1943), physicien américain d'origine serbe. Installé en 1884 à New York, il fit progresser l'électrotechnique.

Nikola Tesla

**Tess d'Urberville** roman de Thomas Hardy (1891). ▷ CINE *Tess*, de Polanski (1979), avec Nastassja Kinski.

**tesselle** *nf* Bx-A Chacun des éléments, souvent cubiques, constituant une mosaïque, un pavement, etc.

**tessère** *nf* ANTIQ ROM Petite plaque qui servait de signe de reconnaissance, de bulletin de vote, de billet de théâtre, etc. ETY Du lat.

**Tessier Gaston** (Paris, 1887 – id., 1960), syndicaliste français ; secrétaire général de la CFTC (1919-1953). — **Jacques** (Paris, 1914 – id., 1997), fils du préc. ; secrétaire général (1964-1970) puis président (1970-1981) de la CFTC.

**Tessin (le)** (en ital. *Ticino*), riv. de Suisse et d'Italie (248 km), affl. du Pô (r. g.) ; né dans les Alpes, il traverse le lac Majeur et arrose Pavie. – Victoire d'Hannibal sur les Romains, commandés par Publius Cornelius Scipio (V. Scipion) en 218 av. J.-C.

**Tessin** (en ital. *Ticino*), cant. de Suisse, sur le versant sud des Alpes, à la frontière italienne ; 2 811 km$^2$ ; 311 900 hab. ; ch.-l. *Bellinzona*. La pop., de langue italienne, est groupée dans les vallées et autour des lacs de Lugano et Majeur. Le climat doux et humide favorise l'agriculture et le tourisme. L'hydroélectricité a permis l'industrialisation. – Le canton résulte de l'union, en 1803, des cantons de Bellinzona et de Lugano. DER **tessinois, oise** *a, n*

**tessiture** *nf* MUS **1** Registre, étendue de l'échelle des sons couverte par la voix d'un chanteur ou d'une chanteuse, ou par un instrument. **2** Étendue moyenne de l'échelle des notes d'une partition. ETY De l'ital.

**tesson** *nm* Débris de bouteille, de vaisselle, de poterie. ETY Du lat.

**1 test** *nm* ZOOL Enveloppe minérale (calcaire, silice), chitineuse ou composite, qui protège l'organisme de certains animaux. *Le test de l'oursin.* PHO [test] ETY Du lat.

**2 test** *nm* **1** Épreuve servant à évaluer les aptitudes intellectuelles ou physiques des individus ou à déterminer les caractéristiques de leur personnalité. *Tests scolaires. Tests de développement.* **2** MED Épreuve permettant d'évaluer les capacités fonctionnelles d'un organe ou d'un système d'organes. **3** Analyse biologique ou chimique, examen de laboratoire. **4** Épreuve, expérience qui permet de se faire une opinion sur qqn, sur qqch. *Une rencontre test.* PHO [tɛst] ETY Mot angl., du lat.

**testable** → **tester 1.**

**testacé, ée** *a* ZOOL Dont l'organisme est protégé par un test, une coquille. *Mollusque testacé.*

**testacelle** *nf* ZOOL Mollusque gastéropode pulmoné, terrestre et carnivore, à coquille très réduite, ressemblant à une limace. ETY Du lat. *testacella*, « petite coquille ».

**Test Act** loi anglaise qui interdit la fonction publique aux catholiques de 1673 à 1829.

**testament** *nm* **1** Acte, rédigé selon certaines formes, par lequel une personne fait connaître ses dernières volontés et dispose, pour après son décès, de tout ou partie de ses biens en faveur d'un ou de plusieurs tiers. **2** Écrit posthume dans lequel un homme d'État explique les principes, les motifs qui ont dirigé sa conduite. **3** fig Œuvre tardive d'un artiste, d'un écrivain, considérée comme l'ultime expression de ses conceptions esthétiques ou littéraires. ETY Du gr. DER **testamentaire** *a*

**Testament (Ancien, Nouveau)** → **Bible.**

**Testament (le)** œuvre de Fr. Villon (1461), comportant 2 023 vers. VAR **le Grand Testament**

**testateur, trice** *n* DR Personne qui fait un testament.

**Teste-de-Buch (La)** ch.-l. de cant. de la Gironde, sur le bassin d'Arcachon ; 22 970 hab. Pêche et ostréiculture. Stat. balnéaire. Dune du Pilat. DER **testerin, ine** *a, n*

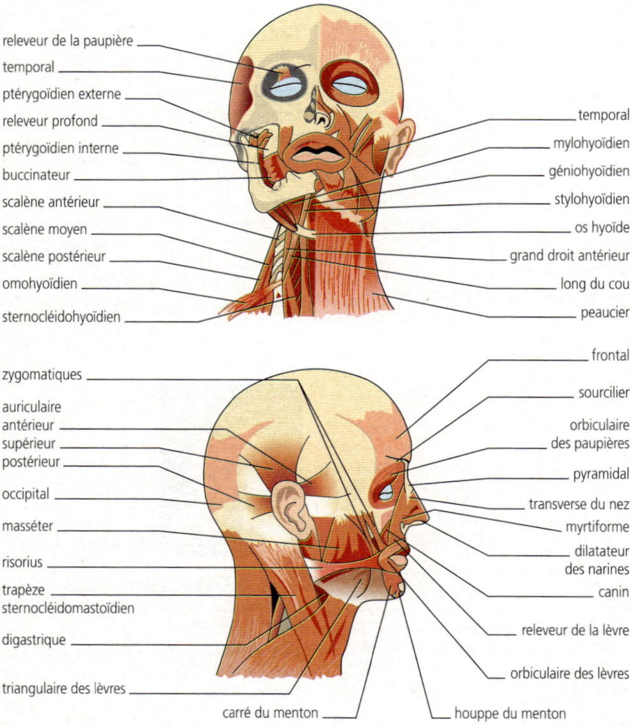

muscles de la **tête**

**1 tester** *vt* 1 **1** Faire subir un test à qqn. *Tester un candidat.* **2** Soumettre à des essais. *Tester un nouveau matériel.* ETY De *test* 2. DER **testable** *a*

**2 tester** *vi* 1 DR Faire son testament. ETY Du lat.

**testeur, euse** *n* **A 1** Personne qui fait passer des tests. **2** Personne qui participe à des tests de produits de consommation. **3** Personne chargée de rechercher les défauts d'un logiciel avant sa mise sur le marché. **B** *nm* TECH Appareil servant à tester, notam. les composants et les microprocesseurs, en électronique.

**testicule** *nm* Glande génitale mâle, produisant les spermatozoïdes et la testostérone. ETY Du lat. DER **testiculaire** *a*

▶ illustr. **appareil génital**

ENC Chez l'homme et la plupart des mammifères mâles, les testicules sont au nombre de deux et situés dans les bourses, dont l'enveloppe cutanée se nomme *scrotum*. Les spermatozoïdes sont excrétés dans les canaux séminifères, qui convergent en vaisseaux efférents puis s'anastomosent pour former l'épididyme prolongé par le canal déférent ou spermiducte ; ce dernier s'abouche dans l'urètre au niveau de la prostate.

**testimonial, ale** *a* Se dit d'une preuve fondée sur des témoignages. PLUR testimoniaux.

**testing** *nm* Contrôle à l'improviste des pratiques discriminatoires dans les discothèques, les agences immobilières, les entreprises, etc. PHO [tɛstiŋ] ETY Mot angl.

**test-match** *nm* SPORT Match entre des équipes nationales dont l'une est en tournée dans le pays de l'autre. PLUR test-matchs. VAR **testmatch**

**teston** *nm* HIST Ancienne monnaie d'argent frappée à l'effigie des rois de France. ETY De l'ital. *testone*, de *testa*, « tête ».

**testostérone** *nf* BIOCHIM Hormone sexuelle, la principale hormone androgène, sécrétée par le testicule sous l'influence d'une gonadostimuline hypophysaire (LH).

**têt** *nm* LOC ***Têt à gaz*** : coupelle hémisphérique supportant une éprouvette à gaz. — CHIM ***Têt à rotir*** : godet en terre réfractaire dans lequel on fait calciner certaines substances. PHO [tɛ] ETY Du lat. *testu*, « couvercle ».

**Têt (la)** fleuve des Pyrénées-Orientales (120 km) ; elle passe à Perpignan et se jette dans la Méditerranée. Barrages, centrales.

**Têt (fête du)** fête nationale et religieuse de la nouvelle année au Viêt-nam (entre le 20 janv. et le 19 fév.).

**tétanie** *nf* MED Syndrome lié à une hyperexcitabilité neuromusculaire, qui se traduit par des accès de contracture des extrémités s'accompagnant parfois de pertes de connaissance.

**tétaniser** *vt* 1 **1** PHYSIOL Mettre un muscle en état de tétanos. **2** fig Saisir, figer, paralyser. *Il a été tétanisé par la peur.* DER **tétanisation** *nf*

**tétanos** *nm* **1** MED Maladie infectieuse aiguë caractérisée par des contractures musculaires intenses, très douloureuses, et dont l'agent (le *bacille de Nicolaier*) s'introduit généralement dans l'organisme par une plaie souillée. **2** PHYSIOL Contraction musculaire. LOC ***Tétanos expérimental*** : obtenu par stimulation électrique du nerf moteur. — ***Tétanos physiologique*** : contraction musculaire normale. PHO [tetanos] ETY Mot gr., « rigidité ». DER **tétanique** *a, n*

**têtard** *nm* **1** Larve aquatique, à branchies, des amphibiens anoures (grenouilles, crapauds, etc.) et des ascidies, dont la tête, très développée, n'est pas distincte du corps. **2** ARBOR Arbre taillé de manière à former une touffe épaisse au sommet du tronc.

**tête** *nf* **1** Partie supérieure du corps humain, comprenant la face et le crâne. *Incliner la tête.* **2** Vie. *L'accusé risque sa tête.* **3** Partie supérieure de la tête, crâne. *Avoir mal à la tête.* **4** Chevelure.

*Une tête frisée.* **5** Visage, physionomie. *Une jolie tête.* **6** Partie antérieure du corps des animaux, analogue à la tête de l'homme. **7** BX-A Représentation, imitation d'une tête humaine ou animale. *Une tête en bronze.* **8** Hauteur, longueur de la tête. *Il dépasse son frère d'une bonne tête. Cheval qui gagne une course d'une courte tête.* **9** fig Esprit, facultés intellectuelles, état de santé mentale ou dispositions psychologiques. *Avoir une idée en tête.* **10** Personne qui dirige, commande. *Il est la tête de cette conjuration.* **11** Individu, personne. *Un repas à tant par tête.* **12** Animal d'un troupeau. **13** Partie supérieure ou antérieure, ou extrémité renflée de certaines choses. *La tête d'un arbre. Tête d'épingle.* **14** Partie d'une chose, d'un groupe en mouvement qui vient en premier. *La tête d'un train.* **15** Début. *Tête de liste.* **LOC** ***À la tête de*** : à la première place, au rang de chef de ; en possession de. — fam ***Avoir la tête dans le guidon*** : être submergé par le travail, les préoccupations. — ***Avoir la tête dure*** : avoir la compréhension difficile, ou être très entêté. — fam ***Avoir ses têtes*** : faire preuve de partialité envers ses élèves ou ses subordonnés. — ***Avoir toute sa tête*** : être en possession de toutes ses facultés intellectuelles. — ***De la tête aux pieds*** : du haut du corps jusqu'en bas. — fam ***Demander la tête de qqn*** : sa démission, son renvoi. — ***De tête*** : mentalement. — fam ***En avoir par-dessus la tête*** : être tout à fait excédé. — ***En tête*** : à l'avant, en premier. — ***En tête de, à la tête de*** : au premier rang de ; au commencement de. — fam ***Être bien dans sa tête*** : être heureux de vivre. — ***Être (en) tête à tête avec qqn*** : seul avec lui. — fam ***Être tombé sur la tête*** : être bizarre, un peu fou. — ***Faire la tête*** : bouder. — ***Faire sa mauvaise tête*** : témoigner de la mauvaise volonté. — ***Faire une drôle de tête*** : avoir l'air contrarié, dépité. — SPORT ***Faire une tête*** : taper dans le ballon avec la tête. — ***Forte tête*** : personne insubordonnée, qui n'en fait qu'à sa guise. — ***Garder la tête froide*** : ne pas céder à un enthousiasme excessif, à l'affolement, etc. — ***N'en faire qu'à sa tête*** : ne suivre que son caprice. — ***Ne plus savoir où donner de la tête*** : être submergé par des occupations multiples, être débordé. — fam ***Prendre, attraper la grosse tête*** : avoir des prétentions ridicules. — fam ***Prendre la tête à qqn*** : être pour lui une obsession, lui causer du souci, de l'angoisse. — ***Se mettre en tête de faire qqch*** : en prendre la ferme résolution. — ***Se mettre qqch dans la tête*** : s'en persuader. — ***Servir de tête de Turc à qqn*** : être constamment en butte à ses moqueries, à ses piques. — fam ***Sortir la tête de l'eau*** : éviter la faillite. — fam ***Tête blonde*** : enfant. — ***Tête chercheuse*** : dispositif assurant le guidage automatique de certains engins sur leur objectif. — ***Tête couronnée*** : roi, souverain. — TECH ***Tête de bielle*** : partie de la bielle articulée à la manivelle ou au vilebrequin. — COMM ***Tête de gondole*** : dans un supermarché, partie d'une gondole où l'on présente les produits que l'on veut vendre en grande quantité. — ***Tête de lecture*** : organe servant à lire les informations enregistrées sur un support (disque microsillon, bande magnétique, etc.). — ***Tête de ligne*** : point de départ d'une ligne de transport. — ***Tête de mort*** : squelette d'une tête humaine ; sa représentation de face, le plus souvent au-dessus de celle de deux tibias entrecroisés, emblème de la mort, du danger, etc. — ***Tête de pont*** : position conquise sur une côte ennemie, qui servira de point de départ à des opérations ultérieures ; fig ce qui permet de s'implanter chez un concurrent. — SPORT ***Tête de série*** : dans une épreuve éliminatoire, concurrent ou équipe que ses performances antérieures placent comme favori. — MILIT ***Tête nucléaire*** : ogive nucléaire. — Belgique ***Tête pressée*** : fromage de tête. — fam ***Tête sans cervelle, tête de linotte*** : personne légère, irréfléchie, étourdie. ETY Du lat. *testa*, « coquille dure ».

**tête-à-queue** *nm inv* Mouvement de volte-face d'un véhicule qui, par suite d'un dérapage, fait un demi-tour complet sur lui-même.

**tête-à-tête** *nm inv* **1** Situation de deux personnes seules l'une avec l'autre. **2** Petit canapé à deux places et double dossier. **3** Service à café ou à thé pour deux personnes.

**têteau** *nm* ARBOR Extrémité d'une branche maîtresse.

**tête-bêche** *av* Dans la position de deux personnes couchées ou de deux choses placées côte à côte en sens inverse. VAR **têtebêche**

**tête-de-clou** *nf* ARCHI Motif ornemental en forme de petite pyramide quadrangulaire, dans l'architecture romane. PLUR têtes-de-clou.

**tête-de-loup** *nf* TECH Brosse ronde à long manche pour le nettoyage des plafonds. PLUR têtes-de-loup.

**tête-de-Maure** *nf* Fromage de Hollande sphérique, recouvert de paraffine brun foncé. PLUR têtes-de-Maure.

**tête-de-moine** *nm* Fromage suisse, variété de gruyère. PLUR têtes-de-moine.

**tête-de-nègre** *a inv, nm inv* Se dit d'une couleur qui est d'un marron très foncé.

**Tête d'or** drame en 3 parties de Claudel (1889, éd. déf. 1901).

**tétée** *nf* **1** Action de téter. **2** Quantité de lait prise par un nourrisson au moment de l'allaitement.

**téter** *vt* (14) Sucer en aspirant pour tirer le lait de la mamelle, du sein, d'un biberon. ETY Du germ.

**tèterelle** *nf* MED Petit appareil qu'on place au bout du sein pour le protéger lors de l'allaitement ou pour tirer le lait. VAR **téterelle**

**Téthys** dans la myth. gr., déesse de la Mer ; la plus jeune des Titanides, épouse d'Océanos, mère des Océanides. (V. aussi Thétis.)

**Téthys** (anc. *Mésogée*), mer, née il y a 250 millions d'années, qui séparait la Pangée en deux continents. La Méditerranée, la mer Caspienne et la mer d'Aral en sont les vestiges.

**têtière** *nf* **1** EQUIT Partie de la bride qui passe derrière les oreilles. **2** Pièce d'étoffe ou coussinet protégeant la partie d'un fauteuil, d'un canapé, où s'appuie la tête. **3** MAR Renfort du point de drisse d'une voile triangulaire. **4** TYPO Garniture placée en tête des pages lors de l'imposition.

**tétine** *nf* **1** Mamelle des mammifères. **2** Pis de la vache ou de la truie. **3** Capuchon qui s'adapte à l'ouverture du biberon et que tète le nourrisson. **4** Objet de même forme donné aux enfants pour satisfaire leur besoin de succion.

**téton** *nm* **1** fam Sein, mamelon du sein. **2** TECH Partie saillante d'une pièce qui s'emboîte dans la partie creuse d'une autre pièce.

**Tétouan** (en ar. *Teṭwān*, en esp. *Tetuán*), v. du N. du Maroc ; 320 000 hab. (aggl.) ; ch.-l. de la prov. du m. nom et anc. cap. de la zone espagnole.

**tétra-** Élément, du gr. *tetra*, « quatre ».

**tétrabranchial** *nm* ZOOL, PALEONT Mollusque céphalopode qui possède quatre branchies et dont la sous-classe ne comprend plus que le nautile. PLUR tétrabranchiaux. VAR **tétrabranche**

**tétrachlorure** *nm* CHIM Composé qui contient quatre atomes de chlore.

**tétracorde** *nm* MUS Chacune des deux moitiés homologues, comportant quatre degrés conjoints, de la gamme diatonique majeure (*do, ré, mi, fa* et *sol, la, si, do*, pour la gamme d'ut majeur).

**tétracycline** *nf* MED Antibiotique à large spectre d'activité, bactériostatique et peu toxique.

**tétradactyle** *a* ZOOL Qui a quatre doigts.

**tétrade** *nf* **1** BOT Groupe de quatre cellules issues d'une méiose. **2** BIOL Ensemble de quatre chromatides issues du clivage, au cours de la prophase de la méiose, d'une paire de chromosomes homologues appariés.

**tétraèdre** *nm* GEOM Solide à quatre faces triangulaires ; pyramide triangulaire. **LOC** ***Tétraèdre régulier*** : formé de quatre triangles équilatéraux. DER **tétraédrique** *a*

**tétraéthyle** *a* CHIM Qui possède quatre groupements éthyle.

**tétrafluorure** *nm* CHIM Composé qui contient quatre atomes de fluor.

**tétragone** *nf* BOT Plante herbacée annuelle, originaire de Nouvelle-Zélande, cultivée pour ses feuilles comestibles. SYN épinard d'été.

**tétragramme** *nm* Ensemble des quatre lettres hébraïques *yod* (Y), *hé* (H), *vaw* (V), *hé* (H) qui représentent le nom de Dieu, dans la Bible.

**tétralogie** *nf* **1** ANTIQ GR Ensemble de quatre pièces que les poètes présentaient dans les concours d'art dramatique. **2** ART Ensemble de quatre œuvres (musicales, littéraires, picturales, etc.) présentant une certaine unité.

**Tétralogie (la)** nom couramment donné en France à l'*Anneau du Nibelung*, de Richard Wagner. V. Nibelungen.

**tétramère** *a* ZOOL Constitué de quatre parties. *Tarse tétramère du charançon.*

**tétramètre** *nm* VERSIF Vers composé de quatre mètres.

**tétranyque** *nm* Acarien très nuisible aux plantes cultivées, appelé aussi araignée rouge.

**tétraphonie** *nf* Syn. de *quadriphonie*.

**tétraplégie** *nf* MED Paralysie des quatre membres. DER **tétraplégique** *a, n*

**tétraploïde** *a* BIOL Se dit d'une cellule dans laquelle le nombre normal, diploïde, de chromosomes se trouve doublé. ETY Du gr. *tetraplous*, « quadruple ». DER **tétraploïdie** *nf*

**tétrapode** *a, nm* **A** *a* ZOOL Qui a quatre membres. **B** *nm* Amphibien, reptile, oiseau et mammifère, dont le squelette comporte deux paires de membres, apparents ou réduits à l'état de vestiges.

**tétrarchie** *nf* ANTIQ **1** Division, gouvernée par un tétrarque, d'un territoire partagé en quatre parties. **2** Mode de gouvernement qui plaçait l'Empire romain sous l'autorité collégiale de quatre « princes », deux « augustes », assistés de deux « césars » appelés à leur succéder. DER **tétrarque** *nm*

**tétras** *nm* Oiseau galliforme de grande taille qui habite les forêts des régions tempérées et froides de l'hémisphère Nord. *Le grand tétras ou coq de bruyère.* PHO [tetra] ETY Du gr.

grand **tétras** mâle en parade nuptiale

**tétrastyle** *a, nm* ARCHI Se dit d'un monument dont la façade comporte quatre colonnes.

**tétrasyllabe** *a, nm* VERSIF Formé de quatre syllabes. DER **tétrasyllabique** *a*

**tétravalent, ente** *a* CHIM Qui possède la valence 4. DER **tétravalence** *nf*

**tétrodon** *nm* Poisson des mers chaudes pouvant gonfler son corps en un globe hérissé d'épines. SYN poisson-globe.

un des rares **tétrodons** de rivière

**tétrose** *nm* CHIM Sucre simple (ose) comprenant quatre atomes de carbone.

**tette** *nf* ZOOL Bout de la mamelle des animaux. ETY Du germ.

**têtu, ue** *a, n* **A** Qui a tendance à s'attacher à une idée précise et à n'en pas vouloir démordre ; opiniâtre, obstiné. SYN entêté. **B** *a* Qui refuse d'obéir. **C** *nm* CONSTR Lourd marteau qui sert à dégrossir les pierres irrégulières.

**Tetzel** Johannes (Pirna, v. 1465 – Leipzig, 1519), dominicain allemand. Sa prédication des indulgences destinées à l'achèvement de Saint-Pierre de Rome suscita la révolte de Luther.

**teuf** *nf* fam Fête, réjouissance collective. ETY Verlan irrégulier de *fête*.

**teufeur, euse** *n* fam Participant à une teuf.

**teuf-teuf** *nm, nf* fam Voiture datant des premiers temps de l'automobile. PLUR teufs-teufs. ETY Onomat. VAR **teufteuf**

**Teutatès** dieu de la tribu chez les Celtes, assimilé à Mars par les Romains. VAR **Toutatis**

**teuton, onne** *a, n* péjor Allemand.

**Teutonique (ordre)** ordre hospitalier et militaire, créé en 1198 en Terre sainte par des croisés allemands. Il assit son influence en Méditerranée et, surtout, en Europe du Nord (Prusse-Orientale, notam.) sous Hermann de Salza (1211-1239). Il absorba les chevaliers Porte-Glaive et leurs terres (1237), et prit la Pomérélie (1308) à la Pologne, qui prit sa revanche à Grunwald (1410). Le second traité de Toruń (1466) ne laissa à l'ordre (vassal de Pologne) que la Prusse-Orientale, qui fut sécularisée en 1525. Confiné dans son rôle hospitalier, l'ordre fut supprimé par Napoléon Ier (1809). En 1840, il se reforma en Autriche.

**Teutons** anc. peuple germanique qui, depuis la Baltique, se répandit en Bavière et en Gaule. Il fut exterminé par Marius près d'Aix-en-Provence en 102 av. J.-C. Ce nom (*Teutsch* ou *Deutsch* en all.) a désigné tous les Germains. DER **teuton, onne** *a*

**Tewkesbury** ville de G.-B. (Gloucestershire) ; 9 550 hab. – Abbaye XIIe s. – Victoire des York sur les Lancastre en 1471.

**tex** *nm* TEXT Unité de masse linéique exprimée en grammes par kilomètre de fil. ETY Abrév. de *textile*.

**Texas** le plus vaste État des É.-U. après l'Alaska, sur le golfe du Mexique ; 692 402 km$^2$ ; 26 449 000 hab. ; cap. *Austin*. DER **texan, ane** *a, n*

**Géographie** Une large plaine alluviale est dominée par un plateau qui, à l'extrême O., rejoint les Rocheuses. Le climat, subtropical au S. et à l'E., continental au centre, devient désertique à l'O. La production de coton, de céréales, l'élevage bovin et ovin sont importants, mais la grande richesse provient des hydrocarbures (près de la moitié de la production des É.-U.) et de l'industrie, très diversifiée, notam. à *Houston* et *Dallas*.
**Histoire** Territoire reconnu (XVIe s.) et colonisé (XVIIe s.) par les Espagnols, la région forma un État du Mexique (1821), puis une république indépendante (1836). Les É.-U. l'annexèrent en 1845, puis vainquirent le Mexique (1846-1848).

**Texel** île de la mer du Nord appartenant aux Pays-Bas (Frise) ; 185 km$^2$ ; 13 000 hab. Élevage ovin. Réserve d'oiseaux de mer.

**tex-mex** *nm inv* Restaurant inspiré par la cuisine mexicaine. VAR **texmex** *nm*

**texte** *nm* **1** Ensemble des mots, des phrases qui constituent un écrit. *Le texte de la Constitution.* **2** Tout écrit imprimé ou manuscrit. *Texte mal composé.* **3** Ensemble de phrases, de paroles destinées à être récitées ou chantées. *Comédien qui apprend son texte.* **4** Œuvre littéraire. *Étudier les textes classiques.* **5** Extrait, fragment d'une œuvre littéraire. *Commentaire de texte.* **6** Sujet d'un devoir, d'un exercice scolaire. *Texte d'une dissertation.* LOC ***Cahier de textes :*** où sont inscrits les sujets des devoirs et exercices d'un élève. — ***Dans le texte :*** dans la langue originelle, sans utiliser de traduction. ETY Du lat. *texere*, « tisser ».

**textile** *a, nm* **A** *a* **1** Qui peut être divisé en filaments propres à être tissés. *Plantes textiles.* **2** Relatif à la fabrication des tissus. **B** *nm* **1** Fibre textile ; matière faite de fibres textiles. **2** Industrie textile.
ENC On distingue les textiles *naturels* (coton, laine, lin, jute, soie, etc.) et les textiles *chimiques* (textiles *artificiels*, obtenus à partir de produits naturels comme la cellulose, et textiles *synthétiques*, constitués de macromolécules synthétisées).

**1 texto** *nm* Syn. de *SMS*.

**2 texto** *av* fam Textuellement.

**textuel, elle** *a* **1** Exactement conforme au texte. *Citation textuelle.* SYN littéral. **2** didac Du texte, qui concerne le ou les textes. *Étude textuelle.* DER **textuellement** *av*

**texturant, ante** *a, nm* Se dit d'un produit qui donne sa texture à un aliment.

**texture** *nf* **1** Disposition, arrangement, structure, consistance des parties élémentaires d'une substance. *Texture d'une roche, des sols.* **2** fig Disposition, agencement des différentes parties d'un tout. *Texture d'un ouvrage.* ETY Du lat. DER **textural, ale, aux** *a*

**texturer** *vt* ① **1** Donner une texture, une consistance à qqch. **2** TECH Soumettre une fibre synthétique à différents traitements (torsion, écrasement, compression, etc.) pour lui donner certaines caractéristiques. VAR **texturiser** DER **texturation** ou **texturisation** *nf*

**tézigue** *pr pers* fam Toi.

**Tezuka** Osamu (Osaka, 1926 – id., 1989), le plus célèbre auteur japonais de mangas.

**TF1** première chaîne française de télévision ; elle a été privatisée en 1987 (groupe Bouygues). (V. Office de radiodiffusion-télévision française).

**TGV** *nm* Train de la SNCF dont la vitesse peut atteindre 300 km/h. PHO [teʒeve] ETY Sigle de *train à grande vitesse*. Nom déposé.

**th** PHYS Symbole de la thermie.

**Th** CHIM Symbole du thorium.

**THA** *nm* PHARM Syn. de *tacrine*.

**Thabor (mont)** montagne de Galilée (Israël), à l'O. du Jourdain ; 588 m. Une tradition antique le donne comme le lieu de la Transfiguration du Christ. VAR **Tabor**

**Thabor (mont)** sommet des Alpes franç. (3 178 m), dans le S. de la Savoie ; il marqua la frontière franco-italienne jusqu'en 1947.

**Thackeray** William Makepeace (Calcutta, 1811 – Londres, 1863), écrivain et dessinateur humoristique anglais : *Mémoires de Barry Lindon* (1844), *le Livre des snobs d'Angleterre par l'un d'eux* (1846-1847), *la Foire aux vanités* (1847-1848), *l'Histoire d'Henry Esmond* (1852).

**Thaddée (saint)** autre nom de saint Jude.

**thaï** *nm* LING Famille de langues à plusieurs tons parlées en Thaïlande, au Laos, en Birmanie et de part et d'autre de la frontière sino-vietnamienne. ETY Mot indigène.

**Thaïlande (royaume de)** (*Prathet T'hai* ou *Muang T'hai*), État du S.-E. asiatique, entre la Birmanie, le Laos et le Cambodge ; 514 000 km$^2$ ; 66,4 millions d'hab. ; accroissement naturel : 0,4 % par an ; Cap. *Bangkok*. Nature de l'État : monarchie constitutionnelle. Langue off. : thaï. Monnaie : baht. Pop. : Thaïs (74,9 %), nombreuses minorités (Chinois, Malais, Khmers, Karens, Méos). Relig. officielle : bouddhisme. DER **thaïlandais, aise** *a, n*
**Géographie** La plaine centrale, drainée par le Ménam et ouverte au S. sur le golfe de Thaïlande, groupe la pop. (rurale à 53 %). Encadrée de montagnes au N. et à l'O. (max. 2 590 m), elle est dominée à l'E., jusqu'au Mékong, par un vaste plateau. Au climat tropical de mousson correspondent la forêt dense au S. et à l'O., et la forêt claire dans le centre et à l'E.
**Économie** Nouveau pays industriel (NPI), la Thaïlande a une économie diversifiée et en forte croissance. L'agriculture fournit le tiers des export. : riz, sucre, fruits, ainsi que caoutchouc, bois et produits de la pêche, et alimente une forte industrie agroalimentaire. Les industries d'exportation (vêtements, chaussures, jouets, semi-conducteurs) sont dues aux investissements japonais, taiwanais et américains, puis nationaux (de plus en plus). Tourisme important, mines d'étain (gisements appauvris), pétrole, gaz naturel, pierres précieuses. Ce formidable essor n'a pas tari la pauvreté. Ralentie en 1996, ruinée en 1997 par la crise qui a frappé l'Asie du S.-E., la croissance a repris en 1999, mais les difficultés financières et boursières demeurent, ainsi que les fortes inégalités sociales.
**Histoire** DU SIAM À LA THAÏLANDE Originaires de Chine du Sud, les Thaïs fondèrent plusieurs principautés, qui s'affranchirent au XIIIe s. de la domination khmère, et créèrent un royaume indép., le roy. de Sukhotai, qui formera le Siam (XIVe s.). En butte constante aux visées des Birmans, le Siam eut des relations avec les Européens (Hollandais et Français) au XVIIe s. et sauvegarda son indép. en exploitant les rivalités franco-britanniques (1855 : traité avec la G.-B.). La prospérité du pays fut fortement ébranlée par la crise de 1929 aux É.-U. Le roi Rāma VII accorda une Constitution et abdiqua en 1935. L'armée prit le pouvoir en 1938, changea le nom du royaume en celui de Thaïlande (« terre des Thaïs ») et s'allia au Japon pendant la Seconde Guerre mondiale. L'après-guerre vit l'influence des É.-U. se développer. Une série de coups d'État militaires (1957, 1963) renforça l'autoritarisme du régime. Les maquis communistes se développèrent à partir de 1962, notam. dans le N.-E. La militarisation du pays et la présence de bases amér. entraînèrent des révoltes étudiantes. Une Constitution libérale fut adoptée (1973) ; les bases américaines furent évacuées.
LA THAÏLANDE D'AUJOURD'HUI En oct. 1976, une junte militaire, inspirée par le roi Bhumipol Adulyadet (Rāma IX), prit le pouvoir. Le général Prem Tunsilanond, Premier ministre dep. 1980, démissionna en 1988. Un coup d'État militaire renversa son successeur en 1991. En 1992, des manifestations furent violemment réprimées par l'armée et les partis d'opposition remportèrent les législatives. Le démocrate Chuan Leekpai devint Premier ministre, mais il fut battu en 1996. Devant l'incapacité du nouveau gouv. à enrayer la crise écon.

qui secoua l'Asie du S.-E. en 1997, il revint au pouvoir et établit un plan de redressement écon. En 2001, les élections voient la victoire de l'homme d'affaires Thaksin Shinawatra. En 2006, il est renversé pacifiquement par un coup d'État que soutient le roi. Le pays connaît alors une grave crise pol. avec de violents affrontements (2008). Les élections de 2011 replacent le parti de T. Shinawatra au pouvoir avec sa sœur, Yungluck, à la tête du gouv. Accusée d'être la marionnette de son frère et d'entretenir la corruption, elle doit dissoudre le Parlement en 2013 et est destituée en 2014 tandis que la junte s'empare du pouvoir.

**Thaïs** courtisane athénienne (IVe s. av. J.-C.) qui suivit Alexandre le Grand en Asie, puis fut la maîtresse de Ptolémée Ier.

**Thaïs (sainte)** (IVe s.), courtisane égyptienne qui se convertit au christianisme. ▷ LITTER *Thaïs*, roman d'A. France (1890). ▷ MUS Opéra en 3 actes de Massenet (1894), d'apr. A. France.

**Thaïs** groupe ethnique qui peuple le Laos, la Thaïlande, les parties montagneuses du Viêtnam du N. et certaines régions de la Chine du Sud (d'où ils sont originaires) et de la Birmanie. DER **thaï, thaïe** *a*

**thalamus** *nm* ANAT Couple de volumineux noyaux de substance grise situés de part et d'autre du troisième ventricule du diencéphale et qui servent de relais pour les voies sensitives. PHO [talamys] ETY Du gr. *thalamos*, « lit ». DER **thalamique** *a*

**thalass(o)-** Élément, du gr. *thalassa*, « mer ».

**thalassémie** *nf* MED Anémie due à une anomalie génétique de la synthèse de l'hémoglobine. DER **thalassémique** *a, n*

**thalassocratie** *nf* Grande puissance maritime. *Venise était une thalassocratie.* PHO [talasokʀasi]

**thalassothérapie** *nf* MED Cure, méthode de traitement utilisant le climat marin, l'eau et les boues marines.

**thalassotoque** *a* ZOOL Syn. de *catadrome*.

**thaler** *nm* Ancienne monnaie d'argent allemande. PHO [talɛʀ] ETY Mot all.

**Thalès** (Milet, fin du VIIe s. – ?, déb. du VIe s. av. J.-C.), mathématicien et philosophe grec de l'école ionienne, l'un des Sept Sages. Un théorème porte son nom : « Toute parallèle à l'un des côtés d'un triangle divise les deux autres côtés en segments proportionnels. » Le premier, il donna une explication rationnelle, et non mythologique, de l'Univers, en faisant de l'eau l'élément premier.

Thalès

**thali** *nm* En Inde, plateau-repas végétarien.

**thalidomide** *nf* Médicament responsable de déformations congénitales, encore utilisé dans le traitement du cancer. ETY Nom déposé.

**Thalie** dans la myth. grecque, Muse de la comédie, jeune femme couronnée de lierre et qui tient un masque.

**thalle** *nm* BOT Appareil végétatif très simple des végétaux non vasculaires (champignons, algues, lichens), où l'on ne peut distinguer ni racine, ni tige, ni feuille. ETY Du gr. *thallos*, « rameau ». ▶ illustr. p. 1600

**thallium** *nm* **1** CHIM Élément métallique de numéro atomique Z = 81, de masse atomique 204,37 (symb. Tl). **2** Métal (Tl) de densité 11,85, qui fond à 303,5 °C. *Mou et gris, le thallium ressemble au plomb.* PHO [taljɔm] ETY Du gr.

**thallophyte** *nf* BOT Végétal dont l'appareil végétatif est un thalle.

**Thälmann** Ernst (Hambourg, 1886 – Buchenwald, 1944), homme politique allemand ; secrétaire général du parti communiste (1925). Contre le péril nazi, il refusa l'alliance avec les sociaux-démocrates. Arrêté en 1933, il fut transféré à Buchenwald en 1943.

**thalweg** → **talweg.**

**Thamar** (m. en 1213), reine (1184-1213) de Géorgie, qu'elle étendit sur le Caucase et qui connut un âge d'or.

**Thames** → **Tamise.**

**Thane** v. de l'Inde (Maharashtra) près de Bombay ; 1,8 million d'hab.

**thanato-** Élément, du gr. *thanatos*, « mort ».

**thanatologie** *nf* Étude scientifique de la mort, de ses causes, de ses signes, de sa nature. DER **thanologique** *a*

**thanatopraxie** *nf* Technique de l'embaumement des cadavres. DER **thanatopracteur** *nm*

**thanatos** *nm* PSYCHAN Personnification de l'instinct de mort chez Freud, par oppos. à *éros*. PHO [tanatɔs]

**Thanatos** dans la myth. gr., dieu de la Mort, fils de la Nuit et frère d'Hypnos.

**Thanjavur** → **Tanjore.**

**thanka** → **tanka 1.**

**Thanksgiving day** (mots angl. signif. « Jour des actions de grâce »), fête célébrée aux É.-U. le 4e jeudi de novembre, pour remercier Dieu de la première récolte.

**Thann** ch.-l. d'arr. du Haut-Rhin, sur la Thur ; 8 151 hab. Industries. – Égl. XIVe-XVe s. DER **thannois, oise** *a, n*

**Thant** Sithu U (Pantánaw, 1909 – New York, 1974), diplomate birman ; secrétaire général des Nations unies de 1961 à 1971.

**Thapsus** anc. v. au S. de Sousse (Tunisie), près de laquelle César battit les partisans de Pompée en 46 av. J.-C.

**Thar (désert de)** désert du Pākistān et de l'Inde, entre l'Indus et les monts Aravalli.

**Tharaud** Ernest, dit Jérôme et Charles, dit Jean (Saint-Junien, 1874 – Varangeville-sur-Mer, 1953 ; Saint-Junien, 1877 – Paris, 1952), auteurs français de romans écrits en collab. : *la Maîtresse servante* (1911). Acad. fr. (Jérôme : 1938 ; Jean : 1946).

**Thássos** île grecque située dans le N. de la mer Égée, riche en vestiges antiques.

**Thatcher** Margaret (Grantham, 1925 – Londres, 2013), femme politique britannique ; Premier ministre (conservateur) de 1979 à sa démission (1990). Adepte du libéralisme, la « dame de fer » effectua des privatisations, soumit les syndicats, reconquit les îles Falkland (avril-juin 1982). DER **thatchérien, enne** *a, n*

**Thau (étang** ou **bassin de)** lagune (7 000 ha) du dép. de l'Hérault, séparée de la Méditerranée par une flèche de sable. Pétrochimie.

**thaumaturge** *nm, a* didac Se dit d'une personne qui fait ou prétend faire des miracles. ETY Du gr. DER **thaumaturgie** *nf* – **thaumaturgique** *a*

**THC** *nm* Abrév. de *tétrahydrocannabinol*, principe actif du cannabis.

**thé** *nm* **1** Feuilles séchées du théier, après fermentation dans le cas du *thé noir*, sans fermentation dans le cas du *thé vert*. **2** Infusion tonique et désaltérante préparée avec ces feuilles, servie le plus souvent chaude. **3** Afrique, Belgique, Suisse Infusion, tisane. **4** Collation où l'on sert du thé ; réception donnée l'après-midi et où l'on sert du thé, des gâteaux, etc. ETY Du chin.

**théacée** *nf* BOT Végétal dicotylédone, dont la famille comprend le thé.

**Théatins (ordre des)** ordre de clercs réguliers fondé à Rome en 1524 par Gaétan de Thiene et le futur Paul IV, évêque de Chieti (en lat. *Theate*).

**thalle** de laminaire

**théâtral, ale** *a* **1** De théâtre ; qui appartient, est propre au théâtre. *Représentation théâtrale.* **2** fig, péjor Exagéré, artificiel, qui vise à l'effet. *Un ton théâtral.* PLUR théâtraux. DER **théâtralement** *av* – **théâtralité** *nf*

**théâtraliser** *vt* ① didac Rendre théâtral ou spectaculaire par une recherche d'effets. DER **théâtralisation** *nf*

**théâtre** *nm* **1** Édifice où l'on représente des œuvres dramatiques, où l'on donne des spectacles ; ce spectacle lui-même. *Aller au théâtre. Théâtre de marionnettes.* **2** fig Lieu où se passe tel évènement. *Cette maison a été le théâtre d'un fait divers.* **3** Genre littéraire qui consiste en la production d'œuvres destinées à être jouées par des acteurs ; art d'écrire pour la scène. **4** Ensemble des œuvres dramatiques d'un pays, d'une époque, d'un auteur. **5** Art de la représentation de telles œuvres ; art dramatique. *Faire du théâtre. Un homme de théâtre.* **6** Afrique Spectacle théâtral. *Faire un théâtre.* LOC ***Coup de théâtre*** : rebondissement imprévu, retournement de situation dans l'action d'une pièce ou dans un processus quelconque. — ***De théâtre*** : destiné à la scène ; théâtral, artificiel et outré ; se dit des armes nucléaires destinées à un théâtre d'opérations. — MILIT ***Théâtre d'opérations (TO)*** : secteur géographique concerné par un conflit actuel ou potentiel, cadre d'une certaine vision stratégique. ETY Du gr.

**Théâtre de Clara Gazul (le)** recueil dramatique de Mérimée (prem. éd. 1825 ; 2e éd., augmentée, 1830) qui l'attribua à une actrice esp., Clara Gazul.

**Théâtre et son double (le)** essai d'Artaud (1938) regroupant articles, manifestes, lettres sur le théâtre (1932-1937).

**Théâtre-Français** → **Comédie-Française.**

**Théâtre-Libre** théâtre fondé à Paris, en 1887, par André Antoine, qui prôna le réalisme et créa des pièces de Zola et de Courteline. En 1897, il devint le *Théâtre-Antoine*.

**Théâtre national populaire** (TNP), théâtre fondé en 1920 par l'État afin d'offrir au public, pour une somme modique, des spectacles de qualité. Installé dans l'anc. Trocadéro, puis dans le palais de Chaillot, il eut comme directeurs : Firmin Gémier (1920-1933), Alfred Fourtier (1933-1935), Paul Abram (1938-1940), Pierre Aldebert (1940-1951), Jean Vilar (1951-1963), Georges Wilson (1963-1972). Il fut transféré à Villeurbanne en 1973, avec R. Planchon pour directeur.

**théâtreux, euse** *n* fam **1** Comédien, comédienne sans talent. **2** Personne qui fait du théâtre en amateur.

**thébaïde** *nf* litt Retraite solitaire, notam. d'un ermite. ETY Du n. pr.

**Thébaïde** partie mérid. de l'Égypte anc. ; cap. *Thèbes*. Les premiers solitaires chrétiens choisirent les territoires désertiques de cette région. VAR **Haute-Égypte**

**thébaïne** *nf* BIOCHIM Alcaloïde très toxique contenu dans l'opium.

**thébaïque** *a* Qui contient de l'opium ; qui est à base d'opium. ETY D'un n. pr.

**thébaïsme** *nm* didac, vx Intoxication par l'opium. SYN opiomanie.

**Thèbes** v. de l'anc. Égypte, sur le Nil, à 700 km au S. du Caire. De fondation très anc., elle réunifia l'Égypte vers 2060 av. J.-C. (XIe dynastie) et lui imposa le culte d'Amon, divinité locale. La cité fut la cap. des souverains du Moyen et du Nouvel Empire (1580-1085 av. J.-C.), époque qui marque son apogée : érection des temples d'Amon à Karnak et à Louxor, construction des hypogées de la Vallée des Rois, etc. À partir de la XIXe dynastie, la prospérité de Thèbes décrut et l'invasion assyrienne (v. 663 av. J.-C.) acheva sa ruine. DER **thébain, aine** *a, n*

**Thèbes** (auj. *Thíva*), v. de Grèce, l'une des princ. cités de Béotie, détruite par des tremblements de terre (1853, 1893) et reconstruite sur un plan en damier ; 18 710 hab. – Musée archéologique. DER **thébain, aine** *a, n*
**Histoire** Occupée depuis la fin du IIIe millénaire, Thèbes devint, entre le XVIe et le XIVe s. av. J.-C., le siège d'un royaume mycénien où naquit la légende d'Œdipe. Au VIIe s. av. J.-C., elle prit la tête de la Ligue béotienne, qui s'allia aux Perses durant les guerres médiques ; elle fut vaincue par les Athéniens (Platées, 479). Elle s'allia à Sparte lors de la première guerre du Péloponnèse (431-421), puis se ligua contre Sparte avec Argos, Corinthe et Athènes (395-386). Le régime oligarchique que Sparte, victorieuse, lui imposa fut renversé par Pélopidas et par Épaminondas (vainqueur des Spartiates à Leuctres en 371). Après la mort d'Épaminondas à la bataille de Mantinée (362), Thèbes déclina. Philippe de Macédoine la prit ; à sa mort, elle se révolta contre Alexandre, qui la fit raser (336) ; elle se releva en 316 sous Cassandre, puis fut ruinée par les Romains en 146 av. J.-C.

**Théétète** (ou *Sur la science*), dialogue de Platon, qui l'écrivit vers la fin de sa vie.

**théier**

**théier** *nm* BOT Arbre ou arbrisseau à fleurs blanches, originaire des montagnes d'Asie tropicale, cultivé pour ses feuilles qui, une fois séchées, servent à préparer le thé.

**théière** *nf* Récipient dans lequel on fait infuser le thé.

**Theiler** Max (Pretoria, 1899 – New Haven, 1972), médecin sud-africain qui, aux É.-U., isola le virus de la fièvre jaune et mit au point le vaccin. Prix Nobel 1951.

**théine** *nf* BIOCHIM Alcaloïde du thé analogue à la caféine.

**Thèbes** ruines du temple funéraire de Ramsès II (Ramesseum), XIXe dynastie, XIVe-XIIIe s. av. J.-C.

**théisme** *nm* didac Doctrine philosophique selon laquelle le principe d'unité de l'Univers est un Dieu personnel, cause de toute chose. DER **théiste** *n, a*

**Thélème (abbaye de)** communauté de laïcs imaginée par Rabelais dans *Gargantua* ; l'unique règle était « Fais ce que voudras. »

**thélytoque** *a* LOC BIOL ***Parthénogenèse thélytoque*** : qui ne donne que des femelles. ANT arrhénotoque. ETY Du gr.

**thématique** *a, nf* **A** *a* **1** MUS Qui a rapport à un, à des thèmes musicaux. **2** Organisé, conçu à partir de thèmes. *Index thématique et index alphabétique.* **3** GRAM Se dit d'un verbe qui intercale une voyelle de liaison (dite *thématique*) entre le radical et la désinence. **B** *nf* didac Ensemble organisé de thèmes. *La thématique de la littérature romantique.* DER **thématiquement** *av*

**thématiser** *vt* ① didac Classer, présenter par thèmes des mots, des informations, etc. DER **thématisation** *nf*

**thématisme** *nm* Organisation d'une œuvre littéraire ou artistique selon certains thèmes.

**thème** *nm* **1** Sujet, matière, proposition que l'on entreprend de traiter dans un ouvrage, un discours. **2** Ce à quoi s'applique la pensée de qqn ; ce qui constitue l'essentiel de ses préoccupations. *Thème de réflexion.* SYN sujet. **3** MUS Mélodie, motif mélodique sur lequel on compose des variations. **4** En jazz, mélodie dont les accords fournissent la trame harmonique des improvisations. **5** Exercice scolaire consistant à traduire un texte de sa langue maternelle dans une autre langue, par oppos. à *version.* **6** GRAM Partie du nom ou du verbe (radical et voyelle thématique) à laquelle s'ajoutent les désinences liées aux cas ou aux personnes, dans certaines langues à flexions. LOC ***Fort en thème*** : très bon élève ; péjor élève à la culture essentiellement livresque ; fig personne qui fait preuve de zèle et d'application sans montrer d'intelligence véritable. — ASTROL ***Thème céleste*** ou ***astral*** : représentation de l'état du ciel au moment de la naissance de qqn, qui sert de base à l'établissement de son horoscope. ETY Du gr.

**Thémis** dans la myth. gr., déesse de la Loi et de la Justice. Fille d'Ouranos et de Gaia, l'une des épouses de Zeus, elle donna notam. naissance aux Moires.

**Thémistocle** (Athènes, v. 524 – Magnésie du Méandre, v. 459 av. J.-C.), homme d'État et général athénien. Stratège en 480 av. J.-C., il décida ses compatriotes à construire une flotte de 200 vaisseaux et vainquit les Perses à Salamine (480). Puis il œuvra à la sécurité d'Athènes : construction d'une nouvelle enceinte, fortification du Pirée. Il se rendit impopulaire par son goût du luxe et, v. 472-471, Cimon obtint son bannissement. Le roi perse Artaxerxès I$^{er}$ l'accueillit.

**thénar** *nm* ANAT Saillie formée à la partie externe de la paume de la main par un groupe de muscles du pouce. ETY Du gr.

**Thenard Louis Jacques (baron)** (La Louptière, 1777 – Paris, 1857), chimiste français. Il découvrit le bore et l'eau oxygénée.

**Thénardier (les)** personnages des *Misérables* de Hugo (1862), couple de tenanciers odieux auquel Fantine a confié sa fille Cosette. L'un de leurs enfants est Gavroche.

**théo-** Élément, du gr. *theos,* « dieu ».

**théobromine** *nf* BIOCHIM Alcaloïde extrait du cacao et existant en faible quantité dans le thé, la noix de kola et le café.

**théocratie** *nf* POLIT Forme de gouvernement dans laquelle l'autorité est exercée soit par les représentants d'une caste sacerdotale, soit par un souverain, au nom de Dieu. PHO [teɔkʀasi] DER **théocratique** *a*

**Théocrite** (Syracuse, v. 315 – ?, v. 250 av. J.-C.), poète grec. Ses *Idylles* (30 poèmes, env. 2 000 vers) inaugurent le genre pastoral.

**Théodat** (m. à Ravenne en 536), roi des Ostrogoths (534-536) ; neveu de Théodoric le Grand. En 535, il fit assassiner Amalasonte, fille de Théodoric, avec laquelle il régnait. Vaincu par Bélisaire, il fut tué par ses sujets. VAR **Théodahat**

**Théodebald** (m. en 555), roi d'Austrasie (548-555) ; fils de Théodebert I$^{er}$. Clotaire I$^{er}$, fils de Clovis, lui succéda. VAR **Thibaud**

**Théodebert I$^{er}$** (504 – 548), roi d'Austrasie de 534 à 548 ; petit-fils de Clovis. VAR **Thibert I$^{er}$** — **Théodebert II** (586 – 612), roi d'Austrasie de 595 à 612 ; renversé par son frère Thierry II.

**théodicée** *nf* PHILO Justification de la Providence fondée sur la réfutation des arguments tirés de l'existence du mal. ETY Mot créé par Leibniz.

**théodicée (Essais de)** œuvre philosophique de Leibniz (1710), vantant et expliquant l'harmonie universelle.

**théodolite** *nm* TECH Instrument de visée constitué d'une lunette et de deux cercles gradués, servant en astronomie à mesurer l'azimut et la hauteur des astres, en topographie à effectuer des levés.

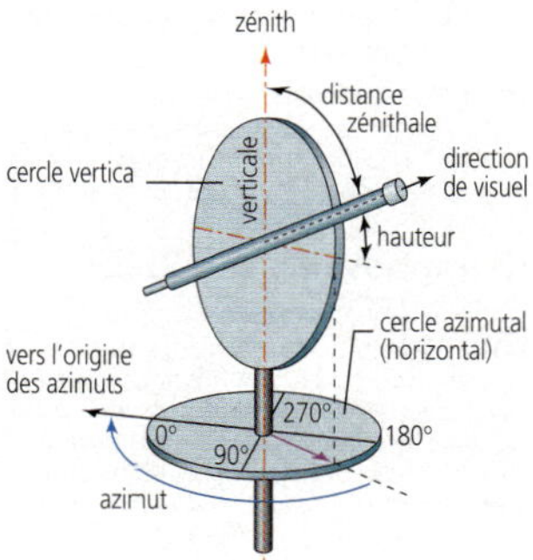


principe du **théodolite**

**Théodora** (Constantinople, v. 500 – id., 548), impératrice d'Orient (527-548) par son mariage avec Justinien. Intelligente, elle suggéra de nombr. mesures (politiques ou religieuses) à son époux.

**Théodora** (m. en 867), impératrice d'Orient ; régente (842-856) durant la minorité de Michel III, son fils. Elle dut rétablir le culte des images (843).

**Theodorakis Mikis** (Chio, 1925), compositeur et homme politique grec : *Chanson du capitaine Zacharias* (1939), l'hymne de la Résistance grecque ; musiques de films (*Zorba le Grec, Z*).

**Théodore I$^{er}$** (Jérusalem, ? – Rome, 649), pape de 642 à 649. Il lutta contre le monothélisme.

**Théodore I$^{er}$ Lascaris** (mort en 1222), empereur byzantin ; il fonda, après la prise de Constantinople par les croisés (1204), l'empire de Nicée. — **Théodore II Doukas Lascaris** empereur de Nicée de 1254 à 1258 ; il fit de Nicée un grand centre intellectuel.

**Théodore II** → **Théodoros II.**

**Théodore Ange Doukas Comnène** (m. apr. 1252), despote d'Épire (v. 1215-1230) et empereur de Thessalonique (1224-1230). Vaincu (1230) par les Bulgares, qui lui crevèrent les yeux, il laissa ses États à ses fils. En 1252, il fut emprisonné par l'empereur de Nicée.

**Théodore de Samos** (VIII$^e$ s. av. J.-C.), sculpteur grec qui aurait inventé la fonte du bronze.

**Théodoric I$^{er}$** (mort au Campus Mauriacus, près de Troyes, en 451), roi des Wisigoths (418-451). Il périt en combattant Attila. — **Théodoric II** (mort en 466), roi des Wisigoths (453-466), fils du préc. ; assassiné par son frère Euric.

**Théodoric le Grand** (en Pannonie, v. 454 – Ravenne, 526), roi des Ostrogoths (493-526). Otage à Constantinople de 461 à 471, il s'imprégna de civilisation gréco-romaine. À la mort de son père, le roi Théodomir (v. 474), il devint le chef du peuple ostrogoth. Avec l'accord de Zénon, empereur d'Orient, il rassembla une puissante armée contre Odoacre (maître de Rome depuis 476), qu'il vainquit à Ravenne (493). Roi, il domina l'Italie, la Dalmatie, la Pannonie, le Norique et la Rhétie. Il lutta contre les Francs (conquête de la Provence en 508-509) et les Burgondes. Il embellit Ravenne, sa cap., et l'aristocratie romaine (Symmaque, Boèce, Cassiodore) lui prêta son concours. Mais, à partir de 524, Théodoric, arien, persécuta les catholiques. L'État ostrogoth ne lui survécut pas.

**Théodoros II** (Sage, Kouara, v. 1820 – Magdala, 1868), empereur d'Éthiopie (1855-1868). Marchand anobli, il devint le chef de l'Amhara et unifia l'Éthiopie. Défait par les Britanniques à Magdala, il se tua. VAR **Théodore II**

**Théodose I$^{er}$ le Grand** (en latin *Flavius Theodosius*) (Cauca, Galice, vers 347 – Milan, 395), empereur romain (379-395). Proclamé Auguste par Gratien (379), il régna sur l'Orient. Il fit du christianisme la religion officielle de l'Empire (380). Maxime ayant renversé Gratien (383), il reconnut l'usurpateur, puis le vainquit et le fit mettre à mort à Aquilée (388). Après la mort de Valentinien II, il écrasa (394) l'usurpateur Eugène dans la Slovénie actuelle : pour la dernière fois, le monde romain était gouverné par un seul souverain. Théodose partagea l'Empire entre ses deux fils, Honorius (Occident) et Arcadius (Orient). — **Théodose II** (401 – 450), empereur d'Orient (408-450), fils d'Arcadius. Il voulut défendre Nestorius, condamné à Éphèse en 431. Il fit rédiger (435-438) le *Code théodosien,* ensemble des Constitutions impériales depuis Constantin. Il paya de lourds tributs pour mettre fin aux invasions des Huns (441-449).

**Théodulf** (en Catalogne, v. 750 – ?, 821), évêque d'Orléans (v. 780), théologien, auteur d'hymnes religieux, poète ; il fut un des principaux représentants de la Renaissance carolingienne.

**théogonie** *nf* RELIG Chez les peuples polythéistes, généalogie des dieux, historique de leur naissance. DER **théogonique** *a*

**Théogonie** poème d'Hésiode (VIII$^e$ s. av. J.-C.), sur la généalogie des dieux de l'Olympe.

**théologal, ale** *a* CATHOL Qui a Dieu pour objet. PLUR théologaux. LOC ***Les trois vertus théologales*** : la foi, l'espérance et la charité.

**théologie** *nf* **1** Étude des questions religieuses, réflexion sur Dieu et sur le salut de l'homme s'appuyant essentiellement sur les Écritures et la Tradition. *Théologie chrétienne, judaïque, islamique.* **2** Doctrine religieuse. *La théologie de saint Thomas.* **3** Recueil des ouvrages religieux d'un auteur. LOC ***Théologie de la libération*** : mouvement chrétien s'inspirant de l'Évangile pour promouvoir politiquement la libération des peuples du tiers-monde. DER **théologien, enne** *n* – **théologique** *a* – **théologiquement** *av*

**Théon d'Alexandrie** savant grec d'Alexandrie de la fin du IVe s. apr. J.-C., commentateur de Ptolémée et d'Euclide ; père d'Hypatie.

**théophagie** *nf* RELIG Fait de manger symboliquement la divinité.

**théophanie** *nf* THEOL Manifestation de la divinité sous une forme sensible.

**théophilanthropie** *nf* HIST Doctrine philosophico-religieuse, d'inspiration déiste, dont les adeptes tentèrent de remplacer le culte catholique par une religion de l'Être suprême, sous le Directoire. DER **théophilanthrope** *n* – **théophilanthropique** *a*

**Théophile** (m. en 842), empereur d'Orient (829-842) ; bon administrateur, il fit régner la justice.

**Théophile d'Antioche (saint)** (m. à Antioche apr. 180), évêque d'Antioche (v. 170), Père de l'Église : *Discours à Antolycus* sur la supériorité de la foi chrétienne.

**Théophile de Viau** → **Viau.**

**Théophraste Tyrtamos,** dit (Érésos, île de Lesbos, v. 372 – Athènes, v. 287 av. J.-C.), philosophe grec, surnommé *Theophrastos* (« divin parleur ») par son maître Aristote : *les Recherches sur les plantes, les Causes des plantes, les Caractères* (V. La Bruyère).

**Théophraste-Renaudot (prix)** → **Renaudot.**

**théophylline** *nf* BIOCHIM Alcaloïde contenu dans les feuilles de thé, utilisé en thérapeutique comme diurétique et comme dilatateur des bronches, notam. dans l'asthme.

**théorbe** *nm* MUS Grand luth à deux chevilliers en usage aux XVIe et XVIIe s. ETY De l'ital. VAR **téorbe**

**théorème** *nm* MATH, LOG Proposition démontrable qui découle de propositions précédemment établies. ETY Du gr. *theôrein,* « observer ». DER **théorématique** *a*

**théorétique** *a, nf* PHILO **A** *a* Qui vise, qui a rapport à la connaissance conceptuelle, non à l'action. **B** *nf* Étude de la connaissance philosophique. LOC *Les sciences théorétiques* : la mathématique, la physique et la théologie (chez Aristote).

**théoricien, enne** *n* **1** Personne qui connaît la théorie d'une science, d'un art, par oppos. à *praticien.* **2** Personne qui s'attache à la connaissance abstraite, spéculative. **3** Auteur d'une théorie. *Les théoriciens du socialisme.*

**1 théorie** *nf* **1** Ensemble d'opinions, d'idées sur un sujet particulier. *Théorie sociale, artistique.* **2** Connaissance abstraite, spéculative. *La théorie et la pratique.* **3** Système conceptuel organisé sur lequel est fondée l'explication d'un ordre de phénomènes. *Théorie de la gravitation.* LOC *En théorie* : dans l'abstrait ; en principe. — PHILO *Théorie de l'esprit* : capacité à attribuer à autrui des pensées, des intentions ou des états d'esprit. ETY Du gr. *theoria,* « observation ».

**2 théorie** *nf* **1** ANTIQ GR Députation d'une cité à certaines fêtes solennelles. **2** litt Suite de personnes s'avançant en procession ; longue file. *Théorie de voitures.* ETY Du gr. *théôria,* « procession ».

**Théorie générale de l'emploi, de l'intérêt et de la monnaie** œuvre de Keynes (1936).

**théorique** *a* **1** Qui est du domaine de la théorie. *Physique théorique et physique expérimentale.* **2** Qui n'est conçu, qui n'existe qu'abstraitement, hypothétiquement. *Pouvoir théorique.* DER **théoriquement** *av*

**théoriser** *v* 1 **A** *vi* didac Exprimer une, des théories. *Théoriser sur la politique.* **B** *vt* Mettre en théorie. *Théoriser la création poétique.* DER **théorisation** *nf*

**théosophie** *nf* didac Système philosophique, d'inspiration ésotérique, reposant sur la croyance que l'esprit, tombé de l'ordre divin dans l'ordre naturel, peut se dégager de la matière pour réintégrer le divin, notam. au moyen de forces considérées comme occultes. DER **théosophe** *n* – **théosophique** *a*

**théosophique (Société)** association religieuse fondée à New York en 1875 et qui a établi son siège à Adyār, près de Madras, en 1886. Elle a synthétisé les thèmes de la spiritualité indienne.

**-thèque** Élément, du gr. *thêkê,* « loge, boîte ».

**thèque** *nf* **1** BIOL Coque résistante qui protège certains êtres unicellulaires. **2** ANAT Enveloppe du follicule ovarien.

**Thérain (le)** riv. du Bassin parisien (90 km), affl. de l'Oise (r. dr.) ; arrose Beauvais.

**Théramène** (Céos, av. 450 – Athènes, 404 av. J.-C.), homme politique athénien ; l'un des Trente Tyrans (404). Hostile à l'extrémisme de Critias, il fut condamné à mort.

**thérapeute** *n* **1** ANTIQ Ascète juif d'Égypte (Ier s. av. J.-C.). **2** Personne qui soigne les malades. **3** Psychothérapeute.

**thérapeutique** *a, nf* **A** *a* Relatif au traitement, à la guérison des maladies ; propre à guérir. **B** *nf* **1** Médecine qui traite des moyens propres à guérir ou à soulager les maladies. **2** Traitement.

**théraphose** *nf* Très grande araignée venimeuse de Guyane. ETY Du gr. *aphosion,* « sacrifier ».

**thérapie** *nf* **1** Thérapeutique, traitement. **2** Syn. de *psychothérapie.* LOC *Thérapie cellulaire* : thérapie fondée sur des médicaments issus de la culture de cellules-souches. — *Thérapie familiale* : psychothérapie qui implique l'ensemble de la cellule familiale du sujet. — *Thérapie génique* : technique de transfert cellulaire d'un ou de plusieurs gènes.

**Thérèse d'Ávila (sainte)** (Teresa de Cepeda y Ahumada) (Ávila, 1515 – Alba de Tormes, 1582), religieuse et mystique espagnole. Entrée en 1536 au couvent de l'Incarnation d'Ávila, elle réforma l'ordre du Carmel avec Jean de la Croix. Œuvres : *le Livre de la vie* (1562-1565), *le Chemin de la perfection* (1565), *les Exclamations* (1566-1569), *le Livre des fondations* (1573-1582) et *le Château intérieur* (1577). Première femme proclamée Docteur de l'Église (1970).

sainte Thérèse d'Ávila

**Thérèse de l'Enfant-Jésus (sainte)** (Thérèse Martin) (Alençon, 1873 – Lisieux, 1897), religieuse française. Entrée à quinze ans au carmel de Lisieux, elle y suivit la « petite voie » et écrivit un récit autobiographique, *Histoire d'une âme* (1897). Canonisée en 1925 et proclamée Docteur de l'Église en 1997.

**Thérèse Raquin** roman de Zola (1867). ▷ CINE Film de M. Carné (1953), avec S. Signoret, modernisation du roman.

**thériaque** *nf* anc Électuaire riche en opium employé comme antidote aux venins. ETY Du gr. *thêrion,* « bête sauvage ».

**Thériault Yves** (Québec, 1915 – Rawdon, Québec, 1983), écrivain québécois des minorités de la société canadienne : juive (*Aaron,* 1954) , inuit (*Agakuk,* 1958), indienne (*Ashini,* 1960), scandinave (*Kesten* 1968).

**therm(o)-, -therme, -thermie, -thermique** Éléments, du gr. *thermos,* « chaud ».

**thermal, ale** *a* **1** Se dit des eaux minérales chaudes aux propriétés thérapeutiques. **2** Où l'on fait usage d'eaux médicinales, chaudes ou non. *Cure thermale.* PLUR thermaux.

**thermalisme** *nm* **1** Usage des eaux thermales et industrie qui s'y rapporte. **2** Organisation et exploitation des stations thermales.

**thermalité** *nf* didac Qualité, nature, propriété d'une eau thermale.

**thermes** *nmpl* **1** ANTIQ Établissement de bains publics. **2** Établissement thermal.

**thermicien, enne** *n* Spécialiste de la thermique et de ses applications.

**thermicité** *nf* PHYS Propriété d'un système d'échanger de la chaleur avec le milieu extérieur lors d'une transformation physico-chimique.

**thermidor** *nm* HIST Onzième mois du calendrier républicain (du 19/20 juillet au 17/18 août).

**Thermidor an II (journées des 9 et 10)** (27 et 28 juillet 1794), journées qui virent la chute de Robespierre et de ses partisans, due notam. à Tallien, Barras et Fouché. Le parti révolutionnaire, soumis à des purges successives (hébertistes, dantonistes) et ayant perdu le soutien actif des sans-culottes, s'était affaibli ; malgré l'insurrection de la Commune de Paris, les partisans de Robespierre ne purent être sauvés. Vingt-deux d'entre eux (Robespierre, Saint-Just, Couthon, etc.) furent guillotinés au soir du 10 thermidor.

**thermidorien, enne** *a, nm* HIST Se dit des conventionnels qui renversèrent Robespierre le 9 Thermidor. LOC *Réaction thermidorienne* : ensemble des mesures prises après le 9 Thermidor et qui mettaient fin, notam., à la Terreur.

**thermie** *nf* PHYS Unité de quantité de chaleur officiellement abandonnée au profit du joule (symb. th).

**thermique** *a, n* **A** *a* Qui a rapport à la chaleur, à l'énergie calorifique. **B** *nf* PHYS Étude de la chaleur et des phénomènes calorifiques (thermométrie, calorimétrie, étude des combustions, etc.). **C** *nm* METEO Courant d'air chaud ascendant. LOC *Centrale thermique* : dans laquelle l'électricité est produite à partir de la chaleur de combustion du charbon, du gaz ou du pétrole. — *Machine thermique* : qui transforme l'énergie calorifique en une autre forme d'énergie. DER **thermiquement** *av*

**thermisation** *nf* TECH Traitement thermique du lait de fromagerie, destiné à en réduire la flore microbienne. DER **thermiser** *vt* 1

**thermistance** *nf* ELECTR, ELECTRON Résistance électrique dont la conductivité varie très rapidement en fonction de la température.

**thermite** *nf* TECH Mélange d'oxyde de fer et de poudre d'aluminium, utilisé notam. pour la soudure autogène. ETY Du gr. *thermê,* « chaleur ».

**thermobarique** *a* MILIT Se dit d'une bombe de type conventionnel, explosive, qui combine des effets thermiques, d'onde de choc et de dépression.

**thermocautère** *nm* MED Instrument qui sert à faire des cautérisations ignées.

**thermochimie** *nf* Science ayant pour objet la mesure des quantités de chaleur mises en jeu dans les réactions chimiques. DER **thermochimique** *a*

**thermocinétique** *nf, a* PHYS Étude des lois de propagation de la chaleur.

**thermoclastie** *nf* GEOL Fragmentation d'une roche causée par l'alternance de la chaleur et du froid. DER **thermoclastique** *a*

**thermocline** *nf* HYDROL Couche d'eau séparant les eaux superficielles et les eaux profondes, plus froides.

**thermocollage** *nm* Technique d'assemblage de matériaux sous l'effet de la chaleur.

**thermocollant, ante** *a, nm* Se dit d'un tissu spécialement encollé pour adhérer à un autre par thermocollage.

**thermoconduction** *nf* PHYS Conduction de la chaleur.

**thermocopie** *nf* TECH Reprographie par procédé thermique.

**thermocouple** *nm* PHYS Syn. de *couple thermoélectrique*.

**thermodurcissable** *a* TECH Se dit de résines plastiques qui durcissent de façon irréversible à partir d'une certaine température. ANT thermoplastique.

**thermodynamique** *nf, a* PHYS Se dit de la partie de la physique qui étudie les lois qui président aux échanges d'énergie, et notam. les transformations de l'énergie calorifique en énergie mécanique. DER **thermodynamicien, enne** *n*

ENC La thermodynamique repose sur les principes suivants. *Principe zéro :* deux systèmes dont chacun est en équilibre thermique avec un troisième sont en équilibre thermique entre eux. *Premier principe :* la somme du travail $W$ et de la chaleur $Q$ échangés par un système avec le milieu extérieur au cours de son évolution entre deux états d'équilibre thermique 1 et 2 est égale à la variation d'une fonction de l'état du système, notée $U$, et appelée énergie interne : $W + Q = U_2 - U_1$. *Second principe :* les phénomènes naturels sont irréversibles ; on peut en déduire : un système qui décrit un cycle monotherme ne peut pas produire de travail (énoncé de Kelvin) ; le passage de la chaleur d'un corps froid à un corps chaud n'a jamais lieu spontanément (énoncé de Clausius).

**thermoélectricité** *nf* PHYS Électricité produite par la conversion de l'énergie thermique ; ensemble des phénomènes liés à cette conversion. DER **thermoélectrique** *a*

**thermoélectronique** *a* PHYS Se dit d'une émission d'électrons par une cathode sous l'effet de la chaleur. SYN thermo-ionique.

**thermoformage** *nm* TECH Formage d'un matériau ou d'une pièce par chauffage. DER **thermoformer** *vt* 1

**thermogène** *a* didac Qui produit de la chaleur.

**thermogenèse** *nf* PHYSIOL Production de chaleur par les êtres vivants, dans la thermorégulation.

**thermogramme** *nm* TECH Courbe inscrite sur le tambour du thermographe.

**thermographe** *nm* TECH Thermomètre enregistreur.

**thermographie** *nf* TECH Ensemble des procédés de mesure de la température fondés sur la propriété qu'ont les rayons infrarouges d'impressionner les surfaces sensibles. DER **thermographique** *a*

**thermogravimétrie** *nf* PHYS Technique visant à déterminer les variations de masse d'un corps en fonction de la température. DER **thermogravimétrique** *a*

**thermogravure** *nf* Impression en relief au moyen d'une encre contenant une résine qui se solidifie à chaud.

**thermohalin, ine** *a* HYDROL Qui concerne à la fois la température et la salinité des eaux océaniques.

**thermo-ionique** *a* PHYS Syn. de *thermoélectronique*.

**thermolabile** *a* CHIM, BIOCHIM Se dit d'une substance qui est détruite ou qui perd ses propriétés à une température déterminée.

**thermoluminescence** *nf* PHYS Luminescence provoquée par la chaleur. DER **thermoluminescent, ente** *a*

**thermolyse** *nf* **1** CHIM Décomposition d'un corps par la chaleur. **2** PHYSIOL Déperdition de chaleur par les organismes vivants.

**thermomagnétisme** *nm* PHYS Ensemble des phénomènes magnétiques liés à l'élévation de température. DER **thermomagnétique** *a*

**thermomécanique** *a* PHYS Relatif aux effets mécaniques de la chaleur.

**thermomètre** *nm* **1** Instrument qui permet la mesure des températures, en général par la dilatation d'un liquide ou d'un gaz. **2** fig Ce qui permet de connaître, d'évaluer les variations de qqch. *Les investissements sont le thermomètre du climat politique.* **3** MED Instrument qui permet de mesurer la température maximale interne du corps.

**thermométrie** *nf* Mesure des températures. DER **thermométrique** *a*

**thermonucléaire** *a* PHYS Qui a rapport à la fusion des noyaux atomiques. *Réaction thermonucléaire. Arme thermonucléaire.*

**thermopériodisme** *nm* BOT Ensemble des phénomènes végétatifs liés aux variations de température résultant de l'alternance du jour et de la nuit et de la succession des saisons.

**thermophile** *a* BIOL Se dit des micro-organismes qui s'épanouissent à des températures élevées (50 à 80 degrés). DER **thermophilie** *nf*

**thermopile** *nf* didac Dispositif de conversion des rayonnements calorifiques en énergie électrique. SYN pile thermoélectrique.

**thermoplastique** *a* CHIM, TECH Se dit de résines synthétiques qui conservent leurs propriétés de plasticité à chaud. ANT thermodurcissable.

**thermopompe** *nf* TECH Système de chauffage dont le fonctionnement est analogue à celui d'une machine frigorifique. SYN pompe à chaleur.

**thermopropulsion** *nf* TECH Propulsion obtenue directement par l'énergie thermique. DER **thermopropulsé, ée** *a* – **thermopropulsif, ive** *a*

**Thermopyles (les)** (en grec *Thermopulai :* « Portes chaudes »), défilé de la Grèce, en Phtiotide (Thessalie). Léonidas Ier, roi de Sparte, et ses 300 hoplites y opposèrent une défense héroïque à l'armée perse de Xerxès Ier (480 av. J.-C.), qui les extermina.

**thermorégulation** *nf* **1** didac Réglage de la température d'un milieu. **2** BIOL Régulation de la température interne du corps, chez les animaux homéothermes (oiseaux, mammifères). DER **thermorégulateur, trice** *a* – **thermorégulé, ée** *a*

**thermorémanence** *nf* PHYS Propriété que possède une substance de conserver la trace du champ magnétique dans lequel elle a été placée lorsqu'on la refroidit brusquement. DER **thermorémanent, ente** *a*

**thermorésistant, ante** *a* **1** PHYS Se dit d'une substance qui résiste à la chaleur. **2** BIOL Dont les mécanismes vitaux ne sont pas affectés par des températures élevées. DER **thermorésistance** *nf*

**thermos** *nf* Bouteille isolante qui permet de conserver un liquide à la même température durant plusieurs heures. PHO [tɛʀmos] ETY Nom déposé.

**thermosensible** *a* TECH Dont les propriétés peuvent être changées par des variations de température. DER **thermosensibilité** *nf*

**thermosiphon** *nm* TECH Dispositif dans lequel la circulation d'un liquide est assurée par les différences de température entre les parties du circuit qu'il parcourt.

**thermosphère** *nf* METEO Région de l'atmosphère, située au-delà de 80 km, dans laquelle la température croît régulièrement avec l'altitude. DER **thermosphérique** *a*

**thermostable** *a* **1** BIOCHIM Se dit d'une substance qui n'est pas altérée par une élévation de la température. **2** TECH Se dit d'un polymère qui n'est pas dégradé par la chaleur. DER **thermostabilité** *nf*

**thermostat** *nm* Dispositif qui maintient une température constante dans une enceinte fermée. DER **thermostatique** *a*

**thermotropisme** *nm* BIOL Tropisme lié aux variations de température.

**thermovinification** *nf* Technique de vinification rapide par chauffage des moûts.

**Théroigne de Méricourt Anne Josèphe Terwagne,** dite (Marcourt, Belgique, 1762 – Paris, 1817), révolutionnaire française. Fille de paysans, courtisane à Londres et à Gênes, elle tint à Paris un salon que fréquentèrent les Girondins. Elle sombra en 1794 dans la démence.

**thérophyte** *nm* BOT Plante herbacée annuelle qui passe la mauvaise saison sous forme de graines.

**théropode** *nm* Classe de dinosaures saurischiens, bipèdes et carnivores.

**Thérouanne** com. du Pas-de-Calais (arr. de Saint-Omer), sur la Lys ; 1 045 hab. – Évêché du VIe au XVIe s., elle fut ravagée par Charles Quint en 1553.

**thésard, arde** *n* fam Personne qui prépare une thèse universitaire.

**thésauriser** *vt* 1 Amasser de l'argent sans le faire circuler ni fructifier. DER **thésaurisation** *nf* – **thésauriseur, euse** *n*

**thésaurus** *nm inv* **1** didac Lexique de philologie, d'archéologie. **2** INFORM, LING Recueil documentaire alphabétique de termes scientifiques, techniques, etc., servant de descripteurs pour analyser un corpus. PHO [tezɔʀys] ETY Mot lat., « trésor ». VAR **thesaurus**

**thèse** *nf* **1** Proposition, opinion qu'on s'attache à soutenir, à défendre. **2** Ouvrage présenté devant un jury universitaire pour l'obtention d'un titre de doctorat. *Soutenir une thèse.* **3** PHILO Chez Hegel, premier terme d'un raisonnement dialectique, par oppos. à *antithèse* et à *synthèse*. LOC *Roman à thèse :* dans lequel l'auteur tente d'illustrer la vérité d'une thèse philosophique, politique, etc. ETY Du gr.

**Thésée** dans la myth. gr., roi d'Athènes. Fils d'Égée ou de Poséidon, il fut élevé par sa mère, Æthra. À l'âge de seize ans, il quitta Trézène (Argolide), tua le brigand Procuste et gagna Athènes, où il se heurta à Médée, la nouvelle épouse d'Égée, qu'il fit bannir. Il se rendit en Crète où il tua le Minotaure avec l'aide d'Ariane. Devenu roi d'Athènes, il enleva l'Amazone Antiope (qui lui donna un fils, Hippolyte) et la répudia pour épouser Phèdre. Il fut évincé du pouvoir, se retira dans l'île de Skýros, dont le roi, Lycomédès, l'aurait fait assassiner.

**thesmophories** *nf pl* ANTIQ GR Fêtes en l'honneur de Déméter et de sa fille Perséphone, célébrées par les Athéniennes. ETY Du gr. *thesmophoria*, « législatrice », appelation de la déesse Déméter.

**thesmothète** *nm* ANTIQ Magistrat athénien chargé de réviser les lois. ETY Du gr.

**Thespis** (près de Marathon, VIe s. av. J.-C.), poète grec ; on vit en lui le créateur de la tragédie.

**Thessalie** Région fertile de la Grèce centrale et de l'UE, sur la mer Égée, entre l'Olympe et le Pinde ; 14 037 km$^2$ ; 731 200 hab. ; cap. *Larissa.* DER **thessalien, enne** *a, n*

**Thessalonique** v. et port de Grèce (2e ville du pays), en Macédoine, sur le *golfe de Thessalonique* (mer Égée) ; 377 950 hab. ; ch.-l. de nome. Port actif doté d'industries modernes. – Université. Archevêché orthodoxe. – Nombr. monuments romains et byzantins. VAR **Salonique** DER **thessalonicien, enne** *a, n*
**Histoire** Fondée en 316 av. J.-C., la ville fut la cap. d'un royaume latin (1204-1224), soumise au despotat d'Épire puis reprise par Byzance (1246) et occupée par les Turcs de 1430 à 1913. Un séisme l'a endommagée en 1978.

**thêta** *nm* Huitième lettre de l'alphabet grec (Θ, θ), correspondant à *th* dans les mots français.

**Thetford Mines** ville du Québec (Estrie) ; 21 000 hab. Mines d'amiante. DER **thetfordois, oise** *a, n*

**thétique** *a* **1** PHILO Relatif à une thèse. **2** Syn. de *thématique.* **LOC** ***Conscience thétique*** : chez Husserl, conscience spontanée, par oppos. à la conscience *réfléchie.* — ***Jugement thétique*** : chez Fichte, jugement qui pose une chose en tant que telle, sans liens à d'autres.

**Thétis** dans la myth. gr., la plus célèbre des Néréides, épouse de Pélée et mère d'Achille, qu'elle plongea dans le Styx.

**théurgie** *nf* Magie qui prétend faire appel aux esprits célestes et qui se qualifie de *magie blanche* (par oppos. à *goétie*). ETY Du gr. DER **théurge** *n* – **théurgique** *a*

**Thévenin** Léon (Meaux, 1857 – Paris, 1926), physicien français : travaux d'électricité.

**THG** *nf* Stéroïde anabolisant de structure modifiée, utilisé comme produit dopant. ETY Abrév. de *tétrahydrogestrinone.*

**Thiais** ch.-l. de cant. du Val-de-Marne (arr. de l'Haÿ-les-Roses) ; 29 949 hab. Cimetière parisien. DER **thiaisien, enne** *a, n*

**thiamine** *nf* BIOCHIM Syn. de *vitamine B1.*

**Thiard** → **Tyard.**

**thiazine** *nf* CHIM Composé possédant, pour un noyau, une chaîne fermée à six atomes dont un de soufre et un d'azote.

**thiazole** *nm* CHIM Composé hétérocyclique à chaîne pentagonale possédant pour mailles un atome de soufre et un atome d'azote (formule : $C_3H_3NS$).

**Thibaud** → **Théodebald.**

**Thibaud** Jacques (Bordeaux, 1880 – m. dans un accident d'avion près de Barcelonnette, 1953), violoniste français. Il forma avec A. Cortot et P. Casals un trio. Il fonda un concours avec Marguerite Long.

**thibaude** *nf* Molleton qu'on place entre le sol et un tapis, une moquette. ETY De *Thibaud,* n. de berger.

**Thibaudet** Albert (Tournus, 1874 – Genève, 1936), critique français : *Histoire de la littérature française de 1789 à nos jours* (1936).

**Thibault** Bernard (Paris, 1959), syndicaliste français, secrétaire général de la CGT de 1999 à 2013.

**Thibault (les)** suite romanesque en 8 vol. de Martin du Gard : *le Cahier gris* (1922), *le Pénitencier* (id.), *la Belle Saison* (1923), *la Consultation* (1928), *la Sorellina* (id.), *la Mort du père* (1929), *l'Été 1914* (1936), *Épilogue* (1940).

**Thibaut IV,** dit le Chansonnier (Troyes, 1201 – Pampelune, 1253), comte de Champagne de 1201 à 1253, roi de Navarre (Thibaut Ier) de 1234 à 1253. Il combattit la régente Blanche de Castille (1226), puis s'allia à elle (1227-1230). Ce fut un grand trouvère. VAR **Thibaud IV**

**Thibert Ier** → **Théodebert.**

**Thièle** → **Orbe.**

**Thiérache** pays de bocages du N.-E. du dép. de l'Aisne, entre l'Oise et l'Ardenne.

**Thierry** (mort en 533 ou 534), roi de Reims (511-534) ; fils aîné de Clovis. VAR **Thierri Ier** — **Thierry II** (?, 587 – Metz, 613), roi de Bourgogne (vers 595-613) et d'Austrasie (612-613). — **Thierry III** (mort en 690 ou 691), roi de Neustrie et de Bourgogne (673 et 675-690 ou 691), frère de Clotaire III. Pépin de Herstal le vainquit (687) mais le reconnut roi. — **Thierry IV** (mort en 737), roi des Francs (721-737), le dernier des Mérovingiens ; placé sur le trône par Charles Martel, qui exerça le pouvoir.

**Thierry** Pierre (Paris, 1604 – id., 1665), facteur d'orgues français. — **Alexandre** (Paris, 1646 – id., 1699), fils du préc., facteur de l'orgue de Saint-Eustache (1681). — **François** (Paris, 1667 – id., 1749), neveu du préc., facteur de l'orgue de Notre-Dame de Paris (1730-1733).

**Thierry** Augustin (Blois, 1795 – Paris, 1856), historien français : *Histoire de la conquête de l'Angleterre par les Normands* (1825), *Récits des temps mérovingiens* (1835-1840) illustrent sa théorie de l'antagonisme des « races » (dominatrices et dominées).

**Thierry d'Argenlieu** Georges (Brest, 1889 – carmel du Relecq-Kerhuon, 1964), amiral français ; haut-commissaire en Indochine (1945-1947).

**Thiers** ch.-l. d'arr. du Puy-de-Dôme, sur la Durolle, affl. de la Dore ; 11 645 hab. Coutellerie. – Maisons anciennes. DER **thiernois, oise** *a, n*

**Thiers** Adolphe (Marseille, 1797 – Saint-Germain-en-Laye, 1877), homme politique, journaliste et historien français. Ministre de l'Intérieur (1832-1834), chef du gouv. (1836 et 1840), il écrivit *Histoire du Consulat et de l'Empire* (20 vol., 1845-1862). Revenu à la vie politique en fév. 1848, il ne put sauver la monarchie. Chef de l'exécutif en fév. 1871, président de la Rép. en août, il brisa la Commune (« semaine sanglante », 22-28 mai). S'étant prononcé pour une république conservatrice, il s'aliéna les royalistes et dut démissionner (1873). Acad. fr. (1833).

Adolphe Thiers

**Thiès** v. du Sénégal, sur la voie ferrée Dakar-Niger ; 265 000 hab. ; ch.-l. de la région du m. nom. Industries text. et chim.

**Thill** Georges (Paris, 1897 – Londres, 1984), ténor français.

**Thimbu** → **Thimphu.**

**Thimerais** petit pays de France, dans le Perche (Eure-et-Loir). Autref., élevage des percherons ; auj., de bovins. VAR **Thymerais**

**Thimonnier** Barthélemy (L'Arbresle, 1793 – Amplepuis, Rhône, 1857), inventeur français de la machine à coudre (1830).

**Thimphu** cap. du Bhoutan, à l'O. du pays ; 80 000 hab. VAR **Thimbu**

**Thinis** v. de l'Égypte ancienne, cap. du territoire *thinite* (Haute-Égypte, près d'Abydos), berceau des deux premières dynasties pharaoniques, dites *thinites.* VAR **Thini, This** DER **thinite** *a*

**think tank** *nm* Groupe composés d'experts réunis pour réfléchir sur un problème particulier. SYN (recommandés) laboratoire d'idées, groupe de réflexion. PLUR think tanks. PHO [sinktãk] ETY Mot angl. VAR **thinktank**

**thio(n)-** Élément, du gr. *theîon,* « soufre ».

**Thio** local. minière (nickel) de Nouvelle-Calédonie ; 2 614 hab.

**thioacide** *nm* CHIM Composé résultant du remplacement d'un atome d'oxygène par un atome de soufre dans un acide organique.

**thioalcool** *nm* CHIM Alcool dont un atome d'oxygène a été remplacé par un atome de soufre. SYN mercaptan. VAR **thiol**

**thiobactériale** *nf* MICROB Bactérie capable de fixer le soufre. SYN sulfobactérie ou sulfobactériale.

**thiofène** *nm* CHIM Composé monosulfuré ($C_4H_4S$) associé au benzène dans les produits de distillation du goudron de houille. VAR **thiophène**

**thiol** → **thioalcool.**

**thionine** *nf* CHIM Thiazine appelée aussi *violet de Lauth.*

**thionique** *a* CHIM Se dit d'un acide contenant du soufre.

**Thionville** ch.-l. d'arr. de la Moselle, sur la Moselle ; 41 971 hab. (env. 80 000 hab. dans l'aggl.) ; métropole d'équilibre avec Metz et Nancy. Centre métallurgique. – Vestiges de l'anc. place forte. Tour aux Puces (XIIIe s.). DER **thionvillois, oise** *a, n*

**thiosulfate** *nm* CHIM Sulfate dans lequel un atome d'oxygène est remplacé par un atome de soufre. SYN hyposulfite.

**thiosulfurique** *a* CHIM Se dit de l'acide dérivé de l'acide sulfurique par remplacement d'un atome d'oxygène par un atome de soufre. SYN hyposulfureux.

**thio-urée** *nf* CHIM Dérivé sulfuré de l'urée, utilisé notam. dans l'industrie des matières plastiques. PLUR thio-urées.

**Thiry** Marcel (Charleroi, 1897 – Liège, 1977), écrivain belge d'expression franç. Il a réuni sa poésie dans *Toi qui pâlis au nom de Vancouver* (1979). Ses romans et nouvelles cultivent l'insolite.

**This** → **Thinis.**

**Thisbé** amie de Pyrame.

**thixotrope** *a* PHYS Se dit d'un gel qui devient liquide quand on l'agite et qui reprend son état initial au repos. ETY Du gr. DER **thixotropie** *nf* – **thixotropique** *a*

**thlaspi** *nm* Plante herbacée à fleurs blanches (crucifère), commune dans les champs et les lieux incultes. SYN téraspic. ETY Mot gr.

**Thoiry** com. des Yvelines (arr. de Rambouillet) ; 1 161 hab. Chât. (XVIe-XVII[e] s.) dont le parc est auj. une réserve d'animaux sauvages. DER **thoirysien, enne** *a, n*

**Thököly** Imre (Késmárk, 1657 – Izmit, Turquie, 1705), homme de guerre hongrois. Avec l'aide des Turcs, il devint prince de Hongrie (1681) et fut vaincu par les Autrichiens en 1697.

**tholos** *nf* **1** ARCHEOL Sépulture préhistorique ou protohistorique à coupole. **2** ANTIQ GR Temple, édifice circulaire. PHO [tɔlɔs] ETY Mot gr.

**Thom** René (Montbéliard, 1923 – Bures-sur-Yvette, Essonne, 2002), mathématicien français : travaux de topologie ; créateur de la *théorie des catastrophes.* Médaille Fields (1958).

**Thomas (saint)** surnommé **Didyme,** l'un des douze apôtres. Il ne crut à la résurrection de Jésus qu'après avoir touché ses plaies. Il aurait prêché en Perse et en Inde.

**Thomas Becket (saint)** (Londres, 1117 ou 1118 – Canterbury, 1170), prélat et homme politique anglais. Chancelier d'Angleterre (1155), puis archevêque de Canterbury (1162), il s'opposa à l'asservissement de l'Église par Henri II, qui le fit assassiner.

**Thomas d'Aquin (saint)** (Roccasecca, royaume de Naples, 1225 – abbaye de Fossanova, 1274), théologien et philosophe italien surnommé le « Docteur angélique » ; docteur de l'Église. Issu de la petite noblesse, il entra dans l'ordre de Saint-Dominique en 1240 (ou 1243). Disciple d'Albert le Grand, maître en théologie (1256), il enseigna à Paris, à Rome, à Viterbe et à Naples. Ses princ. œuvres sont : la *Somme théologique* (1266-1273) ; la *Somme contre les gentils* (1258-1264) ; des *Commentaires* sur Aristote, sur les Écritures, etc. ; des *Quæstiones disputatae, De Ente et Essentia (De l'Être et de l'Essence).* Sa métaphysique repose sur une distinction : chez tous les êtres créés, l'essence se distingue de l'existence ; seul Dieu existe par lui-même. L'influence du *thomisme,* la plus grande synthèse théologique du Moyen Âge, qui concilie la pensée d'Aristote et le dogme chrétien, a été forte jusqu'à nos jours.

saint Thomas d'Aquin

**Thomas More (saint)** (Londres, 1478 – id., 1535), homme d'État et humaniste anglais. Chancelier du royaume en 1529, il abandonna sa charge en 1532, car il désapprouvait la rupture d'Henri VIII avec le pape. Il fut emprisonné (1535), condamné à mort et décapité. Il publia de nombr. écrits, notam. un roman politique et social en latin, *Utopie* (1515-1516 ; trad. angl., 1551). VAR **Morus**

**Thomas d'Angleterre** (fin du XII^e s.), auteur anglo-normand d'un *Tristan* en vers.

**Thomas Ambroise** (Metz, 1811 – Paris, 1896), compositeur français. Opéras : *Mignon* (1866), *Hamlet* (1868).

**Thomas Sidney Gilchrist** (Londres, 1850 – Paris, 1885), inventeur anglais. Le *procédé Thomas* (1876) permet de fabriquer de l'acier à partir de fontes riches en phosphore.

**Thomas Albert** (Champigny-sur-Marne, 1878 – Paris, 1932), homme politique français ; député socialiste (1910) ; président du Bureau international du travail (1920-1932).

**Thomas Dylan Marlais** (Swansea, pays de Galles, 1914 – New York, 1953), poète gallois. Après *Dix-Huit Poèmes* (1934), *Vingt-Cinq Poèmes* (1936) et *Portrait de l'artiste en jeune chien* (1940), il fut à la BBC le « bouffon à la voix d'or » et publia *Morts et initiations* (1946), *Poèmes choisis 1934-1952* (1952).

**Thomas a Kempis Thomas Hemerken,** dit (Kempen, Rhénanie, 1379 ou 1380 – Sint Agnietenberg, près de Zwolle, Pays-Bas, 1471), mystique allemand, auteur de l'*Imitation de Jésus-Christ*.

**thomise** *nm* ENTOM Araignée des champs, de taille moyenne, qui tend des fils isolés et se déplace latéralement. ETY Du gr. ▶ illustr. **araignée**

**thomisidé** *nm* ENTOM Araignée dont la thomise est le type appelée cour. *araignée-crabe* parce qu'elle se déplace latéralement.

**thomisme** *nm* PHILO Doctrine théologique et philosophique de saint Thomas d'Aquin. DER **thomiste** *a, n*

**Thomsen Christian Jürgensen** (Copenhague, 1788 – id., 1865), archéologue danois : *Guide des antiquités nordiques* (1836).

**Thomson James** (Ednam, Roxburghshire, 1700 – Richmond, 1748), poète écossais : *les Saisons* (1726-1730) ; quelques tragédies.

**Thomson sir William** → **Kelvin.**

**Thomson Elihu** (Manchester, 1853 – Swampscott, Massachusetts, 1937), inventeur et industriel américain d'origine anglaise ; cofondateur (1883) de la société d'électrotechnique Thomson-Houston.

**Thomson sir Joseph John** (Manchester, 1856 – Cambridge, 1940), physicien anglais. Il mesura la vitesse du rayonnement cathodique (1894) et détermina la masse et la charge de l'électron (1897-1898). Prix Nobel 1906. — **sir George Paget** (Cambridge, 1892 – id., 1975), fils du préc., étudia la diffraction des électrons dans les cristaux. Prix Nobel 1937 avec C. J. Davisson.

sir Joseph John Thomson

**Thomyris** → **Tomyris.**

**thon** *nm* Grand poisson perciforme comestible des mers chaudes et tempérées. ETY Du gr.

**thon** rouge

**thonaire** *nm* Série de filets pour pêcher le thon.

**Thonburi** v. de Thaïlande, près de Bangkok ; 750 000 hab. Anc. cap. du Siam. Nombr. temples (XVII^e-XIX^e s.).

**thonier, ère** *nm, a* **A** *nm* **1** Bateau armé pour la pêche au thon. **2** Pêcheur de thon. **B** *a* Relatif à la pêche au thon.

**thonine** *nf* **rég** Petit thon de la Méditerranée.

**Thonon-les-Bains** ch.-l. d'arr. de la Haute-Savoie, sur une terrasse dominant le lac Léman ; 32 438 hab. Industries. Stat. estivale et thermale. DER **thononais, aise** *a, n*

**Thor** dieu scandinave du Tonnerre et de la Pluie bienfaisante, fils d'Odin et de Jord. VAR **Tor**

**Thora** → **Torah.**

**thoracentèse** *nf* CHIR Ponction de la paroi thoracique, pour évacuer un épanchement pleural. PHO [tɔʀasɛ̃tɛz] VAR **thoracocentèse** [tɔʀakosɛ̃tɛz]

**thoracique** → **thorax.**

**thoracoplastie** *nf* CHIR Opération qui modifie la structure de la cage thoracique et le fonctionnement pulmonaire.

**thoracotomie** *nf* CHIR Ouverture de la cage thoracique.

**thorax** *nm* **1** ANAT Partie supérieure du tronc, limitée par les côtes et le diaphragme. *Le thorax contient l'œsophage, la trachée, le cœur et les poumons.* **2** ZOOL Région intermédiaire du corps des insectes et des crustacés supérieurs portant les pattes. ETY Du gr. DER **thoracique** *a*

**Thoreau Henry** (Concord, Massachusetts, 1817 – id., 1862), écrivain américain, proche d'Emerson : *Désobéissance civile* (essai, 1849), *Walden ou la Vie dans les bois* (récit et essai, 1854), *Journal* (posth., 14 vol., 1905), etc.

**Thorez Maurice** (Noyelles-Godault, Pas-de-Calais, 1900 – en rade d'Odessa, 1964), homme politique français. Secrétaire général du parti communiste (1930), il fut l'un des promoteurs du Front populaire. De 1939 à 1944, il séjourna en URSS, puis fit partie du gouvernement (1945-1947).

Maurice Thorez

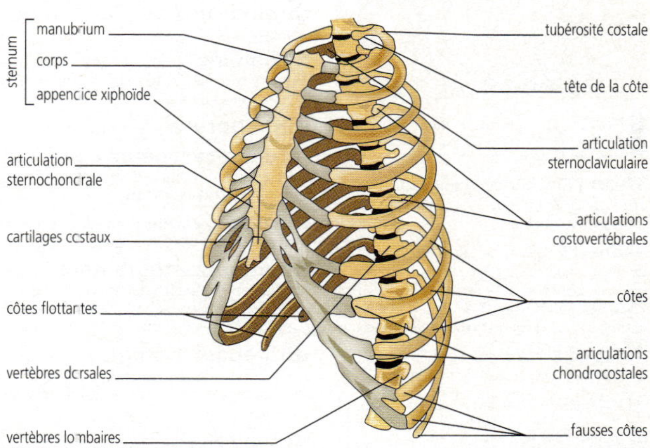


articulations du **thorax**

**thorine** *nf* CHIM Oxyde de thorium $ThO_2$, corps réfractaire utilisé comme catalysateur.

**thorite** *nf* MINER Silicate hydraté de thorium.

**thorium** *nm* CHIM **1** Élément radioactif (actinide), de numéro atomique Z = 90, de masse atomique 232,038 (symbole Th). **2** Métal (Th) de densité 11,7, qui fond à 1 750 °C. PHO [tɔRjɔm] ETY D'un n. pr.

**Thorn** → **Torún.**

**Thorndike** Edward Lee (Williamsburg, Massachusetts, 1874 – Montrose, État de New York, 1949), psychologue américain. Il étudia les comportements d'acquisition du savoir chez les animaux et chez les humains (apprentissage scolaire).

**thoron** *nm* CHIM Isotope du radon, de masse atomique 220, obtenu par désintégration du thorium.

**Thoronet (Le)** com. du Var (arr. de Draguignan) ; 1 533 hab. – Abbaye XIIe s. DER **thoronéen, enne** *a, n*

**Thorpe** Rollo Smolt, dit Richard (Hutchinson, Kansas, 1896 – Palm Springs, Californie, 1991), cinéaste américain : *Ivanhoé* (1952), *les Chevaliers de la Table ronde* (1954).

**Thorshavn** ch.-l. et port de l'archipel danois des Féroé (dans l'île Strømø) ; 14 750 hab.

**Thorvaldsen** Bertel (Copenhague, 1768 ou 1770 – id., 1844), sculpteur danois. Il séjourna à Rome (1797-1819 et 1821-1838) et fut, avec Canova, le princ. représentant du néoclassicisme.

**Thot** dieu égyptien du Savoir, inventeur de l'écriture ; représenté comme un homme à tête d'ibis souvent ornée d'un disque lunaire ; assimilé par les Grecs à Hermès Trismégiste.

**Thot** et Osiris, peinture murale du temple de Séthi Ier, XIXe dynastie – Abydos

**Thou** François de (Paris, 1607 – Lyon, 1642), magistrat français. Ami de Cinq-Mars, il fut décapité avec lui.

**Thouars** ch.-l. de cant. des Deux-Sèvres (arr. de Bressuire), sur un plateau qui domine le Thouet ; 10 656 hab. – Remparts XIIe-XIIIe s. Chât. XVIIe s. Deux égl. XIIe-XVe s. – Ce fut un bastion huguenot. DER **thouarsais, aise** *a, n*

**Thouet (le)** riv. du Poitou (140 km), affl. de la Loire (r. g.), en aval de Saumur.

**Thoune** (en all. *Thun*), v. de Suisse (Berne), sur l'Aar, à sa sortie du *lac de Thoune* (48 km$^2$) ; 36 900 hab. Centre industriel. – École militaire. Château des Zähringen-Kyburg (XIIe s., auj. musée).

**Thoutmès** nom de quatre pharaons égyptiens de la XVIIIe dynastie. VAR **Thoutmôsis** — **Thoutmès Ier** roi de 1530 à 1520 av. J.-C., conquit une partie de la Nubie. — **Thoutmès III** (1504 – 1450 av. J.-C.) ne régna qu'après la mort de la reine Hatshepsout (1483). Grand conquérant, il repoussa ses frontières jusqu'à l'Euphrate et fit construire de nombreux monuments, notam. sa sépulture dans la Vallée des Rois (Thèbes).

**Thrace** (en gr. *Thráki*, en turc *Trakya*), région d'Europe, entre la mer Noire et la mer Égée. La Thrace occid. est rattachée à la Grèce (14 157 km$^2$ ; 577 000 hab. ; cap. *Komotini*), alors que la Thrace orientale forme la Turquie d'Europe (23 764 km$^2$ ; 5 102 000 hab. ; v. princ. *Istanbul*). – La Thrace septentrionale, dans le S. de la Bulgarie, correspond à l'anc. Roumélie-Orientale (v. princ. *Plovdiv*). DER **thrace** *a, n*

**Histoire** Au IIe millénaire av. J.-C., les *Thraces*, peuple d'origine indo-européenne, occupèrent un territoire situé entre le Danube, la mer Égée et la mer Noire. Les Grecs commencèrent à coloniser la Thrace maritime (côte égéenne) au déb. du VIIe s. av. J.-C. Soumise par les Perses (v. 512 av. J.-C.), contrôlée par les Athéniens de 475 à 462, la région devint macédonienne (IVe s. av. J.-C.). Les Romains conquirent le S. au IIe s. av. J.-C., annexèrent le N. (v. 6 apr. J.-C.) et les unirent en une province (46). Au IVe s., la Thrace fut envahie par les Barbares. Les Slaves, qui s'y installèrent au VIIe s., subirent l'influence grecque. Plus tard, la région, conquise par les Ottomans (XIVe s.), forma la prov. de Roumélie. Le N. (Roumélie-Orientale) fut annexé par la Bulgarie en 1885, et l'on ne nomma plus Thrace que le S. Conquise par les Bulgares en 1912-1913, cette Thrace fut partagée (1919-1923) entre la Turquie et la Grèce.

**Thrasybule** (?, v. 445 – Aspendos, 388 av. J.-C.), général et homme politique athénien. Il renversa les Trente Tyrans, rétablit la démocratie et lutta contre Sparte (395).

**thrène** *nm* ANTIQ GR Chant funèbre.

**thréonine** *nf* BIOCHIM Acide aminé possédant une fonction alcool, dont les propriétés sont proches de celles de la sérine.

**thridace** *nf* PHARM Extrait sec de suc de laitue, utilisé comme calmant et soporifique léger. ETY Du lat. *thridax*, du gr., « laitue ».

**thriller** *nm* Film, roman dont l'intrigue est prétexte à des scènes qui font frémir. PHO [sRilœR] ou [tRilœR] ETY Mot angl. VAR **thrilleur**

**thrips** *nm* Petit insecte aux quatre ailes longues, étroites et ciliées, qui vit en parasite sur les plantes et sous l'écorce des arbres. PHO [tRips] ETY Mot gr.

**thromb(o)-** Élément, du gr. *thrombos*, « caillot ».

**thrombine** *nf* BIOCHIM Enzyme qui provoque la coagulation du sang en transformant le fibrinogène en fibrine.

**thrombocyte** *nm* BIOL Syn. de *plaquette*.

**thrombocytopénie** *nf* MED Diminution anormale du nombre des plaquettes sanguines. VAR **thrombopénie**

**thrombocytose** *nf* MED Augmentation anormale du nombre des plaquettes sanguines.

**thromboélastogramme** *nm* MED Tracé qui met en évidence la vitesse de coagulation du sang et les caractéristiques d'élasticité du caillot formé.

**thromboembolique** *a* Se dit d'une affection provoquée par l'obstruction soudaine d'un vaisseau par un caillot sanguin (embolie, phlébite).

**thrombolyse** *nf* MED Dissolution d'un caillot dans un vaisseau sanguin. DER **thrombolytique** *a, nm*

**thromboplastine** *nf* BIOCHIM Enzyme nécessaire à la coagulation du sang.

**thrombopoïèse** *nf* PHYSIOL Formation des thrombocytes.

**thrombopoïétine** *nf* BIOL Hormone facteur de la thrombopoïèse.

**thrombose** *nf* **1** MED Formation d'un caillot dans un vaisseau sanguin ou dans une cavité du cœur ; troubles qu'elle entraîne. **2** fig, fam Arrêt de la circulation, d'un flux, embouteillage. *Grève thrombose.* DER **thrombotique** *a, n*

**thrombus** *nm* MED Caillot sanguin provoquant une thrombose. PHO [tRɔ̃bys]

**THS** *nm* MED Abrév. de *traitement hormonal substitutif*, destiné à combattre les troubles liés à la ménopause.

**Thucydide** (en gr. *Thoukudidês*) (Athènes, v. 460 – ?, apr. 395 av. J.-C.), historien grec. Élu stratège en 424 av. J.-C., il commanda la flotte de Thrace. Après la prise d'Amphipolis par les Spartiates, il dut s'exiler jusqu'en 404. Il entreprit alors l'*Histoire de la guerre du Péloponnèse*. Éliminant le recours à la mythologie, il est considéré comme un grand précurseur de la science historique.

**thug** *a, nm* RELIG D'une secte religieuse de l'Inde (XIIe-XIXe s.) dont les membres, adorateurs de la déesse Kālī, pratiquaient le meurtre rituel par strangulation. PHO [tyg] ETY Du hindi.

**Thulé** nom donné par les Anciens à la plus septentrionale des terres alors connues, p.-ê. l'Islande, l'une des îles Shetland ou des Féroé.

**Thulé** base stratégique américaine du Groenland, dans le N. de la baie de Baffin.

**thulium** *nm* CHIM **1** Élément (lanthanide), de numéro atomique Z = 69, de masse atomique 168,934 (symbole Tm). **2** Métal (Tm) de densité 9,32, qui fond à 1 545 °C. PHO [tyljɔm] ETY D'un n. pr.

**Thun** → **Thoune.**

**Thunder Bay** v. du Canada (Ontario), au fond de la *Thunder Bay*, port céréalier sur le lac Supérieur ; 113 900 hab.

**thune** *nf* fam **1** vx Pièce de cinq francs. **2** Argent. *Ne pas avoir une thune.* VAR **tune**

**Thur (la)** riv. d'Alsace (60 km), affl. de l'Ill (r. g.) ; arrose Thann.

**Thur (la)** riv. de Suisse (125 km), affluent du Rhin (r. g.), en aval de Schaffhouse.

**Thuret** Gustave Adolphe (Paris, 1817 – Nice, 1875), botaniste français. Il découvrit la fécondation des algues brunes.

**Thurgovie** (en all. *Thurgau*), cant. de Suisse, sur le lac de Constance ; 1 013 km$^2$ ; 228 200 hab. ; ch.-l. *Frauenfeld*. De larges vallées concentrent l'arboriculture et les industries. – Administré par la Confédération suisse de 1460 à 1798, le territoire entra dans cette Confédération en 1803. DER **thurgovien, enne** *a, n*

**thuriféraire** *nm* **1** Clerc qui porte l'encensoir. **2** fig, litt Flatteur, adulateur. ETY Du lat.

**Thuringe** (en all. *Thüringen*), Land d'Allemagne et Région de l'UE ; 16 251 km$^2$ ; 2 684 000 hab. ; cap. *Erfurt*. Elle est formée du *bassin de Thuringe*, plateau disloqué riche en sel et en potasse, et d'un massif, le *Thüringerwald*, la « forêt de Thuringe ». Industrialisé, le Land compte des villes fort anciennes (Weimar, Iéna, Erfurt, etc.). DER **thuringien, enne** *a, n*

**Histoire** Marche carolingienne en 804, la région fut intégrée au royaume de Germanie en 840 puis appartint aux ducs de Saxe (IXe s.). Morcelée, par la suite, en principautés, la Thuringe fut regroupée en un seul Land en 1920 et passa en 1946 à la RDA.

**Thurium** v. de l'Italie anc. (Lucanie), fondée en 444 av. J.-C. près de Sybaris par des colons athéniens (parmi lesquels Hérodote et Lysias).

**Thurrock** v. industr. dans la banlieue E. de Londres ; 124 300 hab.

**thuya** *nm* Conifère ornemental aux petits cônes ligneux, dont une espèce fournit une résine aromatique et un bois apprécié en ébénisterie. PHO [tyja] ETY Du gr.

**thuya** géant

**thyade** *nf* MYTH GR Bacchante.

**Thyeste** dans la myth. gr., fils de Pélops et frère d'Atrée. Il séduisit sa belle-sœur Aéropé ; Atrée tua les fils de Thyeste et les lui servit au cours d'un banquet.

**thylacine** *nm* ZOOL Mammifère marsupial carnivore, de la taille d'un loup, au pelage tigré, appelé aussi *tigre de Tasmanie* ou *loup marsupial.* ETY Du gr. *thulakos,* « poche ».

**thym** *nm* Plante aromatique (labiée), ligneuse, aux feuilles petites et entières, aux fleurs roses ou blanchâtres, dont une espèce est utilisée comme condiment et plante médicinale. **LOC** ***Thym sauvage :*** aux petites fleurs violet-rose. SYN serpolet.

**thym** médicinal

**thyméléacée** *nf* Plante dicotylédone dialypétale dont le type est le daphné. ETY Du lat. *thymus,* « thym ».

**Thymerais** → **Thimerais.**

**thymidine** *nf* BIOCHIM Nucléoside constitué par l'association de la thymine et d'un pentose, le ribose.

**-thymie, -thymique** Éléments, du gr. *thumos,* « affectivité ».

**thymine** *nf* BIOCHIM Base pyrimidique, constituant normal de l'ADN.

**thymique** *a* **1** ANAT Du thymus. **2** PSYCHO Qui concerne l'humeur.

**thymoanaleptique** *a, nm* PHARM Syn. de *antidépresseur*.

**thymol** *nm* CHIM Phénol contenu dans les essences de certaines labiées et ombellifères, utilisé comme antiseptique.

**thymorégulateur, trice** *a, nm* PHARM Qui régularise l'humeur. VAR **thymostabilisateur, trice**

**thymus** *nm* ANAT Glande ovoïde des jeunes mammifères située à la base du cou, en arrière du sternum, qui joue un rôle endocrinien et immunitaire. *Le ris de veau est son thymus.* PHO [timys]

**thyratron** *nm* ELECTR Triode à gaz utilisée notam. comme redresseur de courant alternatif. ETY Marque déposée.

**thyréostimuline** *nf* BIOCHIM Syn. de *hormone thyréotrope.* VAR **thyrostimuline**

**thyréotrope** *a* BIOL Se dit de l'hormone sécrétée par l'hypophyse, qui stimule la sécrétion des hormones thyroïdiennes.

**thyristor** *nm* ELECTR Composant semi-conducteur à trois électrodes, permettant d'obtenir un courant de même sens et d'intensité réglable.

**thyrocalcitonine** *nf* BIOCHIM Hormone sécrétée par la thyroïde, inhibitrice du catabolisme osseux, qui joue un rôle important dans la régulation de la calcémie. SYN calcitonine.

**thyroglobuline** *nf* BIOCHIM Protéine qui assure le transport des hormones thyroïdiennes.

**thyroïde** *a, nf* ANAT Se dit de la glande endocrine située en avant du larynx, composée de deux lobes allongés réunis par un isthme. **LOC** ***Cartilage thyroïde :*** principal cartilage du larynx, qui forme chez l'homme la saillie appelée *pomme d'Adam.* ETY Du gr. *thureoeidês,* « en forme de bouclier ». DER **thyroïdien, enne** *a*

**thyroïdectomie** *nf* CHIR Ablation totale ou partielle de la thyroïde.

**thyroïdite** *nf* MED Inflammation de la thyroïde.

**thyronine** *nf* BIOCHIM Acide aminé, précurseur des hormones thyroïdiennes.

**thyrostimuline** → **thyréostimuline.**

**thyroxine** *nf* BIOCHIM Principale hormone thyroïdienne. *La thyroxine favorise la croissance.*

**thyrse** *nm* **1** ANTIQ Long bâton entouré de lierre ou de rameaux de vigne et surmonté d'une pomme de pin, un des attributs de Bacchus. **2** BOT Panicule rameuse et dressée de certaines plantes. *Thyrses du lilas.* ETY Du gr.

**thysanoure** *nm* ENTOM Petit insecte aptérygote vivant dans les endroits humides, dont l'ordre comprend les lépismes.

**Thyssen August** (Eschweiler, 1842 – Essen, 1926), industriel allemand, à l'origine d'un groupe sidérurgique qui forma en 1998 avec le groupe Krupp la société *Thyssen Krupp AG.*

**Ti** CHIM Symbole du titane.

**Tiahuanaco** site archéologique de Bolivie, près de la rive S. du lac Titicaca (3 900 m d'alt.). Centre d'une civilisation préinca.

**tian** *nm* rég CUIS En Provence, grand plat de terre allant au four ; gratin de légumes ou de poisson cuit dans ce plat.

**Tian'anmen** → **Tien Anmen.**

**Tianjin** v. de la Chine du N., municipalité auton. dans le Hebei, port import. sur le Haihe ; 7 millions d'hab. (aggl.). Grand centre industriel. – Trois traités y furent signés : celui de 1858 donnait aux Britanniques, aux Français, aux Américains et aux Russes onze ports ; ceux de 1884 et 1885 acceptaient le protectorat français sur l'Annam et le Tonkin. VAR **T'ien-tsin**

**Tianshan** chaîne de montagnes s'étendant au Kirghizstan et en Chine (Xinjiang), sur près de 3 000 km d'O. en E. Peu franchissable, notam. à l'est, elle culmine à 7 439 m. VAR **Tian-chan**

**tiare** *nf* **1** Haute coiffure à triple couronne, non liturgique, que portait le pape dans les cérémonies solennelles. **2** HIST Ornement de tête chez les dieux et les rois de l'Orient ancien et à Byzance. **LOC** ***Coiffer la tiare :*** devenir pape. ETY Du persan.

**tiaré** *nm* BOT Plante de Polynésie dont les grandes fleurs sont utilisées en parfumerie (monoï). ETY Mot polynésien.

**Tiaret** (auj. *Tihert*), v. d'Algérie, au pied S. de l'Ouarsenis ; 106 560 hab. ; ch.-l. de wilaya. Import. centre comm. – À proximité, ruines de la cap. d'un royaume kharidjite (VII^e^-X^e^ s.).

**Tibère** (en lat. *Tiberius Julius Cæsar*) (Rome, v. 42 av. J.-C. – Misène, 37 apr. J.-C.), empereur romain (14-37 apr. J.-C.). Fils de Tiberius Claudius Nero et de Livie, il fut adopté par son beau-père Auguste, auquel il succéda. Il affermit les institutions d'Auguste, maintint les frontières, réorganisa les finances. Souverain misanthrope, il quitta Rome pour Capri (27), d'où il continua d'exercer le pouvoir avec dureté. — **Tibère II** (m. en 582), empereur d'Orient (578-582). Il ne put empêcher l'avance des Slaves et des Avares dans les Balkans. — **Tibère III** (m. en 705), empereur d'Orient (698-705), exécuté sur l'ordre de Justinien II. DER **tibérien, enne** *a*

**Tibériade (lac de)** lac de Galilée traversé par le Jourdain et occupant en partie la dépression de Ghor (200 m au-dessous du niveau de la mer) ; 200 km$^2$. VAR **Génésareth**

**Tibériade** (en ar. *Tabariyyah*), v. d'Israël, sur la rive O. du *lac de Tibériade ;* 28 240 hab. – Elle a été la capitale intellectuelle des Juifs après la chute de Jérusalem (70 apr. J.-C.).

**Tibesti** massif cristallin et volcanique du Sahara (3 415 m à l'Emi Koussi), dans le N. du Tchad, peuplé par les Toubous.

**Tibet** (en chinois *Xizang*), rég. autonome du S.-O. de la Chine ; 1 221 600 km$^2$ ; 2,3 millions d'hab. ; ch.-l. *Lhassa.* DER **tibétain, aine** *a, n*

**Géographie** La majeure partie du pays dépasse 3 500 m d'alt. Sillonné par des chaînes de montagnes (Kunlun au N., Transhimalaya au S., à plus de 6 000 m), entrecoupé de plateaux désertiques, le Tibet a un climat très froid et sec, sauf dans le S. (bassin sup. du Zangbo ou Brahmapoutre), où la pop. vit de l'agriculture (céréales, légumes), de l'élevage (moutons, chèvres, yacks) et de l'artisanat (textiles, cuir). Les Chinois ont construit deux grandes routes, insuffisantes, et amélioré l'agriculture et l'élevage.

**Histoire** Au VII^e^ s. s'établit au Tibet un royaume centralisé, sur le modèle chinois, qui domina toute l'Asie centrale. Les bouddhistes indiens y exercèrent une forte influence. Au IX^e^ s., le pouvoir s'émietta. Au XV^e^ s. se forma une théocratie lamaïste avec deux chefs spirituels et temporels : le *dalaï-lama* et le *panchen-lama ;* au XVII^e^ s., le dalaï-lama prédomina. Au XVIII^e^ s., la Chine imposa son protectorat, fermant le Tibet aux influences étrangères, mais en 1904 la G.-B. put y commercer. S'appuyant sur le panchen-lama (décédé en janv. 1989), la Chine populaire y fit entrer ses troupes en 1950. En 1959, une révolte éclata, et le dalaï-lama, Tenzin Gyatso, se réfugia en Inde. La Chine réprima durement des émeutes en 1987, 1988, 1989. En 1989, la Chine décréta la loi martiale (jusqu'en 1990) et Tenzin Gyatso reçut le prix Nobel. Depuis, il parcourt le monde pour faire entendre le désir d'indépendance des Tibétains. En 2008, de nouvelles émeutes sont violemment réprimées.

**tibétain** *nm* Langue du groupe tibéto-birman parlée au Tibet, au Népal et au Bhoutan.

**tibéto-birman, ane** *a, nm* LING Se dit du groupe le plus important de langues de la famille sino-tibétaine, parlées en Birmanie, au Tibet, dans le N. de l'Inde, au Népal et en Chine du Sud. PLUR tibéto-birmans, anes.

**tibia** *nm* **1** Le plus gros des deux os de la jambe, qui forme la partie interne de celle-ci. **2** ZOOL Article de la patte faisant suite au fémur chez les insectes. (ETY) Mot lat., « flûte ». (DER) **tibial, ale, aux** *a*

**tibouren** *nm* Cépage rouge utilisé en Provence pour la production de rosé.

**Tibre (le)** (en italien *Tevere*), fl. d'Italie (396 km) ; né au mont Fumaiolo, il draine la Toscane, l'Ombrie, le Latium, traverse Rome et se jette dans la mer Tyrrhénienne près d'Ostie.

**Tibulle** (en lat. *Albius Tibullus*) (v. 50 – 19 ou 18 av. J.-C.), poète latin, ami d'Horace et de Virgile, auteur d'*Élégies* pleines de charme.

**Tibur** v. de l'Italie anc. (auj. *Tivoli*). Lieu de villégiature dans l'Antiquité. Vestiges de la *villa Hadriana* (le palais d'Hadrien).

**tic** *nm* **1** VETER Chez le cheval, aérophagie éructante accompagnée de contractions musculaires. **2** MED Mouvement convulsif répétitif. **3** fig Habitude, manie. *Un tic de langage.* (ETY) Onomat.

**TIC → NTIC.**

**tichodrome** *nm* ORNITH Oiseau passériforme gris aux ailes rouges, qui grimpe le long des rochers de haute montagne. (PHO) [tikɔdʀom]

**1 ticket** *nm* Billet d'acquittement d'un droit d'entrée, de transport, etc. *Ticket de métro.* **LOC** fam *Avoir un* (ou *le*) *ticket avec qqn* : lui plaire. — ECON *Ticket d'entrée* : montant des investissements qu'il faut consentir pour s'introduire sur un marché. — ADMIN *Ticket modérateur* : quote-part de frais médicaux et pharmaceutiques qu'un organisme de sécurité sociale laisse à la charge de l'assuré. (ETY) De l'a. fr. *estiquet*, « billet de logement ».

**2 ticket** *nm* **1** Aux É.-U., équipe formée par les deux candidats d'un même parti à la présidence et à la vice-présidence. **2** fig, fam Association de deux personnalités pour une action commune. (ETY) Mot amér.

**ticket-restaurant** *nm* Titre prépayé accepté dans les restaurants et permettant la fourniture d'un repas. PLUR tickets-restaurants. (ETY) Nom déposé.

**tic-tac** *nm inv* Bruit sec et cadencé d'un mécanisme, d'un mouvement d'horlogerie. (ETY) Onomat. (VAR) **tic tac, tictac** (DER) **tictaquer** *vi* ①

**Tidikelt** rég. d'oasis du Sahara algérien, autour d'In-Salah.

**tidjane** *n, a* **A** *n* Membre de la Tidjaniyya. **B** *a* De la Tidjaniyya. *Les talibés tidjanes.* (PHO) [tidjan] (VAR) **tidiane**

**tidjanisme** *nm* Doctrine de la Tidjaniyya. (VAR) **tidianisme**

**Tidjaniyya (la)** confrérie musulmane fondée par al-Tidjani (1737 – 1815). Originaire du Sud algérien, elle s'étendit au Sahara et en Afrique de l'Ouest au début du XIXᵉ s.

**tiéboudiène** *nm* CUIS Poisson au riz, plat national du Sénégal.

**tie-break** *nm* SPORT Au tennis, jeu en 13 points, instauré pour abréger le set quand les joueurs sont à 6 jeux partout. SYN (recommandé) jeu décisif. PLUR tie-breaks. (PHO) [tajbʀɛk] (ETY) Mot amér. (VAR) **tiebreak**

**Tieck** Ludwig (Berlin, 1773 – id., 1853), écrivain allemand romantique ; adepte du fantastique : *Phantasus*, recueil de contes (1812-1816), puis du réalisme : *le Jeune Maître ébéniste* (1836).

**tiédasse** *a* péjor D'une tiédeur désagréable.

**tiède** *a, av, n* **A** *a, av* Qui est entre le chaud et le froid ; légèrement chaud. *Une eau tiède. Boire tiède.* **B** *a, n* fig Qui manque d'ardeur, de ferveur ou de conviction. (ETY) Du lat. (DER) **tièdement** *av* – **tiédeur** *nf*

**tiédir** *v* ③ **A** *vt* Rendre tiède ; chauffer légèrement. *Tiédir du lait.* **B** *vi* Devenir tiède. (DER) **tiédissement** *nm*

**tie-dye** *nm* Procédé de teinture décorative par réserve au moyen de ligatures. (PHO) [tajdaj] (ETY) Mots anglais. (VAR) **tie and dye, tiedye**

**tien, tienne** *a, pr, n* **A** *a poss* À toi. *Ce livre est tien.* **B** *pr poss* Ce qui est à toi ; la personne qui t'est liée. *J'ai mes soucis, tu as les tiens. Mon patron et le tien.* **C** *nm* Ton bien, ta propriété, par oppos. à *le mien. Disputer sur le mien et le tien.* **D** *nm pl* Tes parents, tes amis, tes alliés. *Adresse-toi aux tiens.* **LOC** fam *À la tienne !* : à ta santé ! (ETY) Du lat.

**Tien Anmen** grande place de Pékin où des manifestants demandèrent la libéralisation du régime au printemps 1989. La répression (3-4 juin) fut violente. (VAR) **Tian'anmen**

**Tienen → Tirlemont.**

**T'ien-tsin → Tianjin.**

**Tiepolo** Giambattista (Venise, 1696 – Madrid, 1770), peintre et graveur italien. Fécond décorateur baroque, il travailla à Venise, à Milan, à Würzburg et à l'Escorial, et fut un maître de l'eau-forte. — **Giandomenico** (Venise, 1727 – id., 1804), fils et collaborateur du préc.

**tierce** *nf* **1** MUS Intervalle de trois degrés. *Tierce majeure. Tierce mineure.* **2** METROL anc Soixantième partie d'une seconde. **3** LITURG Prière récitée à la troisième heure canoniale après prime, à 9 heures. **4** JEU Suite de trois cartes de la même couleur. **5** SPORT En escrime, position de la main du tireur, les ongles dessous et la lame dirigée dans la ligne du dessus.

**tiercé, ée** *nm, a* **A** *nm* **1** Pari mutuel dans lequel on désigne les trois premiers chevaux d'une course (Nom déposé). **2** fig Série de trois éléments concurrents qui arrivent en tête d'un classement. **B** *a* **1** HERALD Se dit d'un écu divisé en trois parties. **2** AGRIC Qui a subi un troisième labour. *Un champ tiercé.*

**tiercefeuille** *nf* HERALD Motif décoratif figurant une feuille à trois folioles.

**tiercelet** *nm* FAUC Mâle de certains oiseaux de proie, plus petit que la femelle d'un tiers.

**tiercer → tercer.**

**tierceron** *nm* ARCHI Nervure d'une voûte de style gothique flamboyant qui relie la lierne à la naissance des arcs. (ETY) De *tiers.*

**Tierney** Gene (New York, 1920 – Houston, 1991), actrice américaine : *Laura* (1944), *Péché mortel* (1945), *l'Aventure de Mme Muir* (1947).

**tiers, tierce** *nm, a* **A** *nm* **1** Troisième personne. *N'en parlez pas devant un tiers !* **2** Partie d'un tout divisé en trois parties égales. *Le tiers de neuf est trois.* **3** DR Personne qui n'est pas partie à une convention. **B** *a* Troisième. *Une tierce personne.* **LOC** *Au tiers* : se dit d'un contrat d'assurance automobile qui ne garantit que les dommages causés à autrui par le souscripteur. (On dit aussi *assurance tierce collision*). — MED *Fièvre tierce* : dont les accès reviennent tous les trois jours, dans certaines crises de paludisme. — DR *Tiers arbitre* : arbitre désigné en cas de désaccord entre les deux premiers. — DR *Tiers détenteur* : personne qui détient un immeuble grevé d'un privilège ou d'une hypothèque sans être personnellement tenue de la dette ainsi garantie. — HIST *Tiers état* : sous l'Ancien Régime, catégorie sociale à laquelle appartenaient tous les sujets qui n'étaient ni nobles ni ecclésiastiques. — RELIG CATHOL *Tiers ordre régulier* : institut religieux groupant des clercs ou des religieuses. — RELIG CATHOL *Tiers ordre séculier* : rassemblant des catholiques soucieux de se perfectionner en s'inspirant de tel ou tel ordre religieux. — *Tiers payant* : système dans lequel la caisse d'un organisme de sécurité sociale règle directement le créancier. — DR *Tiers porteur* : cessionnaire d'une lettre de change. — *Tiers provisionnel* : fraction payable d'avance de l'impôt annuel sur le revenu. (PHO) [tjɛʀ, tjɛʀs] (ETY) Du lat.

**tiers-monde** *nm* Ensemble des pays en voie de développement. PLUR tiers-mondes.

**tiers-mondisme** *nm* Solidarité avec le tiers-monde. (DER) **tiers-mondiste** *a, n*

**tiers-point** *nm* TECH Lime à section triangulaire. PLUR tiers-points.

**tiers-secteur** *nm* Partie de l'activité économique qui ne dépend ni du secteur privé ni du secteur public, également appelée *économie sociale* ou *économie solidaire*. PLUR tiers-secteurs.

**tif** *nm* fam Cheveu. (ETY) De l'a. fr. *ti(f)fer*, « coiffer ». (VAR) **tiffe**

**Tiffany** Charles Lewis (Killingly, Connecticut, 1812 – New York, 1902), orfèvre américain. — **Louis Comfort** (New York, 1848 – id., 1933), fils du préc. ; peintre et verrier, l'un des maîtres de l'art nouveau.

**Tiffauges** com. de la Vendée. – Vestiges du chât. XIIᵉ-XVᵉ s. de Gilles de Rais.

**tiffe → tif.**

**tifinagh** *nm* Alphabet touareg. (PHO) [tifinaʀ] (ETY) Mot berbère.

**Tiflis → Tbilissi.**

**tifosi** *n* Supporteur transalpin. (ETY) Mot it.

**TIG** *nm* DR Abrév. de *travail d'intérêt général.*

**Giandomenico Tiepolo** *Scène de carnaval*, huile sur toile, 1745-1750 – musée du Louvre

**tige** *nf* **1** Partie aérienne des végétaux supérieurs, qui porte les feuilles, les bourgeons et les organes reproducteurs. **2** Pièce longue et mince, souvent cylindrique. **3** Partie allongée et mince de certains objets. *Tige d'une clé, d'une colonne.* **4** Partie d'une chaussure, d'une botte, qui enveloppe la cheville, la jambe. **5** fam Cigarette. **LOC** ***Tige d'un arbre généalogique*** **:** ancêtre dont sont issues les branches d'une famille. ETY Du lat. *tibia,* « flûte ».

**tigelle** *nf* BOT Tige de la plantule.

**Tiger Rager** composition musicale (1918) de Nick La Rocca (1889 – 1961) popularisée par D. Ellington et L. Armstrong.

**tigette** *nf* ARCHI Tige ornée de feuilles d'où s'échappent les volutes dans le chapiteau corinthien.

**Tighina** (anc. *Bender*), v. de Moldavie, sur le Dniestr, en aval de Chisinau ; 145 000 hab. – Siège contre les Turcs, soutenu par Charles XII de Suède (1713).

**Tiglat-Phalazar** → **Téglat-Phalazar.**

**tiglon** → **tigron.**

**tignasse** *nf* **fam, péjor** Chevelure touffue, mal peignée. ETY De *tigne,* forme dial. de *teigne.*

**Tignes** com. de la Savoie (arr. d'Albertville), en Tarentaise ; 2 220 hab. Sports d'hiver (la plus haute station d'Europe, 2 100 à 3 550 m). Barrage sur l'Isère. DER **tignard, arde** *a, n*

**Tigrane le Grand** (v. 121 – v. 54 av. J.-C.), roi d'Arménie (95 – v. 54 av. J.-C.) ; grand conquérant, il fut vaincu par Lucullus (69-68 av. J.-C.), puis par Pompée (66) et devint un vassal de Rome.

**tigre, esse** *n* **A** *nm* **1** Grand félin (félidé) au pelage jaune rayé transversalement de noir. *Le tigre feule.* **2 fig, litt** Homme cruel, sanguinaire. **B** *nf* **1** Femelle du tigre. **2 fig** Femme très jalouse et agressive. **LOC** ***Tigre de papier*** **:** adversaire peu redoutable malgré les apparences. — ***Tigre du poirier*** **:** hétéroptère nuisible. ETY De l'iranien.

**tigre** royal

**Tigre (le)** fl. de Mésopotamie (1 950 km) ; il naît dans le Taurus (Turquie orient.) et draine l'Irak, arrosant Mossoul et Bagdad, puis rejoint l'Euphrate pour former le Chatt al-Arab, tributaire du golfe Persique. Son régime très irrégulier a été assagi par des barrages.

**1 tigré, ée** *a* Rayé comme un tigre. *Chat tigré.*

**2 tigré** *nm* Langue sémitique du groupe éthiopien parlée au Tigré.

**Tigré** prov. et anc. royaume du N. de l'Éthiopie ; 65 900 km$^2$ ; 2 410 000 hab. ; ch.-l. *Mekele* (env. 60 000 hab.). La pop. est essentiellement constituée de Tigrinyas (dits aussi *Tigréens*). – Le Front populaire de libération du Tigré a lutté contre le gouv. de l'Éthiopie à partir de 1975. En 1991, il a pris Addis-Abeba, et son chef, M. Zenawi, est devenu le président provisoire de l'Éthiopie. DER **tigréen, enne** *a, n*

**tigridie** *nf* BOT Plante bulbeuse d'Amérique du Sud (iridacée) cultivée pour l'ornement. VAR **tigridia**

**tigrinya** *nm* Langue sémitique du groupe éthiopien, officielle en République d'Érythrée.

**Tigrinyas** population du N. de l'Éthiopie (prov. du Tigré, notam.) et de l'Érythrée ; 5 millions de personnes. Ils parlent le *tigrinya,* langue sémitique. VAR **Tigréens** DER **tigrinya** *a*

**tigron, onne** *n* ZOOL Félidé hybride d'un tigre et d'une lionne. VAR **tiglon, onne**

**Tijuana** v. du N.-O. du Mexique, près de San Diego (É.-U.) ; 1,6 million d'hab. (aggl.). Centre industriel et touristique.

**Tikal** site archéologique du Guatemala (Petén) où se trouvait la plus importante ville maya.

**Tikal** stèles et autels sur la Plaza Major, au pied de l'acropole nord (temples sur des plates-formes de plus en plus élevées), V$^e$-X$^e$ s.

**tiki** *nm* Statue ou statuette de pierre, figurant une divinité polynésienne. ETY Mot polynésien.

**tilapia** *nm* Poisson perciforme des eaux douces tropicales de l'Ancien Monde, très utilisé en aquaculture VAR **tilapie** *nf*

**Tilburg** v. des Pays-Bas (Brabant-Septentrional), sur le canal Wilhelmine ; 154 430 hab. Centre lainier. Industries.

**tilbury** *nm* **anc** Cabriolet léger et découvert à deux places. PLUR tilburys. PHO [tilbyʀi] ETY D'un n. pr.

**tilde** *nm* En espagnol, signe (~) que l'on met au-dessus de la lettre *n* pour lui donner le son mouillé [ɲ]. ETY Mot esp.

**Tilden William Tatem** (Philadelphie, 1893 – Hollywood, 1953), joueur de tennis américain des années 1920.

**tiliacée** *nf* BOT Plante dicotylédone dont le type est le tilleul. ETY Du lat. *tilia,* « tilleul ».

**tillac** *nm* MAR **anc** Pont supérieur d'un navire. PHO [tijak] ETY De l'a. scand.

**tillage** → **teiller.**

**tillandsie** *nf* Plante d'Amérique tropicale, qui fournit un crin végétal. PHO [tilɑ̃dsi] ETY D'un n. pr. VAR **tillandsia** *nm* [tilɑ̃dsja]

**tille, tiller** → **teiller.**

**tilleul** *nm* **1** Arbre (tiliacée) des régions tempérées de l'hémisphère Nord, aux fleurs jaunes odorantes. **2** Inflorescences séchées du tilleul, employées pour préparer une tisane sédative ; cette boisson. **3** Bois tendre et de grain régulier du tilleul, utilisé notam. par les luthiers. ETY Du lat.

**tilleul** à grandes feuilles

**Till Eulenspiegel** (c.-à-d. « Till Miroir aux chouettes » ; en français *Till l'Espiègle*), personnage légendaire d'origine allemande. Ses aventures, magnifiées par la tradition orale, ont été diffusées à partir de 1480 ; on en a fait un héros de la révolte des Pays-Bas contre l'Espagne au XVI$^e$ s., ce que narre Charles De Coster au XIX$^e$ s. ▷ MUS *Les Plaisantes Farces de Till l'Espiègle,* poème symphonique de R. Strauss (1895). ▷ CINE *Les Aventures de Till l'Espiègle,* film de et avec Gérard Philipe (1956).

**Tillich Paul** (Starzeddel, Prusse-Orientale, 1886 – Chicago, 1965), théologien protestant américain d'origine allemande : *Théologie systématique* (3 vol., 1951-1965).

**Tillier Claude** (Clamecy, 1801 – Nevers, 1844), romancier français : *Mon oncle Benjamin* (1841).

**Tillion Germaine** (Allègre, Haute-Loire, 1907 – Saint-Mandé, 2008), ethnologue et écrivaine française : *Il était une fois l'ethnographie* (2000).

**Tillon Charles** (Rennes, 1897 – Marseille, 1993), homme politique français ; communiste, commandant en chef des FTP, plus. fois ministre de 1944 à 1947 ; exclu du PCF en 1952.

**Tilly Jean t'Serclaes (comte de)** (chât. de Tilly, Brabant, 1559 – Ingolstadt, 1632), gé-

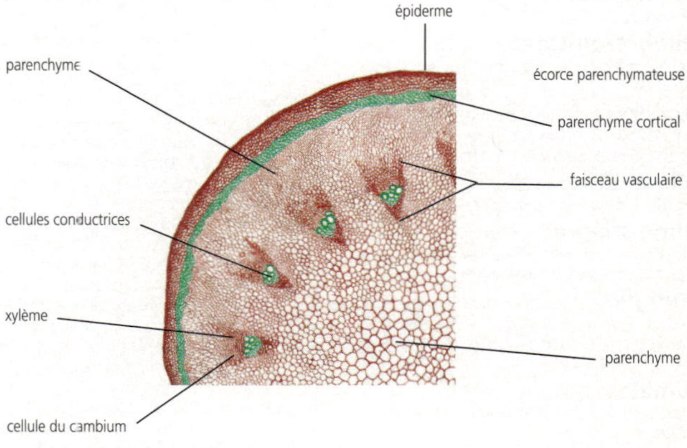


coupe (1/4) d'une jeune **tige**

néral wallon au service du Saint Empire. Successeur de Wallenstein (1631), il fut battu sur le Lech par Gustave Adolphe et blessé à mort.

**tilsit** *nm* Variété de gruyère suisse, de saveur prononcée.

**Tilsit** v. de Prusse-Orientale auj. en Russie, sur le Niémen ; 41 800 hab. – Traité d'alliance entre Napoléon Ier et le tsar Alexandre Ier, sanctionnant la défaite de la Prusse (7 juil. 1807).

**tilt** *nm* Au billard électrique, déclic qui interrompt la partie. LOC fam *Faire tilt :* déclencher un déclic dans l'esprit de qqn ; faire mouche. PHO [tilt] ETY Mot angl.

**tilter** *vi* 1 fam Faire tilt, avoir une idée soudaine.

**timbale** *nf* 1 MUS Instrument à percussion constitué d'un bassin hémisphérique en cuivre couvert d'une peau tendue. 2 Gobelet à boire, en métal. 3 CUIS Moule cylindrique haut ; mets entouré d'une croûte de pâte, cuit dans ce récipient. ETY De l'arabo-persan. ▶ pl. musique

**timbalier** *nm* MUS Joueur de timbales.

**timbrage** → **timbrer.**

**timbre** *nm* 1 MUS Caractère, qualité sonore d'une voix, d'un instrument. 2 Corde tendue contre la peau inférieure d'un tambour pour en modifier la résonance. 3 Petite cloche métallique sans battant, frappée par un marteau extérieur. 4 anc Partie du casque qui recouvrait le dessus et l'arrière de la tête. 5 HERALD Ensemble des pièces placées au-dessus d'un écu pour désigner la qualité de celui qui le porte. 6 Empreinte obligatoire apposée au nom de l'État sur le papier de certains actes et portant l'indication de son prix. *Timbre fiscal.* 7 Marque d'une administration, d'une maison de commerce. 8 Instrument servant à apposer une marque. 9 Marque de la poste indiquant sur une lettre, un paquet, le lieu, le jour, l'heure de départ. SYN cachet. 10 Timbre-poste. 11 Vignette constatant le paiement d'une cotisation. 12 MED Autocollant contenant un médicament à absorption transcutanée. SYN patch 13 TECH Plaque apposée sur une chaudière, indiquant la pression maximale ; valeur de cette pression. LOC *Timbre humide :* cachet enduit d'encre. — *Timbre sec :* qui marque en relief par pression. ETY Du gr. *tumpanon*, « tambour ».

**timbré, ée** *a* 1 MUS Dont le timbre est de bonne qualité. *Une voix timbrée.* 2 Qui porte un timbre-poste. 3 fam Un peu fou. LOC FISC *Papier timbré :* papier employé pour certains actes officiels, comportant un timbre fiscal.

**timbre-amende** *nm* Timbre que l'on doit coller sur le formulaire de la contravention pour la payer. PLUR timbres-amendes.

**timbre-poste** *nm* Vignette servant à affranchir les lettres et les paquets postaux. PLUR timbres-poste.

**timbre-quittance** *nm* Timbre fiscal collé sur les quittances acquittées. PLUR timbres-quittances.

**timbrer** *vt* 1 1 Imprimer une marque légale sur. *Timbrer un passeport.* 2 Coller un timbre-poste sur. *Timbrer une lettre.* DER **timbrage** *nm*

**Times (The)** quotidien britannique fondé en 1785, de tendance conservatrice.

**time-sharing** *nm* INFORM Syn. déconseillé de *temps partagé*. PLUR time-sharings. PHO [tajmʃeʀiŋ] ETY Mot angl. VAR **timesharing**

**Timgad** com. d'Algérie, dans le N. de l'Aurès (wilaya de Batna) ; 12 000 hab. – Ruines de l'anc. *Thamugadi*, v. romaine ravagée par les Maures au VIe s.

**timide** *a, n* Qui manque de hardiesse, d'assurance. ETY Du lat. DER **timidement** *av* – **timidité** *nf*

**timing** *nm* Minutage, coordination du temps. PHO [tajmiŋ] ETY Mot angl.

**Timişoara** (en hongrois *Temesvár*), v. de l'O. de la Roumanie, dans la plaine du Banat ; 319 300 hab. ; ch.-l. du district du *Timiş*. Centre industriel. – Chât. du XIVe s., reconstruit au XIXe s. – La ville passa de la Hongrie à la Roumanie en 1920. En déc. 1989, l'annonce d'un massacre d'opposants (qui se révéla fausse) précipita le renversement de Ceauçescu.

**Timmermans Félix** (Lierre, 1886 – id., 1947), écrivain belge d'expression flamande, le « prince des conteurs flamands » : *Pallieter* (1916), *les Belles Heures de Mademoiselle Symphorose, béguine* (1918).

**Timochenko Semion Konstantinovitch** (Fourmanka, Bessarabie, 1895 – Moscou, 1970), maréchal soviétique (1940). Il reconquit l'Ukraine (1943-1944), puis entra en Roumanie et en Hongrie. De 1945 à 1947, il réorganisa l'armée de Mao Zedong.

**Timoléon** (Corinthe, v. 410 – Syracuse, v. 336 av. J.-C.), homme politique grec. Il prit Syracuse à Denys le Jeune (344 av. J.-C.) et étendit la colonisation grecque de la Sicile.

**timon** *nm* 1 Pièce de bois du train avant d'un véhicule, d'une charrue, à laquelle on attelle une bête de trait. 2 MAR vx Barre du gouvernail. ETY Du lat. *temo*, « flèche d'un char ».

**Timon le Misanthrope** (Athènes, Ve s. av. J.-C.), philosophe grec ; célèbre pour sa haine du genre humain. ▷ LITTER *Timon d'Athènes*, drame en 5 actes, en vers et en prose, de Shakespeare (1607).

**timonerie** *nf* 1 TECH Ensemble des organes de transmission qui commandent la direction ou le freinage d'un véhicule. 2 MAR Partie couverte de la passerelle de navigation d'un navire. 3 MAR Ensemble des timoniers ; service qu'ils accomplissent.

**timonier** *nm* 1 Cheval mis au timon. 2 MAR Homme de barre. 3 MAR Matelot chargé du service des pavillons et des projecteurs de signalisation, qui seconde l'officier de quart. LOC *Le Grand Timonier :* Mao Zedong.

ruines romaines de **Timgad** au pied du massif de l'Aurès : la colonnade vue du forum

**Timor** île indonésienne située à l'extrémité orientale de l'archipel de la Sonde, proche de l'Australie, dont la *mer de Timor* la sépare ; 30 800 km$^2$ ; 2 220 000 hab. ; v. princ. : *Kupang* (à l'O.) et *Dili* (à l'E.). – L'écon. de cette île montagneuse au climat tropical est strictement agric. : café, coprah, riz. DER **timorais, aise** *a, n*
**Histoire** Colonisée dès le XVIe s., l'île a été partagée, dans la seconde moitié du XIXe s., entre les Pays-Bas (Ouest) et le Portugal (Est). Après 1945, l'Indonésie a pris l'O. de la Sonde et a revendiqué l'E., portugais. En nov. 1975, le Front révolutionnaire pour l'indépendance du Timor-Est (Fretilin) a proclamé l'indépendance de ce territoire, que l'Indonésie a conquis de façon sanguinaire et, malgré une résolution de l'ONU, annexé en 1976. Guérilla et répression n'ont pas cessé. En 1999, l'Indonésie a accepté la tenue d'un référendum. Les indépendantistes l'ont emporté mais des milices soutenues par l'Indonésie ont organisé des massacres et l'ONU est intervenue.

**timoré** *a, n* Craintif, méfiant. ETY Du lat.

**Timor-Est** État occupant la partie orientale de l'île de Timor ; 14 900 km$^2$ ; 1,2 million d'hab. ; cap. : *Dili*. Monnaie : dollar. Créée en 2002, la république démocratique de Timor-Est est admise au sein de l'ONU qui coordonne la reconstruction du pays. Le héros de la résistance à l'Indonésie, Xanana Gusmao, a été élu prés. En 2006, après deux mois de violences, le Premier ministre démissionne. Le P. Nobel de la paix, José Ramos-Horta, est élu prés. en 2007. Gusmao qui a remporté les législatives prend la tête du gouv. En 2012, J. Ramos-Horta perd les élections face à José Maria de Vasconcelos. Gusmao démissionne en 2015 et Rui Maria de Araújo est nommé Prem. ministre.

**Timothée (saint)** (m. à Éphèse en 97), disciple de saint Paul, dont il reçut deux épîtres.

**Timūrides** dynastie de descendants de Tamerlan (Tīmūr Lang) qui régna jusqu'en 1507 en Perse et dans la Transoxiane (l'Ouzbékistan actuel), où elle inspira une renaissance des arts (à Samarkand, notam.). Un Timūride d'une autre lignée, Zāhir al-Dīn Bāber, fonda en Inde du Nord l'empire des Grands Moghols (1526) qui dura jusqu'à la conquête brit. au XIXe s. VAR **Timourides** DER **timuride** ou **timouride** *a*

**Timūr Lang** → **Tamerlan.**

**tin** *nm* MAR Chacune des pièces de bois qui supportent la quille d'un navire en construction.

**tinamou** *nm* Oiseau d'Amérique tropicale, qui niche sur le sol. ETY Mot des Caraïbes.

**Tinbergen Jan** (La Haye, 1903 – id., 1994), économiste néerlandais ; études économétriques des pays en voie de développement. Prem. P. Nobel d'écon. (1969), avec R. Frisch.

**Tinbergen Nikolaas** (La Haye, 1907 – Oxford, 1988), zoologiste néerlandais ; spécialiste du comportement animal. P. Nobel de médecine 1973 avec K. von Frisch et K. Lorenz.

**tincal** *nm* MINER Borax brut. ETY Du malais.

**tinctorial, ale** *a* 1 Qui sert à teindre. *Plantes tinctoriales.* 2 Relatif à la teinture. PLUR tinctoriaux. ETY Du lat.

**Tindemans Léo** (Zwijndrecht, 1922 – Edegem, 2014), homme politique belge. Sociochrétien flamand, chef du gouv. (1974-1978), il ne put résoudre le problème de la régionalisation et démissionna.

**Tindouf** local. du Sahara algérien, près du Maroc et de la Mauritanie ; ch.-l. d'une wilaya.

**Tinée (la)** torrent des Alpes-Maritimes (72 km), affl. du Var (r. g.). Hydroélectricité.

**tinéidé** *nm* ENTOM Petit papillon dont la famille comprend les teignes. PHO [tineide] ETY Du lat. *tinea*, « teigne ».

**tinette** *nf* Grand récipient mobile placé dans des lieux d'aisances ne comportant ni fosse ni tout-à-l'égout. ETY Du lat. *tina*, « vase pour le vin ».

**Ting Samuel Chao Chung** (Ann Harbor, Michigan, 1936), physicien américain d'origine chinoise. En 1974, il mit en évidence la notion de charme (fondamentale dans la théorie des quarks). P. Nobel 1976 avec B. Richter.

**Tinguely Jean** (Fribourg, 1925 – Berne, 1991), sculpteur suisse, auteur de « machines » délirantes et cocasses.

**Tínos** île des Cyclades, dans le N. de l'archipel ; 195 km$^2$ ; 10 000 hab. ; ch.-l. *Tinos*. Vin.

**tintamarre** *nm* Grand bruit accompagné de confusion et de désordre.

**tintement** *nm* Son clair, musical que rendent une cloche qui tinte, des objets que l'on frappe ou qui s'entrechoquent, etc. LOC *Tintement d'oreilles :* bourdonnement d'oreilles évoquant le son d'une cloche qui tinte.

**tinter** *v* 1 **A** *vi* 1 Sonner lentement par coups espacés une cloche dont le battant ne frappe que d'un côté. 2 Faire entendre un tintement. **B** *vt* Faire tinter. ETY Du lat.

**tintin** *interj* fam Rien du tout ; rien à faire. LOC fam *Faire tintin :* être privé de qqch. ETY Onomat.

**Tintin** héros de bandes dessinées créé en 1929 par Hergé. Jeune reporter, il parcourt le monde avec son chien Milou, le capitaine Haddock, le professeur Tournesol, les policiers Dupont et Dupond.

**Tintin,** Milou (à dr.) et le capitaine Haddock (à g.), dessin de Hergé extrait de l'album *Coke en stock*

**tintinnabuler** *vi* 1 litt Sonner, résonner comme une clochette, un grelot.

**Tinto (río)** fl. de l'Espagne du S. (100 km), tributaire de l'Atlantique. Il naît au pied de la sierra Morena.

**Tintoret Iacopo Robusti,** dit **il Tintoretto,** en fr. **le** (Venise, 1518 – id., 1594), peintre vénitien, fils d'un teinturier, d'où son surnom. De 1562 à 1566, il exécuta pour la confrérie de San Marco trois grandes toiles. En 1564, il entreprit un cycle pour la Scuola di San Rocco (Venise), achevé en 1587 : *la Crucifixion, le Baptême du Christ,* etc. De 1575 à 1590, il décora, avec l'aide de ses élèves, le palais des Doges, peignant notam. *le Paradis,* dit aussi *la Gloire des élus* (24 x 7,5 m, 400 figures). — **Marietta** dite **la Tintoretta** (Venise, v. 1555 – id., v. 1590), fille du préc., collaboratrice de son père et portraitiste. — **Domenico** (Venise, 1560 – id., 1635), fils de Iacopo, collaborateur de son père et portraitiste.

**le Tintoret** *le Doge Sebastiano Veniero,* huile, XVI$^{e}$ s. – Kunsthistorisches Museum, Vienne

**tintouin** *nm* fam **1** Vacarme, tintamarre. **2** Embarras, souci. *Donner du tintouin à qqn.*

**Tioumen** v. de Russie, en Sibérie occidentale ; 425 000 hab. ; ch.-l. de la prov. du m. nom. Hydrocarbures ; bois.

**Tioutchev Fiodor Ivanovitch** (Ovstoug, près de Briansk, 1803 – Tsarskoïe Selo, 1873), diplomate et poète russe : *Uranie* (1820), *Silentium* (1833), *Jour et Nuit* (1836).

**TIP** *nm* Abrév. de *titre interbancaire de paiement.*

**Tipasa** v. d'Algérie, ch.-l. de la wil. du m. nom, sur la côte ; 15 800 hab. – Nombr. ruines romaines. Musée. VAR **Tipaza**

**tipi** *nm* Tente conique des Indiens d'Amérique du Nord. ETY D'une langue amérindienne.

**TIPP** *nf* Abrév. de *taxe intérieure sur les produits pétroliers.*

**Tipperary** ville du S. de l'Irlande, dans la plaine de Tipperary ; 4 500 hab.

**Tippett sir Michael** (Londres, 1905 – id., 1998), compositeur britannique. Néoclassique jusqu'en 1955, il adopta alors une écriture atonale aux rythmes originaux.

**Tippoo Sahib** (Devanhalli, v. 1749 – Seringapatam, 1799), sultan du Mysore (1784-1799). Avec l'aide des Français, il reprit le Mysore aux Anglais (1784), qui finalement le vainquirent et le tuèrent. VAR **Tipu Sahib**

**tipule** *nf* Grand moustique inoffensif qui vit sur les fleurs et dont les larves rongent les racines des plantes. ETY Du lat.

**tique** *nf* Acarien suceur de sang, parasite de la peau des mammifères. SYN ixode. ETY Du néerl.

**tique** du chien

**tiquer** *v* 1 **1** MED VET Avoir un tic, pour un cheval. **2** fam Avoir un bref mouvement de physionomie qui laisse paraître l'étonnement, la contrariété. *Ces propos l'ont fait tiquer.* ETY De *tic.*

**tiqueté, ée** *a* Marqué de petites taches. SYN piqueté.

**tiqueture** *nf* État de ce qui est tiqueté.

**tiqueur, euse** *a* Qui a contracté un tic.

**tir** *nm* **1** Action, manière de tirer avec une arme ; trajectoire suivie par le projectile ; ensemble de projectiles envoyés. **2** Local où l'on peut s'exercer au tir. **3** SPORT Action d'envoyer avec force le ballon vers le but. LOC SPORT *Tir d'angle :* corner — *Tir de réparation :* penalty. — *Tirs au but :* au football, moyen de départager des équipes en fin de partie, en tirant des séries de penaltys.

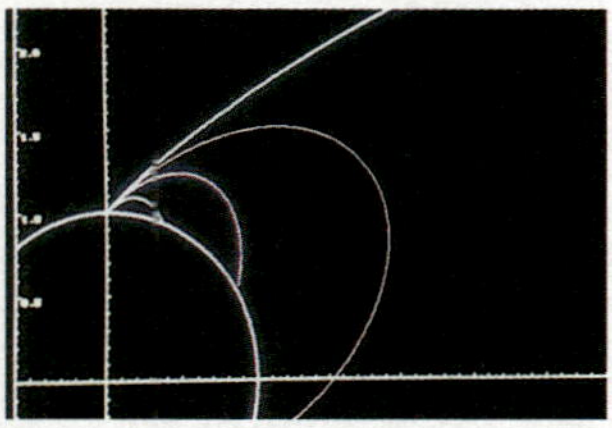

**tir** trajectoires elliptiques de missiles balistiques tirés avec des vitesses initiales croissantes

**tirade** *nf* **1** Développement assez long d'un même thème. **2** Au théâtre, suite de phrases qu'un acteur dit sans interruption. **3** péjor Longue phrase pompeuse.

**tirage** *nm* **1** Action, fait de mouvoir en tirant. **2** TECH Action d'étirer, d'allonger. *Tirage des métaux.* **3** Action, fait de prendre au hasard. *Tirage d'une loterie.* **4** STATIS Action de tirer un échantillon d'une population. **5** IMPRIM Action d'imprimer des feuilles ; épreuve ainsi obtenue. **6** Ensemble d'exemplaires tirés en une seule fois. *Journal à grand tirage.* **7** PHOTO, Bx-A Action d'obtenir une épreuve définitive à partir d'un cliché négatif, d'une plaque de métal gravée, etc. ; épreuve ainsi obtenue. **8** Mouvement ascensionnel des gaz chauds dans un conduit de fumée. **9** MED Dépression des parties molles du thorax lors de l'inspiration en cas d'obstruction des voies respiratoires ou d'insuffisances respiratoires graves. **10** Émission d'une lettre de change, d'un chèque. LOC ECON *Droits de tirage spéciaux (DTS) :* crédits accordés par le Fonds monétaire international aux États membres en cas de déficit de leur balance des paiements. — fam *Il y a du tirage :* des difficultés, des frictions. — HIST *Tirage au sort :* mode de recrutement des conscrits qui consistait à tirer des numéros dont certains exemptaient du service militaire.

**tiraillement** *nm* **1** Action de tirailler, fait d'être tiraillé. **2** Sensation interne pénible. *Tiraillements d'estomac.* **3** fig Contestation, conflit. *Des tiraillements au sein du gouvernement.*

**tirailler** *v* 1 **A** *vt* **1** Tirer vers soi par petits coups, à diverses reprises. **2** fig Poursuivre de ses instances, solliciter dans des sens contradictoires. *Être tiraillé entre sa vie familiale et sa vie professionnelle.* **B** *vi* MILIT Tirer des coups irréguliers et répétés. **C** *vpr* Se disputer, ne pas s'entendre.

**tirailleur** *nm* MILIT **1** Soldat détaché à l'avant afin de harceler l'ennemi. **2** anc Soldat d'infanterie recruté hors de la métropole.

**tiramisu** *nm* Pâtisserie italienne, à base de mascarpone et de génoise, aromatisée au marasquin. PHO [tiramisu] ETY Mot ital.

**Tiran (détroit de)** détroit entre la mer Rouge et le golfe d'Akaba.

**Tirana** cap. de l'Albanie, au centre du pays ; 560 000 hab. (aggl.). Industries. *Durrës* (80 000 hab.), cap. du pays jusqu'en 1920, lui sert de port sur l'Adriatique. DER **tiranais, aise** *a, n*

**tirant** *nm* **1** Pièce destinée à exercer un effort de traction. *Les tirants d'une bourse, d'une botte.* **2** TECH, ARCHI Pièce de charpente soumise à un effort de traction. **3** Partie tendineuse dans la viande. **4** MAR Distance entre la ligne de flottaison d'un navire et le point le plus bas de sa quille. *Tirant d'eau.* LOC *Tirant d'air :* hauteur maximale des superstructures d'un navire ; hauteur libre sous un pont.

**tirasse** *nf* **1** CHASSE Filet servant à prendre les alouettes, les cailles, etc. **2** MUS Dispositif permettant de coupler le pédalier d'un orgue aux claviers. ETY Anc. provenç. *tirassar,* « traîner par terre ».

**tire** *nf* **1** fam Automobile. **2** Canada Confiserie obtenue par la cuisson d'un sirop et après étirage. *Tire d'érable.* LOC *Vol à la tire :* consistant à voler le contenu des poches, d'un sac.

**tiré** *nm* **1** CHASSE Coup tiré au fusil. **2** Taillis aménagé pour la chasse. **3** COMM Personne sur laquelle on tire une lettre de change. LOC IMPRIM *Tiré à part :* article extrait d'un ensemble, dont on fait un tirage indépendant et que l'on broche.

**tire-au-flanc** *n inv* fam Paresseux. VAR **tire-au-cul** très fam

**tire-bonde** *nm* TECH Outil servant à retirer la bonde d'un tonneau. PLUR tire-bondes.

**tire-botte** *nm* **1** Petite planche où l'on emboîte le talon de la botte, pour se débotter. **2** Crochet que l'on passe dans le tirant d'une botte pour la chausser. PLUR tire-bottes.

**tire-bouchon** *nm* Instrument servant à déboucher les bouteilles. PLUR tire-bouchons. LOC *En tire-bouchon :* en forme de spirale, d'hélice. VAR **tirebouchon**

**tire-bouchonner** *vi* 1 Se rouler en tire-bouchon, faire des plis. *Pantalon qui tire-bouchonne.* VAR **tirebouchonner**

**tire-clou** *nm* TECH Outil à tige plate et dentée servant à arracher les clous. PLUR tire-clous.

**tire-d'aile (à)** *av* **1** Avec de vigoureux battements d'ailes, en parlant d'un oiseau. **2** fig Très rapidement. *S'enfuir à tire-d'aile.*

**tire-fesse** *nm* fam Remonte-pente. PLUR tire-fesses. VAR **tire-fesses**

**tire-filet** *nm* TECH Outil servant à tracer des filets sur le bois, le métal, etc. PLUR tire-filets.

**tire-fond** *nm* **1** Anneau fixé au plafond pour y suspendre un lustre. **2** TECH Vis à bois de grand diamètre, à tête carrée. PLUR tire-fonds.

**tire-jus** *nm inv* très fam Mouchoir.

**tire-lait** *nm* Appareil qui aspire le lait du sein. PLUR tire-laits ou tire-lait.

**tire-larigot (à)** *av* fam Beaucoup. *Boire à tire-larigot.* VAR **à tirelarigot**

**tire-ligne** *nm* TECH Petit instrument qui sert à tracer des lignes d'épaisseur constante. PLUR tire-lignes.

**tirelire** *nf* **1** Boîte, objet creux qui comporte une fente par laquelle on glisse les pièces de monnaie que l'on veut économiser. **2** fam Estomac, ventre. *S'en mettre plein la tirelire.* **3** fam Tête. *Prendre un coup sur la tirelire.* LOC ***Casser sa tirelire*** : dépenser toutes ses économies. ETY Probabl. même mot que *tire-lire*, refrain de chanson.

**tire-nerf** *nm* CHIR Petit instrument utilisé pour l'extraction des nerfs dentaires. PLUR tire-nerfs.

**tire-pied** *nm* TECH Courroie de cuir dont se servent les cordonniers pour fixer l'ouvrage sur leurs genoux. PLUR tire-pieds.

**tirer** *v* ① **A** *vt* **1** Faire mouvoir, amener vers soi, traîner derrière soi. *Tirer un tiroir. Tirer un traîneau.* **2** Mouvoir en faisant glisser, coulisser. *Tirer le verrou.* **3** Faire un effort pour tendre, allonger. *Tirer ses bas.* **4** Donner un aspect tendu, fatigué à. *La maladie a tiré ses traits.* **5** Enlever, ôter d'un endroit, d'une situation. *Tirer de l'eau d'un puits. Tirer qqn de prison.* **6** Prendre au hasard. *Tirer une carte.* **7** Extraire, exprimer. *Substance que l'on tire des plantes.* **8** Obtenir, recueillir ; soutirer qqch à qqn. *Tirer profit, avantage de qqch.* **9** Trouver l'origine de qqch dans, emprunter à. *Les mots que le français tire du grec.* **10** Déduire, conclure. *Tirer qqch de certains faits.* **11** fam Avoir tel laps de temps à passer dans des circonstances pénibles, fâcheuses. *Encore six mois à tirer.* **12** Tracer. *Tirer un trait, une ligne.* **13** Imprimer. *Tirer un ouvrage.* **14** PHOTO, Bx-A Faire un tirage. **15** Lancer un projectile au moyen d'une arme ; faire partir une arme à feu, un explosif. *Tirer une flèche. Tirer le canon, un feu d'artifice.* **16** fam Voler qqch à la tire ou avec violence. *Il s'est fait tirer son blouson.* **B** *vti* **1** Aspirer fortement. *Tirer sur sa cigarette.* **2** Tendre vers, avoir une certaine ressemblance avec. *Vert qui tire sur le bleu.* **C** *vi* **1** Être parcouru par un courant d'air qui active la combustion. *Cheminée qui tire bien.* **2** Aller vers, s'acheminer. *Voiture qui tire à gauche.* **3** Se servir d'une arme. *Tirer au révolver.* **4** SPORT Lancer la boule, le ballon. **5** À la pétanque, lancer la boule en en visant une autre pour la déplacer, par oppos. à *pointer*. **6** Suisse Infuser. *Laisser tirer le thé.* **D** *vpr* **1** fam S'en aller. **2** Réchapper d'une maladie, d'une situation difficile. *Il s'en est bien tiré.* LOC fam ***Ça se tire*** : ça va bientôt se terminer. — Belgique, Suisse ***Ça tire*** : il y a des courants d'air. — fam ***Se tirer dans le pied*** : faire une fausse manœuvre. — ***Tirer à blanc*** : avec une cartouche sans balle. — fam ***Tirer au flanc*** : chercher à échapper à un travail, à une corvée. — ***Tirer au sort*** : prendre une décision, effectuer un choix, en s'en remettant au sort. — ***Tirer à vue*** : faire feu dès qu'on voit l'objectif ; fig, fam critiquer violemment qqn. — MAR ***Tirer des bords*** : louvoyer. — fam ***Tirer la tronche, la gueule*** : bouder. — ***Tirer le portrait à qqn*** : faire son portrait, sa photographie. — fam ***Tirer sur une ambulance*** : s'acharner sur qqn ou qqch qui est déjà très affaibli. — ***Tirer un chèque*** : l'émettre. — ***Tirer un plan*** : le dessiner. ETY P.-ê. réduction de l'a. fr. *martirier*, « torturer », ou d'un mot germ., *teri.*

**tire-sève** *nm* Rameau laissé en place pour permettre la circulation de la sève. PLUR tire-sèves.

**Tirésias** dans la myth. gr., devin de Thèbes. Il proposa que l'homme qui vaincrait le Sphinx épouse Jocaste et règne sur Thèbes.

**tire-sou** *nm* vieilli Personne avide du moindre gain. SYN grippe-sou. PLUR tire-sous.

**tiret** *nm* Petit trait horizontal (–) servant à séparer deux membres de phrase ou à indiquer un changement d'interlocuteur dans un dialogue.

**tiretaine** *nf* anc Droguet, drap grossier, moitié laine et moitié fil.

**tirette** *nf* **1** Dispositif de commande manuelle par tirage. **2** Tablette horizontale coulissante d'un meuble. **3** Belgique, Afrique Fermeture à glissière.

**tireur, euse** *n* **A 1** Personne qui tire qqch. *Tireur d'or.* **2** Personne qui se sert d'une arme à feu. **3** COMM Personne qui émet une lettre de change sur une autre personne (appelée *le tiré*). **4** SPORT Joueur qui tire au but (ballon, boules) ; en escrime, en boxe française, celui ou celle qui effectue un assaut ; haltérophile qui soulève ses poids. **5** fam Voleur à la tire. **B** *nf* TECH **1** Machine qui effectue des tirages photographiques. **2** Appareil servant au remplissage des bouteilles. LOC ***Tireuse de cartes*** : cartomancienne.

**tire-veille** *nm* MAR **1** Cordage pour aider à monter à bord par une échelle de coupée ou pour servir de sauvegarde au personnel d'une embarcation que l'on hisse. **2** Cordage servant à manœuvrer la barre d'un gouvernail. PLUR tire-veilles ou tire-veille.

**tire-veine** *nm* Instrument servant à extraire un segment de veine (varice). PLUR tire-veines.

**Tîrgovişte** v. de Roumanie, anc. cap. de la Valachie (XIV$^{e}$-XVI$^{e}$ s.) ; 76 000 hab. ; ch.-l. de district. Centre industriel. – Égl. XVI$^{e}$-XVII$^{e}$ s.

**Tîrgu-Jiu** v. de Roumanie, 78 500 hab. – Ensemble sculptural de Brancusi (1937).

**Tîrgu-Mureş** v. de Roumanie, sur le Mureş ; 127 800 hab. Gaz naturel. Industries.

**Tiridate I$^{er}$** (mort vers 73 après J.-C.), roi d'Arménie (vers 53-60, puis 66-73), rétabli sur son trône par Néron (66). — **Tiridate II** ou **III** (mort en 324), roi d'Arménie (294-324). Il persécuta les chrétiens, puis (v. 305) saint Grégoire l'Illuminateur le convertit au christianisme.

**Tirlemont** (en néerl. *Tienen*), v. de Belgique (Brabant wallon) ; 34 000 hab. Industr. alim.

**Tirnovo** → **Veliko Tărnovo.**

**tiroir** *nm* Casier coulissant, s'emboîtant dans un meuble. *Tiroirs d'une commode.* LOC ***À tiroirs*** : se dit d'une œuvre dans laquelle des épisodes indépendants les uns des autres viennent se greffer sur l'action principale. — fam ***Fonds de tiroir*** : ce qui reste d'argent disponible ; choses non utilisées, anciennes et sans valeur, rogatons. — fam ***Nom à tiroirs*** : nom en plusieurs parties.

**tiroir-caisse** *nm* Tiroir contenant la caisse d'un commerçant. PLUR tiroirs-caisses.

**Tirole** Jean (Troyes, 1953), économiste français (analyse de la puissance du marché et de la régulation). P. Nobel d'économie (2014).

**Tirpitz** Alfred von (Küstrin, 1849 – Ebenhausen, près de Munich, 1930), amiral allemand. Ministre de la Marine (1898-1916), il créa une flotte de guerre puissante et proposa un plan de guerre sous-marine, qui fut refusé.

**Tirso de Molina** Fray Gabriel Téllez, dit (Madrid, v. 1583 – Soria, 1648), dramaturge espagnol. Moine, il composa près de 400 pièces. Comédies : *Un timide au palais* ; drames historiques ou romanesques : *les Amants de Teruel* ; un drame religieux : *le Damné par manque de foi* ; et, surtout, *le Trompeur de Séville* (v. 1625), où Don Juan apparaît dans la litt. occidentale.

**Tiruchirappalli** (anc. *Trichinopoly*), v. de l'Inde, dans le S. du Tamil Nadu, sur le Kaverī ; 846 900 hab. Centre industriel.

**Tirynthe** anc. v. de Grèce, en Argolide (près de Nauplie), détruite par les Argiens en 468 av. J.-C. Vestiges de la civilisation mycénienne.

**Tirynthe** murailles en appareil cyclopéen, vestiges de l'époque créto-mycénienne

**tisane** *nf* Boisson obtenue en faisant macérer des plantes médicinales dans de l'eau. ETY Du gr. *ptisanê*, « orge mondé ».

**tisanière** *nf* Pot à infusion qu'on peut laisser sur une veilleuse.

**Tisi** → **Garofalo.**

**Tisma** Aleksandar (Horgos, 1924 – Novi Sad, 2003), écrivain serbe : *l'Usage de l'homme* (1976).

**Tiso** Jozef (Velká Bytča, 1887 – Bratislava, 1947), prélat et homme politique slovaque. Président (1939-1945) de la Rép. slovaque « indépendante » sous protectorat allemand, il fut condamné à mort.

**tison** *nm* Reste encore brûlant d'un morceau de bois à moitié consumé. ETY Du lat.

**tisonné, ée** *a* Se dit du poil d'un cheval marqué de longues taches noires.

**tisonner** *vt* ① Remuer les tisons pour ranimer le feu.

**tisonnier** *nm* Tige de fer qui sert à tisonner. SYN pique-feu.

**tissage** *nm* **1** Action, art de tisser. **2** Assemblage obtenu par l'entrecroisement de fils. **3** Établissement où l'on fait des tissus.

**Tissandier** Gaston (Paris, 1843 – id., 1899), aéronaute français. En 1875, son aérostat, le *Zénith*, s'éleva jusqu'à 8 600 m. En 1883, il construisit le premier dirigeable mû par un moteur électrique.

**Tissapherne** (m. à Colosses, Phrygie, en 395 av. J.-C.), général perse ; satrape de Lydie et de Carie (v. 413). Il vainquit le rebelle Cyrus le Jeune à Counaxa (401). Le Spartiate Agésilas II l'ayant vaincu (395), il fut mis à mort par Artaxerxès.

**tisser** *vt* ① **1** Fabriquer un tissu en entrecroisant les fils de chaîne et les fils de trame. **2** fig Former, constituer qqch par un assemblage d'éléments. *Tisser une intrigue.* ETY Du lat.

**tisserand, ande** *n* Artisan, ouvrier qui fabrique des tissus.

**Tisserand** Félix (Nuits-Saint-Georges, 1845 – Paris, 1896), astronome français : travaux sur le système solaire.

**Tisserant** Eugène (Nancy, 1884 – Albano Laziale, 1972), prélat français ; cardinal (1936), doyen du Sacré Collège (1951). Acad. fr. (1961).

**tisserin** *nm* Passériforme africain (plocéidé), dont le nid est fait d'herbes entrelacées.

**tisseur, euse** *n* Personne dont le métier est de tisser.

**tissu** *nm* **1** Entrelacement régulier de fils textiles formant une surface souple. *Tissu de soie, de laine.* **2** HISTOL Ensemble de cellules de structure proche, qui concourent à une même fonction dans un organe ou une partie d'organe. *Tissu conjonctif, musculaire.* **3** fig Suite ininterrompue, enchevêtrement. *Un tissu de mensonges.* **4** fig Ensemble d'éléments constituant une structure homogène. *Tissu social.* **LOC** ***Tissu urbain*** : ensemble des éléments (maisons, rues, jardins publics, etc.) qui constituent la structure d'une ville, d'un quartier.

ENC En botanique on distingue : les *tissus protecteurs* (épiderme des organes aériens, assise subérifiée des organes souterrains et liège) ; les *tissus conducteurs* (xylème et phloème) ; les *tissus de soutien* (collenchyme et sclérenchyme) ; les *parenchymes*, tissus de remplissage servant souvent de lieu de stockage pour les matières de réserve ou assurant d'autres fonctions, très variables (parenchymes palissadique, aérifère, etc.). Les *méristèmes* sont des amas de cellules embryonnaires qui mettent en place tous les tissus précédents. En anatomie animale et humaine, on distingue les tissus conjonctifs, épithéliaux (de revêtement, sécrétoires), musculaires et nerveux.

**tissu-éponge** *nm* Tissu épais, aux fils bouclés, qui absorbe l'eau. PLUR tissus-éponges.

**tissulaire** *a* HISTOL Qui concerne les tissus.

**Tisza (la)** (en tchèque *Tisa*, en all. *Theiss*), riv. de l'Europe centrale (1 300 km) ; née dans les Carpates ukrainiennes, elle sépare la Roumanie et l'Ukraine, parcourt la Hongrie et rejoint le Danube (r. g.) en Serbie.

**Tisza Kálmán** (Geszt, 1830 – Budapest, 1902), homme politique hongrois, chef du gouvernement de 1875 à 1890. — **István** (Budapest, 1861 – id., 1918), fils du préc. Président du Conseil (1903-1905 et 1913-1917), il gouverna en dictateur, persécutant les minorités. Il fut assassiné par des soldats.

**titan** *nm* litt Géant. *Une œuvre de titan.* ETY Du n. pr. DER **titanesque** ou **titanique** *a*

**Titan** princ. satellite de Saturne (5 118 km de diamètre), découvert par Huygens en 1655. Il parcourt en 15,9 jours son orbite. C'est le plus gros de tous les satellites du système solaire après Ganymède et le seul qui possède une atmosphère dense. DER **titanien, enne** *a*

**titane** *nm* CHIM **1** Élément métallique de numéro atomique Z = 22, de masse atomique 47,90. SYMB Ti. **2** Métal (Ti) de densité 4,54, qui fond vers 1 660 °C. **LOC** ***Blanc de titane*** : dioxyde de titane, utilisé en peinture. ETY Du gr. *titanos*, « chaux ». DER **titanique** *a*

ENC Le titane possède des qualités mécaniques analogues à celles des aciers, mais il est beaucoup plus léger que ceux-ci. Il est utilisé en peinture sous forme de dioxyde de titane *(blanc de titane)* à fort pouvoir couvrant. L'industrie aérospatiale l'utilise sous forme d'alliages avec l'aluminium, l'étain et le molybdène. Les structures des avions supersoniques conçus pour des vitesses supérieures à Mach 2,2 doivent être constituées d'une forte proportion de titane pour résister à l'échauffement aérodynamique.

**tisserin**

**titanesque** → **titan.**

**Titanic** transatlantique géant de la White Star Line britannique qui coula lors de son premier voyage après avoir heurté un iceberg au S. de Terre-Neuve (nuit du 14 au 15 avril 1912). Il y eut plus de 1 500 victimes.

**titanique** → **titan et titane.**

**titanosaure** *nm* Très grand dinosaure (plus de 12 m) herbivore du crétacé.

**Titans** divinités de la myth. gr., les six fils et les six filles d'Ouranos (le Ciel) et de Gaia (la Terre). Une guerre (la *Titanomachie*) les opposa à Zeus, qui les précipita dans le Tartare.

**Tite (saint)** (Ier s.), disciple grec de saint Paul, dont il reçut une épître, en Crète.

**Tite-Live** (en lat. *Titus Livius*) (Padoue, 64 ou 59 av. J.-C. – Rome, 17 apr. J.-C.), historien romain. À partir de 27 av. J.-C. env., il se consacra à son *Histoire de Rome*. Inachevé, ce récit s'arrête à la mort de Drusus (9 av. J.-C.). Sur 142 livres, 35 nous sont parvenus. Tite-Live idéalise la nation et tire des évènements des leçons morales, au détriment de la vérité historique.

**Titelouze Jehan** ou **Jean** (Saint-Omer, 1563 – Rouen, 1633), organiste et compositeur français.

**titi** *nm* fam Gamin de Paris, gouailleur et malicieux.

**Titicaca (lac)** grand lac (8 300 $km^2$) des Andes, aux confins du Pérou et de la Bolivie, à 3 812 mètres d'alt. ; ses rives sont fertiles.

**Titien Tiziano Vecellio** ou **Vecelli,** dit en fr. (Pieve di Cadore, v. 1490 – Venise, 1576), peintre italien. À neuf ans, il vint étudier la peinture à Venise. À partir de 1518, le duc de Ferrare lui commanda des œuvres mythologiques dont le réalisme rompt avec l'idéalisme de Giorgione, son princ. maître. Peu à peu, Titien abandonna la ligne au profit de la touche, puis s'ouvrit au maniérisme. En 1548, Charles Quint l'invita à Augsbourg. En 1551, il revint définitivement à Venise, où il exécuta des commandes pour Philippe II d'Espagne. Riche, comblé d'honneurs, il mourut de la peste. DER **titianesque** *a*

**Titien** *Autoportrait*, huile sur toile – musée du Louvre

**titiller** *vt* ① **1** litt Chatouiller légèrement et agréablement. **2** fig, fam Taquiner, agacer ; tracasser. PHO [titije] ETY Du lat. DER **titillation** *nf*

**titisme** *nm* Socialisme, neutraliste et autogestionnaire, tel que le conçut Tito. DER **titiste** *a, n*

**Titius Johann Daniel Tietz,** dit (Königsberg, Prusse (auj. Kaliningrad, Russie), 1729 – Wittemberg, 1796), mathématicien et astronome allemand (V. Bode).

**Tito Josip Broz,** dit (Kumrovec, Croatie, 1892 – Ljubljana, 1980), maréchal et homme politique yougoslave. Fils d'un forgeron, soldat austro-hongrois passé dans l'armée Rouge (1917-1923), cofondateur du parti communiste yougoslave, de nombr. fois incarcéré, secrétaire général du Parti en 1937, il organisa la lutte armée contre l'occupant nazi (1941-1945). Chef du gouvernement (1945-1953), il fut ensuite président de la République (élu à vie en 1974). En 1948, Tito refusa de suivre les directives de l'URSS. Il édifia un socialisme fondé sur l'autogestion, sut éviter les conflits entre les peuples yougoslaves et conclut des accords écon. avec l'Occident. Réconcilié avec l'URSS de Khrouchtchev, il soutint Dubček en 1968. Son prestige dans le monde, notam. dans le tiers monde (il fut l'un des champions du non-alignement), a été considérable.

**Titograd** → **Podgorica.**

**titrage** *nm* **1** Action de titrer un texte, un film. **2** CHIM Action de titrer une solution. **3** TECH Indication de grosseur d'un fil textile.

**titre** *nm* **1** Énoncé servant à nommer un texte et qui en évoque le contenu. *Titre d'un roman, d'un chapitre.* **2** Page comportant le titre, le nom de l'auteur, de l'éditeur, etc. **3** Subdivision de certains ouvrages juridiques. *Titres et articles d'un code de lois.* **4** Désignation d'une œuvre enregistrée, filmée, d'un morceau de musique, d'un tableau, etc. **5** Dignité, qualification honorifique. *Le titre de duc.* **6** Qualification obtenue en vertu d'un diplôme, des fonctions que l'on exerce. *Le titre d'avocat.* **7** Nom donné à qqn pour exprimer sa qualité, son état. *Le titre de père, d'ami.* **8** État, qualité de vainqueur, de champion pour un sportif, un joueur. *Remporter, détenir un titre.* **9** Acte écrit établissant un droit, une qualité. *Titres de propriété.* **10** Valeur négociable en Bourse. **11** Ce qui permet de prétendre à qqch. *Un titre de gloire.* **12** Proportion de métal précieux pur contenu dans un alliage. **13** CHIM Rapport de la masse d'une substance dissoute à la masse totale *(titre massique)* ou du nombre de moles d'un constituant au nombre total de moles *(titre molaire)*. **LOC** ***À juste titre*** : avec raison. — ***À titre*** (+ adj.) : de façon. *À titre bénévole.* — ***À titre de*** : en tant que. *À titre d'expert.* — ***En titre*** : en tant que titulaire de la fonction. — ***Faux titre*** : titre abrégé imprimé sur le feuillet qui précède la page de titre. — ***Titre courant*** : qui est reproduit sur chaque page d'un livre. — PHYS ***Titre de vapeur*** : rapport de la masse de vapeur à la masse totale du fluide. — TECH ***Titre d'un fil*** : numéro exprimant sa grosseur. — ***Titre interbancaire de paiement (TIP)*** : établi par l'organisme créditeur et utilisé comme chèque par le débiteur. ETY Du lat.

**titré, ée** *a* **1** Qui a un titre de noblesse. **2** SPORT Qui a obtenu des victoires dans les championnats, les jeux Olympiques. **3** CHIM Se dit d'une solution dont la composition est connue.

**titrer** *vt* ① **1** Pourvoir qqn d'un titre nobiliaire. **2** CHIM Déterminer par dosage la quantité de corps dissous dans une solution. **3** Donner un titre à un texte, à un film, etc.

**titre-restaurant** *nm* Titre prépayé accepté dans les restaurants et permettant la fourniture d'un repas. PLUR titres-restaurants.

**titreuse** *nf* **1** TECH Appareil servant à filmer les titres et les sous-titres d'un film. **2** IMPRIM Machine permettant de composer les gros titres.

**titrimétrie** *nf* CHIM Syn. de *volumétrie*. DER **titrimétrique** *a*

**titriser** *vt* ① FIN Transformer des créances en titres négociables. DER **titrisation** *nf*

**tituber** *vi* ① Marcher en chancelant. ETY Du lat. DER **titubant, ante** *a* – **titubation** *nf*

**titulaire** *a, n* **1** Qui est possesseur d'une fonction garantie par un titre. *Professeur titulaire.* **2** Qui possède qqch selon le droit. *Être titulaire* *d'un passeport.* **3** RELIG CATHOL Qui porte le titre d'un diocèse dépourvu d'existence canonique. *Évêque titulaire.* ETY Du lat.

**titulariser** *vt* ① Nommer qqn titulaire de sa charge. DER **titularisable** *a* – **titularisation** *nf*

**titulature** *nf* **didac** Ensemble des titres de qqn, d'une famille noble.

**Titulescu** Nicolae (Craiova, 1882 – Cannes, 1941), homme politique roumain. Ministre des Affaires étrangères (1927-1928 et 1932-1936), il défendit l'Entente balkanique (1934). Il présida la SDN (1930-1931).

**Titus** Flavius Sabinus Vespasianus (parfois francisé en *Tite*) (Rome, 39 – Aquæ Cutiliæ, auj. Contigliano, 81), empereur romain (79-81), fils et successeur de Vespasien. Il prit Jérusalem (70) et fut associé au gouvernement de l'Empire (71). Brutal, débauché, il fut jugé sévèrement pour sa liaison avec la princesse juive Bérénice. Devenu empereur, il se signala par sa tolérance et sa générosité. ▷ LITT V. Bérénice.

**Tivoli** (*Tibur,* dans l'Antiquité), ville d'Italie (Latium) ; 56 500 hab. Industries. – Lieu de villégiature des Romains fortunés. La villa d'Este (XVI^e^ s.) a de beaux jardins ornés de fontaines.

**Tizi-Ouzou** v. d'Algérie, en Grande Kabylie ; 135 100 hab. ; ch.-l. de la wilaya du m. nom.

**tjäle** *nm* GEOGR Sol gelé en permanence. SYN merzlota, permafrost. PHO [tjɛl] ETY Mot suédois.

**Tjibaou** Jean-Marie (Tiendanité, Nouvelle-Calédonie, 1936 – Ouvéa, 1989), dirigeant du FLNKS, assassiné par des Canaques opposés aux accords de Matignon qu'il avait signés en juin 1988.

le maréchal **Tito**

**J.-M. Tjibaou**

**Tjirebon** port d'Indonésie (Java) ; 298 200 hab. Industries. VAR **Cirebon**

**Tl** CHIM Symbole du thallium.

**Tlaloc** dieu aztèque de la Pluie, protecteur des agriculteurs.

**Tlatelolco (traité de)** traité (1967) par lequel les États latino-américains (sauf Cuba et la Guyane) refusaient l'arme nucléaire.

**Tlemcen** (auj. *Tilimsen*), v. de l'Algérie occidentale ; 140 200 hab. ; ch.-l. de la wilaya du m. nom. Centre artisanal, industriel et religieux : Grande Mosquée XI^e^-XII^e^ s.

**Tlingits** Amérindiens de l'Alaska et des îles de la Reine-Charlotte (Canada, Colombie-Brit. ; 20 000 personnes. Leur pratique du potlatch a fait l'objet de nombr. études. DER **tlingit** *a*

**Tm** CHIM Symbole du thulium.

**tmèse** *nf* LING Séparation des éléments d'un mot par l'intercalation d'un ou de plusieurs autres mots. *« Lors donc que » est une tmèse.* ETY Du gr.

**TMS** *nm* MED Pathologie induite par des gestes rapides et répétitifs. ETY Sigle de *trouble musculo-squelettique.*

**TNP** Sigle de *Théâtre national populaire.*

**1 TNT** *nm* Abrév. de *trinitrotoluène.*

**2 TNT** *nf* Abrév. de *télévision numérique terrestre,* transmission de programmes sous forme de signaux numériques à partir d'émetteurs placés au sol (et non par satellite ou par câble).

**Toamasina** (anc. *Tamatave*), v. et princ. port de Madagascar, sur la côte E. ; 308 800 hab.

**toast** *nm* Tranche de pain grillée. **LOC** *Porter un toast :* boire à la santé de qqn, à la réussite de qqch. PHO [tost] ETY Mot angl.

**toasté, ée** *a* Se dit d'un arôme rappelant le pain grillé.

**toaster** *vt* ① Griller du pain dans un toasteur. PHO [toste] ETY Mot angl.

**toasteur** *nm* Grille-pain. VAR **toaster**

**Toba (lac)** lac d'Indonésie (1 250 km$^2$), dans le N. de Sumatra.

**tobagane → tabagane.**

**Tobago** île des Petites Antilles, formant, avec la Trinité, l'État de Trinité-et-Tobago ; 301 km$^2$ ; 42 100 hab. ; v. princ. *Scarborough.*

**Tobey** Mark (Centerville, Wisconsin, 1890 – Bâle, 1976), peintre américain, auteur d'« écritures blanches », petits tableaux inspirés par la calligraphie orientale.

**Tobie (Livre de)** livre biblique (écrit v. le III^e^ s. av. J.-C.) : au VIII^e^ s. av. J.-C., un Juif déporté en Assyrie, Tobit, perd la vue et envoie son fils Tobie en Perse ; Tobie rencontre l'archange Raphaël, qui aidera le fils et sauvera le père.

**Tobin** James (Champaign, Illinois, 1918 – New Haven, 2002), économiste américain ; keynésien, il a défendu la nécessité de l'intervention de l'État dans la régulation des économies nationales. Il préconise une taxe portant sur les mouvements internationaux de capitaux. P. Nobel 1981.

**toboggan** *nm* **1** Traîneau bas muni de deux patins. **2 Canada** Syn. de *tabagane.* **3** Piste en forme de gouttière, le long de laquelle on se laisse glisser par jeu. **4** Dispositif de forme analogue destiné à la manutention des marchandises. **5** Viaduc provisoire qui permet le franchissement d'un obstacle par une voie de circulation automobile. ETY De l'algonkin.

**Tobrouk** (en ar. *Tubruq*), port de Libye, en Cyrénaïque ; ch.-l. du distr. du même nom ; 135 800 hab. – Violents combats entre les forces brit. et celles de l'Axe en 1941-1942.

**1 toc** *nm, a inv* **A** *nm* **1 péjor** Imitation d'une matière, d'une chose de prix. *Bijou en toc.* **2** TECH Pièce d'un tour qui entraîne la pièce à tourner. **B** *a inv* **fam** Faux et de mauvais goût. *Des meubles toc.* ETY Onomat.

**2 toc** *nm* PSYCHIAT Abrév. de *trouble obsessionnel compulsif.*

**3 toc** *interj* Petit bruit sec fait en frappant. **LOC** *Et toc ! :* se dit pour souligner une repartie pertinente. ETY Onomat. VAR **toc-toc**

**tocade → toquade.**

**tocante** *nf* **fam** Montre. VAR **toquante**

**Tocantins (rio)** fl. du Brésil (2 640 km) ; naît dans le Goiás ; se jette dans l'estuaire de l'Amazone. – L'*État de Tocantins* comprend, dep. 1988, le N. de l'État de Goiás : 286 706 km$^2$ ; 1,5 million d'hab. ; cap. *Palmas.*

**tocard, arde** *a, nm* **A** *a* **fam** Laid, médiocre. **B** *nm* **1** TURF Mauvais cheval. **2 fam** Individu incapable. ETY De toc 1. VAR **toquard, arde**

**toccata** *nf* MUS Composition instrumentale libre écrite pour un instrument à clavier. *Toccatas de Bach pour orgue.* ETY Mot ital.

**tocographie** *nf* MED Enregistrement graphique des contractions utérines effectué au cours de l'accouchement.

**tocophérol** *nm* BIOCHIM Syn. de *vitamine E.* ETY Du gr. *tokos,* « accouchement », et *pherein,* « porter, produire ».

**Tocqueville** Charles Alexis Clérel de (Paris, 1805 – Cannes, 1859), écrivain et homme politique français. Au retour d'un voyage aux É.-U., il publia *De la démocratie en Amérique* (1835-1840), œuvre fondatrice du libéralisme politique. Il fut ministre des Affaires étrangères de la II^e^ République (1849). En 1856, il fit paraître *l'Ancien Régime et la Révolution.* Acad. fr. (1841). DER **tocquevillien, enne** *a*

▶ illustr. p. 1616

**tocsin** *nm* Sonnerie d'une cloche à coups redoublés, pour donner l'alarme. ETY Du lat.

**Todd** Alexander Robertus (baron) (Glasgow, 1907 – Cambridge, 1997), biochimiste britannique : travaux sur les vitamines et sur les bases azotées de l'ADN. Prix Nobel de chimie 1957.

**Todi** v. d'Italie (Ombrie) ; 17 000 hab. – La ville conserve son aspect médiéval.

**Tödi** sommet des Alpes suisses (3 623 m), au N.-E. du massif du Saint-Gothard.

**Todt** Fritz (Pforzheim, 1891 – dans un accident d'avion, 1942), général et ingénieur allemand. Militant nazi dès 1922, il dirigea l'*organisation Todt,* corps paramilitaire créé en 1938 pour les grands travaux (autoroutes, etc.).

**Toepffer** Rodolphe (Genève, 1799 – id., 1846), écrivain et dessinateur suisse d'expression française : *Voyages en zigzag* (1843-1853) ; nombr. albums comiques qui annoncent la bande dessinée. VAR **Töpffer**

**tofu** *nm* CUIS Pâte consistante à base de farine de soja. PHO [tofu] ETY Mot jap.

**toge** *nf* **1** ANTIQ Vêtement ample que les Romains portaient par-dessus la tunique. **2** Robe que portent les avocats, les magistrats, etc., dans l'exercice de leurs fonctions. ETY Du lat.

**Togliatti** (*Stavropol* jusqu'en 1964), ville de Russie, sur la Volga ; 718 900 hab. Constr. automobiles. Raff. de pétrole. VAR **Toliatti**

**Togliatti** Palmiro (Gênes, 1893 – Yalta, 1964), homme politique italien ; un des fondateurs du parti communiste italien (1921), qu'il dirigea jusqu'à sa mort. Exilé de 1926 à 1944, il fut ministre en 1946-1947. Dès 1956, il favorisa la déstalinisation du PCI.

**Togo (république du)** État de l'Afrique occidentale, sur le golfe du Bénin ; 56 790 km$^2$ ; 7,2 millions d'hab. ; accroissement naturel : 2,7 % par an ; cap. *Lomé.* Nature de l'État : république de type présidentiel. Pop. : Kabrés (23,7 %), Éwés (21,9 %). Langue off. : franç. Monnaie : franc CFA. Religions : relig. traditionnelles en majorité, christianisme et islam. DER **togolais, aise** *a, n*

**Géographie** Bas pays, flanqué de hauteurs à l'O. (monts du Togo, culminant à 986 m) et au centre, le Togo s'allonge du N. au S. sur près de 700 km ; sa largeur est d'env. 100 km. Il s'ouvre sur le golfe de Guinée par une côte basse et sableuse à lagunes, d'accès difficile. Le climat tropical humide, très pluvieux au S. et sur les hauteurs (forêt dense guinéenne), est un peu plus sec dans le centre et le N. où domine la savane. La variété ethnique est importante. Les peuples du N. (Kabrés dominants) s'opposent à ceux du S. (Éwés majoritaires).

**Économie** L'économie est largement agricole (60 % de ruraux) : maïs, millet, manioc. Phosphates, café, coton, cacao sont exportés. Le Togo fait partie des pays les moins avancés. En 1998, le FMI a renoncé à l'aider. Après la banqueroute des années 2000, le pays a renoué avec la croissance.

**Histoire** LA COLONISATION Le Togo mérid. fut reconnu à la fin du XV^e^ s. par les Portugais. Au XIX^e^ s., les All. (action de l'explorateur Nachtigal, notam.) établirent leur protectorat sur la région côtière puis sur l'intérieur, créant une colonie dont les frontières furent délimitées avec la France en 1897 et avec la G.-B. en 1899. En 1922, la SDN plaça la région O. sous mandat brit. et la région E. (soit les deux tiers de la colonie) sous mandat franç. Le Togo brit. (Togoland) se prononça pour l'intégration à la Côte-de-l'Or (Ghana) en 1956. **L'INDÉPENDANCE** Le Togo français accéda à l'indépendance en 1960 sous la présidence autoritaire de Sylvanus Olympio, renversé et tué en 1963, et remplacé par Nicolas Grunitzky. En 1967, le général Étienne Eyadema s'empara du pouvoir, avec le soutien des ethnies du N. En 1991, Eyadema adopta le multipartisme et l'opposition (ethnies du S.) fit élire Prem. min. Joseph Kokou Koffigoh en août, mais, en déc., l'armée mit fin à la démocratisation. À la mort d'Eyadema, en 2005, son fils Faure Gnassingbé est élu prés. Mais les irrégularités ont provoqué de violentes manifestations et la fuite de plus. milliers de Togolais. Les législatives de 2007 se déroulent dans un climat moins tendu et permettent à l'opposition d'entrer à l'Assemblée. En 2010 et 2015, Gnassingbé est réélu. ▶ carte **Bénin**

**Tōgō Heihachiro** (Kagoshima, 1847 – Tōkyō, 1934), amiral japonais. Il s'illustra pendant la guerre sino-japonaise (1904-1905).

**Tōhoku** province du Japon constituée par la partie septentrionale de Honshū.

**tohu-bohu** *nm* Confusion, désordre bruyant. PLUR tohu-bohus. [PHO] [tɔybɔy] [ETY] De l'hébreu. [VAR] **tohubohu**

**toi** *pr pers* Forme tonique de la 2ᵉ pers. du sing. des deux genres, qui indique la personne à qui l'on s'adresse. *Gare-toi à gauche. Yves et toi le ferez. C'est à toi.* [ETY] Du lat.

**Toi et Moi** recueil poétique de Géraldy (1913), que suivit *Vous et Moi* (1960).

**toile** *nf* **1** Tissu de l'armure portant ce nom, fait de lin, de chanvre, de coton, etc. **2** Pièce de toile, recouverte d'un apprêt, fixée sur un cadre de bois et destinée à être peinte ; tableau réalisé sur ce support. **3** MAR Voilure d'un navire. **4** fam Drap. *Se mettre dans les toiles.* **LOC** LITTER ***Chansons de toile :*** courtes chansons médiévales, chantées par les femmes qui tissaient la toile. — ***La Toile :*** autre nom du *Web.* — fam ***Se payer, se faire une toile :*** regarder un film. — ***Toile cirée :*** recouverte d'un enduit imperméable. — ***Toile d'araignée :*** réseau tissé par l'araignée au moyen de fils de soie qu'elle sécrète et dans lequel elle capture ses proies. — ***Toile de fond :*** fond d'une scène de théâtre, sur lequel est peint un décor ; fig cadre, contexte dans lequel se déroule un évènement. [ETY] Du lat.

**toilerie** *nf* Industrie, commerce de la toile ; établissement où l'on fabrique de la toile.

**toilette** *nf* **A 1** Action de se laver, de s'apprêter, de se parer. *Cabinet de toilette.* **2** vieilli Meuble sur lequel on range les objets pour se parer. **3** Ensemble des vêtements et des parures d'une femme ; costume féminin. *Une toilette élégante.* **4** Crépine dont on enveloppe certaines pièces de viande. **B** *nf pl* W-C, cabinets. [ETY] De *toile.*

**toiletter** *vt* [1] **1** Donner des soins de propreté à un chien, à un chat. **2** fig Retoucher légèrement. *Toiletter un manuscrit avant publication.* [DER] **toilettage** *nm* – **toiletteur, euse** *n*

**toise** *nf* **1** anc Mesure de longueur égale à six pieds, valant 1,949 m. **2** Règle verticale graduée, munie d'un index coulissant, pour mesurer la taille de qqn. [ETY] Du lat.

**toiser** *vt* [1] **1** vieilli Mesurer qqn au moyen d'une toise. **2** fig Regarder qqn avec dédain.

**toison** *nf* **1** Poil épais et laineux de certains animaux. *Toison du mouton.* **2** Chevelure abondante, poils particulièrement fournis. [ETY] Du lat. *tondere,* « tondre ».

**Toison d'or** toison d'un bélier ailé donnée au roi de Colchide, Æétès, qui la faisait garder par un dragon ; Jason organisa l'expédition des Argonautes pour s'en emparer.

**Toison d'or (ordre de la)** ordre de chevalerie fondé en 1429 par le duc de Bourgogne Philippe le Bon et passé ensuite dans la maison de Habsbourg.

**toit** *nm* **1** Partie supérieure d'un bâtiment, d'un véhicule, qui protège des intempéries. **2** Maison, logement. *Vivre sous le toit de qqn.* **3** MINES Plafond d'une galerie. **LOC** ***Crier qqch sur les toits :*** le faire savoir à tous — ***Le Toit du monde :*** l'Himalaya ou le Tibet. [ETY] Du lat.

**toiture** *nf* Ensemble des éléments constituant le toit d'une construction.

**toiture-terrasse** *nf* Toit d'un bâtiment, qui forme une terrasse utilisable comme telle. PLUR toitures-terrasses.

**Tōjō Hideki** (Tōkyō, 1884 – id., 1948), général japonais. Il prit la tête du gouv. et déclencha l'attaque de Pearl Harbor (déc. 1941). Les défaites entraînèrent sa démission (juil. 1944). Jugé pour crimes de guerre par les Américains, il fut exécuté.

**tokai** *nm* **1** Vin hongrois produit dans la région de Tokaj. **2** Vin produit dans le midi de la France et en Alsace. *Le tokai d'Alsace est aujourd'hui appelé pinot gris.* [PHO] [tɔkɛ] [VAR] **tokay** [tɔkɛ] ou **tokaï** [tɔkaj]

**Tōkaidō** route qui dep. le Moyen Âge unit Tōkyō, Kyōto et Ōsaka. Hiroshige a peint ses paysages et ses voyageurs (1833-1834).

**Tokaj** com. du N.-E. de la Hongrie, sur la Tisza ; 4 400 hab. Vins. [VAR] **Tokay, Tokaï**

**tokamak** *nm* PHYS NUCL Appareil en forme de tore que l'on utilise, dans les recherches sur la fusion nucléaire contrôlée, pour confiner les plasmas. [ETY] Mot russe, de *tok,* « courant ».

**tokharien, enne** *nm, a* LING Se dit d'une langue indo-européenne parlée au Iᵉʳ millénaire apr. J.-C. dans le Turkestan chinois. [ETY] Du gr.

**tokonoma** *nm* Dans la maison japonaise traditionnelle, niche décorative contenant une peinture (kakemono) et un arrangement floral (ikebana). [ETY] Mot jap.

**Tokugawa** famille japonaise qui donna la plus importante dynastie de shoguns (1603-1867), fondée par Tokugawa Ieyasu (1542 – 1616) ; celui-ci écrasa en 1600 les fidèles de Toyotomi Hideyoshi à la bataille de Sekigahara ; il réorganisa le pouvoir et définit la politique suivie jusqu'en 1867 (fermeture du pays, persécution des chrétiens).

**Tokushima** v. et port du Japon (Shikoku) ; 264 000 hab. ; ch.-l. du ken du m. nom.

**Tōkyō** (*Edo* jusqu'en 1868), cap. du Japon (centre de Honshū), au fond de la *baie de Tōkyō* et dans la plaine du Kwanto ; 38 millions d'hab. (aggl.). La ville concentre toutes les fonctions. Le nom de l'ensemble portuaire, *Keihin,* s'applique également à la conurbation. – Archevêché. Universités. Musée national. Complexe sportif édifié pour les JO de 1964. [VAR] **Tokyo** [DER] **tokyoïte** ou **tokyote** *a, n*
**Histoire** Mentionnée au XIIᵉ s., la ville doit sa fortune aux daimyos de la prov. d'Edo, qui en 1601 prirent au Japon le pouvoir, s'attribuant le titre de shoguns. Des grands travaux aménagèrent une plaine marécageuse, dans une zone de séismes. Kyōto demeurait la cap. impériale. Quand l'autorité des shoguns fut abolie (1868), l'empereur fit d'Edo, rebaptisé Tōkyō, la cap. du pays, au développement considérable. Détruite par des tremblements de terre (le plus récent en 1923), la ville fut endommagée par les bombardements américains (1942-1945).

**tôlard** → **taulard.**

**Tolbiac** (auj. *Zülpich*), bourgade de l'anc. Gaule (S.-O. de Cologne), où les Francs Ripuaires vainquirent les Alamans (v. 496).

**Tolboukhine Fedor Ivanovitch** (Androniki près de Iaroslavl, 1894 – Moscou, 1949), maréchal soviétique. Il prit part à la bataille de Stalingrad (1942). Il rejoignit les troupes américaines en Autriche (avr. 1945).

**Tolbuhin** → **Dobrić.**

**1 tôle** *nf* Métal laminé en plaques larges et minces ; plaque de tôle. [ETY] Forme dial. de *table.*

**2 tôle** → **taule.**

**Toléara** (autref. *Tuléar*), v. de Madagascar, port sur la côte S.-O. ; ch.-l. de la prov. du m. nom ; 114 400 hab. [VAR] **Toliara**

**Tolède** (en esp. *Toledo*), v. d'Espagne, sur le Tage ; 83 200 hab. ; cap. de la communauté auton. de Castille-la Manche ; ch.-l. de la prov. du m. nom. Manufacture d'armes. – Archevêché. Nombr. monuments mauresques : pont d'Alcántara Xᵉ s.-XIIᵉ s. Puerta del Sol (porte du Soleil, XIVᵉ s.). Églises de style mudéjar. Cath. gothique (XIIIᵉ-XVᵉ s.). Deux églises goth. Hôpital Santa Cruz (XVIᵉ s., auj. musée). Alcázar XIᵉ s.-XVIIIᵉ s. Maisons anc., notam. celle du Greco (XIVᵉ s.).
**Histoire** Soumise par les Romains (192 av. J.-C.), la ville fut la cap. des Wisigoths. Les Omeyyades en firent un centre du cuir et de l'acier. Les chrétiens la reconquirent en 1085 et elle devint la cap. de la Castille. Elle déclina après l'expulsion des Maures et des Juifs, et Madrid la supplanta en 1561.

**Toledo** v. des É.-U. (Ohio), port sur le lac Érié ; 287 200 hab. Centre industriel.

**tôlée** *af* TECH Se dit de la caisse d'une automobile recouverte de tôle. **LOC** ***Neige tôlée :*** présentant une croûte de glace superficielle.

**Tolentino** v. d'Italie (Marches, prov. de Macerata) ; 20 400 hab. – Traité entre Bonaparte et Pie VI (1797) : la France annexait, notam., Bologne, Ferrare et la Romagne.

**tolérable** → **tolérer.**

**tolérance** *nf* **1** Attitude consistant à tolérer ce qu'on pourrait refuser ou interdire ; dérogation admise à certaines lois, à certaines règles. **2** Fait d'accepter les opinions d'autrui, même si on ne les partage pas. **3** TECH Différence tolérée entre le poids, les dimensions, etc. théoriques d'un produit marchand et ses caractéristiques réelles. **4** MED Fait, pour l'organisme, de bien supporter un agent chimique, physique ou médicamenteux. **LOC** ***Tolérance immunitaire :*** absence de réaction immunitaire à un antigène donné.

**tolérer** *vt* [14] **1** Accepter sans autoriser formellement. *Tolérer certaines infractions au règlement.* **2** Supporter par indulgence, en faisant un effort sur soi-même. **3** Bien supporter un médicament, un traitement, etc. [ETY] Du lat. [DER] **tolérable** *a* – **tolérant, ante** *a*

**tôlerie** *nf* **1** Industrie, commerce ou atelier du tôlier. **2** Ensemble d'éléments en tôle.

**tolet** *nm* MAR Cheville enfoncée dans un renfort du plat-bord (*toletière*), qui sert de point d'appui à l'aviron. [ETY] De l'a. scand.

**Toliatti** → **Togliatti.**

**1 tôlier** *nm* Celui qui fabrique, vend ou travaille la tôle.

**2 tôlier** → **taulier.**

**Tōkyō** le parc Shinjuku gyoen, au pied d'immeubles administratifs

**Tolima (Nevado del)** volcan des Andes (5 215 m), en Colombie.

**tolite** *nf* TECH Syn. de *trinitrotoluène*.

**Tolkien John Ronald Reuel** (Bloemfontein, Afrique du Sud, 1892 – Bournemouth, 1973), écrivain britannique : *le Seigneur des anneaux* (1954-1955), épopée fantastique.

**tollé** *nm* Cri, mouvement collectif d'indignation, de protestation. ETY Du lat.

**Toller Ernst** (en Posnanie, 1893 – New York, 1939), auteur allemand de drames expressionnistes : *Hop là, nous vivons* (1927). Il se suicida.

**Tolman Edward Chase** (West Newton, Massachusetts, 1886 – Berkeley, 1959), psychologue américain : travaux sur le comportement animal et humain.

**Tolstoï Lev Nikolaïevitch (comte)** (en fr. *Léon*) (Iasnaïa Poliana, gouv. de Toula, 1828 – Astapovo, gouv. de Riazan, 1910), écrivain russe. Il s'engagea dans l'armée en 1851. Après *les Cosaques* (1863) et *Récits de Sébastopol* (1868), le roman *Guerre et Paix* (1865-1869), son chef-d'œuvre, narre la lutte héroïque du peuple russe contre l'envahisseur français. Après *Anna Karénine* (1876-1877), roman qui condamne l'adultère, il se fit le critique d'une société corrompue : *la Mort d'Ivan Ilitch* (1886), *la Sonate à Kreutzer* (1889), etc. À l'issue d'une crise de conscience (*Confession*, 1882), il écrivit *Résurrection* (1899), sur la déchéance et le rachat. *Qu'est-ce que l'art ?* (1898) attaqua « l'art pour l'art ». Voulant vivre en simple paysan, il s'enfuit de chez lui et mourut dans la petite gare d'Astapovo. DER **tolstoïen, enne** *a*

**Tocqueville**

**Léon Tolstoï**

**Tolstoï Alexeï Nikolaïevitch** (en fr. *Alexis*) (Nikolaïevsk, gouv. de Samara, 1883 – Moscou, 1945), écrivain soviétique : *Aëlta* (1922) ; *les Cités bleues* (1925) ; *le Chemin des tourments* (trilogie, 1920-1941).

**Toltèques** peuple de l'Amérique précolombienne qui occupa le Mexique central au IXe s. apr. J.-C. Fondant Teotihuacán, ils développèrent une civilisation brillante jusqu'en 1168, date de la prise de Tula par les Chichimèques. Les Toltèques pénétrèrent au Xe s. en pays maya, dans le Yucatán, où ils établirent leur cap. à Chichén Itzá. Leur art, représenté par les monuments et la statuaire de Tula, reflète une idéologie guerrière. DER **toltèque** *a*

**tolu** *nm* LOC PHARM ***Baume de tolu :*** fait de la résine d'une légumineuse d'Amérique du Sud, utilisé notam. en dermatologie. ETY D'un n. pr.

**Toluca de Lerdo** v. du Mexique, cap. de l'État de Mexico ; 1,5 million d'hab. Musée.

**toluène** *nm* CHIM Hydrocarbure aromatique de formule $C_6H_5–CH_3$, extrait du benzol, utilisé pour la fabrication de matières colorantes, d'explosifs, de parfums et de produits pharmaceutiques.

**toluidine** *nf* CHIM Matière colorante dérivée du toluène.

**toluol** *nm* TECH Toluène brut.

**tom(o)-, -tome, -tomie** Éléments, du gr. *-tomos*, et *-tomia*, rad. *temnein*, « couper, découper » (ex. *lobotomie*).

**tom** *nm* MUS Tambour cylindrique à une ou deux peaux, employé dans la batterie de jazz. VAR **tom-tom**

**TOM** *nm* Territoire d'outre-mer. (En 2003, les TOM ont été remplacés par les communautés d'outre-mer [COM].) DER **tomien, enne** *a, n*

**tomahawk** *nm* Hache de guerre des Indiens d'Amérique du Nord. PHO [tɔmaok] ETY De l'algonquin.

**tomaison** *nf* IMPRIM Indication du numéro du tome sur une page, sur la reliure.

**toman** *nm* Monnaie d'or frappée en Perse depuis le XVIe s. ETY De l'arabo-persan *tuman*, « dix mille »

**Tomar** v. du Portugal (Estrémadure) ; 14 000 hab. – Ch.-l. de l'ordre des Templiers qui y construisirent une église et un couvent caractéristiques de l'art manuélin.

**Tomasi di Lampedusa Giuseppe (duc de Palma, prince de Lampedusa)** (Palerme, 1896 – Rome, 1957), auteur italien d'essais et d'un roman inachevé, *le Guépard* (posth., 1958).

**tomate** *nf* **1** Plante herbacée annuelle (solanacée), velue, à feuilles alternes charnues, cultivée pour ses fruits. **2** Fruit rouge de cette plante, légèrement acidulé. **3** fam Verre de pastis additionné de grenadine. ETY De l'aztèque.

**tomaté, ée** *a* CUIS Accommodé avec de la tomate.

**tombal → tombe.**

**Tombalbaye François N'garta** (Bessaba, 1918 – N'Djamena, 1975), homme politique tchadien. Premier président de la République (1960), il reçut l'aide armée de la France (1968) et fut tué lors d'un coup d'État.

**tombant, ante** *a, nm* **A** *a* Qui s'abaisse, tend vers le bas. *Épaules tombantes.* **B** *nm* **1** COUT Qualité d'un tissu qui tombe bien, fait de beaux plis. **2** OCEANOGR Abrupt sous-marin. LOC ***À la nuit tombante :*** au crépuscule.

**tombe** *nf* Lieu où est enterré un mort ; fosse couverte d'un tertre, d'une dalle, d'un monument. SYN sépulture. LOC ***Avoir un pied dans la tombe :*** être près de la mort. — ***Muet comme une tombe :*** d'un silence, d'une discrétion absolus. — ***Se retourner dans sa tombe :*** se dit d'un mort dont on imagine que, s'il vivait encore, il serait indigné par des actes, des paroles. — ***Suivre qqn dans la tombe :*** lui survivre peu de temps. ETY Du gr. DER **tombal, ale, als** *a*

deux atlantes **toltèques**, fragment d'un bas-relief (qui formait un support d'autel) – musée national d'Anthropologie, Mexico

**tombeau** *nm* **1** Sépulture monumentale d'un ou de plusieurs morts. **2** fig, litt Lieu sombre, humide, sinistre. **3** fig, litt Fin, mort, destruction. *Ce serait le tombeau de nos libertés.* **4** MUS Morceau de musique écrit en hommage à un mort entre le XVIe et le XVIIIe s. LOC ***À tombeau ouvert :*** très vite, en prenant des risques mortels. — ***Mise au tombeau :*** sculpture, peinture représentant la mise au tombeau du Christ.

**tombée** *nf* LOC ***La tombée de la nuit, du jour :*** le crépuscule.

**tomber** *v* ① **A** *vi* **1** Être entraîné subitement de haut en bas, par perte d'équilibre ; faire une chute. *Le vent a fait tomber les arbres.* **2** S'effacer, disparaître ; décliner. *Les obstacles tombent. Son enthousiasme tombe.* **3** Perdre le pouvoir, être renversé. *La dictature est tombée.* **4** Arriver d'un lieu plus élevé. *Le brouillard tombe.* **5** Devenir plus bas, plus faible. *Les cours tombent.* SYN baisser. **6** Déchoir, dégénérer. *Être tombé bien bas.* **7** Pendre. *Ses cheveux lui tombent sur les épaules.* **8** Passer dans un état considéré comme inférieur au précédent. *Tomber dans le désespoir.* **9** Devenir. *Tomber amoureux. Tomber d'accord avec qqn.* **10** Arriver inopinément, survenir. *Tomber bien, mal, à pic.* **11** Arriver, se produire. *Cette année, le 1er Mai tombe un lundi.* **12** fam Être arrêté, en parlant d'un malfaiteur. **B** *vt i* **1** Attaquer violemment. *Tomber sur qqn.* **2** fam Rencontrer. *Tomber sur un ami.* **C** *vt* **1** SPORT Faire tomber, vaincre. *Tomber un adversaire.* **2** fam Séduire qqn. **3** fam Retirer un vêtement. *Tomber la veste.* LOC SPORT ***Coup de pied tombé :*** donné dans le ballon de rugby qu'on laisse tomber sur le pied. — fam ***Être tombé dedans tout petit :*** être conditionné par son enfance pour exercer telle ou telle activité. — fam ***Laisser tomber :*** abandonner. — fam ***Tomber à l'eau :*** échouer. ETY Du frq.

**tombereau** *nm* **1** Véhicule utilisé pour le transport des matériaux, comprenant une benne à pans inclinés qui se décharge par basculement. **2** Syn. (recommandé) de *dumper*.

**tombeur, euse** *n* fam **1** Personne qui l'emporte sur un adversaire, lui fait perdre son titre, sa place. **2** Personne qui a à son actif de nombreuses conquêtes amoureuses.

**tombola** *nf* Loterie où les numéros sortants gagnent des lots en nature. ETY De l'ital.

**tombolo** *nm* GEOMORPH Cordon de galets et de sable qui relie un ancien îlot au continent. ETY Du lat.

**Tombouctou** v. du Mali, près du fl. Niger ; 19 160 hab. ; ch.-l. de la rég. du m. nom. **Histoire** Centre caravanier dont les échanges avec l'Afrique du Nord furent importants à partir du XIe s., Tombouctou devint musulman et répandit l'islam. Il connut son apogée aux XVe-XVIe s., après que l'empereur du Songhay, Sonni Ali Ber, l'eut pris en 1469. Au XVIe s., l'Empire songhay disparut, les échanges côtiers avec les Européens supplantèrent le commerce transsaharien et Tombouctou déclina. Il appartenait à des Touaregs quand l'Anglais Gordon Laing (1826) et le Français René Caillié (1828) y pénétrèrent clandestinement. En 1894, Tombouctou fut pris par les Français.

**1 tome** *nm* **1** Division d'un ouvrage, contenant plusieurs chapitres, indépendante de la division en volumes. **2** Volume.

**2 tome → tomme.**

**tomenteux, euse** *a* BOT Couvert de poils fins et serrés. ETY Du lat.

**tomer** *vt* ① Diviser un ouvrage en tomes.

**Tomes** (en lat. *Tomi*), anc. v. de Mésie (auj. Constanța, en Roumanie) sur le Pont-Euxin.

**tomette** *nf* Briquette plate hexagonale utilisée pour le revêtement des sols.

**tomien → TOM.**

**Tom Jones** héros du roman de Fielding *Histoire de Tom Jones, enfant trouvé* (1749). ▷ CINE

Film de Tony Richardson (1963), avec Albert Finney (né en 1936).

**Tommaso de Celano** (Celano, ? – Tagliacozzo, v. 1250), franciscain italien, biographe de saint François d'Assise.

**tomme** *nf* Fromage au lait de vache, à pâte pressée, en forme de gros cylindre. *Tomme de Savoie.* ETY De l'anc. provenç. VAR **tome**

**tommy** *nm* fam Soldat anglais. PLUR tommys ou tommies.

**tomodensitomètre** *nm* MED Syn. de *scanographe.* DER **tomodensitométrie** *nf*

**tomographie** *nf* MED Procédé radiologique permettant de prendre des clichés par plans d'un organe ; cliché ainsi obtenu. DER **tomographique** *a*

**Tomonaga Shinichiro** (Kyoto, 1906 – Tokyo, 1979), physicien japonais : travaux sur la théorie quantique des champs. Prix Nobel 1965 avec R. Feynman et J. S. Schwinger.

**Tom Pouce** héros d'un conte des frères Grimm, de la taille d'un pouce.

**Tomsk** v. de Russie, en Sibérie occidentale, sur le *Tom* (840 km), affl. de l'Ob ; 475 000 hab. Import. centre industriel.

**tom-tom** → **tom.**

**Tomyris** (VIe s. av. J.-C.), reine des Massagètes. Elle combattit Cyrus II de Perse, qui avait causé la mort de son fils. VAR **Thomyris**

**1 ton, ta, tes** *a poss* Qui est à toi. Marque un rapport d'appartenance subjectif, objectif ou un rapport d'intérêt. *Montre ta main. Ton éditeur. Ton jeune peintre génial.* (On remplace *ta* par *ton* devant un n. f. qui commence par une voyelle ou par un *h* muet. *Ton amie. Ton habitude.*) ETY Du lat.

**2 ton** *nm* **1** Degré de hauteur, intensité ou timbre de la voix. *Ton aigu, grave.* **2** Façon de parler, inflexion qui révèle un sentiment, une intention. *Prendre un ton assuré.* **3** litt Manière d'exprimer sa pensée ; de se conduire en société. *Le ton provincial.* **4** MUS Hauteur des sons produits par la voix ou par un instrument. **5** MUS Intervalle fondamental qui correspond à une seconde majeure et qui est un degré de l'échelle diatonique. **6** Échelle musicale d'une hauteur déterminée, désignée par le nom de sa tonique. **7** LING Hauteur du son de la voix ; accent de hauteur. **8** Couleur, considérée dans son intensité, dans son éclat, sa nuance, ou par rapport à l'impression qu'elle produit. LOC ***De bon ton :*** qui convient socialement. — ***Langue à tons :*** où les différences de hauteur des syllabes entraînent des différences de sens. — ***Ton sur ton :*** d'une même couleur avec des nuances différentes.

**tonal, ale** *a* didac **1** Relatif au ton. **2** Qui utilise la tonalité. *Musique tonale.* ANT atonal. PLUR tonaux.

**tonalité** *nf* **1** Organisation des sons musicaux, en mode dit *majeur* ou bien *mineur*, telle que les intervalles (tons et demi-tons) se succèdent dans le même ordre, chaque gamme ayant pour base une tonique. **2** Ton ; intervalle fondamental. **3** Caractère des sons produits par la voix ou par un instrument. **4** Son continu qu'on entend en décrochant le téléphone. **5** Sur un appareil électroacoustique, réglage des graves et des aigus. **6** fig Couleur dominante ; impression qu'elle dégage.

**tonca** → **tonka.**

**tondage, tondaison, tondeur** → **tondre.**

**tondeuse** *nf* **1** Machine utilisée pour tondre le drap, le gazon, etc. **2** Instrument utilisé pour tondre les cheveux, ou le poil des animaux.

**tondo** *nm* BX-A Tableau rond. ETY Mot ital.

**tondre** *vt* ⑥ **1** Couper ras. *Tondre le gazon.* **2** Couper ras les cheveux, les poils de. **3** Couper ras le poil d'une étoffe. **4** fig, fam Dépouiller. *Tondre le client.* ETY Du lat. DER **tondage** *nm* ou **tondaison** *nf* – **tondeur, euse** *n*

**tondu, ue** *a, nm* Coupé ras. LOC HIST ***Le Petit Tondu :*** Napoléon Ier.

**Ton Duc Thang** (prov. de Long Xuyên, 1888 – Hanoi, 1980), homme politique vietnamien. Il succéda à Hô Chi Minh (1969) et fut président du Viêt-nam réunifié (1976-1980).

**toner** *nm* Pigment organique pulvérulent, utilisé dans les imprimantes, les photocopieurs et les télécopieurs. PHO [tɔnɛʀ] ETY Mot angl.

**tonfa** *nm* Sorte de longue matraque portée par certains policiers.

**tong** *nf* Chaussure constituée d'une semelle et d'une bride qui passe entre les orteils. PHO [tɔ̃g]

**Tonga** (anc. *îles des Amis*), État d'Océanie, dans le Pacifique S. (au S.-E. des Fidji), formé d'env. 170 îles et îlots ; 747 km$^2$ ; 100 000 hab. ; cap. *Nuku'a ofa.* Nature de l'État : monarchie constitutionnelle. Langues off. : anglais et tongan. Monnaie : pa'anga. Pop. : Polynésiens. Relig. : méthodisme majoritaire. – Volcaniques ou coralliennes, les îles vivent de cultures vivrières, du tourisme et exportent des produits tropicaux. DER **tonguien, enne** *a, n*
**Histoire** Découvertes au XVIIe s. par les Européens, ces îles formèrent un royaume (XIXe s.), qui passa sous protectorat britannique en 1901 et accéda à l'indépendance en 1970, dans le cadre du Commonwealth. ▶ carte **Océanie**

**tongan** *nm* Langue polynésienne parlée au Tonga. VAR **tonguien**

**Tong K'i-tch'ang** → **Dong Qichang.**

**Tongres** (en néerl. *Tongeren*), v. de Belgique, ch.-l. d'arr. du Limbourg ; 29 500 hab. – Ruines de l'enceinte rom. Égl. IXe-XVI[e] s. DER **tongrois, oise** *a, n*

**tonicardiaque** *a, nm* PHARM Qui exerce sur le cœur une action tonique.

**tonicité** *nf* **1** Qualité, caractère de ce qui est tonique. *La tonicité de l'air des montagnes.* **2** PHYSIOL Tonus musculaire.

**-tonie** Élément, du gr. *tonos,* « tension ».

**tonie** *nf* PHYSIOL Caractère de la sensation auditive, lié à la fréquence des vibrations sonores.

**tonifier** *vt* ② **1** Rendre ferme et élastique un tissu. *Tonifier la peau.* **2** Fortifier, stimuler. *Le grand air le tonifie.* DER **tonifiant, ante** *a, nm*

**-tonine** Élément, du gr. *tonos,* « tension ».

**1 tonique** *a, nm* **1** Qui augmente la vigueur de l'organisme. *Substance tonique.* **2** Qui stimule le corps ou l'esprit, rend plus alerte. *Un climat tonique.* **3** MED Qui concerne le tonus.

**2 tonique** *nf, a* **A** *nf* MUS Première note de la gamme du ton considéré, auquel elle donne son nom. *La tonique du ton de do majeur est do.* **B** *a* LING Sur quoi porte l'accent. *Voyelle tonique.* LOC ***Accent tonique :*** accent d'intensité ou de hauteur.

**tonitruer** *vi* ① Parler d'une voix très forte, en criant. ETY Du lat. *tonitrus,* « tonnerre ». DER **tonitruant, ante** *a*

**tonka** *nm* BOT Plante (légumineuse) dont la graine est riche en coumarine. PHO [tɔ̃ka] ETY Mot guyanais. VAR **tonca**

**Tonkin** rég. du N. du Viêt-nam, en bordure du *golfe du Tonkin.* De hauts plateaux, entaillés par de profondes vallées (peu peuplées), dominent la région côtière qui, drainée par le fleuve Rouge, est très peuplée et couverte de rizières. Le sous-sol est riche (zinc, étain, houille, fer, etc.). DER **tonkinois, oise** *a, n*
**Histoire** Le Tonkin, inclus dans l'Annam (1802), fut conquis par les Français, qui y établirent leur protectorat (1885). Paul Doumer, gouverneur général de 1897 à 1902, en fit une véritable colonie. Après 1945, le Tonkin fut le centre de la résistance contre la France.

**Tonlé Sap** lac du centre du Cambodge, régulateur du Mékong de nov. à juin (par son émissaire, le *Tonlé Sap,* long de 112 km) ; de juil. à oct., il recueille une partie des eaux de crue du Mékong et sa superficie passe de 2 700 à 10 000 km$^2$. La pêche y est active.

**tonlieu** *nm* FEOD Taxe perçue sur les marchandises lors de leur transport ou de leur exposition dans les foires et marchés. PLUR tonlieux. ETY Du gr.

**tonnage** *nm* MAR **1** Capacité intérieure, mesurée en tonneaux, d'un navire. SYN jauge. **2** Capacité totale de plusieurs navires considérés comme un ensemble. *Le tonnage de la flotte pétrolière d'un pays.*

**tonnant, ante** *a* Qui tonne, qui fait un bruit comparable à celui du tonnerre. SYN éclatant, retentissant. *Une voix tonnante.*

**1 tonne** *nf* **1** TECH Tonneau large et fortement renflé. **2** Hutte aménagée pour la chasse à l'affût du gibier d'eau. ETY Du celt.

**2 tonne** *nf* **1** Unité de masse valant 1 000 kilogrammes SYMB t. **2** fam Très grande quantité. *Il en a mangé des tonnes.* **3** MAR Unité valant 1 000 kg, utilisée pour mesurer le déplacement et le port en lourd des navires. **4** Unité servant à mesurer la masse en charge des véhicules. *Un camion de 15 tonnes ou un 15 tonnes.* LOC fam ***En faire des tonnes :*** exagérer.

**1 tonneau** *nm* **1** Grand récipient de bois fait de douves assemblées par des cerceaux, limité à chaque extrémité par un fond plat et destiné à contenir un liquide. **2** AVIAT Figure de voltige aérienne dans laquelle l'avion effectue un tour complet autour de son axe longitudinal. **3** Mouvement d'une voiture qui se retourne sur elle-même dans un accident. LOC fam ***Du même tonneau :*** du même acabit. — ***Tonneau des Danaïdes :*** tâche à recommencer sans cesse, dont on ne voit pas la fin.

**2 tonneau** *nm* MAR Unité de volume servant à mesurer la jauge d'un navire, qui vaut 2,83 mètres cubes.

**Tonneins** ch.-l. de cant. de Lot-et-Garonne (arr. de Marmande), sur la Garonne ; 9 041 hab. Industries. DER **tonneinguais, aise** *a, n*

**tonnelet** *nm* Petit tonneau.

**tonnelier** *nm* Ouvrier, artisan qui fabrique et répare les tonneaux.

**tonnelle** *nf* Berceau de treillage couvert de verdure.

**tonnellerie** *nf* **1** Fabrication et commerce des tonneaux. **2** Ensemble de tonneaux. *La tonnellerie d'un chai.*

**tonner** *v* ① **A** *v impers* Gronder, en parlant du tonnerre. **B** *vi* **1** Faire un bruit comparable au tonnerre. *Le canon a tonné toute la nuit.* **2** Parler avec emportement, avec violence. *Tonner contre les abus.*

**tonnerre** *nm* **1** Grondement qui accompagne la foudre. **2** fig Bruit très violent et prolongé. *Le tonnerre des canons. Un tonnerre d'applaudissements.* LOC ***De tonnerre :*** qui produit un effet semblable au tonnerre. *Une voix de tonnerre.* — fam ***Du tonnerre :*** extraordinaire, étonnant ; qui suscite l'enthousiasme. ETY Du lat.

**Tonnerre** ch.-l. de cant. de l'Yonne (arr. d'Avallon), sur l'Armançon ; 6 275 hab. Vins. – Anc. hôpital (1293). Hôtel d'Uzès (XVIe s.). Égl. Notre-Dame (XIIIe-XVI[e] s.) et St-Pierre (XVIe s.). Fosse Dionne (source vauclusienne). DER **tonnerrois, oise** *a, n*

**Tönnies Ferdinand** (au Schleswig, 1855 – Kiel, 1936), sociologue allemand : *Communauté et Société* (1887).

**tonométrie** *nf* PHYS Détermination des masses molaires des corps dissous dans une solution, par mesure de l'abaissement de la tension de vapeur. ETY Du gr. *tonos,* « tension », et *-métrie.*

**tonsillaire** *a* ANAT Qui se rapporte aux amygdales. ETY Du lat.

**tonsure** *nf* **1** Petite portion circulaire du cuir chevelu, au sommet de la tête, que les ecclésiastiques gardaient rasée. **2** fam Calvitie circulaire. **3** RELIG CATHOL Cérémonie par laquelle l'évêque confère à qqn l'état ecclésiastique en lui coupant à ras les cheveux situés sur le sommet de la tête.

**tonsurer** *vt* ① **1** Faire une tonsure à. **2** Donner la tonsure au cours d'une cérémonie à.

**tonte** *nf* **1** Action de tondre. *La tonte des moutons, du gazon.* **2** Laine qui a été tondue. **3** Période de l'année où l'on tond les moutons.

**1 tontine** *nf* **1** DR Système de rentes viagères collectives, reportables sur les survivants. **2** Association de personnes qui versent de l'argent dans un fonds commun, lequel est reversé à tour de rôle à chacune d'elles ; ce fonds commun. ETY D'un n. pr. DER **tontinier, ère** *a*

**2 tontine** *nf* HORTIC Revêtement de mousse ou de paille entourant les racines d'un arbuste en cours de transplantation. DER **tontiner** *vt* ①

**tonton** *nm* Oncle, dans le langage enfantin.

**tonus** *nm* **1** MED Tension légère à laquelle est soumis tout muscle strié à l'état de repos. **2** PHYSIOL Excitabilité du tissu nerveux. **3** Énergie vitale, entrain. *Avoir du tonus.* SYN dynamisme. PHO [tɔnys] ETY Du gr.

**top(o)-, -tope** Éléments, du gr. *topos,* « lieu ».

**1 top** *nm* Bref signal sonore indiquant un moment précis. *Au quatrième top, il sera exactement 10 heures. Top de départ.* ETY Onomat.

**2 top** *a, nm* fam **A** *nm* **1** Premier rang d'une hiérarchie, apogée, sommet d'une réussite, top-niveau. **2** Partie d'une tenue féminine qui couvre le buste. **3** Top-modèle. **B** *a* très fam Qui est au top-niveau, très bon, très beau. *Ce bouquin, c'est pas top.* ETY Mot angl., « sommet ».

**topaze** *nf* **1** Pierre fine jaune composée de silicate d'aluminium fluoré $Al_2$ Si $O_4$ $F_2$. **2** Pierre fine de couleur jaune. LOC ***Fausse topaze*** ou ***topaze d'Espagne*** : quartz jaune. — ***Topaze orientale*** : corindon jaune. ETY Du nom d'une île de la mer Rouge.

**Topaze** comédie satirique de Pagnol (1928). ▷ CINE Films de Louis Gasnier en 1932, avec Jouvet ; de Pagnol, en 1936, avec Arnaudy, puis en 1950, avec Fernandel.

**top-case** *nm* Petit coffre placé à l'arrière d'une moto. PLUR top-cases. PHO [tɔpkɛz] ETY Mot angl. VAR **topcase**

**Topeka** v. des É.-U., cap. du Kansas, sur le Kansas ; 119 880 hab. Industries.

**toper** *vi* ① Donner un petit coup dans la main de son partenaire pour signifier que le marché est conclu. *Tope ! Topez là !*

**topette** *nf* **1** fam Petite bouteille de vin, d'alcool. **2** Pacifique Canette de bière. ETY Du frq.

**Töpffer** → **Toepffer.**

**tophus** *nm* MED Dépôt sous-cutané, articulaire ou rénal de sels de l'acide urique, sous forme de concrétions, qui se produit notam. chez les goutteux. PHO [tɔfys] ETY Mot lat. « pierre spongieuse ». DER **tophacé, ée** *a*

**topiaire** *a, nf* HORTIC Se dit de l'art de tailler les arbres dans un but ornemental, en leur donnant des formes architecturales ou animales. ETY Du lat. *topiarius,* « jardinier ».

**topinambour** *nm* **1** Plante vivace, herbacée de grande taille (composée), cultivée pour ses tubercules, dans les pays chauds et tempérés. **2** Ce tubercule comestible, riche en inuline. ETY Du n. d'une ethnie du Brésil.

**topinambour**

**topique** *a, n* **A** *a, nm* **1** MED Se dit de tout médicament d'application externe qui agit localement. *Un topique.* **2** RHET Relatif aux lieux communs. **B** *a* didac Qui s'applique exactement à une question, à un sujet. *Argument topique.* SYN caractéristique, typique. **C** *nf* PSYCHAN Schéma, système de l'appareil psychique profond, doué de fonctions spéciales. ETY Du gr. *topos,* « lieu ».

**Topkapi** palais du sultan à Istanbul, construit du XV^e au XIX^e s. Musée d'art islamique.

**topless** *a inv* Qui a les seins nus.

**top-modèle** *nm* Mannequin de haute couture, de niveau international. PLUR top-modèles. ETY De l'angl. VAR **top** fam

**top-niveau** *nm* fam Premier rang, sommet d'une hiérarchie. PLUR top-niveaux.

**topo** *nm* fam Plan schématique, exposé sommaire d'une question. LOC fam ***Même topo*** : même situation, même histoire.

**topographie** *nf* **1** Représentation graphique d'un lieu, avec indication de son relief. **2** Technique d'établissement des plans et cartes de terrains d'une certaine étendue. **3** Configuration d'un lieu. DER **topographe** *n* – **topographique** *a* – **topographiquement** *av*

ENC Un terrain est représenté sur un relevé topographique par sa *planimétrie* (projection sur un plan horizontal des différents détails du terrain) et par son *altimétrie* (figuration de son relief, notamment au moyen des courbes de niveau). Les relevés topographiques sont effectués à l'aide de nombreux instruments, radars en particulier, et en faisant appel à des techniques telles que la *photogrammétrie.*

**topoguide** *nm* Guide détaillé destiné aux randonneurs.

**topologie** *nf* MATH Branche des mathématiques qui étudie les propriétés de l'espace et des ensembles de fonctions au seul point de vue qualitatif, en utilisant notam. les notions de déformation et de continuité. DER **topologique** *a* – **topologue** *n*

ENC Une *structure topologique* (ou *topologie*) sur un ensemble X est un ensemble T de parties de X qui satisfait aux conditions suivantes : la réunion de toute famille d'éléments de T appartient à T ; l'intersection de toute famille finie d'éléments de T appartient à T (et donc l'ensemble X et sa partie vide appartiennent à T). Le couple formé par X et par T est appelé *espace topologique.* La topologie définit bien d'autres notions, notam. celles de voisinage, d'adhérence et de filtre, qui permettent de formaliser les notions intuitives de borne, de frontière, de limite et de continuité.

**topométrie** *nf* TECH Mesure des terrains ou territoires, par les techniques topographiques. DER **topométrique** *a*

**toponyme** *nm* LING Nom de lieu.

**toponymie** *nf* **1** LING Science qui étudie les noms de lieux. **2** Ensemble des noms de lieux d'une région, d'un pays, d'une langue. DER **toponymique** *a* – **toponymiste** *n*

**Topor Roland** (Paris, 1938 – id, 1997), dessinateur et écrivain français, à l'humour noir.

**top-secret** *a inv* fam Extrêmement secret. *Des dossiers top-secret.* ETY De l'angl.

**top-ten** *nm inv* fam Classement qui regroupe les dix meilleurs (sports, ventes, etc.). PHO [tɔpten] ETY De l'angl. *ten,* « dix ».

**toquade** *nf* fam Engouement passager, caprice. VAR **tocade**

**toquante** → **tocante.**

**toquard** → **tocard.**

**toque** *nf* **1** Coiffure ronde et sans bords. *Toque de fourrure. Toque de cuisinier.* **2** Cote attribuée aux meilleurs cuisiniers ; le cuisinier lui-même. ETY De l'esp.

**1 toqué, ée** *a, n* fam Un peu fou, cinglé.

**2 toqué, ée** *a, n* fam Se dit d'un cuisinier réputé, signalé dans certains guides gastronomiques.

**1 toquer** *vi* ① rég fam Frapper. *Toquer à la porte.* ETY Onomat.

**2 toquer (se)** *vpr* ① fam Se prendre de passion pour qqn, qqch. *Se toquer d'une femme.* SYN s'engouer.

**Tor** → **Thor.**

**Torah (la)** nom donné par les Juifs à la loi mosaïque et par ext. au Pentateuque, qui contient les Dix Commandements (ou *Décalogue* ou *la Loi*) dont la tradition attribue la rédaction à Moïse inspiré par Dieu. Le Talmud l'appellera plus tard *Torah chébiketav,* la « Loi qui est par écrit ». Parallèlement, la *Torah chébealpé,* la « Loi qui est dans la bouche », orale à l'origine, est consignée dans le Talmud. VAR **Thora**

**Torajas** peuple montagnard des Célèbes (Indonésie) ; 700 000 personnes. Leur religion associe le christianisme et les croyances traditionnelles. Leurs rites funéraires ont fait l'objet d'études. VAR **Toradjas** DER **toraja** ou **toradja** *a*

**Torbay** conurbation de G.-B. (Devon) qui dep. 1968 unit 3 villes côtières ; 122 500 hab.

**Torcello** île de la lagune de Venise, peu habitée. – Cath. XI^e s. (mosaïques).

**torche** *nf* **1** Poignée de paille tortillée, roulée en torsade. **2** TECH Tresse d'osier bordant certains ouvrages de vannerie. **3** Flambeau grossier fait d'une matière inflammable (bâton, corde, etc.) enduite de résine, de cire ou de suif. **4** Lampe électrique portative de forme généralement cylindrique. LOC ***Parachute en torche*** : dont la corolle qui ne s'est pas déployée correctement reste enroulée en torsade et ne peut ralentir la chute. — ***Torche à plasma*** : dispositif de soudage à très haute température, utilisant les plasmas. — ***Torche vivante*** : personne qui brûle vive. ETY Du lat. *torques,* « torsade ».

**torché, ée** *a* fam Exécuté d'une manière enlevée ; bien tourné.

**torche-cul** *nm* fam Écrit méprisable ou sans valeur. PLUR torche-culs.

**torchée** *nf* fam Volée de coups ; défaite infamante.

**torcher** *vt* ① fam **1** Essuyer. *Torcher le nez d'un enfant. Le chien a torché son écuelle.* **2** Exécuter vite et mal. *Torcher un travail.* SYN bâcler.

**torchère** *nf* **1** Grand candélabre destiné à recevoir des flambeaux. **2** TECH Canalisation verticale par où s'échappent et brûlent les résidus gazeux d'une raffinerie.

**torchis** *nm* CONSTR Matériau fait d'un mélange d'argile et de paille hachée.

**torchon** *nm* **1** Pièce de toile destinée à essuyer la vaisselle. **2** fam Écrit peu soigné ; écrit sans valeur. LOC fam ***Coup de torchon*** : querelle, bagarre, épuration. — ***Le torchon brûle*** : il y a une vive dispute entre deux personnes, deux groupes, etc.

**torchonner** *vt* ① fam Exécuter rapidement et sans soin.

**torcol** *nm* Oiseau voisin du pic, dont l'espèce européenne, au plumage gris-brun, hiverne en Afrique.

**Torcy** ch.-l. d'arr. de Seine-et-Marne ; 21 600 hab. Partie de la ville nouvelle de Marne-la-Vallée. DER **torcéen, enne** *a, n*

**Torcy Jean-Baptiste Colbert (marquis de)** (Paris, 1665 – id., 1746), diplomate français ; neveu de Colbert. Il conclut les traités d'Utrecht (1713) et de Rastatt (1714). Le Régent s'en sépara en 1715.

**tordage** → **tordre.**

**tordant, ante** *a* fam Très amusant, très drôle.

**tord-boyaux** *nm inv* fam Eau-de-vie très forte et de mauvaise qualité.

**Tordesillas** v. d'Espagne (Castille-León), sur le Douro ; 6 800 hab. – En 1494, l'Espagne et le Portugal y signèrent un traité qui repoussait à 370 lieues à l'O. des îles du Cap-Vert la ligne fixée en 1493 par le pape Alexandre VI pour séparer les colonies esp., à l'O., et portug., à l'E. : le Brésil revint au Portugal.

**tordeur, euse** *n* **A** TECH Personne chargée du tordage. **B** *nf* **1** Machine servant à tordre des fils. **2** ENTOM Chenille de petits papillons (tortricidés), qui roule les feuilles pour s'y abriter.

**tord-nez** *nm inv* MED VET Instrument servant à serrer les naseaux d'un cheval pour l'immobiliser afin de le soigner ou le ferrer.

**tordoir** *nm* TECH Bâton servant à tordre, à serrer une corde.

**tordre** *v* ⑥ **A** *vt* **1** Déformer un corps en tournant en sens contraire ses deux extrémités, en le pliant. *Tordre du fil, du linge. Tordre une barre de fer.* **2** Tourner violemment en forçant. *Tordre le bras à qqn. Se tordre la cheville.* **3** Tourner de travers. *Elle implorait en se tordant les mains.* **4** Déformer. *Une grimace de douleur tordait sa bouche.* **B** *vpr* **1** Se plier en deux, se tortiller sous l'effet d'une sensation ou d'une émotion vive. *Se tordre de douleur. Se tordre de rire.* **2** Se plier, se tourner en tous sens. *Racines qui se tordent.* LOC fam ***C'est à se tordre*** : c'est très drôle. — ***Tordre le cou à qqn*** : le tuer. — fam ***Tordre le nez*** : faire grise mine, manifester du dégoût. ETY Du lat. DER **tordage** *nm*

**tordu, ue** *a, n* **A** *a* Qui était droit mais ne l'est plus ; recourbé, déformé. **B** *a, n* fig, fam Bizarre, un peu fou. LOC fam ***Coup tordu*** : manœuvre rusée et malveillante.

**tore** *nm* **1** ARCHI Moulure épaisse de forme semi-cylindrique. SYN boudin. **2** GEOM Volume engendré par un cercle qui tourne autour d'un axe situé dans son plan et qui ne passe pas par son centre. ETY Du lat. DER **torique** ou **toroïdal, ale, aux** *a* ▶ pl. géométrie

**toréador** *nm* vieilli Syn. de *torero.*

**toréer** *vi* ⑪ Combattre le taureau dans l'arène, selon les règles de la tauromachie. ETY De l'esp.

**Torelli Giuseppe** (Vérone, 1658 – Bologne, 1709), compositeur et violoniste italien. Son apport fut considérable dans l'élaboration du concerto grosso et du concerto pour soliste.

**torero, torera** *n* Personne qui torée. PHO [tɔʀeʀo] – [tɔʀeʀa] VAR **toréro, toréra**

**toreutique** *nf* Bx-A Art de ciseler sur les métaux, le bois, l'ivoire. ETY Du gr.

**Torga Adolfo Correia da Rocha,** dit **Miguel** (São Marinho de Anta, 1907 – Coimbra, 1995), écrivain portugais ; poète, auteur de contes ruraux, de pièces de théâtre, d'un *Journal.*

**Torgau** v. d'Allemagne (Saxe), sur l'Elbe ; 21 220 hab. – Jonction des troupes américaines et soviétiques le 25 avr. 1945.

**torgnole** *nf* fam Coup, gifle. ETY De l'a. fr. *tornier,* « tournoyer ».

**torii** *nm* Portique placé devant les temples shintoïstes japonais. PLUR toriis ou torii. ETY Du jap.

**toril** *nm* Annexe de l'arène où sont enfermés les taureaux avant le combat. PHO [tɔʀil] ETY Mot esp.

**torique** → **tore.**

**tormentille** *nf* Potentille au rhizome astringent. ETY Du lat. *tormentum,* « tourment ».

**tornade** *nf* **1** Mouvement tourbillonnaire, très violent, de l'atmosphère. **2** fig Irruption impétueuse. ETY De l'esp.

**Torne (le)** fl. de Laponie (400 km) ; émissaire du lac *Torne träsk* (Suède), il sépare la Suède et la Finlande, et se jette dans le golfe de Botnie.

**toroïdal** → **tore.**

**toron** *nm* TECH Réunion de plusieurs fils tordus ensemble.

**toronneuse** *nf* TECH Machine servant à fabriquer des torons.

**Toronto** v. du Canada, cap. de l'Ontario, grand port sur le lac Ontario ; 635 390 hab. (aggl. urb. 5,3 millions d'hab.) (2e ville du pays). Centre financier, commercial et industriel. – Archevêché. Université. Musées. – Nommée *York* de 1796 à 1834, la ville fut la cap. du Haut-Canada qui, en 1867, devint l'Ontario. DER **torontois, oise** *a, n*

**Toronto**

**torpédo** *nf* Automobile de type ancien à carrosserie découverte, de forme allongée. ETY De l'angl. par l'esp., « torpille ».

**torpeur** *nf* **1** Engourdissement, pesanteur qui affecte l'organisme. **2** fig Engourdissement intellectuel, abattement moral, apathie. ETY Du lat.

**torpide** *a* **1** didac Caractérisé par la torpeur. **2** MED Se dit d'une lésion, d'une affection qui ne manifeste aucune tendance à l'amélioration ni à l'aggravation.

**torpillage** → **torpiller.**

**torpille** *nf* **1** Poisson sélacien des côtes océaniques et méditerranéennes, sorte de raie aux nageoires circulaires et à queue courte, qui possède un organe pouvant produire une décharge électrique. **2** MAR Engin autopropulsé, chargé d'explosifs, destiné à la destruction de navires ennemis. **3** MILIT Bombe aérienne munie d'ailettes. ETY Du lat. *torpedo,* « qui engourdit ».

**torpiller** *vt* ① **1** MILIT Attaquer, détruire à la torpille. *Torpiller un sous-marin.* **2** fig Attaquer clandestinement de manière à faire échouer. *Torpiller des négociations.* DER **torpillage** *nm*

**torpilleur** *nm* MAR **1** Bâtiment de guerre de faible tonnage destiné à lancer des torpilles. **2** Marin chargé du lancement des torpilles.

**Torquatus** → **Manlius Torquatus.**

**torque** *nm* ARCHEOL Collier de métal porté par les guerriers gaulois, puis par les soldats romains, comme récompense militaire. ETY Du lat.

**Torquemada Tomás de** (Valladolid, 1420 – Ávila, 1498), dominicain espagnol. Inquisiteur général de la péninsule Ibérique (1483), il obtint le bannissement des Juifs et ordonna des milliers d'exécutions.

**torr** *nm* PHYS Unité de pression correspondant à une hauteur de 1 mm de mercure à 0 °C et valant 133,32 pascals. ETY De *Torricelli,* n. pr.

**Torre Annunziata** v. d'Italie (Campanie), sur le golfe de Naples ; 57 100 hab. Industries. Stat. thermale.

**Torre del Greco** v. d'Italie (Campanie), au pied du Vésuve ; 104 870 hab.

**torrée** *nf* Suisse Repas champêtre constitué de saucisses et de pommes de terre cuites au feu de bois. ETY Du lat. *torrere,* « rôtir ».

**torréfacteur** *nm* **1** TECH Appareil servant à torréfier. **2** Personne qui fait commerce du café qu'il torréfie lui-même.

**torréfier** *vt* ② Soumettre certaines substances à l'action du feu. *Torréfier du café.* ETY Du lat. DER **torréfaction** *nf*

**Torremolinos** v. d'Espagne (Andalousie) ; 28 000 hab. Station balnéaire de la Costa del Sol.

**torrent** *nm* **1** Cours d'eau de montagne, à débit rapide, aux crues subites. **2** Flot, écoulement violent et abondant. *Des torrents de pluie.* **3** fig Grande quantité. *Un torrent d'injures.* ETY Du lat.

**torrenticole** *a* ECOL Se dit d'une espèce qui vit dans les torrents.

**torrentiel, elle** *a* **1** GEOGR Propre ou relatif aux torrents. **2** Qui s'écoule avec violence. *Pluie torrentielle.* PHO [tɔʀɑ̃sjɛl] DER **torrentiellement** *av*

**torrentueux, euse** *a* litt **1** Qui forme un torrent. **2** fig Torrentiel, impétueux.

**Torreón** ville du centre du Mexique ; 1,1 million d'hab. (aggl.). Centre industriel.

**Torres Luis Váez de** (XVIIe s.), navigateur espagnol. Il explora les mers australes, découvrant avec Queirós les îles nommées auj. Vanuatu. En 1606, il franchit le détroit (nommé auj. *détroit de Torres*) qui sépare la Nouvelle-Guinée et l'Australie (170 km) et joint les océans Indien et Pacifique.

**Torres Quevedo Leonardo** (Santa Cruz, prov. de Santander, 1852 – Madrid, 1936), ingénieur espagnol. Il mit au point des calculatrices révolutionnaires.

**Torres Restrepo Camilo** (Bogotá, 1929 – près de San Vincente de Chucuri, 1966), prêtre colombien. Révolté par les injusti-

**torpille**

ces, il se joignit aux guérilleros et fut tué par l'armée.

**Torricelli** Evangelista (Faenza, 1608 – Florence, 1647), mathématicien et physicien italien, disciple de Galilée. Il démontra en 1643 l'existence de la pression atmosphérique. Il établit en 1644 les lois de l'écoulement des liquides.

**torride** *a* **1** Excessivement chaud. *Zone torride.* **2** fig, fam Sensuel, érotique. *Un film torride.*

**Torrijos** Omar (Santiago de Veraguas, 1929 – dans un accident d'avion, 1981), homme politique panaméen. Porté au pouvoir par l'armée (1968), il obtint en 1977 des É.-U. qu'ils rétrocèdent la zone du canal en 1999.

**tors, torse** *a, nm* **A** *a* **1** Enroulé en torsade. *Fil tors.* **2** Tordu, difforme. *Jambes torses.* **B** *nm* TEXT Action de tordre les brins pour former le fil, la laine.

**torsade** *nf* **1** Assemblage de fils, cordons, cheveux, etc., enroulés ou tordus en hélice. **2** ARCHI Motif ornemental figurant cet assemblage. **LOC** MED ***Torsades de pointe*** : grave trouble du rythme cardiaque. DER **torsader** *vt* ①

**torse** *nm* **1** Thorax d'un être humain. *Se mettre torse nu.* **2** Bx-A Statue tronquée, corps humain représenté du cou à la ceinture, sans tête et sans membres. ETY De l'ital.

**torseur** *nm* PHYS Ensemble de deux vecteurs servant à caractériser l'action d'un système de forces sur un solide.

**torsion** *nf* **1** Action de tordre ; déformation qui en résulte. **2** PHYS Sollicitation exercée sur un solide par deux couples opposés agissant dans des plans parallèles et ayant pour effet de déformer ce solide en le tordant.

**Torstensson** Lennart (comte d'Ortala) (chât. de Torstena, 1603 – Stockholm, 1651), maréchal suédois. Il s'illustra dans la guerre de Trente Ans.

**tort** *nm* **1** Action, comportement, pensée contraire à la justice ou à la raison. *Reconnaître ses torts.* **2** Dommage, préjudice causé à qqn. *Cela lui a fait du tort.* **LOC** ***À tort*** : sans raison, injustement. — ***À tort et à travers*** : sans discernement. — ***À tort ou à raison*** : avec ou sans raison valable. — ***Avoir tort*** : n'avoir pas pour soi le droit, la vérité. — ***Avoir tort de (+ inf.)*** : ne pas être en droit de. — ***C'est un tort de croire*** : on a tort de croire. — ***Donner tort à qqn*** : condamner ses idées, sa conduite. — ***Être, se mettre en tort, dans son tort*** : être, se rendre coupable d'une action blâmable. ETY Du lat. *torquere,* « tordre ».

**Tortelier** Paul (Paris, 1914 – Villarceaux, Val-d'Oise, 1990), violoncelliste et chef d'orchestre français.

**tortellini** *nm* Pâte farcie en forme de petite couronne. ETY Mot ital.

**torticolis** *nm* Position anormale de la tête et du cou s'accompagnant d'un raidissement musculaire douloureux.

**tortil** *nm* HERALD Cercle de la couronne de baron, tortillée d'un rang de petites perles ; cette couronne.

**tortilla** *nf* CUIS **1** Au Mexique, petite crêpe de maïs. **2** En Espagne, omelette fourrée. ETY Mot ital.

**tortillard** *nm* Petit train qui fait de nombreux détours pour desservir un grand nombre de petites localités.

**tortiller** *v* ① **A** *vt* Tordre une chose sur elle-même à plusieurs reprises, tourner et retourner. *Tortiller nerveusement son mouchoir.* **B** *vpr* Se tordre sur soi-même, de côté et d'autre, s'agiter en tous sens. **LOC** fam ***Il n'y a pas à tortiller*** : à chercher des détours, à tergiverser. — ***Tortiller des hanches*** : marcher en balançant les hanches. DER **tortillage** ou **tortillement** *nm*

**tortillon** *nm* **1** Chose tortillée. *Un tortillon de papier.* **2** Estompe. **3** Bourrelet de tissu que l'on met sur sa tête pour porter un fardeau.

**tortionnaire** *nm* Personne qui torture qqn.

**tortis** *nm* Assemblage de fils tordus en même temps. ETY Du lat. *torquere,* « tordre ».

**tortricidé** *nm* Petit papillon dont les ailes antérieures sont quadrangulaires et dont la chenille est appelée *tordeuse.* ETY Du lat.

**tortu, ue** *a* litt **1** Qui est tordu, de travers. *Nez tortu.* **2** fig Qui manque de franchise ; retors. *Esprit tortu.* ETY De *tort(e),* anc. pp. de *tordre.*

**tortue** *nf* **1** Reptile tétrapode archaïque caractérisé par une carapace dorsale (dossière) et ventrale (plastron), et par la lenteur de sa marche. **2** fig, fam Personne très lente. **3** ANTIQ ROM Sorte de toit que les soldats romains faisaient en imbriquant leurs boucliers, pour se protéger des projectiles ennemis. ETY Du lat. *tartareus,* « du Tartare ».

**Tortue (île de la)** île située au N. d'Haïti, dont elle dépend. Cet îlot des Antilles servit de base aux boucaniers français (XVI^e^-XVII^e^ s.) qui, de là, vinrent coloniser Haïti.

**tortueux, euse** *a* **1** Qui fait des tours et des détours. *Sentier tortueux.* SYN sinueux. **2** fig Dépourvu de droiture, de franchise. *Comportement tortueux.* DER **tortueusement** *av*

**torture** *nf* **1** Souffrance grave que l'on fait subir volontairement à qqn, partic. pour lui arracher des aveux. **2** litt Souffrance intolérable. *En proie aux tortures du doute.* SYN tourment. **LOC** ***Mettre qqn à la torture*** : dans un embarras, une incerti-

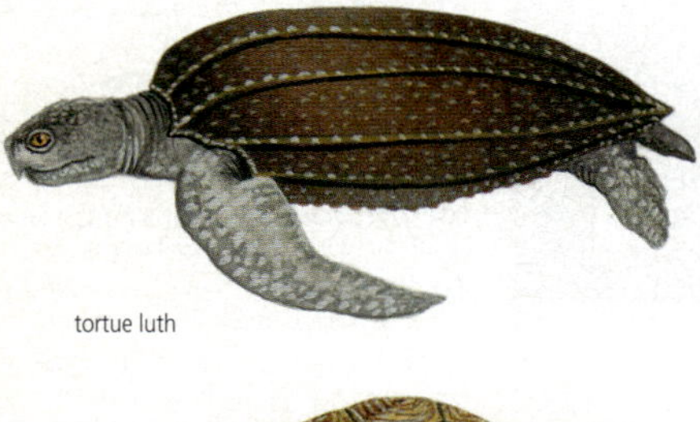
tortue luth

tortue verte

tortue d'Hermann

cistude d'Europe

tortue de Grèce

tortue à écailles

**tortues**

tude extrêmement pénibles. ETY Du lat. *torquere*, « tordre ».

**torturer** *v* ① **1** Soumettre qqn à la torture. **2** Causer une vive souffrance à qqn. *Cette obsession le torturait.* **LOC** ***Se torturer l'esprit*** : se creuser la tête, réfléchir laborieusement. DER **torturant, ante** *a*

**Toruń** (en all. *Thorn*), v. de Pologne, port sur la Vistule ; 188 030 hab. ; ch.-l. de la voïévodie du m. nom. Centre industriel. – Fondée en 1231 par les chevaliers Teutoniques, ville hanséatique, la cité natale de Copernic adhéra à la Réforme.

**torve** *a* Se dit d'un regard en coin et menaçant. ETY Du lat.

**tory** *a, n* **A** *n* En Grande-Bretagne, membre du parti conservateur. **B** *a* Relatif à ce parti. PLUR torys ou tories.

**tory (parti)** en Angleterre, groupe politique composé par les partisans de Jacques d'York (le futur Jacques II), qui, dans les années 1679-1680, défendait l'absolutisme royal et le pouvoir de l'Église anglicane. Par la suite, le parti tory manifesta un conservatisme nationaliste, s'opposant ainsi au parti whig.

**tosa** *nm* Gros chien d'attaque, d'origine japonaise.

**Tosa** famille de peintres japonais qui dirigea les ateliers impériaux de Kyōto du XIVe au XIXe s., développant le style *yamato-e*.

**Tosca** opéra vériste en 3 actes de Puccini (1900), d'après le drame de V. Sardou (1887).

**toscan** *nm* Dialecte parlé en Toscane, base de l'italien standard. **LOC** ARCHI ***Ordre toscan*** : l'un des cinq ordres de l'architecture classique, qui est une simplification du dorique grec.

**Toscane** Région d'Italie péninsulaire et de l'UE, sur la mer Tyrrhénienne, formée des provinces d'Arezzo, Florence, Grosseto, Livourne, Lucques, Massa-et-Carrare, Pise, Pistoia et Sienne ; 22 992 km$^2$ ; 3 569 900 hab. ; ch.-l. *Florence.* – Le relief est varié : Apennin toscan, collines, plaine côtière. Le climat est chaud et assez humide. L'Arno est le principal cours d'eau. Ressources : polyculture intensive (sauf dans le Chianti, rég. viticole) ; élevage ; industries traditionnelles et modernes ; tourisme très important. DER **toscan, ane** *a, n*

**Histoire** La Toscane, qui correspond à l'anc. Étrurie (V. Étrusques), fut occupée par les Lombards v. 570, prise par les Francs en 774, érigée en marche au IXe s. par les Carolingiens. En 1115, la comtesse Mathilde la légua au pape, à qui les empereurs germaniques la disputèrent. Jouant de ces dissensions, les villes s'émancipèrent. À partir du XVe s., les Médicis, seigneurs de Florence, étendirent leur autorité sur la Toscane. Le déclin s'amorça à la fin du XVIe s. De 1737 à 1859, la Toscane appartint à des Habsbourg (sauf pendant l'occupation franç. de 1799 à 1814). En 1860, elle fut rattachée au Piémont et, en 1861, au roy. d'Italie.

**Toscanini Arturo** (Parme, 1867 – New York, 1957), chef d'orchestre italien. Il triompha à Milan (Scala) et à New York. Il mit son art au service des droits de l'homme.

**Torricelli**

**A. Toscanini**

**tosque** *nm* Dialecte albanais parlé dans le sud du pays, et qui a servi de base à la langue standard.

**tosser** *vi* ① MAR Cogner de façon répétée sous l'effet du ressac.

**tôt** *av* **1** vx Vite. **2** À un moment jugé antérieur au moment habituel ou normal. *Cela arrivera plus tôt que vous ne croyez. Venez me voir le plus tôt possible.* **3** De bonne heure. *Je me suis levé tôt. J'essaierai d'arriver assez tôt.* **LOC** ***Au plus tôt*** : pas avant. — ***Il aura tôt fait de*** : il aura vite fait de. — ***Ne... pas plus tôt... que...*** : à peine... que... — ***Pas de si tôt*** ou ***pas de sitôt*** : dans un lointain avenir, peut-être jamais. — ***Tôt ou tard*** : dans un avenir indéterminé mais inévitablement. ETY Du lat. *tostus*, « grillé ».

**total, ale** *a, nm* **A** *a* **1** Qui s'étend à tous les éléments de la réalité considérée, auquel il ne manque rien. *Un dénuement total.* SYN complet, entier. **2** Qui est entier. *La somme totale.* **B** *nm* Résultat d'une addition, ou d'un ensemble d'opérations équivalentes. PLUR totaux. **C** *nf* fam Ablation de l'utérus et des ovaires. **LOC** ***Au total*** ou fam ***total*** tout compte fait, en somme, en définitive. — ***(C'est) la totale !*** : c'est le comble, le bouquet ! ETY Du lat. *totus*, « tout ». DER **totalement** *av*

**totalisant, ante** *a* PHILO Qui réunit par une synthèse.

**totalisateur, trice** *a, nm* Se dit d'un appareil qui additionne des valeurs et en indique la somme.

**totaliser** *vt* ① **1** Réunir en un total, additionner. *Totaliser des quantités.* **2** Avoir au total. *Champion qui totalise dix victoires.* DER **totalisation** *nf*

**totalitaire** *a* Se dit d'un régime, d'un État dans lequel la totalité des pouvoirs appartient à un parti unique qui ne tolère aucune opposition. DER **totalitarisme** *nm*

**totalité** *nf* Réunion de tous les éléments d'un ensemble. **LOC** ***En totalité*** : sans excepter aucun élément.

**totem** *nm* ETHNOL Animal, végétal représentant, dans de nombreuses sociétés dites « primitives », l'ancêtre d'un clan ; cet emblème. PHO [totem] ETY De l'algonquin.

**totems** à Stanley Park – Vancouver, Canada

**totémisme** *nm* ETHNOL Organisation de certaines sociétés humaines fondée sur les totems et leur culte. DER **totémique** *a*

**Totila** (« l'Immortel ») (m. à Caprare en 552), roi des Ostrogoths (541-552). Il prit Naples (v. 543) et Rome (546 et 549) et fut vaincu par Narsès. VAR **Baduila**

**totipotent, ente** *a* BIOL Se dit de certaines cellules embryonnaires, capables de produire tous les types de tissus d'un organisme. DER **totipotence** *nf*

**Totleben Edouard Ivanovitch** (Mitau, 1818 – Bad Soden, 1884), ingénieur militaire et général russe. Il se distingua à Sébastopol (1855) et à Plevna (auj. Pleven, dans le N. de la Bulgarie, 1877). VAR **Todleben**

**toto** *nm* fam, vieilli Pou.

**Totó Antonio Furst de Curtis Gagliardi Ducas Commeno di Bisanzio,** dit (Naples, 1898 – Rome, 1967), acteur comique italien : *Gendarmes et Voleurs* (1951), *Toto, misère et noblesse* (1954).

**toton** *nm* **1** Dé traversé d'une petite tige pointue sur laquelle on le fait tourner. **2** Petite toupie. ETY Du lat. *totum*, « tout », inscrit sur une face du dé.

**Totonaques** peuple de l'Amérique précolombienne, qui s'établit vers le Ve s. apr. J.-C. sur le golfe du Mexique et fut soumis au XVe s. par les Aztèques. El Tajín (près de Veracruz) fut leur capitale : pyramide à niches, palais, jeux de pelote. DER **totonaque** *a*

**touage** → **touer.**

**Touamotou** → **Tuamotu.**

**touareg** *nm* LING Syn. de *tamacheq*.

**Touaregs** populations berbères nomades du Sud saharien (Algérie, Burkina Faso, Mali, Niger, Libye) ; 900 000 personnes. Islamisés, les Touaregs ont conservé leur langue, le *tamacheq* ou *touareg*, et leur alphabet, le *tifinagh*. Leur système matrilinéaire accorde un rôle important aux femmes. Nomades, ils élevaient surtout des chameaux et leurs guerriers ont longtemps pillé les caravanes. La colonisation, puis la décolonisation (avec l'établissement de frontières entre États), l'introduction de camions, la sècheresse ont déstructuré l'économie des Touaregs. On a vu croître les tensions ethniques avec les populations noires que les guerriers touaregs réduisaient naguère en esclavage. Au Niger, le problème touareg s'est posé dès les années 1970, notam. quand la sècheresse a frappé le Sahel. Au Mali, les affrontements des Touaregs avec le pouvoir central ont culminé en 1994-1995. VAR **Targuis** DER **touareg, ègue** ou **targui, ie** *a* (certains font de *touareg* un nom et un adjectif invariable car, en touareg, ce mot est le pluriel de *targui*.)

**Touat** groupe d'oasis du Sahara algérien, à l'O. du Tademaït. Centre princ. *Adrar*.

**toubab** *n, a* Afrique **1** Européen, Blanc. **2** péjor Africain qui se comporte comme les Blancs. (On trouve le fém. *toubabesse*). ETY De l'ar.

**toubib** *nm* fam Médecin. PHO [tubib]

**Toubkal (djebel)** point culminant du Maghreb (4 165 m), dans le Haut Atlas marocain.

**Toubouaï** → **Tubuaï.**

**Toubous** peuple du Sahara, qui nomadise aux confins de la Libye (Fezzan) et du Tchad (Tibesti). Ils parlent une langue nilo-saharienne du groupe saharien. VAR **Tubus, Tedas** DER **toubou, oue** *a*

**toucan** *nm* Oiseau d'Amérique du Sud (piciforme), au bec énorme, au plumage éclatant.

**toucan** toco

**Toucan (le)** constellation de l'hémisphère austral ; n. scientif. : *Tucuna, Tucunae*.

**1 touchant** *prép* vieilli, litt Au sujet de. *Il n'a rien dit touchant cette affaire.*

**2 touchant, ante** *a* Qui touche en attendrissant.

**touchau** *nm* TECH Étoile d'or ou d'argent, dont chaque branche est à un titre différent, utilisée pour le contrôle des métaux précieux. (VAR) **toucheau**

**touche** *nf* **1** Fait, pour un poisson, de mordre à l'hameçon. **2** Coup qui atteint l'adversaire, à l'escrime. **3** Épreuve que l'on fait subir à l'or ou à l'argent au moyen de la pierre de touche ou du touchau. **4** Manière dont un peintre applique la couleur sur la toile ; coup de pinceau. *Procéder par petites touches.* **5** fig Élément distinctif à l'intérieur d'un ensemble. *Mettre une touche d'humour dans une description.* **6** fam Allure, aspect de qqn. *Il a une drôle de touche.* **7** SPORT Au rugby, au football, etc., chacune des deux lignes de démarcation latérales du terrain, au-delà desquelles le ballon n'est plus en jeu. *Ligne de touche.* **8** SPORT Sortie du ballon au-delà de la ligne de touche ; sa remise en jeu ; manière de jouer cette remise en jeu. *Touche longue.* **9** MUS Chacune des petites tablettes noires ou blanches qui forment le clavier d'un orgue, d'un piano, etc. **10** Partie du manche d'un instrument à cordes contre laquelle on presse ces dernières avec les doigts. **11** TECH Petite commande manuelle. *Touche d'un magnétophone.* **LOC** fam ***Avoir une touche, la touche avec qqn*** : lui plaire. — fam ***Botter, dégager en touche*** : se décharger d'une responsabilité. — fam ***Faire une touche*** : plaire, provoquer une certaine attirance chez qqn qu'on rencontre. — fam ***La sainte touche*** : le jour de la paie. — ***Pierre de touche*** : morceau de jaspe noir servant à éprouver l'or ou l'argent ; fig ce qui permet de vérifier la valeur, la solidité de qqn ou de qqch. — fam ***Sur la touche*** : tenu à l'écart d'une activité. — INFORM ***Touche de fonction*** : dont l'action déclenche l'exécution d'un programme.

**touche-à-tout** *n inv, a inv* Se dit de qqn qui s'occupe de beaucoup de choses sans s'y consacrer à fond, qui est instable, superficiel.

**touche-pipi** *nm* **LOC** fam ***Jouer à touche-pipi*** : se toucher par jeu les parties génitales, en parlant des enfants.

**1 toucher** *v* ① **A** *vt* **1** Mettre la main sur, se mettre en contact avec qqn, qqch. *Toucher qqch du pied.* **2** Entrer en contact avec. *Voiture qui touche le trottoir en reculant.* **3** Atteindre avec une arme, un projectile. *Il a été touché au bras.* **4** Recevoir une somme d'argent. *Toucher ses appointements.* **5** Entrer en communication avec qqn. *Toucher qqn par téléphone.* **6** Atteindre qqn dans sa sensibilité. *La remarque l'a touché au vif.* **7** Être en contact avec. *Ma maison touche la sienne.* **8** Avoir un rapport avec, concerner. *Ce qui touche cette affaire m'intéresse.* **9** Avoir des liens de parenté avec. *Il a perdu qqn qui le touche de près.* **B** *vti* **1** litt Être en contact avec. *Clocher qui semble toucher au ciel.* **2** Mettre la main en contact avec. *Cet enfant touche à tout.* **3** Se servir, faire usage de. *Il jura de ne plus toucher à un fusil.* **4** Prélever une partie de. *Ne pas toucher à un mets, à ses économies.* **5** Apporter un changement à. *Toucher à un texte.* **6** Être presque arrivé à un terme. *Toucher à sa fin. Toucher au but.* **7** Parvenir à un point, une question au cours d'un développement. *Nous touchons maintenant à un problème important.* **C** *vi* **1** MAR Toucher le fond, un rocher, etc., en parlant d'un navire. **2** En escrime, atteindre son adversaire. **D** *vpr* Être contigu. *Leurs maisons se touchent.* **LOC** ***Toucher du bois*** : par superstition, pour détourner le malheur. — MAR ***Toucher le port*** : y aborder, y mouiller. — fam ***Toucher sa bille*** : être très compétent dans son domaine. — fam ***Toucher un mot de qqch à qqn*** : lui en parler sans s'étendre. (ETY) Du lat.

**2 toucher** *nm* **1** Un des cinq sens, par lequel nous percevons, par contact ou palpation, certaines propriétés physiques des corps. *Surface rude au toucher.* **2** Impression produite par un corps que l'on touche. *Un tissu au toucher soyeux.* **3** MUS Sensibilité dans le jeu de certains instruments. **4** MED Mode d'exploration manuelle de certaines cavités naturelles. *Toucher rectal.* **5** SPORT Manière dont un tennisman, un footballeur, etc., reçoit et renvoie la balle ou le ballon.

**Touchet** Marie (Orléans, 1549 – Paris, 1638), maîtresse de Charles IX dont elle eut (1573) un fils, Charles de Valois.

**touche-touche (à)** *av* fam En se touchant presque (personnes, véhicules).

**toucheur, euse** *n* TECH vx Personne qui conduit les bestiaux.

**Touchez pas au grisbi** film de J. Becker (1953), d'apr. le roman (1953) d'Albert Simonin, avec J. Gabin et J. Moreau.

**Toucouleurs** peuple établi princ. au Sénégal et dans le S. de la Mauritanie. Ils ont été assimilés par les Peuls, dont ils parlent la langue. Leur religion est l'islam. – À partir de 1854, Al Hadj Omar fonda un *Empire toucouleur* qui s'étendait du Sénégal à Tombouctou et qui résista à la France jusqu'en 1893. (DER) **toucouleur, eure** *a*

**toue** *nf* MAR Bateau plat transportant des marchandises d'un navire à un autre ou à la côte, ou servant de bac.

**touée** *nf* MAR Chaîne servant à touer ; cordage ou chaîne filée pour le mouillage.

**touer** *vt* ① MAR Faire avancer un navire par traction sur une chaîne immergée. (ETY) Du frq. (DER) **touage** *nm*

**toueur** *nm* MAR Remorque qui prend appui sur une chaîne de touage.

**touffe** *nf* Assemblage de choses qui poussent naturellement serrées. *Une touffe d'herbe, de poils.* (ETY) De l'alémanique.

**touffeur** *nf* litt Chaleur lourde, étouffante. (ETY) De *étouffer.*

**touffu, ue** *a* **1** Qui se présente en touffes, qui est épais. *Bois touffu.* **2** fig Confus par excès de densité, de complexité. *Discours touffu.*

**Tou Fou** → **Du Fu.**

**Touggourt** v. d'Algérie, dans le N. du Sahara oriental, dans une oasis ; 39 400 hab. Centre admin., comm. et touristique.

**touille** *nf* Syn. de *lamie.*

**touiller** *vt* ① fam Remuer qqch pour mélanger les éléments. *Touiller une pâte, la salade.* (ETY) Du lat. *tudiculare*, « broyer ». (DER) **touillage** *nm*

**touillette** *nf* Bâtonnet servant à touiller la boisson servie par un distributeur automatique.

**toujours** *av* **1** Pendant la totalité d'une durée considérée. *Elle est toujours prête à rendre service.* **2** D'une façon qui se répète invariablement. *Il prend toujours la même route.* **3** Encore, en parlant de qqch qui continue. *Je ne lui ai toujours pas pardonné.* **4** En tout état de cause, quoi qu'il en soit. *Prenez toujours cet acompte.* **LOC** ***Comme toujours*** : comme dans tous les autres cas, les autres circonstances. — ***Depuis toujours*** : depuis très longtemps. — ***Pour toujours*** : pour toute la durée de l'avenir, sans esprit de retour. — ***Presque toujours*** : très souvent. — ***Toujours est-il que...*** : ce qu'il y a de sûr, en tout cas, c'est que... (ETY) De *tous*, et *jours.*

**Toukhatchevski** Mikhaïl Nikolaïevitch (gouv. de Smolensk, 1893 – Moscou, 1937), maréchal soviétique. Chef d'état-major général de 1924 à 1928, commissaire adjoint à la Défense (1931), il fut accusé de trahison en 1937 et exécuté. Réhabilité en 1961.

**T'ou-kine** → **Tujue.**

**Toul** ch.-l. d'arr. de Meurthe-et-Moselle, sur la Moselle et sur le canal de la Marne au Rhin ; 16 500 hab. – Enceinte de Vauban. Égl. XIII$^{e}$-XVI$^{e}$ s. Anc. cath. XIII$^{e}$-XV$^{e}$ s. – Cité gallo-romaine, évêché dès le IV$^{e}$ s., Toul fut l'un des Trois-Évêchés qu'occupa Henri II en 1552. (DER) **toulois, oise** *a, n*

**Toula** v. de Russie, au S. de Moscou ; 493 800 hab. ; ch.-l. de prov. Industries.

**touladi** *nm* Canada Grande truite grise à taches pâles. (ETY) Mot amérindien.

**Toulet** Paul-Jean (Pau, 1867 – Guéthary, Pyr.-Atl., 1920), écrivain français : *Contrerimes* (1910-1921), *la Jeune Fille verte* (roman satirique, 1918-1919).

**Toulon** ch.-l. du dép. du Var (depuis 1974) ; 165 900 hab. (405 000 dans l'aggl.). Aéroport (à *Hyères*). – Import. port militaire (en raison de la protection qu'offre sa rade). – Industries. – Évêché. Université. Égl. XVII$^{e}$ s. (partie du XII$^{e}$ s.). (DER) **toulonnais, aise** *a, n*

**Histoire** Henri IV y implanta un arsenal (1595) ; Colbert et Vauban en firent la base de la flotte française en Méditerranée. En août 1793, une révolte royaliste la livra aux Anglais ; Bonaparte la reprit en déc. En 1942, lorsque l'Allemagne occupa la zone libre, la flotte française s'y saborda.

**touloupe** *nf* Vêtement en peau de mouton des paysans russes ; cette peau elle-même. (ETY) Mot russe.

**Toulouse** ch.-l. du dép. de la Haute-Garonne et de la Région Languedoc-Roussillon-Midi-Pyrénées, sur la Garonne ; 426 200 hab. (661 000 dans l'aggl.). Aéroport (*Blagnac*). Dep. 1993, le ville est dotée d'un métro. – Les industries se sont développées après 1920, et surtout depuis 1950 (industr. aérospatiale, notam.). – Archevêché. Université. Basilique romane St-Sernin (XI$^{e}$-XII$^{e}$ s.). Égl. XIII$^{e}$ s. Cath. St-Étienne (XII$^{e}$-XV$^{e}$ s.). Capitole (XVIII$^{e}$ s., auj. hôtel de ville). Musée des Augustins (Bx-A.). (DER) **toulousain, aine** *a, n*

**Histoire** Cap. des Volques, cité romaine (v. 120-100 av. J.-C.), Toulouse devint un évêché au III$^{e}$ s. Cap. des Wisigoths (début du V$^{e}$ s.), conquise par les Francs (507), elle fut la cap. du royaume d'Aquitaine, puis du *comté de Toulouse*, créé au IX$^{e}$ s. et qui s'étendait sur le Languedoc. Frappés par la croisade des albigeois (début du XIII$^{e}$ s.), la ville et son comté furent rattachés à la France en 1271. Après une période d'éclat (création en 1323 d'un concours de poésie : *jeux Floraux*), la ville végéta du XVII$^{e}$ au XIX$^{e}$ s.

**Toulouse** le pont Neuf, sur la Garonne

**Toulouse** Louis Alexandre de Bourbon (comte de) (Versailles, 1678 – Rambouillet, 1737), fils légitimé de Louis XIV et de M$^{me}$ de Montespan, grand amiral de France.

**Toulouse-Lautrec** Henri de (Albi, 1864 – chât. de Malromé, Gironde, 1901), peintre, lithographe et affichiste français. Atteint d'une maladie des os, il resta boiteux et anormalement petit. En 1881, à Paris, il étudia la peinture, puis il peignit les cabarets, les bals, les maisons closes, le cirque, Jane Avril, la Goulue.

**Toumaï** nom donné à un fossile d'hominidé découvert au Tchad en 2001 et vieux de 7 millions d'années.

**toundra** *nf* Milieu naturel des zones périphériques des pôles, dont la végétation est constituée de mousses, de lichens, de graminées, de cypéracées et de quelques arbrisseaux. PHO [tundʀa] ETY Mot russe.

**toungouse** *nm* LING Langue de la famille turco-mongole. VAR **toungouze**

**Toungouses** groupes ethniques de la Sibérie orientale, parlant des dialectes toungouses ; env. 60 000 personnes, en voie d'assimilation en Chine et en Russie. VAR **Toungouzes** DER **toungouse** ou **toungouze** *a*

**Toungouska (la)** nom de trois riv. de Sibérie, affl. de l'Ienisseï (r. dr.) ; les *Toungouska inférieure* (2 640 km), *moyenne* ou *pierreuse* (1 550 km) et *supérieure* ou *Angara.* – Le 30 juin 1908, un cataclysme frappa la région de la Toungouska moyenne, dû sans doute à l'explosion dans l'atmosphère d'un fragment de comète.

**toupaye** *nm* Petit mammifère à museau allongé, primate primitif d'Inde et de Malaisie, proche des lémuriens. PHO [tupaj] ETY Mot malais. VAR **toupaïe**

**toupet** *nm* **1** Touffe de cheveux, partic., en haut du front. **2** fig, fam Hardiesse effrontée, aplomb. *Avoir un drôle de toupet.* ETY Du frq.

**toupie** *nf* **1** Jouet de forme plus ou moins arrondie, muni d'une pointe sur laquelle on le fait tourner. **2** TECH Machine à bois généralement constituée d'une table traversée d'un arbre tournant vertical sur lequel on peut monter divers outils. SYN toupilleuse. ETY Du frq.

**toupiller** *vi* ① TECH Travailler le bois avec une toupie. DER **toupillage** *nm*

**toupilleur, euse** *n* **A** Personne qui travaille le bois avec une toupie. **B** *nf* Syn. de *toupie.*

**toupine** *nf* Suisse, Provence Pot de grès.

**touque** *nf* Récipient de métal dans lequel on transporte certaines substances. *Touque d'eau douce sur un navire.* ETY Du prélatin, « courge ».

**Touques (la)** fl. de Normandie (108 km) ; arrose Lisieux et Pont-l'Évêque ; se jette dans la Manche entre Deauville et Trouville.

**Touquet-Paris-Plage (Le)** commune du Pas-de-Calais (arr. de Montreuil) ; 5 299 hab. Import. station balnéaire. DER **touquettois, oise** *a, n*

**1 tour** *nm* **1** Mouvement de rotation. *Un tour de roue. Tour de vis, de clef.* **2** GEOM Unité d'angle hors système égale à 2 π radians, c.-à-d. à l'angle que doit décrire un point pour effectuer un tour complet (symb. tr). **3** Chose qui en entoure une autre. **4** Circonférence, courbe limitant un corps, un lieu. *Tour de taille.* **5** Parcours plus ou moins circulaire autour d'un lieu. *Tour de piste.* **6** Tracé sinueux. *Les tours et les détours d'un labyrinthe.* **7** Action, mouvement dont l'accomplissement exige des aptitudes particulières. *Tour de prestidigitation, de passe-passe.* **8** Action dénotant de la ruse, de la malice. *Jouer un mauvais tour à qqn.* **9** Manière dont se présente qqch. *Affaire qui prend un tour dramatique.* **10** Façon d'exprimer sa pensée par la construction de la phrase. *Un tour familier.* **11** Moment auquel qqn accomplit une action, dans une suite d'actions semblables accomplies par des personnes différentes. *Je passerai à mon tour.* LOC fam ***À tour de bras :*** de toute sa force. — ***À tour de rôle :*** l'un après l'autre, chacun à son tour. — Belgique ***Avoir le tour :*** savoir s'y prendre, être habile. — Suisse ***Donner le tour :*** évoluer vers la guérison (maladie) ; terminer un travail de façon satisfaisante. — ***En un tour de main :*** très rapidement. — ***Faire le tour de :*** faire un circuit autour de ; s'étendre autour de ; fig considérer un problème rapidement dans son ensemble. — ***Faire son tour de France :*** pour les compagnons, voyager en travaillant dans différentes villes pour se perfectionner. — ***Faire un tour :*** une petite promenade. — ***Moteur qui part au quart de tour :*** à la première impulsion du démarreur. — ***Tour à tour :*** en alternance dans le temps. — ***Tour de chant :*** représentation comportant plusieurs chansons, donnée par un chanteur. — ***Tour de chauffe :*** tour d'entraînement effectué avant le départ d'une course de formule 1 ; fig phase de préparation d'une entreprise. — ***Tour de cou :*** fourrure, ruban, etc., se mettant autour du cou. — ***Tour de force :*** action difficile considérée comme un exploit. — ***Tour de main :*** manière de faire nécessitant une habileté manuelle acquise par la pratique. — ***Tour de reins :*** distension douloureuse des muscles lombaires. — ***Tour d'esprit :*** disposition à considérer les choses d'une certaine manière. — TECH ***Tour par minute, par seconde :*** unité de vitesse angulaire (symb. tr/min, tr/s). ETY De *tourner.*

**2 tour** *nm* **1** Machine-outil utilisée pour façonner des pièces de bois, de métal, etc., en les faisant tourner sur elles-mêmes. **2** Plateau pivotant auquel le potier imprime un mouvement de rotation pour modeler l'argile qui s'y trouve posée. **3** Sorte d'armoire cylindrique tournant sur un pivot, placée dans l'épaisseur d'un mur ou d'une cloison, permettant des échanges de l'extérieur à l'intérieur. ETY Du lat. *tornus.*

**3 tour** *nf* **1** Bâtiment dont la hauteur est importante par rapport à ses autres dimensions, faisant corps avec un édifice qu'il domine, ou isolé. *Les tours d'une cathédrale. Habiter au trentième étage d'une tour.* **2** Au jeu d'échecs, pièce en forme de tour crénelée se déplaçant sur la verticale ou l'horizontale. **3** INFORM Unité centrale d'un microordinateur, distincte du moniteur. LOC AVIAT ***Tour de commande*** ou ***tour de contrôle :*** bâtiment dominant un aérodrome, d'où est assurée la régulation du trafic aérien. — TECH ***Tour de forage :*** syn. de *derrick.* — ESP ***Tour de lancement :*** ouvrage à partir duquel est effectué le lancement d'un engin spatial — ***Tour d'ivoire :*** retraite hautaine, isolement volontaire. ETY Du lat. *terris.*

**Henri de Toulouse-Lautrec**
*la Toilette*, 1896 – musée d'Orsay, Paris

**touraco**

**touraco** *nm* Oiseau africain (cuculiforme), au plumage le plus souvent à dominante verte, à bec court et aux ailes arrondies.

**touraillage** *nm* Arrêt de la germination de l'orge par dessiccation des grains.

**touraille** *nf* Étuve à air chaud servant, dans les malteries, au touraillage. ETY Mot picard, du lat. *torrere,* « rôtir, brûler ».

**touraillon** *nm* Germes d'orge desséchés à la touraille.

**touraine** *nm* Vin AOC rouge (chinon, bourgueil) ou blanc (vouvray) d'Indre-et-Loire.

**Touraine** rég. et anc. prov. de France, un peu plus vaste que le dép. d'Indre-et-Loire ; cap. *Tours.* Aux plateaux crayeux s'opposent les riches vallées de la Loire (vignobles, arboriculture, primeurs) et de ses affl. de gauche (Cher, Indre, Vienne). Les châteaux de Touraine attirent les touristes. DER **tourangeau, elle** *a, n*
**Histoire** Anc. pays des Celtes Turones, la Touraine forma un comté (Xe s.) que se disputèrent la France et l'Angleterre à partir du XIIe s. En 1584, elle fut réunie à la Couronne. Aimée des rois de France, elle se couvrit de châteaux (V. Loire [châteaux de la]), puis fut abandonnée au profit de Paris et de Versailles.

**Touraine Alain** (Hermanville-sur-Mer, Calvados, 1925), sociologue français : *la Conscience ouvrière* (1966), *l'Après-Socialisme* (1980).

**Tourane** → **Da Nang.**

**tourangeau** → **Touraine** et **Tours.**

**1 tourbe** *nf* litt Multitude, foule. ETY Du lat.

**2 tourbe** *nf* Combustible noirâtre, souvent spongieux, au faible pouvoir calorifique, constitué de végétaux plus ou moins décomposés (essentiellement sphaignes) et qui se forme dans les tourbières. ETY Du frq. DER **tourbeux, euse** *a*

**tourber** *vi* ① TECH Extraire de la tourbe.

**tourbier, ère** *a, n* **A** *a* Qui contient de la tourbe. **B** *n* Exploitant d'une tourbière. **C** *nf* Lieu où se forme la tourbe ; gisement de tourbe.

**tourbillon** *nm* **1** Masse d'air qui se déplace dans un mouvement tournant impétueux. **2** Ce mouvement, caractérisé par les matières qu'il déplace avec force. *Tourbillons de poussière.* **3** PHYS Mouvement en spirale des particules d'un fluide. **4** Masse d'eau tournant avec violence autour d'une dépression. **5** fig Agitation tumultueuse dans laquelle on est entraîné. *Le tourbillon des plaisirs.* ETY Du lat. DER **tourbillonnaire** *a*

**tourbillonner** *vi* ① **1** Former un tourbillon ; se mouvoir dans un tourbillon, tournoyer rapidement. *Les feuilles mortes tourbillonnent.* **2** fig Être l'objet d'une agitation semblable à un tourbillon. *Toutes ces idées tourbillonnaient dans sa tête.* DER **tourbillonnant, ante** *a* – **tourbillonnement** *nm*

**Tourcoing** ch.-l. de cant. du Nord. La v. forme, avec Lille et Roubaix, une import. conurbation ; 93 540 hab.. Centre industriel. DER **tourquennois, oise** *a, n*

**tourd** *nm* ZOOL Nom cour. de divers labres méditerranéens.

**Tour d'écrou (le)** nouvelle de H. James (1898). ▷ MUS Britten en a tiré un opéra de chambre (1954), créé en 1958.

**Tour de France** course cycliste par étapes créée en 1903 par le Français Henri Desgrange (1865 – 1940). Elle se dispute chaque année en juillet. Plus courts, le Tour de l'Avenir, réservé aux amateurs, et le Tour féminin ont été créés en 1961 et 1984.

**Tour de la France par deux enfants (le)** ouvrage éducatif (1877) de

Mme Alfred Fouillée (1833 – 1923), publié sous le pseudonyme de G. Bruno.

**Tour de Nesle (la)** drame en prose en 5 actes et 9 tableaux (1832) d'A. Dumas père et Frédéric Gaillardet (1808 – 1882).

**tourdille** *am* LOC ***Gris tourdille*** : d'un gris jaune, en parlant de la robe d'un cheval.

**Tour du monde en quatre-vingts jours (le)** roman de J. Verne (1873).

**Tour-du-Pin (La)** ch.-l. d'arr. de l'Isère ; 8 038 hab. Industries. – Hôtel de ville XVIe s. DER **turripinois, oise** *a, n*

**Touré** Sékou (Faranah, 1922 – Cleveland, Ohio, 1984), homme politique guinéen. Champion du « non » au référendum de 1958 sur la Communauté française, il proclama l'indépendance de la Guinée, dont il fut le président de la Rép. (1958 – 1984). Il instaura une dictature socialiste qui ruina le pays.

**tourelle** *nf* **1** ARCHI Petite tour. **2** MILIT Abri blindé orientable renfermant les pièces d'artillerie. **3** TECH Dispositif mobile autour d'un axe qui peut placer en position de travail les outils d'un tour automatique, l'objectif d'une caméra.

**touret** *nm* TECH **1** Plateau tournant sur lequel on dispose une meule ou des disques abrasifs. **2** Petit tour des graveurs en pierres fines. **3** Dévidoir servant à enrouler des lignes, des câbles, etc.

**Tourette (syndrome de)** *nm* NEUROL Maladie consistant en d'incoercibles accès de tics et de grimaces. DER **tourettien, enne** *a, n*

**Tourfan** oasis de l'O. de la Chine (Xinjiang) où s'arrêtaient les caravanes de la route de la soie. – Non loin, *grottes des Mille Bouddhas*.

**Tourgueniev** Ivan Sergueïevitch (Orel, 1818 – Bougival, 1883), écrivain russe. Après des démêlés avec la censure, il publia *Récits* (ou *Mémoires) d'un chasseur* (1852), nouvelles réalistes. Autorisé à quitter la Russie en 1856, il vécut en Allemagne et en France. Romans : *Roudine* (1856), *Pères et Fils* (1862), *Fumée* (1867), *Terres vierges* (1877) ; nouvelles : *Premier Amour* (1860), *les Eaux printanières* (1871).

Ivan Tourgueniev

**tourie** *nf* TECH Bonbonne de verre ou de grès entourée d'osier.

**tourière** *a, nf* Se dit de la religieuse dans un couvent chargée des relations avec l'extérieur.

**tourillon** *nm* TECH **1** Nom de divers axes ou pivots. **2** Pièce métallique servant à assujettir un canon sur un affût.

**tourin** *nm* CUIS Potage à l'ail du Sud-Ouest.

**tourisme** *nm* **1** Activité de loisir qui consiste à voyager pour son agrément. *Faire du tourisme.* **2** Ensemble des services et des activités liés à l'organisation des déplacements des touristes. *Office du tourisme.* **3** Le fait de se rendre dans un pays afin de s'y procurer un service interdit dans son propre pays ou à des conditions plus avantageuses. *Tourisme sexuel. Tourisme chirurgical.* LOC ***Avion, voiture de tourisme*** : d'usage privé. — ***Tourisme d'affaires*** : activité engendrée par les congrès, colloques, stages d'entreprises, etc. ETY De l'angl.

**tourista** *nf* Diarrhée frappant les touristes qui arrivent dans un pays tropical. ETY De l'esp. VAR **turista**

**touriste** *n* Personne qui voyage pour son agrément. LOC ***Classe touriste*** : classe inférieure, sur les paquebots, les avions. SYN classe économique.

**touristique** *a* **1** Relatif au tourisme. *Dépliant touristique.* **2** Fréquenté par les touristes. *Région touristique.*

**Tourlaville** ch.-l. de cant. de la Manche (arr. de Cherbourg) ; 16 574 hab.

**Tourmalet (col du)** col des Hautes-Pyrénées (2 115 m), entre le gave de Pau et l'Adour.

**tourmaline** *nf* MINER Silicate complexe de bore et d'aluminium, qu'on rencontre dans les roches éruptives et métamorphiques où il donne de beaux cristaux aciculaires verts, noirs, rougeâtres, utilisés en joaillerie. ETY Du cingalais.

**tourment** *nm* **1** litt Très grande souffrance, surtout d'ordre moral. *Sa jalousie lui fait endurer mille tourments.* **2** Grande inquiétude, grave souci. *Cette affaire me donne bien du tourment.* ETY Du lat.

**tourmente** *nf* **1** litt Bourrasque, tempête violente. **2** fig Troubles graves, déchaînement de violence. *La tourmente révolutionnaire.*

**tourmenté, ée** *a* **1** En proie à un tourment moral. *Âme tourmentée.* **2** Très irrégulier. *Relief tourmenté.* **3** Agité. *Mer tourmentée.* **4** fig Troublé, agité. *Une époque tourmentée.* **5** LITTER, Bx-A Qui manque de simplicité. *Style tourmenté.*

**tourmenter** *v* ① **A** *vt* **1** vieilli Faire souffrir. *Cet enfant est tourmenté par ses dents.* **2** Importuner, ennuyer sans cesse, harceler. **3** Préoccuper vivement, obséder. *Le remords le tourmente.* **B** *vpr* S'inquiéter vivement, se tracasser.

**tourmenteur, euse** *n, a* litt Qui tourmente, persécute qqn.

**tourmentin** *nm* MAR Petit foc utilisé par mauvais temps.

**tournage** *nm* **1** TECH Action de façonner au tour. **2** CINE, AUDIOV Action de tourner un film.

**Tournai** (en néerl. *Doornik*), v. de Belgique (Hainaut), sur l'Escaut ; 67 910 hab. Industries. – Cath. XIIe-XIIIe s. Beffroi XIe-XIIIe s. Halle aux Draps XVIIe s. Maisons anc. Musées. DER **tournaisien, enne** *a, n*

**tournailler** *vi* ① fam Errer paresseusement en tournant en rond.

**tournant, ante** *a, n* **A** *a* **1** Qui tourne, pivote. *Pont tournant.* **2** Qui contourne. *Mouvement tournant.* **3** Qui concerne à tour de rôle les membres d'un groupe. *Présidence tournante.* **B** *nm* **1** Endroit où une voie change de direction en formant un coude. **2** fig Moment où le cours des évènements change de direction ; évènement qui marque ce changement. *Être à un tournant de sa vie.* **C** *nf* **1** Tour de rôle. *La tournante des postes gouvernementaux.* **2** Viol en réunion, pratiqué notamment dans le milieu des adolescents. LOC fam ***Avoir qqn au tournant*** : le surprendre à la première occasion.

**tourne** *nf* **1** PRESSE Suite d'un article de journal continué sur une autre page. **2** TECH Altération du vin, de la bière, du lait due à une bactérie ; cette bactérie.

**tourné, ée** *a* **1** Façonné au tour. *Table aux pieds tournés.* **2** Qui a une certaine tournure. *Lettre bien tournée.* **3** Qui a une certaine allure. *Une femme bien tournée.* **4** Orienté. *Maison tournée vers le levant.* **5** Altéré, aigri. *Lait tourné.*

**tourne-à-gauche** *nm inv* **1** Outil servant à serrer une tige pour la faire tourner sur elle-même. **2** Outil servant au filetage d'une tige.

**tournebouler** *vt* ① fam Bouleverser, retourner qqn.

**tournebroche** *nm* Dispositif servant à faire tourner la broche à rôtir.

**tourne-disque** *nm* Appareil à plateau tournant et tête de lecture, sur lequel on passe des disques. SYN électrophone. PLUR tourne-disques.

**tournedos** *nm* CUIS Tranche de filet de bœuf, généralement bardée.

**tournée** *nf* **1** Voyage effectué selon un itinéraire fixé, en s'arrêtant à divers endroits. *Tournée d'une compagnie théâtrale.* **2** fam Consommations offertes par qqn à tous ceux qui sont avec lui. *Payer sa tournée.* **3** fam, vieilli Volée de coups.

**Tournefeuille** com. de la Haute-Garonne (arr. de Toulouse) ; 25 764 hab.

**Tournefort** Joseph Pitton de (Aix-en-Provence, 1656 – Paris, 1708), voyageur et botaniste français. Il classa les plantes selon leurs fleurs.

**tournemain (en un)** *av* litt En un instant, en un tour de main.

**Tournemine** René Joseph de (Rennes, 1661 – Paris, 1739), jésuite français ; directeur du *Journal de Trévoux* de 1701 à 1728.

**Tournemire** Charles (Bordeaux, 1870 – Arcachon, 1939), organiste et compositeur français.

**tournepierre** *nm* Oiseau charadriiforme au plumage roux et noir, qui retourne les galets pour chercher les petits animaux dont il se nourrit. PLUR tourne-pierres. VAR **tourne-pierre**

**tourner** *v* ① **A** *vt* **1** Imprimer un mouvement de rotation à. *Tourner une broche. Tourner la tête.* **2** Présenter qqch sous une autre face ; retourner. *Tourner les pages d'un livre. Elle se tourna, offrant ainsi son meilleur profil.* **3** Diriger, porter dans une direction. *Tourner les yeux vers le ciel.* **4** fig Orienter. *Tourner son attention vers qqn. Se tourner vers la religion.* **5** fig Trouver, utiliser un biais pour éluder, éviter. *Tourner un obstacle.* **6** Transformer. *Tourner qqch, qqn en ridicule.* **7** Troubler, faire éprouver une sensation de vertige. *L'alcool tourne la tête.* **8** TECH Façonner au tour un ouvrage de bois, de métal, etc. **9** fig Donner un tour, une façon à ; composer, arranger d'une certaine manière. *Savoir tourner un compliment.* **10** CINE, AUDIOV Filmer les séquences d'un film. **B** *vi* **1** Se mouvoir en décrivant une courbe. *La Terre tourne autour du Soleil.* **2** Pivoter autour d'un axe. *La porte tourna sur ses gonds.* **3** En parlant d'un mécanisme, fonctionner en décrivant une rotation. *Moteur qui tourne.* **4** Fonctionner. *Machine qui tourne 24 h sur 24.* **5** Effectuer une permutation circulaire. *Au volley-ball, les joueurs tournent à chaque service.* **6** Effectuer des tournées, en parlant d'un artiste, d'une troupe. **7** Changer de direction, virer. *Tourner à gauche. Le vent a tourné.* **8** Se transformer en, tendre vers. *Affaire qui tourne à la catastrophe. Leurs rapports tournent à l'aigre.* **9** Évoluer d'une manière positive, négative. *Il a (bien) mal tourné.* **10** S'altérer, devenir aigre. *Le lait a tourné.* LOC ***Avoir la tête qui tourne*** : éprouver un vertige. — ***Faire tourner les tables*** : mettre en mouvement ou croire qu'on met en mouvement des tables censées transmettre des messages des esprits. — ***Tourner autour de*** : évoluer à proximité de ; graviter autour de, être proche de. — fam ***Tourner autour de qqn*** : lui faire la cour, chercher à le séduire. — fam ***Tourner autour du pot*** : employer des circonlocutions au lieu d'aller droit au fait. — fam ***Tourner au vilain*** : dégénérer en querelle. — ***Tourner court*** : finir brusquement, sans transition. — fam ***Tourner de l'œil*** : s'évanouir. — ***Tourner la page*** : oublier le passé. — ***Tourner la tête à qqn*** : lui troubler l'esprit. — fam ***Tourner le sang, les sangs*** : inquiéter vivement. — ***Tourner les positions de l'ennemi*** : manœuvrer pour le prendre à revers. — ***Tourner les talons*** : faire demi-tour ; s'enfuir. — ***Tourner rond*** : fonctionner correctement ; fig aller bien, raisonner sainement, en parlant de qqn. ETY Du lat.

**tournesol** *nm* Nom de diverses plantes dont les fleurs sont orientées vers l'est, le soleil levant (héliotrope, hélianthe, soleil), spécial. du grand soleil, hélianthe à grands capitules dont les graines noires servent à préparer de l'huile, et peuvent servir de nourriture à des oiseaux de cage. **LOC** CHIM ***Teinture de tournesol*** **:** solution violacée d'anthocyane qui rougit au contact des acides et bleuit à celui des bases, que l'on utilise comme réactif. ETY De l'ital.

**tournesol** (soleil)

**Tournesol (professeur)** personnage créé par Hergé ; savant distrait, ami de Tintin.

**Tournesols (les)** titre de nombr. tableaux de Van Gogh (1887-1888).

**tourneur, euse** *n* **A** *nm* **1** TECH Ouvrier qui façonne des ouvrages au tour. **2** SPECT Entreprise qui organise les tournées d'un artiste, d'une troupe. **B** *nf* TECH Ouvrière qui dévide de la soie.

**Tourneur Cyril** (?, v. 1575 – en Irlande, 1626), auteur anglais de pièces baroques : *la Tragédie de l'athée* (1602), *la Tragédie du vengeur* (1607).

**Tourneur Maurice Thomas,** dit (Paris, 1876 – id., 1961), cinéaste français ; à Hollywood : *le Dernier des Mohicans* (1920), *l'Île des navires perdus* (1923) ; en France : *l'Équipage* (1927), *Volpone* (1940). — **Jacques** (Paris, 1904 – Bergerac, 1977), cinéaste, fils du préc. : *la Féline* (1942), *Berlin-Express* (1948).

**Maurice Tourneur** *Volpone,* 1940, avec Ch. Dullin (à g.) et Harry Baur

**tournevis** *nm* Instrument d'acier, terminé en biseau non tranchant et servant à serrer ou desserrer les vis. PHO [turnəvis]

**tournicoter** *vi* ① **fam** Tourner sur place, sans raison apparente, sans quitter le lieu où l'on se trouve. VAR **tourniquer**

**Tournier Michel** (Paris, 1924 – Choisel, 2016), écrivain français : *Vendredi ou les Limbes du Pacifique* (1967), *le Roi des Aulnes* (1970), *Gilles et Jeanne* (1983).

**tourniquet** *nm* **1** Dispositif de fermeture, généralement constitué de barres mobiles autour d'un axe, qui ne peut être franchi que dans un seul sens et par une personne à la fois. **2** Pièce métallique articulée autour d'un axe, servant à maintenir ouvert un volet ou un châssis. **3** Présentoir mobile autour d'un axe. **4** Appareil constitué d'une tige qui tourne autour d'un axe sous l'effet de l'éjection de matière (eau, gaz) aux deux extrémités de cette tige. **5** ZOOL Gyrin. **6** Sorte de garrot pour arrêter les hémorragies. **7** **fam** Tribunal militaire.

**tournis** *nm* **1** MED VET Maladie des bovins et des moutons, due à la présence dans l'encéphale de la forme larvaire enkystée d'un cestode et qui se traduit par un tournoiement de la bête. **2** **fig, fam** Sensation de vertige. *Donner le tournis.* PHO [turni]

**tournoi** *nm* **1** HIST Au Moyen Âge, combat de chevaliers à armes courtoises. SYN joute. **2** Compétition comprenant plusieurs séries de rencontres. *Tournoi de bridge.*

**tournois** *a inv* HIST Se disait d'une monnaie d'abord frappée à Tours, devenue ensuite monnaie royale

**Tournon François de** (Tournon, 1489 – Paris, 1562), prélat et diplomate français ; archevêque de Lyon (1551). Il négocia la paix de Madrid (1526 libération de François I$^{er}$) et le traité de Nice (1538).

**Tournon-sur-Rhône** (*Tournon* jusqu'en 1988), ch.-l. d'arr. de l'Ardèche, sur le Rhône ; 11 200 hab. Industries. – Égl. XV$^{e}$-XVII$^{e}$ s. Chât. XV$^{e}$-XVI$^{e}$ s. DER **tournonais, aise** *a, n*

**tournoyer** *vi* ㉓ **1** Évoluer en décrivant des cercles. *Les vautours tournoyaient dans le ciel.* **2** Tourner sur soi-même. DER **tournoyant, ante** *a* – **tournoiement** *nm*

**tournure** *nf* **1** Manière dont une chose est faite ; forme qu'elle présente. *La tournure d'une phrase. Tournure d'esprit.* **2** **vieilli** Taille, forme du corps. **3** **anc** Rembourrage porté sous la jupe. SYN **fam** faux-cul. **4** TECH Copeau qui se détache d'un ouvrage travaillé au tour. **LOC** ***Prendre tournure*** **:** prendre forme, se dessiner.

**tournus** *nm* **Suisse** Roulement, ordre de succession. *Tournus de garde.*

**Tournus** ch.-l. de cant. de Saône-et-Loire, sur la Saône ; 6 300 hab. Peintures. – Égl. romane X$^{e}$-XI$^{e}$ s. DER **tournusien, enne** *a, n*

**Tourny Louis (marquis de)** (Paris, 1695 – id., 1760), intendant de Guyenne (1743-1757) qui contribua à l'embellissement de Bordeaux.

**touron** *nm* Confiserie analogue au nougat, originaire d'Espagne, faite de pâte d'amande mêlée de noisettes, de pistaches, etc. PHO [turɔ̃] ou [turɔn] ETY De l'esp.

**tour-opérateur** *nm* Syn. de *voyagiste.* PLUR tour-opérateurs. ETY De l'angl.

**tourquenois** → **Tourcoing.**

**Tours** ch.-l. du dép. d'Indre-et-Loire, sur la Loire ; 138 200 hab. (aggl. urb. 370 000 hab.). Centre agricole et industriel. – Archevêché. Université. Cath. XIII$^{e}$-XVI$^{e}$ s. Égl. XIII$^{e}$ s. Musée des Beaux-Arts. – Tours fut la cap. de la Touraine. – En 1920, au *congrès de Tours,* le Parti socialiste se scinda et le Parti communiste français naquit. DER **tourangeau, elle** *a, n*

**tourte** *nf* Tarte ronde, faite dans un moule à bord assez haut, recouverte d'une croûte de pâte, et renfermant diverses préparations salées ou sucrées. ETY Du lat. *tarta,* « pain rond ».

**1 tourteau** *nm* **1** **rég** Gâteau ou pain rond. **2** AGRIC, ELEV Masse pâteuse formée avec les résidus de divers oléagineux après extraction de l'huile et qui constitue un aliment pour le bétail. **3** HERALD Pièce d'émail de couleur, de forme circulaire. **LOC** CUIS ***Tourteau fromagé*** **:** petit soufflé au fromage frais, spécialité poitevine. ETY De *tourte.*

**2 tourteau** *nm* Gros crabe comestible, commun sur les côtes atlantiques. ETY Du lat. *tortus,* « tordu ».

**tourtereau** *nm* **A** Jeune tourterelle. **B** *nm pl* **fam** Jeunes gens qui s'aiment tendrement.

**tourterelle** *nf* Oiseau columbiforme de taille inférieure à celle du pigeon, dont une espèce est un oiseau de volière, une autre, un migrateur. ETY Du lat.

**tourterelle** des bois

**tourtière** *nf* **1** Moule à tourte. **2** **rég** Tourte, généralement salée. **3** **Canada** Tourte à base de viande de porc hachée.

**Tourville Anne de Cotentin (comte de)** (chât. de Tourville, 1642 – Paris, 1701), vice-amiral de France. Il vainquit, près de l'île de Wight (1690), les Anglo-Hollandais, qui le vainquirent à La Hougue (1692).

**touselle** *nf* AGRIC **rég** Variété de blé dont l'épi est dépourvu de barbes. ETY Du lat. *tonsus,* « tondu ».

**Tous en scène** comédie musicale de V. Minnelli (1953), avec F. Astaire et C. Charisse.

**Toussaines (signal de)** point culminant de la Bretagne (384 m), dans les monts d'Arrée.

**Toussaint (la)** fête catholique célébrée, le 1$^{er}$ novembre en l'honneur de tous les saints. ETY De *tous (les) saints.*

**Toussaint Louverture** (Saint-Domingue, 1743 – fort de Joux, Doubs, 1803), homme politique haïtien. Noir, il milita en faveur de la France révolutionnaire, qui avait aboli l'esclavage (1794). Nommé général, il défendit l'île contre les Anglais. En 1802, Bonaparte rétablit l'esclavage et envoya Leclerc reconquérir l'île. Trahi, Toussaint Louverture fut arrêté (1802).

**tousser** *vi* ① **1** Être pris d'un accès de toux. **2** Se racler la gorge pour s'éclaircir la voix, avertir, attirer l'attention de qqn. **3** Faire un bruit comparable à celui de la toux. *Moteur qui tousse.* ETY Du lat. DER **tousseur, euse** *n*

**Toussaint Louverture**

**Tours** place Plumereau, dans la zone piétonne

**toussoter** *vi* ① Tousser légèrement. DER **toussotement** *nm*

**Toussus-le-Noble** commune des Yvelines (arr. de Versailles) ; 717 hab. Aéroport. DER **nobeltussois, oise** *a, n*

**tout, toute** *a, pr, nm, av* **A** *a* **1** Entier, complet, plein. *Tout l'univers. Toute la nuit. Donner toute satisfaction. Il a lu tout Hugo. Tout Londres le savait.* **2** Chaque, n'importe lequel. *Toute peine mérite salaire. À tout moment.* **3** Unique, seul. *C'est tout l'effet que ça te fait ? Pour toute nourriture.* **4** Vrai, véritable. *Il en fait toute une histoire, tout un drame.* **5** Ensemble, sans exception, des... *Tous les hommes.* **6** Devant un numéral, pour souligner l'association. *Ils nient tous les trois.* **7** Marquant la périodicité. *Toutes les cinq minutes. Tous les dix mètres.* **B** *pr indéf pl* **1** Désignant des personnes ou des choses mentionnées précédemment. *Ses enfants l'aiment bien, tous sont venus le voir.* **2** Tout le monde. *Connu et estimé de tous.* **C** *pr indéf sing* Toutes les parties d'une chose ou la chose prise dans sa totalité. *Tout est bon dans cet ouvrage. Il ignore tout de cette affaire. C'est tout ? Non, ce n'est pas tout.* **D** *nm* **1** Chose considérée dans son entier, par rapport aux parties qu'elle renferme. *Le tout et la partie.* **2** Essentiel. *Ce n'est pas le tout de s'amuser.* **3** Suivi d'un adj. ou d'un n. relié par un trait d'union, indique la destination ou l'usage exclusif de qqch. *Le tout-électrique. Le tout-État.* **E** *av* (Variable devant un fém. commençant par une consonne ou un h aspiré.) **1** Entièrement, complètement. *La ville tout entière. Elle est toute contente.* **2** Renforçant le mot qui suit ou marquant un superlatif absolu. *De toutes jeunes filles. Tout à côté. Parler tout haut.* **3** Devant un gérondif, marque la simultanéité. *Il lisait tout en marchant.* **4** Introduit une concession. *Tout en le souhaitant, je n'y crois guère.* **LOC** ***À tout prendre*** : en somme, tout bien considéré. — ***Avoir tout de qqch, de qqn*** : toutes ses caractéristiques. — ***Ce n'est pas tout de*** (+ inf.) : cela ne suffit pas de. — fam ***C'est tout comme*** : cela revient exactement au même. — ***C'est tout ou rien*** : il n'y a pas de milieu, d'autre choix. — ***Changer, modifier du tout au tout*** : complètement. — ***Du tout*** : en aucune façon, nullement. — ***En tout*** : pour l'ensemble. — ***En tout et pour tout*** : au total. — ***Tout au plus*** : à peine. — ***Tout de même*** : cependant ; renforce un ton exclamatif. *C'est tout de même un peu fort !* — ***Tout d'un coup*** : d'un seul coup ; soudain. — ***Tout le monde*** : tous les gens. — fam ***Tout plein*** : très, beaucoup. — ***Tout... que*** : exprimant la concession. *Tout habituée qu'elle est. Toute femme qu'elle est.* ETY Du lat.

**tout à coup** *av* Soudain, subitement. *Tout à coup, il s'est fâché.*

**tout à fait** *av* **1** Entièrement, totalement, complètement, absolument. *Il est tout à fait content. C'est tout à fait lui.* **2** fam Oui. *Êtes-vous satisfait ? Tout à fait.*

**tout-à-l'égout** *nm inv* Système d'évacuation des eaux usées dans le réseau d'assainissement public.

**tout à l'heure** *av* **1** Il y a peu de temps. *Il fait beau, mais tout à l'heure il pleuvait.* **2** Dans un moment, bientôt. *Tout à l'heure, nous partirons.*

**Toutankhamon** pharaon égyptien de la XVIIIe dynastie, qui, à dix ans (v. 1354-v. 1346 av. J.-C.), succéda à son beau-père Aménophis IV Akhenaton. Il abolit le culte d'Aton pour rétablir celui du dieu Amon. Il mourut à dix-huit ou dix-neuf ans. Son tombeau a été retrouvé intact, en 1922, dans la Vallée des Rois ; il renfermait un trésor funéraire fastueux, auj. au musée du Caire. VAR **Tout Ankh Amon**

**Toutatis** → **Teutatès.**

**tout-chemin** *a, nm* Se dit d'un deux-roues adapté aux rues des villes et aux routes de campagne. PLUR tout-chemins.

**tout de suite** *av* Immédiatement, sans attendre. *Vous devez vous décider tout de suite.*

**tout-en-un** *nm inv* **1** Ouvrage didactique qui regroupe en un seul volume des informations sur toutes sortes de sujets. **2** Appareil regroupant plusieurs fonctions (par ex. caméscope, appareil photo, baladeur) en un seul de moindre encombrement.

**toute-épice** *nf* Graines moulues de nigelle, servant de condiment. PLUR toutes-épices.

**toutefois** *av* **1** Malgré tout, cependant. *Je ne suis pas convaincu, toutefois, j'accepte.* SYN néanmoins, pourtant. **2** Renforce une condition. *Nous irons, si toutefois elle nous accompagne.*

**toute-puissance** *nf inv* Puissance absolue ou à son plus haut degré.

**toutim** *nm* **LOC** fam ***Et tout le toutim*** : et tout le reste. PHO [tutim]

**tout-ménage** *a, nm* Suisse Se dit d'un imprimé distribué gratuitement, sorte de mailing ou de publipostage. PLUR tous-ménages.

**toutou** *nm* fam Chien.

**Tout-Paris** *nm inv* Ensemble des personnalités parisiennes les plus en vue.

**tout-petit** *nm* Bébé, enfant en bas âge. PLUR tout-petits.

**tout-puissant, toute-puissante** *a, nm* Dont le pouvoir est sans bornes. PLUR tout-puissants, toutes-puissantes. **LOC** ***Le Tout-Puissant*** : Dieu.

**tout-terrain** *a, n* **A** Se dit d'un véhicule qui peut rouler partout (terrains boueux, fortes pentes). *Vélo tout-terrain.* PLUR tous-terrains. **B** *nm* Sport pratiqué avec ces véhicules.

**tout-va (à)** *av* N'importe comment. *L'emploi de pesticides à tout-va.*

**tout-venant** *nm inv* **1** MINES Minerai non encore trié, tel qu'il est extrait du gisement. **2** Ce qui se présente, sans avoir fait l'objet d'un choix ; qualité ordinaire.

**Touva (république autonome de)** rép. autonome de Russie, en Sibérie centrale ; 170 500 km$^2$ ; 290 000 hab. ; cap. *Kyzyl.* Cette région montagneuse au climat rude a un riche sous-sol. Elle est peuplée princ. de *Touvas,* qui parlent une langue turque.

**toux** *nf* Expiration bruyante, brusque, saccadée, habituellement réflexe, mais qui peut être volontaire, témoignant le plus souvent d'une irritation ou d'une infection des voies respiratoires. *Quinte de toux. Toux sèche, grasse.* ETY Du lat.

**Townes** Charles Hard (Greenville, 1915), physicien américain. Il mit au point, en 1954, le premier maser. P. Nobel 1964.

dossier du trône de **Toutankhamon**, en or repoussé avec décor de pierres semi-précieuses, prov. de Tell al-Amarnah, XVIIIe dynastie – Musée égyptien, Le Caire

**township** *nm* Ville où se trouvait regroupée la population de couleur en Afrique du Sud. PHO [tawnʃip] ETY Mot angl.

**Townsville** port du N.-E. de l'Australie (Queensland) ; 103 600 hab. Métallurgie du cuivre. Pétrochimie.

**tox(o)-, toxi-, toxico-** Éléments, du gr. *toxikon,* « poison ».

**toxémie** *nf* MED Passage de toxines dans le sang, par insuffisance des organes chargés de les éliminer. **LOC** ***Toxémie gravidique*** : affection de la fin de la grossesse, caractérisée par l'albuminurie, l'œdème et l'hypertension artérielle.

**toxicité** → **toxique.**

**toxico** *n* fam Toxicomane.

**toxicodépendance** *nf* MED Dépendance à une drogue, un médicament. DER **toxicodépendant, ante** *a, n*

**toxicodermie** *nf* MED Lésion cutanée due à un produit toxique.

**toxicologie** *nf* MED Science qui étudie les toxiques, leur identification, leur mode d'action et les remèdes à leur opposer. DER **toxicologique** *a* – **toxicologue** *n*

**toxicomanie** *nf* Intoxication chronique ou périodique engendrée par la consommation de médicaments ou de substances toxiques, et entraînant un état d'accoutumance et de dépendance. DER **toxicomane** *a, n* – **toxicomaniaque** *a*

ENC La toxicomanie constitue depuis les années 1970 un vaste problème qui ne ressortit pas seulement au médical, au psychologique, voire au policier, mais touche aussi le culturel, le social, le politique. Elle se caractérise par un besoin incontrôlable d'user de la drogue. La dépendance physique « se manifeste par d'intenses troubles physiques quand on suspend l'administration de la drogue, ou quand cette action est affectée par l'administration d'un antagoniste spécifique ». On constate un état d'adaptation au produit, avec une diminution de l'effet pour une même quantité de drogue : c'est ce qui constitue la tolérance à la drogue. Ces définitions de l'OMS s'appliquent également à l'alcool et au tabac, dont les méfaits sont considérables (cirrhose, cancer, polynévrites, encéphalopathies, etc.) et dont l'usage n'est que peu réglementé.

**toxicomanogène** *a* Qui peut provoquer une toxicomanie.

**toxicopathie** *nf* MED Pathologie provoquée par une toxicomanie.

**toxicose** *nf* MED Intoxication endogène.

**toxicovigilance** *nf* Ensemble des moyens mis en œuvre pour prévenir les effets des substances toxiques.

**toxi-infection** *nf* MED Maladie infectieuse dans laquelle le caractère pathogène vient surtout des toxines que sécrètent les germes (tétanos, botulisme). PLUR toxi-infections. DER **toxi-infectieux, euse** *a*

**toxine** *nf* MED Substance toxique élaborée par un micro-organisme.

**toxique** *a, nm* **1** Se dit d'une substance qui a un effet nocif sur l'organisme ou sur un organe. **2** fig, fam Dangereux, pervers. *Un discours simpliste et toxique.* **3** Se dit de produits financiers à haut risque. *Des emprunts toxiques.* DER **toxicité** *nf*

**toxocarose** *nf* MED Parasitose digestive du chien ou du chat, due à un nématode voisin de l'ascaris, transmissible à l'homme.

**toxoplasme** *nm* MICROB Protozoaire (coccidie) parasite dont une espèce est responsable de la toxoplasmose.

**toxoplasmose** *nf* MED Maladie parasitaire, due au toxoplasme et qui peut être responsable d'avortements et de malformations fœtales lorsqu'elle est contractée pendant la grossesse.

**Toyama** v. du Japon (Honshū) près de la *baie de Toyama* (mer du Japon) ; 314 110 hab. ; ch.-l. du ken du m. nom. Industries.

**Toynbee** Arnold Joseph (Londres, 1889 – York, 1975), historien britannique : *Study of History* (12 vol., 1934-1961).

**Toyohashi** v. du Japon (Honshū, au S. de Nagoya) ; 322 140 hab. Industries.

**Toyota** v. du Japon (Honshū) ; 308 110 hab. Industr. automobile.

**Toyotomi** → **Hideyoshi.**

**Tozeur** riche oasis et v. de Tunisie, voisine du chott el-Djérid ; 16 770 hab. Dattes.

**TP** *nm* fam Séance de travaux pratiques.

**1 TPE** *nf* Abrév. de *très petite entreprise*, entreprise qui compte moins de dix salariés.

**2 TPE** *nm pl* Dossier transdisciplinaire réalisé par les élèves sous la conduite des professeurs. ETY Abrév. de *travaux personnels encadrés*.

**traban** *nm* HIST Soldat scandinave ou suisse de la garde d'un prince ou d'un chef militaire. ETY De l'all. *Trabant*, « garde du corps ».

**trabe** *nf* HERALD Hampe de bannière. ETY Du lat. *trabs*, « poutre ».

**trabécule** *nf* HISTOL Terminaison fine et détachée d'une paroi, souvent anastomosée avec d'autres voisines.

**trabée** *nf* ANTIQ ROM Toge de cérémonie ornée de bandes de pourpre.

**trabendo** *nm* En Algérie, trafic, contrebande, marché noir. ETY De l'esp. DER **trabendiste** *n*

**traboule** *nf* rég À Lyon, passage qui relie deux rues parallèles à travers un pâté de maisons. ETY Du lat. *trans*, « à travers » et *ambulare*, « aller ».

**1 trac** *nm* Angoisse que l'on ressent juste avant de se produire en public ou de mettre à exécution un projet.

**2 trac (tout à)** *av* vieilli Sans préparation, sans précaution.

**traçabilité** *nf* Possibilité de suivre un produit tout au long de la filière de production et de remonter vers l'origine d'une anomalie (maladie contagieuse, malfaçon, etc.). DER **traçable** *a*

**traçage** *nm* **1** Action de tracer des traits. SYN tracement. **2** Action de suivre la trace de qqch. *Des outils de traçage du cycle du carbone.* **3** TECH Opération qui consiste à effectuer sur la matière le tracé d'une pièce à ouvrer.

**traçant, ante** *a* **1** BOT Se dit d'une racine qui se développe à la surface du sol. **2** Se dit d'un projectile qui laisse derrière lui une trace lumineuse. *Balle traçante.*

**tracas** *nm* Souci, ennui durable, généralement d'ordre matériel.

**tracasser** *vt* 1 Inquiéter, tourmenter de façon persistante, mais généralement sans gravité. *Cette histoire la tracasse depuis longtemps. Il se tracasse pour l'avenir de sa fille.* ETY De *traquer*.

**tracasserie** *nf* Querelle ou chicane que l'on cherche à qqn, souvent à propos de choses insignifiantes.

**tracassier, ère** *a, n* Qui se plaît à faire des tracasseries. *Une administration tracassière.*

**tracassin** *nm* fam, vieilli Inquiétude.

**trace** *nf* **1** Suite de marques, d'empreintes laissées par le passage d'un homme, d'un animal ou d'une chose. *Traces de pneu. Suivre un gibier à la trace.* **2** Marque laissée par une action, par un évènement passé. *Des traces d'effraction. Traces de la marée noire.* **3** fig Souvenir. *Cette aventure laissa en lui des traces profondes.* **4** Quantité infime. *Traces d'albumine dans l'urine.* **5** GEOM Lieu d'intersection d'une droite, d'un plan avec le plan de projection. LOC ***Suivre les traces, marcher sur les traces de qqn*** : suivre son exemple, la voie qu'il a ouverte.

**tracé** *nm* **1** Ligne ou ensemble des lignes d'un plan. *Le tracé de la future autoroute.* **2** Ligne effectivement suivie. *Le tracé d'un fleuve.*

**tracement** *nm* **1** Syn. de *traçage*. **2** TECH Action de tracer une route, une voie.

**tracéologie** *nf* didac Étude des traces laissées sur un objet.

**tracer** *v* 12 **A** *vt* **1** Dessiner schématiquement à l'aide de traits. *Tracer le plan d'une maison.* **2** Ouvrir et marquer par une trace. *Tracer une piste.* **3** Suivre qqch dans toutes les phases de sa production, de son évolution. *Tracer l'argent de la drogue.* **B** *vi* **1** fam Se déplacer très vite, courir. **2** BOT Se développer horizontalement à la surface du sol, en parlant d'une racine, d'un rhizome. LOC ***Tracer le chemin à qqn*** : lui donner l'exemple. — ***Tracer le tableau d'une situation*** : la décrire. ETY Du lat. *trahere*, « tirer, traîner ».

**traceret** *nm* Instrument, poinçon pour faire des traces sur divers matériaux (bois, métal, etc.). SYN traçoir.

**traceur, euse** *a, n* **A** *n* **1** TECH Personne chargée du traçage. **2** SPORT Personne qui établit le tracé d'une compétition de ski, d'escalade. **B** *nm* **1** CHIM Élément distinctif permettant de suivre l'évolution d'un phénomène en détectant sa présence, à des fins biologiques, océanographiques, géologiques, etc. *Traceur radioactif. Traceur chimique.* **2** INFORM Appareil annexe d'un ordinateur, programmé pour le tracé de graphes et de courbes. **C** *a* Qui laisse une trace.

**trachéate** *nm* ZOOL Arthropode qui respire par des trachées. PHO [trakeat]

**trachée** *nf* **1** ANAT Conduit aérien musculo-cartilagineux faisant suite au pharynx et qui, se divisant, donne naissance aux bronches souches. SYN anc trachée-artère. **2** ZOOL Chez les trachéates, tube étroit qui débouche à l'extérieur par un stigmate et dont les ramifications apportent directement l'oxygène de l'air aux cellules et aux organes. ETY Du gr. DER **trachéal, ale, aux** ou **trachéen, enne** *a*

**trachée-artère** *nf* ANAT vx Trachée. PLUR trachées-artères.

**trachéide** *nf* BOT Élément conducteur de la sève brute. PHO [trakeid]

**trachéite** *nf* MED Atteinte inflammatoire aiguë ou chronique de la trachée. PHO [trakeit]

**trachéobronchite** *nf* MED Atteinte inflammatoire ou infectieuse de la trachée et des bronches.

**trachéoscopie** *nf* MED Exploration de la trachée à l'aide d'un endoscope.

**trachéotomie** *nf* CHIR Intervention consistant à pratiquer une ouverture de la trachée au niveau du cou et à y introduire une canule pour permettre une respiration assistée.

**trachome** *nm* MED Atteinte oculaire de nature virale, endémique dans certains pays chauds où elle est une cause fréquente de cécité. PHO [trakom] ETY Du gr. *trakhôma*, « aspérité ».

**trachycarpus** *nm* Palmier ornemental originaire d'Extrême-Orient. PHO [trakikarpys]

**trachyte** *nm* Roche volcanique dépourvue de quartz et riche en feldspaths. PHO [trakit] ETY Du gr. *trakhus*, « raboteux ».

**tracker** *nm* FIN Produit financier répercutant l'évolution d'un indice boursier. PHO [trakœr] ETY Mot amér.

**traçoir** *nm* Syn. de *traceret*.

**tract** *nm* Feuille, petite brochure de propagande politique, commerciale, etc. PHO [trakt] ETY Mot angl.

**tractation** *nf* Démarche, négociation impliquant diverses opérations et manœuvres officieuses. ETY Du lat.

**Tractatus theologico-politicus** œuvre de Spinoza (1670), suivi du *Tractatus politicus* (posth. et inachevé, 1677).

**1 tracter** *vt* 1 Remorquer à l'aide d'un véhicule ou par un procédé mécanique. DER **tractable** *a* – **tractage** *nm*

**2 tracter** *vi* fam Faire une distribution de tracts. DER **tractage** *nm*

**tracteur, trice** *a, n* **A** *nm* Véhicule automobile utilisé pour tirer en remorque un ou plusieurs véhicules, utilisé notam. dans l'agriculture. **B** *nf* GEOM Courbe telle qu'en chacun de ses points le segment de tangente compris entre le point de tangence et l'une des abscisses est constant. **C** *a* Qui tracte. *Véhicule tracteur.*

**tracteur**

**tractif, ive** *a* didac Qui exerce une traction.

**traction** *nf* **1** Action de tirer sans déplacer, pour tendre, allonger ; résultat de cette action. *Résistance des matériaux à la traction.* **2** Exercice musculaire où l'on tire sur les bras pour amener ou soulever le corps. **3** Action de tirer pour déplacer. *Traction d'un véhicule.* **4** Dans les chemins de fer, service chargé du matériel de conduite. LOC ***Traction avant*** : dispositif de transmission dans lequel les roues motrices sont à l'avant du véhicule ; automobile munie de ce dispositif. ETY Du lat.

**tractionnaire** *n* **1** CH DE F Agent du service de la traction. **2** Conducteur de camions, routier.

**tractopelle** *nf* Engin de travaux publics servant à pelleter.

**tractoriste** *n* AGRIC Personne qui conduit un tracteur.

**tractus** *nm* ANAT Ensemble d'organes formant un appareil. *Tractus digestif, génital.* PHO [traktys] ETY Mot lat., « traînée ».

**Tracy** Spencer (Milwaukee, 1900 – Los Angeles, 1967), acteur américain : *Furie* (1936), *le Père de la mariée* (1950).

**trader** *n* FIN Spécialiste des transactions sur les marchés financiers. PHO [tredœr] ETY Mot angl. VAR **tradeur, euse** DER **trading** *nm*

**tradescantia** *nf* BOT Plante ornementale (commélinacée) à croissance rapide, vivace, à tiges retombantes. SYN misère. PHO [tradeskɑ̃sja]

**trade-union** *nf* En Grande-Bretagne, association syndicale d'ouvriers d'une même industrie. PLUR trade-unions. PHO [tredynjɔn] DER **trade-unionisme** *nm* – **trade-unioniste** *n*

ENC Au début du XIXe s., se constituèrent en Grande-Bretagne des associations de métier (*trade-unions*) destinées à la fois à aider leurs membres, en cas de maladie ou de chômage, et à lutter contre les patrons pour obtenir des augmentations de salaires et une diminution des heures de travail. D'abord poursuivies, ces associations furent reconnues en 1824. Elles se multiplièrent et, après 1889, s'étendirent à tous les ouvriers, qualifiés ou non. En 1900, la création d'un Parti travailliste (*Labour Party*) bénéficia de la sympathie agissante des chefs des trade-unions. À partir de 1905, une législation sociale nouvelle fut adoptée (retraites ouvrières, assurances contre la maladie et le chômage). À la fin des années 1930, trade-unions, patronat et gouvernement œuvrèrent à une politique plus sociale (V. notam. Sécurité sociale). Après la Seconde Guerre mondiale, le gouvernement travailliste (1945-1951) organisa une législation sociale avancée. À partir de 1979, le thatchérisme entreprit de « réformer » celle-ci et de ruiner le pouvoir syndical.

**trading → trader.**

**tradipraticien, enne** *n* Personne qui pratique une forme traditionnelle de médecine (marabouts guérisseurs en Afrique noire, rebouteux dans les campagnes européennes).

**tradition** *nf* **1** Opinion, manière de faire transmises par les générations antérieures. SYN coutume. **2** Mode de transmission d'une information de génération en génération ; ensemble d'informations de ce type. *Légende transmise par tradition orale.* **3** Transmission des connaissances, des doctrines relatives à une religion. *La tradition juive.* **LOC** RELIG ***La Tradition*** : les doctrines et pratiques qui se sont développées dans l'Église depuis le début du christianisme ; dans l'islam, l'ensemble des hadiths. ETY Du lat. *tradere*, « transmettre ».

**traditionalisme** *nm* **1** Attachement aux notions et valeurs transmises par la tradition. **2** Attachement excessif et ritualiste à une tradition religieuse devenue inadaptée. DER **traditionaliste** *a, n*

**traditionnaire** *a, n* RELIG Qui donne une interprétation de la Bible conforme à la tradition talmudique.

**traditionnel, elle** *a* **1** Qui s'appuie sur une tradition. *La grammaire traditionnelle.* **2** Qui est passé dans les usages. *La traditionnelle dinde de Noël.* DER **traditionnellement** *av*

**traducteur, trice** *n* **A** Personne qui traduit d'une langue dans une autre, auteur d'une traduction. **B** *nm* **1** INFORM Programme traduisant un langage dans un autre. **2** En cybernétique, élément qui traduit la grandeur physique d'un signal d'entrée en une autre grandeur physique à la sortie. SYN transducteur. **C** *nf* Petite machine électronique donnant la traduction des mots d'une langue.

**traduction** *nf* **1** Action de traduire. *Traduction assistée par ordinateur (TAO).* **2** Version traduite d'un ouvrage. **3** fig Manière de s'exprimer, transposition. *La traduction poétique des états d'âme.* **4** BIOL Synthèse d'une protéine à partir de l'information génétique des acides nucléiques.

**traductologie** *nf* LING Étude scientifique de la traduction. DER **traductologique** *a*

**traduire** *vt* 69 **1** Faire passer d'une langue dans une autre. *Cet ouvrage a été traduit en anglais.* **2** Exprimer par des moyens divers ; manifester. *Une peinture qui traduit une grande sensibilité.* **LOC** ***Traduire qqn en justice*** : le faire passer devant un tribunal. ETY Du lat. *traducere*, « faire passer d'un point à un autre ». DER **traduisible** *a*

**Trafalgar** cap du S. de l'Espagne, sur l'Atlantique, près de Gibraltar. – Nelson y anéantit la flotte franco-espagnole de Villeneuve (1805), mais il fut tué. La destruction de la flotte française entraîna l'institution par Napoléon I$^{er}$ du Blocus continental (1806-1807). – La loc. *un coup de Trafalgar* désigne un évènement inattendu et catastrophique.

**Trafalgar Square** place de Londres, où une colonne célèbre Nelson.

**1 trafic** *nm* **1** Commerce clandestin, illicite. *Trafic d'armes, de drogue.* **2** fam Activité compliquée et mystérieuse. **LOC** DR ***Trafic d'influence*** : infraction qui consiste à obtenir de l'autorité publique des avantages en échange d'une récompense. ETY De l'ital. *traffico.*

**2 trafic** *nm* **1** Fréquence des trains, des avions, des navires, des voitures sur un itinéraire, un réseau. *Trafic ralenti en raison d'une grève.* **2** Circulation de nombreux véhicules. *Quel trafic dans ma rue !* ETY De l'angl. *traffic.*

**traficoter** *v* 1 fam Trafiquer médiocrement. DER **traficotage** *nm* – **traficoteur, euse** *n*

**trafiquant, ante** *n* Personne qui fait du trafic, du commerce illégal. *Trafiquant de drogue.*

**trafiquer** *v* 1 **A** *vi* Faire du trafic, commercer illégalement. **B** *vti* litt Tirer profit de. *Trafiquer de son influence.* **C** *vt* **1** Falsifier un produit. *Trafiquer du vin, un chèque.* **2** fam Faire, manigancer. *Qu'est-ce que tu trafiques encore dans mon bureau ?* DER **trafiqueur, euse** *n*

**tragacanthe** *nm* BOT Arbrisseau qui produit la gomme adragante.

**tragédie** *nf* **1** LITTER Œuvre dramatique en vers qui représente des personnages héroïques dans des situations conflictuelles et passionnelles propres à exciter la terreur ou la pitié ; genre dramatique que constituent ces pièces. **2** fig Évènement funeste, terrible. *Les tragédies de la guerre.* ETY Du gr.

**Tragédie de la mine (la)** film de Pabst (1931).

**tragédien, enne** *n* Acteur, actrice spécialisés dans les rôles de tragédie.

**tragicomédie** *nf* **1** LITTER Tragédie où sont introduits certains éléments comiques et dont le dénouement est heureux. **2** fig Situation où alternent des évènements tragiques et comiques. DER **tragicomique** *a*

**tragique** *a, nm* **A** *a* **1** Relatif à la tragédie ; qui évoque la tragédie. *Une voix aux accents tragiques.* **2** Funeste, terrible, effroyable. *Conséquences tragiques.* **B** *nm* **1** Auteur de tragédies. **2** La tragédie comme genre dramatique. **3** Caractère de ce qui est tragique. *Le tragique de la situation.* DER **tragiquement** *av*

**Tragiques (les)** poème épique et satirique (1616) d'Agrippa d'Aubigné.

**tragus** *nm* ANAT Saillie externe de l'oreille, plate et triangulaire, au-dessous de l'hélix. PHO [tʀagys] ETY Du gr. *tragos*, « bouc ».

**trahir** *v* 3 **A** *vt* **1** Livrer ou abandonner par perfidie. *Trahir son pays. Trahir un secret.* **2** Se montrer infidèle, déloyal à l'égard de qqn ; tromper. **3** Exprimer d'une manière peu fidèle. *Mes paroles ont trahi ma pensée.* **4** Révéler ce qu'on voulait dissimuler. *Son attitude trahissait son trouble.* **5** Abandonner. *Ses forces l'ont trahi.* **B** *vpr* Laisser paraître, révéler par inadvertance ce qu'on voulait dissimuler, ses sentiments. *Il s'est trahi par un mot.* ETY Du lat.

**trahison** *nf* **1** Crime de celui qui trahit ; intelligence avec l'ennemi. **2** Acte déloyal. **LOC** ***Haute trahison*** : intelligence avec une puissance étrangère, ennemie, au cours d'une guerre, ou en vue d'une guerre ; grave manquement aux devoirs de sa charge commis par un président de la République et jugé par la Haute Cour de justice sur accusation des deux Assemblées.

**Trahison des clercs (la)** essai de Benda (1927), pamphlet contre certains intellectuels.

**trail** *nm* **1** Moto tout-terrain. **2** Course de fond pratiquée dans la nature. PHO [tʀɛjl] ETY Mot angl.

**trailer** *nm* Bande-annonce d'un film, d'un jeu vidéo. PHO [tʀɛlœʀ] ETY Mot angl.

**traille** *nf* Câble aérien qui retient et guide un bac pendant ses traversées ; ce bac lui-même.

**train** *nm* **1** Ensemble d'éléments attachés les uns aux autres et tirés par l'élément de tête. *Train de péniches.* **2** Ensemble constitué par une rame de voitures, de wagons tirés par une locomotive ; chemin de fer. *Train de voyageurs. Train postal.* **3** MILIT Ensemble des éléments de l'armée de terre ayant pour mission le transport du personnel et du matériel. **4** Ensemble d'organes qui fonctionnent conjointement. *Train de pneus.* **5** Série de mesures, de projets, etc. *Un train de décrets-lois.* **6** Partie portante d'un véhicule. *Train avant, arrière.* **7** Partie antérieure, postérieure d'un quadrupède. **8** fam Derrière, fessier. *Se faire botter le train.* **9** Allure, mouvement considéré dans sa vitesse et son rythme. *Aller bon train.* **10** Manière de vivre, niveau de vie. *Mener grand train.* **LOC** ***En train*** : en mouvement, en marche. — ***Être en train*** : bien disposé et de bonne humeur. — ***Être en train de*** : exprime le déroulement d'une action en cours. *L'eau du bain est en train de refroidir.* — ***Mettre qqch en train*** : commencer qqch. — ***Prendre le train en marche, monter dans le train de*** : prendre part à qqch qui a déjà commencé. — AVIAT ***Train d'atterrissage*** : ensemble du système de roulement au sol d'un avion. — vieilli ***Train de maison*** : ensemble des domestiques. — ***Train de sénateur*** : allure lente et majestueuse. — ***Train de vie*** : manière de vivre considérée par rapport aux revenus. — PHYS ***Train d'ondes*** : ensemble d'ondes se propageant dans la même direction. ETY De *traîner.*

**traînage** *nm* Transport par traîneau. VAR **trainage**

**traînant, ante** *a* **1** Qui traîne par terre. **2** Se dit d'une voix qui s'appesantit sur les mots. **3** Se dit d'une ligne que l'on traîne derrière le bateau. VAR **trainant, ante**

**traînard, arde** *n* **A** **1** Personne lente dans son travail. **2** Personne qui reste à la traîne, en arrière d'un groupe. **B** *nm* TECH Dispositif coulissant qui supporte le chariot transversal porte-outil d'un tour. VAR **trainard, arde**

**traînasse** *nf* BOT Nom cour. de mauvaises herbes à tiges rampantes. VAR **trainasse**

**traînasser** *vi* 1 péjor Traîner paresseusement. VAR **trainasser, traînailler, trainailler**

**Train de 8 h 47 (le)** récit (1888) de Courteline. ▷ CINE Film de Henry Wuschleger (1934), avec Fernandel et Bach (1882 – 1953).

**traîne** *nf* **1** Partie d'un vêtement qui traîne par terre, queue. *Robe à traîne.* **2** METEO Partie postérieure d'un système nuageux. *Ciel de traîne.* **3** PECHE Syn. de *senne.* **LOC** MAR ***Bateau à la traîne*** : remorqué. — fam ***Être à la traîne*** : ne pas suivre les autres, avoir du retard sur eux. — Canada ***Traîne sauvage*** : syn. de *tabagane.* VAR **traine**

**traîneau** *nm* **1** Véhicule muni de patins, utilisé pour se déplacer sur la neige ou la glace. **2** Grand filet de chasse ou de pêche. VAR **traineau**

**traîne-bûche** *nm* PECHE Larve de la phrygane, utilisée comme amorce. PLUR traîne-bûches. VAR **traine-buche**

**traînée** *nf* **1** Longue trace laissée sur une surface par une substance répandue. *Traînée de poudre.* **2** Trace allongée se formant dans le sillage d'un corps en mouvement. *Traînée blanche d'un avion.* **3** PHYS En mécanique des fluides, force résistante qui s'oppose à l'avancement d'un avion en mouvement. **4** PECHE Ligne de fond. **5** fam, injur Prostituée. **LOC** ***Comme une traînée de poudre*** : très rapidement. VAR **trainée**

**traîne-misère** *nm* vieilli Miséreux. PLUR traîne-misères ou traîne-misère. VAR **traine-misère.**

**traîner** *v* ① **A** *vt* **1** Tirer derrière soi en faisant glisser. *Cheval qui traîne une charrette. Traîner un sac.* **2** Emmener qqn de force. *Traîner un enfant chez le médecin.* **3** Emmener partout avec soi. *Traîner qqn dans tous ses déplacements.* **4** Supporter avec peine un état qui dure. *Traîner une vieillesse malheureuse.* **B** *vi* **1** Pendre jusqu'à terre. *Votre robe traîne.* **2** Être laissé n'importe comment, n'importe où. *Vêtement qui traîne sur une chaise.* **3** Rester en arrière ; s'attarder. *Si vous voulez finir à temps, il ne faut pas traîner.* **4** Durer trop longtemps. *Sa maladie traîne.* **5** Flâner, s'attarder oisivement. *Traîner dans les rues.* **C** *vpr* **1** Marcher avec peine, difficulté. **2** fig Être languissant. *Dans ce film, l'action se traîne.* **3** Se déplacer en rampant. *Il se traîne par terre.* **LOC** ***Cela traîne partout*** : se dit d'une expression, d'une pensée, etc., qu'on retrouve partout, rebattue. — ***Laisser traîner*** : ne pas prendre soin, ne pas ranger. — fam ***Traîner les pieds*** : marcher sans les lever ; fig, fam exécuter qqch sans enthousiasme, en renâclant. — ***Traîner qqn dans la boue*** : l'accabler de propos insultants. ETY Du lat. VAR **trainer** DER **traînement** ou **trainement** *nm*

**traîne-savate** *n* fam Personne oisive sans ressources. PLUR traîne-savates. VAR **traine-savate**

**traîneur, euse** *n* fam Personne qui traîne dans les rues, les cafés. **LOC** ***Traîneur de sabre*** : militaire qui fait le bravache, en traînant son sabre. DER **traineur, euse**

**trainglot** → **tringlot.**

**training** *nm* **1** Entraînement sportif. **2** Syn. de *survêtement.* **3** Chaussure de sport à semelle de caoutchouc. **LOC** MED ***Training autogène*** : méthode de relaxation reposant sur la suggestion. PHO [treniŋ] ETY Mot angl.

**train-parc** *nm* Train destiné à accueillir du personnel affecté à l'entretien ou à la réparation des voies. PLUR trains-parcs

**Train sifflera trois fois (Le)** western de Zinneman (1952), avec G. Cooper et G. Kelly.

**train-train** *nm inv* fam Routine. VAR **traintrain**

**traire** *vt* 58 Tirer le lait des mamelles d'un animal domestique. *Traire une vache, une chèvre.* ETY Du lat. *trahere,* « traîner ».

**trait** *nm* **A 1** Ligne tracée avec un crayon, une plume, etc. *Tracer, tirer des traits.* **2** Manière d'exprimer, de dépeindre. *Décrire qqch à grands traits.* **3** Élément auquel on reconnaît clairement qqn ou qqch. *Trait de caractère.* **4** Manifestation remarquable. *Trait de bravoure. Trait d'esprit.* **5** MUS Suite de notes jouées à la même cadence rapide. **6** Action de tirer, de tracter. *Bête de trait.* **7** Longe avec laquelle les animaux domestiques tirent un véhicule. **8** Quantité de liquide absorbée en une fois. *Boire à longs traits.* **9** vieilli Projectile, arme de jet ; action de lancer. *Armes de trait.* **10** litt Sarcasme, plaisanterie acerbe. *Décocher un trait mordant.* **B** *nm pl* Lignes caractéristiques du visage. *Traits tirés par la fatigue.* **LOC** ***Avoir trait à*** : avoir un rapport avec. — ***D'un trait*** : d'un seul coup ; sans discontinuer. — ***Partir comme un trait*** : très rapidement. — ***Tirer un trait sur qqch*** : y renoncer. — ***Trait de lumière*** : rayon ; idée lumineuse. — ***Trait pour trait*** : avec une parfaite exactitude. ETY Du lat. *tractus.*

**traitable** *a* **1** litt Conciliant, accommodant. **2** Se dit d'une maladie que l'on peut traiter.

**traitant, ante** *a* Qui traite, soigne. *Lotion traitante.* **LOC** ***Médecin traitant*** : qui soigne qqn habituellement. — ***Officier, agent traitant*** : agent d'un service secret qui assure la liaison avec un espion sur le terrain.

**trait d'union** *nm* **1** Tiret qui joint plusieurs mots. **2** fig Intermédiaire. *Il a servi de trait d'union entre nous.*

**traite** *nf* **1** LITTER Parcours effectué sans s'arrêter. **2** HIST Importation en Europe de produits coloniaux, denrées agricoles et matières premières. **3** Lettre de change, effet de commerce. **4** AGRIC Action de traire. *Traite manuelle, mécanique.* **LOC** ***D'une traite*** : sans s'interrompre. — ***Traite des êtres humains*** : délit consistant à contraindre des personnes, en partic. des femmes et des enfants, pour les livrer à la prostitution. (Cette notion élargit celle de *traite des Blanches,* utilisée auparavant.) — HIST ***Traite des Noirs*** : du XVI$^{e}$ au XIX$^{e}$ s. déportation de Noirs africains qu'on vendait comme esclaves en Amérique. ETY De *traire.*

**traité** *nm* **1** Ouvrage qui traite d'une matière, d'un sujet déterminé. *Traité de droit public.* **2** Convention établie entre des souverains, des États.

**Traité de la lumière** ensemble de textes écrits sur l'optique, en fr., par Huygens (1678).

**Traité de la peinture** titre sous lequel parut en France en 1651 une suite d'écrits (en ital.) de Léonard de Vinci sur la peinture.

**Traité de mécanique céleste** œuvre de Laplace (de 1798 à 1825).

**traitement** *nm* **1** Comportement, manière d'agir envers qqn. *Traitement de faveur.* **2** MED Ensemble des moyens mis en œuvre pour soigner une maladie, un malade. *Prescrire un traitement.* **3** Action de traiter une substance, une matière première ; opération destinée à transformer cette substance. **4** Manière de traiter une question, un problème. **5** Appointements d'un fonctionnaire. **LOC** ***Mauvais traitements*** : violences, voies de fait. — INFORM ***Traitement de l'information*** : ensemble des techniques permettant de stocker des informations, d'y accéder, de les combiner, en vue de leur exploitation. — ***Traitement de texte*** : ensemble des opérations qui permettent de saisir, mettre en forme, modifier, stocker des documents ; logiciel permettant d'effectuer ces opérations.

**traiter** *v* ① **A** *vt* **1** Agir, se conduire envers qqn d'une certaine manière. *Traiter qqn en ami.* **2** Qualifier qqn de. *Traiter qqn de menteur.* **3** Exposer oralement ou par écrit, disserter sur. *Traiter un sujet.* **4** Représenter, exprimer. *Ce thème a été traité par les artistes de toutes les époques.* **5** Négocier. *Traiter une affaire.* **6** Soumettre à un traitement thérapeutique. *Traiter un malade.* **7** Soumettre à un traitement pour modifier. *Traiter un minerai. Traiter des informations.* **8** LITTER Recevoir à sa table. **B** *vti* **1** Avoir pour sujet. *Ouvrage qui traite d'astronomie.* **2** Négocier. *Traiter d'égal à égal avec qqn.* ETY Du lat.

**Traité sur la tolérance** ouvrage de Voltaire (1763), qui, notam., défendait Calas.

**traiteur** *n* Professionnel qui prépare des plats cuisinés qu'il vend ensuite. VAR **traiteur** *nf*

**traître, traîtresse** *a, n* **A** Qui commet une trahison. **B** *a* Qui est plus dangereux, plus fort qu'il ne le paraît. *Ces vins sucrés sont traîtres.* **LOC** ***En traître*** : traîtreusement. *Prendre qqn en traître.* — ***Ne pas dire un traître mot*** : pas un seul mot. ETY Du lat. DER **traitre, traitresse**

**traîtreusement** *av* litt De manière perfide, par trahison. VAR **traitreusement**

**traîtrise** *nf* **1** Caractère traître de qqn, de qqch. **2** Piège imprévisible. VAR **traitrise**

**Trajan** Marcus Ulpius Trajanus, dit (Itálica [v. auj. ruinée, proche de Séville], 53 – Sélinonte, Cilicie [auj. Gazipaşa, Turquie], 117), empereur romain (98-117), le premier qui n'était pas originaire de Rome. Associé au pouvoir par l'empereur Nerva (97), il lui succéda. Pour rétablir les finances de l'État, il entreprit de nouv. colonisations avec une armée peu nombreuse mais bien entraînée : Dacie (101-107), Arabie nabatéenne (105), Arménie (114), Assyrie et Mésopotamie (116-117). Il développa l'architecture et la statuaire, à Rome (forum de Trajan avec sa *colonne Trajane*) et dans l'Empire.

Trajan

**Trajane (colonne)** colonne érigée en 113 sur le forum de Trajan, à Rome, pour célébrer la conquête de la Dacie par cet empereur. Un bas-relief en hélice, qui la couvre, long de 200 m, représente 2 500 personnages.

**trajectographie** *nf* ESP Détermination et étude de la trajectoire d'un satellite, d'un vaisseau spatial, d'un missile. DER **trajectographique** *a*

**trajectoire** *nf* **1** Courbe décrite par un point matériel en mouvement, par le centre de gravité d'un mobile. **2** fig Cheminement. *Trajectoire professionnelle.* **LOC** GEOM ***Trajectoire isogone*** : courbe dont l'angle d'intersection avec une famille de courbes est constant. ETY Du lat.

**trajet** *nm* **1** Espace à parcourir pour aller d'un point à un autre. SYN parcours. **2** Action de parcourir cet espace ; temps nécessaire pour l'accomplir. *Il faut compter deux heures de trajet.* **3** ANAT, MED Suite des points par où passe un conduit, un nerf, une fistule. ETY De l'ital.

**Trakl** Georg (Salzbourg, 1887 – Cracovie, 1914), poète autrichien. Ses *Poèmes* (posth., 1919) expriment l'horreur du mal et la hantise de la mort. Il se suicida.

**tralala** *nm* fam Faste et affectation. *Une soirée à grand tralala.* ETY Onomat.

**trâlée** *nf* Canada fam Grand nombre de personnes.

**tram** *nm* fam Tramway.

**tramage** → **tramer.**

**tramail** *nm* PECHE Filet de pêche composé de trois réseaux superposés. VAR **trémail**

**trame** *nf* **1** TECH Ensemble des fils passés au travers des fils de chaîne pour former un tissu. **2** TECH Écran transparent quadrillé utilisé en similigravure. **3** CONSTR Élément géométrique répétitif autour duquel est structurée une construction. **4** AUDIOV Ensemble des lignes d'une image de télévision. **5** fig Ce qui constitue le fond, le support continu. *La trame d'un roman.* ETY Du lat.

**tramer** *v* ① **A** *vt* **1** TECH Tisser en passant la trame entre les fils de chaîne. **2** Reproduire par l'intermédiaire d'une trame. *Cliché tramé.* **3** fig Élaborer une intrigue, un complot. SYN ourdir. **B** *vpr* Se préparer secrètement, en parlant d'une intrigue, d'un complot. *Il se trame qqch de louche.* DER **tramage** *nm*

**trameur, euse** *n* TECH **A** Ouvrier, ouvrière du tissage qui prépare les fils de trame. **B** *nf* Machine produisant les fils de trame.

**traminer** *nm* Cépage blanc d'Alsace. PHO [traminɛʀ]

**traminot** *nm* Agent d'une ligne ou d'un réseau de tramway.

**tramontane** *nf* Vent froid du nord-ouest, dans les régions méditerranéennes. ETY De l'ital. *tramontana,* « étoile qui est au-delà des monts ».

**tramp** *nm* MAR Cargo qui n'est pas affecté à une ligne régulière, et qui va chercher son fret de port en port. PHO [tʀɑ̃p] ETY Mot angl.

**tramping** *nm* MAR Navigation à la demande, sans itinéraire fixe. (PHO) [trɑ̃piŋ]

**trampoline** *nm* SPORT Tremplin très souple formé d'une toile fixée à un cadre par des tendeurs élastiques et sur lequel on exécute des sauts. (ETY) De l'ital. (DER) **trampoliniste** *n*

**tram-train** *nm* Tramway pouvant emprunter des lignes de chemin de fer pour desservir la périphérie urbaine. PLUR trams-trains.

**tramway** *nm* Mode de transport urbain électrifié utilisant une voie ferrée formée de rails sur la chaussée ; voiture circulant sur cette voie. ABREV tram. (PHO) [tʀamwɛ] (ETY) Mot angl.

**tranchage** *nm* TECH Action de débiter en plaques minces des troncs d'arbres.

**tranchant, ante** *a, nm* **A** *a* **1** Qui tranche, coupe bien. *Instrument tranchant.* **2** fig Qui tranche, décide de manière péremptoire. *Ton tranchant.* **B** *nm* **1** Fil d'une lame, d'un instrument tranchant. *Hache à double tranchant.* **2** TECH Lame, couteau employé par les apiculteurs, les tanneurs. **LOC** ***A double tranchant :*** se dit d'un argument, d'un moyen qui peut se retourner contre celui qui l'utilise. — ***Le tranchant de la main :*** le côté opposé au pouce.

**tranche** *nf* **1** Morceau mince coupé sur toute la largeur d'une masse, d'un bloc. *Tranche de jambon, de pain.* **2** Fraction d'un tout, d'une opération complexe ou de longue durée. *Tranche d'âge. Tranche d'une loterie.* **3** ARITH Série de chiffres constitutive d'un nombre. **4** FIN Ensemble des revenus imposés au même taux. *Tranches inférieures et supérieures.* **5** Bord, côté mince d'un objet. *Tranche d'une pièce de monnaie.* **6** Chacun des trois côtés rognés d'un livre. *Livre doré sur tranche.* **7** Unité de production d'énergie électrique. **8** Syn. de *tende-de-tranche.* **LOC** fam ***S'en payer une tranche :*** prendre du bon temps, s'amuser. — ***Tranche de vie :*** description détaillée de la réalité quotidienne.

**tranché, ée** *a* **1** Net, bien marqué. *Couleurs tranchées.* **2** Catégorique. *Opinion tranchée.*

**tranchée** *nf* **A 1** TRAV PUBL Ouverture, excavation pratiquée en longueur dans le sol, en vue d'asseoir des fondations, de placer des conduites, etc. **2** MILIT Fossé aménagé pour servir de couvert et de position de tir. **B** *nfpl* MED Coliques violentes. **LOC** ***Guerre de tranchées :*** guerre de position. — MED ***Tranchées utérines :*** contractions douloureuses de l'utérus, après l'accouchement.

**tranchée-abri** *nf* MILIT Tranchée couverte servant d'abri. PLUR tranchées-abris.

**Tranchée des baïonnettes (la)** tranchée près de Douaumont où, en 1916, un bombardement ensevelit 57 soldats français ; seules émergeaient les baïonnettes.

**tranchefile** *nf* TECH En reliure, bourrelet recouvert de soies de couleur collé à chaque extrémité du dos d'un volume. (DER) **tranchefiler** *vt* ①

**tranchelard** *nm* Couteau servant à découper des tranches larges et fines.

**tranche-montagne** *nm* LITTER Fanfaron. PLUR tranche-montagnes.

**trancher** *v* ① **A** *vt* **1** Séparer en coupant. *Trancher une amarre qu'on ne peut larguer.* **2** fig Résoudre définitivement, en finir avec qqch. *Il faut trancher cette difficulté.* **B** *vi* **1** Décider de façon catégorique. *Il tranche sur tout.* **2** Contraster, ressortir sur. *Ces couleurs tranchent sur le fond.* **LOC** ***Trancher dans le vif :*** couper dans un tissu sain pour empêcher une infection de s'étendre ; fig employer des solutions radicales. (ETY) Du lat. *trimicare,* « couper en trois ».

**tranchet** *nm* TECH Couteau plat sans manche, servant à couper le cuir.

**trancheter** *vt* ⑱ INDUSTR Couper en tranches un produit alimentaire avant sa commercialisation. (DER) **tranchetage** *nm*

**trancheur, euse** *n* **A** *nm* **1** Ouvrier chargé de trancher, de débiter. **2** Industriel du tranchage du bois. **B** *nf* **1** TECH Machine servant à débiter des troncs d'arbres ébranchés en tranches minces. **2** TRAV PUBL Engin automoteur utilisé pour creuser des tranchées.

**tranchoir** *nm* **1** Planche sur laquelle on coupe la viande. **2** Couteau servant à trancher.

**tranquille** *a* **1** Qui n'est pas agité. *Mer tranquille. Un enfant tranquille.* **2** Que rien ne vient troubler, déranger. *Vie tranquille. Laisser qqn tranquille.* **3** Qui est sans inquiétude. *Je ne suis tranquille qu'en sa présence. Avoir la conscience tranquille.* **4** OENOL Se dit du vin de base, non mousseux, servant à la fabrication des vins champagnisés. (ETY) Du lat. (DER) **tranquillement** *av*

**tranquillisant, ante** *a, nm* **A** *a* Qui tranquillise, rassure. **B** *nm* MED Substance médicamenteuse ayant un effet sédatif (neuroleptique) ou qui dissipe un état d'anxiété.
(ENC) La structure chimique très variée des tranquillisants confère à ceux-ci des propriétés différentes. Certains d'entre eux sont relaxants, d'autres sont stimulants, d'autres encore sont particulièrement actifs sur le système neurovégétatif. Il existe un risque d'accoutumance en raison de l'euphorie qu'ils procurent. Ils rendent intolérants à l'alcool, produisent parfois de la somnolence, une impuissance, des réactions allergiques, certains troubles hépatiques ou sanguins.

**tranquilliser** *vt* ① Faire cesser l'inquiétude de qqn, rassurer.

**tranquillité** *nf* **1** État de ce qui est tranquille, calme. **2** État de qqn sans inquiétude, sans angoisse.

**trans-** Préfixe, du lat. *trans,* « à travers », exprimant l'idée de *au-delà* *(transalpin), à travers (transsibérien),* ou indiquant un changement *(transformation).*

**trans** *a, n* fam Transsexuel.

**transactinide** *nm* CHIM Élément de numéro atomique supérieur à ceux des actinides.

**transaction** *nf* **1** DR Acte par lequel on transige ; contrat par lequel les parties terminent ou préviennent une contestation, moyennant des concessions réciproques. **2** COMM, FIN Opération boursière ou commerciale. **3** INFORM Programme constitué d'un dialogue entre l'utilisateur et l'ordinateur pour créer, consulter ou mettre à jour un fichier. (ETY) Du lat.

**transactionnel, elle** *a* didac Qui comporte ou concerne une transaction. *Des dispositions transactionnelles.* **LOC** PSYCHO, SOCIOL ***Analyse transactionnelle :*** analyse des relations interpersonnelles fondée sur des concepts d'inspiration psychanalytique et psychosociologique.

**transafricain, aine** *a* Qui traverse le continent africain.

**Transalaï** massif du N. du Pamir, le plus élevé (7 495 m).

**transalpin, ine** *a* Au-delà des Alpes.

**transalpine (Gaule)** partie de la Gaule située au-delà des Alpes par rapport à Rome (par oppos. à *Gaule cisalpine*).

**Transamazonienne (la)** route du Brésil qui traverse l'Amazonie d'E. en O. et fut entreprise en 1973 depuis ses deux extrémités ; son tracé (moins du tiers des 18 000 km de voies prévues) est en partie envahi par la forêt.

**transaméricain, aine** *a* Qui traverse l'Amérique.

**transaminase** *nf* BIOCHIM Enzyme dont le rôle est de transporter les radicaux aminés ($NH_2$) d'un acide aminé vers un autre.

**transandin, ine** *a* Qui traverse la chaîne des Andes.

**transat** *n* **A** *nm* fam Chaise longue pliante. **B** *nf* Course transatlantique. (PHO) [tʀɑ̃zat] (ETY) Abrév. de *transatlantique.*

**transatlantique** *a, n* **A** *a* Qui traverse l'Atlantique. **B** *nm* **1** Chaise longue articulée et pliante. **2** Paquebot assurant la liaison régulière entre l'Europe et l'Amérique. **C** *a, nf* Se dit d'une course de voiliers d'un bord à l'autre de l'Atlantique.

**trans-avant-garde** *nf* BX-A Mouvement pictural figuratif italien apparu vers 1980, figuratif et éclectique dans ses références et ses approches chromatiques.

**transbahuter** *vt* ① fam Transporter.

**transborder** *vt* ① Faire passer d'un navire, d'un avion, d'un train, etc., à un autre. *Transborder des voyageurs, des marchandises.* (DER) **transbordement** *nm*

**transbordeur** *nm* **1** Syn. (recommandé) de *ferry-boat.* **2** CH DE F Châssis servant à faire passer des wagons, des locomotives d'une voie sur une autre. **3** Pont à plate-forme mobile suspendue par des câbles à un tablier élevé.

**transcanadien, enne** *a* Qui traverse le Canada. **LOC** ***La Transcanadienne :*** autoroute canadienne qui longe la frontière des États-Unis de Vancouver à Halifax.

**transcaspien, enne** *a* Situé au-delà de la mer Caspienne.

**Transcaucasie** région du S. du Caucase, qui comprend la Géorgie, l'Arménie et l'Azerbaïdjan. (DER) **transcaucasien, enne** *a, n*

**transcendance** *nf* PHILO Caractère de ce qui est transcendant. **LOC** THEOL ***Transcendance de Dieu :*** existence de Dieu au-delà des formes qui le rendraient présent au monde et à la conscience humaine. ANT immanence.

**transcendant, ante** *a* **1** Qui excelle en son genre, supérieur. *Esprit transcendant.* **2** PHILO Qui dépasse un certain ordre de réalités ou, pour Kant, toute expérience possible. ANT immanent. **3** MATH Se dit d'un nombre non algébrique, qui n'est la racine d'aucune équation à coefficients entiers. *Le nombre* $\pi$ *est transcendant.*

**transcendantal, ale** *a* PHILO Chez Kant, qualifie tout élément de la pensée qui est une condition a priori de l'expérience. *Connaissance transcendantale.* PLUR transcendantaux. (DER) **transcendantalisme** *nm*

**transcender** *vt* ① **1** Dépasser, en étant supérieur. **2** PHILO Dépasser les possibilités de l'entendement. (PHO) [tʀɑ̃sɑ̃de] (ETY) Du lat.

**transcoder** *vt* ① **1** TECH Traduire dans un autre code. **2** INFORM Transcrire les instructions d'un programme dans un autre code. (DER) **transcodage** *nm*

**transcodeur** *nm* TECH Appareil servant à effectuer un transcodage.

**transconteneur** *nm* TECH **1** Conteneur de grande capacité, utilisé pour les transports sur grandes distances. **2** Navire servant au transport de ces conteneurs.

**transcontinental, ale** *a* Qui traverse un continent. PLUR transcontinentaux.

**transcriptase** *nf* BIOCHIM Enzyme qui catalyse la synthèse d'un acide ribonucléique (ARN). **LOC** ***Transcriptase inverse :*** qui permet la reproduction d'un acide désoxyribonucléique (ADN) à partir de l'acide ribonucléique correspondant.

**transcripteur, trice** *n* **A** Personne qui transcrit. **B** *nm* Appareil qui transcrit.

**transcription** *nf* **1** Action de transcrire. *Transcription phonétique, musicale.* **2** DR Formalité consistant à reproduire un titre ou un acte juridique sur les registres publics. *Transcription à l'état civil.* **3** BIOL Synthèse d'un ARN messager par copie de l'ADN. ETY Du lat.

**transcriptome** *nm* BIOL Ensemble des brins de l'ARN messager complémentaire produit par chaque gène.

**transcriptomique** *nf, a* Partie de la biologie qui étudie les ARN messagers dits aussi ARN transcrits.

**transcrire** *vt* 67 **1** Copier, reporter fidèlement un écrit sur un autre support. *Transcrire un acte notarié.* **2** Transposer un énoncé d'un code dans un autre. *Transcrire un mot grec en caractères latins.* **3** MUS Arranger un morceau pour des instruments autres que ceux pour lesquels il a été écrit. ETY Du lat.

**transcrit, ite** *a* **LOC** BIOL ***ARN transcrit*** : syn. de *ARN messager*.

**transculturel, elle** *a* **didac** Relatif aux relations entre des cultures différentes.

**transcutané, ée** *a* MED Transdermique.

**transdermique** *a* MED Se dit de la voie d'administration d'un produit qui traverse la peau. *Timbre transdermique.* SYN transcutané.

**transdisciplinaire** *a* **didac** Qui établit des relations entre plusieurs disciplines.

**transducteur** *nm* **1** En cybernétique, syn. de *traducteur*. **2** ELECTR Dispositif qui transforme une énergie en une autre. *Les microphones sont des transducteurs électroacoustiques.*

**transduction** *nf* **1** BIOL Passage d'un fragment d'ADN d'une bactérie dans une autre, le vecteur étant un virus. **2** ELECTR Transformation d'une énergie en une autre de nature différente.

**transe** *nf* **A 1** Perte de tout contrôle de soi sous l'effet d'une surexcitation ou d'une émotion intense. **2** État du médium en communication avec un esprit. **B** *nfpl* Grande appréhension, vive anxiété. *Être dans les transes.* ETY De *transir*.

**transept** *nm* ARCHI Nef transversale d'une église, qui coupe à angle droit la nef principale, donnant à l'édifice la forme d'une croix. PHO [tʀɑ̃sɛpt] ETY Mot angl.

**transeuropéen, enne** *a* Qui traverse l'Europe.

**transfection** *nf* BIOL Introduction dans une cellule de molécules d'ADN étrangères insérées dans un vecteur (virus ou bactérie).

**transférabilité** *nf* ECON Convertibilité d'une monnaie garantie par des procédures de compensation multilatérale.

**transférable** → **transférer.**

**transférase** *nf* BIOL, CHIM Enzyme qui catalyse les réactions de transfert de radicaux.

**transférentiel, elle** *a* PSYCHAN Relatif au transfert. *Épisode transférentiel.*

**transférer** *vt* 14 **1** Faire passer d'un lieu dans un autre. *Transférer un détenu.* **2** DR Céder, transmettre légalement qqch à qqn. *Transférer une obligation.* ETY Du lat. DER **transférable** *a* – **transfèrement** *nm*

**transferrine** *nf* BIOL Molécule qui transporte le fer dans le sang.

**transfert** *nm* **1** Action de transférer d'un lieu dans un autre. *Le transfert des bureaux d'une administration.* **2** INFORM Transport d'une information d'une zone de mémoire dans une autre. **3** DR Acte par lequel on transfère à qqn un droit, une propriété. **4** ECON Redistribution des revenus par le mécanisme du budget de l'État, de la Sécurité sociale, des allocations familiales, etc. **5** SPORT Changement de club d'un joueur professionnel. **6** PHOTO Procédé par lequel une image passe sur un autre support par simple contact. **7** Action de transférer un état affectif (d'un objet à un autre). **8** PSYCHAN Processus par lequel un sujet en cure reporte sur l'analyste des désirs inconscients éprouvés durant l'enfance vis-à-vis d'une figure parentale. **9** PSYCHO Dans la psychologie de l'apprentissage, cas où une habitude ancienne facilite l'acquisition d'une nouvelle habitude. **LOC** TELECOM ***Transfert d'appel*** : service qui permet de transférer automatiquement un appel vers un numéro choisi par l'usager. — ***Transfert de populations*** : déplacement massif et forcé de populations. ETY Mot lat., « il transfère ».

ENC Au cours de la cure, le transfert se manifeste ainsi : le patient se met à témoigner à l'analyste qui le soigne une affection exagérée ou une hostilité marquée (ou, le plus souvent, un mélange des deux). Ces sentiments sont particulièrement nets lorsqu'il s'agit de l'actualisation d'une situation œdipienne, l'analyste incarnant alors le rôle du père ou de la mère. Le transfert est une étape indispensable de la cure ; il place l'analyste en présence de l'essentiel de ce qui avait été refoulé. La « névrose de transfert » se substitue à la névrose initiale, ce qui favorisera la découverte de la névrose infantile. Le *contre-transfert* (ensemble des réactions inconscientes de l'analyste à l'égard de l'analysé et, surtout, de son transfert) doit être réduit par l'analyste, de façon à ne pas « recouvrir » le transfert du patient.

**transfiguration** *nf* **1** Action de transfigurer. **2** RELIG (Avec une majuscule.) Forme glorieuse sous laquelle Jésus apparut à trois de ses disciples sur le mont Thabor.

**transfigurer** *vt* 1 Transformer en rendant beau, radieux. ETY Du lat.

**transfiler** *vt* 1 MAR Lier au moyen d'un cordage passant dans des œillets.

**transfini, ie** *a* **LOC** MATH ***Nombre transfini*** : imaginé pour dénombrer un ensemble infini.

**transfo** *nm* ELECTR **fam** Transformateur.

**transformable** → **transformer.**

**transformante** *af, nf* GEOL Se dit d'une faille le long de laquelle coulissent latéralement deux plaques lithosphériques.

**transformateur, trice** *a, nm* **A** *a* Qui transforme. **B** *nm* **1** Industriel qui transforme un produit. *Les transformateurs de produits laitiers.* **2** ELECTR Appareil électromagnétique servant à transférer une énergie électrique d'un circuit à un autre après en avoir modifié la tension.

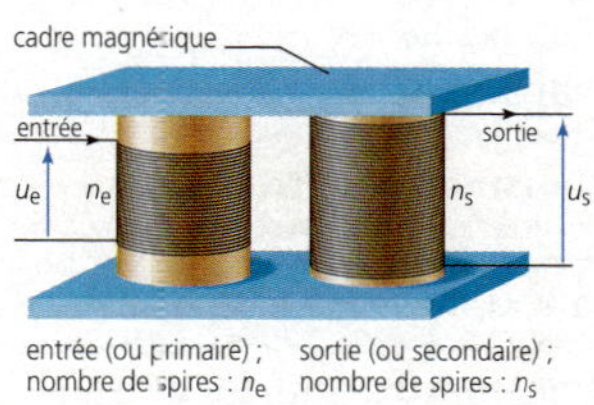


si $n_s$ est supérieur à $n_e$, la tension de sortie $u_s$ est supérieure à la tension d'entrée $u_e$, et inversement, sous l'action du champ magnétique créé par le cadre

principe d'un **transformateur** monophasé

**transformation** *nf* **1** Action de transformer, de se transformer. *La transformation d'un appartement. Les industries de transformation.* **2** SPORT Au rugby, action de transformer un essai. **3** ELECTR Action de modifier la tension d'un courant au moyen d'un transformateur. **4** GEOM Opération qui fait correspondre un point à un autre suivant une loi déterminée. **5** BIOL Intégration, dans le génome d'une bactérie, d'un fragment d'ADN libre provenant du génome d'une autre bactérie. **6** LING En grammaire générative, opération consistant à convertir les structures profondes des phrases en structures de surface.

**transformationnel, elle** *a* LING Qui concerne ou utilise les transformations. *Grammaire transformationnelle.*

**transformer** *v* 1 **A** *vt* **1** Donner une autre forme, un autre aspect à. *Transformer une énergie en une autre. Ce déguisement l'a transformé.* **2** **fig** Changer le caractère de qqn. *Cette dure épreuve l'a transformé.* **B** *vpr* Prendre une forme, un aspect, un caractère différent. *La société se transforme.* **LOC** ***Transformer un essai*** : à la suite d'un essai marqué au rugby, faire passer d'un coup de pied la balle entre les poteaux, ce qui vaut deux points supplémentaires ; **fig, fam** réussir complètement une action. ETY Du lat. DER **transformable** *a*

**transformisme** *nm* **didac** Théorie de l'évolution des êtres vivants selon laquelle les organismes se transforment progressivement en d'autres, par oppos. au *fixisme*. DER **transformiste** *a, n*

**transfrontalier, ère** *a* Qui concerne les relations entre deux pays limitrophes, de part et d'autre d'une frontière.

**transfuge** *n* **A** *nm* Soldat qui passe à l'ennemi. **B** *n* Personne qui abandonne son parti, ses opinions pour un parti, des opinions adverses. ETY Du lat. *fugere*, « fuir ».

**transfuser** *vt* 1 MED Injecter à qqn du sang ou des dérivés sanguins prélevés chez un autre sujet par perfusion intraveineuse. ETY Du lat. DER **transfusé, ée** *n* – **transfusion** *nf* – **transfusionnel, elle** *a*

**transfuseur** *nm* MED **1** Personne, organisme qui pratique des transfusions sanguines. **2** Appareil de transfusion sanguine directe de donneur à receveur.

**transfuseuse** *nf* MED Appareil qui sert à transfuser du sang conservé.

**transgène** *nm* BIOL Gène introduit dans une cellule pour suppléer un autre gène.

**transgénérationnel, elle** *a* Qui passe d'une génération à une autre.

**transgenèse** *nf* BIOL Modification génétique d'un organisme.

**transgénique** *a, nm* **A** *a* BIOL Se dit d'un organisme dans lequel on a transféré un ou plusieurs gènes étrangers. *Plante transgénique.* **B** *nm* Produit de l'agriculture transgénique.

**transgenre** *a, n* Qui est atteint ou marqué de transsexualisme ou de travestisme. *La reconnaissance des transgenres.*

**transgresser** *vt* 1 Contrevenir à un ordre, une loi ; enfreindre. *Transgresser un interdit.* DER **transgresseur** *nm*

**transgressif, ive** *a* Qui concerne la transgression d'une loi, d'un interdit. *Une conduite transgressive.*

**transgression** *nf* **1** Action de transgresser, infraction, violation. **2** GEOL Submersion, par la mer, d'une partie des continents, à la suite de leur enfoncement ou de l'élévation du niveau marin. ANT régression. ETY Du lat.

**Transhimalaya** chaînes de montagnes du S. du Tibet, situées au N. de l'Himalaya.

**transhistorique** *a* Qui concerne plusieurs périodes de l'histoire.

**transhumance** *nf* **1** Action de mener les troupeaux dans les alpages pour l'été et de les en faire redescendre avant l'hiver. **2** Déplacement des ruches au cours de l'année pour suivre les floraisons. **2** **fig, fam** Déplacement qui revient de manière régulière. *La transhumance des vacanciers.* ETY De l'esp. DER **transhumant, ante** *a* – **transhumer** *vt, vi* 1

**1 transi, ie** *a* Pénétré, saisi de froid. **LOC** ***Amoureux transi*** : que sa passion rend timide et paralyse.

**2 transi** *nm* BX-A Gisant nu à l'état de cadavre décomposé (Moyen Âge et Renaissance).

**transiger** *vi* [13] **1** DR Régler un différend par une transaction. *Les parties ont transigé.* **2** Faire des concessions réciproques. **3** Être peu exigeant, manquer de fermeté. *Transiger avec sa conscience. Ne pas transiger sur l'honnêteté.* [ETY] Du lat.

**transillumination** *nf* MED Procédé consistant à examiner un organe par transparence, en le plaçant devant une source lumineuse. [ETY] Mot angl.

**transir** *vt* [3] litt Pénétrer, engourdir de froid. *Un air froid nous transit.* [ETY] Du lat.

**transistor** *nm* **1** ELECTRON Composant en matériau semi-conducteur utilisé en électronique pour amplifier des signaux. **2** Radiorécepteur portatif muni de transistors. [ETY] Mot angl.

ENC Les *transistors à jonction* ont été inventés aux États-Unis en 1948 et, en 1949, Shockley en a établi la théorie définitive : ils associent deux zones aux conductibilités différentes, caractérisées par un excès d'électrons (zone N) ou par un défaut d'électrons (zone P). La découverte des transistors a conduit à l'abandon des tubes dans les montages électroniques, à une diminution de la consommation d'énergie et à la miniaturisation des circuits électroniques.

**transistoriser** *vt* [1] TECH Équiper de transistors. *Téléviseur transistorisé.* [DER] **transistorisation** *nf*

**transit** *nm* **1** Passage de marchandises, de voyageurs, à travers un lieu situé sur leur itinéraire. *Passagers en transit sur un aéroport.* **2** COMM Possibilité de faire traverser à des marchandises un pays autre que leur pays de destination sans payer de droits de douane. **3** PHYSIOL Progression du bol alimentaire dans le tube digestif. *Transit intestinal.* [PHO] [tʀɑ̃zit] [ETY] De l'ital.

**transitaire** *a, nm* **A** *a* Relatif au transit. *Pays transitaire.* **B** *nm* Commissionnaire qui transite les marchandises.

**transiter** *v* [1] **A** *vt* Faire passer en transit. *Transiter des denrées.* **B** *vi* Voyager en transit.

**transitif, ive** *a* **1** GRAM Se dit d'un verbe qui admet un complément d'objet. **2** MATH, LOG Se dit d'une relation binaire R telle que x R y et y R z entraînent x R z. **LOC** PHILO ***Cause transitive*** : dont l'action s'exerce sur un objet étranger au sujet agissant, par oppos. à *cause immanente*. — GRAM ***Verbe transitif direct*** : qui est suivi d'un complément d'objet direct (ex. : *il mange un œuf*). — ***Verbe transitif employé absolument*** : sans complément. — ***Verbe transitif indirect*** : qui est suivi d'un complément d'objet indirect. [ETY] Du lat. [DER] **transitivement** *av* – **transitivité** *nf*

**transition** *nf* **1** Manière de lier entre elles les idées qu'on exprime, de passer d'une partie d'un discours, d'un écrit à une autre. *Phrase de transition.* **2** MUS Passage d'un mode, d'un ton à un autre. **3** fig Passage graduel d'un état, d'un ordre à un autre. *Passer sans transition du rire aux larmes.* **LOC** ***De transition*** : intermédiaire, transitoire. — CHIM ***Métaux de transition*** : métaux dont l'avant-dernière couche électronique n'est pas saturée en électrons. — PHYS NUCL ***Transition électronique*** : passage d'un électron d'un niveau énergétique à un autre, se traduisant par l'émission ou l'absorption d'un photon.

**transitionnel, elle** *a* didac Qui constitue une transition. **LOC** PSYCHAN ***Objet transitionnel*** : objet matériel (couverture, peluche, etc.) permettant au jeune enfant la transition entre la relation orale à la mère et la relation à l'objet, et auquel il est très attaché.

**transitoire** *a* **1** Qui ne dure pas longtemps ; passager. **2** Qui forme une transition entre deux états. *Un régime politique transitoire.* [ETY] Du lat. [DER] **transitoirement** *av*

**Transjordanie** région hist. située à l'O. du Jourdain (Jordanie actuelle).

**Transkei (le)** anc. bantoustan de l'Afrique du Sud (1959-1994), intégré dans la province du Cap oriental.

**translater** *vt* [1] INFORM Traduire les instructions d'une forme dans une autre ou d'un code dans un autre.

**translatif, ive** *a* DR Qui opère une translation. *Acte translatif de propriété.*

**translation** *nf* **1** litt Action de faire passer des cendres, des reliques d'un lieu dans un autre. **2** DR Action de transmettre une propriété, un droit. **3** GEOM Transformation dans laquelle à tout point *M* on fait correspondre un point *M'* tel que le vecteur $\overrightarrow{MM'}$ soit constant. [ETY] Du lat.

**Transleithanie** partie de l'anc. Empire austro-hongrois comprenant la Hongrie et ses dépendances (Transylvanie, Croatie), séparées de l'Autriche (*Cisleithanie*) par la Leitha. [DER] **transleithan, ane** *a, n*

**translittération** *nf* LING Transcription lettre pour lettre des mots d'une langue dans l'alphabet d'une autre langue. *Translittération du grec en caractères latins.*

**translocation** *nf* BIOL Déplacement d'un segment de chromosome sur un chromosome non homologue.

**translucide** *a* Se dit d'un corps qui laisse passer la lumière sans être totalement transparent. SYN diaphane. [ETY] Du lat. *lucis*, « lumière ». [DER] **translucidité** *nf*

**transmanche** *a* Qui concerne la traversée de la Manche. *Trafic transmanche.*

**transmetteur, trice** *a, nm* **A** *a* PHYS Qui transmet des sons, des signaux. **B** *nm* **1** Militaire spécialiste des transmissions. **2** Appareil servant à transmettre des signaux. **LOC** MAR ***Transmetteur d'ordres*** : syn. de *chadburn*.

**transmettre** *v* [60] **A** *vt* **1** DR Mettre en possession de qqn d'autre. *Transmettre un droit, un héritage.* **2** Communiquer qqch à qqn. *Transmettre une nouvelle, un ordre. Transmettre une maladie.* **3** Faire passer d'un lieu, d'un organe à un autre. *Dispositif qui transmet le mouvement. Nerf transmettant une excitation.* **B** *vpr* Passer d'une personne à une autre, d'un lieu à un autre, se propager. *Le sida se transmet par le sang.* [ETY] Du lat.

TRANSISTOR À JONCTIONS

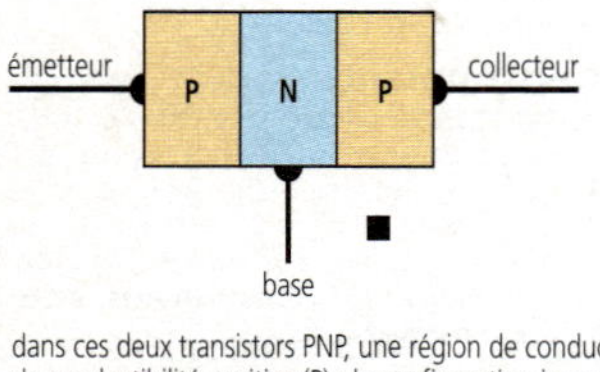


TRANSISTOR À EFFET DE CHAMP ou FET *(field effect transistor)*

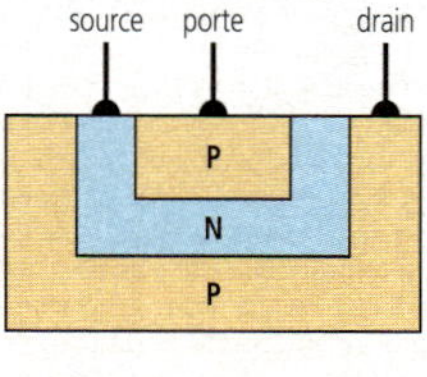


dans ces deux transistors PNP, une région de conductibilité négative (N) sépare deux régions de conductibilité positive (P) ; la configuration inverse (NPN) est également utilisée

**transistor**

**transmigration** *nf* **1** RELIG Pour les âmes, fait de transmigrer, métempsycose. **2** En Indonésie, déplacement de populations, le plus souvent forcé, destiné à désengorger Java.

**transmigrer** *vi* [1] RELIG Passer d'un corps dans un autre, en parlant des âmes.

**transmissible** *a* Qui peut être transmis. [DER] **transmissibilité** *nf*

**transmission** *nf* **A 1** Action de transmettre légalement. *La transmission de la propriété aux héritiers. Transmission de pouvoirs. Transmission des caractères biologiques des parents aux enfants.* **2** PHYS Propagation. *Transmission d'une onde.* **3** MECA Fait, pour un mouvement, d'être transmis d'un organe à un autre ; organe qui transmet un mouvement. **4** AUTO Ensemble des organes qui transmettent aux roues motrices le mouvement du moteur, à partir de la sortie de la boîte de vitesses. **B** *nfpl* MILIT Ensemble des moyens qui permettent aux troupes et aux états-majors de communiquer. **LOC** ***Transmission automatique*** : qui supprime les opérations manuelles d'embrayage et le changement de vitesse en les réalisant automatiquement ou au moyen d'un convertisseur de couple. — ***Transmission de pensée*** : télépathie. [ETY] Du lat.

**transmuer** *vt* [1] **1** didac Transformer un corps en un autre de nature différente. *Les alchimistes voulaient transmuer le plomb en or.* **2** PHYS NUCL Effectuer la transformation d'un élément simple en un autre par modification du nombre de ses protons. **3** fig LITTER Changer profondément, métamorphoser. [ETY] Du lat. [VAR] **transmuter** [DER] **transmuable** ou **transmutable** *a* – **transmutabilité** *nf* – **transmutation** *nf*

**transnational, ale** *a* didac Qui dépasse le cadre national. PLUR transnationaux. [DER] **transnationalité** *nf*

**transneptunien, enne** *a* ASTRO Qui se trouve au-delà de Neptune dans le système solaire. *Planète transneptunienne.*

**Transnistrie** partie de la Moldavie située sur la rive gauche du Dniestr.

**transocéanique** *a* **1** Qui est situé au-delà de l'océan. **2** Qui traverse l'océan. *Câble transocéanique.*

**Transoxiane** dans l'Antiquité et au Moyen Âge, région de l'Asie centrale située à l'est de l'Oxus (auj. Amou-Daria). Elle correspond à l'anc. Sogdiane, donc à l'Ouzbékistan actuel.

**Transpac** réseau européen de télécommunications numériques créé par France Télécom.

**transpacifique** *a* Qui traverse le Pacifique, concerne les deux rives du Pacifique.

**transpadan, ane** *a* didac Situé au-delà du Pô, par rapport à Rome. *La Gaule transpadane.*

**Transpadane (république)** État formé par Bonaparte (1796) réuni en 1797 à la rép. Cispadane dans la rép. Cisalpine.

**transpalette** *nf* TECH Chariot élévateur servant à la manutention des palettes.

**transparaître** *vi* [73] **1** Paraître à travers qqch de transparent, de translucide. *Veines qui transparaissent à travers la peau.* **2** fig Devenir visible. *Son émotion transparaissait.* [VAR] **transparaitre**

**transparence** *nf* Propriété de ce qui est transparent. *La transparence du verre. La transparence d'une âme. La transparence d'une institution.* **LOC** FISC ***Transparence fiscale*** : inexistence fiscale d'une société dont le bénéfice est imposé sous forme d'impôt sur le revenu de ses membres.

**transparent, ente** *a, nm* **A** *a* **1** Qui laisse passer la lumière et au travers de quoi on voit distinctement. *Étoffe, eau transparente.* **2** Qui se laisse deviner. *Des intentions transparentes.* **3** Qui ne dissimule pas ses activités, ses revenus. *Une politique transparente.* **B** *nm* **1** Nom donné à diverses surfaces dont la transparence permet de réaliser certaines opérations ou d'obtenir certains effets. **2** Document sur support transparent destiné à être projeté grâce à un rétroprojecteur. ETY Du lat.

**transpartisan, ane** a POLIT Qui est au-dessus des partis.

**transpercer** vt 12 **1** Percer de part en part. **2** Pénétrer à travers. *La pluie a transpercé le toit.*

**transpersonnel, elle** a PSYCHO Qui transcende les relations entre les individus.

**transphrastique** a LING Qui concerne le niveau d'analyse s'appliquant à un ensemble de phrases.

**transpiration** nf **1** Excrétion de la sueur par les pores de la peau ; sueur. **2** BOT Émission de vapeur d'eau à travers la cuticule ou les stomates des organes végétaux.

**transpirer** vi 1 **1** Suer. **2** fig Commencer à être connu. *Le secret avait transpiré.* ETY Du lat.

**transplant** nm CHIR Organe, tissu transplanté ou à transplanter.

**transplanter** vt 1 **1** Sortir une plante de terre pour la replanter dans un autre endroit. *Transplanter un arbuste.* **2** CHIR Greffer un organe, provenant d'un sujet donneur, sur un sujet receveur, avec rétablissement des connexions. *Transplanter un rein, un segment d'artère.* **3** fig Faire passer d'un pays ou d'un milieu dans un autre. DER **transplantable** a – **transplantation** nf – **transplanté, ée** a, n

**transplanteur** nm CHIR Personne qui participe à une transplantation d'organe. *La mise sur pied d'équipes de transplanteurs.*

**transplantoir** nm AGRIC Outil utilisé pour transplanter un végétal.

**transpolaire** a Qui passe au-dessus du pôle.

**transpondeur** nm TECH Appareil de radiocommunication servant à relayer un signal.

**transport** nm **A 1** Action, manière de transporter qqn, qqch dans un autre lieu. *Transport de troupes. Moyens de transport.* **2** MILIT Navire, avion de guerre destiné à transporter des troupes, du matériel. **3** DR Action d'une personne qui, par autorité de justice, se rend sur les lieux, pour procéder à un examen, une vérification. *Transport de justice.* **4** DR Cession d'un droit, d'une créance, etc. **5** litt Émotion vive. *Transport amoureux. Transports de joie.* **B** nm pl **1** Ensemble des moyens permettant de transporter des personnes ou des marchandises. *Les transports routiers, aériens. Une politique des transports.* **2** HYDROL Alluvions transportées par un cours d'eau.

**transportation** nf DR anc Action de transporter un condamné dans un lieu de réclusion situé hors du territoire métropolitain (travaux forcés, relégation).

**transporter** v 1 **A** vt **1** Porter d'un lieu dans un autre. *Transporter des marchandises, des passagers.* **2** DR Céder un droit à qqn. **3** Faire passer qqch dans un autre domaine, transposer. *Transporter des faits réels dans un roman.* **4** Mettre qqn hors de soi-même. *La joie le transportait.* **B** vpr Se rendre en un lieu. *Le juge d'instruction s'est transporté sur les lieux du crime.* ETY Du lat. DER **transportable** a

**transporteur** nm **1** Personne qui fait métier de transporter des personnes ou des marchandises ; personne qui dirige une entreprise de transports. **2** TECH Engin, dispositif destiné au transport continu de pièces, de matériaux.

**transposée** nf MATH Matrice obtenue par transposition d'une autre matrice.

**transposer** vt 1 **1** Présenter sous une autre forme, dans un autre contexte. *Transposer librement un mythe, une tragédie antique.* **2** Intervertir des objets ; permuter. **3** MUS Exécuter ou transcrire un morceau dans un autre ton que celui dans lequel il a été écrit. DER **transposable** a

**transpositeur, trice** a, n MUS **1** Celui, celle qui transpose. **2** Instrument à vent qui, en jouant les notes écrites de la gamme d'ut, fait sonner une autre gamme. LOC *Clavier transpositeur :* sur un harmonium, clavier qui se déplace latéralement devant les anches.

**transposition** nf **1** Action de transposer. **2** MATH Permutation de deux éléments définie par une relation. **3** MED Malformation congénitale par anomalie de position d'un ou de plusieurs organes. **4** Action de présenter différemment, de transposer dans une œuvre littéraire. *L'« Ulysse » de Joyce est une transposition parodique de « l'Odyssée ».* **5** MUS Action de transposer un morceau. **6** CHIM Migration de radicaux ou d'atomes à l'intérieur d'une molécule.

**transposon** nm BIOL Élément mobile (séquence ADN) du génome, capable de se transposer d'un point de celui-ci à un autre.

**transpyrénéen, enne** a Qui traverse les Pyrénées.

**transsaharien, enne** a Qui traverse le Sahara. *Rallye automobile transsaharien.*

**transsexualisme** nm Sentiment qu'éprouve un sujet d'appartenir au sexe opposé, généralement accompagné du désir de changer de sexe.

**transsexuel, elle** a, n **1** Atteint ou marqué de transsexualisme. **2** Se dit d'une personne qui a changé de sexe. DER **transsexualité** nf

**Transsibérien (le)** voie ferrée (plus de 9 000 km) qui relie Moscou à Vladivostok ; construite de 1891 à 1916.

**transsonique** a AVIAT Qualifie des vitesses voisines de celles du son, par oppos. à *subsonique* et à *supersonique*.

**transsubstantiation** nf THEOL Changement du pain et du vin eucharistiques en la substance du corps et du sang de Jésus-Christ.

**transsudat** nm MED Liquide suintant qui se forme par transsudation, sur une surface non enflammée.

**transsuder** v 1 MED **A** vi Passer à travers les pores d'un corps pour se rassembler en gouttelettes à sa surface. **B** vt Émettre sous forme de gouttelettes qui passent par les pores. DER **transsudation** nf

**transuranien, enne** a, nm CHIM Se dit d'un élément radioactif de numéro atomique supérieur à celui de l'uranium, produit par des réacteurs nucléaires, tel que le plutonium, le neptunium, l'américium, le lawrencium, etc.

**Transvaal** anc. prov. la plus septentrionale de l'Afrique du Sud ; 262 499 km$^2$. – Cette région de hauts plateaux se consacre surtout à l'élevage (bovins et ovins) et tire l'essentiel de ses ressources du sous-sol, très riche : or, argent, diamants, charbon, fer, chrome, etc. Les puissantes industries se concentrent à Johannesburg et à Pretoria.
**Histoire** La colonisation des Boers commença après 1835 (Grand Trek). La G.-B. reconnut l'indép. de la région (1852), qui forma une rép. (ségrégationniste) en 1856. Annexée par le Natal (1877), libérée par Paul Kruger (1881), elle fut autonome sous la suzeraineté brit. La découverte des mines d'or dans le Witwatersrand (1884) attira de nombr. étrangers (*Uitlanders*). Après la guerre des Boers, le Transvaal forma une colonie britannique (1902), puis entra dans l'Union sud-africaine, créée en 1910. La région fut partagée en 1994 entre les nouvelles provinces de Gauteng, Mpumalanga, Limpopo et Nord-Ouest.

**transvaser** vt 1 Faire passer le contenu liquide d'un récipient dans un autre récipient. DER **transvasement** nm

**transversal, ale** a, nf **A** a **1** Qui coupe qqch en travers, perpendiculairement à l'axe principal. *Route transversale.* **2** fig Qui recoupe plusieurs domaines de connaissances, qui fait intervenir plusieurs disciplines. **B** nf **1** Ligne qui coupe une autre ligne ou d'autres lignes. **2** SPORT Aux jeux de ballon, barre joignant les poteaux de but. **3** Route ou voie ferrée qui joint directement deux régions sans passer par le centre du réseau. PLUR transversaux. ETY Du lat. DER **transversalement** av – **transversalité** nf

**transversaliser** vt 1 Envisager un problème selon une vision transversale, globale. *Transversaliser le management de l'entreprise.*

**transverse** a, nm ANAT Qui est en travers de l'axe du corps. *Apophyses transverses. Muscle transverse.* ETY Du lat.

**transvestisme** → **travestisme.**

**transvider** vt 1 Vider le contenu d'un récipient dans un autre.

**Transylvanie** (en roumain *Transilvania* ou *Ardeal*, en hongrois *Erdély*), rég. du centre de la Roumanie, haute dépression dominée notamment par le massif du Bihor et les Carpates ; v. princ. *Cluj-Napoca, Braşov.* DER **transylvain, aine** ou **transylvanien, enne** a, n
**Géographie** Formée de collines et de plateaux, cette région fertile (céréales, fruits, élevage) a un sous-sol riche : gaz naturel, lignite, cuivre, plomb, etc. La population est hétérogène : Roumains, Hongrois, Allemands.
**Histoire** La région, habitée par les Daces dans l'Antiquité, fut le centre de leur État, puis de la prov. romaine de Dacie (106-271). Elle subit les Grandes Invasions. Peuplée de Valaques (Roumains), conquise par les Hongrois (XI$^e$ s.), tributaire des Turcs (1526), elle fut conquise par les Habsbourg en 1691 et réunie en 1867 à la Hongrie. Les Valaques (majoritaires) votèrent leur réunion à la Roumanie en 1918. La partie N., cédée à la Hongrie par le diktat de Vienne (1940), fut rendue à la Roumanie en 1947. L'opposition entre communautés hongroise et roumaine provoque de vives tensions.

**Transylvanie (Alpes de)** monts de Roumanie (2 543 m au *Moldoveanul*), partie méridionale des Carpates, au S. de la Transylvanie.

**Traoré Moussa** (Kayes, 1936), général et homme politique malien ; président de la République de 1968 à 1991, porté au pouvoir et renversé par l'armée.

**Trapani** (anc. *Drepanum*), v. et port de Sicile, sur la côte O. ; 71 430 hab. ; ch.-l. de la prov. du même nom. Sel ; pêche.

**trapèze** nm, a **A** nm **1** GEOM Quadrilatère comportant deux côtés parallèles et inégaux, appelés *bases*. *La surface d'un trapèze s'obtient en multipliant la demi-somme des bases par la hauteur.* **2** Appareil de gymnastique composé d'une barre de bois horizontale suspendue à ses extrémités à deux cordes. **B** a En forme de trapèze. LOC *Muscle trapèze* ou *le trapèze :* muscle de la partie postérieure du cou et de l'épaule. — ANAT *Os trapèze* ou *le trapèze :* premier os de la seconde rangée du carpe. — *Trapèze volant :* acrobatie consistant à sauter d'un trapèze à l'autre en se balançant. ETY Du gr. *trapeza*, « table à quatre pieds ».
▶ pl. géométrie

**trapéziste** n Acrobate qui se livre aux exercices du trapèze.

**trapézoèdre** nm GEOM, MINER Solide délimité par 24 faces qui sont des quadrilatères.

**trapézoïdal, ale** a Qui ressemble à un trapèze ; en forme de trapèze. PLUR trapézoïdaux.

**trapézoïde** a, nm didac En forme de trapèze. LOC ANAT *Os trapézoïde* ou *le trapézoïde :* second os de la deuxième rangée du carpe.

**trapp** *nm* GEOL Plateau formé par des empilements de coulées de laves basaltiques (Dekkan, Éthiopie). ETY Mot suédois, « marche d'escalier ».

**trappe** *nf* **1** CHASSE Piège formé d'un trou recouvert par une bascule ou par des branchages. **2** Ouverture munie d'un abattant, ménagée dans un plancher, un plafond, une paroi. **LOC** fam ***Passer à la trappe*** : être escamoté, tomber dans l'oubli. ETY Du frq.

**Trappe (la)** ordre religieux contemplatif issu d'une communauté de bénédictins établie à l'abb. de Notre-Dame de la Trappe, fondée en 1140 à Soligny (Orne), rattachée à Cîteaux (1147), puis réformée en 1664 par Rancé. (On nomme *trappe* tout monastère de trappistes.)

**Trappes** ch.-l. de cant. des Yvelines, composante de Saint-Quentin-en-Yvelines ; 30 878 hab. Industries. DER **trappiste** *a, n*

**trappeur** *nm* Chasseur de bêtes à fourrure, en Amérique du Nord.

**trappillon** *nm* THEAT Trappe permettant le passage des fermes (décors).

**1 trappiste** *nm* Religieux appartenant à l'ordre de la Trappe.

**2 trappiste** *nf* Bière belge réputée, brassée par des moines trappistes.

**trappistine** *nf* **1** Religieuse de l'ordre de la Trappe. **2** Liqueur fabriquée par les trappistes.

**trapu, ue** *a* **1** Large et court, donnant une impression de force et de solidité. *Un homme trapu.* **2** fam Très fort, savant. *Un prof trapu.* **3** fam Difficile, épineux. *Une question trapue.*

**traquenard** *nm* **1** Piège en forme de trébuchet pour prendre les animaux nuisibles. **2** fig Piège tendu à qqn. *Tomber dans un traquenard.* **3** EQUIT Amble rompu du cheval. *Jument qui va le traquenard.* ETY Du gascon.

**traquer** *vt* [1] **1** Pourchasser du gibier en le rabattant vers les chasseurs. **2** Serrer de près, poursuivre avec acharnement. *Traquer l'ennemi.* DER **traque** *nf* – **traqueur, euse** *n*

**traquet** *nm* Petit oiseau passériforme, habitant les landes, les prairies, les friches, commun en Europe.

**1 traqueur, euse** *a, n* fam Se dit de qqn qui est sujet au trac.

**2 traqueur → traquer.**

**trash** *a, nm* **1** Se dit d'un mouvement de mode privilégiant la provocation de goût douteux (scatologique, politique, etc.). **2** fig, fam De très mauvais goût. *Une émission de téléréalité plutôt trash.* PHO [tʀaʃ] ETY Mot angl., « ordure ».

**Trasimène (lac)** lac de l'Italie centrale (Ombrie) ; 128 km$^2$. – Sur ses rives, Hannibal écrasa l'armée romaine en 217 av. J.-C.

**Trás-os-Montes** rég. du N. du Portugal, montagneuse (1 000 à 1 400 m) et au climat rigoureux ; v. princ. : *Bragance.*

**trattoria** *nf* En Italie, petit restaurant.

**trauma** *nm* **1** MED, CHIR Lésion ou blessure produite par un impact. **2** PSYCHO Violent choc émotif, qui marque la personnalité d'un sujet. ETY Mot gr.

**traumatique** *a* MED Relatif à un trauma, à un traumatisme, qui est causé par un trauma.

**traumatiser** *vt* [1] Infliger un traumatisme à qqn. *Ce spectacle l'a traumatisé.* DER **traumatisant, ante** *a*

**traumatisme** *nm* **1** MED Ensemble des conséquences physiques ou psychologiques dues à un trauma. **2** PSYCHO Ensemble des troubles de la vie affective et de la personnalité déclenchés chez un sujet par un choc émotionnel.

**traumatologie** *nf* didac Partie de la médecine et de la chirurgie consacrée à l'étude et au traitement des traumatismes physiques. DER **traumatologique** *a* – **traumatologiste** ou **traumatologue** *n*

**Trauner Alexandre** (Budapest, 1906 – Omonville-la-Petite, Manche, 1993), décorateur de cinéma français. Il travailla pour Carné (*Drôle de drame, le Quai des brumes, les Enfants du paradis*), puis aux É.-U., notam. avec B. Wilder.

**travail** *nm* **A 1** Effort que l'on fait, peine que l'on prend pour faire qqch ; effort long et pénible. *L'écriture de ce livre demande beaucoup de travail.* **2** MED Période de l'accouchement où se produisent les contractions utérines jusqu'à l'expulsion de l'enfant. *Femme en travail.* **3** Altération ou déformation d'une matière. *Le travail du bois sous l'action de l'humidité.* **4** Activité, fonctionnement qui aboutit à un résultat. *Le travail d'une machine. Le travail de l'imagination.* **5** PHYS Énergie mécanique produite par un ensemble de forces pendant un temps donné. **6** PHYS Mode de transfert de l'énergie dont l'unité est le joule. **7** Ensemble des activités économiques des hommes, d'un pays. *La division du travail.* **8** Ensemble de la population active. *Le monde du travail.* **9** Manière dont est façonnée une matière, dont une tâche est accomplie ; ouvrage, résultat ainsi obtenu. *Il nous a remis un travail parfait.* **10** Transformation d'une matière nécessitant l'intervention de l'homme. *Le travail du bois, de l'ivoire.* **11** Activité rémunérée ; fam lieu où s'exerce cette activité. *Chercher du travail. Aller à pied à son travail.* PLUR travaux. **B** *nm pl* **1** Opérations propres à une activité. *Travaux ménagers.* **2** Discussions, délibérations d'une assemblée. *L'Académie a suspendu ses travaux.* **3** Recherches, activités menées dans le domaine intellectuel ; ouvrage, résultat de ces recherches. *Travaux d'un chercheur et de son équipe. Lire les travaux d'un historien.* **LOC** ***Salle de travail*** : où se déroule l'accouchement. — ***Travail d'intérêt général (TIG)*** : imposé à un délinquant comme peine de substitution. — ***Travaux dirigés (TD)*** : à l'université, application pratique d'un cours magistral, sous le contrôle d'un enseignant. — anc ***Travaux forcés*** : peine afflictive et infamante que le condamné exécutait dans un bagne. — ***Travaux publics*** : ouvrages d'art, d'équipement, etc., d'utilité publique, de l'État ou des collectivités locales.

**travaillé, ée** *a* Qui a été exécuté avec soin, où l'on sent le travail. *Un bijou très travaillé.*

**travailler** *v* [1] **A** *vi* **1** Faire un ouvrage ; faire des efforts en vue d'obtenir un résultat. *Il a beaucoup travaillé pour réussir cet examen.* **2** Avoir une activité professionnelle, une occupation rémunérée. *Il travaille tout en poursuivant ses études.* **3** Se consacrer à une tâche. *Aimer travailler. Ménagère qui travaille du matin au soir.* **4** Fonctionner, produire. *Usine qui travaille pour l'exportation. Faire travailler son imagination.* **5** Se déformer, se modifier sous l'effet d'un agent extérieur. *Bois qui a travaillé.* **B** *vt* **1** Façonner, soumettre à une transformation. *Travailler le bois, la pâte.* **2** Soigner, perfectionner. *Travailler son style.* **3** Consacrer ses efforts à, étudier. *Travailler le piano. Travailler sa thèse.* **4** Tourmenter, préoccuper. *Ce problème le travaille.* **5** Manipuler, chercher à influencer. *Travailler les esprits, l'opinion.* **C** *vti* Se donner de la peine pour. *Travailler à un nouveau livre, à redresser la situation.* **LOC** ***Faire travailler son argent*** : le placer de telle manière qu'il produise un revenu. — ***Le temps travaille pour nous*** : plus le temps passe et mieux cela vaut pour nous. — fam ***Travailler du chapeau*** : être un peu fou. — ***Travailler qqn au corps*** : en boxe, l'user par des coups au corps ; fig le harceler pour obtenir qqch, pour le persuader. — ***Travailler sa balle*** : lui donner de l'effet. ETY Du lat. *tripalium*, « instrument de torture ».

**travailleur, euse** *n, a* **A** *n* Personne qui travaille, se consacre à une tâche. *Travailleur manuel.* **B** *a, n* **1** Personne qui exerce une activité rémunérée. **2** Personne qui aime le travail, qui est très active. *C'est un gros travailleur, un travailleur acharné. Élève consciencieux et travailleur.* **LOC** ***Travailleur de force*** : qui doit fournir de gros efforts physiques. — ***Travailleur social*** : personne dont l'activité professionnelle consiste à apporter une aide aux personnes en difficulté.

**Travailleurs de la mer (les)** roman de Victor Hugo (1866). ▷ CINE Film d'A. Antoine (1918).

**travailleuse** *nf* Table à ouvrage portative, munie de petits compartiments de rangement, pour les travaux de couture.

**travailliste** *n, a* POLIT Partisan du mouvement socialiste du Labour Party (parti du Travail), en Grande-Bretagne. DER **travaillisme** *nm*

ENC Le parti travailliste (*Labour Party*) fondé en 1893 ne fut pendant longtemps qu'une fédération de syndicats. Le *Labour* gouverna en 1924, de 1929 à 1931 (cabinet Mac Donald) et entra dans le cabinet Churchill d'union nationale (1940-1945). Premiers ministres travaillistes dep. 1945 : Clement Attlee (1945-1951), Harold Wilson (1964-1970, puis 1974-1976), James Callaghan (1976-1979), Tony Blair (depuis 1997).

**travailloter** *vi* fam Travailler peu, irrégulièrement.

**Travancore** ancien nom du Kerala.

**Travaux et les Jours (les)** poème didactique d'Hésiode (VIII$^e$ s. av. J.-C.).

**travée** *nf* **1** ARCHI Espace compris entre deux points d'appui d'une voûte, d'une charpente, etc. **2** Espace délimité par deux supports successifs d'une voûte. **3** Rangée de tables, de bancs alignés les uns derrière les autres. ETY De l'a. fr.

**travelage** *nm* CH DE F Ensemble des traverses d'une voie ferrée ; nombre de traverses pour un kilomètre de voie.

**traveller's check** *nm* Syn. de *chèque de voyage.* ABREV traveller. PLUR traveller's checks. PHO [tʀavlœʀzʃɛk] ETY Mot angl. VAR **traveller's chèque**

**travelling** *nm* AUDIOV Mouvement d'une caméra qui se déplace, généralement sur un chariot monté sur rails ; dispositif qui permet ce mouvement ; scène ainsi filmée. **LOC** ***Travelling optique*** : effet semblable au travelling, obtenu en faisant varier la distance focale, la caméra demeurant immobile. PHO [tʀavliŋ] ETY Mot angl. VAR **traveling**

**travelo** *nm* fam Travesti.

**travers** *nm* **1** Petit défaut ou bizarrerie de l'esprit. *Les travers de son caractère.* **2** MAR Direction perpendiculaire à celle suivie par le navire. *Vent de travers. Vagues venues par le travers.* **LOC** ***À travers qqch*** : au milieu de, en traversant. *Courir à travers champs. Regarder à travers la vitre. À travers les siècles.* — ***Au travers (de)*** : d'un bout à l'autre, en traversant de part en part. *Avancer difficilement au travers de la foule.* — ***De travers*** : obliquement, dans une position ou une direction anormale ; fig mal, autrement qu'il ne faudrait. *Marcher de travers. Il comprend tout de travers.* — ***En travers de*** : dans une position transversale. *Troncs d'arbres placés en travers de la chaussée.* — ***Passer au travers de*** : échapper à. *Il est passé au travers des répressions.* — fam ***Regarder qqn de travers*** : avec malveillance, animosité. — ***Se mettre en travers de*** : empêcher l'accomplissement de, s'opposer à. — ***Travers de porc*** : haut de côtes de porc. ETY Du lat.

**traverse** *nf* **1** Pièce d'appui qu'on met en travers dans certains ouvrages. *Traverses d'une porte.* **2** CH DE F Pièce de béton ou de fer placée en travers de la voie pour supporter les rails et maintenir leur écartement. **3** fig, litt Obstacle, difficulté qu'on rencontre en chemin. *Une vie pleine de traverses.* **4** Canada Lieu de passage d'une étendue d'eau où l'on exploite un service de traversier. **LOC** ***Chemin de traverse*** ou ***une traverse*** : chemin qui s'écarte de la route, plus court, plus direct ; raccourci.

**traversée** *nf* **1** Action de traverser la mer ; trajet ainsi fait. *Une longue traversée.* **2** Action de traverser, de parcourir un espace d'une extrémité à l'autre. *Traversée de la France en automobile.* **LOC** ***Traversée du désert*** : éclipse dans la carrière d'un homme public.

**Traversée de Paris (la)** film d'Autant-Lara (1956), d'apr. une nouvelle de M. Aymé, avec J. Gabin, Bourvil et L. de Funès.

**traverser** *vt* [1] **1** Passer à travers, d'un côté à l'autre. *Le cortège traversa la place. Traverser une rue.* **2** Couper, croiser en parlant de voies de communication, de cours d'eau. *La route nationale traverse la voie ferrée.* **3** Pénétrer. *La pluie a traversé son manteau.* **4** Vivre, passer par une période. *Elle a traversé des moments difficiles.* **LOC** ***Traverser l'esprit*** : se présenter fugitivement à l'esprit. [ETY] Du lat. [DER] **traversable** *a*

**traversier, ère** *a, nm* **A** *a* **1** Dirigé de travers, qui traverse. *Rue traversière.* **2** MAR Qui sert à traverser. *Barque traversière.* **B** *nm* **Canada** Bâtiment qui assure le transport des passagers et des véhicules d'une rive à une autre.

**traversin** *nm* **1** Coussin de forme cylindrique qui s'étend sur toute la largeur du lit. **2** MAR Pièce de bois posée en travers de la charpente d'un navire. *Traversin de hune.* **3** TECH Nom donné à certaines traverses.

**traversine** *nf* **1** TECH Pièce de bois reliant horizontalement des pilotis. **2** Traverse renforçant un grillage, une palissade.

**travertin** *nm* GEOL Roche parsemée de vacuoles, formée par les dépôts en couches d'une source.

**travesti, ie** *a, n* **A** **1** Qui porte un déguisement. **2** Qui est atteint ou marqué de travestisme. **B** *a* Où l'on est déguisé. *Bal travesti.* **C** *nm* Costume pour se déguiser.

**travestir** *v* [3] **A** *vt* **1** Déguiser en faisant prendre l'habit d'une autre condition ou de l'autre sexe. *Comédie où l'on travestit en fille un jeune page.* **2** **fig** Donner une apparence mensongère ou trompeuse à ; falsifier. *Travestir la vérité.* **B** *vpr* Prendre le costume et l'apparence de l'autre sexe. [ETY] De l'ital. [DER] **travestissement** *nm*

**travestisme** *nm* Adoption des vêtements et du comportement du sexe opposé. [VAR] **transvestisme**

**Traviata (la)** opéra en 3 actes de Verdi (1853), sur un livret de Francesco Maria Piave (1810 – 1876), d'après *la Dame aux camélias* d'A. Dumas fils.

**traviole (de)** *av* **pop** De travers.

**trax** *nm* **Suisse** Bulldozer.

**trayeur, euse** *n* **A** Personne chargée de la traite des vaches, des chèvres. **B** *nf* Machine à traire.

**trayon** *nm* Extrémité du pis d'une vache, d'une chèvre, etc.

**Trébie (la)** (en ital. *Trebbia*), riv. d'Italie (115 km), affl. du Pô (r. dr.). – Victoire d'Hannibal sur les Romains (218 av. J.-C.).

**Trébizonde** (en turc *Trabzon*), port de Turquie, sur la mer Noire ; 142 010 hab. ; ch.-l. de l'il du même nom. Textiles.
**Histoire** La ville fut la cap. de l'*empire grec de Trébizonde* (1204-1461), fondé par Alexis Ier (1204-1222) et David Ier (1204-1214) Comnène, petits-fils de l'empereur byzantin Andronic Ier, après la prise de Constantinople par les croisés (1204). Ils durent payer tribut au sultan de Rūm. Situé sur la route commerciale des Indes, l'empire connut son apogée sous Alexis II (1297-1330). Les Ottomans s'en emparèrent en 1461.

**Treblinka** camp d'extermination nazi, près de Varsovie, où périrent près de 800 000 déportés juifs en 1942-1943.

**Treboul** station baln. de Douarnenez.

**trébuchant, ante** *a* **1** Qui trébuche, hésite. **2** **vx** Qui a le poids exigé en parlant des monnaies d'or et d'argent.

**trébucher** *v* [1] **A** *vi* **1** Faire un faux pas, perdre l'équilibre. *Trébucher sur, contre une pierre.* **2** **fig** Buter sur une difficulté. *Avec l'âge, sa mémoire trébuche.* **B** *vt* TECH Peser au trébuchet des pièces de monnaie. [ETY] De *tres-*, et de l'a. fr. *buc*, « tronc du corps ». [DER] **trébuchement** *nm*

**trébuchet** *nm* **1** HIST Au Moyen Âge, machine de guerre servant à lancer des pierres. **2** Piège pour petits oiseaux, en forme de cage à toit basculant. **3** Petite balance pour peser des corps légers

**trécheur** → **trescheur.**

**Trediakovski** Vassili Kirillovitch (Astrakhan, 1703 – Saint-Pétersbourg, 1768), poète russe, influencé par le classicisme français.

**Treece** Henry (Wednesbury, Staffordshire, 1911 – id., 1966), poète anglais « réaliste » : *Trente-huit poèmes* (1940), *les Exilés* (1952).

**tréfiler** *vt* [1] TECH Faire passer un métal à travers une filière pour l'étirer en fil. [DER] **tréfilage** *nm* – **tréfileur** *nm*

**tréfilerie** *nf* TECH Atelier, usine où l'on tréfile.

**tréfileuse** *nf* TECH Machine à tréfiler.

**trèfle** *nm* **1** Plante herbacée (papilionacée) aux feuilles composées de trois folioles et dont les nombreuses espèces constituent un excellent fourrage. **2** ARCHI Ornement à trois lobes, imitant la feuille de trèfle. **3** Une des quatre couleurs du jeu de cartes, représentée par une feuille de trèfle noire ; carte de cette couleur. **4** **fam** Argent. **LOC** ***Trèfle à quatre feuilles*** : trèfle possédant une foliole surnuméraire et qui passe pour porter bonheur. — ***Trèfle d'eau*** : nom cour. de la ményanthe. [ETY] Du gr. *triphullon*, « à trois feuilles ».

**trèfle** rouge

**tréflé, ée** *a* En forme de trèfle. **SYN** trilobé.

**tréflière** *nf* Champ de trèfle. [VAR] **trèflerie**

**tréflon** *nm* BOT Oxalis.

**tréfonds** *nm* **fig, litt** Ce qu'il y a de plus profond, de plus secret. *Au tréfonds de son âme.*

**Trégorrois (le)** la région de Tréguier. [VAR] **Trégor**

**Tréguier** ch.-l. de cant. des Côtes-d'Armor (arr. de Lannion) ; 2 679 hab. – Cath. XIVe-XVe s. [DER] **trégorrois, oise** *a, n*

**treillage** *nm* **1** Assemblage de lattes pour former des palissades, des espaliers, etc. **2** Clôture en grillage ; treillis. [DER] **treillager** *vt* [13] – **treillageur** ou **treillagiste** *nm*

**treille** *nf* **1** Abri formé de ceps de vigne soutenus par un treillage. **2** Vigne grimpant le long d'un mur, d'un arbre, disposée sur un châssis. **LOC** ***Le jus de la treille*** : le vin. [ETY] Du lat.

**1 treillis** *nm* **1** Réseau à claire-voie plus ou moins serré. *Jardin clos par un treillis.* **2** TECH Ouvrage formé de poutrelles d'acier entrecroisées et rivetées. **3** MATH Ensemble E tel que deux éléments quelconques de E aient une borne inférieure et une borne supérieure. *L'ensemble des nombres réels constitue un treillis.* [ETY] De *treille*. [DER] **treillisser** *vt* [1]

**2 treillis** *nm* **1** Grosse toile de chanvre. **2** Vêtement fait avec cette étoffe et, partic., tenue de combat des militaires. [PHO] [tʀeji] [ETY] Du lat. *trilix*, « à trois fils ».

**treize** *a inv, nm inv* **A** *a num inv* **1** Dix plus trois (13). **2** Treizième. *Louis XIII. Chapitre treize.* **B** *nm inv* Le nombre treize ; numéro treize. *Le treize porte malheur. Habiter au treize.* **LOC** SPORT ***Jeu à treize*** : rugby qui se joue à treize joueurs. — ***Treize à la douzaine*** : treize objets vendus pour le prix de douze. [ETY] Du lat.

**treizième** *a, n* **A** *a num* Dont le rang, le degré est marqué par le nombre 13. *Le treizième invité. Le treizième arrondissement* ou *le treizième.* **B** *a, nm* Contenu treize fois dans un tout. *Un treizième de capital.* **LOC** ***Treizième mois*** : salaire supplémentaire du même montant que le salaire mensuel, versé à certains salariés en fin d'année. [DER] **treizièmement** *av*

**treiziste** *nm* Joueur de rugby à treize.

**trek** → **trekking.**

**Trek (le Grand)** (mot néerl. signifiant « migration »), exode des Boers (1834-1839), qui, se sentant brimés par les Anglais, partirent du Cap pour coloniser les futures prov. de Natal, Orange et Transvaal.

**trekker** *vi* [1] Faire un trekking. [DER] **trekkeur, euse** ou **trekker** *n*

**trekking** *nm* Randonnée pédestre dans des sites difficiles d'accès. [PHO] [tʀekiŋ] [ETY] Mot angl. [VAR] **trek**

**Trélat** Ulysse (Montargis, 1795 – Menton, 1879), médecin et homme politique français ; un des chefs de l'opposition républicaine sous Louis-Philippe.

**Trélazé** com. de Maine-et-Loire (arr. d'Angers) ; 11 025 hab. Ardoisières. Verrerie. [DER] **trélazéen, enne** *a, n*

**tréma** *nm* Signe graphique (¨) que l'on met sur les voyelles *e, i, u* pour indiquer qu'on doit prononcer séparément la voyelle qui précède ou qui suit. (ex. : *ciguë* ou *cigüe, naïf, Saül*).

**trémail** → **tramail.**

**trémater** *vi* [1] MAR En navigation fluviale, dépasser un autre bateau. [DER] **trématage** *nm*

**trématode** *nm* Ver plat (plathelminthe) parasite, pourvu de ventouses (par ext. douve du foie, bilharzie). [ETY] Du gr. *trêma*, trou.

**tremblaie** *nf* Lieu planté de trembles.

**tremblant, ante** *a, nf* **A** *a* Qui tremble. **B** *nf* MED VET Encéphalopathie spongiforme touchant les membres.

**Tremblay** Michel (Montréal, 1942), écrivain québécois. Théâtre : *les Belles-Sœurs* (1968, écrit en joual) ; *Albertine en cinq temps* (1984). Romans : *La grosse femme d'à côté est enceinte* (1978).

**Tremblay-en-France** (autref. *Tremblay-lès-Gonesse*), ch.-l. de cant. de la Seine-Saint-Denis (arr. du Raincy) ; 33 885 hab. [DER] **tremblaysien, enne** *a, n*

**tremble** *nm* Peuplier aux feuilles que le moindre vent agite, commun dans les forêts d'Europe.

**tremblé, ée** *a* **1** Tracé par une main tremblante. *Écriture, lignes tremblées.* **2** Dont l'intensité varie. *Son, voix tremblés.*

**tremblement** *nm* **1** Agitation rapide et involontaire du corps ou d'une partie du corps. **2** Oscillations, secousses qui agitent qqch. **3** Variations d'intensité. *Avoir des tremblements dans la voix.* **4** litt Grande crainte, angoisse. LOC fam ***Et tout le tremblement*** : et tout le reste. — ***Tremblement de terre*** : séisme, ébranlement d'une portion de la croûte terrestre.

**trembler** *vi* ① **1** Être pris de tremblements. *Trembler de froid, d'émotion.* **2** Éprouver une grande crainte ; avoir peur. *Tout le monde tremble devant lui. Je tremble qu'il n'apprenne la vérité.* **3** Être ébranlé, agité de secousses répétées. *La détonation fit trembler les vitres.* **4** Être agité d'un faible mouvement d'oscillation ; subir des variations d'intensité. *Les feuilles tremblent au moindre souffle. Avoir la voix qui tremble.* ETY Du lat.

**trembleur, euse** *n* **A** Personne qui est trop craintive. **B** *nm* ELECTR Dispositif animé d'un mouvement oscillatoire pendant le passage du courant. SYN vibreur. **C** *nf* Tasse qui s'encastre dans une soucoupe.

**tremblote** *nf* LOC fam ***Avoir la tremblote*** : trembler de froid ou de peur.

**trembloter** *vi* ① Trembler légèrement ; vaciller. DER **tremblotant, ante** *a* – **tremblotement** *nm*

**trémelle** *nf* BOT Champignon basidiomycète de consistance molle qui croît sur les vieux arbres.

**trémie** *nf* **1** Grand récipient en forme de pyramide renversée, pour le stockage de produits destinés à être broyés, concassés ou tamisés. **2** Mangeoire pour les oiseaux, la volaille. **3** Espace réservé dans un plancher pour porter l'âtre d'une cheminée ou ménager le passage d'un escalier. ETY Du lat.

**trémière** *af* LOC ***Rose trémière*** : plante ornementale (malvacée), à haute tige et aux grandes fleurs colorées. SYN primerose.

**trémolo** *nm* **1** MUS Effet spécial obtenu en battant une note par des coups d'archet brefs, rapides et très serrés. **2** Tremblement de la voix sous l'effet de l'émotion ou de l'emphase. ETY De l'ital.

**trémousser (se)** *vpr* ① S'agiter avec des mouvements vifs et irréguliers. *Les danseurs se trémoussaient maladroitement.* ETY De trans-, et mousse, « écume ». DER **trémoussement** *nm*

**trempe** *nf* **1** METALL Traitement consistant à refroidir brusquement par immersion une pièce préalablement portée à haute température, en vue d'en augmenter la dureté. **2** fig Qualité, vigueur du caractère. *Une âme d'une trempe exceptionnelle.* **3** fam Volée de coups.

**trempé, ée** *a* **1** Durci par la trempe. **2** Très mouillé. *Trempé jusqu'aux os.* LOC ***Bien trempé*** : énergique, audacieux.

**tremper** *v* ① **A** *vt* **1** Imbiber d'un liquide, mouiller complètement. *Se faire tremper.* **2** Plonger dans un liquide. *Tremper son pain dans son café au lait. L'eau était froide, on s'est à peine trempés.* **3** CHIM, METALL Faire subir la trempe. *Tremper du verre, de l'acier.* **4** fig, litt Endurcir, fortifier. *Les épreuves ont trempé son caractère.* **B** *vi* **1** Demeurer dans un liquide. *Mettre du linge à tremper.* **2** fig Prendre part à une action répréhensible. *Tremper dans un hold-up.* ETY Du lat. DER **trempage** *nm*

**trempette** *nf* LOC vieilli ***Faire trempette*** : tremper du pain dans du lait, du vin, etc. ; mod, fam se baigner rapidement ou dans très peu d'eau.

**trempeur** *nm* Ouvrier chargé de la trempe du métal.

**tremplin** *nm* **1** Planche élastique sur laquelle court et rebondit un sauteur, un plongeur pour accroître son élan. **2** Plan incliné fixe pour prendre son élan, en glissant, en roulant. *Tremplin pour le saut à skis, en moto.* **3** fig Ce qui lance qqn, l'aide à parvenir à qqch. ETY De l'ital.

**trémulation** *nf* MED Tremblement. DER **trémuler** *vi* ① – **trémulant, ante** *a*

**trenail** *nm* CH DE F Cheville servant à assujettir les tire-fonds dans les traverses des voies. ETY De l'angl.

**trench-coat** *nm* vieilli Manteau imperméable à ceinture. PLUR trench-coats. PHO [tʀɛnʃkot] ETY Mot angl., « manteau de tranchée ». VAR **trenchcoat**

**trend** *nm* STATIS Tendance observable sur une longue période. SYN (recommandé) tendance de fond. PHO [tʀɛnd] ETY Mot angl.

**trendy** *a* fam À la mode, tendance. *Un petit chapeau très trendy.* PHO [tʀɛndi] ETY Mot angl.

**Trenet** Charles (Narbonne, 1913 – Créteil, 2001), chanteur français ; auteur et compositeur de chansons poétiques : *Y a d'la joie, Douce France, la Mer.* Acad. des beaux-arts (1999).

**Charles Trenet** à l'affiche d'un spectacle des frères Bouglione en 1941

**Trengganu** État montagneux de Malaisie (péninsule de Malacca), sur la mer de Chine méridionale ; 12 955 km² ; 684 000 hab. ; cap. *Kuala Trengganu.* Princ. ressources : hévéa, fer, étain.

**Trent (la)** riv. de G.-B. (270 km), au S. des Pennines. Elle passe à Nottingham et forme avec l'Ouse l'estuaire de la Humber.

**trentain** *nm* RELIG CATHOL Service de trente messes consécutives pour le repos de l'âme d'un défunt.

**trentaine** *nf* **1** Nombre de trente ou d'environ trente. **2** Âge d'environ trente ans.

**trente** *a inv, nm inv* **A** *a num inv* **1** Trois fois dix (30). **2** Trentième. *Page trente.* **B** *nm inv* Le nombre trente ; numéro trente. *Le trente sort et gagne.* LOC fam ***Se mettre sur son trente et un*** : mettre ses vêtements les plus élégants. ETY Du lat.

**Trente** v. d'Italie, ch.-l. du Trentin-Haut-Adige, sur l'Adige ; 98 830 hab. Industries. – Archevêché. Ruines de l'enceinte de Théodoric. Cath. XIII^e s. Musée dans le château de Bon-Conseil. – Le *Concile de Trente* (de 1545 à 1563, avec des interruptions entre les sessions) institua la Contre-Réforme. DER **trentin** ou **tridentin, ine** *a, n*

**Trente (les)** les trente membres du conseil oligarchique que les Spartiates imposèrent en 404 av. J.-C. aux Athéniens, après la guerre du Péloponnèse. Ils firent régner la terreur pendant huit mois et furent chassés par Thrasybule.

**Trente (combat des)** combat remporté en 1351, près de Ploërmel, par trente Bretons sur trente Anglais.

**Trente Ans (guerre de)** guerre religieuse et politique qui ravagea le Saint Empire de 1618 à 1648. L'empereur Mathias (cathol.) persécutant les protestants de Bohême, les Tchèques se révoltèrent. À sa mort, ils refusèrent de reconnaître son successeur Ferdinand II et élurent Frédéric V, Électeur palatin protestant, qui fut écrasé par les armées de Ferdinand II (1620) et spolié de ses États. Le protestant Christian IV de Danemark se dressa contre l'empereur (1625), mais, battu, se retira (paix de Lübeck, 1629). Gustave II Adolphe de Suède vint soutenir les protestants. Ses succès furent foudroyants (Breitenfeld, 1631 ; Lützen, 1632). Après sa mort (1632), les Impériaux, aidés des Espagnols, battirent les Suédois à Nördlingen (1634). Bien que cathol., la France de Richelieu attaqua en 1635 les Espagnols, que Condé vainquit (Rocroi, 1643 ; Lens, 1648). Les traités de Westphalie (1648) entérinèrent la défaite des Impériaux. L'Allemagne, princ. champ de bataille (10 millions de morts sur 16 millions d'habitants), fut morcelée.

**trente-et-quarante** *nm inv* Jeu de cartes auquel on joue dans les casinos, où le banquier aligne des rangées de cartes dont les points ne doivent être ni inférieurs à 31, ni supérieurs à 40.

**Trente Glorieuses (les)** (*ou la Révolution invisible*), essai de Jean Fourastié (1979) sur les trente années (en fait 1949-1975) de croissance écon. exceptionnelle en Occident. Le titre se réfère aux Trois Glorieuses.

**trentenaire** *a, n* **A** Qui a entre trente et quarante ans. **B** *a* DR Qui dure trente ans.

**trente-six** *a num, nm inv* fam Nombre important mais indéterminé. *Il a fait trente-six métiers.* LOC fam ***Tous les trente-six du mois*** : pour ainsi dire jamais.

**trente-trois-tours** *nm inv* anc Disque microsillon ayant une vitesse de rotation de 33 1/3 tours par minute.

**trentième** *a, n* **A** *a num* Dont le rang est marqué par le nombre 30. *Le trentième jour.* **B** *a, nm* Contenu trente fois dans un tout.

**Trentin-Haut-Adige** Région du N. de l'Italie et de l'UE, formée des prov. de Bolzano et de Trente ; 13 620 km² ; 882 000 hab. ; ch.-l. *Trente.* – Relié à l'Autriche par le col du Brenner, ce pays alpin est drainé par l'Adige, axe vital aux riches cultures. La montagne se consacre à l'élevage (bovins) et à la sylviculture. L'hydroélectricité, abondante, a permis une récente industrialisation. – Partie méridionale du Tyrol, la région fut cédée par l'Autriche à l'Italie en 1919. La pop. étant en partie de langue allemande, le pays a un statut de région autonome, mais des troubles l'agitent sporadiquement.

**Trenton** v. des É.-U., cap. du New Jersey, sur la Delaware ; 88 670 hab. – Évêché. – Le général Washington y vainquit les Anglais (1776).

**trépan** *nm* **1** CHIR Instrument servant à percer les os, notamment ceux du crâne. **2** TECH Tarière, vilebrequin ; outil fixé au train d'une tige de forage pour attaquer le terrain. ETY Du gr.

**trépaner** *vt* ① CHIR Perforer un os, spécial. dans la boîte crânienne. DER **trépanation** *nf*

**trépang** *nm* Holothurie comestible consommée bouillie, séchée ou fumée dans tout l'Extrême-Orient. PHO [tʀepɑ̃] ETY Mot malais. VAR **tripang**

**trépas** *nm* litt Décès, mort. LOC ***Passer de vie à trépas*** : mourir.

**trépassé, ée** *a, n* litt Qui est décédé. LOC ***La fête des Trépassés*** : le 2 novembre, fête des Morts.

**trépasser** *vi* ① litt Mourir, décéder. ETY De *trans-*, et de *passer*.

**Trépassés (baie des)** baie de la côte O. du Finistère, au nord de la pointe du Raz.

**trépidant, ante** *a* **1** Qui trépide. **2** fig Agité, fébrile. *Une vie trépidante.*

**trépidation** *nf* **1** Mouvement de ce qui trépide. *Les trépidations d'une machine.* **2** fig Agitation intense, fébrile.

**trépider** *vi* ① Être agité, trembler par petites secousses rapides. *Les marteaux-piqueurs faisaient trépider les trottoirs.* ETY Du lat.

**trépied** *nm* Meuble, support à trois pieds. *Vase posé sur un trépied.*

**trépigner** *vi* ① Frapper des pieds contre terre, à coups rapides et renouvelés. *Trépigner d'impatience, de colère.* ETY Du frq. DER **trépignement** *nm*

**trépointe** *nf* TECH Bande de cuir mince cousue entre deux cuirs plus épais pour renforcer une couture.

**tréponématose** *nf* MED Maladie causée par un tréponème.

**tréponème** *nm* MICROB Bactérie aux cellules allongées, sinueuses et mobiles, dont une espèce est l'agent de la syphilis.

**Tréport (Le)** com. de la Seine-Maritime (arr. de Dieppe) ; 5 511 hab. Stat. balnéaire. DER **tréportais, aise** *a, n*

**très** *av* Indique un degré élevé, placé devant un adjectif, un adverbe. *Il est très grand. Il court très vite. C'est très loin d'ici.* ETY Du lat. *trans*, « au-delà de ».

**trésaille** *nf* TECH Pièce de bois qui maintient les ridelles d'une charrette. ETY De l'a. fr. *teseiller*, « tendre ».

**trescheur** *nm* HERALD Orle étroit figurant une tresse. ETY De l'a. fr. *treçoir*, « galon ». VAR **trécheur**

**trésor** *nm* **A 1** Amas d'or, d'argent, d'objets précieux mis en réserve. *Cachette d'un trésor.* **2** DR Toute chose cachée ou enfouie, découverte par hasard et sur laquelle personne ne peut faire preuve de propriété. **3** Bien particulièrement précieux, chose de grande valeur. *Les trésors du sol et du sous-sol. Trésors artistiques.* **4** fig Personne d'un rare mérite ou très aimée. **5** Nom donné à certains ouvrages d'érudition. *Trésor de la langue française.* **6** Lieu où est conservée la collection d'objets précieux d'une église. *Le trésor de Notre-Dame de Paris.* **B** *nm pl* fig Grande quantité. *Déployer des trésors de patience, d'amabilité.* LOC ***Le Trésor (public)*** : service de l'État assurant l'exécution du budget, la rentrée des recettes, le règlement des dépenses publiques, ainsi que le contrôle des finances des collectivités locales. — ***Trésor de guerre*** : fonds disponibles d'une entreprise pour des opérations financières. — ***Trésor national vivant*** : au Japon et en Corée, titre décerné à un artisan émérite. ETY Du lat.

**Trésor de la langue française (TLF)** dictionnaire du français réalisé par le CNRS ; entrepris en 1960, publié de 1971 à 1994 (18 vol.).

**Trésor de la Sierra Madre (le)** film de J. Huston (1947), d'apr. le roman de B. Traven (1882 – 1969), avec H. Bogart et le père du cinéaste, Walter Huston (1884 – 1950).

**trésorerie** *nf* **1** Bureau d'un trésorier-payeur général. **2** Ensemble des ressources immédiatement disponibles d'une entreprise, qui lui permettent de faire face aux dépenses. *Avoir des difficultés de trésorerie.* **3** Argent dont dispose un particulier.

**trésorier, ère** *n* Personne qui gère les finances d'une société, d'une association, etc.

**trésorier-payeur** *nm* PLUR trésoriers-payeurs. LOC ***Trésorier-payeur général*** : fonctionnaire assumant la gestion des finances publiques dans un département.

**Très Riches Heures du duc de Berry (les)** livre d'heures (recueil de prières à l'usage des laïcs) exécuté pour le duc de Berry, fils du roi Jean le Bon, et auj. conservé au musée Condé de Chantilly. Les nombr. miniatures ont été peintes de 1413 à 1416 par les frères de Limbourg, puis de 1485 à 1489 par Jean Colombe de Bourges.

**tressage** → **tresser.**

**tressaillir** *vi* ㉘ Avoir une brusque secousse musculaire involontaire sous l'effet d'une émotion, d'une douleur. *Pas un muscle ne tressaillait sur son visage.* DER **tressaillement** *nm*

**tressauter** *vi* ① **1** Sursauter sous l'effet de la surprise. **2** Être secoué par des cahots. *La voiture tressautait sur la piste.* DER **tressautement** *nm*

**tresse** *nf* **1** Forme donnée aux cheveux partagés en mèches qu'on entrelace. SYN natte. **2** Cordon, galon fait de brins entrelacés. **3** ARCHI Ornement formé de bandelettes entrelacées. ETY Du gr.

**tresser** *vt* ① Mettre, arranger en tresse. LOC ***Tresser des couronnes à qqn*** : faire son éloge. DER **tressage** *nm*

**tréteau** *nm* **A** Pièce de bois ou de métal, portée le plus souvent sur deux pieds, employée en général par paire pour soutenir une table, une estrade, etc. **B** *nm pl* vx Théâtre populaire ambulant. ETY Du lat.

**Tretiakov (galerie)** musée de Moscou spécialisé dans l'art russe.

**treuil** *nm* TECH Appareil comprenant un tambour, entraîné par une manivelle ou un moteur et sur lequel s'enroule un câble, pour lever ou tirer une charge. ETY Du lat. *torculum*, « pressoir ».

**treuiller** *vt* ① TECH Lever avec un treuil. DER **treuillage** *nm*

**trêve** *nf* **1** Suspension temporaire des hostilités d'un conflit. **2** Relâche, répit, repos. *Travailler sans trêve.* LOC ***Trêve de*** : assez de. — HIST ***Trêve de Dieu*** : défense faite par l'Église, au cours du XIe s., aux seigneurs féodaux de guerroyer certains jours. ETY Du frq.

**Trèves** (en all. *Trier*), v. d'Allemagne (Rhénanie-Palatinat), port sur la Moselle ; 93 080 hab. – Évêché catholique. Vestiges romains. Cath. IVe-XIII[e] s.

**Histoire** Fondée par Auguste (*Augusta Treverorum*), la ville, une des résidences impériales aux IIIe-IV[e] s., fut ravagée par les Barbares (Ve s.). Elle retrouva quelque lustre à partir du XIIIe s. grâce à ses archevêques et à son université (1473-1797). Elle fut incorporée à la Prusse en 1815.

**trévire** *nf* MAR Cordage en double utilisé pour faire rouler un corps cylindrique sur un plan incliné. ETY De *virer*. DER **trévirer** *vt* ①

**Trévires** peuple de la Gaule. Sa cap. était *Augusta Treverorum* (auj. Trèves).

**trévise** *nf* Salade rouge à feuilles allongées. ETY Du n. pr

**Trévise** (en ital. *Treviso*), v. d'Italie (Vénétie), au N. de Venise ; 87 070 hab. ; ch.-l. de la prov. du m. nom. Industries. – Remparts XVe-XVI[e] s. Cath. XVe-XVIII[e] s. DER **trévisan, ane** *a, n*

**Trevithick Richard** (Illogan, Cornouailles, 1771 – Dartford, Kent, 1833), constructeur anglais de la prem. locomotive à vapeur (1803).

**Trévoux** ch.-l. de cant. de l'Ain (arr. de Bourg-en-Bresse), sur la Saône ; 6 921 hab. Constr. métall. et méca. – Vestiges d'un chât. fort et d'une enceinte du XIVe s. Palais de justice XVIIe s. – Une imprimerie, créée en 1603, publia à partir de 1701 le *Journal de Trévoux*, édité par les jésuites, qui, notam., attaquèrent les jansénistes, puis les encyclopédistes, et publièrent le *Dictionnaire de Trévoux* (1704 ; éd. augmentée : 1771). DER **trévoltien, enne** *a, n*

**Trézène** v. de l'anc. Argolide qui, pendant la guerre du Péloponnèse, s'allia à Sparte contre Athènes. – Ruines.

**tri-** Préfixe, du lat. et du gr. *tri-*, « trois ».

**tri** *nm* **1** Action de trier. **2** INFORM Classement des informations enregistrées sur un fichier.

**triacétate** *nm* CHIM Ester de l'acide acétique comportant trois fois le groupement $CH_3COO$.

**triacide** *nm* CHIM Composé qui possède trois fois la fonction acide.

**triade** *nf* **1** ANTIQ Ensemble de trois divinités associées. *Jupiter, Minerve et Junon forment la triade capitoline.* **2** Ensemble de trois éléments indissociables. **3** En Chine, organisation de malfaiteurs, gang, mafia. **4** Groupe formé par les trois grandes puissances économiques (Europe, États-Unis, Japon).

**triage** *nm* **1** Action de trier, de choisir. **2** Action de séparer les éléments d'un ensemble pour répartir, distribuer différemment. *Gare de triage.*

**triaire** *nm* ANTIQ ROM Fantassin du troisième rang dans la légion romaine.

**trial** *n* SPORT **A** *nm* Compétition de motos tous-terrains. **B** *nf* Moto spécialement conçue pour ce sport ; engin léger à suspension très souple.

**trialcool** *nm* CHIM Corps possédant trois fois la fonction alcool, tel que la glycérine. PHO [trialkɔl] VAR **triol**

**triangle** *nm* **1** Polygone qui a trois côtés. *Triangle équilatéral, isocèle, rectangle, scalène, sphérique. La surface d'un triangle est égale au demi-produit de sa base par sa hauteur.* **2** MUS Instrument de percussion fait d'une baguette métallique pliée en forme de triangle non fermé, que l'on frappe avec une tige d'acier. LOC ***Triangle d'or*** : région figurant un triangle, aux frontières du Laos, de la Thaïlande et de la Birmanie, ainsi nommée pour son importante production d'opium ; fig périmètre où se trouvent concentrées de grandes richesses, des valeurs sûres. ETY Du lat. ▶ pl. **géométrie** ; pl. **musique**

ENC Les trois hauteurs d'un triangle sont concourantes en un point appelé *orthocentre* ; les trois médianes le sont au *centre de gravité* ; les trois médiatrices, au centre du cercle circonscrit ; les trois bissectrices intérieures, au centre du cercle inscrit.

**Triangle (le)** constellation de l'hémisphère N. ; n. scientif. : *Triangulum, Trianguli.*

**Triangle austral** constellation de l'hémisphère S. ; n. scientif. : *Triangulum Australe, Trianguli Australis.*

**triangulaire** *a* **1** Qui a la forme d'un triangle. *Muscles triangulaires du nez, des lèvres.* **2** Dont la base est un triangle. *Pyramide triangulaire.* **3** fig Qui oppose trois éléments, trois groupes. *Élections triangulaires.* LOC HIST ***Commerce triangulaire*** : au XVIIIe s., commerce des ports de l'Atlantique, qui consistait à aller chercher des esclaves en Afrique pour les vendre en Amérique, d'où on rapportait des produits tropicaux.

**trianguler** *vt* ① TECH Établir le canevas géométrique d'un terrain en le divisant en triangles. DER **triangulation** *nf*

**Trianon** nom de deux châteaux édifiés dans le parc du palais de Versailles. Le *Grand Trianon* fut construit en 1687 par Hardouin-Mansart. Le *Petit Trianon* (1762-1768), bâti par Gabriel pour Louis XV, fut surtout occupé par Marie-Antoinette. – Le *traité de Trianon* (4 juin 1920) mit fin aux hostilités entre les Alliés et la Hongrie.

**trias** *nm* GEOL Période géologique la plus ancienne et la plus courte du secondaire (– 250 et – 203 millions d'années), caractérisée par trois faciès : le grès bigarré, le calcaire coquillier et les marnes irisées. PHO [tʀijas] DER **triasique** *a*

ENC Le trias est une période calme succédant à l'orogenèse hercynienne et précédant la phase sédimentaire du cycle alpin. Au trias apparaissent les premiers insectes à métamorphose complète et les premiers mammifères. Dans les mers, les ammonites abondent ; sur terre, les prêles, les conifères et les reptiles dominent. Tous les grands types de végétaux et d'animaux sont présents, à l'exception des angiospermes et des oiseaux.

**triathlon** *nm* SPORT Compétition comprenant trois épreuves d'endurance : course à pied, course cycliste sur route et natation. DER **triathlète** ou **triathlonien, enne** *n*

**triatome** *nm* Punaise américaine, suceuse de sang, vecteur de la maladie de Chagas.

**triatomique** *a* CHIM Se dit d'un corps dont la molécule renferme trois atomes.

**triazine** *nf* CHIM Composé hétérocyclique hexagonal dont trois sommets sont occupés par un atome d'azote.

**tribade** *nf* litt Homosexuelle, lesbienne. ETY Du gr. *tribein,* « frotter ».

**tribalisme** *nm* SOCIOL Organisation en tribus. DER **tribaliste** *a*

**triballer** *vt* [1] TECH Assouplir les peaux en les battant avec une tringle en fer (triballe). ETY De l'a. v. *tribaler,* « agiter ». DER **triballe** *nm*

**tribart** *nm* Collier de bois qu'on met aux animaux pour les empêcher de traverser les haies.

**tribasique** *a* CHIM Qui possède trois fois la fonction base.

**tribo-** Élément, du gr. *tribein,* « frotter ».

**triboélectricité** *nf* PHYS Électricité produite par frottement. DER **triboélectrique** *a*

**tribologie** *nf* PHYS Étude scientifique des frottements. DER **tribologique** *a*

**triboluminescence** *nf* PHYS Luminescence produite par frottement, par choc.

**tribométrie** *nf* PHYS Mesure des frottements. DER **tribométrique** *a*

**Tribonien** (Pamphylie, ? – ?, v. 545), jurisconsulte byzantin ; il dirigea notam. la rédaction du *Code Justinien.*

**tribord** *nm* MAR Côté droit d'un navire lorsqu'on regarde vers l'avant. ANT bâbord.

**tribordais** *nm* MAR Matelot de la bordée de tribord.

**triboulet** *nm* En orfèvrerie, instrument en forme de cône allongé, servant à mesurer ou à élargir le diamètre intérieur des bagues. ETY Du lat.

**Triboulet Fevrial** ou **Le Feurial,** dit (Foix-lès-Blois, v. 1498 – ?, v. 1536), bouffon de Louis XII puis de François I^er^. Victor Hugo en fit le héros de son drame *Le roi s'amuse,* devenu le *Rigoletto* de Verdi.

**tribu** *nf* **1** ANTIQ Division primitive de la population dans la cité grecque et la cité romaine. *La tribu romaine était divisée en dix curies.* **2** Dans la Bible, chacun des douze groupes qui constituent le peuple d'Israël issu des douze fils de Jacob. **3** Groupe présentant généralement une unité politique, linguistique et culturelle, dont les membres vivent le plus souvent sur un même territoire. *Tribus indiennes d'Amérique.* **4** fam Ensemble des membres d'une famille, d'un groupe de personnes étroitement unies par leurs centres d'intérêt. **5** SC NAT Subdivision d'une famille d'animaux ou de végétaux. ETY Du lat. DER **tribal, ale, aux** *a*

**tribulation** *nf* **A** RELIG Tourment moral, épreuve. **B** *nfpl* Aventures, mésaventures. *Nous sommes arrivés après toutes sortes de tribulations.*

**tribun** *nm* **1** ANTIQ ROM Magistrat. **2** Orateur éloquent, défenseur du peuple. *Une éloquence de tribun.* **3** HIST En France, membre du Tribunat. LOC ANTIQ ***Tribun de la plèbe :*** chacun des magistrats civils, élus pour un an, chargés de défendre les droits et les intérêts des plébéiens romains. — ***Tribun militaire :*** officier qui commandait une légion. ETY Du lat.

**tribunal** *nm* **1** Lieu où la justice est rendue ; palais de justice. **2** Juridiction d'un ou de plusieurs magistrats qui jugent ensemble ; ces magistrats. **3** fig, litt Ce qui juge. *Le tribunal de l'histoire.* PLUR tribunaux. ETY Mot lat.

ENC L'organisation de la justice en France comprend essentiellement : des tribunaux judiciaires, compétents en matière de conflits entre personnes morales ou physiques (tribunaux d'instance et de grande instance, cours d'appel) ou de répression des contraventions, délits et crimes (tribunaux de police, tribunaux correctionnels, cours d'assises) ; des juridictions administratives (tribunaux administratifs, Conseil d'État), compétents dans les actions en justice où une collectivité publique (État) constitue une des parties. Les conflits de compétence entre l'ordre judiciaire et l'ordre administratif sont réglés par le tribunal des conflits. Il existe aussi divers tribunaux spécialisés : conseils de prud'hommes, tribunaux de commerce, tribunaux militaires, tribunaux maritimes. La Cour de cassation et le Conseil d'État constituent dans l'ordre judiciaire et dans l'ordre administratif les instances suprêmes. La Cour des comptes exerce sa compétence dans le domaine des comptes publics.

**Tribunal révolutionnaire** tribunal d'exception qui fonctionna à Paris entre le 10 mars 1793 et le 31 mai 1795, organe juridique de la Terreur jusqu'au 9 Thermidor (27 juillet 1794).

**tribunat** *nm* ANTIQ ROM Charge de tribun ; exercice de cette charge, sa durée. LOC HIST ***Le Tribunat :*** l'assemblée délibérante créée par la Constitution de l'an VIII (1800) et supprimée en 1807.

**tribune** *nf* **1** Emplacement surélevé, réservé à certaines personnes, dans les églises ou les salles d'assemblées publiques. *Tribune officielle.* **2** Dans un stade, un champ de courses, gradins généralement couverts réservés aux spectateurs. **3** Galerie située au-dessous du triforium dans une église. **4** Estrade d'où parle un orateur. **5** Rubrique d'un journal, émission de radio, de télévision dans laquelle on s'adresse au public. *Tribune libre.* LOC ***Tribune d'orgue :*** grande galerie où est placé le buffet d'orgue dans une église. ETY Du lat.

**Tribune de Genève (la)** quotidien suisse de langue franç. créé à Genève en 1879.

**tribunitien, enne** *a* **1** ANTIQ ROM Du tribun. **2** SOCIO Se dit du rôle d'un parti ou d'un syndicat qui se présente comme le défenseur des plus défavorisés.

**tribut** *nm* **1** anc Redevance payée par un peuple vaincu au vainqueur, comme marque de dépendance. **2** litt Contribution, impôt. **3** fig Ce qu'on est obligé d'accorder, de souffrir, de faire. *Payer un lourd tribut à une cause.* ETY Du lat.

**tributaire** *a* **1** Dépendant de. *Être tributaire de l'étranger pour l'électronique.* **2** GEOGR Qui se jette dans la mer. *Fleuve tributaire d'une mer.*

**tric** → **trick.**

**tricalcique** *a* CHIM Dont la molécule contient trois atomes de calcium. *Phosphate tricalcique.*

**tricandilles** *nfpl* CUIS Dans le Sud-Ouest, morceaux de tripes de porc sautés à la poêle.

**tricard, arde** *n* fam Interdit de séjour.

**Tricastin** anc. pays du bas Dauphiné (Drôme) ; ce nom a été donné à l'usine d'enrichissement de l'uranium de Pierrelatte.

**tricennal, ale** *a* didac D'une durée de trente ans. PLUR tricennaux.

**tricentenaire** *nm, a* **A** *nm* Troisième centenaire. **B** *a* Qui a trois cents ans.

**tricéphale** *a* didac Qui a trois têtes. *Cerbère était un monstre tricéphale.*

**triceps** *a, nm* ANAT Se dit d'un muscle ayant trois groupes de faisceaux musculaires. *Triceps brachial.* PHO [tʀisɛps] ETY Mot lat.

**tricératops** *nm* Dinosaure du crétacé supérieur long de 7 m, pourvu d'une corne nasale et de deux cornes frontales. PHO [tʀiseʀatɔps]

**trich(o)-** Élément, du gr. *thrix, trikhos,* « poil, cheveu ».

**triche** *nf* fam Action de tricher, de tromper.

**tricher** *vi* [1] **1** Agir d'une manière déloyale pour gagner, réussir. *Tricher au jeu.* **2** Tromper, mentir. *Elle triche sur son âge.* **3** Dissimuler habilement un défaut dans un ouvrage. ETY Du lat. *tricari,* « chicaner ». DER **tricherie** *nf* – **tricheur, euse** *n*

**Tricheur à l'as de carreau (le)** peinture de G. de La Tour (v. 1625, Louvre).

**Tricheurs (les)** film de Carné (1958), avec Jacques Charrier, Laurent Terzieff, Claude Brasseur.

**trichine** *nf* didac Petit ver nématode qui se développe dans l'intestin de nombreux mammifères, notam. de l'homme et du porc, et qui gagne ensuite les muscles. PHO [tʀikin] DER **trichinal, ale, aux** *a*

**Trichinopoly** → **Tiruchirapalli.**

**trichinose** *nf* MED Maladie parasitaire grave due à une trichine, provoquée par l'ingestion de viande de porc ou de cheval infestée, se manifestant par des troubles digestifs, un œdème, des douleurs musculaires et de la fièvre. PHO [tʀikinoz]

**trichite** *nf* TECH Fibre minérale constituée de fils très fins, monocristaux dont la résistance à la rupture est de 5 à 10 fois plus élevée que celle des aciers. PHO [tʀikit] ou [tʀiʃit]

**trichloréthylène** *nm* CHIM Composé chloré dérivé de l'éthylène, liquide incolore et volatil utilisé comme solvant.

**trichlorure** *nm* CHIM Composé dont la molécule contient trois atomes de chlore. PHO [tʀiklɔʀyʀ]

**trichocéphale** *nm* MED Ver nématode qui vit fixé dans le cæcum, l'appendice ou le côlon de l'homme. PHO [tʀikosefal]

**trichocéphalose** *nf* MED Maladie provoquée par les trichocéphales.

**trichogramme** *nm* Insecte hyménoptère parasite des pyrales, utilisé dans la protection biologique des cultures. PHO [tʀikɔgʀam]

**trichologie** *nf* MED Étude des cheveux et des poils.

**tricholome** *nm* BOT Champignon basidiomycète à lamelles dont certaines espèces sont comestibles. PHO [tʀikolom] ▶ pl. **champignons**

**trichoma** *nm* MED Enchevêtrement et feutrage des cheveux, dus à la malpropreté. PHO [tʀikɔma] VAR **trichome** *nm* ou **trichomatose** *nf*

**trichomonas** *nm* MICROB Protozoaire flagellé, parasite des cavités naturelles chez l'homme, cause de maladie sexuellement transmissible. PHO [tʀikɔmɔnas]

**trichophytie** *nf* MED Maladie causée par le trichophyton.

**trichophyton** *nm* MED Champignon ascomycète, parasite de l'homme, provoquant une sorte de teigne pouvant toucher les cheveux, les poils, les ongles et la peau. PHO [tʀikɔfitɔ̃]

**trichoptère** *nm* ZOOL Insecte tel que le phrygane dont les larves aquatiques vivent dans une sorte de fourreau fait de débris divers agglomérés avec de la soie.

**trichromie** *nf* TECH Procédé de reproduction en couleurs à partir des trois couleurs primaires. DER **trichrome** *a*

**trick** *nm* Au bridge et au whist, levée gagnante. ETY Mot angl. VAR **tric**

**triclinique** *a* MINER Se dit de l'un des systèmes cristallins, ne présentant aucun axe de symétrie.

**triclinium** *nm* ANTIQ ROM Salle à manger comportant trois lits sur lesquels on s'allongeait pour prendre les repas autour d'une table. PHO [tʀiklinjɔm]

**tricoises** *nfpl* Tenailles de maréchal-ferrant. ETY De *turcoise*, « tenaille turque ».

**tricolore** *a, n* **A** *a* Qui est de trois couleurs. **B** *a, n* Qui porte les trois couleurs nationales : le bleu, le blanc, le rouge, adoptées par les Français en 1789. *Drapeau tricolore.*

**tricône** *nm* TECH Trépan de forage à trois molettes dentées.

**tricontinental, ale** *a* POLIT Qui concerne l'Afrique, l'Amérique du Sud et l'Asie, continents du sous-développement. PLUR tricontinentaux.

**tricorne** *nm* Chapeau dont les bords repliés forment trois cornes.

**tricorps** *a, nm* AUTO Se dit d'un véhicule comportant trois volumes (moteur, habitacle, coffre).

**tricot** *nm* **1** Action de tricoter, d'exécuter avec des aiguilles spéciales un ouvrage textile en mailles. *Faire du tricot.* **2** Tissu de mailles, fait à la main ou au métier. **3** Vêtement tricoté couvrant le haut du corps.

**tricoter** *v* ① **A** *vt* **1** Confectionner au tricot. *Tricoter un chandail.* **2** fig, fam Élaborer qqch avec soin et minutie. **B** *vi* Exécuter un tricot. *Tricoter à la main, à la machine. Aiguilles à tricoter.* LOC fam ***Tricoter des jambes, des gambettes*** : courir, ou pédaler à toute vitesse. ETY De l'a. fr. *triquot*, « bâton ». DER **tricotage** *nm*

**tricotets** *nmpl* Danse ancienne sur un rythme vif et gai ; musique sur laquelle on la dansait.

**tricoteur, euse** *n* **A** Personne qui tricote. **B** *nf* **1** Table à ouvrage aménagée pour le tricot. **2** TECH Machine à tricoter. LOC HIST ***Les Tricoteuses*** : sous la Révolution, femmes du peuple qui assistaient en tricotant aux séances de la Convention et encourageaient les montagnards.

**trictrac** *nm* Jeu dans lequel on fait avancer, selon les dés amenés, des pions sur une table à deux compartiments, ancêtre du jacquet. ETY Onomat.

**tricuspide** *a* SC NAT Qui comporte trois pointes. LOC ANAT ***Valvule tricuspide*** : qui fait communiquer le ventricule droit et l'oreillette droite du cœur.

**tricycle** *nm* Cycle à trois roues.

**tricyclique** *nm* PHARM Catégorie de médicaments antidépresseurs améliorant la neurotransmission sérotoninergique.

**tricyrtis** *nm* Plante herbacée vivace (liliacée), à larges feuilles et à fleurs blanches mouchetées de mauve.

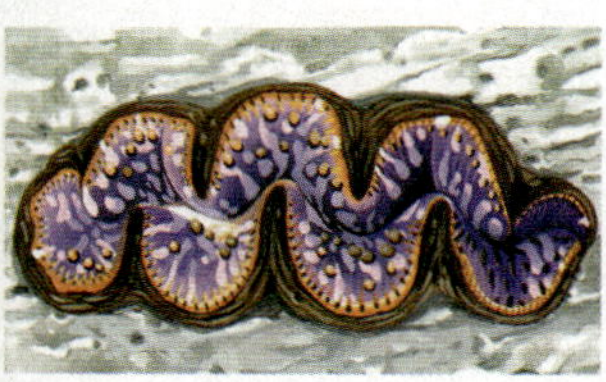

**tridacne** géant

**tridacne** *nm* ZOOL Mollusque lamellibranche des océans Indien et Pacifique dont le bénitier est une espèce géante.

**tridactyle** *a* didac Qui a trois doigts. *Mouette tridactyle.*

**trident** *nm* **1** Fourche à trois dents, attribut de Neptune. **2** Bêche, fourche pourvue de trois dents. **3** PECHE Harpon à trois dents. ETY Du lat.

**tridenté, ée** *a* BOT Qui présente trois divisions en forme de dent.

**tridentin, ine** *a* Relatif au concile de Trente et à ses décrets.

**tridi** *nm* HIST Troisième jour de la décade dans le calendrier républicain.

**tridimensionnel, elle** *a* Qui a trois dimensions. *L'espace euclidien est tridimensionnel.*

**trie** *nf* VITIC Pour la récolte de certains raisins, chacun des passages des vendangeurs, destinés à choisir les grains à maturité parfaite.

**trièdre** *a, nm* GEOM Qui a trois faces. LOC ***Angle trièdre*** ou ***un trièdre*** : figure formée par trois plans qui se coupent deux à deux.

**triennal, ale** *a, nf* **A** *a* **1** Qui dure trois ans. **2** Qui a lieu tous les trois ans. PLUR triennaux. **B** *nf* Manifestation qui a lieu tous les trois ans.

**trier** *vt* ② **1** Choisir parmi plusieurs éléments en laissant de côté ce qui ne convient pas. *Trier des grains, des lentilles.* **2** Séparer pour répartir et regrouper. *Trier des papiers, du courrier.* LOC ***Trier sur le volet*** : opérer une sélection avec une grande rigueur. ETY Du bas lat.

**Trier** Lars von (Copenhague, 1956), cinéaste danois : *Element of Crime* (1984), *les Idiots* (1998), *Dancer in the Dark* (2000).

**triérarque** *nm* ANTIQ À Athènes, riche citoyen qui équipait une trière.

**trière** *nf* ANTIQ GR Vaisseau de guerre comportant trois rangs de rameurs superposés.

**triergol** *nm* ESP Propergol composé de trois ergols, utilisé en aéronautique.

**Trieste** v. d'Italie, ch.-l. du Frioul-Vénétie Julienne, au fond du *golfe de Trieste* ; 244 980 hab. Port important et centre industriel. Université. – Théâtre romain. Cath. XI$^{e}$-XIV$^{e}$ s. Chât. XV$^{e}$-XVII$^{e}$ s. DER **triestin, ine** *a, n* **Histoire** Possession des Habsbourg (1382), Trieste fut le princ. débouché maritime de l'Autriche. Sa pop. étant de langue italienne, elle fut cédée à l'Italie en 1919. Prise par Tito (1945), cap. du *Territoire libre de Trieste* (1947), elle revint à l'Italie (1954), mais le territ. resta yougoslave.

**triester** *nm* CHIM Corps doté de trois fonctions ester.

**trieur, euse** *n* **A** Personne qui trie, effectue un triage. **B** *nm* Appareil servant à trier du minerai, des graines, etc. **C** *nf* Machine utilisée pour trier, classer les cartes perforées.

**trifide** *a* Qui est fendu en trois parties.

**trifluvien** → **Trois-Rivières.**

**trifolié, ée** *a* BOT Se dit des feuilles composées de trois folioles.

**trifonctionnel, elle** *a* Qui remplit une triple fonction. *Caractère trifonctionnel de la société indo-européenne.*

**triforium** *nm* ARCHI Dans une église, ensemble des baies par lesquelles la galerie placée au-dessus des bas-côtés s'ouvre sur l'intérieur de la nef. PHO [tʀifɔʀjɔm]

**trifouiller** *vi* ① fam Fouiller en tout sens.

**Trigano** Schmuel Yves (Blida, 1948), philosophe français. Il a dirigé une histoire du peuple juif : *la Société juive à travers l'histoire* (1992).

**trige** *nm* ANTIQ ROM Char à trois chevaux.

**trigémellaire** *a* MED Se dit d'une grossesse multiple de laquelle naîtront des triplés.

**trigéminé, ée** *a* LOC MED ***Pouls trigéminé*** : présentant à intervalles plus ou moins longs des séquences de trois pulsations.

**trigle** *nm* ICHTYOL Grondin, rouget.

**triglycéride** *nf* BIOCHIM Lipide formé par une molécule de glycérol estérifié par trois acides gras.

**triglyphe** *nm* ARCHI Ornement de la frise dorique, formé d'une plaque décorée de deux glyphes et de deux demi-glyphes.

**trigone** *a, nm* didac Qui a trois angles. LOC ANAT ***Trigone cérébral*** : voûte à trois piliers du cerveau. ETY Du lat.

**trigonelle** *nf* BOT Plante herbacée (papilionacée) des prés, qui fournit du fourrage.

**trigonocéphale** *nm* ZOOL Grand serpent venimeux voisin du crotale d'Asie et d'Amérique.

**trigonométrie** *nf* Branche des mathématiques ayant pour objet l'étude des triangles, des fonctions circulaires ou lignes trigonométriques. DER **trigonométrique** *a* – **trigonométriquement** *av* ► illustr. p. 1640

ENC On utilise en trigonométrie un cercle de rayon unité parcouru dans le sens inverse des aiguilles d'une montre (cercle trigonométrique), ce qui permet de représenter les arcs par le même nombre que les angles. Les lignes trigonométriques les plus utilisées sont le sinus, le cosinus et la tangente. Si l'on appelle O le centre de ce cercle, A l'origine des arcs sur ce cercle, P la projection sur OA d'un point M du cercle et $t$ l'angle AOM, on a alors $\sin t = PM$ et $\cos t = OP$. Les relations fondamentales de la trigonométrie sont : $\sin^2 t + \cos^2 t = 1$, $\operatorname{tg} t = \frac{\sin t}{\cos t}$, $\sin(-t) = -\sin t$, $\cos(-t) = \cos t$ et $\operatorname{tg}(-t) = -\operatorname{tg} t$. De nombreuses formules permettent le calcul des valeurs des fonctions trigonométriques.

**trigramme** *nm* didac **1** Mot de trois lettres. **2** Sigle ou figure constitués de trois éléments. **3** Figure constituée de trois traits superposés, utilisée dans la divination chinoise.

**trijumeau** *a, nm* ANAT Se dit du nerf crânien qui se divise en trois branches, innervant l'œil et les deux maxillaires.

**trilatéral, ale** *a* Qui comporte, réunit trois parties. PLUR trilatéraux.

**trilingue** *a* **1** Qui est en trois langues. **2** Qui parle trois langues.

**trilitère** *a* LING Se dit d'une racine qui comporte trois consonnes servant de support aux éléments vocaliques (langues sémitiques).

**trille** *nm* **1** MUS Ornement consistant à produire une alternance rapide entre deux notes conjointes. **2** Son analogue à cet ornement musical. *Trilles d'un rossignol.* ETY De l'ital.

**triller** *v* ① MUS **A** *vt* Orner de trilles. **B** *vi* Produire un trille.

**trillion** *nm* Un milliard de milliards, soit $10^{18}$.

**trilobé, ée** *a* **1** BOT Qui a trois lobes. **2** ARCHI À trois lobes. SYN tréflé.

**trilobite** *nm* PALEONT Arthropode primitif fossile dont le corps était divisé en un lobe axial et deux lobes pleuraux. ► illustr. p. 1640

**triloculaire** *a* SC NAT Divisé en trois loges.

**trilogie** *nf* **1** ANTIQ GR Ensemble de trois tragédies dont les sujets se font suite et que l'on présentait aux concours dramatiques. **2** LITTER Ensemble de trois œuvres dont les sujets se font suite. LOC MED ***Trilogie de Fallot*** : malformation cardiaque congénitale, associant un rétrécissement pulmonaire, une communication interauriculaire et une hypertrophie ventriculaire droite qui s'accompagnent d'une cyanose. SYN maladie bleue. ETY Du gr.

**trimaran** *nm* MAR Embarcation comportant une coque centrale reliée par des bras à deux flotteurs latéraux. ETY D'apr. *catamaran.*

**trimard** *nm* fam, vieilli Chemin, route.

**trimarder** *vi* 1 fam, vieilli Vagabonder. DER **trimardeur, euse** *n*

**trimbaler** *vt* 1 fam Traîner, porter partout avec soi. *Il se trimbale partout avec sa mère.* LOC fam ***Qu'est-ce qu'il trimbale !*** : qu'il est bête ! ETY De l'a. fr. *tribaler,* « agiter ». VAR **trimballer** DER **trimbalage** ou **trimballage, trimbalement** ou **trimballement** *nm*

**Trimble David** (Belfast, 1944), homme politique de l'Irlande du Nord. Protestant modéré, il signa l'accord de 1998. Premier ministre du gouv. de transition de l'Irlande du N. (nov. 1999 – fév. 2000), il ne put s'opposer à la reprise du conflit. P. Nobel de la paix 1998.

**trimer** *vi* 1 fam Travailler durement. *Il a trimé tout l'après-midi.*

**trimère** *a* BIOL Constitué de trois parties.

**trimestre** *nm* **1** Période de trois mois. *Loyer payable par trimestre.* **2** Chacune des trois divisions de l'année scolaire. **3** Somme que l'on paye ou que l'on reçoit tous les trois mois. ETY Du lat.

**trimestriel, elle** *a* **1** Qui dure trois mois. **2** Qui a lieu, qui paraît tous les trois mois. *Revue trimestrielle.* DER **trimestriellement** *av*

**trimètre** *nm* METR ANC Vers composé de trois mètres.

**trimmer** *nm* **1** PECHE Flotteur circulaire plat comportant une gorge où s'enroule la ligne. **2** ELECTR Petit condensateur d'appoint. PHO [trimœr] ETY Mot angl. VAR **trimmeur**

**trimoteur** *nm* Avion à trois moteurs.

**Trimurti (la)** trinité brahmanique, composée de *Brahmā* (le créateur), *Vishnu* (le conservateur) et *Çiva* (le destructeur).

**trinervé, ée** *a* BOT Qui a trois nervures.

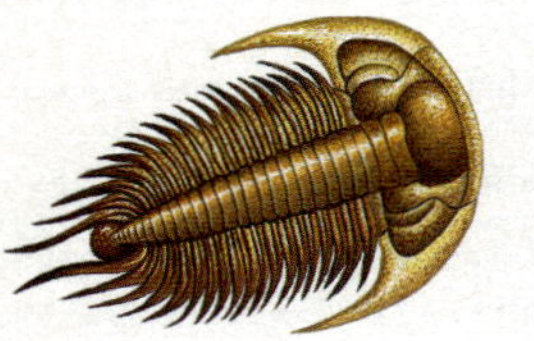

**trilobite**

**tringle** *nf* **1** Tige qui sert à soutenir un rideau, des cintres, etc. *Tringle à rideau. Tringle de commande.* **2** Petite tige métallique. ETY Du néerl.

**tringler** *vt* 1 **1** TECH Tracer sur une surface une ligne droite au moyen d'une cordelette enduite en craie. **2** vulg Posséder sexuellement.

**tringlot** *nm* fam Soldat du train. VAR **tringlot**

**trinidadien →** **Trinité-et-Tobago.**

**Trinil** village du centre de Java, en bordure de la rivière Solo, où l'on découvrit les restes d'un pithécanthrope en 1891.

**trinitaire** *a, n* **A** *a* THEOL Relatif à la Trinité. **B** *n* Religieux de l'ordre de la Très Sainte-Trinité, fondé par Jean de Matha et Félix de Valois au XIIe s. pour racheter les chrétiens captifs des infidèles.

**trinité** *nf* **1** THEOL (Avec une majusc.) Dans la doctrine chrétienne, union des trois personnes distinctes qui ne forment qu'un seul Dieu : le Père, le Fils et l'Esprit-Saint. **2** Groupe de trois principes fondateurs. ETY Du lat.

ENC Le mystère de la Trinité (ou de la *sainte Trinité*) a suscité de nombreuses hérésies et, partant, de nombreux schismes. L'Église célèbre la Trinité le dimanche qui suit la Pentecôte.

**Trinité (La)** ch.-l. d'arr. de la Martinique ; 12 890 hab. DER **trinitain, aine** *a, n*

**Trinité-et-Tobago** (*Trinidad and Tobago*), État des Petites Antilles, proche de la côte vénézuélienne, formé des îles de *la Trinité* (4 821 km$^2$) et de *Tobago* (303 km$^2$) ; 5 124 km$^2$ ; 1,4 million d'hab. ; cap. *Port of Spain* (Trinité). Nature de l'État : rép. membre du Commonwealth. Langue off. : angl. Monnaie : dollar de Trinité-et-Tobago. Pop. : origines africaines (43,1 %), Indiens de l'Inde (39,9 %), métis, origines européennes, Chinois. Relig. : christianisme majoritaire, hindouisme, islam. DER **trinidadien, enne** *a, n*
**Géographie** Ces îles tropicales, montagneuses et forestières, avaient une économie traditionnelle (cacao, canne à sucre, café, pêche, tourisme), puis le pétrole de la Trinité a permis l'industrialisation.
**Histoire** Découvertes par Ch. Colomb (1498), colonisées par les Espagnols, les îles revinrent aux Anglais en 1802 (paix d'Amiens). Elles accédèrent à l'indépendance en 1962, dans le cadre du Commonwealth. La république fut proclamée en 1976. Les antagonismes entre Indiens et Noirs ont créé des troubles politiques et les deux ethnies alternent au pouvoir. La peine de mort a été rétablie par Mas deo Panday, d'origine indienne, en 1999 pour réprimer le trafic de drogue. ▶ carte **Antilles**

**Trinité-sur-Mer (La)** com. du Morbihan (arr. de Lorient) ; 1 446 hab. Station balnéaire ; port de pêche ; port de plaisance. DER **trinitain, aine** *a, n*

**trinitrine** *nf* PHARM Forme sous laquelle la nitroglycérine est utilisée en solution alcoolique dans le traitement de l'angine de poitrine.

**trinitrotoluène** *nm* TECH Explosif, dérivé nitré du toluène. SYN TNT, tolite.

**trinom** *nm* BIOL Ensemble de trois noms (générique, spécifique et subspécifique) désignant une sous-espèce.

**trinôme** *nm* MATH Polynôme à trois termes.

**trinquer** *vi* 1 **1** Boire avec une ou plusieurs personnes après avoir choqué les verres en formulant des souhaits. *Lever son verre pour trinquer.* **2** fam Subir de graves préjudices ou désagréments. ETY De l'all.

**1 trinquet** *nm* MAR Mât de misaine des bateaux à voiles latines. ETY De l'ital.

**2 trinquet** *nm* Salle quadrangulaire aménagée pour jouer à la pelote basque. ETY Mot du Sud-Ouest.

**trinquette** *nf* MAR Voile d'avant triangulaire qui est gréée en arrière du foc.

**Trintignant Jean-Louis** (Piolenc, Vaucluse, 1930), acteur français : *Et Dieu créa la femme* (1956), *Un homme et une femme* (1966), *Rouge* (1994).

**trinucléotide** *nm* CHIM Composé constitué de trois nucléotides.

**trio** *nm* **1** MUS Composition écrite pour trois voix ou trois instruments. **2** Formation de trois musiciens. **3** Groupe de trois personnes. *Un trio inséparable.* ETY Mot ital.

**triode** *nf* ELECTR Tube électronique à trois électrodes : une anode, une cathode et une grille, utilisé pour amplifier un signal.

**triol →** **trialcool.**

**triolet** *nm* **1** LITTER Poème de huit vers, sur deux rimes, dans lequel le premier, le quatrième et le septième vers sont identiques. **2** MUS Groupe de trois notes qui doivent être exécutées dans le temps de deux notes ayant la même valeur rythmique qu'elles.

**Triolet Ella Iourievna Kagan,** dite **Elsa** (Moscou, 1896 – Saint-Arnoult-en-Yvelines, 1970), écrivain français d'origine russe. Sœur de Lili Brik, la compagne de Maïakovski (qu'elle traduisit en français), épouse de Louis Aragon, qui la célébra (*les Yeux d'Elsa,* 1942), elle écrivit des romans et des nouvelles.

**triolisme** *nm* Pratique sexuelle où trois partenaires sont impliqués.

**triomphal, ale** *a* **1** ANTIQ ROM Relatif au triomphe. **2** Qui constitue une réussite éclatante. *Une élection triomphale.* **3** Entouré de manifestations d'enthousiasme. *Recevoir un accueil triomphal.* PLUR triomphaux. DER **triomphalement** *av*

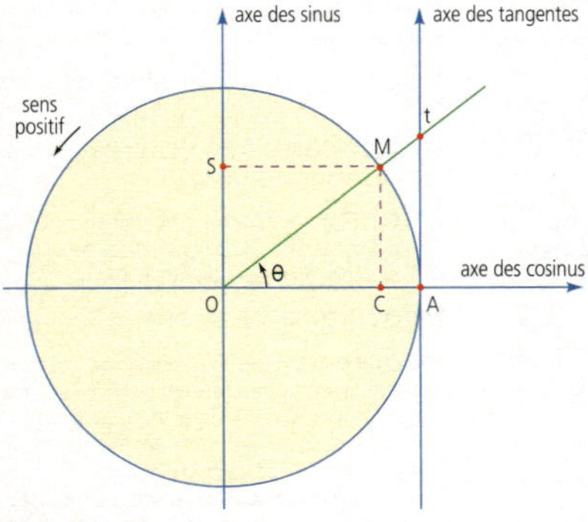


| angle θ | | sinus | cosinus | tangente |
|---|---|---|---|---|
| en ° | en rad | | | |
| 0 | 0 | 0 | 1 | 0 |
| 30 | $\pi/6$ | 1/2 | $\sqrt{3}/2$ | $\sqrt{3}/3$ |
| 45 | $\pi/4$ | $\sqrt{2}/2$ | $\sqrt{2}/2$ | 1 |
| 60 | $\pi/3$ | $\sqrt{3}/2$ | 1/2 | $\sqrt{3}$ |
| 90 | $\pi/2$ | 1 | 0 | non définie |
| 120 | $2\pi/3$ | $\sqrt{3}/2$ | −1/2 | $-\sqrt{3}$ |
| 135 | $3\pi/4$ | $\sqrt{2}/2$ | $-\sqrt{2}/2$ | −1 |
| 180 | $\pi$ | 0 | −1 | 0 |
| 270 | $3\pi/2$ | −1 | 0 | non définie |

le *cercle trigonométrique* a un rayon OA = 1 ; M étant un point de ce cercle repéré par l'angle $\theta = (\widehat{OA}, \widehat{OM})$, le cosinus et le sinus de θ sont respectivement l'abscisse et l'ordonnée de M :

$\cos\theta = \overline{OC}$ ; $\sin\theta = \overline{OS}$

la tangente de θ peut être définie par $\tan\theta = \sin\theta / \cos\theta$ et repérée par la valeur algébrique du segment At : $\tan\theta = \overline{At}$

**trigonométrie**

**triomphalisme** *nm* Attitude de confiance excessive dans les succès remportés. DER **triomphaliste** *a*

**triomphant, ante** *a* **1** Victorieux. **2** Qui montre une intense satisfaction après un succès. *Air triomphant.*

**triomphateur, trice** *n* **1** ANTIQ ROM Général à qui l'on rendait les honneurs du triomphe. **2** Personne qui remporte un éclatant succès. *Il est le triomphateur du concours.*

**triomphe** *nm* **1** ANTIQ ROM Honneur rendu à un général après d'importants succès militaires. *Arc de triomphe.* **2** Grande victoire, succès éclatant. *Triomphe d'un parti à une élection.* **3** Grande joie provoquée par un succès. *Pousser un cri de triomphe.* **4** Manifestation la plus éclatante de qqch. *C'est le triomphe de la médiocrité.* **LOC** ***Porter qqn en triomphe*** : le porter au-dessus de la foule pour lui faire honneur. ETY Du lat.

**triompher** *v* ① **A** *vti* L'emporter sur un adversaire, se rendre maître d'une force contraire. *Triompher d'une difficulté.* **B** *vi* **1** Remporter un grand succès. *Les Finlandais ont triomphé en ski de fond.* **2** S'imposer avec éclat. *La vérité triomphera.* **3** litt Exceller. *Rembrandt triomphe dans le clair-obscur.* **4** Manifester une grande joie avec une certaine vanité. *Ne triomphe pas tant !*

**trionyx** *nm* ZOOL Tortue d'eau douce carnassière, à carapace molle, répandue en Amérique du Nord, en Afrique et dans le sud de l'Asie.

**triose** *nm* BIOCHIM Sucre simple comportant trois atomes de carbone.

**trip** *nm* fam **1** État hallucinatoire dû à la prise d'une drogue, en particulier le LSD. **2** Disposition d'esprit tournée intensément vers un projet. **LOC** ***Ce n'est pas mon trip*** : ça ne me plaît pas. ETY Mot angl., « voyage ».

**tripaille** *nf* fam Amas de tripes, d'entrailles.

**tripal, ale** *a* fam Qui vient du plus profond de l'être. *Une indignation tripale.* PLUR tripaux.

**tripale** *a* Qui a trois pales. *Éolienne tripale.*

**tripang** → **trépang.**

**tripant, ante** *a* Canada, fam Très excitant, passionnant.

**triparti, ie** *a* didac Partagé en trois. SYN tripartite.

**tripartisme** *nm* POLIT Système de gouvernement où le pouvoir est exercé par trois partis.

**tripartite** *a, nf* **A** *a* **1** Triparti. **2** Qui réunit trois parties contractantes. *Accord tripartite.* **B** *nf* Belgique Coalition gouvernementale soutenue par trois partis.

**tripartite (pacte)** pacte signé le 27 sept. 1940 par l'Allemagne, l'Italie et le Japon, rejoints en nov. 1940 par la Hongrie, la Roumanie, la Slovaquie et, en mars 1941, par la Bulgarie.

**tripartition** *nf* didac Division en trois parties.

**tripatouiller** *vt* ① fam **1** Faire subir des modifications malhonnêtes, des changements destinés à tromper. *Tripatouiller des comptes, des textes.* **2** Manier sans précaution. ETY Var. de *tripoter.* DER **tripatouillage** *nm* – **tripatouilleur, euse** *n*

**tripe** *nf* **1** Boyaux d'un animal ; estomac des ruminants préparé et cuisiné. *Tripes à la mode de Caen.* **2** fam Entrailles, viscères de l'homme. **3** fam Ce qu'il y a de plus intime chez qqn. *Avoir la tripe républicaine.* **4** Intérieur d'un cigare, formé de feuilles de tabac découpées. **LOC** fam ***Prendre aux tripes*** : émouvoir profondément.

**triperie** *nf* Boutique, commerce du tripier. ETY De l'esp.

**tripette** *nf* **LOC** fam ***Ça ne vaut pas tripette*** : ça ne vaut rien.

**triphasé, ée** *a* ELECTR Se dit d'un système de trois courants de même fréquence et déphasés l'un par rapport à l'autre de $\frac{2\pi}{3}$ radians.

**triphosphate** *a* BIOCHIM Qui contient trois molécules d'acide phosphorique. *Adénosine triphosphate (ATP).*

**triphtongue** *nf* PHON Séquence de trois voyelles réunies dans une même articulation. *Le mot* piaille [pjaj] *contient une triphtongue.*

**tripier, ère** *n* Marchand de tripes et d'abats.

**triple** *a, nm* **A** *a* **1** Qui comporte trois éléments. *Faire un triple nœud.* **2** fam Marque un degré élevé. *Triple idiot.* **B** *a, nm* Trois fois plus grand. *Prendre une triple dose. Six est le triple de deux.* **LOC** ***Au triple galop*** : au grand galop. — CHIM ***Liaison triple*** : ensemble constitué par une liaison axiale et deux liaisons latérales entre deux atomes, représenté par le symbole ≡. — PHYS ***Point triple*** : point du diagramme thermodynamique correspondant à l'équilibre des trois phases solide, liquide et gazeuse. ETY Du lat. DER **triplement** *av*

**1 triplé** *nm* **1** TURF Pari sur la combinaison des trois premiers chevaux d'une course, dans un ordre quelconque. **2** Série de trois victoires.

**2 triplé, ée** *a, n* Se dit de chacun des trois enfants nés d'un même accouchement.

**Triple-Alliance** → **Alliance (Triple-).**

**Triple-Entente** → **Entente (Triple-).**

**triplement** → **triple** et **tripler.**

**tripler** *v* ① **A** *vt* Multiplier par trois. *Tripler une dose, une offre.* **B** *vi* Devenir trois fois plus grand. *Le prix de l'essence a triplé.* DER **triplement** *nm*

**triplet** *nm* **1** OPT Ensemble de trois lentilles. **2** MATH Groupe formé par trois éléments dont chacun appartient à un ensemble distinct. **3** BIOCHIM Unité d'information, constitutive d'un nucléotide, formée par la combinaison de trois bases puriques ou pyrimidiques. **4** fig Ensemble de trois éléments.

**triplette** *nf* **1** Équipe de trois joueurs aux boules, à la pétanque. **2** Jeu de trois boules de pétanque vendues ensemble.

**1 triplex** *nm* **1** Appartement sur trois niveaux. **2** Canada Maison ou groupe de maisons contiguës comprenant trois logements indépendants identiques.

**2 triplex** *nm* Verre feuilleté de haute sécurité. ETY Nom déposé.

**Triplice** → **Alliance (Triple-).**

**triploblastique** *a* ZOOL Se dit des métazoaires à trois feuillets cellulaires : ectoderme, mésoderme et endoderme.

**triploïde** *a, n* **A** *a, nm* BIOL Se dit d'un être vivant dont les cellules contiennent 3*n* chromosomes. **B** *a, nf* Se dit d'huîtres stériles, et donc sans laitance, obtenues par manipulations chromosomiques. DER **triploïdie** *nf*

**triplure** *nf* COUT Étoffe apprêtée que l'on glisse entre tissu et doublure.

**tripode** *nm, a* **A** *nm* **1** Objet à trois pieds. **2** Tourniquet à trois branches réglant l'entrée des voyageurs dans les transports en commun. **B** *a* MAR Se dit d'un mât soutenu par deux mâts plus petits formant arcs-boutants. ETY Du gr.

**tripolaire** *a* ELECTR Qui a trois pôles.

**tripoli** *nm* **1** Roche siliceuse, variété de diatomite. **2** Matière pulvérulente tirée de cette roche, employée pour le polissage des métaux et du verre. ETY Du n. pr.

**Tripoli** (en ar. *Tarābulus*), v. et port du Liban ; 2,1 millions d'hab. (aggl.) ; ch.-l. de prov. Industries. – La ville fut la cap. du *comté de Tripoli*, un des États latins du Levant (1109) ; réuni à la principauté d'Antioche en 1201, il disparut en 1289.

**Tripoli** (en ar. *Tarablus al-Gharb*), cap. de la Libye, port de l'O. du pays ; 1 550 000 hab. (aggl.). Centre commercial et industriel. DER **tripolitain, aine** *a, n*
**Histoire** Fondée par les Phéniciens, carthaginoise, puis romaine, la ville subit les grandes invasions. Les Arabes la prirent en 643. Aux mains des Espagnols (1510) puis des chevaliers de Malte (1530), elle fut enlevée par les Turcs (1551) et devint un centre de piraterie. Occupée par les Italiens en 1911, par les Britanniques en janv. 1943, elle est la cap. de la Libye depuis son indépendance (1951).

**Tripolitaine** rég. du N.-O. de la Libye, plateau aride qui s'étend des oasis du Fezzan, au S., jusqu'à la plaine côtière de la Djeffara, au N. – Sous contrôle turc dès le XVI^e s., elle fut conquise par les Italiens (1911-1914), qui en 1934 la rattachèrent à la Cyrénaïque pour former leur colonie de Libye.

**triporteur** *nm* Tricycle muni d'une caisse à l'avant pour le transport des marchandises.

**tripot** *nm* péjor Maison de jeu.

**tripotée** *nf* fam **1** Volée de coups. **2** Grand nombre. *Une tripotée d'enfants.*

**tripoter** *v* ① **A** *vt* **1** Toucher, manier sans cesse d'une manière peu délicate. *Ne tripotez pas ces pêches ! Il tripotait nerveusement son trousseau de clés.* **2** fam Faire des attouchements à qqn, peloter. **B** *vi* fam Se livrer à des opérations louches. *Il semble qu'elle ait tripoté dans l'import-export.* DER **tripotage** *nm* – **tripoteur, euse** *n*

**tripoux** *nm pl* rég Plat auvergnat à base de tripes et de pieds de mouton. VAR **tripous**

**triptan** *nm* PHARM Médicament dérivé de la sérotonine, vasoconstricteur et anti-inflammatoire, utilisé dans le traitement de la migraine.

**Triptolème** dans la myth. gr., fils du roi d'Éleusis. Il aurait créé les mystères d'Éleusis.

**triptyque** *nm* **1** Bx-A Triple panneau peint ou sculpté, à deux volets repliables sur le panneau central. **2** Œuvre littéraire, musicale, etc. en trois parties. **3** fig Projet qui comporte trois parties, trois volets. **4** DR COMM Document douanier en trois feuillets, délivré pour l'importation et la réexportation de certaines marchandises. ETY Du gr. *triptukhos*, « plié en trois ».

**Tripura** État de l'Inde, à l'E. du Bangladesh ; 10 477 km² ; 2 744 800 hab. ; cap. *Agartala.* État montagneux et forestier. Cultures (riz, thé, coton) dans les vallées. – Créé en 1972, cet État a été peuplé de Bengalis. Les populations tibéto-birmanes, qui ne représentent plus que 30 % des hab., expriment leur séparatisme depuis 1980.

**trique** *nf* Gros bâton court. **LOC** ***Mener à la trique*** : avec autorité, sévèrement. — ***Sec, maigre comme un coup de trique*** : très sec, très maigre. ETY Du frq.

**triqueballe** *nm* Fardier à deux roues servant à transporter des charges longues et lourdes (troncs d'arbres, etc.).

**trique-madame** *nf inv* rég Orpin blanc. VAR **triquemadame**

**trirectangle** *a* GEOM Qui a trois angles droits.

**trirème** *nf* ANTIQ Vaisseau de guerre des Romains, des Carthaginois, à trois rangs de rameurs.

**trisaïeul, eule** *n* Père, mère de l'arrière-grand-père, de l'arrière-grand-mère.

**trisannuel, elle** *a* **1** Qui a lieu tous les trois ans. **2** Qui dure trois ans.

**trisection** *nf* GEOM Division d'une grandeur en trois parties égales. *Problème de la trisection de l'angle.* DER **trisecteur, trice** *a*

**triskèle** *nm* ARCHEOL Dessin celtique à trois terminaisons recourbées rayonnant dans le même sens autour du centre de la figure. ETY Du gr. *skelos,* « jambe ».

**trismégiste** *am* ANTIQ En Égypte, surnom donné par les Grecs au dieu Thot, qu'ils assimilèrent à Hermès. ETY Du gr. *megistos,* « très grand ».

**trismus** *nm* MED Contracture des muscles masticateurs observée partic. dans le tétanos. PHO [tʀismys]

**trisoc** *nm* Charrue à trois socs.

**trisomie** *nf* BIOL Anomalie génétique correspondant à la présence de trois chromosomes identiques au lieu d'une paire. *Trisomie 21* : syn. de *mongolisme.* DER **trisomique** *a, n*

**1 trisser** *vi* 1 Crier, en parlant de l'hirondelle. ETY Du gr. *trizein,* « grincer ».

**2 trisser** *vt* 1 Reprendre ou faire reprendre une troisième fois un morceau, un air, une réplique. ETY D'apr. *bisser.*

**3 trisser** *vi* 1 fam Courir, se sauver très vite. ETY De l'all. VAR **se trisser** *vpr* 1

**Trissino** Gian Giorgio (en fr. *le Trissin*) (Vicence, 1478 – Rome, 1550), écrivain et grammairien italien : *Sophonisbe* (1515), la première tragédie qui obéit à la règle des trois unités.

**Trissotin** personnage de la comédie de Molière *les Femmes savantes* (1672), poète mondain vaniteux.

**Tristam** Nuno (m. au Río de Oro en 1447), navigateur portugais. Il fit trois voyages en Afrique : au Sahara et au cap Blanc (1440), à l'île d'Arguin qui dépend de la Mauritanie actuelle (1443), et au Río de Oro. VAR **Tristão**

**Tristan** Flore Tristan-Moscoso (Mme André Chazal) dite Flora (Paris, 1803 – Bordeaux, 1844), écrivain français, pionnière du féminisme : *les Pérégrinations d'une paria* (1837).

**Tristan** héros de la légende et des romans de *Tristan et Iseult* (XIIe s.) ainsi que de l'opéra de Wagner *Tristan et Isolde* (1857-1859).

**Tristana** film de L. Buñuel (1970), avec C. Deneuve et Fernando Rey (1917 – 1994).

**Tristan da Cunha (îles)** archipel britannique de l'Atlantique Sud, au S.-O. du cap de Bonne-Espérance ; 209 km$^2$ ; 300 hab. Île princ., la seule habitée : *Tristan da Cunha* (104 km$^2$).

**Tristan et Iseult** légende médiévale d'origine celtique : parfait chevalier, Tristan de Léonois part pour l'Irlande demander la main d'Iseult (ou Iseut) la Blonde pour son oncle, le roi Marc. Mais, sur le bateau qui les ramène en Cornouailles, Tristan et Iseult boivent par erreur un philtre magique qui leur inspire un amour tragique. Cette légende a inspiré à Béroul et à Thomas d'Angleterre leurs poèmes (*Tristan,* XIIe s.) et à Marie de France le *Lai du chèvrefeuille* (XIIe s.). ▷ MUS V. Tristan et Isolde. ▷ CINE *L'Éternel Retour,* de Jean Delannoy (1943), écrit par J. Cocteau, avec J. Marais et Madeleine Sologne.

**Tristan et Isolde** action musicale en 3 actes (1865), mus. et livret de Wagner ; écrit en 1857-1859, représenté en 1865.

**Tristan l'Hermite** François, dit (château de Soliers, Marche, v. 1601 – Paris, 1655), poète français (*Plaintes d'Acante,* 1633), dramaturge (*Marianne,* tragédie, 1636) et auteur d'un roman autobiographique : *le Page disgracié* (1642). Acad. fr. (1649).

**Tristão** → **Tristam.**

**triste** *a* 1 Qui éprouve du chagrin, de la mélancolie. *L'enfant était triste de voir sa mère partir.* ANT gai. 2 Qui dénote le chagrin, la peine. *Un air triste. Faire triste mine.* 3 Qui fait de la peine ; affligeant, pénible. *Il a eu une triste fin. Il est arrivé dans un triste état.* 4 péjor Qui suscite le mépris. *Un triste sire.* ETY Du lat.

**tristement** *av* 1 Avec tristesse. 2 D'une façon navrante, pénible. *Il est tristement célèbre.*

**tristesse** *nf* 1 État d'une personne triste ; chagrin, mélancolie. *Une tristesse passagère.* 2 Caractère de ce qui a l'air triste ou rend triste. *La tristesse d'un paysage.*

**Tristes Tropiques** essai autobiographique et anthropologique de Lévi-Strauss (1955).

**tristounet, ette** *a* fam Un peu triste. *Une ambiance tristounette.* VAR **tristoune**

**Tristram Shandy (la Vie et les opinions de)** roman (1759-1767) de Sterne, précurseur des techniques narratives du XXe s.

**trisyllabe** *a, nm* Formé de trois syllabes. DER **trisyllabique** *a*

**trithérapie** *nf* MED Prescription conjointe de trois antirétroviraux dans le traitement du sida.

**triticale** *nm* AGRIC Hybride du blé et du seigle à très bon rendement. ETY Du lat.

**tritié, ée** *a* CHIM Qui contient du tritium.

**tritium** *nm* CHIM Isotope radioactif de l'hydrogène $^3$H, de symbole T, dont le noyau contient trois nucléons. PHO [tʀitjɔm]

**1 triton** *nm* ZOOL 1 Amphibien urodèle proche des salamandres, qui vit près des eaux stagnantes. 2 Grand mollusque gastéropode prosobranche dont la coquille était utilisée comme trompette de guerre. ETY Du n. pr.

**triton** alpestre avec sa parure nuptiale

**2 triton** *nm* MUS Intervalle de trois tons entiers. SYN quarte augmentée.

**3 triton** *nm* PHYS NUCL Noyau de tritium.

**Triton** dans la myth. gr., divinité marine, fils d'Amphitrite et de Poséidon.

**Triton** le plus gros satellite de Neptune (diamètre 2 720 km), découvert en 1846.

légende de **Tristan et Iseult**, enluminure du XVe s. – BN

**triturateur** *nm* 1 Appareil à triturer ; broyeur. 2 Industriel qui transforme les graines oléagineuses (colza, tournesol).

**triturer** *vt* 1 1 Broyer pour réduire en fines particules ou en pâte. *On préparait les onguents en triturant diverses substances.* 2 Manier en tordant, pétrir. 3 Manier et tâter brutalement, sans précaution. *Cesse de triturer ces fruits.* LOC fam ***Se triturer les méninges*** : se creuser la tête. DER **trituration** *nf*

**triumvir** *nm* 1 ANTIQ ROM Membre d'un collège administratif comprenant trois magistrats. 2 Association de trois hommes politiques afin d'exercer le pouvoir. PHO [tʀijɔmviʀ] ETY Mot lat. DER **triumvirat** *nm*

ENC Pompée, César et Crassus formèrent en 60 av. J.-C. le premier triumvirat ; Crassus mourut en 53 av. J.-C., le Sénat déclara Pompée consul unique, mais César l'élimina en 48 av. J.-C. Après l'assassinat de César par Brutus (44 av. J.-C.), Antoine, Lépide et Octavien (V. Auguste) formèrent le second triumvirat en 43 av. J.-C. ; Octavien fit déposer Lépide en 36 av. J.-C. et vainquit Antoine en 31 av. J.-C.

**trivalent, ente** *a* CHIM Qui a une valence triple.

**trivalve** *a* SC NAT Qui a trois valves.

**Trivandrum** v. et port de l'Inde, cap. du Kerala, sur la mer d'Oman ; 483 090 hab. Centre industriel. – Université.

**trivial, ale** *a* 1 vieilli, litt D'une grande simplicité, évident ; très courant. *Notion triviale.* 2 Grossier, malséant, vulgaire. PLUR triviaux. ETY Du lat. *trivium,* « carrefour ». DER **trivialement** *av* – **trivialité** *nf*

**trivial pursuit** *nm* Jeu de cartes fondé sur le principe du quiz. ETY Nom déposé.

**trivium** *nm* HIST Au Moyen Âge, division de l'enseignement des arts libéraux qui comprenait la grammaire, la rhétorique et la dialectique (par oppos. au *quadrivium*). PHO [tʀivjɔm] ETY Mot lat., « carrefour ».

**Trivulce** Giangiacomo (marquis de Vigevano) (Milan, 1448 – Arpajon, 1518), condottiere italien au service de la France dans les guerres d'Italie.

**tr/min** Symbole de *tour par minute* (unité de vitesse angulaire).

**Trnka** Jiří (Plzeň, 1912 – Prague, 1969), dessinateur tchèque, maître du cinéma d'animation (marionnettes) : *le Rossignol de l'empereur de Chine* (1948), *Vieilles légendes tchèques* (1953).

**Troade** dans l'Antiquité, royaume d'Asie mineure dont Troie était la cap. (V. Troie).

**troc** *nm* Échange d'objets, sans l'intermédiaire de monnaie.

**Trocadero** site fortifié d'Espagne (Andalousie), sur la baie de Cadix, pris par le duc d'Angoulême en 1823.

**Trocadéro (palais du)** anc. nom du Palais de Chaillot.

**trocart** *nm* CHIR Instrument comportant une canule qui, une fois introduite grâce à une pointe tranchante coulissante, permet de pratiquer des ponctions. ETY Altér. de *trois-quart.*

**trochanter** *nm* 1 ANAT Chacune des deux apophyses de la partie supérieure du fémur. 2 ZOOL Second article des appendices locomoteurs des insectes. PHO [tʀɔkɑ̃tɛʀ] DER **trochantérien, enne** *a*

**troche** *nf* ZOOL Mollusque gastéropode prosobranche dont de nombreuses espèces ont une épaisse coquille nacrée utilisée pour fabriquer des boutons et des bijoux. VAR **troque**

**1 trochée** *nf* ARBOR Syn. de *cépée.* PHO [tʀɔʃe] ETY De l'a. fr. *troche,* « touffe, grappe ».

**2 trochée** *nm* METR ANC Pied de deux syllabes, une longue suivie d'une brève. ETY Du gr. *trok.* DER **trochaïque** *a*

**trochilidé** *nm* ZOOL Petit oiseau américain se nourrissant de nectar et d'insectes dont la famille comprend les colibris (oiseaux-mouches). PHO [tʀɔkilide] ETY Du lat. zool. *trochilus,* « colibri ».

**trochin** *nm* ANAT Petite tubérosité de l'extrémité supérieure de l'humérus.

**trochiter** *nm* ANAT Grosse tubérosité de l'extrémité supérieure de l'humérus, située en arrière du trochin. PHO [tʀɔkitɛʀ]

**trochlée** *nf* ANAT Articulation dont les surfaces, en forme de poulie, permettent une seule direction de mouvement. *Le coude, le genou sont des trochlées.* PHO [tʀɔkle]

**Trochu** Louis Jules (Le Palais, Belle-Île, 1815 – Tours, 1896), général français. Gouverneur milit. de Paris (août 1870), il présida le gouv. de la Défense nationale (sept. 1870-janv. 1871).

**troène** *nm* Arbuste ornemental (oléacée) à feuilles simples elliptiques, à fleurs blanches odorantes groupées en panicules, et à fruits noirs persistants. ETY Du frq.

**troglodyte** *nm* **1** Personne qui vit dans une caverne, une grotte ou une excavation artificielle. **2** ORNITH Petit oiseau passériforme brun, à la queue courte, relevée et construisant des nids volumineux à ouverture latérale. ETY Du gr. *trôglê,* « trou ». DER **troglodytique** *a*

**trogne** *nf* fam Visage plein et rubicond révélant le goût de la bonne chère. ETY Du gaul.

**trognon** *nm, a inv* **A** *nm* **1** Partie centrale, non comestible d'un fruit à pépins ou d'un légume. *Jeter un trognon de pomme. Trognon de chou.* **2** fam Terme d'affection, désignant un enfant. **B** *a inv* fam Charmant, gentil. LOC fam *Jusqu'au trognon :* jusqu'au bout. ETY De l'a. fr. *estroigner,* « élaguer ».

**trogoniforme** *nm* Oiseau tropical aux couleurs irisées, à longue queue, au bec court, dont l'ordre comprend le quetzal.

**Troie** cap. de la Troade, enjeu d'une guerre relatée dans l'*Iliade* d'Homère. La Troade, fondée par les Grecs, occupait le N.-O. de l'Asie Mineure. Pâris, fils du vieux roi troyen Priam, ayant enlevé Hélène, épouse du roi achéen Ménélas, les chefs des Grecs (Achille, Ménélas, Ulysse, Nestor, Ajax, etc.) se liguèrent contre la cité du ravisseur sous la conduite d'Agamemnon, roi de Mycènes et frère de Ménélas. Ils assiégèrent pendant dix ans la ville de Priam (défendue par Hector et Énée), avant de s'en emparer grâce au « cheval de Troie » : ayant construit un colossal cheval de bois, à l'intérieur duquel ils cachèrent des guerriers, ils firent mine de partir et l'abandonnèrent ; les Troyens introduisirent ce cheval dans leurs murs ; la nuit venue, les soldats achéens sortirent du cheval et allèrent ouvrir les portes de Troie aux Grecs, qui incendièrent la ville. On situe auj. Troie non loin de la local. turque d'Hissarlik (autref. Pergame). Neuf couches de fondations furent mises au jour à partir de 1870 (fouilles de Schliemann). Le niveau Troie VII, incendié v. 1260 av. J.-C., serait celui de l'Iliade. VAR **Ilion** DER **troyen, enne** *a, n*

**troïka** *nf* **1** Traîneau russe tiré par trois chevaux attelés de front. **2** Triumvirat politique.

**Troïlus** personnage de la myth. gr., le plus jeune des fils de Priam et d'Hécube, tué par Achille sous les murs de Troie. ▷ LITTER Ses amours malheureuses avec Criséida inspirèrent un conte à Chaucer (v. 1385) et un drame à Shakespeare (*Troïlus et Cressida,* 1601).

**trois** *a inv, nm inv* **A** *a num inv* **1** Deux plus un (3). *Les trois couleurs nationales. Trois cents. Trois mille.* **2** Troisième. *Page trois. Henri III.* **B** *nm inv* Le nombre, le chiffre ou le numéro trois. *Trois et dix font treize. Mettez un trois à la place du deux. Habiter au trois.* LOC *Règle de trois :* opération qui permet de calculer l'un des quatre termes d'une proportion lorsqu'on connaît les trois autres. ETY Du lat.

**Trois Contes** recueil de trois récits de Flaubert (1877) : *Un cœur simple, la Légende de saint Julien l'Hospitalier* et *Hérodias*.

**trois-D** *nf inv* Reproduction d'un objet en trois dimensions donnant l'illusion du relief par des images de synthèse créées par informatique. (On écrit le plus souvent 3-D.)

**trois-deux** *nm inv* MUS Mesure à trois temps dont l'unité est la blanche.

**Trois Essais sur la théorie de la sexualité** essais de Freud (1905).

**trois-étoiles** *a, nm inv* Se dit d'un hôtel, d'un restaurant de grande qualité.

**Trois-Évêchés (les)** nom collectif des trois villes épiscopales (Metz, Toul et Verdun) occupées par les troupes françaises d'Henri II en 1552. Les traités de Westphalie (1648) reconnurent leur annexion.

**Trois Glorieuses (les)** journées révolutionnaires des 27, 28 et 29 juillet 1830.

**Trois-Gorges** (barrage des) barrage hydroélectrique sur le Yangzijiang, au centre de la Chine. C'est le plus grand du monde.

**Troisgros** famille de cuisiniers français — **Jean** (Chalon-sur-Saône, 1926 – Roanne, 1983) — **Pierre** (Chalon-sur-Saône, 1928), frère du précédent. — **Michel** (Roanne, 1958), fils du précédent.

**1 trois-huit** *nm inv* MUS Mesure à trois temps dont l'unité est la croche.

**2 trois-huit** *nm pl* Système de répartition du travail d'une journée dans lequel trois équipes se relaient sans arrêt toutes les huit heures.

**troisième** *a, n* **A** *a num ord* Dont le rang est marqué par le nombre 3. *Monter au troisième étage. Passer la troisième vitesse* ou, ellipt., *la (en) troisième.* **B** *n* Personne, chose qui occupe la troisième place. *Il est arrivé le troisième.* **C** *nf* Quatrième classe du premier cycle de l'enseignement secondaire. DER **troisièmement** *av*

**Troisième Homme (le)** film de Carol Reed (1949), scén. de G. Greene, qui en tira une nouvelle (1950) ; avec Joseph Cotten (1905 – 1994), O. Welles et Alida Valli (1921 – 2006).

**trois-mâts** *nm inv* Voilier à trois mâts.

**Trois Mousquetaires (les)** roman de cape et d'épée d'Alexandre Dumas père (1844), que suivent *Vingt ans après* (1845) et *le Vicomte de Bragelonne* (1850). ▷ CINE Nbr. adaptations dont la première (1912) est d'André Calmettes (1886-1942) et Henri Pouctal (1859-1922).

**Trois Petites Liturgies de la présence divine** composition musicale de Messiaen (1945).

**trois-quarts** *nm inv* **1** Manteau court. **2** MUS Petit violon d'enfant. **3** SPORT Au rugby, chacun des quatre joueurs situés entre les demis et l'arrière.

**trois-quatre** *nm inv* MUS Mesure à trois temps dont l'unité est la noire.

**Troie** vestiges des remparts de la cité disparue, Turquie

**Trois-Rivières** v. et port du Canada (Québec), au confl. du Saint-Laurent et du Saint-Maurice ; 126 500 hab. Usine de papier journal. – Ville fondée en 1634. DER **trifluvien, enne** *a, n*

**trois-roues** *nm inv* Sorte de scooter muni de deux roues à l'arrière ou à l'avant.

**trois-six** *nm inv* vx Alcool très fort (env. 90°).

**Trois Sœurs (les)** drame en 4 actes de Tchekhov (1901).

**Trois-Vallées (les)** complexe touristique de Savoie. Princ. stations de sports d'hiver : Méribel-les-Allues, Courchevel, les Menuires.

**Trois Vies** récits de G. Stein (1909).

**troll** *nm* Lutin des légendes scandinaves. ETY Mot scand.

**trolle** *nm* Plante herbacée (renonculacée) ornementale à grandes fleurs jaunes. VAR **trole**

**trolley** *nm* **1** Perche flexible fixée à un véhicule électrique, mettant en relation le moteur avec une ligne aérienne. **2** fam Trolleybus. PHO [tʀɔlɛ] ETY Mot angl.

**trolleybus** *nm inv* Autobus à trolley. SYN trolley. PHO [tʀɔlɛbys]

**Trollope** Anthony (Londres, 1815 – id., 1882), romancier anglais : *la Dernière Chronique de Barset* (1867).

**trombe** *nf* METEO Cyclone caractérisé par la formation d'une colonne nébuleuse tourbillonnante et aspirante allant de la masse nuageuse à la mer. LOC *En trombe :* très vite et brusquement. — *Trombe d'eau :* averse très violente. ETY De l'ital. *tromba,* propr. « canal d'une pompe ».

**trombidion** *nm* ZOOL Acarien terricole de couleur rouge, dont les larves (aoûtats) piquent l'homme et les animaux à sang chaud. ETY Du lat.

**trombidiose** *nf* MED Démangeaisons et rougeurs provoquées par le trombidion.

**trombine** *nf* fam Visage, tête. ETY Probabl. de *trompe.*

**trombinoscope** *nm* **1** fam Document sur lequel est reproduit le portrait de chacun des membres d'un groupe, d'un comité. **2** (Avec une majuscule) Répertoire des parlementaires et des membres du gouvernement, ainsi que ceux de leurs cabinets, illustré de leurs photographies.

**tromblon** *nm* **1** Ancienne arme à feu au canon évasé. **2** anc Dispositif lance-grenades s'adaptant au fusil.

**trombone** *nm* **1** Instrument de musique à vent à embouchure, de la famille des cuivres. *Trombone à pistons.* **2** Musicien qui joue de cet instrument. SYN tromboniste. **3** Agrafe repliée en forme de trombone, servant à assembler des papiers. LOC *Trombone à coulisse :* formé de deux tubes en U qui glissent l'un dans l'autre. DER **tromboniste** *n* ▶ pl. **musique**

**trommel** *nm* TECH Cylindre rotatif percé de trous, servant à trier des morceaux de minerai ou de roche selon leur grosseur. ETY Mot all., propr. « tambour ».

**Tromp** Maarten Harpertszoon (Brielle, 1598 – Ter Heide, 1653), amiral hollandais ; vainqueur des Espagnols au large des Dunes (1639) ; tué dans un combat victorieux contre les Anglais. — **Cornelis** (Rotterdam, 1629 – Amsterdam, 1691), amiral, fils du préc. Il vainquit les Suédois à Öland (1676).

**trompe** *nf* **1** Instrument à vent à embouchure, simple tube évasé. *Trompe de berger. Sonner de la trompe.* **2** Appendice plus ou moins développé, servant d'organe du tact et de la préhension, chez le tapir et l'éléphant. **3** Chez certains insectes, vers et mollusques, appendice buccal tubulaire, servant au pompage et à l'aspiration des aliments. **4** ARCHI Portion de voûte en saillie qui sert à supporter une construction en encorbellement et notam. à passer du plan circulaire ou polygonal au plan carré. *Coupole sur trompes.* **LOC** TECH ***Trompe à eau :*** appareil utilisant un écoulement d'eau pour faire le vide dans un récipient. — ANAT ***Trompe d'Eustache :*** conduit qui unit l'oreille moyenne au rhinopharynx. — ***Trompe utérine*** ou ***trompe de Fallope :*** chacun des deux conduits qui va de l'utérus à l'un des deux ovaires et permet à l'œuf fécondé de gagner la cavité utérine. (ETY) Du frq.

**trompe-la-mort** *n inv* Personne qui risque la mort et parvient à y échapper.

**trompe-l'œil** *nm inv* **1** En peinture, rendu donnant des effets de perspective pour donner l'illusion d'objets réels et d'un véritable relief. *Décor en trompe-l'œil.* **2 fig** Ce qui fait illusion.

**trompe-l'œil** sur une façade parisienne (XXe arrondissement)

**tromper** *v* (1) **A** *vt* **1** Induire volontairement qqn en erreur. *On nous a trompés sur la qualité de la marchandise.* SYN abuser, duper. **2** Être infidèle à qqn en amour. *Louis XIV trompait la reine avec Mme de Montespan.* **3** Mettre en défaut. *Tromper la vigilance de ses gardes.* SYN déjouer. **4** Donner lieu à une erreur. *La ressemblance l'a trompé.* **5 litt** Ne pas répondre à une attente, décevoir. *L'évènement a trompé leurs calculs.* **6** Faire diversion à. *Tromper sa faim.* **B** *vpr* **1** Faire une erreur. *Tout le monde peut se tromper.* SYN se méprendre. **2** Prendre une chose pour une autre. *Vous vous trompez de numéro.* **LOC** ***Si je ne me trompe :*** sauf erreur de ma part.

**tromperie** *nf* Action de tromper, artifice visant à tromper. *Il y a tromperie sur la marchandise.* SYN duperie.

**trompeter** *v* (18) ou (20) **A** *vt* Annoncer qqch très fort et partout. **B** *vi* Crier, en parlant de l'aigle. (VAR) **trompetter** (1)

**trompette** *n* **A** *nf* Instrument de musique à vent, à embouchure et à pistons, de la famille des cuivres. **B** *nm* Joueur de trompette. SYN trompettiste. **LOC** ***Nez en trompette :*** relevé. — ***Trompette bouchée :*** à sourdine. — ***Trompette de cavalerie :*** sans pistons. — ***Trompette-de-la-mort*** ou ***trompette-des-morts :*** syn. de *craterelle.* — ***Trompette d'harmonie :*** à pistons. (ETY) Dimin. de *trompe.* (DER) **trompettiste** *n* ▶ pl. musique

**trompeur, euse** *a* Qui induit en erreur. *Il est d'une gentillesse trompeuse.* (DER) **trompeusement** *av*

**trompillon** *nm* ARCHI Petite trompe.

**Tromsø** v. et port du N. de la Norvège ; 41 650 hab. ; ch.-l. de comté. Pêche. Industries. – Université.

**tronc** *nm* **1** Partie de la tige ligneuse des arbres, depuis les racines jusqu'aux premières branches. *Tronc tordu d'un olivier.* **2** Partie centrale du corps des animaux, du corps humain, qui se prolonge par la tête et les membres. **3** En appos., qualifie qqn dont on ne voit que le haut du corps sur l'écran de télévision. **4** ANAT Partie la plus grosse d'un vaisseau ou d'un nerf, située en amont des branches de dérivation. **5** Boîte fixe percée d'une fente, destinée à recevoir les offrandes dans une église. **6** GEOM Solide compris entre la base et une section plane parallèle. *Tronc de cône. Tronc de pyramide.* **LOC** ANAT ***Tronc cérébral :*** partie de l'encéphale formée par le bulbe rachidien, la protubérance annulaire et les pédoncules cérébraux, située dans la fosse postérieure. — ***Tronc cœliaque :*** branche importante de l'aorte irriguant les viscères abdominaux. — ***Tronc commun :*** partie commune à plusieurs formations ; début d'un cycle d'enseignement, commun à tous les élèves ou étudiants, avant orientation. — ARCHI ***Tronc de colonne :*** partie inférieure d'un fût de colonne. (ETY) Du lat.

**Tronçais (forêt de)** forêt domaniale de l'Allier (10 436 ha), à l'E. de la vallée du Cher.

**troncation** *nf* LING Abrègement d'un mot par la chute d'une ou de plusieurs syllabes. *L'apocope et l'aphérèse sont des modes de troncation.*

**troncature** *nf* **1** Partie tronquée de qqch. **2** MINER Dans un cristal, remplacement d'une arête, d'un angle, par une facette. **3** MATH État d'un nombre tronqué, dont on n'a retenu qu'une partie déterminée.

**tronche** *nf* **fam** Tête, visage. (ETY) Forme fém. de *tronc.*

**Tronchet** François Denis (Paris, 1726 – id., 1806), magistrat français ; l'un des défenseurs de Louis XVI. Sous le Consulat, il participa aux travaux du Code civil.

**tronçon** *nm* **1** Morceau rompu ou coupé d'un objet long. *Anguille découpée en tronçons.* **2** Partie d'un ensemble. *Tronçon d'autoroute.* (ETY) Du lat. *truncus,* « tronqué ».

**tronconique** *a* **didac** En forme de tronc de cône.

**tronçonner** *vt* (1) Couper, débiter en tronçons. *Tronçonner des arbres.* (DER) **tronçonnage** ou **tronçonnement** *nm*

**tronçonneuse** *nf* Machine qui sert à tronçonner le bois, le métal.

**tronculaire** *a* ANAT Relatif à un tronc nerveux ou vasculaire.

**Trondheim** (anc. *Nidaros*), v. et port du centre de la Norvège ; 130 500 hab. ; ch.-l. de comté. Pêche. Centre industriel. – Université. – Cath. gothique. – Cap. de la Norvège du Xe au XIVe s.

**trône** *nm* **A 1** Siège élevé où les souverains ou certains pontifes prennent place dans des cérémonies solennelles. **2 fam, plaisant** Siège des lieux d'aisances. **3** Symbole du pouvoir d'un souverain. *Monter sur le trône.* **B** *nm pl* THEOL Troisième chœur de la première hiérarchie des anges. **LOC** HIST ***Le Trône et l'Autel :*** la monarchie et l'Église. (ETY) Du gr.

**trôner** *vi* (1) **1** Être assis à une place d'honneur avec un air de majesté. *Le directeur trônait derrière son bureau.* **2** Être placé bien en vue. *Ses diplômes trônaient sur la cheminée.*

**tronqué, ée** *a* **LOC** ***Colonne tronquée :*** fût de colonne brisé dans sa partie supérieure. — ***Pyramide tronquée :*** qui ne comporte pas de partie supérieure.

**tronquer** *vt* (1) Effectuer des suppressions importantes dans un texte, une chose abstraite. *Tronquer une citation.* (ETY) Du lat.

**Tronson du Coudray** Guillaume (Reims, 1750 – Sinnamary, Guyane, 1798), homme politique français ; avocat désigné d'office pour défendre Marie-Antoinette ; déporté en Guyane après le 18 Fructidor.

**trop** *av* **1** À un degré excessif, en quantité excessive. *Il est trop jeune. Vous arrivez trop tard. Tu nourris trop ton chien.* **2** Une quantité excessive de..., un excès de... *Elle a trop de travail. Vous en avez trop dit.* **3** (Emploi nominal) **litt** Excès. *Le trop de précautions peut nuire.* **4** Très, beaucoup, énormément. *Vous être trop gentil. Cet enfant est trop mignon. Il n'était pas trop content.* **5 fam** (Emploi adjectival.) S'emploie comme attribut avec un sens intensif. *Ce type, il est trop.* **LOC litt** ***C'en est trop :*** cela dépasse la mesure. — ***De trop, en trop :*** exprime une quantité qui excède ce qui est nécessaire. *Il y a deux mille francs de trop, en trop dans ma caisse.* — ***Si je suis de trop :*** si l'on n'a pas besoin de moi, si je suis indésirable. — ***Trop... pour*** (+ inf.), ***trop... pour que*** (+ subj.) : marque que, étant donné l'excès, la conséquence est exclue. *Il est trop poli pour être honnête, trop malade pour qu'on puisse le transporter.* (ETY) Du frq. *throp,* « village, troupeau ».

**trope** *nm* RHET Figure qui implique un changement du sens premier, propre, des mots. *Métaphore et métonymie sont des tropes.*

**troph(o)-, -trophie** Éléments, du gr. *trophê,* « nourriture ».

**trophallaxie** *nf* ZOOL Échange de nourriture entre les membres d'une société d'insectes (termites, fourmis).

**trophée** *nm* **1** ANTIQ Dépouille d'un ennemi vaincu. **2** Bx-A Monument ou motif décoratif évoquant une victoire, un évènement héroïque. **3** Objet qui témoigne d'une victoire non militaire, d'un succès. *Trophées sportifs.* **4** Partie naturalisée d'un animal de chasse (cornes, défenses, etc.).

**trophique** *a* PHYSIOL Se dit des phénomènes qui conditionnent la nutrition et le développement d'un tissu ou d'un organe. (DER) **trophicité** *nf*

**trophoblaste** *nm* EMBRYOL Couche périphérique de l'œuf fécondé permettant son implantation dans l'utérus et riche en matières nutritives. (DER) **trophoblastique** *a*

**tropical, ale** *a* **1** Qui appartient à un, aux tropiques ; situé sous un tropique ; qui caractérise la zone intertropicale. **2** Conçu spécialement pour le climat tropical, pour les climats chauds. PLUR tropicaux. **LOC** ***Climat tropical :*** qui règne de part et d'autre des tropiques, caractérisé par l'alternance d'une saison chaude et humide, et d'une saison sèche. — ***Une température tropicale :*** très élevée.

**tropicaliser** *vt* (1) TECH Traiter un matériau, un matériel pour qu'il résiste à un climat tropical. (DER) **tropicalisation** *a*

**tropicalisme** *nm* Mouvement musical brésilien de la fin des années 1960, inspiré de musique populaire, de bossa nova, de rock, de pop, de reggae (G. Gil, C. Veloso). (DER) **tropicaliste** *a, n*

**tropique** *nm* ASTRO **A** Chacun des deux cercles imaginaires parallèles à l'équateur, situés de part et d'autre de celui-ci à la latitude de 23° 27'. **B** *nm pl* Région comprise entre les deux tropiques. **LOC** ***Année tropique :*** durée séparant deux passages consécutifs du Soleil à l'équinoxe de printemps, légèrement inférieure à l'année sidérale, à cause de la précession des équinoxes. — ***Tropique du Cancer :*** dans l'hémisphère Nord. — ***Tropique du Capricorne :*** dans l'hémisphère Sud. (ETY) Du gr.

ENC La latitude de chacun des deux tropiques est égale à 23°27', angle d'inclinaison de l'écliptique sur l'équateur. Placé sur l'un des tropiques, on voit le Soleil au zénith une fois par an. Dans la zone de la Terre comprise entre les deux tropiques, on voit le Soleil au zénith à deux époques de l'année qui sont d'autant plus rapprochées qu'on est proche d'un des tropiques. Dans chacun des hémisphères, entre le tropique et le pôle il n'est pas possible d'observer le Soleil à son zénith. La zone située entre les tropiques couvre une partie importante du globe. Les tropiques sont surmontés de hautes pressions atmosphériques qui contribuent à la clarté du ciel et à la sècheresse de ces régions. De ces zones s'échappent les alizés, qui soufflent en direction de l'équateur. Le climat tropical se décompose en différents sous-climats au fur et à mesure que l'on s'approche de l'équateur : le climat désertique, le climat tropical sec (saison sèche de

8 à 9 mois), le climat tropical humide (saison humide de plus de 6 mois) et le climat subéquatorial, où la pluviosité, très importante, s'étend sur une durée de 7 à 8 mois.

**Tropique du Cancer** roman autobiographique de H. Miller (1934), suivi, en 1939, de *Tropique du Capricorne*.

**tropisme** *nm* **1** BIOL Mouvement par lequel un organisme fixé s'oriente par rapport à une source stimulante *(chimiotropisme, géotropisme, phototropisme, thermotropisme).* **2** fig Réaction élémentaire à un stimulus quelconque.

ENC Chez les végétaux, les tropismes se caractérisent par l'orientation des organes en croissance de la plante : l'irrégularité de l'allongement cellulaire est dû à une inégalité de concentration de l'auxine dans l'organe concerné. Le port général de la plante est largement influencé par des tropismes liés à la lumière (phototropisme), à la pesanteur (géotropisme) et à la répartition des électrolytes dans le milieu (chimiotropisme). Ainsi, les feuilles et la tige ont un phototropisme positif (elles s'orientent vers la lumière) et un géotropisme négatif (elles s'opposent à la pesanteur), alors que les racines ont un phototropisme négatif et un géotropisme positif.

**tropo-, -trope, -tropie, -tropisme** Éléments, du gr. *tropos*, « tour, direction ».

**troponine** *nf* BIOL Molécule qui régule la contraction musculaire.

**tropopause** *nf* METEO Surface qui sépare la troposphère de la stratosphère.

**troposphère** *nf* METEO Partie de l'atmosphère située entre la surface du sol et une altitude de 10 km env. DER **troposphérique** *a*

**Troppau (congrès de)** réunion, en 1820, des membres de la Sainte-Alliance qui, pour réprimer l'agitation révolutionnaire en Europe, prônèrent l'intervention militaire et diplomatique des puissances. V. Opava.

**trop-perçu** *nm* Somme qui, dans un compte, a été perçue en trop. PLUR trop-perçus.

**trop-plein** *nm* **1** Ce qui excède la capacité d'un récipient, ce qui en déborde. **2** fig Ce qui est en excès, en surabondance. *Laisser déborder le trop-plein de son cœur.* **3** TECH Dispositif qui sert à évacuer un liquide en excès dans un réservoir. PLUR trop-pleins.

**troque** → **troche.**

**troquer** *vt* ① **1** Échanger une chose contre une autre ; donner en troc. *Troquer des peaux contre du blé.* **2** Changer pour autre chose sans idée de transaction. *Il avait troqué sa culotte courte contre un pantalon.* ETY Du lat. DER **troqueur, euse** *n*

**troquet** *nm* fam Bistro, petit café. ETY Abrév. de *mastroquet.*

**trot** *nm* Allure intermédiaire entre le pas et le galop, l'antérieur gauche et le postérieur droit, l'antérieur droit et le postérieur gauche étant lancés deux à deux avec des temps de suspension. LOC fam *Au trot* : vivement et sans délai. — *Course de trot* : disputée par des chevaux qui doivent trotter (et non galoper).

**Trotski** Lev Davidovitch Bronstein, dit **Lev Trotski** (en fr. *Léon*) (Ianovka, Ukraine, 1879 – Coyoacán, près de Mexico, 1940), révolutionnaire russe. Étudiant en droit, marxiste, il fut déporté en Sibérie (1900). En 1902, il s'évada et rejoignit Lénine à Londres, mais soutint les mencheviks de 1903 à 1917. Revenu en Russie, il devint, lors de la révolution de 1905, le chef du soviet de Saint-Pétersbourg. Arrêté, il s'évada et gagna Vienne, la Suisse, Paris, l'Amérique. Revenu à Petrograd en 1917, il fut le président (bolchevik) du soviet de Petrograd. Princ. collaborateur de Lénine, il créa l'Armée rouge. En mars 1921, il écrasa la révolte de Cronstadt. Dès 1923, il s'opposa à Staline, qui le fit exclure du parti communiste en déc. 1927 ; expulsé de l'URSS (fév. 1929), il se fixa au Mexique (1937), où un agent de Staline l'assassina. En 1938, il avait fondé la IV$^e$ Internationale (trotskiste). Il publia : *1905* (1909), *Ma vie* (1929), *la Révolution permanente* (1933), *Histoire de la révolution russe* (1931-1933), *la Révolution trahie* (1937). ▶ illustr. p. 1647

**trotskisme** *nm* Courant politique issu des conceptions de Léon Trotski. VAR **trotskysme** DER **trotskiste** ou **trotskyste** *n*

**trotte** *nf* fam Distance assez longue à parcourir à pied. *Il y a une bonne trotte jusqu'au village.*

**trotte-menu** *a inv* LOC *« La gent trotte-menu »* (La Fontaine) : les souris.

**trotter** *vi* ① **1** Aller au trot, en parlant du cheval et de certains animaux dont l'allure rappelle celle du cheval ; faire aller sa monture au trot. **2** Marcher à petits pas, à une allure rapide, en parlant de quelques animaux et de l'homme. *Les souris trottent.* **3** Marcher beaucoup, aller et venir. *J'ai trotté toute la journée.* **4** fig Aller et venir. *Cette idée lui trotte dans la tête.* ETY Du frq.

**trotteur, euse** *nm, a* **A** *nm* Cheval que l'on a dressé à trotter, notam. pour les courses de trot. **B** *a* Se dit d'une chaussure de ville à talon bas et large commode pour la marche. *Bottines à talons trotteurs.*

**trotteuse** *nf* Petite aiguille qui marque les secondes sur un cadran.

**trottin** *nm* fam, vx Jeune fille chargée de faire les courses dans un atelier de mode.

**trottiner** *vi* ① **1** Aller d'un trot très court. **2** Marcher à petits pas pressés. DER **trottinement** *nm*

**trottinette** *nf* **1** Planchette rectangulaire montée sur deux petites roues, la roue avant étant commandée par une tige de direction. SYN patinette. **2** fam, plaisant Petite automobile.

**trottoir** *nm* Chemin surélevé de chaque côté d'une rue, d'une voie de passage, aménagé pour la circulation et la sécurité des piétons. LOC fam *Faire le trottoir* : se prostituer, racoler les passants sur la voie publique. — *Trottoir roulant* : tapis roulant pour les piétons.

**trou** *nm* **1** Creux, cavité pratiquée à la surface d'un corps, du sol. *Creuser, reboucher des trous dans un jardin.* **2** fam Fosse, tombe. *Mettre qqn dans le trou.* **3** Petite cavité servant d'abri, de cachette. *Trou de souris.* **4** fig Lacune, manque. *Avoir un trou de mémoire.* **5** Somme qui manque dans un compte, déficit. *Trou dans un budget.* **6** Emplacement laissé libre dans un réseau cristallin à la suite du départ d'un électron et dont il résulte une charge positive. **7** PHYS Syn. de *lacune.* **8** fig, fam Petite localité retirée, à vie ralentie. *Végéter dans un trou de province.* **9** fam Prison. *Être au trou.* **10** Ouverture pratiquée dans une surface, un corps qu'elle traverse. *Le trou d'une serrure. Trou du souffleur.* **11** fam Orifice, cavité dans le corps humain. *Trous de nez.* **12** ANAT Orifice limité par ces parois osseuses, musculaires ou constituées d'aponévrose et permettant notam. le passage de nerfs et de vaisseaux. *Trou occipital, vertébral.* **13** Ouverture qui endommage un vêtement, un tissu. *Repriser des chaussettes pleines de trous.* LOC fam *Boucher un trou* : s'acquitter d'une dette (parmi beaucoup d'autres). — SPORT *Faire le trou* : se dit d'un coureur qui « creuse » la distance entre lui et ses adversaires. — fam *Faire son trou* : parvenir à une bonne situation, réussir. — METEO, AVIAT *Trou d'air* : courant atmosphérique descendant qui, rencontré par un aéronef, lui fait perdre brusquement de l'altitude. — vulg *Trou de balle, trou du cul* : anus. — MAR *Trou de chat* : ouverture pratiquée dans la hune d'un mât permettant le passage d'un homme. — TECH *Trou d'homme* : ouverture servant à pénétrer dans un appareil (citerne, en partic.) pour en visiter l'intérieur. — inj *Trou du cul* : être méprisable, bon à rien. — ASTRO *Trou noir* : astre dont le champ de gravité est si intense qu'aucun rayonnement ne peut s'en échapper. — *Trou normand* : rasade d'eau-de-vie prise au milieu d'un repas copieux pour stimuler la digestion. ETY Du lat.

ENC Les trous noirs peuvent être détectés soit par leurs effets secondaires s'ils appartiennent à un système composé de plusieurs étoiles, soit par l'action de leur fort champ de gravitation sur les étoiles voisines. En effet, au cours de sa vie, une étoile dégage de l'énergie par fusion thermonucléaire en créant une pression suffisante pour compenser les effets de la gravitation. Lorsque son combustible est épuisé, cette pression diminue et l'étoile commence à s'effondrer sur elle-même. Lorsque l'étoile est très massive (10 fois la masse du Soleil), l'effondrement est radical, la densité devient gigantesque et le champ gravitationnel retient les photons : l'étoile n'est plus observable ; c'est : un « trou noir » ; l'autre nom utilisé, *collapsar*, fait allusion à l'effondrement de l'étoile.

**troubadour** *nm* Poète courtois des pays de langue d'oc, qui, aux XII$^e$ et XIII$^e$ s., composait des œuvres lyriques. ETY Du lat.

**Troubetskoï Sergueï Petrovitch** (Nijni Novgorod, 1790 – Moscou, 1860), prince russe, un des chefs des décabristes (1825), déporté en Sibérie, gracié en 1855.

**Troubetskoï Nikolaï Sergheïevitch** (Moscou, 1890 – Vienne, 1938), linguiste russe. Professeur à Moscou (1915) puis à Vienne (1922), cofondateur du cercle linguistique de Prague (1926), il créa la phonologie, d'où procède le structuralisme linguistique.

**troublant, ante** *a* **1** Qui inquiète ou déconcerte. *Ressemblance troublante.* **2** Qui provoque le désir. *Un décolleté troublant.*

**1 trouble** *a* **1** Qui manque de limpidité, de transparence. *Vin trouble. Verre trouble.* **2** Flou, que l'on ne distingue pas nettement. *Image, film trouble.* **3** fig Équivoque, qui manque de clarté. *Sentiments, motivations troubles.* **4** péjor Louche, suspect. *Conduite trouble.* LOC *Avoir la vue trouble* ou *voir trouble* : ne pas voir nettement. ETY Du lat.

**2 trouble** *nm* **A 1** État de ce qui est troublé, contraire à la paix, à l'ordre ; confusion, agitation désordonnée. *Semer le trouble dans les esprits.* **2** Mésintelligence, dissension. *Porter le trouble dans un ménage.* **3** État d'inquiétude, d'agitation de l'esprit, du cœur. *Le trouble se lisait sur son visage.* **4** Émotion suscitée par l'amour, le désir. **B** *nm pl* **1** Désordre, anomalie dans le fonctionnement d'un organe, dans le comportement. *Troubles respiratoires.* **2** Agitation, dissensions civiles et politiques. *Fauteur de troubles.* LOC *Trouble obsessionnel compulsif* : acte révélateur d'une névrose obsessionnelle. SYN toc.

**3 trouble** → **truble.**

**troubleau** → **truble.**

**trouble-fête** *n* Importun qui interrompt les plaisirs d'une réunion, d'une réjouissance. PLUR trouble-fêtes.

**troubler** *v* ① **A** *vt* **1** Rendre moins limpide, moins transparent. *L'orage a troublé l'eau de la rivière.* **2** Rendre flou. *Le brouillard troublait l'horizon.* **3** Interrompre, perturber le déroulement, le bon fonctionnement de. *Troubler le sommeil. Les manifestants ont troublé la réunion.* **4** Gêner ; susciter le doute, l'inquiétude chez qqn. *Cette question l'a troublé.* **5** Émouvoir, faire naître un certain émoi, un désir chez qqn. *Adolescent troublé par une jeune fille, par une lecture.* **B** *vpr* Être ému, perdre le contrôle de soi, de ses facultés. *Le candidat s'est troublé.*

**trouée** *nf* **1** Ouverture naturelle ou artificielle au travers d'un bois, d'une haie, etc., qui permet le passage. **2** MILIT Ouverture faite dans une ligne ennemie par une charge de cavalerie, de blindés ou un tir d'armes à feu. **3** GEOGR Passage naturel entre deux montagnes.

**trouer** *vt* ① **1** Percer, faire un trou, des trous dans. **2** Former un trou, une trouée, un passage dans. *Un mur que trouaient çà et là de larges brèches.* LOC fam *Se faire trouer la peau* : se faire tuer.

**troufignon** *nm* fam Anus, fesses.

**troufion** *nm* fam Simple soldat. ETY Altér. de *troupier*.

**trouille** *nf* fam Peur intense. DER **trouillard, arde** *a, n*

**Trouille** Clovis (La Fère, Aisne, 1889 – Neuilly-sur-Marne, 1975), peintre français aux fantasmes érotiques.

**trouillomètre** *nm* LOC fam *Avoir le trouillomètre à zéro* : avoir peur.

**Troumouse (cirque de)** cirque des Hautes-Pyrénées que dominent les pics *de Troumouse* (3 086 m) et de la Munia (3 150 m).

**troupe** *nf* **A 1** Groupe de personnes, d'animaux qui vivent ensemble. *Une troupe d'oies sauvages.* **2** Unité régulière de soldats ; les sous-officiers et les soldats, par oppos. aux *officiers*. **3** Groupe de comédiens associés, jouant ensemble. **B** *nfpl* Corps des gens de guerre composant une armée. ETY Du frq. *throp*, « village, troupeau ».

**troupeau** *nm* **1** Troupe d'animaux domestiques de même espèce, élevés et nourris ensemble. **2** Groupe d'animaux vivant ensemble. *Un troupeau de girafes.* **3** péjor Groupe de personnes qui suit passivement qqn, qqch. *Escorté de son troupeau d'admirateurs.* **4** RELIG Ensemble des fidèles. *Le pasteur et son troupeau.*

**troupiale** *nm* Oiseau passériforme américain migrateur, à plumage noir et jaune ou orangé, vivant en troupes.

**troupier** *nm* vieilli Soldat, homme de troupe. LOC *Comique troupier* : chansons, comique grossier à base d'histoires de soldats ; le comédien, le chanteur qui exploitait cette veine comique.

**troussage** *nm* CUIS Action de trousser une volaille.

**trousse** *nf* **A** Étui, petite sacoche à compartiments pour ranger ou regrouper des instruments, divers objets usuels. *Trousse d'écolier, de toilette.* **B** *nfpl* anc Chausses, hauts-de-chausses que portaient les pages. LOC fam *Aux trousses (de)* : à la poursuite (de).

**trousseau** *nm* Ensemble du linge, des vêtements, que l'on donne à une jeune fille qui quitte sa famille pour se marier, entrer au couvent, ou à un enfant qui entre en pension, part en apprentissage, etc. LOC *Trousseau de clefs* : ensemble de clefs réunies par un anneau, un porte-clefs, etc.

**Trousseau** Armand (Tours, 1801 – Paris, 1867), médecin français : *Cliniques médicales de l'Hôtel-Dieu* (3 vol.).

**trousse-pied** *nm* TECH Lanière servant à tenir plié le pied d'un gros animal pour le soigner ou le ferrer. PLUR trousse-pieds.

**trousse-queue** *nm* Pièce de harnais dans laquelle on passe la queue d'un cheval pour la maintenir levée. PLUR trousse-queues.

**troussequin** → **trusquin.**

**trousser** *vt* 1 **1** Retrousser. *Trousser les jupons d'une femme.* **2** CUIS Ramener et lier près du corps les ailes et les cuisses d'une volaille pour la faire cuire. **3** litt, vieilli Expédier rapidement. *Trousser une affaire, un compliment.* ETY Du lat. *torquere*, « tordre ».

**trousseur** *nm* LOC fam *Trousseur de jupons* : coureur de filles.

**trou-trou** *nm* COUT Ornement fait d'une suite de trous rebrodés, dans lesquels passe un ruban. PLUR trous-trous. VAR **troutrou**

**trouvaille** *nf* **1** Découverte heureuse, opportune et agréable. *Faire une trouvaille.* **2** Chose heureusement trouvée, idée originale. *Un style plein de trouvailles.*

**trouvé, ée** *a* LOC *Bien trouvé* : heureusement découvert ; original. — *Enfant trouvé* : accueilli après abandon. — *Tout trouvé* : trouvé avant même d'avoir été recherché.

**trouver** *v* 1 **A** *vt* **1** Rencontrer, apercevoir, découvrir qqn, qqch que l'on cherchait. *Trouver la maison de ses rêves. Je n'ai pu trouver le sommeil.* **2** Rencontrer, découvrir par hasard. *Trouver un parapluie dans l'autobus. Trouver la mort dans un accident.* **3** Découvrir, parvenir à obtenir un résultat recherché au moyen de l'étude, par un effort de l'intelligence, de l'imagination. *Trouver la solution d'un problème.* **4** Inventer. *Trouver un nouveau procédé.* **5** Parvenir à avoir, à disposer de. *Trouver le temps, le courage de faire qqch.* **6** Éprouver, ressentir à, dans. *Trouver un malin plaisir à contredire qqn. Trouver une consolation dans l'amitié.* **7** fig Voir se présenter dans tel état, telle situation. *Je l'ai trouvé malade. Trouver porte close. Il se trouve lésé par ce marché.* **8** Surprendre. *On l'a trouvé en train de fouiller dans les tiroirs.* **9** fig Estimer, juger. *Il trouve ce livre passionnant.* **10** fig Reconnaître, attribuer une qualité, un état à. *Je vous trouve bonne mine. Trouver beaucoup d'avantages à une situation.* **B** *vti* Trouver la possibilité de (+ inf.). *Il a trouvé à s'occuper.* **C** *vpr* **1** Se découvrir, se voir tel que l'on est. *Avec le temps et l'expérience, il s'est enfin trouvé.* **2** Être présent (en un lieu, en une occasion). *Se trouver là par hasard.* **3** Être situé. *Le livre se trouve sur le premier rayon.* **4** Être dans tel ou tel état. *Se trouver dans l'embarras.* **D** *v imp* **1** Être, exister, se rencontrer. *Il s'est trouvé quelqu'un pour l'accuser.* **2** Arriver, se révéler que. *Il se trouve qu'il a tort.* LOC *Aller trouver qqn* : se rendre auprès de lui, aller le voir. — fam *La trouver mauvaise* : être très mécontent de, trouver une chose fâcheuse. — *Se trouver bien de qqch* : en être content, en tirer satisfaction. — *Se trouver mal* : s'évanouir, avoir un malaise. — fam *Si ça se trouve* : se dit pour présenter une chose comme une éventualité qui n'est pas à écarter. — *Trouver à qui parler* : rencontrer un interlocuteur de taille. — *Trouver à redire* : critiquer, blâmer. — *Trouver bon, mauvais (de* + inf., *que)* : estimer bon, mauvais (de, que). — fam *Trouver le moyen de* (+ inf.) : se débrouiller pour. ETY Du lat. DER **trouvable** *a*

**trouvère** *nm* Jongleur et poète de langue d'oïl, aux XII^e et XIII^e s., dans le nord de la France.

**Trouvère (le)** drame en 4 actes de Verdi (1853) sur un livret de Salvatore Cammarano (1801 – 1852), d'après la tragédie *El Trovador* (1836) d'Antonio García Gutierrez.

**trouveur, euse** *n* litt Personne qui trouve, invente.

**Trouville-sur-Mer** ch.-l. de cant. du Calvados (arr. de Lisieux), à l'embouchure de la Touques ; 4 900 hab. Station balnéaire. DER **trouvillais, aise** *a, n*

**trova** *nf* Musique traditionnelle des campagnes cubaines.

**Troyat** Lev Aslanovitch Tarassov, dit **Henri** (Moscou, 1911 – Paris, 2007), romancier français d'origine russe : *l'Araigne* (1938), *Tant que la terre durera* (3 vol., 1947-1950), et biographe : *Tolstoï* (1965), *Ivan le Terrible* (1982) . Acad. fr. (1959).

**troyen** → **Troie et Troyes.**

**Troyennes (les)** tragédie d'Euripide (415 av. J.-C.).

**Troyens (les)** poème lyrique en 5 actes, mus. et livret (d'apr. *l'Énéide*) de Berlioz (écrit en 1855-1858 ; représentation intégrale : 1890).

**Troyes** ch.-l. du dép. de l'Aube, sur la Seine ; 61 200 hab. (env. 125 000 hab. dans l'aggl.). – Évêché. Cath. gothique XIII^e-XIV^e s. Musée. – Cap. du comté de Troyes (X^e s.), puis du comté de Champagne (XII^e s.), la ville fut très prospère du XII^e au XIV^e s., grâce à ses foires. DER **troyen, enne** *a, n*

**tr/s** TECH Symbole de *tour par seconde*.

**truand, ande** *n* Personne qui tire ses ressources d'opérations illégales ou malhonnêtes. ETY Du gaul.

**truander** *v* 1 fam **A** *vt* Voler, escroquer, arnaquer. *Le vendeur a essayé de me truander.* **B** *vi* Tricher. *Truander à un examen.* DER **truanderie** *nf*

**truble** *nf* Filet de pêche en forme de poche, monté sur un cercle fixé au bout d'un long manche. ETY Du gr. *trublê*, « bol ». VAR **trouble** *nf* ou **troubleau** *nm*

**trublion** *nm* Fauteur de troubles. ETY Du lat. *trublium*, « écuelle », avec infl. de *troubler*.

**truc** *nm* **1** fam Façon d'agir, procédé habile permettant de réussir qqch. *Connaître tous les trucs du métier.* SYN astuce, ruse. **2** Moyen propre à exécuter un tour de passe-passe. *Les prestidigitateurs ne révèlent jamais leurs trucs.* **3** Dispositif de théâtre destiné à faire mouvoir des décors, à exécuter des changements à vue. **4** fam Mot général par lequel on désigne une chose qu'on ne peut ou ne veut nommer. *Qu'est-ce que c'est que ce truc-là ?* SYN machin, chose. **5** fam Domaine, spécialité, idée fixe. *Son truc c'est le cinéma japonais.* LOC fam *Ce n'est pas mon truc* : je n'aime pas cela, je ne suis pas d'accord. ETY Mot provenç.

**trucage** → **truquage.**

**truchement** *nm* **1** litt Personne qui explique les intentions d'une autre, lui sert d'intermédiaire. **2** fig, litt Réalité qui exprime, traduit une autre réalité. LOC *Par le truchement de* : par l'intermédiaire de. ETY De l'ar.

**trucider** *vt* 1 fam Tuer. ETY Du lat.

**truck** *nm* **1** CH DE F Wagon à plate-forme servant à transporter des véhicules, des canons, etc. **2** Chariot servant à transporter des marchandises. ETY De l'angl.

**Trucmuche** *nm* fam S'emploie pour désigner qqn. SYN Untel, Truc, Machin.

**truculent, ente** *a* Qui se fait remarquer, haut en couleur, pittoresque. *Personnage truculent. Langage truculent.* ETY Du lat. *truculentus*, « farouche, cruel ». DER **truculence** *nf*

**Trudaine** Daniel Charles (Paris, 1703 – id., 1769), administrateur français. Il fonda l'École des ponts et chaussées (1747).

**Trudeau** Pierre Elliott (Montréal, 1919 – id., 2000), homme politique canadien. Premier ministre (libéral) de 1968 à 1979 et de 1980 à 1984, il a obtenu de la G.-B. que la souveraineté du Canada soit complète. — **Justin** (Ottawa, 1971), homme politique (libéral), fils du préc. ; il est nommé Premier ministre en 2015.

**truelle** *nf* **1** Outil formé d'une lame en triangle ou en trapèze et d'un manche coudé, servant à appliquer le plâtre, le mortier. **2** Spatule coupante servant à découper et à servir le poisson. ETY Du lat.

**truellée** *nf* Quantité de mortier pouvant tenir sur la truelle.

**truffade** *nf* CUIS rég Dans le Centre, plat de pommes de terre poêlées et écrasées que l'on mélange à de la tomme fraîche.

**Truffaut** François (Paris, 1932 – Neuilly-sur-Seine, 1984), cinéaste français de la Nouvelle Vague : *les Quatre Cents Coups* (1959), *Jules et Jim* (1961), *Baisers volés* (1968), *l'Histoire d'Adèle H.* (1975), *le Dernier Métro* (1980).

**truffe** *nf* **1** Champignon ascomycète comestible qui se développe uniquement dans le sol, particulièrement recherché pour la saveur qu'il donne aux mets qu'il accompagne. **2** Confiserie au chocolat en forme de truffe. **3** Nez du chien. **4** fam Gros nez. ETY Du lat. ▶ pl. champignons

**truffer** *vt* 1 **1** Garnir de truffes. *Truffer une dinde.* **2** fig Parsemer en abondance. *Il truffe ses discours de citations.*

**trufficulture** *nf* Culture de la truffe. DER **trufficole** *a* – **trufficulteur, trice** *n*

**truffier, ère** *a* Relatif aux truffes. LOC ***Chêne truffier :*** au voisinage duquel on trouve des truffes. — ***Chien, porc truffier :*** dressé pour la recherche des truffes.

**truffière** *nf* AGRIC Terrain où poussent des truffes.

**truie** *nf* Femelle du porc. ETY Du lat.

**truisme** *nm* Vérité aussi évidente que banale. ETY De l'angl. *true,* « vrai ».

**truite** *nf* Poisson salmonidé comestible, plus petit que le saumon, tacheté et de couleurs variées. LOC ***Truite arc-en-ciel :*** truite d'élevage et de repeuplement, originaire des côtes américaines du Pacifique. — ***Truite de lac :*** habitant les grands lacs et frayant dans les rivières qui les alimentent. — ***Truite de mer :*** migratrice comme le saumon. — ***Truite de rivière :*** plutôt sédentaire. ETY Du lat.

**Truite (la)** lied de Schubert (1817) sur des paroles de Christian Friedrich Daniel Schubart (1739 – 1791), qui lui inspira un quintette (1819).

**truité, ée** *a* Marqué de petites taches rougeâtres et noires comme une truite. *Chien truité.* LOC TECH ***Fonte truitée :*** fonte blanchâtre tachetée de gris. — ***Poterie truitée :*** dont la glaçure est craquelée.

**truitelle** *nf* Jeune truite.

**truiticulture** *nf* Élevage de truites. VAR **trutticulture** DER **truiticole** *a*

**Trujillo** v. et port du Pérou septentrional ; 438 700 hab. ; ch.-l. de dép.

**Trujillo y Molina** Rafael Leonidas (San Cristóbal, 1891 – Ciudad Trujillo, auj. Saint-Domingue, 1961), homme politique dominicain. Colonel de police (1926), élu président de la République (1930), il exerça une dictature impitoyable jusqu'à son assassinat.

**trullo** *nm* ARCHEOL Construction des Pouilles de forme ovoïde, faite de très grosses pierres chaulées, servant d'habitation ou de grange. PLUR trullos ou trulli. ETY Mot ital.

**Truman** Harry (Lamar, Missouri, 1884 – Kansas City, 1972), homme politique américain. Président démocrate des É.-U. en avr. 1945 (à la mort de Roosevelt, dont il était le vice-président), il utilisa la bombe atomique contre le Japon (août 1945). Élu en 1948, il se montra ferme à l'égard de l'URSS et de la Chine communiste, engageant son pays dans la guerre de Corée (1950). Il aida l'Europe de l'O. (plan Marshall).

L. Trotski

H. Truman

**François Truffaut** *le Dernier Métro,* 1980, avec Gérard Depardieu et Catherine Deneuve

**trumeau** *nm* **1** ARCHI Portion d'un mur comprise entre deux fenêtres ; glace, panneau décoré qui occupe cet espace. **2** Glace, panneau disposé au-dessus d'une cheminée, d'une porte. **3** Dans les églises gothiques, pilier qui soutient en son milieu le linteau d'un portail. **4** Jarret de bœuf. ETY Du frq.

**truquage** *nm* **1** Fait de truquer ; ensemble de moyens employés à cet effet. **2** Procédé utilisé surtout en audiovisuel pour créer une illusion ; ensemble de ces procédés et art de les utiliser. VAR **trucage**

**truquer** *v* ① **A** *vi* User de trucs. **B** *vt* **1** Donner une fausse apparence à, modifier frauduleusement un objet. *Truquer un dossier.* SYN falsifier, maquiller. **2** Fausser dans le déroulement ou les résultats. *On a truqué ce match de boxe.*

**truqueur, euse** *n* **1** Personne qui truque, falsifie des objets, des opérations. *L'antiquaire nous a mis en garde contre les truqueurs.* **2** Syn. de *truquiste.*

**truquiste** *n* AUDIOV Spécialiste des truquages audiovisuels. SYN truqueur, truqueuse.

**trusquin** *nm* TECH Outil servant à tracer sur une pièce des lignes parallèles à un bord. ETY Mot wallon. VAR **troussequin** DER **trusquiner** *vt* ①

**trust** *nm* ECON Groupement d'entreprises sous une même direction, assurant à l'ensemble une prépondérance, voire un monopole, pour un produit ou un secteur. *Législation contre les trusts* (ou *antitrust*). PHO [trœst] ETY Mot anglo-amér.

**truste** *nf* HIST Ensemble des antrustions formant la garde d'honneur d'un roi mérovingien. ETY Du haut all. VAR **trustis**

**truster** *vt* ① **1** Accaparer, concentrer par un trust. **2** fig, fam Monopoliser. *Les nageurs américains ont trusté les médailles.* DER **trusteur** *nm*

**Truyère (la)** riv. du Massif central (160 km), affl. du Lot (r. dr.). Centrales hydroélectriques.

**trypanosome** *nm* MED Protozoaire flagellé fusiforme, parasite du sang, agent de diverses maladies épizootiques ou humaines. *La maladie du sommeil est due à un trypanosome véhiculé par la mouche tsé-tsé.* ETY Du gr.

ENC Les trypanosomes parasitent les vertébrés et certains insectes hématophages (glossines, puces, punaises, etc.), qui en sont les vecteurs. Ils ne sont pas tous pathogènes. En Afrique, *Trypanosoma gambiense,* long de 15 à 30 µm, est l'agent de la *maladie du sommeil,* la plus grave des trypanosomiases ; il est véhiculé par la *mouche tsé-tsé (Glossina palpalis),* qui pique également les animaux.

**trypanosomiase** *nf* MED Maladie parasitaire due à un trypanosome.

**trypsine** *nf* BIOCHIM Enzyme protéolytique du suc pancréatique. ETY Du gr.

**trypsinogène** *nm* BIOCHIM Protéine présente dans le pancréas ou le suc pancréatique, qui se transforme en trypsine, notam. sous l'effet de l'entérokinase.

**tryptophane** *nm* BIOCHIM Acide aminé précurseur de la sérotonine et de la nicotinamide.

**Tsahal** (« force de défense d'Israël »), nom donné à l'armée israélienne.

**tsampa** *nf* Bouillie d'orge, nourriture de base des tibétains.

**Tsana** lac d'Éthiopie (3 600 km$^2$), à 1 830 m d'alt., d'où naît le Nil Bleu. VAR **Tana**

**Ts'ao Ts'ao** → **Cao Cao.**

**tsar** *nm* HIST Titre des empereurs de Russie et des anciens souverains serbes et bulgares. PHO [tsaʀ] ETY Mot slave, du lat. *Cæsar,* « César ». VAR **tzar**

**tsarévitch** *nm* HIST Titre porté par le fils aîné du tsar de Russie. VAR **tzarévitch**

**tsarine** *nf* HIST Titre porté par la femme du tsar ou l'impératrice régnante de Russie. VAR **tzarine**

**tsarisme** *nm* HIST Régime politique de la Russie et de l'Empire russe jusqu'à la révolution de fév. 1917. VAR **tzarisme** DER **tsariste** *a, n*

**Tsaritsyne** → **Volgograd.**

**Tsarskoïe Selo** (auj. *Pouchkine ;* de 1920 à 1937 *Detskoïe Selo*), v. de Russie, proche de Saint-Pétersbourg ; 79 000 hab. – Le palais Catherine (1756, palais d'été des tsars) et le palais Alexandre (1792-1796), ruinés en 1941-1944, ont été reconstruits.

**tsatsiki** *nm* CUIS Mélange de yaourt et de concombre râpé à l'ail, spécialité grecque. ETY Mot gr. VAR **tzatziki**

**Tsavo (le)** parc national du S.-E. du Kenya ; 20 800 km$^2$.

**Tschombé** Moïse (Musumba, 1919 – Alger, 1969), homme polit. du Congo-Kinshasa. Chef du Katanga sécessionniste (1960-1963), Prem. ministre du Congo-Kinshasa (1964-1965) ; il s'exila et fut condamné à mort par contumace. En 1967, son avion fut détourné sur Alger, où il mourut en prison. VAR **Tshombé**

**Tsedenbal** Ioumjaghine (prov. d'Oubsa Nur, Mongolie, 1916 – Moscou, 1991), homme politique mongol. Secrétaire du Parti populaire ; chef de l'État (1974-1984), destitué puis exclu du PC (1990).

**Tselinograd** → **Astana.**

**tsé-tsé** *nf inv* LOC ***Mouche tsé-tsé*** ou ***tsé-tsé :*** nom courant de la glossine, vectrice de divers trypanosomes. ETY Mot bantou. VAR **tsétsé**

**Ts'eu Hi** → **Ci Xi.**

**TSF** *nf* VX Radiodiffusion. *Poste (récepteur) de TSF.* ETY Abrév. de *télégraphie sans fil.*

**T-shirt** → **tee-shirt.**

**Tshombé** → **Tschombé.**

**tsigane** *nm* LING Syn. de *romani.* ETY Probabl. du gr. *athinganos,* « qui ne touche pas ». VAR **tzigane**

**Tsiganes** nomades d'origine mal connue, qui ne furent jamais ni conquérants ni pasteurs, auj. disséminés en Europe et en Amérique, plus partic. en Europe centrale. L'exode des Tsiganes aurait débuté au IX$^e$ s., de l'Inde vers l'Iran, puis, par l'Arménie et le Caucase, vers la Grèce (XIV$^e$ s.), la Hongrie, l'Allemagne, la France, l'Espagne, le Portugal, l'Angleterre. Ils furent de grands forgerons. La musique tsigane a influencé celle des pays hôtes : musique instrumentale en Hongrie, vocale en Russie, flamenco en Espagne, etc. Les Tsiganes se divisent en trois grands groupes : Gitans ou Kalés (langue *kalo*), en Espagne surtout ; Roms (langue *romani*), en Europe de l'E. (Hongrie notam.) ; Manouches ou Sintis (langue *sinto*) en Allemagne, Italie et France (où on les appelle gitans, bohémiens ou romanichels). De nombr. mesures d'expulsion ont été prises pendant des siècles dans divers pays à l'encontre des Tsiganes ; l'Allemagne hitlérienne a tenté de les exterminer. VAR **Tziganes** DER **tsigane** ou **tzigane** *a*

**Ts'in** → **Qin.**

**Ts'in Che Houang-ti** → **Qin Shi Huangdi.**

**Ts'ing** → **Qing.**

**Tsiolkovski** Konstantine Edouardovitch (Ijevskoïe, 1857 – Kalouga, 1935), savant russe ; l'un des précurseurs de l'astronautique.

**Tsiranana** Philibert (Anahidrano, 1912 – Antananarivo, 1978), homme politique malgache. Fondateur du parti social-démocrate malgache ; premier prés. de la Rép. (1959-1972).

**Tsitsihar** → **Qiqihar.**

**tsitsit** *nm* RELIG Fils rituels de laine blanche attachés aux coins du châle de prière que portent les juifs orthodoxes. ETY Mot hébreu.

**Tskhinval** cap. de l'Ossétie du Sud.

**tsoin-tsoin !** *interj* Onomat. plaisante signalant la fin d'un couplet, d'un discours.

**tsonga** *nm* Langue bantoue parlée au Mozambique et en Afrique du Sud (où c'est l'une des langues officielles).

**Tsongas** ensemble de populations d'Afrique du Sud, du Mozambique et du Swaziland ; 6 millions de personnes. Ils parlent une langue bantoue. VAR **Thongas** DER **tsonga** *a*

**tsuba** *nm* Garde de sabre japonais, objet recherché par les collectionneurs.

**Tsubouchi** Shōyō (Ōta, 1859 – Atami, 1935), romancier réaliste japonais : *la Quintessence du roman* (1885).

**tsuga** *nm* Grand conifère d'Asie orientale et d'Amérique du Nord, à l'écorce très tannique.

**Tsugaru (détroit de)** bras de mer qui sépare les îles Hokkaidō et Honshū, et relie la mer du Japon au Pacifique.

**tsunami** *nm* **1** GEOGR Raz de marée dû à un choc tellurique sous-marin. **2** fig Profond bouleversement, séisme. *Un tsunami politique dû au mécontentement.* ETY Mot japonais.

**Tsung Dao-lee** (Shanghai, 1926), physicien chinois. Il observa la non-conservation de la parité en phys. nucl., en collab. avec Shen Ningyang. Prix Nobel 1957.

**Tsushima** archipel japonais, entre la Corée et le Japon (Kyūshū). – En 1905, la flotte japonaise de Tōgō y anéantit la flotte russe.

**Tsvetaïeva** Marina Ivanovna (Moscou, 1892 – Elabouga, Russie, 1941), poétesse russe. Elle s'exila à Paris puis rentra en URSS (1939), où elle se suicida. Elle cultive la recherche de l'absolu et l'amour de la nature.

**tswana** *nm* Langue bantoue d'Afrique du Sud et du Botswana (langue officielle).

**Tswanas** population bantoue d'Afrique du Sud, du Botswana et du Zimbabwe ; 5 millions de personnes. DER **tswana** *a*

**TTC** Abrév. de *toutes taxes comprises.*

**1 tu** *pr pers* Pronom personnel de la 2^e^ personne du singulier des deux genres et ayant toujours la fonction de sujet. *Tu es venu hier. Crois-tu ? Penses-tu !* (fam Élidé en *t'* devant une voyelle ou un *h* muet. *T'es cinglé !*) LOC ***Dire tu à qqn*** : le tutoyer. — ***Être à tu et à toi avec qqn*** : être intime, familier avec lui. ETY Mot lat.

**2 tu** Part. passé du verbe *taire.*

**Tuamotu (îles)** archipel de la Polynésie française, à l'E. des îles de la Société, formé d'env. 60 îles et îlots ; 880 km$^2$ ; 12 400 hab. (Polynésiens appelés *Tuamotus* ou *Paumotus*) ; ch.-l. *Rotoava.* VAR **Touamotou** DER **tuamotu** *a, n*

**tuant, ante** *a* fam **1** Très fatigant, épuisant. **2** Ennuyeux, insupportable.

**tub** *nm* anc Grande cuvette utilisée pour les ablutions du corps. PHO [tœb] ETY Mot angl.

**1 tuba** *nm* MUS Instrument à vent de la famille des saxhorns, surtout utilisé comme basse de trombone dans l'orchestre symphonique. ETY De l'all. *Basstuba.* DER **tubiste** *n*

▶ illustr. **musique**

**2 tuba** *nm* Tube respiratoire utilisé pour nager la tête sous l'eau. ETY Mot lat., « trompette ».

**tubage** *nm* **1** MED Introduction dans un organe creux (estomac, bronches, notam.), par les voies naturelles, d'un tube souple à une fin thérapeutique ou diagnostique. *Un tubage de larynx en cas d'asphyxie.* **2** TECH Mise en place de tubes.

**tubaire** *a* MED **1** Relatif aux trompes de Fallope. **2** Relatif aux trompes d'Eustache. LOC ***Grossesse tubaire*** : forme de grossesse extra-utérine. — ***Souffle tubaire*** : souffle inspiratoire perçu à l'auscultation dans la pneumonie.

**Tubalcaïn** personnage biblique, l'un des descendants de Caïn ; ancêtre des forgerons.

**tubard, arde** *a, n* fam, vieilli Tuberculeux.

**tube** *nm* **1** Conduit généralement rigide, à section circulaire et d'un petit diamètre ; appareil cylindrique, rectiligne ou coudé, ouvert à une ou aux deux extrémités et servant à divers usages. *Tube d'une canalisation. Les tubes d'une chaudière.* **2** fam Chanson, disque à succès. **3** Conduit naturel. **4** Emballage cylindrique fermé par un bouchon. **5** Emballage souple, de forme cylindrique, à bouchon vissé, destiné à recevoir une matière pâteuse. *Tube de dentifrice.* **6** anc Haut-de-forme. LOC fam ***À pleins tubes*** : à pleine puissance. — ***Tube à essai*** : en verre, fermé à un bout et utilisé notam. en chimie. — ***Tube cathodique*** : dans lequel un faisceau d'électrons balayant un écran fluorescent (pinceaux d'électrons) permet de visualiser des signaux. — BOT ***Tube criblé*** : conducteur de la sève élaborée. — PHYS ***Tube de Pitot*** : pour mesurer la vitesse d'écoulement d'un fluide. — ***Tube électronique*** ou ***tube à vide*** : ampoule contenant au moins deux électrodes entre lesquelles peut s'établir un courant électrique. — ***Tube luminescent***, ***tube fluorescent*** : tube de verre rempli d'un gaz, pour l'éclairage. — ***Tube pollinique*** : prolongement émis par le grain de pollen au cours de sa germination et par lequel il atteint l'oosphère de l'ovule. ETY Du lat.

**tubeless** *a* AUTO Se dit d'un pneu sans chambre à air. ETY Mot angl.

**tuber** *vt* ① TECH Garnir de tubes un trou après forage.

**tubercule** *nm* **1** Excroissance d'une racine, d'un rhizome, où sont accumulées diverses substances qui servent à la plante de réserve nutritive. *Tubercules comestibles tels que la pomme de terre, le manioc.* **2** ANAT Petite éminence à la surface d'un organe. ETY Du lat.

**tuberculeux, euse** *a, n* **A** *a* **1** BOT Qui produit des tubercules. *Plante tuberculeuse.* **2** MED Qui s'accompagne de production de tubercules pathologiques. **3** Relatif à la tuberculose. *Méningite tuberculeuse.* **B** *a, n* Qui est atteint de tuberculose.

**tuberculination** *nf* MED VET Injection de tuberculine pour déceler une tuberculose. VAR **tuberculinisation**

**tuberculine** *nf* MED Substance extraite de la culture de bacilles tuberculeux et qui, injectée par voie intradermique, provoque chez les sujets déjà sensibilisés (malades tuberculeux, sujets vaccinés par le BCG) une cuti-réaction caractéristique. DER **tuberculinique** *a*

**tuberculisation** *nf* Envahissement de l'organisme par le bacille de Koch.

**tuberculose** *nf* Maladie infectieuse contagieuse due au bacille de Koch et qui affecte les poumons (le plus souvent), les reins, les os, etc.

ENC L'infestation se fait habituellement par voie respiratoire et l'infection évolue en trois phases. **1.** La phase primaire, ou primo-infection, est caractérisée par le chancre pulmonaire d'inoculation et l'apparition d'une positivité de la cuti-réaction à la tuberculine ; la guérison peut être spontanée. **2.** La phase secondaire correspond à la dissémination du bacille de Koch dans les tissus et les viscères (poumons le plus souvent) ou dans les séreuses (méninges, plèvre, péricarde ou péritoine). **3.** La phase tertiaire témoigne de la fixation et de la réaction fibreuse et caséeuse des tissus environnants. Le dépistage radiographique permet de traiter à ses débuts la tuberculose, essentiellement par antibiothérapie.

**tubéreuse** *nf* Plante vivace bulbeuse (amaryllidacée) à haute tige portant des grappes de fleurs très parfumées ; ces fleurs.

**tubéreux, euse** *a* BOT Qui présente des tubercules ou des tubérosités. SYN tuberculeux.

**tubérisation** *nf* BOT Transformation en tubercule d'une tige, d'une racine. DER **tubérisé, ée** *a*

**tubérosité** *nf* **1** BOT Épaississement ou nodosité en forme de tubercule. **2** ANAT Éminence arrondie, protubérance.

**tubi-** Élément, du lat. *tubus,* « tube ».

**Tubi** Jean-Baptiste, dit le Romain (Rome, 1635 – Paris, 1700), sculpteur français d'origine italienne : *le Char d'Apollon, la Saône, le Rhône* (parc de Versailles). VAR **Tuby**

**tubicole** *a* ZOOL Se dit des animaux qui vivent dans un tube calcaire ou membraneux qu'ils construisent.

**tubifère** *a* didac Qui porte un ou plusieurs tubes.

**tubifex** *nm* ZOOL Petit ver annélide tubicole oligochète qui vit dans la vase des ruisseaux.

**tubiflorale** *nf* BOT Dicotylédone gamopétale à fleurs en cornet régulières telle la convolvulacée, ou zygomorphe telle la labiée.

**Tübingen** v. d'Allemagne (Bade-Wurtemberg), sur le Neckar ; 76 120 hab. Industrie du livre. – Université fondée en 1477. Hôtel de ville XV^e^ s. Maisons anciennes.

**tubipore** *nm* ZOOL Cnidaire octocoralliaire dont les polypes sécrètent un squelette compact, rouge intense, formant de petits tubes parallèles. *Dits aussi* orgues de mer, *les tubipores participent à la formation des récifs coralliens.*

**tubiste** → **tuba 1.**

**tubitèle** *nm* ZOOL Araignée qui tisse une toile munie d'un tube où elle se met à l'affût. ETY Du lat. *tela,* « toile ».

**Tubman** William Vacanarat Shadrach (Harper, 1895 – Londres, 1971), homme politique libérien ; président de la Rép. (1943-1971).

**tuboscopie** *nf* MED Examen endoscopique des trompes de Fallope

**Tubuaï** île de la Polynésie française, l'une des îles Australes (parfois appelées *îles Tubuaï*), au S. de Tahiti ; 48 km$^2$ ; 1 846 hab. VAR **Toubouaï**

**tubulaire** *a* **1** Qui a la forme d'un tube. **2** Qui est formé de tubes métalliques. *Châssis tubulaire.* **3** ANAT Relatif au(x) tubule(s) urinaire(s).

**tubule** *nm* LOC ANAT ***Tubule rénal*** ou ***urinaire*** : deuxième partie du néphron, qui fait suite au glomérule. ETY Du lat.

**tubulé, ée** *a* **1** SC NAT Qui présente un ou plusieurs tubes. **2** TECH Qui présente une ou plusieurs tubulures.

**tubuleux, euse** *a* SC NAT En forme de tube.

**tubulidenté** *nm* ZOOL Mammifère ongulé aux dents en forme de tubes, dont l'ordre ne comprend qu'une seule espèce, l'oryctérope.

**tubuliflore** *nf* BOT Composée dont les fleurs comportent une corolle tubuleuse (chardon, bleuet, artichaut).

**tubuline** *nf* BIOCHIM Protéine constituant les microtubules, et qui joue un rôle important dans la division cellulaire.

**tubulonéphrite** *nf* MED Néphropathie affectant les tubules rénaux.

**tubulure** *nf* **1** TECH Orifice cylindrique destiné à recevoir un tube. **2** Ensemble des tubes d'un système tubulaire. *Tubulure d'un appareil.* **3** Petit tube servant de conduit. *Tubulure d'admission, d'alimentation dans un moteur.* ETY Du lat.

**Tuby** → **Tubi.**

**Tucson** v. des É.-U. (Arizona) ; 405 390 hab. Centre agricole et touristique.

**Tucumán** prov. du N. de l'Argentine, au pied des Andes ; 22 524 km$^2$ ; 1 090 000 hab. ; ch.-l. *San Miguel de Tucumán.* Canne à sucre.

**tudesque** *a* vx Allemand, germanique. ETY Du francique.

**tudieu !** *interj* Anc. juron familier. ETY De *vertu* et *dieu*.

**Tudjman Franjo** (Veliko-Tgroviste, 1922 – Zagreb, 1999), homme politique croate. Artisan de l'indépendance, il fut élu président de la Rép. en 1990 et réélu en 1992 et 1997.

**Tudor** famille d'origine galloise qui régna sur l'Angleterre de 1485 (avènement d'Henri VII) à 1603 (mort d'Élisabeth I$^{re}$).

**Tu Duc Nguyên Phuoc Hoang Nham,** dit (?, 1830 – Huê, 1883), empereur d'Annam (1848-1883). Son hostilité envers les missionnaires provoqua l'intervention de la France, à partir de 1858.

**tue-chien** *nm* **1** Morelle noire toxique. **2** Colchique d'automne. PLUR tue-chiens.

**tue-diable** *nm* PECHE Poisson artificiel servant d'appât. PLUR tue-diables.

**tue-mouche** *nm, a* Ruban recouvert d'une substance gluante et nocive qui attire les mouches et sur lequel elles meurent. PLUR tue-mouches. LOC ***Amanite tue-mouche*** : fausse oronge, champignon vénéneux mais non mortel.

**tuer** *v* ① **A** *vt* **1** Faire mourir qqn de manière violente. *Tuer qqn accidentellement. Le chagrin l'a tué.* **2** Mettre à mort un animal. **3** fig Faire cesser ; ruiner. *La jalousie tue l'amitié.* **4** Exténuer, éreinter ; agacer. *Ces courses en ville m'ont tué.* **B** *vpr* **1** Se suicider. **2** Mourir dans un accident. *Il s'est tué en voiture.* **3** fig Ruiner sa santé. *Se tuer au travail.* **4** Se donner beaucoup de peine. *Je me suis tué à essayer de leur faire comprendre la situation.* LOC ***Tuer dans l'œuf*** : écraser qqch avant tout développement. — ***Tuer le temps*** : l'occuper pour ne pas trop s'ennuyer. DER **tué, ée** *a, n*

**tuerie** *nf* Carnage, massacre. PHO [tyʀi]

**tue-tête (à)** *av* LOC ***Crier, chanter à tue-tête*** : de toutes ses forces, au point d'étourdir son entourage.

**tueur, euse** *n* **A 1** Personne qui tue ; assassin. **2** Personne qui se débarrasse de ses adversaires sans aucun scrupule. **B** *nm* Ouvrier chargé de l'abattage des animaux de boucherie. LOC ***Tueur en série*** : syn. de *serial killer*.

**tuf** *nm* **1** Roche non homogène poreuse, souvent pulvérulente, agrégat qu'on trouve sous forme de strates grossières, souvent sous une mince couche de terre. **2** fig, litt Élément originel caché. LOC ***Tuf calcaire*** : d'origine sédimentaire. — ***Tuf volcanique*** : d'origine volcanique. ETY De l'ital.

**tuffeau** *nm* TECH Variété de tuf calcaire utilisée en construction. VAR **tufeau**

**tufté, ée** *a* Se dit d'un tapis ou d'une moquette dont les fils de velours sont ancrés par enduction dans un support textile.

**Tugendbund** (« ligue de la Vertu »), association allemande formée en avr. 1808 à Königsberg pour redresser la Prusse vaincue ; dissoute sur ordre de Napoléon I$^{er}$ (1809), elle fut proscrite en 1815 à cause de ses tendances libérales.

**tugrik** *nm* Unité monétaire de la Mongolie.

**tuile** *nf* **1** Plaque servant à la couverture de certains édifices. *Des tuiles d'ardoise.* **2** fig, fam Évènement imprévu et fâcheux. **3** Biscuit aux amandes dont la forme rappelle celle des tuiles rondes. ETY Du lat. *tegere*, « couvrir ».

**tuilé, ée** *a* ŒNOL Se dit d'un vin rouge ou rosé qui tire sur le rouge brique du fait de l'oxydation.

**tuileau** → **tuilot.**

**tuilerie** *nf* Fabrique de tuiles ; four où les tuiles sont cuites.

**Tuileries (palais des)** anc. résidence royale, à Paris, qui se trouvait entre le Louvre et les Champs-Élysées ; sa construction fut entreprise par Philibert Delorme (1564-1570). Délaissées au profit de Versailles par Louis XIV, les Tuileries furent le siège de la Convention (1792-1795), puis, à partir du Premier Empire, la demeure de tous les souverains. Les bâtiments, incendiés lors de la Commune (1871), ont été démolis en 1882, à l'exception des pavillons de Flore et de Marsan (auj. intégrés au Louvre). – Le *jardin des Tuileries*, tracé par Ph. Delorme au XVI$^e$ s., fut aménagé par André Le Nôtre (à partir de 1661). Le Jeu de paume et l'Orangerie y ont été construits en 1853.

**tuilier, ère** *a, n* TECH **A** *a* Relatif à la fabrication des tuiles. *L'industrie tuilière.* **B** *n* Ouvrier, ouvrière qui fait des tuiles.

**tuilot** *nm* TECH Élément mince, réfractaire, utilisé pour le revêtement d'un foyer de cheminée. VAR **tuileau**

**Tujue** peuple turc, aux origines peu connues, qui fonda au VI$^e$ s. un immense empire (de la Chine du N.-E. à la Perse) que la dynastie Tang abattit en 630. VAR **T'ou-kiue**

**Tula** (en aztèque *Tollan*, « lieux de roseaux »), le plus important site archéologique toltèque du Mexique (près de Tula de Allende, dans l'État d'Hidalgo).

**tularémie** *nf* Maladie bactérienne épidémique du lapin et du lièvre transmissible à l'homme. ETY D'un n. pr.

**Tuléar** → **Toléara.**

**tulipe** *nf* **1** Plante bulbeuse ornementale (liliacée) à haute tige, portant une fleur de couleur variable (blanche, rouge, etc.) ; cette fleur. **2** Objet en forme de tulipe. *Verre tulipe.* ETY Du turc.

**tulipe**

**tulipier** *nm* Arbre ornemental d'Amérique du Nord (magnoliacée), dit aussi *tulipier de Virginie*, et dont les grosses fleurs ressemblent aux tulipes.

**tulle** *nm* Tissu léger et transparent à mailles rondes ou polygonales. *Tulle de coton, de soie.* LOC ***Tulle gras*** : employé dans les pansements. ETY Du n. pr.

**Tulle** ch.-l. du dép. de la Corrèze, sur la Corrèze ; 15 553 hab. Industries. – Évêché. Cath. (nef du XII$^e$ s.). DER **tulliste** *a, n*

**tullerie** *nf* TECH Fabrique de tulle ; commerce du tulle.

**1 tulliste** *n* Patron ou ouvrier d'une tullerie.

**2 tulliste** → **Tulle.**

**Tullus Hostilius** selon la tradition, troisième roi de Rome (v. 672-641 av. J.-C.). Dans la guerre contre Albe, le combat entre les Horaces et les Curiaces aurait décidé de la victoire romaine.

**Tulsa** v. des É.-U. (Oklahoma), sur l'Arkansas ; 367 300 hab. Centre pétrolier.

**Tulsīdās** (Rājāpur [?], v. 1540 – Bénarès, v. 1623), poète mystique indien ; auteur d'un Rāmāyana en hindi. VAR **Tulsī Dās**

**Tūlūn Ahmad ibn** gouverneur turc de l'Égypte (868-884). Il conquit la Syrie et se libéra des Abbassides (878), qui vainquirent ses successeurs, les *Tūlūnides* (905).

**tumba** *nm* Tambour oblong à une seule peau, originaire d'Afrique. PHO [tumba] ETY Mot bantou.

**tumbling** *nm* Gymnastique acrobatique constituée de sauts enchaînés. PHO [tœmbliŋ] ETY Mot angl.

**tuméfier** *v* ② **A** *vt* Causer une augmentation pathologique du volume d'un organe ou d'un tissu. *Le coup lui a tuméfié la lèvre.* **B** *vpr* S'enfler anormalement. ETY Du lat. DER **tuméfaction** *nf*

**tumescent, ente** *a* ANAT, MED Se dit d'un organe qui s'enfle, qui se boursoufle. ETY Du lat. DER **tumescence** *nf*

**tumeur** *nf* MED Prolifération tissulaire pathologique résultant d'une activité anormale des cellules et ayant tendance à persister ou à augmenter de volume. LOC ***Tumeur bénigne*** : tumeur localisée, circonscrite, ne se généralisant pas et ne présentant aucune monstruosité cellulaire (verrue, adénome, lipome, fibrome, etc.). — ***Tumeur maligne*** : syn de *cancer*. — BOT ***Tumeur végétale*** : prolifération tissulaire désordonnée, provoquée par une entaille ou un agent bactérien. ETY Du lat. DER **tumoral, ale, aux** *a*

**tumorigène** *a* MED Qui provoque la formation de tumeurs

**tumulaire** *a* didac D'un tombeau. *Inscription tumulaire.*

**tumulte** *nm* **1** Grand mouvement de personnes, accompagné de bruit et de désordre. *Un grand tumulte s'éleva dans l'assemblée.* **2** Agitation bruyante. *Le tumulte de la rue. Le tumulte des flots.* **3** Activité fébrile, désordonnée. *Le tumulte des affaires.* **4** fig Agitation, grand désordre (des sentiments, des passions). ETY Du lat. *tumere*, « enfler ».

**tumultueux, euse** *a* **1** Qui se fait avec tumulte. *Séance tumultueuse.* **2** Qui est plein d'agitation, de désordre. *Une vie, une passion tumultueuse.* DER **tumultueusement** *av*

**tumulus** *nm* ARCHEOL Grand amas de terre ou de pierres que certains peuples anciens élevaient au-dessus de leurs sépultures. PLUR tumulus ou tumuli. PHO [tymylys] ETY Mot lat.

**tune** → **thune.**

**tuner** *nm* TECH Élément d'une chaîne haute-fidélité destiné à la seule réception des émissions de radio (notam. en modulation de fréquence). SYN (conseillé) syntoniseur. PHO [tynɛʀ] ou [tynœʀ] ETY Mot angl.

**tungstate** *nm* CHIM Sel d'un acide tungstique.

**tungstène** *nm* **1** CHIM, TECH Élément métallique de numéro atomique Z = 74, de masse atomique 183,85 (symbole W, de *wolfram*, son minerai). **2** Métal (W) gris, de densité 19,3, qui fond vers 3 410 °C et bout vers 5 660 °C. PHO [tœ̃gstɛn] ETY Du suédois. DER **tungstique** *a*

ENC Le tungstène possède le point de fusion le plus élevé de tous les métaux. Ce caractère et ses excellentes propriétés mécaniques en font un matériau de choix dans l'industrie. Conférant à l'acier une grande résistance à l'usure, il entre, avec le vanadium et le chrome, dans la composition d'aciers utilisés pour fabriquer des outils à grande vitesse de coupe.

**tunicier** *nm* ZOOL Cordé marin, solitaire ou colonial, fixé (ascidies du littoral) ou libre (formes planctoniques et pélagiques). SYN urocordé.

ENC Les ancêtres des tuniciers étaient, probablement, proches des ancêtres des vertébrés. Certains tuniciers, en effet, possèdent, au niveau de leur queue, l'ébauche d'une véritable corde dorsale (d'où leur autre nom d'urocordés) ; cette corde dorsale, chez d'autres tuniciers comme l'ascidie, se prolonge en une vésicule nerveuse, évoquant un cerveau, mais seulement à l'état larvaire. Au cours de la métamorphose, l'état cordé disparaît. Les tuniciers sont recouverts d'une « tunique », membrane opaque chez les espèces fixées, transparente chez les espèces pélagiques. Cette tunique est formée d'une substance comparable à la cellulose.

**tuning** *nm* Transformation d'un véhicule, d'un appareil, visant à le décorer, le personnaliser. PHO [tyniŋ] ETY Mot angl. DER **tuner** *vt* ① – **tuneur, euse** *n*

**tunique** *nf* **1** ANTIQ ROM Première pièce de l'habillement devenue vêtement de dessous, sorte de chemise avec ou sans manches, d'abord agrafée puis cousue. **2** LITURG CATHOL Dalmatique que porte l'évêque quand il officie dans les cérémonies solennelles. **3** Veste d'uniforme à col droit, sans basques, serrée à la taille. *Tunique d'officier.* **4** Corsage long avec ou sans manches, vêtement couvrant le buste, en général en étoffe légère. **5** ANAT Enveloppe membraneuse, gaine qui protège certains organes. *Les tuniques de l'œil.* **6** BOT Enveloppe d'un bulbe tel que l'oignon. **7** ZOOL Membrane qui recouvre les tuniciers. ETY Du lat.

**tuniqué, ée** *a* SC NAT Enveloppé d'une ou de plusieurs tuniques.

**Tunis** cap. de la Tunisie, au fond du *golfe de Tunis* ; 850 000 hab. Métropole commerciale et industrielle du pays, desservie par le port de La Goulette et l'aéroport d'el-Aouina. – Université. La mosquée Az-Zaytuna, créée en 732, reconstruite au IX$^{e}$ s., renferme une université islamique. – La ville, d'orig. punique, jouxtant Carthage, fut conquise à la fin du VII$^{e}$ s. par les Arabes, qui en firent un centre puissant. De 1979 à 1990, Tunis a été le siège de la Ligue arabe. DER **tunisois, oise** *a, n*

une rue de **Tunis**

**Tunisie (république de)** État de l'Afrique du Nord, entre l'Algérie et la Libye, baigné par la Méditerranée, au nord et à l'est ; 163 610 km$^{2}$ ; 11 millions d'hab. ; accroissement naturel : 1,3 % par an ; cap. *Tunis.* Nature de l'État : république présidentielle. Langue off. : arabe. Monnaie : dinar tunisien. Relig. off. : islam. DER **tunisien, enne** *a, n*

**Géographie** Le littoral oriental tunisien, de Bizerte au Sahel de Sfax, est une région de plaines et de collines qui concentre la pop. et les villes. La Tunisie intérieure oppose, au N. de la Dorsale tunisienne, des moyennes montagnes humides boisées et pastorales, qu'aèrent vallées et plaines fertiles, aux plaines et plateaux plus secs du S. de la Dorsale. Au-delà du chott el-Djerid commence la Tunisie désertique (55 % du pays) où quelques oasis sont peuplées : Gabès, Djerid, Nefzaoua. La Tunisie compte 66 % de citadins. L'instauration du planning familial (1964) a freiné le galop démographique.

**Économie** L'agriculture emploie 33 % des actifs. On a développé des cultures intensives irriguées dans le N., mais le bilan reste très déficitaire. La Tunisie exporte de l'huile d'olive. Pétrole, gaz et phosphates ont permis la création d'importants complexes industriels sur les côtes, alors que les activités textiles et de montage se sont développées dans les villes. Le tourisme et l'envoi de fonds par les émigrés assurent d'importantes recettes. Le niveau de vie reste faible, mais le pays est l'un des plus développés d'Afrique. Un accord le lie à l'UE : les dernières barrières comm. disparaissent en 2008.

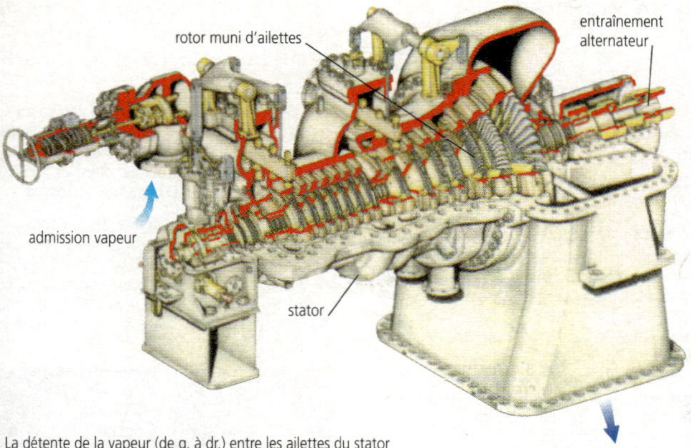


La détente de la vapeur (de g. à dr.) entre les ailettes du stator et celles du rotor crée une énergie mécanique qui entraîne un alternateur, lequel produira de l'énergie électrique.

**turbine** à vapeur

**Histoire** Peuplée de Berbères, la Tunisie fut occupée du IXe au IIe s. av. J.-C. par les Phéniciens, qui fondèrent Carthage. Après l'écrasement des Carthaginois (146 av. J.-C.), les Romains en firent une riche province, qui exportait grains, vin et huile. Ruinée par les Vandales (429-533) et par la conquête byzantine (533), le pays fut mis en valeur par les Arabes, qui nommèrent *Ifriqiyya* la Tunisie et l'E. de l'Algérie, et fondèrent Kairouan en 670. Dépendant des Omeyyades puis des Abbassides, mais gouvernée par des dynasties locales, l'Ifriqiyya se libéra de la tutelle égyptienne des Fatimides (1051) qui, pour se venger, envoyèrent en Tunisie les nomades Hilaliens qui la ruinèrent pour plusieurs siècles. **DU XIIIe AU XXe SIÈCLE** La dynastie des Hafsides, née de l'intervention des Almohades (Maroc), assura l'indépendance du pays de 1228 à la conquête ottomane (1574). La Tunisie devint alors une base des pirates barbaresques jusqu'au XIXe s. Les souverains, les beys, affaiblirent le pays. En 1881 et 1883 (traité du Bardo et convention de La Marsa), la France établit son protectorat. L'opposition nationaliste se manifesta rapidement : troubles de 1911, création du Destour en 1920, du Néo-Destour en 1934 (par Habib Bourguiba). L'occupation italo-allemande (1942-1943) meurtrit le pays, mais le courant indépendant put se développer. En 1948, Ferhat Hached fonda l'Union générale des travailleurs tunisiens (UGTT). En 1952, la France durcit sa position et emprisonna Bourguiba, princ. dirigeant du Néo-Destour. Des actions de guérilla conduisirent la France à accorder au pays l'autonomie interne (1954), puis l'indépendance (1956). **LA TUNISIE DE BOURGUIBA (1957-1987)** En 1957, l'Assemblée constituante abolit la monarchie des beys et donna le pouvoir à Bourguiba, qui fit du parti socialiste destourien le parti unique (1964). De 1960 à 1969, les options « progressistes » dominèrent : collectivisation des terres, scolarisation (1/4 du budget), émancipation de la femme. Membre de la Ligue arabe depuis 1958, la Tunisie eut une politique modérée. En 1969, le libéralisme remplaça les options « socialistes », mais la croissance démographique, notam., freina la croissance écon. Après un projet avorté de fusion avec la Libye (1974), la Tunisie se rapprocha de la France et des É.-U. En 1977 et 1978, des grèves et des manifestations furent sévèrement réprimées. Le multipartisme fut instauré en 1983. Mais, en 1984, les difficultés écon. provoquèrent des émeutes. **LA TUNISIE DE BEN ALI** En 1987, le général Ben Ali dépose H. Bourguiba. Adepte du libéralisme écon. et de l'autoritarisme, il relance la croissance. Candidat unique, il est élu président de la Rép. en 1989 et sans cesse réélu ensuite. Il s'appuie sur le Rassemblement constitutionnel démocratique (RCD), nouveau nom du parti socialiste destourien. Fin 2010, des émeutes populaires contraignent Ben Ali à quitter le pouvoir. **L'APRÈS BEN ALI** Le parti islamiste Ennahda remporte les élections de l'Ass. constituante en oct. 2011. Moncef Marzouki, principal opposant à Ben Ali, est élu prés. en déc. Il nomme Hamadi Jebali (Ennahda) Premier ministre. Ce dernier démissionne en 2013 après le meurtre d'un opposant. Après plusieurs mois d'instabilité, Mehdi Jomaa forme, en janv. 2014, un gouv. sans Ennahda. Une nouvelle Constitution est votée. En déc., Béji Caïd Essebssi, anti-islamiste et anc. ministre de Bourguiba, est élu président.

**tunnel** *nm* **1** Passage souterrain, galerie creusée pour livrer passage à une voie de communication. *Tunnel ferroviaire, routier.* **2** Toute galerie souterraine. *Le prisonnier a creusé un tunnel pour s'évader.* **3** Galerie aveugle de certains dispositifs techniques. **4** AGRIC Abri en matière plastique utilisé dans la production de primeurs. **5** fig Période sombre, pénible, difficile. *Voir le bout du tunnel.* **6** Passage ennuyeux d'une émission de télévision, favorisant le zapping. **LOC** PHYS ***Effet tunnel*** : en mécanique quantique, phénomène selon lequel une particule, arrivant sur une « barrière » au potentiel d'énergie plus élevé que la particule elle-même, possède une probabilité non nulle de traverser cette barrière. ETY Mot angl., du fr. *tonnelle,* « longue voûte en berceau ».

**tunnelier** *nm* TRAV PUBL Appareil très puissant servant à creuser des tunnels.

**Tupamaros (les)** organisation révolutionnaire uruguayenne fondée en 1962 et nommée ainsi par référence à l'Inca Tupac Amaru. L'organisation a été démantelée à partir de 1976.

un des douze **tunneliers** qui forèrent le tunnel sous la Manche

**tupi** *nm* LING Langue de la famille tupi-guarani, parlée par les Tupis. PHO [tupi] ou [typi] ETY Mot indigène.

**tupi-guarani** *nm* LING Groupe de langues indiennes d'Amérique du Sud. PHO [tupigwaʀani] ou [typigwaʀani]

**Tupis** Amérindiens qui vivent au Brésil, au Paraguay et en Bolivie. DER **tupi, ie** *a*

**Tupolev** Andreï Nikolaïevitch (Poustomazovo, 1888 – Moscou, 1972), ingénieur soviétique. Il conçut de nombr. avions, notam. le premier avion de transport supersonique sov.

**tuque** *nf* Canada Bonnet en laine, souvent de forme conique et surmonté d'un pompon ou d'un gland. ETY Du préroman.

**Tura** Cosimo (en fr. *Cosme*) (Ferrare, v. 1430 – id., 1495), peintre italien. Il sut allier la spiritualité du gothique et le réalisme.

**turban** *nm* **1** Coiffure masculine faite d'une longue pièce d'étoffe enroulée autour de la tête, portée en Orient. **2** Coiffure féminine analogue au turban oriental. ETY Du turc.

**turbeh** *nm* ARCHEOL Mausolée islamique rond ou polygonal, à toiture conique. ETY Mot turc.

**turbellarié** *nm* ZOOL Plathelminthe carnassier, le plus souvent libre et marin, caractérisé par un épiderme entièrement couvert de cils locomoteurs. ETY Du lat.

**turbidité** *nf* **1** État d'un liquide trouble. **2** Teneur d'un cours d'eau en particules en suspension. ETY Du lat. *turbidus,* « agité ».

**Turbie (La)** com. des Alpes-Maritimes (arr. de Nice) ; 3 222 hab. – Ruines du trophée des Alpes (ou trophée d'Auguste), que Rome érigea, v. 6 av. J.-C., après la soumission des Ligures. DER **turbiasque** *a, n*

**Turbigo** bourg d'Italie (Lombardie, prov. de Milan) ; 7 423 hab. – Victoires des Français sur les Autrichiens en 1800 et en 1859.

**turbin** *nm* **1** fam Travail. **2** arg Prostitution. ETY De *turbiner* 2.

**turbinage** → **turbiner.**

**turbine** *nf* **1** Moteur dont l'élément essentiel est une roue portant à sa périphérie des ailettes ou des aubes, mise en rotation par un fluide ; cette roue elle-même. *Turbine à vapeur, à gaz, hydraulique. Rotor d'une turbine.* **2** Machine à essorer par centrifugation, utilisée notam. dans l'industrie sucrière. ETY Du lat.

**turbiné, ée** *a* SC NAT En forme de toupie ; conique.

**1 turbiner** *vt* ① TECH **1** Faire passer un fluide dans une turbine, pour en utiliser la force motrice. *Turbiner l'eau d'une retenue.* **2** Essorer des cristaux de sucre au moyen d'une turbine. DER **turbinage** *nm*

**2 turbiner** *vi* ① fam, vieilli Travailler dur.

**turbo-** Élément, du lat. *turbo,* « tourbillon ».

**turbo** *n, a* **A** *nm* **1** Turbocompresseur. **2** Turbomoteur. **B** *nf* Voiture munie d'un moteur tur-

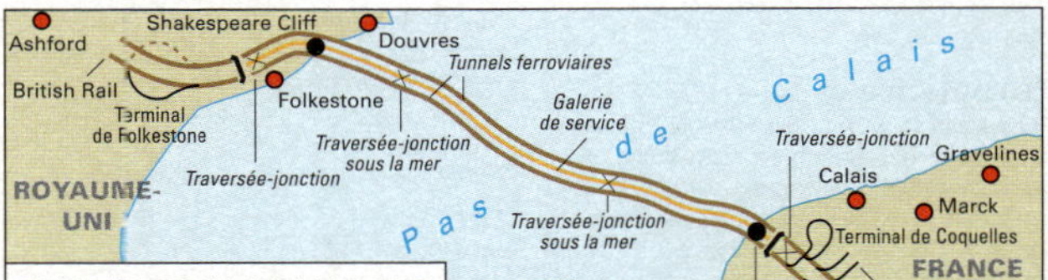


TUNNEL SOUS LA MANCHE

bo. **C** *a* fam Très rapide. *Une remontée turbo du chômage.* **LOC** fam *Mettre le turbo :* accélérer.

**turboalternateur** *nm* ELECTR Alternateur entraîné par une turbine.

**turbocompressé, ée** *a* Équipé d'un turbocompresseur.

**turbocompresseur** *nm* TECH Dispositif qui permet de faire entrer dans la chambre de combustion d'un moteur un mélange gazeux comprimé.

**turbodiesel** *nm* TECH Véhicule équipé d'un moteur diesel et d'une turbine.

**turboforage** *nm* TECH Forage effectué par un trépan couplé à une turbine actionnée par la circulation des boues.

**turbomachine** *nf* didac Toute machine qui agit sur un fluide ou qu'actionne un fluide par l'intermédiaire d'un organe rotatif (roue à aubes ou à ailettes, hélices, etc.).

**turbomoteur** *nm* TECH Moteur dont l'élément essentiel est une turbine.

**turbopompe** *nf* TECH Pompe entraînée par une turbine.

**turbopropulseur** *nm* AVIAT Moteur constitué d'une turbine à gaz entraînant une ou plusieurs hélices.

**turboréacteur** *nm* AVIAT Moteur à réaction comprenant une turbine à gaz et un compresseur d'alimentation tournant sur le même arbre.

**turbosoufflante** *nf* TECH Soufflante puissante actionnée par une turbine.

**turbostatoréacteur** *nm* AVIAT Propulseur d'avion combinant un turboréacteur et un statoréacteur, et permettant d'obtenir des poussées élevées dans une large gamme de vitesses.

**turbot** *nm* Poisson carnassier des mers européennes (pleuronectiforme), comestible, au corps plat, coloré sur la face supérieure d'un gris verdâtre marbré de brun. ETY Du scand.

turbot

**turbotière** *nf* Récipient en losange destiné à faire cuire des turbots ou tout autre poisson.

**turbotin** *nm* Jeune turbot.

**turbotrain** *nm* CH DE F Train dont la motrice est équipée d'une turbine à gaz et qui peut atteindre des vitesses de l'ordre de 300 km/h.

**turbovoile** *nf* TECH Cylindre vertical dont les volets mobiles provoquent une aspiration d'air communiquant au bâtiment la force du vent.

**turbulence** *nf* **1** Caractère d'une personne turbulente. **2** Agitation, désordre bruyant. **3** PHYS Irrégularité du mouvement d'un fluide. **4** fig Situation troublée, fluctuante. *Turbulences monétaires.* **LOC** METEO *Turbulence atmosphérique :* agitation de l'atmosphère imputable aux variations de température, aux courants, au relief du sol, etc.

**turbulent, ente** *a* Qui est porté à faire du bruit, à s'agiter, à causer du désordre. *Des enfants turbulents. Joie turbulente.* **SYN** agité, bruyant. **ANT** calme. **LOC** PHYS *Écoulement turbulent d'un fluide :* écoulement irrégulier, caractérisé par la formation de tourbillons et par l'interaction des filets fluides, par oppos. à *écoulement laminaire.* ETY Du lat.

**turbulette** *nf* Syn. de *gigoteuse.* ETY Nom déposé.

**1 turc, turque** *a, n* **A** *a* MUS Se dit d'un morceau à 2/4 au rythme accentué. **B** *nm* **1** LING Branche de la famille des langues altaïques qui comprend notam. le turc proprement dit et les langues parlées en Asie centrale, en Sibérie, dans l'Altaï et dans le Caucase. **2** Langue turque parlée en Turquie. **LOC** *À la turque :* à la manière turque. — *Bain turc :* bain de vapeur suivi d'un massage. — *Cabinets d'aisances à la turque :* sans siège. — *Café turc :* café noir très fort, servi avec le marc. ETY Du mongol.

**2 turc** *nm* vieilli **1** Larve du hanneton, ver blanc. **2** Larve nuisible d'insectes des vergers.

**Turcaret** comédie de Lesage (1709).

**turcique** *a* **LOC** ANAT *Selle turcique :* dépression du sphénoïde dans laquelle est logée l'hypophyse.

**Turckheim** com. du Haut-Rhin (arr. de Colmar) ; 3 594 hab. Vignobles. – Victoire de Turenne sur les Impériaux (1675). DER **turckheimien, enne** *a, n*

**turco** *nm* HIST Tirailleur algérien (fin XIX^e^-début XX^e^ s.).

**turcologue** *n* Spécialiste de l'histoire et de la culture des peuples turcs.

**Turcomans** → **Turkmènes.**

**turco-mongol, ole** *a, nm* LING Se dit d'une famille de langues, dites aussi altaïques, regroupant le turc, le mongol, le toungouse. **PLUR** turco-mongols.

**turcophone** *a, n* Qui parle le turc ou une langue turque.

**Turcs** ensemble de populations, vraisemblablement originaires de l'Altaï, parlant des langues turques (env. 75 millions d'individus), réparties auj. entre la Turquie, l'Azerbaïdjan, le Turkménistan, l'Ouzbékistan, le Kirghizstan et le Xinjiang chinois. Turcs et Mongols étaient des peuples nomades très proches (V. Mongols). Répandus en Chine du N., en Iran, les Turcs Tujue soumirent la Mongolie au milieu du VI^e^ s., puis furent réduits par la Chine (630). À partir du VIII^e^ s., les Turcs s'islamisèrent au contact du monde arabe. Des dynasties turques musulmanes, notam. les Ghaznévides, s'imposèrent en Inde et en Perse (X^e^-XII^e^ s.) ; au début du XIII^e^ s., le Mongol Gengis khān ruina la domination turque, mais les Seldjoukides maintinrent leur pouvoir à l'O. de l'actuel territoire afghan. (V. Turquie.) VAR **Türks** DER **turc, turque** *a*

**turdidé** *nm* ORNITH Oiseau passériforme insectivore (merle, grive, rossignol, rouge-gorge, traquet, etc.), au bec robuste, aux pattes souvent longues et fortes. ETY Du lat.

**Turenne** Henri de La Tour d'Auvergne (vicomte de) (Sedan, 1611 – Sasbach, 1675), maréchal de France. Il servit en Hollande sous ses oncles Nassau (1625-1629) puis en France. Maréchal à trente-deux ans pour ses succès dans la guerre de Trente Ans, princ. défenseur du roi contre Condé (1652), il imposa la paix aux Espagnols (1658). Il conduisit la guerre de Dévolution (1667-1668) puis celle de Hollande, mais fut tué en Alsace. Protestant, il se convertit au catholicisme en 1668.

**turf** *nm* **1** Endroit où ont lieu les courses de chevaux. **2** Tout ce qui se rattache au monde des courses, aux chevaux de course. *Le turf.* **3** fig, arg Prostitution. *Faire le turf.* **LOC** *Aller au turf :* aller travailler. PHO [tœʀf] ou [tyʀf] ETY Mot angl.

**turfiste** *n* Habitué des champs de courses, parieur.

**turgescence** *nf* **1** PHYSIOL Augmentation du volume d'un organe due à une rétention de sang veineux. *La turgescence du pénis en érection.* **2** BOT État normal des cellules végétales gorgées d'eau. ETY Du lat. DER **turgescent, ente** *a*

**Turgot** Anne Robert Jacques (baron de l'Aulne) (1727 – 1781), homme d'État et économiste français. Auteur de *Réflexions sur la formation et la distribution des richesses* (1766), contrôleur général des Finances (1774), il tenta des réformes, mais les privilégiés obtinrent sa disgrâce (1776).

Turenne

Turgot

**Turin** (en ital. *Torino*),, v. d'Italie, ch.-l. du Piémont, au confl. de la Doire Ripaire et du Pô ; 1,7 million d'hab. (aggl.). Grand centre comm. et industr. : constr. automobiles (Fiat), etc. – Archevêché. Université. Cath. (fin XV^e^-XVI^e^ s.), qui contient le saint suaire. Palais XII^e^-XIV^e^ s. (musée d'art). Palais de l'Académie des sciences (musée célèbre pour l'art égyptien). – Cité rom., évêché au V^e^ s., la ville fut prise par les Lombards au VI^e^ s. Au XI^e^ s., elle passa à la maison de Savoie, qui en fit sa capitale. Siège des J.O. d'hiver 2006. DER **turinois, oise** *a, n*

Turin pont Victor-Emmanuel-I^er^ et piazza Vittorio Veneto

**Turina** Joaquín (Séville, 1882 – Madrid, 1949), pianiste et compositeur espagnol.

**Turing** Alan Mathison (Londres, 1912 – Wilmslow, 1954), mathématicien anglais. Logicien, il a conçu, en 1936, une machine théorique qui préfigurait l'ordinateur.

**turion** *nm* BOT **1** Bourgeon dormant de certaines plantes, notam. aquatiques, leur permettant de résister à la mauvaise saison. **2** Jeune pousse souterraine. *Turions d'asperge.* ETY Du lat.

**turista** → **tourista.**

**Turkana** (anc. *lac Rodolphe*), lac du N. du Kenya ; 8 600 km².

**Turkestan** rég. historique d'Asie, divisée auj. entre le Kazakhstan, le Kirghizstan, l'Ouzbékistan, le Tadjikistan, le Turkménistan et la Chine (Xinjiang). – De 1853 à 1885, la Russie conquit cette région, qu'elle nomma ainsi car elle était peuplée par des Turcs depuis le VI^e^ s. environ.

**Turkmenbachi** (*Krasnovodsk* jusqu'en 1993), v. et port du Turkménistan, sur la mer Caspienne ; 58 000 hab. ; ch.-l. de rég. Extraction de pétrole.

**turkmène** *nm* Langue turque parlée principalement au Turkménistan.

**Turkmènes** peuple turc installé au Turkménistan, en Ouzbékistan, au N.-O. de l'Afghānistān et au N. de l'Iran. (VAR) **Turcomans** (DER) **turkmène** ou **turcoman, ane** *a*

**Turkménistan** (*Turkmenostan Respublikasy*), État d'Asie centrale, qui s'étend, d'est en ouest, de la mer Caspienne à l'Amou-Daria, et des frontières de l'Ouzbékistan et du Kazakhstan, au nord, aux frontières iranienne et afghane au sud ; 488 000 km$^2$ ; 5,4 millions d'hab. ; cap. *Achkhabad*. Nature de l'État : rép. présidentielle. Langue : turkmène. Monnaie : manat. Pop. : Turkmènes (73,2 %), Russes (9,7 %), Ouzbeks (8,9 %). Relig. : islam sunnite majoritaire. (VAR) **Turkménie** (DER) **turkmène** *a, n*
**Géographie** Des régions désertiques (Karakoum, notam.) et de maigres steppes sont bordées au S. par des chaînes montagneuses. L'irrigation (eaux de l'Amou-Daria) y favorise la culture du coton et l'élevage bovin. Parmi les richesses minérales, les réserves de gaz sont considérables ; leur exploitation et leur commercialisation ont connu une envolée à partir de 2000, mais l'inflation et le chômage sont des fléaux non surmontés.
**Histoire** Après l'invasion mongole (XIII$^e$ s.), le territoire passa sous l'administration de divers khanats. Il fut le dernier en Asie centrale à tomber aux mains des Russes, en 1881. En 1918, un mouvement nationaliste chassa les bolcheviks et instaura un État indépendant. En 1920, l'Armée rouge rétablit le pouvoir communiste, mais la guérilla se poursuivit jusqu'aux années 1930. La république socialiste soviétique du Turkménistan fut créée en 1924. Elle proclama sa souveraineté en 1990, son indépendance en 1991 et adhéra à la CEI. En 1990, elle a porté à la présidence l'ancien chef du parti communiste local, Saparmourad Niazov (seul candidat), qui s'est proclamé président à vie et qui a imposé un culte draconien de la personnalité. À la suite du décès de Niazov, son proche collaborateur, G. Berdimoukhamedov, est élu prés. en 2007. La politique d'ouverture qu'il a menée au début de son mandat a été de courte durée. Il est réélu en 2012. ▶ carte **Asie centrale**

**Türks** → **Turcs.**

**Turks et Caicos** archipels des Antilles, au N. d'Haïti, colonie britannique ; 430 km$^2$ ; 51 500 hab. ; ch.-l. *Cockburn Town* (dans l'île Grand Turk). Tourisme. Place financière.

**Turku** (en suédois *Åbo*), v. et port de Finlande, au S. du golfe de Botnie ; 184 300 hab. (aggl. 300 000 hab.) ; ch.-l. de län. Centre industr. – Archevêché. – Fondée au XIII$^e$ s. (cath. et chât.), la v. fut la cap. admin. du pays jusqu'en 1812 ; détruite par un incendie (1827).

**Turlupin** Henri Le Grand, dit **Belleville** ou (?, – Paris, 1637), acteur français de l'Hôtel de Bourgogne. Il formait un trio avec Gaultier-Garguille et Gros-Guillaume.

**turlupinade** *nf* fam, vx Tracasserie.

**turlupiner** *vt* ① fam Tracasser, tourmenter. (ETY) D'un n. pr.

**turlutaine** *nf* litt Propos que l'on répète sans cesse.

**turlute** *nf* Canada Chanson turlutée, air turluté.

**turluter** *vi* ① Canada Chanter sans parole, en faisant rouler les sons dans la gorge.

**turlutte** *nf* TECH Engin de pêche constitué d'une tige de plomb armée à la base d'hameçons disposés en couronne (ETY) Probabl. de l'a. fr.

**turlututu** *interj* Exclamation exprimant la moquerie. *Turlututu chapeau pointu !* (ETY) Onomat. pour imiter le son de la flûte.

**Turnbull** Malcolm (Sidney, 1954), homme politique australien (libéral), Premier ministre depuis 2015.

**turne** *nf* fam Chambre ou maison malpropre et inconfortable. (ETY) De l'alsacien *türn*, « prison ». (VAR) **thurne**

**Turner (syndrome de)** *nm* Aberration chromosomique (un seul chromosome X) déclenchant chez la femme des malformations diverses (accompagnées de stérilité).

**Turner** William (Londres, 1775 – id., 1851), peintre et graveur anglais. Artiste classique, il vécut de commandes et fut élu à la Royal Academy (1802). Dans le même temps, il élabora une œuvre originale en cherchant à rendre les atmosphères, les mouvements de l'air, les lumières qui défont les formes : *la Flotte amarrée de nuit* (1835), *Vues de Venise* (1840-1843), *Pluie, vapeur, vitesse* (1844). Il influença l'impressionnisme.

**Turnhout** com. de Belgique (Anvers) ; 43 400 hab. Industries. – Chât. des ducs de Brabant (XII$^e$-XVII$^e$ s.), auj. palais de justice.

**turnover** *nm* **1** ECON Syn. de *rotation de la main-d'œuvre* **2** fig Renouvellement de l'effectif d'un groupe, rotation rapide de personnes ou de choses. (PHO) [tœrnɔvœr] (ETY) Mot angl.

**turpide** *a* litt Qui est moralement laid. (ETY) Du lat. (DER) **turpidement** *a* – **turpitude** *nf*

**Turpin** Eugène (Paris, 1848 – Pontoise, 1927), chimiste et inventeur français. Il mit au point des explosifs.

**turquerie** *nf* Composition artistique à la manière turque, en vogue aux XVII$^e$ et XVIII$^e$ s.

**Turquie (république de)** État de l'Asie occidentale (Anatolie, dite autref. Asie Mineure), comportant une partie européenne (Thrace) ; bordé au N. par la mer Noire, à l'O. par la mer Égée, au S. par la mer Méditerranée ; la mer (fermée) de Marmara sépare l'Anatolie et la Thrace ; 780 580 km$^2$ ; 78,2 millions d'hab. ; cap. *Ankara*. Nature de l'État : rép. Langue off. : turc. Pop. : Turcs (en grande majorité), Kurdes (19,5 %), minorités arménienne, grecque, arabe. Monnaie : livre turque. Relig. : islam sunnite majoritaire. (DER) **turc, turque** *a, n*
**Géographie** La péninsule anatolienne (97 % de la superficie, 90 % des hab. du pays) est constituée d'un plateau central élevé et massif (800 à 1 000 m d'altitude à l'O., 2 000 m à l'E.). Le climat sec, aux hivers rigoureux, produit la steppe. Le pays est ceinturé de montagnes : chaînes Pontiques au N., Taurus au S., massif volcanique arménien (5 165 m au mont Ararat) à l'E. Le littoral de 8 500 km, ponctué de plaines, est chaud et humide le long de la mer Noire, plus sec sur la Méditerranée ; la pop. s'y concentre. La Thrace connaît des contrastes analogues, entre la steppe intérieure, les montagnes et le littoral. La croissance démographique (14 millions d'hab. en 1927) crée un exode rural massif : le taux d'urbanisation approche 80 %.
**Économie** Sous l'égide du FMI, la Turquie a opté pour le libéralisme. L'État contrôlait 50 % de l'industrie et 70 % des banques. Les privatisations, à partir de 1988, ont attiré l'investissement étranger, les industries d'export. ont créé la croissance : textile, habillement et biens manufacturés. L'agric. est très diversifiée. Les ressources minérales sont maigres, à l'exception du lignite. Le tourisme et les fonds envoyés par les nombr. émigrés couvrent le déficit comm. La Turquie dispose de nombreux atouts : position entre l'Europe et l'Asie, marché intérieur en croissance. De grands travaux sont en cours. Après une grave crise financière en 2000, le gouv. sous l'égide du FMI lance un programme d'austérité et de réformes. Depuis, la croissance a repris et l'économie se porte bien, mais les inégalités sociales restent fortes.
**Histoire** L'ANATOLIE ANCIENNE La Cappadoce fut peuplée dès la préhistoire. Vers 3000 av. J.-C., se développèrent des cités-États en relation avec la Mésopotamie. À partir du XVIII$^e$ s. av. J.-C., des royaumes indo-européens (Hittites) se développèrent. Au XII$^e$ s. av. J.-C., les Peuples de la Mer bouleversèrent la région. Ensuite, des Grecs s'établirent sur le littoral égéen. Des royaumes s'édifièrent sur les ruines de l'Empire hittite au VIII$^e$ s. av. J.-C. (Phrygie, Lydie) et s'hellénisèrent, malgré la domination perse (VI$^e$ s. av. J.-C.). La civilisation grecque survécut dans l'Empire byzantin à la fin du monde antique. Dès le VII$^e$ s. apr. J.-C., les invasions arabes amenèrent l'islam aux frontières de l'empire qui, à partir du XI$^e$ s., fut la proie des croisés et des Turcs.
LA CONQUÊTE TURQUE Venus de l'Altaï, les Turcs avaient constitué en Asie centrale l'immense empire des Tujue (VI$^e$-VII$^e$ s.). Convertis en masse à l'islam au X$^e$ s., les Turcs Seldjoukides envahirent à partir du XI$^e$ s. tout le Proche-Orient. Au XIII$^e$ s., les Mongols imposèrent leur tutelle aux Seldjoukides. Après 1290, une tribu turque établie en Bithynie, celle des Ogrul, se libéra des Seldjoukides. Ils se nommèrent Osmanlis (Ottomans pour les Occidentaux), d'après le nom de leur chef Osman I$^{er}$. Ils étendirent leur territoire. Dès 1326, sous le règne d'Orkhan, l'ensemble de l'Anatolie était conquis ; en 1353, Orkhan prenait pied en Europe ; Brousse, anc. cap. de la Bithynie, devint la capitale. Une administration efficace fut mise en place. Le corps d'élite des janissaires assura la supériorité militaire.
L'EMPIRE OTTOMAN Murad I$^{er}$ poursuivit les conquêtes en Europe (Bulgarie, Serbie) et prit le titre de sultan. Sous Mehmet II, la prise de Constantinople (1453) marqua la prépondérance turque dans les Balkans pour trois siècles. La Bosnie et l'Albanie furent envahies au XV$^e$ s. Selim I$^{er}$ conquit la Syrie puis l'Égypte (1516 et 1517) ; Soliman le Magnifique (1520-1566),

**Turner** *Ulysse raillant Polyphème*, 1829 – National Gallery, Londres

l'Afrique du Nord et la Hongrie ; il assiégea Vienne sans succès (1529). Les grandes découvertes du XVIe s. firent perdre à l'empire son rôle d'intermédiaire entre l'Europe et l'Orient. Son économie tomba sous la domination européenne. Après le second échec devant Vienne (1683), l'Autriche l'attaqua. La Russie lui prit la Crimée (1774) et la Bessarabie (1812). Il perdit la Grèce et l'Algérie (1830), l'Égypte (1840), la Roumanie et la Serbie (1878), la Tunisie (1881) et la Bulgarie (1885). Sous le règne de Mehmet V (1909-1918), les Jeunes-Turcs portèrent au pouvoir des officiers nationalistes qui aggravèrent les tensions entre les différents peuples de l'empire. Les guerres balkaniques de 1912-1913 chassèrent d'Europe les Turcs, qui entrèrent en guerre (1914) au côté de l'Allemagne. En 1915, ils massacrèrent les Arméniens, soupçonnés de vouloir pactiser avec l'armée russe. En 1918, les Alliés occupèrent Istanbul. Le traité de Sèvres (1920) discrédita Mehmet VI.

**LA TURQUIE MODERNE** Chef du gouvernement, le général Mustafa Kemal réprima les minorités (Kurdes, notam.) et reconquit l'Ionie et la Thrace occupées par les Grecs. Les victoires d'Inönü et de Sakarya aboutirent au traité de Lausanne (1923) qui garantit l'intégrité du territ. turc et imposa un échange : 1 million de Grecs d'Asie contre 300 000 Turcs d'Europe. Mustafa Kemal proclama la république (1923), transféra la capitale à Ankara et gouverna de façon dictatoriale, appuyé sur un parti unique. Il modernisa et laïcisa le pays. Son successeur, Ismet Inönü (1938-1950), maintint le pays à l'écart de la Seconde Guerre mondiale. Le parti démocrate, créé en 1946, remporta les élections de 1950. A. Menderes, Premier ministre démocrate, industrialisa le pays avec l'aide des capitaux étrangers ; la Turquie adhéra à l'OTAN (1951) et concéda des bases milit. aux É.-U.

**LE POUVOIR DES MILITAIRES** La dégradation écon. poussa les militaires à un coup d'État (27 mai 1960). Une nouvelle Constitution fut adoptée par référendum (1961). Inönü exerça le pouvoir (1961-1965), puis S. Demirel se heurta à une puissante opposition de gauche. En 1971, les militaires ramenaient au pouvoir Inönü (qui, en 1974, fit occuper le N. de Chypre par l'armée), puis B. Ecevit. En 1980, ils renversaient Demirel (élu en 1979) et édictaient une nouvelle Constitution. Tous les partis étant interdits, le général K. Evren devint prés. de la Rép. (1982). Le parti de la Mère Patrie (droite libérale) fut autorisé ; son chef, T. Ozal, Premier ministre depuis 1983, a succédé en 1989 à K. Evren à la prés. de la République. Depuis 1984, les Kurdes (rebelles depuis longtemps) ont durci la lutte armée. La Turquie a fait acte de candidature pour son admission au sein de la CEE (puis de l'UE), mais celle-ci attend de la Turquie des garanties démocratiques. Aux élections de 1991, Demirel est revenu au pouvoir et il est devenu prés. en 1993. En déc. 1995, le Parti de la prospérité, islamiste, a remporté les législatives. Le cabinet de l'islamiste Necmettin Erbakan a été dissous par les militaires en juin 1997. Mesut Yilmaz (chef du parti de la Mère Patrie) est devenu Premier ministre. En 1998, la Cour constitutionnelle a interdit le Parti de la prospérité puis Bülent Ecevit a remplacé M. Yilmaz à la tête d'une nouvelle coalition. En 2000, Ahmet Necdit Sezer a été élu prés. Les élections de 2002 voient la victoire écrasante du Parti de la justice et du développement (AKP), qualifié d'« islamiste modéré ». Il maintient l'objectif prioritaire de faire entrer la Turquie dans l'UE (ouv. des négociations en 2005). En 2003, Recep Tayyip Erdogan (AKP) devient Premier ministre (réélu en 2011). En 2007, Abdullah Gül (AKP) est élu prés. Erdogan, qui s'est radicalisé, est élu prés. en 2014.

**turquin** *am* litt D'un bleu foncé. (ETY) De l'ital.

**turquoise** *n, a inv* **A** *nf* Pierre fine de couleur bleu clair à bleu-vert (phosphate hydraté naturel d'aluminium et de cuivre), utilisée en joaillerie. **B** *a inv* Qui a la couleur de la turquoise. *D'un bleu turquoise.* **C** *nm* La couleur turquoise. (ETY) Fém. de l'a. adj. *turqueos,* « turc ».

**turriculé, ée** *a* ZOOL Se dit des coquilles univalves spiralées en forme de tour. (ETY) Du lat.

**turritelle** *nf* ZOOL Mollusque gastéropode prosobranche à coquille turriculée, très répandu depuis le tertiaire.

**tursan** *nm* Vin rouge du Sud-Ouest.

**tussah** *nm* Soie indienne sauvage produite par une chenille autre que celle du bombyx du mûrier. (ETY) De l'hindi. (VAR) **tussau**

**tussilage** *nm* Plante (composée) herbacée vivace, à capitules jaunes aux propriétés pectorales. (ETY) Du lat. *tussis,* « toux ».

**tussor** *nm* **1** Étoffe de tussah. **2** Étoffe de soie légère.

**tutélaire** *a* **1** litt Qui protège. **2** DR Qui concerne la tutelle.

**tutelle** *nf* **1** DR Institution légale conférant à un tuteur la charge de prendre soin de la personne et des biens d'un enfant mineur ou d'un incapable ; charge, autorité du tuteur. *Conseil de tutelle.* **2** Protection. *Se placer sous la tutelle des lois.* **3** Dépendance, surveillance gênante. *Cette tutelle lui pesait.* **LOC** ***Territoire sous tutelle :*** territoire (souvent une ancienne colonie) dont l'administration avait été confiée par l'ONU à une grande puissance. — ***Tutelle administrative :*** contrôle du gouvernement sur les collectivités ou les services publics. — ***Tutelle pénale :*** peine complémentaire applicable aux récidivistes. (ETY) Du lat. *tueri,* « surveiller ».

**tuteur, tutrice** *n* **A 1** DR Personne qui exerce une tutelle. *Tuteur légal, tutrice légale.* **2** fig Personne qui protège et soutient qqn. **3** Enseignant, étudiant avancé ou professionnel qui guide un débutant, un apprenti. **B** *nm* AGRIC Piquet destiné à soutenir, à redresser une plante. **LOC** DR ***Tuteur ad hoc :*** désigné pour protéger les intérêts d'un mineur, partic. lorsqu'il y a risque de conflit avec les intérêts du tuteur.

**tuteurer** *vt* ① AGRIC Munir d'un tuteur. (DER) **tuteurage** *nm*

**tutorat** *nm* didac Fonction de tuteur dans l'enseignement. (DER) **tutoral, ale, aux** *a*

**tutoriel** *nm* INFORM Logiciel contenant un programme d'apprentissage pour l'utilisation d'un autre logiciel.

**tutoyer** *vt* ㉓ **1** User de la deuxième personne du singulier en s'adressant à qqn. **2** fig, fam Être très proche de qqch, le frôler. *Tutoyer les records d'audience.* **LOC** SPORT ***Tutoyer l'obstacle :*** dans un concours hippique, toucher l'obstacle, sans le faire tomber. (ETY) De *tu* et *toi.* (DER) **tutoiement** *nm* – **tutoyeur, euse** *a, n*

**Tutsis** ethnie ou classe sociale du Rwanda et du Burundi, où ils forment 10 à 15 % d'une population composée en majorité de Hutus. V. Hutus. (DER) **tutsi, ie** *a*

**tutti** *nm* MUS **1** Signe sur une partition, pour indiquer que tous les instruments doivent jouer (par oppos. à *solo*). **2** Passage musical exécuté par tous les instruments. *Un tutti de cuivres.* **PLUR** tuttis ou tutti. (PHO) [tuti] (ETY) Mot ital., « tous ».

**tutti frutti** *a, nm* Où se trouve un mélange de fruits divers. *Une glace tutti frutti ou un tutti frutti.* PHO [tutifʀuti] ETY Mots ital.

**tutti quanti** *nm inv* (À la suite d'une énumération de noms de personnes ; employé souvent par dénigrement.) Et toutes les autres personnes de cette espèce. PHO [tutikwɑ̃ti] ETY Mots ital.

**tutu** *nm* Tenue de scène des danseuses de ballet, composée de plusieurs jupes de gaze, de tulle ou de tarlatane, superposées et très froncées. ETY Déformation de *cucu*, redoublement de *cul*.

**Tutu** Desmond (Klerksdorp, Transvaal, 1931), prélat anglican sud-africain noir. Archevêque du Cap, il mena une lutte pacifique contre l'apartheid. Prix Nobel de la paix 1984.

**Tutuola** Amos (Abeokuta, 1920 – Ibadan, 1997), écrivain nigérian, auteur de nombr. romans dont le plus célèbre, inspiré et baroque, est *l'Ivrogne dans la brousse* (1952).

**Tuvalu** (anc. *îles Ellice*), archipel du Pacifique, à l'E. des îles Salomon ; 26 km$^2$ ; 9 000 hab. ; cap. *Funafuti*. Pêche, noix de coco. – Ce territ. britannique a accédé à l'indépendance au sein du Commonwealth en 1978. DER **tuvaluan, ane** *a, n* ▶ carte **Océanie**

**Tuxtla Gutiérrez** v. du S. du Mexique, au N. de la sierra Madre ; 550 000 hab. ; cap. de l'État de Chiapas. Industries.

**tuyau** *nm* **1** Conduit à section circulaire, en matière souple, rigide ou flexible, servant à l'écoulement d'un liquide, d'un gaz. **2** Conduit ; cavité cylindrique. **3** fam Élément matériel (téléphone, câble, radio, etc.) permettant de transmettre des données numérisées. **4** Bout creux de la plume des oiseaux. **5** fam Renseignement confidentiel dont la connaissance peut déterminer la réussite d'une opération. *Avoir de bons tuyaux sur une course.* **6** Pli cylindrique dont on orne du linge empesé. PLUR tuyaux. LOC fam ***Être dans les tuyaux*** : être en projet, en préparation. — fam ***Le tuyau de l'oreille*** : le conduit auditif. — fam ***Un tuyau crevé*** : un renseignement sans valeur. PHO [tɥijo] ETY Du gothique *thut-haurn*, « cor à sonner ».

**tuyauter** *vt* ① **1** Orner du linge de tuyaux. **2** fam Fournir des renseignements, des tuyaux. DER **tuyautage** *nm*

**tuyauterie** *nf* Ensemble des tuyaux d'une installation.

**tuyauteur, euse** *n* **1** Ouvrier spécialiste de la pose de tuyauterie. **2** fam Personne qui tuyaute, fournit des renseignements.

**tuyère** *nf* TECH **1** Organe d'éjection des gaz d'un moteur à réaction. **2** Canalisation qui injecte l'air à la base d'un haut-fourneau. PHO [tɥijɛʀ]

**Tuzla** v. du N.-E. de la Bosnie-Herzégovine ; 140 000 hab.

**TV** *nf* fam Télévision.

**TVA** *nf* Taxe à la valeur ajoutée.

**Tvardovski** Alexandre Trifonovitch (Zagorie, gouv. de Smolensk, 1910 – Krasnaïa-Pakhra, près de Moscou, 1971), poète soviétique : *le Pays de Mouravia* (1936), *Vassili Tiorkine* (1942-1945). Après 1956, il soutint la « déstalinisation ».

**Tver** (*Kalinine* de 1931 à 1991), v. de Russie, port au N.-O. de Moscou, sur la Volga ; 438 000 hab. Ch.-l. de région. Industries.

**TVHD** *nf* Télévision à haute définition.

**Twain** Samuel Langhorne Clemens, dit Mark (Florida, Missouri, 1835 – Redding, Connecticut, 1910), écrivain américain : *les Aventures de Tom Sawyer* (1876), *les Aventures de Huckleberry Finn* (1884), en partie autobiographiques, dépeignent avec humour la vie au temps de la conquête de l'Ouest.

**Twas** terme désignant les Pygmées, de part et d'autre de l'Équateur, depuis la rép. du Congo jusqu'au Rwanda et au Burundi. DER **twa** *a*

**tweed** *nm* Étoffe de laine cardée (d'abord fabriquée en Écosse). PHO [twid] ETY Mot angl.

**Tweed (la)** fl. (165 km) qui sépare l'Angleterre et l'Écosse ; se jette dans la mer du Nord.

**tweet** *nm* Minimessage émis sur le réseau Twitter. PHO [twit] ETY Mot angl. « gazouillis ». VAR **twit**

**tweeter** *nm* ELECTROACOUST Haut-parleur d'aigus. PHO [twitœʀ] ETY Mot angl. VAR **tweeteur**

**Twentieth Century-Fox** société cinématographique américaine, fondée en 1935 par William Fox (1879 – 1952) et Darryl Zanuck.

**Twickenham** quartier résidentiel de l'aggl. londonienne ; 70 000 hab. Stade de rugby.

**twill** *nm* **1** Tissu en armure sergée ; cette armure. **2** Très légère étoffe de soie ou de rayonne souple. PHO [twil] ETY Mot angl.

**twin-set** *nm* Ensemble constitué d'un cardigan et d'un pull-over assortis. PLUR twin-sets. PHO [twinsɛt] ETY Mot angl., « ensemble ». VAR **twinset**

**twirling bâton** *nm* **1** Bâton de majorette. **2** Discipline sportive pratiquée avec cet instrument. PHO [twiʀliŋbatɔ̃] ETY Mot angl. VAR **twirling** DER **twirleur, euse** *n*

**twist** *nm* Danse caractérisée par un mouvement de rotation des hanches et des genoux, très en vogue au début des années 1960 ; musique sur laquelle se danse le twist. PHO [twist] ETY Mot angl. DER **twister** *vi* ① – **twisteur, euse** *n*

**twitter** *v* ① **A** *vi* Communiquer grâce au réseau Twitter. *Il twitte en pleine réunion.* **B** *vt* Émettre un message grâce au réseau Twitter. PHO [twite]

**Twitter** start-up américaine qui a créé en 2006 un service électronique permettant de diffuser en temps réel de courts messages.

**Twombly** Cy (Lexington, Virginie, 1928 – Rome, 2011), peintre américain. Collages et dessins.

**Tyane** anc. v. de l'Asie Mineure, en Cappadoce. Hittite puis phrygienne, elle devint colonie romaine sous Caracalla.

**Tyard** Pontus de (chât. de Bissy, Mâconnais, 1521 – Bragny-sur-Saône, 1605), écrivain français ; poète et humaniste, évêque de Chalon-sur-Saône. Disciple de Maurice Scève, son *Livre des vers lyriques* (1555) lui valut d'entrer dans la Pléiade. VAR **Thiard**

**Tycho Brahe** → **Brahe.**

**Tychy** v. de Pologne, au S. de Katowice ; 183 640 hab. Centre industriel.

**tycoon** *nm* fam Magnat, en partic. dans le domaine des médias (cinéma, presse). PHO [tajkun] ETY Mot amer.

**tylenchus** *nm* ZOOL Ver nématode parasite qui attaque notam. les racines des agrumes. PHO [tilɛ̃kys] ETY Du gr. *tulos*, « bosse », et *egkhelus*, « anguille ».

**Tyler** Wat ou Walter (m. en 1381), insurgé anglais, chef d'une révolte de paysans du Sussex et du Kent. En 1381, il pénétra victorieux dans Londres. Le maire le tua traîtreusement.

D. Tutu

M. Twain

**Tyler** John (Charles City County, Virginie, 1790 – Richmond, 1862), homme politique américain (républicain). Il succéda à H. W. Harrison, décédé, à la présidence (1841-1845).

**Tylor** sir Edward Burnett (près de Londres, 1832 – Wellington, dans le comté de Somerset, 1917), anthropologue britannique : *la Civilisation primitive* (1871).

**tympan** *nm* **1** ARCHI Espace triangulaire délimité par la corniche et les deux rampants d'un fronton. **2** ANAT Cavité de l'oreille moyenne entre le conduit externe et l'oreille interne, traversée par une chaîne d'osselets et fermée par la *membrane du tympan* dite également *tympan*. **3** IMPRIM Cadre de la presse typographique à bras sur lequel se place la feuille à imprimer. **4** MECA Pignon fixé sur un arbre et qui s'engrène dans les dents d'une roue. *Tympan d'une horloge.* ETY Du gr. *tumpanon*, « tambour ».

**tympanal, ale** *a, nm* ANAT **A** *a* Du tympan. **B** *a, nm* Se dit de l'anneau osseux sur lequel est tendu le tympan. PLUR tympanaux.

**tympanique** *a* ANAT Du tympan. LOC MED ***Son tympanique*** : sonorité aiguë de certaines régions du corps à l'auscultation.

**tympaniser** *vt* ① fam Ennuyer qqn en lui répétant sans arrêt la même chose.

**tympanisme** *nm* MED Gonflement de l'abdomen par accumulation de gaz dans l'intestin.

**tympanon** *nm* MUS Instrument de musique constitué d'une caisse trapézoïdale tendue de cordes métalliques que l'on frappe avec de fines baguettes. SYN cymbalon. ETY Du gr. *tumpanon*, « tambour ».

**tympanoplastie** *nf* CHIR Opération réparatrice du tympan et des trois osselets de l'oreille moyenne.

**Tyndale** William (?, v. 1494 – Vilvorde, 1536), théologien anglais. Traducteur de la Bible en anglais, influencé par Luther, il fut persécuté dans son pays et se réfugia aux Pays-Bas espagnols, où il fut brûlé.

**Tyndall** John (Leighlin Bridge, comté de Carlow, 1820 – Hindhead, Surrey, 1893), physicien irlandais : travaux sur la chaleur, sur le gel de la glace après dégel (ce qui explique le mouvement des glaciers), sur les gaz, etc.

**tyndallisation** *nf* TECH Procédé de stérilisation consistant à chauffer à une température nettement inférieure à 100 °C, pendant une heure env., des substances qu'on laisse refroidir, puis qu'on chauffe à nouveau, etc. ETY D'un n. pr.

**Tyndare** dans la myth. gr., roi de Sparte, époux de Léda, père de Castor et de Clytemnestre. V. Léda.

**Tyne (la)** fl. de G.-B. (128 km) ; arrose Newcastle et se jette dans la mer du Nord.

**Tyne and Wear** comté industr. du N. de l'Angleterre ; 540 km$^2$ ; 1 087 000 hab. ; ch.-l. *Newcastle-upon-Tyne*.

**typage** *nm* didac Méthode de classification. *Typage génétique.*

**type** *nm* **1** TECH Pièce qui porte une empreinte, servant à faire de nouvelles empreintes semblables ; cette empreinte. **2** TYPO Modèle de caractère. **3** Modèle idéal réunissant en lui, à un haut degré de perfection, les caractères essentiels d'une espèce déterminée d'objets ou de personnes ; ce qui correspond plus ou moins exactement à un tel modèle. *Chercher à définir un certain type de beau. Harpagon est le type même de l'avare.* **4** Ensemble des caractères distinctifs propres à une catégorie spécifique d'objets, d'individus, etc. *Les types sanguins.* **5** Ensemble des spécifications techniques qui définissent un objet déterminé construit en série. *La Jaguar « Type E ».* **6** BIOL Spécimen de référence pour une espèce. **7** fam Personnage remarquable, soit qu'il corresponde exactement à un type déterminé, soit que, par son originalité, il constitue un type à lui seul. **8** mod, fam Individu quelconque. SYN bonhomme, gars. **LOC** fam ***C'est mon type :*** il (elle) a l'ensemble des caractères physiques, esthétiques, etc., qui m'attirent. — fam ***Du troisième type :*** se dit de qqch de radicalement nouveau. ETY Du gr. *tuptein,* « appliquer, frapper ».

**typé, ée** *a* Qui correspond à un type, à un modèle du genre. *Des personnages romanesques fortement typés.*

**typer** *vt* ① **1** TECH Marquer d'un type. **2** Donner à qqn ou à qqch des traits bien caractéristiques. *Cet écrivain a su typer son personnage.*

**typh(o)-** Éléments, du gr. *tuphos,* « fumée, torpeur ».

**typha** *nm* BOT Massette.

**typhacée** *nf* BOT Plante herbacée monocotylédone aquatique telle que le typha.

**typhique** *a, n* **A** *a* MED Qui a rapport au typhus ou à la typhoïde. **B** *n* Sujet atteint du typhus ou de la typhoïde.

**typhlite** *nf* MED Inflammation du cæcum. ETY Du gr. *tuphlos,* « aveugle ».

**typhobacillose** *nf* MED Tuberculose aiguë dont les symptomes rappellent ceux de la typhoïde.

**typhoïde** *a, nf* Maladie infectieuse (salmonellose), contagieuse et le plus souvent épidémique, due au bacille typhique (dit aussi *bacille d'Eberth*), caractérisée par une température élevée, des signes neurologiques, un état de stupeur et de graves troubles digestifs, et dont la contamination s'effectue par ingestion d'aliments pollués. On dit aussi *fièvre typhoïde.* ETY Du gr. *tuphôdês,* « qui s'accompagne de délire ». DER **typhoïdique** *a*

**typhon** *nm* Cyclone des mers du Sud-Est asiatique et de l'océan Indien. ETY Du chinois *t'ai-fung,* « grand vent ».

**Typhon** dans la myth. grecque, monstre, fils du Tartare et de Gaia ; vaincu par Zeus.

**typhose** *nf* VETER Maladie infectieuse et contagieuse des volailles.

**typhus** *nm* MED **1** Maladie infectieuse due à une rickettsie transmise par le pou, et caractérisée par une éruption d'exanthème purpurique sur tout le corps, une fièvre élevée et une prostration profonde. *Typhus exanthématique.* **2** Nom de diverses autres maladies infectieuses de l'homme ou des animaux (notam. chien et chat) caractérisées en partic. par une forte fièvre. **LOC** ***Typhus murin :*** maladie infectieuse due à une rickettsie transmise à l'homme par la puce du rat. PHO [tifys]

**typicité** *nf* Caractère d'un produit AOC (vin, fromage) aux qualités très affirmées.

**typique** *a* **1** Caractéristique. *Réaction typique.* **2** Qui peut servir d'exemple. *Cas typique.* **3** Qui est essentiel à la caractérisation d'un type dans une classification scientifique. *Caractères typiques et atypiques.* DER **typiquement** *av*

**typo-, -type, -typie** Éléments, du gr. *tupos,* « empreinte, modèle ».

**typo** *n* **A** Typographe. **B** *nf* Typographie.

**typographe** *n* **1** Ouvrier qui compose à la main, avec des caractères mobiles. **2** Coléoptère qui attaque les conifères, en partic. l'épicéa.

**typographie** *nf* **1** Composition d'un texte à l'aide de caractères mobiles en plomb. *La typographie cède la place à la photocomposition.* **2** Aspect d'un texte composé, que l'on ait utilisé ou non des caractères mobiles. *La typographie de cet ouvrage est particulièrement lisible.* **3** Procédé de reproduction par impression d'une forme en relief. DER **typographique** *a*

**typologie** *nf* **1** Partie de la psychologie qui étudie les divers types humains, considérés du point de vue des rapports entre les caractères somatiques et mentaux. **2** Science qui, à partir d'ensembles, vise à élaborer des types, constitués par regroupement de données ayant en commun certains traits caractéristiques. **3** didac Classification par types. *Établir une typologie des névroses.* DER **typologique** *a*

**typomètre** *nm* IMPRIM Règle portant des divisions en cicéros et en points typographiques.

**typon** *nm* IMPRIM Film positif tramé, qui peut être reproduit en offset. ETY Nom déposé.

**typtologie** *nf* didac Dans le spiritisme, moyen d'entrer en communication avec les esprits fondé sur un code de coups frappés sur (ou par) les tables tournantes. ETY Du gr.

**tyr(o)-** Éléments, du gr. *turos,* « fromage ».

**Tyr** (auj. *Sour,* au Liban), très anc. port phénicien, qui devint une puissante cité-État au XII^e s. av. J.-C. Carrefour commercial entre l'Asie et l'Occident, elle multiplia ses comptoirs méditerranéens. Au IX^e s. av. J.-C., elle atteignit son apogée (fondant Carthage). En 573 av. J.-C., Babylone la soumit.

**tyran** *nm* **1** ANTIQ GR Celui qui, à la tête d'un État, exerce le pouvoir absolu après s'en être emparé par la force. **2** Usurpateur de l'autorité royale. **3** Celui qui, détenant le pouvoir suprême, l'exerce avec cruauté et sans respect des lois. **4** fig Personne autoritaire, qui exerce durement son autorité ou qui en abuse. *Un tyran domestique.* ETY Du gr. *turannos,* « maître ».

**tyranneau** *nm* litt Celui qui se conduit comme un petit tyran. *Tyranneau de village.*

**tyrannicide** *n* litt **A** *n* Personne qui a tué un tyran. **B** *nm* Meurtre d'un tyran.

**tyrannie** *nf* **1** ANTIQ GR Usurpation et exercice du pouvoir par un tyran. **2** Gouvernement d'un tyran, ou d'un groupe d'oppresseurs, dans ce qu'il a d'injuste et de cruel. **3** fig Autorité exercée de manière absolue, oppressive. *Il exerce une véritable tyrannie sur ses employés.* **4** Pouvoir irrésistible et contraignant. *La tyrannie de la mode.*

**tyrannique** *a* **1** Qui tient de la tyrannie. *Pouvoir tyrannique.* **2** Autoritaire, injuste et violent. *Un père tyrannique.* **3** fig Qui exerce un pouvoir irrésistible et contraignant. DER **tyranniquement** *av*

**tyranniser** *vt* ① **1** Traiter qqn avec tyrannie. *Tyranniser un peuple. Tyranniser ses enfants.* **2** litt Exercer un pouvoir irrésistible et contraignant sur qqn. *La passion du jeu le tyrannisait.*

**tyrannosaure** *nm* PALEONT Reptile fossile, grand carnassier bipède du crétacé (jusqu'à 15 m de long). ETY Du gr. ▶ illustr. **dinosaure**

**Tyrol** (en all. *Tirol*), rég. des Alpes orientales, drainée par le cours supérieur de l'Inn, de la Drave et de l'Adige. En Autriche, le Tyrol forme un Land (12 647 km$^2$ ; 605 770 hab. ; ch.-l. *Innsbruck*), pays d'élevage au tourisme très actif et dont les vallées sont industrialisées. En Italie, il correspond à la Région du Trentin-Haut-Adige. DER **tyrolien, enne** *a, n*

**Histoire** Province romaine de Rhétie (15 av. J.-C.), le Tyrol forma au XI^e s. un comté qui revint aux Habsbourg en 1363. De 1805 à 1814, Napoléon I^er le rattacha à la Bavière. En 1919, l'Italie obtint le Sud-Tyrol.

**tyrolien** *nf* **1** Chant à trois temps, franchissant en sauts brusques de grands intervalles tonaux et passant de la voix de poitrine à la voix de tête. **2** ALPIN Franchissement d'un espace vide au moyen d'une corde tendue.

**tyrosinase** *nf* BIOCHIM Enzyme qui transforme la tyrosine en mélanine.

**tyrosine** *nf* BIOCHIM Acide aminé très répandu dans les protéines, dont dérivent certains médiateurs du système nerveux (dopamine et noradrénaline, notam.) ainsi que certaines hormones (adrénaline, thyroxine).

**tyrrhénien** *nm* GEOL Étage du pléistocène correspondant à diverses transgressions marines comprises entre les glaciations du mindel, du riss et du würm. ETY Du n. pr.

**Tyrrhénienne (mer)** partie de la Méditerranée occidentale, entre la Corse, la Sardaigne, la Sicile et l'Italie péninsulaire. Très profonde (plus de 2 000 m), elle possède de nombr. îles d'origine volcanique.

**Tyrtée** (VII^e s. av. J.-C.), poète grec ; personnage difforme que les Athéniens envoyèrent par dérision aux Spartiates, en guerre contre les Messéniens. Ses chants guerriers enflammèrent les Spartiates, qui vainquirent.

**tzar, tzarévitch, tzarine, tzarisme** → **tsar, tsarévitch, tsarine, tsarisme.**

**Tzara** Samuel Rosenstock, dit **Tristan** (Moineşti, Roumanie, 1896 – Paris, 1963), écrivain français d'origine roumaine ; initiateur du mouvement Dada à Zurich : *Sept Manifestes Dada* (1924, écrits de 1917 à 1922), *l'Homme approximatif* (épopée, 1931). Après 1945, il se rapprocha du réalisme socialiste.

**tzatziki** → **tsatsiki.**

**Tzetzals** Amérindiens de langue maya de l'État de Chiapas (Mexique). DER **tzelal, ale** *a*

**tzigane** → **tsigane.**

**Tziganes** → **Tsiganes.**

**Tzotzils** Amérindiens de langue maya de l'État de Chiapas (Mexique). DER **tzotil, ile** *a*

Tristan Tzara

# U u

**u** *nm* **1** Vingt et unième lettre (u, U) et cinquième voyelle de l'alphabet, notant : la voyelle palatale arrondie [y] (ex. *dur, mûr*) ou la semi-voyelle [ɥ] (ex. *nuit*) ; le son [œ̃] ou *u* nasal (ex. *brun*) ; et, en composition, les sons [o] (ex. *aube, bateau*), [ø] ou [œ] écrits *eu* ou *œu* (ex. *peu, bœuf*) et [u] (ex. *court*). *Un* u *tréma* (ü). *Le U et le V ont été notés indifféremment V jusqu'au XVII*e *s.* **2** PHYS NUCL u : symbole de l'unité de masse atomique. **3** CHIM U : symbole de l'uranium. **LOC** ***En U :*** en forme de U.

**UA** ASTRO Symbole de l'unité astronomique.

**UA** → **Union africaine.**

**ubac** *nm* **rég** Versant d'une montagne exposé au nord, à l'ombre. ETY Du lat. *opacus*, « sombre ».

**Ubaye (l')** torrent des Alpes du Sud (80 km), qui rejoint la Durance (r. g.), dans le lac artificiel de Serre-Ponçon.

**Úbeda** ville d'Espagne (Andalousie) ; 29 040 hab. – Monuments du XVIe s.

**ubiquiste** *a, n* **A** *a* **1** Qui est ou paraît être partout à la fois. **2** BIOL Se dit d'une espèce vivante qui est présente dans tous les milieux. SYN cosmopolite. ANT endémique. **B** *n* RELIG Membre d'une secte luthérienne qui confessait la Présence réelle (corps et sang du Christ) dans l'eucharistie en raison de l'ubiquité de Jésus-Christ.

**ubiquité** *nf* THEOL Qualité propre à Dieu d'être présent partout en même temps. **LOC** ***Avoir le don d'ubiquité :*** sembler être partout à la fois. PHO [ybikɥite] ETY Du lat. *ubique*, « partout ». DER **ubiquitaire** *a*

**ubiquitine** *nf* BIOL Protéine ubiquiste marquant les protéines qui doivent être éliminées par la cellule.

**ubris** *nm* LITTER Esprit de démesure que les dieux grecs inspiraient à ceux qu'ils voulaient perdre. ETY Mot grec.

**Ubu** héros de plusieurs drames grotesques de Jarry incarnant la stupidité alliée à la cruauté et à l'arbitraire : *Ubu roi* (1888 ; création : 1896), *Ubu cocu* (1888 ; prem. éd. posth., 1944), *Ubu enchaîné* (1900) et *Ubu sur la butte* (1906). DER **ubuesque** *a*

**Ucayali (río)** riv. du Pérou (1 600 km), une des branches mères de l'Amazone.

**Uccello Paolo di Dono,** dit **Paolo** (Pratovecchio, Casentino, ou Florence, 1397 – Florence, 1475), peintre et marqueteur italien ; mosaïste à la basilique Saint-Marc de Venise (1425-1430). Son sens de la perspective et de la couleur donne à son œuvre un aspect moderne : *Bataille de San Romano* (1456-1460, trois panneaux : Offices, National Gallery, Louvre).

**uchronie** *nf* LITTER Fiction décrivant ce qui aurait pu se produire à partir de la modification d'une situation historique donnée. DER **achronique** *a*

**ud** → **oud.**

**Udaipur** ville de l'Inde (S. du Rājasthān) ; 308 000 hab. – Cap. du Rājputāna (à partir de 1567). Nombr. monuments (temples, palais).

**Uderzo Albert** (Fismes, Marne, 1927), dessinateur français. En 1959, il créa, en collaboration avec R. Goscinny, les albums *Astérix*.

**UDF** sigle de *Union pour la démocratie française.*

**Udine** v. d'Italie dans le Frioul ; 101 070 hab. Industries. – Archevêché. Chât. (XVIe s.). – La ville a été reconstruite après le tremblement de terre de 1976.

**UDR** sigle de *Union des démocrates pour la République.*

**UE** sigle de *Union européenne.*

**Ueda** → **Akinari Ueda.**

**Ueda Shoji** (Sakaimachi, 1913 – id., 2000), photographe japonais.

**UEER** *nf* Structure accueillant les mineurs délinquants, créée en 1995. ETY Abrév. de *unité d'éducation à encadrement renforcé.*

**Uélé** riv. (1 300 km) du N. de la rép. dém. du Congo qui s'unit avec le Mbomou pour former l'Oubangui. VAR **Ouellé**

**UEO** sigle de *Union de l'Europe occidentale.*

**ufologie** *nf* **1** Étude des objets volants non identifiés ou ovnis. **2** Croyance en l'existence d'extra-terrestres et de visiteurs de l'espace. ETY De l'angl. *ufo*, « unidentified flying objects ». DER **ufologique** *a* – **ufologue** *n*

**UFR** *nf* Sigle de *unité de formation et de recherche* (anc. UER, *unité d'enseignement et de recherche*).

**Ugarit** → **Ougarit.**

**Ugine** ch.-l. de cant. de la Savoie, près de l'Arly ; 7 490 hab. Électrochimie et électrométallurgie. DER **uginois, oise** *a, n*

**ugni** *nm* **LOC** ***Ugni blanc :*** cépage blanc très productif, acide, utilisé pour le cognac et dans le Midi (cassis, bandol).

**Ugolin** → **Gherardesca.**

**UHF** *nf* PHYS Sigle pour *ultra-haute fréquence.*

**uhlan** *nm* HIST Lancier (cavalier), d'abord polonais ou lituanien, qui servait comme auxiliaire. *Les armées prussienne, autrichienne, polonaise ont eu des régiments de uhlans jusqu'en 1918.* ETY Mot all., du polonais ; du tartare *oglan*, « enfant ».

**Uhland Ludwig** (Tübingen, 1787 – id., 1862), poète allemand : ballades lyriques.

**Uhlenbeck George Eugene** (Batavia, 1900 – Boulder, 1988), physicien américain d'origine néerlandaise. Il établit avec Goudsmit la théorie du spin de l'électron (1925).

**UHT** *nf* Sigle pour *ultra-haute température*, employé pour indiquer un mode de stérilisation par élévation brutale de la température et refroidissement sous vide. *Lait UHT.*

**Uhuru (pic)** → **Kilimandjaro.**

**UICN** sigle pour *Union internationale pour la conservation de la nature et de ses ressources*, créée en 1948 à Fontainebleau par l'Unesco, et dont le siège est à Gland (Suisse).

**Paolo Uccello** *la Bataille de San Romano*, v. 1456 – National Gallery, Londres

**UIT** sigle de *Union internationale des télécommunications*, créée en 1947 au sein de l'ONU et dont le siège se trouve à Genève.

**Uitlanders** nom (du néerl. *uit*, « hors de », et *land*, « pays ») que les Boers donnèrent aux immigrants attirés en Orange et au Transvaal par l'or et les diamants.

**Uji** v. du Japon (Honshu), entre Kyoto et Nara ; 180 000 hab. Temple bouddhique du Byodoin (XI^e s.) avec une statue de Bouddha de Jocho.

**Ujjain** v. de l'Inde (Madhya Pradesh), dans les monts Vindhya, l'une des sept villes saintes des hindous ; 515 200 hab.

**Ujungpandang** (anc. *Makassar*), port d'Indonésie (Célèbes), sur le *détroit de Makassar* ; 1,3 milion d'hab. (aggl.) ; ch.-l. de prov. Pêche. VAR **Ujung Pandang**

**UK** sigle de *United Kingdom*, « Royaume-Uni » (V. Grande-Bretagne).

**ukase** *nm* **1** HIST Édit du tsar. **2** Décret de l'État en URSS. **3** **fig** Ordre impératif ; décision arbitraire et sans appel. PHO [ukaz] ETY Du russe *ukazat'*, « publier ». VAR **oukase**

**ukiyo-e** *nm* Bx-A École japonaise de peinture de genre qui fut vulgarisée en Occident par l'estampe en couleurs (XVIII^e et XIX^e s.). PHO [ukijoe] ETY Mot jap.

**Ukraine** État d'Europe, entre la Biélorussie au N., la Russie à l'E., la Moldavie, la Roumanie, la Hongrie, la Slovaquie et la Pologne à l'O. ; 603 700 km$^2$ ; 42,9 millions d'hab. ; cap. *Kiev*. Nature de l'État : régime à pouvoir exécutif fort. Langue officielle : ukrainien. Monnaie : hryvnia. Population : Ukrainiens (72,8 %), Russes (22,1 %). Relig. : orthodoxes, cathol., uniates. DER **ukrainien, enne** *a, n*

**Géographie** La vaste plaine a une terre noire fertile (*tchernozem*). Le climat, à tendance continentale dans le N., s'adoucit dans le S. et devient aride dans le S.-E. Les princ. cours d'eau sont le Dniepr, le Dniestr et le Prout (hydroélectricité abondante). **Économie** Grand producteur de blé, de maïs, de betteraves sucrières et de tournesol, ayant un import. cheptel bovin, porcin et ovin, le pays a épuisé ses hydrocarbures mais possède encore du charbon (Donbass) et du fer (Krivoï-Rog). Les industries lourdes, anciennes et puissantes, sont groupées dans le Donbass et dans la vallée du Dniepr. Mais elles sont obsolètes, ainsi que les centrales nucléaires (V. Tchernobyl). La dépendance écon. de l'Ukraine vis-à-vis de la Russie a entraîné une grave crise après l'effondrement de l'URSS. Longtemps négative, la croissance est positive dep. 2000. L'Ukraine possède le princ. port de la mer Noire : Odessa.

**Histoire** Kiev fut le centre du premier État des Slaves orientaux (IX^e-XII^e s.), puis se développa la principauté de Galicie-Volhynie (XII^e s.). Au début du XIII^e s., l'invasion mongole démembra l'État de Kiev. À partir du XIV^e s., la Galicie-Volhynie tomba sous la domination de la Pologne qui voulut y faire triompher le catholicisme ; la noblesse polonaise s'y tailla d'énormes domaines. Au XVI^e s., des cosaques Zaporogues s'organisèrent sur les rives du Dniepr et du Don ; au XVII^e s., ils défendirent les paysans ukrainiens contre les Polonais ; orthodoxes, ils demandèrent la protection de la Russie. En 1667, celle-ci obtint la rive gauche du Dniepr et la région de Kiev, et, après les partages de la Pologne à la fin du XVIII^e s., la plus grande partie de l'Ukraine occid. ; la Galicie, la Bucovine et la Ruthénie passèrent à l'Autriche.

**L'UKRAINE SOVIÉTIQUE** Après octobre 1917, deux républiques furent proclamées : l'une, nationaliste, se voulait indépendante ; l'autre, bolchevique, voulait son rattachement à l'État soviétique. Troupes allemandes (1918), armées blanches de Denikine (1919-1920) et armées polonaises luttèrent contre les bolcheviks. En 1921, l'Ukraine fut amputée au bénéfice de la Slovaquie, de la Roumanie et surtout de la Pologne. La partie restante forma la rép. soc. sov. d'Ukraine, qui adhéra en 1922 à l'URSS. L'occupation allemande (1941-1944) fut très dure. En 1945, la Bucovine du Nord et la Bessarabie furent intégrées ; la Crimée le fut en 1954. L'Ukraine est l'un des membres fondateurs de l'ONU. Le nationalisme resta puissant, ainsi que les revendications des catholiques orientaux (uniates, dont le culte fut interdit par Staline en 1946).

**L'UKRAINE INDÉPENDANTE** Ayant proclamé sa souveraineté en 1990 et son indép. en août 1991, l'Ukraine entre dans la CÉI. En 1994, elle signe un accord sur la dénucléarisation du pays en échange d'une aide amér. En 1997, après cinq ans de tension avec la Russie (à propos de la Crimée et du partage de la flotte militaire), les deux États signent un accord : la Russie reconnaît ukrainienne la Crimée et loue les installations portuaires de Sébastopol. En 1997, l'Ukraine signe un accord avec l'OTAN. À partir des années 2000, les crises politiques (tensions entre dirigeants prorusses et pro-européens, fraudes électorales, etc.) se succèdent plongeant le pays dans une grande instabilité. En 2014, face au refus du président prorusse de se rapprocher de l'UE, la population se révolte et il quitte le pouvoir. La Crimée vote son rattachement à la Russie, mais l'Ukraine ne le reconnaît pas. Dès lors s'engage un conflit armé, la Russie soutenant les séparatistes.

**Ukraine subcarpatique** nom donné jusqu'en 1945 à l'O. de l'Ukraine, situé au pied des Carpates. VAR **Ruthénie subcarpatique**

**ukrainien** *nm* Langue slave parlée en Ukraine.

**ukulélé** *nm* MUS Instrument à quatre cordes, analogue à une petite guitare, originaire d'Hawaii. PHO [ukulele] ETY De l'hawaiien.

**Ulbricht** Walter (Leipzig, 1893 – Berlin, 1973), homme politique est-allemand. Premier secrétaire du parti socialiste unifié de 1950 à 1971, il présida le Conseil d'État de la RDA de 1960 à sa mort.

**ulcération** *nf* MED **1** Formation d'un ulcère. **2** Perte de tégument due à la formation d'un ulcère. DER **ulcératif, ive** *a*

**ulcère** *nm* **1** Perte de substance de la peau ou d'une muqueuse, prenant la forme d'une lésion qui ne se cicatrise pas et tend à s'étendre et à suppurer. **2** ARBOR Plaie d'une plante qui ne se cicatrise pas. ETY Du lat.

**ulcérer** *vt* (14) **1** MED Produire un ulcère sur. **2** fig Faire naître un profond ressentiment chez. *Ce discours l'a ulcéré.*

**ulcéreux, euse** *a, n* **A** Atteint d'un ulcère gastro-intestinal. **B** *a* Qui a les caractères d'un ulcère ou d'une ulcération.

**uléma** *nm* RELIG Docteur de la loi faisant office de juriste, dans les pays musulmans. ETY De l'ar. VAR **ouléma**

**Ulfila** (en Gothie, près du delta du Danube, v. 311 – Constantinople, 383), évangélisateur des Goths, d'origine cappadocienne. Il créa l'alphabet du gotique pour sa traduction du Nouveau Testament. Il professa l'arianisme. VAR **Wulfila, Ulfilas**

**Ulhasnagar** v. de l'Inde (Maharashtra); 648 000 hab.

**Ulis (Les)** ch.-l. de cant. de l'Essonne (arr. de Palaiseau); 24 954 hab. Industries. DER **ulissien, enne** *a, n*

**Ullmann** Liv (Tōkyō, 1938), actrice norvégienne, interprète de I. Bergman : *Persona* (1966), *Sonate d'automne* (1978) ; cinéaste : *Sophie* (1992).

**ulluque** *nm* Plante herbacée (chénopodiacée) d'Amérique du Sud, aux tubercules comestibles. ETY Du quechua.

**Ulm** v. d'Allemagne (Bade-Wurtemberg), sur le Danube ; 120 000 hab. Industries. – Cath. gothique (tour de 161 m). – L'Autrichien Mack y capitula devant Napoléon Ier (1805).

**ULM** *nm inv* SPORT Engin volant, monoplace ou biplace, de construction très légère, possédant un moteur de faible cylindrée. PHO [ylɛm] ETY Sigle de *ultraléger motorisé*. DER **ulmiste** *n*

**ULM** utilisé pour l'épandage d'engrais

**ulmacée** *nf* BOT Plante dicotylédone apétale arborescente (orme, micocoulier, etc.), qui porte parfois sur le même pied des fleurs hermaphrodites et des fleurs unisexuées. ETY Du lat.

**ulmaire** *nf* BOT Plante herbacée des lieux humides (rosacée), dont les fleurs blanches très odorantes sont groupées en grappes ramifiées. SYN reine-des-prés, spirée.

**Ulpien** Domitius Ulpianus, en fr. (Tyr, ? – Rome, 228), jurisconsulte romain. Ses écrits ont influencé le code Justinien.

**Ulsan** v. et port de la Corée du Sud, au N. de Pusan ; 1 150 000 hab. Centre industriel.

**Ulster** région septentrionale de l'Irlande. Il comprend : l'Irlande du Nord, unie à la G.-B. (13 482 km²; 1 573 000 hab. ; cap. *Belfast*), et une prov. de l'Eire, l'Ulster (8 011 km²; 236 000 hab.). DER **ulstérien, enne** *a, n*

**ultérieur, eure** *a* Qui vient après, dans le temps. *La réunion est remise à une date ultérieure.* SYN futur, postérieur. ANT antérieur. ETY Du lat. *ultra*, « au-delà ». DER **ultérieurement** *av*

**ultimatum** *nm* **1** Mise en demeure ultime et formelle adressée par un pays à un autre, et dont le rejet entraîne la guerre. **2** Mise en demeure impérative, sommation. *Les ravisseurs ont envoyé leur ultimatum.* PHO [yltimatɔm] ETY Du lat.

**ultime** *a* **1** litt Dernier, dans le temps. *Ce furent ses ultimes paroles.* **2** Se dit d'un déchet qui ne peut être traité dans les conditions techniques et économiques du moment et qui doit donc être stocké en décharge. ETY Du lat.

**ultra-** Élément, du lat. *ultra*, « au-delà ».

**ultra** *n, a* HIST **1** Syn. de *ultraroyaliste*. **2** Extrémiste. *Les ultras du libéralisme.*

**ultrabasique** *a* GEOL Se dit d'une roche magmatique de couleur foncée, contenant moins de 45 % de silice, riche en minéraux ferromagnésiens.

**ultracentrifugation** *nf* TECH Centrifugation opérée à des vitesses angulaires élevées.

**ultracentrifugeuse** *nf* Centrifugeuse permettant de réaliser l'ultracentrifugation.

**ultracisme** *nm* litt Extrémisme.

**ultraconservateur, trice** *a* POLIT Très conservateur.

**ultradien, enne** *a* BIOL Se dit d'un rythme biologique plus rapide que le rythme circadien. ANT infradien.

**ultrafiltre** *nm* Membrane à pores très petits (de l'ordre du millionième de millimètre). DER **ultrafiltration** *nf*

**ultrafin, fine** *a* Extrêmement fin.

**ultra-haute fréquence** *nf* PHYS Fréquence élevée, comprise entre 300 et 3 000 MHz. ABREV UHF. PLUR ultra-hautes fréquences.

**ultraléger, ère** *a* Extrêmement léger.

**ultralibéralisme** *nm* ECON Libéralisme extrême. DER **ultralibéral, ale, aux** *a, n*

**ultramarin, ine** *a, n* **A** *a, nm* litt Bleu outremer. **B** *a, n* De la France d'outre-mer.

**ultramicroscope** *nm* Microscope muni d'un dispositif d'éclairage sur fond sombre permettant d'apercevoir des particules invisibles au microscope ordinaire.

**ultramicroscopie** *nf* Ensemble des techniques d'observation à l'ultramicroscope. DER **ultramicroscopique** *a*

**ultramoderne** *a* Très moderne.

**ultramontain, aine** *a, n* Partisan (en France) du pouvoir absolu, surtout spirituel, du pape. ANT gallican. DER **ultramontanisme** *nm*

**ultra-petita** *av, nm inv* **A** *av* DR Au-delà de ce qui a été demandé. **B** *nm inv* Fait, pour un tribunal, de statuer ultra-petita.

**ultraportable** *nm* Ordinateur portable très léger, de taille réduite.

**ultrapression** *nf* PHYS Pression extrêmement élevée

**ultrarapide** *a* Extrêmement rapide.

**ultraroyaliste** *n, a* HIST Sous la Restauration, partisan extrémiste de la royauté ou de la monarchie.

**ultrasensible** *a* Extrêmement sensible.

**ultrason** *nm* PHYS Vibration acoustique de fréquence trop élevée pour provoquer une sensation auditive chez l'homme. DER **ultrasonore** ou **ultrasonique** *a*

ENC Un ultrason (fréquence supérieure à 20 000 Hz) s'oppose aux *infrasons*, dont la fréquence, également non audible, est inférieure à 20 hertz. Les ultrasons se propagent en ligne droite. Ils peuvent former des faisceaux d'une haute énergie. Leur vitesse de propagation varie avec le milieu traversé (331 m/s dans l'air, 6 400 m/s dans l'aluminium). Les ultrasons provoquent des changements de l'indice de réfraction des liquides. Ils améliorent les propriétés catalytiques de certains corps et produisent dans la matière vivante une désagrégation des noyaux cellulaires, l'éclatement des hématies et l'arrêt des fermentations. On produit les ultrasons au moyen de générateurs piézoélectriques. Les applications des ultrasons sont très nombreuses : contrôle des matériaux, mesure de la vitesse d'écoulement des fluides, usinage, télécommunication et détection sous-marine (échosondeurs et sonars), destruction des micro-organismes, échographie, destruction chirurgicale, microscopie acoustique, holographie, etc. De nombr. animaux (les chauves-souris, notam.) utilisent des ultrasons pour se diriger et pour localiser leurs proies la nuit.

**ultratrail** *nm* Trail dépassant 80 km, avec un fort dénivelé. PHO [yltRatRɛjl]

**ultraviolet, ette** *a, nm* PHYS Se dit de radiations dont la longueur d'onde est comprise entre celle des rayons lumineux visibles de l'extrémité violette du spectre (400 nanomètres) et celle des rayons X (10 nanomètres).

**ululement, ululer** → **hululer.**

**Uluru** → **Ayers Rock.**

**ulve** *nf* BOT Algue verte marine très courante, au thalle foliacé. SYN laitue de mer. ETY Du lat.

▶ illustr. **algues**

**Ulysse** (en gr. *Odusseus*), héros de la myth. gr., roi d'Ithaque, époux de Pénélope et père de Télémaque ; vaillant guerrier, ingénieux, voire retors (« Ulysse aux mille tours ») : le « cheval de Troie » fut son œuvre. Son retour à Ithaque (sujet de l'*Odyssée* d'Homère) fut une errance de dix années.

**Ulysse** et les sirènes, vase attique, VIe-Ve s. av. J.-C. – British Museum, Londres

**Ulysse** roman de Joyce, écrit de 1914 à 1921, publié à Paris par l'Américaine Sylvia Beach (1887 – 1962).

**Ulysse** sonde spatiale lancée en 1990 vers Jupiter, dont l'effet (1992) la dirigea vers des régions inconnues du système solaire ; opération financée par la NASA et l'ASE.

**Umar** (La Mecque, v. 583 – Médine, 644), deuxième calife de l'islam (634-644). Il conquit la Mésopotamie (636), l'Égypte (640) et une partie de la Perse (642). Il fixa l'ère musulmane (V. hégire). VAR **Omar**

**Umar (mosquée d')** nom donné à tort à la Coupole du Rocher, à Jérusalem.

**Umayyades** → **Omeyyades.**

**umbanda** *nm* Culte afro-brésilien dérivé du spiritisme. (DER) **umbandiste** *a, n*

**Umeä** v. et port du N.-E. de la Suède, sur l'Ume älv ; 85 100 hab. Industries. Université.

**Ume älv** fl. de Suède (460 km), tributaire du golfe de Botnie.

**umlaut** *nm* LING En allemand, inflexion d'une voyelle indiquée par un tréma ; ce tréma lui-même. (PHO) [umlaut] (ETY) Mot all.

**Umm Kulthum** (Tamay al-Zahira, près de Mansourah, 1898 – Le Caire, 1975), chanteuse égyptienne, la plus populaire des chanteuses arabes. (VAR) **Oum Kalsoum**

**Umm Kulthum** à l'Olympia en 1967

**UMP** Sigle de *Union pour un mouvement populaire.*

**Umtali** → **Mutare.**

**UMTS** *nm* TELECOM Norme de troisième génération des téléphones mobiles, permettant des transferts de données à une vitesse de l'ordre de 2 Mbits/s. (ETY) Abrév. de *universal mobile telecommunications system.*

**un-** CHIM Préfixe utilisé pour noter le chiffre 1 des numéros atomiques Z des éléments pour lesquels Z est supérieur à 100 (ex. : l'élément 105, dit aussi hahnium, est nommé *unnilpentium, nil* notant le chiffre 0 et *pent* le chiffre 5).

**un, une** *a, n, art ind, pr ind* **A** *a num* **1** (Cardinal.) Premier des nombres entiers, exprimant l'unité. *Un mètre. Un euro. Une minute. Une seule fois.* **2** (Ordinal.) Premier. *Livre un. Il était une heure du matin.* **B** *a* **1** Simple, qui n'admet pas de division, de pluralité. *La vérité est une.* **2** Qui, tout en pouvant avoir des parties, forme un tout organique, harmonieux. *Toute œuvre doit être une. Des théories unes et cohérentes.* **C** *art ind* (Plur. : *des.*) **1** Marque que l'être ou l'objet désigné est présenté comme un individu distinct des autres de l'espèce, mais sans caractérisation plus particulière. *Je vois un chien.* **2** Marque que l'on se réfère à un individu, quel qu'il soit, de l'espèce. Tout, n'importe quel. *Une terre bien cultivée doit produire.* **3** En relation avec le pronom *en. En voilà un qui a du caractère!* (sous-entendu : un homme). **4** (Dans une phrase exclamative, avec une valeur emphatique ou intensive.) Devant un nom ou un adjectif. *Elle marchait avec une grâce! Il était d'un laid!* **5** (Avec la valeur d'un adj. indéf.) Quelque, certain. *Il reste ici pour un temps.* **6** (Devant un nom propre.) Une personne qui ressemble à. *C'est un Saint-Just.* **7** Une personne telle que. *Un Balzac en aurait fait un chef-d'œuvre.* **8** Une personne de la famille de. *C'est une Brontë.* **9** Une œuvre de. *Un joli Fragonard.* **D** *pr ind* **1** *C'est un de mes fromages préférés. L'un de ceux qui ont travaillé à cette œuvre collective. L'une d'elles m'a dit...* **2** (En corrélation avec *l'autre.*) *L'un est riche et l'autre est pauvre. Ni l'un ni l'autre.* **3** (Élément nominal.) Quelqu'un, une personne. *Un de Baumugnes,* roman de J. Giono. **E** *nm inv* Une unité ; chiffre (1) notant l'unité. *Un et un font deux. Onze s'écrit avec deux un.* **F** *nf* fam Première page d'un journal. *Lire les titres de la une.* **LOC** ***C'est tout un*** **:** c'est la même chose ; c'est égal. — fam ***En griller (fumer) une*** **:** une cigarette. — PHILO ***L'Un*** **:** l'Être unique dont tout émane et qui n'exclut rien. — ***L'un dans l'autre*** **:** en moyenne ; tout compte fait. — ***L'un(e) l'autre*** **:** mutuellement. — fam ***Ne faire ni une ni deux*** **:** ne pas hésiter. — ***Ne faire qu'un avec une chose, une personne*** **:** se confondre avec elle. — ***Pas un*** **:** aucun, nul. — ***Un à un, un par un*** **:** à tour de rôle et un seul à la fois. (ETY) Du lat.

**Unamuno** Miguel Unamuno y Jugo, dit de (Bilbao, 1864 – Salamanque, 1936), écrivain espagnol ; poète (*Poésies,* 1907), essayiste (*le Sentiment tragique de la vie,* 1912), romancier (*Brume,* 1914).

**unanime** *a* **A 1** Qui réunit tous les suffrages, qui exprime un consensus collectif. *Vote, approbation unanime.* **2** Que tous font en même temps. *Cri unanime.* **B** *a pl* Qui sont tous du même avis. *Les critiques sont unanimes.* (ETY) Du lat. *unus,* « un », et *animus,* « âme, esprit ». (DER) **unanimement** *av* – **unanimité** *nf*

**unanimisme** *nm* **1** Fait pour un groupe d'être unanime ; accord général, consensus. **2** LITTER Doctrine née au début du XX^e s., selon laquelle l'écrivain doit exprimer la psychologie collective des groupes plutôt que les états d'âme de l'individu. (DER) **unanimiste** *a, n*

**unau** *nm* Mammifère xénarthre d'Amérique du S. au long poil gris-brun, qui ne possède que deux doigts munis de griffes. SYN paresseux à deux doigts. (ETY) Mot tupi.

**unau** didactyle

**Un chapeau de paille d'Italie** comédie en 5 actes de Labiche (1851). ▷ CINE Film de René Clair (1927).

**Un chien andalou** film de L. Buñuel (1928), court-métrage surréaliste écrit en collab. avec S. Dali.

**unci-** Élément, du lat. *uncus,* « crochet ».

**unciforme** *a* ANAT En forme de crochet.

**unciné, ée** *a* BOT Qui se termine en crochet.

**Un condamné à mort s'est échappé** film de R. Bresson (1956), avec François Leterrier (né en 1929).

**Un coup de dés jamais n'abolira le hasard** « poème » de Mallarmé (1897).

**underground** *a, nm* Qui est réalisé, qui est diffusé en dehors des circuits commerciaux traditionnels, en parlant de certaines productions intellectuelles et artistiques. *Presse underground.* (PHO) [œndœRgRawnd] (ETY) Mot angl.

**Un dimanche après-midi à l'île de la Grande Jatte** peinture de G. Seurat (1884-1885, Art Institute, Chicago).

**Undset** Sigrid (Kalundborg, Danemark, 1882 – Lillehammer, 1949), romancière norvégienne : *Kristin Lavransdatter* (3 vol., 1920-1922), *le Buisson ardent* (1930). P. Nobel 1928.

**une-deux** *nm inv* Au football, échange de passes très rapide.

**UNEDIC** acronyme pour *Union nationale pour l'emploi dans l'industrie et le commerce,* organisme paritaire créé en 1958 pour gérer l'assurance chômage et coordonner l'action des ASSEDIC. En 2008, l'UNEDIC fusionne avec l'ANPE.

**Une étoile est née** film de G. Cukor (1954), avec Judy Garland (1922 – 1969) et James Mason (1909 – 1984). Version antérieure : *What Price Hollywood?* (1932), de G. Cukor, avec Constance Bennett (1904 – 1965).

**UNEF** acronyme pour *Union nationale des étudiants de France,* organisation corporative créée en 1907, devenue syndicale en 1946. À partir de mai 1968, les scissions se succédèrent ; à l'*UNEF-Renouveau,* proche du PC, créée en 1968 et devenue l'UNEF, s'opposa bientôt l'*UNEF indépendante et démocratique* (UNEF-ID), proche du PS. (VAR) **Unef**

**Une femme disparaît** film brit. d'Hitchcock (1938).

**Une femme sous influence** film de J. Cassavetes (1974), avec Gena Rowlands (née en 1930) et Peter Falk (1927 – 2011).

**Une journée d'Ivan Denissovitch** récit de Soljenitsyne (1962).

**Une journée particulière** film de E. Scola (1977), avec S. Loren et M. Mastroianni.

**Une nuit à l'Opéra** film de l'Américain Sam Wood (1883 – 1949), en 1935, avec les Marx Brothers.

**Une nuit sur le mont Chauve** poème symphonique de Moussorgski (1867), orchestré par Rimski-Korsakov (1886).

**Une partie de campagne** long-métrage inachevé de Jean Renoir (1936, transformé en moyen-métrage en 1946), d'apr. Maupassant, avec Sylvia Bataille (1908 – 1993).

**Une petite musique de nuit** sérénade pour cordes de Mozart (1787).

**une-pièce** *nm inv* Maillot de bain féminin en une seule pièce.

**Une place au soleil** → **Une tragédie américaine.**

**Une saison en enfer** recueil de poèmes en prose, parfois mêlés de vers, de Rimbaud (1873).

**Unesco** acronyme pour *United Nations Educational Scientific and Cultural Organization,* « Organisation des Nations unies pour l'éducation, la science et la culture ». Institution spécialisée de l'ONU constituée en 1946 et installée à Paris. (VAR) **UNESCO**

**Unetelle** → **Untel.**

**Une tragédie américaine** roman de Th. Dreiser (1925). ▷ CINE Film de J. von Sternberg (1931) ; *Une place au soleil,* de l'Américain George Stevens (1904 – 1976), en 1951, avec Montgomery Clift (1920 – 1966), Shelley Winters (1922 – 2006) et Elizabeth Taylor.

**Une vie** roman de Maupassant (1883). ▷ CINE Film du Français Alexandre Astruc (né en 1923), en 1958, avec Maria Schell (1926 – 2005) et Christian Marquand (1927 – 2000).

**Ungaretti** Giuseppe (Alexandrie, Égypte, 1888 – Milan, 1970), écrivain italien. Futuriste (*le Port enseveli,* 1916), il devint, avec Montale, un représentant de l'« hermétisme » : *Sentiment du temps* (1933), *la Douleur* (1947).

**Ungava** baie du Canada, au S. du détroit d'Hudson. – *Péninsule d'Ungava :* péninsule formée par la baie d'Hudson, à l'O., et la baie d'Ungava, à l'E.; elle fait partie du Nunavik (qui appartient aux Inuits).

**Ungerer** Tomi (Strasbourg, 1931), dessinateur français à l'humour corrosif et poétique.

**Ungersheim** com. du Haut-Rhin; 1 459 hab. – Écomusée (maisons alsaciennes).

**ungu-, ungui-** Éléments, du lat. *unguis*, « ongle ».

**unguéal, ale** *a* ANAT Qui a rapport à l'ongle. PLUR unguéaux. PHO [ɔ̃gɥeal] ou [ɔ̃gɥeal]

**unguifère** *a* didac Qui porte un ongle, qui possède des ongles.

**unguis** *nm* ANAT Petit os mince, en forme de quadrilatère, de la paroi interne de la cavité orbitaire. SYN lacrymal. PHO [ɔ̃gɥis]

**uni-** Élément, du lat. *unus*, « un ».

**uni, ie** *a* **1** Qui vit dans la concorde. *Un couple uni.* **2** Qui ne présente aucune inégalité, qui est parfaitement lisse. *Surface unie.* **3** litt Dont aucun changement ne vient troubler le cours. *Mener une vie unie et tranquille.* **4** Sans ornement. *Une façade unie.* **5** D'une seule couleur. *Étoffe unie.*

**uniate** *a, n* RELIG Se dit des Églises orientales qui reconnaissent l'autorité du pape, mais conservent leur organisation et leurs rites particuliers. SYN gréco-catholique. ETY Du russe *ounyia*, « union ». DER **uniatisme** *nm*

**uniaxe** *a* **1** MINER Qui n'a qu'un axe. *Cristaux uniaxes.* **2** PHYS Se dit d'un milieu dans lequel divers phénomènes physiques (propagation de la chaleur, du son, de la lumière, élasticité, dilatation) sont symétriques par rapport à un seul axe.

**unicaule** *a* BOT Qui n'a qu'une tige.

**Unicef** acronyme pour *United Nations International Children's Emergency Fund*, « Fonds des Nations unies pour l'enfance ». Organisme international créé par l'ONU en 1946. P. Nobel de la paix 1965. VAR **UNICEF**

**unicellulaire** *a, nm* BIOL Se dit d'un être vivant composé d'une cellule unique (protistes). ANT pluricellulaire.

ENC Les êtres vivants unicellulaires constituent une part importante de la biosphère. Leur nature est variée : bactérienne, végétale (algues unicellulaires), fongique (champignons unicellulaires), animale (protozoaires). Les bactéries sont des procaryotes; les eucaryotes unicellulaires animaux et végétaux sont nommés des *protistes*. Le terme de micro-organisme recouvre les unicellulaires et les virus. V. aussi plancton.

**unicité** *nf* didac Caractère de ce qui est unique. *Unicité d'un évènement, d'une thèse.*

**unicolore** *a* D'une seule couleur. SYN monochrome. ANT multicolore, polychrome.

**unicorne** *a, nm* **A** *a* ZOOL Qui n'a qu'une corne. *Rhinocéros unicorne.* **B** *nm* MYTH Licorne.

**unidimensionnel, elle** *a* didac Qui a une seule dimension. ANT pluridimensionnel.

**unidirectionnel, elle** *a* Qui n'exerce une action efficace que dans une direction, en parlant d'appareillage radioélectrique ou électroacoustique.

**unidose** *nf* COMM Médicament ou cosmétique conditionné en doses uniques. SYN monodose.

**unième** *a num ord* (Seulement en composition avec un adj. numéral.) Qui vient immédiatement après la dizaine, la centaine, le millier. *Trente et unième. Cent unième. La mille et unième nuit.* DER **unièmement** *av*

**unifier** *vt* ② **1** Rassembler pour faire un tout, faire l'unité de plusieurs éléments distincts. *Les territoires italiens ont été unifiés en 1870.* **2** Rendre homogène, donner une certaine unité à. *Unifier une surface. Unifier un parti politique.* ETY Du lat. DER **unificateur, trice** *a, n* – **unification** *nf*

**uniflore** *a* BOT Qui ne porte qu'une fleur.

**unifolié, ée** *a, nm* **A** *a* BOT Qui ne porte qu'une feuille. **B** *nm* Canada Nom donné au drapeau du Canada (par oppos. au *fleurdelisé*).

**uniforme** *a, nm* **A** *a* **1** Qui ne présente pas de variation dans son étendue, sa durée, ses caractères. *Une plaine uniforme. Une existence uniforme.* **2** Qui ressemble en tout point aux autres, qui est sans variété. *Des rues uniformes. Des opinions uniformes.* **B** *nm* Costume dont le modèle, la couleur, le tissu sont rigoureusement fixés et qui est imposé aux personnes appartenant à un corps de l'armée, aux membres d'un groupe social déterminé. LOC ***Endosser, quitter l'uniforme*** : entrer dans l'armée, cesser de lui appartenir. — PHYS ***Mouvement uniforme*** : dont la vitesse reste constante. ETY Du lat. DER **uniformément** *av* – **uniformité** *nf*

**uniformiser** *vt* ① Rendre uniforme. *Uniformiser l'enseignement.* DER **uniformisation** *nf*

**Unigenitus (bulle)** bulle de Clément XI condamnant le jansénisme (1713).

**unijambiste** *a, n* Se dit d'une personne qui a été amputée d'une jambe.

**unilatéral, ale** *a* **1** Qui se trouve, qui se fait d'un seul côté. **2** Qui émane d'une seule des parties intéressées ou qui n'engage qu'une seule d'entre elles. *Décision unilatérale.* ANT multilatéral, plurilatéral. PLUR unilatéraux. LOC CUIS ***À l'unilatéral*** : se dit d'un mode de cuisson d'un filet de poisson, consistant à le faire griller sur sa peau sans le retourner. — ***Stationnement unilatéral*** : autorisé, pour les véhicules, d'un seul côté de la voie. DER **unilatéralement** *av*

**unilatéralisme** *nm* POLIT Caractère unilatéral, tendance à décider seul, sans consulter ses partenaires. DER **unilatéraliste** *a, n*

**unilinéaire** *a* ETHNOL Qualifie un système de filiation qui ne tient compte que d'une seule lignée, paternelle ou maternelle.

**unilingue** *a* Syn. de *monolingue*. DER **unilinguisme** *nm*

**unilobé, ée** *a* BOT Qui n'a qu'un seul lobe.

**uniloculaire** *a* BOT À une seule loge.

**uniment** *av* LOC litt ***Tout uniment*** : sans façon, très simplement.

**uninominal, ale** *a* Se dit d'un scrutin, d'un vote, par lequel on élit un seul candidat. PLUR uninominaux.

**union** *nf* **1** Fait, pour des éléments, de constituer un tout. *Union de l'esprit et du corps.* **2** Fait, pour des personnes, des groupes, d'être unis par des liens affectifs ou des intérêts communs; entente qui en résulte. *Union des membres d'une même famille. Union des partis politiques de gauche, de droite.* **3** Ensemble organisé de personnes ou de groupes qu'unissent des intérêts communs. *Union de consommateurs.* **4** MATH Syn. de *réunion*. ($A \cup B$ s'énonce « A union B ».) **5** Fait de former un couple. *Union conjugale.* LOC DR ***Union de créanciers*** : association constituée entre les créanciers, à défaut de concordat, de façon à réaliser et à distribuer les biens d'un failli. — ***Union libre*** ou ***union civile*** : syn. de *concubinage*. — RELIG ***Union mystique*** : de l'âme et de Dieu. — ***Union sacrée*** : union de tous les Français contre l'ennemi, en 1914; front uni; iron unanimité de façade. ETY Du lat. ecclés.

**Union (L')** com. de la Haute-Garonne (arr. de Toulouse); 12 141 hab.

**union (Acte d')** loi votée par les Parlements écossais et anglais (1707). Il réunit l'Écosse à l'Angleterre, qui formèrent le Royaume-Uni de Grande-Bretagne. – Un autre *Acte d'union*, voté par les Parlements britannique (1798) et irlandais (1800), assujettit l'Irlande à la G.-B., ce qui créa le Royaume-Uni de Grande-Bretagne et d'Irlande (1800), dont l'Eire se sépara en 1920.

**union (arrêt d')** acte du parlement de Paris (13 mai 1648) qui résista aux exigences financières de Mazarin : la Fronde éclatait.

**Union africaine (UA)** nommée jusqu'en 2002 *Organisation de l'unité africaine*, créée en 1963 et regroupant tous les États indépendants d'Afrique. Son siège est à Addis-Abeba.

**Union de l'Europe occidentale (UEO)** organisation politique et militaire, créée en 1954, qui groupait alors l'Allemagne, les États du Benelux, la France, la Grande-Bretagne et l'Italie.

**Union démocratique du Manifeste algérien (UDMA)** parti algérien fondé en 1945 par Farhat Abbas. En 1956, ses dirigeants rejoignirent le FLN.

**Union des démocrates pour la République (UDR)** nom du parti gaulliste de 1971 à 1976; il devint alors le Rassemblement pour la République (RPR).

**Union des républiques socialistes soviétiques (URSS)** (*Soiouz sovietskikh sotsialistitcheskikh respoublik*), État proclamé en 1922, qui regroupait 15 républiques fédérées, et qui a été dissous en 1991 (V. CEI et Russie); 22 400 000 km²; env. 289 millions d'hab. en 1989; cap. *Moscou*. Nature de l'État : fédération de républiques socialistes. Langue off. : russe; chaque rép. avait, en outre, une ou plusieurs autres langues off. Monnaie : rouble. Religions : christianisme orthodoxe, islam dans le Caucase et en Asie centrale (19 %). DER **soviétique** *a, n*

**Géographie** L'URSS était le plus grand État du monde : 2,5 fois les États-Unis. Ce rang revient auj. à la Russie (17 075 400 km², dont env. les deux tiers sont constitués par la Sibérie). L'URSS avait 17 000 km de frontières terrestres (la mettant en contact avec douze pays) et 47 000 km de côtes. Elle se partageait en trois ensembles régionaux distincts. – L'Europe soviétique, bordée par l'Arctique au N., la Baltique à l'O., la mer Noire au S., les pays de la Volga et l'Oural à l'E., couvrait 20 % du territoire et abritait près de 200 millions d'hab. (70 % de la population). Cet ensemble, au relief monotone (plateau central, plaine russe, Ukraine), est arrosé par le Dniepr, le Don et la Volga. – Les « Midis » soviétiques, de la mer Noire aux contreforts de l'Altaï, s'appuient sur de hautes chaînes : Caucase, Pamir, Tianshan, au pied desquelles s'étendent la vaste dépression désertique aralo-caspienne et les steppes du Kazakhstan. Le climat est chaud, avec des hivers peu marqués, et l'alimentation en eau est assurée par les montagnes, fortement dépeuplées. Cet ensemble montre une mosaïque ethnique et culturelle; les peuples les plus nombreux étaient organisés en républiques : Géorgiens, Arméniens, Azéris, Ouzbeks, Turkmènes, Tadjiks, Kirghiz, Kazakhs. Les ruraux sont majoritaires, la croissance démographique élevée l'est plus encore chez les musulmans. – L'immense ensemble de Sibérie et d'Extrême-Orient s'étend à l'E. de l'Oural. À la toundra qui s'étend au N. font suite la taïga et la forêt mixte du S.-E. Ces régions, aux hivers extrêmes, disposent de gigantesques ressources et d'eaux de surface très abondantes (Ob-Irtych, Ienisseï, Lena, Amour, lac Baïkal...). Les ambitieux efforts de colonisation (notam. par les goulags) ont donné de maigres résultats. On dénombrait une trentaine de millions d'hab. (11 % de la population), sur 57 % du territoire soviétique.

**Économie** Longtemps considérée comme la deuxième puissance industrielle mondiale (après les É.-U.), l'URSS était caractérisée par une économie socialiste. Tous les moyens de production (terres, usines, transports, commerce, etc.) étaient propriété de l'État ou de coopératives. Un organisme d'État, le Gosplan, élaborait des plans quinquennaux centralisés et impératifs.

Jusqu'en 1950, ces plans ont mis l'accent sur l'infrastructure industrielle et l'industrie lourde. En 1965 fut décidée une réforme générale de l'économie visant à l'amélioration du rendement et de la productivité agricoles et industriels, mais le retard sur l'Occident s'est accru. Les efforts de Gorbatchev (1985-1991) ont été inutiles, voire nocifs. **Histoire** (V. Russie.) Cinq ans après la révolution d'Octobre, l'Union des républiques socialistes soviétiques est proclamée le 30 déc. 1922. La construction de l'État soviétique se consolide avec l'absorption des républiques non russes, l'adoption de la Constitution de 1924 et sa reconnaissance par les puissances occidentales. En 1945, l'URSS sort épuisée de la guerre, mais elle s'est agrandie vers l'O., notam. en annexant les pays Baltes. En outre, elle domine les pays qui deviendront des « démocraties populaires ». Leur rupture avec l'URSS, à partir de 1989, annonce l'éclatement de celle-ci. En mars 1991, un référendum tente de donner à l'Union une nouvelle base institutionnelle ; mais une tentative de coup d'État, le 18 août 1991, organisée par des communistes conservateurs, précipite la décomposition de l'Union. B. Eltsine, prés. élu de la république de Russie, y gagne la crédibilité internationale que perd Gorbatchev. Le Parti communiste sov. (PCUS) prononce son autodissolution le 29 août 1991. La plupart des républiques, qu'elles aient lutté ou non contre l'appareil soviétique, proclament leur souveraineté ou leur indépendance. B. Eltsine signe en août 1991 le décret reconnaissant l'indépendance des républiques baltes. En déc., l'URSS est dissoute et la Communauté des États indépendants (CEI) est créée. Gorbatchev démissionne. La Russie hérite des prérogatives internationales de l'ex-URSS.

**Union européenne** (UE) association de plusieurs États européens (12 États en 1993, 28 États en 2013) fondée par le traité de Maastricht (fév. 1992) pour succéder, le 1er nov. 1993, à la Communauté économique européenne (CEE), créée en 1957. V. Europe.

**Union française** ensemble qui, défini par la Constitution de 1946, était formé par la République française (France métropolitaine, départements et territoires d'outre-mer), les territoires et les États associés. La Constitution de 1958 la remplaça par la Communauté française.

**unioniste** *n, a* HIST Partisan de l'intégration dans un même État de diverses entités nationales ou politiques, notam. aux É.-U. pendant la guerre de Sécession. DER **unionisme** *nm*

**Union Jack** (« pavillon de l'Union »), drapeau du Royaume-Uni de Grande-Bretagne et d'Écosse (1606), modifié en 1800 (par l'adjonction de la croix de Saint-Patrick) quand l'Irlande rejoignit l'Angleterre (croix de Saint-George) et l'Écosse (croix de Saint-André).

**Union pour la démocratie française** (UDF) formation politique française créée en fév. 1978 (pour soutenir l'action du prés. Giscard d'Estaing) rassemblant notam. le Parti républicain, le Centre des démocrates sociaux et le Parti radical. En 2002 après la création de *la nouvelle UDF*, de nombreux membres rejoignent l'UMP. En 2007, elle est intégrée au *Mouvement Démocrate (MoDem)*.

**Union pour la nouvelle République** (UNR) nom adopté par le parti gaulliste de 1958 à 1962.

**Union pour un mouvement populaire** (UMP) formation politique française créée en 2002 pour soutenir l'action du président J. Chirac, réélu en mai (d'abord appelé *Union pour la majorité présidentielle*) et rassemblant le RPR (qui disparaît) et la plus grande partie de l'UDF ; devient *Les Républicains* en 2015.

**Union sacrée** expression créée par le président Raymond Poincaré, le 4 août 1914, pour désigner l'acceptation d'une politique de guerre par tous les partis.

**Union sud-africaine** → **Afrique du Sud (république de).**

**unipare** *a* BIOL **1** Se dit des femelles qui n'ont qu'un petit par portée. **2** Se dit d'une femme qui n'a eu qu'un seul enfant.

**unipersonnel, elle** *a* **LOC** DR ***Entreprise unipersonnelle à responsabilité limitée (EURL)*** : formule de société à un seul actionnaire.

**unipolaire** *a* didac Qui n'a qu'un seul pôle.

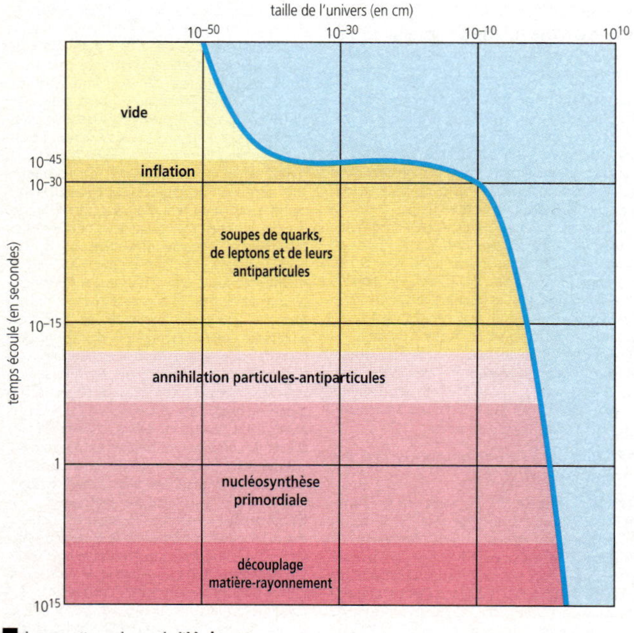


les premières phases de l'**Univers**

**unique** *a* **1** Seul de son espèce. *Fils unique. Son seul et unique espoir.* **2** Qu'on ne peut comparer à rien ou à personne d'autre, en raison de son caractère très particulier ou de sa supériorité. *Fait unique dans l'histoire. Un peintre unique en son genre.* **3** fam Qui a un comportement inhabituel, extravagant ou ridicule. *Vous alors, vous êtes unique !*

**Unique et sa propriété (l')** œuvre de Stirner (1845).

**uniquement** *av* Exclusivement, seulement. *Je viens uniquement pour vous.*

**unir** *vt* ③ **1** Joindre de manière à former un tout. *Unir un territoire à un autre.* **2** Établir une liaison entre des choses. *Unir deux mots par une conjonction de coordination.* **3** Créer un lien d'affection, d'intérêt, de parenté entre des personnes, des groupes. *C'est l'amitié qui les unit.* **4** Allier, associer en soi des caractères dissemblables. *Il unissait l'intelligence de l'esprit à celle du cœur.* ETY Du lat.

**unisexe** *a* Qui peut être porté indifféremment par les hommes ou par les femmes.

**unisexué, ée** *a* BIOL, BOT Qui possède les caractères d'un seul sexe. VAR **unisexuel, elle** DER **unisexualité** *nf*

**unisson** *nm* **1** MUS Accord de plusieurs voix ou de plusieurs instruments qui émettent au même moment les mêmes notes. *Chanter, jouer à l'unisson.* **2** fig Harmonie intellectuelle, affective. *Leurs esprits sont à l'unisson.* ETY Du lat.

**Unità (l')** (« l'Unité »), quotidien italien (1924-2014) fondé dans la clandestinité, qui fut l'organe du Parti communiste italien.

**unitaire** *a* **1** Qui tend vers, concerne l'unité politique. *Un programme unitaire.* **2** Propre à chaque élément d'un ensemble composé d'éléments semblables ; de chaque unité. *Le prix unitaire des tuiles d'un toit.*

**unitarien, enne** *a, n* RELIG Qui nie le mystère de la Trinité, y voyant un abandon du monothéisme.

**unitarisme** *nm* **1** Doctrine de ceux qui recherchent l'unité politique ou religieuse. *L'unitarisme musulman.* **2** RELIG Doctrine protestante des unitariens. DER **unitariste** *a, n*

**unité** *nf* **1** Chacun des éléments semblables composant un nombre. *Le nombre vingt est composé de vingt unités.* **2** Nombre un. *Nombre supérieur à l'unité.* **3** ARITH Chiffre qui est placé le plus à droite, dans un nombre entier à plusieurs chiffres. *La colonne des unités, dans une addition.* **4** Élément d'un ensemble. *Les unités lexicales.* **5** Grandeur choisie pour mesurer les grandeurs de même espèce. *Le mètre est l'unité de longueur du système métrique.* **6** Ce qui forme un tout organisé, cohérent. *Une unité urbaine.* **7** Caractère, état de ce qui est un, de ce qui forme un tout cohérent, harmonieux. *L'unité de l'Église, de la nation. Cette œuvre manque d'unité.* **8** Caractère de ce qui est unique. *Instaurer l'unité du commandement.* **9** MILIT Formation ayant une composition, un armement, des fonctions déterminés. **LOC** MILIT ***Grandes unités*** : division, corps d'armée, armée. — MILIT ***Petites unités*** : section, compagnie, bataillon, régiment. — LITTER ***Règle des trois unités*** *(unités d'action, de lieu et de temps)* : dans le théâtre classique, règle selon laquelle une pièce doit comporter une seule action principale se déroulant dans le même lieu, dans l'espace d'un jour. — INFORM ***Unité arithmétique et logique*** : élément d'un ordinateur qui effectue les calculs arithmétiques et les opérations logiques. — ASTRO ***Unité astronomique (UA)*** : unité de longueur utilisée pour exprimer les distances des corps du système solaire, basée sur la distance que parcourt la lumière en un temps de 499,004 782 s. ; 1 UA = 149 597 870 km, longueur proche de la distance moyenne de la Terre au Soleil. — INFORM ***Unité centrale*** : élément d'un ordinateur dans lequel sont exécutées les instructions des programmes à traiter. — ECON ***Unité de compte*** : étalon monétaire non soumis aux fluctuations des monnaies nationales. — ***Unité de formation et de***

*recherche (UFR)* : département universitaire spécialisé dans une discipline. — PHYS NUCL ***Unité de masse atomique (u)*** : unité qui, par définition, vaut $\frac{1}{N}$ gramme, N étant égal à $6{,}022.10^{23}$. — ***Unité de valeur (UV)*** : élément de base de l'enseignement universitaire correspondant à une discipline précise et à un programme défini (cours, travaux dirigés, stages, etc.), et dont il faut un certain nombre pour obtenir un diplôme. — ***Unité de vie familiale (UVF)*** : local aménagé dans certaines prisons pour permettre à un détenu de recevoir sa famille.

ENC Une unité est une grandeur de référence à laquelle on se rapporte pour mesurer des grandeurs de même nature (le terme *grandeur* désignant tout ce qui est susceptible d'augmenter ou de diminuer, d'être plus ou moins étendu, plus ou moins intense). Pour qu'une grandeur soit *mesurable*, il faut pouvoir définir l'égalité et l'addition de deux grandeurs de même nature. Ainsi, une longueur est une grandeur mesurable, tandis qu'une température (repérée sur l'échelle Celsius, par ex.) n'est pas véritablement mesurable, car on peut définir l'égalité de deux températures mais non leur somme. Depuis 1960, la Conférence générale des poids et mesures a adopté le système métrique à sept unités de base, appelé *système international (SI)*. Il a remplacé les anciens systèmes MKpS, CGS, MTS et MKSA, qui doivent leurs noms aux symboles des unités fondamentales qu'ils utilisaient. Les sept unités fondamentales du système SI sont le *mètre* (longueur), le *kilogramme* (masse), la *seconde* (temps), l'*ampère* (intensité d'un courant électrique), le *kelvin* (température thermodynamique), la *candela* (intensité lumineuse) et la *mole* (quantité de matière). L'ensemble de ces unités permet de définir des *unités dérivées*, en particulier le *newton* (force), le *joule* (énergie), le *watt* (puissance), le *pascal* (pression) et le *hertz* (fréquence). V. tableau des unités physiques, page 1838.

**United Artists** société cinématographique américaine fondée en 1919 par Chaplin, Fairbanks, Griffith, Mary Pickford (1893 – 1979) ; rachetée par la Metro-Goldwyn-Mayer en 1981. VAR **Artistes Associés**

**United Fruit Company** (*Chiquita Brands International* depuis 1989), société américaine, créée en 1899, de production et de distribution de produits alimentaires. Elle exploite d'immenses territoires en Amérique centrale.

**United Press** agence de presse américaine fondée en 1907. En 1958, elle fusionna avec l'*International News Service* et devint *United Press International* (UPI).

**unitif, ive** *a* RELIG Se dit de l'union mystique avec Dieu.

**univalent, ente** *a* Syn. de *monovalent*.

**univalve** *a* ZOOL Dont la coquille ne comporte qu'une valve.

**univers** *nm* **1** Ensemble de tout ce qui existe dans le temps et dans l'espace. **2** (Avec une majuscule.) Ensemble de tous les corps célestes et de l'espace où ils se meuvent. *Les astronomes étudient la structure de l'Univers.* **3** La Terre, en tant que lieu où vivent les hommes ; humanité. *Une arme dont la puissance fait trembler l'univers.* **4** fig Milieu où se cantonnent les activités, les pensées de qqn ; monde particulier. *Son village est tout son univers. L'univers de la folie.* **LOC** LOG ***Univers du discours*** : ensemble des éléments et des classes logiques auxquels on se réfère dans un jugement ou un raisonnement. ETY Du lat.

ENC La mesure en 2004 de la température de naines blanches de l'amas globulaire M 4 montre qu'elles sont âgées de 12 à 13 milliards d'années. En conséquence, l'Univers serait âgé de 13 à 14 milliards d'années. Selon la théorie du big-bang, l'Univers aurait été, au temps zéro, un point de densité infinie et d'infinie courbure de l'espace-temps. Les progrès de la physique des particules ont permis de décrire l'histoire de l'Univers à partir de l'instant $t = 10^{-43}$ s après le big-bang : son diamètre est alors de $10^{-28}$ cm et sa température de $10^{32}$ K ; il est dans un état de « vide quantique ». Dans la période qui s'étend de $t = 10^{-35}$ s à $t = 10^{-32}$ s, l'Univers connaît une expansion très rapide, au début de laquelle les quarks, les électrons, les neutrinos et leurs antiparticules vont surgir du vide, avec un très léger excédent de matière par rapport à l'antimatière (un milliard de particules plus une sont créées contre un milliard d'antiparticules). Cette « soupe » de particules est présente jusqu'à $t = 10^{-6}$ s, quand la température devient suffisamment basse ($10^{13}$ K) pour que les associations de quarks restent stables sous forme de protons, de neutrons et de leurs antiparticules. Particules et antiparticules vont s'annihiler les unes les autres, aboutissant à un Univers dominé par le rayonnement (*ère radiative*) et où ne subsiste qu'un infime résidu (un milliardième) de particules. La *nucléosynthèse* primordiale se déroule entre $t = 3$ min et $t = 30$ min : protons et neutrons peuvent s'assembler en noyaux atomiques légers tels que l'hélium, l'élément le plus abondant de l'Univers après l'hydrogène. À $t = 500\,000$ ans, l'Univers s'est assez refroidi (3 000 K) pour que les atomes deviennent stables ; liés aux protons et aux noyaux atomiques, les électrons ne s'opposent plus au rayonnement, qui se dissocie de la matière : l'Univers est devenu transparent. Ce rayonnement qui baigne tout l'Univers est encore perceptible auj., mais sa température caractéristique n'est plus que de 2,7 K en raison de l'expansion de l'Univers, qui s'est poursuivie depuis ses débuts. En 1965, la découverte de ce rayonnement « fossile » (dit *cosmologique*) confirma la thèse du big-bang. Depuis la phase de dissociation, l'évolution de l'Univers est déterminée par la gravitation. Si sa densité moyenne est supérieure à la *densité critique* (env. $5 \times 10^{-30}$ g/cm$^3$), ce qu'on ignore encore, les forces de liaison gravitationnelle l'emporteront sur l'expansion, qui finira par s'inverser : une phase de contraction ramènera l'Univers à son point initial (*Univers fermé*). Sinon, l'Univers se dilatera éternellement (*Univers ouvert*). L'unification des théories de la relativité générale et de la physique quantique nous diront peut-être un jour comment l'univers a été créé, mais pas par qui, ni pourquoi.

**universaliser** *vt* ① didac Rendre universel, généraliser. *Universaliser l'instruction.* DER **universalisation** *nf*

**universalisme** *nm* **1** Vision des problèmes politiques sous un angle universel, mondialisme. **2** PHILO Doctrine de ceux qui ne voient d'autorité que dans le consentement universel. **3** THEOL Doctrine selon laquelle Dieu veut la rédemption de tous les hommes. DER **universaliste** *a, n*

**universaux** *nm pl* **1** PHILO Idées générales, opposées aux individus singuliers dans la philosophie scolastique. **2** LING Concepts ou formes linguistiques qui seraient communs à toutes les cultures et à toutes les langues existantes.

ENC La querelle des universaux fut, à partir du XII$^e$ s., au cœur des discussions dans toutes les universités médiévales. Les *nominalistes*, ou *empiristes* (notam. Guillaume d'Occam, au XIV$^e$ s.), considéraient que les idées générales, les universaux, sont uniquement des mots, des noms. Leurs adversaires platoniciens (tenants du *réalisme*, dit aussi *rationalisme*) affirmaient que les universaux (les Idées de Platon) constituent la réalité effective.

**universel, elle** *a, nm* **A** *a* **1** Qui porte sur tout ce qui existe. *Connaissances universelles.* **2** Qui s'étend à tout l'univers physique. **3** Qui se rapporte, qui s'étend au monde entier, à l'humanité tout entière. *L'histoire universelle. Gloire universelle.* **4** Qui concerne toutes les personnes, toutes les choses considérées. *Suffrage universel.* **5** Qui a des connaissances, des aptitudes dans tous les domaines. *Léonard de Vinci fut un génie universel.* **B** *nm* PHILO Ce qu'il y a de commun à tous les individus d'une classe. ANT particulier. **LOC** PHYS ***Constante universelle*** : constante (dite aussi *invariant*) qui ne varie pas dans l'Univers, quel que soit le système de référence utilisé. — LOG ***Proposition universelle*** dans laquelle le sujet est pris dans toute son extension. DER **universalité** *nf* – **universellement** *av*

**universitaire** *a, n* **A** *a* Qui appartient, qui a rapport aux universités. *Enseignement universitaire.* **B** *n* **1** Personne qui enseigne dans une université. **2** Belgique, Suisse Personne diplômée d'une université. **3** Belgique, Afrique Étudiant(e) d'une université. **LOC** ***Cité universitaire*** : où sont logés les étudiants.

**université** *nf* **1** Établissement public d'enseignement supérieur groupant plusieurs établissements scolaires. *Les universités françaises sont constituées de plusieurs unités de formation et de recherche.* **2** (Avec une majuscule.) En France, l'ensemble du corps enseignant recruté par l'État, qui dispense l'enseignement supérieur. **LOC** ***Université d'été*** : session d'études, de réflexion ou de formation organisée par les partis politiques, en été. ETY Du lat. *universitas*, « communauté ».

ENC L'Université, née au cours du Moyen Âge, dépendait alors du clergé. Sous l'Ancien Régime, les universités étaient créées par une charte royale. Une charte de Philippe Auguste fonda en 1200 l'université de Paris (nommée par la suite Sorbonne), qui connut son apogée du XIII$^e$ au XV$^e$ s. ; à partir du XVI$^e$ s., son opposition à la Renaissance humaniste entraîna son déclin. En province, d'autres universités virent le jour (notam. à Toulouse et à Montpellier). En 1806, Napoléon fit de l'Université l'organisation nationale de l'enseignement.

**univitellin, ine** *a* BIOL Syn. de *monozygote*. ANT bivitellin.

**univoltin, ine** *a* ZOOL Se dit d'une espèce d'arthropode dont le cycle de vie comporte une génération par an.

**univoque** *a* didac **1** Se dit des noms qui s'appliquent dans le même sens à plusieurs choses d'un même genre. *Animal est un terme univoque à l'aigle et au lion.* **2** Qui n'est pas équivoque. **LOC** MATH ***Correspondance univoque*** : correspondance entre deux ensembles telle qu'à tout élément de l'un correspond un élément et un seul de l'autre. ETY Du lat. class. *unus*, « un », et *vox, vocis*, « voix ». DER **univocité** *nf*

**Unkei** (Kyōto, v. 1148 – ?, 1223), sculpteur japonais de l'époque Kamakura : Rois-gardiens du temple Tōdai-ji de Nara (1203).

**Unkiar-Skelessi** (en turc *Hünkar iskelesi*), village de Turquie, sur la rive asiatique du Bosphore, où fut signé en 1833 un traité ouvrant les Dardanelles aux Russes.

**UNR** sigle de *Union pour la nouvelle République*.

**UNSA-Éducation** sigle de *Union nationale des syndicats indépendants de l'éducation*, nom adopté en 2000 par la FEN.

**Untel, Unetelle** *n* Individu anonyme, quelqu'un, n'importe qui ; personne que l'on ne veut pas nommer. *Dîner chez les Untel.*

**Unter den Linden** (mots all. signif. « Sous les tilleuls »), avenue de Berlin qui part de la porte de Brandebourg.

**Unterwald** (en all. *Unterwalden*), cant. de la Suisse centrale, au S. du lac des Quatre-Cantons, divisé en deux demi-cantons : Nidwald (276 km$^2$ ; 38 600 hab. ; ch.-l. *Stans*) et Obwald (491 km$^2$ ; 32 700 hab. ; ch.-l. *Sarnen*). – Cette région des Préalpes tire ses ressources de l'élevage bovin, de la forêt et du tourisme. – Ce fut un des trois premiers cantons de la Confédération (1291). Il adhéra au Sonderbund (1845).

**Un tramway nommé Désir** Drame de Tennessee Williams (1947). ▷ CINE Film de E. Kazan (1950), avec M. Brando et Vivien Leigh (1913 – 1967).

**ununoctium** *nm* Elément chimique transuranien, de numéro atomique 118.

**Unzen** volcan du Japon, dans l'O. de Kyūshū ; 730 m ; éruption en 1992.

**upanishad** *nm* Texte sacré du brahmanisme, considéré comme issu d'une révélation. PHO [upaniʃad] ETY Mot sanscrit.

ENC La tradition reconnaît 118 upanishads comme authentiques et les intègre au Veda. Les plus anc., au nombre de 14, furent écrits entre 600 et 300 av. J.-C. Proposant une connaissance transcendante, ils se présentent eux-mêmes comme des supports menant à une réalité supra-naturelle, ineffable, celle de Brahma, du soi universel et de la relation de celui-ci avec l'âtmâ, le soi individuel.

**upas** *nm* Sève vénéneuse d'un grand arbre du Sud-Est asiatique, utilisée par les indigènes pour empoisonner leurs flèches. PHO [ypas] ETY Mot malais, « poison ».

**Updike John** (Reading, Pennsylvanie, 1932 – Beverly Farms, Mass., 2009), romancier américain : *Cœur de lièvre* (1960), *Couples* (1968).

**upérisation** *nf* TECH Méthode de stérilisation continue des liquides (du lait en particulier) par injection de vapeur surchauffée. ETY De l'angl. DER **upérisé, ée** *a*

**UPI** → **United Press.**

**Upolu** île de l'État des Samoa occid. ; 1 127 km$^2$ ; 108 600 hab. ; ch.-l. *Apia.*

**uppercut** *nm* SPORT En boxe, coup de poing donné de bas en haut au menton. PHO [ypɛʀkyt] ETY Mot angl.

**Uppsala** v. de Suède, au N.-O. de Stockholm ; 154 710 hab. ; ch.-l. du län du m. nom. Industries. – Archevêché luthérien. Cath. goth. XIII$^e$-XV$^e$ s. – Université fondée en 1477. – Uppsala devint la cap. religieuse de la Suède au XII$^e$ s.

**upsilon** *nm* **1** Vingtième lettre de l'alphabet grec (Υ, υ) qui équivaut au *u* français, devenue *y* dans la plupart des mots français tirés du grec. **2** PHYS NUCL Particule la plus massive de la famille des mésons. PHO [ypsilɔn]

**upwelling** *nm* OCEANOGR Remontée d'eaux froides des profondeurs océaniques près de certaines côtes. PHO [œpweliŋ] ETY Mot angl.

**ur-, uro-** Éléments, du gr. *oûron,* « urine ». ETY Mot gr.

**Ur** anc. v. du S. de la Mésopotamie, sur la r. dr. de l'Euphrate (à Tell al-Muqayyar, Irak). – Patrie d'Abraham, selon la Bible. À la fin du IV$^e$ millénaire, les Sumériens y développèrent une civilisation qui s'épanouit v. 2700-2500 av. J.-C. La v. connut son apogée (tombes royales au riche mobilier) sous la III$^e$ dynastie, fondée au XXI$^e$ s. av. J.-C. par le roi Ur-Nammu, qui en fit sa cap. VAR **Our**

civilisation d'**Ur** : tête de taureau sur une harpe appartenant à une princesse sumérienne, III$^e$ millénaire av. J.-C. – Musée archéologique, Bagdad

**Urabi Pacha** (Harya-Ruzna, Basse-Égypte, 1839 – Le Caire, 1911), officier égyptien. Créateur (1881) du Parti national, hostile à la G.-B., il fut déporté à Ceylan (1882-1901). VAR **Arabi Pacha**

**uracile** *nm* BIOCHIM Base pyrimidique constituant des acides ribonucléiques.

**uraète** *nm* ORNITH Grand aigle australien brun-noir atteignant 2,40 m d'envergure. ETY Du gr. *oura,* « queue » et *aetos,* « aigle ».

**uraète** audacieux

**uræus** *nm inv* ARCHEOL Figure du serpent naja, protecteur des pharaons, qui le portaient sur leur couronne. PHO [yʀeys] ETY Du gr.

*Aménophis III portant l'***uræus,** peinture égyptienne du Nouvel Empire – musée du Louvre

**uranate** *nm* CHIM Sel dérivé de l'uranium.

**urane** *nm* CHIM Oxyde d'uranium, longtemps confondu avec l'uranium.

**uranie** *nf* Grand papillon sud-américain ou malgache aux couleurs vives. ETY Du lat.

**Uranie** l'une des neuf Muses ; elle présidait à l'astronomie.

**uranifère** *a* Qui contient de l'uranium.

**uranisme** *nm* litt Homosexualité masculine. ETY Du gr. *ourania,* « la Céleste », surnom d'Aphrodite.

**uranium** *nm* **1** Élément métallique de numéro atomique Z = 92 et de masse atomique 238,03. SYMB U. **2** Métal (U) de densité 18,9, qui fond à 1 130 °C et bout à 3 800 °C, qu'on trouve dans la nature sous forme d'oxydes d'uranium. PHO [yʀanjɔm] ETY D'un n. pr. DER **uranique** *a*

**uranoplastie** *nf* CHIR Restauration du voile du palais. ETY Du gr. *uranos,* « voûte ».

**uranoscope** *nm* Poisson perciforme des mers chaudes dont les yeux sont situés sur la partie dorsale de la tête, appelé *rascasse blanche* dans la région méditerranéenne. ETY Du gr.

**Uranus** septième planète du système solaire, découverte par William Herschel en 1781. Sa distance au Soleil est de 2 729 700 000 km au périhélie et de 3 004 400 000 km à l'aphélie ; son orbite est inclinée de 46' par rapport au plan de l'écliptique. L'essentiel de nos connaissances provient du survol de la planète par *Voyager 2* en 1986. Avec un diamètre équatorial de 51 120 km et une densité de 1,19, Uranus se range dans la catégorie des *planètes géantes.* Elle tourne sur elle-même en 17 h 14 min autour d'un axe quasiment couché sur le plan de l'orbite, particularité unique dans le système solaire. Au cours de sa révolution de 84 ans et 7,4 jours, les deux pôles de la planète sont successivement exposés au Soleil. Comme les autres planètes géantes, Uranus est entourée d'un système d'anneaux, localisé dans le plan équatorial de la planète, presque perpendiculairement au plan de son orbite. Elle a vingt-sept satellites, dont seuls les cinq principaux (500 à 1 600 km de diamètre) étaient connus avant 1986.

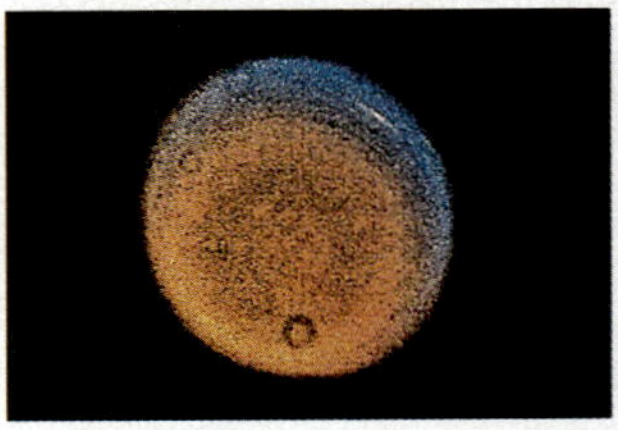

vue générale d' **Uranus,** transmise par *Voyager 2*

**uranyle** *nm* Radical bivalent $U0_2$.

**Urartu** → **Ourartou.**

**urate** *nm* BIOCHIM Sel de l'acide urique.

**urbain, aine** *a, n* **A** *a* **1** ANTIQ De Rome. *Les quatre tribus urbaines.* **2** De la ville, propre à la ville. *Voirie urbaine.* **3** litt Qui fait preuve d'urbanité. SYN courtois. **B** *n* Habitant d'une ville. *Les urbains et les ruraux.* ETY Du lat.

**Urbain** nom de huit papes. — **Urbain II (bienheureux) Eudes de Lagery** (Châtillon-sur-Marne, vers 1042 – Rome, 1099), pape de 1088 à 1099 ; il réunit le concile de Clermont qui décida la 1$^{re}$ croisade. — **Urbain III Uberto Crivelli** (Milan, vers 1120 – Ferrare, 1187), pape de 1185 à 1187 ; il combattit Frédéric Barberousse. — **Urbain V (bienheureux) Guillaume de Grimoard** (château de Grisac, Gévaudan, v. 1310 – Avignon, 1370), pape de 1362 à 1370 ; grand humaniste. — **Urbain VI Bartolomeo Prignano** (Naples, v. 1318, – Rome, 1389), pape de 1378 à 1389. Sous son pontificat commença le grand schisme d'Occident. — **Urbain VIII Maffeo Barberini** (Florence, 1568 – Rome, 1644), pape de 1623 à 1644 ; il condamna Galilée en 1633 et l'*Augustinus* de Jansénius en 1643.

**Urbain Georges** (Paris, 1872 – id., 1938), chimiste français : travaux sur les terres rares.

**urbaniser** *vt* ① Transformer un espace rural en un espace à caractère urbain, par la création de rues, de logements, d'industries. DER **urbanisable** *a* – **urbanisation** *nf*

**urbanisme** *nm* Ensemble des études et des conceptions ayant pour objet l'implantation et l'aménagement des villes. DER **urbaniste** *n* – **urbanistique** *a*

**urbanité** *nf* **1** litt Politesse raffinée que l'on acquiert par l'usage du monde. SYN courtoisie. **2** URBAN Ce qui fait qu'une agglomération constitue une ville.

**urbi et orbi** *av* **1** LITURG CATHOL Paroles qui accompagnent les bénédictions que le pape adresse à la ville de Rome (*urbi*) et au monde entier (*orbi*). **2** Partout. *Annoncer quelque chose urbi et orbi.* PHO [yʀbietɔʀbi] ETY Mots lat.

**Urbino** v. d'Italie (Marches, prov. de Pesaro-et-Urbino) ; 15 920 hab. – Archevêché. Églises. Musée. Palais ducal (XV$^e$ s.). Import. centre de céramique aux XVI$^e$-XVII$^e$ s. – Cap. de l'anc. comté d'Urbino, érigé en duché en 1443 ; réuni en 1631 aux États de l'Église.

**urcéolé, ée** *a* BOT Renflé, en forme de vase. *Les fleurs urcéolées du muguet.*

**urdu** *nm* Langue officielle du Pākistān, apparentée à l'hindi. ETY Mot indien. VAR **ourdou**

**-ure** CHIM Suffixe indiquant que le composé est un sel d'hydracide (ex. *chlorure, sulfure*).

**ure** → **urus.**

**uréase** *nf* BIOCHIM Enzyme végétale qui transforme l'urée en carbonate d'ammonium.

**urédinale** *nf* BOT Champignon basidiomycète parasite responsable des *rouilles* des végétaux. [ETY] Du lat. *urere*, « brûler ». [VAR] **urédinée**

**urédospore** *nf* BOT Spore des urédinales, assurant leur multiplication végétative.

**urée** *nf* BIOCHIM Diamide de l'acide carbonique, produit final de la dégradation par le foie des acides aminés. *L'urée est éliminée dans les urines.* [DER] **uréique** *a*

**uréide** *nm* CHIM Nom générique des dérivés de l'urée, dont certains, comme l'acide barbiturique, jouent un rôle physiologique important.

**urémie** *nf* MED Intoxication liée à une insuffisance rénale qui détermine l'accumulation d'urée dans le sang. [DER] **urémique** *a, n*

**uréogenèse** *nf* BIOCHIM Transformation par le foie de l'ammoniac en urée.

**-urèse** Élément, du gr. *ourêsis*, « action d'uriner », *oûron*, « urine ». [VAR] **-urie**

**uretère** *nm* ANAT Chacun des deux canaux qui conduisent l'urine depuis le bassinet du rein jusqu'à la vessie. [ETY] Du gr. [DER] **urétéral, ale, aux** *a*

**urétérite** *nf* MED Inflammation des uretères.

**uréthane** *nm* CHIM Nom générique des esters de formule R–O–CO–$NH_2$, dont dérivent, par polymérisation, les polyuréthanes. [VAR] **uréthanne**

**urètre** *nm* ANAT Canal musculo-membraneux qui mène de la vessie à l'extérieur, où il s'ouvre par le méat urétral ; il sert à l'évacuation de l'urine et, chez l'homme, au passage du sperme. [ETY] Du gr. [DER] **urétral, ale, aux** *a*

**urétrite** *nf* MED Inflammation de l'urètre.

**Urey Harold Clayton** (Walkerton, Indiana, 1893 – La Jolla, Californie, 1981), chimiste américain. Il découvrit en 1932 l'eau lourde et le deutérium. P. Nobel 1934.

**Urfa** (anc. *Édesse*), v. de Turquie, près de la Syrie ; 147 500 hab. ; ch.-l. de l'il du m. nom.

**Urfé Honoré d'** (Marseille, 1567 – Villefranche-sur-Mer, 1625), écrivain français. Son roman pastoral, *l'Astrée* (1607-1628), exerça une influence considérable.

**-urge, -urgie** Éléments, du gr. *ergon*, « travail ».

**Urgel** → **Seo de Urgel.**

**urgence** *nf* **1** Caractère de ce qui est urgent. *Il y a urgence.* **2** Ce qui est urgent ; cas, situation devant être réglés sans délai. *Service des urgences d'un hôpital.* LOC *D'urgence :* immédiatement, sans délai.

**urgent, ente** *a* Pressant, qui ne souffre aucun retard, ne peut être différé. *Des affaires urgentes.* LOC fam *Juger urgent d'attendre :* ne pas être pressé, prendre tout son temps. [ETY] Du lat. [DER] **urgemment** *av*

**urgentiste** *n* Médecin spécialisé dans les urgences.

**urger** *vi* [13] fam Devenir urgent, pressant.

**urgonien, enne** *nm, a* GEOL Se dit d'un faciès calcaire du crétacé inférieur.

**Uri** cant. suisse, au S. du lac des Quatre-Cantons ; 1 076 km² ; 34 170 hab. ; ch.-l. *Altdorf*. – Ce canton alpin, drainé par la Reuss et peu fertile, vit de l'élevage bovin et du tourisme. Le col du Saint-Gothard (route et voie ferrée) en fait une import. voie de passage. [DER] **uranais, aise** *a, n*
**Histoire** En 1291, son représentant, Walter Fürst, prêta le serment du Grütli (avec les cant. d'Unterwald et de Schwyz). Peu après, selon la légende, un citoyen d'Uri, Guillaume Tell, affronta le bailli Gessler. En 1845, le canton fit partie du Sonderbund.

**uric(o)-** Élément, de *urique.*

**uricémie** *nf* MED Taux d'acide urique dans le sang.

**uridine** *nf* BIOCHIM Nucléoside entrant dans la composition de l'ARN, dont la base azotée est l'uracile.

**Urie** officier de David. Le roi, désireux d'épouser sa femme, Bethsabée, l'exposa à un poste dangereux où il trouva la mort.

**urinal** *nm* Récipient à col incliné destiné à permettre aux hommes alités d'uriner commodément. SYN pistolet. PLUR urinaux.

**urine** *nf* Liquide organique excrémentiel de couleur jaune ambré, sécrété par les reins, composé essentiellement d'eau, de sels minéraux et de matières organiques. [ETY] Du lat. *aurum*, « or », à cause de la couleur. [DER] **urinaire** *a*

**uriner** *v* [1] Évacuer l'urine. SYN fam pisser.

**urineux, euse** *a* MED De la nature de l'urine, relatif à l'urine.

**urinifère** *a* ANAT Qui conduit l'urine.

**urinoir** *nm* **1** Endroit, édicule public aménagé pour uriner, à l'usage des hommes. SYN fam pissotière. **2** Appareil sanitaire servant à uriner.

**urique** *a* LOC BIOCHIM *Acide urique :* produit de la dégradation des acides nucléiques, éliminé par les urines.

**URL** *nf* INFORM Adresse d'un site Internet, commençant par « http:// ». [ETY] Abrév. de *Uniform Resource Locator.*

**urne** *nf* **1** ANTIQ Vase oblong à corps renflé. **2** Vase qui contient les cendres d'un mort. **3** Boîte dans laquelle les votants déposent leur bulletin, lors d'un scrutin. **4** BOT Partie du sporange des mousses contenant les spores. [ETY] Du lat.

**uro-, -ure, -oure** Éléments, du gr. *oura*, « queue ».

**urobiline** *nf* BIOCHIM Pigment urinaire provenant de la dégradation de l'hémoglobine.

**urochrome** *nm* BIOCHIM Principale substance colorante de l'urine.

**urocordé** *nm* ZOOL Syn. de *tunicier.*

**urodèle** *nm* ZOOL Amphibien des régions tempérées de l'hémisphère N., dont la queue subsiste après la métamorphose (salamandre, triton, etc.). [ETY] Du gr.

**urogénital, ale** *a* Syn. de *génito-urinaire.* PLUR urogénitaux.

**urographie** *nf* LOC MED *Urographie intraveineuse :* radiographie de l'appareil urinaire après injection d'un produit opaque aux rayons X, qui est ensuite éliminé par les reins.

**urokinase** *nf* Enzyme fibrinolytique utilisée contre les thromboses et les phlébites.

**urolagnie** *nm* Comportement sexuel lié à l'érotisation de la miction. SYN ondinisme.

**urologie** *nf* didac Branche de la médecine qui traite des affections de l'appareil urinaire (et génital, chez l'homme). [DER] **urologique** *a* – **urologue** *n*

**uromastix** *nm* ZOOL Agame du Sahara, long de 40 cm, à la queue épineuse et mobile. *L'uromastix est inoffensif.* SYN fouette-queue. [ETY] Du gr.

**uromastix** au soleil : son dos prend des couleurs vives

**uropode** *nm* ZOOL Appendice du dernier segment de l'abdomen des crustacés.

**uropygial, ale** *a* ORNITH Du croupion. PLUR uropygiaux. [ETY] Du gr.

**uropygien, enne** *a* LOC ZOOL *Glande uropygienne :* glande du croupion des oiseaux,

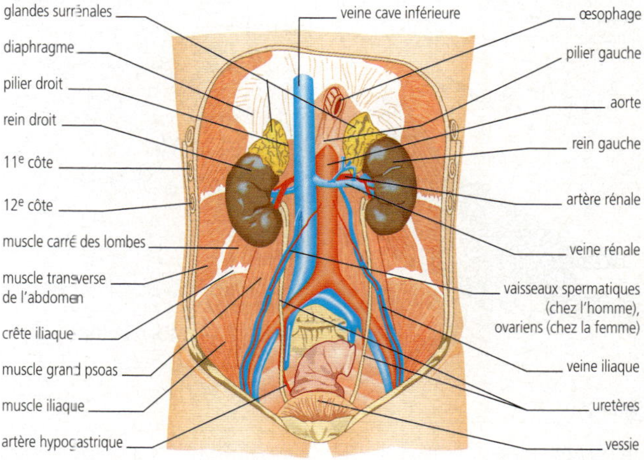


appareil **urinaire :** paroi postérieure de l'abdomen

dont la sécrétion grasse imperméabilise les plumes.

**Urraque** (en esp. *Urraca*) (?, v. 1081 – Saldaña, 1126), reine de Castille et de Léon (1109-1122). Elle succéda à son père Alphonse VI. Le pape annula son mariage avec Alphonse Ier d'Aragon, qui dut reconnaître l'indépendance de la Castille.

**ursidé** *nm* ZOOL Grand mammifère omnivore plantigrade aux formes lourdes et aux membres massifs, dont le type est l'ours. ETY Du lat. *ursus,* « ours ».

**ursin, ine** *a* De l'ours. *La population ursine des Pyrénées.*

**Ursins Marie-Anne de La Trémoille (princesse des)** (Paris, 1642 – Rome, 1722), dame d'honneur de la reine d'Espagne (Marie-Louise de Savoie) en 1701. Elle joua un rôle important jusqu'en 1714.

**URSS** Sigle de *Union des républiques socialistes soviétiques.*

**URSSAF** acronyme pour *Union de recouvrement des cotisations de sécurité sociale et d'allocations familiales.* Ces organismes départementaux ont été créés en 1960.

**Ursule (sainte)** (IIIe s. ?), personnage sans doute légendaire, fille (chrétienne) d'un roi de la Bretagne insulaire (Angleterre). Après un pèlerinage à Rome en compagnie de onze mille vierges, elle aurait été massacrée à Cologne avec ses compagnes pour avoir refusé d'épouser le roi des Huns, qui assiégeait la ville.

**ursuline** *nf* RELIG **1** Religieuse appartenant à l'une des congrégations placées sous le patronage de sainte Ursule. **2** Religieuse de l'ordre fondé à Brescia par sainte Angèle Merici en 1535.

**urticacée** *nf* BOT Plante le plus souvent herbacée aux feuilles simples, parfois urticantes, dont la famille comprend l'ortie, la pariétaire, etc.

**urticaire** *nf* Éruption subite de papules rouges ou rosées, souvent décolorées au centre, rappelant les piqûres d'ortie et causant de vives démangeaisons. **LOC** fam ***Donner de l'urticaire à qqn*:** l'importuner, l'agacer énormément. ETY Du lat. *urtica,* « ortie ».

**urticant, ante** *a* didac Qui détermine des rougeurs, des démangeaisons analogues à celles des piqûres d'ortie.

**urtication** *nf* MED Rougissement de la peau qui accompagne l'irritation due aux orties ou à une urticaire.

**urubu** *nm* ORNITH Vautour noir charognard d'Amérique tropicale. PHO [yʀyby] ou [uʀubu] ETY Mot tupi.

urubu

**Uruguay** fl. de l'Amérique du Sud (1 580 km); naît au Brésil, à 80 km env. de la côte; il sépare le Brésil et l'Argentine, puis l'Argentine et l'Uruguay, et forme, avec le Paraná, le Río de La Plata.

**Uruguay (République orientale de l')** (*República Oriental del Uruguay*), État de l'Amérique du Sud, sur l'Atlantique, bordé par le Brésil et l'Argentine; 176 210 km²; 3,4 millions d'hab.; accroissement naturel: 0,5 % par an; cap. *Montevideo.* Nature de l'État: république. Langue off.: espagnol. Monnaie: peso uruguayen. Pop. en majorité d'origine européenne. DER **uruguayen, enne** *a, n*

**Géographie** Prolongement de la Pampa argentine, l'Uruguay est un pays de plaines et de plateaux drainé par le Rio Negro et ouvert au S. sur le plus vaste estuaire du monde, le Río de La Plata. Le climat est doux et humide. La pop. est urbanisée: 94 %; 51 % à Montevideo. L'élevage, les céréales, le sucre alimentent l'exportation. Les industries bénéficient d'une fiscalité avantageuse. La dette extérieure est lourde. Au sein du Mercosur, l'Uruguay est écrasé par le Brésil et par l'Argentine, et son déficit comm. s'est accru.

**Histoire** Exploré à partir de 1516 par les Espagnols, le Río de La Plata fut disputé par les Portugais du Brésil et les Espagnols d'Argentine, qui en restèrent maîtres au XVIIIe s. Les gauchos, éleveurs de bétail, ont d'abord constitué le seul peuplement blanc, malgré la résistance des Indiens Charrúas (éliminés en 1832). En 1815, J. Artigas forma un gouv. indépendant. Les Portugais du Brésil intervinrent, annexèrent le pays (1816-1820) puis, après une insurrection soutenue par les Argentins (1825-1827), la Grande-Bretagne imposa l'indépendance de la République orientale (à l'E. du fleuve Uruguay), en 1828. La lutte entre les conservateurs (appuyés par l'Argentine) et les libéraux (appuyés par les Brit. et les Français) provoqua la « Grande Guerre » (1839-1851) où Montevideo, plusieurs fois assiégé, fut défendu par Garibaldi. En 1865, le Brésil et l'Argentine assurèrent le succès des libéraux en échange de leur participation à la guerre contre le Paraguay (1865-1870).

**LE XXe SIÈCLE** Après plusieurs dictatures militaires, J. Batlle y Ordóñez, président de 1903 à 1907 et de 1911 à 1915, assura l'essor écon. et culturel. La crise mondiale de 1929 ouvrit une ère de dictature (1933-1942). Les difficultés écon. et sociales suscitèrent, à partir de 1958, la guérilla urbaine des Tupamaros. L'armée prit le pouvoir en 1973; vu le marasme écon. et la montée de l'opposition, elle rendit le pouvoir aux civils (1984). Élu, Julio Sanguinetti (du Parti colorado, de centre-droite) amnistia les militaires ayant violé les droits de l'homme. Son successeur (1989), Luis Lacalle, proposa un référendum sur les privatisations en 1992 (72% de non). En 1994, J. Sanguinetti fut élu une nouvelle fois. En 1999, le scrutin majoritaire à deux tours nouvellement adopté désigna le candidat de toute la droite, Jorge Battle. En 2004, le socialiste Tabare Vasquez remporte l'élection prés. Son successeur, le socialiste José Mujica, est élu en 2009. T. Vasquez est réélu président en 2014.

**Uruk** → **Ourouk.**

**Urumqi** v. de la Chine du N.-O., dans une oasis; cap. du Xinjiang; 2 millions d'hab. (aggl.). Industries. VAR **Ouroumtsi**

**Urundi** → **Burundi.**

**urus** *nm* ZOOL Syn. de *aurochs.* PHO [yʀys] ETY Du germ. VAR **ure** *nf*

**us** *nmpl* Les usages, les habitudes hérités du passé; les habitudes, la manière de vivre. *Les us et coutumes* PHO [ys] ETY Du lat.

**USA** Sigle de *United States of America.*

**USA** Trilogie romanesque de Dos Passos: *42e Parallèle* (1930), *l'An premier du siècle, 1919* (1932) et *la Grosse Galette* (1936).

**usage** *nm* **A 1** Fait d'utiliser, de se servir d'un objet, d'un procédé, d'une faculté. *L'usage de cet outil, de ce produit remonte à telle époque. Faire bon usage de son pouvoir.* SYN emploi, utilisation. **2** Possibilité d'utiliser. *Perdre l'usage de l'ouïe.* **3** Mise en œuvre effective de la langue dans le discours. *Faire un usage fréquent d'une expression.* **4** Habitude traditionnelle, coutume. *Ne pas connaître les usages d'un pays étranger. Il est d'usage de dire bonjour.* **5** litt Pratique de la bonne société, bonnes manières. *Manquer d'usage.* **6** DR Droit qui permet de se servir d'une chose sans en être le propriétaire. *Usages forestiers.* **7** Manière dont, à une époque et dans un milieu social donnés, se réalisent dans le discours les structures d'une langue. *Grammaire et usage.* **B** *nmpl* Ensemble des façons d'agir, de se conduire, considérées comme correctes dans une société. *Contraire aux usages.* **LOC** ***À l'usage de*:** destiné spécialement à. — ***À usage (de)*:** prévu pour (telle utilisation). — ***Hors d'usage*:** qui ne fonctionne plus, usé au point de ne plus être utilisable. — ***Le bon usage*:** l'usage considéré comme correct par référence à une norme socioculturelle donnée. ETY Du lat.

**usagé, ée** *a* Qui a beaucoup servi, usé.

**usager, ère** *n* **1** DR Personne qui a un droit d'usage. **2** Personne qui utilise qqch, un service public. *Les usagers de la poste.* **3** Personne qui utilise une langue. SYN utilisateur.

**usant, ante** *a* Très fatigant, qui use la santé, les forces, la patience.

**USA Today** quotidien américain à grand tirage créé en 1982.

**USB** *nm* INFORM Bus de bande passante de 1,5 Mb/sec. servant à connecter des périphériques à un microordinateur. ETY Abrév. de l'angl. *universal serial bus.*

**usé, ée** *a* **1** Détérioré par l'utilisation. *Chandail usé aux coudes.* **2** Affaibli, fatigué. *Femme usée par les épreuves.*

**user** *v* ① **A** *vti* Servir de, avoir recours à. *User de persuasion. Il use de termes savants.* **B** *vt* **1** Utiliser, consommer. *Cet appareil use peu d'électricité.* **2** Détériorer un objet à force de s'en servir. *Il use trois paires de chaussures par an.* SYN abîmer, altérer. **3** Diminuer, affaiblir dans son fonctionnement. *User sa santé. La maladie l'a usé prématurément.* **C** *vpr* fig Devenir plus faible, s'amoindrir. *Sa résistance a fini par s'user.* **LOC** litt ***En user*** (suivi d'un adv. ou comp. de manière): agir, se comporter de telle manière. ETY Du lat.

**Ushuaia** v. d'Argentine, la plus australe du monde, en Terre de Feu; 57 000 hab. Pêche.

**usinabilité, usinable, usinage** → **usiner.**

**usine** *nf* **1** Important établissement industriel destiné à transformer des matières premières ou des produits semi-finis en produits finis, ou à produire de l'énergie. *Usine de produits chimiques. Pièces fournies au prix d'usine. Travailler en usine.* **2** fig, fam Lieu où travaille un nombreux personnel, où règne une activité intense. *Ce bureau est une véritable usine.* **LOC** fig, fam ***Usine à gaz*** : organisme énorme, système d'une grande complexité, hétéroclite et enchevêtré. — ***Usine tournevis*** : établissement industriel qui se cantonne dans le montage. ÉTY Du lat. *officina*, « atelier ». DÉR **usinier, ère** *a*

**usine-center** *nm* Syn. (déconseillé) de *magasin d'usine*. PLUR usines-centers. PHO [yzinsentɛʀ] ÉTY De *usine*, et de l'amér. *center*, « centre ».

**usiner** *vt* ① TECH Façonner une pièce avec une machine-outil. **LOC** fam ***Ça usine !*** : on travaille dur. DÉR **usinabilité** *nf* – **usinable** *a* – **usinage** *nm*

**Usinger** Robert (Fort Bragg, 1912 – San Francisco, 1968), entomologiste américain. Spécialiste des hétéroptères, il a contribué à la sauvegarde de la faune des îles Galápagos.

**usité, ée** *a* Courant, en usage. *Locution, mot encore usités.* SYN usuel.

**Üsküdar** → **Scutari.**

**usnée** *nf* BOT Lichen à thalle fruticuleux très ramifié, qui croît sur les rochers et sur les arbres. **LOC** ***Usnée barbue*** : barbe-de-capucin. ÉTY De l'ar. ▶ illustr. **lichens**

**Ussé (château d')** château de la vallée de la Loire (XV$^e$-XVI$^e$ s.), sur l'Indre, dans la com. de Rigny-Ussé (Indre-et-Loire, arr. de Chinon).

**Ussel** ch.-l. d'arr. de la Corrèze ; 10 753 hab. Industries. – Égl. XII$^e$- XIX$^e$ s. Hôtel XVI$^e$ s. Maisons anc. DÉR **ussellois, oise** *a, n*

**ustensile** *nm* Objet, outil d'usage quotidien, ne comportant généralement pas de mécanisme, ou seulement un mécanisme de conception élémentaire. *Ustensile de cuisine, de ménage.* ÉTY Du lat. *utensilia*, « tout le nécessaire ».

**ustilaginale** *nf* BOT Champignon basidiomycète, agent des charbons et des caries des céréales, caractérisé par des spores noires formant des masses pulvérulentes. ÉTY Du lat.

**Ústí nad Labem** v. de la Rép. tchèque, sur l'Elbe ; 91 500 hab. ; ch.-l. de la Bohême-Septentrionale. Industries.

**Ustinov** Peter (Londres, 1921 – Genolier, Suisse, 2004), acteur anglais : *Lola Montès* (1956).

**usucapion** *nf* DR Prescription acquisitive. ÉTY Du lat. *usus*, « usage », et *capere*, « prendre ».

**usuel, elle** *a, nm* **A** *a* Dont on se sert couramment. *Objet usuel. Terme usuel.* SYN habituel, fréquent. **B** *nm* Ouvrage de consultation courante mis en permanence à la disposition des lecteurs dans une bibliothèque. ÉTY Du bas lat. *usus*, « usage ». DÉR **usuellement** *av*

**usufruit** *nm* DR Jouissance d'un bien ou des revenus d'un bien dont la nue-propriété appartient à un autre. ÉTY Du lat. *usus*, « usage », et *fructus*, « jouissance ». DÉR **usufructuaire** *a* – **usufruitier, ère** *n*

**Usumbura** → **Bujumbura.**

**1 usure** *nf* Détérioration due à l'usage ; état de ce qui est usé. *L'usure d'une pièce par frottement. Degré d'usure d'un pneu.* **LOC** fam ***Avoir qqn à l'usure*** : l'amener à céder à force de démarches, de prières répétées. — ***Guerre d'usure*** : dans laquelle chacun des adversaires s'efforce d'user petit à petit les forces de l'autre. ÉTY De *user*.

**2 usure** *nf* Intérêt supérieur au taux maximum légal, exigé par un prêteur ; infraction de celui qui prête à un taux supérieur au taux maximum légal. **LOC** litt ***Rendre, payer avec usure*** : bien au-delà de ce qu'on a reçu. ÉTY Du lat. *usura*, « jouissance de qqch ». DÉR **usuraire** *a*

**usurier, ère** *n* Personne qui prête de l'argent avec usure.

**usurpateur, trice** *n* Personne qui usurpe un pouvoir, un droit. **LOC** HIST ***L'Usurpateur*** : nom donné à Napoléon I$^{er}$ par les royalistes.

**usurper** *vt* ① **1** S'emparer, par la violence ou par la ruse, d'un bien, d'une dignité, d'un pouvoir auxquels on n'a pas droit. SYN s'approprier, s'arroger. *Usurper le trône.* **2** Obtenir sans l'avoir mérité. *Il a usurpé sa réputation de lexicographe.* ÉTY Du lat. DÉR **usurpation** *nf* – **usurpatoire** *a*

**ut** *nm inv* MUS Première note de la gamme majeure ne comportant pas d'altération à la clé et sur laquelle est fondé le système de notation de la musique tonale. SYN do. PHO [yt] ÉTY Du lat. *ut*, premier mot de l'hymne à saint Jean-Baptiste de Paul Diacre, d'où Gui d'Arezzo (v. 990 – v. 1050) a tiré les noms des notes : « *UT queant laxis - REsonare fibris - MIra gestorum - FAmuli tuorum - SOLve polluti - LAbii reatum - Sancte Iohannes* ».

**UT** Abrév. internationale pour *temps universel*.

**Utah** État du centre-ouest des É.-U. ; 219 932 km$^2$ ; 1 723 000 hab. ; cap. *Salt Lake City*. – Une chaîne montagneuse (3 937 m dans les monts Wasatch) sépare le plateau du Colorado, à l'E., du bassin du Grand Lac Salé, à l'O. Le climat est steppique. L'élevage bovin et ovin est important. L'irrigation permet quelques cultures. Les richesses minières des monts Wasatch (cuivre surtout plomb, zinc, or, argent, uranium, houille, fer, etc.) ont suscité une métallurgie importante. – Installés en 1847, les mormons mirent en valeur la région, qui entra dans l'Union en 1896.

**Utamaro** Kitagawa (Kawagoe, 1753 – Edo, auj. Tokyō, 1806), peintre et graveur japonais ; un des maîtres de l'estampe (école de l'ukiyo-e) : *Douze Heures des maisons vertes, Dix Types de visages féminins.*

**UTC** Abrév. internationale pour *temps universel coordonné*.

**utérin, ine** *a* ANAT Qui concerne l'utérus. **LOC** DR ***Frères utérins, sœurs utérines*** : nés de la même mère mais de pères différents.

**utérus** *nm* ANAT Chez la femme et les femelles des mammifères supérieurs, organe musculeux creux qui sert de réceptacle à l'œuf fécondé pendant tout son développement jusqu'à l'accouchement ou la mise bas. PHO [yteʀys] ÉTY Du lat.

ENC Dans l'espèce humaine, l'utérus est situé, dans le petit bassin, entre la vessie et le rectum, au-dessus du vagin. Il a la forme d'un cône tronqué aplati d'avant en arrière et comprend deux parties séparées par un étranglement (nommé l'*isthme*) : le corps, en haut, au-dessus de l'isthme, triangulaire et aplati ; le col, en bas, plus étroit, qui a la forme d'un barillet et dont la partie inférieure est saillante au fond du vagin. L'utérus est relié aux ovaires par les trompes de Fallope. Princ. maladies : infections (endométrite), tumeurs bénignes (polype, fibrome), tumeurs malignes (cancer), prolapsus.

**Utes** Amérindiens originaires de l'État d'Utah (qui leur doit son nom), qu'ils quittèrent pour le Colorado et le Nouveau-Mexique. DÉR **ute** *a*

**Uthman ibn Affan** (m. en 656), troisième calife de l'islam (644-656). Il fit réaliser la version officielle du Coran. Il fut assassiné. VAR **Othman ibn Affan**

**utile** *a, nm* **A** *a* **1** Propre à satisfaire un besoin. SYN avantageux, profitable. *Une découverte utile à la société.* **2** GÉOGR Économiquement exploitable. **3** Qui rend ou qui peut rendre un service. *Il sait se rendre utile.* **B** *nm* Ce qui est utile. *Joindre l'utile à l'agréable.* **LOC** ***En temps utile*** : en son temps, au moment opportun. — PHYS ***Travail, énergie, puissance utiles*** : utilisables. ÉTY Du lat. DÉR **utilement** *av*

**utilisateur, trice** *n* Personne, groupe qui utilise qqch. SYN usager.

**utiliser** *vt* ① **1** Se servir de, employer. *Utiliser un outil, un produit.* **2** Faire servir à tel usage particulier (ce qui n'y était pas spécialement destiné). *Colleur d'affiches qui utilise tous les murs.* DÉR **utilisable** *a* – **utilisation** *nf*

**utilitaire** *a, nm* **A** *a* **1** Qui a avant tout un caractère d'utilité pratique ; qui n'est pas destiné à la distraction, aux loisirs, etc. *Véhicules utilitaires et véhicules de tourisme.* **2** Qui s'attache à l'aspect utile, matériel des choses. *Souci, calcul strictement utilitaire.* **3** PHILO Syn. de *utilitariste*. **B** *nm* **1** Véhicule utilitaire. **2** INFORM Logiciel assurant des fonctions d'intérêt général (recopie, gestion de fichiers, correction).

**utilitarisme** *nm* PHILO Toute doctrine selon laquelle l'utile est la source de toutes les valeurs. *L'utilitarisme de Bentham, de Stuart Mill, de Herbert Spencer.* DÉR **utilitariste** *a, n*

**utilitarisme (De l')** œuvre de J. S. Mill (1863). V. aussi Pragmatisme (le).

**utilité** *nf* **1** Fait d'être utile ; qualité, caractère de ce qui est utile. *Utilité d'un nouveau procédé.* **2** Commodité, convenance de qqn. *Cela ne lui est d'aucune utilité.* **3** Petit rôle. *Acteur qui joue les utilités.* **LOC** ***Expropriation pour cause d'utilité publique*** : du fait de l'acquisition par l'Administration de propriétés particulières, même contre la volonté des propriétaires, en vue de l'intérêt général.

**Utique** anc. v. d'Afrique, au N.-O. de Carthage, au pied du djebel Menzel. Cap. de la prov. romaine d'Afrique après la ruine de Carthage (146 av. J.-C.), elle disparut au VII$^e$ s.

**utopie** *nf* **1** didac Projet d'organisation politique idéale, comme celle du pays d'*Utopie* imaginé par saint Thomas More. **2** Idéal, projet politique qui ne tient pas compte des réalités. **3** Toute idée, tout projet considéré comme irréalisable, chimérique. *Le mouvement perpétuel est-il une utopie ?* ÉTY Du lat. *utopia*, « lieu qui n'existe pas ». DÉR **utopique** *a*

**Utopie** roman de saint Thomas More (lat. 1515-1516 ; trad. angl. posth., 1551) qui décrit l'île d'*Utopia* (mot gr. dont l'étymol. signifie « non lieu, lieu qui n'est pas »).

**utopisme** *nm* Attitude de celui qui a des idées utopiques.

**utopiste** *n, a* **A** *n* didac Auteur d'une utopie. **B** *a, n* Qui relève de l'utopie ; qui a des idées utopiques, rêveur.

**Utrecht** v. des Pays-Bas, sur le canal d'Amsterdam au Rhin ; 230 370 hab. ; ch.-l. de la prov. du m. nom. Industries. – Archevêché catholique. Université. Musées. Cath. XIII$^e$-XVI$^e$ s. – La ville s'est développée autour d'une forteresse romaine. Au VII$^e$ s., les Mérovingiens en firent un centre d'évangélisation des Frisons, qu'ils avaient soumis. Siège d'une riche principauté ecclésiastique (en déclin au XIV$^e$ s.), centre drapier prospère, Utrecht appartint à l'Espagne en 1528 et s'intégra aux Provinces-Unies en 1579. – La *province d'Utrecht* (1 328 km$^2$ ; 965 000 hab.) est une région de polders et de forêts.

**Utrecht (traités d')** traités (1713-1715) qui mirent fin à la guerre de la Succession d'Espagne. Philippe V fut reconnu roi d'Espagne, mais l'Autriche obtint les possessions esp. en Italie et les Pays-Bas espagnols (Belgique et Luxembourg actuels) ; l'Angleterre obtint Gibraltar et Minorque, et, de la France, Terre-Neuve, l'Acadie, la baie d'Hudson.

**Utrecht (Union d')** pacte liant les sept prov. protestantes des Pays-Bas contre l'Espagne (23 janv. 1579).

**utriculaire** *a, nf* **A** *a* SC NAT En forme d'utricule. **B** *nf* BOT Plante carnivore d'eau douce dont les feuilles immergées sont des utricules qui assurent la capture de plancton.

**utricule** *nm* **1** BOT Organe en forme de petite outre, présent notam. chez l'utriculaire. **2** ANAT

Petite vésicule de l'oreille interne, où aboutissent les canaux semi-circulaires. ETY Du lat.

**Utrillo** Maurice (Paris, 1883 – Dax, 1955), peintre français ; fils naturel de Suzanne Valadon. Il peignit Montmartre.

**Utsunomiya** v. du Japon, au N. de Tōkyō ; 405 380 hab. ; ch.-l. de ken. – Université.

**Uttar Pradesh** État du N. de l'Inde ; 294 413 km$^2$ ; 199 581 000 hab. ; cap. *Lucknow*. – Aux frontières de la Chine et du Népal, cet État (le plus peuplé de l'Inde) s'étend dans la plaine du Gange, entre l'Himalaya et le Dekkan. Les crues sont fréquentes, l'irrigation permet deux récoltes par an (blé, riz, canne à sucre, coton). Les villes sont des centres artisanaux et religieux (Bénarès, Āgra, Allahābad). L'industrie reste modeste.

**Utzon** Jorn (Copenhague, 1918 – id., 2008), architecte danois. Opéra de Sydney.

**Uusikaupunki** → **Nystad.**

**1 UV** *nm pl* Rayonnement ultraviolet. (Les *UVA*, de longueur d'onde supérieure, sont moins nocifs pour la peau que les *UVB*, générateurs de mélanomes malins.)

**2 UV** *nf* Abrév. de *unité de valeur*.

**uval, ale** *a* didac Qui a rapport au raisin. *Cure uvale.* PLUR uvaux. ETY Du lat. *uva*, « raisin ».

**uva-ursi** *nm inv* Syn. de *busserole*. ETY Mots lat. « raisin d'ours ».

**Uvéa** la princ. des îles Wallis et des îles qui forment la COM française de Wallis-et-Futuna, portant le ch.-l. *Mata-Utu* ; 96 km$^2$ ; 9 731 hab. VAR **Ouvéa**

**Maurice Utrillo** *Rue de Paris à Asnières* – coll. part.

**uvée** *nf* ANAT Tunique vasculaire de l'œil, entre la sclérotique et la rétine. SYN choroïde.

**uvéite** *nf* MED Inflammation de l'uvée.

**UVF** *nf* Sigle pour *unité de vie familiale*.

**uvulaire** *a* ANAT Qui a rapport à la luette. LOC PHON ***R uvulaire*** : que l'on prononce en faisant vibrer la luette, par oppos. à *r apical*. ETY Du lat.

**uvule** *nf* ANAT Luette. ETY Du lat.

**Uxellodunum** anc. v. de la Gaule, dans le pays des Cadurques (le Quercy actuel), qui résista à César (51 av. J.-C.).

**Uxmal** cité maya du Yucatán, fondée vers le X$^e$ s. Pyramide ; nombr. palais.

**uxorilocal, ale** *a* ETHNOL Syn. de *matrilocal*. PLUR uxorilocaux.

**Uzerche** ch.-l. de cant. de la Corrèze (arr. de Tulle), sur la Vézère ; 3 298 hab. – Égl. romane XI$^e$ -XII$^e$ s. Maisons du XV$^e$ s. DER **uzerchois, oise** *a, n*

**Uzès** ch.-l. de cant. du Gard (arr. de Nîmes), sur l'Alzon ; 8 339 hab. – Anc. évêché. Chât. ducal XI$^e$-XVI$^e$ s. Hôtel de ville XVIII$^e$ s. DER **uzétien, enne** *a, n*

# V v

**V** *nm* **1** Vingt-deuxième lettre (v, V) et dix-septième consonne de l'alphabet, notant la fricative labiodentale sonore [v]. **2** V : chiffre romain qui vaut 5. **3** ELECTR V : symbole du volt. **4** GEOM V : symbole de volume. **5** PHYS V, v : symbole de vitesse. **6** CHIM V : symbole du vanadium. **LOC** *En V :* disposé selon les branches d'un V, en forme de V.

**V1, V2** *nm* Fusées porteuses d'explosifs, à grand rayon d'action, utilisées par les Allemands en 1944 et 1945. (ETY) De l'all. *Vergeltungswaffe*, « arme de représailles ».

**va** *interj* Forme du v. aller. **1** Accompagnant une approbation, un encouragement ou une menace. *Je te comprends, va !* **2** pop Accompagnant une injure. *Va donc, eh, chauffard !* **LOC** ***Va pour :*** soit, j'accepte. *Va pour mille francs, je te signe le chèque.*

**VA** ELECTR Symbole du voltampère.

**Vaal (le)** riv. de l'Afrique du Sud (1 200 km), affl. de l'Orange (r. dr.) ; sert à l'irrigation.

**Vaasa** v. et port de Finlande, sur le golfe de Botnie ; 53 760 hab. ; ch.-l. du län du m. nom.

**VAB** *nm inv* MILIT Blindé léger de fabrication française. (ETY) Abrév. de *véhicule de l'avant blindé.*

**vacance** *nf* **A 1** État d'une dignité, d'une charge vacante. *La vacance du trône.* **2** Dignité, charge vacante. *Il y a une vacance à l'Académie française.* **B** *nf pl* **1** Période de l'année pendant laquelle une activité donnée est interrompue. *Les vacances scolaires, universitaires.* **2** DR Période annuelle d'interruption des séances des tribunaux. **3** Période de l'année correspondant à peu près aux vacances scolaires, et pendant laquelle de nombreuses personnes partent en congé. **4** Temps pendant lequel une personne interrompt ses occupations habituelles pour prendre du repos ; période de congé. *Prendre quelques jours de vacances.* **LOC** ***Les grandes vacances :*** pendant les mois d'été.

**Vacances de M. Hulot (les)** film burlesque de et avec J. Tati (1953).

**Vacances romaines** film de W. Wyler (1953), avec Gregory Peck et Audrey Hepburn.

**vacancier, ère** *n, a* **A** *n* Personne qui est en vacances dans un lieu de villégiature. **B** *a* Qui concerne les vacances. *La ruée vacancière d'août.*

**vacant, ante** *a* Qui n'est pas occupé. *Appartement vacant. Chaire d'université vacante.* SYN inoccupé, libre. **LOC** DR ***Biens vacants :*** qui n'ont pas de propriétaire. — ***Succession vacante :*** ouverte et non réclamée. (ETY) Du lat. *vacare*, « être vide ».

**vacarme** *nm* Bruit très fort ; tapage, tumulte. (ETY) Du moy. néerl. *wacharme*, « hélas ! pauvre ! ».

**vacataire** *n* Personne qui assure une vacation, est rémunérée à la vacation.

**vacation** *nf* **A 1** DR Temps consacré à une affaire par un expert (ou assimilé) ; rémunération de cette activité. **2** Séance de vente aux enchères. **3** Temps pendant lequel une personne est affectée, à titre d'auxiliaire, à une tâche précise ; cette tâche elle-même. *Ce médecin assure trois vacations par semaine à l'hôpital.* **B** *nf pl* DR Vacances des gens de justice.

**Vaccarès (étang de)** étang (6 000 ha) de Camargue. Réserve naturelle.

**vaccin** *nm* MED **1** anc Virus de la vaccine, employé d'abord dans la vaccination contre la variole. **2** Préparation dont l'inoculation dans un organisme provoque un état d'immunité à l'égard d'un micro-organisme déterminé. **3** fig Antidote, remède. *Un vaccin contre la paresse.* (PHO) [vaksɛ̃] (DER) **vaccinal, ale, aux** *a*

ENC La première vaccination a été pratiquée par Jenner (1796), pour protéger de la variole, en inoculant le liquide prélevé dans les pustules du pis de vaches atteintes de la vaccine. Quand Pasteur eut réalisé le vaccin contre la rage (1885), une véritable théorie de la vaccination vit le jour : l'injection dans un organisme d'un antigène microbien non virulent provoque le développement d'une défense immunitaire active (immunité humorale et cellulaire) face à l'infection par ce micro-organisme.

**vaccine** *nf* **1** MED VET Maladie infectieuse des bovins et du cheval, due à un virus, et transmissible à l'homme. **2** MED Réactions apparaissant chez l'homme après l'inoculation du vaccin contre la variole. (PHO) [vaksin] (ETY) Du lat. *variola vaccina*, « variole de la vache ».

**vacciner** *vt* ① **1** Immuniser par un vaccin. **2** fig, fam Immuniser contre, préserver d'un désagrément, un danger. *Après trois divorces, il doit être vacciné contre le mariage.* (DER) **vaccinable** *a* – **vaccinant, ante** *a* – **vaccinateur, trice** *a, n* – **vaccination** *nf* – **vacciné, ée** *n*

**vaccinologie** *nf* Étude des vaccins et de la vaccination. (DER) **vaccinologique** *a* – **vaccinologue** *n*

**vaccinostyle** *nm* MED Petite lame qui permet de vacciner par scarification.

**vaccinothérapie** *nf* MED Utilisation d'un vaccin à des fins thérapeutiques et non préventives.

**vachard, arde** *a* fam Méchant. *Une allusion vacharde.*

**1 vache** *nf* **1** Femelle du taureau. *Vache laitière.* **2** Cuir de cet animal. *Sac en vache.* **LOC** fam ***Il pleut comme vache qui pisse :*** très fort. — ***Maladie de la vache folle :*** nom courant de l'encéphalopathie spongiforme bovine. — fam ***Manger de la vache enragée :*** endurer de nombreuses privations. — fam ***Montagne à vaches :*** moyenne montagne, avant l'escalade des sommets. — fam ***Parler français comme une vache espagnole :*** très mal. — fam ***Période de vaches maigres :*** de privations. — ***Vache à eau :*** sac de toile dans lequel les campeurs conservent l'eau. — fam ***Vache à lait :*** personne dont on tire un profit. — fam ***Vache sacrée :*** personne ou institution inutile mais intouchable. (ETY) Du lat. ▶ illustr. **bœuf**

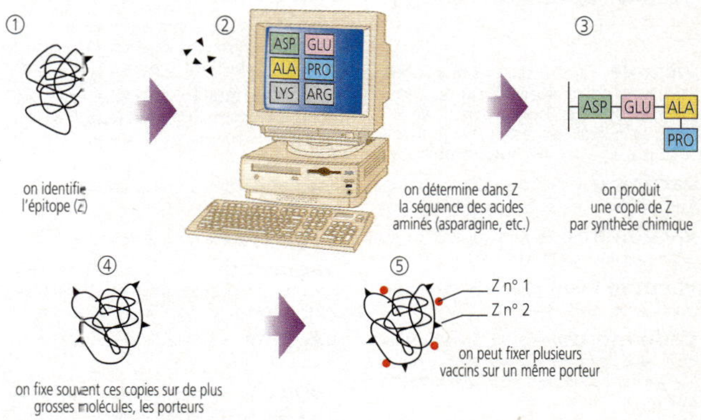


les grandes étapes de la mise au point d'un **vaccin** synthétique

**2 vache** *nf, a* fam **A** *nf* Personne dure, méchante. *C'est une sacrée vache, une vraie peau de vache.* **B** *a* **1** Dur, méchant, impitoyable. *L'examinateur a été très vache.* **2** Très bon, très beau, sensationnel. *On m'a offert un vache de bouquin.* LOC ***La vache !*** : expression intensive exprimant le dégoût, l'admiration, etc. — vx ***Mort aux vaches !*** : mort aux agents de police ! — ***Peau de vache*** : personne méchante, aigrie et sans indulgence.

**Vaché** Jacques (Lorient, 1895 – Nantes, 1919), écrivain français (*Lettres de guerre*, posth., 1919). Dadaïste avant la lettre, il influença le surréalisme.

**vachement** *av* fam Beaucoup, très. *Tu lui as fait vachement plaisir.*

**vacher, ère** *n* Personne qui garde les vaches et les soigne.

**vacherie** *nf* **1** rég Étable à vaches ; endroit où l'on trait les vaches. **2** fam Action, parole méchante, sournoise. *Faire, dire des vacheries à qqn.* **3** fam Caractère d'une personne, d'une action vache. **4** fam Chose désagréable. *Vacherie de temps !*

**vacherin** *nm* **1** Fromage suisse au lait de vache, à pâte molle et onctueuse. **2** Gâteau fait de meringue et de crème glacée.

**vachette** *nf* **1** Jeune vache ; petite vache. **2** Cuir de la jeune vache. **3** BOT Syn. de *vachotte*.

**vachotte** *nf* Lactaire comestible, au chapeau d'aspect mat, pouvant aller du jaune au rouge brique, au lait abondant. SYN vachette.

**vaciller** *vi* ① **1** Bouger en penchant d'un côté puis de l'autre, en risquant de tomber. *Il vacillait de fatigue.* **2** Trembler, éclairer de façon incertaine, en parlant d'un éclairage à flamme vive. *La flamme de la bougie vacillait au moindre souffle.* **3** fig Perdre son équilibre, sa fermeté. *Il sentait sa raison vaciller.* ETY Du lat. DER **vacillant, ante** *a* – **vacillation** *nf* ou **vacillement** *nm*

**vacive** → **vassive.**

**vacoa** *nm* Arbre de la Réunion dont les longues feuilles servent à fabriquer des objets de vannerie. SYN pandanus. VAR **vaquois** ou **vacois**

**va-comme-je-te-pousse (à la)** *av* fam Sans soin, n'importe comment.

**Vacquerie** Auguste (Villequier, 1819 – Paris, 1895), poète français : *Profils et Grimaces* (souvenirs, 1856). Son frère Charles avait épousé Léopoldine Hugo.

**vacuité** *nf* **1** didac Fait d'être vide ; état, caractère de ce qui est vide. **2** litt Vide intellectuel, moral. ETY Du lat.

**Vaculik** Ludvik (Brumov, 1926), écrivain tchèque, communiste puis contestataire : *la Hache* (1966), *les Cobayes* (1970).

**vacuole** *nf* **1** GEOL Petite cavité à l'intérieur d'une roche. **2** BIOL Région dilatée du réticulum endoplasmique dans laquelle se trouvent, en solution ou cristallisées, diverses substances. ETY Du lat. *vacuum*, « vide ». DER **vacuolaire** *a*

**vacuome** *nm* BIOL Ensemble des vacuoles d'une cellule.

**vacuomètre** *nm* PHYS Appareil mesurant la pression des gaz résiduels dans un tube à vide.

**vacuum** *nm* didac Espace vide, sans matière. PHO [vakyɔm] ETY Mot lat.

**vade-mecum** *nm inv* litt Agenda, aide-mémoire que l'on garde sur soi. PHO [vademekɔm] ETY Mots lat., « viens avec moi ». VAR **vadémécum**

**vade retro !** *interj* litt, plaisant Arrière ! Éloigne-toi !, pour repousser une proposition ou une tentation avec indignation. ETY Mots lat. VAR **vade retro, Satana(s) !**

**Vadimon (lac)** (auj. *lac de Bassano*), lac d'Italie (Toscane), où les Romains vainquirent les Gaulois en 283 av. J.-C.

**Vadodara** (anc. *Baroda*), v. de l'Inde (Gujerât) ; 1,7 million d'hab. (aggl.) Industries.

**1 vadrouille** *nf* MAR Tampon de filasse fixé à un manche, servant au nettoyage. ETY De *drouilles*, « hardes ».

**2 vadrouille** *nf* fam Promenade au hasard, sans but précis. DER **vadrouiller** *vi* ① – **vadrouilleur, euse** *a, n*

**Vaduz** cap. du Liechtenstein, sur le Rhin ; 6 000 hab. Tourisme. – Château princier (XIIe-XVII[e] s., restauré).

**VAE** *nf* Validation des acquis de l'expérience.

**Vaenius** Otto (Leyde, 1556 – Bruxelles, 1629), peintre flamand, maître de Rubens de 1596 à 1600. VAR **Van Veen**

**va-et-vient** *nm inv* **1** Allées et venues incessantes de personnes. *Il y a beaucoup de va-et-vient dans ces bureaux.* **2** Mouvement qui s'effectue régulièrement dans un sens, puis dans l'autre. *Le va-et-vient d'un balancier.* **3** TECH Dispositif qui assure une communication, dans un sens puis dans un autre, entre deux objets ou deux points. **4** Branchement électrique qui permet de commander un circuit à partir de deux interrupteurs. **5** MAR Système de double cordage. **6** Gond de porte à ressort permettant l'ouverture dans les deux sens ; porte munie de ce système.

**vagabond, onde** *a, n* **A** *a* **1** litt Qui voyage sans cesse, qui n'a pas de lieu de résidence fixe. SYN nomade. **2** fig, litt Qui ne se fixe pas sur un objet, qui varie constamment, en parlant des pensées, de l'imagination. *Imagination vagabonde.* **B** *n* Personne sans domicile ni ressources fixes, qui vit d'expédients. SYN clochard. ETY Du lat.

**vagabondage** *nm* **1** Fait d'être un vagabond. *Délit de vagabondage.* **2** Fait d'errer sans but. *Des vagabondages nocturnes.* **3** fig, litt Rêverie. *Les vagabondages de l'imagination.* LOC ***Vagabondage sexuel*** : fait d'avoir de nombreux partenaires sexuels.

**vagabonder** *vi* ① **1** Se déplacer à l'aventure. *Vagabonder à travers le monde.* **2** fig, litt Aller d'un objet à un autre, sans suite (pensées, imagination).

**vagal, ale** *a* ANAT, PHYSIOL Relatif au nerf pneumogastrique. PLUR vagaux.

**Vaganova** Agrippina Iakovlevna (Saint-Pétersbourg, 1879 – id., 1951), danseuse et professeur de danse russe.

**vagile** *a* ZOOL Se dit des petits animaux à mobilité restreinte vivant au fond des mers. DER **vagilité** *nf*

**vagin** *nm* Conduit qui relie le col utérin à la vulve chez la femme et les femelles des mammifères. ETY Du lat. *vagina*, « gaine ».

**vaginal, ale** *a* ANAT, MED Relatif au vagin. PLUR vaginaux. LOC ANAT ***Tunique vaginale*** ou ***la vaginale*** : chez l'homme, membrane séreuse qui entoure le testicule.

**vaginalite** *nf* MED Inflammation de la tunique vaginale.

**vaginé, ée** *a* BOT Entouré d'une gaine.

**vaginisme** *nm* MED Contraction douloureuse des muscles constricteurs du vagin gênant les rapports sexuels chez la femme.

**vaginite** *nf* MED Inflammation de la muqueuse du vagin.

**vagir** *vi* ③ **1** Crier, en parlant d'un nouveau-né. **2** Faire entendre un cri faible, en parlant du lièvre, du crocodile. ETY Du lat. DER **vagissant, ante** *a* – **vagissement** *nm*

**vagolytique** *a, nm* PHYSIOL Qui inhibe l'activité du nerf pneumogastrique.

**vagotomie** *nf* CHIR Section chirurgicale du nerf pneumogastrique.

**vagotonie** *nf* MED État de désordre physique causé par une prédominance anormale de l'activité du système parasympathique régi par le nerf vague. DER **vagotonique** *a, n*

**1 vague** *nf* **1** Soulèvement local de la surface d'une étendue liquide dû à diverses forces naturelles (vent, courants, etc.) ; masse d'eau ainsi soulevée, au moment où elle déferle sur un rivage. **2** Ondulation sur une étendue non liquide : sables, herbes, etc. **3** ARCHI Ornement imitant les flots de la mer. **4** fig Ce qui évoque le mouvement, le flux des vagues. *Vacanciers arrivant par vagues successives. Une vague de froid.* **5** Manifestation collective soudaine. *Une vague de violence.* LOC fam ***Faire des vagues*** : provoquer un mouvement d'hostilité, des protestations. — ***Nouvelle vague*** : la nouvelle génération, en rupture avec le passé. — ***Vague de fond*** : large mouvement d'opinion, social, etc., qui se manifeste de façon irrésistible. ETY De l'a. scand.

**2 vague** *a* LOC ***Terrain vague*** : terrain qui n'est ni planté, ni construit, dans une ville ou à proximité. ETY Du lat. *vacuus*, « vide ».

**3 vague** *a, nm* **A** **1** Dont les contours, les limites manquent de précision, de netteté. *Formes vagues. Le vague des contours, dans un tableau.* **2** Se dit de ce qui manque de précision, mal défini. *Des indications trop vagues. Rester dans le vague.* **3** ANAT Se dit du nerf pneumogastrique. **B** *a* **1** Se dit d'un vêtement qui n'est pas ajusté ; ample. **2** Évasif. *Il est resté vague quant à son avenir.* **3** Que l'esprit ne sait analyser de façon précise. *Une vague impression.* **4** péjor Quelconque, insignifiant. *Il n'a qu'un vague diplôme d'une école inconnue.* LOC ***Avoir les yeux dans le vague, regarder dans le vague*** : dans le vide. — ***Vague à l'âme*** : mélancolie sans raison bien définie. ETY Du lat. *vagus*, « errant ». DER **vaguement** *av*

**Vague (la)** estampe de Hokusai, l'une des *Trente-Six Vues du mont Fuji* (1831-1833).

**vaguelette** *nf* Petite vague.

**vaguemestre** *nm* MILIT, MAR Sous-officier, officier marinier chargé du service postal, dans un régiment, à bord d'un navire. ETY De l'all.

**vaguer** *vi* ① **1** litt Errer. **2** fig Vagabonder. *Laisser vaguer ses pensées.*

**Váh (le)** riv. de Slovaquie (433 km), affl. du Danube (r. g.) ; naît dans les Basses Tatras.

**vahiné** *nf* Femme tahitienne. ETY Mot tahitien.

**vaiçya** → **vaishya.**

**vaigrage** *nm* MAR Bordé intérieur d'un navire.

**vaigre** *nf* MAR Planche de bordage intérieur d'un navire. ETY Mot scand.

**Vailland** Roger (Acy-en-Multien, Oise, 1907 – Meillonnas, Ain, 1965), romancier français : *Drôle de jeu* (1945), *la Loi* (1957), *la Truite* (1964). Il fut un des fondateurs de la revue *le Grand Jeu*.

**vaillant, ante** *a* **1** Brave, courageux. **2** En bonne santé, en bonne forme. ETY Anc. ppr. de valoir. DER **vaillamment** *a* – **vaillance** *nf*

**Vaillant** Édouard (Vierzon, 1840 – Paris, 1915), homme politique français. Marxiste, membre de la Commune en 1871, l'un des princ. dirigeants du socialisme international ; rallié à l'Union sacrée en 1914.

**Vaillant** Auguste (Mézières, v. 1861 – Paris, 1894), anarchiste français ; guillotiné pour avoir lancé une bombe dans la Chambre des députés (9 déc. 1893).

**Vaillant-Couturier** Paul (Paris, 1892 – id., 1937), journaliste et homme politique français ; député communiste ; rédacteur en chef de *l'Humanité* à partir de 1928.

**vaillantie** *nf* Plante (rubiacée) herbacée méditerranéenne des rocailles et des vieux murs. ETY D'un n. pr.

**vain, vaine** *a* **1** Vide de sens. *Ce n'est pas un vain mot.* **2** Qui n'est pas fondé, illusoire. *Vain espoir.* **3** litt Dépourvu de profondeur, de valeur. *Plaisirs vains.* **4** Dont l'esprit, les préoccupations manquent de profondeur. **5** litt Plein de vanité. SYN futile, frivole. **6** Qui reste sans effet. *Vains efforts.* SYN inutile. **LOC** ***En vain :*** inutilement ; sans succès. — ***Vaine pâture :*** droit de faire paître des bêtes sur les terres d'autrui quand elles ne portent pas de récolte. ETY Du lat.

**vaincre** *vt* 57 **1** Remporter une victoire sur. *Vaincre l'ennemi, un concurrent.* SYN battre. **2** Surmonter, venir à bout de. *Vaincre l'obstination de qqn.* SYN triompher de. **3** Maîtriser, dominer. *Vaincre sa colère.* ETY Du lat. DER **vaincu, ue** *a, n*

**vainement** *av* En vain, inutilement.

**vainqueur** *n, a* **A** *n* **1** Personne qui a vaincu dans un combat. **2** Personne qui a remporté une compétition. *La coupe du vainqueur.* SYN gagnant. **3** Celui qui a triomphé de qqch. **B** *a* Qui marque la victoire, victorieux. *Un air vainqueur.* VAR **vainqueure** *nf*

**vair** *nm* **1** VX Fourrure du petit-gris. **2** HERALD Fourrure de l'écu représentée par les rangées de pièces en forme de clochetons d'argent et d'azur. ETY Du lat. *varius,* « tacheté ».

**Vaires-sur-Marne** ch.-l. de cant. de Seine-et-Marne (arr. de Meaux) ; 11 772 hab. DER **vairois, oise** *a, n*

**1 vairon** *am* Se dit des yeux dont l'iris est entouré d'un cercle blanchâtre ou qui ne sont pas de la même couleur. ETY De *vair.*

**2 vairon** *nm* Poisson cyprinidé comestible des eaux douces courantes, dépassant rarement une dizaine de centimètres de long, au dos brun-vert à reflets métalliques. ETY De *vair.*

**vaishya** *nm inv* En Inde, membre de la caste des marchands, éleveurs et agriculteurs. ETY Mot sanskrit. VAR **vaiçya**

**Vaison-la-Romaine** ch.-l. de cant. du Vaucluse (arr. de Carpentras) ; 5 904 hab. – Nombr. ruines gallo-romaines de l'antique *Vasio.* Cath. romane XIe-XIIe s. Maisons anc. DER **vaisonnais, aise** *a, n*

**vaisseau** *nm* **1** ANAT Canal dans lequel circule le sang (artères, veines ou capillaires) ou la lymphe. **2** BOT Élément conducteur de la sève brute. **3** MAR Bâtiment de guerre. *Vaisseau amiral.* **4** ARCHI Espace intérieur d'un grand édifice. **LOC** ESP ***Vaisseau spatial :*** engin spatial de grandes dimensions. SYN astronef. ETY Du lat. *vas,* « vase ».

**Vaisseau fantôme (le)** opéra en 3 actes de Wagner (1843), écrit par Wagner d'après Heine, qui s'inspira de la légende nordique du Hollandais volant.

**vaisselier** *nm* Meuble servant à ranger la vaisselle.

**vaisselle** *nf* **1** Ensemble des récipients dont on se sert à table. **2** Ensemble des récipients et des ustensiles qui ont servi pour un repas et qui restent à nettoyer. *Laver la vaisselle.* **3** L'opération de nettoyage elle-même. *Faire la vaisselle.* **LOC** ***Vaisselle plate :*** vaisselle d'or, d'argent ou d'acier inoxydable faite d'une seule lame de métal. ETY Du lat.

**Vajpayee** **Atal Bihari** (Gwalior, 1924), homme politique indien. Membre du Bharatiya Janata Party (hindouiste et nationaliste), il est Premier ministre depuis 1998.

**Vakhtangov** **Evgueni** (Vladikavkaz, 1883 – Moscou, 1922), acteur et metteur en scène de théâtre russe.

**val** *nm* **1** VX (Sauf dans les noms de lieux.) Vallée. *Val de Loire.* **2** GEOL Dans le relief plissé de type jurassien et préalpin, dépression qui s'allonge dans le creux d'un synclinal, suivant l'axe de celui-ci. PLUR vals ou vaux.

**VAL** *nm* Moyen de transport en commun en site propre, à grande fréquence. ETY Nom dép. ; abrév. de *véhicule automatique léger.*

**valable** *a* **1** Qui a les formes requises pour être reconnu, reçu en justice. *Quittance valable.* **2** Qui a les conditions requises pour être accepté par une autorité. *Mon passeport n'est plus valable.* **3** Qui est fondé, admissible. *Excuse valable. Théorie qui reste valable.* **4** Qui a une certaine valeur, qualifié. *Un écrivain valable. Un interlocuteur valable.* DER **valablement** *av*

**Valachie** rég. de Roumanie et anc. principauté danubienne, entre les Carpates méridionales et le Danube ; ville princ. *Bucarest.* Elle couvre la Munténie, à l'E. de l'Olt, et l'Olténie, à l'O. Richesses agricoles et minières. DER **valaque** *a, n*
**Histoire** Aux XIIIe-XIVe s. apparut la voïvodie de Valachie, qui s'émancipa de la tutelle hongroise (v. 1330) puis tomba sous le joug ottoman (1396). Placée sous la protection des grandes puissances européennes (1856), elle s'unit à la Moldavie (1858) pour former la Roumanie.

**Valadon** **Marie Clémentine,** dite **Suzanne** (Bessines-sur-Gartempe, 1865 – Paris, 1938), peintre française ; acrobate de cirque, modèle de Toulouse-Lautrec, de Renoir, de Degas ; mère d'Utrillo.

**Valais** (en all. *Wallis*), canton de Suisse, frontalier de la France, à l'O., et de l'Italie, au S. et à l'E. ; 5 226 km$^2$ ; 272 200 hab. (de langues franç., pour les deux tiers, et all.) ; ch.-l. *Sion.* DER **valaisan, ane** *a, n*
**Géographie** Drainé par le Rhône supérieur, ce canton vit de l'élevage, de la polyculture (vigne, notam.), de l'industrie, que sert une abondante hydroélectricité, et du tourisme.
**Histoire** Le comté du Valais, partie de la Bourgogne transjurane, fut donné en 999 aux évêques de Sion. Allié des cantons suisses (XVe s.), occupé par les Français (1798), il forma une rép. indépendante (1802), puis le dép. français du Simplon (1810). En 1814, il entra dans la Confédération suisse.

**Valaques** bergers thraces qui descendirent des montagnes vers la plaine danubienne au début du XIIIe s. Ils donnèrent leur nom à la Valachie. DER **valaque** *a*

**Valberg (col de)** col des Alpes-Mar. (1 669 m) ; sports d'hiver.

**Valbonne** com. des Alpes-Maritimes (arr. de Grasse) ; 10 746 hab. – *Le plateau de Valbonne,* plus vaste que la com., abrite le complexe de *Sophia-Antipolis.*

**Valdaï (plateau du ou des)** rég. de collines (alt. max. 343 m) de Russie, au N.-O. de Moscou, où prennent leur source la Volga, le Dniepr et la Dvina occidentale.

**Val d'Aoste** Région du N.-O. de l'Italie et de l'UE, dans les Alpes, frontalière de la France et de la Suisse ; 3 262 km$^2$ ; 114 300 hab. ; cap. : *Aoste.* Langues off. : italien, français ; du fait de la présence d'une forte minorité francophone, la région jouit d'un statut d'autonomie depuis 1945. Tourisme. DER **valdôtain, aine** *a, n*

**Val-de-Grâce (le)** hôpital militaire (depuis 1793) de Paris (Ve arr.), anc. couvent de bénédictines (1621) dont l'église, commencée en 1645 par Mansart, fut continuée par Lemercier, Le Muet et Le Duc.

**Val de Loire** nom donné à la vallée de la Loire entre Briare et le confluent du Cher ; plus de 300 km sur 3 à 12 km de large. Richesses agric. : primeurs, fleurs, vignobles.

**Valdemar** nom de quatre rois de Danemark. — **Valdemar Ier le Grand** (Slesvig,

1131 – Vordingborg, 1182), roi de 1157 à 1182, unifia le pays. — **Valdemar II** (?, 1170 – Vordingborg, 1241), roi de 1202 à 1241, conquit l'Estonie. — **Valdemar IV** (vers 1320 – 1375), roi de 1340 à 1375, réunifia le pays, mais se heurta à la Hanse.

**Val-de-Marne** dép. français (94) ; 244 km² ; 1 310 345 hab. ; 5 370,3 hab./km² ; ch.-l. *Créteil* ; ch.-l. d'arr. *L'Haÿ-les-Roses* et *Nogent-sur-Marne*. V. Île-de-France (Région). DER **val-de-marnais, aise** *a, n* ▶ illustr. p. 1671

**valdepeñas** *nm* Vin espagnol, récolté dans la Manche. PHO [valdepeɲas] ETY D'un n. pr.

**Val-de-Reuil** (anc. *Le Vaudreuil*), ch.-l. de cant. de l'Eure (arr. des Andelys), près du confl. de la Seine et de l'Eure ; 13 245 hab. Ville regroupant, depuis 1972, huit communes, dont Le Vaudreuil. – Industries de pointe. – Égl. XIIe-XVIe s. DER **rolivalois, oise** *a, n*

**Valdès** Pierre → **Valdo.**

**Valdés** Juan de (Cuenca, fin du XVe s. – Naples, 1541), écrivain espagnol : *Dialogue de la doctrine chrétienne* (1529), influencé par Érasme ; *Dialogue de la langue* (posth., 1737).

**Valdés Leal** Juan de (Séville, 1622 – id., 1690), peintre espagnol, mystique et réaliste : *les Deux Cadavres*.

**valdinguer** *vi* ① fam Tomber violemment.

**Val-d'Isère** com. de la Savoie (arr. d'Albertville), sur l'Isère ; 1 632 hab. Stat. de sports d'hiver (alt. 1 850-3 250 m).

**Valdivia** v. du Chili méridional, port sur le fl. Calle-Calle ; 117 210 hab.

**Valdivia** Pedro de (La Serena, prov. de Badajoz, v. 1497 – Tucapel, Chili, 1553), conquistador espagnol. Il acheva la conquête du Chili (à partir de 1540), où il fonda Santiago, Valparaíso, Valdivia. Il fut tué par les Araucans.

**Valdo** Pierre, dit Pierre de Vaux (en lat. *Valdesius*) (Lyon, v. 1140 – ?, v. 1217), hérésiarque français. Il fonda la secte des *vaudois*. VAR **Valdès**

**Val-d'Oise** dép. franç. (95) ; 1 249 km² ; 1 172 742 hab. ; 938,9 hab./km² ; ch.-l. *Pontoise* ; ch.-l. d'arr. *Argenteuil* et *Montmorency*. V. Île-de-France (Région). DER **valdoisien, enne** *a, n*

**Val-d'Or** v. du Québec (rég. admin. de l'Abitibi-Témiscamingue) ; 24 100 hab. Mines. DER **valdorien, enne** *a, n*

**valdôtain** → **Val d'Aoste.**

**Valée** Sylvain Charles (comte) (Brienne-le-Château, 1773 – Paris, 1846), maréchal de France ; gouverneur de l'Algérie (1837-1840).

**valençay** *nm* Fromage de chèvre du Berry, en forme de pyramide tronquée.

**Valençay** chef-lieu de cant. de l'Indre (arr. de Châteauroux) ; 2 736 hab. – Chât. XVIe-XVIIIe s. (musée Talleyrand). DER **valencéen, enne** *a, n*

**1 valence** *nf* Variété d'orange d'Espagne. ETY Du n. pr.

**2 valence** *nf* CHIM Nombre de liaisons chimiques engagées par un atome dans une combinaison chimique. LOC PSYCHO ***Valence d'un objet*** : attirance *(valence positive)* ou répulsion *(valence négative)* qu'un sujet éprouve à son égard. — ZOOL ***Valence écologique*** : possibilité pour une espèce vivante d'habiter des milieux variés. ETY Du lat. *valere*, « avoir de l'effet ».

**Valence** ch.-l. du dép. de la Drôme, sur le Rhône ; 66 981 hab . Centre commercial (fruits et primeurs de la vallée du Rhône). Industries. – Évêché. Cath. romane XIe-XIIe s. (restaurée au XVIIe s.). DER **valentinois, oise** *a, n*

**Valence** (en esp. *Valencia*), v. et port d'Espagne, sur la Méditerranée ; 758 700 hab. ; cap. de la communauté autonome de Valence et ch.-l. de la prov. du m. nom. Archevêché. Université. Cath. (XVIe -XVIIIe s.). Égl. baroques. Halle de la soie (XVe s.).
**Histoire** La ville, fondée par les Grecs, passa aux Carthaginois, puis aux Romains. Prise par les Wisigoths (413), puis par les Arabes (714), elle devint la cap. d'un royaume des Taifas. Conquise par le Cid (1094), puis par les Almoravides (1102), elle passa à l'Aragon en 1238. Pendant la guerre civile (1936-1939), le gouv. républicain y siégea deux fois.

**Valence** communauté autonome d'Espagne et Région de l'UE, formée des prov. d'Alicante, Castellón et Valence ; 23 305 km² ; 3 902 400 hab. ; cap. *Valence*. Riche plaine d'agric. intensive *(la huerta)*, exportatrice d'agrumes, de fruits et de légumes ; important pôle industriel et portuaire ; grande zone de tourisme.

**valence-gramme** *nf* PHYS, CHIM Masse atomique (en grammes) d'un élément divisée par sa valence. PLUR valences-grammes.

**Valencia** v. du Venezuela, à l'O. de Caracas, dans une riche région agricole ; 2,5 millions d'hab. (aggl.) ; cap. de l'État de Carabobo. Industries.

**valenciennes** *nf* Dentelle très fine. ETY Du n. pr.

**Valenciennes** ch.-l. d'arr. du Nord, sur l'Escaut ; 43 387 hab. (aggl. urb. 350 000 hab. env.). Centre industriel (en crise). – Égl. XIIIe s. Bibliothèque. Musée des Beaux-Arts. – Cap. du Hainaut (XIe s.), elle fut enlevée par Vauban en 1677. DER **valenciennois, oise** *a, n*

**Valens** Flavius (Cibalae, Pannonie [auj. Vinkovci, Croatie], v. 328 – Hadrianopolis, auj. Edirne, 378), empereur romain (364-378) ; frère de Valentinien Ier, qui lui confia le gouvernement de l'Orient. Il adopta l'arianisme et mourut en combattant les Goths.

**Valensole (plateau de)** plateau des Alpes-de-Haute-Provence, au S.-O. de Digne-les-Bains. Culture de la lavande. DER **valensolais, aise** *a, n*

**-valent** Élément, du lat. *valere*, « valoir ».

**Valentigney** ch.-l. de cant. du Doubs (arr. de Montbéliard), sur le Doubs ; 12 486 hab. DER **boroillot, ote** *a, n*

**Valentin (saint)** prêtre italien, martyrisé à Rome v. 270. – *La Saint-Valentin* : fête des Amoureux, célébrée le 14 février.

**Valentin** (m. v. 161 apr. J.-C.), hérésiarque originaire d'Égypte.

**Valentin** Jean de Boullongne, dit **le** (Coulommiers, 1590 ou 1591 – Rome, 1632), peintre français ; caravagiste ; installé à Rome.

**Valentinien Ier** (en latin *Flavius Valentinianus*) (Cibalae, Pannonie [aujourd'hui Vinkovci, Croatie], 321 – Brigetio, Pannonie [aujourd'hui Oszöny, Hongrie], 375), empereur romain (364-375). Habile administrateur, il repoussa les Alamans en Gaule, les Saxons et les Scots dans les îles Britanniques. — **Valentinien II** (en latin *Flavius Valentinianus*) (?, vers 371 – Vienne, Gaule, 392), empereur romain (375-392), fils du préc. ; le chef gaulois Arbogast le fit étrangler. — **Valentinien III** (en latin *Flavius Placidus Valentinianus*) (Ravenne, 419 – près de Rome, 455), empereur romain d'Occident (425-455), fils de Constance III et de Galla Placidia. Il perdit les îles Britanniques et laissa les Vandales s'établir en Afrique.

**valentinite** *nf* MINER Oxyde naturel d'antimoine $Sb_2O_3$. ETY D'un n. pr.

**Valentino** Rodolfo Guglielmi di Valentino d'Antongueila, dit **Rudolph** (Castellaneta, Italie, 1895 – New York, 1926), acteur de cinéma américain d'origine italienne, séducteur adulé par les foules : *le Cheik* (1921), *Arènes sanglantes* (1922).

**Valentinois** anc. comté (XIIe s.), autour de Valence (Drôme), duché-pairie (v. 1499), attribué à César Borgia. Louis XIII accorda le titre de duc de Valentinois au prince de Monaco.

**Valenton** ch.-l. de cant. du Val-de-Marne (arr. de Créteil), sur la Seine ; 11 426 hab. DER **valentonnais, aise** *a, n*

**Valera** Eamon De → **De Valera.**

**Valera y Alcalá Galiano** Juan (Labra, 1824 – Madrid, 1905), romancier espagnol : *Pepita Jiménez* (1874).

**Valère Maxime** Valerius Maximus en fr. (Ier s. av. J.-C. – Ier s. apr. J.-C.), auteur latin d'un recueil d'anecdotes morales puisées chez les historiens grecs et latins.

**valérianacée** *nf* BOT Plante dicotylédone gamopétale herbacée, telle que la valériane.

**valériane** *nf* BOT Plante herbacée à fleurs roses, blanches ou jaunes, dont une espèce, l'herbe-aux-chats, a une racine aux propriétés antispasmodiques. ETY D'un n. pr.

**valérianelle** *nf* BOT Plante herbacée à fleurs roses ou blanches, très courante, dont une espèce est la mâche.

**Valérien (mont)** colline de la banlieue O. de Paris (161 m). – Dans le fort, les Allemands fusillèrent de nombr. résistants (1941-1944). – Mémorial de la Résistance.

**Valérien** (en lat. *Publius Licinius Valerianus*) (m. en 259 ou 260), empereur romain de 253 à sa mort. Fait prisonnier par le Perse Châhpuhr Ier, il fut le premier empereur qui mourut en captivité. Son fils Gallien gouverna l'Occident.

**valérique** *a* CHIM Se dit d'acides isomères extraits de la valériane, et de l'aldéhyde qui leur correspond.

**Valerius Publicola** Publius (m. en 503 av. J.-C.), homme politique romain ; l'un des fondateurs de la République romaine ; auteur de la *lex Valeria* (le peuple se prononçait sur les condamnations à mort prononcées par les consuls).

**Valéry** Paul Ambroise (Sète, 1871 – Paris, 1945), écrivain français. Établi en 1894 à Paris, il se lia avec Mallarmé et Gide. Après l'*Introduction à la méthode de Léonard de Vinci* (1895), il publia *la Soirée avec Monsieur Teste* (1896). En 1917, *la Jeune Parque*, poème symboliste, lui valut la célébrité. Il revint à la prose avec deux dialogues (*Eupalinos ou l'Architecte* 1923, *l'Âme et la Danse* 1923) et de nombreux essais : *Variété* (5 vol., 1924-1944), *Regards sur le monde actuel* (1931). Acad. fr. (1927). DER **valérien, enne** *a* ▶ illustr. p. 1674

**valet** *nm* **1** anc Jeune écuyer au service d'un seigneur. **2** anc Officier d'une maison royale ou princière. **3** vieilli Domestique. **4** vieilli Ouvrier agricole. *Valet de ferme.* **5** fig, péjor Personne qui obéit servilement. **6** TECH Nom donné à certains outils ou organes mécaniques aidant à l'exécution d'un travail, notam. en maintenant ou soutenant. **7** JEU Carte figurant un valet. LOC ***Valet de chambre :*** domestique masculin. — ***Valet de nuit :*** cintre sur pied sur lequel on dispose ses habits avant de se coucher. — ***Valet de pied :*** domestique en livrée des grandes maisons. ETY Du gaul.

**valetaille** *nf* vx, péjor Ensemble des valets d'une maison.

**Valette (La)** cap. et port de la république de Malte ; 210 000 hab. (aggl.). Belle ville fortifiée dont la construction commença au XVIe s.

**Valette-du-Var (La)** ch.-l. de cant. du Var (arr. de Toulon) ; 21739 hab. Culture de fraises et de violettes. – Égl. XIIe-XVIe s.

**valétudinaire** *a, n* litt Maladif, de santé précaire.

**valeur** *nf* **1** Ce par quoi une personne est digne d'estime, ensemble des qualités qui la recommandent. *Un homme de grande valeur.* **2** vx Vaillance, bravoure. **3** Ce en quoi une chose est digne d'intérêt. *Les souvenirs attachés à cet objet font sa valeur.* **4** Importance, intérêt accordés subjectivement à une chose. *La valeur que j'accorde à votre appui, à votre opinion.* **5** Caractère de ce qui est reconnu digne d'estime, de ce qui a de la qualité. *Valeur d'une œuvre. Mettre qqch en valeur.* **6** Qualité de ce qui a une certaine utilité, une certaine efficacité. *Ses conseils sont sans valeur.* **7** Caractère de ce qui est recevable, de ce qui peut faire autorité du point de vue d'une règle, d'un ensemble de principes. *Valeur d'une théorie scientifique.* **8** Caractère mesurable d'un objet, en tant qu'il est susceptible d'être échangé, désiré, vendu, etc. *Faire estimer la valeur d'un objet d'art.* **9** ECON Qualité d'une chose liée à son utilité objective ou subjective *(valeur d'usage)*, à la quantité de travail fourni pour la procuire, au rapport de l'offre et de la demande *(valeur d'échange)*, etc. *Valeur-or d'une monnaie.* **10** Mesure d'une grandeur, d'un nombre. **11** Quantité approximative. *Ajoutez la valeur de deux cuillerées à soupe de farine.* **12** MUS Durée relative de chaque note, indiquée par sa figure. *La valeur d'une blanche est égale à celle de deux noires.* **13** Mesure conventionnelle d'un signe dans une série. *Valeur d'une carte à jouer.* **14** Bx-A Intensité relative d'une couleur, définie par son degré de saturation. **15** Sens ou pouvoir lié à un effet littéraire, expressivité obtenue par le moyen du style. **16** Principe idéal auquel se réfèrent communément les membres d'une collectivité pour fonder leur jugement, pour diriger leur conduite. *Les valeurs morales, esthétiques.* LOC Canada ***De valeur :*** dommage, fâcheux, regrettable, malheureux. *C'est de valeur qu'il ne vienne pas.* — PHILO ***Jugement de valeur :*** assertion qui implique une appréciation sur ce qui est énoncé comme un fait par oppos. à *jugement de réalité* ; assertion par laquelle on affirme qu'une chose est plus ou moins digne d'estime. — ***Mettre en valeur :*** faire fructifier un bien, un capital ; présenter qqch avantageusement ; faire ressortir. — MATH ***Valeur absolue d'un nombre réel :*** le nombre réel positif dont il est l'égal ou l'opposé. — ECON ***Valeur ajoutée :*** différence entre la valeur d'un produit et le coût de ce qui est nécessaire à sa production. — MATH ***Valeur algébrique :*** affectée d'un signe (+ ou –). — FIN ***Valeurs mobilières*** ou ***valeurs :*** tout titre négociable (rentes, actions, etc.). — ***Valeur vedette :*** titre coté d'une société censée disposer d'un important potentiel de plus-value et exerçant un fort attrait sur les investisseurs. ETY Du lat.

**valeureux, euse** *a* litt Qui a de la bravoure, de la vaillance. DER **valeureusement** *av*

**Valeur militaire (croix de la)** décoration franç. qui dep. 1956 récompense les actions de maintien de l'ordre (à l'époque, en Algérie).

**valgus** *a, nm* MED Se dit d'une déviation vers le dehors du pied ou de la jambe, par oppos. à *varus.* PHO [valgys] ETY Mot lat., « bancal ».

**Val-Hall** → **Walhalla.**

**validation** *nf* Action de valider. LOC ***Validation des acquis de l'expérience :*** procédure permettant de transformer en diplôme les compétences acquises au cours de la vie professionnelle. Abrév. cour. VAE.

**valide** *a, n* **A** Qui est en bonne santé, capable de se mouvoir, d'accomplir sa tâche, etc. *Un homme valide. Les valides et les handicapés.* **B** *a* **1** DR Qui remplit les conditions requises pour produire son effet. *Acte valide.* SYN valable. **2** LOG Se dit d'une proposition, d'un énoncé qui est vrai en vertu de sa seule forme. ETY Du lat. *validus*, « robuste ». DER **validement** *av* – **validité** *nf*

**valider** *vt* 1 Rendre, déclarer valide. *Valider un titre de transport en le compostant.*

**valideuse** *nf* TECH Machine à valider. VAR **valideur** *nm*

**validité** → **valide.**

**valine** *nf* BIOCHIM Acide aminé indispensable dans l'alimentation.

**valise** *nf* **1** Bagage de forme rectangulaire, muni d'une poignée pour être porté à la main. **2** fam Profond cerne sous les yeux. LOC ***Faire sa valise, ses valises :*** y mettre ce que l'on emporte en voyage ; se préparer à partir, à quitter un lieu. — ***Valise diplomatique :*** courrier diplomatique, qui est dispensé du contrôle douanier et dont le secret est garanti par les conventions internationales. ETY De l'ital.

**valisette** *nf* Petite valise.

**Valla** Lorenzo (Rome, 1407 – Naples, 1457), penseur italien d'expression latine. Son *De la volupté* a voulu concilier le christianisme et la civilisation antique, annonçant ainsi la Renaissance. VAR **Lorenzo della Valle, Laurentius Vallensis**

**Valladolid** ville d'Espagne (Castille-Léon) ; 333 680 hab. ; ch.-l. de prov. Centre industriel. – Archevêché. Université. Nombr. égl. des XVe -XVIe s. Musée de sculptures.

**Vallauris** ch.-l. de canton des Alpes-Maritimes (arr. de Grasse) ; 24 406 hab. – Industrie de la céramique, favorisée par Picasso à partir de 1947. Chapelle d'un prieuré XVIe s. décorée par Picasso (*la Guerre* et *la Paix*). DER **vallaurien, enne** *a, n*

**vallée** *nf* **1** Dépression plus ou moins large creusée par un cours d'eau. *Vallée sèche, glaciaire.* **2** Région arrosée par un cours d'eau. *La vallée de la Loire.* **3** Dans les régions montagneuses, partie moins élevée, par oppos. à *sommet, pente.* LOC RELIG ***Vallée de larmes, de misère :*** le séjour sur la terre, par oppos. à celui au ciel, séjour de la béatitude.

**Vallée de la Mort** → **Mort (Vallée de la).**

**Vallée des Rois** → **Rois (Vallée des).**

**Valle-Inclán** Ramón María del (Villanueva de Arosa, Galice, 1866 – Saint-Jacques-de-Compostelle, 1936), écrivain espagnol. Il créa, dans ses *Comédies barbares* (trilogie, 1907-1922) et ses *esperpentos* (courtes pièces en prose), un univers de personnages déformés jusqu'à la caricature. ▶ illustr. p. 1674

**Vallejo** Cesar (Santiago de Chuco, 1892 – Paris, 1938), poète péruvien (*les Hérauts noirs* 1918) et romancier : *le Tungstène* (1931).

**Vallès** Jules (Le Puy, 1832 – Paris, 1885), journaliste et écrivain français. Membre de la Commune, il s'exila à Londres (1871-1883). Sa trilogie autobiographique de *Jacques Vingtras* comprend *l'Enfant* (1879), *le Bachelier* (1881) et *l'Insurgé* (posth., 1886).

Jules Vallès

**Vallespir** haute vallée du Tech (Pyrénées-Orientales).

**valleuse** *nf* GEOGR Vallée sèche se terminant en abrupt sur la falaise. ETY De *avaler*, « descendre ».

**Valleyfield** → **Salaberry-de-Valleyfield.**

**Vallin** Eugénie, dite Ninon (Montalieu-Vercieu, 1886 – La Sauvagère, La Millery, près de Lyon, 1961), cantatrice française.

**vallisnérie** *nf* Plante monocotylédone d'eau douce à feuilles en ruban et à fleurs rougeâtres. ETY D'un n. pr.

**vallon** *nm* Petite vallée.

**Vallonet** site d'une grotte préhistorique du villafranchien (– 900 000 ans), proche de Roquebrune-Cap-Martin (Alpes-Mar.).

**vallonné, ée** *a* Qui présente des vallons et des hauteurs. *Relief vallonné.* DER **vallonnement** *nm*

**Vallon-Pont-d'Arc** com. de l'Ardèche, 2 423 hab. – À proximité, on a découvert en 1994 une grotte occupée il y a 25 000 ans ; les plus belles peintures datent de 18 000 ou 15 000 av. J.-C. DER **vallonnais, aise** *a, n*

**Vallot** Joseph (Lodève, 1854 – Nice, 1925), astronome et géographe français. Il étudia le massif du Mont-Blanc.

**Vallotton** Félix (Lausanne, 1865 – Paris, 1925), peintre et graveur français d'origine suisse, ami des nabis.

**Valls Galfetti** Manuel Carlo, dit Valls Manuel (Barcelone, 1962), homme politique français ; Prem. ministre (PS) depuis 2014.

**Vālmīki** sage hindou, sans doute mythique. Il aurait écrit le *Rāmāyana* (V<sup>e</sup> s. av. J.-C.).

**Valmont** (le vicomte de) héros des *Liaisons dangereuses* de Laclos (1782).

**Valmy** com. de la Marne (arr. de Sainte-Menehould) ; 284 hab. – Le 20 sept. 1792, victoire (inespérée) de Dumouriez et de Kellermann sur les Prussiens. La France était sauvée. DER **valmeysien, enne** *a, n*

**valoche** *nf* fam Valise.

Paul Valéry

Valle-Inclán

**Valognes** ch.-l. de cant. de la Manche (arr. de Cherbourg) ; 7 537 hab. – Vestiges gallo-romains. DER **valognais, aise** *a, n*

**valoir** *v* 45 **A** *vi* **1** Avoir certaines qualités, certains mérites généralement reconnus. *Comme poète, il ne vaut rien.* **2** Avoir une certaine qualité, une certaine utilité, un certain intérêt. *Cet habit ne vaut plus rien.* **3** Être estimé à un certain prix. *Tableau qui vaut très cher.* SYN coûter. **4** Tenir lieu, avoir la signification de. *En chiffres romains, M vaut mille.* SYN équivaloir. **5** Être valable, intéresser, concerner. *Ce que je lui dis vaut également pour vous.* **B** *vt* **1** Procurer qqch à qqn, lui amener comme conséquences. SYN attirer. *Cela lui a valu des compliments.* **2** Être égal en valeur ou en utilité à. *Cent centimes valent un euro.* LOC ***À valoir*** : se dit d'une somme que l'on verse en acompte. — fam ***Ça se vaut*** : c'est équivalent. — ***Faire valoir*** : faire paraître meilleur, plus beau ; faire fructifier, exploiter ; exposer, donner à considérer. — ***Ne rien valoir pour qqn*** : lui être néfaste. — ***Rien qui vaille*** : rien de bon. — ***Vaille que vaille*** : tant bien que mal. — ***Valoir la peine ou***, fam, ***le coup, le détour*** : mériter, justifier. — ***Valoir mieux*** : être meilleur, préférable. ETY Du lat.

**Valois** rég. de l'Île-de-France qui correspond au S.-E. du dép. de l'Oise et au S. du dép. de l'Aisne, plateau calcaire fertile bordé de forêts (de Compiègne, de Retz).

**Valois (dynastie des)** dynastie qui régna sur la France, après l'extinction des Capétiens directs, de l'avènement de Philippe VI (1328) à la mort d'Henri III (1589). Les *Valois directs*, issus de Charles de Valois, frère cadet de Philippe IV le Bel, régnèrent jusqu'en 1498. À Charles VIII, mort sans descendance, succéda Louis XII, le seul *Valois-Orléans*, puis François I<sup>er</sup>, roi en 1515, fut le prem. des *Valois-Angoulême*.

**Valois** Ninette De → **De Valois.**

**valoriser** *vt* 1 **1** Donner une valeur économique plus grande à. *De grands travaux ont valorisé cette région côtière.* **2** Mettre l'accent sur qqch, qqn en tant que possédant une valeur morale, esthétique, etc. *Le romantisme a valorisé la passion. Cet exploit l'a valorisé aux yeux de ses camarades.* **3** ECON Donner une valeur chiffrée à. *Valoriser un investissement.* DER **valorisable** *a* – **valorisant, ante** *a* – **valorisation** *nf*

**Valparaíso** princ. port de comm. du Chili ; 278 760 hab. (aggl. 620 000 hab.) ; ch.-l. de la prov. du m. nom. Centre industriel. Tourisme.

**valpolicella** *nm inv* Vin rouge italien de la région de Vérone). PHO [valpɔlitʃela]

**Valréas** ch.-l. d'un cant. du Vaucluse (arr. d'Avignon) enclavé dans le dép. de la Drôme ; 10 256 hab. Égl. romane. DER **valréassien, enne** *a, n*

**Valromey** petit pays de France (Ain), drainé par le Séran (affl. dr. du Rhône).

**valse** *nf* **1** Danse à trois temps dans laquelle le couple de danseurs tourne sur lui-même en marquant chaque premier temps par une nouvelle évolution ; air sur lequel on exécute cette danse. **2** MUS Composition sur un rythme de valse. **3** fig, fam Instabilité, changement fréquent. *Valse des préfets. Valse des prix.* ETY De l'all.

**Valse dans l'ombre (la)** film de l'Américain Mervyn Le Roy (1900 – 1987), en 1940, d'ap. le roman (1929) de Robert Sherwood (1896 – 1955).

**valse-hésitation** *nf* Suite d'élans ou de décisions contradictoires marquant l'hésitation devant des responsabilités, un risque à prendre. PLUR valses-hésitations.

**valser** *vi* 1 **1** Danser la valse. **2** fam Tomber violemment, être projeté. *Il l'a envoyé valser contre un mur.* LOC ***Faire valser l'argent*** : dépenser sans compter. — fam ***Faire valser qqn*** : le renvoyer, le déplacer sans ménagements.

**valseur, euse** *n* **A** Personne qui danse la valse. **B** *nf pl* vulg Testicules.

**Vals-les-Bains** ch.-l. de cant. de l'Ardèche (arr. de Privas) ; 3 884 hab. Stat. thermale (affections du tube digestif). DER **valsois, oise** *a, n*

**Valteline (la)** vallée italienne de l'Adda, au N.-E. du lac de Côme (prov. de Sondrio), lieu stratégique pendant la guerre de Trente Ans.

**Val-Thorens** station de sports d'hiver de Savoie, dans la Vanoise.

**valve** *nf* **1** ZOOL Chacune des parties de la coquille des mollusques bivalves, des brachiopodes et du test des diatomées. **2** BOT Partie d'un fruit sec qui se sépare lors de la déhiscence. **3** ELECTR Diode utilisée pour le redressement. **4** TECH Appareil servant à réguler un courant de liquide ou de gaz dans une canalisation, en fonction des nécessités des organes utilisateurs. **5** Soupape à clapet d'une chambre à air. LOC ANAT ***Valve cardiaque*** : repli membraneux entrant dans la constitution des valvules du cœur. ETY Du lat. *valva*, « battant de porte ». DER **valvaire** *a*

**valvé, ée** *a* ZOOL Qui est muni ou formé de valves.

**valvule** *nf* **1** ANAT Repli de la paroi du cœur ou d'un vaisseau, empêchant leur contenu de refluer. **2** BOT Petite valve. DER **valvulaire** *a*

**valvuloplastie** *nf* CHIR Opération à cœur ouvert destinée à restaurer une valvule cardiaque.

**vamp** *nf* fam Femme fatale. ETY Mot anglo-amér.

**vamper** *vt* 1 fam Séduire à la manière des vamps.

**vampire** *nm* **1** Mort qui, selon certaines croyances populaires, sort de son tombeau pour aller aspirer le sang des vivants. **2** fig Assassin coupable de crimes mystérieux et sadiques. **3** fig Personne qui profite outrageusement d'autrui. **4** fig Chauve-souris des régions tropicales d'Amérique du Sud qui se repaît du sang des mammifères. ETY Du serbe. DER **vampirique** *a*

**Vampires (les)** film à épisodes de L. Feuillade (1915-1916) avec Musidora.

**vampiriser** *vt* 1 **1** Sucer le sang de qqn. **2** fig Dominer psychologiquement qqn en lui retirant toute volonté. DER **vampirisation** *nf*

**vampirisme** *nm* **1** Crimes que les superstitions populaires attribuaient aux vampires. **2** PSYCHOPATHOL Perversion sexuelle consistant à blesser sa victime jusqu'au sang avant de la violer.

**1 van** *nm* AGRIC Panier plat à deux anses, servant à vanner le grain. PHO [vɑ̃] ETY Du lat.

**2 van** *nm* **1** Fourgon aménagé pour le transport des chevaux de course. **2** Camionnette ou minibus servant au transport des personnes. PHO [vɑ̃] ETY Mot angl.

**Van** lac (salé) de Turquie (3 700 km²), en Arménie, à 1 720 m. – L'il de *Van* (21 095 km² ; 573 800 hab.) a pour ch.-l. la ville de *Van*, où furent massacrés de nombr. Arméniens en 1895-1896.

**Van Acker** Achille (Bruges, 1898 – id., 1975), homme politique belge. Premier ministre socialiste en 1945-1946 et 1954-1958.

**vanadate** *nm* CHIM Sel d'un des acides vanadiques.

**vanadinite** *nf* MINER Vanadate chloré de plomb, que l'on trouve à l'état naturel sous forme de cristaux brun-rouge.

**vanadique** *a* CHIM Qualifie l'anhydride de formule $V_2O_5$ et les acides correspondants.

**vanadium** *nm* **1** CHIM Élément métallique de numéro atomique Z = 23 et de masse atomique 50,94. SYMB V. **2** Métal (V) de densité 6,1, qui fond à 1 900 °C. PHO [vanadjɔm] ETY Mot lat.

**Van Allen** James Alfred (Mount Pleasant, Iowa, 1914 – Iowa, 2006), physicien et astronome américain. En dépouillant les données transmises par *Explorer 1*, lancé en 1958, il découvrit un flux de particules piégées dans la magnétosphère terrestre (les *ceintures de Van Allen*).

**Van Artevelde** → **Artevelde.**

**Van Beneden** Édouard (Louvain, 1846 – Liège, 1910), biologiste belge. Spécialiste de la reproduction animale, il découvrit la méiose en 1882.

**Van Buren** Martin (Kinderhook, État de New York, 1782 – id., 1862), homme politique américain ; secrétaire d'État (1829) puis vice-président de Jackson (1833), président des É.-U. (1837-1841).

**Van Campen** Jacob (Haarlem, 1595 – Amersfoort, 1657), architecte hollandais : plans du Mauritshuis de La Haye ; il fut également peintre.

**vancomycine** *nf* Antibiotique bactéricide toxique, mais efficace contre les bactéries résistant aux autres traitements.

**Vancouver (île de)** île canadienne du Pacifique (Colombie-Britannique) ; 40 000 km² ; v. princ. *Victoria.* Cette île montagneuse a pour ressources l'élevage, la pêche et la houille.

**Vancouver** princ. port et métropole de l'O. du Canada (Colombie-Britannique), en face de l'*île de Vancouver ;* 2,4 millions d'hab. (aggl.). Grand centre industriel. – Archevêché cathol. Université. Siège des JO d'hiver 2010. DER **vancouvérois, oise** *a, n*

vue aérienne de la ville, face à l'île de **Vancouver**

**Vancouver** George (King's Lynn, 1758 – Richmond, 1798), navigateur anglais. Il reconnut le littoral N.-O. du Canada (1791-1795). On donna son nom à l'*île de Vancouver.*

**vanda** *nf* BOT Orchidée d'Extrême-Orient, cultivée en serre. ETY De l'hindi.

**vandale** *n* Personne qui détruit, qui détériore, saccage par ignorance, bêtise ou malveillance. ETY Du bas lat.

**Vandales** groupement de peuples germaniques qui se fixèrent entre la Vistule et l'Oder au IIIe s. et sur les bords du Danube à la fin du IVe s. En 406, ils envahirent la Gaule, et, dès 409, pénétrèrent en Espagne, où ils s'initièrent à la navigation. Conduits par leur roi Geiséric, ils franchirent le détroit de Gibraltar (429), s'installèrent en Numidie, conquirent une partie de la Tunisie actuelle (439), la Corse, la Sardaigne, les Baléares, la Sicile et pillèrent Rome en 455. Le royaume d'Afrique qu'ils fondèrent fut conquis par le général byzantin Bélisaire (533-534). DER **vandale** *a*

**vandaliser** *vt* 1 Détériorer par vandalisme ; saccager. DER **vandalisation** *nf*

**vandalisme** *nm* Comportement destructeur du vandale. *Actes de vandalisme.*

**Van Dam** José (Bruxelles, 1940), baryton belge ; interprète de Messiaen.

**Van de Graaff** Robert Jemison (Tuscaloosa, Alabama, 1901 – Boston, 1967), physicien américain. Il mit au point plusieurs accélérateurs de particules.

**Van den Berghe** Frits (Gand, 1883 – id., 1939), peintre belge ; d'abord influencé par l'impressionnisme, il évolua vers l'expressionnisme, puis vers le surréalisme et le fantastique.

**Van den Bosch** Johannes (comte) (Herwijnen, Gueldre, 1780 – La Haye, 1844), administrateur néerlandais. Gouverneur général des Indes néerlandaises (1830-1833), il imposa un système d'exploitation de la main-d'œuvre qui enrichit considérablement les Pays-Bas

**Van den Vondel** Joost (Cologne, 1587 – Amsterdam, 1679), poète hollandais, auteur de tragédies bibliques (avec chœurs) : *Lucifer* (1654), *Adam exilé* (1664), etc.

**Vanderbilt** Cornelius (Stapleton, État de New York, 1794 – New York, 1877), financier américain, propriétaire de nombr. lignes de chemin de fer.

**Van der Goes** Hugo (Gand [?], v. 1440 – près de Bruxelles, 1482), peintre flamand, mystique et réaliste.

**Van der Helst** Bartholomeus (Haarlem, 1613 – Amsterdam, 1670), peintre hollandais, portraitiste.

**Van der Keuken** Johan (Amsterdam, 1938 – id., 2001), cinéaste et photographe néerlandais, auteur de documentaires : *Diary* (1972), en Afrique ; *Vacances prolongées* (1999) en Asie.

**Van der Meer** Simon (La Haye, 1925 – Genève, 2011), physicien néerlandais ; inventeur d'une méthode pour produire des antiprotons. P. Nobel 1984 avec C. Rubbia.

**Van der Meersch** Maxence (Roubaix, 1907 – Le Touquet, 1951), romancier français : *l'Empreinte du dieu* (1936), *Corps et Âmes* (1943).

**Van der Meulen** Adam Frans (Bruxelles, 1632 – Paris, 1690), peintre flamand. Il peignit les batailles de Louis XIV.

**Vandermonde** Alexandre (Paris, 1735 – id., 1796), mathématicien français : travaux sur la résolution des équations algébriques.

**Vandervelde** Émile (Ixelles, 1866 – Bruxelles, 1938), homme politique belge ; président de la Ire Internationale de 1900 à 1918.

**Van der Waals** Johannes (Leyde, 1837 – Amsterdam, 1923), physicien néerlandais : travaux sur la cinétique des fluides. P. Nobel 1910. ▷ CHIM *Forces de Van der Waals :* qui assurent les liaisons des molécules.

**Van der Weyden** Rogier de La Pasture, dit (Tournai, déb. du XVe s. – Bruxelles, 1464), peintre flamand. Ses œuvres religieuses et quelques portraits ont un réalisme insolite à cette époque : triptyque *Braque* (v. 1450-1452, Louvre), polyptyque du *Jugement dernier* (v. 1445-1450, Beaune). VAR **Weyden**

**Van de Velde** famille de peintres hollandais. — **Esaias** (Amsterdam, vers 1591 – La Haye, 1630), portraitiste de la cour d'Orange et paysagiste. — **Willem,** dit **le Vieux** (Leyde, 1611 – Greenwich, 1693), frère du préc., peignit et dessina des batailles navales. — **Willem,** dit **le Jeune** (Leyde, 1633 – Greenwich, 1707), neveu du préc., auteur de marines. — **Adriaan** (Amsterdam, 1636 – id., 1672), frère du préc., auteur de paysages à l'antique et de pastorales.

**Van de Velde** Henry Clemens (Anvers, 1863 – Zurich, 1957), peintre, architecte et décorateur belge ; promoteur de l'Art nouveau dans son pays : musée Kröller-Müller (1937-1954), dans le parc de la Haute-Veluwe.

**Van de Woestijne** Karel (Gand, 1878 – Zwijnaarde, 1929), écrivain belge d'expression néerlandaise : *Janus au double visage* (1908).

**Van Diemen** Anthony (Culemborg, 1593 – Batavia, 1645), administrateur hollandais. Au service de la Compagnie des Indes néerlandaises (1636-1645), il conquit Malacca et Ceylan. – *Terre de Van Diemen :* nom de la Tasmanie de 1642 à 1853.

**Van Dijk** Peter (Brême, 1929 – Paris, 1997), danseur et chorégraphe allemand.

**Van Doesburg** Christian Küpper, dit Theo (Utrecht, 1883 – Davos, 1931), peintre et architecte néerlandais ; fondateur en 1917, avec Mondrian, du groupe et de la revue *De Stijl*. Comme il admettait les diagonales, Mondrian se brouilla avec lui.

**Vandœuvre-lès-Nancy** ch.-l. de cant. de Meurthe-et-Moselle (arr. de Nancy) ; 31 464 hab. Industries. DER **vandopérien, enne** *a, n*

**Van der Goes** *l'Adoration des bergers*, v. 1476, panneau central du triptyque Portinari – galerie des Offices, Florence

**vandoise** *nf* Poisson cyprinidé d'eau douce, très proche du chevesne, mais plus petit (de 15 à 30 cm de long) et à tête moins large. ETY Du gaul.

**Van Dongen** Cornelis, dit Kees (Delfshaven, près de Rotterdam, 1877 – Monte-Carlo, 1968), peintre français d'origine néerlandaise ; « fauve » (*le Châle espagnol,* 1913), puis auteur de portraits et scènes de la vie mondaine.

**Van Dyck** Anton (en néerl. *Van Dijck*) (Anvers, 1599 – Londres, 1641), peintre flamand. Élève puis collab. de Rubens, il s'intalla en Angleterre en 1632. Ses portraits, caractéristiques du classicisme, préparent la voie aux portraitistes anglais du XVIIIe s. (*Charles Ier*, 1635, Louvre).

**Van Dyck** *Charles Ier, roi d'Angleterre,* huile sur toile, 1635 – musée du Louvre

**Vanel** Charles (Rennes, 1892 – Paris, 1989), acteur français, actif de 1912 à 1988 : *Pêcheur d'Islande* (1924), *la Belle Équipe* (1936), *Le ciel est à vous* (1944), *le Salaire de la peur* (1953). Il mit en scène un film muet : *Dans la nuit* (1929).

**Vänern (lac)** grand lac du S.-O. de la Suède (5 570 km$^2$), relié au Kattegat par le Göta älv.

**vanesse** *nf* Papillon diurne au vol rapide et aux ailes de couleurs vives (belle-dame, morio, paon de jour, vulcain).

**Van Eyck** Jan (Maaseik [?], vers 1390 – Bruges, 1441), peintre flamand. Le retable de *l'Agneau mystique* (achevé en 1432, cathédrale St-Bavon, Gand) s'affirme comme une rupture avec l'univers médiéval. Sous son pinceau, les visages des personnages s'individualisent : *les Époux Arnolfini* (1434, National Gallery), *la Vierge au chancelier Rolin* (vers 1435, Louvre), etc. — **Hubert** (Maaseik [?], v. 1370 – Gand [?], v. 1426), frère aîné du préc., dont on a supposé qu'il avait travaillé à *l'Agneau mystique.*

**Van Gennep** Arnold Kurr, dit Arnold (Ludwigsburg, 1873 – Bourg-la-Reine, 1957), ethnologue français : *Études d'ethnographie algérienne* (1912-1914), *Manuel du folklore français contemporain* (1943-1958).

**Van Gogh** Vincent (Groot Zundert, 1853 – Auvers-sur-Oise, 1890), peintre néerlandais ; fils d'un pasteur calviniste. Après une période parisienne néo-impressionniste (1886-1888), il partit pour Arles (*Tournesols, l'Arlésienne),* où Gauguin le rejoignit ; leurs relations devinrent dramatiques. Après diverses crises de délire (*Portrait de l'artiste à l'oreille coupée),* Van Gogh fut interné à Saint-Rémy-de-Provence : *Deux Cyprès* (1889), *Route aux cyprès* (1890), etc. En 1890, il s'installa à Auvers-sur-Oise chez le docteur Gachet, peignant portraits et paysages (*Champ de blé aux corbeaux*). Il se tira une balle de revolver dans la poitrine. Ses *Lettres à son frère Théo* ont été publiées en 1937. —

**Vincent Van Gogh** *l'Hôpital Saint-Paul à Saint-Rémy*, 1890 – musée d'Orsay, Paris

**Théodore,** dit **Théo** (Groot Zundert, 1857 – Utrecht, 1891), marchand de tableaux néerlandais, frère du préc., auquel il apporta un soutien moral et matériel.

**Van Goyen** Jan (Leyde, 1596 – La Haye, 1656), peintre hollandais : marines, paysages.

**Van Helmont** Jan Baptist (Bruxelles, 1577 – id., 1644), médecin et chimiste flamand. Il isola le dioxyde de carbone ($CO_2$) et, établissant la composition de l'air, il dégagea la notion de gaz (mot qu'il créa). Il inventa le thermomètre à eau et définit le rôle du suc gastrique.

**Vanikoro** îles de l'archipel britannique de Santa Cruz (dépendance des îles Salomon). La Pérouse y trouva la mort en 1788.

**vanille** *nf* Fruit (gousse) du vanillier ; substance aromatique extraite de ce fruit, utilisée en pâtisserie et en confiserie. PHO [vanij] ETY Du lat. *vagina,* « gaine ». DER **vanillé, ée** *a*

**vanillier** *nm* Orchidée grimpante originaire d'Amérique du Sud, cultivée pour son fruit (vanille). VAR **vaniller**

**vanilline** *nf* CHIM Principe odorant de la vanille se présentant sous forme de cristaux incolores. PHO [vanilin] DER **vanilliné, ée** *a*

**Jan Van Eyck** *les Époux Arnolfini,* 1434 – National Gallery

**vanillisme** *nm* MED Intoxication due à un acarien, parasite des gousses de vanille. PHO [vanilism]

**vanillon** *nm* Variété de vanille antillaise à petites gousses. PHO [vanijɔ̃]

**Vanini** Lucilio, dit Giulio Cesare (Taurisano, prov. de Lecce, 1585 – Toulouse, 1619), prêtre et humaniste italien. Il nia l'immortalité de l'âme (*Amphitheatrum aeternae Providentiae* , 1615) et fut condamné au bûcher.

**vanité** *nf* **1** litt État, caractère de ce qui est vain, frivole, futile ; chose vaine, futile. *La vanité des plaisirs terrestres.* **2** Bx-A Peinture, image, en vogue au XVIIe s., illustrant l'aspect vain et frivole du monde terrestre, et la mortalité de l'homme. **3** Caractère, défaut d'une personne vaine qui a trop bonne opinion d'elle-même ; manifestation de ce défaut, du désir de produire un certain effet sur son entourage. SYN fatuité. **LOC** ***Tirer vanité de qqch*** **:** s'en glorifier, s'en enorgueillir. ETY Du lat.

**vaniteux, euse** *a, n* Plein de vanité. *Il est sot et vaniteux. Paroles vaniteuses.* DER **vaniteusement** *av*

**vanity-case** *nm* Sac ou mallette pour accessoires et produits de maquillage. PHO [vanitikez] ETY Mot angl. VAR **vanity**

**Van Laar** Pieter, dit Bamboccio, « enfant, poupée » (à cause de sa petite taille), ou Bamboche (Haarlem, v. 1592 – id., 1642), peintre et graveur hollandais. À Rome (1626-1638), il peignit des scènes populaires, dites « bambochades ». VAR **Van Laer**

**Van Leeuwenhoek** Antonie (Delft, 1632 – id., 1723), biologiste néerlandais. Il fabriqua des microscopes et décrivit des « infiniment petits », agrandis 300 fois : hématies, spermatozoïdes, protozoaires, etc.

**Van Lerberghe** Charles (Gand, 1861 – Bruxelles, 1907), poète symboliste belge : *les Flaireurs* (drame, 1889), *Entrevisions* (1897).

**Van Loo** Jean-Baptiste (Aix-en-Provence, 1684 – id., 1745), peintre français : portraits historiques, bibliques et mythologiques. VAR **Vanloo** — **Charles André,** dit **Carle** (Nice, 1705 – Paris, 1765), frère du préc., portraitiste, auteur de scènes de genre et de scènes religieuses. — **Michel** (Toulon, 1707 – Paris, 1771), fils de Jean-Baptiste, auteur d'un portrait de Diderot.

**Van Musschenbroek** Petrus (Leyde, 1692 – id., 1761), physicien néerlandais. En 1745, il inventa la bouteille de Leyde.

**vannage** → **vanner 2.**

**1 vanne** *nf* TECH Dispositif permettant de régler l'écoulement d'un fluide. *Vanne d'écluse.* ETY Du gaul.

**vanillier**

**2 vanne** *nf* fam Plaisanterie ou allusion désobligeante. *Envoyer une vanne à qqn.*

**Vanne (la)** rivière de Champagne (58 km), affluent de l'Yonne (r. dr.).

**vanneau** *nm* **A** Oiseau charadriiforme, dont une espèce, le vanneau huppé, de la taille d'un pigeon, avec des ailes et une huppe noires, est très commune en Europe. **B** *nm pl* Grandes pennes des ailes des oiseaux de proie. ETY De *van 1*, à cause du bruit des ailes.

**vanneau** huppé

**vannelle** *nf* **1** TECH Vanne qui obture une ouverture sur une porte d'écluse. **2** Petite valve d'une conduite d'eau. VAR **vantelle**

**1 vanner** *vt* ① TECH Pourvoir de vannes.

**2 vanner** *vt* ① **1** AGRIC Nettoyer les grains en les secouant dans un van, un tarare, etc. **2** fam Causer une fatigue extrême à. *Cet effort m'a vanné.* ETY Du lat. DER **vannage** *nm*

**3 vanner** *v* ① fam **A** *vt* Se moquer de qqn, lui envoyer des vannes. **B** *vi* Plaisanter.

**vannerie** *nf* **1** Confection d'objets tressés avec des brins d'osier, de jonc, de rotin, etc. **2** Objet ainsi fabriqué. DER **vannier, ère** *n*

**Vannes** ch.-l. du dép. du Morbihan, au fond du golfe du Morbihan ; 55 513 hab. Tourisme. – Évêché. Cath. XIII^e-XVI^e s. Anc. remparts (XIII^e-XVII^e s.). Anc. hôtel du Parlement de Bretagne (XV^e s.). – Une des cap. (avec Nantes) du duché de Bretagne. DER **vannetais, aise** *a, n*

**vanneur, euse** *n* **A** Personne qui vanne le grain. **B** *nf* Syn. de *tarare.*

**vannier** → **vannerie.**

**Van Noort** Adam, dit le Vieux (Anvers, 1562 – id., 1641), peintre flamand ; animateur d'un atelier que fréquenta Rubens.

**vannure** *nf* AGRIC Matières résiduaires séparées du grain lors du vannage.

**Vanoise (massif de la)** massif des Alpes de Savoie (3 855 mètres à la pointe de la Grande Casse), entre l'Isère et l'Arc. Parc national (env. 53 000 ha) qui fait suite au parc italien du Grand-Paradis. Hydroélectricité.

**Van Orley** Bernard (Bruxelles, v. 1488 – id., 1541), peintre flamand, auteur de vitraux et de tapisseries.

**Van Ostade** Adriaen (Haarlem, 1610 – id., 1685), peintre et graveur hollandais : scènes de genre. — **Isaac** (Haarlem, 1621 – id., 1649), frère du préc. : scènes de genre.

**Van Parys** Georges (Paris, 1902 – id., 1971), compositeur français ; auteur d'opérettes, de musiques de films et de chansons.

**Van Rompuy** Herman (Etterbeek, 1947), homme politique belge. Il est élu premier président du Conseil européen en nov. 2009.

**Van Ruisdael** → **Ruysdael.**

**Van Ruusbroec (le bienheureux Jan)**, dit l'Admirable (Ruysbroek, 1293 – abb. de Groenendaal, Brabant, 1381), théologien et écrivain du Brabant. Ses ouvrages mystiques sont les premières grandes œuvres de la littérature néerlandaise. VAR **Van Ruysbroek**

**Van Rysselberghe** Théodore, dit Théo (Gand, 1862 – Saint-Clair, Var, 1926), peintre belge néo-impressionniste.

**Van Scorel** Jan (près d'Alkmaar, 1495 – Utrecht, 1562), peintre néerlandais qui sut tirer parti de l'influence italienne.

**vantail** *nm* Partie mobile d'une porte, d'une fenêtre, etc PLUR vantaux. VAR **ventail**

**vantard, arde** *a, n* Qui a l'habitude de se vanter. SYN fanfaron. DER **vantardise** *nf*

**vantelle** → **vannelle.**

**vanter** *v* ① **A** *vt* Présenter qqch, qqn en louant exagérément. *Vanter sa marchandise. Des affiches colorées vantent les charmes de ces îles.* **B** *vpr* **1** Se louer avec exagération ; mentir par vanité. *Il dit qu'il osera, mais je pense qu'il se vante.* **2** Se glorifier, tirer vanité. *Il n'y a pas de quoi se vanter.* **3** Se faire fort de. *Il se vante d'en venir à bout.* ETY Du lat. *vanitas*, « vanité ».

**Van't Hoff** Jacobus Henricus (Rotterdam, 1852 – Berlin, 1911), chimiste néerlandais ; fondateur, avec Le Bel, de la stéréochimie. Il découvrit les lois de la pression osmotique. Il reçut le premier prix Nobel de chimie (1901).

**Vanua Levu** la plus grande des îles Fidji, après Viti Levu, 5 535 km².

**Vanuatu (république de)** (anc. *Nouvelles-Hébrides*), archipel volcanique et État du Pacifique Sud, au N.-E. de la Nouvelle-Calédonie ; 14 765 km² ; 200 000 hab. ; accroissement naturel : 2,5 % par an ; cap. *Port-Vila* dans l'île Vaté. Langues off. : bislamar, français, anglais. Monnaie : vatu. DER **vanuatuan, ane** *a, n*

**Géographie** Cet archipel montagneux tropical est composé d'environ 80 îles volcaniques ou coralliennes dont les six plus importantes (Santo, Mallicolo, Tanna, Éfaté, Pentecôte et Maéwo) groupent plus de 80 % des hab. La population, mélanésienne et polynésienne, est chrétienne (protestants majoritaires). Rurale à 80 %, elle vit surtout de l'agriculture et de la pêche. Le pays exporte du coprah, de la viande bovine, du cacao et du bois. Le tourisme se développe. La balance comm. est très déficitaire.

**Histoire** Le Portugais Queirós découvrit ces îles en 1606, puis vinrent Bougainville (1768) et Cook (1774). Au XIX^e s., la colonisation, tardive, est le fait des Anglais et des Français, qui refusent de combattre : ils proclament la neutralité de l'archipel (1887) et établissent un condominium (1906). Depuis l'indépendance (1980), la vie politique est soumise à la rivalité des anglophones (Vanua'aku Pati) et des francophones (Union des partis modérés). L'État fait partie de la Francophonie. ▶ carte **Océanographie**

**va-nu-pieds** *n inv* Personne qui vit misérablement. VAR **vanupied** *nm*

**Van Veen** Otto → **Vaenius.**

**Van Velde** Abraham, dit Bram (Zoeterwoude, près de Leyde, 1895 – Grimaud, Var, 1981), peintre néerlandais. Il se fixa à Paris en 1924 ; de figuratives, ses œuvres évoluèrent vers un espace plat et lumineux. — **Geer** (Lisse, 1898 – Paris, 1977), peintre, frère du préc. Son postcubisme confine à l'abstraction géométrique.

**Vanves** ch.-l. de cant. des Hauts-de-Seine (arr. d'Antony) ; 27 112 hab. DER **vanvéen, enne** *a, n*

**Van Vleck** John Hasbrouck (Middletown, Connecticut, 1899 – Cambridge, Massachusetts, 1980), physicien américain : travaux sur la résonance magnétique des noyaux atomiques. Prix Nobel en 1977 avec P. Anderson et N. Mott.

**Van Vogt** Alfred Elton (Winnipeg, 1912 – Los Angeles, 2000), écrivain américain

d'origine canadienne ; un des maîtres de la science-fiction : *À la poursuite des Slans* (1946), *le Monde du non-A* (1948).

**vapes** *nf pl* **LOC** fam ***Être dans les vapes*** : dans un état d'hébétude, de demi-conscience. — ***Tomber dans les vapes*** : s'évanouir. ETY De *vapeur 1*.

**1 vapeur** *nf* **1** Exhalaison perceptible se dégageant de liquides, de corps humides. **2** PHYS Phase gazeuse d'un corps habituellement à l'état solide ou liquide. **3** Vapeur d'eau. *Faire cuire des aliments à la vapeur. Machine à vapeur.* **LOC** fam ***À toute vapeur*** : à toute vitesse. — fam ***Avoir des vapeurs*** : un malaise passager. — ***Vapeur sèche*** : qui n'est pas en équilibre avec la phase liquide du corps dont elle émane (par oppos. à *vapeur saturante* ou *humide*). ETY Du lat.

**2 vapeur** *nm* anc Bateau à vapeur.

**vapocraquage** *nm* TECH Craquage d'hydrocarbures en présence de vapeur.

**vapocraqueur** *nm* TECH Installation servant au vapocraquage.

**vaporeux, euse** *a* **1** litt Dont la luminosité, la netteté est estompée par une brume légère. *Ciel vaporeux.* **2** Qui est fin, léger, flou et transparent, en parlant d'un tissu, d'un vêtement. DER **vaporeusement** *av*

**vaporisateur** *nm* **1** Appareil servant à projeter un liquide en fines gouttelettes. **2** TECH Appareil servant à produire de la vapeur.

**vaporiser** *vt* ① **1** Projeter un liquide en fines gouttelettes. *Vaporiser du parfum.* **2** Faire passer à l'état gazeux. DER **vaporisation** *nf*

ENC La vaporisation se produit toujours avec absorption de chaleur (par ex., ébullition d'un liquide que l'on chauffe). Cette chaleur est restituée par la vapeur lorsque celle-ci se condense. Dans les moteurs à vapeur, l'énergie fournie par le combustible de la chaudière (source chaude) transforme l'eau en vapeur, laquelle, en se détendant dans la turbine, fournit de l'énergie mécanique.

**vapoter** *vi* ① Fumer une ou des cigarettes électroniques. DER **vapoteur, euse** *n*

**vaquer** *v* ① **A** *vi* Interrompre ses activités pour quelque temps. *Les tribunaux vaqueront pendant un mois.* **B** *vti* Se consacrer à une activité. *Vaquer à ses occupations.* ETY Du lat. *vacare*, « être vide ».

**vaquéro** *nm* Vacher, dans les pays de langue espagnole. ETY Mot esp. DER **vaquero**

**vaquois** → **vacoa.**

**var** *nm* ELECTR Unité de puissance réactive du système SI qui correspond à un courant alternatif de 1 ampère sous une chute de tension de 1 volt. ETY Acronyme pour *Volt Ampère Réactif.*

**Var (le)** fl. torrentueux (120 km) qui naît au S. de Barcelonnette, arrose les Alpes-Maritimes et se jette dans la Méditerranée près de Nice.

**Var** dép. français (83) ; 5 999 km² ; 1 001 408 hab. ; 167,2 hab./km² ; ch.-l. *Toulon* ; ch.-l. d'arr. *Brignoles* et *Draguignan*. V. Provence-Alpes-Côte d'Azur (Région). DER **varois, oise** *a, n* ▶ carte p. 1677

**varaigne** *nf* rég Ouverture par laquelle l'eau de mer entre dans un marais salant.

**varan** *nm* Reptile saurien carnivore d'Asie du Sud, d'Égypte, d'Australie et d'Afrique noire, dont une espèce, le dragon de Komodo, peut atteindre 3 m de long. ETY De l'ar.

**Vārānasi** → **Bénarès.**

**varangue** *nf* **1** MAR Dans la construction en bois, pièce courbe fixée perpendiculairement à la quille du navire ; la construction en acier, membrure transversale des fonds du navire. **2** Réunion Véranda. ETY Mot germ.

**varappe** *nf* Escalade de pentes rocheuses abruptes. ETY Du n. d'un couloir rocheux, en Suisse. DER **varapper** *vi* ① – **varappeur, euse** *n*

**Varda Agnès** (Ixelles, 1928), cinéaste française. Court-métrage : *la Pointe courte* (1955). Longs-métrages : *Cléo de 5 à 7* (1962), *Sans toit ni loi* (1985), *Les Glaneurs et la glaneuse* (2000).

**Vardar (le)** fleuve (388 km) qui arrose la Macédoine et se jette dans le golfe de Salonique.

**varech** *nm* Ensemble des algues rejetées par la mer et utilisées comme amendement. PHO [varɛk] ETY De l'a. scand.

**Varègues** peuple scandinave (V. Vikings) qui passa en Russie au IXe s. et domina le commerce (fourrures, esclaves) entre la Baltique et la mer Noire jusqu'au Xe s. Ils auraient contribué à fonder les premiers États russes (Novgorod, Kiev) et s'assimilèrent aux Slaves. DER **varègue** *a*

**Varengeville-sur-Mer** com. de la Seine-Maritime (arr. de Dieppe) ; 1 100 hab. – Égl. XIIe-XVIe s. (vitrail de Braque). DER **varengevillais, aise** *a, n*

**varenne** *nf* rég Terrain sablonneux et inculte où l'on ne trouve que peu d'herbe pour le bétail et que fréquente du petit gibier.

**Varennes-en-Argonne** ch.-l. de cant. de la Meuse (arr. de Verdun), sur l'Aire ; 700 hab. – Louis XVI et sa famille, qui avaient fui Paris (*fuite à Varennes*) dans la nuit du 20 au 21 juin 1791, y furent arrêtés le 22 juin. DER **varennois, oise** *a, n*

**Varese** v. d'Italie (Lombardie), près du *lac de Varese* ; 81 000 hab. ; ch.-l. de la prov. du m. nom. Industries. Tourisme. – Basilique XVIe s., baptistère XIIe s. Palais d'Este XVIIIe s.

**Varèse Edgard** (Paris, 1883 – New York, 1965), compositeur américain d'origine française : *Intégrales* (1925), *Arcana* (1927), *Ionisation* (1931), *Équatorial* (1934), *Déserts* (1954), *l'Homme et la Machine* (1958). Précurseur des musiques concrète et électronique, Varèse ne fut reconnu que dans les années 1950.

**vareuse** *nf* **1** Blouse de matelot en grosse toile. **2** Veste de certains uniformes. *Vareuse d'officier.* **3** Veste ample.

**Varga Ievgueni** (Budapest, 1879 – Moscou, 1964), économiste soviétique d'origine hongroise : *le Capitalisme du XXe siècle* (1961).

**Vargas Getúlio** (São Borja, 1883 – Rio de Janeiro, 1954), homme politique brésilien. Chef d'un gouvernement provisoire (1930), président de la République (1934), il instaura l'« État nouveau », autoritaire. Déposé en 1945, réélu en 1950, il fut attaqué par la presse et se suicida.

**Vargas Llosa Mario** (Arequipa, 1936), romancier espagnol d'origine péruvienne : *la Ville et les chiens* (1962), *la Tante Julia et le Scribouillard* (1979), *l'Homme qui parle* (1989). Candidat de la droite libérale, il fut vaincu à l'élection présidentielle de 1990. P. Nobel de littérature (2010).

**varheure** *nm* ELECTR Unité d'énergie réactive correspondant à la mise en jeu, pendant une heure, d'une puissance de 1 var.

**varheuremètre** *nm* TECH Appareil de mesure de l'énergie réactive, gradué en varheures.

**varan,** dit dragon de Komodo

**varia** *nm* didac **1** Collection, recueil de textes variés. **2** Article ou reportage sur des sujets variés et souvent anecdotiques. ETY Mot lat.

**variabilité** *nf* **1** Caractère de ce qui est variable. **2** BIOL Aptitude à présenter des variations.

**variable** *a, n* **A** *a* **1** Qui peut varier, qui est sujet à varier. *Temps variable. Quantité variable.* **2** Que l'on peut faire varier à volonté. *Vitesse variable.* **3** ASTRO Se dit d'une étoile dont l'éclat varie au cours du temps, de façon périodique ou irrégulière. **4** GRAM Se dit d'un mot dont la forme varie selon le genre, le nombre, le temps, etc. **B** *nm* Zone centrale de la graduation du baromètre, correspondant à une pression atmosphérique comprise entre 755 et 765 mm de mercure. *L'aiguille du baromètre est au variable.* **C** *nf* MATH Quantité susceptible de changer de valeur. ETY Du lat. DER **variablement** *av*

**variance** *nf* **1** CHIM, PHYS Nombre de paramètres qu'il suffit de connaître pour déterminer entièrement l'état d'équilibre d'un système. **2** STATIS Moyenne des carrés des écarts par rapport à la valeur moyenne qui caractérise la dispersion des individus d'une population. *L'écart type est égal à la racine carrée de la variance.*

**variant** *nm* **1** didac Ce qui varie dans un processus étudié, par oppos. aux *invariants*. **2** BIOL Résultat d'une mutation. *Un variant du virus de l'hépatite.*

**variante** *nf* **1** Version d'un texte différente de celle habituellement adoptée. **2** LING Forme différente sous laquelle peut apparaître un même signifiant. *Variantes régionales, dialectales.* **3** Forme légèrement différente, altérée ou modifiée, d'une même chose. *Les variantes d'une recette.*

**variantement** *nm* MILIT Modification de l'itinéraire d'un mouvement de troupe.

**variateur** *nm* TECH Dispositif qui permet de faire varier une grandeur, en partic. l'intensité électrique d'une lampe à halogène. **LOC** MECA ***Variateur de vitesse*** : appareil permettant de transmettre le mouvement d'un arbre à un autre arbre, avec la possibilité de modifier la vitesse de rotation de ce dernier.

**variation** *nf* **1** Fait de varier, pour une chose ; changement qui en résulte. *Variation de la couleur dans un dégradé.* **2** Changement de la valeur d'une quantité ou d'une grandeur ; écart entre deux valeurs numériques d'une quantité variable. *Variation de température. Variation d'intensité d'un courant.* **3** BIOL Fait, pour une espèce donnée, d'avoir ou de produire des éléments non identiques à l'élément type. **4** MUS Modification apportée à un thème (altération du rythme, changement de mode, etc.). **5** MUS Composition écrite sur un thème qu'on continue de reconnaître sous les transformations rythmiques et harmoniques successives qui le modifient. *Les « variations Diabelli » pour piano de Beethoven.* ETY Du lat.

**varice** *nf* Dilatation pathologique permanente d'une veine, généralement située dans le réseau veineux superficiel des membres inférieurs. ETY Du lat. DER **variqueux, euse** *a*

**varicelle** *nf* MED Maladie infectieuse, contagieuse et immunisante d'origine virale, caractérisée par une éruption de vésicules, qui touche essentiellement les enfants. ETY De *variole*.

**varicocèle** *nf* MED Dilatation variqueuse des veines du cordon spermatique.

**varicosité** *nf* MED Atteinte variqueuse.

**varié, ée** *a* **A** **1** Dont les parties, les caractères sont dissemblables ; qui n'est pas monotone. *Nourriture variée.* **2** Se dit d'un terrain qui présente des accidents. **3** MUS Se dit d'un air que l'on a modifié en y introduisant des variations. **B** *a pl* Se dit de choses différentes entre elles mais de même espèce. *Hors-d'œuvre variés. Des tâches variées.* **LOC** PHYS ***Mouvement uniformément varié*** : d'accélération constante.

**varier** *v* ② **A** *vt* **1** Apporter divers changements à qqch. *Varier la présentation d'un produit.* **2** Introduire de la diversité dans des choses de même espèce. *Varier les menus. Varier les plaisirs.* **B** *vi* **1** Changer, se modifier à plusieurs reprises. *Son humeur varie souvent.* **2** Être différent selon les cas. *Les prix varient d'un quartier à l'autre.* **3** Manquer de constance dans ses opinions, ses sentiments. (ETY) Du lat.

**variétal, ale** *a* AGRIC Qui concerne une variété de plante. PLUR variétaux.

**variété** *nf* **A 1** Caractère de ce qui est varié, divers. *Travail qui manque de variété.* **2** Ensemble de choses variées. *Ce commerçant dispose d'une grande variété d'articles.* **3** BIOL La plus petite des unités systématiques, plus petite que la sous-espèce. **4** MATH Ensemble des éléments d'un espace topologique. **B** *nfpl* Spectacle combinant numéros musicaux et attractions diverses.

**Variété** essais de Valéry publiés entre 1924 et 1944 (5 vol.).

**Varignon Pierre** (Caen, 1654 – Paris, 1722), mathématicien français ; adepte, dès 1686, du calcul infinitésimal inventé par Leibniz (1684). Il fit progresser la mécanique.

**varilux** *nm* Verre de lunette progressif de la marque de ce nom. (ETY) Nom déposé.

**Varin Jean** (Liège, 1604 – Paris, 1672), sculpteur français d'origine belge, auteur de médailles. (VAR) **Warin**

**variole** *nf* MED Maladie infectieuse grave, éruptive, contagieuse et épidémique, due à un virus du groupe auquel appartient la vaccine. *La vaccination a fait disparaître la variole.* SYN VX petite vérole. (ETY) Du lat. (DER) **varioleux, euse** *a, n* – **variolique** *a*

**variolite** *nf* GEOL Roche basaltique présentant de petites taches circulaires. (DER) **variolitique** *a*

**variomètre** *nm* **1** ELECTR Appareil de mesure des inductances. **2** AVIAT Appareil qui mesure la vitesse verticale d'un aéronef.

**variqueux** → **varice.**

**varistance** *nf* ELECTR Résistance dont la résistivité varie en fonction du courant qui la traverse.

**varlet** *nm* HIST Valet ; page.

**Varlin Eugène** (Claye-Souilly, 1839 – Paris, 1871), révolutionnaire français, membre de la I^re Internationale ; communard fusillé par les versaillais.

**varlope** *nf* TECH Rabot à très long fût, muni d'une poignée. (ETY) Du néerl.

**varloper** *vt* ① **1** Travailler le bois à la varlope. **2** Canada fam Critiquer sévèrement, malmener.

**varna** *nm* Dans l'hindouisme, organisation harmonieuse de la société, divisée en quatre classes (brahmanes, kshatriyas, vaishyas, shudras) ; chacune de ces classes. (ETY) Mot sanskrit, "couleur".

**Varna** (*Stalin* de 1949 à 1956), port de Bulgarie, sur la mer Noire ; 295 000 hab. Tourisme. Industries. – Université. – Victoire des Turcs sur les Polonais et les Hongrois (1444).

**varois** → **Var.**

**varroa** *nm* Acarien parasite de l'abeille.

**varroase** *nf* Maladie des abeilles causée par le varroa.

**varron** *nm* MED VET **1** Larve d'un insecte diptère brachycère (hypoderme) qui provoque des lésions de l'hypoderme. **2** Tumeur avec perforation provoquée par cette larve, chez les bovins. (ETY) Du lat. *varus*, « pustule ». (VAR) **varon**

**Varron** (en lat. *Terentius Varro*) (III^e s. av. J.-C.), consul romain, vaincu et tué à la bataille de Cannes que remporta Hannibal en 216 av. J.-C.

**Varron** (en lat. *Marcus Terentius Varro*) (Reate, auj. Rieti, 116 – ?, 27 av. J.-C.), écrivain latin. Ses trois livres de *Rerum rusticarum* constituent le plus célèbre traité d'agriculture de l'Antiquité. Nous conservons de lui d'autres œuvres, notam. les *Satires Ménippées*, nommées ainsi par référence au Grec Ménippe.

**varronné, ée** *a* MED VET Infesté, marqué par des varrons. (VAR) **varonné, ée**

**Vars (col de)** col des Hautes-Alpes qui relie le Queyras et la vallée de l'Ubaye ; 2 110 m. À proximité, station de sports d'hiver.

**Varsovie** (en polonais *Warszawa*), cap. de la Pologne, sur la Vistule ; 1,7 million d'hab. (aggl.) ; ch.-l. de voïevodie. Grand centre scientifique, culturel, commercial et, depuis 1945, industriel. – Archevêché.Université. Les monuments (cath., palais royal, etc.), ainsi que la vieille ville (place du Vieux-Marché), ont été reconstruits après 1945 avec une grande fidélité. (DER) **varsovien, enne** *a, n*

**Histoire** Résidence des ducs de Mazovie (XIII^e s.), la ville fut intégrée en 1526 dans le royaume de Pologne et devint sa cap. en 1596. Laissée à la Prusse en 1795, cap. du grand-duché de Varsovie (1807-1814), puis du royaume de Pologne (1815-1915), soumis à la Russie, Varsovie fut le siège d'une insurrection, durement réprimée (1830-1831). En 1918, elle devint la cap. de la Pologne restaurée. Elle fut occupée en 1939 par les All., qui, en 1943, profitèrent du soulèvement du ghetto pour exterminer les Juifs. Une insurrection éclata en 1944 (1^er août-2 oct.), et les All. rasèrent la ville ; les Sov. n'intervinrent qu'en janv. 1945.

**Varsovie** place du Vieux-Marché

**Varsovie (grand-duché de)** État créé par Napoléon I^er en 1807 et qui comprenait la quasi-totalité des prov. polonaises annexées par la Prusse au XVIII^e s. Le congrès de Vienne (1815) le transforma en royaume de Pologne, attribué à la Russie.

**Varsovie (convention de)** convention internationale qui, en 1929, codifia le transport aérien.

**Varsovie (pacte de)** accords militaires signés à Varsovie le 14 mai 1955, liant l'URSS, l'Albanie (qui se retira en 1968), la Bulgarie, la Hongrie (en 1956), la Pologne, la Roumanie, la Tchécoslovaquie et la RDA (en 1956). Cette alliance, qui répliquait à l'OTAN, fut dissoute en 1991.

**varus** *a, nm* MED Se dit d'une déviation en dedans, par oppos. à *valgus*. *Pied bot varus.* (PHO) [varys] (ETY) Mot lat.

**Varus Publius Quintilius** (v. 50 av. J.-C. – en Germanie, 9 apr. J.-C.), général romain. Sa romanisation de la Germanie provoqua des révoltes. Le chef des Chérusques Arminius le surprit dans la forêt de Teutoburg et le massacra avec son armée.

**varve** *nf* GEOL Unité annuelle de sédimentation constituée d'une couche mince et d'une couche plus épaisse. *L'étude des varves glaciaires permet de dater les terrains quaternaires.* (ETY) Du suéd.

**vas(o)-** Élément, du lat. *vas*, « récipient », et « vaisseau, canal ».

**Vasa** → **Gustave I^er Vasa.**

**Vasaloppet** course de ski nordique (85,8 km) organisée chaque année en Suède.

**vasard, arde** *a, nm* MAR **A** *a* Vaseux. **B** *nm* Fond de sable mêlé de vase.

**Vasarely Viktor Vásárhelyi, dit Victor** (Pécs, 1908 – Paris, 1997), peintre français d'origine hongroise. Son art cinétique (à partir de 1955) crée un espace visuel multidimensionnel. Deux musées lui sont consacrés : à Gordes (Vaucluse) et à Budapest (château Zichy).

**Vasari Giorgio** (Arezzo, 1511 – Florence, 1574), peintre maniériste, architecte (plans des Offices) et écrivain italien : *Vies des plus excellents peintres, sculpteurs et architectes* (1550 et 1568), sur l'art italien des XV^e et XVI^e s.

**Vasco de Gama** → **Gama.**

**Vascons** anc. peuple d'Espagne, installé au N. de l'Èbre, dans la Navarre actuelle. Au VI^e s., il s'établit dans le S.-O. de l'Aquitaine, qui se nomma *Vasconie* (d'où Gascogne). Les Vascons sont les ancêtres des Basques.

**vasculaire** *a* **1** ANAT Qui a rapport, qui appartient aux vaisseaux. *Système vasculaire.* **2** BOT Se dit des plantes (fougères, gymnospermes et angiospermes) qui possèdent des éléments conducteurs différenciés (trachéides ou vaisseaux). (ETY) Du lat. *vasculum*, « petit ruisseau ».

**vascularisation** *nf* ANAT **1** Disposition des vaisseaux dans un organe. **2** Formation de vaisseaux dans un tissu ou un organe.

**vascularisé, ée** *a* ANAT Qui contient des vaisseaux. *Organe vascularisé.*

**Victor Vasarely** *Hexagrâce* (1978-1979), mosaïque sur le toit de l'auditorium du Centre international des congrès de Monte-Carlo

**vascularite** *nf* MED Syn. de *angéite.*

**1 vase** *nf* Mélange de très fines particules terreuses et de matières organiques formant un dépôt au fond des eaux calmes. ETY Du moy. néerl.

**2 vase** *nm* **1** Récipient de forme et de matière variables, destiné à contenir des liquides, des fleurs, ou servant d'ornement. **2** Récipient servant aux expériences de physique et de chimie. **LOC** ***En vase clos*** : sans contact avec le monde extérieur. — PHYS ***Principe des vases communicants*** : selon lequel les surfaces libres d'un liquide contenu dans un ensemble de récipients de formes différentes qui communiquent entre eux par leur base se trouvent toujours à la même hauteur. — ***Vase de nuit*** : pot de chambre. — TECH ***Vase d'expansion*** : dispositif destiné à compenser la dilatation d'un liquide contenu dans une installation de chauffage ou de refroidissement en circuit fermé. — LITURG ***Vases sacrés*** : dont on se sert pour célébrer la messe ou pour conserver les saintes espèces. ETY Du lat.

**vasectomie** *nf* CHIR Section du canal déférent destinée à provoquer la stérilité masculine. DER **vasectomiser** *vt* 1

**vaseline** *nf* Graisse minérale constituée d'un mélange de carbures saturés, utilisée notam. en pharmacie. ETY Mot angl.

**vaseliner** *vt* 1 Enduire de vaseline.

**vaseux, euse** *a* **1** De la nature de la vase. **2** fam Qui éprouve un malaise vague. *Être vaseux.* **3** fam Confus, embrouillé. *Discours vaseux.*

**vasière** *nf* rég TECH **1** Endroit où il y a de la vase. **2** Premier bassin d'un marais salant où se dépose la vase. **3** Parc à moules.

**vasistas** *nm* Petite ouverture pratiquée dans une porte ou une fenêtre, et munie d'un vantail. ETY De l'all. *Was ist das ?,* « qu'est-ce que c'est ? ».

**vasoconstricteur, trice** *a, nm* PHYSIOL, MED Se dit de ce qui réduit le calibre des vaisseaux. *Nerf, médicament vasoconstricteur.* DER **vasoconstriction** *nf*

**vasodilatateur, trice** *a, nm* PHYSIOL, MED Se dit de ce qui augmente le calibre des vaisseaux. DER **vasodilatation** *nf*

**vasomoteur, trice** *a, nm* PHYSIOL, MED Se dit de ce qui se rapporte aux modifications de calibre des vaisseaux, ou qui les provoque. DER **vasomotricité** *nf*

**vasopresseur** *nm* MED Substance qui contracte les artères.

**vasopressine** *nf* MED Hormone hypophysaire antidiurétique. SYN hormone antidiurétique.

**vasouiller** *vi* 1 fam S'empêtrer dans une explication, une action, etc. *Il a vasouillé devant l'examinateur.* DER **vasouillard, arde** *a*

**vasque** *nf* **1** Bassin en forme de coupe peu profonde recevant l'eau d'une fontaine ornementale. **2** Coupe large et peu profonde, servant à décorer une table. ETY De l'ital.

**vassal, ale** *n, a* **1** FEOD Se dit d'une personne qui a fait hommage à un seigneur dont elle a reçu un fief et à qui elle doit divers services. **2** Se dit d'une personne, d'une nation assujettie à une autre. PLUR vassaux. ETY Du lat. *vassus,* « serviteur ». DER **vassalique** *a* – **vassalité** *nf*

**vassaliser** *vt* 1 Mettre qqn sous sa dépendance ; asservir. DER **vassalisation** *nf*

**Vassieux-en-Vercors** com. de la Drôme (arr. de Die) ; 283 hab. – En juil. 1944, les Allemands massacrèrent les habitants de ce village. DER **vassivain, aine** *a, n*

**Vassilevski** Alexandre Mikhaïlovitch (Novopokrovka, 1895 – Moscou, 1977), maréchal (1943) soviétique ; chef d'état-major (1943-1947) ; ministre de la Défense (1949-1953). VAR **Vassilievski**

**Vassili** nom de trois souverains de la principauté de Vladimir et de Moscou. — **Vassili I**er (1371 – 1425), lutta contre les Mongols. — **Vassili II l'Aveugle** (1415 – 1462), rejeta la tutelle des Byzantins et des Romains sur l'Église russe ; père d'Ivan III. — **Vassili III** (1479 – 1533), rassembla les terres russes ; père d'Ivan IV le Terrible.

**Vassili Chouïski** (?, 1552 – en Pologne, 1610), tsar de Russie (1606), tué lors d'une invasion polonaise.

**Vassiliev** Vladimir (Moscou, 1940), danseur et chorégraphe russe ; directeur du Bolchoï depuis 1995.

**vassive** *nf* ELEV Brebis de deux ans qui n'a pas encore porté. ETY Du provenç. *vacivo,* « vide ». VAR **vacive**

**vaste** *a* **1** D'une très grande étendue. *Un vaste domaine.* **2** De grandes dimensions. *Un vaste hangar.* **3** fig De grande ampleur, de grande portée. *De vastes desseins.* **4** Important en quantité. *Un vaste groupement d'animaux.* **5** ANAT Se dit des gros muscles du triceps et du quadriceps. ETY Du lat. DER **vastement** *av*

**Västerås** v. de Suède, sur le lac Mälar ; 117 740 hab. ; ch.-l. de län. Centre industriel. – Cath. gothique XIIIe s. ; chât. XIVe s.

**Vaté (île)** île de l'archipel de Vanuatu ; 1 100 km$^2$ ; v. princ. *Vila* (ou *Port-Vila*), cap. de l'État.

**Vatel** (m. à Chantilly en 1671), maître d'hôtel de Fouquet, puis du prince de Condé. La marée n'étant pas arrivée pour un repas offert par Condé au roi, il se transperça de son épée.

**va-t-en-guerre** *a inv, n inv* fam Se dit d'une personne belliqueuse.

**Vathek** conte de William Beckford (1760 – 1844) écrit en fr. (1782), publié en trad. anglaise (1786), puis dans sa version originale (1787).

**Vatican (État de la cité du)** le plus petit État du monde, à Rome, à l'E. du Tibre ; 44 hectares ; 830 citoyens (auxquels s'ajoutent des résidents) dont la citoyenneté ne se substitue pas à la nationalité d'origine. Chef de l'État : le pape (d'où le nom de Saint-Siège donné au Vatican). La « cité » proprement dite comprend : la basilique Saint-Pierre, le palais pontifical, les jardins, les musées et la place Saint-Pierre (d'accès libre). S'ajoutent à elle douze édifices jouissant de l'exterritorialité : basiliques Saint-Jean-de-Latran (siège du pape comme évêque de Rome), Sainte-Marie-Majeure, Saint-Paul-hors-les-Murs, résidence d'été de Castel Gandolfo, etc. Les palais de la cité englobent les appartements du pape, la secrétairerie d'État, la chapelle Sixtine, la bibliothèque Vaticane, les archives secrètes, les appartements Borgia, les Loges et les chambres de Raphaël, etc.
**Histoire** L'origine officielle des *États pontificaux,* dits aussi *États de la papauté* ou *de l'Église,* repose sur un faux, la « Donation de Constantin » au pape Sylvestre Ier (déb. IVe s.). Les dons faits aux papes par les empereurs du Bas-Empire et certains particuliers constituèrent autour de Rome le « patrimoine de Saint-Pierre ». Les Lombards (qui envahirent l'Italie à partir de 568) organisèrent le Latium en un duché dont le pape était le chef. Au VIIIe s., les Carolingiens joignirent à ce duché Ravenne et l'Italie centrale. L'intervention d'Otton Ier en 962 posa le problème des rapports du pape avec le Saint-Empire *(querelle des Investitures),* mais le concordat de Worms, en 1122, assura l'indépendance de l'Église. Les empereurs, désireux de régner sur l'Italie, affrontèrent les papes jusqu'en 1274. Durant le séjour des papes à Avignon (XIVe s.), l'aristocratie se tailla des principautés indépendantes dans les États pontificaux.
**DE LA RENAISSANCE À NOS JOURS** La Renaissance fut une période de développement écon. et artistique, à laquelle succéda l'immobilisme des XVIIe et XVIIIe s. Un mouvement libéral et patriotique se manifesta sous l'occupation française (1798-1799 et 1809-1814). À partir de 1846, Pie IX voulut devenir le guide d'une Italie libérée de la tutelle étrangère et confédérée, mais, effrayé par les révolutions de 1848, il quitta Rome, où Mazzini créa l'éphémère République romaine. Dès juin 1849, l'autorité papale fut rétablie par les troupes françaises. En mars 1860, la Romagne révoltée rejoignit le royaume du Piémont (qui, en 1861, devint le roy. d'Italie), suivie, en sept., par les Marches et l'Ombrie. En 1864, l'Italie choisit Florence comme cap. et reconnut l'indépendance du territoire pontifical, réduit au Latium. L'assaut de Garibaldi fut repoussé à Mentana (1867). En 1870, les troupes françaises partirent faire la guerre contre l'Allemagne ; le 2 oct., après plébiscite, le Latium fut rattaché à l'Italie, dont Rome devint la capitale. Le pouvoir des papes n'a retrouvé d'assise matérielle qu'avec la création de l'État du Vatican par les accords du Latran, signés en fév. 1929 avec l'Italie mussolinienne. Le concordat du 18 fév. 1984 a établi la séparation de fait entre l'Église et l'État italien.

**Vatican (premier concile du)** 20e concile œcuménique (8 déc. 1869-18 juil. 1870), qui définit le dogme de l'infaillibilité pontificale. VAR **Vatican I**

**Vatican (deuxième concile du)** 21e concile œcuménique, réuni par Jean XXIII, achevé par Paul VI, et qui se tint à Rome du 11 oct. 1962 au 8 déc. 1965, en présence d'observateurs protestants et orthodoxes. Il voulut rénover le rapport de l'Église catholique avec le monde (*aggiornamento,* c'est-à-dire « mise à jour ») et promouvoir l'unité œcuménique des chrétiens. VAR **Vatican II**

**vaticane (Bibliothèque)** bibliothèque de l'État du Vatican, comprenant notam. 60 000 manuscrits.

**vaticane** *af* Relative à la papauté, au Vatican. *Diplomatie vaticane.* **LOC** ***La Vaticane*** : la Bibliothèque vaticane.

**vaticiner** *vi* 1 **1** litt Prophétiser. **2** péjor Tenir des discours d'allure prophétique. ETY Du lat. DER **vaticinateur, trice** *n* – **vaticination** *nf*

**Vatnajökull** immense glacier de l'E. de l'Islande.

**va-tout** *nm inv* À certains jeux, mise ou relance d'un joueur qui risque en un seul coup tout ce qu'il possède. **LOC** ***Jouer son va-tout*** : jouer le tout pour le tout.

**Vattel** Emmer de (Couvet, 1714 – Neuchâtel, 1767), juriste suisse ; un des fondateurs du droit international.

**Vättern** lac de la Suède méridionale (1 912 km²), relié à la Baltique par un canal.

**vatrouchka** *nm* Gâteau au fromage blanc, spécialité d'Europe orientale. ETY Mot russe.

**vatu** *nm* Unité monétaire du Vanuatu.

**vau** *nm* CONSTR Pièce d'un cintre, qui supporte une voûte en construction. PLUR vaux.

**Vauban** Sébastien Le Prestre de (Saint-Léger-de-Foucherest, auj. Saint-Léger-Vauban, 1633 – Paris, 1707), maréchal de France. Entré dans l'armée à 18 ans, il devint en 1678 commissaire général des fortifications, qu'il adapta aux progrès de l'armement ; il consolida 300 places fortes et en construisit 40 nouvelles. Il dirigea plus de 50 sièges (Lille, notam., 1667). Il eut le courage d'adresser au roi des « mémoires » qui lui déplurent.

Sébastien Vauban

**Vaucanson** Jacques de (Grenoble, 1709 – Paris, 1782), ingénieur français ; constructeur d'automates : *Joueur de flûte* (1737), *Canard digéreur* (de graines qu'il avait mangées, 1738). À partir de 1741, il mit au point le premier métier à tisser automatique.

**vauchérie** *nf* BOT Algue xanthophycée à thalle formé de filaments siphonés, formant une sorte de gazon ras dans les lieux humides. ETY D'un n. pr.

**Vaucluse** dép. franç. (84) ; 3 566 km² ; 546 755 hab. ; 153,3 hab./km² ; ch.-l. *Avignon* ; ch.-l. d'arr. *Apt* et *Carpentras*. V. Provence-Alpes-Côte d'Azur (Région). DER **vauclusien, enne** *a, n*

**vauclusien, enne** *a* LOC GEOL *Source vauclusienne* : résurgence d'eaux d'infiltration en pays calcaire, à gros débit régulier.

**Vaucouleurs** ch.-l. de cant. de la Meuse (arr. de Commercy), sur la Meuse ; 2 289 hab. – En 1429, Jeanne d'Arc y demanda une escorte au capitaine de Vaucouleurs, le sire de Baudricourt, afin d'aller trouver le roi à Chinon. DER **valcolorois, oise** *a, n*

**Vaud** cant. de Suisse, entre les lacs Léman et de Neuchâtel ; 3 219 km² ; 626 200 hab. ; ch.-l. *Lausanne*. DER **vaudois, oise** *a, n*
**Géographie** Le canton s'étend : sur le Jura méridional, qui vit surtout de l'horlogerie et de la petite mécanique ; sur une région de collines vouée à l'agriculture (blé, betterave, tabac) ; sur les Préalpes (élevage, vigne, tourisme). Plus de 50 % de la pop. vit sur les rives du Léman, vouées à l'industrie et au tourisme (Lausanne, Vevey, Montreux).
**Histoire** Domaine des Burgondes, puis de la Bourgogne Transjurane (IXe-XIe s.), possession savoyarde (XIIIe s.), le pays de Vaud fut annexé par Berne (1536), qui y introduisit la Réforme. La France en fit la République lémanique (1798), puis il entra dans la Confédération suisse (1803).

La Cité du **Vatican**

**vaudeville** *nm* Comédie légère dont l'intrigue, fertile en rebondissements, repose généralement sur des quiproquos. ETY Du norm. DER **vaudevillesque** *a* – **vaudevilliste** *nm*

**1 vaudois, oise** *n, a* RELIG Se dit de la secte chrétienne apparue au XIIe s. et de ses membres, disciples de Pierre Valdo, n'admettant comme source de foi que les Écritures.
ENC La secte des vaudois, fondée par Pierre Valdo à Lyon (« pauvres de Lyon »), quitta presque immédiatement l'Église (1179), à laquelle elle reprochait notam. ses richesses ; elle fut excommuniée en 1184. Préfigurant la Réforme, elle ne voulait retenir de la doctrine chrétienne que la foi en les Écritures, renonçant même à la messe. La répression du mouvement fut impitoyable jusqu'au XVIe s. La secte ne demeura vivace que dans les Alpes et se rallia au protestantisme.

**3 vaudois** → **Vaud.**

**vaudou, oue** *a, nm* **A** Se dit du culte animiste (mélange de sorcellerie, de magie et d'éléments empruntés au rituel chrétien) pratiqué par les peuples du golfe de Guinée et qui, avec la traite des Noirs, s'est répandu aux Antilles et au Brésil. *Cérémonies vaudoues.* **B** *nm* Divinité de ce culte. ETY Mot du Bénin.

**Vaudoyer** Léon (Paris, 1803 – id., 1872), architecte français. Il transforma l'anc. prieuré de St-Martin-des-Champs (Paris, 3e arr.) en Conservatoire des arts et métiers (1845).

**Vaudreuil (Le)** → **Val-de-Reuil.**

**Vaudreuil** Philippe de Rigaud (marquis de) (en Gascogne, 1643 – Québec, 1725), gouverneur général de la Nouvelle-France (1705-1725), amputée en 1713 de l'Acadie et de Terre-Neuve. — **Pierre** (Québec, 1698 – Muides-sur-Loire, Touraine, 1778), fils du préc., gouverneur de la Louisiane (1743-1755), puis de la Nouvelle-France (1755) jusqu'à la capitulation de Montréal, qu'il ordonna (1760).

**Vaugelas** Claude Favre (baron de Pérouges, seigneur de) (Meximieux, 1585 – Paris, 1650), grammairien français ; fils d'Antoine Favre. Ses *Remarques sur la langue française...* (1647) déterminèrent le « bon usage ». Membre de l'Académie française dès sa fondation (1635).

**Vaughan** Henry (Llansantffred, pays de Galles, 1622 – id., 1695), juriste, médecin et poète mystique anglais : *Silex scintillans* (1650-1655).

**Vaughan** Sarah (Newark, New Jersey, 1924 – Los Angeles, 1990), chanteuse de jazz américaine.

**Vaughan Williams** Ralph (Down Ampney, 1872 – Londres, 1958), compositeur anglais : opéras (*Hugh the Drover*, 1910-1914), symphonies, ballets.

**Vaugirard** anc. com. annexée en 1860 à Paris (XVe arr.).

**vau-l'eau (à)** *av* Au fil de l'eau, du courant. LOC *Aller à vau-l'eau* : à l'abandon, à la ruine, péricliter.

**Vaulx-en-Velin** ch.-l. de cant. du Rhône (arr. et banlieue industrielle de Lyon) ; 40 806 hab. DER **vaudais, aise** *a, n*

**Vauquelin** Nicolas Louis (Saint-André-d'Hébertot, Normandie, 1763 – id., 1829), pharmacien et chimiste français. Il étudia l'eau, l'urée, les calculs, la substance nerveuse,

les sels de platine, etc. Il découvrit le chrome (1797) et le lithium (1817).

**Vauquelin de La Fresnaye** Jean (La Fresnaye-au-Sauvage, près de Falaise, 1536 – Caen, 1606), poète français ; disciple de Ronsard : *Foresteries* (1555), satires, idylles, *Art poétique français* en vers (1605).

**vaurien, enne** *n* **A 1** vieilli Personne sans scrupules ; mauvais sujet. **2** Enfant qui joue de vilains tours. SYN garnement. **B** *nm* (Nom déposé.) Dériveur gréé en sloop.

**vautour** *nm* **1** Grand oiseau falconiforme à la tête dénudée, charognard. **2** fig Homme impitoyable ou rapace. ETY Du lat.

**vautour** fauve

**vautrait** *nm* VEN Équipage de chiens dressés à la chasse au sanglier. ETY Du lat. *vertragus*, « lévrier ».

**vautrer (se)** *vpr* ① **1** S'enfoncer, se coucher en se roulant. *Porc qui se vautre dans la boue.* **2** S'abandonner, s'étaler de tout son corps. *Se vautrer sur son lit.* **3** fig, péjor Se livrer entièrement à qqch., s'y complaire. *Se vautrer dans le vice.* ETY Du lat. *volvere*, « tourner, rouler ».

**Vautrin** personnage de *la Comédie humaine* de Balzac, forçat évadé, figurant notam. dans *le Père Goriot* (1833), à la fin d'*Illusions perdues* (1839), dans *Splendeurs et misères des courtisanes* (1838-1847) et dans *Vautrin* (1840).

**Vauvenargues** Luc de Clapiers (marquis de) (Aix-en-Provence, 1715 – Paris, 1747), écrivain et moraliste français. Ancien officier éprouvé dans sa santé, il entama en 1744 une carrière littéraire. Épris de clarté, de rigueur, usant de formules frappantes, il vante les mérites de l'instinct et du sentiment : *Introduction à la connaissance de l'esprit humain*, suivie de pièces brèves (1746).

**vaux** → **val.**

**Vaux** Pierre de → **Valdo.**

**Vaux** (fort de) l'une des défenses princ. de Verdun, au S. de Vaux-devant-Damloup (Meuse, arr. de Verdun). Offensive all. : mars-juin 1916 ; contre-offensive fr. : oct.-nov. 1916.

**Vaux-le-Vicomte** (château de) château de Seine-et-Marne (com. de Maincy, à 5 km de Melun), construit par Le Vau (1655-1661) pour le surintendant Fouquet, décoré par Le Brun ; Le Nôtre dessina les jardins. Cet ensemble inspira le château de Versailles à Louis XIV. ▶ illustr. **Le Vau**

**vavasseur** *nm* HIST Arrière-vassal. ETY Du bas lat. *vassus*, « vassal des vassaux ».

**va-vite (à la)** *av* fam De façon hâtive, négligée.

**Vazov** Ivan (Sopot, auj. Vazovgrad, 1850 – Sofia, 1921), écrivain bulgare ; chantre de la lutte contre l'occupant ottoman : *l'Épopée des oubliés* (poèmes, 1881), *Sous le joug* (roman, 1890).

**Vazquez Montalban** Manuel (Barcelone, 1939 – Bangkok, 2003), écrivain espagnol, auteur de romans policiers : *Meurtre au Comité central* (1981), *la Rose d'Alexandrie* (1984).

**VDQS** *nm* Abrév. de *vin délimité de qualité supérieure*, intermédiaire entre les vins d'appellation et les vins de table.

**vé** *nm* TECH Cale en forme de V, servant à contrôler une pièce cylindrique.

**veau** *nm* **1** Petit de la vache, âgé de moins d'un an. **2** Chair de veau. *Blanquette de veau.* **3** Cuir de veau ou de génisse. **4** fig, fam Personne lourde et sans ressort, au physique ou au moral. **5** fig, fam Véhicule lent et peu nerveux. LOC ***Adorer le veau d'or :*** avoir le culte de l'argent. — fam ***Pleurer comme un veau :*** à gros sanglots. — ***Tuer le veau gras :*** faire une fête, un grand repas de famille. — ***Veau de lait :*** qui tète encore sa mère, ou que l'on nourrit de lait et de farines pour lui donner une chair blanche. — ***Veau marin :*** phoque des mers européennes. ETY Du lat.

**Veblen** Thorstein Bunde (dans le Wisconsin, 1857 – en Californie, 1929), économiste américain, critique sévère du capitalisme.

**vécés** *nm pl* fam W-C.

**vecteur, trice** *nm, a* **A** *nm* **1** MATH Segment orienté comportant une origine et une extrémité ; grandeur orientée constitutive d'un espace vectoriel. **2** MILIT Engin, avion, etc., capable de transporter une charge explosive. **3** fig Ce qui véhicule, propage, transmet qqch. *L'exclusion, vecteur de violence.* **B** *a, nm* MED Se dit d'un animal (insecte, notam.) qui transmet un agent infectieux. *L'anophèle, vecteur du paludisme.* LOC ***Champ de vecteurs :*** ensemble de vecteurs tel que chaque point *M* de l'espace à *n* dimensions et de coordonnées *x, y, z* est associé à un vecteur dont chacune des *n* composantes est une fonction uniforme continue et dérivable de *x, y, z.* — ***Femme vectrice :*** qui transmet une maladie génétique récessive liée au chromosome X, telle que l'hémophilie. — ***Rayon vecteur :*** segment orienté reliant un point fixe à un point mobile sur une courbe donnée.

ENC Un vecteur est défini par sa *direction* (la droite qui le supporte), par son *sens* (un vecteur est une grandeur orientée) et par sa *norme* (la distance entre ses extrémités, autrement dit sa *longueur*). On peut additionner et soustraire des vecteurs, et effectuer le produit d'un vecteur par une grandeur scalaire, c.-à-d. par un nombre. Le *produit scalaire* de deux vecteurs $\overrightarrow{V_1}$ et $\overrightarrow{V_2}$ (noté $\overrightarrow{V_1} . \overrightarrow{V_2}$) est le produit des normes des deux vecteurs par le cosinus de l'angle que forment leurs supports : $|\overrightarrow{V_1}| \times |\overrightarrow{V_2}| \times \cos \alpha$. Le *produit vectoriel* de deux vecteurs $\overrightarrow{V_1}$ et $\overrightarrow{V_2}$ (noté $\overrightarrow{V_1} \wedge \overrightarrow{V_2}$) représentés par les vecteurs $\overrightarrow{OA}$ et $\overrightarrow{OB}$ formant un angle α est un vecteur $\overrightarrow{V_3}$ représenté par le vecteur $\overrightarrow{OC}$, perpendiculaire au plan OAB, de norme égale à $|\overrightarrow{V_1}| . |\overrightarrow{V_2}| \sin \alpha$. Un espace vectoriel sur le corps $\mathbb{R}$ des nombres réels est un ensemble E muni d'une loi de composition interne et d'une loi de composition externe. La théorie des espaces vectoriels joue un rôle fondamental en géométrie, en mécanique et en physique : les forces, les vitesses, les accélérations, etc. sont des grandeurs vectorielles.

**vectoriel, elle** *a* MATH Relatif aux vecteurs. LOC ***Espace vectoriel :*** structure algébrique particulière définie par deux lois de composition, l'addition et la multiplication. — ***Grandeur vectorielle :*** qui possède une valeur numérique, une direction et un sens. — ***Ordinateur vectoriel :*** ordinateur puissant capable de traiter simultanément un ensemble de données.

**vectorisation** *nf* **1** Ajustement d'un programme informatique à traiter par un ordinateur vectoriel. **2** PHARM Mise au point de médicaments destinés à être introduits dans l'organisme par de nouveaux vecteurs (microcapsules, liposomes).

**vécu, ue** *a, nm* Se dit de ce qui s'est passé ou qui aurait pu se passer réellement ; qui fait référence à l'expérience que l'on a de la vie ; cette expérience. *Un roman vécu. Le vécu d'une victime.*

**Veda** (mot sanskrit signifiant « savoir »), nom qui désigne à la fois les quatre livres sacrés de l'hindouisme et l'ensemble des textes du brahmanisme, rédigés en sanskrit à partir de 1800 av. J.-C. ; des adjonctions ont été opérées jusqu'au IVe s. av. J.-C. Les quatre livres sont : le *rig-veda*, le *yajur-veda*, le *sâma-veda* et l'*atharva-veda*. Chacune est un vaste ensemble *(samhitâ)* d'hymnes et de formules *(mantras)* incantatoires. V. Vedânta et upanishad. VAR **Véda, les Védas** DER **védique** *a*

**Védânta** (mot sanskrit signif. « membres des Veda »), système de philosophie brahmanique fondé principalement sur les upanishads et codifié dans sa règle « classique » par Çankara, sage hindou (fin VIIIe-début IXe s.).

**Veddas** anc. peuple de Sri Lanka, auj. presque totalement disparu, qui constituait dès le VIe s. av. J.-C. une population troglodyte.

**Vedel** Georges (Auch, 1910 – Paris, 2002), juriste français : *Traité de droit administratif* (1959). Acad. fr. (1998).

**vedettariat** *nm* Condition, état de vedette, renommée.

**vedette** *nf* **1** Acteur, artiste en renom. *Vedette de cinéma, de la chanson.* **2** Personnalité en vue. *Vedette du barreau.* **3** Fait d'être au premier plan de l'actualité. *Les valeurs vedettes de la Bourse.* **4** MILIT anc Sentinelle de guet, autref. à cheval. **5** Petite embarcation rapide à moteur. **6** Petit bâtiment de guerre destiné princ. à la surveillance côtière. LOC ***Avoir, tenir la vedette, être en vedette :*** tenir le premier rôle dans un spectacle, dans l'actualité. — ***Mettre en vedette un mot, un nom, etc. :*** l'imprimer isolément en gros caractères. — ***Mettre qqn en vedette :*** le mettre en vue, en valeur. — ***Vedette américaine :*** dans un spectacle de music-hall, artiste qui se produit avant la vedette principale. ETY De l'ital.

**vedettiser** *vt* ① Transformer qqn en vedette, en star. DER **vedettisation** *nf*

**védique** *nm* Sanskrit archaïque des Vedas.

**védisme** *nm* Forme primitive du brahmanisme. DER **védique** *a*

**Védrines** Jules (Saint-Denis, 1881 – Saint-Rambert-d'Albon, 1919), aviateur français qui s'illustra pendant la Première Guerre mondiale (à bord de *la Vache*).

**védutiste** *nm* Bx-A Peintre (du XVIIIe s. vénitien, notam.) de paysages citadins pittoresques. ETY De l'ital. VAR **vedutiste**

**Véga** étoile bleue de la constellation de la Lyre, entourée d'un disque protoplanétaire.

**véganisme** *nm* Mode de vie qui exclut toute utilisation de produits animaux (laitages, viande, cuir, etc.). DER **végan, ane** *a, n*

**végétal, ale** *nm, a* **A** *nm* Être vivant qui se distingue des animaux par le manque de faculté de se mouvoir, par son mode de nutrition, à partir d'éléments minéraux, et de reproduction, et par sa composition chimique (chlorophylle, cellulose, notam.). **B** *a* **1** Des plantes, des végétaux. *Cellule végétale.* **2** Qui provient des végétaux, qui

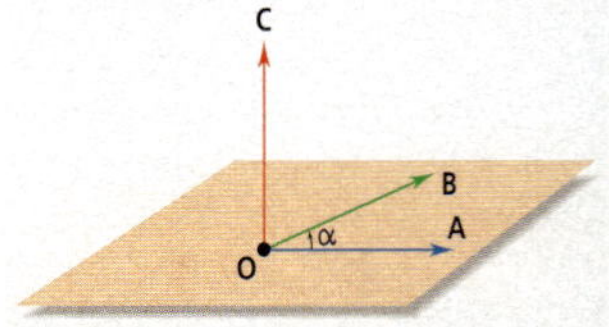


$\vec{a} = \overrightarrow{OA}$ $\vec{b} = \overrightarrow{OB}$ $\vec{c} = \overrightarrow{OC}$

$\vec{c} = \vec{a} \wedge \vec{b}$

se lit : « c égale a vectoriel b »

**vecteur** produit vectoriel

en est tiré. *Huile végétale.* PLUR végétaux. [ETY] Du lat. *vegetare*, « croître ».

**végétaliser** *vt* [1] Planter de végétaux un lieu public. [DER] **végétalisation** *nf*

**végétalisme** *nm* Régime alimentaire plus rigoureux que le végétarisme, excluant strictement tous les aliments non végétaux. [DER] **végétalien, enne** ou **végétaliste** *a, n*

**végétarisme** *nm* didac Régime alimentaire excluant la consommation de viande mais autorisant le lait, le beurre, les œufs. [DER] **végétarien, enne** *a, n*

**végétatif, ive** *a* **1** BOT Qui a rapport à la croissance, à la nutrition des plantes. *Appareil, organe végétatif.* **2** PHYSIOL Qui concerne l'activité du système neurovégétatif ou système nerveux autonome. *Fonctions végétatives.* **3** fig Qui, par son inaction, rappelle la vie des plantes. *Une vie végétative.* **4** Se dit de la multiplication asexuée des végétaux par boutures, marcottes, stolons, etc. LOC MED ***État végétatif chronique :*** état d'un sujet qui, au sortir d'un coma profond, reste dans l'impossibilité de communiquer.

**végétation** *nf* **1** Croissance des végétaux. *Période de végétation.* **2** Ensemble des végétaux qui croissent en un lieu. *La végétation tropicale.* **3** ANAT Toute production pathologique charnue à la surface de la peau ou d'une muqueuse. LOC MED ***Végétations adénoïdes :*** hypertrophie du tissu lymphoïde qui constitue l'amygdale pharyngée. [ETY] Du lat.

**végéter** *vi* [14] **1** Avoir une existence peu active et morne. *Végéter dans un emploi subalterne.* **2** Avoir une activité réduite, médiocre. *Cette affaire végète.* [ETY] Du lat. *vegetus*, « vivant ».

**végétothérapie** *nf* Psychothérapie issue des travaux de W. Reich, et visant la levée des inhibitions sexuelles.

**véhémence** *nf* litt Impétuosité, violence des sentiments, de l'expression. *Protester avec véhémence.* [ETY] Du lat. [DER] **véhément, ente** *a* – **véhémentement** *av*

**véhiculaire** *a* Se dit d'une langue servant à la communication entre des communautés ayant des langues maternelles différentes, par oppos. à *vernaculaire.*

**véhicule** *nm* **1** litt Ce qui sert à transporter, à transmettre. *L'air est le véhicule du son.* **2** PHARM Excipient liquide. **3** Ce qui sert à communiquer. *La télévision est un puissant véhicule de l'information.* **4** RELIG Chemin du salut, dans le bouddhisme. **5** Tout moyen de transport, spécial. un engin à roues. *Véhicule automobile. Véhicules utilitaires.* LOC ***Véhicule spatial :*** tout engin spatial destiné à transporter une charge utile. [ETY] Du lat. *vehere*, « porter ».

**véhiculer** *vt* [1] **1** Servir de véhicule à qqch. *Les médias véhiculent l'information.* **2** Transporter par véhicule.

**Vehme (la)** anc. organisation secrète qui faisait régner la justice en Westphalie (XI^e s.) puis dans le Saint-Empire (XIII^e s.) jusqu'au XVI^e s. [VAR] **Sainte-Vehme**

**Véies** (en lat. *Veii* ; en ital. *Veio*), anc. v. étrusque, au N.-O. de Rome, qui s'en empara après un long siège (v. 405-395 av. J.-C.). Ruines d'un temple et de tombes.

**Veil** Simone (Nice, 1927), magistrat et femme politique française. Ministre de la Santé publique (1974-1979), elle fit légaliser l'IVG (« loi Veil », 1975). Elle fut le premier prés. du Parlement européen (1979-1982). Acad. fr (2008).

**veille** *nf* **1** Action de veiller ; absence de sommeil. *L'état de veille et l'état de sommeil.* **2** Surveillance, garde effectuée pendant la nuit. *Prendre la veille.* **3** TECH État d'un appareil électrique à l'arrêt, mais qui est sous tension et prêt à fonctionner. **4** Jour qui en précède un autre. *La veille de Pâques.* LOC ***À la veille de :*** peu avant ; sur le point de. — fam ***C'est pas demain la veille :*** ce n'est pas pour bientôt. — ECON ***Veille technologique*** ou ***concurrentielle :*** action d'une entreprise qui se tient informée des innovations qui surviennent dans son secteur d'activité. [ETY] Du lat. *vigilia.*

**veillée** *nf* **1** Temps consacré à une réunion familiale ou amicale qui se tient après le repas du soir et jusqu'au coucher. **2** Soirée organisée pour un groupe (musique, danse, jeux, etc.). **3** Action de veiller un malade ou un mort ; nuit passée à le veiller. LOC ***Veillée d'armes :*** nuit où le futur chevalier veillait avant d'être armé ; fig soirée qui précède une action difficile, une épreuve.

**veiller** *v* [1] **A** *vi* **1** S'abstenir volontairement de dormir pendant le temps destiné au sommeil. *Veiller auprès d'un malade.* **2** Être de garde pendant la nuit. **3** Être vigilant. **4** Faire une veillée ; y participer. **B** *vt* Rester la nuit auprès d'un malade, d'un mort. *Veiller un blessé.* **C** *vti* Prendre garde à qqn ou à qqch, s'en occuper activement. *Veiller au salut de l'État. Veillez à ce qu'il n'arrive rien.*

**veilleur, euse** *n* **1** Personne qui veille. **2** Personne chargée de la veille technologique dans une entreprise. LOC ***Veilleur de nuit :*** personne chargée de faire des rondes pour surveiller un établissement, le quartier d'une ville, etc., durant la nuit.

**veilleuse** *nf* **1** Petite lampe éclairant peu et qu'on laisse allumée la nuit ou en permanence, dans un lieu sombre. **2** AUTO Feu de position. **3** TECH Petit bec brûlant en permanence, dans une chaudière à gaz ou à mazout, un chauffe-eau, etc. LOC fam ***La mettre en veilleuse :*** se taire. — ***Mettre qqch en veilleuse :*** en réduire provisoirement l'activité ; cesser provisoirement de s'en occuper.

**veinard, arde** *n, a* fam Se dit de qqn qui a de la veine, de la chance.

**veine** *nf* **1** Vaisseau qui ramène le sang des capillaires aux oreillettes. *Veines caves, coronaires.* **2** Filon, couche étroite et longue de minerai. **3** Dessin de couleur contrastante, long et étroit, qui sinue dans les pierres dures, le bois. *Un marbre gris avec des veines noires.* **4** Nervure saillante de certaines feuilles. **5** Partie du collier du bœuf fournissant des morceaux à braiser. **6** Inspiration. *La veine poétique de cet auteur.* **7** Chance. *Avoir de la veine.* LOC ***Avoir du sang dans les veines :*** de l'ardeur, du courage. — ***Être en veine de :*** disposé à. *Être en veine de confidences.*

**veiné, ée** *a* Qui présente des veines.

**veiner** *v* [1] Orner une surface en imitant les veines du bois ou du marbre.

**veinette** *nf* TECH Brosse de peintre servant à imiter les veines du bois, des pierres dures.

**veineux, euse** *a* **1** Qui a rapport aux veines. *Système veineux.* **2** Qui présente de nombreuses veines. *Marbre veineux.*

**veinosité** *nf* MED Veinule visible sous la peau.

**veinotonique** *a, nm* PHARM Se dit d'un médicament qui tonifie les veines.

**veinule** *nf* **1** ANAT Petit vaisseau veineux. **2** BOT Ramification finale des nervures des feuilles.

**veinure** *nf* Réseau de veines du bois, du marbre, etc.

**Veksler** Vladimir Iossifovitch (Jitomir, 1907 – Moscou, 1966), physicien soviétique ; il mit au point un synchrotron.

**vêlage** *nm* **1** Action de vêler. SYN vêlement. **2** GEOGR Libération d'icebergs par désagrégation d'une falaise de glace.

**vélaire** *a, nf* PHON Se dit de phonèmes dont le point d'articulation est situé à la hauteur du voile du palais. *[k] est une vélaire.* [ETY] Du lat. *velum*, « voile ».

**vélani** *nm* BOT Espèce de chêne dont les grosses cupules écailleuses sont utilisées pour leur tanin. [ETY] Du gr. *balanos*, « gland ».

**vélar** *nm* BOT Plante herbacée des champs (crucifère) à fleurs jaunes, proche des giroflées. SYN sisymbre. [ETY] Mot gaul. *velum*, « voile ».

**vélarisation** *nf* PHON Fait d'articuler un phonème comme une vélaire.

**vélarium** *nm* ANTIQ ROM Grande toile que les Romains tendaient au-dessus des théâtres et des amphithéâtres pour abriter les spectateurs. [PHO] [velaʀjɔm] [ETY] Du lat. [VAR] **velarium**

**Velasco Alvarado** Juan (Piura, 1910 – Lima, 1977), général et homme politique péruvien. À la tête d'une junte militaire (1968-1975), il mena une politique réformiste.

**Velasco Ibarra** José María (Quito, 1893 – id., 1979), homme politique équatorien, président de la République, quatre fois renversé, entre 1933 et 1972.

**Vélasquez** Diego Rodríguez de Silva y Velázquez (en fr.) (Séville, 1599 – Madrid, 1660), peintre espagnol. Peintre du roi en 1623, il fit une carrière triomphale. Sur les conseils de Rubens, il séjourna en Italie (1629-1631) et les chefs-d'œuvre se succédèrent : portraits équestres du duc d'Olivares (1634, le Prado), de Philippe IV et du prince Baltasar Carlos (1635, le Prado), *la Reddition de Breda* (dit « les Lances », v. 1635, le Prado). Il peignit souvent la famille royale, notam. l'infante Margarita (1656, Vienne), qui sera la figure centrale des *Ménines* (*las Meninas*, « les Demoiselles d'honneur », 1656, le Prado), où la liberté de la touche annonce Goya, Delacroix, Manet.

**Vélasquez** *l'Infante Marie-Thérèse* – Kunsthistorisches Museum, Vienne

**Velay** rég. du Massif central, entre l'Allier supérieur à l'O. et le Lignon à l'E., arrosée par la Loire supérieure. Des massifs cristallins et volcaniques (*monts du Velay*, massifs du Mézenc et du Meygal) sont coupés de bassins ; le bassin du Puy est fertile. [DER] **vellave** *a, n*

**velche** *n* péjor Pour les Allemands, terme de mépris appliqué à ce qui est français, belge, suisse romand. [PHO] [vɛlʃ] [ETY] De l'all. *Welsch*, « étranger ». [VAR] **welche**

**velcro** *nm inv* Ensemble de deux tissus dont les surfaces s'agrippent, utilisé pour la fermeture de vêtements, d'accessoires, etc. [ETY] Nom déposé.

**veld** *nm* GEOGR Steppe herbacée de l'Afrique du Sud. [PHO] [vɛlt] [ETY] Mot holl. [VAR] **veldt**

**Veld** plateau steppique d'Afrique du Sud. Au N. des monts Drakensberg, le *Haut Veld* (Orange et Transvaal), dont l'altitude varie entre 1 400 et

2 000 m, est une zone agric., aride vers l'O. Plus au N., le *Bas Veld*, chaud et humide, s'étend jusqu'aux rives du Limpopo et au Zimbabwe.

**Vel' d'hiv'** (abrév. de *Vélodrome d'hiver*), anc. vélodrome parisien (1910-1959). Dans cette enceinte, le 17 juil. 1942, 8 160 Français juifs furent enfermés par la police franç. après une rafle nocturne, puis déportés dans des camps.

**vélelle** *nf* Cnidaire hydrozoaire formant des colonies flottantes munies d'une sorte de crête servant de voile. ETY Du lat. *velum*, « voile ».

**vêlement** *nm* Syn. de *vêlage*.

**vêler** *vi* 1 Mettre bas, en parlant de la vache.

**Vélez de Guevara** Luis (Ecija, 1579 – Madrid, 1644), auteur espagnol de drames et d'un récit picaresque, *le Diable boiteux* (1641), qui inspira Lesage.

**Velickovic** Vladimir (Belgrade, 1935), peintre yougoslave, installé en France dep. 1966.

**vélie** *nf* Punaise d'eau douce. SYN araignée d'eau.

**véligère** *a* ZOOL Pourvu d'un voile, d'une membrane. *Larve véligère de certains mollusques.* ETY Du lat.

**Veliko Tărnovo** v. du N. de la Bulgarie ; 65 000 hab. ; ch.-l. de district. – Deux églises XIII^e et XIV^e s. – Cap. de la Bulgarie (1186), Tărnovo fut ruinée par les Turcs (1393). En 1879 y fut votée la *Constitution de Tărnovo*, en vigueur jusqu'en 1947. VAR **Tirnovo, Tărnovo**

**vélin** *nm* Peau de veau mort-né, qui a l'apparence d'un très fin parchemin. *Manuscrit sur vélin.* LOC ***Papier vélin*** ou ***vélin*** : papier très blanc, de qualité supérieure, à la surface particulièrement lisse et régulière. ETY De l'a. fr. *veel*, « veau ».

**véliplanchiste** *n* SPORT Syn. de *planchiste*.

**vélique** *a* MAR Qui a rapport aux voiles d'un navire. LOC ***Centre, point vélique*** : point d'application de la résultante des actions du vent sur les voiles.

**vélite** *nm* **1** ANTIQ ROM Soldat d'infanterie légère. **2** HIST Soldat d'un corps de chasseurs légers créé par Napoléon.

**vélivole** *a, n* didac Relatif au vol à voile.

**Vélizy-Villacoublay** ch.-l. de canton des Yvelines ; 20 131 hab. Aérodrome de Villacoublay. DER **vélizien, enne** *a, n*

**vellave** → **Velay.**

**Velléda** prophétesse de Germanie honorée par les Bructères. Elle soutint Civilis (69 apr. J.-C.), et mourut prisonnière à Rome.

**velléitaire** *a, n* Se dit de qqn qui n'a pas de volonté ; dont les intentions sont sans effet.

**velléité** *nf* Intention peu ferme, que ne suit aucune action. *Les velléités de réforme de l'État.*

**Vellore** v. d'Inde (Tamil Nadu) ; 350 000 hab. Forteresse du XVI^e s. : théâtre, au XVIII^e s., de combats entre Français et Britanniques. VAR **Vellur**

**vélo** *nm* Bicyclette. LOC ***Vélo couché*** : type de bicyclette sur laquelle on pédale couché sur le dos. ETY Abrév. de *vélocipède*.

**vélobus** *nm* Organisation qui regroupe des enfants pour les amener ensemble et à vélo à leur école (sur le modèle du pédibus).

**véloce** *a* litt Qui se meut avec rapidité, avec agilité. DER **vélocement** *av* – **vélocité** *nf*

**vélocimétrie** *nf* Mesure des vitesses.

**vélocipède** *nm* Ancêtre de la bicyclette, dont les pédales étaient fixées sur le moyeu de la roue avant. DER **vélocipédique** *a*

**vélociraptor** *nm* Dinosaure carnassier du crétacé de Mongolie et de Chine.

**vélociste** *n* Vendeur et réparateur de cycles.

**vélocross** *nm* Vélo tout-terrain.

**vélodrome** *nm* Piste aménagée pour les courses cyclistes, entourée de gradins.

**vélomoteur** *nm* **1** Motocycle d'une cylindrée entre 50 et 125 cm$^3$, intermédiaire entre le cyclomoteur et la motocyclette. **2** Motocycle de petite cylindrée ; cyclomoteur. DER **vélomotoriste** *n*

**véloroute** *nf* Itinéraire réservé aux vélos.

**velot** *nm* TECH Veau mort-né dont la peau est utilisée pour la fabrication du vélin ; cette peau. ETY De l'a. fr. *veel*, « veau ».

**vélotaxi** *nm* Nacelle tirée par un vélo, faisant office de taxi.

**velours** *nm* **1** Étoffe à deux chaînes, dont l'endroit offre un poil court et serré, et dont l'envers est ras. *Velours uni, côtelé.* **2** Ce qui est doux au toucher. *Le velours de sa peau.* **3** Ce qui procure une impression de douceur. *Faire des yeux de velours.* LOC ***De velours*** : qui se déroule sans violence visible. *Une répression de velours.* — ***Faire patte de velours*** : rentrer ses griffes, en parlant d'un chat ; fig affecter la douceur pour dissimuler une mauvaise intention. — ***Jouer sur le velours*** : avec les gains déjà réalisés, sans entamer sa mise ; agir sans risque. — ***Velours de laine*** : tissu de laine pelucheux sur l'endroit. PHO [vəluʀ] ETY Du lat. *villosus*, « velu ».

**velouté, ée** *a, nm* **A** *a* **1** Doux au toucher comme du velours. *Pêche veloutée.* **2** Doux au goût, onctueux. *Potage velouté.* **3** TECH Se dit d'une étoffe, d'un papier qui porte des applications (fleurs, ramage) de velours ou imitant le velours. **B** *nm* **1** Douceur, aspect de ce qui est velouté. *Le velouté d'un vin.* **2** Potage velouté. *Un velouté de tomates.*

**velouter** *vt* 1 **1** TECH Donner l'apparence du velours à une surface. **2** Rendre plus doux, plus onctueux.

**velouteux, euse** *a* Qui a la douceur du velours.

**veloutier** *nm* TECH Tisseur spécialisé qui fabrique du velours.

**veloutine** *nf* TECH Tissu de coton pelucheux qui a l'aspect du velours.

**Velpeau** Alfred (Brèches, Indre-et-Loire, 1795 – Paris, 1867), chirurgien français ; créateur des bandes élastiques à compression douce (« bandes Velpeau »).

**Velsen** v. des Pays-Bas (Hollande-Septentrionale), sur le canal de la mer du Nord ; 57 150 hab. Sidérurgie.

**velte** *nf* **1** Ancienne mesure de capacité valant env. 7,5 l. **2** Règle graduée servant à jauger les tonneaux. ETY De l'all. *Viertel*, « quart ».

**velu, ue** *a* **1** Abondamment couvert de poils. *Des bras velus.* **2** BOT Garni de poils fins et serrés. *Feuille velue.* ETY Du lat.

**vélum** *nm* **1** Grande pièce de toile qui sert à abriter un espace sans toiture ou à simuler un plafond, pour tamiser la lumière, décorer, etc. **2** Repli marginal contractile de l'ombrelle de certaines méduses. PHO [velɔm] ETY Du lat. *velum*, « voile » VAR **velum**

**Veluwe (la)** rég. de collines (landes et bois) des Pays-Bas, dans la prov. de Gueldre, entre l'IJsselmeer et le Rhin. – Parc national de la *Haute Veluwe* (5 400 ha), comprenant le musée Kröller-Müller, dû à H. C. Van de Velde.

**velux** *nm* Fenêtre de toit de la marque de ce nom. PHO [velyks] ETY Nom déposé. VAR **vélux**

**velvet** *nm* TECH Velours de coton, imitant le velours à deux chaînes. PHO [vɛlvɛt] ETY Mot angl.

**Velvet Underground (the)** groupe de rock créé en 1965 à New York.

**velvote** *nf* BOT Espèce de linaire commune dans les décombres. ETY De *velu*.

**venaison** *nf* Chair du gros gibier (daim, sanglier, etc.). ETY Du lat.

**Venaissin** (comtat) → **Comtat (le).**

**vénal, ale** *a* **1** Qui se vend. **2** Qui aime l'argent ; qui se laisse acheter. PLUR vénaux. LOC ***Amour vénal*** : prostitution. — HIST ***Charge vénale*** : qui peut être obtenue pour de l'argent. — ECON ***Valeur vénale d'un objet*** : valeur de cet objet estimée en argent. (ETY) Du lat. *venum*, « vente ». (DER) **vénalement** *av*

**vénalité** *nf* **1** HIST Fait, pour une charge, une fonction d'être obtenue et cédée pour de l'argent. **2** Caractère d'une personne vénale.

**venant** *nm* **LOC** *À tout venant* : à quiconque se présente, à tout le monde. — litt *Les allants et les venants* : ceux qui vont et viennent.

**Vence** ch.-l. de cant. des Alpes-Maritimes (arr. de Grasse) ; 19 489 hab. – Enceinte XIIIe s. Cath. XIe-XVIIIe s. Chap. du Rosaire (conçue et décorée par Matisse). (DER) **vençois, oise** *a, n*

**Venceslas (saint)** (?, 907 – Stará Boleslav, 929), duc de Bohême (921-929) ; patron de ce pays. Propagateur du christianisme, il fut tué par son frère Boleslav Ier, païen.

**Venceslas Ier** (?, 1205 – Beroun, 1253), roi de Bohême (1230-1253). Il appela des colons allemands. — **Venceslas II** (?, 1271 – Prague, 1305), roi de Bohême (1278-1305) et de Pologne (1300-1305), petit-fils du préc. — **Venceslas III** (?, 1289 – Olomouc, 1306), roi de Hongrie (1301-1305), de Pologne et de Bohême (1305-1306), fils du préc. Il fut assassiné. — **Venceslas IV** (Nuremberg, 1361 – Prague, 1419), roi de Bohême (1363-1419) et empereur germanique (1378-1419) ; fils de l'empereur Charles IV de Luxembourg. Il rencontra l'hostilité du clergé et de la noblesse tchèques. Il se rapprocha de la France, ce qui mécontenta le pape (lequel lui retira la couronne impériale en 1400), et plus tard des hussites.

**venda** *nm* Langue bantoue parlée en Afrique du Sud (où c'est une des langues officielles).

**Venda** anc. bantoustan de l'Afrique du Sud, créé en 1959, intégré en 1994 dans le Transvaal-Nord.

**vendable** → **vendre.**

**vendange** *nf* **A** Fait de récolter le raisin mûr destiné à faire du vin ; raisin récolté. **B** *nfpl* Période où se fait cette récolte, en automne. **LOC** *Vendange verte* : éclaircissage de la vigne pour améliorer la qualité et éviter la surproduction. (ETY) Du lat.

**vendangeoir** *nm* Hotte, panier pour la vendange. (VAR) **vendangerot**

**vendanger** *vt* (13) Récolter le raisin. (DER) **vendangeur, euse** *n*

**vendangeuse** *nf* **1** rég Aster qui fleurit à l'époque des vendanges. **2** Machine agricole faisant automatiquement la vendange.

**Vendée (la)** rivière de France (70 km), affluent de la Sèvre Niortaise (r. dr.).

**Vendée** dép. franç. (85) ; 6 721 km² ; 641 700 hab. ; 94,4 hab./km² ; ch.-l. *La Roche-sur-Yon* ; ch.-l. d'arr. *Fontenay-le-Comte* et *Les Sables-d'Olonne*. V. Loire (Pays de la) [Région]. (DER) **vendéen, enne** *a, n*

**Vendée (guerres de)** insurrection contre-révolutionnaire de l'ouest de la France (dép. de la Vendée et voisins) en 1793. L'« armée catholique et royale » compta 40 000 membres, dirigés par des nobles et des roturiers. Ils prirent plusieurs villes, échouèrent devant Nantes et furent défaits à Cholet (oct. 1793) par Kléber. En 1796, Hoche les vainquit.

**Vendée Globe** course à la voile autour du monde, en solitaire, sans escale, sans assistance. Elle se déroule tous les quatre ans depuis 1989.

**vendéen, enne** *n* HIST Insurgé(e) royaliste de Vendée pendant la Révolution.

**vendémiaire** *nm* Premier mois du calendrier républicain (du 22/24 septembre au 21/23 octobre). (ETY) Du lat. *vindemia*, « vendange ».

**vendémiaire an IV (journée du 13)** (5 oct. 1795), journée au cours de laquelle la Convention thermidorienne mata une insurrection royaliste : appelé par Barras le 12 vendémiaire, Bonaparte fit donner ses 40 canons, le 13, contre les 20 000 royalistes qui menaçaient d'investir la Convention.

**venderesse** → **vendeur.**

**vendetta** *nf* Coutume corse qui consiste, pour tous les membres d'une famille, à poursuivre la vengeance de l'un des leurs. (ETY) Mot ital., « vengeance ».

**vendeur, euse** *n, a* **A** *n* **1** DR Personne qui vend ou qui a vendu un bien. (Dans ce sens, le fém. est parfois *venderesse*.) **2** Personne dont la profession est de vendre. *Vendeuse de journaux.* **3** Personne qui sait vendre. **B** *a* Qui fait vendre, incite à acheter. *Un slogan vendeur.*

**vendôme** *nm* Fromage de vache, à pâte molle, affiné dans la cendre, fabriqué dans le Val de Loire.

**Vendôme** ch.-l. d'arr. de Loir-et-Cher, sur le Loir ; 17 687 hab. Industries. – Égl. XIe-XVIe s. Ruines d'un chât. XIIe-XVe s. (DER) **vendômois, oise** *a, n*

**Vendôme (place)** place de Paris (Ier arr.), construite sur les plans de J. Hardouin-Mansart de 1686 à 1720 ; elle reçut en son centre, en 1810, une colonne en bronze (fondue avec les canons ennemis pris à Austerlitz). Cette *colonne Vendôme*, renversée en 1871 par la Commune, fut relevée en 1874. (V. Courbet [Gustave].)

**Vendôme César de Bourbon (duc de)** (Coucy-le-Château-Auffrique, 1594 – Paris, 1665), fils naturel légitimé d'Henri IV et de Gabrielle d'Estrées. Richelieu le fit interner (1626-1630) puis exiler jusqu'en 1643. — **Louis Joseph** (Paris, 1654 – Vinaroz, 1712), petit-fils du préc. Pendant la guerre de la Succession d'Espagne, il fut vaincu à Oudenaarde (1708), ce qui provoqua sa disgrâce, puis remporta la victoire décisive de Villaviciosa (1710).

**vendre** *v* (6) **A** *vt* **1** Échanger contre de l'argent. *Vendre ses bijoux.* **2** Exercer le commerce de. **3** Abandonner pour de l'argent ou contre un avantage quelconque, ce qui, normalement, n'est pas objet de commerce. *Vendre sa liberté.* **4** Convaincre l'opinion publique ou ses supérieurs de ses mérites, de sa valeur. *Vendre le bilan de sa politique.* **5** Trahir, dénoncer par intérêt. *Vendre un complice.* **B** *vpr* **1** péjor Faire un commerce honteux de sa personne, de ses services. **2** Savoir se faire valoir auprès d'un client, d'un employeur. (ETY) Du lat. (DER) **vendable** *a*

**vendredi** *nm* Cinquième jour de la semaine, qui suit le jeudi. **LOC** *Vendredi saint* : qui précède le dimanche de Pâques et qui, pour les chrétiens, commémore la journée au cours de laquelle le Christ fut crucifié. (ETY) Du lat. *Veneris dies*, « jour de Vénus ».

**Vendredi** personnage du *Robinson Crusoé* de Defoe (1719), jeune « sauvage » sauvé par Robinson. M. Tournier en a fait le héros de *Vendredi ou les Limbes du Pacifique* (1967).

**vendu, ue** *a, n* **1** Cédé contre argent. **2** péjor Qui sert le plus offrant, en abdiquant tout honneur, toute dignité. *Un politicien vendu.*

**venelle** *nf* vieilli Ruelle. (ETY) De *veine*.

**vénéneux, euse** *a* Se dit d'un végétal qui renferme des substances toxiques. *Un champignon vénéneux.*

**Venera** sondes spatiales soviétiques envoyées vers Vénus entre 1961 et 1983.

**vénérable** *a, n* **A** *a* litt Digne de respect. **B** *a, n* Titre que donnent les francs-maçons au président d'une loge. **LOC** *Âge vénérable* : très avancé. — RELIG *Vénérable serviteur (servante) de Dieu* : titre donné à un défunt dont on a ouvert, à Rome, le procès en béatification.

**vénérer** *vt* (14) Avoir un profond respect pour qqn, qqch. (ETY) Du lat. (DER) **vénération** *nf*

**vénéridé** *nm* ZOOL Mollusque lamellibranche des fonds sableux ou vaseux, tel que la palourde, la praire, etc.

**vènerie** *nf* **1** Art de la chasse à courre. **2** anc Équipage de chasse et corps des officiers qui y était attaché. (ETY) Du lat. (VAR) **vénerie**

**vénérien, enne** *a* MED Se disait d'une maladie infectieuse qui se transmet par le contact sexuel telle que le chancre mou, la syphilis. (Ce terme est remplacé par *maladie sexuellement transmissible* ou *MST*.) (ETY) Du lat. *venerius*, « de Vénus ».

**vénérologie** *nf* MED Étude et traitement des maladies sexuellement transmissibles (MST). (DER) **vénérologique** *a* – **vénérologue** *n*

**Vénètes** anc. peuples de langue indo-européenne. Les Vénètes de l'Adriatique, installés au Ier millénaire av. J.-C. dans l'actuelle Vénétie, furent romanisés au IIe s. av. J.-C. Les Vénètes d'Armorique, vaincus par César en 56 av. J.-C., avaient Vannes pour capitale. (DER) **vénète** *a*

**Vénétie** (en ital. *Venezia*), rég. historique de l'Italie du N.-E., entre le Pô, le lac de Garde, les Alpes et l'Adriatique, auj. partagée entre les Régions admin. de la Vénétie (autrefois Vénétie Euganéenne), du Frioul-Vénétie Julienne (c.-à-d. « des Alpes Juliennes ») et du Trentin-Haut-Adige (qui comprend la Vénétie Tridentine). **Histoire** Occupée par les Ostrogoths (Ve s.), puis par les Lombards (VIe s.), la région fut intégrée à la république de Venise au XVe s. Cédée à l'Autriche en 1797 par le traité de Campoformio, partie du royaume d'Italie (1805), puis du Royaume lombard-vénitien (1815) attribué aux Habsbourg, elle revint à l'Italie en 1866.

**Vénétie** (en ital. *Veneto*), Région du N.-E. de l'Italie et de l'UE, sur l'Adriatique, formée des provinces de Belluno, Padoue, Rovigo, Trévise, Venise, Vérone et Vicence ; 18 364 km² ; 4 374 900 hab. ; ch.-l. *Venise*. Aux Alpes (Dolomites) succèdent des collines et une plaine due aux alluvions de la Piave, de l'Adige et, surtout, du Pô. Le sol est fertile. L'hydroélectricité favorise l'industrie. Le tourisme est partout présent.

**venette** *nf* vx Peur. (ETY) Du moyen fr. *vesner*, « vesser ».

**veneur** *nm* Celui qui est chargé de la vènerie ; celui qui chasse à courre. **LOC** *Grand veneur* : chef des officiers de vènerie.

**Veneziano** → **Domenico Veneziano.**

**Venezuela (république du)** (*República de Venezuela*), État du N.-O. de l'Amérique du Sud, bordé au nord par la mer des Caraïbes ; 912 050 km² ; 29,7 millions d'hab. ; cap. *Caracas*. Nature de l'État : rép. Langue off. : esp. Monnaie : bolivar. Population : métis (66,9 %), origines européennes (20,8 %), origines africaines (10,2 %), Amérindiens (2,1 %). Relig. : cathol. (95,9 %). (DER) **vénézuélien, enne** *a, n* **Géographie** Au N., s'élèvent des montagnes humides et forestières : Andes (culminant à 5 007 m), cordillère de la Costa ; bordées d'un littoral très peuplé, elles isolent, au N.-O., la plaine et le lac de Maracaibo, au climat chaud et sec. Au S. des chaînes s'étendent la région tropicale des llanos (savane arborée), arrosée par l'Orénoque, puis le massif des Guyanes couvert d'une forêt dense subéquatoriale. Le pays compte 88 % de citadins et accueille plus de 2 millions d'immigrés (Colombiens, notam.). **Économie** L'agriculture reste insuffisante ; l'élevage extensif est important (15 millions de bovins). L'écon. repose sur le secteur minier : or, diamants, bauxite, gaz naturel et, surtout, pétrole (8e rang mondial, 80 % des exportations), exploité depuis 1914 dans la zone de Maracaibo. À partir de 1960, l'État a implanté des industries de base en Guyane (sidérurgie, aluminium). Dans les années 1980-1990, la baisse du prix du pétrole et l'évasion des avoirs ont créé une crise. En 2000-2001, la remontée des cours et l'action du président Chavez ont relancé la croissance, mais la situation écon. et sociale demeure fragile.

**Histoire** La colonisation espagnole rattacha le Venezuela au vice-royaume du Pérou puis à la Colombie dans le vice-royaume de Nouvelle-Grenade. À Caracas eut lieu le prem. soulèvement contre l'Espagne (1810-1812), sous la conduite de Miranda puis de Bolívar. De 1821 à 1830, le Venezuela fit partie de la rép. de Grande-Colombie, organisée par Bolívar. Après sa mort, révolutions et dictatures se succédèrent. De 1870 à 1888, Antonio Guzmán Blanco exerça une dictature progressiste et moderniste. Juan Vicente Gómez (1908-1935) gouverna de façon dictatoriale ; l'exploitation du pétrole commença ; en 1928, le Venezuela était le 2e prod. mondial. Après une succession de gouvernements milit. , une junte révolutionnaire dirigée par Rómulo Betancourt rendit le pouvoir aux civils en 1948, mais Marcos Pérez Jiménez s'en empara jusqu'à l'insurrection populaire de janv. 1958.

**L'ALTERNANCE DÉMOCRATIQUE** Depuis lors, les présidents sociaux-démocrates (« Action démocratique »), tels que Betancourt (1958-1964) et Raúl Leoni (1964-1969), alternent avec des démocrates-chrétiens. Social-démocrate, Carlos Andrés Pérez Rodríguez (1973-1979) nationalisa le pétrole en 1975 ; élu à nouveau en 1988, il décréta l'austérité sur les conseils du FMI, et des troubles éclatèrent (mars 1989). En mai 1993, Pérez décréta l'état d'urgence et fut démis pour malversations. En déc. 1994, le démocrate-chrétien Rafael Caldera (président de 1970 à 1974) fut élu pour le remplacer. En 1996, il autorisa des compagnies étrangères à se livrer à la recherche pétrolière. Élu en 1998, le populiste Hugo Chavez Frias a entrepris de « mettre fin à 40 ans de corruption ». En 1999, des pluies torrentielles ont dévasté une partie du littoral (20 000 morts). En 2000, le président Chavez a été triomphalement réélu, mais son révolutionnarisme inquiète les classes aisées. En avril 2002, un coup d'État avorté, puis en déc. une grève totale de l'industrie pétrolière accompagnée de manifestations de rue ont tenté en vain de chasser Chavez du pouvoir. Il y est conforté par le référendum d'août 2004 qu'il remporte facilement. Il est réélu en 2006 et en 2012. Mais, il décède en mars 2013. Son dauphin, Nicolás Maduro, est élu président en avril 2013.

**venger** *vt* [13] **1** Donner à qqn une compensation morale pour l'offense qu'il a subie en en châtiant l'auteur. *Venger un parent. Se venger de qqn.* **2** Effacer, réparer une offense en châtiant son auteur. *Venger un affront.* [ETY] Du lat. *vindicare,* « réclamer en justice ». [DER] **vengeance** *nf* – **vengeur, euse** *n, a*

**Veni, creator Spiritus** hymne à l'Esprit-Saint, chantée à la Pentecôte.

**véniel, elle** *a* litt Sans gravité. *Faute vénielle.* **LOC** RELIG CATHOL ***Péché véniel :*** qui ne fait pas perdre la grâce, par oppos. à *péché mortel.* [ETY] Du lat. *venia,* « pardon ».

**venimeux, euse** *a* **1** Se dit des animaux à venin et de leurs glandes, aiguillons, etc. **2** fig Haineux, malveillant. *Propos venimeux.*

**venin** *nm* **1** Substance toxique sécrétée par certains animaux et qu'ils injectent par piqûre ou morsure pour se défendre ou pour attaquer. *Venin de vipère, d'abeille.* **2** fig, litt Haine, malveillance. *Venin répandu par les mauvaises langues.* [ETY] Du lat. *venenum,* « poison ».

**venir** *v* [36] **A** *vi* **1** Gagner le lieu où se trouve qqn. *Il viendra dans une heure. Venez me voir un de ces jours.* **2** S'étendre dans une dimension. *Des manches qui viennent au coude.* **3** Provenir, découler de. *Ce mot vient du grec. Son erreur vient de là.* **4** Arriver, se produire. *Le moment du départ est venu.* **5** Croître, se développer. *Cet arbre vient bien.* **6** Parvenir à, finir par. *Venir à maturité. Venir à se demander si.* **7** Avoir été légué à qqn. *Cette maison lui vient de sa tante.* **8** Apparaître sur son corps ou dans son esprit. *Des rides lui sont venues. Des doutes me viennent.* **B** *v semi-auxil* **1** Marque un passé récent. *Il vient de sortir. Je venais de lui écrire quand il m'a téléphoné.* **2** Dans une propos. conditionnelle, renforce l'idée d'éventualité. *Si le temps vient à se couvrir, rentrez.* **LOC** ***À venir :*** qui suivra, futur. — ***En venir à :*** en arriver à un point essentiel ou extrême. — ***Faire venir qqch :*** se le faire livrer. — ***Laisser venir :*** ne pas brusquer les choses. — ***Voir venir :*** s'abstenir d'agir avant de savoir à quoi s'en tenir. — ***Voir venir qqn :*** deviner ses intentions. [ETY] Du lat.

**Venise** (en ital. *Venezia*), v. d'Italie, sur la *lagune de Venise,* formée par l'Adriatique ; 268 993 hab. ; ch.-l. de la prov. du m. nom et de la Vénétie. [DER] **vénitien, enne** *a, n*

**Géographie** Venise est construite sur 118 îlots, que séparent 177 canaux étroits (400 ponts). Le Grand Canal, que traversent trois ponts (notam. le Ponte Rialto, bâti au XVIe s.), divise Venise en deux ensembles, bordés au S. par la longue île de la Giudecca. Un cordon littoral (dont le Lido est une partie) sépare les eaux vénitiennes de la mer (à 2 km). Au N. s'égrènent des îles : San Michele, Murano, la plus importante, Burano et Torcello. Venise est un prestigieux centre touristique. À 4 km, le port (Porto Marghera) et la zone industrielle de Mestre sont très actifs. – Nombr. palais du Moyen Âge et de la Renaissance sur les rives du Grand Canal : Ca' d'Oro, Corner della Ca' Grande (XVIe s.), etc. Innombrables églises ; Santa Maria della Carità (XVe-XVIIIe s.) est auj. un musée (Accademia delle Belle Arti). La place Saint-Marc est bordée : à l'E., par la basilique Saint-Marc (XIe-XVIIe s.) ; au N., par la tour de l'Horloge (1496) ; au S., la Piazzetta, dominée par le Campanile (XIIIe-XIVe s., reconstruit de 1905 à 1912), est bordée par le palais des Doges (XIIe-XVIe s.), que le pont des Soupirs (des prisonniers) relie aux prisons. Venise est auj. menacée de destruction (enfoncement du sol ; montée du niveau marin ; pollution, etc.).

**Histoire** Au VIe s., pour échapper aux invasions des Huns puis des Lombards, un groupe d'hab. de la région se réfugia sur les îles de la lagune. Ils constituèrent une république, que dirigeait un doge (duc), élu par les notables et vassal de l'empereur byzantin. Dépourvus de terres, ils bâtirent une flotte de commerce. Grâce aux croisades, Venise s'enrichit et s'assura des concessions sur la côte du Levant. Quand les Occidentaux conquirent Byzance (XIIIe s.), Venise s'empara de la Crète, de nombr. autres îles grecques et de ports d'escale. Les riches détenaient le pouvoir au sein du Grand Conseil (créé en 1143), doté d'une police politique, le Conseil des Dix (créé en 1310). Aux XVe et XVIe s., l'école picturale triompha (Bellini, Carpaccio, Giorgione, Titien, Véronèse, le Tintoret). Venise conquit au début du XVe s. les terres qui forment la Vénétie, mais les Turcs l'évincèrent de la Médit. orientale. Les guerres d'Italie et les grandes découvertes amorcèrent son déclin, ralenti au XVIe s. par une industrie active. En 1797, la république fut abolie par Bonaparte, puis la Vénétie devint autrichienne jusqu'à son rattachement au royaume d'Italie en 1866.

**Venise** le Grand Canal

**Vénissieux** ch.-l. de cant. du Rhône (arr. de Lyon) ; 60 448 hab. Industries. [DER] **vénissian, ane** *a, n*

**vénitien** *nm* Dialecte italien parlé en Vénétie. [PHO] [venisjɛ̃]

**Venizélos** Eleuthérios (La Canée, Crète, 1864 – Paris, 1936), homme politique grec. Crétois, il émancipa la Crète (1898). Président du Conseil à Athènes (1910-1915), il engagea la Grèce dans les guerres balkaniques (1912-

1913) et réunit la Crète à la Grèce. Rappelé en 1917, il rangea la Grèce aux côtés des Alliés. Plusieurs fois président du Conseil entre 1924 et 1933, il proclama une éphémère république de Crète (1935) et dut s'exiler.

**Venlo** v. des Pays-Bas (Limbourg), port sur la Meuse ; 63 820 hab.

**vent** *nm* **A 1** Mouvement naturel d'une masse d'air qui se déplace suivant une direction déterminée. *Vent du nord, du sud.* **2** Agitation de l'air due à une cause quelconque. **3** MUS Air sous pression, provenant du souffle de l'instrumentiste ou d'une machinerie, qui met en résonance certains instruments, dits *instruments à vent.* **4** Gaz intestinal. **5** fig Chose, parole vaine. *Ces promesses, c'est du vent.* **B** *nmpl* MUS Instruments à vent. **LOC** ***Aller comme le vent, plus vite que le vent*** : très vite. — ***Aux quatre vents*** : de tous les côtés. — ***Avoir vent de qqch*** : l'apprendre par hasard, en avoir vaguement connaissance. — ***Contre vents et marées*** : en dépit de tous les obstacles. — fam ***Dans le vent*** : à la mode. — ***En coup de vent*** : très rapidement. — ***Observer d'où vient le vent*** : étudier la situation pour déterminer comment elle va évoluer. — CHASSE ***Prendre le vent*** : flairer, pour un chien. — ***Quel bon vent vous amène ?*** : formule de bon accueil à qqn qui se présente. — fam ***Sentir le vent du boulet*** : échapper de peu à une catastrophe. — ASTRO ***Vent solaire*** : plasma totalement ionisé qui s'échappe du Soleil. — ASTRO ***Vent stellaire*** : matière éjectée en permanence par certaines étoiles. (ETY) Du lat.

ENC Les vents sont constitués par de l'air en mouvement. La cause essentielle des mouvements de l'air réside dans les différences de pression atmosphérique et de température entre les diverses régions du globe. Les vents sont sensiblement parallèles aux isobares (lignes d'égale pression) et tournent, à cause de la rotation de la Terre, en laissant les centres de hautes pressions sur leur droite dans l'hémisphère Nord et sur leur gauche dans l'hémisphère Sud. Les *alizés* sont des vents réguliers. Les *moussons*, en revanche, présentent un caractère saisonnier.

**Vent (le)** film américain de V. Sjöström (1928), avec Lillian Gish et le Suédois Lars Hanson (1886 – 1965).

**Vent (îles du)** ensemble des îles des Antilles exposées à l'alizé, c.-à-d. les îles orientales : Porto Rico, Guadeloupe, Martinique, etc.

**Vent (îles du)** → **Société (îles de la).**

**Venta (La)** nom esp. d'une anc. cité des Olmèques (Mexique, État de Tabasco), en activité du XII^e au V^e s. av. J.-C. Ruines import. : pyramide en terre battue, têtes colossales.

**ventage** *nm* AGRIC Syn. de *vannage.*

**1 ventail** *nm* ARCHEOL Partie de la visière du casque percée de trous pour permettre le passage de l'air. PLUR ventaux.

**2 ventail** → **vantail.**

**vente** *nf* **1** Action de vendre. *Mettre sa maison en vente.* **2** Réunion au cours de laquelle certains biens sont vendus publiquement. *Salle des ventes.* **3** SYLVIC Coupe qui se fait dans une forêt en des temps réglés ; partie d'une forêt qui vient d'être coupée. **4** HIST Réunion de carbonari. **LOC** ***Vente de charité*** : au bénéfice d'une œuvre.

**venté, ée** *a* Exposé au vent. *Plateau venté.*

**venter** *v impers* ① litt Faire du vent. **LOC** ***Qu'il pleuve ou qu'il vente*** : par tous les temps.

**venteux, euse** *a* Où le vent souffle souvent.

**ventilateur** *nm* Dispositif, appareil servant à créer un courant d'air pour rafraîchir ou aérer.

**ventilation** *nf* **1** Action de ventiler, d'aérer ; fait d'être ventilé. *Ventilation d'une pièce.* **2** MED Mouvement de l'air dans l'appareil respiratoire. *Ventilation pulmonaire.* **3** DR Évaluation de chacun des lots d'un tout proportionnellement à la valeur du tout. **4** COMPTA Répartition d'une somme entre divers comptes, divers chapitres d'un budget, etc. **5** Répartition. SYN (déconseillé) dispatching. **LOC** ***Ventilation artificielle*** : syn. de *respiration artificielle.*

**ventilatoire** *a* MED Relatif à la ventilation pulmonaire

**ventiler** *vt* ① **1** Aérer en produisant un courant d'air ; alimenter en air frais. *Ventiler un entrepôt, un moteur.* **2** DR Évaluer chacun des lots proportionnellement à la valeur du tout. **3** COMPTA Répartir une somme entre divers comptes, divers chapitres d'un budget, etc. **4** Répartir des choses, des personnes en plusieurs groupes. SYN (déconseillé) dispatcher. (ETY) Du lat. (DER) **ventilation** *nf*

**ventileuse** *nf* Abeille qui ventile la ruche en battant ses ailes.

**ventis** *nmpl* AGRIC Arbres abattus par le vent.

**ventôse** *nm* HIST Sixième mois du calendrier républicain (du 19/21 février au 20/21 mars). (ETY) Du lat. *ventosus,* « venteux ».

**ventouse** *nf* **1** anc Petite cloche de verre que l'on appliquait sur la peau après y avoir créé un vide relatif, pour provoquer une congestion superficielle. **2** Pièce concave en matière souple qui adhère par pression à des surfaces planes et lisses. **3** ZOOL Organe de succion qui permet à certains animaux de se fixer sur une proie, un support, etc. *Ventouses du poulpe, du ténia.* **4** BOT Organe de fixation en forme de disque de certaines plantes. **5** fam Véhicule qui reste en stationnement prolongé au même endroit. **LOC** ***Faire ventouse*** : adhérer sur une surface. (ETY) Du lat. *ventosa,* « pleine d'air ».

**Ventoux (mont)** massif calcaire des Préalpes du S. (Vaucluse) ; 1 909 mètres. Tourisme.

**ventral, ale** *a* **1** Qui a rapport au ventre ; qui est situé sur le ventre, du côté du ventre. *Nageoire ventrale. Parachute ventral.* **2** ANAT Qui occupe une position médiane et basse. PLUR ventraux.

**ventre** *nm* **1** Chez l'homme, partie antérieure et inférieure du tronc, où se trouve la cavité qui renferme les intestins. *Se coucher sur le ventre, à plat ventre.* **2** Proéminence de cette partie du corps. *Avoir, prendre du ventre.* **3** Partie molle de l'abdomen des mammifères, en arrière des côte ; partie inférieure du corps de certains animaux par oppos. à *dos. Ventre de poisson.* **4** Siège des organes de la digestion. *Avoir mal au ventre.* **5** Siège des organes de la gestation. *Enfant qui bouge dans le ventre de sa mère.* **6** Renflement, partie convexe. *Le ventre d'une jarre. Mur qui fait ventre.* **7** Partie centrale de la coque d'un bateau. **8** PHYS Zone d'un mouvement vibratoire où l'amplitude est maximale par oppos. à *nœud.* **LOC** fam ***Avoir les yeux plus gros, plus grands que le ventre*** : se servir de nourriture plus qu'on n'en peut manger ; fig avoir des ambitions qui dépassent ses capacités. — fam ***Avoir qqch dans le ventre*** : avoir du caractère, de la volonté. — fam ***Passer sur le ventre de qqn*** : éliminer sans vergogne un concurrent. — fam ***Taper sur le ventre de qqn*** : être très familier avec lui. — ***Ventre à terre*** : à toute vitesse. — fam ***Ventre mou*** : point vulnérable de qqn, d'un groupe. (ETY) Du lat.

**ventrèche** *nf* CUIS Dans le Sud-Ouest, lard maigre.

**ventrée** *nf* fam Grosse quantité de nourriture qu'on ingurgite.

**ventricule** *nm* ANAT **1** Chacune des deux cavités aplaties et allongées, de forme conique, de la partie inférieure du cœur. **2** Chacune des quatre cavités du cerveau dans lesquelles circule le liquide céphalorachidien. (ETY) Du lat. *ventriculus,* « petit ventre ». (DER) **ventriculaire** *a*

**ventriculographie** *nf* MED Radiographie des ventricules cérébraux.

**ventriculotomie** *nf* CHIR Ouverture d'un ventricule du cœur.

**ventrière** *nf* **1** Sangle utilisée pour soulever les chevaux. **2** MAR Chacune des pièces courbes sur lesquelles repose la coque d'un navire en construction.

**ventriloque** *n, a* Se dit d'une personne capable d'émettre des sons articulés sans remuer les lèvres, donnant ainsi l'impression que ce n'est pas elle qui parle. (ETY) Du lat. (DER) **ventriloquie** *nf*

**ventripotent, ente** *a* fam Qui a un gros ventre.

**Ventris Michael** (Wheathampstead, Hertfordshire, 1922 – près de Hatfield, 1956), architecte, archéologue et linguiste britannique. Étudiant des tablettes découvertes à Cnossos et à Pylos, il déchiffra un grec archaïque daté de 1400 av. J.-C.

**ventru, ue** *a* **1** Qui a un gros ventre. **2** Renflé. *Vase ventru.*

**Ventura Lino Borrini,** dit **Lino** (Parme, 1919 – Saint-Cloud, 1987), acteur français : *Touchez pas au grisbi* (1954), *les Tontons flingueurs* (1963), *Cadavres exquis* (1976).

**venturi** *nm* PHYS Tube servant à mesurer le débit d'un fluide.

**Venturi Giovanni Battista** (Bibbiano, près de Reggio nell'Emilia, 1746 – Reggio, 1822), physicien italien : études sur la dynamique des fluides.

**Venturi Lionello** (Modène, 1885 – Rome, 1961), historien et critique d'art : *Histoire de la critique d'art* (1936), dans la lignée de B. Croce.

**Venturi Robert** (Philadelphie, 1925), architecte américain, représentant du courant postmoderne.

**venturon** *nm* Petit passereau (fringillidé) des montagnes d'Europe.

**venu, ue** *a, n* **LOC** ***Bien (mal) venu*** : à (hors de) propos ; bien (mal) accueilli, bien (mal) développé. — ***Être mal venu à, de*** : ne pas être moralement en droit de. — ***Le premier venu*** : personne prise au hasard. — ***Nouveau venu, nouvelle venue*** : personne qui vient d'arriver.

**venue** *nf* **1** Arrivée. *J'ai appris sa venue.* **2** Manière de pousser, de se développer. *Arbre d'une belle, d'une seule venue.*

**vénus** *nf* **1** Femme d'une grande beauté. **2** Représentation par l'art d'un type féminin. **3** ARCHEOL Représentation de femme stéatopyge. *Vénus hottentote.* **4** Mollusque lamellibranche tel que la praire. (PHO) [venys]

**Vénus** dans la myth. rom., déesse de la Beauté et de l'Amour, assimilée à l'Aphrodite des Grecs. La statuaire antique a souvent représenté Vénus ou Aphrodite (*Vénus de Milo,* Louvre ; *Aphrodite* du musée du Capitole, Rome, etc.). Occultée par le Moyen Âge, Vénus inspira Botticelli, Giorgione, Raphaël, Titien, le Tintoret, Véronèse, Vélasquez. – Les « Vénus » préhist. sont des statuettes féminines du paléolithique supérieur : *Vénus de Lespugue, Vénus de Brassempouy,* etc.

**Vénus** deuxième planète du système solaire, située entre Mercure et la Terre. C'est l'astre le plus brillant du ciel après le Soleil et la Lune, visible tantôt à l'aube *(étoile du matin),* tantôt au crépuscule *(étoile du Berger).* Elle décrit en 224 jours et 17 h une orbite inclinée de 3° 24' par rapport au plan de l'écliptique ; sa distance au Soleil varie de 107 à 109 millions de km. Vénus, la planète qui s'approche le plus près de la Terre (41 millions de km), fut explorée par des sondes amér. (série des *Mariner* de 1962 à 1974, *Pioneer Venus* en 1978, *Magellan* en 1990) et sov. (*Venera* de 1961 à 1983, *Vega* en 1985). Vénus tourne sur elle-même, dans le sens rétrograde, en 243 jours ; elle ressemble à la Terre par sa taille (12 102 km de diamètre contre 12 756 km pour la Terre) et par sa densité (5,26 contre 5,52) : les deux planètes ont une structure interne comparable. Il y a plus. milliards d'années, océans et continents étaient présents à la surface de Vénus ; un intense effet de serre imposa les conditions qui règnent auj. sur le sol vénusien (90 fois la pression atmosphérique terrestre, température de 470 °C). Le dioxyde de carbone ($CO_2$) constitue l'essentiel de l'atmosphère de Vénus ; entre 48 et 68 km, une épaisse couche nuageuse est riche en acide sulfurique ; la haute atmosphère tourne, dans le sens rétrograde, 60 fois plus vite que la planète. DER **vénusien, enne** *a*

le manteau nuageux de **Vénus** photographié par la sonde américaine *Mariner 10*

**Vénus à la fourrure (la)** roman autobiographique de Sacher-Masoch (1870).

**Vénus d'Urbino (la)** tableau de Titien (1538, Offices, Florence), probablement inspiré par la *Vénus* de Giorgione (v. 1510, musée de Dresde) et qui inspira à Manet l'*Olympia* (1863).

**vénusté** *nf* litt Grâce, beauté sensuelle.

**vépéciste** *n* COMM Entreprise de vente par correspondance. ETY De *VPC*.

**vêpres** *nfpl* CATHOL Office célébré l'après-midi, avant complies. ETY Du lat. *vespera*, « soir ».

**Vêpres siciliennes** nom donné au massacre, par la pop. de Palerme, des soldats français de Charles Ier d'Anjou, roi de Sicile. L'insurrection commença le lundi de Pâques, 30 mars 1282, à l'heure des vêpres. Le roi d'Aragon Pierre III obtint la couronne de Sicile. À cette époque naquit la mafia. ▷ MUS *Les Vêpres siciliennes*, opéra en cinq actes de Verdi (1855).

**ver** *nm* **1** Petit animal invertébré, de forme allongée, au corps mou dépourvu de pattes. *Ver plat (plathelminthe), rond (némathelminthe).* **2** Larve de certains insectes. *Ver à soie.* **3** INFORM Type de virus qui peut se propager à travers des réseaux et se multiplier dans la mémoire de l'ordinateur. **LOC** fam ***Tirer les vers du nez à qqn*** : l'amener à faire des révélations. — ***Ver blanc*** : larve du hanneton. — ***Ver de farine*** ou ***ver de riz*** : larve du ténébrion. — ***Ver de terre*** : lombric. — ***Ver luisant*** : femelle aptère et luminescente du lampyre. — ***Ver solitaire*** : ténia. ETY Du lat.

**véracité** *nf* litt **1** Qualité de ce qui est attaché à la vérité. *La véracité d'une étude historique.* **2** Caractère de ce qui est dépourvu de mensonge ou d'erreur. ETY Du lat.

**Veracruz** v. et port du Mexique, sur le golfe du Mexique ; 284 820 hab. Industries. – L'*État de Veracruz* (71 699 km² ; 6 228 200 hab. ; cap. *Jalapa Enríquez*) produit canne à sucre, café, coton, cacao, bananes et tabac. Pétrole.

**Vera Cruz** film de R. Aldrich (1954), avec G. Cooper et B. Lancaster.

**véraison** *nf* AGRIC État des fruits, notam. du raisin, au début de leur maturation. ETY Du v. dial. *varier*, « commencer à mûrir ».

**véranda** *nf* **1** Galerie couverte longeant la façade d'une maison. **2** Balcon couvert et clos par un vitrage. **3** Afrique Auvent couvrant une galerie sur le devant ou le côté d'un bâtiment. ETY Mot angl., du port.

**vératre** *nm* Plante vénéneuse des montagnes (liliacée), voisine du colchique, appelée aussi *ellébore blanc*.

**vératrine** *nf* PHARM Alcaloïde extrait du rhizome du vératre.

**verbal, ale** *a* **1** De vive voix par oppos. à *écrit, par écrit. Promesse verbale.* **2** Exprimé par des mots. *Expression verbale, orale ou écrite.* **3** GRAM, LING Du verbe, relatif au verbe. PLUR verbaux. **LOC** ***Note verbale*** : remise sans signature à un ambassadeur. DER **verbalement** *av*

**verbaliser** *v* ① **A** *vi* Dresser un procès-verbal. **B** *vt* PSYCHO Exprimer par le langage, en mots. DER **verbalisateur, trice** *a, n* – **verbalisation** *nf*

**verbalisme** *nm* péjor Usage des mots pour les mots, et non pour exprimer une idée.

**Verbania** v. d'Italie (Piémont), sur le lac Majeur ; 32 590 hab. Tourisme à Pallanza.

**verbatim** *av, nm* **A** *av* Textuellement, mot pour mot. **B** *nm* Citation textuelle, mot à mot. ETY Mot angl.

**verbe** *nm* **1** THEOL (Avec une majuscule.) Parole que Dieu adresse aux hommes ; Dieu, en la seconde personne de la Trinité. **2** litt Discours, langage. **3** GRAM Partie du discours, mot exprimant une action, un état, un processus et variant en personne, en nombre, en temps, en mode et en voix. *Verbe transitif, intransitif.* **LOC** ***Avoir le verbe haut*** : parler fort ; fig parler avec morgue, hauteur. ETY Du lat. *verbum*, « parole ».

**verbénacée** *nf* BOT Plante dicotylédone gamopétale, herbacée (verveine) ou arborescente (teck, palétuvier).

**verbeux, euse** *a* péjor Trop prolixe, diffus. DER **verbeusement** *av* – **verbosité** *nf*

**verbiage** *nm* péjor Abondance de paroles vides de sens ; bavardage lassant. ETY De l'a. v. *verboier*, « gazouiller ».

**verbicruciste** *n* didac Personne qui crée des mots croisés.

**verbigération** *nf* PSYCHIAT Flux de paroles incohérentes caractéristique de certains états démentiels.

**verboquet** *nm* Cordage attaché à un fardeau que l'on hisse, pour le guider. ETY De *virer*, et *bouquet*, « faisceau ».

**Verceil** (en ital. *Vercelli*), v. d'Italie (Piémont), sur la Sesia ; 51 980 hab. ; ch.-l. de la prov. du m. nom. Centre industriel. Marché du riz. – Archevêché. Basilique XIIIe s. Cath. XVIe s. – Victoire de Marius sur les Cimbres en 101 av. J.-C.

**Vercel** Roger Crétin, dit Roger (Le Mans, 1894 – Dinan, 1957), romancier français : *Capitaine Conan* (1934), *Remorques* (1935).

**Verchères** Marie-Madeleine Jarret de (Verchères, Québec, 1678 – Ste-Anne-de-la-Pérade, id., 1747), héroïne de la Nouvelle-France. En 1692, elle défendit le fort familial contre les Iroquois.

**Vercingétorix** (pays des Arvernes, v. 72 – Rome, 46 av. J.-C.), chef gaulois. Chef suprême (*vercingetorix*) des tribus gauloises révoltées contre les Romains (52 av. J.-C.), il contraignit César à lever le siège de Gergovie (mai-juin 52), mais perdit sa cavalerie près de Dijon (août 52), se laissa enfermer dans Alésia et se rendit (fin sept. 52). Emprisonné à Rome, il fut exhibé lors du triomphe de César et mis à mort.

**ver-coquin** *nm* AGRIC Chenille d'un papillon (cochylis) nuisible à la vigne. PLUR vers-coquins.

**Vercors (le)** massif calcaire des Préalpes, entre les vallées de l'Isère et de la Drôme. – En juin-juillet 1944, les maquisards français résistèrent héroïquement à une attaque allemande. DER **vertacomirien, enne** *a, n*

**Vercors** Jean Bruller, dit (Paris, 1902 – id., 1991), écrivain français : *le Silence de la mer* (1942), *les Animaux dénaturés* (1952).

**verdage** *nm* AGRIC Plante herbacée enterrée pour servir d'engrais vert.

**Verdaguer y Santaló** Jacint (Folgarolas, près de Vich, 1845 – Vallvidrera, Barcelone, 1902), ecclésiastique et écrivain : *l'Atlantide* (1877), *Chants mystiques* (1879).

**verdâtre** *a* D'une couleur tirant sur le vert ; vert sale.

**verdelet, ette** *a* **LOC** ***Vin verdelet*** : un peu vert, acidulé.

**Verden an der Aller** v. d'Allemagne, en Basse-Saxe ; 17 500 hab. – En 782, Charlemagne y massacra 4 500 Saxons.

**verdet** *nm* TECH Acétate basique de cuivre.

**verdeur** *nf* **1** Acidité d'un fruit vert, d'un vin jeune. **2** fig Vigueur chez qqn qui n'est plus jeune. **3** Liberté, crudité de langage.

**Verdi** Giuseppe (Roncole, prov. de Parme, 1813 – Milan, 1901), compositeur italien. Dans ses nombr. opéras, il unit puissamment l'expression vocale et une action dramatique intense : *Nabucco* (1842), *Rigoletto* (1851), *la Traviata* (1853), *le Trouvère* (1853), *les Vêpres siciliennes* (1855), *Don Carlos* (1867), *Aïda* (1871), *Otello* (1887), *Falstaff* (1893). Citons aussi son *Requiem* (1874). DER **verdien, enne** *a*

**verdict** *nm* **1** DR Réponse du jury aux questions posées en cour d'assises au sujet de la culpabilité d'un accusé. **2** Avis, jugement. *Le verdict de la critique.* PHO [verdikt] ETY Mot angl. du lat. *veredictum*, « proprement dit ».

**verdier** *nm* Oiseau passériforme au plumage verdâtre, au gros bec, commun dans les parcs et les jardins d'Europe.

**verdir** *v* ③ **A** *vt* **1** Donner une couleur verte à. **2** POLIT Rendre conforme à l'écologie, à la défense de l'environnement. *Verdir l'économie mondiale.* **B** *vi* Devenir vert. DER **verdissage** ou **verdissement** *nm*

**Verdon (le)** riv. de France (175 km), affl. de la Durance (r. g.) ; naît dans les Alpes du S. Gorges pittoresques. Hydroélectricité.

**Verdon-sur-Mer (Le)** com. de la Gironde, à l'embouchure de la Gironde ; 1 274 hab. Port pétrolier. Stat. balnéaire.

**verdoyer** *vi* ㉓ Être de couleur verte, déterminer la sensation du vert pour un paysage, une plante, etc. DER **verdoiement** *nm* – **verdoyant, ante** *a*

**Vercingétorix** enchaîné, sur l'avers d'un denier de César – cabinet des Médailles, BN

**Verdun** ch.-l. d'arr. de la Meuse ; 19 624 hab. Industr. alimentaires. – Évêché. Cath. XIe-XIIe s., restaurée. Porte XIVe s. Hôtel de ville (XVIIe s.), qui abrite le musée de la Guerre. Citadelle, bâtie sur de vastes souterrains. – Anc. camp gaulois, cité épiscopale au IVe s., la ville fut occupée, avec Metz et Toul (Trois-Évêchés), par Henri II (1552) et réunie à la France en 1648 (traités de Westphalie). DER **verdunois, oise** *a, n*

**Verdun** v. du Canada (Québec), banlieue sud-est de Montréal à laquelle elle est réunie depuis 2002. DER **verdunois, oise** *a, n*

**Verdun (bataille de)** princ. bataille de la Première Guerre mondiale (1916). L'attaque all. du camp retranché de Verdun (établi sur les deux rives de la Meuse) aboutit à la prise du fort de Douaumont (25 fév. 1916). Débuta alors une longue bataille d'usure. En juin, les All. prirent le fort de Vaux (7 juin). À la fin d'août, l'offensive de Joffre sur la Somme desserra l'étau allemand : Mangin put reprendre Douaumont (24 oct.), puis Vaux (2 nov.). À Verdun périrent dans les deux camps plus de 300 000 hommes.

**Verdun (traité de)** traité signé en 843 entre les trois fils de Louis le Pieux, qui se partagèrent l'Empire carolingien. Louis reçut les pays de langue germanique, à l'E. du Rhin ; Charles le Chauve, les contrées de langue romane à l'O. de l'Escaut, de l'Argonne, de la Saône et des Cévennes ; Lothaire, les territoires intermédiaires et le titre d'empereur.

**verdunisation** *nf* TECH Stérilisation de l'eau par addition de chlore. ETY Du n. pr.

**verdure** *nf* **1** Couleur verte des végétaux. Ensemble formé par l'herbe, les plantes, les feuilles, les arbres. **3** fam Plante potagère verte (salade, etc.) ; crudité. *Manger de la verdure.* **LOC** ***Théâtre de verdure :*** aménagé en plein air.

**Vereeniging** ville d'Afrique du Sud, au sud de Johannesburg ; 1 million d'hab. (aggl.). – En 1902, la *paix de Vereeniging* donna les territoires des Boers à l'Empire britannique.

**vérétille** *nm* ZOOL Animal octocoralliaire des vases et des sables littoraux. ETY Du lat.

**véreux, euse** *a* **1** Qui contient des vers. *Fruits véreux.* **2** fig, péjor Malhonnête. *Homme d'affaires véreux.*

**Verga Giovanni** (Catane, 1840 – id., 1922), romancier italien ; le princ. représentant du vérisme : *les Malavoglia* (1881).

**verge** *nf* **1** anc Baguette, insigne de certaines fonctions. *Verge de l'huissier.* **2** Canada Mesure de longueur valant trois pieds ou trente-six pouces soit 0,9144 m. **3** TECH Tige métallique. **4** MAR Tige centrale d'une ancre. **5** ANAT Organe de la miction et de la copulation, chez l'homme et les mammifères mâles. SYN pénis. **6** anc Baguette servant à fouetter. **LOC** ***Donner des verges à qqn pour se faire battre :*** apporter des armes, des arguments contre soi-même. — BOT ***Verge d'or :*** solidage. ETY Du lat.

**vergé, ée** *a* **1** Se dit d'un papier qui présente en filigrane des vergeures. **2** Se dit d'une étoffe dans laquelle se trouvent des fils plus gros ou plus foncés que le reste.

**vergence** *nf* PHYS Inverse de la distance focale dans un système optique centré.

**Vergennes Charles Gravier (comte de)** (Dijon, 1719 – Versailles, 1787), diplomate français. Ministre des Affaires étrangères de Louis XVI (1774-1787), il conclut avec les Américains du N. l'alliance contre l'Angleterre (1775) et il signa le traité de Versailles (1783).

**vergeoise** *nf* Sucre de betterave fabriqué avec des sirops de qualité inférieure additionnés d'un colorant.

**verger** *nm* Terrain planté d'arbres fruitiers. ETY Du lat. *viridis,* « vert ».

**vergerette** *nf* BOT Érigéron.

**vergeté, ée** *a* **1** Marqué de petites raies, de vergetures. **2** HERALD Se dit de l'écu couvert de pals étroits.

**vergette** *nf* Petite baguette, petite verge. ETY De *verge.*

**vergeture** *nf* MED Petite strie cutanée, ressemblant à une cicatrice, qui sillonne une peau fortement distendue, notam. en fin de grossesse.

**vergeure** *nf* TECH Marque en filigrane laissée sur le papier vergé ; fil métallique qui laisse cette marque. PHO [vɛʀʒyʀ] VAR **vergeüre**

**verglas** *nm* Mince couche de glace qui se forme quand une pluie, dont la température est légèrement inférieure à 0 °C, atteint le sol. PHO [vɛʀgla] ETY De *verre,* et *glas,* autre forme de *glace.* DER **verglaçant, ante** *a* – **verglacé, ée** *a*

**vergne** → **verne.**

**Vergniaud Pierre Victurnien** (Limoges, 1753 – Paris, 1793), homme politique français. Il fut arrêté avec ses amis girondins (avril 1793) et guillotiné.

**vergobret** *nm* HIST Magistrat suprême, chez plusieurs peuples de l'anc. Gaule.

**vergogne** *nf* vx Honte, pudeur. **LOC** ***Sans vergogne :*** sans retenue, sans scrupule ; effrontément. ETY Du lat.

**vergue** *nf* MAR Chacun des longs espars disposés perpendiculairement aux mâts et auxquels sont fixées les voiles. ETY Forme dial. de *verge.*

**Verhaeren Émile** (Sint-Amands, près d'Anvers, 1855 – Rouen, 1916), poète belge d'expression française, mélancolique (*Soirs,* 1887 ; *Débâcles,* 1888 ; *Flambeaux noirs,* 1891) et peintre de la modernité (*les Villes tentaculaires,* 1895).

G. Verdi

É. Verhaeren

**Verhoeven Paul** (Amsterdam, 1938), cinéaste néerlandais. Sexe et violence dominent une œuvre essentiellement américaine. *Robocop* (1987), *Basic Instinct* (1992).

**Verhofstadt Guy** (Termonde, 1953), homme politique belge ; membre du Parti libéral flamand, Premier ministre de 1999 à 2008.

**véridique** *a* **1** litt Qui dit la vérité. *Témoin véridique.* **2** Conforme à la vérité. *Récit véridique.* ETY Du lat. *verus,* « vrai », et *dicere,* « dire ». DER **véridicité** *nf* – **véridiquement** *av*

**vérifiable** → **vérifier.**

**vérificateur, trice** *n, a* **A** *n* Personne qui vérifie. **B** *a* Destiné à vérifier. *Mission vérificatrice.* **LOC** ***Vérificateur orthographique :*** syn. de *correcteur orthographique.*

**vérification** *nf* Action de vérifier. **LOC** DR ***Vérification d'écritures :*** examen en justice d'un acte privé. — ***Vérification des pouvoirs :*** examen par une assemblée de la régularité de l'élection de ses membres. DER **vérificatif, ive** *a*

**vérifier** *vt* ② **1** Contrôler l'exactitude ou la véracité de. *Vérifier un calcul, les déclarations d'un témoin.* **2** Confirmer l'exactitude de. *Diagnostic vérifié après divers examens.* ETY Du lat. *verificare,* de *verus,* « vrai ». DER **vérifiable** *a*

**vérin** *nm* TECH Appareil utilisé pour soulever des charges très pesantes sur une faible hauteur. *Vérin hydraulique.* ETY Du lat. *veru,* « broche ».

**vérisme** *nm* École littéraire, musicale (opéra) et artistique italienne de la fin du XIXe s., inspirée par le naturalisme et qui présentait la réalité telle quelle. DER **vériste** *a, n*

**véritable** *a* **1** vieilli Exact ; sincère. **2** Vrai, réel. *Un foulard en soie véritable.* ANT faux, imité. **3** Digne de son nom. *Une véritable œuvre d'art.* **4** fig Vrai ; renforce l'exactitude d'une image, d'une comparaison. *Cet exploit est un véritable tour de force.* DER **véritablement** *av*

**Veritas (Bureau)** société, fondée en 1828, qui vérifie la construction des navires et leur bon état. Siège : Paris (à Anvers de 1828 à 1832).

**vérité** *nf* **1** Qualité de ce qui est conforme à la réalité. **2** Toute proposition vraie, dont l'énoncé exprime la conformité d'une idée avec son objet. *Les vérités mathématiques.* **3** Conformité d'un récit, d'une relation avec un fait par oppos. à *mensonge. Dire la vérité.* **4** Ressemblance. *Portrait d'une grande vérité.* **5** Sincérité, bonne foi. *Il y a dans son récit un air de vérité.* **LOC** ***À la vérité :*** pour être tout à fait sincère ; en fait. — fam ***Dire à qqn ses quatre vérités :*** lui dire sans ambages ce que l'on pense de lui et de ses défauts. — ***En vérité :*** assurément, certainement. ETY Du lat.

**verjus** *nm* Jus acide tiré de raisins encore verts. DER **verjuté, ée** *a*

**Verkhoïansk** v. de Russie, en Sibérie orientale, sur l'Iana, à l'E. des *monts de Verkhoïansk* (2 959 m) ; 2 000 hab. On y a relevé des températures de – 69,8 °C.

**Verlaine Paul** (Metz, 1844 – Paris, 1896), poète français. Employé à Paris (1864), il publia *Poèmes saturniens* (1866) et *Fêtes galantes* (1869), d'inspiration parnassienne. En 1870, il épousa Mathilde Mauté, inspiratrice de *la Bonne Chanson* (1870), mais se lia avec Rimbaud. Ayant tiré, à Bruxelles, deux coups de révolver sur son ami lors d'une crise passionnelle (1873), il fit dix-huit mois de prison à Mons. Il retrouva la foi et publia : *Romances sans paroles* (1874), *Sagesse* (1881), *Jadis et Naguère* (1884). Dans *les Poètes maudits* (1884), il révéla Rimbaud et Mallarmé. Alcoolique, sa fin fut misérable. En 1894, on l'élut « prince des poètes ». DER **verlainien, enne** *a* ▶ illustr. p. 1690

**verlan** *nm* Argot consistant à inverser les syllabes des mots (ex : *laisse béton* pour *laisse tomber*). ETY Inversion de (à) *l'envers.*

**verlaniser** *v* ① **A** *vt* Transformer un mot par le procédé du verlan. **B** *vi* S'exprimer en verlan.

**Vermandois** anc. pays de France, partagé auj. entre les dép. de l'Aisne et de la Somme.

**Vermeer Johannes,** dit **Vermeer de Delft** (Delft, 1632 – id., 1675), peintre hollandais. On l'oublia durant deux siècles, sa vie est

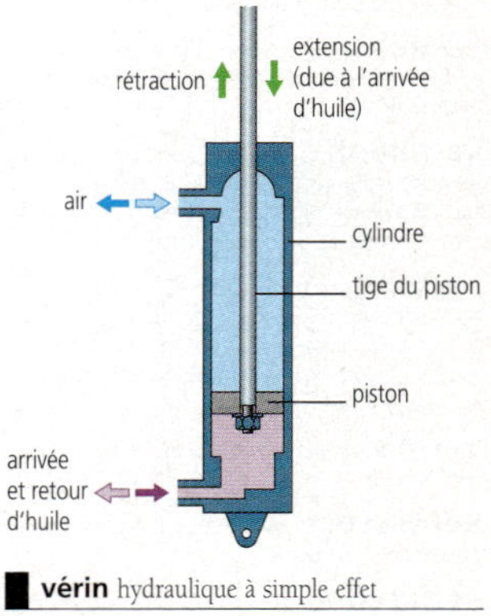


**vérin** hydraulique à simple effet

mal connue. Son génie repose sur les jeux de lumière, la luminosité de la touche, une conscience aiguë des problèmes d'optique et d'espace. Il a laissé une quarantaine de tableaux, dont : *Vue de Delft* (v. 1658), *la Dentellière* (v. 1664, Louvre), *l'Atelier* (apr. 1665 ?, Vienne).

**Vermeer de Delft** *la Dentellière*, v. 1664 – musée du Louvre

**vermeil, eille** *a, nm* **A** *a* Rouge vif. **B** *nm* Argent doré. *Service de vermeil.*

**vermet** *nm* Mollusque gastéropode prosobranche à coquille à enroulement irrégulier, qui vit fixé à un support. [ETY] De *verm,* var. de *ver.*

**Vermeylen** August (Bruxelles, 1872 – Uccle, 1945), écrivain belge d'expression néerlandaise ; fondateur (1893) de la revue (*Van Nu en Straks* (« Aujourd'hui et demain ») ; défenseur de la culture flamande (*Mouvements flamand et européen*, 1900).

**vermicelle** *nm* Pâte à potage façonnée en fils très minces.

**vermiculaire** *a* didac Qui a la forme, l'aspect d'un ver. *Appendice vermiculaire.*

**vermiculé, ée** *a* ARCHI Orné d'évidements sinueux.

**vermiculite** *nf* Minéral argileux utilisé comme isolant.

**vermiculure** *nf* ARCHI Ornement d'une surface vermiculée.

**vermiforme** *a* Qui a la forme d'un ver.

**vermifuge** *a, nm* MED Se dit d'une substance, d'un médicament qui provoque l'expulsion des vers intestinaux.

**vermifuger** *vt* [13] Administrer un vermifuge à un animal domestique.

**vermiller** *vi* [1] VEN Fouiller la terre avec son groin, en parlant du sanglier, du porc, pour y trouver des vers.

**vermillon** *nm, a inv* **A** *nm* Sulfure naturel de mercure rouge réduit en poudre, utilisé en peinture. **B** *a inv, nm* Se dit d'une couleur rouge vif tirant sur l'orangé. SYN cinabre.

**vermine** *nf* **1** Ensemble des insectes nuisibles, parasites de l'homme et des animaux, tels que le pou, la puce, la punaise, etc. **2** fig Ensemble des gens vils et nuisibles. [ETY] Du lat. *vermen,* « ver ».

**vermis** *nm* ANAT Région centrale du cervelet. [PHO] [vɛʀmis]

**vermisseau** *nm* **1** Petit ver. **2** fig Individu misérable et chétif.

**vermivore** *a* ZOOL Qui se nourrit de vers.

**Vermont** État du N.-E. des É.-U. (Nouvelle-Angleterre) ; 24 887 km$^2$ ; 563 000 hab. ; cap. *Montpelier.* Barré du N. au S. par les Green Mountains (1 338 m), qui dominent à l'O. une plaine basse (lac Champlain), l'État vit de l'agriculture, de l'élevage et du tourisme. – Colonisé par les Français (XVII$^e$ s.), puis par les Anglais (notam. après 1760), le Vermont entra dans l'Union en 1791.

**Vermot** Joseph (Liebvillers, Doubs, 1862 – ?, v. 1945), éditeur français. – L'*Almanach Vermot,* publié depuis 1886, se caractérise par ses calembours.

**vermoulu, ue** *a* **1** Rongé, piqué par des larves d'insectes, en parlant du bois, d'un objet en bois. **2** fig Usé, caduc. *Des institutions vermoulues.* [DER] **se vermouler** *vpr* [1]

**vermoulure** *nf* Trace, dégâts causés à un bois par des larves d'insectes.

**vermouth** *nm* Apéritif à base de vin aromatisé avec des plantes amères et toniques. [ETY] De l'all. *Wermut,* « absinthe ». [VAR] **vermout**

**vernaculaire** *a* LOC ***Langue vernaculaire :*** propre à un pays, une région, par oppos. à *véhiculaire.* — ***Nom vernaculaire :*** nom d'un animal ou d'une plante dans la langue courante, par oppos. à son nom scientifique latin. [ETY] Du lat. *vernaculus,* « indigène ».

**vernal, ale** *a* didac Relatif au printemps. PLUR vernaux. LOC ASTRO ***Point vernal :*** point d'intersection de l'écliptique et de l'équateur céleste qui correspond à l'équinoxe de printemps. [ETY] Du lat. *ver,* « printemps ».

**vernalisation** *nf* AGRIC Traitement consistant à exposer au froid des semences qui produiront des fleurs et des graines. SYN jarovisation, printanisation.

**Vernant** Jean-Pierre (Provins, 1914 – Sèvres, 2007), helléniste français : *Mythe et tragédie en Grèce ancienne* (1972-1986), *Mythe et société en Grèce ancienne* (1974-1979).

**verne** *nm* rég Aulne. [ETY] Du gaul. [VAR] **vergne**

**Verne** Jules (Nantes, 1828 – Amiens, 1905), écrivain français. Sa rencontre avec l'éditeur J. Hetzel fit triompher le genre qu'il avait créé dans *Cinq Semaines en ballon* (1863) ; dans le roman d'anticipation, le progrès technologique permet la conquête, positive et fantasmatique, des terres, des mers, du ciel : *Voyage au centre de la Terre* (1864), *De la Terre à la Lune* (1865), *Vingt Mille Lieues sous les mers* (1870), *le Tour du monde en quatre-vingts jours* (1873), *Michel Strogoff* (1876), *Robur le Conquérant* (1886).

**Paul Verlaine**

**Jules Verne**

**Verneau** Jean (Vignot, Meuse, 1890 – Buchenwald, 1944), général français ; chef de l'Organisation de résistance de l'armée (ORA) de juin 1943 à son arrestation (oct. 1943).

**Vernes** Charles Dewisme, dit Henri (Ath, 1918), romancier belge d'expression française, créateur de *Bob Morane* (1953), héros de romans d'aventures puis de bandes dessinées.

**Vernet** Joseph (Avignon, 1714 – Paris, 1789), peintre français de paysages et de marines. — **Antoine Charles Horace,** dit **Carle** (Bordeaux, 1758 – Paris, 1836), fils du préc., peignit les guerres du Consulat et de l'Empire : *Matin d'Austerlitz* (1808, Louvre). — **Horace** (Paris, 1789 – id., 1863), fils du préc., peintre de batailles : *la Prise de la smala d'Abd el-Kader* (1845).

**Verneuil** Achod Malakian, dit Henri (Rodosto, Turquie, 1920 – Paris, 2002), cinéaste français : *la Vache et le Prisonnier* (1959), *Week-end à Zuydcoote* (1964), *588, rue Paradis* (1992).

**Verneuil-sur-Avre** ch.-l. de cant. de l'Eure (arr. d'Évreux) ; 6 619 hab. – Anc. ville fortifiée. Monuments XII$^e$ s.-XVI$^e$ s. [DER] **vernolien, enne** *a, n*

**Verneuil-sur-Seine** commune des Yvelines (arr. de Saint-Germain-en-Laye) bordée par le *bois de Verneuil* ; 14 538 hab. [DER] **vernolien, enne** *a, n*

**verni, ie** *a, nm* **A 1** Recouvert d'un vernis. **2** fig, fam Chanceux. **B** *nm* Mollusque bivalve (vénéridé) à coquille lisse et brillante.

**vernier** *nm* TECH Instrument de mesure précise des longueurs, constitué d'une petite règle graduée coulissant le long d'une autre plus grande ; petite règle mobile du vernier. [ETY] D'un n. pr.

**Vernier (marais)** zone marécageuse puis agricole de l'Eure, entre la Seine et la Risle.

**vernir** *vt* [3] Recouvrir, enduire d'un vernis.

**vernis** *nm* **1** Solution résineuse qui laisse sur la surface qui en a été couverte une pellicule solide, lisse et brillante, destinée à protéger ou à décorer. *Vernis à bois, à ongles.* **2** fig Apparence brillante mais superficielle. *Un vernis de science.* LOC BOT ***Vernis du Japon :*** arbre (anacardiacée) qui fournit une laque. SYN arbre à laque. [ETY] Du gr., probabl. de *Berenikê* (auj. Benghazi, Lybie), v. d'où provenait cette résine.

**vernissage** *nm* **1** Action de vernir ou de vernisser. **2** Bx-A Réception pour l'inauguration d'une exposition.

**vernissé, ée** *a* **1** Verni. *Poterie vernissée.* **2** Qui semble couvert d'un vernis. *Feuille vernissée.*

**vernisser** *vt* [1] Recouvrir d'un vernis une poterie, une faïence, etc. [DER] **vernisseur, euse** *n*

**vernix caseosa** *nm* ANAT Enduit jaunâtre, gras, qui recouvre le corps d'un enfant à sa naissance. [PHO] [vɛʀnikskazeɔza] [ETY] Mots lat.

**Vernon** ch.-l. de cant. de l'Eure (arr. d'Évreux), sur la Seine ; 24 056 hab. Industries. – Tour XII$^e$ s. Égl. XIV$^e$-XV$^e$ s. [DER] **vernonnais, aise** *a, n*

**vernonia** *nm* Herbe ou arbuste (composée) des régions chaudes, cultivé pour ses feuilles et ses fruits.

**Vernouillet** com. d'Eure-et-Loir (arr. de Dreux) ; 11 496 hab. – Industries. [DER] **vernolitain, aine** *a, n*

**vérole** *nf* vx, fam Syphilis. LOC vieilli ***Petite vérole :*** variole. [ETY] Du lat.

**vérolé, ée** *a, n* fam **A** Syphilitique. **B** *a* Gravement endommagé, pourri. *Un logiciel vérolé.*

**véronal** *nm* PHARM Barbiturique, hypnotique puissant. PLUR véronals. [ETY] Nom déposé.

**Vérone** (en ital. *Verona*), v. d'Italie (Vénétie), ch.-l. de la prov. du même nom, sur l'Adige ; 261 270 hab. Centre comm. et touristique de la plaine du Pô. – Mon. romains : un cirque (*l'Arena*), un théâtre (I$^{er}$ s. av. J.-C.). Égl. romane XII$^e$ s. Castelvecchio (XIV$^e$ s.), auj. musée. Nombr. palais (XV$^e$, XVI$^e$ s.). – *Les amants de Vérone :* Roméo et Juliette. [DER] **véronais, aise** *a, n*

**Histoire** Commune indép. (1164), seigneurie des Della Scala (1261-1387), Vérone revint au Milanais puis à la rép. de Venise (1405). Occupée par Masséna en 1796, la ville massacra les blessés français le lundi de Pâques 1797 (*Pâques véronaises*). Réunie au roy. d'Italie avec Venise (1805-1814), elle revint à l'Autriche en 1814. Au *congrès de Vérone* (1822), la Sainte-Alliance décida l'expédition d'Espagne. En 1866, Venise et Vérone furent rattachées à l'Italie.

**Véronèse** Paolo Caliari, dit Paolo (Vérone, 1528 – Venise, 1588), peintre italien. D'abord maniériste, il s'établit à Venise en 1553. Il annonce le baroque dans des œuvres de grand format : *les Noces de Cana* (1562-1563, Louvre), *le Repas chez Simon le Pharisien* (av. 1573, Galerie nationale, Venise), *le Repas chez Lévi* (1573, Acad., Venise).

**1 véronique** *nf* Plante herbacée (scrofulariacée) aux fleurs roses ou bleues, des bois et des prés. *Véronique officinale, appelée aussi « thé d'Europe ».*

**2 véronique** *nf* Passe au cours de laquelle le torero amène le taureau près de lui et le conduit le plus loin possible au moyen de la cape. ETY De l'esp., du n. de sainte *Véronique*.

**Véronique (sainte)** sainte femme qui, selon la tradition chrétienne, aurait essuyé la face du Christ pendant sa montée au Calvaire (avec le *voile de Véronique*, conservé à Saint-Pierre de Rome).

**Véronique** opérette en 3 actes de Messager (1898) sur un livret d'Albert Vanloo et Georges Duval.

**verranne** *nf* CHIM Fibre de verre, très utilisée dans les composites.

**verrat** *nm* Porc mâle non castré. ETY Du lat.

**Verrazano** Giovanni da (Val di Greve, près de Florence, 1485 – Caraïbes, 1528), navigateur italien. Au service de François Ier, il explora la côte atlantique de l'Amérique du Nord et nomma *Nouvelle-France* cette région.

**verre** *nm* **1** Matière transparente, dure, cassante, fabriquée à partir de silicates. **2** Plaque, lame de verre qui protège un objet. *Mettre une estampe sous verre.* **3** Lame, lentille de verre, utilisée en optique. **4** Récipient à boire ; son contenu. *Verre à vin. Boire un verre.* **LOC** ***Verre feuilleté*** : verre de sécurité formé de deux lames de verre soudées de part et d'autre d'une feuille de matière plastique. — ***Verre organique*** : matière plastique transparente analogue au verre. ETY Du lat.

**verrée** *nf* Suisse Vin d'honneur.

**verrerie** *nf* **1** Art, technique de la fabrication du verre. **2** Objets en verre. **3** Usine où l'on fabrique le verre, les objets en verre. **4** Commerce du verre.

**Verrès** Caius Licinius (v. 119 – 43 av. J.-C.), homme politique romain. Gouverneur de Sicile (73-71 av. J.-C.), il pilla cette province ; plusieurs villes chargèrent Cicéron de l'attaquer en justice. Cicéron prononça les *Verrines* et Verrès dut restituer 40 millions de sesterces.

**verrier, ère** *nm* **A** *a* Relatif au verre. *Industrie verrière.* **B** *nm* **1** Personne qui fabrique du verre, des ouvrages de verre. **2** Artiste qui fabrique des vitraux. **3** Artiste qui peint sur verre.

**verrière** *nf* **1** ARCHI Grand vitrail. **2** Grand vitrage. **3** AERON Dôme de matière plastique transparente qui recouvre l'habitacle, sur les avions monoplaces et biplaces.

**Verrières-le-Buisson** com. résidentielle de l'Essonne (arr. de Palaiseau), près du *bois de Verrières* ; 15 923 hab. – Égl. XIIIe-XVe s. DER **verriérois, oise** *a, n*

**verrine** *nf* **1** TECH Globe de verre de certaines lampes. **2** Petit récipient de verre pour conditionner un pâté, une terrine, etc. ETY De l'anc. adj. *verrin*, « en verre ».

**Verrocchio** Andrea di Cione, dit del (Florence, 1435 – Venise, 1488), sculpteur, orfèvre et peintre italien : statue équestre de Bartolomeo Colleoni (1481-1488, Venise).

**verroterie** *nf* Ensemble de petites pièces de verre coloré et travaillé ; pacotille. *Un collier en verroterie.*

**verrou** *nm* **1** Dispositif de fermeture constitué d'une barre métallique coulissant entre deux crampons ou dans une gâche. *Mettre, tirer le verrou.* **2** Pièce qui immobilise la culasse d'une arme à feu **3** GEOL Masse rocheuse barrant une vallée glaciaire. **4** MILIT Troupes, matériel qui barrent le passage à l'ennemi. **5** Ce qui constitue un barrage, un obstacle. **LOC** ***Sous les verrous*** : en prison. — ***Verrou de sûreté*** : que l'on peut faire jouer de l'extérieur au moyen d'une clé. ETY Du lat. *veru*, « broche ».

**verrouillage** *nm* **1** Action de verrouiller. **2** MILIT Opération défensive consistant à barrer le passage à l'ennemi. **3** TECH Dispositif empêchant la manipulation d'un appareil, d'une arme à feu. *Verrouillage d'un ordinateur.* **LOC** ***Verrouillage centralisé*** : fermeture simultanée de toutes les portes d'une automobile au moyen d'une télécommande.

**verrouiller** *vt* ① **1** Fermer au verrou. *Verrouiller une porte.* **2** Bloquer, immobiliser des éléments mobiles. **3** Bloquer, barrer un passage. *Verrouiller une brèche.* **4** fig, fam Bloquer, arrêter. *Verrouiller les dépenses. Verrouiller un comité.*

**verrouilleur, euse** *n* Au rugby, joueur limitant la longueur de la ligne des avants lors d'une remise en jeu après une touche.

**verrucosité** *nf* MED Végétation de la peau, de couleur grisâtre.

**verrue** *nf* **1** Excroissance épidermique d'origine virale. **2** fig, litt Imperfection déparant l'harmonie d'un ensemble. **LOC** BOT ***Herbe aux verrues*** : chélidoine (papavéracée) dont le suc jaune guérirait les verrues. ETY Du lat.

**verruqueux, euse** *a* **1** Couvert de verrues. **2** Qui a la forme, l'aspect d'une verrue.

**1 vers** *prép* **1** Dans la direction de. *Tourné vers l'orient.* **2** Marque l'objet d'une visée, le terme d'une évolution. *Un pas vers la libération. Tendre vers un but.* **3** Aux environs de. *Vers le soir.* **4** Du côté de. *Vers Gênes, ils rencontrèrent un autre bateau.* PHO [VER] ETY Du lat. *vertere*, « tourner ».

**2 vers** *nm* Suite de mots mesurée et cadencée selon des règles, et constituant une unité rythmique. *Vers alexandrin.* **LOC** ***Vers blanc*** : non rimé. — ***Vers libre*** : affranchi des règles de la prosodie classique. ETY Du lat.

**versaillais, aise** *a, n* HIST Se dit des troupes régulières (le gouvernement. siégeait à Versailles) qui réprimèrent la Commune en 1871.

**Versailles** ville de France, ch.-l. du dép. des Yvelines ; 89 490 hab. Centre résidentiel et touristique. Industries. – Église bâtie par J. Hardouin-Mansart. Cath. XVIIIe s. Salle du Jeu de paume (fin XVIIe s.). École d'horticulture. Université. DER **versaillais, aise** *a, n*

**Le château de Versailles** Versailles n'était encore qu'un village quand Louis XIII s'y fit construire un pavillon de chasse (1624-1632). De 1661 à 1686, Louis XIV l'agrandit. Le château de Versailles est le prototype de l'architecture classique française. On pénètre successivement dans : la cour des Ministres, la cour Royale puis la cour de Marbre (ornée de 84 bustes de marbre). Les façades O. du château ont 580 m de longueur. Le corps central a été construit par Le Vau (à partir de 1668) et terminé par Hardouin-Mansart ; la galerie des Glaces fut aménagée par Mansart et décorée par Le Brun. L'Orangerie est l'œuvre de Mansart (1684-1686) ; Le Nôtre réalisa le jardin, la pièce d'eau des Suisses et le parc. Les Grandes et les Petites Écuries furent construites côté ville par Mansart (1679-1685). Au N.-E. du palais se trouvent le Petit et le Grand Trianon.

**Histoire** C'est à Versailles que fut signé le traité mettant fin à la guerre d'Indépendance américaine (3 sept. 1783), que commença la Révolution avec la réunion des états généraux (le 5 mai 1789), qu'eurent lieu les premières journées révolutionnaires (20 juin, 5 et 6 oct. 1789). L'Empire allemand fut proclamé le 18 janv. 1871 dans la galerie des Glaces. Le gouvernement durant la Commune (mars-mai 1871) et les deux Chambres de 1871 à 1879 eurent leur siège à Versailles.

**Versailles** façade du corps central du château, sur les jardins – au premier plan, groupe sculpté du bassin de Neptune

**Paolo Véronèse** *la Résurrection d'un jeune homme à Naïn*, XVIe s. – Kunsthistorisches Museum, Vienne

**Versailles (traité de)** traité de paix signé entre l'Allemagne et les puissances alliées victorieuses, le 28 juin 1919. Clemenceau (France), Lloyd George (G.-B.), Wilson (É.-U.) et Orlando (Italie), réunis du 25 mars au 6 mai 1919, imposèrent ce texte à l'Allemagne, qui devait notam. : restituer l'Alsace et la Lorraine à la France ; céder la Posnanie et une partie de la Prusse-Occid. à la Pologne, qui accédait à la mer ; céder ses colonies aux Alliés ; limiter son armement ; payer des réparations aux Alliés. La rigueur de ce traité, que le Sénat américain refusa de reconnaître (20 nov. 1919), fut utilisée par Hitler dans sa propagande.

**versant** *nm* **1** Chacune des pentes d'une montagne ou d'une vallée. *Le versant ouest du Jura.* **2 fig** Chacun des aspects d'une chose qui présente plusieurs faces contrastées. *Le versant social de l'action gouvernementale.*

**versatile** *a* Qui change fréquemment d'opinion. SYN inconstant. ETY Du lat. *versare,* « tourner ». DER **versatilité** *nf*

**verse** *nf* AGRIC État des moissons sur pied couchées par le vent, la pluie, la maladie, etc. **LOC** *À verse :* abondamment. *Il pleut à verse.*

**versé, ée** *a* Qui a une grande connaissance, en matière de. *Être versé dans les sciences occultes.* ETY Du lat. *versari,* « être mêlé à ».

**Verseau (le)** constellation zodiacale de l'hémisphère austral ; n. scientif. : *Aquarius, Aquarii.* – Signe du zodiaque (21 janv.-18 fév.).

**versement** *nm* **1** Action de verser de l'argent. **2** Somme versée.

**verser** *v* ① **A** *vt* **1** Renverser ; coucher à terre. *L'orage a versé les blés.* **2** Faire couler un liquide, une matière pulvérulente, etc., d'un récipient dans un autre. *Verser du lait dans un bol.* **3** Répandre. *Verser des larmes.* **4** Donner, remettre de l'argent à qqn, à une caisse. *Verser un acompte.* **5** Déposer, mettre. *Pièce à verser au dossier.* **6** MILIT Affecter qqn à un corps. *Verser qqn dans les services administratifs.* **B** *vi* **1** Tomber sur le coté, se coucher. *La voiture a versé dans le fossé.* **2** Tomber dans un défaut, un travers. *Verser dans la facilité.* ETY Du lat. *vertere,* « tourner ».

**verset** *nm* **1** Subdivision numérotée d'un chapitre dans un livre sacré. *Versets de la Bible, du Coran.* **2** LITURG Courte formule tirée de l'Écriture, chantée ou récitée et suivie d'un répons. **3 poét** Long vers libre constitué d'une phrase ou d'une suite de phrases rythmées d'une seule respiration. ETY De *vers* 2.

**verseur, euse** *a, nf* **A** *a* Qui sert à verser. *Bec verseur.* **B** *nf* Cafetière à manche horizontal.

**versicolore** *a* **didac 1** Dont la couleur est changeante. **2** Qui présente des couleurs variées.

**versificateur, trice** *n* **1** Écrivain qui compose en vers, par oppos. à *prosateur.* **2 péjor** Qui fait des vers sans être réellement inspiré. SYN rimeur.

**versification** *nf* **1** Technique de la composition des vers réguliers. **2** Manière dont une œuvre est versifiée. *Versification libre.* **3** Facture propre à un poète.

**versifier** *vt* ② Mettre en vers. ETY Du lat.

**version** *nf* **1** Traduction. **2** Exercice scolaire consistant à traduire un texte d'une langue étrangère dans sa propre langue. ANT thème. **3** Façon de raconter un fait. *Version tendancieuse.* **4** État d'un texte. *La première version d'un roman.* **5** MED Changement de position que l'accoucheur fait subir au fœtus dans l'utérus. **LOC** *Film en version française (VF) :* doublé. — *Film en version originale (VO) :* avec la bande sonore originale. ETY Du lat.

**vers-librisme** *nm* LITTER École regroupant les poètes symbolistes partisans du vers libre. DER **vers-libriste** *n*

**verso** *nm* Revers d'un feuillet. ANT recto. ETY Mot lat.

**versoir** *nm* AGRIC Pièce de la charrue retournant sur le côté la terre détachée par le soc.

**verste** *nf* **anc** Mesure itinéraire russe valant 1 067 mètres. ETY Du russe.

**versus** *prép* **didac** Par opposition à (souvent abrégé : vs.). PHO [vɛrsys]

**vert, vert.e** *a, nm* **A** *a* **1** De la couleur de l'herbe, des feuilles, des plantes. **2** Qui n'est pas arrivé à maturité. *Fruit vert.* **3** Non séché. *Haricots verts. Bois vert.* **4** Très pâle. *Vert de peur.* **5** Plein de verdeur. *Vieillard resté vert.* **6** Rude, sévère. *Une verte semonce.* **7** Relatif à l'agriculture, au monde rural. *L'Europe verte.* **8** Relatif à l'écologie, à la lutte contre la pollution. *Carburant vert.* **9** Musulman, islamique *Fondamentalisme vert.* **B** *nm* **1** Couleur du spectre entre le bleu et le jaune, correspondant aux radiations d'une longueur d'onde comprise entre 0,50 et 0,55 micromètre. **2** Couleur indiquant que la voie est libre, que la situation est favorable. *Les indicateurs économiques sont au vert.* **3** Matière colorante verte. *Vert de chrome, de Prusse.* **4** AGRIC Fourrage frais. *Mettre un cheval au vert.* **5** Militant écologiste. **6** Canada Green d'un terrain de golf. **LOC fam** *Avoir la main verte, les doigts verts :* être habile pour cultiver les plantes, avoir des talents de jardinier. — **fam** *En dire, en voir de (des) vertes et de (des) pas mûres :* des choses choquantes, scandaleuses. — *Feu vert :* qui indique la voie libre, dans la signalisation routière. — *Histoire verte :* licencieuse, grivoise. — GEOL *Roche verte :* syn. de *ophiolite.* — **fam** *Se mettre au vert :* se reposer à la campagne. — *Singe vert :* vervet. — *Vin vert :* vin blanc acide. ETY Du lat.

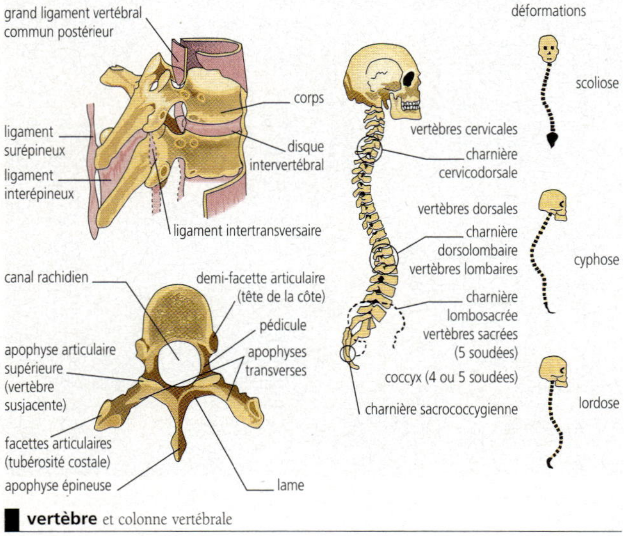


**vertèbre** et colonne vertébrale

**Vert (cap)** cap du Sénégal, au N.-O. de Dakar, le point le plus occidental d'Afrique. – Au N.-O. de ce cap se trouvent les *îles du Cap-Vert.*

**vert-de-gris** *nm inv, a inv* **A** *nm inv* Carbonate de cuivre qui se forme sur les objets en cuivre, en bronze, etc., exposés à l'air humide. **B** *a inv* D'une couleur verte tirant sur le gris. DER **vert-de-grisé, ée** *a*

**vertèbre** *nf* Chacun des os dont la superposition forme le rachis, ou colonne vertébrale. *L'homme a sept vertèbres cervicales, douze dorsales, cinq lombaires, cinq sacrées et quatre ou cinq coccygiennes.* ETY Du lat. *vertere,* « tourner ». DER **vertébral, ale, aux** *a*

**vertébré, ée** *a, nm* **A** *a* Qui a des vertèbres. **B** *nm* Animal le plus évolué, caractérisé par un tube nerveux qui se dilate en un encéphale, une colonne vertébrale et un appareil circulatoire comportant un cœur différencié.

ENC Le sous-embranchement des vertébrés fait partie de l'embranchement des cordés, qui comprend aussi les céphalocordés (V. amphioxus) et les urocordés (V. tunicier). Les vertébrés comprennent six classes : les agnathes (lamproie notam.), les poissons cartilagineux, les poissons osseux, les reptiles (souvent divisés en plusieurs classes), les oiseaux et les mammifères.

**vertébrothérapie** *nf* MED Traitement des douleurs dorsales par manipulations vertébrales.

**vertement** *av* Avec vivacité, avec rudesse. *Réprimander vertement qqn.*

**vertex** *nm* **1** ANTHROP Sommet du crâne. **2** ENTOM Sommet de la tête. ETY Mot lat.

**vertical, ale** *a, n* **A** *a* Perpendiculaire au plan horizontal ; droit, dressé. **B** *nf* Position verticale ; ligne verticale. **C** *nm* ASTRO Demi-plan passant par la verticale d'un lieu. PLUR verticaux. ETY Du lat. DER **verticalement** *av* – **verticalité** *nf*

**verticille** *nm* BOT Groupe de feuilles, de pétales insérés au même niveau sur un axe, une tige. DER **verticillé, e** *a*

**vertige** *nm* **1** Sensation de perte d'équilibre et de tourbillonnement éprouvée à la vue du vide. **2** Toute sensation d'étourdissement et de perte d'équilibre. *Avoir des vertiges.* **3 fig** Égarement des sens ou de l'esprit. ETY Du lat. *vertere,* « tourner ».

**vertigineux, euse** *a* **1** Caractérisé par des vertiges, qui s'accompagne de vertiges. *Sensations vertigineuses.* **2** Qui donne le vertige. *Hauteur vertigineuse.* **3 fig** Très grand. *Des sommes vertigineuses.* DER **vertigineusement** *av*

**vertigo** *nm* MED VET Méningoencéphalite du cheval, qui se traduit par des mouvements tournoyants et désordonnés. ETY Mot lat., « vertige ».

**vertisol** *nm* PEDOL Sol argileux des pays chauds et humides, riche en magnésium et en calcium mais difficile à mettre en culture. PHO [vɛrtisɔl] ETY Du lat. *vertere,* « tourner », et *sol.*

**Vertou** ch.-l. de cant. de la Loire-Atlant. (arr. de Nantes), sur la Sèvre Nantaise ; 20 268 hab. DER **vertavien, enne** *a, n*

**Vertov Denis Arkadevitch Kaufman,** dit **Dziga** (Białystok, 1895 – Moscou, 1954), cinéaste soviétique ; adepte du cinéma-vérité : *En avant les soviets !* (1926), *l'Homme à la caméra* (1929), *Trois Chants sur Lénine* (1934).

**Verts (les)** nom pris par certains partis écologistes d'Europe : en France (fondé en 1984, fusionne avec Europe Écologie en 2010), en Allemagne (*die Grünen*, fondé en 1980). Un parti vert européen a été créé en fév. 2004.

**vertu** *nf* **A 1** Disposition particulière propre à telle espèce de devoirs moraux, de qualités. *Les vertus publiques peuvent s'accompagner de vices cachés.* **2** Disposition à faire le bien et à fuir le mal. **3** Loi morale qui pousse à la vertu. **4** vieilli, plaisant Chasteté d'une femme. **5** Qualité qui rend une chose propre à produire un certain effet. *Les vertus sédatives du tilleul.* **B** *nf pl* THEOL Deuxième chœur de la deuxième hiérarchie des anges. **LOC** ***De petite vertu :*** se dit d'une femme de mœurs légères. — ***En vertu de :*** par le pouvoir de, au nom de. ETY Du lat.

**vertubleu !** *interj* anc Juron aux XVIIe et XVIIIe s. ETY Altér. de *vertu Dieu.* VAR **vertuchou !** ou **vertudieu !**

**vertueux, euse** *a* **1** Qui a de la vertu ; inspiré par la vertu. *Une vertueuse indignation.* **2** vieilli, plaisant Se disait d'une femme chaste, pudique ou fidèle. DER **vertueusement** *av*

**vertugadin** *nm* **1** anc Bourrelet d'étoffe ou cercle d'osier qui faisait bouffer les robes autour des hanches ; robe à vertugadin. **2** HORTIC Gazon en amphithéâtre dans un jardin à la française. ETY De l'esp.

**Verus** Lucius Ælius Aurelius Ceionius Commodus (Rome, 130 – ?, 169), empereur romain (161-169). Adopté par Antonin en même temps que Marc Aurèle, il fut associé par ce dernier à la direction de l'empire.

**verve** *nf* Brio, imagination, fantaisie, qui se manifeste dans la parole. *Un discours plein de verve.* **LOC** ***Être en verve :*** manifester cette qualité plus que de coutume. ETY Du lat.

**verveine** *nf* **1** Plante dicotylédone (verbénacée) dont une espèce, la *verveine officinale*, est cultivée comme plante médicinale. **2** Tisane aux vertus sédatives confectionnée avec les feuilles de la verveine officinale. ETY Du lat. *verbenæ*, « rameaux de laurier ».

**vervet** *nm* Cercopithèque d'Afrique au pelage gris-vert, appelé aussi *singe vert* ou *grivet*.

**Verviers** v. de Belgique (prov. de Liège), ch.-l. d'arr. ; 55 370 hab. DER **verviétois, oise** *a, n*

**Vervins** ch.-l. d'arr. de l'Aisne ; 2 849 hab. – Anc. cap. de la Thiérache. – La *paix de Vervins* (1598) mit fin à la guerre franco-espagnole. DER **vervinois, oise** *a, n*

**Verwoerd** Hendrik Frensch (Amsterdam, 1901 – Le Cap, 1966), homme politique sud-africain. Champion de l'apartheid, il fut Premier ministre de 1958 à son assassinat (par un Blanc, aliéné mental).

**Véry** Pierre (Bellon, 1900 – Paris, 1960), auteur français de romans policiers : *les Disparus de Saint-Agil* (1935), *Goupi Mains-Rouges* (1942).

**Vesaas** Tarjei (Ytre Vinje, 1897 – Oslo, 1970), romancier norvégien : *les Oiseaux* (1957), *le Palais de glace* (1963), *les Ponts* (1966). Sa poésie est moderniste.

**Dziga Vertov** auteur et interprète de *l'Homme à la caméra*, 1929

**Vésale** André (Bruxelles, 1514 ou 1515 – île de Zante, 1564), médecin flamand qui exerça en Italie et en Espagne. Son livre *De corporis humani fabrica libri septem* (1543), qui fonda l'anatomie moderne, fit scandale. Nommé médecin de Charles Quint (1544), il fut accusé par l'Inquisition d'avoir disséqué des hommes vivants (1561) ; Philippe II commua sa condamnation à mort en un pèlerinage à Jérusalem. Il périt au cours du retour.

**vésanie** *nf* vx, litt Folie. ETY Du lat.

**vesce** *nf* BOT Plante herbacée (légumineuse) dont les feuilles composées développent des vrilles, cultivée comme plante fourragère. PHO [vɛs] ETY Du lat.

**vésical, ale** *a* ANAT De la vessie. PLUR vésicaux.

**vésicant, ante** *a* MED Qui provoque la formation d'ampoules sur la peau.

**vésication** *nf* MED Action produite sur la peau par un vésicatoire.

**vésicatoire** *a, nm* Se dit d'un médicament vésicant. ETY Du lat.

**vésiculaire** *a* didac **1** Qui a la forme d'une vésicule. **2** Relatif aux vésicules pulmonaires ou à la vésicule biliaire. VAR **vésiculeux, euse**

**vésicule** *nf* **1** ANAT Petit sac membraneux ou petite cavité glandulaire. *Vésicule biliaire. Vésicules séminales.* **2** MED Boursouflure de l'épiderme pleine de sérosité ou de pus. **3** BOT Cavité close. **4** GEOL Cavité à l'intérieur d'une roche. **LOC** ***Vésicules pulmonaires :*** dilatations de l'extrémité des bronchioles. ETY Du lat.

**Vésinet (Le)** ch.-l. de cant. des Yvelines (arr. de Saint-Germain-en-Laye) ; 16 878 hab. . Ville résidentielle. DER **vésigondin, ine** *a, n*

**Vesle (la)** rivière de France (143 km), affluent de l'Aisne (r. g.) ; arrose Reims.

**vesou** *nm* TECH Jus brut de la canne à sucre. ETY Mot créole des Antilles.

**Vesoul** ch.-l. du dép. de la Haute-Saône, sur le Durgeon ; 17 180 hab. DER **vésulien, enne** *a, n*

**vespa** *nf* Scooter de la marque de ce nom. ETY Nom déposé.

**Vespasien** (en lat. *Titus Flavius Vespasianus*) (près de Reate, auj. Rieti, 9 apr. J.-C. – Aquae Cutiliae, Sabine, 79), empereur romain (69-79). D'origine modeste, il reçut sous Néron le commandement de l'armée d'Orient (66), qui le proclama empereur (69). Il fit de nombr. réformes, rétablit la discipline dans l'armée et restaura l'Empire héréditaire en faveur de ses fils Titus et Domitien, malgré le sénat. Il commença la construction du Colisée.

**vespasienne** *nf* anc Urinoir public pour hommes. ETY Du n. pr.

**vespéral, ale** *nm, a* **A** *nm* LITURG CATHOL Livre de l'office du soir. **B** *a* litt Du soir. *La fraîcheur vespérale.* PLUR vespéraux.

**vespertilion** *nm* ZOOL Chauve-souris insectivore aux grandes oreilles et à la queue bien développée. ETY Du lat.

**vespidé** *nm* ENTOM Insecte hyménoptère tel que la guêpe et le frelon. ETY Du lat. *vespa*, « guêpe ».

**Vespucci** Amerigo, dit en fr. Améric Vespuce (Florence, 1454 – Séville, 1512), navigateur italien. Il explora les côtes du Nouveau Monde au cours de plusieurs voyages. Un cartographe allemand, le moine *Waldseemüller* (v. 1470 – v. 1520), lui attribua (1507) la découverte du continent qui porte encore son prénom.

**vesse** *nf* fam, vieilli Vent intestinal malodorant qui s'échappe sans bruit. ETY Du lat. DER **vesser** *vi* 1

**vesse-de-loup** *nf* Nom cour. du *lycoperdon*. PLUR vesses-de-loup.

**vessie** *nf* **1** Réservoir musculomembraneux dans lequel s'accumule l'urine, entre les mictions. **2** Membrane gonflable que l'on place à l'intérieur de certains ballons. **LOC** ***Vessie natatoire :*** chez certains poissons, poche abdominale emplie de gaz, qui intervient dans leur équilibre dans l'eau. SYN vessie gazeuse. ETY Du lat.

**Vesta** dans la myth. rom., déesse du Foyer domestique ; l'Hestia des Grecs. Ses prêtresses (les vestales), astreintes à la chasteté, entretenaient le feu sacré dans son temple.

**Vesta** astéroïde de 542 km de diamètre, découvert en 1807 par Olbers ; sa révolution autour du Soleil dure 1 325 jours.

**vestale** *nf* **1** ANTIQ ROM Prêtresse de Vesta. **2** fig, vx, plaisant Femme très chaste.

**vestalies** *nf pl* ANTIQ ROM Fêtes de la déesse Vesta, célébrées en juin.

**Vestdijk** Simon (Harlingen, 1898 – Utrecht, 1971), écrivain néerlandais. Romans : cycle d'*Anton Wachter* (1934-1960), *le Cinquième Sceau* (1937).

**veste** *nf* **1** Vêtement de dessus à manches, couvrant le buste et boutonné devant. **2** fam Échec, défaite. *Ramasser une veste.* **LOC** fam ***Retourner sa veste :*** changer d'opinion, de parti. ETY Du lat.

**Vesterålen** archipel norvégien, au N. des îles Lofoten ; env. 30 000 hab. Pêche.

**vestiaire** *nm* **A 1** Lieu où l'on dépose son manteau, son parapluie, etc., à l'entrée de certains établissements publics ; vêtements et objets déposés. **2** Ensemble des vêtements d'une garde-robe. **B** *nm pl* Lieu où l'on se change pour pratiquer une activité particulière. *Les vestiaires d'une piscine.*

**vestibule** *nm* **1** Pièce d'entrée d'une maison, d'un appartement, etc. **2** ANAT Cavité ovoïde du labyrinthe osseux de l'oreille interne, jouant un rôle important dans l'équilibration. ETY Du lat. DER **vestibulaire** *a*

**vestige** *nm* **A** *nm pl* Restes d'un ancien édifice, ruines. **B** *nm* fig Ce qui reste d'une chose qui n'est plus. *Cette tradition est un vestige d'une vieille croyance.* ETY Du lat. *vestigium*, « trace du pied ».

**vestigial, ale** *a* SC NAT Se dit d'un organe réduit à l'état de vestige par l'évolution de l'espèce. *Œil vestigial des lamproies.* PLUR vestigiaux.

**vestimentaire** *a* Qui a rapport aux vêtements. ETY Du lat. *vestimentum*, « vêtement ».

**Vestmannaeyjar** archipel volcanique, au S. de l'Islande ; v. princ. *Vestmannaeyjar* (5 000 hab.) ; une éruption l'a ruinée en 1973.

**veston** *nm* Veste d'un complet d'homme.

**Vestris** Gaetano Baldassare Vestri, dit en fr. Gaétan Balthazar (Florence, 1729 – Paris, 1808), danseur de l'Opéra de Paris, d'origine italienne. — **Auguste** (Paris, 1760 – id., 1842), fils du préc., danseur dont le style annonça le romantisme.

**Vésubie (la)** riv. des Alpes-Maritimes (48 km), affl. du Var (r. g.). Gorges. Centrales.

**Vésuve (le)** volcan actif d'Italie, au S.-E. de Naples (1 277 m). L'éruption de 79 apr. J.-C. ensevelit Herculanum et Pompéi. – Vignobles (lacrima-christi). DER **vésuvien, enne** *a, n*

**Veszprém** v. de Hongrie, au S. des monts Bakony ; 64 000 hab. ; ch.-l. du comté du m. nom. – Palais épiscopal baroque. Cath. XVIIIe-XX[e] s.

**vêtement** *nm* **A** vx Ce qui sert à vêtir le corps. **B** *nm pl* Pièces de l'habillement, à l'exception des chaussures. *Vêtements d'été.* ETY Du lat.

**vétéran** *nm* **1** ANTIQ ROM Soldat de métier ayant accompli son temps de service. **2** Soldat âgé, ancien combattant. **3** Personne vieillie dans un service, un métier, une activité, etc. **4** SPORT Sportif de plus de trente-cinq ou quarante ans selon les sports. ETY Du lat.

**vétérane** *nf* SPORT fam Féminin de *vétéran.* VAR **vétérante**

**vétérinaire** *a, n* **A** *a* Qui concerne l'élevage des animaux et l'étude de la pathologie animale. **B** *n* Médecin vétérinaire. ETY Du lat. *veterina,* « bêtes de somme ».

**vététiste** *n* Personne qui fait du VTT.

**vétille** *nf* Chose insignifiante. PHO [vetij] ETY Du lat. *vitta,* « bandelette ».

**vétiller** *vi* ① litt S'occuper à des vétilles, faire des difficultés sur des riens.

**vétilleux, euse** *a* litt Qui s'arrête à des vétilles ; pointilleux et mesquin.

**vêtir** *vt* ㉝ **1** litt Habiller, mettre ses vêtements à qqn. *Vêtir un enfant.* **2** Donner des habits à. *Vêtir ceux qui sont nus.* ETY Du lat.

**vétiver** *nm* Plante indienne (graminée) cultivée pour le parfum de ses racines ; ce parfum. PHO [vetivɛʀ] ETY Du tamoul.

**1 véto** *nm* **1** ANTIQ ROM Formule employée par le tribun du peuple pour s'opposer aux décrets du sénat, des consuls, aux actes des magistrats. **2** Droit conféré à une autorité de s'opposer à la promulgation d'une loi votée, à l'adoption d'une résolution. *Véto absolu, suspensif.* **3** Opposition, refus. *Mettre son véto à une transaction.* ETY Du lat. VAR **veto**

**2 véto** *n* fam Vétérinaire.

**vêtu, ue** *a, nm* **A** *a* Habillé. *Être bien, mal vêtu.* **B** *nm* HERALD Partition en losange dont les angles touchent les bords de l'écu.

**vêture** *nf* **1** litt Vêtement. **2** RELIG CATHOL Cérémonie de prise d'habit d'un religieux ou d'une religieuse.

**vétuste** *a* Vieux, détérioré par le temps. *Bâtiment vétuste.* ETY Du lat. DER **vétusté** *nf*

**veuf, veuve** *a, n* **A** Dont le conjoint est mort. **B** *nf* **1** fam, vx Guillotine. **2** Oiseau passériforme (plocéidé) d'Afrique au plumage noir et blanc et à longue queue. **LOC** fig, litt ***Veuf de*** *:* privé, dépourvu de. — ***Veuve noire*** *:* araignée noire à taches rouges des régions chaudes et tempérées, dont la morsure est dangereuse. SYN latrodecte. ETY Du lat.

**veuglaire** *nm* HIST Bouche à feu des XIV^e et XV^e s., qui se chargeait par la culasse. ETY Du moyen néerl. *vogelaer,* « canon à tirer les oiseaux ».

**Veuillot** Louis (Boynes, Loiret, 1813 – Paris, 1883), écrivain français ; rédacteur en chef de *l'Univers,* organe du parti ultramontain.

**veule** *a* Qui est sans vigueur morale, sans volonté ; mou et faible. **LOC** AGRIC ***Terre veule*** *:* trop légère. PHO [vøl] ETY Du lat. *volare,* « voler ». DER **veulerie** *nf*

**Veurne** → **Furnes.**

**veuvage** *nm* Fait d'avoir perdu son conjoint.

**Veuve joyeuse (la)** opérette en 3 actes de F. Lehár (1905), d'après le vaudeville d'Henri Meilhac *l'Attaché d'ambassade* (1895). ▷ CINE Films de : E. von Stroheim (1925), avec Mae Murray (1889 – 1965), John Gilbert (1895 – 1936) ; E. Lubitsch (1934), avec M. Chevalier, Jeannette McDonald (1901 – 1965).

**Vevey** v. de Suisse (cant. de Vaud), sur le lac Léman ; 18 000 hab. Industries. Tourisme. DER **veveysan, ane** *a, n*

**vexant, ante** *a* **1** Froissant, blessant. *Vos soupçons sont vexants.* **2** Contrariant. *Je l'ai manqué d'un quart d'heure, c'est vexant.*

**vexer** *vt* ① Piquer, blesser qqn dans son amour-propre. ETY Du lat. DER **vexateur, trice** *a, n* – **vexation** *nf* – **vexatoire** *a*

**vexillaire** *nm* ANTIQ ROM Porte-étendard. PHO [vɛksilɛʀ]

**vexille** *nm* **1** ANTIQ ROM Étendard. **2** ZOOL Ensemble des barbes du même côté du rachis d'une plume d'oiseau. ETY Du lat.

**Vexin** région agricole de France qui occupe l'O. du Val-d'Oise, l'extrême S.-O. de l'Oise et le N.-E. de l'Eure. À l'E. de l'Epte : *Vexin français* (Val-d'Oise) ; à l'O. : *Vexin normand* (Eure).

**Veyne** Paul (Aix-en-Provence, 1930), historien français de l'Antiquité : *le Pain et le Cirque* (1976).

**Veyrat** Marc Veyrat-Durebex dit Marc (Annecy, 1950), chef cuisinier français.

**Vézelay** ch.-l. de cant. de l'Yonne (arr. d'Avallon) ; 457 hab. – Sur la route de Saint-Jacques-de-Compostelle, on bâtit une abb. bénédictine (IX^e s., auj. en ruine) puis la basilique de la Madeleine (XII^e s.) : nef romane, transept et chœur gothiques ; restauration de Viollet-le-Duc (1840). – En 1146, saint Bernard y prêcha la 2^e croisade. DER **vézelien, enne** *a, n*

**Vézelay** basilique de la Madeleine, XII^e s.

**Vézère (la)** riv. de France (192 km), affl. de la Dordogne (r. dr.) ; née sur le plateau de Millevaches, elle traverse le Périgord.

**Vezzali** Valentina (Jesi, Ancône, 1974), escrimeuse italienne, triple championne olympique.

**VF** *nf* CINE Version française.

**VHC** *nm* Abrév. de *virus de l'hépatite C.*

**VHF** *a inv, nf* **A** *a inv* TECH Qui reçoit ou qui émet des ondes très courtes. **B** *nf* Émetteur ou récepteur VHF. ETY Sigle de l'angl. *very high frequency,* « très haute fréquence ».

**VHS** *nm* Norme de vidéocassette et de magnétoscope. ETY Nom déposé ; abrév. de *Video Home System.*

**via** *prép* En passant par. *Aller de Paris à Bordeaux via Poitiers.* ETY Mot lat., « chemin ».

**viabiliser** *vt* ① Équiper un terrain des aménagements propres à le rendre habitable, constructible. DER **viabilisation** *nf*

**1 viabilité** *nf* **1** Bon état d'un chemin, d'une route. **2** URBAN État d'un terrain viabilisé. ETY Du lat. *via,* « chemin ».

**2 viabilité** → **viable.**

**viable** *a* **1** Se dit d'un fœtus, d'un nouveau-né qui est apte à vivre. **2** fig Qui peut durer, prendre corps. *Système viable. Projet viable.* ETY De vie. DER **viabilité** *nf*

**viaduc** *nm* Pont très élevé ou très long permettant le franchissement d'une vallée par une voie ferrée ou par une route. ETY De l'angl.

**via ferrata** *nf* ALPIN Itinéraire aménagé (échelles, mains courantes, etc.) pour des escalades en montagne. PLUR vias ferratas. ETY Mots it., « voie ferrée ».

**viager, ère** *a, nm* **A** *a* Dont on jouit sa vie durant. *Rente viagère.* **B** *nm* Revenu viager. **LOC** ***En viager*** *:* contre une rente viagère. ETY De l'anc. fr.

**Viala** Joseph Agricol (Avignon, 1780 – près d'Avignon, 1793), jeune patriote français, tué par les royalistes sur la Durance.

**Vialar** Paul (Saint-Denis, 1898 – Vaucresson, 1996), romancier français : *la Grande Meute* (1943).

**Vialatte** Alexandre (Magnac-Laval, 1901 – Paris, 1971), écrivain français. Romans : *Battling le ténébreux* (1928), *les Fruits du Congo* (1951) ; nombr. chroniques (notam. dans *le Mercure de France* et dans *la Montagne*).

**Vian** Boris (Ville-d'Avray, 1920 – Paris, 1959), écrivain français. Poète, romancier (*J'irai cracher sur vos tombes,* signé Vernon Sullivan, 1946 ; *l'Automne à Pékin,* 1947 ; *l'Écume des jours,* 1947), dramaturge, trompettiste de jazz.
▶ illustr. p. 1696

**viande** *nf* **1** Chair des mammifères et des oiseaux, en tant qu'aliment. **2** pop Corps humain. **LOC** fam ***Sac à viande*** *:* drap cousu que l'on glisse dans un sac de couchage. — ***Viande blanche*** *:* veau, porc, volaille, lapin. — ***Viande noire*** *:* gibier. — ***Viande rouge*** *:* bœuf, mouton, cheval. ETY Du lat. *vivere,* « vivre ».

**Vianden** ch.-l. de cant. du grand-duché de Luxembourg, à la frontière all. ; 1 600 hab. – Centrale hydroél. – Château fort XI^e-XIV^e s. – Victor Hugo séjourna dans ce site.

**viander** *v* ① **A** *vi* VEN Paître, en parlant des cervidés (cerf, daim, chevreuil). **B** *vpr* fam Avoir un accident entraînant un dommage corporel grave, voire la mort.

**Vianney** → **Jean-Marie Vianney.**

**Viardot** Pauline de la Felicidad Garcia, dite Pauline (Paris, 1821 – id., 1910), cantatrice française d'origine espagnole, sœur cadette de la Malibran : interprète de Gounod et de Meyerbeer, elle a également composé des mélodies et des opérettes.

**Viareggio** v. d'Italie (Toscane), au N.-O. de Pise ; 61 000 hab. Port et station balnéaire.

**viatique** *nm* **1** Provisions, argent qu'on donne à qqn pour un voyage. **2** fig Soutien, secours. **3** RELIG CATHOL Sacrement de l'eucharistie administré à qqn en péril de mort. ETY Du lat.

**Viatka** (anc. *Kirov*), v. industr. de Russie, sur la *Viatka* (1 367 km) ; 460 000 hab.

**Viau** Théophile de (Clairac, Agenais, 1590 – Paris, 1626), poète français. Huguenot, il se convertit, mais la liberté de ses vers (*le Parnasse satyrique,* 1622) lui valut la prison. Tragédie : *Pyrame et Thisbé* (1621).

**Viaur (le)** riv. de France (155 km), affl. de l'Aveyron (r. g.). Un viaduc ferroviaire (1902) à une seule arche de 220 m franchit ses gorges.

**vibices** *nf pl* MED Purpura qui forme des stries sur la peau. ETY Du lat. *vibex, vibicis,* « meurtrissure ».

**Viborg** ville du Danemark (Jylland) ; 39 400 hab. ; ch.-l. de prov. Industries.

**vibrage** *nm* TECH Série de chocs, pour faire entrer un corps en vibration. *Vibrage du béton.*

**vibrant, ante** *a, nf* **A** *a* **1** Qui produit des vibrations. **2** fig D'un sentiment ou d'une ardeur intense. *Discours vibrant.* **B** *a, nf* PHON Se dit d'une consonne dont l'articulation comporte la vibration d'un organe de l'articulation (langue, luette, etc.), telle que le *r*.

**vibraphone** *nm* Instrument à percussion analogue au xylophone, comportant des lamelles métalliques au-dessous desquelles sont disposés des tubes résonateurs. DER **vibraphoniste** *n*

**vibrateur** *nm* TECH **1** Appareil qui produit ou qui transmet des vibrations. **2** Appareil servant à vibrer le béton.

**vibratile** *a* didac Susceptible de vibrer. *Cil vibratile.*

**vibration** *nf* **A 1** PHYS Oscillation périodique de tout ou partie d'un système matériel. *Vibrations du diapason, des atomes.* **2** Mouvement, caractère de ce qui vibre ; impression sonore, visuelle de tremblement. *Vibration d'une voix.* **B** *nf pl* fam Impression d'accord ou de désaccord de l'individu avec son entourage. DER **vibratoire** *a*

**vibrato** *nm* MUS Tremblement dû à la variation rapide du son émis par un instrument ou par la voix. ETY Mot ital.

**vibratoire → vibration.**

**vibrer** *v* ① **A** *vi* **1** Produire des vibrations ; entrer en vibration. **2** Être animé d'un tremblement sonore. *Voix qui vibre.* **3** fig Réagir comme par un tremblement intérieur à une émotion intense. *Vibrer d'enthousiasme.* **B** *vt* TECH Soumettre un corps à des vibrations. *Vibrer le béton.* ETY Du lat.

**vibreur** *nm* ELECTR Appareil constitué d'une lame mise en vibration par un courant électrique.

**vibrion** *nm* **1** BIOL Bactérie ciliée et mobile de forme incurvée. *Vibrion septique.* **2** fig, fam Personne agitée.

**vibrionner** *vi* ① fam S'agiter continuellement, fiévreusement. DER **vibrionnant, ante** *a* – **vibrionnement** *nm*

**vibriose** *nf* MED VET Maladie des animaux due à un vibrion.

**vibrisse** *nf* **1** Poil de l'intérieur des narines de l'homme. **2** Poil tactile de certains mammifères. *Les vibrisses du museau du chat sont couramment appelées « moustaches ».* **3** ORNITH Plume filiforme des oiseaux. ETY Du lat.

**vibromasseur** *nm* Appareil électrique de massage par vibrations.

**vibure** *nf* LOC fam *À toute vibure* : très vite.

**viburnum** *nm* Autre nom de la *viorne*. PHO [vibyʀnɔm]

**vicaire** *nm* **1** vx Substitut. **2** RELIG CATHOL Prêtre qui assiste le curé d'une paroisse. LOC *Grand vicaire* : auxiliaire d'un évêque. SYN vicaire général. — *Le vicaire de Jésus-Christ* : le pape. — *Vicaire apostolique* : évêque responsable d'un territoire de mission qui n'est pas encore constitué en diocèse. ETY Du lat. DER **vicarial, ale, aux** *a* – **vicariat** *nm*

**Vicaire de Wakefield (le)** roman moralisateur de Goldsmith (1766).

**Vicaire savoyard (le)** personnage de l'*Émile* (1762) de J.-J. Rousseau. Sa *Profession de foi*, qui expose une religion naturelle contraignit Rousseau à l'exil.

**vicarial → vicaire.**

**vicariance** *nf* **1** PHYSIOL Suppléance fonctionnelle d'un organe déficient par un autre. **2** BIOL État d'espèces vicariantes.

**vicariant, ante** *a* PHYSIOL **1** Qui supplée. *Organe vicariant.* **2** Se dit de l'hôte occasionnel d'un parasite remplaçant l'hôte habituel. **3** BIOL Se dit de deux espèces voisines qui vivent de façon identique dans deux régions différentes.

**vicariat → vicaire.**

**vice-** Élément inv., du lat. *vice*, « à la place de », impliquant l'idée d'une fonction exercée en second.

**vice** *nm* **1** vieilli Disposition habituelle au mal. **2** Inconduite, débauche ; penchant que la morale sociale réprouve. *Vivre dans le vice.* **3** fam Étrangeté de goût, de comportement. *Avoir un meuble aussi laid, c'est vraiment du vice !* **4** Défaut, imperfection grave. *Vice de construction d'un édifice.* LOC DR *Vice caché* : défectuosité de qqch qui n'apparaît qu'à l'usage ou lors d'une expertise. — *Vice de forme* : défaut (erreur de rédaction, omission d'une formalité) qui rend nul un acte juridique. — *Vice rédhibitoire* : défaut caché de la chose vendue qui peut constituer un motif d'annulation de la vente. ETY Du lat.

**vice-amiral** *nm* Officier général de marine d'un grade homologue de celui de général de division ou (vice-amiral d'escadre) de corps d'armée. PLUR vice-amiraux.

**vice-consul, ule** *n* **1** Personne qui supplée le consul. **2** Personne qui remplit les fonctions d'un consul là où il n'y en a pas. PLUR vice-consuls, vice-consules. DER **vice-consulat** *nm*

**vicelard, arde** *a, n* arg Vicieux.

**vice-légat** *nm* DR CANON Prélat nommé par le pape pour suppléer un légat. PLUR vice-légats. ETY Du lat. DER **vice-légation** *nf*

**Vicence** (en ital. *Vicenza*), v. d'Italie (Vénétie) ; 112 250 hab. ; ch.-l. de la prov. du m. nom. Industries. – Égl. XIII^e s. Édifices dessinés par Palladio.

**vicennal, ale** *a* didac **1** Qui dure vingt ans. **2** Qui a lieu tous les vingt ans. PLUR vicennaux.

**Vicente Gil** (Guimarães ou Lisbonne, v. 1470 – Evora, v. 1537), poète dramatique portugais ; il s'exprima aussi en espagnol : *la Trilogie des barques* (1516-1519), *la Farce d'Inês Pereira* (1523).

**vice-président, ente** *n* Personne qui seconde ou supplée le (la) président(e). PLUR vice-président(e)s. DER **vice-présidence** *nf*

**vice-recteur** *nm* **1** Celui qui seconde ou supplée le recteur. **2** anc Titre du recteur de fait de l'académie de Paris. PLUR vice-recteurs.

**vice-reine** *nf* **1** Épouse d'un vice-roi. **2** Femme en fonction de vice-roi. PLUR vice-reines.

**vice-roi** *nm* Gouverneur d'un royaume qui dépend d'un État. PLUR vice-rois. DER **vice-royauté** *nf*

**vicésimal, ale** *a* MATH Qui a pour base le nombre vingt. PLUR vicésimaux. ETY Du lat.

**vice versa** *av* Réciproquement, inversement. PHO [vis(e)vɛʀsa] ETY Mots lat.

**Vichnou → Vishnu.**

**vichy** *nm* **1** Eau minérale de Vichy. **2** Toile de coton à carreaux.

**Vichy** ch.-l. d'arr. de l'Allier ; 26 528 hab. Stat. thermale (maladies du foie, de l'appareil digestif). DER **vichyssois, oise** *a, n*

**Vichy (gouvernement de)** nom donné à l'État français, dont le chef, le maréchal Pétain, s'était installé à Vichy (juil. 1940-août 1944). Après son entrevue (oct. 1940) avec Hitler, Pétain collabora avec les nazis : persécution des Juifs, juridictions d'exception, création de la Milice et du Service du travail obligatoire en Allemagne (STO), etc. DER **vichyste** *a, n*

**vicier** *vt* ② **1** DR Rendre défectueux ou nul. *Cette omission ne vicie pas l'acte.* **2** Gâter, corrompre, altérer. *La pollution vicie l'air.* DER **viciable** *a* – **viciateur, trice** *a* – **viciation** *nf* – **vicié, ée** *a*

**vicieux, euse** *a, n* **A** *a* **1** litt Qui comporte un défaut ; incorrect. *Locution vicieuse.* **2** MED Qui se forme dans une mauvaise position. *Cal vicieux.* **3** Se dit d'un animal rétif, ombrageux. *Jument vicieuse.* **4** Qui recèle un piège ; qui est conçu pour tromper. *Envoyer une balle vicieuse.* **B** *a, n* Qui a de mauvais penchants ; qui a des goûts dépravés, pervers. DER **vicieusement** *av*

**vicinal, ale** *a* Qui relie des villages. *Chemin vicinal.* PLUR vicinaux. ETY Du lat.

**vicinalité** *nf* didac **1** Caractère vicinal d'un chemin. **2** Ensemble des chemins vicinaux.

**vicinité** *nf* PHILO Proximité entre plusieurs concepts.

**vicissitude** *nf* **A** vx Succession régulière de choses différentes. *La vicissitude des saisons.* **B** *nf pl* litt **1** Variations, changements. *Les vicissitudes de la mode.* **2** Évènements heureux et malheureux qui se succèdent. *Les vicissitudes de la vie de qqn.* **3** Évènements malheureux. ETY Du lat.

**Vicksburg** ville des É.-U. (Mississippi) ; 20 900 hab. – Ville sudiste prise par les nordistes en 1863.

**Vico Giambattista** (Naples, 1668 – id., 1744), historien, philosophe et philologue italien. Selon *Principi di una scienza nuova d'intorno alla comune natura delle nazioni* (1725), traduit par Michelet sous le titre *Principes de la philosophie de l'histoire* (1827), tout peuple connaît... le développement suivant : l'âge *divin* ou mythique, caractérisé par la théocratie ; l'âge *héroïque* ou de la force, à gouvernement aristocratique ; l'âge *humain*, règne de la liberté et de la raison.

**vicomte** *nm* **1** HIST Suppléant du comte, à l'époque carolingienne. **2** Seigneur d'une vicomté. **3** Titre de noblesse inférieur à celui de comte. ETY Du lat. DER **vicomtal, ale, aux** *a*

**vicomté** *nf* HIST Titre de noblesse attaché à certaines terres ; ces terres.

**vicomtesse** *nf* **1** Femme d'un vicomte. **2** HIST Femme qui possédait une vicomté.

**Vicq d'Azyr Félix** (Valognes, 1748 – Paris, 1794), médecin français, cofondateur de la Société royale de médecine (1776). Acad. fr. (1788).

**victimaire** *a, nm* **A** *a* didac Relatif à la victime, du point de vue pénal, psychologique, historique. **B** *nm* ANTIQ Prêtre qui, dans les sacrifices, frappait la victime.

**victime** *nf* **1** ANTIQ Être vivant que l'on offrait en sacrifice à une divinité. **2** Personne qui subit un préjudice par la faute de qqn ou par sa propre faute. *Les victimes d'un escroc.* **3** Personne tuée ou blessée dans une guerre, un accident. ETY Du lat.

**victimisation** *nf* didac Fait de traiter ou de considérer qqn comme une victime. VAR **victimation** DER **victimiser** *vt* ①

**victimologie** *nf* Discipline qui s'occupe de l'aide psychologique d'urgence aux victimes de violences, d'agressions, d'accidents ou de catastrophes naturelles. DER **victimologique** *a* – **victimologue** *n*

**victoire** *nf* **1** Succès remporté dans une bataille, dans une guerre. **2** Avantage, succès remporté sur un concurrent ou remporté moralement sur une force contraire. *Une victoire sur soi-même.* LOC *Crier, chanter victoire* : se glorifier d'un succès. — *Victoire à la Pyrrhus* : trop chèrement acquise. ETY Du lat.

**Victoire de Samothrace** sculpture en marbre (v. 190 av. J.-C., Louvre), trouvée à l'état de fragments, en 1863, dans l'île de Samothrace : une femme acéphale, ailée, drapée, se dresse sur la proue d'un navire.

**Victor** nom de trois papes et de deux antipapes. — **Victor I^er (saint)** (mort à Rome en 199), pape de 189 à 199, martyr.

**Victor Claude Perrin**, dit **(duc de Bellune)** (Lamarche, Vosges, 1764 – Paris, 1841), maréchal de France. Il se distingua à

Friedland (1807) et fut ministre de la Guerre (1821-1823).

**Victor** Paul-Émile (Genève, 1907 – Bora Bora, 1995), ethnologue et explorateur français des régions polaires.

**Victor-Amédée Ier** (Turin, 1587 – Verceil, 1637), duc de Savoie (1630-1637) ; ennemi puis allié de la France contre les Espagnols. — **Victor-Amédée II** (Turin, 1666 – Rivoli, 1732), duc de Savoie (1675-1730), roi de Sicile (1713) puis de Sardaigne (1720-1730). Le traité d'Utrecht (1713) lui donna le royaume de Sicile, qu'il échangea contre celui de Sardaigne ; ce roy. de Sardaigne est cour. nommé *roy. de Piémont-Sardaigne*. — **Victor-Amédée III** (Turin, 1726 – Moncalieri, 1796), roi de Piémont-Sardaigne (1773-1796). Adversaire de la Révolution, il perdit Nice et la Savoie (1796), que sa maison recouvra en 1815.

**Victor-Emmanuel Ier** (Turin, 1759 – Moncalieri, 1824), roi de Piémont-Sardaigne (1802-1821) ; fils de Victor-Amédée III. Exilé en Sardaigne (1802-1815), il fut contraint à l'abdication par les libéraux. — **Victor-Emmanuel II** (Turin, 1820 – Rome, 1878), roi de Piémont-Sardaigne (1849-1861) puis d'Italie (1861-1878). Roi après l'abdication de son père, Charles-Albert, il travailla avec son ministre Cavour à établir l'indépendance et l'unité italiennes, avec l'appui de la France. Il réunit en 1859-1860 tous les États italiens, à l'exception de la Vénétie (acquise en 1866) et de Rome (prise en 1870). — **Victor-Emmanuel III** (Naples, 1869 – Alexandrie, Égypte, 1947), roi d'Italie (1900-1946). En 1922, il confia le pouvoir à Mussolini. Il reçut les titres d'empereur d'Éthiopie (1936) et de roi d'Albanie (1939). Après les revers de l'Italie, alliée de l'Allemagne de 1940 à 1943, il fit arrêter Mussolini (juil. 1943). Il remit ses pouvoirs à son fils Humbert en juin 1944 et abdiqua en sa faveur (9 mai 1946), mais la république fut proclamée (juin 1946).

**1 victoria** *nf* **1** Plante aquatique (nymphéacée), originaire d'Amazonie, dont les feuilles flottantes peuvent atteindre 1 m de diamètre. **2** Ancienne voiture hippomobile découverte, à quatre roues. [ETY] Du n. de la reine *Victoria*.

**2 victoria** *nm* Variété d'ananas, cultivé en partic. à La Réunion.

**Victoria (chutes)** chutes du Zambèze près de Livingstone (Zambie). Hauteur : 108 m. Leur front est le plus large du monde (2 100 m).

**Victoria (île)** île arctique dans le N. du Canada (Nunavut et Territoires du Nord-Ouest) ; 217 290 km$^2$.

**Victoria (lac)** lac de l'Afrique équatoriale, bordé par l'Ouganda, le Kenya et la Tanzanie ; 68 100 km$^2$. Il alimente le *Nil Victoria* (cours supérieur du *Nil Blanc*).

**Victoria (terre)** partie montagneuse de l'Antarctique, entre la mer de Ross et la terre de Wilkes. Elle porte des volcans (Erebus, 3 794 m).

**Victoria** ville et port du Canada, cap. de la Colombie-Britannique, dans l'île de Vancouver ; 364 000 hab. (aggl.). Industries.

**Victoria** cap. de la république des Seychelles, dans l'île Mahé ; 26 600 hab. (aggl.).

**Victoria** État qui occupe le S.-E. de l'Australie ; 227 600 km$^2$ ; 5 354 000 hab. ; cap. *Melbourne*. Une chaîne montagneuse orientée E.-O. isole au N. un bassin fertile et au S. des plaines et collines vouées à l'élevage bovin. L'essentiel de la pop. forme l'aggl. de Melbourne.

**Victoria Ire** (Londres, 1819 – Osborne, île de Wight, 1901), reine de Grande-Bretagne et d'Irlande (1837-1901), et impératrice des Indes (1876-1901). Épouse (1840) du prince Albert de Saxe-Cobourg-Gotha, elle marqua la vie politique, sans remettre en cause le régime parlementaire. Grâce à des hommes de valeur (Peel, Disraeli, Gladstone, Chamberlain) et à d'excellentes conditions économiques, son règne marqua l'apogée de la puissance britannique. [DER] **victorien, enne** *a*

Boris Vian

Victoria Ire

**Victoria** Tomás Luis de (Ávila, v. 1548 – Madrid, v. 1611), compositeur espagnol. Son œuvre abondante, uniquement religieuse, est marquée par un mysticisme austère.

**Victoria and Albert Museum** musée de Londres créé en 1835 : mobilier, orfèvrerie, beaux-arts.

**Victoria Cross** décoration militaire brit. créée en 1856.

**Victoria de Durango** → **Durango.**

**Victoriaville** v. industr. du Québec (rég. de la Mauricie-Bois-Francs) ; 40 000 hab.

**victorien** → **Victoria Ire.**

**victorieux, euse** *a* **1** Qui a remporté la victoire. *Armée victorieuse.* **2** Qui exprime la victoire. *Arborer un air victorieux.* SYN triomphant. [DER] **victorieusement** *av*

**victuailles** *nfpl* Provisions de bouche, nourriture. [ETY] Du lat.

**vidage** → **vider.**

**Vidal** dictionnaire des médicaments commercialisés en France.

**Vidal de Bésalu** Ramón (fin du XIIe s. – XIIIe s.), troubadour catalan de langue provençale : *la Droite Manière de poétiser.*

**Vidal de La Blache** Paul (Pézenas, 1845 – Tamaris, 1918), géographe français : *Principes de géographie humaine* (1922). Il conçut la *Géographie universelle*, réalisée après sa mort.

**Vidal-Naquet** Pierre (Paris, 1930 – Nice, 2006), historien français ; *la Torture dans la République [1954-1962]* (1972).

**vidame** *nm* FEOD Titre de l'officier qui représentait l'évêque dans l'administration de la justice temporelle et dans le commandement de ses troupes. [ETY] Du lat.

**vidange** *nf* **A 1** Action de vider ; opération consistant à vider pour nettoyer, curer, rendre de nouveau utilisable. *Vidange d'un réservoir.* **2** Dispositif, canalisation pour l'évacuation des eaux usées. *Vidange d'un lavabo.* **3** Belgique, Afrique Verre consigné, bouteille vide. **B** *nfpl* Matières retirées d'une fosse d'aisances.

**vidanger** *vt* [13] Vider, faire la vidange de.

**vidangeur** *nm* Personne qui fait la vidange des fosses d'aisances.

**vide** *a, nm* **A** *a* **1** Qui ne contient rien. *Une boîte vide. Espace vide.* **2** Qui est dépourvu de son contenu habituel. *Avoir l'estomac vide.* **3** Où il n'y a personne ; qui n'a pas d'occupant. *Place, fauteuil vides.* SYN désert. **4** Qui est loin d'être plein. *Paris est vide au mois d'août.* **5** Qui n'est pas garni. *Des murs vides. Appartement, chambre vides.* SYN nu. **6** Qui n'est pas employé, en parlant du temps. *Les moments vides de la journée.* SYN libre. **7** Qui n'a pas d'intérêt ; creux, insignifiant. *Mener une existence vide. Paroles vides.* **8** Sans expression. *Des yeux vides.* **B** *nm* **1** Milieu où la densité de la matière est très faible. *Vide spatial.* **2** Espace, étendue vide. *Se jeter dans le vide.* **3** Espace, surface vides, non occupés. *Ménager des vides dans une bibliothèque pour y placer des bibelots.* **4** CONSTR Espace qui n'est pas occupé par la maçonnerie ou la charpente. **5** Diminution très importante de la pression d'un gaz à l'intérieur d'une enceinte. *Faire le vide. Pompe à vide.* **6** fig Absence qui donne un sentiment de manque, de privation. *Sa mort laisse un grand vide.* **7** fig Caractère de ce qui est vain, inconsistant. *Le vide des grandeurs humaines.* SYN vanité, néant. LOC ***À vide*** : sans rien contenir ; sans produire d'effet. — ***Faire le vide autour de qqn*** : l'isoler, l'éloigner de son entourage. — ***Sous vide*** : dans lequel le vide a été fait entre l'emballage et le produit emballé. — ***Vide absolu*** : milieu théorique d'où toute matière est absente. — ***Vide de*** : dépourvu de, sans. — ***Vide juridique*** : absence de législation dans un domaine, sur un point. — ***Vide politique*** : absence de perspective politique, anarchie. — ***Vide sanitaire*** : ménagé entre le plancher d'une construction et le sol et servant notam. au passage des canalisations d'assainissement. [ETY] Du lat.

[ENC] Pour réaliser un vide poussé, on utilise une pompe *primaire*, qui réduit la pression jusqu'à environ 0,1 Pa (pompe rotative à palettes ou pompe absorbant les gaz portés à basse température), puis une pompe *secondaire*, qui permet de réduire la pression jusqu'au niveau souhaité (les turbopompes moléculaires et les pompes à diffusion permettent d'atteindre $10^{-6}$ Pa). Les pressions les plus faibles obtenues jusqu'à présent sont d'environ $10^{-11}$ Pa. On utilise le vide dans de très nombreux domaines scientifiques et industriels : microscopie électronique, obtention de métaux de très grande pureté, semiconducteurs, lyophilisation, conditionnement des aliments, simulation du milieu spatial, accélérateurs de particules, etc.

**vidéaste** *n* Personne qui réalise professionnellement des films vidéo.

**vide-bouteille** *nm* Siphon muni d'un robinet qui permet de vider une bouteille sans la déboucher. PLUR vide-bouteilles.

**vide-cave** *nm* Appareil servant à évacuer l'eau d'un local inondé. PLUR vide-caves.

**vide-gousset** *nm* vx, plaisant Voleur. PLUR vide-goussets.

**vide-grenier** *nm* Sorte de braderie villageoise. PLUR vide-greniers.

**Videla** Jorge Rafael (Mercedes, prov. de Buenos Aires, 1925 – Buenos Aires, 2013), général et homme politique argentin ; coauteur du coup d'État de 1976, « élu » président de la Rép. (1978-1981). Condamné en 1985 pour avoir violé les droits de l'homme, il fut amnistié en 1991 mais à nouveau condamné à la prison à perpétuité en 2010.

**vidéo-** Élément, du lat. *video*, « je vois ».

**vidéo** *a, nf* AUDIOV **A** *a* **1** Se dit des signaux servant à la transmission d'images, et des appareils, des installations qui utilisent ces signaux. *Des caméras vidéo* ou *vidéos.* **2** Qui concerne les images et les sons enregistrés et transmis par ces appareils. **B** *nf* **1** Ensemble des techniques vidéo. **2** Appareillage, installation vidéo. **3** Film tourné en vidéo. LOC ***Art vidéo*** : vidéoart. — ***Vidéo à la demande (VOD)*** : programmes et films proposés en téléchargement payant.

**vidéoarbitrage** *nm* SPORT Arbitrage d'un match faisant appel à la vidéo.

**vidéoart** *nm* Forme d'art qui s'exprime grâce à la vidéo. SYN art vidéo.

**vidéoblog** *nm* Type de blog utilisé pour diffuser des vidéos, pouvant être commentées.

**vidéocassette** *nf* Cassette sur laquelle sont enregistrés des images et des sons que l'on peut reproduire sur un téléviseur au moyen d'un magnétoscope.

**vidéochirurgie** *nf* Chirurgie utilisant la vidéo.

**vidéoclip** *nm* Syn de *clip.*

**vidéoclub** *nm* Magasin spécialisé dans la location ou la vente de cassettes vidéo enregistrées.

**vidéocommunication** *nf* Communication par le réseau de télévision.

**vidéocomposite** *a* AUDIOV Qui transporte des images et des sons. *Signal vidéocomposite.*

**vidéoconférence** → **visioconférence.**

**vidéodisque** *nm* Disque sur lequel sont gravés des images et des sons que l'on peut reproduire sur un téléviseur au moyen d'un système de lecture.

**vidéofréquence** *nf* AUDIOV Fréquence utilisée pour transmettre des signaux vidéo.

**vidéogramme** *nm* AUDIOV Programme audiovisuel enregistré sur un support tel que bande magnétique, film, disque, etc.

**vidéographie** *nf* TECH Procédé de télécommunication permettant de transmettre des textes ou des dessins simples dont la visualisation est réalisée sur un écran de télévision. **LOC** ***Vidéographie diffusée*** ou ***télétexte*** : dans laquelle un grand nombre d'usagers reçoivent simultanément les mêmes informations. — ***Vidéographie interactive*** : vidéographie dans laquelle les informations sont accessibles sur demande. **SYN** vidéotex. DER **vidéographique** *a*

**vidéojockey** *n* Personne qui anime des spectacles vidéo.

**vidéolecteur** *nm* Lecteur de vidéodisques.

**vidéoludique** *a* Relatif aux jeux vidéo.

**vidéoprojection** *nf* Projection d'images vidéo sur grand écran. DER **vidéoprojecteur** *nm*

**vide-ordure** *nm* Dispositif d'évacuation des ordures ménagères dans un immeuble, comprenant un conduit vertical le long duquel sont disposés des vidoirs. **PLUR** vide-ordures.

**vidéosurveillance** *nf* Surveillance d'un lieu par des caméras vidéo.

**vidéotex** *nm* Vidéographie interactive.

**vidéothèque** *nf* **1** Collection de documents vidéo. **2** Lieu où l'on conserve et où l'on peut visionner des documents vidéo. DER **vidéothécaire** *n*

**vidéotransmission** *nf* TELECOM Transmission par système vidéo.

**vide-poche** *nm* **1** Coupe, boîte, corbeille, où l'on dépose les menus objets que l'on a habituellement dans les poches. **2** Dans une automobile, petit compartiment destiné à recevoir divers objets. **PLUR** vide-poches.

**vide-pomme** *nm* Ustensile servant à ôter le cœur des pommes sans les couper en morceaux. **PLUR** vide-pommes.

**vider** *vt* ① **1** Rendre vide un contenant en ôtant le contenu. *Vider sa bourse. Vider une bouteille, un verre.* **2** Débarrasser un lieu de ses occupants. *L'orage vida les rues en un instant.* **3** Ôter, évacuer d'un lieu. *Vider les eaux usées dans le caniveau.* **4** fig, fam Épuiser. *Ce travail m'a vidé.* **5** fig Terminer, régler définitivement un litige. *Vider une querelle.* **6** fam Renvoyer, congédier qqn. **7** CUIS Retirer les viscères de. *Vider une volaille, un poisson.* **LOC** fam ***Vider les lieux*** : les quitter, en sortir sous la contrainte. — ***Vider son cœur*** : s'épancher. — fam ***Vider son sac*** : dire le fond de sa pensée. DER **vidage** *nm*

**vide-tourie** *nm* Support à bascule pour vider la tourie qui y est fixée. **PLUR** vide- touries.

**videur, euse** *n* **A** *n* Personne qui vide qqch. *Videur de poissons.* **B** *nm* fam Personne chargée de mettre dehors les indésirables.

**vide-vite** *nm inv* TECH Dispositif de vidange rapide. *Vide-vite d'un canot pneumatique.*

**vidicon** *nm* ELECTRON Tube analyseur d'images fondé sur le principe de la photoconduction, utilisé dans les caméras des productions audiovisuelles et le télécinéma.

**Vidie** Lucien (Nantes, 1805 – Paris, 1866), inventeur français d'un baromètre sans liquide (1844).

**vidimus** *nm* ADMIN Attestation qu'un acte a été collationné sur l'original et certifié conforme. PHO [vidimys] ETY Mot lat., « nous avons vu ».

**Vidin** v. de Bulgarie, à la frontière roumaine ; 61 000 hab. – Monuments anc. – Colonie romaine (*Bononia*, Ier s.) ; cap. du *royaume de Vidiné* (XIIe-XIVe s.), prise par les Turcs (1396).

**Vidocq** François (Arras, 1775 – Paris, 1857), aventurier français. Bagnard évadé, il devint espion de la police (1809) puis chef de la Sûreté. Les *Mémoires* parus sous son nom (1828-1829) inspirèrent notam. Balzac (V. Vautrin).

**vidoir** *nm* Trappe par laquelle on déverse les ordures dans le conduit d'un vide-ordure.

**Vidor** King (Galveston, Texas, 1894 [?] – Paso Robles, Californie, 1982), cinéaste américain : *la Grande Parade* (1925), *la Foule* (1928), *Hallelujah !* (1929), *Duel au soleil* (1946), *l'Homme qui n'a pas d'étoile* (1954).

**Vidor** Charles (Budapest, 1900 – Vienne, 1959), cinéaste américain : *l'Étrange Rêve* (1939), *Gilda* (1946), *le Pantin brisé* (1957).

**Vidourle (le)** fl. côtier du Languedoc (85 km), aux crues violentes.

**viduité** *nf* DR État d'une personne veuve. **SYN** veuvage. **LOC** ***Délai de viduité*** : délai de 300 jours avant lequel une femme veuve ou divorcée ne peut se remarier. ETY Du lat. *vidua*, « veuve ».

**vidure** *nf* Ce qu'on enlève en vidant un animal.

**vie** *nf* **1** Ensemble des phénomènes assurant l'évolution de tous les organismes depuis la naissance jusqu'à la mort. *La vie est apparue sur la Terre il y a environ 3,5 milliards d'années.* **2** Existence humaine. *Être en vie. Donner la vie.* **3** Cours de l'existence, évènements qui le remplissent ; conduite, mœurs. *Mener une vie tranquille, mener joyeuse vie.* **4** Biographie. **5** Durée de l'existence, temps qui s'écoule de la naissance à la mort. *Sa vie a été trop courte.* **6** Existence et évolution de qqch. *Vie et mort d'une civilisation.* **7** Existence dans le temps d'une chose, temps de fonctionnement. *Durée de vie d'un produit. La vie des mots.* **8** Coût de la subsistance, de l'entretien. *La vie est de plus en plus chère.* **9** Vitalité, entrain. *Un enfant plein de vie.* **10** Animation, activité. *Quartier où règne une intense vie nocturne.* **LOC** ***À vie, pour la vie*** : pour toujours. — ***De ma vie, de la vie*** : jamais (en tournure négative). *De sa vie, il n'a fait pareille rencontre.* — RELIG ***L'autre vie, la vie éternelle*** : ce qui suit la mort ; le paradis, l'enfer, le purgatoire. — fam ***Une vie de patachon, de bâton de chaise*** : une vie dissolue, déréglée. — ***Vie active*** : période d'activité professionnelle. ETY Du lat.

ENC L'origine de la vie est sans cesse reculée dans le temps : des traces de vie semblent présentes dans des terrains datés de 3,5 milliards d'années (North Pole, en Australie). Il est quasiment certain que la vie est apparue dans les mers. Le premier être vivant serait une bactérie, peut-être une cyanobactérie (dite autrefois algue bleue ou cyanophycée). La matière vivante, dont la composition chimique diffère notablement de la matière inerte, présente cinq grandes propriétés : l'individualisation, tout particulièrement poussée chez les eucaryotes (où cellule et noyau cellulaire sont limités par une membrane), la nutrition, le catabolisme, la reproduction et la mort. Les organismes vivants ont trois fonctions de base : l'assimilation, l'autoreproduction et l'autorégulation.

**Vie brève (la)** opéra en 2 actes et 4 tableaux de M. de Falla (1905), sur un livret de Carlos Fernandez Shaw.

**Vie criminelle d'Archibald de la Cruz (la)** film mexicain de L. Buñuel (1955).

**Vie de Henry Brulard** œuvre autobiographique de Stendhal écrite probablement de nov. 1835 à mars 1836 (éd. posth. : 1890).

**Vie de Jésus (la)** livre de Renan (1863) qui fit scandale par son approche rationaliste du sujet.

**Vie de Rancé** œuvre de Chateaubriand (1844).

**Vie des abeilles (la)** essai de Maeterlinck (1901), qui publia ensuite *la Vie des termites* (1926) et *la Vie des fourmis* (1930).

**Vie des formes** essai de Focillon sur l'art (1934).

**Viedma** v. d'Argentine, sur la plaine atlantique, au S. de Bahia Blanca ; 45 000 hab. Devrait succéder à Buenos Aires comme cap. du pays.

**Vie est un songe (La)** comédie métaphysique de Calderón (v. 1635).

**vieil** → **vieux.**

**Vieil-Armand (le)** → **Hartmannswillerkopf.**

**Vieil Homme et la mer (le)** roman d'Hemingway (1952). ▷ CINE Film (1958) de J. Sturges, avec S. Tracy.

**vieillard** *nm* **A** Homme fort âgé. **B** *nm pl* Les personnes très âgées.

**vieillarde** *nf* péjor Vieille femme.

**1 vieille** → **vieux.**

**2 vieille** *nf* ZOOL Syn. de *labre.*

**Vieille** Paul (Paris, 1854 – id., 1934), ingénieur français : travaux sur les explosifs et sur les ondes de choc.

**vieillerie** *nf* **1** Objet ancien, usagé. **2** Idée rebattue ; conception d'une autre époque.

**vieillesse** *nf* **1** Période ultime de la vie. *Avoir une vieillesse heureuse.* **2** Fait d'être âgé ; sénescence. *Mourir de vieillesse.* **3** Les personnes âgées. *Caisse de retraite pour la vieillesse.*

**Vieilleville** François de Scepeaux (seigneur de) (?, 1510 – Durtal, près d'Angers, 1571), maréchal de France et diplomate. Il négocia le traité du Cateau-Cambrésis (1559).

**vieilli, ie** *a* **1** Marqué par l'âge. *Visage vieilli.* **2** Qui, avec le temps, a perdu de sa force ; suranné, désuet. *Idées vieillies.* **3** LING Qui est sorti de l'usage courant, mais qui est encore compris. *Mot vieilli.*

**vieillir** *v* ③ **A** *vi* **1** Devenir vieux. **2** Être marqué par l'âge ; paraître âgé. *La peur de vieillir.* **3** Perdre de sa force, de son efficacité avec le temps. *Cette pièce a vieilli depuis sa création.* **4** Acquérir certaines qualités par l'effet du temps, surtout en parlant de substances alimentaires. *Ce vin a besoin de vieillir.* **B** *vt* Rendre vieux ; faire paraître plus vieux, vieux avant le temps. *Cette coiffure la vieillit. Procédés pour vieillir les copies de meubles anciens. La mort de sa femme l'a vieilli de dix ans.* DER **vieillissant, ante** *a*

**vieillissement** *nm* **1** Fait de vieillir, de devenir vieux. **2** fig Fait de n'être plus d'actualité. *Vieillissement des doctrines.* **3** Aspect ancien donné artificiellement à un objet neuf. *Vieillissement d'un cadre.* **4** Acquisition de certaines qualités par l'effet du temps. *Vieillissement en fûts.*

**vieillot, otte** *a* fam Vieilli, démodé.

**Vieira da Silva** Maria Elena (Lisbonne, 1908 – Paris, 1992), peintre français d'origine portugaise : réseaux, entrelacs, damiers.

**Vielé-Griffin** Francis (Norfolk, Virginie, 1864 – Bergerac, 1937), poète français, ami des symbolistes : *Joies* (1889), *la Partie de vie* (1897), *la Voix d'Ionie* (1914).

**Viella** local. d'Espagne (prov. de Lérida) ; 5 500 hab. Le *tunnel de Viella* (6 km) relie le val d'Aran (France) à l'Espagne.

**vielle** *nf* Instrument de musique populaire muni de touches, et dont les cordes sont mises en vibration par le frottement d'une roue enduite de colophane que l'on fait tourner au moyen d'une manivelle. ETY Var. de *viole*. DER **vielleur, euse** ou **vielleux, euse** *n*

**Vie mode d'emploi (la)** roman-puzzle (1978) de G. Perec.

**Vien** Joseph Marie (Montpellier, 1716 – Paris, 1809), peintre français, maître de David.

**Vienne (la)** riv. de France (372 km), affl. de la Loire (r. g.) ; née sur le plateau de Millevaches, elle arrose Limoges et Châtellerault.

**Vienne** ch.-l. d'arr. de l'Isère, sur le Rhône ; 30 100 hab. Marché régional et petit centre industriel. – Vestiges romains : temple d'Auguste et de Livie, théâtre, etc. Égl. VI$^e$-XII$^e$ s. (musée lapidaire). Égl. romane XI$^e$-XIV$^e$ s. Cath. XII$^e$-XIV$^e$ s. – Sous l'impulsion de Philippe le Bel, le *concile de Vienne* (1311-1312) supprima l'ordre des Templiers. DER **viennois, oise** *a, n*

**Vienne** (en all. *Wien*), cap. de l'Autriche, sur le Danube ; 1,8 million d'hab. (la ville constitue le *Land de Vienne*, 415 km$^2$). Métropole culturelle, comm., fin. et industr. de l'Autriche (20 % de la pop.). – Archevêché. Université. Nombr. édifices baroques (chât. du Belvédère, 1714-1723 ; bibliothèque de la Hofburg, 1723) et néo-gothiques (XIX$^e$ s.). Cath. XIV$^e$-XVI$^e$ s. Églises XVII$^e$ et XVIII$^e$ s. Nombr. musées (dont l'Albertina). Dans les env., chât. de Schönbrunn. DER **viennois, oise** *a, n*

**Histoire** Poste avancé des Romains, la ville se développa quand les Habsbourg en firent leur résidence (XVI$^e$ s.) et que le péril turc (sièges de 1529 et de 1683) disparut. Elle fut la plus grande ville germanique jusqu'en 1900 et un grand centre artistique. En avril 1945, l'armée Rouge l'enleva après des combats qui l'endommagèrent ; jusqu'en 1955, chacun des Alliés occupa un quart de la ville.

**Vienne** le château du Belvédère

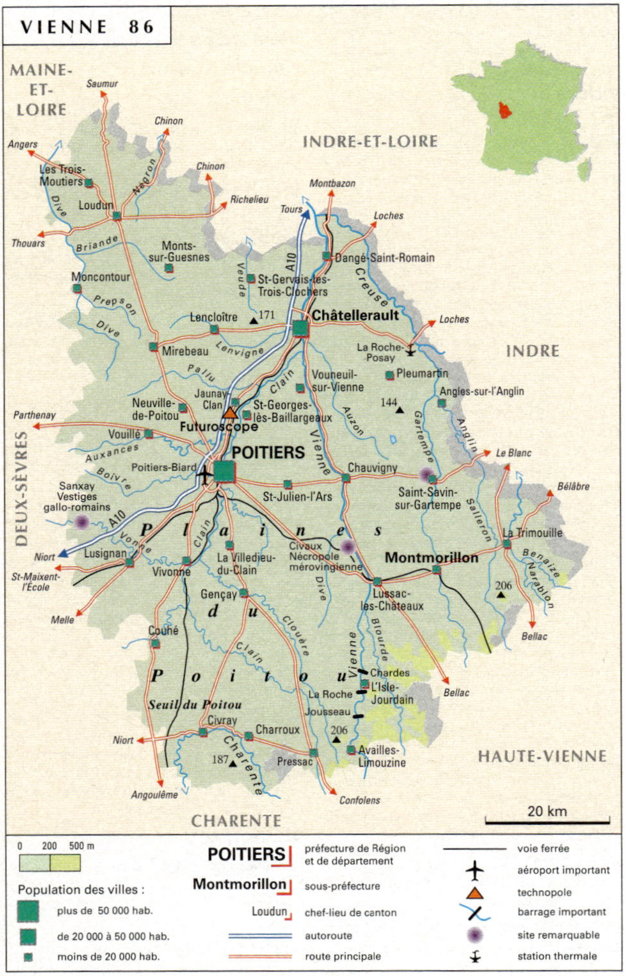


**Vienne** dép. franç. (86) ; 6 985 km$^2$ ; 431 200 hab. ; 61,7 hab./km$^2$ ; ch.-l. *Poitiers* ; ch.-l. d'arr. *Châtellerault* et *Montmorillon*. V. Poitou-Charentes. DER **viennois, oise** *a, n*

**Vienne (Haute-)** dép. franç. (87) ; 5 513 km$^2$ ; 375 900 hab. ; 68,2 hab./km$^2$ ; ch.-l. *Limoges* ; ch.-l. d'arr. *Bellac* et *Rochechouart*. V. Limousin. DER **haut-viennois, oise** *a, n*

**Vienne (cercle de)** école néo-positiviste, fondée à Vienne v. 1920 par Moritz Schlick, qui regroupa des philosophes et des logiciens (Carnap, Reichenbach, Franck, Hahn, Neurath, etc.).

**Vienne (congrès de)** congrès qui se tint à Vienne du 1$^{er}$ nov. 1814 au 9 juin 1815 pour réorganiser l'Europe après la défaite napoléonienne. Le premier traité de Paris ayant réglé le sort de la France, qui retrouvait ses frontières de 1789, le congrès de Vienne ne s'occupa que des autres États européens. Cependant, grâce à Talleyrand, la France s'associa à ces travaux. Les quatre grandes puissances victorieuses, représentées par Metternich (Autriche), Hardenberg (Prusse), Castlereagh et Wellington (G.-B.), Nesselrode (Russie), se partagèrent l'Europe sans tenir compte des revendications nationales. Elles rétablirent partout l'absolutisme, semant le germe de futurs conflits.

**Vienne (traités de)** nom de nombreux traités signés à Vienne. – 1725 : alliance de l'Autriche et de l'Espagne après la paix d'Utrecht (1713). – 1738 : entre l'Autriche et la France, après la guerre de la Succession de Pologne. – *Paix de Vienne* ou *de Schönbrunn* (1809) : après les victoires napoléoniennes d'Essling et de Wagram, elle amputait le territoire autrichien. – 9 juin 1815 : traité qui concluait le congrès de Vienne.

**viennois** *am* LOC *Chocolat* ou *café viennois* : chaud et nappé de crème Chantilly.

**Viennoise (la)** anc. prov. de la Gaule romaine ; cap. *Vienne* (Isère).

**viennoiserie** *nf* **1** Pâtisserie viennoise. **2** Ensemble des produits de boulangerie, en dehors du pain (croissants, pains au chocolat, brioches, etc.).

**Vientiane** cap. du Laos, sur la r. g. du Mékong ; 997 000 hab. Centre commercial. Industries. – Fondée au XVI$^e$ s., la v. fut détruite par le Siam en 1827. La France en fit la cap. du protectorat du Laos à la fin du XIX$^e$ s. DER **vientianais, aise** *a, n*

**vierge** *a, nf* **A** *a* **1** Qui n'a jamais eu de rapports sexuels. **2** Qui n'a jamais été utilisé, intact. *Feuille de papier vierge. Cassette vierge.* **3** Qui n'a jamais été cultivé. *Sol vierge.* **B** *nf* litt Fille qui n'a jamais eu de rapports sexuels. LOC *Cire vierge* : cire naturelle. — ***Huile vierge*** : extraite d'olives pressées à froid. ETY Du lat.

**Vierge (la)** constellation zodiacale de l'hémisphère boréal ; n. scientif. : *Virgo, Virginis*. – Signe du zodiaque (24 août-23 sept.).

**Vierge (la)** Marie, la mère de Jésus. Ce nom est surtout utilisé dans les titres de tableaux et autres œuvres d'art.

**Vierge aux rochers (la)** tableau d'autel de Léonard de Vinci ; deux versions : au Louvre (v. 1483-1486) ; à la National Gallery de Londres (v. 1503-1506).

**Vierges (îles)** (en angl. *Virgin Islands*), archipel des Petites Antilles. Les unes, à l'E., sont des possessions américaines (60 îles et îlots, notam. les îles Saint Thomas, Sainte-Croix et Saint John) ; 344 km$^2$ ; 110 800 hab. ; ch.-l. *Charlotte Amalie* (Saint Thomas). Les autres, à l'O., appartiennent au Commonwealth britannique (40 îles, notam. les îles Tortola, Anegada et Virgin Gorda) ; 153 km$^2$ ; 12 500 hab. ; ch.-l. *Road Town* (Tortola). Ressources : agric. ; pêche ; surtout, tourisme.

**Vierne** Louis (Poitiers, 1870 – Paris, 1937), organiste et compositeur français.

**Vierzon** ch.-l. d'arr. du Cher, sur le Cher ; 27 701 hab. Carrefour ferroviaire. Industries. – Égl. XII^e-XV^e s. (DER) **vierzonnais, aise** *a, n*

**Vies des dames galantes** récit de Brantôme (publié à partir de 1665).

**Vies des plus excellents peintres, sculpteurs et architectes italiens** ouvrage de Vasari (1550).

**Vies, doctrines et sentences des philosophes illustres** ouvrage en 10 livres de Diogène Laërce (III^e s.).

**Vies parallèles** suite de 50 biographies de Plutarque (I^er s. apr. J.-C.), dont la plupart opposent deux par deux un Grec à un Romain. (VAR) **Vies des hommes illustres**

**Viêt-cong** nom que ses adversaires donnaient au Front national de libération (FNL) du Viêt-nam du Sud (communistes et leurs alliés) pendant la guerre du Viêt-nam (1960-1975). (VAR) **Vietcong**

**Viète** François (Fontenay-le-Comte, 1540 – Paris, 1603), mathématicien français. Il fit progresser l'écriture algébrique et donna une expression du nombre $\pi$.

**Viêt-minh** (« Front de l'indépendance du Viêt-nam »), parti nationaliste à prépondérance communiste qui, sous la direction de Hô Chi Minh, mena la guerre contre le Japon (1941-1945) et contre la France (1946-1954). (VAR) **Vietminh**

**Viêt-nam (république socialiste du)** (*Viêt Nam Công Hoa Xa Hôi Chu' Nghiâ*), État de l'Asie du S.-E., qui s'étire le long de la mer de Chine méridionale ; 329 560 km² ; 87,9 millions d'habitants ; accroissement naturel : 1 % par an ; cap. *Hanoi*. Nature de l'État : rép. socialiste. Langue off. : vietnamien. Monnaie : dong. Population : Vietnamiens (86,8 %), Thaïs, Méos, Khmers, Chinois. Relig. : bouddhisme, taoïsme, catholicisme. (VAR) **Vietnam** (DER) **vietnamien,enne** *a, n*

**Géographie** Étiré sur près de 1 700 kilomètres du N. au S., bordé par un littoral de plus de 3 000 kilomètres, le Viêt-nam se partage entre trois régions. Au N., le Tonkin *(Bac Bô)* est constitué de montagnes dépassant 3 000 mètres, qui encadrent la plaine deltaïque du fleuve Rouge *(Sông Hông)*. Au centre, les monts d'Annam *(Trung Bô)*, que prolongent de hauts plateaux, sont bordés d'étroites plaines littorales. Au S., en Cochinchine *(Nam Bô)*, s'étend la plaine deltaïque du Mékong. Le climat tropical de mousson, très humide, entretient une végétation forestière. Le N. a des hivers plus frais. La population, rurale à près de 80 %, se concentre dans les plaines rizicoles surpeuplées, alors que les montagnes, qui couvrent les deux tiers du territoire, ne sont occupées que par de petites minorités : Thaïs, Muongs, Méos.

**Économie** Groupés en coopératives, env. 67 % des Vietnamiens vivent de l'agriculture (riz, 3^e exportateur mondial). Viennent ensuite la pêche, la pisciculture et la forêt. Les plantations de caoutchouc ont souffert de la guerre. L'industrie ne connaît une amorce de développement qu'au nord. Les villes du S. ne vivent que d'un secteur tertiaire hypertrophié et le chômage est important. La socialisation autoritaire du Sud et l'incohérence des réformes écon. ont provoqué une crise majeure, jugulée à partir de 1988 par la libéralisation économique, qui demeure prudente. Le pays a connu la croissance ; peu développé, il n'a pas souffert de la crise qui en 1997 a frappé le S.-E. asiatique et il a profité de la reprise des années 1999-2000. En 1994, les Américains ont levé l'embargo imposé en 1975. Le Viêt-nam fait partie de l'ASEAN depuis 1995.

**Histoire** LES ORIGINES Établis dès la préhistoire dans le delta du fleuve Rouge, les ancêtres des Vietnamiens actuels subirent une longue domination chinoise (II^e s. av. J.-C.-X^e s. ap. J.-C.). Ayant acquis leur indépendance, les dynasties Li et Trân édifièrent à partir du XI^e s. un État centralisé, qui atteignit au XVII^e s. le delta du Mékong. Livré aux rivalités dynastiques, le pays demeura divisé.

LA COLONISATION Cette anarchie favorisa la pénétration française. En 1802, la dynastie Nguyên prit le pouvoir avec l'aide des Français, mais ceux-ci leur imposèrent leur colonisation, achevée en 1887. Dès 1925, des troubles nationalistes éclatèrent. Après la capitulation japonaise, l'indépendance de la république démocratique du Viêt-nam fut proclamée (2 sept. 1945). La France l'accepta, mais refusa d'y intégrer la Cochinchine, espérant rétablir dans tout le pays l'autorité de l'empereur Bao-Daï, dévoué à ses intérêts.

LES GUERRES DE LIBÉRATION Dès 1946, des affrontements éclatèrent entre l'armée française et le Viêt-minh, dirigé par le communiste Hô Chi Minh. En 1954, la défaite française s'acheva par la chute de Diên Biên Phu. Les accords de Genève (juil. 1954) séparèrent le pays en deux parties de part et d'autre du 17^e parallèle : le N. (rép. dém. du Viêt-nam), dirigé par le Viêt-minh ; le S. (rép. du Viêt-nam), dirigé par Bao-Daï. Ce dernier fut déposé dès oct. 1955 par Ngô Dinh Diêm, qui instaura un régime autoritaire, soutenu par les É.-U. (juil. 1956). Les opposants à Diêm rejoignirent les rangs du Front national de libération (FNL, nom adopté en 1960), ou Viêt-cong, soutenu par le Viêt-nam du Nord. En nov. 1963, l'assassinat de Diêm ouvrit une crise. En 1965, le président des É.-U., Johnson, décida d'intervenir directement contre le FNL et le Viêt-nam du Nord, bombardé massivement. Devant le pourrissement de la guerre et la réprobation qu'elle suscita aux É.-U., les Américains entamèrent avec le Nord et le FNL des négociations (conférence de Paris, en mai 1968) qui furent vaines. Leur enlisement se poursuivit. En 1973, les accords de Paris mirent fin à l'intervention directe des É.-U. ; ils prévoyaient des élections, qui n'eurent pas lieu. En janv. 1975, le gouvernement révolutionnaire provisoire (GRP) du Sud, créé en 1968 par le FNL, lança, avec l'aide puissante du N., une offensive qui s'acheva, le 30 avril, par la prise de Saigon (rebaptisée Hô Chi Minh-Ville).

LE VIÊT-NAM UNIFIÉ En avril 1976, des élections générales eurent lieu, et l'unification du pays fut officiellement proclamée (juil. 1976). Le gouvernement ne parvint pas à enrayer l'exode de nombreux citoyens qui tentèrent de fuir le nouveau régime (un million et demi de personnes, le plus souvent par la mer : *boat people*). Aligné sur l'URSS, dont l'aide économique lui était indispensable, le Viêt-nam se heurta à la Chine. En déc. 1978, l'armée vietnamienne envahit le Cambodge des Khmers rouges (soutenus par Pékin) et y installa un gouvernement ; en fév. 1979, la Chine intervint dans le N. du Tonkin. Il n'y eut pas d'autre incident grave ; le Viêt-nam se retira du Cambodge en 1989 et se réconcilia avec la Chine en 1991. Il renouvela en 1997 son équipe dirigeante qui renforça la politique d'ouverture et les réformes libérales menées depuis 1986. En 1999, il a conclu un accord commercial avec les États-Unis. Le Viêt-nam fait partie de la Francophonie. ▶ carte p. 1700

**vietnamien** *nm* Langue monosyllabique à tons parlée au Viêt-nam.

**viet vo dao** *nm inv* Art martial vietnamien. SYN VO.

**vieux, vieil, vieille** *a, n* (On emploie *vieil* devant un nom masc. commençant par une

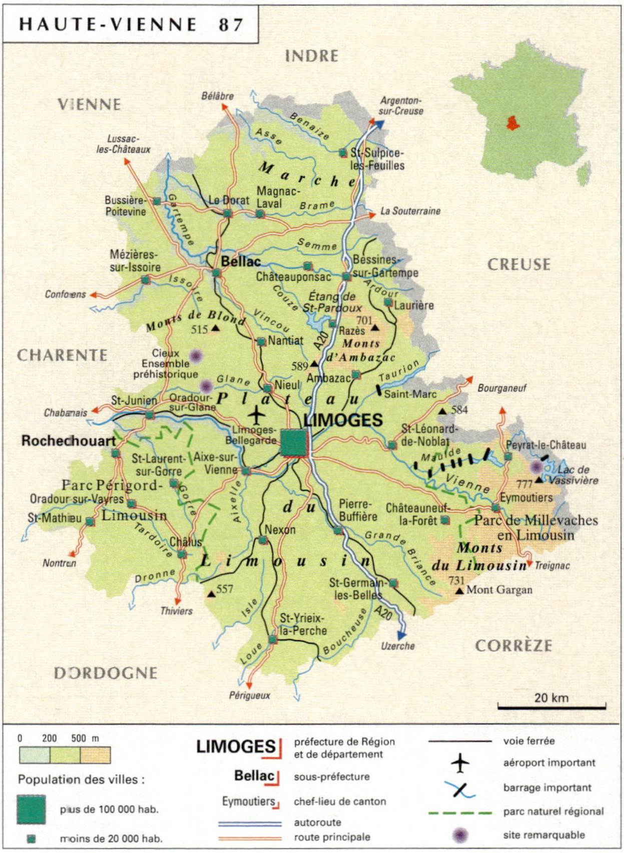

voyelle ou un h muet.) **A** *a* **1** Âgé. *Il est plus vieux que sa femme. Un vieil homme. Une vieille dame.* **2** Avec un mot péjoratif. *Vieille baderne.* **3** Employé par plaisant., dans une intention amicale. *Comment vas-tu, vieille noix ?* **4** Ancien, qui existe de longue date. *Une vieille maison de famille. Le bon vieux temps.* **5** Qui est tel depuis longtemps. *Un vieil ami. Une vieille habitude.* **6** Détérioré par le temps ; usagé. *Une vieille paire de chaussures.* **7** Se dit de certaines couleurs auxquelles on a donné une nuance passée. *Vieil or. Vieux rose.* **B** *n* **1** Personne âgée (comporte une nuance quelque peu péjorative ou condescendante). *S'occuper des petits vieux.* **2** fam Père, mère ; parents. **3** fam Employé comme terme d'amitié. *Comment ça va, ma vieille ? Bonjour, vieux !* **C** *nm* Ce qui est vieux. *Faire du neuf avec du vieux.* **LOC** *Un vieux de la vieille :* une personne expérimentée, un vieux routier. — ***Vieux garçon, vieille fille :*** célibataire qui n'est plus de la première jeunesse. — litt ***Vieux jours :*** vieillesse. ETY Du lat.

**vieux-catholique, vieille-catholique** *a, n* **1** Se dit des catholiques des Pays-Bas qui refusèrent la condamnation autoritaire du jansénisme par le pape. **2** Se dit des catholiques qui rejetèrent les dogmes proclamés au concile de Vatican I.

**Vieux-Condé** com. du Nord (arr. de Valenciennes), sur l'Escaut ; 10 939 hab. DER **vieux-condéen, enne** *a, n*

**vieux-croyant** *nm* Chrétien orthodoxe russe hostile aux réformes du patriarche Nikon au XVII^e s.. PLUR vieux-croyants.

**Vieux de la montagne** surnom de Hassan ibn al Sabbah.

**vieux-lille** *nminv* Maroilles très longuement affiné et très fort en goût. SYN gris-de-lille.

**vif, vive** *a, nm* **A** *a* **1** Vivant, en vie (dans des loc.). *Brûlé vif.* **2** Actif, alerte. *Enfant très vif.* **3** Vivifiant. *Air vif.* **4** Aigu, intense. *Vif plaisir. De vifs applaudissements.* **5** Intense. *Bleu vif.* **6** Brusque, coléreux, emporté. **B** *nm* **1** Chair vive. **2** DR Personne vivante. *Donations entre vifs.* **3** PECHE Appât constitué par de petits poissons vivants. **LOC** ***À vif :*** dont la chair est à nu. — PECHE ***Au vif :*** avec comme appât un petit poisson vivant. — ***Couper, tailler, trancher dans le vif :*** s'attaquer résolument à un problème, avec des moyens énergiques. — ***Dans le vif du sujet :*** en plein dans la question. — ***Être atteint, blessé, piqué, touché au vif :*** au point sensible. — ***Sur le vif :*** d'après nature. ETY Du lat.

**vif-argent** *nminv* vx Mercure.

**Vigan (Le)** ch.-l. d'arr. du Gard, dans les Cévennes ; 4 429 hab. – Maisons des XVII^e et XVIII^e s. Pont sur l'Arre (XV^e s.). DER **viganais, aise** *a, n*

**Vigée-Lebrun Louise Élisabeth Vigée, M^me** (Paris, 1755 – id., 1842), portraitiste française (cour de Louis XVI puis de Napoléon I^er).

**vigie** *nf* Marin placé en observation dans la mâture ou à l'avant d'un navire. ETY Du portug.

**vigil, ile** *a* MED Qui se produit à l'état de veille. ETY Du lat.

**vigilant, ante** *a* **1** Attentif, qui fait preuve d'attention, de surveillance active. *Gardien vigilant.* **2** Qui dénote la vigilance. *Soins vigilants.* DER **vigilamment** *av* – **vigilance** *nf*

**1 vigile** *nf* RELIG CATHOL Veille de grande fête. ; office célébré un jour de vigile. ETY Du lat.

**2 vigile** *n* **A** *nm* ANTIQ ROM Chacun des gardes chargés de la surveillance nocturne de Rome. **B** *n* Garde, dans certains lieux publics, certains grands ensembles d'habitation. ETY Du lat.

**vigne** *nf* **1** Arbrisseau sarmenteux cultivé pour son fruit, le raisin, consommé tel ou dont on tire le vin. *La vigne est cultivée depuis 4 à 5 000 ans.* **2** Terrain planté de vignes ; vignoble. *Posséder une petite vigne.* **LOC** plaisant ***Être dans les vignes du Seigneur :*** être ivre. — ***Vigne blanche :*** clématite. — ***Vigne vierge :*** plante grimpante ornementale, qui s'accroche à son support par des vrilles ou des crampons selon les espèces et dont le feuillage prend en automne une teinte rouge intense. ETY Du lat.

**vigneau** *nm* **1** En Normandie, tertre surmonté d'une treille, dans un jardin. **2** Variante de *vignot.*

**Vigneault Gilles** (Natashquan, Québec, 1928), chanteur, compositeur et écrivain québécois. Dep. 1961, il chante *Mon pays, les Gens de mon pays,* etc.

**Vignemale (le)** point culminant (3 298 m) des Pyrénées franç., au S. de Cauterets.

**vigneron, onne** *n, a* **1** *n* Personne qui cultive la vigne et qui élève le vin. **2** *a* Relatif à la vigne. *Pays vigneron.*

**Vignes du Seigneur (les)** comédie de R. de Flers et F. de Croisset (1923).

**vignetage** *nm* PHOTO Assombrissement des angles et des bords de l'image, dû à une imperfection de l'optique.

**vigneter** *vi* ⑱ ou ⑳ PHOTO Causer un vignetage.

**vignette** *nf* **1** Petite gravure placée en manière d'ornement sur la page de titre d'un livre ou au commencement et à la fin des chapitres. **2** Dessin d'encadrement de certaines gravures. **3** Chacun des dessins constituant une bande dessinée. **4** Étiquette servant de marque de fabrique ou constatant le paiement de certains droits. *Vignette fiscale.* **5** Document attestant le paiement de l'impôt sur les automobiles, taxe supprimée en 2000. **6** Timbre autocollant fixé sur l'emballage de certains médicaments et qui doit être collé sur la feuille de maladie en vue de remboursement. **7** Timbre analogue à un timbre-poste, mais sans valeur fiscale et sans pouvoir d'affranchissement.

**vignettiste** *n* anc Dessinateur, graveur de vignettes.

**vigneture** *nf* ART Ornement de feuilles de vigne qui encadre les miniatures médiévales.

**Vigneux-sur-Seine** ch.-l. de cant. de l'Essonne (arr. d'Évry), sur la Seine ; 25 652 hab. DER **vigneusien, enne** *a, n*

**vignoble** *nm* **1** Terre plantée de vignes. **2** Ensemble des vignes d'une région, d'un pays. *Le vignoble angevin.*

**Vignola** Iacopo Barozzi, dit il, en fr. le Vignole (Vignola, prov. de Modène, 1507 – Rome, 1573), architecte italien. On lui doit : à Caprarola, la villa Farnèse (1547-1559) ; à Rome, l'égl. du Gesù (1568), modèle des égl. de style jésuite. Il publia un *Traité des cinq ordres de l'architecture* (1562).

**Vignon** Claude (Tours, 1593 – Paris, 1670), peintre français, influencé par le Caravage.

**vignot** *nm* Bigorneau. VAR **vigneau**

**Vigny** Alfred (comte de) (Loches, 1797 – Paris, 1863), écrivain français. Jusqu'en 1827, il fut capitaine dans la garde royale. En 1826, il publia les *Poèmes antiques et modernes* et un roman historique, *Cinq-Mars* suivi de *Stello* (roman à thèse, 1832), *Chatterton* (drame, 1835), *Servitude et grandeur militaires* (récits, 1835). Affecté par la perte de sa mère et sa rupture avec l'actrice Marie Dorval (1837), déçu par les milieux littéraires, Vigny se retira en Charente dans son manoir. Le recueil de poèmes philosophiques *les Destinées* fut publié après sa mort, en 1864 ; il comprend notam. *la Mort du loup* (écrit en 1843), *la Maison du berger* (1844) et *le Mont des oliviers* (1844).

**vigne** vierge du Japon

**Vigo** port d'Espagne (Galice), sur l'Atlantique ; 258 720 hab. Industries mécaniques (auto.) et alimentaires ; chantier naval.

**Vigo** Jean (Paris, 1905 – id., 1934), cinéaste français. Son œuvre est à la fois libertaire, réaliste et poétique : *À propos de Nice* (1930), *Zéro de conduite* (1933), *l'Atalante* (1934). Depuis 1951, un *prix Jean-Vigo* est annuellement décerné à un film indépendant.

**Jean Vigo** *l'Atalante,* 1934, avec Michel Simon et Dita Parlo

**vigogne** *nf* **1** Mammifère camélidé des hautes terres des Andes que les autochtones capturent pour sa laine. **2** Laine de vigogne ; tissu fait avec cette laine.

**vigoureux, euse** *a* **1** Plein de vigueur, de force. *Un sportif vigoureux. Jeunes plantes drues et vigoureuses.* **2** Qui dénote la vigueur. *Résistance vigoureuse.* **3** Actif, puissant, intense. *Parfum vigoureux.* **4** Bx-A Exécuté avec fermeté, netteté. *Un dessin vigoureux.* DER **vigoureusement** *av*

**vigousse** *a* Suisse fam Qui est plein de vigueur, de vie.

**vigueur** *nf* **1** Force physique, énergie. *Un homme plein de vigueur. Vigueur d'une plante.* **2** Fermeté du cœur, de l'esprit, des facultés. *Vigueur d'un caractère.* **3** Puissance, intensité. *Vigueur du style.* **4** Bx-A Caractère d'une peinture, d'un dessin exécutés avec netteté, fermeté. LOC ***En vigueur :*** encore appliqué au moment dont il est question ; en usage. ETY Du lat.

**viguier** *nm* **1** HIST Officier de justice, en Provence et Languedoc, sous l'Ancien Régime. **2** Magistrat, en Andorre. DER **viguerie** *nf*

**VIH** *nm* MED Rétrovirus agent du sida. SYN HIV ETY Sigle pour *virus de l'immunodéficience humaine.*

**vihara** *nm inv* Monastère bouddhique en Inde. ETY Mot sanskrit.

**Vijayanagar** cap. d'un empire hindouiste qui, du XIV^e^ s. au XVI^e^ s., s'étendit sur l'État actuel du Karnātaka, détruit en 1565 par une coalition de sultans musulmans. Les ruines, importantes, se situent sur l'actuel village de *Hampi.*

**Vijayavada** v. de l'Inde (Āndhra Pradesh) ; 1,1 million d'hab. (aggl.). Centre industriel bénéficiant d'un barrage sur la Kistnā.

**Vikings** nom que se donnaient les guerriers et marchands scandinaves qui firent des incursions vers le sud aux IX^e^ et X^e^ s. Les Norvégiens et Danois qui attaquèrent la Grande-Bretagne, la France (V. Normandie) et la Frise sont nommés Normands (en angl. *Northmen*) ; les Suédois qui au IX^e^ s. traversèrent la future Russie sont nommés Varègues. DER **viking** *a*

**vil, vile** *a* **1** vx De peu de valeur. **2** litt Bas, abject, méprisable. *Une action vile. Une âme vile.* **3** Grossier, bas, sans noblesse. *De viles besognes.* LOC ***À vil prix :*** à un prix très bas. DER **vilement** *av*

**Vila** → **Port-Vila.**

**vilain, aine** *a, n* **A** *a* **1** Méprisable. *Une vilaine action.* **2** Laid. *De vilaines mains.* **3** Mauvais. *Vilain temps. Il fait vilain.* **4** D'apparence inquiétante. *Une vilaine toux.* **5** Qui ne se conduit pas comme il faut ; indocile, turbulent. **B** *n* Enfant qui n'est pas sage. **C** *nm* HIST Paysan libre au Moyen Âge. LOC ***Ça va faire du vilain :*** du scandale, du grabuge. ETY Du lat. *villa,* « ferme ». DER **vilainement** *av*

**Vilaine (la)** fl. de France (225 km), tributaire de l'Atlantique ; arrose Vitré et Rennes.

**Vila Nova de Gaia** v. du Portugal (aggl. de Porto), sur le Douro ; 62 470 hab. Comm. des vins de Porto.

**Vilar** Pierre (Frontignan, Hérault, 1906 – Saint-Palais, 2003), historien français ; spécialiste de l'Espagne et de la Catalogne ; a dirigé *Historia de Catalunya* (1987-1990).

**Vilar** Jean (Sète, 1912 – id., 1971), acteur et metteur en scène français de théâtre. Directeur du Théâtre national populaire (TNP) de 1951 à 1963, il anima le festival d'Avignon de 1947 à sa mort.

**A. de Vigny**

**Jean Vilar**

**vilayet** *nm* HIST Circonscription de l'Empire ottoman.

**Vildrac** Charles Messager, dit Charles (Paris, 1882 – Saint-Tropez, 1971), auteur français de drames intimistes : *le Paquebot Tenacity* (1920), *la Brouille* (1930).

**vilebrequin** *nm* **1** Outil à main pour le perçage du bois, constitué d'une pièce métallique quatre fois coudée munie d'un mandrin auquel s'adaptent des mèches. **2** MECA Arbre coudé ; arbre coudé qui transforme le mouvement alternatif des pistons d'un moteur à explosion en mouvement rotatif. ETY Du néerl.

**vilénie** *nf* litt **1** Action vile, basse. *Commettre une vilénie.* **2** Caractère vil de qqn, de qqch. DER **vilenie**

**Vilioui** riv. de Sibérie centrale, affl. de la Lena (r. g.) ; 2 700 km.

**vilipender** *vt* ① litt Décrier, dénoncer comme méprisable. ETY Du lat. *vilis,* « vil », et *pendere,* « estimer ».

**villa** *nf* **1** HIST Domaine rural de l'Italie antique et de la Gaule romaine conquise. **2** Maison individuelle avec un jardin. **3** Impasse bordée de maisons individuelles. ETY Mot lat., « ferme ».

**Villa** Doroteo Arango, dit Pancho (San Juan del Río, État de Durango, 1878 – près de Parral, État de Chihuahua, 1923), révolutionnaire mexicain. Il affronta le gouvernement, de 1910 à 1920, prenant Mexico en 1914, puis échappant au corps expéditionnaire des É.-U. Il fut assassiné.

**Villacoublay** → **Vélizy-Villacoublay.**

**Villafranca di Verona** v. d'Italie (Vénétie) ; 24 340 hab. – Napoléon III et François-Joseph y signèrent l'armistice qui mit fin à l'expédition française en Italie (1859).

**villafranchien, enne** *a, nm* GEOL Se dit du premier étage du pléistocène.

**village** *nm* **1** Petite agglomération rurale. **2** Ensemble des villageois. *Tout le village était ras-*

*semblé devant la mairie.* **3** Lieu destiné à recevoir des vacanciers, des sportifs, etc. *Village olympique.* ETY Du lat. *villa.*

**village-club** *nm* Village réservé aux clients d'un club de voyages. PLUR villages-clubs.

**villageois, oise** *n, a* **A** *n* Habitant d'un village. **B** *a* Du village. *Fête villageoise.*

**Villa Hermosa** v. du Mexique, cap. d'État *(Tabasco)* ; 700 000 hab. Parc archéologique, musée. VAR **Villahermosa**

**Villa-Lobos** Heitor (Rio de Janeiro, 1887 – id., 1959), compositeur brésilien, inspiré par le folklore : *Choros, Bachianas brasileiras.*

**Villandry** com. d'Indre-et-Loire (arr. de Tours), sur le Cher ; 1 081 hab. – Chât. (bâti v. 1532) aux beaux jardins Renaissance.

**villanelle** *nf* **1** LITTER, MUS Poésie ou chanson pastorale du XVIe s. ; danse qu'elle accompagnait. **2** LITTER Poème à forme fixe composé de tercets alternant avec un refrain de deux vers, et se terminant par un quatrain. ETY De l'ital. *villano,* « paysan ».

**Villani** Cédric (Brive-la-Gaillarde, 1973), mathématicien français (résolution mathématique de problèmes physiques). Médaille Fields 2010.

**Villard** Paul Ulrich (Lyon, 1860 – Bayonne, 1934), physicien français. En 1900, il découvrit l'émission de rayons gamma.

**Villard de Honnecourt** (première moitié du XIIIe s.), maître d'œuvre français. Son carnet de croquis nous renseigne sur la construction et sur la vie quotidienne.

**Villard-de-Lans** ch.-l. de cant. de l'Isère (arr. de Grenoble) ; 4 277 hab. Stat. climatique et de sports d'hiver (1 043 m). DER **villardien, enne** *a, n*

**Villaret de Joyeuse** Louis Thomas (comte de) (Auch, 1747 – Venise, 1812), amiral français. Il s'illustra contre les Anglais devant Brest (1794) et dans la mer des Antilles (1800-1807).

**Villars** Claude Louis Hector (duc de) (Moulins, 1653 – Turin, 1734), maréchal de France. Sa victoire de Denain (1712) face à l'Autriche sauva la France. Acad. fr. (1714).

**Villaurutia** Xavier (Mexico, 1903 – id., 1950), poète mexicain : *Reflets* (1926), *la Nostalgie de la mort* (1938).

**Villaviciosa** v. d'Espagne (prov. d'Oviedo), sur l'Atlantique ; 16 000 hab. – Pendant la guerre de la Succession d'Espagne, Vendôme y remporta une victoire décisive le 10 déc. 1710.

**ville** *nf* **1** Agglomération importante dont les habitants exercent en majorité des activités non agricoles. *Ville ouverte, fortifiée.* **2** Population de la ville. *Toute la ville est en fête.* **LOC** ***À la ville, en ville :*** au-dehors, dans la ville (par oppos. à *chez soi*). — ***En ville (E.V.) :*** dans la suscription d'une lettre que l'on n'adresse pas par la poste. — ***La Ville éternelle :*** Rome. — ***La Ville Lumière :*** Paris. — ***Tenue, vêtements de ville :*** que l'on porte ordinairement pour sortir dans la journée (par oppos. à *de sport, de travail, de soirée*). — ***Ville nouvelle :*** ville créée près d'un centre urbain important, offrant à ses habitants une structure d'accueil complète (emplois, services, loisirs), afin de favoriser la décentralisation. ETY Du lat.

**ville-centre** *nf* Ville qui constitue le centre d'une agglomération. PLUR villes-centres.

**Ville-d'Avray** com. des Hauts-de-Seine (arr. de Boulogne-Billancourt) ; 11 115 hab. – Église XVIIIe siècle. DER **dagovéranien, enne** *a, n*

**ville-dortoir** *nf* Syn. de *cité-dortoir.* PLUR villes-dortoirs.

**Villefontaine** ch.-l. de cant. de l'Isère (arr. de La Tour-du-Pin) ; 18 863 hab. DER **villard, arde** *a, n*

**Villefranche-de-Rouergue** ch.-l. d'arr. de l'Aveyron, sur l'Aveyron ; 12 962 hab. – Égl. XIVe-XV[e] s. Chartreuse XVe s. (auj. hospice). DER **villefranchois, oise** *a, n*

**Villefranche-sur-Mer** (*Villefranche* jusqu'en 1988), ch.-l. de cant. des Alpes-Mar. (arr. de Nice) ; 5 888 hab. – Ville anc. ; station balnéaire. DER **villefranchois, oise** *a, n*

**Villefranche-sur-Saône** ch.-l. d'arr. du Rhône, sur le Morgon, près de la Saône ; 35 246 hab. Comm. des vins du Beaujolais. Industries. – Égl. XIIe-XVI[e] s. DER **caladois, oise** *a, n*

**villégiature** *nf* **1** Séjour de vacances à la campagne, au bord de la mer, etc. *Être en villégiature à...* **2** Endroit de ce séjour. ETY De l'ital. *villeggiare,* « aller à la campagne ». DER **villégiaturer** *vi* ①

**Villeglé** Jacques Mahé de la Villeglé, dit Jacques de la (Quimper, 1926), artiste français : affiches lacérées.

**Villehardouin** Geoffroi de (château de Villehardouin, près de Troyes, vers 1150 – en Thrace, vers 1213), chroniqueur français. Maréchal de Champagne, il prit une part importante à la 4e croisade (1202-1204). Son *Histoire de la conquête de Constantinople* (v. 1207) justifie celle-ci.

**Villejuif** ch.-l. de cant. du Val-de-Marne (arr. de L'Haÿ-les-Roses) ; 55 641 hab. Centres hospitaliers. DER **villejuifois, oise** *a, n*

**Villèle** Jean-Baptiste Guillaume Joseph (comte de) (Toulouse, 1773 – id., 1854), homme politique français. Chef des ultras sous la Restauration, prés. du Conseil (1822), il fut impopulaire et démissionna en 1828.

**Villemain** Abel François (Paris, 1790 – id., 1870), universitaire français : *Cours de littérature française* (1828-1829) ; ministre de l'Instruction publique de 1839 à 1844. Acad. fr. (1821).

**Villemomble** ch.-l. de canton de la Seine-Saint-Denis (arr. de Bobigny) ; 28 618 hab. DER **villemomblois, oise** *a, n*

**Villena** Enrique de Aragón, dit marquis de (Torralba, 1384 – Madrid, 1434), écrivain espagnol qui s'intéressa aux troubadours provençaux : *Arte de trovar* (1433).

**Villenave-d'Ornon** ch.-l. de canton de la Gironde (arr. de Bordeaux), sur la Garonne ; 28 897 hab. Vins (graves). DER **villenavais, aise** *a, n*

**Villeneuve** Pierre Charles de (Valensole, 1763 – Rennes, 1806), marin français. Commandant de l'escadre des Antilles (1804), il fut vaincu par Nelson à Trafalgar (21 oct. 1805) et se suicida.

**Villeneuve-d'Ascq** ch.-l. de cant. du Nord, v. créée en 1970 dans la conurbation de Lille ; 64 604 hab. Industr. – Centre univ. Musée d'art moderne. DER **villeneuvois, oise** *a, n*

**Villeneuve-la-Garenne** ch.-l. de cant. des Hauts-de-Seine (arr. de Nanterre) ; 24 732 hab. Industries. DER **villenogarennois, oise** *a, n*

**Villeneuve-le-Roi** ch.-l. de cant. du Val-de-Marne (arr. de Créteil), sur la Seine ; 18 292 hab. DER **villeneuvois, oise** *a, n*

**Villeneuve-lès-Avignon** ch.-l. de cant. du Gard (arr. de Nîmes), sur le Rhône, en face d'Avignon ; 12 938 hab. – Église, chartreuse et fort du XIVe s. (les papes y résidaient l'été). Musée (*Couronnement de la Vierge,* par E. Quarton, 1453). La *Pietà de Villeneuve-lès-Avignon* ou *d'Avignon,* par abrév.), attribuée à E. Quarton, est auj. au Louvre. DER **villeneuvois, oise** *a, n*

**Villeneuve-Loubet** com. des Alpes-Mar. (arr. de Grasse) ; 15 322 hab. – Électronique. – Château féodal. Musée de l'Art culinaire. DER **villeneuvois, oise** *a, n*

**Villeneuve-Saint-Georges** ch.-l. de cant. du Val-de-Marne (arr. de Créteil), au confl. de la Seine et de l'Yerres ; 30 700 hab. Ville résidentielle. DER **villeneuvois, oise** *a, n*

**Villeneuve-sur-Lot** ch.-l. d'arr. du Lot-et-Garonne, sur le Lot ; 24 515 hab. – Porte XIIIe-XV[e] s. Pont-Vieux XIIIe s. DER **villeneuvois, oise** *a, n*

**Villepin** Dominique Galouzeau de Villepin, dit Dominique de (Rabat, 1953), homme politique français. Premier ministre (UMP) de 2005 à 2007.

**Villepinte** ch.-l. de cant. de la Seine-Saint-Denis (arr. du Raincy) ; 35 817 hab. Parc des expositions. DER **villepintois, oise** *a, n*

**Villequier** com. de la Seine-Maritime (arr. de Rouen), sur la Seine ; 808 hab. – Tombes de Léopoldine Hugo (fille de Victor Hugo) et de son mari, Charles Vacquerie, qui se noyèrent dans la Seine en 1843. DER **villequierrois, oise** *a, n*

**Villermé** Louis René (Paris, 1782 – id., 1863), médecin et sociologue français. Son enquête sur les ouvriers du textile (1840) inspira la loi de 1841 limitant le travail des enfants.

**Villeroi** Nicolas de Neufville (seigneur de) (Paris, 1542 – Rouen, 1617), secrétaire d'État chargé de la diplomatie sous Henri IV (1594). — **François (duc de)** (Lyon, 1644 – Paris, 1730), maréchal de France, arrière-petit-fils du précédent ; gouverneur de Louis XV (1717-1722), exilé par le Régent.

**Villers-Cotterêts** ch.-l. de cant. de l'Aisne (arr. de Soissons), entouré par la *forêt domaniale de Villers-Cotterêts* (ou *de Retz*) ; 10 601 hab. Petites industries. – Égl. XIIe s. Chât. XVIe s. – Point extrême de l'avance allemande en mai 1918. DER **cotterézien, enne** *a, n*

**Villers-Cotterêts (ordonnance de)** ordonnance promulguée en 1539 par François Ier, qui imposa le français à la place du latin dans les actes judiciaires et notariés.

**Villerupt** ch.-l. de canton de Meurthe-et-Moselle (arr. de Briey) ; 9 686 hab. DER **villeruptien, ienne** *a, n*

**Villetaneuse** com. de la Seine-Saint-Denis (arr. de Bobigny) ; 12 901 hab. – Université. DER **villetaneusien, enne** *a, n*

**Villette (parc de la)** établissement public parisien (XIXe arr.) créé en 1979 pour aménager l'ancien marché national de la viande construit sur le site des anc. abattoirs. Au nord du site se trouvent la Cité des sciences et de l'industrie (1986) et la Géode (cinéma) ; au sud, la Cité de la musique (comprenant le musée de la Musique et le Conservatoire national supérieur de musique et de danse de Paris), ainsi qu'une salle de concert, le Zénith.

**la Villette** la Géode (à g.) et la Cité des sciences et de l'industrie

**Villeurbanne** ch.-l. de cant. du Rhône (arr. et banlieue E. de Lyon) ; 146 283 hab. Centre industriel. – Théâtre national populaire. DER **villeurbannais, aise** *a, n*

**Villiers de L'Isle-Adam** Auguste (comte de) (Saint-Brieuc, 1838 – Paris, 1889), écrivain français. Ami de Mallarmé, méprisant le progrès, l'argent et la science, il a visé l'absolu : *Contes cruels* (1883), *l'Ève future* (1886), *Tribulat Bonhomet* (1887), *Histoires insolites* (1888), *Axel* (drame, posth., 1890).

**Villiers-le-Bel** ch.-l. de cant. du Val-d'Oise ; 27 411 hab. – Église XIII^e^-XVI^e^ s. DER **beauvillésois, oise** *a, n*

**Villiers-sur-Marne** com. du Val-de-Marne (arr. de Nogent-sur-Marne) ; 29 596 hab. – Égl. XVI^e^ s. DER **villiérain, aine** *a, n*

**Villon** François (Paris, 1431 – ?, apr 1463), poète français. Bachelier en 1449, maître ès arts en 1452, Villon mena alors une vie désordonnée. En 1455, provoqué par un prêtre, il le blessa mortellement et s'enfuit de Paris. Alors qu'il composait les poèmes en octosyllabes du *Lais* ou *Petit Testament* (fin 1456), il s'était associé à une bande de malandrins, les Coquillards, et fut emprisonné en province (1461). Amnistié et rentré à Paris, il écrivit *le Grand Testament* (1461), bilan amer et narquois de sa vie. En 1462, le prévôt de Paris le condamna à la pendaison, mais le parlement décida son bannissement ; son procès lui inspira la *Ballade des pendus*. Après 1463, on perd sa trace.

**François Villon** gravure sur bois illustrant *la Ballade des Pendus*, de François Villon, XV^e^ s. – bibliothèque de Chantilly

**Villon** Gaston Duchamp, dit Jacques (Damville, Eure, 1875 – Puteaux, 1963), peintre et graveur français ; frère de Marcel Duchamp et de Raymond Duchamp-Villon. Son art confina à l'abstraction.

**villosité** *nf* 1 BOT, ZOOL État d'une surface velue. 2 ANAT Chacune des petites saillies en doigt de gant qui donnent un aspect velu à certaines surfaces. *Villosités de la muqueuse intestinale.* ETY Du lat. *villus*, « poil ». DER **villeux, euse** *a*

**Villot** Jean-Marie (Saint-Amand-Tallende, Puy-de-Dôme, 1905 – Rome, 1979), prélat français ; archevêque de Lyon (1965), secrétaire d'État de la cité du Vatican (1969-1979).

**Vilmorin** Louise Levêque de (Verrières-le-Buisson, Essonne, 1902 – id., 1969), romancière française : *Madame de* (1951).

**Vilnius** cap. de la Lituanie ; 650 000 hab. (aggl.). Industries. – Ruines d'un chât. médiéval ; égl. XVII^e^ s. – La ville fut polonaise *(Wilno)* de 1920 à 1939. DER **vilnien, enne** *a, n*

**Vilvorde** (en néerl. *Vilvoorde*), v. de Belgique (Brabant flamand) ; 33 260 hab. Industries. – Ég. XIV^e^-XV^e^ s.

**vimana** *nm* Sanctuaire hindou de l'Inde du sud, à superstructure pyramidale. ETY Mot sanscrit.

**Vimeu (le)** région agric. de Picardie, entre la Somme et la Bresle.

**Viminal (mont)** une des sept collines de Rome (à l'E.). Thermes de Dioclétien.

**Vimy** ch.-l. de cant. du Pas-de-Calais (arr. d'Arras) ; 4 675 hab. – Violents combats en 1915 et 1917. Mémorial franco-canadien. DER **vimynois, oise** *a, n*

**vin** *nm* 1 Boisson alcoolisée obtenue par fermentation du jus de raisin. *Vin blanc, rosé, rouge. Vin mousseux.* 2 LITURG CATHOL Une des deux espèces sous lesquelles se fait la consécration. *Consacrer le pain et le vin.* 3 Boisson alcoolisée obtenue par fermentation ou macération d'un produit végétal. *Vin de palme. Vin d'oranges.* LOC ***Avoir le vin gai, mauvais, triste*** : être gai, méchant, triste lorsqu'on a bu. — ***Être entre deux vins*** : à moitié ivre. — ***Vin cuit*** : vin issu d'un jus de raisin concentré par chauffage. — ***Vin de garage*** : vin provenant d'une parcelle réputée et qui fait l'objet d'une élaboration rigoureuse pour une production limitée (microcuvée). — ***Vin de liqueur, vin doux naturel*** : vin muté à l'alcool au cours de la fermentation alcoolique. — ***Vin de paille*** : vin liquoreux du Jura, fait avec des raisins que l'on a laissé sécher plusieurs mois. — ***Vin de pays*** : vin portant l'indication d'une zone de production, mais ne bénéficiant pas d'une AOC. — ***Vin de sucre*** : obtenu par la fermentation de marcs additionnés d'eau sucrée. — ***Vin de table*** : de consommation courante. — ***Vin d'honneur*** : réception offerte pour honorer qqn, qqch. — ***Vin jaune*** : vin blanc AOC du Jura, au bouquet puissant, apte à un long vieillissement. ETY Du lat.

**vina** *nf* Cithare indienne à quatre cordes. ETY Mot sanscrit.

**Viña del Mar** v. du Chili (aggl. de Valparaíso), sur le Pacifique ; 297 290 hab. Stat. baln.

**vinage** *nm* Addition d'alcool à un vin pour en augmenter la teneur alcoolique (vins de liqueur, vins doux naturels).

**vinaigre** *nm* Liquide riche en acide acétique obtenu par fermentation du vin, d'autres liquides alcoolisés ou de diverses solutions sucrées, et employé comme condiment. *Assaisonnement à l'huile et au vinaigre.* LOC fam ***Faire vinaigre*** : se dépêcher. — ***Vinaigre balsamique*** : vinaigre doux et aromatique, spécialité de la ville de Modène.

**vinaigrer** *vt* 1 Assaisonner avec du vinaigre.

**vinaigrerie** *nf* 1 Fabrique de vinaigre. 2 Industrie, commerce du vinaigre.

**vinaigrette** *nf* 1 Sauce faite avec du vinaigre, de l'huile et divers condiments. 2 anc Petite voiture à deux roues, ressemblant à la chaise à porteurs.

**Jacques Villon** *l'Orée du parc*, 1958 – musée d'Art et d'Industrie, Saint-Étienne

**vinaigrier** *nm* 1 Fabricant, marchand de vinaigre. 2 Flacon destiné à contenir du vinaigre. 3 Récipient servant à fabriquer chez soi son vinaigre à partir de restes de vin. 4 BOT Autre nom d'un sumac.

**vinaire** *a* Relatif à la fabrication du vin. *Fermentation vinaire.*

**vinasse** *nf* 1 TECH Liquide restant après qu'on a enlevé par distillation l'alcool des liqueurs alcooliques. 2 péjor Mauvais vin.

**vinblastine** *nf* PHARM Molécule antitumorale extraite de la pervenche de Madagascar.

**vincamine** *nf* PHARM Alcaloïde vasodilatateur extrait de la pervenche.

**Vincennes** ch.-l. de cant. du Val-de-Marne (arr. de Nogent-sur-Marne) ; 47 943 hab. – Au S. de la ville, le *bois de Vincennes* (qui fait partie de la Ville de Paris) abrite l'hippodrome, l'Institut national des sports, le parc zoologique et le parc floral. – Chât. fort, anc. résidence royale construite de 1364 à 1373, transformée par Le Vau pour Mazarin ; l'enceinte est bordée par un large fossé (où fut exécuté le duc d'Enghien en 1804). Au XVII^e^ s., le donjon devint une prison d'État. La sainte chapelle (fin du XIV^e^ s.-début du XVI^e^ s.) est de style gothique flamboyant. DER **vincennois, oise** *a, n*

**Vincent (saint)** chrétien martyrisé à Valence en 304 ; honoré en Espagne, puis en France (patron des vignerons).

**Vincent** Hyacinthe (Bordeaux, 1862 – Paris, 1950), médecin français. ▷ MED *Angine de Vincent* : amygdalite aiguë ulcéreuse.

**Vincent de Beauvais** (?, v. 1190 – Beauvais, 1264), dominicain français, conseiller de Saint Louis, auteur d'une encyclopédie, le *Speculum majus* (v. 1244).

**Vincent de Paul (saint)** (Pouy, auj. Saint-Vincent-de-Paul, près de Dax, 1581 – Paris, 1660), prêtre français. Aumônier général des galères (1619), conscient de la misère du peuple, il créa de nombr. œuvres de charité, notam. la congrégation des Filles de la Charité (1633). Il fut canonisé en 1737.

**saint Vincent de Paul**

**Vincent Ferrier (saint)** (Valence, 1350 – Vannes, 1419), dominicain espagnol qui prêcha dans toute l'Europe de l'O. ; la légende lui attribue des miracles.

**Vinci** → **Léonard de Vinci.**

**vindas** *nm* 1 TECH Cabestan à bras. 2 GYM Pas de géant. PHO [vɛ̃das] ETY Du scand. *winda*, « hausser ». VAR **vindau**

**Vindex** Caius Julius (I^er^ s. apr. J.-C.), général romain d'origine gauloise. Propréteur (gouverneur) de la Séquanaise, il se rebella contre Néron et soutint Galba (68). Vaincu, il se tua.

**vindicatif, ive** *a* Enclin à la vengeance. *Caractère vindicatif.* ETY Du lat. *vindicare*, « venger ». DER **vindicativement** *av*

**vindicte** *nf* LOC DR ***Vindicte publique*** : poursuite d'un crime au nom de la société.

**vinée** *nf* VITIC 1 vieilli Récolte de vin. 2 Branche à fruits de la vigne.

**viner** *vt* 1 Pratiquer le vinage d'un vin.

**Vinet** Alexandre (Ouchy, 1797 – Clarens, 1847), théologien protestant et critique littéraire suisse. Il prôna *la Liberté des cultes* (1826).

**vineux, euse** *a* **1** Qui a la couleur, l'odeur, le goût du vin. *Rouge vineux.* **2** ŒNOL Se dit d'un vin riche en alcool.

**vingt** *a inv, nm inv* **A** *a num inv* **1** Deux fois dix (20). *Vingt mois.* **2** Vingtième. *Page vingt. Le vingt juin.* **B** *nm* Le nombre vingt. *Deux fois vingt. Jouer le vingt.* **LOC** ***Je vous l'ai dit vingt fois :*** de nombreuses fois. (PHO) [vɛ̃] ; [vɛ̃t] dans les nombres et en liaison. (ETY) Du lat.

**Vingt (association des)** groupe d'artistes belges (les XX) qui de 1884 à 1893 invitèrent chaque année à Bruxelles 20 artistes étrangers.

**vingtaine** *nf* Nombre de vingt environ.

**vingt-deux !** *interj* fam Attention ! *Vingt-deux, v'là les flics !*

**vingtenaire** *a, n* fam Qui a entre 20 et 30 ans.

**vingt-et-un** *nm inv* Jeu de hasard, proche du black-jack.

**vingtième** *a, n* **A** *a num ord, n* Dont le rang est marqué par le nombre 20. *Le vingtième jour. Le vingtième de la classe.* **B** *nm* Chaque partie d'un tout divisé en vingt parties égales. *Le vingtième d'une somme.* (DER) **vingtièmement** *av*

**Vingt Mille Lieues sous les mers** roman de J. Verne (1870), que suit *l'Île mystérieuse* (1874).

**vingt-quatre** *a num* Vingt plus quatre. **LOC** ***Vingt-quatre heures :*** un jour plein.

**vini-** Élément, du lat. *vinum*, « vin ».

**viniculture** *nf* Ensemble des activités concernant le vin (production, conservation, vente). (DER) **vinicole** *a*

**vinifère** *a* didac Qui produit du vin.

**vinifier** *vt* ② ŒNOL Transformer le moût en vin. (DER) **vinificateur, trice** *n* – **vinification** *nf*

**vinique** *a* CHIM Qui provient du vin. *Résidus viniques.*

**Vinland** nom donné par les Vikings à la terre d'Amérique du Nord reconnue vers l'an 1000 par Leiv Eriksson (au Canada).

**Vinnitsa** v. industr. d'Ukraine, en bordure de la Podolie ; 367 000 hab. (VAR) **Vinnytsia**

**Vinogradov** Ivan Matveïevitch (Milolioub, 1891 – Moscou, 1983), mathématicien russe : travaux sur la théorie des nombres.

**vinosité** *nf* ŒNOL Caractère d'un vin riche en alcool.

**Vinson (mont)** le plus haut sommet de l'Antarctique (5 140 m), au S.-O. du cap Horn.

**vintage** *a, nm* **A** *a* Millésimé. *La réédition de polos vintages.* **B** *nm* **1** Vin, en partic. porto, exceptionnel par son millésime, son vieillissement. **2** PHOTO Tirage contemporain de la prise de vue, effectué par le photographe ou sous son contrôle. **3** Objet (vêtement, meuble) caractéristique d'une année ou d'une époque, devenu un classique et remis au goût du jour. **4** Mode, tendance qui recourt à ce type de vêtements, d'objets. (ETY) Mot angl. (PHO) [vɛ̃taʒ] ou [vintedʒ].

**Vintimille** (en ital. *Ventimiglia*), v. d'Italie (prov. d'Imperia), sur la Riviera, à la frontière française ; 26 300 hab.

**vinyle** *nm* CHIM **1** Radical monovalent $CH_2$=CH–. **2** Corps qui contient ce radical. **3** Disque noir en vinylite, par oppos. au *disque compact.* (DER) **vinylique** *a*

**vinylite** *nf* TECH Résine vinylique utilisée notam. dans la fabrication des disques microsillons.

**vioc** → **vioque.**

**viognier** *nm* Cépage blanc des Côtes du Rhône du nord.

**viol** *nm* **1** Acte de violence par lequel une personne non consentante est contrainte à des relations sexuelles. **2** vieilli Syn. de *violation.*

**violacé, ée** *a, n* **A** *a* D'une couleur tirant sur le violet. *Visage violacé.* **B** *nf* BOT Dicotylédone pariétale dont la famille comprend les violettes et les pensées ainsi que des arbustes tropicaux.

**violacer** *vt* ⑫ Rendre violet ou violacé.

**violat** *am* PHARM Où il entre de l'extrait de violette. *Miel violat.*

**violateur, trice** *n* Personne qui viole, enfreint, profane.

**violation** *nf* Action d'agir contre ou de profaner. *Violation d'un droit, de domicile.*

**viole** *nf* Instrument de musique à archet, ancêtre du violon et du violoncelle. **LOC** ***Viole de bras :*** tenue sur le bras. — ***Viole de gambe :*** tenue entre les genoux. (ETY) De l'a. provenç. (DER) **violiste** *n*

**violence** *nf* **A** **1** Force brutale exercée contre qqn. *User de violence.* **2** DR Contrainte illégitime, physique ou morale. *Faire violence à qqn.* **3** Brutalité du caractère, de l'expression. *Réprimer sa violence. Violence verbale.* **4** Intensité, force brutale d'un phénomène naturel, d'un sentiment, etc. *Violence du vent, des passions.* **B** *nf pl* Actes de violence. *Avez-vous eu à subir des violences ?* **LOC** ***Faire violence à une femme :*** la violer. — ***Faire violence à un texte :*** en forcer le sens. — ***Se faire une douce violence :*** accepter une chose agréable refusée jusque-là pour la forme. — ***Se faire violence :*** se contraindre, se contenir.

**violent, ente** *a, n* **1** Brutal, emporté, irascible. **2** Marqué par la violence. *Une scène violente.* **3** D'une grande force, d'une grande intensité. *Une violente explosion. Une douleur violente.* **4** Qui nécessite de la force, de l'énergie. *Un effort violent.* **5** fam Excessif, intolérable. *C'est un peu violent !* **LOC** ***Mort violente :*** causée par un acte de violence ou un accident. (ETY) Du lat. (DER) **violemment** *av*

**violenter** *vt* ① **1** vx Contraindre par la violence. **2** Violer. *Violenter une femme.*

**violer** *vt* ① **1** Enfreindre, ne pas respecter. *Violer la loi. Violer un secret.* **2** Pénétrer dans un lieu sacré ou interdit ; profaner. *Violer un sanctuaire, une sépulture.* **3** Contraindre par la force à des relations sexuelles. *Violer une femme, un enfant.* **LOC** ***Violer les consciences :*** forcer leur secret, les amener de force à certaines idées. (ETY) Du lat.

**violet, ette** *a, nm* **A** *a* D'une couleur résultant d'un mélange de bleu et de rouge. **B** *nm* **1** Couleur violette. *Un violet clair.* **2** Syn. de *figue de mer (ascidie).*

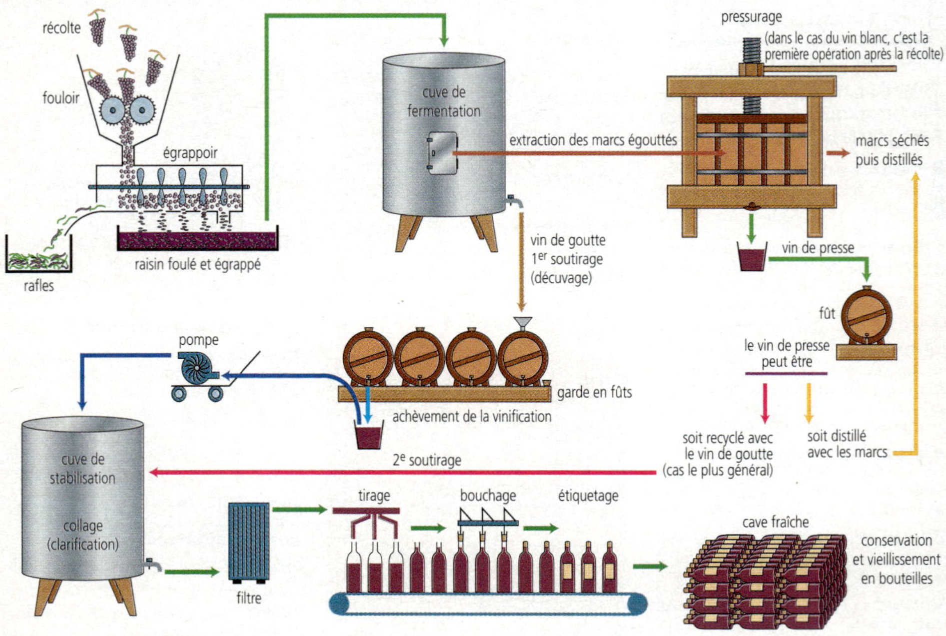


schéma de la **vinification** traditionnelle du vin rouge

**violette** *nf* Plante herbacée (violacée) à fleurs violettes ou blanches, au parfum suave et pénétrant. LOC *Bois de violette :* palissandre du Brésil, utilisé surtout en marqueterie. ETY Du lat.

**violette** odorante

**violeur, euse** *n* Personne qui contraint qqn par la force à des relations sexuelles.

**violier** *nm* Giroflée sauvage, à fleurs jaunes. ETY Du lat.

**violine** *a* D'une couleur violet-pourpre.

**violiste** → **viole.**

**Viollet-le-Duc** Eugène Emmanuel (Paris, 1814 – Lausanne, 1879), architecte français. Promoteur de la restauration, il sauva l'abbatiale de Vézelay, la Ste-Chapelle de Paris, de nombr. cath. (N.-D. de Paris, notam.). Son principe : « restaurer, c'est rétablir dans un état complet, qui peut n'avoir jamais existé » est auj. contesté. Il écrivit de nombr. ouvrages, notam. un *Dictionnaire raisonné de l'architecture française du XI<sup>e</sup> au XVI<sup>e</sup> siècle* (10 vol., 1854-1868) ; il prôna le fonctionnalisme (*Entretiens sur l'architecture,* 2 vol., 1863-1872).

**Viollet-le-Duc**

**violon** *nm* **1** Instrument de musique à quatre cordes accordées par quintes et à archet. **2** Personne qui joue du violon dans un ensemble musical ; violoniste d'orchestre. *Premier, second violon.* **3** fam Prison attenant à un corps de garde ou à un poste de police. LOC *Violon d'Ingres :* activité exercée avec assiduité en dehors de sa profession ; hobby. DER **violoniste** *n*

▶ illustr. **musique**

**violoncelle** *nm* **1** Instrument de musique à quatre cordes accordées par quintes, analogue au violon, mais de plus grande taille et dont on joue assis en le tenant entre les jambes. **2** Violoncelliste. DER **violoncelliste** *n*

▶ illustr. **musique**

**violoné** *a* Bx-A Se dit d'un meuble, d'une partie de meuble en forme de violon. *Fauteuil violoné.*

**violoner** *vi* 1 fam Jouer, racler du violon.

**violoneux** *nm* **1** anc Ménétrier. **2** fam Mauvais violoniste.

**violoniste** → **violon.**

**vioque** *n* fam **A 1** Vieux, vieille. **2** Père, mère. **B** *n pl* Parents. VAR **vioc**

**viorne** *nf* BOT Arbrisseau (caprifoliacée) à fleurs blanches, dont on cultive certaines espèces ornementales. SYN viburnum. ETY Du lat.

**Viotti** Giovanni Battista (Fontanetto Po, prov. de Verceil, 1755 – Londres, 1824), violoniste et compositeur italien.

**VIP** *nm inv* fam Personnage important. PHO [veipe] ETY Sigle de l'angl. *very important person.*

**vipère** *nf* **1** Serpent venimeux au corps épais, à la tête triangulaire, à la queue courte, dont deux espèces vivent en France. *Vipère aspic. Vipère péliade.* **2** fig Personne malfaisante, d'une méchanceté sournoise. *Un nid de vipères.* LOC *Langue de vipère :* personne très médisante. — *Vipère cornue :* céraste. ETY Du lat.

**vipère** aspic

**Vipère (la)** film de W. Wyler (1941), avec Bette Davis.

**vipéreau** *nm* Petit d'une vipère. VAR **vipereau**

**vipéridé** *nm* ZOOL Serpent venimeux dont la famille comprend les vipères et les crotales.

**vipérin, ine** *a, nf* **A** *a* De la vipère. **B** *nf* Plante (borraginacée) des lieux incultes et des sables, d'aspect velu, à fleurs bleues ou roses. LOC *Couleuvre vipérine :* couleuvre aquatique.

**virage** *nm* **1** MAR Syn. anc. de *virement.* **2** Mouvement tournant d'un véhicule. *Amorcer un virage.* **3** Portion courbe d'une route. *Virage dangereux.* **4** fig Changement d'orientation. *Virage politique.* **5** PHOTO Opération consistant à modifier la couleur d'une épreuve. **6** Résultat positif d'une cutiréaction. LOC *Virage à la corde :* effectué au plus près du bord intérieur de la route.

**virago** *nf* péjor Femme d'allure masculine, autoritaire ou revêche. ETY Mot lat.

**viral, ale** *a* **1** Qui concerne les virus. *Maladie virale.* **2** fig Qui se propage rapidement, par une sorte de contagion. *Le succès viral d'un produit.* PLUR viraux.

**Virchow** Rudolf (Schivelbein, Poméranie, 1821 – Berlin, 1902), médecin prussien ; fondateur de la pathologie cellulaire. Député progressiste (1862), il se heurta à Bismarck mais participa au Kulturkampf (mot qu'il créa).

**vire** *nf* ALPIN **1** Étroite corniche sur une paroi rocheuse. **2** Chemin à flanc de montagne.

**Vire (la)** fl. côtier de Normandie (120 km), tributaire de la Manche ; arrose Vire.

**Vire** ch.-l. d'arr. du Calvados, sur la Vire ; 12 815 hab. Industr. alim. (andouille). – Égl. XIII<sup>e</sup>-XV<sup>e</sup> s. DER **virois, oise** *a, n*

**virée** *nf* fam **1** Promenade rapide ; court voyage. **2** Tournée des lieux de distraction.

**virelai** *nm* LITTER Poème du Moyen Âge, construit sur deux rimes et à quatre strophes, chaque vers de la première étant repris dans les autres. ETY De *virer* « tourner ».

**virement** *nm* **1** MAR Action de virer de bord. **2** Transfert de fonds d'un compte à un autre, d'un chapitre du budget à un autre. *Virement postal, budgétaire.*

**virémie** *nf* Présence de virus dans le sang.

**virer** *v* 1 **A** *vt* **1** COMPTA Faire passer d'un compte à un autre. *Virer une somme.* **2** PHOTO Faire subir un virage à une épreuve. **3** fam Renvoyer, expulser. **4** fam Enlever une chose d'un endroit. *Virer un vieux canapé.* **5** MAR Haler au moyen d'un treuil, d'un cabestan, etc. **B** *vti* Passer à un autre état, une autre couleur. *Virer à l'aigre, au bleu.* **C** *vi* **1** Tourner sur soi ou tourner en rond. *Virer d'un demi-tour.* **2** MAR Offrir au vent le côté qui était sous le vent. **3** fig Changer de parti. *Virer de bord.* **4** Aller en tournant, prendre un virage. *Virer trop court.* **5** PHOTO Subir un changement de couleur. *Épreuve qui vire.* **6** Changer de teinte. *Étoffe, couleur qui vire.* **7** fig, fam Devenir. *Virer inquiet après un retournement de situation.* LOC fam *Virer sa cuti :* avoir une cutiréaction positive ; fig changer de comportement, de conviction.

**virescence** *nf* BOT Verdissement pathologique des pétales, d'origine parasitaire.

**Viret** Pierre (Orbe, 1511 – Orthez, 1571), réformateur suisse (à Lausanne, 1536-1559) ; ami de G. Farel.

**vireton** *nm* Trait d'arbalète empenné de manière à tourner sur lui-même pendant sa trajectoire.

**vireur** *nm* TECH Mécanisme permettant de positionner ou de faire tourner l'arbre d'une machine lorsqu'il est débrayé.

**vireux, euse** *a* Se dit des plantes ou des substances végétales toxiques. ETY Du lat. *virus,* « poison ».

**virevolte** *nf* **1** Tour et retour rapides sur soi-même. **2** fig Volte-face, revirement. DER **virevolter** *vi* 1

**Virgile** (en lat. *Publius Virgilius Maro*) (Andes, auj. Pietole, près de Mantoue, v. 70 – Brindes, auj. Brindisi, 19 av. J.-C.), poète latin. Né dans un milieu rural relativement modeste, il étudia à Crémone, à Milan, puis à Rome. De retour dans sa prov. natale, il composa les *Bucoliques* (42-39 av. J.-C.), églogues qui exaltent la vie pastorale. Revenu à Rome, il fut le protégé d'Octave (le futur Auguste). En 29 av. J.-C., il publia les *Géorgiques,* qui vantent l'agriculture. Il chanta Auguste et la grandeur romaine dans *l'Énéide* (inachevée et posth., 19 av. J.-C.). Épopée en 12 chants, *l'Énéide* est le miroir du destin romain, où le passé légendaire magnifie le présent. DER **virgilien, enne** *a*

**virginal, ale** *a* **1** D'une vierge. *Innocence virginale.* **2** Pur, immaculé. *Blancheur virginale.* PLUR virginaux. ETY Du lat.

**virginie** *nm* Variété de tabac blond. ETY Du n. pr.

**Virginie** État de l'E. des É.-U., sur l'Atlantique ; 105 716 km² ; 6 187 000 hab. ; cap. *Richmond.* DER **virginien, enne** *a, n*

**Géographie** Composée du piémont des Appalaches et d'une plaine côtière au rivage échancré, la Virginie, au climat chaud et humide, se consacre à l'agriculture. L'industrie est favorisée par les réserves minérales (charbon).

**Histoire** Les premiers colons débarquèrent dans la région en 1607, à Jamestown ; en 1619, ils se donnèrent un gouv. local, mais le territ. devint colonie anglaise en 1624 ; son nom rend hommage à la reine vierge Élisabeth I<sup>re</sup>. La Virginie participa à la révolte contre les Anglais (1776). Lors de la guerre de Sécession, les sudistes établirent leur capitale à Richmond. En 1989, la Virginie fut le premier État des É.-U. à se donner un gouverneur noir.

**Virginie-Occidentale** État du centre-est des É.-U. ; 62 629 km² ; 1 793 000 hab. ; cap. *Charleston.* – Situé sur le versant O. des Appalaches, l'État est boisé et agricole. Les gisements de charbon (princ. producteur des É.-U.) ont favorisé l'essor industriel. – En 1861, cette région, hostile à l'esclavage, se détacha de la Virginie ; scission reconnue en 1863.

**virginipare** *a, nf* ZOOL Se dit des femelles qui peuvent engendrer par parthénogenèse.

**virginité** *nf* **1** État d'une personne vierge. **2** fig Pureté. LOC fig *Refaire une virginité à qqn :* lui rendre sa réputation.

**virgule** *nf* **1** Signe de ponctuation (,) qui indique une pause peu marquée et s'emploie pour séparer des propositions subordonnées non coordonnées, pour isoler les mots mis en apostrophe ou en apposition, ou entre les termes d'une énumération. **2** MATH Signe qui, dans l'usage français, sépare la partie entière et la partie décimale d'un nombre décimal. *132,75.* ETY Du lat. *virga,* « baguette ».

**Viriathe** (en lat. *Viriatus* ou *Viriathus*) (m. en 139 av. J.-C.), chef lusitanien. Il se révolta contre les Romains, qui le firent tuer.

**Viridiana** film espagnol de L. Buñuel (1961).

**viril, ile** *a* **1** Qui appartient, qui est propre aux humains adultes du sexe masculin. *Force virile.* **2** Qui a les qualités que l'on prête traditionnellement aux hommes (fermeté d'âme, énergie, etc.) ; qui dénote ces qualités, ou qui participe de leur nature. *Faire preuve d'un courage viril.* ETY Du lat. *vir,* « homme ». DER **virilement** *av*

**viriliser** *vt* ① **1** Rendre viril ; donner un caractère viril à. **2** MED Déterminer un virilisme chez la femme. DER **virilisant, ante** *a, nm* – **virilisation** *nf*

**virilisme** *nm* MED Ensemble de troubles tels que la pilosité accrue, l'hypertrophie musculaire ou l'absence de règles qui apparaissent chez la femme souffrant d'un excès de sécrétion d'hormones androgènes.

**virilité** *nf* **1** Ensemble des caractéristiques physiques de l'être humain adulte de sexe masculin. **2** Âge viril, âge d'homme. *Parvenir à la virilité.* **3** Aptitude à engendrer, puissance sexuelle chez l'homme. **4** Ensemble des qualités traditionnellement considérées comme spécifiquement masculines.

**virilocal, ale** *a* ETHNOL Syn. de *patrilocal.* PLUR virilocaux.

**virion** *nm* MICROB Particule virale infectieuse.

**virocide** *a, nm* MED Qui a la propriété d'annihiler le pouvoir infectieux d'un virus. VAR **virucide** ou **virulicide**

**Viroflay** ch.-l. de cant. des Yvelines (arr. de Versailles) ; 15 211 hab. DER **viroflaysien, enne** *a, n*

**viroïde** *nm* BIOL Agent pathogène constitué d'un acide nucléique libre.

**virole** *nf* TECH **1** Petit cylindre de métal mis au bout d'une canne, d'un manche d'outil ou de couteau, etc., pour empêcher le bois de se fendre. **2** Moule d'acier circulaire dans lequel sont frappées les monnaies, les médailles. **3** Anneau de tôle constituant un élément de chaudière, de réservoir. ETY Du lat.

**viroler** *vt* ① TECH **1** Garnir d'une virole. **2** Mettre (les flans) dans le moule servant à frapper les monnaies. DER **virolage** *nm*

**virologie** *nf* didac BIOL Étude des virus. DER **virologique** *a* – **virologiste** ou **virologue** *n*

**virose** *nf* MED Infection par un virus.

**virtualiser** *vt* ① Rendre virtuel, faire entrer dans le monde virtuel. DER **virtualisation** *nf*

**virtuel, elle** *a, nm* **A** *a* **1** Qui existe en puissance seulement ; potentiel, possible. *Les revenus virtuels d'une transaction.* ANT actuel, réel. **2** INFORM Se dit d'un objet ou d'un environnement créés par ordinateur et reproduits en trois-D. *La réalité virtuelle.* **3** PHYS Se dit d'une image dont les points se trouvent sur le prolongement géométrique des rayons lumineux. ANT réel. **B** *nm* INFORM La réalité virtuelle. ETY Du lat. *virtus,* « vertu ». DER **virtualité** *nf* – **virtuellement** *av*

**virtuose** *n, a* **1** Personne douée d'une grande habileté dans une activité quelconque. **2** Musicien, exécutant dont la technique est sans défaut. ETY Du l'ital. DER **virtuosité** *nf*

**virucide** → **virocide.**

**virulent, ente** *a* **1** MED Doué d'un pouvoir infectant et pathogène. *Germe virulent.* **2** fig Âpre, dur, violent. *Critiques virulentes.* ETY Du lat. *virulentus,* « venimeux ». DER **virulence** *nf*

**virulicide** → **virocide.**

**Virunga (chaînes des)** massif montagneux volcanique aux confins du Rwanda, de l'Ouganda et de la rép. dém. du Congo (où un parc naturel a été aménagé). Le massif culmine au Karisimbi (4 507 m), volcan éteint.

**virure** *nf* MAR Bande longitudinale du bordé.

**virus** *nm* **1** Micro-organisme parasite des cellules et infectieux. *Virus de la grippe.* **2** fig Goût, passion pour qqch. *Attraper le virus du collectionneur de télécartes.* **3** INFORM Programme difficile à détecter et à localiser, transmissible et pouvant se reproduire lui-même, conçu le plus souvent dans une intention malveillante afin de perturber ou bloquer le fonctionnement des ordinateurs. PHO [virys] ETY Mot lat., « poison ». DER **viral, ale, aux** *a*

ENC La particule virale a une partie centrale, le virion, constituée d'acide nucléique (ADN ou ARN) et qu'enveloppe une coque, la capside, formée essentiellement de protéines. On estime que la plupart des virus peuvent avoir : soit une activité pathologique banale et spécifique ; soit une activité génétique et cancérigène. Contre l'agression d'un virus, l'organisme se défend en sécrétant des cytokines.

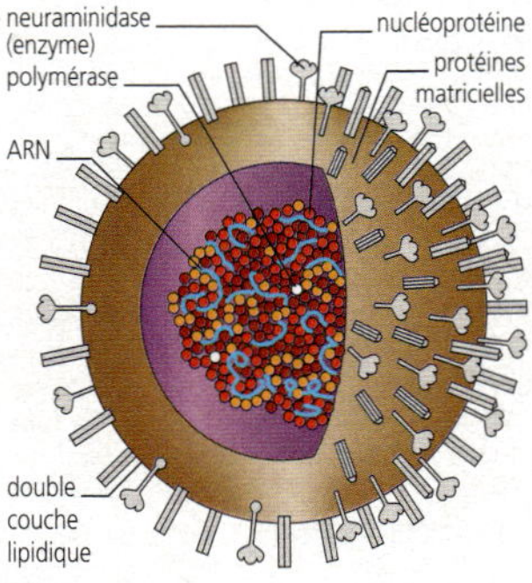


**virus** de la grippe

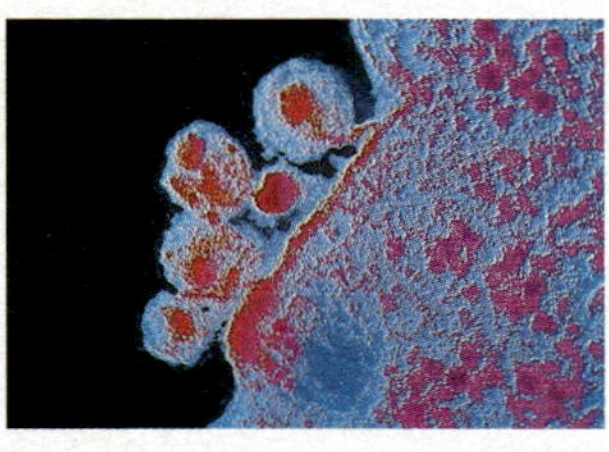

**virus** du sida

**Viry-Châtillon** ch.-l. de cant. de l'Essonne (arr. d'Évry), sur la Seine ; 30 257 hab. Industries. DER **castelvirois, oise** *a, n*

**vis** *nf* **1** Tige cylindrique ou tronconique en matière dure présentant un relief en spirale, et que l'on utilise pour effectuer des assemblages ou pour transmettre un effort ou un mouvement. *Vis à bois, à métaux.* **2** Escalier à cage cylindrique dont les marches sont soutenues par un axe vertical central. LOC ***Vis à tête goutte de suif*** : dont la tête est fraisée et légèrement bombée. — AUTO ***Vis platinée*** : pastille de contact d'un système d'allumage. — ***Vis sans fin*** : vis à corps cylindrique dont le filet entraîne une roue dentée. PHO [vis] ETY Du lat. *vitis,* « vrille de vigne ». ▶ illustr. **engrenage**

**Vis** → **Lissa.**

**visa** *nm* **1** Formule, sceau que l'on appose sur un acte pour le valider, le légaliser. **2** Cachet apposé sur un passeport, exigé par certains pays, et valant autorisation de séjour. ETY Mot lat., « choses vues ».

**visage** *nm* **1** Face de l'être humain, partie antérieure de la tête. *Les traits du visage.* **2** fig Aspect de qqch. *Cette nouvelle implantation industrielle a changé le visage de la ville.* **3** Expression, mine, physionomie. *Visage gai, ouvert, triste, renfrogné.* LOC ***À visage découvert*** : tel qu'on est réellement. — ***Faire bon (mauvais) visage à qqn*** : être avenant (désagréable) avec lui. ETY Du lat. *visus,* « aspect ».

**visagisme** *nm* didac Ensemble des règles ayant pour but de faire ressortir la spécificité d'un visage, par la coiffure ou le maquillage. DER **visagiste** *n*

**vis-à-vis** *prép, nm inv* **A** *prép* **1** En face de. *J'étais placé vis-à-vis de M. Untel.* **2** En comparaison de. *Mon malheur n'est rien vis-à-vis du vôtre.* **B** *nm inv* **1** Situation de deux personnes, de deux choses qui se trouvent l'une en face de l'autre. **2** Personne, chose placée en face d'une autre. *J'ai demandé du feu à mon vis-à-vis.* **3** anc Petit fauteuil à deux places, en forme de S. **4** Bâtiment en face de ses fenêtres. PHO [vizavi] ETY De l'a. fr. *vis,* « visage ».

**Visayas (archipel des)** archipel des Philippines centrales, nommé ainsi à cause de sa pop. (*Visayas* ou *Bisayans,* d'orig. malaise) ; îles princ. : Cebu, Leyte, Negros, Panay, Samar, etc. ; 56 000 km$^2$ ; 13 041 660 hab.

**viscache** *nf* Rongeur d'Amérique du Sud, proche du chinchilla. ETY Du quechua.

**viscéral, ale** *a* **1** ANAT Relatif aux viscères. **2** fig Qui vient du plus profond de soi, en parlant de sentiments, d'affects. *L'attachement viscéral du paysan à sa terre.* PLUR viscéraux. DER **viscéralement** *av*

**viscère** *nm* ANAT **A** Chacun des organes contenus dans les cavités crânienne, thoracique et abdominale. **B** *nm pl* Les viscères de l'abdomen. ETY Du lat. *viscus,* « chair ».

**Vischer** famille de sculpteurs et de fondeurs de Nuremberg. — **Peter** dit **l'Ancien** (Nuremberg, vers 1460 – id., 1529), exécuta avec ses fils, Hermann (le Jeune), Peter (le Jeune) et Hans, la châsse de saint Sébald (église Saint-Sébald de Nuremberg).

**viscoélastique** *a* PHYS, TECH Qui est à la fois élastique et visqueux. DER **viscoélasticité** *nf*

**Visconti** famille de Lombardie, du parti gibelin, qui régna sur Milan de 1277 à 1447. — **Otton** (Ugogne, vers 1208 – Chiaravalle Milanese, 1295), archevêque de Milan (1262) ; il prit le pouvoir en 1277. — **Galéas I**er (?, vers 1277 – Pescia, 1328), duc de Milan, fils de Mathieu Ier Visconti (1250 – 1322), qui lui céda le pouvoir (1320). L'empereur le fit emprisonner en 1327. — **Azzon** (Ferrare, 1302 – ?, 1339), fils du préc., seigneur général de Milan (1330-1339), dont il agrandit les possessions (Bergame, Plaisance, Brescia). — **Jean-Galéas** (?, 1351 – Melegnano, 1402), étendit le Milanais jusqu'à Vicence, Vérone, Padoue et Bologne, se faisant nommer duc de Milan (1395) et de Lombardie (1397). — **Jean-Marie** (1389 – 1412), et **Philippe-Marie** (1392 – 1447), fils du préc., se partagèrent le duché. Philippe-Marie le laissa à sa fille naturelle, qui épousa un Sforza.

**Visconti** Ennio Quirino (Rome, 1751 – Paris, 1818), archéologue italien ; conservateur au Louvre sous le Consulat et l'Empire : *l'Iconographie grecque* (1808). — **Louis Tullius Joachim** (Rome, 1791 – Paris, 1853), architecte français, fils du préc. ; à Paris : fontaines Gaillon et Molière, mausolée de Napoléon aux Invalides.

**Visconti** Luchino (Milan, 1906 – Rome, 1976), cinéaste italien. Pionnier du néoréalisme (*Ossessione,* 1942), il réalisa des films de critique sociale dont la splendeur baroque ne cessa de croître : *La terre tremble* (1948), *Senso* (1954), *Rocco et ses frères* (1960), *le Guépard* (1963), *les Damnés* (1969), *Mort à Venise* (1971), *Ludwig ou le Crépuscule des dieux* (1972).

**Luchino Visconti** *le Guépard*, 1963, avec C. Cardinale et B. Lancaster

**viscoplastique** *a* PHYS, TECH Qui est à la fois plastique et visqueux. (DER) **viscoplasticité** *nf*

**viscose** *nf* CHIM Solution épaisse à base de cellulose utilisée pour la préparation de la rayonne, de la fibranne et de la cellophane.

**viscosimètre** *nm* TECH Appareil servant à mesurer la viscosité des liquides.

**viscosité** *nf* **1** État de ce qui est visqueux. **2** PHYS Propriété qu'a tout fluide d'opposer une résistance aux forces qui tendent à déplacer, les unes par rapport aux autres, les particules qui le constituent. **3** ECON Lenteur d'adaptation d'une économie, d'un secteur économique. **4** PSYCHIAT Difficulté d'adaptation à des phénomènes inédits.

ENC Les forces de viscosité conditionnent l'écoulement des fluides dans les canalisations et le long des parois. La viscosité dynamique des gaz augmente avec la température, mais varie très peu avec la pression. Celle des liquides décroît avec la température, mais croît fortement avec la pression. (V. poiseuille.)

**visé** *nm* Action de viser avec une arme à feu.

**visée** *nf* **A** Action de diriger la vue, une arme, un instrument d'optique, etc., vers un point donné. **B** *nfpl* **fig** Ce que l'on se fixe comme but à atteindre, comme avantage à obtenir ; ambition, dessein, désir. *Avoir des visées sur qqch.*

**1 viser** *v* ① **A** *vt* **1** Regarder attentivement la cible que l'on cherche à atteindre au moyen d'une arme, d'un projectile, etc. *Chasseur qui vise un lièvre.* **2 fig** Chercher à atteindre. *Qui visez-vous par cette allusion ?* **3** Avoir des vues sur ; ambitionner, briguer. *Viser un poste important.* **B** *vti* **1** Pointer une arme, un objet vers. *Il a visé au cœur.* **2** Chercher à atteindre, avoir en vue une certaine fin. *Une information qui vise à rassurer une population.* **LOC** ***Viser trop haut, trop bas*** **:** avoir des ambitions trop grandes, trop modestes. (ETY) Du lat. *visere*, « voir ».

**2 viser** *vt* ① Examiner un acte et le revêtir d'un visa. (ETY) De *visa*.

**Viseu** ville du centre nord du Portugal ; 21 000 hab. ; ch.-l. de distr. – Cath. XII$^e$ s.

**viseur** *nm* **1** Dispositif optique de visée. *Regarder dans le viseur d'une arme à feu.* **2** PHOTO Dispositif permettant d'évaluer exactement le champ embrassé par l'objectif de l'appareil, de la caméra.

**Vishakhapatnam** v. et port de l'Inde (Āndhra Pradesh), sur le golfe du Bengale ; 1 050 000 hab.

**Vishnu** la deuxième des trois divinités de la Trimurti brahmamique (Brahmā, Vishnu, Çiva). Dieu conservateur de l'Univers, il apparaît parfois sous des formes humaines ou animales, dites avatars. (VAR) **Vichnou**

**vishnuisme** *nm* Forme de l'hindouisme qui est centrée sur la dévotion à Vishnu. (VAR) **vichnouisme** (DER) **vishnuite** ou **vichnouite** *a, n*

**visibilité** *nf* **1** Fait d'être visible ; caractère visible d'une chose. **2** Possibilité de voir plus ou moins bien, plus ou moins loin. *Doubler dans un virage sans visibilité. La brume réduit la visibilité.* **3** Fait de se montrer tel qu'on est. *La visibilité d'un groupe en lutte pour ses intérêts.*

**visible** *a, nm* **A** *a* **1** Que l'on peut voir, qui peut être perçu par la vue. *Éclipse visible à Paris.* **2** Évident, manifeste. *Il est visible que...* **3** Prêt à recevoir une visite ; que l'on peut voir. *M. le directeur est-il visible ?* **4 fam** Tout habillé, prêt à être vu. **B** *nm* **1** OPT Le domaine des radiations lumineuses perceptibles par l'œil humain. **2** Ce qui peut être perçu par les sens, et partic. par la vue ; le monde sensible, matériel. *Le visible et l'invisible.*

**visiblement** *av* **1** De manière perceptible à la vue. **2** De toute évidence ; manifestement. *Être visiblement contrarié.*

**visière** *nf* **1** HIST Partie antérieure mobile du heaume, qui protégeait le visage. **2** Partie d'une casquette, d'un képi qui abrite le front et les yeux. *Mettre sa main en visière.*

**Visigoths** → **Wisigoths.**

**visioconférence** *nf* Téléconférence permettant, en plus de la transmission de la parole et de documents graphiques, la transmission d'images animées des participants éloignés. (VAR) **vidéoconférence**

**vision** *nf* **1** Perception du monde extérieur par les organes de la vue ; exercice du sens de la vue, action de voir. *Vision diurne, nocturne, crépusculaire. Défauts de la vision. Vision des couleurs.* **2 fig** Façon de voir ; conception. *Une curieuse vision du monde.* **3** Chose surnaturelle que voient ou croient voir certaines personnes. *Les visions d'une personne en extase.* **4** Hallucination visuelle. **LOC fam** ***Avoir des visions*** **:** déraisonner. (ETY) Du lat.

ENC Reçue par l'œil, très précisément par la rétine, la stimulation lumineuse est transmise, par les prolongements du nerf optique, à une zone du cerveau située dans le lobe occipital, où s'effectuent les opérations complexes de traduction des divers paramètres du stimulus lumineux (intensité, contraste, déplacement, couleur).

**visionnaire** *a, n* **1** Qui a, qui croit avoir des visions surnaturelles. **2** Qui est dotée d'une vision juste de l'avenir ou de certaines réalités.

**visionner** *vt* ① **1** Examiner un film, des diapositives, etc., au moyen d'une visionneuse. **2** Regarder un film, une vidéo du point de vue professionnel en vue d'une exploitation. (DER) **visionnage** ou **visionnement** *nm*

**Vishnu** sous un avatar de roi-lion, panneau en bois sculpté, XVII$^e$ s., Inde du Sud – musée Guimet, Paris

**visionneuse** *nf* Appareil permettant l'examen des films, des diapositives, des microfilms.

**visiophonie** *nf* Technique associant la télévision et la téléphonie, permettant à deux personnes de se voir quand elles se téléphonent. (DER) **visiophone** *nm* – **visiophonique** *a*

**visitandine** *nf* RELIG CATHOL Religieuse de l'ordre de la Visitation.

**Visitation (la)** visite que la Vierge Marie fit, peu après l'Annonciation, à sa cousine sainte Élisabeth, alors enceinte de Jean-Baptiste. Fête célébrée le 31 mai (naguère, le 2 juillet). ▷ *Ordre de la Visitation* ou *de la Visitation Sainte-Marie* : ordre religieux de femmes fondé en 1610 à Annecy par François de Sales et Jeanne de Chantal.

**visitatrice** *nf* RELIG CATHOL Religieuse qui visite les couvents de son ordre.

**visite** *nf* **1** Fait d'aller dans un lieu pour l'inspecter. **2** Fait d'examiner, de contrôler qqch. *Visite du chargement d'un poids lourd par les gendarmes.* **3** Fait d'aller dans un lieu pour sa propre distraction, pour son propre plaisir. *Visite d'une ville d'art.* **4** Fait d'aller voir qqn chez lui. *Rendre visite à un ami.* **5** Consultation donnée par un médecin au domicile du patient. **6** Personne qui en visite une autre ; visiteur, visiteuse. **LOC** ***Visite domiciliaire*** **:** visite d'un domicile par autorité judiciaire.

**Visite de la vieille dame (la)** comédie dramatique de Dürrenmatt (1956).

**visiter** *vt* ① **1** Examiner qqch complètement, en détail. *Les douaniers ont visité nos bagages.* **2** Parcourir, aller voir par curiosité, pour son plaisir. *Visiter un musée.* **3** Aller voir qqn chez lui. *Visiter un malade.* **4 fam** Pénétrer par effraction dans un local pour le cambrioler. (ETY) Du lat.

**visiteur, euse** *n* **1** Personne qui inspecte qqch. *Visiteur des douanes.* **2** Personne qui visite un lieu pour son plaisir. **3** Personne qui rend visite à qqn chez lui. **4** Personne qui va voir bénévolement qqn dans un collège, un hôpital, une prison, etc. **5** Personne qui visite ses clients à domicile. **LOC** ***Visiteur médical*** **:** représentant d'un laboratoire pharmaceutique qui rend visite aux médecins.

**Visiteurs du soir (les)** film de M. Carné (1942), écrit par J. Prévert, avec Arletty, Alain Cuny, Marie Déa, J. Berry.

**visitorat** *nm* Ensemble des visiteurs d'une exposition, d'un salon.

**Viso (mont)** sommet des Alpes occidentales (3 841 m), à la frontière franco-italienne. Le Pô y prend sa source.

**vison** *nm* **1** Petit mammifère carnivore (mustélidé) au corps long, à tête courte, chassé et élevé pour sa fourrure. **2** Cette fourrure. *Manteau de vison.* **3 fam** Manteau, veste de vison. (ETY) Du lat. *vissio*, « puanteur ».

**vison** d'Europe

**visqueux, euse** *a* **1** Qui s'écoule lentement, avec difficulté ; poisseux, collant. *Liquide épais et visqueux.* **2** PHYS, TECH Dont la viscosité est élevée. *Huile très visqueuse.* **3** Dont la surface est rendue glissante ou gluante par un liquide, une mucosité, etc. *Peau visqueuse des poissons.* **4** fig, péjor D'une bassesse qui répugne. *Une obséquiosité visqueuse.* ETY Du lat. *viscum,* « glu ».

**visser** *vt* ① **1** Fixer, assembler au moyen d'une ou de plusieurs vis. *Visser une serrure.* **2** Fermer, serrer une chose munie d'un pas de vis. *Visser le capuchon de son stylo. Ce couvercle se visse mal.* **3** fig, fam Traiter avec une extrême sévérité. LOC fam *Être vissé quelque part :* ne pas bouger d'un endroit. DER **vissage** *nm*

**visserie** *nf* **1** Fabrique, atelier qui produit des pièces comportant un pas de vis, telles que vis, boulons, écrous, pitons, etc. **2** Ensemble de ces pièces.

**visseuse** *nf* Appareil servant à visser.

**vista** *nf* fam Qualité du sportif qui, d'un coup d'œil, apprécie l'ensemble de la situation.

**Vistule (la)** (en polon. *Wisła*), fl. de Pologne (1 047 km) ; naît dans les Carpates occidentales, arrose Cracovie, Varsovie et Gdańsk et se jette dans la Baltique par un delta.

**visualiser** *vt* ① **1** didac Faire percevoir par la vue. *Visualiser le trajet d'un nerf au moyen d'un crayon dermique.* **2** INFORM Faire apparaître des informations sur l'écran. DER **visualisable** *a* – **visualisation** *nf*

**visuel, elle** *a, n* **A** *a* De la vue, qui a rapport à la vue. *Rayon visuel.* **B** *n* Personne chez qui la mémoire visuelle est prépondérante. **C** *nm* **1** INFORM Dispositif permettant l'affichage de données sur l'écran d'un ordinateur. **2** PRESSE, PUB Ce qu'offre à la vue une affiche, une brochure, un encart publicitaire. DER **visuellement** *av*

**visuomoteur, trice** *a* PSYCHO Qui concerne la corrélation entre la vision et la motricité.

**visuospatial, ale** *a* PSYCHO Relatif à la perception de l'espace par la vue. PLUR visuospatiaux.

**vit** *nm* vx, litt Membre viril, pénis. PHO [vi(t)] ETY Du lat. *vectis,* « levier, pilon ».

**vitacée** *nf* BOT Syn. de *ampélidacée.* ETY Du lat. *vitis,* « vigne ».

**vital, ale** *a* **1** De la vie, qui a rapport à la vie. *Phénomènes vitaux.* **2** Indispensable à la vie. *Échanges vitaux.* **3** Fondamental ; d'une importance capitale. *Question vitale.* PLUR vitaux. ETY Du lat. *vita,* « vie ».

**vitalisme** *nm* PHILO, BIOL Théorie selon laquelle la vie est une force *sui generis,* un principe autre que celui de l'âme et autre que celui des phénomènes physicochimiques. DER **vitaliste** *a, n*

**vitalité** *nf* **1** BIOL Ensemble des forces qui président aux fonctions propres des corps organisés. **2** Intensité de l'énergie vitale ; ardeur, dynamisme, vigueur. *Vitalité d'une plante. Enfant plein de vitalité.*

**vitamine** *nf* Substance azotée indispensable, en doses infinitésimales, au métabolisme de l'organisme, qui ne peut en effectuer lui-même la synthèse. ETY Mot angl., du lat. *vita,* « vie », et *amine.* DER **vitaminique** *a*

ENC Une vitamine est une molécule organique, apportée uniquement par l'alimentation, qui renferme un ou plusieurs radicaux indispensables à la synthèse d'une enzyme ou d'une hormone. Une vitamine est une coenzyme (c'est-à-dire le groupement actif d'une enzyme). Le nombre des vitamines connues ne cesse de croître. On les classe en deux groupes : les vitamines dont le rôle est de transporter des électrons, comme les vitamines B2, B3 (ou PP) et celles dont le rôle est de transporter des radicaux chimiques, comme les vitamines B1, B6. – Les vitamines sont désignées par des lettres (éventuellement suivies d'un numéro) ou par le composé chimique lui-même. *Vitamine A,* dont la carence provoque des troubles de la croissance et de la vue, ainsi qu'une altération des épithéliums. *Vitamine B1* (thiamine), dont la carence, rare sous les climats tempérés, provoque le béribéri. *Vitamine B2* (riboflavine ou lactoflavine), hydrosoluble, abondante dans les légumes, le lait, les levures et les enveloppes des céréales. *Vitamine B6* (pyridoxine), dont la carence donne des troubles divers, notam. neurologiques. *Vitamine B12,* dont la carence provoque une anémie. *Vitamine C* (acide ascorbique), dont la carence provoque le scorbut. *Vitamine D,* qui intervient dans la croissance osseuse ; elle est administrée contre le rachitisme. *Vitamine E,* à l'action mal connue ; elle interviendrait dans les fonctions de reproduction. *Vitamine K,* indispensable à la synthèse de certains facteurs de la coagulation. *Vitamine PP* ou *B3* (nicotinamide), qui a notam. une action sur la peau. Il existe d'autres vitamines, moins importantes.

**vitaminé, ée** *a* Qui contient des vitamines ; où l'on a ajouté des vitamines.

**vitaminothérapie** *nf* MED Administration de vitamines à des fins thérapeutiques.

**Vita nuova (la)** (« la Vie nouvelle »), recueil de poèmes de Dante (1294).

**vit-de-mulet** *nm* MAR Pièce de l'accastillage d'un voilier qui relie la bôme au mât. PLUR vits-de-mulets.

**vite** *av, a* **A** *av* **1** Avec rapidité. *Marcher vite.* **2** En toute hâte. *Venez vite !* **3** Bientôt, sous peu. *Il sera vite guéri.* **B** *a* SPORT Rapide. *Un coureur vite sur cent mètres.* LOC *Au plus vite :* dans le plus bref délai. — fam *Vite fait :* très rapidement. *Il est parti vite fait.* ETY D'un rad. expressif.

**Vitebsk** v. de Biélorussie, sur la Dvina occidentale ; 335 000 hab. ; ch.-l. de la prov. du m. nom. Industries. – Prise par Napoléon en 1812. Combats en 1941 et 1944.

**vitellin, ine** *a, nf* **A** *a* Du vitellus. **B** *nf* Protéine constituante du jaune d'œuf.

**Vitellius** Aulus (?, 15 apr. J.-C. – Rome, 69), empereur romain. Proclamé empereur par ses troupes (janv. 69), en Germanie, il vainquit Othon, fut vaincu à Crémone (oct.) par l'armée du Danube, qui soutenait Vespasien, et massacré par le peuple de Rome.

**Vitelloni (les)** film de Fellini (1953).

**vitellus** *nm* BIOL Ensemble des substances de réserve accumulées par l'ovocyte et utilisées par l'embryon au cours de son développement. PHO [vitelys] ETY Mot lat., « jaune d'œuf ».

**vitelotte** *nf* AGRIC Variété de pomme de terre, à peau noire et à chair violette.

**Viterbe** v. d'Italie (Latium) ; 57 830 hab. ; ch.-l. de prov. Industries. – Remparts. Égl. romanes. Cath. XIIe-XVIe s. Palais des papes (qui y résidèrent de 1257 à 1309). Jardins, fontaines.

**vitesse** *nf* **1** Rapidité à se déplacer ou à agir. **2** Fait de se déplacer plus ou moins vite. *Panneau de limitation de vitesse.* **3** Rapport d'une distance au temps mis pour la parcourir. LOC *À deux vitesses :* inégalitaire. *Médecine à deux vitesses.* — fam *À vitesse grand V :* très vite. — *En perte de vitesse :* se dit d'un avion dont la vitesse devient insuffisante pour assurer la sustentation ; fig se dit d'une personne, d'un groupe dont l'influence, les performances sont en baisse. — *En quatrième vitesse :* très rapidement. — fam *En vitesse :* au plus vite. — *Prendre qqn de vitesse :* le devancer. — *Vitesse angulaire :* rapport entre l'angle dont a tourné un mobile et le temps mis pour effectuer cette rotation. — ESP *Vitesse de libération :* vitesse minimale qu'il faut donner à un corps pour qu'il échappe à l'attraction d'un astre. — *Vitesse de rotation :* nombre de tours par unité de temps effectués par un mobile tournant sur lui-même.

**Vitez** Antoine (Paris, 1930 – id., 1990), metteur en scène de théâtre français, directeur du Théâtre national de Chaillot (1981-1988).

**viti-** Élément, du lat. *vitis,* « vigne ».

**viticulture** *nf* Culture de la vigne pour la production du vin. DER **viticole** *a* – **viticulteur, trice** *n*

**Vitigès** (m. en Asie en 542), roi des Ostrogoths (536-540). Il capitula face à Bélisaire, en 540, à Ravenne. Justinien Ier lui donna un domaine en Asie.

**Viti Levu** île princ. de l'archipel des Fidji ; 10 497 km$^2$ ; 445 000 hab. ; ch.-l. *Suva.*

**vitiligo** *nm* MED Trouble de la pigmentation cutanée qui se caractérise par des taches blanches entourées d'une bordure fortement pigmentée. ETY Mot lat., « tache blanche ».

**Vitim** riv. de Sibérie centrale, affl. de la Lena (r. dr.) ; 1 850 km.

**vitiviniculture** *nf* Ensemble des activités regroupant la viticulture et la viniculture. DER **vitivinicole** *a*

**vitole** *nf* Format d'un cigare. ETY De l'esp.

**Vitória** v. du Brésil, cap. de l'État d'Espírito Santo, port sur l'Atlantique ; 253 000 hab.

**Vitoria** v. d'Espagne ; 209 500 hab. ; cap. de la communauté auton. du Pays basque ; ch.-l. de la prov. d'Álava. Industries. – Évêché. Cath. XIVe s. – Victoire de Wellington sur les Français (juin 1813).

**Vitoux** Frédéric (Paris, 1944), écrivain français : *Sérénissime* (1990), *Des dahlias rouge et mauve* (2003). Acad. fr. 2001.

**Vitrac** Roger (Pinsac, Lot, 1899 – Paris, 1952), écrivain français surréaliste ; poète (*Connaissance de la mort,* 1927) et dramaturge : *Victor ou les Enfants au pouvoir* (1928).

**vitrage** *nm* **1** Action de vitrer. **2** Ensemble des vitres d'un édifice. **3** Châssis garni de vitres, servant de cloison, de toit, etc. **4** Rideau transparent, store appliqué contre un vitrage.

**vitrail** *nm* Panneau fait de morceaux de verre généralement peints ou colorés dans la masse et assemblés, le plus souvent au moyen de plomb, de manière à former une décoration. PLUR vitraux.

**vitrail** bourguignon, XVe s. : scène de boucherie – église Notre-Dame, Semur-en-Auxois

**vitrailliste** *n* Personne qui crée ou restaure des vitraux.

**vitre** *nf* Plaque de verre dont on garnit une ouverture par laquelle on veut laisser passer la lumière. ETY Du lat. *vitrum,* « verre ».

**vitré, ée** *a, nm* **A** *a* Garni de vitres. *Porte vitrée.* **B** *nm* ANAT Liquide transparent et visqueux, contenu dans la cavité oculaire en arrière du cristallin. (On dit aussi *corps vitré.*)

**Vitré** ch.-l. de cant. d'Ille-et-Vilaine (arr. de Rennes), sur la Vilaine ; 15 313 hab. – Remparts. Chât. XIVe-XVe s. Égl. XVe-XVIe s. DER **vitréen, enne** *a, n*

**vitrer** *vt* ① Garnir de vitres. *Vitrer une fenêtre.*

**vitrerie** *nf* **1** Technique de la fabrication et de la pose des vitres. **2** Activité, commerce du vitrier ; marchandises qui en font l'objet.

**vitreux, euse** *a* **1** Qui ressemble au verre, qui en a l'aspect. *Roches vitreuses et roches cristallines.* **2** À demi translucide. *Porcelaine vitreuse.* **3** PHYS Se dit de la structure d'un corps dont les atomes sont disposés aléatoirement (par oppos. à *cristallin*). **4** fig Sans éclat, sans vie. *Œil, regard vitreux.*

**vitrier** *nm* Celui qui vend, qui pose les vitres.

**vitrifier** *vt* [2] **1** Transformer en verre par fusion ; donner l'aspect du verre à. *Lave qui se vitrifie en refroidissant.* **2** Recouvrir d'un produit transparent et imperméable pour faciliter l'entretien. *Vitrifier un parquet.* **3** Projeter des bombes nucléaires sur un objectif. [DER] **vitrifiable** *a* – **vitrification** *nf*

**vitrine** *nf* **1** Devanture vitrée d'un magasin ; glace derrière laquelle un commerçant expose des marchandises à la vue des passants. **2** Ce qui est exposé en vitrine ; étalage. *Une vitrine de Noël.* **3** fig Ce qui sert à présenter au public une image favorable ; faire-valoir. *Le TGV, vitrine de la France.* **4** Meuble vitré où sont exposés des objets de collection, dans un salon, un musée, etc.

**vitriol** *nm* vx Acide sulfurique concentré, très corrosif. LOC ***Au vitriol*** : d'un caractère violent, caustique, corrosif. *Pamphlet au vitriol.* — ***Vitriol blanc*** : sulfate de zinc. — ***Vitriol bleu*** : sulfate de cuivre. — ***Vitriol vert*** : sulfate de fer. [ETY] Du lat. *vitreolus*, « vitreux ». [DER] **vitriolique** *a*

**vitrioler** *vt* [1] **1** TECH Passer des toiles dans un bain de vitriol étendu pour les débarrasser de leurs impuretés. **2** Arroser, brûler qqn avec du vitriol dans un but criminel. [DER] **vitriolage** *nm* – **vitrioleur, euse** *a, n*

**vitrocéramique** *nf* TECH Matière faite de cristaux régulièrement répartis dans une masse vitreuse homogène, présentant des caractéristiques analogues à celles des céramiques. [VAR] **vitrocérame** *nm*

**Vitrolles** com. des Bouches-du-Rhône (arr. d'Istres), à l'E. de l'étang de Berre ; 37 625 hab. [DER] **vitrollais, aise** *a, n*

**vitrophanie** *nf* Autocollant translucide à placer sur une vitre, lisible par transparence. [ETY] Nom déposé.

**Vitruve** (en lat. *Marcus Vitruvius Pollio*), (Ier s. av. J.-C.), architecte romain. Son traité *De l'architecture*, unique ouvrage théorique de l'Antiquité, exerça une influence considérable jusqu'au XIXe s.

**Vitry** Jacques de → **Jacques de Vitry.**

**Vitry** Philippe → **Philippe de Vitry.**

**Vitry** Nicolas de L'Hospital (duc de) (?, 1581 – Nandy, près de Melun, 1644), maréchal de France. Capitaine des gardes (1611) de Louis XIII, il arrêta Concini et le tua.

**Vitry-le-François** ch.-l. d'arr. de la Marne, sur la Marne ; 16 737 hab. Industries. – La ville fut fondée par François Ier (1545) après l'incendie de *Vitry-en-Perthois*, dû à Charles Quint. [DER] **vitryat, ate** *a, n*

**Vitry-sur-Seine** ch.-l. de canton du Val-de-Marne (arr. de Créteil) ; 83 559 hab. Industries. – Égl. XIIIe-XIVe s. [DER] **vitriot, ote** *a, n*

**Vitte** → **Witte.**

**Vittel** ch.-l. de cant. des Vosges (arr. de Neufchâteau) ; 6 117 hab. Stat. thermale (maladies du foie, des reins, du métabolisme). [DER] **vittelois, oise** *a, n*

**Vittoria** v. d'Italie, en Sicile (prov. de Raguse) ; 50 220 hab. Centre vinicole.

**Vittorini** Elio (Syracuse, 1908 – Milan, 1966), écrivain italien : *l'Œillet rouge* (1948), *les Femmes de Messine* (1949-1964).

**Vittorio Veneto** v. d'Italie (Vénétie) ; 30 030 hab. – Victoire décisive des Italiens sur les Austro-Hongrois (24-31 oct. 1918).

**vitupérer** *v* [14] **A** *vt* litt Blâmer violemment. *Vitupérer les autorités.* **B** *vi* S'élever contre. *Vitupérer contre la vie chère.* [ETY] Du lat. *vituperare*, « trouver des défauts ». [DER] **vitupérations** *nf pl*

**vivable** *a* **1** Qui peut être vécu. *Une cohabitation très vivable.* **2** Où il est agréable de vivre. *Un appartement vivable.* **3** D'humeur douce et accommodante.

**1 vivace** *a, nf* **A** *a* **1** Susceptible de vivre longtemps. **2** BOT Se dit des plantes herbacées qui vivent plusieurs années. **3** Qui dure, qui est difficile à détruire. *Préjugés vivaces.* **B** *nf* Plante vivace.

**2 vivace** *a* MUS Vif, rapide. *Allégro vivace.* [PHO] [vivatʃe] [ETY] Mot ital.

**vivacité** *nf* **1** Fait d'être vif de caractère, d'avoir de l'allant. *Sa vivacité lui permet d'entreprendre beaucoup de choses.* **2** Ardeur, force. *Vivacité des passions.* **3** Intensité, éclat. *Vivacité des couleurs.* **4** Fait d'être vif, promptitude à s'emporter. *Vivacité d'une réplique.* LOC ***Vivacité d'esprit*** : faculté de saisir rapidement les données d'un problème, d'une situation.

**Vivaldi** Antonio (Venise, 1678 – Vienne, 1741), compositeur italien. Prêtre (1703), professeur de mus. à Venise, il composa des œuvres relig., 45 opéras et oratorios, 23 symphonies, 75 sonates et 454 concertos (notam. *les Quatre Saisons*, v. 1725), genre dont il fixa la forme pour l'âge baroque.

Antonio Vivaldi

**vivandier, ère** *n* anc Personne qui suivait les troupes pour leur vendre des vivres.

**vivaneau** *nm* Sorte de dorade rouge des mers chaudes (Antilles, mer Rouge). PLUR vivaneaux.

**vivant, ante** *a, nm* **A** *a* **1** Qui est en vie. ANT mort. **2** Qui possède la vie. *La matière vivante. Les êtres vivants.* ANT inanimé, inorganique. **3** Qui manifeste de la vitalité. *Une personne gaie et vivante.* **4** Où il y a de l'activité, de l'animation. *Un quartier très vivant.* **5** Qui, par ses traits, ses qualités, rappelle de façon frappante une personne vivante ou disparue. *C'est le vivant portrait de son père.* **6** Qui restitue l'impression de la vie. *Une description chaleureuse et vivante.* **7** Qui continue à vivre dans l'esprit des hommes. *Son souvenir demeure vivant parmi nous.* **B** *nm* **1** Personne qui est en vie. *Les vivants et les morts.* **2** Ce qui vit. *La complexité du vivant.* LOC ***Bon vivant*** : homme qui apprécie les plaisirs de la vie. — ***Du vivant de qqn*** : pendant qu'il était en vie.

**Vivarais** ensemble de massifs de l'E. du Massif central (1 434 m au mont Pilat), correspondant au dép. de l'Ardèche.

**Vivarini** Antonio (Murano, v. 1415 – Venise, apr. 1476), peintre vénitien. — **Bartolomeo** (Murano, v. 1430 – apr. 1491), peintre, frère du préc., influencé par Mantegna. — **Alvise** (Venise, v. 1446 – id., apr. 1503), peintre, fils d'Antonio, influencé par Bellini.

**vivarium** *nm* **1** Cage vitrée où l'on élève de petits animaux en s'efforçant de reconstituer leur milieu naturel. **2** Établissement, bâtiment où sont rassemblées ces cages. [PHO] [vivaʀjɔm] [ETY] Mot lat.

**vivat** *interj, nm* Acclamation enthousiaste. *Accueillir qqn par des vivats.* [PHO] [viva] [ETY] Mot lat.

**Viva Zapata** film de E. Kazan (1952), avec M. Brando et A. Quinn.

**1 vive !** *interj* Pour acclamer. *Vive le roi ! Vive la République ! Vive(nt) les vacances !* LOC ***Qui vive ?*** : cri poussé par un factionnaire qui voit ou entend qqch de suspect.

**2 vive** *nf* Poisson marin comestible, au corps allongé, vivant sur les fonds sableux et dont la nageoire dorsale est armée d'épines venimeuses. [ETY] Du lat. *vipera*, « vipère ».

grande **vive**

**vive-eau** *nf* didac, rég Forte marée, de nouvelle lune ou de pleine lune. SYN marée de vive-eau. PLUR vives-eaux.

**Vivekānanda** Narendranāth Datta, dit (Calcutta, 1862 – id., 1902), philosophe indien ; disciple de Rāmakrishna.

**vivement** *av, interj* **A** *av* **1** D'une façon vive, rapide. *S'enfuir vivement.* **2** Avec quelque emportement. *Répliquer vivement.* **3** Avec vivacité, intensément. *Ressentir vivement un affront.* **B** *interj* Marque une attente impatiente. *Vivement que ce soit terminé !*

**viverridé** *nm* ZOOL Mammifère carnivore fissipède au corps svelte et au museau pointu dont la famille comprend les civettes, les genettes, les mangoustes, etc.

**Vives** Juan Luis (Valence, 1492 – Bruges, 1540), humaniste espagnol. Professeur à Louvain, lié avec Érasme, il séjourna à la cour d'Henri VIII. Ses œuvres ont eu un grand retentissement et influencé Bacon et Descartes.

**viveur, euse** *n* vieilli Personne qui mène une vie de plaisirs.

**Viviane** personnage légendaire du roman breton. Merlin l'Enchanteur, qu'elle avait rencontré dans la forêt de Brocéliande, s'en éprend et l'initie à la magie : elle devient une fée.

**Viviani** René (Sidi-bel-Abbès, 1863 – Le Plessis-Robinson, 1925), homme politique français. Socialiste, il fonda *l'Humanité* avec Jaurès (1904). Socialiste indép. (1906), il fut président du Conseil de juin 1914 à oct. 1915.

**Vivien** Pauline Mary Tarn, dite **Renée** (Londres, 1877 – Paris, 1909), poétesse française d'origine anglo-américaine : *Cendres et poussières* (1902). Elle traduisit Sappho (1903).

**vivier** *nm* **1** Réservoir, bassin dans lequel on élève et conserve vivants les poissons et les crustacés. **2** fig Réserve de gens compétents ou qui seraient susceptibles d'exercer une fonction, un travail. [ETY] Du lat.

**Vivier** Robert (Chênée-lès-Liège, 1894 – La Celle-Saint-Cloud, 1989), poète belge d'expression française : *Au bord du temps* (1937), *Broussailles de l'espace* (1974).

**Viviers** ch.-l. de canton de l'Ardèche (arr. de Privas) ; 3 413 hab. Évêché. Cath. (XIIe s.). Palais épiscopal XVIIe. [DER] **vivarois, oise** *a, n*

**vivifier** *vt* [2] **1** Augmenter, par une action physique ou psychique, la vitalité de. *L'air frais l'avait réveillé et vivifié.* **2** fig Rendre actif, plus actif qqch. *Vivifier l'industrie.* [DER] **vivifiant, ante** *a* – **vivification** *nf*

**Vivin** Louis (Hadol, Vosges, 1861 – Paris, 1936), peintre naïf français, de Paris et de sa banlieue.

**vivipare** *a* ZOOL Se dit d'un animal dont l'œuf se développe au sein de l'organisme maternel et qui donne naissance à un jeune ayant achevé son embryogenèse. ANT ovipare, ovovivipare. DER **viviparité** *nf*

**vivisection** *nf* Opération pratiquée sur un animal vivant à des fins d'expérimentation.

**Vivonne** Louis Victor de Rochechouart (duc de Mortemart et de) (Paris, 1636 – Chaillot, 1688), maréchal de France ; frère de Mme de Montespan ; vice-roi de Sicile (1675-1678).

**vivoter** *vi* 1 Vivre médiocrement, subsister avec peine, fonctionner difficilement.

**1 vivre** *v* 63 **A** *vi* **1** Être, rester en vie. *Vivre jusqu'à tel âge. Raisons de vivre.* **2** fig Exister, continuer d'exister dans les esprits. *Sa mémoire vivra longtemps encore parmi les hommes.* **3** Jouir de la vie. *Mourir sans avoir vécu.* **4** Subvenir à ses propres besoins ; avoir de quoi assurer sa subsistance, son existence matérielle. *Vivre chichement, largement. Faire vivre qqn.* **5** fig Être soutenu moralement par une idée, un sentiment. *Vivre d'espérance.* **6** Passer sa vie à une époque, dans un lieu. *Les hommes qui vivaient au Moyen Âge. Vivre loin de son pays.* **7** Passer sa vie dans certaines conditions, d'une certaine façon. *Vivre en marge de la société. Vivre dans l'agitation.* **8** Avoir telle conduite. *Vivre en honnête homme.* **9** Connaître les usages ; se comporter avec distinction, avec élégance morale. *Un homme qui sait vivre.* **B** *vt* **1** Passer une période bonne ou mauvaise. *Vivre des heures troublées.* **2** Éprouver, ressentir profondément. *Vivre une expérience exaltante.* LOC ***Facile (difficile) à vivre*** : avec qui il est facile (difficile) de vivre ; qui est d'humeur accommodante (peu traitable). — litt ***Il a vécu*** : il est mort. — ***Ne vivre que pour*** : s'intéresser uniquement à. — ***Vivre avec qqn*** : habiter ou vivre maritalement avec lui. — ***Vivre d'amour et d'eau fraîche*** : être comblé par l'amour au point d'en oublier les réalités matérielles. — ***Vivre de*** : se nourrir ou tirer sa subsistance de. — ***Vivre sa vie*** : vivre à sa guise. ETY Du lat.

**2 vivre** *nm* (Au plur.) Aliments. *Manquer de vivres.* LOC ***Le vivre et le couvert*** : la nourriture et l'habitation.

**vivre-ensemble** *nm inv* Volonté de cohabiter entre communautés.

**vivrier, ère** *a* Dont les produits sont destinés à l'alimentation. *Cultures vivrières.*

**Vivre sa vie** film de J.-L. Godard (1962), avec Anna Karina (née en 1940).

**Vix** com. de la Côte-d'Or (arr. de Montbard) ; 107 hab. ; site archéol. où fut découverte, en 1953, une tombe du Ve s. av. J.-C. (avec un grand cratère en bronze). DER **vixois, oise** *a, n*

**Vizille** ch.-l. de cant. de l'Isère (arr. de Grenoble), sur la Romanche ; 7 465 hab. – Chât. XVIIe s. (musée de la Révolution française) où les états du Dauphiné demandèrent la convocation des états généraux (21 juil. 1788). DER **vizillois, oise** *a, n*

**vizir** *nm* HIST Ministre du sultan. LOC ***Grand vizir*** : Premier ministre de l'Empire ottoman. ETY Mot turc. DER **vizirat** *nm*

**Vlaardingen** v. des Pays-Bas, fbg de Rotterdam ; 75 020 hab. Princ. port de pêche du pays, sur la Meuse.

**Vladikavkaz** (*Dzaoudjikaou* de 1944 à 1954, *Ordjonikidze* de 1954 à 1991), v. de Russie, dans le Caucase ; cap. de l'Ossétie du Nord ; 308 000 hab.

**Vladimir** v. de Russie ; 331 000 hab. ; ch.-l. de la prov. du m. nom. Industr. – Égl. du XIIe s. **Histoire** Fondée en 1108 par Vladimir II Monomaque, la ville fut la cap. (1157) d'une importante principauté et la résidence du métropolite de l'Église russe (1299-1326).

**Vladimir Ier Sviatoslavitch** (vers 956 – 1015), prince de Novgorod (970), grand-prince de Kiev (vers 980-1015). Il réunit l'ensemble des terres russes et se convertit au christianisme. Il est l'un des saints patrons de la Russie. VAR **Vladimir Ier le Grand** — **Vladimir II Monomaque** (1053 – 1125), grand-prince de Kiev (1113-1125), respecté pour sa justice et sa sagesse.

**Vladivostok** v. et port de Russie, sur la mer du Japon ; 627 000 hab. ; ch.-l. du territoire du Littoral. – Russe depuis 1860, terminus du Transsibérien (1904), la v. fut occupée par une mission anglo-franco-japonaise de 1918 à 1922.

**Vlaminck** Maurice de (Paris, 1876 – Rueil-la-Gadelière, Eure-et-Loir, 1958), peintre français. Il créa le fauvisme avec Derain et Matisse. Dès 1910, il peignit des paysages traditionnels.

**Vlaminck** *Une vue de la Seine*, 1905-1906 – musée de l'Ermitage, Saint-Pétersbourg

**vlan !** *interj* **1** Exprime un bruit, un coup brusque, violent. **2** fig, fam Exprime la désapprobation, la brutalité d'une répartie. VAR **v'lan !**

**Vlassov** Andreï Andreïevitch (Lomakino, 1900 – Moscou, 1946), général soviétique. Capturé (été 1942), il se rangea aux côtés des Allemands à la tête d'anc. prisonniers soviétiques. En 1945, les Américains le capturèrent. Les Soviétiques le condamnèrent à mort.

**Vlorë** ville et port du S. de l'Albanie ; 64 100 hab. ; ch.-l. du distr. du m. nom. VAR **Vlora**

**VLT** sigle de *Very Large Telescope*, ensemble de 4 grands télescopes appartenant à un programme europ., installés au N. du Chili entre 1998 et 2002.

**Vltava (la)** (en all. *Moldau*), riv. (430 km) de la Rép. tchèque. Née dans le S.-O. de la Bohême, elle arrose Prague et se jette dans l'Elbe (r. g.).

Cratère de **Vix**, cratère colossal en bronze (hauteur : 1,64 m ; poids : 208 kg), prov. d'un atelier de Grande-Grèce, Ve s. av. J.-C. – musée de Châtillon-sur-Seine

**vo** *nm* Nom courant du *viet vo dao*.

**VO** *nf* CINE Version originale. PHO [veo]

**vocable** *nm* didac **1** Mot, terme. *Vocable peu usité.* **2** Nom du saint sous l'invocation duquel une église est placée.

**vocabulaire** *nm* **1** Dictionnaire abrégé d'une langue. SYN lexique. **2** Ensemble des mots d'une langue. *Le vocabulaire anglais.* **3** Ensemble de termes que connaît, qu'emploie qqn, un groupe ou qui sont propres à une science, un art. *Le vocabulaire de la chimie.* ETY Du lat.

**vocal, ale** *a* **1** De la voix, qui a rapport à la voix. *Cordes vocales.* **2** Qui fonctionne grâce à la voix. *Ordinateur à commande vocale.* PLUR vocaux. LOC ***Musique vocale*** : musique pour le chant, par oppos. à *musique instrumentale*. ETY Du lat. DER **vocalement** *av*

**vocalique** *a* LING Relatif aux voyelles.

**vocalisateur, trice** *n* MUS Personne habile à faire des vocalises.

**vocalise** *nf* MUS Exercice vocal consistant à exécuter une série de notes, soit sur une voyelle, soit sur une ou plusieurs syllabes.

**vocaliser** *v* 1 **A** *vt* LING Transformer une consonne en voyelle. *Consonne qui se vocalise.* **B** *vi* MUS Exécuter des vocalises. DER **vocalisation** *nf*

**vocalisme** *nm* LING Système des voyelles d'une langue.

**vocaliste** *n* Chanteur ou chanteuse de jazz, de rock ou de pop, de musique ethnique.

**vocatif** *nm* LING Cas des mots utilisés pour interpeller, pour s'adresser à qqn, dans les langues à déclinaison. ETY Du lat. *vocare*, « appeler ».

**vocation** *nf* **1** RELIG Intuition par laquelle qqn se sent appelé par Dieu. **2** Vive inclination, penchant pour un état, une profession. *Il est devenu médecin par vocation.* **3** Ce pour quoi une chose existe, est faite ; ce à quoi elle semble être destinée. *Région à vocation agricole.* LOC ***Avoir vocation à*** : se trouver désigné, qualifié pour. ETY Du lat. *vocatio*, « action d'appeler ».

**vocéro** *nm* Chant funèbre des pleureuses corses. PHO [vɔtʃeʀo] ETY Mot corse. VAR **vocero** DER **vocératrice** ou **voceratrice** *nf*

**vociférer** *v* 14 **A** *vi* Parler avec colère et en criant. **B** *vt* Crier avec colère. *Vociférer des injures.* ETY Du lat. DER **vociférateur, trice** *n* – **vocifération** *nf*

**vocodeur** *nm* INFORM Appareil d'analyse et de codage des sons.

**Voconces** anc. peuple de la Gaule Narbonnaise (région de Die).

**VOD** *nf* Sigle de *vidéo à la demande*.

**vodka** *nf* Alcool de seigle, d'orge fabriqué notam. en Russie et en Pologne. ETY Mot russe, de *voda*, « eau ».

**vœu** *n* **A** *nm* **1** RELIG CATHOL Promesse par laquelle on s'engage envers Dieu. *Vœux de pauvreté, de chasteté et d'obéissance des religieux.* **2** Résolution fermement prise. *Faire vœu de se venger.* **3** Souhait. *Faire un vœu pour que qqch se réalise. Présenter ses vœux pour la nouvelle année.* **4** Volonté, désir exprimé. *Le vœu de la nation.* **B** *nm pl* Engagement solennel dans l'état religieux. *Prononcer ses vœux.* LOC fam ***Vœu pieux*** : irréaliste. ETY Du lat.

**Vôge (la)** rég. du S. de la Lorraine, sur la bordure S.-O. des Vosges.

**vogelpik** *nm* Belgique Jeu de fléchettes. PHO [vɔgɛlpik] ETY Mot néerl., « bec d'oiseau ».

**vogoule** *nm* Langue finno-ougrienne parlée par les Vogouls. SYN mansi.

**Vogouls** peuple finno-ougrien de Sibérie occid., dans la région drainée par l'Ob ; quelques milliers de personnes. VAR **Mansis** DER **vogoul, oule** ou **mansi, ie** *a*

**Vogt** Karl (Giessen, 1817 – Genève, 1895), naturaliste allemand ; adepte du darwinisme.

**vogue** *nf* Succès passager de qqn, de qqch, auprès du public. *La vogue des cheveux longs.* LOC *En vogue :* à la mode. ETY De *voguer.*

**Vogüé** Charles-Jean Melchior (marquis de) (Paris, 1829 – id., 1916), archéologue et diplomate français ; directeur de fouilles en Syrie et en Palestine (1853-1855). Acad. fr. (1901). — **Eugène-Marie Melchior** (Nice, 1848 – Paris, 1910), cousin du préc., écrivain, apôtre de l'idéalisme néochrétien : *le Roman russe* (1886). Acad. fr. (1888).

**voguer** *vi* 1 litt Naviguer, avancer sur l'eau. *Navire qui vogue à pleines voiles.* ETY De l'anc. all. *wogon,* « rouler ».

**voici** *prép* **1** Indique la proximité dans l'espace ou dans le temps. **2** Annonce, attire l'attention sur ce qui va suivre. *Voici ce que vous allez faire.* **3** Marque un état actuel. *Nous voici libres. Voici un an qu'il est parti.* ETY De *vois,* impér. de *voir,* et *ci.*

**voie** *nf* **1** Chemin pour aller d'un lieu à un autre ; route, rue. *Voies de communication.* **2** Grande route de l'Antiquité. *Voies romaines.* **3** Milieu emprunté pour les transports, les déplacements. *Courrier acheminé par voie aérienne.* **4** CHASSE Chemin par où la bête est passée. **5** ANAT Ensemble de conduits assurant une même fonction. *Voies urinaires, digestives.* **6** Intervalle entre les roues droites et gauches d'une voiture. **7** Partie d'une route sur laquelle ne peut circuler qu'une file de voitures. *Route à trois voies.* **8** Intermédiaire qui permet de transmettre une requête, de faire aboutir une démarche, etc. *Votre demande de mutation a suivi la voie hiérarchique.* **9** Façon d'opérer ; moyen employé. *Réussir par la voie de l'intrigue.* **10** ALPIN Itinéraire d'ascension d'un sommet. LOC ***Être en bonne voie*** : aller vers le succès. — ***Être en voie de*** : en train de, sur le point de — ADMIN ***La voie publique*** : l'ensemble des routes, rues, places, etc. publiques. — RELIG ***Les voies de la Providence*** : ses desseins. — ***Mettre qqn sur la voie*** : lui donner des renseignements propres à le guider dans ses recherches. — CHIR ***Voie d'abord*** : accès à l'organe qui doit être opéré. — MAR ***Voie d'eau*** : ouverture accidentelle dans la coque d'un navire, par laquelle l'eau entre. — DR ***Voie de droit*** : recours à la justice suivant les formes prescrites par la loi. — ***Voies de fait*** : actes de violence exercés contre qqn. — TECH ***Voie d'une scie*** : largeur de l'entaille que fait sa lame. — ***Voie ferrée*** ou ***voie*** : ensemble des rails sur lesquels circule un train ; espace entre les rails. — CHIM ***Voie sèche*** : traitement d'une substance par la chaleur en l'absence de tout liquide, par opp. à *voie humide.* ETY Du lat. *via.*

**voïévode** *nm* **1** HIST Titre des souverains de certaines régions des Balkans du temps de la domination ottomane. **2** Gouverneur d'une division administrative, en Pologne. PHO [vɔjevɔd] ETY Mot slave VAR **voïvode** DER **voïévodie** ou **voïvodie** *nf*

**voilà** *prép* **1** Indique l'éloignement. *Voilà le bois, à l'horizon.* **2** Renvoie à ce qui vient d'être dit. *Voilà ce qu'il fallait faire.* LOC ***En veux-tu, en voilà*** : en quantité considérable. ETY De *vois,* impér. de *voir,* et *là.*

**1 voilage** *nm* Rideau d'une fenêtre en étoffe légère et transparente.

**2 voilage → voiler 3.**

**1 voile** *nm* **1** Pièce d'étoffe destinée à cacher qqch. *Couvrir une statue d'un voile.* **2** Morceau de tissu qui cache les cheveux et, entièrement ou partiellement, le visage. *Voile des femmes musulmanes. Voile de mariée.* **3** Tissu fin et léger. *Des rideaux en voile.* **4** Ce qui dissimule à la vue. *Un voile de fumée légère.* **5** PHOTO Obscurcissement d'une épreuve surexposée. **6** BOT Enveloppe qui recouvre le chapeau des jeunes champignons et qui subsiste parfois sous la forme d'un anneau, d'une volve. LOC ***Jeter un voile sur qqch*** : tenter de le cacher ; ne pas ou ne plus en parler. — ***Prendre le voile*** : entrer en religion, en parlant d'une femme. — MED ***Voile au poumon*** : opacité anormale et homogène d'une partie du poumon, visible à la radiographie. — ANAT ***Voile du palais*** : syn. de *palais mou.* — CONSTR ***Voile mince*** : élément de construction en béton de grande surface et de faible épaisseur. — AVIAT ***Voile noir, voile rouge*** : trouble de la vue se produisant chez les aviateurs soumis à une forte accélération. ETY Du lat. *velum.*

**2 voile** *nf* **1** Pièce d'étoffe résistante destinée à recevoir l'action du vent et à assurer la propulsion d'un navire. *Bateau à voiles. Voile carrée, latine, aurique, marconi.* **2** Voilier. *Escadre de tant de voiles.* **3** Sport consistant à naviguer en voilier. *Faire de la voile.* LOC fam ***Avoir du vent dans les voiles*** : être ivre. — ***Faire voile*** : naviguer. — ***Mettre à la voile*** : appareiller. — ***Mettre les voiles*** : partir, fuir. — ***Mettre toutes voiles dehors*** : les déployer toutes ; fig, fam mettre tout en œuvre pour réussir. ETY De *voile* 1.

**voile** Loïc Peyron lors de la Route du Rhum en 1990

**3 voile** *nm* TECH Gauchissement, renflement d'une pièce de bois, de métal, etc. *Cette porte prend du voile.* ETY De *voiler* 3.

**voilé, ée** *a* **1** Qui manque d'éclat, de netteté. *Ciel voilé. Regard voilé.* **2** Atténué, affaibli. *Un reproche voilé.* LOC ***Voix voilée*** : un peu rauque.

**1 voiler** *vt* 1 **1** Couvrir d'un voile. *Voiler son visage. Se voiler.* **2** Dissimuler ; cacher. *Le brouillard voilait les collines. Voiler son trouble.*

**2 voiler** *vt* 1 MAR Munir de voiles.

**3 voiler** *vt* 1 Gauchir, rendre une pièce, une surface, convexe ou renflée. *Voiler une roue.* DER **voilage** ou **voilement** *nm* ou **voilure** *nf*

**voilerie** *nf* MAR Lieu où l'on confectionne, raccommode, entrepose des voiles de navire.

**Voiles (les)** constellation de l'hémisphère austral ; n. scientif. : *Vela, Velorum.*

**voilette** *nf* Petit voile transparent fixé sur un chapeau de femme et qui s'abaisse sur le visage.

**voileux, euse** *n* fam Plaisancier (ère).

**voilier** *nm* **1** Bateau à voiles. **2** Personne qui confectionne ou répare les voiles. *Un maître voilier.* **3** Oiseau à ailes puissantes. **4** Poisson voisin de l'espadon, remarquable par sa nageoire dorsale longue et haute.

**voilier**

**1 voilure** *nf* **1** Ensemble des voiles d'un navire. **2** AVIAT Ensemble des surfaces assurant la sustentation d'un avion. LOC ***Voilure tournante*** : surface en rotation permettant l'envol et la descente verticaux d'un hélicoptère ou d'un autogire. SYN rotor.

**2 voilure → voiler 3.**

**voir** *v* 46 **A** *vt* **1** Percevoir avec les yeux, par la vue. *Je l'ai vu comme je vous vois.* **2** Être témoin de ; regarder, visiter. *Nous avons vu ses exploits. Voir un spectacle, une exposition.* **3** Rencontrer qqn ; rencontrer occasionnellement ou fréquemment. *Aller voir un ami. Ils ne se voient plus.* **4** Consulter. *Voir le médecin, un avocat.* **5** Considérer attentivement, examiner, étudier. *Voir un dossier en détail.* **6** Avoir l'image mentale de. *Je vois la scène comme si j'y étais.* **7** Se faire une idée de, concevoir. *Ce n'est pas ma façon de voir.* **8** Saisir par la pensée. *Je ne vois pas où est la difficulté.* **B** *vti* Veiller à, faire en sorte de. *Voyez à faire le nécessaire.* **C** *vpr* **1** Avoir de soi-même telle image. *Je ne me vois pas du tout dans ce rôle.* **2** Prendre conscience d'être ; croire être. *Se voir perdu.* **3** Être visible. *Cela se voit.* **4** Arriver, se produire. *Cela se voit tous les jours.* LOC ***En avoir vu d'autres*** : ne pas en être à sa première expérience désagréable. — ***Faire voir*** : montrer. — fam ***Il faudrait voir à*** : tâcher de. *Il faudrait voir à vous dépêcher un peu.* — ***Laisser voir*** : accepter qu'on voie, ne pas cacher. — ***N'avoir rien à voir avec*** : n'avoir aucun rapport avec. — ***Ne pas pouvoir voir qqn*** : le détester. — fam ***On aura tout vu*** : rien ne nous sera épargné. — ***Se faire voir*** : se montrer. — ***Voir le jour*** : naître, commencer à exister. — ***Voir loin*** : avoir de la perspicacité, de la clairvoyance. — ***Voyons*** : marque l'encouragement, l'exhortation ou la réprobation. ETY Du lat.

**voire** *av* Et même. *Il est très économe, voire avare.* ETY Du lat. *verus,* « vrai ».

**voirie** *nf* **1** Ensemble des voies de communication territoriales par terre et par eau. **2** Administration chargée de l'établissement, de la conservation et de la police de ces voies.

**Voiron** ch.-l. de cant. de l'Isère (arr. de Grenoble), sur la Morge ; 19 794 hab. Centre industriel. DER **voironnais, aise** *a, n*

**Voisard** Alexandre (Porrentruy, 1930), écrivain suisse de langue française : *Feu pour feu* (1965), *l'Année des treize lunes* (1984).

**voisé, ée** *a* PHON Syn. de *sonore. Consonne voisée.* ETY De *voix.*

**voisement** *nm* PHON Vibration des cordes vocales dans la production d'un phonème.

**voisin, ine** *a, n* **A** *a* **1** Proche dans l'espace. *Maisons voisines.* **2** Peu éloigné dans le temps. *Date voisine de Noël.* **3** Analogue, comparable. *Expressions voisines.* **B** *n* Personne qui habite, qui se trouve à proximité d'une autre. *C'est le voisin du dessus. Passe le sel à ton voisin.* ETY Du lat.

**Voisin** Catherine Monvoisin, née Deshayes, dite **la** (Paris, v. 1640 – id., 1680), sage-femme française. Elle fut mêlée à l'affaire des Poisons, arrêtée (1679) et brûlée vive.

**Voisin** Gabriel (Belleville-sur-Saône, 1880 – Ozenay, Saône-et-Loire, 1973), ingénieur et industriel français. Il fonda la première usine d'aviation du monde (1908) et se consacra (à partir de 1918) à la construction automobile. — **Charles** (Lyon, 1882 – Corcelles, Rhône, 1912), frère du préc. ; premier pilote français qui vola en Europe (1907).

**voisinage** *nm* **1** Proximité de qqn, d'un lieu. *Le voisinage de la forêt permet d'agréables promenades.* **2** Alentours, lieux voisins. *Les maisons du voisinage.* **3** Ensemble des voisins. *Déranger tout le voisinage.* LOC ***Bon voisinage*** : bonnes relations entre voisins.

**voisiner** *vi* ① Se trouver près de. *Étalage où les fruits voisinent avec les légumes.*

**Voisins-le-Bretonneux** com. des Yvelines, composante de Saint-Quentin-en-Yvelines ; 11 220 hab. DER **vicinois, oise** *a, n*

**voiture** *nf* **1** Véhicule à roues, destiné au transport. *Voiture à bras, à cheval.* **2** Automobile. *Voiture de course.* **3** CH DE F Grand véhicule destiné aux voyageurs, par oppos. à *wagon*, véhicule réservé aux marchandises et roulant sur des rails. **LOC** ***Voiture de maître*** : avec chauffeur. ETY Du lat. *vectura*, « action de transporter ».

**Voiture** Vincent (Amiens, 1597 – Paris, 1648), écrivain français, le plus célèbre des précieux : *Poésies et Lettres* (posth., 1650). Acad. fr. (1634).

**voiture-balai** *nf* Voiture qui recueille les coureurs cyclistes hors des temps. PLUR voitures-balais.

**voiture-bar** *nf* CH DE F Voiture aménagée en bar. PLUR voitures-bars.

**voiture-bélier** *nf* Voiture utilisée comme un bélier du Moyen Âge pour faire intrusion dans des banques, des magasins. PLUR voitures-béliers.

**voiturée** *nf* Contenu d'une voiture.

**voiture-lit** *nf* CH DE F Syn. de *wagon-lit*. PLUR voitures-lits.

**voiture-poste** *nf* CH DE F Voiture réservée au service postal. PLUR voitures-postes.

**voiturer** *vt* ① Transporter en voiture. DER **voiturage** *nm*

**voiture-restaurant** *nf* CH DE F Syn. de *wagon-restaurant*. PLUR voitures-restaurants.

**voiturette** *nf* Petite voiture que l'on peut conduire sans permis de conduire.

**voiturier** *nm* **1** anc Celui qui transportait des personnes ou des marchandises dans une voiture à cheval. **2** Employé chargé, dans un hôtel, un restaurant, etc., de garer les automobiles des clients. **3** Navire spécialisé dans le transport des voitures.

**voïvode, voïvodie → voïévode.**

**voix** *nf* **1** Ensemble des sons émis par les êtres humains. *Une voix douce, forte. Parler à haute voix, à voix basse.* **2** Appel, avertissement intérieur. *La voix de la conscience.* **3** Sons émis en chantant ; voix d'un chanteur. *Une voix juste. Voix de basse.* **4** Partie tenue par un chanteur ou un instrumentiste, dans une œuvre musicale. *Cantate à trois voix.* **5** Cri, chant, ramage d'un animal. *La voix du rossignol.* **6** Avis exprimé dans un vote. *Trois voix pour, cinq contre. Ce candidat a gagné des voix.* **7** GRAM Ensemble des formes que prend un verbe selon que le sujet est l'agent ou l'objet de l'action. *Voix active, voix passive.* **LOC** ***De vive voix*** : verbalement. — ***Donner de la voix*** : crier en parlant des chiens de chasse ; fig protester énergiquement. — ***Être, rester sans voix*** : muet d'étonnement. — ***Voix blanche*** : sans timbre. — MUS ***Voix humaine*** : un des jeux de l'orgue. ETY Du lat.

**Voix du Nord (la)** mouvement de Résistance créé à Lille en avr. 1941 et dont l'organe (du m. nom) paraît encore.

**Voix du silence (les)** ouvrage de philosophie de l'art de Malraux (1951) dont la prem. version se nommait *Psychologie de l'art* (3 vol., 1947-1950).

**Vojvodine** prov. (autonome jusqu'en 1990) comprise dans la république de Serbie, au N. de Belgrade, cédée par la Hongrie à la Serbie au traité de Trianon en 1920 ; 21 506 km$^2$ ; 2 049 000 hab. (Serbes 57 %, Hongrois 19 %) ; ch.-l. *Novi Sad.* Riche région agricole.
**Histoire** En 1992, des Serbes qui fuyaient la Croatie se réfugièrent en Vojvodine, où, parallèlement, les pouvoirs publics poussèrent les non-Serbes à fuir la région.

**1 vol** *nm* **1** Locomotion aérienne des oiseaux, des insectes, de certains mammifères. *Le vol de l'aigle.* **2** Distance parcourue par un oiseau d'une seule traite. **3** Ensemble d'oiseaux volant en groupe. *Un vol de canards sauvages.* **4** Déplacement dans l'atmosphère ou dans l'espace extraterrestre d'un aéronef, d'un engin. *Vol orbital d'un véhicule spatial.* **5** Trajet effectué en volant. *Un vol de six mille kilomètres.* **LOC** ***Attraper qqch au vol*** : alors qu'il est en l'air, qu'il tombe. — ***À vol d'oiseau*** : en ligne droite. — ***De haut vol*** : de grande envergure. — ***Prendre son vol*** : s'envoler. — ***Vol à voile*** : pratiqué avec un planeur. — ***Vol battu*** : vol d'un oiseau qui bat des ailes. — ***Vol libre*** : sport pratiqué avec une aile libre, un deltaplane. — ***Vol plané*** : vol d'un oiseau les ailes étendues ; vol d'un avion dont le moteur est au ralenti ou arrêté. — ***Vol relatif*** : sport parachutiste consistant à effectuer des figures à plusieurs (4 ou 8) en chute libre. — ***Vol sec*** : voyage aérien vendu par une agence de voyages sans prestations complémentaires. ETY De *voler* 1.

**2 vol** *nm* **1** Action de s'approprier le bien d'autrui de façon illicite ; chose dérobée. **2** Fait d'être malhonnête dans une transaction. *Vendre cette marchandise à ce prix, c'est du vol !* **LOC** DR ***Vol qualifié*** : accompagné de circonstances aggravantes, crime relevant de la cour d'assises. — DR ***Vol simple*** : délit de la compétence du tribunal correctionnel. ETY De *voler* 2.

**volable → voler 2.**

**volage** *a* Inconstant dans ses sentiments, infidèle en amour. *Un amant volage.*

**volaille** *nf* **1** Ensemble des oiseaux de basse-cour. *Nourrir la volaille.* **2** Oiseau élevé en basse-cour ; chair de cet oiseau. *Plumer une volaille.*

**volailler, ère** *n* Personne qui élève ou vend des volailles. VAR **volailleur, euse**

**1 volant, ante** *a, nm* **A** *a* **1** Qui vole, qui peut voler dans l'air. *Les avions sont des engins volants. Poissons volants.* **2** Dont la place n'est pas fixe, que l'on peut déplacer à volonté. *Pont volant. Camp volant.* **B** *nm* AVIAT Membre du personnel navigant, par oppos. à *rampant*. **LOC** ***Feuille volante*** : feuille de papier qui n'est pas attachée à un carnet, à un bloc.

**2 volant** *nm* **1** Petit objet sphérique, fait d'une matière légère et garni de plumes, que les joueurs se renvoient, à certains jeux de raquette ; jeu dans lequel on utilise un volant. *Jouer au volant.* **2** Organe circulaire qui permet de diriger un véhicule automobile. **3** TECH Roue pesante destinée à régulariser la vitesse de rotation de l'arbre dont elle est solidaire. **4** Bande d'étoffe froncée cousue au bord d'un vêtement, d'une garniture d'ameublement. *Volant d'une jupe, d'un dessus-de-lit.* **5** Feuille détachable d'un carnet à souches, par oppos. au *talon*. **LOC** ***Volant de sécurité*** : réserve permettant de faire face à un imprévu. — ***Volant magnétique*** : qui fait office de magnéto, dans les moteurs à deux temps.

**volanté, ée** *a* COUT Se dit d'une partie de vêtement où est fixé un volant.

**volapük** *nm* Langue artificielle internationale créée en 1879 par l'Allemand J. M. Schleyer et qui fut supplantée par l'espéranto. PHO [vɔlapyk] ETY De l'angl. *world*, « monde », et *to speak*, « parler ». VAR **volapuk**

**volateur, trice** *a* ZOOL Se dit d'un animal capable de voler.

**volatil, ile** *a* **1** Qui se transforme facilement en vapeur, en gaz. *L'alcool à 90° est très volatil.* **2** fig Incertain, fluctuant. *Électorat volatil. Taux d'intérêt volatils.* DER **volatilité** *nf*

**volatile** *nm* Oiseau, notam. de basse-cour.

**volatiliser** *v* ① **A** *vt* **1** Faire passer un corps solide ou liquide à l'état gazeux. **2** Dérober, voler, faire disparaître. **B** *vpr* **1** Passer à l'état gazeux. **2** fig Disparaître. *Ses économies se sont volatilisées.* DER **volatilisable** *a* – **volatilisation** *nf*

**volatilité → volatil.**

**vol-au-vent** *nm inv* CUIS Préparation faite d'un moule de pâte feuilletée garni de viande ou de poisson en sauce.

**Volcans d'Auvergne (parc naturel régional des)** parc qui comprend les monts Dôme, les monts Dore et les monts du Cantal.

**volcan** *nm* **1** Relief au sommet duquel se trouve un orifice par où s'échappent des matériaux à haute température provenant des couches profondes de l'écorce terrestre ; relief formé par l'émission de ces matériaux. **2** fig Personne ardente, impétueuse. **LOC** ***Être sur un volcan*** : dans une situation précaire et dangereuse. ETY Du lat.

ENC On classe les volcans selon la nature des produits qu'ils rejettent. **1.** Les produits de type hawaiien, très fluides (basalte), émanent de fissures de la croûte terrestre ; ils ont recouvert l'Islande, l'Irlande, le Dekkan ; les lacs de lave d'Hawaii, encore en activité, ont donné naissance à un cône très aplati (« volcan bouclier »). **2.** Des débris solides, provenant d'une explosion, retombent et constituent un cône tronqué (puys d'Auvergne, Paricutín, etc.). En outre, ce type d'éruption est celui des éruptions sous-marines dans les rifts. **3.** La lave, extrêmement visqueuse (rhyolite), sort sous forme d'aiguille (montagne Pelée) ou de dôme. **4.** L'éruption, de type explosif, libère une énorme quantité de gaz ; ses effets sont très destructeurs et des cratères d'explosion d'un diamètre supérieur à 200 m se forment ; on nomme *caldeira* des dépressions volcaniques de plusieurs km de diamètre. À l'échelle de la Terre, les volcans ont trois localisations possibles : les *zones de subduction* (Antilles), les *dorsales océaniques*, les volcans *intraplaques* ou *points chauds* (la Réunion).

le **volcan** Bromo en Indonésie

**volcanique** *a* **1** Relatif à un volcan, à son activité ; qui provient d'un volcan. *Éruption volcanique. Roche volcanique.* **2** fig Ardent, fougueux. *Un tempérament volcanique.*

**volcanisme** *nm* GEOL Ensemble des manifestations volcaniques.

**volcanologie** *nf* Étude, science des volcans. VAR **vulcanologie** DER **volcanologique** ou **vulcanologique** *a* – **volcanologue** ou **vulcanologue** *n*

**Volces → Volques.**

**Vol de nuit** récit de Saint-Exupéry (1931).

**vole** *nf* JEU Aux cartes, coup où l'un des joueurs fait toutes les levées.

**volé, ée** *a, n* **A** *n* Qui a été dérobé. *Bijoux volés.* **B** *a, n* Victime d'un vol.

**volée** *nf* **1** Action de voler, pour un oiseau ; envol, essor. *Prendre sa volée.* **2** Espace que franchit un oiseau sans se poser. **3** Bande d'oiseaux volant ensemble. *Une volée de moineaux.* **4** Mouvement d'un projectile lancé avec force. *Une volée de pierres.* **5** SPORT Frappe de la balle ou du ballon avant qu'ils aient touché terre. **6** Série de coups donnés à qqn. *Recevoir une volée.* **7** ARCHI Partie d'un escalier entre deux paliers. **LOC** ***À la volée*** : au vol, en l'air ; en lançant vigoureusement. — ***Arrêt de volée*** : au rugby, geste technique d'un joueur qui arrête intentionnellement le jeu en bloquant le ballon avant qu'il ne touche le sol.

— *À toute volée :* en balançant vigoureusement. — *De haute volée :* d'un rang social élevé ; de grande envergure. — fam *Volée de bois vert :* attaque verbale, critiques violentes.

**volémie** *nf* PHYSIOL Volume sanguin total, en moyenne de 76 ml/kg chez l'homme et de 66 ml/kg chez la femme. [DER] **volémique** *a*

**1 voler** *vi* [1] **1** Se mouvoir ou se soutenir en l'air au moyen d'ailes. *Oiseau qui vole bas.* **2** Se déplacer par voie aérienne. *Voler de New York à Paris.* **3** Être lancé ou flotter dans l'air. *Les flèches volaient. Faire voler des cendres en soufflant dessus.* **4** Aller à une grande vitesse. *Voler au secours de qqn.* **LOC** fam *Voler bas :* être d'un niveau très bas, en parlant d'arguments, d'une discussion. — *Voler en éclats :* être brisé, anéanti. [ETY] Du lat.

**2 voler** *vt* [1] **1** S'approprier le bien d'autrui de façon illicite. *Voler le porte-monnaie de qqn.* **2** Prendre indûment. *Voler une idée.* **3** Manquer d'honnêteté à l'égard de qqn dans une transaction. **LOC** fam *Ne pas l'avoir volé :* l'avoir bien mérité. [ETY] De *voler* 1. [DER] **volable** *a*

**volerie** *nf* anc Chasse à l'aide d'oiseaux de proie.

**volet** *nm* **1** Panneau de bois, de métal, etc., destiné à clore une baie. **2** Partie mobile d'un objet, pouvant se rabattre sur celle à laquelle elle est fixée. *Volets d'un triptyque.* **3** AVIAT Panneau articulé orientable de l'aile ou de l'empennage d'un avion. **4** Partie d'un ensemble. *Le deuxième volet de l'enquête.* **LOC** *Trié sur le volet :* choisi avec soin, sélectionné. — *Volet de carburateur :* qui sert à régler l'arrivée d'air. [ETY] De *voler* 1.

**voleter** *vi* [18] ou [20] **1** Voler à petits coups d'ailes. *Oisillon qui volète.* **2** fig S'agiter sous l'effet du vent. *Son écharpe voletait.* [DER] **voletant, ante** *a* – **volètement** ou **volettement** *nm*

**voleur, euse** *a, n* Qui a commis un vol ou qui vole habituellement. **LOC** *Comme un voleur :* subrepticement. — fam *Voleur de poules :* petit délinquant.

**Voleur de Bagdad (le)** film de R. Walsh (1924), avec Douglas Fairbanks ; remakes de : Michael Powell, l'Allemand Lugwig Berger (1892 – 1969) et l'Américain Tim Whelan (1893 – 1957), en 1940.

**Voleur de bicyclette (le)** film néoréaliste de V. De Sica (1948).

**Volga (la)** fl. de Russie (3 700 km), le plus long d'Europe. Née sur les hauteurs du Valdaï, au N.-O. de Moscou, elle traverse la grande plaine russe, arrosant Nijni-Novgorod, Kazan, Volgograd, et se jette dans la mer Caspienne par un vaste delta. Malgré son régime irrégulier (nival), la Volga constitue un grand axe commercial, relié par canaux à la Baltique, à la mer d'Azov et à la mer Noire, ainsi qu'au Don et à la Moskova. – La Volga fournit un potentiel électrique considérable.

**Volga (république des Allemands de la)** anc. rép. autonome au sein de la rép. soviétique de Russie, sur le cours inférieur de la Volga, créée en 1924. En 1941, elle fut supprimée et les All. de cette région (descendants des colons établis au XVIII^e s.) furent déportés.

**Volgograd** (*Tsaritsyne* jusqu'en 1925, *Stalingrad* de 1925 à 1961), v. de Russie, sur la r. dr. de la Volga ; 981 000 hab. ; ch.-l. de la prov. du m. nom. Important centre industriel. ▷ HIST V. Stalingrad.

**Volhynie** rég. du N.-O. de l'Ukraine, pays de plateaux et collines boisés.

**volière** *nf* Espace clos par un grillage ; grande cage où l'on élève des oiseaux.

**volige** *nf* CONSTR Planche mince sur laquelle sont fixées les ardoises ou les tuiles d'une toiture.

**voliger** *vt* [13] CONSTR Garnir de voliges la charpente d'un toit. [DER] **voligeage** *nm*

**volis** *nm* ARBOR Cime d'un arbre cassée par le vent. [PHO] [vɔli] [ETY] De *voler* 1.

**volition** *nf* PHILO Acte de volonté ; faculté de vouloir, volonté. [DER] **volitif, ive** *a*

**Volkssturm** (« assaut du peuple »), ensemble des formations militaires allemandes qui en 1944-1945 rassemblaient tous les hommes valides non encore mobilisés, âgés de dix-sept à soixante ans.

**Volkswagen** (mot all. signif. « voiture du peuple »), société allemande de construction automobile créée en 1937.

**Volland Louise Henriette,** dite **Sophie** (v. 1717 – 1784), confidente de Diderot (*Lettres à Sophie Volland,* 1759-1774).

**Vollard Ambroise** (Saint-Denis de la Réunion, 1868 – Paris, 1939), marchand de tableaux français. Organisateur de la première exposition de Cézanne (1895), il s'intéressa à Gauguin, Van Gogh, Renoir, Picasso, etc., et publia *Souvenirs d'un marchand de tableaux* (1937).

**volley-ball** *nm* Sport opposant deux équipes de six joueurs, qui se renvoient un ballon au dessus d'un filet tendu. PLUR volley-balls. **LOC** *Volley-ball de plage :* syn. de *beach-volley.* [PHO] [vɔlɛbol] [ETY] Mot angl. [VAR] **volleyball** ou **volley** ▶ pl. sport

**volleyer** *vi* [1] Au tennis, jouer à la volée.

**volleyeur, euse** *n* **1** Joueur, joueuse de volley-ball. **2** Au tennis, spécialiste du jeu de volée. [PHO] [vɔlejœʀ, øz]

**volnay** *nm* Bourgogne rouge très réputé. [ETY] D'un n. pr.

**Volney Constantin François de Chassebœuf (comte de)** (Craon, Anjou, 1757 – Paris, 1820), érudit et philosophe français du groupe des idéologues : *les Ruines ou Méditation sur les révolutions des empires* (1791). Acad. fr. (1803).

**Vologda** v. de Russie, au N. de Moscou ; ch.-l. de la prov. du m. nom ; 269 000 hab. Centre ferroviaire. Industries.

**Vologèse I^er** (mort vers 77 après J.-C.), roi des Parthes de 50 ou 51 à sa mort ; sa lutte avec Rome (54-63) se termina par une alliance. — **Vologèse III** (mort en 191), roi des Parthes de 147 à sa mort ; il dut céder aux Romains la haute Mésopotamie. — **Vologèse IV** (mort vers 209), roi des Parthes de 191 à sa mort. Septime Sévère lui prit Ctésiphon.

**volontaire** *a, n* **A** *a* **1** Qui se fait délibérément. ANT involontaire. **2** Qui ne résulte pas d'une contrainte. *Contribution volontaire.* **3** Entêté, obstiné, persévérant. *Un tempérament, un air volontaire.* **B** *a, n* **1** Se dit de qqn qui s'offre de lui-même à accomplir une mission, une tâche. **2** Se dit d'un militaire qui sert dans une armée en vertu d'un engagement volontaire. [DER] **volontairement** *av*

**volontariat** *nm* **1** Fait d'être volontaire. **2** Fait de servir volontairement dans l'armée.

**volontarisme** *nm* **1** PHILO Doctrine qui place la volonté au-dessus de l'intelligence en démontrant la supériorité de l'action et de la volition sur la pensée réfléchie. **2** Attitude qui consiste à mettre tout en œuvre pour soumettre le réel à une volonté définie. [DER] **volontariste** *a, n*

**volonté** *nf* **1** Faculté de se déterminer soi-même vis-à-vis d'une décision à prendre, d'une action. *L'entendement et la volonté.* **2** Qualité d'une personne qui possède, exerce cette faculté ; détermination, fermeté. *Avoir de la volonté. Une volonté de fer.* **3** Décision prise ; désir, souhait. *Il a agi contre ma volonté.* **LOC** *À volonté :* quand on veut ou autant qu'on veut. — *Bonne volonté :* disposition à faire une chose de son mieux, de bon gré. — fam *Faire les quatre volontés de qqn :* lui passer tous ses caprices. — *Les dernières volontés de qqn :* les souhaits exprimés avant sa mort. — *Mauvaise volonté :* tendance à se dérober à une obligation. [ETY] Du lat.

**Volonté de puissance (la)** recueil de notes de Nietzsche (1884-1888) publié par sa sœur Élisabeth (prem. éd., près de 500 aphorismes, 1906 ; 2^e éd., plus de 1 000 aphorismes, 1911).

**volontiers** *av* **1** De bon gré, avec plaisir. *Je le recevrai volontiers.* **2** Par une inclination naturelle, sans peine. *Je le crois volontiers.*

**Vólos** v. et port de Grèce (Thessalie), sur le *golfe de Vólos ;* ch.-l. de nome ; 71 380 hab.

**Volpone** personnage princ. de la comédie en 5 actes et en vers de Ben Jonson, *Volpone ou le Renard* (1605), librement adaptée en 1928 par J. Romains et S. Zweig (*Volpone*). ▷ CINE Film de M. Tourneur (1940), d'apr. Romains et Zweig, avec L. Jouvet, Harry Baur, Ch. Dullin.

**Volques** peuple de la Gaule. Venus de Germanie (?), ils s'établirent entre le Rhône et la Garonne, se divisant au II^e s. en deux groupes, l'un dans le bas Languedoc, l'autre dans la région de Toulouse. [VAR] **Volces**

**Volsques** anc. peuple d'Italie, installé à la fin du VI^e s. av. J.-C. dans le sud du Latium et soumis par les Romains au IV^e s. av. J.-C.

**volt** *nm* ELECTR Unité SI (symbole V) servant à mesurer la différence de potentiel entre deux points d'un conducteur transportant un courant de 1 ampère lorsque la puissance dissipée entre ces points est égale à 1 watt. [ETY] Du n. pr. *Volta.*

**Volta (la)** fl. du Ghāna (1 600 km), tributaire de l'Atlantique, formé par la réunion du Mouhoun (anc. *Volta Noire*), à l'O., du Nazinon (anc. *Volta Rouge*), au centre, et du Nakambe (anc. *Volta Blanche*), à l'E., nés au Burkina Faso. Le fl. alimente le barrage d'Akosombo, qui crée le *lac Volta* (8 500 km²).

**Volta Alessandro (comte)** (Côme, 1745 – id., 1827), physicien italien. Il fit progresser l'électricité et inventa la prem. pile, qui porte son nom (1800).

le comte **Alessandro Volta**

**Volta (Haute-)** anc. nom du Burkina Faso.

**voltage** *nm* Tension électrique.

**1 voltaïque** *a* Relatif à la pile de Volta.

**2 voltaïque** *a, n* **A** De la Haute-Volta, ancien nom du Burkina Faso. **B** *nm* LING Syn. de *gur.*

**voltaire** *nm* Large fauteuil au dossier élevé.

**Voltaire François Marie Arouet,** dit (Paris, 1694 – id., 1778), écrivain français. Fils d'un notaire, il fit ses études chez les jésuites, à Paris. Certains de ses vers, qui visaient Philippe d'Orléans, le firent embastiller (1717-1718). Sa tragédie *Œdipe* (1718) et le *Poème de la Ligue* (1723) lui apportèrent le succès, mais une querelle avec un noble le renvoya cinq mois à la Bastille ; il s'exila à Londres (1726-1729) et vit dans l'Angleterre le pays de la liberté. De retour en France, il publia des tragédies inspirées de Shakespeare (*Brutus,* 1730 ; *Zaïre,* 1732), une étude historique qui dénonçait la « folie des conquêtes » (*Histoire de Charles XII,* 1731), une critique des dogmes du christianisme (*Épître à Uranie,* 1733) ; sa critique de la France (*Lettres philosophiques sur l'Angleterre* ou *Lettres anglaises,* 1734) fit scandale et il se réfugia dans le château de la marquise du Châtelet, en Lorraine (1734-1749), où il rédigea notam. le conte philosophique *Zadig ou la Destinée* (1747). Après la mort de Mme du Châtelet (1749), il vécut chez le roi de Prusse, Frédéric II, à Potsdam (1750), où il écrivit *le Siècle de Louis XIV* (1752). S'étant fâché avec le roi, il revint en France (1753), mais non à Paris. Son poème héroïcomique *la Pucelle* (1755) scandalisa les catholiques, son *Essai sur les mœurs* (1756) déplut aux protestants, son *Poème sur le désastre de Lisbonne* (1756) attaqua l'optimisme de Leibniz. Il acheta en 1759 le domaine de Ferney, où il finit sa vie : *Candide ou l'Optimisme* (roman philosophique, 1759) ; *Tancrède* (tragédie, 1760), *Traité sur la tolérance* (1763) ; *Jeannot et Colin* (satire des parvenus, 1764) ; *Dictionnaire philosophique* (prem. éd., 1764) ; *l'Ingénu* (conte satirique, 1767), etc. Ses combats en faveur des victimes de l'intolérance religieuse et de l'arbitraire royal lui acquirent la bourgeoisie libérale : lorsqu'il vint à Paris assister à la représentation de sa pièce *Irène* (1778), le public l'acclama. Acad. fr. (1746).

Voltaire

**voltairianisme** *nm* Philosophie de Voltaire, esprit d'incrédulité railleuse, d'hostilité à l'influence de l'Église. [DER] **voltairien, enne** *a, n*

**voltamètre** *nm* ELECTR Appareil servant à électrolyser une solution.

**voltampère** *nm* ELECTR Unité de puissance apparente (symbole VA) utilisée pour les courants alternatifs.

**Volta Redonda** v. du Brésil (aggl. de Rio de Janeiro) ; 220 080 hab. Sidérurgie.

**volte** *nf* **1** EQUIT Mouvement d'un cheval que son cavalier mène en rond. **2** Danse du XVIe s., à trois temps. [ETY] De l'ital. *volta*, « tour ».

**volte-face** *nf* **1** Action de se retourner pour faire face. **2** fig Brusque changement d'opinion. [VAR] **volteface**

**volter** *vi* [1] EQUIT Faire une volte.

**Volterra** v. d'Italie (Toscane), au S.-O. de Florence ; 14 080 hab. – Import. vestiges de l'anc. ville étrusque de *Velathri* (*Volaterræ* en lat.). Musée d'art étrusque. Cath. XIIe-XVIe s.

**Volterra Vito** (Ancône, 1860 – Rome, 1940), mathématicien, physicien et homme politique italien. Il fit progresser l'analyse fonctionnelle. Sénateur, il s'opposa au fascisme.

**voltige** *nf* **1** Acrobatie sur la corde raide, au trapèze volant. **2** Ensemble des acrobaties exécutées sur un cheval. **3** AVIAT Acrobatie aérienne. *Concours de voltige.* **4** fig Façon de procéder exigeant une grande habileté. *Décrocher ce marché, c'est de la haute voltige !*

**voltiger** *vi* [13] **1** Voler à fréquentes reprises, çà et là. *Regarder voltiger les papillons.* **2** Flotter au gré du vent. *Le vent fait voltiger les rideaux.* [ETY] De l'ital.

**voltigeur** *nm* **1** Acrobate qui fait des exercices de voltige. **2** MILIT anc Soldat d'élite, appartenant à certaines unités d'infanterie. **3** MILIT mod Élément mobile d'un groupe de combat.

**voltinisme** *nm* ZOOL Nombre de générations par an d'une espèce vivante, notam. d'un arthropode.

**voltmètre** *nm* ELECTR Appareil servant à mesurer les différences de potentiel.

**volubile** *a* **1** BOT Qualifie une tige, une plante qui s'élève en s'enroulant autour d'un support. **2** Qui parle beaucoup et rapidement. [ETY] Du lat. [DER] **volubilité** *nf*

**volubilis** *nm* Plante ornementale (convolvulacée) cultivée pour ses fleurs en forme d'entonnoir. [PHO] [vɔlybilis]

volubilis

**Volubilis** site archéologique du Maroc, près de Meknès. Anc. cité berbère, Volubilis fut une importante ville romaine de 50 env. à 285. Ruines imposantes : capitole, basilique, arc de Caracalla, maisons décorées de mosaïques, etc.

**volucelle** *nf* Grande mouche de la famille des syrphes, à l'abdomen jaune et noir. [ETY] Du lat.

**volumateur, trice** *a* En cosmétique, se dit d'un élément qui donne du volume. *Mascara volumateur.*

**volume** *nm* **1** ANTIQ Manuscrit sur parchemin ou sur papyrus, qu'on enroulait autour d'une baguette. **2** Livre broché ou relié. **3** Espace occupé par un corps ; grandeur qui mesure cet espace. *Le volume de cette pièce est d'environ cinquante mètres cubes.* **4** Masse d'eau que débite un cours d'eau, une fontaine, etc. *Volume d'un fleuve.* **5** Intensité des sons produits par la voix ou par un instrument de musique. **6** Quantité globale. *Le volume des échanges commerciaux augmente.* **7** Espace intérieur d'un bâtiment, considéré dans son aspect esthétique. **LOC** ***Donner du volume :*** rendre plus important. — ***Faire du volume :*** tenir beaucoup de place ; fig donner beaucoup d'importance à sa personne. — ELECTR ***Volume acoustique :*** niveau de puissance acoustique d'un haut-parleur. [ETY] Du lat. ▶ pl. **géométrie**

**volumétrie** *nf* **1** TECH Mesure des volumes. **2** CHIM Ensemble des méthodes servant à déterminer la concentration d'une solution. [DER] **volumétrique** *a*

**volumineux, euse** *a* Dont le volume est important.

**volumique** *a* PHYS Relatif à l'unité de volume. **LOC** ***Masse, poids volumique :*** par unité de volume.

**volupté** *nf* **1** Jouissance profonde, sensuelle ou intellectuelle. **2** Plaisir sexuel. [ETY] Du lat.

**Volupté** roman de Sainte-Beuve (1834).

**voluptueux, euse** *a, n* **A** Qui aime, qui recherche la volupté, le plaisir sexuel. **B** *a* Qui exprime ou qui procure la volupté. *Caresses voluptueuses.* [DER] **voluptueusement** *av*

**volute** *nf* **1** ARCHI Ornement en spirale d'un chapiteau ionique, d'une corniche, d'une console, etc. **2** Ce qui est en forme de spirale. *Volutes de fumée.* **3** ZOOL Mollusque gastéropode prosobranche des mers chaudes dont la coquille présente un dernier tour très large. [ETY] De l'ital.

**volvaire** *nf* BOT Champignon basidiomycète comestible à lamelles, à grande volve et dépourvu d'anneau.

**volve** *nf* BOT Reste du voile qui subsiste à la base du pied de divers champignons. [ETY] Du lat.

**Volvic** com. du Puy-de-Dôme (arr. de Riom) ; 4 165 hab. Eaux minérales. [DER] **volvicois, oise** *a, n*

**volvox** *nm* BOT Algue verte d'eau douce, unicellulaire, qui forme des colonies de cellules à deux flagelles. [ETY] Mot lat.

**volvulus** *nm* MED Torsion d'un organe creux autour de son axe, entraînant son occlusion. [PHO] [vɔlvylys] [ETY] Du lat.

**vomer** *nm* ANAT Os médian de la partie postérieure de la cloison nasale. [PHO] [vɔmɛʀ] [ETY] Mot lat., « soc de charrue », par anal. de forme. [DER] **vomérien, enne** *a*

**vomi** *nm* fam Vomissure.

**1 vomique** *a* **LOC** BOT ***Noix vomique :*** graine vénéneuse du vomiquier, riche en strychnine.

**2 vomique** *nf* MED Rejet par la bouche d'une collection purulente d'origine bronchopulmonaire.

**vomiquier** *nm* BOT Arbre (loganiacée) originaire des Indes et de l'Indochine, qui produit la noix vomique.

**vomir** *vt* [3] **1** Rejeter brutalement par la bouche le contenu de l'estomac. *Vomir son repas.* **2** fig Projeter violemment à l'extérieur. *Volcan qui vomit des flammes.* **3** fig Proférer des paroles violentes, hostiles. *Vomir des injures.* **4** Éprouver du dégoût pour qqn. *Vomir les lâches.* [ETY] Du lat. [DER] **vomissement** *nm*

**vomissure** *nf* Matières vomies.

**vomitif, ive** *a, nm* MED Qui provoque le vomissement.

**vomitoire** *nm* ANTIQ ROM Issue destinée à la sortie du public dans un amphithéâtre.

**vomito négro** *nm* MED Vomissement noir de la fièvre jaune. [ETY] Mot esp., « vomissement noir ». [VAR] **vomito negro**

**Vô Nguyên Giap** → **Giap.**

**vorace** *a* **1** Qui mange avec avidité. **2** fig Avide. [ETY] Du lat. [DER] **voracement** *av* – **voracité** *nf*

**Voragine** → **Jacques de Voragine.**

**Vorarlberg** prov. d'Autriche, à l'extrémité O. du pays ; 2 601 km² ; 311 730 hab. ; ch.-l. *Bregenz*. Région montagneuse (élevage).

**-vore** Élément, du lat. *vorare*, « manger ».

**Voreppe** com. de l'Isère (arr. de Grenoble) ; 9 231 hab. – La *cluse de Voreppe* ou *de Grenoble* sépare la Grande-Chartreuse, au nord-est, du Vercors, au sud-ouest. [DER] **voreppin, ine** *a, n*

**Vorochilov** → **Oussourisk.**

**Vorochilov Kliment Iefremovitch** (Verkhni, Ukraine, 1881 – Moscou, 1969), maréchal soviétique. Commissaire du peuple à la Défense (1925-1940), il présida le præsidium du Soviet suprême de 1953 à 1960.

**Vorochilovgrad** → **Louhansk.**

**Voronej** v. de Russie, près du Don ; ch.-l. de la prov. du m. nom ; 886 000 hab. Centre industriel.

**Vörösmarty Mihály** (Kápolnásnyék, 1800 – Pest, 1855), poète hongrois : *la Fuite de Zalán* (1825), épopée nationaliste.

**Vorster Balthazar Johannes** (Jamestown, 1915 – Le Cap, 1983), homme politique sud-africain ; champion de l'apartheid ; Premier ministre (1966-1978), puis président de la Rép. (1978-1979).

**vortex** *nm inv* **1** PHYS Tourbillon creux qui prend naissance dans un fluide en écoulement. **2** METEO Ensemble de nuages en spirale, spécifique d'une dépression. ETY Mot lat.

**vorticelle** *nf* ZOOL Protozoaire fixé et pédonculé en forme d'entonnoir.
▶ illustr. **protozoaire**

**vorticisme** *nm* Mouvement pictural britannique (1912-1915) qui voulait entraîner le spectateur dans un tourbillon (en lat. *vortex*).

**vos** → **votre.**

**Vos** Cornelis De → **De Vos.**

**Vosges** massif montagneux de l'E. de la France. Socle cristallin primaire, soulevé au tertiaire lors de la surrection alpine, les Vosges juxtaposent : au N. et à l'O., les *Vosges gréseuses* ; à l'E. et au S., les *Vosges cristallines*, plus élevées, dont les « ballons » (Guebwiller, 1 424 m) dominent la plaine d'Alsace. Le climat humide et rude explique l'importance de la forêt. Le tourisme et le thermalisme (Vittel, Contrexéville) fournissent quelques ressources. DER **vosgien, enne** *a, n*

**Vosges** dép. franç. (88) ; 5 871 km² ; 375 200 hab. ; 63,9 hab./km² ; ch.-l. *Épinal* ; ch.-l. d'arr. *Neufchâteau* et *Saint-Dié*. V. Lorraine. DER **vosgien, enne** *a, n*

**Vosges (place des)** (anc. *place Royale*), place de Paris, dans le Marais ; bel ensemble architectural de forme rectangulaire (1605-1612). L'anc. maison de Victor Hugo est auj. un musée.

**vosne-romanée** *nm* Bourgogne rouge très réputé. ETY D'un n. pr.

**Voss** Johann Heinrich (Sommersdorf, Mecklembourg, 1751 – Heidelberg, 1826), poète allemand : *Louise* (1783-1784).

**Vostok** programme soviétique de vaisseaux spatiaux habités. Gagarine accomplit en 1961 le premier vol spatial humain à bord de *Vostok 1*.

**votant, ante** *n* Personne qui participe à un vote.

**votation** *nf* vx ou rég (Suisse, Canada) Consultation populaire, vote, référendum.

**vote** *nm* **1** Opinion exprimée par les personnes appelées à se prononcer sur une question, à élire un candidat. **2** Acte par lequel ces personnes expriment leur opinion. *Vote à main levée.* ETY Du lat. *votum*, « vœu ».

**voter** *v* ① **A** *vi* Donner son avis par un vote. **B** *vt* Approuver, décider par un vote. *Voter une loi.* LOC *Voter avec ses pieds* : montrer son opposition en n'allant pas voter ou en s'exilant.

**vote-sanction** *nm* POLIT Élection dont le résultat manifeste un fort mécontentement contre le pouvoir en place. PLUR votes-sanctions.

**Votiaks** → **Oudmourtes.**

**votif, ive** *a* Qui est offert à la suite d'un vœu et témoigne de son accomplissement. *Tableau votif. Messe votive.* ETY Du lat. *votum*, « vœu ».

**votre, vos** *a poss* Deuxième personne du pluriel marquant que l'on s'adresse à plusieurs possesseurs ou à une seule personne que l'on vouvoie. *Votre maison. Vos biens.* ETY Du lat.

**vôtre** *a, pr poss* **A** *a poss* litt Qui est à vous. *Considérez mes biens comme vôtres.* **B** *pr poss* Deuxième personne du pluriel marquant qu'il y a plusieurs possesseurs ou un seul possesseur que l'on vouvoie. *Il a pris ses livres et les vôtres.* LOC fam *À la vôtre* : à votre santé. — *Les vôtres* : vos proches, vos parents.

**voucher** *nm* Coupon délivré par une agence de voyages, attestant le règlement de certains services. ETY Mot angl.

**vouer** *v* ① **A** *vt* **1** Consacrer à la divinité, à un saint. **2** Consacrer son existence, son énergie à qqch. *Vouer sa vie à la science.* **3** Porter à qqn un sentiment durable. *Vouer de l'amitié à qqn.* **4** Destiner, promettre à un sort déterminé. *Être voué à une déchéance certaine.* **B** *vpr* Se consacrer à. *Se vouer à l'étude.* ETY Des formes anc. de vœu.

**Vouet** Simon (Paris, 1590 – id., 1649), peintre français, influencé par le Caravage et par Véronèse.

**vouge** *nm* Serpe à long manche. ETY Du gaul.

**Vougeot** com. de la Côte-d'Or (arr. de Beaune) ; 200 hab. Vins rouges (*clos Vougeot*).

**Vouillé** ch.-l. de cant. de la Vienne (arr. de Poitiers) ; 3 400 hab. – Victoire de Clovis sur Alaric II, roi des Wisigoths (507). DER **vouglaisien, enne** *a, n*

**vouivre** *nf* Serpent monstrueux des légendes francs-comtoises. ETY Du lat. *vipera*, « vipère ».

**1 vouloir** *v* ㊽ **A** *vt* **1** Être fermement déterminé à, ou désireux de. *Il veut partir. Je veux qu'il vienne.* **2** Être résolu ou aspirer à obtenir qqch. *Vouloir la paix.* **3** Affirmer, exiger qqch avec obstination sans tenir compte de la réalité. *Elle veut avoir raison.* **4** fam Pouvoir. *Ce bois ne veut pas brûler.* **5** Demander, exiger. *Vouloir telle somme de qqch. La loi veut que.* **B** *vti* Accepter. *Il ne veut pas de lui pour cet emploi. Je ne veux pas de ton cadeau.* LOC fam *En vouloir* : avoir une grande volonté de gagner, de s'imposer. — *En vouloir à la vie de qqn* : avoir l'intention d'attenter à sa vie. — vieilli *En vouloir à qqch* : avoir le désir de se l'approprier, de l'obtenir. — *En vouloir à qqn* : avoir de la rancune contre lui. — *S'en vouloir de* : regretter, se repentir (de). — *Vouloir bien* : consentir à. — *Vouloir dire* : signifier. — *Vouloir du bien, du mal à qqn* : être dans des dispositions favorables, défavorables à son égard. ETY Du lat. pop.

**2 vouloir** *nm* Acte de la volonté. LOC litt *Bon, mauvais vouloir* : bonne, mauvaise volonté ; bonnes, mauvaises dispositions.

**voulu, ue** *a* **1** Exigé, requis. *En temps voulu.* **2** Fait à dessein. *Ces erreurs sont voulues.*

**vous** *pr pers* Sujet ou complément de la deuxième personne du pluriel ou du singulier lorsqu'on s'adresse à qqn que l'on vouvoie. *Devant vous tous. Vous, Pierre, vous resterez ici. Vous pourrez en juger vous-même.* LOC *De vous à moi* : confidentiellement. ETY Du lat.

**voussoiement** → **vouvoyer.**

**voussoir** *nm* ARCHI Chacune des pierres taillées en coin qui forment le cintre d'une voûte ou d'une arcade. ETY De *voûte*. VAR **vousseau**

**voussoyer** → **vouvoyer.**

**voussure** *nf* **1** ARCHI Cintre, courbe d'une voûte. **2** Raccord courbe entre un plafond et un mur ou une corniche. **3** Chacun des arcs concentriques qui forment le bandeau d'un portail. **4** MED Exagération de la convexité du thorax ou du rachis.

**voûtain** *nm* ARCHI Portion de voûte délimitée par des arêtes.

**voûte** *nf* **1** Ouvrage de maçonnerie cintré dont les pierres sont disposées de manière à s'appuyer les unes aux autres. *Voûte en plein cintre. Voûte d'arête.* **2** Partie supérieure courbe. *Voûte d'une caverne.* LOC litt *Voûte céleste* : ciel. — ANAT *Voûte du palais* : paroi supérieure de la cavité buccale. — *Voûte plantaire* : concavité que forme la plante du pied. ETY Du lat. *volvere*, « tourner, rouler ». VAR **voute**

**voûté, ée** *a* **1** Qui comporte une voûte. *Crypte voûtée.* **2** Anormalement courbé. *Dos voûté.* VAR **vouté, ée**

**voûter** *v* ① **A** *vt* Couvrir d'une voûte. *Voûter un édifice.* **B** *vpr* Se courber. *Vieillard qui se voûte.* VAR **vouter**

**vouvoyer** *vt* ㉓ Employer le pronom *vous* pour s'adresser à une seule personne. *Il vouvoie ses parents. Ses parents se vouvoient.* PHO [vuvwaje] VAR **voussoyer** DER **vouvoiement** ou **voussoiement** *nm*

**vouvray** *nm* Vin blanc réputé de Touraine issu du chenin blanc.

**Vouvray** ch.-l. de cant. d'Indre-et-Loire (arr. de Tours), sur la Loire ; 3 200 hab. Vin blanc. DER **vouvrillon, onne** *a, n*

**Vouziers** ch.-l. d'arr. des Ardennes, sur l'Aisne ; 4 200 hab. – Égl. XV$^e$ s. DER **vouzinois, oise** *a, n*

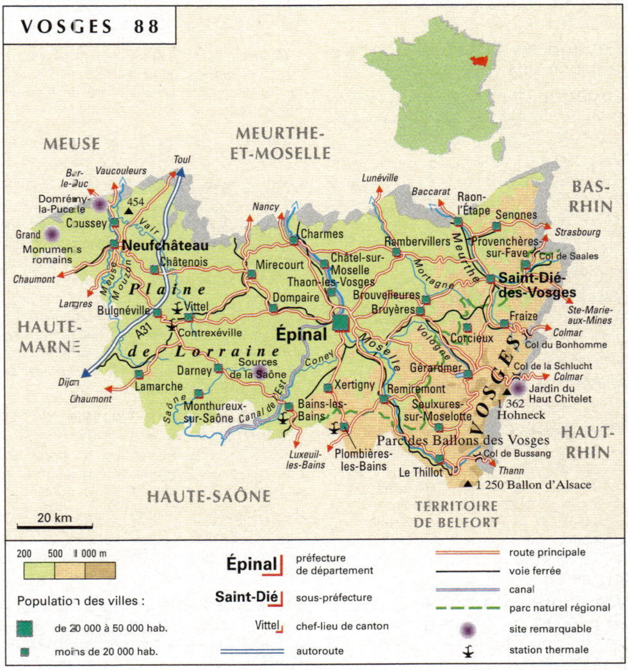

**Vovelle** Michel (Gallardon, Eure-et-Loir, 1933), historien français : *la Mort et l'Occident* (1983) ; *l'Image de la Révolution française* (1990).

**vox populi** *nf* litt Opinion du plus grand nombre. [ETY] Mots lat., « voix du peuple ».

**voyage** *nm* **1** Fait d'aller dans un lieu assez éloigné de celui où l'on réside. *Voyage d'affaires, d'agrément.* **2** Chacune des allées et venues, trajet de qqn pour transporter qqch. *Je ferai un second voyage pour venir vous chercher.* **3** fig, fam Modification de l'état de conscience normal, provoquée par un hallucinogène. LOC Canada fam *Avoir son voyage* : être très étonné ou être exaspéré — *Les gens du voyage* : ensemble de ceux qui mènent un genre de vie nomade, en partic. les Tziganes ; les artistes de cirque. [PHO] [vwajaʒ] [ETY] Du lat.

**Voyage à Tokyo** film de Y. Ozu (1953), avec Chishu Ryu (1904 – 1993).

**Voyage au bout de la nuit** roman de Céline (1932).

**Voyage au bout de l'enfer** film (1978) de l'Américain Michael Cimino (né en 1939), avec R. De Niro et Christopher Walken.

**Voyage au centre de la Terre** roman d'aventures de J. Verne (1864). ▷ CINE Film (1959) de l'Américain Henry Levin (1909 – 1980), avec J. Mason (1909 – 1984).

**Voyage autour de ma chambre** œuvre de X. de Maistre (1795).

**Voyage dans la lune (le)** court-métrage de G. Méliès (1902).

**Voyage de M. Perrichon (le)** comédie (1860) de Labiche et Édouard Martin (1828 – 1866).

**Voyage du pèlerin (le)** (en ang. *Pilgrim's Progress*), allégorie mystique de Bunyan (1678), livre de piété populaire.

**Voyage en Amérique** ouvrage de Chateaubriand (1827).

**Voyage en Italie** film de Rossellini (1954) avec Ingrid Bergman et le Britannique George Sanders (1906 – 1972).

**Voyage en Occident** → **Pérégrination vers l'ouest (la).**

**voyager** *vi* [13] **1** Faire un voyage, des voyages. *Voyager en avion.* **2** Être transporté. *Denrées qui ne peuvent voyager.*

**Voyager** famille de sondes spatiales américaines lancées en 1977. *Voyager 1* s'approcha de Jupiter (1979) et de Saturne (1980). *Voyager 2* survola Jupiter (1979) dont il utilisa l'*effet* (V. Jupiter) pour atteindre Saturne puis Uranus (1986) et Neptune (1989), avant de sortir du système solaire.

**Voyages de Sullivan (les)** film (1941) de l'Américain Preston Sturges (1898 – 1959) avec Joel McCrea.

**Voyage sentimental en France et en Italie** récit de Sterne (1768, inachevé).

**voyageur, euse** *n, a* **A** *n* Personne qui est en voyage ou qui voyage beaucoup. *Un grand voyageur.* **B** *a* Qui voyage, qui incite à voyager. *Être d'humeur voyageuse.* LOC *Train de voyageurs* : qui transporte des personnes, par oppos. à *train de marchandises.* — *Voyageur de commerce* : personne qui se déplace pour le compte d'une maison de commerce dans le but de placer des marchandises.

**voyageur-kilomètre** *nm* Unité de mesure du trafic des passagers, égale au transport d'un individu sur un kilomètre. PLUR voyageurs-kilomètre.

**voyagiste** *n* Organisateur de voyages. SYN (déconseillé) tour-opérateur.

**voyance** *nf* Don de ceux qui prétendent voir l'avenir ou le passé. [PHO] [vwajɑ̃s]

**voyant, ante** *a, n* **A** *a* Qui attire l'œil. *Couleur, étoffe voyante.* **B** *a, n* Qui jouit du sens de la vue. *Les voyants et les non-voyants.* **C** *n* Personne qui prétend voir le futur ou le passé. *Voyante extralucide.* **D** *nm* **1** Signal lumineux destiné à avertir. *Voyants d'un tableau de bord.* **2** MAR Marque distinctive des éléments de balisage.

**voyelle** *nf* Son du langage produit par la voix qui résonne dans la cavité buccale ; lettre qui note un tel son. *Les six voyelles du français sont : a, e, i, o, u, y.* [PHO] [vwajɛl] [ETY] Du lat.

**voyer** *nm* anc Officier préposé à l'entretien des voies publiques. [PHO] [vwaje] [ETY] Du lat. *vicarius*, « remplaçant » avec influence de *voie*.

**Voyer d'Argenson** → **Argenson.**

**voyeur, euse** *n* **1** Personne qui se plaît à observer des scènes érotiques. **2** Personne qui observe autrui, mû par une curiosité malsaine.

**Voyeur (le)** roman de Robbe-Grillet (1955).

**Voyeur (le)** film fantastique de Michael Powell (1960), avec l'Allemand K. H. Böhm.

**voyeurisme** *nm* Fait d'être voyeur, comportement de voyeur.

**Voynet** Dominique (Montbéliard, 1958), anc. leader du parti écologiste des Verts, ministre de l'environnement de 1997 à 2001.

**voyou** *nm, a* **A** *nm* **1** Enfant, jeune homme qui vagabonde dans les rues ; jeune délinquant. **2** Individu louche, vivant en marge des lois. **B** *a* **1** Qui est propre aux voyous. **2** fam Qui ne respecte ni les hommes ni les lois. *Entreprise voyou.* [PHO] [vwaju] [ETY] De *voie*.

**voyoucratie** *nm* Influence politique des voyous, des mafias.

**Voznessenski** Andreï Andreïevitch (Moscou, 1933 – id., 2010), poète soviétique : *Quarante Digressions lyriques* (1962).

**VPC** *nf* COMM Sigle de *vente par correspondance.*

**vrac** *nm* TECH Marchandise qui n'est pas emballée, conditionnée. LOC *En vrac* : sans emballage ; fig sans ordre. *Jeter ses idées en vrac sur le papier.* [ETY] Du néerl.

**Vraca** v. de Bulgarie, au N. de Sofia ; 73 000 hab. ; ch.-l. de prov. Industries.

**vrai, vraie** *a, nm, av* **A** *a* **1** Conforme à la vérité. *Information vraie.* **2** Qui est réellement ce dont il a les apparences. *Un vrai diamant. Un vrai chagrin.* **3** Réel et non pas apparent ou imaginaire. *La vraie cause d'un évènement.* **4** Qui seul convient. *Le vrai moyen de sortir d'embarras.* **5** Sincère. *Sentiments vrais.* **B** *nm* Ce qui est vrai, réel. *Distinguer le vrai du faux.* **C** *av* Conformément à la vérité. *Discours qui sonne vrai.* LOC *À vrai dire, à dire vrai* : pour parler sincèrement. — *Être dans le vrai* : ne pas se tromper. — fam *Pour de vrai* : réellement, vraiment. [ETY] Du lat.

**vrai-faux, vraie-fausse** *a* **1** Se dit de faux papiers établis par une autorité administrative compétente. **2** fam Fallacieux, trompeur. *Une vraie-fausse argumentation.* PLUR vrais-faux, vraies-fausses.

**vraiment** *av* **1** Véritablement, effectivement. *Pensez-vous vraiment ce que vous dites ?* **2** Renforce une affirmation. *Vraiment, il ne comprend pas.*

**vraisemblable** *a* Qui paraît vrai, qui a l'apparence de la vérité ; probable. ANT invraisemblable. [PHO] [vʀɛsɑ̃blabl] [DER] **vraisemblablement** *av*

**vraisemblance** *nf* Caractère de ce qui est vraisemblable. LOC *Selon toute vraisemblance* : probablement. ANT invraisemblance.

**Vrangel' (île)** île du N. de la Sibérie orientale, à l'O. du détroit de Béring ; 7 300 km$^2$. [VAR] **Wrangel**

**Vrangel'** Piotr Nicolaïevitch → **Wrangel.**

**Vranitzky** Franz (Vienne, 1937), homme politique autrichien. Chancelier d'Autriche de 1986 à 1997.

**vraquier** *nm* MAR Navire transportant des produits en vrac.

**Vredeman de Vries** Hans (Leewardern, 1527 – ?, v. 1605), architecte néerlandais, théoricien de l'architecture, peintre et dessinateur maniériste.

**vreneli** *nm* Suisse Pièce d'or de vingt francs suisses. [PHO] [fʀenli]

**Vries** Adriaen de (La Haye, 1545 – Prague, 1626), sculpteur hollandais, élève de Jean de Bologne. Il travailla à Prague.

**Vries** Hugo De → **De Vries.**

**vrillage** *nm* TECH Défaut des fils textiles qui ont tendance à vriller.

**vrille** *nf* **1** BOT Tige s'enroulant en hélice autour d'un support et permettant à certaines plantes grimpantes de s'élever. *Les vrilles de la vigne.* **2** TECH Mèche à main servant à faire de petits trous dans le bois. **3** AVIAT Chute d'un avion qui tournoie le nez en bas. **4** SPORT Figure de gymnastique au sol, combinant un salto et une rotation du corps. LOC *En vrille* : en tournoyant. [ETY] Du lat. *vitis*, « vigne ».

**vrillé, ée** *a, nf* **A** *a* **1** BOT Qui a des vrilles. *Tige vrillée.* **2** Enroulé, tordu sur lui-même. *Fil vrillé.* **B** *nf* BOT Renouée grimpante, appelée aussi *faux liseron.*

**vriller** *v* [1] **A** *vt* Percer à l'aide d'une vrille. **B** *vi* **1** S'enrouler, se tordre. **2** S'élever ou descendre en tournoyant.

**vrillette** *nf* Petit insecte coléoptère dont la larve creuse des galeries dans le bois sec.

**vrombir** *vi* [3] Faire entendre un son vibrant résultant d'un mouvement de rotation rapide. *Avion, mouche qui vrombit.* [ETY] Onomat. [DER] **vrombissant, ante** *a* – **vrombissement** *nm*

**vroum-vroum** *nm inv* fam Bruit d'un moteur qui accélère brutalement.

**VRP** *nm* Sigle de *voyageur représentant placier.*

**VS** *prép* Abrév. de *versus.*

**VSN** *nm* anc Jeune appelé qui remplit ses obligations militaires comme coopérant. [ETY] Sigle de *volontaire du service national.*

**VTC** *nm* Bicyclette adaptée à la fois à la randonnée et aux déplacements urbains. [ETY] Abrév. de *vélo tous chemins.*

**VTT** *nm* Bicyclette adaptée aux terrains accidentés ; sport pratiqué avec cette bicyclette. [ETY] Sigle de *vélo tout-terrain.*

**1 vu, vue** *a, nm* LOC *Au vu et au su de tous* : ouvertement. — *C'est tout vu* : il n'y a pas à revenir là-dessus. — *Être bien, mal vu* : jouir, ne pas jouir de la considération, de l'estime d'autrui. — fam *Ni vu, ni connu* : à l'insu de tous. — ADMIN *Sur le vu de* : après examen direct de.

**2 vu** *prép* Étant donné. *Vu la situation.* LOC fam *Vu que* : en considérant que.

**vue** *nf* **A** **1** Sens dont l'organe est l'œil et par lequel nous percevons la lumière, les couleurs, les formes et les distances. **2** Action, manière de regarder, de voir. *Dissimuler qqch à la vue de qqn. La vue de toute cette misère nous a bouleversés.* **3** Ce que l'on peut voir d'un certain endroit. *Avoir une belle vue de sa fenêtre.* **4** Dessin, tableau, etc représentant un lieu. *Acheter des vues de Londres.* **5** DR Ouverture pratiquée dans un bâtiment. **6** fig Faculté de connaître, de saisir par l'esprit ; idée, aperçu, conception. *Des vues intéressantes. Cela n'entre pas dans mes vues.* **B** *nf pl* Projets, buts. **LOC** *À la vue de* : en voyant. — ***À première vue*** : au premier coup d'œil, sans avoir examiné en détail. — ***Avoir des vues sur qqn*** : projeter de l'employer à qqch ou de l'épouser. — ***Avoir qqch en vue*** : espérer l'obtenir. — ***À vue*** : sans quitter du regard. — fam ***À vue de nez*** : approximativement. — ***À vue d'œil*** : d'une façon perceptible visuellement ; très rapidement. — FIN ***Billet, mandat payable à vue*** : sur présentation. — ***Connaître qqn de vue*** : l'avoir vu sans jamais lui avoir parlé. — ***En mettre plein la vue*** : susciter une admiration éblouie. — ***En vue*** : visible ; de premier plan. *La côte est en vue. Personnalités en vue.* — ***En vue de*** : dans le but de. — ***Seconde, double vue*** : prétendue faculté de voir mentalement des choses absentes. — ***Vue d'artiste*** : dessin fidèle aux spécifications techniques ou théoriques d'un objet, d'une situation. — ***Vue de l'esprit*** : conception théorique.

**Vue de Delft** tableau de Vermeer (v. 1600) dont Proust a analysé un « petit pan de mur jaune ».

**Vuelta (la)** le tour d'Espagne cycliste, créé en 1935.

**Vuillard** Édouard (Cuiseaux, Saône-et-Loire, 1868 – La Baule, 1940), peintre français ; membre du groupe des nabis. ▶ illustr. **nabis**

**Vuillemin** Jules (Pierrefontaine-les-Varans, Doubs, 1920 – Paris, 2001), philosophe français ; travaux d'épistémologie : *la Logique et le Monde sensible* (1971).

**Vukovar** port de Croatie, sur le Danube. La ville a été détruite en 1991.

**vulcain** *nm* ENTOM Vanesse noire marquée de taches blanches et rouges.

**Vulcain** dans la myth. rom., dieu du Feu et des Arts métallurgiques ; assimilé à l'Héphaïstos des Grecs. Fils de Jupiter et de Junon, il épousa Vénus, qui le trompa avec Mars.

**vulcanien, enne** *a* GEOL Se dit d'un volcan ou d'une éruption aux laves visqueuses et aux explosions violentes.

**vulcaniser** *vt* ① CHIM Ajouter du soufre au caoutchouc pour le rendre plus résistant. (DER) **vulcanisation** *nf*

**vulcanologie, vulcanologique, vulcanologue** → **volcanologie.**

**vulgaire** *a, nm* **A** *a* **1** vieilli, litt Du type le plus courant ; commun, répandu. *Plantes vulgaires. L'opinion vulgaire.* **2** (Avant le nom.) Se dit de ce qui ne dépasse pas le niveau moyen, par opposition à un autre niveau considéré comme supérieur. *Un vulgaire chat de gouttière.* **3** péjor Qui manque de distinction, d'élégance ; grossier. *Un homme, un langage vulgaire.* **B** *nm* vieilli Le commun des hommes, la masse. **LOC** LING ***Langue vulgaire*** : employée par le plus grand nombre, par oppos. à *langue littéraire*. — SC NAT ***Nom vulgaire d'une plante, d'un animal*** : nom courant, par oppos. à *nom scientifique*. (ETY) Du lat.

**vulgairement** *av* **1** Dans le langage courant, communément. *La valériane, vulgairement appelée « herbe-aux-chats ».* **2** De façon grossière. *Parler vulgairement.*

**vulgariser** *vt* ① Rendre accessible, mettre des connaissances à la portée de tous. *Vulgariser une science.* (DER) **vulgarisateur, trice** *a, n* – **vulgarisation** *nf*

**vulgarisme** *nm* LING Terme, expression qui appartient à la langue populaire, non admis par le bon usage.

**vulgarité** *nf* Caractère de qqn, de qqch qui est vulgaire, grossier.

**vulgate** *nf* péjor Vérité reconnue ; parole d'Évangile. *La vulgate marxiste.* (ETY) Du n. pr.

**Vulgate (la)** version latine de la Bible, due princ. à saint Jérôme (IV$^e$-V$^e$ s.) et adoptée par le concile de Trente en 1546 comme version canonique de l'Église.

**vulgo** *av* didac **1** Dans la langue commune. **2** En termes vulgaires, grossiers. (ETY) Mot lat., « en foule ».

**vulgum pecus** *nm* fam Le commun des mortels, la masse ignorante. (PHO) [vylgɔmpekys] (ETY) Du lat.

**vulnérabiliser** *vt* ① Rendre vulnérable, fragiliser. (DER) **vulnérabilisation** *nf*

**vulnérable** *a* **1** Qui peut être blessé, atteint physiquement. *Achille n'était vulnérable qu'au talon.* **2** Qui résiste mal aux attaques. *Sa sensibilité le rend vulnérable.* (ETY) Du lat. *vulnus*, « blessure ». (DER) **vulnérabilité** *nf*

**vulnéraire** *a, n* **A** *a, nm* MED anc Se dit d'une substance propre à la guérison des blessures. **B** *nf* Plante herbacée (papilionacée) des prés et des lieux incultes, à fleurs jaunes, utilisée autrefois pour soigner les blessures.

**vulnérant, ante** *a* didac Qui cause, peut causer une blessure, une atteinte.

**Vulpian** Alfred (Paris, 1826 – id., 1887), médecin français : travaux de neurophysiologie.

**vulpin** *nm* Plante herbacée (graminée) aux épis en forme de queue de renard, cultivée comme plante fourragère. (ETY) Du lat. *vulpinus*, « du renard ».

**vultueux, euse** *a* MED Rouge et bouffi, en parlant du visage.

**vulturidé** *nm* ZOOL Vautour tel que le condor des Andes ou de Californie et l'urubu.

**1 vulvaire** *nf* BOT Chénopode dont les feuilles dégagent une odeur désagréable.

**2 vulvaire** → **vulve.**

**vulve** *nf* ANAT Ensemble des organes génitaux externes chez la femme et les femelles des mammifères. (ETY) Du lat. (DER) **vulvaire** *a*

**vulvite** *nf* MED Inflammation de la vulve.

**vumètre** *nm* TECH Appareil servant à mesurer les signaux électroacoustiques.

**VX** *nm* Gaz organophosphoré neurotoxique qui peut être répandu sous forme d'aérosol, constituant une arme chimique redoutable.

**Vyborg** (en finnois *Viipuri*), v. et port de Russie (rép. auton. de Carélie), sur le golfe de Finlande ; 72 000 hab. – Cédée par la Finlande à l'URSS (1947).

**Vychinski** Andreï Ianouarievitch (Odessa 1883 – New York, 1954), magistrat et homme politique soviétique. Procureur implacable durant les procès de 1936-1938, il fut ministre des Affaires étrangères (1949-1953), puis délégué à l'ONU.

**Vygotski** Lev Semenovitch (Orcha, Biélorussie, 1896 – Moscou, 1934), psychologue soviétique : *Pensée et Langage* (1934).

# W w

**W** *nm* **1** Vingt-troisième lettre (w, W) et dix-huitième consonne de l'alphabet, notant la fricative labiodentale sonore [v] (ex. *wagon*) ou la semi-consonne labiale postérieure [w] (ex. *kiwi*). **2** PHYS W : symbole du watt. **3** CHIM W : symbole du tungstène.

**Waal (le)** le bras principal du delta du Rhin.

**Wace** Robert (Jersey, v. 1100 – ?, v. 1175), auteur anglo-normand du *Roman de Brut* (1155), libre adaptation française en vers octosyllabiques de l'*Historia regum Britanniæ* de Geoffroi de Monmouth, qui alimenta le roman breton.

**Wackenroder** Wilhelm Heinrich (Berlin, 1773 – id., 1798), poète allemand : *Effusions sentimentales d'un moine ami des arts* (1797).

**Wadden (mer des)** partie de la mer du Nord comprise entre les îles de la Frise et la côte des Pays-Bas. VAR **Waddenzee**

**Waddington** William Henry (Saint-Rémy-sur-Avre, 1826 – Paris, 1894), homme politique, archéologue et numismate français d'origine anglaise ; président du Conseil de fév. à déc. 1879.

**Wade** Abdoulaye (Dakar, 1926), homme politique sénégalais. Opposant au président Diouf depuis 1978, il fut élu prés. en 2000, réélu en 2007. Il est battu par Macky Sall en 2012.

**wading** *nm* Pêche en rivière, le pêcheur étant dans l'eau. PHO [wediŋ] ETY Mot angl., de *to wade*, « patauger ».

**Wafd** (« délégation »), parti nationaliste égyptien fondé en 1919 par Saad Zaghlul qui gouverna de 1950 à la révolution de juil. 1952.

**wagage** *nm* Vase de rivière employée comme engrais. PHO [wagaʒ] ETY Du néerl. *wak*, « humide ».

**Wagner** Richard (Leipzig, 1813 – Venise, 1883), compositeur allemand. Il étudia la composition tout en poursuivant des études de philosophie à l'université de Leipzig (1828), puis mena une existence errante. Après *Rienzi* (1838-1840), opéra italianisant, il composa *le Vaisseau fantôme* (1841), *Tannhäuser* (1841-1845) et *Lohengrin* (1846-1847). Dans la tétralogie *l'Anneau du Nibelung* (*l'Or du Rhin*, 1854 ; *la Walkyrie*, 1856 ; *Siegfried*, 1869 ; *le Crépuscule des dieux*, 1874), *Tristan et Isolde* (1857-1859), *les Maîtres chanteurs de Nuremberg* (1862-1867) et *Parsifal* (1877-1882), il emploie le leitmotiv, le chromatisme, et un orchestre abondant. Créateur du drame lyrique intégral (il écrivait lui-même ses livrets, souvent à partir de légendes germaniques), il fut mal accepté par la critique et le public. Ayant participé, à Dresde, au mouvement révolutionnaire de 1849, il dut s'exiler à Zurich. Il rentra en Allemagne en 1864, invité par Louis II de Bavière, qui pour lui, fit construire à Bayreuth un théâtre. En 1870, Wagner épousa en secondes noces la fille de son ami Franz Liszt, Cosima (divorcée du musicien Hans von Bülow). Celle-ci, après la mort de son mari, devait contribuer, avec leur fils **Siegfried** (Tribschen, 1869 – Bayreuth, 1930), à faire connaître son œuvre. DER **wagnérien, enne** *a, n* ▶ illustr. p. 1720

**Wagner** Otto (Penzing, 1841 – Vienne, 1918), architecte autrichien ; chef de file de l'art nouveau : *Majolika Haus* (1892, Vienne).

**Wagner-Jauregg** Julius (Wels, 1857 – Vienne, 1940), neurologue autrichien. Il soigna la paralysie d'origine syphilitique en inoculant le paludisme. P. Nobel de médecine 1927.

**wagon** *nm* **1** CH DE F Véhicule ferroviaire tracté, servant au transport des marchandises, des animaux ; son contenu. *Un wagon de blé.* **2** fam Voiture de voyageurs. *Il est monté dans le wagon de tête.* **3** CONSTR Conduit de cheminée encastré dans la maçonnerie. PHO [vagɔ̃] ETY Mot angl.

**wagon-citerne** *nm* Wagon servant au transport des liquides. PLUR wagons-citernes.

**wagon-foudre** *nm* Wagon servant au transport des boissons. PLUR wagons-foudres.

**wagon-lit** *nm* CH DE F Voiture équipée de couchettes. SYN voiture-lit. PLUR wagons-lits.

**wagonnage** *nm* TECH Transport de marchandises par wagon.

**wagonnet** *nm* Petit wagon à caisse basculante utilisé dans les mines, pour le terrassement.

**wagonnier** *nm* TECH Agent chargé de la manœuvre des wagons.

**wagon-poste** *nm* Wagon aménagé pour le transport et le tri postaux. PLUR wagons-poste.

**wagon-restaurant** *nm* Voiture de chemin de fer aménagée en restaurant. SYN voiture-restaurant. PLUR wagons-restaurants.

**wagon-tombereau** *nm* Wagon muni de portes latérales. PLUR wagons-tombereaux.

**wagon-trémie** *nm* Wagon à une ou plusieurs trémies, pour le tranport des matériaux en vrac. PLUR wagons-trémies.

**Wagram** localité d'Autriche (4 000 hab.), près de Vienne, où Napoléon Ier vainquit l'archiduc Charles d'Autriche (5-6 juil. 1809).

**wahhabisme** *nm* RELIG Doctrine des wahhabites. PHO [waabism] DER **wahhabite** *a, n*

ENC Au XVIIIe s., sous l'impulsion de *Muhammad ibn 'Abd al-Wahhāb* (v. 1696-1792), les wahhabites prêchèrent un retour à l'interprétation littérale du Coran et voulurent fonder en Arabie un État théocratique. L'extension du wahhabisme fut brutalement interrompue par les Ottomans (1813-1819). À partir de 1902, Abd al-Aziz ibn Saoud restaura le wahhabisme dans le pays qui devint l'Arabie Saoudite.

**Wahid** Abdurrahman (Djakarta, 1940 – id., 2009), homme politique indonésien. Musulman modéré, il fut élu président de la Rép. en 2000 et destitué par le Parlement en 2001.

**Wahl** Jean (Marseille, 1888 – Paris, 1974), philosophe français : *Traité de métaphysique* (1953).

**Wahrān** → **Oran.**

**Waikiki** plage d'Honolulu.

**Wailly** Charles de (Paris, 1729 – id., 1798), architecte français : théâtre de l'Odéon à Paris (en collab. avec Peyre, 1782).

**Waits** Tom (Pomona, Californie, 1949), acteur, auteur-compositeur et chanteur américain.

**Wajda** Andrzej (Suwałki, 1926), cinéaste polonais : *Kanal* (1957), *Cendres et diamant* (1958), *l'Homme de marbre* (1976), *l'Homme de fer* (1981), *Danton* (France, 1982), *Katyn* (2007).

**Andrzej Wajda** *l'Homme de fer*, 1981

**wakamé** *nm* Algue marine comestible, que l'on peut cultiver. ETY Mot jap.

**Wakayama** v. et port du Japon (Honshū) ; 371 920 hab. ; ch.-l. du ken du m. nom.

**wakeboard** *nm* **1** Variété de ski nautique pratiqué avec une planche de surf. **2** Planche servant à pratiquer ce sport. PHO [wekbɔrd] ETY Mot angl.

**Wakefield** v. de G.-B. (Angleterre) au S. de Leeds ; 76 500 hab. ; ch.-l. du West Yorkshire. Houille ; industries.

**Wakhan** région du N.-E. de l'Afghānistān, couloir montagneux entre le Pākistān, l'Inde, le Tadjikistan et la Chine.

**Waksman** Selman Abraham (Prilouki, Ukraine, 1888 – Hyannis, Massachusetts,

1973), microbiologiste américain d'origine russe. Il créa le mot *antibiotique* et découvrit la streptomycine. P. Nobel de médecine 1952.

**Wałbrzych** (en all. *Waldenburg*), v. industr. de Pologne (basse Silésie) ; 138 000 hab. ; ch.-l. de la voïévodie du m. nom.

**Walburge (sainte)** → **Walpurgis.**

**Walcheren** anc. île des Pays-Bas, dans l'embouchure de l'Escaut, auj. rattachée au continent.

**Walcott Derek** (Sainte-Lucie, 1930), poète et dramaturge antillais de langue anglaise : *le Royaume du fruit-étoile* (1979). P. Nobel 1992.

**Wald George** (New York, 1906 – Cambridge, Massachusetts, 1997), biologiste américain. Il étudia les mécanismes photochimiques de la vision. Prix Nobel en 1967.

**Waldeck** anc. principauté allemande. République en 1918, elle fut rattachée à la Prusse en 1929 et intégrée à la Hesse en 1945.

**Waldeck-Rousseau Pierre** (Nantes, 1846 – Corbeil, 1904), homme politique français. Président du Conseil (1899-1902), il fit voter la loi sur les associations (1$^{er}$ avr. 1901), qui visait partic. les congrégations.

**Waldersee Alfred (comte von)** (Potsdam, 1832 – Hanovre, 1904), maréchal allemand. Il commanda le corps expéditionnaire international envoyé en Chine en 1900, lors de la révolte des Boxers.

**Waldheim Kurt** (Sankt Andrä vor dem Hagentale, 1918 – Vienne, 2007), homme politique autrichien ; secrétaire général de l'ONU de 1972 à 1981 ; président de la République de 1986 à 1992. On lui reprocha ses activités dans l'armée allemande en 1939-1945.

**Waldstein** → **Wallenstein.**

**Walensee** lac de Suisse (cantons de Glaris et de Saint-Gall) ; 24 km$^2$. VAR **Wallensee**

**Wales** nom anglais du pays de Galles.

**Wałęsa Lech** (Popowo, près de Włocłwek, 1943), homme politique polonais. Ouvrier à Gdańsk, leader des grèves de 1980 puis du syndicat Solidarność, emprisonné (déc. 1981-nov. 1982), il est élu prés. de la Rép. en 1990, puis fut vaincu en 1995 par l'ex-communiste Kwasniewski. P. Nobel de la paix 1983.

**R. Wagner**

**Lech Wałęsa**

**Walewska Marie Łaczyńska (comtesse)** (Varsovie, 1789 – Paris, 1817), dame polonaise. Épouse (1804) du comte Colonna Walewski, elle devint (1806) la maîtresse de Napoléon I$^{er}$, dont elle eut un fils. — **Walewski Alexandre Joseph Colonna (comte)** (Walewice, Pologne, 1810 – Strasbourg, 1868), homme politique français ; fils de la préc. et de Napoléon I$^{er}$, reconnu par le comte Walewski ; ministre des Affaires étrangères (1855-1860) puis président du Corps législatif (1860-1865).

**Walfish Bay** → **Walvis Bay.**

**Walhalla** dans la myth. scandinave, domaine céleste d'Odin et séjour des héros morts au combat (V. Walkyrie). VAR **Val-Hall**

**wali** *nm* En Algérie, fonctionnaire à la tête d'une wilaya. PHO [wali] ETY Mot ar.

**walkie-talkie** → **talkie-walkie.**

**walkman** *nm* Syn. de *baladeur*. PHO [wokman] ETY Nom déposé, mot angl.

**walk-over** *nm inv* **1** TURF Course dans laquelle un seul cheval prend le départ, par suite du forfait des autres chevaux. **2** SPORT Compétition dans laquelle un concurrent n'a pas d'adversaire. *Gagner par walk-over.* PHO [wokɔvœʀ] ETY Mot angl. VAR **walkover**

**walkyrie** *nf* **1** Nom donné dans la mythologie scandinave aux divinités féminines qui présidaient aux batailles. **2** plaisant Femme forte, plantureuse. PHO [valkiʀi]

**Walkyrie (la)** opéra en 3 actes de Wagner (1856). V. Nibelungen.

**wallaby** *nm* Petit kangourou. PLUR wallabys ou wallabies. ETY Mot indigène d'Australie.

**wallaby** bondissant

**Wallace sir William** (Elderslie, v. 1270 – Londres, 1305), héros écossais. Les Anglais le vainquirent à Falkirk (1298), le capturèrent (1305) et l'exécutèrent.

**Wallace sir Richard** (Londres, 1818 – Paris, 1890), philanthrope et collectionneur anglais. Il fit installer en 1872, à Paris, de petites fontaines d'eau potable *(fontaines Wallace).*

**Wallace Alfred Russel** (Usk, 1823 – Broadstone, 1913), naturaliste anglais. Explorateur de l'Australie, il fonda la biogéographie. La *ligne Wallace,* qui passe entre Bali et Java, sépare, du point de vue biogéographique, un ensemble australien et un ensemble asiatique.

**Wallace Lewis,** dit **Lew** (Brookville, Indiana, 1827 – Crawfordsville, id., 1905), romancier américain : *Ben Hur* (1880).

**Wallace Edgar** (Londres, 1875 – Hollywood, 1932), auteur anglais de romans policiers : *les Quatre Justiciers* (1905), *la Terreur* (1930).

**Wallach Otto** (Königsberg, auj. Kaliningrad, 1847 – Göttingen, 1931), chimiste allemand : travaux sur les composés carbonés. P. Nobel 1910.

**Wallasey** v. du N.-O. de la G.-B. (comté de Cheshire), sur la Mersey ; 90 060 hab.

**Wallenstein Albrecht Eusebius Wenzel von** (Hermanič, Bohême, 1583 – Eger, auj. Cheb, 1634), général tchèque au service du Saint Empire. Il s'illustra pendant la guerre de Trente Ans, mais son ambition entraîna sa disgrâce (1630). Rappelé (1632) contre Gustave II Adolphe, roi de Suède, il négocia avec lui pour obtenir la couronne de Bohême. Ferdinand II le fit assassiner. VAR **Waldstein**

**A. R. Wallace**

**Wallenstein**

**Wallenstein** trilogie dramatique de Schiller : *le Camp de Wallenstein* (1798), *les Piccolomini* (1799) et *la Mort de Wallenstein* (id.).

**Waller Thomas,** dit **Fats** (New York, 1904 – Kansas City, 1943), pianiste, chanteur et compositeur de jazz américain.

**wallingant, ante** *n, a* Belgique Wallon partisan de l'autonomie de la Wallonie.

**Wallis John** (Ashford, 1616 – Oxford, 1703), prêtre et mathématicien anglais, un des pionniers du calcul infinitésimal.

**Wallis-et-Futuna (îles)** archipel de l'océan Pacifique, collectivité française d'outre-mer (depuis 1959) ; 274 km$^2$ (dont 159 km$^2$ pour les îles Wallis et 115 km$^2$ pour les îles Futuna) ; env. 15 000 hab. ; ch.-l. *Mata-Utu* (dans l'île d'Uvéa, la plus grande des îles Wallis et de l'archipel). – Cette COM, qui possède un conseil (consultatif) et une assemblée élue, reconnaît également l'autorité coutumière de trois rois. Les ressources de ces îles volcaniques, au climat tropical, sont faibles (cultures vivrières, pêche, production de coprah). – L'archipel fut découvert par le navigateur anglais Samuel Wallis en 1767 et passa sous protectorat français en 1886-1887. DER **wallisien, enne** *a, n*

**wallon** *nm* Parler roman utilisé notam. en Wallonie.

**Wallon Henri Alexandre** (Valenciennes, 1812 – Paris, 1904), historien et homme politique français. Député du centre droit (1871), il fit voter, à une voix de majorité, l'amendement qui marqua l'instauration véritable de la III$^{e}$ République (30 janvier 1875) : « Le maréchal de Mac-Mahon... » fut appelé « Le président de la République... ». — **Henri** (Paris, 1879 – id., 1962), psychologue, petit-fils du préc. : *les Origines de la pensée chez l'enfant* (1945).

**Wallonie** partie S. de la Belgique, d'expression française et romane (wallon). Sans unité physique et historique, ce pays a une forte cohésion culturelle. Il constitue auj. la *Région wallonne,* Région de l'UE, et comprend les provinces du Hainaut, de Liège, du Luxembourg, de Namur et du Brabant wallon ; 16 844 km$^2$ ; 3 207 500 hab. ; cap. *Namur.* La Région wallonne et la Région Bruxelles-Capitale forment la Communauté française de Belgique. DER **wallon, onne** *a, n*

**Wallonie** revue littéraire symboliste (1886-1892) fondée à Liège par le poète Albert Mockel (1866 – 1945). À partir de 1890, elle eut un deuxième siège à Paris.

**wallonisme** *nm* LING Mot ou expression propre au français de Wallonie.

**walloniste** *n* Spécialiste des dialectes wallons.

**Wall Street** rue de New York (Manhattan) où se trouve la Bourse, ainsi nommée fam.

**Wall Street Journal (The)** journal économique et financier américain fondé en 1889 par H. Dow et E. D. Jones.

**Walpole Robert (1$^{er}$ comte d'Orford)** (Houghton, Norfolk, 1676 – Londres, 1745), homme politique anglais ; chef du parti whig. Il contrôla la vie politique du pays (1721-1742) et établit les bases du régime parlementaire. — **Horace** (Londres, 1717 – id., 1797), fils du préc., précurseur du roman noir : *le Château d'Otrante* (1764). VAR **Horatio**

**Walpurgis (sainte)** (Sussex, v. 710 – Heidenheim, 779), bénédictine anglaise. Appelée en Allemagne par saint Boniface, elle fut abbesse de Heidenheim. Selon la légende, pendant la nuit qui précédait sa fête, le 1$^{er}$ mai *(nuit de Walpurgis),* sorcières et sorciers se réunissaient pour un sabbat. VAR **Walburge**

**Walras Léon** (Évreux, 1834 – Clarens, Suisse, 1910), économiste français : *la Théorie mathématique de la richesse sociale* (1873-1882).

**Walsall** ville industr. d'Angleterre (Staffordshire) ; 187 910 hab.

**Walser** Robert (Bienne, 1878 – Herisau, 1956), écrivain suisse d'expression allemande. Il publia 3 romans puis se consacra à la « prose courte ». Il fut interné en 1929.

**Walser** Martin (Wasserburg, Wurtemberg, 1927), écrivain allemand : *Mi-temps* (roman, 1960), *Chêne et lapins angora* (drame, 1961).

**Walsh** Raoul (New York, 1887 – Los Angeles, 1980), cinéaste américain : *le Voleur de Bagdad* (1924), *la Piste des géants* (1930), *Gentleman Jim* (1942), *la Charge de la huitième brigade* (1964).

**Walsingham** sir Francis (Chislehurst, Kent, v. 1530 – Londres, 1590), homme politique anglais. Il créa en 1573 un réseau d'espionnage, qui compromit Marie Stuart.

**Waltari** Mika (Helsinki, 1908 – id., 1979), auteur finlandais de romans historiques, policiers et de mœurs.

**Walter** Bruno Walter Schlesinger, dit Bruno (Berlin, 1876 – Hollywood, 1962), chef d'orchestre américain d'origine allemande.

**Walter** Jean (Montbéliard, 1883 – Souppes-sur-Loing, 1957), architecte, collectionneur et philanthrope français. (V. Zellidja.)

**Walther von der Vogelweide** (?, v. 1170 – Würzburg [?], v. 1230), poète lyrique allemand ; le plus célèbre des minnesänger.

**Walvis Bay** (« baie des baleines »), territoire de la côte namibienne ; 1 124 $km^2$ ; 50 000 hab. Englobé dans la Namibie, il appartint, jusqu'en 1994, à l'Afrique du Sud (prov. du Cap). Port de pêche, de comm. et base militaire. VAR **Walfish Bay**

**wampum** *nm* Chez les Indiens d'Amérique du Nord, ceinture de perles dont la couleur et l'agencement véhiculaient un message. PHO [wɔmpœm] ETY Mot algonquin.

**Wang Hui** (Zhangsu, 1632 – ?, 1717), peintre et lettré chinois. VAR **Wang Houei**

**Wang Meng** (Wuxing, Zhejiang, v. 1308 – ?, 1385), peintre chinois : paysages.

**Wang Shu** (Ürümqi, Xinjiang, 1963), architecte chinois (musée d'art, Ningbo). Prix Pritzker 2012.

**Wang Wei** (Taiyuan, Shanxi, v. 699 – ?, 759), peintre et poète chinois, il est l'inventeur du paysage monochrome à l'encre.

**waouh !** *interj* Exclamation d'admiration.

**wap** *nm* Standard qui tranforme les données du Web pour les rendre lisibles sur les téléphones mobiles. ETY Abrév. de *wireless application protocol.*

**wapiti** *nm* Grand cerf d'Amérique du Nord, dont les bois peuvent atteindre 1,80 m d'envergure. ETY De l'algonquin.

**wapiti**

**Warburg** Otto Heinrich (Fribourg-en-Brisgau, 1883 – Berlin, 1970), physiologiste allemand : travaux sur l'oxydation cellulaire (respiration, fermentation). Prix Nobel 1931.

**Warens** Louise Éléonore de La Tour du Pin (baronne de) (Vevey, 1700 – Chambéry, 1762), protectrice de J.-J. Rousseau.

**wargame** *nm* Jeu de société reconstituant une bataille historique ou simulant une guerre. PHO [waʀgɛm] ETY Mot angl., « jeu de guerre ».

**Warhol** Andy (Pittsburgh, 1928 – New York, 1987), peintre et cinéaste américain (pop'art) : inlassables répétitions d'un visage (*Marilyn Monroe,* 1962), d'un objet (*Campbell's Soup,* 1962). Il réalisa ou produisit des films underground de 1963 à 1973. DER **warholien, enne** *a* ▶ Illustr. **pop'art**

**Warin** → **Varin.**

**Warka** → **Ourouk.**

**warm-up** *nm inv* SPORT Parcours d'échauffement avant une course automobile. PHO [waʀmœp] ETY Mot angl.

**warning** *nm* AUTO Feux de détresse. PHO [waʀniŋ] ETY Mot angl., « avertissement ».

**Waroquier** Henry de (Paris, 1881 – id., 1970), peintre et sculpteur français néoclassique.

**warrant** *nm* **1** DR Titre à ordre représentant des marchandises déposées dans un magasin général par un commerçant et lui permettant de négocier celles-ci. **2** FIN Titre d'emprunt boursier donnant le droit d'acquérir ou de vendre d'autres titres à un prix fixé à l'avance. PHO [vaʀɑ̃] ETY Mot angl., de l'a. fr. *warant,* « garant ».

**warranter** *vt* ① DR COMM Garantir par un warrant. DER **warrantage** *nm*

**Warren** Robert Penn (Guthrie, Kentucky, 1905 – Stratton, Vermont, 1989), romancier américain : *les Fous du roi* (1946).

**Warrington** v. d'Angleterre (Cheshire) ; 179 500 hab. Industries.

**Warta (la)** riv. de Pologne (762 km), affl. de l'Oder (r. dr.).

**Wartburg (château de la)** chât. fort de Saxe-Weimar, près d'Eisenach ; résidence des landgraves de Thuringe (fin du XI$^{e}$ s.), célèbre par ses concours de poésie (XIII$^{e}$ s.). Luther s'y réfugia après avoir été condamné à Worms (1521) ; il y traduisit la Bible en allemand.

**Wartburg** Walther von (Riedholz, cant. de Soleure, 1888 – Bâle, 1971), linguiste suisse d'expression allemande ; auteur du monumental *Französisches etymologisches Wörterbuch (Dictionnaire étymologique de la langue française),* en collab. avec Oscar Bloch.

**Warwick** → **Neville (Richard).**

**Warwickshire** comté du centre de l'Angleterre ; 1 981 $km^2$ ; 500 000 hab. ; ch.-l. *Warwick* (23 000 hab.), sur l'Avon.

**Was** population môn-khmère de Chine (Yunnan) et de Birmanie.

**wasabi** *nm* CUIS Condiment japonais préparé à partir du raifort. PHO [wasabi]

**Wasatch (monts)** chaîne de l'O. des É.-U. (montagnes Rocheuses), qui traverse l'Utah ; 3 937 m au mont Timpanogos.

**Wash (the)** golfe de l'E. de l'Angleterre, sur la mer du Nord.

**Washington** cap. fédérale des É.-U., constituant, sur le Potomac, le district fédéral de Columbia, d'où son nom officiel : *Washington DC* ; 174 $km^2$ ; 5 millions d' hab. (aggl.). – Résidence du président des É.-U. (Maison-Blanche), siège du Congrès (Capitole), de la Cour suprême, du commandement militaire (Pentagone) ; nombr. laboratoires ; universités ; archevêché catholique ; National Gallery of Art ; Phillips Collection ; bibliothèque du Congrès ; Smithsonian Institution. – La création de cette ville, décidée en 1787-1790, fut confiée à un Français, Pierre Charles L'Enfant. La ville devint la cap. des É.-U. en 1800. DER **washingtonien, enne** *a, n*

**Washington** État des États-Unis situé au N.-O. du continent, sur le Pacifique ; 176 617 $km^2$ ; 4 867 000 hab. ; cap. *Olympia* ; v. princ. *Seattle, Tacoma.* – La chaîne des Cascades isole, à l'E., de vastes plateaux arides et, à l'O., une plaine littorale découpée où se concentrent les activités écon. : céréales, élevage, exploitation de la forêt et des gisements métallifères, grands ports. – Cet État entra dans l'Union en 1889.

**Washington** George (Popeó Creek, Virginie, 1732 – Mount Vernon, id., 1799), général et premier président des É.-U. d'Amérique. Chef des forces américaines, il gagna la guerre de l'Indépendance contre l'Angleterre (1775-1782), notam. par sa victoire de Yorktown (19 oct. 1781). Élu à la présidence de la Convention de 1787, il signa la Constitution des É.-U. Élu président en 1789, réélu en 1792, il refusa un troisième mandat en 1796.

**George Washington**

**washingtonia** *nm* BOT Grand palmier de Californie et du Mexique aux grandes feuilles en éventail. PHO [waʃiŋtɔnja] ETY Du n. pr.

**Washington Post (The)** quotidien américain créé en 1877 à Washington.

**Washington Square** roman de H. James (1881). ▷ CINE *L'Héritière,* film de W. Wyler (1949), avec Olivia De Havilland (née en 1916) et Montgomery Clift (1920 – 1966).

**wasp** *n, a* Aux É.-U., membre de la couche sociale supérieure, caractérisé par sa couleur de peau (blanche), son origine et sa religion. ETY Acronyme de *white anglo-saxon protestant.*

**Wasquehal** com. du Nord (arr. de Lille) ; 20 293 hab. Industries. – Égl. XIV$^{e}$ s. DER **wasquehalien, enne** *a, n*

**Wassermann** August von (Bamberg, 1866 – Berlin, 1925), médecin allemand. Il adapta le test de Bordet pour détecter la syphilis *(réaction de Bordet-Wassermann).*

**Wassermann** Jakob (Fürth, 1873 – Altaussee, Styrie, 1934), romancier allemand : *Gaspard Hauser* (1908), *l'Affaire Maurizius* (1928).

**wassingue** *nf* **rég** Serpillière. ETY Mot flam.

**Wassy** ch.-l. de cant. de la Haute-Marne (arr. de Saint-Dizier) ; 3 113 hab. – Le duc de Guise y fit massacrer les protestants (1$^{er}$ mars 1562). DER **wasseyen, enne** *a, n*

**water-ballast** *nm* MAR **1** Compartiment d'un navire pouvant être rempli d'eau, de combustible et pouvant servir de lest. **2** Dans un sous-marin, réservoir permettant de faire varier le poids du bâtiment suivant la quantité

**Washington** la Maison-Blanche (1792-1800) repeinte après un incendie en 1814

d'eau contenue. PLUR water-ballasts. PHO [watɛʀbalast] ETY Mot angl. VAR **waterballast**

**water-closet** *nm* Lieux d'aisances, cabinets. PLUR water-closets. PHO [watɛʀklozɛt] ETY De l'angl. VAR **watercloset** ou **waters**

**watergang** *nm* **Nord, Belgique** Canal, fossé bordant un polder ou un chemin. PHO [watɛʀgɑ̃g] ETY Mot néerl. de *water,* « eau », et *gang,* « voie ».

**Watergate** immeuble de Washington, siège du parti démocrate en 1972. Le 17 juin, cinq individus furent surpris par la police en train d'y installer des micros. Des journalistes prouvèrent qu'ils servaient le président Nixon (qui se représentait aux élections de 1972). Réélu, Nixon tenta de se dérober puis démissionna (août 1974).

**wateringue** *nm* ou *nf* **Belgique 1** Ensemble de travaux de drainage. **2** Association constituée pour ces travaux. ETY Mot flamand.

**Waterloo** com. de Belgique (Brabant wallon), au S. de Bruxelles ; 24 780 hab. ▷ HIST *Bataille de Waterloo :* défaite de Napoléon contre les Anglais de Wellington et les Prussiens de Blücher (18 juin 1815). Ayant battu les Prussiens à Ligny et lancé Grouchy à leur poursuite (16 juin), Napoléon laissa Wellington s'installer sur un plateau. Le 18, Ney chargea les troupes de Wellington, qui subirent des pertes mais conservèrent leurs positions. L'arrivée de Blücher désempara les Français, qui attendaient Grouchy. Napoléon fit route vers Paris ; cette défaite lui fut fatale.

**Water Music** trois suites pour orchestre de Haendel (1715).

**water-polo** *nm* SPORT Jeu de ballon aux règles inspirées de celles du handball, qui se joue dans l'eau et qui oppose deux équipes de sept nageurs. PLUR water-polos. PHO [watɛʀpɔlo] ETY Mot angl. VAR **waterpolo**

**waterproof** *a inv* Étanche ; imperméable. *Montre waterproof.* PHO [watɛʀpʀuf] ETY Mot angl.

**waterzoi** *nm* CUIS Spécialité belge, soupe épaisse de poulet ou poisson et de légumes liée à la crème. PHO [watɛʀzɔj] ETY Du flam.

**Watkins** Vernon (Masteg, Glamorganshire, 1906 – Seattle, 1967), poète gallois : *la Dame à la licorne* (1948).

**Watson** John Broadus (Greenville, Saskatchewan, 1878 – New York, 1958), psychologue américain ; fondateur du béhaviorisme : *la Psychologie telle que le béhavioriste la voit* (1913).

**Watson** James Dewey (Chicago, 1928), biologiste américain. Il construisit avec F. H. C. Crick une double hélice représentant la molécule d'ADN. Prix Nobel de médecine en 1962 avec Crick et M. H. F. Wilkins.

**Watson (docteur)** personnage créé par A. C. Doyle ; partenaire de Sherlock Holmes et narrateur de ses aventures.

**Watson-Watt** sir Robert Alexander (Brechin, 1892 – Inverness, 1973), physicien écossais. Il mit au point le prem. radar (1935).

**watt** *nm* PHYS Unité SI de puissance du flux énergétique, de symbole W. *Un watt est égal à 1 joule par seconde.* ETY Du n. pr.

**Watt** James (Greenock, 1736 – Heathfield, 1819), ingénieur écossais. Il apporta des perfectionnements décisifs à la machine à vapeur, en l'équipant notam. d'un condenseur (1765), puis inventa le régulateur à boules.

**Watteau** Antoine (Valenciennes, 1684 – Nogent-sur-Marne, 1721), peintre français. Il a surtout peint des fêtes galantes sur fond de mélancolie : *l'Embarquement pour l'île de Cythère* (1717, Louvre), *Gilles* (1721, Louvre), *l'Enseigne de Gersaint* (1721, chât. de Charlottenburg, Berlin).

**Antoine Watteau** *l'Enchanteur,* v. 1716-1717 – musée des Beaux-Arts et d'Archéologie, Troyes

**wattheure** *nm* PHYS Unité d'énergie (symbole Wh) correspondant à l'énergie mise en jeu par une puissance de 1 watt pendant 1 heure. *Un wattheure est égal à 3 600 joules.*

**Wattignies** com. du Nord (arr. de Lille) ; 14 440 hab. Industries. DER **wattignisien, enne** *a, n*

**Wattignies-la-Victoire** com. du Nord (arr. d'Avesnes-sur-Helpe) ; 233 hab. – Victoire de Jourdan et de Carnot sur les Autrichiens (1793). DER **wattégnien, enne** *a, n*

**wattman** *nm* **vieilli** Conducteur de tramway électrique. PLUR wattmans ou wattmen. PHO [watman]

**wattmètre** *nm* ELECTR Appareil servant à mesurer la puissance électrique.

**Wattrelos** com. du Nord (arr. de Lille et de Roubaix) ; 43 133 hab. Industries. DER **wattrelosien, enne** *a, n*

**Waugh** Evelyn (Londres, 1903 – Taunton, Somerset, 1966), auteur anglais de romans satiriques : *Diablerie* (1932), *la Capitulation* (1961).

**Wavell** Archibald Percival, 1er comte de Cyrénaïque et de Winchester (Colchester, Essex, 1883 – Londres, 1950), maréchal britannique ; vice-roi des Indes (1943-1947).

**Wavre** v. de Belgique sur la Dyle, ch.-l. du Brabant wallon ; 28 565 hab.

**wax** *nm* Tissu de coton imprimé, obtenu par un procédé analogue au batik. ETY Mot angl., « cire ».

machine à vapeur de **Watt** (avec distribution de la vapeur, dite par tiroir en D), modèle au 1/10

**wayang** *nm* En Indonésie, théâtre de marionnettes inspiré par le Rāmāyana et le Mahābhārata, textes épiques brahmaniques. PHO [wajɑ̃g]

**Wayne** Marion Michael Morrison, dit John (Winterset, Iowa, 1907 – Los Angeles, 1979), acteur américain (de westerns, notam.) : *la Piste des géants* (1930), *la Chevauchée fantastique* (1939), *Rio Bravo* (1959), etc. Il mit en scène *Alamo* (1960) et les *les Bérets verts* (1968).

**John Wayne** dans *la Rivière rouge* (1948)

**waza-ari** *nm inv* Dans les arts martiaux, avantage technique obtenu au cours d'un combat. ETY Mot jap.

**Waziristan** région tribale du Pakistan à la frontière de l'Afghanistan.

**Wb** PHYS Symbole du weber.

**W-C** *nm* Water-closet.

**Weald (le)** dépression du S.-E. de l'Angleterre, entre les escarpements des Downs. Élevage. Cités résidentielles.

**Weaver** Warren (Reedsburg, Wisconsin, 1894 – New Milford, 1978) , mathématicien et logicien américain, collaborateur de Shannon (*Théorie mathématique de la communication,* 1949).

**web** *nm* Site sur le Web. *Ouvrir un web.* PHO [wɛb] ETY Du n. pr.

**Web (le)** abrév. de *World Wide Web*, « toile d'araignée mondiale », ensemble des serveurs situés sur le réseau Internet, regroupant des pages reliées entre elles par des liens hypertextes. Le Web 2 permet aux internautes de participer au contenu des pages. SYN la Toile.

**Webb** Sidney (baron Passfield) (Londres, 1859 – Liphook, 1947), économiste anglais, cofondateur de la Fabian Society. — **Beatrice Potter** (Gloucester, 1858 – Liphook, 1943), épouse du préc. ; auteur, avec lui, de *The History of Trade Unionism* (1894).

**Webb** Mary (Leighton, Shropshire, 1881 – Saint Leonards, Sussex, 1927), romancière anglaise : *la Renarde* (1917), *Sarn* (1924).

**webcam** *nf* Petite caméra transmettant des images sur le Web.

**webdesigner** *n* Créateur de sites web. PHO [vebdezjnœʀ] ou [vebdizajnœʀ] ETY Mot angl.

**webdocumentaire** *nm* Documentaire multimédia conçu de manière interactive pour être diffusé sur Internet.

**weber** *nm* PHYS Unité de flux magnétique (symbole Wb). ETY Du n. pr. VAR **wéber**

**Weber** Carl Maria von (Eutin, 1786 – Londres, 1826), compositeur romantique allemand et pianiste virtuose. Opéras : *le Freischütz* (1821), *Euryanthe* (1823), *Oberon* (1826). Pour le piano : sonates, concertos, *l'Invitation à la valse*.

**Weber** Wilhelm Eduard (Wittenberg, 1804 – Göttingen, 1891), physicien allemand, pionnier de l'électromagnétisme. Avec Gauss, il mit au point un télégraphe électrique (1833). Il mesura le magnétisme terrestre.

Max Weber

Simone Weil

**Weber** Max (Erfurt, 1864 – Munich, 1920), économiste et sociologue allemand : *l'Éthique protestante et l'esprit du capitalisme* (article de revue, 1901), *Économie et Société* (posth., 1922).

**Webern** Anton von (Vienne, 1883 – Mittersill, 1945), compositeur autrichien ; le princ. représentant, avec Schönberg et Berg, de l'école atonale de Vienne : *Bagatelles pour quatuor à cordes* (1913), *Lieder populaires* (1924), *Symphonie* (1928), *Variations pour orchestre* (1940). Un soldat américain le tua par erreur.

**weblog** *nm* INFORM Syn. de *blog*.

**webmagazine** *nm* Magazine diffusé sur le Web. VAR **webzine**

**webmestre** *n* Administrateur de site Internet. VAR **webmaster**

**webradio** *nf* Radio conçue pour être diffusée sur Internet.

**webrairie** *nf* Librairie qui diffuse ses produits grâce à Internet.

**Webster** John (Londres, v. 1580 – id., v. 1624), auteur anglais de tragédies ténébreuses : *la Duchesse d'Amalfi* (1614).

**Webster** Noah (West Hartford, 1758 – New Haven, 1843), auteur américain d'un dictionnaire anglais (1828), toujours réédité.

**webzine** → **webmagazine.**

**Wedekind** Frank (Hanovre, 1864 – Munich, 1918), dramaturge allemand, précurseur de l'expressionnisme : *l'Éveil du printemps* (1891) ; *l'Esprit de la terre* (1895) et *la Boîte de Pandore* (1904), remaniés et réunis en 1913 (*Lulu*).

**Wedgwood** Josiah (Burslem, Staffordshire, 1730 – Etruria, près de Burslem, 1795), céramiste et industriel anglais.

**Weegee** Arthur (Złoczew, Pologne, 1899 – New York, 1968), photographe américain.

**week-end** *nm* Congé de fin de semaine, comprenant le samedi et le dimanche. PLUR week-ends PHO [wikɛnd] ETY Mot angl. VAR **weekend**

**Wegener** Alfred (Berlin, 1880 – au Groenland, 1930), météorologiste et géophysicien allemand ; explorateur du Grand Nord ; sa théorie de la dérive des continents (1915) a été accréditée par la tectonique des plaques.

**Wehnelt** Arthur (Rio de Janeiro, 1871 – Berlin, 1944), physicien allemand. Il inventa un canon à électrons.

**Wehrling** Yann (Strasbourg, 1971), secrétaire national des Verts de 2005 à 2006.

**wehrlite** *nf* Roche plutonique que l'on trouve à la base des séries magmatiques basiques, en particulier dans les ophiolites.

**Wehrmacht** (mot all., « puissance de défense »), nom donné à l'ensemble des forces armées allemandes de 1935 à 1945.

**weichi** *nm* Nom chinois du jeu de go.

**Weidman** Charles (Lincoln, 1901 – New York, 1975), danseur et chorégraphe américain (modern dance).

**Weierstrass** Karl (Ostenfelde, Westphalie, 1815 – Berlin, 1897), mathématicien allemand ; il fit progresser l'analyse.

**weigelia** *nm* Arbuste ornemental (caprifoliacée) originaire d'Asie, à belles fleurs roses. PHO [wegelja] ETY D'un n. pr.

**Weil** Éric (près de Schwerin, 1904 – Nice, 1977), philosophe français d'origine allemande, influencé par Hegel : *Philosophie politique* (1956).

**Weil** Simone (Paris, 1909 – Ashford, Kent, 1943), écrivain et philosophe français. Juive, elle évolua vers un mysticisme chrétien et milita pour la justice sociale : *la Pesanteur et la Grâce* (posth., 1947). — **André** (Paris, 1906 – Princeton, New Jersey, 1998), frère de la préc. ; mathématicien français

**Weill** Kurt (Dessau, 1900 – New York, 1950), compositeur américain d'origine allemande. Il créa un chant expressionniste qui allie musique populaire et musique sérielle : *l'Opéra de quat' sous* (1928, texte de Brecht).

**Weimar** ville d'Allemagne (Thuringe) ; 66 730 hab. Industries. – Anc. cap. du grand-duché de Saxe-Weimar. – Sous Charles-Auguste (1775-1828), Goethe et Schiller firent de Weimar un centre intellectuel.

**Weimar (Constitution de)** Constitution votée par l'Assemblée allemande à Weimar le 11 août 1919, qui organisait l'Allemagne en une république fédérale de 17 États. La *république de Weimar* (1919-1933) subit les conséquences politiques et économiques de la défaite allemande de 1918. La crise mondiale (1929) et les difficultés parlementaires suscitèrent l'arrivée de Hitler au pouvoir (1933).

**Weinberg** Steven (New York, 1933), physicien américain, auteur, avec A. Salam, de la théorie électrofaible. Prix Nobel de physique 1979 avec Salam et S. L. Glashow.

**Weingarten** Romain (Paris, 1926 – Challans, 2006), auteur dramatique français : *l'Été* (1966), *la Mort d'Auguste* (1982).

**Weir** Peter (Sydney, 1944), cinéaste australien : *l'Année de tous les dangers* (1982), *le Cercle des poètes disparus* (1990), *The Truman Show* (1998).

**Weismann** August (Francfort-sur-le-Main, 1834 – Fribourg-en-Brisgau, 1914), biologiste allemand. Il postula l'existence des chromosomes.

**Weiss** Pierre (Mulhouse, 1865 – Lyon, 1940), physicien français : travaux sur le magnétisme.

**Weiss** Peter (Nowawes, près de Berlin, 1916 – Stockholm, 1982), écrivain suédois d'origine allemande : *la Persécution et l'assassinat de Jean-Paul Marat* (dit fam. « Marat-Sade », 1964).

**Weissmuller** Peter John, dit Johnny (Freidorf, Roumanie, 1904 – Acapulco, 1984), acteur de cinéma américain. Anc. champion olympique de natation, il a incarné *Tarzan* de 1932 à 1948. ▶ illustr. Tarzan

**Weizman** Ezer (Tel-Aviv, 1924 – Césarée, 2005), neveu du suiv. ; président de la rép. d'Israël (1993), réélu en 1998, il démissionna en 2000.

**Weizmann** Chaïm (Motyl, Biélorussie, 1874 – Rehovot, Israël, 1952), homme politique israélien ; il fut le premier président de la rép. d'Israël (1949-1952).

**Weizsäcker** Carl Friedrich von (Kiel, 1912 – Stanberg, 2007), physicien allemand. Il a défini en 1935 l'énergie de liaison des nucléons. — **Richard** (Stuttgart, 1920 – Berlin, 2015), frère du préc., président de la RFA (1984-1990) puis de l'Allemagne réunifiée (1990-1994).

**welche** → **velche.**

**Welhaven** Johan Sebastian (Bergen, 1807 – Christiania, auj. Oslo, 1873), écrivain norvégien : *Poèmes* (1838), *Nouveaux Poèmes* (1844).

**Welland** v. du Canada (Ontario), sur le *canal de Welland* (44 km), qui relie les lacs Érié et Ontario à l'écart des chutes du Niagara ; 51 000 hab. Centre industriel.

**Welles** Orson (Kenosha, Wisconsin, 1915 – Hollywood, 1985), cinéaste et acteur américain. Son œuvre foisonne de trouvailles techniques, souvent baroques : *Citizen Kane* (1941), *la Splendeur des Amberson* (1942), *la Dame de Shanghai* (1948), *Macbeth* (1948), *Othello* (1952), *Monsieur Arkadin* (1955), *la Soif du mal* (1958), *le Procès* (1962), *Falstaff* (1966), *Vérités et Mensonges* (1975).

**Orson Welles,** auteur et interprète de *Citizen Kane*, 1941

**Wellesley** Richard Colley Wellesley (marquis) (Dangan, Irlande, 1760 – Londres, 1842), homme politique britannique. Il accrut (1798-1805) les possessions anglaises aux Indes. Lord-lieutenant d'Irlande (1821-1828 et 1833-1834), il défendit les catholiques.

**Wellington** cap. de la Nouvelle-Zélande, port sur le détroit de Cook (île du Nord) ; 450 000 hab. (aggl.). Industries.

**Wellington** Arthur Wellesley (1er duc de) (Dublin, 1769 – Walmer Castle, Kent, 1852), général et homme politique britannique. Vainqueur des Français au Portugal et en Espagne (bataille de Vitoria, 21 juin 1813), il vainquit Napoléon Ier à Waterloo (18 juin

1815) à la tête des troupes alliées et commanda les forces d'occupation en France (1815-1818). Il fut Premier ministre de 1828 à 1830.

le duc de Wellington

**wellingtonia** *nm* BOT Arbre voisin du séquoia, dont la hauteur peut atteindre 90 m. ETY D'un n. pr.

**Wellman** William (Boston, 1896 – Los Angeles, 1975), cinéaste américain : *les Ailes* (1927), *l'Ennemi public* (1931), *l'Étrange Incident* (1943), *Convoi de femmes* (1952).

**Wells** v. d'Angleterre (Somerset) ; 8 370 hab. – Cath. (déb. XIIIe s. : « gothique primitif »).

**Wells** Herbert George (Bromley, Kent, 1866 – Londres, 1946), auteur anglais de romans d'anticipation : *la Machine à explorer le temps* (1895), *l'Île du docteur Moreau* (1896), *l'Homme invisible* (1897), *la Guerre des mondes* (1898). Membre de la Fabian Society.

**Wels** ville d'Autriche (Haute-Autriche) ; 55 000 hab. – Égl. XIVe s. Maisons XVIe-XVIIe s.

**Welt (die)** (« le Monde »), quotidien allemand conservateur créé en 1946 à Hambourg.

**weltanschauung** *nf* PHILO Conception métaphysique du monde, liée à l'intuition des réalités existentielles. PHO [veltanʃawuŋ] ETY Mot all.

**welter** *nm, a* SPORT Se dit d'un boxeur pesant entre 63,50 et 66,67 kg. SYN mi-moyen. PHO [velteʀ] ou [weltəʀ] ETY Mot angl.

**welwitschia** *nm* Plante gymnosperme des déserts du sud-ouest de l'Afrique, constituée par une souche énorme d'où sortent deux grandes feuilles en lanière qui peuvent dépasser 2 m de long. PHO [velvitʃja] ETY D'un n. pr.

**Wembley** localité du Grand Londres, au N.-O. de Londres. Stade de football.

**Wendel (de)** famille d'industriels français qui, au déb. du XVIIIe s., installa des forges à Hayange (Moselle) et, en 1880, une aciérie Thomas (la première en France).

**Wenders** Wilhelm, dit Wim (Düsseldorf, 1945), cinéaste allemand : *Alice dans les villes* (1973), *Au fil du temps* (1976), *l'Ami américain* (1977), *Paris, Texas* (1984), *les Ailes du désir* (1987), *Lisbonne Story* (1995).

**Wendes** → **Sorabes.**

**wengé** *nm* Bois d'un arbre d'Afrique, dur et lourd, de couleur chocolat, utilisé en ébénisterie. PHO [venge]

**Wengen** stat. de sports d'hiver de Suisse (Oberland bernois) ; 1 274 m.

**Wenzhou** v. de l'E. de la Chine (Zhejiang), sur la baie du m. nom ; 2,2 millions d'hab. (aggl.).

**Werfel** Franz (Prague, 1890 – Los Angeles, 1945), écrivain expressionniste autrichien. Romans : *Barbara ou la Pitié* (1929), *le Chant de Bernadette* (1941).

**Wergeland** Henrik (Kristiansand, 1808 – Christiania, auj. Oslo, 1845), poète romantique norvégien : *l'Homme* (1844 ; prem. version : *la Création, l'Homme et le Messie,* 1830).

**wergeld** *nm* HIST Chez les Germains, surtout chez les Francs, indemnité que l'auteur d'un délit payait à la victime ou, en cas de meurtre, à sa famille. PHO [vɛʀgɛld] ETY Du saxon.

**Werner** Abraham Gottlob (en Saxe, 1749 – Dresde, 1817), géologue allemand, l'un des fondateurs de la minéralogie.

**Werner** Alfred (Mulhouse, 1866 – Zurich, 1919), chimiste suisse ; pionnier de la stéréochimie. P. Nobel 1913.

**Werner** Wendelin (Cologne, 1968), mathématicien français. Théorie des probabilités. Médaille Fields 2006.

**Wernicke** Carl (Tarnowitz, 1848 – Thüringer Wald, 1905), neurologue allemand : travaux sur les aphasies.

**Wertheimer** Max (Prague, 1880 – New Rochelle, près de New York, 1943), psychologue allemand ; l'un des créateurs de la psychologie de la forme.

**Werther** drame lyrique en 4 actes et 5 tableaux de J. Massenet (1892), d'apr. *les Souffrances du jeune Werther* (1774) de Goethe.

**Weser (la)** fleuve d'Allemagne (480 km) formé par la réunion, à Münden, de la Werra et de la Fulda ; arrose Brême et se jette dans la mer du Nord.

**Wesker** Arnold (Londres, 1932), dramaturge anglais : *la Cuisine* (1957) ; *les Amis* (1970).

**Wesley** John (Epworth, Lincolnshire, 1703 – Londres, 1791), théologien anglais ; princ. fondateur de la secte des méthodistes (1729).

**Wesselmann** Tom (Cincinnati, 1931 – New York, 2004), peintre américain : série des *Grands Nus américains* (pop'art).

**Wessex** un des royaumes fondés en Angleterre par les Saxons à la fin du Ve s. et dont la cap. était l'actuelle Winchester. En 878, son roi, Alfred le Grand, devint celui des Anglo-Saxons.

**West** Benjamin (Springfield, 1738 – Londres, 1820), peintre néoclassique américain.

**West** Mae (New York, 1892 – Los Angeles, 1980), actrice américaine ; comique iconoclaste : *Lady Lou* (1930), *Fifi peau de pêche* (1938).

**West** Morris (Melbourne, 1916 – Sidney, 1999), romancier australien : *l'Avocat du diable* (1959), *les Bouffons de Dieu* (1981).

**western** *nm* **1** Film d'aventures dont l'action se déroule dans l'Ouest américain au temps des pionniers ; genre cinématographique représenté par ce type de film. **2** fig, fam Action mouvementée agrémentée de bagarres, de poursuites. ETY Mot angl., « de l'Ouest ».

**Western Islands** → **Hébrides.**

**Westerwald** rég. du Massif schisteux rhénan (Allemagne), sur la r. dr. du Rhin.

**West Glamorgan** comté du pays de Galles ; 817 km$^2$ ; 357 800 hab. ; ch.-l. *Swansea.*

**Westinghouse** George (New York, 1846 – id., 1914), ingénieur américain. Il mit au point un frein à air comprimé utilisé dans les chemins de fer (1872) et créa la société Westinghouse Electric Corporation (1886).

**Westminster** quartier de Londres, sur la rive gauche de la Tamise, regroupant l'abbaye et le palais du Parlement. L'abbaye, fondée au VIIIe s., fut reconstruite au XIe s. et au XIIIe s., puis remaniée jusqu'au XVIIIe s ; les rois d'Angleterre y sont couronnés. Elle est également le panthéon des souverains et des grands hommes.

**Weston** Edward (Illinois, 1886 – Carmel, 1958), photographe américain : nus, natures mortes de grandes dimensions.

**Westphalie** (en all. *Westfalen*), ancienne province de l'ouest de l'Allemagne ; prussienne en 1815 ; intégrée en 1945 dans le Land de Rhénanie-du-Nord-Westphalie. DER **westphalien, enne** *a, n*

**Westphalie (royaume de)** royaume créé en 1807 par Napoléon Ier pour son frère Jérôme ; occupé par les Alliés après la défaite de Leipzig (1813), puis rattaché à la Prusse (1814).

**Westphalie (traités de)** nom donné aux traités signés en 1648 (à Münster et à Osnabrück) par l'empereur Ferdinand III avec la France, la Suède et les principautés d'Empire. Mettant fin à la guerre de Trente Ans, après quatre années de négociations, ils déclaraient la liberté des cultes catholique, luthérien et calviniste dans le Saint Empire, la souveraineté des 350 États allemands, l'indépendance de la Suisse et des Provinces-Unies. La France obtenait définitivement les Trois-Évêchés (Metz, Toul et Verdun) et une grande partie de l'Alsace (sans Strasbourg).

**West Point** terrain militaire des É.-U. (État de New York), sur l'Hudson, où est implantée depuis 1802 une école formant des officiers.

**West Side Story** comédie musicale de Leonard Bernstein (1957), sur un livret de Stephen Sondheim, chorégr. de Jerome Robbins. ▷ CINE Film de R. Wise (1961), avec Natalie Wood (1938 – 1981).

**West Sussex** comté d'Angleterre ; 1 989 km$^2$ ; 692 800 hab. ; ch.-l. *Chichester.*

**Westwood** Vivienne (Glossop, 1941), créatrice de mode britannique.

**West Yorkshire** comté d'Angleterre ; 2 039 km$^2$ ; 1,5 million d'hab. ; ch.-l. *Wakefield.*

**wetback** *n* fam Aux États-Unis, immigrant clandestin venant du Mexique. PHO [wetbak] ETY Mot angl., « dos mouillé ».

**Weyden** → **Van der Weyden.**

**Weygand** Maxime (Bruxelles, 1867 – Paris, 1965), général français. Chef d'état-major en 1930, généralissime de 1931 à 1935, rappelé en 1939, il reçut le 19 mai 1940 le commandement suprême des armées françaises (en remplacement de Gamelin) et conseilla l'armistice le 12 juin. Ministre de la Défense nationale (juin-sept. 1940), il fut arrêté par les Allemands (1942) et déporté. Traduit en Haute Cour de justice après la Libération, il bénéficia d'un non-lieu (1948). Acad. fr. (1931).

**Weyl** Hermann (Elmshorn, 1885 – Zurich, 1955), mathématicien allemand.

**Wh** ELECTR Symbole du wattheure.

**wharf** *nm* MAR Appontement long perpendiculaire au rivage. PHO [waʀf] ETY Mot angl.

**Wharton** Edith Newbold Jones (Mrs.) (New York, 1862 – Saint-Brice-sous-Forêt, Seine-et-Marne, 1937), romancière américaine, influencée par H. James : *Chez les heureux du monde* (1905), *l'Âge de l'innocence* (1920).

**Wheatstone** sir Charles (Gloucester, 1802 – Paris, 1875), physicien anglais. Il perfectionna la télégraphie électrique.

**When The Saints Go Marching in** composition musicale anonyme, po-

façade de l'église (Saint Peter) de l'abbaye de Westminster, XIIIe s.

pularisée par L. Armstrong (1938 et 1955), Kid Ory (1954), etc.

**whig** *n, a* **A** *n* HIST En Angleterre, membre du parti libéral, opposé aux *tories.* **B** *a* Relatif à ce parti. PHO [wig] ETY Mot angl.

**whig (parti)** en Angleterre, parti composé par les adversaires de Jacques d'York (roi sous le nom de Jacques II), en 1679-1680 ; ils s'opposèrent aux tories et représentèrent la riche bourgeoisie des villes et des campagnes. Au XIXe s., les tories formèrent le parti conservateur et les whigs, le parti libéral, dont la clientèle électorale se porta sur les travaillistes à partir de 1945.

**whipcord** *nm* Étoffe à trame très serrée et à côtes obliques. PHO [wipkɔʀd] ETY Mot angl.

**whippet** *nm* Petit lévrier d'origine anglaise. PHO [wipet] ETY Mot angl.

**whiskey** *nm* Whisky irlandais.

**whisky** *nm* Eau-de-vie de grain fabriquée dans les pays anglo-saxons. PLUR whiskys ou whiskies. ETY Mot gaélique.

**whist** *nm* Jeu de cartes, ancêtre du bridge. ETY Mot angl.

**Whistler** James Abbott McNeill (Lowell, 1834 – Londres, 1903), peintre et graveur américain, proche des impressionnistes.

**White** Patrick (Londres, 1912 – Sydney, 1990), écrivain australien : poèmes (*Une ceinture de feuilles* 1976), romans (*le Char des élus* 1961), nouvelles, théâtre. P. Nobel 1973.

**White Hall** avenue de Londres, entre Trafalgar Square et Westminster, du nom du palais royal incendié en 1697. VAR **Whitehall**

**Whitehead** Robert (Bolton-Le-Moors, Lancashire, 1823 – Beckett Park, Berkshire, 1905), ingénieur anglais. Au service de l'Autriche, il construisit les premières torpilles sous-marines (1867).

**Whitehead** Alfred North (Ramsgate, Kent, 1861 – Cambridge, Massachusetts, 1947), mathématicien et logicien américain d'origine anglaise : *Principia mathematica* (en collab. avec B. Russell, 1910-1913).

**Whitehorse** v. du Canada ; ch.-l. du Yukon ; 15 200 hab.

**white spirit** *nm* Produit de la distillation fractionnée des pétroles, employé comme diluant des peintures et comme solvant. PLUR white spirits. PHO [wajtspiʀit] ETY Mot angl.

**Whitman** Walt (West Hills, Long Island, 1819 – Camden, New Jersey, 1892), poète américain. Avec lyrisme, il a exprimé son amour de la vie libre, de la nature et de la démocratie dans *Feuilles d'herbe* (1855 ; nombr. rééditions).

**Whitney (mont)** un des plus hauts sommets des É.-U., dans la sierra Nevada (Californie) ; 4 418 mètres.

**Whitney** William Dwight (Northampton, Massachusetts, 1827 – New Haven, 1894), linguiste américain, précurseur de la linguistique structurale.

**Whittle** sir Frank (Coventry, 1907 – Columbia, Maryland, 1996), ingénieur anglais ; inventeur du turboréacteur.

**Who (The)** groupe anglais de musique pop (1963-1986) : *Tommy* (opéra rock, 1969).

**Whorf** Benjamin Lee (Winthrop, 1897 – Wethersfield, 1941), linguiste américain. Son maître, Sapir, et lui estimaient que le langage détermine la représentation du monde.

**Whymper** Edward (Londres, 1840 – Chamonix, 1911), alpiniste anglais, vainqueur du mont Cervin (1865).

**Wichita** v. des É.-U. (Kansas) ; 304 000 hab. Constr. aéronautiques.

**Widal** Fernand (Delles, Algérie, 1862 – Paris, 1929), médecin français : travaux sur la fièvre typhoïde, la pathologie rénale.

**widget** *nm* INFORM Module autonome, doté d'une interface graphique, téléchargeable, donnant un accès instantané à certaines informations. PHO [widʒet] ETY De l'angl. *wise*, « sage » et de *gadget*.

**Widor** Charles Marie (Lyon, 1844 – Paris, 1937), organiste et compositeur français.

**Wiechert** Ernst (Kleinort, 1887 – Uerikon, 1950), écrivain allemand : *la Forêt des morts* (sur son internement à Buchenwald, 1945).

**Wieland** Christoph Martin (Oberholzheim, Wurtemberg, 1733 – Weimar, 1813), écrivain allemand : *Agathon* (récit, 1766-1773), *Obéron* (poème 1780-1781), *les Abdéritains* (roman satirique 1774-1781).

**Wieland** Heinrich (Pforzheim, 1877 – Munich, 1957), chimiste allemand (l'oxydation des composés organiques). P. Nobel 1927.

**Wien** Wilhelm (Gaffken, 1864 – Munich, 1928), physicien allemand : travaux sur le corps noir. P. Nobel 1911.

**Wien → Vienne.**

**Wiene** Robert (Breslau, 1881 – Paris, 1938), cinéaste expressionniste allemand : *le Cabinet du docteur Caligari* (1919), *les Mains d'Orlac* (1925).

**Wiener** Norbert (Columbia, Missouri, 1894 – Stockholm, 1964), mathématicien américain : travaux sur la théorie de l'information. On voit en lui le père de la cybernétique.

**Wiéner** Jean (Paris, 1896 – id., 1982), pianiste et compositeur français : musiques de films.

**wienerli** *nm* Suisse Petite saucisse allongée. PHO [winɛʀli] ETY De *Wien*, « Vienne ».

**Wies** village de Bavière où s'illustrèrent les architectes baroques D. et J. B. Zimmermann.

**Wiesbaden** v. d'Allemagne, cap. de la Hesse ; 266 540 hab. Station thermale depuis la Rome antique. Industries.

**Wiesel** Élie (Sighet, Roumanie, 1928), écrivain américain d'origine hongroise et d'expression française. Déporté, il traite de l'Holocauste et de la judaïté : *la Nuit* (1960), *l'Aube* (1960), *le Jour* (1961), *le Testament d'un poète juif assassiné* (1980). P. Nobel de la paix 1986.

W. Whitman

Elie Wiesel

**Wiesenthal** Simon (Buchach, Autriche, 1908 – Vienne, 2005), rescapé des camps de concentration, il a consacré sa vie à traduire en justice les criminels de guerre nazis.

**wifi** *nm* INFORM Technologie permettant de se connecter à Internet sans fil dans un rayon d'une cinquantaine de mètres de l'émetteur. ETY De l'angl. *wireless fidelity* ; nom déposé. VAR **wi-fi**

**Wigan** v. industr. d'Angleterre (Great Manchester) ; 307 900 hab. – Égl. XVIe s.

**Wight (île de)** île britannique de la Manche, formant un comté ; 381 km$^2$ ; 126 600 hab. ; ch.-l. *Newport*. Élevage, tourisme. (V. Cowes).

**Wigman** Marie Wiegmann, dite Mary (Hanovre, 1886 – Berlin, 1973), danseuse et chorégraphe expressionniste allemande.

**Wigner** Eugene Paul (Budapest, 1902 – Princeton, 1995), physicien américain ; travaux sur la physique des solides. P. Nobel 1963.

**wigwam** *nm* Tente, hutte des Indiens d'Amérique du Nord. ETY De l'algonquin.

**wiki** *nm* INFORM Site web où tout visiteur peut modifier à loisir les informations, publier ce qu'il veut. ETY De *Wikipedia*, nom d'une encyclopédie sur Internet.

**wilaya** *nf* En Algérie, division administrative. PHO [vilaja] ETY Mot ar.

**Wilbur** Richard (New York, 1921), poète américain, néoclassique.

**Wilde** Oscar Fingal O'Flahertie Wills (Dublin, 1854 – Paris, 1900), écrivain britannique. Il afficha un amoralisme d'esthète : *le Portrait de Dorian Gray* (roman 1891), *l'Éventail de lady Windermere* (drame 1892), *Salomé* (drame écrit en français, représenté à Paris en 1893 et interdit à Londres) ; *De l'importance d'être constant* (comédie, 1895). En 1895, attaqué pour son homosexualité, il fut condamné à deux ans de travaux forcés (*Ballade de la geôle de Reading,* 1898). Il mourut dans la misère. DER **wildien, enne** *a*
▶ illustr. p. 1726

**Wilder** Thornton Niven (Madison, 1897 – Hamden, 1975), romancier américain (*le Pont de San Luis Rey* 1927 ; *la Marieuse* 1954) et dramaturge (*Notre petite ville* 1938).

**Wilder** Billy (Vienne, 1906 – Los Angeles, 2002), cinéaste américain d'origine autrichienne : *Assurance sur la mort* (1944), *Boulevard du Crépuscule* (1950), *la Garçonnière* (1960) ; avec Marilyn Monroe : *Sept Ans de réflexion* (1955), *Certains l'aiment chaud* (1959).

**Wiles** sir Andrew John (Cambridge, 1953), mathématicien anglais : travaux sur le théorème de Fermat.

**Wilhelmine** (La Haye, 1880 – chât. de Het Loo, près d'Apeldoorn, 1962), reine des Pays-Bas (1890-1948) ; épouse (1901) du prince Henri de Mecklembourg-Schwerin. Elle abdiqua en faveur de sa fille Juliana.

**Wilhelm Meister** roman de Goethe, en 2 parties : *les Années d'apprentissage de Wilhelm Meister* (1796), *les Années de voyage de Wilhelm Meister* (1821). ▷ CINE Wim Wenders (scén. Peter Handke) : *Faux Mouvement*, 1974.

**Wilhelmshaven** v. et port d'Allemagne (Basse-Saxe), sur la mer du Nord ; 94 900 hab.

**Wilkes (terre de)** zone du continent antarctique (secteur australien) qui doit son nom à *Charles Wilkes* (New York, 1798 – Washington, 1877), marin et explorateur américain.

**Wilkes** John (Londres, 1727 – id., 1797), homme politique anglais. Il lutta courageusement contre l'autoritarisme de George III.

**Wilkins** sir George Hubert (Mount Bryan, 1888 – Framingham, 1958), explorateur australien de l'Arctique et de l'Antarctique.

**Wilkins** Maurice Hugh Frederick (Pongaroa, Nouv.-Zél., 1916 – Londres, 2004), biologiste britannique. P. Nobel de médecine 1962 avec Watson et Crick ; ses travaux permirent de construire le modèle d'ADN.

**Wilkinson** John (Little Clifton, Cumberland, 1728 – Bradley, Staffordshire, 1808), industriel anglais. Il réalisa la première machine à aléser (1774) et le premier navire en fer (1787).

**Wilkinson** Geoffrey (Todmorden, 1921 – Londres, 1996), chimiste britannique : travaux sur les complexes organométalliques. Prix Nobel 1973 avec E. O. Fischer.

**Willaert** Adriaan (Bruges [?], v. 1480 ou 1490 – Venise, 1562), compositeur flamand ; maître de chapelle à St-Marc (Venise) de 1527 à sa mort.

**willaya → wilaya.**

**Willem** Bernard Willem Holtrop, dit (Ermelo, 1941), dessinateur humoristique néerlandais, à l'humour grinçant, collaborateur de journaux français.

**Willem-Alexander des Pays-Bas** (Utrecht, 1967), roi des Pays-Bas, fils de Béatrix I$^{re}$ qui a abdiqué en sa faveur en 2013.

**Willemstad** ch.-l. des Antilles néerlandaises, dans l'île de Curaçao ; 50 000 hab. Import. port pétrolier.

**Willendorf** local. de la Basse-Autriche où fut découverte la *Vénus de Willendorf*, statuette en calcaire de 11 cm (25 000 ans av. J.-C.).

**williams** *nf* Poire juteuse, parfumée, de forme allongée, à peau jaune et lisse. PHO [wiljams] ETY D'un n. pr.

**Williams** William Carlos (Rutherford, 1883 – id., 1963), écrivain américain : poèmes d'avant-garde (*Été et tout*, 1922 ; *Paterson*, 1946-1951), essais critiques, nouvelles, romans.

**Williams** Thomas Lanier Williams, dit Tennessee (Colombus, Mississippi, 1911 – New York, 1983), dramaturge américain. Il a peint la déchéance et l'excès : *Un tramway nommé Désir* (1947), *la Rose tatouée* (1950), *la Chatte sur un toit brûlant* (1955).

Oscar Wilde

T. Williams

**Williams** John (New York, 1932), compositeur américain de musique de film : *La Guerre des étoiles*, *La Liste de Schindler* (1993).

**Williams** Betty (Belfast, 1943), femme politique irlandaise d'Irlande du N. ; dirigeante du Mouvement des femmes pour la paix. Prix Nobel de la paix 1976 avec M. Corrigan.

**Williams** Serena (Saginaw, Michigan, 1981), joueuse de tennis américaine. Elle domine le jeu mondial entre 2000 et 2010.

**Willoughby** sir Hugh (Risley, ? – presqu'île de Kola, 1554), navigateur anglais. Il explora l'océan Arctique.

**Willstätter** Richard (Karlsruhe, 1872 – près de Locarno, 1942), biochimiste allemand : travaux sur les alcaloïdes, la chlorophylle, etc. Prix Nobel de chimie 1915.

**Willy** Henry Gauthier-Villars, dit (Villiers-sur-Orge, 1859 – Paris, 1931), écrivain français, époux (1893-1906) de Colette.

**Wilmotte** Jean-Michel (Soissons, 1948), architecte français : *musée des Beaux-Arts* de Lyon, mobilier urbain des Champs-Élysées.

**Wilson (mont)** sommet de la chaîne côtière de Californie, au nord de Pasadena ; 1 731 m. Observatoire astronomique.

**Wilson** Thomas Woodrow (Staunton, Virginie, 1856 – Washington, 1924), homme politique américain (démocrate). Président de la République (1912-1920), il déclara la guerre à l'Allemagne (1917). Avec son programme pacifiste, il fut l'instigateur de la Société des Nations dont le pacte ne fut pas ratifié par le Sénat, isolationniste. Prix Nobel de la paix 1919.

**Wilson** sir Henry Hughes (Edgeworthstown, Irlande, 1864 – Londres, 1922), maréchal britannique. Chef de l'état-major impérial (1918), il fut assassiné par des nationalistes irlandais.

**Wilson** Charles Thomson Rees (Glencorse, Écosse, 1869 – Carlops, Borders, 1959), physicien écossais. Il mit au point en 1912 la *chambre de Wilson*, détecteur de particules. Prix Nobel 1927 avec A. H. Compton.

**Wilson** Henry Maitland (1$^{er}$ baron) (Stowlangtoft Hall, 1881 – Aylesbury, 1964), maréchal britannique, chef des forces interalliées de la Méditerranée (1944).

**Wilson** Theodore Shaw dit Teddy (Austin, 1912 – New Britain, 1986), pianiste et chef d'orchestre américain de jazz.

**Wilson** Angus Frank Johnstone-Wilson, dit Angus (Bexhill-on-Sea, 1913 – Bury-St Edmunds, 1991), romancier anglais : *la Ciguë et après* (1952), *Embraser le monde* (1980).

**Wilson** sir Harold (Huddersfield, 1916 – Londres, 1995), homme politique britannique ; Premier ministre (travailliste) de 1964 à 1970 et de 1974 à 1976.

**Wilson** Edward Osborne (Birmingham, Alabama, 1929), biologiste américain. Spécialiste d'entomologie, il est le fondateur de la sociobiologie.

**Wilson** Kenneth Geddes (Waltham, Massachusetts, 1936), physicien américain : travaux sur les transitions de phase. P. Nobel 1982.

**Wilson** Robert Woodrow (Houston, 1936 – Saco, Maine, 2013), radioastronome américain. En 1965, il découvrit le rayonnement thermique (2,7 K) qui baigne l'Univers. Prix Nobel 1978 avec A. Penzias et P. L. Kapitsa.

**Wilson** Robert, dit Bob (Waco, Texas, 1941), metteur en scène de théâtre américain : *le Regard du sourd* (1971), *Time Rocker* (1997).

**Wiltshire** comté du S.-O. de l'Angleterre ; 3 481 km$^2$ ; 553 300 hab. ; ch.-l. *Trowbridge*.

**Wimbledon** localité du Grand Londres, au S.-O. de Londres. Un tournoi international de tennis sur gazon s'y déroule annuellement.

**wimp** *nm* PHYS Particule élémentaire hypothétique, dont l'existence expliquerait la masse manquante de l'Univers. ETY Acronyme pour *weakly interactive massive particle*, « particule massive faiblement interactive ».

**winch** *nm* MAR Petit treuil utilisé sur les voiliers pour raidir les écoutes ou les drisses. SYN (recommandé) cabestan. PHO [winʃ] ETY Mot angl.

**winchester** *nf* Carabine à répétition américaine, utilisée pendant la guerre de Sécession et celle de 1870. PHO [winʃɛstɛʀ] ETY D'un n. pr.

**Winchester** v. d'Angleterre (Hampshire) ; 95 700 hab. – Cath. XI$^{e}$-XIV$^{e}$ s.

**wincheur, euse** *n* Sur un voilier, personne qui manœuvre un winch.

**Winckelmann** Johann Joachim (Stendal, 1717 – Trieste, 1768), archéologue allemand, promoteur du néoclassicisme.

**Windhoek** cap. de la Namibie ; 380 100 hab. (aggl.). Sources chaudes à proximité.

Thomas Woodrow Wilson

**Windischgraetz** Alfred (prince de) (Bruxelles, 1787 – Vienne, 1862), maréchal autrichien. Il réprima les insurrections nationales de Prague et de Vienne (1848), et fut vaincu par les Hongrois (1849).

**Windsor** v. d'Angleterre (Berkshire), sur la Tamise ; 28 330 hab. – Chât. royal (XII$^{e}$ s.), agrandi en 1344 et modifié au XIX$^{e}$ s. La famille royale d'Angleterre de Hanovre-Saxe-Cobourg-Gotha adopta le nom de *Windsor* en 1917. VAR New Windsor

**Windsor** v. et port du Canada (Ontario), sur la rivière Detroit ; 210 900 hab. Industries.

**Windsor (duc de)** → **Édouard VIII.**

**windsurf** *nm* Syn. de *planche à voile*. PHO [windsœʀf] ETY Nom déposé.

**Windthorst** Ludwig (Kaldenhof, près d'Osnabrück, 1812 – Berlin, 1891), homme politique allemand. Catholique, il s'opposa à Bismarck dans le conflit du Kulturkampf.

**winner** *n* fam Personne qui a une mentalité de gagnant (par oppos. à *loser*). PHO [winœʀ] ETY Mot angl.

**Winnicott** Donald Woods (Plymouth, 1896 – Londres, 1971), psychanalyste anglais, spécialiste de l'enfant.

**Winnipeg (lac)** lac du Canada (Manitoba) qui communique avec la baie d'Hudson par le Nelson ; 24 650 km$^2$.

**Winnipeg** v. du Canada, cap. du Manitoba, au confl. de la rivière Rouge et de l'Assiniboine ; 730 000 hab. DER **winnipegois, oise** *a, n*

**Winogrand** Gary (New York, 1928 – Mexico, 1984), photographe américain. Il a révolutionné la photo de reportage.

**winstub** *nm* rég En Alsace, bistrot à vin. ETY Mot alsacien.

**Winterhalter** Franz Xaver (Menzenschwand, 1805 – Francfort-sur-le-Main, 1873), portraitiste allemand. Il travailla notam. à la cour de Napoléon III.

**Winterthur** v. de Suisse (Zurich), sur la Töss ; 86 760 hab. – Musée des Beaux-Arts (impressionnistes). Fondation Oskar Reinhart (peint. allemande).

**Wisconsin (le)** riv. des É.-U. (690 km), affl. du Mississippi (r. g.).

**Wisconsin** État du centre-nord des É.-U. ; 145 438 km$^2$ ; 5 687 000 hab. ; cap. *Madison*. – Le Wisconsin est partagé entre la forêt et les prairies. 1$^{er}$ producteur laitier des É.-U. ; cultures ; gisements de fer ; industries sur les rives du lac Michigan. – L'État entra dans l'Union en 1848.

**Wise** Robert (Winchester, Indiana, 1914 – Los Angeles, 2005), cinéaste américain : *Nous avons gagné ce soir* (1949), *West Side Story* (1961).

**Wiseman** Nicholas Patrick (Séville, 1802 – Londres, 1865), prélat catholique britannique ; auteur d'un roman historique : *Fabiola* (1854).

**wishbone** *nm* MAR Arceau servant à la manœuvre d'une voile, sur un bateau, une planche à voile. PHO [wiʃbon] ETY Mot angl.

**wisigothique** *a* LOC *Écriture wisigothique* : écriture en usage en Espagne du VIII$^{e}$ au XII$^{e}$ s. PHO [vizigɔtik]

**Wisigoths** (« Goths sages »), anc. peuple germanique faisant partie du groupe des Goths. Au IV$^{e}$ s., ils vivaient entre le Dniepr et le Danube. Partiellement convertis à l'arianisme par Ulfilas, ils obtinrent des Romains l'autorisation de s'installer en Thrace (376), mais ils se révoltèrent et écrasèrent l'armée romaine à Andrinople (378). En 396, leur chef, Alaric, les entraîna en Italie, où ils prirent Rome (410), puis ils conquirent l'Aquitaine (410-415) et, de là, la plus grande partie de l'Espagne (v. 476). Leur puissant royaume fut abattu par Clovis en Gaule (défaite d'Alaric II à Vouillé en 507), par les Arabes en Espagne (victoire de Tariq ibn Ziyad sur Rodrigue en 711). VAR **Visigoths** DER **wisigoth** ou **visigoth, othe** *a*

**Wismar** v. d'Allemagne, sur la mer Baltique ; 42 400 hab. Port. Industries. – À proximité, les armées brit. et sov. se joignirent le 3 mai 1945.

**Wissembourg** ch.-l. d'arr. du Bas-Rhin, sur la Lauter ; 8 046 hab. Constr. mécaniques. – Le 4 août 1870, victoire de la Prusse sur la division Abel Douay. DER **wissembourgeois, oise** *a, n*

**Witkiewicz Stanisław Ignacy,** dit **Witkacy** (Varsovie, 1885 – Jeziory, 1939), romancier (*l'Inassouvissement,* 1930), dramaturge prolifique, peintre et critique d'art polonais.

**Witkin Joel Peter** (Brooklyn, 1939), photographe américain, peintre d'un univers fantasmatique et obsessionnel.

**witloof** *nf* Variété de chicorée qui donne l'endive. PHO [witlɔf] ETY Mot flam.

**Witt Johan de** (en français *Jean de*) (Dordrecht, 1625 – La Haye, 1672), homme d'État hollandais ; conseiller-pensionnaire de Hollande (1653-1672). Il fit la paix avec l'Angleterre (1654), assura les libertés publiques et poursuivit la formidable expansion maritime, commerciale et financière de son pays. Il combattit avec succès la Suède (1658-1660) et l'Angleterre (1665-1667). Contre Guillaume d'Orange, il fit voter l'Acte d'exclusion en 1667 ; contre la menace française, il conclut la Triple-Alliance en 1668. Mais après l'invasion de la Hollande par Louis XIV (1672), il fut mis à mort par le peuple de La Haye. — **Cornelis** (Dordrecht, 1623 – La Haye, 1672), frère du préc. Bourgmestre de Dordrecht (1666), il se heurta en 1672 aux orangistes ; emprisonné à La Haye, il fut mis à mort par la foule (le même jour que Jean).

**Witte Emmanuel de** (Alkmaar, v. 1617 – Amsterdam, 1692), peintre hollandais, auteur de nombr. intérieurs d'églises.

**Witte Sergueï Ioulievitch (comte)** (Tiflis, 1849 – Petrograd, 1915), homme politique russe. Ministre de l'Économie, il favorisa le développement de la Russie. Président du Conseil (1905), il se heurta à la révolution et fut disgracié (1906). VAR **Vitte**

**Wittelsbach** famille princière qui régna sur la Bavière de 1180 à 1918.

art des **Wisigoths**, orfèvrerie : couronne votive du roi Sonnila, VII$^e$ s., provenant des environs de Tolède – musée de Cluny, Paris

**Witten** v. d'Allemagne (Rhénanie-du-Nord-Westphalie), dans la Ruhr ; 102 000 hab. Industr. métallurgiques.

**Wittenberg** v. d'Allemagne (Saxe-Anhalt), sur l'Elbe ; 47 250 hab. Industr. – Université. – En 1517, Luther afficha ses 95 thèses sur les portes de l'église du château.

**Wittenheim** ch.-l. de cant. du Haut-Rhin (arr. de Mulhouse) ; 14 744 hab. DER **wittenheimois, oise** *a, n*

**Wittgenstein Ludwig** (Vienne, 1889 – Cambridge, 1951), philosophe et logicien britannique d'origine autrichienne. Il voulut renforcer la fonction logique du langage : *Tractatus logico-philosophicus* (1921), *le Cahier bleu et le Cahier brun* (1933-1935, notes éditées en 1958), *Investigations philosophiques* (posth., 1953). Il influença le cercle de Vienne.

**Wittig Georg** (Berlin, 1897 – Heidelberg, 1987), chimiste allemand. Il fit progresser les synthèses organiques. P. Nobel 1979.

**Witwatersrand** alignement de collines (1 500-1 800 m) d'Afrique du Sud (Transvaal). Gisements (or surtout, houille, fer). Complexe industriel, dominé par Johannesburg. VAR **Rand** (en abrégé)

**witz** *nm* Suisse Blague, histoire drôle. PHO [vits] ETY Mot all.

**Witz Konrad** (Rottweil [?], v. 1400 – Bâle ou Genève, v. 1445), peintre souabe. Il mêla spiritualité gothique et réalisme : *la Pêche miraculeuse* (1444).

**Włocławek** v. industr. de Pologne, port sur la Vistule, en aval de Varsovie ; 115 500 hab ; ch.-l. de la voïévodie du m. nom.

**Woëvre (la)** plaine de la Lorraine, sur la r. dr. de la Meuse.

**Wogenscky André** (Remiremont, 1916 – Saint-Rémy-lès-Chevreuse, 2004), architecte français ; collaborateur de Le Corbusier (1945-1956).

**Wöhler Friedrich** (Eschersheim, Hesse, 1800 – Göttingen, 1882), chimiste allemand. Il isola l'aluminium (1827), le béryllium, le bore, et réalisa la première synthèse organique, celle de l'urée.

**Woippy** ch.-l. de cant. de la Moselle (arr. de Metz-Campagne) ; 13 280 hab. DER **woippycien, enne** *a, n*

**wok** *nm* Poêle chinoise à fond semi-sphérique. PHO [wɔk] ETY Mot chin.

**Wolf Hugo** (Windischgrätz, auj. Slovenj Gradec, Slovénie, 1860 – Vienne, 1903), compositeur autrichien, disciple de Bruckner : *Der Corregidor* (opéra, 1895), trois cents lieds. Il mourut dans un hôpital psychiatrique.

**Wolf Christa** (Landsberg, 1929 – Berlin, 2011), romancière est-allemande : *le Ciel partagé* (1963), *Kassandra* (1983).

**Wolfe James** (Westerham, Kent, 1727 – Québec, 1759), général anglais. Il vainquit Montcalm devant Québec et, comme lui, fut mortellement blessé.

**Wolfe Thomas Clayton** (Asheville, Caroline du Nord, 1900 – Baltimore, Maryland, 1938), romancier américain : *Aux sources du fleuve* (1929), *Par-delà les collines* (posth., 1941).

**Wolfe Tom** (Richmond, 1931), romancier américain : *Acid Test* (1968), *l'Étoffe des héros* (1979), *Un homme, un vrai* (1999).

**Wolff Christian von** (Breslau, 1679 – Halle, 1754), mathématicien et philosophe allemand. Vulgarisateur de la pensée de Leibniz, il influença Kant. VAR **Wolf**

**Wolff Étienne** (Auxerre, 1904 – Paris, 1996), biologiste français : travaux d'embryologie et de tératologie. Acad. fr. (1971).

**Wölfflin Heinrich** (Winterthur, 1864 – Zurich, 1945), critique d'art suisse de langue allemande : *Principes fondamentaux de l'histoire de l'art* (1915) définit classicisme et baroque.

**wolfram** *nm* **1.** CHIM Syn. anc. de *tungstène.* **2.** MINER Tungstate naturel de fer et de manganèse, principal minerai du tungstène. PHO [vɔlfʀam] VAR **wolframite** *nf*

**Wolfram von Eschenbach** (Eschenbach, Bavière, v. 1170 –?, v. 1220), poète allemand ; auteur d'épopées courtoises en vers : *Parzival* (imité du *Perceval* de Chrétien de Troyes), *Willehalm* et *Titurel.*

**Wolfsburg** v. d'Allemagne (Basse-Saxe) ; 120 900 hab. Constr. automobiles.

**Wolin** (en all. *Wollin*), île polonaise qui ferme la rade de Szczecin ; 248 km$^2$.

**Wolinski Georges** (Tunis, 1934 – Paris, 2015), caricaturiste, auteur de bandes dessinées et écrivain français.

**Wollaston William Hyde** (East Dereham, Norfolk, 1766 – Londres, 1828), médecin, chimiste et physicien anglais. Il perfectionna la pile de Volta, étudia le spectre solaire, isola le palladium et le rhodium.

**Wollo (le)** prov. du N.-E. de l'Éthiopie, éprouvée par la sècheresse et la famine ; 79 400 km$^2$ ; 3 610 000 hab. ; ch.-l. *Dessié.*

**Wollongong** v. industr. d'Australie (Nouvelle-Galles du Sud) ; 289 500 hab.

**Wollstonecraft Mary** → **Godwin (William).**

**wolof** *nm* Langue véhiculaire du Sénégal parlée également en Gambie, appartenant à la famille nigéro-congolaise. VAR **ouolof**

**Wolofs** peuple musulman vivant princ. au N.-O. du Sénégal (env. 4 millions de personnes). VAR **Ouolofs** DER **wolof** ou **ouolof** *a*

**Wols Alfred Otto Wolfgang Schultze,** dit (Berlin, 1913 – Paris, 1951), peintre allemand. Ses gouaches annoncent le tachisme et l'abstraction lyrique.

**Wolseley sir Joseph Garnet (vicomte)** (Golden Bridge, près de Dublin, 1833 – Menton, 1913), maréchal britannique. Il administra le Natal (1874), Chypre (1878), le Transvaal (1879) et s'illustra en Égypte (1884).

**Wolsey Thomas** (Ipswich, v. 1473 – Leicester, 1530), prélat et cardinal anglais. Ministre d'Henri VIII (1515), il ne put obtenir que le pape autorise le divorce du roi, qui le disgracia (1529).

**Wolverhampton** v. industr. d'Angleterre (West Midlands) ; 251 500 hab.

**wombat** *nm* Marsupial d'Australie, porteur d'incisives à croissance continue. PHO [wɔ̃ba] ETY Mot angl. d'une langue indigène d'Australie.

**won** *nm* Unité monétaire de la Corée du Nord et de la Corée du Sud. PHO [wɔn]

**Wonder Steveland Morris,** dit **Stevie** (Saginaw, Michigan, 1950), pianiste, chanteur et compositeur américain de pop et de rock : *Songs in the Key of Life* (1976).

**Wong Kar-wai** (Shangai, 1958), cinéaste chinois : *les Anges déchus* (1995), *In the mood for love* (2000), *2046* (2004).

**Wonsan** v. et port de la Corée du Nord, sur la mer du Japon ; 330 000 hab. ; ch.-l. de prov.

**Wood Robert Williams** (Concord, Massachusetts, 1868 – Amityville, 1955), physicien américain. ▷ OPT *Lumière de Wood* ou *lumière noire* : rayonnement ultraviolet provoquant la fluorescence de diverses substances.

**Woods Eldrick,** dit **Tiger** (Cypress, Calif., 1975), golfeur américain. ▶ illustr. **golf**

**Woodstock** local. des États-Unis (État de New York). – Les 15, 16 et 17 août 1969, le *Festival de Woodstock* attira 400 000 jeunes gens, épris de rock, de paix et de liberté.

**Woodward Robert Burns** (Boston, 1917 – Cambridge, Massachusetts, 1979), chimiste américain. Il réalisa de nombr. synthèses : cortisone, chlorophylle (1961). P. Nobel 1965.

**Woody Woodpecker** personnage de dessin animé créé en 1940 par l'Amér. Walter Lantz (1900 – 1994) ; pivert destructeur.

**Woolf Virginia** (Londres, 1882 – Lewes, East Sussex, 1941), écrivaine anglaise. Influencée par Proust et Joyce, elle créa un temps affectif : *Mrs. Dalloway* (1925), *la Promenade au phare* (1927), *Orlando* (1928), *les Vagues* (1931), *Flush* (1933). Elle se suicida. Œuvres posth. : *Entre les actes* (1941) ; *Journal d'un écrivain* (1953).

**Virginia Woolf**

**Woomera** loc. d'Australie (Australie-Méridionale) où la G.-B. possède une base spatiale.

**Worcester** v. de l'O. de l'Angleterre, sur la Severn ; 95 000 hab. ; ch.-l. du comté de Hereford-and-Worcester. – Évêché. Cath. XIII$^{e}$ s. – Victoire de Cromwell sur les armées de Charles II (1651).

**Worcester** ville des É.-U. (Massachusetts) ; 404 700 hab. (aggl.). Industries. – Évêché catholique. Musée des Beaux-Arts.

**Wordsworth William** (Cockermouth, Cumberland, 1770 – Rydal Mount, Westmorland, 1850), poète anglais romantique : *Ballades lyriques* (en collab. avec son ami Coleridge, 1798).

**work in progress** *nm* BX-A Œuvre qui se construit sous le regard du public. PHO [wœʀkinpʀɔgʀɛs] ETY Mots anglais.

**workshop** *nm* Atelier de création artistique. PHO [wœʀkʃɔp] ETY Mot anglais.

**world music** *nf* Courant musical de la fin des années 1980, nourri de musiques ethniques. PHO [wɔʀldmjuzik] ETY Mots angl.

**World Wide Fund for Nature** jusqu'en 1986, ancien nom de WWF.

**World Wide Web** → **Web.**

**wormien** *am* ANAT Se dit des petits os surnuméraires parfois présents entre les os du crâne.

**Worms** v. d'Allemagne (Rhénanie-Palatinat), sur le Rhin ; 80 000 hab. Industries. – Cath. romane (XII$^{e}$ et XIII$^{e}$ s.). – En 1122, le *concordat de Worms*, entre Calixte II et l'empereur Henri V, mit fin à la querelle des Investitures. En 1521, une diète mit Luther au ban de l'Empire.

**Worth Charles Frédéric** (Bourn, Lincolnshire, 1825 – Paris, 1895), couturier français de l'impératrice Eugénie, le prem. qui utilisa des mannequins.

**Worthing** v. d'Angleterre (West Sussex), sur la Manche ; 96 000 hab. Stat. balnéaire.

**Wotan** → **Odin.**

**Wounded Knee** local. du Dakota du Sud où l'armée américaine massacra 200 Sioux, le 29 déc. 1890 (fin des « guerres indiennes »).

**Wouters Rik** (Malines, 1882 – Amsterdam, 1916), peintre belge influencé par le fauvisme ; également sculpteur.

**Woyzeck** drame de G. Büchner (1836, inachevé), représenté en 1913. ▷ MUS *Wozzeck*, opéra en 3 actes et 15 scènes d'A. Berg (1925).

**Wrangel (île)** → **Vrangel'.**

**Wrangel Carl Gustaf (comte de Salmis et de Sölvesborg)** (Skokloster, Uppland, 1613 – Rügen, 1676), général suédois, au service de Charles X Gustave, puis de Charles XI, qui le disgracia (1675).

**Wrangel Piotr Nikolaïevitch (baron de)** (Novo-Aleksandrovsk, gouv. de Kaunas, 1878 – Bruxelles, 1928), général russe. Après la révolution de 1917, il se rallia à Denikine, qu'il remplaça à la tête de l'armée blanche d'Ukraine. Il organisa un gouv. éphémère (1920). VAR **Vrangel'**

**wrap** *nm* Sandwich servi froid ou chaud composé d'une crêpe de maïs, de blé ou de sarrasin enroulée autour d'ingrédients divers (viande, légumes...). PHO [vʀap] ETY De l'angl. *wrap*, « envelopper ». VAR **roulé** *nm*

**Wray** → **Ray John.**

**Wren sir Christopher** (East Knoyle, Wiltshire, 1632 – Hampton Court, 1723), mathématicien, physicien et architecte anglais. Il construisit à Londres la cathédrale Saint Paul (1675-1710).

**Wright Frank Lloyd** (Richland Center, Wisconsin, 1867 – Scottsdale, Arizona, 1959), architecte américain. Vers 1915, il promut une architecture « organique », en accord avec le cadre naturel et le mode de vie des hab. Grand précurseur, il sut utiliser le béton et le verre.

**Frank Lloyd Wright** *maison sur la cascade*, 1936 (dalles superposées, de béton armé, formant étages et terrasses), Bear Run, Pennsylvanie

**Wright Wilbur** (Millville, Indiana, 1867 – Dayton, Ohio, 1912), aviateur américain. Avec son frère **Orville** (Dayton, 1871 – id., 1948), il construisit un aéroplane équipé de deux hélices et d'un moteur à explosion ; le 17 déc. 1903, Orville effectua le premier vol après l'expérience d'Ader.

**W. Wright**

**O. Wright**

**Wright Richard** (Natchez, Mississippi, 1908 – Paris, 1960), romancier américain. Il dénonça la condition de ses compatriotes noirs : *les Enfants de l'oncle Tom* (1938), *Black Boy* (1945).

**Wrocław** (en all. *Breslau*), v. de Pologne (basse Silésie), sur l'Oder ; 637 630 hab. ; ch.-l. de la voïévodie du m. nom. Industries.

**wu** *nm* Dialecte chinois parlé dans la région de Shanghai. PHO [vu]

**Wuhan** conurbation industrielle de la Chine centrale, ch.-l. de prov. du Hubei, au confl. du Yangzijiang et du Hanshui ; 7 100 000 hab.

**Wulfila** → **Ulfila.**

**Wundt Wilhelm** (Neckarau, Bade, 1832 – Grossbothen, près de Leipzig, 1920), psychologue allemand, pionnier de la psychologie expérimentale.

**Wuppertal** v. industr. d'Allemagne (Rhénanie-du-Nord-Westphalie), sur la *Wupper* ; 374 220 hab.

**würm** *nm* GEOL Quatrième et dernière glaciation quaternaire alpine. PHO [vyʀm] ETY Du n. pr. DER **würmien, enne** *a*

**Würm (le)** riv. d'All. (plateau bavarois) ; donne son nom à une glaciation du quaternaire.

**Wurtemberg** anc. État de l'Allemagne, qui englobait le N.-E. de la Forêt-Noire et le S. du bassin de Souabe et Franconie. Il fait auj. partie du Land de *Bade-Wurtemberg*. – Le Wurtemberg fut érigé en duché en 1495 et Napoléon I$^{er}$ en fit un royaume en 1805. Il entra dans le II$^{e}$ Reich allemand en 1871. République en 1918, il fut intégré au III$^{e}$ Reich en 1934.

**Wurtz Charles Adolphe** (Strasbourg, 1817 – Paris, 1884), chimiste français. Il découvrit les amines, le glycol et l'aldol.

**Würzburg** v. d'Allemagne (Bavière), sur le Main ; ch.-l. de la Basse-Franconie ; 127 050 hab. Industries. – Université catholique. Nombr. mon. romans, gothiques et baroques (résidence des princes-évêques, œuvre de J. B. Neumann).

**wushu** *nm* Art martial d'origine chinoise. PHO [wuʃu] ETY Mot chin.

**Wuxi** v. de Chine (Jiangsu) ; 3,9 millions d'hab. (aggl.).

**Wu Zhen** (1280 – 1354), peintre, poète et calligraphe chinois. Ses représentations de cours d'eau et de bambous sont célèbres. VAR **Wou Tchen**

**WWF** organisation non gouvernementale internationale œuvrant pour la protection de la nature et de l'environnement. Créée en 1961 sous le nom de *World Wildlife Fund* (« Fonds mondial pour la vie sauvage »), elle fut nommée *World Wide Fund for Nature* de 1986 à 2001. Elle siège à Gland, en Suisse.

**www** Abrév. de *World Wide Web* dans les adresses électroniques.

**wyandotte** *nf, a* Poule d'une race américaine ; cette race, appréciée pour sa chair. PHO [vjɑ̃dɔt] ETY Mot d'origine indienne.

**Wyat sir Thomas** (Allington Castle, Kent, vers 1503 – Sherborne, Dorset, 1542), diplomate et humaniste anglais ; auteur de sonnets pétrarquisants. VAR **Wyatt — Thomas,** dit **Wyat le Jeune** (?, vers 1521 – Londres, 1554), fils du préc. Il souleva le comté de Kent (1554) et fut pendu.

**Wycherley William** (Clive, 1640 – Londres, 1716), auteur anglais de comédies satiriques : *la Femme de province* (1675), *l'Homme sans détours* (1676).

**Wyclif John** (Hipswell, près de Richmond, Yorkshire, v. 1330 – Lutterworth, 1384), théologien anglais, précurseur de la Réforme. Il attaqua

**Richard Wright**

le pape, les indulgences, la confession obligatoire et prêcha un retour aux Écritures. Il défendit les paysans lors de leur révolte (1381), dans *Servants and Lords*. Le concile de Constance (1415) le condamna à titre posthume. Sa doctrine eut une grande influence sur Jan Hus. VAR **Wycliffe**

**Wyler** **William** (Mulhouse, 1902 – Los Angeles, 1981), cinéaste américain d'origine suisse : *la Vipère* (1941), *les Plus Belles Années de notre vie* (1946), *l'Héritière* (1949), *Ben Hur* (1959), *l'Obsédé* (1965).

**Wyndham** **John Wyndham Parker Lucas Beynon Harris,** dit **John** (Knowle, Warwickshire, 1903 – Peterfield, Hampshire, 1969), auteur anglais de romans de science-fiction : *les Triffides* (1951), *les Coucous de Mydwich* (1957).

**Wyoming** État de l'O. des É.-U., à l'E. du Grand Lac Salé ; 253 596 km$^2$ ; 454 000 hab. ; cap. *Cheyenne*. – Le Wyoming comprend, à l'O., un massif boisé des montagnes Rocheuses ; à l'E., sur les hautes plaines arides, on pratique l'élevage extensif des bovins et des ovins. Tourisme (parc de Yellowstone). – Le Wyoming entra dans l'Union en 1890.

**wysiwyg** *nm inv* INFORM Visualisation de la concordance entre ce qui apparaît à l'écran et sa sortie imprimée. PHO [wiziwig] ETY Acronyme pour l'angl. *what you see is what you get*, « tel écran, tel écrit ».

**Wyspiański** **Stanisław** (Cracovie, 1869 – id., 1907), peintre polonais, influencé par l'art nouveau ; également poète et dramaturge : *la Varsovienne* (1898), *les Noces* (1901), *la Nuit de novembre* (1904).

**Wyss** **Johann David** (Berne, 1743 – id., 1818), pasteur et écrivain suisse d'expression allemande : *le Robinson suisse* (1812-1827).

**Wyszyński** **Stefan** (Zuzela, Mazovie, 1901 – Varsovie, 1981), prélat polonais ; archevêque (1948) de Gniezno et de Varsovie ; incarcéré de 1953 à 1956.

# X x

**X** *nm* **1** Vingt-quatrième lettre (x, X) et dix-neuvième consonne de l'alphabet, notant la fricative alvéolaire sourde [s] (ex. *dix*), la sonore correspondante [z] (ex. *deuxième*) et les groupes consonantiques [ks] (ex. *axe*) et [gz] (ex. *exercice*). **2** X : chiffre romain qui vaut 10. **3** Objet formé de deux éléments croisés. **4** MATH Symbole utilisé pour désigner une inconnue. **5** BIOL Chromosome sexuel présent chez les deux sexes. **6** Sert à remplacer le nom d'une personne ou une indication que l'on ne peut ou que l'on ne veut pas mentionner. *Madame X. Dans x années.* **LOC** GEOM ***Axe des x :*** axe des abscisses. — ***Classé X :*** se dit d'un film pornographique. — ***L'X :*** l'École polytechnique. — ***Né sous X :*** se dit d'un enfant abandonné à la naissance par sa mère (qui accouche sous X). (PHO) [iks]

**Xaintrailles Jean Poton, seigneur de** (?, v. 1400 – Bordeaux, 1461), compagnon de Jeanne d'Arc. Il s'empara de la Guyenne (1451-1453) et fut fait maréchal de France en 1454. (VAR) **Saintrailles**

**Xante** v. de Grèce (Thrace) ; 37 460 hab. ; ch.-l. du nome du m. nom. – Fortifications d'une citadelle byzantine du XIIIe s. (VAR) **Xanthi**

**xanth(o)-** Élément, du gr. *xanthos*, « jaune ».

**Xanthe** → **Scamandre.**

**xanthélasma** *nm* MED Dermatose caractérisée par des nodules jaunes formés de cellules chargées en cholestérol et localisés principalement sur les paupières. (ETY) De *xanth-*, et du gr. *elasma*, « plaque de métal ».

**xanthie** *nf* Papillon nocturne (noctuidé) jaune et roux.

**xanthine** *nf* BIOCHIM Base purique dérivant de la guanine et dont l'oxydation conduit à l'acide urique. *L'urine doit sa couleur jaune à la xanthine.*

**Xanthippe** épouse (acariâtre, selon Platon) de Socrate.

**Xanthippos** (Ve s. av. J.-C.), homme d'État athénien, père de Périclès ; stratège en 479.

**xanthoderme** *a* ANTHROP Dont la peau est jaune.

**xanthome** *nm* MED Tache ou nodosité cutanée jaunâtre, constituée de lipides infiltrés.

**xanthophycée** *nf* BOT Algue unicellulaire ou filamenteuse caractérisée par sa teinte jaune et, surtout, par l'inégalité de ses flagelles.

**xanthophylle** *nf* BIOCHIM Pigment jaune, présent dans les chloroplastes et les chromoplastes, qui joue un rôle dans l'absorption de la lumière par les plantes.

**xanthoprotéique** *a* BIOL Se dit d'une réaction destinée à mettre en évidence les protides par l'obtention d'une coloration jaune.

**xanthoria** *nm* Lichen foliacé de couleur jaune orangé, très commun sur les rochers, murs, écorces, etc. (VAR) **xanthorie** *nf*

**Xanthos** v. anc. d'Asie Mineure, cap. de la Lycie (ruines près de Kinik, Turquie). Vestiges hellénistiques et romains.

**Xe** CHIM Symbole du xénon.

**xén(o)-** Élément, du gr. *xenos*, « étranger ».

**Xéna** → **Éris.**

**Xenakis Iannis** (Brăila, Roumanie, 1922 – Paris, 2001), compositeur français d'origine grecque. Il utilise des moyens aléatoires et électroacoustiques : *Metastasis* (1954), *Nuits* (1968), *Shaar* (1982), *Roaï* (1991).

**xénarthre** *nm* ZOOL Mammifère d'Amérique du Sud dont l'ordre comprend le tatou, le paresseux et le fourmilier.

**xénisme** *nm* LING Unité lexicale constituée par un mot étranger dénotant une réalité culturelle spécifique.

**xénobiotique** *a* BIOL Se dit de molécules étrangères à l'organisme (médicaments, additifs alimentaires polluants, etc.).

**Xénocrate** (en Chalcédoine, v. 400 av. J.-C. –?, 314 av. J.-C.), philosophe grec ; disciple de Platon attiré par la doctrine de Pythagore.

**xénogreffe** *nf* CHIR Greffe sur un homme d'un organe prélevé sur un animal. (VAR) **xénotransplantation**

**xénolite** *nf* GEOL Enclave dans une roche magmatique.

**xénon** *nm* CHIM **1** Élément de numéro atomique Z = 54 et de masse atomique 131,3 (symbole Xe). **2** Gaz inerte (Xe) de l'air, qui se liquéfie à –107 °C et se solidifie à –112 °C. *Le xénon est utilisé dans l'industrie nucléaire.* (ETY) Du gr. *xenon*, « chose étrange ».

**xénope** *nm* Amphibien anoure d'Afrique du Sud, utilisé dans les laboratoires d'analyse biologique. SYN dactylètre. (VAR) **xenopus**

**Xénophane** (Colophon, fin du VIe s. av. J.-C.), philosophe grec ; fondateur de l'école d'Élée, maître de Parménide.

**xénophile** *a, n* Qui éprouve de la sympathie pour les étrangers. (DER) **xénophilie** *nf*

**xénophobe** *a, n* Qui a de l'hostilité ou de la haine pour les étrangers. (DER) **xénophobie** *nf*

**Xénophon d'Athènes** (Erkhia, près d'Athènes, v. 430 –?, v. 355 av. J.-C.), écrivain athénien. Issu d'une famille fortunée, disciple de Socrate, il suivit son ami Proxenos en Asie Mineure (401 av. J.-C.), où il se joignit aux Dix Mille, mercenaires grecs de Cyrus le Jeune en guerre contre son frère Artaxerxès ; il narra leur retraite dans *l'Anabase*. Il a écrit aussi : *l'Apologie de Socrate* et *les Mémorables*, recueil de discours tenus par Socrate ; *les Helléniques* (sur la période 411-362 av. J.-C.) ; *De l'équitation* et *l'Hipparque* ; *la Cyropédie* (sur l'éducation de Cyrus le Grand).

Xénophon d'Athènes

**xénotransplantation** → **xénogreffe.**

**xér(o)-** Élément, du gr. *xêros*, « sec, dur ».

**xéranthème** *nm* BOT Plante herbacée (composée) dont l'*immortelle* des horticulteurs est une espèce annuelle.

**Xeres** → **Jerez de la Frontera.**

**xérès** *nm* Vin blanc produit aux environs de Jerez de la Frontera. (PHO) [kseres] ou [xeres] (VAR) **jerez**

**xérique** *a* ECOL Se dit d'un milieu caractérisé par une aridité persistante, et de la végétation adaptée à un tel milieu.

**xérodermie** *nf* MED Forme atténuée de l'ichtyose, qui se manifeste par une desquamation pulvérulente.

**xérographie** *nf* TECH Procédé de reprographie utilisant les propriétés photorésistantes des semi-conducteurs. (ETY) Nom déposé. (DER) **xérographique** *a*

**xérophile** *a* BOT Adapté à la sècheresse.

**xérophtalmie** *nf* MED Dessèchement et atrophie de la conjonctive entraînant l'opacité de la cornée.

**xérophyte** *nf* BOT Plante xérophile.

**Xerxès Ier** (en perse *Khshayarsha*) (?, vers 519 – Suse, 465 avant J.-C.), roi achéménide de Perse (486-465 avant J.-C.), fils de

Darius Ier. Il écrasa les révoltes d'Égypte et de Chaldée, puis se tourna contre la Grèce (qui avait défait son père à Marathon). Sa formidable armée vainquit Léonidas aux Thermopyles (480 avant J.-C.) et s'empara d'Athènes. Un haut dignitaire l'assassina ; son fils Artaxerxès Ier lui succéda. — **Xerxès II** (mort en 424 avant J.-C.), fils d'Artaxerxès Ier ; roi de Perse en 424, assassiné peu après.

palais de **Xerxès Ier** : le roi suivi de deux serviteurs – art achéménide, Persépolis

**xhosa** *nm* LING Langue bantoue parlée par les Xhosas, langue officielle en Afrique du Sud. PHO [kosa]

**Xhosas** peuple habitant le S.-E. de l'Afrique du Sud ; 5 millions de personnes. DER **xhosa** *a*

**xi** *nm* Quatorzième lettre de l'alphabet grec (Ξ, ξ). PHO [ksi] VAR **ksi**

**Xia** nom de la prem. dynastie chinoise, fondée vers 2200 av. J.-C. par le légendaire souverain Yu le Grand. VAR **Hia**

**Xia Gui** (actif v. 1200-1230), peintre chinois, célèbre paysagiste. VAR **Hia Kouei**

**Xiamen** v. industr. et port de Chine, dans une île proche du continent (prov. de Fujian), sur le détroit de Formose ; 3,6 millions d'hab (aggl.). – *Amoy* (nom européen) commerça avec l'Occident dès 1842.

**Xi'an** ville de Chine, ch.-l. du Shănxi ; 5,5 millions d'hab. (aggl.). Industries. – Anc. *Chang'an*, cap. des Han et des Tang. VAR **Sian**

**xiang** *nm* Dialecte chinois parlé au Hunan.

**Xie He** (fin Ve s.), peintre chinois, auteur d'un traité d'esthétique picturale, le *Guhua Pinlu*. VAR **Sie Ho**

**xième** → **ixième.**

**Xijiang (le)** fl. de la Chine méridionale (2 100 km) ; né dans les montagnes du Yunnan, il se jette dans le golfe de Canton.

**Xi Jinping** (Pékin, 1953), secrétaire général du Parti communiste chinois depuis 2012.

**Xingu (le)** riv. du Brésil (1 980 km), affl. de l'Amazone (r. dr.).

**Xia Gui** *Bateau à l'ancre sur la rive, près des montagnes,* peinture à l'encre sur papier (école Ma-Yuan), XIIIe s. – coll. part.

**ximénia** *nm* Arbuste tropical au fruit comestible très acide, appelé *pomme de mer* aux Antilles, *citron de mer* en Afrique. ETY De *Ximénès npr* VAR **ximénie** *nf*

**Xining** v. de Chine, ch.-l. du Qinghai, dans une oasis ; 1,4 million d'hab. (aggl.).

**Xinjiang** région autonome de la Chine du N.-O. autref. nommée *Turkestan chinois* par les Occidentaux ; 1 646 800 km$^2$ ; 21 800 000 hab. (Ouïgours, Kazakhs, Mongols, Tibétains, Chinois, etc.) ; cap. *Urumqi*. De part et d'autre des montagnes du Tianshen, le Xinjiang comprend deux dépressions : au N., la Dzoungarie, région steppique ; au S., le Taklimakan, vaste désert. L'ensemble est ceinturé de redoutables massifs : Altaï, Pamir, Kunlun, Altunshan. Le climat est froid et aride. Le sous-sol recèle d'énormes richesses en pétrole, en charbon et en fer, notam., et l'industrie s'est développée à partir de 1950, mais le Xinjiang souffre de sa position excentrée. La Chine y réalise ses essais nucléaires et y a installé des camps d'internement. En 1990 et en 1997, l'armée est intervenue contre les musulmans ouïgours. VAR **Sin-kiang**

**Xinzhu** v. de Taiwan, sur la côte N.-O. ; 400 000 hab. ; ch.-l. du comté du m. nom.

**xiphoïde** *a* BOT En forme d'épée. **LOC** ANAT *Appendice xiphoïde :* partie inférieure du sternum. DER **xiphoïdien, enne** *a*

**xiphophore** *nm* ZOOL Petit poisson multicolore originaire des eaux douces d'Amérique centrale, dont l'arête inférieure de la nageoire caudale se prolonge, chez les mâles, en forme d'épée, utilisé comme poisson d'aquarium. ETY Du gr. VAR **xipho**

**Xizang** → **Tibet.**

**XL** *a* Abrév. de *extralarge,* sigle servant à indiquer la taille d'un vêtement et, au fig., une grande taille en général (parfois renforcée *XXL*).

**XML** *nm* INFORM Version simplifiée du SGML, destinée aux applications Internet. ETY Abrév. de l'angl. *extensible markup language,* « langage de balisage extensible ».

**xoanon** *nm* ARCHEOL Statue en bois de l'art grec archaïque, aux formes peu dégagées du tronc d'arbre. ETY Du gr. *xein,* « polir ».

**XS** *a* Abrév. de *extra small,* sigle servant à désigner la taille d'un vêtement, et au fig. une petite taille, parfois renforcé en XXS.

**Xuzhou** v. de Chine (Jiangsu) ; 2,6 millions d'hab. (aggl.). Coton.

**xyl(o)-** Élément, du gr. *xulon,* « bois ».

**xylème** *nm* BOT Ensemble des éléments conducteurs de la sève brute.

**xylène** *nm* CHIM Hydrocarbure benzénique de formule $C_6H_4(CH_3)_2$ qui sert à fabriquer des résines synthétiques et des fibres polyester.

**xylidine** *nf* CHIM Amine dérivée du xylène et utilisée comme colorant.

**xylocope** *nm* ENTOM Abeille solitaire de couleur bleu-noir, dite *menuisière* ou *charpentière* parce que la femelle creuse son nid dans le bois mort.

**xylographe** *n* TECH Graveur sur bois.

**xylographie** *nf* TECH anc Impression de textes et d'images au moyen de planches de bois gravées en relief ; texte, image ainsi obtenus. DER **xylographique** *a*

**xylophage** *a, nm* ZOOL Se dit d'un insecte qui se nourrit de bois, qui ronge ou creuse le bois. DER **xylophagie** *nf*

**xylophène** *nm* Produit dont on imprègne le bois pour le protéger des insectes et le conserver. ETY Nom déposé.

**xylophone** *nm* Instrument de musique à percussion composé de lamelles de bois, de longueurs et d'épaisseurs inégales, disposées en clavier et sur lesquelles on frappe avec des mailloches. DER **xylophoniste** *n*

▶ illustr. **musique**

**xylose** *nm* BIOCHIM Sucre (pentose) présent en grande quantité dans les végétaux.

**xyste** *nm* ANTIQ GR Galerie couverte d'un gymnase. PHO [ksist] ETY Du gr.

# Y y

**1 y** *nm* **1** Vingt-cinquième lettre (y, Y) et sixième voyelle de l'alphabet, notant la voyelle palatale [i] (ex. *cygne*) ou la semi-voyelle [j] (ex. *yeux*), celle-ci ne recevant pas à l'initiale l'élision ou la liaison du mot précédent, sauf pour *l'yèble, l'yeuse* et *les yeux*. **2** MATH y : symbole utilisé pour désigner une fonction ou une inconnue. **3** CHIM Y : symbole de l'yttrium. **4** BIOL Chromosome sexuel présent seulement chez le mâle. **LOC** MATH *Axe des y* : axe des ordonnées.

**2 y** *av, pr pers* **A** *av* Dans cet endroit. *J'y reste. Vas-y.* **B** *pr pers.* À cela. *Je n'y comprends rien.* **LOC** *Il y a* : il est, il existe. — *Il y va de* : telle chose se trouve engagée, en cause. *Il y va de l'honneur.* — *J'y suis !* : je comprends ! — *S'y entendre, s'y connaître* : être expert en la matière. — *Y être pour qqch, n'y être pour rien* : avoir, ou ne pas avoir, sa part de responsabilité dans telle affaire.

**yacht** *nm* Navire de plaisance à voiles ou à moteur. PHO ['jot] ETY Du néerl.

**yacht-club** *nm* Association groupant des adeptes du yachting. PLUR yacht-clubs. PHO ['jotklœb]

**yachting** *nm* vieilli Sport ou pratique de la navigation de plaisance. PHO ['jotiŋ] ETY Mot angl.

**yachtman** *nm* vieilli Personne qui pratique le yachting. PLUR yachtmans ou yachtmen. PHO ['jotman]

**Yacine** Kateb (Constantine, 1929 – Grenoble, 1989), écrivain algérien d'expression française. Son œuvre exprime les luttes du peuple algérien : poèmes (*Soliloques* 1946), romans (*Nedjma* 1956 ; *le Polygone étoilé* 1966), pièces de théâtre (en fr. et en arabe dialectal : *la Guerre de deux mille ans* 1975).

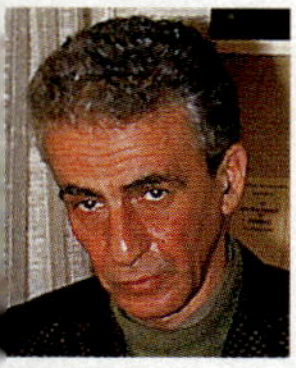

**Kateb Yacine**

**yack** *nm* Mammifère bovidé des steppes désertiques de haute altitude d'Asie centrale, élevé par les Tibétains pour son lait, ses poils, sa chair, et utilisé comme bête de somme. ETY Du tibétain. VAR **yak**

**Yaçovarman** (mort en 900 apr. J.-C.), roi du Cambodge (889-900). Il édifia sa capitale (*Yaçodharapura*) sur le site d'Angkor.

**Yadz** → **Yezd.**

**Yafo** → **Jaffa.**

**Yahvé** nom donné au Dieu d'Israël dans la Bible hébraïque après qu'il se fut manifesté à Moïse sous la forme d'un buisson ardent. Ce nom est indiqué par un tétragramme qui signifie « je suis qui je suis » ; les chrétiens ont transformé Yahvé en Jéhovah. On distingue dans la Bible les livres où Dieu est Yahvé et les livres, moins nomb. et antérieurs, où Dieu est Élohim. VAR **Yahveh** ou **Jahvé** ou **Jahveh** ou **Iahvé** ou **Iaveh**

**yakitori** *nm* CUIS Brochette de volaille à la japonaise.

**yakuza** *nm* Au Japon, membre de la mafia. PHO ['jakuza] VAR **yakusa**

**Yale (université)** université américaine, située à New Haven (Connecticut). Créée en 1701 à Branford, elle reçut en 1716 le nom d'un bienfaiteur, *Elihu Yale* (1648 – 1721).

**Yalongjiang (le)** riv. de la Chine centrale (1 300 km), affl. du Yangzijiang (r. g.).

**Yalow** Rosalyn (New York, 1921 – id., 2011), physicienne américaine (immunologie et endocrinologie). P. Nobel de médecine 1977.

**Yalta** v. d'Ukraine, sur la mer Noire ; 77 000 hab. Port et station balnéaire. – Du 4 au 11 fév. 1945, la *conférence de Yalta* réunit Roosevelt, Churchill et Staline. Le « partage du monde » qu'ils effectuèrent ne fut sanctionné par aucun traité. VAR **Ialta**

**Yalujiang (le)** (en coréen *Amnok*), fl. (790 km) qui sépare la Chine et la Corée, et se jette dans la mer Jaune. Centrales. VAR **Yalu**

**Yamagata** v. industr. du Japon (Honshū) ; 256 000 hab ; ch.-l. du ken du m. nom.

**Yamaguchi** v. industr. du Japon (Honshū) ; 192 000 hab. ; ch.-l. du ken du m. nom.

**Yamamoto** Isoroku (Nagaoka, 1884 – îles Salomon, 1943), amiral japonais. Chef des forces navales (1939), il dirigea l'attaque de Pearl Harbor (déc. 1941).

**Yamamoto** Yohji (Tokyo, 1943), couturier japonais.

**yack**

**yamato-e** *nm* Bx-A École japonaise de peinture qui, se détachant des influences chinoises, traite des thèmes spécifiquement japonais. (Née v. 998, elle se développa durant la période Kamakura, de 1185 à 1338.) ETY Mot jap.

**yamba** *nm* Afrique Chanvre indien.

**Yamoussoukro** cap. de la Côte d'Ivoire (depuis 1983), à 250 km au N.-O. d'Abidjan ; 260 000 hab. Une basilique (la plus grande église du monde) y a été consacrée par le pape en 1990. Houphouët-Boigny, né à Yamoussoukro, la fit construire. DER **yamassoukrois, oise** *a, n*

**Yamoussoukro** vue aérienne de la basilique Notre-Dame-de-la-Paix (1985-1988)

**Yamunā (la)** riv. sacrée de l'Inde (1 375 km), affl. du Gange ; traverse Delhi, Āgra et Allahābad. VAR **Jamna** ou **Jumna**

**Yan'an** v. de Chine (Shānxi) ; 254 420 hab. – Les communistes s'y installèrent de 1935 (après la Longue Marche) à 1949.

**Yanaon** v. de l'Inde (Āndhra Pradesh), à l'embouchure de la Godāvari ; 10 000 hab. – Comptoir français (1763-1954).

**yang** *nm* Selon la pensée taoïste chinoise, principe fondamental de l'ordre universel, inséparable du yin, qui se manifeste essentiellement par le mouvement.

**Yang** Chen Ning (Hefei, 1922), physicien chinois. Émigré aux États-Unis, il démontra avec Tsung Dao-lee que le principe de parité n'est pas valable en phys. nucl. Tous deux reçurent le prix Nobel 1957 et revinrent en rép. pop. de Chine.

**Yang** Edward (Taïbei, 1947 – Los Angeles, 2007), cinéaste taiwanais : *Yi Yi* (2000).

**Yangoun** → **Rangoon.**

**Yangzhou** v. et port de Chine, sur le Yangzijiang (prov. de Jiangsu) ; 1,7 million d'hab. – Pavillons des dynasties Song et Ming ; beaux jardins.

**Yangzijiang** (fleuve Bleu), le plus long fleuve de Chine (5 800 km), tributaire de la mer de Chine orientale. Né sur les plateaux du Tibet, à 5 000 m d'altitude, il coule vers le S.-E. et, dans le Sichuan, reçoit de nombr. affluents. En aval, il se resserre pendant 300 km dans des défilés puis, en plaine, ses affluents le mettent en contact avec de grands lacs qui régularisent son débit. Accessible à la navigation maritime en aval de Wuhan, il arrose ensuite Nankin et Shanghai (ville bâtie dans son delta). Fleuve régulier, au débit abondant, notamment en été, c'est le princ. axe économique de la Chine, mais ses crues sont meurtrières (1931, 1935, 1954). La construction du plus grand barrage du monde a commencé en 1997. (VAR) **Yangzi Jiang** ou **Changjiang** ou **Yang-tseu-kiang** ou **Yang Tsé Kiang**

**yankee** *n, a* **A** *n* HIST Nom donné par les Anglais aux colons révoltés de la Nouvelle-Angleterre ; nom donné aux nordistes par les sudistes pendant la guerre de Sécession. **B** *n, a* Nom donné aux habitants d'origine anglo-saxonne des États-Unis. (PHO) ['jɑ̃ki]

**Yañez** Agustin (Guadalajara, 1904 – Mexico, 1980), romancier mexicain : *l'Archipel des femmes* (1943), *Demain la tempête* (1947).

**Yanomanis** Amérindiens d'Amazonie (Brésil, Venezuela). L'implantation de colons (depuis 1987) menace leur survie. (VAR) **Ianomanis** (DER) **yanomani** ou **ianomani, ie** *a*

**Yaoundé** cap. du Cameroun, reliée par voie ferrée au port de Douala ; 3 066 000 hab. – Archevêché catholique. – En 1969, la *convention de Yaoundé* (association avec les pays de la CEE) y fut signée par dix-huit pays africains et Madagascar. (DER) **yaoundéen, enne** *a, n*

**yaourt** *nm* Lait caillé par l'effet d'un ferment lactique. (PHO) ['jaur(t)] (ETY) Du turc. (VAR) **yogourt** ou **yoghourt**

**yaourtier** *nm* Industriel du yaourt.

**yaourtière** *nf* Appareil pour fabriquer des yaourts.

**Yapura** → **Japurá.**

**Yaquis** Amérindiens, parents des Utes et des Aztèques, qui survivent dans l'État mexicain de Sonora et en Arizona. (DER) **yaqui, ie** *a*

**yard** *nm* METROL Unité anglo-saxonne de mesure de longueur valant 0,914 m. (PHO) ['jaʀd]

**Yaren** capitale de l'État de Nauru.

**Yarkand** ville de Chine (Xinjiang) ; 90 000 hab. Oasis. – Anc. étape sur la route de la soie. (VAR) **Suoche**

**Yarmouth** v. d'Angleterre (Norfolk), sur la mer du Nord ; 70 200 hab. Port pétrolier. Pêche. Stat. balnéaire. (VAR) **Great Yarmouth**

**Yaşar Kemal** Kemal Sadik Gökçeli, dit (Osmaniye, près d'Adana, 1922 – Istanbul, 2015), auteur turc de romans réalistes et épiques : série des *Mémed* (1955 à 1987).

**yassa** *nm* CUIS Viande ou poisson grillés après avoir mariné avec des oignons dans une sauce au citron, spécialité d'Afrique noire.

**yatagan** *nm* Sabre à la lame oblique dont le tranchant forme à la pointe une courbure rentrante, en usage autrefois en Turquie.

**yawl** *nm* MAR Voilier à deux mâts dont le plus petit est implanté à l'arrière de la barre. (PHO) [jol]

**Yazd** → **Yezd.**

**yazidi, ie** *a, n* Se dit d'une minorité religieuse du Kurdistan, dont les croyances mêlent des éléments islamiques, chrétiens et zoroastriens.

**Yb** CHIM Symbole de l'ytterbium.

**yearling** *nm* Poulain pur-sang âgé d'un an. (PHO) ['jœʀliŋ] (ETY) Mot angl.

**Yeats** William Butler (Sandymount, 1865 – Roquebrune-Cap-Martin, 1939), écrivain irlandais. Poète inspiré par le mysticisme celtique (*les Errances d'Oisin*, 1889), il fonda avec lady Gregory l'Abbey Theatre (1904), qui monta son drame lyrique, *Deirdre* (1907). La magie l'attira : *la Tour* (1928). P. Nobel 1923.

**yèble** → **hièble.**

**Yellowknife** v. du Canada, cap. des Territoires du Nord-Ouest, sur le Grand Lac des Esclaves ; 19 200 hab. Gisements d'or.

**Yellowstone (le)** riv. des É.-U. (1 600 km), affl. du Missouri (r. dr.). Né dans les montagnes Rocheuses, il traverse le *parc national de Yellowstone* (8 983 km$^2$, geysers) et le lac du m. nom, dans le Wyoming, puis il coule dans de profonds cañons et traverse le Montana.

**Yémen (république du)** État du S.-O. de la péninsule Arabique (créé en 1990 par la réunion de la rép. arabe du Yémen et de la rép. dém. et pop. du Yémen), bordé par la mer Rouge et l'océan Indien, à l'E. par le sultanat d'Oman et au N. par l'Arabie saoudite ; 527 970 km$^2$ ; 26,7 millions d'hab. ; accroissement naturel : 2,6 % par an ; cap. *Sanaa*. Nature de l'État : rép. Langue off. : arabe. Monnaie : rial du Yémen. Pop. : Arabes. Relig. off. : islam. (DER) **yéménite** *a, n*

**Géographie** Le Yémen contrôle la rive orientale du détroit de Bab al-Mandab, qui sépare l'Asie de l'Afrique et fait communiquer le golfe d'Aden et la mer Rouge. Une étroite plaine côtière aride, peuplée dans les sites irrigués (plaine d'Aden), est dominée par un bourrelet montagneux qui culmine à 3 760 m à l'O. Ces hautes terres, moins chaudes et plus humides que le reste du territoire, concentrent pâturages, cultures et peuplement, particulièrement les massifs de l'O. (Asir) : c'est l'Arabie Heureuse des Anciens ; Sanaa est située à 2 200 mètres d'altitude. Au-delà, vers le N., les montagnes s'inclinent vers le désert du Rub' al-Khali.

**Économie** La pop., rurale à 66 %, garde des activités ancestrales : élevage extensif (ovins, caprins, bovins), cultures vivrières (millet, blé, sorgho, qat) et quelques produits d'exportation (coton, café). La grande ressource est le pétrole (95 % des exportations), en partie raffiné à Aden. Les envois des travailleurs yéménites émigrés dans les pays du Golfe sont un apport essentiel. Le pays demeure très pauvre.

**Histoire** Cette région vit naître des royaumes prospères dès le II$^e$ millénaire av. J.-C. Celui de Saba domina l'ensemble de la région et fonda des colonies de l'autre côté de la mer Rouge. Le pays

voilier gréé en **yawl**

résista aux Romains (I$^{er}$ s. av. J.-C.) puis chassa les Éthiopiens avec l'aide des Perses. Il fut islamisé (VII$^e$ s.), mais les divers fiefs yéménites conservèrent leur indépendance et choisirent généralement le chiisme. Carrefour comm., le Yémen connut la prospérité et fut intégré (XVI$^e$-déb. du XVII$^e$ s.) à l'Empire ottoman. Les Brit. occupèrent Aden en 1839. Les Ottomans n'exercèrent bientôt qu'une simple suzeraineté sur les imams locaux. En 1920, le pouvoir ottoman prit fin, et des imams régnèrent sur le Yémen du N. jusqu'en 1962. Au S., les Brit. organisèrent, en 1962, la féd. de l'Arabie du Sud, qui devait devenir la rép. dém. et pop. du Yémen.

**LE YÉMEN DU NORD** *(rép. arabe du Yémen)* En 1962, un coup d'État militaire, soutenu par l'Égypte, renversa l'imam et la rép. fut proclamée. Les royalistes, soutenus par l'Arabie saoudite, firent la guerre aux républicains et au corps expéditionnaire égyptien. Un accord intervint en 1970, une nouvelle Constitution fut promulguée ; favorable aux puissances occid., le pays entra en guerre avec le Sud (1972). En 1978, le prés. de la Rép. fut assassiné, le lieutenant-colonel Ali Abdallah Saleh le remplaça. En 1979, une nouvelle guerre éclata. En 1980, Saleh fit appel à l'URSS (qui soutenait le S.) et améliora ses relations avec le S. Réélu en 1983 et en 1988, il signa en 1989 avec le Yémen du Sud la réunification des deux pays, effective en 1990.

**LE YÉMEN DU SUD** *(rép. dém. et pop. du Yémen).* En 1967, le Front national de libération (FNL, qui deviendra, en 1978, le Parti socialiste du Yémen : PSY) proclama l'indépendance. En 1969, l'aile gauche du Front l'emporta, et, en 1970, le président Salim Ali Rubayyi instaura le seul régime marxiste du monde arabe. Il fut renversé et exécuté par l'armée le 24 juin 1978, soit trois jours après l'assassinat de son adversaire du N., et, en mars 1979, les deux pays entrèrent à nouveau en guerre. En 1980, le pouvoir revint à Ali Nasir Muhammad, marxiste partisan de l'URSS (à laquelle le N. faisait appel). En 1986, il fut renversé et une guerre civile de quinze jours fit près de 12 000 morts. Le nouveau prés., Abu Bakr al-Attas, poursuivit, sous la pression de Moscou, le rapprochement avec le Yémen du N.

**LA RÉUNIFICATION ET LA REPRISE DU CONFLIT** Alors que l'URSS s'effondre, le prés. nordiste Ali Saleh négocie avec le gouvernement socialiste du Sud une réunification, effective dès mai 1990, et son parti, le Congrès général populaire (CPG), remporte les élections de 1993. Les sudistes du PSY veulent faire sécession en 1994, mais ils sont éliminés au profit du CPG, allié aux islamistes de l'Isha. Cette coalition remporte les législatives de 1997 et A. Saleh est réélu prés. en 1999 et 2006. En 2011, des mouvements de protestation sont violemment réprimés. A. Saleh accepte de quitter le pouvoir et le vice-prés. (dep. 1994) Abd Rabbo Mansour Hadi est élu prés. en 2012. Un coup d'État le chasse du pouvoir en janv. 2015. En sept., il installe son gouv. à Aden.

**yen** *nm* Unité monétaire du Japon. (PHO) ['jɛn]

**Yéniches** groupe itinérant proche des Tsiganes. (VAR) **Yenishe** (DER) **yéniche** *a*

**yeoman** *nm* **1.** HIST Petit propriétaire rural, libre et de condition aisée, dans l'Angleterre médiévale. **2.** Garde du souverain britannique, aux fonctions d'apparat. PLUR yeomans ou yeomen. (PHO) ['jɔman] (ETY) Mot angl.

**Yepes** Narciso (Lorca, Murcie, 1927 – id. 1997), guitariste et compositeur espagnol.

**Yerres (l')** riv. d'Île-de-France (87 km) qui se jette dans la Seine (r. dr.) peu avant Paris.

**Yerres** ch.-l. de cant. de l'Essonne, sur l'Yerres ; 29 200 hab. (DER) **yerrois, oise** *a, n*

**Yersin** Alexandre (Aubonne, Doubs 1863 – Nha Trang, Viêt-nam, 1943), médecin français d'origine suisse. Membre de l'Institut Pasteur, il travailla en Asie du S.-E., où il découvrit, en 1894, le bacille de la peste, dit *bacille de Yersin*.

**yeshiva** *nm* RELIG École qui enseigne le Talmud. PLUR yeshivas ou yeshivot. ETY Mot hébreu.

**Yeso → Hokkaidō.**

**yéti** *nm* Animal ou hominien légendaire de l'Himalaya, appelé aussi *l'abominable homme des neiges*. ETY Mot tibétain. VAR **yeti**

**Yeu (île d')** île française (23 km²), proche de la côte vendéenne, formant une commune et un canton : *L'Île-d'Yeu* ; 4 868 hab. DER **ogien, enne** *a, n*

**yeuse** *nf* BOT Chêne vert. PHO [jøz]

**yeux → œil.**

**Yèvre (l')** riv. du Berry (67 km), affl. du Cher (r. dr.) ; arrose Bourges.

**yé-yé** *a inv, n inv* **fam, vieilli** Se dit d'un style de musique, de jeunes chanteurs, de leurs admirateurs, à la mode dans les années 1960. *Le style yé-yé*. ETY De l'angl. *yes*, « oui ». VAR **yéyé** *a, n*

**Yezd** ville d'Iran, au S.-E. d'Ispahan ; 505 000 hab. Centre mazdéen. VAR **Yazd** ou **Yadz**

**yézidi, ie** *a, n* Se dit d'une minorité religieuse préislamique, vivant principalement dans le nord de l'Irak. DER **yézidisme** *nm*

**Yggdrasil** dans les myth. germaniques, arbre qui soutient le monde ; identifié à un frêne.

**Yichang** port fluvial du centre de la Chine (Hubei), sur le Yangzijiang ; 1,3 million d'hab.

**yiddish** *nm, a inv* **A** *nm* Langue germanique des communautés juives d'Europe centrale et orientale. SYN judéo-allemand. **B** *a inv* Du yiddish, qui utilise le yiddish. ETY De l'all. *jüdisch*, « juif ».

**Yiddishland** ensemble des régions d'Europe orientale où était parlé le yiddish.

**yiddishophone** *a, n* Qui parle le yiddish.

**Yijing** le plus anc. des grands classiques chinois (*Jing*), manuel de divination, nommé en fr. *le Livre des mutations*. VAR **Yi King**

**yin** *nm* Selon la pensée taoïste chinoise, principe fondamental de l'ordre universel, inséparable du yang, qui se manifeste essentiellement par la passivité. ETY Mot chinois.

ENC Les notions de *yin* et *yang* auraient d'abord été utilisées comme repères astronomiques, puis comme emblèmes de divination (*yin*, le pair ; *yang*, l'impair). Elles acquirent un sens philosophique vers le VIIe s. av. J.-C. avec le *Yijing* (ou *Livre des mutations*) qui qualifie le *yin* de principe négatif et le *yang* de principe positif. Le *yang* correspond à la nature masculine, à la lumière, au chaud, au sec, à l'activité, etc. ; le *yin*, à la nature féminine, à l'ombre, au froid, à l'humidité, à la passivité, etc. Distincts et unis, attirés et contrariés, ils forment des « ordonnances rythmiques » (M. Granet) auxquelles on peut ramener n'importe quelle situation au sein du Cosmos, astronomique, sociale, psychologique, politique, etc.

**Yinchuan** v. de la Chine du N.-O., cap. de la région autonome de Ningxia ; 1,3 million d'hab.

**Yis** population établie dans le S. de la Chine et le N. du Viêt-nam et du Laos, parlant une langue sino-tibétaine. DER **yi** *a*

**ylang-ylang → ilang-ilang.**

**Ymer** dans les myth. scandinave et germanique, le premier être du monde ; géant, ancêtre des géants de glace. VAR **Ymir**

**Yoccoz Jean-Christophe** (Paris, 1957), mathématicien français : travaux sur les fractales. Médaille Fields 1994.

**yod** *nm* **1** LING Consonne des alphabets phénicien et hébreu, correspondant à notre *y*. **2** PHON Nom de la semi-consonne fricative palatale [j], transcrite *i* (ex. *sien*), *y* (ex. *paye*), *il* (ex. *pareil*) ou *ille* (ex. *paille*). ETY Mot hébreu.

**yodler → jodler.**

**yoga** *nm* **1** Dans la tradition hindoue, technique de méditation et de concentration mentale visant à placer graduellement la conscience au centre même de l'être, là où le soi individuel (*âtman*) est identique à l'Être universel. **2** Technique de relaxation et de maîtrise des fonctions corporelles fondée sur des exercices gymniques, originaire de l'Inde. ETY Mot sanscrit, « jonction ». DER **yogique** *a*

ENC Des sutras du IIe s. av. J.-C. définissent le yoga comme l'« arrêt des fluctuations de la pensée ». Les exercices hygiéniques qui, sous le nom de yoga, connaissent auj. la faveur du public occid., sont empruntés au *hatha yoga* (« yoga violent »). Cet exercice mental et physique (contrôle de la respiration, postures corporelles, etc.) vise à supprimer les impressions sensorielles de façon que le yogi atteigne à l'état parfait de réalisation spirituelle (délivrance et union) du *raja yoga* (« yoga royal »).

**yogi** *nm* Personne qui pratique le yoga. PHO [jɔgi]

**yogourt, yoghourt → yaourt.**

**yohimbehe** *nm* BOT Arbre du Cameroun (rubiacée), dont le bois est employé dans les mines et les constructions navales, et la décoction de l'écorce comme tonique et aphrodisiaque par les Africains. PHO [jɔimbe] ETY Mot bantou.

**yohimbine** *nf* PHARM Alcoïde extrait de l'écorce de yohimbehe. PHO [jɔimbin]

**Yokkaichi** v. industr. et port du Japon (Honshū) ; 308 000 hab.

**Yokohama** v. et port du Japon (Honshū), dans la conurbation de Tōkyō ; 3 700 000 hab. Intense activité portuaire et industrielle.

**Yokosuka** v. et port du Japon (Honshū), sur la baie de Tōkyō ; 417 000 hab.

**yole** *nf* MAR Embarcation légère, de forme effilée, propulsée à l'aviron. ETY Du néerl.

**Yomiuri Shimbun** quotidien japonais créé en 1874, le plus grand tirage au monde.

**Yom Kippour** (« jour de l'Expiation »), fête juive solennelle, marquée par le jeûne et la prière, dite aussi *Grand Pardon* ; elle est célébrée en sept. ou oct., le dixième jour après le nouvel an juif. VAR **Kippour**

**Yongle** (1359 – 1424), empereur de Chine (1403-1424) qui transféra la cap. à Pékin, où il fit construire la Cité interdite. Apogée de la dynastie Ming. VAR **Yong Le** ou **Yong-lo**

**Yonne** riv. de France (295 km), qui conflue avec la Seine (r. g.) à Montereau. Née dans le Morvan, elle arrose Auxerre et Sens.

**Yonne** dép. franç. (89) ; 7 425 km² ; 341 500 hab. ; 46 hab./km² ; ch.-l. *Auxerre* ; ch.-l. d'arr. *Avallon* et *Sens*. V. Bourgogne. DER **icaunais, aise** *a, n*

**Yoritomo** (1147 – 1199), noble japonais du clan Minamoto, qui obtint de l'empereur, en 1192, le titre de shogun à vie.

**York** v. du N. de l'Angleterre ; 204 400 hab. Industries. Tourisme. – Archevêché. Vaste cath. gothique (XIe-XVe s.). Enceinte du XIVe s. Château du XIIe s. (musée). – Colonie romaine, prise par les Angles au VIe s., York devint la cap. du royaume de Northumbrie et fut au Moyen Âge la 2e ville anglaise.

**York** famille anglaise, branche de la maison royale des Plantagenêts, issue d'*Edmond de Langley* (King's Langley, 1341 – id., 1402), le cinquième fils d'Édouard III. La famille d'York disputa le trône à la maison de Lancastre (guerre des Deux-Roses) et donna trois rois à l'Angleterre : Édouard IV, Édouard V et Richard III, tué et détrôné par Henri VII Tudor (1485).

**York Richard (duc d')** (?, 1411 – Wakefield, 1460), prétendant au trône d'Angleterre ;

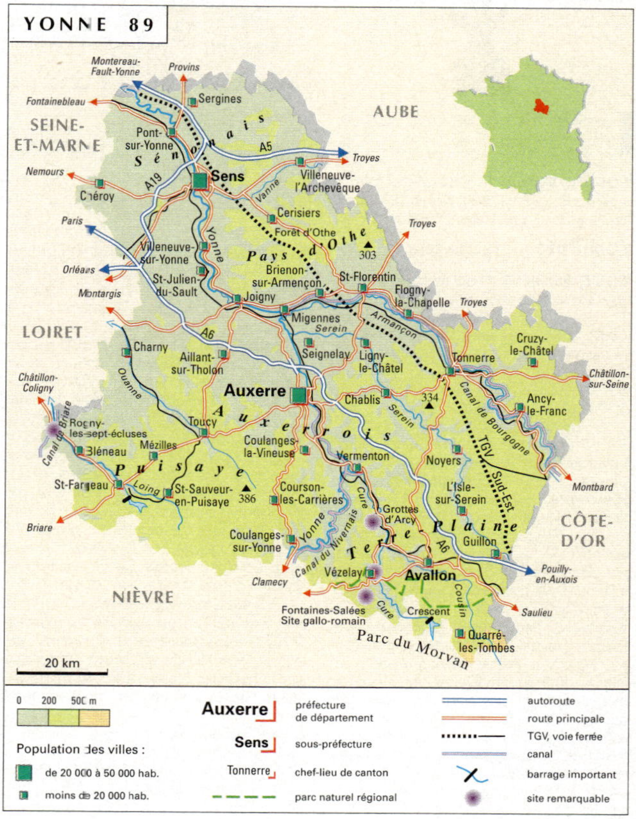

rival d'Henri VI, qu'il fit prisonnier (juil. 1460), il fut vaincu et tué (déc. 1460) par la reine Marguerite d'Anjou.

**yorkshire** *nm* Petit chien de compagnie à poil long, d'origine anglaise. PLUR yorkshires. (PHO) [jɔʀkʃœʀ] (ETY) Du n. pr. (VAR) **yorkshire-terrier**

**Yorkshire** anc. comté du N.-E. de l'Angleterre, divisé en 5 comtés en 1974.

**Yorkshire et Humberside** région de Grande-Bretagne et de l'UE, dans l'E. de l'Angleterre, sur la mer du Nord ; 15 420 km$^2$ ; 5 258 000 hab. ; v. princ. *Sheffield, Leeds.*

**Yorktown** petit port des É.-U. (Virginie), sur la baie de Chesapeake ; 195 hab. – En oct. 1781, le général anglais Cornwallis y capitula devant Washington, Rochambeau et l'amiral de Grasse.

**yorouba** *nm* Langue kwa parlée au Nigeria, où il est une des langues nationales.

**Yoroubas** population établie dans le S. du Nigeria et du Bénin ; 20 millions de personnes. Descendants des fondateurs des royaumes d'Ife et du Bénin, ils ont développé un art rappelant le style de cour de leurs ancêtres, qui travaillèrent bronze, ivoire, pierre et terre cuite. (VAR) **Yorubas** (DER) **yorouba** ou **yoruba** *a, n*

art des **Yoroubas** : statuette – musée de Porto-Novo, Bénin

**Yosemite (parc national de)** parc national des É.-U. (Californie), créé en 1890, sur le versant occidental de la sierra Nevada.

**Yoshihito** → **Taishō tennō.**

**Yougoslavie (république fédérale socialiste de)** ancien État du S.-E. de l'Europe, qui regroupait jusqu'en 1992 six républiques socialistes : la Serbie, la Croatie, la Slovénie, la Bosnie-Herzégovine, la Macédoine et le Monténégro, sur l'Adriatique, à l'E. de l'Italie, au N. de l'Albanie et de la Grèce ; 255 804 km$^2$ ; 23 411 000 hab. ; croissance démographique : 0,3 % ; cap. *Belgrade.* Langues off. : serbo-croate, slovène, macédonien. Monnaie : dinar. Relig. : orthodoxes (64,9 %), catholiques (4,1 %), musulmans (18,9 %). (DER) **yougoslave** *a, n*

**Économie** L'économie yougoslave a présenté plusieurs traits originaux par rapport aux autres pays socialistes : importance croissante du secteur privé (85 % des terres cultivées), autogestion généralisée dans l'industrie (abandonnée à la fin de 1989), planification souple, décentralisation. L'agriculture (25 % des actifs) avait été modernisée. L'industrie (40 % des actifs) avait bénéficié d'une relative richesse en minerais (cuivre, fer, plomb, bauxite, zinc, mercure), mais souffrait de la relative faiblesse des ressources énergétiques ; elle était concentrée autour des deux princ. villes, Belgrade et Zagreb, et en Slovénie. L'inégal développement des différentes républiques et régions constituait un problème majeur. En Slovénie, la république la plus développée, le revenu par habitant était, en 1986, sept fois plus élevé qu'au Kosovo. Avec la crise institutionnelle qui a suivi la mort du maréchal Tito (1980) et la chute des régimes communistes d'Europe orientale en 1989-1991, ces disparités économiques ont contribué à la dislocation de la Yougoslavie.

**Histoire** Proclamé le 1er déc. 1918, le *royaume des Serbes, Croates et Slovènes* fut confirmé par les traités de Neuilly-sur-Seine, de Saint-Germain-en-Laye et de Trianon. Roi en 1921, Alexandre Ier adopta une Constitution centralisatrice, qui aviva les oppositions entre Serbes et Croates. Il la suspendit en 1929 et gouverna de façon autoritaire le pays, qui prit en 1931 le nom de Yougoslavie. Après l'assassinat du roi, à Marseille, par des terroristes croates (1934), le prince héritier, Pierre II, n'ayant que onze ans, la régence fut exercée par le prince Paul. La Yougoslavie, neutre au début de la Seconde Guerre mondiale, signa un pacte avec l'Allemagne (25 mars 1941). Pierre II prit le pouvoir. L'Allemagne envahit le pays (avril 1941). Deux puissants mouvements de résistance s'organisèrent : l'un, royaliste, autour du Serbe Mihajlović ; l'autre, communiste, autour du Croate Tito. Dès 1943, les Alliés soutinrent Tito. Le pays fut libéré par ses propres forces.

**LA YOUGOSLAVIE SOCIALISTE** Le parti communiste de Tito remporta les élections de 1945. En 1946, l'Assemblée constituante établit une République fédérale socialiste dont Tito devint le président. Bientôt, la Yougoslavie (placée par les accords de Yalta dans l'orbite soviétique) rompit avec l'URSS de Staline (1948) et proposa un « modèle yougoslave » (autogestion, non-alignement, internationalisme). Après la mort de Staline (1953), les relations avec l'URSS se rétablirent progressivement, mais le « modèle autogestionnaire » ne tint pas toutes ses promesses. Après la mort de Tito (1980), un gouvernement collégial assura la direction de l'État.

**LES CONFLITS** Les premières élections libres confirmèrent, en 1990, les contradictions entre, d'une part, les Slaves occidentalisés et plus riches de la Slovénie et de la Croatie, et, d'autre part, les Slaves orthodoxes et plus pauvres de Serbie (où le particularisme du Kosovo fut traité de manière autoritaire), ainsi qu'entre chrétiens et musulmans (en Bosnie-Herzégovine notamment). Ces tensions dégénérèrent en guerre civile en juil. 1991, après la proclamation d'indépendance de la Slovénie et de la Croatie. La reconnaissance internationale de ces indépendances (par la CEE dès janv. 1992), suivie de celle de la Bosnie-Herzégovine en avril 1992, consacra l'éclatement de la fédération yougoslave. 15 000 casques bleus de l'ONU vinrent mettre fin aux affrontements intercommunautaires. Une nouvelle *République fédérale de Yougoslavie* fut proclamée le 27 avril 1992 par les Parlements de Serbie et du Monténégro, mais ne fut pas reconnue par la communauté internationale, qui lui retira son siège à l'ONU. V. ci-après.

**Yougoslavie (République fédérale de)** ancien État de l'Europe balkanique formé de la Serbie et du Monténégro, de 1992 à 2003. DER **yougoslave** *a, n*
**Histoire** La République fédérale de Yougoslavie fut formée en avril 1992, lorsque la sécession de la Slovénie, de la Croatie, de la Bosnie-Herzégovine et de la Macédoine consacra le démantèlement de la république fédérale socialiste. C'est le président serbe, Slobodan Milosevic, qui prit cette initiative et un de ses partisans, Momir Bulatovic, président depuis 1992 de l'anc. rép. féd. de Yougoslavie, fut élu président de la nouv. rép. en 1993. En 1997, Milosevic se présenta à la présidence de la Yougoslavie car la Constitution de la Serbie ne l'autorisait pas à briguer un troisième mandat de président. Désirant être élu au suffrage universel, il organisa en sept. 2000 une élection anticipée que le candidat de l'opposition, Vojislav Kostunica, un nationaliste modéré, remporta (50,24 % des voix). Arrêté en avril 2001, Milosevic est remis en juin au Tribunal pénal international par les autorités serbes contre l'avis des instances fédérales : la fédération yougoslave se révèle de plus en plus problématique. Ainsi, en mars 2002, un accord entre le Monténégro et la Serbie conclu sous l'égide de l'Union européenne prévoit la fin de la Yougoslavie et la création de l'État de Serbie-et-Monténégro qui a eu lieu en 2003 (V. Serbie-et-Monténégro).

**Young Edward** (Upham, près de Winchester, 1683 – Welwyn, Hertfordshire, 1765), poète anglais. Ses *Plaintes ou Pensées nocturnes sur la vie, la mort et l'immortalité* (1742-1745) long poème cour. nommé *Nuits*, contribuèrent à la formation du romantisme.

**Young Arthur** (Londres, 1741 – id., 1820), agronome anglais. Son livre *Voyages en France* (1792) décrit la vie quotidienne des Français peu avant 1789.

**Young Thomas** (Milverton, Somerset, 1773 – Londres, 1829), médecin anglais, connu pour ses travaux d'optique.

**Young Brigham** (Whittingham, Vermont, 1801 – Salt Lake City, 1877), chef religieux américain. Il succéda à Joseph Smith à la tête des mormons (1844), qu'il mena de l'Illinois en Utah. (V. Salt Lake City.)

**Young Lester Willis** (Woodville, Mississippi, 1909 – New York, 1959), saxophoniste de jazz américain (saxo ténor).

**Young Neil** (Toronto, 1945), guitariste et chanteur de rock canadien : *Comes a Time* (1978).

**Young (plan)** plan signé à Paris le 7 juin 1929, qui fixait le montant et le délai de règlement des réparations allemandes exigées par le traité de Versailles (1919). Comme le plan Dawes, il ne fut jamais exécuté.

**youpi !** *interj* Cri marquant l'enthousiasme. ETY Onomat. VAR **youppie !**

**youpin, ine** *a, n* inj, raciste Juif.

**Yourcenar Marguerite de Crayencour, dite Marguerite** (Bruxelles, 1903 – Mount Desert Rock, Maine, É.-U., 1987), écrivain à la double nationalité, française et américaine, et d'expression française ; traductrice, auteur de poèmes, d'essais, de pièces de théâtre, de romans (*Mémoires d'Hadrien*, 1951 ; *l'Œuvre au noir*, 1968), de récits. Elle fut la première femme élue à l'Acad. fr. (1980).

Th. Young

M. Yourcenar

**yourte** *nf* Tente de peau ou de feutre des peuplades nomades d'Asie centrale. ETY Du russe. VAR **iourte**

**Yousouf Joseph Vantini** ou **Vanini**, dit (île d'Elbe, v. 1810 – Cannes, 1866), général français. Ancien esclave des Turcs, il se distingua en Algérie et en Crimée.

**youtzer** *vi* ① Suisse Pousser de longs cris modulés.

**1 youyou** *nm* MAR Petit canot utilisé pour divers services du bord.

**2 youyou** *nm* Maghreb Cri modulé poussé par les femmes musulmanes lors de certaines cérémonies. ETY Onomat.

**3 youyou** *nm* Afrique Petit perroquet à ventre orange et dos vert, facile à domestiquer.

**yoyo** *nm* **1** Jouet formé de deux disques solidaires que l'on fait monter et descendre le long d'une ficelle s'enroulant sur un axe central. **2** fig, fam Mouvement de va-et-vient. *Les contribuables victimes du yoyo fiscal.* **LOC** ***Effet yoyo*** **:** reprise de poids pour une personne qui arrête son régime amaigrissant. ETY Nom déposé. VAR **yo-yo** *nm inv*

**yoyoter** *vi* ① fam Dire n'importe quoi, déraisonner.

**ypérite** *nf* MILIT Gaz de combat à base de sulfure d'éthyle dichloré, suffocant, toxique et lacrymogène. SYN gaz moutarde.

**Ypres** (en néerl. *Ieper*), v. de Belgique (Flandre-Occid.) ; 35 100 hab. – Halle aux draps (XIII^e-XIV^e s.). Égl. XII^e-XV^e s. – Tenue par les Alliés pendant la Première Guerre mondiale, la ville fut ruinée par les bombardements allemands. Les Allemands y utilisèrent pour la prem. fois des gaz (avril 1915). V. ypérite. DER **yprois, oise** *a, n*

**Ypsilanti** famille grecque de Phanar. — **Démétrios** (Istanbul, 1793 – Vienne, 1832) commanda les insurgés grecs de 1821.

**Ys** v. bretonne légendaire qui aurait été engloutie par l'Océan au IV^e ou V^e s.

**Ysaye Eugène** (Liège, 1858 – Bruxelles, 1931), violoniste et compositeur belge ; fondateur du *quatuor Ysaye* (1894).

**Ysengrin → Isengrin.**

**Yser** fl. côtier de Belgique qui prend sa source en France et se jette dans la mer du Nord (78 km). – *Bataille de l'Yser*, remportée par les Belges et leurs alliés sur les Allemands qui voulaient prendre les ports de la mer du Nord (oct.-nov. 1914).

**Yseult** ou **Yseut → Iseult.**

**ysopet** *nm* LITTER Recueil de fables, au Moyen Âge. VAR **isopet**

**Yssingeaux** ch.-l. d'arr. de la Haute-Loire, dans le Velay ; 7 612 hab. – Hôtel de ville XV^e s. DER **yssingelais, aise** *a, n*

**ytterbine** *nf* CHIM Oxyde d'ytterbium ($Yb_2O_3$).

**ytterbium** *nm* CHIM **1** Élément appartenant à la famille des lanthanides, de numéro atomique Z = 70, de masse atomique 173,04 (symbole Yb). **2** Métal (Yb) qui fond à 819 °C. PHO [itɛʀbjɔm] ETY D'un n. pr.

**yttria** *nm* CHIM Oxyde naturel d'yttrium ($Y_2O_3$).

**yttrialite** *nf* MINER Silicate naturel de thorium et de terre yttriques.

**yttrifère** *a* Qui contient de l'yttrium.

**yttrium** *nm* CHIM **1** Élément métallique de numéro atomique Z = 39, de masse atomique 88,9 (symbole Y). **2** Métal (Y) du groupe des terres rares, qui fond vers 1 520 °C. PHO [itʀijɔm] ETY D'un n. pr. DER **yttrique** *a*

**yuan** *nm* Unité monétaire de la Chine. PHO [jwan]

**Yuan** nom de la dynastie mongole qui régna sur la Chine de 1271 à 1368 et fut chassée par une révolte populaire.

**Yuan Che-k'aï** (Xiangcheng, Henan, 1859 – Pékin, 1916), général et homme politique chinois. Conseiller de l'impératrice Ci Xi, il brisa les tentatives de réformes. Après la mort de Ci Xi, il transigea avec Sun Yat-sen (1912) et instaura la rép. Président dictateur, il fut démis (1916). VAR **Yuan Shikai**

**Yuan Tseh Lee** (Xinzhu, 1936), chimiste taiwanais. Il étudia la réaction chimique *élémentaire* (collision entre un atome et une molécule). Prix Nobel 1986 avec J. C. Polanyi et D. R. Herschbach.

**Yucatán (le)** péninsule du Mexique, formée de plateaux peu élevés, qui ferme au S. le golfe du Mexique. Le climat y est chaud et sec, les forêts recèlent du bois précieux. – L'*État du Yucatán* a 38 402 km² et 2 millions d'hab. ; cap. *Mérida*. – Aire d'extension des Mayas, la région renferme d'importants vestiges à Chichén Itzá, Mayapán, Uxmal, etc.

**yucatèque** *nm* La plus importante des langues mayas, parlée au Yucatan.

**yucca** *nm* Plante ligneuse d'Amérique tropicale (liliacée), proche des agaves, dont certaines espèces sont cultivées en Europe pour leurs hautes hampes de fleurs blanches. PHO [ˈjuka] ETY Mot d'Haïti.

yucca

**Yudhoyono Susilo Bambang** (Pacitan, Java, 1949), homme politique indonésien. Ancien général, il a été le premier président de la République élu au suffrage universel (2004). Réélu en 2009, il est resté au pouvoir jusqu'en 2014.

**yue** *nm* LING Syn. de *cantonais*.

**yukata** *nm* Peignoir japonais de coton léger.

**Yukawa Hideki** (Tōkyō, 1907 – Kyōto, 1981), physicien japonais. En 1935, il établit la théorie de l'interaction forte et postula l'existence du méson π (pi), qui fut découvert en 1947. P. Nobel 1949.

**Yukon (le)** fl. du Canada et de l'Alaska (2 554 km), tributaire de la mer de Béring.

**Yukon (Territoire du)** territoire du N.-O. du Canada ; 483 450 km² ; 30 400 hab. ; ch.-l. *Whitehorse*. Région montagneuse et glacée, le Yukon recèle de nombr. gisements : or, plomb argentifère, zinc, cadmium, amiante, pétrole, charbon. – Le Yukon connut la « ruée vers l'or » en 1897 et devint un territ. fédéral en 1898. DER **yukonais, aise** *a, n*

**Yungang** site archéologique de la Chine du N. (Chansi), non loin de Datong. Monastère bouddhique à caractère troglodytique ; certaines grottes sont ornées de sculptures des Ve et VIe s.

**Yunnan** province de la Chine du Sud ; 436 200 km$^2$ ; 40 420 000 hab. ; cap. *Kunming.* Région montagneuse, au climat tropical, le Yunnan possède des richesses minières et cultive le riz, le thé, la canne à sucre. Les communications sont difficiles. – Une voie ferrée construite par la France vers 1900 relie Kunming à Hanoi.

**Yunus Emre** (v. 1250 – v. 1320), poète turc. Il rompit avec la poésie lettrée de tradition arabo-persane. Sa personne fit l'objet de légendes.

**Yunus** Muhammad (Chittagong, 1940), économiste bangladais, promoteur du microcrédit. Il reçoit le prix Nobel de la paix en 2006 avec la banque Grameen qu'il a fondée.

**Yupanqui** Héctor Roberto Chavero, dit Atahualpa (Pergamino, Buenos Aires, 1908 – Nîmes, 1992), poète, chanteur et guitariste argentin. Il chanta les opprimés.

**yuppie** *n* Jeune cadre dynamique et ambitieux. PHO [jupi] ETY Mot angl.

**Yuroks** Indiens algonquins du nord-ouest de la Californie. DER **yurok** *a*

**Yuste** (monastère de) monastère d'Estrémadure où Charles Quint se retira (1556).

**Yutz** ch.-l. de cant. de la Moselle (arr. de Thionville-Est) ; 16 621 hab. Industries. DER **yussois, oise** *a, n*

**yuzu** *nm* Agrume japonais, au parfum puissant, utilisé en cuisine.

**Yvain** Maurice (Paris, 1891 – Surenes, 1965), compositeur français, auteur de chansons (*Mon homme*, *En douce*) et d'opérettes (*Là-haut* 1923).

**Yvain ou le Chevalier au lion** roman en vers octosyllabiques de Chrétien de Troyes (v. 1177).

**Yvelines** dép. français (78) ; 2 271 km$^2$ ; 1 407 560 hab. ; 619,8 hab./km$^2$ ; ch.-l. *Versailles* ; ch.-l. d'arr. *Mantes-la-Jolie, Rambouillet* et *Saint-Germain-en-Laye*. V. Île-de-France (Rég.). DER **yvelinois, oise** *a, n*

**Yverdon-les-Bains** com. de Suisse (Vaud), sur le lac de Neuchâtel ; 20 800 hab. Stat. thermale. – Château XIIIe s.

**Yves** (saint) Yves Hélory de Kermartin, dit (manoir de Kermartin, Minihy-Tréguier, 1253 – id., 1303), juriste breton ordonné prêtre, défenseur des pauvres ; patron des gens de loi.

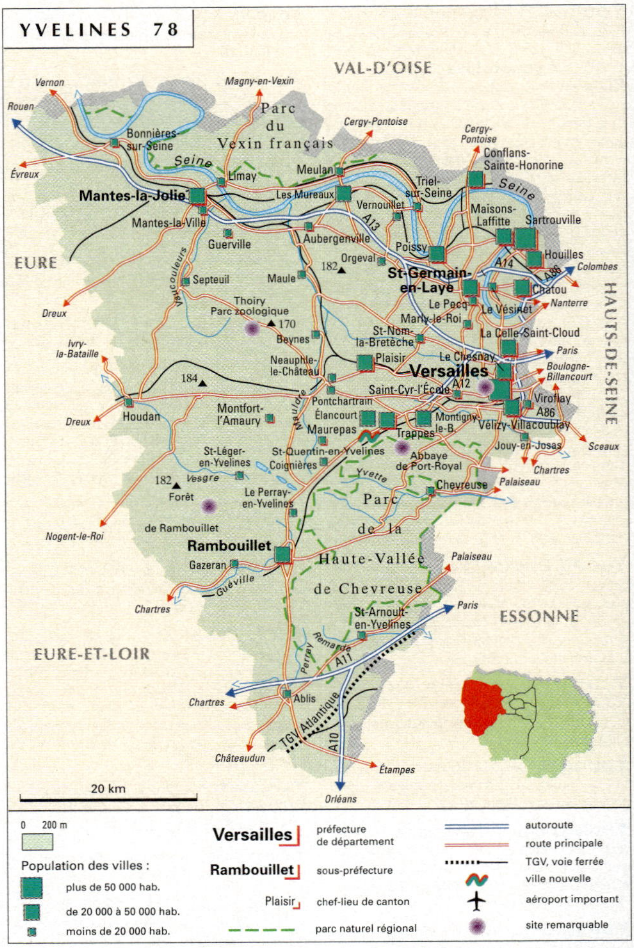


**Yves de Chartres** (saint) (près de Beauvais, v. 1040 – Chartres, 1116), évêque de Chartres, spécialiste du droit canon.

**Yvetot** ch.-l. de cant. de la Seine-Maritime (arr. de Rouen) ; 12 428 hab. Industries. DER **yvetotais, aise** *a, n*

**Yvré** Ambroise de Loré (baron d') (chât. de Loré, Normandie, 1396 – Paris, 1446), compagnon d'armes de Jeanne d'Arc (à Orléans, 1429), prévôt de Paris (1437).

**Yzeure** ch.-l. de cant. de l'Allier (arr. de Moulins) ; 13 341 hab. – Égl. XIIe -XVe s. DER **yzeurien, enne** *a, n*

# Z z

**Z** *nm* **1** Vingt-sixième lettre (z, Z) et vingtième consonne de l'alphabet, notant la fricative alvéolaire sonore [z] (ex. *zézayer* [zezeje]). **2** CHIM Z : symbole du numéro atomique d'un élément. **3** ELECTR Z : symbole de l'impédance. **4** GEOM Z : symbole de la troisième des coordonnées cartésiennes. **LOC** *De a à z* : du commencement à la fin.

**Z** film de Costa-Gavras (1969), avec Y. Montand et J.-L. Trintignant.

**Zaandam** fbg industriel d'Amsterdam. Travail du bois. – Cabane de Pierre le Grand, qui y résida en 1697.

**Zab (monts du)** massif du S. de l'Algérie, dans l'Atlas saharien (1 313 m au djebel Mimouna). (VAR) **monts des Ziban**

**Zab (Grand et Petit)** riv. d'Irak (430 km et 370 km), qui conflue avec le Tigre (r. g.).

**zabre** *nm* Insecte coléoptère carabique qui ravage les cultures de céréales.

**Zabrze** (en all. *Hindenburg*), v. industr. de Pologne (haute Silésie) ; 188 400 hab.

**Zabulon** personnage biblique, dixième fils de Jacob ; ancêtre éponyme d'une des douze tribus d'Israël.

**ZAC** *nf* Sigle de *zone d'aménagement concerté*. (PHO) [zak]

**Zacharie** l'un des douze petits prophètes juifs (VI^e s. av. J.-C.). Le livre biblique qui porte son nom annonce le messie.

**Zacharie (saint)** prêtre juif, père de saint Jean-Baptiste, dont la naissance lui fut annoncée par un ange. Il ne crut pas à cette révélation et devint muet jusqu'à cette naissance.

**Zacharie (saint)** (m. à Rome en 752), pape de 741 à 752. Il favorisa l'accession au trône de Pépin le Bref (751).

**Zachée** chef des publicains de Jéricho et collecteur d'impôts. Converti par Jésus, il donna ses biens aux pauvres.

**ZAD** *nf* Sigle de *zone d'aménagement différé*. (PHO) [zad]

**Zadar** (en ital. *Zara*), v. de Croatie, sur l'Adriatique ; 70 700 hab. Industries. – Égl. IX^e s. Cath. XII^e-XIV^e s. – Anc. base byzantine, vénitienne de 1409 à 1797, la ville appartint à l'Autriche (1813-1918), à l'Italie (1920) puis à la Croatie (1947).

**Zadek Peter** (Berlin, 1926 – Hambourg, 2009), metteur en scène de théâtre allemand, aux tendances baroques.

**Zadig ou la Destinée** conte de Voltaire (1747, sous le titre de *Memnon*).

**Zadkine Ossip** (Smolensk, 1890 – Neuilly-sur-Seine, 1967), sculpteur français d'origine russe. Cubiste, il évolua vers un expressionnisme baroque.

**Zaffarines (îles)** (en esp. *Chafarinas*), îles espagnoles de la Méditerranée, près du Maroc.

**Zagazig** v. d'Égypte, proche du Caire ; 319 000 hab. ; ch.-l. de gouvernorat.

**Zaghawas** ethnie de langue nilo-saharienne du nord-est du Tchad. (VAR) **Goranes**

**Zagorsk** → **Serguiev Possad.**

**Zagreb** cap. de la Croatie, sur la Save ; 687 000 hab. Centre industriel. – Université. Cath. XIII^e-XVIII^e s. Palais royal (XIV^e s.). Musées. (DER) **zagrébois, oise** *a, n*

**Zagros (le)** haute chaîne de montagnes qui s'étend de la Turquie au détroit d'Ormuz et qui sépare le plateau iranien de la plaine mésopotamienne (4 548 mètres au Zardeh Kuh).

**Zahir Chāh Mohammad** (Kaboul, 1914 – id, 2007), dernier roi d'Afghānistān (1933-1973), déposé par son cousin et beau-frère Mohammad Daoud khān. (VAR) **Zaher Chāh**

**Zahlé** v. du Liban ; 60 000 hab. ; ch.-l. de la prov. de la Bekaa. – Stat. estivale.

**Zahran** v. d'Arabie Saoudite, près du golfe Persique ; 110 800 hab. Import. centre pétrolier. (VAR) **Dhahran**

**Zähringen** famille ducale allemande originaire des environs de Fribourg-en-Brisgau. Au XII^e s., elle étendit sa domination sur une grande partie de la Suisse occidentale, fondant Fribourg et Berne. Au XIII^e s., Rodolphe I^er de Habsbourg hérita de ses possessions.

**zaibatsu** *nm inv* ECON Au Japon, concentration d'entreprises appartenant à différents secteurs économiques, liées par des participations croisées.

**zaimph** *nm* HIST Dans l'ancienne Carthage, voile vénéré de la déesse Tanit.

**zain** *am* ELEV Dont le pelage est d'une couleur uniforme, sans poil blanc, en parlant des chevaux, des chiens. (ETY) De l'ar.

**Zaïre** nom que Mobutu donna au fleuve Congo (1971-1997).

**Zaïre** nom que Mobutu donna en 1971 à la Rép. dém. du Congo, à laquelle Kabila rendit ce nom en 1997. (DER) **zaïrois, oise** *a, n*

**zakat** *nm* Aumône religieuse due par tout musulman. (PHO) [zakat]

**Zakopane** v. de Pologne, dans les hautes Tatras ; 60 000 hab. Stat. touristique.

**zakouski** *nm* Hors-d'œuvre variés russes, chauds ou froids. (ETY) Mot russe.

**Zákynthos** → **Zante.**

**Zalaegerszeg** v. de Hongrie, à l'O. du lac Balaton ; 59 000 hab. ; ch.-l. du comté de Zala.

**Zama** anc. localité d'Afrique du N., à 150 km au S.-O. de Carthage. Scipion l'Africain y vainquit Hannibal (202 av. J.-C.), remportant la deuxième guerre punique.

**zamak** *nm* Alliage à base de zinc, utilisé pour les moulages de précision. (ETY) Nom déposé.

**Zambèze (le)** fleuve de l'Afrique australe (2 660 km), tributaire de l'océan Indien. Né aux confins de l'Angola, il sert de frontière entre la Zambie et le Zimbabwe, puis pénètre au Mozambique. Dans son cours moyen, le fleuve se resserre dans une gorge étroite ponctuée de chutes (Victoria) et de rapides, que contrôlent plusieurs grands barrages. Le cours inférieur forme une voie navigable d'env. 500 km.

**Zambie (république de)** État de l'Afrique australe, situé entre l'Angola, à l'O., la République démocratique du Congo et la Tanzanie, au N., le Malawi, à l'E., le Mozambique, le Zimbabwe et la Namibie, au S. ; 752 614 km$^2$ ; 15,5 millions d'hab. ; accroissement naturel : 3 % par an ; cap. *Lusaka*. Nature de l'État : rép. de type présidentiel, membre du Commonwealth. Langue off. : anglais. Monnaie : kwacha de Zambie. Relig. : christianisme (69 %), relig. trad. (31 %). (DER) **zambien, enne** *a, n*
**Géographie** Un haut plateau, d'alt. moyenne 900-1 500 m, coupé par les vallées du Zambèze, du Luangwa et du Kafue, et à l'E. duquel s'élèvent les monts Muchinga (1 840 m), constitue l'essentiel du relief. Au climat trop. humide, tempéré par l'altitude, correspond une végétation de savane arborée et de forêt claire. Peuplé de plus de 70 ethnies (bantoues), le pays a une faible densité avec 40 % de citadins. Le sida constitue un fléau.
**Économie** L'agriculture est peu performante : élevage extensif des bovins, cultures vivrières sur 7 % du sol ; exportation de tabac. La production hydroélectrique est abondante (barrage de Kariba sur le Zambèze) et en partie exportée vers le Zimbabwe. La grande richesse du pays est le cuivre, dans le Copper Belt, région du N. qui groupe le quart des hab. et une population immigrée de mineurs, mais la production décroît ; Maramba (autref. Livingstone) est le grand port d'exportation sur le Zambèze. La récession a frappé le pays jusqu'en 1999. Depuis, la croissance est bonne, mais l'inflation est forte et le pays connaît un fort taux de chômage.

**Histoire** Après les explorations de Livingstone dans le haut Zambèze et la découverte de mines d'or, Cecil Rhodes obtint en 1889 l'exploitation minière de vastes territoires. Ces territoires reçurent, en 1911, le nom de Rhodésie du Nord et, en 1924, obtinrent le statut de colonie de la Couronne. La G.-B. créa en 1953 une fédération d'Afrique centrale, englobant les deux Rhodésies et le Nyassaland. En 1963, la pression nationaliste provoqua l'éclatement de la fédération et la proclamation de l'indépendance de la Rhodésie du Nord, qui prit le nom de Zambie (1964).
**LA ZAMBIE INDÉPENDANTE** Kenneth Kaunda, leader du Parti unifié de l'indépendance nationale (parti unique), fut élu prés. et sans cesse réélu. En 1990, il accorda le multipartisme. En 1991, Frederick Chiluba, ex-président de la confédération des syndicats zambiens, fut élu prés. Face à la crise écon., il décréta la rigueur, ce qui provoqua de sanglantes émeutes, mais il fut réélu en 1996. En 2002, Levy Mwanawasa lui succède. Il décède en 2008. L'élection de Rupiah Banda est vivement contestée, mais il reste au pouvoir. Le leader de l'opposition, Michel Sata, est élu prés. en 2011. Malade, il meurt en 2014. Son dauphin, Edgar Lungu, est élu prés. en 2015.

**Zamboanga** v. et port des Philippines, dans l'île de Mindanao ; 774 400 hab.

**Zamenhof** Lejzer Ludwik (Białystok, 1859 – Varsovie, 1917), médecin et linguiste polonais ; créateur (en 1887) de l'espéranto.

**zamia** *nm* BOT Arbre d'Amérique équatoriale, voisin du cycas, dont certaines espèces fournissent du sagou. ETY Du lat. VAR **zamier**

**Zamiatine** Eugène Ivanovitch (près de Tambov, 1884 – Paris, 1937), ingénieur et écrivain russe, nouvelliste (*la Caverne, Mamaï*, 1920), dramaturge, romancier : *Nous autres* (1924) décrit un univers totalitaire du futur ; membre du groupe des Frères Sérapion.

**Zamora** v. d'Espagne (Castille-León), sur le Douro ; 63 800 hab. ; ch.-l. de la prov. du m. nom. Vins. – Cath. XII^e s.

**Zamoyski** Jan (Skokówka, 1542 – Zamość, 1605), chancelier de Pologne. Il reconquit la Livonie, fonda la ville de *Zamość* (auj. ch.-l. de voïévodie, au S.-E. de Lublin) et la dota de l'*académie Zamoyski*.

**zancle** *nm* Poisson des récifs coralliens, au corps rond et aplati, à nageoire dorsale en pointe, cour. appelé *tranchoir*. ETY Du gr. *zagklon*, « faucille ».

**Zandés** population installée sur les confins de la Rép. centrafricaine, du Soudan et de la Rép. dém. du Congo ; 4 millions de personnes. Ils parlent une langue nigéro-congolaise du sous-groupe oubanguien. VAR **Azandés** DER **zandé** ou **azandé, ée** *a*

**Zangī** ('Imād al-Dīn) (m. en 1146), émir de la dynastie des Seldjoukides. Il conquit Alep (1128) et prit Édesse aux croisés, ce qui provoqua la 2^e croisade ; il fut assassiné par ses mamelouks.

**Zangwill** Israel (Londres, 1864 – Midhurst, West Sussex, 1926), écrivain anglais ; sioniste ; le « Dickens juif » : *les Enfants du ghetto* (roman, 1892), *Nous les modernes* (théâtre, 1925).

**zani** *nm* Bouffon des anciennes comédies italiennes. ETY Mot vénitien, de *Giovanni*, « Jean ». VAR **zanni**

**Zante** (en gr. *Zakynthos*), île grecque, la plus méridionale des îles Ioniennes ; 406 km$^2$ ; 32 557 hab. ; ch.-l. *Zante* (9 767 hab.). VAR **Zákynthos**

**Zanuck** Darryl Francis (Wahoo, Nebraska, 1902 – Palm Springs, Californie, 1979), producteur américain ; directeur de la Twentieth-Century-Fox (1935-1956, 1962-1971).

**zanzibar** *nm* Jeu de hasard qui se joue avec un cornet et trois dés. ETY Du n. pr. VAR **zanzi**

**Zanzibar** île corallienne du littoral africain de l'océan Indien, faisant partie de l'État de Tanzanie ; 1 658 km$^2$ (2 642 km$^2$ avec ses dépendances, notam. l'île de Pemba) ; 896 700 hab. ; cap. *Zanzibar* (200 000 hab.). Ressources : clous et huile de girofle (n° 1 mondial), coprah.
**Histoire** Très ancienne place de commerce vers l'Asie, Zanzibar devient une place forte portugaise de 1503 à 1730, puis sultanat arabe, Zanzibar devint un protectorat britannique (1890), indépendant en 1963. En janv. 1964, un mouvement révolutionnaire instaura la république ; la pop. arabe fut victime de massacres. Deux mois plus tard, Zanzibar fusionnait avec le Tanganyika pour former la Tanzanie. Auj., le courant indépendantiste est important.

**Zanzotto** Andrea (prov. de Trévise, 1921 – Conegliano, 2011), poète italien. Il évoque notam., dans une écriture complexe, les paysages de Vénétie.

**zaouïa** *nf* Au Maghreb, établissement religieux musulman, tout à la fois mosquée et centre d'enseignement. PHO [zauja] ETY De l'ar. *zāwiyah*, « angle, coin ». VAR **zawiya**

**Zao Wou-ki** (Pékin, 1921 – Nyon, 2013), peintre français d'origine chinoise ; ses paysages abstraits procèdent de la calligraphie.

**Zapata** Emiliano (État de Morelos, v. 1879 – hacienda de Chinameca, Morelos, 1919), révolutionnaire mexicain. Métis, petit propriétaire rural, il devint, en 1910, un des chefs de la révolution qui restituait les terres aux paysans. Trahi, il fut assassiné. Sa mémoire inspira le *zapatisme*, mouvement qui depuis 1994 réunit des Amérindiens du Mexique.

**zapatéado** *nm* Danse espagnole à trois temps, rythmée par les claquements des talons du danseur. ETY Mot esp., de *zapato*, « soulier ». VAR **zapateado**

**Zapatero** Jose Luis Rodriguez (Valladolid, 1960), homme politique espagnol. Leader du parti socialiste, il est Premier ministre de 2004 à 2011.

**zapatisme** *nm* Mouvement insurrectionnel mexicain, apparu en 1994, affirmant les droits des Amérindiens. DER **zapatiste** *a, n*

**zapi** *nf* Lieu aménagé dans un aéroport pour les étrangers en situation irrégulière. ETY Acronyme pour *zone d'attente pour personnes en instance*.

**Zapoly** famille hongroise dont deux membres furent rois de Hongrie : **Jean I^er** (1526-1540) et **Jean II Sigismond** (1540-1571). VAR **Zápolya**

**Zaporijjia** (anc. *Zaporojie*), v. et port d'Ukraine, sur le Dniepr ; 770 700 hab.

**Zaporogues** cosaques du Dniepr. Ils se révoltèrent contre les souverains polonais mais tombèrent sous le joug russe (1654) ; Catherine II abolit leur autonomie en 1775.

**Zapotèques** peuple de l'Amérique précolombienne (650 av. J.-C. – 1521 apr. J.-C.) qui s'établit au IV^e s. apr. J.-C. dans le S. du Mexique (État d'Oaxaca). Leur culture, apparentée à celles des Mayas et de Teotihuacán, est présente à Monte Albán et à Mitla. DER **zapotèque** *a*

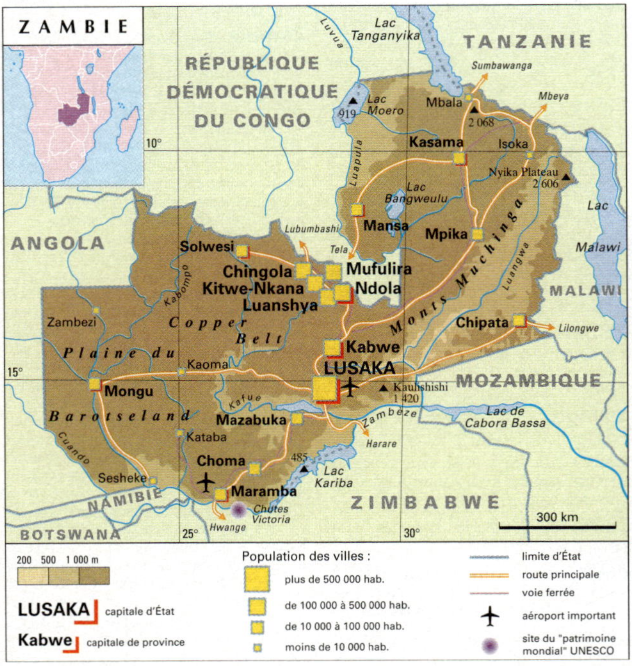

culture des **Zapotèques** : statuette en céramique d'une déesse aux serpents – musée national d'Anthropologie, Mexico

**Zappa** Frank Vincent (Edgewood, près de Baltimore, 1940 – Los Angeles, 1993), chanteur, compositeur et guitariste américain, du groupe Mothers of Invention (1964-1978).

**zapper** *v* [1] **A** *vi* **1** Passer d'une chaîne de télévision à une autre, à l'aide d'une télécommande, d'un site web à un autre. **2 fig, fam** Changer d'occupation, d'opinion, fluctuer, varier. **B** *vt* **fig, fam** Interrompre, éviter, remplacer. *Zapper le pétrole au moyen de biocarburants.* [DER] **zappeur, euse** *n*

**zappette** *nf* **fam** Dispositif permettant de zapper, télécommande.

**zapping** *nm* **1** Action de zapper. **2 fig** Comportement versatile, tendance à passer d'une chose à une autre. [PHO] [zapiŋ] [ETY] Mot angl.

**Zarathoustra** → **Zoroastre.**

**zarb** *nm* Tambour iranien de forme oblongue.

**zarbi** *a* **fam** Étrange. [ETY] Verlan de *bizarre*.

**Zardari** Asif Ali (Nawabshah, Pakistan, 1956), homme politique pakistanais. Après l'assassinat de sa femme, Benazir Bhutto, en 2007, il dirige le PPP et est président de la Rép. de 2008 à 2013.

**Zaria** ville du Nigeria (État de Kano) ; 963 000 hab. – Anc. cap. d'un royaume haoussa.

**Zarmas** population du S.-O. du Niger (env. 1 500 000 personnes). Ils parlent une langue nilo-saharienne. [VAR] **Djermas**

**Zarqa** v. de Jordanie, au N.-E. d'Amman ; 395 200 hab. (nombr. réfugiés palestiniens).

**Zarqali (Al-)** (XI^e s.), astronome arabe de Cordoue. Ses *tables* (dites *tables de Tolède*) déterminaient l'année solaire.

**zarzuéla** *nf* **1** LITTER Drame lyrique espagnol qui mêle la déclamation et le chant **2** CUIS En Espagne, ragoût de poissons et de fruits de mer. [PHO] [saʀswela] [ETY] Mot esp. [VAR] **zarzuela**

**Zátopek** Emil (Prague, 1922 – id., 2000), athlète tchécoslovaque qui domina la course de fond mondiale au début des années 1950.

**Zavatta** Achille (La Goulette, banlieue de Tunis, 1915 – dans le Loiret, 1993), clown français, fondateur du cirque Zavatta.

**Achille Zavatta**

**Zavattini** Cesare (Luzzara, 1902 – Rome, 1989), scénariste italien, collab. de V. De Sica : *le Voleur de bicyclette* (1948), *Miracle à Milan* (1951).

**zawiya** → **zaouïa.**

**Zay** Jean (Orléans, 1904 – Molles, Allier, 1944), homme politique français. Ministre (radical-socialiste) de l'Éducation nationale (1936-1939), il fut emprisonné par Vichy (1940), puis abattu par des miliciens.

**Zayd ibn Harithah** (m. en 629), fils adoptif de Mahomet ; tué dans une bataille contre les Byzantins.

**zaydite** *a, n* Se dit d'une secte chiite, fondée au IX^e s., qui ne reconnaît que les cinq premiers imams, et qui subsiste au Yémen.

**zazen** *nm* Méditation en posture assise pratiquée par les bouddhistes zen. [PHO] [zazen]

**Zazie dans le métro** roman de Queneau (1959). ▷ CINE Film de L. Malle (1960).

**zazou** *n* Surnom donné, v. 1945, aux jeunes gens qui se distinguaient par leur passion du jazz et leur allure excentrique. [ETY] Onomat.

**Zazzo** René (Paris, 1910 – id., 1995), psychologue français de l'enfant.

**Zeami** Motokiyo (1363 – 1443), acteur, auteur et metteur en scène de nô japonais. Auteur des plus célèbres nô, il a codifié les règles de ce genre dramatique qu'il fonda. Son père, **Kanami** (Yūsaki Saburō Kiyotsugu) (1333 – 1384), fut son maître et précurseur.

**zèbre** *nm* **1** Mammifère africain proche du cheval (équidé), à robe claire rayée de noir ou de brun. **2 fig, fam** Individu, type. [ETY] De l'esp. et du portug.

**zèbre** de Grévy

**zébrer** *vt* [14] Marquer de raies semblables à celles de la robe du zèbre. *Pull zébré noir et blanc.*

**zébrure** *nf* **1** Ensemble de raies sur le pelage d'un animal. **2** Raie, marque sur la peau ou une surface quelconque.

**zébu** *nm* Bœuf domestique, en Asie, en Afrique tropicale et à Madagascar, caractérisé par une bosse graisseuse au niveau du garrot.

**zébu** mâle

**zec** *nf* Au Québec, zone publique de chasse et de pêche gérée par une société à but non lucratif qui assure la conservation de la faune et facilite l'accès des lieux aux usagers. [ETY] Acronyme de *zone d'exploitation contrôlée*.

**Zédé** Gustave (Paris, 1825 – id., 1891), ingénieur français ; il conçut le premier sous-marin français, le *Gymnote* (1887).

**Zedillo** Ernesto (Mexico, 1951), homme politique mexicain ; président de la Rép. de 1994 à 2000.

**ZEE** *nf* Sigle pour *zone d'exclusivité économique*, zone de 200 milles marins au large des côtes, appartenant aux pays riverains qui peuvent en exploiter les ressources.

**zée** *nm* ZOOL Syn. de *saint-pierre*.

**Zeebrugge** port de Belgique, sur la mer du Nord. Un canal d'env. 10 km le relie à Bruges. – Base de sous-marins allemands (1914-1918).

**Zeeman** Pieter (Zonnemaire, Zélande, 1865 – Amsterdam, 1943), physicien néerlandais. Il découvrit (1896) la décomposition des raies spectrales émises par les atomes sous l'action d'un champ magnétique. P. Nobel 1902.

**zef** *nm* **fam** Vent.

**Zehrfuss** Bernard (Angers, 1911 – Neuilly-sur-Seine, 1996), architecte français, coauteur du siège de l'Unesco à Paris (1958) et du CNIT à la Défense (1958).

**zéine** *nf* BIOCHIM Protéine du maïs.

**Zeiss** Carl (Weimar, 1816 – Iéna, 1888), opticien allemand ; créateur d'ateliers d'optique.

**Zeist** ville des Pays-Bas ; 59 730 hab.

**zeitnot** *nm* Situation du joueur d'échecs qui a épuisé le temps auquel il a droit. [PHO] [zetnɔt] [ETY] Mot all.

**zek** *n* HIST En URSS, prisonnier du goulag.

**Zélande** (en néerl. *Zeeland*), prov. du S.-O. des Pays-Bas ; 1 790 km$^2$ ; 379 950 hab. ; ch.-l. *Middelburg* ; v. princ. *Flessingue*. Agriculture. Élevage. Située au-dessous du niveau de la mer, la Zélande est protégée par plus de 400 km de digues. [DER] **zélandais, aise** *a, n*

**zélateur, trice** *n* **litt** Partisan ardent, zélé. [ETY] Du lat.

**zèle** *nm* **1 litt.** Ardeur religieuse, dévotion. **2** Empressement, application pleine d'ardeur pour effectuer qqch, pour satisfaire qqn. *Montrer un grand zèle. Excès de zèle.* **LOC** ***Faire du zèle :*** faire par affectation plus qu'il n'est demandé. — ***Grève du zèle :*** consistant à appliquer à la lettre les consignes de travail pour ralentir une activité. [ETY] Du gr. [DER] **zélé** *a*

**Żeleński** Tadeusz, dit Boy (Varsovie, 1874 – Lvov, 1941), écrivain polonais. Il traduisit les français, de Villon à Proust.

**Zelentchouk** local. de Russie, dans le N. du Caucase ; à proximité, télescope dont le miroir principal a 6 m de diamètre.

**Želev** Želju (près de Sumen, 1935), homme politique bulgare, président de la Rép. (1990 – 1997). [VAR] **Jelev Jeliou**

**zelkova** *nm* Grand arbre d'ornement (ulmacée), très décoratif.

**Zellidja** local. du Maroc, au S. d'Oujda. Gisements de plomb. – S. Walter, dont la société exploitait ces richesses, a fondé les *bourses Zellidja*, qui encouragent les voyages des adolescents.

**zellige** *nm* Au Maroc, carreau de céramique ornemental.

**zélote** *n* HIST Membre d'un groupe patriotique juif qui, au I^er s. apr. J.-C., s'opposa par les armes à Titus. [ETY] Du gr.

**Zeman** Karel (Ostroměř, Moravie, 1910 – Gottwaldov, auj. Zlín, 1989), cinéaste d'animation tchécoslovaque : *Rêve de Noël* (1945), *le Baron de Crac* (1961).

**Zemlinski** Alexander von (Vienne, 1871 – New York, 1942), compositeur et chef d'orchestre autrichien ; beau-frère de Schönberg.

**zemstvo** *nm* HIST Dans la Russie tsariste, assemblée provinciale. [PHO] [zemstvo]

**zen** *nm, a inv* **A** *nm* Nom d'un mouvement bouddhiste apparu au Japon à la fin du XII^e s. **B** *a inv* **1** Relatif au zen. *Cérémonie zen.* **2 fig, fam** Calme, décontracté. *Une ambiance zen.* [PHO] [zen] [ETY] Mot jap.

[ENC] L'adepte du zen rejette les spéculations métaphysiques pour s'adonner à une quête spirituelle qui débouche sur l'illumination intérieure *(satori)*, mais ne constitue pas une mystique passive : elle repose sur une ascèse corporelle et mentale qui exige un difficile apprentissage. L'idéal zen, qui exerça une influence profonde au Japon, a ses maîtres en poésie (Bashō), en peinture, dans le tir à l'arc, l'arrangement des bouquets *(ikebana)*, l'architecture des jardins et la cérémonie du thé *(cha-no-yu)*.

**zénana** *nm* **1 didac** Gynécée, chez les musulmans de l'Inde. **2** Étoffe cloquée de soie ou de coton utilisée pour la confection des vêtements d'intérieur. [ETY] Mot hindi.

**Zénètes** populations berbères d'Afrique du Nord vivant princ. dans les Aurès et le Maroc oriental. [VAR] **Zenātas** [DER] **zénète** *a*

**Zenica** v. de Bosnie-Herzégovine, au N.-E. de Sarajevo ; 95 000 hab.

**zénith** *nm* **1** Point où la verticale d'un lieu rencontre la sphère céleste, au-dessus de l'horizon, par oppos. à *nadir*. **2** fig Point culminant, apogée. *Le zénith de la gloire.* ETY De l'ar.

**zénithal, ale** *a* ASTRO Relatif au zénith. PLUR zénithaux. **LOC** ***Distance zénithale :*** angle formé par la direction d'un astre avec celle du zénith.

**zénitude** *nf* fam Calme, décontraction. *Les thérapies de la zénitude.*

**Zénobie** (forme latinisée de l'araméen *Bathzabbai*) (m. à Tibur, auj. Tivoli, après 274 apr. J.-C.), reine de Palmyre (266 ou 267-272), dont elle fit un grand foyer culturel. Elle soumit la Syrie, l'Égypte, l'Asie Mineure. Vaincue par Aurélien, elle orna son triomphe (273).

**Zénon** (v. 426 – 491), empereur d'Orient (474-491). Il détourna les Ostrogoths sur l'Italie (488).

**Zénon de Cition** (v. 335 – v. 264 av. J.-C.), philosophe grec. Il fonda à Athènes (v. 301) l'école des stoïciens. VAR **Zénon de Kition** ou **de Citium**

**Zénon d'Élée** (né à Élée entre 490 et 485 av. J.-C.), philosophe grec, disciple de Parménide ; auteur de paradoxes célèbres : une flèche ne peut franchir la distance qui la sépare de son but ; Achille ne parvient pas à rattraper une tortue à la course ; en effet, de telles distances sont divisibles à l'infini.

**zéolite** *nf* MINER Silicate hydraté à cristaux poreux présent dans certaines roches volcaniques et utilisé dans l'industrie comme absorbant, catalyseur, etc. VAR **zéolithe**

**ZEP** *nf* Sigle de *zone d'éducation prioritaire.*

**Zep** **Philippe Chapuis** dit (Genève, 1967), dessinateur et scénariste suisse de bandes dessinées, créateur du personnage de Titeuf.

**zéphyr** *nm* **1** poét Vent tiède et léger. **2** Fine toile de coton. ETY Du gr.

**zéphyrien, enne** *a* litt Léger, doux comme le zéphyr.

**zeppelin** *nm* HIST Grand ballon dirigeable à carcasse métallique, fabriqué par les Allemands, qui emportait des passagers. *Les zeppelins assurèrent la traversée aérienne de l'Atlantique de 1928 à 1937.* PHO [zeplɛ̃] ETY Du n. pr.

**Zeppelin** **Ferdinand (comte von)** (Constance, 1838 – Berlin, 1917), industriel allemand ; constructeur de dirigeables.

**Zeravchan (chaîne du)** chaîne de montagnes du N.-O. du Tadjikistan, où naît le *fleuve Zeravchan* (750 km env.), qui arrose l'Ouzbékistan et se perd dans les sables.

**Zerlina** personnage du *Don Giovanni* de Mozart (1787), jeune et jolie paysanne.

**Zermatt** com. de Suisse (Valais), au pied du Cervin ; 3 550 hab. Tourisme et sports d'hiver (1 620-3 407 m).

**Zermatten** **Maurice** (près de Sion, 1910 – Sion, 2001), écrivain suisse d'expression française, précurseur de l'écologisme : *la Colère de Dieu* (1940), *À l'est du grand couloir* (1983).

**Zermelo** **Ernst** (Berlin, 1871 – Fribourg, 1953), mathématicien allemand, auteur de l'*axiome du choix.*

**Zernike** **Frederik** (Amsterdam, 1888 – Groningue, 1966), physicien néerlandais. Il inventa en 1938 la microscopie par « contraste de phase ». P. Nobel 1953.

**zéro** *nm, a* **A** *nm* **1** Symbole numéral, noté 0, de valeur nulle, mais qui, placé à la droite d'un nombre, le multiplie par 10, dans le système décimal. **2** Nombre entier naturel cardinal de l'ensemble vide. *Dans tout groupe abélien, zéro est l'élément neutre de l'addition* (x + 0 = x). **3** Valeur nulle dans une cotation ; quantité nulle. *Sa fortune est réduite à zéro.* **4** Point à partir duquel on compte, on mesure, on évalue une grandeur. *Altitude zéro.* **5** fig, fam Personne nulle, sans valeur. **B** *a num* Aucun. *Faire zéro faute.* **LOC** fam ***Avoir le moral à zéro :*** avoir très mauvais moral. — ***Degré zéro de qqch :*** son niveau le plus bas. — fam ***Les avoir à zéro :*** avoir très peur. — PHYS ***Zéro absolu :*** valeur la plus basse des températures absolues, égale à –273,15 °C, soit 0 K. — ***Zéro degré Celsius*** *(0 °C)* : origine de l'échelle Celsius des températures, correspondant au point de fusion de la glace sous une pression normale. — ***Zéro pointé :*** note éliminatoire ; blâme très sévère. ETY De l'ar. *sifr,* « vide ».

**Zéro de conduite** moyen métrage de J. Vigo (1933).

**Żeromski** **Stefan** (Strawczyn, 1864 – Varsovie, 1925), écrivain polonais. Romans : *Histoire d'un péché* (1908), *l'Avant-Printemps* (1925).

**Zeroual** **Liamine** (Batna, 1941), général et homme politique algérien. Président de la République (1994-1999).

**zest** *nm* **LOC** vieilli ***Entre le zist et le zest :*** indécis, imprécis, difficile à décrire. ETY Onomat.

**zeste** *nm* **1** Écorce extérieure des agrumes ; morceau de cette écorce. *Vermouth servi avec un zeste de citron.* **2** fig Petite quantité, faible dose. *Un zeste d'alcool. Un zeste d'accent.* ETY Onomat.

**zester** *vt* ① CUIS Peler en séparant le zeste.

**zesteur** *nm* Petit couteau à zester.

**zêta** *nm* Sixième lettre de l'alphabet grec (Ζ, ζ) prononcée [dz].

**zétacisme** *nm* LING Transformation du son [s] en [z].

**zététique** *n* **A** *nf* Méthode philosophique fondée sur le doute et la vérification des informations. **B** *nm pl* Philosophes sceptiques. ETY Du gr. *zététikos,* « qui cherche ».

**Zetkin** **Clara** (Wiederau, Saxe, 1857 – près de Moscou, 1933), révolutionnaire allemande ; cofondatrice du parti communiste allemand (1919).

**Zetland** → **Shetland.**

**zeugma** *nm* RHET Figure consistant à ne pas répéter un mot ou un groupe de mots exprimé dans une proposition immédiatement voisine. *« Un précepte est aride, il le faut embellir ; ennuyeux, l'égayer ; vulgaire, l'ennoblir »* de Delille est un zeugma. ETY Mot gr., « lien ». VAR **zeugme**

**Zeus** dieu suprême de la Grèce antique, fils de Cronos et de Rhéa. Dieu de la pluie, de la foudre (son emblème), il étend son empire sur les dieux de l'Olympe et sur les hommes. Il a pour femme légitime Héra, mais multiplie les unions (parfois sous des formes d'emprunt, humaines ou animales) avec des déesses ou des mortelles. Les Romains l'ont assimilé à Jupiter.

**Zeuxis** (né à Héraclée de Lucanie, seconde moitié du V^e s. av. J.-C.), peintre grec, connu par des écrivains (notam. Pline).

**zeuzère** *nf* Papillon de nuit dont la chenille creuse des galeries dans le tronc des arbres.

**Zévaco** **Michel** (Ajaccio, 1860 – Eaubonne, auj. Val-d'Oise, 1918), auteur français de romans de cape et d'épée : *le Capitan* (1907), *les Pardaillan* (1907), *Buridan* (1911).

**zézayer** *vi* ㉑ Prononcer le son [s] pour [ʃ] et le son [z] pour [ʒ]. SYN fam zozoter. ETY Onomat. DER **zézaiement** *nm*

**Zhangjiakou** (anc. *Kalgan*), v. de Chine (Hebei) ; 1 million d'hab. (aggl.). Textile.

**Zhang Yimou** (Xi'an, Shanxi, 1951), cinéaste chinois, auteur d'*Épouses et concubines* (1991), *Qui Ju, une femme chinoise* (1992).

**Zhao Mengfu** (dans le Zhejiang, 1254 – ?, 1322), peintre chinois (notam. de chevaux).

**Zhao Ziyang** (district de Huaxian, Henan, 1919 – Pékin, 2005), homme politique chinois ; ami de Deng Xiaoping ; Premier ministre (1980-1987) ; secrétaire général du Parti (1987), remplacé par Jiang Zemin (1989).

**Zhejiang** prov. de Chine, sur la mer de Chine orientale ; 101 800 km² ; 40 millions d'hab. ; ch.-l. *Hangzhou.* – Cette région de collines (au S.) et de plaines (au N.), au climat chaud et humide, est vouée à l'agriculture, à l'élevage et à la pêche.

**Zhengzhou** v. de Chine, sur le Huanghe ; 2,6 millions d'hab. (aggl.) ; ch.-l. du Henan.

**Zhou** dynastie royale chinoise qui régna du XI^e s. à 221 av. J.-C. ; les Royaumes combattants lui disputèrent le pouvoir. VAR **Tcheou**

**Zhou Enlai** (Huaiyin, Jiangsu, 1898 – Pékin, 1976), homme politique et général chinois. Après des études achevées au Japon et en Europe, il adhéra au parti communiste. Il organisa l'armée de la première Rép. sov. chinoise (1931), puis participa à la Longue Marche (1934). Premier ministre de 1949 à sa mort, il œuvra en faveur de la solidarité afro-asiatique et amorça la politique de détente avec les États-Unis. VAR **Chou En-lai**

**Zhou Enlai**

**Zhoukoudian** site archéol. au S.-O. de Pékin, où des fouilles (1920 à 1937) ont livré les restes d'*Homo erectus pekinensis* (sinanthrope), qui vécut il y a 250 000 ou 500 000 ans. VAR **Chou-kou-tien**

**Zhuangzi** (IV^e-III^e s. av. J.-C.), philosophe taoïste chinois. Son livre, le *Zhuangzi*, atteint la perfection littéraire. VAR **Tchouang-tseu**

**Zhu Da** → **Bada Shanren.**

**Zhu De** (Manshang, Sichuan, 1886 – Pékin, 1976), homme politique et maréchal chinois (1955). Il contribua à organiser l'armée communiste, qu'il commanda de 1931 à 1954. La révolution culturelle le persécuta. VAR **Chou Teh**

**Zeus** brandissant le foudre (détail du décor peint d'un lécythe), époque classique – cabinet des Médailles, BN

**Zhu Xi** (1130 – 1200), philosophe confucéen chinois. Il oppose le *Li* (principe positif incorporel) et le *Qi* (principe négatif corporel). VAR **Tchou Hi**

**ZI** *nf* Sigle de *zone industrielle.*

**Zia ul-Haq** Mohammad (Jullundur, 1924 – dans un accident d'avion, 1988), général et homme politique pakistanais. Il renversa Ali Bhutto et fut président de la Rép. de 1978 à sa mort. Il islamisa l'État (référendum de 1984).

**Ziban** (monts des) → **Zab (monts du).**

**zibeline** *nf* Mammifère carnivore, mustélidé forestier de Sibérie et du Japon, au pelage noir ou brun très estimé ; fourrure de cet animal. ETY D'un mot slave.

zibeline

**Zibo** v. minière et industr. de Chine (prov. de Shandong) ; 4,1 millions d'hab. (aggl.).

**Zidane** Zinedine (Marseille, 1972), footballeur français. Champion du monde avec l'équipe de France en 1998.

Zinedine Zidane

**zidovudine** *nf* Autre nom de l'*AZT*.

**Ziegfeld Follies** comédie musicale de V. Minnelli (1946), avec F. Astaire, G. Kelly, Esther Williams (née en 1921), Judy Garland (1922 – 1969).

**Ziegler** Karl (Helsa, près de Kassel, 1898 – Mülheim an der Ruhr, 1973), chimiste allemand : travaux sur les polymères. P. Nobel 1963 avec G. Natta.

**Zielona Góra** (en all. *Grünberg*), v. de Pologne (Silésie) ; 119 000 hab. ; ch.-l. de la voïévodie du m. nom.

**zieuter** *vi, vt* 1 fam Regarder. VAR **zyeuter**

**zievereir** *n* Belgique, fam Bavard impénitent. PHO [zivœʀɛʀ] ETY Mot néerl.

**ZIF** *nf* Sigle de *zone d'intervention foncière.*

**zig** *nm* fam Individu, type. VAR **zigue**

**Zig et Puce** héros d'une bande dessinée créée en 1925 par Alain Saint-Ogan ; 16 albums de 1927 à 1952.

**ziggourat** *nf* ARCHEOL Tour à étages élevée en Mésopotamie en hommage à une divinité. PHO [ziguʀat] ETY D'un mot assyrien.

**zigoto** *nm* fam Individu. LOC *Faire le zigoto* : faire le malin. VAR **zigoteau** ou **zigomar**

**zigouiller** *vt* 1 fam Tuer.

**zigue** → **zig.**

**Ziguinchor** v. et port du Sénégal, sur l'estuaire de la Casamance ; 153 300 hab. ; ch.-l. de la région du m. nom.

**zigzag** *nm* **1** Suite de lignes formant entre elles des angles alternativement saillants et rentrants ; ligne brisée. *Chemin en zigzag.* **2** fig Évolution tortueuse de qqn, d'une situation.

**zigzaguer** *vi* 1 Décrire des zigzags. *La route zigzague.* DER **zigzagant, ante** *a*

**Žilina** ville-musée du N.-O. de la Slovaquie ; 85 000 hab.

**Zimbabwe** site archéologique du Zimbabwe, non loin de Fort Victoria, considéré comme une des capitales du Monomotapa. Cette « ville morte » (IX$^e$-XV$^e$ s.) comprend plusieurs groupes d'édifices en pierres sèches. La plus belle construction (vraisemblablement un temple) est un vaste enclos elliptique renfermant une tour conique. VAR **Le Grand Zimbabwe**

**Zimbabwe** (république du) État de l'Afrique australe, limitrophe de la Zambie, du Mozambique, de l'Afrique du Sud et du Botswana ; 389 360 km$^2$ ; 13 millions d'hab. ; accroissement naturel 1,4 % par an ; cap. *Harare*. Nature de l'État : rép. parlementaire. Princ. ethnies : Shonas (71 %) et Ndébélés (16 %). Langues : anglais (langue off.), shona. Monnaie : dollar du Zimbabwe. Relig. : christianisme (43 %), relig. traditionnelles (41 %). DER **zimbabwéen, enne** *a, n*

**Géographie** Ensemble de plateaux cristallins relevés à l'E., le Zimbabwe a un climat tropical qui produit une forêt claire et une savane boisée. La population est rurale à 63 % ; l'exode vers les villes s'accentue. 4 500 fermiers blancs (les Blancs sont en tout 200 000) cultivent 10 millions d'ha de bonnes terres et exportent tabac, coton, maïs et sucre. 2 500 000 fermiers noirs pratiquent des cultures vivrières sur 20 millions d'ha de mauvaises terres. La sècheresse sévit depuis 1995. Le pays a des ressources hydroélectriques (barrage de Kariba, partagé avec la Zambie) et industrielles (régions d'Harare et de Kwekwe, au centre du pays). Il exporte ses richesses : or, amiante, nickel. L'Afrique du S. reste son partenaire économique, devant la G.-B. La mauvaise gestion est responsable de la banqueroute.

**Histoire** Très tôt, de vastes royaumes naquirent dans la région. Le Grand Zimbabwe est le plus célèbre et le plus mal connu. Le royaume du Monomotapa remonte peut-être au XII$^e$ siècle. Au XV$^e$ siècle, il dominait bon nombre de chefferies et occupait un vaste territoire. Le commerce de l'or avec la côte permit au royaume de se connecter aux réseaux marchands de l'océan Indien. Les Portugais, au XVII$^e$ siècle, contraignirent le roi à leur céder le produit de ses mines. Au XIX$^e$ siècle, les Ngonis, chassés par les Zoulous d'Afrique du Sud, ravagèrent le pays. Dans les années 1830, les Ndébélés, apparentés aux Zoulous, envahirent le S. En 1889, une charte royale créa la *British South Africa Company* (BSAC), dirigée par Cecil Rhodes, qui venait de duper le roi des Ndébélés, Lobengula. Celui-ci se rebella et fut tué en 1894. Les exactions de la BSAC soulevèrent en 1896 une grande révolte populaire, impitoyablement réprimée. Après la mort de Cecil Rhodes en 1902, les relations se détériorèrent entre la BSAC et les nombr. colons, venus notam. d'Afrique du Sud.

LA RHODÉSIE DU SUD BRITANNIQUE En 1923, la BSAC

renonça à sa concession. La Rhodésie devint une colonie britannique, sous le nom de Rhodésie du Sud, par opposition à la Rhodésie du Nord (la Zambie actuelle). Des lois (1930, 1941 et 1969) « parquèrent » les Noirs dans les zones les plus pauvres ; aussi cherchaient-ils un salaire dans les mines et les plantations. Toutes les villes se trouvaient dans des zones « blanches ». En 1953, la G.-B. réunit les deux Rhodésies et le Nyassaland (le Malawi actuel) dans une fédération d'Afrique centrale. En 1964, le Malawi et la Zambie devinrent indép. En nov. 1965, Ian Smith, Premier ministre, proclama unilatéralement l'indépendance de la Rhodésie (autref. du Sud), que la G.-B. refusa de reconnaître, condamnant la ségrégation. L'ONU décida un embargo économique. La république fut proclamée en mars 1970. La rébellion s'organisa. Le référendum de 1979 aboutit à un gouv. présidé par Mgr Muzorewa, un nationaliste modéré.

**LE ZIMBABWE INDÉPENDANT** En 1980, les leaders radicaux Robert Mugabe et Joshua Nkomo remportèrent les élections et proclamèrent l'indépendance du Zimbabwe. Puis Nkomo et les Matabélés s'opposèrent à Mugabe. Celui-ci remporta les élections de 1985 (90 % des voix) et de 1990 (78 %). Il a alors opté pour une politique libérale et démocratique. En 1992, il a édicté une réforme agraire dont l'application s'est révélée difficile. En 1995, il a à nouveau remporté les élections législatives et, en 1996, il a été réélu président (seul candidat, 92,7 % des voix). De 1998 à 2000, le Zimbabwe a soutenu, à grands frais, Kabila contre l'Ouganda et le Rwanda. En 2002 et en 2005, Mugabe est réélu au terme de processus électoraux violents et contestés. La radicalisation de la réforme agraire qui chasse les fermiers blancs de leurs terres a provoqué une chute brutale de la prod. et la ruine de l'écon. : la moitié de la pop. est touchée par la disette. Le Zimbabwe a été exclu du Commonwealth. En 2008, l'opposition remporte les élections législatives et arrive en tête au premier tour des présidentielles. Mugabe exerce une pression violente sur son rival Morgan Tsvangirai et l'opposition finit par boycotter le deuxième tour, ce qui assure la victoire à Mugabe. Après plusieurs mois de crise, Mugabe et M. Tsvangirai acceptent de partager le pouvoir et ce dernier devient Premier ministre, mais la situation reste très tendue. Mugabe est réélu en 2013.

**Zimmermann** Dominikus (Gaispoint bei Wessobrunn, 1685 – Wies, 1766), architecte allemand ; représentant du baroque bavarois.

**Zimmermann** Bernd Alois (Bliesheim, près de Cologne, 1918 – Königsdorf, 1970), compositeur allemand, influencé par A. Berg : *les Soldats* (opéra, d'après Lenz, 1965).

**zinc** *nm* **1** Élément métallique de numéro atomique Z = 30 et de masse atomique 65,38 (symbole Zn). **2** Métal (Zn) de densité 7,14, qui fond à 419,6 °C. **3** fam Comptoir d'un café, d'un bar. *Boire un coup sur le zinc.* **4** fam Petit café, bistro. **5** fam Avion. ETY De l'all.

**zincage → zinguer.**

**zincate** *nm* CHIM Composé contenant l'ion $ZnO_2$.

**zincifère** *a* Qui contient du zinc.

**zincographie** *nf* TECH Procédé de gravure, d'impression analogue à celui de la lithographie, utilisant des plaques de zinc.

**zinfandel** *nm* Cépage rouge, surtout utilisé en Californie. PHO [zinfɑ̃dɛl]

**zingaro** *nm* vx Bohémien, tsigane. PLUR zingaros ou zingari. PHO [dzingaʀo] ETY Mot ital.

**zingibéracée** *nf* BOT Plante monocotylédone des régions tropicales, telle que le curcuma, le gingembre, etc. ETY Du lat. *zingiber*, « gingembre ».

**zinguer** *vt* 1 **1** CONSTR Revêtir de zinc. *Zinguer un pignon.* **2** TECH Recouvrir une surface métallique d'une couche protectrice de zinc. DER **zingage** ou **zincage** *nm*

**zingueur** *nm* TECH, CONSTR Ouvrier spécialisé dans les travaux de couverture en zinc.

**zinjanthrope** *nm* PREHIST Australopithèque découvert en 1959 dans les gorges d'Olduvai, en Tanzanie, par L. S. B. Leakey.

**Zinnemann** Fred (Vienne, 1907 – Londres, 1997), cinéaste américain d'origine autrichienne : *Le train sifflera trois fois* (1952), *Tant qu'il y aura des hommes* (1953).

**zinnia** *nm* Plante herbacée annuelle originaire du Mexique (composée), aux nombreuses variétés ornementales. ETY D'un n. pr.

**Zinoviev** Grigori Ievseïevitch Radomylski, dit (Ielisavetgrad, auj. Kirovograd, 1883 – ?, 1936), homme politique soviétique. Bolchevik (1903), président du Komintern (1919-1927), il se prononça pour (1924) puis contre (1926) Staline, fut exclu du PC (1927), réintégré, condamné en 1936 et exécuté.

**Zinoviev** Aleksandr Aleksandrovitch (Pakhtino, près de Kostroma, 1922 – Moscou, 2006), essayiste russe, analyste du totalitarisme : *Homo sovieticus* (1983).

**Zinzendorf** Nikolaus Ludwig (comte von) (Dresde, 1700 – Herrnhut, 1760), chef spirituel de la communauté de Herrnhut (Saxe), qui restaura l'Église des Frères moraves.

**1 zinzin** *a, nm* fam **A** *a inv* Bizarre, un peu fou. **B** *nm* Objet, dispositif quelconque. *À quoi ça sert, ces zinzins ?* ETY Onomat.

**2 zinzin** *nm* fam Investisseur institutionnel.

**zinzinuler** *vi* 1 Chanter, en parlant de la mésange, de la fauvette. ETY Du lat.

**zinzolin** *nm* vx, litt Couleur rouge violacé, tirée de la semence de sésame. ETY De l'ar.

**zip** *nm* Fermeture à glissière. ETY Nom déposé.

**zippé, ée** *a* Fermé par un zip. *Robe zippée sur le devant.*

**zippo** *nm* Briquet à mèche et à essence, de forme rectangulaire. ETY Nom déposé.

**zircon** *nm* MINER Silicate naturel de zirconium ($ZrSiO_4$), très dur, employé en joaillerie.

**zircone** *nf* CHIM Dioxyde de zirconium ($ZrO_2$) utilisé comme matière réfractaire et comme pigment blanc dans la fabrication des émaux.

**zirconium** *nm* CHIM **1** Élément métallique de numéro atomique Z = 40 et de masse atomique 91,22 (symbole Zr). **2** Métal (Zr) qui fond à 1 850 °C et présente de nombreuses analogies avec le titane. PHO [ziʀkɔnjɔm]

**Zirides** dynastie berbère de la fin du X^e s. fondée par Yusuf Bulukkin ibn Ziri et qui régna sur la Tunisie et l'E. de l'Algérie (cap. *Kairouan*) jusqu'au milieu du XII^e s. Rejetant l'autorité des Fatimides, les Zirides subirent l'invasion des Hilaliens v. 1050. DER **ziride** *a*

**zist → zest.**

**Zita de Bourbon-Parme** (près de Viareggio, 1892 – cant. des Grisons, 1989), impératrice d'Autriche (1916-1918), par son mariage avec Charles I^er (1911).

deux variétés de **zinnia** élégant

**Živkov** Todor (Pravec, près de Sofia, 1911 – Sofia, 1998), homme politique bulgare. Premier secrétaire du parti communiste de 1954 à 1989, il gouverna le pays jusqu'à sa démission (1989). VAR **Jivkov**

**zizanie** *nf* **1** Discorde, désunion. *Semer la zizanie.* **2** BOT Herbacée (graminée) proche du riz, dont certaines espèces sont cultivées en Asie et en Amérique. SYN riz sauvage. ETY Du gr.

**1 zizi** *nm* Bruant d'Europe, au plumage noir et jaune. ETY Onomat.

**2 zizi** *nm* fam Pénis.

**Žižka** Jan (Trocnov, Bohême, v. 1360 ou 1370 – près de Přibyslav, 1424), patriote tchèque. Chef des hussites (1415), il suscita la révolte de Prague de 1419.

**Zlatooust** v. industr. de Russie, dans l'Oural ; 172 400 hab. VAR **Zlatoust**

**Zlín** (*Gottwaldov* de 1948 à 1990), v. de la Rép. tchèque (Moravie) ; 84 300 hab. Industrie de la chaussure (Bata).

**zloty** *nm* Unité monétaire de la Pologne.

**Zn** CHIM Symbole du zinc.

**ZNIEFF** *nf* Sigle de *zone naturelle d'intérêt écologique, floristique et faunistique.*

**zo(o)-, -zoaire, -zoïque** Éléments, du gr. *zôon*, « être vivant, animal ».

**zoanthaire** *nm* ZOOL Hexacoralliaire colonial dépourvu de squelette.

**zoanthropie** *nf* Affection mentale dans laquelle le sujet se croit changé en animal.

**zodiac** *nm* Canot pneumatique. ETY Nom déposé.

**zodiaque** *nm* ASTRO Bande de la sphère céleste à l'intérieur de laquelle s'effectuent les mouvements apparents du Soleil, de la Lune et des planètes. LOC ASTRO ***Signes du zodiaque*** : les douze parties du zodiaque que sont le Bélier, le Taureau, les Gémeaux, le Cancer, le Lion, la Vierge, la Balance, le Scorpion, le Sagittaire, le Capricorne, le Verseau, les Poissons. ETY Du gr. *zôdiakos.* DER **zodiacal, ale, aux** *a*

ENC Le zodiaque est partagé en douze parties égales, de 30° chacune, appelées *signes*, les dates correspondantes pouvant varier légèrement selon l'année. Le début du premier signe correspond au point gamma (ou point vernal), c.-à-d. à la position du Soleil sur l'écliptique à l'équinoxe de printemps. On a donné à chacun des signes les noms des constellations qui s'y trouvaient autrefois : Bélier, Taureau, Gémeaux, Cancer, Lion, Vierge, Balance, Scorpion, Sagittaire, Capricorne, Verseau et Poissons. Mais la précession des équinoxes a modifié la position de ces constellations dans le ciel ; ainsi la constellation du Cancer se trouve auj. dans le signe du Lion.

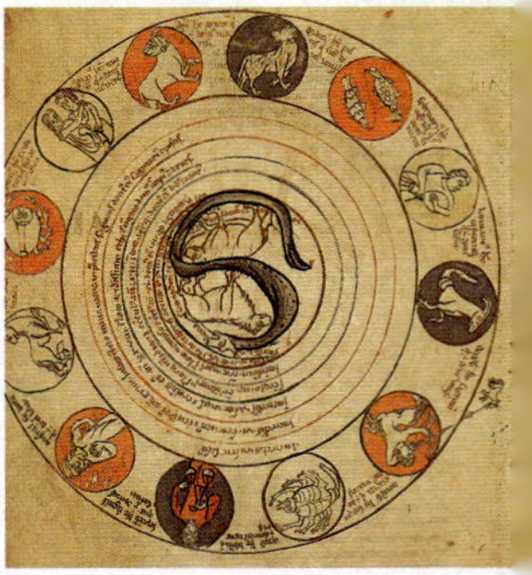

représentation des signes du **zodiaque**, illustration d'un traité d'astrologie, manuscri[t] du XIII^e s. – bibliothèque Marciana, Venise

**zoé** *nf* ZOOL Forme larvaire de certains crusta[cés] cés décapodes, en particulier des crabes.

**zoécie** *nf* ZOOL Loge contenant un individu, dans une colonie d'ectoproctes.

**Zoé Porphyrogénète** (?, v. 980 – ?, 1050), impératrice byzantine, épouse successive de Romain III (qu'elle fit assassiner), de Michel IV et de Constantin IX.

**Zog Ier Ahmed Zogu** ou **Zogou** (Burgajet, 1895 – Suresnes, 1961), roi d'Albanie. Premier ministre (1922), président de la Rép. (1924), roi en 1928, il s'exila après l'invasion italienne (1939).

**Zohar** (le « livre des Splendeurs »), l'un des plus grand livres de la Kabbale juive, écrit en araméen à la fin du XIIIe s. (peut-être par Moïse de León, pour la plus grande partie).

**zoïle** *nm* litt Critique jaloux.

**Zoïle** (en gr. *Zôilos*) (IVe s. av. J.-C.), sophiste grec, sévère critique d'Homère.

**Zola Émile** (Paris, 1840 – id., 1902), romancier français. Né d'un père d'origine italienne et d'une mère française, il passa sa jeunesse à Aix-en-Provence, puis à Paris et, de 1862 à 1866, fut employé à la librairie Hachette. En 1867, *Thérèse Raquin*, roman, a pour préface le manifeste du naturalisme. Enquêtant sur le terrain et s'appuyant sur les lois de l'hérédité, il conçoit en 1869 la série des *Rougon-Macquart, histoire naturelle et sociale d'une famille sous le Second Empire*. Citons, parmi 20 romans : *la Fortune des Rougon* (1871), *la Faute de l'abbé Mouret* (1875), *l'Assommoir* (1877), *Nana* (1880), *Pot-Bouille* (1882), *Au bonheur des dames* (1883), *Germinal* (1885), *l'Œuvre* (1886), *la Terre* (1887), *la Bête humaine* (1890), *la Débâcle* (1892), *le Docteur Pascal* (1893). Il écrivit ensuite *Trois Villes* (*Lourdes, Rome, Paris* : 1894-1897) et *les Quatre Évangiles* (1899-1903, inachevé). Zola fut vilipendé par les nationalistes lorsqu'il dénonça les irrégularités du procès de Dreyfus (*J'accuse*, article publié dans *l'Aurore* du 13 janv. 1898). Condamné (prison et forte amende), il se réfugia en Angleterre (1898-1899). Il mourut asphyxié par un poêle. DER **zolien, enne** *a*

Émile Zola

Stefan Zweig

**Zöllner Friedrich** (Berlin, 1834 – Leipzig, 1882), astronome allemand ; auteur du premier catalogue de photométrie des étoiles.

**Zollverein (Deutscher)** association douanière des États de la Confédération germanique (1834). Elle développa l'économie, ainsi que l'influence prussienne, en Allemagne.

**Zomba** v. du Malawi, dans le S. du pays ; 90 000 hab. – Cap. du Malawi jusqu'en 1975.

**zombie** *nm* **1** Revenant, selon certaines croyances vaudoues des Antilles. **2** fam Personne molle, apathique, sans volonté. **3** INFORM Ordinateur infecté par un virus et utilisé par une tierce personne à l'insu de son propriétaire pour des actes malveillants. ETY Mot créole. VAR **zombi** DER **zombiesque** *a*

**zona** *nm* MED Affection due à un virus identique à celui de la varicelle, se traduisant par une éruption de vésicules cutanées sur le trajet d'un nerf. ETY Mot lat., « ceinture ».

**zonage** *nm* URBAN Organisation d'un plan d'urbanisme en zones d'habitation, d'activités industrielles, etc., pour lesquelles la nature et les conditions de l'utilisation du sol sont réglementées. SYN zoning.

**zonal, ale** *a* didac Relatif à une zone du globe terrestre. PLUR zonaux. DER **zonalité** *nf*

**zonard, arde** *n, a* fam **1** Qui habite la zone, les quartiers pauvres. **2** péjor Jeune marginal, jeune délinquant, clochard.

**zonation** *nf* GEOGR Découpage du globe terrestre en zones thermiques, climatiques, etc.

**zone** *nf* **1** Étendue déterminée de terrain, portion de territoire. *Zone interdite. Zone militaire.* **2** URBAN Ensemble de terrains à utilisation spécifique et réglementée. *Zone à aménagement différé (ZAD). La zone à urbaniser en priorité (ZUP) a été supplantée en 1975 par la zone d'aménagement concerté (ZAC).* **3** fig Domaine, région. *Les zones d'activité.* **4** GEOM Surface délimitée sur une sphère par deux plans parallèles coupant cette sphère. **5** GEOGR Chacune des grandes divisions du globe terrestre déterminées par les cercles polaires et les tropiques et caractérisées par un climat particulier. *Les zones polaires, les zones tempérées, la zone tropicale.* LOC ***De seconde zone*** : de qualité inférieure, médiocre. — ***La zone*** : les faubourgs qui s'étendaient au-delà des anciennes fortifications de Paris ; quartiers misérables à la périphérie d'une ville. — ***Zone d'éducation prioritaire (ZEP)*** : quartier ou région rurale défavorisés, où l'État accorde des moyens supplémentaires pour renforcer l'action éducative. — ***Zone d'influence*** : où s'exerce l'influence politique d'un État. — ***Zone d'intervention foncière (ZIF)*** : créée autour d'une commune et dans laquelle celle-ci peut intervenir pour acquérir les sols. — ***Zone douanière*** : soumise aux droits de douane, par oppos. à *zone franche*, où ces droits sont réduits pour certaines denrées. — ***Zone industrielle (ZI)*** : spécialement aménagée pour recevoir des établissements industriels. — ***Zone monétaire*** : ensemble de pays définissant leur monnaie par rapport à celle d'un pays central. — ***Zone urbaine sensible (ZUS)*** : quartier périurbain dégradé et marqué par un fort déséquilibre entre habitat et emploi. ETY Du gr. *zônê*, « ceinture ».

**zoné, ée** *a* didac Qui présente des zones, des bandes transversales, des cercles concentriques.

**zoner** *v* ① **A** *vt* URBAN Effectuer le zonage de. **B** *vi* fam Mener une vie de zonard, vivre au jour le jour.

**Zonguldak** v. de Turquie, sur la mer Noire ; 100 000 hab. ; ch.-l. de l'il du m. nom.

**zonier, ère** *n* **1** Personne qui habitait la zone autour de Paris. **2** Habitant d'une zone frontière.

**zoning** *nm* **1** Synonyme de *zonage*. **2** Belgique Zone industrielle.

**zonure** *nm* ZOOL Reptile saurien d'Afrique australe et orientale au corps couvert d'écailles rectangulaires, parfois épineuses, disposées sur une base osseuse. ETY Du gr. *zônê*, « ceinture », et *oura*, « queue ».

**zoo** *nm* Parc, jardin zoologique. *Le zoo de Vincennes.* PHO [zo(o)] ETY Abrév. de *(jardin) zoologique*.

**zoochore** *a* BOT Se dit des végétaux dont les semences sont disséminées par les animaux. PHO [zɔɔkɔʀ] DER **zoochorie** *nf*

**zooflagellé** *nm* ZOOL Protozoaire rhizoflagellé, muni de flagelles pendant sa période végétative, menant une existence symbiotique ou parasite. PHO [zɔɔflaʒɛlle]

**zoogamète** *nm* BIOL Gamète mobile muni d'un ou de plusieurs flagelles.

**zoogène** *a* didac Qui est d'origine animale.

**zoogéographie** *nf* didac Étude de la répartition des espèces animales à la surface de la Terre. DER **zoogéographique** *a*

**zooglée** *nf* BIOL Amas de bactéries agglutinées à la surface d'un liquide, dont les cellules s'entourent d'une substance gélatineuse.

**zoographe** *n* anc Auteur de descriptions d'animaux.

**zoolâtrie** *nf* didac Adoration de certains animaux divinisés. DER **zoolâtre** *a, n*

**zoologie** *nf* Science qui étudie les animaux. DER **zoologiste** ou **zoologue** *n*

ENC Les animaux se subdivisent en protozoaires et métazoaires. Parmi les grands embranchements de métazoaires, on distingue : les spongiaires ; les cnidaires ; les plathelminthes ; les némathelminthes ; les mollusques ; les annélides ; les pararthropodes ; les arthropodes ; les échinodermes ; les cordés. Le principal des sous-embranchements de cordés, les vertébrés, comprend les classes suivantes : agnathes, poissons cartilagineux, poissons osseux, amphibiens, reptiles, oiseaux, mammifères. La classe des reptiles est extrêmement hétéroclite ; certains reptiles ont donné naissance aux oiseaux et d'autres aux mammifères. L'inventaire de la faune de la planète est loin d'être terminé, surtout en ce qui concerne les insectes. Plusieurs animaux de grande taille ont encore été découverts au XXe s., notam. dans la grande forêt d'Afrique tropicale (okapi, hippopotame nain, paon congolais, etc.), en Asie (varan de Komodo, kouprey, saola), en Amérique du Sud (divers mammifères et oiseaux), dans l'océan Indien (cœlacanthe).

**zoologique** *a* Relatif à la zoologie, aux animaux. LOC ***Parc, jardin zoologique*** : où sont montrés des animaux.

**zoom** *nm* **1** Effet d'éloignement ou de rapprochement obtenu en faisant varier la distance focale de l'objectif d'une caméra pendant la prise de vue. **2** Objectif à distance focale variable d'un appareil de prise de vue. LOC ***Zoom numérique*** : dispositif d'un appareil photo numérique servant, une fois la photo prise, à visualiser de plus près un sujet. PHO [zum] ETY Mot angl.

**zoomer** *vi* ① **1** Filmer ou photographier en utilisant un zoom. **2** Agrandir une partie d'un document multimédia pour la consultation.

**zoomorphe** *a* didac Qui représente un animal. VAR **zoomorphique**

**zoomorphisme** *nm* didac Utilisation des formes animales dans la représentation humaine.

**zoonose** *nf* MED Maladie des animaux vertébrés transmissible à l'homme. DER **zoonosique** *a*

**zoophage** *a, nm* Qui se nourrit de proies animales, par oppos. à *phytophage*.

**zoophilie** *nf* PSYCHIAT Perversion poussant à avoir des rapports sexuels avec des animaux. DER **zoophile** *n, a* – **zoophilique** *a*

**zoophobie** *nf* Phobie des animaux. DER **zoophobe** *n, a* – **zoophobique** *a*

**zoophyte** *nm* ZOOL Syn. de *phytozoaire*.

**zooplancton** *nm* Plancton animal, par opps. à *phytoplancton*. DER **zooplanctonique** *a*

**zoopsie** *nf* PSYCHIAT Vision hallucinatoire d'animaux.

**zoopsychologie** *nf* Étude de la psychologie des animaux.

**zoosanitaire** *a* ELEV Qui concerne la santé des animaux.

**zoospore** *nf* BOT Spore mobile se déplaçant grâce à des flagelles ou en émettant des pseudopodes.

**zootechnie** *nf* didac Étude scientifique des animaux domestiques, de leurs mœurs, de leur reproduction, ainsi que des conditions d'élevage. PHO [zɔɔtɛkni] DER **zootechnicien, enne** *n* – **zootechnique** *a*

**zoothèque** *nf* Collection d'animaux naturalisés destinés à la présentation au public.

**zoreille** *n* Nouvelle-Calédonie, Réunion, fam Habitant né en France.

**zori** *nm* Tong japonaise surélevée.

**zorille** *nf* ZOOL Mammifère carnivore africain (mustélidé), proche des moufettes, à fourrure noire marquée de bandes longitudinales blanches sur le dos.

**Zorn (axiome de)** *nm* Axiome selon lequel tout ensemble inductif admet un élément maximal.

**Zorn** Fritz Angst, dit Fritz (Meilen, cant. de Zurich, 1944 – ?, 1976), écrivain suisse d'expression allemande. Son récit posth. *Mars* (1977) est une analyse sociale du cancer dont il mourut.

**Zoroastre** (forme grecque de *Zarathoustra*) (VIIIe ou VIIe s. av. J.-C.), réformateur de la religion iranienne antique, dont le livre sacré est l'*Avesta*. On nomme *Gâtha* l'ensemble des textes attribués à Zoroastre, donc postérieurs à cette réforme. Sa vie est en grande partie légendaire. Selon lui, Ahura Mazdâ, le dieu du Bien, s'oppose à Ahriman, le dieu du Mal. L'homme doit renforcer la puissance du Bien pour que diminue celle du Mal. – Nietzsche a fait de Zoroastre (orthographié Zarathoustra) le porte-parole de ses idées sur le « surhomme » (*Ainsi parlait Zarathoustra*).

**zoroastrisme** *nm* RELIG Doctrine de Zoroastre, professée, de nos jours, par les parsis. DER **zoroastrien, enne** *a, n*

**Zorobabel** prince de Juda (de la maison de David). Au retour de la captivité de Babylone (537 av. J.-C.), il entreprit de rebâtir le Temple.

**Zorrilla y Moral** José (Valladolid, 1817 – Madrid, 1893), écrivain romantique espagnol : *les Chants du troubadour* (recueil de poèmes, 1841), *Don Juan Tenorio* (drame, 1844).

**Zorro** (en esp. « renard »), héros du roman de l'Américain Johnston McCulley *The Curse of Capistrano* (1919), vengeur masqué. ▷ CINE Plus. films, notam. : *le Signe de Zorro*, de l'Américain Fred Niblo (1874 – 1948), en 1920, avec D. Fairbanks ; *le Signe de Zorro*, de Rouben Mamoulian, en 1941, avec Tyrone Power.

**Zosime (saint)** (m. à Rome en 418), pape de 417 à 418. Après l'avoir absous, il confirma la condamnation de Pélage.

**zostère** *nf* Plante monocotylédone herbacée marine formant des herbiers immergés le long des côtes. ETY Du gr. *zôstêr*, « ceinture ».

**zostérien, enne** *a* MED Relatif au zona, causé par le zona.

**zosterops** *mm* Oiseau passériforme insectivore dont l'œil est entouré d'un anneau de plumes blanches. SYN oiseau-lunettes.

**zouave** *nm* anc Soldat d'un corps d'infanterie coloniale créé en Algérie en 1830. LOC fam *Faire le zouave* : faire l'idiot. ETY Du n. d'une tribu kabyle.

**Zouérate** v. de Mauritanie, à la frontière E. du Sahara occidental ; 50 000 hab. Mines de fer. VAR **Zoueirat**

**Zoug** (en all. *Zug*), com. de Suisse, ch.-l. du cant. du m. nom, sur la rive N.-E. du *lac de Zoug* (38 km$^2$) ; 26 300 hab. – Maisons anc. – Fief des Habsbourg (1261), le *canton de Zoug* (239 km$^2$ ; 118 000 hab., en majorité cathol.) est entré dans la Confédération en 1352.

**zouglou** *nm* Musique populaire et danse de Côte d'Ivoire.

**zouk** *nm* Musique et danse des Antilles, très rythmée.

**zoulou** *nm* Langue bantoue parlée en Afrique australe.

**Zoulous** peuple d'Afrique du Sud (12 millions de personnes) qui constitue notam. la

Francisco de Zurbarán *la Vierge enfant*, XVIIe s. – Museum of Modern Art, New York

plus grande partie de la pop. du KwaZulu-Natal (6 millions de personnes). Ils parlent une langue bantoue du groupe ngoni. Dans l'Afrique du Sud de l'apartheid, le KwaZulu était, au sein du Natal, un bantoustan (1959-1994) qui ne comprenait pas les agglomérations « blanches ». DER **zoulou, oue** *a*

**Histoire** Au cours du XVIIIe s. une confédération de tribus ngonis se forma dans le nord du KwaZulu-Natal actuel. Dans les années 1812-1818, le Zoulou Chaka en prit la tête et soumit ou chassa les populations non zouloues. En 1828, son demi-frère Dingaan l'assassina et affronta courageusement les Boers, qui en 1838 l'écrasèrent à Blood River. Dingaan fut assassiné dans le Swaziland actuel. Son successeur, Cetewayo, fut capturé par les Anglais en 1879. – À partir de 1985, le parti nationaliste zoulou de M. Buthelezi, l'Inkatha Freedom Party, s'opposa à l'ANC. Le calme revint dès les prem. élections multiraciales (1994), mais le nationalisme zoulou demeure vivace.

**zozo** *nm* fam Niais, naïf.

**zozoter** *vi* 1 fam Zézayer. ETY Onomat. DER **zozotement** *nm*

**Zr** CHIM Symbole du zirconium.

**Zrenjanin** (anc. *Veliki Bečkerek*), v. de Serbie ; 75 700 hab. Raff. de pétrole.

**Zsigmondy** Richard (Vienne, 1865 – Göttingen, 1929), chimiste autrichien : travaux sur les colloïdes. Il inventa l'ultramicroscope (1903). P. Nobel de chimie 1925.

**Zuccaro** Taddeo (Sant'Angelo in Vado, 1529 – Rome, 1566), peintre italien ; auteur de nombr. fresques à Rome. VAR **Zuccari** — **Federico** (Sant'Angelo in Vado, v. 1540 – Ancône, 1609), peintre, frère et collab. du préc., acheva des fresques de Michel-Ange à Florence et à Rome.

**Zuckmayer** Carl (Nackenheim, Rhénanie, 1896 – Visp, Valais, 1977), écrivain suisse d'origine allemande : *le Capitaine de Köpenick* (1931), *le Général du diable* (1945).

**Zug** → **Zoug.**

**Zugspitze** point culminant (2 963 m) des Alpes allemandes (Wettersteingebirge), à la frontière austro-allemande.

**Zuiderzee** → **Zuyderzee.**

**Zulawski** Andrzej (Lvov, auj. Lviv, Ukraine, 1940 – Varsovie, 2016), cinéaste polonais. Il tourna en France *L'important, c'est d'aimer* (1974), *Possession* (1981), *la Note bleue* (1991), *Chamanka* (1997).

**Zulia** État du N.-O. du Venezuela ; 63 100 km$^2$ ; 4 023 000 hab. ; cap. *Maracaibo*. Canne à sucre, café ; pétrole.

**Zuloaga y Zabaleta** Ignacio (Éibar, 1870 – Madrid, 1945), peintre espagnol ; portraitiste et paysagiste.

**Zuma** Jacob (Nkandla, Natal, 1942), homme politique sud-africain (ANC). Il est élu président de la République en 2009, réélu en 2014.

**zumba** *nf* Danse pratiquée sur de la musique latino-américaine lors de séances de fitness. PHO [zumba] ETY Marque déposée.

**Zumthor** Peter (Bâle, 1943), architecte suisse : bains thermaux de Vals. Il obtient le prix Pritzker en 2009.

**Zuñis** Indiens Pueblos, établis dans l'Arizona. DER **zuni, ie** *a*

**ZUP** *nf* Sigle pour *zone à urbaniser par priorité*, grand ensemble de banlieue. DER **zupien, enne** *a, n*

**Zurawno** v. d'Ukraine, au S. de Lvov. – Jean III Sobieski y repoussa les Turcs (1676).

**Zurbarán** Francisco de (Fuente de Cantos, Badajoz, 1598 – Madrid, v. 1664), peintre espagnol. Influencé par le Caravage, il décora de nombr. couvents.

**Zur Hausen** Harald (Gelsenkirchen, 1936), biologiste allemand (travaux sur les papillomavirus). Prix Nobel de médecine 2008.

**Zurich** (en all. *Zürich*), v. de Suisse, ch.-l. du cant. du m. nom, sur la Limmat, rivière issue du *lac de Zurich* (90 km$^2$) ; 1,2 million d'hab. (aggl.). Princ. centre financier et économique de Suisse, ville industrielle en plein essor. – Université. Polytechnicum. Musées. Cath. XIIe-XIIIe s. – Victoire du Franç. Masséna sur les Autrichiens et sur les Russes (1799). – *Paix de Zurich* : accords signés en 1859 entre la France et le Piémont-Sardaigne, victorieux, et l'Autriche. – Le *canton de Zurich* (1 729 km$^2$ ; 1 425 000 hab.) adhéra en 1351 à la Confédération helvétique. Zwingli y prêcha la Réforme dès 1523. DER **zurichois, oise** *a, n*

Zurich la cathédrale

**ZUS** *nf* Acronyme de *zone urbaine sensible*.

**Zuse** Konrad (Berlin, 1910 – Hünfeld 1995), ingénieur allemand. Il mit au point en 1941 un ancêtre de l'ordinateur.

**zut !** *interj* fam Exclamation exprimant le mécontentement, l'impatience. PHO [zyt]

**zutiste** *n* LITTER Membre d'un groupe de poètes et d'artistes non-conformistes de la fin du XIXe s. dont faisaient partie notam. Rimbaud Verlaine, Ch. Cros et G. Nouveau. ETY De *zut* DER **zutique** *a*

**Zuyderzee** anc. golfe de la mer du Nord (Pays-Bas). Fermé par une digue en 1932, il est devenu un lac : l'IJsselmeer. VAR **Zuiderzee**

**zwanze** *nf* ou *nm* Belgique Blague, histoire drôle relevant d'une forme d'humour typiquement bruxellois. PHO [zwɑ̃z]

**zwanzer** *vi* 1 Belgique Plaisanter, raconter des blagues. DER **zwanzeur, euse** *n*

**Zweig** Stefan (Vienne, 1881 – Petrópolis 1942), écrivain autrichien : poésies, drames nouvelles (*Amok*, 1923), romans (*la Confusion de*

*sentiments,* 1926 ; *la Pitié dangereuse,* 1938), essais, biographies. Bouleversés par les victoires d'Hitler, S. Zweig et sa femme se suicidèrent.
▶ illustr. p. 1745

**Zweig** **Arnold** (Glogau, auj. Glogow, Pologne, 1887 – Berlin-Est, 1968), écrivain allemand : *le Cas du sergent Grischa* (roman antimilitariste, 1927). Il émigra en Palestine (1933-1948).

**Zwickau** v. d'Allemagne (Saxe), sur la Mulde ; 90 000 hab.

**Zwicky** **Fritz** (Varna, 1898 – Pasadena, 1974), astrophysicien suisse d'origine bulgare : travaux sur les supernovas et la matière intergalactique.

**zwieback** *nm* Suisse Biscotte légèrement sucrée. PHO [tsvibak] ETY Mot all.

**Zwingli** **Ulrich** ou **Huldrych** (Wildhaus, cant. de Saint-Gall, 1484 – Kappel, 1531), humaniste et réformateur suisse. Curé de Glaris (1506), il adhéra v. 1520 à la Réforme, qu'il propagea, notam. à Zurich, en se montrant plus radical que Luther : *De vera et falsa religione commentarius* (1525). Voulant fondre les gouvernements religieux et civil (doctrine théocratique) dans l'ensemble de la Suisse, il associa la plupart des villes suisses (alliance « combourgeoise »), mais les cantons catholiques formèrent une ligue alliée à l'Autriche, et il fut tué à la bataille de Kappel, dans le canton de Zurich, entre les lacs de Zurich et de Zoug.

**zwinglianisme** *nm* RELIG Doctrine de Zwingli. PHO [zvɛ̃glijanism] DER **zwinglien, enne** *a, n*

**Zwolle** v. des Pays-Bas, ch.-l. de la prov. d'Overijssel, sur l'IJssel (r. dr.) ; 118 900 hab.

**Zworykin** **Vladimir Kosma** (Mourom, 1889 – Princeton, 1982), physicien américain d'origine russe ; il inventa l'iconoscope (1934).

**Zwyssog** **Joseph** (1808 – 1854), moine cistercien (père Alberich) et compositeur suisse : *Schweizer Psalm* (1841), hymne de la Suisse depuis 1961.

**zydeco** *nm* Musique populaire de Louisiane, jouée par des Noirs, mélange de blues et de folklore cajun.

**zyeuter** → **zieuter.**

**zygène** *nf* ENTOM Papillon surtout diurne, le plus souvent noir et rouge, aux antennes renflées, dont une espèce, la *zygène de la spirée,* est abondante dans les jardins. ETY Du gr. *zygæna,* « requin marteau ».

**zygo-** Élément, du gr. *zugon,* « joug », au fig. « couple ».

**zygoma** *nm* ANAT Apophyse zygomatique. ETY Du gr. *zugôma,* « joint ».

**zygomatique** *a, nm* ANAT Relatif à la pommette. LOC ***Muscles zygomatiques*** ou ***les zygomatiques*** : muscles qui s'insèrent sur l'os de la pommette et s'étendent jusqu'à la commissure des lèvres qu'ils relèvent en se contractant, notamment lors du rire et du sourire.

**zygomorphe** *a* BOT Se dit d'une fleur possédant un seul plan de symétrie. ANT actinomorphe.

**zygomycète** *nm* BOT Champignon dont l'œuf zygospore est issu de la fusion de deux gamètes non libres.

**zyzomys**

**zygopetalum** *nm* Belle orchidée épiphyte originaire d'Amérique du sud. PHO [zigɔpetalɔm] VAR **zygopétalum**

**zygoptère** *nm* ZOOL Insecte odonate dont le sous-ordre comprend les demoiselles et les agrions.

**zygospore** *nm* BOT Œuf résultant de la fusion de deux gamètes non libérés, propre aux zygomycètes.

**zygote** *nm* BIOL Cellule issue de la fécondation du gamète femelle par le gamète mâle. ETY Du gr. *zugôtos,* « attelé ».

**zyklon B** *nm* Acide cyanhydrique, gaz utilisé par les nazis dans les chambres à gaz. ETY Mot allemand.

**zym(o)-, -zyme** Éléments, du gr. *zumê,* « levain, ferment ».

**zymase** *nf* BIOCHIM Enzyme qui confère à la levure de bière sa qualité d'agent de fermentation.

**zymogène** *a, nm* BIOCHIM Qui produit une enzyme ; qui produit la fermentation.

**zymologie** *nf* BIOCHIM Étude des fermentations. DER **zymologique** *a*

**zymosimétrie** *nf* BIOCHIM Étude et mesure de la marche d'une fermentation. DER **zymosimétrique** *a*

**zymotique** *a* BIOL Relatif aux ferments et à la fermentation.

**Zyrianes** populations finno-ougriennes rassemblées dans la rép. des Komis (Fédération de Russie). VAR **Komis** DER **zyriane** ou **komi** *a*

**zythum** *nm* ANTIQ Boisson des anciens Égyptiens, semblable à la bière, faite avec de l'orge germée. PHO [zitɔm] VAR **zython**

**zyzomys** *nm* Rat à queue blanche d'Australie, dont il n'existe plus que de rares spécimens. PHO [zizɔmis]

# Mémento encyclopédique

# La nouvelle orthographe

**L'orthographe du français est en constante évolution. Ainsi par exemple, l'Académie française change l'orthographe de nombreux mots dans son dictionnaire d'une édition à l'autre. On constate par ailleurs un certain nombre d'incohérences qui sont difficilement justifiables : pourquoi écrit-on un *cure-dent* mais un *cure-ongles* ? Pourquoi un trait d'union dans *vingt-cinq*, et non dans *mille cinq* ? Pourquoi un accent aigu dans *événement* et un accent grave dans *avènement* ?, etc.**

**Aussi, le Conseil supérieur de la langue française (Paris), présidé par le Premier ministre et composé de spécialistes de la langue française, a-t-il proposé de nouvelles règles plus cohérentes modifiant ainsi l'orthographe d'un certain nombre de mots. Ces rectifications ont été publiées en France au Journal officiel du 6 décembre 1990. Le Bulletin Officiel du ministère de l'Éducation nationale (B.O. du 24/12/2015), qui définit les programmes scolaires du CP à la 3e applicables à la rentrée 2016, précise : « *L'enseignement de l'orthographe a pour référence les rectifications orthographiques publiées par le* Journal officiel de la République française *le 6 décembre 1990.* »**

**La nouvelle orthographe est enseignée dans différents pays de la francophonie. On peut écrire en utilisant la nouvelle orthographe ou en gardant l'« ancienne », l'Académie française ayant précisé qu'« aucune des deux graphies ne peut être tenue pour fautive ».**

**Le *Dictionnaire Hachette* mentionne pour chaque mot concerné la nouvelle orthographe. L'ensemble des nouvelles règles sont présentées ci-après. Dans les exemples, l'« ancienne » orthographe figure en noir, la « nouvelle » en couleur.**

**1** On met un trait d'union entre tous les mots qui servent à écrire un nombre.

| | |
|---|---|
| vingt et un | *vingt-et-un* |
| deux cent vingt-cinq | *deux-cent-vingt-cinq* |
| mille cinq | *mille-cinq* |

**2** Dans les noms composés du type *pèse-lettre* (verbe + nom) ou *sans-abri* (préposition + nom), le second élément se met au pluriel seulement lorsque le nom composé est au pluriel.

| | |
|---|---|
| un compte-gouttes | *un compte-goutte* |
| des compte-gouttes | *des compte-gouttes* |
| un après-midi | *un après-midi* |
| des après-midi | *des après-midis* |

• Restent invariables les mots comme *prie-Dieu* (à cause de la majuscule) ou *trompe-la-mort* (à cause de l'article).

**3** On écrit certains mots composés en reliant les termes qui les composent : on ne met ni trait d'union ni espace entre ces termes.

C'est le cas pour tous les mots composés avec *contr(e)*- et *entr(e)*- ainsi que pour les mots composés avec des éléments « savants ».

| | |
|---|---|
| contre-appel | *contrappel* |
| entre-temps | *entretemps* |
| agro-alimentaire | *agroalimentaire* |

• On relie aussi les onomatopées, des mots dont les termes ne sont plus analysés et des mots d'origine étrangère.

| | |
|---|---|
| tic-tac, cui-cui | *tictac, cuicui* |
| boute en train | *boutentrain* |
| week-end | *weekend* |

**4** Les mots empruntés aux langues étrangères suivent les règles de pluriel et d'accentuation des mots français.

| | |
|---|---|
| des matches | *des matchs* |
| des misses | *des miss* |
| un revolver | *un révolver* |

• Le pluriel régulier renforce l'intégration des mots empruntés et l'ajout d'accent permet d'éviter des prononciations hésitantes.

**5** On écrit *è* devant une syllabe muette (avec un *e* non prononcé ou prononcé [ə]).

| | |
|---|---|
| événement | *évènement* |
| réglementaire | *règlementaire* |
| je céderai | *je cèderai* |
| il protégerait | *il protègerait* |

• La règle de base est généralisée : *évènement* ressemble désormais à *avènement* ; *règlementaire* s'écrit comme *règlement*.

• Le futur et le conditionnel des verbes qui se conjuguent comme *céder* sont ainsi alignés sur les formes des autres verbes (*je lèverai, il sèmerait*).

• En cas d'inversion du sujet *je*, on écrit sur le même principe *aimè-je*, *dussè-je* (plutôt que *aimé-je, dussé-je*).

• On maintient l'accent aigu *(é)* dans les préfixes *dé-* et *pré-* *(dégeler, prélever)*, sur les *é-* initiaux *(élevage)*, ainsi que dans *médecin* et *médecine*.

**6** On munit d'accent les mots où il avait été omis, ou dont la prononciation a changé.

| | |
|---|---|
| papeterie | *papèterie* |
| assener | *asséner* |

**7** On écrit *i* et *u* sans accent circonflexe.

| | |
|---|---|
| coût | *cout* |
| traîner, je traîne | *trainer, je traine* |
| paraître, il paraît | *paraitre, il parait* |

• Sur *i* et *u*, le circonflexe n'a aucun rôle dans la prononciation et son emploi, aléatoire, ne peut se justifier par l'étymologie : pourquoi un accent dans *coût* et *crûment*, mais pas dans *ajout* ni *ingénument* ?

• On maintient l'accent circonflexe dans les terminaisons du passé simple *(nous fîmes)*, du subjonctif *(qu'il fût)* et dans certains mots, parce qu'il permet de distinguer deux mots de sens différent. C'est le cas des adjectifs masculins singuliers *dû*, *mûr* et *sûr*, *jeûne(s)* et les formes de *croitre* qui, sans accent, se confondraient avec celles de *croire* *(je croîs, tu croîs*, etc.).

**8** On place un tréma sur le *u* de *gu* s'il est suivi d'un *e* ou d'un *i* et qu'il se prononce.

| | |
|---|---|
| aiguë, ambiguë | *aigüe, ambigüe* |
| ambiguïté | *ambigüité* |
| arguer | *argüer* |

• Le déplacement du tréma évite des difficultés de lecture ; son ajout empêche des prononciations jugées fautives (*argüer* rime avec *huer* et non pas avec *narguer*).

**9** Les verbes en *-eler* ou *-eter* se conjuguent sur le modèle de *peler* ou de *acheter*. Les dérivés en *-ment* s'écrivent avec *è* et un seul *l* ou *t*.

| | |
|---|---|
| j'amoncelle | *j'amoncèle* |
| amoncellement | *amoncèlement* |
| tu époussetteras | *tu époussèteras* |

• Ces verbes ne constituent ainsi plus une exception : ils se conjuguent comme les autres verbes en *er* qui prennent un accent grave et ne doublent jamais leur consonne *(semer, je sème)*.

• Font exception à cette règle *appeler, jeter* et leurs composés.

**10** On écrit avec un seul *l* la finale *-ole*.

| | |
|---|---|
| corolle | *corole* |
| fumerolle | *fumerole* |

• Font exception à cette règle *colle, folle* et *molle*.

**11** On écrit avec un seul *t* :
– les verbes dérivés de noms en *-ot* ;
– les verbes formés avec le suffixe *-oter* ;
– les mots dérivés de ces verbes.

| | |
|---|---|
| ballotter, ballottage | *balloter, ballotage* |
| frisotter, frisottis | *frisoter, frisotis* |

**12** On écrit *-iller* (et non *-illier*) les noms où le *i* qui suit la consonne ne s'entend pas.

| | |
|---|---|
| joaillier | *joailler* |
| serpillière | *serpillère* |

**13** Le participe passé de *laisser* suivi d'un infinitif est invariable.

| | |
|---|---|
| elle s'est laissée maigrir | *elle s'est laissé maigrir* |
| je les ai laissés partir | *je les ai laissé partir* |

**14** Quelques anomalies sont supprimées.

L'orthographe de certains mots a été rectifiée pour harmoniser le nombre de consonnes au sein d'une même famille, pour aligner la consonne du masculin sur celle du féminin, etc.

| | |
|---|---|
| bonhomie | *bonhommie* |
| boursoufler | *boursouffler* |
| chariot | *charriot* |
| combatif | *combattif* |
| dissous | *dissout* |
| douceâtre | *douçâtre* |
| imbécillité | *imbécilité* |
| nénuphar | *nénufar* |
| oignon | *ognon* |
| prudhomal | *prudhommal* |
| relais | *relai* |
| vantail | *ventail* |

# Orthographe - Grammaire

**Dans ce mémento, on trouvera les principales règles d'orthographe et de grammaire de la langue française.**

**Les paragraphes 1 à 3 rappellent des notions de grammaire fondamentales, comme la définition des différentes sortes de mots que l'on trouve dans une phrase (les catégories grammaticales), ou bien les fonctions des mots dans la phrase, c'est-à-dire les rôles qu'ils peuvent jouer dans une phrase.**

**Les paragraphes 4 à 26 donnent les principales règles d'orthographe qui permettent d'écrire un français correct, sans fautes.**

## 1 Les catégories grammaticales

On classe les mots en différentes catégories grammaticales selon certains critères, en particulier :
– la **fonction** que les mots de cette catégorie peuvent occuper dans la phrase (▶ 2) : les adjectifs peuvent être épithètes ou attributs mais pas sujets… ;
– la **variabilité** : les adjectifs sont variables, les adverbes sont invariables…
Il est plus difficile de se fonder sur des critères de sens pour définir une classe. Le nom par exemple peut désigner, tout comme le verbe, une action (la marche) ou, tout comme l'adjectif, une qualité (la beauté).
**Donner la nature d'un mot, c'est dire à quelle catégorie il appartient.**

### LE NOM

• Sauf cas particuliers (▶ 14), il est variable en nombre : *arbre* (au singulier), *arbres* (au pluriel). Seuls les noms d'êtres animés peuvent également varier en genre, selon le sexe de l'être qu'ils désignent : *chanteur* (masculin), *chanteuse* (féminin). Les autres noms ont un genre fixe : *une chaise, un banc.*

• Le nom occupe des fonctions très variées, en particulier celle de sujet (*le soleil brille*), complément d'objet (*Aude a écrit une carte à ses grands-parents*), complément circonstanciel (*il est parti ce matin*), apposition (*le chef cuisinier*), attribut (*Natacha est sa fille ainée*).
Introduit par une préposition, le nom peut être complément d'un autre nom (*une table en chêne*), d'un adjectif (*il est fou de joie*), d'un adverbe (*antérieurement à votre appel*), etc.

### LE DÉTERMINANT

• La catégorie des déterminants est elle-même divisée en sous-catégories : article (*le, un, du*), possessif (*mon, ton*), démonstratif (*ce*), cardinal (*deux, trois…*), interrogatif et exclamatif (*quel*), indéfini (*chaque, tout…*) et relatif (*lequel*).

• Il varie en nombre et en genre, en fonction du nom auquel il se rapporte (*la, les, cette, quelle…*). Le déterminant possessif varie en plus en personne (*notre, leur…*).

• Le déterminant a pour unique fonction de « déterminer » le nom auquel il se rapporte, c'est-à-dire de permettre à ce nom d'être employé dans une phrase : *le chien aboie* (et non *chien aboie*).

### L'ADJECTIF

• Il apporte une information sur une qualité (*un homme jaloux*), un état (*un homme riche*).

• Il varie en genre et en nombre selon le nom ou le pronom qu'il qualifie : *un ballon rond, des ballons ronds, une balle ronde, des balles rondes.*

• Il occupe la fonction d'épithète (*une maison neuve*) ou d'attribut (*elle est neuve*).

• Il peut être modifié par un adverbe (*une idée toute nouvelle*) ou recevoir un complément (*je suis ravi d'avoir fait votre connaissance*).

### LE PRONOM

• Le pronom remplace le plus souvent un mot ou un groupe de mots : *<u>notre fille</u> a annoncé qu'elle allait se marier* (*elle* a pour antécédent *notre fille*). Certains pronoms s'emploient sans antécédent : *je suis là ; personne ne sait rien.*

• Tout comme pour les déterminants, la catégorie des pronoms est elle-même divisée en sous-catégories : personnel (*je, le…*), démonstratif (*celui*), possessif (*le mien*), interrogatif (*qui, lequel*), indéfini (*chacun, rien…*) et relatif (*qui, dont…*).

• Le pronom varie généralement en genre et en nombre, parfois en personne (*le mien/le tien*) ou selon sa fonction (*le/lui*).

- Il peut occuper toutes les fonctions qu'occupe le nom.

### LE VERBE

- Il exprime le plus souvent une action ou un état.
- Selon les cas, il varie en nombre (*sait/savent*), en personne (*sais/sait*), en temps (*savons/savions*), en mode (*sais/sache*) et en genre (*su/sue*).
- En tant que noyau de la phrase ou de la proposition, le verbe s'emploie avec un sujet (*je sais qu'il viendra*) – sauf s'il est à l'impératif (*ne sors pas tout de suite*) – et peut avoir un ou plusieurs compléments, ou ne pas en avoir du tout (*Magalie dort*).
- Selon les compléments qu'ils peuvent recevoir, on distingue les verbes **transitifs directs** qui se construisent avec un complément d'objet direct (*dire quelque chose*), les verbes **transitifs indirects** qui se construisent avec un complément d'objet indirect (*parler de quelque chose*), et les verbes **intransitifs** qui n'ont jamais de complément d'objet (*dormir, partir*). Les **verbes d'état** (*être, sembler, paraitre, devenir...*) se construisent avec un attribut du sujet. Le verbe **pronominal** se construit avec un pronom réfléchi de la même personne que le sujet : *elle se lave, nous nous téléphonerons demain.*

### L'ADVERBE

- L'adverbe est un mot qu'on joint à un verbe, à un adjectif, à un autre adverbe ou à une phrase pour en compléter ou en modifier le sens : *il lit couramment ; une maison trop petite.*
- Les adverbes sont invariables : *ils travaillent ensemble.*

### LA PRÉPOSITION

Une préposition est un mot invariable qui introduit un mot ou un groupe (le plus souvent nominal) et qui indique que ce mot ou ce groupe est complément d'un autre mot de la phrase. Elle apporte souvent une information de sens : *il est parti avant moi* (*avant moi* est complément de *est parti* ; *avant* donne une information temporelle), *la maison de mes parents.*

### LA CONJONCTION DE SUBORDINATION

- Elle joue exactement le même rôle que la préposition, mais elle introduit une proposition : *il est parti quand je suis arrivé* (*quand je suis arrivé* est complément de *est parti*). Hormis *que*, les conjonctions de subordination apportent une information de sens : *quand* et *lorsque* (temps), *quoique* (opposition), *puisque* (cause), etc.
- Les conjonctions de subordination sont invariables.

### LA CONJONCTION DE COORDINATION

- Il y en a sept, toutes invariables : *mais, ou, et, donc, or, ni, car.*
- La conjonction de coordination établit un lien logique entre deux mots ou groupes de mots de même fonction : *elle répond fermement, mais sans se fâcher*, ou deux propositions de même statut : *je finis mon dossier et j'arrive* (*et* coordonne deux propositions indépendantes).

### L'INTERJECTION

- Elle exprime un sentiment (*hélas ! ah ! oups !*), une sensation (*aïe ! berk !*), etc. ou reproduit un bruit (*plouf ! boum !*). Elle est toujours suivie d'un point d'exclamation.
- Elle constitue à elle seule une phrase et n'est complément d'aucun autre terme de la phrase, mais elle peut être modifiée par un complément : *hélas pour moi !*
- Certains mots d'autres catégories peuvent s'employer comme interjection : *flûte ! bon ! tiens !*

## 2 Les fonctions

Selon sa place, les liens qu'il établit avec les autres mots et le sens de la phrase, **chaque terme d'une phrase a un rôle précis** : c'est sa **fonction**.

### LE SUJET

Il est toujours rattaché à un verbe et répond à la question *qui est-ce qui... ?* ou *qu'est-ce qui... ?* Le sujet est le plus souvent un nom ou un groupe nominal (*le chien aboie*) ou un pronom (*il aboie*). Mais des verbes à l'infinitif (*souffler n'est pas jouer*) ou des propositions (*que tu viennes me ravit*) peuvent également être sujets.

### LE COMPLÉMENT D'OBJET (CO)

Il dépend toujours d'un verbe et exprime sur qui ou ce sur quoi porte l'action.

- Le **complément d'objet direct** (COD) est rattaché directement au verbe (*le chien écoute son maitre*), alors que le **complément d'objet indirect** (COI) est introduit par une préposition (*le chien obéit à son maitre*).
- Là aussi, le CO est le plus souvent un nom ou un groupe nominal (*j'ai vu mon ami*) ou un pronom (*je lui en parlerai*). Mais on trouve également des verbes à l'infinitif (*il croit tout savoir*) ou des propositions (*je doute qu'il vienne*).

### LE COMPLÉMENT D'AGENT

C'est un nom ou un pronom qui, dans une phrase à la voix passive, désigne celui qui fait l'action exprimée par le verbe dont il dépend. Il est généralement introduit par *de* ou *par* : *le vaccin a été découvert par Pasteur*. Dans une phrase à la voix active, le complément d'agent devient le sujet (*Pasteur a découvert le vaccin*).

### LE COMPLÉMENT CIRCONSTANCIEL

Il apporte des informations sur les circonstances (temps, lieu, manière...) de l'action exprimée par le verbe dont il dépend. Le complément circonstanciel peut être un adverbe (*je reviendrai bientôt*), un nom introduit ou non par une préposition (*il est parti ce matin en vacances*), un infinitif (*elle travaille pour réussir*), un participe présent avec la préposition *en* (*il marche en rêvant*) ou une proposition (*il travaille encore bien qu'il soit tard*).

### L'ATTRIBUT

L'attribut exprime une qualité, un état, etc. du terme auquel il se rapporte par l'intermédiaire d'un verbe. On ne peut pas le supprimer.

- On distingue :
  – l'**attribut du sujet** auquel il est relié par un verbe d'état tel que *être, devenir, sembler*, etc. : *Luc est mon ami, le ciel devient sombre* ;
  – l'**attribut du COD** qui se construit le plus souvent avec des verbes d'opinion (*juger, trouver...*) ou des verbes qui marquent la dénomination (*nommer, désigner...*) : *je trouve Marie fatiguée en ce moment, on l'a élu président*.
- L'attribut est le plus souvent un adjectif, un nom ou un groupe nominal. Mais on trouve également des infinitifs (*elle semble aller mieux maintenant*), des pronoms (*le gagnant est celui qui a le plus de points*).

### L'ÉPITHÈTE

- C'est la fonction de l'adjectif qui qualifie un nom sans l'intermédiaire d'un verbe : *le nouveau musée vient d'ouvrir*. L'épithète fait toujours partie du groupe nominal et peut le plus souvent être supprimée.
- L'épithète peut également se rapporter à un pronom. Dans ce cas, elle est parfois introduite par la préposition *de* : *je vais te montrer quelque chose de nouveau*.
- Lorsque l'épithète est séparée par une virgule du nom ou du pronom auquel elle se rapporte, on l'appelle **épithète détachée**. Sa place est plus libre dans la phrase : *toujours aussi accueillante, sa mère nous offrit l'hospitalité* ou *sa mère, toujours aussi accueillante, nous offrit l'hospitalité*.

### L'APPOSITION

- L'apposition est un nom ou un groupe nominal qui, placé à côté d'un nom ou d'un pronom, le qualifie sans l'intermédiaire d'un verbe : *un mot clé*. L'apposition et le nom (ou pronom) auquel elle se rapporte désignent le même être, la même chose : *Paris, capitale de la France* [Paris = capitale de la France].
- Dans ce dernier exemple, où l'apposition est séparée par une virgule du nom ou du pronom auquel elle se rapporte, on l'appelle **apposition détachée**.

### L'APOSTROPHE

C'est un mot ou un groupe de mots qui désigne l'être auquel on s'adresse : *mes amis, je vous souhaite la bienvenue*. L'apostrophe est toujours un nom (ou un groupe nominal) ou un pronom de la 2ᵉ personne. Elle ne dépend d'aucun autre terme de la phrase et n'a donc pas de fonction à proprement parler.

## 3 Les propositions

- Une proposition est un membre de la phrase dont le noyau est un verbe conjugué à un mode personnel : *je sais qu'il viendra* [deux propositions : *je sais* et *qu'il viendra*] ; *il est arrivé hier, mais il n'est pas resté longtemps* [deux propositions aussi]. Dans certains cas, le verbe de la proposition est à l'infinitif (*j'entends les oiseaux chanter*) ou au participe (*les chats partis, les souris dansent*).

### LA PROPOSITION INDÉPENDANTE

La proposition indépendante est une proposition dont ne dépend aucune autre proposition et qui, bien sûr, ne dépend elle-même d'aucun autre terme. Dans une phrase, les propositions indépendantes sont juxtaposées ou coordonnées : *je suis venu, j'ai vu et j'ai vaincu*.

### PROPOSITION PRINCIPALE ET PROPOSITION SUBORDONNÉE

- La **proposition principale** est une proposition qui contient un terme dont dépend une autre proposition appelée **proposition subordonnée**. Ce terme peut être le verbe même de la principale : *je crois que je me suis trompé* [la subordonnée *que je me suis trompé* est complément de *crois*] ou tout autre mot : *je me réjouis à l'idée qu'il vienne* [la subordonnée *qu'il vienne* est complément du nom *idée*].
- Une **proposition principale** peut elle-même être subordonnée : *je sais qu'il arrivera quand je serai parti* [*il arrivera* est la principale dont dépend *quand je serai parti*, mais c'est aussi la subordonnée qui dépend de *sais*].

• Les propositions subordonnées, tout comme les mots ou groupes de mots, occupent différentes fonctions dans la phrase. Ainsi, elles peuvent être complément d'objet direct (*j'espère que tu vas bien*), complément circonstanciel (*dès que j'aurai des nouvelles, je t'appellerai ; j'irai où tu voudras*), complément d'un nom (*il a beaucoup aimé le livre dont je lui ai parlé*), etc.

• On distingue trois types de subordonnées selon le mot qui les introduit :
– La **proposition subordonnée conjonctive** est introduite par une conjonction de subordination (*que, quand, lorsque*…) ou l'équivalent d'une telle conjonction (*avant que, de sorte que, afin que*…) : *je voudrais te voir avant que tu ne partes.*
– La **proposition subordonnée relative** est introduite par un pronom relatif. Le plus souvent, le pronom a un antécédent dans la principale : *je connais la personne dont tu me parles.* Mais ce n'est pas toujours le cas : *qui vole un œuf vole un bœuf.*
– La **proposition subordonnée interrogative** est introduite par la conjonction *si* : *je me demande s'il viendra*, ou par un mot interrogatif (*comment, lequel*…) : *expliquez-moi comment vous allez faire.*

## 4 Accord du verbe avec le sujet

• D'une manière générale, le verbe s'accorde en personne et en nombre avec le sujet : *ils sont d'accord* (*sont* s'accorde avec *ils* : 3e personne du pluriel).

• Dans les formes composées (passé composé, etc.), c'est l'auxiliaire qui s'accorde avec le sujet : *ils nous ont téléphoné.*

• Lorsque plusieurs pronoms se suivent, il faut repérer celui qui est sujet : *je vous avais souri* (*avais* s'accorde avec *je*) ; *il leur parle souvent* (*parle* s'accorde avec *il*).

• Avec le pronom *qui*, le verbe s'accorde à la 3e personne du singulier s'il n'y a pas d'antécédent : *qui n'avance pas recule* [= celui qui]. S'il y a un antécédent, l'accord se fait avec celui-ci : *c'est moi qui suis responsable, c'est toi qui as gagné.* La règle est moins stricte lorsque l'antécédent est un attribut : *vous êtes ceux qui partirez les premiers* (accord avec *vous*) ou *vous êtes ceux qui partiront les premiers* (accord avec *ceux*).

• Si *qui* est pronom interrogatif, le verbe s'accorde à la 3e personne du singulier : *qui sait répondre ?*

### SUJET COORDONNÉ (AVEC *ET, OU, NI*)

• Le verbe se met au pluriel s'il a pour sujet plusieurs noms (même singuliers) : *son père et sa mère ont mangé dans ce restaurant.* Le verbe reste toutefois au singulier si les sujets désignent une seule et même personne ou chose : *c'est un ahuri et un idiot qui l'a accusée à tort.*

• Si les sujets sont coordonnés par *ni* ou par *ou*, on met le verbe au singulier ou au pluriel selon le sens : *lui ou elle sera élu président du comité ; lui ou elle seront candidats.* Si l'un des sujets est au pluriel, le verbe est forcément au pluriel.

• Si les sujets sont de personne différente, la 1ère personne l'emporte sur les deux autres et la 2e personne l'emporte sur la 3e : *toi et moi irons au bout du monde ; toi et lui décrocherez la lune.*

### SUJET : NOM COLLECTIF

Avec un nom collectif tel que *foule, nombre, tas*… suivi d'un complément, l'accord se fait selon le sens soit avec le nom collectif : *un grand nombre de personnes était là*, soit avec le complément : *une foule de témoins s'y trouvaient.*

• Le verbe qui suit *la plupart de* s'accorde avec son complément qui est aujourd'hui généralement au pluriel : *la plupart des invités sont arrivés* ; si *la plupart* est employé seul, le verbe est au pluriel : *la plupart votèrent pour.*

• Lorsque le sujet est *un de ceux qui* ou *un des … qui*, le verbe se met au pluriel : *elle est l'une des personnes qui ont le mieux réussi.*

• Lorsque le sujet est un adverbe, le verbe est le plus souvent au pluriel : *beaucoup affirment le contraire ; peu l'approuvent.* Mais lorsque l'adverbe est suivi d'un nom, l'accord se fait avec ce nom : *beaucoup de sang a coulé, beaucoup de larmes ont été versées.*

• Avec *moins de deux*, l'accord se fait en principe au pluriel, alors qu'il se fait au singulier avec *plus d'un* : *moins de deux litres suffisent ; plus d'un kilo sera nécessaire.*

### CAS PARTICULIERS

• Dans les phrases impersonnelles, l'accord se fait à la 3e personne du singulier, avec le pronom **il** : *il y avait trois personnes, il reste quelques miettes.*

• Lorsque le sujet est un infinitif ou une proposition, le verbe est à la 3e personne du singulier : *s'exposer au soleil est dangereux ; que vous m'ayez cru est amusant.*

• Lorsque le sujet est *ce*, le verbe *être* est souvent à la 3e personne du pluriel si l'attribut est pluriel : *ce sont d'adorables enfants* ! Cependant, il est courant de dire : *c'est mes plus beaux souvenirs* plutôt que *ce sont mes plus beaux souvenirs.* Si l'attribut est *vous* ou *nous*, le verbe reste au singulier : *c'est nous. Si ce n'est* (signifiant « excepté ») reste au singulier : *qui le soutiendra, si ce n'est ses amis ?*

- *Peu importe, qu'importe* suivis du sujet peuvent s'accorder avec celui-ci ou rester invariables : *peu m'importe* (ou *m'importent*) *les conséquences.*
- *Soit* et *vive* restent le plus souvent au singulier : *soit deux points ; vive les vacances !* Mais il n'est pas incorrect de faire l'accord : *soient deux points ; vivent les mariés !*
- Dans une construction telle que *reste à* ou *reste que*, le verbe *rester* est à la 3e personne du singulier (le sujet sous-entendu est le pronom impersonnel *il*) : *reste à pouvoir leur parler et à les convaincre.*
- Avec *non seulement... mais...*, l'accord du verbe se fait ordinairement avec le sujet le plus proche ; l'accord avec l'ensemble est également possible : *non seulement sa réputation, mais encore celle de son entreprise sera entachée* (ou *seront entachées*).

## 5 Accord du participe passé

### PARTICIPE PASSÉ EMPLOYÉ SEUL

- Il s'accorde en genre et en nombre avec le nom auquel il se rapporte : *la réunion aura lieu à la date prévue.*
- Selon que *ci-joint, ci-annexé* ou *ci-inclus* est plutôt perçu comme adjectif ou comme adverbe, on fait l'accord ou non : *vous trouverez ci-joint la copie demandée* ou *vous trouverez la copie demandée ci-jointe.*
- Les participes passés jouant un rôle de préposition sont invariables : *vu les circonstances ; tous les pays, y compris la France.*

### PARTICIPE PASSÉ EMPLOYÉ AVEC *ÊTRE*

- Il s'accorde en genre et en nombre avec le sujet : *elle est allée poster les lettres hier, d'autres seront expédiées demain.*
- On accorde de même le participe passé avec le sujet quand il est employé avec des verbes tels que *sembler, paraitre*, etc. : *elle semble fatiguée.*
- Bien qu'il soit employé avec *être*, le participe passé des verbes pronominaux ne s'accorde pas toujours avec le sujet (voir ci-contre).

### PARTICIPE PASSÉ EMPLOYÉ AVEC *AVOIR*

- Il s'accorde en genre et en nombre avec le complément d'objet direct (COD) placé avant : *les raisons que nous avons dites* ; il est invariable dans les autres cas : *nous leur avons succédé* (pas de COD) ; *nous leur avons dit nos raisons* (COD placé après).
- Quelques cas particuliers :
  – les compléments de mesure ne sont pas des COD. Le participe reste donc invariable : *les vingt euros que cela a couté* mais *les efforts que ce travail lui a coutés* (les efforts : COD) ;
  – le participe passé des verbes impersonnels est invariable (il n'y a pas de COD) : *les tempêtes qu'il y a eu* ;
  – le participe passé est invariable lorsqu'un infinitif est sous-entendu : *ils ont fait tous les efforts qu'ils ont pu* [faire] (*dit, dû, cru, su*, etc.) ;
  – le pronom neutre *l'* mis à la place d'une proposition entraine l'invariabilité : *elle a mieux travaillé que je ne l'aurais pensé* ;
  – le participe passé qui a *en* pour COD est invariable : *tu en as lu beaucoup des livres ?* ; l'accord, plus rare, est possible : *des livres, tu en as lus beaucoup* ;
  – le participe passé suivi d'un infinitif s'accorde avec le COD placé avant si ce dernier fait l'action exprimée par l'infinitif : *les musiciens que j'ai entendus jouer* [ce sont les musiciens qui jouent] mais *les airs que j'ai entendu jouer* [ce ne sont pas les airs qui jouent] ;
  – *laissé* (▶ la nouvelle orthographe, 13 p. 1751) et *fait* suivis d'un infinitif sont toujours invariables : *la maison qu'elle a laissé saccager ; la maison qu'elle a fait repeindre* ;
  – de même, les participes des verbes de déclaration ou d'opinion suivis d'un infinitif sont invariables : *une femme qu'on avait cru être honnête.*

### PARTICIPE PASSÉ DES VERBES PRONOMINAUX

- Le participe passé des verbes essentiellement pronominaux s'accorde en genre et en nombre avec le sujet : *ils se sont enfuis ; elles s'y sont bien prises.*
- Le participe passé des verbes pronominaux avec pronom réfléchi ou réciproque s'accorde en genre et en nombre avec le COD placé avant : *elle s'est lavée* (*s'*, mis pour *elle*, est COD) mais *elle s'est lavé les mains* (ici, le COD est *les mains*) ; *la tisane qu'ils se sont préparée* (le COD est *qu'*, mis pour *tisane*) ; *ils se sont succédé* (*se*, mis pour *à eux*, n'est pas COD).
- Il y a accord en genre et en nombre avec le sujet si le pronom n'a pas de fonction et que le verbe non pronominal est un verbe transitif : *elle s'est aperçue que*. Si le verbe non pronominal est intransitif, le participe est invariable : *ils se sont ri de nous ; elle s'est plu à le contredire.*
- Pour les verbes pronominaux suivis d'un infinitif, il y a accord en genre et en nombre avec le pronom COD s'il fait l'action exprimée par l'infini-

tif : *elle s'est sentie mourir* [c'est elle qui meurt] ; il y a invariabilité dans les autres cas : *elle s'est senti piquer* [ce n'est pas elle qui pique].

- *Laissé* (▶ la nouvelle orthographe, 13 p. 1751) et *fait* suivis d'un infinitif sont toujours invariables : *elle s'est laissé maigrir ; elle s'est fait aimer de tous.*
- Expressions diverses : *elles l'ont échappé belle ; elles se sont rendu compte ; elles se sont fait jour ; elles se sont fait fort de…*

## 6 Accord de l'adjectif

D'une manière générale, l'adjectif s'accorde en genre et en nombre avec le nom ou le pronom auquel il se rapporte, qu'il soit épithète : *un jeune homme sensé, d'intelligentes jeunes filles*, ou attribut : *ils sont jeunes*.

### EN CAS DE COORDINATION (AVEC *ET*, *OU*)

- Le plus souvent, si plusieurs adjectifs sont reliés par *et*, ils s'accordent selon la règle normale : *des cheveux courts et frisés*. Si le sens l'exige, les adjectifs restent au singulier : *les première et deuxième conjugaisons* [= la première conjugaison et la deuxième conjugaison], *elles sont arrivées première et deuxième* [= l'une est arrivée première, l'autre est arrivée deuxième].
- L'adjectif se met au pluriel s'il se rapporte à plusieurs noms ou pronoms (même singuliers) ; le masculin l'emporte sur le féminin : *une tante et un oncle maternels*.
- Lorsque des noms singuliers sont reliés par *ou*, l'adjectif se met ordinairement au pluriel : *une tante ou un oncle maternels*.

### ADJECTIFS EMPLOYÉS COMME ADVERBES

Dans des expressions telles que *voir clair, clair* reste invariable *(elles voient clair)* parce qu'il est employé en tant qu'adverbe (il a la même valeur que « clairement »). De la même manière, on écrit : *cette maison coute cher, elle parle fort, elles chantent faux, placer la barre haut*, etc.

### ADJECTIFS COMPOSÉS

- Dans les adjectifs composés formés de deux adjectifs, les deux adjectifs varient : *des sauces aigres-douces*. Si le premier adjectif a la valeur d'un adverbe, il reste le plus souvent invariable : *des filles nouveau-nées* [= nouvellement nées].
- Dans les adjectifs composés formés d'un mot invariable suivi d'un adjectif, seul l'adjectif s'accorde : *les avant-dernières candidates*.

### CAS PARTICULIERS

- Lorsqu'un adjectif est précédé d'une expression telle que *des plus, des moins, des mieux*, il se met au pluriel si le sens est « parmi les plus, les moins, les mieux » : *une carte de vœux des plus belles* [= parmi les plus belles]. Si l'expression est employée dans le sens de « très, extrêmement », l'adjectif s'accorde avec le nom auquel il se rapporte : *une question des plus intéressante* [= qui est extrêmement intéressante].
- Selon le contexte et le sens, *nécessaire* peut s'accorder ou non. On oppose ainsi *ils sont plus beaux que nécessaire* [= que cela est nécessaire] à *ils sont plus beaux que nécessaires* [= ils sont plus beaux qu'ils sont nécessaires].
- Avec *le plus, la plus, le meilleur*, etc., *possible* reste invariable si on peut le remplacer par *qu'il est possible de… : elle voulait gagner le plus de points possible* [= qu'il est possible de gagner].
- *Aucun* s'emploie toujours au singulier devant un nom : *aucun effort*, sauf si ce nom n'est utilisé qu'au pluriel : *aucuns frais, aucunes représailles.*
- Avec l'expression *avoir l'air*, l'adjectif peut s'accorder avec le sujet ou avec *air* (masculin singulier) s'il s'agit d'une personne, d'un animal : *Elle a toujours l'air content* ou *contente*. S'il s'agit d'une chose, l'accord se fait obligatoirement avec le sujet : *cette histoire a l'air vraie*.
- L'expression *et demi* s'accorde en genre, mais ne se met jamais au pluriel : *deux heures et demie*.
- *Demi, mi* et *semi* s'écrivent avec un trait d'union devant un nom ; ils sont invariables : *la mi-janvier ; des demi-bouteilles.*
- *Tel que* s'accorde avec le nom qui le précède : *des écrivains du XIXe siècle, tels que Baudelaire*. Si *tel* est employé seul, l'accord se fait avec le nom qui suit ou, plus rarement, avec le nom qui est illustré : *des écrivains du XIXe siècle, tel* (ou *tels*) *Baudelaire*.
- *Tout*, adjectif indéfini, s'accorde normalement : *toute l'humanité, tous les humains*. Mais il reste invariable lorsqu'il modifie un nom de personne employé par métonymie, pour parler des œuvres d'un auteur par exemple : *Il a lu tout Simone de Beauvoir.*

Si *tout* est adverbe, il reste naturellement invariable : *les tout derniers jours*, sauf dans quelques cas précis (▶ 8).

## 7 Accord des adjectifs de couleur

- L'adjectif de couleur employé seul s'accorde normalement avec le ou les noms auxquels il se rapporte : *des pommes vertes, une table et un banc bleus, une toile orangée.*

• Si l'on emploie comme qualificatif de couleur un nom (simple ou composé), celui-ci reste invariable : *des chaussures marron* [de la couleur du marron], *des affiches orange, des draps crème, des cheveux poivre et sel.* Toutefois, les adjectifs *écarlate, mauve, pourpre, rose,* eux, s'accordent normalement : *des nœuds roses.*

• Lorsque deux adjectifs de couleur sont associés (ils sont en principe reliés par un trait d'union), aucun ne s'accorde : *j'ai des yeux brun-vert.* Lorsqu'un adjectif de couleur est complété par un autre adjectif ou par un nom, les deux éléments restent invariables (mais ne sont pas unis par un trait d'union) : *cette encre est bleu foncé ; des volets vert bouteille.*

• Enfin, lorsque deux adjectifs de couleur sont reliés par *et*, ils s'accordent normalement si la chose qualifiée est d'une couleur ou de l'autre : *des étiquettes vertes et bleues* [= des étiquettes vertes et des étiquettes bleues] ; mais *des étiquettes vert et bleu* [chaque étiquette comporte les deux couleurs].

## 8 Accord de l'adverbe *tout*

• Lorsque *tout* est adverbe, c'est-à-dire lorsqu'il signifie « très », « tout à fait », « complètement », « entièrement », il est invariable : *ils sont tout contents* [= ils sont très contents]. Cependant, pour des raisons de prononciation, *tout* s'accorde devant un adjectif féminin commençant par une consonne ou un *h* aspiré : *elle est toute contente ; elles étaient toutes honteuses* (mais : *elle est tout enjouée ; elles sont tout heureuses*).

• Placé devant *autre*, *tout* reste invariable s'il est adverbe (puisque *autre* commence par une voyelle) : *c'est une tout autre interlocutrice* [= une interlocutrice tout à fait autre], mais il s'accorde normalement s'il est déterminant et a le sens de « n'importe quel » : *toute autre interlocutrice pourra vous renseigner* [= n'importe quelle autre interlocutrice].

## 9 Accord de l'apposition

• L'apposition désignant le même être ou la même chose que le nom auquel elle se rapporte, elle a par cohérence le même nombre que ce nom : *Laurent et Francky, ces sympathiques garçons, des mots clés, des boulangers pâtissiers* ; mais *les notes, réalité scolaire* [car les notes sont une réalité scolaire].

• Il y a généralement concordance en genre lorsque le nom apposé désigne un être animé : *une boulangère pâtissière ; Maria Callas, célèbre chanteuse lyrique.*

• Certains compléments du nom employés sans préposition « ressemblent » à des appositions : *une enveloppe réponse* [= une enveloppe pour la réponse]. Mais ce ne sont pas des appositions puisqu'il n'y a pas d'équivalence entre les deux (l'enveloppe et la réponse sont deux choses différentes). Dans ce cas, il n'y a pas toujours accord en nombre : *des tartes maison* [= des tartes de la maison].

## 10 Auxiliaire : *être* ou *avoir* dans les temps composés ?

• Les verbes pronominaux se conjuguent toujours avec l'auxiliaire *être* : *nous nous sommes vus.*

• Dans les autres cas, l'auxiliaire est le plus souvent *avoir* : *ils ont longuement discuté.* Toutefois, quelques verbes intransitifs exprimant un changement d'état ou un mouvement se conjuguent avec l'auxiliaire *être* : *elle est devenue verte ; nous sommes allés à la mairie.*

• Certains verbes se conjuguent avec *avoir* ou avec *être* selon qu'ils sont employés avec un complément d'objet ou non : *il a descendu les valises ; il est descendu à la cave.*

• Enfin, certains verbes acceptent les deux auxiliaires, selon le sens qu'on leur donne : conjugués avec *avoir*, ils expriment l'action ; avec *être*, ils expriment son résultat : *ils ont divorcé l'an dernier ; il est divorcé depuis un an.*

## 11 Emploi des modes

• L'**indicatif** s'emploie dans les phrases déclaratives (*il pleut*), interrogatives (*pleut-il ?*) et exclamatives (*il pleut !*). C'est le plus neutre des modes. Le **conditionnel**, qu'on rattache généralement à l'indicatif, traduit une hypothèse (*l'attentat aurait fait dix morts*), un souhait (*comme j'aimerais le voir*) ou un futur du passé (*il m'a dit qu'il viendrait*).

• Le **subjonctif** marque le souhait, la volonté ou encore l'éventualité. Ainsi dans la phrase déclarative *il est grand*, l'indicatif pourra être remplacé par un subjonctif dans *es-tu sûr qu'il soit grand ?* [Mais *es-tu sûr qu'il est grand ?* est aussi correct ; tout dépend du degré de certitude.]

• L'**impératif** sert généralement à exprimer un ordre : *entrez.* Il ne s'emploie qu'à la deuxième personne du singulier et aux deux premières personnes du pluriel. Lorsque l'impératif manque, on a recours au subjonctif : *qu'il entre*.

• On oppose ces quatre modes (indicatif, conditionnel, subjonctif et impératif), dits modes personnels, aux modes impersonnels pour lesquels il n'y a pas de conjugaison en personne, mais seulement en temps : **infinitif** (*chanter* [présent], *avoir chanté* [passé]), **participe** (*chantant* [présent], *chanté* [passé], *ayant chanté* [passé composé]) et **gérondif** (*en chantant* [présent], *en ayant chanté* [passé]).

### SUBJONCTIF OU INDICATIF ?

Dans une proposition relative, le verbe est généralement à l'indicatif : *les personnes que je connais sont là*. Le subjonctif peut se substituer à l'indicatif si l'antécédent comporte *le plus, le moins*, etc. ou un adjectif tel que *premier, dernier, seul, unique*... : *c'est le seul bon restaurant que je connaisse*. Il en va de même si la principale est à la forme négative ou à la forme interrogative, ou si la relative exprime le but : *je cherche une photo que je puisse lui envoyer* [= pour lui envoyer]. Enfin, le subjonctif peut s'employer dans une proposition relative conditionnelle : *j'aimerais trouver une carte qui lui fasse plaisir*.

## 12 Genre des noms de profession, grade, titre, fonction

• La plupart des noms de profession, grade, titre ou fonction s'appliquant à des êtres humains ont une forme masculine et une forme féminine : *un danseur, une danseuse*.

• Des noms exclusivement masculins autrefois s'emploient aujourd'hui couramment au féminin. C'est le cas pour :
– les noms qui ont la même forme dans les deux genres : *le ministre* (pour un homme), *la ministre* (pour une femme), tout comme on a *le journaliste, la journaliste* ;
– les noms dont le féminin peut se former selon les règles habituelles : *une avocate* (comme *une ingrate*), *une policière* (comme *une couturière*).

• Dans certains cas, la forme féminine existe, mais elle est peu employée (*une écrivaine*).

• Pour certains métiers ouverts récemment aux hommes, plusieurs formes masculines existent mais elles sont encore rares : *un maïeuticien* ou *un homme sagefemme*.

• Évidemment, un masculin pluriel peut englober les personnes des deux sexes : *les guichetiers devront suivre cette procédure* [= les guichetiers et les guichetières].

## 13 Genre et nombre des noms propres

• La plupart des noms de ville peuvent être masculins ou féminins. Cependant, lorsque le nom de la ville est précédé par *tout* (dans le sens de « toute la population »), il est forcément masculin : *tout La Rochelle était heureux de l'accueillir*.

• Les noms de peuples ont généralement un pluriel régulier : *les Belges, les Canadiens, les Incas*.

• En principe, les noms qui correspondent à des lieux divisés du point de vue géographique ou politique varient en nombre : *les Allemagnes d'après-guerre*. Le reste du temps, ils sont invariables : *deux France qui se font face* (la France est considérée sous plusieurs aspects) ; *il y a plusieurs Romont*.

• Les noms propres de personnes ainsi que les prénoms sont le plus souvent invariables : *les Habsbourg*. Toutefois, le pluriel est en principe régulier pour les noms de familles régnantes ou illustres (*les Césars, les Plantagenêts*) et pour les noms de personnages considérés comme des modèles (*les Mécènes*).

• Les noms propres de personnes désignant une œuvre, un tableau, un ouvrage... sont invariables : *des Monet*.

## 14 Noms au pluriel

• La plupart des noms communs ont un singulier et un pluriel. Mais ce n'est pas toujours le cas – *fiançailles, intempéries*..., par exemple, ne s'emploient jamais au singulier.

• Quelques noms ont un pluriel qui change selon le sens : *des yeux* [= organe de vue, par exemple] mais *des œils* [= ouvertures, trous, sur divers objets] ; *les cieux* [le paradis] mais *les ciels* [que représente un peintre, par exemple].

• D'autres noms enfin peuvent prendre un sens particulier quand ils sont employés au pluriel : *la vacance* [= le poste libre], *les vacances* [= période de repos].

## 15 Négation

• Lorsque la négation porte sur un verbe, on utilise *ne*, que l'on place avant le verbe conjugué (ou avant les pronoms s'il y en a), et un second adverbe de négation, placé, lui, après le verbe : *on ne le voit jamais*. Il faut bien penser à écrire *n'* devant le verbe, même s'il se confond avec une liaison à l'oral : *on n'oublie rien*.

• Avec quelques verbes tels que *savoir, pouvoir, cesser*, etc., *ne* peut être employé seul, ce qui relève d'un niveau de langue plutôt soutenu (▶ p. 7) : *je ne saurais vous dire où il est.*

- Il faut faire attention dans l'emploi des doubles négations. Il faut bien dire *vous n'êtes pas sans savoir* pour dire « vous savez » (et non pas *vous n'êtes pas sans ignorer* qui signifie « vous ignorez »).
- Souvent, on remplace *un* ou *des* par *de* devant un complément d'objet direct : *elle porte un pull / elle ne porte pas de pull.*

## 16 *Ne* explétif

On dit que *ne* est explétif quand il est employé dans une phrase sans que sa présence soit obligatoire ni qu'il ait une valeur de négation.

Le *ne* explétif s'emploie principalement :

– dans les propositions dépendant d'un verbe exprimant la peur, la crainte *il craint que je ne parte* [= il craint que je parte] ;

– dans les propositions dépendant d'un verbe exprimant le doute, si la phrase est négative ou interrogative : *je ne doute pas qu'il ne réussisse ;*

– dans les propositions qui dépendent de certains verbes tels que *éviter* : *évite qu'il ne parle trop ;*

– après *à moins que, avant que, plus… que, moins… que* : *avant que nous ne passions à table ; elle est plus maligne que tu ne le pensais.*

## 17 Ordre des pronoms personnels compléments

Avec un impératif sans négation, les pronoms personnels compléments se placent après le verbe, avec des traits d'union ; la plupart du temps, le pronom objet direct se place le premier : *retournez-le-nous.* On dit *donne-m'en* (et non « donnes-en-moi »).

## 18 Participe présent et adjectif verbal

- Le participe présent, qui se termine toujours par *-ant*, est invariable ; l'adjectif verbal, qui se termine lui aussi par *-ant*, est variable. On écrit donc : *une histoire amusant tout le monde* [= qui amuse tout le monde ; participe présent], mais *une histoire amusante* [= drôle ; adjectif verbal].
- Souvent, l'orthographe de l'adjectif verbal est la même que celle du participe présent ; mais, quelquefois, elles diffèrent. Ainsi *excellant* est la graphie du participe présent et *excellent* est celle de l'adjectif. En cas de doute, consultez le dictionnaire.

## 19 Répétition de la préposition dans l'énumération

- Dans une énumération, les prépositions *à, de* et *en* se répètent normalement devant chaque terme : *il est allé à Paris et à Lille* ; mais : *en mon âme et conscience* (il s'agit d'une expression figée) ; *c'est un cadeau de ma consœur et amie Dunja* (la consœur et amie est une seule personne).
- Les autres prépositions peuvent ou non se répéter. On distingue *les querelles entre hommes et femmes* [= les querelles qui opposent les hommes aux femmes] d'avec *les querelles entre hommes et entre femmes* [= les querelles qui opposent les hommes entre eux, et les querelles qui opposent les femmes entre elles].

## 20 Abréviations, sigles et acronymes

- Pour écrire un mot sous forme abrégée :

– on donne le début du mot, suivi d'un point : *p.* pour *page*. Dans ce cas, l'abréviation se termine devant une voyelle : *orth.* pour *orthographe* ;

– ou on donne le début et la fin du mot. Il n'y a alors pas de point et les dernières lettres sont indiquées en exposant : *D*$^{r}$ pour *docteur*.

Les abréviations se lisent comme le mot entier : *p.* se lit « page ».

- Un **sigle** est un mot formé par les lettres initiales d'une expression : *OMS* pour *Organisation mondiale de la santé*. Aujourd'hui, on écrit le plus souvent les sigles sans mettre de point : *OMS* plutôt que *O.M.S.* Les sigles se lisent en épelant toutes les lettres.
- Un **acronyme** est un sigle que l'on prononce comme un mot ordinaire : *Unesco*.
- Le point qui termine une abréviation et celui qui conclut une phrase se confondent : *des dépliants, des brochures, des banderoles, etc.*

### LES ADJECTIFS NUMÉRAUX

Les adjectifs numéraux formés avec le suffixe *-ième* s'abrègent avec *e* en exposant : *3*$^{e}$ pour *troisième*.

### LES PRÉNOMS

On donne uniquement la première lettre : *I.* pour *Isabelle*. Mais on conserve le *h* s'il modifie la prononciation de la première lettre : *Ph.* pour *Philippe*, *Ch.* pour *Charles*.

### AU PLURIEL

- Lorsque l'abréviation contient la dernière lettre du mot (comme M$^{me}$), on ajoute *s* : *M*$^{mes}$ pour *mesdames* ; quand elle ne contient que la première lettre (comme *p.*), celle-ci est souvent redoublée : *pp.* pour *pages*, *MM.* pour *messieurs*. Lorsque l'abréviation contient les premières lettres d'un mot mais non la dernière, elle ne change pas au pluriel : *hab.* pour *habitants*.

- Les sigles et les acronymes ne prennent pas de marque du pluriel. Cependant, les acronymes devenus noms communs se mettent au pluriel : *des modems*.

#### LES UNITÉS DE MESURE

- Les abréviations de mesure ne se terminent pas par un point et ne se mettent pas au pluriel : *m* pour *mètre(s)*.
- Les abréviations et les symboles d'unités sont placés après les nombres, même s'ils comportent une virgule : *3,635 kg ; 1,50 €*.

#### QUELQUES ABRÉVIATIONS COURANTES

| | | | |
|---|---|---|---|
| 1er/1ère | premier/première | M. | Monsieur |
| 2nd/2nde | second/seconde | MM. | Messieurs |
| apr. | après | Me | Maitre |
| av. | avant | Mgr | Monseigneur |
| c.-à-d. | c'est-à-dire | Mlle | Mademoiselle |
| cf. | *confer*, « se reporter à » | Mlles | Mesdemoiselles |
| | | Mme | Madame |
| ch.-l. | chef-lieu | Mmes | Mesdames |
| chap. | chapitre | N. B. | *nota bene*, « à noter » |
| Cie | Compagnie | | |
| CQFD | ce qu'il fallait démontrer | n° | numéro |
| | | P. J. | pièce jointe |
| Dr | Docteur | P.S. | *post scriptum*, « écrit après » |
| éd. | édition | | |
| env. | environ | R.-V. | rendez-vous |
| etc. | *et cetera*, « et le reste » | s. | siècle |
| | | st/ste | saint/sainte |
| ex. | exemple | Sté | Société |
| ibid. | *ibidem*, « au même endroit » | suiv. | suivant |
| | | suppl. | supplément |
| id. | *idem*, « de même » | tél. | téléphone |
| | | TSVP | tournez s'il vous plaît |
| J.-C. | Jésus-Christ | | |

## 21 Écriture des nombres

- Les mots qui composent les nombres sont toujours reliés par des traits d'union (▶ *la nouvelle orthographe*, 1 p. 1750) : *un-million-trois-cent-deux-mille livres ; le vingt-et-unième jour.*
- *Vingt* et *cent* prennent un *s* lorsqu'ils sont multipliés et qu'ils sont en fin de nombre : *quatre-vingts euros ; deux-cents dollars* ; mais *deux-cent-quatre-vingt-dix dollars*. Les autres numéraux sont invariables : *quatre amis*.
- *Million, milliard*, etc. sont des noms et prennent donc la marque du pluriel : *plusieurs millions d'habitants*.
- Dans les documents courants, on privilégie l'écriture des nombres en lettres : *il s'en est vendu trente-cinq en deux heures*. Dans les documents scientifiques ou si l'on utilise de grands nombres, ou encore si l'on souhaite établir une comparaison, on écrit plutôt les nombres en chiffres. Dans les documents de nature juridique, l'usage est d'écrire le nombre en toutes lettres puis de le noter une nouvelle fois en chiffres entre parenthèses.

## 22 Élision

L'élision est la suppression d'une voyelle à la fin de certains mots grammaticaux (le plus souvent d'une syllabe), quand le mot suivant commence par une voyelle ou un *h* muet. La voyelle supprimée est remplacée une apostrophe : *l'avion, un film d'Hitchcock*. Il faut cependant tenir compte des cas suivants :

– l'élision de *si* se fait seulement et toujours devant *il(s)* : *s'il vient* (et non « si il vient »), mais *si elle vient* ;

– *presque* et *quelque* ne sont jamais élidés, sauf dans *presqu'île* et dans *quelqu'un(e)* ;

– *lorsque, puisque, quoique* s'élident devant tous les mots commençant par une voyelle ou un *h* muet : *lorsqu'arrivé à Paris, je l'ai vu…* Il n'y a pas élision lorsqu'il y a une pause, marquée à l'écrit par un signe de ponctuation : *lorsque, arrivé à Paris, je l'ai vu…* ;

– les pronoms *le* et *la* qui suivent un impératif ne s'élident pas : *emmène-le au cinéma*. Mais s'ils sont immédiatement suivis par *en* ou *y* se rapportant à cet impératif, on fait l'élision : *emmène-l'y*.

## 23 Emploi des majuscules et des minuscules

La majuscule se met au premier mot d'une phrase ou d'une citation, et sur les noms propres. À l'intérieur d'une même phrase, on ne met pas de majuscule après une interjection, même si celle-ci est suivie d'un signe de ponctuation : *Hélas ! je ne l'ai pas vu*.

#### CAS PARTICULIERS

- Certains mots s'écrivent avec une majuscule ou avec une minuscule selon le sens qu'on veut leur donner : *il n'est pas en état de répondre*, mais *le chef de l'État* ; *ne restez pas au soleil !* mais *le Soleil se trouve dans le système solaire*. Aux articles des mots concernés, le dictionnaire indique quand la majuscule est nécessaire.

- Les noms d'habitants d'un territoire prennent la majuscule, mais non l'adjectif correspondant ni le nom de la langue : *ces Français mangent du pain français et parlent français.*
- Les noms d'évènements particuliers, de périodes historiques ou de fêtes prennent une majuscule : *la Libération, période qui succéda à l'Occupation ; la fête du Travail.*
- Dans les titres d'œuvre, d'institution, etc., la majuscule se met toujours au premier mot ; si le titre commence par *le, la* ou *les*, on met la majuscule aussi au nom et aux adjectifs qui le précèdent, mais non aux adjectifs qui le suivent : *Le Bon Usage a été récompensé par l'Académie française. L'Union européenne.*
- Les noms de mois et de jour ne prennent pas de majuscule : *le lundi 18 avril.* On écrit toutefois *le 14 Juillet* en parlant de la fête nationale française.
- Si l'on désigne un saint en particulier, on écrit avec la minuscule : *saint Jean.* Si l'on veut parler d'une fête ou d'une date, d'un monument ou d'un lieu, *saint* prend la majuscule et est suivi d'un trait d'union : *le jour de la Saint-Roland, l'église Saint-Bernard.*
- Les points cardinaux prennent la majuscule lorsqu'ils désignent une région bien délimitée (*les États-Unis se trouvent en Amérique du Nord*), sauf s'ils sont suivis d'un complément introduit par *de* (*l'est de la France*). Dans les autres cas, on emploie généralement la minuscule : *le nord du département a subi des intempéries.*
- On écrit *ministre* et *ministère* avec une minuscule, alors que le nom du domaine du ministère prend une majuscule : *le ministre des Finances, le ministère de la Culture et de la Communication.*
- On notera enfin qu'il faut mettre les accents (et les autres signes auxiliaires, comme le tréma ou la cédille) aussi aux majuscules : *Ça va ? À bientôt !*

## 24 Emploi du trait d'union

- Le trait d'union (-) a deux types d'emplois en français : des emplois grammaticaux (inversion du pronom sujet comme dans *dit-il*, écriture des nombres...) et des emplois lexicaux (dans les mots composés comme *remue-ménage*).
- Le trait d'union s'emploie notamment pour relier les pronoms personnels (ainsi que *en* et *y*) à l'impératif : *dis-le-leur.* Il n'y a pas de trait d'union si le pronom ne se rattache pas à l'impératif : *viens le voir* [= *le* se rapporte à *voir*].
- On veillera à ne pas mettre d'apostrophe à la place d'un trait d'union avec le *t* placé entre le verbe et le sujet inversé : *y a-t-il quelqu'un ?* (et non « y a-t'il »).
- Les adverbes *ci* et *là* employés après un nom y sont reliés par un trait d'union s'ils suivent immédiatement le nom en question : *ce dictionnaire-ci* ; sinon, il n'y a pas de trait d'union : *ce dictionnaire encyclopédique ci.*
- Avec une apposition, le trait d'union n'est employé que dans certains cas ; notamment, pour la plupart des titres, fonctions ou grades : *une aide-soignante, le médecin-chef* ; il est parfois facultatif : *des mots-clés* ou *des mots clés.*

## 25 Hiatus

L'hiatus est la suite de deux voyelles appartenant à des syllabes différentes, soit à l'intérieur d'un mot (*éoliennes*), soit entre deux mots (*il a été*). Dans certains cas, le français cherche à éviter cette rencontre entre deux voyelles.

### LE DÉMONSTRATIF ET LES POSSESSIFS

Le démonstratif *ce* devient *cet* devant un mot commençant par une voyelle ou un *h* muet ; de même, les possessifs *ma, ta, sa* se changent en *mon, ton, son* : *cet homme, son épouse.*

### LES ADJECTIFS

Devant un mot commençant par une voyelle ou un *h* muet, les adjectifs *beau, fou, mou, nouveau, vieux* changent de masculin singulier en *bel, fol, mol, nouvel, vieil* : *son vieil ami, un nouvel habit.*

### LE PRONOM *ON*

Pour éviter l'hiatus entre le pronom *on* et le mot qui le précède, on peut ajouter un *l'* : *si l'on veut* (plutôt que *si on veut*). Cependant, on écrit de préférence *si on le savait*, pour éviter la répétition du son [l].

### LES VERBES

- Quand le verbe conjugué se termine par *e* ou *a*, on ajoute un *-t-* entre le verbe et le pronom sujet inversé commençant par une voyelle : *viendra-t-elle ?, qu'espère-t-il ?* Ce *-t-* ne se met pas si le verbe se termine par *-t* ou par *-d* : *vient-elle ?, combien en vend-on ?*
- À la deuxième personne du singulier de l'impératif présent, si le verbe se termine par *e* ou par *a* et qu'il est suivi des pronoms *en* ou *y*, on ajoute un *s* : *prépares-en, vas-y.*

## 26 Règles essentielles de ponctuation

• La ponctuation est un système de signes graphiques permettant de séparer les phrases d'un texte, les membres d'une phrase, d'indiquer certains rapports grammaticaux et de noter divers faits de l'oral.

• Attention, un signe de ponctuation peut changer totalement le sens d'une phrase : *elle est morte comme je te l'ai dit* [= elle est morte de la manière que je t'ai dite] et *elle est morte, comme je te l'ai dit* [= elle est morte ; je te l'ai dit].

• La **virgule** marque une pause dans la phrase ; le **point-virgule** délimite les différentes parties d'une phrase. Le **deux-points** annonce une explication, un exemple, une citation. À l'intérieur des **parenthèses** est placée une remarque, une explication complémentaire, qui généralement n'est pas nécessaire à la compréhension globale de la phrase. Les **tirets** ont une fonction similaire à celle des parenthèses ; on emploie également le tiret dans les dialogues. Les **crochets** s'emploient à l'intérieur de parenthèses ou pour indiquer un commentaire ou un ajout, une suppression à l'intérieur d'une citation. Les **guillemets** encadrent une citation, un mot employé dans un sens figuré… Parfois (surtout dans l'écriture manuscrite), on y recourt à la place des caractères italiques.

• À la fin d'une phase, on emploie le plus souvent le **point**. Le **point d'exclamation** s'emploie à la fin d'une exclamation directe et le **point d'interrogation** à la fin d'une question directe : *Qui aime-t-il ?* ; mais la phrase *Dis-moi qui il aime.* se termine bien par un point car l'interrogation est indirecte (*dis-moi* n'est pas une question). Les **points de suspension** sont employés dans une phrase inachevée, pour un mot que l'on ne souhaite pas dire, ou lorsque l'on sous-entend quelque chose : *il m'a dit : « M… » ; il l'a embrassée dans la nuque…*

### CAS PARTICULIERS

• On ne met jamais de virgule entre le sujet et le verbe, même si le sujet est suffisamment long pour qu'une pause soit faite à l'oral. Cependant, les virgules sont nécessaires lorsque le verbe et le sujet sont séparés par un élément : *cette star, parait-il, est d'origine mexicaine.*

• On met une virgule avant *ni* s'il y a plus de deux *ni* : *il n'est ni aimable ni apprécié* ; mais *il n'est ni aimable, ni apprécié, ni appréciable.*

• Avant *car* et *mais*, on met généralement une virgule : *je le sais, mais je n'y peux rien.*

• *Et ce* est encadré de virgules : *je lui téléphone, et ce, trois fois par jour.*

# Les figures de style

**La figure de style, appelée également figure de rhétorique, est un procédé de langage qui permet de rendre l'énoncé plus expressif. Lorsqu'on étudie un texte, il est important de savoir repérer ces figures. Le tableau suivant en présente les principales classées selon le procédé qu'elles mettent en œuvre. Vous trouverez leur définition et des exemples à leur entrée dans le *Dictionnaire Hachette.***

| substitution | insistance | atténuation | opposition | sonorités | syntaxe |
|---|---|---|---|---|---|
| allégorie | anaphore | euphémisme | antiphrase | allitération | anacoluthe |
| antonomase | gradation | litote | antithèse | assonance | asyndète |
| catachrèse | hyperbole | | ironie | paronomase | chiasme |
| comparaison | pléonasme | | oxymore | | ellipse |
| métaphore | redondance | | paradoxe | | hendiadys |
| métonymie | tautologie | | prétérition | | hypallage |
| périphrase | | | prolepse | | hyperbate |
| personnification | | | | | zeugma |
| symbole | | | | | |
| synecdoque | | | | | |

# Les éléments issus du grec et du latin

**Depuis le XVIe siècle, le français emprunte au latin et au grec des éléments pour créer des mots scientifiques ou de la langue courante. Ces éléments portent en eux un sens précis (poly- signifie plusieurs). Ils se combinent entre eux (*poly-* + *gon* → *polygone*), avec d'autres mots (*poly-* + *copie*), ou avec un ou plusieurs affixes (*crypt-* + *-er* → *crypter, décrypter*). Certains peuvent se trouver au début du mot (*graphologue*) ou à la fin (*orthographe*). Connaître ces éléments permet de trouver le sens et l'orthographe de nombreux mots. La liste suivante donne les principaux éléments du français issus du grec ou du latin et les éléments homonymes issus d'un mot français lorsque le cas se présente : 1. bio- vient du grec *bios*, mais 2. bio- vient du français *biologie*. Chacun est suivi du sens qu'il porte et d'exemples de mots qu'il sert à former.**

**a-, an-** *Sans : anarchie, apolitique*
**acro-** *Sommet, extrémité : acrobate, acronyme*
1. **aér(o)-** *Air : aérophagie, aéroplane*
2. **aéro-** *Navigation aérienne : aéroport, aérogare*
**agr(i)-** *Champ : agricole, agriculture*
**agro-** *Agricole : agronomie, agrotourisme*
**alg(o)-** *Douleur : analgésie, lombalgie*
**all(o)-** *Autre : allergie, allopathie*
**ambi-** *Les deux : ambidextre, ambivalent*
**amphi-** *1. Autour de : amphithéâtre*
*2.Des deux cotés : amphore*
**an(a)-** *De bas en haut, en sens inverse : anachronisme, anaphore*
**andr(o)-** *Personne de sexe masculin : androgyne*
**ant(é)-** *Avant : antécédent, antédiluvien*
**anth(o)-** *Fleur : anthologie, chrysanthème*
**anthrop(o)-** *Humain : anthropologie, philanthrope*
**ant(i)-** *Contre : antiaérien, antalgique*
**apo-** *Au loin, à l'écart : apogée, apothéose*
**aqu-** *Eau : aquaculture, aqueduc*
1. **arch-** *Ancien : archaïsme, archéologie*
2. **arch-, arq-** *Commander : anarchie, monarque*
**arthr(o)-** *Articulation : arthrite, arthropode*
**aud(i)-, audio-** *Entendre : audible, audioguide*
**aut(o)-** Soi-même : *autisme, automobile*
**bary-** *Lourd : barycentre, baryon*
**bi-** *Deux fois, double : bicolore, biscuit*
**biblio-** *Livre : bibliophile, bibliothèque*
1. **bio-** *Vie : biographie, symbiose*
2. **bio-** *Biologique : biocompatible, bioterrorisme*
**caco-** *Mauvais : cacochyme, cacophonie*
**call(i)-** *Beau : calligraphie, hémérocalle*
**card-, cardio-** *Cœur : cardiaque, péricarde*
**caryo-** *Noyau : caryotype, eucaryote*
**céphal(o)-** *Tête : céphalée, bicéphale*
**chir(o)-** *Main : chiromancie, chirurgien*
1. **chlor(o)-** *Vert : chlorophylle, chlorose*
2. **chloro-** *Chlore : chloroforme, chlorhydrique*
**chrom(o)-** *Couleur : chromosome, polychrome*
**chron(o)-** *Temps : chronologie, synchrone*
**chrys(o)-** *Or : chrysanthème, chrysalide*
**cosm(o)-** *Ordre, univers : cosmologie, microcosme*
**crat-** *Force, puissance : bureaucrate, théocratie*
**cryo-** *Froid : cryogène, cryolithe*
**crypt(o)-** *Caché : cryptologie, crypter*
1. **cycl(o)-** *Cercle : hémicycle, encyclopédie*
2. **cycl(o)-** *Bicycle : cyclomoteur, cycliste*
**cyt(o)-** Cellule : *cytologie, leucocyte*
**dactyl(o)-** *Doigt : dactylographie, polydactyle*
**dém(o)-** *Peuple : démographie, épidémie*
**di-** *Deux fois : dioxyde, distique*
**dia-** *1. Séparé : diacritique, dialyse*
*2. À travers : dialogue, diagonale*
**dynam(o)-** *Force : adynamie, dynamite*
**dys-** *Mauvais : dysfonctionnement, dyslexie*
**ectom-** *Ablation chirurgicale : laryngectomie*
**end(o)-** *Au-dedans, à l'intérieur : endémie, endoscopie*
**ethn(o)-** *Race, peuple : ethnie, pluriethnique*
**eu-** *Bien, bon : euthanasie, euphorie*
**ex(o)-** *À l'extérieur : exosphère, exogène*
**(i)fér-** *Porter : aquifère, mammifère, pestiféré*
**fug-** *Fuir, faire fuir : centrifuge, fébrifuge, fugitif*
**gam(o)-** *Union, mariage : bigame, gamète*
**gén(o)-** *1. Naissance, origine : lacrymogène, pathogène*
*2. Race : génocide*
**géo-** *Terre : géographie, géothermie*
**gloss-, glott-** *Langue : glossaire, polyglotte*
**gluc(o)-, glyc(o)-** *Sucre : glucide, glycémie*
**gnos-** *Connaissance : diagnostic, agnostique*
**gon-** *Angle : orthogonal, polygone*
**gramm-** *1. Lettre : anagramme*
*2. Graphique : encéphalogramme*
**graph(o)-** *1. Écriture : orthographe, homographe*
*2. Représentation visuelle : radiographie*
*3. Étude : scénographie*
**gyn-, gynéc(o)-** *Femme : androgyne, gynécologue*
**gyr(o)-** Cercle : *gyrophare, gyroscope*
**hect(o)-** *Cent : hectare, hectomètre*
**héli(o)-** *Soleil : héliocentrique, hélium*
**hémo-, hémat(o)-** *Sang : hémoglobine, hématologie*
**hémi-** *À moitié : hémistiche, hémiplégie*
**hétér-** *Autre, différent : hétéroclite, hétérogène*
**hexa-** *Six : hexagone, hexafluorure*
**hipp(o)-** *Cheval : hippisme, hippocampe*
**hist(o)-** *Tissu : histologie, histolyse*
**holo-** *Entier : holocauste, hologramme*
**homéo-** *Semblable : homéopathe, homéostasie*
**homo-** *Semblable : homogène, homologue*

**hydr(o)-** *Eau : chlorhydrique, hydravion*
**hyper-** *Dessus, au-dessus : hyperactif, hyperbole*
**hypn(o)-** *Sommeil : hypnose, hypnogène*
**hypo-** *Au-dessous : hypocondriaque, hypothermie*
**ichtyo-** *Poisson : ichtyologie, ichtyosaure*
**igni-** *Feu : ignifuge, ignition*
**immun(o)-** *Exempt de, libre de : immunité*
**infra-** *Au-dessous : infrastructure, infrason*
**iso-** *Égal : isocèle, isotherme*
**kinési-** *Mouvement : dyskinésie, kinésithérapie*
**laryng(o)-** *Gorge : laryngal, rhinolaryngite*
**latér-** Côté : *équilatère, unilatéral*
**lith(o)-** *Pierre : lithographie, monolithe*
**log(o)-** *Discours, parole : dialogue, syllogisme*
**lys-, lyt-** Dissolution, dissociation : *analyse, anxiolytique*
**mam(m)-, mammo-** *Sein : mammifère, mammoplastie*
**méga-** *1. Grand : mégalomanie, mégapole*
*2. Un million : mégaoctet, mégatonne*
**métr(o)-** *Mesure : métronome, parcmètre*
**micro-** *Petit : microphone, microscope*
**mis(o)-** *Haïr : misanthrope, misogyne*
**mon(o)-** *Seul : monarchie, monothéisme*
**morph(o)-** *Forme : anthropomorphisme, morphologie*
**multi-** *Nombreux : multicarte, multiethnique*
**my(o)-** *Muscle : myalgie, myopathie*
**myc(o)-** *Champignon : mycose, zygomycète*
**mytho-** *Fable : mythologie, mythomane*
**nan(o)-** *1.Très petit : nanisme, nanomonde*
*2. Un milliardième : nanoseconde*
**narc(o)-** *Engourdissement : narcolepsie, narcose*
**naut-** *Navigation : astronaute, nautisme*
**nécr(o)-** *Mort : nécrologie, nécrose*
**néo-** *Nouveau : néologie, néophyte*
**neur(o)-, névr-** *Nerf : neurasthénie, névrose*
**nom-** *Loi : autonome, économie*
**nuclé(o)-** Noyau : *mononucléose, nucléaire*
**œno-** *Vin : œnologie, œnométrie*
**oïd-** *De la forme de : bizarroïde, hélicoïdal*
**olé-** *Huile : linoléum, oléagineux*
**om-** *Tumeur : fibrome, sarcome*
**omni-** *Tout : omnisport, omnivore*
**ophtalm(o)-** *Œil : exophtalmie, ophtalmologie*
**ornith(o)-** *Oiseau : ornithologie, ornithorynque*
**orth(o)-** *1. Droit : orthogonal*
*2. Correct : orthophonie*
**ov-** *Œuf : ovipare, ovule*
1. **oxy-** *Acide : oxydation, oxygène*
2. **oxy-** *Oxygène : dioxyde, oxydase*
**palé(o)-** *Ancien : paléocène, paléontologie*
**pan-, panto-** *Tout : pandémie, panoplie*
**par-** *Engendrer : ovipare, primipare*
**par(a)-** *À côté de : paraphrase, paronyme*
**para-** *Protéger : parachute, parapluie*
**path(o)-** *1. Ressentir : apathie, sympathie*
*2. Maladie : pathologie, psychopathe*
**péd(i)-** *Pied : bipède, pédicure*
**péd(o)-** *Enfant : pédagogie, pédiatre*
**pent(a)-** *Cinq : pentagone, pentathlon*
**péri-** *Autour : périphérie, périphrase*
**phag(o)-** *Manger : aérophagie, phagocyte*
**phil(o)-** *Aimer : cinéphile, philosophie*
**phob-** *Haïr, craindre : homophobe, phobie*
**phon(o)-** *1. Voix, son : homophone, phonologie*
*2. Langue : francophone*
**phor-** *Porter : euphorie, sémaphore*
**phot(o)-** Lumière : *cataphote, photosynthèse*
**photo-** *Photographie : photogravure, photothèque*
**phyll(o)-** *Feuille : chlorophylle, phyllopage*
**physio-** *Nature : physiologie, physiothérapie*
**phyt(o)-** *Plante : phytophage, spermaphyte*
**pisci-** *Poisson : pisciculture, piscivore*
**pithéc-, pithèqu-** *Singe : australopithèque*
**plast-** *Modeler : galvanoplastie, plasticien*
**pod(o)-** *Pied : podologie, tétrapode*
**pol(i)-** *Ville : cosmopolite, métropole*
**poly-** *Nombreux : polyglotte, polysémie*
**prot(o)-** *Premier : prototype, protozoaire*
**pseudo-** *Faux : pseudomembrane, pseudonyme*
**psych(o)-** *Âme : psychique, psychologie, psychose*
**ptér(o)-** *Aile : aptère, ptérodactyle*
**pyr(o)-** *Feu : apyre, pyromane*
**rhin(o)-** *Nez : rhinite, rhinocéros*
**rhiz(o)-** *Racine : rhizome, rhizophage*
**rrag-** *Jaillir : blennorragie, hémorragie,*
**rrh-** *Couler : diarrhée, logorrhée*
**schizo-** *Diviser : schizogamie, schizophrène*
**scop-** *Regarder : fibroscopie, télescope*
**soph-** *Sagesse : sophistiqué, théosophe*
**styl-** *Colonne : péristyle, stylographe, styloïde*
**sylv(i)-** *Forêt : sylvestre, sylviculture*
**syn-, syl-, sym-** Avec : *synchrone, syllabe, symphonie*
**tachy-** *Rapide : tachycardie, tachygraphe*
**tax(i)-, tact-** *Arrangement, ordre : taxidermie, taxinomie, syntactique*
**techn(o)-** *Art, métier : pyrotechnie, technologie*
1. **télé-** *Loin : télépéage, téléphone*
2. **télé-** *Télévision : téléfilm, téléspectateur*
**tétra-** *Quatre : tétraèdre, tétrapode*
**thalass(o)-** *Mer : thalassocratie, thalassothérapie*
**than-, thanat(o)** *Mort : euthanasie, thanatopraxie*
**thé(o)-** *Dieu : apothéose, théologie*
**thèqu-** *Collection : ludothèque, médiathèque*
**thérap-** *Soigner : thérapeute, trithérapie*
**therm(o)-** *Chaleur : isotherme, thermique*
**tom-** *Découper : lobotomie, rhizotome*
**top(o)-** *Lieu : biotope, toponyme*
**tox-, toxico-** *Poison : intoxiquer, toxicologie*
**tri-** *Trois : trident, trimestre*
**troph-** *Nourriture : atrophie, trophoblaste*
**viti-** *Vigne : viticole, viticulture*
**vor-** *Manger : omnivore, vorace*
**xén(o)-** *Étranger : xénisme, xénogreffe, xénophobe*
**xyl(o)-** *Bois : xylène, xylographe*
**zo(o)-** *Être vivant, animal : zoologie, protozoaire*

# Maximes et proverbes

**À beau mentir qui vient de loin** il est facile de tromper autrui en tenant des propos invérifiables.

**À bon chat, bon rat** l'assaillant trouve un adversaire à sa taille.

**Abondance de biens ne nuit pas** même si l'on est suffisamment pourvu, il ne faut pas dédaigner ce qui semble superflu.

**Les absents ont toujours tort** on ne peut défendre ses intérêts si l'on est absent.

**À chaque jour suffit sa peine** il ne faut pas trop se soucier du lendemain.

**Aide-toi, le ciel t'aidera** il faut d'abord faire des efforts si l'on veut obtenir l'aide de la Providence.

**À l'impossible nul n'est tenu** on ne peut exiger de qqn qu'il accomplisse ce qui est impossible.

**À l'œuvre, on connaît l'ouvrier** la valeur d'un ouvrage permet de juger l'habileté de celui qui l'a fait.

**À malin, malin et demi** on rencontre toujours qqn de plus malin que soi.

**L'amour est aveugle** quand on aime quelqu'un, on ne voit pas ses défauts.

**À père avare, fils prodigue** une attitude excessive fait naître dans l'entourage, par réaction, l'excès contraire.

**L'appétit vient en mangeant** plus on a de biens, plus on en désire.

**Après la pluie, le beau temps** aux difficultés succèdent les bons moments.

**À quelque chose malheur est bon** on peut toujours trouver qqch de positif dans un évènement fâcheux.

**Les arbres cachent la forêt** il faut savoir regarder le tout et non pas uniquement les détails.

**L'argent ne fait pas le bonheur** les biens matériels ne suffisent pas pour être heureux.

**À tout péché miséricorde** rien n'est impardonnable.

**À tout seigneur tout honneur** on accorde la préséance à la personne la plus importante.

**Au bout du fossé, la culbute** les actions irréfléchies peuvent avoir des suites fâcheuses.

**Au royaume des aveugles, les borgnes sont rois** un médiocre brille parmi les plus médiocres que lui.

**Autres temps, autres mœurs** les mœurs changent à chaque époque.

**Aux grands maux, les grands remèdes** quand le mal est grave, il faut recourir à des mesures extrêmes.

**Aux innocents les mains pleines** les personnes simples, qui ne calculent pas, sont souvent favorisées par le destin.

**À vaincre sans péril on triomphe sans gloire** une victoire obtenue aux dépens d'un faible adversaire n'est pas flatteuse.

**Avec des si on mettrait Paris en bouteille** on peut imaginer n'importe quel projet en ne se fondant que sur des hypothèses.

**Bien faire et laisser dire** il faut faire ce que l'on doit sans se soucier de l'opinion d'autrui.

**Un bienfait n'est jamais perdu** tôt ou tard, une bonne action sera récompensée.

**Bien mal acquis ne profite jamais** ce qu'on a obtenu malhonnêtement ne peut être bénéfique.

**Bon chien chasse de race** ou **Bon sang ne saurait mentir** les enfants héritent des qualités de leurs parents.

**Bonne renommée vaut mieux que ceinture dorée** il vaut mieux être estimé que riche.

**Les bons comptes font les bons amis** il faut régler exactement ce que l'on doit pour conserver l'estime de son entourage.

**La caque sent toujours le hareng** on ne peut dissimuler entièrement ses origines.

**Ce n'est pas à un vieux singe qu'on apprend à faire des grimaces** on n'enseigne pas la ruse, l'habileté à une personne très expérimentée.

**Ce que femme veut, Dieu le veut** on ne peut s'opposer aux désirs d'une femme.

**Ce sont les tonneaux vides qui font le plus de bruit** ceux qui parlent sans cesse sont ceux qui n'ont rien à dire.

**C'est au fruit que l'on connaît l'arbre** la valeur d'une personne se reconnaît dans ses actes.

**C'est en forgeant qu'on devient forgeron** c'est en s'exerçant que l'on apprend.

**C'est la poule qui chante qui a fait l'œuf** celui qui dénonce un acte en est l'auteur.

**Chacun pour soi et Dieu pour tous** on peut s'occuper de ses propres intérêts puisque Dieu s'occupe des autres.

**Chacun son métier, les vaches seront bien gardées** que chacun s'occupe de ses affaires et tout ira bien.

**Chacun voit midi à sa porte** on n'envisage les choses que de son propre point de vue.

**La chance sourit aux audacieux** il faut savoir prendre des risques pour réussir.

**Charité bien ordonnée commence par soi-même** il est plus raisonnable de penser à soi avant de penser aux autres.

**Chassez le naturel, il revient au galop** les mauvaises habitudes ne se perdent jamais.

**Chat échaudé craint l'eau froide** les expériences fâcheuses rendent prudent, méfiant.

**Les chats ne font pas des chiens** il ne faut pas attendre des enfants qu'ils soient différents de leurs parents.

**Chien qui aboie ne mord pas** ceux qui profèrent de bruyantes menaces ne sont pas dangereux.

**Les chiens aboient, la caravane passe** il ne faut pas s'arrêter aux critiques des personnes médisantes.

**Chose promise, chose due** on est obligé de tenir ses promesses.

**Un clou chasse l'autre** un nouvel amour, un nouveau goût fait oublier le précédent.

**Le cœur a ses raisons que la raison ne connaît pas** les sentiments échappent à l'analyse rationnelle.

**La colère est mauvaise conseillère** il ne faut pas prendre de décision sous l'emprise de la colère.

**Comme on connaît ses saints, on les honore** on se comporte avec qqn d'après ce que l'on connaît de son caractère.

**Comme on fait son lit, on se couche** il faut subir les conséquences de ses actes.

**Comparaison n'est pas raison** une comparaison ne constitue pas une preuve, ne peut servir d'argument.

**Les conseilleurs ne sont pas les payeurs** ce ne sont pas ceux qui donnent des conseils qui auront à supporter les conséquences des actes qu'ils suggèrent.

**Les cordonniers sont les plus mal chaussés** on néglige souvent les avantages dont on peut disposer facilement.

**La critique est aisée (mais l'art est difficile)** il est plus facile de critiquer une chose faite par autrui que de la faire soi-même.

**Dans le doute, abstiens-toi** il vaut mieux s'abstenir d'agir si l'on n'est pas certain du résultat ou du bien-fondé de l'action.

**De deux maux, il faut choisir le moindre** se dit d'un dilemme dans lequel chaque parti est défavorable.

**Des goûts et des couleurs, on ne discute pas** chacun a le droit d'avoir ses préférences.

**Deux avis valent mieux qu'un** il vaut mieux s'informer sérieusement avant d'agir.

**Dis-moi qui tu hantes, je te dirai qui tu es** on peut juger qqn quand on connaît ses fréquentations.

**L'eau va à la rivière** les riches attirent l'argent ; les avantages vont à ceux qui sont déjà privilégiés.

**L'enfer est pavé de bonnes intentions** il ne suffit pas d'avoir de bonnes intentions, encore faut-il pouvoir ou vouloir les concrétiser.

**Entre l'arbre et l'écorce il ne faut pas mettre le doigt** il ne faut pas intervenir dans une querelle entre proches.

**Erreur ne fait pas (n'est pas) compte** ce qui contient une erreur n'est pas valable.

**L'exception confirme la règle** se dit pour justifier ce qui ne rentre pas dans une règle.

**L'excès en tout est un défaut** il faut savoir garder la mesure en tout.

**La faim chasse (fait sortir) le loup du bois** la nécessité peut forcer qqn à agir contre son désir, son habitude.

**Faute avouée est à moitié pardonnée** Une faute reconnue a des conséquences moins graves.

**Faute de grives, on mange des merles** si l'on ne peut obtenir ce qu'il y a de mieux, il faut se satisfaire de ce que l'on a.

**La fin justifie les moyens** la nécessité d'obtenir un résultat justifie tous les moyens employés pour y parvenir.

**Une fois n'est pas coutume** ce que l'on ne fait qu'une fois, à titre exceptionnel, ne peut être pris pour une généralité.

**La fortune vient en dormant** la richesse vient à celui qui n'entreprend rien pour l'obtenir.

**Gouverner, c'est prévoir** les gouvernants doivent être capables d'envisager tout ce qui peut se produire.

**L'habit ne fait pas le moine** on ne doit pas juger les gens sur leur apparence.

**L'habitude est une seconde nature** l'habitude nous conditionne comme un instinct.

**Heureux au jeu, malheureux en amour** se dit, en guise de consolation, à qqn qui a subi des pertes au jeu.

**Une hirondelle ne fait pas le printemps** on ne peut tirer une conclusion générale d'un seul fait, d'un seul cas.

**L'homme est la mesure de toute chose** tout doit être jugé par référence à l'être humain.

**L'homme est un loup pour l'homme** l'être humain est impitoyable avec ses semblables.

**Un homme averti en vaut deux** celui qui connaît les difficultés qui l'attendent est bien armé pour les affronter.

**L'homme propose, Dieu dispose** la réalisation des projets est soumise aux incertitudes de l'avenir.

**Il faut battre le fer pendant qu'il est chaud** il faut saisir immédiatement l'occasion qui se présente.

**Il faut faire avec ce qu'on a** il faut savoir se contenter de ce dont on dispose.

**Il faut toujours garder une poire pour la soif** il faut penser à faire des réserves, des économies pour les moments difficiles.

**Il faut laver son linge sale en famille** il ne faut pas régler ses problèmes en dehors des personnes concernées.

**Il faut que jeunesse se passe** il faut être indulgent pour les fautes dues à la vivacité, à l'inexpérience des jeunes gens.

**Il faut qu'une porte soit ouverte ou fermée** il faut choisir entre deux partis, sans tergiverser.

**Il faut rendre à César ce qui est à César (et à Dieu ce qui est à Dieu)** à chacun son dû.

**Il faut tourner sa langue sept fois dans sa bouche avant de parler** il faut bien réfléchir avant d'exprimer sa pensée.

**Il ne faut pas dire « Fontaine, je ne boirai pas de ton eau »** on ne peut affirmer que l'on n'aura jamais recours à qqn, à qqch.

**Il ne faut pas éveiller le chat qui dort** il ne faut pas rappeler un vieux sujet de querelle.

**Il ne faut pas mélanger les torchons et les serviettes** il ne faut pas traiter de la même façon des personnes de condition différente, des choses de valeur différente.

**Il ne faut pas vendre la peau de l'ours avant de l'avoir tué** il ne faut pas disposer d'une chose si l'on ne la possède pas.

**Il n'est pire eau que l'eau qui dort** il faut se méfier des personnes d'apparence paisible, renfermées.

**Il n'est pire sourd (aveugle) que celui qui ne veut pas entendre (voir)** celui qui est ancré dans ses préjugés rejette d'emblée tout argument, toute explication.

**Il n'y a pas de fumée sans feu** il y a toujours un fond de vérité dans une rumeur.

**Il n'y a pas de rose sans épine** tout avantage, tout plaisir comporte une part de désagrément.

**Il n'y a pas d'heure pour les braves** quand on est brave, on l'est tout le temps.

**Il n'y a que la vérité qui blesse** se dit lorsque qqn se sent offensé par un reproche, une remarque justifiés.

**Il n'y a que le premier pas qui coûte** le plus pénible, dans une entreprise jugée difficile, est de commencer.

**Il n'y a que les montagnes qui ne se rencontrent jamais** même des gens très éloignés finissent par se rencontrer.

**Il vaut mieux avoir affaire à Dieu qu'à ses saints** mieux vaut s'adresser directement à un supérieur plutôt qu'à ses subordonnés.

**Il y a loin de la coupe aux lèvres** beaucoup d'obstacles peuvent survenir entre l'élaboration d'un projet et sa réalisation.

**Il y a un début à tout** on ne réussit pas toujours dès les premiers essais.

**Jamais deux sans trois** ce qui est arrivé déjà deux fois se reproduira.

**Jeux de main, jeux de vilain** la violence feinte des jeux de main conduit souvent à la violence réelle.

**Les jours se suivent et ne se ressemblent pas** les choses changent continuellement.

**Loin des yeux, loin du cœur** on oublie ceux qui s'en vont.

**Les loups ne se mangent pas entre eux** les filous ne se nuisent pas mutuellement.

**Le malheur des uns fait le bonheur des autres** les uns trouvent des avantages dans ce qui nuit à d'autres.

**Le mieux est l'ennemi du bien** le souci de perfectionnisme peut gâcher une entreprise.

**Mieux vaut être seul que mal accompagné** la solitude est préférable à la compagnie de personnes désagréables, importunes.

**Mieux vaut faire envie que pitié** la situation de celui qui inspire de l'envie est préférable à celle d'une personne qui inspire de la pitié.

**Mieux vaut tard que jamais** il vaut mieux agir tard que de ne pas agir du tout.

**Morte la bête, mort le venin** l'ennemi mort a fini de nuire.

**Nécessité fait loi** tout acte se justifie quand la situation le rend inévitable.

**Ne jugez point et vous ne serez point jugés** pour mériter de l'indulgence, il faut en montrer soi-même.

**Noblesse oblige** un personnage important doit se montrer digne de son rang, de sa réputation.

**La nuit porte conseil** il est plus sage de renvoyer une décision importante au lendemain.

**La nuit, tous les chats sont gris** dans l'obscurité, il est difficile de reconnaître les gens et les choses.

**Nul n'est prophète en son pays** la valeur de qqn est rarement reconnue par les siens.

**L'occasion fait le larron** dans certaines circonstances, on commet des actes que l'on n'aurait pas commis autrement.

**L'œil du maître engraisse le cheval** celui qui surveille activement ses affaires les voit prospérer.

**L'oisiveté est la mère de tous les vices** dans l'oisiveté, on est tenté de commettre de mauvaises actions.

**On a toujours besoin d'un plus petit que soi** il ne faut pas négliger l'aide que peuvent apporter ceux dont la position est moins élevée.

**On est toujours puni par où l'on a péché** le châtiment d'une faute découle souvent de la faute elle-même.

**On ne change pas de monture au milieu du gué** on ne change pas de collaborateurs pendant une crise.

**On ne fait pas d'omelette sans casser des œufs** un avantage ne s'obtient pas sans sacrifice.

**On ne peut être à la fois au four et au moulin** on ne peut pas faire deux choses à la fois.

**On ne prend pas les mouches avec du vinaigre** on ne rallie pas les gens à soi avec des procédés désagréables.

**On ne prête qu'aux riches** seules les personnes avantagées peuvent bénéficier d'avantages supplémentaires.

**On ne s'avise jamais de tout** on ne peut tout prévoir.

**On ne se baigne pas deux fois dans le même fleuve** tout change sans cesse (comme l'eau d'un cours d'eau).

**On n'est jamais si bien / mieux servi que par soi-même** ce que l'on fait soi-même est toujours supérieur à ce que l'on fait faire par les autres.

**Quand le bâtiment va, tout va** l'activité dans la construction est un indice de prospérité générale.

**La parole est d'argent, le silence est d'or** dans certaines circonstances, se taire est plus judicieux que parler.

**Les paroles s'envolent, les écrits restent** ce qui est écrit ne peut être effacé, tandis que les paroles s'oublient vite.

**Partir, c'est mourir un peu** on perd qqch de soi quand on s'éloigne de qqn, d'un lieu.

**Pas de nouvelles, bonnes nouvelles** quand qqn ne donne pas de nouvelles, on peut penser que tout va bien.

**Patience et longueur de temps font plus que force ni que rage** une persévérance tranquille est plus profitable qu'un emportement impatient.

**Pauvreté n'est pas vice** la pauvreté n'a rien de honteux.

**Petit à petit, l'oiseau fait son nid** avec de la persévérance, on arrive à ses fins.

**Petite pluie abat grand vent** un évènement apparemment sans importance met souvent fin à une situation de crise.

**Les petits cadeaux entretiennent l'amitié** on peut conserver la faveur de qqn par des prévenances.

**Les petits ruisseaux font les grandes rivières** plusieurs petites sommes constituent finalement un montant important.

**Pierre qui roule n'amasse pas mousse** on ne s'enrichit pas si l'on ne cesse de changer de situation.

**Plaie d'argent n'est pas mortelle** on peut toujours trouver une solution aux problèmes financiers.

**La plus belle fille du monde ne peut donner que ce qu'elle a** il ne faut pas demander l'impossible.

**Plus on est de fous, plus on rit** plus on est nombreux, plus on s'amuse.

**Point d'argent, point de Suisse** on n'obtient rien si on ne paie pas.

**Prévenir vaut mieux que guérir** empêcher l'apparition d'un mal est mieux que d'y remédier.

**Prudence est mère de sûreté** pour parvenir à ses fins, il faut savoir être prudent.

**Quand le chat n'est pas là, les souris dansent** en l'absence d'un supérieur, chacun fait ce qui lui plaît

**Quand le vin est tiré, il faut le boire** lorsque l'on a entrepris qqch, on ne peut revenir en arrière.

**Quand on aime, on a toujours vingt ans** l'amour permet de garder l'esprit jeune et d'oublier les ans qui passent.

**Quand on parle du loup, on en voit la queue** se dit quand qqn arrive au moment où l'on parle de lui.

**Qui aime bien châtie bien** l'amour ne doit pas inciter à l'indulgence, mais à la sévérité.

**Qui dort dîne** en dormant, on oublie qu'on a faim.

**Qu'importe le flacon pourvu qu'on ait l'ivresse** l'important est le plaisir, non les moyens par lesquels on y parvient.

**Qui n'avance pas recule** celui qui ne fait rien pour progresser perd ce qu'il avait acquis.

**Qui ne dit mot consent** en n'élevant aucune objection, on approuve tacitement ce qui se dit ou se fait.

**Qui ne risque rien n'a rien** pour obtenir des résultats, il faut courir certains risques.

**Qui paie ses dettes s'enrichit** en s'acquittant de ses dettes, on gagne la confiance d'autrui.

**Qui peut le plus peut le moins** quand on peut faire une chose difficile, on peut d'autant plus en faire une autre plus simple.

**Qui sème le vent récolte la tempête** celui qui provoque des troubles doit s'attendre à en subir les conséquences.

**Qui se ressemble s'assemble** on recherche la compagnie de ceux qui partagent nos goûts (se dit surtout péj.).

**Qui sert bien son pays n'a pas besoin d'aïeux** le dévouement envers la patrie remplace avantageusement un nom noble, illustre.

**Qui se sent morveux, qu'il se mouche** si l'on se sent visé par une critique, il faut l'accepter et en faire son profit.

**Qui s'y frotte s'y pique** celui qui veut affronter qqn, qqch, en subira les conséquences.

**Qui trop embrasse mal étreint** en voulant faire trop de choses en même temps, on ne réussit rien.

**Qui va à la chasse perd sa place** celui qui quitte sa place, sa position, ne doit pas s'étonner de la trouver occupée à son retour.

**Qui va lentement, va sûrement** il ne faut pas se précipiter si l'on veut arriver à ses fins.

**Qui veut faire l'ange fait la bête** s'applique à qqn qui prétend à un haut degré de perfection morale ou spirituelle.

**Qui veut la fin veut les moyens** si l'on veut obtenir un résultat, il ne faut pas hésiter à employer les moyens nécessaires.

**Qui veut noyer son chien l'accuse de la rage** tout prétexte est bon quand on veut se débarrasser de qqn, de qqch.

**Qui veut voyager loin ménage sa monture** il ne faut pas gaspiller son énergie si l'on veut arriver à ses fins.

**Qui vivra verra** l'avenir permettra de juger.

**Qui vole un œuf, vole un bœuf** celui qui commet un vol insignifiant peut aussi bien en commettre un plus important.

**La raison du plus fort est toujours la meilleure** la force l'emporte sur tout.

**Rien ne sert de courir il faut partir à point** dans une entreprise, il faut employer toute son énergie dès le début.

**Rira bien qui rira le dernier** se dit à propos de qqn qui se réjouit d'un succès qui n'est que provisoire, et dont on espère le priver.

**Rome (ou Paris) ne s'est pas faite en un jour** il faut du temps pour réaliser qqch.

**Si jeunesse savait, si vieillesse pouvait** si la jeunesse avait l'expérience, et la vieillesse la force.

**Si tu veux la paix, prépare la guerre** une armée puissante est un bon moyen de dissuader l'ennemi d'attaquer.

**Tant qu'il y a de la vie, il y a de l'espoir** il ne faut jamais désespérer, quelle que soit la situation.

**Tant va la cruche à l'eau qu'à la fin elle se brise / casse** à trop s'exposer à un danger, à trop provoquer qqn, on finit par en subir de fâcheuses conséquences.

**Tel est pris qui croyait prendre** l'auteur d'un méfait en est souvent la victime.

**Tel père, tel fils** les enfants héritent des qualités ou des défauts de leur père.

**Le temps, c'est de l'argent** le temps est précieux, il ne faut pas le perdre.

**Tous les chemins mènent à Rome** les moyens d'atteindre un but sont nombreux.

**Tout ce qui brille n'est pas (d')or** il ne faut pas se laisser abuser par les apparences.

**Toute peine mérite salaire** chacun doit être récompensé de ses efforts.

**Tout est bien qui finit bien** se dit de ce qui se termine heureusement en dépit des difficultés.

**Toute médaille a son revers** tout ce qui est agréable, profitable, comporte un côté négatif.

**Toute vérité n'est pas bonne à dire** il y a des situations où il vaut mieux taire la vérité.

**Tout vient à point à qui sait attendre** celui qui fait preuve de patience voit ses désirs se réaliser.

**L'union fait la force** plus on est nombreux, plus on est fort.

**Un tiens vaut mieux que deux tu l'auras** la possession effective d'un bien est préférable à la promesse aléatoire d'un bien plus important.

**La vengeance est un plat qui se mange froid** il faut savoir attendre le moment opportun pour se venger.

**Ventre affamé n'a point d'oreilles** celui qui a faim n'écoute pas ce que l'on lui dit.

**La vérité sort de la bouche des enfants** les enfants révèlent spontanément ce que les adultes n'osent pas exprimer.

**Vouloir, c'est pouvoir** une volonté inébranlable mène à la réussite.

# Tableaux de conjugaison

Pour les verbes du 2e groupe, sont indiqués les cas où l'on rencontre le radical long en *-iss-*.
Les numéros placés entre parenthèses à côté de certaines terminaisons renvoient aux notes du bas de la page.

| | GROUPE 1 | GROUPE 2 | GROUPE 3 | GROUPE 1 | GROUPE 2 | GROUPE 3 |
|---|---|---|---|---|---|---|
| | **INDICATIF** | **présent** | | **SUBJONCTIF** | **présent** | |
| **singulier** | 1 -e (1)<br>2 -es<br>3 -e | -is<br>-is<br>-it | -s (2) ou -e (5)<br>-s ou -es<br>-t (3) ou -e | -e<br>-es<br>-e | -isse<br>-isses<br>-isse | -e<br>-es<br>-e |
| **pluriel** | 1 -ons<br>2 -ez<br>3 -ent | -issons<br>-issez<br>-issent | -ons<br>-ez<br>-ent (4) | -ions<br>-iez<br>-ent | -issions<br>-issiez<br>-issent | -ions<br>-iez<br>-ent |
| | | **imparfait** | | | **imparfait** | |
| **singulier** | 1 -ais<br>2 -ais<br>3 -ait | -issais<br>-issais<br>-issait | -ais<br>-ais<br>-ait | -asse<br>-asses<br>-ât | -isse<br>-isses<br>-ît | -sse<br>-sses<br>-t (6) |
| **pluriel** | 1 -ions<br>2 -iez<br>3 -aient | -issions<br>-issiez<br>-issaient | -ions<br>-iez<br>-aient | -assions<br>-assiez<br>-assent | -issions<br>-issiez<br>-issent | -ssions<br>-ssiez<br>-ssent |
| | | **passé simple** | | **IMPÉRATIF** | **présent** | |
| **singulier** | 1 -ai<br>2 -as<br>3 -a | -is<br>-is<br>-it | -s<br>-s<br>-t | -e | -is | -s (7) |
| **pluriel** | 1 -âmes<br>2 -âtes<br>3 -èrent | -îmes<br>-îtes<br>-irent | -mes (6)<br>-tes (6)<br>-rent | -ons<br>-ez | -issons<br>-issez | -ons<br>-ez |
| | | **futur** | | **CONDITIONNEL** | **présent** | |
| **singulier** | 1 -erai<br>2 -eras<br>3 -era | -irai<br>-iras<br>-ira | -rai<br>-ras<br>-ra | -erais<br>-erais<br>-erait | -irais<br>-irais<br>-irait | -rais<br>-rais<br>-rait |
| **pluriel** | 1 -erons<br>2 -erez<br>3 -eront | -irons<br>-irez<br>-iront | -rons<br>-ront<br>-rez | -erions<br>-eriez<br>-eraient | -irions<br>-iriez<br>-iraient | -rions<br>-riez<br>-raient |
| | **INFINITIF** | **présent** | | **PARTICIPE** | **présent** | |
| | -er | -ir | -ir, -oir ou -re | -ant | -issant | -ant |
| | | | | | **passé** | |
| | | | | -é | -i | -i (8)<br>-u |

1 À la forme interrogative avec inversion du sujet, la terminaison de la 1re pers. du sing. s'écrit avec un *é* : ex. *aimé-je* (prononcé [emɛʒ]). Les rectifications de l'orthographe (cf. p. 1750) préconisent les formes avec *è* (*aimè-je*). **2** Terminaison *-x* dans *je, tu veux* ; *je, tu peux* ; *je, tu vaux*. **3** Terminaison zéro (*d*) dans les verbes en *-endre, -ondre, -oudre,* sauf dans les verbes du type *absoudre* (*il absout*). Terminaison zéro dans *il vainc*. **4** Terminaison *-ont* dans *ils sont, ils ont, ils vont, ils font*. **5** Certains verbes dont le radical se termine par la semi-voyelle [j] (ex. *cueillir*) ou par deux consonnes prononcées (ex. *couvrir*) ne peuvent être suivis d'une consonne ; ils prennent alors une voyelle comme désinence du groupe 1 (ex. *je cueille, je couvre*). **6** La dernière voyelle du radical de la 3e personne du singulier au subjonctif imparfait et les 1re et 2e personnes du passé simple pluriel prennent un accent circonflexe (ex. *qu'il fît, nous fîmes, vous fîtes*).
7 Les verbes signalés dans la note 5 prennent à l'impératif présent (2e pers. du sing.) la terminaison du groupe 1. De plus, les formes *aie, sache,* et *veuille* de *avoir, savoir* et *vouloir,* prennent aussi un *e* à l'impératif. **8** Certains participes passés de ce groupe ont une terminaison en *-t* (ex. *écrit*) ou en *-s* (ex. *inclus*).

## 1 aimer

### INDICATIF

**présent**

| | | |
|---|---|---|
| j' | aim | e |
| tu | aim | es |
| il, elle | aim | e |
| ns | aim | ons |
| vs | aim | ez |
| ils, elles | aim | ent |

**imparfait**

| | | |
|---|---|---|
| j' | aim | ais |
| tu | aim | ais |
| il, elle | aim | ait |
| ns | aim | ions |
| vs | aim | iez |
| ils, elles | aim | aient |

**passé simple**

| | | |
|---|---|---|
| j' | aim | ai |
| tu | aim | as |
| il, elle | aim | a |
| ns | aim | âmes |
| vs | aim | âtes |
| ils, elles | aim | èrent |

**futur**

| | | |
|---|---|---|
| j' | aim | erai |
| tu | aim | eras |
| il, elle | aim | era |
| ns | aim | erons |
| vs | aim | erez |
| ils, elles | aim | eront |

**passé composé**

| | | |
|---|---|---|
| j' | ai | aimé |
| tu | as | aimé |
| il, elle | a | aimé |
| ns | avons | aimé |
| vs | avez | aimé |
| ils, elles | ont | aimé |

**plus-que-parfait**

| | | |
|---|---|---|
| j' | avais | aimé |
| tu | avais | aimé |
| il, elle | avait | aimé |
| ns | avions | aimé |
| vs | aviez | aimé |
| ils, elles | avaient | aimé |

**passé antérieur**

| | | |
|---|---|---|
| j' | eus | aimé |
| tu | eus | aimé |
| il, elle | eut | aimé |
| ns | eûmes | aimé |
| vs | eûtes | aimé |
| ils, elles | eurent | aimé |

**futur antérieur**

| | | |
|---|---|---|
| j' | aurai | aimé |
| tu | auras | aimé |
| il, elle | aura | aimé |
| ns | aurons | aimé |
| vs | aurez | aimé |
| ils, elles | auront | aimé |

### SUBJONCTIF

**présent**

| | | |
|---|---|---|
| (que) j' | aim | e |
| (que) tu | aim | es |
| (qu') il, elle | aim | e |
| (que) ns | aim | ions |
| (que) vs | aim | iez |
| (qu') ils, elles | aim | ent |

**imparfait**

| | | |
|---|---|---|
| (que) j' | aim | asse |
| (que) tu | aim | asses |
| (qu') il, elle | aim | ât |
| (que) ns | aim | assions |
| (que) vs | aim | assiez |
| (qu') ils, elles | aim | assent |

**passé**

| | | |
|---|---|---|
| (que) j' | aie | aimé |
| (que) tu | aies | aimé |
| (qu') il, elle | ait | aimé |
| (que) ns | ayons | aimé |
| (que) vs | ayez | aimé |
| (qu') ils, elles | aient | aimé |

**plus-que-parfait**

| | | |
|---|---|---|
| (que) j' | eusse | aimé |
| (que) tu | eusses | aimé |
| (qu') il, elle | eût | aimé |
| (que) ns | eussions | aimé |
| (que) vs | eussiez | aimé |
| (qu') ils, elles | eussent | aimé |

### CONDITIONNEL

**présent**

| | | |
|---|---|---|
| j' | aim | erais |
| tu | aim | erais |
| il, elle | aim | erait |
| ns | aim | erions |
| vs | aim | eriez |
| ils, elles | aim | eraient |

**passé 1re forme**

| | | |
|---|---|---|
| j' | aurais | aimé |
| tu | aurais | aimé |
| il, elle | aurait | aimé |
| ns | aurions | aimé |
| vs | auriez | aimé |
| ils, elles | auraient | aimé |

**passé 2e forme**

| | | |
|---|---|---|
| j' | eusse | aimé |
| tu | eusses | aimé |
| il, elle | eût | aimé |
| ns | eussions | aimé |
| vs | eussiez | aimé |
| ils, elles | eussent | aimé |

### IMPÉRATIF

**présent**

| | |
|---|---|
| aim | e |
| aim | ons |
| aim | ez |

**passé**

| | |
|---|---|
| aie | aimé |
| ayons | aimé |
| ayez | aimé |

### PARTICIPE

**présent**

aim ant

**passé**

aimé, e — ayant aimé

### INFINITIF

**présent**

aim er

**passé**

avoir aimé

## 2 plier

### INDICATIF

**présent**

| | | |
|---|---|---|
| je | pli | e |
| tu | pli | es |
| il, elle | pli | e |
| ns | pli | ons |
| vs | pli | ez |
| ils, elles | pli | ent |

**imparfait**

| | | |
|---|---|---|
| je | pli | ais |
| tu | pli | ais |
| il, elle | pli | ait |
| ns | pli | ions |
| vs | pli | iez |
| ils, elles | pli | aient |

**passé simple**

| | | |
|---|---|---|
| je | pli | ai |
| tu | pli | as |
| il, elle | pli | a |
| ns | pli | âmes |
| vs | pli | âtes |
| ils, elles | pli | èrent |

**futur**

| | | |
|---|---|---|
| je | pli | erai |
| tu | pli | eras |
| il, elle | pli | era |
| ns | pli | erons |
| vs | pli | erez |
| ils, elles | pli | eront |

**passé composé**

| | | |
|---|---|---|
| j' | ai | plié |
| tu | as | plié |
| il, elle | a | plié |
| ns | avons | plié |
| vs | avez | plié |
| ils, elles | ont | plié |

**plus-que-parfait**

| | | |
|---|---|---|
| j' | avais | plié |
| tu | avais | plié |
| il, elle | avait | plié |
| ns | avions | plié |
| vs | aviez | plié |
| ils, elles | avaient | plié |

**passé antérieur**

| | | |
|---|---|---|
| j' | eus | plié |
| tu | eus | plié |
| il, elle | eut | plié |
| ns | eûmes | plié |
| vs | eûtes | plié |
| ils, elles | eurent | plié |

**futur antérieur**

| | | |
|---|---|---|
| j' | aurai | plié |
| tu | auras | plié |
| il, elle | aura | plié |
| ns | aurons | plié |
| vs | aurez | plié |
| ils, elles | auront | plié |

### SUBJONCTIF

**présent**

| | | |
|---|---|---|
| (que) je | pli | e |
| (que) tu | pli | es |
| (qu') il, elle | pli | e |
| (que) ns | pli | ions |
| (que) vs | pli | iez |
| (qu') ils, elles | pli | ent |

**imparfait**

| | | |
|---|---|---|
| (que) je | pli | asse |
| (que) tu | pli | asses |
| (qu') il, elle | pli | ât |
| (que) ns | pli | assions |
| (que) vs | pli | assiez |
| (qu') ils, elles | pli | assent |

**passé**

| | | |
|---|---|---|
| (que) j' | aie | plié |
| (que) tu | aies | plié |
| (qu') il, elle | ait | plié |
| (que) ns | ayons | plié |
| (que) vs | ayez | plié |
| (qu') ils, elles | aient | plié |

**plus-que-parfait**

| | | |
|---|---|---|
| (que) j' | eusse | plié |
| (que) tu | eusses | plié |
| (qu') il, elle | eût | plié |
| (que) ns | eussions | plié |
| (que) vs | eussiez | plié |
| (qu') ils, elles | eussent | plié |

### CONDITIONNEL

**présent**

| | | |
|---|---|---|
| je | pli | erais |
| tu | pli | erais |
| il, elle | pli | erait |
| ns | pli | erions |
| vs | pli | eriez |
| ils, elles | pli | eraient |

**passé 1re forme**

| | | |
|---|---|---|
| j' | aurais | plié |
| tu | aurais | plié |
| il, elle | aurait | plié |
| ns | aurions | plié |
| vs | auriez | plié |
| ils, elles | auraient | plié |

**passé 2e forme**

| | | |
|---|---|---|
| j' | eusse | plié |
| tu | eusses | plié |
| il, elle | eût | plié |
| ns | eussions | plié |
| vs | eussiez | plié |
| ils, elles | eussent | plié |

### IMPÉRATIF

**présent**

| | |
|---|---|
| pli | e |
| pli | ons |
| pli | ez |

**passé**

| | |
|---|---|
| aie | plié |
| ayons | plié |
| ayez | plié |

### PARTICIPE

**présent**

pli ant

**passé**

plié, e — ayant plié

### INFINITIF

**présent**

pli er

**passé**

avoir plié

## 3 finir

### INDICATIF

**présent**

| | | |
|---|---|---|
| je | fin | is |
| tu | fin | is |
| il, elle | fin | it |
| ns | fin | issons |
| vs | fin | issez |
| ils, elles | fin | issent |

**imparfait**

| | | |
|---|---|---|
| je | fin | issais |
| tu | fin | issais |
| il, elle | fin | issait |
| ns | fin | issions |
| vs | fin | issiez |
| ils, elles | fin | issaient |

**passé simple**

| | | |
|---|---|---|
| je | fin | is |
| tu | fin | is |
| il, elle | fin | it |
| ns | fin | îmes |
| vs | fin | îtes |
| ils, elles | fin | irent |

**futur**

| | | |
|---|---|---|
| je | fin | irai |
| tu | fin | iras |
| il, elle | fin | ira |
| ns | fin | irons |
| vs | fin | irez |
| ils, elles | fin | iront |

**passé composé**

| | | |
|---|---|---|
| j' | ai | fini |
| tu | as | fini |
| il, elle | a | fini |
| ns | avons | fini |
| vs | avez | fini |
| ils, elles | ont | fini |

**plus-que-parfait**

| | | |
|---|---|---|
| j' | avais | fini |
| tu | avais | fini |
| il, elle | avait | fini |
| ns | avions | fini |
| vs | aviez | fini |
| ils, elles | avaient | fini |

**passé antérieur**

| | | |
|---|---|---|
| j' | eus | fini |
| tu | eus | fini |
| il, elle | eut | fini |
| ns | eûmes | fini |
| vs | eûtes | fini |
| ils, elles | eurent | fini |

**futur antérieur**

| | | |
|---|---|---|
| j' | aurai | fini |
| tu | auras | fini |
| il, elle | aura | fini |
| ns | aurons | fini |
| vs | aurez | fini |
| ils, elles | auront | fini |

### SUBJONCTIF

**présent**

| | | |
|---|---|---|
| (que) je | fin | isse |
| (que) tu | fin | isses |
| (qu') il, elle | fin | isse |
| (que) ns | fin | issions |
| (que) vs | fin | issiez |
| (qu') ils, elles | fin | issent |

**imparfait**

| | | |
|---|---|---|
| (que) je | fin | isse |
| (que) tu | fin | isses |
| (qu') il, elle | fin | ît |
| (que) ns | fin | issions |
| (que) vs | fin | issiez |
| (qu') ils, elles | fin | issent |

**passé**

| | | |
|---|---|---|
| (que) j' | aie | fini |
| (que) tu | aies | fini |
| (qu') il, elle | ait | fini |
| (que) ns | ayons | fini |
| (que) vs | ayez | fini |
| (qu') ils, elles | aient | fini |

**plus-que-parfait**

| | | |
|---|---|---|
| (que) j' | eusse | fini |
| (que) tu | eusses | fini |
| (qu') il, elle | eût | fini |
| (que) ns | eussions | fini |
| (que) vs | eussiez | fini |
| (qu') ils, elles | eussent | fini |

### CONDITIONNEL

**présent**

| | | |
|---|---|---|
| je | fin | irais |
| tu | fin | irais |
| il, elle | fin | irait |
| ns | fin | irions |
| vs | fin | iriez |
| ils, elles | fin | iraient |

**passé 1re forme**

| | | |
|---|---|---|
| j' | aurais | fini |
| tu | aurais | fini |
| il, elle | aurait | fini |
| ns | aurions | fini |
| vs | auriez | fini |
| ils, elles | auraient | fini |

**passé 2e forme**

| | | |
|---|---|---|
| j' | eusse | fini |
| tu | eusses | fini |
| il, elle | eût | fini |
| ns | eussions | fini |
| vs | eussiez | fini |
| ils, elles | eussent | fini |

### IMPÉRATIF

**présent**

| | |
|---|---|
| fin | is |
| fin | issons |
| fin | issez |

**passé**

| | |
|---|---|
| aie | fini |
| ayons | fini |
| ayez | fini |

### PARTICIPE

**présent**

fin issant

**passé**

fini, e ayant fini

### INFINITIF

**présent**

fin ir

**passé**

avoir fini

## 4 offrir

### INDICATIF

**présent**

| | | |
|---|---|---|
| j' | offr | e |
| tu | offr | es |
| il, elle | offr | e |
| ns | offr | ons |
| vs | offr | ez |
| ils, elles | offr | ent |

**imparfait**

| | | |
|---|---|---|
| j' | offr | ais |
| tu | offr | ais |
| il, elle | offr | ait |
| ns | offr | ions |
| vs | offr | iez |
| ils, elles | offr | aient |

**passé simple**

| | | |
|---|---|---|
| j' | offr | is |
| tu | offr | is |
| il, elle | offr | it |
| ns | offr | îmes |
| vs | offr | îtes |
| ils, elles | offr | irent |

**futur**

| | | |
|---|---|---|
| j' | offr | irai |
| tu | offr | iras |
| il, elle | offr | ira |
| ns | offr | irons |
| vs | offr | irez |
| ils, elles | offr | iront |

**passé composé**

| | | |
|---|---|---|
| j' | ai | offert |
| tu | as | offert |
| il, elle | a | offert |
| ns | avons | offert |
| vs | avez | offert |
| ils, elles | ont | offert |

**plus-que-parfait**

| | | |
|---|---|---|
| j' | avais | offert |
| tu | avais | offert |
| il, elle | avait | offert |
| ns | avions | offert |
| vs | aviez | offert |
| ils, elles | avaient | offert |

**passé antérieur**

| | | |
|---|---|---|
| j' | eus | offert |
| tu | eus | offert |
| il, elle | eut | offert |
| ns | eûmes | offert |
| vs | eûtes | offert |
| ils, elles | eurent | offert |

**futur antérieur**

| | | |
|---|---|---|
| j' | aurai | offert |
| tu | auras | offert |
| il, elle | aura | offert |
| ns | aurons | offert |
| vs | aurez | offert |
| ils, elles | auront | offert |

### SUBJONCTIF

**présent**

| | | |
|---|---|---|
| (que) j' | offr | e |
| (que) tu | offr | es |
| (qu') il, elle | offr | e |
| (que) ns | offr | ions |
| (que) vs | offr | iez |
| (qu') ils, elles | offr | ent |

**imparfait**

| | | |
|---|---|---|
| (que) j' | offr | isse |
| (que) tu | offr | isses |
| (qu') il, elle | offr | ît |
| (que) ns | offr | issions |
| (que) vs | offr | issiez |
| (qu') ils, elles | offr | issent |

**passé**

| | | |
|---|---|---|
| (que) j' | aie | offert |
| (que) tu | aies | offert |
| (qu') il, elle | ait | offert |
| (que) ns | ayons | offert |
| (que) vs | ayez | offert |
| (qu') ils, elles | aient | offert |

**plus-que-parfait**

| | | |
|---|---|---|
| (que) j' | eusse | offert |
| (que) tu | eusses | offert |
| (qu') il, elle | eût | offert |
| (que) ns | eussions | offert |
| (que) vs | eussiez | offert |
| (qu') ils, elles | eussent | offert |

### CONDITIONNEL

**présent**

| | | |
|---|---|---|
| j' | offr | irais |
| tu | offr | irais |
| il, elle | offr | irait |
| ns | offr | irions |
| vs | offr | iriez |
| ils, elles | offr | iraient |

**passé 1re forme**

| | | |
|---|---|---|
| j' | aurais | offert |
| tu | aurais | offert |
| il, elle | aurait | offert |
| ns | aurions | offert |
| vs | auriez | offert |
| ils, elles | auraient | offert |

**passé 2e forme**

| | | |
|---|---|---|
| j' | eusse | offert |
| tu | eusses | offert |
| il, elle | eût | offert |
| ns | eussions | offert |
| vs | eussiez | offert |
| ils, elles | eussent | offert |

### IMPÉRATIF

**présent**

| | |
|---|---|
| offr | e |
| offr | ons |
| offr | ez |

**passé**

| | |
|---|---|
| aie | offert |
| ayons | offert |
| ayez | offert |

### PARTICIPE

**présent**

offr ant

**passé**

offert, te ayant offert

### INFINITIF

**présent**

offr ir

**passé**

avoir offert

## 5 recevoir

### INDICATIF

**présent**

| | | |
|---|---|---|
| je | reç | ois |
| tu | reç | ois |
| il, elle | reç | oit |
| ns | rec | evons |
| vs | rec | evez |
| ils, elles | reç | oivent |

**passé composé**

| | | |
|---|---|---|
| j' | ai | reçu |
| tu | as | reçu |
| il, elle | a | reçu |
| ns | avons | reçu |
| vs | avez | reçu |
| ils, elles | ont | reçu |

**imparfait**

| | | |
|---|---|---|
| je | rec | evais |
| tu | rec | evais |
| il, elle | rec | evait |
| ns | rec | evions |
| vs | rec | eviez |
| ils, elles | rec | evaient |

**plus-que-parfait**

| | | |
|---|---|---|
| j' | avais | reçu |
| tu | avais | reçu |
| il, elle | avait | reçu |
| ns | avions | reçu |
| vs | aviez | reçu |
| ils, elles | avaient | reçu |

**passé simple**

| | | |
|---|---|---|
| je | reç | us |
| tu | reç | us |
| il, elle | reç | ut |
| ns | reç | ûmes |
| vs | reç | ûtes |
| ils, elles | reç | urent |

**passé antérieur**

| | | |
|---|---|---|
| j' | eus | reçu |
| tu | eus | reçu |
| il, elle | eut | reçu |
| ns | eûmes | reçu |
| vs | eûtes | reçu |
| ils, elles | eurent | reçu |

**futur**

| | | |
|---|---|---|
| je | rec | evrai |
| tu | rec | evras |
| il, elle | rec | evra |
| ns | rec | evrons |
| vs | rec | evrez |
| ils, elles | rec | evront |

**futur antérieur**

| | | |
|---|---|---|
| j' | aurai | reçu |
| tu | auras | reçu |
| il, elle | aura | reçu |
| ns | aurons | reçu |
| vs | aurez | reçu |
| ils, elles | auront | reçu |

### SUBJONCTIF

**présent**

| | | |
|---|---|---|
| (que) je | reç | oive |
| (que) tu | reç | oives |
| (qu') il, elle | reç | oive |
| (que) ns | rec | evions |
| (que) vs | rec | eviez |
| (qu') ils, elles | reç | oivent |

**imparfait**

| | | |
|---|---|---|
| (que) je | reç | usse |
| (que) tu | reç | usses |
| (qu') il, elle | reç | ût |
| (que) ns | reç | ussions |
| (que) vs | reç | ussiez |
| (qu') ils, elles | reç | ussent |

**passé**

| | | |
|---|---|---|
| (que) j' | aie | reçu |
| (que) tu | aies | reçu |
| (qu') il, elle | ait | reçu |
| (que) ns | ayons | reçu |
| (que) vs | ayez | reçu |
| (qu') ils, elles | aient | reçu |

**plus-que-parfait**

| | | |
|---|---|---|
| (que) j' | eusse | reçu |
| (que) tu | eusses | reçu |
| (qu') il, elle | eût | reçu |
| (que) ns | eussions | reçu |
| (que) vs | eussiez | reçu |
| (qu') ils, elles | eussent | reçu |

### CONDITIONNEL

**présent**

| | | |
|---|---|---|
| je | rec | evrais |
| tu | rec | evrais |
| il, elle | rec | evrait |
| ns | rec | evrions |
| vs | rec | evriez |
| ils, elles | rec | evraient |

**passé 1re forme**

| | | |
|---|---|---|
| j' | aurais | reçu |
| tu | aurais | reçu |
| il, elle | aurait | reçu |
| ns | aurions | reçu |
| vs | auriez | reçu |
| ils, elles | auraient | reçu |

**passé 2e forme**

| | | |
|---|---|---|
| j' | eusse | reçu |
| tu | eusses | reçu |
| il, elle | eût | reçu |
| ns | eussions | reçu |
| vs | eussiez | reçu |
| ils, elles | eussent | reçu |

### IMPÉRATIF

**présent**

| | |
|---|---|
| reç | ois |
| rec | evons |
| rec | evez |

**passé**

| | |
|---|---|
| aie | reçu |
| ayons | reçu |
| ayez | reçu |

### PARTICIPE

**présent**

rec evant

**passé**

reçu, e ayant reçu

### INFINITIF

**présent**

rec evoir

**passé**

avoir reçu

## 6 rendre

### INDICATIF

**présent**

| | | |
|---|---|---|
| je | rend | s |
| tu | rend | s |
| il, elle | rend | |
| ns | rend | ons |
| vs | rend | ez |
| ils, elles | rend | ent |

**passé composé**

| | | |
|---|---|---|
| j' | ai | rendu |
| tu | as | rendu |
| il, elle | a | rendu |
| ns | avons | rendu |
| vs | avez | rendu |
| ils, elles | ont | rendu |

**imparfait**

| | | |
|---|---|---|
| je | rend | ais |
| tu | rend | ais |
| il, elle | rend | ait |
| ns | rend | ions |
| vs | rend | iez |
| ils, elles | rend | aient |

**plus-que-parfait**

| | | |
|---|---|---|
| j' | avais | rendu |
| tu | avais | rendu |
| il, elle | avait | rendu |
| ns | avions | rendu |
| vs | aviez | rendu |
| ils, elles | avaient | rendu |

**passé simple**

| | | |
|---|---|---|
| je | rend | is |
| tu | rend | is |
| il, elle | rend | it |
| ns | rend | îmes |
| vs | rend | îtes |
| ils, elles | rend | irent |

**passé antérieur**

| | | |
|---|---|---|
| j' | eus | rendu |
| tu | eus | rendu |
| il, elle | eut | rendu |
| ns | eûmes | rendu |
| vs | eûtes | rendu |
| ils, elles | eurent | rendu |

**futur**

| | | |
|---|---|---|
| je | rend | rai |
| tu | rend | ras |
| il, elle | rend | ra |
| ns | rend | rons |
| vs | rend | rez |
| ils, elles | rend | ront |

**futur antérieur**

| | | |
|---|---|---|
| j' | aurai | rendu |
| tu | auras | rendu |
| il, elle | aura | rendu |
| ns | aurons | rendu |
| vs | aurez | rendu |
| ils, elles | auront | rendu |

### SUBJONCTIF

**présent**

| | | |
|---|---|---|
| (que) je | rend | e |
| (que) tu | rend | es |
| (qu') il, elle | rend | e |
| (que) ns | rend | ions |
| (que) vs | rend | iez |
| (qu') ils, elles | rend | ent |

**imparfait**

| | | |
|---|---|---|
| (que) je | rend | isse |
| (que) tu | rend | isses |
| (qu') il, elle | rend | ît |
| (que) ns | rend | issions |
| (que) vs | rend | issiez |
| (qu') ils, elles | rend | issent |

**passé**

| | | |
|---|---|---|
| (que) j' | aie | rendu |
| (que) tu | aies | rendu |
| (qu') il, elle | ait | rendu |
| (que) ns | ayons | rendu |
| (que) vs | ayez | rendu |
| (qu') ils, elles | aient | rendu |

**plus-que-parfait**

| | | |
|---|---|---|
| (que) j' | eusse | rendu |
| (que) tu | eusses | rendu |
| (qu') il, elle | eût | rendu |
| (que) ns | eussions | rendu |
| (que) vs | eussiez | rendu |
| (qu') ils, elles | eussent | rendu |

### CONDITIONNEL

**présent**

| | | |
|---|---|---|
| je | rend | rais |
| tu | rend | rais |
| il, elle | rend | rait |
| ns | rend | rions |
| vs | rend | riez |
| ils, elles | rend | raient |

**passé 1re forme**

| | | |
|---|---|---|
| j' | aurais | rendu |
| tu | aurais | rendu |
| il, elle | aurait | rendu |
| ns | aurions | rendu |
| vs | auriez | rendu |
| ils, elles | auraient | rendu |

**passé 2e forme**

| | | |
|---|---|---|
| j' | eusse | rendu |
| tu | eusses | rendu |
| il, elle | eût | rendu |
| ns | eussions | rendu |
| vs | eussiez | rendu |
| ils, elles | eussent | rendu |

### IMPÉRATIF

**présent**

| | |
|---|---|
| rend | s |
| rend | ons |
| rend | ez |

**passé**

| | |
|---|---|
| aie | rendu |
| ayons | rendu |
| ayez | rendu |

### PARTICIPE

**présent**

rend ant

**passé**

rendu, e ayant rendu

### INFINITIF

**présent**

rend re

**passé**

avoir rendu

## 7 être

### INDICATIF

**présent**

| | |
|---|---|
| je | suis |
| tu | es |
| il, elle | est |
| ns | sommes |
| vs | êtes |
| ils, elles | sont |

**passé composé**

| | | |
|---|---|---|
| j' | ai | été |
| tu | as | été |
| il, elle | a | été |
| ns | avons | été |
| vs | avez | été |
| ils, elles | ont | été |

**imparfait**

| | |
|---|---|
| j' | étais |
| tu | étais |
| il, elle | était |
| ns | étions |
| vs | étiez |
| ils, elles | étaient |

**plus-que-parfait**

| | | |
|---|---|---|
| j' | avais | été |
| tu | avais | été |
| il, elle | avait | été |
| ns | avions | été |
| vs | aviez | été |
| ils, elles | avaient | été |

**passé simple**

| | |
|---|---|
| je | fus |
| tu | fus |
| il, elle | fut |
| ns | fûmes |
| vs | fûtes |
| ils, elles | furent |

**passé antérieur**

| | | |
|---|---|---|
| j' | eus | été |
| tu | eus | été |
| il, elle | eut | été |
| ns | eûmes | été |
| vs | eûtes | été |
| ils, elles | eurent | été |

**futur**

| | |
|---|---|
| je | serai |
| tu | seras |
| il, elle | sera |
| ns | serons |
| vs | serez |
| ils, elles | seront |

**futur antérieur**

| | | |
|---|---|---|
| j' | aurai | été |
| tu | auras | été |
| il, elle | aura | été |
| ns | aurons | été |
| vs | aurez | été |
| ils, elles | auront | été |

### SUBJONCTIF

**présent**

| | |
|---|---|
| (que) je | sois |
| (que) tu | sois |
| (qu') il, elle | soit |
| (que) ns | soyons |
| (que) vs | soyez |
| (qu') ils, elles | soient |

**imparfait**

| | |
|---|---|
| (que) je | fusse |
| (que) tu | fusses |
| (qu') il, elle | fût |
| (que) ns | fussions |
| (que) vs | fussiez |
| (qu') ils, elles | fussent |

**passé**

| | | |
|---|---|---|
| (que) j' | aie | été |
| (que) tu | aies | été |
| (qu') il, elle | ait | été |
| (que) ns | ayons | été |
| (que) vs | ayez | été |
| (qu') ils, elles | aient | été |

**plus-que-parfait**

| | | |
|---|---|---|
| (que) j' | eusse | été |
| (que) tu | eusses | été |
| (qu') il, elle | eût | été |
| (que) ns | eussions | été |
| (que) vs | eussiez | été |
| (qu') ils, elles | eussent | été |

### CONDITIONNEL

**présent**

| | |
|---|---|
| je | serais |
| tu | serais |
| il, elle | serait |
| ns | serions |
| vs | seriez |
| ils, elles | seraient |

**passé 1re forme**

| | | |
|---|---|---|
| j' | aurais | été |
| tu | aurais | été |
| il, elle | aurait | été |
| ns | aurions | été |
| vs | auriez | été |
| ils, elles | auraient | été |

**passé 2e forme**

| | | |
|---|---|---|
| j' | eusse | été |
| tu | eusses | été |
| il, elle | eût | été |
| ns | eussions | été |
| vs | eussiez | été |
| ils, elles | eussent | été |

### IMPÉRATIF

**présent**

sois
soyons
soyez

**passé**

| | |
|---|---|
| aie | été |
| ayons | été |
| ayez | été |

### PARTICIPE

**présent**

étant

**passé**

été (invariable) ayant été

### INFINITIF

**présent**

être

**passé**

avoir été

## 8 avoir

### INDICATIF

**présent**

| | |
|---|---|
| j' | ai |
| tu | as |
| il, elle | a |
| ns | avons |
| vs | avez |
| ils, elles | ont |

**passé composé**

| | | |
|---|---|---|
| j' | ai | eu |
| tu | as | eu |
| il, elle | a | eu |
| ns | avons | eu |
| vs | avez | eu |
| ils, elles | ont | eu |

**imparfait**

| | |
|---|---|
| j' | avais |
| tu | avais |
| il, elle | avait |
| ns | avions |
| vs | aviez |
| ils, elles | avaient |

**plus-que-parfait**

| | | |
|---|---|---|
| j' | avais | eu |
| tu | avais | eu |
| il, elle | avait | eu |
| ns | avions | eu |
| vs | aviez | eu |
| ils, elles | avaient | eu |

**passé simple**

| | |
|---|---|
| j' | eus |
| tu | eus |
| il, elle | eut |
| ns | eûmes |
| vs | eûtes |
| ils, elles | eurent |

**passé antérieur**

| | | |
|---|---|---|
| j' | eus | eu |
| tu | eus | eu |
| il, elle | eut | eu |
| ns | eûmes | eu |
| vs | eûtes | eu |
| ils, elles | eurent | eu |

**futur**

| | |
|---|---|
| j' | aurai |
| tu | auras |
| il, elle | aura |
| ns | aurons |
| vs | aurez |
| ils, elles | auront |

**futur antérieur**

| | | |
|---|---|---|
| j' | aurai | eu |
| tu | auras | eu |
| il, elle | aura | eu |
| ns | aurons | eu |
| vs | aurez | eu |
| ils, elles | auront | eu |

### SUBJONCTIF

**présent**

| | |
|---|---|
| (que) j' | aie |
| (que) tu | aies |
| (qu') il, elle | ait |
| (que) ns | ayons |
| (que) vs | ayez |
| (qu') ils, elles | aient |

**imparfait**

| | |
|---|---|
| (que) j' | eusse |
| (que) tu | eusses |
| (qu') il, elle | eût |
| (que) ns | eussions |
| (que) vs | eussiez |
| (qu') ils, elles | eussent |

**passé**

| | | |
|---|---|---|
| (que) j' | aie | eu |
| (que) tu | aies | eu |
| (qu') il, elle | ait | eu |
| (que) ns | ayons | eu |
| (que) vs | ayez | eu |
| (qu') ils, elles | aient | eu |

**plus-que-parfait**

| | | |
|---|---|---|
| (que) j' | eusse | eu |
| (que) tu | eusses | eu |
| (qu') il, elle | eût | eu |
| (que) ns | eussions | eu |
| (que) vs | eussiez | eu |
| (qu') ils, elles | eussent | eu |

### CONDITIONNEL

**présent**

| | |
|---|---|
| j' | aurais |
| tu | aurais |
| il, elle | aurait |
| ns | aurions |
| vs | auriez |
| ils, elles | auraient |

**passé 1re forme**

| | | |
|---|---|---|
| j' | aurais | eu |
| tu | aurais | eu |
| il, elle | aurait | eu |
| ns | aurions | eu |
| vs | auriez | eu |
| ils, elles | auraient | eu |

**passé 2e forme**

| | | |
|---|---|---|
| j' | eusse | eu |
| tu | eusses | eu |
| il, elle | eût | eu |
| ns | eussions | eu |
| vs | eussiez | eu |
| ils, elles | eussent | eu |

### IMPÉRATIF

**présent**

aie
ayons
ayez

**passé**

| | |
|---|---|
| aie | eu |
| ayons | eu |
| ayez | eu |

### PARTICIPE

**présent**

ayant

**passé**

eu, eue ayant eu

### INFINITIF

**présent**

avoir

**passé**

avoir eu

## 9 aller

### INDICATIF

**présent**

| | |
|---|---|
| je | vais |
| tu | vas |
| il, elle | va |
| ns | allons |
| vs | allez |
| ils, elles | vont |

**imparfait**

| | |
|---|---|
| j' | allais |
| tu | allais |
| il, elle | allait |
| ns | allions |
| vs | alliez |
| ils, elles | allaient |

**passé simple**

| | |
|---|---|
| j' | allai |
| tu | allas |
| il, elle | alla |
| ns | allâmes |
| vs | allâtes |
| ils, elles | allèrent |

**futur**

| | |
|---|---|
| j' | irai |
| tu | iras |
| il, elle | ira |
| ns | irons |
| vs | irez |
| ils, elles | iront |

**passé composé**

| | | |
|---|---|---|
| je | suis | allé(e) |
| tu | es | allé(e) |
| il, elle | est | allé(e) |
| ns | sommes | allé(e)s |
| vs | êtes | allé(e)s |
| ils, elles | sont | allé(e)s |

**plus-que-parfait**

| | | |
|---|---|---|
| j' | étais | allé(e) |
| tu | étais | allé(e) |
| il, elle | était | allé(e) |
| ns | étions | allé(e)s |
| vs | étiez | allé(e)s |
| ils, elles | étaient | allé(e)s |

**passé antérieur**

| | | |
|---|---|---|
| je | fus | allé(e) |
| tu | fus | allé(e) |
| il, elle | fut | allé(e) |
| ns | fûmes | allé(e)s |
| vs | fûtes | allé(e)s |
| ils, elles | furent | allé(e)s |

**futur antérieur**

| | | |
|---|---|---|
| je | serai | allé(e) |
| tu | seras | allé(e) |
| il, elle | sera | allé(e) |
| ns | serons | allé(e)s |
| vs | serez | allé(e)s |
| ils, elles | seront | allé(e)s |

### SUBJONCTIF

**présent**

| | |
|---|---|
| (que) j' | aille |
| (que) tu | ailles |
| (qu') il, elle | aille |
| (que) ns | allions |
| (que) vs | alliez |
| (qu') ils, elles | aillent |

**imparfait**

| | |
|---|---|
| (que) j' | allasse |
| (que) tu | allasses |
| (qu') il, elle | allât |
| (que) ns | allassions |
| (que) vs | allassiez |
| (qu') ils, elles | allassent |

**passé**

| | | |
|---|---|---|
| (que) je | sois | allé(e) |
| (que) tu | sois | allé(e) |
| (qu') il, elle | soit | allé(e) |
| (que) ns | soyons | allé(e)s |
| (que) vs | soyez | allé(e)s |
| (qu') ils, elles | soient | allé(e)s |

**plus-que-parfait**

| | | |
|---|---|---|
| (que) je | fusse | allé(e) |
| (que) tu | fusses | allé(e) |
| (qu') il, elle | fût | allé(e) |
| (que) ns | fussions | allé(e)s |
| (que) vs | fussiez | allé(e)s |
| (qu') ils, elles | fussent | allé(e)s |

### CONDITIONNEL

**présent**

| | |
|---|---|
| j' | irais |
| tu | irais |
| il, elle | irait |
| ns | irions |
| vs | iriez |
| ils, elles | iraient |

**passé 1re forme**

| | | |
|---|---|---|
| je | serais | allé(e) |
| tu | serais | allé(e) |
| il, elle | serait | allé(e) |
| ns | serions | allé(e)s |
| vs | seriez | allé(e)s |
| ils, elles | seraient | allé(e)s |

**passé 2e forme**

| | | |
|---|---|---|
| je | fusse | allé(e) |
| tu | fusses | allé(e) |
| il, elle | fût | allé(e) |
| ns | fussions | allé(e)s |
| vs | fussiez | allé(e)s |
| ils, elles | fussent | allé(e)s |

### IMPÉRATIF

**présent**

va
allons
allez

**passé**

| | |
|---|---|
| sois | allé(e) |
| soyons | allé(e)s |
| soyez | allé(e)s |

### PARTICIPE

**présent**

allant

**passé**

allé, ée — étant allé(e)

### INFINITIF

**présent**

aller

**passé**

être allé(e)

## 10 faire

### INDICATIF

**présent**

| | |
|---|---|
| je | fais |
| tu | fais |
| il, elle | fait |
| ns | faisons |
| vs | faites |
| ils, elles | font |

**imparfait**

| | |
|---|---|
| je | faisais |
| tu | faisais |
| il, elle | faisait |
| ns | faisions |
| vs | faisiez |
| ils, elles | faisaient |

**passé simple**

| | |
|---|---|
| je | fis |
| tu | fis |
| il, elle | fit |
| ns | fîmes |
| vs | fîtes |
| ils, elles | firent |

**futur**

| | |
|---|---|
| je | ferai |
| tu | feras |
| il, elle | fera |
| ns | ferons |
| vs | ferez |
| ils, elles | feront |

**passé composé**

| | | |
|---|---|---|
| j' | ai | fait |
| tu | as | fait |
| il, elle | a | fait |
| ns | avons | fait |
| vs | avez | fait |
| ils, elles | ont | fait |

**plus-que-parfait**

| | | |
|---|---|---|
| j' | avais | fait |
| tu | avais | fait |
| il, elle | avait | fait |
| ns | avions | fait |
| vs | aviez | fait |
| ils, elles | avaient | fait |

**passé antérieur**

| | | |
|---|---|---|
| j' | eus | fait |
| tu | eus | fait |
| il, elle | eut | fait |
| ns | eûmes | fait |
| vs | eûtes | fait |
| ils, elles | eurent | fait |

**futur antérieur**

| | | |
|---|---|---|
| j' | aurai | fait |
| tu | auras | fait |
| il, elle | aura | fait |
| ns | aurons | fait |
| vs | aurez | fait |
| ils, elles | auront | fait |

### SUBJONCTIF

**présent**

| | |
|---|---|
| (que) je | fasse |
| (que) tu | fasses |
| (qu') il, elle | fasse |
| (que) ns | fassions |
| (que) vs | fassiez |
| (qu') ils, elles | fassent |

**imparfait**

| | |
|---|---|
| (que) je | fisse |
| (que) tu | fisses |
| (qu') il, elle | fît |
| (que) ns | fissions |
| (que) vs | fissiez |
| (qu') ils, elles | fissent |

**passé**

| | | |
|---|---|---|
| (que) j' | aie | fait |
| (que) tu | aies | fait |
| (qu') il, elle | ait | fait |
| (que) ns | ayons | fait |
| (que) vs | ayez | fait |
| (qu') ils, elles | aient | fait |

**plus-que-parfait**

| | | |
|---|---|---|
| (que) j' | eusse | fait |
| (que) tu | eusses | fait |
| (qu') il, elle | eût | fait |
| (que) ns | eussions | fait |
| (que) vs | eussiez | fait |
| (qu') ils, elles | eussent | fait |

### CONDITIONNEL

**présent**

| | |
|---|---|
| je | ferais |
| tu | ferais |
| il, elle | ferait |
| ns | ferions |
| vs | feriez |
| ils, elles | feraient |

**passé 1re forme**

| | | |
|---|---|---|
| j' | aurais | fait |
| tu | aurais | fait |
| il, elle | aurait | fait |
| ns | aurions | fait |
| vs | auriez | fait |
| ils, elles | auraient | fait |

**passé 2e forme**

| | | |
|---|---|---|
| j' | eusse | fait |
| tu | eusses | fait |
| il, elle | eût | fait |
| ns | eussions | fait |
| vs | eussiez | fait |
| ils, elles | eussent | fait |

### IMPÉRATIF

**présent**

fais
faisons
faites

**passé**

| | |
|---|---|
| aie | fait |
| ayons | fait |
| ayez | fait |

### PARTICIPE

**présent**

faisant

**passé**

fait, te — ayant fait

### INFINITIF

**présent**

faire

**passé**

avoir fait

| INFINITIF | RÈGLES | INDICATIF présent | imparfait | passé simple | futur |
|---|---|---|---|---|---|
| 11 **créer** | é toujours fermé | je crée, es, e, ent<br>ns créons, ez | je créais,... | je créai,... | je créerai,... |
| 12 **placer** | c | je place, es, e, ez, ent | ns placions, iez | ils, elles placèrent | je placerai,... |
| | ç devant a, o | ns plaçons | je plaçais, ais, ait, aient | je plaçai, as a, âmes, âtes | |
| 13 **manger** | g | je mange, es, e, ez, ent | ns mangions, iez | ils, elles mangèrent | je mangerai,... |
| | ge devant a et o | ns mangeons | je mangeais, eais, eait, eaient | je mangeai, eas, ea, eâmes, eâtes | |
| 14 **céder** | è devant syllabe muette finale | je cède, es, e, ent | | | |
| | é | ns cédons, ez | je cédais,... | je cédai,... | |
| | é devant syllabe muette | | | | je céderai,... |
| ou selon les rectifications (1) | è devant syllabe muette | | | | je cèderai,... |
| 15 **assiéger** | è devant syllabe muette finale | j'assiège, es, e, ent | | | |
| | ge devant a et o | ns assiégeons | j'assiégeais, eais, eait, eaient | j'assiégeai,... | |
| | é devant syllabe muette | | | | j'assiégerai,... |
| ou selon les rectifications (1) | è devant syllabe muette | | | | j'assiègerai,... |
| 16 **lever** | è devant syllabe muette | je lève, es, e, ent | | | je lèverai,... |
| | e | ns levons, ez | je levais,... | je levai,... | |
| 17 **geler** | è devant syllabe muette | je gèle, es, e, ent | | | je gèlerai,... |
| | e | ns gelons, ez | je gelais,... | je gelai,... | |
| 18 **acheter** | è devant syllabe muette | j'achète, es, e, ent | | | j'achèterai,... |
| | e | ns achetons, ez | j'achetais,... | j'achetai,... | |
| 19 **appeler** | ll devant e muet | j'appelle, es, e, ent | | | j'appellerai,... |
| | l | ns appelons, ez | j'appelais,... | j'appelai,... | |
| 20 **jeter** | tt devant e muet | je jette, es, e, ent | | | je jetterai,... |
| | t | ns jetons, ez | je jetais,... | je jetai,... | |
| 21 **payer** | i devant e muet | je paie, es, e, ent | | | je paierai,... |
| | ou y | je paye, es, e, ent<br>ns payons, ez | je payais,... | je payai,... | je payerai,... |

(1) Voir les notes sur les rectifications de l'orthographe, p. 1750.

| CONDITIONNEL | SUBJONCTIF | | IMPÉRATIF | PARTICIPE | |
|---|---|---|---|---|---|
| **présent** | **présent** | **imparfait** | | **présent** | **passé** |
| je créerais,... | q. je crée,... | q. je créasse,... | crée | créant | créé, e |
| | | | créons, ez | | |
| je placerais,... | q. je place,... | | place, ez | | placé, e |
| | | q. je plaçasse,... | plaçons | plaçant | |
| je mangerais,... | q. je mange,... | | mange, ez | | mangé, e |
| | | q. je mangeasse,... | mangeons | mangeant | |
| | q. je cède, es, e, ent | | cède | | |
| | q. ns cédions, iez | q. je cédasse,... | cédons, ez | cédant | cédé, e |
| je céderais,... | | | | | |
| je cèderais,... | | | | | |
| | q. j'assiège,... | | assiège | | |
| | | q. j'assiégeasse,... | assiégeons | assiégeant | assiégé, e |
| j'assiégerais,... | | | | | |
| j'assiègerais,... | | | | | |
| je lèverais,... | q. je lève, es, e, ent | | lève | | |
| | q. ns levions, iez | q. je levasse,... | levons, ez | levant | levé, e |
| je gèlerais,... | q. je gèle, es, e, ent | | gèle | | |
| | q. ns gelions, iez | q. je gelasse,... | gelons, ez | gelant | gelé, e |
| j'achèterais,... | q. j'achète, es, e, ent | | achète | | |
| | q. ns achetions, iez | q. j'achetasse,... | achetons, ez | achetant | acheté, e |
| j'appellerais,... | q. j'appelle, es, e, ent | | appelle | | |
| | q. ns appelions, iez | q. j'appelasse,... | appelons, ez | appelant | appelé, e |
| je jetterais,... | que je jette, es, e, ent | | jette | | |
| | q. ns jetions, iez | q. je jetasse,... | jetons, ez | jetant | jeté, e |
| je paierais,... | q. je paie, es, e, ent | | paie | | |
| je payerais,... | q. je paye, es, e, ent | | paye | | |
| | q. ns payions, iez | q. je payasse,... | payons, ez | payant | payé, e |

| INFINITIF | RÈGLES | INDICATIF | | | |
|---|---|---|---|---|---|
| | | présent | imparfait | passé simple | futur |
| 22 essuyer | i devant e muet | j'essuie, es, e, ent | | | j'essuierai,... |
| | y | ns essuyons, ez | j'essuyais,... | j'essuyai,... | |
| 23 employer | i devant e muet | j'emploie, es, e, ent | | | j'emploierai,... |
| | y | ns employons, ez | j'employais,... | j'employai,... | |
| 24 envoyer | i devant e muet | j'envoie, es, e, ent | | | |
| | y | ns envoyons, ez | j'envoyais,... | j'envoyai,... | |
| | err | | | | j'enverrai,... |
| 25 haïr | i | je hais, s, t | | | |
| | ï | ns haïssons, ez, ent | je haïssais,... | je haïs (haïmes, haïtes) | je haïrai,... |
| 26 courir | | je cours | je courais,... | je courus,... | je courrai,... |
| 27 cueillir | 1er groupe | je cueille, es, e | | | je cueillerai,... |
| | 3e groupe | ns cueillons,... | je cueillais,... | je cueillis,... | |
| 28 assaillir | 1er groupe | j'assaille, es, e | | | |
| | 3e groupe | ns assaillons, ez, ent | j'assaillais,... | j'assaillis,... | j'assaillirai,... |
| 29 fuir | i devant cons. et e | je fuis, s, t, ent | | je fuis,... | je fuirai,... |
| | y devant a, ez, i, o | ns fuyons, ez | je fuyais,... | | |
| 30 partir | sans t | je pars, s | | | |
| | avec t | il, elle part,... | je partais,... | je partis,... | je partirai,... |
| 31 bouillir | ou | je bous, s, t | | | |
| | ouill | ns bouillons,... | je bouillais,... | je bouillis,... | je bouillirai,... |
| 32 couvrir | 1er groupe | je couvre, es, e | | | |
| | 3e groupe | ns couvrons | je couvrais,... | je couvris,... | je couvrirai,... |
| 33 vêtir | | je vêts,... | je vêtais,... | je vêtis,... | je vêtirai,... |
| 34 mourir | eur | je meurs, s, t, ent | | | |
| | our | ns mourons, ez | je mourais,... | je mourus,... | je mourrai,... |
| 35 acquérir | quier | j'acquiers, s, t, ièrent | | | |
| | quer | ns acquérons, ez | j'acquérais,... | | j'acquerrai,... |
| | qu | | | j'acquis,... | |

| CONDITIONNEL | SUBJONCTIF | | IMPÉRATIF | PARTICIPE | |
|---|---|---|---|---|---|
| **présent** | **présent** | **imparfait** | | **présent** | **passé** |
| j'essuierais,... | q. j'essuie, es, e, ent | | essuie | | |
| | q. ns essuyions, iez | q. j'essuyasse,... | essuyons, ez | essuyant | essuyé, e |
| j'emploierais,... | q. j'emploie, es, e, ent | | emploie | | |
| | q. ns employions, iez | q. j'employasse,... | employons, ez | employant | employé, e |
| | q. j'envoie, es, e, ent | | envoie | | |
| | q. ns envoyions, iez | q. j'envoyasse,... | envoyons, ez | envoyant | envoyé, e |
| j'enverrais,... | | | | | |
| | | | hais | | |
| je haïrais,... | q. je haïsse, qu'il, elle haïsse | q. je haïsse, qu'il, elle haït | haïssons, haïssez | haïssant | haï, e |
| je courrais,... | q. je coure,... | q. je courusse,... | cours, courons, ez | courant | couru, e |
| je cueillerais,... | | | cueille | | |
| | q. je cueille,... | q. je cueillisse,... | cueillons, ez | cueillant | cueilli, e |
| | | | assaille | | |
| j'assaillirais,... | q. j'assaille,... | q. j'assaillisse,... | assaillons, ez | assaillant | assailli, e |
| je fuirais,... | q. je fuie, es, e, ent | q. je fuisse,... | fuis | | fui, e |
| | q. ns fuyions, iez | | fuyons, ez | fuyant | |
| | | | pars | | |
| je partirais,... | q. je parte,... | q. je partisse,... | partons, ez | partant | parti, e |
| | | | bous | | |
| je bouillirais,... | q. je bouille,... | q. je bouillisse,... | bouillons, ez | bouillant | bouilli, e |
| | q. je couvre, es, e | | couvre | | |
| je couvrirais,... | q. ns couvrions,... | q. je couvrisse,... | couvrons, couvrez | couvrant | couvert, te |
| je vêtirais,... | q. je vête,... | q. je vêtisse,... | vêts, vêtons, ez | vêtant | vêtu, e |
| | q. je meure,... | | meurs | | mort, te |
| je mourrais,... | | q. je mourusse,... | mourons, ez | mourant | |
| | q. j'acquière, es, e, ent | | acquiers | | |
| j'acquerrais,... | q. ns acquérions, iez | | acquérons, ez | acquérant | |
| | | q. j'acquisse,... | | | acquis, se |

| | INFINITIF | RÈGLES | INDICATIF | | | |
|---|---|---|---|---|---|---|
| | | | **présent** | **imparfait** | **passé simple** | **futur** |
| 36 | **venir** | i | je viens, s, t, nent | | je vins,... vinrent | je viendrai,... |
| | | e | ns venons, ez | je venais,... | | |
| 37 | **gésir** | défectif | je gis, tu gis, il, elle gît, ns gisons, ez, ent | je gisais,... | | |
| | ou selon les rectifications (1) | | il, elle git | | | |
| 38 | **ouïr** | archaïque | j'ois,...<br>ns oyons,... | j'oyais,... | j'ouïs,... | j'ouïrai,... |
| 39 | **pleuvoir** | impersonnel | il pleut | il pleuvait | il plut | il pleuvra |
| | | + 3$^{e}$ pers. pl. | ils pleuvent | ils pleuvaient | ils plurent | ils pleuvront |
| 40 | **pourvoir** | i | je pourvois, s, t, ent | | | je pourvoirai,... |
| | | y | ns pourvoyons, ez | je pourvoyais,... | | |
| | | u | | | je pourvus,... | |
| 41 | **asseoir** | ie | j'assieds, ds, d | | | j'assiérai,... |
| | | ey | ns asseyons, ez, ent | j'asseyais,... | | |
| | | i | | | j'assis,... | |
| | **asseoir** *(oi/oy* remplacent *ie/ey)* ou selon les rectifications (1) **assoir** | oi | j'assois, s, t, ent | | | j'assoirai,... |
| | | oy | ns assoyons, ez | j'assoyais,... | | |
| 42 | **prévoir** | oi | je prévois, s, t, ent | | | je prévoirai,... |
| | | oy | ns prévoyons, ez | je prévoyais,... | | |
| | | i/u | | | je prévis,.... | |
| 43 | **mouvoir** | eu | je meus, s, t, vent | | | |
| | | ou | ns mouvons, ez | je mouvais,... | | je mouvrai,... |
| | | u | | | je mus, s, t, (û)mes, (û)tes, rent | |
| 44 | **devoir** | û au participe passé | je dois, s, t, vent<br>ns devons, ez | je devais,... | je dus,... | je devrai,... |
| 45 | **valoir** | au/aille | je vaux, x, t | | | je vaudrai,... |
| | | al | ns valons, ez, ent | je valais,... | je valus,... | |
| | **prévaloir** | | | | | |
| 46 | **voir** | oi | je vois, s, t, ent | | | |
| | | oy | ns voyons, ez | je voyais,... | | |
| | | i/e/u | | | je vis,... | je verrai,... |

(1) Voir les notes sur les rectifications de l'orthographe, p. 1750.

| CONDITIONNEL | SUBJONCTIF | | IMPÉRATIF | PARTICIPE | |
|---|---|---|---|---|---|
| **présent** | **présent** | **imparfait** | | **présent** | **passé** |
| je viendrais,... | q. je vienne, es, e, ent | q. je vinsse,... | viens | | |
| | q. ns venions, iez | | venons, ez | venant | venu, e |
| | | | | gisant | |
| j'ouïrais,... | q. j'oie,... | q. j'ouïsse,... | ois | | ouï, e |
| | q. ns oyions,... | | oyons, ez | oyant | |
| il pleuvrait | qu'il pleuve | qu'il plût | | pleuvant | plu |
| ils pleuvraient | qu'ils pleuvent | qu'ils plussent | | | |
| je pourvoirais,... | q. je pourvoie, es e, ent | | pourvois | | |
| | q. ns pourvoyions, iez | | pourvoyons, ez | pourvoyant | |
| | | q. je pourvusse,... | | | pourvu, e |
| j'assiérais,... | | | assieds | | |
| | q. j'asseye,... q. ns asseyions | | asseyons, ez | asseyant | |
| | | q. j'assisse,... | | | assis, se |
| j'assoirais,... | q. j'assoie, es, e, ent | | assois | | |
| | q. ns assoyions, iez | | assoyons, ez | assoyant | |
| je prévoirais,... | q. je prévoie, es, e, ent | | prévois | | |
| | q. ns prévoyions, iez | | prévoyons, ez | prévoyant | |
| | | q. je prévisse,... | | | prévu, e |
| | q. je meuve, es, e, ent | | meus | | |
| je mouvrais,... | q. ns mouvions, iez | | mouvons, ez | mouvant | |
| | | q. je musse,... | | | mû, mue ou mu, mue |
| | q. je doive, es, e, ent | q. je dusse,... | dois | | dû, due |
| je devrais,... | q. ns devions, iez | | devons, ez | devant | |
| je vaudrais,... | q. je vaille, es, e, ent | | vaux | | |
| | q. ns valions, iez | q. je valusse,... | valons, ez | valant | valu, e |
| | q. je prévale, es, e | | | | |
| | q. je voie, es, e, ent | | vois | | |
| | q. ns voyions, iez | | voyons, ez | voyant | |
| je verrais,... | | q. je visse,... | | | vu, e |

| | INFINITIF | RÈGLES | INDICATIF | | | |
|---|---|---|---|---|---|---|
| | | | **présent** | **imparfait** | **passé simple** | **futur** |
| 47 | **savoir** | 5 formes | je sais, s, t<br>ns savons,<br>ez, ent | je savais,... | je sus,... | je saurai,... |
| 48 | **vouloir** | veu/veuil<br>voul/voudr | je veux, x, t,<br>veulent<br>ns voulons, ez | je voulais,... | je voulus,... | je voudrai,... |
| 49 | **pouvoir** | eu/u(i)<br>ouv/our | je peux, x, t,<br>peuvent<br>ns pouvons, ez | je pouvais,... | je pus,... | je pourrai,... |
| 50 | **falloir** | impersonnel | il faut | il fallait | il fallut | il faudra |
| 51 | **déchoir** | choir<br>et échoir<br>sont<br>défectifs | je déchois, s, t,<br>ent<br>ns déchoyons,<br>ez | je déchoyais,... | je déchus,... | je décherrai,... |
| 52 | **prendre** | prend<br>pren<br>pri(s) | je prends, ds, d<br>ns prenons, ez,<br>ent | je prenais,... | je pris,... | je prendrai,... |
| 53 | **rompre** | | je romps, ps, pt<br>ns rompons,... | je rompais,... | je rompis,... | je romprai,... |
| 54 | **craindre** | ain/aind<br>aign | je crains, s, t<br>ns craignons,<br>ez, ent | je craignais,... | je craignis,... | je craindrai,... |
| 55 | **peindre** | ein<br>eign | je peins, s, t<br>ns peignons,<br>ez, ent | je peignais,... | je peignis,... | je peindrai,... |
| 56 | **joindre** | oin/oind<br>oign | je joins, s, t<br>ns joignons,<br>ez, ent | je joignais,... | je joignis,... | je joindrai,... |
| 57 | **vaincre** | ainc<br>ainqu | je vaincs, cs, c<br>ns vainquons,<br>ez, ent | je vainquais,... | je vainquis,... | je vaincrai,... |
| 58 | **traire** | i<br>y | je trais, s, t, ent<br>ns trayons, ez | je trayais,... | (inusité) | je trairai,... |
| 59 | **plaire** | ai | je plais, tu plais,<br>il, elle plaît<br>(mais il, elle tait)<br>ns plaisons,... | je plaisais,... | | je plairai,... |
| | | u | | | je plus,... | |
| | ou selon les rectifications (1) | | il, elle plait | | | |
| 60 | **mettre** | met<br>mis | je mets,<br>ns mettons | je mettais,... | je mis,... | je mettrai,... |

(1) Voir les notes sur les rectifications de l'orthographe, p. 1750.

| CONDITIONNEL | SUBJONCTIF | | IMPÉRATIF | PARTICIPE | |
|---|---|---|---|---|---|
| **présent** | **présent** | **imparfait** | | **présent** | **passé** |
| je saurais,... | que je sache,... | q. je susse,... | sache, ons, ez | sachant | su, e |
| | q. je veuille, es, e, ent | | veux (veuille) | | |
| je voudrais,... | q. ns voulions, iez | q. je voulusse,... | voulons, ez (veuillez) | voulant | voulu, e |
| | q. je puisse,... | q. je pusse,... | (inusité) | | pu |
| je pourrais,... | | | | pouvant | |
| il faudrait | qu'il faille | qu'il fallût | (n'existe pas) | (inusité) | fallu |
| | q. je déchoie, es, e, ent | | déchois | (n'existe pas mais échéant) | |
| je décherrais,... | q. ns déchoyions, iez | q. je déchusse,... | déchoyons, ez | | déchu, e |
| je prendrais,... | | | prends | | |
| | q. je prenne,... | | prenons, ez | prenant | |
| | | q. je prisse,... | | | pris, se |
| je romprais,... | q. je rompe,... | q. je rompisse,... | romps, rompons, ez | rompant | rompu, e |
| je craindrais,... | | | crains | | craint, te |
| | q. je craigne,... | q. je craignisse,... | craignons, ez | craignant | |
| je peindrais,... | | | peins | | peint, te |
| | q. je peigne,... | q. je peignisse,... | peignons, ez | peignant | |
| je joindrais,... | | | joins | | joint, te |
| | q. je joigne,... | q. je joignisse,... | joignons, ez | joignant | |
| je vaincrais,... | | | vaincs | | vaincu, e |
| | q. je vainque,... | q. je vainquisse,... | vainquons, ez | vainquant | |
| je trairais,... | q. je traie, es, e, ent | (inusité) | trais | | trait, te |
| | q. ns trayions, iez | | trayons, ez | trayant | |
| je plairais,... | q. je plaise,... | | plais, plaisons, ez | plaisant | |
| | | q. je plusse,... | | | plu |
| je mettrais,... | q. je mette,... | | mets, mettons, ez | mettant | |
| | | q. je misse,... | | | mis, se |

| | INFINITIF | RÈGLES | INDICATIF | | | |
|---|---|---|---|---|---|---|
| | | | **présent** | **imparfait** | **passé simple** | **futur** |
| 61 | **battre** | t | je bats, ts, t | | | |
| | | tt | ns battons,... | je battais,... | je battis,... | je battrai,... |
| 62 | **suivre** | ui | je suis, s, t | | | |
| | | uiv | ns suivons,... | je suivais,... | je suivis,... | je suivrai,... |
| 63 | **vivre** | vi/viv | je vis, s, t<br>ns vivons,... | je vivais,... | | je vivrai,... |
| | | véc | | | je vécus,... | |
| 64 | **suffire** | | je suffis, s, t<br>ns suffisons,... | je suffisais,... | je suffis,... | je suffirai,... |
| 65 | **médire** | | je médis, s, t<br>ns médisons,<br>vs médisez<br>(mais vs dites,<br>redites) | je médisais,... | je médis,... | je médirai,... |
| 66 | **lire** | i | je lis, s, t | | | je lirai,... |
| | | is | ns lisons,<br>ez, ent | je lisais,... | | |
| | | u | | | je lus,... | |
| 67 | **écrire** | i | j'écris, s, t | | | j'écrirai,... |
| | | iv | ns écrivons,<br>ez, ent | j'écrivais,... | j'écrivis,... | |
| 68 | **rire** | | je ris, s, t<br>ns rions,... | je riais,...<br>ns riions, iez | je ris,...<br>ns rîmes,... | je rirai,... |
| 69 | **conduire** | | je conduis,... | je conduisais,... | je conduisis,... | je conduirai,... |
| 70 | **boire** | oi | je bois, s, t,<br>vent | | | je boirai,... |
| | | u(v) | ns buvons, ez | je buvais,... | je bus,... | |
| 71 | **croire** | oi | je crois, s, t,<br>ent | | | je croirai,... |
| | | oy | ns croyons, ez | je croyais,... | | |
| | | u | | | je crus,... | |
| 72 | **croître** (1) | oî | je croîs, s, t | | | je croîtrai,... |
| | | oiss | ns croissons,<br>ez, ent | je croissais,... | | |
| | | û | | | je crûs,... | |
| 73 | **connaître** | i/u | je connais, s,<br>ssons, ssez,<br>ssent | je connaissais,... | je connus,... | |
| | | î devant t | il, elle connaît | | | je connaîtrai,... |
| | ou selon les rectifications (2) **connaitre** | i devant t | il, elle connait | | | je connaitrai,... |

(1) Les verbes *accroître, décroître* et *recroître* peuvent, selon les rectifications de l'orthographe (cf. p. 1750), s'écrire sans accent circonflexe sur le i (*il accroit, je décroitrai*...).
(2) Voir les notes sur les rectifications de l'orthographe, p. 1750.

| CONDITIONNEL | SUBJONCTIF | | IMPÉRATIF | PARTICIPE | |
|---|---|---|---|---|---|
| **présent** | **présent** | **imparfait** | | **présent** | **passé** |
| | | | bats | | |
| je battrais,... | q. je batte,... | q. je battisse,... | battons, ez | battant | battu, e |
| | | | suis | | |
| je suivrais,... | q. je suive,... | q. je suivisse,... | suivons, ez | suivant | suivi, e |
| je vivrais,... | q. je vive,... | | vis,<br>vivons, ez | vivant | |
| | | q. je vécusse,... | | | vécu, u |
| je suffirais,... | q. je suffise,... | q. je suffisse,... | suffis,<br>suffisons, ez | suffisant | suffi<br>(mais confit,<br>déconfit, frit,<br>circoncis) |
| je médirais,... | q. je médise,...<br>q. ns médisions,<br>iez | q. je médisse,... | médis,<br>médisons<br>médisez<br>(mais dites,<br>redites) | médisant | médit |
| je lirais,... | | | lis | | |
| | q. je lise,... | | lisons, ez | lisant | |
| | | q. je lusse,... | | | lu, e |
| j'écrirais,... | | | écris | | écrit, te |
| | q. j'écrive,... | q. j'écrivisse,... | écrivons, ez | écrivant | |
| je rirais,... | q. je rie,...<br>q. ns riions, iez | q. je risse,...<br>q. ns rissions,... | ris, rions, ez | riant | ri |
| je conduirais,... | q. je conduise,... | q. je conduisisse,... | conduis,<br>conduisons, ez | conduisant | conduit, te<br>(mais lui, nui) |
| je boirais,... | q. je boive, es, e,<br>ent | | bois | | |
| | q. ns buvions, iez | q. je busse,... | buvons, ez | buvant | bu, e |
| je croirais,... | que je croie,... | | crois | | |
| | | | croyons, ez | croyant | |
| | | q. je crusse,... | | | cru, e |
| je croîtrais,... | | | croîs | | |
| | q. je croisse,... | | croissons, ez | croissant | |
| | | q. je crûsse,... | | | crû, crue (mais<br>accru, décru, e) |
| | q. je connaisse,... | q. je connusse,... | connais,<br>connaissons, ez | connaissant | connu, e |
| je connaîtrais,... | | | | | |
| je connaitrais,... | | | | | |

| INFINITIF | RÈGLES | INDICATIF | | | |
|---|---|---|---|---|---|
| | | **présent** | **imparfait** | **passé simple** | **futur** |
| 74 **naître** | nai/naît | je nais, nais, naît | | | je naîtrai,... |
| | naisse | ns naissons, ez. ent | je naissais,... | | |
| | naqu | | | je naquis,... | |
| ou selon les rectifications (1) **naitre** | | il nait | | | je naitrai,... |
| 75 **résoudre** | ou/oudr | je résous, s, t | | (absoudre et dissoudre n'ont pas de passé simple) | je résoudrai,... |
| | ol/olv | ns résolvons, ez, ent | je résolvais,... | | |
| | olu | | | je résolus,... | |
| 76 **coudre** | oud | je couds, ds, d | | | je coudrai,... |
| | ous | ns cousons, ez, ent | je cousais,... | je cousis,... | |
| 77 **moudre** | moud | je mouds, ds, d | | | je moudrai,... |
| | moul | ns moulons, ez, ent | je moulais,... | je moulus,... | |
| 78 **conclure** | | je conclus, s, t ns concluons, ez, ent | je concluais,... | je conclus,... | je conclurai,... |
| 79 **clore** | défectif | je clos, os, ôt ils, elles closent | (inusité) | (inusité) | je clorai,... |
| 80 **maudire** | | je maudis, is, t | | je maudis,... | je maudirai,... |
| | iss | ns maudissons, ez, ent | je maudissais,... | | |
| 81 **foutre** | | je fous, s, t ns foutons, ez. ent | je foutais,... | je foutis,... | je foutrai,... |

## FORMES SURCOMPOSÉES

Forme simple = 1 élément verbal (*j'aime*).
Forme composée = 2 éléments verbaux (*j'ai aimé*).
Forme surcomposée = 3 éléments verbaux (*j'ai eu aimé*).

INDICATIF

| passé composé | | | | plus-que-parfait | | | | passé antérieur | | | | futur antérieur | | | |
|---|---|---|---|---|---|---|---|---|---|---|---|---|---|---|---|
| j' | ai | eu | aimé | j' | avais | eu | aimé | j' | eus | eu | aimé | j' | aurai | eu | aimé |
| tu | as | eu | aimé | tu | avais | eu | aimé | tu | eus | eu | aimé | tu | auras | eu | aimé |
| il, elle | a | eu | aimé | il, elle | avait | eu | aimé | il, elle | eut | eu | aimé | il, elle | aura | eu | aimé |
| ns | avons | eu | aimé | ns | avions | eu | aimé | ns | eûmes | eu | aimé | ns | aurons | eu | aimé |
| vs | avez | eu | aimé | vs | aviez | eu | aimé | vs | eûtes | eu | aimé | vs | aurez | eu | aimé |
| ils, elles | ont | eu | aimé | ils, elles | avaient | eu | aimé | ils, elles | eurent | eu | aimé | ils, elles | auront | eu | aimé |

(1) Voir les notes sur les rectifications de l'orthographe, p. 1750.

| CONDITIONNEL | SUBJONCTIF | | IMPÉRATIF | PARTICIPE | |
|---|---|---|---|---|---|
| **présent** | **présent** | **imparfait** | | **présent** | **passé** |
| je naîtrais,... | | | nais | | né, e |
| | q. je naisse,... | | naissons, ez | naissant | |
| | | q. je naquisse,... | | | |
| je naitrais,... | | | | | |
| je résoudrais,... | q. je résolve,... | q. je résolusse,... | résous<br>résolvons, ez | résolvant | (absous ou absout, te ; dissous ou dissout, te)<br>résolu, e |
| je coudrais,... | | | couds | | |
| | q. je couse,... | q. je cousisse,... | cousons, ez | cousant | cousu, e |
| je moudrais,... | q. je moule,... | q. je moulusse,... | mouds<br>moulons, ez | moulant | moulu, e |
| je conclurais,... | q. je conclue,... | q. je conclusse,... | conclus<br>concluons, ez | concluant | conclu, e<br>(mais inclus, se) |
| je clorais,... | q. je close,... | (inusité) | clos | closant | clos, se |
| je maudirais,... | | | maudis | | maudit, te |
| | q. je maudisse,... | q. je maudisse,...<br>qu'il, elle maudît,... | maudissons, ez | maudissant | |
| je foutrais,... | q. je foute,... | q. je foutisse,... | fous,<br>foutons, ez | foutant | foutu, ue |

| SUBJONCTIF | | | | | | | | PARTICIPE |
|---|---|---|---|---|---|---|---|---|
| **passé** | | | | **plus-que-parfait** | | | | **passé** |
| (que) j' | aie | eu | aimé | (que) j' | eusse | eu | aimé | ayant eu aimé |
| (que) tu | aies | eu | aimé | (que) tu | eusses | eu | aimé | |
| (qu') il, elle | ait | eu | aimé | (qu') il, elle | eût | eu | aimé | |
| (que) ns | ayons | eu | aimé | (que) ns | eussions | eu | aimé | |
| (que) vs | ayez | eu | aimé | (que) vs | eussiez | eu | aimé | |
| (qu') ils, elles | aient | eu | aimé | (qu') ils, elles | eussent | eu | aimé | |

| CONDITIONNEL | | | | | | | | INFINITIF |
|---|---|---|---|---|---|---|---|---|
| **passé 1re forme** | | | | **passé 2e forme** | | | | **passé** |
| j' | aurais | eu | aimé | j' | eusse | eu | aimé | avoir eu aimé |
| tu | aurais | eu | aimé | tu | eusses | eu | aimé | |
| il, elle | aurait | eu | aimé | il, elle | eût | eu | aimé | |
| ns | aurions | eu | aimé | ns | eussions | eu | aimé | |
| vs | auriez | eu | aimé | vs | eussiez | eu | aimé | |
| ils, elles | auraient | eu | aimé | ils, elles | eussent | eu | aimé | |

# Forme passive : être aimé(e)

## INDICATIF

**présent**

| | | |
|---|---|---|
| je | suis | aimé(e) |
| tu | es | aimé(e) |
| il (elle) | est | aimé(e) |
| ns | sommes | aimé(e)s |
| vs | êtes | aimé(e)s |
| ils (elles) | sont | aimé(e)s |

**passé composé**

| | | | |
|---|---|---|---|
| j' | ai | été | aimé(e) |
| tu | as | été | aimé(e) |
| il (elle) | a | été | aimé(e) |
| ns | avons | été | aimé(e)s |
| vs | avez | été | aimé(e)s |
| ils (elles) | ont | été | aimé(e)s |

**imparfait**

| | | |
|---|---|---|
| j' | étais | aimé(e) |
| tu | étais | aimé(e) |
| il (elle) | était | aimé(e) |
| ns | étions | aimé(e)s |
| vs | étiez | aimé(e)s |
| ils (elles) | étaient | aimé(e)s |

**plus-que-parfait**

| | | | |
|---|---|---|---|
| j' | avais | été | aimé(e) |
| tu | avais | été | aimé(e) |
| il (elle) | avait | été | aimé(e) |
| ns | avions | été | aimé(e)s |
| vs | aviez | été | aimé(e)s |
| ils (elles) | avaient | été | aimé(e)s |

**passé simple**

| | | |
|---|---|---|
| je | fus | aimé(e) |
| tu | fus | aimé(e) |
| il (elle) | fut | aimé(e) |
| ns | fûmes | aimé(e)s |
| vs | fûtes | aimé(e)s |
| ils (elles) | furent | aimé(e)s |

**passé antérieur**

| | | | |
|---|---|---|---|
| j' | eus | été | aimé(e) |
| tu | eus | été | aimé(e) |
| il (elle) | eut | été | aimé(e) |
| ns | eûmes | été | aimé(e)s |
| vs | eûtes | été | aimé(e)s |
| ils (elles) | eurent | été | aimé(e)s |

**futur**

| | | |
|---|---|---|
| je | serai | aimé(e) |
| tu | seras | aimé(e) |
| il (elle) | sera | aimé(e) |
| ns | serons | aimé(e)s |
| vs | serez | aimé(e)s |
| ils (elles) | seront | aimé(e)s |

**futur antérieur**

| | | | |
|---|---|---|---|
| j' | aurai | été | aimé(e) |
| tu | auras | été | aimé(e) |
| il (elle) | aura | été | aimé(e) |
| ns | aurons | été | aimé(e)s |
| vs | aurez | été | aimé(e)s |
| ils (elles) | auront | été | aimé(e)s |

## SUBJONCTIF

**présent**

| | | |
|---|---|---|
| (que) je | sois | aimé(e) |
| (que) tu | sois | aimé(e) |
| (qu') il (elle) | soit | aimé(e) |
| (que) ns | soyons | aimé(e)s |
| (que) vs | soyez | aimé(e)s |
| (qu') ils (elles) | soient | aimé(e)s |

**imparfait**

| | | |
|---|---|---|
| (que) je | fusse | aimé(e) |
| (que) tu | fusses | aimé(e) |
| (qu') il (elle) | fût | aimé(e) |
| (que) ns | fussions | aimé(e)s |
| (que) vs | fussiez | aimé(e)s |
| (qu') ils (elles) | fussent | aimé(e)s |

**passé**

| | | | |
|---|---|---|---|
| (que) j' | aie | été | aimé(e) |
| (que) tu | aies | été | aimé(e) |
| (qu') il (elle) | ait | été | aimé(e) |
| (que) ns | ayons | été | aimé(e)s |
| (que) vs | ayez | été | aimé(e)s |
| (qu') ils (elles) | aient | été | aimé(e)s |

**plus-que-parfait**

| | | | |
|---|---|---|---|
| (que) j' | eusse | été | aimé(e) |
| (que) tu | eusses | été | aimé(e) |
| (qu') il (elle) | eût | été | aimé(e) |
| (que) ns | eussions | été | aimé(e)s |
| (que) vs | eussiez | été | aimé(e)s |
| (qu') ils (elles) | eussent | été | aimé(e)s |

## CONDITIONNEL

**présent**

| | | |
|---|---|---|
| je | serais | aimé(e) |
| tu | serais | aimé(e) |
| il (elle) | serait | aimé(e) |
| ns | serions | aimé(e)s |
| vs | seriez | aimé(e)s |
| ils (elles) | seraient | aimé(e)s |

**passé 1re forme**

| | | | |
|---|---|---|---|
| j' | aurais | été | aimé(e) |
| tu | aurais | été | aimé(e) |
| il (elle) | aurait | été | aimé(e) |
| ns | aurions | été | aimé(e)s |
| vs | auriez | été | aimé(e)s |
| ils (elles) | auraient | été | aimé(e)s |

**passé 2e forme**

| | | | |
|---|---|---|---|
| j' | eusse | été | aimé(e) |
| tu | eusses | été | aimé(e) |
| il (elle) | eût | été | aimé(e) |
| ns | eussions | été | aimé(e)s |
| vs | eussiez | été | aimé(e)s |
| ils (elles) | eussent | été | aimé(e)s |

## IMPÉRATIF

**présent**

| | |
|---|---|
| sois | aimé(e) |
| soyons | aimé(e)s |
| soyez | aimé(e)s |

**passé**

(inusité)

## PARTICIPE

**présent**

étant aimé(e)

**passé**

été aimé(e) ayant été aimé(e)

## INFINITIF

**présent**

être aimé(e)

**passé**

avoir été aimé(e)

# Forme pronominale : s'adonner

## INDICATIF

**présent**

| | | |
|---|---|---|
| je | m' | adonne |
| tu | t' | adonnes |
| il (elle) | s' | adonne |
| ns | ns | adonnons |
| vs | vs | adonnez |
| ils (elles) | s' | adonnent |

**passé composé**

| | | | |
|---|---|---|---|
| je | me | suis | adonné(e) |
| tu | t' | es | adonné(e) |
| il (elle) | s' | est | adonné(e) |
| ns | ns | sommes | adonné(e)s |
| vs | vs | êtes | adonné(e)s |
| ils (elles) | se | sont | adonné(e)s |

**imparfait**

| | | |
|---|---|---|
| je | m' | adonnais |
| tu | t' | adonnais |
| il (elle) | s' | adonnait |
| ns | ns | adonnions |
| vs | vs | adonniez |
| ils (elles) | s' | adonnaient |

**plus-que-parfait**

| | | | |
|---|---|---|---|
| je | m' | étais | adonné(e) |
| tu | t' | étais | adonné(e) |
| il (elle) | s' | était | adonné(e) |
| ns | ns | étions | adonné(e)s |
| vs | vs | étiez | adonné(e)s |
| ils (elles) | s' | étaient | adonné(e)s |

**passé simple**

| | | |
|---|---|---|
| je | m' | adonnai |
| tu | t' | adonnas |
| il (elle) | s' | adonna |
| ns | ns | adonnâmes |
| vs | vs | adonnâtes |
| ils (elles) | s' | adonnèrent |

**passé antérieur**

| | | | |
|---|---|---|---|
| je | me | fus | adonné(e) |
| tu | te | fus | adonné(e) |
| il (elle) | se | fut | adonné(e) |
| ns | ns | fûmes | adonné(e)s |
| vs | vs | fûtes | adonné(e)s |
| ils (elles) | se | furent | adonné(e)s |

**futur**

| | | |
|---|---|---|
| je | m' | adonnerai |
| tu | t' | adonneras |
| il (elle) | s' | adonnera |
| ns | ns | adonnerons |
| vs | vs | adonnerez |
| ils (elles) | s' | adonneront |

**futur antérieur**

| | | | |
|---|---|---|---|
| je | me | serai | adonné(e) |
| tu | te | seras | adonné(e) |
| il (elle) | se | sera | adonné(e) |
| ns | ns | serons | adonné(e)s |
| vs | vs | serez | adonné(e)s |
| ils (elles) | se | seront | adonné(e)s |

## SUBJONCTIF

**présent**

| | | |
|---|---|---|
| (que) je | m' | adonne |
| (que) tu | t' | adonnes |
| (qu') il (elle) | s' | adonne |
| (que) ns | ns | adonnions |
| (que) vs | vs | adonniez |
| (qu') ils (elles) | s' | adonnent |

**imparfait**

| | | |
|---|---|---|
| (que) je | m' | adonnasse |
| (que) tu | t' | adonnasses |
| (qu') il (elle) | s' | adonnât |
| (que) ns | ns | adonnassions |
| (que) vs | vs | adonnassiez |
| (qu') ils (elles) | s' | adonnassent |

**passé**

| | | | |
|---|---|---|---|
| (que) je | me | sois | adonné(e) |
| (que) tu | te | sois | adonné(e) |
| (qu') il (elle) | se | soit | adonné(e) |
| (que) ns | ns | soyons | adonné(e)s |
| (que) vs | vs | soyez | adonné(e)s |
| (qu') ils (elles) | se | soient | adonné(e)s |

**plus-que-parfait**

| | | | |
|---|---|---|---|
| (que) je | me | fusse | adonné(e) |
| (que) tu | te | fusses | adonné(e) |
| (qu') il (elle) | se | fût | adonné(e) |
| (que) ns | ns | fussions | adonné(e)s |
| (que) vs | vs | fussiez | adonné(e)s |
| (qu') ils (elles) | se | fussent | adonné(e)s |

## CONDITIONNEL

**présent**

| | | |
|---|---|---|
| je | m' | adonnerais |
| tu | t' | adonnerais |
| il (elle) | s' | adonnerait |
| ns | ns | adonnerions |
| vs | vs | adonneriez |
| ils (elles) | s' | adonneraient |

**passé 1re forme**

| | | | |
|---|---|---|---|
| je | me | serais | adonné(e) |
| tu | te | serais | adonné(e) |
| il (elle) | se | serait | adonné(e) |
| ns | ns | serions | adonné(e)s |
| vs | vs | seriez | adonné(e)s |
| ils (elles) | se | seraient | adonné(e)s |

**passé 2e forme**

| | | | |
|---|---|---|---|
| je | me | fusse | adonné(e) |
| tu | te | fusses | adonné(e) |
| il (elle) | se | fût | adonné(e) |
| ns | ns | fussions | adonné(e)s |
| vs | vs | fussiez | adonné(e)s |
| ils (elles) | se | fussent | adonné(e)s |

## IMPÉRATIF

**présent**

adonne-toi
adonnons-nous
adonnez-vous

**passé**

(inusité)

## PARTICIPE

**présent**

s'adonn ant

**passé**

s'étant adonné(e)

## INFINITIF

**présent**

s'adonn er

**passé**

s'être adonné(e)

# Géographie

En complément de cet **atlas**, le *Dictionnaire Hachette* présente plus de 300 cartes géographiques (continents, pays, départements français) à l'ordre alphabétique.



**Villes et agglomérations**

| | |
|---|---|
| Londres | plus de 5 000 000 d'hab. |
| Munich | de 1 000 000 à 5 000 000 d'hab. |
| Palerme | de 500 000 à 1 000 000 d'hab. |
| Alicante | de 100 000 à 500 000 hab. |
| Ostende | de 50 000 à 100 000 hab. |
| Montreux | moins de 50 000 hab. |
| Olympie | autre localité |
| | limite d'État |
| | limite de région |
| ROME | capitale d'État |

**Communications et équipements**

- axe routier important
- col, pont
- grand tunnel routier
- canal à grand gabarit
- aéroport international
- grand port
- grand barrage

# 1- France physique

5

7

0 100 200 km

# 2- France : régions et départements

| | | | | |
|---|---|---|---|---|
| …éralogique …tements | 17 Charente-Maritime | 36 Indre | 56 Morbihan | 76 Seine-Maritime |
| | 18 Cher | 37 Indre-et-Loire | 57 Moselle | 77 Seine-et-Marne |
| …e | 19 Corrèze | 38 Isère | 58 Nièvre | 78 Yvelines |
| | 2A Corse-du-Sud | 39 Jura | 59 Nord | 79 Deux-Sèvres |
| …e | 2B Corse (Haute-) | 40 Landes | 60 Oise | 80 Somme |
| | 21 Côte-d'Or | 41 Loir-et-Cher | 61 Orne | 81 Tarn |
| …s-de-Haute- | 22 Côtes-d'Armor | 42 Loire | 62 Pas-de-Calais | 82 Tarn-et-Garonne |
| …ence | 23 Creuse | 43 Loire (Haute-) | 63 Puy-de-Dôme | 83 Var |
| …s (Hautes-) | 24 Dordogne | 44 Loire-Atlantique | 64 Pyrénées-Atlantiques | 84 Vaucluse |
| …s-Maritimes | 25 Doubs | 45 Loiret | 65 Pyrénées (Hautes-) | 85 Vendée |
| …che | 26 Drôme | 46 Lot | 66 Pyrénées-Orientales | 86 Vienne |
| …nnes | 27 Eure | 47 Lot-et-Garonne | 67 Rhin (Bas-) | 87 Vienne (Haute-) |
| …e | 28 Eure-et-Loir | 48 Lozère | 68 Rhin (Haut-) | 88 Vosges |
| | 29 Finistère | 49 Maine-et-Loire | 69 Rhône | 89 Yonne |
| | 30 Gard | 50 Manche | 70 Saône (Haute-) | 90 Belfort (Territoire de) |
| …on | 31 Garonne (Haute-) | 51 Marne | 71 Saône-et-Loire | 91 Essonne |
| …hes-du-Rhône | 32 Gers | 52 Marne (Haute-) | 72 Sarthe | 92 Hauts-de-Seine |
| …dos | 33 Gironde | 53 Mayenne | 73 Savoie | 93 Seine-Saint-Denis |
| …l | 34 Hérault | 54 Meurthe-et-Moselle | 74 Savoie (Haute-) | 94 Val-de-Marne |
| …ente | 35 Ille-et-Vilaine | 55 Meuse | 75 Paris (Ville de) | 95 Val-d'Oise |

# 3- France : communications

# 4- Belgique, Luxembourg et Suisse

# 5- États riverains de la mer du Nord

11

100 km

GÉOGRAPHIE

# 6- Angleterre et Pays-Bas

9

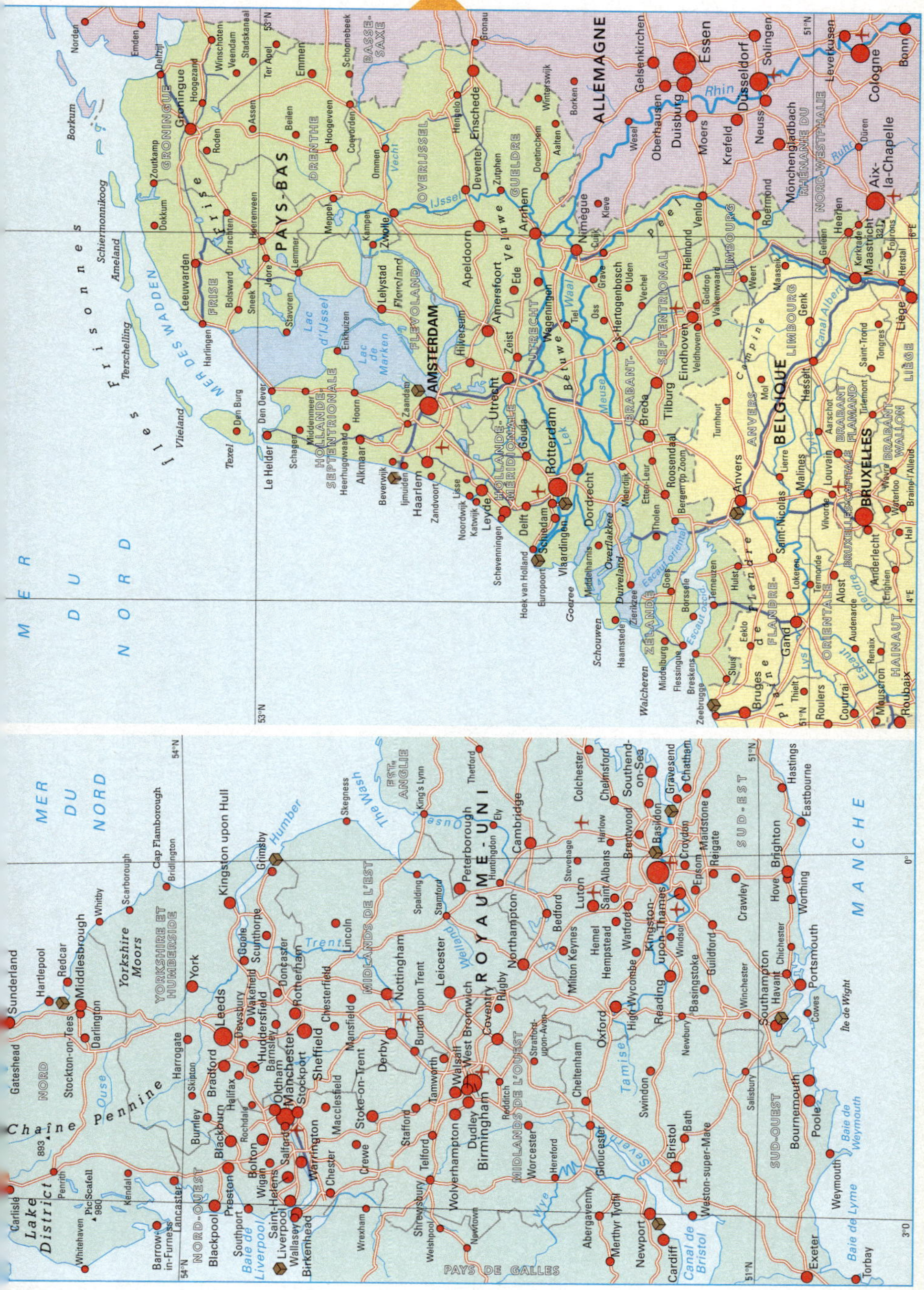

# 7- Péninsule ibérique

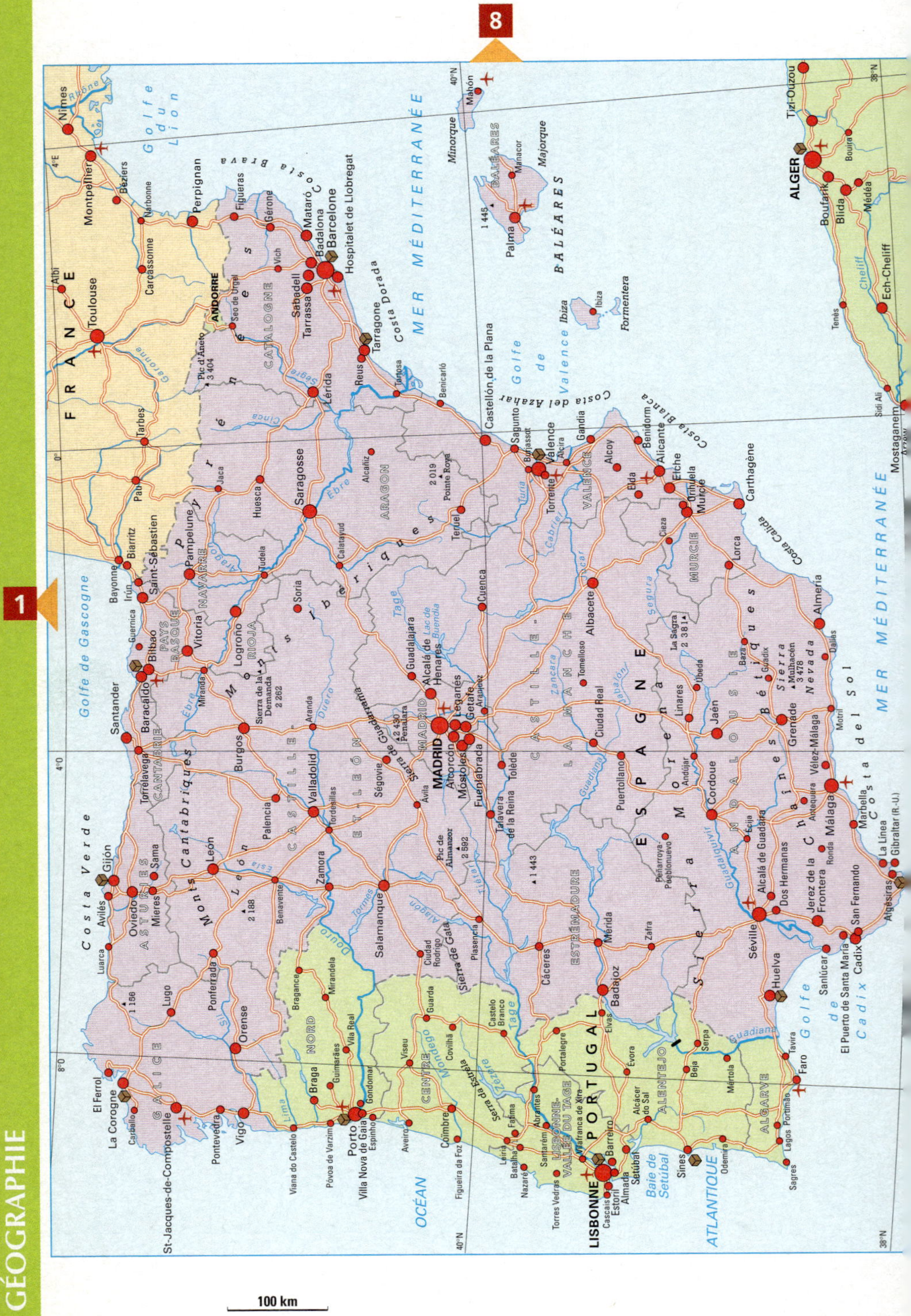

# 8- ITALIE ET BALKANS

12

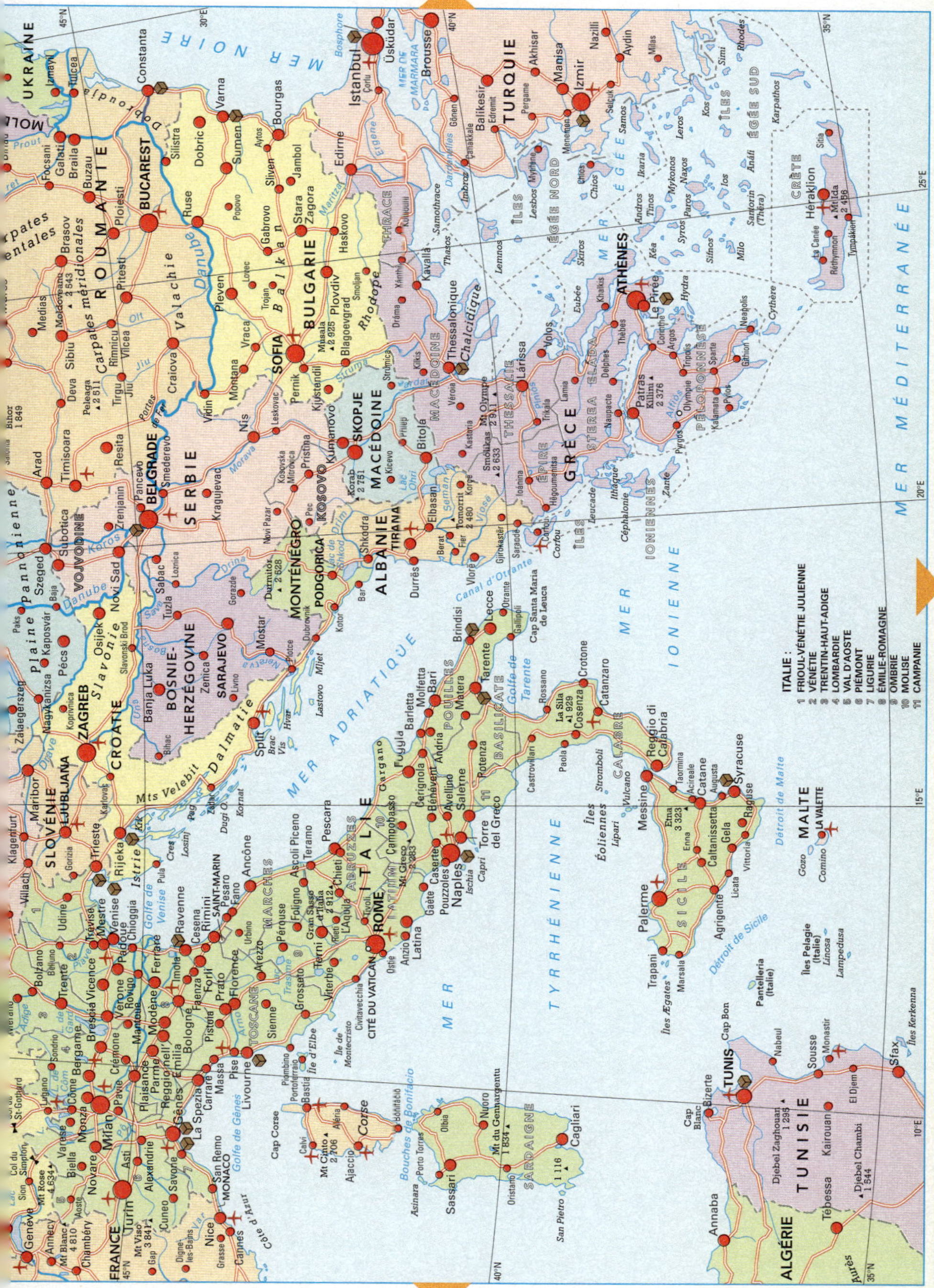


100 km

22

7

# 9- Allemagne

5

4

8

100 km

# 10- Europe centrale

5

11

8

GÉOGRAPHIE

# 11- Europe orientale

14

5

GÉOGRAPHIE

# 12- Europe orientale

16

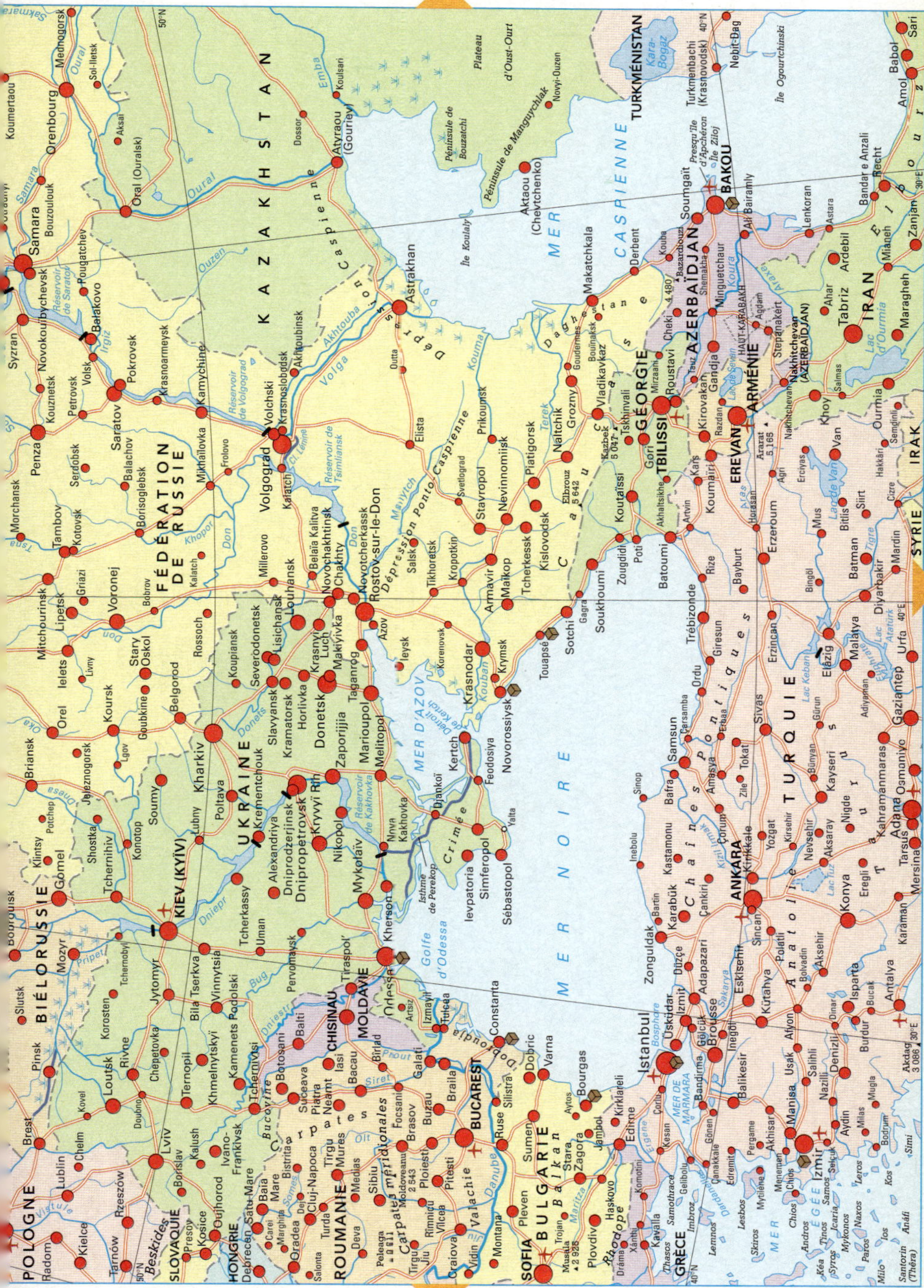


15

8

300 km

GÉOGRAPHIE

# 13- EUROPE

14

500 km

25

GÉOGRAPHIE

# 14- Asie

OCÉAN ATLANTIQUE
MER DU GROENLAND
OCÉAN GLACIAL ARCTIQUE
MER DE SIBÉRIE ORIENTALE
Wrangel
Détroit de Béring
Îles Aléoutiennes (É.-U.)
MER DE BÉRING
Presqu'île des Tchouktches
Archipel de Nouvelle-Sibérie
Terre François-Joseph
Terre du Nord
MER DU NORD
Scandinavie
cercle polaire arctique
MER DE BARENTS
Nouvelle-Zemble
MER DE KARA
MER DE LAPTEV
Presqu'île de Kola
MER BALTIQUE
Presqu'île des Taïmyr
Monts de la Kolyma
3 147 Pobeda
Monts Tcherski
Monts de Verkhoïansk
4 850
Presqu'île du Kamtchatka
EUROPE
Plaines de l'Europe orientale
Plateau de Sibérie centrale
Presqu'île Iamal
Ienisseï
Lena
Moscou
Plaine russe
Monts Oural
Ob
Sibérie
FÉDÉRATION DE RUSSIE
Plaine de Sibérie occidentale
limite conventionnelle de l'Asie
MER D'OKHOTSK
OCÉAN PACIFIQUE
Sakhaline
Îles Kouriles
2 412
Monts Stanovo
Amour
Volga
Dniepr
Don
MER NOIRE
Dépression caspienne
Tobol
Lac Baïkal
Monts Iablonovyi
Hokkaidō
JAPON
Ankara
TURQUIE
Elbrouz 5 642
Caucase
GÉORGIE
Tbilissi
ARMÉNIE
Erevan
AZERBAÏDJAN
Bakou
MER CASPIENNE
MER D'ARAL
Plateau de Tourgaï
Astana
KAZAKHSTAN
Syr-Daria
Lac Balkhach
Irtych
Altaï
Oulan-Bator
MONGOLIE
Mandchourie
MER DU JAPON (MER DE L'EST)
CORÉE DU NORD
Tōkyō
Honshū
Beyrouth
SYRIE
Damas
Amman
JORDANIE
IRAK
Tigre
Euphrate
Bagdad
Elbourz
TURKMÉNISTAN
Achgabat
Amou-Daria
OUZBÉKISTAN
Tachkent
Bichkek
KIRGHIZSTAN
4 231
Dzoungarie
7 440 Pic Pobiedy
Désert de Gobi
Beijing
Pyongyang
Séoul
CORÉE DU SUD
Shikoku
Kyūshū
MER JAUNE
Téhéran
Mont Demavend 5 671
Plateau d'Iran
IRAN
Douchanbe
TADJIKISTAN
Pamir
8 611 K2
Désert de Takla-makan
Tarim
7 723
Plaine de Chine
Huanghe
OCÉAN
KOWEÏT
Koweït
AFGHĀNISTĀN
5 143
Kaboul
Islamabad
Kunlunshan
Plateaux du Tibet
CHINE
Riyad
BAHREÏN
Manama
QATAR
Doha
ARABIE SAOUDITE
Golfe Arabo-Persique
Abu-Dhabi
E.A.U.
Béloutchistan
PĀKISTĀN
Cachemire
Himalaya
Annapurna 8 078
Mont Everest 8 846
Thimphu
Yangzijiang
Plateau de Chine du Sud
tropique du Cancer
Taipei
TAÏWAN
Indus
New Delhi
NÉPAL
Katmandou
BHOUTAN
Assam
Rub al-Khali
Mascate
Golfe d'Oman
OMAN
YÉMEN
Chambal
Gange
BANGLADESH
Dhaka
Irrawaddy
Xijiang
Hanoi
Hainan
PACIFIQUE
golfe d'Aden
Narbada
INDE
Naypyidaw
LAOS
Luçon
MER DES PHILIPPINES
Socotra (Yémen)
MER D'OMAN
BIRMANIE (MYANMAR)
Vientiane
Mékong
Manille
PHILIPPINES
Plateau du Dekkan
Golfe du Bengale
THAÏLANDE
VIÊT-NAM
Bangkok
CAMBODGE
MER DE CHINE MÉRIDIONALE
Mindanao
Laquedives (Inde)
Andaman (Inde)
Phnom Penh
Golfe de Thaïlande
Bandar Seri Begawan
BRUNEI
4 101
MER DES CÉLÈBES
Moluques
SRI LANKA
Colombo
Nicobar (Inde)
Détroit de Malacca
Malé
MALAISIE
Kuala Lumpur
SEYCHELLES
MALDIVES
SINGAPOUR
2 278
Bornéo
Célèbes
3 801
Sumatra
MER DE JAVA
Djakarta
Java
Petites îles de la Sonde
Dili
TIMOR ORIENTAL
Timor
INDONÉSIE
MADAGASCAR
OCÉAN INDIEN
MAURICE
Réunion (F.)
tropique du Capricorne
AUSTRALIE
Territoires autonomes de Palestine
60°N
70°N
0°
20°E
40°E
60°E
80°E
100°E
120°E
140°E
160°E
180°E
50°N
40°N
30°N
20°N
10°N
10°S
20°S
30°S
800 km

25

19

# 15- Proche-Orient, Asie occidentale

12

22

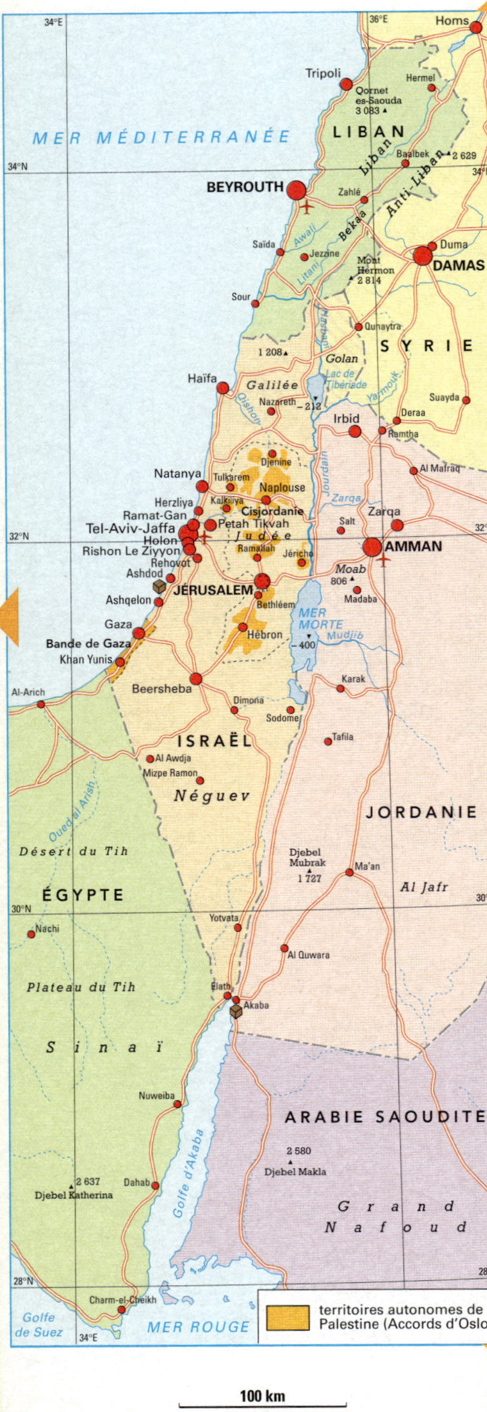


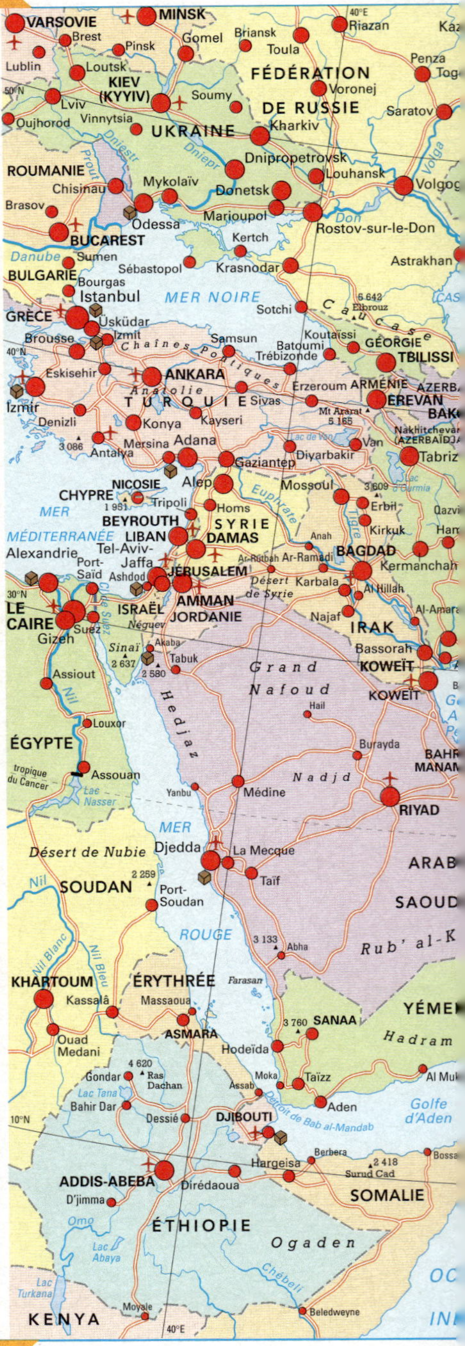


22

# 16- Asie du Sud

14

17

500 km

# 17- Extrême-Orient

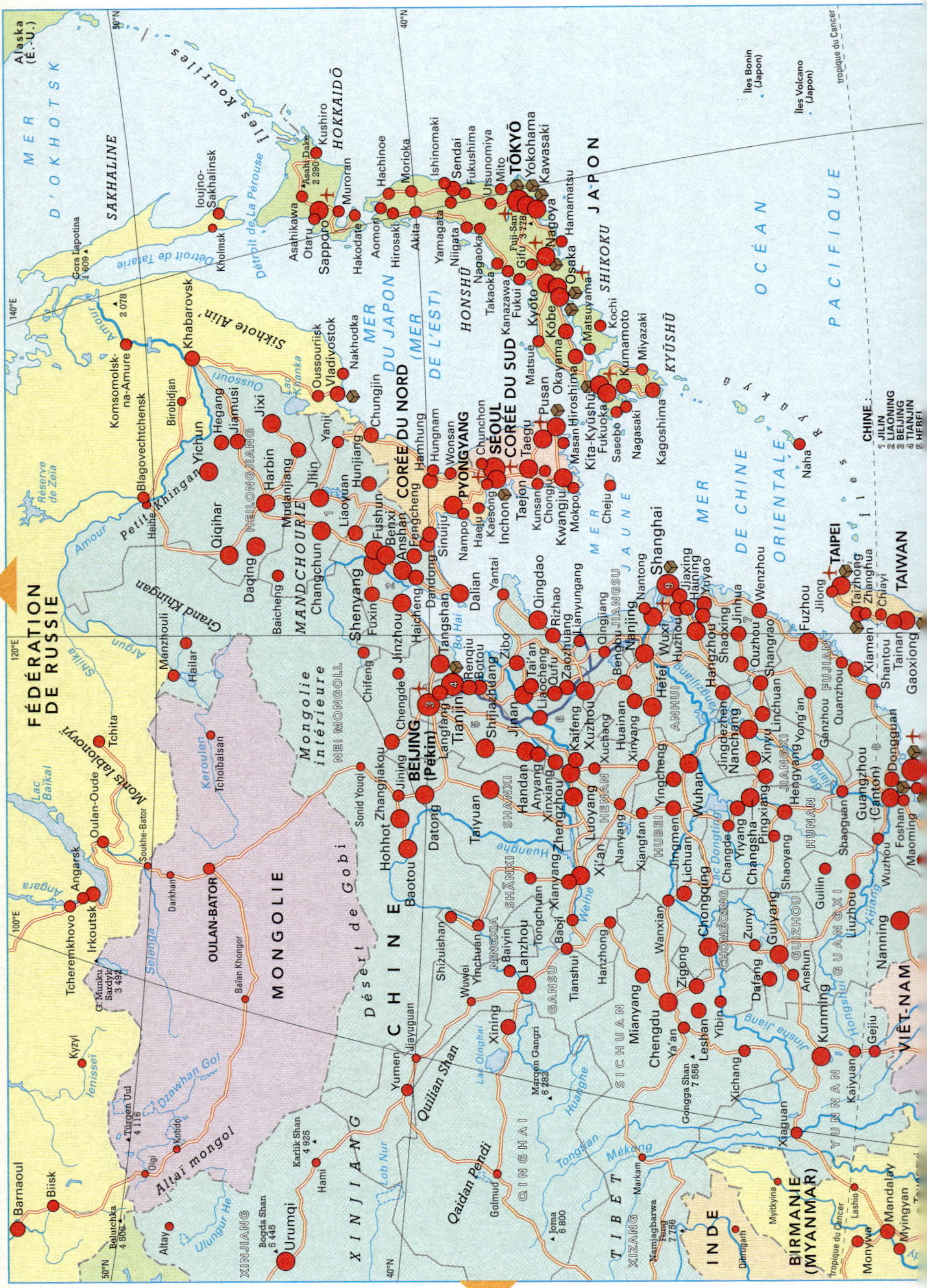


14

16

500 km

# 18- Asie du Sud-Est

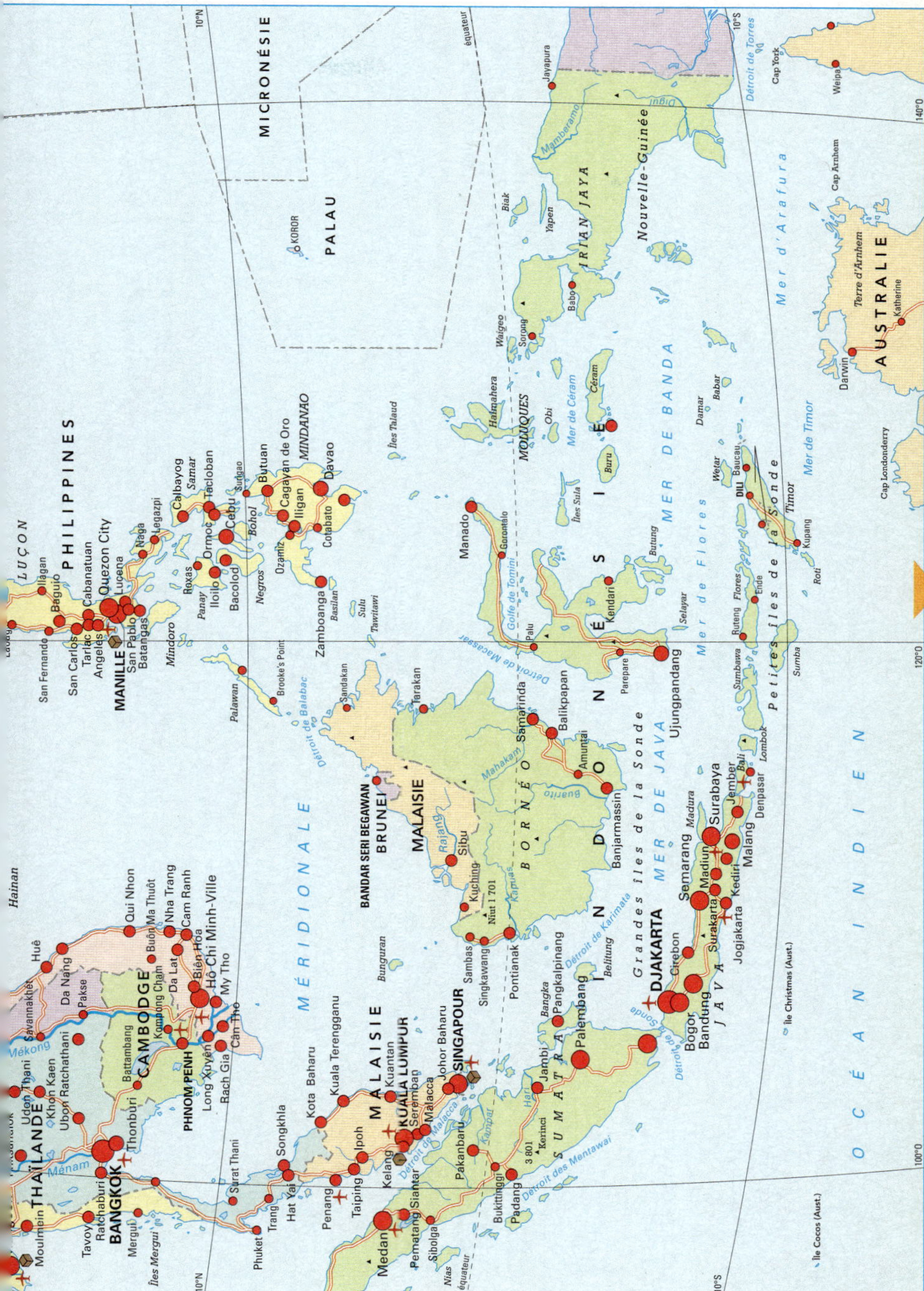


19

16

500 km

# 19- Australie, Océanie

1 000 km

18

# 20- AFRIQUE

GÉOGRAPHIE

# 21 - Afrique occidentale

7

500 km

24

GÉOGRAPHIE

# 22- Afrique orientale et Moyen-Orient

# 23- Afrique du Nord

22

7

21

200 km

# 24- AFRIQUE AUSTRALE

14

500 km

# 25- Amérique du Nord

1 000 km

26

# 26- Amérique du Sud

25

1 000 km

# 27- CANADA

500 km

# 28- ÉTATS-UNIS, MEXIQUE

# 29- Amérique du Sud tropicale

28

# 30- AMÉRIQUE DU SUD AUSTRALE

500 km

# Histoire de France

**Se reporter aux pages 640-641 pour la liste des souverains, chefs d'État et régimes français**

## Antiquité

v. 3000 av. J-C Édification des alignements de Carnac par des populations néolithiques
v. 600 av. J-C Les Phocéens fondent Massalia (Marseille)
125 av J-C Rome commence la conquête du sud de la Gaule
118 av J-C Les Romains fondent la province de Narbonnaise
58 av J-C César commence la conquête de la Gaule
52 av J-C Assiégé à Alésia, Vercingétorix se rend à César
43 av J-C Fondation de Lugdunum (Lyon)
177 apr J-C Martyre des chrétiens de Lyon
406 Les Germains franchissent le Rhin et déferlent sur la Gaule
451 Attila vaincu près de Troyes

## Moyen Âge

481 Avènement de Clovis, roi des Francs de Tournai
v. 496 Clovis se convertit au christianisme
507 Clovis annexe l'Aquitaine
719- 725 Les musulmans d'Espagne conquièrent la Narbonnaise et s'y maintiennent jusqu'en 759
732 Charles Martel repousse les musulmans près de Poitiers
751 Pépin le Bref, fils de Charles Martel, proclamé roi des Francs. Il sera sacré par le pape en 754
771 Le fils de Pépin le Bref, Charlemagne, devient seul roi des Francs à la mort de son frère Carloman
778 Expédition de Charlemagne en Espagne. Massacre de Roncevaux
800 25 déc. Charlemagne couronné à Rome empereur d'Occident par le pape Léon III
843 Traité de Verdun ; les trois fils de Louis le Pieux se partagent l'Empire carolingien
885- 886 Siège de Paris par les Normands
911 Traité de Saint-Clair-sur-Epte ; les Vikings sont installés en Normandie par Charles le Simple
987 Hugues Capet est élu roi des Francs par les Grands du royaume.
1066 Vainqueur de la bataille de Hastings, Guillaume, duc de Normandie, devient roi d'Angleterre
1090-1153 Vie de Bernard de Clairvaux
1095 Le pape Urbain II prêche la première croisade
1100-1300 Les foires de Champagne
1137 Mariage d'Aliénor d'Aquitaine et de Louis VII
1152 Divorce d'Aliénor et mariage avec Henri de Plantagenêt, futur roi d'Angleterre
Fin x^e^-début XII^e^ siècle Période romane
Fondation de l'abbaye de Conques (XI^e^ siècle)
1150-1500 Période gothique
1163 Mise en chantier de la cathédrale Notre-Dame de Paris
1200-1220 Fondation de l'université de Paris
1204 Rattachement du duché de Normandie au royaume
1208 Innocent III prêche la croisade contre les Albigeois
1214 27 juil. Philippe Auguste parvient à vaincre, à Bouvines, l'empereur germanique et ses alliés les comtes de Flandre et de Boulogne
1229 Annexion du Languedoc au domaine royal
1244 Les armées royales incendient la forteresse cathare de Montségur
1248 Septième croisade. Louis IX en Égypte
1257 Fondation du collège de la Sorbonne
1259 Louis IX fait la paix avec le roi Henri III d'Angleterre
1270 Louis IX meurt de la peste à Tunis
1302 Le roi Philippe le Bel réunit pour la première fois les États généraux
1307 Philippe IV le Bel fait arrêter les Templiers
1328 Mort de Charles IV, dernier capétien direct
Le trône de France passe à son cousin Philippe de Valois qui devient roi sous le nom de Philippe VI.
1337 Début de la guerre de Cent Ans
1346 Les armées françaises battues par les Anglais à Crécy
1347 Prise de Calais par Édouard III
1348 Paris est touchée par la peste
1356 Jean II est fait prisonnier par les Anglais lors de la défaite de Poitiers
1360 Instauration de l'impôt et du franc
1363 Jean II donne le duché de Bourgogne à son fils Philippe le Hardi
1364 Sacre de Charles V à Reims
1370 Du Guesclin devient connétable des armées royales
1415 Défaite de la chevalerie française à Azincourt face aux Anglais
1420 La reine de France Isabeau de Bavière et Philippe le Bon, duc de Bourgogne, font signer au roi Charles VI le traité de Troyes qui déshérite le dauphin Charles au profit d'Henri V d'Angleterre
1429 Jeanne d'Arc délivre Orléans. Charles VII est sacré à Reims
1430 Jeanne d'Arc est capturée par les Bourguignons
1431 30 mai Exécution de Jeanne d'Arc à Rouen
1453 Victoire de Castillon-la-Bataille contre l'Angleterre qui marque la fin de la guerre de Cent Ans

## Renaissance

1488 Défaite du duc de Bretagne François II face au roi Charles VIII
1489 Anne, fille de François II, devient duchesse de Bretagne puis reine de France **(1491)**
1514 Mariage de François d'Angoulême (futur François I^er^) et de Claude de France, fille d'Anne de Bretagne
1515 François I^er^, roi de France
Aidés par les Vénitiens, les Français battent les Suisses et les Milanais à Marignan, en Italie
1519 Début de la construction du château de Chambord
1525 François I^er^ est battu et fait prisonnier à Pavie par les troupes du Saint Empire
1532 Rattachement du duché de Bretagne à la France
1534 Première expédition de Jacques Cartier au Canada
1539 L'ordonnance de Villers-Cotterêts impose le français dans les actes publics
1557 Défaite des Français contre les Espagnols à Saint-Quentin
1558 Les Français prennent Calais aux Anglais
1559 Les traités du Cateau-Cambrésis mettent fin aux guerres entre la France et l'Espagne. Ils prévoient que la France récupèrera la ville de Calais

## Époque moderne

1562 Massacre de protestants à Wassy.
Début des guerres de religion
1570 Paix de Saint-Germain entre catholiques et protestants
1572 18 août Mariage d'Henri de Navarre, futur Henri IV, et de Marguerite de Valois
24 août Massacres de la Saint-Barthélemy
1593 25 juil. Henri IV abjure le protestantisme
1594 27 fév. Sacre d'Henri IV à Chartres

**1598** Édit de Nantes reconnaissant en France la religion protestante. Fin des guerres de religions
Traité de Vervins ; fin de la guerre avec l'Espagne
**1608** Fondation du Québec par Samuel de Champlain
**1610** 14 mai Assassinat d'Henri IV
17 oct. Sacre de Louis XIII ; début de la régence de Marie de Médicis
**1624** Richelieu, premier ministre
**1643** Mort de Louis XIII. Louis XIV étant trop jeune, sa mère Anne d'Autriche exerce la régence avec Mazarin.
Victoire du prince de Condé sur les Espagnols à Rocroi
**1648-1653** Troubles politiques de la Fronde
**1659** La France et l'Espagne signent la paix des Pyrénées
*Les Précieuses Ridicules*, premier triomphe de Molière
**1664** Colbert est nommé Contrôleur général des Finances
**1682** Installation définitive du roi à Versailles
**1685** Opérations militaires contre les protestants
L'Édit de Fontainebleau interdit le culte protestant
**1702** Début du soulèvement des camisards
**1748** *L'Esprit des Lois* de Montesquieu
**1751-1772** Publication de *L'Encyclopédie*
**1756** Début de la guerre de Sept Ans
**1759** *Candide* de Voltaire
**1762** *Le Contrat Social* de Jean-Jacques Rousseau
**1763** Traité de Paris mettant fin à la guerre de Sept Ans.
La France perd définitivement le Canada
**1768** Acquisition de la Corse
**1774** Début du règne de Louis XVI
**1787** Édit de tolérance instituant un état civil pour les protestants

## Révolution

**1789** 5 mai Ouverture des États généraux à Versailles
17 juin Les députés du Tiers état forment une Assemblée nationale
20 juin Serment du Jeu de paume
27 juin Le clergé et la noblesse se réunissent au Tiers état dans l'Assemblée nationale
9 juil. L'Assemblée nationale devient Assemblée nationale constituante
14 juil. Prise de la Bastille
17 juil. Début de l'émigration des nobles
4 août Abolition des privilèges
26 août *Déclaration des droits de l'homme et du citoyen*
5-6 oct. Marche sur Versailles des Parisiennes. Le roi Louis XVI est ramené à Paris
**1791** 20-21 juin Fuite puis arrestation de la famille royale
**1792** 20 avr. La France déclare la guerre à l'Autriche
10 août Prise des Tuileries
13 août Le roi et sa famille à la prison du Temple
20 sept. Victoire de Valmy
22 sept. Proclamation de la République par la Convention
6 nov. Victoire de Jemmapes
**1793** 21 janv. Exécution de Louis XVI
17 sept. Loi des suspects. Début de la Terreur
16 oct. Exécution de Marie-Antoinette
**1794** 10 juin Début de la Grande Terreur
28 juil. Exécution de Robespierre
**1796** Bonaparte devient général de l'armée d'Italie
**1799** 9 nov. Coup d'État du 18 Brumaire

## Histoire contemporaine

**1799** 10 nov. Début du Consulat
**1801** Signature du Concordat
**1803** Création du franc germinal
**1804** Publication du Code civil
2 déc. Sacre de Napoléon Ier
**1805** Victoire d'Austerlitz
**1806** Victoire d'Iéna
**1812** Campagne de Russie
**1814** Abdication de Napoléon Ier
**1815** 20 mars-22 juin Les Cent-Jours ; Napoléon revient au pouvoir, mais il est battu à Waterloo **(18 juin)**
**1821** Napoléon meurt en exil à Sainte-Hélène
**1830** 27-29 juil. Révolution parisienne des Trois glorieuses contre Charles X
Début de la conquête de l'Algérie
**1832** Ouverture de la première ligne de chemin de fer (reliant Saint-Étienne à Andrézieux)
**1841** Loi interdisant le travail des enfants (– de 8 ans)
**1843** Prise de la smala d'Abd el-Kader, émir d'Algérie
**1848** fév. Révolution à Paris instaurant la IIe République
2 mars Proclamation du suffrage universel
27 avr. Abolition définitive de l'esclavage
10 déc. Louis Napoléon Bonaparte est élu président de la République
**1851** 2 déc. Coup d'État de Louis Napoléon Bonaparte
**1852** 2 déc. Louis Napoléon Bonaparte est proclamé empereur des Français, sous le nom de Napoléon III
**1853** *Les Châtiments* de Victor Hugo
**1859** Victoires sur les Autrichiens à Magenta et à Solferino
**1860** Nice et la Savoie sont rattachés à la France
**1864** Loi reconnaissant le droit de grève
**1870** 19 juil. Début de la guerre franco-prussienne
2 sept. Défaite de Sedan ; Napoléon III est déchu
4 sept. Fin du 2nd Empire. Proclamation de la IIIe République
**1871** 28 janv. Armistice et capitulation de Paris
18 mars Début de la Commune de Paris
10 mai Traité de Francfort mettant fin à la guerre
21-28 mai Semaine sanglante : les Communards sont massacrés par l'armée régulière (versaillais)
**1880** Jules Ferry devient chef du gouvernement
**1881-1882** Lois Ferry instaurant une école gratuite, laïque et obligatoire
**1884** Loi autorisant les syndicats
**1885** Pasteur découvre le vaccin contre la rage
**1889** Exposition universelle de Paris et inauguration de la Tour Eiffel
**1890** Clément Ader construit le premier aéroplane
**1891** Edison invente l'ancêtre du cinématographe
**1894-1895** Le capitaine Dreyfus est condamné puis déporté en Guyane
**1895** Les frères Lumière inventent le cinématographe
Création de la Confédération générale du travail (CGT)
**1898** Article *J'accuse* ! d'Émile Zola, en faveur de Dreyfus
**1899** Marconi et Branly parviennent à établir la première liaison par TSF
**1906** Réhabilitation de Dreyfus
**1905** Loi de séparation des Églises et de l'État
**1909** Louis Blériot traverse la Manche en avion
**1912** Le Maroc devient un protectorat français
**1914** 3 août L'Allemagne déclare la guerre à la France
sept. Bataille de la Marne dirigée par le Gal Joffre
**1916** fév.-déc. Bataille de Verdun (300 000 morts)
juil.-nov. Bataille de la Somme
**1918** 11 nov. Armistice signé à Rethondes
**1919** 28 juin Signature du Traité de Versailles
**1920** Création du PCF au congrès de Tours
**1931** Exposition coloniale de Paris
Début de la crise économique en France
**1936** mai Victoire électorale du Front populaire suivie d'une vague de grèves
7-8 juin Les accords de Matignon instaurent la semaine de 40 heures et les congés payés

**1938** 8 avr. Dislocation du Front populaire

**1939** 3 sept. La France et l'Angleterre déclarent la guerre à l'Allemagne

**1940** 14 juin Les troupes allemandes entrent dans Paris
18 juin Appel du général de Gaulle
22 juin la France signe l'armistice
10 juil. Pétain obtient les pleins pouvoirs
24 oct. Entrevue de Montoire entre Pétain et Hitler

**1940-1941** Statuts excluant les juifs de la société

**1942** 16-17 juil. Rafle du Vel' d'hiv'

**1943** Jean Moulin fonde le Conseil national de la Résistance

**1944** 21 avr. Le droit de vote accordé aux Françaises
10 mai Massacre d'Oradour-sur-Glane
6 juin Les Alliés débarquent en Normandie
juil. Massacres de maquisards et d'habitants dans le Vercors par les forces allemandes et la Milice de Vichy
15 août Débarquement en Provence

**1945** 8 mai Capitulation de l'Allemagne
Révoltes de Sétif en Algérie
21 oct. Les Françaises participent pour la première fois à une élection nationale

**1946** La constitution garantit à la femme des droits égaux à ceux des hommes dans tous les domaines
19 déc. Début de la guerre d'Indochine

**1947** Loi instituant une assemblée algérienne

**1954** 7 mai Défaite de Diên Biên Phu
21 juil. Accords de Genève ; fin de la guerre d'Indochine
juil. Naissance du Front de libération nationale (FLN) en Algérie
1er nov. La Toussaint rouge en Algérie ; début de la guerre d'Algérie.

**1956** Le Maroc et la Tunisie deviennent indépendants

**1958** 13 mai Insurrection d'Alger
1er juin De Gaulle forme son gouvernement
28 sept. Référendum approuvant la Ve République

**1959** 8 janv. De Gaulle, président de la République

**1962** 18 mars Accords d'Évian ; fin de la guerre d'Algérie
3 juil. Proclamation de l'indépendance de l'Algérie
28 oct. Référendum – élection du président au suffrage universel

**1967** Loi autorisant la contraception

**1968** 3 mai La police évacue la Sorbonne ; début des « évènements »
27 mai Accords de Grenelle

**1969** Démission du général de Gaulle

**1974** Loi instaurant la majorité à 18 ans

**1975** Loi Veil sur l'avortement

**1981** Abolition de la peine de mort

**2002** 1er janvier Mise en circulation de l'euro

**2015** Multiples attentats terroristes à Paris

# Histoire du monde

## Préhistoire

**3800 MA** Sous la mer se développent les tout premiers êtres vivants connus (des bactéries)

**2800 MA** Les premières cellules développées (à noyau)

**1800 MA** Les premiers planctons animaux et végétaux, les premières moisissures

**580 MA** Les premières éponges, les premières méduses

**500 MA** Les premiers poissons

**380 MA** Les premiers animaux terrestres

**245 MA** Disparition de 95 % des espèces marines

**220 MA** Les premiers dinosaures

**180 MA** Les premiers mammifères

**160 MA** Les premiers oiseaux (archéoptéryx)

**65 MA** Disparition des dinosaures

**7 MA** Vie de *Toumaï* (*Sahelanthropus tchadensis*), il serait l'un des ancêtres des premiers hominidés

**3,3 MA** Les plus anciens outils découverts

**3,2 MA** Vie de *Lucy* (*australopithèque afarensis*)

**500 000** Les *Homo erectus* savent domestiquer le feu

**300 000** Les plus anciennes traces d'*Homo neanderthalensis* en Europe

## Paléolithique

**160 000** Les plus anciens restes d'*Homo sapiens*

**50 000** Plus anciennes traces d'*Homo sapiens* en Europe

## Néolithique

**v. 9 000** Découverte de l'agriculture et de l'élevage au Moyen-Orient

**v. 3 500** Civilisation de Sumer en Mésopotamie

## Antiquité

**v. 3 300** Les plus anciennes formes connues d'écriture (pictogrammes)

**v. 3 000** La Haute et la Basse Égypte s'unissent pour former un seul Empire

**2600-** 2480 Construction des pyramides de Gizeh

**1410** Aménophis devient pharaon, c'est l'âge d'or de l'Égypte

**1290-** 1224 Règne du pharaon Ramsès II

**v. 1200** Invention de l'alphabet phénicien

**1010-** 970 Règne de David, roi d'Israël

**1000-** 100 Rédaction de l'Ancien Testament

**814** Les Phéniciens fondent la cité de Carthage

**v. 800** Homère écrit l'*Iliade et l'Odyssée*

**776** Les cités grecques fondent les jeux Olympiques

**760** Début de l'expansion coloniale grecque

**753** Fondation légendaire de Rome

**587** L'empereur babylonien Nabuchodonosor II prend Jérusalem et déporte les Hébreux à Babylone

**555-** 479 Vie de Confucius, le plus grand philosophe chinois

**v. 536-** v. 480 Vie de Siddhartha Gautama (Bouddha)

**509** Le dernier roi de Rome, Tarquin, est chassé. Naissance de la République romaine

**490** Victoire des Grecs sur les Perses à Marathon

**490-** 425 Vie d'Hérodote, fondateur de la géographie

**480** Victoire navale des Grecs sur les Perses, à Salamine

**460-** 395 Vie de Thucydide, fondateur de l'histoire

**447-** 432 Construction du Parthénon, à Athènes

**443-** 429 Périclès est élu 15 fois stratège d'Athènes

**431-** 404 Guerres du Péloponnèse entre les cités grecques

**428-** 348 Vie de Platon, philosophe athénien

**390** Rome est saccagée par les Gaulois de Brennus

**384-** 322 Vie d'Aristote, philosophe macédonien, fondateur du Lycée

**336-** 323 Alexandre le Grand, roi de Macédoine, conquiert un immense empire jusqu'en Inde

**264-** 146 Guerres puniques entre les Romains et les Carthaginois

**146** Les Romains conquièrent la Grèce

44 15 mars Assassinat de Jules César
43 Cléopâtre devient reine d'Égypte
31 À Actium, la flotte d'Octave met en déroute Antoine et Cléopâtre, qui se suicident. Rome conquiert l'Égypte
27 Octave devient empereur de Rome, avec le titre d'Auguste
v. 4 av. JC- Vie de Jésus-Christ, fondateur
v. 30 ap. JC du christianisme
50- 100 Rédaction du Nouveau Testament
64 Incendie de Rome. Jugés responsables, les chrétiens sont persécutés
70 Les Romains détruisent le Temple de Jérusalem
79 L'éruption du Vésuve détruit Pompéi
212 L'empereur romain Caracalla adopte un édit accordant la citoyenneté à tous les hommes libres de l'Empire romain
313 Édit de Milan autorisant la religion chrétienne
330 Constantin fonde Constantinople, seconde capitale de l'Empire romain
392 L'empereur Théodose fait du christianisme la seule religion officielle de l'Empire romain
395 Séparation de l'Empire romain en deux parties
410 Rome est pillée par les Wisigoths
476 Le chef germain Odoacre dépose l'empereur Romulus Augustule, c'est la fin de l'Empire romain d'Occident

## Moyen Âge

527- 565 Règne de l'empereur romain d'Orient Justinien
v. 570 Naissance du prophète Mahomet à La Mecque
622 Mahomet quitte La Mecque pour Médine. C'est l'Hégire qui marque le début du calendrier musulman
638 Prise de Jérusalem par les musulmans
650 Rédaction du Coran
711 Début de la conquête de l'Espagne par les musulmans
800 Le pape Léon III couronne Charlemagne empereur d'Occident
962 Otton sacré empereur germanique
980- 1015 Saint Vladimir le Grand fonde l'État russe et reçoit le baptême
v. 1000 Le Viking Leif Ericsson de Norvège découvre l'Amérique du Nord
1054 Schisme entre l'Église d'Occident et l'Église orthodoxe
1099 15 juil. Les croisés s'emparent de Jérusalem
1119 Fondation de l'université de Bologne
1184 Création du tribunal de l'Inquisition
1187 Saladin reprend Jérusalem aux croisés
1200 Les Aztèques dominent un territoire qui deviendra le Mexique
1204 Les croisés pillent Constantinople
1211- 1222 La Chine est envahie par les Mongols de Gengis Khan
1212 Victoire des rois de Castille, de Navarre et d'Aragon sur les musulmans à la bataille de Las Navas de Tolosa ; début du déclin musulman en Espagne
1215 En Angleterre, la Grande Charte garantit les libertés de la population par rapport au roi
1223 Gengis Khan envahit la Russie
1260- 1294 Kubilaï Khan dirige l'Empire mongol et fonde la dynastie Yuan en Chine
1271- 1295 Voyages de Marco Polo en Asie
1279- 1293 Expansion mongole en Asie
1291 Destruction des royaumes latins d'Orient
Fin du XIIIe siècle Invention de la lettre de change par les marchands lombards
1313- 1337 Apogée du royaume du Mali (règne de Kouta Moussa)
1325 Les Aztèques fondent Tenochtitlan (auj. Mexico)
1341- 1351 La peste ravage l'Europe et tue le tiers de sa population
1337- 1453 La guerre de Cent Ans oppose la France et l'Angleterre
1378 Début du grand Schisme d'Occident entre les papes Urbain VI et Clément VII
1389 Les Serbes et les Bulgares sont battus par le sultan ottoman à la bataille de Kosovo-Polje
1438 Brunelleschi achève le Dôme de Florence, c'est le début de la Renaissance

## Renaissance

v. 1450 Johannes Gutenberg invente l'imprimerie
1453 Les Turcs ottomans s'emparent de Constantinople. L'Empire byzantin disparaît
1480 Le tsar de Russie, Ivan III, se débarrasse de la suzeraineté mongole. La Moscovie est indépendante
1488 Le Portugais Bartolomeo Dias est le premier Européen à franchir le cap de Bonne-Espérance
1492 Les Espagnols chassent les Maures de Grenade, la dernière province musulmane
Christophe Colomb atteint l'Amérique
1494- 1559 Le traité de Tordesillas fixe le partage entre les futures colonies espagnoles et portugaises
Début des guerres d'Italie entre la France et l'Empire
1498 Vasco de Gama découvre la route maritime vers l'Inde par le cap de Bonne-Espérance
1503- 1505 Léonard de Vinci peint la Joconde
1516 Début du trafic des esclaves africains (commerce triangulaire) vers les Amériques
1517 Les 95 Thèses de Luther fondent le protestantisme
1519 Le Portugais Fernand de Magellan organise le premier voyage autour du monde
1521 L'Espagnol Hernan Cortès soumet les Aztèques et s'empare du Mexique
1533 Francisco Pizarro conquiert l'empire inca
1545- 1563 Le Concile de Trente institue la Contre-Réforme

## Époque moderne

1571 Les chrétiens écrasent les Turcs musulmans à la bataille navale de Lépante
1579 Naissance de la république des Provinces-Unies
1582 Le calendrier julien est remplacé par le calendrier grégorien (du nom du pape Grégoire XIII)
1588 L'Invincible Armada espagnole est détruite par la flotte anglaise
1618-1648 La guerre de Trente Ans ravage le Saint Empire
1620 Les pères pèlerins anglais du Mayflower s'établissent dans le Cap Cod, en Amérique
1638 Les Japonais massacrent les chrétiens et ferment leur pays aux étrangers
1642-1649 Le roi Charles Ier d'Angleterre est exécuté
1643-1715 Louis XIV, le « Roi-Soleil », règne en France
1648 Traités de Westphalie ; fin de la guerre de Trente Ans
1653-1658 Dictature de Cromwell en Angleterre, en Écosse et en Irlande
1672 L'*Habeas Corpus*, en Angleterre, garantit les libertés individuelles
1682-1725 Règne de Pierre le Grand en Russie. Il fonde Saint-Pétersbourg qui devient la capitale des tsars
1683 Les Turcs sont aux portes de Vienne
1685 Louis XIV révoque l'Édit de Nantes. Les protestants fuient la France

1689 Le Parlement anglais impose à Guillaume, futur roi d'Angleterre, une Déclaration des droits
1707 L'Angleterre et l'Écosse concluent un acte d'Union, c'est la naissance de la Grande-Bretagne
1713 Traités d'Utrecht ; fin de la guerre de succession d'Espagne
1769 James Watt invente la machine à vapeur
1776 Proclamation d'indépendance des États-Unis
1787 Les États-Unis d'Amérique se dotent d'une constitution écrite
1789 G. Washington est élu 1er président des États-Unis
1789-1799 Révolution française

## Histoire contemporaine

1803 Disparition du Saint Empire romain germanique
1814 Stephenson met au point la première locomotive à vapeur
1829 La Grèce se libère de la tutelle ottomane
La première ligne ferroviaire destinée au transport du public est construite en Angleterre
1830 Indépendance de la Belgique
1833 Abolition de l'esclavage dans les territoires dépendant de la couronne d'Angleterre
1848 Abolition de l'esclavage dans les colonies françaises
Marx et Engels publient le *Manifeste du parti communiste*
1860 Invention du téléphone par l'italo-américain Meucci
Construction du métro de Londres
1861 Le servage est interdit en Russie
1861-1865 Guerre de Sécession aux États-Unis
1866 3 juil. Les Prussiens battent les Autrichiens à Sadowa
1867 Karl Marx publie *Le Capital*
1869 Ferdinand de Lesseps achève le canal de Suez
1871 18 janv. Proclamation de l'empire allemand
1884-1885 Conférence de Berlin organisant la colonisation de l'Afrique
1887 Invention du moteur à explosion
1896 La ruée vers l'or en Amérique
Premiers JO de l'époque moderne, à Athènes
1897 Theodor Herzl, fondateur du sionisme, publie *L'État juif*
1909-1911 Conquête des pôles ; Robert Peary atteint le pôle Nord et Roald Amundsen le pôle Sud
1910 W. Kandinsky peint la première œuvre abstraite
1912 La Chine devient une république
1914 28 juin L'assassinat de l'archiduc d'Autriche François-Ferdinand à Sarajevo déclenche la Première Guerre mondiale
1915-1916 Génocide arménien
1917 fév. La révolution aboutit au renversement du tsar
oct. Les bolcheviks prennent le pouvoir après une seconde révolution
1918 11 nov. Armistice ; fin de la Première Guerre mondiale
1920 La Société des Nations (SDN) se réunit pour la première fois
1922 Fondation de l'URSS
28 oct. Marche sur Rome de Mussolini
1927 Charles Lindbergh traverse l'Atlantique en avion
1929 24 oct. Jeudi Noir à la bourse de Wall Street, début d'une crise économique mondiale
1931 Création du Commonwealth
1933 Adolf Hitler devient chancelier d'Allemagne
La famine en Ukraine tue 7 millions de personnes
1936 17 juil. L'Italie conquiert l'Éthiopie
« Procès » de Moscou organisés par Staline
Coup d'État du général Franco en Espagne
1937 Le Japon occupe la Mandchourie
1938 29-30 sept. Accords de Munich favorisant l'expansionnisme d'Hitler
9 nov. « Nuit de Cristal »
L'Allemagne annexe l'Autriche (Anschluss)
1939 1er sept. L'Allemagne attaque la Pologne ; début de la Seconde Guerre mondiale
1941 22 juin Les Allemands envahissent l'URSS
7 déc. Les Japonais attaquent la base américaine de Pearl Harbor. Les Américains entrent en guerre
1942 20 janv. Conférence de Wannsee. Début de la mise en œuvre du génocide juif
1942-1943 nov. à fév. Bataille de Stalingrad
1943 avr.-mai Insurrection du ghetto de Varsovie
1944 6 juin Débarquement allié en Normandie, libération de la France et de la Belgique
août Mise au point du premier ordinateur pour la marine américaine
1945 Création de l'ONU
27 janv. Libération du camp d'Auschwitz
4 fév. Conférence de Yalta
8 mai L'Allemagne capitule sans conditions
6-9 août Deux bombes atomiques sont lancées sur le Japon, qui capitule **(2 sept.)**
1945-1946 Un tribunal international juge les dirigeants nazis à Nuremberg
1947 Plan Marshall
Le président Truman annonce un programme de lutte contre l'expansion du communisme
15 août L'Inde devient indépendante
1948 Création de l'État d'Israël
1949 Les communistes chinois conduits par Mao Zedong fondent la République populaire de Chine
Le traité de l'Atlantique Nord fonde l'OTAN
1954 Indépendance des pays de l'Indochine française
1957 Le traité de Rome fonde la CEE
1959 Fidel Castro prend le pouvoir à Cuba
1961 13 août Édification du mur de Berlin
Le premier homme dans l'espace, Youri Gagarine
1964-1973 Guerre du Vietnam
1967 Guerre des Six Jours entre Israël et l'Égypte
1969 Le premier homme sur la Lune, Neil Armstrong
1973 Premier choc pétrolier - Guerre du Kippour
1977 Apple lance le premier micro-ordinateur grand public
1979 Premier vol du lanceur de satellite européen Ariane
Révolution islamique en Iran
1980-1988 Guerre Irak-Iran
Série de grèves à Gdansk (Pologne) ; création du syndicat Solidarnosc mené par Lech Walesa
1986 Accident nucléaire de Tchernobyl, en Ukraine
1989 Chute du mur de Berlin
1990-1991 Première guerre du Golfe
1991 L'Internet s'ouvre au grand public
Fin du régime d'apartheid en Afrique du Sud
Disparition de l'URSS
1992 Traité de Maastricht instaurant une citoyenneté européenne et fondant l'Union européenne
1994 Génocide rwandais
2001 11 sept. Attentats contre le World Trade Center de New York
2003 Guerre en Irak
2008 Début d'une crise financière et économique mondiale
2008 4 nov. Barack Obama, premier Afro-Américain élu à la présidence des États-Unis
2011 « Printemps arabe » : chute des dictatures en Tunisie, Égypte et Libye

# Institutions et symboles

## 1 Institutions françaises

### LA Ve RÉPUBLIQUE

Une Constitution est un ensemble de lois définissant la fonction, les pouvoirs et les relations des différentes institutions d'un État. Présenté aux Français le 4 septembre 1958, le projet de Constitution de la Ve République a été approuvé par référendum le 28 septembre 1958 avec une majorité de près de 80 % et promulgué par le général de Gaulle, président du Conseil, le 4 octobre suivant.

- Elle garantit plusieurs principes : la **séparation des pouvoirs** législatif, exécutif et judiciaire, la **souveraineté** nationale, le **suffrage universel**, égal, secret, indirect (par l'intermédiaire des représentants de la nation), ou direct (par la voie du référendum).

### LE PRÉSIDENT DE LA RÉPUBLIQUE

- Élu au suffrage universel direct pour cinq ans renouvelables, il est le garant du respect de la Constitution, des institutions, de l'intégrité du territoire et de l'indépendance de la nation. Il préside le Conseil des ministres et promulgue les lois (il les publie pour en permettre l'exécution). Le président de la République est le chef des armées. Il est le seul habilité à utiliser l'arme nucléaire. Le président dispose du droit de grâce. Il est garant du respect de l'application des traités signés par la France qu'il négocie et ratifie.
- Le président dispose d'une immunité judiciaire totale au cours de son mandat sauf en cas de haute trahison. Il est alors jugé par la Haute Cour.

### LE PREMIER MINISTRE, LE GOUVERNEMENT

Nommé par le président, le Premier ministre dirige l'action du gouvernement. Les membres du gouvernement sont nommés par le président sur proposition du Premier ministre. Le gouvernement détermine et conduit la politique de la nation. Il est responsable devant le Parlement auquel il soumet les projets de lois.

### LE PARLEMENT

- Il est composé de l'Assemblée nationale et du Sénat. Le Parlement vote les lois, peut faire des propositions de loi et modifier les textes qui lui sont soumis au moyen d'amendements. En l'absence d'accord entre l'Assemblée et le Sénat sur un texte de loi identique, le vote de l'Assemblée l'emporte. Pour les révisions constitutionnelles, les deux chambres sont réunies en Congrès. Il doit se prononcer à la majorité des 3/5 pour que les modifications proposées soient acceptées.
- Les 577 membres de l'Assemblée nationale sont élus au suffrage universel direct pour six ans. L'Assemblée peut renverser le gouvernement par le vote d'une motion de censure. Le président peut la dissoudre une fois au cours de son mandat.
- Les 331 membres du Sénat sont élus au suffrage universel indirect pour six ans par les grands électeurs (maires, conseillers généraux, députés, etc.). Ils représentent les collectivités territoriales de la République.

### LA HAUTE COUR

La Haute Cour est l'instance qui juge le président en cas de haute trahison dans l'exercice de ses fonctions. La Haute Cour est la réunion des deux assemblées. La décision de destitution doit être prise à la majorité des deux tiers des membres composant la Haute Cour.

### LA COUR DE JUSTICE DE LA RÉPUBLIQUE

Composée de 15 membres (6 députés, 6 sénateurs et 3 magistrats de la Cour de cassation), elle juge les membres du gouvernement pour les crimes et délits commis dans leurs fonctions.

## 2 Les symboles de la République française

### LA MARSEILLAISE

Le *Chant de guerre pour l'armée du Rhin* a été composé à Strasbourg dans la nuit du 25 au 26 avril 1792, par le capitaine français Rouget de Lisle, pour encourager les soldats de la Révolution qui se battaient contre les armées autrichiennes. Le 30 juillet 1792, il est chanté par les volontaires marseillais à leur arrivée à Paris. Son nom est tout trouvé : *La Marseillaise*. Il devient l'hymne national en 1879.

### MARIANNE

L'image et le buste de Marianne sont les représentations les plus connues de la République française.

- Son origine reste mystérieuse ; elle pourrait avoir été inspirée par une chanson en occitan intitulée La *Garisou de Marianno* (« La Guérison de Marianne »). À moins qu'elle n'ait été créée, vers 1797, par Barras, membre du Directoire. Pour désigner la République, il aurait choisi le prénom de Marie-Anne Reubell, l'épouse du célèbre Directeur.

• Elle est presque toujours représentée avec le célèbre bonnet phrygien, symbole de la libération du peuple. Sous l'Empire romain, cette coiffe de laine était portée par les esclaves récemment affranchis. Emblème des révoltés américains pendant la guerre d'Indépendance, il devint dès l'été 1791, le signe de ralliement des révolutionnaires français.

### LIBERTÉ, ÉGALITÉ, FRATERNITÉ

Forgée sous la Révolution, la devise « Liberté, égalité, fraternité » acquiert une certaine popularité pendant la IIe République. Elle est adoptée par la République française en 1879.

### LE DRAPEAU

Le 17 juillet 1789, La Fayette conçoit la cocarde tricolore qui associe la couleur du roi (le blanc) à celles de Paris (le bleu et le rouge), en s'inspirant du drapeau des États-Unis. A l'origine symbole de la monarchie constitutionnelle, le drapeau bleu-blanc-rouge devient en 1794 l'un des emblèmes de la République française. Il sera définitivement adopté en 1848 par la IIe République.

### LE 14 JUILLET

L'anniversaire de la prise de la Bastille est célébré pour la première fois lors de la Fête de la Fédération, le 14 juillet 1790, au Champ de Mars, à Paris. Cette date sera officiellement reconnue comme jour de fête nationale en 1880.

### LA DÉCLARATION DES DROITS DE L'HOMME ET DU CITOYEN

Rédigée du 20 au 25 août 1789 et adoptée le 26 août, la *Déclaration des droits de l'homme et du citoyen* comporte un préambule et 17 articles. Elle proclame une série de principes universels fondés sur la Raison : la liberté individuelle, le respect de la propriété, l'égalité en droits de tous les citoyens, la souveraineté nationale et la séparation des pouvoirs. Fondement de la République française, elle a servi de modèle à de nombreuses déclarations des droits dans le monde entier, notamment la *Déclaration universelle des droits de l'homme.*

## 3 Les grandes dates de la construction européenne

**1951** 18 avr. Le traité de la Communauté européenne du charbon et de l'acier (CECA) réunit la France, la RFA, la Belgique, le Luxembourg, les Pays-Bas, l'Italie

**1957** 25 mars Le traité de Rome fondant la Communauté économique européenne (CEE) réunit la France, la RFA, la Belgique, le Luxembourg, les Pays-Bas et l'Italie

**1973** 1er janv. Le Royaume-Uni, le Danemark et l'Irlande entrent dans la CEE

**1981** 1er janv. Entrée de la Grèce

**1985** juin. Accords de Schengen instaurant la libre circulation des personnes au sein de la CEE

**1986** 1er janv. Entrée de l'Espagne et du Portugal

**1986** févr. Acte unique européen fondant un marché unique intérieur à la CEE

**1992** 7 févr. Le traité de Maastricht fonde l'Union européenne et prévoit la création d'une union économique et monétaire fondée sur une monnaie unique

**1993** 1er nov. Naissance de l'Union européenne (UE)

**1995** 1er janv. Intégration de l'Autriche, de la Suède et de la Finlande dans l'UE

**1999** 1er janv. Adoption de la monnaie unique, l'euro

**2002** 1er janv. Mise en circulation de l'euro

**2004** 1er mai Entrée dans l'UE de la Pologne, de la Hongrie, de la République tchèque, de la Slovaquie, de la Slovénie, de Chypre, de Malte, de la Lituanie, de la Lettonie, de l'Estonie

**2005** 29 mai La France et les Pays-Bas rejettent le traité constitutionnel européen

**2007** 1er janv. Entrée de la Roumanie et de la Bulgarie

**2007** 13 déc. Signature du traité de Lisbonne, ratifié par les 27 États membres en 2008 et 2009.

**2013** 1er juil. Entrée dans l'UE de la Croatie.

## 4 Institutions de l'UE

• Le Parlement européen représente les citoyens de l'UE. Il comprend 751 membres élus pour cinq ans. Le Parlement contrôle l'activité législative et budgétaire de l'Union et peut censurer les décisions de la Commission européenne.

• Le Conseil de l'Union européenne est le conseil des ministres de l'Europe. Il adopte les lois européennes et prend les décisions politiques. Il a également un rôle important concernant la politique étrangère et de sécurité commune. Le conseil européen est la réunion des chefs d'État ou de gouvernement des pays membres.

• La Commission européenne est composée de 28 commissaires, un par État. C'est elle qui élabore les lois européennes et organise le fonctionnement de l'Union. Elle est indépendante des gouvernements des pays membres.

• La Cour de Justice veille à l'application des lois de l'Union européenne de manière identique dans tous les États membres.

# Prix Nobel

## Physique

1901 W. Röntgen (All.)
1902 H. Lorentz (P.-B.)
P. Zeeman (P.-B.)
1903 M. Curie (Fr.)
A. Becquerel (Fr.)
P. Curie (Fr.)
1904 J. Rayleigh (G.-B.)
1905 P. Von Lenard (All.)
1906 J. Thomson (G.-B.)
1907 A. Michelson (É.-U.)
1908 G. Lippmann (Fr.)
1909 K. Braun (All.)
G. Marconi (Ital.)
1910 J. Van Der Waals (P.-B.)
1911 W. Wien (All.)
1912 N. Dalén (Suède)
1913 H. Kamerlingh Onnes (P.-B.)
1914 M. Von Laue (All.)
1915 W. H. Bragg (G.-B.)
W. L. Bragg (G.-B.)
1916 *non décerné*
1917 C. Barkla (G.-B.)
1918 M. Planck (All.)
1919 J. Stark (All.)
1920 C. Guillaume (Suisse)
1921 A. Einstein (All./Suisse)
1922 N. Bohr (Dan.)
1923 R. Millikan (É.-U.)
1924 K. Siegbahn (Suède)
1925 J. Franck (All.)
G. Hertz (All.)
1926 J.-B. Perrin (Fr.)
1927 A. Compton (É.-U.)
C. Wilson (G.-B.)
1928 O. Richardson (G.-B.)
1929 L. De Broglie (Fr.)
1930 C. Raman (Inde)
1931 *non décerné*
1932 W. Heisenberg (All.)
1933 E. Schrödinger (Autr.)
P. Dirac (G.-B.)
1934 *non décerné*
1935 J. Chadwick (G.-B.)
1936 V. Hess (Autr.)
C. Anderson (É.-U.)
1937 C. Davisson (É.-U.)
G. Thomson (G.-B.)
1938 E. Fermi (Ital.)
1939 E. Lawrence (É.-U.)
1940 à 1942 *non décerné*
1943 O. Stern (É.-U.)
1944 I. Rabi (É.-U.)
1945 W. Pauli (Suisse/É.-U.)
1946 P. Bridgman (É.-U.)
1947 E. Appleton (G.-B.)
1948 P. Blackett (G.-B.)
1949 H. Yukawa (Jap.)
1950 C. Powell (G.-B.)
1951 E. Walton (Irl.)
J. Cockcroft (G.-B.)
1952 F. Bloch (É.-U.)
E. Purcell (É.-U.)
1953 F. Zernike (P.-B).
1954 W. Bothe (RFA)
M. Born (G.-B.)
1955 W. Lamb (É.-U.)
P. Kusch (É.-U.)
1956 W. Brattain (É.-U.)
W. Shockley (É.-U.)
J. Bardeen (É.-U.)
1957 C. Yang (Chine)
T.-D. Lee (Chine)
1958 P. Tcherenkov (URSS)
I. Tamm (URSS)
I. Frank (URSS)
1959 O. Chamberlain (É.-U.)
E. Segrè (É.-U.)
1960 D. Glaser (É.-U.)
1961 R. Hofstadter (É.-U.)
R. Mössbauer (RFA)
1962 L. Landau (URSS)
1963 E. Wigner (É.-U.)
M. Goeppert-Mayer (É.-U.)
H. Jensen (RFA)
1964 C. Townes (É.-U.)
A. Prokhorov (URSS)
N. Bassov (URSS)
1965 J. Schwinger (É.-U.)
R. Feynman (É.-U.)
S. Tomonaga (Jap.)
1966 A. Kastler (Fr.)
1967 H. Bethe (É.-U.)
1968 L. Alvarez (É.-U.)
1969 M. Gell-Mann (É.-U.)
1970 L. Néel (Fr.)
H. Alfvén (Suède)
1971 D. Gabor (G.-B.)
1972 J. Schrieffer (É.-U.)
J. Bardeen (É.-U.)
L. Cooper (É.-U.)
1973 L. Esaki (É.-U.)
I. Giaever (É.-U.)
B. Josephson (G.-B.)
1974 M. Ryle (G.-b)
A. Hewish (G.-B.)
1975 B. Mottelson (Dan.)
A. Bohr (Dan.)
J. Rainwater (É.-U.)
1976 S. Ting (É.-U.)
B. Richter (É.-U.)
1977 P. Anderson (É.-U.)
J. Van Vleck (É.-U.)
N. Mott (G.-B.)
1978 A. Penzias (É.-U.)
R. Wilson (É.-U.)
P. Kapitsa (URSS)
1979 S. Glashow (É.-U.)
S. Weinberg (É.-U.)
A. Salam (Pakistan)
1980 V. Fitch (É.-U.)
J. Cronin (É.-U.)
1981 N. Bloembergen (É.-U.)
A. Schawlow (É.-U.)
K. Siegbahn (Suède)
1982 K. Wilson (É.-U.)
1983 W. Fowler (É.-U.)
S. Chandrasekhar (É.-U.)
1984 C. Rubbia (Ital.)
S. Van Der Meer (P.-B.)
1985 K. von Klitzing (RFA)
1986 G. Binnig (RFA)
E. F. Ruska (RFA)
H. Rohrer (Suisse)
1987 J. Bednorz (RFA)
K. Müller (Suisse)
1988 J. Steinberger (É.-U.)
M. Schwartz (É.-U.)
L. Lederman (É.-U.)
1989 W. Paul (RFA)
H. Dehmelt (É.-U.)
N. Ramsey (É.-U.)
1990 R. Taylor (Can.)
H. Kendall (É.-U.)
J. Friedman (É.-U.)
1991 P.-G. de Gennes (Fr.)
1992 G. Charpak (Fr.)
1993 R. Hulse (É.-U.)
J. Taylor (É.-U.)
1994 B. Brockhouse (Can.)
C. Shull (É.-U.)
1995 M. Perl (É.-U.)
F. Reines (É.-U.)
1996 D. Osheroff (É.-U.)
R. Richardson (É.-U.)
D. Lee (É.-U.)
1997 S. Chu (É.-U.)
W. Phillips (É.-U.)
C. Cohen-Tannoudji (Fr.)
1998 H. Störmer (All.)
D. Tsui (É.-U.)
R. Laughlin (É.-U.)
1999 G. T'hooft (P.-B.)
M. Veltman (P.-B.)
2000 Z. Alferov (Russie)
H. Kroemer (É.-U.)
J. Kilby (É.-U.)
2001 E. Cornell (É.-U.)
W. Ketterle (All.)
C. Wieman (É.-U.)
2002 R. Davis (É.-U.)
R. Giacconi (É.-U.)
M. Koshiba (Jap.)
2003 A. Abrikosov (Russie)
V. Ginzburg (Russie)
A. Leggett (G.-B.)
2004 D. Gross (É.-U.)
D. Politzer (É.-U.)
F. Wilczek (É.-U.)
2005 R. Glauber (É.-U.)
J. Hall (É.-U.)
T. Hänsch (All.)
2006 J. Mather (É.-U.)
G. Smoot (É.-U.)
2007 P. Grünberg (All.)
A. Fert (Fr.)
2008 Y. Nambu (É.-U.)
M. Kobayashi (Jap.)
T. Maskawa (Jap.)
2009 C. Kao (Chine)
W. Boyle (É.-U.)
G. Smith (É.-U.)
2010 A. Geim (P.-B.)
K. Novoselov (G.-B.)
2011 S. Perlmutter (É.-U.)
B. Schmidt (Aus.)
A. Riess (É.-U.)
2012 S. Haroche (Fr.)
D. J. Wineland (É.-U.)
2013 F. Englert (Bel.)
P. W. Higgs (G.-B.)
2014 I. Akasaki (Jap.)
H. Amano (Jap.)
S. Nakamura (Jap.)
2015 T. Kajita (Jap.)
A. B. McDonald (É.-U.)

## Chimie

1901 J. Vant Hoff (P.-B.)
1902 E. Fischer (All.)
1903 S. Arrhenius (Suède)
1904 W. Ramsay (G.-B.)
1905 A. von Baeyer (All.)
1906 H. Moissan (Fr.)
1907 E. Buchner (All.)
1908 E. Rutherford of Nelson (G.-B.)
1909 W. Ostwald (All.)
1910 O. Wallach (All.)
1911 M. Curie (Fr.)
1912 V. Grignard (Fr.)
P. Sabatier (Fr.)
1913 A. Werner (Suisse)
1914 T. Richards (É.-U.)
1915 R. Willstätter (All.)
1916 *non décerné*
1917 *non décerné*
1918 F. Haber (All.)
1919 *non décerné*
1920 W. Nernst (All.)
1921 F. Soddy (G.-B.)
1922 F. Aston (G.-B.)
1923 F. Pregl (Autr.)
1924 *non décerné*
1925 R. Zsigmondy (Autr.)
1926 T. Svedberg (Suède)
1927 H. Wieland (All.)
1928 A. Windaus (All.)
1929 A. Harden (G.-B.)
H. von Euler-Chelpin (Suède)
1930 H. Fischer (All.)
1931 F. Bergius (All.)
C. Bosch (All.)
1932 I. Langmuir (É.-U.)
1933 *non décerné*
1934 H. Urey (É.-U.)
1935 F. Joliot-Curie (Fr.)
I. Joliot-Curie (Fr.)
1936 P. Debye (P.-B.)
1937 W. Haworth (G.-B.)
P. Karrer (Suisse)
1938 R. Kuhn (All.) *(refusé)*
1939 A. Butenandt (All.)
L. Ružička (Suisse)
1940 à 1942 *non décerné*
1943 G. de Hevesy (Hongr.)
1944 O. Hahn (All.)
1945 A. Virtanen (Finl.)

**1946** J. Northrop (É.-U.)
W. Stanley (É.-U.)
J. Sumner (É.-U.)
**1947** R. Robinson (G.-B.)
**1948** A. Tiselius (Suède)
**1949** W. Giauque (É.-U.)
**1950** K. Alder (RFA)
O. Diels (RFA)
**1951** E. McMillan (É.-U.)
G. Seaborg (É.-U.)
**1952** A. Martin (G.-B.)
R. Synge (G.-B.)
**1953** H. Staudinger (RFA)
**1954** L. Pauling (É.-U.)
**1955** V. Du Vigneaud (É.-U.)
**1956** C. Hinshelwood (G.-B.)
N. Semenov (URSS)
**1957** A. Todd (G.-B.)
**1958** F. Sanger (G.-B.)
**1959** J. Heyrovský (Tchécos.)
**1960** W. Libby (É.-U.)
**1961** M. Calvin (É.-U.)
**1962** J. Kendrew (G.-B.)
M. Perutz (G.-B.)
**1963** G. Natta (Ital.)
K. Ziegler (RFA)
**1964** D. Hodgkin (G.-B.)
**1965** R. Woodward (É.-U.)
**1966** R. Mulliken (É.-U.)
**1967** M. Eigen (RFA)
G. Porter (G.-B.)
R. Norrish (G.-B.)
**1968** L. Onsager (É.-U.)
**1969** O. Hassel (Norv.)
D. Barton (G.-B.)
**1970** L. Leloir (Arg.)
**1971** G. Herzberg (Can.)
**1972** W. Stein (É.-U.)
C. Anfinsen (É.-U.)
S. Moore (É.-U.)
**1973** E. Fischer (RFA)
G. Wilkinson (G.-B.)
**1974** P. Flory (É.-U.)
**1975** J. Cornforth (Austr.)
V. Prelog (Suisse)
**1976** W. Lipscomb (É.-U.)
**1977** I. Prigogine (Bel.)
**1978** P. Mitchell (G.-B.)
**1979** H. Brown (É.-U.)
G. Wittig (RFA)
**1980** P. Berg (É.-U.)
W. Gilbert (É.-U.)
F. Sanger (G.-B.)
**1981** R. Hoffmann (É.-U.)
K. Fukui (Jap.)
**1982** A. Klug (G.-B.)
**1983** H. Taube (É.-U.)
**1984** R. Merrifield (É.-U.)
**1985** J. Karle (É.-U.)
H. Hauptman (É.-U.)
**1986** J. Polanyi (Can.)
Y. Lee (É.-U.)
D. Herschbach (É.-U.)
**1987** D. Cram (É.-U.)
C. Pedersen (É.-U.)
J.-M. Lehn (Fr.)
**1988** J. Deisenhofer (RFA)
R. Huber (RFA)
H. Michel (RFA)
**1989** T. Cech (É.-U.)
S. Altman (É.-U.)
**1990** E. Corey (É.-U.)
**1991** R. Ernst (Suisse)
**1992** R. Marcus (É.-U.)
**1993** M. Smith (Can.)
K. Mullis (É.-U.)
**1994** G. Olah (É.-U.)
**1995** F. Rowland (É.-U.)
M. Molina (É.-U.)
P. Crutzen (P.-B.)
**1996** R. Smalley (É.-U.)
R. Curl Jr. (É.-U.)
H. Kroto (G.-B.)
**1997** J. Skou (Dan.)
P. Boyer (É.-U.)
J. Walker (G.-B.)
**1998** W. Kohn (É.-U.)
J. Pople (G.-B.)
**1999** A. Zemail (Égypte)
**2000** A. Heeger (É.-U.)
A. Macdiarmid (É.-U.)
H. Shirakawa (Jap.)
**2001** W. Knowles (É.-U.)
R. Noyori (Jap.)
B. Sharpless (É.-U.)
**2002** J. Fenn (É.-U.)
K. Tanaka (Jap.)
K. Wütrich (Suisse)
**2003** P. Agre (É.-U.)
R. Mackinnon (É.-U.)
**2004** A. Ciechanover (Isr.)
A. Hershko (Isr.)
I. Rose (É.-U.)
**2005** Y. Chauvin (Fr.)
R. Grubbs (É.-U.)
R. Schrock (É.-U.)
**2006** R. Kornberg (É.-U.)
**2007** G. Ertl (All.)
**2008** O. Shimomura (É.-U.)
M. Chalfie (É.-U.)
R. Y. Tsien (É.-U.)
**2009** V. Ramakrishnan (G.-B.)
T. Steitz (É.-U.)
A. Yonath (Isr.)
**2010** R. Heck (É.-U.)
E. Negishi (Jap.)
A. Suzuki (Jap.)
**2011** D. Shechtman (Isr.)
**2012** R. J. Lefkowitz (É.-U.)
B. K. Kobilka (É.-U.)
**2013** M. Karplus (Aut.)
M. Levitt (Afr. Sud)
A. Warshel (Isr.)
**2014** E. Betzig (É.-U.)
W. E. Moerner (É.-U.)
S. W. Hell (All.)
**2015** T. Lindahl (Suède)
P. L. Modrich (É.-U.)
A. Sancar (Turq.)

## Physiologie-médecine

**1901** E. von Behring (All.)
**1902** R. Ross (G.-B.)
**1903** N. Finsen (Dan.)
**1904** I. Pavlov (Russie)
**1905** R. Koch (All.)
**1906** S. Ramón y Cajal (Esp.)
C. Golgi (Ital.)
**1907** A. Laveran (Fr.)
**1908** P. Ehrlich (All.)
É. Metchnikoff (Russie)
**1909** E. Kocher (Suisse)
**1910** A. Kossel (All.)
**1911** A. Gullstrand (Suède)
**1912** A. Carrel (Fr.)
**1913** C. Richet (Fr.)
**1914** R. Bárány (Autr.)
**1915 à 1918** *non décerné*
**1919** J. Bordet (Bel.)
**1920** S. Krogh (Dan.)
**1921** *non décerné*
**1922** O. Meyerhof (All.)
A. Hill (G.-B.)
**1923** J. Macleod (Can.)
F. Banting (Can.)
**1924** W. Einthoven (P.-B.)
**1925** *non décerné*
**1926** J. Fibiger (Dan.)
**1927** J. Wagner-Jauregg (Autr.)
**1928** C. Nicolle (Fr.)
**1929** C. Eijkman (P.-B.)
F. Hopkins (G.-B.)
**1930** K. Landsteiner (Autr.)
**1931** O. H. Warburg (All.)
**1932** E. Adrian (G.-B.)
C. Sherrington (G.-B.)
**1933** T. H. Morgan (É.-U.)
**1934** G. Whipple (É.-U.)
G. Minot (É.-U.)
W. Murphy (É.-U.)
**1935** H. Spemann (All.)
**1936** O. Loewi (All.)
H. Dale (G.-B.)
**1937** A. Szent-Györgyi (Hongr.)
**1938** J.-F. Heymans (Bel.)
**1939** G. Domagk (All.)
*(Prix refusé)*
**1940 à 1942** *non décerné*
**1943** H. Dam (Dan.)
E. A. Doisy (É.-U.)
**1944** H. Gasser (É.-U.)
J. Erlanger (É.-U.)
**1945** A. Fleming (G.-B.)
H. Florey (G.-B.)
E. Chain (G.-B.)
**1946** H. Muller (É.-U.)
**1947** B. Houssay (arg.)
G. Cori (É.-U.)
C. Cori (É.-U.)
**1948** P. Müller (Suisse)
**1949** A. Moniz (Port.)
W. Hess (Suisse)
**1950** E. Kendall (É.-U.)
P. Hench (É.-U.)
T. Reichstein (Suisse)
**1951** M. Theiler (Afr. du S.)
**1952** S. Waksman (É.-U.)
**1953** F. Lipmann (É.-U.)
H. Krebs (G.-B.)
**1954** T. Weller (É.-U.)
F. Robbins (É.-U.)
J. Enders (É.-U.)
**1955** A. Theorell (Suède)
**1956** D. Richards Jr (É.-U.)
A. Cournand (É.-U.)
W. Forssmann (RFA)
**1957** D. Bovet (Ital.)
**1958** J. Lederberg (É.-U.)
E. Tatum (É.-U.)
G. Beadle (É.-U.)
**1959** A. Kornberg (É.-U.)
S. Ochoa (É.-U.)
**1960** F. Burnet (Austr.)
**1961** G. von Békésy (É.-U.)
**1962** J. Watson (É.-U.)
M. Wilkins (G.-B.)
F. Crick (G.-B.)
**1963** J. Eccles (Austr.)
A. Huxley (G.-B.)
A. Hodgkin (G.-B.)
**1964** K. Bloch (É.-U.)
F. Lynen (RFA)
**1965** J. Monod (Fr.)
A. Lwoff (Fr.)
F. Jacob (Fr.)
**1966** F. Rous (É.-U.)
C. Huggins (É.-U.)
**1967** H. Hartline (É.-U.)
G. Wald (É.-U.)
R. Granit (Suède)
**1968** H. Khorana (É.-U.)
R. Holley (É.-U.)
M. Nirenberg (É.-U.)
**1969** S. Luria (É.-U.)
A. Hershey (É.-U.)
M. Delbrück (É.-U.)
**1970** J. Axelrod (É.-U.)
S. Katz (G.-B.)
U. von Euler (Suède)
**1971** E. Sutherland (É.-U.)
**1972** G. Edelman (É.-U.)
R. Porter (G.-B.)
**1973** K. von Frisch (Autr.)
K. Lorenz (Autr.)
N. Tinbergen (P.-B.)
**1974** C. De Duve (Bel.)
A. Claude (Bel.)
G. Palade (É.-U.)
**1975** H. Temin (É.-U.)
D. Baltimore (É.-U.)
R. Dulbecco (É.-U.)
**1976** B. Blumberg (É.-U.)
D. Gajdusek (É.-U.)
**1977** R. Guillemin (É.-U.)
A. Schally (É.-U.)
R. Yalow (É.-U.)
**1978** D. Nathans (É.-U.)
H. Smith (É.-U.)
W. Arber (Suisse)
**1979** A. Cormack (É.-U.)
G. Hounsfield (G.-B.)
**1980** G. Snell (É.-U.)
B. Benacerraf (É.-U.)
J. Dausset (Fr.)
**1981** D. Hubel(É.-U.)
R. Sperry (É.-U.)
T. Wiesel (Suède)
**1982** J. Vane (G.-B.)
B. Samuelsson (Suède)
S. Bergström (Suède)
**1983** B. McClintock (É.-U.)
**1984** N. Jerne (Dan.)
G. Köhler (RFA)
C. Milstein (G.-B.)

1985 J. Goldstein (É.-U.)
M. Brown (É.-U.)
1986 S. Cohen (É.-U.)
R. Levi-Montalcini (Ital.)
1987 S. Tonegawa (Jap.)
1988 G. Elion (É.-U.)
G. Hitchings (É.-U.)
J. Black (G.-B.)
1989 H. Varmus (É.-U.)
J. Bishop (É.-U.)
1990 J. Murray (É.-U.)
E. Thomas (É.-U.)
1991 E. Neher (All.)
B. Sakmann (All.)
1992 E. Krebs (É.-U.)
E. Fischer (É.-U.)
1993 P. Sharp (É.-U.)
R. Roberts (G.-B.)
1994 A. Gilman (É.-U.)
M. Rodbell (É.-U.)
1995 C. Nuesslein-Volhard (All.)
E. Lewis (É.-U.)
E. Wieschaus (É.-U.)
1996 P. Doherty (Austr.)
R. Zinkernagel (Suisse)
1997 S. Prusiner (É.-U.)
1998 F. Murad (É.-U.)
L. Ignarro (É.-U.)
R. Furchgott (É.-U.)
1999 G. Blobel (É.-U.)
2000 A. Carlsson (Suède)
P. Greengard (É.-U.)
E. Kandel (É.-U.)
2001 L. Hartwell (É.-U.)
T. Hunt (G.-B.)
P. Nurse (G.-B.)
2002 S. Brenner (G.-B.)
J. Sulston (G.-B.)
R. Horvitz (É.-U.)
2003 P. Lauterbur (É.-U.)
P. Mansfield (G.-B.)
2004 L. Buck (É.-U.)
R. Axel (É.-U.)
2005 B. Marshall (Austral.)
J. Warren (Austral.)
2006 A. Fire (É.-U.)
C. Mello (É.-U.)
2007 O. Smithies (É.-U.)
M. Cappecchi (É.-U.)
M. Evans (G.-B.)
2008 H. zur Hausen (All.)
F. Barré-Sinoussi (Fr.)
L. Montagnier (Fr.)
2009 E. Blackburn (É.-U.)
C. Greider (É.-U.)
J. Szostak (É.-U.)
2010 R. Edwards (G.-B.)
2011 B. Beutler (É.-U.)
J.H. Hoffmann (Lux.)
R.M. Steinman (Can.)
2012 Sir J. B. Gurdon (G.-B.)
S. Yamanaka (Jap.)
2013 J. Rothman (É.-U.)
R. Schekman (É.-U.)
T. Südhof (All.)
2014 E. I. Moser (Norv.)
M.-B. Moser (Norv.)
J. O'Keefe (É.-U.)
2015 W. C. Campbell (Irl.)
S. Omura (Jap.)
Tu Youyou (Chine)

## Littérature

1901 R. Sully, dit Sully Prudhomme (Fr.)
1902 T. Mommsen (All.)
1903 B. Bjørnson (Norv.)
1904 J. Echegaray y Eizaguirre (Esp.)
F. Mistral (Fr.)
1905 H. Sienkiewicz (Pol.)
1906 G. Carducci (Ital.)
1907 R. Kipling (G.-B.)
1908 R. Eucken (All.)
1909 S. Lagerlöf (Suède)
1910 P. von Heyse (All.)
1911 M. Maeterlinck (Bel.)
1912 G. Hauptmann (All.)
1913 R. Tagore (Inde)
1914 *non décerné*
1915 R. Rolland (Fr.)
1916 V. von Heidenstam (Suède)
1917 H. Pontoppidan (Dan.)
K. Gjellerup (Dan.)
1918 *non décerné*
1919 C. Spitteler (Suisse)
1920 K. Hamsun (Norv.)
1921 A. France (Fr.)
1922 J. Benavente y Martinez (Esp.)
1923 W. Butler Yeats (Irl.)
1924 W. S. Reymont (Pol.)
1925 G. B. Shaw (Irl.)
1926 G. Deledda (Ital.)
1927 H. Bergson (Fr.)
1928 S. Undset (Norv.)
1929 T. Mann (All.)
1930 S. Lewis (É.-U.)
1931 E. Karlfeldt (Suède)
1932 J. Galsworthy (G.-B.)
1933 I. Bounine (URSS) *(russe apatride)*
1934 L. Pirandello (Ital.)
1935 *non décerné*
1936 E. O'neill (É.-U.)
1937 R. Martin du Gard (Fr.)
1938 P. Buck (É.-U.)
1939 F. Sillanpää (Finl.)
1940 à 1943 *non décerné*
1944 J. Jensen (Dan.)
1945 G. Mistral (Chili)
1946 H. Hesse (Suisse)
1947 A. Gide (Fr.)
1948 T. S. Eliot (G.-B.)
1949 W. Faulkner (É.-U.)
1950 B. Russell (G.-B.)
1951 P. Lagerkvist (Suède)
1952 F. Mauriac (Fr.)
1953 W. Churchill (G.-B.)
1954 E. Hemingway (É.-U.)
1955 H. Laxness (Isl.)
1956 J. Jiménez (Esp.)
1957 A. Camus (Fr.)
1958 B. Pasternak (URSS) *(prix refusé)*
1959 S. Quasimodo (Ital.)
1960 Saint-John Perse (Fr.)
1961 I. Andrić (Yougos.)
1962 J. Steinbeck (É.-U.)
1963 G. Seféris (Gr.)
1964 J.-P. Sartre (Fr.) *(Prix refusé)*
1965 M. Cholokhov (URSS)
1966 S. Agnon (Isr.)
N. Sachs (Suède)
1967 M. Á. Asturias (Guat.)
1968 Y. Kawabata (Jap.)
1969 S. Beckett (Irl.)
1970 A. Soljenitsyne (URSS)
1971 P. Neruda (Chili)
1972 H. Böll (RFA)
1973 P. White (Austr.)
1974 H. Martinson (Suède)
E. Johnson (Suède)
1975 E. Montale (Ital.)
1976 S. Bellow (É.-U.)
1977 V. Aleixandre y Merlo (Esp.)
1978 I. B. Singer (É.-U.)
1979 O. Elýtis (Gr.)
1980 C. Miłosz (Pol./É.-U.)
1981 E. Canetti (G.-B.)
1982 G. García Márquez (Colombie)
1983 W. Golding (G.-B.)
1984 J. Seifert (Tchécos.)
1985 C. Simon (Fr.)
1986 W. Soyinka (Nigeria)
1987 J. Brodsky (É.-U.)
1988 N. Mahfouz (Égypte)
1989 C. J. Cela (Esp.)
1990 O. Paz (Mex.)
1991 N. Gordimer (Afr. du S.)
1992 D. Walcott (Trinité-et-Tobago)
1993 T. Morrison (É.-U.)
1994 Kenzaburô Oe (Jap.)
1995 S. Heaney (Irl.)
1996 W. Szymborska (Pol.)
1997 D. Fo (Ital.)
1998 J. Samarago (Port.)
1999 G. Grass (All.)
2000 G. Xingjian (Fr.)
2001 V. S. Naipaul (G.-B.)
2002 I. Kertéz (Hongrie)
2003 J. Coetzee (Afr. du S.)
2004 E. Jelinek (Autriche)
2005 H. Pinter (G.-B.)
2006 O. Pamuk (Turq.)
2007 D. Lessing (G.-B.)
2008 J.-M. G. Le Clézio (Fr.)
2009 H. Müller (All.)
2010 M. Vargas Llosa (Pérou)
2011 T. Tranströmer (Suède)
2012 Mo Yan (Chine)
2013 A. Munro (Can.)
2014 P. Modiano (Fr.)
2015 S. Alexievich (Biél.)

## Paix

1901 F. Passy (Fr.)
J.-H. Dunant (Suisse)
1902 É. Ducommun (Suisse)
1903 W. Cremer (G.-B.)
1904 Institut de Droit internat. de Gand (Bel.)
1905 B. Kinsky (Autr.)
Baronne von Suttner (Autr.)
1906 T. Roosevelt (É.-U.)
1907 L. Renault (Fr.)
1908 F. Bajer (Dan.)
K. Arnoldson (Suède)
1909 A. Beernaert (Bel.)
P. Balluat d'Estournelles de Constant (Fr.)
1910 Bureau internat. permanent de la Paix (Suisse)
1911 A. Fried (Autr.)
T. Asser (P.-B.)
1912 E. Root (É.-U.)
1913 H. La Fontaine (Bel.)
1914 à 1916 *non décerné*
1917 Comité internat. de la Croix-Rouge (Suisse)
1918 *non décerné*
1919 T. W. Wilson (É.-U.)
1920 L. Bourgeois (Fr.)
1921 C. Lange (Norv.)
K. Branting (Suède)
1922 F. Nansen (Norv.)
1923 *non décerné*
1924 *non décerné*
1925 C. Dawes (É.-U.)
J. Chamberlain (G.-B.)
1926 G. Stresemann (All.)
A. Briand (Fr.)
1927 L. Quidde (All.)
F. Buisson (Fr.)
1928 *non décerné*
1929 F. Kellogg (É.-U.)
1930 N. Söderblom (Suède)
1931 N. Butler (É.-U.)
J. Addams (É.-U.)
1932 *non décerné*
1933 R. Angell-Lane (G.-B.)
1934 A. Henderson (G.-B.)
1935 C. von Ossietzky (All.)
1936 C. Saavedra Lamas (Arg.)
1937 R. Cecil of Chelwood (G.-B.)
1938 Office internat Nansen pour les Réfugiés (Suisse)
1939 à 1943 *non décerné*
1944 Comité internat. de la Croix-Rouge (Suisse)
1945 C. Hull (É.-U.)
1946 E. Balch (É.U.)
J. Mott (É.-U.)
1947 The American Friends service Committee (É.-U.)
The British Society of Friends Service Council (G.-B.)
1948 *non décerné*
1949 J. Boyd-Orr (G.-B.)
1950 R. Bunche (É.-U.)
1951 L. Jouhaux (Fr.)

1952 A. Schweitzer (Fr.)
1953 G. Marshall (É.-U.)
1954 Haut-commissariat des Nations unies pour les réfugiés (Suisse)
1955 *non décerné*
1956 *non décerné*
1957 L. Pearson (Can.)
1958 D. Pire (Bel.)
1959 P. Noel-Baker (G.-B.)
1960 A. Luthuli (Afr. du S.)
1961 D. Hammarskjöld (Suède)
1962 L. Pauling (É.-U.)
1963 Comité internat. de la Croix-Rouge Ligue internat. des sociétés de la Croix-Rouge (Suisse)
1964 M. L. King (É.-U.)
1965 Unicef / FISE (Fonds international de secours à l'enfance)
1966 *non décerné*
1967 *non décerné*
1968 R. Cassin (Fr.)
1969 Organisation internationale du travail (Suisse)
1970 N. Borlaug (É.-U.)
1971 W. Brandt (RFA)
1972 *non décerné*
1973 H. Kissinger (É.-U.)
1974 E. Sato (Jap.)
S. Macbride (Irl.)
1975 A. Sakharov (URSS)
1976 B. Williams (Irl. du N.)
M. Corrigan (Irl. du N.)
1977 Amnesty International
1978 A. El-Sadate (Égypte)
M. Begin (Isr.)
1979 A. Bojaxhiu, *dite* Mère Teresa (Inde)
1980 A. Pérez Esquivel (Arg.)
1981 Haut-commissariat des Nations unies pour les réfugiés (Suisse)
1982 A. García Robles (Mex.)
A. Myrdal (Suède)
1983 L. Wałęsa (Pol.)
1984 D. Tutu (Afr. du S.)
1985 Internationale des médecins pour la prévention de la guerre nucléaire
1986 É. Wiesel (É.-U.)
1987 O. Áriás Sánchez (Costa Rica)
1988 Forces de maintien de la paix des Nations unies (Casques Bleus)
1989 Dalaï-lama Tenzin Gyatso (Chine, Tibet)
1990 M. Gorbatchev (URSS)
1991 Aung San Suu Kyi (Birm.)
1992 R. Menchú (Guat.)
1993 N. Mandela (Afr. du S.)
F. De Klerk (Afr. du S.)
1994 S. Peres (Isr.)
Y. Rabin (Isr.)
Y. Arafat (Palest.)
1995 J. Rotblat (G.-B.)
1996 Mgr C. Belo (Timor Or.)
J. Horta (Timor Or.)
1997 W. Jody (É.-U.)
1998 D. Trimble (Irl. du N.)
J. Hume (Irl. Du N.)
1999 Médecins sans frontières
2000 K. Dae-Jung (Corée du Sud)
2001 K. Annan (Ghana) et l'ONU
2002 J. Carter (É.-U.)
2003 C. Ebadi (Iran)
2004 W. Maathai (Kenya)
2005 Agence internat. de l'énergie atomique et son directeur M. El Baradei
2006 M. Yunus (Bangl.)
Grameen Bank (Bangl.)
2007 A. Gore (É.-U.)
GIEC
2008 M. Ahtisaari (Finl.)
2009 B. Obama (É.-U.)
2010 Liu Xiaobo (Chine)
2011 E. J. Sirleaf (Liberia)
L. Gbowee (Liberia)
T. Karman (Yemen)
2012 Union européenne
2013 Organis. pour l'interdiction des armes chimiques.
2014 M. Yousafzai (Pak.)
K. Satyarthi (Inde)
2015 Quartet du dialogue national tunisien (Tun.)

## Sciences Économiques

prix en la mémoire d'Alfred Nobel de la Banque de Suède

1969 R. Frisch (Norv.)
J. Tinbergen (P.-B.)
1970 P. Samuelson (É.-U.)
1971 S. Kuznets (É.-U.)
1972 K. Arrow (É.-U.)
J. Hicks (G.-B.)
1973 W. Leontief (É.-U.)
1974 F. Von Hayek (G.-B.)
K. Myrdal (Suède)
1975 L. Kantorovitch (URSS)
T. Koopmans (É.-U.)
1976 M. Friedman (É.-U.)
1977 J. Meade (G.-B.)
B. Ohlin (Suède)
1978 H. Simon (É.-U.)
1979 A. Lewis (G.-B.)
T. Schultz (É.-U.)
1980 L. Klein (É.-U.)
1981 J. Tobin (É.-U.)
1982 G. Stigler (É.-U.)
1983 G. Debreu (É.-U.)
1984 R. Stone (É.-U.)
1985 F. Modigliani (É.-U.)
1986 J. McGill Buchanan (É.-U.)
1987 R. Solow (É.-U.)
1988 M. Allais (Fr.)
1989 T. Haavelmo (Norv.)
1990 H. Markowitz (É.-U.)
M. Miller (É.-U.)
W. Sharpe (É.-U.)
1991 R. Coase (G.-B.)
1992 G. Becker (É.-U.)
1993 R. Fogel (É.-U.)
D. North (É.-U.)
1994 J. Harsanyi (É.-U.)
J. Nash (É.-U.)
R. Selten (All.)
1995 R. Lucas (É.-U.)
1996 J. Mirlees (G.-B.)
W. Vickrey (Can.)
1997 R. Merton (É.-U.)
M. Scholes (É.-U.)
1998 A. Sen (Inde)
1999 R. Mundell (Can.)
2000 J. Heckman (É.-U.)
D. McFadden (É.-U.)
2001 G. Akerlof (É.-U.)
M. Spence (É.-U.)
J. Stiglitz (É.-U.)
2002 V. Smith (É.-U.)
D. Kahneman (Israël/É.-U.)
2003 Robert F. Engle (É.-U.)
Clive W.J. Granger (É.-U.)
2004 Finn Kydland (Norv.)
Edward Prescott (É.-U.)
2005 Thomas C. Schelling (É.-U.)
2006 Edmund S. Phelps (É.-U.)
2007 L. Hurwicz (É.-U.)
E. Maskin (É.-U.)
R. Myerson (É.-U.)
2008 P. Krugman (É.-U.)
2009 E. Ostrom (É.-U.)
O. Williamson (É.-U.)
2010 P. Diamond (É.-U.)
D. Mortensen (É.-U.)
C. Pissarides (Chypre)
2011 T. Sargent (É.-U.)
C. A. Sims (É.-U.)
2012 A. Roth (É.-U.)
L. Shapley (É.-U.)
2013 E. Fama (É.-U.)
L. Hansen (É.-U.)
R. Shiller (É.-U.)
2014 J. Tirole (Fr.)
2015 A. Deaton (G.-B.)

# Médailles Fields

Les Médailles Fields sont décernées tous les quatre ans à des chercheurs mathématiciens

1936 L. Ahlfors (Finl.)
J. Douglas (É.-U.)
1940 à 1949 *non décernée*
1950 L. Schwartz (Fr.)
A. Selberg (Norv.)
1954 K. Kodaira (Jap.)
J.-P. Serre (Fr.)
1958 R. Thom (Fr.)
K. Roth (G.-B.)
1962 L. Hörmander (Suède)
J. Milnor (É.-U.)
1966 P. Cohen (É.-U.)
S. Smale (É.-U.)
A. Grothendieck (Fr.)
M. Atiyah (G.-B.)
1970 A. Baker (G.-B.)
J. Thompson (G.-B.)
H. Hironaka (Jap./É.-U.)
S. Novikov (URSS)
1974 E. Bombieri (Ital.)
D. Mumford (É.-U.)
1978 P. Deligne (Belg.)
C. Fefferman (É.-U.)
D. Quillen (É.-U.)
G. Margoulis (URSS)
1982 A. Connes (Fr.)
Y. Shing-Tung (É.-U.)
W. Thurston (É.-U.)
1986 G. Faltings (RFA)
S. Donaldson (G.-B.)
M. Freedman (É.-U)
1990 V. Drinfeld (URSS)
V. Jones (N.-Zél.)
S. Mori (Jap.)
E. Witten (É.-U.)
1994 J. Bourgain (Belg.)
J.-C. Yoccoz (Fr.)
P.-L. Lions (Fr.)
E. Zelmanov (Russie)
1998 M. Kontsevich (Russie)
R. Borcherds (G.-B.)
W. Gowers (G.-B.)
C. McMullen (É.-U.)
2002 L. Lafforgue (Fr.)
V. Voevodsky (Russie)
2006 W. Werner (Fr.)
2010 C. Villani (Fr.)
B. C. Ngô (Fr.)
E. Lindenstrauss (Isr.)
S. Smirnov (Russie)
2014 A. Avila (Brés./Fr.)
M. Mirzakhani (Iran)
M. Bhargava (Can./É.-U.)
M. Hairer (Autr.)

# Académie française

L'Académie française a été instituée par le cardinal de Richelieu en 1635, dans le but de donner des règles à la langue française, le « latin des modernes », afin de la rendre compréhensible par tous.

Elle se compose de 40 membres, élus par cooptation. Depuis sa fondation, elle a reçu environ 700 membres, surnommés « les immortels » : des hommes de lettres, des scientifiques, des ethnologues, des critiques d'art, des militaires, des hommes d'État et des hommes d'Église, représentant brillamment la langue française.

L'une des principales missions de l'Académie est de rédiger un *Dictionnaire*. Depuis la première édition, présentée au Roi en 1694, le *Dictionnaire* a fait l'objet de huit éditions, enrichissant à chaque fois sa nomenclature de mots nouveaux et de termes techniques entrant dans l'usage courant. De 18 000 entrées pour l'édition initiale, le *Dictionnaire de l'Académie* compte aujourd'hui atteindre les 60 000 entrées.

Les trois premiers tomes de la neuvième édition ont été publiés et sont également accessibles sur Internet (http://www.academie-francaise.fr/).

## Les membres actuels de l'Académie française

| ACADÉMICIEN, ACADÉMICIENNE | Spécialité | né(e) en | élu(e) en | Prédécesseur |
|---|---|---|---|---|
| Jean D'Ormesson | romancier | 1925 | 1973 | Jules Romains |
| Michel Déon | romancier | 1919 | 1978 | Jean Rostand |
| Jean-Denis Bredin | avocat, homme de lettres | 1929 | 1989 | Marguerite Yourcenar |
| Michel Serres | philosophe | 1930 | 1990 | Edgar Faure |
| Hélène Carrère d'Encausse | historienne | 1929 | 1990 | Jean Mistler |
| Pierre Rosenberg | historien d'art, essayiste | 1936 | 1995 | Henri Gouhier |
| Marc Fumaroli | historien, essayiste | 1932 | 1995 | Eugène Ionesco |
| Jean-Marie Rouart | romancier, essayiste | 1943 | 1997 | Georges Duby |
| Érik Orsenna | homme politique, homme de lettres | 1947 | 1998 | Jacques-Yves Cousteau |
| René de Obaldia | homme de lettres | 1918 | 1999 | Julien Green |
| Florence Delay | femme de lettres | 1941 | 2000 | Jean Guitton |
| Gabriel de Broglie | haut fonctionnaire | 1931 | 2001 | Alain Peyrefitte |
| Frédéric Vitoux | écrivain | 1944 | 2001 | Jacques Laurent |
| Angelo Rinaldi | homme de lettres | 1940 | 2001 | José Cabanis |
| Pierre Nora | historien | 1931 | 2001 | Michel Droit |
| Yves Pouliquen | médecin | 1931 | 2001 | Louis Leprince-Ringuet |
| François Cheng | écrivain | 1929 | 2002 | Jacques de Bourbon Busset |
| Valéry Giscard d'Estaing | homme politique | 1926 | 2003 | Léopold Sédar Senghor |
| Dominique Fernandez | homme de lettres | 1929 | 2007 | Jean Bernard |
| Max Gallo | homme politique, homme de lettres | 1932 | 2007 | Jean-François Revel |
| Philippe Beaussant | écrivain | 1930 | 2007 | Jean-François Deniau |
| Jean-Loup Dabadie | écrivain, scénariste | 1938 | 2008 | Pierre Moinot |
| Jean Clair | conservateur du patrimoine | 1940 | 2008 | Bertrand Poirot-Delpech |
| Jean-Christophe Rufin | médecin, écrivain | 1952 | 2008 | Henri Troyat |
| Claude Dagens | homme d'Église | 1940 | 2008 | René Rémond |
| Jean-Luc Marion | philosophe | 1946 | 2008 | Jean-Marie Lustiger |
| Simone Veil | femme politique | 1927 | 2008 | Pierre Messmer |
| François Weyergans | écrivain | 1941 | 2009 | Alain Robbe-Grillet |
| Danièle Sallenave | écrivain | 1940 | 2011 | Maurice Druon |
| Amin Maalouf | homme de lettres | 1949 | 2011 | Claude Lévi-Strauss |
| Jules Hoffmann | biologiste | 1941 | 2012 | Jacqueline Worms de Romilly |
| Michael Edwards | écrivain | 1938 | 2013 | Jean Dutourd |
| Dominique Bona | écrivain | 1953 | 2013 | Michel Mohrt |
| Xavier Darcos | homme politique, homme de lettres | 1947 | 2013 | Pierre-Jean Rémy |
| Dany Laferrière | écrivain | 1953 | 2013 | Hector Bianciotti |
| Alain Finkielkraut | écrivain, philosophe | 1949 | 2014 | Félicien Marceau |
| Marc Lambron | écrivain | 1957 | 2014 | François Jacob |
| Andreï Makine | écrivain | 1957 | 2016 | Assia Djebar |
| | | | | René Girard |
| | | | | Alain Decaux |

# Mathématiques

## 1 Nombres décimaux arithmétiques

### ADDITION DES DÉCIMAUX

$$2{,}54 + 4 = 6{,}54$$

2 ,54 et 4 sont les *termes* de la *somme* non effectuée ; 6,54 est la *somme effectuée*.

### ÉQUATION – SOUSTRACTION

4,5 + $x$ = 6,2 est une *équation*.

On effectue une soustraction ; 6,2 – 4,5 = 1,7 ; 6,2 – 4,5 est la différence non effectuée ; 1,7 est la différence effectuée ; 1,7 est la *solution de l'équation* (si on remplace $x$ par 1,7 on obtient une égalité : 4,5 + 1,7 = 6,2).

De façon générale, l'équation $a + x = b$ ($a$ et $b$ connus ; $a \leq b$) a pour solution $b - a$.

### MULTIPLICATION DES DÉCIMAUX

$$2{,}5 \times 3{,}62 = 9{,}05$$

2,5 et 3,62 sont les *facteurs* du *produit* non effectué ; 9,05 est le *produit effectué*.

### ÉQUATION – DIVISION

- 5,2 × x = 46,8 est une *équation*.

On effectue une division ; 46,8 : 5,2 = 9 ;
46,8 : 5,2 est le quotient non effectué ;
9 est le quotient effectué ; 9 est la *solution de l'équation* (si on remplace $x$ par 9, on obtient une égalité : 5,2 × 9 = 46,8).

De façon générale, l'équation $a \times x = b$ ($a$ et $b$ connus ; $a \neq 0$) a pour solution le quotient $b : a$ ou $b/a$ (écriture fractionnaire du quotient).

- Le quotient de deux nombres décimaux peut être décimal ou non décimal.

43,4 : 7 est décimal car la division donne 6,2 au quotient et 0 au reste. 43,4 : 9 n'est pas décimal car la division ne se termine jamais (elle donne des *approximations décimales par défaut* du quotient : 4 ; 4,8 ; 4,82... ou *par excès* : 5 ; 4,9 ; 4,83...)

- La propriété $\frac{a}{b} = \frac{a \times k}{b \times k}$ permet de ramener toute écriture de quotient de décimaux à un quotient d'entiers naturels (*fraction*).

$\frac{2{,}4}{2{,}1} = \frac{24}{21} = \frac{8}{7}$ (*fraction irréductible*).

### OPÉRATIONS SUR LES QUOTIENTS DE DÉCIMAUX

$a$, $b$ et $c$ décimaux et $c \neq 0$ ;

$\frac{a}{c} + \frac{b}{c} = \frac{a+b}{c}$ ; $\frac{a}{c} - \frac{b}{c} = \frac{a-b}{c}$ ($a \geq b$).

$a$, $b$, $c$ et $d$ décimaux; $b \neq 0$ et $d \neq 0$ ;

$\frac{a}{b} \times \frac{c}{d} = \frac{ac}{bd}$ ; $\frac{a}{b} : \frac{c}{d} = \frac{ad}{bc}$ ($c \neq 0$).

### RACINE CARRÉE D'UN NOMBRE ARITHMÉTIQUE

- Le nombre arithmétique dont le carré est A s'appelle « racine carrée de A » et se note $\sqrt{A}$.

On a : $(\sqrt{A})^2 = A$ et $\sqrt{a^2} = a$.

Le symbole $\sqrt{\ }$ s'appelle un « radical ».

$\sqrt{16} = 4$ ; $\sqrt{1{,}44} = 1{,}2$ ; $\sqrt{\frac{4}{9}} = \frac{2}{3}$.

- $\sqrt{2}$ n'est ni un nombre décimal ni un quotient de nombres décimaux.

(la calculatrice en fournit des *approximations décimales* : $1{,}4 < \sqrt{2} < 1{,}5$ ; $1{,}41 < \sqrt{2} < 1{,}42$ ...).

- $\sqrt{A} \times \sqrt{B} = \sqrt{A \times B}$ ; $\frac{\sqrt{A}}{\sqrt{B}} = \sqrt{\frac{A}{B}}$.

## 2 Nombres relatifs

### NOMBRES POSITIFS, NOMBRES NÉGATIFS

Les *nombres positifs* sont obtenus en faisant précéder les nombres arithmétiques du signe + . Les *nombres négatifs* sont obtenus en faisant précéder les nombres arithmétiques du signe – .

+3, qui s'écrit aussi 3, est positif ; –3 est négatif.

+3 et –3, obtenus à partir du même nombre arithmétique 3, sont des *nombres opposés*.

### DROITE GRADUÉE – RANGEMENT

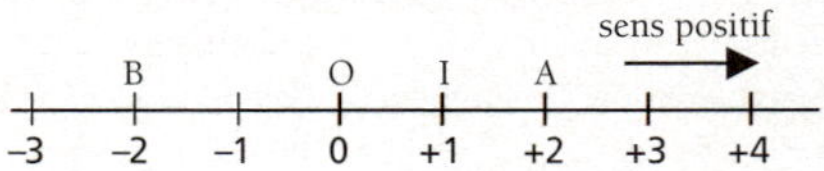


L'*abscisse* de A est +2 (on note : $x_A = +2$) ; celle de B est –2 (on note : $x_B = -2$).

A et B sont symétriques par rapport à l'origine O ; leurs abscisses sont des *nombres opposés*.

En se déplaçant dans le sens positif, on a :

$... < -3 < -2 < -1 < 0 < +1 < +2 < +3 < +4 < ...$

### REPÉRAGE DANS LE PLAN

Deux droites perpendiculaires graduées avec la même origine constituent un *repère orthogonal*.

Si les droites sont graduées avec la même unité, on a un *repère orthonormé*.

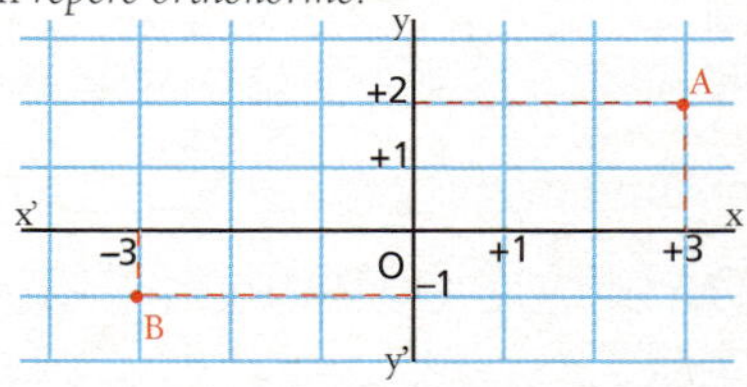


*x'x* est *l'axe des abscisses* ; *y'y* est *l'axe des ordonnées* ; +3 est l'*abscisse* de A ; +2 est l'*ordonnée* de A ; (+3 ; +2) est le *couple de coordonnées* de A.

B (–3 ; –1) indique que le point B a pour abscisse –3 et pour ordonnée –1.

### ADDITION DE DEUX NOMBRES RELATIFS

- Nombres de même signe :
$+ 2{,}1 + (+ 3{,}4) = + 5{,}5$ ; $- 2{,}1 + (- 3{,}4) = - 5{,}5$
La *somme* effectuée a le même signe que les deux termes ; 5,5 est la somme des nombres arithmétiques.
- Nombres de signes contraires :
$+ 2{,}1 + (- 3{,}4) = - 1{,}3$ (négatif car $3{,}4 > 2{,}1$)
$- 2{,}1 + (+ 3{,}4) = + 1{,}3$ (positif car $3{,}4 > 2{,}1$)
1,3 est la différence des nombres arithmétiques.
- La *soustraction* de deux nombres relatifs est toujours faisable. La *différence* s'obtient en ajoutant au premier l'opposé du second :
$- 2{,}1 - (+ 3{,}4) = - 2{,}1 + (- 3{,}4) = - 5{,}5$.

### MULTIPLICATION DE DEUX NOMBRES RELATIFS

- Nombres de même signe : produit positif
$+ 3 \times (+ 5) = + 15$ ; $- 3 \times (- 5) = + 15$
Nombres de signes contraires : produit négatif
$+ 3 \times (- 5) = - 15$ ; $- 3 \times (+ 5) = - 15$
15 est le produit des nombres arithmétiques.
- Deux nombres relatifs dont le produit est +1 sont des *nombres inverses* ; chacun est l'inverse de l'autre.
L'*inverse* de $- 2$ est $-\frac{1}{2}$ car $- 2 \times (-\frac{1}{2}) = + 1$
- Le quotient de deux nombres relatifs est le produit du premier par l'inverse du second.
$- 3 : (- 2) = - 3 \times (-\frac{1}{2}) = + \frac{3}{2}$.
Les opérations sur les quotients de nombres relatifs obéissent aux mêmes règles que les opérations sur les quotients de décimaux.

### PUISSANCES D'UN NOMBRE RELATIF

- Le produit $a \times a$ s'appelle le « *carré de a* » et se note $a^2$. $(+ 2{,}5)^2 = + 6{,}25$ ; $(- 2{,}5)^2 = + 6{,}25$
Un carré est toujours positif.
Le produit $a \times a \times a$ s'appelle le « *cube de a* » et se note $a^3$. $(- 2)^3 = - 2 \times (- 2) \times (- 2) = - 8$.
Un nombre et son cube ont le même signe.
Les nombres $a^2$ et $a^3$ sont des puissances de $a$.
- De manière générale, $n$ désignant un entier naturel ($n \geq 2$), $a \times a \times ... \times a$ ($n$ facteurs) est une *puissance de a* et se note $a^n$ ($n$ est l'*exposant*).
$(+ 3)^4 = + 3 \times (+ 3) \times (+ 3) \times (+ 3) = + 81$
- $a^1 = a$ ; $a^0 = 1$ ; $(a \neq 0)$ ; $a^{-n}$ est l'inverse de $a^n$.
$a^n \times a^p = a^{n+p}$ ; $(a^n)^p = a^{np}$ ; $a^n : a^p = a^{n-p}$.
- *Puissances de dix.*
$10^5 = 10 \times 10 \times 10 \times 10 \times 10 = 100\,000$.
L'écriture $10^{-5}$ (exposant entier négatif) désigne l'inverse de $10^5$ ; $10^{-5} = 1/10^5 = 0{,}000\,01$

Les puissances de dix interviennent dans l'*écriture scientifique* des nombres :
$2 \times 10^5 = 200\,000$ ; $3 \times 10^{-5} = 0{,}000\,03$

## 3 Calcul algébrique

### NOTATIONS – RÈGLE DES SIGNES

- Dans le calcul algébrique, $a$ étant un nombre relatif, l'écriture $+ a$ désigne le même nombre que $a$ et l'écriture $- a$ désigne l'opposé de $a$.
Les produits $2 \times a$ et $a \times b$ s'écrivent $2a$ et $ab$.
- *Règle des signes :*
$(+ a) \times (+ b) = + ab$ ; $(- a) \times (- b) = + ab$ ;
$(+ a) \times (- b) = - ab$ ; $(- a) \times (+ b) = - ab$.

### EXPRESSION LITTÉRALE ET VALEUR NUMÉRIQUE

Une *expression littérale* est l'indication d'opérations à effectuer sur des nombres dont certains sont représentés par des lettres.
$3x + 7$ ; $(2x + 5)(- x + 3)$ sont des expressions littérales à une variable $x$.
Pour $x = 3$, la *valeur numérique* de $3x + 7$ est $3 \times 3 + 7$ soit 16.

### RÉDUCTION D'UNE EXPRESSION LITTÉRALE

Dans une expression littérale S telle que
$S = 3x + 5 + x^2 - 2x - 1$, on peut modifier l'ordre des termes et regrouper les termes semblables ;
On a : $S = x^2 + 3x - 2x + 5 - 1 = x^2 + x + 4$.
On dit que l'on a *réduit* l'expression littérale S.

### MULTIPLICATION D'EXPRESSIONS LITTÉRALES

Pour multiplier une expression littérale par une expression littérale, on multiplie tous les termes de la première par tous ceux de la seconde.
Soit à *développer* le produit $(7x - 5)(2x - 3)$ ;
$7x \times 2x = 14x^2$ ; $7x \times (- 3) = - 21x$ ;
$(- 5) \times 2x = - 10x$ ; $(- 5) \times (- 3) = +15$ ;
$(7x - 5)(2x - 3) = 14x^2 - 21x - 10x + 15$ soit, après réduction, $14x^2 - 31x + 15$.

### IDENTITÉS REMARQUABLES

$$A(B + C) = AB + AC$$
$$(A + B)(A - B) = A^2 - B^2$$
$$(A + B)^2 = A^2 + 2AB + B^2$$
$$(A - B)^2 = A^2 - 2AB + B^2$$

→ on développe

← on factorise

Soit à développer $(3x + 1)^2$ et $(5x - 2)^2$ ;
$(3x + 1)^2 = 9x^2 + 6x + 1$ ;
$(5x - 2)^2 = 25x^2 - 20x + 4$.
Soit à factoriser $25 - x^2$ ; $25 - x^2 = (5 - x)(5 + x)$.

## 4 Équation – inéquation – système

### ÉQUATION DU PREMIER DEGRÉ À UNE INCONNUE

Une équation est une question.
*Résoudre* l'équation 13 + $x$ = – 17 c'est répondre à la question : « *que peut-on mettre à la place de x pour avoir une égalité ?* »
Ici, la *solution* est – 30 car 13 + (– 30) = – 17.
Une *équation du premier degré à une inconnue* est une équation qui, après transformations*, se ramène à la forme $ax = b$ dans laquelle a et b sont des nombres connus et $x$ est l'*inconnue*.
**Si $a \neq 0$, l'unique solution de $ax = b$ est $b/a$.**

* Les transformations autorisées sont :
– modifier l'écriture des deux membres en développant, réduisant ou factorisant ;
– ajouter un même nombre aux deux membres ;
– multiplier ou diviser les deux membres par un même nombre non nul.

### ÉQUATION DE LA FORME $x^2 = k$

Si k > 0, elle a deux solutions $\sqrt{k}$ et $-\sqrt{k}$.
Si k < 0, elle n'a pas de solution.
L'équation $x^2 = 0$ a pour solution 0.

### ÉQUATION PRODUIT

C'est une équation dont le premier membre est un produit de facteurs contenant l'inconnue et dont le second membre est 0.
Toute valeur qui annule l'un des facteurs est solution de l'équation. Exemple :
$(2x + 6)(8 – x) = 0$ a deux solutions : – 3 et 8.

### INÉQUATION DU PREMIER DEGRÉ À UNE INCONNUE

*Résoudre une inéquation,* c'est trouver tous les nombres qui, mis à la place de l'inconnue, transforment l'inéquation en une inégalité.
*Les inéquations du premier degré à une inconnue x* s'écrivent, après transformations* :
$ax < b$ ; $ax > b$ ; $ax \leq b$ ou $ax \geq b$ (a et b connus).

* Les transformations permises sont les mêmes que pour les équations **mais, si on multiplie ou divise les deux membres par un même nombre négatif différent de zéro, il faut changer le signe d'inégalité :** le signe < devient > ; > devient < ; ≤ devient ≥ ; ≥ devient ≤.

La représentation des solutions sur une droite graduée est constituée de tous les points dont l'abscisse est solution de l'inéquation.

### SYSTÈME DE DEUX ÉQUATIONS DU PREMIER DEGRÉ À DEUX INCONNUES $x$ ET $y$

$$\begin{cases} -2x + y = 9 \\ 3x + 2y = 4 \end{cases}$$

Un tel système admet pour solution, sauf cas particulier, un seul couple de nombres.
Résoudre le système, c'est déterminer ce couple.
• *Méthode de substitution.*
On exprime une inconnue en fonction de l'autre : la première équation donne $y = 2x + 9$.
On remplace $y$ par $2x + 9$ dans la seconde équation.
$3x + 2(2x + 9) = 4$ ; $7x + 18 = 4$ ; $7x = -14$ ; $x = -2$.
D'où : $y = 2x(-2) + 9$ ; $y = 5$.
Le couple solution de ce système est (- 2 ; 5).
• *Méthode graphique.* On écrit chacune des équations sous la forme $y = ax + b$.
On a : $y = 2x + 9$ et $y = -1{,}5x + 2$.
On représente dans un même repère les fonctions affines telles que $f(x) = 2x + 9$ et $g(x) = -1{,}5x + 2$.
Chacune est représentée par une droite ; on lit les coordonnées du point d'intersection : (- 2 ; 5).
Le couple solution de ce système est (- 2 ; 5).

## 5 Proportionnalité

### TABLEAU DE PROPORTIONNALITÉ

Dans un *tableau de proportionnalité* les nombres de la seconde ligne s'obtiennent en multipliant ceux de la première ligne par un même nombre (*coefficient de proportionnalité*).

| | | | | |
|---|---|---|---|---|
| 1 | 2 | 8 | 10 | × 0,8 |
| 0,8 | 1,6 | 6,4 | 8 | |

• Les *produits en croix* sont égaux :
1 × 1,6 = 0,8 x 2 ; 2 × 6,4 = 1,6 × 8 ; etc.
• 8 s'obtient en *multipliant par 4* le nombre 2 ; l'image de 8 s'obtient *en multipliant par 4* l'image de 2 ; 1,6 × 4 = 6,4.
• 10 est la *somme* de 2 et de 8 ; l'image de 10 est la *somme* de l'image de 2 et de l'image de 8 ;
1,6 + 6,4 = 8.
Ceci est général (*propriétés de linéarité*).
• La représentation graphique d'un tableau de proportionnalité est constituée de points alignés avec l'origine du repère (▶ fonction linéaire p. 1835) .

### POURCENTAGE

Dans le mot « proportionnalité », sur 16 lettres, 7 sont des voyelles ; s'il y avait 100 lettres, en admettant que le nombre de voyelles soit proportionnel au nombre de lettres, il y aurait 43,75 voyelles ; on dit que le *pourcentage* de voyelles dans ce mot est 43,75 %.

| | | |
|---|---|---|
| Total | 16 | 100 |
| Partie | 7 | $x$ |

$16x = 7 \times 100$
$x = 7 \times 100/16$
$x = 43{,}75$

### ÉCHELLE

Dire que l'*échelle* d'un plan est 1/200 c'est dire que « les dimensions sur le plan sont proportionnelles aux dimensions réelles et 1 cm sur le plan représente 200 cm dans la réalité ».

| Dimensions réelles | 200 | d |
|---|---|---|
| Dimensions sur le plan | 1 | d' |

($\times \frac{1}{200}$)

Les dimensions (réelles et sur le plan) doivent être exprimées avec la même unité.

On a : d' × 200 = 1 × d (produits en croix);

$d' = d \times \frac{1}{200}$ et $d = d' \times \frac{200}{1}$.

### VITESSE

Lorsque la distance parcourue d est proportionnelle à la durée t du déplacement, on dit que le *mouvement est uniforme* ; le coefficient de proportionnalité est la *vitesse* du mobile.

| Durée | t |
|---|---|
| Distance | d |

(× v)

On a : d = vt
v = d/t
t = d/v

Les unités usuelles de vitesse sont le mètre par seconde (m/s) et le kilomètre par heure (km/h).

Lorsque le mouvement n'est pas uniforme, la formule d = vt donne la *vitesse moyenne*.

## 6 Fonctions

### FONCTION LINÉAIRE

- La relation qui, à tout nombre *x* associe le nombre y tel que *y* = k*x* (k constant), est une *fonction linéaire*. Si on note f cette fonction, l'image de *x* se note f(*x*) et on a : f(*x*) = k*x* ;
k est le coefficient de la fonction linéaire.
- Une fonction linéaire est déterminée par la donnée d'un nombre et de son image.
Exemple : la fonction linéaire telle que 2 a pour image 1,6 a pour coefficient 1,6 : 2 soit 0,8
on a : y = 0,8*x* ou f(*x*) = 0,8*x*.
- La *représentation graphique* d'une fonction linéaire est une droite passant par l'origine des axes de coordonnées (droite D ci-après).

### FONCTION AFFINE

- La relation qui, à tout nombre *x* associe le nombre *y* tel que *y* = m*x* +p (m et p constants), est une fonction affine.
Si on note g cette fonction, on a : g(*x*) = m*x* +p ;
m est le coefficient de la fonction affine.
- Une fonction affine est déterminée par la donnée de deux nombres et de leurs images.
Exemple : Pour la fonction affine telle que 2 a pour image 2,6 et 3 a pour image 3,4 ; les nombres m et p sont tels que $\begin{cases} m \times 2 + p = 2{,}6 \\ m \times 3 + p = 3{,}4. \end{cases}$
En résolvant ce système on a : m = 0,8 et p = 1 ;
d'où : *y* = 0,8*x* + 1 ou g(*x*) = 0,8*x* + 1.
- La *représentation graphique* d'une fonction affine est une droite parallèle à la représentation de la fonction linéaire de même coefficient.

### REPRÉSENTATION GRAPHIQUE

Représentation graphique de la fonction linéaire f telle que f(*x*) = 0,8*x* [droite D passant par O (0 ; 0) et A (2 ; 1,6)] et de la fonction affine g telle que g(*x*) = 0,8 *x* + 1 [droite D' passant par B (0 ; 1) et C (2 ; 2,6)].

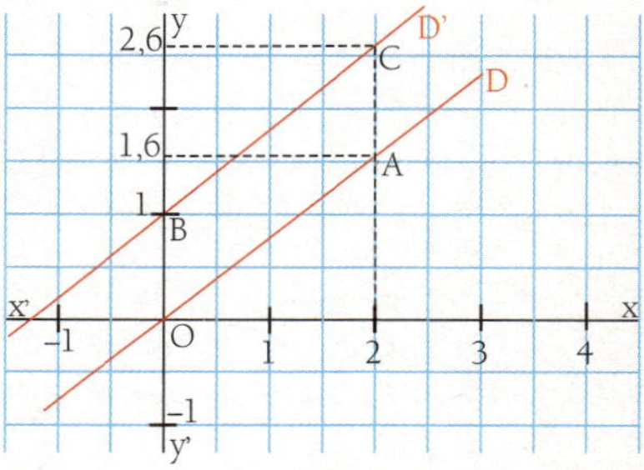


La droite D représente la fonction telle que *y* = 0,8*x* ; on dit que la droite D *a pour équation y = 0,8x*.

La droite D' représente la fonction telle que *y* = 0,8*x* + 1 ; D' *a pour équation y = 0,8x + 1*.

0,8 est le *coefficient directeur* de D et de D'.

## 7 Gestion de données

### SÉRIE STATISTIQUE

Exemple : on a interrogé un échantillon de la population française pour connaître la réponse à la question : « Lequel des trois mots Liberté (L), Égalité (E) ou Fraternité (F) est, pour vous, le plus important ? ».

*Population :* échantillon de 200 personnes.

*Caractère étudié :* la réponse à la question.

*Valeurs :* L – E – F

*Série statistique :* L – L – E – L – F, etc.

On a obtenu 100 fois la réponse L (50 %), 60 fois E (30 %) et 40 fois F (20 %).

On peut représenter la série par un *diagramme à bâtons :* hauteurs des bâtons proportionnelles aux effectifs (fig. 1) ou un *diagramme semi-circulaire :* angles proportionnels aux effectifs ; $180° \times \frac{50}{100} = 90°$ ; $180° \times \frac{30}{100} = 60°$… (fig. 2).

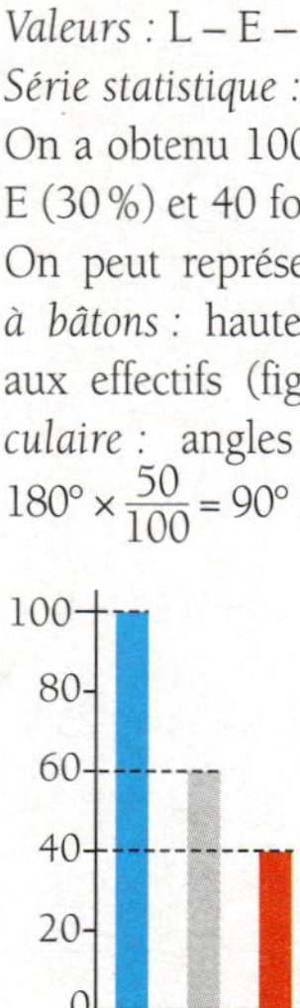


fig. 1

fig. 2

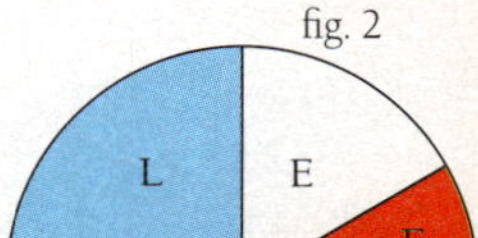

### FRÉQUENCE

La *fréquence* d'une valeur est un quotient.

Fréquence = $\dfrac{\text{effectif de cette valeur}}{\text{effectif total}}$.

Dans l'exemple précédent, les fréquences sont :

– pour L : $\frac{100}{200}$ ou $\frac{1}{2}$ ou 50 %

– pour E : $\frac{60}{200}$ ou $\frac{3}{10}$ ou 30 %

– pour F : $\frac{40}{200}$ ou $\frac{1}{5}$ ou 20 %.

### MOYENNE – ÉTENDUE – MÉDIANE

• Pour une *série statistique numérique* (les valeurs sont des nombres), la *moyenne* m est telle que m = $\dfrac{\text{somme de toutes les données}}{\text{nombre de données}}$.

• Exemple (notes obtenues par un élève).
Série : 12 ; 8 ; 10 ; 18 ; 2 ; 15 ; 5 ; 16 ; 11.
m = (12 + 8 +10 + 18 + 2 +15 + 5 + 16 + 11) : 9
m = 97 : 9 ; m ≈ 10,8.

• Dans cet exemple, les valeurs vont de 2 à 18, *l'étendue de la série* est 16 (18 – 2 = 16).

• Si on range les valeurs par ordre croissant on a 2 – 5 – 8 – 10 – 11 – 12 – 15 – 16 – 18 ; la valeur 11 partage la série en deux parties d'égal effectif (quatre valeurs inférieures à 11 et quatre supérieures) : 11 est la *médiane* de cette série statistique.

## 8 Géométrie

### DROITES ET SEGMENTS

• Deux droites qui ont un seul point commun sont *sécantes* (fig. 1). Deux droites qui ne sont pas sécantes sont *parallèles*.

Deux droites perpendiculaires à une même droite sont parallèles (fig. 2).

fig. 1

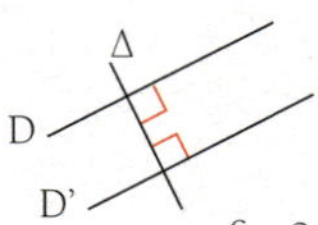


fig. 2

Si D ⊥ Δ et D' ⊥ Δ alors D // D'

• Le *milieu* d'un segment partage ce segment en deux segments de même longueur.
La *médiatrice* d'un segment est la droite perpendiculaire au segment en son milieu.

M ∈ [AB] et MA = MB :
M est le milieu de [AB].
d ⊥ (AB) et M ∈ d :
d est la médiatrice de [AB]

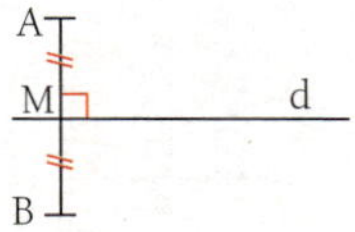


### ANGLES

• Un angle aigu est plus petit qu'un angle droit. Un angle obtus est plus grand qu'un angle droit.

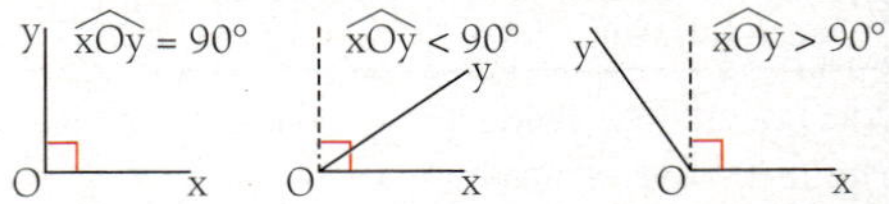


*angle droit* *angle aigu* *angle obtus*

• La bissectrice d'un angle est la demi-droite issue du sommet de l'angle et qui le partage en deux angles égaux.

$\widehat{xOt} = \widehat{yOt}$

[Ot) : bissectrice de $\widehat{xOy}$.

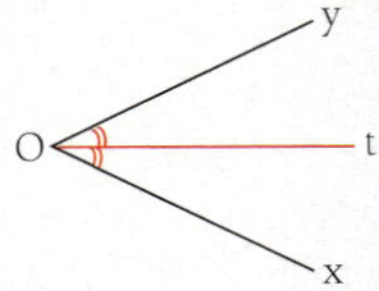


### TRIANGLES

• Un *triangle* a trois sommets, trois côtés et trois angles. La somme des angles d'un triangle est 180°. L'aire d'un triangle est le demi-produit d'une base par la hauteur associée (► p. 685).

Théorème de Thalès
Si (MN) // (BC)
alors les triangles AMN et ABC ont leurs côtés proportionnels :
$\frac{AM}{AB} = \frac{AN}{AC} = \frac{MN}{BC}$.

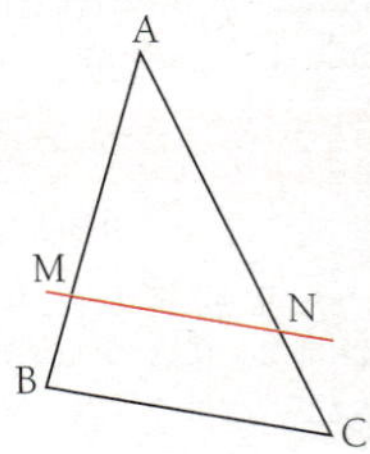


• Un *triangle isocèle* a deux côtés de même longueur. Ses angles à la base sont égaux.

• Un *triangle équilatéral* a trois côtés de même longueur. Chaque angle vaut 60°.

• Un *triangle rectangle* a un angle droit. Le côté opposé est l'hypoténuse.

Dans un triangle rectangle, le carré de l'hypoténuse est égal à la somme des carrés des côtés de l'angle droit (théorème de Pythagore).

ABC rectangle en A ;
[BC] est l'hypoténuse ;
$BC^2 = AB^2 + AC^2$.

• Dans le triangle ABC rectangle en A on a :

cosinus $\widehat{C} = \dfrac{\text{côté adjacent à } \widehat{C}}{\text{hypoténuse}}$ ; cos $\widehat{C} = \dfrac{AC}{BC}$

sinus $\widehat{C} = \dfrac{\text{côté opposé à } \widehat{C}}{\text{hypoténuse}}$ ; sin $\widehat{C} = \dfrac{AB}{BC}$

tangente $\widehat{C} = \dfrac{\text{coté opposé à } \widehat{C}}{\text{côté adjacent à } \widehat{C}}$ ; tan $\widehat{C} = \dfrac{AB}{AC}$.

On a : $\sin^2 \widehat{C} + \cos^2 \widehat{C} = 1$ ; $\tan \widehat{C} = \sin \widehat{C} / \cos \widehat{C}$.

## PARALLÉLOGRAMMES

• Un quadrilatère ayant ses côtés opposés parallèles est un *parallélogramme*. Un quadrilatère ayant ses diagonales qui se coupent en leur milieu est un *parallélogramme*.

ABCD parallélogramme :
(AB)//(DC) et (AD)//(BC)
O milieu de [AC] et [BD]
AB = DC et AD = BC

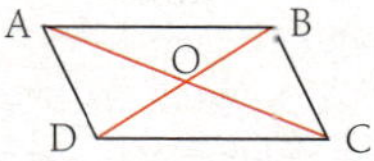


L'*aire d'un parallélogramme* est le produit d'un côté par la hauteur associée (▶ p. 685).

• Un quadrilatère ayant trois angles droits est un *rectangle* (le quatrième est forcément droit).
Il suffit qu'un parallélogramme ait un angle droit (ou ses diagonales de même longueur) pour qu'il soit un *rectangle*.

• Un quadrilatère ayant ses quatre côtés de même longueur est un *losange*.
Il suffit qu'un parallélogramme ait deux côtés consécutifs de même longueur (ou ses diagonales perpendiculaires) pour qu'il soit un *losange*.

• Un quadrilatère qui est à la fois un rectangle et un losange est un *carré*.

## CERCLE ET DISQUE

• Tous les points situés à une distance R d'un point fixe O constituent le cercle 𝒞 de centre O et de rayon R.

OM = OA = OB = R
[AB] est un *diamètre*.
[EF] est une *corde*.
M ∈ 𝒞 ; xy ⊥ (OM) ;
la droite xy est *tangente* en M au cercle 𝒞.

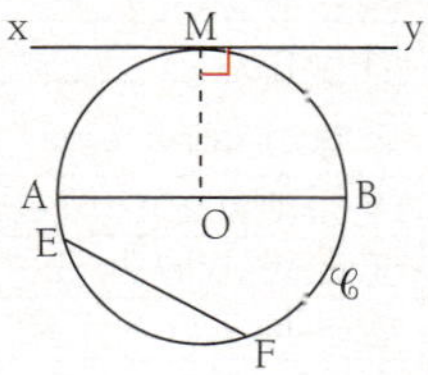


• Les points d'un cercle et ceux situés à l'intérieur de ce cercle constituent un *disque*.
Le *périmètre* p et l'*aire* S d'un disque de rayon R sont tels que $p = 2\pi R$ et $S = \pi R^2$ (▶ p. 685).

## SOLIDES

• Le *parallélépipède rectangle* a :
– 6 faces rectangulaires deux à deux parallèles.
– 12 arêtes (quatre à quatre parallèles et de même longueur).
– 8 sommets.

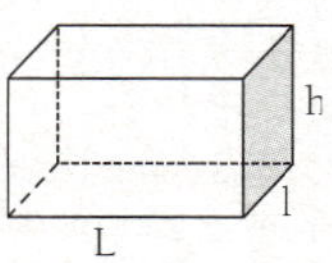


Le *volume* V et l'*aire totale* S d'un parallélépipède rectangle de dimensions L, l et h sont tels que $V = L \times l \times h$ et $S = 2(L \times l + L \times h + l \times h)$ (▶ p. 685).

• Le *cube* est un parallélépipède rectangle particulier ; les 6 faces sont des carrés de côté c.
$V = c^3$ et $S = 6c^2$.

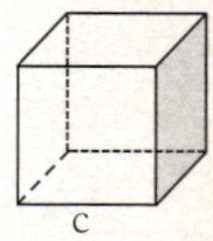


• Le *cylindre droit* est un solide limité par :
– deux disques (*bases*) de même rayon R et situés dans des plans parallèles ;
– une surface latérale (*surface cylindrique*).
O et O' : centres des bases.
(OO') est l'*axe* du cylindre : il est perpendiculaire aux plans de base.
[AA'] et [BB'] sont des *génératrices* du cylindre.

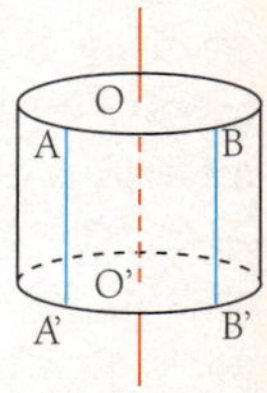


AA' = BB' = OO' = h (*hauteur* du cylindre)
$V = \pi R^2 h$ et $S = 2\pi R^2 + 2\pi Rh$ (▶ p. 685).

• La *sphère* est constituée de tous les points de l'espace situés à une distance R (rayon) d'un point fixe O (centre).
Les points d'une sphère et ceux situés à l'intérieur constituent une *boule*.

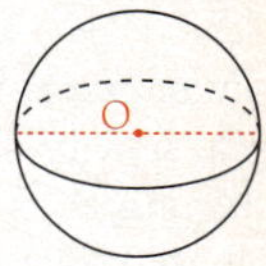


$S = 4\pi R^2$ ; $V = \frac{4}{3}\pi R^3$ (▶ p. 685).

## TRANSFORMATIONS PLANES

• A et A' sont *symétriques par rapport à la droite* Δ signifie : « Δ est la médiatrice de [AA'] »
La transformation plane qui à chaque point associe son symétrique par rapport à Δ est appelée *symétrie orthogonale* d'axe Δ (▶ p. 1561).
Toute symétrie orthogonale transforme une figure en une figure superposable.

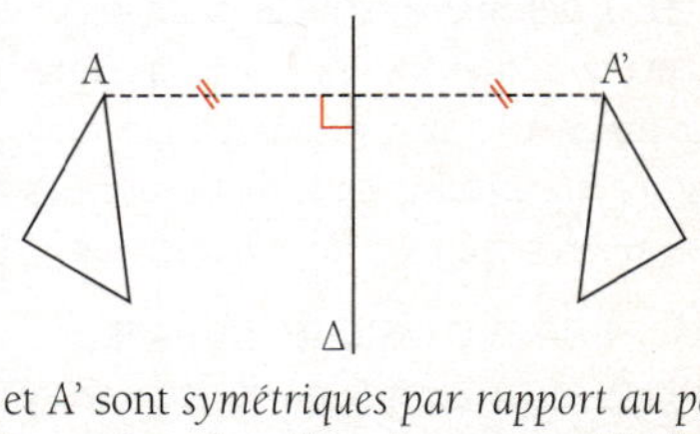


• A et A' sont *symétriques par rapport au point O* signifie : « O est le milieu du segment [AA'] ».
La transformation plane qui à chaque point associe son symétrique par rapport à O est la *symétrie centrale* de centre O (▶ p. 1561).
Toute symétrie centrale transforme une figure en une figure superposable.

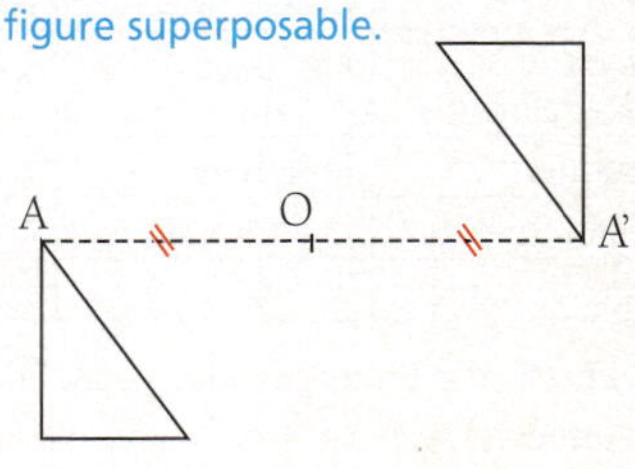

# Physique - Chimie

## LA MESURE DES GRANDEURS

On a pris l'habitude de tout mesurer : le Q.I., la distance Terre-Lune, etc. Mais dire que l'on mesure un caillou, par exemple, n'a pas grand sens si on ne précise pas quelle grandeur on mesure et quelle unité on utilise. Depuis des temps immémoriaux, les peuples ont employé diverses unités de mesure pour exprimer les quantités de la vie courante : l'eau, la distance, le poids, etc. Par exemple, selon les lieux ou les époques, une longueur pouvait s'exprimer en acènes, en pieds, yards, pans, etc. Afin de permettre les échanges entre les peuples, il était donc nécessaire d'harmoniser.

## 1 Le système international (SI)

### LE SYSTÈME MÉTRIQUE

En France, l'Assemblée constituante initia en 1790 un système de mesures fondé sur le système décimal et sur des unités universelles à l'abri des aléas politiques, économiques et régionaux. Les astronomes Delambre et Méchain sont chargés des calculs et mesures du méridien terrestre entre Dunkerque et Barcelone pour définir le mètre : « dix millionième partie du quart de méridien terrestre ». Lavoisier se pencha sur la détermination de la masse d'un volume donné d'eau qui aboutira à l'équivalence : masse d'un litre d'eau = 1 kg. En 1799, le système métrique est fixé par la loi, mais il subit des modifications au cours des âges. En 1962, le système métrique devient le **système international**, contrôlé par le Bureau international des poids et mesures qui précise les définitions et les règles d'utilisation des unités et de leurs dérivés.

### UNITÉS PHYSIQUES DE BASE

Le système international, ou SI, repose sur sept grandeurs et sept unités de base* :

| grandeur | unité | symbole |
|---|---|---|
| longueur | le mètre | m |
| masse | le kilogramme | kg |
| temps | la seconde | s |
| intensité du courant électrique | l'ampère | A |
| température | le kelvin | K |
| intensité lumineuse | la candela | cd |
| quantité de matière | la mole | mol |

*Consulter le dictionnaire pour la définition de chaque unité.

### UNITÉS DÉRIVÉES ET SUPPLÉMENTAIRES

- Deux unités supplémentaires s'ajoutent aux sept de base : le radian pour l'angle plan et le stéradian pour l'angle solide.
- Les grandeurs physiques et chimiques peuvent se déduire par combinaison des grandeurs principales ou supplémentaires ; les unités sont alors basées sur les neuf unités du SI : aire ($m^2$), débit ($m^3.s^{-1}$), pression ($m^{-1}.kg.s^{-2}$), etc.

### UNITÉS SI DÉRIVÉES

- géométrie, mécanique, thermodynamique

| | | |
|---|---|---|
| superficie | mètre carré | $m^2$ |
| volume | mètre cube | $m^3$ |
| vitesse | mètre par seconde | m/s |
| accélération | mètre par seconde carrée | $m/s^2$ |
| masse volumique | kilogramme par mètre cube | $kg/m^3$ |
| fréquence | hertz | Hz |
| force | newton | N |
| pression | pascal | Pa |
| énergie, travail, chaleur | joule | J |
| puissance, flux énergétique | watt | W |
| température | degré Celsius | °C |

- électricité, optique

| | | |
|---|---|---|
| tension, potentiel, f.é.m | volt | V |
| quantité d'électricité | coulomb | C |
| résistance | ohm | Ω |
| conductance | siemens | S |
| capacité | farad | F |
| champ magnétique | tesla | T |
| flux magnétique | weber | Wb |
| inductance | henry | H |
| flux lumineux | lumen | lm |
| éclairement | lux | lx |
| vergence des systèmes optiques | 1 par mètre ou dioptrie | $m^{-1}$ δ |

### CONVENTIONS

- Les noms d'unités sont des noms communs et prennent un s au pluriel. Leurs symboles ne sont pas suivis d'un point : 10 ampères (10 A), 25 hertz (25 Hz).
- Les unités dérivées formées par division peuvent s'écrire avec une barre oblique (m/s) ou bien avec un symbole d'exposant négatif au diviseur (m.s-1), cette dernière écriture étant recommandée.

## MULTIPLES ET SOUS-MULTIPLES DES UNITÉS

| préfixe | symbole | facteur | unités | exemples |
|---|---|---|---|---|
| peta | P | $10^{15}$ | 1 000 000 000 000 000 | une demande énergétique en PW |
| téra | T | $10^{12}$ | 1 000 000 000 000 | une centrale nucléaire de 1,5 TW |
| giga | G | $10^{9}$ | 1 000 000 000 | un disque dur de 250 Go |
| méga | M | $10^{6}$ | 1 000 000 | une émission de radio sur 87.9 MHz |
| kilo | k | $10^{3}$ | 1 000 | un salaire de 20 k€ par an |
| hecto | h | $10^{2}$ | 100 | 1 ha c'est un carré de 1 hm de côté |
| déca | da | $10^{1}$ | 10 | une barrique de 3 daL |
| déci | d | $10^{-1}$ | 0,1 | une règle de 2 dm |
| centi | c | $10^{-2}$ | 0,01 | un moteur de 49 $cm^3$ |
| milli | m | $10^{-3}$ | 0,001 | une puissance de 10 mW |
| micro | µ | $10^{-6}$ | 0,000 001 | 5 µm = 5 micromètres |
| nano | n | $10^{-9}$ | 0,000 000 001 | une durée de 3 ns |
| pico | p | $10^{-12}$ | 0,000 000 000 001 | un condensateur de 4,7 pF |
| femto | f | $10^{-15}$ | 0,000 000 000 000 001 | une impulsion laser de 10 fs |

# LA MATIÈRE

Le monde minéral, végétal ou animal, la Terre, l'atmosphère, les océans, l'univers tout entier, sont formés à partir d'atomes. Ces atomes sont les briques élémentaires de toute matière.

## 1 Constitution

### L'ATOME

L'atome est constitué d'un **noyau** contenant des **nucléons** (*A*) entouré d'un nuage électronique organisé en plusieurs couches. Les nucléons, ce sont des **protons** (*Z*), porteurs d'une charge élémentaire d'électricité positive, et des **neutrons** (*N*) : $A = Z + N$. La neutralité électrique de l'atome impose que le nuage électronique contienne des **électrons** chargés négativement. La masse de l'atome est directement liée au nombre de nucléons.

- Il existe une centaine de types d'atomes que le chimiste russe Mendeleïev (1834-1907) a organisés en un tableau selon des critères de masse atomique croissante et de similitude des propriétés physico-chimiques (▶ p. 1840).
- Des atomes qui possèdent le même nombre de protons (donc d'électrons) sont isotopes : ils possèdent les mêmes propriétés chimiques qui sont liées à la couche électronique externe, mais ne diffèrent que par leur nombre de neutrons ; leurs propriétés physiques sont alors légèrement différentes. Par exemple, la chimie des êtres vivants est une chimie du carbone, dont la variété commune est le carbone 12 ($^{12}C$), mais il existe une variété radioactive qui permet de dater les corps organiques anciens ($^{14}C$). De même, on concentre l'uranium $^{235}U$, utilisé comme combustible nucléaire, qui se trouve en faible quantité dans $^{238}U$ naturel.

Les théories actuelles s'appuyant sur les travaux du prix Nobel Murray Gell-Mann organisent les particules en quarks (Down, Up, Strange, Charmed, Bottom et Top) de charge électrique fractionnaire.

### LES MOLÉCULES

En mettant en commun des électrons de leurs couches périphériques, les atomes s'associent pour former des **molécules** en suivant des règles précises. À l'image des lettres de l'alphabet que l'on assemble pour former des mots, les atomes forment toutes les molécules ; mais tous les assemblages d'atomes ne sont pas possibles. De plus, l'ordre des atomes dans les arrangements est important : certaines combinaisons donnent des propriétés particulières aux molécules (-COOH : acides organiques ; -CN : nitriles ; -OH : alcools, etc.). Deux molécules sont dites **isomères** lorsqu'elles sont composées des mêmes atomes mais organisés de façons différentes, ce qui leur confère alors des propriétés différentes. Ainsi $C_2H_7O$ : $H_3C-CH_2-O-H$ (éthanol) n'a pas les mêmes propriétés que $H_3C-O-CH_3$ (oxyde de diméthyle). Parfois, il suffit d'une modification spatiale des groupes ; c'est le cas de l'adrénaline dont les groupes -H, -OH, et $-CH_2-NH-CH_3$ peuvent s'organiser de deux façons différentes en se fixant sur un atome de carbone. Dans un cas la molécule est douze foi[illegible] active que dans l'autre.

Nombre de masse de l'isotope le plus abondant → $^{A}_{Z}X$ ← Symbole
Numéro atomique → Z
Nom
M → masse molaire atomique ($g.mol^{-1}$) de l'espèce naturelle

Gaz rares — Gaz — Liquide à 20°C — Artificiels — Alcalin — Alcalino-terreux

| Période | 1 | 2 | 3 | 4 | 5 | 6 | 7 | 8 | 9 | 10 | 11 | 12 | 13 | 14 | 15 | 16 | 17 | 18 |
|---|---|---|---|---|---|---|---|---|---|---|---|---|---|---|---|---|---|---|
| I | $^{1}_{1}$H Hydrogène 1,0 | | | | | | | | | | | | | | | | | $^{4}_{2}$He Hélium 4,0 |
| II | $^{7}_{3}$Li Lithium 6,9 | $^{9}_{4}$Be Béryllium 9,0 | | | | | | | | | | | $^{11}_{5}$B Bore 10,8 | $^{12}_{6}$C Carbone 12,0 | $^{14}_{7}$N Azote 14,0 | $^{16}_{8}$O Oxygène 16,0 | $^{19}_{9}$F Fluor 19,0 | $^{20}_{10}$Ne Néon 20,2 |
| III | $^{23}_{11}$Na Sodium 23,0 | $^{24}_{12}$Mg Magnésium 24,3 | | | | | | | | | | | $^{27}_{13}$Al Aluminium 27,0 | $^{28}_{14}$Si Silicium 28,1 | $^{31}_{15}$P Phosphore 31,0 | $^{32}_{16}$S Soufre 32,1 | $^{35}_{17}$Cl Chlore 35,5 | $^{40}_{18}$Ar Argon 39,9 |
| IV | $^{39}_{19}$K Potassium 39,1 | $^{40}_{20}$Ca Calcium 40,1 | $^{45}_{21}$Sc Scandium 45,0 | $^{48}_{22}$Ti Titane 47,9 | $^{51}_{23}$V Vanadium 50,9 | $^{52}_{24}$Cr Chrome 52,0 | $^{55}_{25}$Mn Manganèse 54,9 | $^{56}_{26}$Fe Fer 55,8 | $^{59}_{27}$Co Cobalt 58,9 | $^{58}_{28}$Ni Nickel 58,7 | $^{63}_{29}$Cu Cuivre 63,5 | $^{64}_{30}$Zn Zinc 65,4 | $^{69}_{31}$Ga Gallium 69,7 | $^{74}_{32}$Ge Germanium 72,6 | $^{75}_{33}$As Arsenic 74,9 | $^{80}_{34}$Se Sélénium 79,0 | $^{79}_{35}$Br Brome 79,9 | $^{84}_{36}$Kr Krypton 83,8 |
| V | $^{85}_{37}$Rb Rubidium 85,5 | $^{88}_{38}$Sr Strontium 87,6 | $^{89}_{39}$Y Yttrium 88,9 | $^{90}_{40}$Zr Zirconium 91,2 | $^{93}_{41}$Nb Niobium 92,9 | $^{95}_{42}$Mo Molybdène 95,9 | $^{98}_{43}$Tc Technétium (99) | $^{102}_{44}$Ru Ruthénium 101,1 | $^{103}_{45}$Rh Rhodium 102,9 | $^{106}_{46}$Pd Palladium 106,4 | $^{107}_{47}$Ag Argent 107,9 | $^{114}_{48}$Cd Cadmium 112,4 | $^{115}_{49}$In Indium 114,8 | $^{120}_{50}$Sn Étain 118,7 | $^{121}_{51}$Sb Antimoine 121,8 | $^{128}_{52}$Te Tellure 127,6 | $^{127}_{53}$I Iode 126,9 | $^{129}_{54}$Xe Xénon 131,3 |
| VI | $^{133}_{55}$Cs Césium 132,9 | $^{138}_{56}$Ba Baryum 137,3 | 57 à 71 Lanthanides | $^{180}_{72}$Hf Hafnium 178,5 | $^{181}_{73}$Ta Tantale 180,9 | $^{184}_{74}$W Tungstène 183,9 | $^{185}_{75}$Re Rhénium 186,2 | $^{192}_{76}$Os Osmium 190,2 | $^{193}_{77}$Ir Iridium 192,2 | $^{195}_{78}$Pt Platine 195,1 | $^{197}_{79}$Au Or 197,0 | $^{202}_{80}$Hg Mercure 200,6 | $^{205}_{81}$Tl Thallium 204,4 | $^{208}_{82}$Pb Plomb 207,2 | $^{209}_{83}$Bi Bismuth 209,0 | $^{210}_{84}$Po Polonium 210 | $^{218}_{85}$At Astate 210 | $^{222}_{86}$Rn Radon 222 |
| VII | $^{223}_{87}$Fr Francium 221 | $^{226}_{88}$Ra Radium 226,1 | 89 à 103 Actinides | $_{104}$Rf Rutherfordium (261) | $_{105}$Db Dubnium (262) | $_{106}$Sg Seaborgium (266) | $_{107}$Bh Bohrium (264) | $_{108}$Hs Hassium (267) | $_{109}$Mt Meitnerium (268) | $_{110}$Ds Darmstadtium (271) | $_{111}$Rg Roentgenium (272) | $_{112}$Uub Ununbium | $_{113}$Uut Ununtrium | $_{114}$Uuq Ununquadium | $_{115}$Uup Ununpentium | $_{116}$Uuh Ununhexium | $_{117}$Uus Ununseptium | $_{118}$Uuo Ununoctium |

| | | | | | | | | | | | | | | | |
|---|---|---|---|---|---|---|---|---|---|---|---|---|---|---|---|
| VI Lanthanides | $^{139}_{57}$La Lanthane 138,9 | $^{140}_{58}$Ce Cérium 140,1 | $^{141}_{59}$Pr Praséodyme 140,9 | $^{144}_{60}$Nd Néodyme 144,2 | $^{145}_{61}$Pm Prométhium (145) | $^{152}_{62}$Sm Samarium 150,4 | $^{153}_{63}$Eu Europium 152,0 | $^{158}_{64}$Gd Gadolinium 157,3 | $^{159}_{65}$Tb Terbium 158,9 | $^{162}_{66}$Dy Dysprosium 162,5 | $^{165}_{67}$Ho Holmium 164,9 | $^{166}_{68}$Er Erbium 167,3 | $^{169}_{69}$Tm Thulium 168,9 | $^{174}_{70}$Yb Ytterbium 173,0 | $^{175}_{71}$Lu Lutétium 175,0 |
| VII Actinides | $^{227}_{89}$Ac Actinium 227 | $^{232}_{90}$Th Thorium 232,0 | $^{231}_{91}$Pa Protactinium 231,0 | $^{238}_{92}$U Uranium 238,0 | $^{237}_{93}$Np Neptunium (237,0) | $^{239}_{94}$Pu Plutonium (242) | $_{95}$Am Américium (243) | $_{96}$Cm Curium (247) | $_{97}$Bk Berkélium (247) | $_{98}$Cf Californium (251) | $_{99}$Es Einsteinium (254) | $_{100}$Fm Fermium (253) | $_{101}$Md Mendélévium (256) | $_{102}$No Nobélium (254) | $_{103}$Lr Lawrencium (257) |

*Classification périodique des éléments*

## 2 Les transformations

### TRANSFORMATIONS PHYSIQUES

La matière existe sous trois états différents : solide, liquide ou gazeux. Un corps pur existe ... l'un de ces trois états selon la température ...sion. Sous une pression donnée, un ...tat se fait à température constante. ... pression ordinaire, l'eau bout à ...ute altitude, où la pression est ... à une température plus basse ... d'altitude).

### TRANSFORMATIONS RADIOACTIVES

Certains atomes ont des noyaux instables qui spontanément peuvent se casser en donnant un noyau fils et en émettant une particule et un rayonnement γ accompagné d'un neutrino. Selon le noyau, la désintégration prend trois formes différentes :

- Radioactivité α : le noyau se brise en éjectant un noyau d'hélium

$$^{A}_{Z}X \longrightarrow ^{A-4}_{Z-2}Y + ^{4}_{2}He$$

- Radioactivité $\beta^+$ : Le noyau émet un positon

$$^{A}_{Z}X \longrightarrow _{Z-1}^{A}Y + ^{0}_{1}e$$

- Radioactivité $\beta^-$ : Le noyau émet un électron

$$^{A}_{Z}X \longrightarrow {}^{A}_{Z+1}Y + {}^{0}_{-1}e$$

On peut aussi provoquer des cassures du noyau (**fission**) ou provoquer la **fusion** de noyaux. Dans tous les cas il y a émission de rayonnement et même production de particules. On utilise souvent la période radioactive *T* qui est le temps au bout duquel une population a vu la moitié de ses atomes se désintégrer (ex : $^{230}$Pu : *T* = 24 400 ans, $^{210}$Bi : *T* = 5j). Il faut aussi tenir compte de l'activité, c'est-à-dire du nombre de désintégrations par seconde ; c'est elle qui génère les émissions. Ainsi la dangerosité des éléments est liée à deux paramètres principaux dissociés : l'activité et le temps (il faut aussi considérer les effets biologiques, qui dépendent des tissus affectés et du type de particules). Ainsi, on ne peut pas dire sans précisions annexes que le plutonium est plus dangereux que le césium ou que le thorium.

### TRANSFORMATIONS CHIMIQUES

En créant des molécules nouvelles utilisées dans les médicaments, les aliments (conservateurs), les cosmétiques, les textiles, les matériaux de construction, la chimie a permis d'améliorer la qualité de la vie et d'en prolonger la durée.

Lors de réactions chimiques, des atomes peuvent s'associer, des molécules peuvent se briser et par recombinaison des atomes former de nouveaux corps. Dans ces réactions chimiques ce sont toujours les couches électroniques qui interviennent. Ces réactions ne peuvent se produire que dans certaines conditions et avec des molécules (ou atomes) de propriétés bien définies. Par exemple, un acide réagira avec une base pour former un sel ; un alcool avec un acide organique pour former un ester. Ainsi, l'alcool isoamylique réagissant avec l'acide acétique donne un ester à odeur de banane. Les molécules de synthèse sont les mêmes que les molécules naturelles, et sont parfois plus sûres et moins toxiques compte tenu de leur pureté.

## LE MONDE QUI NOUS ENTOURE

Notre vie quotidienne est régie par les lois de la physique : un objet qui nous échappe des mains tombe verticalement et sa vitesse peut se calculer. L'électronique de nos ordinateurs répond aux lois de l'électricité, la lecture des CD ou des DVD utilise des lecteurs optiques, comme les lecteurs de codes-barres des supermarchés.

## 1 La mécanique

### LA CINÉMATIQUE

C'est l'étude du mouvement et de la vitesse d'un solide sans en considérer les causes.

- Ce mouvement est étudié par rapport à un solide de référence que l'on nomme **référentiel**. Un point *M* est repéré dans ce référentiel par ses coordonnées (x, y, z) ; l'ensemble des positions qu'il occupe au cours du temps est appelé **trajectoire** du point *M*.
- On distingue la vitesse instantanée de la vitesse moyenne. Par exemple, la vitesse instantanée est celle qui est indiquée à un moment donné par le compteur d'un véhicule, alors que la vitesse moyenne se calcule en divisant la distance parcourue par la durée du parcours.

### LA DYNAMIQUE

C'est l'étude des mouvements en relation avec les causes : les forces. Galilée et Newton ont utilisé ces notions pour décrire les mouvements avec précision. Pour les très grandes vitesses, il faut considérer les effets relativistes développés par Einstein.

- On définit la quantité de mouvement $p$ par $p = m.v$ ($m$ : masse du corps, $v$ : sa vitesse). Cette grandeur se conserve au cours de certains chocs dits « élastiques ». Par exemple, au billard ou dans un « carreau » à la pétanque, les joueurs recherchent le choc idéal.
- Autre grandeur physique, l'énergie mécanique est la somme de l'énergie potentielle ($E_p = m.g.h$) [$g$ : accélération de la pesanteur, $h$ : altitude] et de l'énergie cinétique ($E_c = ½\, m.v^2$). Ainsi, une personne de 40 kg chutant sur la tête d'une moto lancée à 72 km/h subit le même traumatisme que si elle recevait un bloc de béton de près de 300 kg tombé d'un étage.
- Une force est susceptible de modifier la vitesse d'un mobile (en sens et/ou en direction). Une force d'intensité $F$ appliquée sur un objet de masse $m$ provoque une accélération $a$ de cet objet : $a = F/m$.

## 2 L'électromagnétisme

### L'ÉLECTROSTATIQUE

- Par frottement, certains corps acquièrent la propriété d'en attirer d'autres. On explique ceci en considérant que l'on peut arracher des électrons sur certains corps pour les déposer sur d'autres. Dans certains cas, les zones concernées restent localisées, dans d'autres, les électrons se dispersent ; un corps qui laisse circuler les charges électriques est appelé

**conducteur**, dans le cas contraire c'est un **isolant**. L'électrisation peut se faire par frottement, contact ou influence. On a montré que la charge électrique est un multiple de la charge élémentaire :
$e = 1{,}6.10^{-19}$ C

- Si deux corps portent des charges de même signe, ils se repoussent ; s'ils portent des charges de signe contraires, ils s'attirent : le frottement du peigne peut développer des charges qui font dresser les cheveux ; les frottements de l'air sur les carrosseries de voitures peuvent entraîner des accumulations de charges qui provoquent des décharges désagréables. La force d'attraction ou de répulsion est proportionnelle aux charges $q$ et $q'$ en présence et inversement proportionnelle au carré de la distance $d$ qui les sépare :
$F = kqq'/d^2$ avec $k = 1/4\pi\varepsilon_0$ où $\varepsilon_0$ désigne la permittivité du vide.
- Une charge définit dans l'espace qui l'entoure un état électrique appelé **potentiel** (V). On raisonne en différence de potentiel (ddp) ou tension entre deux points $U_{AB} = V_B - V_A$. La différence de potentiel entre le fil de phase de nos installations électriques domestiques et la terre est de 220 V.
- Deux surfaces qui portent des charges de signes différents constituent un **condensateur** aux bornes duquel on mesure une tension $U = Q/C$ ($C$ : caractéristique du condensateur appelée capacité, mesurée en farads). Ces objets sont de vrais réservoirs électriques et, associés à des diodes électroluminescentes, leur emploi est de plus en plus fréquent.

### L'ÉLECTROCINÉTIQUE

- Sous l'effet de tensions, les charges contenues dans les conducteurs (électrons, ions) se déplacent et créent un **courant électrique** qui produit différents effets : calorifiques (effet Joule), chimiques (électrolyse), magnétiques (déviation des aiguilles aimantées) (► schéma ci-contre).
- Le débit de charges est appelé **intensité du courant** ($I$). Le physicien Ohm a montré que la tension aux bornes d'un conducteur est proportionnelle à l'intensité qui le traverse : $U = R.I$ ($R$ : résistance du conducteur).
- Les appareils que nous utilisons sont caractérisés par leur **puissance** ($P$), on peut alors connaître l'**intensité** qui les traverse ($I = P/U$) et on peut aussi savoir quelle sera la consommation d'énergie $E$ ($E = P.t$) sur une durée d'utilisation $t$. Attention, on utilise usuellement le kWh à la place de l'unité légale le joule (J) : 1 kWh = 3 600 J.

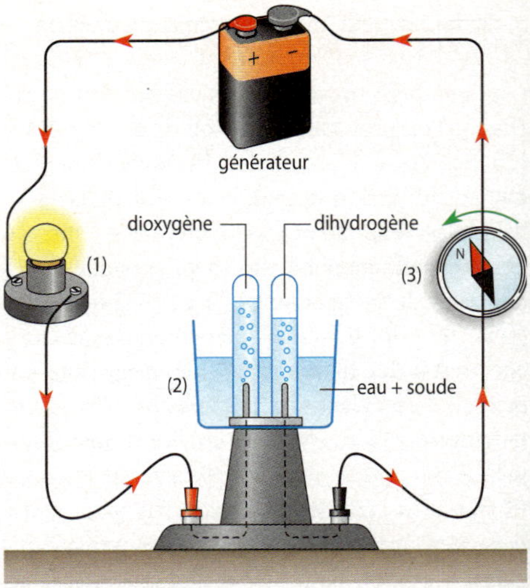


*Le courant électrique est susceptible :*
*(1) d'échauffer un conducteur (effet Joule : filament de lampe),*
*(2) de produire des effets chimiques (électrolyse),*
*(3) d'engendrer des effets magnétiques (expérience d'Œrsted).*

### LE MAGNÉTISME

Depuis l'Antiquité on connaît des matériaux dits magnétiques : dans certaines formes, ils s'orientent vers le nord ou attirent certains objets métalliques. Au début du XIX$^e$ siècle, Œrsted a montré la relation entre électricité et magnétisme.

### L'ÉLECTROMAGNÉTISME

Un conducteur parcouru par un courant électrique produit des **effets magnétiques**. Un aimant déplacé devant un conducteur provoque un **courant électrique** dans ce dernier ; c'est le principe de base de nos générateurs, de nos moteurs. Un aimant (ou un électroaimant) qui tourne devant une bobine produit un **courant alternatif**. On a pu mettre en évidence après les théories de Maxwell et les expériences de Hertz le rayonnement électromagnétique qui régit nos communications (télévision, téléphone, etc.)

## 3 L'optique

- La lumière se propage en ligne droite dans les milieux transparents homogènes avec une vitesse $v$. Dans le vide, la vitesse vaut $c$ = 299 792 458 m/s. On définit un indice $n = c/v$ ($n_{air} \approx 1$, $n_{eau} = 1{,}33$). À l'interface de deux milieux la lumière peut subir une **réflexion** et une **réfraction** suivant les lois de Descartes (► p. 1368). L'indice de réfraction $n$ dépend de la **longueur d'onde**. Ainsi la lumière blanche, composée des radiations de longueurs d'ondes comprises entre 400 et 800 nm

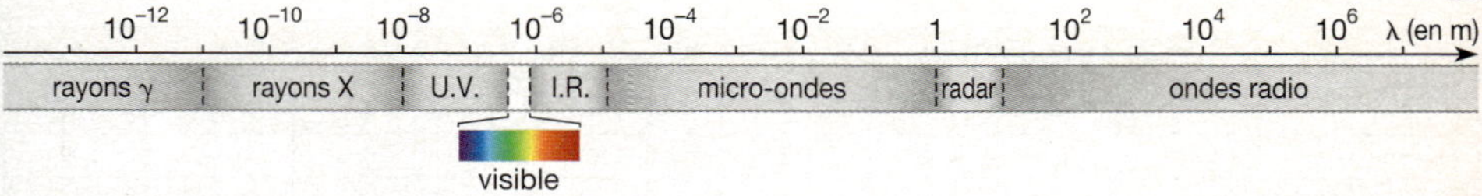

*Les différentes ondes électromagnétiques.*

environ, subit une dispersion après avoir traversé des dioptres : on obtient des irisations (► p. 1526).

- Les images données par les lentilles dépendent de la nature de ces lentilles, de leur **vergence** (► p. 921) et de la position des objets. Parfois ces images ne peuvent pas être recueillies sur des écrans, elles sont alors virtuelles ; c'est le cas lorsqu'on utilise une loupe : on perçoit une image mais on ne peut pas la récolter sur écran.
- La lumière est caractérisée par des corpuscules (les **photons**). Toutefois, certaines manifestations comme les phénomènes d'interférences ou de diffraction mettent en évidence un caractère ondulatoire de la lumière.

## 4 La thermodynamique

Cette branche de la physique a pour objet l'étude des lois qui régissent les échanges énergétiques, en particulier les transformations où intervient la **chaleur**. Quelques principes lui servent de fondement (► p. 1603) ; par exemple, la chaleur et le travail mécanique peuvent être convertis l'un en l'autre : dans les véhicules à moteur, c'est la combustion du carburant qui apporte l'énergie calorifique. De plus, les échanges de chaleur spontanés ne peuvent se faire que d'un corps chaud vers un corps froid.

# L'ESPACE

Sur Terre, notre vie est rythmée par l'alternance des jours et des nuits, la succession des saisons, la régularité des lunaisons. Mais cette vie existe-t-elle ailleurs ? C'est l'objet d'études spatiales approfondies. Nous, Terriens, ne sommes pas trop éloignés du Soleil pour bénéficier de son énergie ; notre Terre est pourvue d'eau, indispensable à la vie, et d'une atmosphère protectrice des rayonnements et responsable d'un effet de serre qui permet d'avoir une température moyenne compatible avec la vie.

## 1 Le système solaire

### LE SOLEIL

C'est notre **étoile**, formée il y a environ 4,6 milliards d'années ; nous en sommes éloignés d'environ 150 millions de km, l'équivalent d'une unité astronomique (u.a.). Le Soleil est une sphère de masse $1{,}99.10^{30}$ kg pour un diamètre de 1 392 000 km (109 fois celui de la Terre). Sa densité est faible puisqu'il est composé de 73,5 % d'hydrogène et de 25 % d'hélium. L'énergie rayonnée provient des réactions nucléaires de fusion, et l'on estime sa température centrale à 14 millions de degrés, la température de surface étant de 5 770 K (environ 6 000 °C). Galilée, en utilisant sa lunette, avait déjà constaté que le Soleil tournait sur lui-même.

### L'ENVIRONNEMENT DU SOLEIL

L'hypothèse héliocentrique, qui place le Soleil au centre de l'Univers, avait déjà été avancée par les Grecs, mais elle ne fut acceptée qu'après les publications des astronomes Copernic, Kepler et Galilée.

Selon les lois de Newton, les **corps** en orbite autour du Soleil sont soumis à l'**attraction universelle** ; leurs mouvements sont régis par les lois de la mécanique et répondent, en particulier, aux lois de Kepler (► p. 881). Ces corps sont :

- les huit **planètes** (Mercure, Vénus, Terre, Mars, Jupiter, Saturne, Uranus, Neptune), qui ont une masse suffisante pour que l'effet de leur propre gravité leur confère une forme presque sphérique ; elles ont éliminé tout corps susceptible de se déplacer au voisinage de leur orbite.
- les **planètes naines**, qui ont les mêmes caractéristiques que les planètes, mais elles n'ont pas éliminé tous les corps qui se déplacent au voisinage de leur orbite, comme Pluton.
- les **petits corps du système solaire**, qui sont tous les autres corps en orbite autour du Soleil. C'est le cas des **astéroïdes** dont une nuée gravite entre Mars

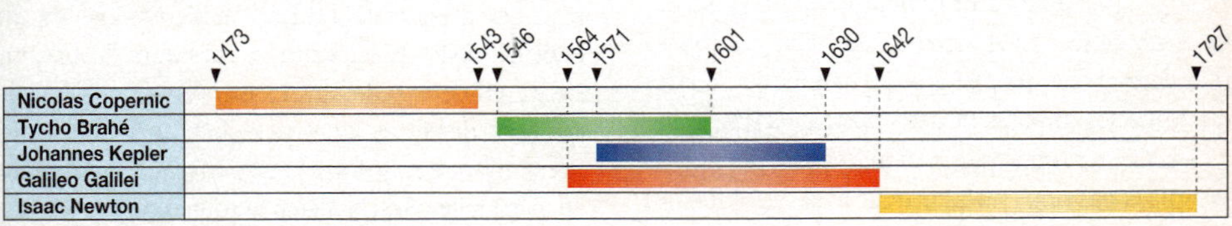

*Les précurseurs de l'astronomie moderne*

| | Mercure | Vénus | Terre | Mars | Jupiter | Saturne | Uranus | Neptune |
|---|---|---|---|---|---|---|---|---|
| Distance moyenne au Soleil (en u.a.) | 0,387 | 0,723 | 1 | 1,524 | 5,203 | 9,539 | 19,191 | 30,061 |
| Excentricité | 0,207 | 0,007 | 0,017 | 0,093 | 0,048 | 0,056 | 0,046 | 0,009 |
| Inclinaison de l'orbite sur l'écliptique | 7°00'23" | 3°23'40" | 0°00'14" | 1°51'09" | 1°18'28" | 2°29'17" | 0°48'26" | 1°46'27" |
| Période sidérale (en jours et années terrestres) | 87,97j | 224,701j | 365,256j | 1a 321j | 11a 314j | 29a 167j | 84a 7j | 164a 280j |
| Période de rotation sidérale (en j. terrestres) | 58,646 | 243,01 | 23h 56min | 24h 37min | 9h 50min | 10h 40min | 17h 14min | 16h 3min |
| Diamètre équatorial (km) | 4878 | 12104 | 12756 | 6794 | 142984 | 120536 | 51118 | 50538 |
| Volume (Terre = 1) | 0,055 | 0,861 | 1 | 0,15 | 1317 | 613,2 | 55,9 | 50,65 |
| Masse (Terre = 1) | 0,055 | 0,815 | 1 | 0,107 | 317,9 | 95,2 | 14,6 | 17,2 |
| Gravité en surface (en gravité terrestre) | 0,378 | 0,894 | 1 | 0,379 | 2,54 | 1,07 | 0,8 | 1,2 |
| Vitesse de libération à l'équateur* (km/s) | 4,3 | 10,3 | 11,2 | 5,0 | 59,5 | 35,6 | 21,22 | 23,6 |

* = vitesse à laquelle on doit lancer un projectile si on veut se libérer de l'attraction terrestre

et Jupiter, et d'autres qui gravitent approximativement sur l'orbite de Jupiter, en un point dit « de Lagrange ». Cette famille comprend aussi la plupart des **objets transneptuniens** et les **comètes** d'orbites très elliptiques qui semblent provenir de la ceinture de Kuiper ou du nuage de Oort.

Les orbites des planètes sont souvent représentées par des ellipses très aplaties, or si on pouvait les observer par-dessus et d'assez loin on verrait un cercle, et le Soleil n'en occuperait pas exactement le centre.

## 2 L'Univers

La cosmologie commence réellement avec Copernic et on se pose alors de nombreuses questions : quelle est la taille de l'Univers ? Y a-t-il une infinité d'étoiles ? Si oui, pourquoi fait-il noir la nuit ?

### NAISSANCE

C'est la **théorie de la relativité générale** publiée par Einstein en 1916 qui rend compatibles les observations de l'espace et la théorie. On considère aujourd'hui que l'Univers est en expansion depuis le **Big-bang** il y a 13,7 milliards d'années. Dans les premiers instants du Big-bang, phase hyper chaude et hyper dense, se forment les **particules élémentaires** (▶ p. 1201). Puis les **nucléons** se combinent pour former de l'hydrogène et un peu d'hélium. La phase d'expansion et de refroidissement commence. Les astronomes Penzias et Wilson ont calculé que l'Univers avait une température de 3 K (–270 °C).

### ÉTOILES ET GALAXIES

La **Voie lactée**, trace laiteuse que l'on observe la nuit dans le ciel, est due aux 200 milliards d'étoiles qui nous accompagnent dans notre **galaxie**.

- La Galaxie fait partie d'un ensemble appelé **groupe local** dont on peut voir avec des jumelles ou même à l'œil nu trois des plus proches voisines,

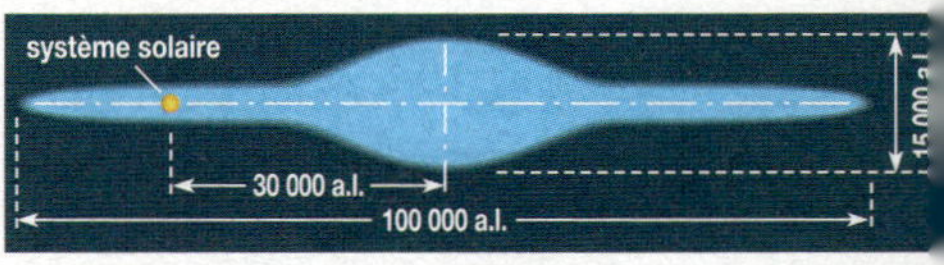


*Coupe schématique de notre Galaxie.*

la galaxie d'Andromède et les deux Nuages de Magellan. Comment sont apparues les galaxies ?

- Dans le **nuage primordial** qui fait suite au Big-bang, quelques fluctuations gravitationnelles conduisent à la formation de nuages de gaz dans lesquels s'opèrent des concentrations qui vont devenir des étoiles. Une galaxie est un ensemble d'étoiles et de nuages gazeux. Les galaxies sont regroupées en amas eux-mêmes associés en superamas.
- Au cours des âges, des milliards d'étoiles se forment dans chaque galaxie ; aujourd'hui, on ne compte qu'une naissance par an en moyenne dans la Voie lactée. Lorsque, par effet gravitationnel, un nuage d'hydrogène s'écroule sur lui-même pour former une étoile, s'amorcent des réactions thermonucléaires à l'origine des éléments carbone, azote, silicium, fer, etc.
- Une étoile comme le Soleil consomme son hydrogène puis devient **géante rouge** (▶ p. 572), comme Aldébaran (constellation du Taureau, ▶ p. 319) et achève sa vie en **naine blanche**, puis **noire** après avoir expulsé son atmosphère.
- Si à l'origine l'étoile est plus massive (plus de huit fois la masse solaire), le cœur s'effondre sous l'effet gravitationnel et l'étoile explose en un énorme flash : la **supernova**. Au cours de l'explosion, l'étoile expulse les éléments les plus lourds qui sont dispersés, mais des phénomènes d'accrétion permettent de former de nouveaux systèmes et en particulier des planètes autour d'une étoile. La vie est une suite possible de cette histoire...

# Sciences de la Vie

## DE L'ADN AU GÈNE

L'acide désoxyribonucléique est la molécule fondamentale de la biologie ; elle a mobilisé de nombreux chercheurs durant plus de la moitié du XIXe siècle. La découverte des lois de l'hérédité en 1900 a conduit tout naturellement à rechercher le support de l'hérédité à l'échelle cellulaire : les chromosomes ont été très vite désignés comme les structures responsables (Morgan 1910). Puis en 1944, on identifie avec certitude le support exclusif de l'hérédité, à savoir l'ADN.

La découverte de la structure moléculaire (► p. 462) de l'ADN en 1953 valut à Watson, Crick et Wilkins le prix Nobel de médecine : l'émergence de la double hélice de la vie est un des tournants majeurs de la biologie.

### ADN ET CHROMOSOMES

Chaque chromosome d'une cellule contient une seule molécule d'ADN fortement pelotonnée autour de protéines. Cet ADN atteint des dimensions impressionnantes : une bactérie de 5 µm contient une molécule d'ADN de 1,36 mm ; dans une cellule humaine de 100 µm, toutes les molécules d'ADN des 23 chromosomes différents mises bout à bout représentent près de 2 mètres ! (► p. 315)

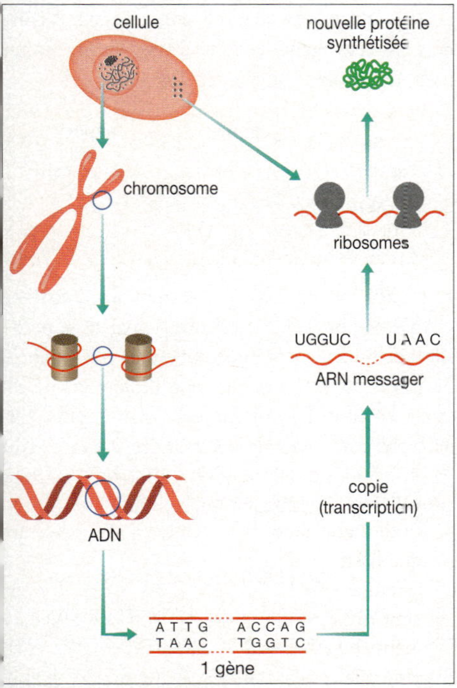


*De l'ADN à la protéine*

### ADN ET CODE GÉNÉTIQUE

Les édifices moléculaires gigantesques de l'ADN portent donc une information génétique. D'astucieuses expériences menées par des chercheurs au début des années 1960 permirent très vite d'identifier les règles de base : la succession de 3 nucléotides (un nucléotide = le désoxyribose, un acide phosphorique et une base azotée) constitue un mot-clé qui fut appelé codon. En combinant les nucléotides par 3 on obtient 64 codons différents : on nomme ces codons par la base azotée qu'ils contiennent, par exemple le codon AAA contient 3 adénines consécutivement. Le déchiffrage des codons a donné un tableau de correspondance codon/acides aminés, nommé code génétique : il s'applique aussi bien à une bactérie qu'à une rose ou à un homme ; ce code est universel.

### ADN ET PROTÉINES

La réalisation des caractères héréditaires se résume donc à deux types de molécules : les protéines, assemblage d'acides aminés et les ADN des chromosomes, assemblages de codons. Dans un premier temps, l'ADN est copié, transcrit en ARN messager (► p. 1400) ; cette seconde molécule, copie de l'information de l'ADN passe dans une « machinerie » présente dans toutes les cellules, à savoir les ribosomes. Ces organites effectuent simultanément la lecture des codons et l'assemblage un par un des acides aminés pour synthétiser une protéine conforme à l'information héréditaire.

### LES GÈNES DE L'ADN

Chaque chromosome porte plusieurs informations réparties le long de l'ADN : chaque unité génétique constituée de plusieurs milliers de nucléotides, donc de milliers de codons est un gène. Chaque gène occupe une place définie le long d'une molécule d'ADN ; chaque gène est responsable de la synthèse d'une protéine qui elle-même participe à l'expression d'un caractère : couleur des yeux, couleur de la peau, synthèse de telle hormone ou d'une protéine de la peau, etc.

La génétique moderne s'efforce d'abord d'identifier et de localiser ces gènes. Chez l'homme, on estime actuellement qu'il y a environ 30 000 gènes différents : l'ensemble des gènes est le génome.
Le second objectif des généticiens du XXI^e s. est de retrouver la séquence exacte des milliards de nucléotides des ADN ; ce travail de séquençage a été achevé chez plusieurs espèces : colibacille, levure, moustique, plusieurs chromosomes humains... Il devient alors possible de comparer les séquences de différents êtres vivants et ainsi d'établir d'éventuels liens de parenté. Un autre objectif est de rechercher des anomalies génétiques.
Une des découvertes surprenantes a été de constater qu'une partie importante de l'ADN ne servait pas à coder des protéines, mais forme un simple remplissage, un peu comme des pages laissées blanches dans un livre.

### ADN ET BIODIVERSITÉ

L'observation simple de la diversité des individus au sein d'une espèce révèle que l'information génétique n'est pas une constante absolue : on nomme allèle les différentes variantes d'un même gène comme les divers gènes codant les groupes sanguins. Si la simple division cellulaire (**mitose** ► p. 1050) aboutit à la copie parfaite du génome, en revanche le processus qui engendre les cellules sexuelles, ou **méiose** (► p. 1020), brasse les gènes. Ainsi, à la fécondation se crée une combinaison inédite : chaque individu a un patrimoine génétique unique (exception : les vrais jumeaux). Dans chaque espèce existe donc une biodiversité génétique.

### L'ADN AU SERVICE DE LA JUSTICE

Depuis 1985, des techniques permettant de faire des empreintes génétiques ont été mises au point. Au sein de l'ADN, des séquences répétées nommées « ADN satellite » sont spécifiques de chaque individu. En extrayant, découpant et triant ces morceaux d'ADN avec des méthodes appropriées, on obtient une sorte de « code barre » identifiant chaque individu avec une probabilité quasi absolue. Ce test ADN est utilisé par la justice comme argument déterminant dans les affaires de vol, de viol, de crimes, de recherche de paternité.

### L'ADN MANIPULÉ : LE GÉNIE GÉNÉTIQUE

Agir sur les gènes est la plus récente avancée de la génétique. On parle de thérapie génique s'il s'agit de corriger des gènes défaillants responsables de graves maladies humaines : ces progrès de la médecine sont pour l'instant du domaine de la recherche et de l'expérience.
Une autre technique consiste à transférer un gène d'un organisme à un autre organisme qui sera alors génétiquement modifié : ainsi ont été créées des bactéries capables de produire de l'hormone de croissance humaine ou des semences (de maïs par exemple) capables de produire un insecticide leur permettant de lutter contre un insecte ravageur. Ces individus transgéniques ou OGM (organismes génétiquement modifiés) sont l'objet de vives polémiques.

## LA BIODIVERSITÉ

*« La biodiversité est la diversité de toutes les formes du vivant. Pour un scientifique, c'est toute la variété du vivant étudiée à trois niveaux : les écosystèmes, les espèces qui composent les écosystèmes, et enfin les gènes que l'on trouve dans chaque espèce. »* (Edward Wilson, 2000)

• L'unité servant de référence est l'espèce, collection d'individus très semblables, qui, s'ils se reproduisent entre eux, engendrent toujours des descendants qui leur sont semblables. La nomenclature de Linné (1707-1778) désigne tout être vivant par ses deux noms en latin, de genre et d'espèce ; chaque genre peut se diviser en un certain nombre d'espèces différentes. Exemple :

| | genre | espèce |
|---|---|---|
| Homme | *Homo* | *sapiens* |
| Chat domestique | *Felis* | *catus* |
| Chat sauvage | *Felis* | *silvestris* |

• Depuis Linné, environ 1,75 millions d'espèces différentes ont été décrites. Cette analyse se poursuit encore dans des milieux peu ou pas explorés jusqu'à ce jour, tels que le fond des océans ou les forêts équatoriales comme celle d'Amazonie. On découvre sans cesse de nouvelles espèces (15 000 par an en moyenne), mais on estime qu'il en reste entre 3,5 et 100 millions à découvrir !

### BIODIVERSITÉ DES ANIMAUX

Les animaux identifiés ont été classés en groupes, en catégories dont la plus fondamentale est l'embranchement. Aucun inventaire n'est définitif et le plus souvent on a recours à des estimations.

| embranchement | | nombre d'espèces |
|---|---|---|
| Protozoaires | | 35 000 |
| Cnidaires | | 9 000 à 10 000 |
| Spongiaires | | 9 000 à 10 000 |
| Nématodes | | 12 000 à 1 000 000 |
| Annélides | | 15 000 |
| Mollusques | | 100 000 |
| Arthropodes | Chélicérates | 65 000 |
| | Crustacés | 32 000 à 35 000 |
| | Myriapodes | 13 000 |
| | Insectes | 950 000 à plusieurs millions |
| Vertébrés | Poissons | 25 000 |
| | Batraciens et reptiles | 9 000 |
| | Oiseaux | 9 000 |
| | Mammifères | 5 000 |

Les espèces inconnues figurent sans doute surtout dans l'immensité du monde des insectes : leur petite taille, les lieux peu accessibles où ils vivent, leur rareté, rendent difficile leur observation.
On peut avoir une idée simple et très parlante de la biodiversité en comparant les tailles des animaux d'un même groupe : parmi les mollusques, on trouve aussi bien une seiche (*Sepia officinalis*) de 20 cm qu'un calmar géant (*Architheutis dux*) de 10 m ; une musaraigne (*Crocidura russula*) de 2 g est un mammifère tout comme l'éléphant (*Loxodonta africana*) qui pèse 7 tonnes.

### BIODIVERSITÉ DES VÉGÉTAUX

Comme pour les animaux, on a pu établir un inventaire estimatif des principaux groupes :

| groupe | | nombre d'espèces |
|---|---|---|
| Algues | | 45 000 |
| Bryophytes (*mousses et groupes voisins*) | | 23 000 |
| Ptéridophytes (*fougères et groupes voisins*) | | 10 000 |
| Spermaphytes (*plantes à fleurs*) | Gymnospermes | 800 |
| | Angiospermes | 220 000 |

Les biologistes se sont mis d'accord pour placer les champignons dans un monde à part : ni dans le monde animal, ni dans le monde végétal, mais dans le monde fongique ; on en a décrit 70 000 espèces, mais il est probable que le nombre exact est bien plus élevé, peut-être proche du million.

### BIODIVERSITÉ À L'ÉCHELLE CELLULAIRE

Il est remarquable de constater qu'une cellule d'éponge, de limace, d'abeille ou de baleine sont construites sur le même modèle. On fait la même observation en comparant des cellules de divers végétaux. Toutes ces cellules comportent une membrane limitante (doublée d'une paroi cellulosique chez les végétaux), une matière fondamentale (le cytosol) contenant un noyau et divers organites. Ce modèle universel de cellule dotée d'un vrai noyau, est la cellule eucaryote. (► p. 271)

### LES BACTÉRIES ET LES VIRUS

Ces deux groupes d'êtres vivants ne rentrent pas dans les catégories citées précédemment :

- Les bactéries ont la particularité d'avoir un « faux noyau » : elles ont un unique chromosome non entouré par une enveloppe nucléaire comme chez les eucaryotes ; en outre, le cytosol ne contient que très peu d'organites. Ces caractères définissent la cellule procaryote. Il existe probablement des dizaines de milliers voire davantage d'espèces bactériennes.
- Les virus figurent aussi à part car ils n'ont pas de structure cellulaire ; ce ne sont que des édifices

d'acides nucléiques (ADN ou ARN) assemblés à des protéines. Ils sont eux aussi infiniment variés.

### PRÉSERVER LA BIODIVERSITÉ

- L'exploitation des milieux naturels, leur agencement au seul profit de l'homme a vu émerger la notion d'espèce inutile, voire nuisible : les serpents sont à éliminer car dangereux, les rapaces sont de redoutables concurrents pour les chasseurs, les orties sont des mauvaises herbes à supprimer, le gui (ce parasite présent sur les branches des arbres) pompe la sève minérale et cause ainsi de gros dommages dans les vergers et les forêts.

Vers la moitié du XIXe siècle s'opéra un retournement complet des mentalités : la nécessité de protéger la nature a pris le pas sur les usages inconsidérés des ressources naturelles. Dès lors, il fut bien admis que les équilibres écologiques étaient le résultat de la vie commune de toutes les espèces présentes : les serpents ont leur place dans les écosystèmes et leur dangerosité a été exagérée ; les rapaces assurent une élimination des individus malades et participent à une régulation sanitaire et quantitative des populations ; on a reconnu des vertus aux orties (engrais, lutte contre les pucerons) et au gui (lutte contre l'hypertension).

- La biodiversité devient alors source d'équilibre ; protéger les milieux, c'est préserver la biodiversité. L'entomologiste E. Wilson écrivait en 1992 que « *la biodiversité est l'une des plus grandes richesses de la planète, et pourtant la moins reconnue comme telle* ». Ce mode de pensée a depuis été largement exploité par les biologistes, les écologistes et les hommes politiques. Au Sommet de la Terre de Rio de Janeiro en 1992, une convention sur la biodiversité est établie et signée : « *pour parvenir à un développement durable, la protection de l'environnement doit faire partie du processus de développement et ne peut être considérée isolément* ».

- La biodiversité est un réservoir infini de ressources pour fabriquer de nouveaux produits agro-alimentaires ; actuellement, 40 à 70 % des médicaments sont à base de molécules naturelles. C'est pourquoi l'inventaire des plantes et des animaux des forêts tropicales est devenu un enjeu pour l'humanité. Conserver, protéger la biodiversité, est une garantie sur l'avenir. La biodiversité est un patrimoine hérité de nos ancêtres et doit se transmettre intact aux générations futures.

## L'ACTION DE L'HOMME SUR SON ENVIRONNEMENT

Alors que les plus anciennes traces de vie sur Terre remontent à 3,8 milliards d'années, l'apparition des premiers mammifères est située à 180 millions d'années. En comparaison, la présence de l'homme est très récente : 5 à 6 millions d'années pour les premiers hominidés et environ 50 000 ans pour l'*Homo sapiens sapiens* (l'homme actuel). La population humaine a connu un essor fulgurant : 5 millions d'individus à – 8000 années, 1 milliard en 1800, 3 milliards en 1960 et 6,5 milliards fin 2007. La pression de l'homme sur son environnement n'a cessé d'augmenter au fur et à mesure de cette croissance et des progrès techniques.

### AMÉNAGEMENT DES ESPACES

Dans tous les pays les villes s'agrandissent : il faut alors supprimer des champs, déboiser, défricher, araser des reliefs, tracer des voies de communication, gagner sur la mer par des digues et des remblaiements, créer des espaces de loisirs (sports

***Un radeau gonflable est déposé par un dirigeable sur la canopée dans la forêt amazonienne ; les scientifiques peuvent alors observer, décrire, dénombrer les petits animaux qui vivent là.***

d'hiver, plaisance). De nombreux milieux naturels sont ainsi complètement transformés, aménagés par et pour l'homme. Les cultures extensives présentent à perte de vue des paysages de champs cultivés monotones où les haies et les arbres n'ont pas leur place.

### SUREXPLOITATION DES RESSOURCES NATURELLES

Pour nourrir une population en croissance continue, l'homme exploite tous les milieux disponibles. L'exemple le plus significatif est la pêche en mer : les progrès technologiques ont permis d'optimiser les captures, mais cette avancée a bientôt été suivie d'une diminution des tonnages en raison de la raréfaction de nombreuses espèces (morue, thon). L'exploitation à grande échelle des ressources géologiques (carrières, mines, eau) est devenue une nécessité pour construire des maisons, des routes, alimenter les villes en eau ou arroser les cultures. L'augmentation des besoins énergétiques en pétrole et en gaz menace ces ressources naturelles d'épuisement.

### ACCUMULATION DES DÉCHETS DE CIVILISATION

Les déchets domestiques sont produits en quantité croissante. Des matériels hors d'usage s'accumulent (véhicules, ordinateurs) et de nombreux produits indésirables et dangereux sont libérés dans la nature : pesticides des cultures, lessives, nitrates des élevages, produits chimiques divers des industries. La pollution de l'air des villes, des sols, des rivières ou des nappes phréatiques est devenue un des problèmes majeurs de tous les pays.

### MENACES SUR LA BIODIVERSITÉ

La disparition d'espèces, animales ou végétales, fait partie de l'évolution naturelle du monde vivant. Certaines espèces sont menacées en raison de leurs faibles populations (panda, gorilles, baleines, etc.). Mais, bien au delà du rythme naturel, l'homme provoque directement l'extinction définitive d'espèces. Selon des estimations, 50 000 à 100 000 nouvelles espèces s'éteignent chaque année : ce phénomène a été nommé « 6e crise biologique », en référence aux précédentes crises dont la plus célèbre est celle de la disparition des dinosaures il y a 65 millions d'années. Il en résulte un évident et inquiétant appauvrissement de la biodiversité.

### MENACES CLIMATIQUES

En ce début de millénaire, les phénomènes climatiques exceptionnels semblent se multiplier : tempêtes, cyclones, inondations, canicules. Peut-on parler de dérèglement climatique ?

- Les faits prouvant un réchauffement climatique se multiplient : recul des glaciers, fonte de la banquise, extension vers le nord d'espèces animales ou végétales de pays chauds. Les climatologues estiment que la température moyenne de la Terre a augmenté de 0,6 °C au XXe siècle. Selon les experts du Groupe Intergouvernemental sur l'Évolution du Climat (GIEC) réunis en 2007, « l'essentiel de l'accroissement de la température moyenne globale est très vraisemblablement dû à l'augmentation observée des gaz à effet de serre d'origine humaine ».
- Qu'est-ce que l'effet de serre ? Environ 50 % du rayonnement solaire parvient à la Terre qui ainsi s'échauffe ; cette énergie est en partie restituée par la Terre sous forme de radiations infrarouges. Les nuages et certains gaz de l'atmosphère empêchent ces radiations de s'échapper dans l'espace et cette énergie calorifique est piégée près de la surface du globe, comme sous les vitres d'une serre. Sans ce phénomène naturel, la surface de notre planète serait à -18 °C.

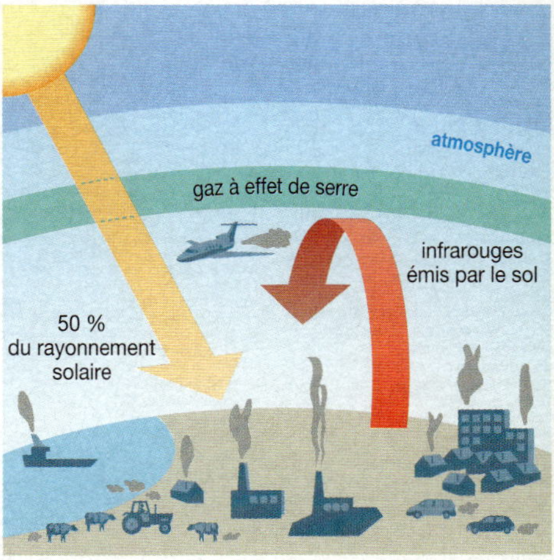


*L'effet de serre*

Mais l'augmentation de la quantité de gaz à effet de serre (GES), comme la vapeur d'eau, le dioxyde de carbone ($CO_2$) ou le méthane, accentue ce processus, d'où le réchauffement constaté. Les activités humaines (combustions de charbon, pétrole, gaz) sont les principaux faits mis en accusation.

En l'absence de mesures pour limiter les émissions de GES, le GIEC prévoit une augmentation de température de 1,8 à 4 °C d'ici 2100. Il en résulterait des manifestations climatiques extrêmes (sècheresses, inondations, vagues de chaleur, élévation du niveau de la mer) qui bouleverseraient les écosystèmes.

# CRÉDITS PHOTOGRAPHIQUES

Les origines des photographies sont classées par agence en gras ; suivent les noms des photographes et les numéros de pages concernées ; la lettre indique l'ordre d'apparition de la photo dans la page.

A K G Paris : 1087, 1190a, 1723a ; Erile Bohr 1087

AFP : 1103b, 1210b, 148b, 154a, 203a, 605a, 878b, 1239a, 1660

APN : 1131

Ambassade de Norvège : 494

Amnesty International : Doutreligne 58b

Ana : Durand 182a ; Durazzo 60a, 440 ; Horree 1083a ; Macintyre 64 ; Rowan 1070b ; Schliak 1112b ; Vesti 755, 1507c ; Wang Zhiping 767a ; Kgaevesky 1686

APA : Guignard 209c

Archipress : Loiseau 1

Archives photographiques CNMH : 1701b

Arcurial : 1074a

Arte : 1722c

Artephot : A. Held 1456 ; J. P. Dumontier 1087, 483c

ASAVA : 1106

Bios : Denhez 576 ; Régis Cavignaux 77d

BN : 237a, 767b, 1450a, 968, 99, 153, 270b, 277b, 327c, 339, 375b, 377, 391, 408, 468b, 480b, 502c, 515c, 548c, 575b, 577a, 608b, 621, 626, 634a, 673a, 748, 753b, 770b, 787a, 798, 846, 850b, 852, 858d, 862b, 870b, 872a/b, 880b, 909, 935a, 1065a, 1130, 1403b, 1724a ; Roger-Viollet Lipnitzk 1227a ; Nadar 288a

Bildarchiv d.Öst. Nationalbibliothek : 1210a

Bondu (B.) : 1075a

Bull : 322a

Bulloz : 69b, 89a, 158d, 201a, 207c, 290, 655, 822, 952a, 952b, 1081, 1181, 1227b, 1532a, 1536b, 1616a, 1642, 1501b, 1703a, 1727 ; Musée Carnavalet 1528 ; Ciccione 1568

CEA (Clefs CEA automne 2006) : 1201

CNRI : 315b, 133c, 1706 ; Révy 462

Camera Press : 315a

Canon : 1239e

Casterman : 1611a

CEDRI : Quéméré 248 ; Trung Dung 1379a ; Tripelon 33a

Centre culturel américain : 690

Charmet : 249c

Chirol : 1600

Cinémonde : 216b

Classique/ Gamma : Rémy Poinot 1087

Coll. Chistophe L. : 95,108a, 108b, 222

Corbis : Benedetti 164b ; Pietruszka/epa 649b ; O. Polet 1238 ; Jensen/epa 1457 ; Martinez Monsivais/Pool/CNP 1137

Cosmos : Carmichael 797c ; Fournier 1084a ; Starlight/Ressmeyer 1139

Cosmos/Contact : Grinker 66c ; Schiller 204

Cosmos/NASA : 820

Cosmos/NASA / SPL : 1002c, 1027, 1459a

Cosmos/Royal Greenwich Observatory/SPL : 1102

Cosmos/SPL : Marten 556c ; Bensusen 668b ; Novosti 667a ; Reader 898c ; Sarmant 960a

Cosmos/US Naval Observatory SPL : 1162a

Cosmos/Woodfin Camp : Blaustein 245

Cosmos/SPL/NASA : 870c

Cosmos/Westlight : Llyod 28a

Dagli Orti : 11, 15, 25, 28b, 33c, 36, 38a, 41, 48, 53, 76, 77c, 78b, 79a/b/d, 107b, 110a, 118b, 130b, 131, 132a/b, 133b, 138b, 140c, 155b, 165, 169c, 183a, 185, 187a, 198, 205, 206a, 208c, 218, 226, 234a, 235b, 243b, 251a, 254a, 257b, 263c, 264c, 266, 267a, 269b, 277a/d, 279a, 281, 291b/c, 292a, 299, 305a, 318a/b, 324b, 332, 333, 339b, 340b/c/d, 342a/b, 347, 350, 357a, 366, 373, 380, 397a/b, 398a, 401, 405, 415b/c, 419, 426a, 431b, 446c, 451a/b, 470b, 470a, 471b/c, 477a, 476, 478, 484b, 488, 493, 498c, 527a, 565, 577b, 595a, 598b, 622a, 633b, 649a, 667b, 689, 692a, 695c/d, 697, 707a, 725, 735, 757b/c/d, 762b, 766, 770a, 773b, 788a, 807, 817, 839, 865, 870a, 875, 886a, 889a, 890a, 900, 911a, 916a, 920a, 924b, 930, 931, 938a, 939b, 949b, 952c, 953, 975, 987, 990a, 993a, 993b, 995b, 996a/b/c, 997c, 1004, 1011a, 1014c, 1015, 1018, 1020, 1022c, 1023, 1025, 1028, 1032, 1047a/b, 1051, 1052, 1054a, 1056, 1057a/b, 1058a, 1063c, 1067a, 1069a, 1080, 1094b, 1107b, 1114a, 1125a, 1134b, 1149a/b/c, 1156, 1168b, 1176a, 1180, 1282, 1343b, 1350b, 1356c, 1361, 1363, 1378c, 1389, 1405, 1409, 1441a, 1444, 1450b, 1481a, 1484, 1487c, 1489b, 1490, 1533, 1539a, 1542, 1552a, 1558, 1563, 1570, 1572, 1592, 1626, 1629, 1643, 499b, 502b, 503a, 567, 772, 898b, 908b, 912a, 960a, 971a/ c, 976, 1043c, 1049b, 1085b, 1088b, 1093b, 1243, 1230, 1247, 1246b, 1269a, 1317, 1333, 1468b/c, 1471, 1499, 1501a, 1507b, 1510b, 1515, 1602, 1609, 1610, 1616c, 1664a/b, 1679b, 1691b, 1703b, 1707b, 1708, 1710b, 1714, 1722a, 1740 ; Kubota 1271 ; Durand 1356b

Dagli Orti Demart pro Arte BV, Genève : 422b

DIAF : Alexandra 220a ; Ball 142, 1066b, 1698 ; Barbier 1002a, 1352, 1187 ; Bilderteam 220b ; Biollay 303 ; Blouin 932, 1042 ; de Jaeghere 1679a ; Duchêne 1066d ; Gabanou, 884a, 899, 550a, 1650 ; Garcin 859, 1003, 1084c, 1341, 1652c ; Gyssels 1096a ; Jullien 486a ; Langeland 60c, 474, 536, 683a, 914 ; Paul 483b ; Pratt-Pries 127, 498a, 508, 648a, 515a, 6, 549, 58a ; Régent 1127a ; Simmons 949a, 1153b, 1520, 1615, 1165 ; Thierry 110b, 1622, 1182b ; Bordas 1162b ; Dannic 1268 ; Le Clainche 1335 ; Tizou 1420b ; Hochman 1395 ; Langeland 1414 ; Le Bot 1408

Edi 7 : 126, 249b, 255c, 279b, 287c, 325, 328a, 331a, 346, 448, 460, 429b, 446a, 472, 495a, 521d, 604, 607d, 630b, 674, 700, 720, 778e, 879a, 879b, 892a, 893a, 904b, 950, 957b, 1022b, 1062a, 1085a, 1154a, 1175, 1176b, 1204, 1270a, 1357a, 1380, 1417, 1418a, 1481c, 1496b, 1578a, 1580a, 1625a, 1647c, 1693, 1701a, 1719, 1723 ; Urilla 167

Édimédia : 1272, 18, 69c, 148c, 207a, 208e, 500b, 556a, 694b, 743c, 792, 918, 920b, 1067b, 1083b, 1351c, 1359, 1409c, 1420a, 1460b, 1557, 1668, 1710a ; Suarla 1086a ; Kharline 769b ; Wyatt 499a

Edimédia/Snark/Radio Times : 1434

Enguérand : 255a, 413c ; Pacini/Masson 154c ; Rault 1125b

Explorer : 260b, 1215b, 1223a, 1732b ; Arthus Bertrand 1195 ; Bougaeff 16 ; Boutin 1169 ; Cambazard 1113b ; Charmet 1581a ; Chazot 1291 ; Coulon 110c ; Delu 301 ; Dorval 331b, 844 ; Errath 1340a ; Gohier 255b ; Goudouneix 328c ; Guillou 231a ; Hervy 1096c ; Jourdan 1066a ; Laird 583 ; Le Toquin 221 ; Nacivet 375a ; Perno 194a ; Pilloud 925 ; Roy 1054b ; Tovy 1167b

Explorer/FPG : Vanderveen 1409b, 1409d, 1468d

Explorer/Mary Evans : 948c, 1022d, 1024a, 1069b, 1167a, 1211b, 1350a, 1416b, 1491d, 1583b, 1605b, 1621a, 1720c

Explorer/coll. ES : 1162c, 269a, 328b, 349, 788c, 1093a, 1115b

Explorer/Geopress : 71b

Fix-Silberstein D. Pix - Chemin Bob : 751a

Fondation André Masson : 1007c

FOVEA : Kaehler 1168a ; Kugler 1182a ; Pham van Suu 1191 ; Rollinger 1445a

Gamma : 96b, 110d , 150, 186, 329, 765, 788b, 1342b, 17a, 450b, 629c, 737, 758a, 868, 883b, 1055a, 1207, 1223b, 1743 ; Allen 428b ; Andersen 201c, 669a, 713, 1725b ; AndersenSaussier 1524b ; Anderson 1402 ; Apestegery 37a, 527b, 703, 1348b, 1479a ; Apesteguy/Benainous/Drenoy 17c ; Arthus-Bertrand :1733b ; Aunos 39a ; Aventurier :1737b ; Barbereau 1442c ; Bassignac 1075b, 130a, 528b ; Benanous/Bun 503b ; Benito 1437 ; Berami 158e ; Bidermanas 1701c ; Bouvet 302 ; Bulka 191c ; Buu 225a ; Darr 201b ; de Keerle 1720b ; Denize 607e, 502a, 743a ; Duclos 751b, 1503b, 1655 ; Duclos-Simon 865b ; Dumas 314 ; Edelhajt 1578b ; Edinger 407a ; Faria Castro 1217 ; Ferrand/ Agence Mission 1087 ; Forest 916c ; Francolon 264a, 1481b, 1510c ; Gagman/Saola 119 ; Gaillarde 270a, 1651 ; Gauny 1467a ; Ginfray 1061 ; Giraud 277c ; Guenet 876b, 1406 ; Guerrini 1211a ; Guichard 1260a, 1498c ; Guidu 1538a ; Hoffmann-Spooner 1026 ; Johnson 223 ; Jordan 673b ; Kennerly 858c ; Konstantin Zarrachin 1294 ; Lehr 193c ; Lochon 1507a ; Loubat 1074b ; Lounes 1017 ; Luowitsch 1741 ; Maitre 885 ; Mesner 1128a ; Meyer 118a ; Mingam 85a, 210b, 1436a ; Monier 892b, 916d ; Monier 716b ; Orand ; Panomareff 196c ; Pelletier 208d, 1163a ; Plérillon 632 ; Poinot 1087 ; Poulet 163b, 1614b ; Pross 926b ; Quidu 651b ; Reglain 292, 766, 1125c, 1510d ; Richard 395 ; Ron Angle 1591 ; Sander 709b ; Schachmer 147 ; Shone 891, 1445b, 1593 ; Simon 1128b ; Stevens 1050b, 1565 ; Swerey 1215a ; Thomas 960b, 1426a ; Tinacci 1117b ; Umar 986 ; Urli 1209a ; Uzan 423 ; Viooujard 39b, 311, 428a, 867b, 1087 ; Wildenberg 159 ; Wollmann 849

Gamma/Aérospatiale : Guichard 1048

Gamma/Bulcao : 52, 1702

Gamma/Eyedea : 1808

Gamma/Photo news : 1029a

Gamma/RIA : 86

Gamma/Liaison : Giboux 1509

Gamma Sport : 559c, 745b ; Gérard Berthaud 1503a ; Erik Sampers 128

GIAT : 288c

Giraudon : 428c, 526, 678, 860b, 908a, 907, 952g, 1358b, 1532b, 1574, 206b, 952e, 1342a, 1694, 1732a ; Alinari 745c ; 1496a ; Francolon 91g ; Lauros 1356a, 1358a, 1681

Giraudon/Telarci : 952e

Hachette : 3a, 33d, 37b, 38b, 59, 60b, 63, 85b, 158c, 169d, 181a, 182b, 189b, 209a, 212a, 216a, 260b, 263b, 267b, 284a/b, 291a, 327b, 354b, 357b, 360, 368, 384, 407b, 415a, 425b, 426b/c, 429a, 428d, 431a, 461a, 480a, 521c, 523a, 538, 540, 550b, 555, 575a, 591, 597, 599a, 603a/b, 605b, 607a, 608a, 622, 636a/b, 649c, 654a, 657, 679b/c, 683b, 701a/b, 704, 707b, 727, 732b, 736a/b, 741a/b, 753c, 770c, 771, 788d, 796b, 834, 856a, 858a/b, 876a, 877b, 882b, 887b, 889b, 896a, 902, 910a, 912b, 898c, 901a/b, 926a, 916b, 919a, 922a/b, 924a, 936a, 939a, 941b, 948a, 952f, 951a, 957a, 961c, 967c, 982a, 997a/b, 998, 1005, 1007a/b, 1024b, 1034c, 1038c, 1055b, 1058b, 1063a/b, 1064a, 1078, 1084b, 1086b, 1097b/c, 1103a, 1107c, 1112a/c, 1114b, 1117a, 1119a, 1134a, 1143, 1162d, 1176c, 1194, 1206a/b, 1209a, 1224c, 1286, 1337, 1343a, 1354, 1360, 1403c, 1411a, 1415, 1416a/c, 1418d, 1419b, 1423a, 1430, 1487a, 1488, 1491a/c, 1505a, 1535, 1548, 1552b, 1578c, 1581b, 1604, 1605a, 1625b, 1647a, 1652b, 1466b, 1467b, 1470, 1580d, 1606, 1616b, 1655b, 1688b, 1689a, 1696b, 1709, 1713, 1720a/d, 1721b, 1722b, 1723b, 1724a, 1731 ; Abeille 670b ; Benque 611 ; Bernand 158b ; Bieber 733, 732a ; Boyer 169a ; Braun 1338 ; Carjat 181b, 1418c, 1624, 1690c ; Chalot 785c ; Darbois 687, 770d ; Dornac 1690b ; Fleming 193b, 196a, 1105 ; Florman 1119b ; Forest 312, 1046, 1391 ; Harcourt 1418b ; Josse 652b, 757a, 780, 821, 864b, 898e, 915a, 952d, 1001, 1199, 1401b, 1652a ; Maisonneuve 745a ; Manuel 168b, 324a, 521b, 601b, 648b, 1029b, 1088a, 1378a, 1411c, 515b ; Meurisse 212c, 621 ; Meyer 1014a ; Nadar 982b, 1038d, 1107e, 1146a, 1451a, 1475, 1705 ; Petit 648c ; Philippot 296 ; Pirou 1050a ; Poupard 151 ; René-Jacques 421 ; Requet 183b, 495b ; Valèry 168e ; Vieil 363

Hachette/British Museum : 1659b

Hachette/Brompton Studio : 1657

Hachette/Centre culturel américain : 1725a

Hachette/collection Sirot : 167a

Hachette/Fine Art Engravers : 471a

Hachette/Historical Society of Pennsylvannia : 651a

Hachette/Insel Verlag : 1403a

Hachette/Metro Goldwyn Mayer : 672c

Hachette/Musée Carnavalet : 1453

Hachette/New York Times S.A. : 863a

Hachette/ORTF : 926c

Hachette /PPP : 1505b

Hachette/SCA : 913

Hachette/Underwood and Underwood : 467a, 1726c

Hachette/USIS droits réservés : 164, 1416d, 1427, 1621b, 1647b, 1726a

Hemis : Gardel/Hemis.fr 47

HOA QUI : Boutin Gérard 143a ; Thibaut N 180 ; Turner/Age Fotostock 192 ; Valentin C. 69a, 1285 ; Renaudeau M 1094c, 260e, 422a

IFREMER : 490b

INFRA/SDP Michel Gounot : 1087

Jerrican : Berenguier 1659a ; Daudier 1627 ; Lespinasse 917b, 1742b

Keystone : 249d, 355, 491a, 656, 672a, 741c, 756, 773a, 904a, 915c, 989, 1076, 1248c, 1441b, 1614a

Keystone : 598a, 1043b

Kharbine/Tapabor : 599b ; Kharbine 77a, 991b, 1636

Lauros-Giraudon : 29, 62, 140a, 140b, 145, 191a, 215b, 216c, 264b, 272c, 433, 446d, 487, 543, 581, 635, 652a, 781

Leemage : Buffetrille 166 ; Mousse /Abaca 772

Léonard de Selva/Tapabor : 136, 461b, 434, 490a, 521a, 801, 168c

Librairy-Gauthier Christian : 154b

Lipnitzki-Viollet : 695b, 1468a

Magnum : 336 ; Abbas 232, 693a, 873a ; Bar 160 ; Barbey 217a, 219a, 1002b, 1458a, 1024c ; Berry 1166 ; Burri 250, 468a, 731, 917a, 1099a, 1584 ; Burri 383 ; Capa 187b ; Cartier-Bresson 693b ; Cros 251b ; Davidson 843 ; Depardon 634b, 884c ; Driggs 619b ; Erwitt 884b, 1728b ; Franck 484a, 1068, 1418e ; Gaumy 191b, 707c, 1440, 574 ; Glinn 235a ; Gruyaert 77b, 259b ; Haas 619c ; Halsman 45, 682, 694a, 882a ; Halsmann 1536a ; Hartman 993c ; Himaya 769a ; Kalvar 345, 1721a ; Larrain 187d ; Less 1164 ; Lessing 1235a ; Lessing Fondation Paul Delvaux, St Idesbald 446b ; Lessing 66b, 89b, 112, 117a, 156a, 163a, 181d, 217b, 251c, 257a, 271, 272a, 278, 288b, 365, 398b, 427b, 441b, 444a, 450a, 528c, 541, 556, 615, 638, 669b, 677b, 692b, 716a, 743b, 751c, 759, 758b, 796d, 840, 863b, 886b, 892c, 921b, 948d, 981, 990b, 1006, 1043b, 1062b, 1064b, 1324, 1459b, 1466a, 1611b, 33b, 42, 194b, 382a, 392, 1038b, 1423b, 1489a, 1524a, 1608, 1623a, 1653, 381, 1103c, 1351a, 1353, 1365, 1400, 1401a, 1424, 1675b, 1676a, 1676b, 1676c, 1683a, 1609a, 1691a ; Lyon 887a ; Magnum Capa 1206a ; Marlow 446e, 988 ; Mayer 234c ; Mc Cullin 155a ; Mc Curry 134 ; Meiselas 486b ; Morath 219b, 1107d, 890c ; Perkins 1454 ; Pinkhassov 1419a ; Rai 672b ; Riboud 954a, 382b, 1043a ; Rodger 263a ; Salgado 13, 890b ; Seymour 796a ; Smith 1540b ; Stock 96a, 158a ; Taconis 189a ; Zachmann 467b

Marine Nationale/P. Fromentin : 1284

Mary Evans Picture Library : 1146b

Météo France : 323, 413a, 413b, 416, 1540a

MNAM : 97, 444b, 483a, 722, 1038a

Musée de la Publicité : 262

Musée de l'Homme : Oster 607c

Musée national des Techniques : 995a

Odyssey : Bamberger 168a, Guenet 138a

Office du Tourisme de Nice : 1113a

Paris-Match : Izis 79c

Peugeot : 122

Philippe Plailly/ CERN : 7

Photo Josse : 117b, 196b, 197, 427a, 860a, 1045b, 1072a, 1248b, 1278, 1575

Phototèque Hachette : 254b , 679a, 133a, 156b, 971b, 1065c, 115, 173, 441a, 1540b, 1094a

Photothèque SDP : Granel 208a

PICTO : 1487b

Pictures/Photononstop : 1127b

Pix : 107a, 252, 294, 330, 342c, 629a, 832, 934b, 935b, 963, 1034b, 1066c, 1066e, 1711b ; Adams 862a ; Adastra 1458b ; Agraci 1425 ; Anger 1439a ; Baunet 1491b ; Bavaria 425a ; Beaugeois 501 ; Beaujois 322b ; Benazet 66a, 754, 1087 ; Bénénet 1625c ; Boutin 893 ; Caoudal 1339b ; Chappe 673c ; Crochet 1527 ; Davies 1404 ; de Laubier 130 ; Del Vecchio 608c ; Delon 592, 1049a, 1532d ; Dolmaire 4 ; Dusart/von Spreckelsen 440, 1186, 1479b ; Erhardt 1621c ; FPG/P. Gridley 877a ; John 878c ; Guiziou 445, 1295b, 1398, 1712 ; Hallo 550d ; Hémon 572, 691 ; Hiroshi 169b ; Jolivalt-Bernard 1644 ; La Cigogne 34a, 719 ; Lescourret 245a, 1097a ; Levannier 696b ; Lieberstein 260a ; Louvel 620 ; Meiten 961a ; Merle 106 ; Miauxsoone 633,1118 ; Ploquin 498b ; Protet 170, 629b, 1504 ; Revault 954b ; Sharpiro 1193 ; Trigalou 695a, 477c, 1153a, 1451b ; Valarcher 249a, 671b, 1442b ; VCL 247a, 1681b ; Viard 624

PIX/Editions Arthaud : 1562

Pix/TPS : Sutherland 947

Poullet M.-F., 874b, 1022a

Presse Sports : 327a, 633c, 1173 ; Thomas 1260b

Prod : 919b, 46, 146b, 187c, 203b , 663a, 1467d, 1580c

RMN, 1098, 458, 1010

Rapho : Balog 595b ; Bertinetti 789 ; Charles 1460a ; Charliat 1495 ; Cléry 1489c ; Coqueux 231c ; de Sazo 1696a ; Dimiz 1498a ; Donnezan 146a ; Fouchet 896b ; Franey 78a ; Friedel 111 ; Gantier 677a ; Goursat 1674b ; Izis 241 ; Landau 991a ; Le Diascorn 1442c ; Marcel 1012 ; Martel 563, 1539b ; Mičhaud 1426b ; Niepce 340a, 1455 ; Ohanian 305b ; Pavlovsky 378 ; Ronis 287b ; Ross 1502 ; Sanford 548a ; Sarramon 668a ; Soye 1443a ; Sparliam 1724b ; Yamashita 600, 633a, 660 ; Setbourn 1482

Rapho/Black Star : Levin 1411b

REA : Guneyev/Redux 1018 bd

Renault : 188

Robert Doisneau/Rapho : 485

Roger-Viollet : 17b, 34b, 85c, 209b, 210a, 212b, 231b, 234b, 237b, 256a, 414, 461a, 500a, 527c, 528a, 588, 619a, 630a, 658, 670a, 671a, 675, 709a, 723, 739, 753a, 763a, 855, 856b, 915b, 933, 936b, 946, 967a, 967b, 974, 1060, 1065b, 1339a, 1351b, 1378b, 1436b, 1519, 1560, 313, 316, 324c, 1461, 1467c, 1583a, 1595, 1599, 880a, 1540d, 1469a, 1674c, 1698b, 1728a, 1728c, 1728d, 1737a Albin-Guillot 770d ; Alinari 559 ; Anderson 550c, 560, 1220 ; Boyer 3b, 390, 407c, 467c, 477b, 593, 607b, 785a, 866, 941a, 1014b, 1115a, 1248d, 1580b ; Harlingue 181c, 207b, 215a, 256b, 491b, 548b, 601a, 654b, 702, 740, 744, 850a, 873b, 883a, 983, 1348a, 1443, 1154b, 763b, 1393, 1605c, 1532c, 1728e ; Lipnitzki 71a, 287a, 779, 867a, 1030, 1148, 1468a ; List 1235b, 1301 ; Martini 272b ; Nadar 1011b ; Viollet 1104

SNA/DCN (cliché Albacore) : 1522

Sarmant : 354a, 473, 523b, 637, 921a, 1155, 1510a

Scope : Guillard 1377

Sea and See : 1734 ; Barrault 1464 ; Février 265 ; Olivier Chapuis 790 ; Annie Fyot 882c

Sipa Press-AP : Ammar 1221

Sipa Press-Buchle/Empics : 701c

Sipa Press-Sipa Icono : 910b, 961b

Sipa Press/ Gromik : 1099b

Sipa Press/NASA : 1107a, 1553

Sipa Press-Frilet : 785b

Stills-All Action/Sue Moore : 1254

Stills-Geral : 1087

Stock Photos : 1087

Sygma : 1664c ; Bellaiche 787b ; Noguées 956 ; Tiziou 1688a

Thomas P. : 1113

Thomson/CSF : 1344

TOP : Bibollet 130a ; Devaud 260d ; Ducange 148a ; Martel 143b ; Mazin 193a

USIS/IPS : 1357b

Vandystadt : Cannon 927 ; Martinez 882c, 1734

Zefa : 864a ; Damm 72 ; Meier 934a ; Sunak : 883c

© Gilberte Brassaï : 208b

© Capa Robert : 247b

© Cartier-Bresson Henri : 259a

© Gautier-Languereau/Hachette/Jean Vigne : 157

Artistes représentés par l'ADAGP : © ADAGP, Paris, 2016 : 15, 37a, 97, 138b, 140a, 191a, 201a, 207a, 207c, 212a, 223, 234a, 279a, 333, 340b, 433, 451b, 468b, 483a, 498c, 499b, 543, 556a, 693b, 722, 875, 886a, 892c, 900, 917, 918, 975, 1007c, 1022b, 1038a, 1067b, 1093b, 1094c, 1235a, 1246a, 1282, 1358a, 1419b, 1442b, 1501a, 1524a, 1532b, 1572, 1668, 1679b, 1703b, 1710a, 1728b

© The estate of Francis Bacon-ADAGP, Paris 2016 : 133b ; © Salvador Dali, Fondation Gala - Salvador Dali/ADAGP/Paris 2016 : 422 b ; © Fondation Paul Delvaux, St Idesbald, Belgique/ADAGP, Paris, 2016 : 446d ; © Succession Marcel Duchamp/ ADAGP, Paris, 2016 : 499a ; © FLC/ADAGP, 2016 : 917a ; © Estate of Roy Lichtenstein, New York/ADAGP, Paris, 2016 : 931 ; © Succession Miró -ADAGP, Paris 2016 : 1047b ; © Motherwell Robert : Dedalus Foundation/ADAGP, Paris 2016 : 1074a ; © Mucha Trust/ADAGP, Paris 2016 : 1081 ; © The Munch Museum - The Munch Ellingsen Group - ADAGP, Paris 2016 : 1083b ; © Robert Rauschenberg/ADAGP, Paris 2016 : 1356a ; © Fondation Antoni Tapies, Barcelone/ADAGP, Paris 2016 : 1574 ; © Man Ray Trust/ ADAGP, Paris, 2016 : 1357b, 1557, 1656

# Drapeaux

HĀNISTĀN · AFRIQUE DU SUD · ALBANIE · ALGÉRIE · ALLEMAGNE · ANDORRE

GOLA · ANTIGUA ET BARBUDA · ARABIE SAOUDITE · ARGENTINE · ARMÉNIE · AUSTRALIE

TRICHE · AZERBAÏDJAN · BAHAMAS · BAHREÏN · BANGLADESH · BARBADE

GIQUE · BELIZE · BÉNIN · BHOUTAN · BIÉLORUSSIE · BIRMANIE (MYANMAR)

IVIE · BOSNIE-HERZÉGOVINE · BOTSWANA · BRÉSIL · BRUNEI · BULGARIE

KINA FASO · BURUNDI · CAMBODGE · CAMEROUN · CANADA · CAP-VERT

TRAFRICAINE (RÉP.) · CHILI · CHINE · CHYPRE · COLOMBIE · COMORES

GO · CONGO (RÉPUBLIQUE DÉMOCRATIQUE DU) · CORÉE DU NORD · CORÉE DU SUD · COSTA RICA · CÔTE D'IVOIRE

ATIE · CUBA · DANEMARK · DJIBOUTI · DOMINICAINE (RÉPUBLIQUE) · DOMINIQUE

PTE · ÉMIRATS ARABES UNIS · ÉQUATEUR · ÉRYTHRÉE · ESPAGNE · ESTONIE

TS-UNIS · ÉTHIOPIE · FIDJI · FINLANDE · FRANCE · GABON

Gambie | Géorgie | Ghana | Grèce | Grenade | Guatemala

Guinée | Guinée-Bissau | Guinée équatoriale | Guyana | Haïti | Honduras

Hongrie | Inde | Indonésie | Irak | Iran | Irlande

Islande | Israël | Italie | Jamaïque | Japon | Jordanie

Kazakhstan | Kenya | Kirghizstan | Kiribati | Koweït | Laos

Lesotho | Lettonie | Liban | Liberia | Libye | Liechtenstein

Lituanie | Luxembourg | Macédoine | Madagascar | Malaisie | Malawi

Maldives | Mali | Malte | Maroc | Marshall (Îles) | Maurice

Mauritanie | Mexique | Micronésie (États fédérés de) | Moldavie | Monaco | Mongolie

Monténégro | Mozambique | Namibie | Nauru | Népal | Nicaragua

Niger | Nigeria | Norvège | Nouvelle-Zélande | Oman | Ouganda

ZBÉKISTAN | PĀKISTĀN | PALAU | PALESTINE (TERRIT. AUTONOMES DE) | PANAMÁ | PAPOUASIE-NOUVELLE-GUINÉE

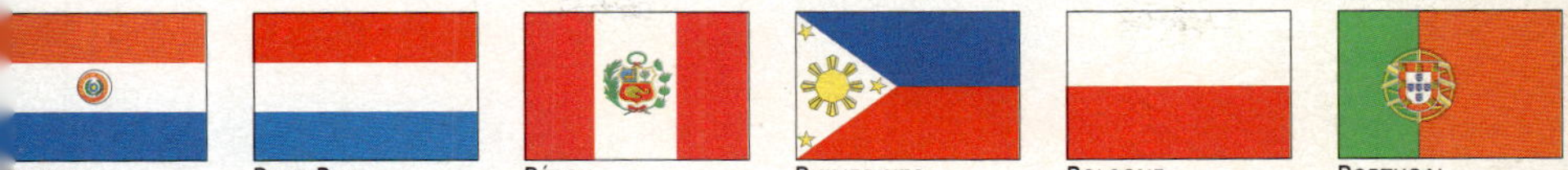

RAGUAY | PAYS-BAS | PÉROU | PHILIPPINES | POLOGNE | PORTUGAL

TAR | QUÉBEC (PROVINCE DU) | ROUMANIE | ROYAUME-UNI | RUSSIE | RWANDA

INT-CHRISTOPHE NIÉVÈS | SAINT-MARIN | SAINT-VINCENT ET LES GRENAD NES | SAINTE-LUCIE | SALOMON (ÎLES) | SALVADOR

MOA OCCIDENTALES | SAO TOMÉ-ET-PRINCIPE | SÉNÉGAL | SERBIE | SEYCHELLES | SIERRA LEONE

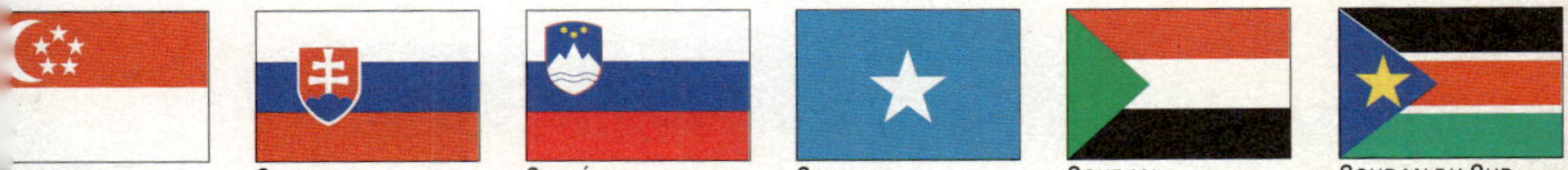

NGAPOUR | SLOVAQUIE | SLOVÉNIE | SOMALIE | SOUDAN | SOUDAN DU SUD

I LANKA | SUÈDE | SUISSE | SURINAME | SWAZILAND | SYRIE

DJIKISTAN | TAIWAN | TANZANIE | TCHAD | TCHÈQUE (RÉPUBLIQUE) | THAÏLANDE

MOR ORIENTAL | TOGO | TONGA | TRINITÉ-ET-TOBAGO | TUNISIE | TURKMÉNISTAN

RQUIE | TUVALU | UKRAINE | UNION EUROPÉENNE | URUGUAY | VANUATU

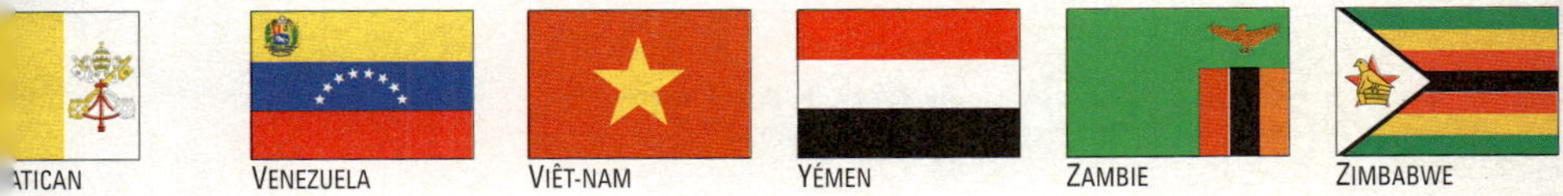

ATICAN | VENEZUELA | VIÊT-NAM | YÉMEN | ZAMBIE | ZIMBABWE

Imprimé et relié en France
par Pollina - 11705

**AMÉRIQUE CENTRALE**

1 BELIZE
2 HONDURAS
3 JAMAÏQUE
4 DOMINIQUE
5 SAINTE-LUCIE
6 SAINT-VINCENT ET LES GRENADINES
7 TRINITÉ-ET-TOBAGO

**AFRIQUE**

29 GAMBIE
30 GUINÉE-BISSAU
31 LIBERIA
32 BURKINA FASO
33 GHANA
34 TOGO
35 BÉNIN
36 GUINÉE ÉQUATORIALE
37 DJIBOUTI
38 OUGANDA
39 RWANDA
40 BURUNDI
41 MALAWI
42 SWAZILAND
43 LESOTHO